2003～2004

# 中国证券大全

A COMPREHENSIVE HANDBOOK OF CHINESE SECURITIES

第一册

总编辑：陈乃进　朱从玫　张育军
主　编：宁晨新　陈京华

上海證券交易所
深圳证券交易所 协办

中国证券大全编辑委员会 编

经济科学出版社

京海工商广临字(2004007)号

图书在版编目（CIP）数据

中国证券大全：2003～2004/宁晨新，陈京华主编.
北京：经济科学出版社，2004.6
ISBN 7-5058-3988-8

Ⅰ.中... Ⅱ. ①宁...②陈... Ⅲ.证券交易-资本市场-概况-中国-2003～2004 Ⅳ.F832.51

中国版本图书馆CIP数据核字（2004）第032146号

# 序 言

2003年，中国经济保持了快增长、高效益、低通胀的大好局面，跃上新的增长平台。在这一年里，证券期货系统认真研究影响市场进一步发展的重大问题，努力加强市场基础建设，深入落实各项监管措施，继续防范和化解市场风险，进一步推进我国资本市场的改革开放和稳定发展，市场信心逐步恢复，市场监管和市场建设各项工作取得新成绩。

2003年，证券期货市场总体运行平稳，市场规模稳步扩大，对支持国民经济发展起到了重要作用。全年境内市场共筹资823.12亿元，同比增长5.56%；上市公司经营效益整体好转，前三季度实现净利润总额达1025亿元，比2002年全年实现的净利润多21.3%，每股收益0.158元；超过2002年全年的每股收益；全年有177家企业通过资本市场实施了收购、兼并和资产重组。随着一些上市公司的集团吸收合并、定向增发等市场创新方案推出，资本市场促进结构调整、优化资源配置的功能更加突出；证券投资基资全年首发规模678亿元；期货市场在规范基础上获得新发展，全年交易额突破10万亿元，总体运行平稳。

截至2003年底，境内上市公司总数达1287家，总市值42457.71亿元，流通市值13178.51亿元；证券公司共133家，总资产约5618亿元，营业网点约3000个；基金管理公司34家，证券投资基金95只，基金规模1650.09亿份，基金总净值1744.31亿元。

2003年，证券期货市场的改革不断深化，法制建设取得新进展。发行制度改革取得实质性进展：提高了首次发行股票的条件，对股票发行审核委员会制度和审核机制进行了重大调整，推出了证券发行上市保荐制度。这些措施进一步强化了企业发行上市的市场约束机制，为从源头上提高上市公司质量，提供了制度保障。

证券公司融资渠道和业务范围进一步拓宽。颁布了《证券公司债券管理暂行办法》和《证券公司客户资产管理业务试行办法》，为证券公司优化资本结构，在规范基础上创新和发展拓展了空间。进一步完善基金市场准入标准，简化了审批程序，促进基金业创新，基金品种日趋多样化。

积极配合立法部门完善相关法律制度，推动了《证券投资基金法》的出台和《证券法》的修改。还先后两批取消了60项行政审批项目。

这一年，我国资本市场在落实加入WTO有关承诺、推进对外开放方面取得了积极成果。先后8家外资参股基金管理公司、2家外资参股证券公司获准设立，有3家外资参股基金管理公司获准筹建。试行合格境外机构投资者（QFII）制度进展加快，迄今已有12家外资机构获得QFII资格，累计引入QFII资金约140亿元人民币。

随着我国资本市场规模进一步扩大，市场结构逐步完善，市场规范化程度持续提高，以市场基础建设为中心的监管工作不断推进，市场机制的作用日益显现，市场参与主体的预期逐步趋于稳定，证券市场在发展过程中呈现出一些新的变化：

一是证券市场投资信心明显有所恢复。十六大和十六届三中全会明确了资本市场的发展方向，社会各界特别是广大投资者的认识逐步统一，对资本市场发展预期趋向稳定。在经历了一年半的弱市后，2003年市场主要指标均呈现恢复势头。

二是新的投资热点不断涌现。突出表现在业绩稳定增长、以往不被投资者关注的大盘蓝筹股开始受到市场投资者的关注和青睐。

三是证券行业经营理念正经历深层次的变革。随着对规范发展资本市场认识的提高和对监管政策的深入理解，证券经营机构原有的经营理念在不断进行调整，更加注重内涵式发展。基金管理公司通过产品创新、服务创新，机构投资者的作用进一步发挥。证券公司在加强自身建设、强化内部管理等方面有了新进展。

对证券市场的这些变化，我们要保持全面客观的认识和判断，既要看到这些变化中包含的市场发展的积极信号，增强做好工作的信心，也要看到我国经济和社会的发展仍处于社会主义初级阶段，资本市场的规范发展是一个长期渐进的过程，还有许多不完善的地方，仍需要我们继续努力。

2004年，证券监管工作要全面贯彻落实党的十六大和十六届三中全会精神，按照《国务院关于推进资本市场改革开放和稳定发展的若干意见》和全国银行、证券、保险工作会议的部署，以创新为动力，以发展为主线，继续加强市场基础建设，不断强化市场监管工作，进一步提高依法行政水平，严格规范市场主体行为，切实防范和化解市场风险，积极稳妥解决历史遗留问题，保护好投资者合法权益，全面提高市场效率，积极营造富有竞争力的投资和融资环境，为加快资本市场发展奠定扎实基础。要重点做好以下工作：

**逐步完善市场结构。**规范发展主板市场，推动交易制度和品种创新。分步推进创业板市场建设，在深圳证券交易所设立小企业板块。改进和规范证券公司代办股份转让系统。促进债券市场发展，大力推动商业银行重新参与交易所债券市场。研究公司债特别是上市公司债券的发行试点等。

**继续深化发行体制改革。**全面贯彻落实股票发行上市保荐制度和新的发审委制度，健全和发挥市场对企业发行上市的约束机制和作用。研究完善再融资标准和核准程序，整合现行再融资规则，提高市场现融资效率等。

**切实提高上市公司规范化运作水平。**以提高上市公司透明度和推进上市公司现代企业制度建设为基础，规范上市公司管理层和大股东行为为重点，落实上市公司"辖区监管责任制"为突破口，努力提高上市公司规范运作水平等。

**积极促进证券公司和期货公司规范发展。**落实已经出台的各项证券公司规范措施，督促证券公司采取积极措施完善法人治理，加强内控机制建设。改革完善证券、期货公司客户交易结算资金存管制度，完善和巩固期货公司保证金封闭管理制度。对证券期货公司实施分类监管，制定扶优限劣的政策措施，支持证券、期货公司通过业务创新，收购兼并等方式优化整合，做优做强。

本世纪头二十年是十六大确定的必须紧紧抓住且可以大有作为的重要战略机遇期，也是我国资本市场改革发展前所未有的大好时机。只要我们工作的方向正确，思路清晰，措施得力，就一定能不断推进我国资本市场的健康稳定发展。

尚福林

2004年5月20日

# 《中国证券大全》编辑委员会

**主　　编：** 宁晨新　陈京华
**副 主 编：** 周惠忠　吴湘华
**业务总监：** 陈国华
**责任编辑：** 莫霓航　杨秀华
**编　　辑：** 成　烨　胡鹦琪　石　丽　范　龙　田　军　沈绪旺　陈　雯　吴　眉　葛　常
**美术编辑：** 陈　华　成　烁
**责任校对：** 董蔚挺
**技术编辑：** 董永亭

**设计制作：** 深圳市星亚辉广告有限公司
**广告许可证号：** 京海工商临字(2004007)号

亚盛集团
Yasheng Group
经营范围：高科技农业新技术、新产品开发、加工；农副产品种植，无机盐及其副产品的生产；自营和代理国家组织统一联合经营的16种出口商品和国家实行核定公司经营的14种进口商品以外的其他商品及技术进出口业务；经营进料加工和“三来一补”业务；经营对销贸易；饮料的生产、茶叶、印染业务；化工原料及产品(不含危险品)、纺织品的生产、销售白酒(仅现分支机构经营)。
股票简称：亚盛集团
股票代码：600108

地　　址：甘肃省兰州市张掖路219号
基隆大厦20层
电　　话：0931-8471961
传　　真：0931-8471961
电子邮箱：Ysjsj@public.lz.gs.cn
甘肃亚盛实业(集团)股份有限公司
GANSU YASHENG INDUSTRIAL (GROUP) CO.,LTD.

# 莱芜钢铁股份有限公司

# LAIWU STEEL CORPORATION

莱钢股份

莱芜钢铁股份有限公司（股票简称：莱钢股份　股票代码：600102）是由莱芜钢铁集团有限公司（原莱芜钢铁总厂）作为独家发起人，以其下属的钢铁生产厂为主体，进行股份制改造，采用募集方式于1997年8月创立的股份有限公司。公司上交所上市时总股本为52980万股，其中社会公众股为8000万股；总资产为24.19亿元，其中股东权益为12.30亿元。截止2003年三季度，公司总股本为922,273,092股，其中社会公众股为202,800,000股；总资产为77.07亿元，其中股东权益为41.95亿元。公司在总股本增长70%的情况下，在证券市场上始终保持了绩优股的良好形象。

莱钢股份以提高核心竞争力，创建一流的钢铁企业为目标，不断优化工艺和产品结构，形成了工艺配套完善的转炉钢和电炉钢两大生产系统。转炉钢系统形成了4座转炉对4台连铸机和4条轧材生产线的生产模式，实施炉、机、轧匹配新工艺生产；电炉钢系统形成了两炼钢对两台连铸机对两条准轧材线工艺模式。主体工艺技术装备达到国内领先水平，部分装备水平达到当今国际先进水平。两大生产系统具有年产400万吨钢生产能力。主要产品有H型钢、螺纹钢、优碳圆钢、轴承钢、齿轮钢、合金钢圆钢等6大系列产品，多种产品荣获省级和国家级优质产品称号。产品销往全国25个省市区和美国、

董事长：李名岷 先生

日本及西欧等国家和地区。

2003年1—9月份，公司共生产生铁209.95万吨、钢293.97万吨、钢材302.87万吨，钢材实物产销率达到100.09%；实现主营业务收入75.37亿元，主营业务利润12.36亿元，净利润3.92亿元，每股收益0.43元，净资产收益率4.55%。

莱钢股份以筑钢铁栋梁、树强者风范、实现可持续发展为追求，注重大力加强企业文化建设。坚持“实事求是，积极奋斗，系统思考，超越自我”的思想作风；坚持“疾慢如仇，追求高效，攻击前进，持续挖潜”的工作作风；坚持“诚实守信，顾客第一，创新求变，与时俱进”的经营理念，深入开展创建学习型企业活动，凝聚员工的智慧和力量，推进公司持续、快速、健康发展。

莱钢股份发展前景广阔。2003年将实现400余万吨钢、108亿元销售收入、进入世界钢铁50强的目标，明年将向更高的目标迈进，最终将发展成为“精、细、优、强、美”的现代化钢铁企业。

地　　址：山东省莱芜市钢城区
电　　话：(0634) 6820601、6820011
传　　真：(0634) 6821094
邮政编码：271104
电子信箱：mishuke@mail.laigang.com
互联网址：http://www.laigang.com

股票简称：伊利股份　股票代码：600887

广东门喷泉广场

# 首钢股份000959

BEIJING SHOUGANG CO.,LTD.

3号高炉

**公司董事长：朱继民**

**公司总经理：刘水洋**

北京首钢股份有限公司主营各类线材及特殊用途钢，是我国规模最大的线材生产销售基地，产品质量享誉海内外，广泛应用于长江三峡、黄河小浪底、上海杨浦大桥等国家重点工程。

公司拥有优良的资产、先进的技术、强大的规模经济优势。上市以来，更以稳步增长的经营业绩，科学规范的管理，赢得了广大投资者高度信任，在国内资本市场树立了良好形象。

新的世纪，首钢股份将以高科技为主题，全面实施用高新技术改造钢铁业、大力发展高新技术产业的发展战略，实现人、技术、环境的和谐统一。

公司地址：北京市石景山区石景山路
邮政编码：100041
电　话：010 – 88293727
传　真：010 – 68873028
电子邮箱：office@sqgf.com.cn

董事长：朱继民 先生

# 北京首钢股份有限公司

BEIJING SHOUGANG CO.,LTD.

八流方坯连铸

高速线材生产线

用首钢提供的钢材建成的杨浦大桥

深圳首钢先科 CD-R 数字光盘生产线

首钢股份参与投资的清华阳光太阳能产品在国外使用情况

首钢股份参与投资的北京博奥生物芯片实验室

2004.5.18
利好中国
热烈祝贺
深证证券交易所开设中小企业板

# 中小企业板9大看点

经国务院批准，中国证监会宣布同意深圳证券交易所在主板内设立中小企业板。根据证监会的正式批复，开设的中小企业板有9大看点。

**●主板一部分**
中小企业板块是深交所主板市场的一个组成部分

**●新股模样**
将重点安排主板市场拟上市公司中具有较好成长性和较高科技含量的中小企业发行股票和上市

**●两个不变**
中小企业板将在主板市场法律法规和发行上市标准的框架内运行

**●四个独立**
运行独立、监察独立、代码独立、指数独立

**●改进开盘集合竞价制度**
将改进开盘集合竞价制度和收盘价的确定方式，进一步提高市场透明度，遏制市场操纵行为

**●新监管指标**
将引入涨跌幅、振幅及换手率的偏离值等监控指标，并将异常波动股票纳入信息披露范围，按主要成交席位分别披露买卖情况

**●募集资金定期审计**
将建立募集资金使用定期审计制度

**●年报增加新内容**
将建立涉及公司发展战略、生产经营、新产品开发、经营业绩和财务状况等内容的年度报告说明会制度

**●股东持股分布定期披露**
建立定期报告披露上市公司股东持股分布制度

耕
耘

# 目　录

## 第五卷　证券市场的退市机制建设



## 第六卷　上市公司经营管理谋略

## 第七卷 证券公司的运营管理

## 第十一卷 2003~2004年证券法律法规汇编

**C5.电子(21 家)**



**C6.金属、非金属矿物(69 家)**

**G.信息技术业(39家)**



**H.批发和零售贸易(60家)**

**C8.医药、生物制品(20家)**



**C9.其他制造业(4家)**



**D.电力、煤气及水的生产和供应业(16家)**



**E.建筑业(8家)**

## 第十四卷 2002年度中国上市公司经营评价



## 第十五卷 2003年度部分中国上市公司年报

**(截至2004年3月31日按年报披露日期先后排列)**

## 彩 页 索 引

600487　江苏亨通光电股份有限公司
600553　河北太行水泥股份有限公司
600559　河北裕丰实业股份有限公司
600573　福建省惠泉啤酒集团股份有限公司
600722　沧州化学工业股份有限公司
600635　上海大众公用事业(集团)股份有限公司
600747　大连大显股份有限公司
600789　山东鲁抗医药股份有限公司
600802　福建水泥股份有限公司

**第二册目录前**

000402　金融街控股股份有限公司
000680　山推工程机械股份有限公司
000726　鲁泰纺织股份有限公司
000780　内蒙古草原兴发股份有限公司
000859　安徽国风塑业股份有限公司
000817　辽河金马油田股份有限公司
000887　安徽飞彩车辆股份有限公司
000959　北京首钢股份有限公司
000983　山西西山煤电股份有限公司
重庆天健会计师事务所有限责任公司
北京京都会计师事务所有限责任公司

**第二册 916 页后**

深圳证券通信有限公司
申银万国证券股份有限公司
国信证券股份有限公司
中关村证券股份有限公司
中原证券股份有限公司
世纪证券有限责任公司
金通证券股份有限公司
长城证券有限责任公司
华龙证券有限责任公司
方正证券有限责任公司
德恒证券有限责任公司
长财证券经纪有限责任公司

**第三册目录前**

中国银行基金托管部
中国工商银行基金托管部
招商银行基金托管部
交通银行证券投资基金托管部
中国农业银行证券投资基金托管部
南方基金管理有限公司
招商基金管理有限公司
天同基金管理有限公司
长城基金管理有限公司

**第三册 1368 页后**

000078　深圳海王生物工程股份有限公司
000825　山西太钢不锈钢股份有限公司
000983　山西西山煤电股份有限公司
600532　山东华阳科技股份有限公司
600573　福建省惠泉啤酒集团股份有限公司
600595　河南中孚实业股份有限公司
600789　山东鲁抗医药股份有限公司
000889　秦皇岛渤海物流控股股份有限公司
中国银行
鹏华基金管理有限公司
汉唐证券有限责任公司
华夏证券有限公司北京东直门南大街证券营业部
海通证券股份有限公司上海新沪路证券营业部

VOLUME 1

# 第一卷

## 宏观经济态势下的中国证券业

- 我国宏观经济形势与证券业发展
- 中国证券业迎面证券市场国际化
- 适时采用积极的股市政策
- 公司债券:资本市场稳定健康发展的突破口

最近几年，在国家积极的财政政策和出口增长的推动下，我国经济发展速度正不断加快。随着世界经济尤其是美国、日本、拉美、东南亚等国家和地区经济出现复苏迹象，我国证券业也逐步摆脱监管政策调整的负面影响，投资者信心逐渐恢复，市场交易开始活跃，尤其是2003年第四季度和2004年年初，新股的发行加速了证券市场的恢复。在此前提下，国家以证券业市场化、规范化、国际化、法制化为改革目标，大力推进证券市场的各项改革，进而促进整个金融市场的健康发展。

# 第一章

# 我国宏观经济形势与证券业发展

2003年，我国经济综合实力、国家财力状况、国民收入水平都上了一个新台阶，这可从一系列经济数字得以证明：国内生产总值11万亿元、人均GDP超过1000美元、GDP增长9.1%、财政收入突破2万亿元、出口总额4300亿美元、居民储蓄余额达10万亿元……说明我国经济态势喜人，水涨船高，作为国民经济一部分的证券业也随着经济态势的不断好转而得到良好发展：股市外部环境得以改善、市场制度日益完善、企业债券规模大幅增长、境外机构投资者涌入等等。

## 一、股票市场外部环境得到明显改善

当前及今后相当长时间内，我国股票市场面临的宏观经济环境是十分积极有利的。

2003年GDP增长9.1%，达到116694亿元，是1997年以来增速最快的年份，按汇率计算，我国GDP相当于1.4万亿美元，人均GDP达到1090美元；第一、二、三产业增加值分别为17247亿元、61778亿元、37669亿元，分别增速为2.5%、12.5%、6.7%；第一、二、三、四季度分别增长9.9%、6.7%、9.6%、9.9%；CPI上涨了3.2%。表明我国经济并未受"非典"疫情太大的影响，继续保持高速增长的势头。

2003年，中国商业银行货币投放能力继续扩大。$M_1$达到8.4万亿元，增长18.7%；$M_2$达到22.1万亿元，增长19.6%；金融机构本外币存款余额22万亿元，增长20.2%；城乡居民储蓄存款余额10.4万亿元，增长19.2%；金融机构本外币贷款余额17万亿元，增长21.4%；外汇储备达到4033亿美元，增长40.8%。因此可以说，高储蓄率和资本控制，为中国的经济发展提供了稳定的资金来源，为中国经济的高速增长创造了必要的条件。

自古以来中国人就具有储蓄的习惯，这种节俭的传统一方面为投资提供了雄厚的资本金，同时消费增长速度大大低于投资的增长速度，正好符合加速原理（加速乘数）的要求。根据加速原理，收入的变动引起的消费需

求会引起投资的成倍增长，任何经济体都难以筹集到满足消费增长所需的资金。因为目前有大量外资流入中国，这一要求在中国可以实现，2003 年全国新批设立外商投资企业 41081 家，比上年增长 20.22%；合同金额 1150.70 亿美元，同比增长 39.03%；使用金额 535.05 亿美元，同比增长 1.44%。外资在华办企业最主要的原因是中国拥有大量廉价劳动力，这使得美国、德国、日本等发达国家纷纷关闭其国内制造企业，投资中国，结果给中国经济带来了巨大动力。就目前国际形势而言，在美元贬值的情况下，只要人民币汇率顶住升值压力，相信外商投资会不断增加，满足投资所需。

中国的资本市场基本上是一个封闭系统。过去 10 多年来，A 股市场一直存在跷跷板效应，股市不仅与期市、债市抢资，而且在多数时候与直接投资增长成反比。如果宏观经济情况好转、直接投资增加，投入股市的资金规模会减少。目前中国资本不会因资本市场开放而大批流向海外，其中最重要原因是：中国所谓的“食利阶层”目前尚未成气候，富豪多是第一代，因此具有创业和直接投资的倾向，而不像海外富裕阶层倾向寻找专业投资人士帮助理财。总之，中国经济增长是由中国传统经济地位、经济周期决定的。中国曾在五千年的文明历史长河中，创造了世界财富的 30%～50%，而 2003 年中国人均 GDP 仅为日本的 1/40，仅占全球 GDP 的 4%。可以预见，中国经济持续增长是一定的，而且中国能够承受高经济增长率。

与此同时，预计 2004 年世界经济将温和复苏，我国面临的国际环境将会进一步改善，从而在相当程度上减缓宏观调控的压力，在全球经济利好条件的影响下，全球主要股市普遍上涨，预计未来亚洲、南美、欧洲的资本市场会活跃起来，进入新的上升周期。在 1991～2003 年底 13 年间，企业通过境内外筹资突破 1 万亿元，达 10130.11 亿元。A 股筹资 5173.53 亿元，B 股筹资 46.75 亿美元，H 股筹资 268.83 亿美元，A 股市场配股筹资 2172.2 亿元发行可转债筹资 269.11 亿元。2003 年筹资 1357.75 亿元，较上年增长 41.17%，其中 23 家企业发行 H 股筹资 64.57 亿美元，同比增长 193.77%；82 家 A 股筹资 564.17 亿元，同比下降 17.23%；24 家 A 股配股、1 家发行 B 股筹资分别得 74.79 亿元、0.43 亿美元，发行可转债 180.6 亿元；2003 年底，我国共有上市公司（包括 A、B 股）1287 家，增加 63 家，市值 42457.71 亿元，同比增长 10.77%；投资者开户 7025.41 万户，比上年增加 141.33 万户；2003 年股市累计成交金额 32115.28 亿元，同比增长 14.73%；日均交易额 133.26 亿元，增长 12.83%。在这种条件下，我国股市已具备相当的投资价值，市场未来下跌的空间有限。

## 二、市场基础制度建设日趋完善

首先，经济宏观调控政策制定水平进一步提高，并有效促进产业结构优化调整。目前，我国货币政策、财政政策扭转是较为宽松的。2003 年，为保持国民经济平稳、健康运行，央行针对经济运行中出现的问题及时发出了一系列政策信号和相关措施，并且货币政策实施的初步效应已开始显现。可见在未来一定时期，央行将会认真贯彻落实“全面、协调、可持续”的发展观，增强货币政策和金融宏观调控的前瞻性和科学性，继续执行稳健的货币政策，强调预测、微调和结构调整，以继续维护经济与金融协调发展的良好势头。与此同时，积极的财政政策也将进一步推行，且正在酝酿功能转型，以促进经济产业结构的有效调整。

其次，证券法律制度建设进一步健全。目前，我国已颁布的证券法律制度有《公司法》、《证券法》、《证券投资基金法》及一系列法规文件等。尤其是《证券法》颁布实施四年多来，有力地促进了证券市场的规范和发展，使我国证券市场无论是数量还是质量都上了一个新台阶。但是，由于证券市场的迅猛发展，证券法作为规范证券市场发展的一部基本法，已有部分条款与现今形势跟不上，所以现今正在修改此法，进一步明确和规范证券市场上出现的新问题。无论如何，在四年多的实施证券法实践中，我们积累了相当的证券市场交易及监管经验，证券市场内外部环境发生了较大变化，特别是面对我国加入世贸组织后的新形势，证券法的部分内容需要作适当调整。通过修改证券法，调整证券法确立的证券市场的制度框架，为市场的发展和创新提供空间；完善市场主体的约束机制、加强对投资者的法律保护；完善监管机构的执法机制和手段，提高证券监管的权威和效率，将有力地促进证券市场的稳定发展。

最后，股市的积极调整完毕，交投日趋活跃，上市公司质量进一步提高。对A股市场整体状况，从表面指数看，市场相对于繁荣兴盛的顶点距离较远，但这并不意味着股市疲软或出现边缘化，而是指数失真造成的假象。指数失真主要源于股市扩容和股指计算方法两个主要因素。流通市值、平均股价的可比统计可以清楚地揭示这种失真。因此，市场已在相当程度上完成了价值回归。另一方面，A股市场面临一个积极的变化，就是上市公司扭转了多年来每股收益持续下跌的趋势，出现了大幅增长的势头，当前股市整体动态市盈率已不到30倍，2004年上市公司业绩增长可能减缓，但预计仍将保持两位数的增长速率。

## 三、企业债券发行规模将大幅增长

随着我国浮动佣金制、上市保荐人制等政策的出台，公司上市扩张坚冰开始溶解，证券公司通过更有竞争性的服务促进上市公司一系列资本运作行为的合法化、合理化。同时，资本市场也将逐步改变“股市为主体”的单一资本市场格局，债券市场将迅猛发展。

2003～2004年，在诸多积极因素的作用下，如《证券公司债券管理暂行办法》、《证券公司债券登记结算业务办理规则》、《国务院关于推进资本市场改革开放和稳定发展的若干意见》等等相继推出，企业债券市场面临良好的发展机遇，企业债券发行规模将大幅增长。(1)新的《企业债券管理条例》将会颁布，企业债券发行市场将逐步市场化。(2)随着国民经济运行的日趋活跃，社会投资机会日益显现，企业有着迫切的融资要求。而随着企业效益的根本好转，我国企业有能力扩大资金运用规模。(3)各类社会主体，包括银行、投资基金、保险公司及个人等有着较为强烈的债券投资要求。因此，明年企业债券的发行规模有望大幅增长。根据2003年已下达而未能于年末完成发行工作的债券发行额度，2004

年特大型企业的融资需求等因素保守估计，2004 年企业债券发行规模增速将在 100%以上。

在债券市场的具体运行机制上，政府和业界正力争在制度创新、产品创新、市场服务及市场监管等方面有新的突破。一是完善企业债券交易制度，积极稳妥地进行竞价交易制度、做市商制度和大宗交易制度等多种交易模式的试点和探索；二是加强对债券新品种开发，研究推出附认股权债券、认债权证和结构性债券产品的可行性；三是进一步完善服务体系，强化服务理念，以诚挚的服务态度、先进的技术支持、低廉的上市和交易成本，为市场参与各方提供高效优质的服务；四是强化以信息披露为核心的监管制度，制定和完善企业债券信息披露规则，进一步强化对债券发行主体的监管，提高企业债券市场的透明度；五是积极开展企业债券市场发展的前瞻性研究，对涉及企业债券市场运行的各个环节——发行方式、交易机制、监管模式、衍生产品等进行更为深入地研究，为企业债券市场的规范和健康发展提供支持。

积极财政政策酝酿功能性转型，国债发行规模将有所缩水。积极的财政政策已实行了 6 年，共发行长期建设国债 8000 亿元，成效显著。考虑到 2004 年国际经济环境将进一步趋好，世界主要经济体经济逐步复苏，国内自主性增长进一步趋强，物价水平进一步回升，社会投资日益活跃等因素，2004 年可以适当减少国债发行规模，但考虑到国债投资对经济的支撑作用，国债规模不宜下降太快。据测算，2004 年 GDP 增速将达到 8.5%，2004 年国债发行需 1100 亿元左右，国债发行规模将较 2003 年有所缩小。国家将鼓励效益好的国有企业通过债券的方式筹资，国债将进一步向西部基础设施建设和东北老工业基地倾斜。

## 四、机构投资者引导价值投资理念深化

当前我国证券市场已经并正在经历着如下一些深刻变化：市场规模扩大了，市场运行的法制环境日益健全完善；机构投资者得到了超常规发展，由此也使得市场博弈格局由先前机构对散户的博弈方式转变为机构对机构的博弈方式。市场局势的转变逐步引导着市场投资理念的变化。

2003 年，证券市场价值投资理念的主题词为“核心资产”，2004 年将把“核心资产”进一步的演化和深化。其原因在于 2003 年的“核心资产”源于新一轮经济投资拉动的行业如钢铁、石化等。照此估计，2004 年“核心资产”会进一步深化到医疗业和消费业品牌企业。同时价值投资理念会随客户结构的多元化，投资策略的多样化而呈现出一定的分化。价值投资的核心在于发现市场外在价格低于或没有反映内在价值，即实际价值被市场低估的证券。具体而言，2003 年基金引导了证券市场行情，2004 年证券市场的机构群体将是基金、券商集合理财、保险公司的资产管理公司、QFII 等等。他们的投资策略、博弈方式将深刻地影响市场走势。

### 1. 开放式基金规模扩大，赎回压力将有相当程度缓解，有望整体出现净申购

先前的证券投资基金管理暂行办法中“1 个基金投资于股票、债券的比例，不得低于该基金资产总值的 80%；1 个基金投资于国家债券的比例，不得低于该基金资产净值的 20%。”在此两项规定的作用下，投资者预期股票市场、债券市场联袂下跌时，只能选择赎回基金份额以避免可能的投资风险。在这种情况下，选择赎回则成为投资者的理性行为。2004 年证券投资基金法的正式实施将在根本上解除开放式基金的制度约束。因此，所以预测，明年开放式基金的净赎回趋势能够得到根本遏制，并将出现反转，出现整体净申购，但是，这个过程中开放式基金将会出现严重的两极分化，一部分投资管理出色的基金将会得到市场的青睐，从而出现巨额净申

购，而一些运作状况较差的基金可能会被市场抛弃，不排除出现开放式基金清盘的可能。

基金品种创新将会大规模出现。2004年，货币市场基金，保本基金将会在市场上面世，并将获得较大规模的市场份额；交易所交易基金（ETF）由于集指数基金、开放式基金的优点于一身，也将有望在上交所上市，且会得到市场的广泛认可；集中于某一行业的全股型基金有望出现等；第一支“封转开”基金有望出现，封闭式基金大幅折价的趋势将得到根本改观。《证券投资基金

法》的实施为“封转开”提供了法律依据，从而使基金持有人自行决策“封转开”成为可能。我们相信，2004年基金法正式实施后，在相关各方的努力和配合下，第一支“封转开”基金有望成功出现。

### 2. 券商可运用资金规模将会大规模增长

2001年以来，证券市场持续低迷，市场环境和相关政策的改变使得证券公司的承销、自营、经纪和资产管理等业务都面临相当的困境，几乎所有的券商都在惨淡经营。2004年随着市场环境的逐步转暖，相关政策措施的引入，证券公司将面临机遇与挑战，相互之间将会出现分化重现，有可能出现兼并收购的局面。

自2002年开始，券商发行上市和发行债券相继启动，这些措施将极为有力地增强券商实力。2003年年底，中国证监会已公布《证券公司客户资产管理业务试行办法》。该法在2004年2月施行后，将可以使券商资产管理业务规模大幅增长，从而为券商带来可观的收入。券商财务顾问新业务领域的开辟，为券商带来了新的盈利增长点。对于券商发债融资，2003年8月底到9月初，证监会相继发布了证券公司债券管理暂行办法等五个相关配套法规文件，并于10月8日起正式实施，券商发债进入实质性操作阶段。据粗略估计，首批券商债券融资规模将在300亿元人民币左右，有望在明年募集完成。券商发债融资来的资金，将有相当部分流入到二级市场，从而给市场资金面带来新生力量。

### 3. QFII将加速进入境内市场，资金规模将会大幅增长

2003年QFII机制全面启动。目前QFII投资额度运用进展迅速，已有部分使用完第一批额度，并提出了追加额度申请。截至11月18日瑞士银行有限公司获批增加QFII投资额度3亿美元，国家外汇管理局2003年已推准QFII投资少额度已达到16亿美元。截至2003年底，批准的QFII投资额度有望超过20亿美元。我们预计，2004年批准的QFII投资额度将会超过2003年。

目前市场上出现的“核心资产”概念极受欢迎，究其实质就是和QFII有关的资金集中投向核心资产。QFII在选择投资定业时，高度重视企业所处行业的景气度及其在行业中的地位。同时，重点关注动态市盈率和股票流动性问题，这些均给境内投资者留下深刻印象。事实也证明，QFII的核心资产投资理念，极具市场盈利优势。

从长远来看，中国资本市场必将与国际市场接轨。引入QFII，实际上不但是为资本市场引入外资，更是加强了中外交流，推动市场走向成熟。相信在不久的将来，当我国QFII入市规模达30～50亿美元的投资规模时，QFII的投资理念在境内市场的影响将进一步提升，并且在推动资本市场和经济发展方面产生更大的作用。

总之，我国宏观经济形势与证券业是相互发展相互影响的，要大力发展证券市场，促进国民经济的快速发展。

# 第二章

# 中国证券业迎面证券市场国际化

证券市场国际化是中国资本市场开放的内在要求，是中国资本市场发展不可回避的首要问题。当然，国际化是东西方文化冲突与融合的过程，这一过程是长期的。本文通过分析国际因素对我国证券业的影响，试图探寻中国证券业国际化的路径。

金融在现代经济中已经成为一种社会性的战略资源，被提升到全局性、宏观性和战略性的地位。我国加入 WTO 以后，随着经济的进一步国际化和全球化，国内资本与国际资本之间的较量，即国内外金融领域的竞争将日益激烈。可以说，提升我国金融业的竞争力以抗衡国际资本的竞争已经关系到我国国民经济的前途与命运。从发展趋势看，金融结构为适应当代经济的发展而变迁，传统金融业正加速向现代金融业过渡。在现代金融中，以资本市场为核心的虚拟经济日益壮大，功能得到不断拓展，已经在相当程度上动摇了银行在金融体系中的主导地位。在国外甚至还曾出现过“银行消亡论”的说法。2000 年全球直接融资占总融资的比重，平均值约达 56%，而马来西亚和美国更是高达 80.8% 和 78%。因此，积极发展以股市为核心的资本市场，在世界各国已经成为一种必然趋势。

## 一、资本市场的战略地位与证券市场国际化

资本市场地位的上升，根源于实体经济中产业结构的变迁与升级。经济的发展过程实质上是产业结构不断调整和升级的过程。世界经济发展的历史表明，在主导产业类型不同的经济发展各阶段，必然有不同的融资市场以及融资模式与之相对应。产业结构的调整与融资结构的变迁是同步进行的，不同类型的产业需要不同的融资模式与之相适应。对于劳动密集型产业和资源密集型产业，可以通过银行提供信贷资金；对于资本密集型产业，需要发展债券市场及股票主板市场来为其募集资金；而对于知识和技术密集型产业，则要求资本市场功能在股票主板市场基础上进一步拓展与深化，创设二板市场和风险投资市场。我国作为一个发展中的人口大国，劳动密集型产业是我国现阶段的基础，而积极发展资本密集型和知识密集型产业是我国未来经济发展的主导方向。因为国家经济竞争力取决于它本身的比较优势。在我国，廉价而质优的劳动力是当前发展经济最突出的比较优势，劳动密集型经济在国际上最具竞争力，但是附加值低也是不争的事实，因此，国内经济应以发展劳动密集型经济为根本。但是，时至今日经济要想在原有的基础上取得重

大的突破，只能走产业升级的道路，大力发展高回报率的资本密集型和知识密集型的产业。

发展资本密集和知识密集产业，从根本上讲就是要促进经济资源合理地向资本密集和知识密集部门流动，这关键在于为这两类部门打通融资的渠道，创建一个有效的融资市场。由于资本密集企业和知识密集企业更多地需要股权性和长期性债券资金，银行的短期信贷资金是无法满足其需求的，因此，发展资金市场为资本密集和知识密集型企业融资就成为我国经济发展的必要条件。任何消极对待、阻碍甚至限制资本市场发展的观点和做法都是违背经济发展的内在要求的，必将给我国经济的持续健康发展带来不利的影响。对于资本市场，我们必须善待，必须在充分尊重市场经济规律的基础上采取积极有效的政策措施来促进和支持其发展，这一点在当前形势下显得尤为重要。

## 二、国际化因素对我国股市的影响

尽管我国股票市场现有的规模仍难以完全发挥经济晴雨表的功能。但股票市场走势与宏观经济持续数年的背道而驰也是不正常的，探究市场低迷的根源，除了前几年市场过度投机和不规范以外，国际化因素的影响也不可忽视。推进证券市场对外开放，使市场的运行环境发生了很大变化，在某种程度上加剧了股市的波动。

### 1. 市场运行环境变化

加快证券市场对外开放的步伐，既是世界经济一体化的要求，也是我国证券市场规范化、市场化建设推进到一定阶段的产物。2003 年以来，一系列涉及证券市场国际化的政策开始显现。《外资参股基金管理公司设立规则》、《外资参股证券公司设立规则》、《关于向外商转让上市公司国有股和法人股有关问题的通知》、《合格境外机构投资者境内证券投资管理暂行办法》等政策法规的陆续颁布，在推进我国证券市场进一步国际化的同时，也对证券市场原有的运行环境尤其是价值评估体系造成了较大冲击，当然，也使投资者的心理预期发生了变化。这是我国证券市场从不规范逐步走向规范、从不成熟逐步走向成熟所要付出的代价。从长远来看，它是有利于我国证券市场健康发展的，这也是为什么股市长时间大幅度调整的重要原因。2003 年，随着 QFII 第一单的成交，标志着 QFII 已正式登陆中国，QFII 的实施是中国资本市场走向国际化与国际成熟资本市场接轨的第一步。其意义不在于带来多大的资金量，而在于如何减轻因开放带来的阵痛。比较小的代价获取较大的国际化利益是迫切需要研究和解决的重大课题。较之成熟股市、上市公司治理结构不合理，非流通股问题是困扰我国证券市场发展的瓶颈。投资理念、盈利模式也在变化之中，处于转型期的中国股市出现震荡也是难免的。

### 2. 国际主要资本市场对我国的影响

近几年来，全球经济一直不景气，国际主要资本市场出现大幅动荡，拉美地区出现新一轮金融危机。在世界经济不景气，国际主要资本市场大幅动荡的背景下，美、日又相继爆发了大型上市公司财务造假丑闻，安然、世通、施乐等世界级大公司的财务丑闻，严重打击了投资者的持股信心。发达国家持股指数出现了罕见的连续三年下跌，正经历着上个世纪二、三十年代经济大萧条以来最惨烈的熊市。美国道琼斯工业平均指数 2002 年底仅收于 8361.63 点，全年跌幅达 16.26%；伦敦金融时报 100 指数，自 2000 年科技股泡沫破灭以来连续三年下跌，缩水 43%；法国股市主要指数跌幅约 35%；日经 225 指数在 2002 年内下跌 19%，创下日本股市近 20 年来的新低。国际主要资本市场的大幅动荡对处于与国际接轨进程中的我国股市影响不可小觑。从投资者的心理预期来看，我国股市与国际接轨是大势所趋，在动荡的国际环境中，我国股市也很难独善其身。

### 3. 妥善处理稳定与发展的关系

在世界经济一体化的今天，证券市场的国际化是必然趋势。证券市场国际化是一把双刃剑，机遇与挑战并存。20 世纪 90 年代以来，亚洲金融危机、墨西哥金融危机、巴西金融危机的纷纷爆发都与上述国家或地区证券市场国际化有一定的关系。鉴于此，在推进证券市场对外开放时，必须妥善处理发展与稳定的关系，必须充分考虑到我国证券市场“新兴加转轨”的特征。也就是说，证券市场国际化必须从我国的

客观实际出发，稳中求进，不超越我国资本市场发展的历史阶段，才能以较小代价换取较大的国际化利益，从而推动我国证券市场健康发展。

## 三、世界资本市场发展对我国的借鉴

当今世界较发达国家非常重视发展资本市场促进经济增长的作用。近年来无论在立法上还是在宏观经济政策方面都采取重大举措来大力促进资本市场发展。在强化直接融资方面也做了大量工作，取得了许多经验。综合世界各国发展资本市场的经验，结合我国金融改革和资本市场发展有以下几点可资借鉴：

### 1. 以立法促进金融混业经营

20世纪来，英国、日本先后于1986 年和 1998 年陆续放宽限制，取消了银行不可以直接经营证券、保险业务的禁令，开始实行混业经营。1959 年美国的《现代金融服务法案》实施，使该国进行了以金融混业经营为核心的金融体制调整和改革。国外混业经营主要分两个阶段：第一阶段主要是银行与证券的混业经营，主要体现在一些法律制度的完善。第二个阶段是银行与保险的混业经营，这是近年出现的新趋势。最具代表性的是“安联”保险公司与德累斯顿银行的合并对国际金融业有重大影响。发展金融混业经营的主要目的是增强金融机构的竞争力，改革银行不适应形势需要的传统业务以适应经济全球化。目前世界上最具竞争力的银行经营特点有三个方面：其一是自我补充资本和处理呆账能力；其二是利润主要来源于非利差收入；其三是经营业务多元化、服务范围广泛。2003 年德国联邦政府通过修改《投资法》和《投资税法》改善德国的金融市场秩序，强化对投资者的保护，增强本国资本市场实力，提高上市公司竞争力，以此保护投资者权益。

目前，我国对银行、证券、保险采取的是分业经营。分业经营的模式在我国加入 WTO 后，外国银行依仗全能银行或其一系列子公司的业务优势争夺客户，对我国金融业产生了不小的冲击，这使得我国商业银行、证券公司、基金管理公司、保险公司在激烈竞争中面临极为不利的处境。同时应该看到，加入 WTO 后，我国金融改革和发展任务更加艰巨，中央银行与银监会分家只是完善监管体制第一步，更重要的是要根据我国加入 WTO 后，世界各国金融混业经营潮流带来的挑战，因此我们要及时调整有关金融监管法律制度，沉着应对国际社会金融混业经营发展趋势对我国金融业发展的影响。探索货币市场、证券市场与保险市场之间有机结合，均衡发展新路，建立健全的银行、证券保险业之间协调管理机制在目前尤为关键。

### 2. 主张国家干预

近年来，各国政府对资本市场作用认识大大前进了一步。主要体现在两个方面：其一，发展直接融资是建立健全市场经济约束机制的最基本环节。资本市场发展的好坏直接关系到经济体制是否完善。对欧盟而言，过域去重视直接融资不够，落后于美国。近年来奋起直追，从立法后政策上都加大扶持资本市场的力度。其二，改变了过去认为市场是万能、不需要干预的认识，开始意识到当市场处于极端状况时政府需要主动采取政策引导和宏观调控。

2003 年，德国在银行、证券、保险等领域深化改革配合，采取了更为宽松的政策。主要措施有以下几个方面：(1)发展机构投资者。放松管制，增强市场供给，缩短基金发行审批期限，对境内外基金进入货币市场平等对待，以增加机构投资者。(2)增加投资品种，提高市场流动性。取消基金品种限制，鼓励创新基金品种，允许跨国操作衍生证券基金，扩大交易量。(3)提高信息透明度。通过简化“招股说明书”和统一使用欧洲“招股说明书”标准，便于投资者在决策时对境内外进行比较。(4)规范、简捷、明确批准程序。除了分散风险一般原则外，对市场准入采取适度放开政策。(5)允许银行信贷资金进入股市。过去对信贷资金进入股市有较多限制，新法案规定，基本不加限制地允许机构投资者投入借贷资金进入股市。(6)允许实施卖空机制，允许对冲基金通过卖空机制防范风险，为了提高“做空”透明度，规定“做空”方有义务报告证券卖空情况。(7)以欧盟委员会的统一解释，实施和使用指令内容统一，确保在欧洲金融市场上基金业的公平竞争。

我国直接融资发展仅有十多年的历史，仍处于新兴市场发展阶段，需要采取扶持政策和健全的法律缺席促进其发展，近年来由于对资本市场认识上偏差对其发展受到很大的影响。较为突出的是一方面对非流通股造成的股权结构的扭曲，形成证券市场缺席性缺陷的现实认识不足。另一方面缺乏使资本市场、货币市场和保险市场有机结合的法律框架，对加入 WTO 后外国金融机构进入我国和世界金融变革带来的挑战缺乏法律准备。

### 3. 以资本市场为依托完善社保制度

近年来，西方国家重视资本市场对社会保障体系的支撑作用。过去西方国家虽然也允许社会保障资金进入资本市场，但并没有充分认识到资本市场对维护健全的社会保障体系所起的重要作用。近年来，西方国家福利政策对财政支出的影响越来越大，养老基金增值压力越来越大。在实行严格监管前提下，各国政府开始鼓励养老基金大举入市实现保值增值。

在这种思路上各国均建立了社会保障资金与证券市场之间的良性互动发展机制。德国、瑞士、挪威三国社会保障体系非常完备。德国有专门为实施个人养老金计划而设立的基金品种，规定该类基金遵守一般基金投放原则外，还必须遵守如下投资规则：(1) 股票和不动产投资不得低于 51%；(2)股票投资不得低于 21%，不得高于 75%；(3)不动产投资不得高于 30%；(4)未进行对冲风险的外国货币不得高于 30%；(5)只有在以对冲风险为目的时，才能运用衍生工具；(6) 基金收益包括取得的投资红利与已实现资本利得必须进行积累，不得用于分配。

我国的商业保险和社会保险虽然发展很快，但是除少量资金允许投入资本市场外，基本与资本市场脱离关系。我国社会保障体系所需资金缺口大，单纯依靠财政拨款是无法解决的。健全社保体制筹集资金机制，完善社保资金保值增值功能，关键是要建立社会保障体系与证券市场良性互动机制。一方面应放宽商业保险资金、社保基金进入证券市场限制；另一方面通过立法加强对其管理。建立以资本市场为依托的社会保障资金保值和增值机制是从根本上解决我国社保体系资金不足矛盾的关键举措。

## 四、证券市场国际化的路径选择

证券市场国际化的内涵包括市场开放和制度转换两个方面。只有市场开放，没有制度转换，证券市场国际化不可能成功，只会带来风险。如何实现从目前的现实选择到最终模式的转换、实施金融调整、金融改革和金融管制放松，也都是证券市场国际化的内容。

在证券市场国际化进程上可分为三个阶段：第一阶段，目前应该鼓励 FDI、长期证券投资、长期政府债券投资等形式的国际资本流动与之相配的证券市场国际化的间接改革措施。第二阶段，随着银行业和证券市场改革的深入进行，资源配置效率的提高，应该逐步取消对短期和长期资本流出的限制，使境内外证券投资有条件地松动。第三阶段，人民币实现资本项目可自由兑换。人民币成为广为接受的流通货币，国内金融监管体制已经基本健全，资本自由进出我国也已经水到渠成，最终完成我国证券市场的国际化。

从理论上讲，只要一国存在比较严格的外汇管制和利率管制，在此前提条件下设计的证券市场国际化模式都只能是过渡性步骤。很难避免市场机制扭曲，最终都会面临与国内证券市场并轨的现实问题。西方学者研究表明：FDI 不仅意味着资本的流入，它同时还是技术和管理经验转让的途径。实证研究结果表明，FDI 的大量流入能够提高劳动生产率，实现经济增长，而证券组合形式的资本流入与经济增长的关系还没有定论。

我国还是资本缺乏的国家，目前还不宜采取证券组合形式的国际资本流入。原因在于人民币完全可自由兑换条件不具备时，证券市场的过早全面开放只会造成短期国际资本流动的不可控性。我国证券市场的发展战略目的是发挥资本市场的资源配置功能。但是，目前由于缺乏实现资本有效配置的机制，表现出资本过剩的“表象”。这其中有金融中介方面的原因，也与技术方面的不足导致的产品相对过剩有关。因此，在国内缺乏资源有效配置机制的情况下，资本的大量流入很容易导致资本流入效率比较低的行业。

当前，快速发展的中国对外国直接投资的吸引力是非常大的，2002 年一举超过美国成为全球吸收 FDI 最多的国家，2003 年中国这方面的表现同样不俗，究其原因：首先在市场规模方面，中国是世界上人口最多的国家，市场发展潜力巨大。其次在经济发展方面，中国实行改革开放以来经济稳步快速增长，连续 20 多年经济增长率超过 7%，而且有力地抵御了东南亚金融危机，以事实证明了中国经济的良性发展。再次在政治方面，中国政治稳定是所有外国企业的共识。此外，中国加入世界贸易组织以及获得 2008 年奥运会主办权，无疑是对中国政治稳定和经济稳步快速发展的又一肯定。外国在中国的投资产生积极的影响，对我国继续实行“以直接投资为主、间接投资为辅”的方针是非常有利的。

然而，证券市场国际化问题关系到整个经济体系的方方面面，必须系统地考虑国际化路径选择的政策措施。(1)完善公司治理结构。着力提高上市公司在内的企业部门的运作效率、研发能力、自主创新能力和增强竞争能力。(2)国有银行实行股份制改造。建立完善的公司治理结构，真正实现商业化运作，渐进实现利率和汇率的市场比，最终实现资本有效配置机制的建立。2004 年初，财政部对中国银行、建设银行共注入 450 亿美元以补充资本金，标志着这两大国有银行在政府的大力支持下，向整体上市迈出了最为关键的一步。(3)证券市场在对外开放之前，加强证券市场的规范化建设，市场化优于国际化。证券市场的规范化建设，是证券市场国际化的重要前提。鼓励民营企业、中小企业上市，加强监管机构、市场中介机构、服务机构、上市公司和投资者在内的所有市场主体的自身建设。(4)加强金融监管。在加强金融立法的同时，要改变传统过多地采用行政手段的方式，适当放松市场准入、业务领域、分支机构的设立、资本充足性的审批监管，加强上市公司资产负债比例管理和风险管理，建立起风险预警机制和危机处理机制。

证券市场国际化在任何一个国家不都可能一蹴而就，更何况我国的资本市场的建立至今尚不足二十年。但是近期我国资本市场的发展取得了一系列可喜的成绩：QFII 的正式实施，中国人寿保险上市成为 2003 年全球最大一单 IPO，财政部对中行、建行的大笔注资以及对社保基金、商业保险基金逐步入市的认可，这些无不表明我国的证券市场在近年来要进行突破性进展，在向国际化进程中迈出更具实质性的步伐。

# 第三章 适时采用积极的股市政策

积极的股市政策和财政改革都不能长久。因为经济发展和社会服务都是系统工程，任何侧重某一环节的政策都是不可取的，然而，在我国证券业改革的不足和资本市场开放的紧迫性注定了我国应该实施积极的股市政策。本文通过对积极的财政政策和股市政策的效应对比分析，试图说明当前施行积极的股市政策的可行性和必要性。

积极的股市政策本质就是，寄希望于政府以积极的改革思路采取积极的金融政策，来推动资本市场这一经济发展引擎。实施积极的股市政策将对我国财政政策的转型提供良好时机，并引导国家财政致力于经济结构调整，将国家控股企业经营效益低下的问题交由资本市场解决。

## 一、积极的股市政策的主要内容

积极的股市政策不是一种救市政策，而是一种促使股市健康发展的政策。这种股市政策的实质是针对中国股市中长期存在的股权分裂和股本泡沫这两个最主要的弊端。用主动的、积极的和深刻的制度创新来逐步摆脱行政体制对股市的束缚，全方位地完成股市从二元机制向一元机制的制度跨越，进而使中国股市在发展中具有充分的吸引力和在国民经济全局中发挥更积极的作用。具体说来，积极的股市政策至少应包括三个方面的内容：

### 1. 正确认识股市的市场地位

股份制和资本市场是先进生产力发展的产物，处于资本市场核心地位的股市，在资源配置中理应发挥主导作用。积极发展股票市场已成为我国经济体制改革的最重要内容，是中国走向现代化市场经济的国家战略。可以说，股市在任何一个现代化市场经济国家中处于重要地位，但没有任何一个国家的股市会像我国的股市那样，在国民经济中具有“牵一发而动全身”的地位，也没有任何一个国家的股市会像我国的股市那样具有巨大的发展潜力和广阔的发展空间。做好了股市这篇大文章，我们就可能从总体上促进国民经济的发展。

### 2. 调整股市政策的作用方向与力度

当前我国正处于进一步完善社会主义市场经济体系，全面建设小康社会，积极参与经济全球化进程的关键时刻。然而，我国股市的发展现状与大力发展资本市场、完善社会主义市场经济体系的改革目标不相适应，与全面建设小康社会的战略目标任务不相适应，与我国快速增长的宏观经济形势不相适应，与上市公司经营业绩提高的情况不相适应，与居民金融资产增加不相适应，也与2003年以来全球主要资本市场指数回升的情况不相适应。因此，我国必须调整股市政策的发展作用与方向，采用积极的股市政策，从改革发展与稳定的关系、金融与经济的关系，统筹间接融资与直接融资的关系、市场结构与市场效率的关系，全面规划股市的发展方向，建立信息共享、沟通便捷、职责明确的协调配合机制，为股市发展创造良好的环境和条件。

### 3. 要积极和主动地化解股市中的既有矛盾

在这方面，核心是在保护投资者利益的前提下，解决非流通股的流通问题，进而解决上市公司的“一股独大”和法人治理结构问题，使中国股市真正成为规范发展的市场，使上市公司逐步摆脱行政机制的重要束缚而成为市场主体。

总之，积极的股市政策就是要主动化解矛盾、积极促进发展、逐步走向规范，以股市的稳定带来整个社会的稳定，以股市的发展促进社会资本运作效率的提高和体制转轨的加速实现。

## 二、积极财政政策长期化的负作用

积极的财政政策是以扩大政府投资而拉动经济增长为目标的宏观经济政策。1998年，为抵御亚洲金融危机对我国经济的冲击，我国政府开始实施积极的财政政策。6年来，为实施积极的财政政策，我国已累计发行长期国债8000亿元，加上银行的配套资金，总投资规模已

超过3.5万亿元。从积极财政政策的实施效果来看,它对我国有效地抵御亚洲金融危机和保持经济增长的确起到了明显的积极作用,在扩大就业、保持社会稳定方面亦是功不可没。但是,这一短期政策的长期化也相应地产生了负作用,在发展与改革两个方面都出现了比较明显的负面影响。

### 1. 政府与市场功能遭到扭曲

以财政为核心来运作投资资金是旧体制的一个典型特征。而在积极的财政政策下,这种投资模式已在被不断复制。旧的投资市场与投资模式不仅在相当大的程度上被保留了下来,而且还在某些方面被不断强化,使得整个社会投融资体制的转轨受到了有形的与无形的钳制,进而使整个社会行政体制向市场体制的转化遇到重重困难。必须指出,财政政策长期成为经济运行的主导性政策,不符合现代市场经济的发展要求。从发展现代市场经济与加快经济体制转轨的角度来看,社会投资应借助资本市场进行市场化运作。由市场引导社会资金流向成长性朝阳型产业,同时政府辅之相关的产业政策加以引导。因此,积极财政政策的淡出实属必然。

### 2. 积极财政政策的长期化积累并加大了金融风险

积极财政的大规模资金投入采用的仍然是旧体制下的委托代理关系。由于委托代理的环节太多,代理的链条过长,再加上"所有者缺位"、"外部约束软化"以及投资项目确立的主观性与随意性等原因,使得这些投资效率与效益都不能不大打折扣。根据乘数原理,一旦这些资金到了还款期而又无力偿还时,整个社会的金融风险就会被成倍放大,甚至会危及整个社会经济的发展与稳定。根据市场经济原理,一个市场要成为有效有序的市场,就必须使逐利成为市场灵魂,使竞争成为主导机制,使要素成为整合对象,没有这些基本条件,市场就不可能成为有效率的并对整个社会产生强大向心力与辐射力的市场。长期实施积极的财政政策会使市场资源配置功能减弱,会使社会风险集中于政府金融系统内,增加经济发展的隐患。

现代市场经济条件下的宏观经济政策主要是财政政策与货币政策的松紧搭配。在我国现阶段的金融体系中,不仅存在着大量的不良资产因而蕴含着巨大的金融风险,而且现代市场经济中不可或缺的信用制度还未建立起来,金融体系面临着偿付危机,而且还由于在整个经济体系呈现通货紧缩趋势的情况下,局部领域又出现了经济过热的苗头,并且出现了原材料价格的持续上涨与电力供应全面紧张。在这种情况下,我国应调整财政政策和货币政策的搭配力度,将部分政府主导功能转向市场配置,适当放松货币政策,用货币政策工具调控社会资金的供求关系。

## 三、积极的财政政策和股市政策的对比分析

积极的股市政策具有积极的财政政策所不具有的内在优势,这种内在优势使得积极的股市政策能够取代积极的财政政策而成为经济运行的主导政策。它体现了现代市场经济的全部要义和精髓。与积极的财政政策相比,积极的股市政策更能反映经济改革与经济发展的内在要求,因而具有明显的制度优势与发展优势,也更符合现阶段中国经济的实际情况。

### 1. 政府职能

积极的财政政策是一种"体制复归"的政策;积极的股市政策则是一种制度创新的政策。由于股市的制度创新本身就具有"挤缩行政机制,放大市场机制"的功能与作用,并且是一种巨大的产权变革过程。积极股市政策的实施将会引起政府相关职能的转变,加强经济发展模式转换进程,促进整个国民经济逐步走向良性循环。

长此以来,政府投资的范围过宽、力度过大、时间过长,不可避免地限制了民间资本的发展与流动。而积极的股市政策启动了民间资金,这在总体上也符合经济改革的发展方向,有利于实现政府、市场与企业的重新定位。换言之,积极的股市政策使政府将可替代积极财政政策对经济增长的促进效应,将使中国经济运行在相当大的程度上摆脱对行政权力与行政机制的过分依赖,也可减少政治体制的改革障碍,促进政府职能角色的重新定位,这在中国改革与发展史上具有里程碑意义。

积极的股市政策应立足现代经济,切切实实地发展股票市场乃至整个资本市场,是这个现代市场经济与资源配置最主要和最重要的基础,这将成为推动中国经济

发展和体制创新的巨大变量，进而给发展中的中国经济注入巨大的活力和动力。同时，积极的股市政策还会向全社会表明政府发展现代市场经济的坚定信念，积极股市政策的实施也将展示出政府解决股市矛盾的方法和艺术。极大地提高市场投资者对中国股市的信心，也会在相当大的程度上排除我国股市发展中的各种干扰，提高市场的透明度进而使市场能有一个相对稳定的预期。改革开放的实践证明，我国国企改革和经济多年来的持续高速增长，均得益于股市的发展成就。因此，积极股市政策的实施将深刻的进一步优化中国经济运行机制，并对中国社会与文化等各方面都产生持久和深远的影响。

2. 经济增长方式

积极财政政策的实质是扩大社会的投资规模，通过投资来拉动经济增长。这是一种典型的外延型经济增长方式，是单纯在增量上做文章。而积极的股市政策则着眼于内涵的提高，是在增量与存量的结合上做文章，特别强调盘活存量。换而言之，积极的财政政策是政府筹钱、政府花钱的政策，而积极的股市政策却是社会筹钱、社会花钱的政策。

到 2003 年底，沪深两市的总股本为 6428.46 亿股；其中，市价总值达 42457.71 亿元，流通市值达 13178.52 亿元。如果按沪深股市平均每年每股约 2.5 元的净资产计算，那么全部非流通股转为流通则可变现 9989 亿元。由于在非流通股中，国有股的比例为 50%以上，因而这些国有股的变现将使政府回收超过 5000 亿元的资金，相当于实施积极财政政策前 4 年发行长期国债的资金总额。

目前，我国股市的非流通股流通政策还未确定，但既然非流通股可以以净资产的价格向外商转让，那么就不能拒绝以同样的条件向市场上的投资者转让。处理此问题的前提条件是，政府必须坚持积极、公正的态度和立场，把股市的发展视为中国经济体制改革的重大制度跨越过程，并且坚持“不与民争利”的原则。一般而言，制度的跨越是要付出代价的。但解决国有股的减持与全流通问题，政府应注意保护二级市场风险的承担者即流通股股东的利益。因为，只有投资者赢了才有可能实现多赢，在此特提供一种缩股全流通的解决方案。缩股全流通是指根据一定时期的流通股平均价格与净资产价格的比价，对非流通股进行缩股，再用 5 年甚至更长时间分批上市，以尽量减少全流通对市场的冲击。从动态的角度来分析，缩股全流通可使市场的总股本降低 50%左右，上市公司的每股税后利润提高 50%左右，整个市场的市盈率降低 50%左右，这三个 50%将极大刺激中国股市增长氛围的形成，而牛市的形成又会反过来为我们解决经济与社会矛盾提供机遇，从而一步一步地完成中国经济体制性跨越。

3. 经济运行机制

积极股市政策的实施将从根本上改变中国经济的运行格局。目前的经济体制改革已经进入“阵痛期”。从体制关联的角度来说，上市公司的痼疾也正是中国经济体制改革的痼疾，股票市场所面对的难题也正是中国经济体制改革过程中亟待解决的问题。

从深层次上讲，当今中国经济中各种重大问题的解决，都无不与中国股市的规范与发展有关。中国股市的重大制度创新和从行政机制向市场机制的制度跨越，无疑也将会引起整个经济体制的深刻质变。实施积极的股市政策不仅从表面上可解决股权分裂与股本泡沫问题，而且还可从根本上解决我国经济的主体部分——上市公司中产权制度变革的历史遗留问题，即会促使社会经济中最有活力的部分，率先完成市场化运作。上市公司产权变革的完成将极大地削弱行政机制在经济运行中的地位与作用，有助于在公司市场运营中全面地导入竞争机制，并且在本质上恢复股票市场的功能与作用。市场内在机制的全面梳理将会大大提高市场的有效性，这也会大大提高股市的向心力与辐射力，并在此基础上提高上市公司的资源整合能力和整个市场的资源配置效率，而在这个过程中，社会、市场和投资者也会得到巨大好处。

4. 经济产业结构

积极财政政策的投资重点是事关国民经济整体运行的大项目和大企业，这种资金投向很难保证经济的分层次发展和大、中、小企业的分层次竞争。而积极股市政策却可做到大、中、小企业并举，特别是在多层次的股票市场建立健全后，其效果更明显。尤其重要的是，股市在促进产业结构的升级与发展高科技企业方面具有其他市场无法企及的制度优势，这对于调整和解决我国经济

中所固有的结构性矛盾具有特别重要的意义。同时，多层次的市场及其在竞争中的优胜劣汰可以带来产业结构和产品结构的深刻调整和整体演进，并且可以大大地提高我国的经济实力与综合国力。

在市场竞争机制上，积极财政政策在一定程度上限制甚至阻碍了竞争，而积极股市政策却可全面地导入竞争。实施积极的股市政策，通过竞争机制的存在和作用来实现要素的优化配置与合理组合，并且在竞争中实现经济的繁荣和发展。换而言之，积极的财政政策在某些方面、某种程度上会压制市场机制的形成和市场功能的发挥，而积极的股市政策却是要促进市场机制的形成和放大市场的功能与作用。因此，实施积极的股市政策，可强化市场竞争效应，促进经济产业结构的优化调整和转型升级。

经济产业结构调整升级离不开劳动力市场的强力支持。积极股市政策的实施将大大增加市场的就业机会，从而促进劳动力市场的形成。目前，处于转型期的中国经济面临着巨大的就业压力。从1998到2001年，全国城镇登记的失业率一直为3.1%，2001年则上升到3.6%，2002年又进一步达到4.0%。增加就业机会与就业岗位一直是政府工作中的头等大事，但从我国目前实际经济状况来看，市场的就业潜力实际上并不是很大。而如果实施积极的股市政策，那么股市活力的增强就将成为增加就业的一个新的重要增长点。股市预期机制的改善将大大增加市场的吸引力与向心力，这将成为扩大就业机会的一个重要职业来源；上市公司资源配置能力的提高和证券从业队伍的扩大都将成为社会就业人员分流的重要渠道，这也会反过来促进社会的稳定与整个社会经济的发展。

另外，从对外经济角度来看，实施积极股市政策还可以在近期内减轻人民币升值的压力。目前，我国的外汇储备余额已超过4000亿美元，巨额的外汇储备再加上其他一些原因，形成了人民币升值的压力。从我国经济的现实来看，人民币升值显然是弊多利少。在现阶段，如果能把B股市场盘活，不仅会将增加社会的直接融资渠道，而且还可以在市场上分流巨额的外汇资金，从而大大舒缓人民币升值的巨大压力。在B股市场没有比较明确的保障制度前提下，对于市场和投资者来说，盘活B股市场要比实施QFII要容易得多也有利得多。

总之，经过十多年的发展，我国的股市已具备相当规模。时至今日，无论是何种类型与何种规模的企业都很难不与股市发生联系，而且在我国国民经济中，相对规范、相对透明、相对约束较强也相对效益较好的仍然是上市公司。积极股市政策，旨在解决股市和经济运行中的缺陷和问题，促进市场发展，造就一个健康和规范的市场。因此，积极的股市政策不是救市政策，它是能使整个社会获益的政策，是一个利国、利民、利市并且能够实现市场和社会多赢的政策。

尽管股市在发展中还存在着诸多缺陷和问题，但其大的发展方向是与中国经济改革的总体趋势是吻合的。就国有经济来说，目前，国有资产的核心部分几乎都已上市，国有企业对股市的依存度与依赖度已大大加深，在这种情况下，离开股市去谈国有资产的保值增值，就必定会流于空谈。

# 第四章

# 公司债券：资本市场稳定健康发展的突破口

公司债券是资本市场发挥其功能的主要证券载体，从这个意义上说，缺乏公司债券，将使我国企业融资渠道大大变窄。美国著名金融学家米什金认为“发行股票并非工商企业融资的最重要来源，发行债券远比发行股票重要得多。”在世界各国中，就股票市场而言，美国最发达，但美国2002年通过公司债券融资所获得的资金是比通过股票融资所获得的资金高15倍。

## 一、我国公司债券市场的发展现状

自上世纪90年代初开始，中国的资本市场发展比较集中地表现为着力推进股票市场的发展，到2003年底，上市公司总数已达1287家、股份公司数以万计、沪深股市的投资者开户数已达7025万户，反映了我国投资者强烈的投资愿望。

在美国，公司债券占三大证券(公司债券、政府债券、股票)每年融资总额的比重达60%，欧洲甚至高达80%。然而，在我国企业债券所占比重不足2%，而且现今以现代企业制度建立起来的公司大多没有发行公司债券的权利，债券市场的主要发行者仍然是政府，是积极的财政政策的主要资金来源。可以说，我国的资本市场是一个扭曲不完整的市场。

2001年7月以后，中国股市直线下挫，绝大多数投资者损失惨重，并引致了2002年证券全行业亏损。究其根本原因是，在盈利较高的投资组织几乎完全由股票构成的条件下，只要股市发生系统性风险而全线下落，中小投资者也难逃投资失败的厄运，这不仅反映了我国资本市场在证券品种上的严重缺陷，而且凸现了一旦缺乏具有稳定性功能的基本品种——公司债券就将给资本市场运行带来高风险，这从反向角度说明了公司债券作为主体债券的定位是由资本市场稳定的内在要求所决定的。大力发展公司债券市场是完善资本市场的必然要求。

## 二、公司债券市场的发展前景

我国是高储蓄率国家。一方面，国家以预算的方式投资项目基础设施；另一方面，居民巨额储蓄通过银行贷款转化为投资，最终形成地方政府投资或企业投资。最近几年的商业银行改革以来，银行控制不良贷款的背景下，产生了收缩信贷倾向，使得银行必须面对庞大的存款所带来的巨额利息负担。此外，中央政府发行国债大部分为商业银行获得，近年来，人们争购国库券的火爆场景可以看出，并非国民没有投资热情，而是资本市场上缺乏有吸引力的资本商品。公司债券相较其他资本商品具有巨大的发展空间和良好的市场前景。

### 1. 稳健投资模式

在现代市场经济中，广大城市居民是资金的供给者，他们中的绝大多数人属“厌恶风险”的投资

者，即只有在投资本金的安全性基本有保障的条件下才乐于投资。在三大基本证券中，股票属高风险证券范畴，即便舍去股票投资在时间、精力、成本和知识技能等方面的特殊要求，这种高风险特征决定了一些投资者不愿意直接个人股市投资。与股票相比，公司债券虽然也有风险，但在通常条件下本金的安全性基本有保障，而收益率又高于储蓄存款和政府债券，因此，广大居民有着较强的公司债券投资意愿。另一方面，从企业角度来看，在成熟的市场经济中，股权融资是一种高成本的融资方式，它不仅可能稀释股息，使股票价格下跌，而且可能改变公司内部管理结构并由此引致公司内部经营策略和发展战略的改变。而一个稳定延续的领导团体是保证改革的前提条件，与运用股权融资相比，发行中长期公司债券，既可满足公司对中长期资金的要求又可使融资成本低于银行贷款，有利于保障股权结构的相对稳定，提高公司的经营利润。也正因如此，众多成熟市场里的企业倾向于运用公司债券融资。这种资金供给者和资金需求者的共同选择决定了我国公司债券在资本市场中的未来主体地位。

### 2. 资本市场的核心稳定器

20世纪 90 年代中期以后，中国经济运行中逐步形成了资金相对过剩与资金相对紧缺并存的怪异现象。在金融运行中，资金可分资本性资金和债务性资金，鉴于大多数企业资产负债率居高不下和银行存款积压，经济中数以亿元计的相对过剩资金和巨大的资本需求，形成了一对突出的矛盾。要解决这一矛盾，单凭股票市场融资是极其不够的。据一些专家分析，2000 年我国股票融资占当年融资总量的比重为 12%，到 2002 年股市不景气时，这一比重降低到 1.6%，1992 年最高股票年融资额也不超过 2000 亿元，2001 年以后下落到不足 600 亿元，单靠股票融资很难从根本上分流高额储蓄余额，繁荣资本市场。

现代经济是一个复杂的系统。在这个系统中，投资和消费是经济增长两个核心内容，而消费的支出很难长期高速增长的。因此，经济的增长就更加依赖投资，庞大的国家预算会引起财政赤字，从而影响相关的货币政策，增加财政风险。虽股市是经济增长的晴雨表，但它往往受到人们的心理、社会舆论、文化知识等等多种条件的制约，极不稳定。经过十多年的股市风雨后，人们从盲目从众转为理性观望，现今各种投资基金的发展趋势也正说明人们对股市风险的认识加深了，人们偏向让更有专业知识技能的基金帮助理财。在股市处于低谷的时候，并不是企业资金需求最少的时候，这种背离对那些有增长潜力的上市公司是沉重打击，一旦行情不好，上市公司再次筹资将遇到极大困难。公司债券大力推行，有利于补充企业的现金流量，提高企业的投资能力，推进公司和资产重组。大力发展公司债券市场也有利于推进利率市场化、优化金融机构的资产结构和投资组合、降低金融运作成本的运作风险、制衡股市价格、促进信用制度建设并为金融产品创新提供必要的基础性条件，有了公司债券市场这一庞大、稳定的融资渠道，资本市场才能真正波澜不惊、阔步迈进。

### 3. 庞大的投资人群

我国城镇富裕起来的人群是我国未来债券市场的

投资者主体，这类人群对资金有保值增值的投资意愿，这从我国高达 10 万亿元的居民储蓄就可以得到证明。货币主义学派认为人们的投资行为受人们两种心理因素的制约:货币投机偏好和货币灵活偏好,人们一方面偏好持有那些高回报的资本品,另一方面人们更倾向于持有那些容易流转的资本品。即人们更愿望保留容易兑现的资本品以作他用,比如消费以防备不时之需或拿来投机。不同的人群的投资心理有很大差别。资金比较充裕的投资者会偏向于证券市场投机或者直接投资于实体经济，那些资金只算富余的储户承受风险的能力、心理也是脆弱的。在理智投资的今天,股票投资已丧失了对个人储户投资的强大吸引力,正是因为如此在国家债券发行中,才引来众多投资者疯狂抢购。

建立一套完整的金融宏观调控体系,也离不开一个发达的公司债券市场。因为,一方面发展公司债券业务可以增强证券经营商抵御股市涨跌所带来的冲击;另一方面也有利于解决我国银行债务性资金相对充足与资本性资金相对短缺的矛盾。人们在利率下降时,会减少债券的投资但绝不会像抛掉股票一样以低于其真实价值的价格出售，这便是公司债券市场的后阀门效应,这一效应使得投资公司债券市场的人数会很庞大且比较稳定,而这正是现代资本市场所需要的。

## 三、公司债券市场的改革思路

我国证券市场的发展与我国宏观经济良好发展大环境极不相称。在高储蓄率、经济高增长的中国大力发展公司债券市场,分流银行存款理当成为我国资本市场发展的主要目标。从我国债券市场的总体情况来看,推动债券市场的完善和发展,应从以下几个方面考虑。

### 1. 债券发行监管

债券发行条件,要求设置专向偿债账户、强化信息披露、限定定向发行债券的书写对象和转让范围,要求设置债券持有人会议和债权代理人等。定向发行债券的投资者作为新类别投资者,除享受证券法及有关法规规定的债权权利外，还享有《证券公司债券管理暂行办法》(简称《办法》)及配套文件中规定的许多权利。证监会主要论证如何从严规范,尽可能降低债券偿还风险和审核风险。《办法》建立起保护投资者权益的制度基础:严格规定发债主体的责任，建立了完备的偿债机制,要求发行人采取多种措施保证偿债义务的履行;要求建立债权代理人机制,在授权范围内代表众多的债券持有人对发行人进行监管。此外,通过契约约定设立证券持有人会议,对涉及债券持有人重大利益的事项形成集合意见以充分保护债券持有人的利益。借鉴国际先进经验，规范债券条款的设计,在现行法律框架内突出债券条约的契约性,同时,兼配债券条款的标准化,将从实践的角度推动债券市场法规建设。

树立诚信观念,突出发债人的债务约束。主要是强化偿债措施,促进证券公司负责人带头提高证券市场的诚信观念,加大对公司股东董事和高级管理人员举债义务和持续责任，使发债不仅是取得资金的一种好处,而且应成为公司内控、自我约束、改善认识的一种压力,使证券公司起到关键中介的市场检验。强调公开发行和定向发行人的信息披露义务和责任,并要求特别提示投资者。要建立起债券发行公司严格、合理的首次信息批露条款,做到持续信息披露,保证定期信息披露。重大事项、年度审计、会计报表及时报告、公告,切实做到既加大对信息披露的监管力度又降低信息披露的成本,既规范首次发行的信息披露又规范持续性信息披露的原则。

### 2. 强制性担保

我国投资者对债券的风险意识并不强,尤其是在国家债券和国有大型企业债务为核心的债券市场上,人们对投资债券的风险的认识是不够的。然而,随着国家对企业法人资格的越来越清晰的界定,企业的市场主体地位日益增强,其市场行为将失去政府信用的担保,势必会增加债券市场的投资风险,这也是要做好当前强制性担保制度的根本原因所在。只有建立起风险缓冲、释放的多级渠道,增强债券的流动性特性,才能形成繁荣的债券市场新局面。我国《担保法》规定:有抵押、质押、信用保证等形式,靠公司自有财产的证券进行质押,以取得贷款或发行债券是将自身存量资产盘活,提高资产利用效率的一种方法，是资本市场的一种强力衍生功能，是资产向资本转化的根本要求的体现。而利用第三方的信用保证进行贷款或发行债券则是连带信用价值的体现。市场化担保是资产市场化和信用市场化发展的必然产物,对公司债券市场的发展具有特别重要意义。

除了必不可少的有效担保外,发行人还要建立专项流通债账户,为债券的到期还本付息提前做好安排要求指定人负责债务事务,为债券本息支付成立专门小组,同时对利润分配的高层管理人员做出适当的约束,对债券的购置和提前偿付做好事先约定。

### 3. 建立完善的信用评级制度

我国由计划经济转向市场经济过程中,经济发展同市场信用服务不足的矛盾日益突出。企业、个人以非法手段牟取暴利、制假、贩假、售假等等违法活动比较普遍,不仅给人们的生活蒙上了一层厚厚的阴影,同时也危害到我国产品在国际市场上的形象。社会信用机制的形成依赖市场主体的自觉增强。当然,也离不开政府加强执法和社会普遍市民的密切配合,共同营造对社会丑恶现象说“不”的良好市场环境。总体来说,我国资信与债券市场深化发展是不相适应的,主要表现在三个方面:(1)社会信用环境不佳。债券市场以国家信用担保的政府债券,企业债券为主,债券市场对信用的需求不强。信用投资、价值投资的理念还没有深入人心,这正是监管促进市场中介信用的重要原因。(2)资信评级行业存在过度竞争和低度素质。目前,我国信用评级机构近50家,但是,建立起完整的评级方法,较科学的内容管理制度,有一定业务规模和影响力的评级机构数量极少。发展信用评级机构不要盲目铺摊子,最主要的是人才培养,国家可以以资格考试的方式加强引导,为未来信用评级机构发展储备人才。(3)竞争无序,社会无所适从。中国信用评级市场孕育着巨大潜在发展空间,资本市场深化发展呼唤信用评级为代表的中介机构发挥更大作用。但是无序竞争的状况削弱了信用评级机构的盈利能力和创新能力。“评好不评坏,报喜不报忧”的现象使得信用评级服务变质变味。

在现阶段,建立信用评级中介至少有三方面的作用:(1)中介评级为投资者作出理性判断提供中介参照,规范的信用评级为投资者提供客观、公正、准确的资信信息,可以减少信息不对称给投资者带来的投资风险,从而增强投资者入市的积极性。(2)信用评级还利于维护整个资本市场的公开、公平、公正。对公司债券、股票、期货、期权各类资本商品都需要建立严格的风险考核制度,确立这种制度的最终目的是让资本向最高效的项目流动,实现资本保值增值。当然,债券市场也良莠不齐,国外公司并购盛行的“垃圾债券”,虽然受到风险投资者的爱好,但是缺乏有效的信用标志,盲目投机炒作只能是投机商此消彼涨的博弈。建立客观公正独立的信用评级制度,不但可以减少盲目投资和市场欺诈,而且有助于投资者树立理性投资观念。(3)信用评级可以作为市场监管者的辅助力量。发行人花费的必要的中介费用可以通过缩短发行债券时间得以弥补。同时,也使投资者分担风险以达到自我保护的功能,这与监管者维护市场和保护投资者的意图是相通的。

### 4. 政府是推动公司债券市场的核心力量

在推进债券市场相关法律法规的修订,在债券市场信用服务中介等机构运行不断完善的同时,政府应当改变以政府债券、企业债券为核心的债券商品结构,放宽公司发行债

券的限制条件，将发展公司债券作为未来债券市场发展的重点。以求最终形成全社会投资的链式投资模式。

①全面落实公司债券的有关制度。理清企业债券的概念，不应当将公司债券、企业债券的范畴作为发行条件来考虑，要鼓励非上市公司通过债券市场融资，逐步降低政府债券的发行比例，逐步淡出企业债券。要进一步完善公司债券的监管法规及相关政策体系，避免企业债券与公司债券的双轨运行所产生的矛盾和不规范现象。出台与公司债券创新相关的各项法律法规，保障和激励公司债券的创新，支持公司债券发行中介服务机构的竞争和发展，尽快形成一个完整债券市场各关口准入、活动的法律体系。

②调整公司债券发行制度。逐步弱化公司债券发行程序中的核准制，积极推进登记制；改变公司债券承销中的余额包销制，实行全额包销制，加大承销商的市场风险，通过市场竞争提高它们的业务素质；同时，要建立起公司债券发行的市场询价制度(包括竞价制度)，完善公司债券的价格形成机制。

③发展多层次的公司债券交易市场。进一步完善公司债券在证交所场内的交易，适时将一部分债券推入银行柜台交易，从而形成至少两个层次的公司债券市场，以推进市场组织之间的服务竞争；放松对投资者之间直接交易公司债券的限制，积极发展无形公司债券市场，推进各类型债券市场之间的协同发展；适时放松对债市做市商机制的限制，完善债市交易机制，给债市中介者更多的创新空间；引进投机资金，建立广大债券投资者回避风险的平台；建立公司债券市场的退市机制和债权收购机制，提高债市运行质量和债券上市公司的守信程度。

④扩大发债主体。要将发债主体从大型国有企业和国有控股公司扩展到商业银行等金融机构、上市公司、民营企业；由中资企业为核心向外资企业延伸。支持外资企业不仅有利于外资企业的国有、集体成分的发展，也有利对外开放和资本市场的长期发展；发债主体由特定国际金融机构向一般国际金融机构延伸，支持有能力的公司通过一般国际金融机构从国外筹集资金。

⑤鼓励公司债券创新。推进资产证券化债券、抵押贷款债券、信托债券等债券资本品的发展；在境内适时推出由境内企业发行的外币债券；放松境内企业到境外发行公司债券的管制；适时推出债券利率的互换交易、期货交易和公司债券的指数期货交易等衍生产品。

⑥调整公司债券的监管体制。根据公司债券市场的发展状况，在企业债券数额明显减少而债券发行登记制度已比较完善的条件下，可考虑将现存的企业债券和公司债券由国家发展和改革委员会监管。金融债券由银监会监管，证券公司债券由证监会监管的分别监管格局进行调整，在风险预警机制的前提下，实行各类公司债券统一监管的格局。

在我国证券市场日益推进国际化的条件下，大力发展公司债券市场，形成多层次、宽领域的证券市场发展新格局，对我国资本市场的发展尤为重要。

VOLUME 2

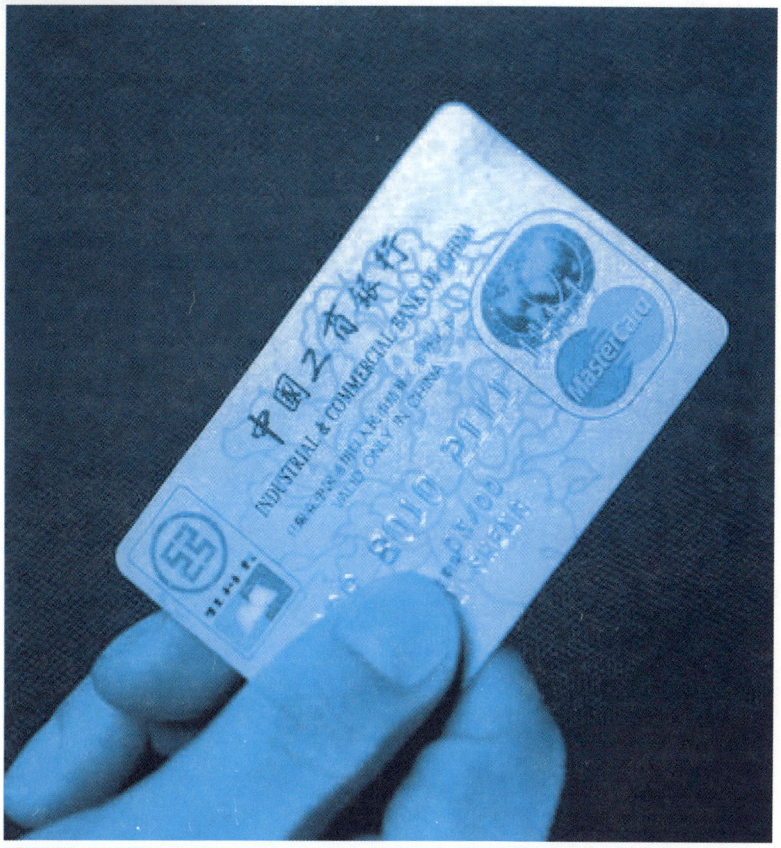

# 第二卷

## 中国资本市场改革与发展

中国证券市场成立时间短、发展快，在短短十几年时间内上市公司已近1300家，筹措内外资万亿余元。证券市场的快速发展，对促进改革开放、社会经济发展、科技进步、低成本资金筹措、资源的优化配置、国有企业的改革、国家财政收入增加等方面都起到了积极作用。客观地讲，中国证券市场还是一个不成熟的市场，有许多方面亟待完善，需要各方面共同努力，使之完善成熟起来。最近国务院颁布了《关于推进资本市场改革开放和稳定发展的若干意见》，把大力发展资本市场作为一项重要的战略任务提出来，并就九个重要方面提出了具体措施，针对性强，意义深远。中国资本市场面临着前所未有的良好发展环境。如果说中国资本市场的创建是第一个春天的话，那么《意见》的出台，标志着我国资本市场发展的第二个春天已经来临。在这个春天里，我们在“创新”与“发展”的政策理念指引下，逐步建立和完善多层次的资本市场，让资本市场真正成为中国经济快速发展的原动力。

# 第一章

# 中国股市呼唤创新

调整经济结构是中国经济发展中必须着力解决的一个基本问题。不论是产业结构调整、公司并购、资产重组、高新技术发展都需要足够的资本性资金支持，而股市是资本性资金的重要来源之一，股市因而成为支持整个国民经济的重要一环。然而我国股票市场还存在一些问题，如严格的审批制、行政机制“调控”市场运行、股权分裂、对产品创新及市场准入的管制等。为此，要保证国民经济持续、快速、健康发展，就必须以创新的思维与方法解决好中国股市出现的问题。

## 一、不断发展的中国股票市场

中国股票市场十多年来，在推进中国经济发展、市场经济体制建设和现代企业制度确立的过程中，功不可没。就市场规模来说，中国股票市场用 10 年时间取得的成绩比某些发达国家近百年的努力还强。从证券品种来看，资本市场似乎由股票市场、债券市场、基金市场等构成，并且已展开了公司并购、资产重组等活动，可以说明多元化的资本市场已初步建立，这其中股票市场的作用尤为重要。从实务操作角度出发，由于企业债券数额过少、价格波动较小，基金几乎全部投资于股票等原因，从某种意义上讲，中国的资本市场已经成为中国股票市场代名词。

有关数据显示除 2002 年 1 月设立的国债柜台交易系统外，其他各种证券的交易基本只有一个层次的交易系统，其中沪深两个证券交易所集中了股票、基金证券、企业债券等交易，银行间交易市场则集中了金融债券的交易，而国债交易则被人为地划分为两者之间。中国股市的成长也是一波三折，它最初在柜台交易中形成，1990 年以后，随着沪深证券交易所的设立，柜台交易却被视为非法交易市场而取缔；1992 年 7 月以后，随着 STAQ 系统的设立，各地相继设立了一批证券交易中心，逐步发展成为场外交易市场，但在 1998 年 5 月，在防范金融风险的指导下，这些证券交易中心又被视为非法市场而遭取缔，由此形成了由沪深证交所构成的单层次股票市场。

在我国，国债、金融债券、企业债券、股票和基金证券等分属不同的政府行政部门管理，使得具有内在替代性和互补性的基本证券被人为地分割为几个有着明显行政壁垒的部分。在此框架下，各个行政主管部门运用

行政机制直接管理对应的金融机构，形成了中央集权式行政格局，具体表现在证券交易市场被分割为证券交易所市场和银行间证券市场，同时每个证券市场均纳入行政管理体制，不仅具有明确的行政级别，而且主要高管人员也大多由行政部门任免。各个行政主管部门都成为一个相对独立的行政权利主体，彼此间也有协同合作，但均隐含着保护自己的部门利益，由于利益关系有着明显差别，所以各个政府主管部门出台的法规不尽协调。可以说，我国要完善资本市场体系，尚需走一段较长的历程。因此，我们要加大对中国股市的创新力度，促进证券市场的持续快速健康发展。

## 二、向多层次股票市场体系迈进的现实意义

### 1. 我国证券市场的发展程度应该与经济发展的现实需求相匹配

中国现在进入新一轮的结构性成长期，很多产业面临产业重组和产业升级的机会。截至 2002 年底，我国国有资产总计 11.8 万亿元，其中经营性资产占 65%。随着国有资产管理体制的改革，这些国有资本将进行战略性选择，一定会涉及到进退方式选择的问题。一些历史性遗留问题也需要解决，国内前些年改制成立但未上市的股份制公司已有几千家，现在大部分公司发起股东的股份三年锁定限制已到期了，有了股份转让的需求。此外国内中小企业、民营企业融资比较困难，已经影响到这些企业的进一步发展。而与此同时，国内目前有 11 万亿的居民储蓄，却没有很好的投资方向。因此建立多层次股票市场的需求是非常大的，而且这些需求都是非常现实的。

### 2. 中国地区间、企业间发展不平衡

中国是一个发展中的大国，由于自然、历史条件不同，各地经济发展状况很不平衡，具体表现在各地的经济资源状况、经济技术水平，市场发展水平等差别很大。在这种背景下，采取统一标准发展单一层次的全国性股票市场，显然是不合时宜的。现在，商品市场、劳动力市场、技术市场都已遍布全国各地，早已能满足不同企业、个人的需求，资本市场要想适应经济的发展，就必须建立多层次的市场体系。从国际情况看，美国、日本、欧盟的国内或区域内各地经济差别明显小于中国，但它们的证券交易所的数量、资本市场的层次明显超过中国。因此，有必要考虑多设置几个区域性股票市场

中国地域辽阔，更有着上千万家企业，这些企业在资产规模、技术水平和发展要求等多方面肯定都有所差别，因此，各种企业在经营发展的不同时期对资本市场也有着不同的要求。企业如果没有资本市场尤其是股市的支持，也能依靠自身的积累由小到大、由弱到强发展起来，但这将是一个缓慢的发育过程。加入 WTO 以后，国内市场面临的是更加激烈的国际竞争，国内企业要在较短的时间内发展壮大起来，只能依靠资本集中机制，资本集中只能依靠资本市场的输血，而不能由银行贷款等方式所提供的资金集中解决。这中间的原因在于银行贷款是一项债务性资金，它是建立在资本性资金基础之上的。为此，如果中国的资本市场特别是股市，不能有效地为各类企业提供多层次和多元化的资本集中路径，其自身存在的价值也就大打折扣。

与大中型企业相比，众多中小型企业的发展更需要资本市场的支持。从国际趋势看，绝大多数大型企业都是从中小型企业逐步成长起来的，这中间与运用资本市场机制支持创业投资从而支持创业公司的发展是分不开的。创业公司在其运作之初大多是小型企业，这决定了它们几乎不可能利用按成熟企业标准设立的股票主板市场机制，得不到资本市场的有效支持，其发展必将面临严重困难。为此，为创业公司订体量身打造资本市场机制，已成为一种国际性潮流。中国作为一个发展中大国，创业公司的比重很高，这些创业公司既是支持中国经济可持续发展的重要力量，也是支持中国经济国际化的重要希望，因此，必须充分考虑这些企业的利益诉求。

### 3. 中国资本市场必将与国际接轨

国际资本市场是一个多层次、多元化、多样化的资本市场，在实现国际接轨中，如果中国资本市场仍然是一个层次单一、品种单调、机制单向的市场，那么这种接轨就是一个没有准备的接轨，还可能给中国金融运行带来严重的风险，从而就像一把利剑高悬在中国经济运行之上。以索罗斯为代表的国际投机大鳄为谋取暴利而在

求者的有效连接，更不能将资本市场在推进经济资源有效配置和再配置方面的基础性作用充分发挥出来。中国经济运行中发生的资金相对过剩与资金相对紧缺并存的状况，归根到底，是由资本市场过于单一和规模狭小所引致的。因此，应积极调整资本市场的各种结构，充分发挥其在配置资源方面的基础性功能，有效实现与实体经济的协调发展。

股市和汇市上的连环操作，是引致1997年东南亚金融危机的重要原因。国际炒家所以能得手，也是与泰国等相关国家和地区的资本市场层次单一、品种稀少（基本集中于股票）从而由股市所反映出来的资产价格严重偏离了正常值的事实分不开的。中国当时之所以能幸免，一枝独秀，并不是说我们的资本市场体系优越于上述国家或地区，而是受益于人民币资本项目尚未可自由兑换，束缚了国际炒家的手脚。

从2001年起，QFII引起了境内有关方面的高度关注，如今已有几家外资金融机构通过QFII方式将资金投入中国资本市场。QFII更为广泛的实施取决于这些先期进入我国资本市场的外资金融机构运作状况。在股市投资风险难以通过多层次予以分散的条件下，外资金融机构在国际资本市场中的成功运作经验和操作技术很难嫁接到中国资本市场的操作中，从而其导向功能也很难确定。因此要真实地发挥QFII的导向功能，必须调整中国资本市场的层次结构、品种结构和运作机制。

### 4. 现代金融体系离不开一个多层次的资本市场

在金融运行中，各类投资者的投资取向、资金状况和操作能力千差万别，仅靠证交所一个层次的市场和国债、股票等少数几种金融产品，既不可能满足千百万投资者的投资需求，也无法充分实现资金供给者与资本需

## 三、加大创新力度，建立多层次股票市场体系

所谓多层次股票市场，既包括主板市场，也包括中小企业板市场，既包括全国性市场也包括区域性市场。我们要加大创新力度，建立多层次股票市场体系。

### 1. 要对沪、深交易所定位进行完善，建立与之相适应的主板市场

据最新统计资料显示，中国股票市场总市值仅相当于经济总量的一半，流通市值接近万亿元人民币，其相对量远比西方发达国家低，股市的表现并不能完全反映宏观经济的发展。这也是近几年中国宏观经济高速增长而股市持续低迷的一个原因。因此可考虑对沪深交易所的市场结构和业务内容进行整合，在设计上可借鉴纽约证券交易所和纳斯达克市场的分工模式，同时参考上海和深圳各自的经济特征和城市定位，将上交所定位成中国的主板市场和蓝筹股市场，这样可以极大地扩大主板市场容量和集资能力，使主板市场成为国民经济支柱企业筹集资金的主要场所；深交所则定位为中国股市的“中小企业板市场”，成为中小高新技术企业和成长型企业筹集资金的主要场所。

### 2. 加快设立中小企业板市场的步伐

股票上市发行对于中小创业型企业的意义重大，是加快中小企业发展的重要措施，但主板市场(A股)的规则不适合中小企业发股上市的要求，因此有必要设立中小企业板市场激励社会各界的创造精神和创造力，有效服务于成长型企业和高新技术企业。

设立中小企业板市场服务于创业企业，就不能使之成为A股市场的复制品。如果中小企业板市场不全面进行创新，继续按A股市场思路和规则来运作，其风险势必比A股市场更大。要规避这种风险的发生，中小企业板市场的创立规则就必须考虑市场规则和与国际惯例接轨，摆脱A股的思维与运作框架，以上将深交所所有上市公司移至上交所的观点其最大理由，就是防止中小企业板变成A股的一个挂靠板块，从而影响其独立性。

此外，创立中小企业板市场还须从以下几个方面做出具体规定。首先，中小企业板市场的发股上市条件应明显低于A股市场，这是由中小企业板市场的服务目标决定的。按照国际惯例，创业板市场的服务对象都是些具有很强盈利预期和发展前景的成长性中小企业。更为确切地说，这些企业大都是高科技公司，在创立之初其财务指标是不可能满足在主板上市的条件，而创业之初的企业都是亟须资本注入的，追求高利润的投资者对此心知肚明，他们看中的是这些公司的未来，而不是将目光仅盯住现在。中小企业板市场就是创业资本在特定的投资者与受资者运行的桥梁，这个桥梁设置的基础是双方对风险的充分认识。其次，我国中小企业板市场上的股份应该是全流通的，在这一点上不能重蹈A股的覆辙，为以后的经济运行又留下股权分裂的后遗症。能在中小企业板上市的企业，大部分都是民营高科技企业，这些企业的产权结构较国有企业清晰，其全流通问题无论是政策层面上，还是操作层面上远较国企为易，因此在设立中小企业板市场之初就要去掉这个隐患。当然，为了增强市场的信心，发起人股份可以设定一个禁止流通期限，超过这个时间，所有股份都自由流通。再次，中小企业板市场上的股票发行应实行登记制。随着发审委的改革，A股市场股票发行正逐步向注册制发展，要在中小企业板市场上市的企业在财务指标或者是其他硬性条件，或多或少都有些缺陷，如果继续采用审批制，这些缺陷是不会被政策层漏掉的。而如果采用注册制，就要允许企业有些缺陷，因为此时最注意的是企业要有发展潜力。最后，中小企业板市场要有明确的退市机制。创业企业尤其是高科技企业具有高风险高盈利的特性，投资者在进入这个市场时就已经有了承受风险的准备。明确的退市机制就是要求企业在不符合上市条件时要及时退出中小企业板市场，以减少中小企业板市场的风险度和诚信危机。

### 3. 建立区域性证券交易所

要适应多层次生产力加多梯级经济的发展要求，就必须发展多层次的股票市场。我们可以充分借鉴发达国家的经验，制定发展区域性证券交易所需要的一系列相关管理制度，包括区域性证交所的组织制度、股票交易制度、信息披露制度、做市商制度等。在何处设立区域性的证券交易所就需要考虑各地区间的协调发展，在政策上需要向中西部地区倾斜。因此，可考虑在对北京、西安、成都、武汉等现有规模较大的产权交易中心改造的基础上，设立区域性的证券交易所。

### 4. 取消股票发行通道制，逐步向股票发行登记制发展

现在实行的通道制，其效果要优于以前的指标制，但通道制也有内在的弊端：首先，通道制仍未完全摆脱行政机制。证券公司拥有通道的个数不是由其自身的实力决定的，而是取决于监管层的安排。证券公司要想多获得通道，就必须进行财经公关或听命于行政安排。此外，受行政机制的影响，通道制还不利于证券公司之间展开股票发行市场的竞争，也不利于处理好拟发行股票公司与证券公司之间的平等关系。虽然2004年2月以后中国股市实行保荐人制度，强化了证券公司等中介机构的尽职义务。但是实施保荐人制度若不采取更深层次的配套改革，仅只能看作为取消通道制向注册制过渡而采取的准备措施。

取消通道制，中国证监会不再给各证券公司下达通道数量，各证券公司向证监会推荐的发股公司不再受通道数量限制，而只受自身实力的影响。取消通道制可大大改变我国股市因发股家数控制所引致的股票数量供不应求从而使股票发行价格过高的状况，为实现发股登记制准备必要的条件。

实行股票发行的登记制，首先是需要调整股票发行市场的监管思路，实现“事前监管以防范为主”与“事后监管以执法为主”的有机结合，使监管行为成为实现法治的基本环节。登记制就是改革现行股票发行制度，变核准制为登记制，改变股票市场的供不应求格局，促使股价向市场均衡价靠拢。

### 5. 加快发展机构投资者

中国股市的机构投资者实力不强、不规范、透明性差是个不争的事实。加快发展机构投资者要注意以下几点：首先，证券投资基金在发达国家中是机构投资者的主力，我国也应向这个方向发展，加快发展证券投资基金，尤其是开放式证券投资基金，条件成熟时可考虑推出交易所交易基金。其次保险基金在任何市场经济国家中都是不容小觑的力量，而且资金有着天然的逐利性，我们不能人为地将其限制在某些领域。因此，政策层应该放松对保险基金直接进入股市的限制，适当增大保险基金投资于股市的比例。再次，QFII 在我国还是个新鲜事物，目前远没有发挥其应有的作用，只是初步彰显其投资导向功能，发展合格的境外投资者还大有可为。最后，应运用信托机制规范委托理财、财产管理和集合投资，发展其他机构投资者。

### 6. 调整监管体制及证券产品创新

证券监管与股市产品创新是一对永恒的矛盾，哪里监管严格，哪里金融产品创新就越活跃，市场也就在不断地监管与创新中持续发展。产品创新是股市创新的具体表现，我国股市创新力偏弱是现阶段股市品种单一的根本原因。在新的形势下要加快产品创新力度，具体而言，要在条件成熟时，及时推出交易所交易基金、股指期货、CDR 等新产品，以活跃股市交易与投资，给投资者以更多的投资选择余地。面对市场创新，政策层应做好监管取向、监管对象、监管方式的调整。经过十几年的发展，广大投资者已经拥有一定的风险识别能力和风险承受能力，证券监管部门应将监管取向从防范股市风险为重心转变为打击违法违规行为，维护股市运行秩序为重心，通过维护股市运行轶序来维护投资者权益。相应的证券监管部门要调整监管方式，改变通过审批、审查等机制来筛选公司的思维定势，确立处罚违法违规经营的监管理念，将监管重点从“行政管理”转移到以“市场监督”、“业务监督”为基础的“依法管理”上来。

中国股市是改革开放的产物，发展是股市的主基调，股市中存在的众多问题只有在发展中才能逐步解决。“发展”并不仅仅是数量的增加和规模的扩大，更重要的是结构优化、质量提高和机制转变。我们只有通过不断地创新，把握住股市发展的方向，将股市推向更高的发展阶段，才能适应我国国民经济增长的需求。

# 第二章 股票发行审核制度的改革与发展

发行制度是证券市场的第一关，它决定了给股市投资者提供的是什么样的“商品”，这一关系意义重大。近期发行制度的改革举措有两项：一是发审委改革；二是上市保荐人制度实施。前者提高了发审委工作的科学性、严谨性与透明度；后者实行后，主承销商责任加大，一些券商挑选项目慎之又慎，宁愿闲置通道，也不给自身纪录抹黑。发行制度的改革旨在杜绝不合格公司，进入证券市场。但健全和完善发行制度并非只是把关，同时还要把优质企业吸引到证券市场中。因此我们要认准“第一关”的重要性，下大决心把这项改革持续全面地推行下去，不要让我们的市场输在起跑线上。

2003年12月，中国证监会对新股发行审核制度进行两项重大改革，首先是12月5日中国证监会发布《中国证券监督管理委员会股票发行审核委员会暂行办法》(下文称《暂行办法》)。《暂行办法》取代了原有的《中国证券监督管理委员会股票发行审核委员会条例》，紧接着12月29日，证监会以主席令的形式发布了《证券发行上市保荐制度暂行办法》(下文称《办法》)，并拟于2004年2月1日施行。新发审委和上市保荐人制度改革措施的推出，对市场产生了积极的推动作用，对新股发行则有着更加深远的影响。

## 一、股票发行审核制度的变迁

中国股市发展仅有十余年历史，股票发行审核制度却历经了审批制、核准制及现在向注册制过渡的三个阶段。

首先是审批制阶段。在1991～2000年间，我国股票发行一直施行行政审批制，主要实行发行额的计划管理，发行资源的分配具有浓重的行政和计划色彩。在实行行政审批制时期，由于采取额度控制和指标管理，拿到额度的企业基本就可以上市，当时的发行审核委员会几乎没有提出过否决意见。上市额度和指标每年度发放给各地政府和各部委，企业想上市，就要从上级部门手中取得上市指标这一稀缺资源，能不能上市主要取决于企业是不是拥有相对的行业优势或地方优势，而不是依靠企业自身真正的实力与业绩。

其次是核准制阶段。标志性文件是2000年3月《中国证券监督管理委员会股票发行审核委员会条例》的实行，代表性措施是发审委和通道制的设立。中国证监会建立并实施通道制，改变了以往审批制下行政额度分配、指标管理和政府推荐企业的作法，由担任主承销商的证券公司负责选择、推荐企业，中国证监会依法核准。通道制实施以来，中介机构的作用开始得以发挥，市场竞争机制初步建立，促进了上市公司质量的提高。但在新的形势下，该制度的不足也逐渐暴露出来。中国证监会推出的证券发行上市保荐制度和之前推出的股票发行审核委员会制度改革措施，正是基于以上背景，都是适应这种市场要求、深化发行制度改革的重大举措。

## 二、改革发审委，提高透明度

### 1. 改革之前发审委存在的不足

这次改革之前的发审委由中国证监会的专业人士和所聘请的证监会外社会知名人士及有关专家组成，共计80人。这80人中，除了几名资深专业人士为当然委员外，其他委员身份保密。发审委依照法定条件审核股票发行申请，以不计名方式对股票发行进行表决，提出审核意见。证监会主要根据发审委提出的审核意见，依照法定程序核准股票发行申请。

此前发审委的最大不足是缺乏透明度。首先，政策

层制定发审委委员身份保密这一原则时，考虑的是防止拟上市公司有关人员利用各种途径对发审委委员施加影响从而妨碍审核意见的准确性与公正性。证监会虽然也另外出台了些配套措施以防止违法违纪的行为发生，但事与愿违，证监会的保密防范措施做得最到位，泄漏发审委委员名单的事件也时有发生，一些专业化的“财经攻关” 公司被拟上市公司聘请以对上述委员进行攻关，屡屡得手，这样易导致“暗箱操作”。其次，发审委委员对股票发行申请实行无记名投票制度，使得个别委员在审查工作中表现出了较大的随意性，不能客观公正地履行其职责，造成责权利不对等。最后，发审委委员全部为兼职且人数较多，不仅使委员的时间、精力难以充分保证，而且由于人员较多，对审核标准的掌握程度和适用标准存在一定的差异，这些容易造成发审委的审核工作与证监会发行监管部的初审工作不能很好地衔接和沟通，从而影响审核结果的公平性和发审委的工作质量。

### 2. 此次改革的主要内容与积极意义

首先，提高行政透明度，取消了原来的发审委委员身份必须保密的规定，并明确规定，向社会公布发审委会议时间、参会委员名单及发审委会议审核结果。这是因为，原有的种种保密不仅达不到预期的效果，反而让财经公关大行其道，倒不如提高透明度，将发审委委员公开置于社会监督之下，促使发审委的人员组成和发行审核工作流程更加公开、公平。透明度的提高还体现在将发审委投票表决方式由无记名投票改为记名投票。在具体细则上要求委员在对发行人申请文件和中国证监会相关职能部门出具的初审报告进行全面审阅时必须撰写工作底稿，并在工作底稿上提出明确的、有依据的审核意见；在会议结束时，委员须在工作底稿上签字并提交备查。以上内容应作为委员投票的主要依据，证监会将对发审会议全过程进行录音。这些措施可以消除个别委员在审核工作中出现的随意行为，有利于提高发审委的工作效率，而且可以有效避免发行审核工作流于形式或走过场，促使他们诚信勤勉，认真履行其应尽的职责，充分体现发审委工作的严肃性和专业性。

其次，精简人员与程序，提高专业性。此次改革股票发行审核委员会委员人数由 80 人减至 25 人，从委员结构看，证监会有 5 名委员，会外委员 20 名；12 名为兼职委员，13 名为专职委员。会外委员中，兼职委员来自于相关行政机关、高校、机构投资者、证券交易所、境外金融机构；专职委员从相关会计师事务所、律师事务所、资产评估机构的资深合伙人中挑选，专职委员必须与原来所从事的业务脱钩，在任委员期间专门从事发审委的审核工作。这不但使发审委委员能够有充足的时间、精力从事股票发行审核工作，保证发行审核工作正常顺利进行，而且有利于优化发审委的人员结构，提高发审委委员的业务素质和执业水平，增强发行审核工作的专业性和权威性；有利于加强委员的综合判断的准确性，从而不断提升审核质量。另外将原来的二审制改为一审制，发审委对企业的发行审核文件进行全面审核，消除了原有二审制情况下由于两组委员审核标准掌握不一致而造成审核结果出现重大差异的情况。

再次，建立了发审委委员的监督机制。主要体现在回避制度和问责制度。当发审委委员与发行人有直接的利益冲突时，委员必须提请回避，发行人也有权提请某些发审委委员回避。《暂行条例》中对利益冲突的具体情形规定的很清楚，从制度的设计上就开始重视预防发审委委员发生以权谋私的行为。如果发审委委员果真发生了严重的违法违纪的行为，一经查实，将严格追究其法律责任。对于发审委委员一般的不负责任甚至渎职行为，以前没有可操作性强的处罚措施，新的《暂行条例》对此专门做出了明文规定，引入问责机制。在问责机制下，如果出现发审委会议审核意见与表决结果有明显差异的，中国证监会可以要求所有与会委员分别作出解释和说明。对于有违规行为的委员视情节轻重分别予以谈话提醒、批评、解聘等处理，而且证监会对发审委委员的

批评可以在新闻媒体上公开，让整个社会参与监督，阳光是最好的防腐剂。这对于发审委委员的威慑力是比较强的，因为证券从业人员和其他中介机构从业人员，职业操守是其最宝贵的财富，若在这上面有污点的话，那他们的职业生命也行将结束。我们有理由相信，政策层所选择的发审委委员都是业内的精英人士，不仅看重的是他们的执业水平，更看重的是他们的职业操守。

## 三、保荐人制度对我国股市的深远影响

由于保荐人制度能够较为有效地防范上市公司出现的财务造假风险，因此被广泛地采用，NASDAQ、香港创业板以及其他许多证交所均实行保荐人制度。与以前的通道制相比，实施保荐人制度，可以从以下几个方面促进我国证券市场建设。

### 1. 强化保荐人及保荐代表人责任

此次出台的《办法》设立了对保荐机构和保荐代表人的注册登记制度，明确了保荐责任和保荐期限，建立了监管部门对保荐机构和保荐代表人施行责任追究的监管机制。

首先是建立了保荐机构和保荐代表人的注册登记管理制度。保荐人制度要求企业发行上市不但要有保荐机构进行保荐，还需要具有保荐代表人资格的证券从业人员具体负责保荐工作。这样既明确了机构的责任，也将责任具体落实到个人。中国证监会将于2004年初举行保荐人考试，能参加考试的候选人比一般证券从业人员要求更高。对于符合条件的证券公司及通过保荐人考试的从业人员，将被注册登记为保荐机构和保荐代表人，并向社会公布名单，接受社会舆论的监督。

其次是明确了保荐期限及其责任。企业进行IPO和上市公司再次公开发行证券均需保荐机构和保荐代表人保荐。保荐期间分为两个阶段，即尽职推荐阶段和持续督导阶段。从中国证监会正式受理公司申请文件到完成发行上市为尽职推荐阶段。在此期间，保荐人要对发行进行辅导和尽职调查；要保证或有充分理由确信向中国证监会提交的相关文件不存在虚假记载、误导性陈述或重大遗漏；要在推荐文件中对发行人的信息披露质量、发行人的独立性和持续经营能力等作出必要的承

诺。证券发行属于首次公开发行的，持续督导期间为上市当年剩余时间及其后两个完整会计年度；上市公司再次公开发行证券的，持续督导期间为上市当年剩余时间及其后一个完整会计年度。保荐机构在持续督导期间，要对上市公司履行规范运行、信守承诺、信息披露等义务的情况进行持续跟踪、及时揭示风险，督促纠正错误，并给予规范性指导。

最后，引进了持续信用监管和“冷淡对待”的监管措施。对于保荐机构和保荐代表人的违法违规行为，除了追究其法律责任和进行行政处罚外，证监会还将对违反《办法》相关规定的保荐机构和保荐代表人采取“冷淡对待”的具体监管措施，即根据情节轻重，在一定时间内不受理其提出的保荐发行上市申请，严重的还要取消其从事保荐业务的资格，对于以上机构和个人的不良信用表现记录在案并予以公布。保荐人在进行保荐时，势必要考虑到相关违规责任，明文规定的法律责任可以具体量化，而“冷淡处理”所带来的潜在收益的损失则难以估量。

### 2. 提高上市公司质量

实行保荐人制度，迫使券商在项目选择上更为谨慎。以前在实行通道制时，券商凭借通道这一稀缺资源可向拟发股公司要价，以至于形成了一个“通道”值1200万元到1500万元价值的共识。券商在向拟发股公司索取高价的同时，势必放松对其质量的审查。不少上市公司才上市一年，业绩就会大变脸，这时很难排除券商为了得到这笔“通道费”而与上市公司相互勾结的可能性。改革前，券商因为没有持续督导的责任，在督导期时可能同拟上市公司一起尽量修饰财务报表，以达到顺利上市的标准，即使日后财务漏洞显现出来，券商已无需承担实质性的责任。

在实施保荐人制度后，保荐人的责任落到实处，券商出自自身长远的利益考虑，就必须精心挑选拟上市公司，只会推荐法人治理结构健全、经营业绩稳定的企业上市，对那些善于粉饰财务报表的公司只有敬而远之，真正发挥市场对发行人质量的约束作用，切实担负起把好资本市场准入关的作用。公司上市后，保荐人的责任犹在，在持续督导阶段，券商仍须通过相应的措施，促使上市公司规范化经营，因此有助于提高上市公司质量。而那些以质量和诚信为生命的保荐机构和保荐代表人，将形成良好的品牌，获得越来越大的市场份额，证券承销业也将进入良性循环的轨道。

### 3. 监管与市场各归其位

保荐人制度把项目判断风险由监管部门转移到作为市场主体的上市公司和中介机构，很大部分监管职责将从证监会转为券商的自律监管。但是实施保荐人制度不是要由保荐机构和保荐代表人承揽保荐的所有事物和责任。保荐机构的保荐代表人不能替代发行人和其他中介机构的工作，也不能减轻发行人和其他中介机构的责任。保荐机构是作为中介机构的牵头人，协调律师事务所、会计事务所、资产评估机构等相关中介机构在各自的职责范围内，勤勉尽责、诚实守信，本着对证券市场负责、对投资者负责的态度，共同推荐优质公司发行上市。在这些市场主体的合力作用下，监管部门无需去判断拟上市企业的优劣，而将主要精力放在专事监管上，有利于提高资本形成效率。

### 4. 保荐人制度对券商的影响

保荐制的实施将在很大程度上改变券商投资银行业务的运作模式，并对投资银行业的竞争格局产生重要而深远的影响。首先，保荐费的收入与投行项目盈利势必增加。在香港，创业板的保荐费一般占承销费的1/3。因此，保荐收入必将成为国内投行的新蛋糕。股票发行保荐制度实施后，保荐人必须投入更多的人力和时间进行全面谨慎的调查，券商承销费比例也会提高，单位项目承销收入将大大增加。其次，保荐制对投行的综合业务能力提出更高的要求。我国投资银行业务应充分借鉴海外投资银行的先进经验，在利益分配等方面施行重大改革和调整，确立新的考核机制和激励模式；优化业务流程，从单兵作战向团队作战转变，确立系统化、专业化、规范化的新型投行模式。另外，保荐制使得投行业务趋于市场化，承销风险日益放大，营销的作用凸现。券商应强化“以客户为中心”的服务和营销理念，转变客户服务模式；应注重与客户建立并保持长期稳定的战略伙伴关系，将工作重心逐步转移到对企业的培育和持续服务上来，为客户提供深层次、全方位服务，形成成长性良好的长期客户群体。

## 四、切实加强保荐人制度建设，引导股票发行向注册制转变

在加大券商保荐责任的同时，必须给予其保荐权利，即券商对申请人能否公开发行、持牌上市有事实上的决定权。成熟的资本市场中，在政府监管部门形式审核的模式下，根据信息安全披露原则，只要发行文件是真实、完整、准确披露了发行人的有关情况即可获准发行；而在交易所实质审核的模式下，交易所标准与否的决定也极大地依赖券商的推荐意见，交易所并不会对推荐意见作过多评判和质疑。正是由于这样一种发行审核机制，在国外无论是发行还是上市，承销商与保荐人都处于整个外部监管层次的第一层。反观国内的股票发行、发审委审核制度，政府干预的程度较深，仍然存在着审核部门预审人员和发审委的双重实质性审核。这使得保荐人的推荐权在性质上还只是申报发行的推荐权，离其应当在保荐人制度下所享有的资本市场推荐权还有较大距离。一方面主承销商没有足够充分的推荐权，却要为此承担过多的责任；另一方面，政府涉入过深，影响了监管资源的有效运用并导致监管信用的弱化。

从长远看，由于我国股票发行改革的目标是大力推行发行机制的市场化，确立市场机制对配置资本市场资源的基础性地位，我国现行的股票发行审核制度势必向市场化程度较高的注册制过渡。但是就目前具体形势看，我们又不能将注册制一步发展到位，只能走一条核准制与注册制共存的道路，形成有中国特色的核准制，待条件成熟时，再逐步过渡到市场化的注册制。

首先，注册制虽是股票发行制度的最高形式，更能体现公开、公平和公正的市场原则，相应它对市场的参与主体要求较高，弱化了政府的实质管理。但是，我国由于长期以来市场诚信意识和自律观念比较薄弱，对中介机构与发行人的责任追究缺乏可操作的制度安排，因此中介机构的竞争机制还不够完善，把好资本市场的准入关的作用还没有得到充分发挥，约束上市公司质量的市场机制尚未完全建立。此时若强行实施注册制，不利于对中小投资者的保护。

其次，从我国投资者素质和投资者结构看，我国证券市场建立的时间不长，无论是机构投资者，还是中小投资者都有一个逐渐成熟的过程。目前既要大力发展机构投资者，又要保护中小投资者的利益，而两者之间是存在深层次矛盾的。若实行注册制，仅靠市场去调节，两者的矛盾势必激化。因此有必要在实行市场化程度较高的监管制度时，通过适度的政府干预，来保护弱势群体的利益。

最后，我国股份制企业改造任务艰巨，股份制企业数量较多，上市压力较重，特别是民营中小企业。在这种情况下，最好对发行人实行区别对待，实行不同的审核制度。可以对规模较小、筹资额不大的企业，实行注册制的审核方式在拟创立的中小企业板上市，以便最大程度地发挥市场的作用；对于规模较大、筹资额较大的企业上市，还是需要改革之后的发审委发挥审核作用。

无论是证监会于年底已实行的对发审委的全面改革，还是将于2004年初实行的保荐人制度都是充分考虑我国证券市场发展的现状与海外证券市场的成功经验而制定出来的措施。在这些改革的推动下，我国股票发行机制的制度安排已开始从政府主导型监管模式向市场主导型监管模式发展，当然这种发展不可能一蹴而就，而是渐进式的。

# 第三章

# 与时俱进，构建多层次资本市场

2003年10月14日，十六届三中全会《决定》中精辟地指出：应“建立多层次资本市场体系，完善资本市场结构，丰富资本市场产品。”2004年1月31日发布的《国务院关于推进资本市场改革开放和稳定发展的若干意见》也明确提出：“健全资本市场体系，丰富证券投资品种。”这些都明确了中国资本市场发展的目标是建立多层次的资本市场体系。从现实角度中看，我国企业发展严重缺乏资金，而全国城乡居民储蓄高达10万亿元，这部分资金却苦寻出路，建立多层次资本市场可有效解决这一“供求矛盾”。当然，构建多层次资本市场是个长期系统的工程，需要按照市场机制要求，进行体制改革、机制创新等，各方应统一认识，通力合作，这样才能促进我国经济的持续快速健康发展。

## 一、资金供求之路亟待破冰而行

自1996年以来，我国经济运行中逐步形成了资金相对过剩和资金相对紧缺这一矛盾局面。在八年的延续时间中，这一矛盾呈现越来越激化的发展态势。从资金相对过剩这一角度来看，让我们先看三个数据：

第一，商业银行等金融机构中的存款余额与贷款余额的差额快速增长。在1995年以前，全国金融的贷款余额大于存款余额，但是从1995年起，存款余额就超过贷款余额了。而这一差额从1995年底的3324.2亿元快速增长到2003年10月的4.29万亿元，增长了近15倍，数量极其惊人。这就直接意味着商业银行中存在大量的未通过贷款途径贷放出去的资金，“闺中待嫁女太多”。当然，有价证券及投资可减去其中的一部分，但到2003年6月底，此科目占款也仅27757亿元，远小于4万多亿元的存差额，还有两万多亿资金寻求出路。可见商业银行中依然存在有大量未通过贷款途径发挥效能的资金，资金相对过剩已是不争的事实了。

第二，城乡居民储蓄存款余额大幅增加。1995年底全国居民储蓄存款余额仅为29662.2亿元，在1996年5月至2002年2月连续8次降息和征收利息税的作用下，储蓄存款余额非但没有减少，反而剧增，截止到2003年10月，本外币储蓄存款余额更是达到10.86万亿元，同比增长18%。居民储蓄存款余额的大幅度增加表明，作为资金主要供给者的城乡居民就总体而言并不缺乏资金，而利率一降再降背景下的储蓄存款余额大幅增加，更是反映了资金相对过剩的现实。

第三，企业存款余额大幅度增加。企业存款余额在1995年底为17182.8亿元，在2003年10月底更是增加到7.45万亿元，这说明在经济运行中有一部分企业处于资金比较宽裕的状态。总之，三个数字：4.92万亿元、10.86万亿元、7.45万亿元，单个数字已经比较惊人了，更何况是三者相加，可见市场上并不是缺钱，而是钱多愁嫁了。

从资本金短缺的角度看，1996年9月以后，我国经济由卖方市场转向买方市场，而买方市场出现引致了企业对资金的巨大需求，但是这种需求在相当长的一段时期内却一直无法得到满足，这是我国企业发展的致命打击。

为何在我国经济运行中会出现资金相对过剩的矛盾呢？这不是银行“惜贷”造成的：其一，1996年以后的利率总走势呈下落趋势，商业银行不可能从“惜贷”中获得超额利息收益。其二，中国实行的法定利率制度，以高于这一利率违规发放贷款是国家明令禁止的，商业银行不可能通过“惜贷”来获得超额利息收益。其三，大量存差的存在给商业银行带来大量的利息收益损失，当然银行“惜贷”可以避免不良贷款，但这只是一个很小的部分，因此，“惜贷”对银行并没有益处。

企业资金紧缺的主要原因在于企业的资产负债率过高。在我国，绝大多数的企业的资产负债率在70%左右。这意味着企业的净资产已被完全毫无保留地抵押过两遍以上，既无新的净资产可供抵押，以从商业银行中获得新的贷款；也无富余的净资产可为其他企业申请贷款提供担保，因此多年来商业银行根据企业生产经营的实际状况，对那些资产负债率较高但是有较好盈利水平（或盈利前景）的企业继续给予新增贷款，但只面向个别，没有普遍性，并不能解决绝大多数企业资金紧缺的问题，这样，相当多的企业还是缺乏足够的资金支持，这样对其生产经营和市场竞争是一大制约。

资金可分为债务性资金和资本性资金两种。由此来看，“资金相对过剩”的确切含义应是“债务性资金相对过剩”，“资金相对紧缺”确切含义应是“资本性资金相对紧缺”。资产负债率过高，就说明企业真正缺乏的不是债务性资金，而是资本性资金，不过，商业银行等金融机构通过贷款途径所发放的资金只能是债务性资金，不仅不可能直接形成资本性资金，而且要求以企业所拥有的资本性资金为基础，这样无形对资金短缺的企业形成一定门槛，造成“规则筛选”，导致一些企业由于自身条件不足而缺乏资金是在情理之中了。因此，众多企业将缓解资金紧缺的希望寄托在商业银行放松贷款条件上是不切实际的。

资本市场既是形成资本性资金的基本途径，也是实现资本性资源配置的基本机制。要解决众多企业资本性资金严重不足的问题，就必须大力发展资本市场。长期以来，中国绝大多数企业就一直走银行贷款来解决生产经营发展所需资金的“无忧之路”。这样必然引致了三类现象的发生：一是受银行贷款的期限约束，相当多企业难以展开长期性经营行为和灵活多样的适合自身发展的经营活动；二是银行贷款资产随着企业经营状况恶化而转变为不良贷款，甚至实施了企业破产也难以收回本金，造成银行国有资产流失和银行的经营困难；三是国民经济运行缺乏长期性资产支持，因此，经济走势随着银根的松紧而大起大落，国民经济受银行影响较大，不利于国民经济持续、快速、健康发展。要改变这些现象，基本措施就是快速增加企业的资本性资金，使企业经营发展逐步走向良性途径，使国民经济发展建立在有资本性资金支持的基础上。因此，建立适合资本性资金增加的多层次市场体系是当务之急。

## 二、多层次资本市场是实体经济发展的捷径

我国是一个发展中大国，从经济发展需要和国际接

轨的角度出发，资本市场发展要实现就必须建立多层次的现代资本市场体系。其实，“多层次”是指资本市场应有交易所市场、场外市场、区域性市场、无形市场等多个层次组成。建立多层次资本市场是由以下几个因素决定的：

### 1. 建立多层次资本市场体系是金融和经济的基本关系所决定的

金融体系存在的全部意义和前提是服务于经济运作和经济发展的需要，而资本市场作为金融体系的一部分，其存在和发展的全部意义也不外乎于此。我国国情现状是：幅员广大、人口众多、各地区经济发展水平差别很大、各省区的企业状况和投资者状况也不尽相同。在这种条件下，建立单一层次的资本市场会导致资本市场在低水平层次上的扩张，而且将因“僧多粥少”原因严重限制东部地区和中西部地区的发展。这都不利于发挥资本市场支持经济发展的功能。因此，“一刀切”的做法在不同经济地域是行不通的。

### 2. 建立多层次的资本市场体系是由产业组织结构的基本关系决定的

资本市场的各项功能最终会落实到为经济实体服务。同样，我国有着千万家企业，各企业发展相当复杂，且在不同的发展时期对资本市场也有不同的要求，在这种条件下，若以大中型企业为对象建立单一层次的全国性资本市场，可以满足大中型企业的需求，但众多中小企业的直接融资需求无法得到满足；若以中小型企业为对象建立第一层次的实用性资本市场，又使大中型企业在排队效应的作用下难以利用资本市场实现直接融资。而且各类企业的发展是相互制约、相互依存的，中小型企业得不到有效发展，大中型企业也将受到严重限制。由此，如果不建立多层次资本市场，可谓“唇亡齿寒”，各类企业的直接融资需求将无法满足，随着企业结构的失衡，经济的可持续发展就将面临困难。同样，如果资本市场不能有效地为各类企业提供多层次的金融服务，其存在的必要性难免不让人怀疑。

### 3. 建立多层次资本市场体系还是由投资者的复杂需求决定的

20世纪90年代以后，城乡居民成为资金的主要供给者，金融投资成为一项重要行为。同时，随着金融改革的深化和金融运作的多元化，诸多企业和社会团体也有了从事金融投资的要求。这样，个人和机构在资金数额、信息处理能力、投资心理、投资取向、资金期限等方面肯定不尽相同，他们的金融投资选择相当复杂。因此，如果仅存在单一的全国性资本市场，则众口难调，所以相当多的金融投资者的需求得不到满足。1996年以后，在连续8次降息征收利息税的的背景下，城乡居民每年新增储备存款余额反而大幅度增加，这反映了可供他们选择的资本市场产品数量严重短缺。要满足广大投资者的金融投资需求，必须建立符合居民分散特点的多层次资本市场体系，而投资是扩大社会资本市场的基本机制。如若不能满足投资者的多层次金融投资的需求，相当多的企业缺乏经营发展所需的长期性资金，问题很难得到解决。因此，通过对三种决定因素的分析，不难发现建立多层次资本市场势在必行。

## 三、多层次资本市场可以有效控制金融风险

90年代中期以后，随着买方市场逐渐形成和经济结构不断调整，实体经济和金融面都凸现金融风险。防范和化解金融风险就成为保障经济安全和经济可持续发展的一个重要因素。要有效防范和化解金融风险就必须建立多层次资本市场。

金融风险首先表现在商业银行等金融机构的不良贷款方面。尽管在1999年四大国有商业银行等金融机构已经剥离了14000多亿元的不良贷款，全国各级各类金融机构依然有着数额相当大的不良贷款，而缺乏多层次资本市场体系实施通过存款途径进入商业银行等存贷款机构的资金。因为可以由贷款和投资证券两个投资渠道，但是在资本市场单一或投资规模小的情况下，众多存贷款机构难以通过投资证券发放资金，这样只能通过贷款发出资金，在企业严重缺乏资本性资金且负债率居高不下的条件下，通过贷款途径投放的资金在转化为企业的实物资产后，这笔资产就容易转变为不良贷款，而构建多层次资本市场，可以通过证券投资给企业，这样在增加企业资本性资金的同时，可以提高商业银行等存贷款机构的资产流动性和业务运作的选择能力。

险，多层次资本市场体系的构建迫在眉睫。

在资本市场多层次展开且比较发达的条件下，商业银行等存贷款机构可在识别、评价各类金融业务风险的基础上将资金分别投放于贷款、证券和相关表外业务上，通过组合运用资金，这样可分散和管理金融风险；商业银行等金融机构的贷款风险可在识别、评价和细分的基础上，运用各种资产证券化金融机制或各种结构性金融机制予以分类、分解、重组和管理；企业营运资产风险也可在识别、评价的基础上予以分解、组合和分散，并通过资产组合、资产重组、资产证券化等途径进行管理；资本市场投资者的投资风险也可在识别、评价和细分各种金融产品风险的基础上通过投资组合、品种调换。

金融风险还表现在实体经济的企业层面。企业引致金融风险主要是因为过度依赖商业银行等金融机构的贷款来推进经营经济活动。“过度”是指工商企业在其资本性资金严重不足的情况下，主要通过贷款资金来支持新技术和新产品的开发、固定资产的投资、经营规模的扩展、市场占有份额的提高等。不过，这些投入都存在着较大的风险，而且，贷款资金又有着明确和严格的付息还本的期限。在经营运作不足以支持付息还本的前提下，工商企业由贷款资金所形成的贷款也就转变成了不良贷款。另一方面，商业银行等金融机构的贷款状况还受到货币政策的明显制约：实行宽松货币政策时，贷款资金充裕；反之，实行紧缩货币政策时，贷款短缺。在主要依赖贷款资金从事经营发展的条件下，企业的新技术、新产品开发、固定资产投资、经营规模扩展等就要受到货币政策变化的严重制约。一旦贷款资金紧缩，前期投入的借贷资金就很可能因后续资金衔接不上而大幅损失，同时，前期资金可能已经成为不良资产了。在资本市场结构过于单一的条件下，必然有相当多的中小公司难以通过发债发股来获得经营所需的长期性资金，这样，在对贷款的依赖程度上不断加深，这样企业经营风险所累积的经营风险加大。因此，要满足各类企业资本性资金的需求，防范和化解由实体经济所引致的金融风

防范金融风险可以有行政机制和市场机制两种机制。运用行政机制可以在一定时间内、一定程度上抑制金融风险，避免金融动荡。但这种抑制是以牺牲经济发展和金融发展为代价的，其最终将以运用财政资金对冲金融不良资产为结果，这种代价是巨大的，非万不得已而为之。而运用市场机制防范金融风险，是通过运用多层次资本市场、多种金融工具彼此间的替代、互补、对冲和组合机制，一方面可以将金融风险分散为多个微观主体承担而避免由其集中发生对社会经济生活所带来的动荡，另一方面通过多个微观主体独自市场选择和市场运作而化解这些金融风险。这种化解风险的方式较之通过行政机制化解风险无疑更为科学与理智。另外，从经验借鉴来看，西方资本市场成熟早，经验确实值得借鉴，“他山之石，可以攻玉”。在构建多层次市场体系方面，美国不仅有多个交易所，而且还建立完善的多层次市场交易体系。证券交易所不能垄断，只有在竞争中不断创

新,提高服务水平,而且不同层次证券交易所有不同定位,为不同目标服务。日本和其交易所也有不同层次的划分,最多分为四至五个市场层次。而我国加入WTO,资本市场逐步开放,只有借鉴、利用成功经验,才能从容应对竞争。从这个角度讲,构建多层次市场势在必行。

## 四、构建多层次资本市场的现实抉择

在谈及构建多层次资本市场之前,要避免进入以下几种误区:

### 1. 避免运用行政机制建立多层次资本市场

我国要根据经济发展、企业经营和投资者的需求,按照市场机制原则,建立全国性市场和区域性市场、有形市场和无形市场功能互补的多层次资本市场体系,这个过程需要注意解决三个问题:首先,应避免运用财政资金投资建立证券交易市场,要积极鼓励会员机构和民间机构资金投资建立证券交易市场。其次,应避免从方便行政管理出发将证券交易市场的组织结构行政化,不应安排它们的行政级别,将它们纳入行政管理系统和运用行政机制管理它们的人、财、物。最后,应避免从“有形化”的行政思维出发,只建立有形市场,禁止或取缔无形市场。

### 2. 避免运用行政标准来规范多层次资本市场的发展

建立多层次资本市场需要规范化,这需要指明的是:几种不同的标准规范要有所取舍,必须先理解其具体内容才行。其一,计划经济的规范和市场经济的规范。中国经济正处于体制转换过程中,计划经济的影响依然相当深刻。在此背景下,我们要重视“规范化”的内容和标准,避免运用计划机制来规范市场行为。资本市场属于市场经济范畴,只能用市场经济的标准予以规范,不能用计划经济的标准来规范多层次资本市场体系的建立。其二,制度规范和机理规范。在我国制度只有法律和法规两类。但是,在资本市场方面,90年代以后制定的法律法规,存在缺陷:首先,在《公司法》、《证券法》等法律中,相当多条款受计划机制影响和当时的历史条件制约明显不符合市场机制要求,有部分条款在国有经济和非国有经济中实行不公平待遇,有部分条款明显带有行政权力法律化色彩。其次,出台法规与执行法规同属一个行政部门,因此相当一些法律条款反映的不是市场机制要求,而是这些行政部门的行政要求和部门利益要求。最后,是一些对市场主体颁布“通知”、“指引”等不符合法律法规规范的方式的行政强制性文件,行政部门任意增减相关制度。由此,有一个两难选择,是强求于制度规范,以至于“只要法律法规上没有规定可以做的事情不能做”,还是遵循市场机理,凡是符合市场要求的事“只要法规上没有明确禁止的都可以做”?从发展角度看,凡是不符合市场机理的制度条款最终将被修改,因此,建立多层次资本市场只能用市场机理规范,而非制度规范。其三,单一市场规范和多层次市场是以不同的发展标准、上市条件和交易规则而划分的,因此,多层次的资本市场直接意味着有着多层次的发行标准、上市条件和交易规则,在这个系统中,用任一层次的市场规则来看待另一层次的市场规则,都可以得出“对方是不规范的”结论。因此,不能用单一市场规则来权衡多层次市场规则的结果,因为“市场的灵活在于竞争”,但以市场形成的垄断是不适合现代经济发展特点的。这也是用单一市场规则来权衡多层次市场规则的结果,同时,也尚未弄清“市场的灵魂在于竞争”、单一市场所形成的垄断是没有出路的道理。

### 3. 避免由行政部门承揽市场微观主体的非系统性风险

对行政管理部门来说,防范和化解市场风险的重心在于防范和化解系统性风险,非系统性风险应由各个微观主体各自承担。如果在承揽非系统性风险条件下,行政管理部门无法集中精力建设多层次的资本市场体系,不敢大胆地展开多层次资本市场体系的建设。以A股市场为例,在多年实践中上市公司浪费募股资金、财务造假、信息造假、母公司调用上市公司资金、庄家操作股权、内幕交易和证券公司挪用客户保证金等现象受到投资者的普遍指责,这些风险基本都是非系统性风险。行政管理部门应该依法打击各种违法违规活动,纠正各种不符合法律法规要求的行为。另一方面,资本市场中的一些风险是可通过市场组织者承担和防范的,不必以由行政管理部门直接运用行政机制和政策手段进行干预。

总之,应将非系统性风险交给各个微观主体自行防范和化解，行政管理部门不应越俎代庖。只有在这种条件下，行政管理部门才可能将重心放在多层次资本市场体系的建设和依法打击违法违规活动方面。

多层次资本市场体系的建设是一项综合性创新工程，需要进行体制创新和机构创新。在避免陷于以上论述的误区的前提下，我们要从以下几个方面构建多层次资本市场：

1. 从体制创新来看，我国资本市场的现行体制是一个高度中央集权分部门管理的行政体制。这一体制于80年代以前的计划经济体制相比，并无实质性差别。在“条条管理”的原则下，主管部门在管理中实行审批制和其他行政机制，因此，更多的是“管制”而不是“监管”。资本市场的管理体制继续实行带有明显计划经济性质的体制，这样会严重制约资本市场的发展，是资本市场发展严重滞后于实体经济发展的需求，而且会严重妨碍资本市场服务于实体经济发展的功能发挥。

建立多层次资本市场体系，需要解决三个方面的问题：第一，调整分部门管理的行政体制，实行资本市场归口监管，以解决“政出多门”和部门利益保护所引致的各种问题；第二，变机构监管为业务监管、市场监管和行为监管，取消对非证券类金融机构及其他机构进入资本市场的限制；第三，在证券发行、机构设立等方面，取消审批制，实行登记制，变“行政管制”为行政监管，将监管重心放在积极推进多层次资本市场体系建立和打击违法违规行为方面。这样，才能在体制创新层面推进多层次资本市场的构建。

2. 从市场创新来看，仅靠证券交易所市场是不可能满足各类企业和投资者需求的，因此，要突破由证券交易所单一市场构成的资本市场体系，建立多层次的资本市场体系。在股票市场上，不仅要有主板市场、创业板市场，而且应该有场外交易市场、柜台市场；在债券市场上，不仅要有证券交易所市场，而且应该有场外交易市场、柜台市场和无形市场；在区域市场上，不仅要有发达地区交易市场，还应设立中西部等不发达地区的交易市场等。

在市场创新中需要解决好五个方面的问题：(1)制定多层次资本市场等制度，明确设立条件、申请程序、批准程序、组织方式、运行规则和风险防范制度，在此条件下，鼓励各类金融机构和非金融机构申请设立相关资本市场，只要符合制度规范的就予以批准设立。(2)避免运用行政机制设立多层次资本市场。各地方政府不应直接插手于设立资本市场的事务，不应用财政资金或运用行政机制安排资金来设立资本市场组织，也不应安排行政人员担任资本市场组织中的任何职务。同时，资本市场组织不应有任何行政级别，也不享受任何行政待遇。(3)避免市场垄断，鼓励市场组织之间的有效合法竞争，每一层次的资本市场组织应是多家，在此基础上，这样通过市场组织竞争实现整合、并购和重组，同时，建立市场组织的退出机制和破产机制。(4)分离行政监管部门和市场组织之间的职能，行政监管部门的监管对象应为包括市场组织在内的所有市场参与者，市场组织应在法律法规规定的范围内独立履行职能，严格控制其越权越职干预多层次资本市场的构建。(5)建立多层次资本市场体系中的升级机制和降级机制，在较低层次交易的证券一旦条件成熟可申请进入较高层次交易。同样，在较高层次交易的证券一旦不再符合条件，应退至较低层次市场进行交易。

3. 从运作方式创新来看，必须改变直接运用行政机制来运作资本市场的方式。要顺应市场机制的要求和市场供求的变化，适时展开四个方面内容的创新：第一，取消证券发行的审批制和同性质的核准制，实行证券发行的登记制，强化承销商等中介机构的法律责任。防范由证券发行市场给证券交易市场带来的风险，培育相对独立的证券发行市场。第二，改变证券发行、证券上市和证券交易合为一体的市场格局，实现证券发行与证券上市的分立，形成一些证券发行后可能并不上市交易、一些证券可能并无新的发行而直接进入交易市场、一些证券发行后可申请进入交易市场或进入其他交易市场交易的新格局，这样可以分散证券集中在交易所上市给交易所带来的各种风险。第三，调整单纯做多的机制，实行做多与做空并行的机制，保障投资者的做空行为给投资者更多的选择机会，以防范由证券市场单边走势所引致的各种风险。第四，完善退市机制，使不适合条件的证券及时退出交易市场，从而保障证券交易市场的质量和运作秩序，化解可能累积的风险。这样才能给证券市场创造好的市场环境，有利于证券公司做优做强。

4. 从产品创新来看，应取消证券新产品的行政审批制，积极鼓励各类市场参与者进行产品创新。在未来一段时间内，在积极发展国债、次级债券、股票、基金证券等证券品种的同时，还要积极进行产品创新的相关尝试：(1)积极发展公司债券，扩大公司债券发行规模，使公司债券成为三大基本证券公司债券、政府债券和股票的主体性证券，为后续的产品创新提供有利相关条件；(2)积极推进资产证券化进程，发行多种类型的资产性证券，如以银行等存贷款机构的相关资产为基础的证券、以相关保险资产为基础的证券、以企业相关资产为基础的证券，同时运用资产证券化机制，资产证券化应从完善法律制度、建立中央优先权益登记系统、建立资产证券化产品交易市场、启动房地产贷款支持证券等方面入手，积极化解不良资产和降低金融风险，提高金融业和实体经济部门的整体资产质量；(3) 积极推进商业票据、短期融资债券、信用衍生产品等的发展，提高企业从资本市场中融入短期资金的能力，提高商业银行等存贷款机构信贷资产的流动性，有效发挥金融机制分散和化解金融风险的功能；第四，积极发展金融衍生产品，在公司债券、政府债券、股票、外汇等现货市场发展的基础上，有步骤的实施推进各类远期交割、期货、期权、互换等创新性产品的发展，完善资本市场品种结构、丰富资本市场产品，提高资本市场防范和化解金融风险的能力，提高资本市场服务于实体经济发展的能力。

5. 从机构创新来看，发展多层次资本市场体系应突破仅仅由证券公司、基金管理公司等少数类型金融机构可以从事资本市场业务的格局，推动多种类型机构进入资本市场。这里需要着重解决四个问题：(1)在推进金融混业经营的过程中，应准许商业银行等存贷款机构、保险公司、金融公司、财务公司等非证券类金融机构有条件地从事财务顾问、投资顾问、证券承销、证券交易代理、证券投资、资产管理、证券咨询等业务活动，并由此促进资本市场中的业务竞争、服务竞争和创新竞争，有效提升各类金融机构服务于实体经济部门的能力和质量。(2)积极培育专业经纪人，不仅证券公司等金融机构可以承担证券经纪人之职，而且有条件的自然人也可以获得证券经纪人的资格并从事对应的业务活动，以满足不同投资者的各类需求。(3)积极发展专业化资产管理机构，基金管理公司应突破单纯管理基金的格局，将业务范围逐步扩大到各类证券投资资产的管理方面，同时，应积极发展具有资产管理功能的投资顾问公司和投资咨询公司，提高资产管理领域中的市场竞争力度和资产管理水平。(4)突破由国有资本独资或控股的金融机构、股权结构，积极鼓励民营资本和外资加盟金融机构，实现它们的运行机制转换，提高其市场竞争力和市场创新力。

## 五、多层次资本市场建设要协调好以下几种关系

### 1. 多层次资本市场必须注重协调制度建设和体制创新的关系

第一，多层次资本市场的建设必须推动资本市场组织结构的创新。资本市场是为企业服务的，企业的多样性从根本上决定了资本市场应当是多层次的，因为企业的经营和发展是分阶段的和分层次的，即使是同一家企业，在生命周期的不同阶段，其融资需求也是有差异的，这就必然要求资本市场体系具有一个完整的多层次结构以满足企业不同发展阶段的需要。

第二，多层次资本市场建设必然推动融资结构的调整和创新。金融体系中就发生了资金相对过剩和相对短缺相并存的现象。缺乏多层次的资本市场的一个重要原因，使得金融体系过于依赖银行体系、过于倾向大型企业，而忽视了直接融资，忽视了中小企业。

第三，多层次资本市场的发展必然会推动监管体制的创新。目前行政管理下的单一市场，是造成当前证券市场监管效率难以提高的重要体制性原因。一些上市公司的欺诈行为，单一市场结构在一定程度上起了一定的诱导作用和“推波助澜”的效果。

第四，多层次资本市场的建设有利于提高中国金融市场的整合程度。缺乏一个多层次、具有良好流动性的金融市场，既会降低中国的金融资源的配置效率，也会形成中国金融领域的二元结构现象。

第五，多层次资本市场的建设必然需要法律制度的创新。《证券法》正在修订之中，在建设多层次的资本市场方面，现行的证券法是存在很多缺陷的，这需要根据

新市场发展阶段进行调整。

**2. 多层次资本市场建设应尊重群众的首创精神，协调首创与既定法规的关系**

基于区域金融差异性极大的市场特征，各地的中小企业已经开创了多种形式的直接融资形式，这是特定发展阶段的多层次市场的组成部分，值得积极予以总结和引导，应当尊重群众的首创精神，不能依靠封杀方式解决问题。原来对于地区性的柜台交易的清理，在很大程度上忽视了对于群众首创精神的尊重，因此在一些地区留下了不同程度的"后遗症"，要及时清除，以免误及大局。

**3. 多层次资本市场建设必须正确处理改革、发展与稳定的关系**

多层次资本市场的建设，必然会对原来的计划管制形成冲击，吸取 1997 年那样对全国的区域性市场进行清理的教训，因为那样的做法虽然赢得了暂时的、局部的稳定，但是却直接制约了改革的深化和经济增长潜力的发挥。多层次资本市场的建设选择有中国特色发展的道路。但以前中国资本市场的单一性使得中国的资本市场不可能迅速在全国建立 3000 个区域性的市场，也不可能等待这些区域性市场的逐步整合进而形成一个更大规模的市场，而可能是一个同时推进的过程。多层次资本市场的建立，会逐步形成风险程度存在明显差异的不同子市场，有的市场投机气氛相对要强烈，对于这些不同风险程度的市场的监督，同样应当把握好改革发展和稳定的关系。在原来的单一管制的市场中，不同类型的融资者、投资者集中于同一市场，加大了市场的投机性；而且不同层级资本市场的信息披露方式、市场监督方式、监督成交、交易成本是不一样的。进行市场的分层之后，应针对不同的市场特征制定不同的上市标准、信息披露方式等。在这个过程中，处理好改革发展和稳定的关系就显得尤为重要。

**4. 多层次资本市场建设必须协调好改革进程中的各种利益关系**

多层次资本市场的建设，会触及到当前经济金融体系中已经形成的利益格局，这就需要协调好各种利益格局。

首先，要合理界定不同层次市场的功能定位。我国的资本市场包括证券所交易市场、场外交易市场、产权交易市场和代办股份转让市场等。那么，究竟这几个层次应当如何确定其定位，这些都是利益关系十分复杂的，需要慎重研究。例如，究竟目前的股份代办转让系统是否只需履行好退市公司"回收站"的功能即可？如何以恰当的方式将产权交易市场的建设纳入多层次资本市场的规划之中？以何种方式推出创业板市场？如何利用现有的各地区域性产权交易中心资源？

其次，多层次资本市场的发展会触及当前金融机构的一系列固有格局。目前，中国的金融市场上，间接融资占据主导地位，间接融资中商业银行则是主导的，银行贷款偏重国有大中型企业、偏向大中型城市，直接融资比例低，中小城市、中小企业融资困难，多层次资本市场的发展必然会对这些现有的利益格局形成冲击。

最后，多层次资本市场的建设需要发挥中央统一监督和地方政府监督的职能。许多参与筹资的公司大部分是由国有企业转制而来，这些企业和地方政府往往把重点放在资本市场的融资，而企业改制往往被忽略，许多国有企业在资本市场融资的同时，并没有建立适应市场运营机制要求的多元结构和公司治理结构。因此，如何在中央和地方之间合理划分对于区域性资本市场的约束权利和责任，也是一个重要问题。因此，只有协调好各种利益关系才能为多层次资本市场建设消除障碍。

总之，资本市场作为市场经济体制下的一个重要组成部分，《决定》和《意见》的相继出台来拉开了资本市场改革的序幕，建立多层次资本市场是实现经济发展和社会全面进步的强大动力，是国民经济持续快速健康发展的有力保障。

# 第四章 证券市场国际化离我们还有多远

随着国际化金融业的不断发展，全球金融出现一体化的趋势。特别是20世纪80年代开始，全球资本市场逐步融合和开放，使得发展中国家实现证券市场国际化成为可能。

## 一、证券市场国际化的含义

证券市场国际化，是指以证券形式为媒介的资本在国际上自由流动，即证券投资、证券发行、证券交易和证券市场结构超越国界，实现国际间的自由化。一般包含两层含义，即投资性开放和服务性开放。证券市场投资性开放属于资本流动的范畴，这是与资本账户开放的一个相关概念，它是指资金在国内与国际化证券市场之间的自由流动。投资开放包括两个方面的含义：投资的开放和融资的开放。证券市场服务性开放是金融服务业开放的主要内容之一，它包括：允许外国投资银行、可经营证券业务的商业银行、资产管理公司、各种基金（如养老基金、对冲基金、共同基金等）及基金管理公司、律师事务所、会计师事务所、投资咨询公司等国外证券中介机构在本国证券市场上为证券投融资提供各种服务；允许本国证券中介机构在国外的证券市场上为证券投融资提供各种服务。

服务性开放属于服务贸易范畴，是与加入世界贸易组织相关的一个概念。作为国际经济的三大支柱之一的世界贸易组织，对缔约方的证券市场服务性开放问题作了具体的规定，主要内容包括：证券市场准入原则、国民待遇原则、市场透明原则和逐步自由化原则等。服务自由化的结果是证券市场服务在全球的充分配置，新的服务内容可以在全球迅速地得到推广，服务价格、服务质量趋于一致。

证券市场国际化是一个主权概念，它代表本国证券市场接受全球化或一体化准则逐步开放的过程。证券市场国际化包括市场运作机制国际化，监管制

度国际化和市场开放国际化三个方面。

## 二、世界证券市场的发展动向

当今世界各国（特别是发达国家）都认识到了证券市场对经济增长的重要作用，近年来无论在立法上还是在宏观政策方面都采取有效举措大力提高证券市场的地位，促进证券市场的健康发展。

### 1. 提升证券市场的地位

近年来，面对金融全球化的挑战，各发达国家为了提升证券市场的地位，大力发展直接融资，纷纷出台一系列法律法规和政策措施以促进本国证券市场的发展。

德国政府近年来非常重视证券市场的发展，通过一系列的政策措施，加强对投资者的保护。为了提高企业竞争力和保护投资者的权益，强化本国的证券市场，德国主要通过采取积极的政策和措施，建立促进市场发展的监管体系，制订并完善促进证券市场发展的法律法规，在此基础上于 2003 年 2 月 25 日提出 10 点计划，其主题和核心就是大力发展证券市场。这不仅使证券市场获得了发展空间，而且拓宽了信贷机构的业务空间，促进再融资和市场繁荣。同时为配合 10 点计划的实施，围绕促进证券市场的发展，德国在银行、保险等相关领域加大了改革力度，并采取更加宽松的政策。

瑞士近年来也采取了强有力的政策措施支持证券市场的发展。2002 年 3 月瑞士联邦议会委托财政部门制定措施，大力发展证券市场。2003 年 7 月瑞士财政部提出了《金融市场改革计划》，其内容分为 7 组：基础金融组；反洗钱组；银行、证券经纪商组；证券交易所与市场组；投资基金组；保险组；职业待遇组等。其核心思想就是提高证券市场在国民经济发展中的地位。主要内容有：①修改综合监管体系内容；②修改法律以适应新形势，如修改《投资基金法》；③关于股票交易所和股票市场的改革；④加大公司治理力度。这些政策措施，通过保护投资者权益，增加资本市场的流动性，大力促进证券市场的发展。

### 2. 向法制化、规范化的轨道发展

法制化、规范化的市场环境是证券市场国际化的前提，近年来世界各国都注重立法对证券市场制度建设的重要作用，纷纷以立法促进证券市场的发展，通过完善立法框架和及时修订有关条款的主要思路，加强证券市场制度建设。

德国在立法上，于 2003 年通过修改《投资法》和《投资税法》，改善德国金融市场秩序，强化对投资者的保护，增强本国证券市场实力，提高上市公司竞争力。修订的主要内容有：①在基金发行和管理方面，增加了基金品种，并可跨国操作；②《投资法》第一次为对冲基金建立了法律框架，取消销售对冲基金凭证的机构产品，明确产品含义；③《投资税法》规定对冲基金在税收方面，不受传统基金的歧视，新的税收框架以提高德国金融市场对冲基金吸引力为基本前提条件，并以此提高证券市场的营运水平。这些均为证券市场发展提供了一个法制化、规范化的环境。

瑞士近年来为了增强其证券市场在国际上的竞争力，在法制上为证券市场提供了一个规范和宽松的法律

环境。瑞士的金融法律主要由联邦法、瑞士联邦金融委员会规章、其他联邦政府规章和自律组织规则等法律法规和证券市场的法律构成。面对金融业的快速发展和全球金融一体化的挑战，尤其是瑞士加入欧盟后相关法律与欧盟委员会金融准则的衔接问题，瑞士联邦金融委员会对金融法规体系进行一系列的修订，其目的不仅要促使其证券市场的继续发展，而且也要保持瑞士国际金融中心的地位。

美国在近年来金融立法方面也做了大量工作。特别是1999年通过了《金融服务现代化法》，打破了大萧条以来实行的分业经营模式，消除了分业经营对美国金融业效率和竞争力造成的损害，促进了证券市场的发展。

挪威虽然不是欧盟的成员，但面对欧盟成员国在发展证券市场的挑战，及时调整和完善立法（主要涉及到的法律有《金融机构法》、《证券交易法》、《股票法》等）从法制上保证证券市场的规范运作，并与欧盟的市场开放和监管标准保持一致。

### 3. 向全球化、一体化方向迈进

随着国际金融业的迅速发展，全球金融出现了一体化的趋势，尤其是20世纪80年代以来全球证券市场逐步融合和开放，主要体现在以下几个方面：

①跨国间的国际资本流动迅速增长，国际证券发行与交易日益活跃。随着证券市场全球化的推进，国际间资本流动的组成下相应地发生了变化：80年代后期国际直接投资取代商业银行贷款，成为国际资本流动的主要形式，但90年代证券投资类在各种形式的资本流动中占据了主导作用，并成为了国际资本流动的主要形式。②金融管制逐步放松，证券市场国际化、全球化障碍已基本清除。证券市场的国际化必须依赖各国金融管制的放松，使得证券市场的准入和创新进入一个快速发展阶段，促进国际证券市场之间的渗透和融合。③发达国家外汇管制基本取消，国际外汇市场交易额迅速增加，放松外汇管制是证券市场国际化的基本条件。而外汇交易额是一种典型的国际金融流量指标，可用来衡量证券市场国际化和全球化的水平。④全球范围内推行国际化准则，推动证券市场向一体化迈进，证券市场的全球化、一体化，其实质就是在全球范围内实施统一的制度规则和技术标准。因此，关税与贸易总协定、国际货币基金组织、世界贸易组织和巴塞尔委员会等组织及其相关规定是证券市场全球化的制度基础。到目前为止，全球的证券市场国际化的制度规则已初步形成，主要体现在：一是国际会计准则成为各国证券市场普遍采用的核算方法，目的是提高信息披露水平和透明度；二是在证券市场开放方面，依据世界贸易组织的《金融与服务贸易协定》，发展中国家开放证券市场实际上只能遵循一套固定的规则；三是在证券上市和投资者权益保护方面，各国的证券监管部门都必须遵循国际证监会组织的监管原则和框架内容，使得各国证券监管内容基本制度与国际接轨；四是上市公司都必须遵循公司治理的核心原则。另外，国际货币基金组织的规划和巴塞尔协

议商业银行管理原则，把全球金融体系都纳入了一个国际化的框架之中。

## 三、我国证券市场国际化面临的问题

### 1. 金融监管体系尚不完善

目前，我国金融监管无论在理论上、内容上和手段上，基本上还是在计划金融的惯性下运作，监管水平仍不适应证券市场开放的要求，主要存在以下问题：

金融立法不完善，只是对部分法规稍稍做了一些修补，一些重要法规仍未出台，存在依法监管的真空。金融监管组织结构不健全，存在多头监管的问题。如我国中央银行监管外汇局、金融工委和财政部等，部分享有监管银行业的权力。出现监管重叠和漏洞并存，诸如金融诈骗，资金违规流动和骗汇等屡禁不止。另一方面尚未建立起一个各种监管组织相互协调、相互配合的监管体系，而且没有充分发挥行业自律组织、社会中介组织及公众监督作用。

### 2. 没有形成市场化的利率机制

目前我国作为资金价格的利率依然由政府部门等非市场力量严格控制；对于各具体金融交易主体而言，仍然没有自主决定价格的市场权力。从贷款利率来看，目前商业银行拥有一定的浮动权，但仍有严格的上下限控制，并不具备较大的自由定价空间；从存款利率来看，各商业银行所有存款利率的标准基本上由央行明确规定，经营过程中还要受到严格监管。

利率市场化既是实现资本项目可自由兑换的前提，同时也是资本项目可交接后国家进行宏观经济调控的必然要求。在资本项目实现可自由兑换之后，市场化的利率和汇率形成机制将起到自动调节资本流动的作用。利率市场化指利率水平由各个经济主体自主决定的过程。利率市场化是指中央银行根据货币政策最终目标的要求和市场信号的指示，科学控制基准利率和产业利率，其他利率基本放开。为适应证券市场国际化的需要，推进实施利率市场化的改革迫在眉睫。当前要抓住低利率水平的有利时机，遵循立足国情、实事求是、循序渐进的原则，精心策划改革的步伐，逐步实现利率市场化。另外，利率市场化改革必须同资本账户开放相协调，同时应该先让资本账户开放。利率市场化并不是毫无管制，放任自流，中央银行有责任弥补利率的不足。

### 3. 证券市场缺乏规范化建设

证券市场的规范化建设，是证券市场国际化的重要前提。只有把原有的市场体系和运行机制，按照市场化发展的要求进行完善并加以规范，同时注重与国际惯例接轨，才具备证券市场国际化的条件。目前，由于我国证券市场建立的时间不长，各项工作刚刚起步，存在许多不规范的地方，如监管机关，市场中介服务机构、上市公司和投资者在内的市场主体缺乏规范性建设，另一方面，我国在上市企业的选择上优先考虑国有企业。而民营企业、外资企业所占比重非常少，这种具有保护色彩的政府政策，在一定程度上制约了民营企业和外资企业的发展，同时造成了社会资源配置不公。实际上民营企业，外资企业在国民经济中最具活力，运作效率也高于国有企业。因此，允许优秀的民营企业和外资企业上市，符合市场经济发展的需要，也是资本市场规范建设的一个重要部分。它在提高上市公司质量和吸引外资方面具有十分重要的意义。

### 4. 公司治理结构不够完善，商业银行没有真正实现商业化

目前，我国公司治理结构不够完善，特别是上市公司的运作效率，研发能力，创新能力和增强竞争力等方面治理调整亟须加强。与此同时，国有商业银行亟须进行产权制度改造。未能成为真正的市场经济实体。没有实现真正意义的商业化。这在一定程度上制约了证券市场的国际化的发展。改革步伐相对较慢，在公司治理方面，资产负债比例管理和风险管理极不到位，更未建立有效的风险预警机制和危机处理机制，存在诸多不适应市场发展的问题。

## 四、证券市场国际化的对策

### 1. 加强证券市场法制建设

证券市场是一个利益集合体，且每一个市场参与者都有自己的利益出发点。不同的利益动机就会产生不同的行为方式。要使证券市场继续、健康发展，就必须用法律、法规来约束市场参与者的行为。维护其合法权益。保

障证券市场的正常运行。首先，应建立全面的证券市场法律体系。我国已颁布并实施了《公司法》，《证券法》、《信托法》、《证券投资基金法》，可以说，我国证券市场已走上了法制的轨道。但为适应证券市场国际化的需要，我们还必须尽快出台《投资顾问法》、《证券交易法》、《证券投资者保护法》等。从而最终形成我国证券法律体系的完整框架。其次，要对已有法律法规加以完善。现有法律法规应随着证券市场的不断发展加以修改和完善，对证券市场发展形成羁绊的条款应及时加以修改，有必要补充的内容要及时补充。最近，有关部门正在着手修改《证券法》，以适应证券市场国际化的需要。再次，要做到“有法可依、有法必依、执法必严、违法必究”的16字方针，真正有效地维护市场秩序，保护广大投资者的利益，促进证券市场的良性发展。

### 2. 完善监管体系，规范市场运行秩序

我国证券市场监管体系完善方向应以证券市场各个组成部分的固有功能为目标，建立以市场方法为主导的监管框架，并将法规性管理模式与证券市场自律性管理模式有机地结合起来，主要从以下几个方面着手：

从法律上明确中国证券监管机构的法定权力，界定其能独立行使权力并实现监管目标。其主要监管目标和监管内容包括：一是通过法定调查权和处罚权直接监管证券市场的各种违法违规行为，包括虚假陈述，内幕交易、操纵市场等。二是通过证券公司监管股票发行行为，以法律约束招股说明书和股票公司公开发行注册制度，保证企业的透明度和信息公开的真实性、准确性和完整性；三是通过证券交易所监管上市公司，保证信息披露的连续性，保护投资者利益。只有明确上述监管目标，证券市场才能得到从严治理，规范发展。

赋予证券交易所对上市公司的监管职能，主要包括：一是明确上市公司的日常监管权力隶属于证券交易所，证券交易所有责任和义务督促上市公司进行及时全面的信息披露，从根本上解决透明度不高的问题。二是部分监管证券公司，主要是与上市监管相关联部分，以及证券公司在场内交易部分的行为监管，它是随着上市公司配股制度的日益成熟，逐步将上市公司的再融资由证券交易所审核。

从提高市场效率和加强监管出发，统一证券交易所的证券交易制度，交易与结算系统、证券上市条件与标准，信息披露系统、柜台系统等。有利于证券市场系统性制度的形成，提高防范风险的能力。

强化证券中介机构的法制约束和自我监管功能。一是建立严格的上市条件由律师事务所鉴证制度。二是按照国际会计准则和审慎原则审计上市公司财务与会计报表，并以承担无限法律责任的原则约束会计师事务所的法律责任。三是建立证券公司上市保荐人制度，由证券公司组织协调发行人、律师事务所、会计事务所进行股票发行与上市文件的准备，承担相应的法律责任，配合股票发行审核制度的实施。

### 3. 健全进入与退出机制

在成熟的证券市场，进入与退出机制是完全市场化的。市场参与者在符合一定最低标准的条件下，可以自由选择进入或退出市场。从而从根本上铲除了违规行为赖以滋生的土壤。长期以来，由于我国证券市场主要为国有企业筹集资金服务，因此上市公司多为国有独资或控股企业，民营、外资企业在上市公司中所占比例极小。这种具有保护色彩的政府倾斜政策，不仅造成资源配置的不公，而且忽视了对企业质量的衡量。此外，在我国证券市场上有许多上市公司连续亏损，早已资不抵债，由于缺乏淘汰机制，却没有一家破产退出市场。因此，当前完善健全进入与退出机制显得尤为重要。同时要做好相关制度的改革工作。按市场化要求完善证券发行监管制度，将股票上市的机制同行政机制分离开来，彻底推向市场。另一方面要尽早实现退市机制的市场化，退市机制的建立与完善标志着证券市场市场化的程度，将会在我国证券市场产生深刻的影响。首先，有利于投资者增强风险意识，树立价值型的投资理念，防止市场过度投机，恶性炒作的现象出现。其次，将会对上市公司的管理层产生激励作用和有效的压力，这有利于上市公司的规范运作，有利于提高上市公司的整体质量，从而从根本上防止上市公司质量问题给证券市场带来的系统风险，真正实现“优胜劣汰”的机制。再次，有利于提高中介机构的执业水平和运作质量。

### 4. 加快公司产权制度改革，完善公司治理结构

当前要解决证券市场制度性风险问题，必须加快企业产权制度和产权管理制度的改革，建立适应市场经济

体制的现代企业制度和产权管理制度。一方面改革公司产权制度，可以消除因股权不平等而带来的上市公司的结构问题。另一方面，改革上市公司的产权划分方式，在证券市场上不再划分国家股、法人股、个人股等不同属性的股份，可以从根本上解决市场分割和畸形发展的问题。因此，加快现代企业改革步伐，建立现代企业制度，按照市场经济规律，强化公司内部治理，消除证券市场风险的企业因素，实现上市公司的盈利，是夯实证券市场微观基础，保证证券市场继续发展的惟一途径。

### 5. 重视对证券公司违规性风险的管理

加强对证券公司违规性风险的管理，其核心是进行金融结构的调整。首先，要理顺证券公司的资金来源与资金运用关系，既要开辟证券公司正常的融资渠道，又要加强对证券公司融入资金使用的管理。其次是逐步消除证券业的过度竞争问题，调整证券公司设置的地方性色彩，培育和支持全国性的证券公司，以适应证券市场国际化的要求。再次是健全证券公司内控制度，形成良好的金融机构治理结构，对经济业务、投资银行业务和资产管理业务制定具有国际专业水准的业务操作程序与工作规范。加强对证券公司违规性风险的管理。当前最迫切的是打击证券公司的违规业务活动。这包括对利用内幕消息进行股票自营活动的监管，对证券公司以代客理财形式变相融资活动的监管，对挪用客户保证金进行透支活动的监管，对上市公司信息披露不及时、虚假陈述、恶意进行题材配合炒作股票交易的监管等。只有严厉打击违规行为，才能从根本上消除违规性风险。

### 6. 加快实现我国会计准则与国际会计准则的接轨

目前，由于金融全球化的推进，国际会计准则已成为各国证券市场普遍采用的核算方法。我国近年来在推进国际准则国际化、提高财务信息质量方面做了大量工作。财政部已颁发了十余个会计准则，且颁布了新的企业会计制度，证监会颁布了一系列信息披露规范，加强了信息披露监管。但我国与国际会计准则仍存在一定的距离，以致一些境外投资者不认可我国注册会计师出具的有关财务报表资料。因此，只有加快我国与国际会计准则接轨的步伐，才能吸引外国投资者的参与，才能实现我国证券市场的国际化。

我国证券市场的国际化必须循序渐进，按照一定程序逐步推进。因此，在我国证券市场国际化的进程上可分为三个阶段：第一阶段，目前我们鼓励 FDI、长期债券投资、长期政府债券投资等形式的国际资本流动。同时，制定一些与之相关的政策措施。第二阶段，随着银行业和证券市场改革的深入进行，资源配置效率的提高，应该逐步取消对短期和长期资本流出的限制，使境内外证券投资有条件地松动。最后阶段，当人民币实现资本项目可兑换，人民币成为广为接受的储备货币，国内金融监管体制已经基本健全，我们可以开放短期资本流入，最终完成我国证券市场的国际化。

VOLUME 3

# 第三卷

# 证券市场的法制探讨

- WTO时代证券市场法制环境的新变革
- 多层次证券市场法律框架的构建探讨
- 证券投资纠纷的诉讼模式选择
- 全面解读《证券投资基金法》

**繁荣证券市场是发展我国国民经济的一项重要战略任务，而健全的证券市场法律体系则是繁荣证券市场的必要条件。随着我国证券市场国际化步伐的加快，无论是对外开放的压力所致，还是经济发展的本质需要，都对证券市场的法制建设产生深刻影响，要求强化产权、契约意识，建立更严密、精细的法律体系，健全投资者法律保护机制。**

# 第一章 WTO时代证券市场法制环境的新变革

中国加入WTO,主动融入全球经济一体化,这为中国证券市场的发展引入极大的外生性约束,使中国证券市场法制环境面临着巨大的挑战,同时也带来了极大的发展契机。

“证券市场法制环境”是一个动态的系统范畴,它不仅包括证券市场法律法规的不断完善,还包括相关市场主体对它的遵循、证监会等政府部门对它的执行、法院对它的理解和运用、人大对其运作效果的监督和检查等多层面立体的范围。这些主体在互动中发展,在发展中平衡,共同构成了中国证券市场的运作实态。中国加入WTO,主动融入全球经济一体化,这为中国证券市场的发展引入了极大的外生性约束,使中国证券市场法制环境面临着挑战,同时也带来了极大的发展契机。

## 一、证券立法理念的转型

受WTO规则影响,我国要逐步对外开放资本市场,要适应WTO的竞争法则,首先必须要转变证券立法理念和意识,强化产权、契约意识,建立严密、精细的法律体系。

入世以后,我国证券市场的渐进开放,不可避免地使我国证券市场出现以下几种问题:一是外资机构大量进入市场,市场竞争加剧,市场格局面临重新洗牌。二是随着我国资本市场人民币的可自由兑换,外资并购的案例必将大幅增加,其法律有待调整,而且产业结构调整、退市公司的资产重组和善后处理机制问题亟待解决。三是证券纠纷解决渠道分流,证券纠纷解决的诉讼与非诉讼解决机制必须尽快建立和完善。四是证券市场生态化,各个市场主体之间的相互制衡程度加强,国有主体独大的局面将得到改观。五是法律冲突问题,《公司法》和《证券法》的执法环节中会出现部门间的执法重叠和部门之间的执法盲区问题,且这些问题可能成为证券执法的“瓶颈”,从而导致证券法律边缘化。

上述问题出现是表明我国证券市场明显受“转轨

背景”和“新兴市场”这两个特征的约束。在“转轨背景”中，我国证券市场的制度供给主要由政府主导，证券市场的定位和功能实现不明确，这导致证券法律制度供给极不连续、极不稳定。此外，法律制度的设计极为抽象化和原则化，以致执法部门本身存在诸多衔接不够顺畅的问题。而在“新兴市场”的建立过程中，我国证券市场是为向市场经济转轨和国企改革而设，它为中国市场经济的培育与发展作出了巨大贡献。这不仅体现在投融资的制度创新上，更大的意义还在于它启蒙并强化着市场主体的产权意识、契约观念、诚信原则，也促使政府向与市场良性互动的方向转变，而且WTO规则的导入，将极大地加速这一进程。

目前，我国已加入WTO，证券市场正逐步对外开放，各种外国资本正以直接或间接方式涌入中国证券市场。证券市场应该是一个诚信市场，要保障外国投资者的利益，要顺应外国投资者对外在的法制环境的要求，我国的法律制度必须进行国际化设计，必须具体化、细致化，必须具备可操作的基本条件。同时我国加入WTO还有义务遵守WTO的一系列法律规则，我国必须对现行法律包括证券市场的法律规则进行修改，在符合WTO规则的基础上，推进“能动型法律变革”，并通过立法、执法与司法协调有效运作，改变立法、执法与司法协调成本过高的状况，以能动地防范和避免加入WTO给我国证券市场带来的冲击和动荡。

另外，WTO会给我国带来市场精神、产权和契约意识，这势必对我国既有的宪法秩序和政治秩序产生影响，并推动证券市场上投资者保护法制环境的构建。而要构建中小投资者权益保护的法制环境，深化法律改革，又需要协调证监会、法院、央行、财政部、税务局、商务部、地方政府等部门利益，这些部门的权力和利益边界需要在宪法和法律层面上得到界定和说明，它们的职能接口问题也要在技术层面上加以解决。同时，民间主体(如各种协会组织和媒体等)的利益和权力结构，也需要在国家治理的层面上重新划分。因此，以法律制度建设的角度来说，入世促使我国证券立法理念转型，它对推进我国证券市场法治进程是一个难得的机遇和挑战。

## 二、多元主体的重新定位与应对

证券市场法制环境主体有多个:制定法律的全国人大、行政监管的政府、司法审判的法院、上市公司、证券交易所、协会组织、仲裁机构、财经媒体等等。入世后，这些主体均会遇到利益冲突和法律困境，这些都应该在WTO时代重新定位，采取相应的应对措施。

### 1. 全国人大

WTO时代需要一个相对完善的立法体系和执法监督体系，而全国人大作为国家立法机关、最高权力机构以及行政、司法的监督者，正好承担此责任。在证券市场的权力配置中，存在行政权力与司法权力的博弈与制衡问题，在理想状态下，这两种力量的关系应当相互补充、相互协调，但实践中，制衡与博弈的过程常会出现偏差。在这种情况下，仅靠行政机关与司法机关两个相关利益主体难以解决问题，全国人大应对行政执法与司法过程中的冲突与歧义进行解释、协调，这样才能解决行政权力与司法权力的冲突问题。

为此，全国人大除了加强监督之外，还应随着资本市场迅速发展，加强立法，对《公司法》、《证券法》等证券市场法律法规进行修正和完善。在此点上，我们可以借鉴其他国家的成功经验，例如英国的DTI部每年会对公司立法及其实施绩效向业界广泛征询意见，并以此为基础，形成有关公司法的修正议案，呈报给立法机关，以保证公司法每年都得到适时的修正，适应资本市场变化迅速的需要。而根据我国国情，全国人大也可考虑特设“证券市场法律评估与修正机构”，据时势变化评估资本市场法律的适用性和有效性，并及时修改各种不适用的条款。总之，全国人大及其常务委员会应针对WTO，站在全球经济一体化的战略高度对证券立法重新定位，并建立一种法律和立法的反思机制，维护法律的有效性和适用性，这样才能满足资本市场迅速变化的要求。

### 2. 政府

目前，我国政府在证券市场定位有失妥当，其主要表现有：一是各政府部门权力重叠，职能交叉现象严重；二是由于信息不对称原因，政府对证券市场监管时有“失灵”现象；三是政府由于是行政法规的制定者与执行者，同时又是大量国有股权的代言人，这种双重角色使得系统与程序公正存在矛盾；四是政府与司法机关不能很好地相互配合、协同监管。

WTO时代，随着计算机网络技术的应用普及，政府办公自动化正在现实生活中发挥越来越重要的功效。证券市场本属于虚拟经济范畴，政府办公自动化正好与证券市场相契合。因此，我国政府除了在制度上要与国际接轨，迎接外资入市外，同时在技术上也应跟上世界步伐，加快政府办公自动化的建立进程。而要建立电子化政府，基础条件是建立强大的数据库。

数据库技术可以弥补政府在证券市场监管中的许多不足。如在证券发行机制上，我国目前是按市场经济的要求采取核准制，在“发行审核委员会”中引入专家，但专家经验有一定的局限性，若有数据库支持，则可从技术上弥补其不足。其具体措施是将行业数据库建设成一种专家系统，以此支持专家的发行审核判断，弥补专家固有的主观偏好和知识结构不完全的制约，实现专家判断的客观化、市场化。又如在拟上市和正上市公司的监管上，中国证监会可根据不同的市场层次，建立不同的数据库：处于一定标准市场规模的企业，归属同一层次的证券市场，如“主板市场”、“二板市场”、“三板市场”等，就是针对不同市场规模的企业而设立的。将来公司申请上市，根据公司规模，遵循的数据库支持也各不相同，而且，公司上市后，行业数据库与上市公司的交易数据库还可以实现链接。行业数据库系统将根据上市公司持续信息披露的数据，不断地更新数据库中的信息记录；另一方面，也可以在数据库中设置报警系统，当上市公司的信息接近报警界线时，计算机就会发出指示信号，提醒注意监管。

另外，中国证监会的权责关系也需重新审视与定位。证监会作为证券市场政府主管部门，其职责过重与职权过少的矛盾十分突出。《证券法》第167条赋予了证监会繁重的职责，但监管职权却相对缺乏。《证券法》第168条规定，对有确凿证据转移或者隐匿违法资金的，证券监管机关可以申请司法机关予以冻结，但在实

际操作过程中效果不是非常理想。另外,证监会请求对违法公司实施财产保全时,也要与普通当事人一样提供担保,高额的担保费用使得其可操作性大大降低。这些矛盾和冲突,相当部分在行政权力的框架内部得不到妥善解决,许多问题存在于立法层面,需要在今后的法律修订中得到解决。另外有一些问题还存在于执法和司法职能的衔接层面,也需要理顺接口,协调解决。

3. 法院

法院是运用审判机制来解决社会矛盾纷争的调节器,是健康社会的最后屏障。WTO 的重要规则之一是要求各成员国构建一套行政权力的司法审查系统,然而在我国,法院在证券市场的解决纷争的功能上发挥不足,行政权力的司法审查机制更是缺乏,因此依据 WTO 规则,我国人民法院必须从以下几个方面重新定位:

一是法院应加强证券专业知识培训,积极介入证券纠纷解决之中。目前证券专业知识欠缺是制约法院受理裁决证券类案件低效的一个重要因素。从长远来看,要取消类似目前关于法院受理证券案件"前置程序"的规定,需提高审判员素质。当前可在两个证券交易所所在地的深圳、上海设立特别法院,直接隶属于两地的高级人民法院,专门负责证券民事诉讼案件的审理工作。在特别法庭的成立中,可由最高人民法院从全国抽调精通证券业务的法官,使其在证券法律业务素质上更契合于证券类案件的审理需要。成立特别法庭的好处在于试点探索证券民事责任的原则,为修改、完善《证券法》及《公司法》的有关规定积累经验,同时也可以比较彻底地克服法律适用不统一的弊端。

二是建立行政权力的司法审查机制。根据 WTO 的相关规定,对于行政机关的政策、具有普遍约束力的决定和命令,根据申请者的请示,可以提起司法审查。若申请人的请示有理,还可提供相应的司法救济。但我国行政诉讼法规定,抽象行政行为不属于法院受案范围。因此须修改这一国内立法与 WTO 规则不一致的规定,当前可以考虑由全国人大颁布特别条款的方式加以解决,以后在修订法律时再将其一并纳入。一旦真正建立行政权力的司法审查机制,则承担着调控和监管证券市场职责的证监会,其发布的许多规范性文件,都将面临司法审查的可能。由证监会一方制定证券市场规则的局面,将转化为由证监会主导、市场各方质疑、法院司法审查的"规则形成"格局。

4. 仲裁机构

除诉讼外,仲裁也是解决证券纠纷的一种良好方式。在中国加入 WTO 的背景下,为减轻政府和法院的压力,在我国证券领域建立非诉讼纠纷解决机制,显得尤其必要。针对证券纠纷的特点,我国仲裁机构可考虑建立 ADR 制(Alternative Dispute Resolution),即替代性纠纷解决机制,它实质上是一组供当事人选择、用来避免正式对抗性诉讼办法的总称,主要包括调解、专家认定、仲裁、调解——仲裁、早期中立评价、小型审判、简易陪审团审判等不同方式。这种非诉讼纠纷解决方式已在世界范围内引起广泛重视,但目前我国尚缺乏完整的仲裁机制,当前具体可行的措施有:

一是在相关文件中载明格式"仲裁条款"。虽然我国仲裁法对合同和非合同的证券纠纷均赋予了可仲裁性,但二者可仲裁的前提都要求订有仲裁协议或合同中包含仲裁条款。为解决仲裁协议成立和二级市场上证券流动频繁引起的当事人资格转移难题,可在公司章程中导入仲裁条款。同时,在公司的招股说明书和股票转让证书上也都应规定,阐明签字的当事人须接受和承认公司章程中的仲裁条款。这样,通过公司董事代表公司在招股说明书上签字、股东在股票转让证书上签字的方式,章程中的仲裁条款对持股人及其后手都具有了约束力,证券纠纷也因此而获得可仲裁性。

二是设立专门的仲裁机构。当各方面条件成熟时,可以考虑成立专门的证券纠纷仲裁委员会,不过在此之前,可暂时由中国国际经济贸易仲裁委员会(CIETAC)负责证券纠纷的仲裁。

三是制定仲裁规则。这方面 CIETAC 已有一些经验,但我们还可参考海外的有关实践,如美国仲裁协会的有关证券仲裁规则、香港特别行政区的《香港国际仲裁中心证券仲裁规则》,并在借鉴的基础上逐步完善。

5. 三类专业主体

三类专业主体是证券市场的主要运行主体,它们分别是上市公司、协会组织和证券交易所。

我国证券市场的初始制度安排目的是建立融资而非投资市场,是使国有企业获得资金融通的机会。因此,

导致上市公司基本上是国有企业或准国有企业，公司内部治理结构存在缺陷，特别是内部人控制问题较为严重，倾向于追求市场短期利益。国有股一股独大、关联交易层出不穷也是我国上市公司失信于市场的关键因素。在WTO背景下，外资并购引入的外生性约束力量，对于关联交易将起到一定的制约作用。监管层也一直在努力改善公司治理结构，如在上市公司中引入独立董事制度、董事长谈话制度等。因此，各上市公司也应适时而动，在WTO时代中主动积极与国际惯例接轨，尽快步入规范化轨道。

协会组织是连接国家与公民、政府与市场之间的桥梁，是维持证券市场利益均衡的一支重要力量。在WTO时代，它还是分担政府风险、保护民族证券业的一支重要力量。因此，我国的证券业协会组织必须改变独立性不强的状态，重新定位，加强自律和制衡功能，配合监管部门正在进行中的放权改革，创造民主自制的会员制组织，开拓会员的自由成长的空间，使其能够与政府、其他监管主体一起营造一个多层次的证券监管体系。

证券交易所在发达市场经济国家中，本是民间机构，产权自始明晰，早于政府管制产生。但在中国，证券交易所尚未实现完全独立，其自律功能也有待进一步发挥。WTO时代，全球证券交易所正出现公司化浪潮，我国证券交易所要迎接外资入市，允许外资持有交易所的席位甚至股份，必须加强其独立性地位，甚至在条件成熟时进行公司化改革。

### 6. 财经媒体

媒体是现代民主社会中公民权利对公共权力的重要制衡工具，它以其所拥有的批评权和报道权，对公共权力部门实施舆论监督，以防止公共权力治理证券市场过程中形成的腐败行为。同时，媒体作为沟通公民和公共权力部门的桥梁，还能减少公共政策在试错过程中所需要的时间成本，有效达成公共权力部门与投资者权利诉求之间的合意。因此，在WTO时代，作为投资者保护体系中的一支重要平衡力量，媒体应侧重舆论监督，主动介入证券纠纷，行使监督权，弥补我国司法薄弱、民间力量尚未充分发育的不足，以维持证券市场的“生态平衡”。从现实情况看来，媒体在重新定位与应对时，还应注意司法权地方化问题，要充分利用宪法所赋予的监督舆论权，处理好舆论监督权与司法权的冲突问题。

## 三、积极改善证券市场法制环境

根据分析，我们应抓住WTO机遇，从宏观上采取相应的法律和政策策略，积极改善证券市场的法制环境。

### 1. 积极推进监管环境和法制环境建设

在监管环境的建设上，应构建主体多元化、多层次监管体系，形成全国人大、证监会、协会、交易所、媒体、法院等职能主体相互制衡的监管格局，以共同应对入世后可能带来的金融风险。在法制环境的建设上，应抓紧完善以公司法和证券法为核心的立法体系，包括商法领域的投资者保护法、信托法，民法领域的民法典、民事诉讼法，公法领域的刑法、刑事诉讼法和行政诉讼法，从而构建严密的法治体系。

### 2. 改善证券法的实施环境

要改善我国证券法的实施环境，必须创设一系列的法治要素和氛围，包括如下几个方面：一是建设契约文化。这里的契约是就商业意义而言，而非道德意义上的诚信。商业契约的可操作性与产权息息相关，它是在两个或多个产权清晰、操作实在的主体之间进行，而我国

目前国有公司产权模糊化影响着契约的实际履行。另外，契约文化与商法的执行也是相互作用的，商法契约文化的缺乏，直接影响包括证券法在内的商业法律执行效果。因为法不责众，在一个缺乏商业契约文化的社会执行合同法，诉讼成本过高，时间过长。二是建立财务公信度。资本市场的透明度要求高，法律要求上市公司定期公布财务状况。只有公布的财务资料是真实的，市场的透明度才可以真正体现出来，否则，市场就会没有透明度，更缺乏投资者的公信度。因此，财务公信度是衡量证券法执法效果的标准之一，并且是证券法存在与发挥作用的环境要素之一。三是强化产权清晰度。财务公信度与产权要素密切相关。对证券法而言，产权清晰具有实际的操作意义，产权的清晰度影响证券法的操作环节：当出现产权"虚无"情形时，操作层面会出现"不实在"情况，证券法的执法效果会受不良影响。四是建立信用记录机制。西方经济发达国家中诸如美国，其商业规模、交易额都非常庞大，但其法院系统处理合同纠纷的压力却较小，究其原因就在于美国建立有健全的信用记录机制。信用记录机制记录着公司和个人遵守信用的情况，不守信用的人将受到极为严厉的处罚。我国可借鉴此方面的成功经验，建立本国的信用记录机制。

### 3. 理顺证券立法与司法、执法间的关系

要完善证券法制环境，就必须对法律条文与实际执法部门之间的关系理清、理顺。证券立法体系为证券市场系统运作修章明典，设计运转轨道；证券司法、执法部门则是轨道的实际铺设者、操作者。设计与操作契合得体，则设计理念和目标才能实现，运作系统才会健康顺利运转。但我国目前这两者之间的关系并不顺畅，集中表现为以下两点：一是证券立法部门未考虑周全。在立法过程中，尽管立法者已经考虑到部门之间的衔接问题，但由于此类问题有时表现为"部门利益冲突"，加上时间及其他因素制约，法律在通过时不可能考虑到所有部门衔接问题，致使这些问题在操作时完全暴露出来。二是解决问题中断法律执行。在经济发展的过渡阶段，会遇到许多新问题，无论是解决这些新问题，还是本来就遗留的衔接问题，都需要动用多方面资源，集中精力解决一个问题，这样就会中断原来的工作程序，而且解决问题的做法也不能形成惯例或法定程序，或多或少影响原有法律制度的执行。因此，这些问题均需要在以后的证券立法、执法和司法实践中加以解决。

总而言之，中国加入 WTO 之后，外资将通过与国内的市场主体合资或者并购，或者通过 QFII 等方式进入我国证券市场；我国政府也要接受 WTO 规则的约束，提高行政透明度和行政效率。从上至下，WTO 均将给我国的证券市场法制环境带来巨大影响，我们要从证券立法理念的转型、市场主体的法律应对到证券法制环境的改善等方面，进行一系列变革，这样才能更好地推动证券市场的快速健康发展。

# 第二章

## 多层次证券市场法律框架的构建探讨

2004年1月31日，国务院发布《关于推进资本市场改革开放和稳定发展的若干意见》这一重要文件，其中明确指出：“大力发展资本市场是一项重要的战略任务，对我国实现本世纪头20年国民经济翻两番的战略目标具有重要意义”。而一个完善的资本市场的重要标志是市场的多层次性，它能满足不同类型企业的多种融资需求，能将不同类型的证券投资者、融资者、中介机构相对分开，使之各司其职、各尽其责。要实现这一伟大目标，就必须从法律制度入手，从构建证券市场法律框架开始。

### 一、证交所市场：建立健全四大平台的交易规则

证交所市场可称为主板市场，它集中了我国最优秀的上市公司。根据我国目前证券法律规定，沪深证券交易所是我国证券交易的主要场所。理论上讲，证券市场的发展程度应该与其经济发展的现实需求相匹配，而且目前我国建立多层次证券市场的经济条件已具备。这是因为：一方面，我国经济继续保持高速增长，2003年我国国内生产总值(GDP)为116694亿元，同比增长9.1%，人均GDP首次突破1000美元，达1090美元，居民消费结构正从生存型、温饱型向舒适型、享受型转变；另一方面，我国正进入新一轮的经济结构性成长期，很多产业面临重组和升级的机会，甚至2004年被称为“产业结构调整年”。因此，我国建立和发展证券市场，是有强大的现实需求作支撑的；我们应以《证券法》修改为契机，清除相关法律政策障碍，全面推进证券市场法制体系的建设。

在最高层次的证券市场即证券交易所市场上，我国沪、深证券交易所已成立13年，积累了丰富的组织证券交易和一线监管的经验，并建立了在世界上较为先进的交易技术系统，如STAQ和NET系统，深交所还开发原准备用于创业板市场的交易系统平台。而且近两年来，沪、深交易所在推进证券交易制度和交易方式方面都作了

一定的研究和尝试，如实行大宗交易制度等。在此基础上，我们可从以下四个层次构建证券交易所内部的分层交易平台：

一是证券集中竞价交易平台。目前已有主板交易市场，未来还可创建创业板交易市场，其主要任务是为上市可流通的证券提供交易服务。

二是大宗交易平台。该平台可以为一次成交数额大的交易，如股票、债券、基金等，提供费率优惠、程序优化等专门服务，且实行与集中竞价交易平台不同的信息披露、计算统计规则等。

三是非流通股转让平台。由于非流通股不能与流通股一样，进入集中竞价交易平台自由流通，且一般成交金额大、法律法规限制多，应建立单独的特别平台，供买卖双方及时获取、交换信息，故采取协议转让方式进行交易。

四是特殊证券交易平台。除上述三类交易外，还有一些特殊的证券交易，如证券定向发行。它是在一定范围内的投资者之间流通的证券，只有具备规定条件的投资者才可进入该平台买卖此类证券。

要实现上述四大平台的构建和交易方式创新，适应不同交易平台投资者的需求，就需要相关的法律制度作依据和保障，相关立法部门和监管部门不仅要制定大量的新法律法规和操作细则，还须修改现行有关的法律条款。

具体而言，当前证券交易所市场法律制度建设应着重关注以下几点：(1)修改《证券法》第33条，增加证券交易方式，除集中竞价交易方式外，允许证券交易所采取协议转让等其他交易方式。(2)在法律上授予证券交易所进行交易方式和交易制度创新的权利，明确规定证券交易所经证监会批准，可以根据市场需要，适时推出证券交易新制度。(3)允许不同级别、具特殊性证券进入证券交易所，另设平台和系统单独交易，并制定相关的信息披露制度与之配套，确保交易信息迅速、及时、公开、传播，保证交易的公平、公正性。(4)在上市标准制定、提供交易服务等方面采取更灵活的做法，它可以不在《公司法》、《证券法》等法律层次上作出规定，而是由证监会甚至交易所制定具体的规则，以利于证券交易所随时根据市场变化和需要，及时提供相关的交易和监管服务。

## 二、中小企业板市场：明确法律地位和交易功能

在证券交易所上市的公司，大都是各行业的龙头企业或骨干企业，它们是国民经济的中坚力量。这些企业一般资产规模较大，企业员工人数众多，企业固定资产大，多数居于传统的采掘加工、机械制造、石化塑胶、交通运输等行业，即以第二产业中的行业为主。但随着我国经济体制改革的深入和经济的发展，产业结构调整步伐加快，尤其是以电子通信、计算机制造、软件开发等为代表的高新技术产业的兴起，大量的中小型企业不断涌现。

新涌现的中小企业代表着新生的经济群体和新经济增长点，他们承担着推动经济尤其是高新技术产业的发展重任，却由于受证券交易所市场门槛和银行贷款资格的限制，面临着融资困局，结果导致企业往往因资金短缺而无法迅速发展。同时，此类问题在世界范围内也有一定的普遍性。其解决方法以美国的纳斯达克市场(NASDAQ)为典型，其他的还有英国的另项投资市场(AIM,Alternative Investment Market)、法国新兴证券市场(Nouveau Marche)、欧洲新市场(EVRO-NM)、新加坡证券交易及自动报价系统市场(SESDAQ)、马来西亚证券交易及自动报价场外证券市场(MESDAQ)等等。这些市场被称之为“创业板市场”(the Growth Enterprise Market)。美国纳斯达克市场的兴起处于美国计算机业快速成长时期，当时许多中小企业进入新型的计算机领域，由于技术和市场不够成熟，他们无法满足在华尔街上市的资格，这些企业因缺少资金使发展处于停滞不前的困境。为此，美国国会为支持有资格的中小企业在资本市场上筹集资金，鼓励中小企业的科技冒险和科技探索，促进美国高科技进步，要求美国证券交易协会研究并创立了纳斯达克柜台交易系统。结果受到硅谷众多中小企业的欢迎，纷纷利用纳斯达克上市融资，使纳斯达克最终发展成为全球性最大的资本市场之一，使纳斯达克成为推动美国信息产业和90年代经济发展的重大功臣。

我国在解决中小企业尤其是高科技类中小企业融资问题时，也应借鉴美国这一做法，创立合乎中国国情的中小企业板市场。从市场创建来看，中小企业板市场在性质上应属于现代电子场外交易，它采用先进的计算机技术和网络技术，实行"统一报价、分散成交、集中清算"，替代传统的买卖双方一对一的谈判成交方式，效率高、交易成本低，且从根本上解决了传统交易中的信息披露不畅问题。在具体的法律制度建设上，应注意以下问题：

(1) 打破法律上的禁区，允许建立和发展中小企业板市场。这就要求修改现行《证券法》第三十二条的条款规定，允许我国可以建立和发展除主板市场以外的其他证券交易场所，包括中小企业板市场。

(2) 从法律层次上，将"公开发行"与"在证券交易所上市"严格分开。公开发行的股票既可在证券交易所上市，又可以在中小企业板市场上市交易。证券交易所主板市场和中小企业板市场在证券市场上应表现出明显的层次递进关系，后者的上市标准要低于前者，两个市场相互补充、适度竞争，这样可满足不同层次企业的融资需求。

(3) 明确中小企业板市场的法律地位、交易方式和功能定位等问题。首先，在法律地位上，明确中小企业板市场是我国多层次证券市场体系的组成部分，是证券交易所市场的次级补充市场；其次，在交易方式上，法律上规定只可采用电子交易手段，实现全国联网；最后，在功能定位上，明确中小企业板市场的融资功能，允许公开发行股票的、实行股份有限公司制的中小企业在中小企业板市场挂牌交易，并制定相关的上市程序和信息披露制度。

## 三、产权交易市场：纳入《证券法》调整范畴

产权交易市场与中小企业板市场既有相同点，也有不同点。相同点在于同为支持中小企业融资，但支持的企业类型有所不同。

一般而言，我国现行的股份制公司可分为如下三类：第一类是上市公司，此类公司均为股份有限公司，资产规模大、公开发行股票且在境内外证券交易所挂牌上市交易；第二类是目前未上市的股份公司，该类公司融资欲望强烈，正准备上市或不够证券交易所上市条件而不能上市，对于后者中属高科技产业类、具高成长性的企业，急于融资但不够上市标准的可转向中小企业板上市融资；第三类是有限责任公司或不愿公开上市的股份公司，此类公司虽也为股份制，但其既缺乏证交所上市资格，又不能在中小企业板市场融资，或者不愿成为公众公司，故应建立产权交易市场满足其融资需求。实际上在美国证券市场上，进入证交所市场或创业板市场体系的股份公司仅占全美股份公司总量的1%。可见，建立和发展产权交易市场，为非上市公司提供产权转让服务，存在极大的现实的市场需求。

从我国的实际情况来看，各地较大城市一般设有地区性的产权交易场所，总数较多，但布局分散。据统计，我国目前各省市设立的产权交易所已达200多家，这些产权交易所规模小，难以形成规模效应，存在着巨大的生存压力。同时，在这些产权交易所的监管上，缺乏统一的监管主体和法律法规，交易制度和规则各异，计算统计标准不同，既蕴藏着潜在的交易风险，又阻碍交易信

息的顺畅传播。因此为解决上述问题，应在不违反《证券法》对产权与产权交易市场的原则规定情况下，考虑利用现有证券交易所先进的计算机网络技术和监管经验，或者说借助证券交易所的交易平台，对各地产权交易所进行清理和整合，逐步建立一个现代化、电子化的全国产权交易市场。

产权交易市场立足于为非公开发行上市的股份公司提供融资服务。在该市场上，中小企业可通过出售、转让企业部分或者全部股权、专利技术、投资项目、土地使用权等，从而获取企业发展资金。从另一个角度讲，上市公司、战略投资者、风险资本家等也可通过该市场收购、兼并优质中小企业，进行资产重组、扩张企业规模；或者购买专利技术，或与有项目的企业进行合作投资、开发，共担风险、共享收益。

为此，在法律制度层面，我国应为全国性的产权交易市场的建立发展创造良好的制度环境，具体建议如下：一是将产权与产权交易纳入《证券法》的调整对象。从实质意义上讲，非公开发行上市的股份公司也是股份制公司，其股份也是可用于转让和交易的证券类型，故可以纳入《证券法》的调整范围。但目前，我国现行的《证券法》对此并未产生法律约束力，故应在《证券法》中明确规定，将目前实际上存在的地区性产权交易场所纳入《证券法》的调整范围，并作出大致的原则性规定，为未来产权市场的发展预留一定的空间。二是对产权交易市场的法律性质、功能定位、交易方式等问题作出具体规定。具体而言，在法律性质上，产权交易市场是我国多层次证券市场的组成部分，是证券交易所市场和中小企业板市场的重要补充；在功能定位上，产权交易市场是为非公开发行上市的股份公司提供产权转让等融资服务；在交易模式上，采用电子化、网络化交易等等。

## 四、代办股份转让市场：满足低层次交易的法律需求

2001年我国股市启动退市机制时始，便建立了代办股份转让系统，旨在解决沪深交易所 STAQ、NET 系统法人股和退市公司股份的转让流通问题。实质上，代办股份转让系统是一个为投资者提供交易平台的低层次交易市场。

在一个完善的证券市场体系中，必然同时具备市场准入机制和退出机制。对合乎标准和满足条件的股份公司，就允许其进入证交所市场或中小企业板市场上市融资。但公司上市后，若因经营失败而导致连续亏损严重，或因违法犯罪而遭罚款破产甚至取缔，以致公司不再符合上市条件，则应罚其出场，取消其上市资格，以切实有效保护投资者利益。公司退市后，虽然公司股票价值大幅贬值，但公司仍然存在，其股票仍有价值，仍可进行挂牌交易。尤其是对拟进行资产重组的公司而言，其股份有极大的升值潜力，其股票可视作一种风险与收益同样大的投资工具。而且随着我国沪深交易所市场退市公司数量的扩大，退市公司投资者将对代办股份转让系统的需求和依赖程度日益增加。因此，我国代办股份转让系统大有可为，应将其作为我国低层次交易市场的发展方向，作为证券交易市场的有益补充。

为满足投资者需求，须在现有的代办股份转让系统基础上，进一步加强法律制度建设，以满足该系统规范化、扩大化的法律需求。其具体的法律建议有：(1)明确代办股份转让系统的法律地位，将代办股份转让系统纳入《证券法》调整范围，明确代办股份转让系统属于我国证券交易所以外的其他证券交易市场之一。(2)在法律上对代办股份转让系统的功能定位等作出具体规定，即代办股份转让系统的主要功能是作为退市公司的交易平台，是为从证券交易所市场和中小企业板市场退市的公司提供股份转让服务。(3)制定代办股份交易程序、交易方式和结算服务等有关制度，使代办股份市场逐步规范化、制度化，为市场扩容创造良好的制度环境。

总而言之，我国应建立以法律为依托的证券市场体系，为不同规模和类型的企业解决融资和规范管理问题。尤其是在如今的以高科技制胜时代，我国大量中小型、成长型高科技企业急需突破资金瓶颈，故应尽快修改、制定、完善相关法律制度，早日推出中小企业板市场，推进我国高科技产业的快速发展。

# 证券投资纠纷的诉讼模式选择

## 第三章

程序正义是实质正义的前提，诉讼模式是证券投资者权益法律保护的重要程序保障。只有先从程序上保障投资者诉讼权利的充分行使，才能从实质上公正地保护并实现投资者的合法权益。从境外经验来看，我国证券投资诉讼模式可在单独诉讼、集团诉讼、团体诉讼之间进行权衡和选择。

随着我国证券市场的扩容和理性投资理念的树立，加强对投资者权益保护制度的建设，在证券市场发展中逐渐占据重要地位。证券市场的法制化势必要求采用法律手段解决证券纠纷，建立切实可行的民事赔偿诉讼机制则是保护投资者权益的当务之急。本文集中关注诸如虚假陈述、操纵市场、内幕交易等证券欺诈行为对投资者的侵害，探讨由此引起的民事赔偿纠纷解决机制，并以目前最引人瞩目的集团诉讼模式为中心展开讨论。同时，在资本市场国际化的背景下，证券纠纷具有一定的国际共通性，因此我们应借鉴国外发达资本市场运作过程中的有益经验，来探讨适应我国中小投资者利益保护的独特法律制度。

### 一、我国中小投资者维权的诉讼制度面临难题

目前我国现有的证券民事赔偿讼诉机制中，仅有代表人诉讼制度是解决证券欺诈民事赔偿案件的群体诉讼模式，它在立法上仅有两个条款的规定，其中相关的理论基础和具体程序没有明示细则，使得代表人诉讼制度在实践中的可操作性大大降低，阻碍其功能的实现，不能有效保护中小投资者的利益。这具体表现在：

1. 代表人诉讼制度作为群体性诉讼的功能定位不完全。在法律规则上，我国的代表人诉讼在程序设计中没有明确地作出集团诉讼的功能定位，在证券欺诈的集团诉讼中，涉及到的不仅仅是投资者的利益，还需要注意对社会公益的保护。

2. 程序设计的严格性削弱了其功能发挥的实际效用。在代表人诉讼制度中，由于我们规定了较为

严格的权利登记程序，在群体成员范围的确定上采取了“选择加入”的方式，并且在代表人诉讼裁判效力问题上作了有限制的扩张，这就使得尤其是在“小额多数”的群体诉讼案件中极易发生“搭便车”现象，降低代表人诉讼作为群体诉讼的社会性功能的发挥，造成一定程度上的诉讼不经济。

3. 具体规则的原则化使得对中小投资者的权利保障存在不足。法院在代表人诉讼程序中对代表人诉讼行为的监督没有作出明确规定，一般而言是依靠被代表人实施其监督，但是对其具体规则未加明确。

因此，现有的代表人诉讼制度并不能有效保护中小投资者利益。当我们重新设计我国证券欺诈民事赔偿诉讼模式时，发现许多相关的政策因素阻碍着理想的集团诉讼模式功能的实现。首先，法院在证券监管政策层面的问题上发挥作用的空间，在制度上受到一定限制。若要法院在证券欺诈民事赔偿案件中担负民事诉讼程序本该由民事受害方履行的义务，则会加大法院工作困难，又有可能造成敷衍等效率问题。其次，在证券诉讼社会性功能的发挥层面上，法院并不是其中的惟一角色，受侵害投资者应该是其中重要的角色，应该充分发挥其积极功能，并且在制度层面上有相关规则的配套。再次，在证券民事赔偿案件中涉及问题的复杂性，当事人的群体性及案件管理的困难性、需要法院在其中更多地发挥其积极干预作用，以确立高效、有序的案件运作模式。最后，诉讼模式在分析诉讼经济问题时，需要考虑作为原告的投资者、作为被告的上市公司以及法院三方面因素，而不是仅从其中某一角度来讨论此问题。

从上述分析可看出，我国正面临着中小投资者利益保护难题。无论是现有的代表人诉讼制度，还是创设理想的集团诉讼模式，均有许多弊端存在，均有大量的问题亟待解决。在未建立理想完善的模式之前，我们应进一步深入研究中小投资者利益保护问题，采取一些过渡性措施，借机清除制度性障碍，建立新的科学合理的诉讼模式。

## 二、境外中小投资者保护的诉讼模式探讨

从境外的实证角度来看，目前在解决群体性证券欺诈民事赔偿问题方面，较为成功的是美国的集团诉讼模式，当然，日本的选定当事人诉讼制度及源于德国发展于台湾地区的团体诉讼模式也有其独到之处，这些都值得好好探讨与借鉴。

### （一）美国的集团诉讼模式

在美国，集团诉讼作为一项制度而存在。它不仅是一种解决纠纷的诉讼方式，而且是充满了政策定向问题的解决集团成员诉讼的综合性机制，社会性功能是其不可或缺的组成部分。

美国集团诉讼制度主要包括了以下几个方面的内容：对个人所受损害的补偿；对不法行为模式纠正和预防；追求诉讼经济等。启动集团诉讼模式程序的基本条件有：(1) 集团成员人数众多；(2) 该集团成员具有共同的法律问题或者事实问题；(3) 集团代表的请求或者抗辩是集团成员中具有代表性的请求或者抗辩；(4) 集团代表之代表行为具有适当性。

美国的集团诉讼制度特征有：一是存在确认程序，即由法院对诉讼作为集团诉讼程序继续进行的确认。最近由于美国国会立法中采取遏制滥诉现象政策，联邦法院大大提高了集团诉讼的拒绝确认比率。二是特别重视通知程序。为了在更大程度上提升集团诉讼的诉讼效益，为了给予不出庭集团成员以及不具名的集团成员以正当程序规则的保护，通知程序被认为是集团诉讼的判决或者和解结果对集团的其他成员产生拘束力的前提。三是法院对集团诉讼中的和解协议有批准的权利。这与一般民事诉讼程序中的和解截然不同，目的在于确保未直接参加诉讼的集团成员的利益得到充分保障。四是集团成员对集团诉讼的提起以及集团代表人的确定等问题，采取默示授权理论。如赋予集团成员在确认或和解程序阶段，有选择退出集团诉讼的权利，此举旨在最大限度内缓解集团诉讼与传统诉讼理论间的冲突。

美国集团诉讼除了诉讼经济等诸多优势外，在具体适用中还存在一定缺陷：提高诉讼的复杂性和处理难度；增加单个法院的工作负担；可能迫使被告和解以免遭受高额损害赔偿判决；增加恶意诉讼的可能性等等。因此，用集团诉讼模式来保护证券中小投资者利益，仍有许多

问题需要解决。

### （二）日本的选定当事人诉讼制度

从诉讼模式上来讲，选定当事人诉讼制度是共同诉讼制度的延伸。该制度是将共同诉讼模式修正，从而契合于群体性案件多发的社会需求，如证券欺诈纠纷案件，从而有利于诉讼程序的顺利展开。

选定当事人诉讼制度适用的基本要件包括：(1) 须存在具有共同利益的多数人；(2) 非法人团体不得选定当事人进行诉讼；(3) 选定当事人须由具有共同利益之人担任。在诉讼程序中，选定当事人一般具有诉讼当事人地位，享有诉讼程序实施权。但是选定人的地位并不是诉讼当事人，若选定当事人是在诉讼进行过程中确定，则选定人当然脱离诉讼程序。选定人的利益是依靠行使选定当事人的选择权来保护，选定行为是基于选定人与被选定人之间的信任关系而形成，在此信任关系消失时，选定人可撤销其选定行为，自己进行诉讼，或者另行选择选定当事人。

### （三）台湾地区的团体诉讼模式

团体诉讼是解决群体性侵权案件的一种诉讼模式。它源于德国的民事诉讼法律制度，但以我国台湾地区为典型，其在证券欺诈诉讼领域，以特别法的形式明确规定了团体诉讼制度。台湾地区《证券投资人和期货交易人保护法》第 28 条规定，有关证券投资人保护机构乃是让受侵害人的损害赔偿请求权，以自身的名义提起诉讼，而成为适格的当事人。究其性质，应属诉讼担当。

这种证券欺诈团体损害赔偿诉讼制度的实际功能效用，从民事诉讼目的论的角度分析来看，主要有以下几点：一是团体损害赔偿诉讼着眼于保护证券欺诈受害人的实体利益。二是团体诉讼通过对当事人适格的扩张，以方便受害人行使其诉讼程序权利。三是团体诉讼追求诉讼经济的目标。一方面，证券欺诈损害赔偿诉讼的相关公益团体可预先过滤掉一部分不必要的诉讼，防止滥诉现象滋生，减轻被告公司负担；另一方面，法院也可利用同一诉讼程序处理同一问题上的多数案件，减少案件积压率，降低诉讼成本，提高诉讼效益。四是团体诉讼模式具社会性功能，可以遏制证券欺诈等不良行为，倡导良性的资本市场运作模式。

## 三、我国证券投资诉讼模式的理性选择

证券投资诉讼模式的境外经验对我国证券业法制规范化、国际化是一个福音，然而如何建立适合我国证券市场法制实际情况的诉讼模式，还有一个理性选择的、经过实践反复检验的过程。

### （一）单独诉讼可作为一项策略性选择

单独诉讼会造成诉讼效率低下、诉讼不经济等多种弊端，其具体表现有：其一，采取单独诉讼模式，可能造成若干同类个案判决不统一，从而对相关当事人的利益保护可能造成不均衡。其二，采取单独诉讼模式，在判决执行方面存在一定问题，而且在相关个案判决的执行方面并没有确定一种协调机制。其三，采取单独诉讼模式，可能会给法院和上市公司带来更为繁重的压力，并有可能产生滥诉现象。

从我国目前的立法状况来看，基于若干政策因素和利益衡量，单独诉讼可作为一项策略性选择，来解决目前的因证券欺诈引发的民事赔偿案件，并且在单独诉讼的具体操作过程中，我们可通过一些技术性因素来抑制其弊端，扩展其功能。

(1) 可在诉讼进程中设置相关的前置程序条件，在一定程度上防止滥诉和不当诉讼，以减轻诉讼对法院及被告公司的压力。

(2) 允许受侵害投资者中一部分先期提起诉讼，在取得胜诉的情况下，此后其他受侵害投资者提起诉讼，一方面会给侵害人施加一定压力，另一方面又可利用先期诉讼的成果，使其后的诉讼较以顺利推进，较好实现投资者利益保护的政策目标。

(3) 在部分受侵害投资者先期取得胜诉的情形下，可以让其他受侵害投资者推选代表人，通过代表人与侵害人进行和解谈判，侵害人在利益权衡的情况下可能会对受侵害投资者的利益予以补偿。

(4) 各单独诉讼可同时进行，而诉讼的准备工作可通过律师的协作

或者统一行动，在具有共同争议的数个案件中进行统一的证据调查等活动，由此节省大量的诉讼成本，同时又能够给侵害人形成更大的压力，有利于诉讼程序的顺利展开和投资者权益的保护。

## （二）集团诉讼之路任重道远

单独诉讼在我国现阶段具有可操作性，可在一定程度上实现对投资者权益保护的功能，但从整体上解决群体性证券欺诈民事赔偿问题，最为理想的范式则是集团诉讼模式。

借鉴美国的集团诉讼模式，我们来分析集团诉讼模式在我国的现实可操作性问题。(1)在集团诉讼提起的条件问题上，除了其本身构成方面的条件外，应规定集团诉讼提起的前置程序条件，如非讼方式解决争议和证券监管机构的处罚依据等，以防止出现美国集团诉讼模式中的滥诉现象。(2)在集团诉讼模式的启动上，应引入“确认程序”，赋予法院对某特定的证券诉讼是否可作为集团诉讼继续进行的决定权，法院可依被告之申请与证明为之，也可根据自身职权主动进行。(3)在代表人选任问题上，可将明示和默示两种形式结合起来使用，代表人资格可通过默示授权形式取得，而适格代表人的变更则宜采取明示授权的方式。(4)由于中小证券投资者人数众多，因此公告程序的运作在案件受理、确认程序与和解阶段是必不可少的，以便满足正当程序规则的要求。(5)为保证诉讼程序的顺利运作，证券集团诉讼中应采用律师强制代理主义，且必须是具备此方面特定资质的律师事务所才能从事此项业务，同时法院也须对律师在诉讼程序权利的滥用上加以监督和限制，以避免其对原告集团成员利益的损害。(6)在集团诉讼的上诉问题上，应规定原被告双方均有权对关于法院对集团诉讼确认与否的裁定提起上诉；对于涉及到集团诉讼中共同问题或者判决确定的赔偿数额，原被告双方亦有权提起上诉。但对不愿上诉的集团成员而言，该项判决对其即产生效力；对个别集团成员而言，其不可单独就涉及到集团共同诉讼请求及其所依据的共同法律或者事实问题提起上诉。

上述现实操作性条件在我国尚存在制度缺失，因此，若要在证券欺诈赔偿诉讼中实施集团诉讼模式，必须进行制度导入和确立。具体导入方式有如下两种：

一是在我国目前的代表人诉讼制度的基础上进行扩张，建立一种新的集团诉讼模式并使之适应于解决群体性的证券欺诈民事赔偿案件。但是，由于代表人诉讼制度是共同诉讼的延伸，要对其进行扩张，是否能够突破共同诉讼的理论架构是其中的关键。若仍然是在共同诉讼理论的限度内对其进行扩张，其作为集团诉讼模式运作的功能就有可能受到限制。若要突破现有的共同诉讼理论的限度，吸收美国集团诉讼模式以及其相关制度的合理内核，据此确定我国的集团诉讼模式，则有可能影响到我国的民事诉讼法架构在概念层面上的体系性，从而会遭遇很大的阻力。

二是较为全面地引入功能齐全的美国的集团诉讼模式。但这种纯粹的真正意义的集团诉讼模式又超越了我国的共同诉讼范式。若以共同诉讼理论来运作集团诉讼程序，一方面会由于其现行具体规则的概括性而导致适用上缺乏可操作性；另一方面又只能是在共同诉讼的范围内发挥其功能，使得集团诉讼功能发挥只能是捉襟见肘，甚至会适得其反。由于这些制度层面的障碍，实施美式集团诉讼模式之前，应先解决其与我国现有民事诉讼制度架构协调的可能性及其方法。

因此，集团诉讼模式在我国的确立实施之路是“任重道远”，我们需要克服和解决诸如制度层面和理论基础上的深层次障碍，因此还有很长的路要走。

## （三）团体诉讼是“双赢”选择

从目前证券市场的实际状况来看，要单靠某一种方式(诉讼模式或非讼方式)，来圆满解决群体性证券欺诈的民事赔偿争议是较为困难的，应该在尽可能的情况下采取一种整合性的机制，将诉讼和非讼方式结合起来应用。在非讼方式上，可建立证券投资者权益保障基金和证券投资者权益保护机构，并以该机构负责此基金之运作，主持相关投资者的申诉和调解工作，并可代表证券投资者提起损害赔偿的团体诉讼，这种调解的主持机构、赔偿基金的运作机构和团体诉讼中代表股民提起诉讼的机构合而为一的设计模式，能够在政策协调、功能运作等方面发挥系统性的效用，同时也能够在非讼模式和诉讼方式之间形成协调的机能。

在目前的状况下，单独诉讼只是作为一种暂时性的策略选择；而纯粹集团诉讼模式的确立实施仍然需要时间考验，且要解决诸如制度、理论等层面上相互冲突的问题；而团体诉讼模式则可在此策略性方式和最终的制度选择之间形成一个过渡的模式，以期能够达到对投资者权益保护和证券市场稳定发展的“双赢”。至于团体诉讼的具体规则设计，则需注意如下问题：

1. 适格的团体诉讼机构。法律应该对能够代表证券投资者提起诉讼的相关机构的资格予以明确规定。另外，由于证券团体诉讼机制和相关机构主持的非讼机制进行了较为紧密的结合，为了各方利益的平衡和减缓法院的诉讼压力，应将非讼机制作为提起证券团体诉讼的前置程序，并且这是极具必要性和可行性的。

2. 团体诉讼的提起需要一定数量的证券投资者的明示书面授权。证券投资者对相关适格团体机构诉讼实施权的授予，一般需要在提起诉讼之前完成。在诉讼过程中，证券投资者撤回其对相关机构诉讼实施权的授予，即可退出该团体诉讼。在证券团体诉讼进行过程中，对于此前并未授权的其他因同一证券欺诈事件受侵害的投资者而言，其亦可再行将诉讼实施权授予该机构，从而受该团体诉讼判决之拘束。而且，此项权利的授予与撤回均应在庭审中法庭辩论结束前实施。如果因为证券投资者撤回诉讼实施权的授予，而致使相关机构获得授权的人数不是法定数额，该证券团体诉讼仍得以继续进行。

3. 善用公告程序，扩大诉讼范围。虽然团体诉讼的提起需要证券投资者的明示授权，但是为了扩大其社会性功能的发挥，则需要尽最大可能扩展其范围。其途径则是通过公告程序，将团体诉讼的实质性内容告知其具有同等情势的证券投资者，并使其选择参加到该诉讼中来。对于该公告发布的时间，可发布于两个阶段，其一是在相关机构决定受理提起证券团体诉讼动议之后，其二是在法院受理案件之后。

4. 提起团体诉讼的相关机构处于诉讼当事人地位。在证券团体诉讼中，利益受到侵害的证券投资者将其诉讼实施权授予了相关机构，提起诉讼的相关机构则是诉讼当事人。一般性的观念认为，证券投资者与团体诉讼机构只具有诉讼实施权，而非实体上的债权，因此证券团体诉讼中承认对方请求、放弃己方请求以及和解均需得到授权人的同意。并且对这些问题的确定，团体诉讼机构还需要个别的通知证券投资者，并得到其同意。除此之外，对于其他有关诉讼程序具体实施方面的问题，团体诉讼机构均可以诉讼当事人身份自行决定。

5. 法院的裁判文书。在法院裁判文书的当事人一栏内，可记载该相关机构为原告当事人，而无需将授权之证券投资者一一列名。为了确定裁判文书的效力范围，则需在主文部分说明该团体诉讼之缘起、性质和授权人名录。在事实和理由方面，对于具有共同原因之事实及共同理由部分，则可合并记载与阐述。对于其中具有个别化部分，则仍应作出特别陈述和论断。对于具体赔偿数额的认定，由于其涉及到将来的执行问题，则应分别确定各受害人的获赔具体数额。

总而言之，我国证券中小投资者权益保护法律制度正在建立完善之中，政府和证券监管层正在努力积极探索与我国证券市场发展实际状况相吻合的稳定与维权机制。如2003年年初，最高人民法院颁布了《关于审理证券市场因虚假陈述引发的民事赔偿案件的若干规定》，其中对于诉讼方式问题的处理上有了进一步的突破，允许原告当事人选择单独诉讼或者共同诉讼。此司法解释的实质即是在现有制度层面上赋予原告之程序选择权，从而在更大程度上契合投资者权益保护的政策取向。本文着重讨论证券欺诈群体性诉讼方式问题，从更深层次上试图探讨，具体向制度设计和技术性操作问题。类似的法律技术性问题在中小投资者权益保护法律制度中还大量存在，它们有待于我国的立法者、证券界与投资者共同努力去解决！

# 第四章　全面解读《证券投资基金法》

2003年10月28日，第十届全国人大常委会第五次会议审议通过了《中华人民共和国证券投资基金法》，并决定从2004年6月1日起施行。该法堪称我国证券市场上具有历史意义的第三部大法，它与《公司法》和《证券法》共同构筑我国证券市场的法律基础。《证券投资基金法》的颁布，将有力规范我国证券投资基金活动，有效保护投资人及相关当事人的合法权益，从而促进证券投资基金和证券市场的健康发展。

## 一、基金财产的法律地位

《证券投资基金法》第六条规定："基金财产是独立于基金管理人、基金托管人的固有财产。基金管理人、基金托管人不得将基金财产归入其固有的财产。基金管理人、基金托管人因被依法解散、被依法撤销或者被依法宣告破产等原因进行清算的，基金财产不属于其清算财产。"第七条规定："基金财产的债权，不得与基金管理人、基金托管人的固有财产的债务相抵消；不同基金财产的债权债务，不得相互抵消。"第八条规定："非因基金财产本身承担的债务，不得对其基金财产强制执行。"

上述条款是对我国证券投资基金财产的法律地位的原则性规定，其核心宗旨是强调基金财产的独立性，它独立于基金管理人和基金托管人的固有财产，且在债务承担上也与其无关。

从法律关系上分析来看，在证券投资基金中，主要涉及三类主体：基金持有人、基金托管人和基金管理人。其中基金持有人是委托人，他将基金财产委托给基金托管人；基金托管人负责保管基金财产，并将基金财产委托给基金管理人，由基金管理人负责基金财产的投资合作和经营管理。概而言之，他们之间形成基金持有人——托管人——管理人的法律委托关系。在此种委托关系中，基金持有人是第一委托人，是基金财产的最终所有者；基金托管人既是受托者又是第二委托人，是基金财产的名义所有者；基金管理人员是单纯的受托者，是基金财产的经营者。由于基金持有人不直接与管理人

发生委托关系，基金管理人失误造成的基金财产损失首先由托管人直接承担监管不力的责任，这样不仅权责明确，而且为基金持有人增加了一层保护层。正是由于存在上述的法律委托关系原理，才奠定了基金财产的独立法律地位。虽然基金财产是通过发售基金份额募集资金而形成的，但在基金持有人——基金托管人——基金管理人的二重委托关系下，基金财产的安全性可以得到安全保障。在委托关系下，基金持有人可通过持有人大会制度，来投票选举产生基金托管人或基金管理人，确定基金的运作方式；基金托管人或基金管理人须遵从法律和基金章程规定，正确合理运作基金财产，为基金持有人谋取利益，而不得挪用基金财产和为他人贷款或提供担保。

## 二、基金管理人的责任和义务

基金管理人是基金财产的实际投资运作经营机构，它负有基金财产的保值增值责任，通常由依法设立的且经中国证监会核准的基金管理公司担任。对于基金管理人我们要注意如下几个方面：

### 1. 基金管理人的资格要件

为有效保障投资者合法权益，《证券投资基金法》对基金管理人的胜任资格作了严格规定，其中包括基金管理机构和机构从业人员。对基金管理机构而言，其设立的资格要件可分为以下五点：(1) 公司设立程序须符合《公司法》的规定，且注册资本须在实缴货币资本1亿元人民币以上(含1亿元)；(2)公司主要股东注册资本，要求不低于3亿元，具有从事证券或其他金融产品投资管理的良好业绩和声誉；(3) 有符合基金管理业务要求的营业场所和安全防范措施等；(4) 有完善的内部稽核监控制度和风险控制制度；(5) 取得基金从业人员资格的人员达到法定人数。

对基金公司从业人员而言，主要要求具备一定的专业知识和良好的资信记录。一是对基金经理及其他高级管理人员，要求熟悉证券投资方面的法律、行政法规，具有基金从业资格和三年以上相关工作经验；二是对从业人员的普遍禁令性要求，如受贪污贿赂、渎职、侵犯财产等刑事犯罪处罚，对破产公司负主要经营责任未满5年的，被吊销律师、会计、咨询等执业证书的人员，个人负债数额巨大且到期未偿还的等；三是一基金公司的董事、监事、经理及其他从业人员，不得担任其他基金公司或基金托管人的任何职务。

### 2. 基金管理人的职责

《证券投资基金法》对基金管理人的职责作了详细规定，一共有十二条，具体内容要义如下：

- 依法募集基金，办理或委托其他机构代办基金份额的发售、申购、赎回和登记事宜；
- 办理基金备案手续；
- 对所管理的不同基金财产分别管理、分别记账，进行证券投资；
- 计算并公告基金资产净值，确定基金份额申购、赎回价格；
- 办理与基金财产业务活动有关的信息披露事项；
- 据合同约定确定基金收益分配方案，及时向基金份额持有人分配收益；
- 进行基金会计核算并编制基金财务会计报告；
- 编制中期和年度基金报告；
- 保存基金资产管理业务活动的记录、账册、报表和其他相关资料；
- 召开基金份额持有人大会；
- 以基金管理人名义，代表基金份额持有人利益行使诉讼权利或者实施其他法律行为；
- 中国证监会规定的其他职责。

### 3. 基金管理人的禁令性义务

基金管理人要恪尽职守，履行诚实信用、谨慎勤勉义务，除主动履行上述职责外，还须遵守一定规则，不得从事有损基金持有人利益的行为。

具体而言，基金管理人的禁令性义务包括：(1)不得将其固有财产或他人财产混同于基金财产从事证券投资；(2) 不允许不公平地对待其管理的不同基金财产；(3)禁止利用基金财产为基金份额持有人以外的第三人牟取私利；(4) 禁止向基金份额持有人违规承诺收益或者承担损失；(5)证监会依据法律、行政法规规定的其他禁止行为。另外，当基金管理人有重大违法违规行为时，或被依法解任、解散、撤销、破产时，基金管理人将被取消管理资格，管理也相应终止。

## 三、基金份额的交易规则

证券投资基金一般先由基金管理人依法募集，再交由取得基金托管资格的商业银行专门保管、清算，然后由基金管理人进行投资运作，如申请上市交易、处理投资者的申购与赎回事宜等。

### 1. 制定基金募集合同

基金管理人募集基金，须依法定程序，向证监会提交相关申请审批文件，核准后方可发售基金份额和募集基金，其中重要文件之一即是基金募集合同。

基金募集合同的双方主要当事人是基金管理人和基金份额持有人，合同内容也应依双方当事人意思协商拟订而成。但在实际运作中，基金合同一般是指由基金管理人制订的格式合同，其主要内容包括下列事项：募集基金的目的和基金名称；基金管理人、基金托管人的名称和住所；基金运作方式；封闭式基金的基金份额总额和基金合同期限，或者开放式基金的最低募集份额总额；确定基金份额发售日期、价格和费用的原则；基金份额发售、交易、申购、赎回的程序、时间、地点、费用计算方式，以及给付赎回款项的时间和方式；基金份额持有人、基金管理人的权利和义务；基金份额持有人大会召集、议事及表决的程序和规则；基金收益分配原则、执行方式；基金管理人、基金托管人报酬即管理费、托管费的提取、支付方式与比例；基金财产的投资方向和投资限制；基金资产净值的计算方法和公告方式；基金募集未达到法定要求的处理方式；基金合同解除和终止的事由、程序以及基金财产清算方式，争议解决方式及当事人约定的其他事项。

### 2. 基金份额的申购与赎回

投资者投资证券投资基金的初始方式是，经过申购程序成为基金份额持有人，而后可通过赎回业务退出基金。申购与赎回机制，是目前我国投资者对开放式基金的主要投资方式。

基金管理人或其委托机构负责办理基金份额的申购、赎回和登记事宜。基金份额的申购、赎回价格，应依据申购、赎回基金份额净值加、减有关费用计算。若基金份额净值计价出现错误，基金管理人应当立即纠正，并采取合理的措施防止损失进一步扩大。若计价错误极为严重，基金管理人还应当公告，同时报证监会备案。一旦基金份额净值计价错误造成基金份额持有人损失的，基金管理人、基金托管人应给予其适当赔偿。另外，对开放式基金而言，应当保持足够的现金或者政府债券，以保证有足够的款项支付给基金持有人的赎回份额。

### 3. 基金份额的上市交易

目前我国证券投资基金大致分为两种类型：开放式基金和封闭式基金。在开放式基金中，投资者通过申购与赎回机制可随时买卖基金，套取现金。而封闭基金经申请和核准，可在证券交易所上市交易。

国务院证券监督管理机构核准基金上市交易的主要依据，即基金上市交易的法律要件有：(1)基金募集符合法律规定；(2)基金合同期限为五年以上；(3)基金募集金额不低于1亿元人民币；(4) 基金份额持有人不少于一千人；(5)基金份额上市交易规则规定的其他条件。至于基金份额具体的上市交易规则和交易程序，则由中国证监会授权证券交易所制定，并报证监会核准。当上市交易的基金违背上述法定要件，或基金合同期限届满，或基金份额持有人大会决定提前终止上市交易，则该基金应由证券交易所终止其上市交易，并报中国证监会备案。

基金在上市交易或运作过程中，按照基金合同约定或基金份额持有人大会决议，经证监会核准，可以转换基金运作方式，如封闭式转开放式、基金扩募、延长基金合同期限等。但其至少需具备以下两个条件：一是基金运营业绩良好，二是基金管理人最近二年内没有因违法违规行为受到行政处罚或者刑事处罚。基金合同一旦终止，基金管理人应当组织清算组对基金财产进行清算，并将清算后的剩余基金财产依照基金份额比例给持有人进行分配。基金清算组的必备成员包括基金管理人、基金托管人及相关的中介服务机构等。其中基金合同终止情形除合同期限届满等普通情形外，还有一种特殊情形，即基金管理人、托管人职责终止后6个月内无接任者时的情形。

## 四、基金运作的监管体系

证券投资基金从本质上来说，它是资本集聚一种形式。从法律特征上说，证券投资基金在募集方式上，是通过发行标准化的基金份额募集基金财产；在当事人的法律结构上，是以基金管理人运用基金资产、以托管人托管基金财产、以投资者为受益人；在投资范围上，基金仅限于证券市场。因此，证券投资基金是一种公共基金，基金财产是一种公共财产，财产所有权由基金投资者按份共同所有。为有效保护投资者利益，《证券投资基金法》设立了一套相对完备的基金运作监管体系。

1. 授权基金份额持有人

新颁布的《证券投资基金法》明确规定了基金份额持有人大会制度，直接将持有人推上了监督第一线，体现了持有人利益第一的原则。根据法律规定，代表基金份额10%以上的持有人有权自行召集持有人大会。有代表50%以上基金份额的持有人参加，即可召开持有大会；经参加大会的持有人所持表决权的50%以上通过，即可通过审议事项；经参加大会的持有人所持表决权的2/3以上通过，即可转换基金运作方式、更换基金管理人或托管人。

对基金份额持有人的具体享有的权利，《基金法》也作了列举式的明文规定。具体内容包括：分享基金财产收益，参与分配清算后的剩余基金财产；依法转让或者申请赎回其持有的基金份额；按照规定要求召开基金份额持有人大会；对基金份额持有人大会审议事项行使表决权；查阅或者复制公开披露的基金信息资料；对基金管理人、基金托管人、基金份额发售机构损害其合法权益的行为依法提起诉讼；基金合同约定的其他权利。

2. 限制基金的投资方向

证券投资基金，顾名思义，仅限于投资证券市场，只能投资于上市交易的股票和债券。但新《基金法》为基金投资方向保留了一定的弹性空间：基金财产可投资于国务院证券监督管理机构规定的其他证券品种。即法律授予了中国证监会部分权力，允许其据市场形势变化推出新的基金投资品种和工具。实际运作中，基金投资方向已经扩大，2003年12月30日，国内首只货币市场基金——华安现金富利投资基金成立。货币市场基金可以投资于银行存款、短期债券、回购协议、大额转让存单、银行承兑汇票、经银行背书的商业承兑汇票等。

上述投资工具都具流动性强、变现快、风险相对较小的特征，积极开拓此类投资品种，拓宽基金财产合理的投资渠道，是值得鼓励提倡的。同时，法律明文规定基金不得用于下列投资：承销证券；向他人贷款或者提供担保；从事承担无限责任的投资；买卖其他基金份额（国务院另有规定除外）；向基金管理人、托管人出资或买卖其发行的股票或债券；买卖与基金管理人、托管人有控股关系或利害关系公司发行的证券；从事内幕交易、操纵证券交易价格及其他不正当的证券交易活动；证监会据授权规定禁止的其他活动。

3. 相关监管制度

社会舆论监督。即信息披露制度，要求基金管理人、托管人及其他基金信息披露义务人在规定时间内依法披露基金信息。法定公开披露的基金信息包括：基金招募说明书、基金合同、基金协议；基金募集情况；基金份额上市交易公告书；基金资产净值、基金份额净值；基金份额申购、赎回价格；基金份额持有人大会决议；基金财产投资组合的季报、中报、年报及财务会计报告；基金机构的重大人事变动；涉及基金管理人、基金财产、基金托管业务的诉讼；法律法规的其他应披露信息。

政府监管部门监督。即中国证监会及其下属机构的行政监督。《证券投资基金法》授予上述监管部门一定的监管权力，具体包括：审批或核准基金规章、规则；办理基金备案；监督基金从业人员的工作行为；检查基金信息披露情况；督导基金同业协会的活动；查处与基金投资相关的违法行为等等。另外，法律还授予证券监督机构一定的执法权力，如查阅、复制交易记录，调查取证权，资料封存权，质询权等等。对相关机构的违法行为，《基金法》还分门别类规定了一系列的法律责任，以保障《基金法》的威严性和顺利实施。

总而言之，《基金法》是我国证券市场新颁布执行的又一大基本法。该法系统地对证券投资基金活动所涉及的相关当事人权利义务、交易规则、监管制度、法律责任等作了详细规定，即对现有基金市场作了严格规范，又给市场操作留有一定的发挥空间。从深层次上看，《基金法》必将促进我国证券投资基金和证券市场的稳定健康发展。

VOLUME 4

# 第四卷

## 证券市场金融工具配置

- 证券市场金融工具配置的社会环境
- 股票市场新金融工具及配置分析
- 股票市场与其他市场的金融工具配置
- 证券市场金融工具配置的国际创新趋势
- 全球交易所交易基金（ETF）的运作模式分析

在证券市场上,作为交易的客体,各种金融产品或金融工具是不可缺少的。而金融工具正是一种标准化的具有流动性的金融产品,因而它也是证券市场的主要交易工具。证券市场正是在金融产品或金融工具的不断创新中而得到发展和完善。纵观近两年我国证券市场,金融工具的创新与发展已取得了长足进步。无论是开放式基金顺利临产,TCL 集团吸收合并成功进行,还是可转换债券的大举入市以及交易所交易基金呼之欲出,都是在金融工具研究与应用上的不断突破与创新,在显示着我国证券市场在稳定发展中的勃勃生机。

# 第一章 证券市场金融工具配置的社会环境

证券市场是资金剩余方与资金短缺方之间融通资金的多功能、多层次的市场总称，是办理各种票据和有价证券交易的场所。它可以是有形的，即有固定地点、配备一定工作设施的场所；也可以是无形的，即由市场参与者利用现代通信进行联系、洽谈来完成交易。无论是有形还是无形的证券市场，交易的客体，各种金融产品或金融工具是不可或缺的。证券市场正是在金融产品或金融工具的不断创新中而得到发展与完善的。因此，我们有必要把握住证券市场中各种金融工具的特点及其产生的社会环境，更好地发展完善我国的证券市场。

## 一、走近金融工具

金融工具是金融产品的一种，要想正确认识金融工具，首先必须弄清楚金融产品与一般产品的区别。

### 1. 金融产品的特征

首先，金融产品需求与供给具备特殊性。普通产品的需求是与人的生活与生产活动紧密相连的，而金融产品的需求却脱离了人们的生活需求，甚至与基本需求无关。从功能上看，普通商品体现的是“投资”或“投机”功能。普通商品的需求量是有限的，变动幅度不大；但金融产品的需求量由于脱离了基本需求因而更容易受到个人信心和预期的影响，呈现易变的特点，甚至在短时间内，金融产品的需求可以达到无穷大，也可以瞬时变为零。从供给角度分析，普通产品的生产需要原料、资本、劳动力，但金融产品是智力、资金密集型产品，是建立在大量高端的创造性劳动基础之上，普通产品的生产需要必要的劳动时间，但金融在高端智力的支配下，在虚拟的基础之上可瞬时产生。因而金融产品的供给可能是无限的，在数量上远远超过普通商品的供给。

其次，金融产品定价具备特殊性。普通产品受价值规律支配，其价格取决于供求关系。但对金融产品而言，其供给与需求在短时间内波动幅度过于剧烈，供求关系变动一般不能真实反映价格的实际大小，故金融产品一般不通过供求关系直接进行定价，而是通过风险－收益的均衡来进行定价。目前对股票、固定收益债券等证券市场一般金融产品，其定价主要是通过收益与风险的均衡进行的。要获取高收益，就要承担高风险，这是金融市场的基本规律。收益的评价方法比较统一，一般用价格的相对增加值表示。但是目前仍没有统一的标准对风险进行度量，不同的人对风险的看法不一致，因而很难制定一个统一的风险衡量标准。风险的不确定性，直接导致了很难精确找出收益与风险的均衡点，也就增加了金融产品的定价困难。

最后，金融产品很难获得长期稳定收益。因为金融的“投资”具有“钱生钱、利滚利”的特点，这种增长将随着时间的延长而变成指数爆炸式增长，金融产品供给在短时间内可以产生很大的变化，导致金融产品的价格波动幅度特别大，多年累积的财富可能随着其价格的暴跌毁于一旦。因此说金融产品容易在短期内获得高收益，但是伴随着高风险，这种特殊产品是很难获得稳定而持久的收益。

### 2. 金融工具是特殊的金融产品

金融工具本质上是金融产品，可被用作证券市场交易的对象。从实质上看，金融工具是反映投资者与发行者之间的权利义务关系的一种标准化的合约证明文件，是一种具有法律效力的契约。在契约中必须明确载明发行人的义务和持有人的权利。通常而言，金融工具是标准化的契约，具有法律保障，容易为市场普遍接受，因而在证券市场上往往具有很好的流动性。金融工具与金融产品的区别主要表现在：金融工具具有可交易性，可以有一个活跃的二级市场；而金融产品中包括了那些不能交易、没有二级市场的金融资产。标准化和可交易性以及由此带来的流动性，在识别金融产品和金融工具方面是十分重要的指标。

### 3. 金融工具的种类与特征

根据期限的长短、风险收益的特征与功能，金融工具大体可以分为以下四类：(1)货币市场工具。货币市场是固定收益市场的一个组成部分。该市场上交易的金融工具都是收益固定，使用期限在一年或一年以下的短期金融工具且具有使用期限短、流通性强、交易成本低和风险低的特点。主要投资者是机构投资者。常见的货币市场工具有短期国债、大额可转让存单、商业票据及回购协议等。(2)固定收益的资本市场金融工具。它是指使用期限较长、风险较大的金融工具。这些金融工具使用期限通常在一年以上，长的可达到数十年。固定收益资本市场的金融工具主要包括长期国债、公司债券、优先股股票等。(3)权益证券金融工具。权益证券主要是普通股股票。普通股股票也称权益，它的主要特征对投资者而言，一是剩余要求权；二是承担有限的责任。(4)衍生金融工具。它是基于基础资产而产生的金融工具，如期货合约、远期利率协议、期权合约、互换等。

## 二、证券市场金融工具配置的社会环境

在证券市场中，金融工具配置需求并不是凭空产生的，而是有其广泛而深刻的历史环境和社会动因。这其中既有整个社会经济及科学高度发展所导致的社会进步因素，也有证券市场发展的内在要求。

### 1. 追求风险规避的动因

20 世纪 70 年代中期以后，世界证券市场的价格变化在速度、频率和幅度方面均比以前更快、更不可测，市场的不确定性和波动性比历史上任何时期都高。这种不确定性与价格波动性增加主要是因为：首先，在 20 世纪 70 年代，布雷顿森林体系崩溃，使得世界各国货币相互浮动，汇率主要由外汇市场的供求关系来决定。这使得外汇市场充满了不确定性。其次，经济全球化浪潮也使得市场风险增大。随着工业化进程的推进，发展中国家国际经济地位逐渐上升且成为影响世界经济的一支重要力量，一些新兴国家开始有联合操纵市场牟利的能力。另外，由于通讯技术和计算机技术的发展，大大加快了信息传播和处理的速度，信息传播对市场造成冲击的作用越来越大。

市场不确定性和价格波动的增加，意味着市场风险的加剧。这种风险的加剧要求投资者采取必要的措施进行风险的规避和管理。金融机构通过设计低风险的金融工具和开发风险管理技术，为机构本身和投资者创造价值提高效用。风险规避的管理技术包括两个方面：其一是进行风险的重新分配。转移系统风险，把风险从厌恶风险的人转移给愿意承担风险的人。其二是通过资产组合减少以致消除非系统风险。具体而言，人们可以通过以下两种手段进行风险的规避和管理：一是开发风险管理工具，如利率期货与利率期权，股票指数期货和期权，远期利率协议等；二是设计风险管理策略，如资产负债管理技术、风险测量手段和套期保值策略等。正是由于市场风险的加剧和风险规避需求的产生，才促使金融创新，使许多可规避风险的金融工具产生，进而与证券市场原有工具进行搭配、结合，丰富证券市场的交易品种。

### 2. 市场竞争的套利动因

市场竞争的加剧，使得金融机构通过金融工具的创新来寻求套利机会的动机更加强烈，而金融监管则使得这种创新行为成为可能。从某种意义上说，监管最严格的地方也是创新最活跃的土壤。而在金融市场建立和发展的初期，严格的监管是必不可少的。以美国的金融监

融创新和金融业的发展趋势。监管机关在“破”的基础上也有“立”，根据新的情况制定了新的法规，对金融监管体系进行全面革新。金融监管机构开始更多地利用市场化的经济手段对金融加以间接的宏观调控，而较少地依靠法律和行政手段等硬性规定，这使得宏观调控变得更加柔性和灵活。金融监管体制的改革，一方面使得金融系统的运行更加有效率，另一方面则加剧了金融业的竞争，推动了金融机构寻求市场漏洞进行套利的金融创新活动。

管为例，1929 年经济大危机后，美国制定了严格的金融监管体系，对稳定金融市场乃至美国整体经济的发展功不可没。但在 20 世纪 70 年代以后，金融系统所处的社会环境发生了巨大的变化，而相关法律则显得滞后，不再适应新的情况，影响了金融机构的市场适应与竞争能力。基于此，金融机构进行了大量的金融创新活动，旨在凭借创新降低经营成本使市场更有效率，或是能够实现现有的工具无法达到的目标，使市场更加完整。

20 世纪 80 年代以来，发达国家逐渐放松和取消了原有法规中不适应新情况的规定和限制以顺应金

套利创造出来的价值，通过相应的定价机制，在交易涉及的主体之间进行分配。与此同时，这些新型工具可以保护投资者免受由于证券发行者在证券有效期内信用变差而带来的损失。

此外，由于税收的不对称性广泛存在，相应的金融工具被创造出来帮助企业进行合法的避税，即通过利用税收的不对称性进行套利帮助企业避税。因此，创新性金融工具的产生及发展与税收的不对称性也有很大关系。

### 3. 科学技术和金融理论的支持

现代科学技术的发展，特别是计算机与通信技术的快速发展，为开发和使用金融工具，解决金融问题提供了有力支持，推动了金融工具配置的迅速发展。以美国证券市场为例，一笔 1 万股的股票交易，交易价格为 100 美元时，其交易成本在 20 世纪 70 年代以前约为每股 1 美元，到 90 年代初则已急剧下降至 2 美分。在 70 年代，只有两个市场上某种股票存在 1 美元以上的价差时，针对这种股票的套利活动才具有可行性，而 1 美元的差价在上个世纪中后期就已很难出现了。当交易成本降到每股 2 美分时，套利者的套利空间骤然扩张，两个市场差价大于 2 美分时，套利者均可使用相应金融工具进行无风险套利，这无疑极大地刺激了新型金融工具的开发。金融交易成本的降低，是与通信技术的发展及电子资金划拨系统、电子化证券交易等系统的开发与应用分不开的。大量金融与证券分析软件的推广，使得复杂的涉及多方面的金融交易成为可能，促进了股指期货与利率互换等新金融工具的发展。另外，技术进步在降低信息成本和交易成本的同时，也加剧了市场的波动。这对风险控制提出了更高的要求，也为发展金融工具创造了更大的空间。

另一方面，金融理论的发展为金融工具的定价提供了理论基础。新兴金融工具的开发和金融策略的实施都离不开对金融工具的定价。在众多的金融学理论中，有两种对金融科学的影响至深。其一是

Markowitz于1952年提出的资产组合理论，该理论用方差来描述投资风险的概念，在此之前，投资者对于投资风险的认识几乎是定性的，资产组合理论使得人们对金融问题的认识开始了从定性到定量的转变。另一个具有划时代意义的理论是Modiglian和Miller于1958年提出的关于资本结构的MM定理。表明在一个完全市场，选择何种金融工具来进行融资与公司价值无关。这些金融前沿理论的发展与创新，为证券市场金融工具配置提供了科学依据。

### 4. 金融工具配置的应用领域

金融工具配置的应用领域十分广泛，主要集中于公司理财、金融工具交易、投资与货币管理、风险管理等:(1)公司理财方面。当传统的金融工具难以满足公司特定的融资需要时，金融工程师就为其设计出适当的融资方案。典型的例子有用于保证并购所需资金的垃圾债券和过桥性融资。(2)金融工具及其交易策略。开发出具有套利性质的交易工具和交易策略是金融工具配置的一个重要内容，如不同市场内的套利、不同时间的套利、不同金融工具之间的套利、风险套利、税率套利。(3)投资与货币管理方面。金融工具的配置在投资和管理方面的应用，如开发高收益共同基金、货币市场基金、回购/反向回购协议等投资方式。通过对其不断的包装与转换等手段将高风险的投资工具变成低风险的投资工具等。(4)风险管理技术与手段。风险规避是金融工具配置的一个基本功能，因此风险管理技术已成为其最重要的内容。它包括风险识别、风险度量和风险管理策略等。风险识别主要是识别投资者或企业面临的各种暴露在外的风险和未暴露的隐含风险。在识别完风险后，接下来的事情则是度量，定量地衡量风险的大小。这就需要我们从已存在的金融工具中，以搭积木的形式组装出新的金融工具以达到预期目标。

总而言之，各种金融工具配置的理论与实践，客观上使证券市场更加有效率和更加完善。通过不同的金融工具配置，可以为市场提供更多的套利交易机会，可以提高金融资产经营的流动性和安全性，降低代理成本和交易成本，以创造更多的社会价值。

# 第二章 股票市场新金融工具及配置分析

股票市场的出现是股份制经济的产物。股票即股份有限公司筹集股本时发给投资者持有的股本凭证，具有一般投票权、分享企业所有权、资产和利润的权利。股票是股票市场上最基本的金融工具，它具有充分的流动性和强烈的波动性。现代股票市场在此基础上，已经衍生出大量的存托凭证及股票期权等新金融工具。

## 一、TCL 集团吸收合并：中国资本市场运作的又一创新

TCL 集团此次借吸收合并子公司方式在深圳证券交易所实现整体上市，堪称中国资本市场金融工具配置的一大创新。

### 1. TCL 吸收合并模式得到市场认同

2004 年 1 月 5 日 TCL 招股说明书公告，新发行流通股 9.94 亿股，占发行总股本的 38.45%。其中向公众发行 5.9 亿股，为合并 TCL 通讯向其流通股东换股发行 4.04 亿股，发行价 4.26 元 / 股，发行市盈率为 15.97 倍。TCL 通讯的流通股东按照 21.45 元 /4.26 元 =4.9648 的比例将持有的原 TCL 通讯股票转化为 TCL 集团股票，合并后注销 TCL 通讯法人资格，发行募集资金主要用于收购兼并、固定资产投资和还贷。

任何一项经济政策的实施，市场是最公正的裁判员；对于资本市场重组并购的操作，市场反应是最具有说服力的。2003 年 10 月，TCL 集团以换股的方式吸收合并 TCL 通讯的方案公布后，市场就开始对 TCL 集团热烈追捧，其直接表现就是 TCL 通讯股价走势连续两天封在涨停板上。2004 年 1 月 6 日，退市前夕的该股更是以 27.34 元早早地停留在涨停板上，距 TCL 集团公布的 4.26×4.9648=21.45 元的价格已有一定的溢价。从 TCL 通讯的市场表现既可知道 TCL 集团的并购创新模式得到市场的高度认同。当然，市场积极追捧 TCL 集团的背后，离不开 TCL 强劲的市场表现与自身发展潜力。市场完全有理由相信合并后的 TCL 集团，是电子产业蓝筹股的新代表。

### 2. TCL 集团整体上市是“阿波罗计划”的临门一脚

在 TCL 集团整体上市计划中，其中的“阿波罗计划”即员工持股计划功不可没。早在 1997 年，TCL 集团绕过了当时的体制障碍，与惠州市政府签订授权经营协议：在确保企业每年有超过 10% 的经济增长后，企业经营层在 10% 以外的增加值中按递增比例与政府分成。企业经营层获得的增加值以股权形式对管理层及有突出贡献的员工实行嘉奖。在国有资产增量方面大做文章正是“阿波罗计划”当时得以实施的前提保证。因此在“阿波罗计划”公布之后引来各方的一致叫好。但是，“阿波罗计划”使 TCL 的管理层所分得的股份只能享有分红权，除非公司回购或者被投资者进行收购，否则，股权很难变现。而 TCL 集团整体上市，则可解决管理层股份的流动性问题，使股票期权激励财富效应完全显现甚至进一步扩大。因此可以说，TCL 集团整体上市是阿波罗计划的临门一脚。

### 3. TCL 集团吸收合并的配置分析

TCL 集团的改制是建立在管理层持股及引进战略性投资者的基础上，在其整体上市前集团的股权配置及与 TCL 通讯的股权关系如下图 4-1 所示：

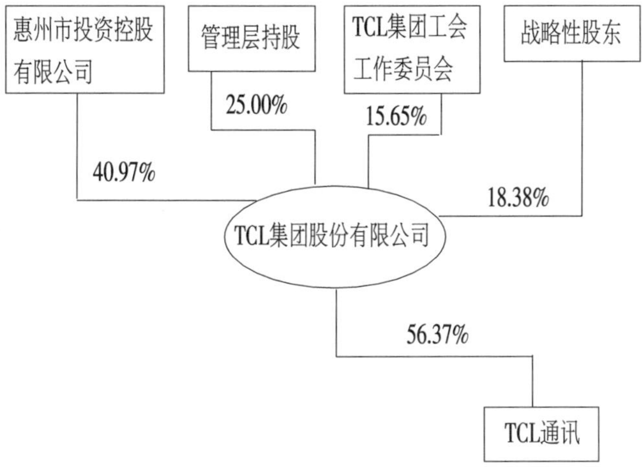


**图 4-1　TCL 集团上市前的股权配置关系**

在整个吸收合并过程中，TCL 集团向 TCL 通讯全体流通股东换股发行 TCL 集团人民币普通股，后者将所持有的 TCL 通讯全部流通股股份按照折股比例换取 TCL 集团发行的股份。这样使 TCL 通讯的全部资产、负债及权益并入 TCL 集团，其现有的法人资格因合并而被注销，变更为 TCL 集团分公司。本次 TCL 集团对 TCL 通讯的吸收合并与 TCL 集团的首次公开发行同时进行。TCL 集团首次公开发行的股票分为两部分：一部分向社会公众投资者公开发行，公众投资者以现金认购；另一部分为换股发行，TCL 通讯全体流通股股东按折股比例取得 TCL 集团流通股股票。TCL 集团公开发行的新股和换股发行的股票同时交易。

TCL 集团股权配置方案细则如下：①TCL 换股发行的对象是 TCL 通讯全体流通股股东。②折股价格，由 TCL 集团和 TCL 通讯协商确定，最终定为 21.15 元，且已取得合并双方董事会和股东大会的批准。③折股比例。折股比例等于 TCL 通讯流通股的折股价格 21.15 元除以 TCL 集团首次公开发行价格。该折股比例即为本次吸收合并中每股 TCL 通讯流通股股票可以取得的 TCL 集团流通股股票的数量。折股比例之高低，直接影响到合并双方的股东在合并后的主体中所拥有的权益份额。要使双方股东从合并后的整合中获益，换股比例必须符合公司价值，即公司的内在价值是公司资产未来预期现金流的现值，与合并双方的合并动机直接相关。根据 TCL 集团 IPO 发行价格 4.26 元 / 股，折股比例为 4.96478873。因此，本次合并充分考虑了 TCL 通讯全体股东包括中小股东的利益。本次合并中的折股价格、折股比例的确定方式以及折股比例对于 TCL 通讯流通股股东而言，是公允和合理的，也有利于降低 TCL 通讯流通股股东的投资风险和提高其潜在投资回报率。④TCL 集团换股发行的数量按 TCL 通讯全体流通股股东持有 TCL 通讯流通股总数乘以折股总数再乘以折股比例后的整数计算。根据上述折股比例数值，TCL 集团用于换股发行股票数量为 404,395,944 股，占吸收合并后总股本的 15.64%。⑤TCL 集团以每股发行价 4.26 元，首次公开发行 590,000,000 股，共募集资金 25.13 亿元，占吸收合并后总股本的 22.81%。整体上市后，TCL 集团股权配置关系如下图 4-2 所示：

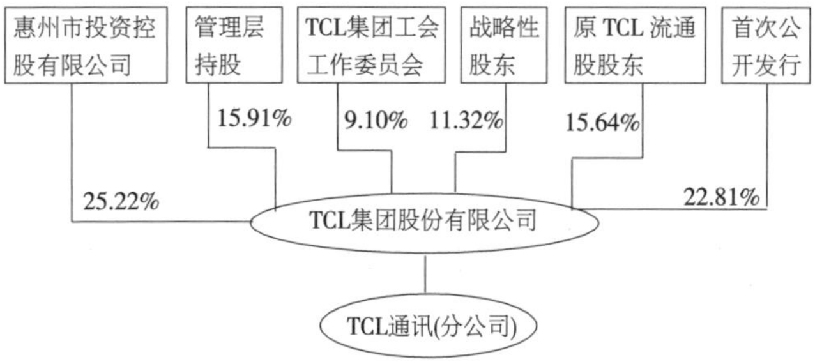


**图 4-2　TCL 集团整体上市后的股权配置关系**

TCL 集团整体上市对企业发展而言，意义重大，它不仅使其员工持股计划得以实现，更为关键的是，成为公众公司是其国际化道路不可或缺的一步。通过本次合并及上市发行，TCL 集团将建立起一个与其业务规模相匹配的持续融资和资本运作平台，并逐步发展成为一个国际领先，以多媒体电子、通讯终端产品为主的多元化消费类产品制造商和销售商。TCL 集团通过与 TCL 通讯换股的方式上市，解决了同一集团出现两层上市公司的复杂结构，得以借此理顺 TCL 集团与 TCL 通讯之间的较为复杂的股权关系，使得集团的整体结构更加完善。同时，又减少了 TCL 集团与 TCL 通讯之间的关联交易，有助于解决目前国内普遍存在的母公司部分资产上市所带来的多种负面问题。此外，TCL 集团开创了我国换股上市先河，极大地拓宽了证券市场上资本运作的空间。TCL 集团吸收合并与首次公开发行同步进行，不仅理顺了上市公司的产权关系，成为整个“阿波罗计划”的临门一脚，而且解决了上市公司支付瓶颈的一大难题，是近年来资本市场运作的一大亮点。

## 二、公司管理者股票期权：离我们还有多远

诚然，TCL 集团整体上市是 2003-2004 年我国资本市场操作配置的一大亮点，但在国际市场上，公司管理者股票期权也在高歌猛进。

### 1. 美国公司管理者股票期权及其法律支持

2002 年标准普尔 500 家公司中有 85% 的大型企业、70% 的中型企业、71% 的小型企业采用股票期权（ESO）为主的激励制度。在美国股市高涨的 1999 年中，通用汽车、可口可乐、英特尔公司 CEO 股票期权收入分别为 0.32 亿、1.08 亿和 0.49 亿，分别是工资奖金的 4 倍、27 倍和 16 倍。可见，股票期权对美国公司管理者的激励作用巨大，这不仅有其完善的公司治理结构作支持，而且与美国相关法律的完备规定密不可分。

美国《国内税法则》第 422 条及《萨巴尼—奥克斯勒法》规定：股票期权只能授予本公司雇员；股票期权的授予计划必须列入公司经营成本中，并且在该计划实施 12 个月或实施后 12 个月内必须得到股东大会批准；期权必须在授予后的 10 年内执行，过期作废；期权执行价格必须等于或高于授予时的公平市场价格，若为不公开交易的股票，应以合理的方式确定行权价格；授予时，雇员不能持有公司 10% 以上股票，除非期权价被定在公平市场价 10% 以上，或授予五年内不能执行；股票期权不可转让，但可继承；授予日或授予期结束后方可行权；授权公司不得直接或通过子公司利用股票期权，向公司董事或经理贷款；管理者在公司财务报告不实的情况下应向公司返还全部业绩报酬，包括资金、股票期权和买卖股票的收益。

### 2. 我国公司管理者股票期权难以真正激励经营者

近年来，在我国股市实践中，已有亚泰集团、长源电力等几十家上市公司试行了股票期权，但其实施效果并不十分理想。对这些已实施的股票期权，按行权定价可分为：一是按首次发行价适当上浮，如长源电力上浮 10%—20%；按年报公布前或后某一日期公司流通股的平均价，如亚泰集团以年报前的 30 日，武汉中商以年报后的 30 日。按行权基金可分为个人出资购买和个人、公司基金、大股东红利按比例出资两种形式。按股票来源可分为向二级市场购买和购买公司发行的新股两种形式。

股票期权的期限一般 3 到 5 年，而级差份数和份数各上市公司则不尽相同，分红权大多在股票期权授后就开始行使。但是我国现在还没有关于股票期权定价方法、决策程序、信息披露等相关法律法规细则，因此各上市公司可以在这个法律空白上具有相当大的操作自由度。例如业绩与股票期权定价有时并不相关，因为管理者对公司经营业绩贡献与股票收益相关度无法定量，或者公司授予管理者股票期权时，以公司经营业绩作为约束条件和定价基础，使得管理者并未享受到优惠的股票期权价格，使鼓励持股变为约束持股。另外受公司不能回购自身的股份，董事、经理持股不得转让等法律制约，股票期权的来源范围狭窄，且行权后管理者转让股票也有违规嫌疑。

### 3. 改革我国公司管理者股票期权配置的方法建议

为了规范和发展我国公司管理者股票期权市场，吸收外国成功的经验并结合当前我国的实际情况，应以信托方式通盘解决我国 ESO 的配置。

首先，拟实行 ESO 的公司应制定具体的期权激励管理办法。该办法除了不违背现行的法律法规外，还应

交由董事会或股东大会进行审议核准，才能具有法律效力。在具体细则中，公司应规定统一的时间、比例、程序和方法。例如行权日可定为主张日，在主张日前一个确定时间内向当地证管办上市监管处和受托人指定柜台备案，并将方案在媒体上公开披露两次；行权股票应在第一次披露以前，按行权价将股款缴至受托人指定银行；交割价以上市公司主张日股票收盘价为准；交割后股票锁定，并移交上市公司管理。此外，上市公司应在资本公积中设置 ESO 基金科目，从未分配利润中专项提取，按冲减营业成本方式实施，以确保 ESO 项目的正常运作。

第二，上市公司应选择综合类证券公司或信托公司作为受托人实施 ESO 计划。通过上述机构的中立地位分散股票期权交易风险，使整体操作规范化、市场化。

第三，按照信托协议，受托人以自己的名义购买持有信托投资的股票并依约锁定。受托人按委托人的意思，向二级市场购买或在新股发行时网下购买。网下购买，可采用预约新股期权方式；作为一般法人或战略投资者配售时，通过分账户资金委托投资或信托投资取得一个比例，按规定方法管理，此时新股按发行价或其他合规价格计算；受托机构向二级市场购买，按受托日起一段时间内该公司股票价均价购买核算。

第四，在股票期权的具体操作规则上，上市公司可授予董事、经理和业务骨干股票期权，获受者以不低于当年行权价股款总额的 10%，支付期权费取得期权，届时向受托机构主张和行使权利。若获受者不愿持有股票，可主张现金，按主张日前三天本公司股票均价行权。其中：现金收入 = 每股行权价 − 每股已付期权费 − 主张日前三日均价 × 行权份数。

第五，注意防范内幕交易。对于上市公司股票期权的获受者而言，应让其公开承诺，保证不利用内幕信息交易，否则，行权收益全部归公司所有；而对于受托人则要规定技术性细则，例如，受托机构从业人员不得私下从事协作公司股票的买卖，受托机构不得发生关联交易等。

各家上市公司的情况不尽相同，在设计股票期权的具体规则时，除了聘请专业的投行人员进行 ESO 的主体设计，还须由本公司的独立董事及财务人员参与，才能切合公司自身的发展，同时也确保实施股票期权的公正性和透明度，才能带来真正的激励效应。

## 三、存托凭证：股票的孪生兄弟

2003 年全球美国存托凭证（ADR）的交易量为 330 亿份，其市值为 6140 亿美元，分别比 2002 年增长了 3%和 12%。据 Oxford Metrica 于 2003 年底对 767 项存托凭证计划的研究显示，在美国的交易所建立存托凭证计划的公司，在一年交易中他们股票价格的价值在他们本地市场上增长高达 10%，并且其流动性平均增加 27%；终止一项存托凭证则起着相反的作用，使得公司的股价在一年中下跌最高为 25%。何为存托凭证，为何配置存托凭证可以产生如此巨大的作用，这是值得我们研究的问题。

### 1. 何谓存托凭证

存托凭证（Depositary Receipt）是指在一国证券市场流通的代表一定数量外国公司有价证券的可转让凭证。它通常代表存托银行以存放形式所持有的股权金融工具，一旦这些股权金融工具被存入银行托管，银行就将发行接受存托的凭证。可以说，在资本市场中，存托凭证是股票的孪生兄弟。存托凭证最初出现于 20 世纪 20 年代末的美国，其产生目的是降低交易成本，减少诸如交割延误等股票交易中的不便之处，消除美国与他国股票交易差异的制度性障碍，来方便美国投资者购买非美国证券和让非美国公司的股票可以在美国交易。

### 2. 美国存托凭证的配置

在世界存托凭证市场中，美国存托凭证占有绝对的份额，美国存托凭证的配置程序如下图 4-3 所示：

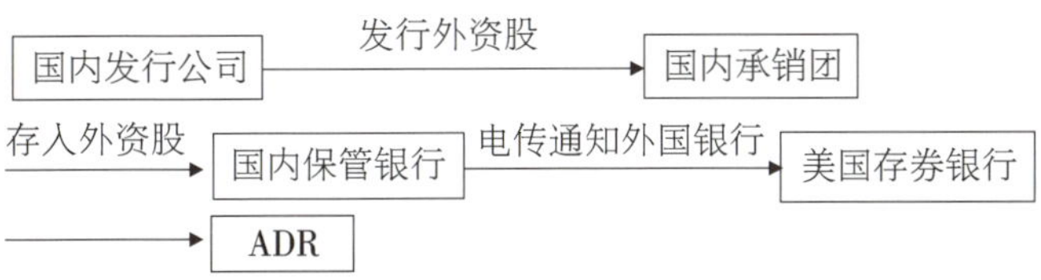


**图 4-3　ADR 配置程序图**

具体操作如下：

(1) 美国投资者委托美国经纪人以 ADR 形式购入非美国公司证券；

(2)美国经纪人与基础证券所在地的经纪人联系购

买事宜，并要求将所购买的证券解往美国的存券银行在当地的托管银行；

(3)当地经纪人通过当地的交易所或场外市场购入所指示的证券，该证券既可以是已经在二级市场上流通的证券，也可以是非美国公司一部分以 ADR 形式发售的证券；

(4)将所购买的证券存放在当地的托管银行；

(5)托管银行解入相应的证券后，立即通知美国的存券银行；

(6)存券银行发出 ADR 交与美国经纪人；

(7) 经纪人将 ADR 交给投资者或存放在存券信托公司，同时把投资者支付的美元按当时的汇价兑换成相应的外汇支付给当地的经纪人。

存托凭证（ADR）投资运行的几个关键机构是：存券银行，存券银行是 ADR 的发行人和 ADR 市场中介，为 ADR 投资者提供所需的一切交易服务；托管银行，托管银行是由存券银行在基础证券发行国安排的银行，负责保管 ADR 所代表的基础证券，托管银行根据存券银行的指令领取红利或利息用于再投资或汇回 ADR 发行国，并向存券银行提供当地市场信息；存券信托公司，指美国的证券保管和清算机构，负责 ADR 的保管和清算。

一般的，当美国市场上代表某一公司一定量股票的存托凭证达到一定规模时，通常是一家公司发行股份的 3%—6%时，以该存托凭证为交易对象的内部交易市场就开始形成了。当经纪人公司执行客户的指令时，他们会比较 ADR 的价格和当地市场实际股票的美元折算价格，以寻求客户最为经济的交易价格。经纪人公司可以采用三种方法为他们提供最理想价位的市场买进或卖出：发行新的存托凭证、转手已有的存托凭证和注销存托凭证。当基础股票的价格和存托凭证的价格持平时，经纪人公司就简单地买卖存托凭证来执行客户的指令，不断地买卖存托凭证，这有助于把当地市场和美国市场之间的差价弥合到最小程度。

### 3. ADR 的种类与发行条件

ADR 的种类分为 144A 规则 ADR、一级 ADR、二级 ADR 和三级 ADR。①144A 规则 ADR 主要面对的是美国私募市场，其流动性较差，但发行费用较便宜，信息披露要求也较为宽松；②在公募发行中，一级 ADR 发行方式最简单，只需按美国 1933 年的证券法以表 F—6 登记注册，在柜台交易以 OTC 公告牌报价，无须提供财务报表和全面的定期报告，但不能在美国市场发行新证券再融资；③二级 ADR：允许在美国交易所上市，每年呈报 20–F 表格，财务清单必须部分符合美国的会计准则 GAAP，但公司不能发行新证券，因此也无再筹资能力；④三级 ADR 可以在美国证券交易所上市，允许公司筹措新资本，允许正式公开发行出售股份，但必须在美国联邦证券交易委员会（SEC）注册及提交财务报告和定期报告，财务清单必须符合 GAAP 要求。

二级、三级 ADR 的具体上市要求如下：①在纽约证交所（NYSE）上市，大额股东人数在全世界 5000 名以上，公开被持股票在全世界 250 万股以上，公开持有股票价值在全世界 1 亿美元以上，有形资产净值 1 亿美元以上，税前利润最后三年累计 1 亿美元以上，每年最少 2500 美元；②在 NASDAQ 必须有做市商 2 个，有记录股东 800 人，公开持有股票多于 50–100 万股，有形市值 300 万美元以上，有形资产净值 400 万美元以上，税前利润 75 万美元以上，净利润最近 1 年或最近 3 年中的 2 年内在 40 万美元以上。

股票市场的金融工具配置多姿多彩，本文所引用的一些案例只是近年来在我国资本市场乃至整个国际资本市场运作的一些亮点。要发展我国的股市，不仅要从宏观上对我国股市的监管、运行加以改革，还必须在微观上向发达的资本市场借鉴成功的金融工具配置经验。他山之石，可以攻玉。只有这样，才能使我们的资本市场成为最具代表性的新兴市场，才能使其与我国整体经济发展相匹配。

# 第三章

# 股票市场与其他市场的金融工具配置

证券市场是各种证券的发行和流通交易的集中场所。各种证券的发行和流通,为证券市场的产生和发展奠定了基础,特别是金融市场生息金融工具的形成,进一步加快了证券市场发展的步伐。本文论述了可转债、货币市场基金、股份回购等三种金融工具,以期做到"抛砖引玉"之效果,从而推动证券市场的良性发展。

## 一、可转换债券:证券市场的新亮点

2003年可转换债券无疑是我国证券市场的一大亮点,其独特的产品特性与稳健的市场表现已经得到了机构投资者的认可。截至2003年11月底,2003年新发行的可转债为14只,发行规模为161.5亿,数量和规模均超过了历年总和。

### 1. 可转换债券是调整市道中的佳品

可转换公司债券是一种附有股票期权的公司债券,它赋予债券持有人可以在规定的时间内(转换期),按照规定的价格(转换价格),将债券转成公司股票的权利,并且在转股前一直享有债券人的权益。

对投资者而言,

可转换债券有巨大的市场空间和吸引力。首先,对于投资者来说,买进一份可转换债券相当于在买进一份债券的同时拥有一份对公司股票的看涨期权。看涨期权可使投资者充分分享股票价格上涨的收益,只要当股票价格超过转股价格时,持有人可以将可转债转换成股票而获得利润,更为重要的是,不论股票跌得怎样,可转债也不会跌破其债券价值。因此,拥有可转债的风险系数较低。其次,对于发行人来说,在其他条件都相同的前提下,可转换债券的票面利率会比债券低,故筹资者发行可转换债券支付的利息要低于普通债券。而且,可转债的转股价格一般要比增发或配股的再发行价格要高,所以,公司发行可转换债券所获取的融资资金要高于同等条件下的股票再发行融资资金。最后,当公司发行可转换债券后,股价的上涨或下跌变化可能会对公司产生一定的影响。如股价上涨可以使可转换债券都转换成股票,这方面与发行普通债券相比,具有优势,因为它避免了在到期日因要支付大量本息引起的资金负担。

一般的,可转债的投资价值包括以下三部分:①债券本身的价值。即可转换债券在未转成股票之前,被持有人当作债券持有情况下的价值。债券价值与债券票面利率、市场利率水平和违约风险程度等因素有关。②转换价值。转换价值是指当可转换债券以转股价格转换成股票时,它的股票所能取得的价值。其实,将每份可转债所能转换成的股票股数乘以股票的当前市场价格就是其转换价值。③期权价值。当持有可转换债券时,持有人没有必要马上转换成股票,因为这只是他的一个权利,这个权利使得持有人可以等待将来可能发生的股票上涨机会,然后把可转债转换成股票而获得更大的价值。可转债的价值减去债券价值和转换价值二者中的最大者即是可转换债券的期权价值。当股票价格低于转股价格时,可转换债券的价值主要受到其债券价值的影响。反之,可转债的价值主要由转换价值决定。因此,可转债的价值等于债券价值的转换价值二者中的最大者与其期权价值之和。

### 2. 向老股东优先配售以有效保护投资者

对于可转债这一金融工具,我们应该向老股东优先配售,有效保护老股东利益。

首先,可转债向老股东优先配售,有利于稳定股价,补充老股东将来的损失。据统计 21 家已发行并上市可转债的公司中,有 14 家制定了向老股东优先配售的条款,其股价从可转债发行日至上市日相对大盘的平均涨幅约为 2.07%。然而,其余 7 家无优先配售条款公司的可转债概念股仅有 2 只跌幅小于大盘,整体相对于大盘平均涨幅约为 -1.84%,股价的波动性明显大于前者。若可转债有向老股东优先配售的条款,现在股东可能会继续持有股票,以较低的成本获取可转债,进而以债券的收益来弥补股价下跌的损失。投资者也可能会在股本股权登记日前买入股票以获得优先配售,从而在可转债上取得一定的收益。

其次,原有股东为了保证股份不被稀释,特别是法人股股东为了保持一定的持股比例,有必要参与可转债的优先配售。可转债在发行效果上相当于增发。根据上市公司的章程,如果公司增发股份现有股东均有优先认购权。特别是非流通股股东由于直接参与公司的经营管理,对公司的经营现状和将来的发展前景比较了解。若他们看好公司的发展前景,认为股价有上涨空间,一般都会积极参与可转债的认购,以获取将来比较低的价格购买公司的流通股票。现有拟发行可转债的公司的老股东,特别是流通股股东,应该享有高比例的可转债的优先配售权,以补偿股票上的损失。如非流通股全部或部分放弃可转债配售,现有流通股股东应为优先认购。当然,为了保障可转债的顺利发行,吸引更多新投资者,使公司获得较高的冻结资金利息收入及避免承销商包销转债,应当让一定比例的可转债向新投资者发售。此外,新投资者的参与和相对高的购买成本,可使可转债的流动性和价格相应提升,这也有助于提高老股东的转债利益.

## 二、货币市场基金大有可为

2003 年 11 月,随着华安现金福利投资基金、招商现金增值基金、博时现金货币市场基金陆续登场,引起了业内外的广泛关注。

### 1. 什么是货币市场基金

货币市场基金是指投资于货币市场上短期有价证券的一种基金,主要投资工具为短期政府债券、银行定期存单、回购协议、商业票据和其他高流动性、低风险性证券。相对于股票型基金和债券型基金而言,货币市场基金是一种流动性更强、本金较安全的投资产品。

20 世纪 90 年代,在欧美等发达国家资本市场中,由于货币市场基金收益率持续高于储蓄存款利率,货币市场基金得到迅猛发展,并被投资者当作储蓄的替代产品和现金管理的有效工具。以 2002 年美国共同基金管理资产的分布比例来看,货币市场基金占了 35%,另据统计,美国家庭资产的 24%、企业流动性资产的 29%投向了货币市场基金。

### 2. 货币市场基金特点

特点一:货币市场基金与其他投资于股票的基金相比,最主要的不同是基金单位的资产净值是固定不变的,通常是每个基金单位 1 元。投资该基金后,投资者可利用收益再投资,投资收益就不断累积,从而增加投资者所拥有的基金份额。特点二:衡量货币市场基金表现好坏的标准是收益率,这与其他基金以净资产价值增值获利不同。特点三:货币市场基金流动性好,资本安全性高,投资风险低,主要是因为货币市场是一个风险低、流动性高的市场,同时,投资者还可以不受到期日限制,随时可根据需要转让基金单位。特点四:风险性低。货币市场工具的到期日通常很短,货币市场基金投资组合的平均期限一般为4~6个月,因此风险低,其价格通常只受市场利率的影响。特点五:投资成本低。货币市场基金通常不收取赎回费用,并且其管理费用也较低,货币市场基金管理费用大约为基金资产净值的0.25%~1%,比传统的基金年管理费1%~2.5%低。特点六:货币市场基金均为开放式基金。货币市场基金通常被视为无风险或低风险投资工具,适合资本短期投资生息以备不时之需,特别是在利率高、通货膨胀率高、证券流动性下降、可信度降低时,进行投资操作,可使本金免遭损失。

### 3. 货币市场基金优势显著

首先,货币市场基金能满足特定市场投资需求。从我国各类金融产品的风险收益特征来看,我国67.8%的金融资产集中在低风险、低收益的银行存款上,另有17.7%集中在高风险的股票投资上。风险、收益及流动性的组合居中的产品只占很小的一部分。据统计测算,2001~2002年,各种金融产品的平均收益大约在-2.14%至4.38%之间。股票投资收益率虽较高,但风险较大,收益不稳定。因此,在国内金融市场已经具备一定规模的大环境下,适时推出货币市场基金这种低风险、高流动性的新型投资产品,能够满足基金投资人特定的需要。

其次,货币市场基金可以突破货币市场投资准入壁垒。在设立货币市场基金以前,个人投资者、一些中小机构投资者和非金融机构直接参与银行间市场和交易所市场进行投资时,交易成本巨大,短期资金市场单笔资金交易量通常高达百万元以上,资金量要求对此类投资者进入货币市场造成壁垒。现在,根据相关规定,合格基金管理公司可以申请加入全国银行间同业拆借市场,从事购买债券、现券交易和债券回购业务。这样,货币市场基金的发行可以使中小投资者享受到前所未有的大规模资金运作的收益水平,同时基金公司也可以通过两个市场的套利,获得超额收益。

最后,货币市场基金可以使多方受益。发展货币市场基金,对于控制整个金融体系的金融风险大有好处。因为,货币市场基金比债券基金和股票基金能更好地满足市场对低风险、高流动性的金融产品的需求。同时,货币市场基金将债券投资工具的范围进一步细分到期限在一年以内的债券,这样可以更好地保证基金产品的流动性和低风险性。货币市场基金丰富了基金的品种,提高了基金管理公司的风险承受能力,降低整个金融市场和基金行业潜在的风险。

### 4. 货币市场基金要求科学配置

资金配置策略:货币市场基金在实际操作中主要依据各短期金融工具细分市场的规模、流动性和当时的利率环境,建立动态规划模型,通过求解确定不同资产配置比例和同类资产的基于不同利率期限结构的配置比例。

跨市场套利策略:依据各细分短期金融工具的流动性和收益特征,动态调整基金资产在各个细分市场之间

的配置比例，比如当交易所市场回购利率高于银行间市场回购利率时，可以通过增加交易所市场回购的配置比例或在银行间市场融资、交易所市场融券而实现跨市场套利。

跨品种套利策略：即据各细分市场中不同品种的风险收益特征，动态调整不同利率期限品种的配置比例，例如短期回购利率低于长期回购利率时，在既定的变现率水平下，可通过增加长期回购的配置比例或短期融资、长期融资而实现品种套利。

滚动配置策略：根据具体投资品种的市场特征，采用持续投资的方法，以提高基金资产的整体变现能力，例如对N天回购协议每天进行等量配置，而提高配置在回购协议上的基金资产的流动性。

利率预期策略：在深入分析财政、货币政策以及短期资金市场、资本市场资金的情况和流动性的基础上，对利率走势形成合理预期，并据此调整资金资产配置策略，比如，根据历史上我国短期资金市场利率的走势，在年初、年末资金利率较高时按策略配置基金资产，而在年中资金利率偏低时则按梯形策略配置基金资产。

## 三、股份回购顺势而动

股份回购在国际资本市场上是一种极为盛行的金融工具，它可充分利用财务杠杆，从而提高企业经营业绩，改善企业在证券市场上的形象。但是，国内上市公司目前甚少采取股份回购策略，这是一项很有前途的金融工具配置技术。因此，为了更好地利用这一金融工具，我们首先得很好理解熟悉它。

### 1. 股份回购理念

股份回购是一种合法的、非常普遍的公司行为，它是一种极为盛行的反收购措施，还是降低融资成本、提高剩余资金利用率的有效手段。股票回购广义上来说是指股票回收，而股票回收有两种：一是股份有限公司利用公司资本或准备金在证券交易市场上购买自己已发行的流通股票；二是直接从股东手中赎回自己已经发行的股票。前者通常是另一上市公司利用公司资本或准备金在证券交易所里回购本公司股票；后者一般为未上市公司采用，因其股票未广泛流通，故可直接从股东手中赎回。

### 2. 股份回购配置实施层面

公司负债率较低是股份回购配置必备条件。股份回购是上市公司的一种减资行为，实施结果必然是“上市公司资产负债率的上升”。具体而言，股份回购的实施配置要注意以下要点：

（1）要得到债权人的认可，负债率较低是必备条件。从内部看，较低负债率反映“未能充分利用财务杠杆来提高公司收益水平”，也能促进上市公司做出股份回购的决定。

（2）股权集中。由于历史遗留问题与股票发行制度的因素，较多公司上市重组过程中未对股本结构进行优化，因此对股权结构过于集中且无法达到《公司法》对股本结构要求的上市公司，可以适度进行股份回购。同时，股权结构相对简单的上市公司，股份回购顺利程度大些，对于A股公司而言，由于市净率较高，因此直接回购流通股的成本相当高。如果实施股份回购最现实的选择仍是以“定向回购法人股或国有股为主”，这种情况下的回购方式选择相对较灵活，可采取债权回购、资产回购、现金回购等方式。因此，股权集中有助于股份回购顺利推进。

（3）主营业务收入相当稳定。股份回购实质上是一种企业减资行为，采用现金回购会给经营资金造成压力，用资产回购也会影响企业生产经营活动的资源量控制，这些都会影响企业的正常经营活动。上市公司主营业务收入的稳定是股份回购是否可行的重要基础。因此，在部分受经济周期波动影响较小的行业，现金流量较稳定的上市公司，出现回购的可能性大。

（4）大股东欠款较多的企业。股份回购受到市场广泛关注的直接原因是"用股份回购可以解决大股东对上市公司的欠款"，此点对我国上市公司大股东普遍挪用上市公司资金的情形尤为适用。

（5）股票市场价格与价值严重背离。境内市场与境外市场、流通股市场与非流通股市场客观上分割，在部分市场出现股价背离企业价值的现象就时有发生，当这种情况出现时，采取股份回购无论对该市场的流通股东，还是对上市公司都能实现双赢。

### 3. 股份回购配置动机分析

股份回购是一种财务手段，被境外资本市场的上市公司普遍采用，它可以刺激公司股票价格。而且回购本公司股份并注销还可以改变公司每股收益、每股净资产、净资产收益率以及资产负债率等财务指标。

刺激股价。一些上市公司采取股份回购原因是因为市场交易流通等各种因素导致股价严重偏离价值，股价低于公司每股净资产，在此种情形下，公司经营状况良好，现金充裕，可以通过实施回购股份的策略，改变公司形象，提高投资者信心。回购股份对股东相当于一种红利政策，有利于促进股份的上涨，上市公司是公司经营情况的最知情者，其回购价格的确立在一定程度上是比较接近于公司实际价值的；另外，上市公司回购本公司股份也等于是向二级市场注入大量资金，这必然会刺激股价的攀升。

增发新股。很多公司的回购策略通常都是为增发作铺垫。一家上市公司股票在二级市场上的表现，直接反映出市场投资者对该公司的综合评价。一些上市公司在上市之初由于业绩尚可，宣传力度较大，在一段时间内容易引起市场的广泛注意，但随着上市公司数量的不断增加，市场热点的不断转移，公司配增发新股就比较困难。而通过实施股份回购就可制造市场热点，吸引投资者注意力，公司股价趋于平淡，公司名声逐渐沉默，在此情形下，树立该公司的良好市场形象有利于配股工作的展开。另外，由于回购并注销股份使公司总股本减少，从而提高净资产收益率，也有助于一些上市公司达到增发的条件。

改善财务状况和股权结构。在中国资本市场，已有几例股份回购案例出现，比如申能股份、云天化、长春高新等，其实，这几起股份回购都有一个共同模式，就是上市公司回购并注销大股东的国有法人股。上市公司回购股份能够改变公司的财务状况，表现在提高每股收益、每股净资产、净资产收益率、并改变负债结构等方面。有的上市公司大股东持有比例过高，不利于公司的治理结构建设，股份回购则为上市公司增添了一种新的财务手段，同时也是一种操作性强的国有股减持手段，因此值得大力推广。

# 第四章 证券市场金融工具配置的国际创新趋势

20 世纪 90 年代以来，经济一体化与资本全球化浪潮风起云涌，我国证券业已逐渐融入这一趋势中，国内证券市场与国际证券市场的结合程度日益紧密，国际证券市场的新动向对我国的证券市场影响深远，证券市场金融工具配置的创新也必将影响到我国的证券市场。证券市场金融工具配置的国际创新趋势其实就是指金融衍生工具的相关表现，而金融衍生工具源自金融工具。随着社会经济的不断发展，金融市场的不断完善，新的金融市场工具层出不穷，金融衍生工具是金融创新的重要组成部分。金融衍生工具通过预测股价、利率、汇率等未来行情走势，采用支付少量保证金或权利金签订远期合同或互换不同金融商品。

本文论述了几种金融衍生工具：期权、期货、远期合约、互换，通过对这几种金融衍生工具的深入剖析，希望对读者有所借鉴。

## 一、远期合约：规避市场风险的良药

远期合约，指合约交易双方同意在未来特定日期按照固定价格交换某一金融资产的合约。远期合约规定了将来交换的资产、交换的日期、交换的价格和数量，合约条款可以据双方交易需求共同协商拟定。远期合约主要有远期利率协议、远期外汇合约、远期股票合约三种。远期合约与即期交易最大的不同是远期交易的交易时间被推迟到以后某个固定日期进行，而交易的价格在签订交易合同时即被固定下来，不随市场波动。远期到期日价格可能会与合约签订时的即期价格不同，虽然从长期来看，可以期望远期价格会趋同于即期价格，即可认为远期价格是即期价格期望值的正常估计。因此，利用远期合约可规避未来市场价格波动的风险，下面具体介绍远期利率和远期外汇两种工具。

### 1. 远期利率协议

远期利率协议是交易双方签订的一种远期贷款合约，也就是说，是在将来某一日期，以约定的利率水平，由一方以另一方名义借入约定金额本金，并约定到期时间的市场参考利率，而在到期日时，根据约定利率与当日的参考利率差，由协议的一方向另一方进行利息差额补偿，而双方不必交换合约的本金，亦不需要承担交易对方借入或贷出来特定金额的义务。

远期利率协议的优势在于有很强大的避险功能，因为远期利率协议只是在交割日时仅就利息差价收付，所以它可作为一种单纯规避未来利率波动的利率金融工具．它能将浮动利率负债转换为固定利率负债，以确定未来偿还的利息支出，或将浮动利率资产转换为固定利率资产。因此，通过远期利率协议，投资者可将未来特定期内的收益或支出成本固定在一个特定的利率，使收支大小固定化，便于企业预测未来现金流量成本。当一公司想对其浮动利率的借款因为未来利率上涨而寻求避险时，则可买一个远期利率协议，支付固定利率，反之，则可卖出这个远期利率协议，收入固定利率。远期利率协议因为没有发生实际的贷款本金交付，不会在资产负债表上出现，从而不必满足资本充足率方面的要求，作为由银行提供的场外市场交易产品，逐步形成了银行进行全球性交易的价格。

远期利率协议的配置过程，我们可以参照如图 4-4 所示：

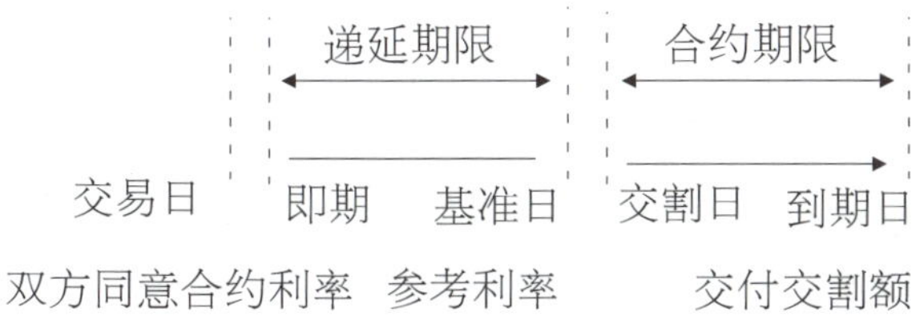


**图 4-4　远期利率协议配置流程图**

其中几个日期的含义如下：（1）交易日。指双方签订远期利率协议的执行日；（2）基准日。指决定参考利率的日子，一般在交割日前两天；（3）交割日。指远期利率协议中的名义贷款或存款的开始日，也是进行利息清算的日期；（4）到期日。指名义贷款或存款的到期日。

从图示中可以看出，在交易日双方约定好支付的固定利率和浮动利率，而在交割日则进行利息的支付。由于浮动利息的支付，还需要确定按照哪一天的浮动利率支付，所以把基准日的当天浮动利率水平作为支付浮动利率的标准。到期日则用于确定名义贷款或存款的期限。

按照协议中规定的固定利率、参考利率、本金、基准日、到期日等内容，就可以计算交割时支付浮动利率一方需要支付的交易额 L：

$$L=\frac{(i_r-i_c)M\frac{Days}{Basis}}{1+(i_r\frac{Days}{Basis})}$$

$i_r$ 是参考浮动利率，$i_c$ 是固定利率，M 是协议的名义本金数额，Days 是协议期限的天数，Basis 是计算利息时转换的天数。

### 2. 远期外汇合约

远期外汇合约是指交易双方约定在未来某一特定日期，按照合约签订时约定的汇率和金额，以一种货币交换对方另一种货币的合同。远期外汇合约中的约定的在将某一特定日期的汇率价格称为远期汇率，当日瞬时交易的外汇价格为即期汇率价格。

远期外汇合约的主要功能在于为有外汇交易需求的企业规避外汇汇率在未来时段内不确定的波动需求，后逐渐演变为一种投资工具。由于远期外汇合约已事先将汇率固定在约定的汇率上，所以在将来某一特定日期，无论当时的市场汇率是多少，两种货币仍然以原先约定的汇率进行相互交换，因此，远期外汇合约可成为投资者作为对汇率上升或下跌预测的一种金融工具，如投资者有实际交割需要，那么它可通过远期外汇合约来规避市场汇率的风险。即使没有实际交割的需要，投资者也可通过远期外汇合约来进行外汇投资买卖，以利用市场汇率波动赚取差价，当然前提是对汇率波动方面有准确的预测。

## 二、金融期货：证券市场的超锋利刃

期货是指一份合法的有约束力的合约，它规定确定的价格在未来特定的一个日期交割一定数量的资产。期货合约中所约定的需要交割的资产称为根本资产，根据期货合约中的根本资产的不同，可以把期货分为商业期货和金融期货。

在证券市场的现代期货金融工具配置中，金融期货是主流。从功能上看，金融期货为价格发现和风险管理提供了有利工具。其具体作用表现有：规避根本资产的价格风险，许多期货市场的交易者进行期货交易只是为了规避根本资产的价格波动风险，结果导致市场上存在着大量套期保值者；期货的保证金制度使得期货交易存在杠杆的效应；期货的交易费用要比根本资产的交易费用便宜得多；与根本资产的交易费用相比，期货的交易费用要远远小于股票的交易费用；相对于远期市场，期货市场清算所的存在能有效地避免交易者的违约风险。

的交易风险，迫切需要开展国内汇率期货交易，开展汇率期货的套期保值业务，才能有效回避国际市场汇率剧烈波动的交易风险和市场风险。尤其是我国国有企业、居民持有的外汇以美元为主，而美元汇率又由于美国实行弱势美元政策而持续贬值，因此国内美元持有者也将蒙受较为严重的汇率风险，迫切需要参与外汇期货套期保值交易，以回避美元汇率急剧贬值所引发的交易风险。

### 3. 期货基金

在我国，期货基金已具备生存和发展的土壤，国外基金之所以选择投资商品期货市场有以下几大原因：第一，可以使投资组合更加多样化。多样化投资组合首先能避免经济风险，比如未预料到的商品价格上涨，这可能对某种商品利多，是各种股票、债券市场所无法比拟的，这样可使基金的操作更具灵活性，提高基金的操作回报率。商品期货市场是一个具有强烈趋势性和周期性的市场，使得期货基金在商品市场的操作有了客观性的依据，他们可以根据技术分析因素，比如均线、趋势线、周期理论等来指导操作，从而保障收益的持续性和稳定性。商品期货市场最终只能是基本面主导价格，资金无法在较长的时间里扭曲市场，可以说中国的期货市场已经具备了期货基金生存和发展的土壤，国内基金介入商品期货市场，将成为必然的选择。

### 1. 国债期货

从当前国际金融市场环境来看，金融期货的成交规模占全球期货市场的 80%以上，发达国家的外汇期货、利率期货、股票指数期货是成交量最大的三类金融品种。我国推出金融期货意义重大，尤其是国债期货交易，因为在当前国债发行难度越来越大、流动性较弱的不利背景下，恢复国债期货交易将拓宽国债发行规模，扩大国内需求消费规模，刺激国民经济增长，同时还可积极推进国内利率市场化进程。

### 2. 外汇期货

随着我国外汇管理体制改革的深入，适时推出外汇期货交易具有积极意义。为了适应全球经济一体化的大趋势和金融业的对外开放要求，完善国内金融市场体系，开展外汇期货交易越来越有必要。目前我国外债数量巨大，同时外汇储备数量也巨大，企业和居民持有的外汇数量也不断增加，面对国际相关汇率市场剧烈波动

### 4. 股票期货

股票期货是有法律效力和市场价值的一份契约，可以在期货交易所通过专门的电子网络买卖交易，契约的一方同意在未来某一确定日期，以某一价格买入，而另一方则同意以同样的条件卖出某一特定的股票，即期货的基础股票，到期时可能需要兑现基础股票，也可能由大量现金结算。

股票期货的运作特点和交易优势主要有以下几点：一是股票期货可以成为直接买卖股票的替代手段。过去投资者只能靠购买股票来成为公司股东，进而分享公司

的盈利成长，但股票期货的诞生为他们提供了另一种新型方式。尤其当投资金额有限时，他们可以利用股票期货迅速进入市场，而无需苦苦等待现金资产的缓慢累积，投资者也可以利用股票期货来迅速调整投资组合中股票与债券的相对比例。二是股票期货作为一种灵活的投资方式，可以成为常规投资组合的延伸及调整手段。投资者可以根据市场风云，利用股票期货来及时调整自己的投资重点而无须改变现在的投资组合结构。三是股票期货可以成为投资风险管理的有力工具。股票期货提供了更大灵活性，投资人可在股票价格持续跌落时卖出期货，而且股票期货的费用也会低廉很多；同时期货供给可以无限制地增加，无须担心价格挤压的出现。四是股票期货可用作对冲避险。投资者在面对股市波动所带来的系统性风险以及与公司本身相关的特殊性风险时，投资者可以卖出股票期货来对冲避险，使股票价格下跌带来的损失有所补偿。

因此，股票期货的问世拓宽了金融产品的空间，增加了投资的选择性与灵活性，但同时它也是有很大的局限性和风险性，并不适合于所有的投资者，也不可能满足全部的市场需要与投资要求，避险与投机之间只有一线之隔，投资与投机之间更只有一字之差。

## 三、互换：比较优势中的套利手段

互换是指两个或两个以上的当事人共同商定的条件，在约定的时间内，交换一定支付款项的金融交易。互换交易主要有以下四项功能：（1）降低融资成本，即交易双方利用其融资的比较优势进行套利，以降低双方的融资成本。（2）规避利率风险，即使用利率互换。当预期利率上升时，可将浮动利率互换成固定利率，而在预期利率下降时，则反向操作，将固定利率互换成浮动利率，以此规避利率波动的不利风险。（3）规避汇率风险。通过货币互换，能避免汇率波动带来的风险。（4）灵活有效地进行资产负债管理。当要改变资产或债务类型的组合时以及要配合投资组合管理对利率未来动向进行锁定时，可以利用利率互换或货币互换交易进行调整，而无需卖出资产或偿还债务。正是由于互换交易具有上述功能，所以互换交易正日益引起业内的广泛关注，下面着重介绍利率互换和货币互换两种工具。

### 1. 利率互换

利率互换是指交易双方签订的一种合约，彼此同意在合约规定的期间内，互相交换一定的现金流，该现金流以同一种货币计算，但利息的计算方式不同，最简单的利率互换就是，一方是以固定利率计息的现金流，另一方是以浮动利率计息的现金流，而且双方约定不使用本金。

利率互换可借比较优势寻求套利机会。实际上，20世纪80年代发展起来的利率互换的起因就是一方面具有浮动利率的比较优势，需要将固定利率转换成浮动利率；而另一方面具有固定利率的比较优势，需要将浮动利率转换成固定利率，这样，双方进行利率互换，双方互利。另外每个企业的信用评级不同，所以每个公司的融资成本就各有区别。通常来讲，信用评级好的大型企业，它们融资成本较低，而信用评级不佳的中小企业，其融资成本就相对高一些。但是，即使中小企业长期融资成本较高，它也可能在短期融资上具有比较优势，因此利用大型企业和中小企业双方分别在长期和短期融资上的比较优势，进行利率互换，就可以降低双方的融资总成本。对于双方来说都是一大利好，何乐而不为呢？

利率互换应利用金融机构作中介媒体。利率互换虽然可由交易双方直接通过洽商完成，但在实务中，出现的问题还是比较多，像寻找互换对方需花费相当长的时间，而且还要承担彼此熟悉的信用风险，所以一般都倾向于通过互换中介进行，对他们而言，较为稳妥。金融机构由于自身业务往来上的关系，接近利率互换的供需双方，容易找到潜在的互换者。此外，金融机构本身也可凭借其信用来降低交易双方的信用风险，这样，中介机构与互换双方分别签订利率互换协议，同时互换中介并不要额外的资金，而是仅仅从互换收益中分得一定提成。当然，如果中介一时无法找到两个完全匹配的互换者，也可能会自己担任另一方的互换者，先行承担利率风险头寸，等找到另一互换方后，再将头寸轧平。

### 2. 货币互换

货币互换是交易双方签订的一种合约，彼此同意在合约规定的期间内，互相交换一定的现金流。

货币互换的计算方式。以不同货币计算和支付，计算方式可能相同也可能不相同，与利率互换相比，货币互换中双方是以不同货币支付的，而且要支付本金。计算方式比较灵活，可以相同或不同，可以用固定利率换浮动利率，也可以用固定利率换固定利率，或者用浮动利率换浮动利率。

货币互换的支付过程与利率互换过程不同。货币互换双方使用的是两种不同的货币，所以在每一个阶段双方都要以不同货币支付现金给对方，而不是只有一方支付现金给对方，同时在每个阶段，双方都要进行利息互换，不过本金的交换一般只在初始阶段和最后阶段，它们是根据协议的规定进行。

## 四、期权：权利与义务极不对称的工具

期权是一种特殊的合约协议，合约持有人在到期日以前用特定的价格买卖投资标的，当该投资标的的市价不利时，可以放弃履行合约，在取得这项权利前，须付给合约的卖方一笔权利金，其投资目的是为了获取最大的期权收入。

### 1. 期权的基本特点

对于期货（或远期）交易者，不管是买方还是卖方，交易者的权利和义务都是相等的。比如，对于期货的买主，不管到期日的现值价格为多少，买方要么对冲平仓，要么交割现货给期货的卖方，相比较而言，期权则不同，期权的买方和卖方权利和义务是不对等的。期权的持有人只有一种权利，而没有义务，他完全可以在到期日放弃期权的执行而不采取任何行动，而期权的卖方则只有义务，没有权利，他只能根据期权持有人的行为采取相应的行动。

### 2. 期货期权

期货期权是针对现货期权而言的，期货期权的根本资产是期货合约，而现货期权的根本资产则是现货。举个例子来说，黄金现货期权的根本资产是黄金，而黄金期货期权的根本资产则是黄金期货，执行黄金期权可能要进行黄金现货的交割，而执行黄金期货期权的则是黄金期货合约。期货期权的执行价格是相对期货价格而言的，而现货期权的执行价格则是相对于现货价格。期货期权的交易优势有：①期货期权的交易更方便一些。因为与现货相比，期货合约的流动性更好一些，期货的价格要比现货价格更容易获取。②期货期权的执行不需要进行根本资产的交割。由于期货期权最后交割的只是期货合约，而期货合约可以通过平仓进行了结，所以期货期权的执行就不需要交割现货。③期货期权的交易费用要比现货期权更低一些。④期货和期权的交易常常在同一个交易所相邻的交易池中进行，方便交易者进行对冲和套利。

期货、期权、远期合约、互换四种金融衍生工具的特点与态势反映了国际金融工具创新的趋势，把握住这四种新的金融衍生工具的发展有利于我们掌握国际金融工具创新的最新研究成果。

# 第五章

# 全球交易所交易基金(ETF)的运作模式分析

ETF的诞生时间并不长,但在短短十年的时间里,其资产规模已超过1,767亿美元,目前正以极快的速度在全球发展。由于美国是最先发展的ETF市场,其ETF只数、类型及资产规模也是全球之冠。目前,全球已有半数以上的证券交易所发行这项产品,ETF的成功在于其能够结合指数化投资的长处,如低成本、分散投资、透明度良好等,与股票交易之属性,如盘中买卖、可放空等。再者,其独特的实物申购赎回机制,有助于降低基金的整体成本及促进相关的套利活动,从而缩小基金在二级市场上交易的折溢价。

自美国证券交易所1993年推出全球第一只交易所交易基金SPDR以来,交易所交易基金在全球范围内迅猛发展,在短短的十年内资产规模就达到了1,767亿美元,并且仍以加速度在全球范围内发展,如今除美国、欧洲外,亚洲的日本、韩国、新加坡以及我国的香港都先后推出交易所交易基金。ETF的成功在于其能够结合指数化投资的好处,如低成本、分散投资、透明度良好等,以及股票交易的属性,如盘中买卖、可放空等。再者,其独特的实物申购赎回机制,有助于降低基金的整体成本及促进相关的套利活动,从而缩小基金在二级市场上的交易折溢价。建立这种实物申购赎回机制及相关套利活动所需的市场配套措施是开发本土ETF最大的难题。先从各地区发展ETF的经验来看,法规和结算交割设计是最为复杂的,却没有一个模式或流程是全球通用的。开发者必须因地制宜,为每一个市场量身制作ETF产品,这也是ETF创新的精髓。由于ETF产品的开发牵涉的层面广大,参与者众多,需要政策支持、法规配合、参与者的同心、设计上的弹性、其他市场经验的参考及有效的项目管理等,这些关键因素缺一不可。

## 一、全球交易所交易基金(ETF)的发展历程及现状

指数化投资是基于1952年Markowitz提出的多

元化投资原则，初期的产品为指数共同基金，但到了20世纪80年代后期，投资人开始观察到指数共同基金的缺点，比如申购赎回资金的投资交易成本由其他基金持有人分摊及放空的限制等，因此产生了ETF的构想。经过数年法规上的努力及产品上的尝试，终于在1993年推出第一支交易所交易金额SPDR，由此开始了ETF产品以后10年的迅速发展。

ETF可分为本土ETF与国际ETF。本土ETF是以本土的法律环境、交易交割系统为基础来追踪本地指数的ETF产品；国际ETF则主要是以美国的法律环境为基础，在美国的ETF平台上运作，但追踪国际指数(即投资于美国境外股票)的产品。最近几年本土ETF发展极其迅速，世界上新推出的ETF多半是本地ETF。从开发角度上看，第一只本土ETF的开发较国际ETF更具挑战性，要求前、中、后台的流程完全匹配，并对现有法规和交易交割程序作出合理的修改或配合，以保证ETF产品及套利的有效运作。第一只本土ETF产品的开发极为重要，是建立起本地市场ETF产品法规架构、交易交割和套利流程的庞大系统工程，为以后ETF产品的开发奠定基础，从市场潜力角度看，本土ETF更能吸引广大投资者，资产规模较大，交易更为活跃。

由于SPDR的推出相当受投资者青睐，此后类似商品如雨后春笋，除美国、加拿大外，欧洲、日本、新加坡、澳洲及中国香港与台湾地区都有ETF产品上市。截至2003年9月，全球共有269只ETF在28个国家或地区交易，总规模达1,767亿美金。

加拿大于1989年推出了TIPS35是世界首只ETF类产品，但其规格与ETF并不完全相同。多伦多证交所担任TIPS35的委托人，蒙特利尔信托公司为受托人来成立投资信托，以追踪多伦多35指数变动及股利收益，并以TIPS为该受益凭证之所有权的标的。从1998年1月至2000年3月，道富银行为TIPS35的信托及托管人，期间资产规模迅速增长。后因多伦多证交所将指数编制权转让至S＆P，而S＆P随之亦改编指数，废除了多伦多35与多伦多100index，并推出新的S＆P/TSE60指数，因而TIPS35及TIPS 100合并演变为iUnits S＆P/TSE 60Participation Units(i60s)。

1993年初，AMEX和道富合作推出了以S＆P500作为标的指数的ETF产品，称为“SPDR”。SPDR推出后立即受到广大投资者的欢迎。因而AMEX在1995年推出了中型股ETF (Mid Cap SPDR)。1998年1月，AMEX与道富再次合作推出以道琼斯工业平均指数为基准的DIAMONDS。1998年3月AMEX与NASDAQ联合推出另一只新的ETF——NASDAQ 100 Index Tracking Stock(简称QQQ)。1998年12月，AMEX与道富又推出以分类指数为基准的9种个别行业SPDR (Select Sector SPDRs)。

美国对ETF产品的开发历程是最艰辛的，因为ETF本身是新产品，没有先例可循，参与者也没有这方面的经验。发行ETF面临许多法律上的问题，与主管机关的沟通也极为费时费力。交易交割平台的建构极具挑战性，并要求整合国家证券清算公司(NSCC)的连续性交割系统(CNS)来开发及测试新的程序。SPDR的经验也显示出造市者的重要性，尤其是在ETF产品推出的初期。由于美国是最先发展的ETF市场，其ETF只数、类型及资产规模也是全球之冠，资产规模占全球的67.8%。继美国以外的第一只ETF产品是香港的盈富基金，采用的是初次公开发售模式（IPO），这是香港仅有的发展模式，这是与香港的特殊经济背景有关，香港政府在1997年金融危机后持有了庞大的股票头寸，必须逐步撤离股市以保持香港的货币稳定性。假如在股市直接抛售，必然造成对市场的巨大冲击，所以采用ETF的IPO发行构式，逐步减轻政府持股，取得了很好的效果。盈富基金初次公开发售额高达333亿港元(约43亿美元)，现为除日本以外亚洲最大的ETF。借助于盈富基金建立起来的运作平台，香港特区金融机构利用“Pilot Program”系统，让原本在AMEX交易的两只ETF进行了跨国交易，并推出了iShare MSCI中国。

日本ETF市场的特色就是同时有多档ETF追踪同一指数。由于产品雷同性很大，初期宣传推广不够，法规亦不清晰，交易交割方面缺乏协调，导致各只ETF有不同的申购赎回机制，增加了投资者的套利运作风险，因此未能引起投资者广泛的兴趣。虽然日本资金市场庞大，但大部分机构投资人只用ETF作为移转其相互持股的工具，而没有充分利用ETF作为长远有效的投资工具。移转方式为金融机构先向投资银行出售相互持股,后者买进组合后利用组合申购 ETF 单位,亦实时卖空期货避险,整个过程没有引进新的投资者,因而对 ETF 市场及整体资本市场的发展作用有限。

## 二、影响 ETF 成功运作的相关要素

影响 ETF 成功运作的相关因素是:资产规模、成交量、基金管理费的高低、折溢价的空间、追踪误差及买卖价差等几个标准来衡量。由于有些因素是受制于各市场的成本结构、基础设施环境及交易法规框架,无法作跨境市场的比较。综观世界各国发展成功 ETF 的经验,影响 ETF 是否成功有很多相关的因素:

### 1. ETF 指数的选取

指数的选取非常重要,指数的选取是否适合于 ETF 要用指数的代表性、稳定性、知名度、透明度、客观性及流动性来衡量。其中,知名度尤其重要,因为追踪当地市场的著名指数回报率为标的的本土 ETF 一般更具规模及流动性。

### 2. ETF 产品的设计

#### (1)一个指数对应一只 ETF

一个指数应当只开发一只 ETF,以确保 ETF 产品的规模及流动性。如一个指数由多档 ETF 追踪,在主管机关政策主导(如日本),或是法规环境不协调的原因下,往往会造成市场分割,限制 ETF 产品今后的发展,除非某些指数具有极大的市场容量(如 S&P500)。纵然如此,多只 ETF 也要在不同时期推出,比如在美国市场上多是一只 ETF 追踪一个指数。只有两个指数,就是在股票现货及期货交易均非常活跃的 S&P500 和 S&P Midcap 400 指数上各有两只 ETF 产品。但追踪 S&P 500 指数的两档 ETF 在发行时间上相隔 7 年,追踪 S&P Midcap 400 的两档 ETF 发行时间也相距 5 年。

#### (2)用完全复制法追踪误差

世界上成功的 ETF 以完全复制法居多。完全复制法是指基金管理人按总指数成份股的比例买入股票基金的股票组合权重与指数权重完全相同,当指数调整为成份股时基金管理人不预先进行调整,而且完全被动操作。完全复制法适合于成份股数量较少,流动性较好的指数从而减少跟踪的误差,有利于套利活动,也符合

ETF 投资目标。但 ETF 管理人应有权弹性处理现金替代,包括决定在实物申购赎回中是否接受现金替代,现金替代的上限及替代股票的金额。

#### (3)基金规模的投入

金融产品总费用率越低,越能吸引投资人。总费用率的影响会反映在追踪误差中(总回报指数)或从基金分红中扣掉(价格指数)。总费用率越高,对投资人越不利,因总费用是在基金净值中每日扣除,而每日的费用是微小的,对短期的投资人(如套利者)或许影响不大,但对长期投资人则影响颇深。

ETF 总费用率主要取决于当地市场的成本结构、ETF 的资产规模及基金管理人 ETF 产品的设计理念。从全球资产规模最大的 50 只 ETF 资产规模与总费用率的关系分析中不难发现资产规模大于 50 亿的 ETF,其总费用率皆低于 0.3%,由此看出基金规模越大,越有助于取得经济效益,使总费用率下降。

#### (4)ETF 募集发行的方式

ETF最初募集发行程序可分为种子资金及初次公开发售两种方式。在种子基金方式下，ETF 的募集发行程序与上市后实物申购程序一样，只是因为产品发展初期，市场参与者多会持观望心态，加上实物申购的交易金额庞大，ETF 发行人为了确保 ETF 交易首日有 ETF 可供市场交易，就要与合适的机构投资人或参与券商接洽，由其库存股票部位或其自有资金买入一揽子股票来转换为 ETF 单位。初期由少数机构投资者提供资金或股票，使得 ETF 得以迅速在市场上交易并日益成长。初次公开发售方式是少数的特例，目前仅有香港地区的盈富基金采用这种形式。因 ETF 强调的是收费低廉，基金管理人无法补贴发行成本，因此初次公开发售方式不是一般 ETF 发行可考虑的募集方案。种子资金募集方式是世界各国在发展 ETF 中普遍采用的方式。

（5）造市者制度

造市者是维持 ETF 流动性的重要角色，其可分为正式造市者及非正式造市者。正式的造市者制度，如在美国，是正式指定某家证券商为造市者，其职责在于提供相当数量的买卖挂单。为鼓励造市者参与市场，必须提供相当诱因，例如德国以提供经手费收入的某一个百分比作为诱因，美国则是提供委托簿(order book)信息，香港地区对于参与“Pilot Program”的造市者提供可以“下跌点位”(downtick)放空及减让印花税。欧美地区市场创造者机制已行之有年，所以欧美地区交易的 ETF 大部分均有一至三名造市者。非正式造市者则是 ETF 发行人自行与证券公司协商，希望后者能提供 ETF 的流动性，这是建立在双方整体业务长远合作关系的基础上的，而非由明文条约或规例来约束权利义务。

从全球十大 ETF 运作来看，造市者是提供 ETF 流动性的关键角色之一，但正式造市者作用，并非绝对必要。如果 ETF 的发行者能自行争取证券公司承诺积极参与市场，同样能创造 ETF 的流动性，效果仍可与正式造市者媲美。

3. ETF 产品的申购及赎回机制

ETF 的申购赎回需要将一揽子证券的所有权由投资者转移给该 ETF，或由 ETF 转移给投资者。一揽子证券是指当基金管理人要求投资者以一定数量的证券组合来换取一定数量的基金份额，这个证券的组合称为一揽子证券。而 ETF 在一级市场的申购赎回，并非属于证交所的交易，因此必须解决非交易过户的法律及实务上的障碍。美国能建成最成功的 ETF 市场，其中一个原因就是能把这个问题简化，将 ETF 的申购赎回视作和证交所股票交易一样，无论是法律定位还是结算交割都一视同仁，由 DTC 保证交割成功。其他 ETF 市场都未能跟随美国的模式，所以在开发期间投入了更多的资源及时间，厘定 EIF 非交易过户的法律地位及设计另外一套运作程序，而参与证券公司在产品推出初期，要熟悉有别于一般股票交割的另一套作业守则，亦会感到诸多困扰。所以新市场若能参考美国的模式，将是对 ETF 成功发展的一大帮助。

此外，如要降低 ETF 的套利成本，申购赎回必须免除缴税，现在，世界各地区的 ETF 市场均豁免此交易税。

4. 配套的市场措施

为提高套利的有效性及 ETF 市场的健全性，应尽量导入以下市场配套机制：

(1)套利机制

要保证套利机制运行顺畅，必须将套利成本及风险控制在最小。要控制其套利风险，当日一揽子证券回转交易是必需的。比如当天申购的 ETF 单位可以在次级市场卖出，同样，当天赎回的一揽子证券也可实时卖出。

(2)Crossing 机制

Crossing（巨额对盘交易制度）是指买卖双方可自行协商及直接成交双方同意的股票、交易价格及股数，而不用经过交易所的撮合制度。很多市场是用电子挂单撮合(Electronic Order Matching)，即指所有买卖单子都是输入交易所的系统，用价格优先和时间优先的原则由计算机进行撮合，但是机构投资者的交易需求与个人投资者交易需求不同，特别是对大额交易的价格及时效性有高度要求，许多市场如亚太区的日本、中国香港、韩国和澳洲等都已引进 Crossing 机制。事实上，Crossing 制度是一个把机构投资者资金引进 ETF 的有效渠道，可提供诱因与开发新的 ETF 客户及 ETF 相关产品。

ETF 之相关产品极其多元化，包含以追踪指数的期货、选择权、指数连动债券及以 ETF 为标的之期货、选择权、认购(售)权证等。如果在 ETF 推出时有部分相关产品同时在市场上交易，提供投资人避险、套利的机会，除可互补性地带动期货、选择权市场的活跃，亦可增加市场价格效率。

（3）借券机制

无论市场有没有涨跌幅限制，借券制度都是十分重要的市场配套措施，因申购赎回清单中股票的流动性是无法预测的，需有活跃的借券市场来辅助齐备一揽子股票ETF单位。另外ETF本身亦可能在突发的特别情况下需要借入股票。

当然，各国第一只ETF都不是在最完善的市场架构下产生的，相反的是市场在ETF推出的同时，在ETF的要求下对市场配套措施不断改善，从而达到ETF产品的健全发展。

5. 法律主体机制

各国各地区的法规均有规范投资产品的限制，所以必须在法律范围内设计ETF的主体，使ETF的发行及交易等有法可依。由于各国各地区法规环境不尽相同，因此ETF法律主体的界定必须因地制宜，同时规范，ETF的法规必须界定清晰。

6. 运作机制

ETF上市后在二级市场的结算交割流程与股票相同，但一级市场的实物申购赎回结算流程因涉及大额股票与ETF单位的交割，且必须配合二级市场正常交割周期完成，以便套利交易能成功交割，所以ETF运作的流程设计极为重要。而这套流程是关联证券公司的后台、ETF的基金事务部、交易所的系统及结算交割机构的运作。各地证券结算机构及ETF发行者需用心设计一套有效的操作流程，期望达到标准化、简单化，同时可使操作风险极小化的目标。

申购赎回机制及市场配套措施的建立需各方面参与，包括机构投资者、参与证券商、信托机构、基金经理人、交易所、结算所、集中保管公司等。ETF的定价、交易单位的厘定、申购赎回程序的规划、申购赎回基数的制定、法律主体的认定、指数信息的提供、股利的配发、基金的会议与资产的托管等等，牵涉到各单位的职能分工。各单位须充分合作，才能建立畅顺、便捷且成本低廉的运作机制。

参与者众多，同时各人受制于不同的法规管辖，还有不同的内规及系统，极需要一个项目统筹人负责协调沟通。与有ETF开发经验的专家合作，借此可引入其他市场成功的因素，大大缩短开发ETF产品时间，有效协调开发ETF有关各方机构的资源，从而确保产品的最优化。

## 三、借鉴全球成功经验开发我国ETF产品

为了推进我国本土的ETF产品，上海证券交易所在2002年就推出了180指数，并把180指数作ETF产品的标的进行跟踪，同时上海证券交易所委托国泰君安证券公司在中国市场进行问卷式的调查，调查的目的是了解中国市场投资者对ETF的实际投资意愿与交易需求。调查的结果显示，个人投资者九成以上愿意进行ETF投资，长线和短线得利者各占一半。九成客户选择半仓资金以下介入ETF,而机构投资者是ETF产品的重要投资者。可见在目前的中国市场上ETF产品具有广泛的潜在市场。同时鉴于全球通用的种子基金的发行模式，具有私募性质，这与我国现有法律框架下基金公开募集相冲突。而香港盈富基金的IPO(初次公开发行)发行模式是建立在香港特定情况下形成的“官股”而采用的模式。我国国有股未来减持模式可从国外成功经验出发，设计本土的ETF产品及运作中的管理方案。

1. 交易所交易基金发行的三种模式

(1)现金认购模式

ETF的现金认购模式与我国开放式基金的发行方式相关，主要是在发行期内，通过券商、银行的代销网点接受投资者的认购申请；由中央登记结算公司予以资金确认；发行期结束，宣告基金成立；由基金管理公司确认投资者的投资权益；基金进入封闭建仓阶段，建仓结束，确认ETF总份额以及投资者所享受的权益份额；基金进入正常创设赎回和上市交易。

现金认购的优点是操作简单便利，我国现有的技术系统能够提供有效的支持，没有法律法规上的障碍；缺点是发行能否获得成功取决于投资者对ETF产品的认识程度，发行成功后，基金建仓周期可能较长、成本也较高。

(2)成份股加现金的混合模式

为了尽量扩大 ETF 产品的规模，提高广大投资者的参与度，上海证券交易所大胆提出了成份股加现金的混合认购模式，其中以成份股来认购基金份额部分的模式与现行股票增发的某些做法相似，现有技术系统完全能够提供支持。

发行的方法：ETF 产品发行期内，通过上海证券交易所的交易系统，面向广大社会公众和机构投资者公开募集，接受投资者以现金或一只(或多只)180 成份股方式进行认购。其中现金认购的整个过程与现金认购模式的方式相同，成份股股票或其任意组织作为有效资产认购 ETF 基金份额。成份股股票认购采取集中竞价进行。

成份股加现金的混合模式的优点：能最大限度地扩大发行规模，缩短建仓成本；改善投资者的证券投资结构，以较低的成本变一个或多个成份股股票为一揽子指数股票；有利于提高收益、降低风险。而它的缺点是：当现金认购比例较小，股票认购比例较大时，会增加成份股组合调整的难度，或导致发行的失败。

(3)类种子基金模式

多发起人的一揽子上证 180 股票组合认购模式，类似于国际上的种子基金模式，发行的方式避免了种子基金私募与我国现行法律要求的公开募集的冲突。这是其优势，可称作类种子基金模式。

发行的方式：一是由主发起人(基金管理公司)和交易所共同确定有资格参与 ETF 创设、赎回和套利运作的参与券商的名单。二是签署发起人协议：先定 2-10 家作为首期券商，承诺在 ETF 产品公开发行时，至少认购市值相当于 5000 万元人民币的发行额度。三是对 ETF 产品公开发行日上证 180 指数的权重和构成进行预估产生公开发行的一揽子股票组合标准。四是发布 ETF 产品公开发行公告，规定以一揽子 180 股票组合认购 ETF 发行期为一天。五是发行期结束，确认所有有效认购，完成股票资产的非交易过户，宣布基金成立。六是经过不超过七天的资产组合调整，结束封闭期，开始上市交易。

2. ETF 运作中的管理方案

鉴于全球 ETF 产品运作中的成功经验及对上证 180 指数的综合分析，为了实现我国本土 ETF 产品的成功运作就要使 ETF 产品投资组合与所追踪的指数同步、同速、真实反映指数的变动趋势。

(1)ETF 产品的日常管理流程

ETF 基金管理的主要负责人应该在每个工作日结束时对 ETF 基金投资组合的持有的股票和现金进行评估，将成份股的比重与跟踪的上证 180 指数对应的成份股比重作一比较，如果基金投资组合成份或比重与 180 指数出现差异并且这种差异会对跟踪误差产生较大影响，就应该在考虑交易成本和市场影响后在切实可行的情况下，迅速对投资组合作出合适的调整。

(2)分析影响跟踪误差的相关因素

在 ETF 产品日常运作中会有各种因素影响跟踪误差，比如现金预留比例、现金的分红、送股、配股、增发、新股市值配售、成份股调整、成份股停牌、管理费及其他各项费用，对它们发生情况进行及时分析从而采取相应的对策，是 ETF 产品跟踪误差控制的重要技术。

①现金分红。在采取全球 ETF 产品运作的成功经验下，在上证 180 指数的编制规则上对现金分红收益不计入指数。所以在现金分红情况下，考虑对成份股权重的调整，但要考虑分红所带来的现金收入。因为，这部分的现金收入将会引起跟踪误差的变化。在成份股的分红时，可将其视作现金储备，用于满足配股、增发的资金需求，也可用于弥补交易费用和其他费用。如果由现金分红带来现金增加并超过一定比例且为基金实现收益部分，将把这部分现金作为基金红利分配给投资者。

②现金预留。在 ETF 产品日常现金管理中，如果预留现金过少，则无法应对配股、增发等事件的现金需求。但现金如果预留过多，因为现金的收益仅来源于利息，会影响指数的变化不能保持一致。所以，要选择适当的现金预留比例，从而减少跟踪误差，提高跟踪效率。现金预留的策略是满足配股增发、新股配售的现金需求，在满足上述需求的前提下，预留现金比例控制在一定范围以内，通过短期选购方式提高现金资产的收益率。

③配股、增发、送股。发生成份股送股、配股、增发时，应根据预留现金，完成配股、增发，在随后三个工作日完成调整，送股时，将根据送股产生的成份股标准变化，在随后三个工作日完成调整。

④新股市值配售。在目前新股发行方式下，ETF 已

参与新股市值配售，主要利用一、二级市场之间的差价，获得相应的收益。

⑤成份股调整及停牌。ETF 产品指数公告成份股调整率之日起(一般在调整之日前两周)，ETF 产品对调入、调出成份股进行调整，调整时间为两周。在调整成分股时期内，不公布一揽子股票组合，不进行基金的创设和赎回，但二级市场的基金交易仍然进行。成份股停牌包括停牌 1 小时、1 天、1 天以上及突然停牌等各种情况。在这种情况下，成份股权重计算和交易价格以停盘前的最后一个交易日为准。在成份股全天停牌的情形下（这里不包括交易日场内临时停牌、停牌 1 小时等其他情形），对此有两种方案：第一种方案，在基金创设者没有或没有足够的该停牌股票，则不接受其创设申请。第二种方案，基金管理人根据指数成份股的停牌情况，公告当日停牌股票的现金替代比例。如果基金创设者没有或没有足够的该停牌成份股。可以根据公告的比例用现金替代该停牌成份股。

⑥管理费及其他因素。管理费是基金管理人运作 ETF、复制基准指数的成本，一般占基金净值的一定比例。例如，美国股票型 ETF 的年度管理费率占基金净值的 0.08%～0.99%。很明显，管理费越高，ETF 组合收益率就会越低，由于基准指数“不收任何管理费”，因此指标误差也将增大。从全球 ETF 产品运作经验表明，管理费是 ETF 组合不能很好复制基准指数的重要因素。ETF 产品复制基准指数等重要指数时，包括托管费、印花税、交易佣金、注册登记费、指数使用费等交易成本，这些费用也将造成跟踪误差的增加。还有，基金买卖报价价差、市场冲击成本等费用也会影响跟踪误差，这些都有待于基金管理人的跟踪技术的提高而加以降低。

(3)仿真。鉴于全球 ETF 产品运作管理流程及控制调整的要求，国泰基金管理公司专门开发“国泰 ETF 产品投资管理辅助支持系统”，用此系统来实现在真实环境下对 ETF 产品的运作管理进行跟踪控制。

仿真的相关参数

仿真区间：2003.1.2～2003.7.15

仿真金初始规模：50 亿；

初始 ETF 份额：196109193 份

最低交易单位：50000 份

初始报价：25.50 元

交易费率：印花税(0.002)、过户费(0.0005)、经手费(0.000105)、交易佣金(0.0008)、证管费(0.000045)

管理费率：0.005

托管费率：0.0025

偏离度：日偏离度(0.9%)，月偏离度(0.45%)

冲击成本系数：0

买卖比例上限：0.05

现金预留比例：0.5%

仿真的结果显示，在抽样复制的情况下，随着抽样的成份股数量的减少，跟踪误差明显加大，但期末资产的净值及投资率却明显提高。同时显示，采用完全复制要比抽样复制更能减少 ETF 产品的跟踪误差。

推出我国本土化的 ETF 产品，不仅需要我国政策上的支持，法规上的配合，更需要参与者的同心协力，开发者的合理设计，还需要借鉴全球各国成功运作 ETF 的经验。总之，一个成功 ETF 的推出，不单是一个新投资产品的诞生，更是代表了一种勇于创新的动力，以及改革开放、不断进取的勇气。

VOLUME 5

# 第五卷

## 证券市场的退市机制建设

- 健全我国证券市场退市机制的路径选择
- 证券市场退市机制与制度创新
- 我国证券公司退出机制的完善探讨
- 国内外证券市场退市机制比较与借鉴

## 第一章 健全我国证券市场退市机制的路径选择

一、退市机制的含义、方式及原则

二、完善退市机制的重要性及可行性

三、证券市场退市机制难以建立健全的原因

四、健全证券市场退市机制的着力点和侧重点

## 第二章 证券市场退市机制与制度创新

一、必须坚持退市标准与上市标准相一致

二、出口与入口要统一

三、退市程序与监管理念要协调有序

四、坚持市场化的制度改革取向

## 第三章 我国证券公司退出机制的完善探讨

一、建立证券公司退出机制的作用及意义

二、我国证券公司退出机制的障碍分析

三、境外证券公司退出机制的经验及借鉴

四、我国证券公司分类退出机制的制度设计

五、完善我国证券公司退出机制的政策建议

## 第四章 国内外证券市场退市机制比较与借鉴

一、国内外证券市场退市机制比较及借鉴

二、国外证券市场退市标准借鉴

三、国外证券市场退市规程借鉴

四、完善我国证券市场退市机制的政策建议

证券市场的退市机制使我国的证券公司及上市公司的退市得以法律化、制度化，从而促进我国证券业的稳定健康发展。但自2001年4月23日PT水仙正式启动我国的证券市场退市机制后，近四年时间，证券市场退市机制在我国“步履艰难”，远远落后于证券市场国际化的发展进程。要繁荣和稳定我国的证券业必须尽快健全和完善我国的证券市场退市机制，扫除影响证券市场退市机制发挥作用的不合理因素，从根本上促进证券市场的健康发展。

# 第一章 健全我国证券市场退市机制的路径选择

**建立真正的市场化退市机制，是我国证券市场向前发展的必然选择，也是符合市场各方利益的。这就需要我们进一步完善我国退市机制的各项规则及具体的实施步骤，加强公司治理结构的建设，从源头上防范证券市场风险。**

2001 年 2 月 22 日，中国证监会根据《公司法》发布了《亏损上市公司暂停上市和终止上市实施办法》，规定了退市工作的操作程序，为建立我国证券市场的退出机制提供了初步的制度保证。2001 年 4 月 23 日 PT 水仙正式退市，拉开了我国证券市场退市机制全面启动的帷幕。2001 年 12 月 4 日，中国证监会公布《亏损上市公司暂行上市和终止上市实施办法(修订)》，决定自 2002 年 1 月 1 日起取消 PT 制度，表明了我国证券市场退市机制在逐步完善。但在近两年的实践中，我国证券市场由于缺乏场外交易市场和部分亏损公司一旦戴上 “T” 族帽子就成为关联交易、资产重组、债务豁免、财政补贴、投资者炒作加剧的对象的事例广泛存在，表明我国证券市场退市机制因体制、社会、法律等方面的原因依旧存在问题，亟需完善。

## 一、退市机制的含义、方式及原则

### 1. 退市机制的含义与方式

所谓退市，实际上是指上市公司的股票在证券交易所摘牌。从世界各国股市发展的现实来看，退市又分为自愿退市和强制退市两种方式。自愿退市是指在几个证券交易所同时挂牌的上市公司根据业务发展的需要从一个或几个证券交易所中退出，或是上市公司发生了重大的购并行为而导致股权结构发生重大变化已不再具备继续挂牌的条件，或是上市公司不愿继续履行上市义务而自愿退出证券交易所的行为。与之相对应的是，强制退市则是指当上市公司严重违反法律法规或者经营状况不符合继续上市条件，由证券交易所根据相关的法律和法规对上市公司进行强制摘牌。

### 2. 确定上市公司退市基准的主要原则

确定上市公司退市必须遵循退市基准与上市基准相一致的原则。这包括在三个方面：(1)上市基准与退市基准的侧重点一致。如 NASDAQ 市场侧重于市场的交易，更关注上市公司股票的市场价格，这也突出地体现在上市、退市标准的制定上。(2)上市基准与退市基准的判别重点仅仅只是量上的差异。如 NASDAQ 市场，小市场体系的初次上市基准与退市基准的差异是：有形净资产在初次上市时必须在 400 万美元以下，低于 200 万美元则要退市。(3)上市基准与退市基准的各项要求一致。如纽约证券交易所的上市基准与退市基准中都已包含了对总资产、净资产、经营能力、股东数量、公众持股量、总市值、最小报价和市场流动性的要求。

## 二、完善退市机制的重要性及可行性

### 1. 我国建立上市公司退出机制的重要性

目前我国建立上市公司退出机制具有十分重要的现实意义。

第一，建立健全上市公司退出机制有助于优化上市公司的法人治理结构，建立科学合理的约束及制衡机制。在我国现阶段，由于银行尚无法持续直接地监控企业运作，因此仅仅通过内部途径来优化上市公司治理结构将达不到良好的效果。而通过完善上市公司外部治理环境，以此来推动内部治理结构的健全，不仅较为现实，而且更具有可操作性。因为内部治理是公司内部制度的建立，政府与管理层不宜直接介入，而外部治理更多地表现为监管制度的建设及引入规范的游戏规则。从广义的概念来说，破产、收购与退市都属于上市公司退出机制，不同的退出路径具有很大的差别。

第二，建立健全上市公司退出机制对于那些亏损的上市公司无疑形成了巨大的经营压力。在只有“生”没有“死”的市场环境下，虽然有的公司经营业绩欠佳，但仍有 ST 和 *ST 的道路可走，似乎与退出市场还十分遥远，由此给市场造成一种假象：期待它们有朝一日“乌鸦变凤凰”，反映在股市上也就成了问题股好于绩优股。如 2002 年上半年中国股市反弹行情中最强势的品种就是基本面有严重问题的银广厦及其他问题股。银广厦在短短的 15 个交易日内从 2.12 元反弹至 5.04 元，股价涨幅高达 137%。而大盘同期仅上涨 15%，银广厦的涨幅几乎为大盘涨幅的 10 倍。由于股市中存在的“重上市轻下市”的问题，公司上市成为一种实际上终身制，很少有公司退市，一些理应摘牌的上市公司充斥于市场，引发了证券市场“劣币驱逐良币”的效应。而一旦建立上市公司退市制度，公司若一亏再亏，只有被迫退出证券市场，这对于那些想保住上市资格的亏损公司来讲，压力与影响尤为明显。同时，建立退出机制对那些业绩尚可的上市公司来讲也是一种潜在的挑战。因为，它们必须要重视经营的稳定性与增长性以避免其经营业绩的大幅滑坡。因此，建立上市公司退市机制是促进企业可持续发展的有效途径。

第三，建立健全上市公司退出机制有利于实现上市公司优胜劣汰，提高上市公司总体质量，进而实现证券市场的资源优化配置。对于证券市场来说，进入壁垒和退出壁垒的高低对于该市场的平均利润水平和竞争程度有着显著影响。上市公司作为公众公司，应该有较高的盈利能力及投资价值。高的退出障碍造成经营不善的

绩差公司仍然留在证券市场中，劣质资产不能退出，而过多的绩差公司保留在证券市场，必然会阻碍优质公司进入的通道，提高入市的壁垒。如此只会降低上市公司群体的质量，从而造成资源的大量浪费，难以实现证券市场的资源配置功能，从而加大了上市公司的竞争成本。因此，有必要促使资源由低效率的劣势企业向高效率的优势企业集中，促进资源的合理有效配置，以提高资源的配置效率和运作效率，这是市场发展的必然趋势。

第四，建立健全上市公司的退出机制有利于投资者增强风险意识，逐步树立理性的投资观念，避免证券市场的过度投机。近年来，我国股市出现了一种反常现象，即一些公司因为经营状况不好，戴上 ST、*ST 帽子之后，反而会被市场热炒，股价不降反升。在这里有一种思维在作祟，即在我国证券市场尚没建立起退出机制或退出机制不完善之前，上市公司即使业绩再差，也不会有被摘牌的风险。为了保住这些“壳”资源，有关方面还会非常慷慨地给资源、给政策以使其能“咸鱼翻身”。因此导致市场预期它们永远不会“死”，期望通过资产重组，它们还可以“起死回生”，对 ST 股的炒作成了市场中的一道独特的“风景线”。以往岁末年初，ST 公司多通过关联交易出售非主营业务股权，动用所得税豁免等手段改良财务报表，以摆脱退市危机。但 2003 年年末，ST 公司“保牌”手段花样翻新，大量公司获得当地政府发给的财政补贴。例如，2004 年 1 月 2 日、3 日，ST 松辽和 ST 合成各自公告，分别获当地政府 1 亿元、1.2 亿元(分三年给予)财政补贴。因此，从长期而言，建立上市公司退出机制可以彻底击破上市公司不死的谎言，不断增强投资者的风险意识，切实维护广大中小投资者的合法权益，还可以逐步树立中长线的成熟投资理念，遏制投机行为，平抑股市的大幅波动，促进市场的平稳、健康运作。

因此，上市公司退出机制的建立是我国证券市场发展过程中一个非常重要的里程碑，它标志着我国证券市场在迈向“公开、公正、公平”目标的路途上又走出一大步。

### 2. 建立我国证券市场退出机制的可行性

如今，在我国证券市场建立健全上市公司退出机制的条件已经基本成熟。从主观条件看，经过长期不懈的风险教育和市场磨炼，投资者的投资理念已经开始走向成熟。2003 年，大盘蓝筹股一直是市场的热点就是较好的证明，绩差上市公司退市已经能够为投资者所认同和接受。

从客观条件看，一方面是部分上市公司亏损严重，负债累累，导致重组成本过高，使公司积重难返。如果只靠地方政府长期输血，也不是长久之计，投资者也开始远离这些公司，因而这些公司除了退出证券市场，已无路可走。另一方面是部分绩差公司给市场的想象空间大为缩小。随着股票发行制度的改革，取消通道制，实行保荐人制，企业上市难度不断降低，“壳”资源也不再那么稀缺，再加上 2003 年中爆发的奥园发展、新疆啤酒花等一系列上市公司担保事件，也使得欲借壳的公司心有余悸。因而通过对亏损公司进行重组实现借壳上市的吸引已经大不如从前。另外，二板市场呼之欲出，将使“壳”资源的魅力再度下降。在此条件下，只剩下一个烂壳的上市公司仅靠资产重组“起死回生”的可能性日趋减少，退出证券市场已是必然之路。

## 三、证券市场退市机制难以建立健全的原因

### 1.“壳”资源的稀缺性导致上市公司难以退出

在一级市场上，由于长期以来股票发行上市采取审批制，而不是注册制，使上市规模受到严格的限制，“壳”资源的稀缺性导致上市公司不愿退出。另一方面，我国发展股票市场的初衷考虑更多的是为国有企业融资，证券市场成了“圈钱”的场所，而忽视了发挥证券市场对企业实行外部监控的功能，客观上也造成企业上市后不注重自身发展。在这种指导思想下，致使退市机制无法得到贯彻实施。

### 2. 地方政府出于各种因素考虑，不愿本地上市公司退市

地方政府为了维护地方形象，是不希望本地上市公司退市的，这起码是地方经济环境不光彩的一页。更为重要的是，上市公司往往已经成为所在地政府扩大就业、增加税收的重要依靠，在当前上市公司非常稀缺的

虑的。由于当前中国证券市场的股价与真正价值相去甚远，一旦公司破产清盘，投资者的损失可想而知，而其中受损失最严重的无疑将是广大中小股民。广大中小股民与社会联系最为广泛，证券市场的动荡将可能引发社会问题，这是证券管理部门最不愿看到的。

### 5. 退市制度配套条件缺失

对退市过于笼统的法律规定和模糊的退市标准致使我国证券市场的“退市机制”缺乏可操作性。(1)《公司法》与《证券法》相互间的“越位”现象比较严重，法律调整范围的界定很不清楚。(2)现行法律对公司初次上市基准的设定过于笼统及简单。标准过低，而且对持续上市基准也无实质性规定，已有的退市条款大多是非数量基准，仅有的几条数量基准既不明确也不具体，操作的难度比较大。如2001年12月5日出台的退市办法就没有规定暂停上市宽限期期限为多长。(3)我国证券市场体系不健全，缺乏退市企业的出口——场外交易市

情况下，亏损企业成了很好的“壳”资源。在地方政府的授意安排下，进行资产重组是近几年企业扭亏的惯用模式，此举既可保住本地区企业的上市资源，客观上也对当地的经济发展有一定的促进作用。

### 3. 中小投资者反对退市

在退市问题上，从报刊、电视等媒体的倾向以及小部分投资者的呼声都能反映出部分崇尚理性投资、希望尽快完善市场运营机制的投资者是十分迫切地期盼能尽快推出退市机制，加快实现证券市场资源配置功能，从而促进证券市场本身的健康发展。但这些投资者一旦持有该类股票，尤其是重仓持有此类股票，他们只能重视个人利益，不愿意看到自己持有股票的公司退市。因为一个资不抵债的公司，破产之后的所剩无几的清偿资本与二级市场购入成本相比，是相差很大的。而一些以投机、炒作为目的的庄家更不愿上市公司退市。

### 4. 证券监管部门尽量回避退市问题

证券市场是一个充满机遇，但也藏着巨大风险的市场，鉴于中国的特殊国情，管理层一再强调稳定是重中之重。因此，管理层更希望看到一个稳定的市场，任何不利于社会稳定的政策与措施都须证券管理部门慎重考

场，导致退市企业无路可退。国外完善的退市机制是建立在多元化、多层次的证券市场的基础上的，既有主板市场，又有二板和三板市场，它们之间形成升级与降级的进退通道，使得退市公司有一个退出“出口”。而我国证券市场目前只有单一的主板市场，没有场外交易市场，退市缺少“出口”。

正是因为上述一系列因素，导致了我国证券市场退市机制迟迟难以实施，如今虽实施了退市机制，但也还不完善。退出机制不完善，这既不符合市场经济优胜劣汰的基本原则，也不利于投资者增强风险意识和树立理性的投资理念。对于那些连续几年亏损的上市公司也是一个纵容，既有损于政策的权威性和法律法规的严肃性，更无法对上市公司产生必要的经营压力，难以形成有效的约束和激励机制。因此，完善我国证券市场退市机制已是当务之急。

## 四、健全证券市场退市机制的着力点和侧重点

建立真正市场化的退市机制，是中国证券市场向前

发展的必然选择,也是符合市场各方真正利益的。这需要我们进一步完善退市机制的各项规则及具体的实施步骤,加强公司治理结构的建设,从源头上做好退市防范。

1. 现行退市标准和办法有待进一步深化及细化的必要

对于退市问题,我国的《公司法》早就做了相应的规定,但由于种种原因一直没有具体的实施细则,使退市问题基本处在一种有题无文的状态当中。1997 年和 1999 年监管部门出于对上市公司以警告、投资者以提醒风险的考虑先后出台了对亏损公司采取 "ST"(特别处理)和 "PT"(特别转让)两种措施。但经过几年的实践表明,这种制度并没有起到很好的预警作用,市场上 PT 和 ST 公司有增无减,一些亏损严重本应被摘牌的上市公司仍然以 "PT" "ST" 的形式继续存在于市场之中,退市机制始终未能真正建立起来。

直至 2001 年 2 月,中国证监会发布了《亏损上市公司暂停上市和终止上市实施办法》,对连续 3 年亏损的上市公司,就暂停上市、恢复上市和终止上市的条件、法律程序、信息披露、处理权限等做出了详细规定,才标志着我国证券市场退出机制的建立迈出了实质性一步。而同年 4 月 23 日 PT 水仙的退市,则宣告退市机制正式进入启动阶段。接着在 2001 年 12 月 5 日,中国证监会又公布了对上述实施办法的修订稿,取消了 "PT" 制度和宽限期的规定。但与国外成熟市场上的退市标准和具体规定相比,我国现行有关法律法规中对退市标准的界定和操作内容仍有进一步完善的必要。

第一,目前的退市标准中,以连续 3 年亏损作为退市的硬指标,如果不分情况区别对待,"一刀切",就不能切实反映上市公司的实际价值,因而以此为退市的底线有失公允。因为亏损程度不一样,企业的经营能力和继续生存的能力也不一样,把严重亏损和微亏的企业以同等待遇 "ST",显然有失公允。同时,不分亏损程度严重与否,也为企业在财务上随心所欲地追溯调整创造了条件,上市公司可将连续 3 年亏损的报表调整为两年大亏一年赢利。另外,连续亏损的公司也并不一定就会失去持续经营能力,只要还有持续经营的能力,公司就仍有其存在的价值。不同层次的交易市场,其退出标准对公司业绩的要求是不一致的,目前成熟的证券交易所都是以是否失去持续经营能力作为公司退市与否的标准,而失去持续经营能力实际上包含了连续严重亏损这一要件。因此,对上市公司实施退市处理,应针对不同情况进行具体分析和设计。如当上市公司连续两年亏损且亏损额占净资产额的多少比例时才对股票进行 ST 处理,第三年若能盈利则恢复正常交易,反之则退出到场外交易市场交易。

第二,退市的数量标准应成为决定退市门槛的主要因素。数量标准主要包括上市公司总资产、净资产、股票市值、营业收入等方面做出规定。通过对美国纳斯达克市场 1999 年及 2000 年 1–10 月退市状况研究可以看出,因违反持续上市数量标准退市的公司比例远高于因违反非数量标准退市的公司比例,而我国证券市场退市标准没有对上市公司持续经营能力、市场动态变化(持股市值标准、流动性、股票最小市价标准)等数量指标作出具体要求,这无疑降低了价格信号对拟退市公司市场信息的传递效率,延缓了对拟退市公司的提前警示。所以,我国证券市场也应在数量化方面发展我们的退市标准,具体地说:(1)明确公司资产、主营收入、持续经营能力标准;(2) 明确违反信息披露和严重违规行为的判定标准;(3)确定公众股东人数、持股数、持股市值标准;(4)确定公司股票最小市价标准。

第三,退市执法过程中对退市标准的掌握应该公正、公平。假如全面对照我国现行有关法律法规对退市标准的界定,2001 年 4 月退市的应远不止 PT 水仙一家,像郑百文、银广厦等已曝光的虚假上市和重大违法违规的上市公司,从某种程度上说其实比 PT 水仙更有退市的理由。现行退市执法对历史遗留问题采取了回避的态度,但这样投资者对市场的信心何在?证券市场的公开、公平、公正原则又怎样体现?所以退市标准和实施办法出台后,公平执法、严格执法就成为不可回避的问题。

2. 进一步完善现行有关上市公司退市标准的法律法规

当前,我国《公司法》第 157 条规定:上市公司有下列情形之一,由国务院证券管理部门决定暂停其股票上市。(1)公司股本总额、股权分布等发生变化不再具备上市条件。(2)公司不按规定公开其财务状况,或者对财务会计报告作虚假记载。(3)公司有重大违法行为。(4)公司最近3年连续亏损。《公司法》第158条规定:上市公司有上述第(2)项、第(3)项所列情形之一经查实后果严重的、或者有前条第(1)项、第(4)项所列情形之一,在限期内未能消除,不具备上市条件的,由国务院证券管理部门决定终止其股票上市。

但《公司法》的上述规定存在很多缺陷。(1)《公司法》有关终止公司上市的第一、四种情形中,对"在限期内未能消除"的"限期"究竟有多长没有一个明确的说法,在实际操作中难以把握。(2)《公司法》有关终止上市的二、三种情形中,对后果"严重"到什么程度,只是一种主观判断,随意性较大,难以保证判断结果的客观公正性和相对科学性,而且做出这一判断的主体是谁,也没有明确。(3)就现实来看,公司决议解散和被责令关闭的可能性不是很大,而破产退市则是近年来市场呼声最高的,一直被认为是终止股票上市的最直接办法,但由于政策层对上市公司破产这一问题还比较有误差,造成破产退市举步维艰。

针对上述存在的问题,可以在现行规定的退市标准上,增加4个具体的退市条件:第一,连续亏损3年出现资不抵债;第二,连续3年没有发放股息或红利;第三,公司违反上市协议,交易所认为应该终止上市的;第四,公司失去持续经营能力(全部或大部分业务已停止经营,大部分资产被查封、扣押、冻结、拍卖、变卖、租赁或遭到自然或人为因素破坏的)。只要达到上述条件中的任一个,上市公司就必须退市。

### 3. 退市机制应该逐步向市场机制接轨

美国纳斯达克市场规定,如果上市公司的股价连续30个交易日低于1美元,就要受到摘牌的警告,上市公司必须在90个交易日内使其股价回升到1美元,并一连保持10日,否则就要摘牌。这表明,投资者行为、股价涨跌等市场因素是决定上市公司退市的最直接和最重要的因素。因此退市既是一种常规性机制,更是一种市场化机制。但在我国特有的国情背景下,退市机制的实施仍然带有较强的行政色彩,即需要由中国证监会运用行政机制进行强制实施。这既加大了退市的交易成本及难度,也不利于我国证券市场逐步实现从以"上市公司为本"向以"投资者为本"的目标转变。

因此,建立真正市场化的退市机制,这不仅是我们今后所要努力的方向,也是市场各方所真正期待的目标。

### 4. 建立退市机制应侧重于强化和明确股票市场的监管和企业的经营理念

中国证券市场自1990年成立以来,已走过了13年的历程,在这13年中证券市场的监管理念一直比较模糊,监管取向也一直比较混乱,表现在退市上,先是长期无退市机制,而一旦实行退市,就采取了"斩立决"的方式。中国证监会发布的《亏损上市公司暂停上市和终止上市实施办法》自发布之日起就予以实施,而且在该办法实施后不到2个月就停止了PT水仙的上市资格,即使是给予了宽限期的PT公司,其宽限期最长的也只有6个月时间。在我国股票市场的各个层面都缺乏竞争机制造成上市公司的整体素质不高的情况下,这种"斩

立决”的方式能否有利于市场的健康运行和平稳发展以及是否有利于对投资者权益的保护，都还是一个有待确认的问题。

5. 建立退市机制不能就退市来论退市，而应着力于纠正上市公司的行为偏差，完善公司治理结构

2002 年 1 月 7 日，中国证监会以 2002 年“第一号文件”的形式与国家经贸委联合颁发了《上市公司治理准则》。4 月 26 日，两部委又联合发布了《关于开展上市公司建立现代企业制度检查的通知》，并于 7 月至 9 月对上市公司进行了重点检查。这表明，中国证监会已经把上市公司治理结构的改进作为加强监管的一件大事。有资料统计表明，我国上市公司治理结构中存在问题的比例高达 35.5%，因此，对公司治理结构问题要引起足够的重视。可以说，上市公司治理结构的不完善，是造成上市公司经营效果不佳或出现巨额亏损的根本原因。我国证券市场上屡屡发生的一些上市公司恶性案件和巨额亏空现象，如奥园发展和啤酒花事件，都充分说明了公司治理结构扭曲所带来的严重后果。因此，从退市的角度分析，公司治理结构扭曲是我国上市公司退出的“源头”。如果不尽快完善上市公司的治理结构，从源头上消除上市公司的质量隐患，那么到了积重难返的时候，退市这把利剑再锋利，也是独木难支。

因此，建立并健全我国证券市场退市机制是一项长期而艰巨的任务，决不是仅出台几个法律法规就能解决的问题，而是需要证券市场各参与方共同努力、循序渐进才能实现的。

# 第二条 证券市场退市机制与制度创新

建立有序及有效的证券市场退市机制是为了提高市场的资源整合能力和运行效率，要真正实现这样的目标，就必须遵循市场原则，按照市场原则来建立及完善我国证券市场的退出机制。

PT水仙等一系列上市公司的退市，表明我国证券市场已初步建立起了退市机制。但退市机制的建立不是市场的局部变革，而是市场素质的整体提高过程，从国外成熟证券市场建立股市退市机制的经验和教训来看，要真正建立有序和有效的股市退出机制，进而发挥退市机制优化资源配置的功能及作用，我们还有相当长的路要走，需要从宏观和微观上做出全方位的考虑，进行股市的制度创新。

## 一、必须坚持退市标准与上市标准相一致

证券交易所的上市标准可分为非数量标准和数量标准。非数量标准是有关监管机构及交易所对上市公司在公司治理、财务制度和信息披露等方面的定性要求；数量标准是对上市公司在资产、市值、持股人数和持股量、利润水平和分红水平等方面的定量要求。相应地，退市标准也分为数量标准和非数量标准，而且这些标准与上市标准呈现出较为明显的关联关系。

### 1. 退市基本标准应与上市基本标准内容相近，只能存在量的差异

日本东京证券交易所的上市基本标准除要求上市股数、股东人数、利润额和净资产外，还要求在上市前一年必须有股息分配，上市后每股股息必须在5日元以上，如果企业在上市后连续5年没有发放股息，那就不符合上市公司的持续上市基准，公司就必须退市。而纽约证券交易所的上市标准与退市标准中都包含了对总资产、净资产、经营能力、股东数量、公众持股量、总市值、最小报价和市场流动性的要求。由此可见，在国外成熟证券市场，上市基本标准和退市基本标准要求大体是一致的，区别只是量的差异。如纳斯达克市场体系的初次上市基准与退市基准的差异是：有

形资产在初次上市时必须在400万美元以上，低于200万美元则要退市；净收入必须在75万美元以上，低于50万美元则要退市；市价总值必须在5000万美元以上，低于3500万美元则要退市；公众持股数量要在100万股以上、市值要在500万美元以上，低于50万股、100万美元则要退市；持100股以上的股东必须在300个以上，低于300人则要退市；做市商必须在3个以上，低于2个则要退市；每股最小报价必须在4美元以上，低于1美元则要退市等。

根据东京证券交易所和纽约证券交易所等发达国家股票市场的经验，上市与退市基本标准越明确、越具体，执行起来就越简单、越有序。但在我国，无论是上市基本标准还是退市基本标准，都缺乏明确的规定。这样粗糙的上市基准和退市基准，就使得在现实中对上市公司的素质进行甄别时难以把握尺度，从而进一步加大了有序和有效地进行上市和退市的难度。因此完善我国证券市场的上市基本标准并在此基础上形成明确的退市标准，对建立有序和有效的股市退出机制来说就更加具有现实的必要性及紧迫性，应当引起市场各方的特别关注。

2. 上市基本标准与退市基本标准的侧重点应保持一致

美国纳斯达克市场的上市基准与退市基准虽然都包括资产、收入、公众持股量及市值、股东人数、做市商数量和每股最小报价众多方面，但从总体上来说，纳斯达克更侧重于市场的交易，更关注上市公司股票的市场价格。对于在纳斯达克市场上市的大多数企业来说，如果其股票价格连续30个交易日低于1美元，就会受到市场的警告，被警告的公司必须在警告发出后的90日内使其股票价格回到1美元，并且在这个价格连续保持10日以上，否则就将被市场摘牌。另外，纳斯达克市场的上市基本标准还规定，上市公司必须及时向公众披露任何有理由认为影响发行人证券价格或影响投资者决策的重要信息，必须及时向股东发放年报、中报和季报，一旦独立会计师对发行人的财务报告出示了保留意见，或没有及时公布影响价格变化的实质性信息，或者交易所认为有欺诈和操纵价格行为的，就会暂停或终止上市公司的股票交易。这表明，上市和退市基本标准中的非数量标准也是各重要股市所关注的重点。

## 二、出口与入口要统一

如果把上市比喻为证券市场入口的话，那么退市就是证券市场的出口。根据成熟股市的运行规则，要建立有序和有效的证券市场退出机制，出口与入口就必须一致。这种一致，具体表现在以下三个方面。

1. 由谁决定上市，也由谁决定退市

在证券市场退市机制方面，必须要涉及到立法层次和执法层次的协调问题。就立法层次来说，《证券法》主要是规定退市的一般标准、程序，而证券交易所的《上市规则》则要规定退市的具体标准的具体程序；就执法层次来说，除少数国家上市公司退市要报证券监管部门核准外，大多数国家的退市都由证券交易所决定。在这方面，我国的证券监管部门——中国证监会与沪深证券交易所之间就没有一个明确的分工。总体来说，公司的上市与退市应该是市场问题，而证监会作为一个政府部门应把工作重点放在如何监管与制定监管标准上，至于细则问题就要交给同为市场成员的证交所处理。

2. 上市公司从场外交易市场上市，退市后也应回到场外交易市场

上市公司退市并不等同于破产，因为有的上市公司退市是自愿的；另一方面，即使是被强制退市的公司，也有部分公司还可以继续经营，经营状况好转后，还有重新上市的机会。一般而言，上市公司上市前，都要先进入场外交易市场。通过场外交易市场上的融资和价格发现功能来加强自身的发展，达到上市标准就可以进行IPO。在公司退市后，也要继续回到场外交易市场并进行股票交易。不具备完善的场外交易市场既是我国股票市场的一个重大的结构缺陷，也是退市机制难以完善的重要原因。在我国上市公司退市后，虽可进入证券公司的代办系统进行股票转让，但这种安排是远远不能与现代化的场外交易市场相比。因为一方面证券公司的信息处理能力和传递效率存在局限性；另一方面是证券公司经营网点的分布与投资者地域的分布并不一定具有对应性。这造成退市公司的

股票进入证券公司的柜台交易很难符合市场的公平和公正标准，也很难实现市场的价格发现功能。

因此，我国证券市场有必要借股市退出机制的建立之机，利用倒通机制建立起全国统一的场外交易系统，不但退市公司可以进入场外交易市场，而且符合条件的股份有限公司的股票也可以进入场外交易市场进行交易，这一方面可以建立多层次的市场交易体系和社会评价体系，使场外交易市场成为培育股份公司进一步竞争上市的场所，从而全面地推进公司上市的市场化进程；另一方面也可以恢复股票的流动性本性，为风险投资者提供一个顺畅的投资退出渠道。

3. 怎样上市，也怎样退市

怎样上市与怎样退市，涉及到股市的退出机制问题，主要有以下三点：

(1)公开上市也公开退市。退市的规则、退市的方式和过程都必须高度透明，以充分体现股票市场对运行规则和信息披露的内在要求。

(2)公平上市也公平退市。无论是上市还是退市，证券交易所与上市公司都处于平等的法律地位，它们都既有平等的权利又有平等的义务，上市公司对退市决定不服的，可以要求举行听证会，甚至可以直接向法院进行诉讼。

(3)按市场方式上市也按市场方式退市。无论是上市还是退市都应是市场竞争而不是行政决定的结果。在退市基准的把握上只应着眼于过去和现在而不是关注未来。

## 三、退市程序与监管理念要协调有序

不同的退市程序所体现的是证券交易所不同的监管理念。纳斯达克市场奉行的是进取原则，体现在上市和退市上，就是宽进宽出的经营方针。在纳斯达克市场，如果交易所发现上市公司不符合持续上市基准，就要在 7 日内通知公司。上市公司在接到通知后，必须在 7 日内向交易所做出答复，并可要求予以临时豁免；交易所在收到公司的临时豁免申请后，将在 7 日内通知公司是否给予临时豁免。如果是因为股票价格连续 30 日低于 1 美元的持续上市基准，则最多可给予 90 日的临时豁免；如果属于其他情况，且交易所认为不符合临时豁免条件的，可以决定对其实行退市处理，并告之公司可以要求对此决定进行听证，否则在 7 日内摘牌；听证会将在交易所接到申请后的 45 日内进行，听证结果可以决定给予最多 90 日的临时豁免期，到期仍不符合持续上市条件的将做退市处理；如果听证会拒绝给予公司豁免，公司还可在 15 日内提出复议，否则就将在 5 日内做退市处理。一般而言，纳斯达克市场的退市时间为 30～45 日，最长的可达 7 个月时间。

与纳斯达克市场不同，纽约交易所奉行的是稳健原则，体现在上市和退市上，就是严进严出的经营方针。在纽约证券交易所，如果交易所发现上市公司低于持续上市标准，就要在 10 日内通知上市公司，上市公司在接到通知后，必须在 45 日内做出答复，提出在 18 个月内重新达到持续上市基准的整改计划；交易所在接到公司的整改计划后，要在 45 日内做出是否接受该计划的决定并将该决定通知上市公司；上市公司在接到交易所批准整改计划的 45 日内，应发布公司正低于持续上市基准的公告；在整改计划开始实施后，交易所每 3 个月要对公司的情况进行一次审核，如果发现公司不执

行整改计划或执行不力，交易所可根据情况的严重程度，决定是否终止其上市资格；在落实整改计划的18个月结束后，如公司仍不符合持续上市的基本标准，交易所将通知公司其股票将被终止上市，并给予公司申请听证的权力；如听证会维持交易所关于终止公司上市的决定，交易所将向美国证券委员会提出申请，在美国证券委员会批准后，公司股票才正式终止交易。因此，从交易所发现上市公司股票低于持续上市基准之日开始计算，上市公司大致有22个月左右的整治期，在这样一个比较宽裕的时期内，无论是上市公司还是投资者都会对自身的机会和风险有一个比较清醒的认识及把握，这无疑既有利于市场的平稳运行，又有利于对投资者利益的保护。

与成熟证券市场的明确的监管理念和经营方针相比，我国证券市场的监管理念及经营方针都显得比较模糊。表现在退市上，先是长期没有建立退市机制，而一旦正式实行退市机制，就采取了速战速决的方式，不给上市公司充足的豁免期。中国证监会发布的《亏损上市公司暂停上市和终止上市实施办法》自发布之日起就予以实施，而且在该办法实施了不到2个月就停止了PT水仙的上市资格，即使是几家给予了宽限期的PT公司，除郑百文外，其宽限期也大都只有6个月时间。在我国股票市场的各个方面和各个层面都缺乏竞争机制。在上市公司的整体素质不高的情况下，迫于各方压力而在较短的时间里推出的上市公司退市机制虽然可以起到对大量绩差公司的警示的作用并且也可以对其他上市公司起到鞭策作用。但从实践的情况来看，这种“速战速决”的方式并不有利于市场的健康运行和平稳发展，对投资者权益的保护。如由于信息不对称，投资者中的股票会被深度套牢，进而造成重大损失，再加上缺乏场外交易系统的配合，投资者手中的股票甚至变成废纸。如2003年银山化工在退市后的重组就严重侵害了流通股股东的利益，在社会上还引发了一场风波。正因为如此，2003年3月18日中国证监会发布了《关于执行〈亏损上市公司暂停上市和终止上市实施办法(修订)的补充规定》的通知，公告规定：因财务会计报告存在重大会计差错或虚假记载，公司主动改正或被责令改正，对以前年度财务会计报告进行追溯调整，导致最近两年连续亏损的，如公司追溯调整行为发生当年继续亏损，证券交易所应自公司发布该年度报告之日起10个工作日内，作出暂停其股票上市的决定。即使如此对投资者与经营者而言，也依旧缺乏足够的预警时间，特别是在当代中国各市场主体仍抱着“上市公司不死”的理念。因此，在完善我国证券市场退市机制上，监管部门切不可贪图一时之功而忽视了市场内在机制的建设及完善。

## 四、坚持市场化的制度改革取向

建立有序及有效的证券市场退市机制的目的是为了提高市场的资源整合能力和运行效率，要真正实现这样的目标，就必须遵循市场原则，按照市场原则来建立及完善我国证券市场的退出机制。这需要从三个方面做出努力。

### 1.必须着力于提高上市公司的内在质量

上市公司是证券市场的基石。上市公司进入市场、从事市场活动和退出市场是一个相互关联的有机过程。对于市场而言，退市是手段而不是目的，其主旨在于保证市场机制的完整性及有效性。对于上市公司而言，只要公司有足够的能力，退市的帽子就永远不会戴到自己的头上。因此，维持上市公司持续上市能力进而提高市场的可持续发展能力的关键就在于提高上市公司的内在素质。这样，必须进一步推进我国证券市场的制度创新过程，强化公司在上市、经营和退市过程中的竞争机制。一方面要改变现行的增量上市方式，实行上市公司股票和其他各类证券的整体上市，这不但可以通过资本结构的市场调整来改善公司的治理结构，进而通过公司治理结构的完善来建立起强有力的股权约束机制、组织制衡机制和利益激励机制。并最终有利于提高上市公司的市场运作能力和资源配置效率。另一方面，要对股票上市机制进行全面调整，在发挥场外交易市场的竞争机制和价格发现功能的基础上实行全面的竞争上市，使公司的上市过程成为接受市场洗礼和市场选择的过程，以通过竞争机制的挤压在源头上提高上市公司的内在质量。最后，要对上市公司的信息披露制度做出更具体、严格的规定，并且逐步实施信息披露违法、违规的单项市场否决制度。如果上市公司在上市申请中弄虚作假，或者向社会公众披露了虚假信息，那么一经发现，就应立即做退市处理。像郑百文、银广夏、纵横国际、大庆联谊等造假程度极其严重的，违反了《刑法》、《公司法》和《证券法》，必须追究有关当事人的刑事、行政、民事责任，而且仅以此为由，对这些公司实行退市处理。以此来遏制我国上市公司中较为突出的财务做假问题，提高上市公司的信用水平及市场的信誉度。

### 2. 必须建立相应的民事诉讼及赔偿制度

由于我国上市公司中特殊的股权结构，在大多数上市公司中都存在着“一股独大”问题。体现在公司的经营决策上，就是大股东或控股股东“一手遮天”。中小投资者在公司的经营和决策上基本处于无可奈何的境地。大股东的控股“抽血”行为和“转轨不转制”的运作方式往往是造成上市公司经营不善及投资失误的主因。再加上许多中介机构与上市公司串通一气，制造虚假的财务数据来欺骗投资者，使得投资者不但要承担市场的价格风险，而且还要承担企业的不当经营风险和财务不实风险，从而造成市场上风险与收益的严重不对称。在这种权利与义务不对称及信息不对称的体制背景下，上市公司退市处理的风险完全由投资者特别是二级市场上的中小投资者来承担，显然是不公平的。

为了切实保护中小投资者的合法权益，有必要加快建立我国证券市场的民事损害赔偿制度。如果是大股东的过错或大股东委派的经营管理人员的过错而导致公司退市并使投资者利益受损的，大股东就有义务向中小股东进行赔偿；如果是因董事会的决策失误而导致公司退市并使投资者遭受损失的，参加决议的董事会成员就有义务向中小股东进行赔偿；如果是因财务虚假而导致公司退市并使投资者遭受损失的，相关的中介机构及中介人员与公司的主要经营管理人员及相关财务人员就有义务向中小股东赔偿。为了强化对上市公司、中介机构和公司董事会及经营管理人员的法律约束，必须建立和完善民事赔偿机制。2002 年 1 月 15 日和 2003 年 1 月 9 日最高法院先后发布了有关民事赔偿的规定，初步建立起了证券市场的民事赔偿机制，但现行机制仍很不健全，从民事诉讼的前提条件、诉讼方式、举证责任等方面进一步完善，以能做到真正保护投资者的权益。这样才能通过严格而周密的法律制度促进市场逐步发展，才能成为符合市场化原则和国际惯例的高效率市场。

### 3. 完善相关法律法规制度，避免不规范退市

当前我国有关退市机制的法律法规仍很不完善。主要的问题有：(1) 中国证监会颁布的《亏损上市公司暂停上市和终止上市实施办法(修订)》与沪深证券

交易所《上市规则》的相关规定有矛盾。如《上市规则》中明确规定，公司因连续 3 年亏损被暂停上市的公司在暂停上市后的 3 年内的任何一年有盈余的，可向证券交易所提出恢复上市的申请，交易所在收到申请后的 3 个工作日内提出意见，报中国证监会批准后恢复该公司股票上市。但 2001 年 2 月及 2001 年 11 月证监会在公布并实施《亏损上市公司暂停上市和终止上市实施办法》及《亏损上市公司暂停上市和终止上市实施办法修订》时，并未对《上市规则》作出修改或终止实行《上市规则》中的相关条款。这样在两个规则都同时生效的前提下就按《实施办法》或《实施办法(修订)》对 PT 水仙、PT 粤金漫等实行了退市处理。结果引发了 PT 水仙股东对上海证券交易所及中国证监会的法律诉讼。而 2003 年 2 月中国证监会出台的《关于执行〈亏损上市公司暂停上市和终止上市实施办法(修订)〉的补充规定》，也没有对此做出相应规定。

为了避免立法出现类似的矛盾，也为了使我国股市的退出机制真正纳入法制化、规范化和市场化的运行轨道，减少退市过程中的人为因素和行政干扰，必须对相关法律法规的相互交叉和“越位”问题予以调整。在《证券法》中对公司的初次上市和持续上市做出原则规定。同时还要调整沪深证券交易所的《上市规则》，充实和完善公司的初次上市基准和持续上市基准。在对总资产、净资产、公众持股数量、持股人数、持股市值、盈利水平等数量标准进行明确规定的同时，还要对公司的治理结构、信息披露、财务制度等非数量标准做出明确规定。这就不但可以使公司在上市和退市时有一个明确的和统一的客观标准，避免人为因素的过多渗透和介入，而且还有助于提高市场规则的透明度和市场运行的公平度，减弱股票退市给市场带来的负面影响和冲击。

总之，我国证券市场的退市机制建设只有根据证券市场的发展不断完善，才能切实做到优化上市公司结构，发挥证券市场对资源配置的导向作用，才能迎来证券市场发展的美好明天。

# 第三章 我国证券公司退出机制的完善探讨

2003年4月，因违法违规行为严重、公司资不抵债，大连证券公司成为首家被中国证监会取消证券业务许可证并被责令关闭的证券经营机构。它的被责令关闭表明证券公司惟有守法经营、规范运作，才能立足证券市场；惟有精心经营、控制风险，才能持续发展；惟有不断开拓，求实创新，才能发展壮大。因此，大连证券的退出对我国证券市场的规范与发展无疑是具有重大而深远的意义。

## 一、建立证券公司退出机制的作用及意义

证券公司退出机制，是指让满足一定条件的证券公司通过一定渠道而退出的一整套立法、制度安排、程序以及与之相应的保护投资者利益、防范风险扩散的配套措施等。从证券公司退出方式来看，有主动与被动之分。主动退出也称自愿退出，它主要包括三种情况：其一，公司章程规定的营业期限届满或者公司章程规定的其他解散事由出现；其二，股东大会决议解散；其三，因公司合并或者分立需要解散的。被动式退出称强制性退出，它主要包含两种情形：其一，公司因不能清偿到期债务，被依法宣告破产；其二，公司违反法律、行政法规被依法责令关闭。建立健全起科学合理的退出机制，尤其是强制性退出机制，对我国证券市场的发展无疑是具有重要作用。

### 1. 从外部机制上激励证券公司加强公司治理，完善公司治理结构

大连证券之所以被关闭，就在于其法人治理结构不健全，内控制度不完善，公司被内部人控制，少数高管人员缺乏法律意识，挪用客户保证金、为客户融资买入证券等违法违规行为严重，致使公司资不抵债，经营风险巨增。而在我国130多家证券公司中，像大连证券、浙江证券等一些违法违规经营的公司决不在少数。退出机制的压力无疑将有利于促进公司不断改善内部治理，强化风险控制，激励公司管理人员开拓业务、加强管理，提高经营效率，使公司进入高效稳健的发展轨道。

### 2. 有助于证券业优化资源配置

对于我国证券业来说，实施证券公司退出机制，可将部分实力弱小的公司占有的市场资源并入大公司中，肃清证券业市场秩序，推动证券公司并购重组，丰富证券公司成长模式，改善证券业市场结构，优化资源配置，降低证券金融业系统性风险，提升整个证券业的竞争实力。可以说，实施证券公司退出机制，是证券业规范发展的必要措施，是证券业优化资源配置的有效手段。

### 3. 有利于最大限度地保护证券公司债权人的权益

对券商的债权人来说，退出机制本身便包含了使债权人公平受偿的制度及程序，而且对发生巨大亏损、资不抵债的证券公司及时宣告破产退出，可防止债权人权益损失的扩大化，最大限度地保障债权人的权益。例如，大连证券被停业整顿后，在债务方面，大连证券的个人柜台债权人登记确认就已基本结束，被关闭后债权人权益就可得到兑付和偿还。

### 4. 有利于保护投资者合法权益，同时促使其树立风险意识

我国证券市场在《客户交易结算资金管理办法》出台之前，缺乏进一步的实施细则，也没有对历史形成的客户交易结算资金存管体制进行调整，这为券商挪用客户交易结算资金提供了可能，在实际运作中也形成了较

大的缺口。退出机制的建立及完善无疑将有助于保护投资者尤其是增量投资者利益，同时也警醒投资者，强化风险教育。

## 二、我国证券公司退出机制的障碍分析

虽然，我国已有万国、锦州、鞍山、大连等证券公司被合并、撤销、关闭的先例，以及南方证券被行政接管的事件，但这并不意味着我国已建立起了比较顺畅的证券公司退出机制。事实上，我国证券公司退出机制依旧存在许多问题。

### 1. 法律法规不完善，缺乏系统的操作程序

证券公司作为一类特殊的公司，具有与一般公司不同的特性，但我国并没有针对这些特性对其破产、解散、关闭等退出程序作出具体规定。《公司法》第 8 章规范了公司的破产、解散、行政关闭等退出方式，但并未就公司退出程序作出具体阐述。《证券法》 中 193 条、198 条、199 条、200 条、201 条是对证券公司的退出情形作了规定，但这些规定都含糊不清，缺乏可操作性。如 201 条规定，证券公司在证券交易中，如有严重违法行为，不再具备经营资格的，由证券监管机构取消其证券业务许可，并责令关闭。2002 年浙江证券因违规经营而被证监会批评，它与大连证券的关闭，两者间违规程度有什么区别?而对破产还债等程序作出具体规定的法律法规有《中华人民共和国企业破产法(试行)》、《中华人民共和国民事诉讼法》，前者适用于全民所有制企业，后者适用于一般企业法人，而且这些法律本身存在较大漏洞和空白，缺乏操作性。因此，在实务中，企业退出往往是根据债务人的所有制性质选择相应法律中的程序，这与我国证券市场的市场化、国际化趋势不相符合。

### 2. 管理部门对证券公司的退出以行政命令干预为主，不符合市场化的趋势

在证券公司退出前期，监管部门以法律和市场形势为依据进行适当干预有其积极作用的一面。但从我国的现状来看，证券公司的退出基本以行政干预为主。证券公司是否退出、如何退出、证券兼营机构的整顿、合并重组等均由政府监管部门决定。这与证券市场的市场化趋势及特点显然不合。例如大连证券关闭，而浙江证券没有关闭，就取决于监管层的主观判断。这种行政主导的退出往往会造成交易成本的提高和效率的损失，同时也加剧了系统风险，为腐败或寻租提供了机会。

### 3. 缺乏与证券公司退出机制相配套的市场风险管理制度

证券公司由于其规模小，再加上其风险的扩散性、放大性，一旦退出，若处理不好，会对证券业产生不良的影响，甚至会发生社会的金融系统风险，危及国民经济的健康发展。特别是证券公司被责令关闭和破产的冲击无疑是最大。因此十分有必要建立起对证券公司营运的监控及预警，而在我国目前缺乏这一点。

### 4. 我国证券公司退出方式比较单一，大都以被动式退出为主

成熟市场中的证券公司退出大多表现为市场化并购方式的主动性退出，这种并购式退出有利于证券公司的规模扩张与业务整合，有利于增强证券公司的竞争力。而在我国，无论是鞍山证券、大连证券等专营证券机构的退出，还是广国投、中经开等兼营证券机构的退出，只有锦州证券是主动性并购退出，几乎都是资不抵债后被动退出，这说明我国证券公司的退出还停留在较低层次，退出方式比较单一，有待采取措施，激励证券上市公司采取主动退出方式（如表 5–1）。

**表 5-1　　我国证券公司退出原因及方式比较表**

| 券商 | 导致危机原因 | 退出方式 |
|---|---|---|
| 万国证券 | “3.27”国债期货投机惨败，亏损达 20 亿元，被有关部门责令退出 | 1996年 7 月，万国证券与申银证券合并重组成申银万国证券股份有限公司 |
| 鞍山证券 | 挪用保证金 10.18 亿元；截止 2002 年 5 月底，所有者权益为–1.7 亿元，大量居民高息债券未兑付，出现支付危机 | 于 2002 年 8 月 9 日撤消，证监会委托人行组织成立清算组进行清算。下属营业部由民族证券实施托管，并继续经营。自然人债务的合法本息依法予以偿付 |
| 锦州证券 | —— | 2002年 7 月通过增资扩股，成为广发证券控股子公司，并更名为广发北方证券经纪有限责任公司 |
| 大连证券 | 违规违法经营；挪用客户保证金；管理不善；借用国债名义高息集资 7~8 亿元，已无法清偿到期债务，濒临破产 | 2002年 9 月 7 日起停业整顿，下属营业部由大通证券托管，继续经营。2003 年 4 月被责令关闭。自然人债务登记确认后的合法本息依法偿付 |

## 三、境外证券公司退出机制的经验及借鉴

在境外成熟证券市场上，证券公司通过破产、并购等方式退出市场的现象已十分普遍，成熟证券市场对防范证券公司退出风险都非常重视，普遍建立了较为完备的证券公司退出机制。

### 1. 成熟的证券市场上一般具有完善的券商退出法律制度

国际成熟市场在证券公司退出的各个环节都有完整的立法。针对证券公司的经营和财务状况制定一系列法规，一旦证券公司达不到相应数量标准就得退出。一些国家对证券公司的破产专门立法，推进危机券商的自愿重组，保护与快速重组那些具有生存能力的企业，使之成为持续经营的实体，迅速完成对不具有生存能力企业的清盘。

### 2. 确立了以监控流动性风险为核心的风险预警指标体系，同时在证券公司的退出程序上加强了市场化处理力度

为全面反映证券公司资产流动性和整体业务的经营风险，国际成熟证券市场基本形成了以防范流动性风险为核心的整体风险防范和预警体系，实现了风险管理内容指标化、风险管理技术数量化。在该体系中，首先，要求证券公司有充足的资本和净资本，以保护客户的利益，避免对市场产生过大的冲击。其次，可提前向市场发出预警信号，促使有关部门早日采取措施，防范风险。同时，投资者也有机会采取措施规避风险。最后，政府有关部门在证券公司退出程序中也加强了市场化处理力度，有一些亚洲国家，政府强化不良债权处理的方式有：将债权出售给第三者、移交给资产管理公司、执行企业债务重组计划或冲销等。

### 3. 证券公司退出方式灵活多样

在成熟证券市场上，证券公司退出方式有合并、出售、关闭、重组、股权置入等方式。在一些亚洲新兴证券市场上，证券公司退出方式也有很多种。如泰国关闭了全部金融公司；印尼关闭了几家劣质银行；韩国关闭了一些小银行；马来西亚则是对金融机构进行大规模的合并。另外，这些国家还通过国有化、出售给外资、或通过控股制度实现集中等方式重组金融机构。实践证明，这些措施的实施及时控制了系统风险的爆发。

### 4. 建立了较为完备的中小投资者权益保护机制

从国外证券市场运作经验看，证券投资者保护制度不仅为合理解决证券公司的退出问题消除了障碍，在确保投资者正当权益、防止金融风险传播和扩散等方面发挥着与存款保险机制相同的作用。总体来说，投资者保护制度的特点主要有：大多数国家的投资者保护机制都建立在明确立法基础之上，着重保护中小投资者的权益、设有投资者保护机构和建立起一套较为完整的民事诉讼机制，投资者可通过民事诉讼的方式来索赔；建立起了投资者保护基金，投资者保护基金的资金来源于会员缴纳的会费及投资收益。

借鉴上述国外成熟证券市场的建设经验，建立具有我国特色的证券公司退市机制已迫在眉睫，在制定有关制度时应着重考虑如下几点：其一，制定鉴于审慎性和市场化原则的退出程序，全程化监控和防范金融风险，同时提出与退出程序相配套的法律法规修改建议。其二，制定科学而且富有操作性的风险预警体系，以监控流动性风险为核心，兼顾法律、信用、操作和市场风险等，能及早并客观地提示券商潜在危机，同时为选择券商退出途径奠定基础。其三，建立投资者保护基金，一方面当证券公司出现破产危机时，能及时保护中小投资者权益；另一方面，可为投资者提供一个监督证券公司的利益代言人，平常能够实施监督证券公司行为（如表5-2）。

加

表 5-2 成熟证券市场国家或地区投资者保护基金的主要模式

| 国家或地区 | 香港 | 加拿大 | 美国 |
|---|---|---|---|
| 组织模式 | 附属于香港联交所，联交所专设“赔偿基金储备账户”处理基金收支款项。并成立赔偿基金委员会，行使赔偿基金职权 | 独立模式，由加拿大投资交易商协会、多伦多股票交易所等5家自律机构发起设立投资者保护基金 | 独立模式，1970年成立证券投资者保护公司(SIPC) |
| 会员组成 | 联交所所有会员 | 自愿加入 | 所有在证券交易所注册的投资银行 |
| 会员会费的确定方式 | 会员必须就其拥有的每单位交易权在联交所存放5万港元现金 | 按收入一定比例缴纳会费，一般不超过会员总收入的1%；会员资料不足需缴纳风险保险费 | 以经营毛利的5‰缴纳会费 |
| 赔偿限额 | 会员：800万港元<br>投资者：15万港元 | 100万加元 | 50万美元，其中现金最高赔偿10万美元 |

## 四、我国证券公司分类退出机制的制度设计

根据我国证券市场证券公司退出所面临的障碍及国外证券公司退出的经验对我们的启示，我国证券公司的退出应遵循审慎性、市场化和保护投资者利益的原则。审慎性原则要求监管机构应给予危机证券公司一定宽限期、鼓励其寻求并购或整改，而破产程序中也应给予证券公司重整机会，能做到不破产的坚决不破产；市场化原则要求证券公司退出要按市场规律办事，该让市场处理的由市场去处理，避免行政干预；保护投资者利益原则要求证券公司退出时应通过制度安排（如建立风险预警机制和投资者保护机制），优先保障投资者利益。

根据上述原则，在预警机制监督并发现证券公司问题的基础上，退出机制的规则和步骤设计应根据证券公司危机程度的不同而采取不同的处理措施（如图 5-1）。

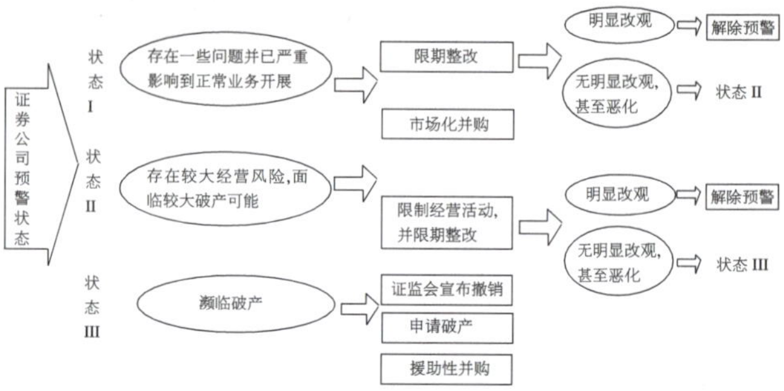


图 5-1 危机证券公司被动式退出路径选择

### 1. 存在一些问题并已严重影响到正常业务开展的证券公司

对于这类证券公司，监管部门可鼓励其市场化并购，同时采取非正式的监管行为。如以信函、通知等形式对经营业务限期整改。整改的内容可包括：其一，必须维持规定的资本充足率水平，如果资本充足率水平低于预警标准，必须限期补充资本金。其二，实施任何可能影响资本充足率的并购等行为时，必须经监管机构同意。其三，在经营状况改善之前，停止向高管人员支付任何形式的补贴或奖金。其四，在限制期内，券商向监管层报送经营计划并分析实施计划对公司收益、资产质量及资本充足性的影响。

若限期整改未达到预期目的，监管部门应将证券公司定性为“存在较大经营风险、面临较大破产可能”的证券公司。

### 2. 存在较大经营风险、面临较大破产可能的证券公司

监管部门应采取措施促使证券公司寻求市场并购，同时采取正式监管行动。如对证券营业许可证加强有效

期限或添加其他特定条件，限制证券公司的业务范围；限期补充净资本金；要求证券公司更换高管人员；以书面形式向监管层递交经营计划，对资产的增长和结构、收益数量和质量、流动性及筹资能力、预期的股息分配水平等进行分析。

3. “濒临破产”的证券公司

这类证券公司面临生存危机，很可能已经资不抵债，可根据进一步调查结果决定是否通过解散、撤销、破产等途径退出。

证监会撤销。当证券公司出现严重违反法律法规的情况时，证监会可依法关闭该证券公司；并由证监会组织相关人员对证券公司进行清算。在清算期间，若发现证券公司已经资不抵债，证监会可终止清算程序，向法院申请该证券公司破产。清算结束后，由工商部门注销登记、监管部门收缴许可证。

当证券公司不能够偿还到期债务，债权人或债务人可直接向法院申请该证券公司破产（如图 5-2）。

第一，法院在受理申请后，指定临时财产管理人，代表债权人和股东利益，与危机证券公司制定重组方案。方案通过后，临时财产管理人需向证监会提交一份详尽的报告。证监会负责审核并确信公司将所有重要信息告知相关利益者。

第二，任何临时管理人接管证券公司，若经过协商不能达成一致意见，相关利益者可向法院申请该证券公司破产。法院受理后，任命临时管理人接管危机证券公司的债权债务和经营活动，以防止其资产质量及经营情况进一步恶化。

第三，决定破产前，法院应将有关事宜通知证监会，并征得证监会的同意。

第四，在征得证监会同意后，法院宣布该证券公司破产，并立即组织人员组成清算组，进行清算。根据破产公司客户资产的规模，选择若干事前提出申请，经营稳健的证券公司，以将该公司客户资产分批转移出去，若出现差额，则由投资者保护基金赔偿。对于证券公司资产，在全面清算的基础上，聘请权威资产评估机构进行评 估后进行拍卖，收回资金首先用于补偿拖欠职工工资及欠缴养老保险金，然后按照规定顺序进行债务清偿。

第五，清算结束后，由法院和监管当局予以确认，并由工商部门注销登记，监管部门收缴许可证。另外，若证券公司已陷入危机中，但债务人、债权人均未申请破产，相关利益者或证监会可通过适当的方式引导证券公司进行并购。其程序是：其一，推动证券公司进行市场化并购，若无并购方，则尝试引导证券公司进行援助性并购；其二，向法院申请破产：股东通过市场寻求并购、援助性并购(援助措施包括允许并购方进入新的业务领域、开辟新的市场、扩大分支机构网络、实施减免税政策及获得其他政策优惠等)。

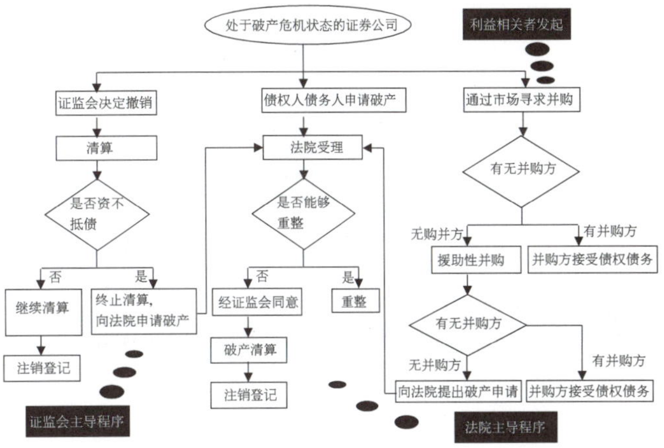


图 5-2 濒临破产的证券公司处理程序

## 五、完善我国证券公司退出机制的政策建议

为完善我国证券市场证券公司退出机制，还必须要做好相关制度的完善及安排：完善相关法律法规制度、完善投资者保护机制、完善公司治理及监督机制。

1. 完善相关法律法规制度

进一步完善证券公司退出的有关法律法规是建立健全证券公司退出机制的重要环节。通过对我国有关法律法规的考察，为完善我国证券公司退出机制，需着重从以下几个方面着手：

一是设立监督人制度。监督人作为债权人会议的常设代表机关，负责召集债权人会议，代表债权人的共同利益监督破产程序的实施，维护债权人的利益。具体由债权人会议根据实际情况决定是否设立监督人，确定相应的监督人人选。

二是建立临时财产管理人制度。为了确保债权人受偿权益，建议建立临时财产管理人制度，在债权人有充分理由说明财产存在损失可能的情况下，由法院出面会同管理层指定有资格的机构担当临时财产管理人。临时财产管理人的主要职能是接管危机证券公司的所有财产；接管或监控其经营活动。等待清算组成立进驻后，临时财产管理人将所接管的财产移交破产管理人或清算管理人。

三是依职权宣告破产。有必要对证券公司破产退出引入依职权宣告破产的法律规范。即法院在没有得到债权人或债务人申请破产的情况下，经查实券商(债务人)有不能清偿债务的事实时，在征得证监会的同意下，宣告证券公司破产退出。

2. 完善投资者保护机制

在我国为完善投资者保护机制，要着重做好以下两点：其一是设立投资者保护基金；其二是完善民事诉讼机制。

设立投资者保护基金。投资者保护基金，既可作为保护投资者权益的补救措施，又可对会员公司运营状况进行持续监督，并在较大程度上化解单个证券公司破产风险。其实质是运用市场手段对投资者进行赔偿。但在建立时要着重注意以下几点：(1)投资者保护机构的组织模式。考虑到我国的实际情况，我国将投资者保护基金可设为自律性组织，采取独立模式，由中国证券业协会、深圳证券交易所、上海证券交易所等发起成立。同时，在投资者保护基金内部设立管理委员会负责基金运营，委员会成员中来自社会公众的比例要高于1/3。委员会定期召开会议，研究基金运作管理问题、制订基金投资政策。考虑到我国证券市场尚不规范、证券公司风险防范能力差的现实，建议监管机构应强制所有证券交易商都必须接受投资者保护计划。(2)投资者保护基金的资金来源主要包括会员会费及其投资收益。一方面是会员缴费，从证券市场发达国家惯例来看，会费的形式包括一次性会费、年度会费及临时性会费，会费金额可根据会员营业规模、业务类别、经营管理水平或风险水平等因素确定。另一方面是投资收益。我国的投资者保护基金也应对基金资产积极运用，但要坚持在确

保资产安全性、流动性的前提下追求一定的投资收益原则。(3)要建立投资者保护基金的赔付机制。投资者保护基金应制定严格的赔付条件及赔偿程序并限制最高赔付数额，为此一方面要确定赔偿条件：赔偿对象是会员机构的中小投资者；赔偿时机是在监管层确认会员公司确因经营失败而濒临破产、无法履行对利益相关者的偿债义务之后；实行限额赔偿原则，根据证券市场发展水平、投资者平均投资额等确定最高赔偿限额。另一方面要确定好赔偿程序。赔偿程序始于对会员机构赔偿条件的确定，并包括清算、理赔及投资者上诉几个阶段(如图5-3)。

| 审查 | 确定会员是否符合赔偿条件 | ⇨ | 清算 | 清算退出会员的资产负债 | ⇨ | 理赔 | 确定投资者资格及赔偿金额 | ⇨ | 上诉 | 申请重新裁定或上诉至主管部门 |
|---|---|---|---|---|---|---|---|---|---|---|

**图 5-3 投资者保护基金赔付程序示意图**

完善民事诉讼制度。为此一方面要完善《证券法》中民事损害赔偿制度。使民事损害赔偿制度能有效地剥夺违法违规行为所获得的非法利益，而且可强行给违规者加上一种经济上负担。当前健全民事诉讼制度最为重要的是建立具有可操作性的股东集团诉讼制度和股东代表诉讼制度，明确不同违规行为所适用的司法程序。另一方面，在对证券公司进行责任界定时，应将连带责任与补充连带责任区别开来。

### 3. 完善公司治理及监督机制

为完善公司治理机制，首先要完善证券公司内控机制。要求证券公司内部建立专门的风险管理委员会，制定风险控制政策及实施办法、检查公司经营状况；同时，将风险管理的职能及指标细化，形成完善的风险控制系统。另外，推动金融控股公司的形成，实现资产规模化、经营多元化，并有效分散的隔离各种业务所带来的风险，从而大大增强公司竞争实力和抗风险能力。

完善证券公司监管机制，其一是要实施风险目标管理。通过风险预警系统，对券商风险状态作出判断，对出现异常的证券公司实施现场检查和非现场监测，及时了解情况并实施相应的监管措施，将事后型监管变为预防型监管。其二是借助证券市场对证券公司实施外部监督。一方面是通过上市等方式扩大证券公司股本规模、改善股权结构，提高股权多元化程度和股权流动性，使股票市场的代理权竞争、股票期权等机制发挥效用；另一方面是开放证券公司长期债权融资条件、发挥债权人对证券公司的监督作用。其三是强化并规范证券公司的信息披露。要求非上市证券公司以指定的方式向监管机构及相关利益者进行充分的信息披露；公开对证券公司的检查结果及证券公司违法违规事实真相，对于制造虚假信息危害投资者利益的，追究其高管人员的法律责任。

# 第四章 国内外证券市场退市机制比较与借鉴

在境外成熟的证券市场中，退市机制是实现上市公司优胜劣汰，保证市场整体质量和持续发展的重要制度。但是，成熟证券市场退市机制的具体政策也不尽相同，美国和日本的主要证券交易所都有对上市公司退市制定详尽的数量标准和严格的非数量标准，其退市程序也具有较强的可操作性，充分体现了证券市场追求稳健和活跃性的宗旨。相对而言，香港联交所对退市的规定则显得过于笼统和模糊。因此，有必要对发达国家和地区证券市场的退出机制进行全面、系统地分析，有助于发现目前我国上市公司退市机制中存在的不足及缺陷，从而加以改进和完善。

## 一、国内外证券市场退市机制比较及借鉴

境外成熟证券市场将上市公司退市分为三种情况：其一是原来在多个市场上挂牌交易的公司，经证券交易所批准，上市公司主动提出撤回上市或终止上市。其二是上市公司因不符合持续上市标准被交易所宣布强制退市(即摘牌)。其三是上市公司转为非上市公司(又称为下市)，指的是上市公司的股票或资产被非上市公司或其他投资者收购，从而终止上市这样一种混业重组交易形式。

在境外成熟证券市场里，证券交易所对上市公司退市一般具有较大的自主权。如纳斯达克市场在决定上市公司摘牌时拥有独立的处理权限，其他监管机构不得干预。纽约证交所上市 802.01 规则规定了上市公司退市的具体标准，同时指出在某些情况下纽交所仍有权对它认为不适合继续交易的公司做出终止上市的决定。香港联交所上市 6.04 规则规定，联交所对它认为不符合上市标准的上市公司，有权决定其终止上市，联交所做出终止上市的决定，无须经过证券及期货事务监察委员会的批准。

与境外上述证交所拥有较为自主的决定权限相比，我国对上市公司退市的处理权限以前主要集中于证券监管部门，证交所拥有的自主权较少。但这种情况近年也有了较大的改变。2001 年 12 月 5 日中国证监会在总结上市公司退市实践的基础上，根据实施过程中出现的有关情况和市场各方面的反映，出台了《亏损上市公司暂停上市和终止上市的实施办法(修订)》，并于 2002 年 1 月 1 日起正式实施。新的退市办法与原有的退市办法相比，不仅提高了上市公司退市制度的可操作性，也增强了操作过程中的透明度。新的退市办法根据《证券法》与《公司法》的有关规定，中国证监会授权证券交易所依法做出暂停上市、恢复上市和终止上市的决定。而 2003 年 3 月 26 日中国证监会发布的《关于执行〈亏损上市公司暂停上市和终止上市实施办法（修订）〉的通知》则赋予了证券交易所更大的权力。这种监管层适当下放权力是向国际惯例靠拢的积极行动，有利于真正实现退市办法的市场化运作。因为上市公司和证交所之间是一种市场性的协议或契约关系，如果上市公司违反了上市协议的条款规定，那么对其摘牌也是按协

议行事,是一种市场化行为。证交所理应是有较大的自主权。自 2001 年第一家上市公司 PT 水仙退市至 2003 年 3 月,我国已有 10 家公司退市,市场对此总体上反映比较平稳,这表明我国证券市场建立上市公司退市机制已得到了市场一定的认同。

## 二、国外证券市场退市标准借鉴

上市公司被证券交易所终止上市的标准大体上有二种情形:其一是上市公司的资本规模式股权结构发生大幅度变化,造成达不到上市要求的。其二是上市公司因涉及资产处置、冻结、财务状况欠佳等情形,造成公司失去持续经营能力或经营业绩达不到上市要求的。其三是公司违反有关法律法规而造成恶劣影响的。下面就纽约证券交易所、纳斯达克市场、日本东京证券交易所的退市标准做比较分析,以期从中有所借鉴。

### 1. 美国纽约证券交易所的退市标准

纽约证券交易所是美国也是世界上最大的证券交易所,在这里上市的公司不乏世界五百强的大企业,但也有不少经营不善的公司。因此,纽交所对上市公司退市的态度比较慎重。对上市公司终止上市做了比较周密而具体的规定,上市公司一旦有一项位列其中就得退市,这些规定包括:

(1)公众股东数量达不到交易所规定的标准即股东少于 600 个,持有 100 股以上的股东少于 400 个。另外,社会公众持有股票少于 20 万股,或其总市值少于 100 万美元,也必须退市。

(2)股票交易量极度萎缩,低于交易所最低标准,如平均每月的交易费(最近 12 个月)小于 10 万股。

(3) 因资产处置、冻结等因素而失去持续经营能力。

(4)法院宣布该公司破产清算。

(5)财务状况和经营业绩欠佳。如过去 2 年经营亏损;或总资产低于 400 万美元,而且过去 2 年每年亏损;或总资产不足 200 万美元,且过去 2 年每年亏损;或连续 5 年不分红利。

(6)不履行信息披露义务。如没有及时、全面和准确地向股东和公众披露信息;或在公司盈利等财务状况的报告中没有遵守统一会计准则;或最近独立会计对有关财务报告出具了不同意见。

(7)违反法律。

(8)违反其他上市协议。

### 2. 美国纳斯达克市场的退市标准

按美国纳斯达克市场的有关规定,上市条件分为初始上市要求和持续上市要求,并且持续上市要求与初始上市要求是相对应的。只有符合初始上市要求的公司才能上市,上市以后由于公司的状况可能发生变化,不一定始终保持初始的状态,但应当符合一个最低的要求,即所谓持续上市要求,否则将会被摘牌。持续上市要求包括数量标准与非数量标准。

纳斯达克市场持续上市数量标准主要包括以下三个方面:其一是为了维护上市公司的质量,保持上市公司的经营稳定性,对公司财务指标或市值提出要求。二是对上市公司的公众持股和做市商数量提出了要求。其三是保持市场的交投活跃,同时增强市场的信誉程度,纳斯达克市场规定了普通股、优先股的最小报价。

**表 5-3　　美国纳斯达克全国市场持续上市的数量标准**

(货币单位:美元)

| 要　求 | 首次上市标准及持续上市标准 | | | | |
|---|---|---|---|---|---|
| | 选择 1 | 选择 2 | 选择 3 | 对应选择 1 或 2 的标准 | 对应选择 3 的标准 |
| 净有形资产 ① | 600万 | 1800万 | 无要求 | 400万 | 无要求 |
| 市值<br>总资产 ②<br>总收入 | 无要求 | 无要求 | 7500万或同时满足:<br>7500万<br>7500万 | 无要求 | 5000万或同时满足:<br>5000 万<br>5000 万 |
| 税前利润 | 100万 | 无要求 | 无要求 | 无要求 | 无要求 |
| 公众持股量(股) ③ | 100万 | 110万 | 110万 | 75万 | 110万 |
| 运作历史 | 无要求 | 2年 | 无要求 | 无要求 | 无要求 |
| 公众持股市值 | 800万 | 1800万 | 2000万 | 500万 | 1500万 |
| 每股最小报价 | 5 | 5 | 5 | 1 | 5 |
| 持 100 股或 100 股以上的股东数量 | 400 | 400 | 400 | 400 | 400 |
| 做市商数量 | 3 | 3 | 4 | 2 | 4 |
| 公司治理要求 | 有 | 有 | 有 | 有 | 有 |
| 破产清算的处理 | 如果上市公司在董事会的授权下提出破产申请或清算要求,并已开始实施,纳斯达克市场会暂停或终止上市公司的股票交易,除非为保护公众或投资者利益而允许其继续交易。 | | | | |

注:①净有形资产等于总资产(包括商誉)减总负债。

②最近一个财务年度或最近三个财务年度中的两个。

③公共持股量不包括上市公司高管人员或持股量超过总发行量 10%的相关人员的持股数。

纳斯达克较为宽松的首次上市条件与持续上市条件与其创业板市场的定位是分不开的。创业企业大都是高成长性企业，在其成立初资产、利润等财务指标无法满足主板上市的条件，但这些企业要想发展又迫切需要融资。因而，创业板市场的设立抓住了这一机遇，即允许创业企业上市有缺陷，允许创业企业持续上市经营有波动。这些经验对于我国即将设立的中小企业板市场大有裨益，我们在选择中小企业上市时，也必须允许他们有缺点，持续上市时也必须允许他们经营有波动，毕竟中小企业与发展成熟大企业无论是在经营上还是在财务上相比都有较大的差距。

3. 日本东京证券交易所的退市标准

日本东京证交所规定的上市公司退市标准主要包括：股本总额、股权的分散程度、经营状况、股利分配情况、资不抵债情况及是否严格履行信息披露义务等方面。具体包括：

(1)公司资本规模低于 5 亿日元，上市交易的股票数量低于 1000 万股。

(2)上市公司的股票分布过于集中。这表现在：第一，在近一年内上市公司股票的 70%以上集中在 10 名股东和公司的管理层当中；第二，股数超过 1000 万股，公众股东少于 500 人。

(3)是上市公司在财务信息披露方面存在重大误导行为，并且交易所以为其影响恶劣。

## 三、国外证券市场退市规程借鉴

境外成熟证券市场对做出上市公司退市的决定一般都比较谨慎，规定了非常详尽及周密的退市规程，可操作性很强。

1. 纽约证券交易所的退市程序

纽约证券交易所规定的上市公司退市程序是较为细致和具体的。纽约证交所上市规则 802.02 对退市程序做了以下规定：

第一，交易所在发现上市公司低于上市标准之后，在 10 个工作日内通知公司；第二，公司接到交易所通知之后，在 45 日内向交易所做出答复，在答复中提出整改计划，计划中应说明公司最迟在 18 个月内重新达到上市标准；第三，交易所在接到公司整改计划后的 45 日内，通知公司是否接受其整改计划；第四，公司在接到交易所批准其整改计划后的 45 日内，发布公司已低于上市标准的信息；第五，在公司开始执行整改计划后的 18 个月内，交易所每 3 个月对公司的情况进行一次审核，其间如果发现公司不执行整改计划，交易所将根据情况严重与否，做出是否终止上市的决定；第六，18 个月的整改宽限期结束以后，如果公司仍不符合上市标准，交易所将通知公司其股票将被终止上市，并通知公司有申请听证的权利；第七，如果听证会维持交易所关于终止公司股票上市的决定，交易所将向 SEC 提出申请；第八，SEC 批准后，公司股票正式终止交易。可见，纽约证交所决定某家公司股票终止上市，最长需要经过近 23 个月的时间。剔除 18 个月的整改宽限期，最长有将近 5 个月的足够时间进行前期准备，以提出切实可行的整改方案，便于后期执行时能够收到实效。

2. 美国纳斯达克市场的退市程序

美国纳斯达克市场规定的上市公司退市程序如下：

第一，当交易所发现上市公司不符合持续上市要求时，在一周内通知该公司；第二，该公司接到通知后，在一周内向交易所上市部做出答复，提出应对措施，并可要求予以临时豁免；第三，交易所上市部在一周内通知公司是否予以临时豁免，如果公司是因为报价低于规定标准的原因，一般可以得到 9 日的临时豁免。如果属于其他情况且交易所认为不符合临时豁免条件的，可以决定对其实行摘牌，并告知公司可以要求对此摘牌决定进行听证，否则在 7 日后摘牌；第四，公司提出听证要求的，交易所听证部门将在上市部决定摘牌后的 45 日内举行听证。听证结果可以决定给予公司 60–90 日的临时豁免，到期仍不符合上市条件的再予以摘牌。听证会也可能拒绝给公司临时豁免，此后公司还可在 15 日内提出复议申请，否则将在 5 日终止交易。可见，纳斯达克市场决定某家公司股票终止上市，最短只需要 4 周的时间，最长则需要经过 5 个多月的时间。其中，公司可以得到临时豁免期短则 9 日，长则 3 个月。

3. 日本东京证券交易所的退市程序

东京证券交易所对上市公司的退市采用了逐步退出的办法。当交易所发现公司低于上市标准时，首先对其进行特别处理(类似于我国的 ST 制度)，并要求其在限期内重新达到上市标准。如果公司在限期内未达到上市标准，则交易所将对其交易做出进一步限制(类似于我国的 ST 制度)。如果公司仍未改善，则将其摘牌。交易所决定终止公司上市后，其股票由交易所内的整理处进行处理。在宣布终止上市决定后的 3 个月内，该股票还可以在交易所进行交易，3 个月后则正式退市。如果被申请适用公司更生法及和解法，或发现公司有违规的嫌疑，则将公司转入交易所的监理处接受审查，但其股票仍可以继续买卖。当公司的违规行为被查实后，便按照既定的程序正式退市。这点与我国上市公司的退市程序是有区别的。

## 四、完善我国证券市场退市机制的政策建议

通过全面、系统地考察和比较国内外上市公司的退出标准及退市规程，我们可以发现，当前我国初步建立的上市公司的退市制度还很不完善，配套的实施细则还不健全，可操作性也有待加强。从退市标准来看，目前的退市规程显然过于粗糙和含糊其辞；从退市规程来看，现有实施细则的可操作性还需加强；从市场结构来看，需要建立上市公司股票退市后的转让市场。

1. 确立我国证券市场的退市标准

在成熟的证券市场中，上市公司退市的主要标准之一就是资不抵债。目前我国的法律、法规在这方面还有欠缺。如果在《公司法》中加上："上市公司出现资不抵债，且在限期内未能消除的，将终止公司上市"，那么就不一定必须先进入破产程序才能退市。同时，在暂停上市的条件中，也应该加上资不抵债这个条款。股票的价值首先表现在它所代表的实物资产的保值增值上，然后，才是获取相应的股息或红利，以及二级市场的资本利得。若连续亏损的公司，只要它还有盈利能力和成长空间，其股票就仍然代表着一定的股东权益。按照会计恒等式"资产 = 负债 + 所有者权益"，如果公司资产小于公司负债的话，也就说明所有者权益为负，这时公司股票就毫无内在价值而言，公司的出路也只剩下破产清算了。既然股票已经丧失价值,终止其上市也就顺理成章了。

为了促进上市公司不断提高经营业绩,也为了避免上市公司资不抵债,遭受破产清算的命运。在现行规定的基础上,可考虑增加以下四个退市条件:

第一,连续 3 年没有发放股息或红利;第二,公司失去持续经营能力(全部或大部分业务已停止经营;大部分资产被查封、扣押、冻结、拍卖、变卖、租赁或遭到自然或人为因素破坏);第三,连续 2 年出现资不抵债;第四,公司违反上市协议,交易所认为应该终止上市的。其中,有关上市公司是否具备持续经营能力的认定工作,可以先由注册会计师出具审计报告,派专人组成调查组对公司进行定期或不定期的动态跟踪调查,接着由调查组定期向证交所汇报公司在宽限期内整改计划的贯彻、执行情况,最后出具对该公司的详实调查报告,并提出是否应予退市的建议,以此作为证交所决定其是否退市的依据。

### 2. 建立为上市公司退市后股票进行转让的股份转让市场

我国退市公司一个股份转让的场所。这种股份转让市场要在现有的法律框架内探索建立,就必须与沪深证交所的证券交易有明显区别:股份转让不是由交易所来组织和管理的,不编制指数,不设立板块。随着运行机制的逐步成熟,股份转让市场作为场外交易市场的雏形,可发展成为今后的"第三板市场"。因此,从某种意义上来讲,这种股份转让市场可以为上市公司疏通退市渠道和出口,促进股价逐渐走上价值回归之路,并且可以进一步拓展市场空间,健全市场功能,有利培育和建设多层次的证券市场体系。

另外,我国建立终止上市公司的股份转让模式应当认真借鉴境外成熟证券市场的成功经验,充分发挥证券公司在该业务和技术创新工作中的组织作用,当前股票转让服务的具体方案可设计如下:

第一,选择部分业务管理规范、技术水平先进、没有重大违规行为、市场覆盖范围广、拥有互联网网站的券商作为原挂牌股票流通代理报价和转让股份的运作主体。但代办券商不得从事原挂牌公司股票的自营买卖业务,可以自由选择代办多家原挂牌公司的股份转让。第二,参与转让股份的投资者必须到代办券商指定的营业网点开户,申请参与转让由代办券商负责运作的原挂牌公司股票。第三,代办券商为投资者提供代办报价和股份转让服务,股份转让采取定期集中的撮合方式来办理,由交易所为代办券商提供的技术平台来完成。投资者可以在指定的股份转让日通过代办券商提供的柜台交易系统提交转让股份委托。券商根据登记结算公司的数据为投资者进行结算。

总之,一个没有退出机制的证券市场是不完整、不健康的市场。值得庆幸的是,我国已经初步制定了相关法律法规。建立规范上市公司退市机制已经具备了基本的制度条件,当前最关键的就是如何严格遵照执行,并在此基础上发展完善。因此,制定一系列相应的配套措施就尤为必要。

VOLUME 6

# 第六卷

## 上市公司经营管理谋略

- 上市公司的经营与管理创新
- 上市公司的财务制度分析
- 上市公司法人结构治理
- 上市公司并购战略指南

## 第一章　上市公司的经营与管理创新

第一节　上市公司运营管理中的竞争环境分析

第二节　上市公司高科技企业转化模式

第三节　上市公司运营管理的五大误区

第四节　上市公司高层激励机制创新的系统分析

## 第二章　上市公司的财务制度分析

第一节　上市公司财务管理中的矛盾与协调

第二节　完善上市公司财务管理的三大机制

第三节　会计信息失真与财务监督体系的完善

## 第三章　上市公司法人结构治理

第一节　科学设计上市公司资本结构

第二节　董事会与监事会的监督职能探讨

第三节　创设上市公司治理评级体系

第四节　投资者关系管理(IRM):上市公司筹融资制度的必然创新

第五节　政府·经理·股东·银行·债权人
——解读境外上市公司治理的得与失

第六节　强化上市公司的董事责任

## 第四章　上市公司并购战略指南

第一节　上市公司并购的效应分析

第二节　上市公司并购战略分析

第三节　上市公司并购与融资政策渠道

第四节　资源和市场的整合
——上市公司并购的最终市场策略

第五节　外资并购上市公司的模式探析

**上市公司的经营管理工作必须以矛盾的、联系的、发展的观点为指导。上市公司的经营管理应当以产权制度改革、管理创新、人才战略、资本运作和国际化竞争五个方面为重点,同时,运用系统分析的方法,制定高层激励、产权制度、并购重组等方面的改革措施。上市公司发展中必然会有挫折、有被淘汰的部分,必须加快社会保障制度和分配体制等配套改革。从长远来看,应当坚信我国上市公司经营管理会逐步走上良性循环的发展道路。**

# 第一章　上市公司的经营与管理创新

## 第一节 上市公司运营管理中的竞争环境分析

一、消费者行为能力分析

二、市场竞争对手分析

三、潜在竞争者行为分析

四、供应商竞争能力分析

五、市场政策分析

## 第二节 上市公司高科技企业转化模式

一、并购重组模式

二、管理层收购(MBO)模式

三、中外合作模式

四、多元化模式

五、改造传统产业模式

六、高校同高科技企业合作模式

## 第三节 上市公司运营管理的五大误区

误区一:筹资越多越好

——而不注重资金的运用效率

误区二:市场总体的方向就是企业的发展方向

——而不努力发掘更有前景的战略领域

误区三:走集团化道路

——而不研究适合本企业的组织结构

误区四:广告战

——而不对广告在不同产品周期的不同效应作详细分析

误区五:部门设置越全越好

——一项工作一个人做与每项工作有人做的效益区别

## 第四节 上市公司高层激励机制创新的系统分析

一、股票期权激励——分配系统创新

二、岗位歧视政策——预警系统创新

三、董事问责制——辅助系统创新

四、独立监督员制度——控制系统创新

五、职工投票制度——评价系统创新

上市公司经营管理创新不足是中国上市公司二次发展中最大的障碍。在我国上市公司中,所有者缺位、一股独大、战略决策不力、高层激励不足等问题普遍存在。如何缩小同跨国公司在经营管理上的差距,已成为摆在我国上市公司面前的最紧迫的问题。解决该问题必须从内外两方面解决:内因是根本,必须加快管理创新、建立适合我国上市公司实际情况的管理制度和管理方法;外因是条件,国家必须制订相应的政策,以解决上市公司内部创新无法解决的问题。

# 第一节 上市公司运营管理中的竞争环境分析

上市公司运营管理不仅要保证每项管理职能的延续性，同时，更为重要的是，要保证管理职能的合理性与实效性，因为作为一个相对封闭的系统，必须随时收集市场竞争环境中的信息，俗话说："知己知彼，百战不殆"。上市公司将自己与竞争对手的优势和劣势进行对比分析，为制订详细的投资、筹资、重组、财务、人事、营销计划等提供最有说服力的信息，离开环境分析所作的管理都是盲目的、主观的，在具有开放性和竞争性的市场环境下是不可能延续下去的。

上市公司环境分析的核心内容是对宏观、微观环境的分析，也就是该上市公司所处产业的发展阶段、发展状况，还包括对主要产品（包括替代品）的市场需求、竞争对手的实力、行动能力等等进行分析。由于宏观分析主要应用于完全垄断、寡头垄断的市场经济结构中，而我国的发展现状，绝大部分处于完全竞争到垄断竞争的状态中，由政府指定的寡头垄断实质也是一种非竞争状况下的竞争，同真正市场上"你死我活"的状态截然不同。在未来的市场经济运行中，垄断竞争、寡头垄断的市场格局将占主体地位，也就是在某些传统垄断行业，如冶金、汽车、电信、石化将被几家大公司所占据，而像食品、纺织、家电、出版、运输将出现一些具备相当实力的公司，但公司都不具备整体市场的操纵力，由于产品存在差异率和市场进入的门槛低，公司不能够任意定价。在寡头垄断的行业部门大多数由国有企业占据，其竞争环境应该讲是政府的"安排"。而对垄断竞争条件下的市场竞争环境的分析则是最有研究意义的，它具有广泛的代表性和现实意义。

上市公司的竞争环境分析主要由市场竞争五大力量入手。这五大力量如图 6-1 所示，包括产品竞争者、消费者、潜在竞争对手、企业自身和供应商。不同的市场竞争对上市公司经营管理的运行方法和运行质量都有相当重要的影响。

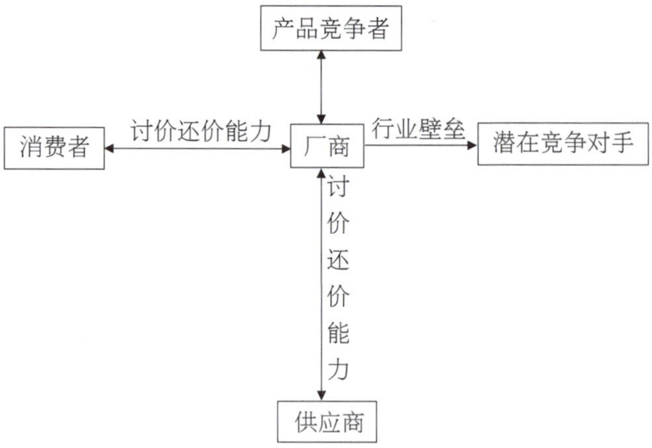


**图 6-1 市场竞争的五大力量**

## 一、消费者行为能力分析

消费者的行为能力主要取决于其消费能力、消费结构、消费差异化倾向、集中度、消费时间等。它的终端可能是个人，也可能是企事业单位、社会团体。社会消费品可能是实物商品，也可能是服务。这里所讨论的是以实物商品的市场规则为准。

### 1. 消费者的消费能力分析

消费能力指有购买能力而又愿意付出代价交换的那部分需求，即有效需求，同时在一定时期内，随着经济的发展，会有潜在消费人群，比如服装，由于生育高峰的不同，不同年龄段的人口数量的不同，随着时间的推移，其顾客的数量会随着人群年龄的推移而变动。出生高峰期十几年后就会带来青年人商品消费的高峰，生产婴儿装的企业就要对现今婴儿装的市场生存条件（竞争条件）同青年人服装市场生存条件（竞争条件）进行对比分析，再加上考虑到转产的成本因素，决定是否有必要转移部分生产力到另一市场上，加大销售和人力投入。

任何一个消费市场都会受到消费者自身收入的约束，消费热点的产生往往是因为人们收入水平提高，这些消费热点因产品技术制造工艺不成熟，或是生产商竞争不足、产量少、价格高，消费者往往觉得不值得花那么多钱购买。下图6-2所示，以商品X、商品Y的简单组合预算线I约束下的效用曲线说明，当收入增加时，预算线I向右移动，满足消费者的各种商品都会增加，当然具有消费偏好的消费者可能因个人预算的增长而提高自己偏爱商品Y的消费量。这种偏好往往会使商品Y的相对价格上升。

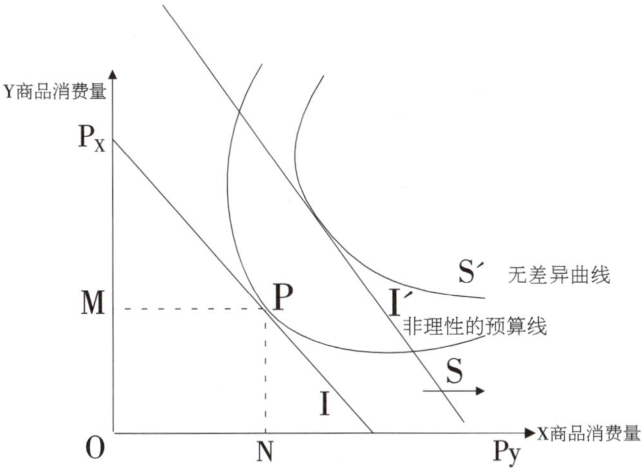


**图6-2　预算线约束下的效用曲线**

从该图分析可以得出消费者可以在收入约束下做出任意数量的消费组合，他的消费可能是理性的，如预算线上点P，其消费组合（X消费N单位、Y商品消费M单位）其总效用Tu最高。但倘若一个非理性（非经济考虑）的消费者会尽量多买自己偏好的商品和劳务。上市公司对消费人群的总消费量的调查，同时也应密切地注意消费人群的收入情况（包括数量、收入增长、人群年龄分布、地理分布等），这些情况的调查对产品开发和营销相当重要。

收集这些信息，可以组织专家进行整体评估，也可以进行市场消费者采访。如果营销网络完整的话，可以通过营销人员对顾客的问卷形式进行较详细的问询，分析这些信息。及时地以市场需求动态来制订产品战略是环境分析工作的重要任务之一。

### 2. 消费结构

消费结构主要是指消费人群在不同类型商品消费上的开支结构。这种结构在一定时期内具有相当的稳定性。不同类商品在消费者消费结构中的地位决定了商品的价格弹性，商品越富有弹性则就说明商家价格促销活动就越具有效性，因为价格降低会引致市场需求量增长。如下图6-3：

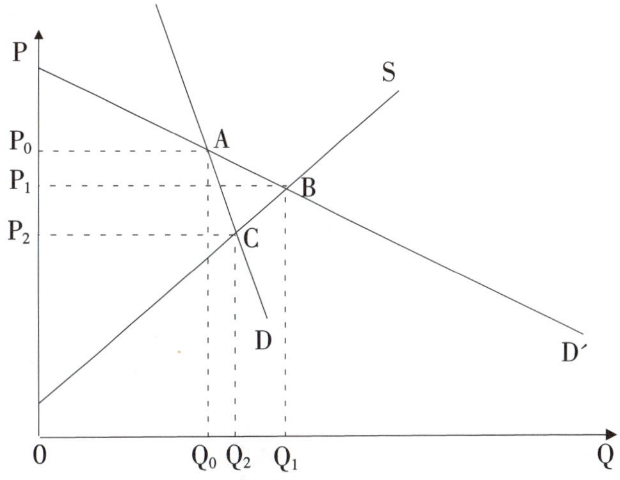


**图6-3　商品价格弹性对厂商促销战略的影响**

D′曲线表示富含弹性商品需求的曲线；D曲线表示缺乏弹性的商品需求曲线，假设两种商品现今的物价都是$P_0$（为了比较方便）两种商品都还未到供需平衡、需求不足，两家企业都采取降低促销的方式扩大市场销售结果，富含弹性的商品生产都只需将价格降至$P_1$，就可以使市场供给的剩余库存消耗掉。销售收入增长至$Q_1BP_1$，而缺乏弹性的商品生产商需要将价格降至$P_2$点才能消耗掉剩余库存。甚至在其行业供给大于需求的情况下，降价至成本以下仍然不能实现消除库存的目的。这时候，企业就有了各种财务危险。机器设备厂房照常折旧，工人工资必须支付，库房管理困难以及其他管理费用上升，主要的是销售费用的急剧上升，因而，对于那些缺乏消费价格弹性的商品，生产者营销策略的灵活性要差，其库存商品的数量要按照市场需求灵活处理。在预期市场需求不足的情况下，库存量应适当减少，而且企业要利用产品多元化的契机，适当调节产品消费需求弹性不同的产品品种组合，这样可以大大降低企业对市场景气的依赖度，降低财务风险，当然这种多元化要以加强成本核算和提高产品市场占有率为前提。

一般说来，富有消费需求价格弹性的商品消费额越多，那么企业的降价促销就越有效，就越有益于企业的财务管理，进而对企业的现金流的改善就越有利。

### 3. 差异化消费强度

差异化消费强度即消费者追求差异化商品的愿望

强度,差异化消费强度指标反映消费者,可以接受垄断竞争企业的价格歧视的限度。要想得到与众不同的东西,就必须付出与众不同的代价。针对这类消费者,企业往往通过“品牌实现战略”大力推进广告战,与此同时,不断推出新品种。比如手机制造者,起初推出新的款式,虽功能有一定改进,外形有一定变化,但价格较高、限量发售投入市场,先满足追求时尚者。此类人看到别人的手机与自己的相同,他就觉得使用起来乏味,很难彰显身份与个性,又追求新的手机。正是这类人,成为企业价格歧视的对象。如下图 6-4 所示:供给被企业划定在一定数量上,由于是新款产品,因而具有一定的垄断能力,这类商品需求因差异消费倾向而使其需求曲线由 D 右移至曲线 D′ 的状态。企业针对每个客户进行定价,完全攫取消费者剩余。消费者剩余指的是消费者愿意付出的最高价格同实际交易的价格的差额,是消费者的一种心理效用指标。当厂商对每个消费者制订一个歧视价格;这时候就被称为完全价格歧视,$(Q_1-Q_0)$ 就是差异化商品产量。$P_1$ 就是高于成本价格的歧视价格。当 $P_0$ 至 $P_1$ 价格,针对每个客户都定价时,其每个客户被剥夺的消费者剩余极限接近于△ABC,则其超额利润值为 $S_{\triangle ABC}$。

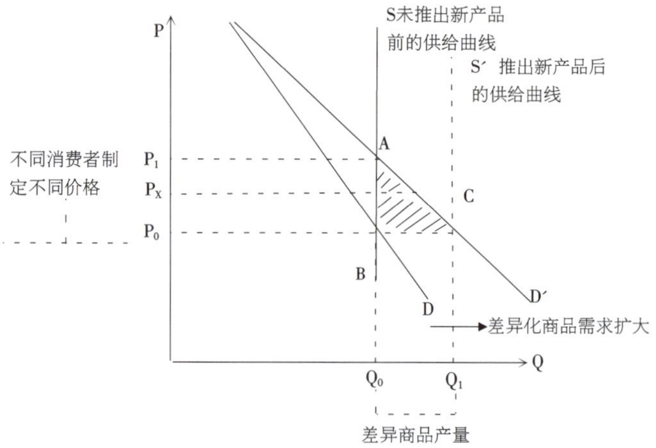


**图 6-4　差异化消费强度与价格歧视**

### 4. 消费人群的集中度

研究这个问题是因为假如两名顾客能够彼此交流价格、品质、售后服务内容等信息,企业的销售成本将会上升,价格歧视政策将会遇到困难。顾客很可能联合起来讨价还价,这时就应当对客户联合概率进行研究。客户个体数目越少,地域分布越广,消费者协会、社会媒体对消费者联合的影响力越少,那么客户联合概率就越小。当上市公司仅是一个完全信息的系统作为服务对象的时候,客户联合概率为 1,则说明上市公司的顾客具有垄断地位的消费谈判能力。假若该种商品又有相当多的生产商,那么上市公司在营销战略上应当注意新客户开发和对该客户的核心公关任务,以防客户流失,这会给上市公司带来致命性打击。一般说来,客户集中度越高,企业营销服务创新就会越快,服务质量也越高,同时客户集中也是企业提供差异化产品和优质售后服务的前提条件。

## 二、市场竞争对手分析

市场竞争对手分析实质上是对企业自身市场地位的研究,通过这种竞争者与自身的对比分析,对验证自身战略决策的合理性有比较大的参考价值。一般来讲,上市公司退出某些产品领域的主要原因就是缺乏竞争力。上市公司研究市场竞争者的主要内容大体概括为两个方面:一是产品研发推广能力,二是战略决策能力。因为产品具有生命周期。研发、推广能力不足往往是企业市场竞争地位下降的根本原因。

（一）产品研发推广能力。产品研发推广能力是竞争对手总体系统内部综合实力的组成部分，既是企业运转正常与否的重要指标，也是衡量竞争对手战略决策的参考因素，主要调查竞争对手以下四个方面的内容：（1）研发条件。研究开发是系统工程，资金、组织管理、人才配备、后勤保障等缺一不可，当对手不完全具备这些条件时，说明该竞争对手的研发能力不足。（2）研发主体。通过分析竞争对手产品研发人员的配备情况，估算其研究开发的总开支，为自己同类型开发计划作借鉴，并作好成本控制。（3）研发对象。即竞争对手将哪一类商品作为未来市场突破的主导产品，通过该分析可以得出竞争对手新产品推出的时间，并得出竞争对手新产品的推出会对自身哪些相关产品造成多大的影响，自身是否有制定或研发计划的必要性，同时借鉴其研发的进展、方向来验证自身在该研发商品领域争夺市场的可行性。（4）研发目标。即竞争对手欲提供怎样功能的产品。通过对该功能产品进行市场分析，以初步衡量产品研发成功后对市场的冲击力和对市场的占有率的变化情况，以确定自身发展战略。（5）产品推广能力大半是竞争对手已具备的能力，但同样要作出中肯的评估，因为竞争对手新产品的推广对自身营销网络、营销管理、营销成本都有相当的影响力。

（二）战略决策能力。战略决策能力是指企业合理决策的能力、及时决策的能力、组织保障能力等。研究市场竞争对手的竞争力，除研究其研发实力以外，对竞争对手决策能力的调查也相当重要，因为自身企业极可能因为信息不完全而采取保守的战略决策，然而当上市公司处于一个权力高度集中的情况下，竞争者采取乐观市场预期而迅速采取行动。以下引入博弈论来分析信息不完全条件下战略决策的最终选择。为了方便分析，且作如下假设：市场上只有具有竞争力的甲、乙两企业相互争夺同一产品的市场，其产品不具有差异性，市场需求富有弹性，且市场尚未达到饱和。如下图 6-5 所示：假设甲、乙企业的产量各是 100 单位，市场销售能力相当，甲、乙企业都欲扩大投资以占领市场，但由于市场竞争对手的信息的不完全和不确定性影响，市场风险很大。假设企业预计竞争对手不会对其行动作出任何反应，采取乐观的投资决策，即将产量扩大 200 单位；保守决策即将先期产量扩大 100 单位，悲观决策即为不采取任何行动。现今市场处于 O′ 点，市场供给 200 单位，价格水平 600；市场均衡点为 O，均衡价格 400。

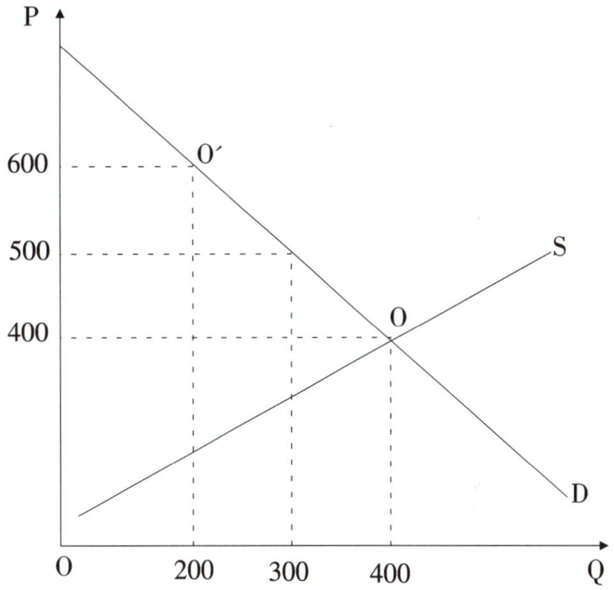


乙 企 业

| | | 乐观 | 保守 | 悲观 |
|---|---|---|---|---|
| 甲企业 | 乐观 | 甲乙各自的销售收入增至 80000 各有库存 40000 | 乙销售收入增至 66667 库存 40000/3、甲销售收入增至 93333、库存 80000/3 | 甲销售收入上升至 120000 单位，市场占有率由 50%上升至 75% |
| | 保守 | 甲销售收入 66667，库存 40000/3，乙销售收入 93333，库存 80000/3 | 甲乙各自的收入增至 80000 单位，市场相对地位不变、市场达到均衡 | 甲收入增至 100000，乙收入降至 50000 |
| | 悲观 | 乙销售收入上升至 120000，市场占有率由 50%上升至 75% | 乙收入增至 100000 甲收入降至 50000 | 都将失去市场机会 |

**图 6-5　战略决策博弈**

从上图表分析可以看出，采取乐观和悲观的决策都无法取得最大收益，战略决策的最后结果就是甲、乙企业都认为竞争对手会对其投资扩张行为作出反应而采取保守的策略，这个结果大体上符合竞争性市场上市公司决策的基本规律。

但是我们得出竞争对手会对自身企业扩张行为作出反应的结论是不足以指导上市公司市场竞争决策的，鉴于我国上市公司组织结构的复杂性和市场投资的盲目性因素众多，因而有必要对竞争对手的决策合理性、

决策时效性和组织保障能力作综合分析。(1)决策合理性，是指组织领导层收集分析市场信息的能力。这种能力一方面取决于组织结构的合理、信息交流的通畅，另一方面也取决于上层决策者对此信息所采取的处理方法和习惯。(2)决策时效性，是指决策者战略决策从信息处理到战略布置的时间，是否能够达到抢先占领产品市场的目标，但须指出的是决策的时效性与决策合理性是紧密相关的，怎样处理二者的关系对决策具有事关全局成败的重大意义。决策正确是前提，决策时效是保证。(3)组织保障能力，决策组织保障能力主要取决于组织凝聚力和最高决策者的人格魅力。因为企业在战略决策之前一定会有意见分歧、利益冲突、权责不明等问题。组织凝聚力强的上市公司，其主要股东为了公司长远利益会放弃眼前得失，把团结放在第一位。一般来讲，企业文化浓厚的上市公司的凝聚力强，研究竞争者的组织保障能力主要通过分析其企业文化的强度，同时对最高决策者的处事作风和其在决策中的权属度作进一步分析。最高决策的人格魅力越大，公司制定的科学决策就越快、越全面。此外，最高决策者权属度越高，决策速度也会越快。

## 三、潜在竞争者行为分析

对潜在竞争者行为的分析，是为了分析未来一段时期内的供给规模作铺垫的。当市场竞争宽松、需求旺盛，利润高于其他行业时，潜在竞争者就会以转产或兼并等方式进入该行业，进行市场争夺，但是，进入某个行业，必定要面对行业壁垒。行业壁垒越高、越坚固，潜在竞争者进入的市场压力就越小，而行业壁垒的高低主要取决于以下几个方面：

(一)规模效应。影响规模效应的因素主要取决两个方面：一是经验成本；二是资本的有机构成。企业要实现盈利，必须在新的领域内不断探索新的管理经验，与此同时，职工随着工作熟练程度的提高，其劳动生产率会不断提高。劳动密集型产业经验成本很高，初、中期的人员频繁流动会给此类型企业以致命打击，“珍惜眼前人”是劳动密集型企业最成功的人事经验。另一方面讲，由于资本有机构成率很高，即固定资产(机器设备等)的投资占到整个投资的比重相当大，导致在投产初期会面临负的现金流和负的投资回报率。当融资困难、利率水平高的情况下，潜在竞争者往往放弃进入该领域的争夺，因为从融资到现金流为正，或许要经历几年时间，而这几年时间相同状况的不确定性足以令每个潜在竞争者胆寒，同时，进入壁垒越高，往往退出壁垒也很高，企业想从该领域退出，往往难以做到。如图6-6。

从图6-6分析可以看出，如果潜在进入者预期投资成为沉没成本的概率很大，或是投资期内可能有更好的市场投资机会，潜在进入者往往不会进入该竞争领域。

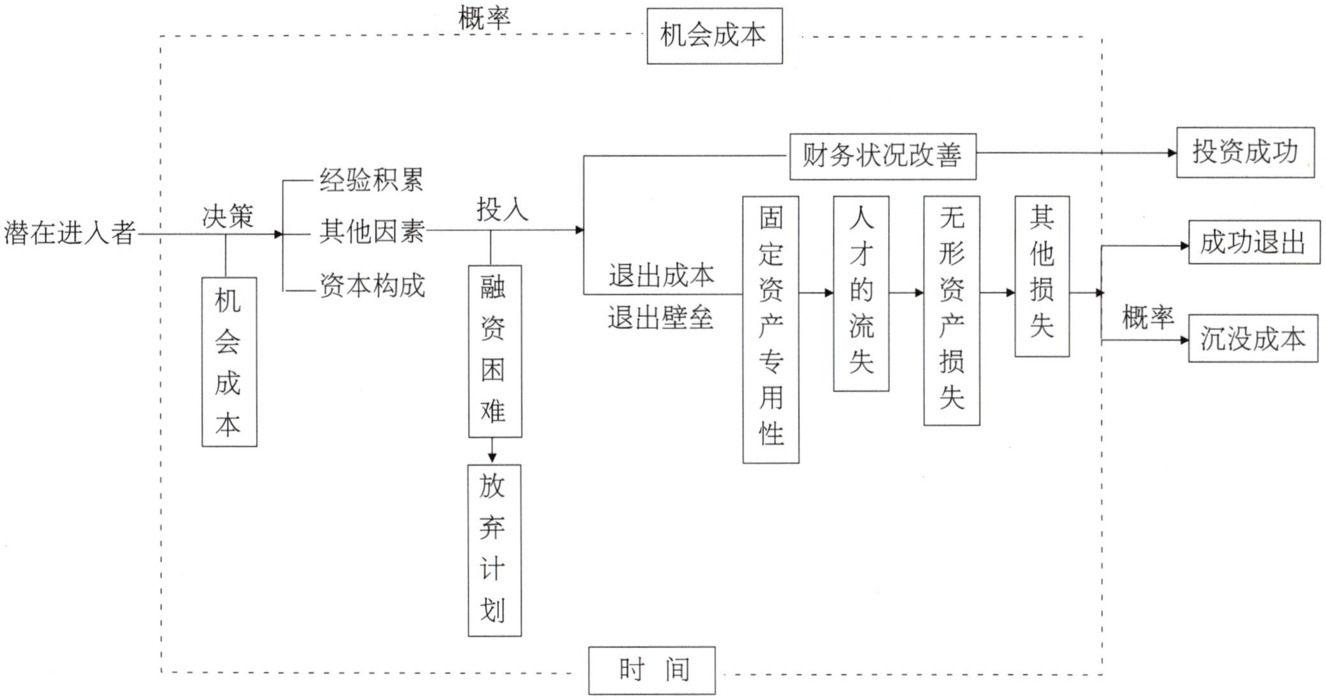


**图 6-6　进入退出壁垒与成本**

（二）关键技术的专属权。也可称作是专利。由于某些关键技术为极个别企业所独有，就此一点就足以令潜在进入者生畏，或者该行业中的企业长期受专属权的制约，成本降低受到极大限制，潜在进入者就会考虑：就算市场行业利润率高，拥有专利技术的企业很可能通过兼并、联合等方式迅速扩大市场占有率，从而改变市场供求状况。不具备完全的知识产权是潜在进入者不考虑进入的重要原因之一。

（三）"在位优势"和市场竞争者反应的激烈程度。"在位优势"是指先期进入者比后期进入者在销售、管理、技术、人事等领域竞争的优势。由于在位者拥有广阔的销售网络和良好的市场信誉、品牌优势，进入者在该领域的竞争必然会面对销售成本猛增，管理效率不足的难题。而且，往往市场在位者会对进入者采取激烈的排斥措施。比如：加强销售网络、并购原料供应商、提高工作人员的薪金待遇、立即推出新产品等等。这些激烈的排斥措施会将多数进入者拒之门外。

## 四、供应商竞争能力分析

供应商的市场竞争力，最核心的内容即其供应商品的讨价还价能力。这种能力是以其市场地位决定的。一般来讲，它主要由两个因素决定：一是供应商所在行业产量的集中度。集中度越高，供应商越有可能进行价格歧视，如对产品需求者索要高于产品价值的价格。二是供应商一体化经营的可能性。供应商在面对市场供求矛盾影响时，采取一体化经营的概率决定了其市场地位，如果供应商在人力、技术、资金都具备进入产品市场的能力，那么供应商可能宁愿投资于该领域也不愿意降低价格而成全其需求商。

对供应商竞争能力的研究的目的主要是为了保证生产环节的畅通，其实质就是生产前期成本的控制问题。在市场需求旺盛、产量急剧增加时，同时也是争夺供应商最激烈之时，上市公司通过参股、技术合作等方式确保供应。大多数跨国公司采取的是并购方式，一方面阻止潜在进入者，另一方面将供应商纳入自身战略当中，奠定长期发展的优势。

## 五、市场政策分析

社会主义市场经济就是要求市场在国家宏观调控下对资源配置起基础性作用。但是我国的市场经济体制远未成熟，其市场经济地位尚未能得到国际上大多数国家的认可，其重要原因是庞大的国家投资预算对经济产

生影响力的同时，还未形成一个相对完整、独立的市场竞争格局。在我国，经济结构的调整无疑将对上市公司的市场竞争造成重大影响。主要体现在以下几个方面：

（1）国家预算。我国长期施行积极的财政政策，通过加大对基础设施的投资，扩大内需，推动经济增长。这种增长的方式一方面消除了经济增长放缓危害社会稳定的危险。但另一方面，国家对其他领域的投入明显不足，如国家拿出 1800 亿元兴修三峡水利工程，制造就业机会不过 200 万个，却每年只拿出数百亿元来支持西部经济的发展。现今将西部大开发和振兴东北老工业基地提上日程，都体现了国家对社会经济结构调整的迫切愿望。上市公司抓住这一契机，通过服务于这两项长期发展的工程，是能够获得良好发展效益的。

同时，国家的局部产业政策对上市公司竞争地位的提高亦具有相当的意义。例如：国家欲扶持某些出口型上市公司走出国门，在税收政策、银行贷款、产业政策上都会有相当优惠，而该行业中没有达到国家扶助标准的企业其竞争必将处在“不公平”的地位。

（2）法律法规。随着我国国际地位的不断提升，我国参与国际合作的项目越来越多。与此同时也更加暴露我国在法律体系构建上的不足。毫无疑问，国家将加大对“知识产权”、“资本市场”、“环境保护”等方面的立法、执法力度。对上市公司来讲，这并不仅仅是一般法律遵守的问题，而是从规范化中进步，走向世界竞争大舞台的战略问题。

古语曰“良禽择木而栖”，其实，上市公司也应有一个好的生存环境，生存环境中必不可少的是竞争环境，对竞争环境进行分析，可以很好地促进上市公司规范、健康、快速发展。

# 第二节 上市公司高科技企业转化模式

上市公司的高科技企业转化对提高我国上市公司经营质量和促进国民经济发展具有重大意义，因为上市公司高科技企业可通过资本、人才、技术等其他资源的转化，充分发挥资源重新配置的优势。本文提出几个企业转化模式，作为上市公司高科技企业转化创新的借鉴。

科学技术是第一生产力。21世纪更是科技制胜的时代，而我国又正值实施科技兴国战略，上市公司作为我国国民经济的中坚力量，更应承担起振兴我国高科技产业的重任。在实际市场运作中，已有许多上市公司通过各种渠道和途径，进行高科技企业转型，本文特总结出六种模式，以供业界参考。

## 一、并购重组模式

2004年1月30日，TCL集团(000100)吸收TCL通讯(000542)整体上市，成为了深圳证券交易所另外意义上的一支新股。TCL集团上市后次日作为新的成份股纳入深证100指数计算。此种并购模式解决了部分改制上市公司存在的经营不独立、财务报表不真实、经营业绩被人为操纵的问题，有利于上市公司的规范运作，减少管理层次进一步整合内部资源，发挥协同效应，夯实上市公司持续发展的基础，遏制控股股东及其关联方侵害上市公司和中小股东的利益。

TCL集团作为集家电、通讯制造业于一身的高科技企业，在激烈的市场竞争下，仍然能有相当的实力与魄力去实现新的发展目标，其上市成功对高科技企业具有良好的借鉴作用。

(一)改善公司治理结构。股权结构不合理和管理层缺乏激励机制是目前我国上市公司治理结构的两大问题。通过定向增发引入机构投资者，可以解决或缓解国有股“一股独大”的问题。通过向管理层定向增发，使管理层持有上市公司的股份，可以在很大程度上减少委托代理成本，有利于上市公司的长远发展，此外，在我国A股市场中，母公司部分资产上市的情况普遍存在，由此产生大量关联交易，并可能带来业绩虚假、侵害小股东权益等问题。TCL集团整体上市将为解决此类问题提供了一种创新思路，有利于促进我国高科技上市公司的规范治理。

(二)股权支付手段创新。我国高科技上市公司大多面临并购融资的难题。最大的瓶颈就是现金支付，从1997年到2002年，上市公司收购的平均并购规模一直处在0.64亿元到2.02亿元之间，而TCL集团以21.15元的价格对TCL通讯0.81亿流通股进行换股支付的金额高达17.13亿元。TCL集团通过发行新股对TCL通讯流通股进行换股，是我国上市公司并购支付手段的创新。以行业整合为目的的并购重组规模将来会逐步扩大，行业各巨头之间的合作必然会发生，他们之间将会产生上百亿、上千亿的并购规模，如此规模完全用货币资金支付是根本不可能的，但只要有了股权支付这种手段的使用，并购的支付瓶颈将不复存在。

(三)促使并购向纵深发展。通过对股权支付在数量与对象上的变化，可以达到不同类型并购目的，这些并购目的如下:

1.使超大型公司之间的合并成为可能。从国际上来看，超大型公司之间的兼并收购由于涉及金额极其巨大，一般无法全部通过现金收购的方式来完成，绝大多数都是通过现金支付和定向增发结合的方式进行的，并且定向增发往往占据主体地位。

2.使行业龙头企业利用空间增发进行整合。从实践来看，行业整合一般是通过对同行业竞争对手的收购兼并或者对目标资产的收购实现的，与传统的先融资再收购的模式相比，通过向目标企业的股东实施定向增发以完成吸收合并，或者向目标资产的所有者定向增发，可以大大缩短行业整合的实施时间，提高运作效率降低交易成本，而且还可以缓解上市公司为了再融资受到的短期盈利目标的压力，专注于长期发展。

3.使中小规模企业利用定向增发实现超常规发展。目前增发和配股所募集的资金规模分别不能超过上市公司最近一期经审计的净资产的50%和33%，而且连续两次融资要间隔一年以上，这对于那些渴望通过购并完成超常规发展的中小规模上市公司来说无疑是无法满足要求的。通过定向增发实施并购可以很好地解决这个问题。

4.解决一些上市公司募集资金闲置的问题，同时亦可解决缺乏中小企业融资渠道的问题。绩优上市公司可以考虑向拥有闲置资金的上市公司定向增发，这样就可以解决绩优公司的资金需求，也可以解决闲置的资金浪费问题。如果这种定向增发发生在具有产业相关性的两个公司之间，股权层面的合作还可能带来更大的产业协同效应。

5.上市公司利用定向增发解决历史遗留问题，挽救财务危机公司。TCL通讯长期股价不尽人意，存在投资风险，在手机竞争领域日益激烈的情况下，资本金不足日益显现，TCL集团通过换股并购TCL通讯，注入大量优质资产，可解决TCL通讯发展动力不足的问题，为TCL通讯的长期发展具有深远意义。

## 二、管理层收购（MBO）模式

2003年10月14日，深圳华强（000062）发布公告称，持有该公司52.5%股权的深圳华强集团有限公司进行改制，将其中的46%国有股进行转让，转由该集团员工发起的股份有限公司所有。

从某种意义上说，华强集团改制的实质就是管理层收购与单纯的MBO相比，管理层与员工持股既具股权激励优势，又可避免利益少数人独享的局面。受惠群体明显扩大，可充分调动员工的生产经营积极性。华强集团的改制既有相关政策陆续出台的外部环境，又有集团高管及员工持股的内在要求，这为公司改制铺平了道路。

华强集团转制试点的主要特点，就是通过企业管理层和员工持股内部转制的方式，把华强集团改制为国家、管理层和员工共同持股的"混合持股型公司"，其中国有股保留9%，集团领导股46%，员工持股公司持股45%。从收购资金来源角度看，对于集团员工而言，完全负担得起分摊到每个人头上的剩余股权。收购资金也可以通过深圳华强合丰投资股份有限公司。将转换股权质押贷款取得资金剩余股权；但对于集团领导层而言，由于融资渠道偏窄，这种筹资压力可能就要大得多，华强集团将采取什么做法。目前，鉴于管理层收购可以实现管理资源和企业资本的有机融合，进而实现企业价值的最大化，目前广东地区比较认同国有企业管理层收购这一形式，至于管理层收购中的融资难题，专家建议通过MBO信托基金等方式来解决。这些做法能否得到国资委的认同，是华强集团改制的主要风险所在。

国家对国企改制分流陆续出台了一些政策规定，相关文件规定，分流到非国有法人股份改制企业的职工，原主体企业应当解除劳动合同，依法支付经济补偿金，并对经济补偿金的发放标准及工资计算标准作出了规定。在此基础上，广东省政府和深圳市政府对国企改制也制定了一些优惠措施，并规定国企改制继续留在企业工作的职工个人所得经济补偿金等，可在自愿的基础上转为改制企业的等价股权或债权。国有资产管理体制改革将会促使由传统的企业领导体制向科学规范的公司治理结构转变。伴随着产权主体多元化，企业利益主体也将多元化，各类利益主体将会进一步增强对资产的关切度，符合国际惯例的现代企业制度及其治理结构将逐步建立起来。国有股权转让形成的股权多元化、"混合持股"，对于解决目前国有资产管理体制改革中存在的一些弊端将起到一定的作用。

我国上市公司中小企业，尤其是高科技企业，存在着人才流失、管理层激励的难题。华强集团管理层收购为高科技上市公司提供了一个新的发展模式。在高科技企业中，人才的个人智慧是企业发展最重要的资源。在高科技企业发展的中期，采取MBO的方式激励管理层和推进员工持股等管理创新，相信会为高科技上市公司的发展提供新的强劲动力。

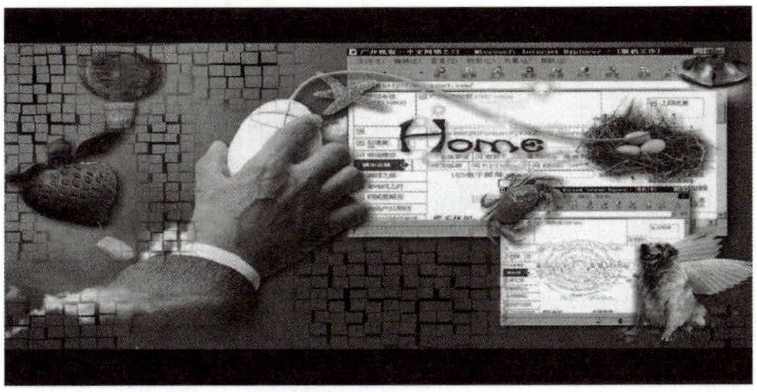

## 三、中外合作模式

2003年10月29日，中国乐凯胶片集团和美国伊士曼柯达公司在京签署了为期20年的合作合同。双方正式结为战略伙伴，备受关注的乐凯股份（600135）合资案也终于尘埃落定，这标志着乐凯胶片通过与外方合作，提升企业技术水平的思路初告成功。美国柯达公司获得了乐凯胶片20%的股份，双方的合作，为我国高科技上市公司的未来发展提供了良好的思路，说明国家在上市公司改革步伐加快了。这一模式对我国有如下启示：

（一）外资并购将逐步放开。柯达此次入股乐凯，标志着柯达在中国感光材料行业的发展战略完全进入了正轨。1998年柯达用12亿美元对中国7家感光行业进行了收购。尽管柯达此前一直将此举定义为“全行业合资”，但高举民族品牌大旗的乐凯分庭抗礼，至少让这个“全行业合资”在某种程度上打了折扣。巧合的是，柯达与乐凯签订合资协议的前10天，以深化经济改革为主旋律的中共十六届三中全会在北京闭幕。十六届三中全会的公报明确提到要大力发展国有资本、集体资本和非公有制资本参股的混合所有制经济，实现投资主体多元化，使股份制成为公有制的主要实现形式。就在专家以猜测柯达收购乐凯是否意味着就是这一精神具体体现的微妙时刻，国资委宣布其经国务院批准，将在11月29～30日与联合国工业发展组织于人民大会堂共同举办“并购重组国际高峰论坛”。“并购重组国际高峰论坛”是国资委试图通过国有企业和国外著名企业的强强并购来实现旗下百余家企业的做大做强，从而推进国有经济的布局和结构调整。

（二）市场反垄断国家政策。柯达对乐凯的这次并购，将有可能占有中国胶卷市场份额的70%，不仅占领了中国高端胶卷市场，而且也就此介入了低端市场。此外柯达通过与乐凯结成的同盟，获得了在中国市场稳定发展的动力源，将能有效地弥补柯达在欧美和日本市场胶卷业务的下降，得以继续保持其全球胶卷销售总量增长。

随着在中国市场份额的急剧提升，柯达胶卷是否会形成垄断局面，自然而然成为有识之士忧心的问题。如果不是柯达和富士在中国市场上的竞争，中国消费者可能很难买到如此价廉物美的胶卷，同时，由于富士的中国市场战略遭遇了一系列的挫折，市场占有率下降，截至目前为止，这种下滑的势头尚未出现得到明显遏制的迹象，因此，与乐凯合资之后，柯达可能垄断未来中国的胶卷业。

必须提出的是，如果乐凯不在有限的时间和技术援助下迅速提升自己的核心竞争力，就将错失实现自身战略目标的发展良机。中外合作合资模式为危机中的高科技企业的未来发展新途径，它可以在合作合资中不断缩小与跨国公司的差距。我国高科技企业在发展到一定规模后遇到的管理落后、创新不足问题，相信通过中外合作合资模式能够最终得到解决。

## 四、多元化模式

2003年11月6日，同在哈尔滨的两家公司：哈药集团和天鹅股份演绎了一出“双龙会”，天鹅股份将淡出水泥行业，哈药旗下的三精制药将被注入天鹅股份之间的资产重组。为振兴东北老工业基地闯出一条新路子。重组方案的具体设计内容可分为如下三步：天鹅股份第一步是设立哈水泥，即将其合法拥有的哈尔滨水泥厂的主体资产作为出资，与原大股东建材集团合资设立哈水泥。第二步是天鹅股份置换出原有的水泥资产，哈水泥设立之后，将其95.38%的权益以及天鹅股份部分资产出售给建材集团，再将天鹅股份其他水泥资产和部分非水泥资产作为出资、单方面向哈水泥增资。第三步是天鹅股份向哈药集团购三精制药的股权，天鹅股份与哈药集团签署了《股权转让协议》，购买哈药集团合法持有的三精制药60%股权。在重组过程中，天鹅股份通过与哈药集团合作，实现了由水泥产业向制药高科技行业的转变。资料显示，天鹅股份的原有水泥主业已经步入“下降通道”；而哈药集团近几年主业蓬勃发展，现金流动充沛，哈药集团“吃”下天鹅，多赢格局不难实现。

该重组案例虽然不是上市公司并购重组的案例，但是相信高科技上市公司同样有行业退出或是多元化的问题。从理论上讲，任何一种竞争性行业，都会有大量的新进入者和退出者，在跨国公司的冲击下，这种压力更加明显，而在我国，做好高科技产业的退出机制，让高科技企业在竞争能力不济的情况下能采取多元化等逐步退出的政策，无疑对整个竞争市场的总体环境来说是极大的改善。一方面，高科技企业退出某些竞争激烈的领域，转投竞争宽松的行业领域，这是资本高效运作的需要，符合市场需求；另一方面，高科技企业此举必然会增强其盈利能力，为高科技企业上市公司再融资创造良好的股市环境。哈药重组天鹅股份谈不上是强强联手，只能算是“相互扶持着过河”的战略，从长远看，这种战略要比“单独过河”安全得多。

## 五、改造传统产业模式

在现代尖端科学技术方面，我国的科研水平与发达国家差距并不大，但在传统产业，不论是产业效益还是科技水平都与我国经济发展速度不相适应。这也是我国经济发展不平衡的国情的表现之一。通过尖端科学技术同传统产业的结合打造了一批绩优的上市公司是可行的。

在我国，航天技术同传统产业的联姻已经开始。神舟五号载人飞船及我国自行发射的第 18 颗返回式卫星上，成功搭载了白水杜康高温酒曲、低温酒曲、窖泥及植物种子、种苗。随着我国航天事业的飞速发展，太空酿酒曲和制种技术的成功将给传统的酿酒产业和制种产业注入高科技元素，使传统产业转型为高科技产业，增加产业附加值，带动地方经济向着高科技高效益的方向发展。喜登辉科技、白水杜康酒业和中科航天农业将与中科院的专家们共同对搭载的酒曲、窖泥和植物种子、种苗进行分析研究，使之尽快用于工农业生产，让高科技成果尽快转化为生产力，把企业做大做强，为我国西部经济腾飞做出应有的贡献。为广大投资者带来丰厚的收益，争取早日上市。这说明在传统产业界，通过与高科技的结合同样能实现产业化，而且在我国，尖端科技民用化、军工技术民营化的技术在加快，必然要求这种结合。除上述所提到的技术和产业外，可供我国改造传统产业的新技术领域还相当多。例如：超级计算机技术、纳米技术、激光技术、全球定位技术、遥感技术、核磁共振技术、新材料合成技术、生物科学技术、海洋技术、新能源技术等都可以逐步应用于高科技企业或组建一批具国际竞争力的上市企业，改造我国高科技出口型企业过分依赖劳务成本和跨国公司出口的局面，努力振兴民族工业。

## 六、高校同高科技企业合作模式

高校科研机构一直是我国科学技术研发的主要力量之一。随着高等学校教育的全面发展，高校在校学生人数和教师队伍都有长足的增长。这种增长一方面可以看作是科教兴国战略的实施成果，全民文化素质水平有极大提高；另一方面可看作是我国科技人才队伍日益低龄化，这种趋势对高科技企业的发展极其有利。通过在重点高校建立国家实验室、培养一批有研究能力的师生队伍，改变教育与科研脱节的局面。

高校与高科技企业合作的优势在于，将高校科研成果迅速商品化、产业化，加之利用高校的人才优势，高科技企业转型迅速、成本低，成功机率大，而且有高校的科研实力作后盾，企业的后续研发和技术创新也有足够的保障，企业的研发也能保持业界的领先地位，从而增强企业的市场竞争力。

在我国四座大学城中，上海、北京的高等院校因地区经济的优势，已经开始涉足高科技产业。然而，中西部地区的高校在面对产学研一体化的趋势下，还未能跟上时代步伐，这样既浪费了学校的科研成果，又不利于高校自身的发展和学生的就业。因此，在推进西部大开发的进程中，应注意利用西部高校科研资源，发挥人才优势，努力促进高科技企业同高校科研机构结合，实现企业、高校科研、教育共同发展。

总之，上市公司高科技企业应当以灵活的市场来面对越来越激烈的市场竞争，一条“高效、通畅”的发展之路是高科技企业管理创新的最重要内容。

# 第三节 上市公司运营管理的五大误区

从股市运作的整体情况看,股市总体的变化可以分拆为两个部分:以指数收益率衡量的内张型成长部分和以二者之差为代表的外延型扩容部分。在正常合理的情形下,前者比例应大于后者。例如美国股市,其市值规模的增长中有84%来自于现有股票增值,在过去8年中股市年均增长率为14.6%,而12.3%为原有股票增值。但是中国股市却是另一番景象。虽然中国股市规模有47.4%的平均增长率,却只有16.9%属于内张性成长,外延性扩容增长比例达83.1%。实际上,中国股市规模的成长2/3是来自于新股的发行。

当股市规模以外延型扩容为主时,包含新股发行在内的整体股市的增长率与现有股票的投资收益率会大大脱节,而且后者会远远落后。这样就使得股市规模的增长不能够真实的反映出绝大多数股民的真实投资结果。内张型成长会使众多现有股票的投资者普遍受益,而外延型扩容只会让少数有幸参与分析新股发行的投资者"如愿以偿"。这也是我国股市长期被投机困扰,存在高换手率、高市盈率的原因。市场并不能够提供足够绩优的股票以满足投资者的需求。

上市公司资本运营效率的整体提高会加速股市内生性快速成长。而目前我国上市公司对资金的运用、企业的经营管理上存在较多的缺陷。尤其是国有上市公司"权力制衡机制"、"风险控制机制"、"竞争战略"等都远未达到上市公司高效率运转的要求。许多公司存在着盲目投资、目标不明确的错误经营思想,同时不努力探索激励内部员工和提高生产效率的新方法,这些都阻碍了上市公司的稳定发展。本文特概括出上市公司在经营管理中的五大误区,以供业界参考。

## 误区一:筹资越多越好
## ——而不注重资金的运用效率

改革就是解放生产力、发展生产力,他远未像革命那样来得剧烈和那么有切肤之痛。但是其阻力和困难往往需要十年、二十年或许更长的时间。国有企业的股份制改造以及大量企业的上市,并未从根本上改变国企管理人员的意识构成,而这些意识很可能就会上升为上市公司的意志。

### (一)企业办社会的遗患

在经营观念上,过去由于经济环境的影响,受体制束缚和保护,企业只负责生产;而现在企业在买方市场条件下,需要承担产品研发、生产、销售、服务等多项功能,其压力有市场的、国际上的、企业内部的、政府方面的,这些压力汇集在一起形成的财务困境就是国企改革、经济体制转型的代价。如何承受该种压力,同时又要承受更多的社会责任?通过上市,国有企业可以通过直接融资获得资金,这些资金用往何处?怎么使用?虽然在股票发行时的项目书上有说明,但中国的体制决定了此类承诺是很难兑现的,许多国有大中型企业在股份制改造之前,正面临着“三角债”的困境,国家通过“债转股”的方式实现了国企内部财务上的平衡。但从根本上的经营不善的状况没有大的变化,企业还有许多改革需要施行,最大问题就是企业的人员臃肿,安置下岗职工的方式往往是财务补偿和营业外人员安置性投资。大量的此类企业投资的出现为安置就业作出了贡献,也使得企业耗费了大量可以用来深层发展的资金。资金还有另一个用处:激励高层领导。几万、几十万,各种福利待遇归于一个人或许不算是损失,若广泛地为国家企业中高层管理层“改善收入”将是不小的费用。只要政府不反对,这种奖励办法就会执行,而政府管理到的企业往往不到万分之一。

## (二)地方保护主义

企业内部原因耗损了上市筹来的资金,而地方保护主义使得一些上市公司“坐享太平”。地方保护主义在我国中西部省份、东北老工业基地比较普遍。由于市场的局部分割和政府引导的企业“联姻”,导致市场竞争的不充分,经济体制转型初期的“扶持”一方面改善了部分国有企业的经营状况,另一方面也延缓了国家对国有大中企业内部人事制度改革的步伐。然而这种旧的体制下的领导班子能否适应竞争激烈的国际环境呢?“物竞天择,适者生存”,“一家人哭,好过一路百姓哭”,领导层的失职对社会稳定的影响是极其巨大的,显然,这种进化是痛苦的,对国有企业的地位和我国成长中的股市将是沉痛的打击。

地方保护主义可以分为两种:一种是保护落后型,一种是保护“犯罪”型。保护落后型地方保护主义是地方政府普遍存在的一种本位主义,其本质上和出发点都是值得肯定的,因为毕竟经历万千磨难的企业也需要缓一口气,但是做法不值得称道。从长远来看,这是一种短视的做法。保护“犯罪型”地方保护主义本质恶劣,社会影响极坏。它奉行“马基雅维利主义”,为了获得个人利益不择手段,往往使得上市公司的会计报表和财务报表轻松过审,这些公司在完成“圈钱”以后,往往从股市消失得无影无踪,这在极大程度上加速了股市的分化,绩优股受到投资者青睐。而少部分绩优股显然不能够承受股市下挫的压力,这也是我国投资者长期只注重投机忽视投资风险的恶果。

## (三)政企分开

建立社会主义市场经济并不要求绝对意义上的政企分开,只需要克服政企不分导致种种“低效”行为。而现今的此种“低效”行为因何而产生的呢?其核心即是现今上市公司领导层并不完全具备与时俱进的领导素质,而更重要的是对中层管理者的素质要求明显不高。要节省成本,最核心的就应该是对中低层领导进行精简,建立不断有新鲜血液流入的有活力的领导班子。要实现这一点,有两个方面的可能,当市场开放的春风吹到的时候,将那些上市公司淘汰掉,或者是政府对企业领导人进行考核,将其彻底推向市场,现今国有资产管理委员会的成立就是有益的尝试。

### 误区二: 市场总体的方向就是企业的发展方向

### ——而不努力发掘更有前景的战略领域

管理学大师彼得·杜拉克在《未来管理》一书中阐述了“未来战略决策”重要性。他认为由于企业所处环

境的未来和今天很不一样，现今的公司经营往往采取“只要把今天成功的事情多做一点就行”的思想将是普遍错误的。在21世纪的今天,企业所面临的市场、人口结构、科技、金融、竞争对手都和以前极为不同,企业管理必须彻底思考本身的各种假设并以批判的眼光提出质疑,这些假设包括对事业本身,它的优势、能力、价值难点、弱点、竞争对手、市场、创新、科技等应有特殊的看法。“去寻找已经发生，但还没有产生全面冲击的变化”。“远眺窗外”去寻找全新的领域,这对于一个半竞争状态的市场同样具有指导意义,因为“今天,每一家企业,纵使只是地方性的小型市场中经营,它依然和全球经济体系紧密相连。”

在我国,社会主义市场经济体制并未完全充分建立和健全，人们的市场竞争心理和探索精神相当缺乏,尤其是在管理界，许多企业甚至仍在于沿用日本“松下式”的某些管理方式,就是将劳动看成是宗教行为,企业被神圣化,由营利组织转化为精神共同体。这种管理模式以“终身雇佣”为前提条件,而偏偏由我国企业引进该管理模式，照搬日本已经证明不切当前实际的东西,对我国企业管理没有任何益处。从另一方面看,市场的发展变化的速度是惊人的,上世纪的战略决策极有可能已经不适合21世纪的市场新情况，这就要求上市公司将目光看得更远、考虑得更多,计划得更周密,决策得更快。一方面要改变以往“懒惰决策”、“稳定决策”的思想，追随市场决策的潮流并不一定就是错误的决策,主要的是一定要争当该项决策的发起人，占领投资先机。机会稍纵即逝,如果在市场投资者纷纷进入的该领域而“沸腾起来”的时候,往往再进入为时已晚,除非确信自己的优势能夺出后来居上,从现今我国上市公司的投资决策强占市场的条件看,同跨国公司真正一较高下的只是在极少数较早开放的市场领域。

因此,将市场总体的发展方向定为未来发展方向的“追市思想”是错误的,是脱离实际的主观思想。另一方面要努力发掘更有前景的战略领域。因而,将创新思想引进上市公司的战略决策中，无论是管理还是技术,创新都会使企业发展的更好。假如中国是世界发达国家争夺的最后一块阵地的话,至少说明现今市场上还有许多机会,往往这些机会是隐藏的或者是处于国外公司没有机会进入的领域,上市公司通过周密的市场分析,一定能够找到投资良机。

## 误区三：走集团化道路
## ——而不研究适合本企业的组织结构

我国的上市公司在改制上市之初,很常用的方法是以兼并、承债挂靠的方式,由大企业包容一个一个濒临破产的小企业,从理论上讲,若被兼并的小企业是缺乏活性的，当大企业吸纳了越来越多的这类企业的时候,其自身的活性也会逐渐降低。由于国有上市公司的生产效率参差不齐，经营效益差的企业经过兼并扩张以后,降低了自身研究开发新产品的能力,这种能力无疑对上市公司的长期生存发展具有关键意义。在我国企业盲目追逐“做大做强”的时候,西方发达国家的大企业接连爆出会计丑闻,安然、世通、帕玛拉特……这说明一个问题:大企业在面对市场竞争压力时同样具有一定的失败风险,大企业同样也可能在瞬间轰然倒下。大型企业在研究开发、竞争能力具有明显的优势,然而小型企业在捕捉市场机遇、局部市场争夺,较少的退出成本上都具有相当的优势。集团化、多元化本质上是对人类能力有限性的一个挑战,专业化是普遍,多元化、集团化是特殊,特殊的道路只有那些具有优异制度结构与拥有特殊人力资源的企业才能做到。

如何建立适合本企业的组织机制,要对企业发展阶段的特点作详细的分析。(1)组建期。即原始积累阶段,该阶段直属的部门很少,人员精简,企业发展速度快。这阶段管理难度大,管理幅度小,最高领导人具有绝对的领导地位,企业有分权的趋势。这一时期的组织结构宜精不宜全,一职多能,信息直达的管理方式大大降低了成本,利润和现金流的增加,促使企业扩大规模,提高市场占有率。(2)发展期。这一时期的扩张行动同样伴随着分权的实现,最高决策者感到对中底层管理人员控制不足,而且在企业高速扩张的过程中,管理的混乱要求高层领导加强信息传导中介、后勤保障部门、风险控制等众多部门，这时候的企业规模已经达到规模效益,市场也日益成熟。此时企业若不能推出新产品,开拓新市场,庞大的企业规模和完整的市场组织反而成为公司致命因素。(3)成熟期。虽然现金流和利润都在增加，但增速明显不及以往，主要是因为扩张活动的惯性作用，管理的僵化影响了工作效率，市场竞争日益激烈。(4)衰退期。即该产品市场生命的末路，如果此刻加强管理，扩大分权，增加研发力量，企业能够走进第二个生命周期。(5)调整期。该时期是组织结构的创新期，大型的上市公司往往有众多的子公司，由横向一体化兼并的，由后项一体化兼并的，还有松散联盟的，这时期必须对某些领域进行调整，以控股的形式放权子公司，以出让股权等的方式实现战略收缩的目的，如果调整成功，在市场竞争者的眼中，最突出的特点就是"强"。

## 误区四：广告战
## ——而不对广告在不同产品周期不同效应作详细分析

广告策略是产品行销的一种有效策略，几乎所有的竞争行业或多或少地采用了广告策略来推广产品服务，但是在广告策略的具体应用上，何时做广告、做何种广告等问题却一直被上市公司所忽视。我国的学术界也缺乏此方面的分析模型的指导。

学术界对于广告效应一直存在争论，一部分学者认为大量的广告剥夺了广大用户的消费者剩余，每个顾客不仅要支付含更多成本的交换价格，同时还必须忍受铺天盖地的广告所浪费的宝贵时间，总之，认为广告只对厂商具有经济效用，对社会总体来讲，是不经济行为。另一部分学者认为：广告让更多的消费者找到了他们所需要的商品，满足了世界多样性服务的趋势，与此同时，广告让那些有心人获得终身受用的知识。他们认为广告提高了人们的生活质量，改善了人们的生活方式，广告是一种服务，本身具备价值，顾客从商品广告中获得的完全比付出的广告成本要多。广告效应到底对社会效应是经济还是非经济的，难以认识清楚。但是应当看到，世界上不经济但普遍存在而被当作"合理"的现象很多，如"牛奶浴"、"给宠物吃人参"等。因此，在物质高度发达的今天，心理的需求日益重要，"个性"、"自由"、"超时代"越来越成为广告战的突破口。

可以肯定的是，并非每种商品、每个厂商的发展始

终都需要广告作为策略，广告也应当引入一种投资的效用分析。一般来讲，广告使用效果好主要是产品差异化大、附加值高、技术更新快、无形资产在整个资本构成中的领域。首先，企业必须从广告战中实现销售市场的扩张，其利润要比广告前利润要高，也就是说广告至少能为企业带来好处。其次，广告行为至少要让更多的人了解到企业和产品的信息，该信息至少要解决部分顾客的购买选择上的困惑。再次，广告的内容应当是社会成员普遍接受的方式，以主流文化为背景，宣扬积极、美好未来的生活。最后，广告也需要创新，人类表达思想的方式几乎都可以用，前提是要具备经济性和普遍社会认同。

企业的广告策略受产品生命周期的影响，将产品生命周期简单地分解成进入期、成长期和衰退期。进入期的市场特征是产品投放的品种和数量都不能满足消费者，消费者对差异化产品的需求并不是很强烈，尤其是市场上消费者对产品所知甚少。这一时期，企业的广告应当侧重于全面、广泛、系统地宣传自己的产品，向消费者表达各方面的信息：产品的功能和使用方法；产品由谁制造；在那里能够买到；现在购买该商品有哪些优惠。企业成长期的市场特征是产品竞争日益激烈，价格下降，企业在开发新产品的前提下很难抽出大量资金投入广告，盈利空间有限。这时候，市场上替代品也大量存在，企业的广告战略应当做大调整，要将主要精力放在向顾客传达以下三个信息：产品性能特点；企业文化与商业道德；服务理念。衰退期的市场特点就是市场上出现了性价比更高的产品，而且这种产品极具吸引力，以致本企业的主体产品出现销售下滑的势头。这种情况下，企业应当将自己的新产品推入市场，应当减少在本

产品上的广告投入，要将主要精力放在新产品的推介上，新产品广告战略进入新产品的生命周期的第一阶段的战略上，该过程可能会一直循环往复下去，如果该产品是竞争性市场状况的话。

## 误区五：部门设置越全越好——一项工作一个人做与每项工作有人做的效益区别

俗语云："麻雀虽小，五脏俱全"，这其中映射了一个系统论的观点，系统内部每个相对独立的个体都应当发挥作用才能保证系统功能实现的需要。然而现今，上市公司部门设置是否越全越好呢？答案是否定的。因为现今上市公司需要紧密联系、协作的领域越来越多，仅仅考虑到功能的全，而不考虑系统功能的整合是违背上市公司人力资源配置规律的。

从管理学角度而言，部门设置考虑的问题实质上是分工的问题。而目前我国上市公司乃至世界跨国公司面临的最核心问题是部分信息的交流，也就是协作问题。部门协调的困难越来越大，带来的低效率往往难以预料，尤其是在管理层，分工与协作这一矛盾同时存在于上市公司人事工作的内部，单纯强调分工或是协作都是不切实际的，现今仍以"大而全"的思想设置部门和工作岗位，无疑更是大错特错。

做好工作分析对部门的设置具有极端重要性，因为只有实事求是地分析工作的性质、内容、要求这些情况，才能实现人尽其才。工作分析应该坚持以下三个原则：(1)实事求是的原则。杜绝盲目臆断、胡乱设岗，任何岗位的设置部署必须从业务分担和岗位职责出发，做到权、责、利的综合搭配协调。(2)成本约束原则。该部门的设置、人员的配置是否必要；是否那么急迫；能否找到更好、更经济的解决办法，这些问题的思考直接影响到财务状况。(3)总体规划原则。人事工作离开了计划和指挥很难发挥资源共享的优势，企业内部的总体人力资源与局部人力资源的状况是不同的，而且，通过规划，人力资源将得到更有效的开发。值得一提的是，只有从全局看，才能够制定战略人才储备计划。

如何合理配置人力资源，是上市公司当前面对的重要问题之一。其实道理很简单，就是心理学"换位思考"方法。曾经有人对2004年初"毕业生起薪比往年低40%的原因"做市场调查，结果是52.3%的被调查者认为毕业生太多，供过于求。12.4%的被调查者认为经济不景气，市场薪水普遍不景气。应当指出的是，人才战略是企业发展的最根本的战略，误认为市场人力丰富便可要取就取，与机会"呼之即来，挥之即去"的想法是极端错误的，没有人愿意在恶劣的工作条件下长期下去。员工有自我的思想意识，引导思想解放、管理创新对企业是有百利而无一害的；员工在面对企业"趁人之危"、"失信"、"不信任"的时候，往往以怠工、离职、抵制、破坏等行为作出反映；另外，企业应当尊重员工的发展计划，将员工个人的发展计划统一到公司的发展计划中，改变现今一些公司不愿意培养、储备人才，忽视"培训机会"对中下层员工的激励作用，"员工未离开而就以其外部人待遇对待"，其结果必然是留不住任何战略性人才。

总而言之，虽然资本市场为上市公司提供了较为便利的融资平台，但是上市公司应从企业经营实际出发，实施适量融资；应专注于行业本身，建立适合本企业生产、销售、服务一系列运营环节，提高企业经营效率和管理水平，这才是上市公司提高市场竞争力的根本所在。

# 第四节

# 上市公司高层激励机制创新的系统分析

我国上市公司高层激励面临着四大难题：即制度约束下的高管人才相对匮乏；分配制度不合理下激励效果不佳；弱势监督下的高管腐败；股权集中下科学决策的失误。本文试图采用系统分析法来阐释这些问题，并创新性地设计出相应制度来解决这些难题。

我国国有上市公司的高层激励问题是国企改革的难点。探究国有上市公司为何与民营上市公司效益差距大的原因，其中高层激励问题主要在以下几个方面：（1）上市公司高管“在位者”素质不高。国家控股的上市公司高管一般由政府任免调整，他们是政府官员而非企业家出身，缺乏经营企业的专业素养。以名酒五粮液为例，2003年底，五粮液宣布要进军汽车产业，距离业内五粮液100亿投资芯片的传闻过去仅仅几个月。这种经营战略的改变与当今社会盲目跟风趋势不无关系，据悉，进军汽车的还有家电巨头春兰、美的、新飞，烟草业巨头红塔，手机巨头波导，摩托车巨头力帆等。从理性思考的角度，在技术上，由于汽车业的发展已经与电子化、无线移动等方面的技术开始结合起来，汽车业对于技术人才的需要将比以前更加迫切，而且技术与企业、与人才还有一个融合和消化的过程。盲目跟风经营现象的出现，可从侧面反映企业高层领导的经营素质欠缺问题，而且企业的中高层的知识构成也是有缺陷的，企业领导还没有从根本上实现“由官到管”的转变。（2）激励制度的弊端。按激励效用理论来看，高收入者对获得物质的效用比低收入者获得物质激励的效用要低得多。一般而言，上市公司激励高管通常采取支付高额报酬的措施，以高薪诱人。但相对中下层职员讲，高管已属于高收入者，而且国有控股型上市公司利润水平相对较低，支付高管高额报酬，势必影响企业利润的其他分配，如中低层管理人员激励、员工培训、产品研发、技术设备引进等，从而可能降低公司的实际竞争力。（3）股权集中与科学决策的矛盾。国有上市公司的股权结构极不合理，国有资产的代理人即上市公司的高管权力约束极其困难，其个人把握市场的能力往往是不够的，由于缺乏有力约束，其盲目扩张、贪多求快的决策往往会令公司经营陷入困境，甚至步入破产的阵营。鉴于上述问题，我们必须进一步深入分析上市公司高层激励问题，创新上市公司高层激励机制。

## 一、股票期权激励——分配系统创新

股票期权，又称经理股票期权，是指给予经理人员在未来一段时间内以一定价格购买一定数量公司股票的选择权。持有这种权利的经理人员可以在规定时间以股票期权的价格购买本公司的股票，即“行权”。股票期权的激励方式在西方发达国家已相当普遍，因为此种方式能有机地将经理人利益与公司利益联系在一起，而且发达国家市场上还有发育完全的经理人市场和机制完备的股票市场作支撑。充分借鉴发达国家这一成功经验，在上市公司高管中实施股票期权激励方式。但从我国实际情况看来，股票期权激励实施过程中须着手解决以下问题：

### 1. 业绩评价难题

决定企业业绩的指标变化的因素有很多，并不总能反映经理人员的实际经营业绩，经理人员的努力程度也不完全能自动从业绩指标的波动中反映出来。股价虽然是企业经营业绩的直接体现，但影响股价波动的不确定因素太多。目前，我国大部分上市公司还没有建立职工贡献考核体系，绩效评价仅仅依据几个财务指标，久而久之，必导致经理人员对企业其他财务指标和业务指标的忽视。比如通过大幅裁员可短期实现利润率迅速上升，通过并购哄抬股价，通过出售亏损的子公司来实现正投资回报率等，这些行为缺乏系统的评价方法，企业的收益也只能是此消彼长的经营操作，必将影响企业综合素质的培养和提高。此外，现行高级管理人员业绩评价大多以职务和岗位来考核。

从职务标准来看，由于我国至今还没有完全形成经理人员市场化的选择环境，经理职务不能完整、准确地反映其贡献的大小和能力的高低，同时业绩考核体系也不规范，尤其是对公司的管理部门的业绩评价成为整个期权计划中难度最大、分歧最多的部分。

### 2. 股票来源、行权价格、行权期难题

中国目前的新发行政策尚没有关于准许上市公司在首次公开发行中预留股份以实施公司股票期权计划的规定，同时增发新股的政策也没有条款，而上市公司股份回购被《公司法》第 149 条限制。股票期权行权价格的难点在于：对上市公司来说，经理股票期权价确定有两个选择即公平定价和发行价。若把行权价设定为公平市价，则可能产生人为操纵股价以谋取私利行权价的问题；把发行价确定为行权价，其合理化程度取决于股票发行定价的市场化程度；股票期权行权期期限的确定也相当困难。按照国外经验，这个过程一般是 10 年，在我国一些专家认为行权期定在 5 年左右比较合适。目前，政府尚未明确规定期限。此外，股票期权的实施主体、授予对象、时机选择问题，都给股票期权的实施带来较大的障碍。部分问题现已有较明确的行使办法，但大部分还在探索之中。

### 3. 公司机制与法律缺陷

我国上市公司大多数是国有企业进行股份制改造转复而来，现代制衡式、公司制企业制度，尚未充分建立起来。上市公司在运作机制上还存在一些缺陷，从而影响股票期权激励方式的实施。例如上市公司股东大会、董事会、监事会不能相互制约；“一股独大”现象严重；“内部人控制”现象严重；从而在某种程度上影响股票期权的激励效果。要解决此问题，应当使上市公司减持国有股，增加民间股权比例，实现股权多元化和相互制衡机制。而且，由于股票期权是一项专业性、规范性很强的制度，它需要与《公司法》、《证券法》、《税法》等法律相配套。目前，我国相关法律制度还不完善、不配套，这集中表现在：目前国内还未制定针对股票期权的税收法规，所以股票期权成了逃避个人所得税的灰色通道；股票期权的会计处理是期权计划的核心内容，而我国还未出台这方面的会计准则和规定，在具体操作中难以处理。

### 4. 市场发育不全

股票期权对经理人的真正激励要与资本市场和经理人市场对经理人的约束结合起来，才能共同发挥作用。市场发育不全对股票期权的影响是多方面的。股票市场的不完善使公司股价与公司价值和经营状况相关性很低；股价市场的不完善，股价不能正确反映经营者的实际努力程度和业绩；证券市场管理水平低，信息披露不规范，经理人可以利用虚假的信息掩盖其实际业绩的低下，并以此获得期权收益。我国经理人市场现在还没有真正建立，很多国有控股企业的经理不是由市场来筛选，而是由政府主管部门或者大股东来筛选，他们的选择标准和原则往往与市场不相同，风险预警系统尚未纳入考虑范围。

## 二、岗位歧视政策——预警系统创新

岗位歧视政策就是在上市公司高级管理人员有缺陷、不称职、会犯错的前提下，即有限理性人的基础上，对其所处的岗位进行约束性、限制性的从严规定，这些规定甚至是带有歧视性倾向。具体而言，就是将高管人员权利与责任进行对等化，在明确高收入等权利的同时，也对高管人员的工作业绩作出详细考核，还应当包括高管人员的财务状况、个人档案、家庭情况、社会背景、生活作风等内容。

采取该种政策至少有三个方面的优点：(1)体现公平原则。权利与责任的对等是企业内部稳定的一个重要条件；减少特权有助于巩固企业凝聚力。(2)高管人员更好地代表公司形象。通过对高管言行的约束，有助于展现企业文化，为企业赢得良好声誉；另一方面，个人严格要求是成功企业家素质的基本要求，企业家的言行举止不仅代表个人，更重要是代表企业的社会形象。对企业家个人作风的约束可起到“防微杜渐”的功效，这对企业家和企业双方都具有积极意义。(3)奖励稳健的生活作风。通过作风与个人绩效评价的挂钩，处罚可能诱发腐败的行为，奖励良好生活作风的行为，因为个人的财务状况、家庭等其他高管个人问题是令企业陷入“高风险”的重要因素。往往高管的个人财务状况的恶化会促使高管将手伸向企业，尤其是在缺乏有效监督的时候。

岗位歧视预警系统至少应包括五大部分：家庭背景、个人喜好、财务状况、社会背景、生活作风。按高管家庭经济和心理负担由弱到强将其所处的家庭分为普通型、金字塔型、多中心家族型、个体型、单中心家族型。普通型家庭成员适中，负担较轻、矛盾少，对高管工作的干扰也很少。金字塔型家庭的矛盾的解决全凭最高人物解决，由于其权威性(一定具有原则性)因而对高管的干扰也很少，较普通型家庭多了一些家庭义务。多中心家族矛盾较多，处理起来较困难，但由于家族内有多个中心，负担较轻。个体型指单身，由于心理负担沉重，抑郁和孤独往往会干扰工作。单中心家族型内高管负担重，受到的各种压力和问题很多，高管也极有可能利用职务之便为个人谋私利，这类事件的多次发生对公司制度的破坏力是可以想像的。

表 6-1　　个人财务状况分析简表

| 项目＼明细＼评价 | | 层次 | 分数/权重/概率 |
|---|---|---|---|
| 收入来源的稳定性 | | 很稳定 | |
| | | 较稳定 | |
| | | 不稳定 | |
| 个人解决财务危机的能力 | 个人财务 | 雄厚 | |
| | | 一般 | |
| | | 较差 | |
| | 筹资能力 | 很强 | |
| | | 一般 | |
| | | 较差 | |
| 历史记录上的经济状况资信度 | | 资信度高 | |
| | | 资信度中 | |
| | | 资信度低 | |
| | | | |

表 6-2　　生活作风分析简表

| 项目＼明细＼评价 | 层次 | 分数/权重/概率 |
|---|---|---|
| 传统思想在其生活作风的作用度 | 作用充分 | |
| | 比较有作用 | |
| | 无任何作用 | |
| 个人在传统生活作风上的态度 | 很信奉 | |
| | 较信奉 | |
| | 抵制 | |
| 个人生活作风的记录 | 很多不良记录 | |
| | 较少不良记录 | |
| | 无不良记录 | |
| 生活作风对公司声誉的影响度 | 有很好的影响 | |
| | 有较好的影响 | |
| | 无任何影响 | |
| | 有较差的影响 | |
| | 有很差的影响 | |
| 广大职工对高层管理人员生活作风的认同度 | 普遍不认同 | |
| | 一般不认同 | |
| | 一般认同 | |
| | 普遍认同 | |
| | | |

表 6-3　　高管社会背景分析简表

| 项目＼明细＼评价 | 层次 | 分数/权重/概率 |
| --- | --- | --- |
| 社会背景对公司发展的益处 | 相当有利 | |
| | 比较有利 | |
| | 一般有利 | |
| 社会背景对公司发展的潜在危害的概率 | 很高 | |
| | 适中 | |
| | 较低 | |
| 社会背景在高管生活中的地位 | 非常重要 | |
| | 比较重要 | |
| | 一般 | |
| | | |

表 6-4　　高管个人喜好分析简表

| 项目＼明细＼评价 | 层次 | 分数/权重/概率 |
| --- | --- | --- |
| 个人喜好的花费(成本)在总收入中的比重 | 很高 | |
| | 较高 | |
| | 适中 | |
| 个人喜好的多少与危害度 | 很高,难以控制 | |
| | 较高,难以控制 | |
| | 一般,可以控制 | |
| | 集中,有助于工作 | |
| | 单一,极有助于工作 | |
| 个人喜好强度 | 不可能放弃 | |
| | 偶尔愿放弃 | |
| | 多数情况下愿放弃 | |
| | 随时可放弃 | |
| | | |

现实生活中,高管岗位预警系统的建立需要建立一个运动的信息收集系统,其中,最重要的是将员工民主监督作为评价的核心方法,将员工监督塑造成企业文化的一部分。

如果高层管理是可以挑选的话,那么高层管理人员必须具备以下五项条件:有正确的世界观和方法论,有正确的逻辑思维方法和判断能力;有社会责任感;有丰富的知识和阅历;有良好的道德素质和身体素质;有"民本"观念。从某种意义上说,做好高管的挑选比建立高管岗位预警系统更加重要。

## 三、董事问责制——辅助系统创新

推行上市公司董事问责制,是加大董事违规成本,规范上市公司行为的一个重要途径。目前,在我国上市公司中,企业因决策机制缺失、领导决策失误导致公司经营亏损的现象普遍。例如,亚都科技董事长何鲁敏在演讲中讲到"亚都科技吃了决策失误的苦,17 年在盲目多元化和上市的过程中,犯了不少失误,虽然因为坚守空气产业而幸存下来,但损失了 4 个亿,痛失 6 年发展良机"。即使在非上市公司中,因经营决策失误导致公司破产的事件也屡见不鲜。如巨人、三株、飞龙,许多"知名"品牌已销声匿迹。因此,我国上市公司应建立董事问责制,强化董事在上市公司中的经营责任,促使上市公司采取措施进行科学决策经营。

建立集体决策机制,可以规避个人错误决策的风险。因为企业家个人的能力和视角是有局限的,而且由于短期的成就,企业家往往对自己的成功经验和能力有了过分的信心,忽视了环境和时机,因而建立决策辅助系统至关重要。在我国上市公司,规范个人在决策中的行为显然尤为迫切。因为规范上市公司行为,说到底也是规范人的行为,此制度的核心就是强化谁犯错,就追究谁的责任。"董事问责制"就是让上市公司内部有不同的声音,防范专权带来的巨大风险。

目前,上市公司的内部人控制现象仍比较突出,一些公司董事对自己拥有的决策权力不能正确认识和行使。除了担保之外,还往往借失职交易,违规披露等手段,大肆掏空上市公司,造成上市公司资产流失,股东权益受损。尽管有关法律法规对董事行为进行了一定程度的规范,但事实表明:这些法律追究工作仍然做得很不够,至少到目前,还没有一个更准确的规定。董事问责制,关键在于以董事所承担的责任为基础,实现权责的统一。对董事不勤勉、不尽责,导致上市公司权益遭到损失的,要追究其主要责任人的责任。

基于违规行为大部分由来自控股股东的董事所造成的现状,为进一步提高董事的违规风险和成本,可考虑让问责制与大股东持股相结合,即以大股东的持股为相关联董事的行为作为担保。相信"问责制"只有达到真正"问责"的效果,才能使上市公司以及投资者权益得到有效保护。

## 四、独立监督员制度——控制系统创新

独立监督员制度是借鉴西方独立检察官制度基础

上，针对上市公司拥有重权的高级管理人员，通过在某些“可能谋私利”的领域加以限制。

在我国上市公司内部，尤其是国有上市公司中，人事、分配、财务、还款、安全、环保等工作十分困难。为了加强此方面的工作，建立独立监督员制度极有必要。从现今的情况看，建立独立监督员至少有三个方面的作用：（1）制止目前国企上市公司长期存在的“人情债”引起的工作混乱；（2）减少高层通过分配方案的形式获得个人私利的行为，减少国有上市公司高管违规引起的矛盾；（3）有助于国有上市公司更好地承担社会责任。

设立独立监督员制度必须注意以下几点：（1）独立监督员的职责是对高层管理人员有涉私行为或不妥当行为予以干涉，通过否决的形式制止该种行为，但必须划清权利和责任的界限严厉杜绝独立监督员篡权、越权、滥用权力的行为。（2）独立监督员要加强社会责任执行力度的监督工作，包括银行还款、拖欠工资、环保工作、安全措施、职工工作条件、投资者保护、产品质量、广告宣传道德等等。高管人员不择手段对社会失诚失信的延续往往就是将手伸向企业内部，很难保证对社会不负责任的高层领导者会长期领导好一个公司轻松迎击国际化的挑战。（3）独立监督员要对高管日常言行进行考核、备案，对高管的整体动态情况定期作出汇报，上报出资人。（4）独立监督员的利益不与上市公司财务发生任何关系，以保证其工作的公正性。

独立监督员制度同岗位歧视政策结合起来可起到预警、控制作用，以保证高管不会像气球飞得过高而毁灭。

## 五、职工投票制度——评价系统创新

建立一套高管激励评价系统是一项很复杂的工程，几乎所有的指标都受到市场因素的影响而可能丧失了参考价值，惟一“民心民意”是发自职工内心的，职工对高管工作的满意度越高至少可以证明高管人员在公司经营中态度、进取和贡献，因此职工投票结果可以公正评价高管的工作成果。

职工的生产积极性的发挥是企业市场竞争制胜的根本条件。主要是因为：（1）职工的劳动是生产环节中最重要的因素，职工处在创造价值的最前沿，同质量指标、成本控制、安全生产、技术创新等目标的实现紧密相联系，只有做好了低层员工的激励工作，才能算是做好激励的最核心工作。（2）下层职工的激励工作是管理的基本职能之一。在管理工作中计划、组织、指挥、协调、创新都离不开员工激励，计划阶段需要广大员工搜集的信息和建议。组织、指挥、协调阶段都需要广大员工的通力合作，需要“干部与群众一心”，做好下层职工的工作对管理的促进作用不容忽视。（3）人才将是未来上市公司争夺最激烈的资源。人是生产关系中最活跃的因素。尊重人才、发挥人才的聪明才智在任何时候都是不可偏废的真理。

然而，我国的高层管理人员往往看不到这一点，或者根本就不重视这一点。他们往往通过人事制度、分配制度、档案制度、婚姻政策、流动人口政策等等对下层职工施行控制，认为中国劳动力资源丰富就可以忽视员工的利益，忽视员工工作条件的改善，忽视对员工的救助，忽视管理人员草率处理下层员工工作失误的危害等，这些都是极其危险的，往往员工的“反抗”行为表现为三种形式：消极工作、离职、制造矛盾。当个人利益得不到维护时，“惟恐天下不乱”的思想比比皆是，这种情况下，企业的凝聚力下降，创新不足，核心人才流失、失败的危机在内部潜伏，一旦外部竞争环境恶化就有爆发的危险。

通过引入职工投票制度，一方面找到衡量上市公司高层领导的业绩，另一方面有助于保护下层职工的利益。通过不记名定期投票的方式，还可以书写意见、看法、请求等内容上报独立监督员。与此同时，应当对发现高管违纪违法行为举报人员以重奖，以营造全体职工共同监督的良好氛围。

总之，要不断地推进“人性化”管理，从根本上改变“行政式”管理的方式，以促进企业持续、健康、稳定发展。高层激励的创新工作必须以系统的方法论进行铺排，在实际的工作中，很可能出现独立监督员越权等新问题。但决不可因为“河水很冰”就不过河，创新的方向是正确的情况下，后退就代表最彻底的失败。

# 第二章　上市公司的财务制度分析

## 第一节　上市公司财务管理中的矛盾与协调

一、会计利润与财务实力的矛盾与协调

二、一业为主与多元化经营的战略投资选择

三、集权与分权财务体制的平衡设计

四、商品经营、货币经营和资本经营的协调发展

五、资本结构中各种比例关系的设计

六、经营效益、管理效益、政策效益的矛盾与协调

七、出资者财务、经营者财务和财务经理财务的统一与协调

## 第二节　完善上市公司财务管理的三大机制

一、上市公司财务管理目标:持续发展能力的最大化

二、实现上市公司财务管理目标的三大机制

三、上市公司财务管理机制的创新思路

## 第三节　会计信息失真与财务监督体系的完善

一、会计信息复杂性的成因分析

二、会计信息失真的根源

三、完善财务监督体系,规范上市公司财务信息披露

上市公司中所有的非经济行为的出现都同财务制度的不合理有关。为实现当前财务管理持续发展能力的最大化的总目标，我国上市公司必须克服现今普遍存在的盲目投资、财务预警能力差、分配方案不合理等财务问题,从我国财务管理工作的现状来讲,只有适合我国国情的财务管理创新才对上市公司的经济效益和社会效益的提高有根本的推动作用。

# 第一节 上市公司财务管理中的矛盾与协调

本文通过全面分析财务管理中的牵涉到的利润实现、投资决策、集权、经营流动性、资本结构、管理绩效、财务风险等复杂问题，阐述财务工作的重要性和复杂性，比较全面地介绍经营者财务工作的核心内容。

财务管理是公司经营管理过程中的重要组成部分。与会计核算不同的是，财务管理主要着眼于公司长期性财务战略、财务政策的制定与协调。从操作性的角度分析，应该明确长期战略性财务决策具体包括哪些方面，经营者应该进行哪些方面的财务协调。一般来说，经营者理财主要应该关注以下七大矛盾性问题的解决。

## 一、会计利润与财务实力的矛盾与协调

企业管理以提高企业经济效益为目标，经济效益的提高应该表现为利润的增加和财务实力的增强。在一般情况下，两者应该是一致的，但是，有时利润尤其是会计账面利润与财务实力（主要体现在现金流转规模与速度）又存在此消彼长的关系，这就需要财务管理者从中平衡协调。

从操作实践上来看，会计上的利润概念是以权责发生制为基础，财务上的现金流转要以收付实现制为前提。按我国税法规定，企业的应税利润也遵循权责发生制，对以非现金销售为主的企业来说，会计利润的增加有可能降低企业的财务运营能力。在收入既定的条件下，折旧政策、无形资产摊销、低值易耗品、开办费的处置办法、会计稳健性的利用程度都会导致企业会计利润的金额与现金流量的规模朝反向变化。不少企业通过股权置换、资产重组等手段粉饰会计报表，致使会计利润虚增提高，但是如果不能产生更多的现金流量，可能因为会计利润增加要多纳所得税与多分配利润而降低财务实力。

总之，对会计利润和财务实力两者的权衡，会使经营者处于两难境地，经营者应该考虑企业所处发展阶段和有关市场环境等因素作出选择。

## 二、一业为主与多元化经营的战略投资选择

战略投资既是企业经营方向的重大抉择，又是企业财务管理中资金运作的核心内容。战略投资的基本议题

是收益与风险的均衡。在投资理论与投资运作实践中存在着注重追求最佳效益的“规模投资”或“主业经营”和注重风险分散的“多样投资经营”两种投资定位战略设计。

在我国，现今进军多元化领域发展成为一大批上市公司津津乐道的话题，像家电巨头春兰、美的、新飞，烟草业巨头红塔，手机巨头波导，摩托车巨头力帆等相继公布、实施自己的造车计划。而另外一些公司则奉行主业经营下的“放弃”战略，海尔集团的海外扩张战略，即采取了“收缩战线放弃局部战场”的策略，通过小型冰箱获得美国巨大的市场份额，1999年，海尔创建美国公司，3年里，占领美国小型冰箱25%的市场份额。然而，企业各种不同的投资策略到底孰优孰劣，仍然难下结论。事实上，不少企业热衷于多元化经营，其结果导致主营业务弱化、淡化和泛化。理由是“多元化”投资经营策略尽管在某种程度上可以借助扩大企业投资领域来分散企业的投资风险，但是其众多的弊病也是不容否定的：(1)企业将有限的资金投在多种产业、多个项目上，造成企业资金分散，必然削弱企业主营业务的市场竞争力。从财务分析上看，现在投资者大都十分看重企业的主营收入占总营业收入的比重这一指标，并将它作为衡量企业经营状况好坏的主要标准之一。(2)不同的行业、投资性质、管理模式不完全一致，多样化投资、管理难度加大。总之，多样化投资经营完全可能不是弱化投资风险，反而使投资风险加剧。(3)多元化投资经营后，企业将面临各个不同行业的不同市场状况，将会受到自身组织、管理、技术、信息等各种约束，这使得企业难以对其经营状况作一个准确的预测和判断，相应增加了经营的难度。多元化本质上是对人类能力有限性的一个挑战。专业化是普遍的、一般的，多元化是特殊的。特殊的道路只有那些具备优异制度结构与特殊才能的企业才能做到。“世界上绝大多数的多元化道路都是以失败告终，而GE多元化成功的背后，是韦尔奇和GE精心构造的业务管理制度系统以及卓越的文化安排。”一般的规律是“诺基亚道路”：卖掉一切不想做的，专注于想做的，并且通过出卖过时的核心资产而获得足够的财政支持。

理论分析和实践运作充分表明，坚持追求主业经营和投资规模效益的投资战略，能在企业内引起成本降低从而收益增加，提高投资的边际收益率。然而，在我国无论是过去还是现在，无论是国内投资还是合资引进，无论是宏观计划还是微观经营，在投资战略上普遍忽视了这一点，一直没有摆脱蜂拥而上、遍地开花、规模偏小、效益低下的局面。特别提倡主业经营和规模投资，并不是一概地完全否定“多元化”策略，国外不乏跨国家、跨地区、跨行业经营而且经营效益较好的企业，但仍需提出的是，国外企业实施“多元化”发展战略，大都是在企业发展到一定阶段，特别是资金实力、经营管理水平、社会知名度、市场应变能力等方面达到较高水平才开始的，而对于我国绝大多数刚从传统的计划经济转变过来的国有上市公司而言，如果一开始就强调“多元化”发展战略，则不但不能提高企业的竞争力，反而会增加企业的经营风险。而且，企业多元化经营有技术相关、市场相关、技术市场相关及非相关四种形式。企业采取何种形式，是多种因素的综合作用的结果。应该说，企业是否实行多元化经营战略以及如何实行、何时实行，是由企业所处的各种客观环境和条件决定的，在作决定时虽然表现为人们的主观意志，但其本质上是客观的。因此，敏锐、客观、准确地分析判断企业所处的内外市场环境、及时地引导企业走上多元化经营之路，是当代有作为的经营者的使命所在。

## 三、集权与分权财务体制的平衡设计

公司的组织结构形式可分为两大类：一类是以集权式管理为主要特征的组织结构，如直线制结构、职能制结构、直线职能结构；另一类是以分权式管理为主要特征的管理组织结构，如事业部制结构、矩阵式结构、多维制结构。如何把握分权和控制的尺度，历来是企业经营者最头痛的难题。分权不到位，所属的企业容易缺乏主动性和积极性；分权过度，缺乏必要的控制力，总体上又不能发挥协同效应。因此，设计合适的财务体制，要与我国企业财务经营管理的实际联系起来，处理好集权与分权的关系，必须坚持以下几点原则：

第一，集权型管理是首选。尤其是对新设企业，坚持主业经营的企业、连锁店企业、财会人员数量和质量有限的企业，应实行集权型管理；实行分权管理，也应该推行从集权向分权的逐步过渡。如果反向设计，必将增加协调的难度，产生不必要的上下摩擦。

第二，实行分权管理，必须以完善的财务内部控制措施作保障。财务内控应该是多要素、多形式的，包括：(1)母公司设置专门职能机构，部门具体行使母公司权力。(2)母公司委派子公司的财务主管。(3)母公司通过变更重大资产经营生产活动来实行严格的产权控制，如增减子公司的资本、设立孙公司或向其他公司投资、新的事业计划和设备投资、年度预算和决策、公司章程的变更、重大经营合同的签订等。(4)母公司与子公司生产经营活动一体化。母公司通过各种专业化分工，把子公司经营活动纳入母公司经营活动之中，通过生产、销售、供应等经营环节的调控，实现企业对分部、子公司的监控。缺乏必要监控的分权管理，其结果必然导致企业离心。

第三，协调、分解企业的几项重大权利。确定母子公司权利的统分程度，最关键是要明确几项主要的权利划分：(1)投资决策权。对子公司的投资决策权力大小取决于子公司的资产规模和经营业务的复杂程度。一般的说，若子公司资产规模较小，业务单一，则不应授予子公司的投资决策权，只允许其在简单再生产范围内进行技术改造的权利；若子公司资产规模较大，有一定资金实力，业务范围较广，则可按子公司自有资本的一定比例授予其投资权，即在一定资金范围内，无论投资项目多大或多少，只要投资总计不超过比例，子公司都可以投资，超过比例无论项目大小都不能再投资。但值得注意的是，按自有资本一定限额分配子公司的投资决策权时，应根据子公司规模不同而确定不同的限额比例，否则会造成“一刀切”的不良后果。(2)收益分配权。子公司有权按《公司法》规定，先从税后利润中提取法定公积金、法定公益金和弥补上一年度亏损，然后才能在可分配利润中进行分配。在这里有两个问题要考虑：是否要保证子公司有不断发展的利润留成，还是由母公司统一支配、调度；是否对盈利的全资子公司的可分配利润可以采取上缴利润包干、递增包干、超收按比例分成等政策或对亏损的全资子公司实行减亏包干、全额补贴的政策，以鼓励子公司开拓经营创新，不断提高盈利能力。(3)人事管理权。母公司按出资比例任免派驻子公司的董事会成员或直接任免董事长、总经理。在一些企业集团中，子公司员工的进入权由母公司掌握，使用权和辞退权由子公司具体行使。(4)工资分配权。可由公司制定集团内的工资、奖金分配原则，子公司在不违背分配原则的前提下自行决定工资总额和分配形式。(5)资产处置权。公司的关键设备、成套设备、重要建筑物和限额以上资产的处置必须经母公司审批，其余资产处置可由子公司自主决定。

第四，集权与分权的平衡点。在企业组织成长的不同阶段，其所处的位置也是不同的，经营者采取的对策也不应该一致。一般地，初创阶段，由于企业组织不规范，管理经验不丰富，经营者应通过集权型管理使企业从无序走向有序；在企业定向发展阶段，由于企业业务逐渐扩大，低层管理者要求更多的自主权，故经营者可适时实施适当的“权力分散化”；在企业规范扩张分权发展阶段，因分权形成多个利润中心，协调、控制问题日益突出，故经营者应通过股权安排、财务战略、商品经销权、技术纽带等对策，保证“允许各自为战，不容许各自为政”，确保企业财务经营的战斗力、凝聚力和整体性。

## 四、商品经营、货币经营和资本经营的协调发展

现代企业经营财务应该是商品经营财务、货币经营财务和资本经营财务三个方面的统一。商品经营财务是关于商品、劳务等生产经营过程的财务运作；货币经营财务主要指企业利用剩余、闲散的流动资金进行储蓄、证券、信托、外汇、期货等金融产品的投资，并进而形成投资收益的财务问题；资本经营财务是资本所有者或其代表机构有目的地对资本进行流动、重组，如并购、转让、合资、托管、上市交易、分立等，使资本通过不同物质形态、价值形态的转换而增值，以促使资本的快速集聚与集中。资本经营是加速资本集中、拓展商品经营领域的快捷、有效方式，资本经营最为复杂，风险最大。

从内容上看，经营者理财的重点是商品经营和资本经营，货币经营主要由财务经理完成。从原则上看，经营者必须把握好资本经营、货币经营与商品经营的关系。三者应该和谐一致，相得益彰，不应该顾此失彼。(1)商

品经营始终是企业经营运作的基本形式，也是企业货币经营、资本经营的基础。商品经营支撑资本经营，没有商品经营的基础，就无法支撑资本经营；没有高效率的商品经营，资本经营就没有生命力。资本是企业的一种生产要素，资本经营是企业财务管理的一部分。如果把商品经营视为低级形式，把资本经营视为高级形式，显然是一种不正确的看法。企业不能一味追求资本经营而忽视商品经营。工商企业必须以商品经营为主，资本经营只有特定情况下才会发生。(2)货币经营既是商品经营的重要补充，也是商品经营和资本经营的尺度。即企业的资金投资某一商品经营、资本经营项目所得到的利润应该比投资于货币经营(如国债)用途可能得到的利润要多，否则这些项目是不可取的。货币经营的收益率是财务决策的基础。而在商品经营过程中，如果货币资金有一定结余，进行短期证券投资是十分必要的，但是放弃或放松商品经营，而主攻货币经营是不可取的。(3)资本运营也需要条件，存在极大的风险，必须严加防范。进行资本运营的企业，必须具备几个基本条件：具备可向相关领域转移的强有力的组织能力；一定的相对充裕的现金流量；统一、有效的管理机制；出色的经营队伍。在我国能成功驾驭资本经营这门高超艺术的经营者队伍并未形成，绝大部分是在资本经营的外延上做文章。由此可见，有效的企业管理是成功的资本运营的基础和前提。(4)资本经营的根本目的是为了推进企业经营战略和经营管理的需要，选择不同的资本经营形式。这些形式包括收购合并、股权置换、资产重组、项目融资、托管租赁、分立、技术入股、品牌输出等。灵活、快捷、高效是资本经营形式的决策原则。

## 五、资本结构中各种比例关系的设计

西方资本结构只是讨论了权益资本与债务资本的比例关系，其局限性是十分明显的。从概念的内涵分析，资本结构应该是企业资本诸组成要素、诸方面相互联系和相互作用的内在关系与形式。

具体地说，资本结构的内涵包括资本结构的要素及其比例关系：(1)权益资本与负债筹资的比例关系，这无疑是资本结构的基本分类。(2)长期资本与短期资本的比例关系，直接体现企业资本结构的融资风险和偿债压力。(3)资本各种筹资方式的比例关系。企业筹资方式既有内部筹资和外部筹资之分，又有直接筹资和间接筹资之分。不同的筹资方式及其结构比例，反映着不同的筹资机制、效率和筹资费用高低。(4)各有关投资者成员之间资本投入数额的比例关系，这种结构的变化会制约企业的产权结构、企业体制与权利分布。所以，资本结构是一个多因素、多变量、多层次集合而成的复合性系统。资本结构问题把不同资本要素、不同资本所有者主体、不同时间跨度、不同层次的各种资本元素或成分加以综合协调，形成一个有机整体。

资本结构是一个企业财务状况和发展战略的基础，作为经营者对于资本结构应该考虑的问题是：(1) 根据企业所处的行业状况、金融市场的运行情况、企业未来销售的成长性与稳定性、投资项目的性质、资产使用结构、企业获利能力等因素抉择本企业的资本结构。(2)谨慎利用负债经营。负债经营必须适度，尤其是对那些回

收期长、市场前景难以把握、高风险的项目。(3)开源节流,提高资产营运能力、资本经营运作水平和资本结构的管理能力。资本结构是一种动态组合,现有的、合理的资本结构会因各种主客观条件的变化而演变为不合理结构。经营者理财的基本任务是通过筹资、投资管理调整不合理资本结构使之趋于收益、风险、成本相配比的新的资本结构。

## 六、经营效益、管理效益、政策效益的矛盾与协调

企业效益的获取和保障程度来于三个方面:经营、管理和决策。

经营效益主要是经营者面向商品市场、货币市场和资本市场的合理、及时决策所带来的对于企业财务成果和财务实力的影响。这种效益无疑也表现为商品经营效益、货币经营效益和资本经营效益。这无疑是经营者谋求提高企业效益的重要方面。

管理效益来自于良好的内部控制系统。构建合理的公司内部治理结构是经营者财务的重要方面。通过内部控制加强,企业可以加强内部协调运作,减少内耗和抵御外部市场的不利因素,保证经营效益的实现。显然,管理效益是经营效益的基础和保障。只有通过科学、合理的内部控制系统的设计和运作,加强内部管理,经营者在商品市场、资本市场的运作才是可靠的基础,才能保证经营者经营效益的实现和战略目标的达成。所以,经营者在关注各类市场运作的同时,也必须重视内部控制系统的构建和运作。

政策效益是由于利用各级政府一定时期的改革措施与政策,如产业政策、税收政策、价格政策、成本政策、折旧政策、货币政策等方面优惠政策而带来的超出社会平均的经济效益。对于经营者来讲,这是经营效益和管理效益的有益补充,经营者应该善于合法地利用这些政策为这些企业谋求最大效益。这就要求经营者熟知各项最新的法律、法规、制度,并洞质察其变动趋势,以在经营决策中充分地考虑这些因素的影响。但与此同时,必须认识到,这些政策效益经常是一时性的,而不是永久的,将政策效益作为依靠是危险的。

## 七、出资者财务、经营者财务和财务经理财务的统一与协调

在出资人理财的要点上,首先要肯定是在国有企业中,国有股所占比重过大。由于国有资本出资人主体具有不确定性,政企不分、政资不分的问题难以得到解决,难以形成有效的公司治理结构。股权过度集中不利经营者阶层在更大范围内接受多元化产权主体对企业经营活动的监督和约束,容易形成内部人控制,损害股东尤其是小股东的利益。为此,必须培植多种形式的出资人主体,以利于建立有效的公司治理结构。一个有效的公司治理结构能给公司的经营者适当的约束,使他们的行为符合出资人的利益,并且在公司经营状况不佳时,有能力撤换不称职的经营者。

经营者财务在出资者的监控下,一方面要通过正确的决策保证企业资产的高效、有序运营。另一方面要通过合理的组织和协调,尽可能减少或消除企业内部层次上的代理关系带来的代理成本,使组织系统的运转阻力最小。最后,使出资者、经营者和财务经理三个层次的财务管理的协调运转是经营者理财的基本使命,并成为企业财务管理的关键。

在财务经理财务层次上,我们强调财务经理财务是操作性财务,要有具体明确的着眼点和可操作的目标。如果以股东财富最大作为几个层次财务管理的最终目标,专业财务管理的目标也就是通过对于现金流转的管理实现现金性收益的最大。

上述对经营者理财七大矛盾的分析,旨在探讨作为经营者应该就那些问题进行思考和承担经营责任,这七大矛盾也成为企业财务的宏观问题。这些矛盾从企业财务目标的把握,到投资方针、筹资结构,再到内部控制组织与外部环境的分析,从财务基本观念到财务组织保证。这些矛盾之间相互影响、相互制衡形成了一个经营者财务的矛盾体系。这些虽然没有也不可能穷尽经营者财务的全部问题,但是它从操作上进一步明确了经营者在企业财务管理中的核心和主导地位,并为市场经济条件下上市公司的财务管理工作指出了有益的选择方向。

# 第二节

# 完善上市公司财务管理的三大机制

长期以来，我国企业大都以“利润最大化”作为企业财务的终极目标，由于这一目标没有考虑到资金的时间价值、风险价值、投入和产出的关系，往往导致企业财务决策的短期行为，所以逐渐被否定。后来又提出“企业财富最大化”或“股东财富最大化”。虽然克服了“企业利润最大化”目标的缺点，体现了企业所有者对资本保值增值的要求，但其缺陷也是显而易见的。其实，只有追求“持续发展能力的最大化”，才是上市公司财务管理的目标所在。

## 一、上市公司财务管理目标：持续发展能力的最大化

市场经济是以市场对资源的配置为基础的竞争经济，企业财务管理目标的确立必须考虑以下几个关系：（1）财务管理目标应当与企业管理的最高目标保持一致。通过开展财务管理工作促进企业管理最高目标的实现。（2）财务管理目标必须是经济性目标与社会性目标的统一。经济性目标强调企业的经济责任，谋求经济效益的最大化，这是由所处的社会环境所决定的。（3）财务管理目标必须是战略性目标与战术性目标的有机结合。财务管理目标如果不能体现企业的战略发展思想，必然会导致财务管理以牺牲长远利益为代价来换取眼前利益的短视行为，并由此滋生安于现状等阻碍企业发展的思想。（4）财务管理目标必须是所有者利益与其他主体利益的最佳结合。市场经济条件下，与企业存在利益关系的除所有者外，还有债权人、职工、供应商、消费者及政府等。各利益主体间是“合作伙伴”关系，强调的是“双赢”。无论制定何种财务政策，都必须合理兼顾企业所有者利益与其他主体利益，决不能厚此薄彼，更不能顾此失彼。总之，权衡以上关系，建立“持续发展能力最大化”才是现代企业财务管理的目标。这样才能协调多方利益，促进现代企业制度建立，有利于企业实现可持续发展目标。

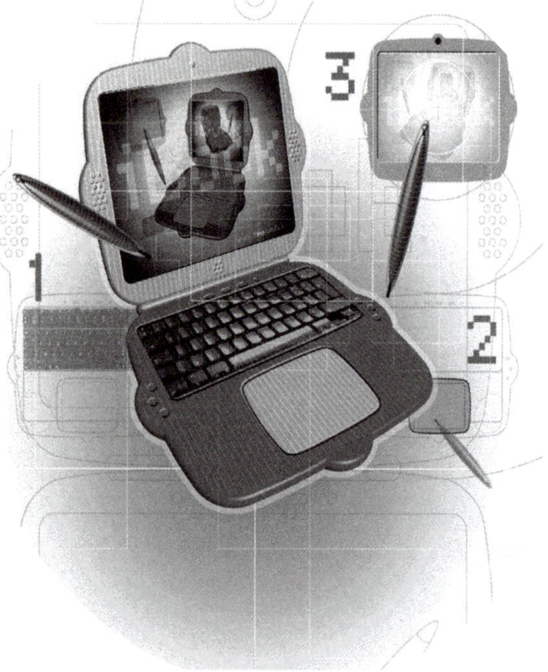


从财务管理角度出发，“持续发展能力最大化”目标具体体现在以下五个方面：

### 1. 市场竞争力

一般认为公司的经营额、市场占有率、技术水平和客户需求实现程度等因素所形成的综合竞争能力高低是决定企业成败的关键。如果决策行为追求的是竞争力，即使现在微利或者有所损失，也有利于企业长期发展，并随着竞争力的加强，发展潜力会越来越大。因此，市场竞争力是“持续发展能力最大化”目标的首要内容。

### 2. 获利增值能力

通过投资收益率、营业利润率、成本费用利润率等指标反映的获利能力，是衡量和评判企业持续发展能力的又一重要因素。因为盈利是市场经济条件下企业生存和发展的基础，也是开展财务管理工作的基本目的，任何企业都必须追求利润，最大限度地获取合法利润。

### 3. 偿债能力和信用水平

偿债能力与企业的持续发展能力密切相关。偿债能力强的企业一般具有良好的发展势头或发展潜力。由于偿债能力是通过资产负债率、流动比率、速动比率等指标反映的，如果企业不能积极主动地把握这种能力，及时足额地偿还债务，就会失去债权人的支持，影响其持续发展能力。

### 4. 资金营运能力

应收账款周转率、存货周转率等指标是用于衡量企业财务资源使用效率的。一般情况下，这两种周转率快，表明企业的经营状况良好，企业的供、产、销的转换能力较强，处于正常的发展状态；反之，则表明企业销售渠道不畅，资金回收缓慢，供、产、销的转换周期较长，这种情况下企业很难做到持续稳定的发展。

### 5. 抵御风险的能力

市场情况复杂多变，收益与风险共存。根据“风险同酬”理论，一般情况下，收益越大，风险越大；收益增加，同样风险也增加；收益率高会增强企业的持续发展能力，而高风险则会削弱持续发展能力，甚至使这种能力丧失殆尽。因此，衡量持续发展能力是否达到最大，不但要分析收益率，而且要考察企业抵御风险的能力。只有收益与风险处于最佳结合点时，才能使企业的持续发展能力达到最大。

为了实现当前财务管理持续发展能力的最大化，我国的上市公司必须克服现今普遍存在的预算功能缺失、财务预警能力差、投资盲目、分配方案陈旧等一系列问题，探索适合我国国情的财务管理体制创新是企业可持续发展的惟一出路。

## 二、实现上市公司财务管理目标的三大机制

财务管理是企业经营活动的内容之一，是企业生存和发展的基础。对现代企业来说，只重视产品经营和资本运营只能保证企业的一时繁荣，而要想长期立于不败之地，就必须重视财务管理。在我国，大多数上市公司是由国有企业和企业化机构改制而来，尽管实现上市，但是原有计划经济的影响很难短时间消除，表现在公司经营上，过分重视产品经营，而忽视财务管理，在预算管理、风险预警管理、利润管理上尤其不够。

### （一）预算管理机制

#### 1. 预算的涵义

预算是一种系统的方法，用来分配企业的财务、实

物、人力等资源，以实现企业既定的战略目标。企业可以通过预算来监控战略目标的实施进度，有助于控制开支，并预测企业的现金流量与利润。预算本身并不是目的，更多的是充当一种在公司战略与经营绩效之间联系的工具。预算体系在分配资源的基础上，主要用于衡量与监控企业及部门的经营绩效，以确保最终实现公司的战略目标。

企业的经营管理是一个复杂系统，期望仅仅通过数据“表面文章”来得出全面预算是不可能的。预算真正要发挥其辅助战略目标实现的作用，不但要考虑所有直接影响公司经营绩效的因素，而且更为重要的是要与绩效管理体系相结合，形成一个完整的、涵盖面广的企业业绩控制系统，预算才能够名副其实地扮演起战略监控的角色。预算管理应当至少包括以下五个组成部分：(1)企业应当具备明确的战略规划，即公司发展战略与年度战略行动计划。(2)根据战略规划，公司和部门编制各自的年度运作计划，其中应该涵盖收入、成本费用、资源投入、业务活动安排等多方面内容，这一切都有助于生成公司关键绩效指标和非财务部门类的关键绩效指标。(3)根据年度运作计划，各个业务部门编制收入预算和成本费用预算，管理部门编制费用预算，同时生成各部门财务类关键绩效指标。财务部门在汇总各部门运作计划和预算后，形成公司资金预算和利润预算。(4) 企业各级管理层利用管理报告定期对预算执行情况进行分析、监控及决策。其中，管理报告的主要内容包括定期的财务分析与平衡分数卡的实施现状。(5)在经营目标执行的过程中，管理者可以借助于各种层次，不同时间的管理报告来监控经营进度，并通过高效的管理评估机制迅速采取相应的行动方案，及时解决出现的问题。若有必要，甚至可以对原有的全面预算体系和关键绩效指标体系做出必要的调整，使之更好地适应公司实际经营情况和不断变化的市场环境需要，实现公司既定的战略目标。

### 2. 防范预算编制误区

在企业预算编制中，往往会忽略预算编制的方法。错误地认为只要能得出最终结果，就可以不择手段，致使预算编制耗时耗力，操作成本居高不下。预算编制成果并没有得到公司员工的认同，常常伴随某些不正当的利益纠纷；预算体系僵化难以适应多变的经营环境。这主要是对预算工作方法的误解造成的：(1) 误区一：预算应当从上往下逐级推进预算。这种预算强调公司投资者与经营层意志而往往忽略了各执行部门的现实情况，实际上其他各部门对最后通过预算中大部分目标值感到难以操作，最终抵制预算的执行，也不认同公司根据这些预算结果对部门业绩所作的评价。(2)误区二：预算时间安排在年初。这一习惯想法使得预算难以控制第一季度的实际经营绩效，而且由于没有根据金融市场的变化对预算进行调整，很少被真正用于考核与监控。(3)误区三：预算编制只是财务部的工作，其他部门仅处于辅助、执行的地位。在某些极端的情况下，业务部门是在预算正式公布的时候才获得信息，根本不了解预算编制的原则，因此这样的预算往往缺乏可操作性。

在管理实践中无法找到一种适合于任何行业及企业的预算体系。一般而言，决定或者影响企业采取何种具体预算编制方法的因素主要有：企业的行业性质、业务特点；企业的组织架构与决策程序、企业的财务会计体系；企业的管理等等。而且，预算不应当是僵化的，它本质是一种流动的管理行为，具有调整、创新的内涵。

### 3. 预算管理机制的作用

预算本身并不是一种终极目标，而是一种有效的企业业绩管理工具。企业管理者可以通过预算管理的实际应用，在如下几个方面得到改进效果：

(1)战略管理。预算作为一种在公司战略与经营绩效之间联系的工具，可以将既定战略通过预算的形式加以固化与量化，以确保最终实现公司的战略目标。最佳实践将企业制定、执行预算同公司的战略结合起来，有助于调整公司策略，得到有关机遇和挑战的反馈，最终提高公司战略管理水平。

(2)绩效考核。预算是绩效考核的基础，科学的预算目标值，可以成为公司与部门绩效考核指标的比较标杆。预算管理在为绩效考核提供参照值的同时，管理者也可以根据预算的实际结果去不断修正、优化绩效考核体系。确保考核结果更加符合实际，真正发挥评价与激励作用。

(3)资源分配。全面预算体系中一部分数据会直接衡量下一年度企业财务、实物与人口资源的规模，可以用来作为分配资源的重要依据之一。

(4)风险控制。全面预算体系可以初步揭示企业下一年度的预计经营情况，根据所反映出的预算结果，预测其中的风险所在，并预先采取防范措施，从而达到规避与化解风险的目的。

(5)收入提升与成本节约。全面预算体系中包括有关企业收入、成本、费用的部分。通过对这些因素的预测，并配合以管理报告与绩效奖惩措施，可以对下一年度的实际经营水平进行日常监控与决策。当公司的收入、成本费用水平偏离预算时，企业决策者就可以根据管理报告中反映的问题采取必要的管理措施，加以改进。而且考虑到收入与成本费用间的比率关系，全面预算体系可以为收入水平增长情况下的成本节约提供较为精确的估计。

“凡事预则立，不预则废”，在现代管理实践中也莫不如此，做好预算工作，对企业发展具有全局性意义。

## （二） 财务预警机制

财务预警系统是以企业信息化为基础，对企业在经营管理活动中的潜在风险进行实时监控。它贯穿于企业经营活动的全过程，以企业的财务报表、经营计划及其他相关的财务资料为依据利用财会、金融、企业管理、市场营销等理论，采用比例分析、数学模型等方法，发现企业存在的风险，并向经营者示警。它与财务评价系统相互依赖、相互补充。

### 1. 财务预警系统的功能

财务预警系统具有以下功能：(1)收集信息。它通过收集与企业经营相关的产业政策、市场竞争状况、企业本身各类财务和生产经营状况信息，进行分析比较，判断是否进行预警。(2)预测危机。经过大量信息的分析，当出现可以危害企业财务状况的关键因素时，财务预警系统能预先发出警告，提醒经营者早作准备或采取对策，避免潜在的风险演变成现实的损失，未雨绸缪方能防患于未然。(3)控制危机。当财务发生潜在的危机时，财务预警系统还能及时寻找导致财务状况变化的根源，使经营者有的放矢、对症下药，采取有效的措施，阻止财务状况进一步恶化。

### 2. 财务预警系统的创建思路

财务预警系统建立的关键是如何确定预警的指标和判断预警的警戒线。建立的方式有以下两种：

(1)单一模式。单一模式是通过单个财务比率的恶化程度来预测财务风险。可设立：

债务保障率 = 现金流量 / 债务总额；

资产收益率 = 净收益 / 资产总额；

资产负债率 = 负债总额 / 资产总额；

资金安全率 = 资金变现率 - 资产负债率；

（其中，资金变现率 = 资产变现金额 / 资产账面金额）

企业良好的现金流量、净收益和债务状况可以表现出企业长期的、稳定的发展态势,所以跟踪考察时,应对上述比率的变化趋势予以特别注意。当这些指标达到经营者设立的警戒值,预警系统便发生警示,提醒经营者注意。企业的风险是各项目风险的整合,不同比率的变化趋势必然表示出企业风险的趋势,但单一模式没有区别不同比率因素对整体的作用,也不能很好地反映企业各比率正反交替变化的情况。一个比率变好,另一个比率变坏,很难做出准确的预警。

(2)综合模式。是运用多种财务指标加权汇总产生的总判别值预测财务风险,即建立一个多元线型函数模型,来综合反映企业风险。

$$Z = 1.2X_1 + 1.4X_2 + 3.3X_3 + 0.6X_4 + X_5$$

其中:Z 表示判别函数值;$X_1$ 表示营运资本 / 资产总额;$X_2$ 表示留存收益 / 资产总额;$X_3$ 表示息税前利润 / 资产总额;$X_4$ 表示普通股和优先股市场价值总额 / 负债账面价值总额;$X_5$ 表示销售收入 / 资产总额。

该模式是以五个财务比率,将反映企业偿债能力的指标($X_1$,$X_4$)、获利能力指标($X_2$,$X_3$)和营运能力指标($X_5$)有机联系起来,综合分析预测企业风险。一般认为 Z 值大于 2.675 时,表明企业财务状况良好;当 Z 小于 1.81 时,表明企业财务状况堪忧;在 2.675 和 1.81 之间,说明企业财务状况不稳定。

综合模式认为,企业是一个综合体,各个财务指标之间存在着某种相互联系,对企业整体的风险影响作用也是不一样的。这种模式给企业一个定量的标准,从总体角度检查企业财务状况,有利于不同时期财务状况的比较。但由于企业规模、行业、地域等诸多差异,使得二者不具有可比性。

### (三)利润管理机制

利润管理是企业目标管理的组成部分,上市公司管理当局对利润进行管理的目的有三:利润压缩、利润捻出和利润平滑。经营者进行利润压缩的主要动机在于节约税金,为了少纳所得税及其他与收益相关的税费,在宪法允许的范围内尽可能多计费用的形式进行利润处理;利润捻出的动机是通过给会计信息使用者以公司经营状况良好的形象,以图能够比较容易地筹集到企业活动所需要的资金。经营状况较好的企业,其股票价格也较高,发行一定的股票能筹集到更多的资金,还能顺利地发行公司债,从银行借到所需的资金。此外,经营者还可能出于个人动机进行利润捻出。如为了保住自己的地位,就在股东大会上以捻出利润来赢得股东的支持;当自己工资主要由会计上的利润来决定时,出于增加自己报酬目的而捻出利润;利润平滑是实现公司收益稳定的会计行为,收益经常剧烈波动的公司,会降低投资者的信心,增加公司的融资成本。

严格意义上的利润管理并不违背会计原则,现行的会计理论和制度对利润管理有相当的支持,在我国,做好利润管理,可以大大节约筹资、再发行、并购等方面的成本,对企业的发展具有良好的现实意义。

## 三、上市公司财务管理机制的创新思路

随着科学技术的日新月异,社会经济形态从工业经济向知识经济迈进,使得企业财务管理的对象发生了深刻变化:企业资产形态、竞争力要素、经营行为、产品、分配方式等同以前大相径庭,因此探讨新经济条件下的财务管理创新,是企业成功的必然选择。

### (一)转变企业理财观念

企业理财不能只盯住物质资产和金融资本,还必须注意以下几点:(1)认识知识资本,了解知识资本的来源、特征、构成要素和表现形式;(2)承认知识资本,认可知识资本是企业总资本的一部分,知识资本与企业市场价值和企业发展存在密切关系,知识资本应分享企业财富;(3)直视和利用知识资本。要为知识创造及其商品化提供相应的经营资产以发展知识资本,又要充分利用知识资本为企业提供持续的利润增长,从而实现企业财务经营管理的目标。

### (二)加强培训、提高财务人员的素质和创新能力

对包括知识资本在内的企业总资本进行市场化运

作管理具有很强的专业性、技术性、综合性和超前性，用管理有形资产的传统手段难以适应，必须提高财务人员的适应能力和创新能力。首先，财务人员要有扎实的经济和理财理论基础，又有良好的现代数学、结合网络技术基础、灵活和多变，能从经济、社会、法律、技术等多角度进行分析并制订相应的理财策略；其次，能不断汲取新知识，开发企业信息并根据变化的理财环境，对企业的运作状况和不断扩大的业务范围进行评估和风险分析；最后，要能适应知识经济发展的要求，根据国际金融的创新趋势和资本的形态特点，运用金融工程开发融资工具和管理投资风险等。

## （三）积极开展对知识资本的扩张研究和个案研究

从我国目前的经济发展水平、产业结构和企业产品结构来看，短期内不会有大量的企业直接成为知识型企业。国际上没有成熟的理论，对我国的企业更是一个全新的尝试。如何成功地对知识资本进行运作是现代企业理财的重点理论实践问题。因此，企业必须开展理论研究和个案分析：一是要研究知识理论的构成要素和市场化形式，寻求知识资本的有效运作管理方法。二是要研究知识资本的计量方法，确定知识资本价值，研究知识资本的证券化形式和估价方法。三是要对知识运作的个案进行分析，总结企业知识资本运作的操作方案。

## （四）重视知识产权法在企业理财中的作用

在传统的企业财务管理中，有形资产的运作较少涉及知识产权法问题，随着知识资本逐渐成为企业资本形态的主要形式，对知识产权的保护是知识资本保值增值的基本前提。因此，实施知识资本及其与之有形资本组合的运营管理必须结合法定知识产权法进行操作，以保证企业财务目标的实现。

加强对知识资本的管理和创新是未来上市公司财务管理创新的思路。具体内容上要加强财务管理目标、融资管理、资本结构优化、风险管理、财务分析内容、财务成果分配方式等方面的创新。这些创新都应当围绕未来知识经济的特点设计思路和方法，努力实现我国上市公司资本运营的高效、高速。

总而言之，上市公司财务管理是个长期系统的工程，只有坚持“持续发展能力的最大化”目标，采取多方面措施，才能保证上市公司财务管理的科学化、规范化运作，从而提升上市公司素质，进而促进国民经济的健康发展。

# 第三节 会计信息失真与财务监督体系的完善

会计信息失真的问题一直是困扰我国上市公司的重大问题。本文通过对会计信息复杂性和违法性会计信息失真的根源等问题的探讨，说明完善财务监督体系的重大意义。

从宏观的角度看，上市公司提供的会计信息是一种社会公共产品。会计信息与投资者的投资决策、债权人的信贷决策、对企业经济价值的评价、政府对企业的监管等，都密切相关。因此，企业会计信息的反馈质量，不仅影响到与企业有利益关系的投资者、债权人等群体的经济利益，而且影响整个国家的经济秩序和社会秩序。

然而，会计信息的复杂性正日渐遮蔽投资者的目光，会计信息失真已成为影响世界经济发展的“瘟疫”。

## 一、会计信息复杂性的成因分析

当前，会计准则的制定越来越多地以具体规则为基础。因为以基本原则的基础的国际会计准则太抽象化和原理化，需要会计执业人员具有较高的专业水平和良好的道德操守。尽管不论会计准则多么详尽，会计信息仍然可能严重地失真，会计信息的复杂性使得会计退落成“黑箱会计”。无论是作为一种被迫的经验，还是一种理性的选择，会计信息必须实现由复杂性向明晰性的回归。

会计信息复杂性的成因主要有以下几个方面：

### （一）会计信息质量要求多元化

会计信息的质量要求包括相关性、重要性、明晰性、可靠性、可比性、完整性、中立性以及实用性等，这些质量要求相互依存，共同对会计信息以至整个会计体系发生作用，会计信息需要通过财务报告来呈现，如果表述不清晰，将影响信息的决策有用性，随着会计信息使用者的范围急剧扩大，信息使用者对财务报告的解读能力参差不齐，从客观上对会计信息质量的明晰性提出了更高的要求。在财务报告中应该用通俗易懂的语言简明的陈述及形象化的图表，以增强会计信息的可理解性，并在简洁与充分上取得恰当的平衡，会计信息明晰性要求在会计信息的确认、计量、账务处理、成本计算、收益分配到最后生成会计报表等一系列过程中达到清晰、简明的效果，易于为信息使用者所理解和利用。会计信息的提供其间又不可避免地夹杂会计人员

个人的主观判断，这样也会增强信息的复杂性。

### （二）会计准则的不一致性

会计准则应为适应经济环境变化而进行即时调整，不过这在客观上产生了一些准则间的不一致性。如股票期权的会计处理上，股票期权在行权时才确定费用；又如无形资产方面将研发成本在发生时计作期间费用，而不予以资本化等。这种不一致性会被公司利用，以隐瞒资产或负债。会计信息是主观判断的产物，稳健性原则下的高估费用的损失、低估收入利得都缺乏具体的刚性标准；重要性原则下如何界定重要项目与不重要项目，会计政策、会计估计的可选择性等，这些因素都具有主观的性质，使得会计信息复杂、难懂。因而，会计灵活性也常被利用进行盈余操作。

### （三）混业经营

混业经营公司的财务报告要比单一业务公司复杂得多。安然公司曾是世界头号天然气交易商和美国最大的电子交易商，它还从事煤炭、纸浆、纸张、塑料和金属交易，为世界各地的客户提供金融和风险管理服务。通用电器（GE）涉足超过10多个截然不同的行业，每种行业的风险和边际收益相差很大，分析GE财务报告显然比非混业经营的困难得多。安然公司等一系列跨国公司财务丑闻发生以后，投资者对那些业务复杂的大公司普遍怀疑，于是更加仔细地检视它们的财务报告，结果惊讶地发现像Ford、HP、GE、IBM、Coca-Cola等知名的大公司的财务报告一样复杂得令人费解。

### （四）组织结构设计与关联方交易

与控股相联系的公司间的相互交叉持股包括子公司持有母公司股份，给会计来很大的复杂性。特别目的实体是指通过契约或其他商业约定的形式设立的，被用来融资，提供流动性，分散风险，信用支持，套利研发等的组织（包括虚拟组织）。安然公司拥有错综复杂的庞大合伙企业网络组织，为特别目的设立了约3000家合伙企业和子公司，利用合伙企业网络组织自我交易，涉嫌隐瞒巨额损失，如此多的特别目的实体形成了永远无法探明的“财务黑洞”，通过特别目的实体将资产或债务转移到表外，以及由于关联交易注重法律形式而不重经济实质，因而通过关联方之间的剥离、重组等制造了大量假象。

### （五）融资创新

名目繁多的衍生证券（混合证券）的出现，使得资产负债表愈加复杂难懂。公司常使用各种金融工具，以将负债抛在表外。安然公司在处理资产的方式上“玩”出了许多衍生金融工具，而这些衍生出来的金融工具对审计师、投资者等甚为陌生。在判断这些交易是否合理时，会计师常表现得无能为力。安然公司几乎把所有的资产都转化成金融工具，而这些是以未来不确定性交易为保证的。由于金融工具创新，使安然公司会计利润大幅增加，事实上这些利润是不确定的，而会计评估其利润，就缺乏相应的标准。

### （六）信息不对称与道德风险

会计信息的提供者与使用者之间有在着时间上、内容上的对称。与公司管理层相比，财务信息使用者明显处于信息劣势中。管理层为追求财务和经营目标，增加了不恰当会计处理的道德风险。管理层极有可能利用会计自身的弱点，在复杂会计信息的遮掩下，蓄意杜撰虚假的信息欺骗资本市场和信息使用者。过于详尽和面面俱到的信息反而模糊了更重要的信息，财务报告甚至成为数据理的“垃圾桶”。

要克服会计信息复杂性带来的会计工作中的种种问题，不仅要以“原汁原味”制定会计准则，而且还应当在强化审计的正直性及监管立法，树立对复杂信息的惩罚机制，完善公司组织结构，在加强诚信教育等方面做大量的工作，做好这些工作不是一蹴而就的事情。

## 二、会计信息失真的根源

从会计信息失真现象产生开始，人们责备的目光就投向了属于企业管理体系组成部分的会计工作，以及用来规范企业会计行为的会计准则与会计制度本身。然而,会计准则与会计制定者和企业会计工作者的艰苦努力,却未能根本上扭转会计信息失真的局面。这使得我们不得不去反思造成企业会计信息失真的真正原因,以便“对症下药”。

## (一)会计信息失真的判断标准

在会计发展过程中,即使在发达的市场经济环境中,会计信息失真的现象都不同程度地存在。美国财务会计准则委员会(FASB)于1980年5月发布了“财务会计概念公告”,将“反映真实性”作为会计信息的质量特征之一,并确立了关于会计信息“真实性”的以下观点:(1)认为真实性“就是一项数值或说明符合它意在反映的现象”。(2)认为反映“真实性”、“可核性”、“独立性”等共同构成会计信息的“可靠性”,而可靠性是会计信息主要质量特征之一。(3)反映真实性存在“反映真实性的程度”、“精确和不肯定性”、“偏向的影响”、“完整性”等问题。

我国《企业会计制度(2001)》将“真实性”作为企业提供会计信息的首要原则,要求“会计核算应当以实际发生的交易或事项为依据,如实反映企业的财务状况、经营成果和现金流量”。据此可以得出关于会计信息“真实性”标准的几点初步结论:(1)尽管不同机构颁布的会计准则都明确要求会计信息具有“真实性”,但其各自对会计信息“真实性”含义的理解并不完全一致,会计信息的“真实性”含义值得进一步研究。(2)不同的会计准则制定者总是将对会计信息的“真实性”要求与会计信息的“可靠性”质量特征联系起来进行理解,认为只有具有“真实性”的信息才是可靠的,可靠的信息首先必须是真实的。会计信息的“反映真实”特征存在“程度”问题与“风险”问题。也就是说会计信息对企业经济活动进行反映的真实程度在不同时间和不同空间具有差别,会计信息完全真实地“再现”企业经济活动的要求具有“风险性”。

## (二)会计信息“绝对真实”与“相对真实”

会计信息“绝对真实”是指会计信息对企业经济活动本来面目的“再现”。这种“绝对真实”是会计信息对企业财务状况、经营成果和现金流量情况,在“百分之百”程度上的原本表现。实际上“绝对真实”只是一个理论上的“真实性”,而且,“绝对真实”的会计信息不一定就是能够满足信息使用要求的会计信息。

“相对真实”是指会计企业经济活动基本特征的准确描述,其以“不歪曲”企业经济活动情况为基本判定标准。“相对真实”是一种现实的“真实性”。“相对真实”意味着其必须依据会计准则与会计制度要求,处理

和提供会计信息,达到“合法性真实”的要求。实际上,会计人员只要严格而准确地按会计准则与会计制度规范处理会计业务,提供会计报表,其行为和结果都应当作是“合法”,其会计信息也是“相对真实”的。以“绝对真实”信息质量标准来要求会计工作者既不现实,也无必要。

## (三)违法性会计信息失真的原因分析

从宏观层面分析会计信息失真的原因,主要是判断企业会计系统运行的制度基础状况,这些因素对会计信息质量的影响往往是根本性的。具体可从下面几点判断:(1)市场经济体制的建立与完善程度。包括现代企业制度的建立,产权关系制度的确立,通过市场优化资源理念等。(2)市场秩序的规范化程度。包括市场机制、

市场规划、市场监管制度体系及其执行的有效性等。(3)投资者行为理性化程度。包括投资者群体的理性投资理念,投资风险防范与约束机制等。(4)法律约束的有效性。包括对资本市场各个参与者行为的法律约束,对资本市场监管者的法律约束,对企业经营行为的法律约束,对企业会计行为的法律约束等。

从微观层面分析会计信息失真的原因,主要是判断影响企业会计系统运行的各个决定性因素是否以合理的方式存在,这些因素对会计信息质量的影响是最为直接的。从企业角度进行分析,重点包括治理结构、组织管理体制、内部产权规划、创新机制、内部控制体系、约束与奖励机制等;从企业会计角度进行分析,重点包括企业会计政策选择机制、会计核算规范体系、会计信息质量控制体系、会计信息质量保证体系等。

一般认为,违法性会计信息失真是会计信息失真的严重部分,值得单独探讨,他的主要动因在于:(1)市场经济制度的不完善为会计信息失真提供了环境条件。主要包括:市场运行过程中人为因素的大量存在,市场管理者及监管者的非理性行为;市场参与者的非市场经济意识。(2)“人的有限理性”是违法性会计失真的内在动因。主要包括:经营者利益与产权所有者利益的矛盾;经营者约束机制失灵;经营者激励机制不合理;企业整个管理控制制度失效或虚设,特别是内部控制制度的缺陷。(3)硬性法律法规制度的“软约束”。主要包括:执法不严;执法不及时;对资本市场各参与者的法律约束失衡和软化。

总而言之,我国企业存在的会计信息失真其主要根源不在会计系统与会计制度本身,而是有深层次的原因,即财务监督。因此要遏制和消除违法性会计信息失真,就必须尽力完善企业内部财务监督体系。

## 三、完善财务监督体系,规范上市公司财务信息披露

如果上市公司不能建立完善的内部财务监督体系的话,对内,财务管理将会失灵,公司的委托代理成本会上升,公司业绩会下降;对外,公司披露的会计信息会扭曲失真,公司的信誉会受损失,整个经济体系的交易成本会上升,最终受损的将是整个国民经济和广大投资者。

为进一步完善我国上市公司内部财务监督体系,需要从以下几个方面入手:

### (一) 建立和完善独立董事制度,充分发挥独立董事在财务监督中的作用

首先,独立董事的产生必须合理化、制度化。独立性是独立董事灵魂。要保证选出的独立董事与大股东的管理层没有利益上的牵连。应当限制和剥夺大股东或管理层在选择独立董事上的话事权,避免他们总能选出的是符合条件的对自己“无害”的独立董事。在具体操作上,可以规定大股东不参与独立董事提名,股东大会表决时限制大股东的投票权等。

其次,在财务监督中赋予独立董事更大、更具体的操作权利。应当规定独立董事在会计与审计委员会及提名委员会中占一半以上比例并担任主席;财务总监由独立董事提名;注册会计师由董事选聘等。公司的财务报告应在全体独立董事同意之后方可报出。独立董事的不同意见应该明确记录并可以发布在有关报纸上。

再次,对于独立董事的薪酬设计应当合理,现在西方国家支付独董薪酬的形式一般是少量的现金报酬加上一定的股票期权,这样既能起到激励作用,也不会使独立董事在经济利益上过度依赖企业,而且,应当建立起独立董事责任追究制度。

### (二)重构监事会的体制和功能,真正实现监事会在财务监督组织体系中的核心地位

首先,应改变监事会的构成。代表大股东的监事与公司职工监事不能超过监事人数的1/2。应当有代表中小股东的监事,应当有代表债权人的监事。外部监事在监事会中应当占有控制地位。其次,改革监事的提名,薪酬制度,增加监事会的独立性。目前,很多公司的监事是由董事会甚至是管理层提名的,薪酬也由其决定。今后可以改由股东大会选出的提名委员会提名,提名委员会中来自利益各方的委员应当均等。监事薪酬应长期稳定,由股东大会在聘用时决定。今后独立董事制度落实

之后，监事提名与薪酬也可以由独立董事控制和提名、薪酬委员会负责。然而最重要的是做好人才的选拔、并赋予监事具体权利与义务。

## （三）建立债权人介入公司财务监督制度，实现金融资本和产业资本的有机融合

我国上市公司的财务监督中没有明确提出维护债权人的利益，这是不合理的。我国上市公司资产负债率高，把债权人的相对治理引入财务监督中会带来积极作用。我国相关法规应当就债权人在公司治理中发挥作用的机制路径做出明确规定，债权人出于自身利益的考虑也应当积极参与公司的财务治理与监督。尤其对于我国四大国有银行来说，在面临高额不良资产、资本金不足的压力下，更应当多渠道介入债务公司的治理与监督之中，否则，所谓债转股只能相当于债务的豁免，这应当与银行业自身的改革相联系。四大国有银行只有真正实行了对资产业务的科学管理，才能形成金融资本和产业资本自由融合、互动的体制，从根本上解决“债权人缺位”的问题，把银行对企业的财务监督落在实处。

## （四）优化上市公司的融资结构，避免出现一股独大的局面

我国应当吸取发达国家特别是欧美国家在防止股权集中方面的经验，如英国规定持有上市公司30%以上股份的就要协议收购剩余股份，美国规定联邦养老基金在上市公司股份中得超过10%等。大股东的势力削弱有利于财务监督的进行。还应当改革国有股流通体制，拿出切实可行的国有股减持方案，建立完善的国有股投资、流动、退出机制，使国有股活起来。应当改革现有的国资委托经营的方式，从根本上解决“所有者缺位”的问题，融资结构合理化，财务监督体系才能合理化。

## （五）完善我国证券市场，加强对上市公司的监管，重建企业信用制度

财务监督虽然主要是由公司内部完成的，但也有赖于完善的市场环境，完善的证券市场对公司有较强的事前监督和事后监督作用；财务信息披露制度和公司信用制度，将极大地增加财务舞弊的成本，促使其加剧财务的监督与管理。同时，良好的市场环境也有利于公司融资结构的优化。

总而言之，我国上市公司在吸取西方财务监管工作方面的经验教训的同时，应针对我国企业的发展实际，不断探索财务管理监管体制创新。相信在国家法制环境改善条件下，上市公司财务信息失真的局面一定能够得到改善。

# 第三章　上市公司法人结构治理

## 第一节　科学设计上市公司资本结构

一、"公司式"治理的天然缺陷

二、股权结构设计应倾向于股权制衡

三、资本结构设计要着眼于企业项目融资与发展

## 第二节　董事会与监事会的监督职能探讨

业务监督:监事会的天然职责

内部监督:董事会无法回避

"两会"的监督协调

## 第三节　创设上市公司治理评级体系

一、评级体系的创设原则

二、设计公司治理指数

三、公司治理的评级

四、评级体系的应用与实施

## 第四节　投资者关系管理（IRM）：上市公司筹融资制度的必然创新

一、IRM 的国际发展历程

二、IRM 与上市公司治理

三、构造上市公司 IRM 最佳模式

四、IRM的法律制度

## 第五节　政府·经理·股东·银行·债权人——解读境外上市公司治理的得与失

经理与政府、股东、劳工之间的博弈

保护中小股东须"三管齐下"

大股东可强化公司治理绩效

"债权人保护"难题仍待求解

## 第六节　强化上市公司的董事责任

一、董事与公司之间的关系定位

二、董事责任的细分与协调

三、行政处罚的对象与行为界定

四、行政处罚的归责机制

五、完善董事行政处罚机制的五大对策

上市公司是现代企业制度的典范。其原因是它在股份制经济理论的架构下,引入了公众投资者,这打破了个人独资企业与合伙企业的资本规模限制,同时也拥有直接、充足的资本来源。然而在此股权结构运作中,也隐藏着一些深层次和结构性的矛盾,如股权的结构比例、董事责任、监事会的监督职能、投资者关系管理等,这些均有待于我们进一步深入探讨和解决。

# 第一节 科学设计上市公司资本结构

近期，接二连三出现的Enron、Global、Crossing、Xerox、Worldcom等世界级大公司的造假丑闻，又一次引起人们对公司治理结构科学性的质疑，同时也促使隐藏于深处的公司治理中的一些制度性缺陷大曝光。在我国公司治理的规范化过程中，国有股"一股独大"、内部人控制、经理人市场缺乏等往往被认为是上市公司各种问题的"病根"；在改革取向上，也以美国上市公司中的所有权、经营权和监督权分立制衡式的治理结构为目标。然而，当追求的改革目标受到质疑时，人们不得不重新思考何谓科学的上市公司治理结构？要实现治理结构科学化，应如何从源头上科学设计我国上市公司的资本结构？

## 一、"公司式"治理的天然缺陷

在我国国民经济中一直占主导地位的国有企业是由"厂"进行股份制改造成"公司"的，改制的目标是提高企业经济效益。但是，公司制这种现代企业制度的典型，并不是完美无缺的。它作为一种企业制度，企业所有权与经营权分离，在解决旧制度弊端的同时，也暴露出其自身固有的缺陷。

从本质上说，"公司式" 治理结构的设计在一定程度上就是在所有者和经营者信息不对称、不完全监督条件下的一种契约关系，正是由于不完全信息和合同不完全性的存在，才导致公司机制中固有缺陷的存在。如在经理人激励机制中，将对管理者的物质奖励与公司经营业绩挂钩，让其享有部分企业剩余索取权，以防其怠于公司经营。但是，管理者从这些激励机制中取得的收益往往小于其从额外津贴或懈怠行为中所获得的好处，甚至管理者的利益与所有者的利益存在根本冲突。因此，经理人激励机制不足以促使他们将个人利益同公司的长远利益结合起来，对短期市场经营目标的决策往往会在远期内令公司陷入困境。

在发达的经理人市场中，企业外部充分的人才竞争机制会对在职管理者形成压力，促使他们做出有利于企业价值的决策，并努力维护企业形象。他们在进行企业重大发展战略决策时，会考虑到决策的风险大小对自己声誉的影响，“不求有功，但求无过”，会促使管理人员在做出决策时倾向于保守，尤其在经理人作出战略方案的时候，往往面临先期负现金流和负投资回报率、股票价格下降等，种种压力可能导致经理人放弃冒险。因此，从长远看，职业经理人并不是企业的所有者，尽管有股权激励的因素，或许正是这个原因，经理人只关心股价，股价的上升意味着其收入的上升，而往往虚假的财务信息都可以做到这点，很可能引起经理人员的逆选择。但从长远看，滞后决策对企业发展尤为不利。“逆水行舟，不进则退” 残酷的市场竞争要求经理人全身心的投入到企业的发展中去，没有很好的职业操守，没有一个很强的事业心，是很难全盘考虑企业的长久之计。

另外，上市公司的运作要求透明与公开，需要对外界依法披露公司经营过程中的重大决策、财务报告、资产状况和盈利水平等。当公司出现经营性亏损时，或公司的长期经营目标与信息披露的后果产生矛盾时，管理者为避免披露的信息对公司和个人形象不利，就会规避或者违反法律，在信息披露上做文章，如发布虚假财务报告，或隐瞒不报等。信息披露长此以往只会使矛盾在隐蔽状态下迅速激化，原本可以挽救的也可能木已成舟，积重难返了。

## 二、股权结构设计应倾向于股权制衡

国有企业在改制上市时，为达到各自不同的目的，在股权结构设计上均存在不同的倾向。

一是主要发起人过分注重对股份公司的绝对控股权，形成“一股独大”。为满足设定股份公司的要求，国企改制时主要发起人一般进行股权转让或寻找其他发起人。而其他发起人的实际控制人往往都是主要发起人的关联企业，或者只是持有微不足道的股份，这使得上市公司在形式上股权分裂的背后，建立起实质性的“一股独大”的治理结构。一般来说，改制过程中主要发起人能保持对上市公司的控制权，意味着公司的决策层能保持相对稳定，它对保证企业的持续经营，保证公司经营目标的实现很有必要。但维持股权结构的相对稳定性不是指股权比例越集中越好，也不是主要发起人拥有或控制的股权比例越高越好。因为在“一股独大”的治理结构下，大股东实质上控制了董事会、监事会，使原本各司其职的董事会、监事会甚至股东大会形同虚设，公司完全被某一个人或团体所操纵，公司运作上透明度低，缺乏有效监管并且决策上内幕重重，从而使中小股东的利益受到严重侵害。

二是引入大量不能完全行使股东权利和义务的股东，形成内部人控制。为了使企业拥有更多的经营自主权，调动企业经营管理者的积极性，企业在改制上市或改制重组时，总倾向于选择一些出资不多、持有股份比例较小、或者一些因各种原因不能完全行使股东权利与义务的发起人。这种股权结构使中小股东对公司的重大决策权没有发言权，使得在赋予公司经营管理者经营自主权的背后，是公司的经营管理者实际掌握了公司的控制权。在规范的法人治理结构下，公司经营管理者是所有者的代理人，股东通过对管理层实行有效的激励、监督和约束机制来实现管理层为股东和公司利益最大化服务。当股东无法完整的行使股东权利和义务时，就意味着管理层缺乏有效激励、监督和约束，股东大会可能流于形式，董事会不能有效地发挥其职能，管理层不能真正为股东和公司提供利益最大化服务。

三是改制过程中有意形成和扩大关联交易渠道，谋求大股东和股份公司之间的“双赢”。法律规定，股份公司发起人股东以资产出资设立股份公司后，自身必须具有持续发展能力。为满足此要求，股份公司和主要发起人之间就试图通过各种形式和途径，在两者之间形成和加大关联交易，以维持发起人股东在出资后的经营业绩。正常的关联交易应是企业在市场中成本与收益总体比较下自由选择的结果，这是企业正常生产经营状况发展的必然选择。而我国现阶段发起人股东和上市公司之间的关联交易很少是市场选择的结果，多数是人为有意形成的。这种关联交易的存在，使上市公司对大股东存在较强的依赖性，关联方特别是大股东随时可以通过关联交易以不公平的交易价格，损害上市公司的利益。关联交易使上市公司丧失独立性，包括资产设备、生产经营的独立性，有的上市公司甚至为了关联交易，将原来自成体系的生产销售系统一分为二，从而失去其市场竞争能力，而大股东获得的也并不是真正的可持续发展能力。

上述问题的存在都源于上市公司资本结构的不合理，股东之间不能互相牵制，而股权制衡式的结构则可以有效地解决此问题。所谓股权制衡，指由少数几个大股东分享控制权，通过内部牵制，使得任何一个大股东都无法单独控制企业的决策，达到互相监督、抑制内部人掠夺的股权安排模式。股权制衡的程度用股权制衡度表示，即第二、三、四、五位股东股权之和与首位大股东股权的比例。股权制衡度大于等于1(即第二、三、四、五股东股权之和大于等于首位大股东股权比例）为制衡，股权制衡度小于1(即第二、三、四、五股东股权之和小于首位大股东股权比例)为非制衡。

芝加哥大学 Henrik Cronqvist 和 Mattias Nilsson 的研究认为，控股股东具有掠夺其他股东的激励和能力，而限制这种掠夺行为的惟一办法也同样是有赖于经济利益的驱动，只有当控股股东具有不去从事掠夺的财务上的激励时，其掠夺行为才能真正从动机上得以限制。由于掠夺是有成本的，因此理性的控股股东在如何最大化其总效用时面临着如下两种策略的权衡：一是致力于企业的经营活动以创造更多的利润，进而与其他股东共同分享红利；二是靠掠夺其他中小股东以进一步攫取控制权收益。如果处于控制地位的股东只持有公司的很少股份，而对其他小股东的掠夺又只承担较少的成本，必然会掠夺其他股东。但股权集中而又制衡的情况下结果可能出现逆转，由于多个大股东共同掌握控制权，这一群体性的控股股东所共同持有较大的股份削弱了其对剩余中小股东

进行掠夺。同时，少数几个利益相互独立的大股东间相互牵制，既保留了股权相对集中的好处，又能有效地限制掠夺行为。因此，在各种潜在改善上市公司治理的方案中，形成大股东间制衡的利益驱动，有效地限制掠夺行为，是改善公司治理的切实有效的途径。

目前，根据我国证券市场和上市公司的实际状况，我们主张股权相对集中且制衡，而反对股权盲目的分散。市场经济国家的实践表明，只有极少数对股东权益的法律保护较为完善的国家存在分散的股权结构，股权集中是法律对股东保护不足的一种替代。在我国当前情况下，由于外部监管的滞后性、法律制定的后置性和我国大股东掠夺方式的复杂性，中小股东面临较大的被掠夺风险，导致股票购买需求不足或股价偏低，这会影响发起人股票融资的积极性，因此也将导致股权的相对集中。从其他转轨经济国家的考察来看，也发现在法律对投资者保护机制不健全的情况下，面向公众投资者，实现权益分散的模式都是失败的，除非新兴的民营化公司通过发达的资本市场上市实现股权分散，否则所形成的分散股权模式将带来相当严重的投资者保护问题。因此，无论从转轨制国家的经验借鉴，还是从我国的实际情况出发，股权相对集中且制衡在我国具有不可替代的优势，股权的盲目分散是不可行的。

总的来说，股权结构是决定公司治理机制有效性的重要因素，决定着所有者与经营者之间委托代理关系的性质。集中且制衡式的股权结构是我国上市公司资本结构设计的较佳选择，它的优势集中体现在：股权相对集中有利于减少合约签订与执行中的交易成本；能够使大股东有足够的激励与能力去监督代理人，从而降低代理成本；股权制衡是抑制大股东掠夺，保护小股东权益的重要方式，也是短期内改善公司治理结构切实可行的方法；实证研究证明，当股权制衡度在1.18和3.09之间时，公司业绩随着股权制衡度的增加而增长。

鉴于上述结论，针对我国上市公司资本结构的失衡状况，我们特提出如下建议：

1. 上市公司在目前阶段应实行一定程度的股权集中。限制大股东掠夺的可行办法是努力设计代表不同利益主体的若干法人或自然人股东（包括代表不同部门或地方利益的国有法人股）的股权制衡结构。一方面，我们要积极发展机构投资者，允许和引导基金、保险、养老金机构持股；另一方面，必须保证企业的国有资本都由确定的、排他性的出资人机构持有，并能够履行股东权责，确保代理人到位。在公司治理准则、上市首发、增发配股过程提出股权制衡的指引，适当降低上市公司中第一大股东持股比例，由目前的平均44.26%降低到25%左右，解决一股独大的问题。

2. 从长远看，应逐步提高流通股比例。目前流通股比例过低已经导致证券市场功能畸形，股价不能充分反映上市公司经营业绩。单靠股权集中还不够，非流通股的存在也是问题的一大根源。从长远来看，必须有步骤地减少上市公司非流通股比例（最终使得所有的股权都能够流通）与发展证券市场结合起来，使证券市场优化资源配置，转换经营机制，促进企业业绩增长等功能充分发挥出来。

## 三、资本结构设计要着眼于企业项目融资与发展

### 1. 资本结构中适当增加负债的管理效应

公司上市后，要想更快地发展，还必须不断地投资于新的项目。此时牵涉到一个再融资问题是利用债务融资，还是使用股权融资，这必须在项目立项前就要确定。从会计恒等式“资产＝负债＋所有者权益”来看，一个公司的资本结构由负债和所有者权益两部分构成。要使上市公司资本结构设计科学化，不仅要注意所有者权益比例构成即股权结构设计的合理化，同时也应重视公司负债结构和负债与所有者权益之间的比重。这里我们用资产负债率（总负债与总资产的百分比）指标来衡量后者。

图6-7是中国与G—7国家上市公司平均资产负债率的比较图：

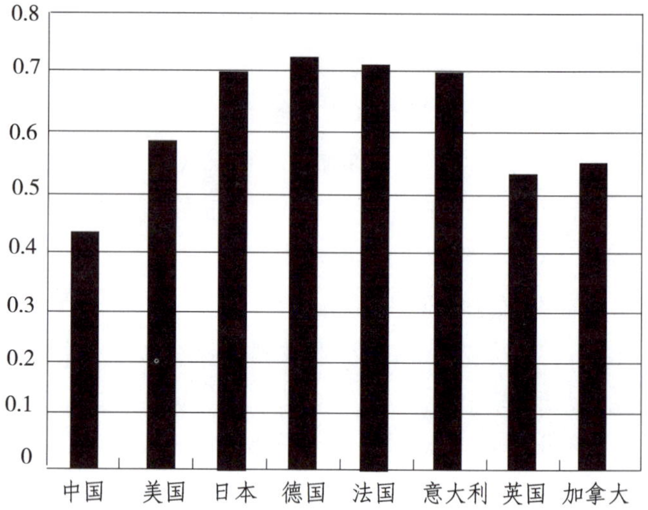


**图6-7 中国与G—7国家上市公司的平均资产负债率比较**

与发达国家的上市公司相比，中国上市公司资产负债率较低，所有者权益比重高，上市公司更偏爱股权融资。产生这种现象的原因有二：一是中国企业上市申请竞争激烈，一旦上市成功，则配股、增发等融资方式比较容易争取到；二是中国上市公司通常可以远远高出每股账面净资产的价格卖出新股。

但是实证经济研究表明，经济发展水平对公司资本结构有很大影响，较发达省市的公司往往有较高的财务杠杆，如深圳和上海公司的资产负债率最高，分别为57.6%和52.6%，而内蒙古公司的资产负债率最低，为31.1%。并且资本结构的顺序偏好理论也认为，企业偏好将内部资金作为投资的主要来源；其次是债务；最后才是新的股权融资。因此，随着我国经济发展水平的提高，证券市场的规范化和上市公司经营业绩的提升，上市公司应改变偏爱股权融资的习惯，合理运用财务杠杆，适当增加资产负债率。

债务所具有的一些原则性特征，为公司治理结构提供了更多的选择空间。债务的第一个特征在于它可以引发清算，即它具有硬预算约束的特点。这是一般的标准债务合同都具备的。当经营者对其管理地位有强烈的兴趣时，即使企业的清算价值对所有者来说大于其存续价值，管理者也是倾向于继续经营的。这时利用激励计划就需要用巨额的收买才能使他们放弃这种努力。因此，债务的硬预算约束特征就为所有者提供了当这种情况发生时，可以使企业自动进入清算程序的可能性。债务的第二个特征在于债务到期时，对它的偿还优先于对企业的其他要求权，在破产时甚至优先于对税收的偿还。因此通过偿债可以挤出企业可能用于不盈利投资或低效率扩张的现金流，因此它同时也减少了经理人员所能享受到的额外津贴水平，从而迫使管理者将注意力集中到公司的经营管理上。债务的第三个特征是长期债务可以降低外部股权代理成本。当经营者愿意以任何代价或者还不需要以任何代价进行新投资时，惟一的阻止办法就是使他没有能力筹到所需资本。这时，长期债务通过抵押部分长期收益，可限制经营者根据现有资产的收益发行债券为项目融资的能力，从而起到降低经营者融资能力的作用。同时，由于债务的存在可直接影响到控制权竞争的结果，因此，通过改变债务水平就可以迫使管理者将控制权移交给更有能力的人。

### 2. 合理资本结构的财务效应

上市公司进行具体项目操作时，必须要采取融资措施。公司融资决策的核心要确定最优资本结构，而最优资本结构的目标是公司价值或股东财富最大化。在理论上，股东财富是一个相当抽象的概念，在实际确定最优资本结构时，往往使用一个具体的、可操作性指标近似地代表股东财富，这个指标就是每股收益(EPS)。

股东每股收益(EPS)的大小，一方面取决于息税利润(EBIT)的大小；另一方面取决于固定财务支出(利息及优先股股息)的多少和发行在外股票的多少。当公司资产规模和资产收益率既定时，息税前利润也就确定了，公司负债比例越高，固定利息费用支出就越大，流通在外的股份就越少，反之亦然。因此，负债率的改变会导致每股收益的改变。一般地，当公司实现的息税前利润足够大时，公司负债有助于提高每股收益；反之，则会导致每股收益的降低。因此在资本结构中存在一个使每股收益最大的点。通过分析资本结构与每股收益之间的关系，进而确定一个使每股收益最大的资本结构的方法。利用此种方法确定最优资本结构需要求出能使负债融资和股票融资产生同样大小的每股收益的息税前利润，即每股收益的无差异点。每股收益无差异点的计算公式为：

$$\frac{(\overline{EBIT}-I_1)(1-T)-DP_1}{N_1}=\frac{(\overline{EBIT}-I_2)(1-T)-DP_2}{N_2}$$

公式中$\overline{EBIT}$为无差异点的息税前利润；$I_1$、$I_2$为项目两种融资方案下的年利息；$Dp_1$、$Dp_2$ 为项目两种融资方案下的年优先股股息；$N_1$、$N_2$ 为项目两种融资方案下的全部普通股数；T 为公司所得税。

结合我国目前尚未发行优质股，相应地资本最优结构公式可调整为：

$$\frac{(\overline{EBIT}-I_1)(1-T)}{N_1}=\frac{(\overline{EBIT}-I_2)(1-T)}{N_2}$$

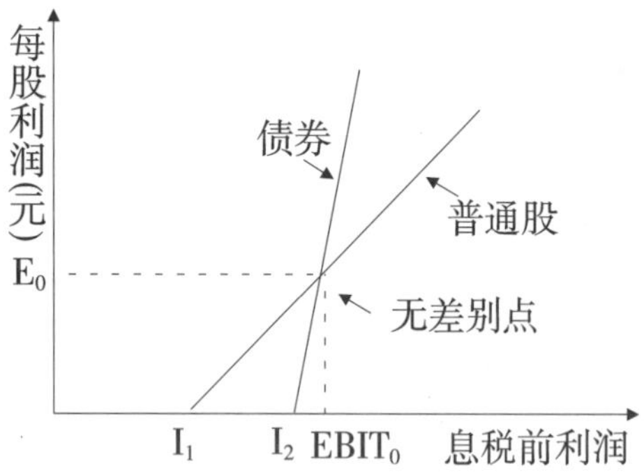


**图 6-8 每股利润无差别点分析示意图**

从上图 6-8 不难分析出，当上市公司盈利预计大于 EBIT 时，股东们更倾向于使用债务进行项目融资，因为此时每股收益高于使用增发普通股票融资，此时，接近最优资本结构，当上市公司盈利预计不能达到 EBIT 时，则以增发普通股为宜。

目前，我国乃至全球的公司治理结构在规模企业代理关系方面显得日益捉襟见肘，研究并发挥债务在规范企业代理关系中的作用，对预防上市公司道德欺诈、会计造假等问题无疑有重要意义。结合我国上市公司现状，借鉴发达国家的经验教训，发挥我们的后发优势需要在以下方面做些扎扎实实的工作：

第一，建立健全的、以分权制衡为主导思想的企业治理结构，消除企业治理中的“一言堂”现象，尤其是对拟上市企业和一股独大的上市公司更是如此。

第二，快速推进国有银行的商业化进程，减少政策性、指令性贷款的数量，同时加大《破产法》的执法力度，真正发挥债务的硬预算约束作用。

第三，在制定其他法规、政策时要有意识地发挥资本结构的作用。

第四，加快债券市场的发展，提高公司债券的流通性和变现能力。

# 第二节

# 董事会与监事会的监督职能探讨

董事会与监事会是上市公司法人治理结构中的两大常设机构。在上市公司的经营运作中,这两大机构都担负有一定的监督职能,从分工来看,董事会应主要负责内部监督,监事会则负责业务监督。

董事会、监事会是上市公司法人治理结构中的两大常设机构,并都具有一定的监督职能,且这两个机构的监督职能之间存在着一定程度的重叠,如何从制度上对董事会、监事会之间的监督职能进行明确的分工与定位,并充分协调好这两种监督之间的关系,使两个机构充分发挥其应有的作用,确保公司治理结构更加完善,是一个值得关注的问题。

## 业务监督:监事会的天然职责

监事会是现代公司治理结构中的一环,是完善公司治理的重要组成部分。我国《公司法》规定,监事会或监事为股份公司的必需监督机关或职位,全面执掌监督权,与董事会的决策执行权分立制衡,以达到公司内部自治监督的目的。目前各国立法都有强化监事会的监督能力的倾向,以对管理层形成强有力的制约。

这种分立制衡式机构设计的优点在于:监事会不仅可以监督董事、经理个人的职务执行,更重要的是将董事会这个机构也作为监督对象,解决了董事会监督缺位的问题。因此可以说,董事会与监事会分立的二元制结构比一元制的董事会结构在监督制约机构方面的设计更为合理。

从世界范围来看,监事会制度也是各个国家和地区的通例,各国普遍认为监事或监事会是为监督公司业务而设,监督公司业务是监事会的基本职责,财务会计监督作为业务监督的一种重要手段,包含在业务监督权之内。如:法国《商事公司法》第128条规定,监事会有权对公司经营活动进行监督;德国《股份公司法》第111

条规定，监事会应监督业务执行；日本经过1974年和1990年对《商法》的两轮修改，监事的任务从会计监督扩大至全面监督；韩国《商法典》第412条规定，监事监督董事的职务执行。这里的“职务执行”表明监事监督的范围并不局限于业务执行，而涉及属于董事职务的一切事项。

我国《公司法》第126条规定，监事会行使下列职权：检查公司财务；对董事、经理执行公司职务时违反法律、法规或者公司章程的行为进行监督；当董事和经理的行为损害公司的利益时，要求董事和经理予以纠正；提议召开临时股东大会；公司章程规定的其他职权。分析此法律条款，董事、经理执行公司职务的行为中应主要是指执行公司的业务，监事会只有对公司业务进行监督时，才有可能及时发现董事、经理的违法违规行为或损害公司利益的行为，并进行纠正。因此，虽然我国《公司法》没有像德、法、日、韩那样明确具体地规定监事会的业务监督权，但从分析具体的法律条款中，我们可以得出监事会应有业务监督权的结论。同时，中国证监会颁布的一些监管法规中，也包含有上市公司监事会对公司业务进行监督的条例。如《关于规范上市公司重大购买或出售资产行为的通知》中规定，当上市公司实施重大购买或出售资产的行为，特别要求监事会对董事会履行诚信义务情况进行监督并发表意见，监事会的该项监督即属于业务监督。

与上述理论相反，上市公司的实践中则存在如下误区：认为监事会的监督权主要限定于检查公司财务会计，而对于公司董事会的决策及董事、经理的职务执行，只有在明显的违法违规情形时监事会才有监督权。这一误解对于充分发挥监事会的监督作用有较大的负面影响。

实际上，上市公司监事会成员是由公司股东代表推荐和职工代表民主选举经股东大会批准后产生的，监事会每届任期三年，可以连选连任。它是公司内部治理结构的重要组成部分，向股东大会负责，其议事方式和表决程序应由公司章程规定，一般于股东大会召开时向其提供监事会工作报告。但是，目前上市公司监事会机构设计还存在许多问题，如《公司法》对监事会履行职权的法律保障没有明确规定，而对监事违反诚信原则、工作不力、滥用职权给公司造成损害的则规定了赔偿责任，造成权责不对应；监事会为公司内部组织，监事本人的报酬，与监事会监督检查有关的一切费用均由公司负担，因此监事会的独立性不强，监事会的人员素质参差不齐等等。因此，我国上市公司监事会要想充分发挥监督职能，须进一步完善其机制设计，积极创新，改善监事会的人员组成结构，赋予监事会更大的监督权力、更为明确的实质性监督手续。

## 内部监督：董事会无法回避

在我国上市公司中，董事会作为公司的业务决策和执行机构，对公司的业务、经营管理及公司全体职员的职务行为都有监督权。与我国公司法律制度相近的日本商法典、韩国商法典，对股份公司董事会监督董事的职务执行均有明确规定，并规定了董事向董事会报告，接受监督的一些具体义务，如董事定期向董事会报告业务执行情况；董事为自己或者第三人进行与公司有竞争关系的业务，为自己或者第三人与公司进行交易，以及公司为董事提供债务担保等，应向董事会说明交易的重要事项，取得董事会同意。而在美国，学者们普遍认为监督或监控公司的管理层即使不是董事会的惟一职能，也是其主要职能。

我国《公司法》第112条规定，董事会对股东大会负责，行使下列职权：负责召集股东大会，并向股东大会报告工作；执行股东大会的决议；决定公司的经营计划和投资方案；制订公司的利润分配方案和弥补亏损方案；制订公司增加或者减少注册资本的方案以及发行公司债券的方案；拟订公司合并、分立、解散的方案；决定公司内部管理机构的设置；聘任或者解聘公司经理，根据经理的提名，聘任或者解聘公司副经理、财务负责人，决定其报酬事项；制定公司的基本管理制度等。

从上述条款的规定内涵来分析，我国上市公司董事会要圆满地完成各项职权，必须具备一定的监督权利和义务，只有在充分了解和掌握公司运作的基本情形和环节的基础上才能发现存在的问题，才能制定出科学有效的管理制度和问题解决方案。一般而言，大陆法系国家认为董事是公司的受委任人，对公司负有忠实义务和注意义务；英美法系国家则认为董事是公司的受信托人，对公司负有受信托义务，其中包括忠实义务和注意义务。要求董事会及董事承担监督公司业务执行及公司高级管理人员的职务执行行为的义务，在两大法系相关法律中都已详细载明。日本、韩国的学说，判例认为董事对公司负有监管义务，并以此为根据，认为董事不仅应对提交董事会表决的事项承担监督义务，而且对没有提交董事会表决的一般事项（即对整个公司业务）也应承担一般性监督义务，这些都对董事的责任提出了很高的要求。因此，无论是从我国的法律条款来分析，还是从他国的立法例和学说理论来看，内部监督都是董事会及董事对公司承担的无法回避的义务。

同时，董事的监督权与董事会的监督权是有区别的，董事会的监督权中包含对董事职务执行的指挥权和制裁权，可以通过自身行动直接纠正董事及公司高管人员的行为，董事之间没有指挥权和制裁权，只有董事相互之间发现对方有违法、不当的行为，才拥有监督权，要求召集董事会纠正该行为，或向监事会或股东大会报告发动董事会之外的监督程序的一种手段。

在董事会及董事行使内部监督权方面，我国上市公司还实行了董事长谈话制度和独立董事制度等配套措施。在董事长谈话制度中，当上市公司出现下列情形之一时，其董事长就会被中国证监会约见谈话：严重资不抵债或主要资产被查封、冻结、拍卖导致公司失去持续经营能力的；控制权发生重大变动的；未履行招股说明书承诺事项的；公司或其董事会成员存在不当行为，但不构成违反国家证券法律、法规及中国证监会有关规定的；中国证监会认为确有必要的。显而易见，董事会负有内部监督义务。在独立董事制度中，独立董事应当对上市公司重大事项发表独立意见，如提名、任免董事、聘任或解聘高级管理人员；公司董事、高级管理人员的薪酬；关联交易等。另外，独立董事还享有一些特别职权，如向董事会提议聘用或解聘会计师事务所；提议召开董事会；向董事会提请召开临时股东大会；独立聘请外部审计机构和咨询机构等等。到 2003 年 6 月 30 日止，我国上市公司董事会成员中应至少包括 1/3 独立董事，他们对上市公司及全体股东负有诚信与勤勉义务，并依相关法律法规及公司章程规定，督促公司的规范运作，并维护公司整体利益。

总之，在我国公司治理中，如何监督董事会及董事是各方面关注的焦点，但除现行独立董事制度外，董事会及董事的监督机制尚有潜力可挖。我国应进一步完善法律法规，积极进行制度创新，从法律上对董事长、董事在公司内部起监督作用的范围方式、权利、义务及责任作出明确规定，以充分发挥董事会的内部监督作用。

## “两会”的监督协调

上市公司监事会是一个专门致力于监督公司事务的机构，而董事会也有相关方面的监督职能。因此，监事会与董事会（包括独立董事）的监督职能存在一定程度的交叉。一般来说，在公司内部监督职能存在交叉和一定程度的重复是不可避免的，也是必要的。但是过度的重叠进而两者冲突则是制度设计之初所不曾预料的，因此需要在法律制度及监管规定方面进行协调，明确监事会与董事会的监督权限及监督分工，确定各自的重点监督对象和任务，公司内部是没有动力解决好这个问题。如果制度上已经确立公司内部监督机构的职能存在不必要的重复，就应该设法加以解决，避免造成责任不清、互相推诿、效率低下；如果制度造成机构之间监督职能的冲突，就应该对制度进行彻底的改革，以弥补制度上的缺陷。

首先，在性质上，董事会、董事的监督权与监事会的监督权是截然不同的。大体而言，董事会行使监督权是董事会自身纠正问题的方法，其范围不仅涉及到合法性，而且也涉及于董事职务执行的妥当性、效率性和目的性；董事的监督权是董事相互之间发现对方有违法、不当的行为，并向董事会或监事会报告要求纠正该行为的一种权力。而监事会、监事的监督权是以独立的监督机构的地位，对包括董事、董事会的公司全部执行机构进行业务调查的权限，其监督权是直接对董事或董事会行使，董事、董事会负有接受、服从监督的法律义务，监督权所涉及的范围主要是公司业务执行的合法性问题。

其次，处理好董事会与监事会业务监督权之间的关系。一般认为，监事会的业务监督只限定于合法性监督，不含妥当性监督；而董事会的业务监督的重点，主要放在妥当性监督。其理由在于：一是若允许监事进行妥当性监督，则会束缚董事会经营判断的自由，抑制董事的创新精神和企业家的冒险精神。二是监事缺乏正确判断业务执行的妥当性的能力，若要求监事对业务执行妥当性监督，监事很难胜任该项工作。三是如果监事对属于经营政策的判断问题妥当与否参与积极监督，则实际上可能出现监事的经营判断优先于董事会经营判断的局面，而这是违背公司机构分化和权限划分基本宗旨的。但是，当监事可以明显看出业务执行“严重不当”的情况时，也应进行预防性和妥当性监督。总之，董事会的业务监督是业务执行机关内部的，主观的自我监督，而监事的业务监督是从保护公司利益和全体股东利益的立场出发，从独立监督机关的角度进行客观的监督。

最后，我国上市公司监事会对公司董事会、董事、经理执行职务的行为的监督，应以合法性监督为例外，以妥当性监督为原则。我国公司法规定了监事会的监督中包括董事、经理违反公司章程的情况，这要求监事会对董事、经理的执行职务行为进行全面的了解和检查，换而言之，监事会监督不仅限于合法性监督，还包括合目的性监督。另外，监事会还应对上市公司的重大购买或出售资产的行为履行诚信义务的情况进行监督并发表意见。这就是监事会妥当性监督的主要内容。为避免监事会的妥当性监督与董事会对董事、经理的监督权限产生不必要的重叠，应该区分监事会对不同事项的监督权的特定目的，分别确定其监督权是否包含妥当性监督的范围。监事会的妥当性监督应限于董事和经理明显违反其监管义务和注意义务方面的内容以及控股股东、董事与公司之间的利益冲突交易，对此类事项监事会应进行全面、全过程的监督。

董事会在公司中拥有广泛的权力，当其在监督中发现问题时，可以直接指挥和命令董事及公司的高级管理人员，采取多种灵活手段和方法去解决问题。但监事会对董事并无指挥权，当其发现问题欲纠正时，须依靠董事对监事会要求的自觉履行或董事会基于监事会的要求对董事改正的指示和命令。因此，监事会应被授予提议召开董事会会议甚至在董事会怠于召开会议时监事会可以召集董事会会议的权力。另外，为了保证监事会对公司财务监督及其对董事会的监督权能够落实，应该明确规定公司聘请或解聘外部审计的会计师事务所由监事会决定，而不是由董事会决定；但是，若董事会有正当理由认为所聘请的会计师事务所没有能力或不负责任时，可以要求监事会更换，是否同意更换仍应由监事会独立决定。这样规定的好处在于，既能加强监事会的地位，发挥监事会的监督作用；又不会影响董事会的任何合法职权，包括其监督权。

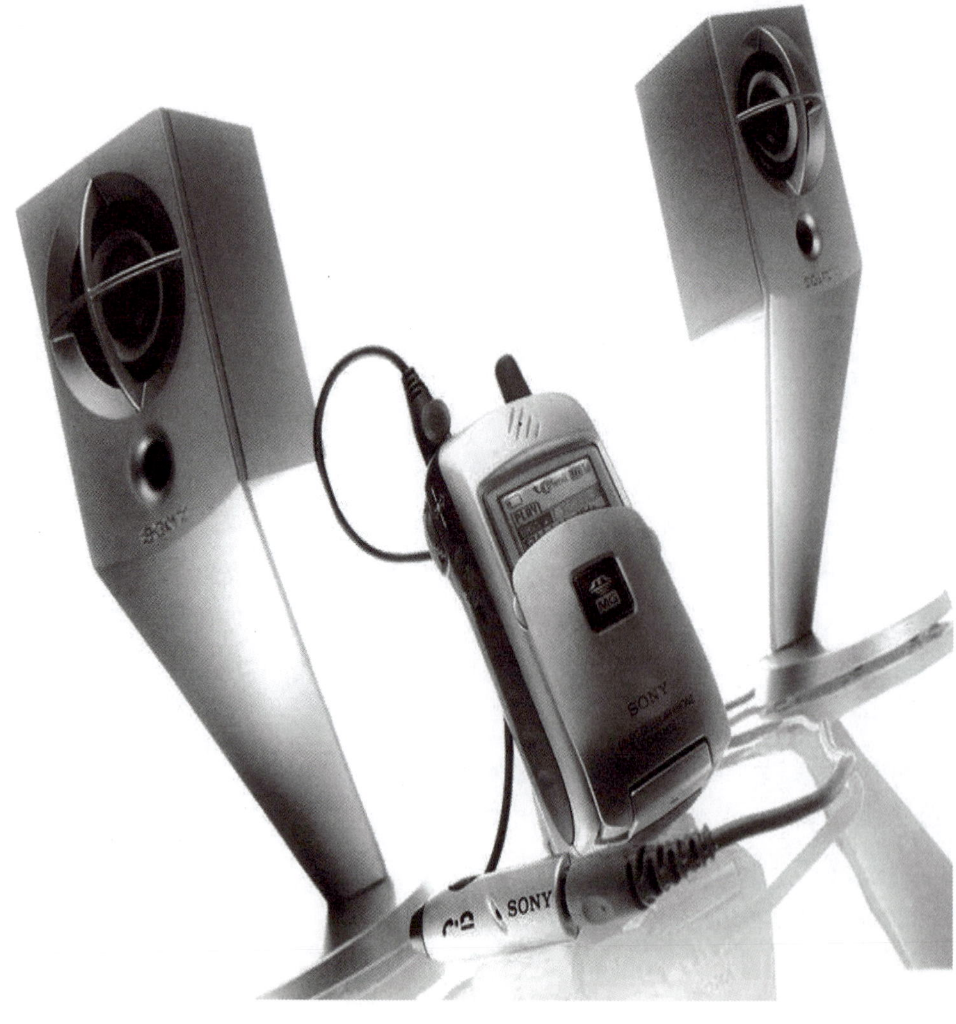

# 第三节 创设上市公司治理评级体系

从我国证券市场的发展历史来看，对上市公司股价的研究已经历了股评阶段、技术分析阶段。如今正处于对公司内在价值进行挖掘的时期，证券市场的价值投资时代已经来临。法人治理是上市公司内在价值的重要组成部分，因为法人治理规定了整个企业运作的基本框架，确定了企业各相关利益主体间责权利的划分和相互间的制衡方式，是企业创造财富的基础和保障。目前上市公司法人治理机制正在加紧建设当中，如何评价上市公司治理绩效和水平是当前亟须解决的问题。创设上市公司治理评级体系并推广应用实施，便是解决这一问题的良好方法。

## 一、评级体系的创设原则

上市公司治理评级体系是一个复杂的系统工程，评级体系的效果如何，取决于其科学性。根据上市公司治理的特性与评级指数的一般原理，上市公司治理评级体系的创设应遵循以下原则：

### 1. 客观性

客观性是公司治理评级具有长期生命力的重要基础。客观性是指评级结果不受评级者的主观意志影响。影响评级客观性的主要因素包括输入信息和数据公开性、评级方法的客观性、评级准则的事先确定性等方面。上市公司治理评级体系应当尽可能利用有关上市公司的客观资料及信息，订立明确的评级准则，最大限度地减少主观人为因素的干扰。

### 2. 独立性

评级机构应保持独立性，构建评级体系应谨慎地坚持中立原则，采取科学的评级方法和准则，设计具有操作性的衡量指标，防止利益驱动所导致的评级结果偏差甚至虚假。

### 3. 公正性

公正性指公司治理评级所提供的信息不能带有偏向性。评级是否公正直接影响到评级标准的适用性、被评估公司的信誉和评级机构的公信力。公正性是公司治理评级产品获得社会认可和投资者信任的基础，公司治理评级机构的相对独立性和评级方法的客观性是评级结果具有公正性的基本保证。

### 4. 价值性

公司治理评级体系的构建目标是要对公司治理的有效性编制出一个合适的、公众的治理指数，用该指数数值大小来量化衡量。设计该指数时，所提供的各种指标和问题都应与企业价值相关。

### 5. 实用性

实用性指公司治理评级结果应简单易懂、清晰明确。这就要求评级不能过于复杂，过于理论化，投资者容易理解其经济内涵，并可直接用于投资决策，同时评级结论应清晰直白、观点明确。

## 二、设计公司治理指数

公司治理问题和制度环境有关，它是一个系统性工

程，它与整个治理环境和制度安排有关，而非某个公司所能控制和解决的。因此，设计公司治理指数时要考虑公司治理环境和制度安排等多种因素。本文所阐述的公司治理指数是指用于评价一个公司遵循有效的公司治理规范，服务于企业的各个相关利益主体，尤其是股东、债权人和员工的利益，并有利于创造企业价值最大化的综合性指标。总的来说，上市公司治理指数的衡量指标包括以下几个方面：

### 1. 股权构成

股权构成不合理是我国上市公司目前治理方面面临的主要问题之一，因此在现有股权结构难以发生根本转变的情况下，向投资者全面详细地披露有关股权结构的信息就显得极其重要。披露的信息应不仅包含上市公司本身的股权构成，而且还应关注事实上的控制关系、交叉持股和间接持股等。

股权构成的总体判断标准是：公司披露股权构成的信息应充分完整，不能影响投资者对公司股权结构作出正确的判断；公司披露的股权构成信息应充分透明，除上市公司本身的股权构成外，还应详细披露事实上的控制关系、交叉持股和间接持股等情况；若公司存在绝对控股权的大股东，则中小股东的权利应得到足够的保护。为量化上述标准并进行定性分析，可制作出下列问题逐一分析或要求上市公司回答，以答卷结果来衡量：

● 国家是否是控股股东；

● 是否存在三个以上直接或间接持股比例在 10%以上的大股东；

● 前十大股东之间是否存在关联关系；

● 前十大股东与上市公司之间是否存在关联交易；

● 控股股东的股权结构是否得到详细披露；

● 公司前十大股东尤其是控股股东的变化是否得到及时详细准确地披露；

● 对公司拥有事实上控制的单位是否利用其控制地位与上市公司发生过有失公允的交易（如转移资产、利润分配、不合理的关联价格等）；

● 近三年内是否发生过前十大股东侵害上市公司和中小股东合法权益的事件；

● 公司股票是否属于全流通。

### 2. 股东权利

公司正当利益的充分维护是股东权利得到有效保障的基础。为了确保股东权利得到充分保护，一方面要防止公司内部人控制，以免对公司财产权造成重大侵害；另一方面要使大小股东受到平等的待遇，并能准确及时地获得有关公司的信息。衡量股东权利待遇的总体判断标准是：股东不论大小都应受到公正平等的对待；公司管理层不能侵害股东权利；所有股东都应能及时、准确、全面地获得有关信息；股东大会对公司重要问题能作出决策。其具体分析与问讯的内容有：

● 股东尤其是中小股东能否方便快捷地获得公司相关信息；

● 股东大会是否采用累积投票制度；

● 参加股东大会的表决权占公司总表决权的比例是否超过 60%；

● 公司章程是否对合规的股东权利作出限制；

● 公司前十大股东在表决自身与上市公司之间的关联交易时是否采取了回避政策；

● 交叉持股达 10%以上的公司是否在表决时采取了回避政策；

●前十大股东与上市公司之间是否存在相互借款、相互担保的问题；

●近三年是否发生过管理层侵害公司或股东利益的事件；

●非主要股东是否召集过临时股东大会；

●公司是否发生过广泛征集股东投票权的事例；

●在发生增发股票、派发红利以及股权转移时，是否能平等对待所有股东。

### 3. 治理结构

公司治理结构是一个企业运作的基础制度性框架，是企业价值创造系统的核心，是确保公司管理和运营处于正轨的基础。有效的公司治理一方面要使公司各相关利益主体间的责、权、利对等；另一方面必须要使这种责、权、利对等的制度关系网络有利于企业管理创新能力发挥作用。治理结构承担公司的战略管理功能，它由董事和总经理等高级管理人员共同完成，其衡量标准是：董事会机构作为整体对公司业绩承担责任；董事会对所有股东应一视同仁；董事会应保持相对的独立性；大股东及其代表不宜在董事会中占据多数；公司应建立有关的业绩评价和选择制度；董事、监事及高级管理人员应得到合理的、与公司业绩挂钩的报酬。量化判断标准的分析性问题有：

●公司是否制定了公司治理准则；

●公司是否建立了独立董事制度；

●公司是否建立了业绩评价与选拔制度；

●公司整体报酬机制是否与业绩挂钩；

●董事会中大股东代表董事是否占多数；

●在董事长与总经理兼任的情况下，外部董事是否占多数；

●控股股东与上市公司之间是否实行了人员、资产、财务、机构和业务五分开原则；

●近三年内独立董事是否在董事会上发表过不同意见；

●公司的独立董事是否还在其他公司担任独立董事；

●独立董事是否提议过召开董事会；

●董事是否因未勤勉履行义务而被处罚过；

●监事会是否召集过临时股东大会；

●监事会是否对董事会和高级管理人员发表过保留意见；

●监事是否曾经因未尽法定义务而被处罚；

●公司是否曾因违反行业或环境标准而被处罚过；

●股东大会是否发生过拒绝接受新闻媒体采访的事例。

### 4. 信息披露

公司的信息披露是上市公司应该履行的法律义务，也是投资者判断公司价值的主要依据。若上市公司对与公司相关的信息没有及时、完整、准确地进行披露，则必然会损害投资公信力，投资者不能采取“用手投票”，必然会“用脚投票”将上市公司逐出证券市场。公司信息披露的判断标准是：公司的三大财务报表即资产负债表、利润及利润分配表、现金流量表应制作清晰、简洁；公司与审计单位应保持相对独立性；公司的财务、治理及其他重要信息应当及时、真实、准确和完整地予以披露。与此相关的分析问题有：

●定期报告中的财务及其他重要信息披露是否及时；

●定期报告中的财务及其他重要信息披露是否真实；

●定期报告中的财务及其他重要信息披露是否准确；

●定期报告中的财务及其他重要信息披露是否完整；

●定期报告中的财务及其他重要信息披露是否有补充公告,补充公告是否涉及财务和其他重大错误;

●各种非定期公告文件中是否存在虚假记载、误导性陈述或重大遗漏;

●公司是否披露了除强制性信息以外的其他信息;

●公司披露的治理信息是否符合有关的规定;

●公司是否设立了网站,并将有关需披露的信息公布在网上;

●网站书面公告的电子文本与书面文稿是否一致;

●上市公司在审计方面,除聘请国内会计师事务所外,是否同时聘请了国际知名会计师事务所;

●近三年内公司审计单位是否出具过保留意见;

●近三年内审计单位是否发生过违法违规现象;

●审计单位与上市公司之间是否存在除审计事务外的其他业务关系,尤其是咨询业务。

### 5. 治理与管理的匹配

公司治理与公司管理构成完整的企业价值的创造系统,治理制度的安排应有利于企业管理创新的产生和作用的发挥,同时管理模式的构建又必须与公司治理机制相适应。从发展角度看,治理成本的增加只是管理创新成本的增加,只要管理创新增加所产生的效益大于治理成本的增加,这种制度变迁就是经济的、可行的。因此,在对上市公司进行治理评价时,不仅考虑治理制度本身,而且还应考虑治理与管理的相互匹配问题。这种匹配性的判断标准是:公司的业绩应处于一个良性化的发展轨道;公司的高级管理团队应维持必要的稳定性,并以公司利益最大化作为经营目标;公司的高级管理团队与董事会之间应建立畅通的沟通渠道,但又不能损害董事会监督的独立性。其分析与问讯的具体内容包括:

●公司近三年内是否一直坚持突出主营业务的发展战略;

●公司近三年内的主要业绩指标(如主营业务收入,每股净资产和总资产收益率等)是否处于稳定增长的良好态势;

●公司与其控股股东在主营业务上是否存在同业竞争关系;

●董事会是否更多地扮演监督者的角色;

●公司近三年内是否发生过上市公司与“庄家”合谋操纵股价的事例;

●公司近三年内是否发生过高级管理团队集体(占30%以上)辞职的事例;

●公司近三年内总经理或董事长的累计更换次数是否超过两次以上;

●公司高级管理团队的平均年薪与其他员工的平均年薪之间是否有较大差距;

●近三年内公司是否曾作为被收购的目标(包括收购成功和未成功的);

●公司在应对收购时,管理层是否采取过反收购策略。

## 三、公司治理的评级

上述设计方案提供了上市公司治理指数的分析内容,具体的评级工作就是对调查问卷的结果进行赋于分值、整理统计、计算并最终得出结论。其评级工作程序如下:

第一步,确定比重。对上述公司的股权构成、股东权利、治理结构、信息披露和治理与管理的匹配性五个衡量指标进行权衡,确定各自在最终的公司治理指数中所占的比重。根据我国上市公司当前的具体发展状况,该比重标准可初步确定为15%、15%、20%、25%、25%。值得注意的是,此标准富有弹性,可随形势发展变化作适当调整。

第二步,赋分值。五大指标中均设计有一系列的问题来评价,每个问题的回答有五种选择:完全肯定、肯定、不确定、否定、完全否定。再根据每个问题的性质,对五种选择分别赋予不同的分值,如5,4,3,2,1或2,1,0,-1,-2;问题的性质不同,分值大小的顺序也会不相同。

第三步,答题统计。对五大指标下的各问题逐一认真选择答案,参照赋予分值填写得分,然后统计每项指标下的得分总和,并作为该项指标的得分。

第四步,计算。用每项指标的得分,除以该指标下的问题个数,再乘以100,其结果作为该指标的调整后分值。然后按照指标的相应比重,加权计算公司治理指数CGI,其计算公式为:

CGI=15%×股权构成分值+15%×股东权利分值+20%×治理结构分值+25%×信息披露分值+25%×治理与管理的匹配性分值

第五步，评级。公司治理的绩效如何依靠CGI值的大小来体现，CGI值越大，意味着公司治理的绩效越来越好。实际操作中，可将CGI值由大至小进行等级划分：CGI大于等于80的为A级，CGI介于60至80之间的为B级，CGI小于60的为C级。当然，随着上市公司治理评级体系的应用和发展，CGI等级还可细分，如A、B、C三级中再细分。

## 四、评级体系的应用与实施

上市公司治理评级体系是对单个公司的个性化评价，是挖掘、发现评估公司价值的重要手段和工具。它可供监管者及市场各主体参考：

一是证券监管部门。证券监管部门可以根据该治理体系定期或不定期地对上市公司进行评价，及时发现上市公司在治理制度建设方面存在的问题，以便予以修订、补充和完善。同时，监管部门还可以将评价结果作为一种信号向社会公布，从而强化市场声誉对企业的约束力度。

二是投资者。对于成熟产业而言，上市公司治理和管理水平如何基本上决定了其价值的高低，投资者尤其是机构投资者可以根据上市公司治理的评价结论，从治理和管理的层面挖掘企业的潜在价值。同时，投资者可以通过不同公司之间以及公司纵向的比较，深刻地理解公司的基本运作框架、财务、重大决策和公司治理的过程，以及可能面临的治理和管理风险。

三是上市公司。上市公司利用公司治理评级体系，一方面可以借助外部独立的评价结果，发现自身问题；另一方面也可以利用评价体系所涉及的内容进行自查，从而有利于对公司治理方面存在的问题进行反思，并加以完善。更为重要的是，上市公司的治理评价记录是反映公司形象和声誉的一种标志，它对企业拓展主营业务、投资合作以及融资都会产生重要的影响。良好、高等级的公司治理评价记录，也有利于企业争取到最佳的业务伙伴，投资合格对象和银行等融资机构的协助。

目前，我国的市场环境还不十分完善，在此背景下，为保证上市公司治理评级过程的客观性、独立性、公正性和准确性，实施上市公司治理评级体系的职能应由非营利性组织来承担。但考虑到评价的效率以及竞争性要求，也可由独立的咨询公司和非营利性机构等多家单位合作进行。无论采取何种方式，都必须为评级机构营造一个极富竞争性的成长环境，通过市场的淘汰和选择，才能产生权威性和公信力。这些评级组织的业务范围大致可分为两类：一是接受监管部门委托，对所有或某一区域的上市公司进行评价，既可以反映上市公司整体的治理水平，也为相互比较提供参照物；二是接受单个客户的需求，专门针对一家或几家公司进行专门性评价。针对每一家上市公司进行具体的治理评级时，其实施程序可划分为下列五步骤：

(1)组建公司治理评价项目组，制定详细分工和评价细则；

(2)根据上市公司治理指数CGI列出各项衡量指标和问题，准备问卷，发给每一家上市公司董事会秘书，然后回收对问卷进行分析；

(3)对上市公司披露的定期和不定期报告公告以及公司章程、股东大会议事规则等制度进行分析，并通过与上市公司的沟通对分析结果以及问卷分析中存在的疑点进行解释说明；

(4)收集包括监管部门、中介机构和新闻媒体等方面针对评级对象的信息。经分析研究得出正面或负面的结论；

(5)在综合分析基础上，形成公司治理评级报告，其中明确载明评比操作程序及公司治理等级，提供给客户或公开披露。

总而言之，上市公司治理机制的建设是当前迫切需要解决的问题之一。创设上市公司治理评级体系是上市公司治理机制建设的重要组成部分，它不仅能衡量机制建设的进展与成果，为监管层提供决策依据，同时也是挖掘、发现公司内在价值的评判工具。从深层次看，完善上市公司治理结构对我国企业走出国门、在世界经济舞台上展现风采具有重大的战略意义。

# 第四节 上市公司筹融资制度的必然创新 投资者关系管理(IRM):

投资者关系管理(IRM)是成熟资本市场的必备要件。我国上市公司无论是从规范治理结构的角度,还是出于从资本市场筹融资的需要,都必须进行投资者关系管理。

投资者关系管理(IRM)是指上市公司的高级管理层及信息披露部门与投资者进行交流,向投资者介绍公司的生产经营状况和发展前景,并通过这项工作使公司与投资者之间建立一种相互信任、利益一致的公共关系。推进上市公司投资者关系管理十分重要,对于完善上市公司的治理结构、提升公司价值和股东价值、强化上市公司建设、提高上市公司竞争力具有积极作用。同时,投资者关系管理是投资者保护机制的一项重要内容。

## 一、IRM的国际发展历程

证券市场对投资者关系的认识大致始于二十世纪四五十年代间的美国。从1792年纽约证交所成立到20世纪50年代美国经济迎来繁荣黄金时期的前夕,美国上市公司的股东以机构投资者为主,如投资银行、经纪商、信托机构和投资顾问等,此时投资者关系清晰简单、易于维持和协调。然而,长达20年的繁荣经济态势彻底改变了这一状态,社会公众投资热情不断高涨,纷纷进入股票市场参与投资,上市公司股东结构由机构投资者为主演变为以个人投资者为主,广大产品市场消费者或潜在消费者逐渐成为上市公司的投资者。面对众多中小投资者,上市公司开始将投资者关系列入重要议事日程,以寻求各种途径了解中小投资者的需求,进而切实满足中小投资者需求,大型公司开始启用内部的公众关系部负责股东关系;大部分中小公司开始求助于外界公众关系顾问,负责与投资者的沟通。但是,此时投资者关系管理仍处于启蒙阶段,思想意识不明确、操作方法不恰当,如何向投资者传递信息和如何了解投资者的信息是IRM的两大难题。

1969年7月,全球第一个全国性投资者关系组织——美国投资者关系协会(NIRI:National Investor Relations Institute)诞生。该协会在全美有35家分会、5000多个成员以及300多家海外会员,其成立标志着国际投资者关系开始走向成熟阶段。NIRI由企业管理者和投资者关系顾问组成,负责企业管理层、投资公众和金融界之间的交流沟通,并确定了以致力于提高投资者关系操作水准和成员的专业水平为使命。为此,协会还定期举行讲座和研讨会,发行投资者关系刊物、提供咨询、跟踪监管动态、建立投资者关系人才库等。直到11年后,即1980年全球第二家全国性的投资者关系组织才在英国成立。此后,加拿大、芬兰、德国、法国、日本、巴西等国家也都成立了全国性的投资者关系。各国投资者关系广泛的发展,促使了国际投资者关系联合会(IIRF:the International Investor Relations Federation)于1990年成立。

研究显示,全球已经成立的各国投资者关系组织的使命基本相同,即致力于提高本国的投资者关系的理论和操作水平,其方法就是制定适合本国国情的投资者关系操作水准,指导本国的投资者关系的具体操作,进而推动行业的规范运行。投资者关系组织的大量成立,促使投资者关系操作趋于规范化,形式上也呈现出多样化特征。上市公司日益认识到:要保持长期稳定的投资者

群体，保证筹融资渠道畅通、高效，必须与投资者建立互相信任的关系。因此，各上市公司纷纷尽可能的利用各种渠道、手段、方法与投资者进行沟通，同时，侧重上市公司信息的有效传播。中国的投资者关系管理工作虽然起步较晚，但是发展迅速。由于近年来再融资市场迅速向买方市场的过渡，以及市场对解决股权分裂制度问题呼声的日益高涨，投资者关系管理作为一种现实性的需要，被提了出来，而市场的规范化、市场化、机构化，也有助于上市公司开展投资者关系管理工作，有效的沟通能提高公司价值，这已成为市场参与各方的共识。

现在随着通信技术的发展，经济全球化的扩张以及人们投资观念的变化，投资者关系越来越受到上市公司重视，投资者范围已突破国境限制，跨境持股的投资者和投资额日渐增加。为了与海外投资者或潜在投资者建立相互沟通的平台，IRM 的工作范围自然地延伸至境外。互联网逐步成为 IRM 的主要手段和工具，网上电话会议、电子邮件等日益成为投资者关系管理从业人员的得力助手，企业的形象也更依赖于各自网上信息披露的深度和可靠度。同时，投资者随着资本市场的发展也变得更为成熟，他们对自己的权益认识更为深刻，对信息披露提出更高要求，如要求上市公司增加对品牌、商誉等无形资产价值的披露等。这对未来的 IRM 甚至会计制度都是一个极大的挑战。

## 二、IRM 与上市公司治理

上市公司通过实施投资者关系管理，可以有效地利用财经传播手段和市场营销手段，把与本公司相关的信息准确、及时、主动地与投资者进行双向交流与沟通，可以提高公司的融资能力，降低公司的融资成本。

对公司而言，上市并不意味着公司在资本市场融资活动的终结。恰恰相反，成功上市意味着公司敲开了资本市场的大门，为公司打造了资本运作的平台。做好投资者关系管理，积极适应市场投融资环境，可以使公司在社会公众中树立良好的企业形象，从而有助于吸引投资者，有助于稳定公司股价，有助于公司以较低的成本通过发行新股进行筹资或通过换股等方式进行并购活动。另外，IRM 作为一项制度创新，其实施必然会进一步完善公司治理结构，也有助于提升公司价值，有力地改善公司与投资者之间的信息不对称，实现投资价值最大化，有助于改善市场投融资环境，推动理性投资观念的形成;有助于形成以诚信为基础的股权文化。

IRM在公司的治理结构中并不是孤立的，它应纳入公司的一体化管理中。公司管理层应使源自资本市场中投资者关系超越它独立的工作圈,使其回溯到公司发展战略、企业内部管理、市场销售利润、经营风险防范、股东回报设计等方面。IRM 应能在公司的整个运营机制中得到有机地设计和运营,使它与其他管理部门和管理功能相配套,发挥协同作用。应能设计出一套系统的、集合的、简易的、可靠的操作流程,使其在方向、资源、效果上得到融会贯通的运作。

根据我国的经济体制、企业管理制度和市场变革，我国上市公司和拟上市公司开展 IRM 工作时,应该深入地调查企业存在的劣势、优势、危机,进而才能探索出有针对性的应对策略。IRM 在融入公司一体化管理过程中,应与制定企业发展战略、经营管理决策、生产运营、营销与销售、广告公关宣传、财务管理与内控、统计会计审计、法律事务等方面相协同,即应与企业的经营和企业资本运营的各个职能内容结合起来;应将法定信息披露和长期形象推介的工作结合起来,将未来卖点和潜在危机结合研究,为企业制定系统的工作程序及各部门各岗位的分工,并对企业进行业务培训和在位指导。另外,一个企业的投资者关系工作离不开系统的危机监测和管理,并且与企业的品牌建设相得益彰,而这些统称为资本市场营销操作系统,企业必须根据整体发展战略和其配套的资本市场发展策略来构建和执行该系统。

从实践中来看,我国公司在实行投资者关系一体化管理过程中,应尽量避免或解决下列问题:一是避免董秘室和投资者关系部门的人员工作量过大,由此导致上市公司投资者关系工作陷入大量的电话投诉当中,相关人员没时间也没有精力分析总结出有建议性的处理意见。二是公司各部门协调度不高,发布信息前后不一致,导致信息质量和信誉下降。三是公司对未来发生的危机缺乏预测和防范能力,对突发事件没有应急对策。四是企业董事长、总经理等高级管理层不重视 IRM 工作,致使缺乏管理层参与的投资者关系没有实质性进展。五是公司管理者决策方式粗放,在经营管理和应对决策中缺乏指引,凭借经验、口头咨询、内部讨论等主观方法来决策,易导致决策失误。六是 IRM 中,单向披露居多,企业信息披露和投资者关系工作效率和投入产出比有限,投资者关系缺乏互动性,并且不够系统化和长期性。

投资者关系与客户关系、雇员关系和其他企业关系是一个互为因果的关系。因此,投资者关系工作应该置于一个公司的企业战略管理和资本战略运营的系统内,成为一体化的操作系统。

## 三、构造上市公司 IRM 最佳模式

投资者关系管理的工作涉及公司自上而下的众多部门,是一个系统工程,需要统一管理、全面协调、集中控制、分层实施,同时需要制订明确的 IRM 计划,并使其得到强有力的贯彻实施。

### 1. IRM 工作范围

投资者关系的工作对象可分为三类:投资者(包括在册投资者和潜在投资者)、分析员(包括买、卖方分析员)和媒体。工作目标就是通过信息披露工作与投资者进行沟通,把公司的经营战略、公司治理结构及生产经营等方面的信息传递给资本市场，从而树立投资者信心、扩大公司的投资者群体、让股价充分反映公司的真实价值。

为完成此工作目标,IRM 的具体工作范围有：调查研究目标投资者关系状态,了解掌握投资者特征和心理愿望;创设并完善投资者关系管理组织机构,明确各部门的管理职责和具体工作内容;制定公司内部投资者关系管理规范,包括公司的信息披露制度、相关的日常工作规范和工作制度等;确定并维护公司在资本市场的形象定位;举办各种社会公关活动,加深投资者对公司的印象,如召开分析师说明会,利用报刊、网站等媒体强化投资者关系管理。

### 2. 调研市场,确定工作目标

公司 IRM 部门每年要制定年度工作计划和目标规划。制定新计划之前,一般要做大量的基础研究,其中包括:深入研究公司的战略定位及资本市场企业价值评估的方法,从而了解如何将公司的战略思想有效地传递给投资者;进行投资者印象调查,了解投资者最关心的问题;研究公司现有投资者的地理分布、类别、投资者集中度等情况，了解公司在册投资者的情况与特点;寻找市

信息的性质不同，程序也不相同。法定的信息披露程序是：先由公司各部门配合提供披露信息的基本素材及数据，董秘室会同有关部门编制整理；经中介机构提出建议后，报公司高层领导审阅批准。非法定的信息披露程序是：对公司高层领导参加电话会议、研讨会及新闻发布会等信息，由各部门配合提供相关材料，董秘室牵头组织编写会谈材料，由公司高层领导定稿；当IRM工作人员在日常接待证券分析师、基金经理、财经媒体及个人投资者时，信息披露的尺度遵循公司的统一口径；面对新的问题应首先调查了解实际情况并认真听取有关业务部门的意见，经内部会议统一对外披露口径后再进行披露。临时性危机问题的披露程序是：涉及临时性高度敏感问题时，需报告公司信息披露委员会形成意见后，由董秘室统一对外答复。

场投资潜力，设定目标投资者。基础调研工作完成后，再在此基础上设定投资者关系计划的工作目标，目标应是逐级上升、明确可行的。

### 3. 开展信息披露工作

信息披露是IRM最根本的工作内容，各上市公司应依法建立系统的信息披露工作制度，统一规范信息采集和信息披露的原则与方式。

首先，公司董秘室应有采集各种公司信息的权力与能力。可通过组织公司重要法律文本(如定期报告)的编制，深入了解公司的运营机制及状况；组织建立公司财务、经营信息数据库；建立公司内部直线式信息沟通网络；参加公司重大会议，并记录重要决议；密切跟踪行业最新发展情况、股价行情和资本市场动态。

其次，应设立专门信息披露工作机构。成立信息披露工作委员会是一种较好的方式。该委员会可承担执行公司一切重大事项的披露决策权，它由公司董事会成员、公司的高层领导、各事业部的负责人及董秘室的相关工作人员组成。讨论结果，由公司董秘室具体执行。

再次，信息披露要合法、合理。上市公司信息披露应本着“透明、真实、公正、及时、有效”的原则进行，并且不同性质的信息需按照信息披露制度的相关规定由不同的人、以不同的方式进行披露。在披露程序上，因披露

### 4. 确定IRM计划运行机制

IRM目标的实现依赖于固定完善的运行机制。在运行机制的高端上，应适时安排公司高级管理人员与证券分析师及基金经理见面，在中端上，应实行客户经理制，实现投资者关系工作人员与证券分析师、基金经理双向交流，并定期撰写工作报告。这不仅能使投资者与公司直接联络，提高公司投资者关系的对外形象和工作效率，同时，也有利于调动投资者关系队伍的工作积极性和考察工作人员的业务素质。另外，公司还在建立自下而上的内部信息反馈机制，组织人员定期编写有关资本市场动态方面的期刊，介绍公司股票行情，并对市场对公司股票的预期及投资者关心的主要问题进行深入地剖析，为公司高层领导提供公司股票在资本市场表现情况的第一手材料。

## 四、IRM的法律制度

上市公司实施 IRM 制度是有法律作保障和规制的。从法律层面出发，投资者关系是上市公司（包括拟上市公司）与公司的股权、债权投资人（包括潜在投资人）之间的权利义务关系。上市公司是投资者的投资对象，上市公司股票是投资者的投资客体，一旦投资关系缔结、投资行为成立，上市公司与投资者间的关系则成为特殊的法律关系。

现行法律、法规对 IRM 的规定大致可分为三类：事前预防性规定、事后救济性规定及特别制度安排。其中属于事前预防性规定的有：符合条件的股东有临时提案权和召开临时股东大会的提议权、自行召开权、知情权等。事后救济性的规定包括：股东有提起停止侵权诉讼和股东派生诉讼的权利；受损投资者对上市公司虚假陈述，提起民事赔偿诉讼制度等。特别制度安排包括：累积投票权制度、征集投票权、独立董事提名制度及独立董事制度、信息披露制度、增发新股制约制度、股东表决权排除制度等。

上述法律制度安排旨在客观、公正、公平、统一规范各上市公司与投资者之间的关系。一方面它是投资者维护自身利益的法律依据，另一方面也为上市公司做好 IRM 工作提供准则和指引，也是上市公司健康运行的最佳护身符。没有投资者，或在投资者中丧失信誉，上市公司就必然失去在资本市场运作的平台。从长远的筹融资前途考虑，上市公司也应转变观念，将约束限制的法律视为保护指导的准则，不应千方百计地规避法律，而应着眼于在游戏规则内如何治理公司获取更高利润。倡导投资者关系管理，重视并处理好与投资者之间的关系，保持企业筹融资渠道畅通，积极创新改善企业筹融资制度，正是上市公司在日益完善的法律制度下所做出的积极应变，也是上市公司稳健运行的客观要求。

目前，IRM 的法律制度尚待进一步完善。如股东大会的程序和议事规则需要改进以有利于让更多的股东参加；股东制度应增加少数股东选择累积投票权的机会；股东诉讼制度应进一步明确起诉的前置条件、资格、费用承担等具体事项；信息披露制度还需按照公司治理准则要求落实接待来访、回答咨询、联系股东、向投资者提供公司公开披露的资料等信息披露服务；应建立投资者信息、资源的共享与分享制度，强化公共关系管理；组建全国性的投资者关系协会等。

从未来的立法趋向来看，投资者至上和倾向对投资者权益的保护将是今后相当长时间内的立法宗旨和精神。这将对上市公司实施 IRM 提出更严格的要求和更严峻的挑战，同时也必将促使上市公司治理机制进一步得到完善。

总而言之，随着中国市场经济的进一步发展，投资者经济生活权利的扩张速度将不会放缓，只会在迅速加快，投资者的维权意识亦将越发强烈，越来越要求证券市场公开化、透明化、公正化、公平化。因此，上市公司实施 IRM 势在必行，它是企业维持筹融资渠道畅通的保障，是上市公司筹融资制度的必然创新。

# 第五节 政府·经理·股东·银行·债权人

## ——解读境外上市公司治理的得与失

从对英美、欧洲国家的公司治理形态分析中可知，保护股东利益的公司治理结构可以透过信托责任、激励合同和政府的有效监管而完善。但如何建立一套保护债权人利益的治理结构，还是一个目前仍没有明确答案的问题。这个问题不仅困扰着亚洲各国的上市公司，同时，也是我国国有银行改革将面临的最大问题。

“公司治理”不仅是目前中国上市公司遇到的难题，同时也是欧美、亚洲各国都需要进一步讨论完善解决的问题。无论是英国的信托责任、激励合同，还是美国的政府监管，或者是亚洲地区的大家族、控股银行，均无法完全平衡上市公司中各方主体间的利益关系，这些直接利益主体和间接利益主体包括股东(大股东和小股民)、银行、债权人(不包括银行)、经理、劳工和政府等。各国公司治理形态因其国情、社会观念的不同，均都有所偏袒和侧重。总存在一方或多方剥削他方利益的行为或事实。

### 经理与政府、股东、劳工之间的博弈

一国的政治民主制度、社会观念和文化传统对该国的公司治理模式有极大的影响。19世纪末到20世纪初，英、美两国与欧洲大陆国家同为资本主义国家，都已经完成工业革命并开始发展现代化企业，它们在具体社会制度存在很大分歧。美国是一个移民国家，非常注重个人主义的发挥，实行的是个人主义的民主制度；而欧洲大陆国家侧重于福利社会。这两种截然不同的民主制度安排对公司治理形态难免会产生很大的冲击。

欧洲大陆国家是无产阶级运动的发源地和中心，为缓和严重的阶级对立，劳工保护尤其受到统治者重视。另外，政府是民选的政府，政党也格外重视广大劳工手中的选票。各国政府在制定经济政策时，无论是哪个政党都必须特别关注劳工利益。在劳工与政府的双重压力下，经理人员在经营决策时逐渐倾向于劳工，而偏离股东利益。如经理为自己和劳工的利益着想，不希望公司经营风险过高，希望公司尽可能的扩张规模而不是减小规模，以减小追求利润最大化化解风险，以免自身受波及，同时为自己带来更多升迁以及高薪的机会。但这种思维与股东存在冲突，股东作为企业所有者，享有企业剩余索取权，他们不希望付高工资，但发工资的

最终权力在经理人员手中，经理人员不会同股东一样厌恶给劳工加薪。这一切均导致代理人成本(Agency Cost)大幅增加。而且政府为了保持劳工阶层的稳定，对激励合同(包括公司兼并等)、透明会计系统的兴趣也不大，甚至会立法禁止。如此更加大经理人员与股东的距离，进而提高代理人成本。

在代理人成本高居不下的情形下，逐渐孕育出股权集中的企业和公司治理形态。欧洲大陆股市不如英美发达的原因之一，就在于企业代理人成本居高不下，每单位资产市值必然受影响。许多私营企业不愿上市，即使上市，也必须有一个大股东能随时监督经理人员，否则由于经理人员与劳工或政府的思路一致，不利于保护小股民利益。以德国上市公司为例，公司董事会分两级，其中有顾问董事会(Supervisory Board)，依规定其成员有一半须是劳工代表。股东为了防止劳工代表争夺权益以致董事会的召开流于形式，故而一年仅召开两次，不事先派发议程、财务信息披露不清楚、避免劳工因企业高利润要求扩大生产规模和加薪。经理人员则主要由大股东来监督，私下里大股东可以经常与经理人员沟通，导致其政策思路，是以维护股东利益为主，而非劳工的利益。

在美国，移民政策造成民众的流动性、多样性及推崇个人英雄主义的精神特质，影响了人与人之间的关系。公司股东、经理人员与劳工之间仅存在着合同契约关系，缺少忠诚度，同时，经理人员还面临着经理人市场充分竞争的威胁和公司客观评价的压力。如果公司由于不追求利润最大化而导致经营不善，股价市值大跌，则极有可能被其他公司恶意收购，经理人员遭解聘，代之以更有能力的人。但恶意收购行为虽然可有效加强公司治理，有力保护小股民利益，却易导致公司资产被分解出售，以及员工解聘、工人失业等一系列社会问题，不利于社会稳定，因此，美国很多州都立法限制恶意收购，恶意收购目前有所收敛。除市场竞争外，股东尤其是小股民与经理人员之间主要依靠合同中的“信托责任”来约束，并且政府也利用完善的法律制度和行政权力强化监管，如制定透明的会计体系，加强信息披露，以减少社会对公司的客观评价成本。另外，在“安然”、“世通”财务造假等事件发生后，美国政府还要求公司经理人员宣誓企业账目的真实性，加大对造假行为的处罚。同时，由于整个社会推崇个人主义，美国劳工对企业追求利润最大化的思维也容易接受；由于经理人员与股东追求利润最大化的思维雷同，因此代理人成本大幅减少。

企业代理人成本低，经理人员在社会和政府监督下，自动导致自身追求股东利益最大化。这也充分诱使小股民纷纷入市，由此造就了美国股票市场的繁荣，也产生了美式股权分散的公司治理形态。为保护自由竞争的营商环境，美国还施行严格的法律规章制度，以保护股民并对家族企业加大限制，以减少垄断。为防止大家

族隐姓埋名成立信托基金(Trust)来遥控企业,美国制定了反托拉斯法案(Anti-Trust Law)。在此种压力下,家族企业希望上市套现,而且由于代理成本低,每单位资产市值必然较高,这更增加企业上市的动力,也直接促进公司股权的分散化和股票市场的繁荣。

在日本,其独特的社会环境和民族精神造就了它与英、美、欧洲国家"形似神不似"的公司治理形态。日本商社多由大银行控股,虽然每家银行对商社公司的控股不超过5%,但银行控股总和相当高,数家银行共同控股商社公司。另外,经理人员重视劳工利益、轻视股民利益、企业代理人成本高。这虽然与欧洲大陆国家类似,但实际上日本政府没有强加这样的意图,经理人员没有西方的激励合同,而是依靠一种特殊的"信托责任",即日本人对工作的认真执着态度。每一位日本人都想在本位内把自己的工作做好,经理人亦如此。

除日本外,亚洲其他国家也呈股权集中型的公司治理形态。当欧美各国发展现代化企业时,亚洲各国基本上经济、社会制度都非常落后。在这种落后的环境中,最有效率的企业是股权集中的家族企业,因为家族可以透过家族网络共同营商、贿赂官员、保护企业和组成联盟抵御外侮。这种家族共同营商的传统必然形成相互关照的局面,家族企业上市后,他们所在乎的仍是自己家族的利益,家族企业上市后的大股东、二股东不可避免会联合起来牟取私利,进而坑害剥削小股民的合法权益。

## 保护中小股东须三管齐下

公司治理的实质是,中小股东设计出一套体系以保证公司经理人员能追求股东利益最大化或股价最大化。具体而言就是,要求公司经理人员尽忠诚勤勉义务,通过最优资本结构筹措资金,投资最有利于中小股东的项目,而后使得债权人能拿回其本金与利息,而股东可以获得股利或于二级市场套现。从各国的历史实践来看,公司治理体系 = 信托责任 + 激励合同 + 政府监督。

### 1. 信托责任

信托责任(Fiduciary Duty)源于英国。1553年,240个伦敦商人每人出25英镑购买一个3只船组成的船队的股权,该船队计划下海航行去寻找中国,后实际到达俄罗斯,并成立了"莫斯科威公司"(Muscovy Company)。在这种管理权与所有权不得不分开的情形下,船主(股东)不得不提出一个所谓的"信托责任"。明确章程规定:有更多的股东可以购买公司的股权,股东投票指定该地区的总督与副监督以及"莫斯科威公司"的经理人员,各股东在二级市场上可以交易股权而不至于干扰该公司的运作。这就是"信托责任"的雏形。

英国在经历了重商主义与反重商主义后确立了以自由市场和民主为理念的普通法体系,"信托责任"由此获得培育生长的温床,并逐渐成为保护投资者的重要的甚至是惟一的法官。普通法系以平等及神圣的财产私有权为宗旨,其具体操作原则是提供一个社会的公平标准。这个标准是所谓的"非精英制度",即用陪审团代替法官判案,把社会的公平标准引入裁决,而陪审团是由一般平民大众而非法学专家组成。因为平民的意见才代表社会主体的公平标准,而专家的意见基本上被认为是偏执的。在普通法系下,如果有人违反"信托责任",则会侵犯到普通法系的基本宗旨——平等及私有财产权。因此,普通法系与信托责任的结合使得"信托责任"更合理合法地渗入到每个人的血液中,从而起到保护中小股东的作用。

"信托责任"当然也影响到了欧洲大陆各国。经合组织(OECD)各国的法院基本接受"信托责任"的理念,但如何执行与惩处就没有形成一个统一标准。美国与英国同属普通法系,自然极其重视"信托责任"。例如,美国法庭对经理人员的利益输送定义包括挪用公款、转移资产、对自己发行股票等等,这些都是严厉禁止的。

### 2. 激励合同

为了确保经理人员能按小股民的意愿经营公司,最艰险的办法就是经理人员与小股民事先签订一份"完善的合同"(Complete Contract),其中明确规定或告知经理人员什么时候该怎么做。但是由于有太多不可预测的重大事件发生,如"9·11"事件,因此不可能事先签订真正的所谓"完善的合同",只能退而求其次,签订所谓的"突发事件合同"(Contingency Contract)。此种合同的意义在于将公司最终控制权交回到中小股东手中,以使中小股东在突发事件发生时做出最终决定。但

比。适当提高经理人员的薪金水平，包括工资、奖金和激励期权等，可以激发经理人员的工作热情，提升公司经营绩效，促使公司股价上升。

因此，如果说"信托责任"可以解决经理人员侵占、挪用公司资产等直接严重损害股东利益的行为问题，则"激励合同"可以减少经理人员怠于经营的偷懒行为的发生。

### 3. 政府监管

当今政府对证券市场监管最严格的国家当属美国，而美国这种独一无二的政府监管制度与其经济的演变历史是分不开的。

美国的立国是以政治自由化及经济自由化政策为基本理念，并奉行平等主义文化，颂扬个人自由平等，支持政府与商业活动分开，反对权力集中的官僚主义。美国政府采用的是自由市场经济、自由竞争的政治系统及独立的司法制度这三个相互联系的组织。但是，这时期美国的极端个人主义弱化了"信托责任"，反对政府与商业挂钩的思潮表现在股市就是剥削股民，一团混乱，缺乏政府的监管。最终导致1929年股市的大崩盘。为了挽救股市复苏经济，时任罗斯福总统吸取历史的惨痛教训，接受加强政府监管的理念，推动《证券法》和《交易法》的制定，并成立了美国证监会(Securities Exchange Commission)。经过几届证监会的努力，美国完善的政府监管制度逐渐形成。

在这套制度中，监管的法律条款极为刚性，美国证监会利用美国宪法所赋予其无限制的调查权力保护中小股民。SEC的调查权力(可以开传票)在美国境内是无远弗届的，他们可以传召与案件有关的任何人与对象，而当事人不得拒绝，且当事人对其调查的挑战原则上均被联邦法院否决。同时，《交易法》规定取证对象是被告

由于"搭便车"效应的广泛存在，即因为每位小股民持股量太少，而没兴趣花时间去监督经理人员，或在突发事件发生时做决策。每位股民都希望其他股民能监督好经理人员，而自己不必劳心费力。因此，这样的制度安排导致经理人员取得最终控制权，促使经理人员滥施职权，任意剥削股民。为解决此问题，"激励合同"(Incentive Contract)逐渐形成。

目前，"激励合同" 在英美两国公司治理中占着主导地位，该合同将经理人员和中小股东的利益紧紧联系在一起。并且，这种合同能否达到效果全依赖我们能否找到一些与经理人员决策水平有关的客观指标，以判定经理人员决策的水平，例如广泛运用的激励期权。激励期权是指将以事先约定的价格购买本公司股票的权利赋予经理人员，借此激励经理人员精心经营管理，提高公司股票价格，以使经理人员能通过期权兑现而获利，同时，股价上升也符合中小股东的利益。又如经理薪金，据有关研究表明，美国经理人员的薪酬和公司绩效成正

而不是原告，因此任何公司损害小股东的行动都会引致一连串的诉讼行为。陪审团经过审理后会根据普通系的公平原则及双方法律据理作出裁决。被告公司要提出无罪证据，必然会遭受时间、精力及庞大法律费用的损失，很可能是长期的民众羞辱或是极为沉重的诉讼费。另外，《交易法》还赋予小股民集体诉讼的权力，只要一人得胜，利益即归于全体股民，而且律师只有胜诉才能收取诉讼费。因此，公司决策人必须衡量公司每个带有危险性的行动，确保不与公众对抗。简而言之，美国的法律系统有效地监管的权力分散至每一个股民身上，并把社会的公平标准加于公司的行动上。

由上可见，英、美等发达国家的证券市场经过历史的演变与发展，已形成一套较为完善的中小股东利益保护体系，已产生成熟的公司治理机制。我国要维护并保持证券市场投融资环境的健康发展，要保护中小股东利益，也必须借助政府的力量来平衡约束经理与中小股东之间的利益关系，这不仅要在两者中确立“信托责任”关系，在信托契约中贯穿法律的平等诚信、公平精神；而且还要与时俱进地创新管理方式，设计激励合同，从经济利益的实质关系上将经理、公司与股东联系在一起；同时政府也要制定强化监管，采取更为严厉的民事处罚措施，必要时要涉及到当事人的刑事责任。

## 大股东可强化公司治理绩效

股权集中、大股东突出不仅是我国上市公司独有的现象，世界上大部分地区，包括亚洲、拉丁美洲、欧洲大陆的上市公司几乎都是股权集中形式的控股。经合组织的研究指出，德国大商业银行透过股票大概控制了1/4的大型上市公司，而且也充当债权人与股东的双重角色。德国较小的公司是以家庭控股为主，其中德国非银行的大股东也控制了近1/4中小企业的股权，而且都是利用金字塔式的控股方式，即A控B、B控C、C控D，这种金字塔结构最有利于股东以小股权控制一连串公司。日本也有大量的交叉持股，而且银行控股也是常态。

大量的研究成果均表明大股东的存在可强化公司治理绩效，其具体表现在：

- 美国的外部大股东（非经理人员）的存在增加了这家公司被收购的机会；
- 美国公司即使被兼并的计划失败，有外部大股东的公司也会更换经理人员；
- 德国银行大股东及其他大股东的存在显著地改善了公司的经营绩效；
- 日本大股东控股的公司会减少例如广告、研发和娱乐的支出；
- 日本大股东在公司绩效下降时比无大股东控股的公司更有效地撤换经理人员；
- 大股东所控股的公司有着较高的董事更换频率。

抽样调查显示：东亚9个国家和地区的2980家样本公司中，其中有2/3的公司是由股权集中股东所控制，而且其中大部分是家族，6成以上家族控股公司的高级经理人员来自控股家族，同时家族控制了大量财富。西欧13个国家的5232家上市样本公司的最终股权结构中，除英国和爱尔兰有较多的大众持股公司外，54%的欧洲公司是由股权集中的大股东所控制（其中以家族为主），而且2/3的家族控股公司均指派家族成员担任上市公司的经理人员。西欧各国与东亚地区相比，使用较小的金字塔结构、交叉控股和多重控股，但使用较多的复式股票权。

由此可见，无论是世界各国上市公司形式上的股权结构，还是大股东在公司经营与管理中的实质绩效，都证明了上市公司大股东的存在并非不可取。大股东在强化公司治理与管理绩效上，可以避免“内部人控制”的弊端，他们能利用手中的决策权迅速有效地更换不合格董事和经理人员，能够及时发现公司经营过程中存在的各种问题并使其得到及时纠正，从而保持公司价值的最大化，维护中小股东的投资利益。当然，这种股权集中式的大股东也应有利于我国上市公司的国有股“一股独大”的治理结构。在该种结构安排下，大股东缺位时直接带来内部人牢牢掌控上市公司的事例层出不穷，侵害中小股东权益相应也难以避免。

## “债权人保护”难题仍待求解

上市公司除了股东以外，还有债权人。美国、英国和加拿大的债权人可以分成两种：第一种是银行；第二种是持有公司债券的小债权人。而银行又可分成独立银行贷款和辛迪加联贷（Syndicated Bank Lending）。亚洲和欧洲的银行体系较为复杂，其中又以德国的银行网（Universal Bank System）和日本的商社控股银行最富代表性，其他欧洲国家和亚洲地区的银行体系大部分都是所谓家族控股的关联银行。

小股东和一般债权人的权利区别在于：小股东的投资没有任何回报作担保，但债权人的投资有法律保障的回报率；小股东没有优先分配公司资产的权利，而债权人有这种权利；小股东的投资没有到期日，而债权人的投资有一定的期限。和小股东不同，小债权人的权利更大。当借款人不准时付利息时，债权人可以诉请清盘，拿借款人的资产还债。而且任何一个债权人，不论是银行或持有公司债的小债权人都可以经银行扣押资产还债。各国法庭原则上不能反对而只能确保个别债权人不能扣押超过本身债权的资产。因此，在一个法制良好的地区，债权人基本上不需要公司治理的保护。

在英、美两国，公司债权人的形态是以公司债债权人、独立的银行和银行团为主。根据研究显示，公司负债增加，可以给管理层以压力，刺激经理人员加倍辛勤工作，防止公司因负债过多而倒闭，影响经理人的切身利益；同时它还可以减少绩差公司的过度投资。因此，债务对于股东而言是有利的。另外，英、美两国完善的普通法体系对于债权的保护也极其到位，无需改变公司治理结构来另外保护债权人的利益。

在欧洲大陆国家和加拿大、日本，公司债权人以控股银行为主。控股银行利用控股股东身份，能掌握较多的公司讯息，对客户公司有相当的限制。例如日本控股银行对于本集团内公司比对集团外公司收取更高的利息。德国银行会干涉其他公司对自己的客户公司进行收购，以防破坏原有的良好客户关系等等。因此，这些国家的公司债权人可凭借自己的优势地位妥善保护自身的利益。在亚洲其他国家，公司债权人以家族控股的关联银行为主，公司负债不但不能为小股东谋福利，反而是一种大股东对小股东或债权人的极度剥削。这是因为，相对欧美发达国家的先进制度和先进生产力而言，亚洲国家的制度比较落后，缺乏良好的法制确保债权，家族企业虽已形成却无法轻易得到独立银行的融资。因此，家族企业逐渐参股控股银行形成关联银行，亚洲家族设立金字塔式的企业结构过度借款，企业一旦倒闭便以股份公司对债务承担有限责任为由，只以有限资产抵偿庞大的债务，坑害银行债权人及小股东。因此，如何建立一套保护亚洲债权人的公司治理结构是刻不容缓的，同时这也说明：在目前世界各国现有的公司治理结构内部，债权人保护机制尚未形成。

债务融资是公司经营的必备手段，公司治理结构中应包含有完善的债权人利益保护机制。目前我国四大国有银行国家控股的比例达 100%，银行的呆、坏、死账等不良贷款资产比例相当高，金融资源配置效率低。值得庆幸的是，政府已在国有银行的改革上迈出了实质性的一步，2003 年底政府准许商业发行次级债，2004 年 1 月财政部动用 450 亿美元外汇储备分别对中行、建行注资，而两行原有资本金全部用于抵消呆、坏、死账。以上重大举措用意大于确保两行的资产负债率达到巴塞尔协议要求，并最终将两行整体上市。但是，这场改革任务极其艰巨，不仅目前世界上没有一个银行业指导方案或者改革的经验可以参照，而且在现有的公司治理结构中天然地缺乏债权人利益保护机制。因此，解决“债权人保护”问题，不仅是完善我国公司治理结构的必解难题，同时也是我国国有银行体制改革必须正视的课题。

# 第六节 强化上市公司的董事责任

证券市场发展的数百年历史经验教训,使人们终于形成了“证券市场并非万能”的理念,也促成了现代证券市场监管体制的确立,并直接催生了证券法律法规。在证券市场的维护上,政府的目标是保证证券市场的有效、持续和公正地运转,保证参与交易各方的合法利益。上市公司是证券市场上最重要的主体,规范上市公司行为是实现政府监管目标的重要手段。而规范上市公司行为的手段则主要体现在追究违法行为人的责任之上,董事即是其中主要责任人之一。董事作为上市公司的高级管理人员,通常对上市公司的行为负有不可推卸的责任,只有强化董事的责任,才能更好地规范上市公司的行为,才能使上市公司的法人治理结构更加科学化。

## 一、董事与公司之间的关系定位

从世界各国的法学理论和立法实例来看,董事与公司之间的关系定位主要有如下几种观点:

一是代理关系说,即认为董事是公司的代理人;

二是受托人说,即认为董事是公司的受托人;

三是代理与信托兼有说;

四是委任关系说,即公司为委任人,董事为受任人,委任标的是公司财产的管理与经营;

五是特殊关系说,即公司董事与公司和股东的关系是特殊的关系。

上述五种学说均有各自的法律文化传统和立法背景,在一定程度上都有其合理性和存在的价值。根据我国的基本国情和法律传统,上市公司与董事之间的关系定位于特殊关系更为贴切。这种特殊关系既不能直接适用民法代理的法律规范,也很难用信托关系或委任关系加以说明。上市公司董事是由股东大会选举产生,而由董事组成的董事会则被授予广泛的管理公司事务和财产的权力,但这种权力是法定的权力,它既不同于代理权,也不完全符合信托关系中的受托人原理,而是一种新型的权力。董事对公司、股东都负有忠实义务和注意义务,这些义务的性质是法定的,非一般代理人的义务或受托人的义务所能够涵盖。因此,上市公司中的董事与公司之间的关系无法用现有的任何一种单独的法律关系原则来概括,只能称之为一种特殊的法律关系。在确定公司与董事之间特殊的法律关系后,我们才能确立董事的法律地位,才能界定董事的法律责任,才能实施相应的处罚机制。从董事与公司之间的法律关系中可知,董事享有公司法和公司章程规定的权利。根据权利与义务相统一的法律原则,即责任是违反义务的法律后果,而承担义务的同时应当享有相应的权利,因此,董事应负有相应的义务,承担相应的责任,董事的权利、义务和责任应是对等一致的。但目前存在的主要问题是董事对公司承担的义务和责任与其享有的权利不对称。在法律规定上，董事的义务和责任比较明晰，而董事的权利则较为模糊，公司法和公司章程通常只对董事会整体职权作一般规定，而没有对董事个体权利作出具体规定。实践中，董事负有的义务较多，而享有的权利较少，追究责任较多，却较少赋予相应的职权，特别是有些董事得到的职务报酬极少；但却承担了很大的职务责任，因此使得一些董事对处罚仍持否定态度。因此，《公司法》修订时，增加关于董事权利的具体规定，包括董事的报酬请求权等，是非常必要的。

## 二、董事责任的细分与协调

董事承担的法律责任可分为刑事责任、行政责任和民事责任。不同责任形态的功能各有侧重，但均具有惩罚和救济功能、以及在此基础上演化出的威慑功能。一般而言，刑事责任旨在惩罚严重违法行为人；行政责任旨在惩罚一般违法行为人；民事责任旨在赔偿投资者遭受的损失。显然，前两种法律责任侧重于对违法行为人的惩罚，发挥着重要的威慑功能；但后者的首要目标在于受害人获得赔偿，也具有一定的阻却违法的功能。

董事承担的法律责任源于法定义务。这种法定义务又可细分为公法义务和私法义务，公法义务直接指向社会利益和公共秩序；而私法义务直接指向的是公司的利益和股东的利益。董事的公法义务主要由法律设定，如不得虚假陈述和禁止操纵市场等；董事的私法义务除公司法、证券法中有所规定外，也由公司章程规定，如董事的忠实义务和诚信义务等。董事违法或违反义务的行为，违反了公法义务或私法义务都有可能，违反了公法义务的救济手段是行政责任，违反私法义务的救济手段则是民事责任，而刑事责任追究的既可以是违反公法义务的行为，也可以是违反私法义务的行为。行政责任、民事责任和刑事责任各有不同的法律功能和适用范围。

从理论上讲，上述三种责任中民事救济应当占据重要地位，并且目前加强和完善民事责任制度已得到学界和立法、司法等各个方面的广泛关注和支持。但同时也应认识到，由于我国证券民事救济立法的结构性障碍，以及公司和证券违法违规行为的特殊性(尤其是受害对象的不确定性和损失认定举证方面的困难)，证券民事责任和民事赔偿追究具有相当大的难度。而对于众多的证券违规行为，如果按照刑事证据标准去定罪，又必须直面罪行认定方面的严格要求，行为人虽然从事某些违法行为，但由于刑事责任只适用于社会危害性达到犯罪程度的违法违规行为，难于举证等原因将可能使行为人免于刑事处罚。因此，无论从责任适用的普遍性，还是从责任适用的可操作性和便捷性来看，短期内行政监管之下的追究行政责任是不可忽视和不可替代的。同时，我国证券市场是新生的尚不成熟的市场，采取的是典型的统一监管模式，加之十几年发展过程中暴露出的问题，都决定在中国现实的社会环境里，在可预见的未来时期内，行政责任将是非常重要的法律手段。我们所要关注和研究的是如何健全和完善现行的行政责任制度，规定更为科学、合理的行政责任的实体要件和程序保障，更好地发挥行政责任应有的法律功能。

## 三、行政处罚的对象与行为界定

由于社会实践的复杂性，上市公司中董事构成也很复杂。在确定行政处罚对象时，应加以细致区别，对不同类别的董事界定不同的过错责任。

### 1. 董事类别的区分

#### (1)除名义董事外，影子董事也应承担责任

名义董事虽有董事的名义实际上受命于影子董事，并不真正行使董事权利；影子董事没有董事名义，也不以董事身份行事，但事实却通过支配名义董事的行为，拥有董事的实际权利。在我国，名义董事和实际董事广泛存在。在监管层加强对董事监管和处罚的力度时，有的董事为逃避法律责任的追究，隐居幕后，安排代理人出任名义董事，或仍直接行使董事的各种权利，只是不挂董事的名分。此种情况下，名义董事应承担责任当然毋庸置疑，但影子董事同样不应逃脱法律责任的追究。鉴于有些董事为逃避法律责任而隐身幕后的现实情况，更有必要明确规定影子董事与其他董事负相同的法律责任。

#### (2)承认法人董事并明晰其责任

法人董事是由法人组织而非自然人个人担任公司的董事。虽然我国《公司法》中没有明确定义法人董事，但实践中法人董事的现象却真实存在，尤其是许多国有控股的上市公司中存在“一股独大”的现象，上市公司的董事通常由控股股东委派，他们的行为和意见并非出自其独立的思考判断，而是受其所代表的法人大股东的态度和意见所支配，代表大股东的利益，成为代理人或代表人。虽然法律有可能对董事的行为进行行政处罚甚至刑事追究，但幕后起关键作用的法人董事因不是自然人却不必承担上述董事责任。因此，这种责任分配上的严重失衡需要通过未来的立法加以改善。根据国外立法先例和实际运作，法律应明确承认和肯定法人董事。并应规定法人董事与其代表人连带地承担与其他董事相同的法律义务和责任，以约束、遏制控股股东的越权行为和违法违规行为，并有效地追究董事的法律责任。

### 2. 董事行为的界定

从董事的来源、工作分工和工作方式的差异来划分，目前，我国上市公司中实际存在的董事类型包括普通董事、外部董事和独立董事三种。但《公司法》并未按此差异分别予以追究责任。只要公司发生违法违规行为，只要存在应追究董事责任的事实，就对在董事会决议上签字或参与此项行为的所有董事追究相同责任。但事实上，不同类别的董事享有的权利和承担的义务是不一致的，各类董事履行职责的环境和条件也存在差异：内部董事直接参与公司生产经营的全过程；外部董事一般只参加董事会议，不介入公司的具体经营业务，其对公司事务的了解和信息的获得是不完全对称的。另外，不同董事对同一个董事会行为的主观过错也不总是完全相同的。因此，不加区别地对不同类型的董事追究同样的责任是过于简单的，这也不符合法律责任追究的一般原理。

概而言之，董事行政处罚的对象界定要求根据各个董事的职权范围、职责分工和工作方式的差异加以区分，要求各个董事承担的法律责任与其权利、义务相对应，要求过错的实质责任人而非形式责任人承担法律责任。

董事行政处罚的对象不仅要明晰界定，应予处罚的行为范围也应界定。根据我国目前的立法状况，证券监管机构对董事行政处罚的行为应含有下列两个法律要件：

#### (1) 属于证券法上的违法行为

证券市场的监管机关对上市公司董事责任的追究，应以证券法而非公司法或其他法律法规为直接依据。上市公司董事的违法违规行为，可能涉及证券法或公司法的一些条款。有的两者皆违反，有的行为属于个别董事特有的，有的则属于各种公司董事共有的，它们都构成上市公司董事行政处罚责任的行为要件。但由证券监管机构处罚的行为应只限于证券法上的违法行为，而不应包括公司法上的违法行为。公司法上的违法行为，如虚报注册资本、虚假出资、抽逃出资等，多由工商行政机关给予处罚；其他的违法行为，则应根据国家机关的职能分工和行政处罚权的一般划分方式，由相应的国家机关负责处罚。目前，由于我国上市公司和证券立法不完善，证券监管机关对上市公司全面监管已成为不成文的规定。包括公司治理结构和内部管理方面的问题。但证券监管机关只是证券市场的监管者，它应以市场行为而非市场主体来确定监管和处罚对象，即以证券法所涉及的行为作为其监管和处罚的依据。

#### (2) 有具体处罚条款

对董事的处罚，不仅是董事的行为违反了证券法，而且还须是证券法中明文规定应受行政处罚的行为。证券法中规定应予处罚的行为通常都是董事违反公司法义务的行为。如同刑法实行罪刑法定主义一样，行政处罚法实行的是处罚法定原则，即任何行政处罚，都需依据具体的处罚条款作出。在证券法中，对某些行为作了强制性或禁止性规定，违反这些规定显属违法行为，当然应施以行政处罚，如现行法律中未设置相应的法律责任条款，应采取相应的立法措施予以补救，以使所有的行政处罚都有法可依，而不是任意实施。

## 四、行政处罚的归责机制

董事的行政处罚责任应以董事主观上的过错为要件，如果没有过错，则不承担责任。在对董事过错进行认定时，应实行过错推定原则，即只要董事有违法违规行为，就推定其属于故意或过失所为，除非董事能够证明其不存在任何故意或过失，才可认定董事无过错，才可免除处罚责任。采用过错推定原则旨在要求董事承担举证责任，即由董事举证证明自己没有过错，而一般过错责任则是由责任的追究者举证证明董事负有过错。过错推定原则实行举证责任倒置，降低起诉方难度，通过追究董事的法律责任起到有效监督责任。

董事行为的过错包括故意和过失，故意行为较为明显。过失行为则较难界定，而认定董事过失的核心问题是确定董事注意义务的标准和要求。董事注意义务，即董事应尽到一个善良管理人应有的注意义务，在实质审查时很难具体化，只能是抽象的。作为善良的管理人，董事既不能低于常人所具有的认识能力和判断能力，也不能要求所有董事在每个方面都具有专业人士的认识能力和判断能力，但董事应具有一个合格的、适任的公司管理者应有的认识能力和判断能力，具有这种能力者所应知而未知则构成过失。这是所有董事应达到的最低注意标准，它只是在没有其他因素的情况下认定董事是否存在过失的标准，但对那些具有专业知识、能力或特殊经验的董事，则应适用更高的注意标准。例如，对于会计事项，一般董事难以察觉的问题，具有会计知识和经历的董事就应该知道和发现；对于法律事项，一般董事难以察觉的错误或问题，但具有律师资格或法律背景的董事就应该知道。

因此，根据董事最低注意标准，在追究董事责任时，下列情况不能成为董事否定过错、推卸责任的事由：能力不足；信息不对称；权利与义务不对等；股东支配或外部干预；相信专业机构或专业人员出具的意见和报告。

另外，在董事行政处罚的归责机制中，还应注意程序的公正性和公开性。在法律制度的设计上，程序公正是实体公正的保障。程序上的问题虽是表的，但程序上的规范和严格却是绝对的，对董事的行政处罚应切忌重实体、轻程序的倾向。证券监管机关应建立一套科学、合理的董事处罚程序并严格规范自身的执法行为。一是处罚决定与调查分开，包括机构分开和人员分开，由监管机关内部不同的机构和人员分别行使调查与处罚的决定两种职能，通过调查、决定两个层次的监督制约，减少调查人员先入为主，或以权谋私情况的发生。二是罚执分离，即在处罚的执行程序中，作出处罚决定和执行处罚决定的机构和人员分离。三是复议机构与处罚机构和人员分离。在处罚的复议程序中，复议机构应根据法定的申请、受理、审查和决定等程序，全面审查作出处罚决定的事实是否清楚，适用的法律法规是否正确，是否违反法定程序。

## 五、完善董事行政处罚机制的五大对策

### 对策一：提升上市公司董事行政处罚规定的立法层次

《行政处罚法》中规定有六种行政处罚方式：警告、罚款、没收违法收入和非法财物、责令停产停业、暂扣或吊销许可证、暂扣或吊销执照、行政拘留。但《证券法》规定对上市公司及其董事的处罚方式却只有三种：警告、罚款和没收违法所得。而实际上证监会对上市公司董事行政处罚的方式有七种：通报批评、公开谴责、警告、没收违法收入、罚款、取消上市公司董事资格、行业

禁入。这些行政处罚多是依据行政规章、《通知》或《办法》等规范性或政策性文件。因此，应尽快提升这些处罚规定的立法层次，将其纳入法律或行政法规之中。

### 对策二：建立董事行为的声明程序和机制

认定董事是否存在过错是一个十分复杂的法律技术问题。美国的新公司改革法案中规定，在判断董事主观过错时，若董事根本未进行其所声明的行为，即根本未审查公司报告或没有向公司外部审计和审计委员会披露内部控制系统设计和运作的重大缺陷、弱势；披露以往发生的、牵涉公司要员的欺诈行为、或并未对公司内部控制系统进行有效性评估，则认定董事当然存在过错。若董事虽然进行了其所声明的行为，但结果仍存在欺诈，则仍要根据“竭尽注意义务”的传统标准来认定其是否存在过错。按此立法例，我国也可设置类似的董事对某些重大行为的声明程序，借此警示董事严格履行某法定职责，同时也对董事过错的认定提供一个初步的形式上的标准。

### 对策三：在《公司法》中增设董事权利

在《公司法》目前的规定中，董事承担的义务和责任与其享有的权利严重不对称。因此建议《公司法》修订时，应增加关于董事权利的具体规定：明确规定在董事会会议之外，董事在享有董事会的召集权、提出议案权、股东大会的召集权和提出议案权——公司管理人员任免的提议权、公司管理事务的质询权、财务账册的查阅权、报酬请求权等等。

### 对策四：在相关的法律法规中增加行为处罚规定

以《证券法》为例，其中虽对某些行为有强制性或禁止性规定却缺乏相应法律责任条款的规定，如擅自改变招股说明书所列资金用途（第 20 条），国有资产控股的企业炒作上市交易的股票（第 76 条）等。这些行为既然为法律所禁止或强制，如果上市公司董事有违反的情形，就应该以行政处罚，但现行立法并无具体的处罚条款。因此，应尽快通过相应的立法予以补救，这种补救可以通过《证券法》的修改，也可以在相关的行政法规或规章中增加对某些违法行为的处罚条款，以加强上市公司董事的法律意识。

### 对策五：制定关于董事行政处罚的专门规则

董事行政处罚是一个综合性的法律问题，既有实体性问题，也有程序性问题；既有执法机关的依法行政、规范执法问题，也有指导上市公司董事行为和权益保护的问题。根据我国立法的现有基本模式，这些问题不可能在统一的基本法律、法规中都得到系统、细致的规定，对许多具体事项需要通过制定具体的规则加以规定，如同监管机关就其他特别事项制定专门规则一样，董事的行政处罚亦需要制定专门的规则。同时，目前关于董事行政处罚的规定较为零散，处罚的标准也不甚统一，一些规定是在特定时期，根据特定的情况而临时制定的，相互之间缺少应有的衔接和协调，而制定统一的、系统的董事处罚规则可以有效地消除和解决这些问题。

总而言之，上市公司法人治理结构的科学化离不开董事行为的规范化，规范董事行为的关键在于明晰并强化董事的法律责任。而现代法律责任是由刑事责任、行政责任和民事责任三种形态构成，从各责任形态的功能分析和我国的立法背景来看，对董事的违法行为实施行政处罚、追究董事的行政责任是目前规范董事行为的较好选择。在现有的立法基础上，进一步明确董事行政处罚的对象与行为范围，细化董事违法行为的实质要件和判断标准，规范董事行政处罚行为的处罚程序，增级、修订相关法律条款是目前完善上市公司董事责任追究机制亟须解决的重大现实问题。

# 第四章　上市公司并购战略指南

## 第一节　上市公司并购的效应分析

一、企业发展动机

二、市场份额效应

三、经营协同效应

四、财务协同效应

五、并购战略动机

## 第二节　上市公司并购战略分析

一、公司并购战略的原理

二、影响公司并购战略的因素

三、上市公司并购战略的选择方法

## 第三节　上市公司并购与融资政策渠道

一、上市公司融资渠道

二、上市公司并购融资的现实困难

三、调整融资政策渠道

## 第四节　资源和市场的整合

——上市公司并购的最终市场策略

一、战略整合

二、管理整合

三、文化整合

## 第五节　外资并购上市公司的模式探析

一、外资并购上市公司的相关国家政策演变

二、外资并购上市公司的模式及程序

三、协议收购的一般程序

四、要约收购的一般程序

五、合资控股的一般程序

六、外资并购上市公司应注意的几个问题

上市公司资源的运动包括两个方面：一方面是内部运动——重组；另一方面是外部运动——并购，通过扩大系统可以实现拥有新资源的目的。但是，并购往往又必须伴随着重组，没有上市公司内部运动予以配合，外部资源将与内部资源发生『排异反应』。尽快实现『整合』，是上市公司并购的又一重大任务。

# 第一节 上市公司并购的效应分析

上市公司并购的行为，从根本上讲，它至少缓和了市场上的三大矛盾：厂商之间竞争的矛盾；产品寿命短暂与企业生存延续性的矛盾；市场平等原则与厂商、供应商地位不平衡的矛盾。这对上市公司的生存与发展有至关重要的意义，但是并购行为必然会加剧厂商同客户的矛盾。在此将从五个方面详细分析上市公司并购的效应问题。

## 一、企业发展动机

竞争是市场经济的最基本特征，企业只有不断发展，才能保持和增强它在市场中的相对地位，而且，市场占有率是企业生存乃至取得更多社会价值的最核心指标。因此，企业有很强的扩张欲望，但同时又不能盲目地扩张，要根据经济发展的总体状况来适时高速发展速度。在这种情况下，企业可以运用两种基本方式实现扩张：通过内部投资新建方式扩大生产能力，通过兼并获得行业内原有的生产能力。比较而言，兼并往往效率较高。这是因为：

### 1. 兼并有效地降低了进入新行业的壁垒

企业在大规模进入一个新的领域时，可能面临着在位企业的激烈反应，若以小规模方式进入，则面临着成本劣势。产品差异使用户以一种产品转向购买新进入者的产品时，必须支付高额的重置成本，使新企业难以占领市场。同时，由于原有企业与销售渠道之间长期密切的关系，企业要进入新市场必须打破原有企业的“在位优势”，才能获得有效及可靠的销售渠道。另外，新企业与原企业相比还可能面临其他一系列不利因素，如原企业拥有专门的生产技术、取得原料的有利途径、有利的地理位置、政府的优惠政策等。

与此同时，投资新建还必须考虑到由于新增生产能力对行业的供求平衡的影响。如果新增生产能力很大，行业内部将可能出现过剩的生产能力，从而引发价格战，大大降低行业内平均利润率、压缩本企业的生存空间。在运用兼并方法时，进入壁垒可以大幅度降低，由于兼并并没有给行业增添新的生产能力，短期内行业内部的竞争格局总体相对静止，行业内部其他成员的反应不会过于激烈。

### 2. 兼并大幅度降低了企业发展的风险和成本

企业投资新建不仅仅涉及到增加新的生产能力，企业还要花费大量的时间和财力去获取稳定的原料来源，去寻找合适的销售渠道,去开拓和争夺市场,因此,这种方式涉及更多的不确定因素,相应的风险较大,资本市场所需求的风险成本较高,在产业刚刚起步市场供不应求的阶段较适用于这种方式。在供给充足的情形下,采用并购途径,企业可以利用原有企业的原料来源、销售渠道和已占有的市场。资金市场对原有企业也有一定了解,可以大幅度减少发展过程中的不确定性,可以降低风险和成本。

### 3. 兼并充分利用了经验和规模效益

在很多行业,尤其是劳动密集型行业中,随着产量的逐步扩大,企业在生产中积累的各方面经验愈来愈多,其中最宝贵的是管理经验和劳动者技能,这将大大提高单位时间的劳动效率,使成本迅速降低,如图 6-9 所示,B 表示该产品市场平均劳动效率点,$P_0$ 为市场均衡价格,$Q_0$ 即为该企业盈利所需达到的最低产量,由于资本密集型产业同劳动密集型产业其固定成本投资在整个先期投资比例要高得多,一般来讲,资本密集型产品产量达到 $Q_0$ 点的生产周期较长、风险也更大,市场进入的门槛更高,这是规模收益效应同经验成本效应的共同作用的结果,但是经验成本效应是规模收益效应发挥作用的根本条件。随着企业生产能力、技术水平的提高,当产量达到 $Q_1$ 时,由于规模扩大引起的组织协调、信息处理的难度加大,系统分离等规模不经济因素作用的不断增强,从而压制了经验——成本效应的作用,致使 AC 曲线上升。这时候企业就有必要考虑系统内部结构的调整,开发新产品或采用多元化等远期战略。

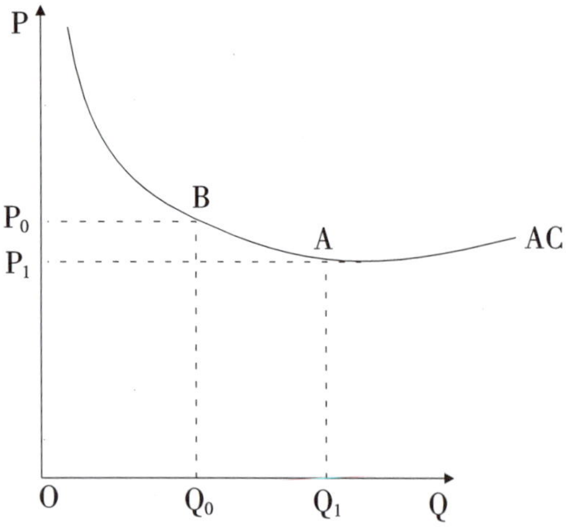


图 6-9 经验、规模效应综合分析

企业通过兼并发展时,不但获得了原有企业的生产能力和各种资产,还获得了原有企业的经验。经验成本曲线效应对混合兼并有着特别重要的作用。混合兼并更经常进入那些新型的经营领域中,经验往往是一种有效的进入壁垒。通过混合兼并,混合一体化企业的各部分可以实行经验分享,形成一种有力的竞争优势。

## 二、市场份额效应

市场份额即市场占有率,指企业的产品在市场上所占的份额。它是决定公司盈利能力和净现金流量的最重要因素。企业市场份额的不断扩大,可以使企业获得某种形势的垄断,这种垄断既能带来垄断利润又能保持一定的竞争优势。因此这方面的原因对兼并活动有很强的吸引力。企业兼并的三种基本形式——横向兼并、纵向兼并和混合兼并,都能提高企业的市场竞争力,但它们的作用方式有很大的不同。

### 1. 横向兼并

横向兼并有两个明显的效果即实现规模经济和提高行业集中程度。横向兼并对市场的影响主要是通过行业的集中度进行的,通过行业集中,企业市场势力得到扩张。横向兼并对行业的影响主要有以下三个方面:(1)减少竞争者的数量使行业结构由完全竞争转向垄断竞争。完全竞争状态下行业内竞争者数量较多而且处于势均力敌的竞争地位,行业内所有企业由于激烈的竞争,只能保持最低的利润水平。通过兼并,使行业相对集中,行业由少数企业控制时,能有效地降低竞争的激烈程度,垄断竞争厂商通过差异化商品和价格歧视暂时获得一部分垄断利润,使行业内强势企业保持较高的利润率。(2)调和了行业整体生产能力扩张速度和市场扩张速度不一致的矛盾。在规模经济支配下,企业不得不大量增加生产能力,才能提高生产效率,但企业扩大生产能力往往是与市场需求的增加不一致的,从而破坏了供求平衡关系,使行业面临生产能力过剩引发经济衰退。实行企业兼并,使行业内部生产能力得到相对集中,既能实现规模经济的要求,又能避免生产能力的盲目增加。(3)兼并降低了行业的退出壁垒。某些行业(如钢铁、冶金行业),由于它们的固定资产具有高度的专用性,退

出壁垒很高，从而这些行业中的企业很难退出这一经营领域，只能顽强地维持下去，致使行业内过剩的生产能力无法减少，整个行业的平均利润保持在较低水平。通过兼并和被兼并，行业可以调整其内部结构，将低效和陈旧的生产设备淘汰，解决退出成本过高的问题，达到稳定供求关系、稳定价格的目的。

横向兼并通过改变行业结构，使兼并后的企业增强了市场控制力，并在很多情况下，形成了垄断，从而降低了整个社会经济的运行效率，因此，对横向兼并的管制一直是各种反垄断法的重点。

### 2. 纵向兼并

纵向兼并是企业将关键性的投入——产出关系纳入企业的控制范围。它主要通过对原料和销售渠道及用户的控制来实现这一目的。如图 6-10 所示：

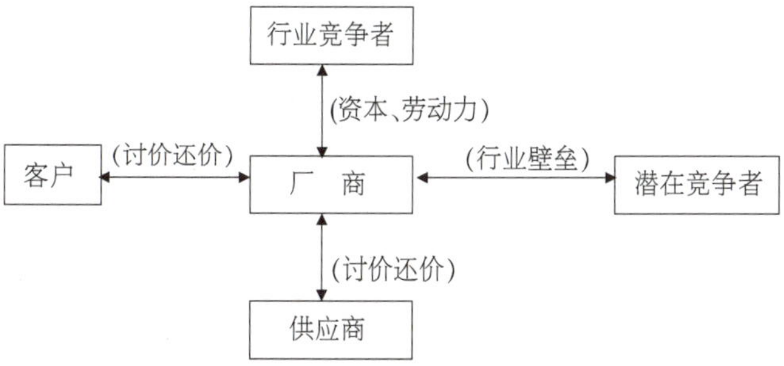


**图 6-10 市场竞争中的五种力量**

这种讨价还价的能力主要是由买卖双方的行业结构、以及它们之间的相对重要性决定的。企业通过纵向兼并降低供应商和买主的重要性，特别是当纵向兼并同行业集中趋势相结合时，能极大地提高企业的市场竞争地位。

纵向兼并往往导致“连锁”效应。一个控制了大量关键原料或销售渠道的企业，可以通过对原料的销售渠道的有效控制，有力地影响竞争对手的活动，因此，即使纵向一体化不存在明显的经济效益，为防止被竞争对手所操纵，当一家企业率先实行纵向兼并时，其余企业出于防卫的目的，也可能考虑实行纵向一体化。

### 3. 混合兼并

混合兼并对市场势力的影响多数以隐蔽的方式来实现。企业通过混合兼并进入的，往往是它的原有产品相关的经营领域。在这些领域中，企业仍可使用与主要产品一致的原料、技术、管理观念或销售渠道。这方面规模的扩大，使企业对原有供应商和销售渠道的控制加强了，从而提高了它们对相应市场的控制。另一种更为隐蔽的方式是企业通过混合兼并增加了企业的绝对规模，使企业拥有相对充足的财力，可以与原市场或新市场的竞争对手进行价格战，采用低于成本定价方法迫使大量弱小竞争对手退出本领域，最终形成寡头垄断的竞争格局。由于巨型混合一体化企业涉足很多领域，从而对其他相关领域中的企业形成了强大的竞争威胁，使一般的企业不敢对它的主要产品市场发起挑战，以免引起报复，结果造成这些行业竞争不充分、资源配置效率降低。

## 三、经营协同效应

经营协同效应主要指的是兼并给企业的生产经营

活动在效率方面带来的变化及效率的提高所产生的效益,这也是一种 1+1>2 的效应。企业兼并对企业效率最明显的作用表现为规模经济效益的取得。企业规模经济由工厂规模经济和企业规模经济两个层次组成。

兼并对工厂规模经济带来的好处有:(1) 企业可以通过兼并对工厂的资产进行补充和调整,以达到最佳经济规模的要求,使工厂保持尽可能低的生产成本。(2)促进厂际分工协作,实行产品单一化生产,避免由于产品品种的转换带来的生产时间的浪费,集中在一个工厂中大量进行单一品种生产, 从而达到专业化生产的要求。(3)在某些场合中,企业兼并又能够解决由于专业化带来的问题。现代化大生产由于科学技术的发展,在很多生产领域中要求实行连续化生产,在这些部门,各生产流程之间的密切配合有着极其重要的意义。企业通过兼并,特别是纵向兼并,可以有效地解决由于专业化引起的各生产流程的分离,将它们纳入同一工序中,可以减少生产过程中的环节间隔,降低操作成本、运输成本,充分利用生产能力。

规模经济的另一层含义是企业规模经济。通过兼并将许多工厂置于同一企业领导之下,可以带来一定程度的规模经济。这主要表现在:(1)节省管理费用。由于中、高层管理费用将在更多数量的产品中分摊,单位产品的管理费用可以大大减少。(2)降低单位商品营销成本。多厂企业可以在不增加产品产量的同时使不同顾客或市场有更多的服务选择, 更好地满足他们各自的不同需要。而这些不同的产品和服务可以利用同一销售渠道来推销,达到节约营销费用的效果。(3)增强产品开发的能力。厂商可以集中足够的经费用于研究、发展、设计和生产工艺改进等方面,迅速推出新产品,采用新技术。(4)降低融资成本。企业规模的相对扩大,使得企业的直接筹资和借贷都比较容易,在众多金融机构眼中,企业规模扩大,抗风险的能力也自然加强。

2003 年中期, 中国资本市场的运作高手德隆系旗下的新疆屯河并购同处新疆的天山股份可谓是现阶段中国上市公司并购进行产业整合,较好发挥经营协同效应的范例。新疆屯河以每股 4.80 元收购天山股份 29.42%的股权实现控股即 5100 万股(2002 年底,每股净资产 4.72 元),交易金额 2.448 亿元。而天山股份再收购新疆屯河所持有的屯河水泥股权, 同样支付 2 亿多元。经过如此整合,新疆屯河将水泥资产转移给天山股份,同时又保有水泥产业的投资收益;天山股份则壮大了产业。此次整合对两家上市公司来说可谓双赢。

## 四、财务协同效应

财务协同效应主要是指兼并给企业在财务方面带来的种种效益,这种效益的取得不是由于效率的提高而引起的,而是由于税法、会计处理惯例以及证券交易等内在规定的作用而产生的一种资金上的效益。主要表现在以下两个方面。

### 1. 通过兼并实现合理避税的目的

税法对个人和企业的财务决策有着重大的影响。不同类型的资产所征收的税率是不同的,股息收入和利息收入、营业收入和资本收益的税率有很大区别,企业能够采取某些财务处理方法达到合理避税的目的。税收对兼并的刺激作用主要有两种: 一种同兼并的形式无关, 另一种则同兼并的形式紧密相关。

(1) 亏损递延条款避税:所谓亏损递延指的是如果某公司在一年中出现了亏损,该公司不但可以免付当年的所得税,它的亏损还可以向后递延,以抵消以后几年的盈余,企业根据抵消后的盈余缴纳所得税。因此,如果企业在一年中严重亏损, 或该企业连续几年不曾盈利, 企业拥有相当数量的累积亏损时,这家企业往往会被考虑作为被兼并的对象,或者该企业会考虑兼并一家盈利企业,以充分利用它在纳税方面应主张的权利。

(2) 变向换股收购避税:当企业 B 兼并企业 A 时, 如果企业 B 不是向 A 企业的股东定向增发 B 公司的股票,即以一定比率换为 B 企业的股票,那么在整个过程中,由于企业 A 的股东既未收到现金,也未实现资本收益,这一过程是免税的。通过这种兼并方式,在不纳税的情况下,企业实现了资产的流动和转移,资产所有者实现了追加投资和资产多样化的目的。买方企业不是将被兼并企业的股票直接转换为新的股票,而是先将它们转换为可转换债券, 过一段时间后再将它们转换为普通股。这样做在税法上是十分可行的。一方面,企业付给这些债券的利息后的盈余乘以税率决定,可以少缴纳所得税；另一方面，企业可以保留这些债券的资本收益直到这些债券转化为普通股票为止。由于资本收益的延期偿付，企业可以减少支付资本收益税。

### 2. 预期效应对兼并的巨大刺激作用

预期效应指的是由于兼并使股票市场对企业股票评价发生改变而对股票价格的影响。预期效应对企业兼并有重大影响。它是股票投机的一大基础，而股票投机又刺激了兼并的发生。在西方市场经济中，股份企业进行一切活动的根本目的是增加股东的收益，而股东收益的大小很大程度决定于股票价格的高低。企业股票价格主要取决于对企业现金流量的判断，这一现金流只能依据企业以往的表现作出主观判断。因此，证券市场往往把市盈率，即价格/收益比率(Price Earings ration,PE)作为一个对企业未来的估计指标，该指标综合反映了市场对企业各方面的主观评价。

在外界环境相对稳定的情况下，一个企业的市盈率在短时间内不会有太大的变动，只有在企业的盈利率或盈利增长率有很大提高的情况下，市盈率才会有所提高。因此，股票价格在短时间内一般不会有较大波动。同样以前文为例，当企业B兼并企业A时，由于兼并方企业规模往往较大，当企业A的市盈率低于企业B的市盈率，但每股收益高于企业B的每股收益时，说明市场由于种种原因对企业A评价偏低。兼并后，企业B拉低了企业A的每股收益，使兼并后企业B的每股收益有可能上升，从而引起市盈率上升，造成企业B和企业A的股票价格同时剧烈上升。

一个企业，可以通过不断兼并那些有着较低市盈率但有较高每股收益的企业，使企业的每股收益不断上升，让股价保持一个持续上升的趋势，直到由于合适的兼并对象越来越少，或者为了必须同另外的企业进行激烈竞争，造成兼并成本不断上升而最终无利可图为止。预期效应的刺激作用在所有的兼并浪潮中表现得非常显著。

## 五、并购战略动机

根据企业生命周期理论，每一个企业的产品都有一个开发、试制、成熟、衰退的过程。对于生产某一主导产品的企业，它一方面可以不断地开发新品种以适应企业的产品生命周期，另一方面则可以制定较为长远的发展战略，有意识地通过企业兼并的方式进行产品的转移。

近年来，四川全兴逐渐将其主营业务白酒制造转移给其母公司全兴集团。手持巨额资金开始不断并购周边的制药企业，虽然行程颇为坎坷，但仍然义无反顾。此时四川全兴已经开始认识到由于人们消费方式的改变，白酒已不再是人们生活中的必备品，再加上行业竞争的日趋激烈，白酒制造业已不再有昔日的辉煌前景，行业整体亏损只是时间问题。而制药业特别是高科技含量的制药企业则代表着未来，有着不可限量的前景。在此战略理念指导下，四川全兴为企业的转型付出什么样的代价都是值得的。近年来出于这一动机的兼并活动越来越多，而且明显地表现在以下三个方面：

### 1. 企业通过兼并有效地占领市场

企业进入新的行业要克服行业壁垒，企业进入新市场时同样也存在着各种市场壁垒。通过兼并进入一个新市场，企业就可以有效地降低这种壁垒。日本自行车企业在上世纪70年代中期就成功地利用这一战略完全占领了美国市场。随着国际贸易的发展，国与国之间的竞争日益加剧，各种国家、地区贸易壁垒相应地不断加强，在这种情况下，兼并就成了占领和反占领某一地区市场的有力武器。德国西门子公司为了阻止日本进入西欧的计算机市场，不惜花巨资兼并了一系列西欧计算机软件和硬件公司。而日本企业为了能在欧洲自由贸易，也在英、法、德等国进行了大规模的兼并活动，试图解决关税壁垒和贸易摩擦带来的一系列问题。

### 2. 企业通过兼并能够实现经验共享和互补

这里的经验不仅包括经验成本曲线效应，还包括企业在技术、市场、专利、产品、管理等方面的特长，也包括优秀的企业文化。企业通过兼并可以在以上诸方面实现共享取长补短。菲利普·莫里斯公司在50年代还只是美国六大烟草公司中最小的一个，该公司经过一系列的探索和努力之后，终于成功地制造出全新的醇厚浓香口味的“万宝路”香烟及其粗犷的男子汉形象。到70年代末，它的销量已跃升为全美第一，也成为了全球香烟市场的第一品牌。随着企业战略的转移，该公司逐步进入食品行业，于1969年兼并了米勒·布鲁因(MillerBrewing)啤

并了卡夫食品公司，以弥补通用食品公司产品品种上的不足，同时利用卡夫公司的包装、食品保鲜专长和分销渠道，大幅度地降低销售费用，使菲利普·莫里斯公司成为仅次于雀巢公司的世界第二大包装食品公司。

### 3. 企业通过兼并能获得科学技术上的竞争优势

企业在成本、质量上的竞争往往转化为科学技术上的竞争，因此，企业常常为了取得生产技术或产品技术上的优势而进行兼并活动。面对日本公司的有力攻击，1982 年，美国通用汽车公司(GM)的新任总裁罗杰斯上任后，明确提出了高科技的赶超战略，对通用公司进行了一系列的调整重组，使通用公司从一些领域中退出，同时兼并了一系列高科技企业。这些兼并活动既围绕着通用公司的核心产品——汽车的生产又确立了通用在一系列高科技领域中占有支柱地位。通过兼并，通用公司成功地实现了全面计算机化和使用机器人生产的自动化。近年，通用公司已成为美国最大的电器件和国防产品的生产厂商，并在人工智能和机器智能及机器人的研究和制造上处于世界领先地位，成为美国最重要的计算机软件和计算机服务企业。

总而言之，上市公司的并购活动是一种资本运动的表现。资本由低利润率的企业、部门、地区、国家向高利润率的企业、部门、地区、国家流动，使各行业实行利润平均化，表现就是扣除运输成本。各地区同类商品价格基本保持一致，随着我国资本市场的日益成熟和发展，上市公司并购浪潮也将随之而来。

酒公司。该啤酒公司同菲利普·莫里斯公司在某些方面非常相似，它们都面临一个逐渐衰退的市场，生产的都是大众消费品，产品质量也都差不多。根据这些情况，菲利普·莫里斯公司推出了“低热量啤酒”。它还在 1987 年兼并了生产“麦氏咖啡”的通用食品公司(General Foods Corp)，随后推出“低脂肪食品”。该公司充分利用了它在生产“万宝路”香烟中获得的经验和市场销售方面的专长。它首先根据市场的发展，占领某一个区别于竞争者的细分市场，并运用有效的广告宣传使消费者接受这些产品，然后再向市场的其余部分渗透和发展。很快，菲利普·莫里斯公司的“低热量啤酒”和“低脂肪食品”就被消费者普遍接受了。1988 年它又以 130 亿美元的巨资兼

# 第二节

# 上市公司并购战略分析

上市公司并购战略的实质是竞争战略的延伸，是由产品、行业、地区经济环境的急速变化的特点决定的，企业只有通过并购战略调整来实现生存和发展。本文主要阐述影响公司并购战略的因素和并购战略的选择方法。

随着我国资本市场外资准入的日益临近，国家也相应放宽了外资并购上市公司的一系列法规，但是我国上市公司的市场竞争力远不能同跨国公司相比， 前景甚忧，尤其是尚处于垄断竞争市场状态下的行业，如果不利用“国退民进”的新契机加强多种形式的重组，增强市场控制能力，在资本市场开放以后，势必很难应对严峻国际竞争的挑战。

## 一、公司并购战略的原理

公司并购战略的实质是竞争战略的延伸，企业通过降低生产成本，产品差异化和服务创新等手段参与市场竞争的同时，也面临着产品、行业、地区经济的大环境变化所带来的机遇和挑战， 企业通过战略调整来实现生存、发展。因此选择多元化还是一体化是任何并购必须考虑的战略抉择问题。

### 1. 多元化战略

多元化战略又称多角化经营，是指公司的经营已超出了一个行业的范围，向多个行业的方向发展，它是公司的一种向外扩张策略。一般地说，由于多元化经营可以把公司的经营风险分散于多种产品或多个行业，从而降低了单一经营所面临的风险，增加了公司经营的安全性。在企业多元化经营战略里，就有所谓中心式经营战略和复合式经营战略之分。(1)中心式经营战略。中心式多元化并购是企业寻求自身主导产业、巩固核心竞争力而进行的多元化，比内部发展和复合式收购经营风险相对较小。但是，决定目标事业的竞争环境是否有利于收购者顺利进入的难度很大。在一个竞争激烈的市场环境中，提供给收购者本身的行销、制造工艺、研究开发成果等新的目标事业能否取得相当的竞争优势，是企业收购前都要清楚的重要评估项目。(2)复合式经营战略。复合式多元化经营的基本动机是促进企业经济效益的大幅度提高，并使企业利润稳定，因此，多元化经营的基本动机是通过企业经营活动的跨行业、跨部门，避免资金过于集中于某产业，以分散企业的投资风险。

例如香港特区的房地产公司提倡多元化经营，除挖坑卖房一条龙服务外，还广泛涉足其他行业。香港特区长江实业，不仅经营房地产的全套项目，还涉足港口、仓储、电信等支柱性产业，这与香港特区经济领域的狭小，

企业要想做大就必须不断并购其他企业以突破原有领域不无关系。而近年备受我国房地产企业推崇的美国房地产专一化经营模式，是另一条极度专业化的道路，这也是与美国房地产业面对的广阔市场前景分不开的。

### 2. 一体化经营战略

一体化经营战略又称为并购整合战略。公司收购的动机是为了实现目标公司与本公司资源的“整合”，取得综合效益包括规模经济、恰当的技术产品生产线及市场。

(1)垂直整合。垂直整合大体上是本着控制生产的每一环节，以获得长远利益的理念，在并购中实现从初级原料到最终产品的自行生产。垂直整合的初衷是分散经营风险，但是常因需要在某一特定行业里大量投资，从而降低了未来向其他产业转换的弹性。这样一来，垂直整合反而会把投资风险集中在某一产业， 这是其不利的一面。进行整合时，事前须经过相当审慎周密的规划，在选择目标公司时不要过于勉强，尤其不要为了挽救目前的危机事业而贸然行事，及时的割舍有时也是明智的选择。

(2)上游整合。许多公司为控制货源而往上游收购公司，被收购后的目标公司一方面在经营管理上因为客户稳定、销路畅通，所以会使营业成本降低，经济效益提高。另一方面往往因没有竞争压力，而造成效率降低，使生产成本比市场竞争者更高，从而会连带影响母公司产品的竞争力。此外，上游整合也可能发生竞争上的冲突，上游整合后若与主要供应商构成正面竞争局面，就有可能造成供应上的危机。上游整合最常发生的风险是与原客户冲突，客户对供应商来说成为竞争者，会造成互相竞争，使本企业销量下降。当年四川长虹的迅猛崛起是与其大量收购全国各地的彩玻厂分不开的，大量占有上游资源的长虹有足够的筹码与竞争对手打价格战。

(3)下游整合。一般而言，下游整合有两种形态：一是原来的零配件制造商去生产产成品；二是原来的成品供应商由被动的生产走向主动的行销。前者主要考虑成品生产技术问题，产成品的品质好坏常决定销售成败，因而是工业性产品行销领域；后者是市场销售渠道问题，这种消费品营销渠道的建立需大量资金和时间的投入，市场竞争尤为激烈。因此当企业确定垂直整合策略时，须进一步考虑是由其内部自行创建还是收购现成事业来达到此目的。

(4)水平整合。水平整合收购的动机，大致可分为下列三种：①**扩大产品与市场规模**。通过并购可取得目标公司现成的产品生产线，取得现成生产技术，产品的品牌及营销渠道往往更是进行收购评估时应考虑的项目。②**强化市场竞争**。从另一角度看，并购是市场竞争常用的策略；将市场竞争者接收过来，可使市场占有率迅速扩大，相对来说，收购下游代理商的垂直整合策略，只是加强对市场营销渠道的控制，短期内并不能扩大生产能力和市场占有率。③**快速取得生产设备**。如同市场份额的快速取得一样，生产设备的快速取得亦是许多并购行动的基本动机。许多企业在预期市场需求会扩大而自己生产能力又有限的情况下，利用目标公司大多经营不善，财务状况不佳的有利条件，实现速配大大避免了扩建的财务风险。

## 二、影响公司并购战略的因素

影响公司并购战略的因素很复杂，但根本的因素是市场竞争。这些因素又可分为企业内部环境和企业外部环境两方面。其中企业内部环境是最根本的动力。

### 1. 经济周期

从全球的五大并购浪潮来看，每次大的并购浪潮的出现，都同经济周期有一定的相关性。并购浪潮一般发生在经济繁荣时期以及经济周期由复苏转向繁荣阶段。 这个时期经济持续增长，购买力急剧扩大，对消费品和资本品的需求高涨，银行信用膨胀，许多企业纷纷通过并购的方式获得现实的生产力，迅速扩大规模，从而促进经济进一步繁荣。但繁荣过后，由于经济高涨时期的过度投机行为以及投资失误行为，又造成生产过剩和通货膨胀，发展到一定程度，必然造成供求失调，结构失衡，从而促使经济繁荣转向经济衰退。

### 2. 企业寿命周期

企业寿命周期是公司并购战略需考虑的最重要的因素之一。企业作为一个相对封闭的系统，实际上亦存在内部活性不断缺失、最终耗尽的过程，市场竞争更加速了这一进程，要解决这一问题，企业通过制定并购战

略，获得足够的、新的活性因素，从而迎来又一个寿命周期。现对企业寿命周期内不同阶段企业市场地位、战略决策作详细阐述。

(1) 孕育期。是指企业筹建阶段，创业者在其中发挥着重要的主导作用。创业者必须考虑维持企业正常运作的基本条件：资金的筹措、产品的开发、市场的调查、原材料的来源、组织架构的设计、人员的培训、经营者的选择、外部环境的协调等，其中产品、技术市场是企业生存发展的根本条件。而合理的股权结构、组织结构，正确选择经营者是决定企业今后发展的必要条件。如果创业者片面强调一个方面而忽视其他因素，必然造成先天不足、后天乏力的被动竞争局面。深圳万科之所以从全国数以万计的房地产公司中脱颖而出，明晰的产权结构、专业的职业经理人往往是其取胜的不二法门。

(2)成长期。指企业成立以后的运营初期阶段。这一阶段企业知名度不高，产品与工艺品尚未最终定型，生产尚未形成规模，销售渠道不畅，企业整体实力较弱。企业在此阶段应制定正确的价格、销售战略，尽快完善各项规章制度，树立良好的企业市场形象，加速产品差异化和品牌化，塑造企业文化。这个阶段的最大障碍是创业者为了尽快摆脱经营困境、完成资本的原始积累而急躁冒进以及由于企业快速成长而产生的管理危机、财务危机。被动的销售导向，杂乱无章的经营管理，可能使企业由于受外部环境的冲击而夭折。当年史玉柱领导的巨人集团就是在这种冒进的政策指引下，黯然出局。

(3)快速发展期。这一阶段企业已基本奠定了主导产品在市场上的地位，销售，利润迅速上升。管理队伍保持稳定，职工素质提高，企业整体实力有所增强，管理逐步规范，企业面临的发展机会较多。这一方面使创业者和企业员工备感自豪，另一方面也容易使创业者头脑发热、盲目自大。在面临多种发展抉择和规模扩张的冲动下，企业的创业者往往高估自我能力，忽视市场风险，挪用主导产品的财务人力等资源，“铺大摊子”、“拉长战线”，而忽视技术创新和集约化经营，一味追求规模和扩张，造成高层领导对中下层领导的控制力大大减弱，参谋大量出现，加剧了中层管理层与参谋的权力争夺，造成管理混乱。一旦维系企业稳定运行的某一环节、某一链条发生中断，可能使整个企业陷入困境。在这一时期，企业虽然建立了整套管理制度，但第一个违反者往往是创造者自己。因此，及时建立合理的、相互制衡的企业法人治理结构和分权管理体制是减少决策失误、实现企业稳健发展的关键。

(4)成熟期。这一时期企业已形成了自己的差异化产品、产品品牌和企业形象。市场占有率和顾客群体相对稳定，管理方面实现了制度化、规范化和标准化，现金流量充足，为延伸企业产品价值链，促使产品升级换代以及开展大规模外部混合扩张奠定了基础。但这一时期企业经营者在制度管理的约束下，主要强调稳定和纪律，造成创新动力不足，缺乏冒险精神。而这一时期的企业发展战略则直接决定了企业下一步的发展走向。也是企业寿命能否旺盛的延续下去的转折点。在企业通过外部扩张开展多元化经营的情况下，并购方式无疑成为获得新产品、拓展新市场的主要手段。但在涉足不熟悉领域的情况下，并购双方企业能否实现“整合”则是外部扩张是否成功的关键。海尔的成熟还是基于多元化的国际扩张。海尔的每一次成功的并购都深深得益于海尔文化与目标公司的整合，企业文化、企业理念已成为成熟企业最宝贵的财产。

(5)衰退期。这一阶段企业主导产品的销售量、利润等急剧下降，甚至呈现负增长、制度繁多、机构臃肿。管理者一味沉溺于昔日的辉煌而固步自封，大量的优秀人才因管理僵化而纷纷离职，离退休人员负担较大，资源浪费严重，企业内部的既得利益者为了部门和个人的利益常常做有损于企业整体利益的行为，各个部门之间信息协调难度不断加大，权责分工不明，矛盾加剧。而在缺乏强有力的管理改革措施的情况下，企业很难通过内部结构的调整以适应外部环境的变化。这一阶段即使企业的产品生命周期仍处于成长期，仍可能使企业由于受内部矛盾和冲突加剧的影响而破产。而外部市场基本环境的冲击则加快了企业破产的速度。在这一时期，如果企业主动调整发展战略，通过分拆、收缩规模，并集中资源开发新产品、开拓新市场，减少对中层管理层的不信任，减少参谋人员的配备，通过不断地创新以适应外部变化的环境，就能老树发新枝，进入第二个生命周期，否则将会破产或被其他企业兼并。

#### 3. 产品生命周期

并购双方主导产品的生命周期所处的不同发展阶段对企业并购战略的选择也有重大的影响。产品生命周期一般包括：研制期、成长期、成熟期、衰退期四个阶段。

惠而浦公司用“三阶段”理论进一步说明了市场竞争与企业并购的关系。这一理论认为：市场竞争的第一阶段是技术开发和引进阶段，这一阶段只有“快”才能取得竞争优势。随着众多企业纷纷进入这一领域，市场处在一种完全竞争或是垄断竞争的状态；第二阶段是弱肉强食阶段，这一阶段主要是在市场和技术处于领先地位的企业通过广告、价格战、差异化产品大肆排挤中小竞争者，那些破产或处于生存危机的企业大多被收购或兼并。其生产能力和市场被完全瓜分，最终形成寡头垄断的竞争格局。但是，要指出的是并非所有行业都会经历第二阶段。如农业，由于农产品无法实现差异化、土地资源利用效率对农产品产量的制约，其竞争格局仅能停留在第一阶段，近似的完全竞争状态。市场进入、退出者多，生产商数量基本保持不变。第三阶段是合并或联盟阶段，在这阶段，各寡头竞争力相当，都有各自赖以生存的优势，他们往往通过卡特尔、辛迪加、托拉斯等形式瓜分市场，避免两败俱伤。

对于目标企业来说，当产品处于研制阶段时，由于存在技术、市场两个方面的不确定性，很少有企业出于战略性考虑并购拥有新产品的企业，有关的并购行为很少发生。而一旦研制成功，出现获利迹象，兼并方通过向目标企业提供管理资源和财务资源等方式，加大市场推广力度，促使研制成功的产品向长期、成熟期过渡。

#### 4. 组织经验和管理资源

企业本身是一个组织，需要有一定组织管理经验的人来具体运作。企业的组织经验是企业在长期实践的过程中随着学习、总结、提高逐步积累起来的。当一个企业优秀的组织经验通过并购方式移植到其他企业实现“整合”以后，由于产品的差异性和企业文化的不同，使得不同的产品和不同的企业具体管理的方式不同。顾客的偏好不同，是与市场的营销策略不同等造成的。一般而言，产品差异性和企业文化的差别与并购风险成正比：产品差异性越大，企业文化差别越大，并购的难度与风险相应增大。

管理资源主要是指企业管理者的管理能力和精力是否丰富、有无剩余。从管理能力来看，随着并购引起的企业规模扩大，能够管理好原企业的管理者并不一定能管理好规模扩大后的企业，因为企业并购必然意味着企业管理方式、联系沟通方式和管理制度的变革，如仍沿用原有的管理方式管理规模扩大后的企业，往往造成管理的低效。从管理者的精力而言，管理者的精力往往是有限的，耗费过多的时间和精力用于新企业的管理必然分散对原企业进行管理的时间和精力。这种情况下不但难以管理好新加入的企业，还有可能造成原企业本身管理水平的下降。因此，当企业没有做好企业整合管理战略人才储备工作的时候，并购行为应该被看作是一种冒进行为，往往会导致并购活动的不经济。

### 三、上市公司并购战略的选择方法

战略选择的方法主要有产品生命周期法、经验曲线法、PIMS 法、波士顿咨询集团的增长——市场占有率矩阵和指导性政策矩阵等分析方法。

#### 1. 产品生命周期法

产品生命周期假设认为，大多数产品从投入市场开始到最终被新的产品所代替而退出市场为止所经历的时间，可以清楚地划分为引入期、成长期、成熟期、衰退期四个阶段，如图 6–11 所示：

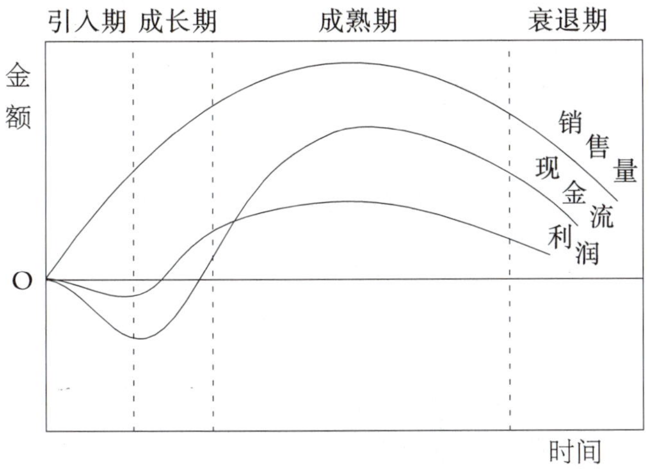


**图 6-11 产品生命周期对企业绝对竞争地位的影响**

对任何一个公司而言,大多数产品都不存在一个有限的生命周期,对那些技术变革迅速的产业来说更是如此。因此一个公司要进行产品多元化经营,最好能使各种产品处在生命周期的不同阶段,这对公司稳定现金流而言是非常重要的。

2003年 12 月,四通集团以 11.7 亿元港币的巨资收购脑白金,是震惊业界的一件大事。在四通的眼中,脑白金具有无与伦比的品牌知名度, 它是保健品市场的代表,更难能可贵的是,脑白金已经是一件成熟的商品,从研发到生产、营销都已经定型,对于四通这样从电子行业走出来向多元化发展的企业集团来说,花巨资收购脑白金绝对是件划算的并购,具有战略性意义。在并购其他公司时应了解目标公司的产品正处在生命周期的哪一阶段,以便确定收购中所投入的资金是否能够很快回收。

### 2. 经验曲线法

随着一个公司生产某种产品或从事某种业务数量的增加,经验不断地积累,其生产成本将不断下降,并呈现出其规律。经验曲线法描绘的就是这种成本下降的规律。经验曲线又称为学习曲线,是评价公司战略地位的一个重要工具,随着累积产量的增加而导致单位产品成本下降的经验效应的原因, 可归纳为以下三点:(1)学习。多次重复,不断提高从事某种工作的熟练程度,从而提高完成这种工作的效率,使产品单位成本下降。(2)专业分工。产量的增加使更加专业化的分工成为可能,可以使用专业化的加工工具提高生产率,使产品单位成本下降。(3)技术和工艺的改进。随着累积产量的增加和工厂规模的扩大,使公司有可能购置一些最先进的技术设备,采用更先进的加工工艺,从而提高生产效率,使单位产品成本降低。如图 6–12 所示:

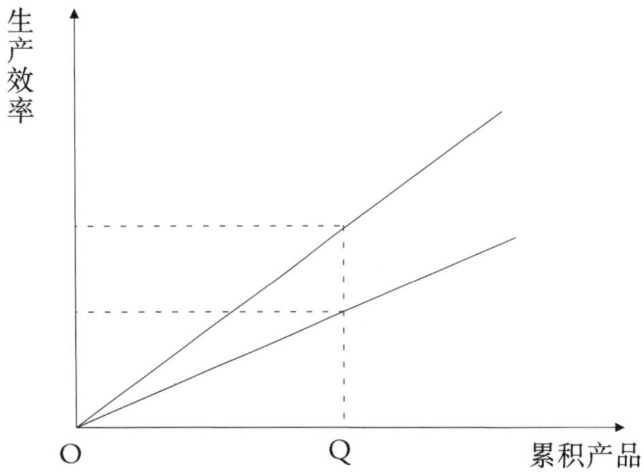


**图 6-12　不同厂商的产品经验曲线**

不同行业的经验效应是不同的,因此不同行业有不同斜率的经验曲线。即使在同一行业的不同公司也有不同斜率的经验曲线而且事实上是非线性的。它可以经过对历史资料的回归求出,导致成本下降的经济效应的原因在不同产业中也是不同的。

累积产量的增加导致单位产品成本的下降,使得市场占有率成为确定一个公司在某一产业中战略地位的一个重要因素。对于一个公司而言,高市场占有率带来高的累积产量,这意味着公司能够从中获得更大的成本优势,成本优势的增加必将提高公司的盈利能力。也就是说,一个公司如果具有最大斜率的经验曲线,以致具有高的市场占有率,那么它将成为该产业中的价格领导者,其他公司只能是价格的接受者。因而收购方兼并那些产量大、市场占有率高的目标是明智之举,它可以第一时间就取得该市场生产和销售的主导权,更重要的是兼并的风险很小。

### 3. PIMS 法——战略利润效果

PIMS(Profit Impact of Market Strategy)模型,旨在说明市场占有率对公司盈利能力的影响,确定战略性规划与利润效果之间的关系, 寻求影响盈利能力的因素,从而解释不同业务单位之间的利润差异,并将资金分配给什么样的业务单位的最大效用。在这里,业务单位可以是公司一个部门,一个产品生产线或隶属于一个母公司的利润中心。

PIMS研究确定了影响盈利能力和净现金流的以下6个因素：

①投资强度。用总投资与销售额的比率来表示。投资强度对盈利能力和净现金流一般产生负的影响。

②市场地位。通常用相对市场占有率(公司的最大竞争对手的市场占有率)表示。它是决定公司盈利能力和净现金流的一个重要因素。

③市场增长。通常对利润产生正的影响。由于在一个增长的市场上，要保持市场占有率的稳定，必须投入高额费用，因此对现金流产生负的影响。

④所处的产品生命周期的阶段。

⑤提供的产品或服务的质量。这是指顾客对公司所提供的产品或服务相对于它的竞争对手的产品或服务所作的评价。

⑥创新或差异性。如果一个公司开发和投产新的产品，并在营销和研究与开发上作出较大的努力，产品从一开始就有较强的市场地位。那么它将产生有利的影响。否则它将产生不利的影响。这主要反映在提高市场占有率所需的高额费用。

以上6个因素中，最重要的还是市场地位，即市场占有率，其他因素所产生的影响实际上都与市场占有率有关。根据PIMS研究的结果，公司之间在盈利能力和净现金流上所存在的差异，80%可以归因于市场因素，而其中最重要的是公司的市场占有率。

### 4. 增长——市场占有率矩阵法

波士顿咨询集团将该模型设为一个二维矩阵，纵轴表示市场增长率，横轴表示市场占有率。这一矩阵通常被称为产品组合方阵，它为制定收购战略提供了一个框架。

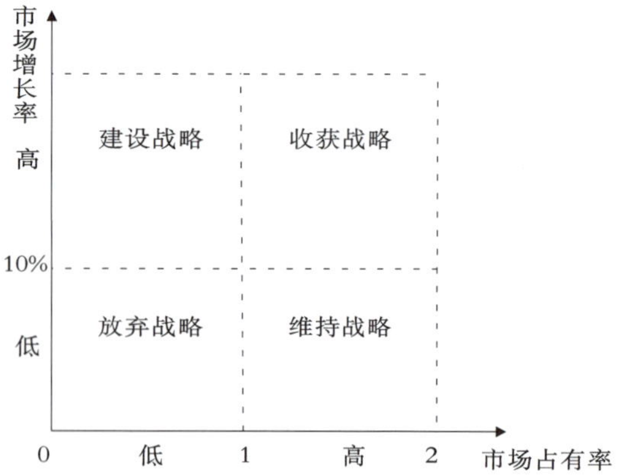


图 6-13　增长——市场占有率矩阵

具体地说，纵轴上的市场增长率代表这次业务所在市场的年销售增长率，它反映产品在市场上的成长机会如何，销售增长率高就是成长的机会大，但同时也需要投入更多的资金。大于10%增长率一般认为是高的。横轴上的市场占有率以相对市场占有率来表示，相对市场占有率是该战略业务单位的市场占有率与该市场最大竞争者的市场占有率之比。相对市场占有率为0.5，意味着本公司产品的市场占有率为同行业领先者或最大竞争者的50%。市场占有率为2，表示该公司产品的市场占有率为市场占有率第二位的竞争者的2倍。相对市场占有率一般以1为分界线，大于1者为高，小于1者为低。这里，资金的投入与产品的市场增长率成正比，由于经验曲线的影响，资金的获得是市场占有率的函数，这是非常重要的(如图6-13所示)。

在引入产品生命周期、经济曲线和市场占有率之后，需要制定一个合适的策略，以便用以考虑与兼并和收购相关的问题。波士顿咨询集团把战略分为以下4组：①建设战略，即通过努力开发新产品或推进现有产品来提高市场占有率；②维持战略，目的在于把市场占有率保持在现有水平上；③收获战略，在允许市场占有率下降的前提下改善现金流；④放弃战略，目的在于出售或清理这种产品，以便把资源转移到更有利的领域。但是，必须强调的是，市场占有率和市场增长率的标准不是绝对的概念，不同经济时期，不同行业其指标的高低是不同的。该分析法只是给了我们公司在处于4个区域内条件下的战略，位置越靠近十字中心，其决策的困难就越大，因而该方法必须结合宏观、中观、微观环境和企业财务状况综合分析来判定相应的战略决策。

在收购和兼并其他公司的时候，应尽可能遵循下列原则：①收购和兼并相同产业或相关产业的公司，因为公司在进行多元化的经营时，与公司本来的业务离得越远风险就越大。20世纪80年代，日本索尼公司收购美国哥伦比亚影片公司，是有史以来损失最为惨重的跨国并购之一。虽然索尼公司为娱乐业提供最为先进的设备产品，但并不代表其自身就是娱乐业的一员，生于日本的索尼并不熟悉好莱坞的水性，两者产业的差距只能使其铩羽而归。②进入增长快的产业，因为统计资料表明，不成功的并购大部分集中在那些缺少发展前景的产业领域。四通以雷霆之势出击保健品产业，除了脑白金这个成熟的产品之外，保健市场的广阔前景也是思考的重要原因之一。虽然目前中国保健品市场还很不规范，但是随着人们生活水平的快速提高，一个规范化发展的保健品大市场正在形成。(3)绝不能收购市场占有率太低的公司，因为市场占有率是决定公司盈利能力和净现金流的最重要的因素。一般来说，收购活动成功的可能性是与被收购公司市场占有率的高低正相关的。

### 5. 指导性政策矩阵 (The Directional Policy Matrix)

指导性的政策矩阵实质上就是将所处外部环境因素和企业内部实力归结在一个矩阵内，并对此进行经营战略的评价分析(见下图 6-14)。

| 发展前景 ＼ 竞争力 | 低 | 中 | 高 |
| --- | --- | --- | --- |
| 高 | Ⅰ 尽量回收资金适量投资、增强竞争力 | Ⅳ 择优投资、发展保持领先地位 | Ⅴ 优先投资、寻求支配地位 |
| 中 | Ⅱ 减少投资 逐步退出 | Ⅰ 识别有前途的领域、选择地投资 | Ⅳ 择优投资、增强竞争能力、争取领先 |
| 低 | Ⅲ 抽回资金 并及时退出 | Ⅱ 减少投资、逐步退出 | Ⅰ 努力寻求增强竞争力的途径或退出 |

图 6-14 指导性政策矩阵

上图的业务部门的发展前景取决于外部环境因素：市场大小、市场增长率、利润程度、竞争程度、受商业周期的影响程度等都是外部环境因素。

公司的竞争能力取决于其内部可控制的的因素，包括市场占有率、产品的质量和价格、对顾客及市场的了解程度、加工制造上的竞争力、研究与开发的实力等因素。

图 6-14 把业务部门发展前景和公司的竞争力各分为三个等级，形成九个区域，并相应提出对处于各个区域内的业务的指导性政策。对公司各项业务的定位可以依照下列步骤进行：①确定影响业务部的发展前景和公司竞争能力的主要因素；②根据历史资料、现实数据和对未来的预期给各主要因素评分，并计算了业务部门发展前景和公司竞争能力各自的总得分；③根据二者的得分在矩阵中描出相应的点，给各项业务定位；④为各项业务确定相应的战略。

在指导性政策矩阵提出之后，人们又将环境风险因素引入这一模型，并把它直接应用于收购和兼并中，使该模型得到进一步发展。在这时需要考虑三个因素，依其重要性大小排列如下：①安全性。收购方需要通过检查它对目标公司生活经营活动来了解衡量投资的安全性，而且收购方应该评估资源、法律、社会人文环境等因素对经营活动的可能构成的风险。②产业发展前景。它涉及到目标公司所在产业的发展和产生协同作用的可能性判定企业整合的风险度。③公司发展前景。它主要分析目标成为市场主导者的时间、代价；市场上重要的竞争对手们对行业发展的认知度，其发展战略，一定时期内竞争对手们的活动将会给市场现状带来的变化；同时，必须考察替代产品厂商，可能进入者的行动对行业市场影响等。

综上所述，并购战略制定的实施具有市场认知的局限性，任何一种评价方法都只能是分析到市场变化的主要部分，许多不确实的因素的作用力不容小觑，全球化的政治、经济一体化加快跨国公司的进程，改变了发展中国家的竞争格局。这使得对行业的分析扩大到世界范围，科技的影响力不断加大，成为竞争的核心内容。但是，世界资本追求高利润，回避高风险的本质不会变。因而我国上市公司只有冒险、果断才能取得先机，高风险伴随高利润，竞争也就没那么激烈。

# 第三节 上市公司并购与融资政策渠道

世界范围内已经经历了八次并购浪潮，通过并购，资本实现了迅速的增值，每次并购浪潮也加速了资本市场的深刻变革。我国正处于经济体制转型的关键时期，国有上市公司实现战略性并购重组对改革开放的健康发展具有深远意义。然而，资本市场发展滞后令并购融资困难重重，改革资本市场、拓宽融资渠道已成为当务之急。

## 一、上市公司融资渠道

上市公司融资渠道分为内部融资渠道和外部融资渠道。内部融资渠道是指从公司内部寻找资金来源，筹措所需资金，包括公司自有资金、未使用或未分配的专项资金、公司应付税金和利息。外部融资渠道主要分为外部直接融资和外部间接融资两种：外部间接融资包括专业银行信贷、非银行金融机构资金、其他公司资金、民间资金、外资，这类融资在现实的公司运作中比较普遍。外部直接融资主要指发行证券融资，通常指普通股融资、优先股融资、债券融资、可转换证券融资等。现将对外直接融资中发行证券融资作详细阐述。

### 1. 普通股融资

普通股的特点是：投资收益（股息和分红）不是在购买时约定，而是事后根据公司的经营业绩来确定。从公司经营角度来看，普通股融资不必支付固定的股利给股东，且因为没有固定的到期日，无须到时偿还本金。增发普通股，有助于提高公司的信誉，使公司举债成本降低，并增加公司未来的融资能力，当公司前景看好时，普通股能以较高的价格发售给社会公众，这是由于

普通股所提供的报酬率相对优先股或债券而言，普通股可以为投资者提供一个较佳的屏障，以防止非预期性通货膨胀的损失。公司发行普通股融资，还可以维持较低的资产负债率，从而提高其举债能力，一旦周转不灵，还能及时取得资金以解决问题。

普通股融资具有下列缺点：(1) 分散了公司的控制权。由于普通股的股东通常都享有投票权，对外发行新股通常意味着公司的部分控制权转移给新的股东，如果普通股发行太多，发行公司本身也将面临被收购的危险。例如有的公司试图通过收购流通在外普通股的方式来取得其他公司相对多数的股份，以达到接收该公司的目的。由于普通股股东可以亲自出席股东大会行使投票权，也可以由委托代理人代为行使，于是一些有收购意愿的人会出来收购委托书，然后在股东大会上投票，以推翻现有的管理层，这便是“委托书争夺战”。(2)对外发行新股，容易使新股东坐享其成，即当未来公司盈利增加时，新股东享有与旧股东同样的权利。(3)由于普通股融资的审查成本较高且普通股的定价通常较债券或优先股低，因而不同市场情况有可能不同，普通股的承销费用通常要较优先股或债券的承销费用高。(4)过多的普通股融资会使公司无法达到平均资金成本最低的最佳资本结构。(5)由于付给贷款的利息可在税前扣除，而付给股东的股利需税后支付，因而相对而言，公司采用普通股融资越多，其缴纳的所得税也越多。

2. 发起人股融资(发起人注资)

在我国这种融资方式较为常见。一般而言，上市公司经营不善，面临着退市的危险时，其控股大股东为了保住上市公司这一宝贵的壳资源，通过向上市公司豁免债务、无偿捐献资产资金、将自身优质资产与上市公司不良资产置换等注资方式，明显改善上市公司经营业绩以达到保牌的目的，最终为自身打造一个可以后续融资的资本平台。

近期，海博股份(以前称东海股份)的资产重组就是我国典型的发起人股融资案例之一。东海股份上市之初的几年中就以大股东的提款机的形象显现在资本市场，对大股东的十二亿元不良债权也就形成于这几年。东海股份的重组思路是大股东必须偿还东海股份的欠款，以让东海股份偿还债务，使其不良债权和负债大幅减少；然后，大股东可以通过置换入盈利性资产，使得公司重新获得盈利能力。东海股份的大股东农工商集团先后把所持有东海股份的股票中的1500万股与1.1亿元不动产转让给长城资产管理公司，用以冲减东海股份的债权与债务；再把持有的东海股份中的2000万股，以每股1.0354元的价格转让给华融公司，抵偿了东海股份欠华融公司的债务。东海股份的第二大股东东海总公司也相应以实物资产抵偿了其债务。在剥离债权的同时，农工商集团也对东海股份的经营资产进行了重组。东海股份将下属经营状况不良、业务跨度大的资产转让给农工商集团。农工商集团则将优质资产农工商出租汽车公司90%的股权置入东海股份，两者权益价值相差达1.7亿元，作为农工商集团对于上市公司的捐赠。2003年2月，农工商集团还将所持有的上海牛奶公司20%的股权作价2亿元置入东海股份，上海牛奶公司同时是绩优股光明乳业的大股东之一，东海股份每年可享受可观的资本权益。控股股东在付出了近十亿元的代价后，海博股份(东海股份改名后)已经基本达到增发新股的要求，成为一个可以真正能后续融资的资本运作平台。

3. 债券融资

债券是公司为了筹资，按照法定程序发行并承担在指定时间内，支付一定利息和偿还本金义务的有价证券。从法律的角度看，债券是债权债务关系的一种凭证。债券的种类有抵押债券、信用债券、附属债券以及可转换债券等。与股票相比，债券融资有以下特点：(1)期限不同。股票只付股息，不存在还本问题，故股票不存在期限问题，而债券一般都有期限，到期还本付息。(2)投资者拥有的权利不同。投资者购买债券投资时，与发行者是借贷关系，投资者的权利就是到期获得本息，而无权参与发行公司的经营管理，也不承担偿还本公司债务的责任。投资者购买股票进行投资时，他就成为股东。因而有权参与企业管理，并获得股利。同时，还要按照股票承担企业经营风险的责任。(3)收益的保障不同。债券持有者所持有的债券一旦到期，则不论融资的经营状况如何，他必须向投资者支付利息。而股票的股利收放则依公司的盈利状况而定。公司盈利多则派发股利也多，反之则少。所得收入与国家税收的关系不同。债券利息在公司缴纳所得税前支付，股息在缴纳所得税后支付。

可转换证券对公司筹措资金有以下缺点：(1)当股票市价猛涨而且大大高于普通股转换价格时，发行可转换债券反而使公司蒙受了财务损失。(2)当普通股市价未像预期的那样上涨时，可转换证券的转换就无法实现，这极可能断绝公司获得新的长期资金的任何来源。这是因为证券的转换未能实现时，一方面公司几乎不可能再发行新的可转换证券，另一方面由于投资者对公司财务状况的怀疑，会导致其他非可转换证券发行的困难。(3)当可转换证券的转换顺利实现时，转换本身就意味着对公司原有股东参与权的稀释，也会引起原股东对公司经营管理的干涉。

由上可见，可转换证券是一种极好的筹措长期资本的工具，常应用于与预期的未来价格相比较，在公司普通股的市价偏低的情况下，也可应用于收购股息制度不同的其他企业。

### 4.可转换证券融资

可转换证券(Convertable Security)是指可被持有人转换为普通股的债券或优先股。当可转换证券被持有人转换成普通股之后，虽然不像认股权证一样需要现金，但由于公司的负债比率已较前为低，故公司将更容易筹措到新的资金，其资本结构也更为健全。由于可转换证券发行之初可为投资者提供固定报酬，这等于单纯投资于公司债券或优先股；当公司资本报酬率上升、公司普通股股价上升时，投资者又获得了转换普通股的权利，故从投资者角度看，转换溢价是必要的投资，他们乐于接受这种收益较低的可转换证券。

可转换证券对公司筹措资金有以下优点：(1) 由于其具有高度灵活性，公司可依据具体情况，设计出不同的报酬率，不同的转换溢价等条件的可转换证券，以寻求最佳的长期筹资方式。(2)可转换证券的报酬率一般较低，这样就使可转换证券的资本成本率较低，大大减轻了公司的筹资成本，使公司获得廉价的资本供给。(3)由于可转换公司债券和可转换优先股等可转换证券一般要转换为没有届满期的普通股，故发行可转换证券可为公司提供长期、稳定的资本供给。

## 二、上市公司并购融资的现实困难

在我国，上市公司的并购以资产置换和股权置换为主，上市公司并购融资工具单一且发展很不成熟。在以前那种以行政划拨和协议转让为主要方式的“财务性并购“中，并不存在真正的并购融资问题。随着并购方式的不断发展，我国亟须解决并购融资问题，进一步拓宽融资渠道，从而推动我国上市公司的战略性实质并购。

### 1. 债务性并购融资

随着银行对不良资产风险管理的加大，各类债务性并购融资遇到相当困难。

(1)银行贷款。从我国1999~2002年交易额最大的20起上市公司并购案例看，其中有6起并购交易在现金支付时采用了信贷融资方法。一般而言，并购方企业难以承担如此大规模的现金支付，必须借助于银行短期和长期借贷。在我国现阶段制度环境下，针对并购的银行短期信贷在企业并购中主要用于并购完成后的企业整合安排，用于大规模的结构调整和更新改造。上市公司并购中涉及的银行信贷的难点主要在于：一是目前我国国有商业银行的业务能力不强，因而对商业化并购操作中的融资积极性不高，而现阶段限于自身实力的投资银行在此方面也难有作为；并购完成后商业银行对企业的运作难以实施有效的参与、监督和控制，从而难以控制信贷风险；二是目前我国抵押贷款机制还不够充分有效，在产权市场尚不发达的条件下，对抵押物的处理会给银行带来高成本与高风险。

(2)债券票据融资。我国公司债券和商业票据市场发展得还不够充分，从近五年的企业债券发行情况来看，我国发行债券的主体大多是一些关系国计民生的大企业和基础产业，募集资金主要用于支持能源、交通、通信、重要原材料等“瓶颈产业”的发展。迄今为止，境内上市公司并购交易中采用发债(不含可转债)形式融资的尚无先例。就目前政策的环境来说，上市公司并购利用发行债券融资还面临着诸如发债额度、债券利率、资金投向等多种约束。上市公司并购交易中通过票据融资在我国目前亦是空白。对票据狭窄的定位，使得中国的票据功能仅局限于支付信用结算工具，票据的融资功能未能得以充分发挥。因此，建议我国可乘机扩大票据市场参与主体，建立专业性的票据交易机构，允许非银行金融机构办理票据承兑、贴现业务，理顺票据权利义务关系；商业银行可以设立专业性票据交易机构，尝试票据的承兑和贴现担保、买卖和抵押等。

(3)租赁类融资。与欧美国家10%~30%设备租赁市场渗透率相比，我国仅为1%，而在上市公司开展并购业务当中利用租赁方法的更是少之又少。租赁业务在上市公司中大多发生在其关联企业之间，而且不少关联交易难免有调控利润之嫌。因此，要稳步推进我国上市并购中融资租赁业务，其前提条件是改善上市公司股权治理结构。随着与租赁业务相关的《企业会计准则》、《合同法》、《企业所得税法》的逐步完善，以及行业监督的不断加强，相信上市公司在并购融资中亦将越来越多地采用租赁方法。

### 2. 权益性并购融资

虽然，我国有了换股收购、要约收购、协议并购等相关法规，但上述的融资方式经常受市场条件的制约。

(1)换股并购。我国的换股并购，主要在上市公司与非上市公司之间进行，未得到较快发展，其原因主要有：不规范的股权结构、法人治理结构制约了换股并购的适用范围；不规范的非有效证券市场阻碍了上市公司之间的换股并购；换股比例的确定带有较强的主观性；相关的法律法规不健全，针对换股并购中涉及到的有关并购公司增发新股等具体细则问题仍缺乏相应的法律规范。

(2)公司发行融资。由于我

国并购融资方式单一，除了运用银行贷款外，发行企业债券要求又较严格，因此，一些上市公司就通过增发A股或H股来保证并购的完成。对于增发新股募集资金，《证券法》在财务指标和时间间隔等方面都明确规定了发行的基本条件和具体要求，但在运用增发进行收购活动的过程中还是存在一些不规范的问题。一些上市公司通过增发募集资金进行的收购活动多是关联公司之间的非关键性收购，增发融资成为"圈钱"的途径，收购行为成为操纵利润的工具。进一步规范上市公司再融资收购行为，构筑公司合理资本结构，仍是亟待解决的问题。

(3) 员工持股计划。从我国上市公司实行的员工持股制度的具体运作来看，职工持股的资金来源多是以其资本认购为主，缺乏金融机构的广泛介入，很难发挥财务杠杆的作用。主要原因是与国外相比我国缺乏一系列配套的法规支持，如税收优惠等。但是金融机构的广泛介入员工持股计划是大势所趋，而且对解决银行贷款出路问题，启动投资和消费是有一定的促进作用的。

### 3. 混合性并购融资

我国《商业银行法》规定"信贷资金不得用于股权性投资"，企业之间的资金拆借也遇到诸多法律障碍。《上市公司收购管理办法》规定"目标企业不得为收购方提供财务支持"，而可转换债券的发行，根据相关规定，原则上以上市公司为主，并且要求发行企业"最近三年连续赢利，三年净资产利润率平均达到10%(能源、原材料、基础设施类7%)，担保人的净资产不得低于可转债的融资额等。过高的可转换债券发行门槛无疑抑制了我国可转换债券市场的发展和交易规模的扩大，加大了通过发行可转换债券筹资收购的难度。近年来我国证券市场上发生的多起MBO案例，公司高管对其收购资金来源均语焉不详，这其中既可能涉及灰色融资问题，也可能涉及并购方案的经济价值。

针对以上情况，发展和完善我国混合性融资可以从以下几方面入手：

首先，利用信托解决MBO的融资瓶颈，开创并购新局面。其次，发展可转换债券发行条件，丰富可转换债券的发行主体。监管部门可以适当放宽可转换债券融资条件，特别是一些高科技创业企业，可转换债券市场更应积极支持。国有企业如果要实现国有资本的部分或全部退出，也可以在可转换债券市场上进行创新和试点，吸引更多资金进入债券市场。措施包括：鼓励组建、设立专门的可转换债券投资基金；将基金投资于证券市场的比例调高；鼓励社保基金和保险基金进入可转换债券市场。

## 三、调整融资政策渠道

上市公司融资方式和融资顺序的选择是公司并购融资过程中必须面临的一项重要决策。依梅耶斯融资顺序理论认为：企业融资遵循内源融资——债务融资——股权融资的先后顺序，即企业偏好的内部融资；如果需要外部融资，则偏好债务融资。而我国上市公司的融资顺序正好相反，表现为忽视内部融资、对股权融资相对偏好和对债务融资轻视的状况。

造成我国上市公司融资顺序呈现逆向的原因，一是由于长期以来股票市场供不应求的局面，造成了股权融资是低成本融资的假象；二是在所有者缺位的情形下我国上市公司经营者动力不足，普遍存在较少发放现金股利的做法，使得股权融资避免了可能造成的现金流的压力；三是在同样的经营规模、赢利能力下，债务融资比起股权融资会给经营者以实质性压力；一方面由于利息支付会减少利润总额，另一方面又会降低企业的净资产，从而使企业在我国传统的考核指标下处于不利地位；四是由于我国债务市场发展很不成熟，市场规模偏小；五是公司并购起步晚，发展较为滞后，并购融资工具创新缺乏内在的需求；加之商业银行贷款不得用于股权投资规定的限制等。

1. 放松金融管制

为了推动并购融资的发展，首先要广开渠道，逐步解决各种政策壁垒，允许各种资金进入并购融资领域。不仅商业银行要明确资金可以用于并购融资，在提高监督水平的前提下，还可以允许证券公司、社会保险资金、商业保险资金、个人资金、外资等全方位进入并购融资领域。其次，基于风险和收益的对称性原则，应逐步推进利率的市场化。政府债券、公司债券、股票等多种资本商品的流动，有利于推进利率的市场化，促使融资的良性发展。通过提高资本品的增值能力和流动兑现能力来实现资本商品充分竞争，同时也将形成更大的多层次的资本市场。随着资本商品的日益丰富，资本市场必将形成公司债券、银行信贷、股票三雄争市的局面。这种局面将最终解决上市公司的融资难题，同时，也必然降低融资成本，对我国资本市场“价值规律”最终形成有深远意义。最后，国家应通过各种优惠措施，鼓励创立各种行业性或区域性的投资基金，通过各种资金的充分流动又相互竞争的关系，带动我国并购融资市场的活跃。

2. 解决股份流通的问题

我国上市公司目前的股权分裂现状多方面阻碍了并购融资的进展。首先，股份不流通使得其定价缺乏现实的标准，当上市公司违约时，债权人通常只能以最低的价格出售持有的质押股权，这种情况制约了以股权为担保的贷款；其次，由于在我国上市公司并购中涉及的基本为非流通股，上市公司的质量参差不齐，简单地以净资产作为标准明显不合理，并购双方对股权的定价有时相差悬殊、难以统一，使得换股并购的交易很难完成；最后，根据西方国家的并购惯例，收购方完成对目标企业的并购后，通过整合提高效益，收购方一般通过转让部分股权来偿还部分债务，但由于我国股份的不流通，股份“锁定”的可能性很大，公司很可能找不到愿意接受相应价格的股份受让人，公司还款方式的单一使并购融资中的资金提供方缺乏相应的保障。惟有逐步解决股份的流通问题，使股份的定价有可以参考的现实标准，并购融资才能解决后顾之忧。

3. 加强金融产品创新丰富并完善并购融资工具

与国外相比，许多在国际并购融资中广泛使用的垃圾债券、认股权证、可转换债券、优先股、票据等在我国并购融资中基本是空白，有些并购融资方式如杠杆并购中的过桥贷款、管理层并购等并不完善。应该加强我国金融产品创新问题的研究与开发力度，探索发展集合证券并购方式与多层债务融资的并购形式，尝试运用信托产品或 MBO 基金解决资金瓶颈，推动公司并购业务健康发展。

4. 提高金融中介机构的实力

在并购融资中，信息的不对称性非常严重，资金的需求者和资金的供应者处于不同的地位具有各自的利益，并购的复杂性使专业中介的全面参与成为必然。对证券公司而言不仅需要具备提供与企业共同成长的连续性的财务顾问、管理顾问的能力，还应具有提供短期并购资金的能力；同时还要有专业的会计、审计、法律、信用评级机构等参与其中，提高并购融资的公开和透明性。

总而言之，融资困境是制约并购重组的瓶颈，解决这个难题，必须要形成各种差异化资本商品的相互竞争。因为只有充分的竞争，各种资本商品才能得到充分的发育的机会；只有竞争，各种资本市场并购才能真正起到优化资源配置的作用；只有竞争，才能寻找出一条最适合我国资本市场的发展之路。

# 第四节 资源和市场的整合

## ——上市公司并购的最终市场策略

资本市场发展滞后令并购融资困难重重，改革资本市场，拓宽融资渠道已成为当务之急。

上市公司并购之后必须进行企业资源与市场的整合，整合内容包括战略整合、管理整合、文化整合。企业并购是实现企业发展战略一个有效手段。并购后的整合首先是并购双方企业发展战略的整合。在这一前提下，并购企业应以长期发展的战略眼光，逐步调整目标企业的发展战略和经营策略，善待并尊重目标企业管理人员方能尽快使其纳入整体发展战略的轨道。

### 一、战略整合

#### 1. 人本思想

“人本思想”是管理学的基本思想之一。科学技术推广、市场开拓、管理创新等都离不开高素质人才的推动。现代企业竞争最核心的就是人才的竞争，一个优秀的企业必须具备一支稳定的高素质人才队伍。对并购后的上市公司而言，人才的整合尤为困难也尤为重要。人才整合的问题，包括如何利用现有的人力资源和如何激励人才的问题。在公司人才层次结构中，不同收入的人才需采取不同的激励方法，其总原则是尊重人才、发展人才。

采用人本思想来整合人才，要求将企业的发展同职工的发展联系起来，不失时机地加强职工的技能培养，同时最重要的是对人才的判定有长远的战略眼光，将人才的配备、开发同企业长远发展联系起来，依靠内部职工的力量去实现企业的长远目标，必要时也可适当引进外部人才充实人才队伍。在人才激励的问题上，被并购企业的职工往往在原有企业被并购后短期内找不到“归属感”，尤其是在并购后可能出现的新的管理方式，人事调整、权责利等方面的文化会给中低层管理人员较大的心理负担。若这些问题处理不好，则很可能导致他们离职、甚至影响公司并购整合的成败。因此必须采用张弛有度的“人本思想”，根据不同人员的心理要求，采取恰当措施如升职、加薪、放权，解除其心理包袱。充分调动中下层管理人员的工作热情，激励其发挥工作潜能和创造性，为新企业的成长而自豪。

#### 2. 国际竞争

现今世界以跨国公司为核心的经济一体化趋势日益加剧，经过国际化竞争性贸易实现资源、市场在世界范围内的重新分配。世界性统一市场日益成熟，资本、原材料、人力资源等市场都基本实现了国际化竞争。

处于上述的经济环境中，我国上市公司应在我国资本市场不断开放的情况下，通过并购重组的契机，扩大企业资产规模，提升企业在国内乃至国际的行业地位，提高市场占有率，增强企业国际竞争力，努力实现上市公司的国际化经营战略。

#### 3. 可持续性发展

可持续发展战略不仅仅是社会必须面对的发展问题，同时也是企业必须面对的问题。正由于二者在此方面的一致性，企业必须在追求社会经济利益的同时，努力减少对社会环境和人文环境的破坏。当今世界上绝大多数国家都意识到社会生存环境被破坏的严重后果，西方发达国家都制定了严格的环保、节能等可持续发展战略，不仅能强化企业生产技术的改进，而且降低了企业的社会生产成本。实际上，许多企业正是通过加强物流、开发环保产品、降低社会消耗等战略，取得市场上的巨大成功。我国上市公司应主动迎合世界可持续发展的趋势,而不应当被动地敷衍国家可持续发展的倡议,努力提高其应对市场服务产品的需求,打破产品出口的"环保、节能"等制造壁垒。积极应对国际竞争压力,在站稳国内市场的同时,力争走出国门,这对我国民族工业的发展具有至关重要的意义。

## 二、管理整合

管理具有延续性、协调性、能动性三大特点,上市公司并购程序完成后,管理者必须进行管理整合,保证各环节的畅通迅速。与此同时,又必须以"人本思想"为指导做好激励创新工作,克服并购整合中一些特殊的困难。

### 1. 保证管理链条的顺畅

管理是生产力,它亦是人类智慧延伸的表现,正是有了在管理上的探索、进步。人类在创造社会财富上才取得了一个又一个重大的成就。可以说,管理是职工目标总体合一的必备条件。上市公司并购后的整合其最关键的也是管理上的整合。

管理具有延续性,没有一劳永逸的管理。在现今社会分工、国际合作日益扩大的背景下,管理整合的根本目的就是要保证管理职能环节的延续性并发挥作用。一般而言,管理职能可分为计划——指挥——控制——调整——创新五项。对企业而言,每项决议、工程、契约都是一份计划。都具有明确的标志性、现实性,必须建立在现实资源条件的基础上。而这些资源的调查、分析就是一个管理的过程,即管理的计划职能或阶段。在计划制定以后,领导者就要组织相关人力、财力去实施,即发挥管理指挥职能,这种指挥并不要求领导者作许多很细的工作,只是要求其掌握大局,并获得中下层管理人员的理解和支持。但若中下层管理者对并购信息理解不全或者误解,使行为偏离目标,高层管理者便要着手进行"控制"。对目标计划的各项内容进行控制监督,定时评估是否偏离其运行轨道。在控制的当中,管理者会发现某些计划内容或是所有计划根本就不切实际或是其运作方面有改进的必要,这时管理者就要对其运作规划作调整。这种调整可能是放弃计划执行也可能是修改计划执行程序,补充一些更适合新变化的内容、方针。在某个计划执行的后期或是计划执行中的每个阶段的后期都会将其管理的经验和教训作总结。这种总结在管理的整个过程必然经过经验积累,最后在下一次的执行计划当中体现创新的管理职能。总体来讲,管理的五大职能的延续性对任何一家企业都是相当重要的。

### 2. 选择合适的组织机构

并购后的整合将面临许多新情况,其中很重要的一点就是面临更广的市场和更加复杂的单个管理主体。这些新情况的出现既是并购中最想得到的,恐怕也是最棘手的。要想将公司战略统一起来,提高市场服务水平,在制造工艺、服务管理上都要有相应的飞跃,这样就有了组织机构的问题。

管理的组织机构分为管理的广度和深度。管理广度主要表现管理者直接支配的下层管理人员和部门的多少。管理层次指的是最高管理者指令到达最低层职员所需要经历的层级,层级越少,说明管理深度越深。现对两种典型的管理组织结构进行分析。(如图 6-15、6-16 所示)

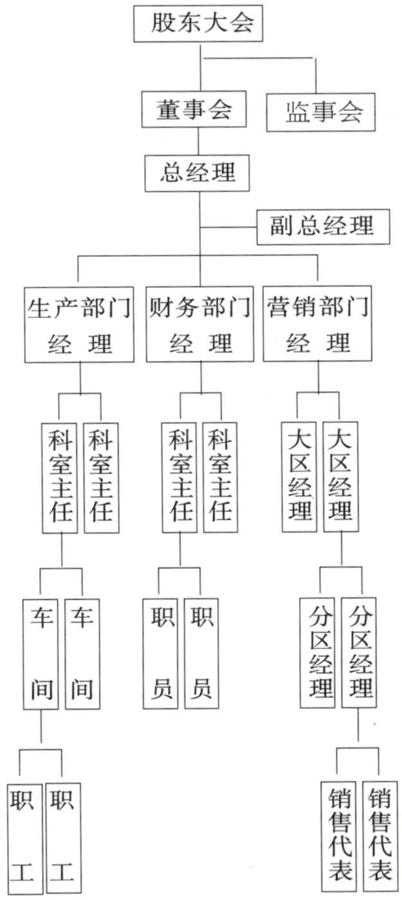


图 6-15　金字塔式组织结构

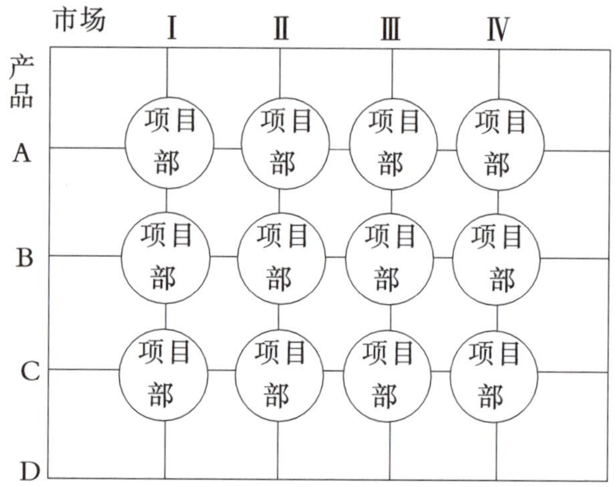


**图 6-16　矩阵式组织结构**

第一种传统的金字塔式组织结构，该模式的特点，管理层次多，信息传达由上到下速度慢，信息失真的可能性较大，这种模式不适合大集团公司的组织管理。第二种模式就是矩阵组织，该组织以市场和产品职能联系起来进行组织管理，各分公司之间主要由股份公司的董事会来实现通过市场、产品等其他职能进行分工，形成以股份为纽带的"形散而神不散"的组织结构。此结构的特点就是适合大型企业集团的管理模式。上市公司并购后，企业一般呈规模化、集团化等特点。故采取第二种方式较为适宜。

#### 3. 处理好直线与参谋的关系

上市公司并购规模不断扩大后，最高管理层必然会感到其控制力的下降。由于企业处于高速发展期，再加上市场产品生产的不断扩大，原有的管理资源必将难以应付各子公司同集团总部的沟通问题。若公司属于集权型的管理结构，则上层领导者设置较多的参谋牵制其行为，加强自身掌控力。直线下的中级管理人员，对此起初可能会配合，但随后可能是不予理睬，高层管理层则不断地赋予权利以消除参谋的不满。随着参谋权力的不断扩大，"直线与参谋" 的矛盾必将日益突出，"对人不对事"的现象不断出现。许多重要的措施得不到及时执行，同时高层也极少得到"直线"管理人员的反馈信息，大大影响高层领导对整个市场信息的分析掌控能力，降低企业管理效率。在上市公司并购整合中，正确处理好直线与参谋的关系应当从以下三个方面入手：(1)明确直线、参谋各自的权责。参谋的作用只限于收集市场、产品的信息，对直线实施的市场行为进行监督、建议，不应当有决策、执行的权力。(2)参谋应当能弥补中高层领导知识欠缺而引起的决策盲点，相同性质的地区的参谋工作应联合起来，减少其扎根直线管理区域、干涉直线管理区域的可能性。(3)以企业文化去统筹直线与参谋的关系。一般来说，具有良好企业文化的公司，其直线与参谋的关系比较容易协调。主要是因为二者都在企业和谐、奋进的良好氛围中，企业理念推动了双方的相互配合与合作。作为并购双方的最终整合、企业文化是直线参谋能否共存的最根本润滑剂。针对所兼并方制订新企业文化，可以团结多方的力量，起到良好的并购整合效果。

总之，管理整合是上市公司并购后整合的关键，要做好管理就必须在战略整合的前提下，在借鉴跨国公司先进管理理念的同时，按照自我需要、自我特点制订一套适合新情况的管理制度和管理方法，以实现管理整合后的成功。

### 三、文化整合

文化整合是并购整合中最艰难的环节，其涉及到并购双方企业文化最深层次的矛盾，这种矛盾的解决是通过双方文化此消彼长，还是共存共荣，都将面临着长期的协调融合过程。

#### 1. 企业文化是管理经验的积累

企业文化是管理创新的前提条件，是企业长期发展中被员工普遍认同的处理企业与企业、企业与顾客、职工之间、领导同职工之间关系中形成的思维方法和价值

观念。企业文化具有稳定性、自觉性，它在企业高速扩张期是企业员工同心协力，团结一致为共同目标而奋斗的思想保证。

根据经验——成本曲线效应，当累积产量不断上升时，单位产品成本价格也将不断下降，主要因为其劳动熟练程度日益提高。同时，其核心的管理思想通过总结、创新，公司管理水平大为提高。企业文化不是一般的标准而是具有极其深度的哲学思想。在现今的大公司中无不将塑造企业文化作为企业未来发展的目标。一般来讲，企业文化的内在在公众心目中的印象非常珍贵的，往往企业文化令公司在同等竞争条件下占据主动。

### 2. 企业文化整合的复杂性

企业文化的建立需要长期建设，而多个企业文化整合的难度、复杂性都远甚于此。但作为企业文化不同的并购双方在整合过程中，通常都错误地认为文化整合就是强力推行兼并的企业文化。在我国，企业文化的塑造尚不成熟，许多上市公司的企业文化本质上并未真正建立起来，但是作为我国优秀企业大举兼并的过程中，优秀的企业文化并未得到伸张，其根本原因就是我国企业对兼并活动的市场认识尚不成熟，职工的、群众的抵制活动往往让先进的企业文化仅成为向对方宣扬的企业形象。企业文化并未成为内部管理整合的推动力。

企业文化的整合复杂性除上述企业文化之间的冲突外，还表现在环境变化所带来的竞争格局、管理思维和新技术在并购双方企业管理者之间的领悟差异，这种领悟力的差异对企业文化整合的阻碍很早时候就存在了。不管是兼并前、兼并后，作为主观意识的复杂文化，不同系统相互排斥的现象不可避免，要打破这种排斥力，除了需要大刀阔斧的改革、拉近并购双方实力(技术、管理水平、盈利能力等)差距以外，还应当加强双方人员在众多方面的探讨和合作，制订适合被兼并方的有特色的企业文化。

### 3. 企业文化整合的方式

企业文化整合方式可分为三种：第一种是兼容式整合。兼容式整合的益处就在于它既照顾了被兼并方职工的感情，同时又引进了新的企业文化。这种整合方式一般不会出现较大领域内的思想冲突，但其缺陷是可能在管理思维上有很大的分歧，而这种分歧往往会大大降低文化整合后的协同效应。第二种是吞并式整合。吞并式整合比较适合实力悬殊、被兼并企业文化尚未得到员工的广泛认同的情况下，兼并方利用这个契机，把本企业文化推广到新的成员，往往起到了良好的效果。但是倘若并购双方企业都有独特的企业文化，这种吞并的方式就显得举步维艰了。企业文化的扩张行为很可能会造成被兼并方领导层不稳定，或者是领导者个人认为处理不当的，就有可有引起“无为而治”甚至会正面冲突，严重的可能会导致大批管理人员辞职。第三种是臣服式整合。多元化战略的并购中，企业通过兼并跨入一二个从未介入的领域而本企业原来的所在领域的大部分企业文化并不能适应被兼并方。这种情况下，明智的兼并者就会在被兼并的企业文化基础上，加入本企业的文化精华，整合成为一种更先进、更优秀的企业文化。上市公司成功实现多元化以后，经过市场竞争的检验，这种文化很可能会被推广到被兼并方企业文化的深层次，实现“大同”。这种整合的方式经历的时间很长，最重要的条件是被兼并方的企业文化必须大放异彩，在新的市场竞争中必须有独特的成就。

总而言之，上市公司并购在资产兼并后，还要实现并购双方的资源与市场的深层次整合，它包括经营战略、管理组织、企业文化的整合。只有在完成并购的最终市场策略时，上市公司并购的规模效应才能充分实现，才能避免陷入背包袱、无效率的经营管理误区。

# 第五节

## 外资并购上市公司的模式探析

**随着我国资本市场外资准入时间表的日益临近，国家也相应放宽了外资并购上市公司的一系列法规。本文通过对相关法律法规的分析，试图对外资并购这一敏感问题中的法律程序作完整的阐述。外资并购上市公司渠道可概括为协议收购模式、要约收购模式、合资控股模式、增股兼并模式及换股兼并模式等。**

2003年2月，中国华润总公司与华润轻纺有限公司签署股份转让协议，中国华润总公司将其持有的华润锦华股权全部转让给华润轻纺有限公司。这次成功并购标志着我国外资并购政策取得一项新的重大突破。然而要看到，自1995年北旅事件这一中国首例并购以来，外资并购相关法律的演变表明我国在外资并购这一敏感问题上仍然奉行“摸着石头过河”的谨慎改革方针，这也决定了外资并购法律探索将是长期的。

### 一、外资并购上市公司的相关国家政策演变

1995年8月9日，北旅发布公告称：日本五十铃自动车株式会社和伊藤忠商社通过协议，一次性购买北旅未上市流通法人股4002万股，占北旅总股本的25%，成为北旅的第一大股东，从此开辟了外资并购我国境内上市公司的先河。但是，由于当时外资并购的经济环境尚不成熟，国务院办公厅随即于1995年9月23日颁布了《国务院办公厅转发国务院证券委员会关于暂停将上市公司国家股和法人股转让给外商请示的通知》规定：在国家有关上市公司国家股和法人股管理办法颁布之前，任何单位一律不准向外商转让上市公司的国家股和法人股。

1997年党的十五大会议，将国有股减持作为中国证券市场改革的方向，将国有股从竞争领域有序地退出以保证国有经济在关键经济领域、宏观调控方面的控制力，而国有资本退出的方式之一是向外资转让国有股，这表明外资并购上市公司的政策正逐渐解冻。2001年11月5日，中国证监会及原对外经贸部联合颁布了《关于上市公司涉及外资有关问题的若干意见》，允许外商投资企业受让境内上市公司非流通股，但“暂不允许外商投资性公司受让上市公司非流通股”。

2002年10月8日，中国证监会颁布了《上市公司收购管理办法》，其中在收购主体上并没有排除外资作为收购主体，随即与之配套的《关于向外商转让上市公司国有股和法人股有关问题的通知》一个月后出台，其中对外资并购解禁上市公司，且对并购中的外资市场准入问题、外资受让的程序、外资行业政策、外汇管理等方面都作出了明确的原则性规定。该文件标志着外资并购上市公司进入了实质性操作阶段。

2002年11月8日，原国家经贸委、财政部、国家工商行政管理总局和国家外汇管理局联合发布了《利用外资改组国有企业暂行规定》，规定了国有企业（金融企业和上市公司除外）向外资转让国有产权、股份、债权、资产或者接受外资增资改组为外商投资企业的有关政策，扩大了对外资并购开放的渠道。2002年12月30日、2003年3月7日，《关于加强外商投资企业审批、登记、外汇及税收管理有关问题的通知》及《外国投资者并购境内企业暂行规定》分别出台。这两个文件对外资并购的原则、方式、程序、审批等都作出了相应规定，并在某些方面的立法上取得了突破，如确认并购外资比例低于25%，允许被并购企业持股一年以上的自然人股东成为并购后外资企业的股东等，这两份文件被认为是迄今为止关于外资并购境内企业最为详细的规定。

## 二、外资并购上市公司的模式及程序

外资并购上市公司渠道可概括为以下五种模式：协议收购模式、要约收购模式、合资控股收购模式、增股兼并模式及换股兼并模式。

①协议收购模式，是指外资方通过与目标公司的股东协商，并在征得目标公司管理层同意的基础上，达成协议，并按协议所规定的“收购条件、收购价格、收购期限”以及其他规定事项的方式进行收购。协议收购对目标公司的股票价格不直接产生影响，因此，它还可以减少证券市场的波动。②要约收购模式，是指外资通过向目标公司的股东发出购买该公司股份的意向，并依法公告收购，按照要约中规定的收购方式、收购条件、收购价格、收购期限以及其他规定的事项，并按要约履行程序实现股权转让的并购行为。③增股兼并模式，是指那些中外合资的上市公司受外界的驱动（国家政策松动、领导层意愿）允许在新股发行中增加外资方股份持有比例，从而实现外资兼并。④换股兼并模式，是指双方互持对方的股权导致外资形成实际控股上市公司。⑤合资控股模式，主要是在中外合资企业中，由于国家政策松动、个别外资企业的特别资源（技术、国外销售市场网络），国家允许其合资中居绝对控股权。一定时期内，在有些关键领域防止跨国公司垄断，往往增加赎回条款，规定在较长年限内，外资方可在企业管理层居领导地位，经营相对独立；但在规定年限后，外资主动撤出该领域或将股份转让给中方，以保证中方在关键领域的控制权，中方出资赎回外资所控股权或在未来合作期内利润分配上偏向外资方。在中外合作一段时期后，外资方主动放弃股权和资产，这使得我国引进外资的方式日益灵活。

## 三、协议收购的一般程序

1.谈判签约。收购方收购意向确定后，与被收购上市公司股东在价格、数量、期限等共同关注的交易问题上进行协商，若达成共识，并购双方召开董事会讨论并通过达成协议的收购方案。

2. 提交报告。在外资收购双方达成书面协议第二天，收购方应向证监会报送上市公司收购报告书并抄送证券交易所。在十五日内未收到异议，收购方可以公告上市公司收购报告书。报告书必须包括以下内容：①出让方提交法人持股变动报告；②转让双方企业法人资格证书及持股证明材料；③法人股转让协议书；④法人股变动公告，上市公司股权变动公告；⑤政府批文及双方委托代理人证明材料及授权委托书；⑥受让方、受让关联企业的情况说明（如受让方与出让方有产权关联关系应具体说明）；⑦受让方向中国证监会、证券交易所提交报告说明，股权变动后的持股变化情况。报送材料时持有该上市公司已流通股份的说明；报送材料前六个月内受让方及其子公司、高层管理人员买卖该上市公司已流通股份的行为说明。

3.审批程序。并购双方各自履行各个主管机关的审批手续，涉及国有股权转让的，提交国资委审批。涉及到行业垄断的，向商务部及国家工商总局提交申请。涉及企业性质意见的，向商务部申请；涉及特殊行业准入的，

向相关主管部门提交申请。

4. 如外资收购上市公司的股份超过该公司已发行股份30%的收购人应向中国证监会就全面收购义务申请豁免或直接进行要约收购。如果收购人未得到要约收购豁免或不经过豁免程序的，须履行要约收购义务。

5.内部审议。被收购公司召开董事会、股东大会，审议通过收购事项、修改公司章程，将收购事宜可能产生的影响、变化公之于众并通知认购方。

6.合约履行和股权变更登记。收购人以合法的人民币收入或可以自由兑换的外币支付股权转让金，应提前向外汇管理部门申请审批或进行外资外汇登记。

收购方向证券登记结算机构办理股权过户登记手续，并向国家工商总局或其授权的地方工商局办理股东变更登记手续，并更改企业性质，上市公司重组董事会，实现外资对上市公司的实质性控制，行使所有者权利。

## 四、要约收购的一般程序

要约收购的法律程序包括一般法律程序和特殊法律程序。特殊法律程序主要包括：当收购人持有股份数达到被收购公司股份总数的75%以上时，该公司的股票应该终止交易。在达到90%以上时，其余仍持有被收购人股票者，按收购要约同等条件出售其股票时，收购人应当收购。现对一般法律程序作详细介绍：

1.持股披露。要约收购的前提条件是收购人必须通过证券交易所持有目标公司已发行股份的30%。为保护中小股东的权益，法律规定要求收购人持股30%以前，应分阶段对其持股比例予以披露；投资者持有目标公司5%股票时，应在3日内向证券监督管理委员会、商务部、国家工商总局、证券交易所作出书面报告和公告。在此3日内不能增加或减少控股量，以后控股量每增加5%，都要向相应部门报告并向社会公告。公告内容应当至少包括持股人的名称、住所、所持有股票的名称，数量达到持股法定比例或者持股增减变化情况及日期等。

2.作出报告。通过证券交易所的证券交易，投资者持有一个上市公司已发行股票的30%时，可向证监会申请豁免收购要约义务，其书面内容应当至少包括法人的基本情况简介；法人近三年的财务状况；在一定期限内不收购该上市公司流通股及不出让持有股份的承诺。若欲继续收购应当依法向该上市公司所有股东发出收购要约。收购人必须事先向国务院证券监督管理机构报送上市公司收购报告书，并将该报告书同时提交目标公司上市的证券交易所，另外，由于是外资收购，其申报材料中还应包括外汇来源、支付方式、外汇管理部门登记说明等。

3.发出要约并公告。收购人在持有目标公司发行股份30%并依法送交报告书给主管部门15日后，应向投资方发出其收购要约并公告。公告内容应当包括收购人的财务状况、发展计划、并购后新公司的章程、未来的盈利预测等重要内容。收购要约发出时，被收购公司股票三日内暂停交易，收购要约有效期不得少于30天，同时也不能超过60天。在要约有效期内，收购人不得撤回收购要约，若需要变更要约中的事项，必须事先向证监会、证券交易所报告，经核准、公告后方可施行。

4. 履行承诺。被收购人一旦对收购人发出依条件出卖股权的承诺，双方股权转让合同即告成立。在未获得有关机构的批准前，双方不得单方面解除合同。合同一旦确定，双方要约内容规定的期限、价格、支付股权转让款项即受约束，双方在履行承诺时都不得采取以要约以外的形式和超出要约的条件买卖被收购公司的股票。

5. 收购后的公告。收购人应当在收购行为完成之后15日内将收购情况报告证监会、证交所，予以公告，并办理股权转让过户手续，到工商管理部门申请更改公司性质。同时，为了保护中小股东的利益，国家规定，收购方完成收购后6个月内不得转让所持股票。

## 五、合资控股的一般程序

该并购模式相对其他模式的特点，主要表现在其中的资产评估程序复杂，尤其是在中外评估标准存在差异的前提下，中外双方较难达成一致的评估结果或结论。其运作模式有一定的困难，现就控股的合资控股兼并的一般程序作合资控股模式的详细阐述。

1.拟定合作协议。合资双方根据己方的优势，对合资、合作项目分别召开股东大会，并相互通报股东在项目投资合作的条件、利润分配等方面的合作原则、方针、决议，且经过谈判，双方拟定合作协议。

2.专项资产评估和投资项目评估。对上市公司的所有资产的价值方式进行评估或审计，同时对合作的外资方提供的技术、资金、设备等一切资源作出评估，确定评估价值，并按照评估结果，确定合资后公司并购双方股份比例。

3.审批合作协议。由境内上市公司向证券监督管理机构和证券交易所递交发行股票申请，指定相应收购方为合资方，并将其发行的股份转让给外资合约方，同时对相关的国有股、外汇、管理等问题还需报请有关政府部门批准。获得批准后可认定双方签订股权控股合资协议合法有效，按照当初合作协议的规定实施合资计划。

4.外资方在合约规定的时间内取得股票，并在证监会、证券交易所登记，存在所有制性质变更的，应向国家工商总局申请更改。

5.外资方凭借股权重新组织股东大会，安排外资方人员参与公司管理，但前提必须在不违背合作协议的情况下，被收购方有在过渡期内维持上市公司正常业务运转的义务。

## 六、外资并购上市公司应注意的几个问题

### 1. 外资并购上市公司的产业政策问题

产业政策问题是外资并购上市公司准入门槛中首先考虑的问题。国家鉴于稳步推进产业改革的需要，对一些关系国计民生的重要行业的外商并购活动予以限制，目前，我国金融服务业、运输服务业、通信服务业、房地产业、分销服务业、教育服务业方面都存在一定的政策限制。目的在于防止外资并购导致某些部门或行业出现垄断现象，或者是防止出让国有股而削弱国家宏观调控能力，对社会经济和人民生活造成不利影响。对外资并购可能引发的垄断问题，相关法规文件也作了特殊规定。如对收购方垄断问题应在对外公布并购方案之前，或者上报所属主管机构批准的同时，向外经贸部和国家工商行政管理总局报送并购方案。因为国家有关部门将根据有关产业政策和中外签订的市场准入协议及时间表予以详细审查。其中对部分行业须按照市场准入时间表逐步开放，只能通过中外合资、合作的方式进行，不允许外资以并购该领域上市公司的方式进行。

### 2. 外资并购上市公司的公平定价问题

我国法律对并购定价问题作了详细规定：并购当事人应以资产评估机构对拟转让的股权价值或拟出售资产的评估结果作为确定交易价格的依据，并购当事人可以约定在中国境内合法的资产评估机构，资产评估应采用国际通行的评估方法。外国投资者并购境内企业，导致以国有资产投资形成的股权变更或国有资产产权转移时，应根据国有资产管理的有关规定进行评估，确定交易价格，禁止以明显低于评估结果的价格转让股权或出售资产、变相向境外转移资本。为了在外资并购中做到公平、公正，我国相关法规规定外资并购优先考虑公开竞价方式。公开竞价方式代替协议定价的优势表现在它增强了价格的合理性，最大限度地减少了股权出让法人的损失，同时，也有利于股权方了解目标公司较深层的信息，减少了因担心信息不对称而导致收购失败的顾虑。

公开竞价方式防止出现超低价格转让、利润转移或规避外汇管制等现象，同时也防止一些地方政府盲目出售国有企业，遏制国有资产流失的势头。

### 3. 外资并购上市公司的风险控制问题

(1)支付方式。可以接受的支付方式仅为可自由兑换的外币，而且对外币的汇率应有相关的合法规定。(2)登记义务。外资收购方与被收购方都应当持相关股权转让批文向上市公司所在地外汇管理部门登记。购买方应对其资金来源的合法性作出合理解释，并有相关财务证明文件。(3)资信证明。外资并购的资金不能直接或间接来源于目标公司或目标公司的关联方，并应有银行开出的“资信证明”。为控制外资并购上市公司中的资金风险，防范国际社会上“洗黑钱”问题，国家对并购中的外资管理作出了详细规定。

### 4. 外资并购过渡阶段的管理控制问题

根据《关于加强外商投资企业审批、登记、外汇及税收管理有关问题的通知》，外国投资者收购境内企业时，在付清全部购买金之前，不得取得企业决策权。为解决外资并购过渡阶段的公司管理控制问题，最好的做法是在股权转让协议中增加相关条款，如收购方可以在股权转让协议中增加股权转让款的支付条件；股权出让方高层管理人员在做出某些重大决定之前应得到收购方的同意。股权转让方为维护在职低层员工的利益，规定不准收购方获得管理权后无故开除低层职员或签订高额违约保证。

### 5. 外资并购上市公司税收原则问题

对外资并购上市公司中的有关税收问题，一般遵循以下三项基本原则：(1)经济合理原则。即看外资企业发生的投资和改组业务是合理的商业或经营目的，还是纯粹为了“利用被收购企业的巨额亏损”达到避税目的。所得税政策不应该影响企业原有正常经营和改组活动。(2)中性原则。无论国内企业改组还是外资收购，税收待遇应该一样；经济功能相同或相似的投资或改组交易税收待遇应该一样。(3)避税原则。通过适当的税收措施防止外资以收购为名，通过关联交易转移利润、隐匿转移增值资产或利用其他企业的巨额亏损冲减本企业应纳所得税等避税行为。核心要求是：如果外资收购中隐匿的增值在税收上没有确认实现，或没有按税法的方式进行递延，接受该资产的企业(或投资者)就不能按评估价值调整有关计税成本。会计账户按评估价值调整有关资产会计成本的，多提的折旧、多摊多计的费用，在申报纳税时必须依法进行调整。

VOLUME 7

# 第七卷

## 证券公司的运营管理

- 证券公司核心竞争力的构建
- 证券公司经营流动性问题研究
- 证券公司的激励机制创新
- 证券商综合理财业务的路径选择
- 开创证券公司盈利模式的新思路
- 证券公司业务运营的风险防范与控制
- 证券营业部的风险管理浅析

## 第一章　证券公司核心竞争力的构建

一、建立适应证券市场发展的经营管理机制

二、走规模化、集团化、国际化之路

三、实施品牌战略，以品牌促发展

四、创新：构建核心竞争力的原动力

## 第二章　证券公司经营流动性问题研究

一、增强证券公司经营流动性是资本市场改革的必然要求

二、资本结构的改善是增强证券公司经营流动性的前提条件

三、提高盈利水平是增强证券公司经营流动性的根本保证

## 第三章　证券公司的激励机制创新

一、激励机制的内涵与意义

二、国内外证券公司激励机制现状和不足

三、证券公司激励机制创新的具体策略

## 第四章　证券商综合理财业务的路径选择

一、固守“通道”业务是造成国内券商与国外券商综合理财业务差距的重要原因

二、拓展综合理财业务范围

三、创新综合理财业务内容

四、优化内部组织结构，发挥综合理财业务优势

## 第五章　开创证券公司盈利模式的新思路

一、券商盈利模式的外部环境

二、我国券商盈利模式的现状及发展方向

三、开创券商的新盈利模式

四、券商盈利模式的建设性建议

## 第六章　证券公司业务运营的风险防范与控制

一、证券公司应树立风险管理理念

二、证券公司运营中的六大风险

三、证券公司风险的防范与控制

## 第七章　证券营业部的风险管理浅析

一、证券营业部应强化风险管理理念

二、证券营业部存在的主要风险

三、证券营业部的风险管理策略

四、证券营业部的风险防范措施

《国务院关于推进资本市场改革开放和稳定发展的若干意见》为我国证券业的持续快速发展创造良好的政策环境。《意见》及其后续政策措施的落实不仅将推动证券业步入新的发展阶段。而且将对我国证券业的竞争格局和盈利模式产生深远影响。作为证券发行与交易的中介机构——证券公司，为适应变幻莫测的证券市场，首先必须完善自身的市场功能，建立科学先进的现代企业管理机制，运用融资手段，加强核心竞争力构建，认真做好风险防范工作，开创盈利新模式，以实现其最大化的经济效益与社会效益。

# 第一章 证券公司核心竞争力的构建

随着我国证券市场的不断发育和成熟，各证券公司的市场竞争也日益激烈。证券公司要想在市场竞争中获得长期生存和发展，必须遵循市场经济发展的优胜劣汰的客观规律，必须千方百计构建自身的核心竞争力，迎接来自国内外市场的挑战。

## 一、建立适应证券市场发展的经营管理机制

从总体看，我国证券业在短短的十几年中，经历了一个从无到有，从空白到初具规模的高速发展过程。各证券公司已初具规模，但相对国家而言我国证券公司的管理水平仍处于成长阶段。

随着全球金融一体化的推进和世界证券业的迅速发展，我国证券市场出现优胜劣汰的竞争局面不可避免。证券公司要做大做强，必须通过兼并重组、增资扩股等方式进行资源的优化组合，实现经营管理机制的根本改变：必须建立专业化的

管理机制和管理团队，必须采取行之有效的管理目标手段，必须建立一套适合公司自身发展的管理体制，以提高企业核心竞争力。

1. 目标管理

证券公司应按照经营计划制定各项管理指标，并有完成目标的具体措施。在实施过程中，要抓好过程的检查与控制，并将目标实施的各项进展情况和存在问题及时反馈，实现目标的动态监控，以进行目标成果评议、确定绩效，并与员工的薪酬紧密结合，充分调动员工的积极性。

2. 激励机制

一是建立“岗位能上能下，人员能进能出，工资能高能低”的人员进出机制；二是建立绩效考评制度，根据绩效来评定绩效工资以及月奖、年奖等，以形成一个“争先创优，比能力，比绩效”的良好发展氛围；三是建立多元化的激励制度，全面、有效地调动员工的积极性。激励员工的手段除薪资、报酬激励外，还应有晋升激励、荣誉激励、成就激励等；四是重视对员工的培训，以实现人力资本的增值，把员工的发展和公司的发展紧紧结合在一起，实现公司与员工的“双赢”局面。这样做一方面起到了激励员工的作用，另一方面能提高企业人力资源质量，进而从根本上提高企业的竞争力。

3. 自我约束机制

一是经济利益促进和引导自我约束机制，充分利用经济手段诱导员工对利益的敏感性，使经济利益引导员工产生自我约束的行为；二是目标结构与责任直接挂钩的促动机制，将管理目标层层分解到个人，由分层次的子目标之间相互关联而形成的促动机制，即让员工有明确的工作目标，并受目标激励；三是权力链条相互制约机制，建立管理对象之间相互制约的权力链条，形成相关部门、相关职员相互制约的自我约束机制。

4. 有效的风险内控机制

一是组织结构控制，对内部职务结构或职位结构进行有效合理控制，开展合理的授权，以充分明确各自权责，提高工作效率；二是人事控制，从岗位轮换、离任稽核、业务培训等切实把好人事控制关；三是建立专门的风险控制部门，系统性地监管证券公司的内部风险，一旦某个环节出现问题，可即时解决；四是加强资金管理和网络系统安全管理，保证资本安全和计算机网络系统的安全。

5. 信息反馈机制

利用现代信息技术通过各种渠道及时反馈信息，以便及时发现公司运作当中的缺点和盲点。并采取相关措施从严管理，或针对专门问题提出解决方案。以便改进工作，提高运营的效率和效益。

## 二、走规模化、集团化、国际化之路

从 1987 年我国第一家证券公司——深圳特区证券公司成立至今，短短的 10 多年中，我国证券业发生了翻天覆地的变化。证券公司作为证券业和资本市场的核心中介机构，无论在规模还是在业务方面都获得了空前的发展，已成为我国金融体系最具活力的组成部分之一。展望未来，随着我国市场经济的不断发展，我国证券公司必将朝着规模化、集团化和国际化的方向发展。

1. 规模化：我国证券公司发展的必然选择

我国证券业的历史不长，但发展速度较快，截至 2003 年 12 月，我国证券公司约有 130 余家，拥有营业部 2900 余家。证券公司规模和服务水平的提升可在公司改制上市、提高经营质量以及促进资本市场规范和发展等方面发挥积极作用。但是,必须看到我国证券公司也存在不少问题，其中之一就是规模过小，这是我国证券机构的显著特征,它对证券公司发展极为不利,主要表现在：一是规模过小影响我国证券公司的业务承受能力；二是严重制约我国证券公司的业务开拓能力；三是影响我国证券公司的盈利能力；四是影响证券公司抵御风险的能力。因此,要促进我国证券市场的健康发展，必须改变证券公司分散、小规模经营的局面,着力打造我国证券业“航空母舰”,实现证券公司的规模化发展。

根据我国证券业发展的实际情况,借鉴国外的经验,我国证券公司可以通过以下途径来实现规模化。

(1)券商上市。券商上市是我国证券公司实现规模化的有效途径。证券业属于资本密集型行业，证券公司的规模化经营需要强有力的资金支撑，上市不仅能够解决证券公司资金来源问题，而且还有利于证券公司化解不良资产。增强证券公司股权的流动性。另外,对公司管理而言，上市还有助于证券公司完善法人治理结构,健全公司经营机制,使公司在规模化经营基础上，全面提升公司管理水平。

(2)增资扩股。它是我国证券公司当前谋求规模扩张的主要方式。2000 年以来,我国各证券公司纷纷通过增资扩股来实现资本金规模的扩大,其中最典型的当属海通证券,其增资扩股后注册资本规模达 87.34 亿元。远远超过居第二名的银河证券(45 亿元)。增资扩股是证券公司增强风险能力的需要，也是突破业务壁垒的需要，有利于提高券商的竞争力。

(3)合并重组。它也是证券公司实现规模扩张的重要途径，若干小规模券商通过合并可组成大券商，大券商接受退市的证券公司的优质资产从而更强，合并重组的根本目的在于提高金融资源的使用效率，实现证券公司规模的快速扩张。

### 2. 集团化:提高核心竞争力的必要手段

随着金融全球化，金融机构间的跨行业、跨国界并购以及金融机构业务经营的集团化，已经成为一种国际性的潮流。金融集团化不仅仅是金融机构的重新组合和金融机构组织结构的重新调整，其实质上是一种金融制度和金融组织的创新,是对传统金融体制的重大突破。当前，世界各国金融业在混业经营理念的指引下,正趋向集团化,究其原因是多方面的。首先,金融集团化是市场竞争的必然产物。随着金融机构的不断增多，以及金融机构业务交叉的日益扩大，金融竞争就变得更加激烈。在这种情况下,证券公司为扩大发展空间,增强竞争力,就必然会通过收购、合并、联合等方式壮大实力，进行规模化、集团化经营。其次,集团化是证券公司提供全面金融服务、增加盈利点的必然选择。金融机构可以凭借自身的金融资源为顾客提供有的放矢的金融服务，切实满足顾客的个性需要。最后，集团化是现代科技发展和管理手段现代化的必然结果。为适应日益激烈的金融竞争，我国证券公司无疑也应进行组织结构调整，走集团化发展的路子。目前,组建金融控股公司是我国证券公司实现集团化的有效途径。

### 3. 国际化:证券公司发展的必然趋势

随着证券市场国际化浪潮的推进,我国证券公司为提升竞争力,在资金来源、业务范围、机构设置、人才结构等方面向国际化发展，这是我国经济对外开放的必然结果。是证券公司优化资源配置和多渠道引进外资的需要，更是我国证券公司参与国际竞争的需要。

现阶段，我国证券公司在国际化进程中可采取以下措施逐步推进:一是通过证券公司的规模扩张,提高证券公司的整体实力；二是积极研究证券公司在国际市场上运作的“游戏”规则和投资银行国际业务经营管理的特点，并据此制定证券公司国际化发展战略；三是以人为本,注重人力资源的开发管理,加强证券公司国际化人才的培养;四是科学设计业务结构，加强国际交流与合作，推进证券公司业务的多元化和国际化经营；五是重视证券业的研究工作，大力开展证券产品的创新。

## 三、实施品牌战略，以品牌促发展

在商品经济高度发达的今天，同质产品琳琅满目,让人眼花缭乱；同质服务花样迭出,让人无所适从。同时,在金融服务领域中,现代生活的高节奏也不允许投资者在一个陌生的金融产品或服务面前长久驻足，使金融服务缺乏推广宣传机会。此时，为吸引投资者目光，就必须凸显品牌。品牌是商战的利器，是企业的灵魂和生命，只有谙于市场开拓之道，树立品牌意识，才能创名牌，才能赢得市场，作为虚拟经济中的证券业更是如此。只有创造出富有特色的品牌，才能赢得广大投资者认可，才能长远发展。

### 1. 品牌经营是证券公司发展的必然

在当前佣金浮动制改革和上市保荐人制度实施情况下，证券公司间的业务竞争日趋激烈，为凸显企业竞争优势，证券公司应在商标的设计，经营理念及企业建设方面，都须树立品牌形象意识。在优胜劣汰的市场竞争机制中，品牌成了企业的形象，服务质量的象征，也是我国证券公司在市场经济下的必然选择。品牌经营时代的到来，使得证券公司在经营过程中，必须考虑到品牌规划、缔造，以提高竞争力。

### 2. 品牌是证券公司创造名牌的前提

现代证券市场对证券公司的需求越来越高，品牌的塑造也日显重要，尤其是打造名牌。可以说，市场正在召唤名牌，客户需要名牌。

一个知名品牌，必须具有较高的市场知名度、美誉度和卓越的市场表现。所谓知名度，用家喻户晓，尽人皆知形容毫不为过；美誉度是指该品牌被社会公众信任和赞许的程度，它是驱动顾客消费的原动力；市场表现是指某一品牌的市场占有率。目前，几乎所有的证券公司都在创造自己的品牌，从商标设计、经营理念、管理制度制定等多方面打造自己的品牌形象。但是名牌不是一朝一夕就能创建的，它首先要得到市场的认可，然后在市场中慢慢培育，这需要一个过程。由此可见要培育出一个名牌首先要创立自己的品牌。现实中品牌的创立需具备一定的条件：一是必须有品牌的载体；二是产品或服务有一定的质量积累效应。品牌作为企业形象、企业品质的总体表现，需要企业不断维护、提高。因此，证券公司要想创造名牌，首先应开展品牌经营，不断积累品牌优势，形成品牌的内涵，并逐步提高品牌的影响力，才能最终创出名牌，实现证券公司名牌效应。

### 3. 品牌经营是证券公司开展市场营销的需要

当今证券市场，投资者投资时必须考虑回报率和风险性，为安全起见，投资者一般会选择信誉好、知名度高的证券公司。因为证券业与其他行业有很大区别，证券公司经营的对象是特殊的虚拟资产，投资者投资时都会慎重考虑，这客观上也使得证券公司品牌的树立较其他消费品牌难度更大，同时也更加有意义。在激烈的市场竞争中，虽然证券公司树立起一个深入人心的品牌过程是艰难的，但它带来的效益和回报却是惊人的。它能促使证券公司形成经营管理各环节的良性循环机制，这对于一个谋发展的证券公司来说，其作用是不言而喻的。

品牌在证券公司经营管理中所起到的重要作用愈来愈受到业界人士的推崇。品牌不是检测出来的，而是在“优胜劣汰”、“适者生存”的市场洗礼中，依靠自己的特色品质树立起来的，因此在市场营销中占有主导地位。从某种意义上来讲，品牌成了企业的“命牌”，是企业求生存、谋发展的生命所在。目前许多证券公司已经意识到品牌在市场营销中的重要作用。随着证券市场的逐步完善，品牌经营是必由之路，它直接关系到公司的知名度和信誉度，关系到市场营销的成败。

### 4. 品牌经营是构造核心竞争力的推动力

当前，在证券市场日益成熟、规范的形势下，证券公司迫切需要转变观念和经营方式，增强品牌意识，实施品牌战略，创造精品。从长远的战略眼光来看，惟有体现证券公司优秀品牌形象的“金字招牌”，才是证券公司成功的秘方。

品牌战略有其自身的规律，其策划和推广需要领先意识，需要经营管理理念上的超前和经营方式的创新；其运作和实施需要高超的组织协调能力、资源整合能力、挖掘和吸引顾客能力、综合市场竞争能力。要想提升企业核心竞争力，就必须按照品牌策划、品牌建设的规范和要求去做。毋庸置疑，这就需要证券公司精心经营，积极开发新产品和开拓市场，提高员工的服务素质，尤其需要具有高品质的管理者的支撑作用。一个成功的企业，其背后必有一个优秀的管理团队，名牌往往是与优秀的企业家联系在一起的。品牌本身不过是企业及产品或服务的标志，其背后有着深厚的企业文化底蕴和独特的企业精神作为支撑，

形成强大的凝聚力，激励员工同心同德，战胜各种困难，实现公司的目标，这是企业获得成功的基本保证。

## 四、创新：构建核心竞争力的原动力

近两年，随着证券市场的持续低迷，我国证券业的竞争更加激烈。证券公司如何提高自身竞争力？如何走出“产业困境”？这些问题不仅使我国证券公司的经营创新显得十分必要，而且还将迫使我国证券公司加大加快创新的步伐。创新是企业发展的灵魂，没有创新就没有生命力。因此，我国证券公司要构建核心竞争力，实现长远发展，必须进行“经营创新”。创出新的产品和业务，打破证券公司传统业务的瓶颈，依靠新业务的发展壮大，促使证券公司走出困境。

### 1. 组织创新：推进证券公司一体化和国际化

(1)允许证券公司组建金融控股公司。金融控股公司是金融市场组织体系创新的代表产物。它是包括证券、银行、信托与保险四项业务和职能的金融控股集团，其具体业务职能是通过下属的子公司来实现的。当前，一体化和混业化正是国际金融业发展的趋势：在美国，金融控股公司已经成为金融市场上最主要的一种组织形式；在我国，亦有光大集团、中信集团、中银控股、平安集团等控股公司的雏形。在这种组织模式下，各子公司之间可以在资金融通、信用担保、资源信息共享等方面互相支持、合作，便于彼此业务的开展。

(2)允许证券公司组建风险投资公司和资产管理公司。允许证券公司组建风险投资公司，这为证券公司提供了新的业务增长点。证券公司完全可以利用人力资源，专业方面的优势，在私募资本市场上形成新的利润来源。我国产权交易市场正在蓬勃发展，这里将是证券公司大显身手的好地方。允许组建资产管理公司，这也是证券公司新的业务增长点，通过委托进行资产管理业务，证券公司可以吸引更多的金融资源，是证券公司可持续发展的关键，将促进证券公司业务和收益来源多样化。

(3)允许符合条件的证券公司在香港或国外设立分支机构或子公司。建议协调外汇管理部门、境外监管等相关部门加强合作，制定有关实施细则，允许符合条件的证券公司到香港或国外设立分支机构或子公司。国际知名的证券公司正在大举进入中国市场，我们在加强与他们竞争的同时，一定不要忘了走出国门，只有这样，我们才能开阔眼界，掌握世界证券市场新动向和新知识，才能真正形成抗衡国外大机构的能力。

### 2. 公司治理创新：不断完善公司治理和内部控制

当前，要提升证券公司核心竞争力，除扩展规模和业务拓展外，公司治理机制也需相应创新，以努力提高证券公司的治理水平和内部控制水平。具体措施如下：

(1)积极创造有利条件，推动符合条件的证券公司上市。目前，我国证券市场上市的证券公司只有中信证券和宏源证券两家。由于证券公司上市存在诸多困难，其中最主要的困难是信息披露的要求。按照现有的信息披露要求，历年的信息披露可能给公司形成大的风险。因此，为了促进证券公司上市，建议证券公司上市信息披露以前三年为主。

(2)允许证券公司高管和员工持股。人力资源是证券公司最核心的资源，高管和员工持股可以将公司长期利益和管理层、员工利益保持一致，达到激励相容的目的。同时也可解决证券公司人员流动频繁不稳定的弊端，保证证券公司人员和经营的稳定性，促进证券公司长期、稳定发展。

3. 融资创新：扩展证券公司融资渠道

(1)鼓励证券增资扩股和上市融资，扩大资本规模。目前，我国证券公司资本规模偏小，壮大证券公司仍须从扩充资本金开始。因此，证券监管部门可以依据我国证券市场发展的实际情况，继续鼓励有条件的公司增资扩股和上市融资，扩大资本规模。

(2)积极推进证券公司发行长期金融债券和申请银行特种贷款工作。为解决券商融资难题，我国现已颁布施行了《证券公司债券管理暂行办法》。据目前我国市场经济形势，在券商发债的实施程序上还有必要进一步扫清障碍，出台相关辅助政策、细则予以配套；或者允许证券公司申请银行特种贷款，以支持证券公司开展新的业务。

4. 业务创新：证券公司谋发展的必然选择

(1)经纪业务创新。目前经纪业务是我国证券公司的主要业务，也是证券公司收入的重要来源。随着经纪业务市场竞争的加剧，经营手段的自动化和智能化，证券公司经纪业务必须创新，同时经纪业务的创新应在规范的市场下进行。建议由证券业协会牵头，制定有关行规，反对不正当竞争。鼓励证券公司推行集中交易和网上交易，在集中交易实施后，证券公司营业部将逐步转化为客服和营销中心。为此，现有的营业部管理办法需要修订，同时经纪人将成为客户服务和营销的主角。因此，证券业协会有必要对经纪人的考核、管理加以规范，推动经纪业务的创新和转型，促进经纪业务市场的健康发展。

(2)投行业务创新。股票发行制度将由目前通道制向保荐人制度转变，是我国证券市场一次非常大的进步，将为投行业务的发展带来新的机遇。证券公司可以作为保荐人负责企业上市的审核、审查和信息披露工作，但对保荐人资格与能力的要求比以前上市推荐人高得多，这就对证券公司提出了更加严格的要求和责任。因此，证券公司应进一步围绕资本运作作文章，针对客户的资产负债结构和财务状况，为客户制定最佳的融资方案，使企业的股东价值最大化，从而为传统的投行业务注入新的活力。同时完善和规范财务顾问业务，制定适宜的收费标准。

(3)资产管理业务创新。资产管理业务是现代证券公司发展潜力最大的业务之一。我国应加快证券公司资产管理业务的创新，在允许证券公司组建资产管理公司的基础上，应鼓励证券公司开发不同类型的理财产品，鼓励证券公司在受托投资管理业务上进行产品创新。证券公司可以根据客户和资金的不同特征、要求开发各种类型的理财账户，设立“集合受托投资管理账户”。另外，可以考虑取消证券公司参股，控股基金管理公司“1+1”平均分配政策，允许证券公司控股多家基金管理公司和资产管理公司，以促进证券公司健康成长，培育企业的核心竞争力。

总之，随着我国经济体制改革的不断深化，国内证券公司经营环境，制度环境与宏观经济环境的变化，以及金融市场的全球化，国际化和一体化的发展，特别是面对加入WTO后的机遇与挑战，我国证券公司尽快构建自身核心竞争力是十分必要和迫切的。证券公司应抓住机遇，不断完善自身的服务功能，实施品牌战略，走规模化、集团化、国际化发展的路子，提高竞争力，促进自身健康，稳步、持续发展和证券市场效率的提高。

# 第二章
# 证券公司经营流动性问题研究

流动性是资本市场的生命，它反映了资本市场执行交易的成本，代表了金融产品迅速变现而不受损失的能力。随着资本市场的发展，金融产品的流动性日益加强，同时也给证券公司运营管理的流动性提出了更高的要求。要提高证券公司的经营流动性就必须改善其资本结构和增强盈利能力。

流动性是资本市场的生命力所在，流动性反映了市场立即执行交易的成本，代表了金融产品迅速变现而不受损失的能力。流动性已成为衡量资本市场效率和吸引力的最有效的指标，是决定资本市场竞争力的关键因素。纵观世界各国证券市场发展的历史，良好的流动性是证券市场健康有序发展的前提。资本市场的流动性越好，配置资源的效率就越高。

## 一、增强证券公司经营流动性是资本市场改革的必然要求

目前，国内证券市场的流动性相对前几年明显下降，市场的活跃程度明显降低。2000 年沪深股市共有 1088 家上市公司，日均成交量为 264 亿元；2002 年上市公司数量达 1224 家，而日均成交量则只有 123 亿元。从换手率来看，2000 年市场的换手率为 2.2%，2002 年市场的换手率下降到 0.9%。从国际比较上看，2002 年美国纳斯达克市场总市值计算的周转率为 320%，纽约市场的周转率为 95%，而中国股市的周转率为 76%，流动性不足问题已显现出来。

实践证明，市场流动性不足的原因主要表现在两个方面：一是市场交易制度不完善，市场交易单一，缺乏快速释放风险的交易渠道；二是资本市场重要的服务商——证券公司其服务质量、服务水平低。在当前众多的中小投资者由风险投机转为价值投资的市场条件下，证券公司的高佣金率和低效率服务无疑对证券市场的流动性造成了障碍。

针对证券公司服务质量、服务水平低的情况，国家出台了许多相应的制度。在投行业务方面：先前推出核准制和通道制，现在正式实施上市保荐人制度，将政府从无法做好的纷繁的市场准入工作中解脱出来。通过此制度加速证券公司的市场准入的监督职能化、专业化，也为证券公司开拓了更宽的业务领域。在代理业务方面：佣金市场化，通过竞争性佣金迫使证券公司开拓新型代理业务。同时鼓励证券公司开展委托理财业务，从而降低证券公司过分依赖高佣金的弊端，增强证券公司抵御市场风险的能力。在自营

业务和资产管理业务方面：国家也将出台一系列措施以克服证券公司资金投资方式单一所带来的风险。另外国家也放宽了证券公司的融资渠道，鼓励证券公司联合、兼并、重组。通过改善证券公司资本结构以应对未来资本市场高流动性伴随而来的高风险。

改革是一把双刃剑，国家对资本市场的大力改革，给证券公司带来发展机遇的同时也为证券公司的未来发展提出了挑战。证券公司要保持资金流动性，就必须要有稳健的财务状况、合理的资本结构和较强的盈利能力。要健全内控机制，提高风险管理能力，在处理风险中获益，不能回避风险；要以对风险约束为基础，业务增长和创新与风险控制相适应，风险成本与风险收入相匹配；要树立良好的信誉，良好的信誉有赖于合规经营和诚信文化作为经营理念；要重视客户，以客户为中心，携客户共同发展是现代金融企业奉行的基本原则；要完善法人治理结构，进行股份制改造，建立健全运营机制、创新机制和激励机制。

内因是根本，外因是条件。证券公司必须积极自主创业，按照现代金融企业要求规范企业经营管理，只有这样，才能实现发展证券公司、繁荣资本市场的改革目标。

## 二、资本结构的改善是增强证券公司经营流动性的前提条件

根据热力学第二定律：封闭系统必须通过与外界进行能量交换，排除内部非活性因素，以实现其流动性的需要。证券公司作为一个相对封闭的系统，它要保证其运动的本性，必须以融资方式补充资本金或扩大系统，通过重组、兼并、联合拥有新的资源。与此同时，就是要加重内部运动，将系统内的熵排除出去，以减少熵增所带来的系统风险。证券公司资本结构的变化是通过扩张的方式拥有新资源，这种大系统的建立增强了证券公司抵御市场风险的能力，也为其内部改革创造了良好的条件。

### （一）拓宽融资渠道

在金融开放的竞争环境下，我国金融业全行业普遍存在资本金不足的问题。证券公司也不例外。而目前资本市场改革的阵痛，如资本市场流动性下降，证券公司财务状况普遍恶化，更加突出了证券公司融资渠道单一、闭塞的问题。疏通证券公司融资渠道意味着更低的融资成本，否则，证券公司只能是采取违规的做法或承受更高的融资成本。有了更多的选择，证券公司才能在资产与负债之间进行更好的组合管理，从事更多的金融创新。此外我国证券业需要进入大规模的重组和扩张，证券公司做大做强，允许证券公司发起设立绝对控股的子公司，走投资银行扩张型金融控股集团道路，证券公司需要大量的资金支持。

与国外证券公司相比，我国证券公司需要弥补两个方面的差距：一是解决证券公司长期资本金不足和长期资本结构的问题；二是拓宽现有短期融资渠道。要解决这两个问题，证券公司必须对目前的融资业务进行创新。

从我国证券市场的现状来看，证券公司融资业务的创新和发展，其根本点就是要摆脱银行贷款的单一方式。要加强证券公司融资产品和融资渠道的研究开发，通过发行债券、组织同业拆借以满足证券公司直接从货币市场融资的需要。此

外，证券公司成立合资票据公司、财务公司和担保公司也是解决融资渠道问题的有益探索。

## （二）鼓励金融混业经营

银行业、证券业和保险公司业务范围的扩大及相互交叉和渗透是资本追求平均利润率的本质要求。混合经营是金融内部优化发展的必然趋势。当前我国金融企业各项业务出现了融合的趋势，我国在分业经营的制度框架内，同一金融控股集团在品牌、战略、资金、营销及信息协同效应与整体优势已有了初步显现。

现代金融业发展的大趋势就是通过它的窗口、网点，销售甚至实现向每一个客户提供全方位的金融服务。我国金融业从以产品为主导向以建立客户关系为主导转变，金融服务重点已经转移到客户的满意度、客户服务和为了公司及客户的长期利益的价值层面。竞争的增强使客户对服务有了更好和更多的关注。银证合作不但有助于扩大金融保险的服务功能和范围，最大限度地吸引和留住客户，而且有助于充分利用行业优势实现资源共享、降低经营成本、提高金融机构的市场形象，更重要的是，将从根本上缓解资本金不足而引起的证券公司财务问题，共同化解可能存在的市场风险，实现共同发展。

为应对混业经营带来的冲击，一方面，证券业要提高专业化水平，增强金融服务竞争能力，以吸引客户；另一方面，证券监管部门认真把握混业的趋势，促进证券公司同银行、保险监管部门的合作，创造政策环境使券商尽早占领交叉业务领域。

证券公司与保险公司的业务合作目前仍处于试点阶段，主要表现在共享客户、代理销售保险公司产品以及提供理财咨询、顾问服务等方面。目前，比较有可能的业务合作是证券公司为网上交易的客户购买保险。

对于银、证、保进一步全面合作，证券监管部门应鼓励在以下方面取得突破：（1）客户资源共享；（2）相互代理产品销售、建立金融超市；（3）共同创新金融产品，重点是在住房按揭证券化方面尝试突破；（4）组织建设方面，证券监管部门应鼓励并推动金融系统内多种形式的战略重组与战略联盟，鼓励证券公司与相关非金融行业（比如电信、邮政）进行创造性的业务合作。

## （三）组建证券控股型公司

通过收购、控股商业银行或保险公司，组建以证券公司为母公司的金融控股公司。证券公司借助银行、保险的营销网络和资金支持，涉及期货、信托等业务，这有利于证券公司实现低成本、跨越式扩张，稳定和吸引更多的客户并进一步提高证券公司覆盖客户的能力，以实现证券公司的规模效益。鉴于证券行业人力资源的特点，监管部门可鼓励尝试集团范围内的员工持股计划，完善公司的法人治理结构，如券商增加资本金可以采取灵活多样的方式进行，职工持股将是重要形式之一。

扩张投资银行业务，逐步形成证券控股型公司。可以分为两个层面：第一个层面是证券公司通过细化原有业务分工，组建经纪（网络）、投资银行、资产管理、投资咨询、基金管理、创业投资等控股子公司（包括中外合资公司）。第二个层面：证券公司通过投资入股的方式涉及非证券金融机构，如商业银行、保险公司、信托公司、期货公司。此层面还包括若干证券公司共同发起设立担保公司、租赁公司、财务公司（基金）等，最终形成以证券公司为母公司的金融控股集团的发展模式。第一层面已经为《证券公司管理办法》所认可，在目前混业经营法律环境不具备的情况下，这是证券公司自我壮大的一种可行的发展模式。第二层面有待监管部门对证券公司投资领域政策的近一步松动，以及与证券公司对资源的特殊需求决定了它必然走向寡头垄断竞争格局的转变。而我国证券公司尚处于完全竞争市场与垄断竞争市场过渡的水平。证券公司发展的三大要素资源，每一要素都不够证券公司应对资本市场高风险的需要。

当前，证券市场发达的国家证券业已形成寡头垄断的竞争格局，少数大型证券公司成为市场的主导者。在美国，前10大证券公司资本总额占全行业资本总额的比例已由20世纪70年代初的1/3上升到本世纪初的60%左右。

随着我国券商竞争环境的不断改变，一些已经习惯于粗放式经营的证券公司陷入连年亏损的局面，证券公司的实力差距将因此明显拉大。两极分化的现象将愈演愈烈，整个证券业将面临重新洗牌和整合。建立和完善市场化的证券公司退出机制，将经营成本过高，收入结构单一的证券公司淘汰出局，为优势企业腾出更大的市场空间，已是证券业走出困境的必然趋势。在完善的市场退出机制下，一批资金实力雄厚、业务能力强、管理规范的大型证券公司将凭借其超群的综合竞争力获得国家政策的支持和市场的青睐。它们通过发债、私募、上市等途径，进一步做大做强；也可并购那些资金实力弱小的、缺乏核心竞争力的、经营无特色的证券公司，实现规模扩张，从而导致证券业市场竞争格局从自由竞争阶段逐步过渡到垄断竞争阶段。在经过激烈的竞争和分化重组后，少数几家具有一定国际竞争力的综合性证券公司，一批在投资银行业务领域具有竞争优势的大型证券公司和高度专业化的中心证券公司将组成金字塔形的市场结构。

## 三、提高盈利水平是增强证券公司经营流动性的根本保证

### （一）迎接佣金市场化的挑战

就国际经验来看，浮动佣金制的实施一般会导致证券交易手续费用大幅下降，投资者的交易成本也随之走低，从而极大地调动投资者的积极性，激发市场交投活跃、增加

股票交易的总量。以美国为例，从1975年开始实行佣金市场化到1991年的16年时间内，机构投资者及国外投资者的交易量迅速增长，并由此导致证券商佣金收入增长了200%。当然，我国实施浮动佣金制时，股票市场交易量的杠杆作用发挥还需要一段时间的调整。在浮动佣金制正式实施后，除了受停止国有股减持消息刺激，市场成交量在6、7月份有所放大外，其余时间内市场交投十分平淡，而且要注意的是股市的低迷还受到其他众多因素的影响。不是改革必然导致亏损，而是国家对预示的股市风险而选择了改革。

佣金市场化使我国证券市场长期存在的佣金打折现象由暗折转为明扣，券商可以依据自己所提供产品和服务的数量和质量制定相应的佣金策略，促进券商提高服务质量和服务水平，按照适者生存的市场法则去定位其发展目标。但应该看到，我国券商经纪业务还处于同质竞争阶段，服务模式较为单一，高佣金率是券商最重要的一条生命线，在这种情况下，价格战仍是券商应对市场竞争的主要手段。但是，由于佣金下调幅度过大，且缺乏后续配套措施，佣金市场化的实施给券商经纪业务造成巨大的冲击，部分券商特别是中小券商为吸引投资者，扩大市场份额，纷纷举起价格战的大旗，竞相大幅度降低佣金，甚至不惜低价倾销，在某些地区还出现零佣金现象，打乱了正常的竞争秩序，加剧了券商经营业绩的下滑。如果这种无序竞争局面继续维持下去，证券经纪业务的生存环境将进一步恶化，券商的生存将面临非常艰巨

的考验。

佣金市场化导致了券商收入的下降。主要是由于我国券商的收入高度依赖于经纪业务，平均而言，交易佣金对券商营业收入的贡献度为50%以上。佣金市场化改变了券商经纪业务的生存环境，从而迫使券商不断进行业务内容和管理创新，提高市场的运作效率，这一点在2003年表现得尤为明显。如优化营业部结构，严格控制营业部的成本，由规模扩张转向低成本扩张；转变经营模式，由营业部模式转向经纪人制度；树立营销观念，进行营销方式创新；由现场交易为主向非现场交易，特别是网上交易为主转变。

## （二）开拓代办股份转让业务

2003年6月，代办股份转让系统主办券商在20天时间里由6家激增至18家，市场人士为之振奋。预期代办股份转让系统将增加股市交易品种和人气，但时至今，这一系统的交易仍波澜未兴，投资者数量相对年初无明显变化。为进一步激活代办股份转让系统，为券商发展开拓新的空间，建议采取如下措施：

1.提高市场包容性。由于主板市场实行严格核准制，对企业设置了很高的准入门槛，而迟迟未能推出二板市场以科技企业为主，只占中小企业总量的极小部分。两者都无法满足广大中小企业发展的需要。我国近1000万家企业中，中小企业数目众多，作为我国国民经济重要的有生力量，这些中小企业长期被资本市场拒之门外。而中小企业的经营目标灵活，在捕捉市场机遇，具有快速反应优势，正是这种优势，中小企业的增值潜力巨大。广大投资者的投资愿望也相当强烈。因此，股份代办转让系统市场必须牢牢定位于为众多的中小企业提供投融资服务。

2.进行差异化管理。在股份代办转让系统内部还必须依据企业资源的不同，设置多个级别，对处于不同级别的企业给予不同的对待，满足风险喜好层次不同的投资者的需求，以盘活市场。更重要的是不同级别的差异化管理将减少信息不对称而引起的操纵市场行为。在转让交易方面，目前已开始实行分类管理和区别对待，有每周三次或五次的全天集合竞折转让方式，以后将增加连续竞价方式和一次全天集合竞折的转让方式；在融资方面，优秀企业应有增发新股或可转债等多种方式融资，低级别企业也应有挂牌、报价和转让等多种机会；在信息披露监管等方面，对于交易级别高、影响较大的挂牌公司，以主板信息披露为标准，而对于低级别、影响较小的挂牌公司，则强化以自律管理为基础的好人举手制度，建立待遇调整机制，使其自身条件的变化相对应的待遇和机会。

3.试点做市商制度。在股份代办转让系统市场上，由于挂牌的中小企业众多，难免有部分公司股份转让交投不活跃，流动性风险较高，为提高市场流动性，增强对投资者的吸引力，在发展股份代办转让系统市场的过程中，可以适度引入报价驱动机制，即试点实行做市商制度。一方面做市商制度可在市场极端情况下，如在大量抢购或大量抛销时，在一定程度上稳定市场，或是市场缺乏交易对手时，做市商维持一个公平且有序的市场。另一方面，做市商制度可缩小市场买卖价差，增加流动性，引导有效的价格形成机制。做市商制度还可使证券公司投行业务从为自己谋取利益为主转向为投资者提供流动性服务为主。

## （三）创新委托理财业务——管理账户

管理账户是由经纪商或咨询顾问发起并提供一系列咨询服务，通常由专业独立的投资管理人进行管理，并按资产规模的一定比率收取所有费用的一种独立的投资帐户，又称为独立账户、包管账户等。管理账户的实质是让个人投资者以更低的资金规模就可以享受到机构投资者拥有多年的专业服务。

目前，国内证券公司的委托理财业务面向的均是可投资资产规模较大的机构客户，而若借鉴国外管理账户理财的做法，在为客户提供个性化服务的同时，将理财对象扩大至具有一定可投资资产的个人投资者，无疑将大大拓展国内证券公司委托理财的业务空间，具体的操作设想如下：

1.建立投资管理人、营销人员和营业部咨询顾问三方参与和委托理财业务体系。其中投资理财部投资管理人专门负责股票或债券投资组合的构建；投资理财部营销人员和营业部咨询顾问负责向客户推介理财计划，并根据客户的问卷调查及其他具体情况确定客户的资产配置比例及以后资产配置比例的调整；客户查询委托投资的持股组合和财务状况时由营业部咨询顾问负责提供咨询，而其中关于其账户持股情况的咨询可由投资管理人作出解释。

2.投资管理人按不同的投资风格严格分工，提供若干种各具特色的初级产品。根据国外经验和国内证券市场目前的特点，可以提供风险收益特点不同的几个产品，如大市值价值型、大市值成长型、小市值混合型、重组并购型等等。各产品投资组合的构建由相应的投资管理人独立完成。

3.建立专门的投资组合管理系统。在美国管理账户产业的发展过程中，相应的投资组合管理系统和有关应用软件必不可少。正是由于投资组合管理系统将投资管理人发出的大宗交易指令转换成为各账户的小额交易指令，才能使得投资管理人的非个性化操作转变为客户最终拥有的个性化服务。

4.操作流程标准化、规范化。投资理财部营销人员应设计一份尽可能充分反映客户风险承受能力和预期收益等因素的调查问卷，对于新的理财客户，投资理财部营销人员和营业部咨询顾问根据其填写的调查问卷及其他相关信息确定客户的投资目标和资产配置策略。

5.在产品创新上，除了可投资股票、债券的账户外，还可以推出专门投资于基金的基金包管账户。对于风险承受能力低，期望获取市场收益的客户，基金包管账户是一个可行的选择。在运作架构上，这类账户同直接买卖股票债券的账户相同，不过这类账户的投资管理人买卖的是不同风格，不同类型的基金，如成长型、平衡型、价值型、指数型基金等，客户的资产分配在这几类基金中进行。

总之，上市公司的增量以及存量是资本市场的再融资者，它们将面临保荐人的竞相筛选，出现上市公司差别化。同时，证券公司也将受到上市公司诚信危机的冲击，出现差别集团化和市场化特征。随着投资者的选择空间加大，投资者的利益也将得到基本保障。“问渠哪得清如许，为有源头活水来”证券公司惟有创新迎难而上，才能实现新的发展。

# 第三章 证券公司的激励机制创新

众所周知，证券业是资本和知识密集型行业，高风险是其与生俱来的特征。同样，证券公司是资本市场刀口上的跳舞者，如何发挥员工的积极性是证券公司生死存亡的关键所在，而要发挥其积极性，事业激励、感情激励、适当的待遇激励都是不可或缺的。

2003 年 10 月 8 日，中国证监会正式实施《证券公司债券管理暂行办法》后，各证券公司为了争夺发债市场，力争达到发债条件，纷纷进行自我改造，以增强自身的实力。那么如何增强证券公司竞争力？各证券公司首先想到的是激励机制的创新，因为证券业是资本密集型产业，同时也是典型的以人为本，唯才至上的知识产业，只有建立有效的激励机制，才能更好发挥人才的作用，才能增强证券公司的综合竞争力。

## 一、激励机制的内涵与意义

激励机制是各证券公司的法宝，也是一个对于各层面都反响良好的香饽饽，那么什么是激励机制呢？激励机制对于证券公司有何实质意义呢？这些问题都需逐一论述。

### 1. 激励机制的内涵

激励机制是现代企业治理的重要内容，它的核心在于通过物质和精神的手段来激发员工的工作动机与工作热情，从而最大限度地实现企业的经营目标。

从内容上看，激励机制包括物质激励和精神激励，物质激励是用经济的手段调整员工的收入结构来调动员工的工作积极性，包括工资、奖金、福利及股票期权等。精神激励是用经济以外的其他方式，如荣誉、成就、升职和工作培训等来调动员工积极性。在市场经济条件下，经济利益是最大驱动力，随着知识经济的运作，仅有经济利益是远远不够的，还应提升员工的职业归属感和自豪感，还应提高员工的社会地位和政治地位。不过两种手段效果和作用各有侧重，实际应用中应两者结合使用，如对业绩突出的员工给予加薪或其他物质奖励，并同时进行表扬或提职。

从对象看，包括对企业管理层激励和对普通员工的激励，有这样一个例子：有人把管理层比喻羊和狮子，如果管理层是羊，手下的人为狮子的话，在羊的带领下队员都会成为羊;如果管理层是狮子,手下的员工即使是羊也会个个变为狮子。可见管理层对于证券公司的作用何等重要。要发挥管理层的龙头带动作用,首先要对管理人员进行激励,以更好发挥其积极性与创造性。而员工对于企业的作用也非同小可,领导层只是决策者,是舵手,而具体实施者是员工，没有员工的紧密配合,企业的价值无法真正实现。所以对经营管理人员的激励和对普通员工的激励同时同步进行，当然两者业绩贡献肯定不相同，要坚决反对同量进行。

从效果上看,工资、奖金是与员工过去和当前工作成效联系在一起的，是企业对员工工作的肯定和鼓励；而股票期权等激励方式将员工的收益与未来企业经营状况联系起来,两者有机地结合起来,企业才能成为员工的家。员工的命运与企业发展息息相关，才能真正具有长期鞭策和激励的效果。

从目标看，也许各证券公司制定激励机制所预求效果是不尽相同的,但以下几点大体是一致的:如使经营者能安心工作，并是在承担一定的风险前提下进行的；使经营者关注长期效益及持续盈利；能吸引优秀的经营者,经营行为更为清晰、公开、契约条款量化等。这些可谓殊途同归，都在力求使人才与资本绝妙结合。

### 2. 激励机制的意义

激励机制的建立，对于证券公司具有重大意义，因为证券公司是特殊企业群体，是资本市场重要组成部分，资本的高风险性导致证券公司高风险性，只有最大限度挖掘员工的潜力和创造力，才能在激烈的市场竞争中保持不败。

第一，证券业是资本密集型产业,同时也是人才密集型产业,从某种意义讲人才作用更为重要，只有更好整合人与资本的关系，才能提高证券公司的综合竞争力。

第二,证券业在我国起步晚,只有短短十几年，行业整体发展速度快,但合格证券人才相当匮乏,完善激励机制，加大证券人才培养的力度，才能真正解决证券公司的人才紧缺问题。目前,券商经常抱怨“别看投行业务人员多如牛毛，但真正懂业务的寥寥无几。”众多证券公司呼吁要建立专业人才库，建立专业的面向证券行业的猎头公司,用市场化方式配置人力资源。

第三，证券公司业务的特殊性决定企业发展更加依赖于员工智慧和主观能动性。这与生产性企业有很大差距，生产性企业员工操作机器设备生产和销售产品，过程是有形的,效果也是有形的,可以具体到期生产产品的数量与质量。然而证券公司就不同了，证券公司是资本市场重要一环,资本是虚拟无形的,

很难量化到每个员工个人、另外证券市场的高风险性,决策的时间性、前瞻性、超前性,都表明只有建立优越的激励机制才能发挥所有员工的主观能动性。

第四，由于资本市场的迅猛发展，对证券公司作了更高更大更深层次的要求。证券公司的业务范围、业务领域不断拓展,业务创新、制度创新、交易方式创新不断发生,而所有这些都对员工有了更高的要求,新的知识、新的业务需要员工尽快熟悉、尽快应用,需要员工付出多倍的努力和劳动，而动力之源就是在于证券公司建立的激励机制。

第五，人才是证券公司的最大资本。目前由于证券业从业人员流动性过强，证券公司员工缺乏职业归属感和自豪感，只有建立日益完善的激励机制才能吸引人才、留住人才，才能拥有一支强大而有活力的队伍。随着中国加入 WTO,资本市场将进一步开放，外国证券公司大举进入中国市场,竞争是激烈的,竞争也是多内容的,当然,也包括激励机制。只有建立优秀的激励机制才能真正增强自身的竞争力，才能在日益激烈的资本市场搏击中立于不败之地。

## 二、国内外证券公司激励机制现状和不足

"他山之石,可以攻玉"。国内证券公司由于起点低、发展晚、时间短，相比国外证券公司已有近百年历史,运作也日益科学化、规范化,差距是明显的。"知耻而后勇,知不足而后进"，我们不仅要大量吸收国外证券公司经营理念和运作模式，也要参考他们激励机制的设计思路和运作方法。优劣好坏是相对概念,只有通过比较才知道差距,我们通过与国外证券公司的激励机制进行对比，不难发现他们激励机制具有以下特征:(1)激励方式多样化和激励工具多元化。既包括酬金、薪水、奖金、津贴、养老金权益和补偿等直接物质激励,也有表扬、带薪假期、职位晋升,甚至终身聘任合同等奖励,还有多元化金融工具激励,如可转换公司债券、员工互惠基金、公司普通股票、股票期权等。(2)股票期权激励机制。这是发达国家证券公司激励机制最有代表性的。股票期权非常重要，许多西方证券公司,期权收益已成为员工、经理(总裁)报酬的最主要部分。(3)激励目标长期化。股票期权最大优点是将员工的效益与未来企业经营业绩挂钩,只有企业经营得好,企业股票价格上涨，股票期权才能为拥有者带来收益。公司经理人持有大量股票期权,行权期限较长,收益与公司长远持续发展紧密相联，可以避免企业决策者的短期短视行为，可以说是戴在经理人员手上的"金手铐"。

相比之下，我国证券公司激励机制就相形见绌了。虽然建立激励机制在证券公司内部引起了高度重视，但我国的激励机制还显得过于单一，先看一下我国证券公司激励机制的具体手段:(1)工资。它是企业员工劳动收入的主体部分，也是确定奖励和福利待遇的基础。由于证券公司是一个特殊的行业，其工资水平受国家政策约束力较小,可以依据自身情况制定相应工资制度。证券公司的工资水平有两大特点:一是工资水平相对较高,二是工资差距较大。工资水平高成为证券公司吸引留住优秀人才的重要手段，是这一行业对人才本身的素质能力要求高的回报，也是证券公司间人才竞争的结果。证券业飞速发展，较高的盈利水平也为这种高工资提供了保证。工资差别较大的特点是符合证券发展特征的，员工在企业内部的工资水平高低应取决于他所做的工作对企业贡献高低,该员工在岗位上的工作业绩，才是真正决定员工工资高低的衡量标准。只有如此才能激发员工的潜能和热情，才能鼓励员工为企业做更多的贡献，自身也会因此获得更优厚的报酬和待遇。(2)奖金。我国证券公司的奖金发放形式多样,有月奖、季度奖、年终(中)奖,还有实行根据利润提成的奖励办法，证券公司奖金的发放数量主要取决于企业自身的经济效益状况。目前证券公司薪酬结构中,奖金所占比重较大,有的已超过工资。(3)福利。目前证券公司福利分为两种:强制性福利和自愿性福利。证券公司基本上都能按国家或政府的规定为员工办理社会保险等强制性福利,同时,依据证券公司自身情况，关注员工短期收益时,加重对员工长远利益的关注,如对员工提供住房、购买各类保险等。证券公司也应当拉开员工福利水平的差距,对重要员工提供住房、出国学习考察等福利。(4)精神激励。这

也是证券公司激励机制十分重要的一个环节，精神激励方式方法多种多样，如通报表扬、休假疗养、升职升级等。精神激励可能花费不多，但体现更多的是公司对员工的关怀。设计此种奖励需要管理层要设身处地地为员工着想，才能真正起到心灵沟通的作用，发挥应有的激励效果。

其实，我国证券公司激励机制先天不足，同发达国家激励机制激励方式相比存在很明显的不足：

（1）重物质激励、轻精神激励。证券从业人员多为 30 岁左右的青年人，工作主要目的养家糊口、购房买车，他们主要关注眼前利益，故证券公司的激励多以物质激励为主。同时，证券业发展变化太快，企业前途不明朗，经营也具有高风险性，员工的地位也不确定，因此，员工更加注重现实的、摸得着、看得见的利益。这样弊端是很明显的：证券公司文化氛围不强；企业缺乏凝聚力；员工注重的是金钱的多少，难免为了一己私利损害公司利益，如“庄托”、“老鼠仓”等；另外证券公司员工的择业标准既然是收入，只要其他公司给更多的钱，就可以带着业务和客户投入到新的公司，加重了证券公司人才的不正当竞争，严重影响证券公司的运营。

（2）重短期激励，轻长期激励。目前，国内证券公司尚未建立股票期权制度，激励机制的主要手段是薪酬激励，只能将员工目前贡献同收入水平挂钩，无法保证员工利益与公司长期发展目标一致，造成企业发展缺乏持续发展的动力。一些

证券公司为了留住员工，在公司薄利的情况下，仍要拿出大量的资金发给员工，削弱了证券公司竞争实力。

（3）激励制度不够规范，主观人为因素较大。有的证券公司为了提高公司的管理水平，决定实施绩效考评，并采用浮动工资制，不过由于绩效考评指标大多是主观指标，如“工作态度”，“工作能力”等，无法客观衡量，考评非常艰难，效果不佳，最后只好放弃改革。证券公司的奖金数量人为决定，一些人认为自己工资低、奖金少，更多人认为工资结构有失公平，不信任公司的报酬制度，不认同报酬、绩效间联系，这样难免会导致员工流失。

（4）对员工培训不够，不能将培训开发作为一项重要的激励手段。虽然证券公司制定了培训制度和培训计划，不过培训开发激励机制还是严重滞后，在实行保荐人制度后证券公司的竞争会更加激烈，证券员工都应该掌握新的知识，熟悉新业务，而这些都离不开培训。因此，积极地开展培训工作，是一项真正提高证券公司的综合竞争力的有效措施。

## 三、证券公司激励机制创新的具体策略

企业由于自身的发展不同，不可能激励机制都一样，只有依据自身的实力、定位等实际情况，才能真正建立科学有效的激励机制，才能真正发挥自身人力资源的最大优势。因此，我们应该鼓励激励机制创新，有一些新的激励措施，可以值得借鉴。

### 1. 证券公司实施股票期权激励机制

股票期权是一种交易方式，指交易双方有权按约定的价格在特定的时间交易一定数量的某种股票。股票期权机制是发达国家证券公司最主要的激励手段，而我国还没有形成真正的股票期权制度，这也是

我国证券公司与发达国家证券公司激励机制的最大差距所在。原因在于：（1）激烈的市场竞争和证券市场的不断完善，使证券行业告别暴利时代，传统的大规模薪酬激励方式严重削弱证券公司的实力，证券公司迫切希望引进低成本的股票期权激励方式。（2）股票期权会带来经营管理人员与企业长期利益的高度一致性，将有利于提高证券公司的经营管理水平。股票期权制度使经营者利益最大化真正同企业的效益挂钩，经营人员可以从企业业绩改善中得到大量收入，可以更好地调动经营管理者的积极性。同时由于证券行业的业务风险较大，证券市场变幻莫测，许多的经营决策和经营活动都对证券公司的发展产生极大的影响，这些都必须依赖于经营管理人员高度的责任心和正确的经营决策。（3）股票期权制有利于证券公司吸引和留住人才。股票期权为人才提供了很大的想像空间，使高素质人才看到证券公司盈利的同时也能够为自身带来高效益的回报，可以吸引更多的优秀人才。另外，由于股票期权行权期比较长，这期间股票期权受益人的利益是无法兑现的，如此安排，一定程度上保证证券公司人员和经营的稳定性，保证证券公司长期、持续地稳定发展。

由此可见，建立股票期权激励机制对于我国证券公司的重要性，然而由于我国证券市场存在诸多问题，建立证券公司股票期权激励方式还有如下障碍：（1）到2003年底，我国证券公司仅有中信、宏源两家上市。股票期权收益是股票市价与行权价的差价，只有公司股票上市后才可能有股票期权，同时也只有期权受益人拿到的是可以上市流通的股票，其收益才能得以保证。（2）推行股票期权还存在制度障碍。我国现行《公司法》和《证券法》的一些规定制约了股票期权制的推行。要在我国证券公司推行国际盛行的股票期权激励机制，需要对现行法律法规的有关规定做必要调整和修改。（3）不规范的公司治理结构。我国企业缺乏健全的法人治理结构，企业的自主经营权一定程度上受到制约，企业的管理人员，缺乏真正有效的激励机制很难发挥其主动性、创造性，加上企业管理人员缺乏有效的监督机制制约，弄虚作假、贪污受贿，虽不是必然的，但也绝不是偶然的，使股票期权的激励目的很难实现。（4）没有与股票期权相匹配的股市环境。我国证券市场处于资本市场发展的初级阶段，受人为因素和政策因素影响较大，投资者往往处于非理性状态，一些努力经营企业的管理者即使把自己搞好，股票价格也未见多大起色，其期权收益也难以达到；而一些管理者则可以通过几个概念，或搞重组为内容的资本运作，反而赚得更多，这样实行股票期权也不能起到真正的激励作用。

随着中国加入WTO后，国际投资银行、资产管理业巨头进入国内市场，中国国内证券公司实施股权激励的措施与条件已趋成熟，如佣金制度改革，保荐人制度的正式实施，使得证券业不再是垄断性行业，在该行业建立股权激励制度已经完全具备实施的基本条件。证券业人才流动性不断提高，职业经理人市场逐渐形成，股权就会如同磁铁吸引钉子一样吸引人才。民营资本在党的十六大指引下进入证券业，证券公司实施经营层持股外部环境较为宽松，可谓万事俱备。另外，实践证明，股权激励机制是国际流行的一种科学有效的激励方式，这种方式不仅有利于激发员工积极性，保持创新活力，而且可以相对降低国有股和法人股在股权结构中的比重，促使股权主体多元化，从而进一步完善公司治理结构。

### 2. 薪酬制度激励机制

在证券公司中，管理层及技术精英主动性的发挥制约公司发展的方向，关系到公司的生死存亡，因此有必要建立科学有效的激励机制来调动管理层及技术精英的积极性，充分发挥其龙头作用。可以说，实行薪酬制度就是这方面的一大创新，不过建立这一制度，要破除体制的限制，以实现股东利益最大化为出发点，合理界定管理层与技术精英的劳动和报酬，做到既保证股东和普通员工满意又能有效激励高管发挥积极性。证券公司的薪酬制度，包括高管年薪制以及技术精英的特别薪酬制。

高管年薪制。它本身既有激励作用，又有约束作用。对证券公司而言，年薪制的激励对象是董事和经理层人员。以董事长为首的董事会主要负责资产的保值增值，以总经理为首的经理层主要负责利润的增长，所以，董事的年薪主要根据净资产变动指标来确定，经理人员的年薪主要根据利润变动指标来确定。不过，由于年薪制是以一个生产经营周期，即以年度为单位确定经营者报酬的收入分配制度，容易使经营者在任期内采取短期化措施，以获取高额报酬。同时年薪制的业绩指标容易受到宏观经济波动、市场环境等不可控制因素的影响，造成经营者报酬计算的偏差。另外，高管的年薪、津贴和奖金都是以现金方式发放，年薪与津贴按规定应列入企业成本，奖金则从税后利润中支取，这相应降低了企业资产利润率和股东权益。年薪制必须建立在对经营者经营绩效科学核定和严格考评基础上，坚持先考核后兑现，高管层应切实承担起对企业资产保值增值的责任，维护企业和所有者权益。

技术精英特别薪酬制度。从事研发任务的证券研究员以及投行业务中的保荐代表人都可谓证券公司不可多得的人才。前者的准确分析关系到证券公司的声誉、品牌等长期利益；后者是保荐人制度中的主要承办人，直接关系到投行业务的利润，这两者都是真正的技术精英。但是证券从业人员中的这些技术精英却缺乏行业的职业归属感和自豪感。因此证券公司有必要设立巨额奖金，实行技术精英特别薪酬制度，奖励业绩突出的技术精英。

### 3. 人事制度不断创新

证券公司竞争的核心是服务的竞争，而能够提供高质量服务，不断进行服务创新的保障是每家证券公司高素质的人才。要激励人才的主动性、创造性、就必须从各个方面进行激励机制的创新，人事管理制度创新也是不可或缺的一方面，具体来说：（1）在选人环节要强化开放性，坚持“为有源头活水来”。注意源源不断地补充新生力量、新鲜血液。证券行业这一领域，竞争激烈、业务领域内容更新速度快，要求证券公司敞开大门，招贤纳士。（2）用人环节要强化流动性，广泛流动的才是真正稳定的。加强交流不仅是培养人才的有效途径，也是调动员工积极性，提高工作效率和质量的有效措施。加强岗位间交流，避免形成一潭死水，影响员工的工作积极性从而产生疲沓、应付情绪。（3）管人环节要强化激励性。证券行业是个朝阳行业，是一个需要激情的行业，只有激情才能有不断创新的原动力。证券公司要科学地实施人本管理，充分调动员工的积极性、创造性，实现人尽其才的目的，建立完整的留人机制和淘汰制度，真正达到有利于启用人才、留住人才的目的。（4）员工培训环节要强化系统性。入世后，国际资本进入，国内市场发展日新月异，证券公司必须建立健全后续员工教育及再培训机制，不断完成知识更新，扩大员工视野。（5）在考核环节要强化科学性。对员工的考核不能仅仅局限于业务的考核上，要根据不同部门、不同岗位特点，以“跳起来能摘到桃子”为原则，制定涉及到业务水平、思想道德、精神面貌等多方面的激励奖惩办法，这样既可以增强奖罚的时效性和激励作用，又能为今后对员工的综合评价提供最客观、最有说明力的依据，真正增强考核工作的科学性、实效性。

因此，证券公司建立激励机制要有创新，同时要根据自身特点建立有特色的激励机制，要把短期激励与中长期激励有机结合起来，综合运用年薪制，股票期权、人事管理创新等方式，形成最有效的激励体系。惟有如此才能增强证券公司实力，才能增强员工的积极性与创造力，进而促进中国证券公司的健康规范发展。

# 第四章

# 证券商综合理财业务的路径选择

2003年5月27日,《企业国有资产监督管理暂行条例》的颁布,表明在国有资产管理上,将建立中央政府与地方政府分别代表国家履行出资人职责,享有所有者权益,权利、义务和责任相统一,管资产与管人、管事相结合的国有资产管理体制。据预测在未来的两至三年内,将有数万亿的地方国资管理机构进行大规模改革,改革的复杂性促使政府产生对综合理财业务的庞大需求,地方政府从专业性和独立性方面均需考虑聘请财务顾问。同时,大规模改革将带来史无前例的庞大的资本流动市场,这必将对综合理财业务有着巨大的需求。因此,面对国资管理体制改革的新机遇,面对政府财务顾问这块市场大蛋糕,证券商选择何种进军路径已成为亟待探索的命题。

## 一、固守"通道"业务是造成国内券商与国外券商综合理财业务差距的重要原因

在西方国家,一些著名的投资银行早就开展过政府综合理财业务并获得巨额收益。如以并购业务闻名的高盛公司,凭借其在通讯、电信等基础设施产业重组方面的专业优势,自20世纪80年代末开始担任德国政府的财务顾问,协助政府设计电信市场开放的总体方案,至1997年,德意志电信公司成功上市,并筹集资金超过130亿美元。2002年,高盛公司综合理财服务收入高达14.99亿美元,这大大超过其承销收入13.31亿美元。美林证券2002年的综合理财收入也有7.03亿美元。而就在同一年,国内券商的收入不仅绝对数量少,而且与公司总收入的比重也极小,如业务量最大的国泰君安也只有1 000万元,相对公司总收入12.69亿元,所占比例尚不足一个百分点。

《上市公司收购管理办法》规定,上市公司的收购、兼并、管理层收购、职工持股收购、要约收购等,必须聘请财务顾问,并进行相关信息披露。对涉及上市公司重大资产重组、股权转让过户手续,证监会也规定必须经

过有主承销资格的券商提供相关服务。我国法律对上市并购、资产重组的要求，构成了券商综合理财业务中的“通道业务”，即以目标公司搜寻、价格谈判、支付方式、重组计划、手续报批、股权过户等为内容的一系列服务。这样的服务内容，一旦不能满足企业对综合理财服务全方位、系统、连续过程的需求，在仅为客户提供单项服务情况下，券商就可能极为注重项目企业带来短期效益，这个短期的效益，只有在未来才能得到验证。利益和目标的不一致，很难排除任何一方的短期行为。另一方面在“通道”综合理财业务的限制下，券商的综合理财业务服务技术水平、专业性服务特色都难以得到创新。如在企业价值评估这一过程中，国内券商定价手段相对简单，主要以上市公司账面或经评估的净资产为基础，再综合考虑企业盈利状况、二级市场走势等，技术含量低;而在国外类似交易服务中，证券商会针对不同情况，采用折现现金流模型、相对价值评估模型、期权定价模型等评估资产、目标公司价值，为客户提供套利机会。另外，结合券商综合理财业务的定位，不难看出，目前，国内券商的“通道”业务的业绩低下，被西方证券公司一直奉为金奶牛业务的重要盈利活动的综合理财业务并未给国内券商带来高收入。“通道”业务的突破是提升我国投行业务质量与效益的关键所在。

## 二、拓展综合理财业务范围

服务范围的拓展可以为证券商的综合理财业务带来外延式扩张，包括增加对非上市公司如地方政府、民营企业的综合理财服务，以及上市公司的并购、重组综合理财服务的拓展。

### （一） 拓展非上市公司综合理财业务范围

非上市公司的并购、重组活动，是券商服务范围拓展的一个重要领域。从并购市场的交易额、业务量看，非上市公司远远超过上市公司，因此为非上市公司提供综合理财服务是券商业务的重要增长点。

#### 1. 协助地方政府制定国资改革方案

从目前国资改革的情况来看，中国地方政府的“进退”主要体现在:（1）地方政府之间为发展本地经济，在招商制度方面存在日益明显的竞争关系，故地方政府一般会积极采取各种优惠政策来吸引外来资本、人员，必要时可能会进入某些领域，获得更多的资源;（2）地方政府也在退出一些领域，主要是一些竞争激烈适合民营企业运作的领域，退出的方式有很多种。因此，要成为合格的财务顾问，就必须对这两方面的进退有全面、细致的了解，密切关注其进退的内容、方式、顺序，并站在国家利益的角度，来协助地方政府选择进退的方向、时机和方式，进行周密、科学、可操作性强的国资改革方案。“想政府之所想，急政府之所急”，一方面帮助地方政府对重点持股的企业进行微观改造，包括公司制改革和现代企业制度改造，以及对股权经营代表等人才进行培训，并在一些大型国有控股企业的出售、重组等方面提供咨询服务。另一方面是宏观层面服务，包括协助地方政府制定区内国有经济产业布局的优化方案，产业结构调整和产业整合计划。协助地方政府制定盘活区内国有资产存量的方案，发展区域内行业和跨行业跨地域的重组等。

2. 协助民营企业开展战略并购业务

在地方国资改革的背景下，民营资本购并、参股国企得到各级政府的鼓励和欢迎，并且得到优惠政策的支持。同时，民营资本也在这个急剧放大的资本市场上，从多角度寻找合适的投资对象，民营企业之间以及民营企业海外并购活动也日渐增多。民营企业并购在中国新一轮的并购浪潮中，成为一个举足轻重的角色，存在着巨大的潜在市场。

在上述市场形势下，证券公司可协助民营企业开展战略并购业务，进而拓展自己综合理财业务服务范围。券商综合理财业务的实质是协助企业进行详尽的行业分析，制定公司战略、设计公司的扩张计划，进行购并目标的搜集和确定、对目标进行尽职调查，设计并购方案、参与谈判、设计支付方式、协助获得政府审批以及协助进行并购后的公司整合，以实现公司并购战略目标和并购后的规模协同效应。地方国资改革加速后，与民营企业并购重组有关的综合理财业务量必然大幅增加，操作速度也将加快，证券公司的财务顾问价值将在市场操作中不断得到认可和提升。

3. 参与多种形式的企业重组项目

企业重组活动往往同兼并收购业务相互联系、互为因果。它存在着多种形式：如企业剥离、分离、分立、破产等。企业经过重组，包括吸引外资和民营资本，完善产权结构，实现做强做大。证券公司可以发挥资本市场运作优势，协助重组企业引入实力雄厚的战略投资者和产品合作方，提升企业的总体经济实力。而且，券商如果能够通过专业化、个体化的定价能力、渠道优势、资本运作经验为企业提供相关服务，包括企业战略规划、股权结构设计、股权定价、改制辅导、并购、融资和资产重组等方面的服务，其本身也在这一过程中创造了价值，实现综合理财业务的效益。

4. 不良资产证券化

目前，我国证券、银行、保险、信托等是分业经营，限制了券商作为购买者参与商业银行不良资产证券化处置。这促使券商依靠自身具有的专业、技术优势，开展为不良资产的买卖双方提供综合理财服务。即通过对不良资产的组织、业务、人员、服务等重整，逐步改革，提高资产质量，并进行重新包装出售这一系列的运作，实现对不良资产证券化。

美林、高盛等国际著名投资银行开展不良资产证券化业务并取得了可观的收入，这给发展的中国证券业带来巨大的示范效应。不良资产证券化，如摩根士丹利就在2001年购得了华融资产管理公司招标的108亿元资产包，并与之组建了处理不良资产的合资资产管理公司，专门从事不良资产投资。2003年，花旗接手中行18亿美元不良资产，此举预示着新一轮不良资产处置高峰即将到来。券商综合理财业务从此方面入手，也可分享不良资产证券化带来的巨大市场。

5. 发展并购卖方综合理财业务

随着我国并购市场的发展和成熟，开展卖方综合理财业务的时机已经逐渐成熟。首先，随着我国国资改革的深化，国资退出加速，造成并购市场的卖方大量增加，而由民营企业、外资、自然人、企业管理层等构成的买方购买力并未同时发生大幅的扩张。相比之下，买方比较稀缺，卖方需要借助券商的专业服务寻找买方，进行合理的包装和推介，以及把握谈判过程，以寻求获得较高的价格。其次，出售资产的卖方对收购方的资质要求提高，招商引资成为转让国有资产的目的。卖方对财务顾问有需求，同时大多数卖方也有聘请财务顾问的经济实力。因此，券商可发展并购卖方的综合理财业务。在此过程中，券商需要对待出售企业进行认真细致的评估，深入挖掘企业的价值，作出科学的估价，并且成功地将其出售出去。同时，还可以通过支付渠道的设计，使综合理财的费用收取更有保障。

## （二）拓展上市公司的综合理财业务范围

根据沪深交易所资料统计，2003年1至6月，共有36家公司在国内发行上市，比上年同期减少了33家。这显示出证券市场对资源的重新配置功能已逐渐凸显，我国上市公司并购数量大幅增加，对国内券商综合理财业务也提出了新的要求和开辟了新的空间。

1. 为要约收购提供顾问服务

2003年7月，《关于要约收购涉及的被收购公司股票上市交易条件有关问题的通知》、《上市公司收购登记结算业务指南》、《上市公司要约收购业务指南》等一系列法规规章相继颁布实施，我国证券市场要约收购法规体系已初步形成。2003 年 4 月，南钢联合因持有南钢股份的股票超过南钢股份总股本的 3%，触发了要约收购，开创了我国要约收购的先河。随后，又出现了成商集团和江淮动力的要约收购。从交易形式和内容看，后两起要约收购都是以协议方式进行并履行法定的程序，并没有美国甲骨文要约收购仁科公司这样具有战略意义和真实收购意图。从市场发展来看，上市公司的要约收购业务还有较大的创新空间，例如通过合理的价格安排，对股份分散的公司实行敌意收购。事实上，在国外，要约收购是敌意收购的一种重要途径；在我国，要约收购对于保护中小股东利益意义重大。这也对券商的综合理财业务提出更新要求。

### 2. 为敌意收购出谋划策

在国外上市公司股票全流通市场上，敌意收购得到广泛运用。例如 2004 年初美国市场上，媒体娱乐业巨头康卡斯特就向老牌动画王国迪斯尼发动了恶意收购、收购标的高达 600 亿美元。而在我国，由于上市公司股权集中度较高，如在 2001 年，股票全流通的上市公司只有 5 家，因此在我国证券市场上进行敌意收购的难度较大。目前，国内也出现了个别敌意收购的案例，如宝安实业收购延中实业，上海高清举牌北大方正，广州通百惠争夺胜利股份控制权等。随着证券市场的不断发展完善，股权结构的合理调整，上市公司的股票流通的比例会日益增大，敌意收购作为外部机构投资者监督、约束大股东的一种机制，将会逐渐增多。这无疑为券商综合理财业务提供了新的空间，在券商们极具专业经验的指导下，一些股权分散、具有市场竞争力的公司有可能成为敌意并购对象。

### 3. 开拓收购防御新业务

收购防御与恶意收购是一枚硬币的两面，证券公司既可站在这一面，也可站在那一面。收购防御针对敌意收购进行的反收购行为，是券商协助目标公司综合运用公司法律、税收制度、财务以及业务调整等多种手段，来维护目标公司控制权的有效手段，属于一种难度相对较高的专业服务。在国外证券市场上，目标公司在财务顾问的帮助下，制定“金降落伞”、“毒丸战术”、“白衣骑士”、“董事会修正案”等一系列战术，反击敌意收购，防止控制权旁落他人。随着我国敌意收购的发展，收购防御的作用不容忽视，不仅可以以最快的速度优化目标公司的资源配置，而且避免了上市公司的无序收购，降低运作成本。另一方面也提高券商的整体实力，拓宽券商的财务领域。

### 4. 积极参与反向收购活动

反向收购是指企业并购中，收购方利用出售资产的方式，获得被收购方的现金，并利用这全部或部分现金支付收购价款的行为。在反收购行为中，收购方的意图主要是收购目标公司一定股权并达到控制管理该公司之目的。它并不需要支付大量的现金，而是通过出售资产给目标公司以获得现金流。同时被收购方及其控股股东单位从战略和产业调整角度上考虑，也愿意被收购。且被收购方一般具有良好的现金流，但主业亟待转移，这正好为业务发展迅速但缺乏融资平台的收购公司提供进一步扩张的机会。反向收购现已被大量地运用到民营企业海外借壳上市中。例如：江苏滨海东豪复合材料有限公司通过反向收购，实现在加拿大创业板上市；民营企业托普软件、新太科技等也曾利用反向收购上市。随着该项业务的发展，券商在反向收购综合理财业务领域大有作为。

### 5. 为杠杆收购提供融资服务

杠杆收购是通过大量的债务融资，提高财务杠杆比率，收购目标公司。它是利用借贷所融资本购买其所收购公司的股份，从而改变公司所有者结构，控制权结构和资产结构，使企业的原经营者变成企业所有者的一种收购行为。管理层收购（MBO）也是杠杆收购的一种形式。在《上市公司收购管理办法》中明确地界定和确认了管理层收购（MBO）的行为。党的十六大报告关于国有资产处置的决定以及确立劳动、资本、技术、管理等生产要素按贡献参与分配的原则，为大规模的产权制度改革打开了绿灯。而 MBO 作为产权制度改革的一种有效手段，其实施范围必将越来越广。管理层出于对自身利益的追求，也纷纷采用股权信托、间接收购、以及对子公司 MBO 等变相 MBO。财务顾问是引导杠杆收购顺利实施的关键，券商通过设置合理的资本结构，综合利用债务融资、权益融资和混合融资工具，使收购者能够融资实施并购。随着中国金融制度改革，可转换债券，信托融资等新的并购融资方式相继出现，国内券商的综合理财业务有望在并购融资项目相关方面参与并顺利实施。

## 三、创新综合理财业务内容

随着目前颇受争议的股票发行“通道制”的逐渐取消，和保荐人制度逐步实施，券商“通道”业务限制正被解禁，同时意味着对券商综合理财业务提出了更高的要求，并增加更多的连带责任。券商进行并购业务的创新，需要在技术水平、专业性方面树立自身服务的特色和差异化竞争能力。

### 1.“一揽子”型综合理财业务服务

“一揽子” 服务是一个新型综合理财业务服务方式，系指一家券商为其服务对象提供全方位、深入、长期的服务，以尽可能地满足企业的各种需要。券商只有参与到企业发展战略的形成之中，牢牢把握住企业的战略思想，在企业内部环境和外部环境的互动中不断发现该企业对投行服务的新的需求，才能通过自己创新的优质服务使该企业的市值得到切实的增长，使企业的时间、人力、物力和财力大大节省。在实现企业超常规发展的同时带动券商的业务持续创新。

在实际操作中，应针对非上市公司和上市公司的不同特点，总结出不同的实施方案。券商将承销、研发、理财和管理咨询四大业务整合在一起，包括上市前的改制、融资、辅导和上市承销及上市后的增发、配股、战略调整、资产重组、资产管理、市场策划、管理咨询、国有股减持、人事制度改革、薪酬机制建立等内容。从全面和战略的高度上审视企业的发展，把握市场机遇。

### 2. 提出准确的股票、资产价值评估报告

在协议转让中，股票、资产定价的基础是企业价值评估。对股票、资产合理估价，是并购双方进行转让价格谈判的基础，也是综合理财业务的核心和关键。在股票、资产定价过程中，国内券商可以根据自身的专业经验，并结合对客户所在行业、竞争对手、预期经营状况、现金流等综合判断，独立提出股票、资产价值评估报告，为客户并购、重组决策提供更多参考，而不应该再停留在目前技术难度相对较小的净资产评估和账面评估上。

### 3. 为并购双方提供多种可行的融资工具

不同的债务融资、权益融资及混合融资工具的选择，会对债权人、股东、企业经营者等各方带来多重的影响，进而改变企业控制权、治理结构等深层次要件。因此，融资工具的选择成为券商综合理财业务的重要内容。只有在现有政策许可范围内，利用公司债券、定向增发、吸收合并、信托融资等，对所参与项目的风险揭示、现金流、经营状况作出有力判断，以此为上市公司并购、重组提供多种的融资工具选择，优化其资本结构，体现出企业综合理财业务的专业性、技巧性服务水平。

### 4. 为企业提供高效率的并购后重整方案

企业并购后的重整状况，是值得券商们继续关注的内容。针对并购、重组后股东价值是否有所提高，主要原因就是看其是否有高效率的整合。关注并购后整合，是国内券商业务内容的主动延伸，为客户提供并购后组织、人员、业务、财务、流程、企业文化等全方位的咨询意见。如现有一些民营中介机构提出的“监理咨询加投资银行”的理念，就是在很大程度上推动了企业并购的成功

率，以极大的耐心和恒心去推动公司的全面管理升级和产业能力再造，实现业务内容的创新和深化。

## 四、优化内部组织结构，发挥综合理财业务优势

证券商在进行综合理财业务拓展，业务内容创新的同时，需要进行相应的内部组织结构优化，以保障自身市场化能力，发挥出综合优势，为企业提供更专业化、综合化、复杂性服务，为客户创造价值，同时实现服务的价值增值。

首先，结合券商综合理财业务的财务顾问定位，并购重组业务已成为主流，在券商的业务构成中越来越重要。券商可考虑在适当的时候成立独立于投行部的并购重组部。虽然承销与并购重组具有一些内在业务联系，例如企业上市改制本身就涉及到企业内部重组，而企业进行分离、分立、剥离等重组过程中，也存在一些上市承销的业务机会，但从业务内容、服务对象、竞争对手等方面看，二者存在显著差异。因此，国内主要券商的承销、综合理财业务出现分设的趋势，例如国泰君安、银河、海通等券商都成立了独立于投行部的并购重组部门。

其次，建立业务专业团队，提供强大的技术、研究力量支撑。目前，针对并购、重组的专项研究，券商没有专门的岗位和部门，尤其缺乏综合理财的创新业务研究。这种状况影响了券商综合理财业务，尤其是面对非上市公司的“非通道”业务的开展，以及应对即将实施的保荐人制度。因此，我国的券商可以考虑建立一支有多专业背景、多种技能组成的专业团队，包括金融、管理、财务、法律等方面的专家，以提供宏观环境、行业、公司等多层次的研究支持。没有强大的技术、研究支持，券商综合理财业务的创新就无从谈起。目前，国内券商的研究部门大多设立宏观研究部、行业研究部、公司研究部、金融工程研究部等，综合性券商的研究部门人数通常在 50 人以上，所拥有人才绝对数量、研究硬件优势都是综合理财专业中介难以企及的，但由于内部缺乏针对并购、重组专项研究的岗位和部门，尤其缺乏创新综合理财业务的研究，相对来说，国内券商研究部门并不占优势。许多的现状都要求券商进行相应的组织调整，以发展并购重组业务内容的创新和扩充，最终成为综合理财业务的主角。

中共十六届三中全会通过了《中共中央关于完善社会主义市场经济体制若干问题的决定》，为中国资本市场的改革发展与创新实践指明了重要方向，推动了中国并购高潮的来临，为综合理财业务提供了广阔的发展空间。国内券商作为资本市场重要的参与者，将进入全面发展的新阶段。拓宽综合理财业务范围，创新和深化业务内容，成为券商新阶段的重要业务渠道。

# 第五章 开创证券公司盈利模式的新思路

面对我国市场正在转轨的新形势，以及加入WTO后国外证券公司的竞争，我国券商如何适应市场需要，摆脱对经纪业务的过度依赖，开创盈利模式的新思路是全行业共同关注的问题。

对于券商盈利模式，理论界还没有统一的定义和通用的模型。西方学者试图运用管理学工具、通过具体的案例对企业盈利模式进行统计性的描述。例如美国美智管理咨询公司的副总裁亚德里安·J·斯莱沃斯基和大卫·J·莫里森等人在1999年合著的《利润模式》一书，提供了30多种改变各行各业竞争态势的模式，通过了解各行业竞争的变化，迅速改变企业经营方式达到新的利润模式。如"无利润"、"趋同"、"中间陷落"等模型，及对应的"利润复归"、"反趋同"、"价值链"等模型。2002年，亚德里安·J·斯莱沃斯基又写作了《赢利艺术》一书，总结了最近这些模式的主要商业案例，并列出实现高额利润的23种模式。虽然以上并非针对券商的探讨，但对于券商盈利模式的构建和改善都有非常重要的借鉴作用。

近来，我国证券公司数量和规模不断上升，但国内证券公司的盈利模式都基本相同。业务结构雷同的症结日益明显，而且对经纪和自营业务过于依赖，在市场低迷的情况下，导致了2001年以来证券行业全行业亏损的局面。所以，我国券商应根据市场需要，摆脱对经纪业务的过度依赖，积极学习国外券商的优秀经营模式，全面重构新盈利模式。本文从实证分析的角度为券商盈利模式的选择提供一个思路。

## 一、券商盈利模式的外部环境

基于国家对入世后资本市场的重视以及《国务院关于推进资本市场改革开放和投资发展的若干意见》(以下简称《意见》)的出台，让证券商迎来了春天，同时面对全球化的证券市场，券商又面临着巨大的压力。

### 1.《意见》的出台让券商迎来了春天

《意见》的出台将大大推动资本市场规模的扩大和市场结构的完善，从而为券商发展提供了广阔的发展空间，增加了券商的融资渠道；鼓励市场创新、扶优限劣等政策倾向，也为券商提供了新的发展契机。

### 2. 证券业的突变给券商带来了巨大的挑战

证券业的突变给券商的生存带来了挑

战。佣金自由化、外资进入、银证混业经营和证券公司进入门槛的敞开等使证券业已经完全告别过去的计划时代，开始进入市场自由竞争时代，券商的政策性生存走向终结。突出表现为两大转变，即从投机市场到投资市场的转变和以散户为主向机构主导的转变。

### 3. 对外开放对我国券商的生存造成前所未有的压力

加入 WTO 后中国在证券市场开放方面的承诺包括两个方面，即证券业市场准入原则和国民待遇原则。中国政府承诺，入世之初，外资可以合资的形式进入中国证券市场，合资公司中持股达 33%，并在 3 年内逐步达到 49%；国民待遇原则，WTO 要求缔约方除非另有规定，否则应给予外国投资者在投资品种、投资数量、投资比例等方面与本国相同的待遇。

证券业开放与证券市场的开放是两个本质完全不同的概念。证券市场的开放属资本项目范畴，归国际基金组织管辖。国内证券市场的开放会在政府的调控下有条件地稳步进行，与世贸组织并无直接的联系。而证券业的开放则要完全遵循世贸有关对等原则和国民待遇原则向国外同业开放。开放的进程虽有一定的过程，但服务行业中这个时间表是较短的，金融行业基本上是 3–5 年，这就意味着在不到 5 年的时间里，我国将遵守世贸组织服务贸易总协定（GATS）原则指导下的《金融服务贸易协议》，全面开放金融证券服务市场。

我国券商在资本实力和经营能力上与国外证券商还有很大差距，中国券商如果在最近的两三年内不增强自己的实力，向国际标准看齐的话，5 年之内就可能在激烈的竞争中处于十分被动的局面。这也是我国券商在完善和改革盈利模式时需要考虑的问题。

## 二、我国券商盈利模式的现状及发展方向

我国券商旧的盈利模式早已适应不了现今券商的生存环境，制度的变迁势必改变旧的盈利模式方向。

### 1. 漏洞百出的盈利现状

(1) 经纪业务依然是券商收入结构中的重要部分。佣金收入和保证金利息收入是券商盈利的主要来源，但数据显示佣金收入的比例与盈利情况成反比。佣金收入比例过高的，比如超过 70%，受市场低迷状况的冲击就比较大，发生亏损就大；而比例小的券商更易盈利，如中金比例最小，盈利最大，中信比例次之，约为 30%，盈利也次之，中小盈利券商比例接近 50%，盈利再次之。

(2)自营业务是券商最大的经营风险。亏损券商自营业务收入上得到的亏损比总收入还多，算术平均值达到 –128.96%，是他们 2003 年上半年亏损的根本原因。

(3)投行业务和咨询业务空间拓展有限。投行业务是券商收入中比较稳定的一块，但行业平均值仅为 5% 左右，盈利券商和亏损券商也大多为 5%左右。而中金就靠投行业务获得了行业利润排名的第一，这说明对大

多数券商而言，投行业务还有很大的拓展空间。同时，在券商的收入结构中，其他收入基本上是投资咨询业务，该业务成为券商利润的新增长点，虽然不能成为券商盈利的决定性力量，但拓展投行与咨询业务对券商提升收入有很大帮助。

通过对券商现状的分析，我们可以看出券商盈利模式在发生转型，即从过去以主动投资为主、依靠稳定佣金收入的盈利模式正转变为以提供专业服务为主、控制风险的新阶段。

### 2. 盈利模式的发展方向

目前，我国证券市场的变革主要体现在产品创新速度的加快、投资理念的转型、监管手段的改变、行业竞争的加剧，尤其是随着证券业的对外开放和 QFII 的实施，外资券商和投资机构的进入等。正是这种剧烈变革才使券商面对 2003 年以来的市场走势措手不及。新的政策、新的投资机会、新的机构投资者、新的价值评估体系……传统的投资思路、经营方法、盈利模式在变幻莫测的市场面前黯然失色。

美国券商在佣金改革后的发展历程告诉我们，虽然改革后在短期内会对券商的经营产生很大的冲击，但从长期来看，正是这种制度变迁打破券商的“金饭碗”，导致券商改变原有的保守经营方式，开展方式创新业务，均衡业务结构，发展特色业务，形成了目前的盈利模式。不仅提高了美国券商抵御市场风险的能力，客观上也促进了美国证券市场创新业务的发展，如企业并购、理财顾问等。我国券商面临的既是挑战也是机遇，必须及时转变固有的盈利模式，抓住制度变迁后的市场空间。

## 三、开创券商的新盈利模式

国内券商在市场转型时期，出现了“无利润”、“趋同”和“中间陷落”的情形，各类券商也因此采取措施应对经营困境。通过实证分析可以看出，一些大型综合类券商通过“利润复归”和“反趋同”策略，在很大程度上克服了市场困境，依然保持较高的盈利。一些中小券商部分采取了“利润复归”策略并利用“中间陷落”的两极惯性作用，获得一定盈利。而亏损券商基本没有采用管理学的对应策略，仍然以原先的经营方法面对转型的市场，结果遭到失败。

### 1. “利润复归”新标准

“无利润”是由经济压力的新水平造成，行业中充斥雷同的企业设计，他们的传统利润支持系统，或者支柱，不再是有效地支持行业的参与者。必须重新设计和转移行业标准，改变游戏规则，建立新价值，利润复归就是要求两方面：一是盈利和竞争以质取胜，二是公司经营和业务开发的创新。

(1)券商属于金融服务企业，经营竞争的核心在于服务方式和内容。进入市场低迷时期后，为增强竞争力，券商都在加强服务力度，提高对客户服务的质量。但现实情况显示，服务的深度和广度都与客户的高要求存在相当的差距，比喻服务提高后，成本又居高不下，可能同时得罪了客户和股东。因此可以在质的竞争环境中，券商应尽快创新经营服务方式，拓宽、加深服务的内涵、外延，又能保证服务的经济性。

(2)券商核心竞争力的基本要素是创新，也是构建券商新盈利模式的主要手段。企业本身是一个系统，系统的成功取决于各个要素的有机结合。这就说明在单项创新上具备有优势的企业，如果缺乏系统创新，不一定有竞争力。因为，核心能力不一定等于核心竞争力，核心能力只有经历系统创新后才可能转化为核心竞争力。

### 2. “利润复归”要求系统的创新

对证券公司而言，系统创新中产品(服务)创新是核心，组织创新是保障，管理创新是基础。证券公司的系统创新至少应包括上述三项创新，也是从下到上的三个层次，否则只能是单项的创新，并不能保证券商有核心竞争力。

(1)在创新组织方面。近几年来，传统意义上的银行、证券公司甚至保险公司，都在试探进入对方的领域，比较成熟的案例，就是以中信控股和光大控股为代表的金融控股集团。金融机构为追求规模经济、协同效应与风险分散而采用的这种创新组织形式，必将成为未来金融结构调整和深化的主流趋势。因此，大型券商为应对市场开放带来的冲击，必须首先做出长远的战略规划。目前，我国大部分券商在组织结构上采用的是传统的集权式直线型组织结构，这种组织结构集权有余、灵活不足、管理层次众多，影响了公司的运作效率。同时，国内券商均为单纯的有限责任公司缺乏有效的内控机制，抗风险能力整体上还比较差。集团式发展模式在很大程度上可以弥补这些缺陷，可以参照美林、高盛等国际券商的做法，将单个业务甚至单个项目公司化，既可以防范单项业务波动公司整体经营的影响，又可以将单个业务专业化。不过，这只适合大型券商，国内有的券商曾经施行此模式，但效果不尽如人意，就是因为规模还不够大。具体来说，可将经纪、投行、资产管理、创业投资、研究咨询等业务单独成立子公司。

(2)在创新管理方面。在创新管理方面包括三点：①基于组织创新，必须对公司的管理流程再造。集团化创新的券商，需要对原先由公司统一管理的责权利分配到现在独立核算的分支里，相应的管理权力和流程也要发生改变。②是扁平和直线、分权和集权的统一。这主要是风险监控，而不是一味的上收权力，可以采取扁平与直线的统一：业务开拓上采取扁平化，而业务风险监控采取直线化。也就是说在前者上分权，在后者保持高度集权，这样，既能促进业务的灵活性，又能有效控制公司经营风险。③实施高技术管理流程。为防范单个业务波动带来的经营风险，国外一流券商业务收入的结构比较均衡，并且非常重视各业务、管理部门之间的合作，充分利用公司整体资源。整个管理手段和业务流程都建立在高技术支持的运行体系上，都广泛应用了诸如 ERP (即企业资源计划系统)，CRM(客户资源管理系统)等管理系统，从全局管理和配置公司资源，最大化发挥他们的优势。而国内 90%以上券商的技术和管理体系还停留在证券业发展的初级阶段，对这些现代化的企业资源整合体系和流程管理系统缺乏认识，若要革新盈利模式，提高与国际券商竞争的实力，就须利用这些高技术再造企业管理流程。

(3)在创新业务和产品方面。我国券商要改变现有的单一业务结构，需要重新整合资源要素，拓展创新业务方式。对于综合类券商而言，还要均衡各项业务收入，避免出现过度依赖某项或某几项业务的被动局面，同时结合金融发展趋势，为混业经营作战略准备。①经纪业务创新。经纪业务创新主要从两个方面进行：一方面转变服务观念与竞争策略，从提高客户服务水平入手，推进营业部职能向客户服务和产品营销转型；另一方面对营业部结构的调整，如撤并或搬迁一些原来布局不合理的营业部，或减少营业场所的面积，降低营业部的固定成本或者通过减薪裁员节约人力成本支出等。并加快推进网上交易，注重银证、保证合作，实现低成本扩张。同时还要加深同投行、资产管理、研究等其他公司资源的协作与整合。②投行业务。券商创建新盈利模式要求投行业务必须紧紧跟随经济市场化改革的主旋律，并积极开发适应未来国际化竞争的创新业务品种，尽快实现我国流通股和非流通股的分割，同时，让一部分国有股转化为非国有股。券商投行在其中提供并购、重组等财务顾问服务，形成投行新的盈利点。再如我国债券市场正面临巨大的发展机遇，党的十六届三中全会决定中特别提到“积极拓展债券市场，完善和规范发行程序，扩大公司债券发行规模”。券商投行应抓住这一市场机会，利用可以预期的现行债券发行政策的放宽，在债券以及未来的 CDR 发行领域创造新的利润增长点。③资产管理业务。券商盈利最具潜力的业务就是资产管理业务，借助资产管理制度变革提升这一业务的附加值，已到了迫在眉睫的阶段。市场转型后，暴利阶段一去不返，保底的资产管理成为券商沉重的包袱，券商必须改变资产管理的运作方式。可将资产管理业务进行基金化运作，以服务获取收入，采取中介的姿势，避免市场波动带来的经营风险。券商还可与银行、基金公司等其他金融机构合作，争取尽可能的客户群体。还可以借鉴信托投资公司，实行项目资产管理的创新。项目资产管理创新方式是：资产管理者设计出证券市场上的投资项目，然后把拟投资项目的设计作成项目计划书的形式，向投资者推介，来达到针对该项目的筹资。当筹资成功后，实施项目投资的计划，当此项目计划实施完成后，按计划书上事先约定的方式进行利润分配。

### 3."价值链"模式要求整合原有资源

价值链模式是指原先存在的价值链相当稳定，但环境系数突变后，这些价值链开始被压缩、断裂和重新整合。这种变化不仅仅存在于产业价值链本身，同时产业开始重叠、竞争、趋同，而有些产业价值链则正在彻底消失。正是由于这种现象的发生，企业在产业价值链跃迁中开始使用新的、非传统的标准，而这些产业价值链真正价值源于提高资本收益率、加强战略控制能力、加强创新设计和强化客户关系。

有时价值链中上下游环节的不良表现，会限制一个企业提高对顾客的增值和创造本身价值增长的能力，这种不断发展的功能紊乱能够导致一个新的盈利模式：强化价值链上的薄弱环节。当价值转移到价值链的上下游，企业要扩展原有经营模式范围，来参与那些过去是上游或下游的经营活动。若这个模式出现，明智的企业就会采取行动提高整个体系的表现和质量。对于券商而言，原先的支柱倒塌后，以咨询为主的其他业务和承受过市场风险的资产管理业务是其主要的薄弱环节。因此要强化薄弱环节，券商必须加大开拓投资咨询业务的力度，对资产管理业务进行转型和风险控制。

同时，长期以来，经济、技术、客户、投资水平和竞争行为出现一些逐步细小的变化引起价值链在盈利方面的无数变化。当利润变量增加时，链条不同部分的相对重要性变化，一些资源的表现在驱动整个体系的变化中发挥的作用越来越重要。对于价值创造者的主要挑战就是在利润和力量源转移的时候，用经济的显微镜来透视价值链上的每一个环节。

对于券商而言，需要从4个方面对原有价值链上的资源进行整合。

（1）对现有通道业务进行深化和拓宽。如引入开放式基金的申购与赎回等。券商凭借营销、服务、客户等方面的比较优势，日益成为开放式基金销售的重要渠道。券商在基金销售业务存在较大发展空间：一方面，开放式基金刚起步，其作为未来主流基金品种前景广阔。另一方面，从国外情况看，通过券商代销开放式基金成为基金销售的主要渠道，尤其在基金业最发达的美国，券商代销占整个开放式基金销售的40%左右。再者，交易所交易基金商品的开发将给券商的基金销售业带来转机。

（2）对独立于通道的已有业务进行强化和提升。典型的如理财顾问、财务顾问、资产管理、投资咨询、私募发行等，其中并购顾问业务有望成为券商新的利润增长点。最近几年高盛和摩根士丹利并购收入占其投行收入的40%以上，占公司总收入的8%左右。随着我国上市公司以市场化为取向、融入国际产业整合为目标的新一轮并购重组悄然兴起，外资并购以及区域性重组的升级，券商将面临前所未有的并购业务机会。券商要改变以往关注绩差、亏损、小盘公司的做法，转型到重点关注行业龙头公司、国有资产退出公司、与外资建立战略关系的上市公司以及有外资法人股的B股、H股公司，同时完善后续服务，提供相关的管理咨询服务。

（3）对不在通道内的创新业务有所准备和开发。这里主要指银证合作、货币市场账户等。1977年美林证券与地方银行合作开发的"现金管理账户"(CMA)，该账户将银行活期存款、证券投资、清算以及余额通知等多种服务融为一体，实现委托理财业务的标准化、产品化。美林证券凭借CMA账户在5年内扩大50多万个资产管理账户，使其成功应对浮动佣金制和银行业务渗透的挑战。后来，CMA升级到集交易和理财于一体的无限优势账户，加快向费用盈利模式的转变。

（4）从产业链角度看，需要加强策略联盟，通过资本运作提升证券业的集中度。我国券商只有融入到全能化的金融集团之中，才能获得更大的发展空间，才会拥有足够的实力去与国际金融大鳄竞争。现阶段要加强与银行、保险公司、信托公司的合作与联盟，积极与银行合作开发新金融产品和提高服务如开展同业拆借、银证转账、存折炒股、客户信用资料、过桥融资等业务合作。同时，在证券业内部，加速券商规模化、集团化发展，壮大券商的综合实力在我国显得更为迫切。通过市场化并购进行整合，不仅可以使券商以最快的速度做大做强，而且可以避免券商之间的无序竞争，优化券商资源配置，降低运作成本，提高我国证券业的整体实力。

## 四、券商盈利模式的建设性建议

通过以上的分析和研究，对于券商的盈利模式的发展和完善提出以下建议：

1.理论模型显示，券商目前正处在“无利润”、“趋同”和“中间陷落”的阶段，已有券商采取“利润复归”和“反趋同”策略，并取得了一定的效果，但还需要进行“价值链”模式的改进，强化薄弱价值链环节和重构价值链。

2.券商佣金收入的比例与盈利情况基本成反比，所以券商必须尽快改变收入结构主要依赖经纪业务佣金的局面，并依照国际经验，平衡各项业务在总收入中的比例。

3. 以量为主的旧盈利模式已经不能适应新时期的要求，市场已经从粗放式发展到集约式阶段，进入技术创新和质量取胜的新时期。券商必须与时俱进，积极发展的新盈利模式。

4. 参考国际券商的盈利模式时，丰富的金融产品是其发展的重要基础，所以我们建议在券商积极创新的同时，管理部门也应支持券商的创新工作，不断为证券业开拓新的业务空间，同券商一起开发新的金融品种。

5.在当前的经营环境中，券商应尽量使自身业务结构满足 $x>-4.64+6.9a+4.4b$，其中 x 为 0.2265，a 为手续费所占比重，b 为自营收入所占比重。

6.其他业务对券商收入的贡献已经逐渐超过了投行业务的贡献，即在传统业务受冲击的同时，券商已经意识到必须努力拓展创新业务，其他业务中的专业咨询服务就是主要的一种。受国际券商业务结构的启示，该业务受到多数券商的重视，是券商新盈利模式的新的主要成分，也是券商业务发展的方向之一。

7.市场转轨后，主动投资风险越来越大，券商应严格控制相关风险，积极开展类似证券投资基金的资产管理业务。

随着 2 月 1 日《国务院关于推进资本市场改革开放和稳定发展的若干意见》的出台，2004 年，将是资本市场发展的春天。在外部大好环境下，券商更应走好自身创新之路，尽快从旧的盈利模式转向新的盈利模式，从而使自己处于不败之地。

# 第六章 证券公司业务运营的风险防范与控制

资本市场自诞生以来，就伴随着各种金融风险。而证券公司作为资本市场的运行主体之一，风险更是已渗透到证券公司业务的各个领域和各个环节。如何在经营过程中恰当而有效地识别、测量、评估和控制各种风险因素，促进资源的合理有效配置，是每一家证券公司都必须认真面对和解答的主要课题。

## 一、证券公司应树立风险管理理念

高风险是证券公司业务的固有特性。证券公司发生业务的证券市场，是商品经济、信用经济高度发展的产物，是市场经济中的一种高级组织形态。证券市场是高风险市场，因为证券价格具有很大的波动性、不确定性。这是由证券的本质及证券市场运作的复杂性决定的。

### 1. 证券的本质决定了证券市场的风险性

从本质上说，证券是一种价值符号，其价格是市场对资本未来预期收益的货币折现，其预期收益受利率、汇率、通货膨胀率、所属行业前景、经营者能力、个人及社会心理等多种因素影响，难以准确估计，表现在价格上是有较强的不确定性。证券的本质属性，决定了以它为交易对象的证券市场从形成之初就具有高风险性。

证券市场的运作过程，实际上是市场供给与需求之间由平衡到不平衡，由不平衡到平衡的循环往复过程。且该运作过程与普通商品市场相比，证券市场的供需主体及决定供需变化的因素与机制更加复杂。形形色色的市场参与者在市场中的地位、对市场的熟悉程度、对市场的要求千差万别，各主体代表利益的群体，内部运作机制各不相同。债券、股票、基金及金融衍生工具等在性质、交易方式、价格形成机制等方面既自成体系又相互影响。在上述众多因素作用下，证券市场的价格表现变幻莫测，甚至暴起暴落。

### 2. 证券市场风险对社会经济的冲击力、破坏力较大且无处不在

证券风险是各类经济矛盾、问题的集中体现。例如美国1929年股市崩溃加剧了银行体系混乱，触发了信用危机。1929年至1930年之间有6000多家银行倒闭。股市崩溃后，投资者损失惨重，生产积压更为严重，失业人口达5000万人，美国国民收入急剧下跌。

客观上证券市场涉及面广、敏感度高，社会、文化生活中的或大或小的变化都会对市场风险的积累产生影响，故使得市场参与主体对市场中的风险因素难以全面把握、控制。主观上，受监管能力及自律程度的局限，各类甘冒风险博利的不规范、不自律行为难以杜绝，而对违规执业的发现、纠正则需有一段过程。因此可以说证券市场风险无处不在，无时不有，证券公司也时刻被各种风险包围着。

### 3. 强化证券公司的风险管理意义重大

通过对证券公司所面临的风险进行有效的防范与控制，可以促进整个金融体系的稳定，实现多种功能，具体表现在：

一是减少证券公司受到市场风险、流动性风险、操作风险以及法律风险的冲击的可能性，促进证券公司平稳健康地运行。

二是保护证券公司的客户免受大的非市场损失。例如因公司倒闭、盗用、欺诈等造成的损失。目前我国证券市场采取的中央结算模式。结算公司作为买卖双方对手保证交收，采用净额清算、T+1交收制度以及与会员间的日常结算，对于机制结算风险起到一定作用，也避免了因公司倒闭所造成的损失。

三是保护证券公司免受信誉风险。风险的后果一旦形成，不仅对证券公司的运行产生难以遏制的影响，而且对其信誉也有更大程度的损伤。也就是说在其以后的运作过程中，将会遇到更加严重和不可抗力的因素。因此，要使证券公司免受这一风险影响，有效的风险管理是个最好的路径选择。

## 二、证券公司运营中的六大风险

国际证券委员会组织将证券公司所面临的风险划分为市场风险、信用风险、流动性风险、操作风险、法律风险和系统风险六大类型。这六大类型风险就是证券公司的运营过程中经常面对的风险，这些风险的危害，目前已引起了业内的普遍关注。

### 1. 市场风险

市场风险是证券公司最经常面对的一种风险，是风险管理中的重点内容。市场风险是指因市场波动而导致证券公司某一头寸或组合遭受损失的可能性。影响市场波动因素包括：利率、汇率、股价、商品价格及其他金融产品价格的波动；收益曲线的变动；市场流动性的变动；

其他市场因素的变动，如融券成本风险、股息风险和关联风险等。

### 2. 信用风险

信用风险是指合同的一方不履行义务的可能性，包括贷款、掉期、期权交易及在结算过程中，交易对手不能或不愿履行合约承诺而使公司遭受的潜在损失。这些合约内容包括：按时偿还本息；互换与外汇交易中的结算；证券买卖与回购协议及其他合约义务。证券公司在签订贷款协议、场外交易合同和授信时，将面临信用风险。信用风险可进一步分为本金风险和重置风险，如当一方不足额交收时，另一方有可能收不到或不能全部收到应得证券或价款，造成已交付的价款或证券的损失，这就是本金风险，违约方造成交易不能实现。未违约方为购得股票或变现需再次交易，因此可能遭受因市场价格变化不利而带来的损失，这就是重置风险。

### 3. 流动性风险

流动性风险是指证券持有者不能以合理的价格迅速地卖出或将该工具转手而导致损失的风险，包括不能对头寸进行冲抵或套期保值的风险。同信用风险比较，流动性风险是交收的时效性不够而导致的风险。流动性风险一般不会产生本金亏蚀，但会增大资本重置风险，给被违约方造成巨大的经济损失。资产是讲求流动性的，如果所购得的证券或账面上的现金不能动用，会极大限制所有者的资产支配权并给其带来损失。实际生活中，如果一方不能及时交付证券或价款，造成其对手所得证券不能及时卖出，或者价款不能及时动用，被违约方往往为了保证其他合约的履行而在市场上变现其他资产、拆借资金或证券，不仅被动而且增大了成本。

### 4. 操作风险

操作风险是指因交易或管理系统操作不当或缺乏必要的后台技术而引致的财务损失。过去实物股票运作中，由于手工处理较多，存在严重的操作风险，特别是交易量增大时，极易造成交收延误。证券无形化后，手工操作已大大减少，但也不能忽视电脑自身软件故障而导致的结算延误。具体包括：（1）操作结算风险，指由于定价、交易指令、结算和交易能力等方面的问题而导致的损失；（2）技术风险，指由于技术局限或硬件方面的问题，使公司不能有较准确地搜集、处理和传输信息所导致的损失；（3）公司内部失控风险，指由于超过风险限额而未被觉察，越权交易、交易部门或后台部门的欺诈，例如账簿和交易记录不完整，缺乏基本的内部会计控制，职员业务操作技能的不熟练以及不稳定并易于进入的电脑系统等原因而造成的风险。

### 5. 法律风险

法律风险是指因交易一方不能执行的合约或因合约一方超越法定权限的行为而导致损失的风险。具体包括合约潜在的非法性以及对手无权签订合约的可能性。在金融全球化的环境下，大型证券公司因其业务性质和业务范围而面临着大量的法律诉讼风险。如以破产闻名的美国奥兰治县对美林公司的指控中指出，美林应该知道他们之间的合约违反了加利福尼亚宪章的一些条款，因此，该县与美林公司签订的衍生工具合约在法律上是无效的，要求美林公司赔偿因越权行为而造成的损失。

### 6. 系统风险

系统风险是指因单个公司倒闭，单个市场或结算系统混乱而在整个金融市场引发投资者“信心危机”，或是导致金融机构相继倒闭的情形。系统风险包括因单个公司或单个市场的波动触发连片或整个市场崩溃的风险。一些金融或证券业务集中在少数金融机构手中，并用以进行非对冲的投机活动的金融市场，如果一家大公司倒闭，这将成为系统风险所带来的整个市场的金融机构相继崩溃的潜在根源。对于证券公司来说，场外衍生金融工具市场是系统风险监管的重点，因市场或交易大量亏损而引起全球交易对手违约的风险已不仅仅是一种潜在的可能了。由于市场上的机构之间的责任相互交叉，并与现货市场相联系，这种风险因此得以扩大。在金融市场发生剧烈波动，如股票市场和外汇市场崩盘的情况下，可能会发生前所未有的金融机构倒闭风潮，从而触发全球性的金融危机。

## 三、证券公司风险的防范与控制

近年来因风险防范与控制系统瘫痪或执行不当引起的多起风险事件，有力地说明了健全有效的风险防范与控制系统在化解风险方面所起的重要作用。事实告诉我们，任何一家证券公司无论其资本多么雄厚，发展多么迅猛，技术多么领先，如果忽视风险防范与控制，最终难逃市场的惩罚。下文将从体制、技术、业务和人员等诸方面来论述证券公司的风险防范与控制。

1. 从公司运作制度上来防范风险

许多风险案例证明，因决策失误而导致的风险比一般的经营风险更为重要危害更大。因此建立科学的决策运作体制和决策监督体制是券商控制风险的前提。券商必须实现现代企业制度，完善法人治理结构，建立相互平衡、相互制约的股东大会、董事会、监事会体制。同时，需制定完整的决策机制和监管体制。从券商发展的历程来看，券商当前最重要的一项决策莫过于对自身业务发展总体定位的决策。因此，对于券商来说，业务总体定位正确与否是风险控制第一关，如果这一关把握不好，将会使后面做的许多风险管理工作的心血付之东流。

2. 从公司行政管理上控制风险

这方面的重点是分支机构的授权管理制度。券商的不良资产很多都是分支机构违规操作或越权经营造成的，证券公司往往实行一级法人制，分支机构经营不善造成的损失一般都由总部承担。因此必须对分支机构实行授权经营制度，对分支机构授权明确其业务范围，才能控制分支机构产生的风险。同时，对营业部的经理、财务主管、电脑主管等重要职位，从人事组织上进行三权分离，即财务、电脑实行“委派制”，直接对公司的总部负责，其任免、工资与营业部全部脱钩。对于一些重要业务的管理制度，如券商的资金管理制度、自营业务管理制度、证券承销及资产经营业务管理制度、经纪业务管理制度，更要从严管理。同时，要健全重要的管理制约制度，如财务管理制度、电脑通信系统管理制约制度、稽查审计制度等，都是重中之重。另外，在授权管理制度的同时，必须注意制度落实检查、防范好风险，否则再完善的制度不执行，也等于一纸空文。

3. 从技术系统上化解风险

我国证券市场虽然起步较晚，但却是国内率先全面进入电子化网络的行业之一。证券业对电脑技术、通信网络依赖性越来越大，一方面依赖电子技术程度越高，券商面临的风险、传播速度越快；另一方面，电子技术也为券商提供大量商机和防范风险的技术手段。这就要求券商做好两点：一是要确保公司电脑通信系统的安全运行。关键是要实施好证监会颁发的证券营业部证券信息系统技术管理规范，实行业务与技术分离、网络与数据分离、前台与后台分离，并建设相应的技术稽审制度。二是利用技术手段进行风险管理。这样可把人为不确定因素降至最低。现阶段券商主要运作目标是建立远程实时监控系统，主要做法是通过通信系统将所有分支机构联网，对各业务网点的交易过程、交易结果的数据进行采集、处理、提炼，转化为各种风险信息，对下属部门出现

的决策风险、管理风险、技术风险、操纵风险、自营风险做到早发现、早报告、早控制、早解决，把风险消灭于萌芽状态。

### 4. 在业务操作上平衡风险与收益比例

券商的业务一般包括经纪业务、委托资产管理业务、投行业务和自营业务。它们是券商活动的核心部分，业务操作上的风险防范主要是平衡风险与收益比例。

第一，券商经纪业务的风险控制。经纪业务收入和利润主要受其结构、市场客户规模和佣金标准等因素的影响。这些因素的综合影响表现即为交易量，可以说交易量是影响证券公司经纪业务收入和经纪业务利润的基本因素。一般来说行情好坏决定于交易量的规模，而有没有行情、行情是大是小、持续时间和长短，这些情况主要取决于宏观经济政策、市场的多空力量、企业的投资价值等基本因素。因此，要求券商在行情好的时候留下后路，在行情不好的时候积蓄力量。在外部条件既定的情况下，交易量与市场份额大小均是取决于其客户开发情况。客户开发情况既要重视客户数量，也要重视客户质量。因此在做具体经纪业务的营销时，要把侧重点放在资金充裕、交易量大的大户或机构投资者身上。这些重点客户也是众多证券营业部争夺的对象，券商要想牢牢掌握住，付出的成本自然较大，通常是降低名义上或实际的佣金费率。但相对于中小散户而言，券商在重点客户赚取的利润还是高出许多。因此，证券公司可通过降低佣金费率，开发更多客户来防范行情低迷的经营风险。

第二，委托资产管理业务的风险控制。一般来说，券商的资产管理业务存在的风险可细化为道德风险和投资风险。所谓道德风险是指资产管理人利用委托人资产来为自己谋利或者向委托人转嫁风险的行为。加强对资产管理业务中道德风险的控制，应注意以下几点：一是保证委托资产的独立性，即实现部门分离，职责明确，账户分立这三点要求，还有就是限定资产管理业务中管理者的投资行为；二是实行必要的信息披露即“财务公开和操作公开”；三是控制委托资产和管理资产之间的比例。投资风险主要是指单个证券的非系统风险以及证券市场的系统风险。证券公司通过设立投资组合可以有效地降低非系统风险，以投资多元化的方式来消除非系统风险是必不可少的。

第三，投行业务的风险控制。随着证券发行制度由核准制向注册制的过渡，尤其是目前实施的上市保荐人制度，券商的投行业务风险正越来越大。因为在保荐人制度下，企业上市后，其经营或信息披露方面出的问题，券商都要负连带责任。因此为了适应投行业务的发展，券商就必须尽量扩大所培育项目的范围和数量，在选择项目和项目储备上下功夫；要加大对企业的研究，制定出合理可行的发行价，对企业前景、业绩、财务状况以市场情况做出综合判断，再也不能像以前那样对拟上市公司进行过度包装，宁可少做项目，也不能丧失保荐人的操守。同时，投行业务人员的专业水平也需进一步培养，使之成为既具有投资银行业务专业知识又具有行业、产品、市场区域经济知识的复合型人才。

### 5. 人的控制是风险管理的最后手段

人是制度制定者，技术的创造者，又是违法者本身。制度、技术都是“死”的，而人是“活”的，因此在风险管理中人的控制是十分重要的。这可以从两方面进行控制：一方面，使用员工特别是管理人员时一定要求“德才兼备”，防止重才能轻品德的倾向，对管理人员的品德操守、行为规范、思想倾向要进行跟踪掌握了解，一旦发现不良苗头及时疏导解决，做到防微杜渐。另一方面，建立经营者激励机制，解决好经营者特别是中高层管理人员的利益分配问题，包括实行年薪制、经营股权、期权等措施，不仅可促使他们致力于公司利益最大化，把风险降到最低程度，减少经营者的短期行为，也可对“内部人控制”现象起到遏制疏导作用。这将有效地调动管理人员回避风险、创造收益的主动性，从根本上来控制人为因素产生的风险。

综上所述，证券公司的基本经营目标就是在风险一定的情况下，追求收益的最大化，或者在收益一定的情况下，使得风险最小化。证券公司的风险防范与控制工作是一项综合课题，涉及到方方面面的因素。健全而有效的风险防范和控制系统可以促进证券公司和证券业的平稳、健康运行，增强广大投资者信心，从而活跃证券市场的交易。

# 第七章

# 证券营业部的风险管理浅析

证券市场有这样一句话：

“有多少个营业部就有多少枚炸弹”。而据统计到目前为止，我国约有近三千枚这样的炸弹。那么，如何进行证券营业部的风险管理呢？

证券公司在营业性质上属于典型的高收益、高风险行业。其风险管理已引起了监管层的高度重视和业界的普遍关注，特别是其分支机构营业部的风险管理，业界甚至有流行俗语："有多少个营业部就有多少枚炸弹"。而据统计到目前为止，我国约有三千多家营业部，一旦管理不善就会变成若干个风险点。这意味着一家问题营业部的出现，可能会吞噬掉公司所有营业部的利润，甚至还危及到公司的生存。前事不忘，后事之师。目前，我国已有大连证券、鞍山证券、富友证券相继退市，知名大券商南方证券也被行政托管。这一系列事件对证券市场产生了较大冲击，同时又对其他证券公司敲响了生命的警钟。因此，证券公司应提高认识，尽快健全营业部的风险管理体系，完善风险管理制度，提高自身的竞争力，实现证券公司的持续、稳健发展。

## 一、证券营业部应强化风险管理理念

高风险是证券公司业务的固有特性，换

而言之，证券公司诞生的使命之一就是利用自身的专业能力提高证券市场效率，化解金融风险，为顾客化解风险的同时，风险也已渗透到证券公司及其营业部的各个业务和管理环节。营业部的基本经营目标，就是在风险一定的情况下，追求收益的最大化；或者是在收益一定的情况下，使得风险最小化。

人才、资金和金融产品是证券公司的三大基本要素。如何在这三者之间建立有机的联系，提高证券营业部的营运质量和运作效率，以最大限度服务于经营目标；如何在经营中恰当而有效地识别、评估和控制每种风险因素，促进市场资源有效整合，提高经济效益，是每一家证券营业部都必须认真面对和解答的重要课题。

“成功的企业必须有卓越的企业文化，但有企业文化的公司不一定都能成功”。任何一家成功的企业，都依赖于其颇具个性和自成体系的企业文化和经营理念，当然证券公司也不例外。在发达国家成熟的证券市场上，证券公司对证券营业部风险管理及控制的理解和重视，集中体现确立科学合理、切实可行的风险管理理念和原则，这也是国外证券公司风险管理的精髓所在。

在世界各国的风险管理实践中，利用数学模型来测量和评估市场风险已成为众多金融机构风险管理的要点，风险管理几乎成了风险测量的同义词。而美林公司认为，风险管理的数学模型的使用只能增加可靠性，但不能提供保证，故数学模型只能作为风险管理工作的补充。一般地，证券营业部要建设一个完整的风险管理体系，首先要准确地认识风险，然后找出测量和管理风险的方法，并在此基础上建立一套完整的风险管理制度。健全而有效的风险管理体制可以活跃证券市场交易，促进证券公司整体健康、平稳发展。近年来，因分支机构风险管理系统不健全或执行不当引发的风险事件，如巴林银行、香港百富勤等，有力地说明了科学有效的风险管理及控制体系在防范化解风险方面的重要作用。

## 二、证券营业部存在的主要风险

随着金融一体化和证券市场的不断发展，证券营业部的风险类型日趋复杂和多变。就目前来看，证券营业部主要存在以下风险：

### 1. 信用风险

信用风险是指证券营业部为客户提供经纪业务、信用交易及结算过程中因对方不能或不愿履行合约承诺而可能带来的潜在损失。证券营业部一般在签订贷款协议、场外交易合同时，将面临客户不履约的信用风险。

### 2. 流动性风险

流动性风险是指证券营业部不能以合理的价格迅速地卖出或将该工具转手而导致损失的风险。它包括不能对头寸进行冲抵或套期保值的风险。

### 3. 操作风险

操作风险是指证券营业部因交易或管理系统操作不当或缺乏必要的后台技术支持而带来的经济损失的

可能性。操作风险大致分为以下三类：一是操作结算风险，即由于定价、交易指令、结算和交易能力等方面的问题而导致的损失；二是技术风险，指证券营业部电脑系统和通信系统等高技术设备出现问题而产生的风险；三是失控风险，指由于超过风险限额而未被察觉、越权交易、交易部门的欺诈、职员的技能不熟练而造成的风险。

4. 人员管理风险

人员管理风险是指营业部职员违法犯罪而产生的风险。主要表现形式有：一是以透支方式挪用公款炒股票；与不法分子勾结诈骗、盗卖投资者股票；窃取客户信息以及篡改电脑资料和数据。二是经办人或主管领导缺乏基本法制观念和职业操守，导致违规或违法，最终造成重大损失。《证券法》第 145 条规定：证券公司从业人员在证券交易活动中，按其所属证券公司指令或利用职务违反交易规则的，所属证券公司承担全部责任。因此，从业人员的管理风险对证券营业部造成的损失亦不容忽视。

5. 投资风险

投资风险主要是指证券营业部的经营性投资，比如营业场所、电脑设备、电话、交易席位等投资。这些经营性投资若缺乏策划调查作支撑，可能会造成投资失误、占用公司经营资金等，以致会产生一定的投资风险。

6. 市场风险

市场风险是指证券投资中最常见的一种风险，是风险管理中的重点内容。它是指因市场波动及市场本身的不可预见性，而导致证券公司某一头寸或组合遭受损失的可能性。这对于证券营业部来说，主要表现在以下两个方面：一是法规政策风险。它是指由于国家政策变化对证券营业部经营管理所带来的风险。它实质上是政策本身变化与市场行为不规范的产物，如政府以行政手段突然禁止证券公司的某项业务的开展，从而给经营活动带来损失。二是利率风险。它是指因利率波动而使业务成本的提高，导致预期收益减少的风险。如利率上升造成证券营业部融资困难和融资成本的提高。

## 三、证券营业部的风险管理策略

从风险管理理论和实践来看，各证券营业部可采取以下风险管理策略。

1. 回避策略

回避策略它是一种事前控制，指决策者考虑到风险的存在，主动放弃或拒绝承担该风险。这是一种保守的风险控制手段，避开了风险的损失，同样也意味着放弃了风险收益的机会。所以说，风险回避的措施对证券营业部来说，不能经常运用，否则不能保证其正常的利润来源渠道。但当风险很大，一旦发生损失将极为严重的时候，该措施还是有效的。

2. 抑制策略

抑制策略它又称为消缩策略。它是指承担风险后，监管机构、主管部门或证券公司采取的种种积极措施以减少风险发生的可能性和破坏程度。例如，2004 年 1 月 2 日，鉴于南方证券的违法违规经营情况，中国证监会

和深圳市政府联合对其实施行政接管。在接管期间，由市场专业人士为主的接管组进驻南方证券，全面负责公司经营、管理和运作。行政接管即为一种风险抑制策略，它能迅速控制和有效化解风险，可最大限度减少风险处置成本和市场波动，能充分维护公司客户和债权人的合法权益，同时也为今后公司的重整、复兴创造良好条件。

3. 分散策略

分散策略它是指管理者通过承担各种不同性质的风险，利用它们之间的相关程度尽可能地化解部分风险，使这些风险加总后的风险水平最低。其分散策略又可分为两种：有效分散和随机分散。风险分散方法也有多种，如业务种类上的分散，即在维持传统业务（经纪、自营业务）运作的同时，积极开展业务创新，参与资产管理、财务顾问、代销基金等业务，以达到分散风险的目的。

4. 转移策略

风险转移是一种事前控制，即在风险发生之前，证券营业部通过各种交易活动，把可能发生的风险转移给其他组织承担。风险转移的方法有：一是担保，将本来由营业部承担的风险转嫁给担保人，使风险得以转移，但在转移风险的同时，又加大了担保人的信用风险；二是营业部通过对某些较难把握的业务积极投保，将一部分风险转移给保险公司。

5. 防范策略

防范风险即预防风险的发生。证券营业部通过对风险事故发生的条件、原因进行分析，尽量限制风险事故发生条件的产生，使风险事故发生的可能性尽量减少甚至完全消除。例如，对于营业部风险和技术风险，通过制定严格的内控制度，提高管理者和从业人员的素质，严格各项操作规程，就能较好地加以防范。

6. 监管策略

风险的监管是贯穿于整个风险管理过程中的，它包括外部的监管和内部控制两个方面。外部监管是由独立的相关管理机构（如中国证监会）对证券公司所承担的风险进行审查，防止其产生过高风险。另一种是由证券公司内部的风险管理部门和稽查部门实施的内部监控。在风险管理的过程中，随着时间的变化、环境的改变，风险也在发生变化，证券公司要随着风险的变化不断对营业部进行监控。当引起风险的因素向不利方向变化时，要及时采取措施，防止因此造成重大损失。

## 四、证券营业部的风险防范措施

当前，我国证券业正处在“新兴加转轨”时期，法制化、规范化是这一时期的主旋律。证券公司作为证券市场的主要参与者之一，点多面广、情况复杂，有效防范其分支机构尤其是营业部的经营风险，已成为控制公司整体风险的关键一环。依据上文的策略，我们可以通过以下具体风险管理措施来防范和控制营业部的风险。

1. 坚持规范经营，防范和控制风险

随着证券市场的不断发展以及有关法律法规的完善，证券公司要适应这个市场，就必须实行“依法、合规、规范”的经营方针。“依法”就是要守法，要符合法律要求；“合规” 就是要符合政策和有关规章的要求；“规范”就是要操作程序化、制度化。同时完善证券公司法人治理机制，加强董事会对重大问题决策的领导与管理，如营业部总经理由董事会聘任，这一做法，在我国证券公司管理实践中尚不多见，其目的就是把好营业部“一把手”的选聘关，进而通过合格的“一把手”管理好整个营业部，有效地防范和控制营业部的风险。

2. 实施“两级经营、两级管理”的扁平化模式，有效防范风险

目前，我国多数证券公司实行的是“两级经营、三级管理”的“金字塔”式组织模式。把握中央关于实施金融机构扁平化管理精神，我国证券公司应加快创新和转型，实施扁平化管理，将公司内部相关的业务部门进行合并，取消不必要的中间管理层，从而“扁平化”组织机构，即实行“二级经营、两级管理”（公司直接管理营业部）。为了适应扁平化的需要，证券公司应对营业部的业务授权以及其他基本授权，严格规定营业部的业务范围；加强营业部管理层配备，建立起重大事项集体决策机制。实践证明，扁平化管理模式具有集中、高效和市场反应快的特点，能够有效防范营业部及证券公司的风险。

3.增强风险意识，强化内控管理

近年来，随着证券业界风险事件的不断发生，各证

户保证金账户。同时，对客户保证金进行不定期压力测试，检测营业部是否存在挪用客户保证金的行为。

⑤ 加强营业部电脑网络系统安全管理。首先，应保证营业部电脑系统硬件设备处于完好状态，对不符合要求的电脑系统硬件设备进行更换，建立内部网络监控系统，对突发事件要制定相应的应急措施，维护营业部电脑交易结算系统的安全性。其次，在运用网络系统有关软件上要使用正版和专业产品。对于开展了远程交易系统及网上交易系统的要做好网络防火墙的工作，防止病毒侵入及黑客攻击。在交易数据的管理上，应做到交易数据的易地备份。交易数据是证券营业部数据系统的核心，一旦服务器出现问题，数据可能遭到破坏，这样可以马上使用备份数据，迅速恢复，有效防止风险。

⑥ 合理授权。证券公司授权包括两个方面：一是对分支机构（营业部）的授权，主要包括业务和财务授权；二是对工作人员的授权，证券公司应针对营业部的性质、人员的岗位职责，赋予相应的权限，使其对职责范围内的工作负责。当然，对于特别紧急的事件如果事先没有制定预定方案，这时还是需营业部管理人员从权处置，以免产生更大的风险。

⑦ 建立专门的风险控制部门。风险控制部门对各营业部实行直接监管，该部门的工作人员既要精通业务知识，又要具备一定的法律、财务、计算机方面的知识。该部门直接对总经理负责，制定各种风险管理制度，检查各制度的执行情况。在工作中，应将风险控制作为重点落实到人，实行多线负责制，一旦某个环节出现问题，可立即进行解决，将风险控制到最小甚至消除。

总之，我们应把握经纪业务发展的动向，及时适应证券监管体系的变化要求，不断推进营业部风险管理工作的创新，充分发挥稽核、风险、内核、纪检、监察五位一体的风险控制体系的功能，合规经营，规范发展，有效防范营业部经营风险，从而从整体上促进证券公司稳健发展。

券公司都提高了风险意识，纷纷制定一些风险防范措施和内部控制制度，以提高风险控制与管理水平。具体而言，内部控制管理制度有以下主要内容：

① 在财务管理上，对营业部的印章实行统一刻制、严格使用的管理制度。证券公司总部要严格把符合条件的财务经理委派到营业部，从根本上保证营业部的资金运作安全，大力防范化解可视风险。

② 在人事控制上，实行管理人员交流和轮岗措施。不仅重视营业部管理人员的选聘和使用，还应加强营业部管理人员的交流和轮岗。同时，应加强业务培训，使营业部工作人员在思想道德、业务水平上得到进一步提高，从而在业务技能上把好风险关。

③ 加强营业部日常资金管理，建立健全操作流程，减少并消除操作风险。如营业部资金信息每日上报，银行存款定时核对，营业部与总部往来账定时核对和保证金付款审批等实施流程化管理。

④ 严格执行客户保证金的分户管理，清理规范客

VOLUME 8

# 第八卷

## 证券中介与资信评级

- 证券中介资信评级体系的导入
- 证券资信评级的实务流程
- 上市公司的信誉评级
- 境外资本市场资信评级制度巡视

资信评级是防范金融风险、确保金融安全、完善金融监管机制的重要工具。证券市场作为金融市场的重要组成部分，导入证券中介资信评级体系意义重大。揭示信用风险、保护投资者利益是资信评级业的立业之本，要实现此目标，我国资信评级机构该如何开创业务以及如何寻求生存与发展的空间呢？本卷内容将告诉你所有答案。

# 第一章 证券中介资信评级体系的导入

在现代金融市场上，资信评级是确保金融安全、完善金融监管机制的重要工具。证券市场作为金融市场的重要组成部分，导入证券中介资信评级体系意义重大且势在必行。建立证券中介资信评级体系，有助于提高证券市场运行质量，有助于沟通投资者与筹资者之间的关系，有助于保护投资者利益，从而促进证券市场的整体健康发展。

## 一、证券资信评级机构的社会责任

从性质上划分，证券资信评级机构是一种社会服务经营机构，评级机构的产生源于人们已不再满足对各市场主体资信的定性评价上，人们更倾向于一种得出更为精确结论的定量分析。资信评级活动是在证券市场的发展中产生的，它立足于健全的投资机制，以公开、公平、公正的原则为筹资者正常融资铺平道路，为投资者提供投资参考和决策信息，为管理者的有效客观调控提供科学依据。

资信评级是融资市场中不可缺少的组成部分。一般而言，投资者为获利、筹资者为寻找资金共同来到融资市场。如果有关筹资者的各种信息与情报，缺乏有效途径不能充分真实准确地传达给投资者，则投资者很难信任筹资者，就难以作出投资决策，投融资活动就会陷于停滞。在此种情形下，市场需要有一个独立的组织以中立者的身份来承担传达信息与情报的重任，即资信评级机构。即使对大的机构投资者而言，虽然他们有足够的人力、物力、财力去负担调查、收集、整理筹资者的有关信息，但却缺乏一定专业技能去鉴别、判断这些信息。因为资信评级活动，尤其是其中的风险测定是一项专业工作，需要一系列专门知识及独特操作程序才能完成。资信评级机构是一座有效沟通投融资双方的桥梁，因为它同时为投资者和筹资者服务，节省融资信息交流费用，有效保证了融资活动的顺利进行和市场的高效运转。在一个狭小市场的范围内，资信评级机构的作用可能还不十分明显，在区域性、国际性融资市场内，投资者不可能也没必要对筹资者进行实地考察，此时缺少资信评级机构的支持，融资就寸步难行。

从社会分工与责任来看，资信评级机构的业务范围仅限于对评估对象的信誉状况作出评价与判断，为投资提供信息与情报。资信评级结论仅作为投资者进行投资决策的参考资料，资信评级机构不对投资者作投资推荐和利益承诺，不对投资者的投资失误负任何法律和经济责任。面对资信评级机构提供的投资情报，投资者应自主进行选择利用，自主作出投资决策，并为此承担全部责任。

为提高资信评级结论的准确性与预见性，资信评级机构应经常与筹资者或评估委托人联系。一般而言，评级机构对评估对象的社会影响，与评级机构获得的社会信赖程度成正比。即评级机构得到的社会信赖程度越高，对社会的影响范围越广，对评估对象能够造成影响也越大，而且，评级机构对委托人委托的评估对象的信誉级别判断，会对投资者及筹资者产生巨大的直接影响。因此，为避免由于对评估对象的判断失误而给委托人造成经济损失，评级机构应尽最大努力反映客观实际情况，应经常与委托人联系，了解掌握委托人经营形势的变化，必要条件下应适时调整信誉级别，以确保客观公正，不能为了筹资者的利益而损害投资者的利益。

因此，资信评级机构的社会责任就在于，以独立于利益双方第三者的身份，公开、公平、公正地在双方之间传递评估对象的信息与情报，尤其是要向投资者告知筹资者的真实经营状况，不隐瞒欺骗投资者。即使改变评估级别引起筹资者不满或抗议时，评级机构也应信守职业操守和社会责任，不屈服于压力，敢于坚定立场和坚持己见，坚决维护立业之本。

## 二、证券资信评级机构的设置与竞争

由于证券资信评级机构的性质是中立的，是独立于市场外的旁观者，而且是被社会各界需要和投资机制的有效组成部分，因此，如何设置评级机构和如何引入竞争机制，以保证评级机构中立性或独立性，是一个重要问题。

### 1. 证券资信评级机构的设置

从世界范围看，各国对证券评级机构的设置并无统一的定义或管理。在美国，资信评级机构属于一般股份公司，是法人资格，证券资信评级是投资咨询业的业务范围之一，即“对证券本身价值进行分析并提出报告”。在德国，债券信誉评级由银行进行，银行运用其掌握的交易情报对发行人进行信誉分析，并将分析结果通知机构投资者及个人。在法国，公司债券的发行采取许可制，由政府下属的发债委员会控制并执行，虽没有独立的评估机构，但发债委员会在决定公司债券的发行顺序及条件时，通常借鉴美国债券评估方法，评估企业的信誉状况。

总的来看，全球资信评级机构的设置有如下两大类：一类是美国式，法律明确规定评级机构的定义与法人资格，有一套完整的评级制度，评级机构依法注册，作为独立的、专业的社会经营机构开展业务服务，其评级结果为社会服务并在经济活动中产生重要影响。另一类是法国式，虽然没形成评估制度，也没独立的具有法人资格的评级机构，但评级活动广泛存在，其具体的评级业务由与评级相关的非专业评级机构开展。

从理论上来看，设置证券资信评级机构要遵循以下三个原则：①独立性原则。评级机构应独立于利益相关的各个方面，完全独立于市场的所有参与者，尤其是证券发行者，能禁受住各方面对评级结果的意见与压力。②充分表达原则。评级机构须有充分的发表评估意见和评估结果的自由，应有一定的公告这些结果和意见的固定方式和地点。而且，评级结果要由评级机构控制和公开，而不能受证券发行者的控制，以此保证投资者不受蒙蔽。③严格组织原则。资信评级机构须有严格的组织，组织构成中须有一支完全胜任的专业人才团队，且团队具备较高的稳定性，同时其组成中应尽力排除受市场利益影响的成员，这样才能保证评级质量，保证评级结果与意见的客观公正性。

除上述三原则外，评级机构在具体设置中要维护独立性，还须注意以下三问题：首先，评级机构须脱离发行者、经营者、筹资者及承销者，不与任何企业集团结合或有任何利益关系；其次，评级机构须脱离管理者即政府，否则因加入政策性因素，导致政府对资本市场的限制性干涉，或违背市场各方意愿；最后，评级机构必须脱离投资者，因为投资者是融资活动的直接利害方，其参与评估必然为本位利益着想，从而导致债券信誉低估，不利

于融资活动的顺利开展。

但是，信用评级机构的设立是离不开具体的社会氛围的。企业是市场经济的细胞，企业自身信用意识和信用管理的强弱，直接关系到社会诚信体系建设的成败。而作为我国优秀企业的代表，上市公司在证券市场的表现却差强人意，为之服务的会计师事务所等证券中介机构暴露出来的丑闻也多见之于报端。因此搞好信用评级机构，需要强调一个理念“有信者荣，失信者耻，无信者忧”。最为关键的是要培育一个诚信的资本市场，一个诚信的社会体系，作为其生存的土壤。否则，信用评级机构只能是无本之木，无源之水，没有存在的价值与意义。

### 2. 证券资信评级机构的竞争

证券资信评级机构的竞争是一种独特的竞争。在证券资信评级市场上，评级机构是作为市场机制之外的旁观者与评价者的身份而存在的，一个机构便会产生一种评估结果，当在同一评估对象产生多种评估结果时，就会出现社会应该接受或认可何种结果的问题。因此，评级机构间不可能像普通工商企业那样进行残酷的掠夺式竞争，而应采取独特的合作式竞争。

在美国和欧洲评级市场上，大部分投资者不愿意只依赖一家评级机构的评估，一般需要至少两家评级机构的评级结果。因为投资者需要多方面的信息和意见，有两家以上的独立的专业评级人员，分别对一家公司及其债务进行分析，其结果可能更可靠。因此，证券资信评级业不能由一家机构垄断。评级机构之间是共同生存、平等竞争的，此种竞争方式可有效保证评级机构及其评级结果的高质量。

从理论上而言，证券资信评级机构属于投资机构中的咨询服务类企业，其社会职能与作用是向投资者提供服务与信息，帮助投资者作出客观判断，正确进行投资决策。但是，在投资者心理上，既不愿相信一家评级机构的评级结果，也无法接受多个评级结果之间存在较大差异。因此，评级机构过多，其权威性可能越差，信息价值越低。评级机构应有一个适度的规模且这个规模应由投资群体决定。投资群体在投资咨询过程会选择优秀的评级机构，使服务低劣的评级机构消亡，即遵循市场规律：优胜劣汰。

根据国际惯例，一个国家或企业若要到国际市场融资，必须经两家以上世界权威的信用评级机构评定信用级别，信用等级的高低决定了融资成本和融资数量。中国加入 WTO 后，金融市场、信用服务业逐步对外开放，诸如标准普尔、穆迪、邓白氏等世界权威的信用中介机构，开始涉足潜力巨大的中国市场。与此同时，越来越多的中国企业要到国际市场融资，必须花费巨资聘请海外信用中介机构进行信用评级。个人、企业、金融机构政府的信用，就如同“健康报告”，如果被外国信用中介机构全面把持，将对我国的国家安全和经济安全构成威胁。因此，我们要抓紧发展自己的品牌化、国际化的信用中介机构，必要时政府要大力扶持以牢牢掌握市场竞争的主动权。

## 三、证券资信评级的工作方法与程序

证券资信评级在我国是一个新兴的行业，虽然年轻但发展迅速。证券资信评级涉及的因素众多，如须考虑企业的经营特色和运作规律，社会经济环境的变化和趋势等，在实践中已总结出一套固定的方法、手段及程序。

### 1. 证券资信评级的两大方法

①动静分析结合法。即动态与静态分析相结合。采用企业具体的历史指标和定量数量检验、计量等静态指标，可以较准确地分析企业的生产经营和信用状况。因此，静态评估是完全必要的。但由于社会经济环境不断变化，企业自身也在不断运作更新，除静态指标外，对企业的信誉评估还须结合动态分析。尤其是在企业的发展前景、筹资项目效益、市场竞争能力、企业应变能力、履约能力等多变、不确定性因素上，更应注意采用动态分析。例如，企业的发展前景可从企业在产业政策、区域经济规划中的地位、该行业的发展趋势及市场预测等方面进行评估。

②定量定性结合法。即定量与定性评价相结合。现代资信评级体系的确立深深受益于定量分析方法 。对各企业来讲，由于组织形式、产业政策、社会效益、财务效益的侧重不同，企业所处的行业、地区、时间不同，因而企业之间存在很大差异。仅用定量指标很难对企业做出公正、客观的评价，特别是许多因素无法量化计算，只能定性判断，因此定量分析与定性评价应交叉结合使用。一般而言，企业的财务分析以定量为主，即主要采用财务比率分析法，依靠企业资产负债表、利润及利润分配表和现金流量表等表中数据，计算各种财务指标并以此衡量企业财务质量。但对企业无形资产、企业素质、筹资投向、履约能力等内容，则很难定量分析，一般宜以定性评价为主。

### 2. 证券资信评级的工作程序

资信评级不仅只检查分析公司各种财务状况与措施，还要更加广泛地考察企业的行业前景、技术变化、职工状况、交易文件、管理当局的干预等。资信评级的工作程序一般如图 8-1 所示：

首先，审查客户资料。评估机构收到企业的评级申请时，一般要求客户提供一定资料以供审查，主要包括利润表、资产负债表、立项文件、担保书、各种协议及合同等，其中财务报表须经会计师事务所审计。

其次，签订评估协议书。评级机构审查客户资料，初步决定进行评级后，要组成专门小组与委托者会谈，初步了解企业概况及债务，同时让客户了解评级机构的水平、状况及评级的权威性、公正性，双方协商签订信誉评级协议书，信评委托关系正式成立。

再次，评级委员会讨论并确定。评级专门小组深入企业调查研究后，提出对该证券信用等级的初步意见。评级机构再根据该企业的特点及存在的问题，有针对性地聘请专家组成该项目的专家评委，对专门小组提出的信用等级进行踊跃讨论，投票确定信用级别，最后由专门小组以专家确定的信用级别为准，向委托人发出评估公告。

最后，公布评级及跟踪评估。最终评级结果将通过新闻媒体传播到社会，但为公告花费的一切费用由委托人负担。评级结果确定公布后，评级机构还要进行跟踪、监督。当被评估对象发生较大变化时，评级机构必要时还需按照变动的条件重新考虑评估结果。一般而言，评级机构每年应召开评审会议，对该年度发表的重要资信评级进行跟踪评估，使评级分析员能够及时讨论客户潜在的问题及发展计划的变动。

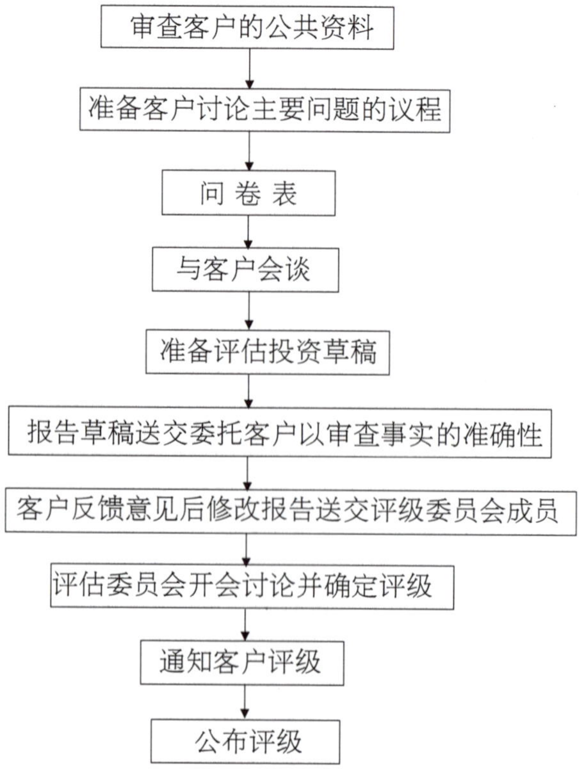


图 8-1 证券资信评级工作程序

## 四、创设证券资信评级指标体系

评级的指标体系是整个评级制度的灵魂，它直接关系到资信评级工作的严肃性、权威性和科学性，直接影响评级活动的生命力。因此，证券资信评级必须有一定指标体系，且该体系还需契合资本市场和企业的实际运营环境，以保证资信评级的时效性。

创设证券资信评级指标体系必须体现针对性、系统性和全面性。一个指标体系应该能准确地反映评级对象的特点与实际水平，且评级内容应该包括能够影响评级对象的主要因素。但资信评级对象不同，评估目的不同，决定其评级内容有所区别，针对不同的内容应该使用不同的指标体系，才能确保针对性。而要实现针对性的最好办法就是分类，如将债券指标体系分为工业债券、商业债券及工商企业债券等数种指标类别。而前者又可进一步划分为工业技术改造债券指标体系、工业短期融资债券指标体系等。每一评估对象的影响因素不同，每一指标体系的具体内容也不同。在多个指标体系中，应将影响评估对象的多个因素按影响程度不同加以区别，使其在指标体系所占的比重不同，并且每个因素量化成一个具体的指标，然后将其按影响程度做不同的加权，只有这样，指标体系才既有针对性又不乏系统性，具备一定科学性。

我国信用评级指标体系设置必须从实际国情出发，采取定量考核与定性考核相结合、静态分析与动态分析相结合、宏观与微观相结合以及对过去的分析与对未来的预测相结合。至于具体指标的设置，应先粗后细，由简到繁，逐步深化；应坚持宽严适度，坚持公正、公平标准，同时也考虑实际，尊重多数、照顾少数，这样才能保证指标体系的可操作性与广泛性。因此，在当前我国证券资信评估行业蓬勃发展的初期，在引进国外资信评级机构的先进指标体系时，应结合我国实际情况进行改造，对许多问题和分歧应反复讨论，在不违背指导原则的条件下，允许多种意见并存，使问题与意见能得到原则上的统一，达成共识。

目前我国证券资信评级的重点应放在债券评级上，股票评级由于难度高、可操作性差，可暂只对股票发行资格进行严格审核，其余业务留待时机成熟时再推出。另外，对各种商业票据，资信评级业也可作一定尝试，探索出合适有效的评级方法和体系，以引导、推动我国商业票据市场的发展。综上所述，我国目前的证券资信评级指标体系宜作如图 8-2 构建：

- 证券资信评级
  - 债券评级
    - 技改项目债券
      - 商业企业技改项目债券
      - 工业企业技改项目债券
    - 新建项目债券：工商企业新建项目债券
    - 短期融资债券
      - 商业企业短期融资债券
      - 工业企业短期融资债券
  - 股票评级：发行资格
  - 各种商业票据

**图 8-2　证券资信评级指标体系**

从发达国家资本市场的发展经验来看，公司债券融资额普遍大大超过股票融资额。随着我国证券市场的日趋理性和成熟，随着我国企业制度的日趋合理和完善，我国公司债券市场将大有可为，这将为我国的资信评级业提供良好的发展机遇，也将必然催生出一批资质优良、信誉卓越的资信评级机构。

# 第二章　证券资信评级的实务流程

证券尤其是债券，是资信评级制度产生的原动力，相应地证券资信评级的业务流程，在所有资信评级业务中，也是最成熟、最规范的。

证券资信评级制度源于西方，并为西方社会诚信体系的建设、经济发展立下不可磨灭的功绩。在西方发达国家的金融市场上，公司债券、政府债券、金融债券、优先股票、商业票据等在上市前必须先经过评级机构的评级，然后才能进入市场发行和交易。我国证券市场在发展过程中，也借鉴了这一制度，特别是西方关于证券评级的具体操作流程（如图 8–3 所示）。本文即对其中的内容详细加以论述。

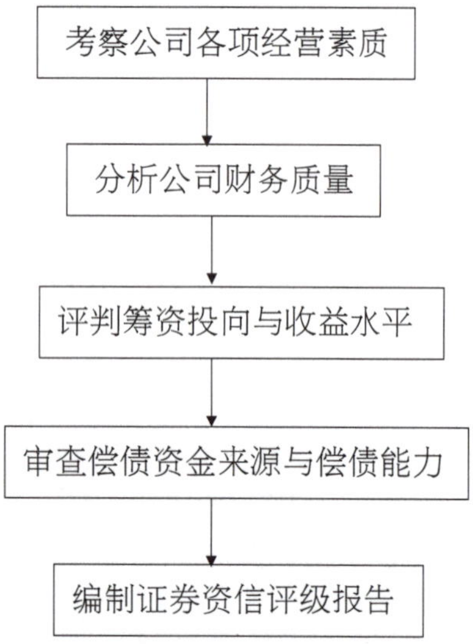


图 8–3　证券资信评级实务流程

## 程序一：考察公司各项经营素质

公司经营素质涉及的范围较广，包括公司简史、公司概况、公司员工安定状况、公司管理层经营能力、公司文化、公司所处的产业地位、公司在同行业中的竞争能力、公司的经济效益和社会效益等。上述素质能定量分析的较少，因此主要采用定性分析的方法。

1. 产业分析。产业分析的目的是为了判断该公司所属产业的发展趋势，是属于产业衰退阶段还是上升阶段，是较为稳定的产业还是对经济活动敏感的产业，进而评定该产业的总体趋势及发展前途，并评判公司在所属行业的整体竞争力。分析产业可采用如下具体指标：产业规模、产业产值占 GDP 的比重、产业的关联度和影响度、产业周期、产业从业队伍人数、产业经济组织的数量等。

2. 公司概况。包括公司及其控股子公司、办事处地址，公司主要生产车间的建成投产时间，公司的经济性质和法人代表，公司资本结构或股权状况，公司占地面积、建筑面积、公司注册资金、经营范围、职工人数、公司的发展业绩（包括固定资产原值和净值、自有流动资金、产值、产量、销售收入、利润总额、所得税等等）。

3. 公司竞争能力。首先，衡量公司基本素质，包括领导者的素质，即领导者的文化水平、技术水平、年龄结构及决策、协调、开拓、应变能力等；职工素质即职工的文化、技术水平、精神面貌、年龄结构、技术培训情况等；管理素质即经营管理体制、科学管理方法的采用及效果、各项计划的制定及实施、信息的利用及对市场的应变能力等。其次，检验公司生产素质，即设备总量及先进程度，实际完好率、利用率、技改状况、产品、品种、质量、成本、劳动生产率、人均利税等增长变化情况。此外，检验公司竞争的条件及能力即从布局、原料、技术人才、信誉等方面检验公司竞争是否具备竞争优势，同时检验公司巩固、开拓、适应市场的能力、新产品开发能力、销售合同履约情况、市场网络和国内外市场的竞争能力等。

4. 公司发展前景。主要是在公司所属行业发展趋势及产业周期基础上，结合在建和拟建项目的经营范围和主要经济指标增长变化预测及措施，项目在行业中的地位、社会作用和市场竞争能力，衡量公司在产业政策、区域经济规划中的地位、公司发展战略及规划的可行性。

## 程序二：分析公司财务质量

公司财务质量主要是通过分析公司资产流动性、负债比率、金融风险和资本效益等，来衡量并判断公司的财务质量水平。财务分析一般以定量分析为主，并采用一套较为系统、完整的指标体系来计量、测算及检验。

衡量公司财务质量的基本指标体系可分为四大项和若干对应指标。第一项：资金实力，主要测算全部资金自有率、流动资金自有率、流动比率；第二项：经营管理水平，主要测算收入增长率、资产净值率、资金周转加速率；第三项：资金信用，主要检验贷款偿还率、贷款月付率、贷款回收率；第四项：经济效益，主要检验利税增长率、资金利税率、销售利税率。上述四大类指标在具体运用时，不同的行业、不同的发行目的，检验和测算的具体内容不同，测算依据与结论也不同。实践中人们根据行业特点，对证券发行人财务指标分析作如下分类：

1. 收益性分析：收益即盈利是企业发展的根本目的，根本动力。因此，收益性是观察发行人财务状况是否良好的最重要指标，也是判断资本筹措能力及经营能力高低的标准。常用的量化指标有以下三个：

(1) 营业盈利率 $=\frac{\text{付利息与折旧前盈利}}{\text{营业收入总额}}\times 100\%$

该指标可检验发行人盈利能力变化的程度，该指标越高，表明其收益比率越高，发行人的支付能力越强。

(2) 长期资本付利前盈利率 =

$$\frac{\text{付利完税前盈利}}{\text{长期资本}}\times 100\%$$

该指标反映证券发行人资本的收益性，指标值越大，表明潜在投资人的获利程度愈高。

(3) 利息支付能力 $=\frac{\text{支付前盈利}}{\text{支付利息总额}}\times 100\%$

该指标可以用来测定证券发行人在何种程度上以盈利保证支付利息，指标值越高，表明其履行支付利息的能力越强，债权人的资金越安全。

2. 财务结构分析：即考察在收益变动条件下，证券发行人履约偿债的可能性。其常用指标有：

(1) 资本化率 =

$$\frac{\text{长期债务}}{\text{长期债务}+\text{少数股东股份}+\text{资本账户}}\times 100\%$$

此指标是评估证券发行人财务构成的最传统的指标，也是最重要的指标之一。若其指标值越大，表明由于收益下降发行人有可能发生利息支付困难。

(2) 负债比率 =

$$\frac{\text{总负债}}{\text{少数股东股份}+\text{资本账户}-\text{无形资产}}\times 100\%$$

此指标值越高，意味着在资金紧张时期发行人可能越缺乏财务弹性。

(3) 有利息负债比率 =

$$\frac{\text{短期债务}+\text{长期债务}}{\text{短期债务}+\text{长期债务}+\text{少数股东股份}+\text{资本账户}}\times 100\%$$

此指标可清晰评估证券发行人的资本比率。

3. 财务弹性分析：主要评估证券发行人通过经营活动获得资金，偿还债务的能力以及运用财务手段平衡负债、资产的能力。指标有两个：

(1) 资金流量比率 =

$$\frac{纯盈利 + 折旧费 + 延付税款}{长期债务余额} \times 100\%$$

其他条件不变时，此比率越高，表明发行人不必采取追加筹集外部资金或销售资产的方法，就可确保债务偿还。

$$(2)\ 流动比率 = \frac{流动资产}{流动负债} \times 100\%$$

## 程序三：评判筹资投向与收益水平

检查并分析公司项目筹资投向与收益水平，目的是确保本次筹资的必要性、可行性以及建设条件、资金和经济效益情况。其具体内容包括：

1. 项目概况：包括举建项目的原因、项目可行性研究报告、项目初步设计方案、项目立项的批准部门及批准文件、项目总投资及支出预算表等等。

2. 项目建设条件：主要考核项目建设的目的、意义、项目投资是否符合产业政策、项目在行业及区域经济中的地位，与项目建设有关的原材料、燃料、电、水、气、交通条件的落实和销售市场情况，项目建设资金来源，除证券发行融资外，企业地方自筹资金、国家或财政拨款、国内外贷款等项目资金的落实情况等。

3. 项目经济指标：主要有投资利税率、投资利润率、投资净现值、内部收益率、动态投资回收期等。但若是商业企业融资用于季节性采购、集中进货等用途时，需要随销售陆续回收的，或由于流动资金不足、短期内周转不灵等原因，而影响若干指标值大小，仍可认定筹资投向合理。

4. 公司履约能力：考察公司履约能力，是抛开筹资投向项目本身能带来的收益，转而分析整个公司筹资以后的整体效益与收益能力。其主要内容包括改善资金结构程度和筹资履约的承受能力。考察改善资金结构重点是考核公司流动资金结构，从而预测公司对所筹资金的还本付息能力。考察筹资发展的承受能力，实际上是从总体看企业的经营收入及筹资本金与费用及利息的对比，其作用还是评估公司的偿债能力。

值得注意的是，筹资投向与收益水平分析虽然是证券评级内容的有机组成部分，但其主要取决于筹资投向项目对履约计划的影响程度，故重要性相对次之。例如公司发行债券筹集资金用于技术改造，期限两年，则对该项目分析筹资投向至关重要，因其技术的必要性、可行性与投资效益等直接影响到两年后公司偿还债券本金与利息的能力。因此，对此种证券评级中的筹资投向分析，在整个评级内容中所占比重应该适当加大。但对股票发行来讲，公司发行股票筹集资金，无须对购买者偿还本金，只需支付股息和红利，而支付股息和红利的弹性较大，甚至在某种情况下，经公司董事会讨论决定，公司当年不分红派息而留待来年分发或充当公司发展基金。因此，在这种评级中，所筹资金投向的效益对公司支付股息及分红的能力的影响相对较弱，而公司到期履约能力才是至关重要的，并对长期分红付息能力产生直接影响，故须加大对公司履约能力分析的比重。

## 程序四：审查偿债资金来源与偿债能力

对债券发行资信评级而言，审查资金来源的可靠性和数量大小、评估发行公司的偿债能力，对确保债券投资者本息安全有重要意义。公司偿债资金的来源主要包括：减免营业税、所得税、税前还贷、发展基金、能用于还贷的折旧基金、能用于偿还固定资产债务的其他资金等。

审查债券发行人的偿债能力的内容主要包括两个方面：首先是发行人偿债资金来源与全部到期债务的偿还能力，凡够全部偿还可评最高分，否则按得率递减；其次是偿债资金来源与已发行全部到期债券的偿还能力，评估标准与前者一样，即能够全部偿还的给满分，否则按得率递减。

债券发行人偿债能力预测的具体考核指标有以下两项：一是改善资金结构，即从改善流动资金结构方面预测所发行的融资债券的还本付息能力，首先分析融资发行期内的流动资金松动情况，包括：①压缩产品资金；② 清理回收应收货款；③处理积压物资；④压缩发出商品资金占用；⑤能增加的预收货款；⑥新增加的其他可参与周转的资金。其次分析融资债券发行期内必须支付的应付款。以上收支相抵,资金净来源达到本期融资债券本息 50%以上的,则该指标可得最佳值。二是偿债承受能力,其依据是:

本期融资债券本息占计划日销售比率(天)= 本期融资债券总额 + 到期利息 / 融资债券发行期内计划平均日销售收入

另外,对流动资金结构正常合理的公司,其编制有融资券发行期内财务收支计划的,根据财务收支计划判断还款来源可靠的,也可视为合理标准。

一般的,在以保护投资者利益为目的的证券资信评估中,需要分析有关的债务证书,预测评估发行人的偿债能力。因为债务证书的内容一般都用来详细规定或限制证券发行人的,如公司作为债务人与公司债权人的权利及义务关系的文件。债务证书分析的主要内容包括:

●财务状况恶化的限制性条款,主要涉及的内容一般为对投资的限制、对债务的限制、对周转资金的限制、对分红的限制等。

●增加担保等有关事项的限制性条款,一般涉及的主要内容有:对提供担保的限制、对售出回租的限制、对子公司财产优先权的限制等。在这里需要特别指出的是,西方国家在资信评级时对债务证书中增加担保事项的限制性规定较严格,很少发生恶性担保事件。而我国则恰恰相反,上市公司财务的不透明以及担保条款的不规范致使恶性担保事件屡屡发生。2003 年,以啤酒花、奥园发展为代表的上市公司担保圈对中国资本市场发展的冲击非同一般。

●资产处置的限制性条款,一般涉及的主要内容有对处置公司的主要营业单位的限制,对处置子公司的股票及债务的限制等。

一般情况下,在债务证书中对财务限制的条款较少者,其信誉评级的级别可能相对较高。

另外,在某些收益较高同时风险也较大的债券发行中,可能会考虑公司破产的清算价值,其中

$$清算价值率 = \frac{纯资产}{长期债务余额} \times 100\%$$

因为公司破产时,是按照法定清偿次序对长期债务人所剩余的资产净值进行清偿的,它是对债权人最后的经济保障。

## 程序五:编制证券资信评级报告

在前 4 个程序中,分别对发行公司的经营素质、财务质量、筹资投向及偿债能力给出分析评判,并设置若干具体量化指标。在完成上述内容分析后,就着手编制证券资信评级报告,对各个指标进行给分,并计算总分,得出评级结论。

由于股票评级难度较高,不易操作,而债券尤其是公司债券在我国有着广阔的前景,因此债券评级在我国

有广泛的实用意义，故在此以债券评级为例。公司发行债券目的一般有以下三种：一是为公司技术改造而筹集发行债券资金；二是为公司新建项目筹资；三是公司出于经营需要进行短期融资。债券发行的目的不同，其债券评级编制报告的内容与方法也不相同。下面以工商类企业用于新建项目而发行的债券为例，详细阐述证券资信评级报告的内容与评分标准。

第一项：公司概况。该项不计分，主要介绍公司的地址名称、历史沿革、隶属关系、建筑面积、注册资金、经营范围、固定资产、业务开拓、流动资金、经济效益等。

第二项：经营素质。该项总标准分为 10 分。其中公司领导群体素质占了 3 分，如领导综合文化水平、业务素质、团结协作、开拓进取、领导决策及应变能力等；经营管理制度占 4 分，如公司的基础管理制度的建立与实施、经营方针、营销策略、市场网络的建立和巩固、生产设备的先进程度等；公司竞争能力占 3 分，如公司在同行中的地位，在指导生产、疏通渠道、开发品种、开拓市场、提高服务质量等方面的竞争力。

第三项：财务质量。此项总标准分为 36 分。其中公司资金实力占 9 分，包括全部资金自有率、流动资金自有率、资金流动比率等；经营管理能力占 9 分，包括销售收入增长率、商品库存适销率、全部流动资金周转加速率等；资金信用占 9 分，包括流动资金贷款偿还率、货款支付率、贷款回收率等；经济效益占 9 分，包括利润增长率、销售利税率、资金利税率等。

第四项：筹资项目。该项标准满分为 24 分。其中项目的建设条件占 5 分，如项目的建设意义、是否符合国家政策、在区域的地位；项目资金落实情况占 5 分，如国拨资金、自筹资金、银行贷款等的落实情况；项目经济指标占 5 分，如财务内部收益率、动态投资回收期等；项目在行业中的地位、作用和市场竞争能力占 5 分；项目的经营范围和主要经济增长指标增长变化预测及措施占 4 分。

第五项：偿债能力。该项标准满分为 30 分，其中偿债资金来源占全部到期债务偿还能力 20 分，偿债资金来源包括税前还贷、发展基金、折旧基金等，凡能够全部偿还的给满分即 20 分；偿债资金来源占已发行全部到期债券的偿还能力占 10 分，凡能够全部偿还的可得 10 分，否则按得率递减。

上述五大项的满分合计为 100 分，但这并不包括经验评估加减分数。所谓经验评估是指各专家评委在上述几个方面评价的基础上，认为有必要时可根据公司的实际状况在 5 分范围内加减若干分。因此，前五大项的评估总分加上经验评估分才是该债券的最后得分。

债券得分与债券信用等级之间的关系如表 8-1 所示：

**表 8-1　　债券资信等级含义表**

| 级别分类 | 级别划等 | 级位次序 | 计分标值 | | 级别含义 |
|---|---|---|---|---|---|
| | | | 下限 | 上限 | |
| 投资级 | 一等 | AAA | 90 | 100 | 该债券品质极佳，可信度很高，到期具有极高的还本付息能力 |
| | | AA | 80 | 89 | 该债券品质优良，安全信用度适当，还本付息能力很高，投资者基本没有风险 |
| | | A | 70 | 79 | 该债券到期有一定的还本付息能力，经采取保护措施后，很可能按期还本付息，投资风险较低 |
| 投机级 | 二等 | BBB | 60 | 69 | 债券品质一般，偿债资金来源不足，有可能延期支付本息，投资者有一定风险 |
| | | BB | 50 | 59 | 债券安全信用度存在危险性，还本付息能力脆弱，有投机因素 |
| | | B | 40 | 49 | 债券安全性欠佳，发债公司收益率低，投机因素较大，具有较大风险性 |
| 投机级 | 三等 | CCC | 30 | 39 | 债券到期还本付息能力很低，投资风险极大，可能违约 |
| | | CC | 20 | 29 | 发行人基本没有能力还本付息，债券安全信用度危险 |
| | | C | 0 | 19 | 发行人濒临破产，债券到期无还本付息能力 |

总之，随着我国公司债券市场的发展，随着我国证券发行审核制度从核准制向注册制方向改革的深入，随着我国资本市场与国际资本市场的接轨，证券资信评级制度将在我国得到广泛应用，证券资信评级将成为证券发行过程中必不可少的程序，是一项有效保障投资者利益、进而促进证券市场繁荣与发展的重要措施。

# 第三章 上市公司的信誉评级

为企业评级，服务于投资者，培育社会诚信体系是资信评级业的创立目的。上市公司的信誉评级是对公司在一般性的商业交往、投资合作及信贷活动中的兑现状况及信用程度的综合评价，又是对公司的生产、经营管理、发展前景及经济效益状况所进行的全面考察与综合会诊。当今我国市场经济正热切呼唤诚信精神，而上市公司作为国民经济增长的中坚力量，对其进行信誉评级，意义不言而喻。

## 一、上市公司信誉评级的主要内容

上市公司信誉评级工作的主要宗旨是面向公司，服务社会，提高公司的透明度，保障广大投资者的利益。从此宗旨出发，上市公司信誉评级的主要内容一般包括以下五个方面：公司素质、经营管理、资金信用、经济效益和发展前景。

### 1. 公司素质

公司素质可从公司概况和公司综合评价两方面描述。公司概况主要指公司名称、地址、法人代表、注册资金、经济性质、隶属关系、建成或正式投产时间、占地面积、设备技术、资产总额、固定资产、职工人数、生产经营范围、主导产品种类与性能、产品产量与质量、市场销售及盈利情况等。公司综合评级包括公司所处的产业地位，公司领导群体的文化结构与实力、决策开拓及应变能力、职工队伍的文化水平与素质、公司科研开发与工艺生产水平、公司主要业绩及获得的荣誉与受奖情况、公司的发展前景等。

虽然上述公司素质同时也属于公司债券评级内容，但两者侧重点并不一样：在公司债券评级中，对公司素质的考查并不严格，考查结果不计分或少量计分。而在公司信誉评级中，对公司素质的考查较为严格，尤其是公司领导群体素质的评价、公司经营管理能力的评价以及公司市场竞争能力的评价。

### 2. 经营管理

公司经营管理方面的内容是公司信誉评级中的重点内容，也是较为复杂的内容。总体而言，经营管理侧重考察以下三方面内容：一是生产与销售情况；二是新产品的开发与现有产品的库存情况；三是成本费用核算与资金使用情况。在这方面，具体的量化衡量指标有：销售增长率、库存适销率、销售货款回收率、费用与成本降低率、合同履约率、全部流动资金周转加速率等。

在实际工作中，各量化指标因公司的产业类别不同而需做一定的调整。如库存适销率，在工业类公司中应是成品适销率，在商业类企业中则为库存商品适销率，在进出口类公司中则为出口商品库存适销率，而在建筑安装公司中则不存在适销率。

### 3. 资金信用

上市公司的资金信用主要包括以下两方面内容：一是公司资产结构与发展，二是资金的履约与周转情况。考查上市公司的资金信用，既可看出公司的资金规模和实力的大小，又可看出公司的财务质量和履约能力。上市公司资金信用的考察方法主要是以量化指标定量考查，这些指标可分为以下三类：(1)反映资产结构与质量，如全部资金自有率、定额与非定额流动资金自有率；(2)反映资产的流动性与安全性，如定额资产与非定额资产的流动比率、呆滞资金占压率；(3)反映资金履约与周转情况，如流动资金贷款偿还率、贷款逾期率、贷款承付率。

### 4. 经济效益

从根本上说，在市场经济环境中，任何企业成立的目的都是为了获取经济利益。经济效益主要表现为公司的利润实现情况，如实现并完成纳税金额、利润增长率等。经济效益与投资者利益息息相关，受到投资者的普遍关注，故在上市公司信誉评级中占有极为重要的地位。上市公司在整个资本市场的融资活动中，应按照信息披露规范的要求，不断向投资者公布公司的经济效益，以提高投资透明度。在公司经济效益评估过程中，公司应向评级机构提供充分、真实的原始材料，包括：公司信誉评级的委托说明书；政府主管部门批准的营业执照等有关文件；公司产品管理简介；公司对外信誉状况，如对外经济合同的签订、履约情况、信贷资金活动情况、对外担保情况等；公司近两年经审计的资产负债表、现金流量表等会计报表。

### 5. 发展前景

对证券战略投资者而言，上市公司发展前景也是极为受关注的内容之一。考查上市公司的发展前景，可以从以下几方面入手：公司的所在产业发展趋势、公司中长期发展规划和措施。公司产品的市场地位和市场竞争能力、公司领导层对突发事件的应变能力等。至于具体的考查方法，因为缺乏具体、明确的可计算指标，考查结果可因人而异、弹性较大，故与公司素质的考查方法基本相同，主要凭借评估人员的经验和水平定性分析。

## 二、上市公司信誉评级的指标体系

公司评级的指标体系是上市公司信誉评级的生命线。上市公司信誉评级的指标体系的创设与各上市公司所属的行业特点密切相关，它是在上述五个评级分类的基础上，据各行业特征和经营范围设置不同的评估指标并制定相关的计算公式。其中，由于公司素质、发展前景属于定性评估，考察方法基本类似，故区别主要在于经营管理、资金信用、经济效益的指标衡量上。

- 上市公司信誉评级指标体系
  - 工商企业指标体系
    - 工业企业指标体系
    - 商业企业指标体系
    - 建筑安装企业指标体系
    - 进出口企业指标体系
  - 金融机构指标体系
    - 商业银行指标体系
    - 保险公司指标体系
    - 信托投资公司指标体系
    - 城市信用社指标体系

图 8-4　上市公司信誉评级指标体系

一个完整的上市公司信誉评级体系如图 8-4 所示。鉴于我国上市公司的行业具体分布情况，下面选出若干具有代表性和实用性的指标体系加以详细介绍。

### 1. 工业企业信誉评级指标体系

经营管理指标：

(1) 产品销售增长率 =

$$\frac{\text{本期产品销售收入总额}-\text{上期产品销售收入总额}}{\text{上期产品销售收入总额}}\times 100\%$$

(2) 产品销售率 $=\dfrac{\text{销售产品工厂成本}}{\text{全部产品工厂成本}}\times 100\%$

(3) 一级品率 $=\dfrac{\text{一级品产品值}}{\text{全部产品值}}\times 100\%$

(4) 新产品计划开发计划完成率 =

$$\frac{\text{新产品实际值}}{\text{新产品计划值}} \times 100\%$$

(5) 成品库存适销率 $= (1-\frac{\text{呆滞积压产品}}{\text{期末成品资金}}) \times 100\%$

(6) 合同履约率 $= (1-\frac{\text{未履行销售合同份数}}{\text{应履行销售合同份数}}) \times 100\%$

(7) 全部流动资金周转速率 =

$$(1-\frac{\text{本期全部流动资金周转天数}}{\text{上期全部流动资金周转天数}}) \times 100\%$$

资金信用指标:

(8) 全部资金自有率 =

$$\frac{\text{固定资金}+\text{流动资金}+\text{其他单位资金}+\text{股金}}{\text{全部资金平均余额}} \times 100\%$$

(9) 定额流动资金自有率 =

$$\frac{\text{流动资金}+\text{其他单位投入流动资金}+\text{股金(流动部分)}}{\text{定额流动资金平均余额}} \times 100\%$$

(10) 流动比率 =

$$\frac{\text{定额流动资产}+\text{发出产品}+\text{货币资金}+\text{应收票据}+\text{应收预付货款}+\text{其他应收款}}{\text{流动资金借款}+\text{短期融资债券}+\text{应付票据}+\text{应付预收货款}+\text{其他应付款}+\text{欠缴利税}} \times 100\%$$

(11) 呆滞资金占压率 =

$$\frac{\text{积压物资}+\text{待核销财产损失}+\text{未补亏损}+\text{应摊未摊费用}+\text{逾期未收款}+\text{挤占挪用资金}}{\text{期末全部资金占用}} \times 100\%$$

(12) 流动资金贷款偿还率 =

$$(1-\frac{\text{逾期流动资金贷款}}{\text{流动资金贷款总余额}}) \times 100\%$$

(13) 货款支付率 =

$$\frac{\text{期初应付货款}+\text{本期外购货款}-\text{期末应付货款}}{\text{期初应付货款}+\text{本期外购货款}} \times 100\%$$

经济效益指标:

(14) 销售收入利润率 $= \frac{\text{利润总额}}{\text{销售收入}} \times 100\%$

(15) 资金利税率 =

$$\frac{\text{利税总额}}{\text{固定资金平均余额}+\text{全部流动资金平均余额}} \times 100\%$$

(16) 利润增长率 =

$$\frac{\text{本期利润总额}-\text{上期利润总额}}{\text{上期利润总额}} \times 100\%$$

## 2. 商业企业指标体系

经营管理指标:

(1) 商品销售增长率 =

$$\frac{\text{本期销售收入}-\text{上期销售收入}}{\text{上期销售收入}} \times 100\%$$

(2) 商品流通费用率 $= \frac{\text{商品流通费用总额}}{\text{商品销售额}} \times 100\%$

(3) 库存商品适销率 $= \frac{\text{库存商品总额}-\text{有问题商品}}{\text{库存商品总额}} \times 100\%$

(4) 销售货款回收率 =

$$\frac{\text{期初应收货款}+\text{期初委托银行收款}+\text{商品销售总额}-\text{期末应收货款}-\text{期末委托银行收款}}{\text{期初应收货款}+\text{期初委托银行收款}+\text{商品销售总额}} \times 100\%$$

资金信用指标:

(5) 流动资金自有率 $= \frac{\text{自有流动资金}}{\text{全部流动资金平均余额}} \times 100\%$

(6) 流动资金自补率 $= \frac{\text{实补流动资金}}{\text{应补流动资金}} \times 100\%$

(7) 流动比率 =

$$\frac{\text{商品及材料}+\text{货币资金}+\text{委托银行收款}+\text{应收预付货款}+\text{应收票据}+\text{其他应收款}}{\text{流动资金借款}+\text{短期融资债券}+\text{货到未付款}+\text{应收票据}+\text{其他应付款}+\text{欠缴利税}+\text{应付预收货款}+\text{商品削价损失准备金}} \times 100\%$$

(8) 呆滞资金占压率 =

$$\frac{\text{有问题商品}-\text{待核销财产损失}+\text{未补亏损}+\text{应摊未摊费用}+\text{逾期未收款}+\text{挤占挪用资金}}{\text{期末全部资金占用}} \times 100\%$$

(9) 货款支付率 =

$$\frac{\text{期初应付货款}+\text{本期购货款}-\text{期末应付货款}}{\text{期初应付货款}+\text{本期购货款}} \times 100\%$$

(10) 贷款偿还率 =

$$(1-\frac{\text{逾期流动资金贷款额}}{\text{流动资金贷款总余额}}) \times 100\%$$

经济效益指标与工业企业类似。

## 3. 商业银行指标体系

(1) 存款增长率 $= \frac{\text{本期存款余额}-\text{上期存款余额}}{\text{上期存款余额}} \times 100\%$

(2) 贷款资金自给率 $= \frac{\text{各项存款余额}}{\text{各项贷款余额}} \times 100\%$

(3) 贷款规模完成率 $=\frac{\text{各项贷款实际余额}}{\text{各项贷款规模余额}}\times 100\%$

(4) 贷款周转次数 $=\frac{\text{各项贷款累计收方发生额}}{\text{各项贷款平均余额}}$

资金信用指标:

(5) 贷款逾期率 $=\frac{\text{期末逾期贷款额}}{\text{期末各项贷款余额}}\times 100\%$

(6) 资产安全率 $=\left(1-\frac{\text{不良资产余额}}{\text{全部资产余额}}\right)\times 100\%$

(7) 贷款安全率 $=\left(1-\frac{\text{呆账贷款}+\text{有问题贷款}}{\text{各项贷款余额}}\right)\times 100\%$

(8) 流动比率 $=\frac{\text{流动性资产余额}}{\text{各项存款余额}+\text{借入资金}}\times 100\%$

(9) 清偿能力比率 $=\frac{\text{自有资金及视同自有资金}}{\text{负债总额}}\times 100\%$

经济效益指标:

(10) 综合费用率 $=\frac{\text{业务支出}+\text{企业管理费}}{\text{营业收入}+\text{金融机构往来收入}}\times 100\%$

(11) 资金成本率 =

$$\frac{\text{利息支出}+\text{金融机构往来支出}+\text{折旧支出}+\text{业务支出}+\text{企管费}}{\text{营业收入}+\text{金融机构往来收入}}\times 100\%$$

(12) 利润增长率 $=\frac{\text{本期利润}-\text{上期利润}}{\text{上期利润}}\times 100\%$

## 三、上市公司信誉评级的操作范例

指标体系为各类上市公司的信誉评级提供量化的计算指标。但这些量化指标一般只用在经营管理、资金信用和经济效益三个方面，这种分析方法一般被称为定量分析和客观性评级，即客观性→财务数据→定量分析。对于富有抽象性的公司素质和发展前景而言，一般被称为定性分析和主观性评级，即主观性→主观判断→定性分析。无论何种内容、何类指标、何种因素，在上市公司信誉评级的具体操作过程中，都要赋予一定的判断标准和分值，最后汇总总分得出评级结论。下面就建筑安装企业的指标体系为例，详细阐释其中的评级标准和计算过程。

### 1. 公司素质（6 分）

公司素质满分为 6 分。其评估内容包括职工队伍素质、领导素质和综合能力、管理素质等。评级人员凭主观判断打分：优良满分，较好 5 分，一般 4 分，较差 2 分。

### 2. 经营管理（37 分）

● 工程年度竣工率（6 分）。标准值为国有企业 35%，集体或私营企业 50%；达标准值以上满分，每降一个百分点扣 0.2 分。

● 工程优良品率（6 分）。标准值为 30%以上，达标或超标者给满分，每降一个百分点扣 0.3 分。

● 工程质量合格率（5 分）。标准值为 100%，每降一个百分点扣 0.2 分。

● 技术人员比例（3 分）。标准值为建筑施工企业为 8%，安装企业为 10%，每降一个百分点扣 0.2 分。

● 合同工期履约率（5 分）。标准同上。

● 施工图预算准确率（4 分）。标准值为 95%以上；达标或超标给满分，每降一个百分点扣 0.5 分。

● 安全施工率（4 分）。标准值为死伤 1%，达标者给满分，受伤人数超过 1%或发生死亡不给分。

● 结算纪律执行（4 分）。主要执行以下四项标准：无欠缴利税和滞纳金罚款，无出借银行账户，无空头支票，无不执行现金管理制度。无违反者得满分，每违反一项扣 1 分。

### 3. 资金信用（31 分）

● 固定资产净值率（5 分）。标准值为 70%以上，达 70%得满分，每降一个百分点扣 0.1 分。标准值为 50%以下的按满分 60%以下给分值。

● 机械设备净值率（4 分）。标准同上。

● 固定资产增值率（3 分）。标准值为 3%，达 3%以上得 3 分，每降一个百分点扣 1 分，负增长为负 1 分。

● 全部流动资金自有率（5 分）。标准值为国家控股企业 6%，其他企业为 4%；达标者得 5 分，否则每降一个百分点扣 0.5 分。

● 资金流动比率（6 分）。标准值为 120%以上，每降一个百分点扣 0.2 分，若未达标但比历史值上升，则可适当少扣分。

● 货款支付率（4 分）。标准值为 100%，每降一个百分点扣 0.2 分。

● 贷款偿还率（4 分）。标准值为 100%，每降一个百分点扣 0.2 分。

### 4. 经济效益 （20 分）

● 全员劳动生产率（4 分）。标准值为建筑施工企业为 1.2 万元 / 人，安装企业为 1.4 万元 / 人；达标者得满分，每降一个百分点换算成百分比扣 0.2 分。

● 产值计划完成率（4 分）。以计划拟订值为标准，达标值以上给满分，每降一个百分点扣 0.4 分。

● 产值利润率 （4 分）。以国家设置的目标为标准值，每降一个百分点扣 1 分。

● 资金利税率（4 分）。同样以国家目标为标准值，每降一个百分点扣 0.5 分。

● 利润计划完成率（4 分）。以计划拟订值为标准，达标者得满分，每降一个百分点扣 0.4 分。

### 5. 发展前景

公司发展前景评估可以分三项：公司中长期发展规划及措施占 2 分；公司市场竞争及应变能力占 2 分；公司管理制度的先进性占 2 分。评估人员可据经验判断：优者满分，良者 1.5 分，差者 1 分。

对上市公司作了上述五大内容的判断评估及指标计算后，即可汇总得出总分数。不同的分数值对应不同的信誉级别，即根据公司得分高低而区别出公司信誉的等级。分数值与信誉级别的关系如表 8-2 所示：

表 8-2　　上市公司信誉级别及说明

| 级位次序 | 记分标准 | | 区别含义 | 说　明 |
|---|---|---|---|---|
| | 下限 | 上限 | | |
| AAA | 90 | 100 | 信用极好 | 公司资金实力雄厚，资产质量优良，各项指标先进，经营管理状况良好，经济效益明显，清偿支付能力强 |
| AA | 80 | 89 | 信用优良 | 公司资金实力较强，资产质量较好，各项经济指标先进，经营管理状况较好，经济效益稳定，有较强的清偿与支付能力 |
| A | 70 | 79 | 信用较好 | 公司资金、资产质量一般，有一定实力，经济效益不够稳定，清偿与支付能力有一定难度，但不致发生危机 |
| BBB | 60 | 69 | 信用一般 | 公司资产、财务、信用状况较差，各项经济指标处于中等水平，经营管理不佳，经济实力不强，清偿与支付能力差，有一定风险性 |

## 四、上市公司信誉评级的社会效应

上市公司信誉评级有助于使上市公司之间形成优劣对比，有助于投资者认识上市公司之间的特征差异，也有助于证券监管部门实施行之有效的监管。故公布上市公司信誉评级结论具有广泛的社会效应。

首先，对上市公司可起到广告宣传效应。上市公司信誉评级的结论一旦公布，投资者就会多拥有一项区别上市公司优劣的工具，对那些 AA 级以上的公司会形成良好的宣传口碑，无疑起到极大的广告宣传作用，进而优化上市公司对外形象，促进公司产品销售。其次，对投资者可起到屏障保护效应。信誉评级结果对上市公司而言，犹如品牌标识，优秀级别的公司可以起到品牌宣传的作用，与此同时，级别恶劣的公司也会被识别出来，使投资者认识到隐藏在公司内部的管理盲点，从而避开投资风险，有效保护投资者利益。最后，对资本市场发展可以起到激励约束效应。上市公司是资本市场发展的基石，上市公司信誉评级制度使上市公司产生公开的优劣好坏之分。为避免冠上低劣的印象，信誉差的上市公司必然会励精图治，优化经营管理，提升公司经济效益，从而改善公司形象。

因此，从某种意义上说，上市公司信誉评级制度是一种奖惩机制，这种奖优罚劣，不仅体现在广大的投资者身上，更多地体现在整个社会大环境中，政府、金融机构、一般合作厂商及广大的民众都会根据信用评级结果重新审视所认识的上市公司。信誉好者，众人助之；信誉差者，众人拒之。当然这种信誉评级信息来源要客观真实、评判标准要公正，指标体系要科学，才能起到以上市公司讲诚信为先导，去营造一种全社会都重信誉的良好氛围。

# 第四章 境外资本市场资信评级制度巡视

资信评级制度与一国的经济发展水平密切相关。我国要创设资本市场的资信评级制度，不妨借鉴美国、英国、日本等发达国家的成功经验。

资本市场资信评级制度与经济发展水平密切相关。早在19世纪末20年代初美国工业化经济迅速增长时期，为满足工业不断增长的货运需要，铁路运输行业需要筹集大量资金增加新路线，因此许多公司通过发行债券在资本市场筹资。但这些公司的资信质量有很大的差异，为比较不同债券之间的不同资信风险，资信评级在美国应运而生。而且随着战后英国、法国、日本、韩国等国家经济的崛起和资本市场的发展，各国相继成立资信评级机构，国际资信评级业从此繁荣。

## 一、美国模式：资信评级制度的复制蓝本

资本市场资信评级制度始于

美国。美国资信评级业产生于市场的需求,是从商业信誉评价逐步发展起来的。早在1837年,路易斯·诺班在纽约建立了第一个商人信誉评级机构,1847年,约翰·布拉特建立了自己的资信评级机构,并于1857年出版了第一本资信评级指南。1909年,约翰·穆迪在其出版的《美国铁路投资分析》中,为每一家铁路公司的债券进行评估,并排列了债券评估等级,受到投资者的热烈欢迎,也是资本市场资信评级制度的一个重要里程碑。

经历了20世纪30年代的大危机之后,人们开始审视债券到期无法兑现和其他证券风险问题,信用评级由此进一步受到资本市场各方的关注,投资者和发行者对资信评级的需求均有所增长。资信评级开始根据设计不同的金融工具分类细化,更重要的是,监管者开始使用资信评级,如:1930年,联邦储备银行开始在检查其所属资产的组合中使用资信评级;1931年,美国财政部采用资信评级作为考查国家银行债券账号质量的标尺;1935年,美国国会银行法案和联邦储备法案确定国家银行和各州银行只能购买达到评级标准的证券。

进入20世纪70年代以后,美国债券市场得到极快发展,融资额是股票市场的10倍;同时,新的更为复杂的金融衍生工具开始出现并被广泛应用,资信评级业的规模和利润随之全面扩大。此阶段的标志性事件是1975年NRSRO的诞生,美国证监会(SEC)将有效评级资信限定在国家认证的统计评级组织体制之中,即NRSRO(Nationally Recognized Statistical Ratings Organizations)。NRSRO的使用范围不再局限于债券,而是逐渐被扩展到证券、养老金、银行、保险等其他金融业的监管当中。至此,资信评级伴随着NRSRO体制的扩张成为不断发展和具有更大风险性的资本市场体系中不可缺少的组成部分。需要特别指出的是美国资信评级业有一个特点:对于同一受评对象,投资者坚持至少有两家评级机构的评估,从而通过评估机构之间的竞争得出高质量的分析报告。但在竞争加剧的同时,市场内又形成相对平衡的格局,各评级机构的经营状态相对稳定。久而久之,这种体制的弊端开始显露出来。

进入21世纪后,随着安然、世通等跨国公司的破产,人们对美国金融体系进行反思的同时也波及市场信用的把关者资信评级业,即重新认识资信评级机构在资本市场的功能和角色,重新考虑政府对资信评级业究竟应该监管到何种程度。因此,社会民众对资信评级业提出改革的要求,主要形成两种思路:一是加强监管,通过立法,对资信评级程序提出更严格的要求;二是停止NRSRO认证,退出评级市场监管,设计出另外的方式完成监管目标。2003年6月,美国证监会发布"概念声明"(Concept Release),就此征集各方意见;同时,SEC批准了加拿大的一家评级公司新加入NRSRO系统以鼓励竞争。

根据SEC网站的列表,回应"概念声明"的"条例修改建议书"(Rule Proposal)反响热烈,它包括实业界、学术界、资信评级业界等。其中发自美国机构投资者协会(The Investment Company Institute)的意见可代表美国投资公司对这份纷争的态度。因为该协会拥有8600多家共同基金,其会费的总资金达6.697万亿美元,占整个基金市场规模的95%。大致而言,投资公司协会反对取消NRSRO,但应该重新评估当前对资信评级机构的监管结构,其具体意见有四:一是强化对资信评级机构的监督体系;二是要求评级机构就评级流程中所使用的信息来源、标准、程序和政策做公开披露;三是建立新的公开评价体系,考查评级机构的表现、标准及评级方法;四是要求评级机构对他们的评级结果承担法律责任。可以预期,SEC将会根据惯例,充分尊重市场意见,对现行NRSRO体制作出一定改革,使其进一步健全完善。

在资信评估机构中,以穆迪、标准普尔为代表的美国评估公司已成为当今世界资本市场资信评级业的代名词。一方面,这两大公司继续坚持美国国内资本市场的资信评级事业,不断地利用各种机会开拓评估市场与评估业务,将业务范围扩展至财务担保、抵押担保、保险理赔、基金等;另一方面,随着欧洲、亚洲资本市场的兴起与繁荣,两大公司将资信评级活动传播至世界各国,这不仅将公司自身业务扩展至全球,而且是国际资本市场的渴望扩充的内在要求,客观上是公司自身发展的需要。

资信评级制度始于美国也繁荣于美国,世界其他国家在发展本国资本市场过程中,充分借鉴美国的发展经验,先后复制了美国资信评级业的发展规模,从而使美国模式享有“资信评级制度复制蓝本”的美称。

## 二、英法模式：官方推动 积极监管

从历史上看，资本主义革命发端于欧洲，英国、法国、德国的市场经济和银行业发展较早也较为成熟。在相当长一段时间内，即20世纪80年代以前，欧洲银行资金相对充裕，公司发展主要依靠银行融资。虽然资信评级几乎可以适用于所有的债务种类，包括商业票据、债券、贷款、股票及信用证等，但在英法等欧洲国家这些投资范围的可供程度和资本市场的发展水平各有差异。因此，当时欧洲本土资本市场对资信评级的需求不大。

很大意义上说，欧洲的资信评级是由美国投资者推动的。在当时的欧洲资本市场中，相当部分的欧洲公司希望吸引美国投资者，而要吸引美国投资者，就必须按照美国投资者的要求进行资信评级。英法等国政府顺应这种形势，决定发展资信评级作为扩展其市场的一种有效措施，于是市场环境朝着促进资信评级方向发展。各国政府均规定，资信评级机构需要官方认可才能够成立；某机构要进入当地资本市场，就必须获得资信评级并取得合格的资信等级。德国是一个例外，在德国的金融制度中，融资方式与渠道脱离银行媒介向金融市场发展并不明确，故银行仍然是德国公司资金的主要供应者，资信评级活动主要是适用于一些国际性的债务发行者。因此，欧洲的资信评级业以英法两国最具代表性。

### 1. 英国

英国是工业革命和市场经济的发源地，有着历史悠久、规模庞大又相对复杂的金融市场和投资者，而且英国与美国的社会、经济联系密切，这一切使得英国的市场比欧洲其他市场更有可能和更愿意接受资信评级。在英国，经纪人、经纪商投资于未被评估的证券时，发行人必须有较高的资本配置比例，因此经纪商通常需要评估证券。但协会同时规定，如果该公司是上市公司则可得到豁免。实际上，英国资本市场上绝大多数证券发行公司都是上市公司，因此经纪商持有未被评估的证券压力不大，资信评估需求在英国本土市场并不明显。但随着金融市场的国际化，英国的证券发行人越来越倾向于在美国资本市场发行证券，获得资信评估是其发行的先决条件。美国的机构投资者涉足英国的投资市场时，也仅愿意投资那些拥有较好资信评级的证券，从而推动了英国资本市场接受并扩大资信评级需求。政府为拓宽企业融资来源，也积极鼓励公司海外融资，故主动介入资信评级领域，引进、推动本国资信评级机构的建立，经常认可并公布合适的资信评级机构名单，并加强监管，使发行者和投资者有据可依，使资信评级在英国的作用变得越来越重要。

### 2. 法国

与英国相比，法国当局在资信评级业的建立上推动作用更大。在法国传统的经济哲学上，投资者一般侧重公司的名声进行投资决策，公司的荣誉是其首要考虑因素，同时，银行传统上也倾向于对大客户和固定客户提供贷款，在此情况下，新兴的公司和中小公司很难获得融资，犹如今日中国的中小企业一样。如何帮助这些企业顺利地进入资本市场，便成为该国政府的头等大事。以发展资信评级业为契机，推动资本市场发展，近年来已成为该国政府战略的一项重要内容。

法国现行法律规定，所有两年期以上的未上市公司的债券发行都必须由被认可的资信评级机构评估。在商业票据市场上，当发行者向有关当局提交财务资料以后，意味着发行者自动授予了政府当局的评估权利，意味着票据发行必须经过评估。只有被评估后的发行公司，投资资金才能够对其投资，并且投资资金最多可以将其40%的资金投资于这种被评估的发行公司。

## 三、日韩模式：国际接轨 广泛应用

在亚洲国家中，资信评级业发展较早也较为成熟的当属日本与韩国。与英、法等欧洲国家相比，日韩两国资信评级业的发展除政府的积极推动外，更多地表现为金融国际化的强大影响，它使得政府当局被迫或主动与国际惯例接轨，广泛推广应用资信评级。

### 1. 日本

日本资信评级制度的发展始于20世纪70年代。当时，日本正处于工业结构转型时期，即重工业时代已经结束，第三产业尤其是服务业与信息业正在上升，市场要求将资金优先注入这些正在蓬勃发展的行业，而这些行业的公司往往缺乏充足的资产作为担保，因而很难从银行获得支持，发行债券则成为他们最好的选择。海外债券发行者打开了日本市场，同时大批日本本土机构也扩展到海外资本市场发行债券，在美国盛行的资信评级规则被引入日本的债券发行中。

上述国内外金融形势的变化改变了日本当局的传统做法。日本开始放松金融管制，股票交易规模扩大，债券发行额增多，多层次的投资者日益增加。更主要的是，官方在新的规则中肯定并确立了债券评估规则，而且在证券交易委员会的提议下，1979 年 4 月经公司另列独立部门成立了日本债券调查所，开创了日本首家专业性债券评估机构。进入 20 世纪 80 年代后，日本投资者服务公司（NIS）、日本信用评估社（JGR）等多家资信评级机构相继成立，美国的标准普尔、穆迪等公司也在日本设立了分支机构，这些评级机构从 1984 年开始正规的评级业务，随后评级被列作武士债券、国内外商业票据等合格的必备标准。

在日本资信评级的具体运作上，初期的债券评级只是用来确定新发行债券的发行期限和条件，其中主要是用来确定利息率和发行价格；同时资信评级也被作为债券发行的最低标准，并依次决定债券是否需要担保。一般情况下，只有那些获得 A 级以上的债券才不必担保。后来随着日本资本市场的繁荣和资信评级业的发展，资信评级已被广泛应用到各种形式的债券，包括日本在国内发行的以及非日本居民发行的，评级已成为债券发行不可缺少的部分。

目前，资信评级在日本所涉及的领域迅速扩大，以往的财务标准正部分或完全的由评估所取代。一些金融机构，包括银行、保险公司、证券公司等已把债券评级运用到对投资者和贷款信用检测的规则之中。大藏省和其他政府机构也使用资信评级，将其列为养老金资产投资及管理证券公司资产的标准。在证券公司的债券承销过程中，证券公司为简化承销程序，一般也根据评级结果确定债券的发行期限和条件，同时将资信评级作为证券公司承销调查的基本组成内容之一。

#### 2. 韩国

韩国资信评级业的发展在很大程度上也得益于政府的积极推动。20 世纪 80 年代初，在韩国资本市场上，当一家公司无法从银行贷款，没有条件发行公司债券或股票时，则可以发行商业票据作为最后的筹资手段。商业票据是一种利率可以自由确定、能够解决 90 天至 180 天的短期金融融资工具，极受投资者与筹资者欢迎。但是同时，商业票据的出售对象是社会公众，公司倒闭风险相对较高，并且没有相应担保。为了保护广大投资者，促进金融机构和金融市场的健康发展，政府规定公司发行超过一定数额的商业票据必须经过一定的资信评估。在此种情况下，韩国第一家资信评级机构即韩国投资者服务公司由韩国政府和 70 家非银行金融机构共同投资成立，并开始对商业票据进行资信评级。

进入 90 年代，韩国政府又采取一系列的强制措施，扩大了资信评级的服务范围。首先，政府规定商业票据必须经过资信评级。若公司销售额为 100 亿韩元以上，其贴现的票据超过 50 亿韩元，那么其资信等级在 C 级以上才能发行商业票据。其次，实行票据交易经纪制度。相关法律规定，只有评级达到 B 级以上的票据才能交易。最后，放松债券发行条件管制。任何一家上市公司，若其标准市价超过股票价格的 1.2 倍并且资信等级高于 A 级的，即可以发行无担保公司债券和可转换债券；公司具有 A 级以上资信的可发行无担保的附认购股权凭证的债券；公司具有 BBB 级以上资信的，允许发行外国可转换债券和有担保的附认购股权凭证的债券。这些规定无疑增加了资信评级的市场需求，使韩国资信评级业得到迅猛的发展。

在资信评级机构上，著名的评级公司除韩国投资者服务公司外，还有全国信息和资信评估公司与韩国管理企业资信公司。前者主要由商业银行和地区银行组建，于 1986 年 9 月成立；后者由韩国开发银行和日本野村证券公司合资组建，于 1988 年成立。

另外，对亚洲国家而言，泰国资信评级业的发展同样具有代表性。在 20 世纪 90 年代初期，泰国银行开始构想建立资信评级机构，在准备和考查阶段得到了亚洲发展银行的帮助，并邀请了标准普尔公司专家对可行性及相关问题做了有关调查、研究与预测。然后，随着 1992 年泰国证券交易法的颁布，泰国股票市场与债券市场已充分吸引投资者，泰国资信评估和信息咨询服务公司（TRIS）正式成立，其资本结构为：泰国商业银行

22%，金融公司 22%，债券公司 22%，政府金融机构 19%,其他机构 15%。如此分散的股本比例,从一定程度上确保了该评级机构的独立性和中立性,同时也反映了评级机构得到国营、私营金融机构广泛的关注和支持。

## 四、当前国际资信评级制度的缺陷及警示

随着经济全球化及金融国际化进程的加快，资信评级制度将随之在全球获得更大的发展。我们在看到这一美好前景的同时,还应注意该行业在生机勃勃的成长中存在的一些缺陷。尤其是对金融市场正逐步开放的中国来说,警惕全球资信评级业的发展陷阱,避免我国资信评级业步入发展误区,意义尤为重大。

首先,资信评级业务过于专业化与神秘化。资信评级业务的发展过程中,其评估信息来源、评估程序、评估指标运用直至评估人员都是高专业化的。这种专业化虽然保证了其结果的科学性与权威性,但同时也产生了一定的神秘色彩,拉开了评估机构与投资者的距离,使投资者丧失监督的可能,再加上一些评级资信较高公司的突然倒闭加剧了投资者对评级结果似信非信,进而导致失去评级的市场需求。因此,我国资信评级业在发展过程中,应注意评级机构与投资者之间的这种信息不对称现象,资信评级业应打破自我封闭的传统模式,适时公开评级业务的操作程序，为投资者提供恰当的技术指导。

其次,评级机构缺乏开发与培育市场的魄力。长期以来,一些著名的资信评级机构都将自己的评估指标体系的设置、具体指标参数的确定与变动视为“黑箱”,对外不公开,对行业内不交流。以 2003 年 10 月中国在美国发行的国际债券为例，该债券发行时票面利率仅比 10 年期美国国债高 0.5 个百分点,但标准普尔仍用静态的眼光看问题,维持对中国 10 年不变的 BBB 级。穆迪 1991 年对中国主权外币评级为 Baa1 级,目前则上调为 $A_2$ 级,高于韩国的 $A_3$ 级,这表明国际评级机构对中国的看法也是存在分歧的。资信评级业的权威机构之间尚且如此,更何况一些非主流的评级企业？这种情形使投资者与被评估者不能了解指标,不能确定指标能否全面检测评估对象,从而使其最终对评级结果失去兴趣。因此,评级机构应效仿计算机软件开发行业,放手开发、应用、推广评级产品,不断地改进指标体系,及时修正参数,使这些指标体系日臻完善,不断升级;大胆让公众试用各类评级产品,培育开发市场,使评级产品接受市场检验。这一点对我国资信评级业开拓市场有重要的借鉴意义。

最后，资信跟踪评估对市场有推波助澜的负效应。一般而言，资信评级机构在对申请人进行评估以后,会继续对申请人进行跟踪评估,并且公开评估结果,指导投资者进行投资决策。在经济增长形势较好的时期,受外部经济环境有利影响,企业经营规模扩张上升,跟踪评估结果理想,进一步刺激企业发行证券筹集资金。但在经济形势由繁荣走向衰退的时期,企业信誉很难保持原有级别,资信跟踪评估的结果使经营状况不断恶化的企业雪上加霜;投资者会进一步抛售有价证券,使证券发行人的信誉和市场形象在本来已受损的情况下进一步恶化,可能使本来就已经在危机中摇摇欲坠的企业在无助的情况下最终破产。结果造成资信跟踪评级不是保护投资者,而是加速投资者的利益破损。因此,资信跟踪评估公告应特别慎重,应重在提示投资者注意证券发行人情况有变,而非直接降级,间接支持持有人抛售债券。当然最根本的解决之道在于,资信评级结构应提升预测性、前瞻性等专业水准,在评估时应对经济大势、产业周期、债务人前景有一个准确的判断,使跟踪评估报告内容不超过此判断范围,不会导致债务人信誉在危机中不断降级,降低发生推波助澜负效应的可能性。

各国发展资信评级业并不是一帆风顺的,作为发展中国家的中国应该如何面对这一情形呢?值得庆幸的是在国内信用制度逐步加快建设的情况下,中国人民银行新设了征信管理局,中国证监会发布了《资信评级机构从事证券资信评级业务管理办法》和《资信评级机构出具证券公司债券评级信用报告准则》,中国公司债券市场也在逐年扩大,国内评级业应加快发展步伐,占据国内资信评级市场有利的竞争地位，进而向国际市场进军。只有不断地发展自己,我们才有理由、有能力向所谓的金融霸权说“不”了。

VOLUME 9

# 第九卷

# 证券市场投资者权益保护

- 监管机制市场化是投资者保护的基石
- 上市公司治理结构与投资者保护
- 加强投资者保护 应重视培育机构投资者
- 保护投资者权益离不开健全的法律体系
- 加强投资者关系管理 切实保护投资者利益

## 第一章 监管机制市场化是投资者保护的基石

一、机制缺陷是投资者权益受损的根本原因

二、"三公原则"推进行政管制转向行政监管

三、增加独立监事，引入市场监督者

四、政府应以裁判者立场严惩市场违规行为

## 第二章 上市公司治理结构与投资者保护

一、公司治理结构的理念

二、上市公司治理结构困难重重

三、充分发挥"三会"作用，加强投资者保护

## 第三章 加强投资者保护 应重视培育机构投资者

一、机构投资者理念

二、发展大宗交易有利于机构投资者

三、机构投资者的流动性溢价和博弈获利能力

四、QFII入市现状喜人

五、QFII引领投资理念嬗变和投资策略分析

## 第四章 保护投资者权益离不开健全的法律体系

一、投资者权益的法律界定

二、投资者权益保护内容分类

三、投资者权益的立法原则探讨

四、投资者保护需要加强立法措施

五、健全相关法律，加大信息披露违规成本

六、宏智科技纠纷：亟待立法，以防股权争夺伤了投资者的心

## 第五章 加强投资者关系管理 切实保护投资者利益

一、投资者关系管理理念与应用意义

二、目前我国投资者关系管理略显不足

三、他山之石，可以攻玉

四、齐抓共管，构筑投资者关系管理网

马克思曾经说过："对商品生产者来说，商品销售是惊险一跳，如果跳不过这一环节，摔死的不是商品，而一定是商品生产者本身。"资本市场中的各种证券要能够顺利发行和交易，不仅应能为投资者所接受，而且应能满足投资者的需求。只有把保护投资者的合法权益作为证券市场各项工作的出发点和落脚点，才能增强投资者信心，进而引导投资者积极投资。因此可以毫不夸张地说，投资者利益的保护是资本市场运作的原动力。但目前我国还存在一系列伤害投资者权益的因素存在，诸如监管机制不完善、上市公司治理结构不科学、法律体系不健全、投资者关系管理未理顺等等，只有从以上几个方面着手改革，才能真正保护投资者权益，才能促进证券市场乃至整个国民经济的持续、快速、健康发展。

# 第一章

# 监管机制市场化是投资者保护的基石

在资本市场中，投资者地位至关重要，他们不仅是资金的供给者还是证券产品的需求者和证券交易的主体。马克思曾经说过：“对商品生产者来说，商品销售是惊险的一跳，如果跳不过这一环节，摔死的不是商品，而一定是商品生产者本身。”其内在机理是，商品购买者代表着市场的力量，代表着社会的需求。同理，资本市场中的各种证券若能够顺利地发行和交易，不仅应能为投资者所接受，而且应能满足投资者的需求。自 1992 年以来我国资本市场发展迅速，上市公司从几十家增加至目前的 1287 家，基金公司 34家，投资基金 95 只，基金规模 1744.3 亿元，国债从每年发售几十亿元上升至每年发售 5000 亿元以上，基金证券从无到有，且年均销售额已达几百亿元，投资者数量从几十万人快速扩展至 7023.0967 万户。另外，可喜的是 QFII 已经入市，已有 12 家外资机构获得相关资格，入市资金总规模正以 10 亿美元为单元成倍数增长。投资者是证券市场的核心主体之一。只有把保护投资者的合法权益作为证券市场各项工作的出发点和落脚点，才能增强投资者信心，证券市场的改革开放和稳定发展才能具备坚定的基础。可以说，维护投资者权益，是推进资本市场可持续发展的根本点，也是建立监管体系完善监管机制的基本立足点。

## 一、机制缺陷是投资者权益受损的根本原因

资本市场中，投资者的基本权益主要有如下几种：一是证券赋予的权利，包括股票赋予的股权、债券赋予的债权等；二是信息知情权，即充分了解相关证券的各种公开信息的权利；三是证券交易权，即可根据自己的意愿自由买卖证券；四是交易选择权，即可根据自己的意愿充分选择适合自己投资需求的证券品种、数量和交易方式。维护投资者权益，从根本上说，就是要充分而有效地落实投资者的这些基本权益。不过，事与愿违，投资者的权益由于受到如下因素的制约，现阶段的投资者权益严重受到影响和伤害。

第一，证券发行即主体上市公司利用信息不对称弱化投资者对其行为的约束。由于证券发行主体直接拥有充分的相关信息，而投资者一般不直接拥有这些信息，上市公司往往很容易利用信息不对称来推脱履行证券权益义务，欺骗广大投资者，从而影响甚至伤害投资者权益。

第二，大投资者利用自己的身份优势影响甚至伤害中小投资者。由于证券交易信息绝对对称的情形不存在，而证券交易又是一种对未来预期的博弈，这样就可能导致大投资者主要是机构投资者利用其资金、人力和关系等方面的优势，故意误导中小投资者，由此，使中小投资者的权益受到伤害。

第三，体制、机制等制度偏向影响投资者权益。在成熟的市场经济条件下，一般不会发生因制度偏向导致的投资者权益受影响的情形，但在我国例外。在转轨经济中，受计划机制及其他条件的制约，这种情形时常发生。因为资本市场的发展程度不足，各项制度建设不完善，法制程度较低，再加上计划机制依然发挥强大作用，这样严重制约了相关制度按照市场机制的要求予以完善的进程。

虽然投资者权益受以上三大因素影响而严重受损，但是维护投资者权益问题是在 90 年代末才明确提出。因为在以前，虽然也屡屡发生侵害投资者权益的事件，但人们总自信认为这些问题能够随着市场进一步发展和市场机制有效成长自然而然得以消亡。然而事与愿违，现实是残酷的，侵害投资者权益的事件有增无减，因此，维护投资者权益不得不提上议程。

投资者权益受侵害的现象很多，如上市公司财务造假、上市公司浪费募股资金、庄家操纵股价、内幕交易等等。究竟是什么机制导致了这些现象长期存在并愈加严重？通过大量的调查研究表明，在中国资本市场发展中，计划机制是导致各种侵害投资者权益现象发生的根本原因。而计划机制又主要由以下三方面机理形成：

第一，国有机理。我国股市从 1992 年开始，就一直是为国有企业服务的。在 1992 年 5 月出台的《股份有限公司规范意见》和 1994 年 7 月实施的《公司法》中，非国有企业与国有企业的制度待遇相当不平等；1998 年国家政策明确提出“股市为国有企业解困服务”；在最近出台的《关于进一步规范股票首次发行上市有关工作的通知》中，也还可看到如下规定：“自 2004 年 1 月 1 日起，发行人申请首次公开发行股票并上市，应当自设立股份有限公司之日起不少于三年。国有企业整体改制设立的股份有限公司、有限责任公司依法整体变更设立的股份有限公司或经国务院批准豁免前款期限的发行人，可不受前款规定期限的限制。”这些都说明相关制度政策对国有制和国有企业影响的深刻程度。10 多年来，侵害投资者权益的罪魁祸首就是相关不公平和不正常的国有机理。

第二，行政机理。在资本市场中，行政监管的重点是通过打击违法违规行为来保障稳定股市的运行秩序，但在实践中发生的却是行政部门直接运作行政机制管理股市的各项事务。如果严格贯彻市场机制，投资者的权益遭受非公平侵害的机会将大大减少。但在行政管制条件下，股市是一个融资机制，而很少将投资者权益放在首位。“股市投资有风险，风险自担”屡屡强调，而“浪费募股资金是要遭受法律惩罚”的现象极为罕见，这样，相当多的上市公司仍将募股资金看作是无成本或最低成本资金；每年数目惊人的上市公司改变募股资金投向，可除了进行事后信息披露外，实质性措施几乎没有，受伤害的最终还是广大投资者。

第三，封闭运行机制。在计划机制下，行政部门大部分是一个相对封闭的运行系统。封闭运行作为一种机制惯性，如果被落实到资本市场中，会造成股票、国债、企业债券等各个子市场彼此分隔，从而严重影响投资者的投资选择，引致严重伤害投资者权益的现象发生。比如，二级市场配售阻止了新的投资者和新资金的进入，这样看来投资者处于一种封闭运行状态中，其结果是使这些投资者的利益在股市慢慢被吞噬。

因此，深化资本市场运行机制的改革，用市场机制替代计划机制，是切实维护投资者权益的根本出路，而且是现实选择。

## 二、“三公原则”推进行政管制转向行政监管

在资本市场发展中，投资者是个身份特殊的角色，既是资金的主

要供给者，又是市场的弱势群体。“资金供给者”意味着在介入资本市场投资运作中，投资者付出了巨大成本；“弱势群体”则是投资者要收回这些投资成本，有着相当的难度，需要冒巨大的风险。按照简单道理，有付出即有回报，但作为资金提供者的投资者利益往往得不到保证，投资者的弱势地位与其作用严重不符。投资者所以成为弱势群体，主要是四个方面造成的：一是在发行市场上，投资者将资金提供给证券发行人以后，这些资金就相应地固化了企业的运营资产，投资者要拿回投资资金极为困难。如果运营失败或处于破产边缘中，投资者要收回投资资金同样难有保证。二是在交易市场上，受信息不对称制约，投资者难以获取充分的信息来保障投资选择的准确性，这样，很容易受到证券发行人的信息误导，造成投资决策失误。三是在法律诉讼中，缺乏足够成本支持。而证券发行人支持诉讼的资金又通常是投资者先期购买证券中提供给证券发行人的，诉讼成本实际上是投资者支付的，即便诉讼获胜，也只意味着投资者的各期损失有所降低，投资者最终只能获得没有赢者的胜诉。四是投资者比较分散，各自利益、意向和所处条件不尽相同，从而常常难以形成一致意见，这样容易导致投资者成为弱势群体。同时，资本市场的发展又是以投资者的资金支持为基本点的。对证券发行人来说，没有投资者的认购，证券无法顺利发行，发行证券并融入资金就是一句空话；在证券交易中，没有投资者的入市，证券无法成交，也就没有交易市场的存在和发展。马克思曾经说过，货币持有人是社会力量的代表。其实，在资本市场中，投资者群体也是社会的代表，他的选择实质上是社会的选择。因此，维护投资者的权益是资本市场持续发展的根本点。

全面落实“三公原则”是投资者权益保护提出的最基本最重要的要求，也是资本市场健康快速发展的根本所在。当务之急我们仍要全面落实“三公原则”，切实维护投资者权益，并切实解决以下一系列具体问题：

### 1. 信息公开

及时、完整和准确地公开一切可能影响资本市场走势和投资选择的公众性信息，是切实维护投资者权益的最起码要求。信息公开需要解决四个方面的问题：

一是行政信息的公开。包括各项法律法规和政策的公开、行政程序的公开，同时，包括有关政策在出台前应进行公开研讨和征求意见，这样投资者能够预期政策的市场效应，从而调整投资运作。二是坚决防范和打击利用内幕信息从事违法证券交易活动。这就要求除进一步完善上市公司的信息披露制度外，同时还需要注意以下几点：切断监管部门与证券经营机构及其他相关机构投资者之间的人事、利益等方面的联系，切实保障监管部门独立行政；坚决打击利用内幕信息从事证券投资活动的行为，轻者可采取一般的经济处罚和刑事处理，重者可以采用破产性处罚。三是完善上市公司的信息披露制度，特别是上市公司的信息造假行为和信息隐瞒行为。可采取的措施有：由证券监管部门通过媒体及其他方式公布重点监控某些上市公司，如发现信息不真实，要求这些上市公司做出合理解释，一旦有故意造假行为，则对董事会、高管人员中的相关当事人予以直接处罚；建立信息追踪与分析系统，严格防范和杜绝上市公司与某些机构投资者联手操纵信息进而操

纵股价，股价的异常变动就要求上市公司做出合理解释；坚决打击利用内幕信息、信息造假和信息隐瞒等进行证券投资活动，对相关当事人采取破产性处罚，并追究其刑事责任。四是强化媒体的监督功能。对资本市场应贯彻及时、完整和系统的报道原则。在资本市场中，媒体是重要的公开监督机构，它不仅监督着市场的各类参与者行为，而且监督着证券监管部门的行为。

2. 制度公平

资本市场中的各类参与者在制度面前是公平的。不仅投资者、上市公司、证券公司以及其他市场参与者的地位是平等的，而且证券监管部门与被监管者之间的地位也是平等的。制度公平是公平的核心内容，要维护投资者权益、保证制度公平，需要解决以下几个问题：

其一，法律法规和政策措施的公平。在市场经济中，公平首先指的是地位公平和机会公平。这些，一般由法律法规和政策措施界定、赋予和保障。一方面应摒弃门户之见，对所有投资者实行一视同仁的政策，实现各类投资者地位平等和机会平等；另一方面，应调整所有制差别政策，放松对民营资本和其他资本进入基金管理公司、证券公司的限制，改变机构投资者主要由国有控股机构承担的格局。

其二，执法的公平。执法公平指的是监管部门应严格按照法律法规，及时、完整和准确地落实法律规范。只有执法公平，制度公平才能落到实处。

其三，处理的公平。处理公平指的是对不符合法律法规规定的现象或违法违规行为应当严格依法处理，应一视同仁和无差别对待，不应采取差别处理的方式解决问题。

3. 法制公正

不实现法制公正，维护投资者的合法权益无从谈起。这就需要从以下几个方面采取措施：

其一，完善相关法律法规。从保护投资者权益出发尤其是对中小投资者权益，特别要防范内幕信息、操纵股价、财务造假、散布谣言等违法现象的发生，及时追究有关信息披露不真实、不及时、不完整等违法违规者的法律责任，细化上市公司的股东大会、董事会、监事会的决议、投票规则等，明确上市公司投资失误、决策失误的法律责任等等。其二，修改有关法律法规中不合理、不公平的规定。从保护投资者权益出发，对公司法、证券法及其他行政法规中单方面维护国有经济权益的条款进行修改，尤其是修改不利于投资者权益保护的法律条款，使资本市场对所有投资者平等对待，一视同仁。其三，完善证券诉讼机制，投资者应加强运用法律手段来维护自己的权益。其四，司法程序公正。司法程序要公开透明，这样才能有利于诉讼双方维护自己的权益，避免因暗箱操作导致的不公正、不公平的后果。

除此之外，要切实有效地维护投资者权益，还必须加速发展资本市场，积极增加证券品种和证券交易方式，同时，改变运用行政机制调控证券市场，逐步运用市场机制促进投资者权益保护。

资本市场中的投资者数量大，文化程度、利益要求、操作能力等不完全相同。因此，维护投资者权益需要注意区别对待，避免步入以下误区：一是简单迁就投资者的要求。当股市下落，一些投资者就要求监管部门出台利好政策以支持股指上扬，监管部门就会出台政策扶持股市上扬。当然，这有利于使被套牢投资者得到“解套”的机会，不过，它将使另一部分投资者在更高价位"入套",此消彼长,显然更加不利于投资者的整体权益,也不利于投资者的成长和成熟。二是简单迎合机构投资者的要求。同样,机构投资者也是不成熟的。机构投资者中的一些要求是不合理的、不规范的。如果不加认真分析,简单予以满足,就势必将影响资本市场的正常运行和健康发展。

## 三、增加独立监事,引入市场监督者

我国证券市场建立以来,曾发生多起严重的上市公司高管人员进行财务造假、内幕交易、操纵市场的大案要案,特别是上市公司违规担保及大股东侵占上市公司资产等事件更是不胜枚举。但是,几乎从来没有一家上市公司的监事会或监事公开揭露或制止过公司高管人员的违法违规行为,作为上市公司内部监督机构的监事会正一步步被边缘化,几乎成为可有可无的摆设。因此,我国上市公司应该从制度上切实强化监事会对管理人员的监督功能,应从以下几方面完善和强化监事会的监督职能,这样才能真正健全监管体制,有效保护投资者权益。

### 1. 严格审查监事的任职资格

监事主要从财务和法律的角度监督公司董事、经理等高管人员,这就要求监事除应具备《公司法》规定的任职条件外,还应当具备相应的法律或财务知识和经验。一般而言,公司监事中,至少应有一名法律专业人士和一名财务专业人士。

### 2. 增加独立监事

监事会不能发挥监督功能重要原因是多数上市公司的监事和董事均由公司控股股东提名产生,共同代表了大股东的利益,所以监事会很多时候都和董事会保持一致。我国应参照独立董事的做法引进独立监事制度,确保监事会中有一定比例的独立监事。独立监事的任职资格和任职责任与权利,可参照独立董事的规定。

### 3. 确保监事的知情权和调查权

监事的知情权不容侵犯,这样才能对公司董事、经理等高管人员违法违规行为实施监督。监事可以列席董事会和经理班子会议,并有权提出质询和建议;董事和经理在作出重要决策时须及时通报监事会。另外,监事会有权对特定事项展开调查,公司高管人员及其他人员必须配合;监事有权发表独立声明等。

### 4. 强化监事的责任

监事不仅要有权,而且必须要有责,且权责要一致。如果监事未尽职尽责履行监督职责,如发现但未制止或披露董事等高管人员的违法违规行为,或者因疏忽大意未能及时发现董事等高管人员的违法违规行为,则应当承担相应的责任,例如被撤职或与违法违规的高管人员对公司承担连带赔偿责任等。

## 四、政府应以裁判者立场严惩市场违规行为

监管是建立资本市场监管体制的最基本问题,同时也是我国资本市场薄弱环节之所在。就行政监管理念而言,它是建立在"无罪推定"的基础上,因此,资本市场各个参与者的行为无需经过行政监管部门的审批。具体而言,监管有以下几点特征:①监管以维护资本市场的正常运行秩序为基本目的,它强调充分发挥市场机制的调节、防范、运行功能;②监管以各个经济主体在资本市场中的市场行为是否合法合规为对象,因此,是一种市场监管或行为监督;③监管主要是一个执法过程,以打击违法违规现象、维护市场秩序为重心;④监管不要求监管部门对资本市场中的违法违规现象、市场走势、价格波动等负行政责任,但如果违法违规现象的发生是由监管部门失查或行政不作为等引致的,监管部门就应承担对应的行政责任。监管强调在监督基础上的管理,因此,监管部门对资本市场运行中的各种现象主要实行依法监督,一般不直接介入业务活动。资本市场是一个配置资本性资源的市场,同时,也是市场参与者之间利益再分配的市场。利益相关度极高,也极为敏感。由此,一些主体利用在信息、资金及其他方面的优势,选择非正当手段,伤害其他投资者的权益从而牟取暴利的现象屡见不鲜。因此,不仅需要制定相关的法律法规来规范各个主体的行为,而且需要由行政部门对各个主体行为进行监督管理。只有这样才能维护资本市场的正常运行秩序,实现信息公开、制度公平和法律公正。

在10多年来的中国实践中,资本市场中的监管在很大程度上停留

于“名词”上，实际上贯彻的却是一套行政管制机制。与此对应，监管部门在很大程度上也成为“行政主管部门”。毫无疑问，在市场经济中，市场机制不能解决一切问题，市场机制也有缺陷。因此，需要由政府部门发挥宏观调控的作用。但是，这种宏观调控的目的，不是取代市场机制，不是导向市场发展，而是弥补市场机制的不足，保障市场机制更有效、更充分地发挥作用。资本市场是市场经济的一个具体组成部分，政府部门既缺乏调控这一市场的具体目标，如股指应维持在哪个区间，也缺乏用于控制的经济机制，如类似货币政策中的利率机制、公开市场操作等。因此，行政部门只能监管，不能调控。

改革行政体制，是维护投资者权益，推进多层次、多元化、多样化资本市场体系发展的关键所在。要改革这种体制，相关行政部门必须实现职能转变和工作重心的转变，即从“行政管制”转向“行政监管”。为此需要进行以下转变：

第一，转变监管思路。关键是按照市场机制的要求，确立“凡是市场能够解决的问题应由市场解决”的观念和依法行政、行政文明的观念，避免行政部门形成“凡事正确”、“凡事高明”的观念滋生和运用行政机制来维护行政权威的违规事件发生，改变由行政部门运用行政管制来全面控制资本市场风险和运用行政机制来导向资本市场发展的错误认识，真正实现在“监督”基础上的行政管理。

第二，转变监管重心。其关键是，改变行政管制方式的“监管”，依法监管、文明监管，将监管的重点调整为通过检查监督来发现，纠正和打击违法违规活动，同时，通过公开的程序，加快资本市场法律法规系统的修改完善工作，尤其是要实践经验，细化有关财务造假、信息造假、操纵股价、内幕交易、大股东与中小股东的投票机制、公司治理结构、关联交易、挪用上市公司资金、挪用客户保证金等方面的法律规范，推进资本市场发展中的法制化建设。

第三，转变监管对象。其关键是，变机构监管为市场监管，将监管的着力点放在维护资本市场正常运行上，而不是直接控制证券经营机构和相关中介机构方面；将维护投资者权益的眼界，扩大到包括已入市投资者在内的全部有着投资意向和投资能力的投资者，包括机构和个人，积极改善资本市场的投资环境，创造对各层次投资者入市具有吸引力的投资条件、证券产品和交易方式。

第四，转变监管方式。其关键是，改革审批制和具有准审批制特点的核准制，实行登记制或备案制，将监管部门的主要精力和行政权力的行使从繁杂的审批事务中解脱出来，集中做好监督检查工作，并在此基础上维护资本市场依法运行的秩序；同时，改变监管部门运用政策机制调控资本市场走势的做法，让资本市场在市场内在规律的支配下自然运行和发展，为投资者和其他参与者按照理性预期进行市场运作创造条件。

总之，资本市场如果要具有一个健康的肌体，就得保证肌体输血器即投资者的权益，转变监管体制，即从行政体制向市场体制转化，这样才能最终维护资本市场的健康运作。

# 第二章 上市公司治理结构与投资者保护

**1997 年亚洲金融危机爆发，引起世界范围内对公司治理问题的关注；1998 年 4 月 27 日至 28 日，经济合作与发展组织召开部长会议，制定了一套公司治理的标准和指导方针；1999 年出台《OECD 公司治理原则》；2004 年 1 月公布最新《公司治理原则》修订版。一系列会议举办与文件的颁布，无不说明上市公司的质量是证券市场的根本，是证券市场稳定发展的基石。而提升上市公司质量，主要是依靠公司治理结构的完善，这也是证券市场对外开放、迎接 WTO 挑战和进入国际资本市场融资的需要，更是保护投资者权益的重要举措。**

完善公司治理结构，一般都着眼于股东利益的维护。但是观察中国上市公司治理问题的现状，特别是过去数年间一些一度光环在身、业绩优良的企业，会突然爆发出丑闻、危机、震惊市场的案例，其影响实际远超出了股东利益的范畴，已经在相当大程度上影响到公众对上市公司、对市场的信任和信心。

## 一、公司治理结构的理念

公司治理结构的理念引入中国是 20 世纪 90 年代初期的事，是和中国证券业、上市公司同步诞生的，然而在当时并未引起人们足够的重视。这与当时市场经济基础不完善、相关配套机制不健全有很大关系。不过，随着社会经济的发展，上市公司治理结构逐渐显山露水，为人所重视，特别是 1997 年亚洲金融危机发生后，人们不得不重视和重新审视资本市场，理所当然必须重视市场主体：上市公司。金融危机让人们对危机的成因进行深入分析，最后得出重要结论：公司治理结构与金融危机爆发存在必然联系。因此，公司治理结构概念迅速得到传播，由此涌现一些可喜势头：国企改革近年来呼声不断，不满改革雷声大雨滴小、改革人为阻力太大，还有一些因素如：证券市场长期萎靡不振，熊市漫漫，人们把希望寄托在上市公司结构治理上。上市公司质量一直不高，改革一直无法深入，也使人们重视上市公司治理结构。特别是中国加入世贸组织，竞争日益激烈，企业要求融入国际社会呼声不断，所有这些因素都使人们对上市公司治理结构日益重视。因此，上市公司治理结构亟待加强。

改革并非一帆风顺，而是循序渐进的。从 2000 年开始，上市公司治理结构进行了一系列改革，取得了不少成就，这其中就有很多积极因素，上市公司治理结构改革还有巨大的发展空间。

首先，要保护投资者权益。股市到了必须打强心剂的紧急关头，几年以来，熊市如同恶魔驱之不去；长期以来，投资者权益日益蚕食，上市公司结构治理改革迫在眉睫。国外投资者，包括机构战略投资者，他们参股企业最关心的是自己的投资利益，而当前恶劣的证券市场环境令投资者望而却步。要保护投资者权益，就必须建立健全上市公司治理结构，为国内外投资者营造公平竞争的环境。

其次，防范和化解金融风险的现实选择。因为金融系统充斥着触目惊心的呆账，而制造这一现象的罪魁祸首就是大量经营不规范的上市公司，如果要化解金融系统风险，就必须从源头入手，规范上市公司日常管理，健全上市公司治理结构，达到正本清源的效果。

最后，国有控股上市公司经营不良。国有控股上市公司这些特权企业，由于自视“皇帝女儿不愁嫁”，不居安思危，不思进取；导致长期经营不善，严重浪费了过多的国有资源。提高这些企业的运作效率，就得制定有效的科学的公司结构治理规划。

由此可见，只有改革才是一付灵丹妙药，如果不进行有效的改革，中国上市公司病症将越来越严重，最后势必危及国民经济正常运行。

## 二、上市公司治理结构困难重重

众所周知，目前的上市公司大部分是由国有企业转化而来，这中间有许多公司上市前就是“疾病缠身”，是一付烂摊子。再加上中国证券市场只有十多年发展，还是一个新兴的、不成熟的市场，上市公司治理机制的健全和完善只是刚刚起步，因此，上市公司治理结构不可避免地存在着诸多问题。

### 1. 股权结构不合理

目前，中国上市公司股权结构不合理表现在如下几个方面：一是流通股的比重非常低，绝大部分股份不能上市流通，存在着大量法人股和国有股；二是非流通股过于集中，导致“一股独大”，上市公司权益和投资者利益很难得到有效保证；三是流通股过于分散，中小投资者控股比率不高，机构投资者比重过小；四是上市公司的最大股东多为一些控股公司而非自然人。这些都导致了投资者权益长期被侵吞和蚕食，因此完善上市公司治理结构的呼声日渐高涨。

### 2. 政府职能存在“缺位”、“越位”和“错位”三种非正常态势

首先，国有企业政企不分的情况非常严重，控制权在相关政府机构或部分官员手中，但他们并不是企业的最终股东，他们的行为出发点和落脚点大多是政治动机和个人效用，而非股东价值最大化，这实质上存在所有者“缺位”的问题。其次，各个政府部门都以出资人的身份对国有企业经营进行行政干预，有的还直接干涉企业的经营决策，致使企业经营目标不确定，这说明政府职能“越位”问题，已成为一种普遍现象。最后，出了问题政府部门之间相互扯皮、推诿，谁都不对企业经营的成败真正承担责任，而无需负责的权力往往会导致权力的滥用。企业如果经营太差，谁也不对企业行使所有者职能，造成内部人控制现象严重，牟取私利等不正风气日益猖狂。

### 3. 上市公司运作存在着内部人控制和关键人不正常模式

当上市公司控股股东为民营企业和自然人时，内部人控制与家族经营现象就“自然”地结合在一起；控股股东为国家时，内部人往往又与政企不分紧密地结合在一起，衍生出了关键人模式，而关键人往往大权在手，他们集控制权、执行权和监督权于一身。这些导致公司决策和公司运作以内部人和关键人为中心，内部人轻易地操纵上市公司“三会”（董事会、股东大会、监事会），从而极易出现偏离公司最佳利益而追求控制权和个人收益的败德行为和机会主义行为。

### 4. 以市场为基础的外部治理机制发育不全

中国现阶段市场机制的不成熟，致使以市场为基础的外部治理机制严重发育不全，很难充分发挥市场的优胜劣汰功能。公司控制权市场严重滞后，非流通股仍通过协议转让，相应地公司控制权也发生了转移，而收购者往往借助并购，进行股票市场价格操纵和内幕交易；债权人治理机制仍极不完善，公司的破产、清算仍由作为公司大股东的政府机构主导，而不是由债权人

主导，债权人的约束作用无形地被软化，债权人拥有的相关权利难以有效地发挥作用。另外，“一股独大”和大部分股票不流通，所有这些使公众投资者难以对上市公司的运作与发展决策产生实质性影响。而经理人市场上，中国上市公司仍在建立以市场为基础的制度化的公司管理层筛选机制，导致公司管理资源配置缺乏效率。

#### 5. 信息披露的实际质量难以得到有效保证

投资者利益保护是中国证券立法的立足点，不过，大多数公众投资者对上市公司的信息披露缺少兴趣。因为，现阶段上市公司披露信息可信度和可靠性都很低，信息披露的形式远远领先于信息披露的实质。这里的主要原因有三点：一是缺乏对信息披露主体人进行有效的法律约束机制；二是行政干预和资本市场缺乏足够的竞争动力与空间；三是缺乏系统有效的信息披露机制。

#### 6. 新闻舆论和社会公众监督存在诸多不足

对全球不同国家所作的比较研究表明，新闻媒体的舆论自由程度与政府效率、廉洁状况、证券市场的发展水平都存在很强的相关性。我国目前在这方面有一定的差距，特别是在我国现阶段的证券市场中，新闻舆论和社会公众的监督明显不足。因为新闻媒体对证券市场和上市公司所进行的舆论监督受到限制和外部干预太多，新闻舆论的自由遭到人为的钳制，自由空间太小；而同时新闻舆论、新闻媒体机构的自身治理和自律机制非常不健全，新闻舆论的有效性、准确性、专业性和客观性同样不足，新闻媒体行业也缺乏优胜劣汰的市场机制。

总而言之，自20世纪90年代以来，中国各界已经极为重视公司治理结构，立法机构已出台一系列改善上市公司治理机制的规划，上市公司治理结构正逐步走向规范。然而，由于上述系列原因，上市公司治理还困难重重，如何解决这些困难是当务之急，不过所有的改革都必须在保护投资者利益的前提下，不能操之过急，欲速则不达。

## 三、充分发挥“三会”作用，加强投资者保护

《公司法》规定，监事会与股东大会、董事会、经理层共同构成了公司制企业的法人治理结构，各机构各司其职，相互制约，互相平衡，其中三会作用更为明显与重要。监事会在其中承担了重要的监督职能，可以监督上市公司董事、经理层，从这个意义上说，它可以制约董事、经理，但不受董事、经理制约。董事会代表股东经营管理企业。而代表股东的监事和董事一样都是由股东大会选举产生的并对股东大会负责，受其监督。

#### 1.培育职业经理人市场

目前，我国上市公司尚未建立以市场为基础的制度化的公司管理层筛选机制，从而导致公司管理资源配置严重缺乏效率。而在发达国家上市公司股权相当分散，经理人对企业的内部人控制现象普遍存在，科学的管理主义动机成为企业并购的主要考虑的因素。在我国，上市公司股权高度集中，由于国有控股企业所有权虚置的问题并未从根本上得到解决，“委托与代理”矛盾严重存在。这样由于代理人缺乏有效监督机制再加上有效率的经理人市场未成气候，在内部人控制的治理结构背景前提下，经理人会通过各种途径实施利己行为，进行权力扩张；同时公司规模的大小在很大程度上决定了经营者报酬的高低及其获得报酬的多少。因而国企经理人普遍存在很强烈的扩大公司规模的动机与欲望，而购并显然是扩大规模的有效且便捷的手段，管理层薪金与企业实施收购之后第二年的绩效却呈现出负相关关系。因此，应该要制定与投资者保护相配套的措施，从薪酬、管理等方面提升经理层经营的主动性和积极性，发挥领导层的龙头带动作用。现实可行方法是建立完全市场化的经理人资源配置机制，以市场为基础，以经理人的企业家才能和综合素质为标准，在操作上完全由公司董事会根据透明、合理的程序和公司的内在需求独立地选聘公司经理人；与之相配套的措施是，尽快建立和完善市场化，动态性、长期性和以业绩为导向的经理层人员薪酬机制，促进经理层人员报酬科学化配置，提升公司股东和利益相关者的收益，实现最大限度地创造价值。

#### 2. 监事会监督上市公司运作

公司法规定，监事会是公司组织结构的重要组成部分，是对公司事务进行监督的法定机构，在保证

公司规范运作、维护公司全体股东利益等方面具有重要的地位和作用。不过，现在我国上市公司监事会存在诸多问题，已严重影响监事会作用的发挥。①监事会具体职责不明确，缺少履行职责的动力机制。②公司法对于监事会的监督权规定比较原则化，各公司章程中也没有相应细化条款。③上市公司监事会很少有单独聘请相关中介机构协助其工作。④独立性程度较差，势必难以发挥其监督作用。多数上市公司的监事会成员由大股东指定或委派，这样监事会形同虚设。它的工作着眼点主要是维护大股东的利益，配合董事会和经理层进行有关方面的工作。⑤机构人员不到位，制约了监事会作用的发挥。因为监事会并非执行机构，对于内部审计部门或外部审计中介机构虽有动用和聘请的权力，但监事会办公经费没有纳入财务计划，导致其缺乏固定的预算，甚至还有个别公司高管人员兼任监事等不合法现象长期存在。⑥地位较低，考核、激励机制不到位，难以调动监事的工作积极性。上市公司安排结构治理人选上，首先是公司董事会、经理层，然后再考虑监事会。监事只是一种职务安排，地位较低，作用相对次要，致使监事在任免、考核、收入等方面都缺乏独立性，在现实中又往往被当作决策层和经理层的附属，这样在被监督者掌握、控制着监督者的情况下，监事对履行监督职责的积极性、主动性受到很大限制，监督制约作用被大大削弱。“知不足而后勇”，我们要在弄清问题所在的前提下对症下药，从多方面加强和改进监事会工作，发挥其作用。

首先，要正确认识监事会在上市公司治理结构中的地位和作用。加强监事会工作是受法律保护的，监事代表股东监督董事、经理，防止发生损害股东的利益的不法行为。规定职工代表监事不得少于总数的1/3，为了权力制衡和加强监事会工作内在要求，同样为了保护公司投资者利益，保证公司制度的合理性，监督机制必须成为公司的一种内生机能。加强监事会工作是改进公司治理的重要环节，不解决监督强化的问题，上市公司的发展就难以健康持久，故监事会必须强化其监督职能，通过相关立法给予法律保障，逐步完善监事会组织机构。控股股东对监事候选人的提名，必须严格依照法律规定的条件和程序进行，同理，境外上市公司必须增加外部监事的比重。监事会要配备一名具有法律和财会专业知识的监事，并设立监事会秘书，可指定一名监事兼任，负责会议记录，保管档案资料等工作，这样才可能组建科学的监事会结构，并很好发挥其效用。其次，依法规范履行监督职责。公司监事会应根据法律法规和公司章程制定规范的科学的监事会议事规则，明确议事方式和表决程序等相关内容，经股东大会审议后在公司章程中予以强化规定。监事会应该定期召开会议，并根据需要及时召开临时会议。监事会议由监事会召集人负责组织，监事会召集人不能履行

职权时，由委托监事代理。监事会应在年度股东大会上作述职报告，同时提交股东大会审批。

另外，各方面应积极为监事会行使职权提供必要条件。公司应采取措施保障监事的知情权，监事履行职责所需的合理费用由公司承担。董事会召开会议时，董事会秘书必须通知所有监事列席会议；董事会采用通信方式召开时，董事会秘书应该将会议资料在送达董事的同时送达每一位监事，并将表决结果及时通报所有监事；经理要建立向监事会定期报告制度，向监事会报告公司重大合同的签订、执行情况，资金运用情况和公司盈亏状况，经理必须保证该报告的真实性；公司董事、经理和其他高级管理人员应接受监事会对其履行职责的合法监督和合理建议；监事会在履行职责遇到障碍时，可向董事会或股东大会报告，同时向辖区证管办报告；公司董事会、股东大会应为监事会依法履行职责排除障碍。只有上下一心，通力合作，才能充分发挥监事会的作用，才能建立科学的上市公司治理结构，从而推动整个证券市场的良性运行。

### 3. 强化独董职能，完善公司治理结构

独立董事发端于英、法、美等先进资本主义国家，它是股份公司特别是上市公司监管制度不断发展完善的产物。

第一，独立董事制度的实质是让股东董事以外的“独立的”董事参与公司管理，发挥对大股东的监督制约作用，保护中小股东的利益，从而保护公司的整体利益。增强董事会的独立性，可采取的措施包括：绝大多数的董事会成员应为外部董事，并且独立董事应控制董事会的关键委员会；独立董事制定有关公司首席执行官的业绩标准和薪酬计划，并据此对首席执行官的业绩进行定期评估。第二，建立独立董事的自我评价体系，包括：董事会对其运作制度应形成书面文件，并定期进行重新评价；确定董事任职标准，选择最适合公司的董事，并定期对单个董事的任期情况进行评估；要加强董事会运作的有效性，强化董事长的战略管理功能与责任，完善公司的内部控制机制和监督制衡机制。第三，保证独立董事的独立性。这要求：隶属关系独立，独立董事应独立于上市公司，即不能在上市公司任其他职务；独立于上市公司的主要股东；独立于与上市公司存在经济利益的有关各方；要求在感情和其他非经济利益关系上独立于上市公司及有关各方；独立董事要具备较高行权能力，要求独立董事是某个领域内专业人士，还要有法律、经济、财务等相关方面的知识。第四，在建立独立董事的激励与约束机制方面，防止独立董事成为“人情董事”或“花瓶董事”：应有效发挥其监督制约作用，督促独立董事出席董事会；董事会应尽量采纳独立董事的建议，在重大事项尤其是重大关联交易事项和重大法人治理制度安排方面，应实行独立董事“一票否决制”；独立董事的报酬，由监管部门或独立董事协会联合建立独立董事薪酬基金，并建立多重评估系统，给予独立董事以工作津贴等薪酬，从而切断独立董事与上市公司之间直接的经济利益关系。最后在处理好独立董事与监事会的关系方面，独立董事要在重大管理决策过程中发挥监督制约作用，与监事会职能形成互补，这要求独立董事应在一定范围内对公司财务形成有效监督，独立董事在职责内容和层次上与监事会侧重点要有所不

同，只有如此，才能更多地实现民主与监督的科学统一。

独立董事制度的引入，是改善上市公司治理结构的一项必需措施，必将在公司战略决策及保护投资者利益方面发挥重要的作用。

### 4. 股东大会加速上市公司良性运转

强化股东权利实现机制、强化控股股东的法律责任，是完善公司治理的重要环节之一。这些都离不开股东大会的作用，要充分发挥股东大会的作用，可以采取的措施包括：第一，完善股东投票制度，如规定法定最低人数、引入累积投票规则、允许远程投票、完善代理权征集制度等。第二，完善股东的知情权、质询权和提案权。股东有权向董事会、董事会下的委员会、监事会和高级管理人员等提问，并可就股东大会议程中的事项向董事长、监事和高级管理人员提出质询。第三，强化控股股东的法律责任。控股股东对上市公司其他股东负有诚信和善意行事的义务，控股股东对其所属的上市公司应严格依法行使出资人的权利，处理好与中小股东的利益。股东大会要防止控股股东对上市公司的过度控制导致的中小股东利益受损，应对股东大会的决策程序进行调整，在提名和选举董事时引入累积投票制和差额选举，增加一定比例的小股东可以向董事会提出由股东大会审议事项的规定，不可以增加大股东关联交易损害其他小股东利益的相关规定等。这能够在一定程度上提高公司治理效果，保护投资者权益，特别保护中小投资者利益。控股股东对上市公司重大投资决策的严格控制，既可以造成筹集资金的"滥用"，也可能导致上市公司在日益复杂的市场环境中应变能力不快，应加快发挥股东大会的作用，中小投资者才能用手投票而不仅仅是用"脚"投票，才能进行集团诉讼。

在股东大会上，实施累积投票制度既可以维护中小股东利益，又可以潜移默化地推动上市公司建立科学健全的治理结构。累积投票制是股东投票的一种方式。在累积投票方式下，一个股东选举董事时可以投的总票数等于其所持有的股份数乘以待选董事人数。股东可以将总票数投给一个或几个董事候选人，由所得选票较多人代表出任董事。这有利于小股东间相互联合，共同选出董事参与公司经营。《上市公司治理准则》第31条规定，在董事的选举过程中，应充分反映中小股东的意见，股东大会在董事选举中应积极推动累积投票制度。控股股东控股比例在30%以上的上市公司，应当实行累积投票制，采用累积投票制度的上市公司应在公司章程里规定该制度的实施细则。通过累积投票制，对上市公司的要求更高，对建立科学健全的科学治理结构，有极大的推动作用。

另外，股东代表诉讼制度，也是保护投资者利益的一剂良方。中小股东的权利，从根本上讲，主要有信息权和诉讼权。股东的诉讼权是股东权利受损的重要救济手段。只有把投资者的利益放在首位，才能建立健全的、科学的上市公司治理结构。可喜的是有关法律中已有股东直接诉讼权的规定。上市公司治理准则中第一次明确引入了代表诉讼，即股东基于其股份所有人的地位，代表公司提起的诉讼。这些都有助于上市公司自律，有助于上市公司治理结构，从而又可更好地推动投资者的保护。

总而言之，监事会与股东大会、董事会、经理层共同构成了公司制企业的法人治理结构。从以上几方面入手，才能真正建立健全的公司法人治理结构，切实保护投资者利益。

# 第三章 加强投资者保护 应重视培育机构投资者

资本市场的投资者很多，根据不同的标准有不同的分类。从资金规模上划分，可以分为机构投资者和一般投资者。机构投资者由于资金规模庞大，实力雄厚，组织框架规范庞大，也就决定了其每次完整操作必须的周期、特定的风险承受力和目标收益率。

## 一、机构投资者理念

资金规模是“机构投资者”的必要条件但并非充分条件，仅仅拥有庞大的资金规模并非真正的机构投资者，而更像是庄家。这里有必要提及QFII，它是机构投资者的重要组成部分。QFII的出现，是2003年中国证券市场的大事，虽然，到目前为止，通过QFII途径进入的外资有十多亿美元，QFII资金在市场上的分量还较轻，但由于其身份特殊，已经对市场产生了不少的影响。因为我国资本市场终将要和国际接轨的，引入QFII，实际上不但为资本市场引入了外资，更是加强了中外交流，推动市场走向成熟。QFII前景是比较广阔的，短期内QFII规模将有望达到50亿~100亿美元，到时，QFII的投资理念在境内市场的影响会得到进一步提升，并且在推动市场发展方面产生更大的作用。

机构投资者意义和作用十分重大。第一，引入机构投资者可以建立固定资产转让过程中的价格发现机制，使国有产权转让定价趋于公平、合理，从而较容易得到相关利益者的认可。第二，机构投资者可以推动企业建立规范的现代法人治理结构，避免纯管理收购所出现的“内部型股权多元化”的弊端，使改制后的国企能够既“换汤”又“换药”，真正实现体制转换和机制创新，全面提升企业竞争力。第三，机构投资者可以减轻管理层的融资压力和还款压力，并有望依靠战略投资者的力量融资，从而解决管理层的收购资金来源问题。第四，企业借助机构投资者的产业优势资源，对自身产业结构和资产结构进行调整，整合各类资源，做强做大企业，寻求新的产业增长点和利润增长点。因此，机构投资者备受各方青睐。

## 二、发展大宗交易有利于机构投资者

大宗交易是指单笔交易规模远大于市场平均单笔交易规模的交易现象。证券交易所为了防止大笔买单或卖单影响股价，造成市场的人为波动，从而设置大宗交

其他投资者进行大宗交易的应委托已办理指定交易的上海证券交易所会员办理。再次，申报内容规定。大宗交易的申报包括意向申报和成交申报，意向申报应包括：证券代码、股本账号、买卖方向、交易所规定的其他内容；而如果每个交易日的下午3点前仍处于停牌状态的证券，交易所不受理其大宗交易的申报；买方和卖方就大宗交易达成一致后，代表买方和卖方的会员分别通过各自席位（有交易所专用的机构通过该席位）进行成交申报。而成交申报又应包括：证券代码、股东账号、成交价格、成交数量、买卖方向、买卖对手席位号、交易所规定的其他内容等等。买方和卖方的上述成交申报中，证券代码、成交价格和成交数量必须一致，在成交价格方面，大宗交易的成交价格，由买方和卖方在当日最高和最低成效价格之间予以确定。该证券当日无成交的，以前收盘价为成交价。大宗交易不纳入指数计算，其成交价格也不作为收盘价，但其成交量计入该证券的成交总量。最后，在信息披露方面，大宗交易收盘后，交易所在指定媒体上公布每笔大宗交易的成交量、成交价以及买卖双方所在会员营业部的名称。成交后涉及法定信息披露要求的，买卖双方应依照有关法律法规严格履行信息披露义务。

易机制。当买卖某方的单笔交易申报量超过一定幅度后，交易所便规定其在一个专用的席位内进行双边询价式交易，即交易者要自己去寻找交易的对象，不再参加集合竞价，而且成交价格也不再计入该股票的收盘价格。

大宗交易在沪深两市场初创时期就已经在制度上有所规定，但一向少有人问津，因为股票市场中涉及大笔交易的“个股庄”都喜欢暗地里进行，引用大宗交易无异自曝身份。不过，自从2002年以来，银河证券用大宗交易将3000多万股罗牛山股票转让给上海金证引起市场轰动和强烈关注之后，该交易机制才逐渐成为机构投资者常用手段。

### 1. 大宗交易的基本规定

上海证券交易所介绍了大宗交易的基本规定。首先，大宗交易金额与数量上的规定。上海证券交易所进行的证券单笔买卖达到如下最低限额，可以采用大宗交易方式，A股交易数量在50万股（含）以上，或交易金额在300万元（含）以上；B股交易数量在50万股（含）以上，或交易金额在30万美元（含）以上；基金交易数量在300万份（含）以上，或交易金额在300万元（含）以上；债券交易数量在2万手（含）以上，或交易金额在2000万元（含）以上；债券回购交易数量在5万手（含）以上，或交易金额在5000万元（含）以上。其次，大宗交易者身份规定。机构必须是拥有上海证券交易所专用席位，这样才能通过该席位进行大宗交易。而

### 2. 大宗交易的作用

大宗交易除了可以防止大资金机构联手做市，避免因此损害投资者利益以外，好处还在于能为机构大笔买卖提供很多便利。专用的交易席位使买卖双方可以彼此有所了解，同时使交易者寻找交易伙伴变得容易；在交易手续费上有打折让利等一系列优惠措施从而降低大宗交易的交易费用。另外，大宗交易的信息披露机制也使参与机构名声在外，提供显示其资金实力的舞台，因此大宗交易对机构投资者很有吸引力。

### 3. 已发生的大宗交易

自从深圳证券交易所在2002年初，上证所在2003年初实施了大宗交易以来，到目前为止一共实施了23笔，主要集中在债券、配股包销股、大盘股等。如在债券方面，上市债券交易量一向都非常大，于是大宗交易有很多用武之地。更为重要的是，债券的大宗交易在手续

费中还有一定的折扣,大宗交易细则规定了折扣率是通常费率下浮10%,这样对买卖双方均有利。而在配股包销方面,深圳证券市场已实施的罗牛山、国风塑业等大宗交易股都是配股包销的个股,而且卖出方均是配股主承销商,买入方则是鲜为人知的机构投资者。2003年实施的股票大宗交易中,澄星股份、亚泰集团、长春经开、尖锋集团等均如此。随着市场规模的迅速扩大,一些大盘股的流通盘之大,达到了前所未有的地步,这些个股往往容易成为大宗交易的对象。

### 4. 谨慎对待概念炒作

少数机构投资者也会利用大宗交易的信息披露规定,依靠和关联机构间的大宗交易,人为推动行情,顺利出货,投资者应对此有所警惕。大宗交易由于其规定的参与门槛很高,中小投资者根本无法领略其中奥妙,其实仅通过信息披露是很难明白每笔大宗交易背后的实际情况的。散户如果不了解一些所谓的大宗交易背后的实际情况而对大宗交易概念股盲目追涨,往往要承担很大的风险,有的甚至会导致血本无归。因此,在认识上,可以积极了解及学习大宗交易的有关规定;但在实际操作中,对大宗交易涉及的个股还是应持谨慎态度。

## 三、机构投资者的流动性溢价和博弈获利能力

### 1. 机构投资者的流动性溢价

在国内股票市场十几年的发展历程中,始终呈现出一种"小盘股溢价"而"大盘股折价"的市场特征,这几乎成为一个"公理"。这种情况是在先前投机为主的市场氛围下投资者正确的选择,但这种市况在2003年的行情中被彻底颠覆。这种价值回归路程,其根源在于场内投资主体的偏好不同,主流机构投资者更加注重流动性,这是大盘股溢价或者流动性溢价的根本原因。

所谓的"流动性溢价"就是指股票价格因流动性较高而出现的溢价。相同基本面的上市公司由于流动性的不同,流动性越高其股票获得的定位就越高。虽然股价上涨的原动力是公司现有业务和价值增长的预期,但资金的偏好程度往往起重要作用。基本面再好的公司,在没有主流机构介入的情况下,其市场的表现也会一般,所以在公司基本面相同的情况下,流动性较好的大盘股更会受到投资者的青睐,定价往往更高。

### 2. 机构投资者博弈获利能力

机构投资者的入场将加重机构博弈的色彩,盈利机会在于不同机构对价值认识或者说估价的差异。2003年,基金在市场上占据了主导地位,而且在许多行业价值被低估的情况下选择一条可以达成共识的价值标准是不难的。2004年市场参与主体会逐步多元化——除基金外还有QFII私募基金,从实体经济回流的资金,从其他市场过来的资金,衡量价值的标准也不一致,价值中枢也变得模糊,哪种标准能够多占上风还很难确定。这恰恰就给机构提供了博弈的理由,2004年重要的盈利途径可以说就在于抓住机构博弈产生的机会。

在机构化和国际化的大背景下,各机构选取市场基准会出现分歧,是向成熟的美国市场看齐,还是向靠近我们的香港市场看齐,还是向市盈率比我们低得多的韩国市场看齐?即使我们选取了某一目标,也存在我们是向今天的美国看齐还是向60年代或70年代的美国看齐的困惑,各个机构对自己选择的价值标准都会有充足的解释理由,关键在于估值模式考虑变量的全面性和机构资金实力和魄力。QFII将引导我们用国际化的思维思考问题,它将成为2004年市场新的风向。QFII在短短一年不到的时间里就发展到了占据市场的1%的份额的水平,并且预计到2004年将新增资金60亿~80亿美元,估计能超过基金的新增规模,它们的价值标准和现有的标准有很大不同。从长江电力上市前国内券商等机构对其定位普遍在6.50元以下,而瑞银等QFII估计在8元这样的反差中就可以看出两者的分歧。

## 四、QFII入市现状喜人

2003年是QFII进入中国A股市场的第一年。20世纪70年代末,中国刚刚改革开放时,人们用充满新奇的眼光看着那些远道而来、蓝眼睛、黄头发的外国人一样,中国的投资者今天又一次用惊异的眼睛,目睹了这些洋机构在证券市场上的另类表现。事实上,QFII自2003年7月9日正式涉足A股市场以来,一直在做着他们在其他开放的证券市场上长期坚持的事情,并没有因为A

股市场的本土特征而改变，中国的投资者之所以对他们备加关注，是因为他们长期习惯于概念炒作的老庄家，而对新进场的 QFII 则比较陌生，但是 QFII 的投资理念——价值投资这个字眼对沪深股市投资者来说并不生僻，它不是 QFII 带进内地来的，但却是 QFII 正在实践和确认着的。

在 2003 年上半年基金高举价值投资的旗号，掀起了 5 大板块的上涨浪潮，面对这盛开的“5 朵金花”，投资者对于价值投资的真实性和持续性表示出怀疑。QFII 的入场是对价值投资理念的进一步确认，并且注入新的内涵，那就是细分行业下的价值挖掘。在对宏观经济、行业走势、上市公司深度研究的基础上，投资于景气行业里的高素质、业绩优良、有成长前景的上市公司，往往是 QFII 的价值投资理念。如果是基金上半年的价值投资是着眼于整个板块、粗放式的价值挖掘的话，那么 QFII 的价值投资则是内涵式的价值挖掘。QFII 轻指数、重个股，其介入的个股在市场中的示范效应较大。外资的目的很明确，那就是集中有限的资金，重点介入若干业绩良好，有成长前景的上市公司，采取“集中优势资金，重点突破具有投资价值的个股”的投资思路，在整体持续下跌的股市中，营造局部个股的赚钱效应。这种投资趋向和投资理念，对二级市场股价体系的结构性将产生影响，有利于资本市场价值型定价和功能的发挥。QFII 进入中国 A 股市场不仅仅是追求实践其价值投资理念，而是出于战略性考虑：中国经济持续高速增长，证券市场市值不断扩大，在亚太地区证券市场中的重要战略地位凸显；中国外汇储备连年增加，贸易顺差升势不减，外商直接投资呈现持续上扬态势，人民币存在潜在的升值压力。

QFII 购买中国证券资产，除可获得投资收益外，还可受惠于潜在的人民币升值。QFII 主观上的这种战略选择在客观上对中国证券市场带来了积极和深远的影响。QFII 进入 A 股市场将扩大资本市场容量，优化资金和投资结构，增加市场的稳定性，有助于改善公司治理结构，增加透明度，建立与国际接轨的会计师制度，促进法律体系和市场监管的完善，推动金融创新，促使本土券商提高研究水平，改善经营管理，加强风险控制。随着 QFII 进入步伐的加快和程度的加深，我国的证券市场将进一步与国际接轨，国际化道路将越来越宽。

## 五、QFII 引领投资理念嬗变和投资策略分析

尽管 QFII 在我国实施的时间还很短，QFII 的投资规模有限，投资品种和具体操作次数不多，而且也不是所有的机构都公开了它们的操作或明示了它们的投资理念，使我们仍难以对它们的使用投资策略有明确的认识。其实通过对 QFII 在国内的投资实例进行深入分析，就能了解它在国内市场的投资手法，并提出投资者需要注意的相应策略，以利于投资者保护。

从积极入市的瑞士银行有限公司花旗环球金融有限公司的操作看，它们的投资重点有所不同，瑞士银行 6 亿美元的 QFII 投资额度中，已有 2/3 的资金投入 A 股市场，具体投资组合包括了 35%股票、11%可转换债券

以及10%证券投资基金。而花旗银行主要是化工企业和新疆屯河。总的来说，QFII的投资是经济增长景气度高的行业，且多为龙头；市场占有率高或居于垄断地位，具有较强的核心竞争力；公司治理结构改变，内部管理科学；业绩优良且具成长性，股票流动性好等等。除了股票以外，另一个QFII的重点是可转债，QFII认为：可转债是可在股市低迷时带来保底收益（纯债券价值）的金融品种，投资可转债正是QFII分享中国经济增长成果的重要途径之一。

我们通过QFII的有关操作实例，对其投资特征进行了相关分析。深入学习QFII的投资理念，有利于投资者保护。QFII投资理念比较多，重要的有如下几点：

1. 稳定性和安全性是QFII的首要考虑因素。QFII持有大量可转债说明QFII对国内市场的风险心有顾虑。QFII看中的并非是中国股市的成长性、投资价值，而是因为国内经济的表现特别好，国外的金融投资机构希望通过股市分享中国经济的高增长，但国内股市的高风险又是现实存在的，所以会有矛盾和顾虑。这样QFII目前在国内的买卖行为不很活跃，而且在以后很长的一段时间内，QFII必然是在安全性和稳定性基础上进行操作，这是QFII在国内投资策略的基调。

2. 长期持股可能性很大。国际投资者在完成准备工作后，一般会进行长期投资，因为在一个陌生的市场环境中，从事短线投机不是理性的做法，加上QFII进入国内市场的初衷是为了分享中国经济增长利益，因此，决定了QFII必然以公司基本面和发展前景为投资基础，长期持股，以获取企业增长的回报。

3. 集中投资仍是QFII的投资策略。因为现在QFII投资的股票很少，而且没有具体的持股份额，无法判断QFII投资的集中程度，但是从各家管理层公开发表的谈话中，可以发现他们对集中持股的偏好。就像瑞士银行有限公司的一高层说过“尽管投出去的3亿美元资金来源很分散，但是客户的投资很集中，主要是一些大盘的、盈利好的股票”，加上QFII在其他国家和地区有集中投资经历，可以说，QFII集中投资的可能性很大。

对QFII的投资特征分析有利于引导投资者进行选股，这样操作必定有利于投资者保护。另外，QFII的选股手法方面，QFII在中国的选股主要依赖于它们的研究报告。QFII选股主要考虑因素：首先是未来一段时间内公司的营利能力和成长空间，其次是公司的治理结构、核心竞争力以及未来发展战略；最后是公司在行业当中的地位、资源的垄断性、规模的大小等等。而在具体操作上，QFII一般是看好就买入持有，然后每半年对投资组合进行一次评估和调整。QFII选股很好，所选的股票平均表现优于股市整体表现，但在买卖时机上QFII没有任何优势可言。QFII的优势在于选股和长期持股，这点对于其他投资者而言是一大利好，投资者可以有效利用QFII的选股，这样可以很好保护投资者利益。

# 第四章

## 一、投资者权益的法律界定

法律是最强大的保护武器，保护投资者权益离不开健全的法律体系，投资者是证券市场的主体，追求投资收益是投资者的初衷，为了避免投资者利益受侵袭必须要有健全的法律体系。证券市场是一个要求极为严格的信息市场，而这个要求高的市场的维系武器也是法律。

投资者是证券市场资本的供给方，在一定程度上可以说是证券市场的"输血机"。因此，投资者地位和作用不容轻视，投资者的积极性和主动性会直接推动证券市场的良性发展，特别是在我国这样的新兴证券市场上，投资者作用更为明显和重要。保护投资者权益是我国证券市场发展的现实选择，是维持证券市场健康、快速发展的基石，是投资者对证券市场信心的源泉。关系到整个证券市场发展与稳定。

投资者保护具体是指保护投资者的合法权益，投资者的权益很多，因此对投资者的合法权益界定尤为重要。证券市场投资者保护中的合法权益一般包括以下内容：

(1)根本利益。证券市场的健康发展是投资者合法权益的根本，证券立法的目的就是为了给证券市场健康发展提供合法的法律环境、法律框架和法律依据。金融是现代经济的核心，资本市场是金融市场配置资源的核心，证券市场是资本市场的核心，因此发挥证券市场的意义重大。证券市场是我国市场经济改革的重要组成部分，是关乎国家和民族利益的大事。在维护社会稳定的大前提下，能否推动和促进证券市场的健康发展，是衡量和评价证券立法的主要标准。在投资者合法权益的界定和保护上，目的也是为了证券市场的发展，为了整个国民经济的良性运行，证券市场的健康发展是所有投资者的根本利益所在。

(2)天然合法权益。证券市场上，投资者的有些权益是天然的、绝对的、与生俱来的，不能被剥夺和被侵吞，这些权益如果不能得到有效保护，证券市场就不可能发展。"皮之不存，毛将焉附"？这些天然合法权益如：交易的自愿性权益、财产所有的权益、交易过程参与者的权利与义务的对等性权益等。

（3）制度性合法权益。这类权益更多的是人为约定或者利益的平衡，是以相关法律、法规的形式加以确认和完善下来的，可以成为有关当事人的合法权益。有些权益的具体内容，比如哪些股票具体可以由哪些投资者来买卖；投资公司与上市公司关系的具体内容；投资者与证券公司关系的具体内容；投资者在其投资活动中享有什么样的具体服务、需要付出什么样的代价等，证券界人士把它称为制度性合法权益。

实践过程中，区分这三种权益很复杂，这些权益没有一个绝对标准，具有很大的伸缩性和不确定性，往往受经济的发展快慢和市场的成熟程度影响，同时又随着制度的改革和变迁而不断发生变化。比如说，什么样的公司可以发行股票上市，关系到投资者可以买卖什么样的股票；不同类别的投资者在上市公司的各类行为中是不是应当有不一样的权益；什么样的机构可以为投资者提供投资服务，关系到投资者的选择权；证券公司的经营管理行为，关系到投资者交易股票和资金的安全等等。所以，投资者权益保护范围并不是绝对的，是随着制度的变革而发生变化的。

## 二、投资者权益保护内容分类

投资者权益保护内容很多，具体可以分成以下几部分：

### 1. 民事赔偿保护

在我国现行有关证券立法中，对证券市场的各种违法违规事件的行政责任、刑事责任的规定比较全面，而对其侵犯中小股民合法权益的民事赔偿责任的条款就比较少。总的来说，民事赔偿保护经历以下几个演进过程：1996 年，首起股民状告上市公司虚假陈述案，要求民事赔偿，最后不幸败诉；2001 年 9 月最高人民法院发出通知暂不受理此类案件；2002 年，最高人民法院“1.15” 通知作出了证券纠纷案件受理的相关规定，可见，民事索赔经历了 6 年艰难的破冰之旅。

具体而言，目前我国法律制度中较为代表性的规定是“民事赔偿优先”原则，其法律解释是这样：“违反本法规，应当承担民事赔偿责任和缴纳罚款、罚金，其财产不足同时支付时，应先承担民事赔偿责任。”这是证券民事赔偿保护制度的一大进步，对于投资者来说是一大利好，因为以前法律主张都是先行（政）刑（罚）后民事，即使有赔款，也是先国家后投资者，结果投资者到手的赔偿寥寥无几，使投资者的合法权益受到严重损害。而这一规定在此方面有着积极意义，特别是 2003 年年初最高人民法院出台的有关上市公司虚假陈述引发民事赔偿案的司法解释中，还对投资者民事赔偿起诉规定了前置程序，即行政处罚或刑事审判位于民事赔偿规定之后。证券立法越来越倾向于民事责任优先。

在民事责任承担主体方面，我国现行证券法未规定股东和实际控制人的责任，而美国则有这方面的规定：“（虚假陈述）责任者之任何人，亦负相同责任，但有不知情之抗辩权者除外。”我国法律应有类似内容规定，以免造成责任主体缺失。在诉讼方式上，我国法律仅规定了单独诉讼和共同诉讼两种，对集团诉讼未做规定，其实集团诉讼更能适应中小投资者的需要，故今后应在这方面内容上不断完善。

### 2. 交易结算资金保护

证监会颁布的《客户交易结算资金管理办法》从组织和制度两个方面保障了客户交易结算资金的安全。证券法有过类似规定，违反客户交易结算资金规定的须承担行政责任和刑事责任。不过其中行政责任在刑法中又没有相应的规定作为依据，其实最重要的是没有有关的民事赔偿制度，因此，不完善的责任制度导致客户交易结算资金安全性得不到有效的保障。这样，应建立相应的赔偿制度，防止发生新的挪用客户资金事件。同样，证券公司资金运作混乱，造成自有资金和和客户结算资金混同，这样也容易导致客户结算资金被挪用，这种情况下应由证券公司承担相应责任，如果给客户造成损失的，应当赔偿；法院在执行时如果将客户交易结算资金强制执行的，应由法院承担相应责任，由于证券市场的特点决定客户交易结算资金被强制执行后损失不易计算，这样就难以保证赔偿的及时性。因此，有关措施应该事前防范而非事后补偿，如强化法院、银行等在强制执行时对资金性质的查明、核定义务，在相关媒体刊登强制执行公告等，采用多种手段充分保障客户交易结算资金的安全。另外在赔偿方面，应明确赔偿的范围、损失计算方法。在证券公司破产的情况下,应优先偿还客户交易结算资金,不足偿还的可考虑通过设立专项基金来解决。

### 3. 诉讼权保护

投资者的权益应包括直接诉讼权,这样就不得设置前置程序,而且还要建立投资者代表诉讼制度。当董事会的权利行使侵犯投资者的权利时,投资者行使司法救济的最有效手段就是股东的直接诉讼和代表诉讼。直接诉讼是指股东纯粹为了自身的利益并基于其股份所有人的身份而向公司或者其他人提起的诉讼;股东代表诉讼是指当公司董事在履行职责时,对公司造成损害,而公司在通过诉讼追究法律责任时,具有法人资格的股东为了公司的利益,依法行使代表诉讼权,以公司的名义向法院起诉,追究该董事的损害赔偿责任的是股东代表诉讼。此外,股东还可以以自己的名义对董事提出诉讼,以补偿自己的损失,但这种诉讼赔偿只在董事与提起诉讼的股东之间进行,只有起诉的股东才能获得赔偿,没有起诉或不能起诉的股东不能得到赔偿。由于公司实行资本民主,即少数股权服从多数股权原则,持有少数股份的中小投资者失去了参与公司决策的权力,上市公司已经成为大股东把持下的公司,是大股东实现自身利益的工具。股东大会成了“大股东会”,中小投资者出席是否已无实际意义,中小投资者应将股份进行集中,选出代表进行“集团式”的诉讼,这样才能真正实现投资者利益的保护,才能真正维持证券市场的正常发展。

## 三、投资者权益的立法原则探讨

保护证券投资者利益首先必须完善相关立法,正确的立法指导思想和立法原则,是确保立法方向不发生较大偏差的前提,也是正确实施法律的重要条件。随着证券市场的迅速发展,应适时修改《公司法》、《证券法》,在确认证券投资者权益、完善投资者保护的法律制度方面,应遵循如下原则:

### 1. 投资者利益至上原则

在证券市场中,只有广大投资者才是市场的决定性主体,立法者应树立“投资者的利益是证券市场的法律”这一价值理念。《公司法》、《证券法》等法律法规应在证券市场各主体之间进行利益权衡,利益分配时应充分体现“投资者利益至上的原则”,纠正漠视投资者特别是中小投资者利益的传统意识和习惯做法。

### 2. 从证券市场实际出发的原则

世界上任何国家的证券市场都是资本逐利的场所,市场各主体存在利益的冲突,在博弈中不可避免地出现投机现象,甚至是欺诈。中国的证券市场是仅有十多年历史的新兴证券市场,“成熟度”还不够,投机之风和欺诈现象还相当的普遍。中小投资者由于信息不对称、分析能力差以及资金实力小等因素,在市场中处于明显的弱势,自我保护能力不强,因此,立法者应给予投资者特别是中小投资者更多的公共保护。

### 3. “三公”与诚实信用原则

公开、公平、公正和诚实信用是证券发行与交易活动的最基本要求,公开是核心,是筹资人对出资人的根本义务,公开是企业成为上市公司的对价之一。正如美国人布郎迪斯所说:“太阳是最有效的防腐剂,电灯是最有能力的警察。”公平是民法的基本原则,对客观上

处于弱势的投资者特别是中小投资者，立法者应根据公平原则进行调节，加重投资者权利的砝码，以体现法律上的实质公平。公正是针对证券市场监管者的行为所提出的基本要求。作为市场的组织者和监管者，监管部门不能追求自身的部门利益或外在利益而与市场的整体利益发生冲突，更不能为实现某些非市场的政策目标，而不公正地对待投资者。诚实信用也是民商法的基本原则，只有确立诚实守信的原则，对各类市场欺诈现象及其行为人以否定的法律评价，使其承担相应的法律责任，才能维护市场秩序。

#### 4. 投资风险自负原则

投资风险自负是“风险自担”原则和“买者自负”原则的基本要求。保护投资者合法权益并非是保证投资者的投资权益。证券投资的风险投资属性决定了投资者不可能“只赚不赔”。除遭受其他市场主体和参与者恶意侵权所致损失可依法获得救济外，正常的市场风险只得由投资者自行承担。在立法上，必须充分揭示证券投资风险，倡导理性投资，使投资者牢固树立投资风险意识，正确区分正常的市场风险损失与恶意侵权所致损失的不同法律性质，分清“自负的责任”和“他负的责任”。

#### 5. 权利救济原则

证券立法上应确立权利救济原则，不仅确认投资者的原权，而且应赋予其充分的救济权。原权是第一权，作为独立存在的权利，不依赖于其他权利即可行使；救济权是基于原权受到侵害而产生的权利，是第二权利，是实现原权的重要方式和途径。赋予投资者救济权，不仅要有实体法上的救济权，而且应同时有程序法上的救济权。由于证券民事法律关系属于特殊民事法律关系，证券民事侵权行为不同于一般的民事侵权。投资者私力救济的能力有限，而更多的需要在证券立法上确立公力救济。通过建立和完善证券市场民事赔偿制度，使投资者遭受财产损害得到加害人的实际赔偿，其合法权益得以实质救济和充分保障。

## 四、投资者保护需要加强立法措施

鉴于目前证券市场的不规范和投资者保护的重要性，要进一步推进证券立法的具体措施，加强投资者利益保护，可以从如下方面进行：

#### 1. 完善责任体系

这要求进一步细化《公司法》、《证券法》等相关法律的民事责任制度。目前，我国证券责任体系制度一直存在重行（政）刑（事）轻民事的现象，这既不符合国际证券立法的发展趋势，也不适应我国证券市场发展实际需要。要改变目前证券立法中民事责任、行政责任、刑事责任不协调、不一致的现状，应当通过立法和司法解释，细化证券违法行为的民事责任。我国应顺应国际潮流与趋势，强化小股东保护制度，明确董事责任和监督制衡机制，建立健全派生诉讼制度。

#### 2. 健全立法，规范股权托管

中国证监会要求控股的股东不得以“股权托管”或“公司托管”等方式，违反法定程序，规避法律义务，变相转让上市公司实际控股权。该规定通过相关立法规范上市公司资产重组行为，维护中小股东权益，保证控制权转让期间，上市公司的经营管理平稳过渡将起到积极的作用。“股权托管”是近年来我国证券市场资本运作中比较流行的一种创新方式，其产生有一定的特殊背景。我国上市公司股权被分割为国有股、法人股和流通股，非流通股存在强烈的流通和转让的内在需求，但国有股转让需报相关部门审核，不仅审核过程常常耗时数月，而且能否最终通过审批也是一个未知数。而借壳公司对上市公司进行重组并实施实质性管理常常有很强的时效性，于是产生了很多变通手段，股权托管就是其中一种。在“股权托管”产生的初期，其在推动上市公司国有股转让及上市公司重组发挥一定作用，不过随着股权托管的增多，其弊端也日益暴露出来，不仅推动上市公司重组的初衷没有实现，而且出现了收购人恶意侵占上市公司和股东权益的现象。由于股权没有过户，股权主体没有变更，造成托管双方在权利和义务上面临着很大的不确定性，合同的双方当事人均享有任意解除权，可以随时中止合同，这无论是从流通股股价，还是从上市公司未来发展来看，都不利于保护广大中小股东的权益。而且，股权托管期间控制权与所有权的分离也引发了一系列道德风险，造成“受托人作恶，委托人收尾”的局面。因此需要健全立法，规范股权托管，如规定以协议

方式进行上市公司收购的，收购协议中应明确过渡期间双方的权利和义务；收购人原则上不得通过控股股东改选上市公司董事会等。从立法角度规范股权管理，明确了过渡期间控股股东及收购人的权利和义务，堵塞了收购人通过股权托管侵占和损害上市公司利益的种种漏洞，保障了广大中小股东的权益。

### 3. 适时制定《投资者保护法》

在完善投资者权益保护的法律体系方面，国际上除修改公司法、证券法等相关法律法规外，越来越多的已制定了专门的投资者保护法。如美国 1970 年通过《投资者保护法》，并随之成立了证券投资者保护公司，加拿大、韩国和我国香港地区也建立了类似机构，这些强化保护投资者的经验值得借鉴。我们也应适时制定《投资者保护法》，培育投资者信心，推动证券市场的健康发展，同时通过《投资者保护法》建立投资者保护机构和专项基金。我国目前没有以保护中小投资者利益为宗旨的组织或机构，这使得投资者维权存在盲目性和无序性。为此要设立投资者保护机构，这有利于保护投资者的权益，有利于加强监督上市公司，有利于提升上市公司治理水平，同样也有利于推动证券民事赔偿制度的实施和完善。另外，在保护投资者资产资金的层面上，应当立即建立投资者保护基金，这样在出现证券商由于不规范操作和破产导致投资者的存管证券、交易保证金蒙受损失时，可依靠投资者保护基金对投资者的损失给予保护与赔偿。这样，投资者能够在券商缺乏偿付能力的时候减少或者避免损失，从而增强投资者的信心。其实，设立基金目的有如下几点：一是增强证券投资者的信心和保障；二是在一定限度内保护投资者避免因相关证券经营机构破产而招致损失；三是监督各成员单位风险防范。我国目前要积极建立投资者保护基金，基金来源可以是自律组织会员的缴费及其投资收益，或者是适量的银行贷款。投资者一旦成为基金会员，就可以享受保护基金的保护，基金对每个账户损失赔偿可设置一定限额，从而有效促进投资者保护制度的建立。

### 4. 重视投资者关系立法

目前我国现阶段的投资者关系管理还处于萌芽阶段。只有将投资者关系上升到法律层面上，才能保证有充分的信息沟通，才能保证弱势群体在内的投资者将投资决策建立在“知实情”的基础上。同时上市公司只有做好和投资者之间的充分沟通，才能真正吸引机构投资者和中小股东，公司的融资渠道方能畅通。同时，在设立投资者保护机构和专项基金时，可以赋予他们在投资者关系方面的职能。因此只有通过对投资者关系立法，才能有效保护投资者利益。

另外，建立多层次完整的投资者保护体系。随着我国市场的发展，保护广大中小投资者的合法权益已成为社会各界的共识，其实，作为市场参与主体之一的机构投资者，其合法权益同样需要保护。随着 QFII 制度的实施，部分国际投资者开始进入我国的证券市场，这样我们不仅要保护境内投资者的合法权益，同样要保护境外投资者的合法权益，增强国际投资者对我国证券市场的信心，从而为我国证券市场与国际证券市场的平稳接轨创造条件。

只有建立一个多层次、完整的、保护主体市场参与者的法律体系，才能保证证券市场的长期繁荣。在建立独立、高效的证券司法体系方面，要做到有权利必须有救济，司法机关应全面介入证券市场投资者权益的保护,依法制裁各种对投资者的侵权行为,并使投资者切实得到赔偿。从我国首例被法院受理的证券民事诉讼案件“ST红光实业”的审结情况看,司法介入对证券市场发展影响巨大。2002年1月15日,最高人民法院颁布了《关于受理证券市场因虚假陈述引发的民事侵权纠纷案有关问题的通知》,为我国证券投资者司法救济开辟了通道。2002年12月26日,最高人民法院审判委员会通过了《关于受理证券市场因虚假陈述引发的民事赔偿案件的若干规定》,并于2003年2月1日起施行,该司法解释的出台,为投资者利益的保护在司法实践上提供了切实可行的方法,使投资者的受损利益能够得到真正的补偿。

## 五、健全相关法律,加大信息披露违规成本

通过对2003年两交易所公开谴责案例的统计不难发现,上市公司综合披露违规主要集中在对外担保、大股东占款以及业绩预告不准等三个方面。而上市公司违规成本较低,法律打击力度不大是其敢于以身试法的重要原因。对外担保以及大股东占款是我国证券市场的两大顽疾,尽管近年来管理层和立法层采取了多项措施予以治理,但仍不断爆出上市公司因此陷入危机甚至濒临破产的案例,如ST啤酒花于2003年11月4日公告结果显示,公司累计对外担保接近18亿元,其中近10亿元的对外担保决议未按规定履行信息披露义务。公告一出,公司股票持续下跌,可见,上市公司信息披露违规行为给投资者造成了巨大的损失。另外还有中关村因未及时披露为中关村通讯网络公司提供25.6亿元的担保而遭到深交所的公开谴责。上市公司相互担保现象存在诱因很多,担保因本身是非常漂亮的一个交易,不出问题不会被察觉,庄家早就想到了可能会出现崩盘,也早就想到了通过二级市场获取绝对可以弥补事后损失的利润,没有相应法律条款可以处理,监管机构所能做的仅是谴责而已。可见,缺乏有效的法律监管和处罚措施是众多上市公司敢于犯规的主要原因。为从根本上改善上市公司信息披露的效果,切实保护广大投资者利益,就必须完善处罚机制,健全相关法律。加大违规成本,使违规者为自己的行为付出沉重代价,如将再融资资格作为上市公司违规的代价是一个比较好的思路,同时,依靠细化信息披露规则,加大行政处罚在内的多层次监管体制,把相关法律责任落到实处,才能切实有效的保护投资者利益。

## 六、宏智科技纠纷:亟待立法,以防股权争夺伤了投资者的心

最近,宏智科技发布公告称,公司投资于海通证券中关村营业部的3417.21万元不翼而飞,次前就曾发布公告原董事长林起泰涉嫌挪用公司募集资金7000万元,掏空公司子公司宏智通信及冒用公司名义签署合同。这是公司进行股权争夺导致公司失控的恶果,类似事件在我国上市公司中屡见不鲜。其实,股权之争的最终目的在于争夺公司控制权,宏智科技公司持股极为分散,基本上没有股东可以凭借一己之力控制公司,导致了对公司控制权的白热化竞争,这样做导致中小股东利益严重受损。如宏智科技2002年上市时,年底尚有每股0.32元的收益,但是受股权争夺的影响,公司的经营现在已经陷入困境,2003年中期每股仅盈利0.01元,第三季度每股亏损0.27元。公司的股价也是一路下滑,上市一年半时间内,已经从最高峰22.69元下滑到最近的6.33元,像ST宁窖、云大科技也有类似情况。其实股东发生纠纷的原因不外乎如下几种:公司股权结构分散,缺少一个强有力的大股东掌控局面。股东之间发生分歧时,就无法保证公司有一个能解决问题的“铁腕”,解决问题效率低下;当公司股权发生转让时,转让的程序不透明也不及时;如各方没有经过充分的理解和沟通,也极容易发生分歧。解决问题的方法就是在司法介入的前提下,建立具体的法律体系,在相关法律体系健全的框架内,公司依据自身的经营特点,架构以利于法人治理为宗旨的股权结构,明确公司发展方向,加强股东间的沟通和协调,以维护股东利益为最高目标。

总而言之,在明确投资者权益内容、原则前提下,构筑健全的法律体系,这样才能更好地保护投资者利益。

# 第五章 加强投资者关系管理 切实保护投资者利益

> 近两年，我国证券市场投资者关系管理发展很快，取得了不俗的成绩。作为市场的主体，上市公司建立良好的投资者关系，通过此渠道实现不同股东利益目标之间的沟通，不仅有利于股价的稳定，也有利于公司治理结构的发展与完善，从而深化再融资的顺利实施。“问渠哪得清如许，为有源头活水来”，良好的投资者关系管理正是证券市场探本求源的重要途径。

投资者关系管理（IRM）对于国内投资者比较陌生，但是在成熟资本市场中，而且在发达国家投资者关系管理已经有30多年的历史了，上市公司已经形成了良好的投资者关系管理机制。投资者关系管理是指运用财经传播和营销规则，通过管理公司向财经界和其他各界传播信息的内容和渠道，实现相关利益者价值最大化的一项战略性的管理工作。从投资者关系管理的发展历程中发挥的作用层面上看，它可以改善和加强投资者与上市公司之间的沟通，帮助投资者树立理性投资理念。

## 一、投资者关系管理理念与应用意义

投资者关系管理一般来说包括两个层次：一是强制性信息披露，这是国家法律法规以及交易所上市规则中明确规定，上市公司必须按照要求披露的重要信息；二是自愿性信息披露，它通过与投资者的沟通，可以增加投资者的信心，进而提高公司市场价值，对公司的未来发展有好处。不过，我国自愿性信息披露刚刚起步，与发达国家之间的差距还很大，为此，需要多加宣传和适时推出相关措施，使公司逐渐认识到自愿性信息披露的重要性以及它在投资者关系管理地位的重要性。

投资者关系管理具体表现内容很多，具体而言，像一批上市公司在半年度报告披露之后纷纷举办各种活动，与投资者、媒体和中介机构等“亲密接触”，这些公司的管理层抽出时间，亲自到场介绍公司的发展现状，未来前景，并解答各界提出的问题。还有的上市公司采用如下方法：举办股民学校；对投资者进行股市新知识、新理论的教育；设立咨询热线，以便投资者通过最简单的方式，实时了解公司信息；建立专门的部门负责投资者关系管理工作；建立信息披露管理制度，统一公司与媒体的联系；利用网站专栏、定期报告和股东大会等渠道开展投资者关系管理工作等等。因此，投资者关系管理形式多样，所谓法无定式，每个上市公司应依据自身实际，采取灵活多样的形式，与投资者主动沟通，不断加强和完善对投资者的服务。值得注意的是，上市公司建立良好的投资者关系，通过此渠道实现不同股东之间利益目标的沟通，不仅有利于股价的稳定，也有利于公司的制度和完善发展战略，从而深化再融资的顺利实施。不过，好的投资者关系并不是靠对投资者的单向迎合来维系，而是通过长期不懈的培养与沟通，并形成互动。据此，对内相应调整公司的有关政策及行为，对外不断调整不合格的投资人，获得投资者的理解和支持，使公司的发展更为稳健。

欧美成熟市场注意投资者关系管理，通常将投资者整体，按照类似“金字塔”的形状进行分类，根据不同性质与需求，划分出不同层次，分门别类地开展投资者关系管理。比如按照投资性质与人数多少，分成“分析员与基金经理”、“在册股东”、“潜在投资者”、“对媒体的工作” 等多个层次。分析员与基金经理需要了解的东西比较细致具体，有时甚至需要公司进行专门的信息收集与整理，需要公司付出更多的精力，但他们乐此不疲。这是因为国外上市公司日益重视投资者关

系管理，充分意识到投资者关系管理好坏直接关系到自己竞争力的高低，能有效增加公司价值。

投资者关系管理产生诱因很多，首先是市场诚信建设的重要措施。资本市场是一个流动的无形的信息市场，在这个市场中，良莠不齐真假难辨，只有很好地加强投资者关系管理，使上市公司与投资者关系走得更近，才能促进上市公司主体的健康发展，才能更好地加强市场诚信建设。其次，是上市公司自身发展的内在需求。目前我国上市公司盈利能力和利润空间不高，使视线发生转移，把投资者关系管理当作间接的利润增长手段，相信加强投资者关系管理可以拉近上市公司与投资者之间的联系，使上市公司一直处于良性运作模式，增强上市公司的透明度，增强其竞争力，才能让投资者加强对上市公司信息披露的监督力度。最后，“时势造英雄”，可以说形势的发展促进了上市公司与投资者关系的发展。随着经济的发展，投资者结构相应发生了很大变化，机构投资者已经成为证券市场的一支重要力量。而机构投资者由于其实力雄厚，导致对上市公司的约束力大，从而无形促进了投资者关系管理。加入WTO后，随着QFII逐步发展，外国资本介入中国力度加大，外国投资者持股数量将迅猛增加，必然促使上市公司加强投资者关系管理。

加强投资者关系管理能完善上市公司治理结构，提升上市公司价值和股东地位；能强化上市公司诚信建设，从而提高上市公司核心竞争力。投资者关系管理同时更是投资者权益保护机制的一项重要内容，它有助于显著提高中小投资者的地位，提高其谈判能力，充分发挥投资者特别是机构投资者在完善市场定价机制方面的作用，改变市场融资过程中中小投资者被动的不平衡的格局，形成一种新的制衡约束机制，从而提高市场配置效率，同时切实保护中小投资者特别是流通股股东的合法权益。

## 二、目前我国投资者关系管理略显不足

投资者关系管理是证券市场不断深化发展的必然产物。我国投资者关系管理曾走过一段艰难历程，1999年以来，我国证券市场发行定价制度进行改革，由审批制转为核准制，发行定价逐步走向市场化，使投资者对上市公司的定价运作有了一定了解，继而机构投资者迅速扩大，成为投资者关系萌芽的重要促进力量。随着信息时代的来临，网络技术的发展也成全了科学的投资者关系管理。在这些因素的催生下，我国上市公司已开始有了网上股东大会、财经公关等国际通行的投资者关系管理活动，特别是近年，资本市场进一步发展，投资者关系管理发展才开始进入发展的快车道。

然而，我国证券市场还很年轻，打个形象的比喻来说，如果我国证券市场是处于青年时代，尚不成熟，那么投资者关系管理更是处于幼儿时期。上市公司投资关系管理工作还存在很多方面的不足。

### 1. 重视程度不够

多数上市公司认为，投资者关系管理是一项不能为上市公司带来好处、却能为上市公司添麻烦的工作，因此对投资者关系管理的态度是可有可无。大多数上市公司没有认识到投资者关系管理是公司治理的重要内容，有的上市公司领导层在思想上不重视，上行下效，最终致使投资者关系管理忽略或走形式化道路。据媒体报道在所调查的200家上市公司中，有42家不能通过电话取得联系；有时即使电话打通了，通常也只能进行一些简单的问候搪塞。这样是无法真正起到沟通、交流的作用。其实，在互联网迅猛发展的今天，上市公司完全有可能通过互联网与投资者进行深层次、全方位的沟通。公

司最新的生产经营动态在不违背“三公原则”的前提下要及时、多角度地报道，让投资者对上市公司了解更加深入，发挥投资者的积极性，从而更好地建立科学的投资者关系管理。目前做到这一点的公司不多，值得警醒。

2. 与股东关系未理顺

上市公司与股东关系未理顺主要表现在两个方面：首先，对控股股东言听计从，底气不足，这样肯定不能平等地有效沟通；即使心存不满，往往也只能忍气吞声，对其违法行为采取“三不”政策。其次，对中小投资者趾高气扬，爱理不理。公布的电话经常无人接听，回答投资者的问题不耐心，简单粗暴地对待应付，对中小投资者的意见和建议不重视，肆意损害中小投资者的利益。还有一些公司与中小投资者关系紧张，投诉、官司不断。这些势必导致投资者关系管理不科学不规范。

3. 参会议会兴趣不高

现在上市公司股东大会存在被边缘化的倾向。中小股东长期由于其意见得不到尊重，往往用脚投票，不去参加股东大会，甚至还出现这样的一些不正常现象：不少股东大会出席的股东人数少于公司董事会人数，甚至大会仅有一个股东出席的情况；即便是大股东对股东大会也不重视，经常委托一些无关紧要的人出席，提交股东大会的议案难以在股东大会进行充分讨论，股东大会的决策往往是个别股东的意志，决策的科学性和公正性无法保证。长此以往，导致股东大会形同虚设，势必影响投资者关系管理的有效开展。

4. 知情权缺乏保证

信息是资本市场的最关键因素，而由于上市公司信息披露制度不健全不规范，信息披露不及时、不完整、不充分，经常出现资本市场上谣言满天飞，公司股价明显出现波动，投资者人心惶惶，然而，有关上市公司却保持沉默，甚至发布应披露而未披露的“信息”公告。有的公司在多次发布类似的公告后，突然公布与市场传言类似的重组方案；有的公司在监管部门的干预下，仍以保密为由拒不披露；有的公司重大事件事项披露时语焉不详，投资者根本无法准确地了解其真实情况。投资者进行风险投资操作时，信息的正确性要求是极其高的，而现实情况让他们极为反感，在这样前提下，建立科学的投资者关系管理是无稽之谈。因此，随着证券市场的逐步完善，投资者素质的逐步提高，对投资者关系管理的呼声和要求越来越高。只有采取多种措施，加强投资者关系管理，才能保护投资者利益。

## 三、他山之石，可以攻玉

在西方资本市场，投资者关系管理已经有 30 多年历史，制订了比较完备优越的投资者关系管理。上市公司已经形成了良好的投资者关系管理机制，如在美国，投资者关系管理的理念深入人心，相关措施已普遍实施，其实，我国可以很好地借鉴西方资本市场的先进经验，吸取精华，去其糟粕。AT&T 和 BASF 两个公司的投资者关系管理就很有借鉴意义。AT&T 的投资者分布广泛，有 330 万个人投资者，他们持有公司 45%的股份，剩余 55%的股份由机构投资者持有。公司通过几个渠道和投资者进行联系：媒体报道、举行会议、季度报告、产品投放市场等等，而网络是近几年来较常用的和投资者联系的方式。公司专门的投资者关系网站有侧重地为不同的群体提供不同的信息，分析员对媒体报道、季度报告等信息比较敏感，而投资者则更关注新产品和服务方面的信息。在这巨变的时代，让投资者知道公司决策背后的原因是很重要，它决定了投资者对公司的信任程度。因此，公司在任何转型中必须确保其投资者了解所有变化和所有举措发生的原因。AT&T 的投资者关系管理部门和投资者之间的良好沟通早在业务转型之初就得到体现，可谓由来已久，如 1999 年初公司要和亚洲一家公司合并，就有 75%的投资者参加了投票，而参加投票的人中有 99%表示赞同，这两个数字都创下了历史之最。如果没有很强和有效的与投资者的沟通，就没有这样的结果。这样做的效果是非常明显和有用的，数字是最好的证明，在不到两年的时间内，公司股价从 1997 年的 32 美元上涨到 1999 年的 80 美元。

BASF 公司是德国进行投资者关系管理的先锋。其投资者关系部门自成立以来就得到了高层管理者的重视和业务部门的全力支持。该公司从事投资者关系活动是从调查市场开始，投资者关系部人员在亲自拜访了多家美国公司后得出的结论是，立即在全球范围内进行投资者关系管理，在提高公司股票长期价值的基础上吸引全球的投资者,包括国内外的投资者、金融分析师和银行。明确了目标之后,该公司每年都在全球主要的金融中心举行至少一次的推介会并拜访一些重要的城市和地区,无论业绩好的时候还是坏的时候,所有这些公开的活动都受到了投资者的极大欢迎。

这两个例子值得借鉴的地方很多,一方面,应该有前瞻性,像BASF公司投资者关系管理全球化运作模式;另一方面应该有区分度,针对不同投资群体建立不同的投资者保护内容。具体层面以公司债券为例,公司债券市场上有两种制度安排可以值得借鉴,以利于加强投资者保护,加强投资者关系管理。

首先,建立公司债券信托制度。由于公司债券持有人人数众多,而且他们不能像股东那样参与公司经营管理,无法在日常监管中保证发行公司履行还本付息的责任。为了保护广大债券持有人的利益,一些国家强制发行公司选择公司债管理公司,发行公司与公司债管理公司订立信托契约,委托公司债管理公司为公司债券持有人利益而实施公司债券的清偿受领、债权保全及其他公司债管理行为。日本、中国香港和台湾地区都有此项安排。公司债信托的受益人是债券持有人,公司债信托为公司债持有人取得债券本息提供了又一层制度保障。

其次,规范债权人会议。公司债权人会议不是公司的组织机构,而是公司债权人的临时议事机构,是法律赋予债权人集体维护自身利益的一种方式。债权人会议作为全体公司债权人利益的最高代表,有权决定关于公司债权人利益的一切事项:第一,有关发行公司延迟履行或不履行公司债义务所产生的责任免除或和解方案;第二,有关公司债的诉讼行为或破产重组方案。受托人不仅是债权人会议决议的执行人,而且依法实施债券管理行为必须根据债权人会议的决议,公司债权人与受托人利益相反时,债权人会议有权解聘受托人,有权指定决议的执行人。在债权人会议与发行公司关系上,法律规范发行债券的公司不仅有召集债权人会议的义务,而且发行公司须承担有关债权人会议召开及决议执行的费用。

欧美成熟市场上采用的投资者关系管理灵活多样,而且相当规范。像在信息披露的监管与加强投资者关系管理之间的矛盾方面,解决得比较清晰,而且国外上市公司一般会选择公共关系公司或专业律师提供的信息披露进行判断审核服务,使信息披露合乎监管要求。这样可以避免与防范投资者关系管理的专业咨询服务机构和人员不足等问题。因此充分借鉴西方先进的投资者关系管理经验很有必要,且势在必行,正所谓“他山之石,可以攻玉。”

## 四、齐抓共管,构筑投资者关系管理网

投资者关系管理是一项系统性工程,市场各方都有责任,就好像一个生态链,断了任一环节就会导致整体瘫痪。上市公司是投资者关系管理的实践者和第一推动力,投资者特别是机构投资者以及各个中介机构、新闻媒体都是投资者关系管理的重要参与要素。其实,只要市场各方共同努力,形成合力,上市公司投资者关系管理必将呈现日益蓬勃发展的局面。

### 1. 上市公司责无旁贷

上市公司是投资者关系管理的主体,责任非常重大。上市公司要在意识上充分认识加强投资者关系管理的重要性和紧迫性。健康的投资者关系既是市场诚信建设的基础,也是上市公司的无形资产和巨大财富。推进公司投资者关系管理对于完善上市公司治理结构、提升公司价值和股东价值、强化上市公司诚信建设、提高上市公司核心竞争力也具有积极的促进作用。

有些上市公司已经充分重视投资者关系管理的重要性,采取各种具体措施加强投资者关系管理,如中集集团建立专门的部门负责投资者关系管理工作,建立信息披露管理制度,统一公司与媒体的联系。同时,充分利用网站专栏、定期报告和股东大会等固定渠道开展投资者关系管理工作,并且采取其他多种灵活形势,加强与投资者主动沟通。还有一些上市公司开办股民夜校,免费为投资者服务。特别是在我国证券市场发展的大氛围下,上市公司与投资者关系日益受到格外关注。2003年,证监会提出在上市公司中全面推进和建立投资者关系管理利益的要求,上海证券交易所全体上市公司就制定了比较科学的上市公司投资者关系管理自律公约,内容涉及面广,而且比较深入具体。这些措施都值得大力提倡。

### 2. 中介机构义不容辞

很多证券机构的分析师认为，必须取得一些有价值参考的信息，才能为上市公司提供很好的调研作用。成功的公司调研要求为研究公司提供丰富的信息，而要取得相关信息，中介机构必须充分发挥其主动性和积极性，通过咨询等市场化方式，帮助上市公司推进投资者关系管理。中介机构与上市公司要保持密切联系，要建立更通畅的沟通渠道，首先必须对上市公司进行实地考察后，方能完成系统的研究和符合质量的分析；然后依据实地调研整理出全面科学的分析结果；再加上上市公司的紧密配合和充分提供有关的方便渠道，中介机构就能够为投资者提供科学全面的服务，才能为投资者提供真实有效的信息，也才能促进投资者关系管理，为上市公司的发展进行前瞻性建议，从而促进证券市场的规范健康运作。

### 3. 媒体锦上添花

媒体可以发挥宣传、引导、推动作用，促进投资者关系管理，不过媒体在投资者关系管理中的地位和作用，在证券市场不同发展阶段侧重点有所不同，它是在市场发展中不断壮大的。

媒体在投资者关系管理中有一个很重要的作用，那就是进行市场纠错，这点可以从华尔街危机中得到体现。我国的媒体从市场产生初期开始，就在市场投资者关系的格局里，不但天然地担当了高效率信息披露平台的作用，而且从早期开始就逐渐以中小股东利益代言人的角色出现在市场上，成为投资者关系管理不可缺少的重要作用。随着网络技术的进一步普及，媒体为投资者关系提供的服务将在广度和深度上进一步得到拓展，一些具备跨媒体平台优势的现代媒体集团将在投资者关系管理中脱颖而出。另外，随着自愿信息披露制度的建立和更多上市公司自愿信息披露，媒体在投资者关系管理过程的介入将越来越深广。我国加入 WTO 后，上市公司跨国化、融资全球化以及媒体自身发展的国际化步伐加快，我国上市公司的投资者关系管理也将走向国际化，发展前景一片大好。

### 4. 监管部门防微杜渐

监管部门可以通过培训，研讨等各种方式大力推动、帮助上市公司树立投资者关系管理的意识。其实，保护投资者的合法权益，促进上市公司投资者关系管理是监管部门工作的重中之重。监管部门也应重视投资者关系管理，从而推动整个市场投资者关系的改善；监管部门要监管信息披露，提高上市公司透明度，这是搞好投资者关系的前提，监管部门应充分重视积极干预；监管部门要出台更多的制度，在上市公司股权分割和大股东股权不流通的大背景下，建立上市公司改善投资者关系的利益驱动机制，从而推动上市公司改善投资者关系；在流通股东和非流通股东之间存在巨大的利益差别的应首先保护流通股东的权益，这是保护投资者权益的主要方面，而在利益机制的设计上，保护流通股东权益的最好办法就是给流通股东权力，推广类别股东表决机制就有利于实现这一点。另外，监管部门要借鉴制度建设的具体措施，如推广类别股东表决机制，引入流通股董事、完善独立董事制度；在核准上市公司 IPO 时，要更多地关注方案对流通股东利益的保护；上市公司再融资时，要更多地关注融资方案对流通股东利益的保护，并参考上市公司历史上的信息披露质量、投资者关系状况等因素，相关部门可以对此建立起跟踪和评价机制。

总之，推进投资者关系管理是市场各方的共同责任，只有各方共同努力，通力协作，才能推动投资者关系管理，才能完善上市公司治理结构，进而促进我国证券市场的健康规范发展。

VOLUME 10

# 第十卷

# 中小企业资本市场的运作之路

- 高科技企业呼唤天使投资
- 中小企业权益资本市场：当春乃发生
- 积极创立中小企业板
- 大力发展公司债券市场

## 第一章　高科技企业呼唤天使投资

一、中国创业投资的破冰之旅

二、欧美天使投资是最具影响力的创业投资

三、天使投资，我国高科技创业企业发展的必然选择

四、完善天使投资的相关法律制度

## 第二章　中小企业权益资本市场：当春乃发生

一、高交所又一融资功能创新

二、开创权益交易市场新规则

三、中小企业权益资本市场具体工作流程

四、培育创新的社会氛围

## 第三章　积极创立中小企业板

一、中国经济将持续高增长

二、全球创业板活跃

三、中小企业板呼之欲出

四、中小企业板主要运作规则的简要构想

## 第四章　大力发展公司债券市场

一、公司债券市场大有可为

二、突破体制束缚，发展公司债券

三、大力支持民营企业发行公司债券

四、鼓励有条件的中国企业到国外发行公司债券

如果说石油是工业的血液，资本就是企业的血液，是企业快速发展的保障和强大推进器。以前企业要靠自己的逐步积累和借贷，慢慢发展壮大，而现在时代提供了新的发展机遇。我国资本市场的成长壮大和多样化，为处于融资窘境的中小企业提供了多种可能和选择。资本市场为中小企业提供了多种资本运作的途径：致力于高科技创业企业的天使投资已慢慢进入我们的视野；深圳高交所的中小企业权益资本市场开创了权益资本市场交易的新规则；酝酿数年的中小企业板市场呼之欲出；在大力发展公司债券市场的同时，中小企业也有望在国有企业或国有控股企业包揽的市场中分得一杯羹。

# 第一章 高科技企业呼唤天使投资

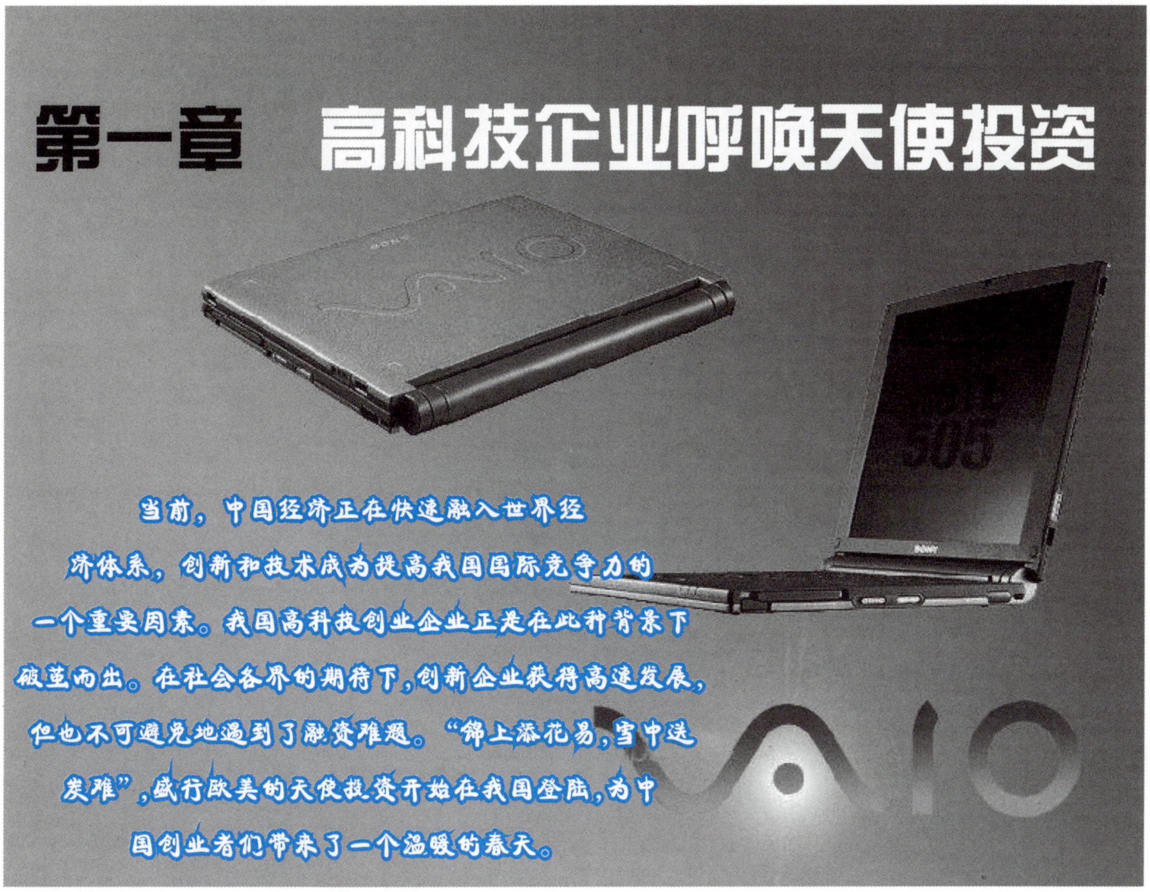


我国民营高科技企业在创业发展的初级阶段，具有一般中小企业的共性，抵御来自各方面的风险能力都不强，尤其是在企业融资的过程中，银行对企业贷款的门槛过高，只能使这些企业望而却步，而直接在证券市场公开发行股票更是遥不可及。这些创业企业在资金流相对稳定的情况下还可以维持正常的生产，一旦资金链断裂，后果可想而知，即使能争取到银行的小额贷款，也只能解一时之急。什么是真正可以使企业渡过难关，而又长治久安的办法？综观发达国家创新企业的发展经验，天使投资无疑是最佳的选择方式之一。

## 一、中国创业投资的破冰之旅

经历了2001年的低潮和2002年的调整之后，2003年中国创业投资总量大幅攀升，一扫前两年的颓势，开始了破冰之旅。通过对170多家获得创业投资的企业调查显示，总投资金额近10亿美元，超过前两年的投资量总和。尽管2003年的总投资量受个别巨额投资案例影响较大，但在综合考虑了其他指标的基础之上，在各项利好因素的驱动下，在中国创业投资宏观环境持续得到改善的情形下，中国创业投资正走向回暖。

### 1. 创业投资的行业分布

全球产业转移等行业因素成为驱动2003年中国创业投资增长的主要因素。此观点不难从中国IC制造和通信设备制造行业发生的多起巨额投资案例得到印证：IC业尽管融资案例不多，但由于其制造企业吸纳巨资的行业特点，其获得的投资额占到总投资额的40%；此外，互联网的投资也令人瞩目，2003年获投资的互联网企业多数已比较成熟，虽然互联网获投资企业数量比2002年少2例，但是投资金额却是2002年的两倍多。从投资企业数量看，IT(狭义)行业依然最受关注，共有超过40项投资案例发生，与2003年美国的创业投资行业分布很相似，我国软件行业再次以12项投资居于IT(狭义)行业之首。

生物医药行业近年来一直是我国高科产业发展的重点，但该行业在2003年并未延续其在2002年的热度，在获投资金额和企业数量方面仅分别排名第 7 和第 4，而 2002 年生物医药行业在两项指标上都排名第二，这其中的原因是多方面的，但最重要的是在多数外资投资机构眼中，我国内地的生物医药产业缺少原创的核心技术，从而影响持续的竞争力，在国内市场受到众多外资大药厂的夹击，产业前途不明朗；而中国传统医药又因其未能和国际检测标准接轨而难以在国际上得到广泛的认可。

### 2. 外资创投巨额资金流入功不可没

2003年中国创业投资投资量的大幅上升更大程度上需要归功于那些巨额的投资案例。在成熟的美国创业投资中，少则数千万，多则上亿美元，而在资本匮乏的我国，上千万美元的投资即可归入巨额案例之列，多数的创业投资都很难达到百万美元的量级。而在 2003 年，千万美元以上的案例有十多项，远远超过 2002 年。但值得注意的是，本年度几乎所有大额案例的投资者清一色的是外资创投机构，本土机构的身影难觅，其原因固然有投资行业以及阶段价值取向上的差异，但更主要的原因是，在资本实力上国内与国外的创投机构还有质的差异。本土创业投资机构普遍管理资本规模较小，对需要大量资本注入的投资机会只能心有余而力不足。

### 3. 创业投资更注重安全与效益

为了规避风险，2003 年中国创业投资机构关注的重点从投资阶段初期向中后期发展。初创期企业获资金额只占总投资金额的 16%。另外，即使排除少数巨额投资案例的影响，2003 年各投资阶段的平均单项投资额度仍较 2002 年有不同幅度的上升。一方面，处于中后期阶段的创业企业前景更为明朗，从而有更加稳定的收益；另一方面，在精选少数项目的基础上，对单个项目注入更多资金，可以使创投机构集中精力，降低管理成本，间接地，也可起到增强单个项目的实力和抵御风险的能力。在投资回报的现实压力下，中国创投机构在近期仍将以中后期创业企业为投资重点，加大单个企业的投资力度。

### 4. 中国创业投资需要资本市场的大力支持

2003年在中国的创业企业中有超过 2 亿美元的退出金额。其中影响最大的是发生在互联网行业的多起并购和 IPO 案例，以 3721、易趣为代表的互联网并购案例，以携程网为代表的海外上市案例，让人们重拾对网络企业的信心。

股权转让退出仍然是 2003 年创投退出的主要方式，这是中国创投退出整体回报水平偏低的重要原因之一。值得庆幸的是，中国加速发展的资本市场正在为风险投资退出创造越来越多的机会，2004 年即将于深圳推出的中小企业权益市场，以及酝酿已久的中小企业板，都为风险投资的退出提供更为广阔的资本运作平台。排队等候海外上市，再也不是中国创投企业的惟一选择了。因此，中国创业投资退出的发展，从根本上还需要本土资本市场有力的政策支持。

## 二、欧美天使投资是最具影响力的创业投资

天使资本是创业投资的一种形式，是一种用资本换取创业企业股份所有权的行为。欧美天使资本市场是一

个不同于证券“主板”、创业板和柜台交易市场的股权融资市场，具有高风险、高回报和免于严格监管等特点。天使投资仅对具有高风险抵御能力的受信投资人(俗称天使投资者、商业天使或富有投资人)开放，从而被称为受限制的股票交易市场 (Liminted Stock Exchange)。目前，天使资本的活动遍布世界主要的发达国家及部分新兴市场。其中，美国是天使投资的产出国，天使资本的规模最大、活动最为活跃，欧洲次之。

### 1. 美国天使投资的发展

在美国，个人受信投资者(俗称天使投资者)的个人资产必须在100万美元以上，或个人年收入达20万美元(与配偶的共同年收入达30万美元)以上。扣除了房屋和汽车等生活必需品以外，这些人还拥有一定数量以上的可自由支配用于各种投资的净财富。目前，全美约有260万个人或家庭符合天使投资者的基本条件，其中约有30万名属于活跃的天使投资者，他们为了高回报愿意投资于高风险的项目，同时精于理财，愿意为初创期中小企业或称初创企业提供种子资本和创业资本。从本质上讲，美国天使投资者是非正式的私人创业投资家，天使资本市场因此被称为非正式的创业资本市场。

美国天使资本市场经历了一个由区域性向全国性发展的过程。从1996年以前的20年时间里，美国以东、西海岸为首的区域性天使资本市场发展迅速。位于硅谷和波士顿128号公路两个高科技产业带的天使投资者、机构性创业投资基金和以斯坦福大学和麻省理工学院为代表的本地大学之间形成了非常紧密的联系，进而发展成为知识服务提供商(如银行、律师行、会计师行)和投资者、创业者群体之间相互依存，共同参与技术创业活动。但是一开始各方之间形成的是一种松散的非正式联合体，后来通过正式的区域性网络才使彼此间联系更加紧密。这种网络以非牟利机构的形式进行活动，致力于本地区的资本形成和满足初创企业的各种需要，通过协助天使投资者和创业者加强联系。此外，它们还为天使投资者、创业者提供管理和创业辅导服务。经过5～20年的发展，这些非营利性的机构已经在网络和教育培训方面有了长足发展，为广大天使投资者和创业者服务的同时也建立起了自身可靠的信誉。目前，全美有3000多家业务通信息网络系统、100～150家创业资本俱乐部、10多个著名的创业资本论坛以及众多的网络通信提供商。上述机构的努力为美国全国性市场的建立创造了良好条件。

1996年10月，美国联邦政府为了解决天使投资区域性市场存在的成本和效益等方面的问题，开始着手建立天使资本电子网。其作用：首先是有利于创业投资公司、非银行金融机构等机构受信投资者和个人天使投资者在全国范围内发现投资机会；其次是为全美35万家快速发展的中小企业在符合联邦和各州证券管理法规的前提下吸引投资者，解决企业快速发展所缺资金问题。另外，促使一些有吸引力的税收优惠政策同时适用于天使资本市场的投资者。天使资本网由于具有典型的制度创新特点而被认为是最新、最为灵活的全国性股权报价市场，重点弥补初创企业在50万～500万美元的资金缺口，其特点是政府部门与遍布全国的网络运营商紧密合作，采取“有形市场”与“无形市场”相结合的方式，吸取“公募”与“私募”的优点，通过互联网技术实现社会效益和服务效率的有机统一，因此被认为是美国科技创新体制、证券监管体制、税收管理体制和小企业服务体系制度创新的产物。2000年4月，广大天使投资者广泛认可的天使资本电子网，通过更为严格的认证程序被改造为全国性的资本体系。这非牟利机构，俨然有与证券主板市场、纳斯达克市场鼎足而立的态势。天使资本电子网的建立，不但体现了美国政府对发展初创企业的大力支持，而且表明天使资本市场对完善小企业服务体系具有无可比拟的战略优势。

经济自由化的今天，中小企业在世界各地越来越发挥着不可替代的作用。在号称世界经济发动机的美国，过去20年，每年有超过60万家小企业诞生，小企业雇佣近60%的劳动力，占有全国销售总额的54%、国民生产总值的40%，所创造的重要革新比大企业多1倍以上。可以说，美国新增财富80%来自小企业。苹果、微软和网景等公司都是在极短的时间内从小到大，成功地创造了一系列新兴的行业。小企业的繁荣成为美国90年代经济保持稳健增长、低通胀和低失业率的重要因素。在中小企业的创业发展中，天使资本功不可没。最新结果显示，美国每年大约有25万个天使投资者向约3万个初创企业提供资金，资金总额约200亿美元，每个小企业

平均融资量约 66 万美元，每个天使投资者投入约 8 万美元，比其他机构投资者的投资基金高出数倍，天使资本的能量在中小企业的发展中可见一斑。

2. 欧洲天使投资的发展

在欧洲，天使投资者被称为商业天使或有投资技巧的私人投资者，目前约有 100 万人或家庭符合天使投资者的要求，其中有 12.5 万名较为活跃，每人平均每笔投资额约 2.5 万～25 万欧元。欧洲的天使投资者同样愿意分享管理技巧，拥有专业知识和网络，寻求利润的同时享受投资所带来的乐趣，其作用越来越受到欧洲各国政府的重视。

欧洲的天使投资较美国晚 9 年，但 20 多年来，欧洲各主要国家和地区同样分别发展了形式多样的商业天使网络，也有全国性甚至以整个欧洲为服务对象的网络。虽然，欧洲不同国家各种商业天使网络提供的服务形式多样，但以下几个方面内容必不可少：首先要有宣传商业天使的理念；其次是要识别有潜力的商业天使；再次是要为企业家和商业天使提供切实的服务，包括法律、财务等专业知识方面；最后是为商业天使和企业家提供匹配服务。其中，配对服务只不过是商业天使网络众多活动的表面目的，其实质是利用许多时间和精力致力于“创造”企业家。继美国联邦政府倡导建立全国性的天使资本电子网后，欧洲于 1997 年也成立了连接欧洲各主要国家和城市商业天使网络的统一平台——欧洲商业天使网。作为一个非牟利机构，欧洲商业天使网除了具有一般商业天使网络的基本功能外，还在参与倡导和运作涉及本地、跨区域、全国性以至全欧洲的项目，在帮助形成有利于商业天使的环境等方面发挥着不可替代的作用。此外，欧洲还成立了商业天使网络协会，其使命是协助全欧洲所有有能力并愿成为商业天使的投资者，认识商业天使投资的特点，得到商业天使网络的帮助，从而发现适合投资的企业。

欧盟非常重视天使投资者、商业天使和各类商业天使网络的作用，培育统一的天使资本市场已成为欧洲发展中小企业和提高竞争力的重要举措。目前，欧盟分别实施了两种资助计划：一是财政工程行动，旨在与欧洲各国政府共同对商业天使网络进行财政资助，使其更好地发挥功能；二是为培养企业家精神和企业而设立的跨年度资助计划。在欧盟国家中，比利时和英国不仅对商业天使实行资本利得税减免优惠，而且对商业天使网络提供大量的财政资金扶持；英国对举办有关商业天使活动的银行家、顾问、会计师提供培训，并有专门的资金资助为企业家提供综合财务服务的活动；意大利政府专门建立了商业天使网，致力于在该网络和其他机构之间建立一种伙伴关系，以便为商业天使、企业家和银行建立一种理想的三角关系；德国则通过银行广泛推广商业天使网络及其活动。

不论是对于美国，还是欧洲而言，培育公正、完善、发达的天使资本市场都具有明显的社会效益，对整体经济的推动作用显而易见。因此，天使投资不再纯粹是一项民间自发组织的行动，政府部门也负有义不容辞的责任,这一点对我国极具借鉴作用。

## 三、天使投资,我国高科技创业企业发展的必然选择

目前,天使资本市场的作用已经引起国内业界的重视,报纸上也陆续介绍了有关方面的情况,上海出现了全国第一家专业的投资网站。在中国,天使投资也绝不是一个全新的经济行为,因为改革开放以来,我国已经形成了一个相对比较富裕且具有一定风险承受能力的社会阶层,许多具有经济头脑又具有经济实力的个人,有意无意间已经从事了天使投资的事业,成为我国天使投资领域的开拓者。随着经济的发展、风险投资环境的改善,以及众多中小企业、尤其是亟须大量资金的高科技创业企业对天使投资的先天性渴求,必将促进天使投资的规模增大。天使投资代表了现代经济生活中一种新的趋势,事实上,包括天使投资在内的权益资本投资已经成为我国现阶段个人、企业、甚至金融机构的投资发展趋向。

### 1. 天使投资是高科技创业企业的先天性渴求

天使投资是风险投资的一个子系统,与其他风险资本有着互补的关系。天使投资者对于所选择的具有巨大发展潜力且具有高成长性的技术项目或初创企业,进行早期的、直接的权益资本投资。当然,为了保证自身投资回报率与安全性,天使投资者有必要协助具有专门技术或独特概念而缺少自有资金的创业家进行创业,并承担创业中的高风险和享受创业成功后的高收益,以实现自身资本的巨额增值。天使投资过去往往是民间的、自发的、个体的和分散的,但现在各国政府都开始进行了有针对性的引导,大多以对初创企业参股或以私人借贷的方式进行的。天使投资成为了一种具有极强生命力的、特殊的个人投资方式。天使投资作为一种新兴的具有巨大发展潜力、同时孕育巨大收益与风险的企业早期投资行为,在未来的经济生活中将会起到越来越重要的作用。

第一,天使投资拓宽了高新技术企业的融资渠道,促进了科技成果的转化。

中小企业尤其是初创企业有利于技术创新。在知识经济时代,高科技领域的初创企业已成为发展具有自主知识产权和民族品牌产品的摇篮。然而资金是推动科技成果产业化的重要推动力量,资金的缺乏对企业的起步和成长发展都构成致命的制约,尤其是具有高投入、高风险、高收益的特点的高新技术产业,由于科技成果转化成为产品的技术风险、市场风险以及由不确定因素造成的各种风险,存在着较高的失败率,大量的科技项目由于缺乏资金支持难以进入产业化阶段。但一旦转化成功,又往往能够带来高附加值和可观的收益回报。天使投资作为一种新型的投资机制,能够对那些传统投资缺乏兴趣而确有发展潜力的技术成果,提供初期的资助,支持风险企业的发展。

天使投资通过灵活特殊的投资方式,在资本与高新技术之间架起了一座桥梁,克服了高新技术化的资金障碍,为成千上万的中小企业,尤其是高新技术产业风险企业的诞生和成长提供了权益性资本保证,造就了无数高新技术企业并以惊人的速度发展。微软、网景、英特尔等行业巨头曾经是微不足道的小企业,在天使投资者的大力支持下,迅速发展成举世瞩目的跨国公司。

第二,天使投资为初创企业迅速启动,提供了必不可少的支持。

天使投资者在投资决策时,由于投资

金额相对较小，有着审查手续相对简单、时间短、决策快的特点，而且投入不是以占有企业为目的，也易于被原有创业者接受。天使投资者只要看准、看好某个项目，经过一些调查，凭着自己的经验和判断，就会很快与创业者签约，把资金投给创业者，让创业者迅速启动其创业计划，在竞争激烈的市场上，撇开竞争对手，为企业的产品赢得成长的空间和时间。

第三，天使投资者为初创企业带来资本的同时，也带来了宝贵的经验。

天使投资者大多是成功的商业人士，是具有一定投资经验的专业人士。尽管他们投资的行为是为了取得投资回报，但同时他们也愿把自己的创业经验和本身具有的专业知识，拿来与创业者分享，为创业者在企业运作上提出好的建议与指导，给予创业者以更大的发展空间，并在这个过程中赢得创业者的信任与尊重。

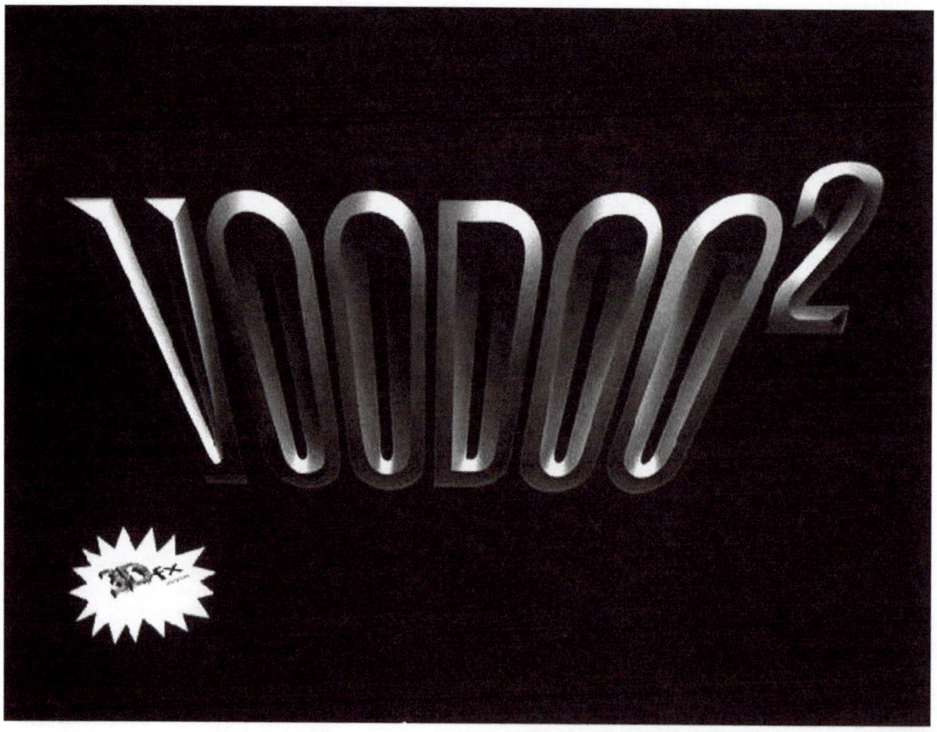


第四，天使投资节省大量的股权融资成本。

初创企业难以负担创业板市场的有关费用，因而，也难以得到上市融资的机会。即使是人们翘首以盼的创业板市场启动，初创期的科技小企业也因上市费用和其他原因而难以融到资金。以香港创业板为例，该市场每次的融资成本在 500 万～1000 万港元之间，预测深圳中小企业板市场每次融资成本也不会低于数百万元。众多的创业期科技小企业由于规模太小，既不具备上市资格，也根本无法负担创业板市场的庞大费用。而天使投资即可通过投资者自身的调查来决定投资的对象、金额，也可通过即将在深圳高交所设立的中小企业权益市场寻找到适合自己的股权投资对象，这两种投资方式对于需融资的中小企业来说，成本都是非常低廉的。

## 2. 我国天使投资需要多方关注与支持

既然天使投资者在高科技企业的创业和发展过程中起着巨大的积极作用，那么，全社会就有必要来关注、支持天使投资者。

首先应该是创业者。在欧美等发达国家中，人们普遍认为天使投资对于创业企业来说，是企业融资的最主要而且也是最简单的渠道之一。在我国，由于产业结构的调整，社会经济的发展，企业改革的深化，有越来越多的人将要加入到创业的行列中去，但这些创业者在发展过程中，资金缺乏的问题始终成为企业发展壮大的瓶颈所在。天使投资者通常是创业者的朋友、家人或者商业伙伴，由于他们对该企业的创业者的能力及创意深信不疑，因而愿意在业务尚未开展起来之前就向该企业投入资金，以帮助这些公司迅速启动。但这些资金毕竟有限，不是长久之计，所以可以预见，对未来的初创企业来说，其早期阶段，更为宽泛意义上的天使投资将会是其融资的主要来源。

其次是率先富起来的人们。改革开放以来，我国造就了一个通过个人奋斗，积累了一定财富的事业有成的中产阶层，他们或是企业家、职业经理人，或是医生、律师，或是从事其他职业的人员。他们有稳定的收入与多年的积累，他们持有一定的现金，在短期内没有大额的资金支出，这时投资开始成为个人理财的重要内容。在风险投资中，种子期和初创期的风险最大，但回报也最为丰厚，据一般经验，这一时期的投资回报为投入的 20

倍，所以，对具有前瞻性眼光且具有一定冒险精神的富人来说，做个天使投资者不仅利人，而且利己，是一种高回报的财富博弈行为。不断涌现的中产阶层将是我国天使投资者的主导力量。

第三是中小企业。中小企业关注天使投资既可能是自己做个天使投资者，因为这里可能会有一个很有前景的市场，有一个很好的发展空间，自己可以一直伴随这个风险企业成长，进而完成企业的产业结构调整和企业的顺利转型；更多的是接纳天使投资对企业项目的支撑，作为一个成长中的中小企业，任何时候资金都不会显得富余，尤其是要在竞争激烈的市场中保持一定的领先地位，其创新和研发必定还要投入大量的人力和财力，那么在新产品、新技术的开发上，引入天使投资不失为企业新产品快速成型和推向市场的一条重要途径。

第四是政府。现在我国政府对天使投资的关注，主要应表现在营造环境及提供优惠政策层面上，其优惠政策主要包括税收优惠、提供担保、政府补助和对风险企业的产品尽可能的提供政府采购。事实上，政策和税收是政府扶持天使投资最重要的两项措施。

第五是新闻媒体。由于我国的资本市场发育不健全，使得人们对天使投资的认识几乎完全是空白，根本就没有概念，大量闲置的民间资本很难想到要介入天使投资。在天使投资还是一个全新的概念、这一市场还没有形成的情况下，加以培育和进行引导，加大宣传力度便显得尤为重要和必不可少。一方面，广大民众需要对天使投资有个了解，对政府在这方面的有关政策和措施有个了解，同时希望看到通过进行天使投资而发展起来的风险企业，以及从事天使投资而获得巨大回报的天使投资英雄，这些都有利于形成我国天使投资文化。另一方面，通过宣传天使投资者的投资行为，使越来越多的人加入这个行列，吸引众多创业者广泛的注意，提供更为全面的可供天使投资的机会。

第六是理论工作者。由于天使投资在我国还是一种全新的投资模式，所以在研究上也是一个全新的领域，很多细节方面都是空白，所以对天使投资的研究有必要加强。目前国内这方面的专著少之又少，根据我国的实际情况，必须加强理论上的探讨和研究，并在实践中加以运用和指导。应用研究应是现阶段研究的重点，研究的成果要注重指导性和可操作性，这对于天使投资的迅速而健康的发展，将会起到积极的推进作用。

## 四、完善天使投资的相关法律制度

天使投资作为一种重要的风险投资，需要有相应的法律和制度进行调整和规范。但是，我国尚未形成一套规范和扶持风险投资业发展的法律和政策体系，现行诸多的条条框框限制了风险投资业的发展。

### 1. 我国现行法律对风险投资发展的限制

有限合伙制作为一种世界公认的风险投资组织形式，可以将权益与责任、激励与制约紧密结合在一起。目前，我国合伙人只能是自然人，并对合伙企业债务承担无限连带责任，这排除了风险资本市场的主要投资者——企业、机构投资者等法人的合伙人资格，阻碍了民间资本介入。现行的法律中，没规定有限合伙制的有效法律地位，对有限合伙企业，既征收个人所得税，又征收企业所得税；既缺乏应有的法律保护，又双重征税显然不合理。

相关法律和法规的规定，没有考虑风险投资行业的特点。例如我国公司向其他有限责任公司、股份有限公司投资的，所累计投资额一般不得超过本公司净资产的

50%,额度限制过低显然不适合风险投资的运作特点。法律规定的“实收资本金”制度,对股份转让和回购限制,没有考虑到风险投资项目的滞后性和资金分阶段投入的特点,严重影响了风险资本的退出;另外对无形资产在公司注册资本中所占比例的上限限制,严重制约了风险投资交易结构的设计。从风险资本市场来源上看,我国现行的《保险法》、《商业银行法》和《养老基金管理法》等法律法规禁止保险公司、养老基金和银行等机构投资者进入风险资本市场。

我国现行法律和行政规定,大大增加了风险投资的投资风险,导致了过高的风险投资交易成本,妨碍了民间资本和国外风险资本进入我国风险资本市场,使风险资本市场的来源受到了很大的限制。此外,对股权投资的限制,增加了投资风险和代理成本。企业只能采用普通股和法人股的形式进行股权投资。由于法人股不能上市流通、普通股在财产权的优先次序上处于最低地位,影响了风险资本退出,难以解决激励与控制问题。

### 2. 发达国家风险投资的法律环境对我国的借鉴

虽然在天使投资最为发达的美国,与风险投资有关的法律有200多种,但并没有针对一般意义上的风险投资制定统一的《风险投资法》,而只是针对两种特定类型的风险投资基金立法。一是特殊类型的创业基金,例如SBIC基金。这类基金往往接受政府通过直接优惠贷款或信用担保方式赋予的一定范围的受信权并享受特别税收优惠,政府要对纳税人负责,故SBA有权审查批准其设立,有权监管这类基金的投资运作。应运而生的《小企业投资法》就是用来规范其设立和运作。二是对社会性“委托—代理”关系的创业基金,由于存在基金管理人侵害基金投资人权益的可能,故在《投资公司法》和《投资顾问法》等有关法律中对其作出相应规定。为了鼓励风险投资基金产业的发展,这些法律主要就不适用于风险投资基金运作的若干条款作出特别豁免条款:如对风险投资基金通常进行的私募行为,制定豁免其按投资顾问登记条款。即使是对于SBIC这种特殊类型的创业基金,在90年代也主要是通过放宽其限制来为其创造一个相对宽松的法律环境。另外,美国相关法律还规定允许退休基金管理人员进行风险较高的投资活动(包括创业投资)。

正因为美国风险投资基金产业法律体系建设体现了“鼓励、扶植、保护”这一宗旨,风险投资基金运作的法律环境因此较一般国家完善得多。

德国为方便信贷机构及所属股票投资公司的创业投资活动,也相应放宽了有关法律条款的限制,并在《简化接受资本法》的框架中,从《自有资本替代法》中删除股份有限公司参股比例不能超过10%的限制,根据联邦参议院的建议,这一比例将提高到25%。在《企业范围监督透明法》的框架中,允许对股份有限公司进行创业投资,有效改善创业企业的资本结构。

我国风险投资业法律体系建设应重在体现“鼓励、扶持、保护”这一宗旨,而不宜人为设置法律障碍放松市场准入限制。创业投资的发展需要大量的资金进入,需要动员各方面的力量。我们应借鉴国外风险投资立法的成功经验,结合我国风险投资业的现状,对现行《公司法》和《税法》等法律作出适当修改,并尽快起草《有限合伙法》、《风险投资法》,为促进风险投资和高技术产业发展保驾护航。只要风险投资得到切实保障,作为其中一员的天使投资才能有更为广阔的发展空间,否则,覆巢之下,岂有完卵。

# 第二章

## 中小企业权益资本市场：

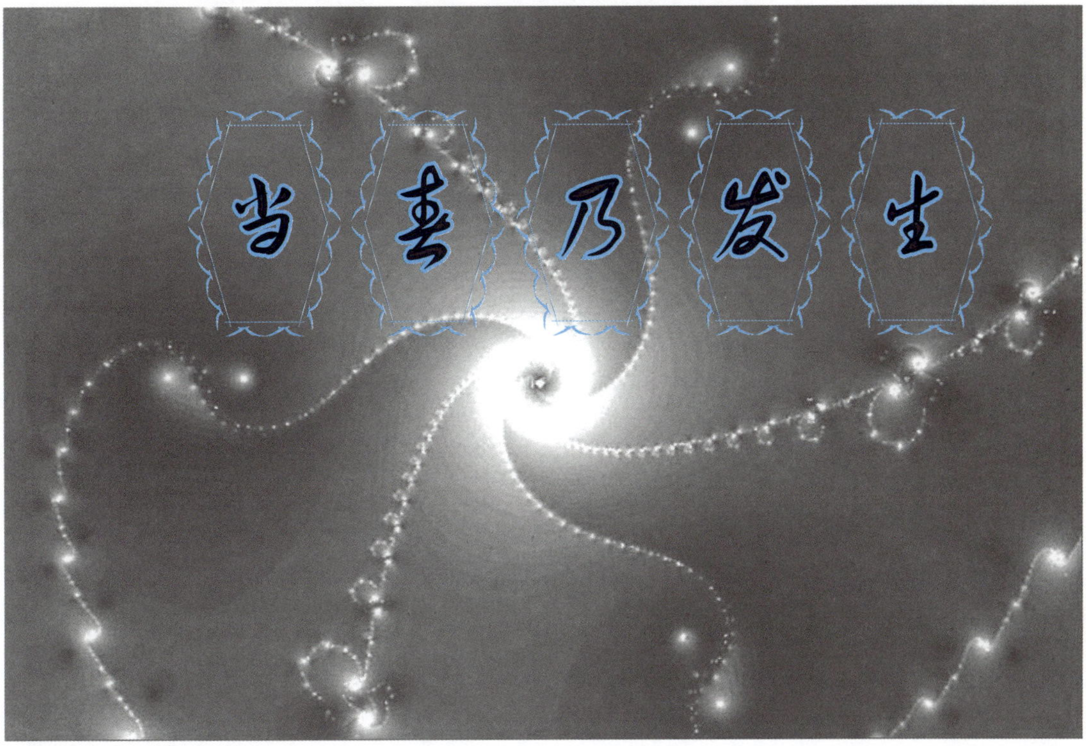


在我国，能够到证券市场上市的民营企业毕竟是少数，但中小民科企业的发展离不开资金的支持，这是现实的需要。中小企业权益资本市场的推出可以比较好地解决规模较小的民科企业直接融资的需求。这是一种鼓励投资的方式，为创投资金的退出提供了一条新的渠道，而企业在这一全新的市场上可以吸纳新的股东及战略伙伴，借此调整、实现企业新的发展策略，从而做大做强。同时，通过这个市场的筛选和培育，也可为中小企业板市场输送大批优质的上市资源。

在美国，纳斯达克市场形成之前，已经有3000个柜台交易网点所形成的OTC市场。而在我国，发展多层次市场不可能在短时期内在全国建立这么多的区域市场，可能的办法就是整合和发展目前在全国各地存在的产权交易市场，以中小企业权益作为主要交易对象。利用这些市场的资源，以信息化手段联网交易，逐步发展成为类似于中国台湾“兴柜市场”和美国的OTC市场。享誉海内外的深圳国际高新技术产权交易所即将在2004年3月推出酝酿已久的“中小型民营高科技企业权益资本市场”，正是基于以上背景。“好雨知时节，当春乃发生”，这将为深圳高交所新增一项强大功能，同时也是我国产权交易市场上的重大创新举措。

### 一、高交所又一融资功能创新

深圳高交所主要功能定位于：为科技创业型企业、成长型企业以及高科技成果转化项目提供融资市场；为风险资本提供市场进入机会与退出渠道；为未上市股份公司股权登记、托管和交易提供服务；为国内外创业板市场输送优质上市资源；为上市公司和国有企业的并购重组提供集中场所等。而中小企业权益资本市场的适时推出，即是对以上功能的有机补充，又是高交所融资功能创新的具体体现。

#### 1. 中小企业权益资本市场特定的服务对象

与北京、上海等地技术产权交易市场的发展相比，深圳的中小企业权益资本市场服务对象显然不是针对国有股权转让，而是为创业初期的中小民营科技企业权益融资提供有形的集中市场，为创业投资、产业投资、国内外企业收购兼并、民间投资提供高效快捷的进出渠道与资源整合平台。中小企业权益资本市场的定位是为中小型民营高科技企业融资服务，其对象是民营性的、服务性的、技术含量高的、国家鼓励发展的、产品市场良好的企业。例如 IT 类、新材料、生物医药类转基因工程、光通信、陶瓷等行业是高交所重点考虑首批吸纳进场的高科技企业。

### 2. 融资平台与风险投资的退出

中国中小型民营高科技企业至少有数十万家，很多处于发展的初级阶段，他们有好的项目，但缺乏资金支持，高交所的中小企业权益市场为这些企业提供了直接的融资平台。该市场的主要功能是解决资金的进入与资本的退出问题，具体而言，资金的进入就是中小型企业到高交所挂牌交易，以 21%～50%的股权交易标的向投资人直接融资；资本的退出主要解决的是创业投资风险资本的退出问题。

在高科技民营企业创业之初，往往有天使投资等风险资金的注入，当企业发展到一定阶段后，以投机为天性的风险资金必然选择退出。如果没有一个合适的资本市场为风险资金提供一个通畅的退出机制，首先，必然会影响风险资金的效率。风险资金长期在某些项目停驻，势必不能很快转向其他更需创投资金的新兴企业，影响相关企业的发展，也影响风险资金的运用效率。其次，风险资金长时期地停留在某个项目也会影响其资金的安全性。由于高科技企业的高成长性伴随着高风险性，风险投资追求的是在最合适的时间进入，在最合适的时间退出，以达到资金的最佳收益。在该退出的时间如果没有顺利退出，风险资金不仅不能达到预计的最佳收益，还有损失的风险。另外，对风险资本退出的限制也势必影响广大风险投资者的投资积极性，从而不利于全社会关注创新、支持创新的风气形成。

近几年一直在酝酿的中小企业板市场，其推出的初衷之一，就是为风险资本的退出机制提供有效渠道。而中小企业权益资本市场最突出的特点之一，就是非证券股权交易，拟融资企业的项目和股份都可以在这里作价交易。交易成功后，创投资金功成名就，可顺利退出，去寻找新的项目，进行风险资本优秀项目的重新结合。

## 二、开创权益交易市场新规则

一个新市场总是对应一种新的游戏规则，以此约束参与游戏各方主体的行为。高交所要推出的中小企业权益资本市场同样制定一整套完善的市场规则，包括保荐人制度、中小民营科技企业挂牌制度、科技成果交易制度以及上文提到的企业融资制度。

### 1. 保荐人管理制度

目前，大部分的产权交易机构为了摆脱经营的困境，不仅提供交易场所，组织交易，还提供各种各样的评估和咨询服务。这种由产权交易机构提供系统综合服务的做法在初期有一定的作用，但长远来说并不规范。比如既当裁判又做运动员，容易出现内幕交易。中小企业权益资本市场既然是资本市场的一部分，就要与主板市场等规范的市场一样，交易与服务严格分开。交易机构主要负责市场监管、交易结算、保荐人培训；保荐人将按照交易机构制定的规定提供系统服务，最重要的是保荐人能有效监督企业提供更准确的信息，降低投资者的风险。

保荐人制度是中小企业权益交易资本市场顺利开展最重要的制度保障。保荐人一般由主流的风险投资机构、投资银行、高校科研机构等担任。它们在业内有广泛的影响、良好的声誉，业务记录也处于前沿，科研项目有较好的孵化能力。有了这些保荐人的专业信誉做保证，可以为中小企业权益交易提供更高的成功系数，降低投资者的风险。

保荐人制度的推行，可以使中小企业权益资本市场起到资金池的作用，大量的资金在这里被聚集起来。一般来说，社会上的普通投资者难以透彻了解风险投资专业市场，对市场的风险判断能力较弱，需要有专业人士来引导配合。根据高交所初步制定的保荐人规则，担任保荐人角色的主流投资机构本身也是投资商，以主流投资机构为核心吸引大量的资金进场。主流投资机构进场后，其他的投资商愿意与之合作投资，降低了投资者的交易成本，这样在无形中起到了放大资本功能的效应。

在中小企业权益资本市场中，担当保荐人的标准比较证券市场中保荐人的准入门槛而言要宽松得多，但也有一套严格的申请条件：(1)具有独立法人资格的企业组织；(2)拥有自己的名称和固定经营的场所；(3)有规范的组织章程和组织机构；(4)注册资本、净资产均不少于人民币1000万元；(5)具有从事投融资业务的经营资格和4名以上的从业人员具备创业投资从业资格或技术／产权经济人资格。

## 2. 中小民营科技企业挂牌制度

中小企业权益资本市场发挥的作用是为企业权益交易提供合法性的保障。高交所挂牌交易的企业由保荐人负责筛选，准备进场的企业必须有两家及以上的保荐人做担保推荐。融投资双方的权益交易必须在交易所的监管下进行，而交易所只是一个中介机构，在整个市场交易的过程中处于中立的立场，这一点与证券交易所的立场类似。

中小民营科技企业在上市之前经过高交所托管挂牌交易，通过信息披露，保荐人以及产权经纪人等制度安排，可以进一步释放信息不对称、企业治理结构不完善等企业非系统风险带给中小投资者的损失。同时中小民科企业的挂牌交易制度也为个人投资者及中小机构投资者搭建了一个可以与专业投资机构获得同等投资机会的，投资于快速成长的民营科技企业股权的投资品种的交易平台。

中小企业权益资本市场的流动交易投资品种主要以高交所托管的非上市股份有限公司为依托。目前高交所托管的非上市股份有限公司有63家，高交所从2003年3月开始，经过近一年的筛选、评价，已于年底有云海通讯、视得安、桑厦高科等5家公司在高交所挂牌交易。截至2004年2月15日，上述5家挂牌企业的成交量有453万股，涉及交易金额有1085.74万元人民币。同时高交所选择了一批有专业投资能力和资金实力的产权经纪公司作为交易所的交易商，并对交易商在交易过程中实施指导规范。现在高交所实施交易商准入制度后的认定交易商已有数十家专业产权经纪机构。

中小企业权益资本市场最主要的权益交易方式是协议转让，投融资双方通过协议来决定转让的具体金额。在该权益市场创办之初，还没二级市场的概念，但市场发展到一定规模，比如说50～100家企业挂牌的时候，高交所将考虑推出双向报价制度，进行双向竞价交易。在我国主板市场上市的公司必须经过严格的审核；即将成立的中小企业板其制定的上市标准就较主板市场的准入门槛要低；而中小权益资本市场作为初级的非证券资本市场，在该市场挂牌交易公司的条件更为宽松。具体而言，在中小权益资本市场挂牌交易的公司应符合下列条件：(1)申请挂牌的公司应该是合法存续的股份有限公司、有限责任公司；(2)申请公司成立时间要在一年以上，在同一经营管理层下持续经营一年以上；(3)在最近一年内无重大违法违规行为，财务会计文件无虚假记载；(4)在审计基准日，其经审计的有形净资产(含土地使用权)不低于100万元；(5)最近一个会计年度，经审计的公司主营业务收入净额(指主营业务收入减去折扣与折让)达到人民币100万元；(6)在审计基准日，资产负债率不高于70%；(7)公司属国家鼓励发展的行业，具有良好的成长性；(8)公司拥有或使用的知识产权没有争议与纠纷；(9)如挂牌交易需经过政府部门审批的，申请公司应提供相关政府批文。

另外，科技成果交易制度也将在中小企业权益资本市场制度基本成熟后推出。到时，企业专利发明、技术等均可在高交所挂牌交易。

## 三、中小企业权益资本市场具体工作流程

中小企业权益资本市场将直接嫁接深交所“非上市股份有限公司股票登记托管系统”，在具体的交易过程中以该系统为中枢形成一整套具体的工作流程（如图 10-1）。

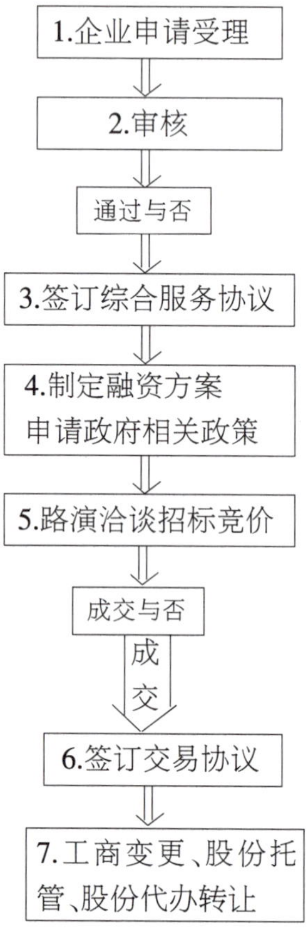


**图 10-1　中小企业权益资本市场工作流程**

第一步，中小企业申请受理。符合在中小企业权益资本市场挂牌交易条件的公司在保荐人的保荐下均可向该市场提交股权交易申请。下列条件是最为基本和具有硬约束力的申请交易门槛：注册资本金 100 万～3000 万元；企业愿用其 21%～50%的股权来融资；有形净资产不低于 100 万元；资产负债率不超过 70%；财务会计文件无虚假记录。

第二步，高交所对企业申请进行审核。高交所的工作人员会同聘请的相关专家组成审核委员会对企业申请进行全面审核。首先，保荐人的资格审核委员会进行认真审查，对不符合条件的保荐人保荐案例坚决不予受理，对有不良记录保荐人的保荐案例审查时要审慎对待。其次，对申请企业进行资格审查，参照前述标准，不符合条件的，应立即通知企业不予受理，并告知详细原因，待成熟后再受理，符合条件的，直接进入签订综合服务协议阶段。

第三步，高交所与申请企业签订综合服务协议。签订综合服务协议后，高交所向企业收取押金与相关费用，并依协议对企业的股份（股权）托管。

第四步，双方制定融资方案，申请政府相关优惠政策。在签订协议后，高交所将组织保荐人、交易商和专业服务机构为申请企业制定包括商业计划、资产评估计划与股份制改造等权益交易前期准备方案；协调银行、担保投资机构对企业进行贷款融资与担保贷款融资；帮助企业争取政府优惠政策以及获得科技三项经费与中小企业创新基金等资金支持。

第五步，路演洽谈招标竞价。高交所联合创投资金、产业投资基金、投资基金、收购兼并资金以及民间天使投资参与投资交易。根据路演和与投资商的交易洽谈结果，以 3 个月为期限，不成交，申请企业签订保证声明；成交，交易各方则签订交易协议。

第六步，交易双方签订交易协议。交易双方要在交

易协议上注明转让的股份（股权）、转让的时间、交易的金额等详尽内容。如果企业的股份（股权）转让的对象，不只一个投资者，则企业有必要与每一家投资者签订详尽的交易协议书。另外交易协议书要由保荐人、律师事务所等中介机构出具意见书，保证交易的合法与公平。

第七步，企业进行工商变更、股份托管或股份代办转让。协议转让一旦生效，交易双方凭高交所出具的成交见证单直接到工商部门进行股权变更登记过户，无须再经公证，由此减少了投资者的交易手续和成本，高交所股份托管的义务此时也自动解除。如果属于增资扩股性质，企业有必要到工商行政部门进行资本金注册变更等有关事宜。

## 四、培育创新的社会氛围

中小企业权益资本市场是一个新生事物，它的发展离不开一个尊重创新，善于创新的具体社会氛围。建立高效率的政府与复合型的人才队伍是不可或缺的，也是我国社会发展的主流方向。

### 1. 提高政府的工作效率

公务员是纳税人出钱聘用来为纳税人服务的，政府要淡化权力意识，突出服务意识。我们的政府工作人员要向香港、新加坡两地公务员队伍学习，像他们那样精通本职，亲善为民，廉洁自律，敬业诚信，不敢从恶，千方百计为百姓和社会发展勤恳工作。没有这样一支公务员队伍，最好的改革举措也要变味。

政府要进一步营造良好的创业环境，简化办事程序，尽量减少审批内容和时间，放开手脚让企业发展，增加政策制订和实施的透明度，疏通社会监督的渠道。政府要花大力气建立面向社会的行业信息系统，方便中小科技企业创业者查询及时、真实、完整的行业信息。政府要尽快扶植建立一批对外服务的权威测试中心和中试基地，使专家、中试手段和昂贵测试设备为公众服务，政府要尽快完善与权益资本市场配套的政策法规。

我们要认真分析国内外科技发展趋势，根据我国的基础和特色，形成高新产业发展规划的计划，不要面面俱到，应当把重点放在IT、新材料、生物医药等领域，做精、做好。

### 2. 要培养、引进一批既了解国际先进技术发展动态，又擅长资本运作的复合型人才

我国中小型民营科技企业数量多，涉及面广，成熟度不一，所处发展阶段不同。高新技术产业化的回报高，风险也高。很多时候，企业需要风险投资的时候，自己本身已经是“丑小鸭”，没有多少能够表现的地方，如果企业主要管理者是技术人员兼任，技术专家往往不是经营能手，加上不善于文字和语言表达的话，与不熟悉技术的风险投资者之间产生沟通障碍，将更增加融资的难度。这就需要复合型的中介人才作桥梁，既帮助投资者权威性地挑选高回报、低风险的理想投资方向，又帮助科技企业整合资源、改善管理，把第一生产力真正发挥出来。

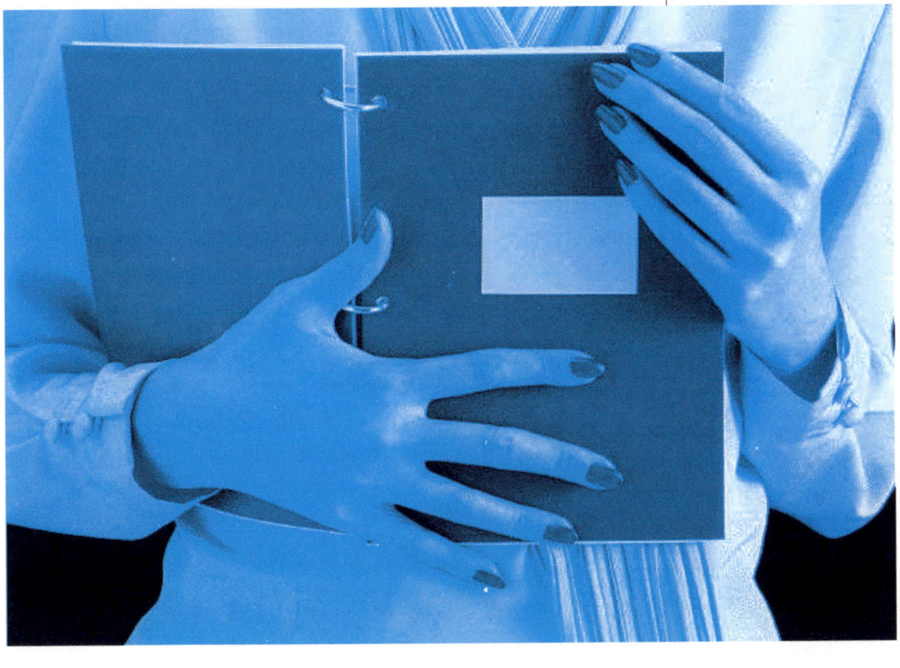

中小企业权益资本市场是产权交易市场的一部分，而产权产易市场是构建多层次资本市场的基础，它对经济的发展有重要作用。发展中小企业权益资本市场，可以更好地满足多样化的市场主体对资本的供给和需求。很多中小企业在其发展过程中需要多次融资，通过权益资本市场，可以解决这些企业上市前融资安排，并为以后的中小企业板和主板市场培育、输送大批条件成熟、透明度高的企业。

# 第三章 积极创立中小企业板

**拓宽直接融资渠道是消除当前中小企业融资瓶颈的关键，建设多层次资本市场体系是拓宽中小企业融资渠道的内在要求和必然选择，而建立中小企业板则是建设多层次资本市场体系的首要环节和切入点。中小企业板作为满足高成长性中小企业和创业型企业融资要求的直接融资平台，其独特的引导、示范和催生功能，对于促进中小企业持续、健康发展将发挥无可比拟的重要作用。**

《中小企业促进法》自2003年实施一年来，经过方方面面的共同努力，我国中小企业发展的外部环境，特别是融资环境有了一定的改善，但制约中小企业融资的根本性问题依然没有得到有效解决。这里面有直接融资问题，也有间接融资问题。拓展中小企业直接融资渠道，最直接的办法是建立多层次资本市场。截至2003年底，沪深两市仅有上市公司1285家，已经远远不能满足中小企业的直接融资要求。因此，尽快创立中小企业板，大力推动多层次资本市场体系的建设，是解决中小企业直接融资渠道的适宜选择，是推动中小企业快速发展的根本之道。

## 一、中国经济将持续高增长

2003年中国在经过SARS的洗礼后，GDP仍保持增长9.1%，是这几年来发展最好的一年，超过了世界上许多人的预期。那么2004年中国经济发展前景如何？无论是从宏观层次，还是微观层次考虑，2004年的中国经济将继续保持较高的增长势头，尽管在具体速度上还不能准确把握，但形势一片大好的趋势却是无疑的。

### 1. 宏观环境趋好，经济的内在推动力强劲

2003年对世界政治、经济影响最大的事件是伊拉克战争，伊拉克战争导致油价的飙升

使中国外贸顺差减少81亿美元,中国的GDP因此损失0.6个百分点。而2004年的世界格局相对平稳,除非突发重大事件,就目前地区间的局势看,估计将会有一个相对比较和缓的世界政治环境,有利于中国经济发展。从2003年后半年看,美国经济的反弹将强力带动世界经济复苏,2004年预计美国经济增长率将达到4%左右,2004年世界经济比2003年增速提高1个百分点应该不是问题。世界经济复苏加快,对于我国经济发展来说,国际环境将有所改善。

在十六届三中全会、中央经济工作会议精神指引下,我国国有资产管理体制、投资体制和政府职能转变势必加快改革进度。市场对中国经济的推动作用将进一步提高,并为中国经济提供体制保障。中国的城市化进程将给中国经济不断注入市场需求的能量,推动中国经济的成长。在工业化进程中完成信息化,在信息化过程中实现工业化,在两个进程的相互促进中保持中国经济的快速增长。伴随城镇消费结构升级、产业结构升级、企业自主投资能力提升,中国经济将步入良性循环之中。

2004年,积极财政政策将逐渐淡出,国债和新增财政资金的重点将有重大调整,重点向“三农”、社会发展、西部大开发和东北地区等老工业基地、生态建设和环境保护、扩大就业、完善社会保障体系和改善困难群众生活倾斜,财政不再一门心思投入到基础设施建设当中。调整后的新财政政策,将更加全面,大大地改善经济社会不协调的局面,创造一系列经济亮点。

### 2. 微观经济基础好,中小企业的作用日显突出

中国宏观经济形势之所以如此之好,其背后离不开坚实的微观经济基础。中国企业尤其是中小企业充满活力,在日益激烈的国际竞争中已取得一席之地。当今世界主要经济体中,从数量看,大型跨国企业始终只占少数,多数国家或地区的中小企业数量所占份额超过99%。众多的中小企业除了为大型企业提供配套服务之外,还在拉动经济增长、丰富和活跃市场、推进技术创新、增加就业机会、保持社会稳定等方面,发挥着越来越重要的作用。

我国现在正在全面建设小康社会,大型国有企业掌握着国计民生的命脉,短时间内其地位难以撼动。但是高度垄断的国有企业其活力难以全面彰显,伴随国有经济的有进有退的重大战略调整,大量非国有的中小企业的作用日益突出。我国丰富的劳动力资源和巨大的国内需求,是国民经济得以保持快速健康发展的内在源泉。大力发展充满活力的中小企业对于扩大就业、启动民间投资、搞活消费市场,有着十分重要的现实意义。此外对于优化经济结构、加快生产发展、解决“三农”问题、确保国民经济持续稳定增长、建立政治文明和中华民族的伟大复兴都具有不可替代的作用。

然而我国的中小企业的发展状况还不尽如人意,尚有很大的潜力可挖,解决中小企业的融资障碍是推动这些企业快速发展的根本之道。中小企业融资难不仅在中国,而且在全球范围内也是个很大的问题。从间接融资看,尽管贷给中小企业的贷款名义利率比较高,但由于约有一成中小企业不到一年的时间就倒闭了,因此银行承担的风险太大,客观上导致银行贷款给中小企业持非常谨慎态度。而股权融资可以克服间接融资、信贷封顶的问题。因此我们不妨把目光投向国外,看发达国家如何利用创业板市场解决中小企业融资难这一全球性问题。

## 二、全球创业板活跃

以美国纳斯达克为代表的全球创业板市场从2000年3月份开始的巨幅调整,长达三年多时间,曾一度让人们对创业板这一新兴意义上的市场丧失信心。2003年以来,全球主要创业板市场,开始扭转前三年的颓势,以其良好的表现,进入新一轮增长期。实质上这是全球经济恢复和投资者对市场前景看好的结果,也深深得益于全球主要创业板市场实施的各项改革。全球创业板市场风光无限主要表现在以下几个方面。

### 1. 全球创业板指数持续上涨

美国纳斯达克指数在2003年最后一日一举突破2000点大关,收盘2003点,比2002年底上涨50%。日本佳斯达克市场行情异常火暴,JASDAQ指数同期上涨75.40%。中国台湾柜台买卖中心和香港创业板也有24.3%和24.7%的涨幅。从全年来看,上半年绝大部分创业板指数在第一季度还是继续下跌,第二季度

出现了明显上涨，而第三季度之后涨幅最大。2003年全球创业板市场以优异的表现一举收得前三年的失地，向世人展示其勃勃生机。

### 2. 创业板市场又添新成员

2003年1月，中国台湾柜台买卖中心开始实行“中小股票上柜”制度，正式代替实行已久的“第二类股票制度”。新制度明确定位于服务中小企业的市场特色，以扶持岛内中小企业发展。4月1日，丹麦的哥本哈根证券交易所在其主板中另设中小盘股市场，使该市场同时拥有两个板块，即中型股本市场和小盘股市场。4月22日，瑞典创业板市场(NGM)在瑞典金融监管局严格的审查下，获得正式股票交易所资格。11月14日，新西兰创业板市场(NZAX)在新西兰证券交易所正式开业。

### 3. IPO逐步增多，市场交易活跃

在全球经济复苏的大背景下，主要创业板市场2003年的IPO逐步回暖，纳斯达克市场、JASDAQ市场以及加拿大创业板市场IPO表现比较活跃，纳斯达克1～11月份已经有99家公司进行了IPO，超过2002年60家；日本佳斯达克市场1～10月份共有47家进行IPO；AIM市场1～11月市场有53家。可见，创业板市场正逐步摆脱困境，各类公司选择上市交易场所，已经趋于理性化，而不是盲目回避创业板。

2003年全球创业板市场除了IPO逐步增多之外，还有一个重要特点就是交易非常活跃。大部分创业板市场在2003年各月交易额和交易量都有明显放大。纳斯达克市场2003年10月交易额比3月份增长4.97倍；SESDAQ和香港创业板市场表现也很活跃，同期月交易额分别增长286%和145.96%；中国台湾柜台市场2003年12月比2002年12月实现66.43%的增长，继续保持交易活跃趋势。

### 4. 市值规模显著增长

从上市公司数量看，香港创业板、台湾地区柜台买卖市场、英国AIM市场和新加坡SESDAQ的上市公司数量2003年继续增加，分别达到185家、415家、731家和136家。已发展数十年的纳斯达克市场上市公司情况逐步稳定，上市公司数量变化不大，2003年10月底已达到3301家。

另外，随着指数的上涨、上市公司数量的增加，各主要创业板市场总市值必将出现很大的提升。纳斯达克市场2003年10月底的总市值为2.86万亿美元，不到一年的时间里上涨了近1倍。英国AIM市场和香港创业板市场2003年11月底比2002年底分别上涨了64.69%和33.45%。

全球创业板市场2003年确实比较活跃，久违的人气开始重新聚集。稳步增长的市场在吸引越来越多人的目光。同时，中小企业融资的难题也在逐步被攻克，活跃的创业板市场为全球中小创新企业的发展添加了威力强大的助推剂。

## 三、中小企业板呼之欲出

无论从党的十六届三中全会所确立的中国资本市场的发展方向上分析，还是从资本市场发展的内在要求，以及中国经济和广大投资者对资本市场所寄予的厚望上考量，中国都需要自己的“中小企业板”。它将有利于解决中小企业在发展中所遇到的融资难问题，消除影响和制约中小企业发展的障碍。

### 1. 建立中小企业板要从国家战略层面考虑

首先，中小企业直接融资离不开多层次资本市场，中国资本市场体系要有系统的规划，中小企业与

大企业在融资渠道上应享受同等的对待。现阶段多层次资本市场的建设重点主要满足中小企业的融资需求，而这些企业正是中国经济增长中最为活跃的因素。为这些活跃的市场群体提供有力的金融支持，就是为中国经济可持续增长提供新的动力。因此，创立中小企业板，要从新的角度、从国家的战略层面重新考虑，尽早建立为中小企业服务的证券市场。此外，创立中小企业板块有助于改变融资渠道，化解银行风险。因为，银行贷款是目前中国中小企业主要的融资方式，由于中小企业存活率低，银行风险极大；而创立中小企业板块可使目前融资渠道单一的现状得到改善，相应降低银行风险。

其次，创立中小企业板可以激励社会各界的创业精神和创业行为。中国在推进高新技术产业化方面的一个重要不足就在于缺乏一个激励全社会各方面人士和机构努力创新的市场机制。建立中小企业板就是要激励创业投资，开拓进取。要进行创业当然要有资金，但创业有着高风险，可能成功，也可能失败。如果缺乏一个有效的市场定价机制和资本退出机制，投资者冒高风险创业的热情和勇气将大为降低，商业性高新技术的开发，高新技术的产业化都将受到严重的制约。

再次，有利于推进民营经济的快速发展。市场经济的主体是民营企业，20多年的改革开放中，我国的民营经济有了长足的发展，但是在诸如钢铁、电力、电信、汽车制造、石化等领域还缺乏竞争力。在已加入WTO的大背景下，国民经济的发展势必要更将倚重于民营资本，而非外国资本，对外国资本的依靠要有一个度，发展民族产业才是长治久安之计。而创立中小企业板对民营经济的发展具有不可替代的作用。

### 2. 创立中小企业板正当其时

中小企业板的创立最终要取决于各方面条件的成熟，无论是从社会经济条件还是从市场规则形成来看，我国创立中小企业板的时机已经成熟。

社会经济条件是一个相对的概念，与20世纪90年代相比，中国今天的经济社会发展水平已明显提高；与发达国家今天的资本市场发展水平相比，与未来相比，中国今天的社会经济发展水平还相当低。但是，1990年中国可以设立上海证券交易所，20世纪初，美国可以设立柜台交易系统，为什么现在我国不能创设中小企业板？从根本上说，要不要创立中小企业板，不是在于中国当今的经济发展水平如何，而是在于在推进中国经济可持续发展过程中，在推进中国经济体制改革中，在推进中国经济国际化过程中，是否需要有一个中小企业板市场来支持成长型中小企业的发展。

从市场规则看，自2000年初，关于中小企业板市场的规则有关部门就已开始制订了，经过这几年的不懈努力，可以说如今的中小企业板市场规则已经比较成熟和完善。中小企业板市场的规则的要义有三点：第一，成立的宗旨是为成长型中小企业发展服务的；第二，所有股份都是全流通的；第三，要尽可能与国际规则接轨。在这些要义的指导下，制订各项具体标准的目标都是为设立一个尽可能完善的中小企业板市场。

另外，前文已提及2003年是全球股市尤其是创业板市场近年来表现最为完美的一年，虽然我国的中小企业板与他国的创业板有些区别，但也不能否认我们可以搭乘这股东风，推动我国中小企业板的建设。

### 3. 认清中小企业板的风险

1997年东南亚金融危机发生后，在一些人描述中，风险对经济的伤害作用被夸张到极致。在此背景下，不主张设立中小企业板市场的一些人，努力强调中小企业板的市场风险以否决其积极意义。因此创立中小企业板有必要弄清这个市场的风险问题。

中国中小企业板运行中的可能风险包括以下三方面：一是作为一个股市所具有的一般风险，由系统性风险和非系统性风险组成。股市走势总是有涨有跌，对投资者就有一种损失风险。二是作为支持成长型企业的股市所具有的一般风险。其内在原因是，成长型中小企业的发展前景就总体而言，没有大企业那样明朗，由此在发展过程中，一些上市公司可能面临经营失败的结局，这将影响到中小企业板市场的走势和相关投资者的利益。三是体制风险。就股市而言，该风险指的是计划机制对股市运行和发展的影响。从中国A股市场运行10多年的发展状况看，最重要的风险不是一般性风险而是体制性风险。

A股市场的体制性风险是中小企业板市场的前车之鉴。因此,在设立中小企业板规则时，可吸取过去主板市场的经验，从一开始就设置一个比较完善的制度体系。不能将A股市场中广泛存在的股权分裂的严重后果再带入到新的市场中来。只要我们牢牢把握这一点，中小企业板市场还会为主板市场带来示范效应，有利于创造一些新的条件来解决主板市场的问题。从某种程度上说，远离A股市场体制性风险是我国中小企业板成功设立的关键。

虽然,就一般中小企业而言,其发展前景不如大型企业明朗从而创业板市场风险较主板市场大，但是在中国特定的条件下，由于以下两方面原因,在相当长一段时间内,创业板市场的这一风险有可能改变:一是中国有着数以百万计的中小企业，其中相当一部分成长型中小企业不仅经营状况良好，而且有着很不错的发展前景,因此,即便我们设置更加严格的上市规则，也有足够的上市公司数量支持中小企业板的发展。二是中国的中小企业基本属于民营企业，这些企业的资本主要归企业的高管人员以及其他自然人股东所有，其约束力度明显高于国有产权对国有企业高管人员的约束力度，因此就上市公司的运行机制而言,中小企业板将优于主板市场。

## 四、中小企业板主要运作规则的简要构想

中小企业板的服务对象是正在成长中的中小企业，该市场的大部分运作虽可直接运用现行法律法规予以规范,但仍有一些运作规则,就必须要“突破”以主板市场为对象的各项规定。另外,中小企业的成长性势必伴随着高风险性，而我国的主板市场发展到现在也不完全规范,所以,中小企业板的创立应更多地注意借鉴国际惯例和经验。

### 1. 模式选择

国际上为广大中小企业服务的创业板市场的运作通常采用两种模式：非独立的附属模式和独立市场模式。非独立的附属市场模式,是指创业板市场是主板市场的补充,与主板市场组合一起共同运作，拥有共同的管理体系和交易系统，甚至采用相同的监管标准，所不同的是上市标准的差别。新加坡、马来西亚和泰国证券交易所的创业板市场,都属该种模式。独立市场模式,是指创业板市场各自独立运作，拥有独立的组织管理系统和交易系统,并采用不同的上市标准。而采用的监管标准在某些情况下完全相同,在另一些情况下，则存在着或多或少的差异。美国的NASDAQ、日本的JASDAQ和中国台湾的柜台买卖市场等属此类模式。

对我国而言，较理想的模式应是选择独立的市场模式，以减少来自主板市场的干预。这个独立的市场并不是重新创建一个全新的系统,那样不仅费钱更费时间,而是将现有的深交所上市公司全部迁往上交所,上交所成为我国的主板市场,而已经腾空的深交所则利用原有的成熟网络迅速发展中小企业板市场,操作起来也比较简单。不难从深交所近几年来一直未发行新股这一客观事实,窥出监管层这一意图。

### 2. 上市标准

制定合理的上市标准不仅是保护投资者利益的需要，也是实现资

源优化配置不可缺少的措施。一般来说，创业板市场的上市对象应该突出高科技的特点，在选择上市企业时，应以电子信息、生物技术、新材料、通信、计算机、机电一体化等新兴产业为代表的中小企业为基础，以“增长潜力”为定位主题，具有增长潜力的行业，特别是其中的高科技企业发行上市前一般处于成长初期，其资产规模、营利能力通常都达不到主板市场要求。因此，各国创业板市场的上市标准都低于主板市场，上市条件比较宽松。参照国际惯例，并结合我国的实际情况，国内中小企业板的上市标准可作如下考虑：

中国经济目前主要不是依靠科技企业的发展，其真正的主力还是制造业等传统行业，与发达国家不同的是，传统产业在我国远未发展到成熟的地步，这些行业要发展起来，也很需要资金。虽然高新产业代表着中国经济的明天，但其发展离不开传统行业的支持。我们需要明天，但也不能抛弃今天。因此，发展中小企业板市场，可以适当向高新产业倾斜，但要有限度，即在这个市场中，传统企业还是要占相当分量的。

《公司法》要求实收资本额最低为1000万元人民币，而主板市场要求上市公司实收资本额为5000万元人民币。中小企业板上市的公司实收资本额下限可设为2000万元人民币左右。

在国内主板市场发行中，规定向社会公开发行的股份应达公司股份总数的25%以上，在中小企业板

市场发行中，承销商可能承担更大的风险，因此必须适当增加筹资额，作为对承销商的一种补偿，发行社会公众股份的比例下限可提高到30%~40%。

为保证股票的流通性，并考虑到在中小企业板市场中专业投资者占多数，同时考虑到主板市场规定持有1000股以上的股东不少于1000人，因此，创业板市场可规定持有1000股以上的股东不少于500人。此外为了避免重蹈主板市场股权分裂的困局，创业板市场应明确规定股票全流通。但在实际操作中，必须考虑到市场的容量，可设置一些技术措施，诸如对发起人股设置一个发起人股流通期限限制。

最低盈利要求在各国的创业板市场中不尽相同，相应地中小企业板市场可不做主板市场要求上市公司连续3年盈利的硬性规定，但上市公司从事的主营业务必须有两年以上的记录，并有足够理由说明其有良好的盈利前景。

### 3. 市场监管

中小企业板的监管应由证监会实施。前已述及，在该板上市的公司具有较高风险的特征，其技术风险、经营风险较大，资产与业绩分析难度比主板市场还大。要保护投资者的利益，保证中小企业板市场的运作质量和运作效率，就需要相对严格、成熟的市场监管机制。因此，证监会应在主板市场监管的基础上制定更加严格、完整的监管制度，对日常交易进行监管，执行严格的信息披露制度。不仅上市时要求其对业务活动描述更为详细，而且上市之后保荐人必须担任一定的市场监管业务，要求上市公司出具详细、准确、完整的季度财务报表，并及时披露对股价敏感的资料，以保证中小企业板市场正常运作和保护投资者利益。

### 4. 交易制度

中小企业的小盘股票通常遇到的最大问题就是流动性不足，因为到中小企业板市场上市的中小企业

和新兴企业，规模、资本数量肯定要远低于主板市场上市公司的水平，较小的流通量肯定会抬高投资者的进出成本，使市场缺乏流动性。因此，设立创业板市场应当优先考虑纠正其流动性缺陷。在创造小盘股市场流动性方面，NASDAQ 有非常成功的做法，即实行做市商制度。做市商是指在系统内通过报价，表示愿意不断地为自己买进或卖出某种证券的系统会员。做市商必须对其所做市证券进行持续报价，同时做市商的报价均为不需谈判的实盘价。NASDAQ 被称为“由做市商引导”的市场，做市商制度创造了一个主动的市场，活跃了市场交易，吸引了大量投资者。我国中小企业板的设立，要保持流动性，引入做市商制度是值得考虑的。

### 5. 保荐人制度

保荐人制度在我国主板市场已经正式实行，对于中小企业板而言，保荐人起着不可或缺的作用。保荐人主要功能在于为投资者提供信心保证，以一个独立的专业人士身份确信上市公司在申请上市、信息披露、管理程序等方面已符合有关法律法规的要求。

中小企业板是一个较高风险的市场，保荐人必须具备较强的专业水平、严谨审慎的态度和良好的信誉，充当上市公司与上市场所、上市公司与投资者之间的桥梁，充分落实保荐人承担的责任。此外，我国公司推行股份制的时间还不长，企业对上市前的改制工作还很不熟悉，在上市后的一定时间内，公司的规范运作在很大程度上也需要借助于保荐人辅导，因此保荐人必须有能力对上市公司进行高质量的专业辅导。2004 年 2 月开始实行的保荐人制度是一项对中国股市尤其是中小企业板的股票发行的重大改革举措，对后市的影响深远。

### 6. 关于机构投资者

从实证的角度分析，目前中小企业对资本市场提出的要求主要是：降低上市标准，开放上市机会，股票充分流通和充足的资金支持。如果融资渠道丰富，并不是所有的企业都要求上市；同时未来的公司股票上市交易也需要足够的投资机构给予支持。所以今后需要大力培育有条件的机构投资者对中小企业投资，适当修改有关的法律规定，允许保险公司、社会保险基金借助社会上的投资管理机构或自身直接向证券市场投资，批准筹设专门的风险投资基金。专业投资机构是所有资本市场的基础，公司上市只是一个后续服务手段。因此，中国中小企业板的运做成功有赖于专业投资机构的成熟。

# 第四章　大力发展公司债券市场

公司债券、政府债券和股票是资本市场的三大基本证券。在欧美等发达国家中，公司债券占三大证券每年融资总额的比重在六成以上，而我国公司债券才占几个百分点，因此发展公司债券市场是深化金融结构改革的重要内容，也是完善中央银行宏观调控、推动利率市场化改革的基础。

## 一、公司债券市场大有可为

### 1. 大力发展公司债券既可降低间接融资的比例，又可减轻股票市场的融资压力

自改革开放以来，我国企业融资体制一直被以银行贷款融资为主的间接融资占据，直接融资比例低。20世纪90年代中后期，证券市场较为火暴时，股票发行与上市数量日趋提高，直接融资比例也有所提高。而自2001年以来直接融资的绝对数量与相对比例均出现进一步下降的趋势。2003年上半年，国内非金融企业部门（包括居民、政府、企业）的贷款、股票、国债和企业债4种方式新增融入的资金总计为2.13万亿元，同比多融资1.05万亿元，增长98%。但上半年，国内非金融企业部门贷款、国债、企业债和股票融资的比重为89.5:8.6:0.3:1.6（在企业债券中，公司债券只占一部分，因此其所占份额更低）。在企业融资中，近98%的企业资金仍然是依靠银行贷款取得的。企业扩张过分依赖银行，这大大加重了金融系统的风险，目前汽车、钢铁、电解铝、建材、开发区的重复建设严重，这些行业已经蕴含了较大的风险，一旦宏观经济态势变差，受损失最大的必定就是商业银行。而在直接融资中，股票融资比例又过大。

在西方国家中，发行公司债券的债权融资数量要远高于发行股票的股权融资数量。债券市场的容量与交易量大致是股票市场的10倍。而我国正好相反，近几年，公司债券融资金额在直接融资中相对份额一直低于二成，2003年上半年企业债累计仅发行了65亿元，同比减少10亿元，下降了13%。同时，受扩容加速的影响，股市的融资压力明显加大，5月份以来，沪深两市双双陷入盘整或盘跌的走势，在政策还不明朗的态势下，股指已经难以承受扩容压力。在目前的市场格局下，大力发展公司债券市场，既可以化解银行的信贷风险，又可减轻市场的扩容压力，是缓解当前金融运行中多重矛盾的有效办法。

### 2. 上市公司再融资应以发行公司债券为主

一般而言，股市低迷时，股权融资成本远大于债权融资。因为此时企业取得相同资金远比市场行情好时出让的股权为多，或者说出让相同的股权，所融资金却大为减少。故在市场低迷时，企业多采取发行公司债券方式取得资金。而在我国，由于国有企业的所有者缺位，对于企业经营者来说，不论市场是否低迷，股权融资的成本都是缺乏弹性的，股权融资所获取的资金也没有必须归还的压力。而我国股票价格居高不下，不论是IPO、增发还是配股，

上市公司均可以高出每股净资产数倍的价格来增资扩股，企业缺乏发行公司债券的内在动力，只将一门心思放在如何发行股票上。因此对上市公司尤其是国有控股上市公司再融资宜采取强制性发行公司债券制度，而尽量减少增发或配股的数量。这样，一方面可避免市场资金与资源的无效或低效配置．公司债券具有到期时还本付息的硬约束力，募集资金的投向必然是能够产生经济效益的项目，发行人有一定的营利能力，要有较强的财务管理能力，尤其是对现金流的预测和管理，以保证能够到期有足够的现金及时支付债券本息。这不像配股或增发，主要目的就是为了圈钱，圈钱之前对项目未严格审查，圈到钱之后，又往往会在短期内更改募集资金的用途，从而给证券市场带来大量的资金或资源浪费。另一方面，高价增发配股等还易造成对上市公司投资评价体系的错乱，不利于真正意义上的价值投资理念形成。若两个上市公司在股价、总股本、每股净资产、净资产收益率等方面均大致相当，当其中一个企业增发新股时，假设两个企业的净资产收益仍相等，也就是说，增发企业即使业绩未有上涨，但最终结果增发企业无论是在每股税后利润，还是净资产等指标均大大优于未增发公司，其投资价值也随着增发而提高。这其中的原因在于我国股票发行市场的定价过高，而高价圈钱本身就会大幅提升上市公司的净资产进而提升其投资等级。因此在目前高股价高市盈率的市场格局下，很难根除上市公司过度融资的冲动。而如果所有的上市公司均采取发行公司债券方式进行再融资，在扣除利息之后，剩余的资本所得或利润均留在上市公司内。此时上市公司的投资价值就不会被过高的股价信息所遮掩，投资者进行投资时也会方便得多。

### 3. 公司债券大量发行上市还为投资者增加了新的投资渠道

随着公司债券发行数量的大幅提升，广大的中小散户也就有了更多的投资渠道。以前，我国公司债券发行数量稀少，且以AA以上级别的绩优债券居多，债券的信用等级几乎与国债相仿，故债券之间的发行利率与市场价格难以拉开距离。其实，债券市场应该是一个容量相当大的有差别的市场，它既包括绩优债券，又包括绩平债券，还应包括绩差债券（也即俗称的垃圾债券），以迎合不同投资者的个性化需求，因为投资者对风险的偏好是不同的。当然，在这些债券发行之初，要有专业的资信评级机构为投资者充分揭示投资风险，以做到债券投资的风险与收益相互对称。这样，随着公司债券数量增多，投资者除可投资于股票（风险、收益均高）及国债或银行存款（风险、收益均低），又多了一条中间投资渠道：公司债券投资，其收益与风险均适中。这有助于我国庞大的储蓄资金分流，并进一步发挥证券市场资源配置功能的作用。而对处于困境中的券商而言，一个容量巨大的公司债券市场也有可能成为其新的利润增长点，为其提供新的淘金机会。

## 二、突破体制束缚，发展公司债券

发展公司债券，要突破体制束缚，尤其是要消解由企业债券的体制障碍所引起的种种负面影响。20世纪90年代中期前后，企业债券到期不能偿付本息的现象在一些地方时有发生，事态发展严重的，甚至影响到当地的经济社会生活秩序稳定。在经历亚洲金融危机后，中央政府主管部门为了防范金融风险不仅上收了审批企业债券的权力而且放慢了企业债券的发行步调。迄今，企业债券的发行既需有资产抵押又需有担保机构担保。因此，有必要弄清楚这一时期的企业债券偿付风险发生的内在成因。

首先，发债资金用途的审批制。企业发行债券之前，计委部门对发债资金的用途进行了严格审批，其用途只能局限于由计委审批的基本建设项目、固定资产投资项目和技改项目等，同时，这些项目的经济效益、投资回收期等经济指标也由计委进行把关并审核。政府既然有这个审核权力，买卖企业债券的当事双方难免会产生以下认识误区：在企业债券发行人看来，审批程序是按国有投资实行的，投资项目是国有的，最后形成的资产依然是国有的，作为经营者是不必承担实质性责任的；而在投资者看来，既然发债事项是经政府部门批准的，投资项目及其经济效益又是经政府部门审核的，政府应当承担隐性担保契约责任，到期还本付息应无多少风险。这种认识上的反差实际上孕育了偿本付息的风险。

其次，地方政府进行实质性担保。在发行地方企业债券的过程中，投资者最初还是担心其偿本付息的能力，因此很有顾虑。相当多地方不得不由财政部门出面给这些债券进行担保，并将这种财政担保明确写入了企业债券发行通告，由此政府隐性担保契约提升到实质性担保。在投资者眼中，既然有了财政担保，本息兑付定无风险，因此，放心投资是正确的选择；但在发债企业眼中，既然财政担保了，自己也就从还本付息的压力中解脱出来，因此，大胆使用发债资金应为明智的选择，不必考虑还本付息，凡事由政府顶着。

鉴于上述认识，许多发债企业并没有充分准备按期偿付债券本息，甚至都未有这个打算，这样，在债券到期时，自然缺乏偿付债券本息的资金。由此，开始了发债企业与政府部门之间的相互推诿。按照发债企业的逻辑，既然债券的发行由计委部门把关审核，由财政部门出面担保，发债投资所形成的资产又属于国有资产范畴，那么财政部门为企业债券埋单是理所当然的事。而财政部门认为，企业债券募集资金投放都是那些有收益保障的项目，而且国有企业已实行了独立经营，理应自负盈亏，因此，债券本息由发债企业承担兑付责任是天经地义的。在双方的推诿中，企业偿债的时间一再拖延，企业债券市场一时风声鹤唳。按照国际惯例，企业不能偿付到期债务本应破产，并将清算后的资产用于偿付债权人。但是我国在原有国有体制的约束下，明确规定，国有企业未兑付企业债券本息不能破产，从而解脱了财政部门的担保责任。既然债务人仍然存在，债权人还有追还全部债务的希望，但是企业债券的兑付风险却一直累积下来，终有一天会大规模爆发，那时将是无可挽回的系统性风险。从上述的思维中不难发现，企业债券实际上贯彻的是行政机制，这与贯彻市场机制的公司债券背道而驰。

因此要大力发展公司债券，就要突破企业债券旧有体制束缚，使其真正成为按照市场规划运作并能充分为市场所接受的证券品种。由此，发展公司债券，需着重解决以下几个方面的问题。

第一，打破对发债主体的所有制限制。发债主体不再局限于国有企业或国有控股企业，应积极鼓励股份有限公司和有限责任公司（尤其是民营企业集团）发行公司债券。

第二，扩大发债资金用途。发债资金的用途不再局限于基建投资和大型项目的固定资产投资，视企业的实际需要，应准许用其补充准资本金和流动资金，调整公司财务结构，还可用于企业并购、资产重组等。

第三，债券品种多样化。公司债券除固定利率品种外，还可发展选择权债券、浮动利率债券、参与公司利润分配的债券。适时推出高风险公司债券，支持中小型高新技术企业和创业公司的发展。在利率的设置上应突破企业债券的利率不得高于同期银行存款利率40%的限定，可根据公司自身利益、市场利率和经济走势自主决定。

第四，改革发债程序。取消审批制，解除政府的隐性担保责任，通过实施核准制积极创造实行登记制的必要条件。另外，要着力实行破产制度。不能再将债务久托不决，要有效维护债权人的权益，强化对发债公司的法律约束。

## 三、大力支持民营企业发行公司债券

中国原有的企业债券是专为国有企业或国有控股企业而设的。在这里需要呼吁的是发展公司债券在继续扶持大型国有企业的同时，尚须大力支持民营企业发行公司债券。

中国民营企业的出现虽然只是在1978年实行改革开放的政策之后，但短短的20多年来，却由于其体制灵活、善于创新、务实高效，而发展得异常迅速。据有关统计资料显示，从1993年到2002年，登记的私营企业户数由23.8万户增加到243.5万户，增长了11.1倍；从业人数由372.6万人增加到3 409.3万人，增长了8.1倍；注册资本金由680.5亿元增加到24 756.2亿元，增长了35.4倍；工业总产值由421.1亿元增加到15 339.0亿元，增长了35.4倍；缴纳的工商税收由10.5亿元增加到945.6亿元，增长了89.1倍。民营企业已经成为中国经济社会的一股新兴力量、一支生力军。

然而，长期以来，民营企业在诸多方面，特别是在信贷融资方面却一直受到非国民待遇。民营企业尤其是中小民营企业很难在国有银行中贷到资金，民营上市企业在股市中所占的比例与其自身经济实力极不相称，民营企业从未获准发行公司债券。在这里民营企业的境遇与大量低效运营的国有企业的状况形成鲜明的对比:一方面,国家把大量紧缺的资金低息甚至无偿地给予了国有企业使用,但效果却极不理想;另一方面，民营企业为中国的经济发展做出了巨大的贡献，却不得不经常在非正规的金融市场上筹措高利率资金，付出了极大的资金成本代价。这种对民营企业不公平对待现象的背后,是对国家资金、国家资源的极大浪费。因此有必要改变这种资金分配被扭曲的局面，有必要解决民营企业发展的融资瓶颈问题。而大力支持民营企业发行公司债券，将是解决上述问题的有效办法。

### 1. 民营企业的蓬勃发展支撑着中国经济的持续高速发展

目前正在推行的国有经济逐步从竞争性领域退出的政策，具有高瞻远瞩的战略意义。我国先把一大批国有企业从那些不是太敏感的竞争性行业中退下来，而这些市场的空缺只能由大量民营企业顶上去。这一退一进之间，既解决了国有企业老化、制度落后、长期亏损的大问题,又换来了新陈代谢、机制变更、扭亏为盈的繁荣局面。然后,随着中国加入 WTO，中国政府在进一步允许外资进入更多的经济领域的同时，民营企业也开始享受这迟到的国民待遇，开始与外资企业在这一领域展开竞争,如金融业、电信业、航空业、传媒业、零售业等等。这样一来,民营企业占中国经济的分量,对中国经济的发展影响都远非昔日可比。民营企业的兴起,为政府甩掉历史包袱,为社会创造了就业机会,为市场注入了新鲜血液，为国家增加了税收。所有这些,都是中国实施改革开放的必然结果。因此,民营企业今后能否蓬勃发展，已超越民营经济能否生存的范畴，已涉及到更为宏观的层次，直接影响到中国政府的改革开放和国退民进政策能否真正落实、中国社会经济建设能否持续发展的大问题。因此,可以毫不夸张地说,民营经济必将书写 21 世纪中国整体经济最为耀眼的篇章。

### 2. 提倡民营企业发行公司债券十分可行

民营企业发行公司债券，既不需要政府的财政拨款，又不要银行的商业贷款，发行公司债券只是向社会公众募集资金，把社会上闲散的游资吸引到富有创造力的经济活动中来。国家财政并不会因为民营企业发行公司债而增加负担，银行体系也不会因此而扩大货币供应量,但如此一来,却能有效解决民营企业的融资瓶颈问题，很难找出反对的理由。随着民营经济的不断发展,从另一个角度说,我们未能建设一个与之相匹配的金融服务体系，金融服务体系的缺位，却使得一大批地下钱庄、私人借贷、高利贷等半公开的非正规的金融市场日趋活跃。这些非正规的金融市场虽然能解民营企业的一时之急，但却加重了民营企业发展的成本，更重要的是还埋下了今后中国产生金融危机的隐患。而支持民营企业发行债券，不但能给民营企业提供成本低、期限长的发展资金,还能以此为契机,促进民营企业融资活动正规化,有利于金融市场的监管，也有利于规范民间金融市场的发展。

### 3. 公司债券,有助于民营企业提高自身管理水平

中国众多的民营企业大多尚处于家族企业阶段，这个时期的民营企业死亡率非常高，最重要的原因是企业缺乏规范化运作。民营企业要想成功发行公司债券，首先必须提高其透明度,要接受社会的监督,强化其规范化运作，促使民营企业的发展更上一个阶梯,更上一层楼。因此 ，支持民营企业发行公司债券，还能促使相关企业夯实管理基础,注重自身建设,有助于民营经济的整体健康发展。

### 4. 支持高科技民营企业发行公司债券

如果说劳动密集型、资源密集型的传统产业代表着中国经济的过去和现在,那么资本密集型、技术密集型的高科技产业则引领着中国经济的未来。因此,我们在夯实原有传统产业经济基础上，还要大力发展我们的高科技产业，不仅要在政策上给予大量的扶持，还要引导高科技企业在资本市场上不断开拓进取。具体而言,就要适时推出针对高科技企业的中小企业板以及给予高科技企业发行公司债券的宽松环境。

高科技企业高成长性的背后隐藏着高风险，这似乎是企业发行公

司债券的最大障碍。其实不然，在资本市场上投资者或投机者只承认风险与利益的对等性，只认可“风险太大，没有投资的价值，却有投机的价值。”这样的理念，而适当的投机是保证资本市场高效运转的润滑剂。因此，高科技企业发行的公司债券，要在利率上充分考虑投资者的收益性与风险性对等，即要突破原有企业债券在利率设置上不得高于同期银行存款利率40%的限定。而政府监管的重点则要放在保证公司债券发行的公开、公正与公平上，要引进强有力的信用评级等中介机构充分揭示上述债券的风险，如何投资则由投资者自己把握。

### 5. 民营企业发行公司债券的一些担忧

凡事有其利必有其弊，民营企业发行债券在政策层的眼中有许多顾虑之处。这些顾虑也不无道理，其中最具代表性的一点就是：民营企业发行债券是否会扰乱中国的金融市场。因为早在20世纪90年代初，中国的一批乡镇企业就自发地发行过一批企业债券，这些债券出现过较高的违约率，是政策层下决心整顿当时企业债券市场的一大佐证。现在一些民营企业的害群之马，为了盈利而虚报信息、不择手段、违法经营，如果将发行公司债券的权柄恰恰授给这些企业，上述企业难免会在公司债券市场中浑水摸鱼，进而有在金融市场掀起涛天巨浪的可能。但我们不能因噎废食，这些情况都是发展公司债券市场难以避免的，成长中的问题总是要在发展中解决。发展公司债券市场是中国深化企业和金融改革必走的一条路，它可以令企业有效地改善公司的财务架构，减轻整个银行体系的负担，避免金融危机的发生，增加公司的透明度和提高公司管理水平。所有这些，都决定了中国必须允许企业、特别是新兴的民营企业发行公司债券，这是大势所趋，时间迟早的问题。当然防止民营企业发行公司债券扰乱金融市场的正常运行也是必须面对的现实，这是需要我国企业界、金融界、法律界联手攻克的难题。

## 四、鼓励有条件的中国企业到国外发行公司债券

经济全球化已成为一股势不可挡的趋势和潮流。中国不遗余力地加入WTO正是顺应这一历史潮流的战略选择，将国外的资金、资源有效地引进来，将自己的市场扩大到世界范围是关系到中国今后发展与生存的重大战略问题。加入WTO后，与其他成员国一样，中国既有应履行的义务，也应有享受的权利。

中国的企业只有向海外进军，才能掌握住中国加入WTO后结出的诸多胜利果实；才能享受到多边的、无条件的、稳定的最惠国待遇与国民待遇，才能享受到“普惠制”待遇及其他给予发展中国家的特殊照顾，才能享受到充分利用 WTO 的争端解决机制解决贸易争端的权利，才能享受到在多边贸易体制中“参政议政”的权利，才能享受到市场准入与自由化方面同其他各缔约方同等的权利。“走出去，引进来”的形式多种多样，但鼓励一些有条件的国内公司到海外去发行公司债券，则无疑是值得推荐和肯定的重要形式。

海外成熟的资本市场规模庞大，实力雄厚，例如纽约、东京、伦敦、中国香港、苏黎士均为理想的集资地点，在国内的上海尚未成长为国际性金融中心，我们就应鼓励不断壮大的中国企业更加大胆地走出国门发行公司债券。这样做的目的不仅在于扩大我国吸收外资的有效途径，还能够促进中国的公司更快地与国际资本市场接轨。

中国国际信托投资公司于1982年在海外发行了我国第一笔公司债券以来，20年间，我国已从海外公司债券市场募集了数百亿美元的资金，这笔资金绝对数量虽然不少，但是放在数以十万亿美元计的国际公司债券市场中，未免与我国的经济实力极不相称。到海外发债的好处显而易见，其发债所筹资金一般都是金额大、期限长、利率稳定，因此极有利于改善发债者的财务结构，也有利于优化发债者的投资安排。此外国内公司到国际市场发行公司债券，还有提高公司的国际知名度、提高企业的国际竞争力以及拓展公司在国际市场上的融资渠道等间接目的。

在中国严格控制外债的背景下，国内公司到国际市场上去发行公司债券除了自身必须有优良的资产作为还款的保障外，还需要国家外汇管理局严格的审批，其政策扶持性意图明显。而在海外，众多的大中型企业只要一有机会，均千方百计地发行各种各样的公司债券去筹集期限长、资金成本合理的发展资金。在如此的大环境下，中国的公司没有理由不进入这样一个庞大的资金市场，政府管理部门也没有必要对国内公司到海外发行公司债券设置过多的限制，只需在国际评级机构对拟发债公司进行严格评级的基础上作些形式审查。因此中国公司要想成功地到海外市场发行公司债券就必须在理顺公司产权、明确法律责任、审查财务报表、调整会计准则、改善公司管理、增加决策透明、健全企业制度、确定资金用途、确保还债来源、建立监督机制等方面全面与国际惯例接轨。否则，即使背后有政府的大力支持，拟发债企业也很难得到海外投资者的认可，其发债计划也很可能流产。中国的公司就应该在这种走出去的过程中，不断充实自己、发展自己，只有如此，才能在经济全球化的进程中占据有利的位置，发挥更大的作用。

中国作为一个发展中的经济大国，在10～20年内还将继续表现出一系列发展中国家的特点。因此，就公司债券市场而言，还不可能完全达到与主要发达国家相同的成熟程度。中国的企业发行公司债券必将是一个艰苦、漫长的过程，然而这也不失为一个借助外力来提高自己、健全自己的大好机会。

VOLUME 11

# 第十一卷

## 2003~2004 年证券法律法规汇编

- 中华人民共和国证券投资基金法
- 证券发行上市保荐制度暂行办法
- 证券公司债券管理暂行办法
- 证券公司治理准则
- ……

A COMPREHENSIVE HANDBOOK OF CHINESE SECURITIES　　中国证券大全

- 中华人民共和国证券投资基金法
- 中华人民共和国商业银行法
- 中华人民共和国中国人民银行法
- 中华人民共和国银行业监督管理法
- 证券发行上市保荐制度暂行办法
- 证券公司治理准则(试行)
- 证券公司内部控制指引
- 证券公司债券登记结算业务办理规则
- 证券公司定向发行债券信息披露准则
- 证券公司客户资产管理业务试行办法
- 外国投资者并购境内企业暂行规定
- 关于要约收购涉及的被收购公司股票上市交易条件有关问题的通知
- 利用外资改组国有企业暂行规定
- 外商投资创业投资企业管理规定
- 2003年度外商投资产业指导目录
- 金融机构反洗钱规定
- 人民币银行结算账户管理办法
- 金融机构大额和可疑外汇资金交易报告管理办法
- 人民币大额和可疑支付交易报告管理办法
- 商业银行服务价格管理暂行办法
- 商业银行中间业务暂行规定
- 外债管理暂行办法
- 外币代兑机构管理暂行办法
- 国家外汇管理局关于银行外币卡管理有关问题的通知
- 关于完善外商直接投资外汇管理工作有关问题的通知
- 关于调整银行市场准入管理方式和程序的决定
- 中国人民银行假币收缴、鉴定管理办法
- 中国人民银行关于征求对《中国人民银行残损人民币兑换办法(征求意见稿)》意见的公告
- 中国人民银行关于印发《银行会计档案管理办法》的通知
- 中国人民银行关于印发《银行会计基本规范指导意见》的通知
- 境外金融机构投资入股中资金融机构管理办法
- 企业国有资产监督管理暂行条例
- 企业国有产权转让管理暂行办法
- 关于规范国有企业改制工作的意见
- 中国证券监督管理委员会股票发行审核委员会工作细则
- 中国证券监督管理委员会股票发行审核委员会暂行办法
- 关于进一步提高上市公司财务信息披露质量的通知
- 关于实施《证券发行上市保荐制度暂行办法》有关事项的通知
- 关于加强证券公司营业部内部控制若干措施的意见

●公开发行证券的公司信息披露内容与格式准则第2号〈年度报告的内容与格式〉(2003年修订)

●公开发行证券的公司信息披露内容与格式准则第3号〈半年度报告的内容与格式〉

●公开发行证券的公司信息披露内容与格式准则第11号——上市公司发行新股招股说明书(2003年修订)

●公开发行证券的公司信息披露内容与格式准则第13号——可转换公司债券募集说明书(2003年修订)

●公开发行证券的公司信息披露编报规则第13号——季度报告内容与格式特别规定(2003年修订)

●公开发行证券的公司信息披露内容与格式准则第20号——证券公司发行债券申请文件

●公开发行证券的公司信息披露内容与格式准则第21号——证券公司公开发行债券募集说明书

●公开发行证券的公司信息披露内容与格式准则第22号——证券公司债券上市公告书

●关于执行《亏损上市公司暂停上市和终止上市实施办法(修订)》的补充规定

●关于进一步规范股票首次发行上市有关工作的通知

●关于规范上市公司与关联方资金往来及上市公司对外担保若干问题的通知

●资信评级机构出具证券公司债券信用评级报告准则

●合格境外机构投资者境内证券交易登记结算业务有关问题的通知

●保险公司投资企业债券管理暂行办法

●证券业从业人员资格考试办法(试行)

●中国证券业协会会员诚信信息管理暂行办法

●关于证券公司从事集合性受托投资管理业务有关问题的通知

●上海证券交易所会员业务规范指引

●上海证券交易所会员自律准则

●上海证券交易所关于废止部分业务规则的公告(第一批)

●上海证券交易所业务规则制定办法

●深圳证券交易所上市公司投资者关系管理指引

●证券业从业人员培训纲要(试行)

●证券业从业人员资格管理实施细则(试行)

●关于修订《上海证券交易所大宗交易实施细则》及大宗交易系统正式运行事项的通知

# 中华人民共和国证券投资基金法

（2003年10月28日第十届全国人民代表大会常务委员会第五次会议通过）

目　录



## 第一章　总　则

**第一条**　为了规范证券投资基金活动，保护投资人及相关当事人的合法权益，促进证券投资基金和证券市场的健康发展，制定本法。

**第二条**　在中华人民共和国境内，通过公开发售基金份额募集证券投资基金（以下简称基金），由基金管理人管理，基金托管人托管，为基金份额持有人的利益，以资产组合方式进行证券投资活动，适用本法；本法未规定的，适用《中华人民共和国信托法》、《中华人民共和国证券法》和其他有关法律、行政法规的规定。

**第三条**　基金管理人、基金托管人和基金份额持有人的权利、义务，依照本法在基金合同中约定。

基金管理人、基金托管人依照本法和基金合同的约定，履行受托职责。基金份额持有人按其所持基金份额享受收益和承担风险。

**第四条**　从事证券投资基金活动，应当遵循自愿、公平、诚实信用的原则，不得损害国家利益和社会公共利益。

**第五条**　基金合同应当约定基金运作方式。基金运作方式可以采用封闭式、开放式或者其他方式。

采用封闭式运作方式的基金（以下简称封闭式基金），是指经核准的基金份额总额在基金合同期限内固定不变，基金份额可以在依法设立的证券交易场所交易，但基金份额持有人不得申请赎回的基金。

采用开放式运作方式的基金（以下简称开放式基金），是指基金份额总额不固定，基金份额可以在基金合同约定的时间和场所申购或者赎回的基金。

采用其他运作方式的基金的基金份额发售、交易、申购、赎回的办法，由国务院另行规定。

**第六条**　基金财产独立于基金管理人、基金托管人的固有财产。基金管理人、基金托管人不得将基金财产归入其固有财产。

基金管理人、基金托管人因基金财产的管理、运用或者其他情形而取得的财产和收益，归入基金财产。

基金管理人、基金托管人因依法解散、被依法撤销或者被依法宣告破产等原因进行清算的，基金财产不属于其清算财产。

**第七条**　基金财产的债权，不得与基金管理人、基金托管人固有财产的债务相抵销；不同基金财产的债权债务，不得相互抵销。

**第八条**　非因基金财产本身承担的债务，不得对基金财产强制执行。

**第九条**　基金管理人、基金托管人管理、运用基金财产，应当恪尽职守，履行诚实信用、谨慎勤勉的义务。

基金从业人员应当依法取得基金从业资格，遵守法律、行政法规，恪守职业道德和行为规范。

**第十条**　基金管理人、基金托管人和基金份额发售机构，可以成立同业协会，加强行业自律，协调行业关系，提供行业服务，促进行业发展。

**第十一条**　国务院证券监督管理机构依法对证券投资基金活动实施监督管理。

## 第二章　基金管理人

**第十二条**　基金管理人由依法设立的基金管理公司担任。

担任基金管理人，应当经国务院证券监督管理机构核准。

**第十三条**　设立基金管理公司，应当具备下列条件，并经国务院证券监督管理机构批准：

（一）有符合本法和《中华人民共和国公司法》规定的章程；

（二）注册资本不低于一亿元人民币，且必须为实缴货币资本；

（三）主要股东具有从事证券经营、证券投资咨询、信托资产管理或者其他金融资产管理的较好的经营业绩和良好的社会信誉，最近三年没有违法记录，注册资本不低于三亿元人民币；

（四）取得基金从业资格的人员达到法定人数；

（五）有符合要求的营业场所、安全防范设施和与基金管理业务有关的其他设施；

（六）有完善的内部稽核监控制度和风险控制制度；

（七）法律、行政法规规定的和经国务院批准的国务院证券监督管理机构规定的其他条件。

**第十四条** 国务院证券监督管理机构应当自受理基金管理公司设立申请之日起六个月内依照本法第十三条规定的条件和审慎监管原则进行审查，作出批准或者不予批准的决定，并通知申请人；不予批准的，应当说明理由。

基金管理公司设立分支机构、修改章程或者变更其他重大事项，应当报经国务院证券监督管理机构批准。国务院证券监督管理机构应当自受理申请之日起六十日内作出批准或者不予批准的决定，并通知申请人；不予批准的，应当说明理由。

**第十五条** 下列人员不得担任基金管理人的基金从业人员：

（一）因犯有贪污贿赂、渎职、侵犯财产罪或者破坏社会主义市场经济秩序罪，被判处刑罚的；

（二）对所任职的公司、企业因经营不善破产清算或者因违法被吊销营业执照负有个人责任的董事、监事、厂长、经理及其他高级管理人员，自该公司、企业破产清算终结或者被吊销营业执照之日起未逾五年的；

（三）个人所负债务数额较大，到期未清偿的；

（四）因违法行为被开除的基金管理人、基金托管人、证券交易所、证券公司、证券登记结算机构、期货交易所、期货经纪公司及其他机构的从业人员和国家机关工作人员；

（五）因违法行为被吊销执业证书或者被取消资格的律师、注册会计师和资产评估机构、验证机构的从业人员、投资咨询从业人员；

（六）法律、行政法规规定不得从事基金业务的其他人员。

**第十六条** 基金管理人的经理和其他高级管理人员，应当熟悉证券投资方面的法律、行政法规，具有基金从业资格和三年以上与其所任职务相关的工作经历。

**第十七条** 基金管理人的经理和其他高级管理人员的选任或者改任，应当报经国务院证券监督管理机构依照本法和其他有关法律、行政法规规定的任职条件进行审核。

**第十八条** 基金管理人的董事、监事、经理和其他从业人员，不得担任基金托管人或者其他基金管理人的任何职务，不得从事损害基金财产和基金份额持有人利益的证券交易及其他活动。

**第十九条** 基金管理人应当履行下列职责：

（一）依法募集基金，办理或者委托经国务院证券监督管理机构认定的其他机构代为办理基金份额的发售、申购、赎回和登记事宜；

（二）办理基金备案手续；

（三）对所管理的不同基金财产分别管理、分别记账，进行证券投资；

（四）按照基金合同的约定确定基金收益分配方案，及时向基金份额持有人分配收益；

（五）进行基金会计核算并编制基金财务会计报告；

（六）编制中期和年度基金报告；

（七）计算并公告基金资产净值，确定基金份额申购、赎回价格；

（八）办理与基金财产管理业务活动有关的信息披露事项；

（九）召集基金份额持有人大会；

（十）保存基金财产管理业务活动的记录、账册、报表和其他相关资料；

（十一）以基金管理人名义，代表基金份额持有人利益行使诉讼权利或者实施其他法律行为；

（十二）国务院证券监督管理机构规定的其他职责。

**第二十条** 基金管理人不得有下列行为：

（一）将其固有财产或者他人财产混同于基金财产从事证券投资；

（二）不公平地对待其管理的不同基金财产；

（三）利用基金财产为基金份额持有人以外的第三

人牟取利益；

（四）向基金份额持有人违规承诺收益或者承担损失；

（五）依照法律、行政法规有关规定，由国务院证券监督管理机构规定禁止的其他行为。

**第二十一条** 国务院证券监督管理机构对有下列情形之一的基金管理人，依据职权责令整顿，或者取消基金管理资格：

（一）有重大违法违规行为；

（二）不再具备本法第十三条规定的条件；

（三）法律、行政法规规定的其他情形。

**第二十二条** 有下列情形之一的，基金管理人职责终止：

（一）被依法取消基金管理资格；

（二）被基金份额持有人大会解任；

（三）依法解散、被依法撤销或者被依法宣告破产；

（四）基金合同约定的其他情形。

**第二十三条** 基金管理人职责终止的，基金份额持有人大会应当在六个月内选任新基金管理人；新基金管理人产生前，由国务院证券监督管理机构指定临时基金管理人。

基金管理人职责终止的，应当妥善保管基金管理业务资料，及时办理基金管理业务的移交手续，新基金管理人或者临时基金管理人应当及时接收。

**第二十四条** 基金管理人职责终止的，应当按照规定聘请会计师事务所对基金财产进行审计，并将审计结果予以公告，同时报国务院证券监督管理机构备案。

## 第三章　基金托管人

**第二十五条** 基金托管人由依法设立并取得基金托管资格的商业银行担任。

**第二十六条** 申请取得基金托管资格，应当具备下列条件，并经国务院证券监督管理机构和国务院银行业监督管理机构核准：

（一）净资产和资本充足率符合有关规定；

（二）设有专门的基金托管部门；

（三）取得基金从业资格的专职人员达到法定人数；

（四）有安全保管基金财产的条件；

（五）有安全高效的清算、交割系统；

（六）有符合要求的营业场所、安全防范设施和与基金托管业务有关的其他设施；

（七）有完善的内部稽核监控制度和风险控制制度；

（八）法律、行政法规规定的和经国务院批准的国务院证券监督管理机构、国务院银行业监督管理机构规定的其他条件。

**第二十七条** 本法第十五条、第十八条的规定，适用于基金托管人的专门基金托管部门的从业人员。

本法第十六条、第十七条的规定，适用于基金托管人的专门基金托管部门的经理和其他高级管理人员。

**第二十八条** 基金托管人与基金管理人不得为同一人，不得相互出资或者持有股份。

**第二十九条** 基金托管人应当履行下列职责：

（一）安全保管基金财产；

（二）按照规定开设基金财产的资金账户和证券账户；

（三）对所托管的不同基金财产分别设置账户，确保基金财产的完整与独立；

（四）保存基金托管业务活动的记录、账册、报表和其他相关资料；

（五）按照基金合同的约定，根据基金管理人的投资指令，及时办理清算、交割事宜；

（六）办理与基金托管业务活动有关的信息披露事项；

（七）对基金财务会计报告、中期和年度基金报告出具意见；

（八）复核、审查基金管理人计算的基金资产净值和基金份额申购、赎回价格；

（九）按照规定召集基金份额持有人大会；

（十）按照规定监督基金管理人的投资运作；

（十一）国务院证券监督管理机构规定的其他职责。

**第三十条** 基金托管人发现基金管理人的投资指令违反法律、行政法规和其他有关规定，或者违反基金合同约定的，应当拒绝执行，立即通知基金管理人，并及时向国务院证券监督管理机构报告。

基金托管人发现基金管理人依据交易程序已经生效的投资指令违反法律、行政法规和其他有关规定，或者违反基金合同约定的，应当立即通知基金管理人，并及时向国务院证券监督管理机构报告。

**第三十一条** 本法第二十条的规定，适用于基金托管人。

**第三十二条** 国务院证券监督管理机构和国务院银行业监督管理机构对有下列情形之一的基金托管人，依据职权责令整顿，或者取消基金托管资格：

（一）有重大违法违规行为；

（二）不再具备本法第二十六条规定的条件；

（三）法律、行政法规规定的其他情形。

**第三十三条** 有下列情形之一的，基金托管人职责终止：

（一）被依法取消基金托管资格；

（二）被基金份额持有人大会解任；

（三）依法解散、被依法撤销或者被依法宣告破产；

（四）基金合同约定的其他情形。

**第三十四条** 基金托管人职责终止的，基金份额持有人大会应当在六个月内选任新基金托管人；新基金托管人产生前，由国务院证券监督管理机构指定临时基金托管人。

基金托管人职责终止的，应当妥善保管基金财产和基金托管业务资料，及时办理基金财产和基金托管业务的移交手续，新基金托管人或者临时基金托管人应当及时接收。

**第三十五条** 基金托管人职责终止的，应当按照规定聘请会计师事务所对基金财产进行审计，并将审计结果予以公告，同时报国务院证券监督管理机构备案。

## 第四章 基金的募集

**第三十六条** 基金管理人依照本法发售基金份额，募集基金，应当向国务院证券监督管理机构提交下列文件，并经国务院证券监督管理机构核准：

（一）申请报告；

（二）基金合同草案；

（三）基金托管协议草案；

（四）招募说明书草案；

（五）基金管理人和基金托管人的资格证明文件；

（六）经会计师事务所审计的基金管理人和基金托管人最近三年或者成立以来的财务会计报告；

（七）律师事务所出具的法律意见书；

（八）国务院证券监督管理机构规定提交的其他文件。

**第三十七条** 基金合同应当包括下列内容：

（一）募集基金的目的和基金名称；

（二）基金管理人、基金托管人的名称和住所；

（三）基金运作方式；

（四）封闭式基金的基金份额总额和基金合同期限，或者开放式基金的最低募集；

（五）确定基金份额发售日期、价格和费用的原则；

（六）基金份额持有人、基金管理人和基金托管人的权利、义务；

（七）基金份额持有人大会召集、议事及表决的程序和规则；

（八）基金份额发售、交易、申购、赎回的程序、时间、地点、费用计算方式，以及给付赎回款项的时间和方式；

（九）基金收益分配原则、执行方式；

（十）作为基金管理人、基金托管人报酬的管理费、托管费的提取、支付方式与比例；

（十一）与基金财产管理、运用有关的其他费用的提取、支付方式；

（十二）基金财产的投资方向和投资限制；

（十三）基金资产净值的计算方法和公告方式；

（十四）基金募集未达到法定要求的处理方式；

（十五）基金合同解除和终止的事由、程序以及基金财产清算方式；

（十六）争议解决方式；

（十七）当事人约定的其他事项。

**第三十八条** 基金招募说明书应当包括下列内容：

（一）基金募集申请的核准文件名称和核准日期；

（二）基金管理人、基金托管人的基本情况；

（三）基金合同和基金托管协议的内容摘要；

（四）基金份额的发售日期、价格、费用和期限；

（五）基金份额的发售方式、发售机构及登记机构名称；

（六）出具法律意见书的律师事务所和审计基金财产的会计师事务所的名称和住所；

（七）基金管理人、基金托管人报酬及其他有关费用的提取、支付方式与比例；

（八）风险警示内容；

（九）国务院证券监督管理机构规定的其他内容。

**第三十九条** 国务院证券监督管理机构应当自受理基金募集申请之日起六个月内依照法律、行政法规及国务院证券监督管理机构的规定和审慎监管原则进行审查，作出核准或者不予核准的决定，并通知申请人；不予核准的，应当说明理由。

**第四十条** 基金募集申请经核准后，方可发售基金份额。

**第四十一条** 基金份额的发售，由基金管理人负责办理；基金管理人可以委托经国务院证券监督管理机构认定的其他机构代为办理。

**第四十二条** 基金管理人应当在基金份额发售的三日前公布招募说明书、基金合同及其他有关文件。

前款规定的文件应当真实、准确、完整。

对基金募集所进行的宣传推介活动，应当符合有关法律、行政法规的规定，不得有本法第六十四条所列行为。

**第四十三条** 基金管理人应当自收到核准文件之日起六个月内进行基金募集。超过六个月开始募集，原核准的事项未发生实质性变化的，应当报国务院证券监督管理机构备案；发生实质性变化的，应当向国务院证券监督管理机构重新提交申请。

基金募集不得超过国务院证券监督管理机构核准的基金募集期限。基金募集期限自基金份额发售之日起计算。

**第四十四条** 基金募集期限届满，封闭式基金募集的基金份额总额达到核准规模的百分之八十以上，开放式基金募集的基金份额总额超过核准的最低募集份额总额，并且基金份额持有人人数符合国务院证券监督管理机构规定的，基金管理人应当自募集期限届满之日起十日内聘请法定验资机构验资，自收到验资报告之日起十日内，向国务院证券监督管理机构提交验资报告，办理基金备案手续，并予以公告。

**第四十五条** 基金募集期间募集的资金应当存入专门账户，在基金募集行为结束前，任何人不得动用。

**第四十六条** 投资人缴纳认购的基金份额的款项时，基金合同成立；基金管理人依照本法第四十四条的规定向国务院证券监督管理机构办理基金备案手续，基金合同生效。

基金募集期限届满，不能满足本法第四十四条规定的条件的，基金管理人应当承担下列责任：

（一）以其固有财产承担因募集行为而产生的债务和费用；

（二）在基金募集期限届满后三十日内返还投资人已缴纳的款项，并加计银行同期存款利息。

## 第五章 基金份额的交易

**第四十七条** 封闭式基金的基金份额，经基金管理人申请，国务院证券监督管理机构核准，可以在证券交易所上市交易。

国务院证券监督管理机构可以授权证券交易所依照法定条件和程序核准基金份额上市交易。

**第四十八条** 基金份额上市交易，应当符合下列条件：

（一）基金的募集符合本法规定；

（二）基金合同期限为五年以上；

（三）基金募集金额不低于二亿元人民币；

（四）基金份额持有人不少于一千人；

（五）基金份额上市交易规则规定的其他条件。

**第四十九条** 基金份额上市交易规则由证券交易所制定，报国务院证券监督管理机构核准。

**第五十条** 基金份额上市交易后，有下列情形之一的，由证券交易所终止其上市交易，并报国务院证券监督管理机构备案：

（一）不再具备本法第四十八条规定的上市交易条件；

（二）基金合同期限届满；

（三）基金份额持有人大会决定提前终止上市交易；

（四）基金合同约定的或者基金份额上市交易规则规定的终止上市交易的其他情形。

## 第六章 基金份额的申购与赎回

**第五十一条** 开放式基金的基金份额的申购、赎回和登记，由基金管理人负责办理；基金管理人可以委托经国务院证券监督管理机构认定的其他机构代为办理。

**第五十二条** 基金管理人应当在每个工作日办理基金份额的申购、赎回业务；基金合同另有约定的，按照其约定。

**第五十三条** 基金管理人应当按时支付赎回款项，但是下列情形除外：

（一）因不可抗力导致基金管理人不能支付赎回款项；

（二）证券交易场所依法决定临时停市，导致基金管理人无法计算当日基金资产净值；

（三）基金合同约定的其他特殊情形。

发生上述情形之一的，基金管理人应当在当日报国务院证券监督管理机构备案。

本条第一款规定的情形消失后，基金管理人应当及时支付赎回款项。

**第五十四条** 开放式基金应当保持足够的现金或者政府债券，以备支付基金份额持有人的赎回款项。基金财产中应当保持的现金或者政府债券的具体比例，由国务院证券监督管理机构规定。

**第五十五条** 基金份额的申购、赎回价格，依据申购、赎回日基金份额净值加、减有关费用计算。

**第五十六条** 基金份额净值计价出现错误时，基金管理人应当立即纠正，并采取合理的措施防止损失进一步扩大。计价错误达到基金份额净值百分之零点五时，基金管理人应当公告，并报国务院证券监督管理机构备案。

因基金份额净值计价错误造成基金份额持有人损失的，基金份额持有人有权要求基金管理人、基金托管人予以赔偿。

## 第七章　基金的运作与信息披露

**第五十七条** 基金管理人运用基金财产进行证券投资，应当采用资产组合的方式。

资产组合的具体方式和投资比例，依照本法和国务院证券监督管理机构的规定在基金合同中约定。

**第五十八条** 基金财产应当用于下列投资：

(一)上市交易的股票、债券；

(二)国务院证券监督管理机构规定的其他证券品种。

**第五十九条** 基金财产不得用于下列投资或者活动：

(一)承销证券；

(二)向他人贷款或者提供担保；

(三)从事承担无限责任的投资；

(四)买卖其他基金份额，但是国务院另有规定的除外；

(五)向其基金管理人、基金托管人出资或者买卖其基金管理人、基金托管人发行的股票或者债券；

(六)买卖与其基金管理人、基金托管人有控股关系的股东或者与其基金管理人、基金托管人有其他重大利害关系的公司发行的证券或者承销期内承销的证券；

(七)从事内幕交易、操纵证券交易价格及其他不正当的证券交易活动；

(八)依照法律、行政法规有关规定，由国务院证券监督管理机构规定禁止的其他活动。

**第六十条** 基金管理人、基金托管人和其他基金信息披露义务人应当依法披露基金信息，并保证所披露信息的真实性、准确性和完整性。

**第六十一条** 基金信息披露义务人应当确保应予披露的基金信息在国务院证券监督管理机构规定时间内披露，并保证投资人能够按照基金合同约定的时间和方式查阅或者复制公开披露的信息资料。

**第六十二条** 公开披露的基金信息包括：

(一)基金招募说明书、基金合同、基金托管协议；

(二)基金募集情况；

(三)基金份额上市交易公告书；

(四)基金资产净值、基金份额净值；

(五)基金份额申购、赎回价格；

(六)基金财产的资产组合季度报告、财务会计报告及中期和年度基金报告；

(七)临时报告；

(八)基金份额持有人大会决议；

(九)基金管理人、基金托管人的专门基金托管部门的重大人事变动；

(十)涉及基金管理人、基金财产、基金托管业务的诉讼；

(十一)依照法律、行政法规有关规定，由国务院证券监督管理机构规定应予披露的其他信息。

**第六十三条** 对公开披露的基金信息出具审计报告或者法律意见书的会计师事务所、律师事务所，应当保证其所出具文件内容的真实性、准确性和完整性。

**第六十四条** 公开披露基金信息，不得有下列行为：

(一)虚假记载、误导性陈述或者重大遗漏；

(二)对证券投资业绩进行预测；

(三)违规承诺收益或者承担损失；

(四)诋毁其他基金管理人、基金托管人或者基金份额发售机构；

(五)依照法律、行政法规有关规定，由国务院证券监督管理机构规定禁止的其他行为。

## 第八章　基金合同的变更、终止与基金财产清算

**第六十五条** 按照基金合同的约定或者基金份额

持有人大会的决议，并经国务院证券监督管理机构核准，可以转换基金运作方式。

**第六十六条** 封闭式基金扩募或者延长基金合同期限，应当符合下列条件，并经国务院证券监督管理机构核准：

（一）基金运营业绩良好；

（二）基金管理人最近两年内没有因违法违规行为受到行政处罚或者刑事处罚；

（三）基金份额持有人大会决议通过；

（四）本法规定的其他条件。

**第六十七条** 有下列情形之一的，基金合同终止：

（一）基金合同期限届满而未延期的；

（二）基金份额持有人大会决定终止的；

（三）基金管理人、基金托管人职责终止，在六个月内没有新基金管理人、新基金托管人承接的；

（四）基金合同约定的其他情形。

**第六十八条** 基金合同终止时，基金管理人应当组织清算组对基金财产进行清算。

清算组由基金管理人、基金托管人以及相关的中介服务机构组成。

清算组作出的清算报告经会计师事务所审计，律师事务所出具法律意见书后，报国务院证券监督管理机构备案并公告。

**第六十九条** 清算后的剩余基金财产，应当按照基金份额持有人所持份额比例进行分配。

## 第九章 基金份额持有人权利及其行使

**第七十条** 基金份额持有人享有下列权利：

（一）分享基金财产收益；

（二）参与分配清算后的剩余基金财产；

（三）依法转让或者申请赎回其持有的基金份额；

（四）按照规定要求召开基金份额持有人大会；

（五）对基金份额持有人大会审议事项行使表决权；

（六）查阅或者复制公开披露的基金信息资料；

（七）对基金管理人、基金托管人、基金份额发售机构损害其合法权益的行为依法提起诉讼；

（八）基金合同约定的其他权利。

**第七十一条** 下列事项应当通过召开基金份额持有人大会审议决定：

（一）提前终止基金合同；

（二）基金扩募或者延长基金合同期限；

（三）转换基金运作方式；

（四）提高基金管理人、基金托管人的报酬标准；

（五）更换基金管理人、基金托管人；

（六）基金合同约定的其他事项。

**第七十二条** 基金份额持有人大会由基金管理人召集；基金管理人未按规定召集或者不能召集时，由基金托管人召集。

代表基金份额百分之十以上的基金份额持有人就同一事项要求召开基金份额持有人大会，而基金管理人、基金托管人都不召集的，代表基金份额百分之十以上的基金份额持有人有权自行召集，并报国务院证券监督管理机构备案。

**第七十三条** 召开基金份额持有人大会，召集人应当至少提前三十日公告基金份额持有人大会的召开时间、会议形式、审议事项、议事程序和表决方式等事项。

基金份额持有人大会不得就未经公告的事项进行表决。

**第七十四条** 基金份额持有人大会可以采取现场方式召开，也可以采取通讯等方式召开。

每一基金份额具有一票表决权，基金份额持有人可以委托代理人出席基金份额持有人大会并行使表决权。

**第七十五条** 基金份额持有人大会应当有代表百分之五十以上基金份额的持有人参加，方可召开；大会就审议事项作出决定，应当经参加大会的基金份额持有人所持表决权的百分之五十以上通过；但是，转换基金运作方式、更换基金管理人或者基金托管人、提前终止基金合同，应当经参加大会的基金份额持有人所持表决权的三分之二以上通过。

基金份额持有人大会决定的事项，应当依法报国务院证券监督管理机构核准或者备案，并予以公告。

## 第十章 监督管理

**第七十六条** 国务院证券监督管理机构依法履行下列职责：

（一）依法制定有关证券投资基金活动监督管理的规章、规则，并依法行使审批或者核准权；

（二）办理基金备案；

（三）对基金管理人、基金托管人及其他机构从事证券投资基金活动进行监督管理，对违法行为进行查处，并予以公告；

（四）制定基金从业人员的资格标准和行为准则，并监督实施；

（五）监督检查基金信息的披露情况；

（六）指导和监督基金同业协会的活动；

（七）法律、行政法规规定的其他职责。

**第七十七条** 国务院证券监督管理机构依法履行职责，有权采取下列措施：

（一）进入违法行为发生场所调查取证；

（二）询问当事人和与被调查事件有关的单位和个人，要求其对与被调查事件有关的事项作出说明；

（三）查阅、复制当事人和与被调查事件有关的单位和个人的证券交易记录、登记过户记录、财务会计资料及其他相关文件和资料，对可能被转移或者隐匿的文件和资料予以封存；

（四）查询当事人和与被调查事件有关的单位和个人的资金账户、证券账户或者基金账户，对有证据证明有转移或者隐匿违法资金、证券迹象的，可以申请司法机关予以冻结；

（五）法律、行政法规规定的其他措施。

**第七十八条** 国务院证券监督管理机构工作人员依法履行职责，进行调查或者检查时，不得少于二人，并应当出示合法证件；对调查或者检查中知悉的商业秘密负有保密的义务。

**第七十九条** 国务院证券监督管理机构工作人员应当忠于职守，依法办事，公正廉洁，接受监督，不得利用职务牟取私利。

**第八十条** 国务院证券监督管理机构依法履行职责时，被调查、检查的单位和个人应当配合，如实提供有关文件和资料，不得拒绝、阻碍和隐瞒。

**第八十一条** 国务院证券监督管理机构依法履行职责，发现违法行为涉嫌犯罪的，应当将案件移送司法机关处理。

**第八十二条** 国务院证券监督管理机构工作人员不得在被监管的机构中兼任职务。

## 第十一章　法律责任

**第八十三条** 基金管理人、基金托管人在履行各自职责的过程中，违反本法规定或者基金合同约定，给基金财产或者基金份额持有人造成损害的，应当分别对各自的行为依法承担赔偿责任；因共同行为给基金财产或者基金份额持有人造成损害的，应当承担连带赔偿责任。

**第八十四条** 违反本法第四十五条规定，动用募集的资金的，责令返还，没收违法所得；违法所得五十万元以上的，并处违法所得一倍以上五倍以下罚款；没有违法所得或者违法所得不足五十万元的，并处五万元以上五十万元以下罚款；对直接负责的主管人员和其他直接责任人员给予警告，并处三万元以上三十万元以下罚款；给投资人造成损害的，依法承担赔偿责任；构成犯罪的，依法追究刑事责任。

**第八十五条** 未经国务院证券监督管理机构核准，擅自募集基金的，责令停止，返还所募资金和加计的银行同期存款利息，没收违法所得，并处所募资金金额百分之一以上百分之五以下罚款；构成犯罪的，依法追究刑事责任。

**第八十六条** 违反本法规定，未经批准，擅自设立基金管理公司的，由证券监督管理机构予以取缔，并处五万元以上五十万元以下罚款；构成犯罪的，依法追究刑事责任。

**第八十七条** 未经国务院证券监督管理机构核准，擅自从事基金管理业务或者基金托管业务的，责令停止，没收违法所得；违法所得一百万元以上的，并处违法所得一倍以上五倍以下罚款；没有违法所得或者违法所得不足一百万元的，并处十万元以上一百万元以下罚款；给基金财产或者基金份额持有人造成损害的，依法承担赔偿责任；

对直接负责的主管人员和其他直接责任人员给予警告，并处三万元以上三十万元以下罚款；构成犯罪的，依法追究刑事责任。

**第八十八条** 基金管理人、基金托管人违反本法规定，未对基金财产实行分别管理或者分账保管，或者将基金财产挪作他用的，责令改正，处五万元以上五十万元以下罚款；给基金财产或者基金份额持有人造成损害的，依法承担赔偿责任；对直接负责的主管人员和其他直接责任人员给予警告，暂停或者取消基金从业资格，并处三万元以上三十万元以下罚款；构成犯罪的，依法追究刑事责任。

基金管理人、基金托管人将基金财产挪作他用而取得的财产和收益，归入基金财产。但是，法律、行政法规另有规定的，依照其规定。

**第八十九条** 基金管理人、基金托管人有本法第二十条所列行为之一的，责令改正，没收违法所得；违法所得一百万元以上的，并处违法所得一倍以上五倍以下罚款；

没有违法所得或者违法所得不足一百万元的，并处十万元以上一百万元以下罚款；给基金财产或者基金份额持有人造成损害的，依法承担赔偿责任；对直接负责的主管人员和其他直接责任人员给予警告，暂停或者取消基金从业资格，并处三万元以上三十万元以下罚款；构成犯罪的，依法追究刑事责任。

**第九十条** 基金管理人、基金托管人有本法第五十九条第一项至第六项和第八项所列行为之一的，责令改正，处十万元以上一百万元以下罚款；给基金财产或者基金份额持有人造成损害的，依法承担赔偿责任；对直接负责的主管人员和其他直接责任人员给予警告，暂停或者取消基金从业资格，并处三万元以上三十万元以下罚款；构成犯罪的，依法追究刑事责任。

基金管理人、基金托管人有前款行为，运用基金财产而取得的财产和收益，归入基金财产。但是，法律、行政法规另有规定的，依照其规定。

**第九十一条** 基金管理人、基金托管人有本法第五十九条第七项规定行为的，除依照《中华人民共和国证券法》的有关规定处罚外，对直接负责的主管人员和其他直接责任人员给予警告，暂停或者取消基金从业资格，并处三万元以上三十万元以下罚款；给基金财产或者基金份额持有人造成损害的，依法承担赔偿责任。

**第九十二条** 基金管理人、基金托管人违反本法规定，相互出资或者持有股份的，责令改正，可以处十万元以下罚款。

**第九十三条** 基金信息披露义务人不依法披露基金信息或者披露的信息有虚假记载、误导性陈述或者重大遗漏的，责令改正，没收违法所得，并处十万元以上一百万元以下罚款；给基金份额持有人造成损害的，依法承担赔偿责任；对直接负责的主管人员和其他直接责任人员给予警告，暂停或者取消基金从业资格，并处三万元以上三十万元以下罚款；构成犯罪的，依法追究刑事责任。

**第九十四条** 为基金信息披露义务人公开披露的基金信息出具审计报告、法律意见书等文件的专业机构就其所应负责的内容弄虚作假的，责令改正，没收违法所得，并处违法所得一倍以上五倍以下罚款；情节严重的，责令停业，暂停或者取消直接责任人员的相关资格；给基金份额持有人造成损害的，依法承担赔偿责任；构成犯罪的，依法追究刑事责任。

**第九十五条** 基金管理人或者基金托管人不按照规定召集基金份额持有人大会的，责令改正，可以处五万元以下罚款；对直接负责的主管人员和其他直接责任人员给予警告，暂停或者取消基金从业资格。

**第九十六条** 基金管理人、基金托管人违反本法规定，情节严重的，依法取消基金管理资格或者基金托管资格。

**第九十七条** 基金管理人、基金托管人的专门基金托管部门的从业人员违反本法第十八条规定，给基金财产或者基金份额持有人造成损害的，依法承担赔偿责任；情节严重的，取消基金从业资格；构成犯罪的，依法追究刑事责任。

**第九十八条** 证券监督管理机构工作人员玩忽职守、滥用职权、徇私舞弊或者利用职务上的便利索取或者收受他人财物的，依法给予行政处分；构成犯罪的，依法追究刑事责任。

**第九十九条** 违反本法规定，应当承担民事赔偿责任和缴纳罚款、罚金，其财产不足以同时支付时，先承担民事赔偿责任。

**第一百条** 依照本法规定，基金管理人、基金托管人应当承担的民事赔偿责任和缴纳的罚款、罚金，由基金管理人、基金托管人以其固有财产承担。

依法收缴的罚款、罚金和没收的违法所得，应当全部上缴国库。

## 第十二章 附 则

**第一百零一条** 基金管理公司或者国务院批准的其他机构，向特定对象募集资金或者接受特定对象财产委托从事证券投资活动的具体管理办法，由国务院根据本法的原则另行规定。

**第一百零二条** 通过公开发行股份募集资金，设立证券投资公司，从事证券投资等活动的管理办法，由国务院另行规定。

**第一百零三条** 本法自2004年6月1日起施行。

# 中华人民共和国商业银行法

（1995年5月10日第八届全国人民代表大会常务委员会第十三次会议通过　根据2003年12月27日第十届全国人民代表大会常务委员会第六次会议《关于修改〈中华人民共和国商业银行法〉的决定》修正）

## 目　　录



## 第一章　总　则

**第一条**　为了保护商业银行、存款人和其他客户的合法权益，规范商业银行的行为，提高信贷资产质量，加强监督管理，保障商业银行的稳健运行，维护金融秩序，促进社会主义市场经济的发展，制定本法。

**第二条**　本法所称的商业银行是指依照本法和《中华人民共和国公司法》设立的吸收公众存款、发放贷款、办理结算等业务的企业法人。

**第三条**　商业银行可以经营下列部分或者全部业务：

（一）吸收公众存款；

（二）发放短期、中期和长期贷款；

（三）办理国内外结算；

（四）办理票据承兑与贴现；

（五）发行金融债券；

（六）代理发行、代理兑付、承销政府债券；

（七）买卖政府债券、金融债券；

（八）从事同业拆借；

（九）买卖、代理买卖外汇；

（十）从事银行卡业务；

（十一）提供信用证服务及担保；

（十二）代理收付款项及代理保险业务；

（十三）提供保管箱服务；

（十四）经国务院银行业监督管理机构批准的其他业务。

经营范围由商业银行章程规定，报国务院银行业监督管理机构批准。

商业银行经中国人民银行批准，可以经营结汇、售汇业务。

**第四条**　商业银行以安全性、流动性、效益性为经营原则，实行自主经营，自担风险，自负盈亏，自我约束。

商业银行依法开展业务，不受任何单位和个人的干涉。

商业银行以其全部法人财产独立承担民事责任。

**第五条**　商业银行与客户的业务往来，应当遵循平等、自愿、公平和诚实信用的原则。

**第六条**　商业银行应当保障存款人的合法权益不受任何单位和个人的侵犯。

**第七条**　商业银行开展信贷业务，应当严格审查借款人的资信，实行担保，保障按期收回贷款。

商业银行依法向借款人收回到期贷款的本金和利息，受法律保护。

**第八条**　商业银行开展业务，应当遵守法律、行政法规的有关规定，不得损害国家利益、社会公共利益。

**第九条**　商业银行开展业务，应当遵守公平竞争的原则，不得从事不正当竞争。

**第十条**　商业银行依法接受国务院银行业监督管理机构的监督管理，但法律规定其有关业务接受其他监督管理部门或者机构监督管理的，依照其规定。

## 第二章　商业银行的设立和组织机构

**第十一条**　设立商业银行，应当经国务院银行业监督管理机构审查批准。

未经国务院银行业监督管理机构批准，任何单位和个人不得从事吸收公众存款等商业银行业务，任何单位不得在名称中使用"银行"字样。

**第十二条**　设立商业银行，应当具备下列条件：

（一）有符合本法和《中华人民共和国公司法》规定的章程；

(二)有符合本法规定的注册资本最低限额；

(三)有具备任职专业知识和业务工作经验的董事、高级管理人员；

(四)有健全的组织机构和管理制度；

(五)有符合要求的营业场所、安全防范措施和与业务有关的其他设施。

设立商业银行,还应当符合其他审慎性条件。

**第十三条** 设立全国性商业银行的注册资本最低限额为十亿元人民币。设立城市商业银行的注册资本最低限额为一亿元人民币,设立农村商业银行的注册资本最低限额为五千万元人民币。注册资本应当是实缴资本。

国务院银行业监督管理机构根据审慎监管的要求可以调整注册资本最低限额,但不得少于前款规定的限额。

**第十四条** 设立商业银行,申请人应当向国务院银行业监督管理机构提交下列文件、资料:

(一)申请书,申请书应当载明拟设立的商业银行的名称、所在地、注册资本、业务范围等；

(二)可行性研究报告；

(三)国务院银行业监督管理机构规定提交的其他文件、资料。

**第十五条** 设立商业银行的申请经审查符合本法第十四条规定的,申请人应当填写正式申请表,并提交下列文件、资料:

(一)章程草案；

(二)拟任职的董事、高级管理人员的资格证明；

(三)法定验资机构出具的验资证明；

(四)股东名册及其出资额、股份；

(五)持有注册资本百分之五以上的股东的资信证明和有关资料；

(六)经营方针和计划；

(七)营业场所、安全防范措施和与业务有关的其他设施的资料；

(八)国务院银行业监督管理机构规定的其他文件、资料。

**第十六条** 经批准设立的商业银行,由国务院银行业监督管理机构颁发经营许可证,并凭该许可证向工商行政管理部门办理登记,领取营业执照。

**第十七条** 商业银行的组织形式、组织机构适用《中华人民共和国公司法》的规定。

本法施行前设立的商业银行,其组织形式、组织机构不完全符合《中华人民共和国公司法》规定的,可以继续沿用原有的规定,适用前款规定的日期由国务院规定。

**第十八条** 国有独资商业银行设立监事会。监事会的产生办法由国务院规定。

监事会对国有独资商业银行的信贷资产质量、资产负债比例、国有资产保值增值等情况以及高级管理人员违反法律、行政法规或者章程的行为和损害银行利益的行为进行监督。

**第十九条** 商业银行根据业务需要可以在中华人民共和国境内外设立分支机构。设立分支机构必须经国务院银行业监督管理机构审查批准。在中华人民共和国境内的分支机构,不按行政区划设立。

商业银行在中华人民共和国境内设立分支机构,应当按照规定拨付与其经营规模相适应的营运资金额。拨付各分支机构营运资金额的总和,不得超过总行资本金总额的百分之六十。

**第二十条** 设立商业银行分支机构,申请人应当向国务院银行业监督管理机构提交下列文件、资料:

(一)申请书,申请书应当载明拟设立的分支机构的名称、营运资金额、业务范围、总行及分支机构所在地等；

(二)申请人最近两年的财务会计报告；

(三)拟任职的高级管理人员的资格证明；

(四)经营方针和计划；

(五)营业场所、安全防范措施和与业务有关的其他设施的资料；

(六)国务院银行业监督管理机构规定的其他文件、资料。

**第二十一条** 经批准设立的商业银行分支机构,由国务院银行业监督管理机构颁发经营许可证,并凭该许可证向工商行政管理部门办理登记,领取营业执照。

**第二十二条** 商业银行对其分支机构实行全行统一核算,统一调度资金,分级管理的财务制度。

商业银行分支机构不具有法人资格,在总行授权范围内依法开展业务,其民事责任由总行承担。

**第二十三条** 经批准设立的商业银行及其分支机构,由国务院银行业监督管理机构予以公告。

商业银行及其分支机构自取得营业执照之日起无正当理由超过六个月未开业的，或者开业后自行停业连续六个月以上的，由国务院银行业监督管理机构吊销其经营许可证，并予以公告。

**第二十四条** 商业银行有下列变更事项之一的，应当经国务院银行业监督管理机构批准：

（一）变更名称；

（二）变更注册资本；

（三）变更总行或者分支行所在地；

（四）调整业务范围；

（五）变更持有资本总额或者股份总额百分之五以上的股东；

（六）修改章程；

（七）国务院银行业监督管理机构规定的其他变更事项。

更换董事、高级管理人员时，应当报经国务院银行业监督管理机构审查其任职资格。

**第二十五条** 商业银行的分立、合并，适用《中华人民共和国公司法》的规定。

商业银行的分立、合并，应当经国务院银行业监督管理机构审查批准。

**第二十六条** 商业银行应当依照法律、行政法规的规定使用经营许可证。禁止伪造、变造、转让、出租、出借经营许可证。

**第二十七条** 有下列情形之一的，不得担任商业银行的董事、高级管理人员：

（一）因犯有贪污、贿赂、侵占财产、挪用财产罪或者破坏社会经济秩序罪，被判处刑罚，或者因犯罪被剥夺政治权利的；

（二）担任因经营不善破产清算的公司、企业的董事或者厂长、经理，并对该公司、企业的破产负有个人责任的；

（三）担任因违法被吊销营业执照的公司、企业的法定代表人，并负有个人责任的；

（四）个人所负数额较大的债务到期未清偿的。

**第二十八条** 任何单位和个人购买商业银行股份总额百分之五以上的，应当事先经国务院银行业监督管理机构批准。

## 第三章 对存款人的保护

**第二十九条** 商业银行办理个人储蓄存款业务，应当遵循存款自愿、取款自由、存款有息、为存款人保密的原则。

对个人储蓄存款，商业银行有权拒绝任何单位或者个人查询、冻结、扣划，但法律另有规定的除外。

**第三十条** 对单位存款，商业银行有权拒绝任何单位或者个人查询，但法律、行政法规另有规定的除外；有权拒绝任何单位或者个人冻结、扣划，但法律另有规定的除外。

**第三十一条** 商业银行应当按照中国人民银行规定的存款利率的上下限，确定存款利率，并予以公告。

**第三十二条** 商业银行应当按照中国人民银行的规定，向中国人民银行交存存款准备金，留足备付金。

**第三十三条** 商业银行应当保证存款本金和利息的支付，不得拖延、拒绝支付存款本金和利息。

## 第四章 贷款和其他业务的基本规则

**第三十四条** 商业银行根据国民经济和社会发展的需要，在国家产业政策指导下开展贷款业务。

**第三十五条** 商业银行贷款，应当对借款人的借款用途、偿还能力、还款方式等情况进行严格审查。

商业银行贷款，应当实行审贷分离、分级审批的制度。

**第三十六条** 商业银行贷款，借款人应当提供担保。商业银行应当对保证人的偿还能力，抵押物、质物的权属和价值以及实现抵押权、质权的可行性进行严格审查。

经商业银行审查、评估，确认借款人资信良好，确能偿还贷款的，可以不提供担保。

**第三十七条** 商业银行贷款，应当与借款人订立书面合同。合同应当约定贷款种类、借款用途、金额、利率、还款期限、还款方式、违约责任和双方认为需要约定的其他事项。

**第三十八条** 商业银行应当按照中国人民银行规定的贷款利率的上下限，确定贷款利率。

**第三十九条** 商业银行贷款，应当遵守下列资产负债比例管理的规定：

（一）资本充足率不得低于百分之八；

（二）贷款余额与存款余额的比例不得超过百分之七十五；

（三）流动性资产余额与流动性负债余额的比例不

得低于百分之二十五；

（四）对同一借款人的贷款余额与商业银行资本余额的比例不得超过百分之十；

（五）国务院银行业监督管理机构对资产负债比例管理的其他规定。

本法施行前设立的商业银行，在本法施行后，其资产负债比例不符合前款规定的，应当在一定的期限内符合前款规定。具体办法由国务院规定。

**第四十条** 商业银行不得向关系人发放信用贷款；向关系人发放担保贷款的条件不得优于其他借款人同类贷款的条件。

前款所称关系人是指：

（一）商业银行的董事、监事、管理人员、信贷业务人员及其近亲属；

（二）前项所列人员投资或者担任高级管理职务的公司、企业和其他经济组织。

**第四十一条** 任何单位和个人不得强令商业银行发放贷款或者提供担保。商业银行有权拒绝任何单位和个人强令要求其发放贷款或者提供担保。

**第四十二条** 借款人应当按期归还贷款的本金和利息。

借款人到期不归还担保贷款的，商业银行依法享有要求保证人归还贷款本金和利息或者就该担保物优先受偿的权利。商业银行因行使抵押权、质权而取得的不动产或者股权，应当自取得之日起二年内予以处分。

借款人到期不归还信用贷款的，应当按照合同约定承担责任。

**第四十三条** 商业银行在中华人民共和国境内不得从事信托投资和证券经营业务，不得向非自用不动产投资或者向非银行金融机构和企业投资，但国家另有规定的除外。

**第四十四条** 商业银行办理票据承兑、汇兑、委托收款等结算业务，应当按照规定的期限兑现，收付入账，不得压单、压票或者违反规定退票。有关兑现、收付入账期限的规定应当公布。

**第四十五条** 商业银行发行金融债券或者到境外借款，应当依照法律、行政法规的规定报经批准。

**第四十六条** 同业拆借，应当遵守中国人民银行的规定。禁止利用拆入资金发放固定资产贷款或者用于投资。

拆出资金限于交足存款准备金、留足备付金和归还中国人民银行到期贷款之后的闲置资金。拆入资金用于弥补票据结算、联行汇差头寸的不足和解决临时性周转资金的需要。

**第四十七条** 商业银行不得违反规定提高或者降低利率以及采用其他不正当手段，吸收存款，发放贷款。

**第四十八条** 企业事业单位可以自主选择一家商业银行的营业场所开立一个办理日常转账结算和现金收付的基本账户，不得开立两个以上基本账户。

任何单位和个人不得将单位的资金以个人名义开立账户存储。

**第四十九条** 商业银行的营业时间应当方便客户，并予以公告。商业银行应当在公告的营业时间内营业，不得擅自停止营业或者缩短营业时间。

**第五十条** 商业银行办理业务，提供服务，按照规定收取手续费。收费项目和标准由国务院银行业监督管理机构、中国人民银行根据职责分工，分别会同国务院价格主管部门制定。

**第五十一条** 商业银行应当按照国家有关规定保存财务会计报表、业务合同以及其他资料。

**第五十二条** 商业银行的工作人员应当遵守法律、行政法规和其他各项业务管理的规定，不得有下列行为：

（一）利用职务上的便利，索取、收受贿赂或者违反国家规定收受各种名义的回扣、手续费；

（二）利用职务上的便利，贪污、挪用、侵占本行或者客户的资金；

（三）违反规定徇私向亲属、朋友发放贷款或者提供担保；

（四）在其他经济组织兼职；

（五）违反法律、行政法规和业务管理规定的其他行为。

**第五十三条** 商业银行的工作人员不得泄露其在任职期间知悉的国家秘密、商业秘密。

## 第五章 财务会计

**第五十四条** 商业银行应当依照法律和国家统一的会计制度以及国务院银行业监督管理机构的有关规定，建立、健全本行的财务、会计制度。

**第五十五条** 商业银行应当按照国家有关规定，真实记录并全面反映其业务活动和财务状况，编制年度财务会计报告，及时向国务院银行业监督管理机构、中国人民银行和国务院财政部门报送。商业银行不得在法定的会计账册外另立会计账册。

**第五十六条** 商业银行应当于每一会计年度终了三个月内，按照国务院银行业监督管理机构的规定，公布其上一年度的经营业绩和审计报告。

**第五十七条** 商业银行应当按照国家有关规定，提取呆账准备金，冲销呆账。

**第五十八条** 商业银行的会计年度自公历1月1日起至12月31日止。

## 第六章 监督管理

**第五十九条** 商业银行应当按照有关规定，制定本行的业务规则，建立、健全本行的风险管理和内部控制制度。

**第六十条** 商业银行应当建立、健全本行对存款、贷款、结算、呆账等各项情况的稽核、检查制度。

商业银行对分支机构应当进行经常性的稽核和检查监督。

**第六十一条** 商业银行应当按照规定向国务院银行业监督管理机构、中国人民银行报送资产负债表、利润表以及其他财务会计、统计报表和资料。

**第六十二条** 国务院银行业监督管理机构有权依照本法第三章、第四章、第五章的规定，随时对商业银行的存款、贷款、结算、呆账等情况进行检查监督。检查监督时，检查监督人员应当出示合法的证件。商业银行应当按照国务院银行业监督管理机构的要求，提供财务会计资料、业务合同和有关经营管理方面的其他信息。

中国人民银行有权依照《中华人民共和国中国人民银行法》第三十二条、第三十四条的规定对商业银行进行检查监督。

**第六十三条** 商业银行应当依法接受审计机关的审计监督。

## 第七章 接管和终止

**第六十四条** 商业银行已经或者可能发生信用危机，严重影响存款人的利益时，国务院银行业监督管理机构可以对该银行实行接管。

接管的目的是对被接管的商业银行采取必要措施，以保护存款人的利益，恢复商业银行的正常经营能力。被接管的商业银行的债权债务关系不因接管而变化。

**第六十五条** 接管由国务院银行业监督管理机构决定，并组织实施。国务院银行业监督管理机构的接管决定应当载明下列内容：

（一）被接管的商业银行名称；

（二）接管理由；

（三）接管组织；

（四）接管期限。

接管决定由国务院银行业监督管理机构予以公告。

**第六十六条** 接管自接管决定实施之日起开始。

自接管开始之日起，由接管组织行使商业银行的经营管理权力。

**第六十七条** 接管期限届满，国务院银行业监督管理机构可以决定延期，但接管期限最长不得超过二年。

**第六十八条** 有下列情形之一的，接管终止：

（一）接管决定规定的期限届满或者国务院银行业监督管理机构决定的接管延期届满；

（二）接管期限届满前，该商业银行已恢复正常经营能力；

（三）接管期限届满前，该商业银行被合并或者被依法宣告破产。

**第六十九条** 商业银行因分立、合并或者出现公司章程规定的解散事由需要解散的，应当向国务院银行业监督管理机构提出申请，并附解散的理由和支付存款的本金和利息等债务清偿计划。经国务院银行业监督管理机构批准后解散。

商业银行解散的，应当依法成立清算组，进行清算，按照清偿计划及时偿还存款本金和利息等债务。国务院银行业监督管理机构监督清算过程。

**第七十条** 商业银行因吊销经营许可证被撤销的，国务院银行业监督管理机构应当依法及时组织成立清算组，进行清算，按照清偿计划及时偿还存款本金和利息等债务。

**第七十一条** 商业银行不能支付到期债务，经国务院银行业监督管理机构同意，由人民法院依法宣告其破产。商业银行被宣告破产的，由人民法院组织国务院银行业监督管理机构等有关部门和有关人员成立清算组，进行清算。

商业银行破产清算时，在支付清算费用、所欠职工工资和劳动保险费用后，应当优先支付个人储蓄存款的本金和利息。

**第七十二条** 商业银行因解散、被撤销和被宣告破产而终止。

## 第八章 法律责任

**第七十三条** 商业银行有下列情形之一，对存款人或者其他客户造成财产损害的，应当承担支付迟延履行的利息以及其他民事责任：

（一）无故拖延、拒绝支付存款本金和利息的；

（二）违反票据承兑等结算业务规定，不予兑现，不予收付入账，压单、压票或者违反规定退票的；

（三）非法查询、冻结、扣划个人储蓄存款或者单位存款的；

（四）违反本法规定对存款人或者其他客户造成损害的其他行为。

有前款规定情形的，由国务院银行业监督管理机构责令改正，有违法所得的，没收违法所得，违法所得五万元以上的，并处违法所得一倍以上五倍以下罚款；没有违法所得或者违法所得不足五万元的，处五万元以上五十万元以下罚款。

**第七十四条** 商业银行有下列情形之一，由国务院银行业监督管理机构责令改正，有违法所得的，没收违法所得，违法所得五十万元以上的，并处违法所得一倍以上五倍以下罚款；没有违法所得或者违法所得不足五十万元的，处五十万元以上二百万元以下罚款；情节特别严重或者逾期不改正的，可以责令停业整顿或者吊销其经营许可证；构成犯罪的，依法追究刑事责任：

（一）未经批准设立分支机构的；

（二）未经批准分立、合并或者违反规定对变更事项不报批的；

（三）违反规定提高或者降低利率以及采用其他不正当手段，吸收存款，发放贷款的；

（四）出租、出借经营许可证的；

（五）未经批准买卖、代理买卖外汇的；

（六）未经批准买卖政府债券或者发行、买卖金融债券的；

（七）违反国家规定从事信托投资和证券经营业务、向非自用不动产投资或者向非银行金融机构和企业投资的；

（八）向关系人发放信用贷款或者发放担保贷款的条件优于其他借款人同类贷款的条件的。

**第七十五条** 商业银行有下列情形之一，由国务院银行业监督管理机构责令改正，并处二十万元以上五十万元以下罚款；情节特别严重或者逾期不改正的，可以责令停业整顿或者吊销其经营许可证；构成犯罪的，依法追究刑事责任：

（一）拒绝或者阻碍国务院银行业监督管理机构检查监督的；

（二）提供虚假的或者隐瞒重要事实的财务会计报告、报表和统计报表的；

（三）未遵守资本充足率、存贷比例、资产流动性比例、同一借款人贷款比例和国务院银行业监督管理机构有关资产负债比例管理的其他规定的。

**第七十六条** 商业银行有下列情形之一，由中国人民银行责令改正，有违法所得的，没收违法所得，违法所得五十万元以上的，并处违法所得一倍以上五倍以下罚款；没有违法所得或者违法所得不足五十万元的，处五十万元以上二百万元以下罚款；情节特别严重或者逾期不改正的，中国人民银行可以建议国务院银行业监督管理机构责令停业整顿或者吊销其经营许可证；构成犯罪的，依法追究刑事责任：

（一）未经批准办理结汇、售汇的；

（二）未经批准在银行间债券市场发行、买卖金融债券或者到境外借款的；

（三）违反规定同业拆借的。

**第七十七条** 商业银行有下列情形之一，由中国人民银行责令改正，并处二十万元以上五十万元以下罚款；情节特别严重或者逾期不改正的，中国人民银行可以建议国务院银行业监督管理机构责令停业整顿或者吊销其经营许可证；构成犯罪的，依法追究刑事责任：

（一）拒绝或者阻碍中国人民银行检查监督的；

（二）提供虚假的或者隐瞒重要事实的财务会计报告、报表和统计报表的；

（三）未按照中国人民银行规定的比例交存存款准备金的。

**第七十八条** 商业银行有本法第七十三条至第七十七条规定情形的，对直接负责的董事、高级管理人员和其他直接责任人员，应当给予纪律处分；构成犯罪的，依法追究刑事责任。

**第七十九条** 有下列情形之一，由国务院银行业监督管理机构责令改正，有违法所得的，没收违法所得，违法所得五万元以上的，并处违法所得一倍以上五倍以下罚款；没有违法所得或者违法所得不足五万元的，处五万元以上五十万元以下罚款：

（一）未经批准在名称中使用“银行”字样的；

（二）未经批准购买商业银行股份总额百分之五以上的；

（三）将单位的资金以个人名义开立账户存储的。

**第八十条** 商业银行不按照规定向国务院银行业监督管理机构报送有关文件、资料的，由国务院银行业监督管理机构责令改正，逾期不改正的，处十万元以上三十万元以下罚款。

商业银行不按照规定向中国人民银行报送有关文件、资料的，由中国人民银行责令改正，逾期不改正的，处十万元以上三十万元以下罚款。

**第八十一条** 未经国务院银行业监督管理机构批准，擅自设立商业银行，或者非法吸收公众存款、变相吸收公众存款，构成犯罪的，依法追究刑事责任；并由国务院银行业监督管理机构予以取缔。

伪造、变造、转让商业银行经营许可证，构成犯罪的，依法追究刑事责任。

**第八十二条** 借款人采取欺诈手段骗取贷款，构成犯罪的，依法追究刑事责任。

**第八十三条** 有本法第八十一条、第八十二条规定的行为，尚不构成犯罪的，由国务院银行业监督管理机构没收违法所得，违法所得五十万元以上的，并处违法所得一倍以上五倍以下罚款；没有违法所得或者违法所得不足五十万元的，处五十万元以上二百万元以下罚款。

**第八十四条** 商业银行工作人员利用职务上的便利，索取、收受贿赂或者违反国家规定收受各种名义的回扣、手续费，构成犯罪的，依法追究刑事责任；尚不构成犯罪的，应当给予纪律处分。

有前款行为，发放贷款或者提供担保造成损失的，应当承担全部或者部分赔偿责任。

**第八十五条** 商业银行工作人员利用职务上的便利，贪污、挪用、侵占本行或者客户资金，构成犯罪的，依法追究刑事责任；尚不构成犯罪的，应当给予纪律处分。

**第八十六条** 商业银行工作人员违反本法规定玩忽职守造成损失的，应当给予纪律处分；构成犯罪的，依法追究刑事责任。

违反规定徇私向亲属、朋友发放贷款或者提供担保造成损失的，应当承担全部或者部分赔偿责任。

**第八十七条** 商业银行工作人员泄露在任职期间知悉的国家秘密、商业秘密的，应当给予纪律处分；构成犯罪的，依法追究刑事责任。

**第八十八条** 单位或者个人强令商业银行发放贷款或者提供担保的，应当对直接负责的主管人员和其他直接责任人员或者个人给予纪律处分；造成损失的，应当承担全部或者部分赔偿责任。

商业银行的工作人员对单位或者个人强令其发放贷款或者提供担保未予拒绝的，应当给予纪律处分；造成损失的，应当承担相应的赔偿责任。

**第八十九条** 商业银行违反本法规定的，国务院银行业监督管理机构可以区别不同情形，取消其直接负责的董事、高级管理人员一定期限直至终身的任职资格，禁止直接负责的董事、高级管理人员和其他直接责任人员一定期限直至终身从事银行业工作。

商业银行的行为尚不构成犯罪的，对直接负责的董事、高级管理人员和其他直接责任人员，给予警告，处五万元以上五十万元以下罚款。

**第九十条** 商业银行及其工作人员对国务院银行业监督管理机构、中国人民银行的处罚决定不服的，可以依照《中华人民共和国行政诉讼法》的规定向人民法院提起诉讼。

## 第九章 附 则

**第九十一条** 本法施行前，按照国务院的规定经批准设立的商业银行不再办理审批手续。

**第九十二条** 外资商业银行、中外合资商业银行、外国商业银行分行适用本法规定，法律、行政法规另有规定的，依照其规定。

**第九十三条** 城市信用合作社、农村信用合作社办理存款、贷款和结算等业务，适用本法有关规定。

**第九十四条** 邮政企业办理商业银行的有关业务，适用本法有关规定。

**第九十五条** 本法自1995年7月1日起施行。

# 中华人民共和国中国人民银行法

（1995年3月18日第八届全国人民代表大会第三次会议通过　根据2003年12月27日第十届全国人民代表大会常务委员会第六次会议《关于修改〈中华人民共和国中国人民银行法〉的决定》修正）

目　　录



## 第一章　总　则

**第一条**　为了确立中国人民银行的地位，明确其职责，保证国家货币政策的正确制定和执行，建立和完善中央银行宏观调控体系，维护金融稳定，制定本法。

**第二条**　中国人民银行是中华人民共和国的中央银行。

中国人民银行在国务院领导下，制定和执行货币政策，防范和化解金融风险，维护金融稳定。

**第三条**　货币政策目标是保持货币币值的稳定，并以此促进经济增长。

**第四条**　中国人民银行履行下列职责：

（一）发布与履行其职责有关的命令和规章；

（二）依法制定和执行货币政策；

（三）发行人民币，管理人民币流通；

（四）监督管理银行间同业拆借市场和银行间债券市场；

（五）实施外汇管理，监督管理银行间外汇市场；

（六）监督管理黄金市场；

（七）持有、管理、经营国家外汇储备、黄金储备；

（八）经理国库；

（九）维护支付、清算系统的正常运行；

（十）指导、部署金融业反洗钱工作，负责反洗钱的资金监测；

（十一）负责金融业的统计、调查、分析和预测；

（十二）作为国家的中央银行，从事有关的国际金融活动；

（十三）国务院规定的其他职责。

中国人民银行为执行货币政策，可以依照本法第四章的有关规定从事金融业务活动。

**第五条**　中国人民银行就年度货币供应量、利率、汇率和国务院规定的其他重要事项作出的决定，报国务院批准后执行。

中国人民银行就前款规定以外的其他有关货币政策事项作出决定后，即予执行，并报国务院备案。

**第六条**　中国人民银行应当向全国人民代表大会常务委员会提出有关货币政策情况和金融业运行情况的工作报告。

**第七条**　中国人民银行在国务院领导下依法独立执行货币政策，履行职责，开展业务，不受地方政府、各级政府部门、社会团体和个人的干涉。

**第八条**　中国人民银行的全部资本由国家出资，属于国家所有。

**第九条**　国务院建立金融监督管理协调机制，具体办法由国务院规定。

## 第二章　组织机构

**第十条**　中国人民银行设行长一人，副行长若干人。

中国人民银行行长的人选，根据国务院总理的提名，由全国人民代表大会决定；全国人民代表大会闭会期间，由全国人民代表大会常务委员会决定，由中华人民共和国主席任免。中国人民银行副行长由国务院总理任免。

**第十一条**　中国人民银行实行行长负责制。行长领导中国人民银行的工作，副行长协助行长工作。

**第十二条**　中国人民银行设立货币政策委员会。货币政策委员会的职责、组成和工作程序，由国务院规定，报全国人民代表大会常务委员会备案。

中国人民银行货币政策委员会应当在国家宏观调控、货币政策制定和调整中，发挥重要作用。

**第十三条**　中国人民银行根据履行职责的需要设立分支机构，作为中国人民银行的派出机构。中国人民银行对分支机构实行统一领导和管理。

中国人民银行的分支机构根据中国人民银行的授权，维护本辖区的金融稳定，承办有关业务。

**第十四条** 中国人民银行的行长、副行长及其他工作人员应当恪尽职守，不得滥用职权、徇私舞弊，不得在任何金融机构、企业、基金会兼职。

**第十五条** 中国人民银行的行长、副行长及其他工作人员，应当依法保守国家秘密，并有责任为与履行其职责有关的金融机构及当事人保守秘密。

## 第三章 人民币

**第十六条** 中华人民共和国的法定货币是人民币。以人民币支付中华人民共和国境内的一切公共的和私人的债务，任何单位和个人不得拒收。

**第十七条** 人民币的单位为元，人民币辅币单位为角、分。

**第十八条** 人民币由中国人民银行统一印制、发行。

中国人民银行发行新版人民币，应当将发行时间、面额、图案、式样、规格予以公告。

**第十九条** 禁止伪造、变造人民币。禁止出售、购买伪造、变造的人民币。禁止运输、持有、使用伪造、变造的人民币。禁止故意毁损人民币。禁止在宣传品、出版物或者其他商品上非法使用人民币图样。

**第二十条** 任何单位和个人不得印制、发售代币票券，以代替人民币在市场上流通。

**第二十一条** 残缺、污损的人民币，按照中国人民银行的规定兑换，并由中国人民银行负责收回、销毁。

**第二十二条** 中国人民银行设立人民币发行库，在其分支机构设立分支库。分支库调拨人民币发行基金，应当按照上级库的调拨命令办理。任何单位和个人不得违反规定，动用发行基金。

## 第四章 业务

**第二十三条** 中国人民银行为执行货币政策，可以运用下列货币政策工具：

（一）要求银行业金融机构按照规定的比例交存存款准备金；

（二）确定中央银行基准利率；

（三）为在中国人民银行开立账户的银行业金融机构办理再贴现；

（四）向商业银行提供贷款；

（五）在公开市场上买卖国债、其他政府债券和金融债券及外汇；

（六）国务院确定的其他货币政策工具。

中国人民银行为执行货币政策，运用前款所列货币政策工具时，可以规定具体的条件和程序。

**第二十四条** 中国人民银行依照法律、行政法规的规定经理国库。

**第二十五条** 中国人民银行可以代理国务院财政部门向各金融机构组织发行、兑付国债和其他政府债券。

**第二十六条** 中国人民银行可以根据需要，为银行业金融机构开立账户，但不得对银行业金融机构的账户透支。

**第二十七条** 中国人民银行应当组织或者协助组织银行业金融机构相互之间的清算系统，协调银行业金融机构相互之间的清算事项，提供清算服务。具体办法由中国人民银行制定。

中国人民银行会同国务院银行业监督管理机构制定支付结算规则。

**第二十八条** 中国人民银行根据执行货币政策的需要，可以决定对商业银行贷款的数额、期限、利率和方式，但贷款的期限不得超过一年。

**第二十九条** 中国人民银行不得对政府财政透支，不得直接认购、包销国债和其他政府债券。

**第三十条** 中国人民银行不得向地方政府、各级政府部门提供贷款，不得向非银行金融机构以及其他单位和个人提供贷款，但国务院决定中国人民银行可以向特定的非银行金融机构提供贷款的除外。

中国人民银行不得向任何单位和个人提供担保。

## 第五章 金融监督管理

**第三十一条** 中国人民银行依法监测金融市场的运行情况，对金融市场实施宏观调控，促进其协调发展。

**第三十二条** 中国人民银行有权对金融机构以及其他单位和个人的下列行为进行检查监督：

（一）执行有关存款准备金管理规定的行为；

（二）与中国人民银行特种贷款有关的行为；

（三）执行有关人民币管理规定的行为；

（四）执行有关银行间同业拆借市场、银行间债券市场管理规定的行为；

（五）执行有关外汇管理规定的行为；

（六）执行有关黄金管理规定的行为；

（七）代理中国人民银行经理国库的行为；

（八）执行有关清算管理规定的行为；

（九）执行有关反洗钱规定的行为。

前款所称中国人民银行特种贷款，是指国务院决定的由中国人民银行向金融机构发放的用于特定目的的贷款。

**第三十三条** 中国人民银行根据执行货币政策和维护金融稳定的需要，可以建议国务院银行业监督管理机构对银行业金融机构进行检查监督。国务院银行业监督管理机构应当自收到建议之日起三十日内予以回复。

**第三十四条** 当银行业金融机构出现支付困难，可能引发金融风险时，为了维护金融稳定，中国人民银行经国务院批准，有权对银行业金融机构进行检查监督。

**第三十五条** 中国人民银行根据履行职责的需要，有权要求银行业金融机构报送必要的资产负债表、利润表以及其他财务会计、统计报表和资料。

中国人民银行应当和国务院银行业监督管理机构、国务院其他金融监督管理机构建立监督管理信息共享机制。

**第三十六条** 中国人民银行负责统一编制全国金融统计数据、报表，并按照国家有关规定予以公布。

**第三十七条** 中国人民银行应当建立、健全本系统的稽核、检查制度，加强内部的监督管理。

## 第六章 财务会计

**第三十八条** 中国人民银行实行独立的财务预算管理制度。

中国人民银行的预算经国务院财政部门审核后，纳入中央预算，接受国务院财政部门的预算执行监督。

**第三十九条** 中国人民银行每一会计年度的收入减除该年度支出，并按照国务院财政部门核定的比例提取总准备金后的净利润，全部上缴中央财政。

中国人民银行的亏损由中央财政拨款弥补。

**第四十条** 中国人民银行的财务收支和会计事务，应当执行法律、行政法规和国家统一的财务、会计制度，接受国务院审计机关和财政部门依法分别进行的审计和监督。

**第四十一条** 中国人民银行应当于每一会计年度结束后的三个月内，编制资产负债表、损益表和相关的财务会计报表，并编制年度报告，按照国家有关规定予以公布。

中国人民银行的会计年度自公历1月1日起至12月31日止。

## 第七章 法律责任

**第四十二条** 伪造、变造人民币，出售伪造、变造的人民币，或者明知是伪造、变造的人民币而运输，构成犯罪的，依法追究刑事责任；尚不构成犯罪的，由公安机关处十五日以下拘留、一万元以下罚款。

**第四十三条** 购买伪造、变造的人民币或者明知是伪造、变造的人民币而持有、使用，构成犯罪的，依法追究刑事责任；尚不构成犯罪的，由公安机关处十五日以下拘留、一万元以下罚款。

**第四十四条** 在宣传品、出版物或者其他商品上非法使用人民币图样的，中国人民银行应当责令改正，并销毁非法使用的人民币图样，没收违法所得，并处五万元以下罚款。

**第四十五条** 印制、发售代币票券，以代替人民币在市场上流通的，中国人民银行应当责令停止违法行为，并处二十万元以下罚款。

**第四十六条** 本法第三十二条所列行为违反有关规定，有关法律、行政法规有处罚规定的，依照其规定给予处罚；有关法律、行政法规未作处罚规定的，由中国人民银行区别不同情形给予警告，没收违法所得，违法所得五十万元以上的，并处违法所得一倍以上五倍以下罚款；没有违法所得或者违法所得不足五十万元的，处五十万元以上二百万元以下罚款；对负有直接责任的董事、高级管理人员和其他直接责任人员给予警告，处五万元以上五十万元以下罚款；构成犯罪的，依法追究刑事责任。

**第四十七条** 当事人对行政处罚不服的，可以依照《中华人民共和国行政诉讼法》的规定提起行政诉讼。

**第四十八条** 中国人民银行有下列行为之一的，对负有直接责任的主管人员和其他直接责任人员，依法给予行政处分；构成犯罪的，依法追究刑事责任：

（一）违反本法第三十条第一款的规定提供贷款的；

（二）对单位和个人提供担保的；

（三）擅自动用发行基金的。

有前款所列行为之一，造成损失的，负有直接责任的主管人员和其他直接责任人员应当承担部分或者全部赔偿责任。

**第四十九条** 地方政府、各级政府部门、社会团体和个人强令中国人民银行及其工作人员违反本法第三十条的规定提供贷款或者担保的，对负有直接责任的主管人员和其他直接责任人员，依法给予行政处分；构成犯罪的，依法追究刑事责任；造成损失的，应当承担部分或者全部赔偿责任。

**第五十条** 中国人民银行的工作人员泄露国家秘密或者所知悉的商业秘密，构成犯罪的，依法追究刑事责任；尚不构成犯罪的，依法给予行政处分。

**第五十一条** 中国人民银行的工作人员贪污受贿、徇私舞弊、滥用职权、玩忽职守，构成犯罪的，依法追究刑事责任；尚不构成犯罪的，依法给予行政处分。

## 第八章 附 则

**第五十二条** 本法所称银行业金融机构，是指在中华人民共和国境内设立的商业银行、城市信用合作社、农村信用合作社等吸收公众存款的金融机构以及政策性银行。

在中华人民共和国境内设立的金融资产管理公司、信托投资公司、财务公司、金融租赁公司以及经国务院银行业监督管理机构批准设立的其他金融机构，适用本法对银行业金融机构的规定。

**第五十三条** 本法自公布之日起施行。

# 中华人民共和国银行业监督管理法

（2003年12月27日第十届全国人民代表大会常务委员会第六次会议通过）

**中华人民共和国主席令第十一号**

《中华人民共和国银行业监督管理法》已由中华人民共和国第十届全国人民代表大会常务委员会第六次会议于2003年12月27日通过，现予公布，自2004年2月1日起施行。

中华人民共和国主席 胡锦涛

2003年12月27日

## 目 录



## 第一章 总 则

**第一条** 为了加强对银行业的监督管理，规范监督管理行为，防范和化解银行业风险，保护存款人和其他客户的合法权益，促进银行业健康发展，制定本法。

**第二条** 国务院银行业监督管理机构负责对全国银行业金融机构及其业务活动监督管理的工作。

本法所称银行业金融机构，是指在中华人民共和国境内设立的商业银行、城市信用合作社、农村信用合作社等吸收公众存款的金融机构以及政策性银行。

对在中华人民共和国境内设立的金融资产管理公司、信托投资公司、财务公司、金融租赁公司以及经国务院银行业监督管理机构批准设立的其他金融机构的监督管理，适用本法对银行业金融机构监督管理的规定。

国务院银行业监督管理机构依照本法有关规定，对经其批准在境外设立的金融机构以及前二款金融机构在境外的业务活动实施监督管理。

**第三条** 银行业监督管理的目标是促进银行业的合法、稳健运行，维护公众对银行业的信心。

银行业监督管理应当保护银行业公平竞争，提高银行业竞争能力。

**第四条** 银行业监督管理机构对银行业实施监督管理，应当遵循依法、公开、公正和效率的原则。

**第五条** 银行业监督管理机构及其从事监督管理工作的人员依法履行监督管理职责，受法律保护。地方政府、各级政府部门、社会团体和个人不得干涉。

**第六条** 国务院银行业监督管理机构应当和中国人民银行、国务院其他金融监督管理机构建立监督管理信息共享机制。

**第七条** 国务院银行业监督管理机构可以和其他国家或者地区的银行业监督管理机构建立监督管理合作机制，实施跨境监督管理。

## 第二章 监督管理机构

**第八条** 国务院银行业监督管理机构根据履行职责的需要设立派出机构。国务院银行业监督管理机构对派出机构实行统一领导和管理。

国务院银行业监督管理机构的派出机构在国务院银行业监督管理机构的授权范围内，履行监督管理职责。

**第九条** 银行业监督管理机构从事监督管理工作的人员，应当具备与其任职相适应的专业知识和业务工作经验。

**第十条** 银行业监督管理机构工作人员，应当忠于职守，依法办事，公正廉洁，不得利用职务便利牟取不正当的利益，不得在金融机构等企业中兼任职务。

**第十一条** 银行业监督管理机构工作人员，应当依法保守国家秘密，并有责任为其监督管理的银行业金融机构及当事人保守秘密。

国务院银行业监督管理机构同其他国家或者地区的银行业监督管理机构交流监督管理信息，应当就信息保密作出安排。

**第十二条** 国务院银行业监督管理机构应当公开监督管理程序，建立监督管理责任制度和内部监督制度。

**第十三条** 银行业监督管理机构在处置银行业金融机构风险、查处有关金融违法行为等监督管理活动中，地方政府、各级有关部门应当予以配合和协助。

**第十四条** 国务院审计、监察等机关，应当依照法律规定对国务院银行业监督管理机构的活动进行监督。

## 第三章 监督管理职责

**第十五条** 国务院银行业监督管理机构依照法律、行政法规制定并发布对银行业金融机构及其业务活动监督管理的规章、规则。

**第十六条** 国务院银行业监督管理机构依照法律、行政法规规定的条件和程序，审查批准银行业金融机构的设立、变更、终止以及业务范围。

**第十七条** 申请设立银行业金融机构，或者银行业金融机构变更持有资本总额或者股份总额达到规定比例以上的股东的，国务院银行业监督管理机构应当对股东的资金来源、财务状况、资本补充能力和诚信状况进行审查。

**第十八条** 银行业金融机构业务范围内的业务品种，应当按照规定经国务院银行业监督管理机构审查批准或者备案。需要审查批准或者备案的业务品种，由国务院银行业监督管理机构依照法律、行政法规作出规定并公布。

**第十九条** 未经国务院银行业监督管理机构批准，任何单位或者个人不得设立银行业金融机构或者从事银行业金融机构的业务活动。

**第二十条** 国务院银行业监督管理机构对银行业金融机构的董事和高级管理人员实行任职资格管理。具体办法由国务院银行业监督管理机构制定。

**第二十一条** 银行业金融机构的审慎经营规则，由法律、行政法规规定，也可以由国务院银行业监督管理机构依照法律、行政法规制定。

前款规定的审慎经营规则，包括风险管理、内部控制、资本充足率、资产质量、损失准备金、风险集中、关联交易、资产流动性等内容。

银行业金融机构应当严格遵守审慎经营规则。

**第二十二条** 国务院银行业监督管理机构应当在规定的期限，对下列申请事项作出批准或者不批准的书面决定；决定不批准的，应当说明理由：

（一）银行业金融机构的设立，自收到申请文件之日起六个月内；

（二）银行业金融机构的变更、终止，以及业务范围和增加业务范围内的业务品种，自收到申请文件之日起三个月内；

（三）审查董事和高级管理人员的任职资格，自收到申请文件之日起三十日内。

**第二十三条** 银行业监督管理机构应当对银行业金融机构的业务活动及其风险状况进行非现场监管，建立银行业金融机构监督管理信息系统，分析、评价银行业金融机构的风险状况。

**第二十四条** 银行业监督管理机构应当对银行业金融机构的业务活动及其风险状况进行现场检查。

国务院银行业监督管理机构应当制定现场检查程序，规范现场检查行为。

**第二十五条** 国务院银行业监督管理机构应当对银行业金融机构实行并表监督管理。

**第二十六条** 国务院银行业监督管理机构对中国人民银行提出的检查银行业金融机构的建议，应当自收到建议之日起三十日内予以回复。

**第二十七条** 国务院银行业监督管理机构应当建立银行业金融机构监督管理评级体系和风险预警机制，根据银行业金融机构的评级情况和风险状况，确定对其现场检查的频率、范围和需要采取的其他措施。

**第二十八条** 国务院银行业监督管理机构应当建立银行业突发事件的发现、报告岗位责任制度。

银行业监督管理机构发现可能引发系统性银行业风险、严重影响社会稳定的突发事件的，应当立即向国务院银行业监督管理机构负责人报告；国务院银行业监督管理机构负责人认为需要向国务院报告的，应当立即向国务院报告，并告知中国人民银行、国务院财政部门等有关部门。

**第二十九条** 国务院银行业监督管理机构应当会同中国人民银行、国务院财政部门等有关部门建立银行业突发事件处置制度，制定银行业突发事件处置预案，明确处置机构和人员及其职责、处置措施和处置程序，及时、有效地处置银行业突发事件。

**第三十条** 国务院银行业监督管理机构负责统一编制全国银行业金融机构的统计数据、报表，并按照国家有关规定予以公布。

**第三十一条** 国务院银行业监督管理机构对银行业自律组织的活动进行指导和监督。

银行业自律组织的章程应当报国务院银行业监督管理机构备案。

**第三十二条** 国务院银行业监督管理机构可以开展与银行业监督管理有关的国际交流、合作活动。

## 第四章 监督管理措施

**第三十三条** 银行业监督管理机构根据履行职责的需要，有权要求银行业金融机构按照规定报送资产负债表、利润表和其他财务会计、统计报表、经营管理资料以及注册会计师出具的审计报告。

**第三十四条** 银行业监督管理机构根据审慎监管的要求，可以采取下列措施进行现场检查：

（一）进入银行业金融机构进行检查；

（二）询问银行业金融机构的工作人员，要求其对有关检查事项作出说明；

（三）查阅、复制银行业金融机构与检查事项有关的文件、资料，对可能被转移、隐匿或者毁损的文件、资料予以封存；

（四）检查银行业金融机构运用电子计算机管理业务数据的系统。

进行现场检查，应当经银行业监督管理机构负责人批准。现场检查时，检查人员不得少于二人，并应当出示合法证件和检查通知书；检查人员少于二人或者未出示合法证件和检查通知书的，银行业金融机构有权拒绝检查。

**第三十五条** 银行业监督管理机构根据履行职责的需要，可以与银行业金融机构董事、高级管理人员进行监督管理谈话，要求银行业金融机构董事、高级管理人员就银行业金融机构的业务活动和风险管理的重大事项作出说明。

**第三十六条** 银行业监督管理机构应当责令银行业金融机构按照规定，如实向社会公众披露财务会计报告、风险管理状况、董事和高级管理人员变更以及其他重大事项等信息。

**第三十七条** 银行业金融机构违反审慎经营规则的，国务院银行业监督管理机构或者其省一级派出机构应当责令限期改正；逾期未改正的，或者其行为严重危及该银行业金融机构的稳健运行、损害存款人和其他客户合法权益的，经国务院银行业监督管理机构或者其省一级派出机构负责人批准，可以区别情形，采取下列措施：

（一）责令暂停部分业务、停止批准开办新业务；

（二）限制分配红利和其他收入；

（三）限制资产转让；

（四）责令控股股东转让股权或者限制有关股东的权利；

（五）责令调整董事、高级管理人员或者限制其权利；

（六）停止批准增设分支机构。

银行业金融机构整改后，应当向国务院银行业监督管理机构或者其省一级派出机构提交报告。国务院银行业监督管理机构或者其省一级派出机构经验收，符合有关审慎经营规则的，应当自验收完毕之日起三日内解除对其采取的前款规定的有关措施。

**第三十八条** 银行业金融机构已经或者可能发生信用危机，严重影响存款人和其他客户合法权益的，国务院银行业监督管理机构可以依法对该银行业金融机构实行接管或者促成机构重组，接管和机构重组依照有关法律和国务院的规定执行。

**第三十九条** 银行业金融机构有违法经营、经营管理不善等情形，不予撤销将严重危害金融秩序、损害公众利益的，国务院银行业监督管理机构有权予以撤销。

**第四十条** 银行业金融机构被接管、重组或者被撤销的，国务院银行业监督管理机构有权要求该银行业金融机构的董事、高级管理人员和其他工作人员，按照国务院银行业监督管理机构的要求履行职责。

在接管、机构重组或者撤销清算期间，经国务院银行业监督管理机构负责人批准，对直接负责的董事、高级管理人员和其他直接责任人员，可以采取下列措施：

（一）直接负责的董事、高级管理人员和其他直接责任人员出境将对国家利益造成重大损失的，通知出境管理机关依法阻止其出境；

（二）申请司法机关禁止其转移、转让财产或者对其财产设定其他权利。

**第四十一条** 经国务院银行业监督管理机构或者其省一级派出机构负责人批准，银行业监督管理机构有权查询涉嫌金融违法的银行业金融机构及其工作人员以及关联行为人的账户；对涉嫌转移或者隐匿违法资金的，经银行业监督管理机构负责人批准，可以申请司法机关予以冻结。

## 第五章 法律责任

**第四十二条** 银行业监督管理机构从事监督管理工作的人员有下列情形之一的，依法给予行政处分；构成犯罪的，依法追究刑事责任：

（一）违反规定审查批准银行业金融机构的设立、变更、终止，以及业务范围和业务范围内的业务品种的；

（二）违反规定对银行业金融机构进行现场检查的；

（三）未依照本法第二十八条规定报告突发事件的；

（四）违反规定查询账户或者申请冻结资金的；

（五）违反规定对银行业金融机构采取措施或者处罚的；

（六）滥用职权、玩忽职守的其他行为。

银行业监督管理机构从事监督管理工作的人员贪污受贿、泄露国家秘密或者所知悉的商业秘密，构成犯罪的，依法追究刑事责任；尚不构成犯罪的，依法给予行政处分。

**第四十三条** 擅自设立银行业金融机构或者非法从事银行业金融机构的业务活动的，由国务院银行业监督管理机构予以取缔；构成犯罪的，依法追究刑事责任；尚不构成犯罪的，由国务院银行业监督管理机构没收违法所得，违法所得五十万元以上的，并处违法所得一倍以上五倍以下罚款；没有违法所得或者违法所得不足五十万元的，处五十万元以上二百万元以下罚款。

**第四十四条** 银行业金融机构有下列情形之一，由国务院银行业监督管理机构责令改正，有违法所得的，没收违法所得，违法所得五十万元以上的，并处违法所得一倍以上五倍以下罚款；没有违法所得或者违法所得不足五十万元的，处五十万元以上二百万元以下罚款；情节特别严重或者逾期不改正的，可以责令停业整顿或者吊销其经营许可证；构成犯罪的，依法追究刑事责任：

（一）未经批准设立分支机构的；

（二）未经批准变更、终止的；

（三）违反规定从事未经批准或者未备案的业务活动的；

（四）违反规定提高或者降低存款利率、贷款利率的。

**第四十五条** 银行业金融机构有下列情形之一，由国务院银行业监督管理机构责令改正，并处二十万元以上五十万元以下罚款；情节特别严重或者逾期不改正的，可以责令停业整顿或者吊销其经营许可证；构成犯罪的，依法追究刑事责任：

（一）未经任职资格审查任命董事、高级管理人员的；

（二）拒绝或者阻碍非现场监管或者现场检查的；

（三）提供虚假的或者隐瞒重要事实的报表、报告等文件、资料的；

（四）未按照规定进行信息披露的；

（五）严重违反审慎经营规则的；

（六）拒绝执行本法第三十七条规定的措施的。

**第四十六条** 银行业金融机构不按照规定提供报表、报告等文件、资料的，由银行业监督管理机构责令改正，逾期不改正的，处十万元以上三十万元以下罚款。

**第四十七条** 银行业金融机构违反法律、行政法规以及国家有关银行业监督管理规定的，银行业监督管理机构除依照本法第四十三条至第四十六条规定处罚外，还可以区别不同情形，采取下列措施：

（一）责令银行业金融机构对直接负责的董事、高级管理人员和其他直接责任人员给予纪律处分；

(二)银行业金融机构的行为尚不构成犯罪的,对直接负责的董事、高级管理人员和其他直接责任人员给予警告,处五万元以上五十万元以下罚款;

(三)取消直接负责的董事、高级管理人员一定期限直至终身的任职资格,禁止直接负责的董事、高级管理人员和其他直接责任人员一定期限直至终身从事银行业工作。

### 第六章 附 则

**第四十八条** 对在中华人民共和国境内设立的政策性银行、金融资产管理公司的监督管理,法律、行政法规另有规定的,依照其规定。

**第四十九条** 对在中华人民共和国境内设立的外资银行业金融机构、中外合资银行业金融机构、外国银行业金融机构的分支机构的监督管理,法律、行政法规另有规定的,依照其规定。

**第五十条** 本法自2004年2月1日起施行。

# 证券发行上市保荐制度暂行办法

## 中国证券监督管理委员会令

### 第18号

《证券发行上市保荐制度暂行办法》已经2003年10月9日中国证券监督管理委员会第49次主席办公会议审议通过,现予公布,自2004年2月1日起施行。

主席 尚福林

二〇〇三年十二月二十八日

### 第一章 总 则

**第一条** 为规范证券发行上市行为,提高上市公司质量和证券经营机构执业水平,保护投资者的合法权益,促进证券市场健康发展,根据有关法律、行政法规,制定本办法。

**第二条** 本办法适用于股份有限公司首次公开发行股票和上市公司发行新股、可转换公司债券。

**第三条** 证券经营机构履行保荐职责,应当依照本办法的规定注册登记为保荐机构。

**第四条** 保荐机构应当遵守法律、行政法规、中国证券监督管理委员会(以下简称“中国证监会”)的规定和行业规范,诚实守信,勤勉尽责,尽职推荐发行人证券发行上市,持续督导发行人履行相关义务。

保荐机构履行保荐职责应当指定保荐代表人具体负责保荐工作。

**第五条** 保荐机构负责证券发行的主承销工作,依法对公开发行募集文件进行核查,向中国证监会出具保荐意见。

保荐机构应当保证所出具的文件真实、准确、完整。

**第六条** 发行人及其董事、监事、经理和其他高级管理人员(以下简称“高管人员”),为发行人提供专业服务的律师事务所、会计师事务所、资产评估机构等中介机构(以下简称“中介机构”)及其签名人员,应当依照法律、行政法规和中国证监会的规定,承担相应的责任,并配合保荐机构履行保荐职责。

保荐机构及其保荐代表人履行保荐职责,不能减轻或者免除发行人及其高管人员、中介机构及其签名人员的责任。

**第七条** 中国证监会依照法律、行政法规和本办法的规定,对保荐机构及其保荐代表人、发行人及其高管人员、中介机构及其签名人员的相关活动进行监督管理。

中国证券业协会对保荐机构、保荐代表人进行自律管理。

## 第二章 保荐机构和保荐代表人的注册登记

**第八条** 经中国证监会注册登记并列入保荐机构、保荐代表人名单(以下简称“名单”)的证券经营机构、个人,可以依照本办法规定从事保荐工作。未经中国证监会注册登记为保荐机构、保荐代表人并列入名单,任何机构、个人不得从事保荐工作。

**第九条** 证券经营机构申请注册登记为保荐机构的,应当是综合类证券公司,并向中国证监会提交自愿履行保荐职责的声明、承诺。

**第十条** 证券经营机构有下列情形之一的,不得注册登记为保荐机构:

(一)保荐代表人数量少于两名;

(二)公司治理结构存在重大缺陷,风险控制制度不健全或者未有效执行;

(三)最近二十四个月因违法违规被中国证监会从名单中去除;

(四)中国证监会规定的其他情形。

**第十一条** 个人申请注册登记为保荐代表人的,应当具有证券从业资格、取得执业证书且符合下列要求,通过所任职的保荐机构向中国证监会提出申请,并提交有关证明文件和声明:

(一)具备中国证监会规定的投资银行业务经历;

(二)参加中国证监会认可的保荐代表人胜任能力考试且成绩合格;

(三)所任职保荐机构出具由董事长或者总经理签名的推荐函;

(四)未负有数额较大到期未清偿的债务;

(五)最近三十六个月未因违法违规被中国证监会从名单中去除或者受到中国证监会行政处罚;

(六)中国证监会规定的其他要求。

**第十二条** 证券经营机构和个人应当保证注册登记申请文件真实、准确、完整。申请期间,文件内容发生重大变化的,应当自变化之日起五个工作日内向中国证监会提交更新资料。

**第十三条** 中国证监会自受理注册登记申请之日起二十个工作日内,对符合要求的,予以注册登记,将其列入名单,并予以公布;对不符合要求的,不予注册登记,并书面告知不予注册登记的理由。

**第十四条** 保荐机构应当自保荐机构、保荐代表人注册登记或者前次备案满十二个月之日起一个月内,向中国证监会报送年度备案表及相关资料,更新注册登记的内容。

**第十五条** 保荐机构、保荐代表人注册登记内容发生重大变化的,保荐机构应当自变化之日起五个工作日内向中国证监会报告。

**第十六条** 保荐机构有本办法第十条规定情形之一的,中国证监会将该保荐机构及其保荐代表人从名单中去除。

**第十七条** 保荐代表人有下列情形之一的,中国证监会将其从名单中去除:

(一)被注销或者吊销执业证书;

(二)不具备中国证监会规定的投资银行业务经历;

(三)保荐机构撤回推荐函;

(四)调离保荐机构或其投资银行业务部门;

(五)负有数额较大到期未清偿的债务;

(六)因违法违规被中国证监会行政处罚,或者因犯罪被判处刑罚;

(七)中国证监会规定的其他情形。

**第十八条** 从名单中去除的保荐代表人符合注册登记要求的,可再次申请注册登记为保荐代表人。自去除之日起超过六个月的,应当重新参加保荐代表人胜任能力考试。

## 第三章 保荐机构的职责

**第十九条** 保荐机构应当尽职推荐发行人证券发行上市。

发行人证券上市后,保荐机构应当持续督导发行人履行规范运作、信守承诺、信息披露等义务。

**第二十条** 保荐机构在推荐发行人首次公开发行股票前,应当按照中国证监会的规定对发行人进行辅导。

保荐机构推荐其他机构辅导的发行人首次公开发行股票的,应当在推荐前对发行人至少再辅导六个月。

**第二十一条** 发行人经辅导符合下列要求的,保荐机构方可推荐其股票发行上市:

(一)符合证券公开发行上市的条件和有关规定,具备持续发展能力;

(二)与发起人、大股东、实际控制人之间在业务、资产、人员、机构、财务等方面相互独立,不存在同业竞争、显失公允的关联交易以及影响发行人独立运作的其他行为；

（三）公司治理、财务和会计制度等不存在可能妨碍持续规范运作的重大缺陷；

（四）高管人员已掌握进入证券市场所必备的法律、行政法规和相关知识，知悉上市公司及其高管人员的法定义务和责任，具备足够的诚信水准和管理上市公司的能力及经验；

（五）中国证监会规定的其他要求。

**第二十二条** 保荐机构推荐发行人证券发行上市，应当按照法律、行政法规和中国证监会的规定，对发行人及其发起人、大股东、实际控制人进行尽职调查、审慎核查，根据发行人的委托，组织编制申请文件并出具推荐文件。

**第二十三条** 保荐机构对发行人公开发行募集文件中无中介机构及其签名人员专业意见支持的内容，应当进行充分、广泛、合理的调查，对发行人提供的资料和披露的内容进行独立判断，并有充分理由确信所作的判断与发行人公开发行募集文件的内容不存在实质性差异。

**第二十四条** 保荐机构对发行人公开发行募集文件中有中介机构及其签名人员出具专业意见的内容，应当进行审慎核查，对发行人提供的资料和披露的内容进行独立判断。

保荐机构所作的判断与中介机构的专业意见存在重大差异的，应当对有关事项进行调查、复核，并可聘请其他中介机构提供专业服务。

**第二十五条** 保荐机构应当在推荐文件中就下列事项做出承诺：

（一）有充分理由确信发行人符合本办法第二十一条规定的要求，且其证券适合在证券交易所上市、交易；

（二）有充分理由确信发行人申请文件和公开发行募集文件不存在虚假记载、误导性陈述或者重大遗漏；

（三）有充分理由确信发行人及其董事在公开发行募集文件中表达意见的依据充分合理；

（四）有充分理由确信与其他中介机构发表的意见不存在实质性差异；

（五）保证所指定的保荐代表人及本保荐机构的相关人员已勤勉尽责，对发行人申请文件进行了尽职调查、审慎核查；

（六）保证推荐文件、与履行保荐职责有关的其他文件不存在虚假记载、误导性陈述或者重大遗漏；

（七）保证对发行人提供的专业服务和出具的专业意见符合法律、行政法规、中国证监会的规定和行业规范；

（八）自愿接受中国证监会依照本办法采取的监管措施；

（九）中国证监会规定的其他事项。

**第二十六条** 保荐机构提交推荐文件后，应当主动配合中国证监会的审核，并承担下列工作：

（一）组织发行人及其中介机构对中国证监会的意见进行答复；

（二）按照中国证监会的要求对涉及本次证券发行上市的特定事项进行尽职调查或者核查；

（三）指定保荐代表人与中国证监会进行专业沟通；

（四）中国证监会规定的其他工作。

**第二十七条** 保荐机构推荐发行人证券上市，应当向证券交易所提交推荐书及证券交易所上市规则所要求的相关文件，并报中国证监会备案。

推荐书应当载明本办法第二十五条规定的承诺事项、对发行人持续督导工作的安排以及证券交易所要求的其他事项。

**第二十八条** 保荐机构应当针对发行人具体情况确定持续督导的内容和重点，并承担下列工作：

（一）督导发行人有效执行并完善防止大股东、其他关联方违规占用发行人资源的制度；

（二）督导发行人有效执行并完善防止高管人员利用职务之便损害发行人利益的内控制度；

（三）督导发行人有效执行并完善保障关联交易公允性和合规性的制度，并对关联交易发表意见；

（四）督导发行人履行信息披露的义务，审阅信息披露文件及向中国证监会、证券交易所提交的其他文件；

（五）持续关注发行人募集资金的使用、投资项目的实施等承诺事项；

（六）持续关注发行人为他人提供担保等事项，并发表意见；

（七）中国证监会规定及保荐协议约定的其他工作。

**第二十九条** 首次公开发行股票的，持续督导的期间为证券上市当年剩余时间及其后两个完整会计年度；上市公司发行新股、可转换公司债券的，持续督导的期间为证券上市当年剩余时间及其后一个完整会计年度。持续督导的期间自证券上市之日起计算。

**第三十条** 持续督导期届满，如有尚未完结的保荐工作,保荐机构应当继续完成。

保荐机构在尽职推荐期间、持续督导期间未勤勉尽责的,持续督导期届满,保荐机构仍应承担相应的责任。

## 第四章 保荐工作规程

**第三十一条** 保荐机构应当建立健全保荐工作的内部控制体系。

**第三十二条** 保荐机构应当建立健全证券发行上市的尽职调查制度、对发行上市申请文件的内部核查制度、对发行人证券上市后的持续督导制度。

**第三十三条** 保荐机构应当建立健全对保荐代表人及从事保荐工作的其他人员的持续培训制度。

**第三十四条** 保荐机构应当建立健全档案制度,为每一项目建立独立的保荐工作档案。

保荐工作档案应当真实、准确、完整,保存期不少于十年。

**第三十五条** 存在下列可能影响公正履行保荐职责情形的,保荐机构不得推荐发行人证券发行上市:

(一)保荐机构及其大股东、实际控制人、重要关联方持有发行人的股份合计超过百分之七;

(二)发行人持有或者控制保荐机构股份超过百分之七;

(三)保荐机构的保荐代表人或者董事、监事、经理、其他高级管理人员拥有发行人权益、在发行人任职等可能影响公正履行保荐职责的情形;

(四)保荐机构及其大股东、实际控制人、重要关联方为发行人提供担保或融资。

**第三十六条** 保荐机构应当与发行人签订保荐协议,明确双方的权利和义务。

**第三十七条** 保荐机构应当按照行业规范与发行人协商确定履行保荐职责的相关费用。

**第三十八条** 刊登公开发行募集文件前终止保荐协议的,保荐机构和发行人应当自终止之日起五个工作日内分别向中国证监会报告,说明原因。

**第三十九条** 刊登公开发行募集文件后,保荐机构和发行人不得终止保荐协议,但发行人因再次申请发行新股或可转换公司债券另行聘请保荐机构、保荐机构被中国证监会从名单中去除的除外。

终止保荐协议的,保荐机构和发行人应当自终止之日起五个工作日内向中国证监会、证券交易所报告,说明原因。

**第四十条** 持续督导期间,保荐机构被中国证监会从名单中去除的,发行人应当在一个月内另行聘请保荐机构。

**第四十一条** 另行聘请的保荐机构应当完成原保荐机构未完成的持续督导工作,且持续督导的时间不得少于一个完整的会计年度。

另行聘请的保荐机构应当自保荐协议签订之日起开展保荐工作并承担相应的责任。原保荐机构应当承担其尽职推荐期间、持续督导期间相应的责任。

**第四十二条** 保荐机构应当指定两名保荐代表人具体负责一家发行人的保荐工作,出具由董事长或者总经理签名的专项授权书,并确保保荐机构有关部门和人员有效分工协作。

保荐机构还应当指定一名项目主办人,保荐代表人可以担任项目主办人。

**第四十三条** 发行人证券发行后,保荐机构不得更换保荐代表人,但保荐代表人因调离保荐机构等情形被中国证监会从名单中去除的除外。

保荐机构更换保荐代表人的,应当通知发行人,并在五个工作日内向中国证监会、证券交易所报告,说明原因。原保荐代表人应当承担其具体负责保荐工作期间的相应责任。

**第四十四条** 保荐机构法定代表人、投资银行业务部门负责人、内核负责人、保荐代表人、项目主办人应当在推荐文件上签名,并列名于发行人公开发行募集文件。

**第四十五条** 保荐机构履行保荐职责发表的意见应当及时告知发行人,记录于保荐工作档案,并可依照本办法规定公开发表声明、向中国证监会或者证券交易所报告。

**第四十六条** 保荐机构应当自持续督导工作结束后十个工作日内向中国证监会、证券交易所报送“保荐总结报告书”。

**第四十七条** 保荐代表人从事保荐工作受到非正当因素干扰,应当保留独立的专业意见,并记录于保荐工作档案。

**第四十八条** 保荐代表人及从事保荐工作的其他人员属于内幕信息的知情人员,应当遵守法律、行政法规和中国证监会的规定,不得利用内幕信息直接或者间接为保荐机构、本人或者他人谋取不正当利益。

## 第五章　保荐工作的协调

**第四十九条**　保荐机构履行保荐职责可对发行人行使下列权利：

(一)要求发行人按照本办法规定、保荐协议约定的方式，及时通报信息；

(二)按照中国证监会、证券交易所信息披露规定，对发行人违法违规的事项发表公开声明；

(三)中国证监会规定或者保荐协议约定的其他权利。

**第五十条**　发行人有下列情形之一的，应当及时通知或者咨询保荐机构，并按协议约定将相关文件送交保荐机构：

(一)变更募集资金及投资项目等承诺事项；

(二)发生关联交易、为他人提供担保等事项；

(三)履行信息披露义务或者向中国证监会、证券交易所报告有关事项；

(四)发生违法违规行为或者其他重大事项；

(五)中国证监会规定或者保荐协议约定的其他事项。

**第五十一条**　证券发行前，发行人不配合保荐机构履行保荐职责的，保荐机构应当发表保留意见，并在推荐文件中予以说明；情节严重的，应当不予推荐，已推荐的应当撤销推荐。

**第五十二条**　证券发行后，保荐机构有充分理由确信发行人可能存在违法违规行为以及其他不当行为的，应当督促发行人做出说明并限期纠正；情节严重的，应当向中国证监会、证券交易所报告。

**第五十三条**　保荐机构应当组织协调中介机构及其签名人员参与证券发行上市的相关工作。

**第五十四条**　保荐机构对中介机构及其签名人员出具的专业意见存有疑义的，应当主动与中介机构进行协商，并可要求其做出解释或者出具依据。

**第五十五条**　保荐机构有充分理由确信中介机构及其签名人员出具的专业意见可能存在虚假记载、误导性陈述或重大遗漏等违法违规情形或者其他不当情形的，应当及时发表意见；情节严重的，应当向中国证监会、证券交易所报告。

**第五十六条**　中介机构及其签名人员应当保持专业独立，对保荐机构提出的疑义或者意见进行审慎的复核判断，向保荐机构、发行人及时发表意见，并可依法向相关部门及中国证监会、证券交易所报告。

## 第六章　监管措施和法律责任

**第五十七条**　中国证监会建立保荐信用监管系统，对保荐机构和保荐代表人进行持续动态的注册登记管理，将其执业情况、违法违规行为、其他不良行为以及对其采取的监管措施等记录予以公布。

**第五十八条**　自保荐机构向中国证监会提交推荐文件之日起，保荐机构及其保荐代表人承担相应的责任。

**第五十九条**　证券经营机构向中国证监会提交的保荐机构注册登记申请文件存在虚假记载、误导性陈述或者重大遗漏的，中国证监会不予注册登记；已注册登记的，从名单中去除。

保荐代表人注册登记申请文件存在虚假记载、误导性陈述或者重大遗漏的，中国证监会对个人不予注册登记；已注册登记的，从名单中去除，自去除之日起六个月内不再受理该保荐机构推荐的保荐代表人注册登记申请。

**第六十条**　保荐机构向中国证监会、证券交易所提交的与保荐工作相关的文件存在虚假记载、误导性陈述或重大遗漏，或者唆使、协助、参与发行人及其中介机构提供存在虚假记载、误导性陈述或重大遗漏的文件，中国证监会自确认之日起六个月内不再受理保荐机构的推荐；十二个月内不受理相关保荐代表人具体负责的推荐，已受理的责令保荐机构更换保荐代表人。情节严重的，中国证监会将保荐机构及相关保荐代表人从名单中去除。

**第六十一条**　保荐机构、保荐代表人违反法律、行政法规的规定，唆使、协助或参与发行人干扰中国证监会及其股票发行审核委员会的审核工作，中国证监会自确认之日起三个月内不再受理保荐机构的推荐；六个月内不受理相关保荐代表人具体负责的推荐，已受理的责令保荐机构更换保荐代表人。情节严重的，中国证监会将保荐机构及相关保荐代表人从名单中去除。

**第六十二条**　保荐机构违反本办法第三十四条的规定，未建立保荐工作档案或者保荐工作档案存在虚假记载、重大遗漏的，中国证监会自确认之日起三个月内不再受理保荐机构的推荐，六个月内不再受理相关保荐代表人具体负责的推荐。

**第六十三条**　保荐机构、保荐代表人因投资银行业务涉嫌违法违规处于立案调查期间的，中国证监会暂不再受理保荐机构的推荐；暂不再受理相关保荐代表人具体负责的推荐。

**第六十四条** 保荐代表人因投资银行业务或其具体负责保荐工作的发行人在尽职推荐期间、持续督导期间内受到证券交易所、中国证券业协会公开谴责的，中国证监会自公开谴责之日起三个月内不受理相关保荐代表人具体负责的推荐，已受理的责令保荐机构更换保荐代表人。

**第六十五条** 发行人出现下列情形之一的，中国证监会自确认之日起三个月内不再受理保荐机构的推荐，将相关保荐代表人从名单中去除：

（一）公开发行募集文件等申请文件存在虚假记载、误导性陈述或者重大遗漏；

（二）证券上市当年即亏损；

（三）持续督导期间信息披露文件存在虚假记载、误导性陈述或者重大遗漏。

**第六十六条** 发行人在持续督导期间出现下列情形之一的，中国证监会自确认之日起三个月内不再受理相关保荐代表人具体负责的推荐：

（一）证券上市当年累计百分之五十以上募集资金的用途与承诺不符；

（二）证券上市当年主营业务利润比上年下滑百分之五十以上；

（三）证券上市之日起十二个月内大股东或者实际控制人发生变更；

（四）首次公开发行股票之日起十二个月内累计百分之五十以上资产或者主营业务发生重组；

（五）上市公司发行新股、可转换公司债券之日起十二个月内累计百分之五十以上资产或者主营业务发生重组，且未在公开发行募集文件中披露；

（六）中国证监会规定的其他情形。

一个自然年度内发生两次以上前款情形且排名前十位的，中国证监会自确认之日起十二个月内不受理相关保荐代表人具体负责的推荐，已受理的责令保荐机构更换保荐代表人。

**第六十七条** 发行人在持续督导期间出现下列情形之一的，中国证监会自确认之日起三个月内不再受理相关保荐代表人具体负责的推荐：

（一）实际盈利低于盈利预测达百分之二十以上；

（二）关联交易显失公允或程序违规，涉及金额超过前一年末经审计净资产百分之五，或者影响损益超过前一年经审计净利润百分之十；

（三）大股东、实际控制人或其他关联方违规占用发行人资源，涉及金额超过前一年末经审计净资产百分之五，或者影响损益超过前一年经审计净利润百分之十；

（四）违规为他人提供担保涉及金额超过前一年末经审计净资产百分之十，或者影响损益超过前一年经审计净利润百分之十；

（五）违规购买或出售资产、借款、委托资产管理等，涉及金额超过前一年末经审计净资产百分之十，或者影响损益超过前一年经审计净利润百分之十；

（六）高管人员侵占发行人利益受到行政处罚或者被追究刑事责任；

（七）中国证监会规定的其他情形。

一个自然年度内发生两次以上前款情形且排名前十位的，中国证监会自确认之日起六个月内不受理相关保荐代表人具体负责的推荐，已受理的责令保荐机构更换保荐代表人。

**第六十八条** 发行人在持续督导期间出现下列情形之一的，中国证监会自确认之日起三个月内不再受理相关保荐代表人具体负责的推荐：

（一）未在法定期限内披露定期报告；

（二）未按规定披露业绩重大变化或者亏损事项；

（三）未按规定披露资产购买或者出售事项；

（四）未按规定披露关联交易事项；

（五）未按规定披露对损益影响超过前一年经审计净利润百分之十的担保损失、意外灾害、资产减值准备计提和转回、政府补贴、诉讼赔偿等事项；

（六）未按规定披露有关股权质押、实际控制人变化等事项；

（七）未按规定披露诉讼、担保、重大合同、募集资金变更等事项；

（八）中国证监会规定的其他情形。

一个自然年度内发生两次以上前款情形且排名前十位的，中国证监会自确认之日起六个月内不受理相关保荐代表人具体负责的推荐，已受理的责令保荐机构更换保荐代表人。

**第六十九条** 在一个自然年度内，保荐机构指定的保荐代表人受到不受理或不再受理监管措施的次数超过三次，或者累计时间超过十二个月，且累计时间与该保荐机构当年末所保荐的发行人家数之比排名前三位的，中国证监会自确认之日起三个月内不受理其推荐，已受理的责令其撤销推荐。

**第七十条** 对中国证监会采取的监管措施，保荐机构及保荐代表人提出申辩的，如有充分证据证明下列事实且认为理由成立，中国证监会应当予以采纳：

（一）发行人或其高管人员故意隐瞒重大事实，保荐机构和保荐代表人已履行勤勉尽责义务；

（二）发行人已在公开发行募集文件中做出特别提示，保荐机构和保荐代表人已履行勤勉尽责义务；

（三）发行人因不可抗力致使业绩、募集资金运用等出现异常或未能履行承诺；

（四）发行人及其高管人员在持续督导期间故意违法违规，保荐机构和保荐代表人主动予以揭示，已履行勤勉尽责义务；

（五）保荐机构、保荐代表人已履行勤勉尽责义务的其他情形。

**第七十一条** 发行人及其高管人员未遵守本办法规定，变更保荐机构后未另行聘请保荐机构，持续督导期间违法违规且拒不纠正，或者发生其他严重不配合保荐工作情形的，中国证监会予以记录、公布，并可采取下列监管措施：

（一）要求发行人每月向中国证监会报告接受保荐机构督导的情况；

（二）要求发行人披露月度财务报告、相关资料；

（三）指定中介机构进行核查；

（四）要求证券交易所对发行人证券的交易实行特别提示；

（五）两年至五年内不予受理其发行新股、可转换公司债券的申请。

**第七十二条** 中介机构及其签名人员出具的专业意见存在虚假记载、误导性陈述或重大遗漏，或者因不配合保荐工作而导致严重后果的，中国证监会自确认之日起六个月至三十六个月内不受理其文件，并将处理结果予以公布。

**第七十三条** 保荐机构及其保荐代表人、发行人及其高管人员、中介机构及其签名人员违反本办法规定的，中国证监会可以对其采取谈话提醒、重点关注、责令改正、认定为不适合担任相关职务者等监管措施。

**第七十四条** 保荐机构及其保荐代表人、发行人及其高管人员、中介机构及其签名人员违反法律、行政法规，依法应予行政处罚的，依照有关规定进行处罚；情节严重涉嫌犯罪的，依法移送司法机关，追究其刑事责任。

## 第七章 附 则

**第七十五条** 中国证券业协会或者其他机构经中国证监会认可，可以组织保荐代表人胜任能力考试。

**第七十六条** 本办法自2004年2月1日起施行。

# 证券公司治理准则（试行）

证监机构字［2003］259号

## 第一章 总 则

**第一条** 为推动证券公司按照现代企业制度规范运作，保障证券公司股东、客户及其他利益相关者的合法权益，维护证券公司资产的独立和完整，根据《公司法》、《证券法》及其他法律、行政法规，制定本准则。

**第二条** 证券公司及其控股股东对客户负有诚信义务，不得侵犯客户的财产及其他合法权益。

**第三条** 证券公司应当按照《公司法》等法律、行政法规的规定，明确股东会、董事会、监事会、经理层之间的职责划分。

**第四条** 证券公司及其股东、高级管理人员应当遵守中国证券监督管理委员会（以下简称中国证监会）关于股东、高级管理人员等方面的监管规定。

**第五条** 证券公司应当按照法律、行政法规和中国证监会的规定建立完备的风险管理和内部控制体系。

**第六条** 本准则适用于中国境内设立的证券公司。

法律、行政法规或中国证监会对上市证券公司有特别规定的，从其规定。

## 第二章　股东和股东会

### 第一节　股　东

**第七条**　证券公司股东及其实际控制人应当具备法律、行政法规和中国证监会规定的资格条件。

证券公司股东转让所持证券公司股权的，应当确认受让方及其实际控制人符合法律、行政法规和中国证监会规定的资格条件。

证券公司股东及其实际控制人不具备资格条件时，证券公司董事会应在十个工作日内向公司注册地及主要办事机构所在地中国证监会派出机构报告。

**第八条**　证券公司应当以中国证监会的核准文件或在中国证监会备案的文件为依据对股东进行登记、修改公司章程，并办理工商登记手续。

证券公司应当确保公司章程、股东名册及工商登记文件所记载的内容与股东的实际情况一致。

**第九条**　证券公司股东应当严格按照法律、行政法规和中国证监会的规定履行出资义务。证券公司不得直接或间接为股东出资提供融资或担保。

证券公司股东存在虚假出资、出资不实、抽逃出资或变相抽逃出资等违法违规行为的，证券公司董事会应在十个工作日内向公司注册地及主要办事机构所在地中国证监会派出机构报告，并要求有关股东在一个月内纠正。

**第十条**　证券公司股东在出现下列情况时，应当及时通知证券公司：

(一)所持证券公司股权被采取诉讼保全措施或被强制执行；

(二)质押所持有的证券公司股权；

(三)决定转让所持有的证券公司股权；

(四)委托他人行使证券公司的股东权利或与他人就行使证券公司的股东权利达成协议；

(五)变更名称；

(六)发生合并、分立；

(七)解散、破产、关闭、被接管；

(八)其他可能导致所持证券公司股权发生转移的情况。

证券公司董事会应当自知悉上述情况之日起十个工作日内向公司注册地及主要办事机构所在地中国证监会派出机构报告。

**第十一条**　证券公司应当建立和股东沟通的有效渠道，确保股东享有法律、行政法规、中国证监会和公司章程规定的知情权。

证券公司有下列情形之一的，董事会应当立即书面通知全体股东，并向公司注册地及主要办事机构所在地中国证监会派出机构报告：

(一)公司或高级管理人员涉嫌重大违法违规行为；

(二)公司财务状况持续恶化，不符合中国证监会规定的标准；

(三)公司发生重大亏损；

(四)拟更换董事长、监事长或总经理；

(五)发生突发事件，对公司和客户利益产生重大不利影响；

(六)其他可能影响公司持续经营的事项。

### 第二节　股 东 会

**第十二条**　证券公司章程应当明确股东会的职权范围。

证券公司股东会授权董事会行使股东会部分职权的，应当在公司章程中做出规定或经股东会决议批准。授权内容应当明确具体。

**第十三条**　证券公司应当自每一会计年度结束之日起六个月内召开股东会年度会议。因特殊情况需要延期召开的，应当及时向公司注册地及主要办事机构所在地中国证监会派出机构报告，并说明延期召开的理由。

**第十四条**　证券公司章程应当规定股东会会议的召集和表决程序。

董事会应当依照公司章程制定内容完备的股东会议事规则，由股东会审议通过后执行。

**第十五条**　董事会、监事会、单独或合并持有证券公司5%以上股权的股东，可以向股东会提出议案。

单独或合并持有证券公司5%以上股权的股东，可以向股东会提名董事(包括独立董事)、监事候选人。

**第十六条**　证券公司任一股东推选的董事占董事会成员二分之一以上时，其推选的监事不得超过监事会成员的二分之一。

**第十七条**　鼓励证券公司在董事(包括独立董事)、监事的选举中采用累积投票制度。

证券公司股东单独或与关联方合并持有公司50%以上股权的，董事(包括独立董事)、监事的选举应当采用累积投票制度。

采用累积投票制度的证券公司应在公司章程中规定该制度的实施细则。

**第十八条** 证券公司章程应当规定，董事会、董事长不履行职责致使股东会会议无法召集的，持有一定比例股权的股东和监事会可以按照公司章程规定的程序召集临时股东会会议，并应将有关情况向公司注册地及主要办事机构所在地中国证监会派出机构报告。

**第十九条** 证券公司股东会应当进行会议记录。会议记录应真实、完整，会议记录自做出之日起至少保存十五年。

证券公司应当将股东会的决议及相关文件向公司注册地及主要办事机构所在地中国证监会派出机构备案。

**第二十条** 证券公司股东会在董事、监事任期届满前免除其职务的，应当说明理由；被免职的董事、监事有权向股东会、中国证监会或其派出机构陈述意见。

### 第三节 证券公司与股东之间关系的特别规定

**第二十一条** 证券公司的控股股东不得利用其控股地位损害证券公司、公司其他股东和公司客户的合法权益。

**第二十二条** 证券公司的控股股东不得超越股东会、董事会任免证券公司的董事、监事和高级管理人员。

证券公司的控股股东不得超越股东会、董事会干预证券公司的经营管理活动。

**第二十三条** 证券公司与其控股股东应在业务、人员、机构、资产、财务、办公场所等方面严格分开，各自独立经营、独立核算、独立承担责任和风险。

**第二十四条** 证券公司的控股股东及其关联方应当采取有效措施，防止与其所控股的证券公司发生业务竞争。

证券公司控股其他证券公司的，不得损害所控股的证券公司的利益。

**第二十五条** 证券公司的股东及其关联方与证券公司的关联交易不得损害证券公司及其客户的合法权益。

证券公司章程应当对重大关联交易及其披露和表决程序进行规定。

证券公司应当在重大关联交易发生之日起十个工作日内向公司注册地及主要办事机构所在地中国证监会派出机构报告有关情况。

**第二十六条** 证券公司与其股东（或股东的关联方，下同）之间不得有下列行为：

（一）向股东做出最低收益、分红承诺；

（二）持有股东的股权，但法律、行政法规或中国证监会另有规定的除外；

（三）向股东直接或间接提供融资或担保；

（四）股东占用公司资产或客户存放在公司的资产；

（五）证券公司通过购买股东大量持有的证券等方式向股东输送不当利益；

（六）法律、行政法规或中国证监会禁止的其他行为。

## 第三章 董事和董事会

### 第一节 董　事

**第二十七条** 证券公司董事应当符合《公司法》、《证券法》和中国证监会规定的条件，具备履行职责所必需的素质。

**第二十八条** 证券公司章程应明确规定董事的任职条件、任免程序、权利义务、任期等内容。

**第二十九条** 证券公司应当采取措施切实保障董事的知情权，为董事履行职责提供必要条件。

外部董事（包括独立董事）应确保有足够的时间和精力履行职责。

### 第二节 董事会

**第三十条** 证券公司章程应当确定董事人数。

内部董事不得超过董事人数的二分之一。

鼓励证券公司聘请外部专业人士担任董事。

**第三十一条** 证券公司章程应当就董事长不能履行职责或缺位时董事长职责的行使做出明确规定。

**第三十二条** 证券公司章程应明确规定董事会职责。董事会授权董事长在董事会闭会期间行使董事会部分职权的，授权内容应当明确具体。

涉及公司重大利益的事项不得授权董事长决定，公司章程应当对涉及公司重大利益的事项进行规定。

**第三十三条** 董事会应当制定规范的董事会召集程序、议事表决规则，经股东会表决通过，并向公司注册地及主要办事机构所在地中国证监会派出机构备案。

**第三十四条** 董事会每年至少召开两次会议。董事会会议记录应真实、完整，并应自做出之日起至少保存十五年。出席会议的董事和记录人应当在会议记录上签字。

**第三十五条** 证券公司董事会、董事长应当在法律、行政法规、中国证监会的规定和公司章程规定的范围内行使职权，不得越权干预经理层的经营管理活动。

董事会在审议有关关联交易时，关联方委派的董事在表决时应予以回避。

**第三十六条** 董事会决议违反法律、行政法规、中国证监会的规定或公司章程的，股东或监事会有权要求公司立即停止执行相关决议。

**第三十七条** 董事会应当就风险管理、审计等事项设立专门委员会。

审计委员会应当由独立董事担任召集人。

各专门委员会可以聘请外部专业人士提供服务，由此发生的合理费用由公司承担。

专门委员会应当向董事会提交工作报告。

**第三十八条** 证券公司应当设董事会秘书或专门机构，负责股东会、董事会、董事会专门委员会会议的筹备、会议记录和会议文件的保管、信息披露及其他日常事务，并负责将股东会、董事会、监事会会议文件报中国证监会派出机构备案等事宜。

### 第三节 独立董事

**第三十九条** 证券公司应当按照中国证监会的规定设置独立董事。

独立董事应掌握证券市场的基本知识及相关法律、行政法规，诚实信用，具有五年以上相关工作经验。

下列人员不得担任独立董事：

（一）在证券公司或其关联方任职的人员及其直系亲属、主要社会关系；

（二）在持有或控制证券公司5%以上股权的股东单位或在证券公司前五名股东单位任职的人员及其直系亲属和主要社会关系；

（三）持有或控制证券公司5%以上股权的自然人股东及其直系亲属和主要社会关系；

（四）为证券公司及其关联方提供财务、法律、咨询等服务的人员及其直系亲属和主要社会关系；

（五）最近一年内曾经具有前四项所列举情形的人员；

（六）在其他证券公司担任董事的；

（七）公司章程规定的其他人员；

（八）中国证监会认定的其他人员。

独立董事在任职期间出现上述情况的，证券公司应当及时解聘，并向公司注册地及主要办事机构所在地中国证监会派出机构报告。

**第四十条** 独立董事与公司其他董事任期相同，但是连任不得超过两届。证券公司应将独立董事的有关材料向中国证监会、公司注册地及主要办事机构所在地中国证监会派出机构备案。

**第四十一条** 独立董事在任期内辞职或被免职的，独立董事本人和证券公司应当分别向公司注册地及主要办事机构所在地中国证监会派出机构和股东会提供书面说明。

**第四十二条** 独立董事除具有《公司法》和其他法律、行政法规赋予董事的职权外，还具有以下职权：

（一）向董事会提议召开临时股东会。董事会拒绝召开的，可以向监事会提议召开临时股东会；

（二）提议召开董事会；

（三）基于履行职责的需要聘请审计机构或咨询机构；

（四）对公司董事、经理层人员的薪酬计划、激励计划等事项发表独立意见；

（五）对重大关联交易发表独立意见，必要时向公司注册地及主要办事机构所在地中国证监会派出机构报告。

证券公司董事会就关联交易或高级管理人员的薪酬事宜设立专门委员会的，应当由独立董事作为召集人。

独立董事应在股东会年度会议上提交工作报告。

独立董事未履行应尽职责的，应当承担相应的责任。

## 第四章 监事和监事会

**第四十三条** 证券公司监事应当符合法律、行政法规和中国证监会规定的条件，具备履行职责所必需的素质。

证券公司董事、经理层人员及其直系亲属和主要社会关系不得担任本公司监事。

鼓励证券公司聘请外部专业人士担任监事。

**第四十四条** 证券公司应当采取措施切实保障监事的知情权，为监事履行职责提供必要的条件。

**第四十五条** 证券公司应当设监事会。监事会对公司财务以及公司董事、经理层人员履行职责的合法合规性进行监督,并向股东会负责。

监事会应当制定规范的监事会议事规则,经股东会审议通过,并报公司注册地及主要办事机构所在地中国证监会派出机构备案。

**第四十六条** 证券公司监事会应当设监事长。监事长是监事会的召集人。监事人数为七人以上的,应当设副监事长。副监事长协助监事长开展工作。监事长或副监事长应当为专职人员。

监事会可下设专门机构,负责监事会会议的筹备、会议记录和会议文件的保管,并为监事履行职责提供服务。

**第四十七条** 监事会每年至少召开两次会议。监事会会议记录应当真实、完整,并应自做出之日起至少保存十五年。出席会议的监事和记录人应当在会议记录上签字。

**第四十八条** 证券公司监事会行使下列职权:

(一)检查公司财务;

(二)监督董事会、经理层履行职责的情况;

(三)对董事、经理层人员的行为进行质询;

(四)要求董事、经理层人员纠正其损害公司和客户利益的行为;

(五)提议召开临时股东会;

(六)组织对高级管理人员进行离任审计;

(七)法律、行政法规和公司章程规定的其他职权。

**第四十九条** 监事有权了解公司经营情况,并承担相应的保密义务。

公司应将其内部稽核报告、合规检查报告、月度或季度财务会计报告、年度财务会计报告及其他重大事项及时报监事会。

监事会应当就公司的财务情况、合规情况向股东会年度会议做出专项说明。

**第五十条** 监事会可要求公司董事、经理层人员及其他相关人员出席监事会会议,回答监事会所关注的问题。

监事会可根据需要对公司财务情况、合规情况进行专项检查,必要时可聘请外部专业人士协助,其合理费用由公司承担。

监事会对公司董事、经理层人员执行公司职务的行为进行检查时,可以向董事、经理层人员及涉及的公司其他人员了解情况,董事、经理层人员及涉及的公司其他人员应当配合。

**第五十一条** 对董事、经理层人员违反法律、行政法规或公司章程,损害公司、股东或客户利益的行为,监事会应要求董事或经理层人员限期纠正;如损害严重或董事、经理层人员未在限期内纠正的,监事会应提议召开股东会,并向股东会提出专项提案。

对证券公司董事会、经理层的重大违法违规行为,监事会应当直接向中国证监会或其派出机构报告。

监事明知或应知董事、经理层人员有违反法律、行政法规或公司章程、损害公司利益的行为,未履行应尽职责的,应承担相应责任。

## 第五章 经理层人员

**第五十二条** 本准则所称经理层人员,是指除董事长、副董事长、监事长、副监事长之外的其他证券公司高级管理人员。

经理层人员应当取得证券公司高级管理人员任职资格,证券公司不得授权未取得任职资格的人员行使管理层人员的职权。

**第五十三条** 证券公司章程应当明确经理层人员的构成、职责范围。

**第五十四条** 证券公司应当采取公开、透明的方式,聘任专业人士为经理层人员。

**第五十五条** 经理层人员应当为专职人员,但法律、行政法规或中国证监会另有规定的除外。

**第五十六条** 经理层人员不得经营与所任职公司相竞争的业务,也不得直接或间接投资于与所任职公司竞争的企业。

除公司章程规定或股东会同意外,经理层人员不得同所任职公司进行关联交易。

**第五十七条** 证券公司应当设总经理,总经理依据《公司法》、公司章程的规定行使职权,并向董事会负责。

证券公司通过管理委员会、执行委员会等形式行使总经理职权的,其组成人员应当取得证券公司高级管理人员任职资格。

**第五十八条** 证券公司应当制定总经理工作细则,报董事会批准后实施。

总经理工作细则应当包括下列内容:

总经理会议召开的条件、程序和参加人员;

总经理、副总经理及其他经理层人员的职责及其分工;

公司资产运用、签订合同的权限;

向董事会、监事会的报告制度；

董事会认为必要的其他事项。

**第五十九条** 总经理应当根据董事会或监事会的要求，向董事会或监事会报告公司重大合同的签订、执行情况，资金运用情况和盈亏情况。总经理必须保证该报告的真实性。

未担任董事职务的总经理可以列席董事会会议。

**第六十条** 证券公司经理层应当建立责任明确、程序清晰的组织结构，组织实施各类风险的识别与评估，并建立健全有效的内部控制制度和内部控制机制，及时处理或纠正内部控制中存在的缺陷或问题。

经理层人员应当对内部控制不力、不及时处理或纠正内部控制中存在的缺陷或问题承担相应的责任。

**第六十一条** 证券公司应按照中国证监会的有关规定，由专门的经理层人员负责监督检查部门的工作，并不得兼管其他业务部门。

经理层人员应当支持监督检查部门的工作。

## 第六章 激励与约束机制

**第六十二条** 证券公司应当建立有效的经理层人员激励与约束机制。

**第六十三条** 证券公司应当与经理层人员签订聘任协议，对经理层人员的任期、绩效考核、薪酬待遇、解聘事由、双方的权利义务及违约责任进行约定。

**第六十四条** 证券公司经理层人员的薪酬分配方案应获得董事会的批准。董事会应当向股东会就经理层人员履行职责的情况、绩效评价情况、薪酬情况做出专项说明。

**第六十五条** 证券公司经理层人员违反法律、行政法规或公司章程规定，损害公司或客户合法权益的，公司董事会、监事会应当追究其责任。

证券公司不得代董事、监事或经理层人员支付应由个人承担的罚款或赔偿金。

**第六十六条** 证券公司经理层人员、董事、监事或员工持有或控制本公司股权，应当事先取得中国证监会的批准，并向公司股东会报告。

## 第七章 证券公司与客户关系基本原则

**第六十七条** 证券公司对客户负有诚信义务，不得侵犯客户的财产权、选择权、公平交易权、知情权及其他合法权益。

**第六十八条** 证券公司不得挪用客户交易结算资金，不得挪用客户委托管理的资产，不得挪用客户托管在公司的证券。

**第六十九条** 证券公司对客户的资料负有保密义务。

对客户的资料，证券公司有权拒绝任何单位或个人的查询，但法律、行政法规或中国证监会另有规定的除外。

**第七十条** 证券公司在经营活动中应当履行法定的信息披露义务，保障客户在充分知情的基础上做出决定。

证券公司向客户提供产品或服务应当遵守法律、行政法规和中国证监会的规定，并对有关产品或服务的内容及风险予以充分披露，不得有虚假陈述、误导及其他欺诈客户的行为。

**第七十一条** 证券公司应当设专职部门或岗位负责与客户进行沟通，处理客户的投诉等事宜。

**第七十二条** 鼓励证券公司向社会公众披露本公司经审计的年度财务报告及其他信息，并保证披露内容的真实、准确。

## 第八章 附 则

**第七十三条** 证券公司应当按照《公司法》、《证券法》及其他法律、行政法规和本准则的要求，修改、完善公司章程及相关制度。

**第七十四条** 证券公司董事会应当按照法律、行政法规和本准则的规定向股东会、中国证监会及派出机构报告公司治理情况。

中国证监会以证券公司的治理状况作为其市场准入的基本条件和日常监管的评价依据。

**第七十五条** 中国证监会可以授权证券业自律组织或中介机构对证券公司治理状况进行评价，并以适当方式公布评价结果。

**第七十六条** 释义：

（一）股权，是指有限责任公司股东的出资或股份有限公司的股份。

（二）关联方、关联交易，是指财政部《企业会计准则——关联方关系及其交易的披露》中所指的关联方和关联交易。

（三）实际控制人，是指能够在法律上或事实上支配证券公司股东行使股东权利的法人、其他组织或个人。

（四）控股股东，是指具备下列条件之一的股东：

1.持有和控制证券公司股权,成为最大股东;

2.可以决定证券公司半数以上的董事人选;

3.可以以其他方式控制证券公司。

(五)累积投票制度,是指股东会在选举董事(监事)时,公司股东所拥有的全部投票权为其所持有的股份数与应选董事(监事)人数之积;公司股东既可将其所拥有的全部投票权集中投票给一名候选董事(监事),也可以分散投票给若干名候选董事(监事);按得票数多少确定获选的董事(监事)。

(六)内部董事、外部董事、独立董事。内部董事是指在证券公司同时担任其他职务的董事;外部董事是指不在证券公司同时担任其他职务的董事;独立董事是指与证券公司及其股东不存在可能妨碍其进行独立客观判断关系的外部董事。

**第七十七条** 本准则由中国证监会负责解释。

**第七十八条** 本准则自2004年1月15日起施行。

# 证券公司内部控制指引

监机构字[2003]260号

## 第一章 总 则

**第一条** 为引导证券公司规范经营,完善证券公司内部控制机制,增强证券公司自我约束能力,推动证券公司现代企业制度建设,防范和化解金融风险,依据《中华人民共和国证券法》、《证券公司管理办法》和中国证券监督管理委员会(以下简称中国证监会)审慎监管的要求,制定本指引。

**第二条** 本指引所指证券公司内部控制是指证券公司为实现经营目标,根据经营环境变化,对证券公司经营与管理过程中的风险进行识别、评价和管理的制度安排、组织体系和控制措施。

**第三条** 内部控制应充分考虑控制环境、风险识别与评估、控制活动与措施、信息沟通与反馈、监督与评价等要素。

(一)控制环境:主要包括证券公司所有权结构及实际控制人、法人治理结构、组织架构与决策程序、经理人员权力分配和承担责任的方式、经理人员的经营理念与风险意识、证券公司的经营战略与经营风格、员工的诚信和道德价值观、人力资源政策等。

(二)风险识别与评估:及时识别、确认证券公司在实现经营目标过程中的风险,并通过合理的制度安排和风险度量方法对经营环境持续变化所产生的风险及证券公司的承受能力进行适时评估。

(三)控制活动与措施:保证实现证券公司战略目标和经营目标的政策、程序,以及防范、化解风险的措施。主要包括证券公司经营与管理中的授权与审批、复核与查证、业务规程与操作程序、岗位权限与职责分工、相互独立与制衡、应急与预防等措施。

(四)信息沟通与反馈:及时对各类信息进行记录、汇总、分析和处理,并进行有效的内外沟通和反馈。

(五)监督与评价:对控制环境、风险识别与评估、控制活动与措施、信息沟通与反馈的有效性进行检查、评价,发现内部控制设计和运行的缺陷并及时改进。

**第四条** 有效的内部控制应为证券公司实现下述目标提供合理保证:

(一)保证经营的合法合规及证券公司内部规章制度的贯彻执行。

(二)防范经营风险和道德风险。

(三)保障客户及证券公司资产的安全、完整。

(四)保证证券公司业务记录、财务信息和其他信息的可靠、完整、及时。

(五)提高证券公司经营效率和效果。

**第五条** 证券公司应按照本指引的要求,根据证券公司经营目标和运营状况,结合证券公司自身的环境条件,建立有效的内部控制机制和内部控制制度。

**第六条** 证券公司应当定期评价内部控制的有效性,并根据市场、技术、法律环境的变化适时调整和完善。

## 第二章 基本要求

**第七条** 证券公司内部控制应当贯彻健全、合理、制衡、独立的原则，确保内部控制有效。

（一）健全性：内部控制应当做到事前、事中、事后控制相统一；覆盖证券公司的所有业务、部门和人员，渗透到决策、执行、监督、反馈等各个环节，确保不存在内部控制的空白或漏洞。

（二）合理性：内部控制应当符合国家有关法律法规和中国证监会的有关规定，与证券公司经营规模、业务范围、风险状况及证券公司所处的环境相适应，以合理的成本实现内部控制目标。

（三）制衡性：证券公司部门和岗位的设置应当权责分明、相互牵制；前台业务运作与后台管理支持适当分离。

（四）独立性：承担内部控制监督检查职能的部门应当独立于证券公司其他部门。

**第八条**　证券公司应当树立合法合规经营的理念和风险控制优先的意识，健全证券公司行为准则和员工道德规范，营造合规经营的制度文化环境。

**第九条**　证券公司应采取切实有效的措施杜绝挪用客户交易结算资金、客户委托管理的资产及客户托管的证券等行为，确保客户资产的安全完整。

**第十条**　证券公司应根据经营环境的变化，建立动态的净资本监控机制，确保净资本符合有关监管指标的要求。

**第十一条**　证券公司应建立健全证券公司治理结构。证券公司治理结构包括科学的决策程序与议事规则，高效、严谨的业务运作系统，健全、有效的内部监督和反馈系统，以及有效的激励约束机制。证券公司监事会和独立董事应充分发挥监督职能，防范大股东操纵和内部人控制的风险。

**第十二条**　证券公司应与其股东、实际控制人、关联方之间保持资产、财务、人事、业务、机构等方面的独立性，确保证券公司独立运作。

**第十三条**　证券公司应建立清晰合理的组织结构，依据所处环境和自身经营特点设立严密有效的三道业务监控防线：

（一）建立重要一线岗位双人、双职、双责为基础的第一道防线，并加强对单人单岗业务的监控。

与资金、有价证券、重要空白凭证、业务合同、印章等直接接触的岗位和涉及信息系统安全的岗位，应当实行双人负责制。

（二）建立相关部门、相关岗位之间相互制衡、监督的第二道防线。不同部门应有明确的职责分工，不相容职务应适当分离。

（三）建立独立的监督检查部门对各项业务、各部门、各分支机构、各岗位全面实施监控、检查和反馈的第三道防线。

**第十四条**　证券公司应加强法人统一管理，建立具体、明确、合理的授权、检查和逐级问责制度，明确界定部门、分支机构的目标、职责和权限，确保其在授权范围内行使经营管理职能。

证券公司业务授权应当采取书面形式。

**第十五条**　证券公司应当根据不同的工作岗位及其性质，赋予其相应的职责和权限，各个岗位应当有明确的岗位职责说明和清晰的报告关系。

**第十六条**　证券公司主要业务部门之间应当建立健全隔离墙制度，确保经纪、自营、受托投资管理、投资银行、研究咨询等业务相对独立；电脑部门、财务部门、监督检查部门与业务部门的人员不得相互兼任，资金清算人员不得由电脑部门人员和交易部门人员兼任。

**第十七条**　证券公司应不断完善业务、财务、人力资源等综合信息管理系统，根据自身实际加强业务运作的后台管理，完善集中清算、集中核算、客户资料集中管理等制度；提高实时预警、监控、防范风险的能力。

**第十八条**　证券公司应建立业务风险识别、评估和控制的完整体系，运用包括敏感性分析在内的多种手段，对信用风险、市场风险、流动性风险、操作风险、技术风险、政策法规风险和道德风险等进行持续监控，明确风险管理流程和风险化解方法。

**第十九条**　证券公司应建立健全包括授权管理、岗位职责、监督检查、考核奖惩等在内的各项内部管理制度；对经纪、自营、投资银行、受托投资管理、研究咨询以及创新业务等制订统一的业务流程和操作规范，针对业务的主要风险点和风险性质，制定明确的控制措施。

**第二十条**　证券公司应大力加强自有资金和客户资金的风险控制，建立自有资金运用的决策、审核、批准、监控相分离的管理体系，加强资金额度控制和资金使用的日常监控，对资金异常变动和大额资金存取等行为重点监控。

**第二十一条**　证券公司应建立畅通、高效的信息交流渠道和重大事项报告制度，以及内部员工和客户的信息反馈机制，确保信息准确传递，确保董事会、监事会、经理人员及监督检查部门及时了解证券公司的经营和风险状况，确保各类投诉、可疑事件和内控缺陷得到妥善处理。

**第二十二条** 证券公司应真实、全面、及时地记载各项业务，充分发挥会计的核算监督职能，确保信息资料的真实与完整；应当建立完备的业务台账系统，并通过业务台账系统和会计核算系统交叉印证，防止出现账外经营、账目不清等问题。

**第二十三条** 证券公司应按照专人管理、相互牵制、适当审批、严格登记的原则，加强对合同、票据、印章、密押等的管理。

重要合同和票据应有连号控制、作废控制、空白凭证控制以及领用登记控制等专门措施。

证券公司公章、合同专用章、业务专用章、财务专用章、电子印签等的保管、审批、使用等应适当分离、相互牵制。

**第二十四条** 证券公司应当加强对各类档案包括各种会议记录与决议、经营协议、客户资料、交易记录、凭证账表、投诉与纠纷处理记录以及各类法规、制度等档案的妥善保管和分类管理。

**第二十五条** 证券公司应建立危机处理机制和程序，制订切实有效的应急应变措施和预案。

## 第三章 主要控制内容

### 第一节 经纪业务内部控制

**第二十六条** 证券公司经纪业务内部控制应重点防范挪用客户交易结算资金及其他客户资产、非法融入融出资金以及结算风险等。

**第二十七条** 证券公司应加强经纪业务整体规划，加强营业网点布局、规模、选址以及软、硬件技术标准（含升级）等的统一规划和集中管理；应制定统一完善的经纪业务标准化服务规程、操作规范和相关管理制度。

**第二十八条** 证券公司应制定标准化的开户文本格式，制定统一的开户程序，要求所属证券营业部按照程序认真审核客户资料的真实性和完整性，关注客户资金来源的合法性。

**第二十九条** 证券公司应建立对录入证券交易系统的客户资料等内容的复核和保密机制；应妥善保管客户开户、交易及其他资料，杜绝非法修改客户资料；应完善客户查询、咨询和投诉处理等制度，确保客户能够及时获知其账户、资金、交易、清算等方面的完整信息。

**第三十条** 证券公司应当要求所属证券营业部与客户签订代理交易协议，协议中除载明双方权利义务和风险提示外，还应列示营业部可从事的合法业务范围及证券公司授权的业务内容，向客户明示证券公司禁止营业部从事的业务内容。

**第三十一条** 证券公司应针对账户管理、资金存取及划转、委托与撤单、清算交割、指定交易及转托管、查询及咨询等业务环节存在的风险，制定操作程序和具体控制措施。

**第三十二条** 证券公司对开户、资金存取及划转、接受委托、清算交割等重要岗位应适当分离，客户资金与自有资金严格分开运作、分开管理。

**第三十三条** 证券公司应在证券营业部采用统一的柜面交易系统，并加强对柜面交易系统的风险评估，严防通过修改柜面交易系统的功能及数据从事违法违规活动；证券公司应采取严密的系统安全措施，严格的授权进入及记录制度，并开启系统的审计留痕功能。

**第三十四条** 证券公司应当实行法人集中清算制度及客户交易结算资金集中管理制度，保证客户交易结算资金的安全，防范结算风险。

**第三十五条** 证券公司应建立对托管证券等的登记程序与独立监控机制，严防发生挪用客户托管的证券等进行抵押、回购或卖空交易及其他损害客户利益的行为。

**第三十六条** 证券公司应通过身份认证、证件审核、密码管理、指令记录等措施，加强对交易清算系统的管理，确保交易清算系统的安全。

**第三十七条** 证券公司应建立健全经纪业务的实时监控系统。证券公司的监督检查部门或其他独立部门负责对证券营业部资金划转、证券转移、交易活动进行实时监控，并对异常资金流转、异常证券转移、异常交易及违规行为实时预警。

**第三十八条** 证券公司应定期、不定期地对证券营业部交易系统、财务系统和清算系统进行检查，加强交易信息与财务信息、清算信息的核对，确保相关信息与证券交易所、登记结算证券公司、商业银行等提供的信息相符。

**第三十九条** 证券公司应建立交易数据安全备份制度，对交易数据采取多介质备份与异地备份相结合的数据备份方式，确保交易数据的安全完整。

**第四十条** 证券公司网上交易系统应采取有效的身份认证及访问控制措施，网上交易系统应详细记录客户的网上交易和查询过程。加强交易方身份识别，并对访问权限进行控制，确保交易的安全、可靠。

**第四十一条** 证券公司网上交易系统应采用防火墙、入侵检测等措施保障网络安全，采用高强加密等有效技术手段，防止客户数据被窃取、篡改。

**第四十二条** 证券公司对于网络中断、委托中断、客户数据丢失、银证转账故障、交易服务器故障以及出现供电中断、火灾、抢劫等紧急情况，应制定和定期修订灾难恢复和应急处理预案，建立应急演习机制，确保及时有效地处理各种故障和危机。

**第四十三条** 证券公司应建立投资者教育与信息沟通机制，向投资者充分揭示投资风险，加强与投资者信息沟通。

**第四十四条** 证券公司应建立交易清算差错的处理程序和审批制度，建立重大交易差错的报告制度，明确交易清算差错的纠纷处理，防止出现隐瞒不报、擅自处理差错等情况。差错处理应留审计痕迹。

**第四十五条** 证券公司应建立由相对独立人员对重点客户进行定期回访的制度。

### 第二节 自营业务内部控制

**第四十六条** 证券公司应加强自营业务投资决策、资金、账户、清算、交易和保密等的管理，重点防范规模失控、决策失误、超越授权、变相自营、账外自营、操纵市场、内幕交易等的风险。

**第四十七条** 证券公司应建立健全自营决策机构和决策程序，加强对自营业务的投资策略、规模、品种、结构、期限等的决策管理。

**第四十八条** 证券公司应通过合理的预警机制、严密的账户管理、严格的资金审批调度、规范的交易操作及完善的交易记录保存制度等，控制自营业务运作风险。

**第四十九条** 证券公司应建立健全自营业务的授权体系，确保自营部门及员工在授权范围内行使相应的职责。

**第五十条** 证券公司自营业务的研究策划、投资决策、交易执行、交易记录、资金清算和风险监控等职能应相对分离；重要投资要有详细研究报告、风险评估及决策记录。

**第五十一条** 证券公司应加强自营账户的集中管理和访问权限控制，自营账户应由独立于自营业务的部门统一管理，建立自营账户审批和稽核制度；采取措施防止变相自营、账外自营、出借账户等风险；防止自营业务与受托投资管理业务混合操作。

**第五十二条** 证券公司应建立完善的交易记录制度，加强电子交易数据的保存和备份管理，确保自营交易清算数据的安全、真实和完整，并确保自营部门和会计核算部门对自营浮动盈亏进行恰当的记录和报告。

**第五十三条** 证券公司应建立独立的实时监控系统，证券公司的监督检查部门或其他独立监控部门负责对证券持仓、盈亏状况、风险状况和交易活动进行有效监控并定期对自营业务进行压力测试，确保自营业务各项风险指标符合监管指标的要求并控制在证券公司承受范围内。

**第五十四条** 证券公司应加强对参与投资决策和交易活动人员的监察，通过定期述职和签订承诺书等方式提高其自律意识，防止利用内幕消息为自已及他人谋取不当利益。

**第五十五条** 证券公司应确保自营资金来源的合法性。

### 第三节 投资银行业务内部控制

**第五十六条** 证券公司应重点防范因管理不善、权责不明、未勤勉尽责等原因导致的法律风险、财务风险及道德风险。

**第五十七条** 证券公司应建立投资银行项目管理制度，完善各类投资银行项目的业务流程、作业标准和风险控制措施，加强项目的承揽立项、尽职调查、改制辅导、文件制作、内部审核、发行上市和保荐回访等环节的管理，加强项目核算和内部考核，完善项目工作底稿和档案管理制度。

**第五十八条** 证券公司应建立科学、规范、统一的发行人质量评价体系，应在尽职调查的基础上，在项目实施的不同阶段分别进行立项评价、过程评价和综合评价，提高投资银行项目的整体质量水平。

**第五十九条** 证券公司应建立尽职调查的工作流程，加强投资银行业务人员的尽职调查管理，贯彻勤勉尽责、诚实信用的原则，明确业务人员对尽职调查报告所承担的责任，并按照有关业务标准、道德规范要求，对业务人员尽职调查情况进行检查。

**第六十条** 证券公司应加强投资银行项目的内核工作和质量控制，证券公司投资银行业务风险(质量)控制与投资银行业务运作应适当分离，客户回访应主要由投资银行风险（质量）控制部门完成。

**第六十一条** 证券公司应加强证券发行中的定价和配售等关键环节的决策管理，建立完善的承销风险评估与处理机制，通过事先评估、制定风险处置预案、建立奖惩机制等措施，有效控制包销风险。

证券公司应建立对分销商分销能力的评估监测制度。

**第六十二条** 证券公司应加强投资银行项目协议的管理，明确不同类别协议的签署权限；在承接投资银行项目时，应与客户签订相关业务协议，对各自的权利、义务及其他相关事项作出约定。

**第六十三条** 证券公司应加强投资银行项目的集中管理和控制，对投资银行项目实施合理的项目进度跟踪、项目投入产出核算和项目利润分配等措施。

**第六十四条** 证券公司应建立与投资银行项目相关的中介机构评价机制，加强同律师事务所、会计师事务所、评估机构等中介机构的协调配合。

**第六十五条** 证券公司应当杜绝虚假承销行为。

### 第四节 受托投资管理业务内部控制

**第六十六条** 证券公司应重点防范规模失控、决策失误、越权操作、账外经营、挪用客户资产和其他损害客户利益的行为以及保本保底所导致的风险。

**第六十七条** 证券公司应由受托投资管理部门统一管理受托投资管理业务。受托投资管理业务应与自营业务严格分离，独立决策、独立运作。

**第六十八条** 证券公司应针对业务受理、投资运作、资金清算、财务核算等环节制定规范的业务流程、操作规范和控制措施，有效防范各类风险。

**第六十九条** 证券公司应对委托人的资信状况、收益预期、风险承受能力、投资偏好等进行了解，并关注委托人资金来源的合法性。

**第七十条** 证券公司应当根据法律、法规和中国证监会的规定，制定规范的受托投资管理合同，公平对待委托人。

受托投资管理合同中不得有承诺收益条款。

**第七十一条** 证券公司应与委托人签订受托投资管理合同，严格合同审批程序。证券公司应在合同约定的权限内管理受托资产，严格控制风险。

**第七十二条** 证券公司应封闭运作、专户管理受托资产，确保客户资金与自有资金的分户管理、独立运作，确保受托资产的安全、完整。

证券公司应创造条件积极引入有资质的银行作为托管人托管受托资产。

**第七十三条** 证券公司应建立规范的风险预警机制，由独立的监督检查部门或风险控制部门监控受托投资管理业务的运作状况，进行定期或不定期的检查、评价。

**第七十四条** 证券公司应加强受托投资管理业务的合同、交易、投诉处理等档案资料的集中管理，确保对浮动盈亏进行恰当的记录，并向委托人及时提供受托资产估值和风险状况的信息。

证券公司应当制定明确、详细的受托投资管理业务信息披露制度，保证委托人的知情权。合同到期后，编制的结算报告应由委托人进行确认，必要时由中介机构或托管人审核。

**第七十五条** 证券公司应当根据自身的管理能力及风险控制水平，合理控制受托投资管理业务规模。

### 第五节 研究咨询业务内部控制

**第七十六条** 证券公司应重点防范传播虚假信息、误导投资者、无资格执业、违规执业以及利益冲突等的风险。

**第七十七条** 证券公司应加强研究咨询业务的统一管理，完善研究咨询业务规范和人员管理制度，制定适当的执业回避、信息披露和隔离墙等制度，防止利益冲突。

**第七十八条** 证券公司应加强对客户的了解，及时为客户提供有针对性的证券投资咨询服务，与客户保持畅通的沟通渠道，及时妥善处理客户咨询和投诉。

**第七十九条** 证券公司应通过部门设置、人员管理、信息管理等方面的隔离措施，建立健全研究咨询部门与投资银行、自营等部门之间的隔离墙制度；对跨隔离墙的人员、业务应有完整记录，并采取静默期等措施；对跨越隔离墙的业务、人员应实行重点监控。

**第八十条** 证券公司应加强对各营业场所“工作室”（包括网上工作室）和集会性投资咨询活动的集中管理和风险控制，确保向公众提供证券投资咨询服务人员具备证券投资咨询人员执业资格，确保相关活动已履行报备手续，确保证券公司所辖营业场所没有非法投资咨询活动。

**第八十一条** 证券公司应当加强证券投资咨询执业人员的管理和执业资格(证书)的管理,确保不存在人员兼职和挂靠,对执业人员发生变动的应及时办理变更(包括离开咨询岗位)手续。

**第八十二条** 证券公司应当建立健全研究咨询业务档案和客户服务档案,包括客户服务记录、对公众荐股记录、研究报告及公开发表的研究咨询文章等,履行相关资料的备案义务。

### 第六节 业务创新的内部控制

**第八十三条** 证券公司对业务创新应重点防范违法违规、规模失控、决策失误等风险。

**第八十四条** 证券公司业务创新应当坚持合法合规、审慎经营的原则,加强集中管理和风险控制。

**第八十五条** 证券公司应建立完整的业务创新工作程序,严格内部审批程序,对可行性研究、产品或业务设计、风险管理、运作与实施方案等作出明确的要求,并经董事会批准。

**第八十六条** 证券公司应在可行性研究的基础上,及时与中国证监会沟通,履行创新业务的报备(报批)程序。

**第八十七条** 证券公司应对创新业务设计科学合理的流程,制定风险控制措施及相应财务核算、资金管理办法。

**第八十八条** 证券公司应注重业务创新的过程控制,及时纠正偏离目标行为。

### 第七节 分支机构内部控制

**第八十九条** 证券公司应重点防范分支机构越权经营、预算失控以及道德风险。

**第九十条** 证券公司应建立切实可行的分支机构管理制度,加强对分支机构的印章、证照、合同、资金等的管理,及时掌握分支机构业务状况。

**第九十一条** 证券公司对分支机构的授权应当合理、明确,确保分支机构严格在授权范围内经营,并制定防止越权经营的措施。

**第九十二条** 证券公司应明确分支机构业务发展目标和管理目标,加强分支机构的资金、费用、利润的预算管理和考核;证券公司对分支机构业绩的考核标准应当全面。

**第九十三条** 证券公司应当通过现场检查和非现场检查等手段,加强对分支机构的监督检查。

**第九十四条** 证券公司应要求分支机构向客户公布自身及证券公司的投诉电话、传真、电子信箱和其他相关信息,确保投诉得到及时处理。

**第九十五条** 证券公司应要求分支机构建立重大事件报告制度以及突发事件应急机制。

### 第八节 财务管理内部控制

**第九十六条** 证券公司应建立健全财务管理制度和资金计划控制制度,明确界定预算编制与执行的责任,建立适当的资金管理绩效考核标准和评价制度。

**第九十七条** 证券公司客户资金与自有资金应严格分开,强化资金的集中管理。

证券公司应由专门部门统一进行证券公司自有资金的计划、筹集、分配、使用,加强对自有资金运用风险、效益的监控与考核。

证券公司应集中负债管理权限,强化负债风险、成本、规模的控制。

**第九十八条** 证券公司应将客户债券和自有债券分开管理,加强自有债券回购业务的集中化管理和回购资金的计划管理,严格控制自有债券回购业务规模,严防挪用客户债券从事回购业务。

**第九十九条** 证券公司应制定明确的财务制度及资金管理流程,严格执行资金调拨、资金运用的审批程序,加强资金筹集的规模、结构、方式的计划管理;禁止分支机构从事资金拆借、借贷、担保以及自营债券回购。

**第一百条** 证券公司应制定并严格执行费用管理办法,加强费用的预算控制,明确费用标准,严格备用金借款管理和费用报销审批程序。

**第一百零一条** 证券公司应有专门部门负责证券公司客户交易结算资金的结算和头寸管理工作,防范挪用客户交易结算资金等风险。

**第一百零二条** 证券公司应加强银行账户管理。分支机构除根据授权在经批准的当地银行账户保留必要的资金外,其余资金应当及时划转证券公司总部。

证券公司应严格控制业务部门、分支机构之间直接横向资金往来。

**第一百零三条** 证券公司应加强资金风险监测,严格控制流动性风险,特别防范营业部违规受托理财、证券回购和为客户融资所带来的风险。

**第一百零四条** 证券公司应建立大额资金筹集和使用的事前风险收益评估制度,重大资金的筹集、分配与运用以及对外担保、资产抵押、对外投资、重大资产购置等应进行集体决策。

**第一百零五条** 证券公司应定期对业务部门及分支机构的现金库存管理状况、资金结算情况、银行存款和内部往来、大额款项及资金使用效益进行跟踪检查或抽查。

**第一百零六条** 证券公司应实时监控资金余额及其变动情况，建立预警和异常情况的处理机制。

**第一百零七条** 证券公司应当合理分配利润，确保足额提取公积金和风险准备金，增强可持续发展能力。

### 第九节 会计系统内部控制

**第一百零八条** 证券公司应按照相关会计准则和会计制度的规定，结合实际情况，建立健全证券公司的会计核算办法，加强会计基础工作，提高会计信息质量。

证券公司应确保分支机构会计核算的一致性。

**第一百零九条** 证券公司会计核算应合规、及时、准确、完整，变更会计政策应经董事会批准，确保会计政策的一贯性。

**第一百一十条** 证券公司应强化会计监督职能，加强会计事前、事中和事后监督，加强对负债项目的管理、大额支出的跟踪考核、重大表外项目（如担保、抵押、托管证券、未决诉讼、赔偿事项等）的风险管理以及资产质量的监控。

**第一百一十一条** 证券公司应强化资产登记保管工作，采用实物盘点、账实核对、财产保险等措施，确保证券公司及客户资产的安全完整。

**第一百一十二条** 证券公司应完善会计信息报告体系，确保提供及时、可靠的财务信息。

**第一百一十三条** 证券公司应制定完善的会计档案管理和交接制度。

### 第十节 信息系统内部控制

**第一百一十四条** 证券公司应建立信息系统的管理制度、操作流程、岗位手册和风险控制制度，加强信息技术人员、设备、软件、数据、机房安全、病毒防范、防黑客攻击、技术资料、操作安全、事故防范与处理、系统网络等的管理。

**第一百一十五条** 证券公司应设立专门的信息技术部门，统一归口管理信息技术工作，加强对立项、设计、开发、测试、运行与维护等环节的管理，并定期对信息系统的可靠性和安全性进行检查。

证券公司信息系统的立项审批与开发、运行与维护、开发测试与日常运转之间应适当分离。

**第一百一十六条** 证券公司应严格系统进入控制以及信息系统的权限、密码管理，权限的审批、设置、变动以及密码的使用、修改应有严格的控制措施并保留完备的记录。

用户权限设置应当遵循权限最小化原则。

**第一百一十七条** 证券公司应保证信息系统日志的完备性，确保所有重大修改被完整地记录，确保开启审计留痕功能。

证券公司信息系统日志应至少保存15年。

**第一百一十八条** 证券公司应建立可靠完备的灾难备份计划和应急处理机制；数据和重要资料做到异地备份，条件允许应建设异地计算机灾难备份中心；制定详细的信息系统安全应急方案并定期修订、演练。

**第一百一十九条** 证券公司应建立系统安全和病毒防范制度，实时监控信息系统的安全，严防黑客或病毒入侵系统。

**第一百二十条** 证券公司与交易结算相关的技术系统应符合中国证监会、证券交易所及登记结算公司相关技术规范的要求。

### 第十一节 人力资源管理内部控制

**第一百二十一条** 证券公司应当高度重视聘用人员的诚信记录，确保其具有与业务岗位要求相适应的专业能力和道德水准。

证券公司应当要求聘用人员以恰当形式进行诚信承诺。

**第一百二十二条** 证券公司应建立职能管理部门和派出人员的工作联络机制，强化对分支机构负责人及电脑、财务等关键岗位人员的垂直管理。

**第一百二十三条** 证券公司关键岗位人员应当实行定期或不定期的轮换和强制休假制度。

**第一百二十四条** 证券公司关键岗位人员任期届满、工作调动或离职，应当进行任期经济责任审计及专项审计。证券公司对高级管理人员、分支机构负责人的相关稽核审计报告应当向中国证监会及派出机构备案。

**第一百二十五条** 证券公司应当培育良好的内部控制文化，建立健全员工持续教育制度，加强对员工的法规及业务培训，确保所有从业人员及时获得充分的法律法规、内部控制和行为规范的最新文件和资料，确保员工书面承诺收到相关资料并理解其内容。

**第一百二十六条** 证券公司应当加强业务人员的从业资格管理，上岗人员应当符合相关资格管理的规定。

**第一百二十七条** 证券公司应当建立合理有效的激励约束机制，建立严格的责任追究制度。

证券公司对员工的绩效考核、评价制度应当达到鼓励员工守法经营的目的。

**第一百二十八条** 证券公司应当制定严谨、公开、合理的人事选拔制度，任免程序中应明确规定任免决定权的归属。人事任免应有完备的决策记录。

**第一百二十九条** 证券公司应建立高级管理人员、分支机构负责人及其他关键岗位人员的年度述职报告及定期谈话制度。

**第一百三十条** 证券公司应加强对高级管理人员、分支机构负责人及其他关键岗位人员的档案(包括外事档案)管理。

**第一百三十一条** 证券公司高级管理人员离职，证券公司应当向中国证监会及注册地派出机构和主要办事机构在地派出机构及时报告，并对离职原因作出说明。

分支机构负责人及其他关键岗位人员离职，证券公司应当向主要办事机构所在地中国证监会派出机构及时报告，并对离职原因作出说明。

## 第四章 监督、检查与评价

**第一百三十二条** 证券公司业务部门和分支机构的负责人负责对其业务范围内的具体作业程序和风险控制措施进行自我检查和评价，并接受证券公司上级管理部门和监督检查部门的业务检查和指导。

直接从事业务经营活动的业务部门和分支机构的相关人员有义务向证券公司报告内部控制的缺陷并及时加以纠正；相关人员应对违反职责范围内的内部控制导致的风险和损失承担首要责任。

**第一百三十三条** 证券公司应设立监督检查部门或岗位，独立履行合规检查、财务稽核、业务稽核、风险控制等监督检查职能；负责提出内部控制缺陷的改进建议并敦促有关责任单位及时改进。

监督检查部门对证券公司董事会负责，并应同时向经理人员和监事会报告证券公司内部控制的建设与执行情况。

**第一百三十四条** 证券公司应有高级管理人员专门负责证券公司内部控制的监督、检查与评价工作。该高级管理人员和监督检查部门负责人可列席证券公司任何会议。

证券公司负责监督检查部门的高级管理人员不得兼管业务部门。

**第一百三十五条** 证券公司应当为监督检查部门配备足够的具有法律、财会、计算机以及相关业务技能、经验的专业人员，确保监督检查部门的人员具有专业胜任能力，并为监督检查部门及人员履行职责提供必要的条件。

证券公司监督检查部门人员名单应向证券公司注册地的中国证监会派出机构备案。

**第一百三十六条** 证券公司监督检查部门应加强对内部控制执行情况的现场检查、非现场检查和常规稽核、非常规稽核，并将检查结果报证券公司注册地中国证监会派出机构。

证券公司监督检查部门应当对监督检查不力、发现问题隐瞒不报等承担相应责任。

**第一百三十七条** 证券公司所有部门和人员应当积极配合监督检查部门的工作，对拒绝、阻挠监督检查部门工作和打击、报复、陷害监督检查人员的行为应严肃处理。

**第一百三十八条** 证券公司应积极配合中国证监会及外部审计机构对证券公司内部控制情况的检查和评价，不得以任何形式干预、阻挠。

**第一百三十九条** 证券公司应明确董事会、监事会、经理人员的内部控制职责。

(一)董事会负责督促、检查和评价证券公司各项内部控制制度的建立与执行情况，对内部控制的有效性负最终责任；每年至少进行一次全面的内部控制检查评价工作，并形成相应的专门报告。

董事会应对中国证监会、外部审计机构和证券公司监督检查部门等对证券公司内部控制提出的问题和建议认真研究并督促落实。

(二)监事会应对董事会、经理人员履行职责的情况进行监督，对证券公司财务情况和内部控制建设及执行情况实施必要的检查，督促董事会、经理人员及时纠正内部控制缺陷，并对督促检查不力等情况承担相应责任。

(三)证券公司经理人员负责建立健全责任明确、程序清晰的组织结构，组织实施各类风险的识别与评估，建立健全有效的内部控制机制和内部控制制度，及时纠正内部控制存在的缺陷和问题，并对内部控制不力及不及时纠正内部控制缺陷等承担相应责任。

**第一百四十条** 证券公司应当建立健全内部控制缺陷的纠正与处理机制，应根据内部控制的检查情况和评价结果，提出整改意见和纠正措施，督促业务主管部门和分支机构落实，并对落实情况进行跟踪检查。

## 第五章 附 则

**第一百四十一条** 本指引适用于在中华人民共和国境内依法设立的证券公司。

**第一百四十二条** 本指引由中国证监会负责解释。

# 证券公司债券登记结算业务办理规则

**第一条** 为适应证券公司债券管理的需要，根据《证券公司债券管理暂行办法》等有关法规及规章，制定本规则。

**第二条** 本规则适用于定向发行的证券公司债券的登记结算业务，本规则没有规定的，适用中国证券登记结算有限责任公司(以下简称本公司)其他业务规定。

公开发行证券公司债券的登记结算业务，按照证券交易所挂牌证券登记结算业务有关规定办理。

**第三条** 本公司根据合格投资者委托的证券公司的申请，办理证券公司债券发行转让过程中涉及的登记、托管、结算以及其他相关业务。

**第四条** 本公司对申请人提供的申请材料进行形式审核，申请人应当确保其提供的申请材料合法、真实、准确和完整。

## 第二章 债券账户

**第五条** 合格投资者参与债券的认购、转让等活动，应当通过提供转让服务的证券公司向本公司申请开立合格投资者专用债券账户(以下简称专用账户)。证券公司负责合格投资者的资格审查。

**第六条** 一个合格投资者原则上只能开立一个专用账户，国家法律、法规、行政规章等另有规定的除外。

**第七条** 专用账户的开立、注册资料查询与变更、注销、专用账户卡挂失与补办等业务比照本公司有关证券账户管理规定办理。

## 第三章 登记托管

**第八条** 发行人办理登记业务前，应当与本公司签订《证券登记服务协议》，并向本公司提供授权委托书，授权专人作为其与本公司的指定联络人，负责全权办理债券登记及其他相关事宜。

**第九条** 发行人办理证券公司债券初始登记前，应当向本公司申请债券简称及债券代码。

债券简称及债券代码的编制规则由本公司另行制定。

**第十条** 发行人申请债券简称及债券代码时，应当提供以下材料：

(一) 债券简称及代码申请书；

(二) 中国证券监督管理委员会(以下简称中国证监会)关于证券公司债券发行的批复文件；

(三) 加盖发行人印章的发行人营业执照复印件；

(四) 指定联络人的有效身份证明文件原件及复印件；

(五) 本公司要求提供的其他材料。

本公司自受理上述申请之日起两个工作日内，配发债券简称及债券代码。

**第十一条** 发行人变更债券简称时，应当提供以下材料：

(一)变更债券简称申请书；

(二)加盖发行人印章的发行人营业执照复印件；

(三)指定联络人有效身份证明文件原件及复印件；

(四)本公司要求提供的其他材料。

本公司自受理上述申请之日起两个工作日内，变更债券简称。

**第十二条** 发行人向本公司申请办理证券公司债券初始登记时，应当提供以下材料：

(一)初始登记申请；

(二)中国证监会关于证券公司债券发行的批复文件；

(三)债券募集说明书;

(四)具有从事证券业务资格的会计师事务所出具的募集资金验资报告;

(五)债券持有人名册清单(应当包括但不限于:债券代码、持有人全称、持有人专用账户号码、持有债券数量、司法冻结状态、债券托管证券公司等内容,并在每页上加盖发行人印章);

(六)承销协议或中国证监会关于发行人自行组织销售的批准文件;

(七)加盖发行人印章的发行人营业执照复印件;

(八)指定联络人有效身份证明文件原件及复印件;

(九)本公司要求提供的其他材料。

本公司自受理上述申请之日起两个工作日内,完成初始登记,并向发行人出具债券登记确认书。

**第十三条** 本公司根据发行人的申请提供债券持有人名册。债券持有人名册服务业务按照本公司有关持有人名册服务业务的规定办理。

**第十四条** 合格投资者应当将持有的债券托管在提供转让服务的证券公司。发行人办理初始登记时,应当注明债券托管的证券公司名称,合格投资者通过证券公司受让的债券即托管于该证券公司。

证券公司应当将自营债券,以及合格投资者在其处托管的债券,存管到本公司。

**第十五条** 合格投资者需要变更债券托管的证券公司时,应当通过转出的证券公司向本公司申请债券转托管。证券公司不得无故拒绝合格投资者的转托管申请。

**第十六条** 本公司收到证券公司的债券转托管指令当日(T日)15:00以后办理债券转托管,并将转托管数据发送转出的证券公司和转入的证券公司。

合格投资者可于T+1日通过转入的证券公司查询债券余额,并可转让转托管的债券。

**第十七条** 合格投资者转让债券应当通过其托管的证券公司向本公司申请办理债券转让的过户登记,转受让双方应当通过各自委托的证券公司于同一个工作日(T日)9:30至15:00向本公司发送转让和受让申报。

**第十八条** 转让或受让申报内容应当包括转让编号、债券简称、债券代码、转受让双方名称、专用账户号码、转让或受让数量、金额、受托证券公司、是否通过本公司办理资金结算等。一个转让编号对应一笔转让。

**第十九条** 转受让双方对已经发出的转让申报在申报当日15:00前可以申报撤销。

**第二十条** 对于同一转让方或受让方申报重复转让编号的,本公司以最后一次申报为准,其他申报视为无效申报。

**第二十一条** 发行人委托本公司办理债券派息、兑付的,发行人应当在派息/兑付债权登记日五个工作日前向本公司提供以下材料:

(一)委托债券派息、兑付申请;

(二)指定联络人有效身份证明文件原件及复印件;

(三)本公司要求提供的其他材料。

**第二十二条** 本公司于受理上述申请的次一工作日,将代理派息兑付所涉及的债券数量、派息兑付金额所需金额、手续费等通知发行人。

**第二十三条** 发行人应当在派息/兑付日两个工作日前将派息兑付资金以及手续费划至本公司指定银行账户。

**第二十四条** 本公司收到相应款项后,通过资金结算系统将债券持有人本息划付给债券托管的证券公司,证券公司于收到债券本息款后于次一工作日将其划付给合格投资者。

**第二十五条** 发行人委托本公司进行债券派息兑付,不能在规定期限内划入相关款项的,应当及时通知本公司,并以公告或其他有效的方式告知债券持有人,说明原因。因发行人未履行及时告知义务所致的一切法律责任由该发行人承担。

**第二十六条** 债券持有人因解散、破产、被依法责令关闭等原因丧失法人资格,资产承继人应当向证券公司提供以下材料并通过证券公司向本公司申报办理法人终止引起的过户登记。

(一)过户登记申请;

(二)工商行政管理部门出具的原法人注销登记证明;

(三)主管部门的批复文件或清算组有关债券归属的证明文件或人民法院的生效法律文书等能够证明财产归属的文件;

本公司认为必要时,还应提供有关债券受让情况的公证文件(公证内容应包括但不限于:申请人与原法人的名称、注册号、地址、债券受让依据);

(四)原法人及受让方的专用账户卡原件及复印件;

(五)受让方营业执照副本原件及复印件;

(六)受让方法定代表人授权委托书;

(七)经办人有效身份证明文件原件及复印件;

(八)本公司要求提供的其他材料。

**第二十七条** 合格投资者可以向其债券托管的证券公司或本公司查询其债券转让记录及持有数量等信息。合格投资者向本公司查询上述信息时,应当提供以下材料:

(一)查询申请;

(二)合格投资者的专用账户卡原件及复印件;

(三)合格投资者的有效身份证明文件原件及复印件;

(四)合格投资者的法定代表人对经办人的授权委托书;

(五)经办人的有效身份证明文件原件及复印件;

(六)合格投资者因解散、破产、被依法责令关闭等原因丧失法人资格,清算组、资产承继人等申请查询时,需提供清算组或资产承继人成立的批准文件、清算组或资产承继人授权委托书、经办人有效身份证明文件原件及复印件;原股东申请查询的,需提供经公证的原全体股东(出资人)授权委托书、经办人有效身份证明文件原件及复印件;

(七)本公司要求提供的其他材料。

**第二十八条** 执法机关要求对证券公司债券进行司法冻结/解冻及司法裁决过户,应当通过证券公司申请办理,并提供以下材料:

(一)生效法律文书;

(二)执行公务证及介绍信;

(三)协助执行通知书;

(四)本公司要求提供的其他材料。

**第二十九条** 人民法院、人民检察院、中国证监会及其授权部门,以及国家其他有权机关向本公司或托管证券公司查询合格投资者债券转让记录及持有数量等信息时,应当提供以下材料:

(一)协助查询文件(应当注明需查询的具体内容);

(二)执行公务证或工作证及介绍信;

(三)本公司要求提供的其他材料。

**第三十条** 债券质押登记按照本公司有关质押登记的业务规定办理。

## 第四章 结 算

**第三十一条** 债券转让的资金结算可以委托本公司办理。本公司于每一交收日完成证券交易所市场的资金结算后,办理债券转让的资金结算。

**第三十二条** 本公司办理债券转让的资金结算采用逐笔全额方式,不提供交收担保。

**第三十三条** 本公司于每一工作日的15:00以后,对债券转让的每笔申报进行核查,对转让方和受让方相同转让编号的申报核查转受让双方专用账户号码、转让债券代码、数量、金额等信息是否一致,转让债券是否足够等内容,只有核查通过的申报才是有效申报,核查结束后,本公司将当日债券转让申报的核查结果发送相关证券公司。

**第三十四条** 对核查通过的申报,本公司进行清算处理,计算债券转让应支付的相关税费。委托本公司办理资金结算的,本公司对转让债券所需收付的资金一并计算,本公司在清算处理完成后,将当日债券转让申报的清算结果发送相关证券公司。

**第三十五条** 本公司对核查通过的待过户债券作锁定处理,直至T+1日本公司完成交收处理后解除锁定。债券锁定期间不得再次申报转让,也不办理转托管,锁定期间的孳息归转让方所有。

债券锁定期间如遇司法冻结、司法裁决过户,本公司自动解除锁定并协助执行,原转让申报无效。

**第三十六条** 证券公司收到本公司发送的清算结果后,应当与其合格投资者进行确认,并于T+1日15:00前,将确认结果发送本公司。

**第三十七条** 对于确认债券过户和支付资金的,证券公司应当于T+1日16:00前将每笔债券转让所需支付的资金及相关税费足额划入其在本公司的资金交收账户。

**第三十八条** 本公司对证券公司确认的每一笔债券转让申报按时间顺序于T+1日16:00以后办理债券过户手续,并在其资金交收账户内直接扣减相应税费,委托本公司办理资金结算的,本公司同时将相应资金从受让方证券公司资金交收账户划入转让方证券公司资金交收账户。

**第三十九条** 对于证券公司未确认的申报或者证券公司已确认但交收过程中资金交收账户中资金不足的转让申报,本公司不办理债券及资金的交收,其转让申报视为无效申报。

**第四十条** 本公司在交收完成后,将债券及资金交收的结果发送相关证券公司。

### 第五章 附 则

**第四十一条** 本公司办理债券登记结算业务，参照现行沪深证券市场企业债券相关业务收费标准，对于尚未开展过的业务参照非流通股相关业务收费标准，针对证券公司债券登记和转让的特殊情况制定具体的收费标准。

**第四十二条** 相关当事人不按规定缴纳有关登记结算费用的，本公司暂停为其提供相应的登记结算服务，直至其缴清相关费用为止。

**第四十三条** 本规则由本公司负责解释，修改时亦同。

**第四十四条** 本规则自中国证监会批准之日起实施。

## 证券公司定向发行债券信息披露准则

### 第一章 总 则

**第一条** 为规范定向发行债券的证券公司(以下简称“发行人”)及有关当事人履行信息披露义务的行为，根据有关法律、法规和《证券公司债券管理暂行办法》的规定，制定本准则。

**第二条** 证券公司定向发行债券的信息披露(以下简称“信息披露”)，适用本准则。

**第三条** 信息披露应遵循诚实信用的原则，不得有虚假记载、误导性陈述或者重大遗漏。

**第四条** 发行人董事会及全体董事应对信息披露的真实性、准确性和完整性负责，并承诺其中不存在虚假记载、误导性陈述或者重大遗漏，并就其保证承担个别和连带的法律责任。

**第五条** 主承销商、律师事务所、会计师事务所、资信评级机构等应对所出具的专业报告和意见负责，并应对提供服务所涉及的信息披露文件进行认真审阅，确认不存在虚假记载、误导性陈述或重大遗漏，并承担相应的责任。

**第六条** 参与认购或者转让债券的合格投资者应对信息披露的真实、准确和完整进行独立分析，并据以独立判断债券的投资价值，自行承担债券的任何投资风险。

**第七条** 发行人应采取有效措施，确保参与认购、转让债券的合格投资者能够同等获得债券相关的信息。

### 第二章 定向发行债券的募集说明书

**第八条** 发行人应向参与认购债券的合格投资者提供募集说明书。

**第九条** 募集说明书应参照公开发行募集说明书的内容编制，保证真实、准确、完整、公平、及时地提供一切对合格投资者做出投资决策有重大影响的信息。

**第十条** 发行人向合格投资者补充与定向发行债券相关的信息，应确保所有参与认购的合格投资者有同等机会获取。

**第十一条** 募集说明书引用的经审计的最近一期财务会计资料在财务报告截止日后六个月内有效。特别情况下可由发行人申请适当延长。

**第十二条** 募集说明书的有效期为六个月，自中国证监会下发批准通知前募集说明书最后一次签署之日起计算。发行人在募集说明书有效期内未能发行债券的，应重新修订募集说明书。在符合本准则第十一条要求的前提下，发行人可在特别情况下申请适当延长募集说明书的有效期限。

**第十三条** 发行人报送申请文件后，在募集说明书披露前发生与申报稿不一致或对投资本期债券有重大影响的事项，发行人应视情况及时修改募集说明书并提供补充说明材料。

发行人定向发行债券的申请经中国证监会批准后，如发行人认为还有必要对募集说明书进行修改的，应书面说明情况，并经中国证监会同意后相应修改募集说明书及其摘要。必要时，发行人定向发行债券的申请应重新经过中国证监会批准。

**第十四条** 发行人应在募集说明书的显要位置提示投资者：

“发行人董事会已批准本募集说明书，全体董事承诺其中不存在虚假记载、误导性陈述或重大遗漏，并对其真实性、准确性、完整性承担个别和连带的法律责任。”

“公司负责人和主管会计工作的负责人、会计机构负责人保证本募集说明书中财务报告真实、完整。”

“债券持有人根据法律法规的规定和本募集说明书的约定行使有关权利，监督发行人和债权代理人的有关行为。”

“投资者购买本期债券，应当认真阅读本募集说明书及有关的信息披露文件，进行独立的投资判断。中国证监会对本期债券发行的批准，并不表明其对本期债券的投资价值作出了任何评价，也不表明对本期债券的投资风险作出了任何判断。任何与之相反的声明均属虚假不实陈述。”

“凡通过认购、受让等合法手段取得并持有本期债券的，均视同自愿接受本募集说明书对本期债券各项权利义务的约定。”

“投资者认购本期债券视作同意债权代理协议”。

“债券依法发行后，发行人经营与收益的变化引致的投资风险，由投资者自行负责。”

“投资者若对本募集说明书存在任何疑问，应咨询自己的证券经纪人、律师、专业会计师或其他专业顾问。”

**第十五条** 发行人应在募集说明书中明示，认购或转让定向发行债券的合格投资者应填写《合格投资者认购债券表》(见附表一)或《合格投资者转让债券表》(见附表二)，承诺自行承担投资债券的所有风险，并不向非合格投资者转让所持债券。

填妥的《合格投资者认购债券表》或《合格投资者转让债券表》应由主承销商或提供转让服务的证券公司负责保存至债券依法清偿完毕。

**第十六条** 发行人向合格投资者提供募集说明书及其他债券发行的相关信息，应以非公开的方式披露，不得在媒体上公开刊登或变相公开刊登。发行人及有关当事人不得以任何方式误导投资者购买债券。

## 第三章 持续信息披露

**第十七条** 在债券存续期内，发行人应向持有债券的合格投资者及时披露对其做出投资决策有重大影响的信息。持续信息披露的内容与方式应在募集说明书中明确约定。

**第十八条** 发行人在约定持续信息披露的内容时，应参照公开发行债券持续信息披露的有关规定。

**第十九条** 发行人持续披露的信息至少应包括年度报告和重大事项报告。

**第二十条** 在债券存续期间，发行人应在每个会计年度结束之日后4个月内向持有债券的合格投资者披露年度报告，并报中国证监会备案。

披露半年度报告的，发行人应在每个会计年度的上半年结束之日后2个月内向持有债券的合格投资者披露，并报中国证监会备案。

**第二十一条** 定期报告应当详细披露报告期内与债券持有人利益相关的重要情况，至少应包括下列内容：

(一)债券本息的支付情况；

(二)专项偿债账户的有关情况；

(三)担保人及担保物发生重大变化的情况；

(四)发行人的负债变化情况；

(五)现金流量状况综述；

(六)跟踪评级情况；

(七)债权代理人代理事务报告的主要内容；

(八)重大事项公告的主要情况；

(九)债券持有人会议的召开情况；

(十)其他对债券持有人有重大影响的信息。

**第二十二条** 发行人出现下列情况时，应当及时告知持有债券的合格投资者：

(一)预计到期难以偿付利息或本金；

(二)专项偿债账户出现异常；

(三)订立可能对还本付息产生重大影响的担保合同及其他重要合同；

(四)发生重大亏损或者遭受超过净资产百分之十以上的重大损失；

(五)发生重大仲裁、诉讼；

(六)减资、合并、分立、解散及申请破产；

(七)拟进行重大债务重组；

(八)未能履行募集说明书的约定；

(九)担保人、担保物发生重大变化；

(十)中国证监会规定的其他情形。

**第二十三条** 定向发行的债券在经中国证监会批准的转让场所进行转让的，其持续信息披露还应遵从中国证监会及转让场所的规定。发行人应将信息披露文件置备于转让场所。

**第二十四条** 发行人未按照中国证监会或转让场

所的要求履行持续信息披露义务的，中国证监会或转让场所可暂停或终止该债券在转让市场的转让。

### 第四章　附　则

**第二十五条**　本准则自2003年10月8日起施行。

附表一

**合格投资者认购债券表**

| | | |
|---|---|---|
| 认购人名称 | | |
| 认购人证券账户号 | | |
| 认购人联系地址 | | |
| 认购人联系电话 | | |
| 债券名称（代码） | | |
| 认购数量（面值） | （大写）　亿　千　佰　拾　万元<br>（小写）： | |
| 认购金额 | （大写）：<br>（小写）： | |
| 认购人声明 | 本认购人自行判断具备投资债券的独立分析能力和风险承受能力，具备中国证监会规定的合格投资者条件；已获得与本次认购债券有关的资料和风险提示，自愿认购债券并承担投资风险；承诺遵守有关规定并履行相应的义务。 | |
| 主承销商声明 | 本主承销商对认购人的合格投资者身份进行了核实，确认其具备中国证监会规定的合格投资者条件；已向其提供了有关的资料，并提示了认购债券的风险。 | |
| 认购人盖章<br>日期：年 月 日 | 发行人盖章<br>日期：年 月 日 | 主承销商盖章<br>日期：年 月 日 |

附表二

**合格投资者转让债券表**

| | | | |
|---|---|---|---|
| 出让人名称 | | 受让人名称 | |
| 出让人证券账户号 | | 受让人证券账户号 | |
| 出让人联系地址 | | 受让人联系地址 | |
| 出让人联系电话 | | 受让人联系电话 | |
| 债券名称（代码） | | | |
| 转让数量（面值） | （大写）　亿　千　佰　拾　万元<br>（小写）： | | |
| 转让金额 | （大写）：<br>（小写）： | | |
| 出让人声明 | 本出让人对受让人的合格投资者身份进行了核实，确认其具备中国证监会规定的合格投资者条件；已向其提供了有关的资料，并提示了受让债券的风险。 | | |
| 受让人声明 | 本受让人自行判断具备投资债券的独立分析能力和风险承受能力，具备中国证监会规定的合格投资者条件；已获得与本次受让债券有关的资料和风险提示，自愿受让债券并承担投资风险；承诺遵守有关规定并履行相应的义务。 | | |
| 证券公司声明 | 本证券公司对受让人的合格投资者身份进行了核实，确认其具备中国证监会规定的合格投资者条件；已向其提示了受让债券的风险。 | | |
| 出让人盖章<br>日期：年 月 日 | 受让人盖章<br>日期：年 月 日 | 证券公司盖章<br>日期：年 月 日 | |

注：采取非直接协议转让方式的，可视具体情况免于填列有关栏目。

# 证券公司客户资产管理业务试行办法

### 第一章　总　则

**第一条**　为规范证券公司客户资产管理活动，保护投资者的合法权益，维护证券市场秩序，根据《证券法》和其他相关法律、行政法规，制定本办法。

**第二条**　证券公司从事客户资产管理业务，应当遵守法律、行政法规和中国证券监督管理委员会（以下简称"中国证监会"）的规定，不得有欺诈客户行为。证券公司在中华人民共和国境内从事客户资产管理业务，适用本办法。

**第三条**　证券公司从事客户资产管理业务，应当遵循公平、公正的原则，维护客户的合法权益，诚实守信，勤勉尽责，避免利益冲突。

**第四条**　证券公司从事客户资产管理业务，应当依照本办法的规定向中国证监会申请客户资产管理业务资格。未取得客户资产管理业务资格的证券公司，不得从事客户资产管理业务。

**第五条**　证券公司从事客户资产管理业务，应当依照本办法的规定与客户签订资产管理合同，根据资产管理合同约定的方式、条件、要求及限制，对客户资产进行经营运作，为客户提供证券及其他金融产品的投资管理服务。

**第六条**　证券公司从事客户资产管理业务，应当在公司内部实行集中运营管理，对外统一签订资产管理合同，并设立专门的部门负责客户资产管理业务。

**第七条** 证券公司从事客户资产管理业务，应当建立健全风险控制制度，将客户资产管理业务与公司的其他业务严格分开。

**第八条** 证券交易所、证券登记结算机构应当就证券公司客户资产管理活动相关事宜制定各自的专门业务规则，实行规范有序的自律管理。

**第九条** 中国证券业协会作为证券业的自律性组织，对证券公司客户资产管理活动进行协调指导，促进行业健康发展。

**第十条** 中国证监会及其派出机构依据法律、行政法规和本办法的规定，对证券公司客户资产管理活动进行监督管理。

## 第二章 业务范围和业务资格

**第十一条** 经中国证监会批准，证券公司可以从事下列客户资产管理业务：

（一）为单一客户办理定向资产管理业务；

（二）为多个客户办理集合资产管理业务；

（三）为客户办理特定目的的专项资产管理业务。

**第十二条** 证券公司为单一客户办理定向资产管理业务，应当与客户签订定向资产管理合同，通过该客户的账户为客户提供资产管理服务。

**第十三条** 证券公司为多个客户办理集合资产管理业务，应当设立集合资产管理计划，与客户签订集合资产管理合同，将客户资产交由具有客户交易结算资金法人存管业务资格的商业银行或者中国证监会认可的其他机构进行托管，通过专门账户为客户提供资产管理服务。

**第十四条** 证券公司办理集合资产管理业务，可以设立限定性集合资产管理计划和非限定性集合资产管理计划。

限定性集合资产管理计划资产应当主要用于投资国债、国家重点建设债券、债券型证券投资基金、在证券交易所上市的企业债券、其他信用度高且流动性强的固定收益类金融产品；投资于业绩优良、成长性高、流动性强的股票等权益类证券以及股票型证券投资基金的资产，不得超过该计划资产净值的百分之二十，并应当遵循分散投资风险的原则。

非限定性集合资产管理计划的投资范围由集合资产管理合同约定，不受前款规定限制。

**第十五条** 证券公司为客户办理特定目的的专项资产管理业务，应当签订专项资产管理合同，针对客户的特殊要求和资产的具体情况，设定特定投资目标，通过专门账户为客户提供资产管理服务。

证券公司可以通过设立综合性的集合资产管理计划办理专项资产管理业务。

**第十六条** 取得客户资产管理业务资格的证券公司，可以办理定向资产管理业务；办理集合资产管理业务、专项资产管理业务的，还须按照本办法的规定，向中国证监会提出逐项申请。

**第十七条** 证券公司从事客户资产管理业务，应当符合下列条件：

（一）经中国证监会核定为综合类证券公司；

（二）净资本不低于人民币两亿元，且符合中国证监会关于综合类证券公司各项风险监控指标的规定；

（三）客户资产管理业务人员具有证券从业资格，无不良行为记录，其中具有三年以上证券自营、资产管理或者证券投资基金管理从业经历的人员不少于五人；

（四）具有良好的法人治理结构、完备的内部控制和风险管理制度，并得到有效执行；

（五）最近一年未受到过行政处罚或者刑事处罚；

（六）中国证监会规定的其他条件。

**第十八条** 证券公司申请客户资产管理业务资格，应当向中国证监会提交下列材料：

（一）申请书；

（二）《经营证券业务许可证》和《企业法人营业执照》副本复印件；

（三）净资本计算表和经具有证券相关业务资格的会计师事务所审计的最近一期财务报表；

（四）负责客户资产管理业务的高级管理人员的情况登记表；

（五）客户资产管理业务人员、风险控制岗位人员的名单、简历、证券从业资格证书和身份证明复印件；

（六）申请人出具的客户资产管理业务人员无不良行为记录的证明；

（七）内部控制和风险管理制度文本及由具有证券相关业务资格的会计师事务所出具的内控评审报告；

（八）客户资产管理业务计划书和业务操作规程；

（九）中国证监会要求提交的其他材料。

**第十九条** 中国证监会依照法律、行政法规和本办法的规定，对证券公司的申请材料进行审查，做出是否批准的决定，并书面通知申请人。

**第二十条**　证券公司办理集合资产管理业务，设立集合资产管理计划，除应具备本办法第十七条规定的条件并取得客户资产管理业务资格外，还应当符合下列要求：

（一）具有健全的法人治理结构、完善的内部控制和风险管理制度，并得到有效执行；

（二）设立限定性集合资产管理计划的，净资本不低于人民币三亿元；设立非限定性集合资产管理计划的，净资本不低于人民币五亿元；

（三）最近一年不存在挪用客户交易结算资金等客户资产的情形；

（四）中国证监会规定的其他条件。

**第二十一条**　证券公司设立限定性集合资产管理计划，应当事先报中国证监会备案；设立非限定性集合资产管理计划，应当报经中国证监会批准。

**第二十二条**　证券公司申请设立集合资产管理计划，应当向中国证监会提交下列材料：

（一）备案报告或者申请书；

（二）集合资产管理计划说明书；

（三）集合资产管理合同的拟定文本；

（四）资产托管协议；

（五）推广方案及推广代理协议；

（六）关于集合资产管理计划运作中利益冲突防范和风险控制措施的特别说明；

（七）负责该集合资产管理计划投资管理的高级管理人员、主办人员的情况登记表；

（八）净资本计算表和最近一期经具有证券相关业务资格的会计师事务所审计的财务报表；

（九）中国证监会要求提交的其他材料。

**第二十三条**　中国证监会依照法律、行政法规、本办法的规定，对证券公司办理集合资产管理业务、设立集合资产管理计划的申请进行审查。

中国证监会根据审慎监管原则，可以组织专家对办理集合资产管理业务、设立集合资产管理计划的申请进行评审。

**第二十四条**　中国证监会对设立限定性集合资产管理计划的备案材料进行合规性审核，并向证券公司出具是否有异议的书面意见；中国证监会无异议的，证券公司方可推广其所提交备案的集合资产管理计划。

**第二十五条**　中国证监会对设立非限定性集合资产管理计划的申请材料进行全面审核，做出予以批准或者不予批准的决定，并书面通知申请人。

**第二十六条**　证券公司向中国证监会提交客户资产管理业务资格申请材料和设立集合资产管理计划的备案、申请材料，应当同时抄送注册地中国证监会派出机构。

## 第三章　基本业务规范

**第二十七条**　证券公司开展客户资产管理业务，应当依据法律、行政法规和本办法的规定，与客户签订书面资产管理合同，就双方的权利义务和相关事宜做出明确约定。

资产管理合同应当包括下列基本事项：

（一）客户资产的种类和数额；

（二）投资范围、投资限制和投资比例；

（三）投资目标和管理期限；

（四）客户资产的管理方式和管理权限；

（五）各类风险揭示；

（六）客户资产管理信息的提供及查询方式；

（七）当事人的权利与义务；

（八）管理报酬的计算方法和支付方式；

（九）与客户资产管理有关的其他费用的提取、支付方式；

（十）合同解除、终止的条件、程序及客户资产的清算返还事宜；

（十一）违约责任和纠纷的解决方式；

（十二）中国证监会规定的其他事项。

**第二十八条**　集合资产管理合同除应符合前条规定外，还应当对集合资产管理计划开始运作的条件和日期、资产托管机构的职责、托管方式与托管费用、客户资产净值的估算、投资收益的确认与分派等事项做出约定。

集合资产管理合同由证券公司、资产托管机构与单个客户三方签署。

**第二十九条**　证券公司办理定向资产管理业务，接受单个客户的资产净值不得低于人民币一百万元。

**第三十条**　证券公司办理集合资产管理业务，只能接受货币资金形式的资产。

证券公司设立限定性集合资产管理计划的，接受单个客户的资金数额不得低于人民币五万元；设立非限定性集合资产管理计划的，接受单个客户的资金数额不得低于人民币十万元。

**第三十一条**　证券公司应当将集合资产管理计划设定为均等份额。客户按其所拥有的份额在集合资产管理计划资产中所占的比例享有利益、承担风险；但是按照本办法第三十三条第二款规定另有约定的除外。

**第三十二条** 证券公司设立集合资产管理计划，可以对计划存续期间做出规定，也可以不做规定。

集合资产管理合同应当对客户参与和退出集合资产管理计划的时间、方式、价格、程序等事项做出明确约定。

参与集合资产管理计划的客户不得转让其所拥有的份额；但是法律、行政法规另有规定的除外。

**第三十三条** 证券公司可以自有资金参与本公司设立的集合资产管理计划；在该集合资产管理计划存续期间，证券公司不得收回所投入的资金。

以自有资金参与本公司设立的集合资产管理计划的证券公司，应当在集合资产管理合同中对其所投入的资金数额和承担的责任等做出约定。

证券公司投入的资金，根据其所承担的责任，在计算公司的净资本额时予以相应的扣减。

**第三十四条** 证券公司可以自行推广集合资产管理计划，也可以委托其他证券公司或者商业银行代为推广。

客户在参与集合资产管理计划之前，应当已经是证券公司自身或者其他推广机构的客户。

**第三十五条** 证券公司设立集合资产管理计划的，应当自中国证监会出具无异议意见或者做出批准决定之日起六十日内，完成设立工作并开始投资运作。

集合资产管理计划设立完成前，客户的参与资金只能存入资产托管机构，不得动用。

**第三十六条** 证券公司进行集合资产管理业务投资运作，在证券交易所进行证券交易的，应当集中在固定席位上进行，并向证券交易所、证券登记结算机构备案。

集合资产管理计划资产中的证券，不得用于回购。

**第三十七条** 证券公司将其所管理的客户资产投资于一家公司发行的证券，按证券面值计算，不得超过该证券发行总量的百分之十。

一个集合资产管理计划投资于一家公司发行的证券不得超过该计划资产净值的百分之十。

**第三十八条** 证券公司将其管理的客户资产投资于本公司、资产托管机构及与本公司、资产托管机构有关联方关系的公司发行的证券，应当事先取得客户的同意，事后告知资产托管机构和客户，同时向证券交易所报告。

证券公司办理集合资产管理业务，单个集合资产管理计划投资于前款所述证券的资金，不得超过该集合资产管理计划资产净值的百分之三。

**第三十九条** 证券公司办理定向资产管理业务，由客户自行行使其所持有证券的权利，履行相应的义务。

证券公司将定向资产管理业务的客户资产投资于上市公司的股票，发生客户应当履行公告、报告、要约收购等法律、行政法规和中国证监会规定义务的情形时，证券公司应当立即通知有关客户，并督促其履行相应义务；客户拒不履行的，证券公司应当向证券交易所报告。

**第四十条** 证券公司代表客户行使集合资产管理计划所拥有证券的权利，履行相应的义务。

**第四十一条** 证券公司从事客户资产管理业务，不得有下列行为：

（一）挪用客户资产；

（二）向客户作出保证其资产本金不受损失或者取得最低收益的承诺；

（三）以欺诈手段或者其他不正当方式误导、诱导客户；

（四）将客户资产管理业务与其他业务混合操作；

（五）以转移资产管理账户收益或者亏损为目的，在自营账户与资产管理账户之间或者不同的资产管理账户之间进行买卖，损害客户的利益；

（六）自营业务抢先于资产管理业务进行交易，损害客户的利益；

（七）以获取佣金或者其他利益为目的，用客户资产进行不必要的证券交易；

（八）内幕交易或者操纵市场；

（九）法律、行政法规和中国证监会规定禁止的其他行为。

**第四十二条** 证券公司办理集合资产管理业务，除应遵守前条规定外，还应当遵守下列规定：

（一）不得将集合资产管理计划资产用于资金拆借、贷款、抵押融资或者对外担保等用途；

（二）不得将集合资产管理计划资产用于可能承担无限责任的投资。

## 第四章 风险控制和客户资产托管

**第四十三条** 证券公司开展客户资产管理业务，应当在资产管理合同中明确规定，由客户自行承担投资风险。

**第四十四条** 证券公司应当向客户如实披露其客

户资产管理业务资质、管理能力和业绩等情况，并应当充分揭示市场风险，证券公司因丧失客户资产管理业务资格给客户带来的法律风险，以及其他投资风险。

证券公司向客户介绍投资收益预期，必须恪守诚信原则，提供充分合理的依据，并以书面方式特别声明，所述预期仅供客户参考，不构成证券公司保证客户资产本金不受损失或者取得最低投资收益的承诺。

**第四十五条** 在签订资产管理合同之前，证券公司应当了解客户的资产与收入状况、风险承受能力以及投资偏好等基本情况，客户应当如实提供相关信息。

证券公司设立集合资产管理计划，应当对客户的条件和集合资产管理计划的推广范围进行明确界定，参与集合资产管理计划的客户应当具备相应的金融投资经验和风险承受能力。

**第四十六条** 客户应当对其资产来源及用途的合法性做出承诺。客户未做承诺或者证券公司明知客户资产来源或者用途不合法的，不得签订资产管理合同。

任何人不得非法汇集他人资金参与集合资产管理计划。

**第四十七条** 证券公司及其他推广机构应当采取有效措施使客户详尽了解集合资产管理计划的特性、风险等情况及客户的权利、义务，但不得通过广播、电视、报刊及其他公共媒体推广集合资产管理计划。

**第四十八条** 证券公司应当至少每三个月向客户提供一次准确、完整的资产管理报告，对报告期内客户资产的配置状况、价值变动等情况做出详细说明。

证券公司应当保证客户能够按照资产管理合同约定的时间和方式查询客户资产配置状况等信息。发生资产管理合同约定的、可能影响客户利益的重大事项时，证券公司应当及时告知客户。

**第四十九条** 证券公司办理定向资产管理业务，应当保证客户资产与其自有资产、不同客户的资产相互独立，对不同客户的资产分别设置账户、独立核算、分账管理。

**第五十条** 证券公司办理集合资产管理业务，应当保证集合资产管理计划资产与其自有资产、集合资产管理计划资产与其他客户的资产、不同集合资产管理计划的资产相互独立，单独设置账户、独立核算、分账管理。

**第五十一条** 证券公司办理定向资产管理业务，应当按照中国证监会的规定对客户资产中的货币资金进行管理；客户有要求的，证券公司应当将客户资产交由资产托管机构进行托管。

**第五十二条** 证券公司办理集合资产管理业务，应当将集合资产管理计划资产交由资产托管机构进行托管。

证券公司、资产托管机构应当为集合资产管理计划单独开立证券账户和资金账户。证券账户名称应当注明证券公司、集合资产管理计划名称等内容。

**第五十三条** 资产托管机构应当由专门部门负责集合资产管理计划资产的托管业务，并将托管的集合资产管理计划资产与其自有资产及其管理的其他资产严格分开。

**第五十四条** 资产托管机构办理集合资产管理计划资产托管业务，应当履行下列职责：

（一）安全保管集合资产管理计划资产；

（二）执行证券公司的投资或者清算指令，并负责办理集合资产管理计划资产运营中的资金往来；

（三）监督证券公司集合资产管理计划的经营运作，发现证券公司的投资或清算指令违反法律、行政法规、中国证监会的规定或者集合资产管理合同约定的，应当要求改正；未能改正的，应当拒绝执行，并向中国证监会报告；

（四）出具资产托管报告；

（五）集合资产管理合同约定的其他事项。

**第五十五条** 资产托管机构有权随时查询集合资产管理计划的经营运作情况，并应当定期核对集合资产管理计划资产的情况，防止出现挪用或者遗失。

**第五十六条** 定向资产管理合同约定的投资管理期限届满或者发生合同约定的其他事由，应当终止资产管理合同的，证券公司在扣除合同约定的各项费用后，必须将客户账户内的全部资产交还客户自行管理。

集合资产管理合同约定的投资管理期限届满或者发生合同约定的其他事由，应当终止集合资产管理计划运营的，证券公司和资产托管机构在扣除合同规定的各项费用后，必须将集合资产管理计划资产，按照客户拥有份额的比例或者集合资产管理合同的约定，以货币资金的形式全部分派给客户，并注销证券账户和资金账户。

## 第五章 监管措施和法律责任

**第五十七条** 证券公司因涉嫌违法违规被中国证监会调查的，中国证监会暂不受理其客户资产管理业务资格申请、集合资产管理计划设立备案或者申请；已经受理的，暂缓进行审核。

**第五十八条** 证券公司应当就客户资产管理业务的运营制定内部检查制度,定期进行自查。

证券公司应当按季编制客户资产管理业务的报告,报中国证监会及注册地中国证监会派出机构备案。

**第五十九条** 证券公司推广集合资产管理计划,应当将集合资产管理合同、集合资产管理计划说明书等正式推广文件,置备于证券公司及其他推广机构推广集合资产管理计划的营业场所,并报注册地和推广场所所在地中国证监会派出机构备案。

证券公司应当在集合资产管理计划设立工作完成后五个工作日内,将集合资产管理计划的设立情况报中国证监会及注册地中国证监会派出机构备案。

**第六十条** 证券公司进行年度审计,应当同时对客户资产管理业务的运营情况进行审计,并要求会计师事务所就各集合资产管理计划出具单项审计意见。

证券公司应当将审计结果报送中国证监会及注册地中国证监会派出机构备案,并将各集合资产管理计划的单项审计意见提供给客户和资产托管机构。

**第六十一条** 证券公司和资产托管机构应当按照有关法律、行政法规的规定保存客户资产管理业务的会计账册,并妥善保存有关的合同、协议、交易记录等文件、资料。

自资产管理合同终止之日起,保存期不得少于十五年。

**第六十二条** 中国证监会及其派出机构对证券公司和资产托管机构从事客户资产管理业务的情况,进行定期或者不定期的检查,证券公司和资产托管机构应当予以配合。

证券公司、资产托管机构的高级管理人员、直接负责的主管人员和其他直接责任人员违反本办法规定的,中国证监会及其派出机构根据不同情况,对其采取谈话提醒、暂停履行职务、记入诚信档案、认定为不适宜担任相关职务者等行政监管措施。

**第六十三条** 证券公司、资产托管机构及其直接负责的主管人员和其他直接责任人员违反本办法规定从事客户资产管理业务,中国证监会依照本办法进行行政处罚;法律、行政法规另有规定的,按照有关规定进行行政处罚;情节严重涉嫌犯罪的,依法移送司法机关,追究其刑事责任。

证券公司、资产托管机构及其直接负责的主管人员和其他直接责任人员从事客户资产管理业务,损害客户合法利益的,应当依法承担民事责任。

**第六十四条** 证券公司违反本办法规定,擅自开办客户资产管理业务的,责令改正,并处以警告、罚款。

对直接负责的主管人员和其他直接责任人员,处以警告、罚款,并依法取消其高级管理人员任职资格或者证券从业资格。

**第六十五条** 证券公司从事客户资产管理业务,有下列情形之一的,应当主动改正;未能改正的,责令改正;拒不改正的,暂停其客户资产管理业务,单处或者并处警告、罚款;情节严重的,依法取消其客户资产管理业务资格:

(一)未按照本办法的规定办理客户资产的托管;

(二)未按照本办法的规定将有关材料置备于营业场所或者向中国证监会及注册地中国证监会派出机构备案;

(三)违反本办法第三十四条的规定,委托其他机构或个人代为推广集合资产管理计划;

(四)违反本办法第三十五条的规定,未完成集合资产管理计划设立即动用客户参与资金;

(五)违反本办法第三十六条的规定,不通过固定席位进行交易或者将集合资产管理计划资产的证券用于回购;

(六)违反本办法第十四条、第三十七条的规定,超出投资范围和比例进行投资;

(七)违反本办法第三十八条的规定,未按照规定程序或者超比例从事关联交易;

(八)未按照本办法第三十九条的规定履行通知、报告义务;

(九)从事本办法第四十一条、第四十二条规定的禁止行为;

(十)违反本办法第四十六条的规定与客户签订资产管理合同;

(十一)违反本办法第四十七条的规定推广集合资产管理计划;

(十二)未按照本办法第六十一条的规定保存有关材料;

(十三)未按照本办法第六十二条的规定配合中国证监会及其派出机构监督检查;

(十四)其他违反本办法规定的行为。

对直接负责的主管人员和其他直接责任人员,单处或者并处警告、罚款;情节严重的,依法取消其高级管理人员任职资格或者证券从业资格。

**第六十六条** 资产托管机构从事客户资产管理业

务,有下列情形之一的,责令改正,单处或者并处警告、罚款:

(一)未按照本办法第五十三条、第五十四条的规定管理集合资产管理计划资产或者履行托管职责;

(二)未按照本办法第六十一条的规定保存有关材料;

(三)未按照本办法第六十二条的规定配合中国证监会及其派出机构监督检查。

对直接负责的主管人员和其他直接责任人员,单处或者并处警告、罚款;情节严重的,依法取消其证券从业资格。

**第六十七条** 其他推广机构违反本办法第四十七条的规定推广集合资产管理计划的,责令改正,并处以警告、罚款。

对直接负责的主管人员和其他直接责任人员,单处或者并处警告、罚款;情节严重的,依法取消其证券从业资格。

**第六十八条** 证券公司因违法违规经营或者有关财务指标不符合中国证监会的规定,被中国证监会暂停客户资产管理业务的,暂停期间不得签订新的资产管理合同;被中国证监会依法取消客户资产管理业务资格的,应当停止资产管理活动,依照本办法第五十六条的规定处理合同终止事宜。

## 第六章 附 则

**第六十九条** 本办法所称托管,是指资产托管机构根据证券公司、客户的委托,对客户的资产进行保管,办理权益登记、转账过户、资金划拨、监督运营等事务的行为。

本办法所指关联方关系的含义与财政部《企业会计准则——关联方关系及其交易的披露》中的关联方关系的含义相同。

**第七十条** 本办法实施前中国证监会已核准的证券公司受托投资管理业务资格继续有效,自本办法实施之日起自动变更为客户资产管理业务资格。

**第七十一条** 证券公司在本办法实施前开展的受托投资管理业务不符合本办法有关规定的,应当按照本办法进行规范。

**第七十二条** 经中国证监会批准从事客户资产管理业务的其他机构,遵照执行本办法。

**第七十三条** 本办法自 2004 年 2 月 1 日起施行。中国证监会《关于规范证券公司受托投资管理业务的通知》(证监机构字[2001]265 号)、《关于证券公司从事集合性受托投资管理业务有关问题的通知》(证监机构字[2003]107 号)同时废止。

# 外国投资者并购境内企业暂行规定

**第一条** 为了促进和规范外国投资者来华投资,引进国外的先进技术和管理经验,提高利用外资的水平,实现资源的合理配置,保证就业、维护公平竞争和国家经济安全,依据外商投资企业的法律、行政法规和其他相关法律、行政法规,制定本规定。

**第二条** 本规定所称外国投资者并购境内企业,系指外国投资者协议购买境内非外商投资企业(以下称"境内公司")的股东的股权或认购境内公司增资,使该境内公司变更设立为外商投资企业(以下称"股权并购");或者,外国投资者设立外商投资企业,并通过该企业协议购买境内企业资产且运营该资产,或,外国投资者协议购买境内企业资产,并以该资产投资设立外商投资企业运营该资产(以下称"资产并购")。

**第三条** 外国投资者并购境内企业应遵守中国的法律、行政法规和部门规章,遵循公平合理、等价有偿、诚实信用的原则,不得造成过度集中、排除或限制竞争,不得扰乱社会经济秩序和损害社会公共利益。

**第四条** 外国投资者并购境内企业,应符合中国法律、行政法规和部门规章对投资者资格和产业政策的要求。

依照《外商投资产业指导目录》不允许外国投资者独资经营的产业,并购不得导致外国投资者持有企业的全部股权;需由中方控股或相对控股的产业,该产业的企业被并购后,仍应由中方在企业中占控股或相对控股地位;禁止外国投资者经营的产业,外国投资者不得并购从事该产业的企业。

**第五条** 外国投资者并购境内企业设立外商投资企业,应依照本规定经审批机关批准,并向登记管理机关办理变更登记或设立登记。外国投资者在并购后所设外商投资企业注册资本中的出资比例一般不低于25%。外国投资者的出资比例低于25%的，除法律、行政法规另有规定外，应依照现行设立外商投资企业的审批、登记程序进行审批、登记。审批机关在颁发外商投资企业批准证书时加注"外资比例低于25%"的字样。登记管理机关在颁发外商投资企业营业执照时加注"外资比例低于25%"的字样。

**第六条** 本规定中的审批机关为中华人民共和国对外贸易经济合作部(以下简称"外经贸部")或省级对外贸易经济主管部门(以下简称"省级审批机关")，登记管理机关为中华人民共和国国家工商行政管理总局或其授权的地方工商行政管理局。

并购后所设外商投资企业，根据法律、行政法规和部门规章的规定，属于应由外经贸部审批的特定类型或行业的外商投资企业的，省级审批机关应将申请文件转报外经贸部审批，外经贸部依法决定批准或不批准。

**第七条** 外国投资者股权并购的，并购后所设外商投资企业继承被并购境内公司的债权和债务。

外国投资者资产并购的，出售资产的境内企业承担其原有的债权和债务。

外国投资者、被并购境内企业、债权人及其他当事人可以对被并购境内企业的债权债务的处置另行达成协议，但是该协议不得损害第三人利益和社会公共利益。债权债务的处置协议应报送审批机关。

出售资产的境内企业应自作出出售资产决议之日起10日内，向债权人发出通知书，并在全国发行的省级以上报纸上发布公告。债权人自接到该通知书或自公告发布之日起10日内，有权要求出售资产的境内企业提供相应的担保。

**第八条** 并购当事人应以资产评估机构对拟转让的股权价值或拟出售资产的评估结果作为确定交易价格的依据。并购当事人可以约定在中国境内依法设立的资产评估机构。资产评估应采用国际通行的评估方法。

外国投资者并购境内企业，导致以国有资产投资形成的股权变更或国有资产产权转移时，应根据国有资产管理的有关规定进行评估，确定交易价格。

禁止以明显低于评估结果的价格转让股权或出售资产，变相向境外转移资本。

**第九条** 外国投资者并购境内企业设立外商投资企业，外国投资者应自外商投资企业营业执照颁发之日起3个月内向转让股权的股东，或出售资产的境内企业支付全部对价。对特殊情况需要延长者，经审批机关批准后，应自外商投资企业营业执照颁发之日起6个月内支付全部对价的60%以上，1年内付清全部对价，并按实际缴付的出资比例分配收益。

外国投资者股权并购，并购后所设外商投资企业增资的，投资者应在拟变更设立的外商投资企业合同、章程中规定出资期限。规定一次缴清出资的，投资者应自外商投资企业营业执照颁发之日起6个月内缴清；规定分期缴付出资的，投资者第一期出资不得低于各自认缴出资额的15%，并应自外商投资企业营业执照颁发之日起3个月内缴清。

外国投资者资产并购的，投资者应在拟设立的外商投资企业合同、章程中规定出资期限。设立外商投资企业，并通过该企业协议购买境内企业资产且运营该资产的，对与资产对价等额部分的出资，投资者应在本条第一款规定的对价支付期限内缴付；其余部分的出资应依照本条第二款规定的方式约定缴付期限。

外国投资者并购境内企业设立外商投资企业，外国投资者出资比例低于25%的，投资者以现金出资的，应自外商投资企业营业执照颁发之日起3个月内缴清；投资者以实物、工业产权等出资的，应自外商投资企业营业执照颁发之日起6个月内缴清。

作为对价的支付手段，应符合国家有关法律、行政法规的规定。外国投资者以其拥有处置权的股票或其合法拥有的人民币资产作为支付手段的，须经外汇管理部门核准。

**第十条** 外国投资者协议购买境内公司股东的股权，境内公司变更设立为外商投资企业后，该外商投资企业的注册资本为原境内公司注册资本，外国投资者的出资比例为其所购买股权在原注册资本中所占比例。被股权并购境内公司同时增资的，并购后所设外商投资企业的注册资本为原境内公司注册资本与增资额之和；外国投资者与被并购境内公司原其他投资者，在对境内公司资产评估的基础上，确定各自在外商投资企业注册资本中的出资比例。

外国投资者认购境内公司的增资，境内公司变更设立为外商投资企业后，该外商投资企业的注册资本为原境内公司注册资本与增资额之和。外国投资者与被并购境内公司原其他股东，在境内公司资产评估的基础上，确定各自在外商投资企业注册资本中的出资比例。

被股权并购境内公司中国自然人股东在原公司享

有股东地位一年以上的，经批准，可继续作为变更后所设外商投资企业的中方投资者。

**第十一条** 外国投资者股权并购的，对并购后所设外商投资企业应按照以下比例确定投资总额的上限：

(1) 注册资本在二百一十万美元以下的，投资总额不得超过注册资本的七分之十；

(2) 注册资本在二百一十万美元以上至五百万美元的，投资总额不得超过注册资本的2倍；

(3) 注册资本在五百万美元以上至一千二百万美元的，投资总额不得超过注册资本的2.5倍；

(4) 注册资本在一千二百万美元以上的，投资总额不得超过注册资本的3倍。

**第十二条** 外国投资者股权并购的，投资者应根据并购后所设外商投资企业的投资总额向具有相应审批权限的审批机关报送下列文件：

(1) 被并购境内有限责任公司股东一致同意外国投资者股权并购的决议，或被并购境内股份有限公司同意外国投资者股权并购的股东大会决议；

(2) 被并购境内公司依法变更设立为外商投资企业的申请书；

(3) 并购后所设外商投资企业的合同、章程；

(4) 外国投资者购买境内公司股东股权或认购境内公司增资的协议；

(5) 被并购境内公司最近财务年度的财务审计报告；

(6) 投资者的身份证明文件或开业证明、资信证明文件；

(7) 被并购境内公司所投资企业的情况说明；

(8) 被并购境内公司及其所投资企业的营业执照(副本)；

(9) 被并购境内公司职工安置计划；

(10) 本规定第七条、第十九条要求报送的文件。

并购后所设外商投资企业的经营范围、规模、土地使用权的取得，涉及其他相关政府部门许可的，有关的许可文件应一并报送。

被并购境内公司原有被投资公司的经营范围应符合有关外商投资产业政策的要求；不符合的，应进行调整。

**第十三条** 本规定第十二条规定的股权购买协议、境内公司增资协议应适用中国法律，并应包括以下主要内容：

(1) 协议各方的状况，包括名称(姓名)，住所，法定代表人姓名、职务、国籍等；

(2) 购买股权或认购增资的份额和价款；

(3) 协议的履行期限、履行方式；

(4) 协议各方的权利、义务；

(5) 违约责任、争议解决；

(6) 协议签署的时间、地点。

**第十四条** 外国投资者资产并购的，应根据购买资产的交易价格和实际生产经营规模确定拟设立的外商投资企业的投资总额。拟设立的外商投资企业的注册资本与投资总额的比例应符合有关规定。

**第十五条** 外国投资者资产并购的，投资者应根据拟设立的外商投资企业的投资总额、企业类型及所从事的行业，依照设立外商投资企业的法律、行政法规和部门规章的规定，向具有相应审批权限的审批机关报送下列文件：

(1) 境内企业产权持有人或权力机构同意出售资产的决议；

(2) 外商投资企业设立申请书；

(3) 拟设立的外商投资企业的合同、章程；

(4) 拟设立的外商投资企业与境内企业签署的资产购买协议，或者，外国投资者与境内企业签署的资产购买协议；

(5) 被并购境内企业的章程、营业执照(副本)；

(6) 被并购境内企业通知、公告债权人的证明；

(7) 投资者的身份证明文件或开业证明、有关资信证明文件；

(8) 被并购境内企业职工安置计划；

(9) 本规定第七条、第十九条要求报送的文件。

依照前款的规定购买并运营境内企业的资产，涉及其他相关政府部门许可的，有关的许可文件应一并报送。

外国投资者协议购买境内企业资产并以该资产投资设立外商投资企业的，在外商投资企业成立之前，不得以该资产开展经营活动。

**第十六条** 本规定第十五条规定的资产购买协议应适用中国法律，并应包括以下主要内容：

(1) 协议各方的自然状况，包括名称(姓名)，住所，法定代表人姓名、职务、国籍等；

(2) 拟购买资产的清单、价格；

(3) 协议的履行期限、履行方式；

(4) 协议各方的权利、义务；

(5) 违约责任、争议解决；

(6) 协议签署的时间、地点。

**第十七条** 外国投资者并购境内企业设立外商投资企业，除本规定第二十条另有规定外，审批机关应自收到规定报送的全部文件之日起30日内，依法决定批准或不批准。决定批准的，由审批机关颁发外商投资企业批准证书。

外国投资者协议购买境内公司股东股权，审批机关决定批准的，应同时将有关批准文件分别抄送股权转让方、境内公司所在地外汇管理部门。股权转让方所在地外汇管理部门为其办理收汇的外资外汇登记手续，并出具外国投资者股权并购对价支付到位的外资外汇登记证明。

**第十八条** 外国投资者资产并购的，投资者应自收到外商投资企业批准证书之日起30日内，向登记管理机关申请办理设立登记，领取外商投资企业营业执照。

外国投资者股权并购的，被并购境内公司应依照本规定向原登记管理机关申请变更登记，领取外商投资企业营业执照。原登记管理机关没有登记管辖权的，应自收到申请文件之日起10日内转送有管辖权的登记管理机关办理，同时附送该境内公司的登记档案。被并购境内公司在申请变更登记时，应提交以下文件，并对其真实性、有效性负责：

(1) 变更登记申请书；

(2) 被并购境内公司根据《中华人民共和国公司法》及公司章程做出的关于股权转让或增资的股东会(大会)决议；

(3) 外国投资者购买境内公司股东股权或认购境内公司增资的协议；

(4) 修改后的公司章程或原章程的修正案和依法需要提交的外商投资企业合同；

(5) 外商投资企业批准证书；

(6) 外国投资者的身份证明文件或开业证明、资信证明文件；

(7) 修改后的董事会名单，记载新增董事姓名、住所的文件和新增董事的任职文件；

(8) 国家工商行政管理总局规定的其他有关文件和证件。

转让国有股权和外国投资者认购含国有股权公司的增资额的，还应提交经济贸易主管部门的批准文件。

投资者自收到外商投资企业营业执照之日起30日内，到税务、海关、土地管理和外汇管理等有关部门办理登记手续。

**第十九条** 外国投资者并购境内企业有下列情形之一的，投资者应就所涉情形向外经贸部和国家工商行政管理总局报告：

(1) 并购一方当事人当年在中国市场营业额超过15亿元人民币；

(2) 一年内并购国内关联行业的企业累计超过10个；

(3) 并购一方当事人在中国的市场占有率已经达到百分之二十；

(4) 并购导致并购一方当事人在中国的市场占有率达到百分之二十五。

虽未达到前款所述条件，但是应有竞争关系的境内企业、有关职能部门或者行业协会的请求，外经贸部或国家工商行政管理总局认为外国投资者并购涉及市场份额巨大，或者存在其他严重影响市场竞争或国计民生和国家经济安全等重要因素的，也可以要求外国投资者作出报告。

上述并购一方当事人包括外国投资者的关联企业。

**第二十条** 外国投资者并购境内企业涉及本规定第十九条所述情形之一，外经贸部和国家工商行政管理总局认为可能造成过度集中，妨害正当竞争、损害消费者利益的，应自收到规定报送的全部文件之日起90日内，共同或经协商单独召集有关部门、机构、企业以及其他利害关系方举行听证会，并依法决定批准或不批准。

**第二十一条** 境外并购有下列情形之一的，并购方应在对外公布并购方案之前或者报所在国主管机构的同时，向外经贸部和国家工商行政管理总局报送并购方案。外经贸部和国家工商行政管理总局应审查是否存在造成境内市场过度集中，妨害境内正当竞争、损害境内消费者利益的情形，并做出是否同意的决定：

(1) 境外并购一方当事人在我国境内拥有资产30亿元人民币以上；

(2) 境外并购一方当事人当年在中国市场上的营业额15亿元人民币以上；

(3) 境外并购一方当事人及其关联企业在中国市场占有率已经达到百分之二十；

(4) 由于境外并购，境外并购一方当事人及其关联企业在中国的市场占有率达到百分之二十五；

(5) 由于境外并购，境外并购一方当事人直接或间接参股境内相关行业的外商投资企业将超过15家。

**第二十二条** 有下列情况之一的并购，并购一方当事人可以向外经贸部和国家工商行政管理总局申请审查豁免：

(1) 可以改善市场公平竞争条件的；

(2) 重组亏损企业并保障就业的；

(3) 引进先进技术和管理人才并能提高企业国际竞争力的；

(4) 可以改善环境的。

**第二十三条** 投资者报送文件，应对文件依照规定进行分类，并附文件目录。规定报送的全部文件应用中文表述。

**第二十四条** 外国投资者在中国境内依法设立的投资性公司并购境内企业，适用本规定。

外国投资者股权并购境内外商投资企业，适用现行外商投资企业法律、行政法规以及《外商投资企业股东股权变更的若干规定》，其中没有规定的，参照本规定办理。

**第二十五条** 香港特别行政区、澳门特别行政区和台湾地区的投资者并购境内其他地区的企业，参照本规定办理。

**第二十六条** 本规定自 2003 年 4 月 12 日起施行。

# 关于要约收购涉及的被收购公司股票上市交易条件有关问题的通知

证监公司字[2003]16 号

**上海、深圳证券交易所，各上市公司：**

根据《公司法》、《证券法》及《上市公司收购管理办法》的相关规定，现就收购人要约收购所涉及的被收购公司股票上市交易条件有关问题通知如下：

一、要约收购的期限届满，被收购公司的股权分布不符合《公司法》规定的上市条件，且收购人以终止被收购公司股票上市交易为目的的，被收购公司的股票应当在证券交易所终止上市交易。

二、要约收购的期限届满，收购人不以终止被收购公司股票上市交易为目的的，被收购公司股票交易按以下情形分别处理：

(一)被收购公司的股权分布符合《公司法》规定的上市条件的，其上市地位不受影响；

(二)被收购公司的股权分布不符合《公司法》规定的上市条件的，收购人应当提出维持被收购公司上市地位的具体方案，并在要约期满六个月后的一个月内实施，使被收购公司股权分布重新符合上市条件；

要约收购的期限届满至前述方案实施完毕之前，证券交易所对被收购公司股票交易实行“警示存在终止上市风险的特别处理”(即“退市风险警示”)；

(三)收购人持股比例超过被收购公司总股本 90% 的，收购人应当按照第(二)项的规定，提出并在规定的期限内实施维持被收购公司上市地位的具体方案；被收购公司应当向证券交易所提出被收购公司股票暂停上市交易的申请，证券交易所根据被收购公司股权分布及实际情况酌情做出决定；

(四)收购人按照前述方案实施完毕后，证券交易所根据被收购公司的申请及收购人实施方案情况，做出撤销退市风险警示或者恢复上市交易的决定；收购人未在规定期限内将前述方案实施完毕的，被收购公司应当依法终止上市。

三、收购人应当在要约收购报告书中完整披露其根据本通知所提出的方案并充分揭示相关风险。

收购人在规定的期限内实施其维持被收购公司上市地位方案后，应当及时履行信息披露义务。

四、其他法律、法规及中国证监会对外商收购上市公司有特殊规定的，收购人还须遵守其规定。

**中国证券监督管理委员会**

**二〇〇三年五月二十日**

# 利用外资改组国有企业暂行规定

**第一条** 为引导和规范利用外资改组国有企业的行为，促进国有经济的战略性改组，加快国有企业建立现代企业制度的步伐，维护社会稳定，根据《中华人民共和国公司法》、《中华人民共和国合同法》和国家有关外商投资及国有资产管理的法律法规规定，制定本规定。

**第二条** 本规定适用于利用外资将国有企业、含国有股权的公司制企业（金融企业和上市公司除外）改制或设立为公司制外商投资企业的行为（以下简称利用外资改组国有企业）。

**第三条** 本规定所称利用外资改组国有企业包括下列情形：

（一）国有企业的国有产权持有人将全部或部分产权转让给外国公司、企业和其他经济组织或个人（以下简称外国投资者），企业改组为外商投资企业；

（二）公司制企业的国有股权持有人将全部或部分国有股权转让给外国投资者，企业改组为外商投资企业；

（三）国有企业的境内债权人将持有的债权转给外国投资者，企业改组为外商投资企业；

（四）国有企业或含有国有股权的公司制企业将企业的全部或主要资产出售给外国投资者，外国投资者以所购买的资产独自或与出售资产的企业等共同设立外商投资企业；

（五）国有企业或含国有股权的公司制企业通过增资扩股吸收外国投资者投资，将该企业改组为外商投资企业。

**第四条** 本规定第三条所述（一）、（二）、（三）、（五）项情形的国有企业和公司制企业称为被改组企业。

国有企业的国有产权、公司制企业的国有股权统称为国有产权。国有产权持有人、国有股权持有人统称为国有产权持有人。

国有产权持有人是指国家授权的部门或国家授权投资的机构、持有国有资本的企业及其他经济组织。国有产权持有人、转让债权的国有企业债权人、出售资产的企业统称为改组方。

**第五条** 改组方应当选择具备下列条件的外国投资者：

（一）具有被改组企业所需的经营资质和技术水平；

（二）具有良好的商业信誉和管理能力；

（三）具有良好的财务状况和经济实力。

改组方应当要求外国投资者提出改善企业治理结构和促进企业持续发展的重整方案，重整方案内容应当包括新产品开发、技术改造及相关投资计划、加强企业管理的措施等。

**第六条** 利用外资改组国有企业应当遵循下列原则：

（一）遵守国家法律法规，保证国家经济安全；

（二）符合国家产业政策要求。企业（包括其直接或间接持股的企业）经营范围属于《外商投资产业指导目录》禁止外商投资产业的，外国投资者不得参与改组；须由中方控股或相对控股的企业，改组后应当保持中方控股或相对控股地位；

（三）有利于经济结构调整，促进国有资本优化配置；

（四）注重引进先进技术和管理经验，建立规范的公司治理结构，推动企业技术进步和产业升级；

（五）坚持公开、公平、公正、诚实信用的原则，防止国有资产流失，不得逃废、悬空银行及其他债权人的债权，不得损害职工的合法权益，保护外国投资者的合法权益；

（六）促进公平竞争，不得导致市场垄断。

**第七条** 转让国有企业产权或国有独资公司和两个以上的国有企业或其他两个以上的国有投资主体投资设立的有限责任公司的国有股权的，改组方应当事先征求被改组企业职工代表大会的意见。转让公司制企业国有股权，应当经过被改组企业股东会同意。转让国有企业债权的，应当经过被改组企业国有产权持有人同意。企业出售全部或主要资产的，应当事先征得企业国有产权持有人或股东会的同意，并通知债权人。

**第八条** 利用外资改组国有企业应当符合下列要求：

（一）企业改组前，国有产权持有人应当组织被改组企业进行资产清查、产权界定、债权债务清理，聘请具备资格的中介机构进行财务审计，按照《国有资产评估管理办法》(国务院令第 91 号)、《国有资产评估管理若干问题的规定》(财政部令第 14 号)等有关规定进行资产评估。评估结果按照规定核准或备案后,作为确定国有产权、资产价格的依据。

(二)改组后企业控制权转移或企业的全部或主要经营资产出售给外国投资者的,改组方和被改组企业应当制定妥善安置职工的方案,并应当经职工代表大会审议通过。被改组企业应当以现有资产清偿拖欠职工的工资、未退还的集资款、欠缴的社会保险费等各项费用。被改组企业与职工实行双向选择。对留用职工要依法重新签订或变更劳动合同。对解除劳动合同的职工要依法支付经济补偿金,对移交社会保险机构的职工要依法一次性缴足社会保险费,所需资金从改组前被改组企业净资产抵扣,或从国有产权持有人转让国有产权收益中优先支付。

(三)以出售资产方式进行改组的,企业债权债务仍由原企业承继;以其他方式改组的,企业债权债务由改组后的企业承继。转让已抵押或质押的国有产权、资产的,应当符合《中华人民共和国担保法》的有关规定。债务承继人应当与债权人签订相关的债权债务处置协议。

(四)改组方应当公开发布改组信息,广泛地征集外国投资者,对外国投资者的资质、信誉、财务状况、管理能力、付款保障、经营者素质等进行调查。优先选择能带来先进技术和管理经验、产业关联度高的中长期投资者。

改组方和外国投资者应当应对方的合理要求,如实、详尽地提供有关信息资料,不得有误导和欺诈行为,并承担相应保密义务。

(五)企业改组以转让国有产权或出售资产方式进行的,改组方应当优先采用公开竞价方式确定外国投资者及转让价格。采用公开竞价方式转让,应当依法履行有关手续,并将拟转让国有产权或拟出售资产的相关情况予以公告。采取协议转让的,也应当公开运作。

不论采取何种转让方式,改组方与外国投资者均应当按照国家有关规定和本规定签订转让协议。转让协议内容应当主要包括转让国有产权的基本情况、职工安置、债权债务处置、转让比例、转让价格、付款方式及付款条件、产权交割事项以及企业重整等条款。

**第九条** 利用外资改组国有企业应当按下列程序办理:

(一)改组方(两个以上的改组方应当确定一个改组方)应当向同级经济贸易主管部门提出改组申请。改组申请材料应当附可行性研究报告、改组方和被改组企业的情况、外国投资者的情况(包括经注册会计师审计的最近三年的财务报告和在中国境内拥有实际控制权的同行业企业产品或服务的市场占有率)、改组方案(包括职工安置、债权债务处置和企业重整方案)、改组后的企业(包括其直接或间接持股的企业)的经营范围和股权结构等文件。

接受申请的经济贸易主管部门应当依照《指导外商投资方向规定》的权限和有关法律法规进行审核。中央企业及其全资或具有控制权的企业进行改组的、被改组企业直接或间接持有上市公司股权的、改组后的企业资产总额不低于 3000 万美元的,由国务院经济贸易主管部门审核;对可能导致市场垄断、妨碍公平竞争的,在审核前组织听证。经济贸易主管部门在收到改组申请材料后 45 天内应当做出是否同意的批复;需要听证的,在 3 个月内做出是否同意的批复。

国家对被改组企业及其直接或间接持股的企业所属行业利用外资以及上市公司国有股权持有人因产权变动引起所持国有股性质发生变化另有规定的,依照其规定。

(二)改组方和外国投资者签订的转让协议应当按照财政部《关于印发〈企业国有资本与财务管理暂行办法〉的通知》(财企[2001]325 号)的有关规定报批。转让协议经批准后生效。

转让协议应当附国有产权登记证、被改组企业的审计及资产评估报告核准或备案情况、职工安置方案、债权债务协议、企业重整方案、改组方及被改组企业的有关决议、被改组企业职工代表大会的意见或决议等文件。

(三)改组方或被改组企业应当凭改组申请和转让协议的批准文件依法办理外商投资企业的审批手续;改组后的企业为股份有限公司的,依照《中华人民共和国公司法》的有关规定办理。

(四)改组后的企业或投资者应当持本条(一)、(三)项的批准文件按照登记管理法规规定向具有外商投资企业登记权的原登记机关或住所地具有外商投资企业登记权的登记机关办理登记手续;改组后的企业为股份有限公司的，依照《中华人民共和国公司法》的有关规定办理。

（五）改组方应当凭改组申请和转让协议的批准文件、外资外汇登记证明及有关文件，按照有关规定办理国有产权交割手续和权属变更登记手续，并委托注册会计师依法出具验资报告。改组后的企业用地原为国有划拨土地的，应当依法办理土地使用权审批和出让手续。

（六）改组方转让国有产权、债权或出售资产的外汇资金收入，应当凭改组申请和转让协议的批准文件及有关文件报外汇管理部门批准后结汇。

被改组企业通过增资扩股方式吸收外国投资者投资进行改组的，经外汇管理部门批准，可以开立外汇资本金账户保留外国投资者投入的外汇资金。

（七）限额以下由地方经济贸易主管部门和财政主管部门审批的涉及国家重点企业、国家批准的债转股企业和属于《外商投资产业指导目录》限制类产业的企业的改组申请、转让协议及其批准文件，应当分别报国务院经济贸易主管部门、国务院财政主管部门备案。

**第十条** 外国投资者应当以境外汇入的可自由兑换货币或其他合法财产权益支付转让价款或出资。经外汇管理部门批准，也可以用在中国境内投资获得的人民币净利润或其他合法财产权益支付转让价款或出资。上述其他合法财产权益包括：

（一）外国投资者来源于中国境内举办的其他外商投资企业因清算、股权转让、先行回收投资、减资等所得的财产；

（二）外国投资者收购国有企业或含国有股权的公司制企业的国有产权或资产；

（三）外国投资者收购国有企业的债权人的债权；

（四）法律法规规定的其他出资方式。

注册会计师在为外国投资者办理验资时，应当按照财政部、国家外汇管理局《关于进一步加强外商投资企业验资工作和健全外资外汇登记制度的通知》（财会［2002］1017号）的规定履行验资程序、出具验资报告。

**第十一条** 以转让方式进行改组的，外国投资者一般应当在外商投资企业营业执照颁发之日起3个月内支付全部价款。确有困难的，应当在营业执照颁发之日起6个月内支付价款总额的60%以上，其余款项应当依法提供担保，在一年内付清。

**第十二条** 国有产权转让后企业控制权转移或企业的全部或主要经营资产出售给外国投资者的，在外国投资者付清全部价款前，改组方有权了解、监督改组后的企业的生产经营及财务状况，外国投资者和改组后的企业应当给予相应的便利。

外国投资者在以收购的资产投资设立外商投资企业之前，不得以上述资产开展经营活动。

**第十三条** 国有产权、资产转让收益由改组方收取，按照国务院财政主管部门有关规定管理和使用。

**第十四条** 外国投资者从改组后的企业分得的净利润、股权转让所得收入、企业经营期满或终止时分得的资金以及其他合法收入，可以依法汇出境外。经外汇管理部门批准，也可以用于境内再投资。

**第十五条** 在利用外资改组国有企业过程中，税收政策按照国家有关税收的法律、行政法规的规定执行，收费政策按照国家计委、国家经贸委、监察部、财政部、审计署、国务院纠风办《关于对企业实施改革改组改造过程中的有关收费实行减免的通知》（计价费［1998］1077号）的规定执行。

**第十六条** 改组方和被改组企业人员超越权限、玩忽职守或与外国投资者私下串通、贪污受贿，损害国家、债权人和职工合法权益的，由有关部门依法给予行政处罚和处分；构成犯罪的，依法追究刑事责任。

**第十七条** 负责审批的政府机关工作人员违反本规定，擅自批准或在审批中以权谋私，损害国家、债权人和职工合法权益的，由有关部门按干部管理权限，追究直接责任者和主管人员的行政责任；构成犯罪的，依法追究刑事责任。

**第十八条** 香港特别行政区、澳门特别行政区、台湾地区的投资者和已设立的外商投资企业参与国有企业改组的，参照本规定执行。

**第十九条** 本规定由国家经济贸易委员会、财政部、国家工商行政管理总局、国家外汇管理局负责解释。

**第二十条** 本规定自2003年1月1日起施行。

# 外商投资创业投资企业管理规定

## 第一章 总 则

**第一条** 为鼓励外国公司、企业和其他经济组织或个人(以下简称外国投资者)来华从事创业投资,建立和完善中国的创业投资机制,根据《中华人民共和国中外合作经营企业法》、《中华人民共和国中外合资经营企业法》、《中华人民共和国外资企业法》、《公司法》及其他相关的法律法规,制定本规定。

**第二条** 本规定所称外商投资创业投资企业(以下简称创投企业)是指外国投资者或外国投资者与根据中国法律注册成立的公司、企业或其他经济组织(以下简称中国投资者),根据本规定在中国境内设立的以创业投资为经营活动的外商投资企业。

**第三条** 本规定所称创业投资是指主要向未上市高新技术企业(以下简称所投资企业)进行股权投资,并为之提供创业管理服务,以期获取资本增值收益的投资方式。

**第四条** 创投企业可以采取非法人制组织形式,也可以采取公司制组织形式。

采取非法人制组织形式的创投企业(以下简称非法人制创投企业)的投资者对创投企业的债务承担连带责任。非法人制创投企业的投资者也可以在创投企业合同中约定在非法人制创投企业资产不足以清偿该债务时由第七条所述的必备投资者承担连带责任,其他投资者以其认缴的出资额为限承担责任。

采用公司制组织形式的创投企业(以下简称公司制创投企业)的投资者以其各自认缴的出资额为限对创投企业承担责任。

**第五条** 创投企业应遵守中国有关法律法规,符合外商投资产业政策,不得损害中国的社会公共利益。创投企业在中国境内的正当经营活动及合法权益受中国法律的保护。

## 第二章 设立与登记

**第六条** 设立创投企业应具备下列条件:

(一)投资者人数在 2 人以上 50 人以下;且应至少拥有一个第七条所述的必备投资者;

(二)非法人制创投企业投资者认缴出资总额的最低限额为 1000 万美元;公司制创投企业投资者认缴资本总额的最低限额为 500 万美元。除第七条所述必备投资者外,其他每个投资者的最低认缴出资额不得低于 100 万美元。外国投资者以可自由兑换的货币出资,中国投资者以人民币出资;

(三)有明确的组织形式;

(四)有明确合法的投资方向;

(五)除了将本企业经营活动授予一家创业投资管理公司进行管理的情形外,创投企业应有三名以上具备创业投资从业经验的专业人员;

(六)法律、行政法规规定的其他条件。

**第七条** 必备投资者应当具备下列条件:

(一)以创业投资为主营业务;

(二)在申请前三年其管理的资本累计不低于 1 亿美元,且其中至少 5000 万美元已经用于进行创业投资。在必备投资者为中国投资者的情形下,本款业绩要求为:在申请前三年其管理的资本累计不低于 1 亿元人民币,且其中至少 5000 万元人民币已经用于进行创业投资);

(三)拥有 3 名以上具有 3 年以上创业投资从业经验的专业管理人员;

(四)如果某一投资者的关联实体满足上述条件,则该投资者可以申请成为必备投资者。本款所称关联实体是指该投资者控制的某一实体、或控制该投资者的某一实体、或与该投资者共同受控于某一实体的另一实体。本款所称控制是指控制方拥有被控制方超过 50% 的表决权;

(五)必备投资者及其上述关联实体均应未被所在国司法机关和其他相关监管机构禁止从事创业投资或投资咨询业务或以欺诈等原因进行处罚;

(六)非法人制创投企业的必备投资者,对创投企业的认缴出资及实际出资分别不低于投资者认缴出资总额及实际出资总额的 1%,且应对创投企业的债务承担连带责任;公司制创投企业的必备投资者,对创投企业的认缴出资及实际出资分别不低于投资者认缴出资总额及实际出资总额的 30%。

**第八条** 设立创投企业按以下程序办理:

（一）投资者须向拟设立创投企业所在地省级外经贸主管部门报送设立申请书及有关文件；

（二）省级外经贸主管部门应在收到全部上报材料后15天内完成初审并上报对外贸易经济合作部（以下简称审批机构）；

（三）审批机构在收到全部上报材料之日起45天内，经商科学技术部同意后，做出批准或不批准的书面决定。予以批准的，发给《外商投资企业批准证书》；

（四）获得批准设立的创投企业应自收到审批机构颁发的《外商投资企业批准证书》之日起一个月内，持此证书向国家工商行政管理部门或所在地具有外商投资企业登记管理权的省级工商行政管理部门（以下简称登记机关）申请办理注册登记手续。

**第九条** 申请设立创投企业应当向审批机构报送以下文件：

（一）必备投资者签署的设立申请书；

（二）投资各方签署的创投企业合同及章程；

（三）必备投资者书面声明（声明内容包括：投资者符合第七条规定的资格条件；所有提供的材料真实性；投资者将严格遵循本规定及中国其他有关法律法规的要求）；

（四）律师事务所出具的对必备投资者合法存在及其上述声明已获得有效授权和签署的法律意见书；

（五）必备投资者的创业投资业务说明、申请前三年其管理资本的说明、其已投资资本的说明，及其拥有的创业投资专业管理人员简历；

（六）投资者的注册登记证明（复印件）、法定代表人证明（复印件）；

（七）名称登记机关出具的创投企业名称预先核准通知书；

（八）如果必备投资者的资格条件是依据第七条第（四）款的规定，则还应报送其符合条件的关联实体的相关材料；

（九）审批机构要求的其他与申请设立有关的文件。

**第十条** 创投企业应当在名称中加注创业投资字样。除创投企业外，其他外商投资企业不得在名称中使用创业投资字样。

**第十一条** 申请设立创投企业应当向登记机关报送下列文件，并对其真实性、有效性负责：

（一）创投企业董事长或联合管理委员会负责人签署的设立登记申请书；

（二）合同、章程以及审批机构的批准文件和批准证书；

（三）投资者的合法开业证明或身份证明；

（四）投资者的资信证明；

（五）法定代表人的任职文件、身份证明和企业董事、经理等人员的备案文件；

（六）企业名称预先核准通知书；

（七）企业住所或营业场所证明。

申请设立非法人制创投企业，还应当提交境外必备投资者的章程或合伙协议。企业投资者中含本规定第七条第四款规定的投资者的，还应当提交关联实体为其出具的承担出资连带责任的担保函。

以上文件应使用中文。使用外文的，应提供规范的中文译本。

创投企业登记事项变更应依法向原登记机关申请办理变更登记。

**第十二条** 经登记机关核准的公司制创投企业，领取《企业法人营业执照》；经登记机关核准的非法人制创投企业，领取《营业执照》。

《营业执照》应载明非法人制创投企业投资者认缴的出资总额和必备投资者名称。

## 第三章 出资及相关变更

**第十三条** 非法人制创投企业的投资者的出资及相关变更应符合如下规定：

（一）投资者可以根据创业投资进度分期向创投企业注入认缴出资，最长不得超过5年。各期投入资本额由创投企业根据创投企业合同及其与所投资企业签订的协议自主制定。投资者应在创投企业合同中约定投资者不如期出资的责任和相关措施；

（二）投资者在创投企业存续期内一般不得减少其认缴出资额。如果占出资额超过50%的投资者和必备投资者同意且创投企业不违反最低1000万美元认缴出资额的要求，经审批机构批准，投资者可以减少其认缴资本额（但投资者根据本条第（五）款规定减少其已投资的资本额或在创投企业投资期限届满后减少未使用的认缴出资额不在此限）。在此情况下，投资者应当在创投企业合同中规定减少认缴出资额的条件、程序和办法；

（三）必备投资者在创投企业存续期内不得从创投企业撤出。特殊情况下确需撤出的，应获得占总出资额超过50%的其他投资者同意，并应将其权益转让给符合第七条要求的新投资者，且应当相应修改创投企业的合同和章程，并报审批机构批准。

其他投资者如转让其认缴资本额或已投入资本额，须按创投企业合同的约定进行，且受让人应符合本规定第六条的有关要求。投资各方应相应修改创投企业合同和章程，并报审批机构备案。

（四）创投企业设立后，如果有新的投资者申请加入，须符合本规定和创投企业合同的约定，经必备投资者同意，相应修改创投企业合同和章程，并报审批机构备案。

（五）创投企业出售或以其他方式处置其在所投资企业的利益而获得的收入中相当于其原出资额的部分，可以直接分配给投资各方。此类分配构成投资者减少其已投资的资本额。创投企业应当在创投企业合同中约定此类分配的具体办法，并在向其投资者作出该等分配之前至少30天内向审批机构和所在地外汇局提交一份要求相应减少投资者已投入资本额的备案说明，同时证明创投企业投资者未到位的认缴出资额及创投企业当时拥有的其他资金至少相当于创投企业当时承担的投资义务的要求。但该分配不应成为创投企业对因其违反任何投资义务所产生的诉讼请求的抗辩理由。

**第十四条** 非法人制创投企业向登记机关申请变更登记时，上述规定中审批机关出具的相关备案证明可替代相应的审批文件。

**第十五条** 非法人制创投企业投资者根据创业投资进度缴付出资后，应持相关验资报告向原登记机关申请办理出资备案手续。登记机关根据其实际出资状况在其《营业执照》出资额栏目后加注实缴出资额数目。

非法人制创投企业超过最长投资期限仍未缴付或缴清出资的，登记机关根据现行规定予以处罚。

**第十六条** 公司制创投企业投资者的出资及相关变更按现行规定办理。

## 第四章 组织机构

**第十七条** 非法人制创投企业设联合管理委员会。公司制创投企业设董事会。联合管理委员会或董事会的组成由投资者在创投企业合同及章程中予以约定。联合管理委员会或董事会代表投资者管理创投企业。

**第十八条** 联合管理委员会或董事会下设经营管理机构，根据创投企业的合同及章程中规定的权限，负责日常经营管理工作，执行联合管理委员会或董事会的投资决策。

**第十九条** 经营管理机构的负责人应当符合下列条件：

（一）具有完全的民事行为能力；

（二）无犯罪记录；

（三）无不良经营记录；

（四）应具有创业投资业的从业经验，且无违规操作记录；

（五）审批机构要求的与经营管理资格有关的其他条件。

**第二十条** 经营管理机构应定期向联合管理委员会或董事会报告以下事项：

（一）经授权的重大投资活动；

（二）中期、年度业绩报告和财务报告；

（三）法律、法规规定的其他事项；

（四）创投企业合同及章程中规定的有关事项。

**第二十一条** 联合管理委员会或董事会可以不设立经营管理机构，而将该创投企业的日常经营权授予一家创业投资管理企业或另一家创投企业进行管理。该创业投资管理企业可以是内资创业投资管理企业，也可以是外商投资创业投资管理企业，或境外创业投资管理企业。在此情形下，该创投企业与该创业投资管理企业应签订管理合同，约定创投企业和创业投资管理企业的权利义务。该管理合同应经全体投资者同意并报审批机构批准后方可生效。

**第二十二条** 创投企业的投资者可以在创业投资合同中依据国际惯例约定内部收益分配机制和奖励机制。

## 第五章 创业投资管理企业

**第二十三条** 受托管理创投企业的创业投资管理企业应具备下列条件：

（一）以受托管理创投企业的投资业务为主营业务；

（二）拥有三名以上具有三年以上创业投资从业经验的专业管理人员；

(三)注册资本或出资总额不低于 100 万元人民币或等值外汇;

(四)有完善的内部控制制度。

**第二十四条** 创业投资管理企业可以采取公司制组织形式,也可以采取合伙制组织形式。

**第二十五条** 同一创业投资管理企业可以受托管理不同的创投企业。

**第二十六条** 创业投资管理企业应定期向委托方的联合管理委员会或董事会报告第二十条所列事项。

**第二十七条** 设立外商投资创业投资管理企业应符合本规定第二十三条的条件,经拟设立外商投资创业投资管理公司所在地省级外经贸主管部门报审批机构批准。审批机构在收到全部上报材料之日起 45 天内,做出批准或不批准的书面决定。予以批准的,发给《外商投资企业批准证书》。

获得批准设立的外商投资创业投资管理企业应自收到审批机构颁发的《外商投资企业批准证书》之日起一个月内,持此证书向登记机关申请办理注册登记手续。

**第二十八条** 申请设立外商投资创业投资管理公司应当向审批机构报送以下文件:

(一)设立申请书;

(二)外商投资创业投资管理公司合同及章程;

(三)投资者的注册登记证明(复印件)、法定代表人证明(复印件);

(四)审批机构要求的其他与申请设立有关的文件。

**第二十九条** 外商投资创业投资管理企业名称应当加注创业投资管理字样。除外商投资创业投资管理企业外,其他外商投资企业不得在名称中使用创业投资管理字样。

**第三十条** 获得批准接受创投企业委托在华从事创业投资管理业务的境外创业投资管理企业,应当自管理合同获得批准之日起 30 日内,向登记机关申请办理营业登记手续。

申请营业登记应报送下列文件,并对其真实性、有效性负责:

(一)境外创业投资管理企业董事长或有权签字人签署的登记申请书;

(二)经营管理合同及审批机构的批准文件;

(三)境外创业投资管理企业的章程或合伙协议;

(四)境外创业投资管理企业的合法开业证明;

(五)境外创业投资管理企业的资信证明;

(六)境外创业投资管理企业委派的中国项目负责人的授权书、简历及身份证明;

(七)境外创业投资管理企业在华营业场所证明。

以上文件应使用中文。使用外文的,应提供规范的中文译本。

## 第六章 经营管理

**第三十一条** 创投企业可以经营以下业务:

(一)以全部自有资金进行股权投资,具体投资方式包括新设企业、向已设立企业投资、接受已设立企业投资者股权转让以及国家法律法规允许的其他方式;

(二)提供创业投资咨询;

(三)为所投资企业提供管理咨询;

(四)审批机构批准的其他业务。

创投企业资金应主要用于向所投资企业进行股权投资。

**第三十二条** 创投企业不得从事下列活动:

(一)在国家禁止外商投资的领域投资;

(二)直接或间接投资于上市交易的股票和企业债券,但所投资企业上市后,创投企业所持股份不在此列;

(三)直接或间接投资于非自用不动产;

(四)贷款进行投资;

(五)挪用非自有资金进行投资;

(六)向他人提供贷款或担保,但创投企业对所投资企业 1 年以上的企业债券和可以转换为所投资企业股权的债券性质的投资不在此列(本款规定并不涉及所投资企业能否发行该等债券);

(七)法律、法规以及创投企业合同禁止从事的其他事项。

**第三十三条** 投资者应在创投企业合同中约定对外投资期限。

**第三十四条** 创投企业主要从出售或以其他方式处置其在所投资企业的股权获得收益。创投企业出售或以其他方式处置其在所投资企业的股权时,可以依法选择适用的退出机制,包括:

(一)将其持有的所投资企业的部分股权或全部股权转让给其他投资者;

(二)与所投资企业签订股权回购协议,由所投资企业在一定条件下依法回购其所持有的股权;

(三)所投资企业在符合法律、行政法规规定的上市条件时可以申请到境内外证券市场上市。创投企业可以依法通过证券市场转让其拥有的所投资企业的股份;

(四)中国法律、行政法规允许的其他方式。

所投资企业向创投企业回购该创投企业所持股权的具体办法由审批机构会同登记机关另行制订。

**第三十五条** 创投企业应当依照国家税法的规定依法申报纳税。对非法人制创投企业,可以由投资各方依照国家税法的有关规定,分别申报缴纳企业所得税;也可以由非法人制创投企业提出申请,经批准后,依照税法规定统一计算缴纳企业所得税。

非法人制创投企业企业所得税的具体征收管理办法由国家税务总局另行颁布。

**第三十六条** 创投企业中属于外国投资者的利润等收益汇出境外的,应当凭管理委员会或董事会的分配决议,由会计师事务所出具的审计报告、外方投资者投资资金流入证明和验资报告、完税证明和税务申报单(享受减免税优惠的,应提供税务部门出具的减免税证明文件),从其外汇账户中支付或者到外汇指定银行购汇汇出。

外国投资者回收的对创投企业的出资可依法申购外汇汇出。公司制创投企业开立和使用外汇账户、资本变动及其他外汇收支事项,按照现行外汇管理规定办理。非法人制创投企业外汇管理规定由国家外汇管理局另行制定。

**第三十七条** 投资者应在合同、章程中约定创投企业的经营期限,一般不得超过12年。经营期满,经审批机构批准,可以延期。

经审批机构批准,创投企业可以提前解散,终止合同和章程。但是,如果非法人制创投企业的所有投资均已被出售或通过其他方式变卖,其债务亦已全部清偿,且其剩余财产均已被分配给投资者,则毋需上述批准即可进入解散和终止程序,但该非法人制创业投资企业应在该等解散生效前至少30天内向审批机构提交一份书面备案说明。

创投企业解散,应按有关规定进行清算。

**第三十八条** 创投企业应当自清算结束之日起30日内向原登记机关申请注销登记。

申请注销登记,应当提交下列文件,并对其真实性、有效性负责:

(一)董事长或联合管理委员会负责人或清算组织负责人签署的注销登记申请书;

(二)董事会或联合管理委员会的决议;

(三)清算报告;

(四)税务机关、海关出具的注销登记证明;

(五)审批机构的批准文件或备案文件;

(六)法律、行政法规规定应当提交的其他文件。

经登记机关核准注销登记,创投企业终止。

非法人制创投企业必备投资者承担的连带责任不因非法人制创投企业的终止而豁免。

## 第七章 审核与监管

**第三十九条** 创投企业境内投资比照执行《指导外商投资方向规定》和《外商投资产业指导目录》的规定。

**第四十条** 创投企业投资于任何鼓励类和允许类的所投资企业,应向所投资企业当地授权的外经贸部门备案。当地授权的外经贸部门应在收到备案材料后15天内完成备案审核手续并向所投资企业颁发外商投资企业批准证书。所投资企业持外商投资企业批准证书向登记机关申请办理注册登记手续。登记机关依照有关法律和行政法规规定决定准予登记或不予登记。准予登记的,颁发外商投资企业法人营业执照。

**第四十一条** 创投企业投资于限制类的所投资企业,应向所投资企业所在地省级外经贸主管部门提出申请,并提供下列材料:

(一)创投企业关于投资资金充足的声明;

(二)创投企业的批准证书和营业执照(复印件);

(三)创投企业(与所投资企业其他投资者)签订的所投资企业合同与章程。

省级外经贸主管部门接到上述申请之日起45日内作出同意或不同意的书面批复。作出同意批复的,颁发外商投资企业批准证书。所投资企业持该批复文件和外商投资企业批准证书向登记机关申请登记。登记机关依照有关法律和行政法规规定决定准予登记或不予登记。准予登记的,颁发外商投资企业法人营业执照。

**第四十二条** 创投企业投资属于服务贸易领域逐步开放的外商投资项目,按国家有关规定审批。

**第四十三条** 创投企业增加或转让其在所投资企业投资等行为，按照第四十条、第四十一条和第四十二条规定的程序办理。

**第四十四条** 创投企业应在履行完第四十条、第四十一条、第四十二条和第四十三条规定的程序之日起1个月内向审批机构备案。

**第四十五条** 创投企业还应在每年3月份将上一年度的资金筹集和使用情况报审批机构备案。

审批机构在接到该备案材料起5个工作日内应出具备案登记证明。该备案登记证明将作为创投企业参加联合年检的必备材料之一。凡未按上述规定备案的，审批机构将商国务院有关部门后予以相应处罚。

**第四十六条** 创投企业的所投资企业注册资本中，如果创投企业投资的比例中外国投资者的实际出资比例或与其他外国投资者联合投资的比例总和不低于25%，则该所投资企业将享受外商投资企业有关优惠待遇；如果创投企业投资的比例中外国投资者的实际出资比例或与其他外国投资者联合投资的比例总和低于该所投资企业注册资本的25%，则该所投资企业将不享受外商投资企业有关优惠待遇。

**第四十七条** 已成立的含有境内自然人投资者的内资企业在接受创业投资企业投资变更为外商投资企业后，可以继续保留其原有境内自然人投资者的股东地位。

**第四十八条** 创投企业经营管理机构的负责人和创业投资管理企业的负责人如有违法操作行为，除依法追究责任外，情节严重的，不得继续从事创业投资及相关的投资管理活动。

## 第八章 附 则

**第四十九条** 香港特别行政区、澳门特别行政区、台湾地区的投资者在大陆投资设立创投企业，参照本规定执行。

**第五十条** 本规定由对外贸易经济合作部、科学技术部、国家工商行政管理总局、国家税务总局和国家外汇管理局负责解释。

**第五十一条** 本规定自二〇〇三年三月一日起施行。对外贸易经济合作部、科学技术部和国家工商行政管理总局于二〇〇一年八月二十八日发布的《关于设立外商投资创业投资企业的暂行规定》同日废止。

# 2003年度外商投资产业指导目录

**一、鼓励类**

1.石油、天然气的风险勘探、开发：限于合作；

2.低渗透油气藏(田)的开发：限于合作；

3.提高原油采收率的新技术开发与应用：限于合作；

4.特探、钻井、测井、井下作业等石油勘探开发新技术的开发与应用：限于合作；

5.汽车、摩托车整车制造：外资比例不超过50%；

6.定期、不定期国际海上运输业务：外资比例不超过49%；

7.国际集装箱多式联运：外资比例不超过50%；不迟于2002年12月11日允许外方控股；不迟于2005年12月11日允许外方独资；

8.公路货物运输公司：不迟于2002年12月11日允许外方控股；不迟于2004年12月11日允许外方独资；

9.一般商品的批发、零售、物流配送：限定条件见限制类第(五)；

10.会计、审计：限于合作、合伙。

**二、限制类**

(一)出入境汽车运输公司：不迟于2002年12月11日允许外方控股，不迟于2004年12月11日允许外方独资；

(二)水上运输公司：外资比例不超过49%；

(三)铁路货物运输公司：外资比例不超过49%；不迟于2004年12月11日允许外方控股；不迟于2007年12月11日允许外方独资；

(四)电信公司：

1.增值电信、基础电信中的寻呼服务：自2001年12

月 11 日起允许外商投资，外资比例不超过 30%；不迟于 2002 年 12 月 11 日允许外资比例不超过 49%；不迟于 2003 年 12 月 11 日允许外资比例达 50%。

2.基础电信中的移动话音和数据服务：自 2001 年 12 月 11 日起允许外商投资，外资比例不超过 25%；不迟于 2002 年 12 月 11 日外资比例不超过 35%；不迟于 2004 年 12 月 11 日允许外资比例达 49%；不迟于 2006 年 12 月 11 日允许外方独资。

3.基础电信中的国内业务、国际业务：不迟于 2004 年 12 月 11 日允许外商投资，外资比例不超过 25%；不迟于 2006 年 12 月 11 日允许外资比例达 35%；不迟于已于 2007 年 12 月 11 日允许外资比例达 49%。

（五）商品交易、直销、邮购、网上销售、特许经营、委托经营、销售代理、商业管理等各类商业公司，以及粮、棉、植物油、食糖、药品、烟草、汽车、原油、农业生产资料的批发、零售、物流配送；图书、报纸、期刊的批发、零售业务；成品油批发及加油站建设、经营：

1.佣金代理、批发（不包括盐、烟草）：不迟于 2002 年 12 月 11 日允许外商投资，外资比例可达 50%，但不允许经营书报杂志、药品、农药、农膜、化肥、成品油、原油；不迟于 2003 年 12 月 11 日允许外方控股；不迟于 2004 年 12 月 11 日允许外方独资，允许经营书报杂志、药品、农药、农膜；不迟于 2006 年 12 月 11 日允许经营化肥、成品油、原油。

2.零售（不包括烟草）：允许外商投资，但不允许经营书报杂志、药品、农药、农膜、化肥、成品油；不迟于 2002 年 12 月 11 日允许外资比例可达 50%，允许经营书报杂志；不迟于 2003 年 12 月 11 日允许外方控股；不迟于 2004 年 12 月 11 日允许外方独资，允许经营药品、农药、农膜、成品油；不迟于 2006 年 12 月 11 日允许经营化肥。经营产品包括汽车（不迟于 2006 年 12 月 11 日取消限制）、书报杂志、药品、农药、农膜、成品油、化肥、粮食、植物油、食糖、烟草、棉花的超过 30 家的连锁店不允许外方控股。

3.特许经营和无固定地点的批发、零售：不迟于 2004 年 12 月 11 日允许外商投资。

（六）音像制品（除电影外）的分销：限于合作，中方控股。

（七）货物租凭公司：不迟于 2002 年 12 月 11 日允许外方控股，不迟于 2004 年 12 月 11 日允许外方独资。

（八）代理公司：1.船舶：外资比例不超过 49%；

2.货运（不包括邮政部门专营服务的业务）：外资比例不超过 50%（速递服务不超过 49%）；不迟于 2002 年 12 月 11 日允许外方控股；不迟于 2005 年 12 月 11 日允许外方独资；

3.外轮理货：限于合资、合作；

4.广告：外资比例不超过 49%；不迟于 2003 年 12 月 11 日允许外方控股；不迟于 2005 年 12 月 11 日允许外方独资。

（九）保险公司：

1.非寿险保险公司：外资比例不超过 51%；不迟于 2003 年 12 月 11 日允许外方独资；

2.寿险保险公司：外资比例不超过 50%。

（十）证券公司、证券投资基金管理公司：

1.证券公司：不迟于 2004 年 12 月 11 日允许外商投资，外资比例不超过 1/3；

2.证券投资基金管理公司：允许外商投资，外资比例不超过 33%；不迟于 2004 年 12 月 11 日允许外资比例达 49%。

（十一）保险经纪公司：外资比例不超过 50%；不迟于 2004 年 12 月 11 日允许外资比例达 51%；不迟于 2006 年 12 月 11 日允许外方独资。

（十二）进出口商品检验、鉴定、认证公司：不迟于 2003 年 12 月 11 日允许外方控股；不迟于 2005 年 12 月 11 日允许外方独资。

# 金融机构反洗钱规定

**金融机构反洗钱规定**

**中国人民银行令〔2003〕第 1 号**

根据《中华人民共和国中国人民银行法》等法律法规的规定，中国人民银行制定了《金融机构反洗钱规定》，经 2002 年 9 月 17 日第 7 次行务会议通过，现予公布，自 2003 年 3 月 1 日起施行。

行长　周小川

二〇〇三年一月三日

**第一条**　为防止违法犯罪分子利用金融机构从事洗钱活动，维护金融安全，根据《中华人民共和国中国人民银行法》和其他法律、行政法规的规定，制定本规定。

**第二条**　金融机构开展反洗钱工作，适用本规定。

本规定所称金融机构，是指在中华人民共和国境内依法设立和经营金融业务的机构，包括政策性银行、商业银行、信用合作社、邮政储汇机构、财务公司、信托投资公司、金融租赁公司和外资金融机构等。

**第三条**　本规定所称洗钱，是指将毒品犯罪、黑社会性质的组织犯罪、恐怖活动犯罪、走私犯罪或者其他犯罪的违法所得及其产生的收益，通过各种手段掩饰、隐瞒其来源和性质，使其在形式上合法化的行为。

**第四条**　金融机构及其工作人员应当依照本规定认真履行反洗钱义务，审慎地识别可疑交易，不得从事不正当竞争妨碍反洗钱义务的履行。

**第五条**　金融机构及其工作人员应当保守反洗钱工作秘密，不得违反规定将有关反洗钱工作信息泄露给客户和其他人员。

**第六条**　金融机构应当依法协助、配合司法机关和行政执法机关打击洗钱活动，依照法律、行政法规等有关规定协助司法机关、海关、税务等部门查询、冻结、扣划客户存款。

中资金融机构的境外分支机构应当遵循驻在国家或地区反洗钱方面的法律规定，依法协助配合驻在国家或地区反洗钱部门的工作。

**第七条**　中国人民银行是金融机构反洗钱工作的监督管理机关。

中国人民银行设立金融机构反洗钱工作领导小组，履行下列职责：

(一)统一监管、协调金融机构反洗钱工作；

(二)研究和制定金融机构的反洗钱战略、规划和政策，制定反洗钱工作制度，制定大额和可疑人民币资金交易报告制度；

(三)建立支付交易监测系统，对支付交易进行监测；

(四)研究金融机构反洗钱工作的重大疑难问题，提出解决方案与对策；

(五)参与反洗钱国际合作，指导金融机构反洗钱工作的对外合作交流；

(六)其他应由中国人民银行履行的反洗钱监管职责。

国家外汇管理局负责对大额、可疑外汇资金交易报告工作进行监督管理。国家外汇管理局制定大额、可疑外汇资金交易报告制度。

**第八条**　金融机构应当按照中国人民银行的规定，建立健全反洗钱内控制度，并报送中国人民银行备案。

**第九条**　金融机构应当设立专门的反洗钱工作机构或者指定其内设机构负责反洗钱工作，并配备必要的管理人员和技术人员。

金融机构应当根据实际需要，在其分支机构设立专门机构或者指定专人负责反洗钱工作，并按照分级管理的原则，对下属分支机构执行本规定和反洗钱内控制度的情况进行监督、检查。

新设金融机构或者金融机构增设分支机构应当制定有效的反洗钱措施。

**第十条**　金融机构应建立客户身份登记制度，审查在本机构办理存款、结算等业务的客户的身份。

金融机构不得为客户开立匿名账户或假名账户，不得为身份不明确的客户提供存款、结算等服务。

**第十一条**　金融机构为个人客户开立存款账户、办理结算的，应当要求其出示本人身份证件，进行核对，并登记其身份证件上的姓名和号码。代理他人在金融机构开立个人存款账户的，金融机构应当要求其出示被代理人和代理人的身份证件，进行核对，并登记被代理人和代理人的身份证件上的姓名和号码。

对不出示本人身份证件或者不使用本人身份证件上的姓名的，金融机构不得为其开立存款账户。

**第十二条** 金融机构为单位客户办理开户、存款、结算等业务的，应当按照中国人民银行有关规定要求其提供有效证明文件和资料，进行核对并登记。

对未按照规定提供本单位有效证明文件和资料的，金融机构不得为其办理存款、结算等业务。

**第十三条** 金融机构为客户提供金融服务时，发现大额交易的，应当按照有关规定向中国人民银行或者国家外汇管理局报告。

大额资金的额度标准，按照中国人民银行和国家外汇管理局有关资金交易报告的规定执行。

**第十四条** 金融机构为客户提供金融服务时，发现可疑交易的，应当向中国人民银行或者国家外汇管理局报告。

可疑交易的报告标准，按照中国人民银行和国家外汇管理局有关资金交易报告的规定执行。

**第十五条** 金融机构的分支机构应将大额、可疑资金交易情况，按照中国人民银行和国家外汇管理局有关资金交易报告程序的规定，报送中国人民银行或者国家外汇管理局当地分支机构，同时上报其上级单位。

**第十六条** 金融机构应对大额、可疑资金交易进行审查、分析，发现涉嫌犯罪的应当及时向当地公安部门报告。

**第十七条** 金融机构应当按照下列规定期限保存客户的账户资料和交易记录：

（一）账户资料，自销户之日起至少 5 年；

（二）交易记录，自交易记账之日起至少 5 年。

前款所称交易记录包括账户持有人、通过该账户存入或提取的金额、交易时间、资金的来源和去向、提取资金的方式等。

账户资料和交易记录的保存按照国家有关会计档案管理的规定执行。

**第十八条** 中国人民银行或者国家外汇管理局经分析研究金融机构的大额和可疑交易报告，对认为涉嫌犯罪的，应当按照《行政执法机关移送涉嫌犯罪案件的规定》规定的程序将报告等资料移送司法机关，并不得对金融机构客户和其他人员泄漏报告的内容。

**第十九条** 中国人民银行负责指导和组织金融机构反洗钱培训工作。

金融机构应当开展对其客户的反洗钱宣传工作，并对其工作人员进行反洗钱培训，使其掌握有关反洗钱的法律、行政法规和规章的规定，增强反洗钱工作能力。

**第二十条** 金融机构违反本规定，有下列行为之一的，由中国人民银行责令限期改正，给予警告；逾期不改正的，可以处以 3 万元以下罚款；情节严重的，可以取消其直接负责的高级管理人员的任职资格：

（一）未按照规定建立反洗钱内控制度的；

（二）未按照规定设立专门机构或者指定专门机构负责反洗钱工作的；

（三）未按照规定要求单位客户提供有效证明文件和资料，进行核对并登记的；

（四）未按照规定保存客户的账户资料和交易记录的；

（五）违反规定将反洗钱工作信息泄露给客户和其他人员的；

（六）未按照规定报告大额交易或者可疑交易的。

**第二十一条** 经营外汇业务的金融机构，对大额购汇、频繁购汇、存取大额外币现钞等异常情况不及时报告的，依照《金融违法行为处罚办法》第二十五条的规定处罚。

**第二十二条** 金融机构在开展业务过程中，违反有关法律、行政法规，从事不正当竞争，损害反洗钱义务的履行的，依照《金融违法行为处罚办法》的有关规定处罚，对该金融机构直接责任人员给予纪律处分，情节严重的，取消其直接负责的高级管理人员的任职资格。

**第二十三条** 金融机构为不出示本人身份证件或者不使用本人身份证件上姓名的个人客户开立账户的，由中国人民银行给予该金融机构警告，可以处 1000 元以上 5000 元以下罚款。情节严重的，取消该金融机构直接负责的高级管理人员的任职资格。

**第二十四条** 中国银行业协会、中国财务公司协会以及其他金融业行业自律组织可以根据本规定制定行业反洗钱工作指引。

**第二十五条** 本规定自 2003 年 3 月 1 日起施行。

# 人民币银行结算账户管理办法

**人民币银行结算账户管理办法**

**中国人民银行令〔2003〕第5号**

为规范人民币银行结算账户的开立和使用，维护经济金融秩序稳定，中国人民银行制定了《人民币银行结算账户管理办法》，经2002年8月21日第34次行长办公会议通过，现予公布，自2003年9月1日起施行。

行长　周小川

二〇〇三年四月十日

## 第一章　总　则

**第一条**　为规范人民币银行结算账户（以下简称银行结算账户）的开立和使用，加强银行结算账户管理，维护经济金融秩序稳定，根据《中华人民共和国中国人民银行法》和《中华人民共和国商业银行法》等法律法规，制定本办法。

**第二条**　存款人在中国境内的银行开立的银行结算账户适用本办法。

本办法所称存款人，是指在中国境内开立银行结算账户的机关、团体、部队、企业、事业单位、其他组织（以下统称单位）、个体工商户和自然人。

本办法所称银行，是指在中国境内经中国人民银行批准经营支付结算业务的政策性银行、商业银行（含外资独资银行、中外合资银行、外国银行分行）、城市信用合作社、农村信用合作社。

本办法所称银行结算账户，是指银行为存款人开立的办理资金收付结算的人民币活期存款账户。

**第三条**　银行结算账户按存款人分为单位银行结算账户和个人银行结算账户。

（一）存款人以单位名称开立的银行结算账户为单位银行结算账户。单位银行结算账户按用途分为基本存款账户、一般存款账户、专用存款账户、临时存款账户。

个体工商户凭营业执照以字号或经营者姓名开立的银行结算账户纳入单位银行结算账户管理。

（二）存款人凭个人身份证件以自然人名称开立的银行结算账户为个人银行结算账户。

邮政储蓄机构办理银行卡业务开立的账户纳入个人银行结算账户管理。

**第四条**　单位银行结算账户的存款人只能在银行开立一个基本存款账户。

**第五条**　存款人应在注册地或住所地开立银行结算账户。符合本办法规定可以在异地（跨省、市、县）开立银行结算账户的除外。

**第六条**　存款人开立基本存款账户、临时存款账户和预算单位开立专用存款账户实行核准制度，经中国人民银行核准后由开户银行核发开户登记证。但存款人因注册验资需要开立的临时存款账户除外。

**第七条**　存款人可以自主选择银行开立银行结算账户。除国家法律、行政法规和国务院规定外，任何单位和个人不得强令存款人到指定银行开立银行结算账户。

**第八条**　银行结算账户的开立和使用应当遵守法律、行政法规，不得利用银行结算账户进行偷逃税款、逃废债务、套取现金及其他违法犯罪活动。

**第九条**　银行应依法为存款人的银行结算账户信息保密。对单位银行结算账户的存款和有关资料，除国家法律、行政法规另有规定外，银行有权拒绝任何单位或个人查询。对个人银行结算账户的存款和有关资料，除国家法律另有规定外，银行有权拒绝任何单位或个人查询。

**第十条**　中国人民银行是银行结算账户的监督管理部门。

## 第二章　银行结算账户的开立

**第十一条**　基本存款账户是存款人因办理日常转账结算和现金收付需要开立的银行结算账户。下列存款人，可以申请开立基本存款账户：

（一）企业法人；

（二）非法人企业；

（三）机关、事业单位；

（四）团级（含）以上军队、武警部队及分散执勤的支（分）队；

（五）社会团体；

(六)民办非企业组织；

(七)异地常设机构；

(八)外国驻华机构；

(九)个体工商户；

(十)居民委员会、村民委员会、社区委员会；

(十一)单位设立的独立核算的附属机构；

(十二)其他组织。

**第十二条** 一般存款账户是存款人因借款或其他结算需要，在基本存款账户开户银行以外的银行营业机构开立的银行结算账户。

**第十三条** 专用存款账户是存款人按照法律、行政法规和规章，对其特定用途资金进行专项管理和使用而开立的银行结算账户。对下列资金的管理与使用，存款人可以申请开立专用存款账户：

(一)基本建设资金；

(二)更新改造资金；

(三)财政预算外资金；

(四)粮、棉、油收购资金；

(五)证券交易结算资金；

(六)期货交易保证金；

(七)信托基金；

(八)金融机构存放同业资金；

(九)政策性房地产开发资金；

(十)单位银行卡备用金；

(十一)住房基金；

(十二)社会保障基金；

(十三)收入汇缴资金和业务支出资金；

(十四)党、团、工会设在单位的组织机构经费；

(十五)其他需要专项管理和使用的资金。

收入汇缴资金和业务支出资金，是指基本存款账户存款人附属的非独立核算单位或派出机构发生的收入和支出的资金。

因收入汇缴资金和业务支出资金开立的专用存款账户，应使用隶属单位的名称。

**第十四条** 临时存款账户是存款人因临时需要并在规定期限内使用而开立的银行结算账户。有下列情况的，存款人可以申请开立临时存款账户：

(一)设立临时机构；

(二)异地临时经营活动；

(三)注册验资。

**第十五条** 个人银行结算账户是自然人因投资、消费、结算等而开立的可办理支付结算业务的存款账户。有下列情况的，可以申请开立个人银行结算账户：

(一)使用支票、信用卡等信用支付工具的；

(二)办理汇兑、定期借记、定期贷记、借记卡等结算业务的。

自然人可根据需要申请开立个人银行结算账户，也可以在已开立的储蓄账户中选择并向开户银行申请确认为个人银行结算账户。

**第十六条** 存款人有下列情形之一的，可以在异地开立有关银行结算账户：

(一)营业执照注册地与经营地不在同一行政区域(跨省、市、县)需要开立基本存款账户的；

(二)办理异地借款和其他结算需要开立一般存款账户的；

(三)存款人因附属的非独立核算单位或派出机构发生的收入汇缴或业务支出需要开立专用存款账户的；

(四)异地临时经营活动需要开立临时存款账户的；

(五)自然人根据需要在异地开立个人银行结算账户的。

**第十七条** 存款人申请开立基本存款账户，应向银行出具下列证明文件：

(一)企业法人，应出具企业法人营业执照正本；

(二)非法人企业，应出具企业营业执照正本；

(三)机关和实行预算管理的事业单位，应出具政府人事部门或编制委员会的批文或登记证书和财政部门同意其开户的证明；非预算管理的事业单位，应出具政府人事部门或编制委员会的批文或登记证书；

(四)军队、武警团级(含)以上单位以及分散执勤的支(分)队，应出具军队军级以上单位财务部门、武警总队财务部门的开户证明；

(五)社会团体，应出具社会团体登记证书，宗教组织还应出具宗教事务管理部门的批文或证明；

(六)民办非企业组织，应出具民办非企业登记证书；

(七)外地常设机构，应出具其驻在地政府主管部门的批文；

(八)外国驻华机构，应出具国家有关主管部门的批文或证明；外资企业驻华代表处、办事处应出具国家登记机关颁发的登记证；

（九）个体工商户，应出具个体工商户营业执照正本；

（十）居民委员会、村民委员会、社区委员会，应出具其主管部门的批文或证明；

（十一）独立核算的附属机构，应出具其主管部门的基本存款账户开户登记证和批文；

（十二）其他组织，应出具政府主管部门的批文或证明。

本条中的存款人为从事生产、经营活动纳税人的，还应出具税务部门颁发的税务登记证。

**第十八条** 存款人申请开立一般存款账户，应向银行出具其开立基本存款账户规定的证明文件、基本存款账户开户登记证和下列证明文件：

（一）存款人因向银行借款需要，应出具借款合同；

（二）存款人因其他结算需要，应出具有关证明。

**第十九条** 存款人申请开立专用存款账户，应向银行出具其开立基本存款账户规定的证明文件、基本存款账户开户登记证和下列证明文件：

（一）基本建设资金、更新改造资金、政策性房地产开发资金、住房基金、社会保障基金，应出具主管部门批文；

（二）财政预算外资金，应出具财政部门的证明；

（三）粮、棉、油收购资金，应出具主管部门批文；

（四）单位银行卡备用金，应按照中国人民银行批准的银行卡章程的规定出具有关证明和资料；

（五）证券交易结算资金，应出具证券公司或证券管理部门的证明；

（六）期货交易保证金，应出具期货公司或期货管理部门的证明；

（七）金融机构存放同业资金，应出具其证明；

（八）收入汇缴资金和业务支出资金，应出具基本存款账户存款人有关的证明；

（九）党、团、工会设在单位的组织机构经费，应出具该单位或有关部门的批文或证明；

（十）其他按规定需要专项管理和使用的资金，应出具有关法规、规章或政府部门的有关文件。

**第二十条** 合格境外机构投资者在境内从事证券投资开立的人民币特殊账户和人民币结算资金账户纳入专用存款账户管理。其开立人民币特殊账户时应出具国家外汇管理部门的批复文件，开立人民币结算资金账户时应出具证券管理部门的证券投资业务许可证。

**第二十一条** 存款人申请开立临时存款账户，应向银行出具下列证明文件：

（一）临时机构，应出具其驻在地主管部门同意设立临时机构的批文；

（二）异地建筑施工及安装单位，应出具其营业执照正本或其隶属单位的营业执照正本，以及施工及安装地建设主管部门核发的许可证或建筑施工及安装合同；

（三）异地从事临时经营活动的单位，应出具其营业执照正本以及临时经营地工商行政管理部门的批文；

（四）注册验资资金，应出具工商行政管理部门核发的企业名称预先核准通知书或有关部门的批文。

本条第二、三项还应出具其基本存款账户开户登记证。

**第二十二条** 存款人申请开立个人银行结算账户，应向银行出具下列证明文件：

（一）中国居民，应出具居民身份证或临时身份证；

（二）中国人民解放军军人，应出具军人身份证件；

（三）中国人民武装警察，应出具武警身份证件；

（四）香港、澳门居民，应出具港澳居民往来内地通行证；台湾居民，应出具台湾居民来往大陆通行证或者其他有效旅行证件；

（五）外国公民，应出具护照；

（六）法律、法规和国家有关文件规定的其他有效证件。

银行为个人开立银行结算账户时，根据需要还可要求申请人出具户口簿、驾驶执照、护照等有效证件。

**第二十三条** 存款人需要在异地开立单位银行结算账户，除出具本办法第十七条、十八条、十九条、二十一条规定的有关证明文件外，应出具下列相应的证明文件：

（一）经营地与注册地不在同一行政区域的存款人，在异地开立基本存款账户的，应出具注册地中国人民银行分支行的未开立基本存款账户的证明；

（二）异地借款的存款人，在异地开立一般存款账户的，应出具在异地取得贷款的借款合同；

（三）因经营需要在异地办理收入汇缴和业务支出的存款人，在异地开立专用存款账户的，应出具隶属单位的证明。

属本条第二、三项情况的，还应出具其基本存款账户开户登记证。

存款人需要在异地开立个人银行结算账户，应出具本办法第二十二条规定的证明文件。

**第二十四条** 单位开立银行结算账户的名称应与其提供的申请开户的证明文件的名称全称相一致。有字号的个体工商户开立银行结算账户的名称应与其营业执照的字号相一致；无字号的个体工商户开立银行结算账户的名称，由"个体户"字样和营业执照记载的经营者姓名组成。自然人开立银行结算账户的名称应与其提供的有效身份证件中的名称全称相一致。

**第二十五条** 银行为存款人开立一般存款账户、专用存款账户和临时存款账户的，应自开户之日起 3 个工作日内书面通知基本存款账户开户银行。

**第二十六条** 存款人申请开立单位银行结算账户时，可由法定代表人或单位负责人直接办理，也可授权他人办理。

由法定代表人或单位负责人直接办理的，除出具相应的证明文件外，还应出具法定代表人或单位负责人的身份证件；授权他人办理的，除出具相应的证明文件外，还应出具其法定代表人或单位负责人的授权书及其身份证件，以及被授权人的身份证件。

**第二十七条** 存款人申请开立银行结算账户时，应填制开户申请书。开户申请书按照中国人民银行的规定记载有关事项。

**第二十八条** 银行应对存款人的开户申请书填写的事项和证明文件的真实性、完整性、合规性进行认真审查。

开户申请书填写的事项齐全，符合开立基本存款账户、临时存款账户和预算单位专用存款账户条件的，银行应将存款人的开户申请书、相关的证明文件和银行审核意见等开户资料报送中国人民银行当地分支行，经其核准后办理开户手续；符合开立一般存款账户、其他专用存款账户和个人银行结算账户条件的，银行应办理开户手续，并于开户之日起 5 个工作日内向中国人民银行当地分支行备案。

**第二十九条** 中国人民银行应于 2 个工作日内对银行报送的基本存款账户、临时存款账户和预算单位专用存款账户的开户资料的合规性予以审核，符合开户条件的，予以核准；不符合开户条件的，应在开户申请书上签署意见，连同有关证明文件一并退回报送银行。

**第三十条** 银行为存款人开立银行结算账户，应与存款人签订银行结算账户管理协议，明确双方的权利与义务。除中国人民银行另有规定的以外，应建立存款人预留签章卡片，并将签章式样和有关证明文件的原件或复印件留存归档。

**第三十一条** 开户登记证是记载单位银行结算账户信息的有效证明，存款人应按本办法的规定使用，并妥善保管。

**第三十二条** 银行在为存款人开立一般存款账户、专用存款账户和临时存款账户时，应在其基本存款账户开户登记证上登记账户名称、账号、账户性质、开户银行、开户日期，并签章。但临时机构和注册验资需要开立的临时存款账户除外。

## 第三章 银行结算账户的使用

**第三十三条** 基本存款账户是存款人的主办账户。存款人日常经营活动的资金收付及其工资、奖金和现金的支取，应通过该账户办理。

**第三十四条** 一般存款账户用于办理存款人借款转存、借款归还和其他结算的资金收付。该账户可以办理现金缴存，但不得办理现金支取。

**第三十五条** 专用存款账户用于办理各项专用资金的收付。

单位银行卡账户的资金必须由其基本存款账户转账存入。该账户不得办理现金收付业务。

财政预算外资金、证券交易结算资金、期货交易保证金和信托基金专用存款账户不得支取现金。

基本建设资金、更新改造资金、政策性房地产开发资金、金融机构存放同业资金账户需要支取现金的，应在开户时报中国人民银行当地分支行批准。中国人民银行当地分支行应根据国家现金管理的规定审查批准。

粮、棉、油收购资金、社会保障基金、住房基金和党、团、工会经费等专用存款账户支取现金应按照国家现金管理的规定办理。

收入汇缴账户除向其基本存款账户或预算外资金财政专用存款户划缴款项外，只收不付，不得支取现金。业务支出账户除从其基本存款账户拨入款项外，只付不收，其现金支取必须按照国家现金管理的规定办理。

银行应按照本条的各项规定和国家对粮、棉、油收购资金使用管理规定加强监督，对不符合规定的资金收付和现金支取，不得办理。但对其他专用资金的使用不负监督责任。

**第三十六条** 临时存款账户用于办理临时机构以及存款人临时经营活动发生的资金收付。

临时存款账户应根据有关开户证明文件确定的期限或存款人的需要确定其有效期限。存款人在账户的使用中需要延长期限的,应在有效期限内向开户银行提出申请,并由开户银行报中国人民银行当地分支行核准后办理展期。临时存款账户的有效期最长不得超过 2 年。

临时存款账户支取现金,应按照国家现金管理的规定办理。

**第三十七条** 注册验资的临时存款账户在验资期间只收不付,注册验资资金的汇缴人应与出资人的名称一致。

**第三十八条** 存款人开立单位银行结算账户,自正式开立之日起 3 个工作日后,方可办理付款业务。但注册验资的临时存款账户转为基本存款账户和因借款转存开立的一般存款账户除外。

**第三十九条** 个人银行结算账户用于办理个人转账收付和现金存取。下列款项可以转入个人银行结算账户:

(一)工资、奖金收入;

(二)稿费、演出费等劳务收入;

(三)债券、期货、信托等投资的本金和收益;

(四)个人债权或产权转让收益;

(五)个人贷款转存;

(六)证券交易结算资金和期货交易保证金;

(七)继承、赠与款项;

(八)保险理赔、保费退还等款项;

(九)纳税退还;

(十)农、副、矿产品销售收入;

(十一)其他合法款项。

**第四十条** 单位从其银行结算账户支付给个人银行结算账户的款项,每笔超过 5 万元的,应向其开户银行提供下列付款依据:

(一)代发工资协议和收款人清单;

(二)奖励证明;

(三)新闻出版、演出主办等单位与收款人签订的劳务合同或支付给个人款项的证明;

(四)证券公司、期货公司、信托投资公司、奖券发行或承销部门支付或退还给自然人款项的证明;

(五)债权或产权转让协议;

(六)借款合同;

(七)保险公司的证明;

(八)税收征管部门的证明;

(九)农、副、矿产品购销合同;

(十)其他合法款项的证明。

从单位银行结算账户支付给个人银行结算账户的款项应纳税的,税收代扣单位付款时应向其开户银行提供完税证明。

**第四十一条** 有下列情形之一的,个人应出具本办法第四十条规定的有关收款依据。

(一)个人持出票人为单位的支票向开户银行委托收款,将款项转入其个人银行结算账户的;

(二)个人持申请人为单位的银行汇票和银行本票向开户银行提示付款,将款项转入其个人银行结算账户的。

**第四十二条** 单位银行结算账户支付给个人银行结算账户款项的,银行应按第四十条、第四十一条规定认真审查付款依据或收款依据的原件,并留存复印件,按会计档案保管。未提供相关依据或相关依据不符合规定的,银行应拒绝办理。

**第四十三条** 储蓄账户仅限于办理现金存取业务,不得办理转账结算。

**第四十四条** 银行应按规定与存款人核对账务。银行结算账户的存款人收到对账单或对账信息后,应及时核对账务并在规定期限内向银行发出对账回单或确认信息。

**第四十五条** 存款人应按照本办法的规定使用银行结算账户办理结算业务。

存款人不得出租、出借银行结算账户,不得利用银行结算账户套取银行信用。

## 第四章 银行结算账户的变更与撤销

**第四十六条** 存款人更改名称,但不改变开户银行及账号的,应于 5 个工作日内向开户银行提出银行结算账户的变更申请,并出具有关部门的证明文件。

**第四十七条** 单位的法定代表人或主要负责人、住址以及其他开户资料发生变更时,应于 5 个工作日内书面通知开户银行并提供有关证明。

**第四十八条** 银行接到存款人的变更通知后,应及时办理变更手续，并于2个工作日内向中国人民银行报告。

**第四十九条** 有下列情形之一的，存款人应向开户银行提出撤销银行结算账户的申请：

（一）被撤并、解散、宣告破产或关闭的；

（二）注销、被吊销营业执照的；

（三）因迁址需要变更开户银行的；

（四）其他原因需要撤销银行结算账户的。

存款人有本条第一、二项情形的，应于5个工作日内向开户银行提出撤销银行结算账户的申请。

本条所称撤销是指存款人因开户资格或其他原因终止银行结算账户使用的行为。

**第五十条** 存款人因本办法第四十九条第一、二项原因撤销基本存款账户的，存款人基本存款账户的开户银行应自撤销银行结算账户之日起2个工作日内将撤销该基本存款账户的情况书面通知该存款人其他银行结算账户的开户银行；存款人其他银行结算账户的开户银行，应自收到通知之日起2个工作日内通知存款人撤销有关银行结算账户；存款人应自收到通知之日起3个工作日内办理其他银行结算账户的撤销。

**第五十一条** 银行得知存款人有本办法第四十九条第一、二项情况，存款人超过规定期限未主动办理撤销银行结算账户手续的，银行有权停止其银行结算账户的对外支付。

**第五十二条** 未获得工商行政管理部门核准登记的单位，在验资期满后，应向银行申请撤销注册验资临时存款账户，其账户资金应退还给原汇款人账户。注册验资资金以现金方式存入，出资人需提取现金的，应出具缴存现金时的现金缴款单原件及其有效身份证件。

**第五十三条** 存款人尚未清偿其开户银行债务的，不得申请撤销该账户。

**第五十四条** 存款人撤销银行结算账户，必须与开户银行核对银行结算账户存款余额，交回各种重要空白票据及结算凭证和开户登记证，银行核对无误后方可办理销户手续。存款人未按规定交回各种重要空白票据及结算凭证的，应出具有关证明，造成损失的，由其自行承担。

**第五十五条** 银行撤销单位银行结算账户时应在其基本存款账户开户登记证上注明销户日期并签章，同时于撤销银行结算账户之日起2个工作日内，向中国人民银行报告。

**第五十六条** 银行对1年未发生收付活动且未欠开户银行债务的单位银行结算账户，应通知单位自发出通知之日起30日内办理销户手续，逾期视同自愿销户，未划转款项列入久悬未取专户管理。

## 第五章 银行结算账户的管理

**第五十七条** 中国人民银行负责监督、检查银行结算账户的开立和使用，对存款人、银行违反银行结算账户管理规定的行为予以处罚。

**第五十八条** 中国人民银行对银行结算账户的开立和使用实施监控和管理。

**第五十九条** 中国人民银行负责基本存款账户、临时存款账户和预算单位专用存款账户开户登记证的管理。

任何单位及个人不得伪造、变造及私自印制开户登记证。

**第六十条** 银行负责所属营业机构银行结算账户开立和使用的管理，监督和检查其执行本办法的情况，纠正违规开立和使用银行结算账户的行为。

**第六十一条** 银行应明确专人负责银行结算账户的开立、使用和撤销的审查和管理，负责对存款人开户申请资料的审查，并按照本办法的规定及时报送存款人开销户信息资料，建立健全开销户登记制度，建立银行结算账户管理档案，按会计档案进行管理。

银行结算账户管理档案的保管期限为银行结算账户撤销后10年。

**第六十二条** 银行应对已开立的单位银行结算账户实行年检制度，检查开立的银行结算账户的合规性，核实开户资料的真实性；对不符合本办法规定开立的单位银行结算账户，应予以撤销。对经核实的各类银行结算账户的资料变动情况，应及时报告中国人民银行当地分支行。

银行应对存款人使用银行结算账户的情况进行监督，对存款人的可疑支付应按照中国人民银行规定的程序及时报告。

**第六十三条** 存款人应加强对预留银行签章的管理。单位遗失预留公章或财务专用章的，应向开户银行出具书面申请、开户登记证、营业执照等相关证明文件；更换预留公章或财务专用章时，应向开户银行出具书面申请、原预留签章的式样等相关证明文件。个人遗失或更换预留个人印章或更换签字人时，应向开户银行出具经签名确认的书面申请，以及原预留印章或签字人的个人身份证件。银行应留存相应的复印件，并凭以办理预留银行签章的变更。

## 第六章　罚　则

**第六十四条**　存款人开立、撤销银行结算账户，不得有下列行为：

（一）违反本办法规定开立银行结算账户；

（二）伪造、变造证明文件欺骗银行开立银行结算账户；

（三）违反本办法规定不及时撤销银行结算账户；

非经营性的存款人，有上述所列行为之一的，给予警告并处以1000元的罚款；经营性的存款人有上述所列行为之一的，给予警告并处以1万元以上3万元以下的罚款；构成犯罪的，移交司法机关依法追究刑事责任。

**第六十五条**　存款人使用银行结算账户，不得有下列行为：

（一）违反本办法规定将单位款项转入个人银行结算账户；

（二）违反本办法规定支取现金；

（三）利用开立银行结算账户逃废银行债务；

（四）出租、出借银行结算账户；

（五）从基本存款账户之外的银行结算账户转账存入、将销货收入存入或现金存入单位信用卡账户；

（六）法定代表人或主要负责人、存款人地址以及其他开户资料的变更事项未在规定期限内通知银行。

非经营性的存款人有上述所列一至五项行为的，给予警告并处以1000元罚款；经营性的存款人有上述所列一至五项行为的，给予警告并处以5000元以上3万元以下的罚款；存款人有上述所列第六项行为的，给予警告并处以1000元的罚款。

**第六十六条**　银行在银行结算账户的开立中，不得有下列行为：

（一）违反本办法规定为存款人多头开立银行结算账户。

（二）明知或应知是单位资金，而允许以自然人名称开立账户存储。

银行有上述所列行为之一的，给予警告，并处以5万元以上30万元以下的罚款；对该银行直接负责的高级管理人员、其他直接负责的主管人员、直接责任人员按规定给予纪律处分；情节严重的，中国人民银行有权停止对其开立基本存款账户的核准，责令该银行停业整顿或者吊销经营金融业务许可证；构成犯罪的，移交司法机关依法追究刑事责任。

**第六十七条**　银行在银行结算账户的使用中，不得有下列行为：

（一）提供虚假开户申请资料欺骗中国人民银行许可开立基本存款账户、临时存款账户、预算单位专用存款账户；

（二）开立或撤销单位银行结算账户，未按本办法规定在其基本存款账户开户登记证上予以登记、签章或通知相关开户银行；

（三）违反本办法第四十二条规定办理个人银行结算账户转账结算。

（四）为储蓄账户办理转账结算；

（五）违反规定为存款人支付现金或办理现金存入；

（六）超过期限或未向中国人民银行报送账户开立、变更、撤销等资料。

银行有上述所列行为之一的，给予警告，并处以5000元以上3万元以下的罚款；对该银行直接负责的高级管理人员、其他直接负责的主管人员、直接责任人员按规定给予纪律处分；情节严重的，中国人民银行有权停止对其开立基本存款账户的核准，构成犯罪的，移交司法机关依法追究刑事责任。

**第六十八条**　违反本办法规定，伪造、变造、私自印制开户登记证的存款人，属非经营性的处以1000元罚款；属经营性的处以1万元以上3万元以下的罚款；构成犯罪的，移交司法机关依法追究刑事责任。

## 第七章　附　则

**第六十九条**　开户登记证由中国人民银行总行统一式样，中国人民银行各分行、营业管理部、省会（首府）城市中心支行负责监制。

**第七十条**　本办法由中国人民银行负责解释、修改。

**第七十一条**　本办法自2003年9月1日起施行。1994年10月9日中国人民银行发布的《银行账户管理办法》同时废止。

# 金融机构大额和可疑外汇资金交易报告管理办法

**第一条** 为监测大额和可疑外汇资金交易，规范外汇资金交易报告行为，根据《中华人民共和国外汇管理条例》等有关规定，制定本办法。

**第二条** 境内经营外汇业务的金融机构(以下简称金融机构)应当按照本办法规定，向国家外汇管理部门报告大额和可疑外汇交易情况。

大额外汇资金交易，系指交易主体通过金融机构以各种结算方式发生的规定金额以上的外汇交易行为。

可疑外汇资金交易，系指外汇交易的金额、频率、来源、流向和用途等有异常特征的交易行为。

**第三条** 国家外汇管理局及其分支局(以下简称外汇局)负责大额和可疑外汇资金交易报告工作的监督和管理。

**第四条** 金融机构为客户开立外汇账户，应当遵守《个人存款账户实名制规定》和《境内外汇账户管理规定》，不得为客户设立匿名外汇账户或明显以假名开立外汇账户。

金融机构为客户办理外汇业务应当核对其真实身份信息，主要包括单位名称、法定代表人或负责人姓名、身份证件及其号码、开户的证明文件、组织机构代码、住所、注册资本、经营范围、经营规模、账户的日平均收付发生额等信息和个人银行账户存款人的姓名、身份证件及其号码、住所、职业、经济收入、家庭状况等信息。

**第五条** 金融机构应当将所有大额和可疑外汇资金交易记录，自交易日起至少保存5年。

**第六条** 金融机构应当建立和完善内部反洗钱工作岗位责任制，制定内部反洗钱工作操作程序，明确专人负责对大额和可疑外汇资金交易进行记录、分析和报告。

**第七条** 金融机构不得向任何单位或个人泄露大额和可疑外汇资金交易信息，但法律另有规定的除外。

**第八条** 下列外汇交易属于大额外汇资金交易：

(一)当日存、取、结售汇外币现金单笔或累计等值1万美元以上；

(二)以转账、票据或银行卡、电话银行、网上银行等电子交易以及其他新型金融工具等进行外汇非现金资金收付交易，其中，个人当天单笔或累计等值外汇10万美元以上，企业当天单笔或累计等值外汇50万美元以上。

**第九条** 下列外汇交易属于可疑外汇现金交易：

(一)居民个人银行卡、储蓄账户频繁存、取大量外币现金，与持卡人(储户)身份或资金用途明显不符的；

(二)居民个人在境内将大量外币现金存入银行卡，在境外进行大量资金划转或提取现金的；

(三)居民个人通过现汇账户在国家外汇管理局审核标准以下频繁入账、提现或结汇的；

(四)非居民个人频繁携带大量外币现金入境存入银行后，要求银行开旅行支票或汇票带出的；

(五)非居民个人银行卡频繁存入大量外币现金的；

(六)企业外汇账户中频繁有大量外币现金收付，与其经营活动不相符的；

(七)企业外汇账户没有提取大量外币现金，却有规律地存入大量外币现金的；

(八)企业频繁发生以现金方式收取出口货款，与其经营范围、规模明显不符的；

(九)企业用于境外投资的购汇人民币资金大部分为现金或从非本单位银行账户转入的；

(十)外商投资企业利润汇出的购汇人民币资金大部分为现金或从其他单位银行账户转入的；

(十一)外商投资企业以外币现金方式进行投资的。

**第十条** 下列外汇交易属于可疑外汇非现金交易：

(一)居民个人外汇账户频繁收到境内非同名账户划转款项的；

(二)居民个人频繁收到从境外汇入的大量外汇再集中原币种汇出，或集中从境外汇入大量外汇再频繁多笔原币种汇出的；

(三)非居民个人外汇账户频繁收到境外大量汇款，特别是从生产、贩卖毒品问题严重的国家(地区)汇入款项的；

(四)居民、非居民个人外汇账户有规律出现大额资金进账，第二日分笔取出，然后又有大额资金补充，次日又分笔取出的；

(五)企业通过其外汇账户频繁大量发生在外汇局审核标准以下的对外支付进口预付货款、贸易项下佣金等；

（六）企业通过其外汇账户频繁大量发生以票汇（支票、汇票、本票等）方式结算的出口收汇的；

（七）企业一些休眠外汇账户或平常资金流量小的外汇账户突然有异常外汇资金流入，并且外汇资金流量短期内逐渐放大的；

（八）企业通过其外汇账户频繁发生大量资金往来，与其经营性质、规模不相符的；

（九）企业外汇账户频繁发生大量资金收付，持续一段时间后，账户突然停止收付；

（十）企业外汇账户资金流动以千位或万位为单位的整数资金往来频繁；

（十一）企业外汇账户资金快进快出，当天发生额很大，但账户余额很小或不保留余额；

（十二）企业外汇账户在短时间内收到多笔小额电汇或使用支票、汇票存款后，将大部分存款汇出境外；

（十三）境内企业以境外法人或自然人名义开立离岸账户，且资金呈有规律流动；

（十四）企业从一个离岸账户汇款给多个境内居民，并以捐赠等名义结汇，其资金的划转和结汇均由一人或少数人操作的；

（十五）外商投资企业年利润汇出大幅超出原投入股本或明显与其经营状况不符；

（十六）外商投资企业在收到投资款后，在短期内将资金迅速转到境外，与其生产经营支付需求不符；

（十七）与走私、贩毒、恐怖活动等犯罪严重地区的金融机构附属公司或关联公司进行对销存款或贷款交易；

（十八）证券经营机构指令银行划出与交易、清算无关外汇资金的；

（十九）经营B股业务的证券经营机构通过银行频繁大量拆借外汇资金的；

（二十）保险机构通过银行频繁大量对同一家境外投保人发生赔付或退保行为。

**第十一条** 金融机构对本办法第八条、第九条和第十条所规定情形的大额或可疑外汇资金交易行为须按月以纸质文件、电子文件形式同时上报。

**第十二条** 金融机构应当对符合下列情形的外汇现金交易进行核查，发现涉嫌洗钱的，应及时以纸质文件上报并附相关附件。

（一）外汇账户的支出金额与当日或前一日的现金存款额基本吻合；

（二）将多笔外汇或人民币现金分别存入他人外币储蓄账户，同一账户所有人同时收取相应数额的人民币或外汇；

（三）企业频繁使用大量人民币现钞购汇。

**第十三条** 金融机构应当对符合下列情形的外汇非现金交易进行核查，发现涉嫌洗钱的，应及时以纸质文件上报并附相关附件。

（一）居民个人办理个人实盘买卖业务时，频繁转换币种，明显不谋求盈利的；

（二）居民个人外汇账户频繁收到境外汇入的外汇后，要求银行开旅行支票或汇票的；

（三）非居民个人外汇账户频繁作出订购或兑现大量旅行支票或汇票的；

（四）企业在开立外汇账户时多次拒绝向银行提供有关开户所需的证明文件或不愿提供一般信息的；

（五）企业集团内部外汇资金往来划转超出实际业务交易金额的；

（六）企业结、售汇单证不全，结、售汇金额突然增大，结、售汇频率加快或者结、售汇金额明显超过其正常经营水平的；

（七）企业在银行办理出口入账手续时，无有效商业单据却频繁领取结汇水单（核销专用联），或拒绝提供有效商业单据而频繁领取结汇水单（核销专用联）的；

（八）企业频繁、大量发生捐赠、广告、会展等收汇、结汇及付汇，与其业务范围明显不符的；

（九）企业频繁、大量发生买卖专有技术、商标权等无形资产项下的收汇、结汇及付汇，与其业务经营明显不符的；

（十）企业支付的运保费及佣金明显与其进出口贸易不符的；

（十一）企业经常存入旅行支票及外币汇票存款，特别是此类支票及汇票是境外开具，与其经营状况不符的；

（十二）企业突然还清逾期外汇贷款，而款项来源不明或与客户背景不相符的；

（十三）企业申请以其机构或第三者拥有的资产或

信用作为贷款的担保，而这些资产来源不明或与客户背景不相符的；

（十四）利用无贸易背景信用证或其他方式在境外融资的；

（十五）企业在办理外汇买卖业务时，在明知有损失的情况下，仍坚持办理的；

（十六）企业要求进行本外币间的掉期业务，而其资金的来源和用途不明的；

（十七）外商投资企业外方投入资本金数额超过批准金额或借入的直接外债，从无关联企业的第三国汇入；

（十八）外商投资企业外方投入资本金或借入外债结汇的人民币转入证券等投资领域的银行账户，与其经营状况不符；

（十九）金融机构外汇现金账户收、付金额与外汇存款规模明显不符，或波动明显超过外汇存款的变化幅度；

（二十）金融机构系统内外汇资金往来账户收支与日常业务经营状况明显不符；

（二十一）金融机构同业往来账户，在岸与离岸业务往来账户，与境外分支机构的往来账户收付情况与日常业务经营状况明显不符；

（二十二）金融机构与其关联企业的外汇信贷、结算业务在短期内急剧增加或减少的；

（二十三）金融机构以大额外币现金投保的；

（二十四）银行等金融机构职员以合理理由怀疑的任何外汇资金交易。

**第十四条** 金融机构设在省会、自治区首府、直辖市的一级分支机构为主报告机构，省会、自治区首府、直辖市没有一级分支机构的，由金融机构总部指定主报告机构。

金融机构各分支机构应于每月初5个工作日内汇总上月大额和可疑外汇资金交易情况，逐级上报至主报告机构。同时报送外汇局当地分支局。

各主报告机构应于每月15日前汇总各省、自治区、直辖市内上月大额和可疑外汇资金交易情况，报所在地的国家外汇管理局省、自治区、直辖市分局。

各金融机构总部应于每月5日前将自身发生的上月大额和可疑外汇资金交易情况报外汇局当地分支局。

**第十五条** 金融机构对大额和可疑外汇资金交易进行审核、分析，发现涉嫌犯罪的，应于发现之日起3个工作日内报当地公安部门并报送外汇局分支局。

**第十六条** 国家外汇管理局省、自治区、直辖市分局将金融机构上报的大额和可疑外汇资金交易汇总情况于每月20日前报告国家外汇管理局总局；对涉嫌犯罪的外汇资金交易应当及时移送当地公安部门，并上报总局。

**第十七条** 金融机构有下列情形之一的，由外汇局责令改正，给予警告，可以处以1万元以上3万元以下罚款：

（一）未按规定报告大额或可疑外汇资金交易的；

（二）未按规定保存大额或可疑外汇资金交易记录的；

（三）违反规定泄露大额或可疑外汇资金交易信息的；

（四）未按规定审查开户资料为单位开立外汇账户的。

**第十八条** 金融机构未按规定审查开户资料为个人开立外汇账户的，由外汇局责令改正，给予警告，可以处以1000元以上5000元以下罚款。

**第十九条** 金融机构违反本办法，情节严重造成重大损失的，外汇局可以暂停或停止其部分或全部结售汇业务。

**第二十条** 金融机构工作人员违反有关规定，协助进行洗钱的，应当给予纪律处分；构成犯罪的，移交司法机关依法追究刑事责任。

**第二十一条** 本办法下列用语的含义如下：

“频繁”系指外汇资金交易行为每天发生3次以上或每天发生持续5天以上。

“大量”系指接近上述规定的大额外汇资金的报告标准限额的金额。

“短期”系指10个营业日以内。

“以上”、“以下”，均包括本数。

**第二十二条** 本办法自2003年3月1日起施行。

# 人民币大额和可疑支付交易报告管理办法

**人民币大额和可疑支付交易报告管理办法**

**中国人民银行令〔2003〕第2号**

根据《中华人民共和国中国人民银行法》等法律法规的规定，中国人民银行制定了《人民币大额和可疑支付交易报告管理办法》，经2002年9月17日第7次行务会议通过，现予公布，自2003年3月1日起施行。

行长　周小川

二〇〇三年一月三日

**第一条**　为加强对人民币支付交易的监督管理，规范人民币支付交易报告行为，防范利用银行支付结算进行洗钱等违法犯罪活动，根据《中华人民共和国中国人民银行法》等有关法律、行政法规，制定本办法。

**第二条**　本办法所称人民币支付交易，是指单位、个人在社会经济活动中通过票据、银行卡、汇兑、托收承付、委托收款、网上支付和现金等方式进行的以人民币计价的货币给付及其资金清算的交易。

大额支付交易，是指规定金额以上的人民币支付交易。

可疑支付交易，是指交易的金额、频率、流向、用途、性质等有异常情形的人民币支付交易。

**第三条**　经中国人民银行批准在中华人民共和国境内设立的政策性银行、商业银行、城乡信用社及其联合社、邮政储汇机构(以下简称金融机构)办理支付交易业务应遵守本办法。

**第四条**　中国人民银行及其分支机构负责支付交易报告工作的监督和管理。

**第五条**　中国人民银行建立支付交易监测系统，对支付交易进行监测。

**第六条**　金融机构的营业机构应设立专门的反洗钱岗位，建立岗位责任制，明确专人负责对大额支付交易和可疑支付交易进行记录、分析和报告。

**第七条**　下列支付交易属于大额支付交易：

(一)法人、其他组织和个体工商户(以下统称单位)之间金额100万元以上的单笔转账支付；

(二)金额20万元以上的单笔现金收付，包括现金缴存、现金支取和现金汇款、现金汇票、现金本票解付；

(三)个人银行结算账户之间以及个人银行结算账户与单位银行结算账户之间金额20万元以上的款项划转。

**第八条**　下列支付交易属于可疑支付交易：

(一)短期内资金分散转入、集中转出或集中转入、分散转出；

(二)资金收付频率及金额与企业经营规模明显不符；

(三)资金收付流向与企业经营范围明显不符；

(四)企业日常收付与企业经营特点明显不符；

(五)周期性发生大量资金收付与企业性质、业务特点明显不符；

(六)相同收付款人之间短期内频繁发生资金收付；

(七)长期闲置的账户原因不明地突然启用，且短期内出现大量资金收付；

(八)短期内频繁地收取来自与其经营业务明显无关的个人汇款；

(九)存取现金的数额、频率及用途与其正常现金收付明显不符；

(十)个人银行结算账户短期内累计100万元以上现金收付；

(十一)与贩毒、走私、恐怖活动严重地区的客户之间的商业往来活动明显增多，短期内频繁发生资金支付；

(十二)频繁开户、销户，且销户前发生大量资金收付；

(十三)有意化整为零，逃避大额支付交易监测；

(十四)中国人民银行规定的其他可疑支付交易行为；

(十五)金融机构经判断认为的其他可疑支付交易行为。

本条所称“短期”，指10个营业日以内。

**第九条**　存款人申请开立银行结算账户时，金融机构应审查其提交的开户资料的真实性、完整性、合法性。

**第十条**　金融机构应建立存款人信息数据档案，保存银行结算账户存款人的信息资料，包括单位银行结算账户存款人的名称、法定代表人或负责人姓名及其有效身份证件的名称和号码、开户的证明文件、组织机构代码、住所、注册资金、经营范围、主要资金往来对象、账户的日平均收付发生额等信息和个人银行结算账户存款人的姓名、身份证件的名称和号码、住所等信息。

**第十一条** 金融机构在办理支付结算业务时，发现其客户有本办法第八条所列情形的，应记录、分析该可疑支付交易，填制《可疑支付交易报告表》后进行报告。

**第十二条** 金融机构对可疑支付交易需要进一步核查的，应及时向中国人民银行报告。

中国人民银行查询可疑支付交易时，有关金融机构应负责查明，及时回复，并记录存档。

**第十三条** 金融机构应按银行会计档案管理的规定保管支付交易记录。

**第十四条** 金融机构应根据本办法制定支付交易报告内部管理制度和操作规程，并向中国人民银行报告。

金融机构应对下属分支机构内部管理制度的执行情况进行监督、检查。

**第十五条** 大额转账支付由金融机构通过相关系统与支付交易监测系统连接报告。

大额现金收付由金融机构通过其业务处理系统或书面方式报告。

可疑支付交易由金融机构进行柜面审查，通过书面方式或其他方式报告。

**第十六条** 金融机构办理大额转账支付，由各金融机构于交易发生日起的第 2 个工作日报告中国人民银行总行。

大额现金收付，由金融机构于业务发生日起的第 2 个工作日报送人民银行当地分支行，并由其转报中国人民银行总行。

**第十七条** 政策性银行、国有独资商业银行、股份制商业银行的营业机构发现可疑支付交易的，应填制《可疑支付交易报告表》并报送一级分行。一级分行经分析后应于收到《可疑支付交易报告表》后的第 2 个工作日报送中国人民银行当地分行、营业管理部、省会(首府)城市中心支行，同时报送其上级行。

城市商业银行、农村商业银行、城乡信用合作社及其联合社、外资独资银行、中外合资银行和外国银行分行营业机构发现可疑支付交易的，应填制《可疑支付交易报告表》并报送中国人民银行当地分行、营业管理部、省会(首府)城市中心支行和其他地市中心支行。中国人民银行其他地市中心支行于收到《可疑支付交易报告表》后的第 2 个工作日报送所在省的中国人民银行分行、营业管理部、省会(首府)城市中心支行。

**第十八条** 金融机构的营业机构经过分析人民币支付交易，对明显涉嫌犯罪需要立即侦查的，应立即报告当地公安机关，同时报告其上级单位。

**第十九条** 中国人民银行分行、营业管理部、省会(首府)城市中心支行应分析金融机构报送的《可疑支付交易报告表》。需要金融机构补充资料或进一步作出说明的，应立即通知金融机构说明情况。

**第二十条** 中国人民银行分行、营业管理部、省会(首府)城市中心支行应对金融机构报送的《可疑支付交易报告表》按周汇总，每周第 1 个工作日向中国人民银行总行报告。对重大的可疑支付交易，应立即报告中国人民银行总行。

**第二十一条** 中国人民银行和各金融机构不得向任何单位或个人泄露可疑支付交易信息，但法律另有规定的除外。

**第二十二条** 金融机构未按规定审查开户资料为个人开立结算账户的，由中国人民银行给予警告，并处以 1000 元以上 5000 元以下罚款。情节严重的，取消其直接负责的高级管理人员的任职资格。

**第二十三条** 金融机构有下列情形之一的，由中国人民银行责令限期改正，给予警告。逾期不改正的，可以处以 3 万元以下罚款：

(一)未按规定对开户资料进行审查，致使单位开立虚假银行结算账户的；

(二)未按规定建立存款人信息数据档案或收集的存款人信息数据不完整的；

(三)未按规定保存客户交易记录的；

(四)未按本办法对支付交易进行审查和报告的；

(五)对明知或应知的可疑支付交易不报告的；

(六)违反第二十一条的规定泄露可疑支付交易信息的。

**第二十四条** 金融机构工作人员参与伪造开户资料，为存款人开立银行结算账户，协助进行洗钱活动的，应当给予纪律处分；构成犯罪的，移交司法机关依法追究刑事责任。

**第二十五条** 金融机构违反本办法规定，情节严重的，由中国人民银行停止核准其开立基本存款账户，暂停或停止其部分或全部支付结算业务，并取消该金融机构直接负责的高级管理人员的任职资格。

**第二十六条** 中国人民银行的工作人员违反本办法第二十一条规定的，依法给予行政处分。

**第二十七条** 本办法所称“以上”、“以下”，均包括本数。

**第二十八条** 本办法自 2003 年 3 月 1 日起施行。

# 商业银行服务价格管理暂行办法

**中国银行业监督管理委员会　国家发展和改革委员会令**

**（2003 年第 3 号）**

根据《中华人民共和国商业银行法》、《中华人民共和国价格法》等有关法律法规，中国银行业监督管理委员会、国家发展和改革委员会制定了《商业银行服务价格管理暂行办法》，现予发布。自 2003 年 10 月 1 日起施行。

**中国银行业监督管理委员会主席　刘明康**

**国家发展和改革委员会主任　马　凯**

**二〇〇三年六月二十六日**

**第一条**　为规范商业银行服务价格行为，维护消费者合法权益，促进商业银行健康发展，根据《中华人民共和国商业银行法》、《中华人民共和国价格法》，制定本办法。

**第二条**　在中华人民共和国境内发生的商业银行服务价格行为，适用本办法。

**第三条**　本办法所称商业银行，是指依据《中华人民共和国商业银行法》和《中华人民共和国外资金融机构管理条例》设立的银行机构。

**第四条**　本办法所称的商业银行服务，是指商业银行通过收费方式向其客户提供的各类本外币银行服务。

**第五条**　商业银行制定服务价格、提供银行服务应当遵守国家有关价格法律、法规及规章的规定，应当遵循合理、公开、诚信和质价相符的原则，应以银行客户为中心，增加服务品种，改善服务质量，提升服务水平，禁止利用服务价格进行不正当竞争。

**第六条**　根据服务的性质、特点和市场竞争状况，商业银行服务价格分别实行政府指导价和市场调节价。

**第七条**　实行政府指导价的商业银行服务范围为：

（一）人民币基本结算类业务，包括：银行汇票、银行承兑汇票、本票、支票、汇兑、委托收款、托收承付；

（二）中国银行业监督管理委员会、国家发展和改革委员会根据对个人、企事业的影响程度以及市场竞争状况确定的商业银行服务项目。

除前款规定外，商业银行提供的其他服务，实行市场调节价。

**第八条**　实行政府指导价的服务价格按照保本微利的原则制定，具体服务项目及其基准价格和浮动幅度，由国家发展和改革委员会会同中国银行业监督管理委员会制定、调整。

**第九条**　实行市场调节价的服务价格，由商业银行总行、外国银行分行（有主报告行的，由其主报告行）自行制定和调整，其他商业银行分支机构不得自行制定和调整价格。商业银行制定和调整价格时应充分考虑个人和企事业的承受能力。

**第十条**　商业银行办理收付类业务实行“谁委托、谁付费”的收费原则，不得向委托方以外的其他单位或个人收费。

**第十一条**　商业银行不得对人民币储蓄开户、销户、同城的同一银行内发生的人民币储蓄存款及大额以下取款业务收费，大额取款业务、零钞清点整理储蓄业务除外。

以上“零钞”、“大额”的界定以及相关服务价格的制定和调整由中国银行业监督管理委员会负责。

**第十二条**　商业银行应就实行市场调节价的服务项目制定本系统内统一的定价管理制度，明确定价范围、定价原则、定价方法以及总行和分行的管理职责。

**第十三条**　商业银行应按照商品和服务实行明码标价的有关规定，在其营业网点公告有关服务项目、服务内容和服务价格标准。

**第十四条**　商业银行依据本办法制定服务价格，应至少于执行前 15 个工作日向中国银行业监督管理委员会报告，并应至少于执行前 10 个工作日在相关营业场所公告。

商业银行就前款事项报告中国银行业监督管理委员会的同时，应抄送中国银行业协会。

**第十五条**　商业银行实行市场调节价的服务项目及服务价格，由中国银行业协会通过适当方式公布，接受社会监督。

**第十六条**　商业银行有下列行为的，由政府价格主管部门依据《中华人民共和国价格法》、《价格违法行为行政处罚规定》予以处罚：

（一）擅自制定属于政府指导价范围内的服务价格的；

（二）超出政府指导价浮动幅度的；

（三）不按照规定明码标价的；

（四）违反本办法规定的其他价格违法、违规行为。

**第十七条** 商业银行违反本办法第九条、第十二条、第十四条规定的，由中国银行业监督管理委员会依据有关法律、行政法规和规章规定处理。

**第十八条** 政策性银行、城市信用社、农村信用社、邮政储蓄机构、合资财务公司和独资财务公司提供本办法第四条规定的服务，其服务价格应按照本办法规定执行。

**第十九条** 本办法自2003年10月1日起施行。

**第二十条** 此前有关商业银行服务价格或收费的规定，与本办法规定有冲突的，一律废止。

# 商业银行中间业务暂行规定

**第一条** 为进一步促进商业银行发展中间业务，规范与完善银行服务，提高竞争能力，同时有效防范金融风险，根据《中华人民共和国中国人民银行法》、《中华人民共和国商业银行法》，特制定本暂行规定。

**第二条** 本暂行规定所称的商业银行是指依照《中华人民共和国商业银行法》设立的吸收公众存款、发放贷款、办理结算等业务的银行机构。

**第三条** 本暂行规定所称中间业务是指不构成商业银行表内资产、表内负债，形成银行非利息收入的业务。

**第四条** 商业银行开办中间业务，应经中国人民银行审查同意，并接受中国人民银行的监督检查。

**第五条** 商业银行申请开办中间业务，应符合以下要求：

（一）符合金融市场发展的客观需要；

（二）不损害客户的经济利益；

（三）有利于完善银行的服务功能，有利于提高银行的盈利能力；

（四）制定了相应的业务规章制度和操作规程；

（五）具备合格的管理人员和业务人员；

（六）具备适合开展业务的支持系统；

（七）中国人民银行要求的其他条件。

**第六条** 中国人民银行根据商业银行开办中间业务的风险和复杂程度，分别实施审批制和备案制。

适用审批制的业务主要为形成或有资产、或有负债的中间业务，以及与证券、保险业务相关的部分中间业务；适用备案制的业务主要为不形成或有资产、或有负债的中间业务。

**第七条** 适用审批制的中间业务品种包括：

（一）票据承兑；

（二）开出信用证；

（三）担保类业务，包括备用信用证业务；

（四）贷款承诺；

（五）金融衍生业务；

（六）各类投资基金托管；

（七）各类基金的注册登记、认购、申购和赎回业务；

（八）代理证券业务；

（九）代理保险业务；

（十）中国人民银行确定的适用审批制的其他业务品种。

**第八条** 适用备案制的中间业务品种包括：

（一）各类汇兑业务；

（二）出口托收及进口代收；

（三）代理发行、承销、兑付政府债券；

（四）代收代付业务，包括代发工资、代理社会保障基金发放、代理各项公用事业收费（如代收水电费）；

（五）委托贷款业务；

（六）代理政策性银行、外国政府和国际金融机构贷款业务；

（七）代理资金清算；

（八）代理其他银行银行卡的收单业务，包括代理外卡业务；

（九）各类代理销售业务，包括代售旅行支票业务；

（十）各类见证业务，包括存款证明业务；

（十一）信息咨询业务，主要包括资信调查、企业信用等级评估、资产评估业务、金融信息咨询；

（十二）企业、个人财务顾问业务；

（十三）企业投融资顾问业务，包括融资顾问、国际银团贷款安排；

（十四）保管箱业务；

（十五）中国人民银行确定的适用备案制的其他业务品种。

**第九条** 中国人民银行受理商业银行开办中间业务的申报材料后，对适用审批制的业务品种，应在30个工作日内发出正式批复文件。对适用备案制的业务品种，中国人民银行监管部门应在受理申报材料后15个工作日内以备案通知书的形式答复申请银行。

**第十条** 中国人民银行审查商业银行开办中间业务的申请，可以对商业银行开办中间业务的适用对象和适用范围作出特别限定。

**第十一条** 商业银行开办本规定第七条、第八条未列出的中间业务，按审批制报中国人民银行审查。由中国人民银行根据业务性质及风险特征确定适用审批制或备案制。

**第十二条** 对中国人民银行已经发布专门业务管理办法的中间业务品种，若办法已规定了相应的审批或备案制度，按专门业务管理办法执行。

**第十三条** 国有独资商业银行、股份制商业银行新开办中间业务，应由其总行统一向中国人民银行总行申请，经中国人民银行总行审查同意后，由其总行统一授权其分支机构开展业务。

商业银行分支机构开办中间业务之前，应就开办业务的品种及其属性向中国人民银行当地管辖行报告。

**第十四条** 城市商业银行新开办中间业务品种，应由其总行统一向中国人民银行分行、营业管理部申请，经中国人民银行分行、营业管理部审查同意后，由其总行统一授权其分支机构开展业务。

城市商业银行分支机构开办中间业务之前，应由其总行于开办前就开办业务的品种及其属性向中国人民银行当地管辖行报告。

**第十五条** 商业银行分支机构开办中间业务品种，不应超出其总行经中国人民银行审查同意开办的业务品种范围。

**第十六条** 商业银行总行申请开办适用审批制的业务品种，应提交下列文件和资料（一式三份）：

（一）开办申请；

（二）可行性研究报告。报告应至少包括如下内容：

1.拟开办业务品种的定义；

2.拟开办业务品种的风险特征和防范措施；

3.拟开办业务品种成本和收益预测；

4.拟开办业务品种的管理人员和业务人员配备情况；

5.拟开办业务品种的支持系统；

6.开发和实施拟开办业务品种的方案。

（三）拟开办业务品种的规章制度、操作规程和相关内部控制制度；

（四）中国人民银行要求提供的其他文件和资料。

**第十七条** 商业银行申请开办适用备案制的业务品种，应提交下列文件和资料：

（一）开办申请，开办申请应就以下内容进行说明：

1.拟开办业务品种的定义；

2.拟开办业务品种成本和收益预测；

3.拟开办业务品种的管理人员和业务人员配备情况；

4.拟开办业务的支持系统。

（二）申请开办业务品种的操作规程和相关内部控制制度；

（三）中国人民银行要求提供的其他文件和资料。

**第十八条** 商业银行开展中间业务，应加强与同业之间的沟通和协商，杜绝恶性竞争、垄断市场的不正当竞争行为。

**第十九条** 对国家有统一收费或定价标准的中间业务，商业银行按国家统一标准收费。对国家没有制定统一收费或定价标准的中间业务，由中国人民银行授权中国银行业协会按商业与公平原则确定收费或定价标准，商业银行应按中国银行业协会确定的标准收费。

**第二十条** 商业银行应健全内部经营管理机制，加强内部控制，保证对中间业务的有效管理和规范发展。

**第二十一条** 商业银行应制定中间业务内部授权制度，并报中国人民银行备案。

商业银行内部授权制度应明确商业银行各级分支机构对不同类别中间业务的授权权限，应明确各级分支机构可以从事的中间业务范围。

**第二十二条** 商业银行应加强对中间业务风险的控制和管理，并应依据有关法律、法规和监管规章，建立和实施有效的风险管理制度和措施。

**第二十三条** 商业银行应建立监控和报告各类中间业务的信息管理系统，及时、准确、全面反映各项中间业务的开展情况及风险状况，并及时向监管当局报告业务经营情况和存在的问题。

**第二十四条** 商业银行应注重对中间业务中或有资产、或有负债业务的风险控制和管理，对或有资产业务实行统一的资本金管理；应注重对交易类业务的头寸管理和风险限额控制；应对具有信用风险的或有资产业务实行统一授信管理。

**第二十五条** 商业银行应建立中间业务内部审计制度，对中间业务的风险状况、财务状况、遵守内部规章制度情况和合规合法情况进行定期或不定期的审计。

**第二十六条** 中国人民银行在对银行中间业务监督和检查过程中，发现有下列情形之一的，将根据《金融违法行为处罚办法》、《金融机构高级管理人员任职资格管理办法》和有关法规进行处罚，对情节特别严重的，将强制停办相关业务，取消负直接领导责任的高级管理人员的任职资格。

（一）未经中国人民银行批准或予以备案，擅自开办中间业务；

（二）开办业务过程中，违反了国家法律法规，危害了国家和公众利益；

（三）开办业务过程中，逃避中国人民银行监督检查；

（四）开办业务过程中，存在不正当竞争行为；

（五）业务经营过程中，未严格执行操作规程和内部控制制度，内控混乱，造成严重风险及实际重大资金损失；

（六）中国人民银行认定需要进行处理的其他情形。

**第二十七条** 银行在业务经营过程中，存在本暂行规定第二十六条以外的其他违法违规行为，或者违反本暂行规定的其他条款，中国人民银行将依据有关法律、法规和规章进行处理。

**第二十八条** 本规定由中国人民银行负责解释。

**第二十九条** 本规定自发布之日起实施。

# 外债管理暂行办法

## 第一章 总 则

**第一条** 为加强外债管理，规范举借外债行为，提高外债资金使用效益，防范外债风险，制定本办法。

**第二条** 本办法所称“外债”，是指境内机构对非居民承担的以外币表示的债务。

**第三条** 本办法所称“境内机构”，是指在中国境内依法设立的常设机构，包括但不限于政府机关、金融境内机构、企业、事业单位和社会团体。

**第四条** 本办法所称“非居民”，是指中国境外的机构、自然人及其在中国境内依法设立的非常设机构。

**第五条** 按照债务类型划分，外债分为外国政府贷款、国际金融组织贷款和国际商业贷款。

（一）外国政府贷款，是指中国政府向外国政府举借的官方信贷；

（二）国际金融组织贷款，是指中国政府向世界银行、亚洲开发银行、联合国农业发展基金会和其他国际性、地区性金融机构举借的非商业性信贷；

（三）国际商业贷款，是指境内机构向非居民举借的商业性信贷。包括：

1.向境外银行和其他金融机构借款；

2.向境外企业、其他机构和自然人借款；

3.境外发行中长期债券（含可转换债券）和短期债券（含商业票据、大额可转让存单等）；

4.买方信贷、延期付款和其他形式的贸易融资；

5.国际融资租赁；

6.非居民外币存款；

7.补偿贸易中用现汇偿还的债务；

8.其他种类国际商业贷款。

**第六条** 按照偿还责任划分，外债分为主权外债和非主权外债。

（一）主权外债，是指由国务院授权机构代表国家举借的、以国家信用保证对外偿还的外债；

（二）非主权外债，是指除主权外债以外的其他外债。

**第七条** 本办法所称“对外担保”，是指境内机构依据《中华人民共和国担保法》，以保证、抵押或质押方式向非居民提供的担保。对外担保形成的潜在对外偿还义务为或有外债。

**第八条** 国家对各类外债和或有外债实行全口径管理。举借外债、对外担保、外债资金的使用和偿还须符合国家有关法律、法规和本办法的规定。

**第九条** 国家发展计划委员会、财政部和国家外汇管理局是外债管理部门。

## 第二章 举借外债和对外担保

**第十条** 国家发展计划委员会会同有关部门根据国民经济和社会发展需要，以及国际收支状况和外债承受能力，制定国家借用外债计划，合理确定全口径外债的总量和结构调控目标。

**第十一条** 国家根据外债类型、偿还责任和债务人性质，对举借外债实行分类管理。

**第十二条** 国际金融组织贷款和外国政府贷款由国家统一对外举借。

国家发展计划委员会会同财政部等有关部门制定世界银行、亚洲开发银行、联合国农业发展基金会和外国政府贷款备选项目规划，财政部根据规划组织对外谈判、磋商、签订借款协议和对国内债务人直接或通过有关金融机构转贷。其中，世界银行、亚洲开发银行、联合国农业发展基金会和重点国别外国政府贷款备选项目规划须经国务院批准。

**第十三条** 财政部代表国家在境外发行债券由财政部报国务院审批，并纳入国家借用外债计划。其他任何境内机构在境外发行中长期债券均由国家发展计划委员会会同国家外汇管理局审核后报国务院审批；在境外发行短期债券由国家外汇管理局审批，其中设定滚动发行的，由国家外汇管理局会同国家发展计划委员会审批。

**第十四条** 国家对国有商业银行举借中长期国际商业贷款实行余额管理，余额由国家发展计划委员会会同有关部门审核后报国务院审批。

**第十五条** 境内中资企业等机构举借中长期国际商业贷款，须经国家发展计划委员会批准。

**第十六条** 国家对境内中资机构举借短期国际商业贷款实行余额管理，余额由国家外汇管理局核定。

**第十七条** 国家对境内外资金融机构举借外债实行总量控制，具体办法另行制定。

**第十八条** 外商投资企业举借的中长期外债累计发生额和短期外债余额之和应当控制在审批部门批准的项目总投资和注册资本之间的差额以内。

在差额范围内，外商投资企业可自行举借外债。超出差额的，须经原审批部门重新核定项目总投资。

**第十九条** 境内机构对外担保应当遵守国家法律、法规和外汇管理部门的有关规定。

**第二十条** 境内机构不得为非经营性质的境外机构提供担保。

**第二十一条** 未经国务院批准，任何政府机关、社会团体、事业单位不得举借外债或对外担保。

**第二十二条** 境内机构对外签订借款合同或担保合同后，应当依据有关规定到外汇管理部门办理登记手续。国际商业贷款借款合同或担保合同须经登记后方能生效。

## 第三章 外债资金使用

**第二十三条** 外债资金应当主要用于经济发展和存量外债的结构调整。

**第二十四条** 国际金融组织贷款和外国政府贷款等中长期国外优惠贷款重点用于基础性和公益性建设项目，并向中西部地区倾斜。

**第二十五条** 中长期国际商业贷款重点用于引进先进技术和设备，以及产业结构和外债结构调整。

**第二十六条** 境内企业所借中长期外债资金，应当严格按照批准的用途合理使用，不得挪作他用。确需变更用途的，应当按照原程序报批。

**第二十七条** 境内企业所借短期外债资金主要用作流动资金，不得用于固定资产投资等中长期用途。

**第二十八条** 使用外债资金的固定资产投资项目应当实行项目法人责任制，由项目法人对外债资金的使用效益负责。

依据《中华人民共和国招标投标法》和国外贷款机构有关规定需要进行招标采购的，应当严格按照规定执行。

**第二十九条** 外债管理部门负责对外债资金使用进行管理和监督。

**第三十条** 国家发展计划委员会依据《国家重大建设项目稽查办法》的规定，向使用外债资金的国家重大建设项目派出稽查特派员，对项目的实施和资金使用情况进行稽查。

## 第四章 外债偿还和风险管理

**第三十一条** 主权外债由国家统一对外偿还。主权外债资金由财政部直接或通过金融机构转贷给国内债务人的，国内债务人应当对财政部或转贷金融机构承担偿还责任。

**第三十二条** 非主权外债由债务人自担风险、自行偿还。

**第三十三条** 债务人可以用自有外汇资金偿还外债，也可经外汇管理部门核准用人民币购汇偿还外债。

**第三十四条** 债务人无法偿还的外债，有担保人的，应当由担保人负责偿还。

**第三十五条** 担保人按照担保合同规定需要履行对外代偿义务时，应当到外汇管理部门办理对外担保履约核准手续。

**第三十六条** 债务人应当加强外债风险管理，适时调整和优化债务结构。

在不扩大原有外债规模的前提下，经国家发展计划委员会核准，债务人可以通过借入低成本外债、偿还高成本外债等方式，降低外债成本，优化债务结构，其中，涉及主权外债的，须经财政部核准。

**第三十七条** 债务人可以保值避险为目的，委托具有相关资格的金融机构运用金融工具规避外债的汇率和利率风险。

## 第五章 外债监管

**第三十八条** 外债管理部门根据国家法律、法规和本办法有关规定，对外债和对外担保实施监管。

**第三十九条** 外债管理部门履行监管职责时，有权要求债务人和相关单位提供有关资料，检查有关账目和资产。

**第四十条** 境内机构举借外债或对外担保时，未履行规定的审批手续或未按规定进行登记的，其对外签订的借款合同或担保合同不具有法律约束力。

**第四十一条** 不以借款合同或担保合同等形式体现，但在实质上构成对外偿还义务或潜在对外偿还义务的对外借款或担保，须按照本办法纳入外债监管。

**第四十二条** 禁止违反利益共享、风险共担原则，以保证外商直接投资固定回报等方式变相举借外债。

**第四十三条** 未经外债管理部门批准，境外中资企业不得将其自身承担的债务风险和偿债责任转移到境内。

**第四十四条** 经营外汇业务的金融机构在为境内机构开立外汇、外债账户和处理外汇资金往来业务时，发现违反本办法规定的行为，应当及时向有关外债管理部门报告，并协助外债管理部门进行调查。

**第四十五条** 外债管理部门应当掌握外债动态，建立和完善全口径外债监测预警机制。

**第四十六条** 国家外汇管理局负责外债的统计监测，定期公布外债统计数据。

**第四十七条** 境内机构违反本办法规定举借外债或对外担保的，由其主管部门对直接负责的主管人员和其他直接责任人员依法给予相应的行政处分。构成犯罪的，依法追究刑事责任。

**第四十八条** 外债管理部门的工作人员徇私舞弊、滥用职权或玩忽职守，由其所在部门依法给予行政处分。构成犯罪的，依法追究刑事责任。

## 第六章 附 则

**第四十九条** 境内机构向香港、澳门特别行政区和台湾地区的机构举借债务或提供担保，比照本办法进行管理。

**第五十条** 外债管理部门应当依据本办法，制定和完善有关实施细则。

**第五十一条** 本办法由国家发展计划委员会、财政部和国家外汇管理局负责解释。

**第五十二条** 本办法自 2003 年 3 月 1 日起施行。

董事长：莫立崎 先生

副董事长、总经理：杨德玉 先生

# 兖州煤业股份有限公司

## YANZHOU COAL MINING COMPANY LIMITED

兖州煤业股份有限公司是1997年9月由兖矿集团有限公司独家发起设立的境内外上市公司，也是迄今唯一一家同时在香港、纽约、上海三地上市的中国煤炭企业。公司主要从事煤炭生产、洗选加工、销售和煤炭铁路运输。公司产品属优质低硫煤，适用于发电、冶炼、化工、造纸、建材等行业。

公司成立以来，以提高股东回报为宗旨、以规范运作和可持续发展为目标，形成了生产、科技、管理、安全、财务、市场营销等创新体系，保持了企业经济效益的稳步、快速、持续增长。公司荣获2003年全国质量管理奖，“兖州煤”被权威机构评为“中国煤炭行业第一名牌”，具有自主知识产权的综采放顶煤技术和成套设备，是世界开采厚煤层矿井的先进技术，领先国际先进水平3-5年，被评为国家科技进步一等奖，并在中国和澳大利亚获得专利。截至2002年底，公司资产总额129.84亿元，净资产96.59亿元。2002年公司实现净利润10.03亿元，原煤产量3843万吨，其中出口1447万吨，出口创汇4.67亿美元，全员效率达到17.865吨/工，是国有重点煤矿平均水平的5.81倍，是中国盈利最好、安全最好、出口量最大的煤炭企业之一。

公司始终坚持以产业运作求生存，以资本运营求发展的理念，实现了产业运作与资本运作的有效结合。从1998年至今，公司先后实现了“四次股票发行、三次资产收购”，共融资40.2亿元，占中国煤炭行业从股票市场融资总额的33.5%。不仅成为在亚洲金融风暴后22个月内唯一一家在境外成功上市的中国企业，也是1998年以来中国近50家H股公司中首次完成H股增发的企业。通过对济宁二号煤矿、济宁三号煤矿和矿区铁路专用资产的战略性收购，扩大了公司的生产规模和核心竞争力，提高了公司的盈利能力。2002年公司收购的矿区铁路专用资产，为公司贡献净利润1.32亿元，占公司净利润的13.2%。

公司按照独立法人和现代企业制度的要求，建立了独立和完整的法人治理结构和管理体系，彻底实施“五分开”，以信息披露为核心，不断强化投资者关系管理工作，以优良的业绩和规范的运作，获得了国内外资本市场的广泛认可。1999年公司被《欧洲周刊》评为1998年度亚洲最佳新上市公司；被香港《资本杂志》列为十大优质国企、红筹股；2000年被《亚洲货币》杂志评为“中国最佳管理公司”第四名；2002年公司被《财富》杂志（中文版）评为"中国上市公司100强"之一；2003年被香港《资本》杂志评为“中国最佳管治公司”第七名；自1999年起连续5年被《上市公司》杂志评为“中国上市公司50强”之一。

公司将继续实施核心经营策略：提高煤炭产量、销量，稳定出口；提高产品质量，优化品种结构；进一步完善综采放顶煤工艺；积极寻求收购和开发新煤矿机会等，努力使公司发展成为具有强大国际竞争力的矿业公司。

A股—上市地点：上海证券交易所
股票代码：600188
股票简称：兖州煤业
H股—上市地点：香港联合交易所有限公司
股票代码：1171
ADR—上市地点：纽约股票交易所
股票简称：YZC

地址：山东省邹城市凫山路 40号 电话：0537-5382319 传真:0537-5383311 E-mail:yzc@yanzhoucoal.com.cn

# 1口好牙 两面针

股票代码：600249 股票简称：两面针

**柳州两面针股份有限公司**作为国内牙膏行业的龙头企业，与时俱进、超越自我，致力于公司的做大做强，在与跨国公司的竞争中打造百年民族品牌。

“为消费者提供最好商品，为投资者创造最佳收益”是两面针永恒的追求，我们深深意识到公司、公司的股东和公司产品的消费者是一个互补性极强的利益共同体。股东和消费者的利益，经过公司的努力得以体现；公司的价值，在为股东和消费者的服务中得以提升。

文化兴企、科技为先。多年来公司高度重视产品研发投入，一系列科技含量较高的产品陆续投放市场，不断为两面针品牌赋予新的生命力。良好企业文化的形成，有效增强了企业凝聚力、促进了企业核心竞争力的不断提高。

以中药牙膏为基础，积极发展中草药产成品在日化产品中的应用，两面针正在为实现产业结构的全面提升，把公司打造成为在国内日化行业中可以与跨国公司并驾齐驱、综合实力一流的企业而努力。

董事长：梁英奇 先生
为消费者提供最好商品
为投资者创造最佳收益
柳州两面针股份有限公司
Liuzhou liangmianzhen co., ltd.
地址：广西柳州市长风路2号
电话：0772-2506159
传真：0772-2506158

VVGROUP
维维集团
选择维维/选择健康/成长未来
每时每刻，关注您的生活
珍视健康，创造美好，共同成长
维维，营造生活新品质“维维豆奶，欢乐开怀”
“维维天山雪，天生的好奶”
二次创业，再铸辉煌，
维维的明天更美好！
股票简称：维维股份
股票代码：600300
甜牛奶
纯牛奶
纯豆奶
甜牛奶
维维
维维
维维
维维

# 西藏天路

TIBET TIANLU

## 发展企业/服务社会/造福西藏

董事长、总经理、党委副书记：扎西江措

**企业宗旨：发展企业，服务社会，造福西藏**
**质量方针：做精品工程，创天路品牌**

西藏天路交通股份有限公司(以下简称“公司”)是由西藏公路工程总公司、西藏自治区交通工业总公司、西藏拉萨汽车运输总公司、西藏自治区汽车工业贸易总公司、西藏自治区交通厅格尔木运输总公司等五家企业共同发起组建的，于1999年3月29日正式挂牌成立，公司股票于2001年1月16日在上海证券交易所成功上市（股票简称：西藏天路，股票代码：600326）。通过2002年转增股本使总股本达到18000万股，截止2003年6月30日资产总额为64,146.84万元，净资产总额为38,387.58万元。

公司主要经营公路、桥梁建设、工业与民用建筑施工、水利水电工程施工、装饰、汽车及配件销售、制氧制造、货物运输、长短途客运等。公司的资金和技术力量雄厚，机械化施工程度高，经营管理规范，经济效益显著。

目前，公司年施工能力达到4.5亿元人民币以上，现有固定资产原值30,992.13万元，净值18,829.89万元。公司下设1个分公司、2个控股子公司和4个参股子公司。现有员工1125人，各类专业技术人员132余人，主要机械设备180台（套），运输车辆148辆，动力设备62台，使公司迈入了现代化公路、桥梁施工队伍行列。

历史上公司曾多次获得优质工程奖项，具有良好的企业信誉，丰富的高原施工经验，较高的机械化施工程度。雄厚的竞争实力使公司在不依赖政府投资的情形下巩固并扩大在西藏的市场占有率。同时，通过招投标参与区内外建设项目，使公司逐步走向市场化。

公司自成立以来，在区内承建和扩建公路里程达4000多公里，建设

股票简称：**西藏天路**

股票代码：**600326**

拉萨至贡嘎机场公路新改建工程开工典礼

西藏山南泽错、泽桑公路改建工程开工典礼

青藏公路羊八井至拉萨段改建工程

桥梁69座，曾承担过青藏公路、川藏公路、中尼公路等国道和区内主要干线公路的施工任务，修建了曲水、岗嘎、妥峡等大型公路桥梁。公司公路施工建设占西藏自治区20%的市场份额，高等级公路建设占50%以上，在全区建筑行业中具有显著的总承包优势和技术优势。公司视质量为企业的生命，所交验工程合格率达100%，优质工程达85%以上。

公司是以基础产业为主导的企业，质量就是企业的生命。公司在创立之初就提出了“做精品工程，创天路品牌”的质量要求，并配套建立健全了质量保证体系，形成了良好的内部质量管理系统。在历年的施工和生产中坚持质量第一，搞好全面质量管理，牢固树立以质量求生存，以质量求发展，以质量求效益的质量效益型的经营观念。公司在交通部开展的1999—2002年全国公路建设质量年活动中被评为“全国优秀施工企业”。

1997—2001年连续被评为西藏自治区“守合同重信用”单位，2002年被评为国家级“守合同重信用”单位。2001年3月被评为西藏自治区“纳税大户”，2001年5月荣获“全国五一劳动奖状”，2001年被评为全区交通系统先进单位，2002年被评为全区交通系统企业管理先进单位，2002年8月取得ISO9001:2000国际质量体系标准认证。

2003年5月《中国证券报》和清华大学中国企业研究中心联合对中国上市公司进行了2002年度综合绩效排序。公司2002年度综合绩效排序在全国1146家上市公司中排名第97位，成长性排名第38位。

作为区内唯一一家以基础设施建设为主业的上市公司，公司将在未来的三年内，通过股权单一模式的突破，实现由粗放的经验管理向规范化的制度管理转变；由劳动密集型的施工企业向技术密集型的管理公司转变；达到市场占有率的提升、管理机制的提升、企业文化的提升。逐步将公司发展为集公路、桥梁、房屋建筑、水利水电、铁路建设为一体的大型建设集团。公司将紧紧抓住西部大开发的历史机遇，继续注重人才培养，以市场为导向，以管理为手段，以质量为根本，以效益为中心，充分利用资本市场募集的资金，进行企业技术改造，鼓励技术创新，拓展经营领域，带动其它产业的开拓发展，逐步形成围绕公路工程主营业务发展的产业链。把公司建设成为管理科学，创新求实，高效团结，具有明显现代企业文化的一流企业，实现天路公司的新跨越。

## 西藏天路交通股份有限公司

## TIBET TIANLU COMMUNICATIONS CO., LTD.

**地　　址：**西藏拉萨市夺底路14号

**邮政编码：**850000

**电　　话：**0891-6322725  6333506

**传　　真：**0891-6333071

**网　　址：**www.xztianlu.com

**电子邮箱：**xztl@xztianlu.com　　xztlgf@163.net

江蘇寧滬高速公路股份有限公司
JIANGSU EXPRESSWAY COMPANY LIMITED

# 蓬勃经济环境 公司优势尽显

沪宁高速公路江苏段位于经济发达的长江三角洲地区，是国家主干线公路网的重要组成部分，是江苏省第一条高速公路，在我国高速公路建设史上占有重要的地位。自1996年建成通车以来，沪宁高速公路江苏段交通量年均增长率达到20%以上，为苏南和长三角区域的经济和社会发展作出了巨大的贡献。

江苏宁沪高速公路股份有限公司成立于1992年8月，是国家基本建设项目社会募集方式股份制试点企业，主要从事投资、建设、经营、管理江苏省境内部分收费公路。作为江苏省唯一基建项目上市公司，公司积极参与国际、国内资本市场运作，公司股票于1997年和2001年分别在香港联交所和上海证券交易所上市， 2002年进入美国资本市场，公司总资产达到156.64亿元，是国内公路行业上市公司中资产规模最大的企业之一。公司目前经营管理及投资的公路里程超过700多公里，包括沪宁高速公路江苏段在内的公司主要资产均地处经济发达地区，在国家交通主干线网中具有特殊地位，持续增长的交通流量为公司带来了稳定增长的经济效益。公司连续两年入选上海证券交易所评选的沪深上市公司50强。

作为交通行业的窗口单位，公司在经营管理中始终坚持“两手抓”的方针，深入持久的开展“您好工程”和“敬业爱岗、优质服务”活动。公司连续数年被国家人事部、交通部联合表彰为“全国交通系统先进集体”，被江苏省政府和省文明委授予“江苏省文明单位”称号。公司沪宁高速公路南京收费站先后被授予全国“青年文明号”、全国“巾帼示范岗”、“全国‘五一’劳动奖状”等殊荣。

为更好的服务于江苏“率先全面建成小康社会，率先基本实现现代化”的宏伟目标，适应江苏区域经济发展的要求，省委、省政府决定公司作为投资建设主体扩建八车道沪宁高速公路江苏段。扩建后的沪宁高速公路必将推动新一轮苏南城镇一体化建设步伐，加快沿江开发进程，进一步促进江苏对外开发、开放水平的提高和经济的迅猛发展，同时也将进一步增强公司的核心竞争力，巩固公司在行业的领先地位。展望未来，伴随着长江三角洲区域经济的发展，公司将赢得更为广阔的发展空间，公司将抓住发展的良好机遇，不断提高服务和管理水平，用新理念、新技术、新方法整合一切可利用资源，实现公司的可持续发展，为新世纪长三角的经济腾飞再添华彩。

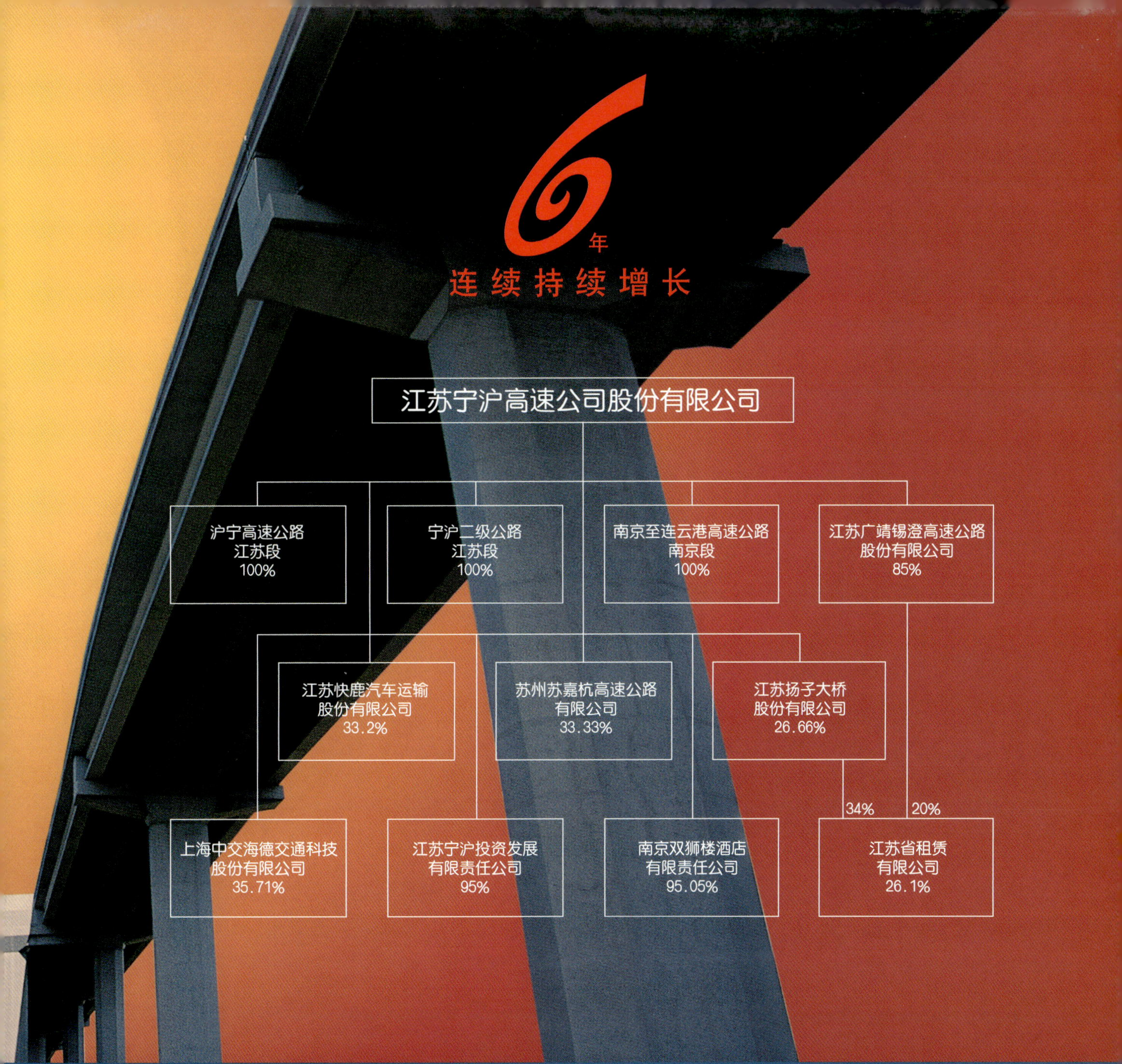

6年
连续持续增长
江苏宁沪高速公司股份有限公司
沪宁高速公路
江苏段
100%
宁沪二级公路
江苏段
100%
南京至连云港高速公路
南京段
100%
江苏广靖锡澄高速公路
股份有限公司
85%
江苏快鹿汽车运输
股份有限公司
33.2%
苏州苏嘉杭高速公路
有限公司
33.33%
江苏扬子大桥
股份有限公司
26.66%
34%
20%
上海中交海德交通科技
股份有限公司
35.71%
江苏宁沪投资发展
有限责任公司
95%
南京双狮楼酒店
有限责任公司
95.05%
江苏省租赁
有限公司
26.1%

董事长：王春生 先生

副董事长：于得友 先生

董事：么志义 先生

# 岁月沧桑　春华秋实
# 矢志不渝　追求卓越
# 创业守成　事在人为

唐山三友化工股份有限公司是经河北省人民政府批准，由唐山三友碱业集团有限公司作为主发起人，联合国投资产管理公司、唐山投资有限公司、河北省建设投资公司和国富投资公司共同发起设立的股份有限公司，并于1998年12月28日在河北省工商行政管理局注册登记。

经中国证监会证监发行字[2003]48号文核准，公司于2003年6月4日向社会公开发行了1亿股A股票，并于同年6月18日在上海证券交易所正式挂牌上市，股票简称：三友化工，股票代码：600409，注册资本35000万元。

公司主营纯碱及系列产品的生产销售，产品有普通盐份、低盐份轻质纯碱、重质纯碱等，目前生产能力100万吨，每年有10%以上的产品出口海外，是国内最大的纯碱生产和出口企业之一。控股子公司志达钙业公司现有氯化钙生产能力3万吨／年，利用募集资金建设的12万吨无水氯化钙项目建成后，将成为国内规模最大，技术领先和产品结构优化的氯化钙企业。

公司视产品质量为企业的生命线，为顾客提供满意的产品和服务是三友人孜孜以求的目标。公司在国内同行业首家通过ISO9002质量体系和产品质量双认证，连续三年产品优级品率达到100%，获得很高的顾客满意度，产品被认定为出口免检产品，并荣获“全国用户满意产品”、“河北省重点名牌产品”等称号，“三友”商标也被授予“河北省著名商标”称号，新开发的低盐重质纯碱被评为国家级新产品和国家“九五”技术创新新产品。

顺应纯碱生产低盐化、重质化的发展趋势，公司着力优化和调整自身产品结构，不断提高重质纯碱产品的生产能力和产品质量，从而快速提升了企业产品的整体市场竞争力。三友化工的重质纯碱占总产量的比例远远高于行业的平均水平，目前公司正在进行重质纯碱的技术改造，届时重质纯碱的年生产能力将提高到60万吨，其产量比例提高到50%以上，产品结构的优化将会进一步增强公司的竞争能力。

三友人坚持以改革为动力，以发展为主题，以规模为方向，以效益为根本，审视把握未来经济发展的走势，通过结构调整、技术创新、经营创新，全面提升企业的核心竞争力，努力将三友化工建成国内规模领先、效益一流的纯碱和氯化钙生产基地。

地址：河北省唐山市南堡开发区　电话：0315-8511015　传真：0315-8519188　邮编：063305
网址：www.sanyou-chem.com.cn

青松
QING SONG

# 新疆青松建材化工股份有限公司

## XINJIANG QINGSONG CEMENT CO.,LTD.

董事长甘军与新疆兵团农一师师长王平海敲响青松建化上市的锣声

公司部分高管人员与贵宾在青松建化上市仪式上的合影（左四董事长甘军、右一总经理杨万川、左一董事会秘书沈荣法、右三新疆兵团农一师师长王平海、右二上交所领导、左三中国证监会乌鲁木齐办事处主任助理马炜、左二河北证券总裁）

新疆青松建材化工股份有限公司，位于阿克苏市西南15公里乌喀公路1014公里处，是经兵团和自治区人民政府批准由原兵团农一师青松建材化工总厂于2000年改制为新疆青松建材化工股份有限公司，同年11月17日在新疆维吾尔自治区工商行政管理局注册登记，公司正式成立。经中国证监会批准，于2003年7月24日在上海证券交易所挂牌上市，股票简称“青松建化”，股票代码600425，总股本18492.75万股，流通股6000万股。

青松建化现有职工2845人，有各类技术职务和高级技术职务人员671人。下属10个生产企业，主要生产经营产品有：水泥、磷肥、硫酸、烧碱、盐酸、铸钢件、工业用氧气以及加气砼、预应力预制构件等水泥制品。主导产品为水泥，年生产能力96万吨，其中20万吨特种水泥。“青松牌”水泥是自治区和农业部优质产品，1994年被自治区首批确认为名牌产品，2000年再次被认定为自治区名牌产品；2000年3月15日经中国建材质量体系认证中心审核认证，获ISO9002国际标准质量认证体系认证证书。2000年5月，中国技术监督情报研究中心认证，青松建材化工总厂为中国市场知名企业，“青松牌”水泥为中国市场知名品牌。2001年2月，生产复膜编织袋的塑化厂被国家建筑材料工业局评定为水泥包装袋生产定点企业，为南疆唯一一家。

1993年青松建材化工总厂被国家统计局列入《中国百家最大建材企业》，排序第70位；1994年被国务院发展研究中心评估列入《中国新疆最大工业企业》第25位；《中国新疆最佳经济效益工业企业》第12位；《新疆工业百强利税》第9位；荣获1999年度中国质量管理协会《全国质量效益型先进企业》表彰；1999年7月被中国建筑材料工业协会评为《全国建材行业推行全面质量管理先进企业》；2000年9月被国家质量技术监督局评为《全国质量管理先进企业》；2001年5月荣获中华全国总工会颁发的《全国五一劳动奖章》；2001年7月1日被中共中央表彰为《全国先进党支党组织》；2001年12月28日，公司被中共中央宣传部、中共中央组织部、国家经济贸易委员会、中华全国总工会联合授予《全国思想政治工作优秀企业》；2002年11月被新疆维吾尔自治区质量技术监督局评为《二OO二年度自治区质量管理先进企业》；2002年被授予《全国精神文明建设工作先进单位》。

企业十分重视环境保护、环境治理，地处戈壁荒原的厂区，绿化覆盖面达33%，1994年被评为《全国100家环境保护先进企业》。

新疆青松建材化工股份有限公司将抓住西部大开发的历史机遇，坚持“以市场为导向、以质量求生存、以科技谋发展、立足新疆、面向中亚”的总体发展战略，利用和中亚地区多个国家相邻的地缘优势，使“青松牌”水泥保持南疆地区的主导地位，积极扩大出口，使“青松牌”水泥从新疆走向世界。

股票简称：青松建化
股票代码：600425

地址：新疆阿克苏市林园
邮编：843005
电话：(0997)2811669　2812561　2811282
传真：(0997)2811675
电子信箱：qsgf@hotmail.com

# 凌云工业股份有限公司

LINGYUN INDUSTRIAL CORPORATION LIMITED

凌云工业股份有限公司位于河北省涿州市，总股本24000万股，其中人民币普通股6800万股，发起人股17200万股，主要发起人有河北凌云工业集团有限公司、英属维尔京群岛第五汽车有限公司。公司股票于2003年8月15日在上海证券交易所挂牌交易。股票简称“凌云股份”，股票代码：600480。

公司为河北省科学技术厅认定的高新技术企业，是河北省对外贸易经济合作厅认定的外商投资先进技术企业，主要生产汽车零部件产品（包括汽车辊压件、汽车冲压件与汽车压力管路系统总成）、PE管道系统（包括PE燃气管道系统、PE给水管道系统等）两大系列产品，是国内率先开发生产具有国际水准汽车辊压件、PA-11汽车压力管路总成的企业，也是国内最早能够提供PE燃气管道产品开发、生产、施工、维护一体化全程服务的企业。公司独家起草了填补国内汽车车身辊压件设计制造行业标准空白的QC/T676-2001标准，是国家标准GB/T8051、GB/T2829、GB/T6378的主要起草单位，是GB/T8052标准的试用验证单位，拥有15项专利，并通过了QS9000、VDA6.1、ISO9002等质量体系认证。

随着中国汽车工业的高速发展，西气东输、南水北调等国家重大工程的深入实施，公司将面临更加广阔的发展空间。公司将始终坚持股东价值最大化的目标，依托汽车、燃气两大行业，坚持专业化道路，实施人才、市场、科技进步三大战略，实现更大发展，创造更大价值，回报股东、服务社会。

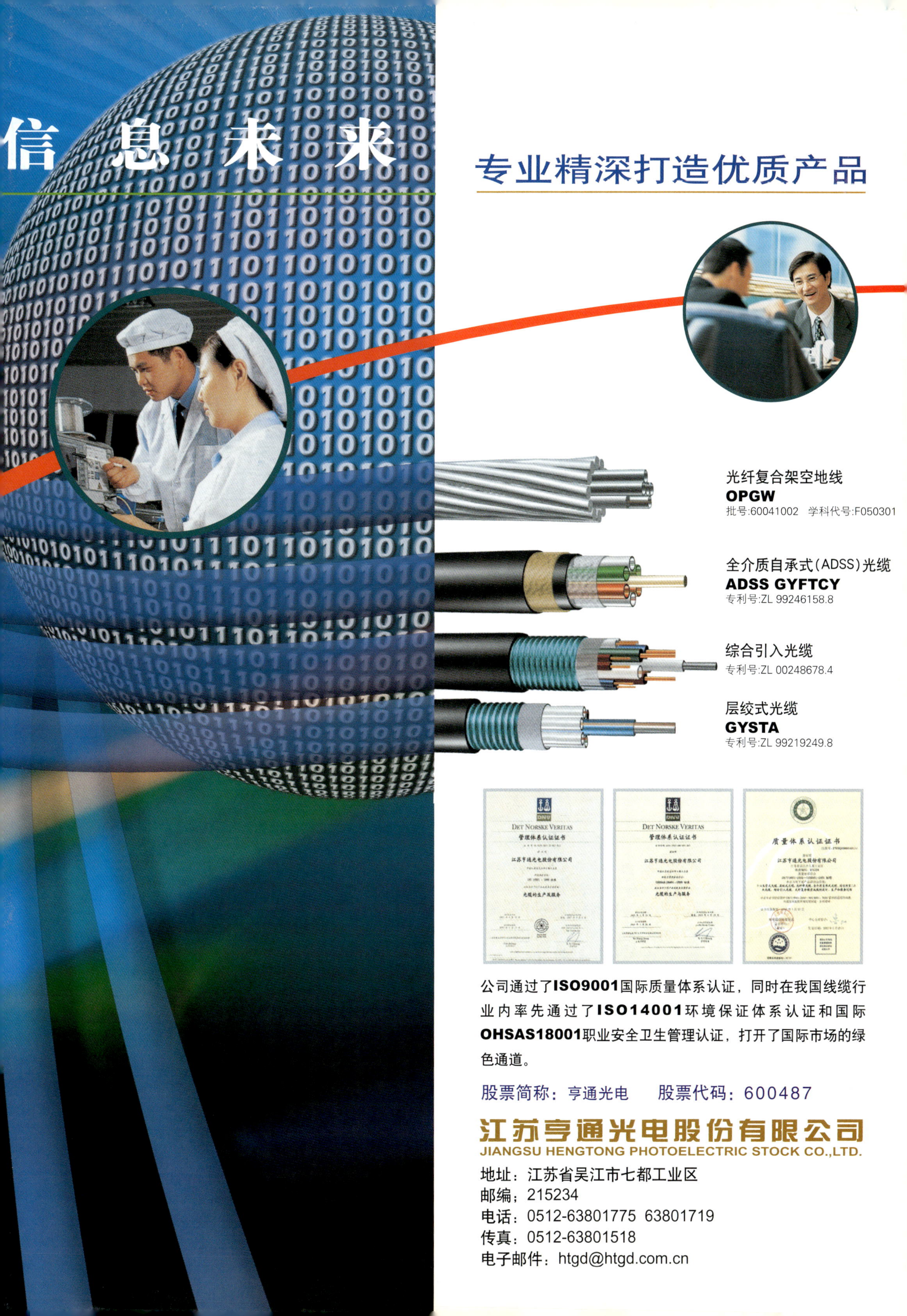
信 息 未 来
专业精深打造优质产品
光纤复合架空地线
OPGW
批号:60041002　学科代号:F050301
全介质自承式(ADSS)光缆
ADSS GYFTCY
专利号:ZL 99246158.8
综合引入光缆
专利号:ZL 00248678.4
层绞式光缆
GYSTA
专利号:ZL 99219249.8
DET NORSKE VERITAS
管理体系认证证书
DET NORSKE VERITAS
管理体系认证证书
质量体系认证证书
公司通过了ISO9001国际质量体系认证，同时在我国线缆行业内率先通过了ISO14001环境保证体系认证和国际OHSAS18001职业安全卫生管理认证，打开了国际市场的绿色通道。
股票简称：亨通光电　股票代码：600487
江苏亨通光电股份有限公司
JIANGSU HENGTONG PHOTOELECTRIC STOCK CO.,LTD.
地址：江苏省吴江市七都工业区
邮编：215234
电话：0512-63801775 63801719
传真：0512-63801518
电子邮件：htgd@htgd.com.cn

## 公司简介

河北太行水泥股份有限公司成立于1993年。他的前身是我国建材行业首批大型一档企业，全国大型水泥行业唯一金奖“中华人民共和国国家质量金奖”荣获者，七十年代被誉为“全亚洲第一大水泥厂”的原河北省邯郸水泥厂。

河北太行水泥股份有限公司秉承原河北省邯郸水泥厂优秀的企业文化、丰富的水泥生产、管理以及金牌的质量管理经验。通过改制与股票的发行，建立了较完善的现代企业制度，凭借公司在融资、管理、人才、质量、规模、资源和行业等方面的优势，通过股权收购和投资控股等有效的投资，太行股份已迅速发展成为享有独立进出口权，拥有多家控股子公司，年优质高标号水泥产能400余万吨，并于2003年3月通过了质量管理体系认证(GB/T19001-2000标准)，10月12日通过了职业健康安全管理体系(GB/T28001-2001标准)和环境管理体系认证(GB/T24001-1996标准)的全国建材行业通过综合管理体系认证为数不多的几家水泥生产企业之一，取得了产品进入奥运工程的准入证。

公司现有员工总数为1948人，其中本科以上学历107人，占员工总数的5.49%；大专学历235人，占员工总数的12.06%；中专以下学历1606人，占员工总数的82.44%。

公司拥有一条2000t/d新型干法窑外分解生产线；一条2500t/d带窑尾余热发电新型干法窑外分解生产线。

公司的控股子公司北京太行前景水泥有限公司、保定太行和益水泥有限公司各拥有一条3000t/d新型干法窑外分解生产线；在保定建设的水泥粉磨公司也将在明年初投产；届时，公司优质高标号水泥年生产能力已超过400万吨，继续保持在中国水泥市场的优势地位。

上述生产线均采用先进窑外分解技术，并充分采纳近几年新型干法窑外分解技术的最新研究成果，设备工艺水平先进，自动化程度、劳动生产率高；产品能耗低，技术上达到目前国内领先水平。

公司所在地生产原料储量丰富、品位高、采集成本低；产品能耗低，品质好、污染小、品种全；物流体系现代、完善、高效、规模大、成本低；品牌著名悠久，市场信誉极佳。

公司产品可覆盖整个华北地区，尤其在京、津、冀地区，占有较大市场份额，极富市场竞争力，广泛应用于京广大厦、北京西客站、首都机场、京沪高速公路、天津海河大桥及郑州黄河大桥等世人瞩目的标志性工程。

如今，河北太行水泥股份有限公司正以国家进行产业结构调整为契机，进一步深化改革，与时俱进，以资本为纽带，以股东权益最大化为目的，本着突出主业，增强实力，抢抓机遇，创新发展的原则，发扬“团结、拼搏、求实、创新”的“太行人精神”，加速实现公司的跨越式发展。

随着中国经济的高速发展，河北太行水泥股份有限公司将以规范的运作、全新的理念、科学的管理、审谨的决策，以及优秀的企业文化和开拓进取的精神成为中国建材行业最具竞争力和投资价值的上市公司。

# 河北太行水泥股份有限公司

# HEBEI TAIHANG CEMENT CO.,LTD.

# 河北裕丰实业股份有限公司

## HEBEI YUFENG INDUSTRIAL CO.,LTD

河北裕丰实业股份有限公司是于1999年12月30日由河北衡水老白干酿酒（集团）有限公司作为主发起人联合衡水京安集团等六家发起人发起设立的，2002年10月8日经证监会核准发行4000万A股股票，并于10月29日上市，公司注册资本14000万元，其中，衡水老白干集团占46.98%，京安集团占23.59%，其他四家发起人占0.86%，社会流通股占28.57%。公司下设衡水老白干酒业公司、兴亚饲料公司、京安公司、京安斯格猪繁育公司及中比合资的河北斯格种猪有限公司（参股42%）、北京京裕大红门肉类食品有限公司（参股40%）。主营业务为白酒、饲料、优质种猪和瘦肉型商品猪。公司现有员工2159人，其中技术人员416人，大学专科以上学历566人，公司致力于开发有益于人类健康的绿色有机安全食品，拥有年产优质衡水老白干酒2万吨、饲料6万吨、年出栏瘦肉型商品猪10万头、种猪3万头的生产能力，是目前国内白酒生产骨干企业、老白干香型中生产规模最大的企业和我国华北地区规模最大的瘦肉型种猪及商品猪生产基地，被列为北京市“菜篮子基地”、“国家生猪活体储备基地”、“河北省农业开发高新技术示范园区”。2002年，被国家九部委认定为“第二批农业产业化国家重点龙头企业。”

公司生产的“衡水牌”老白干系列酒采用独有的小麦制曲工艺和地缸发酵技术精酿，其酒色清澈透明、酒体醇香清雅、甘洌挺拔、丰满柔顺、诸味协调、余味悠长，为我国著名的历史名酒而行销全国，在全国拥有很高的知名度，其声誉可与国内几大名酒相媲美，具有较强的品牌优势和市场竞争力；在河北省具有很高的市场占有率。

公司生猪类产品主要是斯格配套系、台系杜洛克、比利时长白、新英系大白猪的祖代及父母代种猪等种猪及其商品猪，其各项性能指标优良，在市场上具有明显的竞争优势，市场价格明显高于其它杂交商品猪。公司掌握生猪规模饲养的五大关键技术，通过“公司＋基地＋农户”模式，带动了众多的养殖户，形成了年产60万头商品猪的生产规模。产品主要销往河北、河南、山东、天津、北京、湖北、湖南、安徽、辽宁等11个省市和地区，2002年销量位列全国同行业第一名。

公司饲料类产品包括猪、鸡、鱼、兔、鸭、鹅、牛等配合饲料、浓缩饲料和预混饲料，共三大系列数十个品种，饲料及饲料添加剂的生产采用中国农科院饲料研究所的技术，主导产品猪配合料、猪浓缩料、蛋鸡配合料、蛋鸡浓缩料、肉鸡配合料等在市场上具有很大的竞争优势，市场范围集中于衡水市及周边地区，以产地销售为主，产地市场占有率约为30.9%。

随着公司上市募投项目——植酸酶项目（列入国家863计划的生物工程项目、京安斯格猪繁育推广中心项目和先进的大型肉类联合加工厂项目的全面启动，公司将继续坚持发挥衡水老白干酒和斯格等优良瘦肉型猪的品牌优势，坚持科技创新，增加产品的科技含量，提高产品市场占有率，按照白酒酿造—饲料加工—畜牧养殖—肉食加工的发展模式，致力于将公司发展成为全国最大的现代农业产业化龙头企业和全国最大的绿色有机畜牧农产品及相关产品的主要供应商。

股票简称：裕丰股份
股票代码：600559

河北裕丰实业股份有限公司董事长：张新广 先生

公司地址：河北省衡水市人民东路39号　邮编：053000　电话：0318－2122755　传真：0318－2669976
公司网址：www.yufengshiyegufen.com　电子邮箱：yfgfzq@yufengshiyegufen.com

## 第二批农业产业化国家重点龙头企业

# 惠泉啤酒集团

# HUIQUAN BREWAGE GR

国家大型企业——福建省惠泉啤酒集团股份有限公司是中国十强啤酒企业之一，也是福建省啤酒行业目前唯一的上市公司。2002年累计完成啤酒产销量41.85万吨，实现产品销售收入9亿元，创利税总额2.98亿元，其中实现净利润7000万元，比上年同期增长10.76%。各项经济技术指标连续多年居福建省啤酒行业前茅，名列全国行业前十位。

惠泉啤酒公司现有50万吨啤酒年产规模，拥有一流的啤酒设备和雄厚的科技力量。公司于1989年晋升为国家二级企业，1995年在全省行业第一家，全国行业第三家通过ISO9002质量体系认证，同年荣升为国家大型企业，1997年2月正式设立福建省第一家国有绝对控股的规范化股份有限公司，成为当地国有企业成功改制的一面旗帜。2000年被国家质量技术监督局授予“全国质量管理先进单位”，2001年被中华全国总工会授予“全国五一劳动奖状”。公司董事长程汉川2000年被授予“全国劳动模范”称号。

位于惠安城关北区的惠泉啤酒公司北厂，是公司实施跨世纪发展战略的宏伟工程，筹建于1999年9月，

**股票简称：惠泉啤酒**

**股票代码：600573**

# 股份有限公司

# OUP INC. FUJIAN CHINA

于2000年10月27日成功投产。该工程整体规划80万吨，总占地面积650亩，拟分三期建设完成。首期25万吨工程，投资6亿元，严格按照国家行业“十五”计划要求，采用国际上流行、国内刚刚起步的无菌处理技术酿造啤酒新工艺，所有关键工序均引进当今世界一流先进技术设备，并融合了惠泉啤酒传统工艺和国际先进装备技术，全程监控实现无纸化的高度自动化生产，是目前国内单体产量最大，建设起点最高，集环境、生态、科技于一体的技改工程。

公司主导产品有惠泉生啤酒优质系列及惠泉小麦啤酒等20多个品种，先后获“中国食品工业名牌产品”、“全国啤酒行业优质产品”、“福建省名牌产品”、“福建省著名商标”等称号，畅销福建、上海、江西、广东等二十多个省市和香港、台湾、澳门、菲律宾等东南亚地区，市场前景十分广阔。

HUIQUAN BREWAGE

地　址：福建省惠安县螺城镇建设大街157号
邮政编码：362100
电　话：0595-7389018 7396105
传　真：0595-7389082 7378169
网　址：www.huiquan-beer.com
电子信箱：ksbeer@public.qz.fj.cn

董事长：周振德 先生

●股票简称：**沧州化工**

●股票代码：**600722**

地址：河北省沧州市南环中路18号
电话：0317－3030719
传真：0317－3042321
邮编：061000
网址：http://www.czchem.com
电子信箱：info@czchem.com

■ 沧州化学工业股份有限公司是河北沧化实业集团有限公司最大的控股子公司，是经河北省经济体制改革委员会以冀体改[1994]20号文批准，由原沧州市化工厂进行股份制改组，发起成立的定向募集股份有限公司，成立于1994年3月30日。经本公司第三次股东大会决议通过，并经河北省人民政府冀政函[1995]118号文和中国证监会证监发审字[1996]71号文批准，本公司于1996年6月14日至17日向社会公开发行2312万股A股，每股面值1元，每股发行价格9.18元，并于当年6月26日连同内部职工股188万股在上交所挂牌上市，股票简称沧州化工，股票代码600722，公司股本总额为42142万元。经河北省科学技术委员会冀科工字[1999]020号文件批准，本公司被认定为高新技术企业，认定证书编号为21－99J0018。公司主要生产经营化工原料（不含化学危险品）、塑料制品、建筑材料等。

公司主要产品及生产能力：PVC树脂29万吨／年，其中掺混树脂1万吨／年；烧碱8万吨／年，其中离子膜烧碱4万吨／年；EPVC4000吨／年；液氯2000吨／年；氯化氢33000吨／年。

■ 沧州化学工业股份有限公司下设两个子公司：沧州沧井化工有限公司、北京华夏新达软件股份有限公司。

■ 沧州化学工业股份有限公司生产工艺先进，技术装备雄厚，主要生产工艺已实现微机自控，部分工艺已达世界先进水平，第一套国产化离子膜烧碱装置就是由我公司自行设计完成并荣获化工部科技进步二等奖。目前我公司已发展成为全国最大的PVC树脂生产基地。

# 沧州化学工业股份有限公司
# CANGZHOU CHEMICAL INDUSTRIAL CO., LTD

■ 企业的发展得力于一支高素质的职工队伍和一个有凝聚力的领导班子，全公司1262人中，正高职人员2人，副高职人员52人，中级职称人员251人，专业技术人员739人；大专学历550人，大学学历411人，硕士研究生5人，为公司的发展起到了积极的带头作用。厂级领导层具有较高的知识结构和专业管理水平。公司董事长周振德，高级工程师，1977年毕业于北京大学化学系，五次当选为全国人大代表，现任沧州市政协副主席、市总商会主席及沧化集团总裁等职。在他领导下，沧化由最初的固定资产200万元发展到2002年总资产35亿元的全省最大氯碱企业。周振德先生为振兴沧州经济做出了巨大贡献，多次获得沧州市市长特别奖，并屡次受到国家表彰，被化工部授予全国化工行业劳动模范，被省政府授予有突出贡献中青年科学技术管理专家、省劳动模范、全国劳动模范等称号。

■ 沧州化工是化工行业的重点企业，已连续十多年保持河北省利税超千万元和沧州市第一利税大户的荣誉，多次被河北省化工厅授予“化工系统优秀企业”。

# 上海大众公用事业(集团)股份有限公司

集团公司董事长：**杨国平** 先生

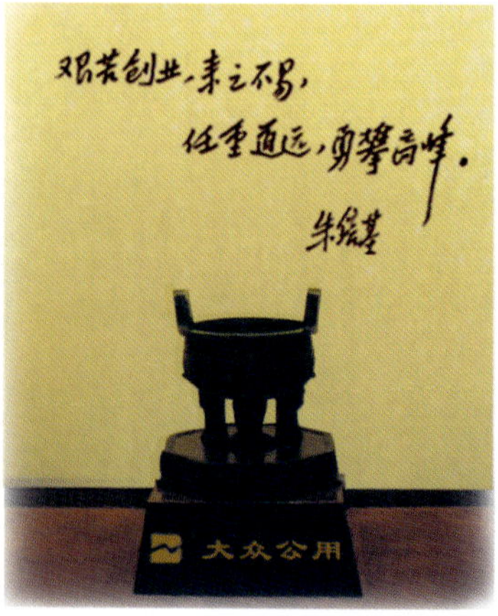


上海大众公用事业（集团）股份有限公司前身系上海浦东大众出租汽车股份有限公司，成立于1991年12月24日，是全国出租汽车行业中第一家股份制企业，公司股票于1993年3月4日在上海证券交易所正式挂牌上市（600635）。

公司从“浦东大众”到“大众科创”，再到今天的“大众公用”，经历了两度更名、三次创业。公司由原来从事交通运输的生产经营性企业，转型成现在从事以投资城市公用事业产业为主、高新技术产业为辅的投资控股型集团公司。

目前，公司已形成成熟的两大板块，公用事业板块的核心企业为大众交通（集团）股份有限公司（600611）、上海大众燃气有限公司、上海交通大众高速客运有限公司等；深圳市创新投资（集团）有限公司、海南大众海洋产业有限公司、上海中医大药业股份有限公司等构成了公司的高新技术板块。

截止2002年期末，公司总资产已达36亿元，净资产为16亿元。公司上市十年来，年净资产收益率均保持在10%以上，在证券市场上树立了良好的蓝筹绩优形象，得到各方面的好评。公司是道琼斯中国88指数成份股之一，并于2002年首批入选上海证券交易所所评选的180指数和深圳证券交易所评选的100家最具影响力的上市公司。

**股票简称：大众公用　　股票代码：600635**

办公地址：上海市中山西路1515号8楼　邮编：200235　电话：021-64288888　传真：021-64288727

董事长：章建辉 先生

# 山东鲁抗医药股份有限公司

## SHANDONG LUKANG PHARMACEUTICAL CO.,LTD.

山东鲁抗医药股份有限公司是山东省医药行业首家上市的大型股份制企业，国内四大抗生素类药品生产基地之一。公司股票于1997年2月26日在上海证券交易所挂牌上市，股票简称“鲁抗医药”，目前公司股本总额为41175.4215万股，其中：国家股14299.740万股，外资法人股6365.887万股，社会公众股20509.7945万股。

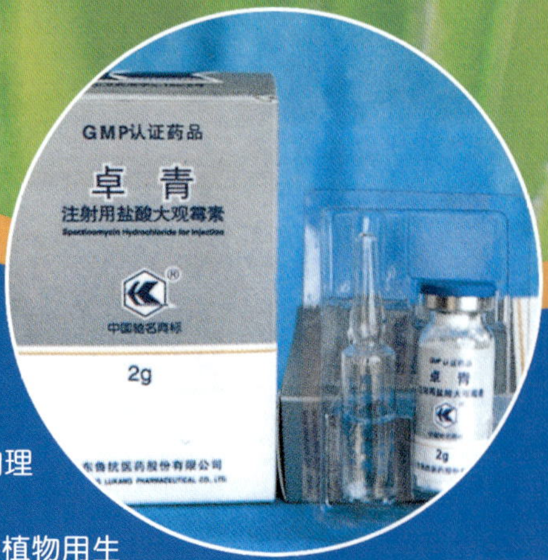


公司所在地--鲁西南重镇济宁市，北依“五岳独尊岱独秀”的泰山风景区，南靠“千里秋荷花、风香浩无涯”的微山湖，东毗圣贤荟萃的孔孟故里，西邻千帆竞发、百舸争流的京杭大运河，景色秀丽，向有“江北小苏州”之美誉。市内交通发达、资源丰富、气候适宜，是抗生素生产经营的理想之地。

公司主要生产经营抗生素原料药、半合成抗生素原料药及相关制剂产品、动植物用生物药物、医药中间体、药用树脂、淀粉、葡萄糖等产品。目前拥有正式生产批文并投入正常生产的药品达100多种，其中共有60多种药品列入《国家基本医疗保险药品目录》。公司行业具有抗生素原料药与制剂配套，半合抗三大母核系列产品，人用药品、兽用农用药品门类齐全等比较优势，主导产品有：青霉素、链霉素、乙酰螺旋霉素、盐酸大观霉素、氨苄青霉素、头

诚信
塑造品牌
《中国证券大全》期待您的参与
地址：深圳市红荔西路上步工业区 210 栋 4 楼　电话：0755-83288756　传真：0755-83288183　邮编：518028

热烈祝贺
《中国证券大全》(2003～2004)
隆重出版、发行
XYH 深圳市星亚辉广告有限公司
星亚辉广告 SHENZHEN STARLIGHT ADVERTISEMENT CO., LTD.
地址：深圳市上步南路上步大厦5楼 邮编：518031 电话：(0755) 83660012 传真：(0755) 83660062 E-mail: zgzqdq@public.szptt.net.cn

泰阳证券有限责任公司
郴州国庆南路营业部
地 址：湖南省郴州市国庆南路2号
天华大厦一、二、三楼
网 址：www.0735.stock.com
电子信箱：cz@sunsc.com.cn
咨询热线电话：0735-2264666 2234260
泰阳证券有限责任公司
邵阳邵水西路证券营业部
地 址：湖南省邵阳市邵水西路155号
邮 编：422000
电子信箱：sy@sunsc.com.cn
电 话：0739-53600257
传 真：0739-5360025

2003～2004

# 中国证券大全

A COMPREHENSIVE HANDBOOK OF CHINESE SECURITIES

第二册

总编辑：陈乃进　朱从玫　张育军
主　编：宁晨新　陈京华

上海证券交易所
深圳证券交易所　协办

中国证券大全编辑委员会 编

经济科学出版社

# 金融宝地，财富见证

元代“金城坊”的历史背景形成了当今金融街独特的文化渊源，这文化渊源在未来国际化进程中，将发挥出特有的中国特色的金融文化魅力。1993年10月，国务院批复了新的《北京城市总体规划》，并提出：在西二环阜成门至复兴门一带建设国家级金融管理中心，集中安排国家级银行总行和非银行机构总部，北京金融街应运而生。

北京金融街——南起复兴门内大街，北至阜成门内大街，西抵西二环路，东临太平桥大街，周围被西单商业区、长安街、阜景文化旅游街所环绕，东距天安门广场3.5公里，距北京三大商业中心之一的西单商业区仅1公里，西邻正在崛起的复兴门外大街商业区，南端为城市一线地铁和环线地铁的交汇处-复兴门站。金融街南北长约1700米，东西宽约600米，规划用地103.76公顷，总建筑面积300万平方米。作为北京最早开发建设的金融商务中心区，至2002年，已累计开复工面积达180万平方米，竣工面积达110万平方米，投资总额约200亿元。这里不仅交通便捷而且商业气氛浓郁，以其为中心辐射方圆数平方公里的区域内，国家经济管理部门、重要金融机构、高档写字楼散布其间，区位优势明显，交通便利、市政配套齐全，资讯丰富，集中在此设置权威金融机构和金融市场，众多国内外的知名企业纷纷入驻金融街，北京金融街已成为一片充满生机和活力的投资热土。目前金融街汇聚了中国金融业50%以上的金融资产，汇总着每年15万亿居民和企业存款80%以上的数据，每天都有上百亿元的资金在这里吞进吐出，成为全国独一无二的金融管理和信息发布中心。

2005年金融街将基本建成。一个功能完善、设施先进、配套齐全的全国性金融管理、融资、结算和信息中心将出现在人们面前。届时，以金融机构办公、商业大厦为主的金融核心区以及相配套的酒店、公寓、高档商业、餐饮、文化娱乐及其他服务业设施，同时建设通讯、报价、计算机、保安、保管等各类服务行业和具有金融专业特色的律师、会计师事务所，设置资金、黄金、外汇调济、股票证券、金融抵押、租赁、期货等各类金融监管机构和交易市场的金融街不仅会是京城亮丽的城市名片，更将成为中国和世界经济链条紧密相连的重要环节、魅力无穷的的国际化金融中心！

## 资本出航 金融弄潮 000402 金融街

**2000**年5月金融街建设集团通过整体资产置换入主重庆华亚（000402），原上市公司更名为金融街控股股份有限公司，股票简称变更为“金融街”，股票代码不变。自此，金融街实现了资本市场的出航。上市后的“金融街”取得了良好的业绩：2000年即实现主营业务收入达85,728万元，形成主营业务利润21,617万元。

**2001**年4月公司将注册地从重庆迁至北京。2001年6月公司董、监事会换届，金融街建设集团正式入主重庆华亚。为进一步拓展公司业务，公司适时启动了2001年增发融资计划，此次增发计划募集资金全部用于金融街的开发建设，其中重点是金融街中心区的开发建设。2002年7月30日公司正式获得了中国证监会关于增发新股的批文。按照证监会的要求，公司于2002年7月31日刊登了《招股意向书》。

**2002**年8月14日，经中国证券监督管理委员会证监发行字【2002】60号文核准。公司实施了2002年A股增发方案。本次增发向社会公众发行新股2,145万股人民币普通股，每股发行价格19.58元，本次增发的全部股票于2002年8月21日在深圳证券交易所流通上市。

SHANTUI
Choose Shantui
Choose Future
选择山推 选择未来
股票简称：山推股份
股票代码：000680
山推工程机械股份有限公司是我国生产大功率推土机、履带总成、液力变矩器、工程机械“四轮”产量最大的生产企业
“山推股份”于97年初在深交所挂牌上市
通过ISO9001国际质量体系认证
山推与日本小松合资生产液压挖掘机PC200-7 PC210-7 PC220-7
主要产品：推土机系列（420马力～80马力）八个档次，液压挖掘机系列；压路机系列；履带总成系列；液力变矩器系列及吊管机、平地机、推耙机、铲运机、雪地车等六大系列100余种规格型号
山推工程机械股份有限公司
中国 济宁 电话：0537-2909199
网址：www.shantui.com

董事长、总经理：**刘石祯 先生**

# 鲁泰纺织
LUTHAI TEXTILE

鲁泰纺织股份有限公司为外商投资股份制企业，A、B股上市公司，是具有棉花种植、纺纱、漂染、织布、整理、制衣综合垂直生产能力的纺织企业集团，世界产量最大的高档衬衣色织面料生产厂家。

公司有员工7000人，总资产24.38亿元、净资产14.11亿元；纺纱、漂染、织布、整理、制衣等十一个生产工厂；北京、上海、青岛三家分公司；青岛保税区鲁泰国际贸易有限公司、北京鲁泰衬衫有限公司、北京思创服饰有限公司、鲁泰香港有限公司、新疆鲁泰丰收棉业有限责任公司、东营鲁信纺织有限责任公司六家控股子公司。

公司现拥有从日本、德国、瑞士等国家引进的、具有国际先进水平的机器设备5000多台（套）。主要产品为纱、色织布、服饰三大系列，年产纱10000吨、色织布6000万米、衬衣500万件。产品具有质量好、档次高、技术含量大、花色品种多等特色。产品95%以上销往日本、美国、英国、意大利、新西兰等30多个国家。

公司生产经营业绩一直名列全国纺织行业前列：2002年实现销售收入9.5亿元、利润1.49亿元、出口创汇9626万美元。销售收入、出口创汇、利润总额、利税总额在中国色织行业两项排名第二名，两项排名第四名，在2002年全国最具实力的1200家上市公司中综合实力排名第37位。2003年1至9月份公司实现利润总额1.7亿元，出口创汇实现9082万美元。

公司多次受到表彰奖励，先后荣获“全国外商投资双优企业”、“山东省最佳外商投资企业”、“山东省优秀外商投资企业”、“山东省外经贸先进单位”、“全国纺织工业系统先进集体”等称号。公司董事长、总经理刘石祯曾荣获“省劳动模范”、“全国五一劳动奖章”和“省优秀厂长经理”称号。

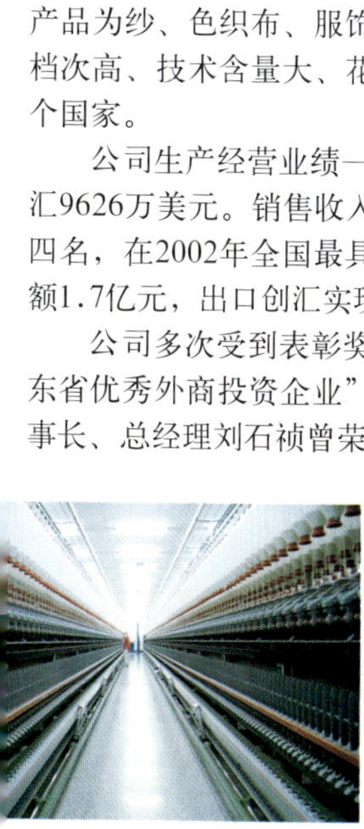

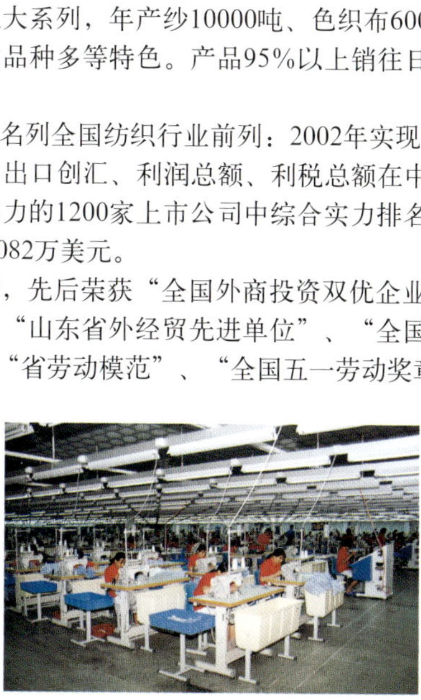

**鲁泰纺织股份有限公司**
**LUTHAI TEXTILE CO., LTD**

地址：山东省淄博市淄川区松龄东路81号
电话：0533－5285166 3586827
传真：0533－5282188
邮编：255100
信箱：lttc@public.zbptt.sd.cn
网址：www.lttc.com.cn

A股简称：鲁泰A 股票代码：000726

B股简称：鲁泰B 股票代码：200726

股票简称　草原兴发
股票代码　000780

董事长：张振武 先生

总经理：方武 先生

草原兴发®
中国驰名商标
CAOYUAN XINGFA
羔羊肉串
绿色食品
羔羊腰花串
内蒙古草原兴发股份有限公司
INNER MONGOLIA PRAIRIE XINGFA CO., LTD
地址：内蒙古自治区赤峰市平庄镇兴发大厦 邮政编码：024076 电话：0476-3514285 传真：0476-3510053
电子信箱：nmxflx@public.hh.nm.cn

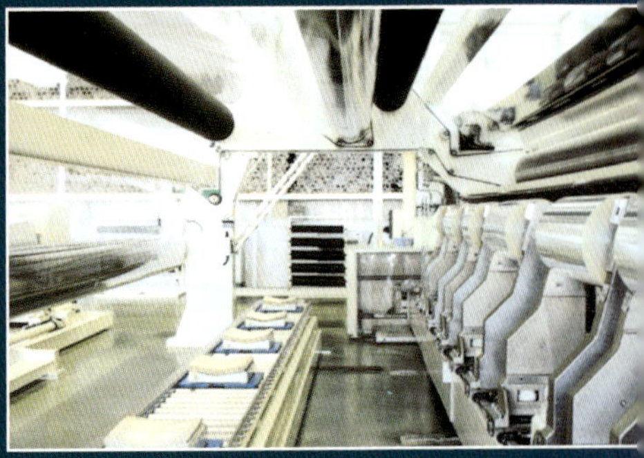

董事长：郑忠勋 先生

■ 二十一世纪，本公司将面向国际市场，重点发展富有高技术含量的塑料加工类产业和资源深加工类产业，力争成为国内最大的塑料综合加工基地和亚洲最大的非金属矿超细加工基地。

厂东门喷泉广场

# 首钢股份000959

BEIJING SHOUGANG CO.,LTD.

3号高炉

**公司董事长：朱继民**

**公司总经理：刘水洋**

北京首钢股份有限公司主营各类线材及特殊用途钢，是我国规模最大的线材生产销售基地，产品质量享誉海内外，广泛应用于长江三峡、黄河小浪底、上海杨浦大桥等国家重点工程。

公司拥有优良的资产、先进的技术、强大的规模经济优势。上市以来，更以稳步增长的经营业绩，科学规范的管理，赢得了广大投资者高度信任，在国内资本市场树立了良好形象。

新的世纪，首钢股份将以高科技为主题，全面实施用高新技术改造钢铁业、大力发展高新技术产业的发展战略，实现人、技术、环境的和谐统一。

公司地址：北京市石景山区石景山路
邮政编码：100041
电　话：010－88293727
传　真：010－68873028
电子邮箱：office@sggf.com.cn

董事长：朱继民 先生

北京首钢股份有限公司
BEIJING SHOUGANG CO.,LTD.

八流方坯连铸

高速线材生产线

用首钢提供的钢材建成的杨浦大桥

深圳首钢先科 CD-R 数字光盘生产线

首钢股份参与投资的清华阳光太阳能产品在国外使用情况

首钢股份参与投资的北京博奥生物芯片实验室

# 山西西山煤电股份有限公司

SHANXI XISHAN COAL & ELSCTRICITY SHARE CO.,LTD.

法人代表：李 仪　股票简称：西山煤电　股票代码：000983

山西西山煤电股份有限公司是全国最大的炼焦煤生产基地。现有四对生产矿井及四座洗煤厂和一座矸石电厂。原煤生产能力1090万吨／年，原煤入洗能力1150万吨／年，发电能力7200万度／年。所属矿井均为高产高效矿井，选煤厂的煤炭洗选设备和洗煤工艺达到国内领先水平。矿厂全部通过ISO9002国际质量体系认证，两矿两厂已通过ISO14000环境管理体系认证。主要产品为洗精煤。主要供应国内冶金行业重点钢厂和焦化厂，并出口日本、韩国、印度、德国、西班牙、巴西、台湾等国家和地区，形成了多煤种、多国别、多地区的煤炭营销网络。西山煤电A股于2000年7月26日在深圳证券交易所上市，创山西省上市公司首次融资之最。

上市后，我们千方百计地加快募集资金使用项目建设进度，努力提高募集资金使用效益。古交电厂项目规划总容量为120万千瓦，项目概算总投资为267300万元。一期工程为2×30万千瓦，一期建设总工期计划为30个月，于2002年9月30日开工奠基，2003年3月30日正式开挖基础，第一台机组计划于2005年5月15日投产运行，第二台机组计划于2005年10月15日投产运行，该项目首次在国内采用具有世界先进水平的直接空冷技术，建成后将成为国内最大的坑口电厂，成为环保型效益型企业的典范，对公司优化产业结构、实现煤电并举，提高经济效益，增强综合实力将产生积极而深远的影响。

在抓紧重点工程建设的同时，充分利用募集资金加大对生产、安全、特别是技改的投入，推动技术进步。马兰矿引进了先进适用的德国刨煤机采煤设备，对太原选煤厂、马兰矿选煤厂、西曲矿选煤厂、镇城底矿选煤厂洗选工艺进行了改造，采用先进的三产品重介旋流器洗选设备和工艺。这些工程项目对优化公司产业产品结构，提升技术工艺水平，提高整体经营业绩已经和将要起到更加重要的作用。

2002年，主要经济指标继续保持增长。完成原煤产量1075.66万吨，同比增加15.53%；精煤产量680.71万吨，同比增加4.79%；销售收入20.97亿元，同比增加6.99%；利润总额30022万元，同比增加10.65%，原煤生产百万吨死亡率继续保持为零，实现了经营业绩的稳步增长。

上市以来，公司先后荣获"2000年山西省上市公司综合实力五强"、"山西省2000年度证券融资奖"；2000年度、2001年度"太原市先进企业"、"2001年度全国煤炭工业优秀企业"、"2002年度太原市模范企业"等称号；作为能源绩优股，2001年在股市动荡、低迷的情况下入选"道中88"成份股和深圳成份指数样本股，在1300余家上市公司中，西山煤电进入中国股市100强，排在第73位；2002年又入选深证100指数成份股，并进入深市上市公司50强，排在第42位，再次地进入中国股市100强，排在第91位，成为证券市场的大型蓝筹股，进一步提升了企业形象。

电话：0351－6137052
传真：0351－6127434
地址：山西省太原市西矿街319号
邮编：030053

# 重庆天健会计师事务所有限责任公司

PAN-CHINA

PAN-CHINA(CHONGQING) CERTIFIED PUBLIC ACCOUNTANTS CO., LTD.

重庆天健会计师事务所是天健会计师事务所集团的成员之一，是全国首批完成脱钩改制的具有证券期货从业（审计）资格的会计中介服务机构（改制前身为重庆会计师事务所，改制后先为重庆华源会计师事务所），也是目前西南地区最具规模的会计师事务所之一。

本所现有员工221人，其中专职执业人员192人，注册会计师82人（具有从事证券审计资格的注册会计师24人），中国注册资产评估师32人，土地估价师21人，房地产估价师16人，造价工程师14人；硕士研究生以上学历占10%，大学本科学历占80%；40%的人拥有中、高级专业技术职称。

本所内设审计一部、审计二部、审计三部、审计四部、审计五部、资产评估一部、资产评估二部、基建审计部、咨询部、业务发展部、专业标准及培训部、计算机工程部、行政部和办公室。另在成都、西藏和重庆万州设有分所。

本所主要为客户提供审计、资本金验证、资产评估和管理咨询等专业服务，本所目前拥有包括20余家上市公司以及数十家外商投资企业、国有企业以及证券金融类企业在内的常年客户。

本所具有多种特许执业资格：经财政部和中国证监会批准的证券、期货相关业务审计资格；经财政部和中国人民银行批准的金融相关业务审计资格；经财政部批准的资产评估综合B级评估资格；经重庆市土地房屋局批准的房地产价格评估资格和土地评估资格；经重庆市建委批准的工程造价咨询单位乙级资格；经重庆市司法局批准的司法鉴定资格等。

本所与国际“四大”及香港、台湾地区和其他国家众多的事务所建立了长期友好的合作关系，经常进行高层人员互访和信息交流；定期选派员工去香港、上海、北京等地培训和工作学习；并曾多次接受国际“四大”及香港、台湾地区和其他国家众多的会计师事务所的委托，为其客户在中国投资、设立公司及办事处提供会计审计、管理咨询等服务。

付思福　先生

所长，中国注册会计师，证券业特许会计师，中国注册资产评估师，高级会计师，长期从事会计、计、审计和管理咨询工作，具有丰富的专业服务和管理经验。同时还担任中国注册会计师协会理事、中国资产评估协会理事、重庆市注册会计师协会常务理事等社会职务。

■重庆天健会计师事务所将继续秉承“专业为本、卓越服务”的工作理念，不断提高执业水平，为客户提供更专业、更优质的服务，并向国际化的目标迈进。

NA


地址：重庆市渝中区人和街74号11-12楼

电话：(023)63651196

传真：(023)63651161

邮编：400015

Http://www.hycpas.com.cn

# 目　录

## 第五卷 证券市场的退市机制建设



## 第六卷 上市公司经营管理谋略

## 第七卷 证券公司的运营管理

## 第八卷 证券中介与资信评级



## 第九卷 证券市场投资者权益保护



## 第十卷 中小企业资本市场的运作之路

## 第十一卷　2003～2004年证券法律法规汇编

## 第十二卷　2003 年度中国八大重点行业景气分析报告



## 第十三卷　2002 年度中国上市公司年报大全

**C5.电子(21家)**



**C6.金属、非金属矿物(69家)**

## G.信息技术业(39家)



## H.批发和零售贸易(60家)

## 第十四卷　2002年度中国上市公司经营评价



## 第十五卷　2003年度部分中国上市公司年报

**(截至2004年3月31日按年报披露日期先后排列)**

## 附 卷



## 彩 页 索 引

600487 江苏亨通光电股份有限公司
600553 河北太行水泥股份有限公司
600559 河北裕丰实业股份有限公司
600573 福建省惠泉啤酒集团股份有限公司
600722 沧州化学工业股份有限公司
600635 上海大众公用事业(集团)股份有限公司
600747 大连大显股份有限公司
600789 山东鲁抗医药股份有限公司
600802 福建水泥股份有限公司

**第二册目录前**

000402 金融街控股股份有限公司
000680 山推工程机械股份有限公司
000726 鲁泰纺织股份有限公司
000780 内蒙古草原兴发股份有限公司
000859 安徽国风塑业股份有限公司
000817 辽河金马油田股份有限公司
000887 安徽飞彩车辆股份有限公司
000959 北京首钢股份有限公司
000983 山西西山煤电股份有限公司
重庆天健会计师事务所有限责任公司
北京京都会计师事务所有限责任公司

**第二册 916 页后**

深圳证券通信有限公司
申银万国证券股份有限公司
国信证券股份有限公司
中关村证券股份有限公司
中原证券股份有限公司
世纪证券有限责任公司
金通证券股份有限公司
长城证券有限责任公司
华龙证券有限责任公司
方正证券有限责任公司
德恒证券有限责任公司
长财证券经纪有限责任公司

**第三册目录前**

中国银行基金托管部
中国工商银行基金托管部
招商银行基金托管部
交通银行证券投资基金托管部
中国农业银行证券投资基金托管部
南方基金管理有限公司
招商基金管理有限公司
天同基金管理有限公司
长城基金管理有限公司

**第三册 1368 页后**

000078 深圳海王生物工程股份有限公司
000825 山西太钢不锈钢股份有限公司
000983 山西西山煤电股份有限公司
600532 山东华阳科技股份有限公司
600573 福建省惠泉啤酒集团股份有限公司
600595 河南中孚实业股份有限公司
600789 山东鲁抗医药股份有限公司
000889 秦皇岛渤海物流控股股份有限公司
中国银行
鹏华基金管理有限公司
汉唐证券有限责任公司
华夏证券有限公司北京东直门南大街证券营业部
海通证券股份有限公司上海新沪路证券营业部

# 外币代兑机构管理暂行办法

**外币代兑机构管理暂行办法**

**中国人民银行令〔2003〕第6号**

《外币代兑机构管理暂行办法》已经2003年5月28日中国人民银行第3次行长办公会讨论通过，现予公布，自2003年11月1日起施行。

行长　周小川

二〇〇三年十月八日

**第一条**　为规范外币代兑机构经营外币兑换业务行为，维护市场秩序，根据《中华人民共和国中国人民银行法》、《中华人民共和国外汇管理条例》、《结汇、售汇及付汇管理规定》及《外汇指定银行办理结汇、售汇业务管理暂行办法》等有关规定，制定本办法。

**第二条**　本办法所称外币代兑机构，是指与具有外币兑换（或结售汇）业务经营资格的境内商业银行及其分支行（以下简称银行）签订协议，经银行授权办理外币兑换业务的境内企业法人机构（以下简称代兑机构）。

**第三条**　外币代兑机构办理的外币兑换业务的品种限于可自由兑换货币的现钞及旅行支票。外币代兑机构办理外币兑换业务限于境内居民个人及非居民个人用外币和外币旅行支票兑换人民币的单方面兑换业务。

非居民个人若将在外币代兑机构兑换所得的人民币兑回外币，须到为其办理外币兑换业务的代兑机构的授权银行办理，兑回金额不得超过原兑换的外币金额。兑回有效期为自兑换之日起6个月内。

居民个人不得办理兑回业务。

**第四条**　国家外汇管理局及其分支机构依法对银行授权的外币代兑机构的外币兑换业务进行监督、管理。

**第五条**　银行总行须制定统一的系统内部委托办理外币兑换业务的管理制度及风险控制制度。

授权银行须根据总行的管理制度及风险控制制度制定管理规定及操作规程，内容应当包括：外币代兑机构的外币兑换牌价管理，代兑业务的结算管理，外币兑换水单的领用、使用、作废、核对等管理，因兑换而产生的亏损的风险控制及责任分担、纠纷处理管理，办理兑换业务的币种管理，人民币和外币库存限额管理，代兑人员管理等。

**第六条**　银行授权代兑机构办理外币兑换业务，必须与代兑机构签订授权办理外币兑换业务的书面协议，明确双方的权利义务以及纠纷处理原则.并向国家外汇管理局当地分支机构备案。书面协议应包括本办法第五条规定的管理规定及操作规程的主要内容。在备案确认前，代兑机构不得办理外币兑换业务。

**第七条**　授权银行办理备案手续需报送以下材料：

（一）总行制定的统一的系统内部委托办理外币兑换业务的管理制度及风险控制制度；

（二）授权代兑机构办理外币兑换业务申请书；

（三）代兑机构的基本情况说明；

（四）授权办理外币兑换业务管理规定；

（五）已签订的授权办理外币兑换业务的书面协议；

（六）外币代兑机构结汇水单和业务用章样本；

（七）国家外汇管理局及其分支机构要求的其他材料。

国家外汇管理局当地分支机构应当在收到上述材料之日起30日内给予确认或不予确认复函，如不予确认，须在复函中说明不予确认原因。授权银行如获国家外汇管理局当地分支机构不予确认的复函，自收到复函之日起半年内不得再次提出同样内容的备案申请。

**第八条**　代兑机构办理外币兑换的业务场所，原则上须地处人流稠密的口岸、机场、车站、码头、旅游点、边境口岸地区、主要商业区、涉外宾馆酒店等。

**第九条**　代兑机构办理外币兑换业务，应当具备以下条件：

（一）有境内企业法人资格；

（二）有固定的营业场所；

（三）不少于2名经授权银行培训合格的从事外币兑换业务的工作人员；

（四）具备能够准确、及时接收授权银行外币兑换牌价的设备或相应设施；

（五）授权银行要求的其他条件。

**第十条**　代兑机构只能与同城的一家银行签订授

权办理外币兑换业务协议,不得与多家银行或异地的银行签订授权办理外币兑换业务协议办理外币兑换业务。

代兑机构可以与签约银行协议约定设置多家外币兑换业务经营场所。

**第十一条** 银行终止与代兑机构的授权办理外币兑换业务协议,应在协议终止后10日内向国家外汇管理局当地分支机构备案。

**第十二条** 外币代兑机构实行挂牌经营。办理外币兑换业务时,必须在其营业场所的显著位置悬挂"××银行(授权银行名称)外币代兑机构"铭牌。铭牌样式由授权银行负责规范。

**第十三条** 外币代兑机构应当按照授权银行制定的外币兑换牌价管理规定办理外币兑换业务,并在其营业场所的显著位置公布外币兑换牌价。

**第十四条** 外币代兑机构的外币兑换业务须单独核算。

**第十五条** 外币代兑机构办理外币兑换业务必须使用外币兑换水单,不得以其他单证代替外币兑换水单。外币兑换水单由授权银行负责提供并管理。

外币兑换水单须记载以下内容,内容应包括但不限于以下内容:客户姓名、客户国籍、证件种类及号码、兑换日期、外币币种、外币和人民币金额、外汇牌价等。

外币代兑机构留存的外币兑换水单应当经客户签名和经办人员盖章确认。外币代兑机构使用外币兑换水单应当套写,一式不得少于三联:一联交客户留存;一联送授权银行留存;一联由外币代兑机构留存做账使用。授权银行和外币代兑机构须保留外币兑换水单5年备查。

外币代兑机构在办理境内居民个人外币兑换人民币业务时,应在外币兑换水单上加注"不得办理兑回业务"字样。

**第十六条** 外币代兑机构应当遵守授权银行制定的收兑外币的保管、上缴、库存限额的管理制度。

外币代兑机构办理外币兑换业务的外币库存限额,由其授权银行核定,原则上在每个营业日终了时不得超过等值1万美元。

**第十七条** 授权银行负责对外币代兑机构的从业人员进行业务培训。

外币代兑机构的从业人员必须具备以下条件:

(一)鉴别外币现钞和外币旅行支票的能力;

(二)相应的外汇管理法规知识;

(三)授权银行内控制度要求具备的其他能力。

**第十八条** 授权银行应当按照《国际收支统计申报办法》及有关规定、银行结售汇有关统计报告制度,将与其授权的外币代兑机构办理的兑换业务内容合并报送,履行统计申报义务。

**第十九条** 授权银行应当监督外币代兑机构按双方签订的业务协议办理外币兑换业务,发现外币代兑机构未按规定使用外币兑换水单、违反外币兑换牌价管理规定及其他违反国家外汇管理法规行为的,应当及时纠正并向国家外汇管理局当地分支机构报告。

**第二十条** 授权银行和外币代兑机构有以下行为之一的,由国家外汇管理局当地分支机构进行处罚:

(一)未将外币代兑机构办理外币兑换业务的有关资料送国家外汇管理局当地分支机构备案,外币代兑机构开办外币兑换业务的,由国家外汇管理局当地分支机构按照《中华人民共和国外汇管理条例》第四十一条的规定对授权银行和外币代兑机构进行处罚。

(二)违反汇率管理规定制定外币兑换牌价的,由国家外汇管理局当地分支机构按照《中华人民共和国外汇管理条例》第四十三条的规定进行处罚。

(三)授权银行未按照规定监督外币代兑机构使用外币兑换水单办理外币兑换业务的,由国家外汇管理局当地分支机构按照《中华人民共和国外汇管理条例》第四十二条和《外汇指定银行办理结汇、售汇业务管理暂行办法》第四十条的规定对授权银行进行处罚。

(四)授权银行和外币代兑机构有其他违反外汇管理规定的行为的,由国家外汇管理局当地分支机构按照有关规定处罚。

**第二十一条** 本办法施行前设立的外币代兑机构,应当在本办法施行之日起两个月内,由其授权银行按本办法规定的要求向国家外汇管理局当地分支机构补办备案手续。

**第二十二条** 本办法自2003年11月1日起施行。

# 国家外汇管理局关于银行外币卡管理有关问题的通知

(2003 年 5 月 12 日 国家外汇管理局发布)

汇发〔2003〕65 号

**国家外汇管理局各省、自治区、直辖市分局、外汇管理部,各中资外汇指定银行:**

为规范境内金融机构发行的外币卡(以下简称境内卡)的各项业务,以及境外金融机构发行的银行卡(以下简称境外卡)的收单业务,严格外币卡项下交易管理,明确外币卡在境内外消费、提现等环节所涉外汇管理政策,现就有关问题通知如下:

**一、境外卡收单业务**

境内金融机构办理境外卡收单业务时,应遵守如下规定:

(一)收单金融机构可以办理境外卡持卡人在本机构营业柜台或自动柜员机提取人民币现金业务,不得允许其在本机构营业柜台或自动柜员机提取外币现金。

(二)持卡人使用境外卡在境内提取人民币现金或者消费后,收单金融机构应及时将从境外发卡机构收取的外汇款项结汇。

(三)持卡人使用境外卡在境内消费后,收单金融机构与特约商户(指与金融机构签订接受银行卡支付协议的商店、饭店、宾馆等商户)之间应以人民币进行清算,不得以外币清算。

**二、境内卡的使用**

按照发行对象的不同,境内卡可以分为个人卡(指由金融机构向自然人发行的外币卡)和单位卡(指由金融机构向法人或其他组织等单位发行的,由该单位指定的人员使用的外币卡)。按照是否给予持卡人授信额度,境内卡可以分为信用卡(指由金融机构发行的给予持卡人一定信用额度,持卡人可以在信用额度内先使用、后还款的银行卡)和借记卡(指由金融机构发行的没有信用额度,持卡人先存款、后使用的银行卡)。

境内金融机构在发行境内卡时,应遵守如下规定:

(一)持卡人使用个人外币卡的,可以在发卡金融机构的营业柜台提取人民币现金、外币现金;可以在自动柜员机上提取人民币现金,但是不得提取外币现金。持卡人使用单位外币卡的,在境内不得提取外币现金或人民币现金。持卡人不得在单位外币信用卡账户中存放外币资金。

(二)持卡人使用外币卡在境内提取人民币现金或者消费后,发卡金融机构应及时将扣收持卡人的外汇款项结汇,并将结汇所得人民币资金划入特约商户账户或支付有关收单金融机构。

(三)持卡人在境外使用外币卡,发卡金融机构所提供的服务应限于服务贸易项下支付,不得用于资本项下投资及贸易支付,也不得用于国家法律所禁止的非法交易和行为。

(四)持卡人在境外使用外币卡,当日内累计提现金额不得超过 1000 美元或等值外币,当月内累计提现金额不得超过 5000 美元或等值外币。

**三、境内卡的还款**

对于因境内卡项下透支而形成的外汇垫款,如持卡人能够出具由发卡金融机构提供的外币卡项下交易账单,按照经常项目下可兑换的要求,允许持卡人用外币现钞和外汇存款偿还或用人民币资金购汇偿还。但如持卡人使用外币卡所发生的交易为国家法律所禁止,则境内发卡金融机构不得为持卡人办理购汇手续。

对于未能收回的外币卡项下外汇呆账,发卡金融机构应当按照有关规定用贷款损失准备金、外汇资本金或者营运资金进行冲抵,不得用人民币资金自行购汇或以客户结汇资金冲抵。在发卡金融机构外汇资本金或营运资金不足时,可按照有关规定由其总行(部)申请购汇补充外汇资本金。

**四、境内卡外汇收支大额报备制度**

对于持卡人持境内卡在境内外所发生的大额存款、提现或消费交易,发卡金融机构应按照《金融机构大额和可疑外汇资金交易报告管理办法》(中国人民银行令〔2003〕第 3 号)等规定,向所在地国家外汇管理局分支局(以下简称外汇局)报告大额和可疑外汇交易情况。同时,对于境内卡项下所发生的交易符合以下情形的,发卡金融机构应同时报所在地外汇局备案。具体包括:

(一)持卡人在境内外使用个人外币卡或个人外币卡账户有下列情形之一的,发卡金融机构应向所在地外汇局备案:

1.一个月内提取外币现金和消费金额累计超过等值 20000 美元的;

2.一年内提取外币现金累计超过等值 20000 美元的;

3.一年内提取外币现金和消费金额累计超过等值 40000 美元的。

(二)持卡人在境内外使用单位外币卡有下列情形

之一的，发卡金融机构应当向所在地外汇局备案：

1.一个月内在境外提取外币现金和在境内外消费金额累计超过等值20000美元的；

2.一年内在境外提取外币现金累计超过等值20000美元的；

3.一年内在境外提取外币现金和在境内外消费金额超过等值60000美元的。

**五、关于外币卡交易统计**

（一）结汇、售汇统计

因持卡人使用境外卡在境内提取人民币现金或者消费而发生的结汇业务，由收单金融机构纳入非贸易项下结售汇统计。

因持卡人使用境内卡在境内提取人民币现金或者消费而发生的结汇业务，由发卡金融机构纳入非贸易项下结售汇统计。

（二）国际收支统计申报

有关外币卡的国际收支统计申报，外汇局将另行制定相关的操作规程。在新规定出台之前，按照《汇兑业务统计申报操作规程》和《国家外汇管理局国际收支司对深圳市分局关于国际收支统计间接申报有关问题的批复》（汇国复［2002］12号）的规定进行申报。

请各分局接到本通知后，尽快向辖内支局、金融机构转发。

境内各发卡金融机构因上述规定而须修改银行卡章程的，应于本《通知》执行之日起60日内将修改后的章程向银行业监督管理机构和国家外汇管理局报备。

本通知自2003年6月1日起执行，执行中如遇问题请与我局国际收支司联系。

特此通知。

二OO三年五月十二日

# 关于完善外商直接投资外汇管理工作有关问题的通知

（2003年3月3日　　国家外汇管理局发布）

汇发〔2003〕30号

**国家外汇管理局各省、自治区、直辖市分局、外汇管理部，各中资外汇指定银行总行：**

为适应国际投资新趋势，多渠道引进外资，不断完善外商直接投资外汇管理，进一步改善外商投资环境，现就外商直接投资外汇管理工作有关问题通知如下：

**一、外国投资者账户和出资管理**

1.外国投资者未在境内设立外商投资企业，但在境内从事直接投资或从事与直接投资相关的活动，可向投资项目所在地外汇局申请，以该投资者名义开立外国投资者专用外汇账户。只允许外国投资者在一家银行开立一个多币种专用外汇账户，经外汇局批准的除外。该账户根据用途分为以下四类：

（1）投资类账户。外国投资者在境内承包工程、合作开采、开发、勘探资源以及从事创业风险投资的，在领取非法人营业执照后，可申请开立该账户，用于存放与支付有关的外汇资金。

（2）收购类账户。外国投资者拟在境内设立外商投资企业，如前期需在境内收购土地使用权及附着不动产、机器设备或其他资产等，在资产收购合同生效后，可申请开立该账户，用于存放与支付外汇收购款项。

（3）费用类账户。外国投资者拟在境内设立外商投资企业，如前期需进行市场调查、策划和机构设立准备等工作，在其领取工商行政管理部门发给的公司名称预先核准通知书后，可申请开立该账户，用于存放与支付有关的外汇资金。

（4）保证类账户。外国投资者向境内投资之前，如按照有关规定及合同约定需向境内机构提供资金保证，在合同约定的时限内，可申请开立该账户，用于存放与支付外汇保证资金。外国投资者申请开立专用外汇账户，须向外汇局提交能够证明其投资活动真实性、合法性的材料，由外汇局核定有关账户的最高限额、存续期限、收支范围等事项，并进行日常监管。外国投资者专用外汇账户内资金应以现汇汇入，不得以现钞存入。账户内资金的结汇和划转须逐笔经外汇局核准。

对收购类、费用类、保证类外国投资者专用外汇账户，若外国投资者在境内成立外商投资企业，上述账户资金余额可转入企业资本金账户，从上述账户结汇与划转的资金均可凭外汇局开立的相应核准件作为外方出资并办理验资手续；若未在境内成立外商投资企业，外国投资者可凭外汇局开立的相应核准件办理未使用资金的购付汇及将该笔资金汇出境外的手续。

2.外国投资者以开立于经中国人民银行批准经营

离岸业务的外汇指定银行的离岸账户中的资金向境内外商投资企业出资的，外汇资金由离岸账户向企业资本金账户的境内划转无须经外汇局核准。但在外商投资企业办理验资询证手续时，汇入银行应在银行询证函回函上对该笔资金注明“离岸资金”的字样。

外国投资者以境内非居民个人现汇账户中的外汇资金向外商投资企业出资的，外汇局审核其提交的有关材料无误后，开立相应的资本项目外汇业务核准件，银行凭以办理该笔资金由非居民个人现汇账户向外商投资企业资本金账户的境内划转业务，企业凭以办理验资询证及外资外汇登记手续。业务量大的外汇分局在报经总局批准后，可将上述资金划转业务的审核权授予外汇指定银行，由外汇指定银行履行审核、统计、监测、报备等相应职责。被授权的外汇指定银行应当内控制度严密、近三年内无重大外汇违规记录。在外商投资企业办理验资询证手续时，汇入银行应在银行询证函回函上对该笔资金注明“非居民个人境内划转”的字样。

3.外国投资者除能够以可自由兑换货币、进口设备及其他物料、无形资产、人民币利润等方式出资外，经外汇局核准，还可以下列方式作为向外商投资企业的出资：

(1)外商投资企业将发展基金、储备基金(或资本公积金、盈余公积金)等转增本企业资本；

(2)外商投资企业的未分配利润、应付股利及其项下的应付利息等转增本企业资本；

(3)外商投资企业外方已登记外债本金及当期利息转增本企业资本；

(4)外国投资者从其已投资的外商投资企业中因先行回收投资、清算、股权转让、减资等所得的财产在境内再投资。

外国投资者以上述方式出资的，外汇局审核其提交的材料无误后，开立相应的资本项目外汇业务核准件，银行凭以办理有关的境内划转业务，企业凭以办理验资询证及外资外汇登记手续。

4.外国投资者及投资性外商投资企业收购境内企业股权的，应当依照法律、法规规定及转股双方合同约定，支付股权购买对价(即外方为购买中方股权而支付给中方的代价，其形式可为外国投资者及投资性外商投资企业的自有外汇资金、从境内其所投资的其他外商投资企业获得的人民币利润或其他合法财产)，并自行或委托股权出让方到股权出让方所在地外汇局办理转股收汇外资外汇登记。股权购买对价为一次性支付的，转股收汇外资外汇登记应在该笔对价支付到位后5日内办理；股权购买对价为分期支付的，每期对价支付到位后5日内，均应就该期到位对价办理一次转股收汇外资外汇登记。

外国投资者在付清全部股权购买对价前，其在被收购企业中的所有者权益依照其实际已支付的比例确定，并据此办理相关的转股、减资、清算及利润汇出等外汇业务。

外汇局审核外国投资者提交的材料无误后，为其办理转股收汇外资外汇登记并出具相关证明。转股收汇外资外汇登记证明是证明外方股权收购对价已到位的有效文件，也是被收购企业办理外资外汇登记的重要依据。各分局、外汇管理部应当按照新的“外资外汇登记情况报告”格式，将转股收汇外资外汇登记数据(包括登记份数与金额)与其他类型外资流入登记数据一同汇总，逐月上报总局。原“外资外汇登记情况报告”格式自本通知生效之日起停止使用。

5.非投资性外商投资企业依照对外经济贸易合作部与国家工商行政管理总局联合发布的《关于外商投资企业境内投资的暂行规定》在境内投资设立或收购企业，被投资企业如不含外国资本，可不办理外商投资企业外汇登记和验资询证、外资外汇登记手续。外汇局凭工商行政管理部门向被投资企业核发的加注了“外商投资企业投资”字样的《企业法人营业执照》，对被投资企业在举借外债方面视同外商投资企业进行管理。

外汇局不得批准非投资性外商投资企业与其所投资企业之间、非投资性外商投资企业的不同所投资企业之间外汇资金的境内划转。如遇特殊情况、确需进行此类境内划转的，各分局、外汇管理部应当上报总局。

6.外国投资者出资比例低于注册资本25%的境内企业，应当凭外经贸部门核发的加注了“外资比例低于25%”字样的外商投资企业批准证书和工商行政管理部门核发的加注了“外资比例低于25%”字样的外商投资企业营业执照，办理外商投资企业外汇登记，并依据有关规定办理验资询证及外资外汇登记手续。

**二、外商投资企业验资询证及外资外汇登记**

外商投资企业验资询证与外资外汇登记工作中有关问题按如下原则办理：

1.外国投资者设立外商投资企业缴付的外汇资本金超过核定的企业资本金账户最高限额时，若超额部分资金不超过企业外汇资本金账户最高限额的1%，且绝对数额不超过等值1万美元，外汇局可按实际入账金额为其办理验资询证及外资外汇登记。

因企业资本增值，外国投资者向该企业参股投资时所支付的超过其参股比例与企业注册资本的乘积的外汇溢价部分的金额，应计入企业资本金账户的最高限额内，超过限额的外汇资金入账仍按前款所述原则办理。

2.外国投资者以实物出资的外商投资企业委托会计师事务所向外汇局询证时，若商检部门价值鉴定机构对出资实物的价值鉴定金额与进口货物报关单金额不一致，外汇局应以商检价值鉴定金额为准，为其办理验资询证与外资外汇登记。

3.外国投资者仅以无形资产出资的外商投资企业委托会计师事务所向外汇局询证时，应将该项无形资产出资在外方出资情况询证函所附出资情况明细表中列明，外汇局凭以办理无形资产出资外资外汇登记，并在外方出资情况询证函回函中注明："该外方无形资产出资已登记，登记编号××××××。本回函仅具有证明其已登记的效力。"

4.因外方溢价投资、参股、实物出资价值鉴定金额大于海关报关金额，因汇率变动或其他类似原因造成外商投资企业实际出资大于注册资本的，应如实登记企业的注册资本及其资本溢价投入后的企业实际出资。

5."三来一补"企业转型投资委托会计师事务所向外汇局询证的，需向外汇局提交有关材料，外汇局经审核确认该转型投资的设备系进口货物且并未对外付汇后，可根据其商品价值鉴定书列示的金额，出具外方出资情况询证函回函，并办理外资外汇登记手续。

6.外商投资企业的外国投资者与其境外投资款缴款人名称不一致的，外汇局可为其办理验资询证与外资外汇登记，同时应在外方出资情况询证函回函中注明"缴款人与投资人不一致"的字样。

7.为便于对资本项目外汇业务核准件进行异地查询，外汇局为外商投资企业开立资本项目外汇业务核准件时，均应注明有关业务的联系人及联系电话。

8.外汇局如发现外汇指定银行存在私自为企业开立账户、资本金超限额入账等违反账户管理规定的，应依照《境内外汇账户管理规定》的规定进行处罚。

如发现企业伪造或变造资本项目外汇业务核准件、外汇局或外汇指定银行回函、货物进口报关单等凭证或资料的，应将有关材料移交司法机关处理。

在会计师事务所向企业出具验资报告后，如外汇局发现会计师事务所未办理或未按规定程序办理验资询证，应责令会计师事务所补办验资询证手续，并将其违规行为通报所在地注册会计师协会。在所在地注册会计师协会作出正式处罚决定之前，不再受理其新的验资询证业务；对经处理后再次违反规定的会计师事务所，各分局、外汇管理部应将名单上报总局，由总局在国家外汇管理局网站和其他媒体上公开披露，并建议企业谨慎选择会计师事务所。未办理或未按规定程序办理验资询证的会计师事务所在补办有关手续时，如外汇局发现会计师事务所出具的验资报告系虚假验资报告，应将有关资料移交司法机关处理，并通报所在地工商行政管理部门。

**三、外商投资企业减资管理与部分管理业务的调整**

1.外商投资企业减少外国投资者投入资本、涉及购付汇的，外汇局在审核企业提交的有关材料无误后，开立相应的资本项目外汇业务核准件，外国投资者凭以办理减资部分资金的购付汇及汇出境外的手续。

外商投资企业为减少账面亏损而发生的减资，或调减的资本为外方尚未投入的，外汇局不得批准相应减资的部分被外国投资者用于境内再投资或被外商投资企业用于对外付汇。

2.外商投资股份有限公司和外资参股基金管理公司的外方出资适用《中华人民共和国公司法》规定的实缴资本制。两类公司在向外汇局申请开立外商投资企业资本金账户时，无须提交工商管理部门核发的外商投资企业法人营业执照，外商投资股份有限公司持外经贸部门颁发的外商投资股份有限公司批准证书，外资参股基金管理公司持外经贸部门颁发的外商投资企业批准证书和证监会颁发的开业批复，即可办理有关手续。

外汇局对两类公司开立资本金账户、办理外商投资企业外汇登记所要求的其他审核材料，仍按其有关规定执行。

3.外汇局在办理外汇业务过程中须审核外商投资企业验资报告的，凡验资报告为2002年5月1日后出具的，应同时审核相关外方出资情况询证函回函；在办理外汇业务过程中须审核外商投资企业审计报告的，凡审计报告为2002年度以后的，应同时审核该外商投资企业的《外汇收支情况表》。

4.为进一步提高资本金结汇监管效率、便利企业投资资金运作，现将《国家外汇管理局关于改革外商投资项下资本金结汇管理改革方式的通知》(汇发[2002]59号)规定的被授权银行资本金结汇操作规程中银行所需审核的材料简化为以下三种：

(1)企业的书面申请(注明企业资本金账户账号、到资情况、结汇币种、金额、用途等)；

(2)企业外汇登记证；

(3)视情况要求补充的其他材料。

其他审核要求仍按《国家外汇管理局关于改革外商投资项下资本金结汇管理方式的通知》(汇发[2002]59号)的有关规定和操作规程执行。

5.中外合作企业以固定资产折旧款或无形资产摊销款支付外方先行回收投资款(包括固定回报)的，《资

本项目外汇管理业务操作规程》(汇发[2001]38号)中有关“担保函”的审核改按以下规定执行:

(1)如合作企业有债务(银行贷款或外方股东贷款),外方投资者应提供在中国境内设立的外资金融机构出具的相应金额的担保函;

(2)如合作企业的债务仅为外方股东贷款,外方股东出具的对合作企业债务无条件承担连带责任的担保函可以代替上述金融机构担保函;

(3)如合作企业无债务,外方投资者不需提供担保函。

其他审核要求仍按《资本项目外汇管理业务操作规程》的有关规定执行。

**四、其他事项**

1.本通知所称“外汇局”,系指国家外汇管理局与各分局、外汇管理部及其辖内各支局。

2.请各分局、外汇管理部将本通知涉及银行操作的以下部分转发辖内外汇指定银行:

(1)第一部分“外国投资者账户和出资管理”的第1、2、3条内容,及本通知相应的附件1至附件6;

(2)第二部分“外商投资企业验资询证及外资外汇登记”的第1条及第8条第一款;

(3)第三部分“外商投资企业减资管理与部分管理业务的调整”的第4条。

3.本通知自2003年4月1日起施行,实施中如遇问题请与国家外汇管理局资本项目管理司联系,联系电话:010-68402254。

二OO三年三月三日

# 关于调整银行市场准入管理方式和程序的决定

为提高市场准入效率,促进金融创新,中国银行业监督管理委员会决定对银行市场准入管理的方式和程序进行调整。具体如下:

一、调整新设分支机构审批权限

(一)由各银监局或直属分局受理并审核辖区内政策性银行、国有独资商业银行和股份制商业银行分行的筹建申请,报银监会审批。已经银监会批准筹建的机构开业申请,由银监局或直属分局予以核准并颁发营业许可证,抄报银监会。外资银行新设分行的审批方式及程序不变。

(二)由各银监局或直属分局受理并审批所在城市各银行支行的筹建和开业申请,并颁发营业许可证。

(三)由各银监分局受理并审核辖区内各银行支行的筹建申请,报银监局审批;已经银监局批准筹建的机构开业申请,由银监分局核准,并颁发营业许可证,抄报银监局。

二、调整新业务审批方式

(一)取消对中资商业银行下列业务的审批:国内保理、代理证券资金清算(银证转账)、代理保险、证券公司受托投资托管、信托资产托管、企业年金托管。取消对中资商业银行下列业务的备案:买方或协议付息票据贴现、法人账户透支、代理信托产品资金收付。

(二)取消对外资银行下列业务的备案:国内保理、买方或协议付息票据贴现、法人账户透支 。

(三)各国有独资商业银行、股份制商业银行仅须在开办上述业务后的10个工作日内由其总行向银监会书面报告;各城市商业银行、农村商业银行和外资银行仅须在开办上述业务后的10个工作日内向所在地银监局、直属分局或银监分局书面报告。

(四)各银行对于已获准开办的新业务,可授权符合条件的下辖分支机构开办。各银行的分支机构经上级行授权即可开办新业务,仅须在开办后的10个工作日内向当地银监局、直属分局或银监分局书面报告。

三、调整高级管理人员任职资格核准方式

(一)各中资银行、外国独资银行和中外合资银行在本机构内作同级职责平行调动的高级管理人员,若已经经过任职资格审核,原有任职资格仍然有效,无须重新进行核准。

(二)上述高级管理人员调动的离任稽核报告及有关任职材料,可在离任后一个月内向所在地银监局、直属分局或银监分局书面报告。

(三)取消外资银行支行副行长任职资格的备案。

四、城市信用社、农村信用社、邮政储蓄机构市场准入管理的现有方式和程序不变。

# 中国人民银行假币收缴、鉴定管理办法

## 第一章　总　则

**第一条**　为规范对假币的收缴、鉴定行为，保护货币持有人的合法权益，根据《全国人民代表大会常务委员会关于惩治破坏金融秩序犯罪的决定》和《中华人民共和国人民币管理条例》制定本办法。

**第二条**　办理货币存取款和外币兑换业务的金融机构收缴假币、中国人民银行及其授权的鉴定机构鉴定货币真伪适用本办法。

**第三条**　本办法所称货币是指人民币和外币。人民币是指中国人民银行依法发行的货币，包括纸币和硬币；外币是指在我国境内（香港特别行政区、澳门特别行政区及台湾地区除外）可收兑的其他国家或地区的法定货币。

本办法所称假币是指伪造、变造的货币。

伪造的货币是指仿照真币的图案、形状、色彩等，采用各种手段制作的假币。

变造的货币是指在真币的基础上，利用挖补、揭层、涂改、拼凑、移位、重印等多种方法制作，改变真币原形态的假币。

本办法所称办理货币存取款和外币兑换业务的金融机构（以下简称“金融机构”）是指商业银行、城乡信用社、邮政储蓄的业务机构。

本办法所称中国人民银行授权的鉴定机构，是指具有货币真伪鉴定技术与条件，并经中国人民银行授权的商业银行业务机构。

**第四条**　金融机构收缴的假币，每季末解缴中国人民银行当地分支行，由中国人民银行统一销毁，任何部门不得自行处理。

**第五条**　中国人民银行及其分支机构依照本办法对假币收缴、鉴定实施监督管理。

## 第二章　假币的收缴

**第六条**　金融机构在办理业务时发现假币，由该金融机构两名以上业务人员当面予以收缴。对假人民币纸币，应当面加盖“假币”字样的戳记；对假外币纸币及各种假硬币，应当面以统一格式的专用袋加封，封口处加盖“假币”字样戳记，并在专用袋上标明币种、券别、面额、张（枚）数、冠字号码、收缴人、复核人名章等细项。收缴假币的金融机构（以下简称“收缴单位”）向持有人出具中国人民银行统一印制的《假币收缴凭证》，并告知持有人如对被收缴的货币真伪有异议，可向中国人民银行当地分支机构或中国人民银行授权的当地鉴定机构申请鉴定。收缴的假币，不得再交予持有人。

**第七条**　金融机构在收缴假币过程中有下列情形之一的，应当立即报告当地公安机关，提供有关线索：

（一）一次性发现假人民币 20 张（枚）（含 20 张、枚）以上、假外币 10 张（含 10 张、枚）以上的；

（二）属于利用新的造假手段制造假币的；

（三）有制造贩卖假币线索的；

（四）持有人不配合金融机构收缴行为的。

**第八条**　办理假币收缴业务的人员，应当取得《反假货币上岗资格证书》。《反假货币上岗资格证书》由中国人民银行印制。中国人民银行各分行、营业管理部、省会（首府）城市中心支行负责对所在省（自治区、直辖市）金融机构有关业务人员进行培训、考试和颁发《反假货币上岗资格证书》。

**第九条**　金融机构对收缴的假币实物进行单独管理，并建立假币收缴代保管登记簿。

## 第三章　假币的鉴定

**第十条**　持有人对被收缴货币的真伪有异议，可以自收缴之日起 3 个工作日内，持《假币收缴凭证》直接或通过收缴单位向中国人民银行当地分支机构或中国人民银行授权的当地鉴定机构提出书面鉴定申请。

中国人民银行分支机构和中国人民银行授权的鉴定机构应当无偿提供鉴定货币真伪的服务，鉴定后应出具中国人民银行统一印制的《货币真伪鉴定书》，并加盖货币鉴定专用章和鉴定人名章。

中国人民银行授权的鉴定机构，应当在营业场所公示授权证书。

**第十一条**　中国人民银行分支机构和中国人民银行授权的鉴定机构应当自收到鉴定申请之日起 2 个工作日内，通知收缴单位报送需要鉴定的货币。

收缴单位应当自收到鉴定单位通知之日起 2 个工作日内，将需要鉴定的货币送达鉴定单位。

**第十二条**　中国人民银行分支机构和中国人民银行授权的鉴定机构应当自受理鉴定之日起 15 个工作日内，出具《货币真伪鉴定书》。因情况复杂不能在规定期限内完成的，可延长至 30 个工作日，但必须以书面形式向申请人或申请单位说明原因。

**第十三条**　对盖有“假币”字样戳记的人民币纸币，

经鉴定为真币的，由鉴定单位交收缴单位按照面额兑换完整券退还持有人，收回持有人的《假币收缴凭证》，盖有“假币”戳记的人民币按损伤人民币处理；经鉴定为假币的，由鉴定单位予以没收，并向收缴单位和持有人开具《货币真伪鉴定书》和《假币没收收据》。

对收缴的外币纸币和各种硬币，经鉴定为真币的，由鉴定单位交收缴单位退还持有人，并收回《假币收缴凭证》；经鉴定为假币的，由鉴定单位将假币退回收缴单位依法收缴，并向收缴单位和持有人出具《货币真伪鉴定书》。

**第十四条** 中国人民银行分支机构和中国人民银行授权的鉴定机构鉴定货币真伪时，应当至少有两名鉴定人员同时参与，并做出鉴定结论。

**第十五条** 中国人民银行各分支机构在复点清分金融机构解缴的回笼款时发现假人民币，应经鉴定后予以没收，向解缴单位开具《假币没收收据》，并要求其补足等额人民币回笼款。

**第十六条** 持有人对金融机构作出的有关收缴或鉴定假币的具体行政行为有异议，可在收到《假币收缴凭证》或《货币真伪鉴定书》之日起60个工作日内向直接监管该金融机构的中国人民银行分支机构申请行政复议，或依法提起行政诉讼。

持有人对中国人民银行分支机构作出的有关鉴定假币的具体行政行为有异议，可在收到《货币真伪鉴定书》之日起60个工作日内向其上一级机构申请行政复议，或依法提起行政诉讼。

## 第四章 罚 则

**第十七条** 金融机构有下列行为之一，但尚未构成犯罪的，由中国人民银行给予警告、罚款，同时，责成金融机构对相关主管人员和其他直接责任人给予相应纪律处分：

（一）发现假币而不收缴的；

（二）未按照本办法规定程序收缴假币的；

（三）应向人民银行和公安机关报告而不报告的；

（四）截留或私自处理收缴的假币，或使已收缴的假币重新流入市场的。

上述行为涉及假人民币的，对金融机构处以1000元以上5万元以下罚款；涉及假外币的，对金融机构处以1000元以下的罚款。

**第十八条** 中国人民银行授权的鉴定机构有下列行为之一，但尚未构成犯罪的，由中国人民银行给予警告、罚款，同时责成金融机构对相关主管人员和其他直接责任人给予相应纪律处分：

（一）拒绝受理持有人、金融机构提出的货币真伪鉴定申请的；

（二）未按照本办法规定程序鉴定假币的；

（三）截留或私自处理鉴定、收缴的假币，或使已收缴、没收的假币重新流入市场的。

上述行为涉及假人民币的，对授权的鉴定机构处以1000元以上5万元以下罚款；涉及假外币的，对授权的鉴定机构处以1000元以下的罚款。

**第十九条** 中国人民银行工作人员有下列行为之一，但尚未构成犯罪的，对直接负责的主管人员和其他直接责任人员，依法给予行政处分：

（一）未按照本办法规定程序鉴定假币的；

（二）拒绝受理持有人、金融机构、授权的鉴定机构提出的货币真伪鉴定或再鉴定申请的；

（三）截留或私自处理鉴定、收缴、没收的假币，或使已收缴、没收的假币重新流入市场的。

## 第五章 附 则

**第二十条** 本办法自2003年7月1日起施行。

**第二十一条** 本办法由中国人民银行负责解释。

# 中国人民银行关于征求对《中国人民银行残损人民币兑换办法（征求意见稿）》意见的公告

中国人民银行公告〔2003〕第3号

为进一步做好残损人民币兑换工作，保护国家财产不受损失，维护公众利益，中国人民银行根据《中华人民共和国人民币管理条例》修订了《中国人民银行残损人民币兑换办法（征求意见稿）》，现向社会公开征求意见。

请各单位、个人于2003年4月30日前以信函、电子邮件或传真方式将意见或建议反馈给中国人民银行。

联系人：罗玉莲

通讯地址:北京市西城区成方街32号中国人民银行货币金银局
邮政编码:100800
电子邮件:lyulian@pbc.gov.cn
传真:010－66012781

附件:中国人民银行残损人民币兑换办法(征求意见稿)
二〇〇三年三月三十一日
附件

## 中国人民银行残损人民币兑换办法(征求意见稿)

**第一条** 为维护人民币信誉,保护国家财产安全和人民币持有人的合法权益,根据《中华人民共和国中国人民银行法》和《中华人民共和国人民币管理条例》,制定本办法。

**第二条** 凡办理人民币存取款业务的金融机构(以下简称金融机构)应无偿为公众兑换残损人民币,不得拒绝兑换。

**第三条** 属于下列情况之一,能辨别真假和面额的残损人民币,金融机构应向持有人按原面额全额兑换:

(一)票面剩余四分之三(含四分之三)以上,剩余部分的图案、文字不得是拼凑的。

(二)票面有污损、熏焦、水湿、油浸、墨渍、变色、腐蚀等情形的。

(三)已流入市场的人民币在生产过程中发生的蹭脏、折角、裁切偏斜、水印倒置、漏印、重码等情形的。

(四)硬币出现穿孔、裂口、压薄等情形,且能识别图案、文字的。

**第四条** 残损人民币票面剩余二分之一(含二分之一)至四分之三以下(不含四分之三),剩余部分的图案、文字能按原样连接的,金融机构应向持有人按原面额的一半兑换。

**第五条** 兑付额不足一分的,不予兑换;五分券按半额兑换的,兑付二分。

**第六条** 金融机构工作人员在办理残损人民币兑换业务时,应当在兑换人视线内,将带有本行行名、行号的"全额"或"半额"戳记加盖在兑换的残损人民币票面上。不予兑换的残损人民币,应退回原持有人。

**第七条** 残损人民币持有人对金融机构认定的兑换结果有异议的,可到中国人民银行进行鉴定。中国人民银行的鉴定为最终鉴定。

**第八条** 其他有关规定与本办法相抵触的,以本办法为准。

**第九条** 本办法由中国人民银行负责解释。

**第十条** 本办法自×年×月×日起施行。

# 中国人民银行关于印发《银行会计档案管理办法》的通知

(银发[2002]374号)

**中国人民银行各分行、营业管理部、省会(首府)城市中心支行;各政策性银行、国有独资商业银行、股份制商业银行:**

为进一步规范银行会计档案管理,维护银行会计档案的安全完整,中国人民银行制定了《银行会计档案管理办法》,现予印发,自2003年1月1日起施行。

请人民银行各分行、营业管理部、省会(首府)城市中心支行、深圳市中心支行将本通知转发至辖区内城市商业银行、农村商业银行、城乡信用社。

**中国人民银行**

**二〇〇二年十二月十二日**

# 银行会计档案管理办法

**第一条** 为规范银行会计档案管理，维护银行会计档案的安全完整，根据财政部、国家档案局颁布的《会计档案管理办法》和中国人民银行颁布的《银行会计基本规范指导意见》，制定本办法。

**第二条** 中国人民银行、政策性银行、国有独资商业银行、股份制商业银行、城市商业银行、农村商业银行和城乡信用社（以下统称银行）实施会计档案管理适用本办法。

**第三条** 银行会计档案是银行各项业务活动的会计记录和重要史料，是金融档案的重要组成部分。

银行会计档案包括会计凭证、会计账簿、财务会计报告及其他会计资料。

**第四条** 银行应建立会计档案的归档、保管、查阅和销毁制度，做到会计档案的妥善保管、有序存放、方便查阅，防止会计档案毁损、散失、泄密。

银行应改善保管设施，采用先进技术，实现会计档案管理现代化。

**第五条** 银行会计档案可采用纸、磁、光盘、缩微胶片等方便实用、易于保管的介质保存。原始凭证、票据、合同等具有法律效力的资料，应保存纸质档案。

**第六条** 银行会计档案应按内容和形成时间分类索引，以便查阅。采用非纸介质存储会计档案的，应能满足阅读及打印要求。

**第七条** 银行会计档案保管地点应具备防盗、防火、防潮、防尘、防有害生物等条件，磁介质档案保管应具备防磁条件。按规定须双备份的会计档案应异地分别存放。

**第八条** 银行会计档案的保管期分为3年、5年、15年和永久保管。会计档案保管期限从会计档案形成的次年度算起，如有必要可以延长，但不能缩短。

同一介质上有不同保管期限会计档案的，应按最长期限保管。同一会计档案采用不同介质保存的，至少应有一种介质的会计档案满足保管期限的要求。

**第九条** 会计电子化系统开发和修改的文档资料应作为会计档案管理，保管期限为该系统停止使用或有重大修改后5年。

**第十条** 当年形成的会计档案，在会计年度终了后可暂由会计部门保管1年，期满后由会计部门移交本单位档案管理部门统一保管。未设立档案管理部门的，由会计部门指定专人保管。

出纳人员不得兼管会计档案。

**第十一条** 银行应定期检查会计档案，及时对破损、变质会计档案进行复制、修复或其他技术处理。

**第十二条** 银行应严格会计档案调阅管理，防止会计档案丢失和泄密。

内部查阅会计档案，应由调阅人提出申请，并经会计部门和档案管理部门负责人批准。采用网络形式查阅的，应严格有关控制制度。法律、法规授权的部门查阅会计档案时，应持有效证件和文件，经银行机构负责人或其授权人批准，在银行专人陪同下查阅。

查阅人可以抄录、照相、复印或复制，但不得将会计档案拆封和借出。银行会计档案保管部门应对查阅情况进行记录，并由查阅人签字确认。

**第十三条** 保管期限界满的会计档案，按下列程序销毁：

（一）由档案管理部门会同会计部门编制会计档案销毁清册；

（二）本行行长在会计档案销毁清册上签署意见；

（三）除银行另有规定外，分支机构销毁会计档案应经上级行批准；

（四）应由本行会计部门、稽核部门、档案管理部门共同派人现场监销，并在销毁清册上签章确认。

银行销毁会计档案，应将档案信息与其保存介质一同销毁。

**第十四条** 保管期限界满但涉及未结清债权债务关系或其他未了事项的原始会计资料，银行不得销毁，应单独保管到未了事项完结为止。

**第十五条** 银行机构分立，原机构存续的，会计档案由原机构保管；原机构解散的，会计档案应经分立各方协商后由其中一方代管，或移交档案馆代管。

银行机构合并，会计档案应由合并后的银行机构保管。银行分支机构关闭，会计档案由其上级行代管。银行机构撤销或破产清算，会计档案应移交有关档案馆代管。

法律、法规另有规定的，从其规定。

**第十六条** 银行交接会计档案应编制移交清册，办理交接手续，由双方负责人监交并签章确认。

**第十七条** 银行有违反本规定行为的，按照《中华人民共和国会计法》、《中华人民共和国档案法》和《中华人民共和国档案法实施办法》的相关规定追究有关人员责任。

**第十八条** 本规定自2003年1月1日起施行。各银行可结合本行具体情况制定实施办法,报中国人民银行备案。

**银行会计档案保管期限**

(一)永久保管的会计档案

1.年度财务会计报告;

2.资本金、股金及股权明细;

3.挂失登记及补发凭单收据;

4.会计档案保管及销毁清册;

5.存、贷款开销户记录;

6.机构变动交接清册;

7.有权机关查询、冻结及扣划书;

8.账销案存记录;

9.银行认为应永久保管的其他会计资料。

(二)保管15年的会计档案

1.会计凭证及附件;

2.总账及明细核算资料;

3.中期财务会计报告;

4.重要单证和重要印章的领发、保管和缴销记录;

5.会计人员及会计档案移交清册;

6.银行认为应保管15年的其他会计资料。

(三)保管5年的会计档案

(鸣谢网友"大庆信合"收集提供)

1.下级行上报的财务会计报告;

2.联行往来核算资料;

3.密押表使用、保管记录;

4.对账回单;

5.已处置固定资产卡片;

6.银行认为应保管5年的其他会计资料。

(四)保管3年的会计档案

1.日报表;

2.计算机应用系统运行日志;

3.流水账;

4.不定期报表;

5.银行认为应保管3年的其他会计资料。

# 中国人民银行关于印发《银行会计基本规范指导意见》的通知

(银发〔2002〕370号)

**中国人民银行各分行、营业管理部、省会(首府)城市中心支行,各政策性银行、国有独资商业银行、股份制商业银行:**

为了规范银行会计工作,中国人民银行制定了《银行会计基本规范指导意见》,现印发给你们,自2003年1月1日起实施。中国人民银行1987年制定的《全国银行统一会计基本制度(试行)》同时废止。

执行中若有问题,请及时报告中国人民银行。

请中国人民银行各分行、营业管理部、省会(首府)城市中心支行将本通知转发至辖区内各城市商业银行、农村商业银行、城乡信用社。

附件:银行会计基本规范指导意见

二〇〇二年十二月十日

**附件:**

## 银行会计基本规范指导意见

### 一、总　则

**第一条** 为规范银行会计工作,根据《中华人民共和国会计法》、《中华人民共和国中国人民银行法》、《中华人民共和国商业银行法》和其他有关法律法规,制订本指导意见。

**第二条** 中华人民共和国境内的各类中资银行机构(含城乡信用社,以下统称银行)办理会计业务,执行本指导意见。

**第三条** 银行会计的基本任务是正确组织会计核算,依法实施会计监督,真实提供会计信息。

**第四条** 中国人民银行依照有关法律、法规的规定,对银行的会计资料实施监督检查,并协调银行业的会计业务。

## 二、会计机构

**第五条** 银行应根据会计核算和管理要求设置会计机构,指定会计机构负责人;不具备单独设置会计机构条件的,应在有关机构中设置负责会计工作的组织,并指定会计主管人员。

会计机构应按照效率和控制原则科学合理地设置会计岗位。

**第六条** 会计机构对本单位的会计业务实施统一管理、指导、监督和检查。

**第七条** 银行根据经营管理需要和电子化发展水平合理确定会计核算体系。银行附属单位的会计核算,可由会计机构采取并账或并表方式集中反映。

**第八条** 会计机构负责人的任免、调动,应经上级行会计部门同意。会计机构负责人也可由上级行委派。

**第九条** 会计机构裁撤、合并,应及时办妥会计业务交接。

## 三、会计科目

**第十条** 会计科目按资金性质、业务特点、经营管理和核算要求设置。

**第十一条** 会计科目分为资产类、负债类、资产负债共同类、所有者权益类、损益类及表外科目。

表外科目核算银行表外业务。

**第十二条** 银行应根据国家统一的金融企业会计制度和财政部、中国人民银行制定的统一会计科目,结合本行实际制定会计科目,并报中国人民银行备案。

**第十三条** 会计科目修改变更,在年度中间通过分录结转;年度终了时,采用新旧科目结转对照表方式办理结转。

## 四、会计凭证

**第十四条** 会计凭证是银行业务活动的原始记录和记账依据。

**第十五条** 会计凭证分为原始凭证和记账凭证。记账凭证应根据原始凭证填制,对于具备记账凭证基本要素的原始凭证,可作为记账凭证使用。

银行根据需要可采用单式记账凭证或复式记账凭证。

**第十六条** 会计凭证应符合以下要求:要素齐全、内容完整、反映真实、数字准确。

记账凭证基本要素主要包括:填制凭证的日期;收、付款人的户名、账号和开户行;货币、金额及借贷方向;经济业务摘要和附件张数;银行办理业务的印章及经办、复核人员的签名或盖章;凭证编号等。

原始凭证的要素由各银行根据业务需要自行规定,中国人民银行另有规定的除外。

**第十七条** 银行电子网络传输的记账信息,应具备规定的要素,并采取相应的安全防范措施,必要时须经会计主管或其授权人员确认,事后应根据监督和管理需要按规定的格式打印纸质凭证。

**第十八条** 记账过程中,纸凭证转为电子信息,或电子信息转为纸凭证,均不得改变凭证基本要素和内容。

**第十九条** 会计凭证上由银行填写和由客户填写的内容应有明显区分,由客户填写的,未经客户授权,银行工作人员不得代办。

**第二十条** 会计凭证传递应符合业务特点,做到准确及时、手续严密、先外后内、先急后缓。内部凭证由专门人员负责传递,不得通过客户传递。

**第二十一条** 会计凭证按照方便查阅的原则顺序装订。

## 五、账务核算

**第二十二条** 银行应制定严格的核对办法,建立严密的核算程序,确保账务正确无误。

**第二十三条** 银行账务核算,是根据所发生的业务事项按账户登记分户明细账和按会计科目生成总账的过程。

手工记账以记账凭证分别登记分户账,编制科目日结单,再按科目日结单登记总账。

**第二十四条** 银行账簿分为基本账簿和辅助账簿。基本账簿主要包括:

流水账:按照业务发生时间的先后顺序逐日逐笔登记的账簿。

分户账:按照账户连续记载各项交易的明细记录。

总账:按照会计科目设置,每日按会计科目借、贷发生额分别记载,并结出余额的账簿。

辅助账簿主要包括:

登记簿:为了对某些业务备忘、控制和管理而分户设置的辅助性账簿账卡。

余额表:反映每日营业终了分户账最后余额的表式。

辅助账簿由银行自行选择使用。

**第二十五条** 账务核对包括账账、账款、账实、账表、账据、账簿、账卡(折)和内外账务核对。经办人员和会计主管人员在账务核对全部相符后,应在有关账、簿、卡上签章。

**第二十六条**　银行应至少按月核对同业往来账务及系统内往来账务，至少按季与开户单位核对账务。对账相符的应由核对人员和会计主管人员签章确认，核对不符的应及时查明原因并做相应调整。

**第二十七条**　银行计算机账务核算系统应具有操作权限控制、监督功能和故障应急处理及数据恢复措施。

## 六、记账规则

**第二十八条**　现金收入，先收款后记账；现金付出，先记账后付款；转账业务，先记借后记贷；代收他行票据，收妥抵用。

**第二十九条**　银行应于营业日当日结账。

**第三十条**　银行应指定专人负责记账，并经过复核。记账、复核人员和会计主管应根据本行权限管理的规定，在已记载的账页上确认。

**第三十一条**　外币业务的记账方法可采用外币分账制或外币统账制，银行只能选择其一。

**第三十二条**　已经记账的账务数据发生差错需要更改时，应填制冲正凭证办理更正。错账冲正影响计息的，应计算应加、应减积数，并对积数进行相应调整。

错账冲正及调整计息积数应经会计主管或其授权人审批后办理。

## 七、计息规则

**第三十三条**　银行应根据规定的利率、结息日期和计息方法结计利息。

**第三十四条**　银行于结息日结计利息，所计利息应入结息日次日账。

**第三十五条**　银行采用积数计息法的，应按实际天数结计利息。计算公式是：

利息＝累计计息积数×日利率

累计计息积数＝每日余额累计数

**第三十六条**　年利率换算为日利率的关系是：

日利率(0/000)＝年利率(%)÷360

**第三十七条**　定期存款(或贷款)到期日为节假日，在节假日前最后一个营业日支取(或归还)，应扣除到期日与支取(归还)日之间的天数(算头不算尾，下同)按合同利率计算的利息。

节假日后支取存款，按过期支取存款计算利息。

节假日后第一个营业日归还贷款，按合同利率加收到期日与归还日之间天数的利息，节假日后第一个营业日未归还贷款，从该日起按逾期贷款计算利息。

法律、法规另有规定的，从其规定。

## 八、年度决算

**第三十八条**　银行应在会计年度终了办理年度决算，通过年度决算报表对银行各项业务和财务活动进行总结反映。

**第三十九条**　每年12月31日为年度决算日，如遇节假日仍以该日为决算日。

**第四十条**　年度决算前银行应清理各项临时和过渡性资金，清查各项财产，全面检查、核对内外账务，核实财务收支。

**第四十一条**　全年账务处理结束后，编制年度会计报表。

**第四十二条**　年终决算时，外币记账的业务应折算为人民币，编制汇总的人民币决算表。原币有中国人民银行公布的人民币对该种货币基准汇率的，直接采用基准汇率折成人民币，无人民币对该种货币基准汇率的，通过其对美元的汇率套算折成人民币。

## 九、会计报告

**第四十三条**　会计报告是反映银行资金营运、财务状况、经营成果的书面文件，必须真实、完整、及时、准确。银行机构负责人应对会计报告的真实性、完整性负责。

会计报告包括会计报表及其附注或说明。

**第四十四条**　银行会计报表主要包括：

1.资产负债表，根据当期业务状况报告表各科目的余额及有关账户余额归并后编制；

2.利润表，根据损益科目分户账结转前的余额编制；

3.利润分配表，由法人机构按年编制；

4.现金流量表，根据资产负债表和利润表的有关项目及其他相关资料分析编制；

5.业务状况报告表，根据总账各科目上期末余额及本期累计发生额和本期末余额编制；

6.其他会计报表。

**第四十五条**　银行会计报表附注主要提供有助于理解和分析会计报表内容而需要说明的事项。包括：主要会计政策及其变更、或有事项以及会计报表中主要项目的明细资料等。

**第四十六条**　银行对其直接或间接投资的企业拥有实质上的控制权时，应编制合并会计报表。

**第四十七条**　银行应将其境外分支机构会计报表按规定的汇率和方法折算为人民币后，并入全行汇总的会计报表。

### 十、会计签章

**第四十八条** 会计签章是银行在会计凭证或其他会计核算资料上表明并确认自己真实身份及交易合法性的标识，包括印章、签名等。

**第四十九条** 银行会计凭证、会计账册、会计报告等会计资料应按规定加盖印章或签名。采用计算机系统处理的会计资料，可通过设置可输出的代码代替经办、复核及会计主管人员的签章。

根据需要加编密押或密码的会计凭证，可不再进行签章，法律法规另有规定的，从其规定。

**第五十条** 银行应对会计印章实行分级管理，全国范围内统一使用的印章由各银行总行统一设计管理。

**第五十一条** 银行应指定专人严密保管和使用会计印章，严格执行管理制度。严禁超范围使用会计印章，严禁在空白会计凭证、账表上预先留盖印章。

**第五十二条** 会计印章及密押、密码的编制方法在未启用、停用或待销毁期间应加封，由会计主管人员或指定专人妥善保管。总行统一管理的印章在停止使用后，应交至总行授权的机构集中销毁，并报总行备案。

### 十一、会计档案

**第五十三条** 会计档案是银行各项业务活动的会计记录，也是银行的重要史料和证据，包括：会计凭证、会计账簿、会计报告和其他应当保存的会计资料。

**第五十四条** 银行会计档案可采用纸介质、磁介质、光盘、缩微胶片形式保存，以其他介质保存的，须报经中国人民银行总行核准。

**第五十五条** 银行会计档案保管期分为永久保管和定期保管两类，定期保管分为三年、五年、十五年三档。

**第五十六条** 内部调阅会计档案须经会计部门主管人员和档案管理部门主管人员批准；法律、法规规定有档案查阅权的部门查阅会计档案，必须持有效证件及相关证明材料，并按规定经银行机构负责人或其授权人核准。

**第五十七条** 各银行应定期检查会计档案并根据保管需要进行复制。会计档案保管期满，应按照规定程序销毁。

### 十二、附　则

**第五十八条** 本指导意见由中国人民银行解释和修改。

**第五十九条** 本指导意见自2003年1月1日起施行。

# 境外金融机构投资入股中资金融机构管理办法

**第一条** 为规范境外金融机构投资入股中资金融机构的行为，优化中资金融机构资本结构，制定本办法。

**第二条** 境外金融机构向已依法设立的中资金融机构投资入股，适用本办法。

本办法所称的境外金融机构包括国际金融机构和外国金融机构，国际金融机构是指世界银行及其附属机构、其他政府间开发性金融机构及中国银行业监督管理委员会认可的其他国际金融机构；外国金融机构是指在外国注册成立的金融控股公司、商业银行、证券公司、保险公司、基金及中国银行业监督管理委员会认可的其他外国金融机构。

本办法所称的中资金融机构是指依法在中国境内设立的中资商业银行、城市信用社、农村信用社、信托投资公司、企业集团财务公司、金融租赁公司以及中国银行业监督管理委员会批准设立的其他中资金融机构。

本办法所称的投资入股比例是指出资额或者所持股份占中资金融机构的实收资本总额或者股份总额的比例。

**第三条** 中国银行业监督管理委员会依法对境外金融机构投资入股中资金融机构的行为进行监督管理。

**第四条** 境外金融机构投资入股中资金融机构，应当经中国银行业监督管理委员会批准。

**第五条** 境外金融机构向中资金融机构投资入股，应当基于诚实信用并以中长期投资为目标。

**第六条** 境外金融机构投资入股中资金融机构应当用货币出资。

**第七条** 境外金融机构投资入股中资金融机构，应当具备下列条件：

（一）投资入股中资商业银行的，最近一年年末总资产原则上不少于100亿美元；投资入股中资城市信用社或农村信用社的，最近一年年末总资产原则上不少于10亿美元；投资入股中资非银行金融机构的，最近一年年末总资产原则上不少于10亿美元；

（二）中国银行业监督管理委员会认可的国际评级机构最近两年对其给出的长期信用评级为良好；

（三）最近两个会计年度连续盈利；

（四）商业银行资本充足率不低于8%；非银行金融机构资本总额不低于加权风险资产总额的10%；

（五）内部控制制度健全；

（六）注册地金融机构监督管理制度完善；

（七）所在国（地区）经济状况良好；

（八）中国银行业监督管理委员会规定的其他审慎性条件。

中国银行业监督管理委员会根据金融业风险状况和监管需要，可以调整境外金融机构投资入股中资金融机构的资格条件。

**第八条** 单个境外金融机构向中资金融机构投资入股比例不得超过20%。

**第九条** 多个境外金融机构对非上市中资金融机构投资入股比例合计达到或超过25%的，对该非上市金融机构按照外资金融机构实施监督管理。

多个境外金融机构对上市中资金融机构投资入股比例合计达到或超过25%的，对该上市金融机构仍按照中资金融机构实施监督管理。

**第十条** 境外金融机构投资入股中资金融机构，由吸收投资的中资金融机构作为申请人，向中国银行业监督管理委员会提出申请：

（一）国有独资商业银行、股份制商业银行及中国银行业监督管理委员会直接监管的非银行金融机构吸收境外金融机构投资入股的，直接向中国银行业监督管理委员会申请批准；

（二）本条第（一）项规定以外的中资金融机构吸收境外金融机构投资入股的，向所在地中国银行业监督管理委员会省级派出机构提出申请，经审核后报中国银行业监督管理委员会批准。

**第十一条** 中资金融机构向中国银行业监督管理委员会提出吸收投资入股申请时，应提交下列文件：

（一）中资金融机构吸收投资入股的申请书；

（二）中资金融机构股东大会或董事会同意吸收投资的决议或上级主管部门的批准文件；

（三）境外金融机构股东大会或董事会同意向中资金融机构投资入股的决议；

（四）双方签订的意向性协议；

（五）境外金融机构最近三年的年报或经审计的资产负债表、利润表等财务报表；

（六）境外金融机构的资金来源、经营情况等资料；

（七）中国银行业监督管理委员会要求的其他相关资料。

投资人为外国金融机构的，中资金融机构还应当提交经中国银行业监督管理委员会认可的国际评级机构对该外国金融机构最近两年的评级报告和注册地金融监管当局的批准文件。

**第十二条** 中国银行业监督管理委员会自接到完整的申请文件之日起3个月内作出批准或不批准的决定；决定不批准的，应当书面通知申请人并说明理由。

**第十三条** 境外金融机构应当在收到中国银行业监督管理委员会的批准决定后60个工作日内将资金足额划入中资金融机构账户，并经中国银行业监督管理委员会认可的会计师事务所验证。

**第十四条** 中资金融机构因境外金融机构投资入股而变更注册资本或股权结构的，应当依照有关规定办理变更手续。

**第十五条** 中资金融机构违反本办法，擅自变更股东、调整股权结构的，由中国银行业监督管理委员会根据有关规定予以处罚。

**第十六条** 已向中资金融机构投资入股的境外金融机构增加持股比例的，适用本办法有关规定。

**第十七条** 香港、澳门和台湾地区的金融机构投资入股中资金融机构，适用本办法；国务院另有规定的，适用其规定。

**第十八条** 合格境外机构投资者购买上市中资金融机构流通股不适用本办法。

**第十九条** 投资入股汽车金融公司，依照《汽车金融公司管理办法》的相关规定执行。

**第二十条** 本办法由中国银行业监督管理委员会负责解释。

**第二十一条** 本办法自2003年12月31日起施行。本办法施行前颁布的有关文件与本办法规定不一致的，按照本办法执行。

# 企业国有资产监督管理暂行条例

**中华人民共和国国务院令**

第378号

《企业国有资产监督管理暂行条例》已经2003年5月13日国务院第8次常务会议讨论通过，现予公布，自公布之日起施行。

总理　温家宝

二○○三年五月二十七日

## 第一章　总　则

**第一条**　为建立适应社会主义市场经济需要的国有资产监督管理体制，进一步搞好国有企业，推动国有经济布局和结构的战略性调整，发展和壮大国有经济，实现国有资产保值增值，制定本条例。

**第二条**　国有及国有控股企业、国有参股企业中的国有资产的监督管理，适用本条例。

金融机构中的国有资产的监督管理，不适用本条例。

**第三条**　本条例所称企业国有资产，是指国家对企业各种形式的投资和投资所形成的权益，以及依法认定为国家所有的其他权益。

**第四条**　企业国有资产属于国家所有。国家实行由国务院和地方人民政府分别代表国家履行出资人职责，享有所有者权益，权利、义务和责任相统一，管资产和管人、管事相结合的国有资产管理体制。

**第五条**　国务院代表国家对关系国民经济命脉和国家安全的大型国有及国有控股、国有参股企业，重要基础设施和重要自然资源等领域的国有及国有控股、国有参股企业，履行出资人职责。国务院履行出资人职责的企业，由国务院确定、公布。

省、自治区、直辖市人民政府和设区的市、自治州级人民政府分别代表国家对由国务院履行出资人职责以外的国有及国有控股、国有参股企业，履行出资人职责。其中，省、自治区、直辖市人民政府履行出资人职责的国有及国有控股、国有参股企业，由省、自治区、直辖市人民政府确定、公布，并报国务院国有资产监督管理机构备案；其他由设区的市、自治州级人民政府履行出资人职责的国有及国有控股、国有参股企业，由设区的市、自治州级人民政府确定、公布，并报省、自治区、直辖市人民政府国有资产监督管理机构备案。

国务院，省、自治区、直辖市人民政府，设区的市、自治州级人民政府履行出资人职责的企业，以下统称所出资企业。

**第六条**　国务院，省、自治区、直辖市人民政府，设区的市、自治州级人民政府，分别设立国有资产监督管理机构。国有资产监督管理机构根据授权，依法履行出资人职责，依法对企业国有资产进行监督管理。

企业国有资产较少的设区的市、自治州，经省、自治区、直辖市人民政府批准，可以不单独设立国有资产监督管理机构。

**第七条**　各级人民政府应当严格执行国有资产管理法律、法规，坚持政府的社会公共管理职能与国有资产出资人职能分开，坚持政企分开，实行所有权与经营权分离。

国有资产监督管理机构不行使政府的社会公共管理职能，政府其他机构、部门不履行企业国有资产出资人职责。

**第八条**　国有资产监督管理机构应当依照本条例和其他有关法律、行政法规的规定，建立健全内部监督制度，严格执行法律、行政法规。

**第九条**　发生战争、严重自然灾害或者其他重大、紧急情况时，国家可以依法统一调用、处置企业国有资产。

**第十条**　所出资企业及其投资设立的企业，享有有关法律、行政法规规定的企业经营自主权。

国有资产监督管理机构应当支持企业依法自主经营，除履行出资人职责以外，不得干预企业的生产经营活动。

**第十一条**　所出资企业应当努力提高经济效益，对其经营管理的企业国有资产承担保值增值责任。

所出资企业应当接受国有资产监督管理机构依法实施的监督管理，不得损害企业国有资产所有者和其他出资人的合法权益。

## 第二章　国有资产监督管理机构

**第十二条**　国务院国有资产监督管理机构是代表国务院履行出资人职责、负责监督管理企业国有资产的直属特设机构。

省、自治区、直辖市人民政府国有资产监督管理机构，设区的市、自治州级人民政府国有资产监督管理机构是代表本级政府履行出资人职责、负责监督管理企业国有资产的直属特设机构。

上级政府国有资产监督管理机构依法对下级政府的国有资产监督管理工作进行指导和监督。

**第十三条**　国有资产监督管理机构的主要职责是：

(一)依照《中华人民共和国公司法》等法律、法规，对所出资企业履行出资人职责，维护所有者权益；

(二)指导推进国有及国有控股企业的改革和重组；

(三)依照规定向所出资企业派出监事会；

(四)依照法定程序对所出资企业的企业负责人进行任免、考核，并根据考核结果对其进行奖惩；

(五)通过统计、稽核等方式对企业国有资产的保值增值情况进行监管；

(六)履行出资人的其他职责和承办本级政府交办的其他事项。

国务院国有资产监督管理机构除前款规定职责外，可以制定企业国有资产监督管理的规章、制度。

**第十四条** 国有资产监督管理机构的主要义务是：

(一)推进国有资产合理流动和优化配置，推动国有经济布局和结构的调整；

(二)保持和提高关系国民经济命脉和国家安全领域国有经济的控制力和竞争力，提高国有经济的整体素质；

(三)探索有效的企业国有资产经营体制和方式，加强企业国有资产监督管理工作，促进企业国有资产保值增值，防止企业国有资产流失；

(四)指导和促进国有及国有控股企业建立现代企业制度，完善法人治理结构，推进管理现代化；

(五)尊重、维护国有及国有控股企业经营自主权，依法维护企业合法权益，促进企业依法经营管理，增强企业竞争力；

(六)指导和协调解决国有及国有控股企业改革与发展中的困难和问题。

**第十五条** 国有资产监督管理机构应当向本级政府报告企业国有资产监督管理工作、国有资产保值增值状况和其他重大事项。

## 第三章 企业负责人管理

**第十六条** 国有资产监督管理机构应当建立健全适应现代企业制度要求的企业负责人的选用机制和激励约束机制。

**第十七条** 国有资产监督管理机构依照有关规定，任免或者建议任免所出资企业的企业负责人：

(一)任免国有独资企业的总经理、副总经理、总会计师及其他企业负责人；

(二)任免国有独资公司的董事长、副董事长、董事，并向其提出总经理、副总经理、总会计师等的任免建议；

(三)依照公司章程，提出向国有控股的公司派出的董事、监事人选，推荐国有控股的公司的董事长、副董事长和监事会主席人选，并向其提出总经理、副总经理、总会计师人选的建议；

(四)依照公司章程，提出向国有参股的公司派出的董事、监事人选。

国务院，省、自治区、直辖市人民政府，设区的市、自治州级人民政府，对所出资企业的企业负责人的任免另有规定的，按照有关规定执行。

**第十八条** 国有资产监督管理机构应当建立企业负责人经营业绩考核制度，与其任命的企业负责人签订业绩合同，根据业绩合同对企业负责人进行年度考核和任期考核。

**第十九条** 国有资产监督管理机构应当依照有关规定，确定所出资企业中的国有独资企业、国有独资公司的企业负责人的薪酬；依据考核结果，决定其向所出资企业派出的企业负责人的奖惩。

## 第四章 企业重大事项管理

**第二十条** 国有资产监督管理机构负责指导国有及国有控股企业建立现代企业制度，审核批准其所出资企业中的国有独资企业、国有独资公司的重组、股份制改造方案和所出资企业中的国有独资公司的章程。

**第二十一条** 国有资产监督管理机构依照法定程序决定其所出资企业中的国有独资企业、国有独资公司的分立、合并、破产、解散、增减资本、发行公司债券等重大事项。其中，重要的国有独资企业、国有独资公司分立、合并、破产、解散的，应当由国有资产监督管理机构审核后，报本级人民政府批准。

国有资产监督管理机构依照法定程序审核、决定国防科技工业领域其所出资企业中的国有独资企业、国有独资公司的有关重大事项时，按照国家有关法律、规定执行。

**第二十二条** 国有资产监督管理机构依照公司法的规定，派出股东代表、董事，参加国有控股的公司、国有参股的公司的股东会、董事会。

国有控股的公司、国有参股的公司的股东会、董事会决定公司的分立、合并、破产、解散、增减资本、发行公司债券、任免企业负责人等重大事项时，国有资产监督管理机构派出的股东代表、董事，应当按照国有资产监督管理机构的指示发表意见、行使表决权。

国有资产监督管理机构派出的股东代表、董事，应当将其履行职责的有关情况及时向国有资产监督管理机构报告。

**第二十三条** 国有资产监督管理机构决定其所出资企业的国有股权转让。其中，转让全部国有股权或者转让部分国有股权致使国家不再拥有控股地位的，报本级人民政府批准。

**第二十四条** 所出资企业投资设立的重要子企业的重大事项，须由所出资企业报国有资产监督管理机构批准的，管理办法由国务院国有资产监督管理机构另行制定，报国务院批准。

**第二十五条** 国有资产监督管理机构依照国家有关规定组织协调所出资企业中的国有独资企业、国有独资公司的兼并破产工作，并配合有关部门做好企业下岗职工安置等工作。

**第二十六条** 国有资产监督管理机构依照国家有关规定拟订所出资企业收入分配制度改革的指导意见，调控所出资企业工资分配的总体水平。

**第二十七条** 所出资企业中的国有独资企业、国有独资公司经国务院批准，可以作为国务院规定的投资公司、控股公司，享有公司法第十二条规定的权利；可以作为国家授权投资的机构，享有公司法第二十条规定的权利。

**第二十八条** 国有资产监督管理机构可以对所出资企业中具备条件的国有独资企业、国有独资公司进行国有资产授权经营。

被授权的国有独资企业、国有独资公司对其全资、控股、参股企业中国家投资形成的国有资产依法进行经营、管理和监督。

**第二十九条** 被授权的国有独资企业、国有独资公司应当建立和完善规范的现代企业制度，并承担企业国有资产的保值增值责任。

## 第五章 企业国有资产管理

**第三十条** 国有资产监督管理机构依照国家有关规定，负责企业国有资产的产权界定、产权登记、资产评估监管、清产核资、资产统计、综合评价等基础管理工作。

国有资产监督管理机构协调其所出资企业之间的企业国有资产产权纠纷。

**第三十一条** 国有资产监督管理机构应当建立企业国有资产产权交易监督管理制度，加强企业国有资产产权交易的监督管理，促进企业国有资产的合理流动，防止企业国有资产流失。

**第三十二条** 国有资产监督管理机构对其所出资企业的企业国有资产收益依法履行出资人职责；对其所出资企业的重大投融资规划、发展战略和规划，依照国家发展规划和产业政策履行出资人职责。

**第三十三条** 所出资企业中的国有独资企业、国有独资公司的重大资产处置，须由国有资产监督管理机构批准的，依照有关规定执行。

## 第六章 企业国有资产监督

**第三十四条** 国务院国有资产监督管理机构代表国务院向其所出资企业中的国有独资企业、国有独资公司派出监事会。监事会的组成、职权、行为规范等，依照《国有企业监事会暂行条例》的规定执行。

地方人民政府国有资产监督管理机构代表本级人民政府向其所出资企业中的国有独资企业、国有独资公司派出监事会，参照《国有企业监事会暂行条例》的规定执行。

**第三十五条** 国有资产监督管理机构依法对所出资企业财务进行监督，建立和完善国有资产保值增值指标体系，维护国有资产出资人的权益。

**第三十六条** 国有及国有控股企业应当加强内部监督和风险控制，依照国家有关规定建立健全财务、审计、企业法律顾问和职工民主监督等制度。

**第三十七条** 所出资企业中的国有独资企业、国有独资公司应当按照规定定期向国有资产监督管理机构报告财务状况、生产经营状况和国有资产保值增值状况。

## 第七章 法律责任

**第三十八条** 国有资产监督管理机构不按规定任免或者建议任免所出资企业的企业负责人，或者违法干预所出资企业的生产经营活动，侵犯其合法权益，造成企业国有资产损失或者其他严重后果的，对直接负责的主管人员和其他直接责任人员依法给予行政处分；构成犯罪的，依法追究刑事责任。

**第三十九条** 所出资企业中的国有独资企业、国有独资公司未按照规定向国有资产监督管理机构报告财务状况、生产经营状况和国有资产保值增值状况的，予以警告；情节严重的，对直接负责的主管人员和其他直接责任人员依法给予纪律处分。

**第四十条** 国有及国有控股企业的企业负责人滥用职权、玩忽职守，造成企业国有资产损失的，应负赔偿责任，并对其依法给予纪律处分；构成犯罪的，依法追究刑事责任。

**第四十一条** 对企业国有资产损失负有责任受到撤职以上纪律处分的国有及国有控股企业的企业负责人，5年内不得担任任何国有及国有控股企业的企业负责人；造成企业国有资产重大损失或者被判处刑罚的，终身不得担任任何国有及国有控股企业的企业负责人。

## 第八章 附 则

**第四十二条** 国有及国有控股企业、国有参股企业的组织形式、组织机构、权利和义务等，依照《中华人民共和国公司法》等法律、行政法规和本条例的规定执行。

**第四十三条** 国有及国有控股企业、国有参股企业中中国共产党基层组织建设、社会主义精神文明建设和党风廉政建设，依照《中国共产党章程》和有关规定执行。

国有及国有控股企业、国有参股企业中工会组织依照《中华人民共和国工会法》和《中国工会章程》的有关规定执行。

**第四十四条** 国务院国有资产监督管理机构，省、自治区、直辖市人民政府可以依据本条例制定实施办法。

**第四十五条** 本条例施行前制定的有关企业国有资产监督管理的行政法规与本条例不一致的，依照本条例的规定执行。

**第四十六条** 政企尚未分开的单位，应当按照国务院的规定，加快改革，实现政企分开。政企分开后的企业，由国有资产监督管理机构依法履行出资人职责，依法对企业国有资产进行监督管理。

**第四十七条** 本条例自公布之日起施行。

# 企业国有产权转让管理暂行办法

## 第一章 总 则

**第一条** 为规范企业国有产权转让行为，加强企业国有产权交易的监督管理，促进企业国有资产的合理流动、国有经济布局和结构的战略性调整，防止企业国有资产流失，根据《企业国有资产监督管理暂行条例》和国家有关法律、行政法规的规定，制定本办法。

**第二条** 国有资产监督管理机构、持有国有资本的企业（以下统称转让方）将所持有的企业国有产权有偿转让给境内外法人、自然人或者其他组织（以下统称受让方）的活动适用本办法。

金融类企业国有产权转让和上市公司的国有股权转让，按照国家有关规定执行。

本办法所称企业国有产权，是指国家对企业以各种形式投入形成的权益、国有及国有控股企业各种投资所形成的应享有的权益，以及依法认定为国家所有的其他权益。

**第三条** 企业国有产权转让应当遵守国家法律、行政法规和政策规定，有利于国有经济布局和结构的战略性调整，促进国有资本优化配置，坚持公开、公平、公正的原则，保护国家和其他各方合法权益。

**第四条** 企业国有产权转让应当在依法设立的产权交易机构中公开进行，不受地区、行业、出资或者隶属关系的限制。国家法律、行政法规另有规定的，从其规定。

**第五条** 企业国有产权转让可以采取拍卖、招投标、协议转让以及国家法律、行政法规规定的其他方式进行。

**第六条** 转让的企业国有产权权属应当清晰。权属关系不明确或者存在权属纠纷的企业国有产权不得转让。被设置为担保物权的企业国有产权转让，应当符合《中华人民共和国担保法》的有关规定。

**第七条** 国有资产监督管理机构负责企业国有产权转让的监督管理工作。

## 第二章 企业国有产权转让的监督管理

**第八条** 国有资产监督管理机构对企业国有产权转让履行下列监管职责：

（一）按照国家有关法律、行政法规的规定，制定企业国有产权交易监管制度和办法；

（二）决定或者批准所出资企业国有产权转让事项，研究、审议重大产权转让事项并报本级人民政府批准；

（三）选择确定从事企业国有产权交易活动的产权交易机构；

（四）负责企业国有产权交易情况的监督检查工作；

（五）负责企业国有产权转让信息的收集、汇总、分析和上报工作；

（六）履行本级政府赋予的其他监管职责。

本办法所称所出资企业是指国务院，省、自治区、直辖市人民政府，设区的市、自治州级人民政府授权国有资产监督管理机构履行出资人职责的企业。

**第九条** 所出资企业对企业国有产权转让履行下列职责：

（一）按照国家有关规定，制定所属企业的国有产权转让管理办法，并报国有资产监督管理机构备案；

（二）研究企业国有产权转让行为是否有利于提高企业的核心竞争力，促进企业的持续发展，维护社会的稳定；

（三）研究、审议重要子企业的重大国有产权转让事项，决定其他子企业的国有产权转让事项；

（四）向国有资产监督管理机构报告有关国有产权转让情况。

**第十条** 企业国有产权转让可按下列基本条件选择产权交易机构：

（一）遵守国家有关法律、行政法规、规章以及企业国有产权交易的政策规定；

（二）履行产权交易机构的职责，严格审查企业国有产权交易主体的资格和条件；

（三）按照国家有关规定公开披露产权交易信息，并能够定期向国有资产监督管理机构报告企业国有产权交易情况；

（四）具备相应的交易场所、信息发布渠道和专业人员，能够满足企业国有产权交易活动的需要；

（五）产权交易操作规范，连续3年没有将企业国有产权拆细后连续交易行为以及其他违法、违规记录。

## 第三章 企业国有产权转让的程序

**第十一条** 企业国有产权转让应当做好可行性研究，按照内部决策程序进行审议，并形成书面决议。

国有独资企业的产权转让，应当由总经理办公会议审议。国有独资公司的产权转让，应当由董事会审议；没有设立董事会的，由总经理办公会议审议。涉及职工合法权益的，应当听取转让标的企业职工代表大会的意见，对职工安置等事项应当经职工代表大会讨论通过。

**第十二条** 按照本办法规定的批准程序，企业国有产权转让事项经批准或者决定后，转让方应当组织转让标的企业按照有关规定开展清产核资，根据清产核资结果编制资产负债表和资产移交清册，并委托会计师事务所实施全面审计（包括按照国家有关规定对转让标的企业法定代表人的离任审计）。资产损失的认定与核销，应当按照国家有关规定办理。

转让所出资企业国有产权导致转让方不再拥有控股地位的，由同级国有资产监督管理机构组织进行清产核资，并委托社会中介机构开展相关业务。

社会中介机构应当依法独立、公正地执行业务。企业和个人不得干预社会中介机构的正常执业行为。

**第十三条** 在清产核资和审计的基础上，转让方应当委托具有相关资质的资产评估机构依照国家有关规定进行资产评估。评估报告经核准或者备案后，作为确定企业国有产权转让价格的参考依据。

在产权交易过程中，当交易价格低于评估结果的90%时，应当暂停交易，在获得相关产权转让批准机构同意后方可继续进行。

**第十四条** 转让方应当将产权转让公告委托产权交易机构刊登在省级以上公开发行的经济或者金融类报刊和产权交易机构的网站上，公开披露有关企业国有产权转让信息，广泛征集受让方。产权转让公告期为20个工作日。

转让方披露的企业国有产权转让信息应当包括下列内容：

（一）转让标的的基本情况；

（二）转让标的企业的产权构成情况；

（三）产权转让行为的内部决策及批准情况；

（四）转让标的企业近期经审计的主要财务指标数据；

（五）转让标的企业资产评估核准或者备案情况；

（六）受让方应当具备的基本条件；

（七）其他需披露的事项。

**第十五条** 在征集受让方时，转让方可以对受让方的资质、商业信誉、经营情况、财务状况、管理能力、资产规模等提出必要的受让条件。

受让方一般应当具备下列条件：

（一）具有良好的财务状况和支付能力；

（二）具有良好的商业信用；

（三）受让方为自然人的，应当具有完全民事行为能力；

（四）国家法律、行政法规规定的其他条件。

**第十六条** 受让方为外国及中国香港特别行政区、澳门特别行政区、台湾地区的法人、自然人或者其他组织的，受让企业国有产权应当符合国务院公布的《指导外商投资方向规定》及其他有关规定。

**第十七条** 经公开征集产生两个以上受让方时，转让方应当与产权交易机构协商，根据转让标的的具体情况采取拍卖或者招投标方式组织实施产权交易。

采取拍卖方式转让企业国有产权的，应当按照《中华人民共和国拍卖法》及有关规定组织实施。

采取招投标方式转让企业国有产权的，应当按照国家有关规定组织实施。

企业国有产权转让成交后，转让方与受让方应当签订产权转让合同，并应当取得产权交易机构出具的产权交易凭证。

**第十八条** 经公开征集只产生一个受让方或者按照有关规定经国有资产监督管理机构批准的，可以采取协议转让的方式。

采取协议转让方式的，转让方应当与受让方进行充分协商，依法妥善处理转让中所涉及的相关事项后，草签产权转让合同，并按照本办法第十一条规定的程序进行审议。

**第十九条** 企业国有产权转让合同应当包括下列主要内容：

（一）转让与受让双方的名称与住所；

（二）转让标的企业国有产权的基本情况；

（三）转让标的企业涉及的职工安置方案；

（四）转让标的企业涉及的债权、债务处理方案；

（五）转让方式、转让价格、价款支付时间和方式及付款条件；

（六）产权交割事项；

（七）转让涉及的有关税费负担；

（八）合同争议的解决方式；

（九）合同各方的违约责任；

(十)合同变更和解除的条件；

(十一)转让和受让双方认为必要的其他条款。

转让企业国有产权导致转让方不再拥有控股地位的，在签订产权转让合同时，转让方应当与受让方协商提出企业重组方案，包括在同等条件下对转让标的企业职工的优先安置方案。

**第二十条** 企业国有产权转让的全部价款，受让方应当按照产权转让合同的约定支付。

转让价款原则上应当一次付清。如金额较大、一次付清确有困难的，可以采取分期付款的方式。采取分期付款方式的，受让方首期付款不得低于总价款的30%，并在合同生效之日起5个工作日内支付；其余款项应当提供合法的担保，并应当按同期银行贷款利率向转让方支付延期付款期间利息，付款期限不得超过1年。

**第二十一条** 转让企业国有产权涉及国有划拨土地使用权转让和由国家出资形成的探矿权、采矿权转让的，应当按照国家有关规定另行办理相关手续。

**第二十二条** 转让企业国有产权导致转让方不再拥有控股地位的，应当按照有关政策规定处理好与职工的劳动关系，解决转让标的企业拖欠职工的工资、欠缴的各项社会保险费以及其他有关费用，并做好企业职工各项社会保险关系的接续工作。

**第二十三条** 转让企业国有产权取得的净收益，按照国家有关规定处理。

**第二十四条** 企业国有产权转让成交后，转让和受让双方应当凭产权交易机构出具的产权交易凭证，按照国家有关规定及时办理相关产权登记手续。

## 第四章 企业国有产权转让的批准程序

**第二十五条** 国有资产监督管理机构决定所出资企业的国有产权转让。其中，转让企业国有产权致使国家不再拥有控股地位的，应当报本级人民政府批准。

**第二十六条** 所出资企业决定其子企业的国有产权转让。其中，重要子企业的重大国有产权转让事项，应当报同级国有资产监督管理机构会签财政部门后批准。其中，涉及政府社会公共管理审批事项的，须预先报经政府有关部门审批。

**第二十七条** 转让企业国有产权涉及上市公司国有股性质变化或者实际控制权转移的，应当同时遵守国家法律、行政法规和相关监管部门的规定。

对非上市股份有限公司国有股权转让管理，国家另有规定的，从其规定。

**第二十八条** 决定或者批准企业国有产权转让行为，应当审查下列书面文件：

(一)转让企业国有产权的有关决议文件；

(二)企业国有产权转让方案；

(三)转让方和转让标的企业国有资产产权登记证；

(四)律师事务所出具的法律意见书；

(五)受让方应当具备的基本条件；

(六)批准机构要求的其他文件。

**第二十九条** 企业国有产权转让方案一般应当载明下列内容：

(一)转让标的企业国有产权的基本情况；

(二)企业国有产权转让行为的有关论证情况；

(三)转让标的企业涉及的、经企业所在地劳动保障行政部门审核的职工安置方案；

(四)转让标的企业涉及的债权、债务包括拖欠职工债务的处理方案；

(五)企业国有产权转让收益处置方案；

(六)企业国有产权转让公告的主要内容。

转让企业国有产权导致转让方不再拥有控股地位的，应当附送经债权金融机构书面同意的相关债权债务协议、职工代表大会审议职工安置方案的决议等。

**第三十条** 对于国民经济关键行业、领域中对受让方有特殊要求的，企业实施资产重组中将企业国有产权转让给所属控股企业的国有产权转让，经省级以上国有资产监督管理机构批准后，可以采取协议转让方式转让国有产权。

**第三十一条** 企业国有产权转让事项经批准或者决定后，如转让和受让双方调整产权转让比例或者企业国有产权转让方案有重大变化的，应当按照规定程序重新报批。

## 第五章 法律责任

**第三十二条** 在企业国有产权转让过程中，转让方、转让标的企业和受让方有下列行为之一的，国有资产监督管理机构或者企业国有产权转让相关批准机构应当要求转让方终止产权转让活动，必要时应当依法向人民法院提起诉讼，确认转让行为无效。

(一)未按本办法有关规定在产权交易机构中进行交易的；

(二)转让方、转让标的企业不履行相应的内部决策程序、批准程序或者超越权限、擅自转让企业国有产权的；

(三)转让方、转让标的企业故意隐匿应当纳入评估范围的资产，或者向中介机构提供虚假会计资料，导致审计、评估结果失真，以及未经审计、评估，造成国有资产流失的；

(四)转让方与受让方串通，低价转让国有产权，造成国有资产流失的；

(五)转让方、转让标的企业未按规定妥善安置职工、接续社会保险关系、处理拖欠职工各项债务以及未补缴欠缴的各项社会保险费，侵害职工合法权益的；

(六)转让方未按规定落实转让标的企业的债权债务，非法转移债权或者逃避债务清偿责任的；以企业国有产权作为担保的，转让该国有产权时，未经担保权人同意的。

(七)受让方采取欺诈、隐瞒等手段影响转让方的选择以及产权转让合同签订的；

(八)受让方在产权转让竞价、拍卖中，恶意串通压低价格，造成国有资产流失的。

对以上行为中转让方、转让标的企业负有直接责任的主管人员和其他直接责任人员，由国有资产监督管理机构或者相关企业按照人事管理权限给予警告，情节严重的，给予纪律处分，造成国有资产损失的，应当负赔偿责任；由于受让方的责任造成国有资产流失的，受让方应当依法赔偿转让方的经济损失；构成犯罪的，依法移送司法机关追究刑事责任。

**第三十三条** 社会中介机构在企业国有产权转让的审计、评估和法律服务中违规执业的，由国有资产监督管理机构将有关情况通报其行业主管机关，建议给予相应处罚；情节严重的，可要求企业不得再委托其进行企业国有产权转让的相关业务。

**第三十四条** 产权交易机构在企业国有产权交易中弄虚作假或者玩忽职守，损害国家利益或者交易双方合法权益的，依法追究直接责任人员的责任，国有资产监督管理机构将不再选择其从事企业国有产权交易的相关业务。

**第三十五条** 企业国有产权转让批准机构及其有关人员违反本办法，擅自批准或者在批准中以权谋私，造成国有资产流失的，由有关部门按照干部管理权限，给予纪律处分；构成犯罪的，依法移送司法机关追究刑事责任。

## 第六章 附 则

**第三十六条** 境外企业国有产权转让管理办法另行制定。

**第三十七条** 政企尚未分开的单位以及其他单位所持有的企业国有产权转让，由主管财政部门批准，具体比照本办法执行。

**第三十八条** 本办法由国务院国有资产监督管理委员会负责解释；涉及有关部门的，由国资委商有关部门解释。

**第三十九条** 本办法自二〇〇四年二月一日起施行。

# 关于规范国有企业改制工作的意见

党的十五大以来，各地认真贯彻国有经济有进有退、有所为有所不为的方针，积极推进国有经济布局和结构调整，探索公有制的多种有效实现形式和国有企业改制的多种途径，取得了显著成效，积累了宝贵经验。但前一阶段国有企业改制工作中出现了一些不够规范的现象，造成国有资产的流失。国有企业改制是一项政策性很强的工作，涉及出资人、债权人、企业和职工等多方面的利益，既要积极探索，又要规范有序。为全面贯彻落实党中央关于国有经济布局结构调整和国有企业改革的精神，保证国有企业改制工作健康、有序、规范地进行，现提出以下意见：

**一、健全制度，规范运作**

(一)批准制度。国有企业改制应采取重组、联合、兼并、租赁、承包经营、合资、转让国有产权和股份制、股份合作制等多种形式进行。国有企业改制，包括转让国有控股、参股企业国有股权或者通过增资扩股来提高非国有股的比例等，必须制订改制方案。方案可由改制企业国有产权持有单位制订，也可由其委托中介机构或者改制企业(向本企业经营管理者转让国有产权的企业和国有参股企业除外)制订。国有企业改制方案须按照《企业国有资产监督管理暂行条例》(国务院令第378号，以下简称《条例》)和国务院国有资产监督管理委员会(以下简称国资委)的有关规定履行决定或批准程序，未经决定或批准不得实施。国有企业改制涉及财政、劳动保障等事项的，须预先报经同级人民政府有关部门审核，批准后报国有资产监督管理机构协调审批；涉及政府社会公共管理审批事项的，依照国家有关法律法规，报经政府有关部门审批；国有资产监督管理机构所出资企业改制为国有股不控股或不参股的企业(以下简称非国有的企业)，改制方案须报同级人民政府批准；转让上市公司国有股权审批暂按现行规定办理，并由国资委会同证监会抓紧研究提出完善意见。

(二)清产核资。国有企业改制，必须对企业各类资产、负债进行全面认真的清查，做到账、卡、物、现金等齐全、准确、一致。要按照"谁投资、谁所有、谁受益"的原则，核实和界定国有资本金及其权益，其中国有企业借贷资金形成的净资产必须界定为国有产权。企业改制中涉及资产损失认定与处理的，必须按有关规定履行批准程序。改制企业法定代表人和财务负责人对清产核资结果的真实性、准确性负责。

(三)财务审计。国有企业改制,必须由直接持有该国有产权的单位决定聘请具备资格的会计师事务所进行财务审计。凡改制为非国有的企业,必须按照国家有关规定对企业法定代表人进行离任审计。改制企业必须按照有关规定向会计师事务所或政府审计部门提供有关财务会计资料和文件,不得妨碍其办理业务。任何人不得授意、指使、强令改制企业会计机构、会计人员提供虚假资料文件或违法办理会计事项。

(四)资产评估。国有企业改制,必须依照《国有资产评估管理办法》(国务院令第 91 号)聘请具备资格的资产评估事务所进行资产和土地使用权评估。国有控股企业进行资产评估,要严格履行有关法律法规规定的程序。向非国有投资者转让国有产权的,由直接持有该国有产权的单位决定聘请资产评估事务所。企业的专利权、非专利技术、商标权、商誉等无形资产必须纳入评估范围。评估结果由依照有关规定批准国有企业改制和转让国有产权的单位核准。

(五)交易管理。非上市企业国有产权转让要进入产权交易市场,不受地区、行业、出资和隶属关系的限制,并按照《企业国有产权转让管理暂行办法》的规定,公开信息,竞价转让。具体转让方式可以采取拍卖、招投标、协议转让以及国家法律法规规定的其他方式。

(六)定价管理。向非国有投资者转让国有产权的底价,或者以存量国有资产吸收非国有投资者投资时国有产权的折股价格,由依照有关规定批准国有企业改制和转让国有产权的单位决定。底价的确定主要依据资产评估的结果,同时要考虑产权交易市场的供求状况、同类资产的市场价格、职工安置、引进先进技术等因素。上市公司国有股转让价格在不低于每股净资产的基础上,参考上市公司盈利能力和市场表现合理定价。

(七)转让价款管理。转让国有产权的价款原则上应当一次结清。一次结清确有困难的,经转让和受让双方协商,并经依照有关规定批准国有企业改制和转让国有产权的单位批准,可采取分期付款的方式。分期付款时,首期付款不得低于总价款的 30%,其余价款应当由受让方提供合法担保,并在首期付款之日起一年内支付完毕。转让国有产权的价款优先用于支付解除劳动合同职工的经济补偿金和移交社会保障机构管理职工的社会保险费,以及偿还拖欠职工的债务和企业欠缴的社会保险费,剩余价款按照有关规定处理。

(八)依法保护债权人利益。国有企业改制要征得债权金融机构同意,保全金融债权,依法落实金融债务,维护其他债权人的利益。要严格防止利用改制逃废金融债务,金融债务未落实的企业不得进行改制。

(九)维护职工合法权益。国有企业改制方案和国有控股企业改制为非国有的企业的方案,必须提交企业职工代表大会或职工大会审议,充分听取职工意见。其中,职工安置方案需经企业职工代表大会或职工大会审议通过后方可实施改制。改制为非国有的企业,要按照有关政策处理好改制企业与职工的劳动关系。改制企业拖欠职工的工资、医疗费和挪用的职工住房公积金以及企业欠缴的社会保险费等要按有关规定予以解决。改制后的企业要按照有关规定按时足额缴纳社会保险费,及时为职工接续养老、失业、医疗、工伤、生育等各项社会保险关系。

(十)管理层收购。向本企业经营管理者转让国有产权必须严格执行国家的有关规定,以及本指导意见的各项要求,并需按照有关规定履行审批程序。向本企业经营管理者转让国有产权方案的制订,由直接持有该企业国有产权的单位负责或其委托中介机构进行,经营管理者不得参与转让国有产权的决策、财务审计、离任审计、清产核资、资产评估、底价确定等重大事项,严禁自卖自买国有产权。经营管理者筹集收购国有产权的资金,要执行《贷款通则》的有关规定,不得向包括本企业在内的国有及国有控股企业借款,不得以这些企业的国有产权或实物资产作标的物为融资提供保证、抵押、质押、贴现等。经营管理者对企业经营业绩下降负有责任的,不得参与收购本企业国有产权。

**二、严格监督,追究责任**

各级监察机关、国有资产监督管理机构和其他有关部门,要加强联系、密切配合,加大对国有企业改制工作的监督检查力度。通过建立重要事项通报制度和重大案件报告制度,以及设立并公布举报电话和信箱等办法,及时发现和严肃查处国有企业改制中的违纪违法案件。对国有资产监督管理机构工作人员、企业领导人员利用改制之机转移、侵占、侵吞国有资产的,隐匿资产、提供虚假会计资料造成国有资产流失的,营私舞弊、与买方串通低价转让国有产权的,严重失职、违规操作、损害国家和群众利益的,要进行认真调查处理。其中涉嫌犯罪的,依法移交司法机关处理;造成国有资产损失的,按照《条例》的规定,追究有关责任人的赔偿责任。对中介机构弄虚作假、提供虚假审计报告、故意压低评估价格等违规违法行为,要加大惩处力度;国有资产监督管理机构和国有及国有控股企业不得再聘请该中介机构及其责任人从事涉及国有及国有控股企业的中介活动。

为加快建设和完善产权交易市场体系,确保产权交易公开、公平、公正,由法制办会同国资委、财政部等有关部门研究有关产权交易市场的法规和监管制度,各地依照法律法规及有关规定,根据实际情况制订具体实施细则。

**三、精心组织，加强领导**

（一）全面准确理解国有经济布局和结构调整战略方针，坚持党的十六大提出的必须毫不动摇地巩固和发展公有制经济，必须毫不动摇地鼓励、支持和引导非公有制经济发展的方针。国有企业改制要坚持国有经济控制重要行业和关键领域，提高国有经济的控制力、影响力和带动力。在其他行业和领域，国有企业通过重组改制、结构调整、深化改革、转换机制，在市场竞争中实现优胜劣汰。

（二）在国有企业改制工作中，各地区要防止和纠正不顾产权市场供求状况及其对价格形成的影响作用、不计转让价格和收益，下指标、限时间、赶进度，集中成批向非国有投资者转让国有产权的做法。防止和避免人为造成买方市场、低价处置和贱卖国有资产的现象。

（三）国有企业改制要从企业实际出发，着眼于企业的发展。要建立竞争机制，充分考虑投资者搞好企业的能力，选择合格的投资者参与国有企业改制，引入资金、技术、管理、市场、人才等资源增量，推动企业制度创新、机制转换、盘活资产、扭亏脱困和增加就业，促进企业加快发展。

（四）地方各级人民政府及其国有资产监督管理机构、国有及国有控股企业，要高度重视国有企业改制工作，全面理解和正确贯彻党中央、国务院有关精神，切实负起责任，加强组织领导。要从实际出发，把握好改制工作的力度和节奏。在国有企业改制的每一个环节都要做到依法运作，规范透明，落实责任。上级国有资产监督管理机构要加强对下级国有资产监督管理机构的指导和监督，及时总结经验，发现和纠正国有企业改制工作中存在的问题，促进国有资产合理流动和重组，实现国有资产保值增值，更好地发挥国有经济的主导作用。

# 中国证券监督管理委员会股票发行审核委员会工作细则

为规范中国证券监督管理委员会股票发行审核委员会（以下简称发审委）的工作，更好地在发审委工作中贯彻公开、公平、公正原则，提高股票发行审核工作的质量和透明度，根据《中国证券监督管理委员会股票发行审核委员会暂行办法》（以下简称《暂行办法》），制定本工作细则。

**一、发审委会议前的工作规程**

（一）中国证券监督管理委员会发行监管部（以下简称发行监管部）具体负责股票发行审核委员会工作会议（以下简称发审委会议）的各项工作，其中发审委会议的准备工作主要包括确定发审委会议日期、发审委会议审核的发行人、出席发审委会议的发审委委员（以下简称委员）、向委员送达发审委会议通知、发行人的股票发行申请文件和发行监管部出具的初审报告（以下简称审核材料），以及将发审委会议的有关信息在中国证券监督管理委员会网站上公布。

（二）发行监管部应当在每月月底前制定下月发审委会议召开计划并告知全体委员，非专职委员应当在每月月底前将下月能参加发审委会议的时间安排报告发行监管部。发审委会议原则上应当在每周固定时间召开。

（三）发行监管部安排发审委会议审核发行人的顺序，原则上按照发行人向发行监管部报送审核材料的时间先后确定。

（四）发行监管部在发审委会议召开5天前，将会议通知及审核材料送达参会委员，并请委员签收。外地委员的审核材料可以采取委员认可的方式送达。

（五）发行监管部在将会议通知及审核材料送达参会委员后，应当将发审委会议审核的发行人名单、发行人承诺函、会议时间和参会委员名单在中国证券监督管理委员会网站上公布。

（六）委员若发现存在须回避情形的或者已确定出席发审委会议后又因特殊原因不能出席会议的，需在会议召开3天前通知发行监管部，并提出书面申请及理由。发行监管部经核实后对参会委员作相应调整。

（七）发行人及其他相关单位和个人依据《暂行办法》第十六条规定向发行监管部提出要求有关委员予以回避的书面申请时，应当就"利害冲突或者潜在的利害冲突"在书面申请中作出说明。

（八）委员收到审核材料后，应当按照《暂行办法》第二十一条规定，根据法律、行政法规和中国证券监督管理委员会有关规定，全面审阅审核材料，并按要求填写审核工作底稿。

（九）委员审核材料期间，经发行监管部登记后，可调阅履行职责所必需的与发行人有关的资料。

**二、发审委会议的工作规程**

（一）发审委会议议程如下：

1.出席会议委员达到规定人数后，委员填写本次发审委会议中国证券监督管理委员会股票发行审核委员会委员与发行人接触事项的有关说明，交由发行监管部工作人员核对后，召集人宣布会议开始并主持会议。

2.发行监管部预审人员向委员报告审核情况，并就有关问题提供说明。

3.召集人组织委员对初审报告中提请委员关注的问题和审核意见逐一发表个人审核意见，对委员发现的发行人存在初审报告提请关注问题以外的其他问题发表个人审核意见。

4.发行人代表和保荐代表人（不超过 3 人）到会陈述和接受询问。

5.召集人总结委员的主要审核意见，形成发审委会议对发行人股票发行申请的审核意见。

6.委员对发审委会议记录、审核意见记录确认并签名。

7.委员进行投票表决。表决方式采取封闭式记名投票，委员个人的投票意见不对外公布。

8.发行监管部工作人员负责监票及统计投票结果。

9.召集人宣布表决结果。

10.委员在发审委会议表决结果上签名，同时提交审核工作底稿。

（二）发行监管部工作人员负责发审委会议记录、审核意见记录和会议考勤记录，并对会议全过程进行录音。

（三）发审委会议依据《暂行办法》第二十五条规定对发行人的股票发行申请暂缓表决的，按以下规定办理：

1、发审委会议同意对发行人的股票发行申请暂缓表决后，发行人应当在收到有关审核意见之日起 1 个月内向发审委提出再审申请。

2、被暂缓表决的股票发行申请再次提交发审委会议审核时，原发审委委员如果无法参会，应当向发行监管部作出说明。

**三、发审委会议后的工作规程**

（一）发审委会议的次日，发行监管部负责将经发审委会议表决通过的发行人名单在中国证券监督管理委员会网站上公布。

（二）依据《暂行办法》第二十七条规定召开的会后事项发审委会议还应当遵守以下规定：

1.会后事项发审委会议应当对发行人完整的申请文件进行审核。

2.会后事项发审委会议不设暂缓表决。

3.会后事项发审委会议只召开 1 次。

4.中国证券监督管理委员会的其他规定。

**四、发审委会议纪律**

（一）委员应当遵守以下规定：

1.委员应当在规定时间内提出回避申请，不得拖延或者在发审委会议现场提出回避申请。

2.委员应当按时参加发审委会议，不迟到、不早退、不在会议期间无故离开会场。

3.审核材料应当由委员妥善保管，不得对外泄露，待发审委会议结束后由发行监管部工作人员收回。

4.发审委会议召开过程中，参会人员应当关闭手机、呼机及其他通讯工具。

5.委员不得与其他发审委委员串通表决或者诱导其他发审委委员表决。

6.委员不得泄露发审委会议讨论内容、表决情况及其他有关情况。

7.委员不得利用发审委委员身份从事与发行审核无关的活动。

（二）发审委会议召集人应当遵守以下规定：

1.主持发审委会议，维持发审委会议纪律，根据发行人的具体情况掌握发审委会议进度。

2.组织委员在发审委会议上发表个人审核意见。

3.集中归纳参会委员需向发行人代表和保荐代表人询问的问题。

4.对发审委会议讨论、关注的问题进行归纳和总结。

5.负责总结参会委员的主要审核意见，形成本次发审委会议对发行人股票发行申请的审核意见。

6.组织参会委员投票表决，宣读表决结果。

（三）委员任期届满，中国证券监督管理委员会将对委员遵守发审委纪律和履行职责的情况进行考核和评估。

（四）中国证券监督管理委员会发现发行人及其他相关单位或者个人以任何不正当手段影响委员或者干扰发审委审核的，发行监管部将暂停安排发审委会议对相关发行人股票发行申请的审核。

**五、附则**

本工作细则自发布之日起施行。2001 年 4 月 4 日发布的《中国证券监督管理委员会股票发行审核委员会工作程序执行指导意见》（证监发[2001]54 号）和 2002 年 7 月 18 日发布的《关于〈中国证券监督管理委员会股票发行审核委员会工作程序执行指导意见〉的补充通知》（证监发[2002]52 号）同时废止。

# 中国证券监督管理委员会股票发行审核委员会暂行办法

## 第一章 总 则

**第一条** 为了保证在股票发行审核工作中贯彻公开、公平、公正的原则，提高股票发行审核工作的质量和透明度，根据《中华人民共和国证券法》的有关规定，制定本办法。

**第二条** 中国证券监督管理委员会(以下简称中国证监会)设立股票发行审核委员会(以下简称发审委)，依照《中华人民共和国公司法》、《中华人民共和国证券法》等法律、行政法规和中国证监会的规定，对发行人的股票发行申请文件和中国证监会有关职能部门的初审报告进行审核。

发审委以投票方式对股票发行申请进行表决，提出审核意见。

中国证监会在发审委审核意见的基础上，依照法定条件核准股票发行申请。

**第三条** 发审委通过发审委工作会议(以下简称发审委会议)履行职责。

**第四条** 中国证监会负责对发审委事务的日常管理以及对发审委委员的考核和监督。

**第五条** 股票发行核准程序应当公开，依法接受监督。

## 第二章 发审委的组成

**第六条** 发审委委员由有关行政机关、行业自律组织、研究机构和高等院校等推荐，由中国证监会聘任。

发审委委员为25名，部分发审委委员可以为专职。其中中国证监会的人员5名，中国证监会以外的人员20名。

发审委设会议召集人5名。

**第七条** 发审委委员每届任期1年，可以连任，但连续任期最长不超过3届。

**第八条** 发审委委员应当符合下列条件：

(一)坚持原则，公正廉洁，忠于职守，严格遵守国家法律、行政法规和规章；

(二)熟悉证券、会计业务及有关的法律、行政法规和规章；

(三)精通所从事行业的专业知识，在所从事的领域内有较高声誉；

(四)没有违法、违纪记录；

(五)中国证监会认为需要符合的其他条件。

**第九条** 发审委委员有下列情形之一的，中国证监会应当予以解聘：

(一)违反法律、行政法规、规章和发行审核工作纪律的；

(二)未按照中国证监会的有关规定勤勉尽职的；

(三)本人提出辞职申请的；

(四)两次以上无故不出席发审委会议的；

(五)经中国证监会考核认为不适合担任发审委委员的其他情形。

发审委委员的解聘不受任期是否届满的限制。发审委委员解聘后，中国证监会应及时选聘新的发审委委员。

## 第三章 发审委的职责

**第十条** 发审委的职责是：根据有关法律、行政法规和中国证监会的规定，审核股票发行申请是否符合公开发行股票的条件；审核保荐机构、会计师事务所、律师事务所、资产评估机构等证券中介机构及相关人员为股票发行所出具的有关材料及意见书；审核中国证监会有关职能部门出具的初审报告；依法对股票发行申请提出审核意见。

**第十一条** 发审委委员以个人身份出席发审委会议，依法履行职责，独立发表审核意见并行使表决权。

**第十二条** 发审委委员可以通过中国证监会有关职能部门调阅履行职责所必需的与发行人有关的资料。

**第十三条** 发审委委员应当遵守下列规定：

(一)按要求出席发审委会议，并在审核工作中勤勉尽职；

(二)保守国家秘密和发行人的商业秘密；

(三)不得泄露发审委会议讨论内容、表决情况以及其他有关情况；

(四)不得利用发审委委员身份或者在履行职责上所得到的非公开信息，为本人或者他人直接或者间接牟取利益；

(五)不得私下与本次所审核发行人及其他相关单位或者个人进行接触，不得接受发行人及相关单位或者个人提供的资金、物品及其他利益；

(六)不得有与其他发审委委员串通表决或者诱导其他发审委委员表决的行为；

(七)中国证监会的其他有关规定。

**第十四条** 发审委委员有义务向中国证监会举报任何以不正当手段对其施加影响的发行人及其他相关单位或者个人。

**第十五条** 发审委委员审核股票发行申请文件时，有下列情形之一的，应及时提出回避：

(一)发审委委员或者其亲属担任发行人或者保荐

机构的董事(含独立董事,下同)、监事、经理或者其他高级管理人员的;

(二)发审委委员或者其亲属、发审委委员所在工作单位持有发行人的股票,可能影响其公正履行职责的;

(三)发审委委员或者其所在工作单位近两年来为发行人提供保荐、承销、审计、评估、法律、咨询等服务,可能妨碍其公正履行职责的;

(四)发审委委员或者其亲属担任董事、监事、经理或者其他高级管理人员的公司与发行人或者保荐机构有行业竞争关系,经认定可能影响其公正履行职责的;

(五)发审委会议召开前,与本次所审核发行人及其他相关单位或者个人进行过接触,可能影响其公正履行职责的;

(六)中国证监会认定的可能产生利害冲突或者发审委委员认为可能影响其公正履行职责的其他情形。

前款所称亲属,是指发审委委员的配偶、父母、子女、兄弟姐妹、配偶的父母、子女的配偶、兄弟姐妹的配偶。

**第十六条** 发行人及其他相关单位和个人如果认为发审委委员与其存在利害冲突或者潜在的利害冲突,可能影响发审委委员公正履行职责的,可以在发审委会议召开3日前,向中国证监会提出要求有关发审委委员予以回避的书面申请,并说明理由。

中国证监会根据发行人及其他相关单位和个人提出的书面申请,决定相关发审委委员是否回避。

**第十七条** 发审委委员接受聘任后,应当承诺遵守中国证监会有关对发审委委员的规定和纪律要求,认真履行职责,接受中国证监会的考核和监督。

## 第四章 发审委工作程序

**第十八条** 发审委通过召开发审委会议进行审核工作,每次参加发审委会议的发审委委员为7名。

**第十九条** 中国证监会有关职能部门应当在发审委会议召开5日前,将会议通知、股票发行申请文件及中国证监会有关职能部门的初审报告送达参会发审委委员,并将发审委会议审核的发行人名单、会议时间、发行人承诺函和参会发审委委员名单在中国证监会网站上公布。

中国证监会有关职能部门负责安排发审委会议、送达有关审核材料、起草发审委会议纪要、保管档案等具体工作。

**第二十条** 发审委会议召集人按照中国证监会的有关规定负责召集发审委会议,组织发审委委员发表意见、讨论,总结发审委会议审核意见和组织投票等事项。

**第二十一条** 发审委委员应依据法律、行政法规和中国证监会的规定,结合自身的专业知识,独立、客观、公正地对股票发行申请进行审核。

发审委委员应当以审慎、负责的态度,全面审阅发行人的股票发行申请文件和中国证监会有关职能部门出具的初审报告。在审核时,发审委委员应当在工作底稿上填写个人审核意见:

(一)发审委委员对初审报告中提请发审委委员关注的问题和审核意见有异议的,应当在工作底稿上对相关内容提出有依据、明确的审核意见;

(二)发审委委员认为发行人存在初审报告提请关注问题以外的其他问题的,应当在工作底稿上提出有依据、明确的审核意见;

(三)发审委委员认为发行人存在尚待调查核实并影响明确判断的重大问题的,应当在工作底稿上提出有依据、明确的审核意见。

发审委委员在发审委会议上应当根据自己的工作底稿发表个人审核意见,同时应当根据会议讨论情况,完善个人审核意见并在工作底稿上予以记录。

发审委会议在充分讨论的基础上,形成会议对发行人股票发行申请的审核意见,并对发行人是否符合公开发行股票的条件进行表决。

**第二十二条** 发审委会议对发行人的股票发行申请形成审核意见之前,可以请发行人代表和保荐代表人到会接受发审委委员的询问。

**第二十三条** 发审委会议表决采取记名投票方式。表决票设同意票和反对票,同意票数达到5票为通过,同意票数未达到5票为未通过。发审委委员不得弃权。

发审委委员在投票时应当在表决票上说明理由。

中国证监会有关职能部门负责对发审委会议讨论情况进行记录。发审委会议结束后,参会发审委委员应当在会议记录、审核意见、表决结果等会议资料上签名确认,同时提交工作底稿。

**第二十四条** 发审委对发行人的股票发行申请只进行一次审核。

出现发审委会议审核意见与表决结果有明显差异或者发审委会议表决结果显失公正情况的,中国证监会可以进行调查,并依法做出核准或者不予核准的决定。

**第二十五条** 发审委委员发现存在尚待调查核实并影响明确判断的重大问题,经出席会议的5名发审委委员同意,可以对该股票发行申请暂缓表决一次。

暂缓表决的股票发行申请再次提交发审委会议审核时,原则上仍由原发审委委员审核。

**第二十六条** 发审委会议对发行人的股票发行申请表决通过后,中国证监会在网站上公布表决结果。

发审委会议对发行人股票发行申请提出的审核意见,中国证监会有关职能部门应当向发行人保荐机构进行书面反馈。

**第二十七条** 在发审委会议对发行人的股票发行申请表决通过后至中国证监会核准前，发行人发生了与所报送的股票发行申请文件不一致的重大事项，中国证监会有关职能部门可以提请发审委召开会后事项发审委会议，对该发行人的股票发行申请文件重新进行审核。会后事项发审委会议的参会发审委委员不受是否审核过该发行人的股票发行申请的限制。

**第二十八条** 发审委会议根据审核工作需要，可以邀请发审委委员以外的行业专家到会提供专业咨询意见。发审委委员以外的行业专家没有表决权。

**第二十九条** 发审委每年应当至少召开一次全体会议，对审核工作进行总结。

**第三十条** 发审委审核工作所需费用，由中国证监会支付。

### 第五章　对发审委审核工作的监督

**第三十一条** 中国证监会对发审委实行问责制度。出现发审委会议审核意见与表决结果有明显差异的，中国证监会可以要求所有参会发审委委员分别作出解释和说明。

**第三十二条** 发审委委员存在违反本办法第十三条规定的行为，或者存在对所参加发审委会议应当回避而未提出回避等其他违反发审委工作纪律的行为的，中国证监会应当根据情节轻重对有关发审委委员分别予以谈话提醒、批评、解聘等处理。

**第三十三条** 中国证监会建立对发审委委员违法、违纪行为的举报监督机制。

对有线索举报发审委委员存在违法、违纪行为的，中国证监会应当进行调查，根据调查结果对有关发审委委员分别予以谈话提醒、批评、解聘等处理；涉嫌犯罪的，依法移交司法机关处理。

**第三十四条** 中国证监会对发审委委员的批评可以在新闻媒体上公开。

**第三十五条** 在发审委会议召开前，有证据表明发行人、其他相关单位或者个人直接或者间接以不正当手段影响发审委委员对发行人股票发行申请的判断，或者以其他方式干扰发审委委员审核的，中国证监会可以暂停对有关发行人的发审委会议审核。

发行人股票发行申请通过发审委会议后，有证据表明发行人、其他相关单位或者个人直接或者间接以不正当手段影响发审委委员对发行人股票发行申请的判断，或者以其他方式干扰发审委委员审核的，中国证监会可以暂停核准；情节严重的，中国证监会不予核准。

**第三十六条** 发行人的保荐机构有义务督促发行人遵守本办法的有关规定。保荐机构唆使、协助或者参与干扰发审委工作的，中国证监会按照有关规定在3个月内不受理该保荐机构的推荐。

### 第六章　附　则

**第三十七条** 依照法律、行政法规，发审委审核可转换公司债券等其他证券的发行申请，适用本办法。

**第三十八条** 本办法自发布之日起施行。

# 关于进一步提高上市公司财务信息披露质量的通知

证监会计字[2004]1号

**各上市公司、会计师事务所：**

最近，上市公司财务信息披露暴露出一些较为严重的问题，为真实、公允地反映上市公司的财务状况和经营成果，促进证券市场健康发展，现就上市公司财务信息披露提出以下几点要求：

**一、关于各项损失准备的计提**

上市公司应建立、健全有关应收款项坏账准备、短期投资跌价准备、存货跌价准备、长期投资减值准备、委托贷款减值准备、固定资产减值准备、无形资产减值准备、在建工程减值准备等各项资产减值准备计提和损失处理的内部控制制度，对公司各项资产的潜在损失作出适当估计，并根据有关会计准则和制度的规定，计提必要的准备并作相应会计处理。公司经理层应按董事会的要求提供书面材料，详细说明损失估计及会计处理的具体方法、依据、数额；需要核销相关项目的，公司经理层还应向董事会提供被核销方的财务状况或法院裁决结果等具体核销依据，董事会应对上述事项做出专门决议，并在定期报告中公布所核销项目的催讨情况等。公司监事会应切实履行监督职能，对董事会的决议提出专门意见，并形成决议。损失准备和核销金额巨大的，还应按照证券交易所股票上市规则和公司章程对投资权限的有关规定提交股东大会批准。损失准备和核销涉及关联交易的，董事会或股东大会应按照证券交易所股票上市规则和公司章程对关联交易的有关规定履行决策程序。

上市公司不得为粉饰财务状况和经营成果，利用资产减值及会计估计变更调节各期利润。不得利用资产减值准备的机会“一次亏足”，在前期巨额计提后大额转回,随意调节利润;也不得不计提或少计提关联方欠款可能发生的坏账损失;不得随意变更计提方法和计提比例。如果公司滥用各项损失准备的计提、转回调节利润,有关责任人应承担相应的责任。

注册会计师在审计中应根据独立审计准则的要求,以应有的职业谨慎态度实施审计,获取充分、适当的审计证据,对上市公司所作的会计估计和处理是否适当作出实质性的判断,并恰当地表示审计意见。不能以强调事项代替发表意见,混淆会计报表错报与审计范围受到限制的概念。当公司计提减值准备的方法、比例发生变更时,应充分关注变更的理由及其对公司财务状况和经营成果的影响,并恰当地表示审计意见。当变更理由不合理或不充分,公司董事会又不接受纠正建议的,注册会计师应当考虑对审计意见的影响。

**二、关于关联方关系及关联交易价格的公允性**

上市公司关联交易的价格与交易对象的账面价值或其市场通行价格存在较大差异,且对公司财务状况和经营成果产生重大影响的,董事会应对定价依据等作出充分披露,并按照证券交易所股票上市规则的有关规定履行必要的程序。

上市公司不得利用与关联方之间显失公允的交易调节利润,在核算时违背有关会计准则和制度的规定;不得将关联方交易非关联化,掩盖实质上的关联方关系及交易,逃避关联方关系及交易的披露,调节利润。如果公司存在利用关联方交易调节利润的情形,有关责任人应承担相应的责任。

注册会计师在审计中应对关联交易的真实性、合法性、有效性,交易价格的公允性,信息披露的充分性与准确性予以适当的关注,并恰当地表示审计意见。尤其要关注关联方关系非关联化问题,对于与非正常业务关系单位或个人发生的偶发性或重大交易,缺乏明显商业理由的交易,实质与形式明显不符的交易,交易价格、条件、形式等明显异常或显失公允的交易,应当考虑是否为虚构的交易、是否实质上是关联方交易、或该交易背后还有其他安排,并视其重要性程度考虑对审计意见的影响。

**三、关于会计差错更正**

为了保证经营活动的正常进行,上市公司应建立健全内部稽核制度,保证会计资料的真实、完整。对于日常会计核算中由于抄写错误、会计政策使用上的差错以及会计估计错误等原因造成会计差错,应当根据《企业会计准则——会计政策、会计估计变更和会计差错更正》的规定处理。公司经理层应向董事会提交有关书面材料,详细说明差错的原因、内容和对公司财务状况和经营成果的影响,董事会应对上述事项做出专门决议,并根据有关会计准则和制度的规定,恰当地进行会计处理。公司监事会应切实履行监督职能,对董事会的决议提出专门意见,并形成决议。公司存在会计差错情形的应当按中国证监会的有关规定,以重大事项临时报告的方式及时披露更正后的财务信息。

上市公司不得利用会计差错更正调节利润,如果公司滥用会计差错更正调节利润,有关责任人应承担相应的责任。

注册会计师在审计时应对公司作出的会计差错更正处理与披露,尤其是对会计差错更正的原因予以适当关注,并恰当地表示审计意见。如果发现公司存在滥用会计差错更正的情况,应当要求纠正,公司董事会不接受纠正建议的,注册会计师应当考虑其对审计意见的影响。

**四、关于审计范围受到限制**

上市公司不得限制注册会计师为确保经审计财务报告质量而依法实施必要的审计程序,不得以节省审计费用等理由限制注册会计师的审计范围。

注册会计师在接受上市公司审计委托时应充分考虑审计范围是否会受到限制。接受委托后,审计范围受到限制而且这种限制会对公司财务状况和经营成果造成较大影响时,注册会计师应根据审计准则和职业道德规范的要求,恰当地表示审计意见,或考虑采取撤出审计等措施。

注册会计师不得在明知公司财务报告严重不合法、不公允,或在未实施必要的审计程序,未取得必要的审计证据情况下,以审计范围受到限制为由,发表不恰当的审计意见。

**五、关于重大不确定性**

上市公司存在未决诉讼、仲裁、为其他单位提供债务担保、持续经营能力可能存在问题等重大不确定事项时,公司经理层及董事会应根据公司实际情况作出谨慎的判断,并根据有关会计准则和制度及其他法规的规定,进行相应会计处理并作充分披露。公司监事会应切实履行监督职能,对董事会的决议提出专门意见,并形成决议。

上市公司不得以存在重大不确定性为由,对可能承担的损失不予确认和计量,或限制注册会计师实施必要的审计程序。如果公司存在以上行为,导致所披露的财务报告不能如实反映公司的财务状况和经营成果,有关责任人应承担相应的责任。

注册会计师应根据审计准则和其他规范的要求,对公司会计处理和披露情况给予适当关注,并恰当地表示审计意见。不确定事项不等于审计范围受到限制,注册会计师不得为规避自身的风险,而在未实施必要的审计程序,未取得必要的审计证据情况下,以存在重大不确定性为由,发表不恰当的审计意见。

**六、关于资产评估事项**

拟上市公司和已上市公司对于因设立、变更、改制、资产重组等涉及资产评估事项时，董事会应对评估机构的选聘、评估机构的独立性、评估结论的合理性发表明确意见，并按照中国证监会有关规定披露资产评估事项。评估报告的用途应与其目的一致。资产评估机构和注册评估师应严格按照《资产评估操作规范意见(试行)》的有关规定，明确收益现值法的评估目的，慎重使用收益现值法。使用收益现值法评估的，董事会应对采用的折现率等重要评估参数、预期各年度收益等重要评估依据以及评估结论合理性发表意见，并予披露。独立董事也应对选聘评估机构的程序、评估机构的胜任能力、评估机构的独立性、评估结论的合理性单独发表明确意见，并予披露。上市公司在对各种会计要素进行初次和后续确认计量时，如涉及评估报告数据，应充分考虑评估报告所涉及交易的真实性和合法性、假设的合理性、各种数据的稳定性和可靠性、评估方法的科学性等因素对会计要素确认计量结果的影响，确保公司财务报告能真实反映其财务状况和经营成果。

上市公司不得出于不当动机，要求资产评估机构出具不实的资产评估报告。如果公司要求资产评估机构出具不实的资产评估报告，有关责任人应承担相应的责任。

资产评估机构应恪守职业道德，严格按照评估准则和程序，实事求是地出具评估报告，不得片面追求收入而出具与事实不符的评估报告。资产评估机构应对评估对象所涉及交易、收入、支出、投资等业务的合法性、未来预测的可靠性取得充分证据，充分考虑未来各种可能性发生的概率及其影响，禁止根据不切实际的各种简单假设进行随意的评估。

为防止公司和评估师高估未来盈利能力，并进而高估资产，对使用收益现值法评估资产的，凡未来年度报告的利润实现数低于预测数10%～20%的，公司及其聘请的评估师应在股东大会及指定报刊上作出解释，并向投资者公开道歉；凡未来年度报告的利润实现数低于预测数20%以上的，除要作出公开解释并道歉外，中国证监会将视情况实行事后审查，对有意提供虚假资料，出具虚假资产评估报告，误导投资者的，一经查实，将依据有关法规对公司和评估机构及其相关责任进行处罚。

注册会计师在审核上市公司各种会计要素进行初次和后续确认计量时，应对评估报告所涉及交易的真实性和合法性、假设的合理性，各项数据的稳定性和可靠性、评估方法的科学性，以及会计和披露的合规性等方面给予适当关注，并恰当地表示审计意见。

自本文发布之日起，中国证监会1999年10月10日发布的《关于提高上市公司财务信息披露质量的通知》(证监会计字[1999]17号)同时废止。

**中国证券监督管理委员会**
**二〇〇四年一月六日**

# 关于实施《证券发行上市保荐制度暂行办法》有关事项的通知

## 证监发[2004]1号

**各综合类证券公司，各上市公司及拟上市公司：**

为做好《证券发行上市保荐制度暂行办法》(以下简称《办法》)的实施工作，现就有关事项通知如下：

一、首批保荐代表人进行注册登记，对《办法》第十一条第(一)项关于保荐代表人投资银行业务经历的要求按以下标准执行：

(一)具备三年以上投资银行业务经历，且自2002年1月1日以来至少担任过一个境内外首次公开发行股票、上市公司发行新股或可转换公司债券的主承销项目的项目负责人。该项目负责人应是列名于公开发行募集文件的项目负责人。一个项目应只认定一名项目负责人。

(二)具备五年以上投资银行业务经历，且至少参与过两个境内外首次公开发行股票、上市公司发行新股或可转换公司债券的主承销项目。该参与人员应列名于公开发行募集文件。一个项目应只认定两名参与人员，其中包括一名项目负责人。

(三)具备三年以上投资银行业务经历，目前担任主管投资银行业务的公司高级管理人员、投资银行业务部门负责人、内核负责人或投资银行业务其他相关负责人，每家综合类证券公司推荐的该类人员数量不得超过其推荐通道数量的两倍。

具备上述投资银行业务经历之一的个人，可申请参加首次保荐代表人胜任能力考试。

二、首批保荐代表人注册登记结束，其后申请注册登记为保荐代表人的投资银行业务经历的要求为，具备三年以上投资银行业务经历，且最近一年内至少担任过一个境内外已完成首次公开发行股票项目的项目主办人。

三、已注册登记为保荐代表人的个人应持续符合《办法》的要求，其中《办法》第十一条第(一)项"具备中国证监会规定的投资银行业务经历"是指，在两年内至少担任过一个境内外已完成证券发行项目的保荐代表人。

四、自首批保荐机构和保荐代表人名单公布之日起，中国证监会只受理保荐机构提交的证券发行上市推荐文件。

五、保荐制度实施一段时间后，根据市场情况，现行的推荐通道将予以废止。

六、保荐机构和保荐代表人进行注册登记、年度备案、重大事项报告、发行上市推荐等，应按中国证监会的要求填报相关报表。

七、中国证监会《证券公司从事股票发行主承销业务有关问题的指导意见》(证监发[2001]48号)第十六条有关主承销商回访的规定同时废止。

# 关于加强证券公司营业部内部控制若干措施的意见

证监机构字[2003]261号

**各证券公司：**

为规范证券公司经纪业务，加强对证券营业部的管理，有效防范风险，保护投资者的合法权益，根据《中华人民共和国证券法》、《证券公司内部控制指引》的有关规定，现就进一步加强证券营业部内部控制提出如下意见：

**一、加强对证券营业部的人事管理**

(一)证券营业部负责人、证券营业部电脑部、财务部负责人应当由证券公司总部直接委派、垂直管理，并建立公司总部与上述人员的直接、有效沟通渠道。

(二)证券营业部财务部、电脑部负责人对营业部的合规经营负有监督与约束责任。证券公司应加强对证券营业部负责人、证券营业部电脑部、财务部负责人的年度考核，并于次年4月底前将考核结果报证券营业部所在地的中国证监会派出机构备案。

(三)证券营业部负责人、证券营业部电脑部、财务部负责人应当在证券公司范围内实行定期岗位轮换，轮岗周期最长不得超过3年。对于已实行集中交易的证券营业部，经证券营业部所在地中国证监会派出机构同意后，轮岗周期可适当延长至5年。证券营业部其他重要岗位应根据具体情况有计划地在证券营业部范围内实行岗位轮换。首批轮岗应先行安排在上述岗位任职时间超过3年的人员。

对于跨省区证券营业部之间实行轮岗确有困难的证券公司，在征得证券营业部所在地中国证监会派出机构同意后，可以不实行轮岗，但必须每年对相关证券营业部进行全面的现场稽核，稽核报告应向公司总部和证券营业部所在地的中国证监会派出机构备案。

(四)证券营业部负责人、证券营业部财务部负责人离职，应由证券公司总部对其进行离任审计。在离任审计结束前，被审计人员不得离岗。离任审计内容包括但不限于证券营业部的下列事项：有无挪用客户交易结算资金情况；有无为客户透支情况；有无挪用客户债券的情况；有无非法融资情况；有无超范围经营情况；客户投诉及处理情况以及被审计人员在各审计事项中的责任情况。

(五)证券公司必须实行证券营业部负责人、证券营业部电脑部、财务部以及客户部负责人的强制休假制度。在强制休假期间，证券公司监督检查部门可对其负责工作进行现场稽核。对于未实行轮岗制的证券营业部，必须将强制休假和现场稽核相结合。

(六)证券公司应加强对证券营业部关键岗位负责人的外事档案管理。证券营业部负责人、证券营业部电脑部、财务部以及客户部负责人持有护照的复印件和身份证复印件必须向证券营业部所在地中国证监会派出机构备案。其有效联系方式(包括但不限于移动电话号码、固定电话号码和电子邮箱地址)、家庭住址等信息也应报证券营业部所在地中国证监会派出机构备案。

**二、明确证券营业部的岗位设置和责任**

(一)证券公司应建立完善的证券营业部岗位责任制度和规范的业务操作规程。应按照不同岗位，明确工作任务，赋予各岗位相应的责任和职权，建立相互配合、相互监督、相互制约的工作关系。

(二)证券公司应积极发展集中交易等模式，控制证券营业部风险，减少证券营业部需要人工直接介入的业务岗位。在证券营业部的关键岗位建立双人负责制度。直接与资金、有价证券、重要空白凭证、印章等接触的岗位及涉及信息系统技术安全的岗位,必须实行双人负责制;客户存取款、客户交易结算资金划转、转托管和撤销指定交易等岗位必须实行一人办理,一人复核的柜台双人负责制。

(三)证券营业部要实行恰当的责任分离制度,现金、有价证券等的保管应与账务记录相分离。

1.重要空白凭证、空白合同、空白授权书和重要印章的保管与登记、使用相分离。空白的凭证、合同、授权书等文书不得事前加盖印章,证券公司总部应定期检查证券营业部文书的使用、登记及管理情况。证券公司应明确各类印章的使用权限和程序,健全印章的保管和使用登记责任制度。

2.证券营业部的前台交易与后台结算相分离;

3.差错损失的确认与核销确认相分离;

4.电脑人员、会计人员之间及与其他业务人员之间职责不能交叉。

**三、加强客户交易结算资金的集中统一管理**

(一)每家证券营业部开设的客户交易结算资金专用存款账户不得超过5个。

(二)证券营业部必须将不低于70%的客户交易结算资金上划证券公司总部。

(三)证券公司总部应定期和不定期地对证券营业部的客户交易结算资金情况进行检查,并采取将证券营业部客户交易结算资金全额临时上划至公司总部等方式进行压力测试。对于未实行轮岗制的证券营业部,证券公司应当每月进行至少一次的压力测试。

**四、建立健全证券营业部稽核制度,加大现场稽核力度**

(一)证券公司应建立实时监控系统和风险预警体系,该系统应当能够实时监控证券营业部大额资金活动和交易业务活动,并能对异常资金流转和交易提出警示。

(二)证券公司稽核部门原则上应每年(最长不得超过2年,但未实行轮岗的证券营业部必须每年至少一次)对证券营业部的经营情况进行一次现场稽核。中国证监会派出机构可以根据证券公司合规经营的情况,要求证券公司增加稽核次数。

(三)证券公司应将在对证券营业部稽核中发现的问题报送相关证券营业部所在地中国证监会派出机构,将所有营业部的稽核报告在公司总部存档备查,并于每年4月底前将公司上一年度对证券营业部的总体稽核情况及发现的主要问题报送公司所在地中国证监会派出机构。

(四)证券公司应当将稽核结果与人员考核相结合,建立相应的处罚制度,对各种违法、违规行为严肃惩处。

**五、其他要求**

(一)证券公司应建立对证券营业部重大突发事件的应急机制。证券营业部如发生因技术故障、自然灾害、资金兑付困难或其他原因导致不能正常交易的重大事件,应立即向证券公司总部和证券营业部所在地中国证监会派出机构报告,并向当地有关政府部门报告。事故处理完毕应向上述部门报送处理报告。

(二)证券公司总部应建立由专门部门对重要客户的定期回访制度。

(三)证券营业部应在营业场所显著位置悬挂其《证券经营机构营业许可证》和《营业执照》;提供给投资者的风险揭示书和业务合同文本中明示证券营业部无权在《证券经营机构营业许可证》业务范围之外与投资者签订业务合同,并由投资者签字确认。

(四)证券营业部应在营业场所显著位置公示证券营业部和公司总部的投拆电话、传真、电子信箱和其他相关信息,以利于投资者的投诉能得到及时的反映和处理。

(五)证券公司应结合自身实际情况制定具体的证券营业部内部控制制度,并报证券公司注册地和营业部所在地中国证监会派出机构备案。

(六)证券公司应于每年年末将所属证券营业部负责人、证券营业部电脑部、财务部负责人的委派和轮岗情况向注册地中国证监会派出机构备案。

**六、尚未完成分业的证券经营机构,比照本意见的要求执行。**

**七、对于全面实现集中交易的证券公司所属证券营业部的内部控制要求,中国证监会另行规定。**

各证券公司要根据本意见的要求,制订轮岗计划,于2004年2月29日前报注册地中国证监会派出机构。经公司注册地中国证监会派出机构审阅无异议后,证券公司应将其轮岗制度和轮岗计划在2004年3月31日前向中国证监会机构监管部报备,同时抄送所属证券营业部所在地的中国证监会派出机构。证券公司应当认真贯彻落实轮岗制度和轮岗计划。

二○○三年十二月十五日

# 公开发行证券的公司信息披露内容与格式准则第 2 号〈年度报告的内容与格式〉
## (2003 年修订)

## 第一章 总 则

**第一条** 为规范上市公司年度报告的编制及信息披露行为,保护投资者合法权益,根据《中华人民共和国公司法》(以下简称《公司法》)、《中华人民共和国证券法》(以下简称《证券法》)等法律、法规及中国证券监督管理委员会(以下简称"中国证监会")的有关规定,制订本准则。

**第二条** 凡根据《公司法》、《证券法》在中华人民共和国境内公开发行股票并在证券交易所上市的股份有限公司(以下简称"公司")应当按照本准则的要求编制和披露年度报告。

**第三条** 本准则的规定是对公司年度报告信息披露的最低要求。凡对投资者投资决策有重大影响的信息,不论本准则是否有明确规定,公司均应披露。

**第四条** 本准则某些具体要求对公司确实不适用的,经证券交易所批准后,公司可根据实际情况在不影响披露内容完整性的前提下做出适当修改。

**第五条** 由于商业秘密等特殊原因导致本准则规定的某些信息确实不便披露的,公司可向证券交易所申请豁免,经证券交易所批准后,可以不予披露。

**第六条** 在不影响信息披露完整性和不致引起阅读不便的前提下,公司可采取相互引证的方法,对相关部分进行适当的技术处理,以避免不必要的重复和保持文字简洁。

**第七条** 公司年度报告的全文应按本准则第二章的要求编制,年度报告摘要的编制和披露应遵循本准则第三章的要求,并按照附件二的格式进行。

**第八条** 同时在境内和境外证券市场上市的公司,若境外证券市场对年度报告的编制和披露要求与本准则不同,应遵循报告内容从多不从少,报告要求从严不从宽的原则,并应当在同一日公布年度报告。

已发行境内上市外资股及其衍生证券并在证券交易所上市的公司,应当同时编制年度报告的外文译本。

**第九条** 公司年度报告中的财务会计报告必须经具有证券期货相关业务资格的会计师事务所审计,审计报告须由该所至少两名具有证券期货相关业务资格的注册会计师签字。已发行境内上市外资股及其衍生证券并在证券交易所上市的公司,还应进行境外审计(指会计师依据国际审计准则或境外主要募集行为发生地审计准则,对公司按照国际会计准则或境外主要募集行为发生地会计准则调整的财务会计报告进行审计)。

**第十条** 公司在编制年度报告时还应遵循如下一般要求:

(一)年度报告中引用的数字应当采用阿拉伯数字,有关货币金额除特别说明外,指人民币金额,并以元、千元、或百万元为单位。登载于网站的年度报告财务数据应精确到人民币元。

(二)公司可根据有关规定或其他需求,编制年度报告外文译本,但应努力保证中外文文本的一致性,并在外文文本上注明:"本报告分别以中、英(或日、法等)文编制,在对中外文本的理解上发生歧义时,以中文文本为准。"

(三)年度报告印刷文本应采用质地良好的纸张印刷,幅面为 209X295 毫米(相当于标准的 A4 纸规格)。年度报告封面应载明公司的名称、"年度报告"的字样、报告期年份,也可以载有公司的外文名称、徽章或其他标记、图案等。年度报告的目录应编排在显著位置。

(四)年度报告可以刊载宣传本公司的照片和图表,但不得刊登任何祝贺性、恭维性或推荐性的词句或题字,不得含有欺诈和误导的行为。

**第十一条** 公司应当在每个会计年度结束之日起四个月内将年度报告刊登在中国证监会指定的网站上,将年度报告摘要刊登在至少一种中国证监会指定报纸上。在指定报纸上刊登的年度报告摘要最小字号为标准 6 号字,最小行距为 0.02。

公司可以将年度报告刊登在其他网站和其他报刊上,但不得早于在中国证监会指定的网站和报刊上披露的时间。

**第十二条** 在年度报告披露前,任何当事人不得泄露与其有关的信息,或利用这些信息牟取不正当利益。

**第十三条** 公司应当在年度报告公布后,将年度报告原件或有法律效力的复印件备置于公司办公地点、证券交易所,以供股东和投资者查阅。

**第十四条** 公司应在年度报告公布后,会计年度结束之日起四个月内,将年度报告各两份分别报送公司所在地的证券监管派出机构和证券交易所。并应在会计年度结束之日起六个月内,将年度报告印刷文本两份报送中国证监会。

**第十五条** 公司董事会及其董事应当保证年度报告内容的真实性、准确性、完整性,承诺其中不存在虚假记载、误导性陈述或重大遗漏,并就其保证承担个别和连带的法律责任。如个别董事对年度报告内容的真实性、准确性、完整性无法保证或存在异议的，应当单独陈述理由和发表意见。未参会董事应当单独列示其姓名。

**第十六条** 特殊行业公司，除执行本准则规定外，还应执行中国证监会就该行业信息披露制定的特别规定。

## 第二章 年度报告正文

### 第一节 重要提示及目录

**第十七条** 公司应在年度报告文本扉页刊登如下(不限于)重要提示：

本公司董事会及其董事保证本报告所载资料不存在任何虚假记载、误导性陈述或者重大遗漏，并对其内容的真实性、准确性和完整性承担个别及连带责任。

如个别董事对年度报告内容的真实性、准确性、完整性无法保证或存在异议的，应当声明：××董事无法保证本报告内容的真实性、准确性和完整性，理由是：……，请投资者特别关注。如有董事未出席董事会，应当单独列示其姓名。

如果执行审计的会计师事务所对公司出具了有解释性说明、保留意见、拒绝表示意见或否定意见的审计报告，重要提示中应增加以下陈述：

××会计师事务所为本公司出具了有解释性说明(或保留意见、拒绝表示意见、否定意见)的审计报告，本公司董事会、监事会对相关事项亦有详细说明，请投资者注意阅读。

公司负责人、主管会计工作负责人及会计机构负责人(会计主管人员)应当声明：保证年度报告中财务报告的真实、完整。

**第十八条** 年度报告目录应标明各章、节的标题及其对应的页码。

### 第二节 公司基本情况简介

**第十九条** 公司应披露如下内容：

(一)公司的法定中、英文名称及缩写。

(二)公司法定代表人。

(三)公司董事会秘书及其证券事务代表的姓名、联系地址、电话、传真、电子信箱。

(四)公司注册地址，公司办公地址及其邮政编码，公司国际互联网网址、电子信箱。

(五)公司选定的信息披露报纸名称，登载年度报告的中国证监会指定网站的网址，公司年度报告备置地点。

(六)公司股票上市交易所、股票简称和股票代码。

(七)其他有关资料：

公司首次注册或变更注册登记日期、地点；

企业法人营业执照注册号；

税务登记号码；

公司聘请的会计师事务所名称、办公地址。

### 第三节 会计数据和业务数据摘要

**第二十条** 公司应披露本年度实现的利润总额、净利润、扣除非经常性损益后的净利润、主营业务利润、其他业务利润、营业利润、投资收益、补贴收入、营业外收支净额、经营活动产生的现金流量净额、现金及现金等价物净增减额。

已发行人民币普通股(指 A 股)，又发行境内上市外资股或境外上市外资股的公司，应披露按不同会计准则、制度计算的净利润并说明其差异。

公司在披露“扣除非经常性损益后的净利润”时，还应同时说明扣除的项目、涉及金额。

**第二十一条** 公司应采用数据列表方式(可以附有图形表)，提供截至报告期末公司前三年的主要会计数据和财务指标，包括以下各项：主营业务收入、净利润、总资产、股东权益(不含少数股东权益)、每股收益、每股净资产、调整后的每股净资产、每股经营活动产生的现金流量净额、净资产收益率等。计算公式(无须披露)如下：

每股收益＝净利润/年度末普通股股份总数

每股净资产＝年度末股东权益/年度末普通股股份总数

调整后的每股净资产＝(年度末股东权益－三年以上的应收款项净额－待摊费用－长期待摊费用)/年度末普通股股份总数

每股经营活动产生的现金流量净额＝经营活动产生的现金流量净额/年度末普通股股份总数

净资产收益率＝净利润/年度末股东权益×100%

上述公式中的应收款项包括应收账款、其他应收款、预付账款、应收股利、应收利息、应收补贴款。

**第二十二条** 公司主要会计数据和财务指标的计算和披露应遵循如下要求：

(一)因会计政策及会计差错更正追溯调整以前年度会计数据的，应同时披露调整前后的数据。

(二)应按照《公开发行证券的公司信息披露规范问答第 1 号——非经常性损益》的要求，确定和计算非经常性损益。

(三)除按照第二十一条所列公式披露净资产收益率指标外，还应同时披露以报告期扣除非经常性损益后净利润为基础计算的加权平均净资产收益率。该指标的计算方法参照《公开发行证券的公司信息披露编报规则第九号》的规定。

(四)报告期末至报告披露日，公司股本发生变化的，还应披露按新股本计算的每股收益。

(五)编制合并财务报表的公司应以合并财务报表数据填列或计算以上数据和指标。

(六)如公司成立未满三年,应披露公司成立后完整会计年度的上述会计数据和财务指标。

(七)公司也可以采用数据列表方式或图形表方式,提供与上述会计数据相同期间的其他业务数据和指标,例如,产品销售量、市场份额(需注明资料来源)等。

(八)数据的排列应该从左到右,左边起是报告期的数据。

**第二十三条** 公司应按下表列示报告期内股东权益变动情况,并逐项说明变化原因。

| 项目 | 股本 | 资本公积 | 盈余公积 | 法定公益金 | 未分配利润 | 股东权益合计 |
|---|---|---|---|---|---|---|
| 期初数 | | | | | | |
| 本期增加 | | | | | | |
| 本期减少 | | | | | | |
| 期末数 | | | | | | |
| 变动原因 | | | | | | |

## 第四节 股本变动及股东情况

**第二十四条** 公司应按以下要求披露股本变动情况:

(一)股份变动情况表(依照附件一的格式进行披露)。

(二)股票发行与上市情况。

1.介绍到报告期末为止的前三年历次股票发行情况,包括股票及衍生证券的种类、发行日期、发行价格、发行数量、上市日期、获准上市交易数量、交易终止日期等。

2.对报告期内因送股、转增股本、配股、增发新股、吸收合并、可转换公司债券转股、减资、内部职工股或公司职工股上市或其他原因引起公司股份总数及结构的变动,应予以说明。

3.介绍现存的内部职工股的发行日期、发行价格、发行数量等。

**第二十五条** 公司按以下要求披露股东情况:

(一)报告期末股东总数。

(二)持有本公司5%以上(含5%)股份的股东的名称、年度内股份增减变动的情况、年末持股数量、所持股份类别及所持股份质押或冻结的情况。若持股5%以上(含5%)的股东少于10人,则应列出至少前10名股东的持股情况。如所持股份中包括已上市流通股份和未上市流通股份,应分别披露其数额。

如前10名股东之间存在关联关系或属于《上市公司股东持股变动信息披露管理办法》规定的一致行动人的,应予以说明。

如果有战略投资者或一般法人因配售新股成为前10名股东的,应予以注明,并披露约定持股期间的起止日期。

以上列出的股东情况中应注明代表国家持有股份的单位,外资股东。

(三)对公司控股股东(包括公司第一大股东,或者按照股权比例、公司章程或经营协议或其他法律安排能够控制公司董事会组成、左右公司重大决策的股东),若控股股东为法人的,应介绍名称、单位负责人或法人代表、成立日期、注册资本、主要经营业务或管理活动等;若控股股东为自然人的,应介绍其姓名、国籍、是否取得其他国家或地区居留权、最近五年内的职业及职务。如报告期内控股股东发生变更,应列明披露相关信息的指定报纸及日期。

公司还应比照上述内容,披露该股东的控股股东或实际控制人的情况。

(四)其他持股在10%以上(含10%)的法人股东,应介绍其法人代表、成立日期、主要经营业务或管理活动、注册资本等情况。

(五)公司前10名流通股股东的名称全称、年末持有流通股的数量和种类(A、B、H股或其他)。如前10名流通股股东之间存在关联关系的,应予以说明。

## 第五节 董事、监事、高级管理人员和员工情况

**第二十六条** 公司应披露董事、监事和高级管理人员的情况,包括:

(一)基本情况

现任董事、监事、高级管理人员的姓名、性别、年龄、任期起止日期、年初和年末持股数量、年度内股份增减变动量及增减变动的原因。如为独立董事,须单独注明。董事、监事如在股东单位任职,应说明职务及任职期间。

(二)年度报酬情况

董事、监事和高级管理人员报酬的决策程序、报酬确定依据。现任董事、监事和高级管理人员的年度报酬总额(包括基本工资、各项奖金、福利、补贴、住房津贴及其他津贴等),金额最高的前3名董事的报酬总额、金额最高的前3名高级管理人员的报酬总额。独立董事的津贴及其他待遇应分别单独披露。

公司应按自己的实际情况划分年度报酬数额区间,披露董事、监事、高级管理人员在每个报酬区间的人数。

公司应列明不在公司领取报酬、津贴的董事、监事的姓名,并注明其是否在股东单位或其他关联单位领取报酬、津贴。

(三)在报告期内离任的董事、监事、高级管理人员姓名及离任原因。

聘任或解聘公司经理、副经理、财务负责人、董事会秘书等高级管理人员的情况。

**第二十七条** 公司应披露员工情况,包括在职员工的数量、专业构成(如生产人员、销售人员、技术人员、财务人员、行政人员)、教育程度及公司需承担费用的离退休职工人数。

## 第六节 公司治理结构

**第二十八条** 公司应对照中国证监会发布的有关

上市公司治理的规范性文件，说明公司治理的实际状况与该文件要求是否存在差异，如有差异，应明确说明。

**第二十九条** 公司应介绍独立董事履行职责情况。

**第三十条** 公司应说明其与控股股东在业务、人员、资产、机构、财务等方面是否做到分开，并说明公司是否具有独立完整的业务及自主经营能力。如做到分开，应明确说明；如不能完全独立于控股股东，应具体说明这种状况对公司产生的影响，并提出改进措施。

**第三十一条** 公司应披露报告期内对高级管理人员的考评及激励机制、相关奖励制度（如有）的建立、实施情况。

## 第七节 股东大会情况简介

**第三十二条** 公司应介绍报告期内召开的年度股东大会和临时股东大会的有关情况，包括：

（一）股东大会的通知、召集、召开情况。

（二）股东大会通过或否决的决议，决议刊登的信息披露报纸及披露日期。

（三）选举、更换公司董事、监事情况。

## 第八节 董事会报告

**第三十三条** 公司董事会报告中应当对财务报告与其他必要的统计数据以及报告期内发生或将要发生的重大事项，进行讨论与分析，以有助于投资者了解其经营成果、财务状况（含现金流量情况）。

讨论与分析不能只重复财务报告的内容，应着重于其已知的、可能导致财务报告难以显示公司未来经营成果与财务状况的重大事项和不确定性因素，包括已对报告期产生重要影响但对未来没有影响的事项，以及未对报告期产生影响但对未来具有重要影响的事项等。

**第三十四条** 公司董事会报告中应介绍报告期内的经营情况，包括：

（一）主营业务的范围及其经营状况。

1.分别按行业、产品、地区说明报告期内公司主营业务收入、主营业务利润的构成情况。

2.介绍生产经营的主要产品或提供服务及其市场占有率情况。应说明占公司主营业务收入或主营业务利润 10%以上的业务经营活动及其所属行业。对占主营业务收入或主营业务利润总额 10%以上的主要产品，应分项列示其产品销售收入、产品销售成本、毛利率。

3.如报告期内主营业务或其结构、主营业务盈利能力较前一报告期发生较大变化的应予以说明。报告期内产品或服务发生变化，应介绍已推出或宣布推出的新产品及服务，并说明对公司经营及业绩的影响。

（二）主要控股公司及参股公司的经营情况及业绩。应详细介绍主要控股子公司的业务性质、主要产品或服务、注册资本、资产规模、净利润。如来源于单个参股公司的投资收益对公司净利润影响达到 10%以上，还应介绍该公司业务性质、主要产品或服务和净利润等情况。

（三）主要供应商、客户情况：介绍公司向前五名供应商合计的采购金额占年度采购总额的比例，前五名客户销售额合计占公司销售总额的比例。

（四）在经营中出现的问题与困难及解决方案。

（五）若公司曾公开披露过本年度盈利预测，且实际利润实现数较盈利预测数低 10%以上或较利润预测数高 20%以上，应详细说明造成差异的原因；若公司曾公开披露过本年度经营计划（如收入、成本费用计划等），且实际发生额较已披露的计划数低 10%以上或高 20%以上，应说明变动原因。若公司对该计划进行了调整，应说明履行了何种内部决策程序，有关决议刊登的信息披露报纸及日期。

**第三十五条** 公司董事会报告中应介绍报告期内的投资情况，分析报告期内公司投资额比上年的增减变动数及增减幅度，被投资的公司名称、主要经营活动、占被投资公司权益的比例等。

（一）在报告期内募集资金或报告期之前募集资金的使用延续到报告期内的，公司应就如下几方面对资金的运用和结果加以说明：

1.列表说明募集资金时承诺投资项目、项目进度与实际投资项目、进度的异同（尚未使用的募集资金，应说明资金用途及去向）。

2.实际投资项目没有变更，公司应介绍项目资金的投入情况、项目的进度及预计收益；若项目已产生收益，应说明收益情况；未达到计划进度和收益的，应当解释原因。

3.实际投资项目如有变更，公司应介绍项目变更原因、变更程序及其披露情况，项目资金的投入情况，项目的进度及预计收益；若项目已产生收益，应说明收益情况；未达到计划进度和收益的，应说明原因。同时还需说明原项目的预计收益情况。

（二）对报告期内非募集资金投资的重大项目、项目进度及收益情况进行说明。

**第三十六条** 公司董事会报告应分析报告期内的财务状况、经营成果，包括（但不限于）报告期内总资产、股东权益、主营业务利润、净利润、现金及现金等价物净增加额等比上年同期或年初数相比发生的重大变化及其原因。如利润构成发生变动，应分析变动原因。

公司发生重大资产损失的，应披露对相关人员的责任追究及处理情况。公司对外担保承担连带责任导致重大资产损失的，应披露切实可行的解决措施以及行使追索权、落实内部追债责任的情况。

公司作出会计政策、会计估计变更或重大会计差错更正的，董事会应讨论、分析变更、更正的原因及影响。

**第三十七条** 如果生产经营环境以及宏观政策、法规发生了重大变化，已经、正在或将要对公司的财务状况和经营成果产生重要影响，公司董事会报告中须明确说明。

**第三十八条** 对会计师事务所出具的有解释性说明、保留意见、拒绝表示意见或否定意见的审计报告的，公司董事会报告应就所涉及事项做出说明。

**第三十九条** 公司董事会报告中可以披露新年度的经营计划，包括（但不限于）收入、费用成本计划，及新年度的经营目标，如销售额的提升、市场份额的扩大、成本升降、研发计划等，为达到上述经营目标拟采取的策略和行动。

公司可以编制新年度的盈利预测，凡公司在年度报告中披露新一年度盈利预测的，该盈利预测必须经过具有从事证券相关业务资格的注册会计师审核并发表意见。

**第四十条** 公司应披露董事会日常工作情况，包括：

（一）报告期内董事会的会议情况及决议内容。

（二）董事会对股东大会决议的执行情况（包括董事会对股东大会授权事项的执行情况，报告期内公司利润分配方案、公积金转增股本方案执行情况，报告期内配股、增发新股等方案的实施情况）。

**第四十一条** 公司应披露本次利润分配预案或资本公积金转增股本预案。

**第四十二条** 公司还应披露其他需要披露的事项，如选定信息披露报纸的变更等。

公司应按照《关于规范上市公司与关联方资金往来及上市公司对外担保若干问题的通知》（证监发[2003]56号）的规定，披露注册会计师对公司控股股东及其他关联方占用资金情况的专项说明，以及独立董事对公司累计和当期对外担保情况、执行前述规定情况的专项说明及独立意见。

## 第九节　监事会报告

**第四十三条** 公司应披露报告期内监事会的工作情况，包括召开会议的次数，各次会议的议题等。监事会应对下列事项发表独立意见：

（一）公司依法运作情况。公司决策程序是否合法，是否建立完善的内部控制制度，公司董事、经理执行公司职务时有无违反法律、法规、公司章程或损害公司利益的行为。

（二）检查公司财务的情况。监事会应对会计师事务所出具的审计意见及所涉及事项作出评价，明确说明财务报告是否真实反映公司的财务状况和经营成果。

（三）公司最近一次募集资金实际投入项目是否和承诺投入项目一致，实际投资项目如有变更，变更程序是否合法。

（四）公司收购、出售资产交易价格是否合理，有无发现内幕交易，有无损害部分股东的权益或造成公司资产流失。

（五）关联交易是否公平，有无损害上市公司利益。

（六）如果会计师事务所出具了有解释性说明、保留意见、拒绝表示意见或否定意见的审计报告的，或者公司报告期利润实现数较利润预测数低10%以上或较利润预测数高20%以上的，监事会应就董事会对上述事项的说明明确表示意见。

## 第十节　重要事项

**第四十四条** 公司应披露重大诉讼、仲裁事项。包括发生在编制本年度中期报告之后的涉及公司的重大诉讼、仲裁事项，应陈述该事项基本情况、涉及金额。已在本年度中期报告中披露，但尚未结案的重大诉讼、仲裁事项，应陈述其进展情况或审理结果及影响。对已经结案的重大诉讼、仲裁事项，还应说明其执行情况。

如报告期内公司无重大诉讼、仲裁事项，应明确陈述“本年度公司无重大诉讼、仲裁事项”。

**第四十五条** 公司应披露报告期内收购及出售资产、吸收合并事项的简要情况及进程，说明上述事项对公司业务连续性、管理层稳定性的影响，对财务状况和经营成果的影响，说明所涉及的金额及其占利润总额的比例。

**第四十六条** 公司应披露报告期内发生的重大关联交易事项。若对于某一关联方，报告期内累计关联交易总额高于3000万元或占上市公司最近一期经审计净资产值5%以上或占本年度净利润的10%以上的，须披露详细情况。如果发生的交易属不同类型，应按以下要求分别披露：

（一）购销商品、提供劳务发生的关联交易，至少应披露以下内容：关联交易方、交易内容、定价原则、交易价格、交易金额、占同类交易金额的比例、结算方式及关联交易事项对公司利润的影响。可以获得同类交易市场价格的，应披露市场参考价格，实际交易价格与市场参考价格差异较大的，应说明原因。大额销货退回须披露详细情况。公司还应对关联交易的必要性和持续性作出说明。

（二）资产、股权转让发生的关联交易，至少应披露以下内容：关联交易方、交易内容、定价原则、资产的账面价值、评估价值、转让价格、结算方式及获得的转让收益，转让价格与账面价值或评估价值差异较大的，应说明原因。

（三）公司与关联方（包括未纳入合并范围的子公司）存在债权、债务往来、担保等事项的，应披露形成的原因及其对公司的影响。

(四)其他重大关联交易。

**第四十七条** 公司应披露重大合同及其履行情况。包括(但不限于):

(一)托管、承包、租赁其他公司资产或其他公司托管、承包、租赁上市公司资产的事项,且该事项为上市公司带来的利润达到上市公司当年利润总额的10%以上(含10%)时,应详细披露有关合同的主要内容,如有关资产的情况、涉及的金额和期限、收益及其确定依据等。同时还应披露该收益对上市公司的影响。

(二)重大担保。披露报告期内履行的及尚未履行完毕的担保合同,包括担保金额、担保对象、担保类型(一般担保或连带责任担保)、担保的决策程序等。对于未到期担保合同,如有明显迹象表明有可能承担连带清偿责任,应明确说明。

公司还应披露本年度发生的上市公司对控股子公司提供担保的金额。

属于《关于规范上市公司与关联方资金往来及上市公司对外担保若干问题的通知》(证监发[2003]56号)要求披露的违规担保,公司应明确说明。同时,公司还应披露违规担保总额、担保总额占公司净资产的比例。

(三)在报告期内或报告期继续发生委托他人进行现金资产管理事项,公司应披露委托事项的具体情况,包括:受托人名称、委托金额、委托期限、约定收益,以及当年度实际收益或损失和实际收回情况等;公司还应说明该项委托是否经过法定程序,未来是否还有委托理财计划;公司若就该项委托计提投资减值准备的,应披露当年度计提金额。若公司有委托贷款事项,也应比照上述委托行为予以披露。

(四)其他重大合同。

**第四十八条** 公司或持股5%以上股东如在报告期内或持续到报告期内有承诺事项,公司董事会应说明该承诺事项在报告期内的履行情况。

**第四十九条** 公司应披露聘任、解聘会计师事务所情况,报告年度支付给聘任会计师事务所的报酬情况,及目前的审计机构已为公司提供审计服务的连续年限(年限从审计机构与公司首次签订审计业务约定书日开始计算)。

**第五十条** 公司、公司董事会及董事如在报告期内有受中国证监会稽查、中国证监会行政处罚、通报批评、证券交易所公开谴责的情形,应当说明接受稽查及处罚的次数、原因及处罚结论。如中国证监会及其派出机构对公司检查后提出整改意见的,应简单说明整改情况,披露整改报告书的信息披露报纸及日期。

**第五十一条** 公司还应披露其他在报告期内发生的《证券法》第六十二条、《公开发行股票公司信息披露实施细则》(试行)第十七条所列的重大事件,以及公司董事会判断为重大事件的事项。

如前款所涉重要事项已作为临时报告在指定报纸披露,只须说明信息披露报纸及披露日期。

### 第十一节 财务报告

**第五十二条** 公司应披露审计意见全文、经审计的财务报表及其附注。

**第五十三条** 会计报表包括公司报告期末及其前一个年度末的比较式资产负债表、该两年度的比较式利润表及利润分配表、该年度的现金流量表。

编制合并会计报表的公司,除提供合并会计报表之外,还应提供母公司已审计的会计报表以及未予合并的特殊行业子公司的已审计的会计报表。被合并企业的会计报表必须经有从事证券相关业务资格的注册会计师审计。

**第五十四条** 会计报表附注是财务报告中不可缺少的一个组成部分,它应对比较式报表的两个日期或期间的数据均作出说明。会计报表附注应当按照《企业会计准则》、《企业会计制度》和中国证监会发布的相关规定。

### 第十二节 备查文件目录

**第五十五条** 公司应当披露备查文件的目录,包括:

(一)载有法定代表人、主管会计工作负责人(如设置总会计师,须为总会计师)、会计机构负责人(会计主管人员)签名并盖章的会计报表。

(二)载有会计师事务所盖章、注册会计师签名并盖章的审计报告原件。

(三)报告期内在中国证监会指定报纸上公开披露过的所有公司文件的正本及公告的原稿。

(四)在其他证券市场公布的年度报告。

公司应当在办公场所备置上述文件的原件。当中国证监会、证券交易所要求提供时,或股东依据法规或公司章程要求查阅时,公司应及时提供。

## 第三章 年度报告摘要

### 第一节 重要提示

**第五十六条** 公司应在年度报告摘要显要位置刊登如下(不限于)重要提示:

本公司董事会及其董事保证本报告所载资料不存在任何虚假记载、误导性陈述或者重大遗漏,并对其内容的真实性、准确性和完整性负个别及连带责任。本年度报告摘要摘自年度报告全文,投资者欲了解详细内容,应阅读年度报告全文。

如个别董事对年度报告内容的真实性、准确性、完整性无法保证或存在异议的,应当声明:××董事无法保证本报告内容的真实性、准确性和完整性,理由是:……,请投资者特别关注。如有董事未出席董事会,应当单独列示其姓名。

如果执行审计的会计师事务所对公司出具了有解释性说明、保留意见、拒绝表示意见或否定意见的审计报告,重要提示中应增加以下陈述:

××会计师事务所为本公司出具了有解释性说明(或保留意见、拒绝表示意见、否定意见)的审计报告,本公司董事会、监事会对相关事项亦有详细说明,请投资者注意阅读。

公司负责人、主管会计工作负责人及会计机构负责人(会计主管人员)应当声明:保证年度报告中财务会计报告的真实、完整。

## 第二节　公司基本情况简介

**第五十七条**　公司应按下表披露基本情况:

(一)公司董事会秘书及其证券事务代表的姓名、联系地址、电话、传真、电子信箱。

(二)公司注册地址,公司办公地址及其邮政编码,公司国际互联网网址、电子信箱。

(三)公司股票上市交易所、股票简称和股票代码。

## 第三节　会计数据和业务数据摘要

**第五十八条**　公司应披露本年度实现的利润总额、净利润、扣除非经常性损益的净利润、经营活动产生的现金流量净额。

已发行人民币普通股(指 A 股),又发行境内上市外资股或境外上市外资股的公司,应披露按不同会计准则、制度计算的净利润并说明其差异。

**第五十九条**　公司应采用列表方式,提供截至报告期末公司前三年的主要会计数据和财务指标,包括以下各项:主营业务收入、净利润、总资产、股东权益(不含少数股东权益)、每股收益、每股净资产、调整后的每股净资产、每股经营活动产生的现金流量净额、净资产收益率等。计算公式同第二十一条所列公式。

**第六十条**　公司主要会计数据和财务指标的计算和披露应遵循如下要求:

(一)因会计政策及会计差错更正追溯调整以前年度会计数据的,应同时披露调整前后的数据。

(二)应按照《公开发行证券的公司信息披露规范问答第 1 号——非经常性损益》的要求,确定和计算非经常性损益。

(三)除按照第二十一条披露指标外,还应同时披露以报告期扣除非经常性损益后净利润为基础计算的加权平均净资产收益率。该指标计算方法参照《公开发行证券的公司信息披露编报规则第九号》的规定。

(四)报告期末至报告披露日,公司股本发生变化的,还应披露按新股本计算的每股收益。

(五)编制合并财务报表的公司应以合并财务报表数填列或计算以上数据和指标。

(六)如公司成立未满三年,应披露公司成立后完整会计年度的上述会计数据和财务指标。

(七)数据和指标的排列应该从左到右,左边起是报告期的数据。

## 第四节　股本变动及股东情况

**第六十一条**　公司应披露股份变动情况表(依照附件一的格式进行披露)

**第六十二条**　公司应披露股东情况。应按照第二十五条(一)、(二)、(三)、(五)所列内容披露。

## 第五节　董事、监事和高级管理人员

**第六十三条**　公司应按照第二十六条(一)、(二)所列内容披露。

## 第六节　董事会报告

**第六十四条**　公司董事会应在其报告中,按照第三十三条的要求对公司报告期内整体经营情况进行讨论与分析。

**第六十五条**　公司董事会报告中应介绍报告期内经营情况,包括:

(一)主营业务的范围及其经营状况。

应当说明占公司主营业务收入或主营业务利润 10%以上的业务经营活动及其所属行业。对占主营业务收入或主营业务利润总额 10%以上的主要产品,应分项列示其产品销售收入、产品销售成本、毛利率。

如报告期内主营业务及其结构、主营业务盈利能力较前一报告期发生较大变化的,应予以说明。报告期内产品或服务发生变化,应介绍已推出或宣布推出的新产品及服务,并说明对公司经营及业绩的影响。

(二)如来源于单个参股公司的投资收益对公司净利润影响达到 10%以上,应介绍该公司业务性质、主要产品或服务和净利润等情况。

(三)主要供应商、客户情况:介绍公司向前五名供应商合计的采购金额占年度采购总额的比例,前五名客户销售额合计占公司销售总额的比例。

(四)若公司曾公开披露过本年度盈利预测,且实际利润实现数较盈利预测数低 10%以上或较利润预测数高 20%以上,应详细说明造成差异的原因;若公司曾公开披露过本年度经营计划(如收入、成本费用计划等),且实际发生额较已披露的计划数低 10%以上或高 20%以上,应说明变动原因。若公司对该计划进行了调整,应说明履行了何种内部决策程序,有关决议刊登的信息披露报纸及日期。

**第六十六条**　公司董事会报告中应介绍报告期内投资情况。

应按照第三十五条所列内容披露。

**第六十七条**　公司董事会报告应分析报告期内的

财务状况、经营成果，包括（但不限于）报告期内总资产、长期负债、股东权益、主营业务利润、净利润比上年增减变动的主要原因。如利润构成发生变动，应分析变动原因。

**第六十八条** 如果生产经营环境以及宏观政策、法规发生了重大变化，已经、正在或将要对公司的财务状况和经营成果产生重要影响，公司董事会报告中须明确说明。

**第六十九条** 对会计师事务所出具的有解释性说明、保留意见、拒绝表示意见或否定意见的审计报告的，公司董事会报告应就所涉及事项做出说明。

**第七十条** 公司董事会报告中可以披露新年度的经营计划，包括（但不限于）收入、费用成本计划，及新年度的经营目标，如销售额的提升、市场份额的扩大、成本升降、研发计划等，为达到上述经营目标拟采取的策略和行动。

公司可以编制新年度的盈利预测，凡公司在年度报告中披露新一年度盈利预测的，该盈利预测必须经过具有从事证券相关业务资格的注册会计师审核并发表意见。

**第七十一条** 公司应披露本次利润分配预案或资本公积金转增股本预案。

### 第七节 监事会报告

**第七十二条** 公司应披露报告期内监事会的工作情况，包括召开会议的次数、各次会议的议题等。监事会应对下列事项发表独立意见：

（一）公司依法运作情况。公司决策程序是否合法，是否建立完善的内部控制制度，公司董事、经理执行公司职务时有无违反法律、法规、公司章程或损害公司利益的行为。（如果监事会认为公司决策程序合法，建立完善的内部控制制度，公司董事、经理执行公司职务时无违反法律、法规、公司章程或损害公司利益的行为，本条可免于披露。）

（二）检查公司财务的情况。监事会应对会计师事务所出具的审计意见及所涉及事项作出评价，明确说明财务报告是否真实反映公司的财务状况和经营成果。（如果监事会认为财务报告真实反映公司的财务状况和经营成果，本条可免于披露。）

（三）公司最近一次募集资金实际投入项目是否和承诺投入项目一致，实际投资项目如有变更，变更程序是否合法。（如果监事会认为公司最近一次募集资金实际投入项目和承诺投入项目一致，以及实际投资项目有变更时，变更程序合法，本条可免于披露。）

（四）公司收购、出售资产交易价格是否合理，有无发现内幕交易，有无损害部分股东的权益或造成公司资产流失。（如果监事会认为公司收购、出售资产交易价格合理，未发现内幕交易，未损害部分股东的权益或造成公司资产流失，本条可免于披露。）

（五）关联交易是否公平，有无损害上市公司利益。（如果监事会认为关联交易公平，未损害上市公司利益，本条可免于披露。）

（六）如果会计师事务所出具了有解释性说明、保留意见、拒绝表示意见或否定意见的审计报告的，或者公司报告期利润实现数较利润预测数低10%以上或较利润预测数高20%以上的，监事会应就董事会对上述事项的说明明确表示意见。

### 第八节 重要事项

**第七十三条** 公司应按照第二十九条、第四十四条、第四十五条、第四十六条、第四十七（二）、（三）条、第四十八条所列内容披露。

### 第九节 财务报告

**第七十四条** 公司至少应披露合并及母公司的资产负债表、利润表和现金流量表。

**第七十五条** 会计报表附注至少应包括以下内容：

（一）如果与最近一期年度报告相比，会计政策、会计估计和核算方法发生了变化，应予以说明。

（二）如果与最近一期年度报告相比，合并范围发生了变化，应予以说明。

**第七十六条** 如果上市公司被出具了拒绝表示意见或否定意见的审计报告，则在披露年度报告摘要时须公布完整审计报告、财务报表及附注全文。如果上市公司被出具了有解释性说明或保留意见的审计报告，应当披露完整审计报告、财务报表及解释性说明或保留意见涉及事项的有关附注。

## 第四章 附 则

**第七十七条** 本准则由中国证监会负责解释。

**第七十八条** 本准则自发布之日起施行。

附件一：

公司股份变动情况表

数量单位：股

| | 本次变动前 | 本次变动增减（+，-） | | | | | | 本次变动后 |
|---|---|---|---|---|---|---|---|---|
| | | 配股 | 送股 | 公积金转股 | 增发 | 其他 | 小计 | |
| 一、未上市流通股份<br>1、发起人股份<br>其中：<br>国家持有股份<br>境内法人持有股份<br>境外法人持有股份<br>其他<br>2、募集法人股份<br>3、内部职工股<br>4、优先股或其他<br>未上市流通股份合计<br>二、已上市流通股份<br>1、人民币普通股<br>2、境内上市的外资股<br>1、境外上市的外资股<br>2、其他<br>已上市流通股份合计 | | | | | | | | |
| 三、股份总数 | | | | | | | | |

注：公司如有基金配售股份、柜台交易公司内部职工股份、战略投资者配售股份、一般法人配售股份，应分别披露其股份数额。

附件二：

## 年度报告摘要披露格式

## ××××股份有限公司年度报告摘要

### §1 重要提示

1.1 本公司董事会及其董事保证本报告所载资料不存在任何虚假记载、误导性陈述或者重大遗漏，并对其内容的真实性、准确性和完整性负个别及连带责任。本年度报告摘要摘自年度报告全文，投资者欲了解详细内容，应阅读年度报告全文。

1.2 如个别董事声明对年度报告内容的真实性、准确性、完整性无法保证或存在异议的，应当声明：

××董事无法保证本报告内容的真实性、准确性和完整性，理由是：……，请投资者特别关注。

1.3 如有董事未出席董事会，应当单独列示其姓名。

1.4 如执行审计的会计师事务所出具了有解释性说明、保留意见、拒绝表示意见或否定意见的审计报告（以下简称"非标意见"），应当特别提示：

××会计师事务所为本公司出具了有解释性说明（或保留意见、拒绝表示意见、否定意见）的审计报告，本公司董事会、监事会对相关事项亦有详细说明，请投资者注意阅读。

1.5 公司负责人、主管会计工作负责人及会计机构负责人（会计主管人员）应当声明：保证年度报告中财务会计报告的真实、完整。

### §2 上市公司基本情况简介

2.1 基本情况简介

| | |
|---|---|
| 股票简称 | |
| 股票代码 | |
| 上市交易所 | |
| 注册地址和办公地址 | |
| 邮政编码 | |
| 公司国际互联网网址 | |
| 电子信箱 | |

2.2 联系人和联系方式

| | 董事会秘书 | 证券事务代表 |
|---|---|---|
| 姓名 | | |
| 联系地址 | | |
| 电话 | | |
| 传真 | | |
| 电子信箱 | | |

### §3 会计数据和财务指标摘要[注1]

3.1 主要会计数据

| | ××××年（T年，即本年） | ××××年（T－1年） | 本年比上年增减（%） | ××××年（T－2年） |
|---|---|---|---|---|
| 主营业务收入 | | | | |
| 利润总额 | | | | |
| 净利润 | | | | |
| 扣除非经常性损益的净利润 | | | | |
| | ××××年末（T年，即本年末） | ××××年末（T－1年末） | 本年末比上年末增减（%） | ××××年末（T－2年末） |
| 总资产 | | | | |
| 股东权益（不含少数股东权益） | | | | |
| 经营活动产生的现金流量净额 | | | | |

3.2 主要财务指标

| | ××××年（T年，即本年） | ××××年（T－1年） | 本年比上年增减（%） | ××××年（T－2年） |
|---|---|---|---|---|
| 每股收益 | | | | |
| 每股收益[注2] | | | | |
| 净资产收益率 | | | | |
| 扣除非经常性损益的净利润为基础计算的净资产收益率 | | | | |
| 每股经营活动产生的现金流量净额 | | | | |
| | ××××年末（T年，即本年末） | ××××年末（T－1年末） | 本年末比上年末增减（%） | ××××年末（T－2年末） |
| 每股净资产 | | | | |
| 调整后的每股净资产 | | | | |

3.3 国内外会计准则差异

□适用　　□不适用

单位：

| | 国内会计准则 | 境外会计准则[注3] |
|---|---|---|
| 净利润 | | |
| 差异说明 | | |

### §4 股本变动及股东情况

4.1 股份变动情况表（见附件一）

4.2 前十名股东、前十名流通股股东持股表

| 报告期末股东总数 | | | | | | |
|---|---|---|---|---|---|---|
| 前十名股东持股情况 | | | | | | |
| 股东名称（全称） | 年度内增减 | 年末持股数量 | 比例（%） | 股份类别[注4]（已流通或未流通） | 质押或冻结的股份数量 | 股东性质（国有股东或外资股东） |
| | | | | | | |
| | | | | | | |
| | | | | | | |
| | | | | | | |
| | | | | | | |
| | | | | | | |
| | | | | | | |
| | | | | | | |
| 前十名股东关联关系或一致行动的说明[注5] | | | | | | |
| 前十名流通股股东持股情况 | | | | | | |
| 股东名称（全称） | 年末持有流通股的数量 | 种类（A、B、H股或其他） | | | | |
| | | | | | | |
| | | | | | | |
| | | | | | | |
| | | | | | | |
| 前十名流通股股东关联关系的说明[注5] | | | | | | |

4.3 控股股东及实际控制人[注6]情况介绍

4.3.1 控股股东及实际控制人变更情况

□适用　　□不适用

| | |
|---|---|
| 新控股股东名称 | |
| 新实际控制人名称 | |
| 变更日期 | |
| 刊登日期和报刊 | |

4.3.2 控股股东和其他实际控制人具体情况介绍

| |
|---|
| |

### §5 董事、监事和高级管理人员

5.1 董事、监事和高级管理人员持股变动

| 姓名 | 职务[注7] | 性别 | 年龄 | 任期起止日期 | 年初持股数 | 年末持股数 | 变动原因 |
|---|---|---|---|---|---|---|---|
| | | | | | | | |
| | | | | | | | |
| | | | | | | | |
| | | | | | | | |
| | | | | | | | |

5.2 在股东单位任职的董事监事情况

□适用　　□不适用

| 姓名 | 任职的股东名称 | 在股东单位担任的职务 | 任职期间 | 是否领取报酬、津贴（是或否） |
|---|---|---|---|---|
| | | | | |
| | | | | |
| | | | | |

5.3 董事、监事和高级管理人员年度报酬情况

| | |
|---|---|
| 年度报酬总额 | |
| 金额最高的前三名董事的报酬总额 | |
| 金额最高的前三名高级管理人员的报酬总额 | |
| 独立董事津贴 | |
| 独立董事其他待遇 | |
| 不在公司领取报酬、津贴的董事、监事姓名 | |
| 报酬区间 | 人数 |
| | |
| | |

### §6 董事会报告

6.1 报告期内整体经营情况的讨论与分析

| |
|---|
| |

6.2 主营业务分行业、产品情况表注8

| 分行业或分产品 | 主营业务收入 | 主营业务成本 | 毛利率(%) | 主营业务收入比上年增减(%) | 主营业务成本比上年增减(%) | 毛利率比上年增减(%) |
|---|---|---|---|---|---|---|
| 行业1 | | | | | | |
| 行业2 | | | | | | |
| …… | | | | | | |
| 其中:关联交易注9 | | | | | | |
| | | | | | | |
| 产品1 | | | | | | |
| 产品2 | | | | | | |
| …… | | | | | | |
| 其中:关联交易 | | | | | | |
| 关联交易的定价原则 | | | | | | |
| 关联交易必要性、持续性的说明 | | | | | | |

6.3 主营业务分地区情况

| 地区 | 主营业务收入 | 主营业务收入比上年增减(%) |
|---|---|---|
| 地区1 | | |
| 地区2 | | |

6.4 采购和销售客户情况

| | | | |
|---|---|---|---|
| 前五名供应商采购金额合计 | | 占采购总额比重 | |
| 前五名销售客户销售金额合计 | | 占销售总额比重 | |

6.5 参股公司经营情况(适用投资收益占净利润10%以上的情况)

□适用 □不适用

| | | | |
|---|---|---|---|
| 参股公司名称 | | | |
| 本期贡献的投资收益 | | 占上市公司净利润的比重 | |
| 参股公司 | 经营范围 | | |
| | 净利润 | | |

6.6 主营业务及其结构发生重大变化的原因说明注10

□适用 □不适用

| |
|---|
| |

6.7 主营业务盈利能力(毛利率)与上年相比发生重大变化的原因说明注11

□适用 □不适用

| |
|---|
| |

6.8 经营成果和利润构成与上年度相比发生重大变化的原因分析注12

□适用 □不适用

| |
|---|
| |

整体财务状况与上年度相比发生重大变化的原因分析注13

□适用 □不适用

| |
|---|
| |

6.9 对生产经营环境以及宏观政策、法规产生重大变化已经、正在或将要对公司的财务状况和经营成果产生重要影响的说明

□适用 □不适用

| |
|---|
| |

6.10 完成盈利预测的情况

□适用 □不适用

单位：

| | 盈利预测(本年度) | 本年度实际数 |
|---|---|---|
| 主营收入 | | |
| 利润总额 | | |
| 净利润 | | |
| 差异说明 | | |
| | | |

6.11 完成经营计划情况

□适用 □不适用

单位：

| | 原拟订的本年度经营计划注14 | 本年度实际数 |
|---|---|---|
| 收入 | | |
| 成本及费用 | | |
| 差异说明 | | |
| | | |

6.12 募集资金使用情况

□适用 □不适用

| | | | | | |
|---|---|---|---|---|---|
| 募集资金总额 | | 本年度已使用募集资金总额 | | | |
| | | 已累计使用募集资金总额 | | | |
| 承诺项目 | 拟投入金额 | 是否变更项目 | 实际投入金额 | 产生收益金额 | 是否符合计划进度和预计收益 |
| | | | | | |
| | | | | | |
| 合计 | | — | | | — |
| 未达到计划进度和收益的说明(分具体项目) | | | | | |
| 变更原因及变更程序说明(分具体项目) | | | | | |

6.13 变更项目情况

□适用 □不适用

| | | | | | |
|---|---|---|---|---|---|
| 变更投资项目的资金总额 | | | | | |
| 变更后的项目 | 对应的原承诺项目 | 变更项目拟投入金额 | 实际投入金额 | 产生收益金额 | 是否符合计划进度和预计收益 |
| | | | | | |
| | | | | | |
| 合计 | — | | | | — |
| 未达到计划进度和收益的说明(分具体项目) | | | | | |

6.14 非募集资金项目情况

□适用 □不适用

| 项目名称 | 项目金额 | 项目进度 | 项目收益情况 |
|---|---|---|---|
| | | | |
| | | | |

6.15 董事会对会计师事务所"非标意见"的说明

□适用 □不适用

| |
|---|
| |

6.16 董事会新年度的经营计划(如有)

□适用 □不适用

| |
|---|
| |

6.17 新年度盈利预测(如有)

□适用 □不适用

| |
|---|
| |

6.18 董事会本次利润分配或资本公积金转增预案

| |
|---|
| |

## §7 重要事项

7.1 收购资产注15

□适用 □不适用

| 交易对方及被收购资产 | 购买日 | 收购价格 | 自购买日起至本年末为上市公司贡献的净利润注16 | 是否为关联交易(如是,说明定价原则) |
|---|---|---|---|---|
| | | | | |
| | | | | |

7.2 出售资产注17

□适用 □不适用

| 交易对方及被出售资产 | 出售日 | 出售价格 | 本年初起至出售日该出售资产为上市公司贡献的净利润注18 | 是否为关联交易(如是,说明定价原则) |
|---|---|---|---|---|
| | | | | |
| | | | | |

说明7.1、7.2所涉及事项对公司业务连续性、管理层稳定性的影响。

7.3 重大担保

□适用　　□不适用

| 担保对象名称 | 发生日期(协议签署日) | 担保金额 | 担保类型 | 担保期 | 是否履行完毕 | 是否为关联方担保(是或否) |
|---|---|---|---|---|---|---|
| | | | | | | |
| | | | | | | |
| 担保发生额合计 | | | | | | |
| 担保余额合计 | | | | | | |
| 其中:关联担保余额合计 | | | | | | |
| 上市公司对控股子公司担保发生额合计注19 | | | | | | |
| 违规担保总额注19 | | | | | | |
| 担保总额占公司净资产的比例注19 | | | | | | |

7.4 关联债权债务往来注20

□适用　　□不适用

单位:万元

| 关联方 | 向关联方提供资金 | | 关联方向上市公司提供资金 | |
|---|---|---|---|---|
| | 发生额 | 余额 | 发生额 | 余额 |
| | | | | |
| | | | | |
| 合计 | | | | |

7.5 委托理财

□适用　　□不适用

| 受托人 | 委托金额 | 委托期限 | 约定收益 | 实际收益 | 实际收回金额 |
|---|---|---|---|---|---|
| | | | | | |
| 合计 | | | | | |

7.6 承诺事项履行情况

□适用　　□不适用

陈述公司或持股5%以上股东在报告期内或持续到报告期内的承诺事项,公司董事会应说明该承诺事项在报告期内的履行情况。

7.7 重大诉讼仲裁事项

□适用　　□不适用

陈述本年度发生的重大诉讼、仲裁事项的基本情况、涉及金额;对尚未结案的,陈述进展情况或审理结果及影响,对已经结案的,说明其执行情况。

7.8 独立董事履行职责的情况

§8 监事会报告

如监事会认为公司依法运作、公司财务情况、公司募集资金使用、公司收购、出售资产交易和关联交易不存在问题,可以免于披露。

如上市公司财务报告被出具非标意见,监事会应就董事会对上述事项的说明表示意见。

§9 财务报告

9.1 审计意见

如果上市公司被出具了拒绝表示意见或否定意见的审计报告,则在披露年度报告摘要时须公布完整审计报告、财务报表及附注全文。如果上市公司被出具了有解释性说明或保留意见的审计报告,应当披露完整审计报告、财务报表及解释性说明或保留意见涉及事项的有关附注。

9.2 披露比较式合并及母公司的资产负债表、利润表和当年的现金流量表

9.3 如果与最近一期年度报告相比,会计政策、会计估计和核算方法发生变化,提供具体说明

9.4 如果与最近一期年度报告相比,合并范围发生变化,提供具体说明

填表说明:

一、如选择"不适用",可省略披露表格。

二、本摘要"§7重要事项"应当包括按照《公开发行证券的公司信息披露内容与格式准则第2号〈年度报告的内容与格式〉》和《股票上市规则》第七章有关标准界定的事项,不包括上市公司与其控股子公司或控股子公司相互之间发生的事项。

三、注释

注1:提供截至报告期末公司前三年调整后的主要会计数据和财务指标。

注2:如果报告期末至报告披露日,公司股本发生变化的,按新股本计算。

注3:境外会计准则包括国际会计准则、主要募集行为发生地会计准则。

注4:如同一股东持有两类股份应当分别列示。

注5:关联关系的认定按照《上市规则》第七章第三节规定,一致行动人的认定按照《上市公司股东持股变动信息披露管理办法》第九条的规定。

注6:实际控制人的认定按照《上市公司收购管理办法》的规定。

注7:如是独立董事,须单独注明。

注8:分别按照行业、产品列示占主营业务收入或主营业务利润10%以上的主要行业和产品。

注9:仅披露在上市公司主营收入和主营成本中涉及关联交易的总额。

注10、注11、注12和注13:上市公司应当根据自身实际情况判断是否属于重大变化。

注12:利润构成包括主营业务利润、其他业务利润、投资收益、营业外收支净额和补贴收入。

注14:披露最近一次定期报告中调整的本年度经营计划。

注15、注17:对于资产置换应当视为同时进行了收购和出售资产,并分别填入7.1和7.2的相关表格。

注16、注18:适用于收购、出售公司股权的情形。

注19:相关指标按照《关于规范上市公司与关联方资金往来及上市公司对外担保若干问题的通知》(证监发[2003]56号)的规定计算,其中"担保总额"应为以下项目的加总:

(1)上市公司这一法人实体对外担保余额;

(2)控股子公司、参股子公司等各个法人实体的对外担保余额,乘以上市公司持有的该公司的股份比例。

注20:"7.4关联债权债务往来"表格中"发生额"、"余额"应包括以下项目的加总:

(1)"其他应收款"、"其他应付款"科目下的有关金额;

(2)"应收账款"及"预付账款"科目中的代垫经营性费用及成本部分。

# 公开发行证券的公司信息披露内容与格式准则第 3 号〈半年度报告的内容与格式〉

## 关于印发《公开发行证券的公司信息披露内容与格式准则第 3 号〈半年度报告的内容与格式〉》(2003 年修订)的通知

证监公司字[2003]25 号

各上市公司:

现将修订后的《公开发行证券的公司信息披露内容与格式准则第 3 号〈半年度报告的内容与格式〉》(2003 年修订)印发给你们,请遵照执行。

中国证券监督管理委员会

二〇〇三年六月二十四日

## 第一章　总　则

**第一条**　为规范在中华人民共和国境内公开发行股票并在证券交易所上市的股份有限公司(以下简称公司)的信息披露行为,保护投资者的合法权益,依据《中华人民共和国公司法》、《中华人民共和国证券法》等法律法规,制定本准则。

**第二条**　半年度报告是中期报告的一种类型。公司应当遵循本准则的规定,编制半年度报告。

**第三条**　本准则的规定是对半年度报告信息披露的最低要求。凡对投资者决策可能产生重大影响的信息,不论本准则是否有明确规定,公司均应当披露。

**第四条**　本准则的某些规定对公司确实不适用的,经证券交易所批准后,公司可以根据实际情况,在不影响披露内容完整性的前提下做出适当修改。

因涉及商业秘密等特殊原因,公司确实不便遵循本准则某些规定的,可以向证券交易所申请豁免,并保证该豁免不会导致对投资者利益的实质性损害。经证券交易所批准后,公司可不予披露相关信息。

**第五条**　为避免不必要的重复和保持文字简洁,在不影响信息披露的完整性和不致引起阅读不便的前提下,公司可以采用相互引征的方法,对各相关部分的内容进行适当简化。

**第六条**　公司半年度报告的全文应当按本准则第二章的要求编制,摘要的编制应遵循本准则第三章的要求,并按照附件的格式进行披露。

半年度报告的报告期是指年初至报告期期末。

**第七条**　同时在境内、境外证券交易所上市的公司,如果境外证券监管部门对半年度报告的要求与本准则不一致,应当遵循报告披露内容从多不从少,披露时限从短不从长,其他要求从严不从宽的原则办理,并应在同一时间公布半年度报告。

**第八条**　半年度报告中的财务报告可以不经审计,但中国证券监督管理委员会(以下简称中国证监会)和证券交易所另有规定的除外。

**第九条**　半年度报告中的财务数据可以以人民币元、千元或百万元为单位。

**第十条**　半年度报告的封面应当载明公司法定名称、“半年度报告”字样和报告期间。半年度报告印刷文本应采用质地良好的纸张印制,幅面应为 209 毫米 × 295 毫米(相当于标准的 A4 纸规格)。

**第十一条**　公司应当在每个会计年度上半年结束之日起两个月内编制半年度报告,并在该期限内将报告全文刊登于中国证监会指定的互联网网站,将半年度报告摘要刊登于至少一种中国证监会指定的报纸上。在指定报纸上刊登。

半年度报告摘要最小字号应为标准六号字,最小行距为 0.02。

公司可以将半年度报告刊登于公司自己或其他互联网网站、其他报刊上,但不得早于在中国证监会指定的互联网网站或报刊上披露的时间。

**第十二条**　公司应当在半年度报告披露后及时将半年度报告原件或有法律效力的复印件及备查文件备置于办公地点和证券交易所,以供投资者查阅。

**第十三条**　公司应当在半年度报告披露后,上半年度结束之日起两个月内,将半年度报告各两份分别报送中国证监会、公司所在地的证券监管派出机构和证券交易所。

**第十四条**　公司董事会及董事应当保证半年度报告内容的真实性、准确性与完整性,承诺其中不存在虚假记载、误导性陈述或重大遗漏,并就其保证承担个别和连带责任。

如有董事对半年度报告内容的真实性、准确性、完整性无法做出保证或存在异议,或有董事未出席董事会会议,公司应作特别提示。

**第十五条**　已发行境内上市外资股及其衍生证券且已在证券交易所上市的公司,应当参照执行本准则。国家另有规定的,从其规定。

已发行境内上市外资股及其衍生证券且已在证券交易所上市的公司,应同时编制半年度报告外文译本。公司应保证两种文本内容的一致性,并在外文文本上注明:"本报告分别以中、英(或日、法等)文两种文字编制,在对两种文本的理解发生歧义时,以中文文本为准。"

**第十六条** 特殊行业公司除应当遵循本准则的规定外,还应执行中国证监会关于该行业信息披露的特别规定。

## 第二章 半年度报告全文

### 第一节 重要提示、释义及目录

**第十七条** 公司应当在半年度报告全文的显要位置刊登如下重要提示:"公司董事会及董事保证本报告所载资料不存在虚假记载、误导性陈述或者重大遗漏,并对其内容的真实性、准确性和完整性承担个别及连带责任。"

如有董事对半年度报告内容的真实性、准确性、完整性无法做出保证或存在异议,公司应披露如下声明:"××董事无法保证本报告内容的真实性、准确性、完整性,理由是……"。

公司还应单独披露未出席董事会会议董事的姓名。

公司负责人、主管会计工作负责人及会计机构负责人(会计主管人员)应当声明:保证半年度报告中财务报告的真实、完整。

**第十八条** 财务报告已经会计师事务所审计并被出具标准无保留意见的审计报告的,公司应当明确表述"公司半年度财务报告已经××会计师事务所审计并出具标准无保留意见的审计报告"。

财务报告已经审计并被出具有解释性说明、保留意见、拒绝表示意见或否定意见的审计报告的,公司应说明审计意见涉及事项的披露位置,并作以下提示:"公司半年度财务报告已经××会计师事务所审计并出具有解释性说明(或保留意见、否定意见、拒绝表示意见)的审计报告,本公司管理层对相关事项已作详细说明,请投资者注意阅读"。

**第十九条** 公司应当对半年度报告中投资者理解有障碍及有特定含义的术语做出解释。

**第二十条** 半年度报告的目录应当标明各部分的标题及对应页码。

### 第二节 公司基本情况

**第二十一条** 公司应当披露如下事项:

(一)法定中、英文名称及缩写;

(二)股票上市证券交易所,股票简称和股票代码;

(三)注册地址,办公地址及其邮政编码,互联网网址,电子信箱;

(四)法定代表人;

(五)董事会秘书及董事会证券事务代表的姓名、联系地址、电话、传真及电子信箱;

(六)选定的中国证监会指定报纸,指定互联网网址,半年度报告备置地点;

(七)其他有关资料。

**第二十二条** 公司应当遵循如下规定,披露主要财务数据和指标:

(一)公司应采用列表方式,提供报告期期末和上年末(或报告期和上年相同期间)主要财务数据与指标:

流动资产、流动负债、总资产、股东权益(不包含少数股东权益)、净利润、扣除非经常性损益后的净利润、经营活动产生的现金流量净额、净资产收益率、每股收益、每股净资产和调整后的每股净资产。

公司在披露"扣除非经常性损益后的净利润"时,应说明扣除的项目及相关金额。

同时按国际会计准则编制财务报告的公司,还应披露分别按国内、国际会计准则编制的财务报告在报告期净利润并说明其差异。

(二)第(一)项中的财务数据与指标应按照《公开发行证券的公司信息披露内容与格式准则第2号——年度报告的内容与格式》(以下简称《年度报告准则》)以及中国证监会颁布的其他有关信息披露规范的相关规定填列或计算。

### 第三节 股本变动和主要股东持股情况

**第二十三条** 报告期内因送股、转增股本、增发新股、可转换公司债券转股或其他原因引起股份总数及结构变动的,公司应当按照《年度报告准则》的附件《公司股份变动情况表》要求的格式及其他相关要求予以披露。

**第二十四条** 公司应当披露报告期期末股东总数。

**第二十五条** 公司应当披露报告期期末持有公司股份达5%以上(含5%)股东的全称、报告期内股份的增减变动及期末余额、所持股份类别以及所持股份被质押、冻结或托管的情况。持股5%以上(含5%)的股东少于10名的,公司应披露至少10名最大股东的持股情况。

公司在遵循前款规定时,还应披露如下信息:前10名股东所持股份中包括已上市流通股份和未上市流通股份的,应分别披露其数量;前10名股东之间存在的关联关系;因作为战略投资者或一般法人参与配售新股成为前10名股东的,应予以说明,并披露约定持股期间的起止时间;前10名股东中代表国家持股的单位以及外资股东。

**第二十六条** 公司控股股东或实际控制人报告期内发生变化的,应当列明披露相关信息的指定报刊及日期。

### 第四节　董事、监事、高级管理人员情况

**第二十七条**　公司应当披露报告期内董事、监事、高级管理人员持有公司股票的变动情况。

**第二十八条**　公司应当披露报告期内董事、监事、高级管理人员的新聘或解聘情况。

### 第五节　管理层讨论与分析

**第二十九条**　公司管理层应当对财务报告与其他必要的统计数据以及报告期内发生或将要发生的重大事项，进行讨论与分析，以有助于投资者了解其经营成果、财务状况(含现金流量情况，下同)。

管理层的讨论与分析不能只重复财务报告的内容，应着重于其已知的、可能导致财务报告难以显示公司未来经营成果与财务状况的重大事项和不确定性因素，包括已对报告期产生重要影响但对未来没有影响的事项，以及未对报告期产生影响但对未来具有重要影响的事项等。

**第三十条**　公司管理层应当介绍报告期内经营情况，分析公司报告期内经营活动的总体状况，至少包括：

(一)主营业务的范围及经营状况，对占报告期主营业务收入或主营业务利润10%以上(含10%)的行业或产品，应分别列示其主营业务收入、主营业务成本、毛利率。

(二)若报告期内利润构成、主营业务或其结构、主营业务盈利能力发生重大变化的，应予以说明。

(三)对报告期利润产生重大影响的其他经营业务活动。

(四)如来源于单个参股公司的投资收益对公司净利润影响达到10%以上(含10%)，应介绍该公司业务性质、主要产品或服务和净利润等情况。

(五)经营中的问题与困难。

**第三十一条**　公司管理层应当说明报告期投资情况，包括：

(一)在报告期内募集资金或以前期间募集资金的使用延续到报告期的，公司应披露有关投资项目的实际进度及收益情况；未达到计划进度和收益的，应解释原因；尚未使用募集资金的用途；募集资金用途发生变更的，应说明变更原因、是否已履行变更程序、新的用途、实际进度与收益情况；

(二)重大非募集资金投资项目的实际进度和收益情况。

**第三十二条**　公司管理层应当将报告期实际经营成果与招股上市文件或定期报告披露的盈利预测、有关计划或展望进行比较，说明完成预测或计划的进度情况。

**第三十三条**　公司对上年年度报告中披露的本年度经营计划做出修改的，应说明调整的内容。

**第三十四条**　公司管理层如果预测本年至下一报告期期末的净利润可能为亏损或者与上年同期相比发生大幅度变动，应当予以警示。

**第三十五条**　财务报告经注册会计师审计，并被出具非标准无保留意见的审计报告的，公司管理层应当对审计意见涉及的事项予以说明。

上年年度报告中的财务报告被注册会计师出具非标准无保留意见的审计报告的，公司管理层应对审计意见涉及事项的变化及处理情况予以说明。

### 第六节　重要事项

**第三十六条**　公司的公司治理实际状况与中国证监会有关文件的要求存在差异的，应当披露差异的内容及报告期内已采取的整改措施及整改情况。

**第三十七条**　公司应当披露以前期间拟定、在报告期实施的利润分配方案、公积金转增股本方案或发行新股方案的执行情况。中期拟定的利润分配预案、公积金转增股本预案。

**第三十八条**　公司应当披露在报告期内发生及以前期间发生但持续到报告期的重大诉讼、仲裁事项，包括进展情况或审理结果，及对经营成果与财务状况的影响(包括由此产生的损益占报告期净利润的比例等，本节下同)。

**第三十九条**　公司应当披露在报告期内发生及以前期间发生但持续到报告期的重大资产收购、出售及资产重组事项的简要情况，重点说明自资产重组报告书或收购出售资产公告刊登后，该事项的进展情况及对报告期经营成果与财务状况的影响。

**第四十条**　公司应当遵循如下规定，分类披露在报告期内发生的重大关联交易事项：

(一)购销商品、提供劳务交易应披露：交易总金额及占同类交易总金额的比例；在前一定期报告或临时报告披露过的有关协议在报告期内的履行情况；交易方、交易内容、定价原则、交易价格、交易金额、占同类交易金额的比例、结算方式及关联交易事项对公司利润的影响。可以获得同类交易市场价格的，应披露市场参考价格，实际交易价格与市场参考价格差异较大的，应说明原因；关联方之间存在大额销货退回的，应予说明。

(二)资产收购、出售交易应披露：交易方、交易内容、定价原则、资产的账面价值、评估价值(若有)、市场公允价值(若有)、交易价格、结算方式，交易对公司经营成果与财务状况的影响。交易价格与账面价值、评估价值或公允价值差异较大的，应说明原因。

(三)公司与关联方存在债权、债务或担保事项的，

应披露期末余额、发生额、形成原因、清偿情况、对经营成果与财务状况的影响以及有关承诺(若有)。

(四)其他重大关联交易信息。

**第四十一条** 公司应当披露如下重大合同及其履行情况信息：

(一)在报告期内发生或以前期间发生但延续到报告期的重大托管、承包、租赁其他公司资产或其他公司托管、承包、租赁公司资产事项的信息,包括交易金额、期限以及对经营成果与财务状况的影响。

(二)在报告期内发生或以前期间发生但延续到报告期的重大担保合同信息,包括担保金额与担保期限。对有明显迹象表明可能承担连带清偿责任的担保事项,公司应予明确说明。

(三)在报告期内发生或以前期间发生但延续到报告期的重大委托他人进行现金资产管理的信息,包括受托单位、委托金额、起止时间、约定收益、实际收益、期末余额以及该项行为是否履行了必要的程序。

**第四十二条** 公司或持有公司股份5%以上(含5%)的股东在报告期内发生或以前期间发生但持续到报告期的对公司经营成果、财务状况可能产生重要影响的承诺事项的,公司应当披露该承诺在报告期内的履行情况。

**第四十三条** 财务报告已经审计的,公司应当披露会计师事务所的名称、注册会计师的名字以及审计费用。

更换会计师事务所的,公司应披露解聘原会计师事务所的原因,以及是否履行了必要的程序。

**第四十四条** 公司应当披露在报告期内其他对公司产生重大影响的重要事项,包括:公司、公司董事会及董事受中国证监会稽查、中国证监会行政处罚、通报批评、被其他行政管理部门处罚及证券交易所公开谴责的情况,说明接受稽查及处罚的次数、原因及处罚结论;公司董事、管理层有关人员被采取司法强制措施的情况。

**第四十五条** 对上述第三十六条至第四十四条规定之外,且已在前一定期报告或临时报告中披露过的在报告期内发生以及在以前期间发生但持续到报告期的其他重要事项信息,公司应当编制索引,注明有关事项的名称,有关报告刊载的报刊名称、日期及版面,刊载的互联网网站名称及检索路径。其中,对多次发生的同类重大事项,公司应注明涉及金额的合计数。

### 第七节　财务报告

**第四十六条** 公司应当在半年度报告中披露利润及利润分配表、资产负债表、现金流量表及报表附注。其编制应当按照财政部发布的《企业会计准则——中期报告》的要求进行。

**第四十七条** 财务报告未经审计的,公司应当注明"未经审计"字样。财务报告经过审计的,若注册会计师出具的审计意见为标准无保留意见,公司应明确说明注册会计师出具标准无保留意见的审计报告;若注册会计师出具的审计意见为非标准无保留意见,公司应披露审计报告全文。

## 第三章　半年度报告摘要

### 第一节　重要提示

**第四十八条** 公司应当在半年度报告摘要的显要位置刊登如下重要提示:"公司董事会及董事保证本报告摘要所载资料不存在虚假记载、误导性陈述或者重大遗漏,并对其内容的真实性、准确性和完整性承担个别及连带责任。"

"本半年度报告摘要摘自半年度报告全文,报告全文同时刊载于……。投资者欲了解详细内容,应当仔细阅读半年度报告全文。"

其他重要提示内容应按照第十七、十八条的规定披露。

### 第二节　公司基本情况

**第四十九条** 公司应当按照第二十一条第(二)、(五)项的规定披露有关信息。

**第五十条** 公司应当按照第二十二条的规定,披露主要财务数据和指标。

### 第三节　股本变动和主要股东持股情况

**第五十一条** 公司应当按照第二十三、二十四、二十五、二十六条的规定,披露股东变动和主要股东持股信息。

### 第四节　董事、监事、高级管理人员情况

**第五十二条** 公司应当按照第二十七条的规定,披露报告期内董事、监事、高级管理人员的有关持股变动情况。

### 第五节　管理层讨论与分析

**第五十三条** 公司应当披露第三十、三十一、三十三、三十四、三十五条的内容。

### 第六节　重要事项

**第五十四条** 公司应当按照第三十七、三十八、三十九、四十、四十四条的规定披露重要事项信息。

报告期内发生或以前期间发生但延续到报告期的其他重大事项,若对本报告期或以后期间的公司财务状况、经营成果产生重大影响,应披露该重大事项,并说明其影响和解决方案。

### 第七节　财务报告

**第五十五条**　公司应当披露合并及母公司的利润表。

**第五十六条**　财务报表附注至少应当包括以下内容：

(一)会计政策、会计估计变更与会计差错更正的内容、原因及影响数；

(二)财务报表合并范围的重大变化、原因及影响数；

(三)非标准无保留审计意见(如有)涉及事项的有关附注。

**第五十七条**　公司应当按照第四十七条的规定，披露财务报告是否经过审计及审计报告的有关信息。

## 第四章　备查文件

**第五十八条**　公司的备查文件应当包括：

(一)载有董事长签名的半年度报告文本；

(二)载有单位负责人、主管会计工作的负责人、会计机构负责人签名并盖章(如设置总会计师，还须由总会计师签名并盖章)的财务报告文本；

(三)载有会计师事务所盖章、注册会计师签名并盖章的审计报告文本(如有)；

(四)报告期内在中国证监会指定报刊上公开披露过的所有文件文本；

(五)公司章程文本；

(六)在其他证券市场披露的半年度报告文本；

(七)其他有关资料。

## 第五章　附　则

**第五十九条**　本准则由中国证监会负责解释。

**第六十条**　本准则自颁布之日起施行。中国证监会此前发布的《公开发行股票的公司信息披露的内容与格式准则第 3 号——中期报告的内容与格式(2002 年修订稿)》同时废止。

附件：

### 半年度报告摘要披露格式

### ××××股份有限公司年度报告摘要

#### §1　重要提示

1.1　本公司董事会及其董事保证本报告所载资料不存在任何虚假记载、误导性陈述或者重大遗漏，并对其内容的真实性、准确性和完整性负个别及连带责任。

本半年度报告摘要摘自半年度报告全文，报告全文同时刊载于……。投资者欲了解详细内容，应当仔细阅读半年度报告全文。

1.2　如个别董事声明对半年度报告内容的真实性、准确性、完整性无法保证或存在异议的，应当声明：

××董事无法保证本报告内容的真实性、准确性和完整性，理由是：……。

1.3　如有董事未出席董事会，应当单独列示其姓名。

1.4　如执行审计的会计师事务所出具了有解释性说明、保留意见、拒绝表示意见或否定意见的审计报告(以下简称“非标意见”)，应当特别提示：

公司半年度财务报告已经××会计师事务所审计并出具有解释性说明(或保留意见、拒绝表示意见、否定意见)的审计报告，本公司管理层对相关事项已作详细说明，请投资者注意阅读。

1.5　公司负责人、主管会计工作负责人及会计机构负责人(会计主管人员)应当声明：保证半年度报告中财务报告的真实、完整。

#### §2　上市公司基本情况

2.1　基本情况简介

| | | |
|---|---|---|
| 股票简称 | | |
| 股票代码 | | |
| | 董事会秘书 | 证券事务代表 |
| 姓名 | | |
| 联系地址 | | |
| 电话 | | |
| 传真 | | |
| 电子邮箱 | | |

2.2　主要财务数据和指标

2.2.1　主要会计数据及财务指标

| | 本报告期末 | 上年度期末 | 本报告期末比上年初数增减(%) |
|---|---|---|---|
| 流动资产 | | | |
| 流动负债 | | | |
| 股东权益(不含少数股东权益) | | | |
| 每股净资产 | | | |
| 调整后的每股净资产 | | | |
| | 报告期(1～6月) | 上年同期 | 本报告期比上年同期增减(%) |
| 净利润 | | | |
| 扣除非经常性损益后的净利润 | | | |
| 每股收益 | | | |
| 每股收益注1 | | | |
| 净资产收益率 | | | |
| 经营活动产生的现金流量净额 | | | |

2.2.2　非经常性损益项目 □适用　　□不适用

| 非经常性损益项目 | 金额 |
|---|---|
| | |
| | |
| 合计 | |

2.2.3　国内外会计准则差异

□适用　　□不适用

| 单位： | | |
|---|---|---|
| | 国内会计准则 | 境外(国际)会计准则[注2] |
| 净利润 | | |
| 差异说明 | | |

## §3　股本变动及股东情况

3.1　股份变动情况表

□适用　　□不适用

3.2　前十名股东持股情况

| 报告期末股东总数 | | | | | | |
|---|---|---|---|---|---|---|
| 前十名股东持股情况 | | | | | | |
| 股东名称(全称) | 年度内增减 | 年末持股数量 | 比例(%) | 股份类别[注3](已流通或未流通) | 质押或冻结的股份数量 | 股东性质(国有股东或外资股东) |
| | | | | | | |
| | | | | | | |
| | | | | | | |
| | | | | | | |
| | | | | | | |
| | | | | | | |
| | | | | | | |
| | | | | | | |
| | | | | | | |
| | | | | | | |
| 前十名股东关联关系的说明[注4] | | | | | | |
| 战略投资者或一般法人参与配售新股约定持股期限的说明 | 股东名称 | | | | 约定持股期限 | |
| | | | | | | |

3.3　控股股东及实际控制人注5变更情况

□适用　　□不适用

| 新控股股东名称 | |
|---|---|
| 新实际控制人名称 | |
| 变更日期 | |
| 刊登日期和报刊 | |

## §4　董事、监事和高级管理人员情况

4.1　董事、监事和高级管理人员持股变动

□适用　　□不适用

| 姓名 | 职务[注6] | 年初持股数 | 年末持股数 | 变动原因 |
|---|---|---|---|---|
| | | | | |
| | | | | |
| | | | | |
| | | | | |
| | | | | |

## §5　管理层讨论与分析

5.1　主营业务分行业、产品情况表[注7]

| | 主营业务收入 | 主营业务成本 | 毛利率(%) | 主营业务收入比上年同期增减(%) | 主营业务成本比上年同期增减(%) | 毛利率比上年同期增减(%) |
|---|---|---|---|---|---|---|
| 分行业 | | | | | | |
| 行业1 | | | | | | |
| 行业2 | | | | | | |
| …… | | | | | | |
| 其中:关联交易[注8] | | | | | | |
| 分产品 | | | | | | |
| 产品1 | | | | | | |
| 产品2 | | | | | | |
| …… | | | | | | |
| 其中:关联交易 | | | | | | |
| 关联交易的定价原则 | | | | | | |

5.2　主营业务分地区情况

| | 主营业务收入 | 主营业务收入比上年增减(%) |
|---|---|---|
| 地区1 | | |
| 地区2 | | |
| …… | | |

5.3　对净利润产生重大影响的其他经营业务

□适用　　□不适用

| 其他经营业务 | 产生的损益 | 占净利润的比重 |
|---|---|---|
| | | |
| | | |
| | | |

5.4　参股公司经营情况(适用投资收益占净利润10%以上的情况)

□适用　　□不适用

| 参股公司名称 | | | |
|---|---|---|---|
| 本期贡献的投资收益 | | 占上市公司净利润的比重 | |
| 参股公司 | 经营范围 | | |
| | | 净利润 | |

5.5　主营业务及其结构发生重大变化的原因说明

□适用　　□不适用

5.6　主营业务盈利能力(毛利率)与上年相比发生重大变化的原因说明

□适用　　□不适用

5.7　利润构成与上年度相比发生重大变化的原因分析

□适用　　□不适用

5.8　募集资金使用情况

5.8.1　募集资金运用

□适用　　□不适用

| 募集资金总额 | | 本年度已使用募集资金总额 | | | |
|---|---|---|---|---|---|
| | | 已累计使用募集资金总额 | | | |
| 承诺项目 | 拟投入金额 | 是否变更项目 | 实际投入金额 | 产生收益金额 | 是否符合计划进度和预计收益 |
| | | | | | |

| | | | | | |
|---|---|---|---|---|---|
| | | | | | |
| | | | | | |
| 合计 | — | | | — | |
| 未达到计划进度和收益的说明(分具体项目) | | | | | |
| 变更原因及变更程序说明(分具体项目) | | | | | |

5.8.2 变更项目情况

□适用 □不适用

| 变更投资项目的资金总额 | | | | | |
|---|---|---|---|---|---|
| 变更后的项目 | 对应的原承诺项目 | 变更项目拟投入金额 | 实际投入金额 | 产生收益金额 | 是否符合计划进度和预计收益 |
| | | | | | |
| | | | | | |
| 合计 | — | | | | — |
| 未达到计划进度和收益的说明(分具体项目) | | | | | |

5.9 董事会下半年的经营计划修改计划

□适用 □不适用

| 调整经营计划内容 | |
|---|---|

5.10 预测年初至下一报告期期末的累计净利润可能为亏损或者与上年同期相比发生大幅度变动的警示及原因说明

□适用 □不适用

5.11 公司管理层对会计师事务所本报告期"非标意见"的说明

□适用 □不适用

5.12 公司管理层对会计师事务所上年度"非标意见"涉及事项的变化及处理情况的说明

□适用 □不适用

## §6 重要事项

6.1 收购、出售资产及资产重组

6.1.1 收购或置入资产注10

□适用 □不适用

| 交易对方及被收购或置入资产 | 购买日 | 交易价格 | 自购买日起至报告期末为上市公司贡献的净利润注11 | 是否为关联交易(如是,说明定价原则 |
|---|---|---|---|---|
| | | | | |
| | | | | |

6.1.2 出售或置出资产注12

□适用 □不适用

| 交易对方及被出售或置出资产 | 出售日 | 交易价格 | 本年初起至出售日该出售资产为上市公司贡献的净利润注13 | 出售产生的损益 | 是否为关联交易(如是,说明定价原则) |
|---|---|---|---|---|---|
| | | | | | |
| | | | | | |

6.1.3 自资产重组报告书或收购出售资产公告刊登后,该事项的进展情况及对报告期经营成果与财务状况的影响。

□适用 □不适用

6.2 担保事项

□适用 □不适用

| 担保对象名称 | 发生日期(协议签署日) | 担保金额 | 担保类型 | 担保期 | 是否履行完毕 | 是否为关联方担保(是或否) |
|---|---|---|---|---|---|---|
| | | | | | | |
| | | | | | | |
| | | | | | | |
| | | | | | | |
| 担保发生额合计 | | | | | | |
| 担保余额合计 | | | | | | |
| 其中:关联担保余额合计 | | | | | | |

6.3 关联债权债务往来

□适用 □不适用

| 关联方 | 向关联方提供资金 | | 关联方向上市公司提供资金 | |
|---|---|---|---|---|
| | 发生额注14 | 余额 | 发生额 | 余额 |
| | | | | |
| | | | | |
| | | | | |
| | | | | |
| 合计 | | | | |

6.4 重大诉讼仲裁事项

□适用 □不适用

6.5 其他重大事项及其影响和解决方案的分析说明

□适用 □不适用

## §7 财务报告

7.1 审计意见

| 财务报告 | □未经审计 □审计 |
|---|---|
| 审计意见 | □标准无保留意见 □非标意见 |
| 审计意见全文 | |
| | |

7.2 披露比较式合并及母公司的利润表

7.3 报表附注

7.3.1 如果出现会计政策、会计估计变更或会计差错更正的,说明有关内容、原因及影响数。

7.3.2 如果财务报表合并范围发生重大变化的,说明原因及影响数。

7.3.3 如果被出具非标准无保留意见,列示涉及事项的有关附注。

填表说明:

一、如选择"不适用",可省略披露表格。

二、本摘要“§6重要事项”应当包括按照《公开发行证券的公司信息披露内容与格式准则第2号〈年度报告的内容与格式〉》和《股票上市规则》第七章有关标准界定的事项，不包括上市公司与其控股子公司或控股子公司相互之间发生的事项。

三、注释

注1：如果报告期末至报告披露日，公司股本发生变化的，按新股本计算。

注2：境外会计准则包括国际会计准则、主要募集行为发生地会计准则。

注3：如同一股东持有两类股份应当分别列示。

注4：关联关系的认定按照《上市规则》第七章第三节规定

注5：实际控制人的认定按照《上市公司收购管理办法》的规定。

注6：如是独立董事，需单独注明。

注7：分别按照行业、产品列示占主营业务收入或主营业务利润10%以上的主要行业和产品。

注8：仅披露在上市公司主营收入和主营成本中涉及关联交易的总额。

注9：披露最近一次定期报告中调整的本年度经营计划。

注10、注12：对于资产置换应当视为同时进行了收购和出售资产，并分别填入6.2和6.3的相关表格。

注11、注13：适用于收购、出售公司股权的情形。

注14：如往来发生频繁，按照每月累计发生额填列。

# 公开发行证券的公司信息披露内容与格式准则第11号——上市公司发行新股招股说明书（2003年修订）

## 目　录



## 第一章　总　则

**第一条**　为规范上市公司发行股票的信息披露行为，保护投资者的合法权益，根据《中华人民共和国公司法》（以下简称《公司法》）、《中华人民共和国证券法》（以下简称《证券法》）、《上市公司新股发行管理办法》及其他相关法律、行政法规的规定，制定本准则。

**第二条**　申请在中华人民共和国境内发行新股的上市公司（以下称“发行人”），应按照本准则编制招股说明书和招股说明书摘要，并按规定披露。本准则所称招股说明书包括配股说明书、增发招股意向书及增发招股说明书；本准则所称招股说明书摘要包括配股说明书摘要和增发招股意向书摘要。发行人向原股东配售股票（以下简称“配股”）应编制配股说明书及其摘要，发行人向社会公众发售股票（以下简称“增发”）应编制增发招股意向书及其摘要、增发招股说明书。

**第三条**　招股说明书及其摘要是发行人向中国证券监督管理委员会（以下简称“中国证监会”）申请发行新股的必备法律文件。

**第四条**　本准则的规定是招股说明书披露信息的最低要求。凡对投资者投资决策有重大影响的信息，不论本准则有无规定，均应披露。若本准则某些具体要求对发行人不适用，发行人可根据实际情况在不影响披露内容完整性的前提下做适当修改，同时在申报时作书面说明。

**第五条**　发行人因商业秘密或其他原因致使某些

信息确实无法披露，可向中国证监会申请豁免。

**第六条** 在不影响信息披露的完整并保证阅读方便的前提下，发行人可采用相互引征的方法，对各相关部分的内容进行适当的技术处理；对于曾在招股说明书、上市公告书和定期报告、临时报告中披露过的信息，如事实未发生变化，发行人可采用索引的方法进行披露，以免重复。

**第七条** 招股说明书披露之前，发生与申报文件不一致或应予补充披露的事项，发行人应及时向中国证监会书面说明情况，并修订招股说明书。必要时发行新股的申请应重新经过中国证监会核准。

招股说明书披露后至本次发行的新股上市前，发生上述情况的，发行人应及时履行信息披露义务。

**第八条** 招股说明书的编制还应遵循以下要求：

(一)引用的数据应注明资料来源，事实应有充分、客观、公正的依据；

(二)引用的数字应采用阿拉伯数字，有关金额的资料除特别说明之外，应指人民币金额，并以元、千元或万元为单位；

(三)发行人可编制招股说明书外文译本，但应保证中外文文本的一致性，并在外文文本上注明："本招股说明书分别以中、英(或日、法等)文编制，在对中外文本的理解上发生歧义时，以中文文本为准"；

(四)招股说明书文本应采用幅面为209×295毫米(相当于标准的A4纸规格)的纸张印刷；

(五)不得有祝贺性、广告性和恭维性的内容。

**第九条** 招股说明书摘要的编制和披露，还须符合以下要求：

(一)招股说明书摘要的目的仅为向公众提供有关本次发行的简要情况，无须包括招股说明书全文各部分的主要内容；

(二)招股说明书摘要中要尽量少用投资者不熟悉的专业和技术词汇，尽量采用表格或其他较为直观的方式准确披露公司及其产品、财务等情况，做到简明扼要，通俗易懂；

(三)招股说明书摘要必须忠实于招股说明书全文的内容，不得出现与全文相矛盾之处；

(四)招股说明书摘要刊登于中国证监会指定的信息披露报刊，篇幅不得超过一个版面。在指定报刊刊登的招股说明书摘要最小字号为标准小5号字，最小行距为0.35毫米。

**第十条** 发行人配股，应在承销开始前5个工作日将配股说明书摘要刊登在至少一种中国证监会指定的报刊，同时将配股说明书全文刊登在中国证监会指定的互联网网站，并将正式印制的配股说明书文本置备于发行人住所、证券交易所、承销团成员住所，以备公众查阅。

**第十一条** 增发招股意向书除发行数量、发行价格及筹资金额等内容可不确定外，其内容和格式应与增发招股说明书一致。

发行人应将增发招股意向书刊登在中国证监会指定的互联网网站，并应载明："本招股意向书的所有内容均构成招股说明书不可撤销的组成部分，与招股说明书具有同等法律效力"。发行人应将增发招股意向书摘要刊登在至少一种中国证监会指定的报刊。已编制和在指定报刊刊登增发招股意向书摘要的，不必制作增发招股说明书摘要。

发行价格确定后，发行人应编制增发招股说明书，报中国证监会备案。招股说明书应刊登于中国证监会指定的互联网网站上，并置备于发行人住所、拟上市证券交易所及承销团成员住所，以备公众查阅。

**第十二条** 招股说明书的文字应简洁、通俗和准确。

**第十三条** 发行人可将招股说明书刊登在其他报刊和网站上，但不得早于在中国证监会指定报刊和网站上披露的时间。

**第十四条** 发行人应在披露配股说明书或增发招股说明书后10天内将正式印制的文本一式5份分别报送中国证监会和发行人所在地的中国证监会派出机构。

**第十五条** 发行人董事会及全体董事应保证招股说明书内容的真实性、准确性、完整性，承诺其中不存在虚假记载、误导性陈述或重大遗漏，并承担相应的责任。

**第十六条** 主承销商应受发行人委托参与编制招股说明书，并对招股说明书的内容进行核查，确认招股说明书不存在虚假记载、误导性陈述或重大遗漏，并承担相应的法律责任。

**第十七条** 发行人律师可受发行人委托参与编制招股说明书，并应对招股说明书进行审阅，确认招股说明书引用的法律意见真实、准确，并承担相应的法律责任。

**第十八条** 发行人律师、注册会计师、注册资产评估师、验资人员及其所在的中介机构等应书面同意发行人在招股说明书中引用由其出具的专业报告或意见的内容。

**第十九条** 特殊行业的发行人编制招股说明书，还应遵循该行业信息披露的特别规定。

## 第二章 招股说明书

### 第一节 封面、书脊、扉页、目录、释义

**第二十条** 招股说明书文本封面应标明"＊＊＊公司增发招股说明书(或配股说明书)"字样，并应载明已在境内上市股票简称和代码(若有)、发行人注册地、主

承销商和副主承销商名称、招股说明书公告时间。

**第二十一条** 招股说明书文本书脊应标明“＊＊＊公司增发招股说明书(或配股说明书)”字样。

**第二十二条** 招股说明书文本扉页应刊登如下内容:发行人中英文名称及注册地、境内上市股票简称和代码(如有)、本次发行股票类型、发行股票数量、每股面值、发行价格、预计募集资金量、发行方式与发行对象、发行日期、申请上市证券交易所、承销团成员、发行人聘请的律师事务所和会计师事务所、签署日期等。

**第二十三条** 扉页应当刊登发行人董事会的如下声明:

“本公司董事会已批准本招股说明书,全体董事承诺其中不存在任何虚假、误导性陈述或重大遗漏,并对其真实性、准确性、完整性承担个别和连带的法律责任。”

“公司负责人和主管会计工作的负责人、会计机构负责人保证招股说明书及其摘要中财务会计报告真实、完整。”

“证券监督管理机构及其他政府部门对本次发行所作的任何决定,均不表明其对发行人所发行股票的价值或者投资人的收益作出实质性判断或者保证。任何与之相反的声明均属虚假不实陈述。”

“根据《证券法》的规定,股票依法发行后,发行人经营与收益的变化,由发行人自行负责,由此变化引致的投资风险,由投资者自行负责。”

“投资者若对本招股说明书及其摘要存在任何疑问,应咨询自己的股票经纪人、律师、专业会计师或其他专业顾问。”

**第二十四条** 发行人应在扉页中作“特别风险提示”,提醒投资人关注发行人面临的突出风险。

**第二十五条** 发行人增发未作盈利预测的,应在“特别风险提示”中披露原因,并特别提醒投资者注意投资风险。

**第二十六条** 发行人近三年及最近一期的财务报告被出具非标准无保留审计意见,发行人应在“特别风险提示”中作如下提示:

“××会计师事务所对本发行人××年度的财务报告出具了有解释性说明段的无保留意见(或保留意见等)审计报告,请投资者注意阅读该审计意见全文及相关附注。注册会计师已对该事项出具补充意见,发行人董事会、监事会已对相关事项作详细说明,也请投资者注意阅读。”

**第二十七条** 招股说明书目录应标明各章、节的标题及其对应的页码。

**第二十八条** 招股说明书释义应在目录次页排印。

### 第二节 概 览

**第二十九条** 发行人应在本部分起首声明,概览仅为招股说明书全文的扼要提示,投资者作出投资决策前,应认真阅读招股说明书全文。

**第三十条** 发行人应在本节简介发行人基本情况、最近三年及最近一期的主要财务数据、盈利预测数据、本次发行概况及募集资金主要用途等。

### 第三节 本次发行概况

**第三十一条** 招股说明书应载明编写所依据的法规,发行人内部批准本次发行的程序,核准本次发行的部门。

**第三十二条** 发行人应至少披露下列机构的名称、法定代表人、办公地址、联系电话、传真,同时应披露相关经办人员的姓名:

(一)发行人;

(二)承销团成员;

(三)发行人律师事务所;

(四)审计机构;

(五)资产评估机构(如有);

(六)独立财务顾问(如有);

(七)股份登记机构;

(八)收款银行;

(九)申请上市的证券交易所;

(十)其他。

**第三十三条** 招股说明书应披露本次发行方案的基本情况,主要包括:

(一)发行股票的种类、每股面值、股份数量;

(二)定价方式或发行价格;

(三)发行方式与发行对象:发行人若对投资者进行分类,应披露分类标准;分类中若有战略投资者,应披露其基本情况、与发行人的关系及配售的数量;

(四)预计募集资金总额(含发行费用);

(五)股权登记日和除权日;

(六)承销期间的停牌、复牌及新股上市的时间安排(不能确定具体时间的,可以某一时间为基准点计算);

(七)本次发行股份的上市流通,包括各类投资者持有期的限制或承诺。

**第三十四条** 招股说明书应当至少披露与本次承销和发行有关的下列事项:

(一)承销方式(包销或代销);

(二)承销期的起止时间(注明如何计算起止时间,可不确定具体日期);

(三)全部承销机构的名称及其承销量;

(四)发行费用,包括承销费用、审计费用、验资费用、评估费用、律师费用、发行手续费用、审核费用及其他费用。其中，其他费用应当列出主要的明细项目。

**第三十五条** 招股说明书应根据不同的发行方式，披露新股上市前的重要日期，包括：招股说明书公布日、发行公告刊登日、申购期、资金冻结日期、预计上市日期等。

### 第四节 风险因素

**第三十六条** 参照《公开发行证券的公司信息披露内容与格式准则第1号——招股说明书》的有关章节披露。

### 第五节 发行人基本情况

**第三十七条** 发行人基本情况应披露注册中、英文名称及缩写，股票上市地，股票简称及代码，法定代表人，注册时间，注册地址、办公地址及其邮政编码，电话、传真号码，互联网网址，电子信箱等。

**第三十八条** 发行人应简单介绍公司成立及历次公开发行股票的情况。

**第三十九条** 发行人应以方框图或其他形式披露发行人的组织结构和对其他企业的权益投资情况。

**第四十条** 发行人应披露对其有实际控制权的股东以及其他主要股东的基本情况。若涉及自然人股东，应披露该自然人的姓名、简要背景及其所持有的发行人股票被质押的情况等。若涉及法人股东，应披露该法人的名称及其股权的构成情况，成立日期、主要业务、注册资本、所持有的发行人股票被质押的情况等。

**第四十一条** 发行人应披露其直接或间接控股企业的主要业务、注册资本、发行人持有的权益比例、最近一年基本财务状况(应注明是否经过审计及审计机构名称)等情况。

**第四十二条** 发行人若主要从事对外投资，应披露对外投资及其风险管理的主要制度。

**第四十三条** 发行人应当披露本次发行后公司股本结构的变化情况。

### 第六节 业务和技术

**第四十四条** 发行人应参照《公开发行证券的公司信息披露内容与格式准则第1号——招股说明书》的有关章节披露。

### 第七节 同业竞争与关联交易

**第四十五条** 发行人应披露对其具有实际控制权的法人及其所控制的关联企业是否存在与发行人从事相同、相似业务的情况，并对是否存在同业竞争作出解释。

**第四十六条** 发行人对同业竞争的解释应包括相同、相似业务的客户、市场差别以及对发行人的客观影响等方面。

**第四十七条** 对于已存在或可能存在的同业竞争，发行人应披露解决同业竞争的措施。对可能损害发行人及其他股东利益的同业竞争，发行人应在“特别风险提示”中充分披露。

**第四十八条** 发行人应披露在股东协议、公司章程等方面作出的避免同业竞争的规定。

**第四十九条** 发行人应披露律师、主承销商对发行人是否存在同业竞争和避免同业竞争措施的有效性所发表的意见。

**第五十条** 发行人所披露的关联方关系和关联交易应遵循企业会计准则及会计制度的规定。

**第五十一条** 发行人应披露最近一个会计年度内发生的重大关联交易事项。对于某一关联方，若报告期内累计交易总额高于3000万元或占上市公司最近一期经审计净资产值5%以上或占本期净利润的10%以上的关联交易，发行人应予披露。

**第五十二条** 关联交易可以按不同的交易类型分别披露：

(一) 购销商品、提供劳务发生的关联交易，至少应披露以下内容：关联交易方、交易内容、定价原则、交易价格、交易金额、占同类交易金额的比例、结算方式及关联交易事项对公司利润的影响。可以获得同类交易市场价格的，应披露市场参考价格，实际交易价格与市场参考价格差异较大的，应说明原因。大额销货退回需披露详细情况。公司还应对上述关联交易的必要性和持续性作出说明。

(二) 资产、股权转让发生的关联交易，至少应披露以下内容：关联交易方、交易内容、定价原则、资产的账面价值、评估价值、转让价格、结算方式及获得的转让收益，转让价格与账面价值或评估价值差异较大的，应说明原因。

(三) 公司与关联方(包括未纳入合并范围的子公司)存在债权、债务往来、担保等事项的，应披露形成的原因及其对公司的影响。

**第五十三条** 发行人应披露最近三年关联交易对其财务状况和经营成果的影响，包括在营业收入和营业成本中所占的比例，对上述比例的披露应说明比较口径。

### 第八节 董事、监事、高级管理人员

**第五十四条** 发行人应披露董事、监事、高级管理人员的下列情况：

(一)姓名；

(二)性别；

(三)年龄；

（四）学历；

（五）职称；

（六）曾经担任的重要职务及任期；

（七）主要从业简历及在发行人的现任职务和兼任其他单位的职务。

**第五十五条** 发行人应披露董事、监事、高级管理人员的持股情况，包括本次发行前持有发行人股份的数量及比例，所持股份的锁定、质押或冻结情况。

**第五十六条** 发行人应披露董事、监事、高级管理人员最近一个完整会计年度从发行人及其关联企业领取报酬的情况，包括领取的工薪（月薪或年薪）金额，奖金金额及取得的津贴，所享受的其他物质待遇，退休金计划，所享有的认股权情况等。

## 第九节 公司治理结构

**第五十七条** 发行人应披露其在业务、资产、人员、机构、财务等方面与对其具有实际控制权的股东分开的情况，并说明公司是否具有独立完整的生产经营能力。若发行人不能完全独立于具有实际控制权的股东，应具体说明这种状况对发行人产生的影响，并披露相应的改进措施。

**第五十八条** 发行人应披露设立独立董事（如有）的情况，包括独立董事的人数，独立董事发挥作用的制度安排以及实际发挥作用的情况等。

**第五十九条** 发行人应披露重大经营决策程序与规则，包括重大投资决策、重要财务决策的程序与规则，对高级管理人员的选择、考评、激励和约束机制，利用外部决策咨询资源的情况。

**第六十条** 发行人应披露管理层对内部控制制度的完整性、合理性及有效性的自我评估意见，同时应披露注册会计师关于发行人内部控制制度评价报告的结论性意见。如注册会计师指出以上“三性”存在重大缺陷，发行人对相关内容应予详尽披露，并说明改进措施。

## 第十节 财务会计信息

**第六十一条** 发行人披露的财务信息，如未作特别说明，应摘自经有证券业务资格的会计师事务所审计的财务报告。若财务报告被出具非标准无保留审计意见，还应披露审计报告全文、相关事项的财务报表附注以及董事会、监事会对此的详细解释，并说明该事项是否对公司有重大影响或影响是否已消除，同时应披露会计师关于该事项对发行人是否有重大影响或影响是否已消除所发表的意见。

**第六十二条** 发行人应披露最近三个会计年度及最近一期的比较合并资产负债表、利润表及现金流量表，以及最近一期的合并财务报表附注。

**第六十三条** 发行人在此期间若有重大资产重组行为，应遵循前条要求，披露模拟财务报表，并特别说明模拟的基础及假设，同时应披露发行人重组前经审计的财务报表作为参考资料。

**第六十四条** 发行境内上市外资股和境外上市外资股的公司，由于在境内外披露的财务会计资料所采用的会计准则不同，导致发行前一年末净资产及前一年净利润存在差异的，发行人应披露合并财务报表差异调节表。

**第六十五条** 发行人应以合并财务报表的数据为基础，披露最近三年的下列财务指标的计算公式和数据：流动比率、速动比率、资产负债率（以母公司的报表为基础）、应收账款周转率、存货周转率、净资产收益率、每股净利润、每股经营活动的现金流量、每股净现金流量。

净资产收益率、每股收益的计算及其披露应执行信息披露编报规则的有关规定。

## 第十一节 管理层讨论与分析

**第六十六条** 发行人应披露管理层对公司财务状况和经营成果的讨论与分析。发行人应使用逐年比较或其他便于理解的形式对最近三个会计年度及最近一期的财务状况、经营成果进行分析。

**第六十七条** 发行人不能仅以描述方式重复财务报告的内容，任何导致对发行人过去及未来财务状况、经营成果有重大影响的事项（不限于财务方面）均应予以深入的讨论与分析。

**第六十八条** 发行人应围绕未来的业务目标和盈利预测，分析发行人存在的主要财务优势及困难，分析经营和盈利能力的连续性和稳定性。如果分析表明某种实质性的趋势或变化可能对发行人产生不利的影响，发行人应披露已经采取或计划采取的具体补救措施。

**第六十九条** 管理层讨论与分析应着重于管理层已知的、从一般性财务报告分析难以取得且对公司今后有影响的重大事项，包括将会对未来经营有影响但过去尚未发生的重大事项，对最近会计年度财务经营状况有影响但预期不会再次发生的重大事项。

**第七十条** 管理层讨论与分析应涉及公司财务经营状况、现金流量、重大投融资及资本支出计划、表外事项等重要方面，包括但不限于以下项目：

（一）主营业务收入，若行业收入占主营收入10%以上，应按行业进行分析，其中季节性收入、主要业务市场变化情况、新业务开展情况应予以特别披露；营业毛利；期间费用；投资收益；所得税；非主营业务对公司利润的影响。

（二）以营运资金为基础的公司短期财务状况，重点为流动比率、速动比率、应收账款周转率、存货周转率等；资产负债及股东权益情况；资产质量及资产结构。

（三）经营活动、投资活动和筹资活动产生的现金流量。重点为经营活动产生的现金流量，应着重于对销售商品、提供劳务收到的现金，购买商品、接受劳务收到的现金，收到的其他与经营活动有关的现金，支付的其他与经营活动有关的现金分析。

（四）重大投资、收益，收购兼并情况；债务到期及偿还，包括实际发生情况及计划；银行授信额度及使用情况；重大资本支出情况及计划。

（五）资产出售、抵押、置换、委托经营情况；重大担保、诉讼、或有事项；期后事项。

## 第十二节　盈利预测

**第七十一条**　发行人在招股说明书中可披露盈利预测报告，盈利预测报告中应载明："本公司盈利预测报告的编制遵循了谨慎性原则，但盈利预测所依据的各种假设具有不确定性，投资者进行投资决策时应谨慎使用"。

**第七十二条**　盈利预测报告包括盈利预测表及其说明，盈利预测表的格式应与利润表一致，其中预测数应分栏列示已审实现数、未审实现数、预测数和合计数。凡有控股子公司并需要编制合并财务报表的，应分别编制母公司盈利预测表和合并盈利预测表。盈利预测说明包括编制基准、所依据的基本假设及其合理性、与盈利预测数据相关的背景及分析资料等。盈利预测数据包含了特定的财政税收优惠政策或非经常性收支项目的，应特别说明。

## 第十三节　业务发展目标

**第七十三条**　发行人应参照《公开发行证券的公司信息披露内容与格式准则第1号——招股说明书》的有关章节披露。

## 第十四节　本次募集资金运用

**第七十四条**　发行人应参照《公开发行证券的公司信息披露内容与格式准则第1号——招股说明书》的有关章节披露。

## 第十五节　前次募集资金运用

**第七十五条**　发行人应披露资金管理的主要内部制度。

**第七十六条**　发行人应披露前次募集资金的方式、募集资金的到位时间、募集资金数额、验资机构名称。

**第七十七条**　发行人应披露前次募集资金时承诺的资金用途与实际运用情况的比较说明。含项目名称、项目计划投资总额及建设期、计划以募集资金投入金额、至最近一期审计报告截止日项目计划投资金额与实际投资金额的比较、项目的计划进度与实际进展情况、项目预计效益与实际效益情况等。募集资金若投入多个项目，应分项目逐一说明。

**第七十八条**　若募集资金的运用和项目未达到计划进度和效益，董事会应进行解释；若募集资金的运用发生变更，说明变更原因、变更程序及其公开披露的报刊及日期、变更后的投资及效益情况。

**第七十九条**　若募集资金尚未全部投入计划项目，应披露具体运用情况。募集资金若存放在金融机构，应披露金融机构的名称。

**第八十条**　发行人应披露为公司出具审计报告的注册会计师对前次募集资金运用所出具的专项报告结论。

## 第十六节　股利分配政策

**第八十一条**　发行人应披露税后利润分配政策。发行人若已发行境内或境外上市外资股，应明确说明以按国内、国际会计准则审计的可分配利润数较低者作为利润分配标准。

**第八十二条**　发行人应披露近三年的股利分配政策和实际分配情况。

**第八十三条**　发行人应披露本次发行前形成的未分配利润的分配政策。

**第八十四条**　发行人应披露本次股票发行当年的分配股利计划。若不准备分配股利，应披露原因。

## 第十七节　其他重要事项

**第八十五条**　发行人应参照《公开发行证券的公司信息披露内容与格式准则第1号——招股说明书》的有关章节披露。

## 第十八节　董事及有关中介机构声明

**第八十六条**　发行人应参照《公开发行证券的公司信息披露内容与格式准则第1号——招股说明书》的有关章节披露。

## 第十九节　附录和备查文件

**第八十七条**　附录是招股说明书不可分割的部分，在指定报刊上刊载的配股说明书和增发招股意向书可不披露附录的具体内容，但应列明附录和备查文件的目录。附录应在指定网站上披露，主要包括：

（一）盈利预测报告及盈利预测报告审核报告全文（如有）；

（二）重大资产重组的发行人模拟财务报表及其审计报告、重组进入发行人相关资产经审计的财务报表及附注（如有）；

（三）发行人董事会、监事会关于非标准无保留意见审计报告涉及事项处理情况的说明（如有）；

（四）注册会计师关于非标准无保留意见审计报告

的补充意见(如有)。

**第八十八条** 发行人应将整套发行申请文件及发行人认为相关的其他文件作为备查文件,并告知投资人查阅的时间、地点、电话和联系人,备查文件在互联网上披露的,应披露互联网网址。

发行人可列示备查文件目录,至少包括:

(一)公司章程正本;

(二)中国证监会核准本次发行的文件;

(三)与本次发行有关的重大合同;

(四)承销协议;

(五)最近三年及最近一期的财务报告及审计报告原件;

(六)盈利预测报告及其审核报告的原件(如有);

(七)不同会计准则财务报表差异调节表(如适用);

(八)注册会计师关于前次募集资金使用情况的专项报告;

(九)检查中发现问题的发行人的整改报告;

(十)资产评估报告及有关确认文件(如有);

(十一)注册会计师关于发行人内部控制制度的评价报告;

(十二)发行人律师为本次股票发行出具的法律文件;

(十三)有关资产重组的法律文件(如有);

(十四)其他与本次发行有关的重要文件。

## 第三章 招股说明书摘要

**第八十九条** 发行人应在配股说明书摘要(增发招股意向书摘要)的显要位置声明:

"本配股说明书摘要(增发招股意向书摘要)的目的仅为向公众提供有关本次发行的简要情况,并不包括配股说明书(增发招股意向书)全文的各部分内容。配股说明书(增发招股意向书)全文同时刊载于×××网站。投资者在做出认购决定之前,应仔细阅读配股说明书(增发招股意向书)全文,并以其作为投资决定的依据。"

"投资者若对本配股说明书及其摘要(增发招股意向书及其摘要)存在任何疑问,应咨询自己的股票经纪人、律师、专业会计师或其他专业顾问。"

"发行人董事会已批准配股说明书及其摘要(增发招股意向书及其摘要),全体董事承诺其中不存在虚假记载、误导性陈述或重大遗漏,并对配股说明书及其摘要(增发招股意向书及其摘要)真实性、准确性和完整性承担个别和连带的法律责任。"

"公司负责人和主管会计工作的负责人、会计机构负责人保证配股说明书及其摘要(增发招股意向书及其摘要)中财务会计报告真实、完整。"

"中国证监会、其他政府部门对本次发行所作的任何决定或意见,均不表明其对发行人股票的价值或者投资人的收益做出实质性判断或者保证。任何与之相反的声明均属虚假不实陈述。"发行人增发新股的,在声明事项中须载明"本增发招股意向书摘要的所有内容均构成增发招股说明书不可撤销的组成部分"。

### 第一节 特别提示和特别风险提示

**第九十条** 发行人在招股说明书摘要中应针对公司实际情况作特别提示和特别风险提示。

### 第二节 本次发行概况

**第九十一条** 发行人应当以表格形式披露本次发行的基本情况,主要包括:

| | |
|---|---|
| 股票种类 | |
| 每股面值 | |
| 发行股数、占发行后总股本的比例 | |
| 发行价格 | |
| 标明计量基础和口径的市盈率 | |
| 预测盈利总额及发行后每股盈利(如有) | |
| 发行前和发行后每股净资产 | |
| 市净率(发行价/发行后每股净资产) | |
| 发行方式 | |
| 发行对象(发行人若对投资者进行分类,应披露分类标准;分类中若有战略投资者,应披露其基本情况、与发行人的关系及配售的数量) | |
| 本次发行股份的上市流通,包括各类投资者持有期的限制或承诺 | |
| 承销方式 | |
| 本次发行预计实收募股资金 | |
| 发行费用概算 | |
| 股权登记日和除权日 | |
| 承销期间的停牌、复牌及新股上市的时间安排(不能确定具体时间的,可以某一时间为基准点计算) | |

### 第三节 发行人基本情况

**第九十二条** 招股说明书摘要中应当披露发行人的基本情况,主要包括:

(一)发行人基本资料,包括:

| | |
|---|---|
| 注册中、英文名称及缩写 | |
| 法定代表人 | |
| 成立(工商注册)日期 | |
| 住所及其邮政编码 | |
| 电话、传真号码 | |
| 互联网网址 | |
| 电子信箱 | |

(二)有关股本的情况,主要包括:

1.以表格方式披露本次发行前后的股本结构

| 股份类别 | 股东名称 | 发行前 | | 发行后 | |
|---|---|---|---|---|---|
| | | 股数(万股) | 比例(%) | 股数(万股) | 比例(%) |
| 未上市流通股份 | | | | | |

| | | | | | |
|---|---|---|---|---|---|
| 发起人股份 | | | | | |
| 国家持有股份 | | | | | |
| 境内法人持有股份 | | | | | |
| 境外法人持有股份 | | | | | |
| 其他 | | | | | |
| 募集法人股 | | | | | |
| 内部职工股 | | | | | |
| 社会公众股 | | | | | |
| 合计 | | | | | |

2.发行人的控股股东和主要股东之间的关联关系

(三)发行人的主营业务、主要产品或服务及其用途、产品销售方式和渠道、所需主要原材料、行业竞争情况以及发行人在行业中的竞争地位。

(四)发行人业务及生产经营有关的资产权属情况。对发行人业务及生产经营所必须的商标、土地使用权、专利与非专利技术、重要特许权利等,应明确披露这些权利的使用及权属情况。

(五)发行人关于同业竞争和关联交易的具体内容和解决措施,以及有关中介机构和独立董事对同业竞争和关联交易发表的意见,并以图表形式披露报告期内同业竞争和关联交易对发行人财务状况和经营成果的影响。

(六)董事、监事、高级管理人员,以图表形式披露上述人员的基本情况及其兼职情况、薪酬情况以及与发行人及其控股子公司间的股权关系或其他利益关系。

| 姓名 | 职务 | 性别 | 年龄 | 任期起止日期 | 简要经历 | 兼职情况 | 薪酬情况 | 持有公司股份的数量 | 与公司的其他利益关系 |
|---|---|---|---|---|---|---|---|---|---|
| | | | | | | | | | |
| | | | | | | | | | |

(七)发行人的控股股东及其实际控制人的基本情况。

(八)发行人应简要披露其财务会计信息,主要包括:

1.不少于最近三年的简要合并利润表,不少于最近三年末的简要合并资产负债表,不少于最近一年的简要合并现金流量表;

2.列表披露最近三年的主要财务指标,包括流动比率、速动比率、资产负债率(以母公司报表为基础)、应收账款周转率、存货周转率、净资产收益率(包括扣除非经常性损益后净资产收益率)、每股收益、每股经营活动的现金流量、每股净现金流量;

3.管理层对公司近三年财务状况和经营成果的讨论与分析;

4.简要盈利预测表(如有);

5.股利分配政策和历年分配情况以及发行后股利分配政策、发行前滚存利润的分配政策;

6.发行人控股子公司或纳入发行人合并会计报表的其他企业的基本情况,主要包括:公司成立日期、注册资本、股权结构、主要管理人员、主营业务、主要产品或服务、主要财务指标。

## 第四节　募集资金运用

**第九十三条**　发行人应简要披露本次募集资金运用情况、投资项目基本情况和项目发展前景分析、募集资金的具体安排和计划。若募股资金暂时闲置,披露管理措施。

**第九十四条**　发行人应以表格形式披露前次募集资金使用情况和效益:

| | |
|---|---|
| 承诺投资项目 | |
| 承诺投资金额 | |
| 实际投资项目 | |
| 实际投资金额 | |
| 实际投资项目产生的效益 | |

## 第五节　风险因素和其他重要事项

**第九十五条**　发行人应有针对性地披露其实际面对的特有风险,不必披露风险对策和措施。已在“特别风险提示”中披露的,不必重复披露。

**第九十六条**　发行人应披露对投资者作出投资决策有重要影响的其他事项,如重大合同、重大诉讼或仲裁事项等。

## 第六节　本次发行各方当事人和发行时间安排

**第九十七条**　发行人应以表格形式披露本次发行各方当事人的如下情况:

| | |
|---|---|
| 名称 | |
| 住所 | |
| 联系电话 | |
| 传真 | |
| 经办人或联系人姓名 | |
| 发行人 | |
| 主承销商 | |
| 律师事务所 | |
| 会计师事务所 | |
| 资产评估机构(若有) | |
| 独立财务顾问(若有) | |
| 股票登记机构 | |
| 收款银行 | |
| 申请上市的证券交易所 | |

**第九十八条**　发行人应以表格形式披露本次发行上市的重要日期,主要包括:

| | |
|---|---|
| 发行公告刊登的日期 | |
| 预计发行日期 | |
| 申购期 | |
| 资金冻结日期 | |
| 预计上市日期 | |

### 第七节　附录和备查文件

**第九十九条**　发行人应披露招股说明书全文、备查文件和附件、最近一年年度报告和最近一期中期报告的查阅方式。

### 第四章　附　则

**第一百条**　本准则自发布之日起施行。

# 公开发行证券的公司信息披露内容与格式准则第13号——可转换公司债券募集说明书（2003年修订）

## 目　录



## 第一章　总　则

**第一条**　为规范上市公司发行可转换公司债券的信息披露行为，保护投资者合法权益，根据《中华人民共和国公司法》（以下简称"《公司法》"）、《中华人民共和国证券法》（以下简称"《证券法》"）、《可转换公司债券管理暂行办法》（以下简称"《暂行办法》"）等法律、法规以及中国证券监督管理委员会（以下简称"中国证监会"）的有关规定，制定本准则。

**第二条**　申请发行可转换公司债券的上市公司（以下简称"发行人"），应按本准则的要求编制可转换公司债券募集说明书（以下简称"募集说明书"）及其摘要，作为向中国证监会申请发行可转换公司债券的必备法律文件，并按规定披露。

**第三条**　本准则的规定是对募集说明书信息披露的最低要求。不论本准则是否有明确规定，凡对投资者做出投资决策有重大影响的信息，均应披露。

**第四条**　本准则某些具体要求对发行人确实不适用的，发行人可根据实际情况，在不影响披露内容完整性的前提下做适当修改，但应在申报时作书面说明。

**第五条**　由于商业秘密（如核心技术的保密资料、商业合同的具体内容等）等特殊原因，本准则规定的某些信息确实不便披露的，发行人可向中国证监会申请豁免。

**第六条**　在不影响信息披露的完整性和不致引起阅读不便的前提下，发行人可采用相互引征的方法，对各相关部分的内容进行适当的技术处理；对于曾在招股说明书、上市公告书、定期报告、临时报告中披露过的信息，如事实未发生变化，发行人可采取索引的方法进行披露，以避免重复和保持文字简洁。

**第七条**　发行人在募集说明书及其摘要披露的所有信息应真实、准确、完整、公平、及时，尤其要确保所披露的财务会计资料有充分的依据。所引用的财务报告、盈利预测报告（如有）应由具有证券期货相关业务资格的会计师事务所审计或审核，并由两名以上具有证券期货相关业务资格的注册会计师签署。

**第八条**　募集说明书的有效期为六个月，自中国证监会下发核准通知前募集说明书最后一次签署之日起计算。发行人在募集说明书有效期内未能发行可转换公司债券的，应重新修订募集说明书。发行人可在特别情况下申请适当延长募集说明书的有效期限，但至多不超过一个月。

**第九条** 发行人报送申请文件后，在募集说明书披露前发生与申报稿不一致或应予补充披露的事项，如发生股东或董事、经理（含总裁等相当的职务）变动，出现财政税收政策、业务方向和范围的重大变动，取得或失去重大专利或特许权，以及进行新的重大投资或融资行为等，发行人应视情况在履行上市公司持续信息披露义务的前提下，及时修改募集说明书并提供补充说明材料。

发行人公开发行可转换公司债券的申请经中国证监会核准后，如发行人认为还有必要对募集说明书及其摘要进行修改的，应书面说明情况。

**第十条** 发行人应针对实际情况在募集说明书首页做“特别风险提示”，并在“风险因素”一节详细披露。

**第十一条** 募集说明书还应满足如下一般要求：

（一）引用的数据应提供资料来源，事实应有充分、客观、公正的依据；

（二）引用的数字应采用阿拉伯数字，货币金额除特别说明外，应指人民币金额，并以元、千元或万元为单位；

（三）发行人可根据有关规定或其他需求，编制募集说明书外文译本，但应保证中、外文文本的一致性，并在外文文本上注明：“本募集说明书分别以中、英（或日、法等）文编制，在对中外文本的理解上发生歧义时，以中文文本为准”；

（四）募集说明书全文文本应采用质地良好的纸张印刷，幅面为209×295毫米（相当于标准的A4纸规格）；

（五）文字应简洁、通俗、平实和明确，不得刊载任何有祝贺性、广告性和恭维性的词句。

**第十二条** 募集说明书摘要的编制和披露，还须符合以下要求：

（一）募集说明书摘要的目的仅为向公众提供有关本次发行的简要情况，无须包括募集说明书全文各部分的主要内容；

（二）募集说明书摘要中要尽量少用投资者不熟悉的专业和技术词汇，尽量采用表格或其他较为直观的方式准确披露公司及其产品、财务等情况，做到简明扼要，通俗易懂；

（三）募集说明书摘要必须忠实于募集说明书全文的内容，不得出现与全文相矛盾之处；

（四）募集说明书摘要刊登于中国证监会指定的信息披露报刊，篇幅不得超过一个版面。在指定报刊刊登的募集说明书摘要最小字号为标准小5号字，最小行距为0.35毫米。

**第十三条** 发行人应在发行前二至五个工作日内将募集说明书摘要刊登于至少一种中国证监会指定的报刊，同时将募集说明书全文刊登于中国证监会指定的网站，并将募集说明书全文文本及备查文件置备于发行人住所、拟上市证券交易所、主承销商和其他承销机构的住所，以备查阅。

**第十四条** 发行人可将募集说明书全文及摘要刊登于其他网站和报刊，但不得早于在中国证监会指定网站和报刊的披露。

**第十五条** 在募集说明书及其摘要披露前，任何当事人不得违反规定披露与募集说明书及其摘要有关的信息，或利用这些信息谋取利益。发行人、任何中介机构或人士利用与募集说明书及其摘要有关的信息进行推介宣传的，应遵守中国证监会的相关规定。

**第十六条** 发行人应在募集说明书及其摘要披露后十日内，将正式印刷的募集说明书全文文本一式五份，分别报送中国证监会及其在发行人注册地的派出机构。

**第十七条** 发行人董事会及全体董事应保证募集说明书及其摘要内容的真实性、准确性、完整性，承诺其中不存在虚假记载、误导性陈述或重大遗漏，并承担相应的责任。

**第十八条** 主承销商应受发行人委托配合发行人编制募集说明书，并对募集说明书的内容进行核查，确认募集说明书及其摘要不存在虚假记载、误导性陈述或重大遗漏，并承担相应的责任。

**第十九条** 发行人律师可受发行人委托参与编制募集说明书，并应对募集说明书进行审阅，确认募集说明书及其摘要引用的法律意见真实、准确，并承担相应的责任。

**第二十条** 发行人律师、注册会计师、注册评估师、验资人员及其所在的中介机构等应书面同意发行人在募集说明书及其摘要中引用由其出具的专业报告或意见的内容。

## 第二章 可转换公司债券募集说明书

### 第一节 封面、书脊、扉页、目录、释义

**第二十一条** 募集说明书全文文本封面至少应标有“×××股份有限公司发行可转换公司债券募集说明书”字样，并应载明发行人及主承销商的名称和住所。

**第二十二条** 募集说明书书脊应标明（如可能）“×××股份有限公司发行可转换公司债券募集说明书”字样。

**第二十三条** 募集说明书全文文本扉页应刊登如下内容：

（一）发行总额；

（二）票面金额；

（三）期限；

（四）利率和付息日期；

（五）转股价格；

（六）转换期，应列示投资者从何时起至何时止可申请转股；

（七）赎回条款和回售条款的提示性说明（如有）；

（八）发行方式及发行期；

（九）拟申请上市证券交易所；

（十）主承销商；

（十一）正式申报的募集说明书签署日期。

**第二十四条** 募集说明书扉页应刊登发行人董事会的如下声明：

"发行人董事会已批准本募集说明书及其摘要，全体董事承诺其中不存在虚假记载、误导性陈述或重大遗漏，并对其真实性、准确性、完整性承担个别和连带的法律责任。"

"公司负责人和主管会计工作的负责人、会计机构负责人保证募集说明书及其摘要中财务会计报告真实、完整。"

"中国证监会、其他政府机关对本次发行所做的任何决定或意见，均不表明其对本发行人可转换公司债券的价值或投资者收益的实质性判断或者保证。任何与之相反的声明均属虚假不实陈述。"

"根据《证券法》等的规定，可转换公司债券依法发行后，发行人经营与收益的变化，由发行人自行负责，由此变化引致的投资风险，由投资者自行负责。"

"投资者若对本募集说明书及其摘要存在任何疑问，应咨询自己的证券经纪人、律师、专业会计师或其他专业顾问。"

**第二十五条** 发行人聘请的会计师事务所对其财务报告出具了非标准无保留意见的审计报告的，发行人还应作如下提示：

"×××会计师事务所对本发行人××年度的财务报告出具了有说明段的无保留意见（或保留意见等）的审计报告，请投资者注意阅读该审计报告全文及相关财务报表附注。注册会计师已针对该事项出具了补充意见，发行人董事会、监事会对相关事项已作详细说明，也请投资者注意阅读。"

**第二十六条** 募集说明书及其摘要的目录应标明各章、节的标题及相应的页码，内容编排也应符合通行的中文惯例。

**第二十七条** 发行人应对可能对投资者理解有障碍及有特定含义的术语作出释义，募集说明书及其摘要的释义应在目录次页排印。

## 第二节 概 览

**第二十八条** 发行人应设置募集说明书概览，简介发行人的主要财务数据、本次发行情况及募集资金用途。在概览起首应声明"本概览仅对募集说明书全文做概要提示。投资者作出投资决策前，应认真阅读募集说明书全文。"

## 第三节 本次发行概况

**第二十九条** 发行人应披露本次发行的基本情况，主要包括：

（一）可转换公司债券的发行总额；

（二）票面金额；

（三）可转换公司债券期限；

（四）利率和付息日期（说明转换年度有关利息的归属）；

（五）转股价格；

（六）转股起止时期；

（七）可转换公司债券的担保人；

（八）可转换公司债券的信用级别及资信评估的机构（如有）；

（九）发行方式与发行对象；

（十）承销方式；

（十一）本次发行预计实收募集资金；

（十二）发行费用概算（主要包括承销费用、律师费用、发行手续费用、审核费等）。

**第三十条** 发行人应说明本次发行中的停牌、复牌及可转换公司债券上市的时间安排。

**第三十一条** 发行人应披露下列机构的名称、法定代表人、住所、联系电话、传真，同时应披露有关经办人员的姓名：

（一）发行人；

（二）主承销商及其他承销机构；

（三）上市推荐人；

（四）发行人聘请的律师事务所；

（五）会计师事务所；

（六）可转换公司债券的担保人；

（七）资信评估机构（如有）；

（八）收款银行；

（九）可转换公司债券登记机构；

（十）其他与发售可转换公司债券有密切联系的机构。

**第三十二条** 应披露发行人与本次发行有关的中介机构及其负责人、高级管理人员及经办人员之间存在的直接或间接的股权关系或其他权益关系。

**第三十三条** 发行人应针对不同的发行方式,披露至上市前的有关重要日期,主要包括:

(一) 发行公告刊登的日期;

(二) 预计发行日期;

(三) 申购期;

(四) 资金冻结日期;

(五) 预计上市日期。

## 第四节 风险因素

**第三十四条** 发行人除应参照《公开发行证券的公司信息披露内容与格式准则第1号——招股说明书》的有关要求披露本次发行的风险因素与对策外,还需补充披露以下风险:

(一) 可转换公司债券到期不能转股的风险;

(二) 转股后每股收益、净资产收益率摊薄的风险;

(三) 可转换公司债券市场自身特有的风险(如可转换公司债券价格与股票价格的联动及异动关系,提醒投资人对可转换公司债券价格波动应有充分了解)。

## 第五节 发行条款

**第三十五条** 发行人应披露本次可转换公司债券的发行总额及其确定依据。

**第三十六条** 发行人应说明可转换公司债券的票面金额、期限、利率和付息日期(说明转换年度有关利息的归属、股利分配方式)及其确定依据。

**第三十七条** 发行人应说明可转换公司债券转股的有关约定,包括:

(一) 转股的起止日期;

(二) 转股价格的确定依据及计算公式;

(三) 在发行人分红、派息、发行新股、配股、合并或分立等时转股价格的调整方法及计算公式;

(四) 转股价格修正条款(如有);

(五) 转股时不足一股金额的处理方法;

(六) 转换年度有关股利的归属;

(七) 其他有关约定。

**第三十八条** 发行人应说明转股的具体程序,主要包括:

(一) 转股申请的声明事项及转股申请的手续;

(二) 转股申请时间;

(三) 可转换公司债券的冻结及注销;

(四) 股份登记事项及因转股而配发的股份所享有的权益;

(五) 转股过程中有关税费事项。

**第三十九条** 发行人应说明所设置的赎回条款的具体内容,主要包括:

(一) 赎回的条件;

(二) 程序;

(三) 价格;

(四) 付款方法;

(五) 时间。

**第四十条** 发行人应说明所设置的回售条款的具体内容,主要包括:

(一) 回售的条件;

(二) 程序;

(三) 价格;

(四) 付款方法;

(五) 时间。

## 第六节 担保事项

**第四十一条** 发行人应说明可转换公司债券担保人的基本情况,主要包括:

(一) 担保人简况;

(二) 担保人的资产负债率、净资产收益率、流动比率、速动比率等主要财务指标;

(三) 担保人的资信情况;

(四) 担保人的其他担保行为。

发行人还应披露担保合同的主要内容。

## 第七节 发行人的资信

**第四十二条** 发行人应披露公司的资信情况,主要说明:

(一) 公司近三年的主要贷款银行及各主要贷款银行对公司资信的评价(如有);

(二) 说明公司近三年与公司主要客户发生业务往来时,是否有严重违约现象;

(三) 说明公司近三年发行的公司债券以及偿还情况;

(四) 发行人应披露资信评估机构对公司的资信评级情况(如有);

(五) 发行人应计算并披露其前三年的速动比率、利息倍数[(利润总额+实际利息支出)/应付利息支出]、贷款偿还率(实际贷款偿还额/应偿还贷款额)、利息偿付率(实际利息支出/应付利息支出)等财务指标。

## 第八节 偿债措施

**第四十三条** 发行人应披露可转换公司债券的偿债措施,说明可转换公司债券到期不能转股时公司拟采取的具体偿债措施。

## 第九节 发行人基本情况

**第四十四条** 发行人应参照《公开发行证券的公司信息披露内容与格式准则第1号——招股说明书》有关章节的要求简要披露其基本情况。

**第四十五条** 发行人应说明近三年内所披露的信息是否符合有关规定,是否发生过虚假记载、误导性陈述或者重大遗漏的情况。

### 第十节　业务和技术

**第四十六条**　发行人应参照《公开发行证券的公司信息披露内容与格式准则第 1 号——招股说明书》有关章节的要求披露其业务和技术情况。

### 第十一节　同业竞争与关联交易

**第四十七条**　发行人应参照《公开发行证券的公司信息披露内容与格式准则第 1 号——招股说明书》有关章节的要求简要披露同业竞争与关联交易情况。

### 第十二节　董事、监事、高级管理人员及核心技术人员

**第四十八条**　发行人应参照《公开发行证券的公司信息披露内容与格式准则第 1 号——招股说明书》有关章节的要求简要披露董事、监事、高级管理人员及核心技术人员的情况。

### 第十三节　公司治理结构

**第四十九条**　发行人应参照《公开发行证券的公司信息披露内容与格式准则第 1 号——招股说明书》有关章节的要求简要披露其公司治理结构的情况。

### 第十四节　财务会计信息

**第五十条**　发行人应参照《公开发行证券的公司信息披露内容与格式准则第 1 号——招股说明书》有关章节的要求简要披露财务会计信息，主要包括：

（一）不少于最近三年的简要利润表、不少于最近三年末的简要资产负债表及不少于最近一年的简要现金流量表；

（二）盈利预测数据（如有）；

（三）不少于最近三年经审计的主要财务指标；

（四）公司管理层作出的与本条（一）中时间一致的公司财务分析的简明结论性意见，主要说明发行人资产质量状况，资产负债结构、股权结构的合理性，现金流量、偿债能力的强弱；说明近三年业务的进展及盈利能力，描述收入和盈利能力等的连续性、稳定性；简要陈述未来业务目标及盈利前景；指出发行人的主要财务优势；提示各种已知或不确定性因素已对发行人产生的重大困难及将产生的主要困难。

**第五十一条**　发行人应重点说明本次发行可转换公司债券后公司资产负债结构的变化。

**第五十二条**　会计师事务所曾对发行人近三年财务报告出具非标准无保留意见审计报告的，发行人应披露注册会计师就该事项是否已消除或纠正出具的补充意见，以及董事会、监事会就该事项处理情况作出的详细说明。

**第五十三条**　发行人对可能影响投资者理解公司资产负债状况、经营业绩和现金流动情况的信息，应加以必要的说明，有关财务困难、障碍、或有损失，应在“财务风险”栏目中加以具体披露。所有财务会计信息的披露尤其应采用简洁、通俗、平实和明确的文字表述。

### 第十五节　业务发展目标

**第五十四条**　发行人应参照《公开发行证券的公司信息披露内容与格式准则第 1 号——招股说明书》有关章节的要求简要披露其业务发展目标。

### 第十六节　募集资金的运用

**第五十五条**　发行人应参照《公开发行证券的公司信息披露内容与格式准则第 1 号——招股说明书》有关章节的要求简要披露其本次募集资金的运用。

**第五十六条**　发行人应按照中国证监会有关规定，披露前次募集资金的运用情况。

### 第十七节　其他重要事项

**第五十七条**　发行人应参照《公开发行证券的公司信息披露内容与格式准则第 1 号——招股说明书》有关章节的要求简要披露其他重要事项。

### 第十八节　董事及有关中介机构声明

**第五十八条**　发行人和有关中介机构应参照《公开发行证券的公司信息披露内容与格式准则第 1 号——招股说明书》有关章节的要求披露董事及有关中介机构声明。

### 第十九节　附录和备查文件

**第五十九条**　募集说明书的附录是募集说明书不可分割的有机组成部分，主要包括：

（一）发行人编制的盈利预测报告及注册会计师出具的盈利预测审核报告（如有）；

（二）发行人董事会、监事会关于报告期内被出具非标准无保留意见审计报告涉及事项处理情况的说明（如有）；

（三）注册会计师关于报告期内非标准无保留意见审计报告的补充意见（如有）。

**第六十条**　发行人应将整套发行申请文件及发行人认为相关的其他文件作为备查文件，列示其目录，并告知投资者查阅的时间、地点、电话和联系人。备查文件上网的，应披露网址。

## 第三章　可转换公司债券募集说明书摘要

**第六十一条**　发行人应在募集说明书摘要的显要位置声明：

“本募集说明书摘要的目的仅为向公众提供有关本次发行的简要情况，并不包括募集说明书全文的各部分内容。募集说明书全文同时刊载于×××网站。投资

者在做出认购决定之前，应仔细阅读募集说明书全文，并以其作为投资决定的依据。”

“投资者若对本募集说明书及其摘要存在任何疑问，应咨询自己的证券经纪人、律师、专业会计师或其他专业顾问。”

“发行人董事会已批准募集说明书及其摘要，全体董事承诺其中不存在虚假记载、误导性陈述或重大遗漏，并对募集说明书及其摘要真实性、准确性和完整性承担个别和连带的法律责任。”

“公司负责人和主管会计工作的负责人、会计机构负责人保证募集说明书及其摘要中财务会计报告真实、完整。”

“中国证监会、其他政府部门对本次发行所作的任何决定或意见，均不表明其对发行人债券的价值或者投资人的收益做出实质性判断或者保证。任何与之相反的声明均属虚假不实陈述。”

发行人聘请的会计师事务所对其财务报告出具了非标准无保留意见的审计报告的，发行人还应作如下提示：

“×××会计师事务所对本发行人××年度的财务报告出具了有说明段的无保留意见（或保留意见等）的审计报告，请投资者注意阅读该审计报告全文及相关财务报表附注。注册会计师已针对该事项出具了补充意见，发行人董事会、监事会对相关事项已作详细说明，也请投资者注意阅读。”

## 第一节　特别提示和特别风险提示

**第六十二条**　发行人在募集说明书摘要中应针对公司实际情况作特别提示和特别风险提示。

## 第二节　本次发行概况

**第六十三条**　发行人应当以表格形式披露本次发行的基本情况，主要包括：

| | |
|---|---|
| 可转换公司债券的发行总额 | |
| 票面金额 | |
| 可转换公司债券的期限 | |
| 利率和付息日期（说明转换年度有关利息的归属） | |
| 转股价格 | |
| 转股起止时期 | |
| 可转换公司债券的担保人 | |
| 可转换公司债券的信用级别及资信评估机构（如有） | |
| 发行方式与发行对象 | |
| 承销方式 | |
| 本次发行预计实收募集资金 | |
| 发行费用概算 | |

## 第三节　发行条款、担保、发行人的资信和偿债措施

**第六十四条**　发行人应披露可转换公司债券的主要条款：

| | |
|---|---|
| 转股程序 | |
| 转股价格的调整和修正（如有） | |
| 赎回条款（如有） | |
| 回售条款（如有） | |
| 利息支付条款 | |
| 其他需要特别说明的条款 | |

**第六十五条**　发行人应以表格形式披露本次发行的担保事项：

| | |
|---|---|
| 担保人名称 | |
| 担保方式 | |
| 担保期限 | |
| 担保范围 | |
| 担保人主要财务数据（包括总资产、净资产、最近一年的净利润） | |

如有两家以上的担保人，应披露各自担保金额以及各自对债券承担连带担保责任。

**第六十六条**　发行人应披露公司的资信情况，如公司近三年主要贷款银行对公司资信的评价、资信评估机构对公司的资信评级情况、近三年公司发行公司债券及其偿还情况。

**第六十七条**　发行人应披露可转换债券的偿债措施，说明偿债资金的来源。

## 第四节　发行人基本情况

**第六十八条**　募集说明书摘要中应当披露发行人的基本情况，主要包括：

（一）发行人基本资料，包括：

| | |
|---|---|
| 注册中、英文名称及缩写 | |
| 法定代表人 | |
| 成立（工商注册）日期 | |
| 住所及其邮政编码 | |
| 电话、传真号码 | |
| 互联网网址 | |
| 电子信箱 | |

（二）有关股本的情况，主要包括：

1.以表格方式披露本次发行前的股本结构

| 股份类别 | 股东名称 | 发行前 | | 发行后 | |
|---|---|---|---|---|---|
| | | 股数（万股） | 比例（%） | 股数（万股） | 比例（%） |
| 未上市流通股份 | | | | | |
| 发起人股份 | | | | | |
| 国家持有股份 | | | | | |
| 境内法人持有股份 | | | | | |
| 境外法人持有股份 | | | | | |
| 其他 | | | | | |
| 募集法人股 | | | | | |
| 内部职工股 | | | | | |
| 社会公众股 | | | | | |
| 合计 | | | | | |

2.发行人的发起人、控股股东和主要股东之间的关联关系。

(三)发行人的主营业务、主要产品或服务及其用途、产品销售方式和渠道、所需主要原材料、行业竞争情况以及发行人在行业中的竞争地位。

(四)发行人业务及生产经营有关的资产权属情况。对发行人业务及生产经营所必须的商标、土地使用权、专利与非专利技术、重要特许权利等,应明确披露这些权利的使用及权属情况。

(五)发行人关于同业竞争和关联交易的具体内容和解决措施,以及有关中介机构和独立董事对同业竞争和关联交易发表的意见,并以图表形式披露报告期内同业竞争和关联交易对发行人财务状况和经营成果的影响。

(六)董事、监事、高级管理人员,以图表形式披露上述人员的基本情况及其兼职情况、薪酬情况以及与发行人及其控股子公司间的股权关系或其他利益关系。

| 姓名 | 职务 | 性别 | 年龄 | 任期起止日期 | 简要经历 | 兼职情况 | 薪酬情况 | 持有公司股份的数量 | 与公司的其他利益关系 |
|---|---|---|---|---|---|---|---|---|---|
| | | | | | | | | | |
| | | | | | | | | | |

(七)发行人控股股东及其实际控制人的基本情况。

(八)发行人应简要披露其财务会计信息,主要包括:

1.不少于最近三年的简要合并利润表,不少于最近三年末的简要合并资产负债表,不少于最近一年的简要合并现金流量表;

2.列表披露最近三年的主要财务指标,包括流动比率、速动比率、资产负债率(以母公司报表为基础)、应收账款周转率、存货周转率、净资产收益率(包括扣除非经常性损益后净资产收益率)、每股收益、每股经营活动的现金流量、每股净现金流量;

3.管理层对公司近三年财务状况和经营成果的讨论与分析;

4.简要盈利预测表(如有);

5.股利分配政策和历年分配情况以及发行后股利分配政策、发行前滚存利润的分配政策;

6.发行人控股子公司或纳入发行人合并会计报表的其他企业的基本情况,主要包括:公司成立日期、注册资本、股权结构、主要管理人员、主营业务、主要产品或服务、主要财务指标。

### 第五节　募集资金运用

**第六十九条**　发行人应简要披露本次募集资金运用情况、投资项目基本情况和项目发展前景分析、募集资金的具体安排和计划。若募集资金暂时闲置,披露管理措施。

**第七十条**　发行人应以表格形式披露前次募集资金使用情况和效益:

| | |
|---|---|
| 承诺投资项目 | |
| 承诺投资金额 | |
| 实际投资项目 | |
| 实际投资金额 | |
| 实际投资项目产生的效益 | |

### 第六节　风险因素和其他重要事项

**第七十一条**　发行人应有针对性地披露其实际面对的特有风险,不必披露风险对策和措施。已在"特别风险提示"中披露的,不必重复披露。

**第七十二条**　发行人应披露对投资者作出投资决策有重要影响的其他事项,如重大合同、重大诉讼或仲裁事项等。

### 第七节　本次发行各方当事人和发行时间安排

**第七十三条**　发行人应以表格形式披露本次发行各方当事人的如下情况:

**第七十四条**　发行人应以表格形式披露本次发行上市的重要日期,主要包括:

| | |
|---|---|
| 发行公告刊登的日期 | |
| 预计发行日期 | |
| 申购期 | |
| 资金冻结日期 | |
| 预计上市日期 | |

### 第八节　附录和备查文件

**第七十五条**　发行人应披露募集说明书全文、备查文件和附件、最近一年年度报告和最近一期中期报告的查阅方式。

## 第四章　附　则

**第七十六条**　本准则由中国证监会负责解释。

**第七十七条**　本准则自发布之日起施行。

# 公开发行证券的公司信息披露编报规则第 13 号
# ——季度报告内容与格式特别规定(2003 年修订)

**关于印发《公开发行证券的公司信息披露编报规则第 13 号〈季度报告内容与格式特别规定〉》(2003 年修订)的通知**

证监公司字[2003]8 号

**各上市公司：**

现将《公开发行证券的公司信息披露编报规则第 13 号〈季度报告内容与格式特别规定〉》(2003 年修订)印发给你们，请遵照执行。

二〇〇三年三月二十六日

## 第一章　总　则

**第一条**　为规范在中华人民共和国境内公开发行股票并在证券交易所上市的股份有限公司(以下简称公司)的信息披露行为，保护投资者的合法权益，依据《中华人民共和国公司法》、《中华人民共和国证券法》等法律法规，制定本规则。

**第二条**　公司编制季度报告应遵循本规则。

**第三条**　公司应在会计年度前三个月、九个月结束后的一个月内编制季度报告，并将季度报告正文刊载于中国证监会指定的报纸上，将季度报告全文(包括正文及附录)刊载于中国证监会指定的互联网网站上。季度报告正文应按照本规则第二章要求编制，并按照附件的格式披露。

季度报告报告期系指季度初至季度末三个月期间。

第一季度季度报告的披露时间不得早于上一年度年度报告。

**第四条**　公司应在季度报告披露后十日内，将季度报告正式文本一式两份分别报送中国证券监督管理委员会、公司所在地的证券监管派出机构和股票挂牌交易的证券交易所。

**第五条**　公司季度报告中的财务资料无须审计，但中国证监会或证券交易所另有规定的除外。

## 第二章　正　文

### 第一节　重要提示

**第六条**　公司应在季度报告正文的显要位置刊登如下重要提示：

本公司董事会及其董事保证本报告所载资料不存在任何虚假记载、误导性陈述或者重大遗漏，并对其内容的真实性、准确性和完整性承担个别及连带责任。

如个别董事对季度报告内容的真实性、准确性、完整性无法保证或存在异议的，应当声明：××董事无法保证本报告内容的真实性、准确性和完整性，理由是：……，请投资者特别关注。如有董事未出席董事会，应当单独列示其姓名。

**第七条**　如季度财务报告经审计被出具有解释性说明、保留意见、拒绝表示意见或否定意见的审计报告，重要提示中应增加以下陈述：

××会计师事务所为本公司出具了有解释性说明(或保留意见、拒绝表示意见、否定意见)的审计报告，本公司董事会、监事会对相关事项亦有详细说明，请投资者注意阅读。

**第八条**　公司负责人、主管会计工作负责人及会计机构负责人(会计主管人员)应当声明：保证季度报告中财务报告的真实、完整。

### 第二节　公司基本情况

**第九条**　公司应披露如下内容：

(一)公司股票简称、股票代码(若报告期初至报告披露日期间公司股票简称发生变更，还应同时披露变更前的股票简称)。

(二)公司董事会秘书及证券事务代表的姓名、联系地址、电话、传真、电子邮箱。

**第十条**　公司应披露如下财务资料：

(一)公司应采用数据列表方式，提供截至报告期末公司主要会计数据和财务指标，包括以下各项：总资产、股东权益(不含少数股东权益)、经营活动产生的现金流量净额、每股收益、每股净资产、调整后的每股净资产、净资产收益率、扣除非经常性损益后的净资产收益率等。同时说明扣除的非经常性损益项目及其金额。

上述会计数据及财务指标应按照《公开发行证券的公司信息披露内容与格式准则第 2 号——年度报告的内容与格式》以及中国证监会颁布的其他有关信息披露规范计算填列。

（二）会计报表：利润表

利润表应当按照财政部《企业会计准则——中期财务报告》的要求予以编制。

**第十一条** 公司应披露报告期末股东总数。

### 第三节 管理层讨论与分析

**第十二条** 公司管理层应当简要介绍公司报告期内的经营情况，分析公司报告期内经营活动的总体状况，至少包括：

（一）公司对占主营收入或主营业务利润总额10%以上的主营行业或产品，应分别列示其销售收入、销售成本、毛利率。

（二）经营的季节性或周期性特征（如有）。

（三）若报告期内利润构成、主营业务及其结构、主营业务盈利能力较前一报告期发生重大变化的，应予以说明。

**第十三条** 报告期内发生或将要发生、或以前期间发生但延续到报告期的重大事项，若对本报告期或以后期间的公司财务状况、经营成果产生重大影响，应披露该重大事项，并说明其影响和解决方案。公司已在临时公告披露过的信息，可直接注明刊登的中国证监会指定报刊名称及日期，无需重复披露。

**第十四条** 若与前一定期报告相比，公司会计政策、会计估计以及财务报表合并范围发生变化，或报告期因重大会计差错而进行追溯调整，应予以披露，并对其原因和影响数进行说明。

**第十五条** 若季度报告经审计且会计师事务所出具有解释性说明、保留意见、拒绝表示意见或否定意见的审计报告，公司董事会和监事会应就所涉及事项做出说明。

**第十六条** 公司如果预测年初至下一报告期期末的累计净利润可能为亏损或者与上年同期相比发生大幅度变动，应当予以警示并说明原因。

**第十七条** 公司若对已披露的年度经营计划或预算作出滚动调整，应当说明有关调整的内容。

## 第三章 附 录

**第十八条** 公司应编制季度报告的附录部分。该部分包括资产负债表、利润表、现金流量表。报表编制应当符合《企业会计准则——中期财务报告》的要求。若季度报告经过注册会计师审计，则附录应披露审计报告全文。

## 第四章 附 则

**第十九条** 本规则由中国证监会负责解释。

**第二十条** 本规则自发布之日起实施。

附件：

**季度报告正文披露格式**

**××××股份有限公司季度报告**

**§1 重要提示**

1.1 本公司董事会及其董事保证本报告所载资料不存在任何虚假记载、误导性陈述或者重大遗漏，并对其内容的真实性、准确性和完整性负个别及连带责任。

1.2 如个别董事声明对季度报告内容的真实性、准确性、完整性无法保证或存在异议的，应当声明：

××董事无法保证本报告内容的真实性、准确性和完整性，理由是：……，请投资者特别关注。

1.3 如有董事未出席董事会，应当单独列示其姓名。

1.4 如季度报告中的财务报告经审计并被出具有解释性说明、保留意见、拒绝表示意见或否定意见的审计报告（以下简称“非标意见”），应当特别提示：

××会计师事务所为本公司出具了有解释性说明（或保留意见、拒绝表示意见、否定意见）的审计报告，本公司董事会、监事会对相关事项亦有详细说明，请投资者注意阅读。

1.5 公司负责人、主管会计工作负责人及会计机构负责人（会计主管人员）应当声明：保证季度报告中财务报告的真实、完整。

**§2 公司基本情况**

2.1 公司基本信息

| | | | |
|---|---|---|---|
| 股票简称 | | 变更前简称（如有） | |
| 股票代码 | | | |
| | 董事会秘书 | | 证券事务代表 |
| 姓名 | | | |
| 联系地址 | | | |
| 电话 | | | |
| 传真 | | | |
| 电子邮箱 | | | |

2.2 财务资料

2.2.1 主要会计数据及财务指标

| | 本报告期末 | 上年度期末 | 本报告期末比上年度期末增减（%） |
|---|---|---|---|
| 总资产 | | | |
| 股东权益（不含少数股东权益） | | | |
| 每股净资产 | | | |
| 调整后的每股净资产 | | | |
| | 报告期 | 年初至报告期期末 | 本报告期比上年同期增减（%） |
| 经营活动产生的现金流量净额 | | | |
| 每股收益 | | | |

| | | | |
|---|---|---|---|
| 每股收益注1 | | | |
| 净资产收益率 | | | |
| 扣除非经常性损益后的净资产收益率 | | | |
| 非经常性损益项目 | | 金额 | |
| | | | |
| 合计 | | | |

2.2.2 利润表

2.3 报告期末股东总人数

§3 管理层讨论与分析

3.1 公司报告期内经营活动总体状况的简要分析

3.1.1 占主营收入或主营业务利润总额 10% 以上的主营行业或产品情况

□适用 □不适用

| 分行业或分产品 | 主营业务收入 | 主营业务成本 | 毛利率(%) |
|---|---|---|---|
| 行业 1 | | | |
| 行业 2 | | | |
| …… | | | |
| 产品 1 | | | |
| 产品 2 | | | |
| …… | | | |
| 其中:关联交易 | | | |

3.1.2 公司经营的季节性或周期性特征

□适用 □不适用

| |
|---|
| |

3.1.3 报告期利润构成情况(主营业务利润、其他业务利润、期间费用、投资收益、补贴收入与营业外收支净额在利润总额中所占比例与前一报告期相比的重大变动及原因的说明)

□适用 □不适用

| |
|---|
| |

3.1.4 主营业务及其结构与前一报告期相比发生重大变化的情况及原因说明

□适用 □不适用

| |
|---|
| |

3.1.5 主营业务盈利能力(毛利率)与前一报告期相比发生重大变化的情况及其原因说明

□适用 □不适用

| |
|---|
| |

3.2 重大事项及其影响和解决方案的分析说明

□适用 □不适用

| |
|---|
| |

3.3 会计政策、会计估计、合并范围变化以及重大会计差错的情况及原因说明

□适用 □不适用

| |
|---|
| |

3.4 经审计且被出具“非标意见”情况下董事会和监事会出具的相关说明

□适用 □不适用

| |
|---|
| |

3.5 预测年初至下一报告期期末的累计净利润可能为亏损或者与上年同期相比发生大幅度变动的警示及原因说明

□适用 □不适用

| |
|---|
| |

3.6 公司对已披露的年度经营计划或预算的滚动调整情况

□适用 □不适用

单位:万元

| | 原拟订的本年度经营计划注2 | 调整后的经营计划 |
|---|---|---|
| 收入 | | |
| 成本 | | |
| 费用 | | |
| 有关变更或更正原因及影响的讨论与分析 | | |
| | | |

注 1:如果报告期末至报告披露日,公司股本发生变化的,按新股本计算

注 2:系指最近一次定期报告或股东大会中制定或调整的本年度经营计划或财务预算。

**中国证券监督管理委员会**

**2003 年 3 月 26 日**

# 公开发行证券的公司信息披露内容与格式准则第 20 号
# ——证券公司发行债券申请文件

## 关于发布《证券公司债券管理暂行办法》五个配套文件的通知

证监发行字[2003]106 号

各证券公司：

为规范证券公司发行债券信息披露等行为，保护投资者合法权益，现发布《公开发行证券的公司信息披露内容与格式准则第 20 号——证券公司发行债券申请文件》、《公开发行证券的公司信息披露内容与格式准则第 21 号——证券公司公开发行债券募集说明书》、《公开发行证券的公司信息披露内容与格式准则第 22 号——证券公司债券上市公告书》，《证券公司定向发行债券信息披露准则》，《资信评级机构出具证券公司债券信用评级报告准则》，自 2003 年 10 月 8 日起施行。

中国证券监督管理委员会

二〇〇三年八月二十九日

**第一条** 为规范证券公司报送债券发行申请文件的行为，根据《公司法》、《证券法》等有关法律、法规及《证券公司债券管理暂行办法》的规定，制定本准则。

**第二条** 申请发行债券的证券公司（以下简称"发行人"），应当按照本准则的要求制作申请文件。

**第三条** 申请文件是发行人为发行债券向中国证券监督管理委员会（以下简称"中国证监会"）报送的必备文件。

**第四条** 发行人报送的申请文件应包括公开披露的文件和一切相关的资料。整套申请文件应包括两个部分，即要求在指定报刊或网站披露的文件和不要求在指定报刊或网站披露的文件（见附件一）。公开发行申请经中国证监会批准并且第一部分文件披露后，整套申请文件可供投资者查阅。

**第五条** 本准则规定的目录是发行申请文件的最低要求，发行人可视实际情况增加。有的目录对发行人确实不适用的，可不必提供，但应向中国证监会作出书面说明。中国证监会可视实际需要要求发行人提供有关补充材料。

**第六条** 发行申报是发行审批的法定程序，一经申报，未经中国证监会同意，不得随意增加、撤回或更换。

**第七条** 发行人、主承销商及负责出具专业意见的律师事务所、会计师事务所、资信评级机构等应审慎对待所申报的材料和所出具的意见。发行人全体董事及有关中介机构应按要求在所提供的有关文件上发表声明或签字，对申请文件的真实性、准确性和完整性做出承诺。

**第八条** 主承销商应按有关规定履行对申请文件的核查及对申请文件进行质量控制的义务，并出具核查意见。

**第九条** 发行人、主承销商及其他有关中介机构应结合中国证监会对发行申请文件的审核反馈意见提供补充材料，发行人全体董事应对补充内容出具书面回复函。有关中介机构应按中国证监会的规定履行尽职调查或补充出具专业意见的义务。

**第十条** 申请文件应为原件，如不能提供原件的，应由发行人律师提供鉴证意见，或由出文单位盖章，以保证与原件一致。如原出文单位不再存续，可由承继其职权的单位或作出撤销决定的单位出文证明文件的真实性。

**第十一条** 申请文件的纸张应采用幅面为 209×295 毫米规格的纸张（相当于标准 A4 纸张规格），双面印刷（需提供原件的历史文件除外）。

**第十二条** 申请文件的封面和侧面应标有"×××公司公开发行债券申请文件"字样。

**第十三条** 申请文件的扉页应附发行人的法定代表人、债券事务代表，有关中介机构项目负责人、相关业务部门负责人及公司主管领导或法定代表人姓名、电话、传真及其他有效方便的联系方式。

**第十四条** 申请文件章与章之间、章与节之间应有明显的分隔标识。

**第十五条** 申请文件中的页码应与目录中的页码相符。例如，第四章 4－1 的页码标注为 4－1－1，4－1－2，4－1－3，……，4－1－n。

**第十六条** 申请文件首次报送书面文件五份，其中一份按规定提供原件，其余四份可为原件的复印件。

**第十七条** 发行人应提供与主承销商签订的承销协议。申报时可提供经签名的包括尚待确定事项的承销协议，在中国证监会批准前报送对前述未确定事项加以明确的补充协议。

**第十八条** 中国证监会批准前，发行人应按要求补充提供有关文件的原件及其复印件。

**第十九条** 发行人在每次报送书面文件（包括募集说明书、法律意见书、有关专项说明或报告等）的同时，应报送一份相应的标准电子文件（应为标准.doc 或.rtf 文件）。

**第二十条** 对未按本准则的要求制作和报送发行

申请文件的,中国证监会可不予受理或要求重新制作或报送。

**第二十一条** 证券公司报送定向发行债券申请文件应参照本准则执行。具体内容与格式详见附件二。

**第二十二条** 本准则自2003年10月8日起施行。

附件一

## 公开发行债券申请文件目录

## 第一部分 要求在指定报刊及网站披露的文件

### 第一章 债券募集说明书及发行公告

1-1 债券募集说明书(申报稿)

附录一 最近三年及最近一期的审计报告及财务报告全文(截止日距申报日不超过三个月)

附录二 发行人董事会、监事会关于报告期内被出具非标准无保留意见审计报告(如有)涉及事项处理情况的说明

附录三 注册会计师关于报告期内非标准无保留意见审计报告(如有)的补充意见

附录四 资信评级机构出具的信用评级报告全文及有关持续跟踪评级安排的说明

附录五 债券债权代理协议

附录六 担保协议或担保函及相关文件。采用抵(质)押担保的,应提供抵(质)押物的权属证明、资产评估报告及与抵(质)押相关的登记、保管、持续监督安排等方面的法律文件。

附录七 发行人关于本期债券偿债计划及保障措施的专项报告

附录八 发行人关于支付本期债券本息的现金流分析报告

1-2 债券募集说明书摘要(申报稿)

1-3 公开发行公告

## 第二部分 不要求在指定报刊及网站披露的文件

### 第二章 主承销商推荐文件

2-1 主承销商出具的"×××公司申请公开发行债券的推荐函"(附"发行人基本情况表")

附录 主承销商出具的"尽职调查报告"和"×××公司申请公开发行债券申请文件的核查意见"

### 第三章 发行人律师的意见

3-1 法律意见书(附律师工作报告)

### 第四章 发行授权及申请文件

4-1 监管意见函

4-2 发行人出具的"关于×××公司拟公开发行债券的申请报告"

附录一 发行人董事会、股东会同意本次发行及有关重要条款的决议和授权董事会处理有关事宜的决议

附录二 在申报时和批准前,发行人全体董事和主承销商、发行人律师事务所、会计师事务所、资信评级机构、资产评估机构等对发行申请文件真实性、准确性和完整性的承诺书

4-3 发行人律师事务所、会计师事务所、资信评级机构以及资产评估机构等专业中介机构同意对纳入债券募集说明书的由其出具的专业报告或意见的内容无异议函

### 第五章 募集资金运用的有关文件

5-1 本次募集资金运用方案及董事会、股东会决议

5-2 发行人全体董事签名的募集资金运用项目的可行性研究报告(如有个别董事不同意或弃权,应说明原因并加盖公司印章)

5-3 发行人全体董事签名的关于前次募集资金使用情况的说明

5-4 拟收购资产和权益的资产评估报告(或审计报告)

### 第六章 发行条款、发行方案

6-1 发行人和主承销商签署的关于债券条款设置及其依据的说明

6-2 发行方案

### 第七章 其他与本次发行有关的文件

7-1 主承销商和发行人签订的承销协议及补充协议

7-2 已订立的与本期债券相关的重要合同

7-3 发行人公司章程和营业执照复印件

7-4 主承销商、其他承销团成员,债权代理人、资信评级机构、签名律师、注册会计师等及其所在机构的从业资格证书(如有)复印件,该复印件需由该机构盖章确认并说明用途

附件二

## 定向发行债券申请文件目录

### 第一章 债券募集说明书及发行方案

1-1 债券募集说明书(申报稿)

附录一 最近三年及最近一期的审计报告及财务报告全文(截止日距申报日不超过三个月)

附录二 发行人董事会、监事会关于报告期内被出具非标准无保留意见审计报告(如有)涉及事项处理情况的说明

附录三 注册会计师关于报告期内非标准无保留意见审计报告(如有)的补充意见

附录四 资信评级机构出具的信用评级报告全文及有关持续跟踪评级安排的说明

附录五 债券债权代理协议

附录六 担保协议或担保函及相关文件。采用抵(质)押担保的,应提供抵(质)押物的权属证明、资产评估报告及与抵(质)押相关的登记、保管、持续监督安排

等方面的法律文件。

附录七 发行人关于本期债券偿债计划及保障措施的专项报告

附录八 发行人关于支付本期债券本息的现金流分析报告

1－2 定向发行方案

**第二章　主承销商推荐文件**

2－1 主承销商出具的“×××公司申请定向发行债券的推荐函”(附“发行人基本情况表”)

附录 主承销商出具的“尽职调查报告”和“×××公司申请定向发行债券申请文件的核查意见”

**第三章　发行人律师的意见**

3－1 法律意见书(附律师工作报告)

**第四章　发行授权及申请文件**

4－1 监管意见函

4－2 发行人出具的“×××公司定向发行债券的申请报告”

附录一 发行人董事会、股东会同意本次发行及有关重要条款的决议和授权董事会处理有关事宜的决议

附录二 在申报时和批准前,发行人全体董事和主承销商、发行人律师事务所、注册会计师事务所、资信评级机构、资产评估机构等对发行申请文件真实性、准确性和完整性的承诺书

4－3 发行人律师事务所、注册会计师事务所、资信评级机构以及资产评估机构等专业中介机构同意对纳入债券募集说明书的由其出具的专业报告或意见的内容无异议函

4－4 拟认购人关于认购债券且不在转让市场转让及同意不必提供担保、信用评级及聘请债权代理人的承诺书(如有)。

**第五章　募集资金运用的有关文件**

5－1 本次募集资金运用方案及董事会、股东会的决议

5－2 发行人全体董事签名的募集资金运用项目的可行性研究报告(如有个别董事不同意或弃权,应说明原因并加盖公司印章)

5－3 发行人全体董事签名的关于前次募集资金使用情况的说明

5－4 拟收购资产和权益的资产评估报告(或审计报告)

**第六章　其他与本次发行有关的文件**

6－1 主承销商和发行人签订的承销协议及补充协议

6－2 订立的与本期债券相关的重要合同

6－3 发行人公司章程和营业执照复印件

6－4 主承销商、其他承销团成员,债权代理人、资信评级机构、签名律师、注册会计师等及其所在机构的从业资格证书(如有)复印件,该复印件需由该机构盖章确认并说明用途。

# 公开发行证券的公司信息披露内容与格式准则第 21 号——证券公司公开发行债券募集说明书

## 目　录



## 第一章　总　则

**第一条**　为规范证券公司公开发行债券的信息披露行为,保护投资者合法权益,根据《公司法》、《证券法》等法律、法规以及《证券公司债券管理暂行办法》的有关规定,制定本准则。

**第二条**　申请公开发行债券的证券公司(以下简称“发行人”),应按本准则的要求编制债券募集说明书及其摘要,作为向中国证券监督管理委员会(以下简称“中

国证监会”)申请公开发行债券的必备法律文件,并按规定披露。

**第三条** 本准则的规定是对募集说明书信息披露的最低要求。不论本准则是否有明确规定,凡对投资者做出投资决策有重大影响的信息,均应披露。

**第四条** 本准则某些具体要求对发行人确实不适用的,发行人可根据实际情况,在不影响披露内容完整性的前提下做适当修改,但应在申报时作书面说明。

**第五条** 由于商业秘密(如核心业务的保密资料、商业合同的具体内容等)等特殊原因,本准则规定的某些信息确实不便披露的,发行人可向中国证监会申请豁免。

**第六条** 在不影响信息披露的完整性和不致引起阅读不便的前提下,发行人可采用相互引征的方法,对各相关部分的内容进行适当的技术处理,以避免重复和保持文字简洁。

**第七条** 发行人在募集说明书及其摘要披露的所有信息应真实、准确、完整、公平、及时,尤其要确保所披露的财务会计资料有充分的依据。所引用的财务报告应由具有证券期货相关业务资格的会计师事务所审计,并由两名以上具有证券期货相关业务资格的注册会计师签署。

**第八条** 募集说明书引用的经审计的最近一期财务会计资料在财务报告截止日后六个月内有效。特别情况下可由发行人申请适当延长,但至多不超过一个月。

**第九条** 募集说明书的有效期为六个月,自中国证监会下发批准通知前募集说明书最后一次签署之日起计算。发行人在募集说明书有效期内未能发行债券的,应重新修订募集说明书。在符合本准则第八条要求的前提下,发行人可在特别情况下申请适当延长募集说明书的有效期限,但至多不超过一个月。

**第十条** 发行人报送申请文件后,在募集说明书披露前发生与申报稿不一致或对投资本期债券有重大影响的事项,发行人应视情况及时修改募集说明书及其摘要并提供补充说明材料。发行人公开发行债券的申请经中国证监会批准后,如发行人认为还有必要对募集说明书及其摘要进行修改的,应书面说明情况,并经中国证监会同意后相应修改募集说明书及其摘要。必要时,发行人公开发行债券的申请应重新经过中国证监会批准。

在募集说明书披露后至债券上市公告书刊登前发生上述事项的,发行人也应及时履行信息披露义务。

**第十一条** 发行人应针对实际情况在募集说明书显要位置做“特别风险提示”,并在“风险因素”一节详细披露。

**第十二条** 募集说明书及其摘要应满足下列一般要求:

(一)引用的数据应提供资料来源,事实应有充分、客观、公正的依据;

(二)引用的数字应采用阿拉伯数字,货币金额除特别说明外,应指人民币金额,并以元、千元或万元为单位;

(三)发行人可根据有关规定或其他需求,编制募集说明书外文译本,但应保证中、外文文本的一致性,并在外文文本上注明:“本募集说明书分别以中、英(或日、法等)文编制,在对中外文本的理解上发生歧义时,以中文文本为准”;

(四)募集说明书全文文本应采用质地良好的纸张印刷,幅面为209×295毫米(相当于标准的A4纸规格);

(五)文字应简洁、通俗、平实和明确,不得刊载任何有祝贺性、广告性和恭维性的词句。

**第十三条** 募集说明书摘要的编制和披露,还应符合下列要求:

(一)募集说明书摘要的目的仅为向公众提供有关本次发行的简要情况,无需包括募集说明书全文各部分的主要内容;

(二)募集说明书摘要中要尽量少用投资者不熟悉的专业和技术词汇,尽量采用图表或其他较为直观的方式准确披露与投资本期债券相关的重要信息,做到简明扼要,通俗易懂;

(三)募集说明书摘要必须忠实于募集说明书全文的内容,不得有与全文相矛盾之处;

(四)募集说明书摘要刊登于中国证监会指定的信息披露报刊,篇幅不得超过一个版面。在指定报刊刊登的募集说明书摘要最小字号为标准小5号字,最小行距为0.35毫米。

**第十四条** 发行人应在发行前二至五个工作日内将募集说明书摘要刊登于至少一种中国证监会指定的报刊,同时将募集说明书全文刊登于中国证监会指定的网站,并将募集说明书全文文本及备查文件置备于发行人住所、拟上市证券交易所、主承销商和其他承销机构的住所,以备查阅。

**第十五条** 发行人可将募集说明书全文及摘要刊登于其他网站和报刊,但不得早于在中国证监会指定网站和报刊的披露。

**第十六条** 在募集说明书及其摘要披露前,任何当事人不得违反规定披露与募集说明书及其摘要有关的信息,或利用这些信息谋取利益。发行人、任何中介机构或人士利用与募集说明书及其摘要有关的信息进行推介宣传的,应遵守中国证监会的相关规定。

**第十七条** 发行人应在募集说明书及其摘要披露后十日内，将正式印刷的募集说明书全文文本一式五份，分别报送中国证监会及其在发行人注册地的派出机构。

**第十八条** 发行人董事会及全体董事应保证募集说明书及其摘要内容的真实性、准确性、完整性，承诺其中不存在虚假记载、误导性陈述或重大遗漏，并就其保证承担个别和连带的法律责任。

**第十九条** 主承销商应受发行人委托配合发行人编制募集说明书及其摘要，并对募集说明书及其摘要的内容进行核查，确认募集说明书及其摘要不存在虚假记载、误导性陈述或重大遗漏，并承担相应的责任。

**第二十条** 发行人律师可受发行人委托参与编制募集说明书及其摘要，并应对募集说明书及其摘要进行审阅，确认募集说明书及其摘要引用的法律意见真实、准确，并承担相应的责任。

**第二十一条** 发行人律师、注册会计师、信用评级人员、注册资产评估师等及其所在的中介机构应书面同意发行人在募集说明书及其摘要中引用由其出具的专业报告或意见的内容。

## 第二章 债券募集说明书

### 第一节 封面、书脊、扉页、目录、释义

**第二十二条** 募集说明书封面至少应标有“×××证券公司公开发行债券募集说明书”字样，并应载明发行人及主承销商的名称和住所。

**第二十三条** 募集说明书书脊应标明“×××证券公司公开发行债券募集说明书”字样。

**第二十四条** 募集说明书扉页应刊登下列内容：

(一)债券名称；

(二)发行总额及票面金额；

(三)期限；

(四)票面利率、付息方式和付息日期；

(五)发行价格；

(六)购回或提前偿付的提示性说明(如有)；

(七)信用级别及资信评级机构；

(八)担保；

(九)发行方式及发行期；

(十)主承销商；

(十一)债权代理人；

(十二)发行人债券事务代表；

(十三)正式申报的募集说明书签署日期。

**第二十五条** 募集说明书扉页应刊登发行人董事会的下列声明：

“发行人董事会已批准本募集说明书及其摘要，全体董事承诺其中不存在虚假记载、误导性陈述或重大遗漏，并对其真实性、准确性、完整性承担个别和连带的法律责任。”

“公司负责人和主管会计工作的负责人、会计机构负责人保证本募集说明书及其摘要中财务报告真实、完整。”

“债券持有人根据法律法规的规定和本募集说明书的约定行使有关权利，监督发行人和债权代理人的有关行为。”

“投资者购买本期债券，应当认真阅读本募集说明书及有关的信息披露文件，进行独立的投资判断。中国证监会对本期债券发行的批准，并不表明其对本期债券的投资价值作出了任何评价，也不表明对本期债券的投资风险作出了任何判断。任何与之相反的声明均属虚假不实陈述。”

“凡通过认购、受让等合法手段取得并持有本期债券的，均视同自愿接受本募集说明书对本期债券各项权利义务的约定。”

“投资者认购本期债券视作同意债权代理协议”。

“债券依法发行后，发行人经营与收益的变化引致的投资风险，由投资者自行负责。”

“投资者若对本募集说明书及其摘要存在任何疑问，应咨询自己的证券经纪人、律师、专业会计师或其他专业顾问。”

**第二十六条** 发行人聘请的会计师事务所对其财务报告出具了非标准无保留意见的审计报告的，发行人还应提示：“×××会计师事务所对本发行人财务报告出具了××××(审计报告类型)的审计报告，请投资者注意阅读该审计报告全文及相关财务报表附注。发行人董事会、监事会对相关事项已作详细说明，也请投资者注意阅读。”

**第二十七条** 募集说明书及其摘要的目录应标明各章、节的标题及相应的页码，内容编排也应符合通行的中文惯例。

**第二十八条** 发行人应对可能对投资者理解有障碍及有特定含义的术语作出释义，募集说明书及其摘要的释义应在目录次页排印。

### 第二节 概览

**第二十九条** 发行人应设置募集说明书概览并在本部分起首声明“本概览仅对募集说明书全文做扼要提示。投资者作出投资决策前，应认真阅读募集说明书全文。”

**第三十条** 发行人应在概览中简介发行人及其主要股东，发行人的主要财务数据，本次发行情况及募集资金主要用途等。

### 第三节 本次发行概况

**第三十一条** 发行人应披露本次发行的基本情况，

主要包括：

（一）债券名称；

（二）发行总额及票面金额；

（三）期限；

（四）利率、付息方式和付息日期；

（五）发行价格；

（六）债权代理人；

（七）信用级别及资信评级机构；

（八）担保人或担保物；

（九）发行方式与发行对象、发行期；

（十）承销方式；

（十一）其他重要条款；

（十二）本次发行预计实收募集资金；

（十三）发行费用概算（主要包括承销费用、律师费用、评级费用、审计费用、发行手续费用、审核费等）。

**第三十二条**　发行人应说明本次发行后债券上市或转让方式的有关安排。

**第三十三条**　发行人应说明持续信息披露的方式。

**第三十四条**　发行人应披露下列机构的名称、住所、法定代表人、联系电话、传真，同时应披露有关经办人员的姓名：

（一）发行人；

（二）主承销商及其他承销机构；

（三）律师事务所；

（四）会计师事务所；

（五）债权代理人；

（六）资信评级机构；

（七）担保人；

（八）收款银行；

（九）登记、托管、结算机构；

（十）其他与发售债券有关的机构。

**第三十五条**　发行人应披露与本次发行有关的中介机构及其负责人、高级管理人员及经办人员之间存在的直接或间接的股权关系或其他权益关系。

**第三十六条**　发行人应针对不同的发行方式，披露有关重要日期，主要包括：

（一）发行公告刊登日期；

（二）发行日期；

（三）申购期；

（四）资金冻结日期；

（五）预计上市日期。

## 第四节　风险因素

**第三十七条**　发行人应参照《公开发行证券的公司信息披露内容与格式准则第1号——招股说明书》（证监发行字［2003］26号）、《公开发行证券的公司信息披露编报规则第5号——证券公司招股说明书内容与格式特别规定》（证监发［2000］76号）的有关要求披露本次发行的风险因素。

**第三十八条**　发行人应有针对地披露与本期债券相关的、可能影响债券本息偿付的具体风险因素，对这些风险因素能作出定量分析的，应进行定量分析；不能作出定量分析的，应进行定性描述。

**第三十九条**　发行人至少应披露下列风险因素：

（一）本期债券安排所特有的风险。重点分析说明本期债券有关约定潜在的风险，如专项偿债账户及其他偿债保障措施可能存在的风险、提前偿付安排可能对投资人利益的影响等。

（二）担保或评级的风险。重点分析说明担保人资信或担保物的现状及可能发生的重大变化对本期债券本息偿还的影响，分析说明信用评级结论的风险、信用评级级别变化可能对投资人利益的影响等。

（三）发行人的资信风险。重点分析说明发行人最近三年内资信状况及存在的问题和可能出现的资信风险。

（四）发行人流动性风险。应特别针对发行人现金流状况及变化说明存在的流动性风险。

（五）债券市场特有的风险，特别要说明利率风险，货币市场和资本市场波动的风险。

（六）政策性风险。分析说明因国家法律、法规、政策的可能变化对投资者产生的具体政策性风险，如因税收制度、经营许可制度、外汇制度、收费标准等发生变化而对证券公司的影响。

（七）发行人的其他财务风险。分析说明发行人因资产结构、负债结构和其他财务结构不合理而形成的财务风险，因整体业务结构和规模设计不合理（如自营规模过大、长期投资权重过高等）、对外担保等而导致公司整体变现能力差等风险。

（八）发行人的管理风险。重点分析说明发行人管理制度存在的问题及可能诱发的债券本息偿付风险，如因内部控制不健全、自身操作不当、职员道德水准不高等可能对公司产生直接和间接的经济损失，及其可能对债券本息偿付的影响。

（九）发行人的业务风险。重点分析由此可能诱发的债券本息偿付风险，主要包括证券经纪风险、证券承销风险、证券自营风险、受托投资管理风险、其他证券经营业务可能存在的风险、因技术因素而产生的操作风险和因同行业竞争而产生的风险，及其可能对债券本息偿付的影响。

**第四十条**　发行人应按重要性程度对风险因素进行排序。

**第四十一条**　发行人应明确指出报告期内是否因该等风险因素已发生损失或不利影响及影响程度。

**第四十二条** 对风险特别严重的，发行人应做“特别风险提示”。

**第四十三条** 除非发行人已经采取了具体的措施，否则不得披露风险对策。

## 第五节 发行条款

**第四十四条** 募集说明书应详细披露本期债券的全部发行条款，按照发行人、投资者及有关当事人权利、义务对等的原则，约定本期债券的有关重要事项，不得有不确定的表述。

**第四十五条** 发行人应披露本期债券的名称及票面金额。

**第四十六条** 发行人应披露本期债券的发行总额及其确定依据。

**第四十七条** 发行人应披露本期债券发行价格及其确定依据。

**第四十八条** 发行人应披露本期债券的期限、利率及年度、到期收益率的计算公式以及有关投资成本情况。

**第四十九条** 发行人应披露本期债券的起息日、利息登记日、付息日期、本金支付日、支付方式、支付金额及其他具体安排。

**第五十条** 发行人约定在债券到期之前购回或约定条件提前偿付的，至少应说明提前购回或偿付本息的条件、程序、价格、付款方法、时间及其他内容。发行人应披露公平对待和保护债券持有人的安排和措施。

**第五十一条** 发行人应披露变更发行条款的有关程序及信息披露的方式。

**第五十二条** 发行人应披露约定的其他发行条款。

## 第六节 发行人的资信状况

**第五十三条** 发行人应披露所聘请的资信评级机构及其对本期债券的信用评级情况。

**第五十四条** 发行人应披露信用评级报告的主要事项，至少包括下列情况：

（一）信用评级结论及标识所代表的涵义；

（二）提供担保的，应对比说明有无担保的情况下评级结论的差异；

（三）揭示的主要风险；

（四）跟踪评级的有关安排；

（五）其他重要事项。

**第五十五条** 发行人还应披露下列公司资信情况：

（一）近三年主要贷款银行及其对公司资信的评价（如有）；

（二）近三年与主要客户发生业务往来时，是否有严重违约现象；

（三）近三年发行的债券以及偿还情况；

（四）近三年的流动比率、利息倍数［（利润总额＋利息费用）/利息费用］、贷款偿还率（实际贷款偿还额/应偿还贷款额）、利息偿付率（实际利息/应付利息）等财务指标。

## 第七节 担　保

**第五十六条** 发行人应披露本期债券的担保情况。

**第五十七条** 提供保证的，发行人应披露保证人的基本情况，至少包括下列事项：

（一）基本情况简介；

（二）净资产额、资产负债率、净资产收益率、流动比率、速动比率等主要财务指标，并注明是否经审计；

（三）资信状况；

（四）累计担保余额占其净资产额的比例；

（五）偿债能力分析。

**第五十八条** 发行人应披露债券担保协议或担保函的主要内容，至少包括下列事项：

（一）担保金额；

（二）担保期限；

（三）担保方式；

（四）担保范围；

（五）发行人、担保人、债权代理人、债券持有人之间的权利义务关系；

（六）各方认为需要约定的其他事项。

**第五十九条** 提供抵押和质押担保的，应披露担保物的名称、金额（账面值和评估值）、担保物金额与所发行债券面值总额和本息总额之间的比例。

**第六十条** 发行人应披露担保物的评估、登记、保管和相关法律手续的办理情况。

**第六十一条** 发行人应披露反担保和共同担保的情况（如有）。

**第六十二条** 发行人应披露保证人的资信或担保物发生重大变化时的持续披露安排。

**第六十三条** 发行人应披露债券持有人及债权代理人对担保事项的持续监督安排。

## 第八节 偿债计划及其他保障措施

**第六十四条** 发行人应披露所制定的具体偿债计划及保障措施。

**第六十五条** 发行人应披露董事会指定的债券事务代表，即具体负责债券事务的专门人员，披露偿付工作小组的构成和工作方式。

**第六十六条** 发行人应披露专项偿债账户的资金来源、提取的开始时间、提取频度、提取金额等内容。

**第六十七条** 发行人应披露专项偿债账户的管理方式。应说明公司董事会是否指定了专人进行管理，或委托了独立非关联机构进行管理，是否对资金的提取、存储、动用建立了内部审批和风险控制制度。

**第六十八条** 发行人应披露专项偿债账户资金的用途范围，说明只能用于投资国债等低风险、高流动性的产品或按约定用于提前购回或偿付本期债券。

**第六十九条** 发行人应披露确保专项偿债账户持续符合规定及有关约定的措施。

**第七十条** 发行人应披露对专项偿债账户进行信息披露和报告的安排以及该账户的监督事项，应说明债券持有人及债权代理人对该账户的监督方式。

**第七十一条** 发行人应披露所约定的在债券存续期间提高任意盈余公积金的比例和一般风险准备金的比例的安排。

**第七十二条** 发行人应披露不能按时支付利息、到期不能兑付以及发生其他违约情况时，拟采取的具体偿债措施和赔偿方式。

**第七十三条** 发行人应披露其他已做出的承诺事项。发行人可根据实际情况作下列约定：

（一）本期债券存续期内最高借款余额不超过同一时点净资产的倍数；

（二）本期债券存续期内最高抵（质）押借款余额不超过同一时点净资产的倍数；

（三）本期债券存续期内发行人及其控股子公司再次发行债券或向金融机构借款的，不会损害本期债券持有人的利益。

在计算上述最高借款余额时，应包括发行人及其控股子公司对外担保等产生的或有负债。

**第七十四条** 发行人应披露在出现专项偿债账户未能按约定提取或者未能按期偿付债券本息时，须采取的措施，至少应包括：

（一）不向股东分配利润；

（二）暂缓重大对外投资、收购兼并等资本性支出项目的实施；

（三）调减或停发董事和高级管理人员的工资和奖金；

（四）主要责任人不得调离。

## 第九节　债券持有人会议

**第七十五条** 发行人应披露债券持有人根据法律、法规的规定和本募集说明书的约定行使有关权利的形式。

**第七十六条** 发行人应披露债券持有人会议的权利、召开程序以及决议的生效条件和效力。

**第七十七条** 发行人应披露债券持有人会议召开的情形。至少应包括：

（一）发行人提出拟变更募集说明书的约定；

（二）发行人不能按期支付本息；

（三）发行人减资、合并、分立、解散及申请破产；

（四）担保人或担保物发生重大变化；

（五）持有10%以上面值的债券持有人提出拟更换债权代理人。

**第七十八条** 发行人应明确披露债券持有人会议决议对未参加会议或明示不同意见的债券持有人的适用性，披露是否对全体债券持有人具有同等效力，披露债权代理人的督促义务。

**第七十九条** 发行人应明确披露，发行人、担保人、持有本期债券且持有发行人10%以上股权的股东及其他重要关联方可参加债券持有人会议，并提出议案，但没有表决权。

**第八十条** 发行人应披露债券持有人会议的其他事宜。

## 第十节　债权代理人

**第八十一条** 发行人应披露所聘任的债权代理人及其联系人和所订立的债权代理协议的情况。

**第八十二条** 发行人应再次明确提示投资者认购本期债券视作同意债权代理协议。

**第八十三条** 发行人应披露债权代理协议的主要事项，至少包括下列事项：

（一）债权代理人的名称及基本情况；

（二）债权代理人的聘任情况，与发行人是否有利害关系；

（三）发行人、债券持有人和债权代理人之间的权利、义务和违约责任；

（四）债权代理人行使权利、履行义务的方式、程序等；

（五）债权代理人的报酬情况；

（六）变更、解聘债权代理人的条件及程序；

（七）其他重要内容。

**第八十四条** 发行人应披露债权代理人保护债券持有人合法权益的主要措施，说明债权代理事务的主要程序和方式，说明如何出具债权代理事务报告。

**第八十五条** 发行人应披露债权代理人应履行的义务，至少应包括：

（一）当出现未能及时偿付本息及其他可能影响债券持有人重大利益的情形时，及时督促提醒发行人，并告知债券持有人；

（二）依照约定监督专项偿债账户、募集资金的使用以及担保事项；

（三）依据本募集说明书的约定，代理债券持有人与发行人之间的谈判及诉讼事务；

（四）债券持有人会议授权的其他事项。

## 第十一节　发行人基本情况

**第八十六条** 发行人应参照证监发行字[2003]26

号、证监发[2000]76号文件有关章节的要求简要披露其基本情况。

**第八十七条** 发行人应参照证监发行字[2003]26号、证监发[2000]76号文件有关章节的要求简要披露其业务情况。

**第八十八条** 发行人应参照证监发行字[2003]26号、证监发[2000]76号文件有关章节的要求简要披露同业竞争与关联交易情况。

**第八十九条** 发行人应参照证监发行字[2003]26号、证监发[2000]76号文件有关章节的要求简要披露董事、监事、经理及其他高级管理人员的情况。

**第九十条** 发行人应参照证监发行字[2003]26号、证监发[2000]76号文件有关章节的要求简要披露其公司治理结构的情况。

**第九十一条** 发行人是上市公司的,还应说明最近三年内信息披露是否符合规定,是否发生过虚假记载、误导性陈述或者重大遗漏的情况。

## 第十二节 财务会计信息及风险控制指标

**第九十二条** 发行人应参照证监发行字[2003]26号、证监发[2000]76号文件有关章节的要求简要披露财务会计信息,主要包括:

(一)最近三年及最近一期的简要利润表、最近三年及最近一期期末的简要资产负债表和最近一年及最近一期的简要现金流量表;

(二)最近三年及最近一期的主要财务指标,主要包括流动比率、速动比率、应收账款周转率、资产负债率等;

(三)为支付本期债券本息的现金流量分析报告摘要;

(四)公司管理层作出的与本条(一)规定时间一致的公司财务分析的简明结论性意见,重点说明发行人资产质量状况,资产负债结构、股东权益结构的合理性,现金流量、偿债能力、收入和盈利能力等的连续性、稳定性等。

**第九十三条** 发行人应重点说明已发行在外尚未到期的债券余额、主要负债情况及本次发行债券后公司资产负债结构的变化。

**第九十四条** 会计师事务所曾对发行人近三年财务报告出具非标准无保留意见的审计报告的,发行人应披露注册会计师就该事项是否已消除或纠正出具的补充意见,以及董事会、监事会就该事项处理情况作出的详细说明。

**第九十五条** 发行人对可能影响投资者理解公司资产负债状况、经营业绩和现金流量的信息,应加以必要的说明。对财务困难、或有损失、或有负债等应在"财务风险"栏目中加以具体披露。所有财务会计信息的披露应采用简洁、通俗、平实和明确的语言表述。

**第九十六条** 发行人应披露以报告期息税前利润(利润总额和利息费用之和)简单平均值与债券发行成功后公司利息费用总额计算的备考利息倍数比率。

**第九十七条** 发行人应披露中国证监会规定的有关风险控制指标。

## 第十三节 募集资金运用

**第九十八条** 发行人应参照证监发行字[2003]26号文件有关章节的要求简要披露其业务发展目标和营运模式,以及披露围绕业务发展目标所制定的发展规划。

**第九十九条** 发行人应参照证监发行字[2003]26号文件有关章节的要求简要披露其本次募集资金的用途和相应的使用计划及管理制度。

**第一百条** 发行人应披露前次募集资金的运用情况。

## 第十四节 董事及有关中介机构声明

**第一百零一条** 发行人和有关中介机构应参照证监发行字[2003]26号文件有关章节的要求披露董事及有关中介机构声明。

## 第十五节 附录和备查文件

**第一百零二条** 募集说明书的附录是募集说明书不可分割的有机组成部分,主要包括:

(一)近三年及最近一期的审计报告及财务报告全文;

(二)发行人董事会、监事会关于报告期内被出具非标准无保留意见审计报告(如有)涉及事项处理情况的说明;

(三)注册会计师关于报告期内非标准无保留意见审计报告(如有)的补充意见;

(四)资信评级机构出具的信用评级报告全文及有关持续跟踪评级安排的说明;

(五)债券债权代理协议;

(六)担保协议或担保函及相关文件。采用抵(质)押担保的,应提供抵(质)押物的权属证明、资产评估报告及与抵(质)押相关的登记、保管、持续监督安排等方面的法律文件;

(七)发行人关于本期债券偿债计划及保障措施的专项报告;

(八)发行人关于支付本期债券本息的现金流分析报告。

**第一百零三条** 发行人应将整套申请文件及发行人认为相关的其他文件作为备查文件,列示其目录,并告知投资者查阅的时间、地点、电话和联系人。备查文件上网的,应披露网址。

## 第三章　债券募集说明书摘要

**第一百零四条**　发行人应在募集说明书摘要的显要位置声明：

“本募集说明书摘要的目的仅为向公众提供有关本次发行的简要情况，并不包括募集说明书全文的全部内容。募集说明书全文同时刊载于×××网站。投资者在做出认购决定之前，应仔细阅读募集说明书全文，并以其作为投资决定的依据。”

“发行人董事会已批准本期债券募集说明书及其摘要，全体董事承诺其中不存在虚假记载、误导性陈述或重大遗漏，并对其真实性、准确性、完整性承担个别和连带的法律责任。”“公司负责人和主管会计工作的负责人、会计机构负责人保证本期债券募集说明书及其摘要中财务报告真实、完整。”

“债券持有人根据法律法规的规定和本期债券募集说明书的约定行使有关权利，监督发行人和债权代理人的有关行为。”

“投资者购买本期债券，应当认真阅读本期债券募集说明书及有关的信息披露文件，进行独立的投资判断。中国证监会对本期债券发行的批准，并不表明其对本期债券的投资价值作出了任何评价，也不表明其对本期债券的投资风险作出了任何判断。任何与之相反的声明均属虚假不实陈述。”

“凡通过认购、受让等合法手段取得并持有本期债券的，均视同自愿接受本期债券募集说明书对本其债券各项权利义务的约定。”

“投资者认购本期债券视作同意债权代理协议”。

“债券依法发行后，发行人经营与收益的变化引致的投资风险，由投资者自行负责。”

“投资者若对本期债券募集说明书及其摘要存在任何疑问，应咨询自己的证券经纪人、律师、专业会计师或其他专业顾问。”

**第一百零五条**　发行人可针对实际情况编制募集说明书摘要，但应包括募集说明书全文的重要内容，不得出现在内容上不一致，或因遗漏重要信息而误导投资者的情况。

## 第四章　附　则

**第一百零六条**　本准则自2003年10月8日起施行。

# 公开发行证券的公司信息披露内容与格式准则第22号——证券公司债券上市公告书

## 目　录



## 第一章　总　则

**第一条**　为规范证券公司债券上市的信息披露行为，保护投资者合法权益，根据《公司法》、《证券法》等法律、法规以及《证券公司债券管理暂行办法》（以下简称“《暂行办法》”）的规定，制定本准则。

**第二条**　公开发行债券的证券公司（以下简称“发行人”）在债券上市前，应按本准则编制债券上市公告书。

**第三条**　本准则的规定是对发行人上市公告书信息披露的最低要求。不论本准则是否有明确规定，凡在公开发行债券募集说明书披露日至上市公告书刊登日期间所发生的对投资者投资决策有重大影响的信息，均应披露。

本准则某些具体要求对发行人确实不适用的，发行人可针对实际情况，在不影响披露内容完整性的前提下作出适当修改，并予以书面说明。发行人未披露本准则规定内容的，应以书面形式报告证券交易所同意，并报中国证监会备案。

**第四条**　由于商业秘密等特殊原因致使某些信息确实不便披露的，发行人可向中国证监会申请豁免。

**第五条**　发行人披露所有信息应真实、准确、完整、公平、及时，尤其要确保所披露的财务会计资料有充分的依据。所引用的财务报告应由有资格的会计师事务所审计。

**第六条**　在不影响信息披露的完整性和不致引起阅读不便的前提下，发行人可采用相互引征的方法，对各相关部分的内容进行适当技术处理，以避免重复和保持文字简洁。

**第七条**　募集说明书及其引用的财务资料尚未失效的，可适当简化刊登有关财务会计资料，但应作必要的附注说明。募集说明书失效的,或其引用的财务资料已失效的,应补充披露最近一期经审计的财务报告。特别情况下可申请适当延长,但至多不超过一个月。

**第八条** 在编制上市公告书时还应遵循如下一般要求:

(一)引用的数据应提供资料来源,事实应有充分、客观、公正的依据;

(二)引用的数字应采用阿拉伯数字,货币金额除特别说明外,应指人民币金额,并以元、千元或万元为单位;

(三)发行人可根据有关规定或其他需求,编制上市公告书外文译本,但应保证中、外文文本的一致性,并在外文文本上注明:"本上市公告书分别以中、英(或日、法等)文编制,在对中外文本的理解上发生歧义时,以中文文本为准";

(四)上市公告书应载明发行人的名称、"×××债券上市公告书"的字样、公告日期等,可载有发行人的外文名称、徽章或其他标记、图案等;

(五)上市公告书不得刊载任何有祝贺性、广告性和恭维性的词句。

**第九条** 发行人应在其债券上市前五个工作日内,将上市公告书全文刊登在至少一种由中国证监会指定的报刊及网站上,并将上市公告书文本备置于发行人住所、拟上市的证券交易所、有关证券经营机构住所及其营业网点,以供公众查阅。

**第十条** 发行人可将上市公告书刊载于其他报刊和网站,但其披露时间不得早于在中国证监会指定报刊和网站的披露时间。

**第十一条** 上市公告书在披露前,任何当事人不得违反规定泄露有关的信息,或利用这些信息谋取利益。

**第十二条** 发行人应在披露上市公告书后十日内,将上市公告书文本一式五份分别报送中国证监会及其在发行人注册地的派出机构、上市的证券交易所。

**第十三条** 发行人董事会应保证上市公告书内容真实、准确、完整,承诺其中不存在虚假记载、误导性陈述或重大遗漏,并承担个别和连带的法律责任。

## 第二章 债券上市公告书的内容

### 第一节 重要声明与提示

**第十四条** 发行人应在上市公告书的显要位置作如下声明与提示:

"本公司董事会保证上市公告书内容的真实、准确、完整,全体董事承诺上市公告书不存在虚假记载、误导性陈述或重大遗漏,并承担个别和连带的法律责任"。

"根据《公司法》、《证券法》等有关法律、法规的规定,本公司董事、监事、经理及其他高级管理人员已履行诚信和勤勉尽责的义务。"

"公司负责人和主管会计工作的负责人、会计机构负责人保证上市公告书中财务会计信息真实、完整。"

"证券交易所、中国证监会、其他政府机关对本公司债券上市及有关事项的意见,均不表明对本期债券的任何保证。任何与之相反的声明均属虚假不实陈述。"

"本公司提醒广大投资者注意,凡本上市公告书未涉及的有关内容,请投资者查阅××年××月××日刊载于××(报刊)的本期债券募集说明书摘要,及刊载于××网站的本期债券募集说明书全文。"

"投资者若对上市公告书和本期募集说明书及其摘要存在任何疑问,应咨询自己的证券经纪人、律师、专业会计师或其他专业顾问。"

**第十五条** 会计师事务所对发行人财务报告出具了非标准无保留意见的审计报告的,发行人应作如下重要提示:

"×××会计师事务所对本公司×××年度的财务报告出具了×××(审计报告类型)的审计报告,请投资者注意阅读该审计报告及相关财务报表附注。注册会计师和本公司董事会、监事会对相关事项已出具补充意见或作出详细说明,请投资者注意阅读本期债券募集说明书中的相关内容。"

### 第二节 发行情况

**第十六条** 发行人应披露本期债券发行的简况:债券名称、发行总额、票面金额、期限、利率、付息方式和日期、发行价格、募集资金总额、发行方式、最大10名债券持有人名称及持有量、发行费用总额及项目、债权代理人。

**第十七条** 发行人应披露本期债券上市前发行承销情况,包括:社会公众认购债券后,由承销商包销债券的数量;主承销商及承销团成员分销比例及数量等。

**第十八条** 发行人应披露注册会计师对本期债券募集资金的验资报告,以及募集资金入账情况,包括时间、金额、账号与开户银行等。

### 第三节 募集说明书的重要内容

**第十九条** 发行人应披露有关当事人的名称、法定代表人、住所、联系电话、传真,同时应披露有关经办人员的姓名:

(一)发行人及其债券事务代表;

(二)主承销商及其他承销机构;

(三)律师事务所;

(四)会计师事务所;

(五)债权代理人;

(六)资信评级机构;

(七)担保人;

(八)收款银行;

(九)登记、托管、结算机构;

(十)其他与发售债券有密切联系的机构。

**第二十条** 发行人应披露本期债券募集说明书"特别风险提示"的内容。

**第二十一条** 发行人应简介信用评级结果及跟踪评级安排。

**第二十二条** 发行人应简介担保情况。

**第二十三条** 发行人应简介本期债券的偿债计划及其他安全保障措施,重点说明为支付债券利息和本金所设立的专项偿债账户,并说明账户资金的来源、提取方式和账户的管理、披露、监督及有关事宜,以及不能按时支付利息、到期不能兑付以及发生其他违约情况时,拟采取的具体偿债措施和赔偿方式。

**第二十四条** 发行人应简介债券持有人会议的安排,重点说明债券持有人会议的权利、召开的情形、召开程序以及决议的生效条件和效力。

**第二十五条** 发行人应简介债权代理人的安排,简要说明债权代理协议的主要内容。

**第二十六条** 发行人应简介发行人基本情况,主要包括发行人的业务、公司治理及高级管理人员等情况。

**第二十七条** 发行人应简介发行人重要财务会计信息,简要说明资产负债状况、经营业绩和现金流情况,以及已发行在外尚未到期的债券余额、主要负债和重大或有负债情况及本次发行债券后公司资产负债结构的变化。

**第二十八条** 发行人应简介本期债券募集资金用途。

### 第四节 董事及有关中介机构声明

**第二十九条** 发行人应列示自债券上市之日起董事会作出的承诺。董事会应严格遵守《公司法》、《证券法》等法律、法规和中国证监会的规定,并自债券上市之日起做到:

(一)承诺真实、准确、完整、公平和及时地公布定期报告、披露所有对投资者有重大影响的信息,并接受中国证监会、证券交易所的监督管理;

(二)承诺发行人在知悉可能对债券价格产生误导性影响的任何公共传播媒体出现的消息后,将及时予以公开澄清;

(三)发行人董事、监事、经理及其他高级管理人员将认真听取社会公众的意见和批评,不利用已获得的内幕消息和其他不正当手段直接或间接从事发行人债券的买卖活动;

(四)发行人没有无记录的负债。

**第三十条** 发行人应说明上市推荐人的推荐意见。附上市推荐人的名称、法定代表人、住所、联系电话、传真、联系人等。

## 第三章 附 则

**第三十一条** 本准则自2003年10月8日起施行。

# 关于执行《亏损上市公司暂停上市和终止上市实施办法(修订)》的补充规定

**关于发布《关于执行〈亏损上市公司暂停上市和终止上市实施办法(修订)〉的补充规定》的通知**

**各上市公司:**

2001年11月30日我会发布了《亏损上市公司暂停上市和终止上市实施办法(修订)》(证监发[2001]147号),在执行中反映出一些需要解决的问题。为保护投资者权益,我会制定了《关于执行〈亏损上市公司暂停上市和终止上市实施办法(修订)〉的补充规定》,自发布之日起施行。

**中国证券监督管理委员会**

**二〇〇三年三月十八日**

为保护投资者合法权益,现就《亏损上市公司暂停上市和终止上市实施办法(修订)》执行中的有关问题补充规定如下:

一、因财务会计报告存在重大会计差错或虚假记载,公司主动改正或被责令改正,对以前年度财务会计报告进行追溯调整,导致最近两年连续亏损的,如公司追溯调整行为发生当年继续亏损,证券交易所应自公司发布该年度报告之日起十个工作日内,作出暂停其股票上市的决定。

二、证券交易所在作出暂停上市、恢复上市或终止上市决定时,如果所依据的定期报告中的财务会计报告被注册会计师出具带解释性说明段的无保留意见、保留意见、否定意见或拒绝表示意见的审计报告(以下统称"非标准无保留意见审计报告")的,证券交易所可以组织专家委员会,对非标准无保留意见审计报告中所涉及的、影响盈利真实性的重大会计处理问题,作出独立的专业判断,证券交易所可以依据专家委员会的意见作出相应决定。

三、已出现最近两年连续亏损的公司,或者根据本补充规定第一条规定进行追溯调整后出现最近两年连续亏损的公司，其年度财务会计报告继续显示亏损，或者虽然显示盈利但被出具非标准无保留意见审计报告的，公司董事会在审议年度财务会计报告时，应就以下事项作出决议，并提交最近一次股东大会审议：

（一）如果公司股票暂停上市，公司将与一家具有资格的证券公司签订协议，协议约定（包括但不限于）：公司聘请该证券公司作为股票恢复上市的推荐人；如果股票终止上市，则委托该证券公司提供代办股份转让业务服务，并授权其办理证券交易所市场登记结算系统股份退出登记，办理股份重新确认及代办股份转让系统股份登记结算等事宜。具有资格的证券公司是指具有“代办股份转让服务业务”资格和具有“上市推荐人”资格的证券公司（以下简称“主办证券公司”）。

（二）如果公司股票暂停上市，公司将与中国证券登记结算有限责任公司签订协议。协议约定（包括但不限于）：如果股票终止上市，公司将委托中国证券登记结算有限责任公司作为全部股份的托管、登记和结算机构。

（三）如果公司股票终止上市，公司将申请其股份进入代办股份转让系统转让，股东大会授权董事会办理公司股票终止上市以及进入代办股份转让系统的有关事宜。

四、公司董事会应在股东大会审议通过本补充规定第三条所述议案后，尽快完成与中国证券登记结算有限责任公司和主办证券公司的协议签订工作，报告中国证券业协会、公司注册地的中国证监会派出机构、证券交易所并公告。”

五、公司股票终止上市的，主办证券公司应当在证券交易所作出终止上市决定后五个工作日内，在中国证监会指定的上市公司信息披露报刊和互联网网站登载《代办股份转让有关事项公告》，公告以下内容：

（一）办理股份终止上市的情况；

（二）办理股份重新确认手续的时间和方式；

（三）代办股份转让的条件和安排。

六、主办证券公司应当在证券交易所作出公司股票终止上市决定后的二十个工作日内，完成终止上市的股份退出登记等前期准备工作，为股东办理股份重新确认手续及开立非上市公司股份转让账户。

七、公司董事会不履行与公司股票恢复上市、终止上市相关的义务，使股东合法权益受到损害的，股东可以依法要求公司履行上述义务并追究相关责任。公司委托的主办证券公司不履行协议，使公司和股东的合法权益受到损害的，公司可以依法要求主办证券公司履行上述义务并追究相关责任。

八、上市公司在法定期限内未依法披露年度报告或者半年度报告的，或者在规定期限内未对虚假财务会计报告进行改正的，证券交易所应依照有关法律法规及《股票上市规则》的规定，作出公司股票暂停上市、恢复上市或者终止上市的决定。

九、证券交易所依法作出上市公司股票暂停上市或恢复上市决定后，应当向中国证监会作出报告；作出股票终止上市的决定后，应当向中国证监会备案。

十、本补充规定自发布之日起施行。

# 关于进一步规范股票首次发行上市有关工作的通知

证监发行字[2003]116 号

**各具有主承销商资格的证券公司、资产管理公司，拟首次公开发行股票的公司：**

为贯彻落实《公司法》关于股份有限公司发行上市条件的基本精神，提高股票首次发行上市公司（以下简称“发行人”）的质量，促进证券市场结构调整，现就进一步规范股票首次发行上市有关工作通知如下：

一、自 2004 年 1 月 1 日起，发行人申请首次公开发行股票并上市，应当自设立股份有限公司之日起不少于三年。

国有企业整体改制设立的股份有限公司、有限责任公司依法整体变更设立的股份有限公司或经国务院批准豁免前款期限的发行人，可不受前款规定期限的限制。

二、发行人申请首次公开发行股票并上市，最近三年内应当在实际控制人没有发生变更和管理层没有发生重大变化的情况下，持续经营相同的业务。因重大购买、出售、置换资产、公司合并或分立、重大增资或减资以及其他重大资产重组行为导致发行人的业务发生重大变化的，有关行为完成满三年后方可申请发行上市。

三、发行人申请首次公开发行股票并上市，除需按照《关于对拟发行上市企业改制情况进行调查的通知》（证监发字[1998]259 号）的要求，做到人员独立、资产完整和财务独立外，还应当符合下列要求：

（一）与控股股东（或实际控制人）及其全资或控股企业不存在同业竞争；

（二）具有直接面向市场独立经营的能力，最近一年和最近一期，发行人与控股股东（或实际控制人）及其全资或控股企业，在产品（或服务）销售或原材料（或服务）

采购方面的交易额，占发行人主营业务收入或外购原材料（或服务）金额的比例，均不超过 30%；

（三）具有完整的业务体系，最近一年和最近一期，发行人委托控股股东（或实际控制人）及其全资或控股企业，进行产品（或服务）销售或原材料（或服务）采购的金额，占发行人主营业务收入或外购原材料（或服务）金额的比例，均不超过 30%；

（四）具有开展生产经营所必备的资产，最近一年和最近一期以承包、委托经营、租赁或其他类似方式，依赖控股股东（或实际控制人）及其全资或控股企业的资产进行生产经营所产生的收入，均不超过其主营业务收入的 30%；

（五）董事长、副董事长、总经理、副总经理、财务负责人、董事会秘书，没有在控股股东（或实际控制人）中担任除董事以外的其他行政职务，也没有在控股股东（或实际控制人）处领薪；

（六）在独立性方面不存在其他严重缺陷。

四、发行人应当参照《关于在上市公司建立独立董事制度的指导意见》，建立独立董事制度。在申请首次公开发行股票并上市时，董事会成员中应当至少包括三分之一独立董事，且独立董事中至少包括一名会计专业人士（会计专业人士是指具有高级职称或注册会计师资格的人士）。

五、发行人首次公开发行股票所筹集的资金，应当有明确的用途，投资项目应当经过慎重论证，筹资额不得超过发行人上年度未经审计的净资产值的两倍。

六、有关上市公司相关方面的要求另行制定。

本《通知》自 2003 年 10 月 1 日起施行，2003 年 10 月 1 日前已通过中国证监会股票发行审核委员会审核的发行人，不适用本《通知》的规定。

**中国证券监督管理委员会**
**二〇〇三年九月十九日**

# 关于规范上市公司与关联方资金往来及上市公司对外担保若干问题的通知

证监发（2003）56 号

**各上市公司及其控股股东：**

为进一步规范上市公司与控股股东及其他关联方的资金往来，有效控制上市公司对外担保风险，保护投资者合法权益，根据《公司法》、《证券法》、《企业国有资产监督管理暂行条例》等法律法规，现就有关问题通知如下：

**一、进一步规范上市公司与控股股东及其他关联方的资金往来**

上市公司与控股股东及其他关联方的资金往来，应当遵守以下规定：

（一）控股股东及其他关联方与上市公司发生的经营性资金往来中，应当严格限制占用上市公司资金。控股股东及其他关联方不得要求上市公司为其垫支工资、福利、保险、广告等期间费用，也不得互相代为承担成本和其他支出；

（二）上市公司不得以下列方式将资金直接或间接地提供给控股股东及其他关联方使用：

1.有偿或无偿地拆借公司的资金给控股股东及其他关联方使用；

2.通过银行或非银行金融机构向关联方提供委托贷款；

3.委托控股股东及其他关联方进行投资活动；

4.为控股股东及其他关联方开具没有真实交易背景的商业承兑汇票；

5.代控股股东及其他关联方偿还债务；

6.中国证监会认定的其他方式。

（三）注册会计师在为上市公司年度财务会计报告进行审计工作中，应当根据上述规定事项，对上市公司存在控股股东及其他关联方占用资金的情况出具专项说明，公司应当就专项说明作出公告。

**二、严格控制上市公司的对外担保风险**

上市公司全体董事应当审慎对待和严格控制对外担保产生的债务风险，并对违规或失当的对外担保产生的损失依法承担连带责任。控股股东及其他关联方不得强制上市公司为他人提供担保。

上市公司对外担保应当遵守以下规定：

（一）上市公司不得为控股股东及本公司持股 50% 以下的其他关联方、任何非法人单位或个人提供担保。

（二）上市公司对外担保总额不得超过最近一个会计年度合并会计报表净资产的 50%。

（三）上市公司《章程》应当对对外担保的审批程序、被担保对象的资信标准做出规定。对外担保应当取得董事会全体成员 2/3 以上签署同意，或者经股东大会批准；不得直接或间接为资产负债率超过 70% 的被担保对象提供债务担保。

(四)上市公司对外担保必须要求对方提供反担保，且反担保的提供方应当具有实际承担能力。

(五)上市公司必须严格按照《上市规则》、《公司章程》的有关规定，认真履行对外担保情况的信息披露义务，必须按规定向注册会计师如实提供公司全部对外担保事项。

(六)上市公司独立董事应在年度报告中，对上市公司累计和当期对外担保情况、执行上述规定情况进行专项说明，并发表独立意见。

**三、加大清理已发生的违规占用资金和担保事项的力度**

(一)上市公司应自本《通知》发布之日起一个月内，按照本《通知》规定，对上市公司与控股股东及其他关联方已经发生的资金往来、资金占用以及对外担保情况进行自查。

自查报告应在规定期限内上报公司所在地中国证监会派出机构备案，经各地派出机构审核或检查后，应在最近一期年度报告中作为重大事项予以披露。

(二)国有资产监督管理机构应当指导和协调国有控股上市公司解决违规资金占用、关联担保问题，要求有关控股股东尊重、维护上市公司经营自主权和合法权益，促进上市公司依法经营管理，完善法人治理结构，增强上市公司的市场竞争力。

(三)上市公司董事会应当针对历史形成的资金占用、对外担保问题，制定切实可行的解决措施，保证违反本《通知》规定的资金占用量、对外担保形成的或有债务，在每个会计年度至少下降30%。

(四)上市公司被关联方占用的资金，原则上应当以现金清偿。在符合现行法律法规的条件下，可以探索金融创新的方式进行清偿，但需按法定程序报有关部门批准。

(五)严格控制关联方以非现金资产清偿占用的上市公司资金。关联方拟用非现金资产清偿占用的上市公司资金，应当遵守以下规定：

1.用于抵偿的资产必须属于上市公司同一业务体系，并有利于增强上市公司独立性和核心竞争力，减少关联交易，不得是尚未投入使用的资产或没有客观明确账面净值的资产。

2.上市公司应当聘请有证券期货相关业务资格的中介机构对符合以资抵债条件的资产进行评估，以资产评估值或经审计的账面净值作为以资抵债的定价基础，但最终定价不得损害上市公司利益，并充分考虑所占用资金的现值予以折扣。审计报告和评估报告应当向社会公告。

3.独立董事应当就上市公司关联方以资抵债方案发表独立意见，或者聘请有证券期货相关业务资格的中介机构出具独立财务顾问报告。

4.上市公司关联方的以资抵债方案应当报中国证监会批准。中国证监会认为以资抵债方案不符本《通知》规定，或者有明显损害公司和中小投资者利益的情形，可以制止该方案的实施。

5.上市公司关联方以资抵债方案须经股东大会审议批准，关联方股东应当回避投票。

**四、依法追究违规占用资金和对外担保行为的责任**

(一)中国证监会与国务院国有资产监督管理委员会(以下简称"国资委")等部门加强监管合作，共同建立规范国有控股股东行为的监管协作机制，加大对违规占用资金和对外担保行为的查处力度，依法追究相关当事人的法律责任。

(二)上市公司及其董事、监事、经理等高级管理人员违反本《通知》规定，中国证监会将责令整改，依法予以处罚，并自发现上市公司存在违反本《通知》规定行为起12个月内不受理其再融资申请。

(三)上市公司控股股东违反本《通知》规定或不及时清偿违规占用上市公司资金的，中国证监会不受理其公开发行证券的申请或其他审批事项，并将其资信不良记录向国资委、中国银行业监督管理委员会和有关地方政府通报。

国有控股股东违反本《通知》规定的，国有资产监督管理机构对直接负责的主管人员和直接责任人依法给予纪律处分，直至撤销职务；给上市公司或其他股东利益造成损失的，应当承担相应的赔偿责任。非国有控股股东直接负责的主管人员和直接责任人违反本《通知》规定的，给上市公司造成损失或严重损害其他股东利益的，应负赔偿责任，并由相关部门依法处罚。构成犯罪的，依法追究刑事责任。

**五、其他**

本《通知》所称"关联方"按财政部《企业会计准则——关联方关系及其交易的披露》规定执行。纳入上市公司合并会计报表范围的子公司对外担保、与关联方之间进行的资金往来适用本《通知》规定。

**六、本通知自发布之日起施行。**

**中国证券监督管理委员会**
**国务院国有资产监督管理委员会**
**二零零三年八月二十八日**

# 资信评级机构出具证券公司债券信用评级报告准则

## 第一章 基本要求

**第一条** 为了规范资信评级机构出具证券公司债券信用评级报告的行为，根据《证券法》和中国证券监督管理委员会(以下简称“中国证监会”)的有关规定，制定本准则。

**第二条** 资信评级机构出具证券公司债券信用评级报告(以下简称“评级报告”)，应当遵循信用评级的行业标准和自律规范。

**第三条** 资信评级机构出具评级报告应当采用浅显、简练、平实的语言，对评级结论的标识做出明确释义。

**第四条** 资信评级机构在出具评级报告前必须履行尽职调查义务。必要时应予以回避或做出相应的人员回避安排，保证有充分的理由确认出具评级报告的数据、资料和结果客观、准确、公正和及时。

**第五条** 资信评级机构应建立健全统一的内部信用评级标准和程序，并在出具评级报告时保持所依据的标准和程序的一致性。

**第六条** 资信评级机构出具信用评级报告应建立有效的内部控制机制，实行有效的内部审核和质量控制。

**第七条** 资信评级机构应当为每一受评债券指定专门的评级项目组，建立和保存完备的档案资料，并接受监管部门的检查。档案资料至少应当包括下列内容：

(一)委托协议；

(二)发行债券的证券公司(以下简称“发行人”)提供的原始资料；

(三)历次尽职调查记录；

(四)信用评级报告；

(五)信用评级委员会的表决情况；

(六)跟踪评级资料；

(七)其他相关资料。

## 第二章 评级报告的内容与格式

**第八条** 评级报告应当包括概述、声明、评级报告正文、跟踪评级安排和附录等五部分。

**第九条** 概述部分应概要说明评级报告的情况，包括发行人和受评债券的名称、信用级别及释义、资信评级机构及人员的联系方式和出具报告的时间等内容。

**第十条** 声明部分全面登载资信评级机构关于评级情况的声明事项，应当包括下列内容：

(一)除因本次评级事项资信评级机构与发行人构成委托关系外，资信评级机构、评级人员与发行人不存在任何影响评级行为独立、客观、公正的关联关系。存在其他关联关系的，应当予以说明。

(二)资信评级机构与评级人员已履行尽职调查和诚信义务，有充分理由保证所出具评级报告的数据、资料及结论的客观、准确、公正、及时。

(三)评级结论是资信评级机构依据内部信用评级标准和程序做出的独立判断，未因发行人和其他任何组织或者个人的任何影响改变评级意见。

(四)已对发行人及受评债券的跟踪评级做出明确安排。

(五)资信评级机构自愿接受中国证监会对评级工作的监管。

**第十一条** 正文部分是完整的信用评级报告，应当包括评级结论及评级结论分析两个部分。

**第十二条** 评级结论应包括发行人名称、受评债券名称、信用级别及释义、评级结论的主要依据等，并简要说明本次评级的过程和发行人、受评债券的风险程度。

发行人为受评债券提供担保的，应对比说明有无担保情况下评级结论的差异。

**第十三条** 评级结论分析部分至少应包括下列内容：

(一)对发行人的简要分析。重点分析发行人股权结构、业务及其特点。

(二)对受评债券的简要分析。重点分析受评债券的主要条款及有关偿债保障措施。

(三)对证券行业的简要分析。重点分析行业状况、发展趋势、行业风险及其对发行人的影响。

(四)分析发行人风险因素。应当针对实际情况，充分、准确、具体地揭示风险因素，按照重要性原则排列分析顺序。对风险应当尽可能做定量分析，无法进行定量分析的，应当有针对性地做出定性描述。

(五)描述和分析发行人及其董事、监事、经理及其他高级管理人员过去三年内发生的违法违规及违约事实。

(六)分析发行人财务状况。重点分析发行人的债务结构、资产质量、盈利状况、现金流状况、关联交易及其对发行人财务状况的影响，判断其财务风险。

(七)分析发行人募集资金投入项目。分析募集资金投向对发行人未来的财务状况、债务风险等方面的影响，以及项目实施可能出现的风险。

（八）分析有关偿债保障措施对受评债券风险程度的影响。有担保安排的，应当特别说明担保安排对评级结论的影响，说明无担保情况下发行人的实际信用状况或评级结论，此外还应对担保人或担保物的信用、风险进行评估。发行人建立专项偿债账户等其他保障措施的，应当分析说明有关保障措施的情况及其可靠性、局限性。

（九）分析发行人履行债券义务的能力、可信程度和抗风险能力。

**第十四条** 评级报告分析应当针对证券行业和发行人的特点，重点揭示风险，反映发行人及受评债券的信用水平及信用风险。

**第十五条** 评级报告分析可在显要位置作“特别风险提示”，必要时应详细分析该风险及其形成的原因，说明过去特别是最近一个会计年度曾经因该风险因素遭受的损失，判断将来遭受损失的可能程度。

**第十六条** 跟踪评级安排部分应明确说明对受评债券存续期内的跟踪评级时间、评级范围、出具评级报告的方式等内容，持续揭示受评债券的信用变化情况。

**第十七条** 附录部分应当收录其他相关的重要事项，主要包括资信评级机构简要介绍、尽职调查报告等。

## 第三章 跟踪评级报告

**第十八条** 资信评级机构应当在首次评级报告中明确有关跟踪评级的事项。跟踪评级应当包括定期跟踪评级和不定期跟踪评级。

**第十九条** 资信评级机构应当密切关注与发行人、受评债券有关的信息。如果发生影响前次评级报告结论的重大事项，资信评级机构应当在 10 个工作日内出具不定期跟踪评级报告，并报送中国证监会。

**第二十条** 资信评级机构应当在受评债券存续期内发行人发布年度报告后一个月内出具一次定期跟踪评级报告。定期跟踪评级报告应当与前次评级报告保持连贯。

**第二十一条** 定期跟踪评级报告与前次评级报告在评级结论或者其他重大事项方面出现差异的，应当分析原因，并做特别说明。

**第二十二条** 定期跟踪评级报告应对受评债券发行后发行人出现的违约状况进行描述和分析。

**第二十三条** 跟踪评级报告应当针对发行人外部经营环境、内部运营及财务状况的变化，以及前次评级报告提及的风险因素进行分析，说明其变化对受评债券的影响，并对原有信用级别是否进行调整作出明确说明。

## 第四章 附 则

**第二十四条** 本准则自 2003 年 10 月 8 日起施行。

# 合格境外机构投资者境内证券交易登记结算业务有关问题的通知

**各托管人、有关证券公司和合格境外机构投资者：**

为进一步作好合格境外机构投资者（以下简称“合格投资者”）证券交易、登记结算业务工作，明确合格投资者及其委托的托管人和证券公司三者之间在交易、登记和结算业务中各自的责任和义务，根据《合格境外机构投资者境内证券投资管理暂行办法》，现就合格投资者涉及的证券交易登记结算业务的有关问题说明如下：

一、合格投资者及其委托的托管人和证券公司应当依据相关法律法规、交易所的业务规则、中国证券登记结算有限责任公司（以下简称“结算公司”）业务规则和本指引的规定，依法进行证券交易和登记结算活动，承担相关的法律责任。

二、托管人应当确保其代理的每个合格投资者在证券交易结算过程中的证券资产和资金资产的独立性和安全性，且合格投资者的资产安全不得因为其他合格投资者的行为（包括超买或卖空）而受到影响。

如果托管人发现合格投资者超买证券（人民币特殊账户的余额不足以支付合格投资者当日应付交收资金额），可以按照相关协议向结算公司提出申请将超买证券从合格投资者账户非交易过户到指定当事人证券账户，同时将相应资金从指定当事人账户划至托管人资金账户。

三、合格投资者及其委托的托管人、证券公司应当签定协议，明确在防范错误交易以及在错误交易已经发生情况下各自的责任和义务。该协议应当报证监会、证券交易所和结算公司备案。

协议应当至少包括以下内容：

(1)协议各方的名称、地址、专门联系人及其地址和联系方式；

(2)防止错误交易的控制程序以及各方在该程序下的责任和义务；

(3)错误交易发生后的处理程序以及各方在该程序下的责任和义务；

(4)为更正错误交易办理非交易过户手续时的申请人；

(5)指定当事人(指无论任何原因导致的违规超买证券行为都向结算公司承担交收责任的当事人)；

(6)协议期限；

(7)各方约定的其他内容。

四、根据《证券法》和《合格投资者境内证券投资管理暂行办法》及其他相关规定，合格投资者不得超买证券，合格投资者及其所委托的境内证券公司和托管人应当共同配合采取下列措施，防止合格投资者超买证券行为发生。

1.合格投资者在买卖证券之前，应当确保其在托管人处的证券余额和资金余额足以进行交收。

2.托管人在获得合格投资者的授权后，应当将该合格投资者当日可交易的资金和证券余额提供给证券公司，以防止超买证券行为的发生。

3.合格投资者委托的证券公司应当在每日开市前向托管人进行资金余额核实，以确保拟执行的证券买卖不会导致超买证券。

五、为确保证券市场结算秩序和结算系统的安全运转，无论任何原因导致的违规超买证券行为，协议应当按照下列原则处理：

1.托管人依其托管职责应在第一时间向证监会、结算公司报告。

2.任何一方发现有超买证券的情况，均应在第一时间通知其他两方，以便尽快确定超买差错责任人。

3.因托管人的错误导致超买证券行为的，托管人应当就超买部分的证券向结算公司承担交收责任，并对超买部分的证券享有处置权和收益权。同时，托管人处置证券可以委托证券公司进行，结算公司提供必要协助。

4.因证券公司造成的超买证券行为，托管人和证券公司应当直接向结算公司办理超买证券部分的非交易过户手续，将超买证券过户给证券公司，同时，由结算公司从证券公司结算备付金账户中将与超买证券等额的资金划付给托管人结算备付金账户。

5.如果在T+1日上午12时之前，合格投资者、托管人与证券公司未能查明超买证券的原因或未能确定超买差错责任人的，应当由协议中确定的指定当事人按照协议规定办理。

6.如果托管人或证券公司未能按照前述第3项、第4项和第5项规定承担超买证券的交收责任，结算公司有权暂扣托管人指定的、其托管的QFII证券账户中相当于超买金额120%的证券；如该指定的超买证券账户内所有证券价值不足超买金额的120%，则扣其全部证券。如托管人未在规定时间内向结算公司指定需暂扣的证券，结算公司将按照托管人托管的所有QFII证券账户T日买入证券成交的先后顺序，自后向前依次扣券，直至扣券总市值达到超买金额的120%为止。次日托管人仍然不能补足超买金额的，结算公司卖出所扣证券，以卖出款抵补超买金额，卖出款不能全额抵补超买款本金及罚息的，差额部分由托管人负责向最终责任人追索，托管人应当将追索款项及时交还结算公司。

# 保险公司投资企业债券管理暂行办法

**第一条** 根据《中华人民共和国保险法》第一百零五条的有关规定，经国务院批准，保险公司可以投资企业债券。为保证保险公司资金运用的流动性、安全性、盈利性，特制定本办法。

**第二条** 本办法所称企业债券是指经国家主管部门批准发行，且经监管部门认可的信用评级机构评级在AA级以上的企业债券。

目前中国保监会认可的信用评级机构为中诚信国际信用评级有限公司、大公国际资信评估有限公司。其他评级公司须另行认可。

**第三条** 保险公司依本办法买卖企业债券，自主经营、自担风险、自负盈亏。

**第四条** 企业债券应由各保险公司总公司或保险资产管理公司统一买卖，保险公司分支机构不得买卖企业债券。

**第五条** 保险公司投资企业债券实行比例控制的办法。保险公司购买的各种企业债券余额按成本价格计算不得超过本公司上月末总资产的20%。

保险公司同一期单品种企业债券持有量不得超过该期单品种企业债券发行额的15%或保险公司上月末总资产的2%,两者以低者为准。

**第六条** 保险公司在沪、深证券交易所、全国银行间债券市场买卖债券,应当遵守相关法律、法规及业务规则。

**第七条** 保险公司经批准开办的投资连结保险可以设立投资企业债券比例最高为该账户总资产100%的投资账户,万能寿险可以设立投资企业债券比例最高为该账户总资产80%的投资账户。投资账户的设立、合并、撤销、变更应符合我会的有关规定。

分红保险或其他独立核算的保险产品,投资企业债券的比例不得超过本产品上月末资产的20%。

**第八条** 保险公司未按本办法规定买卖企业债券的,中国保监会可依据《中华人民共和国保险法》及有关法律、法规予以行政处罚。

**第九条** 外国保险公司分公司适用本办法。

**第十条** 本办法由中国保监会负责解释,修订亦同。

**第十一条** 本办法自发布之日起施行。《保险公司购买中央企业债券管理办法》(保监发[2003]9号)同时废止。

# 证券业从业人员资格考试办法(试行)

**目 录**



## 第一章 总 则

**第一条** 根据《证券业从业人员资格管理办法》及国家关于统一考试的有关规定,制定本办法。

**第二条** 参加证券业从业人员资格考试(以下简称"资格考试")的人员,考试合格的,取得证券从业资格。

**第三条** 中国证券业协会(以下简称"协会")是资格考试的组织机构,负责资格考试工作。

**第四条** 协会的资格考试工作接受中国证券监督管理委员会(以下简称"中国证监会")的指导和监督。

## 第二章 组织机构职责

**第五条** 协会统一组织资格考试工作,履行以下职责:

(一)制定考试规则;

(二)制定考试大纲;

(三)组织编写、出版、发行资格考试统编教材;

(四)编制考试预决算;

(五)发布公告;

(六)组织命题;

(七)组织考试;

(八)公布考试成绩;

(九)发放成绩合格证书;

(十)建立资格考试信息库;

(十一)受理咨询。

**第六条** 协会制定的考试大纲、编制的考试预决算经中国证监会核准后执行。

## 第三章 资格考试

**第七条** 报名参加资格考试的人员,应当符合下列条件:

(一)报名截止日年满18周岁;

(二)具有高中或国家承认相当于高中以上文化程度;

(三)具有完全民事行为能力。

**第八条** 资格考试科目由基础科目和专业科目组成。基础科目为必考科目,专业科目由应考人员自选。

**第九条** 基础科目为证券基础知识,内容包括:证券基本知识,国家有关证券的法律、法规,证券从业人员职业操守、执业规范等。

专业科目包括:

(一)证券交易;

(二)证券发行与承销;

(三)证券投资分析;

(四)证券投资基金;

(五)根据需要设置的其他科目。

**第十条** 通过基础科目及任意一门专业科目考试的,即为资格考试合格人员,同时取得证券从业资格。

协会建立资格考试信息库,记录应考人员成绩和取得证券从业资格人员的有关信息。

**第十一条** 取得证券从业资格的人员，可以按照《证券业从业人员资格管理办法》及其实施细则等有关规定向协会申请执业证书。

**第十二条** 参加资格考试的人员，可以选报一门以上专业科目考试，基础科目及两门以上（含两门）专业科目考试合格的，可获得一级专业水平级别认证；基础科目及四门以上（含四门）专业科目考试合格的，可获得二级专业水平级别认证。由协会颁发专业水平级别认证证书。

## 第四章 命 题

**第十三条** 资格考试命题应遵循标准化、规范化、专业化的原则，严格遵守国家有关保密规定。

**第十四条** 协会聘任命题专家组织命题，命题专家由证券监督管理机构、证券自律机构、证券经营机构、从事证券业务的中介机构、大专院校以及社会研究机构的有关专家组成。

**第十五条** 命题专家按照资格考试大纲的要求依据考试统编教材编写试题。

**第十六条** 命题专家按照协会设定的程序、标准和要求，对试题进行编辑，建立资格考试标准化题库。

**第十七条** 考试试卷根据考试大纲、难度系数、知识点的分布等要素，从题库随机抽取试题。

**第十八条** 考试试卷组成的同时生成试卷答案、评分标准，试卷答案、评分标准应具有唯一性。

**第十九条** 考试试卷在国家统一考试试卷定点印制单位印制，并按照国家有关保密规定运送、保管。

**第二十条** 试卷、试题、答案及评分标准在启用前均属于国家秘密，任何人不得以任何方式泄露。

**第二十一条** 命题专家在参加命题工作前应与协会签署保密承诺书。

参加命题的专家在本次考试前不得直接或间接参与与资格考试有关的培训工作，参加命题当年不得参与编写、出版相关考试辅导用书和资料等可能妨碍其履行保密义务的活动。

## 第五章 考 务

**第二十二条** 协会按照方便应考的原则，建立严格、高效的考务工作机制，保证资格考试的安全、顺利进行。

**第二十三条** 协会组织实施考务工作，考务工作主要包括受理考试报名、设置考区和考点、安排考场、监考、阅卷、管理考试成绩等。

**第二十四条** 报名参加资格考试的人员，应当提交能够证明其符合第七条规定条件的身份证、毕业证书等相关证件，填写报名表、交费，领取考试通知单和准考证。报名人应当对其提供的有关证件和资料的真实性、准确性、合法性负责。

境外人员报名参加考试，应当提交能够证明其符合第七条规定条件的身份、学历等相关材料。

**第二十五条** 考试的报名时间、报名方式、报名地点由协会提前公告。

**第二十六条** 协会应对报名材料进行审查，对符合规定条件的报考者发放考试通知和准考证。

**第二十七条** 资格考试按照方便、安全的原则设置考区、考点、考场，并安排监考人员，负责管理考场，维持考场秩序。

**第二十八条** 资格考试考场规则按照国家统一考试的有关规定执行。应考人员在规定的考试时间，到指定考场参加考试。

**第二十九条** 资格考试可采取笔试或以电子信息为载体的方式进行。

**第三十条** 考试结束后，阅卷采取计算机自动阅读答题卡的方式进行。考试成绩以只读光盘的形式保存。

**第三十一条** 考试成绩由协会在考试结束之日起二十个工作日内公布，应考人员可以通过协会网站或指定的其他方式查询考试成绩。

**第三十二条** 应考人员对考试成绩有异议的，应当在成绩公布之日起十五日内向协会提出异议。协会自受理之日起十五个工作日内予以处理。

**第三十三条** 资格考试的时间和年度举办次数由协会确定并公告。

**第三十四条** 协会根据需要可聘请社会专业考试机构或其他有关机构协助承担部分或全部考务工作，并与其签署协议，规定所承担考务工作的标准和要求，明确双方的权利和义务。

## 第六章 纪 律

**第三十五条** 报名参加资格考试的人员，有违反本办法第二十四条规定情形并弄虚作假的，一年内不受理其资格考试报名申请；已经参加考试的，取消考试成绩。

**第三十六条** 应考人员不按规定填报姓名、身份证号、准考证号或不按规定要求答卷的，该科考试成绩按零分处理。

**第三十七条** 应考人员违反考场规则的，该科考试成绩按零分处理，一年内不得报名参加考试。扰乱考场秩序的，该科考试成绩按零分处理，两年内不得报名参加考试。

**第三十八条** 应考人员有第三十七条规定情形的，

由监考人员当场记录其姓名、准考证号、情节，及时上报所在考点负责人并给予处理。

**第三十九条** 协会应告知应考人员其所受的处分、情节和依据。应考人员对其所受的处分有异议的，可以自受到处分之日起十五日内向协会提出异议。协会在受理之日起十五个工作日内予以处理。

**第四十条** 命题专家有违反第二十一条规定情形的，协会予以解聘，情节严重的，移交有关部门追究其相应责任。

**第四十一条** 协会工作人员及其他考务人员在考试工作中玩忽职守、徇私舞弊的，视情节轻重按照有关规定进行处理。

**第四十二条** 考试工作中发生泄密事件的，由协会组织查处，对涉嫌违反国家保密规定的，由协会会同国家保密工作部门组织查处。

## 第七章 附 则

**第四十三条** 资格考试依据国家管理部门批准的标准收取考试报名费，并按其规定的用途使用，资格考试财务接受国家管理部门的审计监督。

**第四十四条** 协会不举办、也不指定其他机构举办资格考试应试培训，任何机构不得以中国证券业协会名义举办应试培训。

**第四十五条** 本办法实施前已持有两种或两种以上资格证书的，可申请一级专业水平级别认证；本办法实施前已持有四种资格证书的，可申请二级专业水平级别认证。由协会颁发专业水平级别认证证书。

**第四十六条** 本办法由协会负责解释。

**第四十七条** 本办法报中国证监会核准，自公布之日起实施。

# 中国证券业协会会员诚信信息管理暂行办法

### 关于发布《中国证券业协会会员诚信信息管理暂行办法》的公告

《中国证券业协会会员诚信信息管理暂行办法》经中国证券业协会第三届理事会第二次会议审议通过，现予以公布，自2004年1月1日起施行。

附：《中国证券业协会会员诚信信息管理暂行办法》

**中国证券业协会**

**二〇〇三年十月十六日**

**第一条** 为加快推进证券行业诚信体系建设，增强会员单位诚信观念，倡导守法经营、诚信服务的行业文化，促进证券市场健康发展，规范诚信信息管理，根据中国证券业协会（以下简称协会）第三届常务理事会第二次会议通过的《关于加快推进证券业诚信建设的决议》，制定本办法。

**第二条** 协会收集、记录和使用会员单位的诚信信息，适用本办法。

**第三条** 本办法所称诚信信息，是指会员单位及其分支机构在经营活动中的守法、守信、自律情况记录和对判断其诚信状况有影响的其他信息。

**第四条** 本办法所称会员单位，包括以下从事证券业务并已加入协会的机构：

（一）证券公司；

（二）基金管理公司；

（三）证券投资咨询机构；

（四）金融资产管理公司；

（五）基金托管机构。

**第五条** 协会建立会员诚信信息管理系统，对会员单位诚信信息进行日常管理。

**第六条** 诚信信息的收集、记录和使用，应当遵循公正、客观、规范的原则。

**第七条** 会员单位及其分支机构的诚信信息包括：基本信息、经营信息、奖惩信息和投诉信息。

**第八条** 基本信息包括：注册信息、资格信息和其他信息。

注册信息包括机构编号、名称、办公地址、法定代表人、总经理、联系电话、传真、电子邮箱、网址等。

资格信息包括资格编号、资格类别、资格证书号、批准部门、批准时间、有效期等。

其他信息包括会员单位的资信等级评定信息、商业信誉记录等。

**第九条** 经营信息包括：业务信息、财务信息和组织结构信息。

业务信息包括证券经纪、证券承销、证券自营、受托投资管理、证券投资基金管理、证券投资咨询等业务数据。

财务信息包括资产负债表、损益表和现金流量表上的财务数据,历年财务指标等。

组织结构信息包括单位内部组织结构、人力资源状况等。

**第十条** 奖惩信息包括:奖励信息和处罚信息。

(一)奖励信息包括受奖励单位、表彰内容、荣誉称号、表彰单位、表彰时间和文号等。其中表彰单位包括:

1.中国证监会及其派出机构;

2.国家各级主管机关;

3.中国证券业协会;

4.上海、深圳证券交易所;

5.各地方证券业协会;

6.协会认为有必要记录其奖励信息的其他单位。

(二)处罚信息包括受罚机构名称、责任人、处罚时间、有效期、处罚原因、处罚单位、处罚类别、文号等。其中处罚类别包括:

1.受到中国证监会及派出机构处罚的,包括警告、责令改进、没收非法所得、罚款、暂停或撤销业务资格、移交司法部门处理以及对其诚信状况有直接影响的其他处理行为;

2.受到协会处分的,包括书面批评、会员内通报批评、公开谴责、暂停部分会员权利、暂停会员资格、取消会员资格以及对其诚信状况有直接影响的其他处理行为;

3.受到上海、深圳证券交易所处分、处罚的,包括下发监管关注函、警告、会员内通报批评、公开批评、限制交易、暂停自营业务或经纪业务、取消会籍以及对其诚信状况有直接影响的其他处理行为;

4.受到地方证券业协会处分的;

5.受到国家有关主管机关处罚的;

6.协会认为有必要记录的其他情况。

**第十一条** 投诉信息包括:投诉者和被投诉者的基本情况、投诉事实和理由、相关证据、调查情况、处理结果、被投诉者申诉说明等。

**第十二条** 协会与中国证监会及派出机构,上海、深圳证券交易所,地方证券业协会,本办法第四条所列会员单位建立信息交换渠道,以约定方式收集会员单位诚信信息;或从政府公报、有关组织发布的奖惩公告、媒体报道收集会员单位诚信信息。

从媒体报道收集的诚信信息,应与当事会员单位进行核实。

**第十三条** 协会按下列途径收集到诚信信息后,在20个工作日内予以记录或更新。

(一)基本信息、经营信息中的组织结构信息由会员单位通过专用网络系统自行录入,协会进行核对,如有疑义,可请会员单位作出书面说明;当其中相关内容发生变更时,会员单位应在变更之日起1个月内采用本项前述办法进行更新;

(二)经营信息中的业务信息和财务信息由会员单位通过专用数据报送系统定期报送协会,协会按规定标准进行收集并记录;

(三)奖惩信息根据本办法第十二条规定或从协会日常自律管理中收集,协会依据记载诚信信息的正式书面文件或经核实的媒体报道进行记录;

(四)投诉信息从协会日常自律管理工作中收集,或从证券监管机构等国家机关,上海、深圳证券交易所,地方证券业协会转来的对会员单位投诉信件中收集,协会如实记录全部投诉信息。

**第十四条** 协会公正、客观地记录提供信息机构提供的诚信信息,保持诚信信息的原始完整性,不得有选择地记录诚信信息。

**第十五条** 诚信信息的使用范围限于:

(一)作为协会进行日常自律管理、行业评比、吸纳会员参加协会相关组织、对会员进行诚信评估的依据;

(二)作为证券监管机构进行日常监管、行政审批、资质审查的参考;

(三)作为国家有关主管机关依法履行职责的参考;

(四)协会理事会规定的其他使用范围。

**第十六条** 协会对诚信信息实行分类管理,并提供诚信信息查询服务。对于不属于国家机密、商业秘密,不涉及个人隐私的公开诚信信息,协会按统一的标准进行确定并予以公布,任何机构或个人可以通过协会网站查询。

下列机构还可查询除本条前款规定以外的其他诚信信息:

(一)证券监管机构可以查询被调查对象的各类诚信信息;

(二)法律、法规规定的国家有关主管机关依照职权进行调查时,可以在调查范围内查询相关诚信信息;

(三)上海、深圳证券交易所,地方证券业协会,根据需要可以查询其所属会员的基本信息和奖惩信息;

(四)除按规定应保密的投诉人基本信息外,会员单位可以查询本单位的各类诚信信息。

**第十七条** 除下列情形外,协会对诚信信息的查询情况进行记录:

(一)查询已公开的诚信信息的;

(二)会员单位按规定权限查询本单位诚信信息的。

查询记录应当包括诚信信息的查询者、查询原因、查询时间、查询对象、查询内容等情况。

查询记录自该记录生成之日起保存5年。

**第十八条** 会员单位认为本单位诚信信息有错误的或对本单位诚信信息持有异议的，可按下列规定申请更正或提起申诉：

（一）认为基本信息或经营信息中的组织结构信息有错误的，会员单位通过专用网络系统自行更正，协会进行核对；

（二）认为经营信息中的业务信息或财务信息有错误的，会员单位向协会提出书面更正申请，并提供相关证明材料，协会经核对确认后，予以更正；

（三）认为奖惩信息有错误的，可以向协会提出书面更正申请，并提供相关证明材料，协会经核对，属于记录错误的，予以更正；属于对提供信息机构提供的原始信息有异议的，会员单位可向提供信息机构申请更正；

（四）对投诉信息有异议的，可以向协会提交书面申诉报告。申诉报告内容列入投诉信息记录。

会员单位按照本条第（三）款规定向提供信息机构申请更正，提供信息机构书面答复同意更正的，协会按书面答复意见进行更正；提供信息机构不同意更正或没有书面答复意见，会员单位仍认为奖惩信息有错误的，会员单位可向协会提交书面异议报告。异议报告内容列入奖惩信息记录。

**第十九条** 诚信信息的保存分为当前保存与历史记录两类，超过当前保存期限的诚信信息转入历史记录库后，一般不再提供查询服务。诚信信息的当前保存期限为：

（一）基本信息长期当前保留；

（二）经营信息设定5年当前保存期；

（三）奖惩信息设定5年当前保存期；

（四）投诉信息设定3年的当前保存期，超过当前保存期，已经核查有结果的或确认无法核查的，载明情况后转入历史记录库；正在核查的，载明情况后在当前库中继续保存1年。

**第二十条** 协会对记载诚信信息的书面材料予以立卷保存，对诚信信息数据库的数据予以备份。

**第二十一条** 任何单位和个人不得违反本办法的规定查询或使用会员诚信信息。

**第二十二条** 对不按规定报送诚信信息的会员单位，协会应予以提示、警示；仍不改进的，协会按有关自律规则给予纪律处分。

**第二十三条** 协会工作人员有下列行为之一的，应追究其责任：

（一）违反保密职责，泄露会员诚信信息或超范围使用会员诚信信息；

（二）擅自对提供信息机构提供的会员诚信信息进行修改。

**第二十四条** 诚信评估办法另行制定。

**第二十五条** 本办法由中国证券业协会实施并负责解释。

**第二十六条** 本办法自2004年1月1日起施行。

# 关于证券公司从事集合性受托投资管理业务有关问题的通知

**各证券监管办公室、办事处、特派员办事处：**

我会已将《关于证券公司从事集合性受托投资管理业务有关问题的通知》（证监机构字[2003]107号）通过交换方式抄送你办。但是，目前大多数证券公司还未收到此通知。鉴于该通知事项的紧迫性，请你办将该通知及时转发辖区内各证券公司，并督促其遵照执行。通知见附件）

**机构监管部**

2003年5月15日

**各证券公司：**

近一时期，部分证券公司开展了对业务创新特别是受托投资管理业务创新的研究，少数证券公司还与商业银行合作，向特定或不特定的投资者募集资金，设立集合投资计划，开展了集合性受托投资管理业务。为加强对证券公司从事的集合性受托投资管理业务的监督管理，维护证券市场的正常秩序，保护证券投资者的合法权益，现就有关问题通知如下：

一、集合性受托投资管理业务，是证券公司受托投资管理业务的一种新形式。与传统的受托投资管理业务相比，这一形式涉及的当事人较多，当事人之间的权利义务关系比较复杂，管理要求较高、难度较大，如处理不当，极易引发金融风险和社会风险。为此，中国证监会正在加紧制定规范证券公司集合性受托投资管理业务的管理办法。在新办法实施前，证券公司不得向特定或不特定的多数投资者募集资金设立集合投资计划，从事集合性受托投资管理业务；自本通知发布之日起，正在募集的集合投资计划，必须立即停止募集。

二、本通知发布前已经开展集合性受托投资管理业务的证券公司，应当自本通知发布之日起五日内，将与集合投资计划有关的合同、产品说明书、宣传材料等报送中国证监会审查（同时抄报注册地中国证监会派出机构），并立即按照以下规定，对已经开展的集合性受托投资管理业务中的不规范做法进行纠正：

（一）证券公司不得以书面或者口头、明示或者暗示的方式向委托人承诺承担投资损失、保证投资收益；向委托人提供投资收益预测的，应当有充分的根据，并以书面方式明确说明所作预测仅供委托人参考，投资风险由委托人自行承担。

（二）集合投资计划使用的证券账户和资金账户，应当由具有证券投资基金托管人资格的商业银行托管。

（三）集合投资计划的投资范围、投资比例、关于委托人与受托人权利义务关系的约定，应当符合中国证监会《关于规范证券公司受托投资管理业务的通知》（证监机构字［2001］265号）的规定。

三、中国证监会各派出机构应当加强对辖区内证券公司开展的集合性受托投资管理业务的监督管理，督促证券公司按照证监机构字［2001］265号文件和本通知的规定规范运作。对违反规定从事集合性受托投资管理业务的证券公司，要严格依照有关规定予以处理，并将有关情况及时报告中国证监会。

**中国证券监督管理委员会**
**二○○三年四月二十九日**

# 上海证券交易所会员业务规范指引

## 第一章　总　则

**第一条**　为强化上海证券交易所（以下简称“本所”）会员自律意识，明确会员与证券交易密切相关的行为规范，维护投资者利益，促进证券市场发展，依据《上海证券交易所会员自律准则》及本所有关业务规则，制定本指引。

**第二条**　本指引由本所会员、特别会员自觉遵守。

## 第二章　交易业务指引

**第三条**　在中国证券监督管理委员会（以下简称“证监会”）许可的业务范围内，经营证券业务。

**第四条**　在证券交易活动中，会员与客户签订证券委托买卖协议。协议内容包含本所规定的必备条款。

提供自助委托的，应与客户明确双方的权利和义务。委托系统应详细记录自助委托过程和内容。

**第五条**　向客户揭示证券买卖风险，包括但不限于委托方式风险、交易市场发生不可抗力风险、偶发事故风险。

**第六条**　严格执行本所全面指定交易制度，与客户明确在指定交易中双方的权利和义务。

除客户有未履行交易交收义务等情况，不以任何理由拖延或拒绝办理投资者撤销指定交易申请。

**第七条**　按照接受客户委托的先后顺序，向交易主机申报。

**第八条**　接受客户限价委托的，按限价或低于限价买入证券，按限价或高于限价卖出证券；接受客户市价委托的，按市场价格买卖证券。

**第九条**　允许客户撤销委托中未成交部分，在确认撤销后，及时向客户返还相应资金或证券。

**第十条**　在营业场所及时、完整地公布证券交易即时行情、股价指数、市场公告等信息。未经本所许可，不将上述信息提供给机构和个人从事经营活动。

**第十一条**　采取开设电话查询、网络查询和张贴公告等形式，向客户及时公布新股配号结果、中签结果和缴款时限。

为客户代理新股缴款，应与客户明确双方的权利和义务。

变更新股缴款时限，应履行通知义务。

在新股业务中，不进行虚假配号或其他欺诈行为。

**第十二条**　遵守国债买卖的有关规定，不为客户开立证券二级账户。

**第十三条**　建立交易数据库，并向客户提供证券、资金对账服务。

在营业时间应受理客户查询。

第十四条　在营业场所,安排人员接受客户咨询。

第十五条　采取有效措施,妥善保存证券交易委托资料、证券账户数据、交易记录等文件,保存期限不少于15年。

第十六条　建立客户投诉制度,妥善处理交易纠纷。

接受客户投诉和处理交易纠纷,应制作书面记录。

如交易纠纷影响正常交易的,应及时向本所报告。

第十七条　对客户的收费项目、收费标准应符合有关规定。

第十八条　在依法设立的营业场所接受客户证券买卖委托,未经允许不为非本所会员从事经纪业务提供便利。

第十九条　遵守法律、法规,不在证券经营中进行不正当竞争。

第二十条　在证券交易活动中,不采取内幕交易、操纵市场或其他违法手段获取利益或者转嫁风险。

第二十一条　不私自或者假借客户名义买卖客户账户上的证券,不为牟取佣金收入诱使客户进行不必要的证券买卖。

第二十二条　遵守与本所业务相应的证券登记结算机构的业务规则,履行登记、结算等义务。

## 第三章　交易系统和通信系统技术指引

第二十三条　严格遵守证监会和本所的技术规范和要求,建立交易系统和通信系统。

第二十四条　交易系统、通讯系统的硬件配置、软件安装和数据接口应符合本所技术规范。

第二十五条　按照本所要求,及时对交易系统、通讯系统相关软件和硬件进行升级、测试。

第二十六条　交易系统、通讯系统关键设备应具有容错性,制定故障、病毒定期检测的操作制度。

交易系统、通讯系统关键设备有备品备件。

第二十七条　交易系统和通信系统的机房环境及供电系统符合相关要求。

第二十八条　遵守本所要求,安装、使用交易系统、通讯系统专用设备,不擅自接入其他网络和设备。

第二十九条　柜面系统应达到下列要求:

(一)进行证券账户的指定及撤销;

(二)区别指定交易与一般买卖委托指令;

(三)对每一笔委托申报,实施证券和资金的前端明细核查;

(四)准确、及时反映所有出错信息,并立即作出相应处理;

(五)本所规定的其他要求。

第三十条　每个席位至少具备一种通信备份手段,并定期进行测试和演练,实现通信系统的天、地备份。

第三十一条　遵守双向卫星小站安装和使用要求,按规定及时办理无线电台执照。

第三十二条　建立交易数据、系统数据备份制度,重要数据应当异地备份。

第三十三条　参加本所组织的交易系统和通讯系统测试,并及时反馈测试结果。

测试前做好系统备份,测试后做好系统恢复,确保交易正常进行。

第三十四条　定期检查交易系统、通信系统,建立处理系统故障和异常情况的应急制度。

## 第四章　与证券交易相关的内部控制指引

第三十五条　加强内部管理,建立严格的内部控制制度,设立专门机构,负责内部稽核、营业部管理、资金清算及信息系统管理等工作。

第三十六条　建立交易监测、交易预警和交易反馈机制,完善相关的安全设施。

第三十七条　建立规范的自营业务、经纪业务和受托投资管理业务的分类管理管理体系和制度。

第三十八条　自营业务应符合下列要求:

(一)对自营业务进行集中管理,建立严格的授权管理制度;

(二)设置专门管理人员和专用交易终端从事自营业务;

(三)制定具体的风险控制措施,审核自营指令,并建立自营交易记录;

(四)本所规定的其他要求。

第三十九条　交易系统、通信系统的运行和维护应达到以下要求:

(一)制定严格的安全管理制度;

(二)明确业务操作、技术维护等方面的职责;

(三)技术与业务分离、前台与后台分离、网络与数据分离;

(四)及时进行业务技术检查;

(五)本所规定的其他要求。

第四十条　严格管理与证券交易相关的数据,保证数据的安全、真实和完整,严格执行计算机交易数据的授权修改程序,并坚持数据的定期查验制度。

第四十一条　加强单向卫星数据接收的加密和席

位操作员密码管理，由不同人员保管数据库和操作系统的密码口令，并定期更新。

**第四十二条** 设立专人负责接收本所以报刊、网站、卫星、书面函件等形式发布的各类技术和业务通知，对于新的交易品种和业务变化，应及时作好技术和业务准备。

## 第五章 会员会籍业务和报告指引

**第四十三条** 遵守本所的席位管理规定，转让、出租席位必须按照有关管理规定报本所审批。

未经本所许可，不将席位以出租或承包等形式交由他人使用。

**第四十四条** 会员交易席位的任何变更，涉及指定交易的，应按下列规定之一处理：

（一）及时通知有关投资者办理撤销指定交易的手续；

（二）向本所申请将被变更席位的指定交易证券账户的指定交易予以全部撤销，但必须及时通知投资者；

（三）向本所申请将被变更席位指定交易证券账户全部转移于另一席位予以指定。

**第四十五条** 及时向本所报送席位共用情况，在日常交易中按《共用席位情况登记表》中约定进行交易申报。

**第四十六条** 加强对交易员行为的规范与管理，努力提高交易员的业务素质和职业道德。

**第四十七条** 指派高级管理人员担任会员代表，负责会员与本所的联络。

**第四十八条** 指定专门部门归口管理会籍业务、履行报告义务。

会员信息资料报送应及时、准确、完整。

**第四十九条** 按有关要求履行下列定期报告义务：

（一）每月前 10 个工作日内向本所报送上月统计报表数据；

（二）每年 1 月 15 日前报送上年未经审计年报；

（三）每年 4 月 30 日前报送上年经审计年报和本所要求的年度检查材料；

（四）本所规定的其他定期报告义务。

**第五十条** 有下列情况之一的，在 5 个工作日内向本所报告：

（一）修改章程；

（二）合并或分立；

（三）改制、增资扩股；

（四）变更业务范围；

（五）法定代表人或高级管理人员发生变更；

（六）公司前 10 或持股 5%以上股东变动；

（七）收购或转让营业网点；

（八）资金、财务、人事等管理制度及各类业务风险控制制度发生重大变化；

（九）发生重大担保事项；

（十）发生重大亏损、重大债权债务发生收回或支付困难；

（十一）发生证券资金交收透支；

（十二）财务指标已达证监会规定的风险预警线；

（十三）发生重大诉讼、仲裁事项；

（十四）发生重大违法、违规事件；

（十五）变更名称、住所、办公场所、营业地址、联系电话及传真；

（十六）证监会和本所规定的其他事项。

**第五十一条** 特别会员依据本所相关业务规则履行报告义务。

**第五十二条** 按规定向本所交纳席位费、交易手续费及其他费用。

## 第六章 附 则

**第五十三条** 依据本指引内容开展业务自查，并配合本所检查。

**第五十四条** 本指引未尽事宜，由本所修订补充。

**第五十五条** 本指引经本所理事会通过后生效。修改时亦同。

**第五十六条** 本指引由本所负责解释。

# 上海证券交易所会员自律准则

**第一条**　为强化上海证券交易所(以下简称“本所”)会员自律意识,规范证券市场秩序,促进证券市场发展,维护投资者利益,依据《上海证券交易所章程》及本所其他业务规则,制定本准则。

**第二条**　本准则由本所会员、特别会员自觉遵守。

**第三条**　依法合规经营,遵守本所业务规则。

**第四条**　诚实信用,自觉遵守职业道德,维护证券市场秩序。不开展不正当竞争,不以违法手段获取利益或者转嫁风险。

**第五条**　在经纪业务和其他受托业务中,勤勉尽责,切实保障客户的合法权益。

**第六条**　严格执行全面指定交易制度,与客户明确在指定交易中双方的权利和义务,不故意拖延或拒绝办理客户撤销指定交易的申请。

**第七条**　在营业场所提供多种方式的信息查询和咨询服务。

**第八条**　建立客户投诉和交易纠纷的处理机制,并制作书面记录。

**第九条**　采取有效措施,妥善保存证券交易委托资料、证券账户数据、交易记录等文件。

**第十条**　对客户的收费应符合相关规定。

**第十一条**　遵守本所技术规范要求,制定和完善安全管理制度,保证交易系统和通信系统安全运行。

**第十二条**　加强技术风险防范,并对交易系统和通信系统建立必要的备份机制。

**第十三条**　定期检查交易系统和通信系统,建立系统故障和异常情况处理的应急制度。

**第十四条**　加强内部管理,建立严格的内部控制制度和信息系统管理制度,切实执行自营业务、经纪业务和受托投资管理业务的分类管理要求,防范风险。

**第十五条**　加强对从业人员的培训、管理和监督,提高从业人员的业务素质和职业道德。

**第十六条**　遵守本所会籍和席位管理等制度,保障正常的交易秩序。

**第十七条**　自觉接受和配合本所的日常监管,严格执行报告制度,及时、准确、完整地向本所履行报告义务。

**第十八条**　按规定向本所交纳席位费、交易手续费及其他费用。

**第十九条**　对本准则的执行情况进行自我检查、相互监督,并配合本所检查。

**第二十条**　本准则经本所理事会通过后生效。修改时亦同。

**第二十一条**　本准则由本所负责解释。

# 上海证券交易所关于废止部分业务规则的公告（第一批）

根据国家法律、行政法规、规章和《上海证券交易所章程》的有关规定,本所对建所以来至2002年12月31日期间公布的基本业务规则、业务实施细则及与业务有关的一般规范性文件(以下统称为”业务规则”)进行了全面清理,并逐一进行了效力确认。其中涉及已明令废止、自行失效或应予废止的业务规则共132个,现将其目录予以公布。

特此公告。

**上海证券交易所**

2003年6月28日

**附件:**

废止的业务规则目录

1. 上海证券交易所交易市场业务试行规则(1990.11.26)

2. 关于债券大宗交易的通知(1991.2.3　上证交(91)1)

3. 关于做好投资者构成分析工作的通知(1991.2.13　上证交(91)字第3003号)

4. 关于申报失误要求电脑冲正有关问题的通知(1991.3.12　上证交(91)字第3006号)

5. 关于严格禁止人为造市行为的通知(1991.3.18　上证交(91)字第4014号)

6. 关于印发《上海证券交易所交易市场业务试行规则》及其修改方案的通知(1991.3.23 上证管(91)字第4015号)

7. 关于调整股价涨(跌)停限幅度的通知(1991.4.25　上证交(91)字第3008号)

8. 关于申报错误要求撤销成交问题的补充通知

(1991.5.7　上证交(91)字第 3010 号)

9. 关于切实改进受托业务处理方式保障投资者合法权益的通知(1991.5.13　上证交(91)字第 3011 号)

10. 关于会员自营买卖股票的通知(1991.5.17　上证管(91)字第 4025 号)

11. 关于改进"成交交割通知单"的通知(1991.6.3　上证交(91)字第 3013 号)

12. 关于严格禁止自买自卖交易的通知(1991.6.18　上证交(91)字第 3014 号)

13. 关于协调自营卖出股票数量的通知(1991.6.19　上证交(91)字第 3015 号)

14. 关于自营卖出股票数量的补充通知(1991.6.28　上证交(91)字第 3016 号)

15. 关于机构暂不参与买卖个人股股票的通知(1991.7.1　上证交(91)字第 3017 号)

16. 关于启用股票账户的通知(1991.7.5　上证交(91)字第 3019 号)

17. 关于交易员申报买卖股票情况的通知(1991.7.6　上证管(91)字第 4031 号

18. 关于印发《上海证券交易所交易市场业务试行规则》修改方案的通知(1991.7.15　上证交(91)字第 3020 号)

19. 关于实行股票申报疑难情况登记制度的通知(1991.7.15　上证交(91)字第 3021 号)

20. 关于调换股票账户的通知(1991.7.19　上证交(91)字第 3022 号)

21. 关于股票账户打印工作的通知(1991.7.19　上证交(91)字第 3023 号)

22. 关于加强电脑网络安全管理的通知(1991.7.25　上证工(91)字第 6004 号)

23. 关于调整过户费用收取方法的通知 (1991.7.26　上证交(91)字第 3025 号)

24. 关于调整"交割凭单"格式内容和打印使用方法的通知(1991.7.26　上证交(91)字第 3024 号)

25. 关于调整股东名卡使用时间的通知(1991.8.8　上证交(91)字第 3026 号)

26. 关于从严控制凤凰股票交易打击黑市活动的通知(1991.8.21　上证交(91)字第 3028 号)

27. 关于做好股票发行与上市流通衔接工作的通知(1991.8.25　上证交(91)字第 3029 号)

28. 关于全面实行委托和成交公开的通知(1991.9.1　上证交(91)字第 3030 号)

29. 关于调整股票收盘价变动所需累计成交量的通知(1991.9.17　上证交(91)字第 3033 号)

30. 关于开展"迎周年、受托业务规范化"达标活动的通知(1991.10.21　上证交(91)字第 3035 号)

31. 关于做好股份转让书据征收印花税工作的通知(1991.10.23　上证管(91)字第 4051 号)

32. 关于在指定席位进行自营买卖证券业务的通知(1992.1.31　上证交(92)字第 3004 号)

33. 关于统一受理委托业务时间的通知(1992.2.1　上证交(92)字第 3005 号)

34. 关于部分股票放开股价进行交易的通知(1992.2.14　上证交(92)字第 3009 号)

35. 关于印发《上海证券交易所交易市场业务(人民币特种股票)补充规则》的通知(1992.2.18　上证交(92)字第 3010 号)

36. 关于 B 种股票上市交易有关事项的通知(1992.2.20　上证交(92)字第 3011 号)

37. 关于调整场内申报竞价方法的通知(1992.2.24　上证交(92)字第 3012 号)

38. 关于调整股价涨(跌)停幅度的通知(1992.5.4　上证交(92)字第 3019 号)

39. 关于调整股票买卖交易单位的通知(1992.5.15　上证交(92)字第 3020 号)

40. 关于全面放开股票交易价格的通知(1992.5.20　上证交(92)字第 3022 号)

41. 关于禁止以"集体户"形式购买股票的通知(1992.5.25　上证交(92)字第 3024 号)

42. 关于零股买卖有关事项的补充通知((1992.5.26　上证交(92)字第 3025 号)

43. 关于债券交易有关事项的通知(1992.5.26　上证交(92)字第 3026 号)

44. 关于整顿股票买卖受托业务的通知(1992.6.5　上证交(92)字第 3029 号)

45. 关于对散户小额卖出股票委托有关事项的通知(1992.6.5　上证交(92)字第 3030 号)

46. 关于调整场内电话通讯方式和加强证券行情发送管理的通知(1992.6.5　上证工(92)字第 8001 号)

47. 关于新上市股票开盘价采用集合竞价方式产生的通知 (1992.6.29　上证交(92)字第 3031 号)

48. 关于法人股暂缓上市的通知(1992.8.4　上证交(92)字第 3034 号)

49. 关于在文化广场增设临时受托柜台的函(1992.8.5　上证交(92)字第 3035 号)

50. 关于调整集合竞价方法的通知(1992.11.10　上证交(92)字第 3037 号)

51. 关于调整证券成交办法的通知(1992.11.21　上证交(92)字第 3038 号)

52. 关于实施股票整数交易的通知(1992.11.21　上证交(92)字第 3039 号)

53. 关于严格执行上市公司重要事项报告制度的

通知(1992.12.11　上证上(92)字第9049号)

54. 关于启用电子计算机新系统有关事项的通知(1992.12.17　上证交(92)字第3042号)

55. 关于调整场内申报出价方法的通知(1992.12.31　上证交(92)字第3048号)

56. 关于零股交易的通知(1993.1.22　上证交(93)字第3004号)

57. 上海证券交易所交易市场业务规则(1993.1)

58. 上海证券交易所会员管理规则(1993.1)

59. 上海证券交易所证券上市管理规则(1993.1)

60. 关于重申交易制度禁止信用交易的通知(1993.2.3　上证交(93)字第3006号)

61. 关于调整股票零股交易专场时间的通知(1993.2.23　上证上(93)字第3007号)

62. 关于部分上市股票暂停半天交易的通知(1993.3.5　上证交(93)字第3008号)

63. 关于调整上市公司年度报告公布方式的通知(1993.3.27　上证上(93)字第2020号)

64. 关于对信用交易处理意见的通知(1993.3.30　上证管(93)字第4007号)

65. 关于新股上市开盘恢复采用集合竞价办法的通知(1993.7.8　上证交(93)字第3014号)

66. 关于加强零股交易管理的通知(1993.7.27　上证交(93)字第3015号)

67. 关于A种股票开盘采用集合竞价方法的通知(1993.7.30　上证交(93)字第3016号)

68. 关于基金(证券)上市交易事项的通知(1993.8.14　上证交(93)字第3017号)

69. 关于会员公司进场交易有关问题的通知(1993.8.14　上证管(93)字第4018号

70. 关于改进行情信息传输系统的通知(1993.8.23　上证交(93)字第3018号)

71. 关于加强进场交易员注册管理的通知(1993.8.24　上证交(93)字第3019号)

72. 关于调整零股(A股)交易方式的通知(1993.10.6　上证交(93)字第3021号)

73. 关于人民币特种股票(B股)实行回转交易的通知(1993.10.14　上证国(93)字第7004号)

74. 关于调整人民币特种股票(B股)申报竞价价位的通知(1993.10.14　上证国(93)字第7005号)

75. 关于继续查处信用交易的通知(1993.10.19　上证管(93)字第4022号)

76. 关于调整交易费率标准的通知(1993.10.21　上证交(93)字第3024号)

77. 关于调整交易时间的通知(1993.11.26　上证交(93)字第3025号)

78. 关于国债交易专场回购业务的通知(1993.12.6　上证交(93)字第3026号)

79. 关于调整国债交易回购业务的通知(1993.12.10　上证交(93)字第3039号)

80. 关于通过交易清算系统代发现金红利的通知(1994.4.22　上证交(94)字第3006号)

81. 关于实行可选择性指定交易制度的通知(1994.5.20　上证交(94)字第3007号)

82. 关于调整国债回购交易业务和国债交易申报价位的通知(1994.6.15　上证交(94)字第3010号)

83. 关于加强柜台资金结算管理工作的通知(1994.6.24　上证会(94)字第5006号)

84. 关于调整A股股票交易经手费收取标准的调整(1994.7.23　上证交(94)字第3015号)

85. 关于实行股票交易T+1交收制度有关事项的通知(1994.12.8　上证交(94)字第3023号)

86. 关于报送证券交易、存管业务收费标准的报告(1995.7.18 上证交(95)字第012号)

87. 关于停止182天的国债和企业债券回购品种交易的通知(1995.7.28　上证交(95)字第013号)

88. 关于调整会员与本所业务费用结算办法的通知(1995.12.4　上证财(95)字第002号)

89. 关于B股上市公司设立董事会秘书的暂行规定(1996.3.21)

90. 上海证券交易所指定交易制度试行办法(1996.3.29　上证交(96)字第009号)

91. 关于调整联网交易中心向交易所划转交易经手费方式的通知(1996.7.25　上证交(96)字第020号)

92. 关于调整股票(A股)、基金交易佣金和经手费标准的通知(1996.9.25　上证交(96)字第028号)

93. 关于B股交易系统证券代码升位的通知(1996.10.9　上证交(96)字第029号)

94. 关于对股票、基金交易实行价格涨跌幅限制的通知(1996.12.13　上证交(96)字第036号)

95. 关于对股票、基金交易实行公开信息制度的通知(1996.12.13　上证交(96)字第037号)

96. 上海证券交易所企业债券上市交易规则(1996)

97. 上海证券交易所证券投资基金上市规则(1996)

98. 关于填报营业部证券交易归属情况的通知(1997.1.31　上证交(97)字第006号)

99. 关于调整国债及其他债券现货交易佣金标准的通知(1997.2.27　上证交(97)字第008号)

100. 关于对股票、基金交易实行公开信息制度的通知(1997.2.28　上证交(97)字第009号)

101. 关于会员单位填报机构变更情况的通知(1997.7.21　上证运(97)字第 033 号)

102. 关于证券投资基金上市交易有关问题的通知(1998.4.6　上证交(98)字第 010 号)

103. 关于调整证券(股票)交易印花税税率有关事项的通知(1998.6.12　上证交字[1998]14 号)

104. 关于妥善处理联网交易中心非本所会员交易席位的通知(1998.6.15　上证会字[1998]60 号)

105. 关于进一步加强会员风险管理防范技术及其他风险的通知(1998.7.15　上证会字[1998]67 号)

106. 上海证券交易所可转换公司债券上市交易规则(1998.7.29　上证上字[1998]47 号)

107. 关于加强会员单位业务报表报送工作的通知(1998.10.8　上证会字[1998]73 号)

108. 关于下发《会员业务报表报送软件》的通知(1998.11.2　上证会字[1998]81 号)

109. 关于请协助做好证券交易中心清理整顿中有关工作的通知(1998.11.5　上证会字[1998]83 号)

110. 关于做好证券交易中心清理整顿中有关工作的通知(1998.11.5　上证会字[1998]85 号)

111. 关于调整 B 种股票交易印花税税率有关事项的通知(1999.5.31　上证交字[1999]11 号)

112. 关于股票暂停上市后特别转让事项的通知(1999.7.5　上证交字[1999]16 号)

113. 关于 PT 股票特别转让事项的补充通知(1999.7.15　上证交字[1999]18 号)

114. 关于规范原有投资基金信息披露的通知(1999.8.12　上证上字[1999]56 号)

115. 关于为按值配售新股提供模拟申购环境的通知(2000.2.16　上证交字[2000]4 号)

116. 关于必须参加按值配售模拟申购的通知(2000.2.18　上证交字[2000]5 号)

117. 关于组织按值配售新股第二次测试的通知(2000.2.23　上证交字[2000]6 号)

118. 关于落实《证券公司统计报表制度》的通知(2000.3.22　上证会字[2000]7 号)

119. 关于"凌钢股份"新股按值配售有关注意事项的通知(2000.4.6　上证交字[2000]22 号)

120. 关于"广汇股份"新股按值配售有关注意事项的通知(2000.4.20　上证交字[2000]26 号)

121. 关于做好"网上增发股票"申购测试的通知(2000.5.11　上证交字[2000]30 号)

122. 关于签署董事、监事声明与承诺书的通知(2000.5.22　上证上字[2000]23 号)

123. 关于基金申购新股有关问题的通知(2000.5.31　上证交字[2000]34 号)

124. 关于改进证券投资基金按值配售新股方法的通知(2000.6.8　上证交字[2000]39 号)

125. 关于改进证券投资基金申购新股方式的通知(2000.8.21　上证交字[2000]46 号)

126. 关于调整证券交易监管费及交易经手费的通知(2000.8.30　上证财字[2000]10 号)

127. 关于重申遵守交易佣金规定的通知(2000.11.22　上证会字[2000]43 号)

128. 关于张贴《特别警示公告》的通知(2001.4.10　上证上字[2001]47 号)

129. 关于加强暂停上市公司在宽限期内持续信息披露的通知(2001.4.24　上证上字[2001]58 号)

130. 关于基金账户申购新股有关事项的通知(2001.12.26　上证交字[2001]20 号)

131. 关于重新登记"场内交易员出入证"的通知(2002.5.8　上证交字[2002]6 号)

132. 关于加强存在暂停上市风险的 ST 公司信息披露的通知(2002.11.21　上证上字[2002]186 号)

# 上海证券交易所业务规则制定办法

## 第一章　总　则

**第一条**　为规范上海证券交易所(以下简称"本所")业务规则的制定,建立和完善本所业务规则体系及其制定程序,根据《中国人民共和国证券法》、《证券交易所管理办法》和本所章程的规定,制定本办法。

**第二条**　本所业务规则的起草、审核、审批、公布、修改、废止和解释,适用本办法。

**第三条**　制定业务规则,应当符合国家有关法律、法规、规章和本所章程的规定。

**第四条**　本所法律部负责业务规则制定的总体规划、组织协调以及业务规则草案的审核等工作。

本所业务部门负责其主管业务范围内的业务规则起草工作。

办公室负责业务规则的发布、业务规则文档管理等工作。

**第五条**　本所业务规则体系包括:(一)基本业务

规则，包括上市规则、交易规则、会员管理规则以及涉及本所基本业务的其他规则。

(二)业务实施细则，系对基本业务规则的细化，包括上市业务、交易业务、会员管理业务等方面的业务实施细则。

(三)涉及证券业务的其他一般规范性文件(以下简称“一般规范性文件”)，包括涉及上市业务、交易业务、会员管理业务等方面的具有普遍约束力和持续性效力的公告或通知类文件。

**第六条** 基本业务规则由本所总经理办公会(以下简称“总办会”)审定后，报本所理事会讨论通过。

业务实施细则由总办会审定通过，本所章程或基本业务规则规定须报经理事会通过的，或总办会认为必要时，报理事会讨论通过。

一般规范性文件由总经理或其授权的副总经理审定通过。总经理或其授权的副总经理认为必要时，可报经总办会审定通过。

**第七条** 属于下列业务规则之一的，除按第六条规定程序通过外，还应报请中国证券监督管理委员会(以下简称“证监会”)批准，经批准后生效。

(一) 基本业务规则；

(二) 法律、法规、规章以及本所业务规则规定应当报经证监会批准的业务实施细则和一般规范性文件。

其他业务规则按第六条规定程序通过后生效。法律、法规、规章以及本所业务规则规定需要报经证监会备案的，应报证监会备案。

**第八条** 业务规则的制定不得与现行国家法律、法规、规章和本所章程相冲突；

业务实施细则不得与基本业务规则相冲突，一般规范性文件不得与基本业务规则和业务实施细则相冲突。

**第九条** 基本业务规则的名称一般为“规则”。“规则”是对某一方面的业务关系作比较全面、系统的基础性规范。

业务实施细则名称一般为“细则”、“实施细则”、“规定”、“办法” 等。“细则”、“实施细则”是对法律、法规、规章以及基本业务规则的具体实施予以规范和细化明确；“规定”、“办法”是对某一项业务作比较具体的规范。

一般规范性文件是对具体业务实施中某个方面或某个具体事项作出的操作性规定，名称一般为“通知”、“实施意见”等。

## 第二章 起 草

**第十条** 业务规则起草前应立项。

本所业务部门认为需要制定或修改基本业务规则或业务实施细则的，应提出制定或修改的立项申请。立项申请经法律部会签后，报请总经理或分管副总经理批准。立项申请获得批准后，起草部门开始规则起草。

一般规范性文件的制定或修改的立项，业务部门可以参照前款执行。立项申请应当就制定或修改规则的必要性、拟制定的规则与相关业务规则的关系、所要解决的主要问题、拟确定的主要制度等作出说明。证监会或者本所总办会要求制定或修改有关业务规定的，有关业务部门根据所领导安排，开始有关业务规则的起草。

**第十一条** 业务规则起草由提出立项的业务部门负责。规则内容涉及两个以上业务部门的，应组成起草小组，由主要业务部门牵头，相关业务部门配合。

重要的或者综合性的业务规则，可以由法律部牵头成立起草小组负责起草。

**第十二条** 业务规则起草包括草拟业务规则草案和起草说明等工作。

业务规则草案的内容一般应包括制定的宗旨、制定依据、适用范围、具体规范、纪律处分、生效方式和施行日期等。

起草说明的内容一般应包括业务规则制定的必要性、指导思想、起草过程、主要内容、是否需要提请理事会讨论通过、是否需要报经证监会批准或备案以及其他需要说明的问题。

**第十三条** 业务规则草案内容应当备而不繁，意思明确，逻辑严密，语言规范、文字简炼。

规则内容应符合实际、具有可操作性。

**第十四条** 起草部门在规则起草过程中，可以采取各种形式征询有关机构和人士的意见。经本所总经理批准，可以将业务规则草案向社会公布，公开征询意见。

**第十五条** 起草业务规则应当注意与现有业务规则的衔结和协调。对同一事项，如果作出与现有业务规则不一致规定的，应当在起草说明中陈述理由。

**第十六条** 起草业务规则时，应当就与之内容相关的现行业务规则进行清理，起草的业务规则若将取代现行业务规则的，应当在草案中写明拟将废止的业务规则的名称、文号。若起草的业务规则仅对现行业务规则的部分内容作了修改，则应当在起草说明中写明修改的现行业务规则的名称、文号、条目或者内容。

**第十七条** 对起草的业务规则，起草部门应当征求所内相关业务部门的意见。对于涉及其他部门业务或者与其他部门关系密切的业务规则，起草时应当与相关部门协商一致。对争议的问题应当在起草说明中提出倾向性意见，并陈述理由。

## 第三章 审 核

**第十八条** 基本业务规则、业务实施细则草案在提交总办会审议前，由起草部门负责人签署送审报告，将规则草案、起草说明一并送法律部审核。法律部审核完毕后，出具审核意见。

一般规范性文件在报总经理或其授权的副总经理审定前，一般应由法律部会签。

**第十九条** 法律部审核业务规则草案时，应重点关注以下事项：

（一）是否符合现行法律、法规和规章的规定；

（二）是否与有关业务规则衔结和协调；

（三）体例、结构是否合理，法律用语是否准确、规范；

（四）内容是否明确、完整，是否具有可操作性；

（五）其他需要审核的内容。

**第二十条** 业务规则草案有下列情形之一的，法律部可建议缓办或提请起草部门再行修改：

（一）内容严重违背现行法律、法规和规章，且尚不具备突破现有法律、法规和规章条件的；

（二）体例和内容结构不合理的；

（三）业务部门意见分歧较大、需要作出调整的；

（四）主要内容不明确、缺乏可操作性的；

（五）简单重复现行法律、法规、规章和其他业务规则内容的。

（六）证监会或本所认为宜缓办或需作修改的。

## 第四章 审批或通过

**第二十一条** 经法律部审核后的业务规则草案（报总经理审定的一般规范性文件除外），应提交总办会审议。基本业务规则由法律部负责提交总办会审议，其他业务规则由起草部门提交审议。

总办会审议时，由起草部门作起草说明，法律部作审核说明。

总办会对提交审议的规则提出了重大修改意见和要求再次审议的，起草部门应予以修改，修改稿经法律部审核后，提请总办会再次审议。

**第二十二条** 业务规则提交理事会审议时，参照前条规定办理。

**第二十三条** 对需报经证监会批准的业务规则，本所通过后，由办公室上报证监会。证监会对报批规则提出修改意见的，其修改和再次报批参照前述规定办理。

## 第五章 公 布

**第二十四条** 业务规则审批通过后，起草部门会同法律部报请总经理或其授权的副总经理签发公布。

**第二十五条** 业务规则由本所办公室发布。发布通知应当包括发布机关、文号、业务规则名称、通过形式、通过日期、施行日期等项内容。

**第二十六条** 办公室在发布业务规则时，应将书面文件和电子文件抄送法律部和相关业务部门备案。

**第二十七条** 业务规则可以在中国证监会指定的证券报刊和网站上公布。

**第二十八条** 业务规则的外文正式译本，由业务部门、国际业务部门会同法律部审定。外文正式译本与中文本不一致的，以中文文本为准。

## 第六章 修改、废止、解释及其他

**第二十九条** 现行业务规则有下列情形之一的，应当予以修改：

（一）所依据的国家法律、法规和部门规章已作修改的；

（二）因证券市场实际情况发生变化，已不能适应现实需要的；

（三）两个以上业务规则中对同一事项作出规定，内容相互抵触的；

（四）证监会要求或本所认为需修改的。

**第三十条** 业务规则存在下列情形之一的，应当予以废止：

（一）因有关法律、法规和规章的废止或者修改而失去制定依据的；

（二）所规范的事项由新的业务规则进行规范的；

（三）所规范的事项已不存在或者执行完毕，业务规则无继续施行必要的。

**第三十一条** 法律部负责对本所业务规则的清理协调工作，不定期编辑本所拟废止的业务规则目录，报总办会或理事会通过后，对外公布。

**第三十二条** 对本所业务规则的解释，由业务规则起草部门提出意见，经法律部审核后，报总办会讨论通过，并以本所名义对外公布。

**第三十三条** 办公室是业务规则的档案管理部门。所有业务规则的书面文档、电子文档由办公室集中分类管理，办公室应确保业务规则文档的完整。

**第三十四条** 业务部门应在每年一月份将上一年度本部门起草并已发布的业务规则进行清理，并将清理结果送法律部。

业务部门在清理业务规则时，应对相关规则是否需要修改或者废止提出意见，并对本年度的业务规则制定提出计划或建议。

**第三十五条** 法律部在汇总各业务部门业务规则清理结果的基础上，对本所业务规则进行清理，定期或不定期地将业务规则汇编成册，内部出版或公开发行。

法律部根据各业务部门提出的业务规则制定计划和建议，制定本所本年度业务规则制定计划。

## 第七章 附 则

**第三十六条** 本所章程、理事会议事规则、理事会专门委员会工作细则以及本所内部行政管理制度的制定，参照本办法执行。

本所与其他市场监管机构之间联合制定具有普遍约束力和持续性效力的备忘录、通知或协议等，参照本办法执行。

不具有普遍约束力和持续性效力的临时性业务通知，其制定可以不适用本办法。

**第三十七条** 证监会委托本所代拟规章的起草工作，参照本办法的有关程序进行。

代拟的规章草案经总办会审议或所领导传阅审批后，由法律部或办公室上报证监会。

**第三十八条** 本办法由法律部负责解释。

本办法由本所理事会通过后生效，自发布之日起施行。

# 深圳证券交易所上市公司投资者关系管理指引

## 第一章 总 则

**第一条** 为推动上市公司完善治理结构，规范上市公司投资者关系管理工作，促进证券市场健康发展，制定本指引。

**第二条** 投资者关系管理是指上市公司通过各种方式的投资者关系活动，加强与投资者和潜在投资者之间的沟通，增进投资者对上市公司了解的管理行为。

**第三条** 上市公司投资者关系管理工作应严格遵守《公司法》、《证券法》等有关法律、法规、规章及深圳证券交易所(以下简称本所)有关业务规则的规定。

**第四条** 上市公司投资者关系管理工作应体现公平、公正、公开原则，平等对待全体投资者，保障所有投资者享有知情权及其他合法权益。

**第五条** 上市公司的投资者关系管理工作应客观、真实、准确、完整地介绍和反映公司的实际状况，避免过度宣传可能给投资者造成的误导。

**第六条** 上市公司开展投资者关系活动时应注意尚未公布信息及内部信息的保密，避免和防止由此引发泄密及导致相关的内幕交易。

**第七条** 除非得到明确授权并经过培训，公司董事、监事、高级管理人员和员工应避免在投资者关系活动中代表公司发言。

## 第二章 投资者关系管理负责人

**第八条** 上市公司可指定一名高级管理人员担任投资者关系管理负责人，并设具体部门承办投资者关系的日常管理工作。

**第九条** 投资者关系管理负责人全面负责公司投资者关系管理工作。投资者关系管理负责人在全面深入地了解公司运作和管理、经营状况、发展战略等情况下，负责策划、安排和组织各类投资者关系管理活动 。

**第十条** 投资者关系管理负责人负责制定公司投资者关系管理的工作管理办法和实施细则，并负责具体落实和实施。

**第十一条** 投资者关系管理负责人负责对公司高级管理人员及相关人员就投资者关系管理进行全面和系统的培训。

**第十二条** 在进行投资者关系活动之前，投资者关系管理负责人应对公司高级管理人员及相关人员进行有针对性的培训和指导。

**第十三条** 投资者关系负责人应持续关注新闻媒体及互联网上有关公司的各类信息并及时反馈给公司董事会及管理层。

## 第三章 自愿性信息披露

**第十四条** 上市公司可以通过投资者关系管理的各种活动和方式，自愿地披露现行法律法规和规则规定应披露信息以外的信息。

上市公司对自愿性披露信息有任何疑问，可向本所咨询。

**第十五条** 上市公司进行自愿性信息披露应遵循公平原则，面向公司的所有股东及潜在投资者，使机构、专业和个人投资者能在同等条件下进行投资活动，避免进行选择性信息披露。

**第十六条** 上市公司应遵循诚实信用原则，在投资者关系活动中就公司经营状况、经营计划、经营环境、战略规划及发展前景等持续进行自愿性信息披露，帮助投资者作出理性的投资判断和决策。

**第十七条** 上市公司在自愿披露具有一定预测性质的信息时，应以明确的警示性文字，具体列明相关的风险因素，提示投资者可能出现的不确定性和风险。

**第十八条** 在自愿性信息披露过程中，当情况发生重大变化导致已披露信息不真实、不准确或不完整，或者已披露的预测难以实现的，上市公司应对已披露的信息及时进行更新。对于已披露的尚未完结的事项，上市公司有持续和完整披露义务，直至该事项最后结束。

**第十九条** 上市公司在投资者关系活动中一旦以任何方式发布了法规和规则规定应披露的重大信息，应及时向交易所报告，并在下一交易日开市前进行正式披露。

## 第四章 投资者关系活动

### 第一节 股东大会

**第二十条** 上市公司应根据法律法规的要求，认真做好股东大会的安排组织工作。

**第二十一条** 上市公司应努力为中小股东参加股东大会创造条件，在召开时间和地点等方面充分考虑便于股东参加。在条件许可的情况下，可利用互联网络对股东大会进行直播。

**第二十二条** 为了提高股东大会的透明性，上市公司可广泛邀请新闻媒体参加并对会议情况进行详细报道。

**第二十三条** 股东大会过程中如对到会的股东进行自愿性信息披露，公司应尽快在公司网站或以及其他可行的方式公布。

### 第二节 网站

**第二十四条** 上市公司可以通过建立公司网站并开设投资者关系专栏的方式开展投资者关系活动。

**第二十五条** 上市公司应根据规定在定期报告中公布网站地址。当网址发生变更后，上市公司应及时公告变更后的网址。

**第二十六条** 上市公司应避免在公司网站上刊登传媒对公司的有关报告以及分析师对公司的分析报告。公司刊登有关报告和分析报告，有可能被视为赞同有关观点而对投资者的投资决策产生影响，并有可能承担或被追究相关责任。

**第二十七条** 上市公司应对公司网站进行及时更新，并将历史信息与当前信息以显著标识加以区分，对错误信息应及时更正，避免对投资者产生误导。

**第二十八条** 上市公司可在网站上开设论坛，投资者可以通过论坛向公司提出问题和建议，公司也可通过论坛直接回答有关问题。

**第二十九条** 上市公司可设立公开电子信箱与投资者进行交流。投资者可以通过信箱向公司提出问题和了解情况，公司也可通过信箱回复或解答有关问题。

**第三十条** 对于论坛及电子信箱中涉及的比较重要的或带普遍性的问题及答复，公司应加以整理后在网站的投资者专栏中以显著方式刊载。

### 第三节 分析师会议、业绩说明会和路演

**第三十一条** 上市公司可在定期报告结束后、实施融资计划或其他公司认为必要的时候举行分析师会议、业绩说明会或路演活动。

**第三十二条** 分析师会议、业绩说明会和路演活动应采取尽量公开的方式进行，在有条件的情况下，可采取网上直播的方式。

**第三十三条** 分析师会议、业绩说明会或路演活动如采取网上直播方式，可事先以公开方式就会议举办时间，登陆网址以及登陆方式等向投资者发出通知。

**第三十四条** 上市公司可事先通过电子信箱、网上论坛、电话和信函等方式收集中小投资者的有关问题，并在分析师会议、业绩说明会及路演活动上通过网络予以答复。

**第三十五条** 分析师会议或业绩说明会可采取网上互动方式，投资者可以通过网络直接提问，上市公司也可在网上直接回答有关问题。

**第三十六条** 分析师会议、业绩说明会或路演活动如不能采取网上公开直播方式，公司可以邀请新闻媒体的记者参加，并作出客观报道。

**第三十七条** 上市公司可将分析师会议、业绩说明会和路演活动的影象资料放置于公司网站上，供投资者随时点播。在条件尚不具备的情况下，上市公司可将有关分析师会议或业绩说明会的文字资料放置于公司网站供投资者查看。

### 第四节 一对一沟通

**第三十八条** 上市公司可在认为必要的时候，就公司的经营情况、财务状况及其他事项与投资者、基金经理、分析师等进行一对一的沟通，介绍公司情况、回答有关问题并听取相关建议。

**第三十九条** 上市公司一对一沟通中，应平等对待投资者，为中小投资者参与一对一沟通活动创造机会。

**第四十条** 为避免一对一沟通中可能出现选择性信息披露，上市公司可将一对一沟通的相关音像和文字记录资料在公司网站上公布，还可邀请新闻机构参加一对一沟通活动并作出报道。

### 第五节 现场参观

**第四十一条** 上市公司可尽量安排投资者、分析师及基金经理等到公司或募集资金项目所在地进行现场参观。

**第四十二条** 上市公司应合理、妥善地安排参观过程，使参观人员了解公司业务和经营情况，同时应注意避免在参观过程中使参观者有机会得到未公开的重要信息。

**第四十三条** 上市公司有必要在事前对相关的接待人员给予有关投资者关系及信息披露方面必要的培训和指导。

### 第六节 电话咨询

**第四十四条** 上市公司应设立专门的投资者咨询电话，投资者可利用咨询电话向公司询问、了解其关心的问题。

**第四十五条** 咨询电话应有专人负责，并保证在工作时间电话有专人接听和线路畅通。如遇重大事件或其他必要时候，公司应开通多部电话回答投资者咨询。

**第四十六条** 上市公司应在定期报告中对外公布咨询电话号码。如有变更要尽快在公司网站公布，并及时在正式公告中进行披露。

## 第五章 相关机构与个人

### 第一节 投资者关系顾问

**第四十七条** 上市公司在认为必要和有条件的情况下，可以聘请专业的投资者关系顾问咨询、策划和处理投资者关系，包括媒体关系、发展战略、投资者关系管理培训、危机处理、分析师会议和业绩说明会安排等事务。

**第四十八条** 上市公司在聘用投资者关系顾问应注意其是否同时为对同行业存在竞争关系的其他服务。如公司聘用的投资者关系顾问同时为存在竞争关系的其他公司提供服务，公司应避免因投资者关系顾问利用一家公司的内幕信息为另一家公司服务而损害其中一家公司的利益。

**第四十九条** 上市公司应避免由投资者关系顾问代表公司就公司经营及未来发展等事项作出发言。

**第五十条** 上市公司应尽量以现金方式支付投资者关系顾问的报酬，避免以公司股票及相关证券、期权或认股权等方式进行支付和补偿。

### 第二节 证券分析师和基金经理

**第五十一条** 上市公司不得向分析师或基金经理提供尚未正式披露的公司重大信息。

**第五十二条** 对于上市公司向分析师或投资经理所提供的相关资料和信息，如其他投资者也提出相同的要求时，上市公司应平等予以提供。

**第五十三条** 上市公司应避免出资委托证券分析师发表表面上独立的分析报告。如果由上市公司出资委托分析师或其他独立机构发表投资价值分析报告，应在刊登时在显著位置注明“本报告受公司委托完成”的字样。

**第五十四条** 上市公司应避免向投资者引用或分发分析师的分析报告。

**第五十五条** 上市公司可以为分析师和基金经理的考察和调研提供接待等便利，但要避免为其工作提供资助。分析人员和基金经理考察上市公司原则上应自理有关费用，上市公司不应向分析师赠送高额礼品。

### 第三节 新闻媒体

**第五十六条** 上市公司可根据需要，在适当的时候选择适当的新闻媒体发布信息。

**第五十七条** 对于重大的尚未公开信息，上市公司应避免以媒体采访及其他新闻报道的形式披露相关信息。在未进行正式披露之前，应避免向某家新闻媒体提供相关信息或细节。

**第五十八条** 上市公司应把对上市公司宣传或广告性质的资料与媒体对上市公司正式和客观独立的报道进行明确区分。如属于上市公司本身提供的(包括公司本身或委托他人完成)并付出费用的宣传资料和文字，应在刊登时予以明确说明和标识。

# 证券业从业人员培训纲要(试行)

## 第一章 总 则

**第一条** 为适应证券行业的发展，提高证券业从业人员(以下简称“从业人员”)的执业水平，规范和指导培训工作，依据《中华人民共和国证券法》、《证券业从业人员资格管理办法》和《中国证券业协会章程》，制定本纲要。

**第二条** 本纲要适用于中国证券业协会(以下简称“协会”)规划、部署与组织实施的从业人员后续职业培训和惩戒培训。从业资格考试、专业水平考试的应试培训，在相关考试办法中另行规定。

**第三条** 本纲要中的从业人员是指会员公司中获得证券执业资格的人员。

**第四条** 从业人员培训由协会、会员公司和特别会员等培训单位组织实施。

**第五条** 从业人员培训应符合证券业特点，内容上要注重实效性、针对性和前瞻性。

## 第二章 培训组织

**第六条** 协会的职责：

(一)制定行业培训规划；

(二)制定行业培训标准，组织编、审培训大纲和教材；

(三)建立行业培训资源共享机制，管理从业人员后续职业培训和惩戒培训的信息；

(四)组织培训调研，开展工作交流；

（五）组织行业专题性培训。

**第七条** 会员公司的职责：

（一）建立内部培训制度，指定相关部门制定培训计划并组织实施；

（二）依据协会的行业培训计划，配合协会组织的培训。

**第八条** 地方协会可根据协会的规划部署，负责组织所辖地区从业人员的培训工作，并承担相应的组织管理职责。

## 第三章 培训类别及内容

**第九条** 培训类别包括：

（一）后续职业培训。从业人员依照《证券业从业人员资格管理办法》必须接受的持续教育培训。

（二）惩戒培训。从业人员违反行政法规、执业操守和行业公约等需要强制接受的培训。

**第十条** 后续职业培训的主要内容包括法律法规、执业操守、新产品和新业务的实施规则与操作要点等。

**第十一条** 惩戒培训的内容侧重法律法规、从业守则、道德操守等。

## 第四章 培训要求

**第十二条** 各培训单位举办的下列培训为后续职业培训；

（一）由协会、会员公司和地方协会按照后续职业培训大纲组织实施的培训；

（二）由证券监管部门组织的法律法规等业务知识培训；

（三）由证券交易所和登记结算公司组织的业务准则、技术标准和操作规则等业务培训。

**第十三条** 会员公司和地方协会自行组织的培训，满足下列条件，可作为后续职业培训：

（一）培训内容为法律法规、职业操守、执业准则、操作规程及专业知识；

（二）培训项目有明确的师资、讲义，且时间为4个学时以上。

**第十四条** 惩戒培训由协会组织实施。

**第十五条** 在组织实施培训项目过程中，各培训单位应按以下工作程序进行：

（一）定期公布培训计划；

（二）制订详实的培训实施方案，周密安排教务和会务；

（三）多渠道选聘培训师资，逐步建立结构合理、数量充足、相对稳定的高水平师资队伍；

（四）培训实行考核制度，重点考核培训内容的掌握程度，同时应有明确的考核结果；

（五）设立培训质量评价环节，广泛征求培训意见和建议；

（六）登记从业人员培训时间、内容、考核结果等有关信息；

（七）各培训单位实施的从业人员后续职业培训，在培训项目结束后十五个工作日内将培训信息以电子版形式正式送交协会。

**第十六条** 培训可采取集中面授、网络教育及国（境）外院校和专业机构的代培代训等多种方式。

## 第五章 学时计算

**第十七条** 从业人员的后续职业培训学时是指在年检期间应达到的培训学时。从业人员年检期间培训学时为20学时（简称总学时）。

**第十八条** 凡属下列情况的，培训学时全额计入培训总学时；

（一）协会组织的法律法规、业务操作和创新等内容的集中面授或远程形式的培训；

（二）证券监管部门、证券交易所以及证券登记结算公司组织的法律法规、执业准则等专项培训；

（三）会员公司和地方协会按协会制定的后续职业培训纲要组织的培训。

**第十九条** 会员公司或地方协会自行组织的、符合后续职业培训要求的培训，培训学时可计入后续职业培训总学时，但最高计时比例不超过总学时的50%。

**第二十条** 从业人员接受与证券业务相关的会计、法律、金融专业的教育，在年检期间获得学士、硕士和博士学位的，分别豁免后续职业培训总学时中的6学时、8学时和10学时。

**第二十一条** 惩戒培训不得少于6学时，考核采取闭卷方式，重点考核法律法规知识。考核不合格者，须再次接受培训和考核。

## 第六章 附 则

**第二十二条** 本纲要由协会负责解释。

**第二十三条** 本纲要从2003年10月1日起实施。

# 证券业从业人员资格管理实施细则(试行)

## 关于发布《证券业从业人员资格管理实施细则(试行)》的通知

**各证券公司、基金管理公司、基金托管机构、基金销售机构、证券投资咨询机构、证券资信评估机构：**

《证券业从业人员资格管理实施细则(试行)》已经中国证监会核准，现予发布，自 2003 年 7 月 1 日起实施。

附：《证券业从业人员资格管理实施细则(试行)》

**中国证券业协会**

**二〇〇三年六月二十五日**

## 第一章 总 则

**第一条** 根据《证券业从业人员资格管理办法》(以下简称《办法》)的规定，制定本细则。

**第二条** 本细则所称机构是指《办法》第三条规定的从事证券业务的机构；专业人员和证券业务是指《办法》第四条规定的人员和业务。

**第三条** 中国证券业协会(以下简称协会)依据本细则规定，负责证券业从业资格取得及执业证书管理工作。

## 第二章 从业资格和执业证书

**第四条** 机构中从事证券业务的专业人员应当依据本细则规定，取得从业资格和执业证书。

**第五条** 符合《办法》第七条规定的人员，通过协会统一组织的基础科目和一门专业科目资格考试的，取得从业资格。

中国证监会另有规定的人员，按照中国证监会的有关规定取得从业资格。

**第六条** 取得从业资格的人员符合《办法》第十条规定条件的，可通过所在机构向协会申请执业证书。

申请从事证券投资咨询业务的，应当同时符合《证券法》第一百五十八条及《证券、期货投资咨询管理暂行办法》第十三条规定的条件。

申请从事证券资信评估业务的，应当同时符合《证券法》第一百五十八条及中国证监会有关规定的条件。

**第七条** 执业证书的申请通过协会执业证书管理系统进行。

**第八条** 申请人应当向所在机构提交下列申请材料：

(一)执业证书申请表；

(二)身份证复印件；

(三)学历证明复印件；

(四)协会规定的其他材料。

**第九条** 执业证书的申请程序是：

(一)申请人登录协会执业证书管理系统，填写执业证书申请表，连同打印的书面申请表及第八条规定的其他申请材料提交所在机构；

(二)机构资格管理员对执业证书申请表进行初审并确认，书面申请表由机构保管备查，电子申请表提交协会；

(三)协会对机构提交的执业证书申请表进行审核，必要时可要求机构提交书面申请表及有关证明材料，协会在收到完整申请材料后 30 日内审核完毕。

**第十条** 对于符合条件的申请人，协会通过执业证书管理系统向中国证监会有关部门备案后，颁发执业证书，并在协会的互联网站公告。执业证书由所在机构向协会统一领取。

对不予颁发执业证书的人员，协会以书面方式通知所在机构并说明原因。

## 第三章 执业证书管理

**第十一条** 机构应当指定资格管理员负责本机构从业人员资格管理工作。资格管理员须向协会备案，代表所在机构行使下述职责：

(一)使用协会执业证书管理系统并对所在机构的系统用户进行管理；

(二)组织实施所在机构执业证书申请工作；

(三)负责所在机构执业证书申请人的申请材料的初审；

(四)按照协会的部署组织实施所在机构执业年检工作；

(五)协助协会的检查和调查；

(六)负责所在机构执业人员的备案事项；

(七)为所在机构人员提供相关咨询；

(八)保持与协会的日常联系。

机构更换资格管理员应当向协会备案。资格管理员不得擅自委托他人代其行使职责。

**第十二条** 执业人员受到所在机构、自律组织、监管部门奖励、处分、处罚的，以及离开所在机构的，所在机构应当于每月 5 日前向协会备案上月发生的上述情形。

**第十三条** 执业人员从其他证券业务岗位变换从事证券投资咨询和证券资信评估业务岗位的，应当按照本细则规定，另行申请执业证书。

**第十四条** 执业人员连续三年不在机构从事证券业务的，受到刑事处罚的，被市场禁入的，因违法或违纪行为被机构开除的，以及违反职业道德的，由协会注销其执业证书。

**第十五条** 机构应妥善保管申请人的书面申请表及有关材料。

**第十六条** 执业人员应当定期参加协会或其认可单位组织的后续职业培训。

**第十七条** 受到行政处罚的执业人员，应当参加强制培训。

**第十八条** 协会建立从业人员资格管理数据库，并通过其互联网站公告取得从业资格的人员。

**第十九条** 协会建立执业人员诚信信息库，对信息进行分级管理，供机构查询或应证券监管部门的要求提供有关信息。

**第二十条** 协会每月10日前，通过其互联网站公告上月取得执业证书的人员，执业证书年检情况，执业证书被注销、吊销及被暂停执业的人员。

## 第四章 年 检

**第二十一条** 协会对执业人员自取得执业证书之日起每两年检查一次。

**第二十二条** 年检的程序是：

（一）申请人登录协会执业证书管理系统，填写年检申请表，连同打印的书面申请表及执业证书原件提交所在机构；

（二）机构资格管理员对所在机构年检申请表进行初审并确认，书面申请表由机构保管备查，电子申请表提交协会；

（三）协会对机构提交的年检申请表进行审核，必要时可要求所在机构提交书面申请表及有关证明材料，协会在收到完整申请材料后十五日内做出是否通过年检的审核意见；

（四）协会通过执业证书管理系统，将年检结果通知所在机构，并在协会的互联网站公告；

（五）机构资格管理员办理执业证书年检记录。

**第二十三条** 有下列情形之一的，不予通过年检：

（一）执业证书申请材料或年检材料弄虚作假的；

（二）未按规定完成后续职业培训的；

（三）不再符合执业证书取得条件的；

（四）未按规定参加年检的；

（五）协会规定的其他情形。

**第二十四条** 因第二十三条第（一）、（三）款未通过年检的人员，由协会注销其执业证书。

**第二十五条** 因第二十三条第（二）、（四）、（五）款未通过年检的人员，由协会移交中国证监会暂停其执业。

## 第五章 检查和调查

**第二十六条** 协会对机构执行《办法》及本细则的情况进行检查，也可以根据投诉、举报等对机构、执业人员违反《办法》及本细则的行为进行调查。

**第二十七条** 协会可以委托相关单位对所在地机构、执业人员进行检查和调查。

**第二十八条** 协会对机构检查的内容包括：

（一）是否存在聘用未取得执业证书或执业证书被注销、吊销或被暂停执业的人员从事证券业务的情况；

（二）是否及时履行了规定的备案义务；

（三）执业证书申请过程中是否存在徇私舞弊、弄虚作假的情况；

（四）是否妥善保管了所属执业人员的书面申请材料。

**第二十九条** 对机构检查和调查的方式：

（一）与有关负责人谈话；

（二）查阅执业证书申请表及有关材料、年检申请表及有关材料；

（三）查阅人员聘用合同；

（四）调阅执业人员档案；

（五）约请执业人员谈话；

（六）其他合法而有效的方式。

**第三十条** 对执业人员的调查方式：

（一）与所在机构有关负责人面谈，了解有关情况；

（二）查阅被调查人的执业证书申请表及有关材料、年检申请表及有关材料；

（三）查阅被调查人聘用合同；

（四）调阅被调查人档案；

（五）与被调查人谈话；

（六）其他合法而有效的方式。

**第三十一条** 检查和调查人员在进行现场检查和调查时，应出示有效证明文件。

**第三十二条** 机构及执业人员对协会或协会委托单位进行的检查和调查应当予以配合。

## 第六章 罚 则

**第三十三条** 执业证书申请人提供虚假材料的，不予颁发执业证书并在三年内不受理其执业证书申请；已取得执业证书的，注销执业证书并在三年内不受理其执业证书申请。

**第三十四条** 执业人员不配合协会或其委托单位检查和调查的，由协会责令改正；拒不改正的，协会视情节轻重，给予相应处分。情节严重的，移交中国证监会处罚。

**第三十五条** 机构弄虚作假的，聘用未取得执业证书或执业证书被注销、吊销或被暂停执业的人员从事证券业务的，未履行规定的备案义务的，不配合协会或其委托单位组织的检查和调查的，由协会责令改正；拒不改正的，协会视情节轻重，给予机构下列处分：(一)批评；(二)通报批评；(三)暂停部分会员权利；(四)暂停会员资格；(五)取消会员资格；同时给予直接责任人下列处分：(一)批评；(二)通报批评。情节严重的，移交中国证监会处罚。

### 第七章　附　则

**第三十六条**　协会对取得从业资格的人员进行专业水平级别认证，通过基础科目和两门(含两门)以上专业科目考试的，取得一级专业水平认证证书；通过基础科目和四门(含四门)以上专业科目考试的，取得二级专业水平认证证书。

**第三十七条**　执业证书申请及年检等相关费用由机构向协会统一支付。

**第三十八条**　协会对从业资格和执业证书实行编码管理。

**第三十九条**　资格考试办法、培训办法及水平考试办法由协会另行制定。

**第四十条**　本细则已经中国证监会核准，自2003年7月1日起试行。

# 关于修订《上海证券交易所大宗交易实施细则》及大宗交易系统正式运行事项的通知

**各会员单位、各相关机构：**

本所将于2003年8月20日起，正式使用大宗交易系统办理大宗交易业务，同时，修订了《上海证券交易所大宗交易实施细则》。现将有关事项通知如下：

一、本所会员和拥有本所专用席位的机构，如要参与大宗交易，应通过本所网站提出申请，审核通过，并取得上证所信息网络有限公司颁发的有效数字证书，方能成为本所大宗交易用户。

二、本所会员和拥有本所专用席位的机构参与大宗交易，应遵守相关的法律法规、本所业务规则和上证所信息网络有限公司有关规定，规范内部大宗交易用户的管理、使用，保证大宗交易的正常进行。

三、本所大宗交易电子系统的Internet接入网址为〈http://61.152.172.80〉；备用Internet接入网址为〈http://61.129.103.80〉。

四、大宗交易的交易时间为本所交易日的15:00～15:30，本所在上述时间内受理大宗交易申报；大宗交易用户可在交易日14:30～15:00登录本所大宗交易系统，进行开始前的准备工作，在15:30～16:00通过本所大宗交易系统操作界面获取当日成交的交易记录。

五、大宗交易当日成交的交易记录将通过本所宽带广播系统发送。

六、正式使用大宗交易系统办理大宗交易业务后，原人工办理方式停止。

七、本所会员和拥有本所专用席位的机构如在交易日前一天16:45之前办理完成注销大宗交易用户相关流程，则该交易日大宗交易系统将取消其大宗交易交易资格。

八、大宗交易有关业务要求、技术资料详见本所网站(www.sse.com.cn < http://www.sse.com.cn >)“会员专区→业务支持→大宗交易→”。

九、新修订的《上海证券交易所大宗交易实施细则》自2003年8月20日起施行。

**上海证券交易所**
**二〇〇三年八月十七日**

**附件：**

### 上海证券交易所大宗交易实施细则

**第一条**　为规范大宗交易行为，维护正常的交易秩序，根据《上海、深圳证券交易所交易规则》(以下简称“交易规则”)的有关规定，制定本细则。

**第二条**　在上海证券交易所(以下简称“本所”)市场进行的证券单笔买卖达到如下最低限额，可以采用大宗交易方式：

(一)A股交易数量在50万股(含)以上，或交易金额在300万元(含)人民币以上；B股交易数量在50万股(含)以上，或交易金额在30万美元(含)以上；

(二)基金交易数量在300万份(含)以上，或交易金额在300万元(含)人民币以上；

(三)债券交易数量在2万手(含)以上，或交易金额在2000万元(含)人民币以上。

(四)债券回购交易数量在5万手(含)以上，或交易金额在5000万元(含)人民币以上。

**第三条** 投资者进行大宗交易,应委托其办理指定交易的本所会员办理。

拥有本所专用席位的机构可通过该席位进行大宗交易。

**第四条** 大宗交易的交易时间为本所交易日的15:00~15:30,本所在上述时间内受理大宗交易申报。

本所交易日的15:00前仍处于停牌状态的证券,本所不受理其大宗交易的申报。

**第五条** 大宗交易的申报包括意向申报和成交申报。

**第六条** 大宗交易的意向申报应包括以下内容:

(一)证券代码;

(二)股东账号;

(三)买卖方向;

(四)本所规定的其他内容。

意向申报中是否明确交易价格和交易数量,由申报方决定。

**第七条** 意向申报应当真实有效。申报方价格不明确的,视为至少愿以规定的最低价格买入或最高价格卖出;数量不明确的,视为至少愿以最低限额成交。

**第八条** 买方和卖方根据大宗交易的意向申报信息,就大宗交易的价格和数量等要素进行议价协商。

**第九条** 当意向申报被其他参与者接受(包括其他参与者报出比意向申报更优的价格)时,申报方应当至少与一个接受意向申报的参与者进行成交申报。

**第十条** 大宗交易的成交价格,由买方和卖方在当日最高和最低成交价格之间确定。该证券当日无成交的,以前收盘价为成交价。

**第十一条** 买方和卖方就大宗交易达成一致后,代表买方和卖方的会员分别通过各自席位(拥有本所专用席位的机构通过该席位)进行成交申报,成交申报应包括以下内容:

(一)证券代码;

(二)股东账号;

(三)成交价格;

(四)成交数量;

(五)买卖方向;

(六)买卖对手方席位号;

(七)本所规定的其他内容。

买方和卖方的上述成交申报中,证券代码、成交价格和成交数量必须一致。

**第十二条** 大宗交易的成交申报须经本所确认。本所确认后,买方和卖方不得撤销或变更成交申报,并必须承认交易结果、履行相关的清算交收义务。

**第十三条** 会员应保证大宗交易投资者账户(包括会员自营账户)实际拥有与意向申报和成交申报相对应的证券或资金。

**第十四条** 大宗交易的交易经手费按集中竞价交易方式下同品种证券的交易经手费率标准下浮。其中,股票、基金下浮30%,债券、债券回购下浮10%。

**第十五条** 大宗交易收盘后,本所在指定媒体上公布每笔大宗交易的成交量、成交价以及买卖双方所在会员营业部的名称(通过本所专用席位达成大宗交易时,为该专用席位所属机构的名称)。

**第十六条** 大宗交易不纳入指数计算,其成交价不作为该证券当日的收盘价,成交量在收盘后计入该证券的成交总量。

**第十七条** 大宗交易成交后涉及法定信息披露要求的,买卖双方应依照有关法律法规履行信息披露义务。

**第十八条** 根据市场需要,本所可依有关规定调整大宗交易的证券品种、最低限额、交易时间、价格限制、申报方式、申报内容、费率标准等。

**第十九条** 对于在大宗交易中进行虚假申报、扰乱市场秩序等违反交易规则或本细则有关规定的行为,本所将依照规定进行处罚。

**第二十条** 本细则未作规定的其他事项,依交易规则和本所其他有关业务规则办理。

**第二十一条** 本细则由本所负责解释。

**第二十二条** 本细则经本所理事会通过后生效,修改时亦同。

**第二十三条** 本细则自发布之日起执行。

VOLUME 12

# 第十二卷

## 2003年度中国八大重点行业景气分析报告

- 工业之首：产销增长 景气回升
  ——2003年中国石化行业发展分析报告
- 需求旺盛 成长可期
  ——2003年中国能源行业分析报告
- 需求产能扩大 利润稳中有升
  ——2003年中国钢铁行业景气分析报告
- 2002～2003年中国医药行业发展分析报告
- 2002～2003年中国信息产业发展分析报告
- 中国汽车业的成长期已经来临
  ——2002～2003年中国汽车产业发展分析报告
- 冲高回落 繁荣依旧
  ——2003年中国房地产业景气分析报告
- 银监会改革出新招 夯实银行业发展基调
  ——2003年中国银行业发展分析报告

# 工业之首：产销增长 景气回升

## ——2003年中国石化行业发展分析报告

石化行业是一个价值链长、产品种类丰富的行业。它纵跨上游的油气开采、中游的炼油、下游的化工以及成品油销售四个差异性较大的子行业，产品种类繁多，多达数千种，同时，价格波动频繁。各子行业间利润率差距较大，其中油气开采的毛利率达50%以上，而成品油销售的毛利率仅达10%左右。最为重要的是，石化行业在国民经济中具有战略性重要地位，其各项经济指标多年来居全国工业首位。如2002年，石化行业增加值占全国工业增加值的14.56%，销售收入占13.48%，利润占21.77%，进出口贸易占13.73%。历经2002年的复苏和2003年的增长，中国石化行业已凸显出景气回升的良好势头，投资价值前景可观。

### 一、回顾2002：行业复苏 效益上升

总体看来，2002年我国石化工业成功遏制住了2001年的下降趋势，呈现出良好的运行态势。在2002年石化行业重点监测的112种(类)产品中，产量同比增长的有104种，其中原油产量近1.69亿吨，同比增长25%；原油加工量2.2亿吨，同比增长4.6%；乙烯产量541.4万吨，同比增长13.0%；丙烯产量532.1万吨，同比增长12.0%；合成树脂产量1366.5万吨，同比增长12.9%。更重要的是，石化行业利润止跌回升、逐季上升。如2002年一季度全行业利润总额下降50%，但二季度开始回升，三、四季度则大幅上扬。在产量和利润都大幅增长的同时，2002年石化行业的产品结构也得到改善，如柴汽比提高0.023，合成树脂专用料和差别化纤维分别增长38.7%和23.3%。

从全球范围看，石化行业复苏的两项关键指标，即炼油毛利和乙烯开工率也呈上升趋势，凸显行业复苏迹象。炼油毛利：由于产能增长得到控制和环保标准的提高，国际市场的炼油毛利从2003年开始稳步提高。据摩根士丹利预测，欧洲的炼油毛利将从2002年的2.38美元/桶，提高到2003年的2.97美元/桶和2004年的3.26美元/桶；美洲的炼油毛利也将从2002年的3.18美元/桶提高到2003年的3.80美元/桶和2004年的4.18美元/桶。而仅从新加坡市场来看，2003年的炼油毛利已创了近6年来的新高。在乙烯开工率方面，据国外权威机构预测，全球乙烯产能增长将从2000年的6.3%下降到2003年和2004年的2%；与此同时，乙烯需求增长率将从2001年的0.5%提高到2003年和2004年的6%。因此，乙烯生产装置的开工率将从2001年的86%上升到2004年的92%。2003年前4个月中，我国石化行业继续保持良好的发展态势，销售收入和利润总额同比增长15%以上；表现最为出色的油气开采领域，收入同比增长达49.53%，利润同比增长143.26%；原油加工和橡胶制品等领域也都有20%以上的增长。

在石化产品进出口方面，由于2002年我国大多数石化产品关税大幅下调，石化进口产品增长速度较上年同期有所加快，但并未出现进口石化产品大量涌入的局面。在石化产品进口保持平稳增长的同时，出口形势依然较好，成品油、塑料制品都保持了较快的增长速度。

在行业宏观调控方面，我国石化工业通过控制总量、调整结构、扭亏解困等得力措施，促使整个行业发展呈现了良

好势头；工业生产速度有所加快，产销衔接顺畅，产品库存不断下降，企业经济效益明显改善。2002年全年石化工业实现总产值同比增长15%，达到全部工业平均水平。全年整个行业实现利润比上年翻一番。同时，石化行业内部结构也发生积极变化，下游产业运行状况不断向好，其在整个行业的地位不断提高；国有企业的主导地位有所减弱，股份制和外商投资企业正在成为行业增长的新动力。总之，2002年我国石化工业整体形势趋于好转，工业景气回升，企业经济效益明显改善。

## 二、全球经济回暖，石化供需两旺

2003年，许多全球性和国家性权威机构均对世界经济前景做出乐观预测。如联合国在《全球经济展望》报告中指出，由于世界经济全面复苏的时间延后，2002年全球经济将仅增长1.7%，2003年的增长率将达到2.9%，全球经济的回升将带动石化工业的更快发展，为石化产品市场提供更广阔的空间。据有关部门预测，2003年至2010年，世界化学工业的年均增长率将上升到3.6%左右，美国、西欧和亚洲的石化生产能力利用率2003年将上升到90%。另外，由于聚氨酯等化工产品的应用具有多样性和广泛性，近年来市场需求也增长迅速，在南美及亚洲地区需求尤为旺盛，导致其生产原料MDI、苯胺等供不应求。

近年来，我国经济保持持续、稳定、快速的增长，成为世界经济中的“一道亮丽的风景”，居民的生活水平也有很大的改善和提高，这不仅为国内石化行业的发展创造有利条件，也吸引大量的外国投资者。由于目前我国许多石化产品的人均消费水平偏低、发展空间巨大，世界各大跨国公司纷纷加快在华投资步伐，使得我国石化行业供给能力明显增强。

2003年油价预计高于2002年。2003年油价呈现剧烈的震荡态势，其中美伊战争对油价波动起到“推波助澜”的作用。自5月份以来，由于中东地区的恐怖袭击和OPEC组织可能公布的减产计划，油价又反弹到26美元以上。因此，2002年上半年平均油价估计为28美元，比去年同期高6美元，涨幅达27%。下半年油价则主要取决于供给和需求两方面。需求方面，世界主要的油品消费国普遍库存偏低，如美国至5月23日原油库存为2.86亿桶，同比下降10%以上，而同时国内汽油消费增长率达3.1%，炼油厂开工率提高2.5%，因此，原油需求呈上升趋势。供给方面，国际原油市场上以沙特阿拉伯为首的OPEC集团实施减产计划，且在近期的OPEC石油部长会议上与会各国决定将现有的生产配额维持至9月份。全年看来，可以预测2003年平均油价为26美元，比2002年高1美元。

上述事实和数据表明，尽管存在伊拉克战争的影响，但它仍阻挡不住全球经济回暖的趋势，石油石化产品需求量随经济增长而不断扩大，其供应也会随之稳步上升。

## 三、反倾销作用凸显，部分产品价格上扬

由于全球石化产品生产能力过剩，我国市场需求旺盛，近年来国外企业一直存在低价倾销行为，严重威胁着我国石化行业的安全，反倾销作为我国石化行业维护自身利益不可或缺的法律武器，近年来反倾销案例时有发生。

苯酚是重要的化工原料，其消耗主要用于：涂料和染料占27%，酚醛树脂占22%，水杨酸等化工原料占12%，木材加工占7%，农药占3%，其他合计29%。2002年我国苯酚生产能力为27万吨/年，而需求约为40万吨/年，而世界苯酚最大的出口国——日本则以低价向我国输入达16万吨，严重影响我国苯酚企业的正常生产经营。反倾销保护措施实施后，目前苯酚价格已从去年的400美元/吨上升到700美元/吨。随着我国“安居工程”和汽车工业的快速发展，涂料、染料需求年增长速度将高于15%，国内苯酚用量将呈现快速增长态势，预计此价格随着进口的减少还将进一步攀升。因此，受反倾销保护和国内需求拉动，我国苯酚生产企业利润将大幅上升，如上市公司中国石化、锦州石化、上海石化和太化股份等。

已内酰胺(CPL)是合成尼龙-6纤维和工程塑料的重要中间原料，广泛用于纺织、渔业、轮胎、建筑等行业。目前已内酰胺全球生产能力约400万吨/年，其中美国

87.8万吨/年，占总生产能力的21.0%；日本57.4万吨/年，占14.3%；东欧（主要是俄罗斯)92.5万吨/年，占23.0%；中国仅为15.45万吨/年。而2002年我国已内酰胺需求量超过22万吨，且保持着高速增长势头，国内已内酰胺的生产远不能满足需求。一些国际大型化工公司尤其是日本、俄罗斯的公司，利用其规模大、运输近、成本低的优势向我国大量倾销，仅仅克麦罗沃、肖金诺两公司在我国的销售量就远超我国的生产量，致使我国已内酰胺严重供大于求，相关企业经济效益深受其害。在此背景下，2003年6月3日和9日，商务部连续发出公告，决定对已内酰胺和苯酚执行反倾销保护，将乙内酰胺的关税提高到29%，对原产韩国、日本、美国等地的进口苯酚产品采用现金保证金形式实施反倾销措施。反倾销保护措施实施后，关税提高当日即无人再向中国发货，目前已内酰胺现货供应缺乏，买主递价坚挺，国产已内酰胺交易价已上升了100元/吨，出厂价至13100~13200元/吨，专家预计该价格还将继续上升20%以上。国内已内酰胺企业如上市公司石炼化、中国石化、巨化股份等，将会因此获得丰厚利润。

从我国反倾销的实际效果看，是较为显著的，对相关石化生产企业起到了一定的保护作用，由于反倾销具威慑作用，近年来倾销行为逐渐减少。

## 四、关税下调，石化进口产品有冲击

尽管我国在2002年大幅下调石化产品的关税，但为更好地履行入世承诺，2003年我国仍有相关部分的石化产品关税税率需要进一步下调，这会进一步加大国外产品对我国石化产业的冲击力。此外，成品油、化肥、汽车轮胎等产品的进口额每年都以10%~15%的速度递增，这些都使国内石化行业的竞争更趋激烈。

一方面，国内石化市场逐步开放，关税下调，进口产品增加，对国内同类石化产品造成冲击；另一方面，由于西方跨国公司实施亚洲投资战略，使得中国今后向亚洲周边国家发展石化产品出口贸易的难度加大。

近几年来，世界石化工业生产能力过剩，大多数产品供大于求，欧美等地的大型石化公司由于当地的常规石化产品市场需求已经趋于饱和，他们在积极向以亚洲为主的发展中国家拓展空间，提高其在亚洲市场的份额。这造成亚洲的石化工业发展空间越来越小，中国市场已成为众矢之的，进一步加大对中国石化工业的威胁。

## 五、2003年石化行业整体增长趋势预测

从前文分析中可看出，2003年我国石化行业的发展既面临着难得的发展机遇，又面临着巨大挑战。

世界经济的回升促使全球石化产品需求旺盛，炼油毛利和乙烯开工率上升标志着全球石化行业步入复苏阶段。国内经济的强劲增长促使人民的生活消费水平得到极大提高。增加了对石化产品的需求量，增强了石化产品的消费支出购买力；反倾销利器的使用，又恰当的保护着民族产业的发展环境，维护着有关石化企业的利益。这一切都是我国石化行业发展的有利因素。

但是，为履行入世承诺，我国必须下调相当部分石化产品的关税税率，使石化民族工业迎接世界石化巨头的挑战，国内石化工业的发展必须正视这种更激烈的市场竞争环境。而且我国石化工业本身还存在许多制约和阻碍发展的因素：企业缺乏资源优势、进口依赖度高、经营风险大、企业规模小、产品结构不合理、企业管理体制落后、效率低、缺乏市场竞争力、盈利能力差、整个行业研发投入不足、技术创新能力普遍不高等。这些均是我国石化行业发展中的不利方面。

综合2003年石化行业发展的有利因素与不利因素分析，我们认为2003年我国石化工业将呈现前高后低的发展态势，全年石化行业生产速度将有所提高，主要石化产品如各类油品、乙烯、化纤、合成树脂等也都将保持较快的增长速度，预计石化行业工业总产值将保持17%左右的增速。因此，石化类公司尤其是产品一体化公司具有较好的抗风险能力，加之有充裕的现金流和可观的派现能力，中长期投资价值较高。

## 六、促进我国石化行业发展的政策建议

当前，世界石化工业已初步形成了美、欧、亚三足鼎立的格局，美欧发达国家的石化工业已进入产业成熟

期，在经济全球化和高新技术迅速发展的推动下，出现了全球石化产品过剩、盈利空间减少、可持续发展等问题。全球石化工业开始了以资产重组和突出核心业务为主要特征的第三次产业结构调整。而我国石化工业正处在由粗放经营向集约经营转变的阶段，其中存在的许多问题都是世界石化工业第二次产业结构调整过程中遇到的类似问题，因此，我国石化工业正面临着自身产业结构调整和跟上世界石化工业第三次产业结构调整步伐的双重压力。在这种双重结构调整背景下，我国石化行业发展应注意以下几点：

第一，发挥比较成本优势，适当进口国外油气资源。石油、天然气是石化工业生产最基础的原材料，其价格态势和供给来源缺乏左右着一国石化工业的发展状况。由于地理等自然因素的作用，世界油气资源分布极不均衡，我国属于油气资源相对不足的国家之列，国内原油供应能力有限，原油生产成本高，无法与国外一些产油国相比：如非洲、中东原油生产成本为 3.73 美元/桶，加拿大 7.17 美元/桶，欧洲 8.29 美元/桶，美国 13.3 美元/桶。而从中国原油消费增长趋势来看，原油消费将随着经济增长而快速增加，我国原油的供需缺口将会越来越大。自 1993 年我国石油出现净进口来，2002 年我国石油消费中的近一半(约 7000 万吨)来自进口。因此，我国石油企业应走向海外市场，充分利用海外油气资源勘探开发成本低廉的优点，适当进口部分国外油气资源，为国内石化工业提供优质廉价的生产原料，有效降低石化产品生产成本，增强我国石化工业的国际市场竞争力。

第二，利用规模经济效应，不断扩大生产规模。相对于全球知名的石化跨国公司而言，我国石化企业、石化产品竞争力极其弱小，其中重要的一点就是生产规模小、生产成本居高不下，而建设大型化设备装置，发展规模经济则是实现低成本战略的有效途径。据测算，12Mt/a 炼厂与 6Mt/a 炼厂相比，相对投资节约 25%，生产费用节约 12%~15%。以规模为 750Kg/a 乙烯装置的成本为 100%计，规模下降到 500Kt/a，相对成本上升 4%~5%；下降到 200~250Kt/a 规模时，成本上升 14%~33%。目前，我国无论在炼油还是其他石化产品的制造方面，生产规模普遍落后于国外，产品单位成本高，缺乏市场竞争力。因此，发展规模经济是我国石化行业进行产业结构调整和提高竞争力的必由之路。

第三，实现油气资源来源途径多样化。目前我国油气资源主要来自东部大庆油田、胜利油田等老油田及从中东进口。而随着东部油田资源的过于枯竭，小中东地区局势的不稳定，给我国石化行业带来了很大的风险。因此，今后一方面要在大力继续挖掘东部油气资源潜力的同时，加大对中西部油气资源及海上油气资源的开发和利用；另一方面，要实现油气资源进口多元化，以避免对中东油气资源的过度依赖，如可增大从俄罗斯、中亚、北非等地的进口等。

第四，加快科技研发，打破“技术壁垒”。近几年跨国公司凭借自身雄厚的资金、科技实力，利用产品专利在我国开展“圈地”运动，正形成新的挤压我国石化企业发展空间的“技术壁垒”。我国石化企业科技创新和市场开拓能力弱，缺少拥有自主知识产权、国际领先的核心技术，位居世界前列的系列产品少，国际化经营程度低、比重少，这些都严重制约着我国石化行业未来的发展。为适应 WTO 的运作规则，缩小国内石化企业与国际间的差距，国内的石化企业应加大投入科技研发力量，加快技术创新步伐，加快科技成果转化进程，积极寻求与跨国公司合资合作，打破“技术壁垒”，以促进我国石化企业和石化行业快速健康发展。

总之，我国石化行业的发展虽面临一些挑战，但也面临着难得的历史发展机遇，只要石化行业自身苦练“内功”，敢于竞争，就一定能实现我国石化行业的快速发展。

# 需求旺盛　成长可期

## ——2003年中国能源行业分析报告

由于我国经济继续保持高速增长态势，工业生产和工业品消费强劲增长对能源增长形成双重刺激，能源直接出口和高耗能工业品出口增加，能源投资快速增长。在上述有利形势下，我国能源行业景气指数全面回升。2003年，第一季度我国GDP同期增长达9.9%，第二季度虽回落到6.7%，但这对能源行业的发展影响并不大。三峡二期工程完工、电监会成立等，对能源行业更是极大的利好刺激。展望2003年全年，预计我国能源行业将需求旺盛、成长可期。

### 一、煤炭：产销两旺行业利润重新分配

目前，我国煤炭类上市公司共有11家，从已公布的10家上市公司2002年年报来看，每股收益在0.35元以上、净资产收益率在10%以上的有神火股份、兖州煤业、金牛能源和上海能源。10家上市公司的平均每股收益为0.227元，远高于2001年上市公司的整体业绩水平。

煤炭公司产销两旺、收益提高的主要原因在于：一是煤炭价格回升，煤炭价格上升大大提高了煤炭类上市公司的经营效益。二是煤炭附加值提高。煤炭深加工包括洗精煤、型煤、配煤、水煤浆等，上市公司目前主要的深加工是洗精煤。洗精煤主要用于冶金和化工行业，特别是炼钢企业。2002年由于固定资产投资、机械工业和汽车行业的高速增长，直接拉动了钢铁工业的发展，从而也相应拉动洗精煤的需求。另外，国家也出台了一些优惠政策，鼓励煤炭出口，煤炭公司因此不断提高产量，出口高附加值产品，从而获得良好业绩。三是延长产业链。延长煤炭产业既不仅可提高企业效益，还能有效利用资源、减少环境污染。煤炭企业目前正在积极通过煤——电、煤——炼焦——化工，来实现产业链的延伸。如郑州煤电、神火股份、西山煤电等上市公司均已经建立下属的发电厂，并产生一定效益。我国原煤产量完成11.1293亿吨，同比增长17.4%；煤炭采选业实现销售收入1912.27亿元，同比增长26.24%，实现利润85.74亿元。预计2003年我国煤炭行业将继续延续2002年良好的运行态势，景气指数继续在高位运行，总体景气状况良好。

2003年煤炭行业总体上将保持产销两旺的良好态势，但行业利润分配都有所变化。这主要体现在：

#### 1.利润偏向于煤炭资源储备充足的企业

目前我国煤炭资源储量可供建井的有44处227亿吨。据预测，2005年我国煤炭供需缺口将达到1亿~2亿吨；2003年年初能源供应趋紧，导致电煤价格上涨，原因就在于大部分企业新建矿井少、资源储备不足，加之政府由于安全问题开始关闭小煤窑，更加重煤炭供需缺口矛盾。企业之间竞争的关键在于占有资源，现在大企业正开始加紧扩张生产能力，通过各种方式跨越地域限制，到中西部地区建井开矿，为

市场竞争储备资源，行业利润也因此将偏向于这些资源储备充足的企业。

### 2.小煤窑退出，煤矿集团争食市场蛋糕

从1997年开始，我国连续四年实施“调控总量，关井压产”政策，大量不符合开采安全条件的煤矿被关闭。截至2002年底全国累计关闭小煤窑6.1万处，大中小型煤矿产量比例调整为54:19:27，大幅缩减了小煤窑的生产能力，大企业的竞争对手受到压制。同时，大煤矿之间竞争加剧，为解决市场竞争无序化的矛盾，目前各省都在积极整合自身资源，组建煤矿联合集团参与市场角逐，应对下游公司的采购。山西、河南、黑龙江、贵州、陕西等省都已形成了联合销售机制，直接参与煤炭订货，协调煤矿价格、供货等。

### 3.产品之间替代性增强，企业利润不确定性增大

由于科学技术的突破和设备更新，煤种利用限制被大大地减弱，很多煤种可以相互替代。同时，随着配煤技术的发展、配煤能力和配煤效益的提高也给煤种间的相互替代提供了更大的可能。据预测，到2005年我国将形成7000万吨配煤能力，比目前翻一番。这种趋势表明，煤种替代性越来越强，未来使用什么样的煤种取决于用户的成本效益。

### 4.行业利润在各个环节进行再分配

电力企业和钢铁企业是煤炭企业的主要销售客户，或者说煤炭主要分为电煤和钢煤，2002年国内煤炭产量为13.9亿吨，大约有8亿吨用于发电。以前在供大于求的市场条件下，煤炭利润大量向下游企业转移，煤炭企业效益大大低于电力行业。但随着供给减少、需求增加，利润正在煤炭生产企业和煤炭加工企业及用户之间进行再分配：一是煤矿为获取下游行业利益和下游行业为获得稳定的能源供货渠道，以参股、买断、租赁等多种形式加快企业间融合；二是随着电力紧张，电力价格有望上调，煤炭作为其上游行业，可提高煤价而获利。

### 5.潜在对手伺机而动

全球经济一体化和中国加入WTO，中国的对外开放步伐明显加快。目前美、日、韩、澳大利亚等煤炭进出口大国的煤炭生产，经营企业都以北京、西安为主要据点直接安营扎寨，企图在中国煤炭开采业掘一桶金。除直接投资外，外商的间接投资也开始介入中国煤炭，如QFII最近增持兖州煤业就是一例。

## 二、电力：市场呈现供不应求趋势

2002年，我国电力供求呈现加速增长的态势。全年全国发电量累计达16023.99亿千瓦小时，同比增长11.7%，大大高于国内生产总值的增长率；整个电力行业实现销售收入达8826.92亿元，同比增长14.92%，利润总额达到509.03亿元。尽管电力供应在高速增长，但仍不能满足全社会的用电需求。2002年以来，我国电力供应日益紧张，包括广东、贵州、云南、上海、浙江、江苏、河南、山东、宁夏、甘肃、青海、四川、重庆在内的15个省市自治区，出现不同程度的电力短缺现象，“拉闸限电”现象时有发生。导致电力供应趋紧的原因主要有以下几个方面：

### 1.电源建设相对滞后，在建规模不足

在1998年到2001年之间，我国对电力供需形势判断失误，认为全国电力富余太多，三年不开工新项目。结果导致自1998年以来，发电装机容量增长率逐年下降，电力年增长速度约为3%~4%。而同时，由于国民经济的快速发展，特别是工业生产快速增长，造成电力需求增长迅猛，带动基础负荷大幅度增加，发电量与用电量的增长大大超过同期发电装机容量的增长。仅2002年全社会用电量净增加1620亿千瓦时，这需要相应增加装机容量3000万千瓦时，而去年我国新投发电装机容量仅1165万千瓦，容量缺口达1835万千瓦。

### 2.来水偏少，水电厂受气候、雨量的影响大

2002年我国主要江河流域来水偏少，部分水电厂来水出现枯竭现象，水电发电量不足。有资料统计显示，全国24座水电厂水库，去年年底可调水量总计412.81亿立方米，同比下降了25.3%。自2003年以来，黄河出现断流，三门峡、小浪底水库严重缺水，无法完成发电任务，导致西北电网用电紧张，二滩水电站也缺水严重，水位低于最低控制水位6米，被迫削减了发电能力，导致以水电为主的川渝电网频频告急。从2002~2003年各主要水电厂

蓄水情况及水文预测来看，今后一段时期水电厂供电形势不容乐观。

### 3.电源结构性调整减少电力供应

当前我国火电发电量占总发电量的74%、水电占25%、核电占1%。“积极发展水电，优化火电结构，适当发展核电”，加快推进“西电东送”工程，是我国电力行业结构性调整的主要指导方针。在此方针指导下，国家决定从1998年开始，通过关停3000万千瓦小火电机组来调整电力工业结构。到2002年底，全国已关停小火电机组约1500万千瓦。而“西电东送”工程由于输电线路的瓶颈问题尚不能在短时间内得到解决，“远水解不了近渴”，故这也是导致广东、上海等电网的用电紧张原因之一。

目前，我国电力消费弹性系数的平均值为0.81，据此测算，平均每年需新增2500万~3000万千瓦。而“十五”后3年我国每年能投产的机组仅1500万千瓦，容量缺口逐步扩大，因此可预测2003年和2004年夏季，全国大范围内的缺电已成定局(除东北、海南电网外)，这种电力短缺现象无疑将拉动相关上市公司的发展。

## 三、电监会成立，电力市场体制改革步伐加快

对电力行业的影响除用电需求增加导致的供不应求外，还有新成立的电监会进行的电力市场体制改革。我国电力体制改革已完成政企分开、厂网分开和发电企业的重组，当前及下一步改革的主要任务是建立竞价上网的市场竞争机制，进而实现提高效率、降低成本、降低电价和改进服务的改革目标。目前，电监会承担的电力监管和改革的职能正逐步发挥出来，一套符合经济运行规律的电力市场化体制，将在电监会的推动下逐步建立起来。

### 1.打破部门以及省际间的电力市场壁垒

过去我国电力行业是实行垂直一体化的垄断经营体制，这种体制导致垄断经营业务广泛延伸，形成的市场分割使电力生产企业间出现严重的不公平竞争，使竞争机制在本属竞争性环节的业务领域无法发挥作用；进而造成企业缺乏改善管理、提高效率、改进服务的内在动力和压力，阻碍了资源使用效率的提高和区域间电力资源的优化配置。电监会正竭力打破这种垂直一体化的垄断经营管理体制，打破各省平衡、地方保护的格局，以此开放电力市场、优化电力资源配置。

为实现打破壁垒目标，电监会目前正在加速推进“西电东送”和全国联网战略工程的实施。我国继2001年华北东北、华东福建交流联网工程投运后，2002年形成西起川渝、华中东至华东电网全长2000多公里的西电东送通道，龙政直流对端调试投运后形成华中华东联网两条直流大功率送电通道。“十五”期间，我国将通过北、中、南三线建设大容量、长距离、超高压输电路线路，将西部富裕电量输送至东部沿海地区，促进全国电力资源的优化配置。预计到2005年，除新疆、西藏、海南、台湾外，我国电网将基本实现全国联网。到2015年，全国主干电网将更经济合理，开始形成以三峡为中心的全国统一联合电网。

### 2.改革电价，实行电力上网竞价

电价问题是电力体制改革的核心。近日，电监会发出通知强调，电监会将加强市场监管、规范竞价行为，包括：严格规范竞价上网，国家电监会将会同有关部门，结合区域电力市场试点工作，有计划地组织实施竞价上网；认真执行上网电价政策，电力供应紧张地区的价格确定，要体现鼓励企业多发电的原则；加紧制定企业超发电量上网定电价的确定原则和办法，规范超发电量的价格结算程序，公平维护各方利益。

2003年，电力上网竞价市场已首先在华东，包括上海、江苏、浙江、安徽、福建四省一市的启动，电监会已发出《关于开展华东电力市场试点工作的通知》，强调要引入竞争机制，打破市场壁垒，实现电力资源优化配置，促进电力企业加强管理、提高效率，建立科学合理的电力市场竞争机制，初步形成统一、开放、竞争、有序的区域电力市场的目标。其具体试点工作按3个阶段推进：2003年6月到8月底前为完成区域电力市场试点方案审定阶段；2003年8月到12月底为完成试点有关规则、监管办法、技术支持系统的方案设计的审定工作阶段；2004年一季度为电力市场模拟运行阶段，4月1日正式进入试运行。可见，国家电监会在近期启动华东、东北区域电力市场以及川渝电力市场试点——改革行动区拉开序幕。

紧接着电监会实施的东北电力市场整合改革更富指导性和远见性。《关于建立东北区域电力市场的意见》是我国推进区域电力市场的第一个指导性意见，其提出的东北电力市场建设的远期目标是：在售电终端引入竞争机制，实现所有市场主体参与的全面竞争；借鉴美、英等成熟电力市场经验，建立电力期货、期权等电力金融市场，形成政府监管下的、公平竞争的、全面开放的东北区域电力市场。电力金融市场是电力市场化高度发展的产物，它的提出充分表明国家进行电价市场化改革的决心。

由此可见，区域电力市场改革将对电力企业发电量、电价定位、交易模式和交易主体均产生深刻影响，未来建立的全国统一、有序、开放竞争的大电力市场除国家电网电力市场和省网电力市场外，将出现中间层次即区域电网电力市场。

## 四、三峡大坝将改写中国能源格局

三峡工程是中国也是世界上最大的水利枢纽工程，是治理和开发长江的关键性骨干工程。三峡共装机 26 台，前排容量为 70 万千瓦的小轮发电机组，总装机容量为 1820 万千瓦时，年发电量 847 亿千瓦时。三峡工程具有防洪、发电、航运等综合经济效益，能为经济发达但能源不足的华东、华中和华南地区提供可靠的、廉价的、清洁的可再生能源，对减少环境污染起到重大作用。

2003 年 6 月 15 日，三峡大坝二期工程已正式完工，其标志是三峡水库初期蓄水、永久船闸通航和第一批机组发电。除防洪、改善航道、灌溉、旅游外，发电也是其巨大效益之一。三峡工程将改写整个中国能源行业格局，其重要影响表现为：

### 1.改善电力工业结构

我国电力工业的现有结构是：严重污染环境的火电占 74%，居绝对主导地位；廉价、清洁的水电占 25%；核电仅占 1%。尽管我国的水力资源位居世界第一，而开发程度都只有百分之十几，水电资源开发与经济的高速增长严重不对称。

据专家分析指出，造成近期电力供应紧张的原因之一，就是电力工业结构失衡。由于目前我国电力过度依赖于火电，而火电开发又完全依赖于煤炭行业。自 2002 年 1 月 1 日起，国家计委已取消电煤指导价，煤炭价格完全放开，政府、煤矿、用户之间协调的依据是供需关系和市场规律，政府只能用经济政策而不能用行政命令直接干预企业之间的供需关系。因此，尽管 2002 年我国电煤供应量有大幅增长，但当局部地区发电用煤消耗更快，出现用煤紧张时，煤价就有迅速上涨的势头。煤炭行业出于拉高煤价的考虑，就可能会限量供应，结果影响电量的供应和电价的上涨。

三峡工程供应的是水电，电力供应稳定。到 2009 年三峡工程全部竣工时，装机容量将达 1800 千瓦，并全部投入运营，年发电量可达 847 亿度。这将大大提高我国水电开发占电力供应的比例，有效改善我国电力工业的供应结构。

### 2.缓解电力供应紧缺局面

由于我国经济的快速增长，电力需求随之猛增，目前我国有 16 个省市电力紧缺，电网经常拉闸限电，且主要集中在华南、华东等经济发达地区。以广东省为例，仅在 2003 年第一季度，广东全社会用电量激增 18%，在电网负荷方面，广东省电网的统调最高负荷达到 1995.7 万千瓦，不仅比上年同期净增 382 万千瓦，也接近上年全年的最高负荷水平。广东省被迫对深圳、中山等市实施错峰用电，另外东莞、佛山等市的供电也呈紧张状态。而广西、湖北等电网也将有数百万千瓦的缺口。

根据中国电力企业联合会发布的《2003 年电力供需形势预测报告》估计，今年我国电力需求增长速度将在 9%~10%之间，仍会高于 GDP 的增长率。因此，2003 年中国电力供应形势十分严峻，若形势不能从根本上加以缓解，将极大地影响中国经济发展。

### 3.推动电力体制改革

我国电力体制改革早已启动，并已取得阶段性成果，如政企分开、拆分国电公司、实现厂网分开、设立国家电力监管委员会等；下一阶段的目标就是彻底消除省际壁垒，加强省际和区域间的电量交换、改变电力供应的区域不平衡等。并且 2003 年中，华东区域电力市场、东北区域电力市场的整合改革已经开始。

三峡大坝的二期工程完工，标志着三峡电力已开始向几乎为半个中国的 8~9 省市输送，这意味着中国电力行业过去的区域市场壁垒“坚冰”已开始逐渐消融。从此意义上分析，三峡工程推动了中国电力行业的体制改革，它打破华中、华东及华南地区的区域市场垄断壁垒，为正在进行的电力体制深化改革树立了样板。同时，三峡电力的庞大电量供应也为电力竞价上网提供条件。电力竞价上网和电力体制改革应在电力供给较充裕的情况下进行，三峡电力增加我国的电力供给，为电力按市场供求定价提供先决条件。

#### 4.降低电价

目前全国各地的电力上网价格不一。华中地区平均电价为0.30元/度；华东地区为0.35元/度，其中上海为0.38元/度；而全国的平均上网电价是0.29元/度。三峡电站的上网定价较为低廉，目前定价是0.25元/度，低于全国平均价格。根据国务院正式批准的三峡水电站电力输送方案，三峡水电站的供电区域正是这些高于全国平均上网电价的地区，即湖北、河南、湖南、江西、上海、江苏、浙江、安徽、重庆、广东等8省2市。尤其值得注意的是，三峡电站起始发电时即根据市场供求而定，其定价原则是：按照受电省市电厂同期平均上网电价水平确定落地电价，并随受电省市平均电价水平的变化而浮动。8省2市的平均上网定价为0.32元/度，减去大约0.07元/度的过网费，正好为0.25元。增量不增价，原有的市场份额被新手瓜分，势必给受电地区电力公司带来降价压力。尽管2003年由于三峡电力发电量少，仅为55亿度（8省2市发电总量为7000亿度），暂且对电力公司影响不大；但随着竞价上网和电力体制改革的深入，三峡电力市场竞争力将逐步增强，全社会用电价格有望降低。

### 五、2003年中国能源行业景气预测

2003年，预计全球经济复苏将进一步加快，世界贸易也将因此出现恢复性增长。随着入世效应的进一步释放，我国对美、日、欧等国家和地区的出口有望继续保持较快增长。同时，我国作为“世界工厂”的定位将得到更广泛的认可，所吸引的外国直接投资将继续增加，这将有助于我国经济增长。

从国内情况来看，2003年上半年GDP同比增长达8.2%，为能源行业的较快增长奠定坚实基础。而且，2003年是我国进入全面建设小康社会、加快推进社会主义现代化建设极为重要的一年，也是政府换届之年，经济增长的有利因素很多，如拉动国民经济增长的三驾马车中，投资继续保持快速增长，特别是吸引外资的数量在去年的基础上又有所提高，更难得的是连续多年难以启动的民间投资也是快速增长；进出口在2002年的基础上又有大的突破；国内消费也在逐步启动；SARS疫情已得到有效控制等。凡此种种，将支撑和保证我国能源行业的快速增长，煤炭、电力、油气等子行业景气预测分别如下：

煤炭行业方面，全国经济的快速增长将带动动力用煤增长。在我国煤炭消费中，动力煤使用量最大，占总量的70%以上，而动力煤中的电煤又占消费总量61%左右，因此，可预测火力发电将继续保持平稳增长，电煤的需求将稳步增长。预计2003年发电用煤6.9亿吨，比2002年增加5000万吨以上。与此同时，2003年随着南水北调、西气东送、西电东输、青藏铁路、三峡三期等一系列“钢铁+水泥”型重大基础设施项目的推进，以及房地产、工程机械、

汽车等行业的快速发展，钢铁工业将出现较快增长，从而带动冶金用煤大幅增长。预计2003年冶金用煤达2.2亿吨，比2002年增加2000万吨。另外，随着化工的快速增长，化肥用无烟煤、炼焦用煤也将供不应求；2003年新投产火电机组在1000万千瓦以上，增加电煤需求约3000万吨。总的看来，预计2003年国内煤炭消费在12.8亿吨左右。

电力行业方面，2003年在十六大全面建设小康社会、提高人民群众生活水平的精神指引下，我国工业生产和固定资产投资将快速增长，钢铁、煤炭、有色金属和化工等高耗电工业将持续发展；住房、电脑、彩电、洗衣机将分别在城乡进一步普及，以及电力体制改革将为城乡电网建设和城乡同网同价范围的进一步拓宽提供强大动力。同时，世界经济加快复苏和我国经济政治环境不断趋好，经济强劲增长。从而有力地推动电力需求的稳定增长。2003年用于基础设施建设的1400亿元国债，也将对电力需求产生一定的带动作用。预计2003年，我国全社会用电增速在9%以上，用电量将达到17800亿千瓦时左右；发电量增速为9.5%左右，全年发电量达17600亿千瓦时；新增装机容量1000万千瓦以上。

另外，我国的能源结构中油气资源比例小，石油开发和生产严重滞后于消费增长，供需矛盾突出，自1993年中国成为石油净进口国以来，进口量逐年增加。预计2003年，我国石油产量将继续稳步增长，石油产量增长率可望稳定在2%左右，并突破年产1.7亿吨大关；油品需求量将以3%~4%的速度增长，石油产品消费量将达到1.25亿吨，比2002年1.2亿吨有所上升。同时随着西气东输工程的推进，天然气化工与城市燃气的增长和天然气发电的增加，2003年天然气增长将快速攀升，其增幅在8%以上。

总而言之，能源是国民经济尤其是工业经济运转的血液。随着我国经济工业化和现代化、城市化的深入发展，随着人民生活消费水平的提高，汽车、电脑、空调、彩电等耗能家用消费品将日益普及，我国能源需求只会增加不会减少，能源行业规模和产量将逐年扩大，投资需求旺盛，投资价值显著提升。

# 需求产能扩大 利润稳中有升

## ——2003年中国钢铁行业景气分析报告

钢铁行业是世界各国工业经济的支柱,世界钢产量不仅与世界经济增长成正比关系,而且世界钢产量增幅往往大于经济增幅。目前全球经济正处在恢复性增长之中，相应地世界钢铁市场重现恢复的迹象也比较明显。在此背景下,中国钢铁行业也一直随着中国经济的高速增长而保持着逐年增长的态势,2003年中国钢铁产量和消费量将进一步扩大,钢铁行业利润将维持稳中有升的态势。

### 一、钢铁工业发展的国内外经济环境分析

从全球范围看,全球经济回暖,世界钢铁市场经过2000年到2001年的下滑，目前已处于恢复上升阶段,并且从最初的价格上升特征，逐渐转向产量和消费的上升，实际需求拉动将为市场价格稳定和上升奠定基础。此外,世界经合组织成员国经过多次谈判达成了削减低效钢铁产能协议，若这一协议能够得到有效贯彻落实，则会因为钢材供应得到有效控制而促进钢材市场实际供需平衡,世界钢材高价位有望维持一段时间。如果此协议不能落实,则钢铁产能可能继续快速释放,钢铁产量仍大幅增长,结果则会导致价格从高位逐步回落至低位。因此,世界钢材市场价格的前景将主要取决于世界钢铁生产增长速度。

2002年全球钢产量约为8.7亿吨,2003预计达到9.19亿吨,世界钢产量增幅仍大大高于经济增幅,亚洲地区已成为产钢量最大的地区，其比重占世界产钢量的44%,且钢产量增长比例也居世界前例。国际钢铁协会(ILSI)最近就今后几年全世界的钢铁产量和消费量发表了预测分析报告。该报告认为,2003~2006年的4年期间,全球的钢铁产量和消费量都将呈现逐年增长的态势;到2006年,全世界的年粗钢产量将突破9亿吨的规模,当年全球的钢铁量达到8.89亿吨左右的水平。ILSI对未来4年钢铁产品消费的前景预测提出了低、中、高三个档次的估计，中间线评估为:2003~2006 年全球钢铁消费将年均增长2.9%,而中国的年均消费增长率则为8.7%,除中国之外全球其他地区的年均消费增长幅度在1.7%左右;低档线评估为:增长幅度将在0.4%上下浮动;高档线评估为:消费增长幅度将在3.0%左右。这三种预测的主要取决因素仍然是全世界经济在未来4年期间走势如何。可见,世界钢铁市场仍将维持供大于求的总体格局。

从国内来看,2003年中国钢铁工业的环境将取决于五大因素:一是国家继续实行积极的财政政策;二是国内投资特别是固定资产投资的持续增长;三是国际经济及国内经济增长;四是世界钢铁生产基地向中国大陆转移和跨国公司在中国采购;五是对钢铁需求量大的房地产、汽车等行业的发展状况。这对钢铁行业的发展而言,既有有利因素，又有不利因素。它们的综合作用使得2003年我国的钢铁行业总体形势向好,但供过于求的状况不易改变,钢材价格下调的压力依旧存在,总体上应持谨慎态度。

值得注意的是,机械制造业正成为国内钢材需求的

一个亮点。2003年，我国"西气东输"、"西电东送"、"南水北调"、"青藏铁路"、城市地铁及城乡基础设施建设工程全面展开，对挖掘机、装载机、履带推土机等大型工程施工机械的需求均有较大幅度的增长，潜在市场前景广阔，而钢材的需求随着机械产品快速增长而增长。据预测，仅工程机械行业在今后几年用于钢结构的钢材就达到260万吨。另外，数控机床的发展空间也很大，据预测，在2003年及今后几年内，数控机床的品种将由1000多种发展到2000种，其中先进适用的中高档数控机床品种由20%提高到40%，数控机床的年产量将达到25000~30000台，产值年增长率在18%左右。我国快速增长的机械制造业，构筑了巨大的钢材消费市场，为国内钢材市场的发展注入活力。

## 二、钢铁需求增加 发展势头强劲

2003年我国一季度GDP增长达到9.9%，二季度由于SARS疫情的影响，经济增长有所回落，但2003年上半年GDP仍达到了8.2%的增速。因此，2003年虽有SARS疫情的影响，但钢铁行业仍不会改变其稳定增长的运行态势，房地产、汽车、机械等行业的持续增长为钢材消费注入了强大的动力，带来了钢材市场产销两旺的局面。1~4月份，全国累计生产粗钢6554.85万吨，同比增长21.78%；生产钢材6901.35万吨，同比增长16.35%；钢材表观消费量达到7882.25万吨，同比增长21.64%；全行业实现销售2630.51亿元，同比增长41.67%；利润总额达到159.69亿元，同比增长55.18%(见表12-1)。

表12-1　　2003年1～4月我国钢产量　　(单位：万吨)

| | 1月 | 2月 | 3月 | 4月 | 合计 | 同比增减% |
|---|---|---|---|---|---|---|
| 粗钢 | 1564.74 | 1533.4 | 1702.46 | 1734.25 | 6554.85 | 21.78 |
| 钢材 | 1647.52 | 1582.25 | 1825.47 | 1846.01 | 6901.25 | 16.35 |
| 其中： | | | | | | |
| 薄钢板 | 210.96 | 183.68 | 194.38 | 200.2 | 793.59 | 19.34 |
| 中厚钢板 | 230.93 | 225.89 | 239.75 | 249.74 | 946.24 | 12.14 |
| 大型钢材 | 25.04 | 27.42 | 27.52 | 26.68 | 106.65 | 19.1 |
| 中型钢材 | 62.71 | 51.41 | 60.22 | 57.24 | 224.28 | 3.47 |
| 小型钢材 | 429.07 | 420.35 | 518.52 | 522.41 | 1912.99 | 16.39 |
| 线材 | 299.37 | 278.33 | 305.78 | 323.74 | 1203.42 | 8.46 |
| 进口 | 299 | 246 | 313 | 339 | 1197 | 64.5 |
| 出口 | 45 | 46 | 60 | 65 | 216 | 49.8 |
| 表观消费 | 1901.52 | 1782.25 | 2078.47 | 2120.01 | 7882.25 | 21.64 |

### 1. 房地产投资带动建筑用钢需求

2003年1~4月，全国固定资产投资7265亿元，同比增长30.5%。其中房地产投资额为1980.34亿元，同比增长33.5%；房地产开发实际到位资金为3442.66亿元，同比增长47.5%，远高于房地产投资的增长速度。春季为建筑施工的最佳时期，房地产投资将会呈快速发展态势，这将对建筑用钢材市场起到强劲的拉动作用。由于需求旺盛，再加上上游原材料短缺使产量提高有限，建筑用钢材价格年初开始即呈现震荡上扬的行情。

### 2. 特殊用钢商机凸显

SARS疫情的发生极大地刺激了对医疗器械设备、城市供水和污水处理、垃圾回收处理等方面的需求，而这些设备均以不锈钢、优秀钢作为主要的原材料。我国特钢行业的发展一直远远落后于普钢行业，企业效益一直难有大的提升，但突发的SARS疫情间接地给特钢企业带来了商机，为特钢行业的发展带来契机，从而进一步增强了整个钢铁行业的发展势头。

### 3. 板材需求量持续增长

2003年前4个月，汽车、家电、机械制造等行业保持持续增长的态势，钢材中的板材消费量也随之增加。其中，汽车行业的发展势头最为迅猛，1~4月产量达141.3万辆，同比增长43.8%，家用电器产量也出现明显增幅，如1~4月彩电同比增长27.4%，家用电冰箱的产量同比增长24.8%。机械制造业的形势也比较喜人，如1~4月金属切削机床的产量同比增长41.6%；工业锅炉的产量同比增长33.6%。上述产品、行业产量的增加同时带动了板材需求量的增长，带动钢铁产品中的板材生产。

### 4. 厚薄板市场供求平稳

虽然冷热薄板市场价格从2003年3月开始受大量进口品种冲击呈加速下滑趋势，但自5月24日起第二阶段的进口配额开始发放，国产冷热薄板与进口品之间的价格差距日渐缩小，进口商和经销商囤积居奇的动力已不复存在。因此，可预计下半年冷热薄板市场供求平稳，价格将止跌回稳。

总之，在当前的几大钢铁产品中，建筑用钢需求将随着房地产投资的扩大而增加；特殊用钢因SARS疫情的发生而迎来新的发展契机；板材需求量则随着汽车、家电、机械制造业的发展而增长；受进口冲击的薄厚板市场也会随着反倾销保护措施的实施而趋于平稳。整体来看，钢铁行业发展势头依然强劲，钢铁企业的利润将稳中有升,企业经济效益将保持上升趋势,钢铁上市公司也会由于具有资金、规模等方面的优势,具有增长潜力和投资价值。

## 三、钢材价格波动及走势分析

2002~2003年,在投资、需求、出口“三驾马车”的拉动下,我国钢材价格从2002年二季度开始逐步上升,经历了近一年的持续上涨,到2002年年底每吨成品钢材的市场平均价已比年初高出5%左右;进入2003年以后,钢材市场淡季不淡、价格继续飙升,又比上年年底上涨了10%以上。

在市场经济条件下,产品价格的涨跌波动应属正常现象。20世纪90年代初,国内钢材市场价格持续攀高;自1994年开始,我国钢材价格开始放开,由于受市场冲击,加之生产过剩、通货膨胀等原因,钢价连续下滑达6年之久,直到2000年才出现 了恢复性回升;2001年钢价再次下跌;2002年,钢价又恢复上涨。在市场大涨之后应不会出现类似1994年的暴跌。而且当钢材价格回落到一定水平,供求矛盾得以缓解后,还有可能出现反弹。

我国钢价自2002年第二季度至年底的上涨应属于恢复性上涨,且涨幅合理,并使得冶金行业当年扭转了低利润运营的局面,实现利润超过250亿元,远远好于预期。但2003年在市场淡季,钢价继续飙升10%以上,都带有一定的不合理性。在价格因素刺激下,2003年一季度,钢材产量比去年同期增长了16.6%,进口翻了一番。根据原国家经贸委在2003年年初的预测,2003年国内钢材消费量为2.15亿吨,钢材产量为2.1亿吨,加上库存和进出口因素,国内钢材市场应处于供略大于求的状态。但实际现象却是钢厂加紧生产、经销商持币待购、下游企业原材料紧张、钢价不断上涨,导致这种状况的原因在于钢材市场流通环节。有些地方出现钢材经销商与钢厂销售员联手轮番炒作钢材,致使一些板材价格上涨60%以上;大量钢材直接进入囤积居奇者仓库,而没有被输送至下游生产企业的流水线上。

因此,随着市场流通环节的疏通和市场秩序的整顿,钢材的高价位和上涨趋势不会维持长久。从未来市场的供求状况来看,由于供大于求将是长期性的,钢材价格将会面临很大的上涨压力,若钢铁产能控制得当,国民经济和下游企业快速发展,则钢价也可能会在正常的价格规律作用下合理的波动。

## 四、目前我国钢铁行业发展的掣肘因素

随着经济全球化进程的加快,钢铁行业的发展及供大于求的扩大不仅取决于国内经济的增长速度,还往往受国际经济形势的左右。从国内外经济发展情况来看,当前我国钢铁行业发展的掣肘因素主要有如下几点:

### 1.国际经济形势不明朗

目前国际经济形势面临三大不确定因素:一是通货紧缩危险增大,一些国家和地区通货紧缩已持续相当长一段时间,但仍无有效治理办法;二是大多数国家都在进行经济结构调整,这种调整需要时间和付出高昂的代价,且调整结果成败不确定;三是地区性动荡,包括政治动荡、宗教冲突、社会的不稳定、金融危机等。这些不确定因素使人们不能对未来的国际经济形势作出明确具体预测,无法预测未来钢铁的供求变化趋势。

### 2.钢铁产能扩大,增长压力仍然存在

2003年我国钢铁生产仍将保持增长势头,若按2002年的增长速度测算全年钢产量,则预计达到2.16亿吨,同比增长20%(见表12-2)。2003年国内各类钢材生产线尤其是薄板类生产线还将陆续投产,国内产能将急剧放大,而钢铁需求不能保持同步增长速度,无法及时消化新增产能,因此钢铁产能的增长压力依然存在。

**表12-2　2002~2003年度钢铁生产能力情况及预测**

| 年份 | 钢产量(万吨) | | 钢材产量(万吨) | |
|---|---|---|---|---|
| | 1~8月总产量 | 1~12月总产量 | 1~8月总产量 | 1~12月总产量 |
| 2001年 | 9075.1 | 14968.1 | 10165.77 | 15413.77 |
| 2002年 | 1162 | 18014.7(预测值) | 12426 | 18840.8(预测值) |
| 2003年 | – | 21600(预测值) | – | 22600(预测值) |

### 3.国内阶段性供大于求格局将继续存在

虽然我国国民经济保持快速增长态势,钢铁产品需求并随之上升,但它仍然难与钢铁供应总量平衡。2003年我国重点钢铁企业钢的实际生产能力将增加1600万吨以上,若再加上地方和民营、合资中小钢厂的增长,钢产能则会增加更大。2003钢材价格水平总体上继续上涨的空间不大,甚至部分产品价格将会出现大幅回落。因此,国内钢铁这种阶段性的供大于求格局将继续存在,2003年钢材市场总量平衡潜在压力和难度较大。

### 4.面临上下游行业的双向挤压

近几年，钢铁行业的上游企业产品(如煤炭原油)价格不断上涨，致使钢铁产品的生产成本相应增加；而下游行业如汽车、家电等，受市场供过于求的竞争影响，砍价能力不断增强，给钢铁产品的价格也造成相当大的压力。而且，钢铁产品经过一段时间的价格调整，当前产品价格接近1994年以来的历史高位，因此存在一定的价格回落风险。

## 五、2003年我国钢铁行业景气总体预测

结合上述多种因素分析，我们可以对2003年钢铁行业发展景气作出如下预测：

### 1.2003年增量效应拉动钢铁经济增长，行业利润稳中有升

从全年看，2003年钢铁行业经济的增长将由2002年的价格拉动转变为增量拉动，行业利润将维持稳中有升的态势。这主要是由于两个方面的原因：一方面，虽然2003年上半年钢材综合价格与2002年同比将有较大的涨幅，全年钢铁的加权综合价格调整空间不会过大，预计维持在比2002年稍高的价格水平。另一方面，国际钢材需求将部分转移至中国，它们不但将本土或其他区域的生产部门转移至中国，还会加大在中国的采购力度。这些跨国公司的战略调整将增加中国廉价零配件的需求，扩大中国的钢材消费量，钢铁经济的增量效应将确保行业利润稳中有升。

### 2.国内钢铁市场新增资源总量将继续保持快速增长

2003年上半年国内钢铁和钢材新增资源总量继续保持20%以上高速增长态势。由于目前钢铁市场价格正处于2002年以来最高水平，任何一家钢铁生产企业都不会轻易放过当前市场的良好获利时机，急剧释放产能、扩大钢铁生产。2003年前四个月国内粗钢产量达6554.85万吨，同比增幅为21.78%；钢材产量达6901.25万吨，同比增幅为16.35%。2002年我国钢材进口创1993年以来新高，全年累计进口2449万吨，同比增长42.9%，而2003年前4个月仅进口钢材就高达1197万吨，同比增幅达64.5%。钢材出口总量也远超过去年同期水平，仅1-4月钢材出口就达到216万吨，同比增幅达49.8%。由此可预见，2003年上半年乃至全年，我国钢和钢材新增资源总量将继续保持高速增长态势。

### 3.钢材消费旺季将进一步推动钢价上涨

2002年以来，国内市场钢材需求大幅增长，钢厂和市场库存明显下降。据钢厂营销统计数据分析，2002年重点统计钢铁企业钢材综合产销率达100.6%，厂内库存由年初的384.04万吨降至年底的313.55万吨，库存平均周转天数由去年初的9.92天降至7.30天。2003年随着钢材消费旺季的到来，尤其是2002年下半年以来信贷资金大幅增加，民间投资日益活跃并逐步释放，全社会固定资产投资和房地产开发投资保持高速增长；而且据国内主要钢材市场跟踪调查发现，大部分钢材市场的库存虽较以前有所增加，但总体库存仍低于往年的同期水平。需求增加，库存不足，则极有可能进一步推动钢材价格上涨，但受钢铁供略大于求的总体市场格局限制，上涨幅度将不会有很大空间。

## 六、加快产业重组，铸造钢铁强国

钢铁行业属于传统的资金密集型产业。当前我国的钢铁企业中，一方面存在着大量的高负债及亏损企业，尤其是特钢企业亏损较为严重，企业资本结构不合理，资产运作效率低下；另一方面，企业又在盲目释放产能，以增加产量为目标，急于扩大生产规模，将企业做“大”，但“大”而不“强”不“精”，我国钢企在技术、装备和管理水平等方面与世界先进水平相距甚远。为了实现我国由钢铁大国向钢铁强国转变的目标，改善钢铁产业的目前状况，必须深化企业制度改革，进行钢铁产业重组。

根据目前钢铁企业的生产规模，我国钢铁产业重组应坚持现有钢产量400万吨的钢铁企业为核心，按大区组建的思路。在重组的具体过程中，要注意以下问题：一是资本结构合理化。重组公司要改变企业过去资产负债率过高状况，利用债转股政策，以市场为导向进行股权管理创新，实现法人治理结构规范化。二是集中核心业务。当前市场上出现用钢大客户全球化、专业化发展趋势，钢铁重组公司应侧重在钢铁产品关键技术开发和应用水平提升方面开展大范围的互助与合作，力求形成不锈钢、无缝管、特殊钢、

板材、重轨等专业化生产的企业集团,尽量减少综合性质的企业集团。三是分离非核心业务。为避免资金和研发力量分散,重组公司应注意分离非核心业务尤其是非钢产业,妥善安置好非钢业务及职工。四是强调企业组织的融合与协同效应。它包括参与重组成员方企业的有效整合以及相互间核心业务“过剩”组织资本的转移与协作,还包括在分离非核心业务过程中,参与重组成员方非钢产业进入其他主体内部运行的操作程序。重组后的钢铁企业规模大、实力强,但其新的钢铁产能必须向以下几个方面努力:

其一,降低原材料的消耗水平。吨钢能耗的多少是钢铁工业是否先进和落后的一个极为重要和根本的指标,也是衡量钢铁强国的重要指标。我国要实现钢铁强国的目标,必须珍惜铁矿石、石油等宝贵资源,力争将各种原材料的消耗降到最低水平。同时,降低原材料消耗也为降低钢铁生产成本创造条件,可大大提高我国钢铁企业和钢铁产品的市场竞争力。

其二,采用世界先进的生产工艺和装备水平。随着我国工业化的进程和钢铁工业的发展,如何不断地减少对环境的污染、保护我们的生态环境,已成为当前我国工业进程和钢铁工业的可持续发展问题,因而对新增的钢铁产能必须有着更为严格的要求。为此,必须加强钢铁新技术的研究开发能力,赶上甚至超过世界先进水平,采用最先进的生产工艺和机械设备,这样才能实现我国钢铁产业的可持续发展。

其三,开发优质、高档产品,实现产品升级。生产优质高档产品是钢铁强国的首要标志,也是我国钢铁工业当前结构调整的主要任务,新建钢铁产能必须生产优质高档、高附加值的钢材,将目前使用量最大、最普遍的建筑结构用材进行产品升级,以改变我国优质高档钢材依然依赖进口及不断增加的局面,早日实现钢铁强国之梦。

总而言之,2003年全球经济回暖,国民经济继续保持高速增长,钢铁工业经济环境良好,以及国内相关行业发展拉动钢铁消费需求,钢材价格上涨,跨国公司钢材消费需求转移至中国等将进一步推动国内钢铁业的上升势头。但要实现钢铁强国,我国钢铁行业还要加快产业化重组步伐、优化资产结构、加强技术研发、升级更新产品、提高劳动生产率、增强钢铁企业和钢铁产品的国际竞争力。

# 2002～2003年中国医药行业发展分析报告

在21世纪的前几年里，医药行业在生物技术的迅速发展及广泛应用推动下已进入了一个前所未有的快速发展期。并因其具有广阔的市场前景及巨大增长潜力的“朝阳产业”特征，被世界许多国家及地区列为重点扶持发展的战略产业。在我国也不例外，尤其是在“非典”等病毒大肆传播，严重危害人民身体健康的背景下，扶持医药产业发展已不仅是支持国民经济发展、提升医药产业国际竞争力的需要，更是使人民群众生活健康及与疾病作斗争的需要。为此，本报告以国际国内医药产业发展面临的新形势、新趋势、新特点为背景，就我国医药产业未来几年的发展格局、政策导向对医药制造企业的影响作出分析。

## 一、2002年医药行业发展成就显著

2002年，我国医药经济借“入世效应”的拉动，继续快速增长。2002年全国医药工业总产值为3271亿元(不变价，SDA 南方所统计值)，比2001年的2778亿元增长18.2%，医药企业单位资产效益也逐年提高。同时，医药企业的偿债能力也有所加强，并在发展中呈现出下列特点：

### 1. 化学制药增速显著，利润空间巨大

化学原料药是我国化学制药行业的优势品种，在整个医药工业中的比重也最大。由于成本、环境保护等因素，“转移生产”的趋势对化学药(尤其是原料化学药) 的发展继续保持强有力的增长势头。2002年是继1995年、1999年后的化学制药业的增长速度高于行业平均水平的第三个年头。到2002年，我国已拥有2000多家化学制药企业，化学原料药总产量达30多万吨，仅次于美国，并且产品远销世界各地，成为国际上化学原料药的主要出口国之一，约占世界原料药市场份额的22%。由于原料制药在国内有着廉价的成本优势，相对于其他子行业有着更大的空间。

### 2. 生物制药有望成为新的经济增长点

我国基因工程制药产业始于上世纪的80年代末，随着中国第一个具有自主知识产权的基因重组药物a-1b干扰素1989年在深圳科技园实施产业化，拉开了国内基因药物产业化的大发展序幕。自此以后，我国生物医药产值每年保持18%的增速，几乎每4年翻一番，预计2003年中国基因工程药物销售将达45亿元。据估计在未来的若干年内，我国生物医药的年平均增长率将不会低于12%，中国生物工程产业的崛起将成为21世纪国民经济新的增长点。

### 3. 中药生产逐步现代化、规范化

中药是中华民族的瑰宝，有着悠久的历史。近年来，中药与天然药物的复方新药增长较快，至今已有1141种中药新药通过注册。但由于2002年国家SDA对中药保健品的整顿进入高峰期，很多中药保健品进入保健食品的行列，对中药全行业产生一定的影响。

### 4.医疗器械高速增长

近10年来中国医疗器械行业一直保持着高速发展的势头，企业规模不断扩大，产品品种不断增多。据不完全统计，年平均增长率约为15%，从加入WTO的条款来看，2003

年初我国即将取消原有大型医疗设备进口审批权。这对医疗器械行业来说，技术含量较高的中档产品压力较大，而常规性一次性医疗器械反而进一步拓展了市场空间。

### 5. 医药商业集约化经营

与发达国家相比，我国医药商业企业数量多、规模小、营业成本高。2002年经过市场竞争洗礼，商业企业的利润整体下降25%左右，销售利润从2001年的0.7%下降到0.6%，这种低利润竞争迫使医药商业进行集约化经营，降低成本。为此，国家也对医药流通企业提出改革要求，预计在5年左右时间内，扶持建立若干家大型、特大型医药流通企业。

### 6. 医药工业生产出口增加

2002年我国医药工业生产增加迅速，甚至超过销售速度，平均产销率略有下降。2002年医药工业平均产销率为93.18%，略低于2000年、2001年的94.52%、94.18%的水平。同时2002年我国医药行业出口增长加速，其中化学原料药出口额达29.88亿美元，增长28.07%。

### 7. 行业集中度不断提高

2002年医药行业的生产集中度继续承接了上年不断趋好形势，主要经济效益向优势地区、优势企业集中，实现销售收入和实现利润排位前10名省市和前60家企业，分别集中了全行业60%~70%、30%~40%左右的经济效益。2002年11月末统计数据表明，我国医药行业前100位的工业企业的销售收入占到全行业销售收入总值的40.4%，比1999年提高了4个多百分点，生产集中度的不断提高，对医药行业调整企业组织结构起到了较好的拉动作用。

### 8. 一批医药强企脱颖而出

日益激烈的市场竞争，不仅加快药品生产集中度的提高，同时也使医药企业在竞争中出现两极分化：不具备技术、价格市场优势的企业正被市场淘汰；而那些真正有实力、精心经营的强势企业依靠并购重组，抢占市场等战略变得更强、更大，尤其是华北制药、鲁抗医药、海正药业、华海药业、三九医药等一批优质上市公司已成为各大子行业的龙头。同时医药企业的外部环境将会逐步优化，预计2003年医药经济增长速度不会低于15%，这将更促使一大批医药强企在市场竞争中脱颖而出，担当振兴民族医药产业的重任。

## 二、2003年医药行业面临新的发展环境

2003年为履行入世承诺，我国医药市场的开放进程进一步加快，国家财经政策出现局部调整，同时与医药行业紧密相关的“非典”疫情爆发，这些均对2003年我国医药行业的发展环境产生重大影响。

### 1. “非典” 疫情带来的影响及变化

虽然SARS目前已被基本控制住，但这场突如其来的疾病对我国的影响特别是公共卫生体系的影响无疑是深远的，更何况SARS还存在卷土重来的可能。总体而言SARS对医药行业的影响主要表现在以下几个方面：

(1)对医药行业的影响大于对医药企业的影响。SARS疫情波及了我国除云南、贵州、海南、西藏、新疆等地以外的几乎所有省、市、自治区、特别行政区。其中尤以北京、广东、香港、台湾为严重，并引发了药品抢购风潮。这对医药行业总产值、销售收入的影响是毋庸置疑的。但我国有3800多家医药制造企业，药品消费最终落实到企业较为分散，因此除个别医药企业外，SARS对行业经营的影响要大于对企业的影响。

(2) 对生物制药企业影响直接。由于国内消费者纷纷选择丙球蛋白、胸腺肽快速提高免疫力，目前150mg的肌注丙球已从10元/支上涨到最高限价20元/支。干扰素作为SARS辅助治疗和预防另一热点，a-2b干扰素喷雾剂销量大增，眼下关于SARS疫苗的研制之争无疑更将推动这一行业的大发展。

(3)对中药行业的影响大于对化学制药行业的影响。由于“非典”治疗主要采用中西医结合，作为我国国宝的中药在这次抗“非典”中的突出表现，无疑为其进一步发展打下了坚实基础。另外，国家中医药管理局推出SARS预防中药配方，而预防人群远大于感冒和SARS患者，因此SARS对中药行业的影响大于对化学药行业的影响。

(4)对医药商业的影响长远。在北京非典高危期内，上海医药等发送大批药品、防护用品到北京，同时大宗客户(单位团体购买)批发量直线上升，旗下的华氏大药房药品热销，估计会对经济效益产生积极影响。另一方面，在消费者心里，医院

是SARS重灾区，他们购药将首选零售药店。广州2月疫情较严重时零售药店排队购买，疫情稳定后，零售药店的销售仍比去年同期高三成，后来全国各地大城市均出现这种趋势。因此，SARS疫情的爆发有可能改变人们的购药习惯和健康观念，从而促进医药商店的发展。

### 2. 入世带来的市场环境变化

2001年12月1日，我国正式成为WTO成员国，根据有关协议及要求，我国将逐步开放我国医药市场，同时医药行业也将享受国外市场对我国开放所带来的优惠，这些无疑会对我国医药市场环境带来一定影响，具体来说：

(1)开放药品分销服务和开放医疗服务市场。根据入世协议，中国承诺在2003年1月1日开放药品分销服务业务，外商可在中国从事采购、运输、批发零售及售后服务。由于有3年的缓冲时间，并采取先合资、后独资，先零售、后批发，先试点、后放开到全国的渐进开放方式，另外，由于国内正在实行医疗保险制度改革，基本医疗保险用药目录只保证基本的医疗需求，价格较高的进口药较少列入其中，因此短期内进口药的市场份额难以大增。

(2)药品知识产权保护。WTO中知识产权保护条款使我国制药业的发展今后只能走自主开发新药，或仿制国外专利期已过药品的道路。由于仿制专利期已过药品竞争激烈、利润微薄，而研发新药又得面对资金与科研等难题，很可能出现国内制药企业在普药市场激烈竞争，而利润丰厚的新药市场被外资公司控制的格局。我国近年来生产的37种西药中97.4%为仿制，这对我国医药企业的挑战无疑是空前的。

(3)降低药品的进口关税。根据入世时我国的承诺，药品进口关税税率从14%逐步降低到2003年的6%，不会对国内造成冲击。因为一方面药品进口关税目前并不太高，从14%降到6%缺少下降空间；另一方面我国制剂药市场进口产品与国内产品价格差距很大，降低部分关税不能构成很大冲击。因此不会进入国内普药市场与国内制药企业打价格战。

### 3. "十五"期间医药产业发展新格局

2001年到2005年间，我国医药产业发展的总体趋势是：随着研究开发和产业化环境的改善，新品种的上市将比以前有所加快；国际医药产业结构的调整和产业转移，使我国面临接收制造和研究开发能力转移的机遇，大力发挥成本和资源优势，我国将有可能成为世界制药产业重要的加工制造中心。作为国家重点扶持的产业，生物和现代医药产业将继续保持较高的增长率，增长速度和盈利能力都将进入一个新的阶段。国内人民生活水平提高、医疗保险制度改革，为医药产业提供了发展的空间。预计"十五"期间，我国药品需求年平均递增幅度有可能达到12%，到2005年，全国药品需求将达到2180亿元，比2000年净增940亿元。

今后5~10年内，我国医药市场虽以化学药为主、中药为辅、生物制药为补充的格局不会改变。但我国医药产业发展的重点领域是发展优势原料药、现代生物制药及推进中药产业化、现代化。具体来说：

(1)发展优势原料药。在原料药领域，我国要继续扩大规模，提升技术水平和产业整体素质，增强化学原料药的国际竞争力。其一，重点突破一批大宗原料药的关键生产技术，如维生素类、氨基酸类产品及其中间体生产中的发酵、结晶及分离、提取等技术。开发一批有利于提高产品质量、提高产率、节能降耗、降低成本的共性技术。其二，充分发挥石家庄、哈尔滨、沈阳、重庆等老医药工业基地的作用，加大技术改造力度，改进工艺，提高竞争力。与此同时，建立浙东南(以浙江省台州市为中心)化学原料药出口基地，形成规模化和国际化的原料药生产销售批发中心。其三，充分发挥云南白药、哈药集团等龙头企业的作用，以做到规模制胜、品牌制胜、技术制胜。其四，分层次发展化学原料药。在满足基本医疗用药需求的同时，加快研发一切具有我国自主知识产权的产品。

(2) 发展现代生物制药。生物工程技术方面我国与国际先进水平差距较小。预计未来5年内，我国将开发10~15种具有我国自主知识产权的生物工程药物。为此，其一，要进一步加强技术创新，促进高新技术成果的产业化。在重点发展生物工程药物的同时，积极采用先进适用的生物工程技术对化学制药、中药、生化制药进行技术改造，促进产品升级，发挥后发优势，实现跨越式发展；其二，开发预防、诊断与治疗恶

性肿瘤、心脑血管疾病及免疫力缺陷等严重威胁人类生命与健康疾病的新型疫苗、诊断试剂和生物技术药物;其三,采用基因工程与细胞工程技术和传统生产相结合的方法,生产稀缺的中药材。另外,在“十五”期间,还将优选一批已取得研究成果且有较好市场前景的产品实现产业化,发展医药高新技术产品,促进生物制药产业更快发展;其四,重点利用重组DNA技术和原生质融合技术构建新菌种,或改造抗生素、氨基酸、维生素等产品的生产菌种,提高工艺技术水平,降低消耗;其五,开发现有的生物技术产品新剂型。

(3)推进中药现代化及产业化进程。中药是我国具有比较优势的产业之一。但由于现代化水平较低,产业基础较为薄弱,在加入WTO之后将面临着新的挑战。为了保持优势,尽快提高国际竞争力,应对“洋中成药”及国外天然药物的冲击和影响,需要在生产技术、质量标准、产品开发、产业化进程等方面加快现代化步伐。为此其一,必须加强国际性合作,促使我国中药的药理基础、疗效功能、品牌信誉获得国际上的认可(特别是要努力争取美国FDA即食品和药品管理局的认可),并解决中药生产过程中存在的不规范和不科学问题,使我国传统中药的生产方式与国际上天然药物的现代化生产方式接轨。其二,积极推进中药材的生产规范化、产业化和集约化进程,建立中药材生产质量管理标准体系,推广GAP(Good Agriculture Practice:优良药材种植规范),鼓励和支持中药提取物的标准化、商品化生产。其三,在充分发掘传统中药的同时,要广泛运用现代科学技术开发中药新产品新品种,加快生产工艺和技术设备的改造、更新和升级,加强中药材和中成药的产业化基础和标准化生产,提高中药产品的科学技术含量和规模化生产水平。其四,重点扶持像北京同仁堂、深圳北科联等一批现代医药企业的大发展。

#### 4. 医药行业监管的新政策

近年来,国务院调整药品监管机构,重新划分职能,规范医药行业发展方面的政策陆续出台。这些政策总的原则是鼓励创新、强化监管,淘汰落后小规模企业,防止低水平重复建设而引发的恶性竞争,提高行业整体水平,促进我国医药行业和医药企业的持续发展。为此国家已出台和即将出台的政策导向从总体上将是:

(1)加强知识产权保护,鼓励创新。国家最新出台或修订的法律法规文件重点突出了鼓励创新和加强新药保护。整体表现在:其一,在药品价格方面,法规规定新药可以在定价时取得更高的毛利率,以使新药生产企业获得更好利润;其二,严格管理和控制。新药证书的转让、允许在企业集团内进行药品的委托加工和异地加工等一系列措施,将大大地改善医药企业的研究生产环境,推动企业对新药开发的投入,加快新药产业化;其三,延长了1~5类药的保护期限,其中一类药从8年保护期延长到12年保护期,其他各类新药的保护均有所延长。在新药保护期内只允许取得新药证书的企业生产销售新药,其他企业不得仿制,以保护新药研制生产企业享受到创新的利益、不致遭受激烈的价格竞争;其四,“入世”以后,我国新药审批正在作重大改变,新药的“概念”将由原来的“首次在我国生产的药品”修改为“首次在我国上市的药品”这无疑将刺激在我国进行“模仿”,今后国家将重点保护新药转向重点保利,这将进一步促进医药研究开发与创新。

(2)实施药品分类管理制度,医药行业分业经营。目前,我国药品零售中,医院所占的市场份额约85%左右,药店等所占的份额在15%左右,2000年以来,随着药品分类管理制度已经实施,“医药分业经营”开始在部分地区试点,促进了零售药店的快速发展。自2002年国家药监局批准50家零售连锁企业试点跨区经营以来,各地零售市场的竞争逐步走向白热化。云南、成都、南京等地出现了以削价为主要形式的激烈竞争。以广东省广州市为例,2001年零售药店已达3200多家。

同时我国还面临着药品批发企业过多、缺少规模经营效益的问题。据统计，目前的药品批发企业有1.65万家，但年销售额超过5000万元的企业不足5%,名列前10位的批发企业销售额占市场总销售额的20%左右。与此形成鲜明对照是,药品市场规模为我国10倍的美国只有近百家药品批发企业，大公司的年销售额均在20亿美元以上，目前排名前3位的公司销售收入占全国的96%。这种状况使我国在2003年1月1日起开放药品分销服务后面临新的挑战。

(3)药品集中招标采购制度要求药品强制性降价。我国医院药品集中招标标准采购从2000年起在全国逐渐推行,但目前仍存在许多问题。对制药企业来说，参加各地的医院招标，成交量过于分散导致企业营销费用增加;另一方面,按国家有关部门的降价政策，药品价格下降针对的是流通环节,实际出厂价不降,但在实际经营活动中，拥有渠道优势的医院和经销商必然将利润损失向生产厂家转移,要求降低出厂价。面对药品价格下降，制药企业的对策一般是改变包装规格、改变剂型甚至停产以降低成本，而医院和药店对利润不是很高的药品也采用替代品,造成降价药品在药店下架,医生处方不开降价药品，为克服上述弊端,“医药分家”势在必行。

(4)限制审批,强制实施GMP认证。为克服制药企业低水平重复现象、提高行业整体素质,国家出台了一系列政策。其主要举措就是通过药品生产企业换证及强制实施GMP (Good Manufacture Practice：优良药品制造管理规范)认证,提高制药企业进入门槛,限制企业数量。

根据国家药监局规定,2004年6月30日前全国所有药品制剂和原料药生产必须符合GMP要求并取得GMP证书，同时推行的还有GSP (Good Supply Practice：优良药品流通管理规范)认证。根据认证标准，制药企业完善或重建一个标准生产线的软硬件投资在4000~2万亿元人民币之间。新建药厂除有标准化的GMP车间外，还要有一个二类或两个三类新药才允许开办。同时GMP和非GMP企业相同产品实行差别订价。制药企业实施GMP管理是国际通行做法，我国制药企业通过GMP认证的为数不多。估计现有600余家制药厂和17000家批发公司在认证后将减少大半。通过GMP认证,短期内会增加企业投入和加大成本,但有利于保证药品质量，淘汰落后企业,提高企业集中度,促进制药基础较好、有一定实力的地区制药行业发展。

## 三、我国医药行业未来几年发展趋势与展望

2003年一季度，我国医药行业共实现销售收入592.89亿元，同比增长19.72%；实现利润52.15亿元，同比增长35.52%。这表明我国医药行业进入了一个新的发展时期,据预测，今后几年我国医药行业将进一步呈现出下列发展趋势和特征：

### 1. 医药产业进入稳定发展时期

自2002年年初以来，国际医药市场上不确定因素急剧增多，国内市场波动加剧，上游相关产业价格上扬。这种国内外产业发展环境要求医药产业积极应对国内外市场波动,适应政策调整变化,降低上游产品价格提高对成本的影响。医药产业正是在实现了上述调整的基础上形成良好的发展态势。这种状况也说明，我国医药产业已经进入相对稳定的发展时期,这为“十五”计划后几年的发展奠定了重要基础。总体上讲，我国医药产业今年来发展态势良好,工业生产增势较为明显,经济运行质量有所提高，经济效益保持较好水平。这种运行和发展格局来之不易,要保持和加倍珍惜。

### 2. 化学制药工业逐步成熟

2002年以来，国内各项结构调整政策对化学制药工业产生积极影响,产品开放加快。从化学制药工业的经济运行、资产结构及盈利能力状况上看,产业整体运行平稳、盈利水平较好、结构调整也已经初见成效，从而促进该行业基本进入成熟工业发展序列。同时,我国化学制药的“比较优势”将在竞争中得以更好发挥,产品出口扩大机遇增大,中国作为世界原料药重要生产基地的地位将进一步巩固和提高。

### 3. 生物制药工业成为产业亮点

我国生物制药产业目前已经基本走出低谷，虽然目前行业规模还比较小，但是已经出现良好的发展势头。高科技产业“高投入、高回报”的产业特征初步显现。截止2002年10月底，生物制药行业资产总计划

334亿元，比上年同期增长16%，比全行业总资产增幅高3.54个百分点；生物制药行业销售收入增长率、净资产收益率分别增长17.23%和9.13%，特别是费用成本利润率、销售利润率分别达到13.67%和12.82%是全部医药行业中最高的，显示出生物制药行业盈利能力较大。在适应医药市场发展中通过销售能力、管理水平的提高，大幅度地降低成本费用而拓展赢利空间仍有待加强。而从产业发展深层次的问题来看，主要制约因素仍然是科技创新能力不足，自主创新产品较少，适应当前医药保障和市场需求的产品结构尚未形成。因此下一步发展要在加快创新仿制结合上下功夫，尽快建立与我国医疗消费不同层次相适应的产品结构，以提升产业整体水平。

### 4. 中药的国内外市场需求扩大，出口增加，前景光明

2002年我国中药产业出口有较大增长，1~9月份，中药类产品出口总值达到4.83亿美元，比上年同期增长21.9%，创1996年以来的最好水平，特别是植物提取物出口达到1.37亿美元，同比增长68.8%。基于以下几点分析，中药产品出口增长的势头将会依旧保持，发展前景看好。其一，在世界卫生组织(WHO)的极力推动下，各国政府纷纷将植物药、传统药纳入医药主管部门管理范畴，中药出口环境得到改善；其二，新兴和传统市场需求同步攀升。美洲、欧洲、非洲、大洋洲是我国中药出口的新开发市场，2002年上半年占出口份额近1/4。其中对北美洲出口增长13.2%，达2983万美元；对大洋洲和南美洲出口共增长200万美元。中成药保健品对欧洲出口增长62.1%，其中对西班牙出口增长17倍，对法国出口增长12倍，对英国出口增长近2倍。传统市场也保持快速增长，对香港出口增长了28.2%，对泰国、韩国、越南等国家出口增速均在20%以上。其三，与国际接轨的出口技术标准正在逐步完善并得到国际认可。2001年外经贸部颁布实施的《药用植物及制剂进出口绿色行业标准》改变了我国中药进入国际市场无法使用自己标准的历史。

### 5. 全球制药产业转移效应进一步显现

2002年以来，随着经济全球化进程的推进和我国加入WTO，我国逐步成为国际制药产业转移的重点地区。基于降低制造成本、扩大销售市场等方面的考虑，一些跨国制药公司纷纷在中国设厂，寻求转移生产的合作，我国正在成为全球重要的医药产品生产和销售基地。在与国外企业的合作中，一批国内医药企业逐步发展壮大。目前我国许多化学原料药已经形成规模生产能力，其中许多产品已经在国际医药产品市场中名列前茅。

另外，我国医药产业虽取得了显著成绩。发展前景良好，但存在的几个问题不容忽视：

一是资金运行占用较高。截止2002年10月底，全国医药行业流动资金余额为1973.72亿元，而制成品资金占用和应收款净额分别为254.06亿元和567.14亿元，两项合计达821.2亿元，占企业全部流动资金的30%~40%。两项资金居高不下，不仅成为医药经济发展中多年未能解决的问题，而且拖累企业资产运营绩效，影响医药企业资金流转和行业经济效益进一步提高。

二是医药销售成本费用有所提高。2002年以来，我国医药行业各项资产运营主要指标均较上年有所提高，但是成本费用增长仍达16.84%，尤其是管理费用增长达到17.53%，这无疑抵消了行业部分经济效益，也表明医药行业营销体制改革步伐需要加快，成本费用有待进一步压缩。

三是医药出口利润率相对较低。我国虽已经是西药原料药生产大国，却还称不上出口强国。因为虽然出口数量很大，不少产品甚至在国际市场上起主导作用，但价格却上不去，这其中除了企业间存在恶性竞争等人为因素外，也有不少客观因素，如一些企业的产品在国际市场没有注册而只能作为食品饲料添加剂出口，致使价格大打折扣，利润率较低。

总之，从医药大国向医药强国转变，这是我国医药行业的梦想。世界上真正的医药强国并不发展原料药，而依靠研发创制成药新品，中国在这一方面十分薄弱。因此我国医药企业要充分利用劳动力成本较低、技术水平已接近世界先进水平和现有优势等条件，将竞争手段从价格转向质量、服务并举。要利用大好的国际商机，提升企业的核心竞争力，拓展向制剂和创新药物领域更高层次的发展空间。

# 2002～2003年中国信息产业发展分析报告

自20世纪90年代以来，以电子通信、集成电路、计算机、软件和网络技术为代表的信息技术业的迅速崛起引起了世界范围内生产方式和生活方式的重大变革，也由此宣告了人类信息经济时代的来临。与全球性的信息化浪潮相对应，中国信息产业经过20世纪90年代的高速发展，现在已经成为我国国民经济的先导产业和支柱产业。信息产品制造业的产出、销售规模以及对国家经济增长的贡献均居全国各工业行业之首。据统计，2002年中国信息产业销售额为1693亿美元，接近排名第二的日本电子信息产业1800亿美元的销售额，此间中国信息产业总量占全球的比重也已从1996年的3.44%上升到12.06%，预计到2005年，中国国内电子信息产品的市场规模还将大幅提高，并将占到全球市场总规模的13%以上。

与此行业的蓬勃发展相对应，当前信息产业中的电子通信、集成电路、计算机、软件等主要分行业在未来的发展趋势值得关注，并将为该行业的企业提供前所未有的机遇与挑战。

## 一、计算机业：风景独好

2002年在全球计算机业普遍不景气的情况下，我国计算机由于受良好宏观环境的带动等因素，依旧保持了40%以上的高速增长，成为全球计算机市场中一道亮丽的风景线。这一增长率不仅比2001年的增长提高了20个百分点，而且比计算机产业高速发展的九五时期还高出了6个百分点。计算机产业的高速增长成为支持中国经济快速增长的主要因素之一。

### （一）2002年我国计算机产业的发展特点

#### 1. 投资、消费及出口三驾马车共同驱动计算机产业的高速增长

2002年我国固定资产投资（不包括集体与个人投资）同比增长23.4%，是“九五”以来的最高增幅。2002年前11个月社会消费品零售总额增长了8.8%，特别是计算机、汽车、通信器材等成为新的消费热点，增幅均在30%以上。出口则是推动计算机快速增长的又一原因，2002年前11个月计算机及通信类技术产品出口增长高达50%，出口额达483.85亿美元，占高新技术产品出口的80%以上，占全部外资出口的16.5%。计算机产业的快速增长已经使计算机产业越来越成为我国高新技术产业乃至整个工业中的重要支柱产业。

#### 2. 计算机生产增长速度明显加快

2002年前11个月，我国计算机类主要产品的增长情况是：电子计算机2379.5万台，比去年同期上升了131.42%；微型电子计算机生产量达到1297.6万台，比上年同期提高了46.84%；显示器的产量达到4677万台，同比增长了40.65%；打印机产品为2251万台，比2002年增长了36.56%，见表12-3，在微型电子计算机中笔记本电脑是增长最快的，增幅在50%以上，反映了对移动办公要求的明显上升，总的看来，计算机整机的增长快于外部设备的增长，2002年全年计算机整机增长达45%以上，而外部设备的增长为40%左右。

表12-3　2002年前11个月我国计算机产业主要产品的增长情况统计表

| 产品 | 生产量（台） | 增长率（%） |
|---|---|---|
| 电子计算机 | 23 795 000 | 131.42 |
| 微型电子计算机 | 12 976 260 | 46.84 |
| 显示器 | 46 772 454 | 40.65 |
| 打印机 | 22 514 627 | 36.56 |

#### 3. 计算机行业内部出现分化现象

2002年11个月计算机全行业产值利润仅为3%，低于全部电子行业4.2%的水平。由于利润较低，目前计算机行业中的产业分化已经开始，2002年前11个月，有近1/3的计算机企业是处于亏损状态，亏损面高于整个工业约1/4亏损的水平，累计亏损额达7.28亿元。

### 4. 多元化的竞争格局逐步形成

2002年计算机产业的增长格局中，国有企业和外商及港澳台投资企业的增长最为迅速，增长率达到了40.3%，在计算机行业中大型国有企业和外资企业同台竞争的格局正在形成。

## （二）2002年国内计算机市场热点分析

2002年国内计算机市场热点较多，主要有：

### 1. 网络设备市场快速扩容

由于我国信息化步伐加快，网络使用人数已超过日本居世界第二，由此带动了网络设备制造业的快速扩张。2002年前3季度包括路由器、网卡等在内的整体网络设备市场规模达到了94.22亿元。

### 2. 移动设备异军突起成为市场新宠

由于入世关税降低及轻薄化趋势，笔记本电脑销量大增，在PC中的比重快速上升，根据CBIR的调查，2002年笔记本电脑的销量可达到台式PC机的10%，增长幅度为44%左右。而显存市场在2002年上半年就达到了102.9万片，较2001年同期增长了32.2倍，市场销售额达80亿元以上，移动存储厂商数量超过了150家，发展势头很猛，大有取代软盘之势。内存的崛起为中国IT业提供了一次新的发展机会，据估计全球约有80%的移动存储产品出自国内厂商。

### 3. 显示器产销增幅惊人

2002年我国显示器生产继续高速增长，已经逐步发展为计算机行业中的一个优势子行业，显示器是计算机最重要的外设之一。2002年前11个月，我国显示器产品总体发展形势良好，产销形势不断扩大，累计产量达到4464万台，同比增长41.2%；累计销量为4360万台，同比增长39.8%，产销增幅均比上年同期高出18个百分点以上。显示器快速增长的动力之一是出口。据海关统计，1~11月显示器产品出口情况良好，累计出口量达到3821.5万台，同比增长32.1%。其中液晶显示器出口量达到437.2万台，比上年同期增长数倍。1~11月显示器累计出口额达到51.3亿美元，同比增长64.9%，根据信息产业部的监测结果显示，大部分显示器企业出口增长幅度很大，其中福建冠捷显示器出口超过700万台，在行业中名列第一。从出口产品结构来看，17英寸CRT显示器占据主导地位，占全部出口的35%；15英寸LCD显示器出口增长较快，幅度超过400%。国内消费升级是带动显示器行业快速发展的又一动力，显示消费升级的方向是纯平和液晶显示器。

### 4. 信息安全产品炙手可热

信息技术的高速发展及网络在各个领域越来越广泛地应用，使信息安全成为网络应用与服务进一步发展所亟待冲破的屏障。这是信息安全业出现快速增长的理性基础，因此，作为信息产业可持续发展的保障，信息安全产品市场的迅速扩容是当前国内电子产业的一大特点，目前信息安全产品市场容量约9亿元，2000年增至20亿元，2001年已经达到50亿元左右。在2002年6月筹办的“中国信息安全产业产品展览会”上，信息产业部官员预测：2003年中国信息安全产业规模将突破100亿元。

### 5. 软件业受政策推动已进入快速增长期

2002年以来，国家先后出台了《鼓励软件产业和集成电路产业发展的若干政策》及其《细则》，2002年国家有关部门还发出规定，在税收政策上进一步加强对软件产业的支持。在这些政策支持下，我国软件业技术水平及竞争力明显增强。开始具备在局部市场与大型跨国企业竞争的能力。2002年全年，软件业销售收入达约1100亿元。

## （三）2003年计算机行业发展环境分析

从2003年我国计算机行业发展环境来看，国内外市场环境、政策环境及宏观经济形势趋好，总体上将有利于我国计算机产业继续保持高速增长。

### 1. 国家信息化战略将促进计算机业发展

党的十六大提出走新型工业化道路，以信息化促进工业化，全面建设小康社会。这些目标及任务的提出将为计算机产业的发展创造更为良好的政策环境。为此，国家会出台多方面的措施来支持信息产业的发展。这主要包括：①信息化将成为国民经济和社会发展的优先领域，国家将积极推进电子政务，加快国家政务信息化重大工程建设，在政务、财税、金融和贸易等领域率先实现信息化。②国家将完善西部通信设施建设,推动西部信息化进程。③进一步发展电子商务。建设高速宽带网络、信息安全系统等现代信息基础设施工程。④继续发展远程教育和远程医疗。⑤以信息技术的应用为切入点,积极推进企业信息化建设。

### 2. 国内宏观经济的高速增长有利于计算机业发展

2003年我国国民经济 8%的增长目标预计可以实现,在良好的经济增长环境及投资带动下,对计算机产业带动作用很大的工业固定资产投资将继续保持高增长、邮电通讯金融等房产固定资产投资将出现恢复性增长,总体上看投资对计算机产业产生的拉动作用不会减弱。

### 3. 计算机产品消费增长加快

从消费环境看,由于对计算机产品在内的信息技术产品的需求将随经济结构调整及人民生活水平的提高而不断增强,2003 年计算机市场消费品需求的持续上升,消费对家用电脑的拉动作用强于 2002 年。

### 4.国际市场环境也有利于计算机业发展

据 IDC 的市场分析显示,2002 年全球个人计算机出货量达 1.36 亿台,仅比 2001 年增长 1.6%,比 2002 年还要低 2.6%,而 2003 年随着商业用户及消费者支出的增加,对计算机的要求也将增长,2003 年增长率可望达到 8.3%,2004 年的增长则可达 11%, 这无疑有利于我国计算机产业产品出口。

预计在以上四个因素的支撑下,今后几年我国计算机产业将延续 2002 年以来出现的良好态势,2003 年我国计算机硬件制造业总产值接近 4000 亿元,比 2002 年增长近 40%。微机生产量将接近 2000 万台,比 2002 年增长 40%左右。

## (四)我国计算机行业的发展趋势预测

### 1. “龙芯一号”问世将打破计算机民族产业的制约瓶颈

我国计算机产业在短短若干年的历史中虽取得长足进展, 但计算机的核心产品 CPU 技术一直是控制在外国人手中。2002 年 9 月,作为国内第一个有自主知识产权的 CPU“龙芯一号”在中科院问世,11 月,高性能嵌入式 32 位微处理器“神威一号”在上海问世。它们的问世, 标志着我国已初步掌握了当代 CPU 的关键设计技术。但其产业化应用仍有较长的路要走。

### 2. IT 业盈利模式将从技术提供转向服务提供

当前世界范围内 IT 业普遍不景气,但是 IT 业并没失去增长的动力。种种迹象表明, 在 IT 业的复苏增长中,IT 服务将可能成为 IT 产业增长的 “发动机”, 如在 IBM 最新财富的报告中,其服务部门的总收入达到 102 亿美元,首次超过其总收入的一半,成为 IBM 业务由传统的电脑制造向 IT 服务、商务咨询转型的信号。尽管目前中国 IT 企业的服务收入与国外相比所占比重很小,但整体增长速度非常快,据调查报告显示,2002 年中国 IT 服务市场总量达到 237.1 亿元,增长率为 24.7%。根据赛迪顾问股份有限公司 2003 年 4 月发布的《2003 年第一季度中国 IT 服务市场分析报告》 显示,2003 年第一季度,中国 IT 服务市场总量已达到 111.3 亿元,较上年同期增长了 30.8%,预期这种高速增长的势头将继续保持。

### 3. 计算机行业的地区集聚特征将进一步强化

当前我国已基本形成了珠江三角洲、长江三角洲、环渤海及福建四大计算机生产基地。这四个地区的计算机在全国所占的比重达 97%以上(见表 12-4)。

表 12-4　我国计算机生产的地区分布 (截至 2002 年 11 月)

| 地区 | 产值(亿元) | 在全国占的份额(%) |
| --- | --- | --- |
| 珠江三角洲 | 1217 | 45.5 |
| 长江三角洲 | 623 | 23.3 |
| 环渤海 | 466 | 17.4 |
| 福建 | 290 | 10.9 |
| 合计 | 2596 | 97.1 |

### 4. 我国计算机产业的市场结构正在酝酿由原子型向寡头垄断型变迁,兼并重组成为近期热点

当前我国计算机的市场结构仍处于较为初始的原子市场结构,垄断竞争的市场格局尚未形成。但随着戴尔等电脑的介入,本来占据市场优势的国内品牌已经明显感受到竞争的压力, 计算机产业的重新跌降已在眼前,在此过程中,一些国内优势企业将通过进一步扩大

规模，提升服务来保持竞争优势，而另一些处境不佳的国内企业有可能就此退出市场。

5. 世界范围内的计算机产业向国内转移的趋势加快

我国计算机产业是外商和港澳台投资唱主角的产业，外商和港澳台投资企业占总产值的 87.3%，居第二位的股份制企业只占总产值的 6.4%，国有经济居第三位只占 3.5%，而其他各类经济成分的份额连 1%都不到。中国正在成为电子信息产品的全球制造基地，目前国际上著名的计算机类跨国公司都在中国设有生产或科研设施，近年来还出现了台湾电子信息产业制造业向祖国大陆转移的新趋势。据台湾“资策会”调查分析，台湾省信息技术产品（硬件）转移到大陆生产的比重 2003 年将首次超过 50%，其中台式计算机为 55.3%，计算机主板为 60.4%，阴极射线管显示器为 71.2%。目前在投资 IT 产业的台湾企业已达 500 多家，形成了以龙头企业为主、生产配套齐全、研发、制造、销售同步发展的格局。

## 二、软件业：潜力待挖

2002 年我国软件业发展取得了很大的成就，全年共完成软件及系统集成收入 1100 亿元，比上一年增长 46.5%。出口创汇 15 亿美元，增长 100%。但与我国计算机硬件及整个信息产业在国民经济中的发展来看，软件业还有待进一步发展。

### （一）2002 年我国软件产业的发展新格局

1. 国产软件在许多领域取得突破，应用软件市场份额扩大

2002 年我国在基础软件、支撑软件以及应用软件方面，都已经拥有了具有自主版权的技术，特别是在应用软件方面，市场占有率不断提高，金融、税务、电信、医疗、社保等系统使用的大型行业应用软件也主要由国内企业提供，出现了用友、金蝶、博科等一大批知名国内名牌，但在系统软件市场则基本由国外品牌所垄断，2002 年，国外品牌在系统软件市场所占份额为 95.3%，微软在桌面和 PC 服务器高端操作系统方面具有极强的优势。在中间软件市场，国内品牌和国外品牌则势均力敌。

2. 软件人才数量翻番，人才素质结构进一步优化

2002 年全国软件业从业人员 59 万人，比 2001 年增长 1 倍。2002 年软件业从业人员中有大专生 99431 人、本科生 196151 人、研究生 43208 人，分别占从业人员的 17%、33%、7%，凸显了软件产业是知识密集型产业。

3. 软件企业队伍迅速壮大

我国软件业自上世纪 80 年代中期开始发展，现已进入了稳定增长期。近年来软件市场的迅速成长，

培育了广阔的增长空间，软件产业的队伍迅速壮大，实力强的软件企业增多。2002 年全国规模以上软件企业有 4700 家，比 2001 年多了 1270 家。其中占 23%的软件企业年销售额超过 1000 万元；年销售额在 5000 万元以上的有 368 家，占全部软件企业的 8%，比 2001 年增加 168 家；年销售额在 1 亿元以上的有 214 家，占全部软件企业的 4.5%，比 2001 年增加 117 家。

#### 4. 软件产业的收入规模增长迅速

2002 年全国规模以上的软件企业共完成软件及系统集成收入 1100亿元，比上年增长 46.5%，高出上年增幅 12.5 个百分点，其中，软件产品销售收入 660.5 亿元，增长 28%；系统集成及计算机服务收入 439.5 亿元，增长 87.3%。

#### 5. 初步形成了以内资企业为主，多种经济成分并存的多元竞争格局

2002 年我国软件内资企业共 4056 家，完成软件及系统集成收入 905 亿元，占全国的 82.3%。

全国企业数和软件收入主要集中在股份制有限公司、有限责任公司和私营企业。2002 年全国软件业股份有限公司 353 家，占全国软件企业总数的 7.5%，完成软件及系统集成收入 215.6 亿元，占全国的 19.6%；有限责任公司 2525 家，占全国软件企业总数的 53.7%，完成软件及系统集成收入 537 亿元，占全国的 48.8%；私营企业 870 家，占全国软件企业总数的 18.51%，完成软件及系统集成收入 84.7 亿元，占全国的 7.7%；外资企业也是软件业发展的一支重要力量。2002 年软件企业中，港澳台及外商投资企业共 644 家，占总数的 13.7%，完成软件及系统集成收入达 195.2 亿元。

### （二）当前我国软件业发展存在的问题

#### 1. 虽然软件产业增速较快，但整体规模不大

我国软件业已连续 8 年保持 25%以上的增长速度，但从我国软件业在全球软件市场所处的位置看，其整体规模还很少。据 CSIA 统计，2002 年在全球软件业总额中，美国和西欧分别占据 40%和 31%的份额，而中国软件业在其中只占 2%的份额，远低于印度等国。美国软件的本国提供率高达 97%，而我国目前仅 30%左右。

#### 2. 企业规模偏小、软件人才短缺和缺乏核心技术仍是制约我国软件产业发展的瓶颈

2002 年软件业销售收入 1100 亿元，远不及微软一家。平均每家企业销售收入仅 2000 多万元。2002 年我国拥有软件研发人员 15.7 万人，分布在 4700 家各类软件公司，平均每家 30 多人，国内软件人才的不合理结构，也是造成国产软件的核心竞争力不强、人力成本居高不下的主要原因。

#### 3. 主要软件公司出现收入增长、利润却下滑的现象

上市公司是国内软件业的领头羊，但 2002 年中报的数据显示，软件业上市公司平均主营业务利润增长率为 2.3%，远低于 23.2%的平均主营业务收入增长率，除了青鸟天桥之外，其他公司主营业务利润增长速度远远低于主营业务收入增长。而中软股份等 4 家公司更是在主营业务收入增长的同时，主营利润出现了不同程度的下滑。

#### 4. 软件产业地区间发展不平衡现象十分严重

从 2002 年全国软件及系统集成收入的分布来看，软件业高度集中于东部地区，中西部地区软件产业除少数几个城市外都较为落后，这不利于区域协调发展及做大整个软件市场。

#### 5. 我国软件产品出口能力十分薄弱

随着国内软件企业的发展壮大，国内软件企业也在开始不断开拓海外市场，但由于没有自主知识产权的拳头产品，缺乏较强的项目分析、设计经验及对国际市场信息、先进软件的设计、开发方式缺乏了解，并缺乏严格的质量认证和规范化管理，不能与国际标准接轨，这些都构成了软件出口的重要障碍。造成我国软件业出口远落后于印度、以色列等国。

### （三）借鉴国内外经验，促进我国软件业发展

用比较的方法观察世界软件业的发展历程，总结其中的规律，对我国软件业的发展非常有益。

就软件业发展类型而言，不同国家的发展类型不同。大致可分为美国、日本、印度、以色列四种类型。

第一是美国模式。美国是标准产品模式,目标市场是全球市场,它既是第一大软件消费国,又是软件出口大国,其发展针对的是全球市场(基本沿军方定货–商用内需市场–全球市场轨迹发展)。第二是日本模式,日本是软件第二大国,其发展模式是定制开发,走的是项目型为主的路,目标市场是以国内市场为主(嵌入式和游戏软件除外)。第三就是印度模式,其特点是软件离岸开发和服务。与其相近的有爱尔兰。第四是以色列模式,以中间件为主。

在世界软件业的常规发展模式中,印度模式对我国有较大的借鉴意义。印度与我国国情相似,同为发展中国家,与我国软件业出口困境相反,印度是世界上第二大软件出口国。印度软件业的成功经验主要有:**(1)劳动力因素**。其一是劳动力数量;其二是语言优势;其三是印度人较早到美欧留学、工作,其中许多人在美欧公司中做到中层以上职位,就将部分工作转移至本国市场。**(2)产业自身水平因素**。印度软件业质量控制和成本控制方面值得学习借鉴,同时,印度也是软件企业通过CMM5最多的国家,体现了其软件工业国际化水平较高。**(3)市场因素**。从市场机会看,印度从20世纪80年代开始做起软件外包,90年代美国和欧洲ERP软件大量应用,刺激了市场发展,印度因此受惠;2000年千年虫第三次网络热的兴起又给它带来了机遇,现在,美国经济不景气,企业纷纷削减成本,这反而又刺激了印度软件的发展。较早参与了国际分工且把握住了产业机会是印度成功的关键。**(4)政策因素**。印度政府的大力支持是其软件业快速发展的重要因素。其产业支持早在20世纪80年代即被定为国策,实行零税率零关税。**(5)教育因素**。印度的软件人才职业化教育也值得借鉴。印度有相当多的技术学院,完全面向产业,学院下学期开什么课,直接问软件公司需要什么样的人。

从上述软件产业发达国家来看,各国软件业均有自己的发展轨迹和盈利模式。中国是一个经济高速增长的发展大国,市场需求庞大、人力资源充沛,其软件产业的发展从美国的软件消费、日本的定制开发、印度的离岸开发服务、以色列的中间件均可获得借鉴之处,尤其是印度的软件教育更值得中国效仿。

## (四) 我国软件业发展展望及预测

以国家有关政策为契机,我国软件产业今后将迎来更好的发展机遇及更加有利的新形势。

### 1.软件产业将成为新一轮经济增长的新动力

《振兴软件产业行动纲要》提出,到2005年我国软件产业销售额将达到2500亿元,国产软件产品和服务的国内市场占有率将达到60%,出口达到50亿美元,软件人才达到80万人。届时我国软件产业将占国际软件市场的3%左右。围绕这一目标实施的多项政策措施,将带来我国软件产业发展的新高潮。

### 2.软件人才队伍建设将继续得到加强和提高

国家将把软件人才队伍建设继续作为发展软件产业的重点,具体措施将有:(1)示范性软件学院到2005年共培养20万人左右的新型软件工程师;(2)建设软件技术学院,5年内共培养30万名软件“蓝领”;(3)推进软件专业人员职业资格证书制度,进一步放开软件教育的社会化培训等等。

### 3.“走出去战略”将有新的突破

国家将鼓励软件企业通过劳务输出、系统工程承包、开拓国际应用服务市场等方式,增强软件产业国际竞争力,扩大软件产品和服务出口,同时,国家将在全国建立数个软件出口基地,以此来提高我国软件业出口。

### 4.国内软件市场需求将得到有效扩大

2003年,政府上网工程和企业信息化建设将进一步得到实施和深化,个人上网用户数量和企业、各级政府部门上网的数量将不断增长,这将进一步扩大对于系统软件、网络安全软件、支撑软件及行业应用软件等的需求,现代远程教育网络系统建设的进一步深入及“校校通”工程,也必将产生对教育软件市场的更大需求。另外,“数字奥运”建设专项的逐步开展和实施,也会产生相当大的软件市场需求,带动软件产业的发展。

### 5.各项有利软件政策将继续出台

目前,国家有关部门在软件技术产权交易、拓宽软件企业投融资渠道、培养大型骨干企业、保护软件知识产权及增强软件市场的反垄断、反倾销、反盗版力度等方面正在

积极研究并推出有效的政策与措施，这将有利于软件业的进一步发展。

总之，在国家各项有利政策的推出及实施下，我国软件行业的发展将会出现新的局面，预计 2003 年我国软件业可实现 30%以上的增长，产业整体规模也将进一步扩大。

## 三、集成电路业：逆风飞扬

自 20 世纪初美国高科技泡沫破灭以来，世界信息产业的增长出现下滑，受此影响，集成电路业也出现下降，其中 2001 年世界半导体市场就下降了 32%，而中国集成电路业仍旧保持了 8.2%的增长。据统计，2001 年中国集成电路的产量达 63.6 亿块，销售额达 188.3 亿元，与 1997 年相比，分别增长了 2.7 倍和 2.6 倍。2001 年出口量和出口金额分别为 63.4 亿元和 24.7 亿元，与 1997 年相比均增长了 1.6 倍，而 2001 年 2~10 月，我国集成电路产量与销售量同比增长超过 40%，出口增长 140%以上，达 34.7 亿美元。在世界集成电路业普遍下滑的情况下，我国集成电路实现了逆风飞扬。

### （一）良好的环境促成集成电路产业的逆风飞扬

#### 1.国民经济的高速增长宏观上推动了集成电路业的消费需求

自改革开放以来，我国国民经济取得了近 9%的平均增速，居民收入也取得了较快增长，人民生活水平得以大幅提高，这种形势下增加了对集成电路业的消费需求，进而促进了该行业的发展。

#### 2.国家政策的支撑和鼓励为集成电路业的发展提供良好制度环境

自 20 世纪以来，国务院以及相关部门出台了一系列鼓励集成电路产业发展的政策措施、实施细则和管理办法。而地方政府也在此基础上，采取了一系列鼓励集成电路发展的政策及措施，从而为我国集成电路产业的大发展创造了前所未有的良好环境。

#### 3.电子信息产业的高速增长是集成电路产业发展的主要源泉

据国家统计局统计，1997~2001 年我国电子信息产业的工业总产值、销售收入的年均增速居各工业部门之首，其年均增长速度一直保持在 GDP 的三倍以上。2002 年，我国电子信息产业制造业实现了销售收入 1.4 万亿元，比上一年增长

20%;1997~2002年的平均增长率为25.2%，产业规模是1997年的2.5倍，对全国工业增长的贡献率达到20%。根据国际经验统计,10个单位的电子信息产业产值约需一个单位的集成电路产业产值来支撑。上述数据表明,1997~2002年期间,我国电子信息产业的持续高速增长正是拉动我国集成电路高速增长的主要动力。

### 4.电子产品门类、功能、速度、性能等方面的技术创新直接推动集成电路产业的规模扩张和技术进步

目前,人类正进入数字化时代,一系列数字化产品正源源不断地进入人们的日常工作、生活和学习之中，使以电脑为代表的数字化产品的应用领域不断延伸，由于我国电脑等产品的应用起步晚、普及率较低,其应用模式、档次、规模等在家用及商用上,与美、日等发达国家相比都有较大差距，因此有相当大的潜力。

### 5. 集成电路本身的技术进步，创造出新的社会需求，为其进一步发展提供了强大的内在动力

英特尔、超微(AMD)等集成电路技术的领跑者正不断适时地推出最新、功能更强的芯片,带动整个IT产业链上的各个环节、各个企业共同为消费者创造更多价廉物美的产品。如最近几年,英特尔公司已经把芯片从电脑上移植到更多的电子信息产品中，使芯片的应用范围逐步扩展到包括从个人电脑(PC)、笔记本电脑(NB)、服务器及手机等等各种各样的计算平台上。从而引导消费者不断增加需求，为我国在集成电路产业取得社会平均利润创造了条件。

## (二)我国集成电路产业正茁壮成长

### 1.集成电路业投资大幅增长

随着国务院18号文件的贯彻落实和我国加入WTO所提供的历史性机遇，外国企业纷纷来华合资或独资建立集成电路企业，集成电路产业的投资主体也由单一的国有走向国有、外资和民营等多种形式。特别是在2000年国务院18号文件颁布实施后，在集成电路领域更是掀起了前所未有的投资热潮。在这轮投资热潮中,北京、上海、深圳等地为吸引外资，不断推出新的优惠政策，成为国内吸引外资特别是台资的暂时领先者。“九五”期间,集成电路领域共投入140亿元，其中外资近70亿元,预计“十五”期间,全国集成电路芯片制造业的投资可达100亿美元，相当于集成电路产业2000年前30年投资总额的三倍,其中,外资将占一半以上的份额。

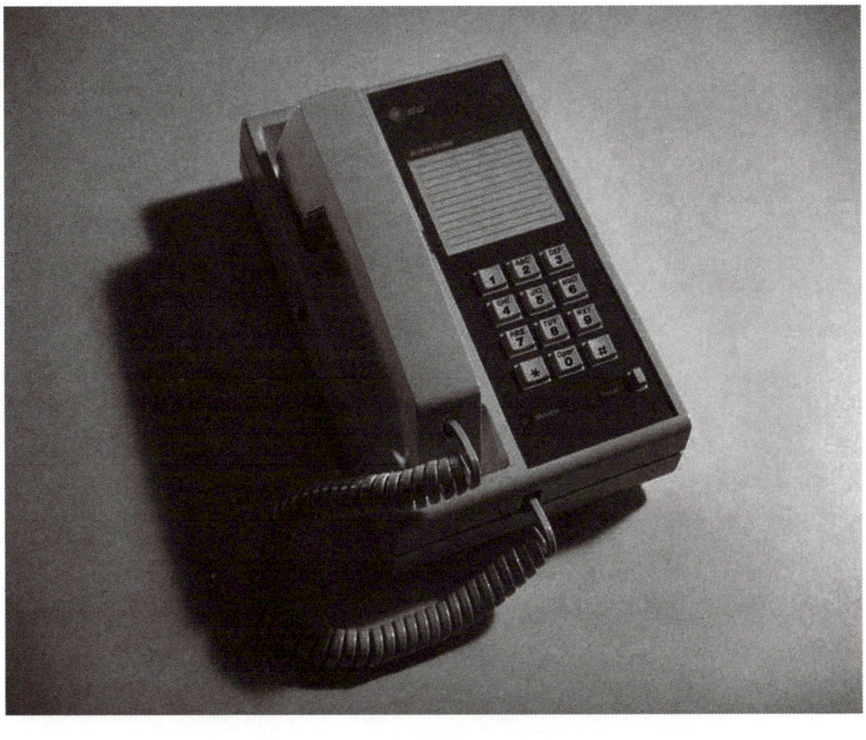

### 2.集成电路业技术水平不断提高

在国家863计划、科技攻关计划及企业技术开发经费的支持下，我国已经形成一支由高等院校、科研院所和企业科技人员组成的上万人的科技攻关队伍，形成了一批具有自主知识产权的科研成果，技术上已基本具备了0.18微米芯片设计开发、规模生产能力,以方舟、龙芯、星光为代表的高性能核心芯片开发成功，并有许多重点整机产品上得到广泛应用。

### 3.集成电路业内部产业结构渐趋合理

自进入20世纪以来,我国集成电路设计、芯加工和封装测试三业并举;内资、合资、独资企业三足鼎立,竞相发展;市场需求旺盛,消费类电路、通信电路持续增长,IC卡电

路和存储器电路已成为新的利润增长点，技术进步步伐加快，生产技术已达 0.25-0.18 微米，逐步缩小与国外技术水平的差距。

## （三）对我国集成电路产业前景发展的预测

### 1.预计 2003 年我国集成电路业增幅达 17.5%

据预测，我国 2002 年消费性电子产品将需求 94 亿个 IC 晶片，到了 2003 年，需求量将上升到 115 亿个。而据信息产业部预测，2003 年信息产业增加值达到 6320 亿元，占国内生产总值(GDP)的比重提高到 5.9%。电子信息产品制造业销售收入 1.64 万亿元，增长 19%，在此拉动下，2003 年我国集成电路增长 17.5%(见图 12-1)。

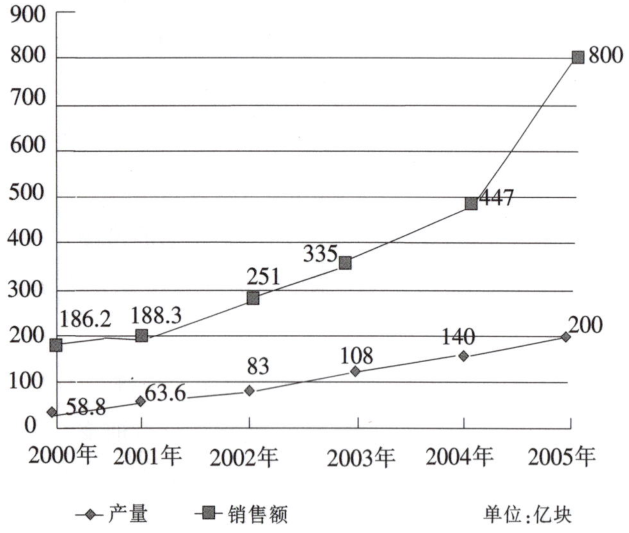


**图 12-1　2000 年-2005 年我国集成电路产销发展预测**

### 2.未来 5~10 年我国集成电路产业将进入快速增长阶段

未来 5~10 年，将是我国集成电路产业发展的关键时期。为尽快扭转我国集成电路产业规模小、创新能力弱、支撑条件差的被动局面，突破我国信息产业发展的制约瓶颈，我国将全面贯彻国务院有关发展信息产业的精神，为集成电路发展创造良好的环境，广泛吸引海内外资金，以集成电路设计为突破口、以芯片制造为重点，面向市场需求，努力实现集成电路产业的规模化经营和规模经济效益；抓紧建设国家集成电路研发中心，开发 0.10~0.15 微米关键性制造技术，提高集成电路工艺技术和关键集成电路产品的自主研发能力，尽快扭转制造技术和关键产品从国外引进的被动局面，提高我国集成电路业本地化配套率，从而使产业逐步走上自主发展的道路。中国市场将成为全球集成电路产业复苏的突破口，集成电路产业也将从中获得长足的发展。

## 四、促进我国集成电路产业发展的政策建议

为促进我国集成电路业的发展，当前需要从几个方面采取措施：

### 1.大力发展集成电路核心技术

集成电路是信息产业的核心，是国家基础性战略性产业。国际集成电路产业的竞争集中体现在技术、尤其是核心技术和自主知识产权数量多寡上。集成电路的设计开发和大生产技术是制约我国集成电路产业发展“瓶颈”的两大核心技术，为此必须掌握这两大核心技术，否则将永远改变不了整机只会装配的局面。

### 2.降低通关门槛，促进集成电路业的国际化进程

目前给予通关便利的条件仅适用于投资超过 80 亿元、线宽小 于 0.25 微米的企业，而其他不符合上述条件的企业享受不到通关便利的政策，此限制不利于集成电路产业的国际化和外资的进入，因此有必要降低这些条件。

### 3.优先发展设计业，大力开发集成电路产品，把设计业建设成为高效益、高效率的规模产业

集成电路芯片设计是与市场的接口，也是市场孕育和开拓的起点，具有很大的创新空间。现在系统集成芯片(SOC)正在迅速发展，我国集成电路产业必须抓住系统集成芯片这一发展机遇，加强与整机系统的结合，加强系统级的创新，优先发展设计业，以设计业作为我国发展集成电路产业的突破口。针对一些重大的应用领域，将整机系统与集成电路设计结合，从系统的角度加以组织、引导，从而占领市场。

### 4.对集成电路及其设备、仪器等给予税收优惠

为此建议如下：其一，对增值税一般纳税人销售其自产的集成电路设备、仪器产品享受即征即退“零”增值税，由企业用于研究开发新的集成电路设备、仪器和扩大再生产(生产线的设备、仪器进口全部免税，否则，是不能鼓励境内外企业在中国设立合资和独资的集成电

路设备、仪器生产企业)。其二,对上一年集成电路设备、仪器销售额占全年总销售额50%以上的集成电路设备、仪器企业免征所得税。其三,集成电路设备、仪器生产企业引进用于开发生产或制造集成电路设备、仪器的生产装备零部件等,免征进口关税和进口环节增值税。其四,对集成电路产品增值税实际税负由6%降到3%。

5.加强集成电路方面人才的培养

在21世纪国与国之间的竞争,归根结底是人才的竞争,为此必须从学校高等教育培养、国外引进及在实际工作中对工作者进行再培训特别是进行职业技能训练等方式,从几个方面来培养我国集成电路方面的人才。

另外,为促进我国集成电路业发展,还要尽快为国内外企业、中小企业的发展创造公平竞争的环境,同时,设立和完善集成电路业风险投资资金,解决集成电路制造企业面临的融资难题,从而更好地促进我国集成电路业发展。

## 五、电子通信业:前景光明

2002年,中国电子通信业继续以超过行业平均水平的速度增长,整个信息产品工业总产值增长20%、电信业务收入增长15%。同时也是电子通信业继续深化体制改革、推进行业管理工作的一年,科学的产业引导及行业监管为中国电子通信业健康、快速、有序地发展提供了有力的保障,因此电子通信业在未来一个时期内,无疑是前景十分光明的行业。

### (一)2002年中国电子通信业发展成就分析

当前,我国电子通信业的发展在以下几个方面取得了较大的突破和成就:

1.电子通信国内用户规模继续扩大,普及率进一步提高

2002年7月和11月,我国固定电话用户、移动电话用户相继突破2亿户,成为全球最大规模的用户资源。到2002年年底,固定和移动电话用户达4.2亿户左右,平均每3个人就有一部电话,普及率在发展中国家居于领先地位。

2. 电子信息产品产量增长,种类增多

2002年主要电子产品产量大幅度增长,程控交换机、彩电、手机、激光视盘机等产品产量居世界第一位。经过多年的发展,已接近日本电子信息产品制造业对推动我国传统产业改造,加快产品升级换代,增强企业竞争能力起到了重要作用。国产品牌产品的国内市场占有率进一步提高,其中微机、光传输设备和手机分别达到80%、55%和25%。

3.通信能力显著增强,电信服务水平进一步改善

到2002年11月底,全国局用电话交换机容量超过2.18亿门,长途电话交换机容量已达到753.8万路端,长话业务电路达到561.8万路。光缆线路长度达到214万公里,

其中长途光缆线路长度达 45 万公里。移动电话交换机容量超过 2.68 亿户,移动网络容量全球第一,覆盖了全国所有地(市)和 98%以上的县(市),成为全球最大规模的电信网络,并与 100 多个国家和地区开通了国际漫游业务。

### 4.电子通信业市场业绩突出,经济指标看好

2002 年前 11 个月,电子信息产品制造业实现工业总产值 1.6 万亿元,同比增长 20.9%,实现销售收入 1.15 万亿元,同比增长 18.8%,电子信息产品出口持续高速增长,2002 年前 11 个月达到 825 亿美元,同比增长 41.3%,出口额和产业规模均是 1997 年的 3 倍,位居我国各行业第 1 位,从各月情况来看,产品单月出口额连创新高,9、10 月份,电子信息产品出口均超过 90 亿美元,再创历史新水平。

### 5.电子通信业在国民经济中的地位稳步提高

2002 年我国电信业务收入的增长速度达 15%左右,大大超过国内经济 8%的速度,与同期国内生产总值(GDP)的比值呈逐年上升趋势,与其他国家相比,我国电信业对国民经济的直接贡献率较高(见图 12-2)。

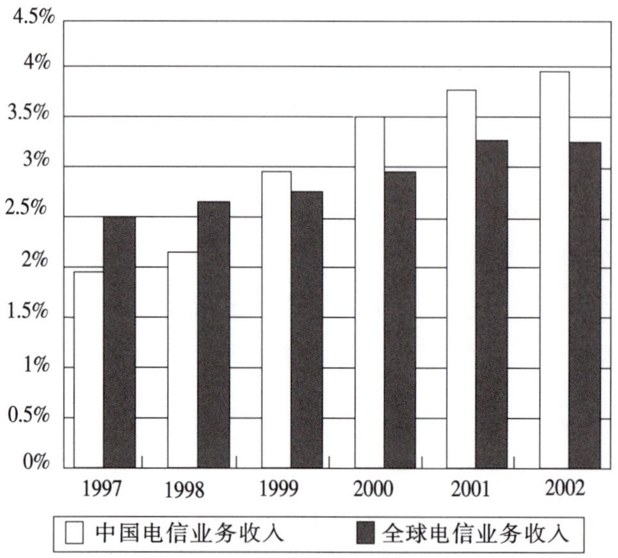


图 12-2 1997～2002 年中国和全球电信业务收入对经济的直接贡献率比较

### 6.我国电子通信业科技水平不断提高,技术创新能力增强

到 2002 年底,我国已经在一些重点技术领域取得了一批具有自主知识产权、可实现产业化应用的成果。如第三代移动通信进行国际标准体系,在第二代 GSM 移动交换机、基本站和手机等主要产品领域,国内品牌产品的市场占有率均实现了零的突破,占有率很快上升,2002 年 5 月经国际电信联盟(ITV)正式批准,拥有中国自主知识产权的 TD-SCDMA 标准成为国际第三代移动通信标准(IMT-2000)之一。

### 7.行业管理工作取得突破

2002 年行业主管部门在《信息产业"十五"计划》的指导下,采取一系列措施,有步骤、有重点地推进产业的发展:其一,推动电信企业改革重组。2002 年,按照国务院的要求,信息产业部等相关部委对原中国电信集团进行了再次拆分和重组。原中国电信分拆为南北两家公司,南方公司重组为中国电信,北方公司与网通和吉通重组为中国网通集团公司。其二,电信监管更加关注市场秩序和管制效率。2002 年,按照《电信业务经营许可证管理办法》的规定,进一步强化了电信业务市场准入管制。加强了对许可证的年检工作,并根据新的许可证审批流程对新申请者进行了严格审核。为适应电信业务对外开放的需要,制定了新的《外商投资产业指导目录》,外商投资电信公司由原来的禁止类改为限制类,并可享受外商投资企业相关的优惠政策。为了加强对网间互联互通的制度规范,相继颁发了《关于依法查处中断电信网间通信行为的通告》、《规范电信网间计费有关问题的通知》和《关于电信重组后互联骨干网的互联问题的通知》,并为修改《互联网骨干网互联结算办法》做了大量技术准备工作。2002 年,继续深化电信资费管理体制改革,积极推进资费管理的市场化定价。逐步下放了电信定价权,在一定程度上发挥了市场对电信资源的配置作用,推进了电信资费向市场化的过渡。

## (二)2003 年中国电子通信业的发展处境分析

### 1. 国内宏观经济形势继续为电子通信业创造良好的发展环境

其一,国民经济保持稳定增长。未来几年,我国宏观经济将继续保持稳定增长,预计 2003 年 GDP 的增长率将在 8.5%左右。其二,人民生活水平的逐步提高,对通信业的消费需求也将增强,特别是随着西部大开发的进行,中西部地区对电子信息产品的消费需求将稳步增长。其三,体制改革进一步深入,政策环境将更加有利:

国家将实施以积极财政政策为主的扩张性政策，而投资的重点包括基础设施、高新技术产业等；投融资体制改革的深化将改善企业的融资环境，促使企业规范投资行为，提高投资效益；良好的政策法规环境也为我国电信业蓬勃发展奠定了前提和基础。

### 2.信息化带动工业化的国策战略将推动电子通信产业快速发展

我国政府对电子政务的建设非常重视，这可以从历年政府的IT投资支出上得到反映。2001年，政府IT投资为280亿元。2002年政府机构IT投入达到300亿元人民币，其中硬件投入为230亿元人民币，软件投资达到38亿元人民币，IT服务的投入达到32亿元人民币。据预测，随着政府信息化建设投资力度继续增长，预计2003年政府机构的IT投入将为350亿元人民币，增长率达到17%。由此可见，电子政务有力地促进了中国信息技术产业的发展，正在为中国IT产业营造一条新型产业链。也鉴于此，当前电子政务与企业信息化被明确为我国“信息化带动工业化”战略国策的实施重点。特别是在“非典”疫情后，企业、政府对信息化建设是前所未有的重视，这必将有利于电子通信业的发展。

### 3.电子通信业发展所面临的国际环境是机遇与挑战并存

2003年以来，世界经济体系中主要国家和经济体制都不同程度地陷入了衰退。而以中国、韩国、印度等为代表的新兴工业国家保持了较快的增长。与此同时，经济全球化的进程仍将继续，区域经济一体化的势头方兴未艾。对国内电子通信业而言将是一把双刃剑，一方面促使国内电子通信企业应用先进的技术和管理经验，优化企业制度和产品结构，积极参与国际竞争；另一方面企业也将面临更大的竞争压力，对政府的管理也将提出更高的要求，因此可以说是机遇与挑战并存。

## (三)我国电子通信业的未来发展预测

### 1.“三网合一”是电子通信业的主流技术导向

目前信息传播的电子媒体主要有电话网、有线电视网和计算机网三种状态，这三种网络同时存在，是由于网络建设之初信息传输还处于模拟传输阶段，技术上的局限性使得三种网络无法有效融合。伴随着信息传输技术的快速发展，数字传输方式已经成熟，其巨大的技术优势注定了它必将取代传统的模拟传输方式。“三网合一”已经成为一种

必然的趋势。在数字领域所有的信息，无论是语音、文字、图片还是声音和图像都是以数字形式存在，不存在若干网分割状态，所以在未来的数字信息时代，现有的以计算机为主要终端设备的数据通信网将与有线电视网和电话网实现三网融合，传输、接收和处理全部实现数字化。因此，三大网络将在原有的业务基础上，通过竞争和网络建设与改造兼营其他两网的业务。有线电视网络因为具有传输速率高、收费较低的优势，所以它在三大网络竞争中将获得更大的收益，其发展面临新的机遇。

2.电子通信产品需求、产值、销售将保持同步快速增长

由于数字化产品将取代模拟产品成为主流，信息产品在向传统产业渗透的同时将得到更为广泛的应用，信息家电与通信网络的结合将改变人们的日常生活并造就新的市场，因此，电子产品市场不仅将保持较快，而且市场需求结构也逐步高级化，预计到 2005 年，程控交换机国内市场需求约为 2800 万线，年平均增长率为 1.8%；手机国内市场容量约为 6000 万部，年平均增长率为 20%左右。微机市场规模约为 2000 万台，其中笔记本电脑约占 20%，网络设备市场总规模将达 400 亿元，其中路由器 100 万台，服务器 50 万套，网卡 2000 万块，网络交换机 60 万部，彩电国内市场容量为 3000 万台左右，其中大屏幕投影电视机约占 10%；激光视盘机将达 1500 万台；音响将达 1000 万台左右。国内电子元件市场需求量为 4000 亿只，其中片式元器件为 2000 亿只。基础电路市场容量将为 500 亿块左右。电子工业总产值将达约 25000 亿元，占全国工业总产值比重 10.08%，年平均增长率达 20%左右。电子产品销售收入将达 15000 亿元左右，年平均增长速度 21%左右。电子工业增加值将达约 3200 亿元，年平均增长速度 20%左右。

3.通信运营业对国民经济的贡献率将进一步上升

近年来电信业一直保持以 2~3 倍于 GDP 的速度发展，从 1998~2002 年，电信业务收入平均增长 20%，电信业对国民经济的直接贡献率由 1998 年的 2.2%提高到 2002 年的 4%，所占比重上升了近 1 倍。预计 2003 年，电信业务收入将达到 4500~4700 亿元的市场规模，比 2002 年增长 12%左右。毫无疑义，2003~2005 年，电信业对国民经济的直接贡献将进一步上升。到 2005 年，电信业务将达到 6000 亿元左右，对国民经济的直接贡献率将接近 5%。

4.从长期看，电信业进入成熟期后投资热点转向运营支撑系统

随着电信体制改革的深入和市场竞争的加剧，电信企业将从关注用户规模的增长转向关注企业效益的提高，实现从“规模增长型”向“效益增长型”转变。同时由于运营支撑系统能大大加强运营商网络利用率，运营商竞争的深化必然要求电信投资从单纯宣传硬件网络建设到注重运营支撑系统建设。

# 中国汽车业的成长期已经来临

## ——2002~2003年中国汽车产业发展分析报告

我国国民经济和社会发展“十五计划”明确提出鼓励汽车消费，在十六大报告中更明确倡导“全面建设小康社会”，这是一个具有历史意义的消费导向。加上“入世”效应的显现，我国汽车业在2002年进入了快速增长期，这一增长势头在2003年前6个月得到了继续保持，据预测今后几年，我国汽车业仍将保持较快增长。

### 一、轿车发力：带动汽车业进入高速成长期

在诸多因素影响下，2002年我国汽车行业的表现出乎入世前的预期。据统计，2002年全国共生产各类汽车325.12万辆，销售324.81万辆，同比增长38.5%，增长幅度为近10年来最大。2002年全年小轿车实现利润139.73亿元，同比增长64.65%，全年小轿车产销量首次突破100万辆。载重汽车也实现利润59.69亿元，同比增长130.3%。2003年前5个月，我国汽车业在原有基础上取得了进一步增长，根据中国汽车工业协会提供的资料，2003年1至5月国内汽车产量达173.38万辆，其中轿车72.18万辆，占国内汽车总产量的41%，客车47.31万辆，占汽车总产量的27%，载货汽车为53.89万辆，占32%。从2002年和2003年特别是2003年的汽车市场看，呈现出如下特点：

#### 1. 汽车产销总量增长迅速

自2002年以来，汽车行业继续保持良好的发展态势，汽车产销量继续上年的快速增长。轿车和轻型车的高速增长是推动行业保持快速增长的主力军。2003年1–5月全国汽车产量为173.38万辆，销量为160多万辆，分别同比增长44%和38%左右，其中3月单月产销量为41万辆、39万辆，刷新月度产销量历史最高纪录。

#### 2. 轿车是汽车行业增长的龙头

轿车私人消费市场日益成熟，产品结构日趋丰富，满足了不同层次客户的需求，这些因素促进了轿车市场的繁荣，由于轿车产品价格逐步趋向合理，产品性价比的提高，使有购买需求的消费者增强了购车的动力。由私人消费驱动的轿车产销快速增长将继续持续。2003年1~5月，共生产轿车72.18万辆，同比增长100%以上，其中4月份产量达16.5万辆，销量达15.6万辆创历史新高。SARS对轿车行业影响甚微，在北京、上海、广州、深圳等城市因非典反而促成了轿车销量。

#### 3. 轻型客车增长提速，大中型车增速放缓

在MPV和SUV的消费增长拉动下，2002年1~4月，轻型客车的产销量增长较快，分别达14.2万辆和13.9万辆，同比增长60%和55%。而大中型客车增速明显放缓，资料显示1~4月，大型客车完成产销4889辆、4972辆，同比增长24%、21%，比前两年45%以上高速增长出现较大回落，中型客车完成产销18452辆、17914辆，同比增长–4%、–6%，继续2002年的衰退。其原因是因为2001年下半年，交通部新的客运资质评定方法实施，导致城际客运车大量更换，而2003年大中型客车集中消费的动能消失，趋于平稳发展。特别是2003年4月份以来SARS疫情的影响，使得客车生产消费再次下滑，客车生产与上年相比同比下降26%。

#### 4. 重型载货车增长明显放缓

在经历了3年的强势增长之后，重型车消费市场容量相对饱和。2003年1~4月，重型车市场增速明显趋缓，产销量为10.4万辆、9.3万辆，同比增长17%、5%。中型载货车受到货运市场结构调整的影响，市场萎缩有加速的迹象，1~4月产销量为

5.3万辆、4.7万辆，同比增长-25%、-29%。在经历了产品更新、结构调整之后，轻型载货车行业出现明显复苏趋势，1~4月产销量为23.2万、22.5万辆，同比增长42%左右。5月因SARS影响，载货汽车生产整体同比下降26%。

### 5.市场竞争日趋激烈，行业集中度提高

进入2002年以来，一些原已进入中国市场的汽车巨头纷纷加大了投资量，一些尚未进入中国市场的汽车巨头也开始布点。国内吉利、力帆等民营企业也纷纷介入汽车行业，汽车市场竞争日趋激烈，"降价"成了汽车竞争的重要手段。国内100多家汽车生产商，在激烈的市场竞争中，呈现出强者越强、弱者越弱的趋向，市场集中度进一步提高。

## 二、多重效应助推汽车业快速增长

2002年和2003年我国汽车业高速增长可能归结为四个方面的原因。即降价效应、竞争效应、释放效应及世界汽车制造业的转移效应。

### 1. 降价效应

2002年，是我国入世元年，为了履行入世承诺，国家采取了大幅降低汽车进口关税的措施。从2002年1月1日起，首次大幅降低汽车进口关税，其中3L以上汽车进口关税由80%降为50.7%，3L以下进口关税由70%降为43.85%，汽车平均关税入世第一年下调超过30%，这对国内汽车企业是一巨大的震动。巨大的外部压力下，天津汽车公司宣布，从2002年1月12日起，"夏利"轿车全面调整价格，夏利2000世纪广场由11.998万元降至9.7万元，降幅近20%，两厢三缸电喷车由4.89万元降为3.98万元，为同类车型市场最低价。然而，此纪录仅仅保持了24小时，吉利豪情调低1000元后又夺低价车头把交椅。

天津夏利的大幅降价，立即在全国引发了一场购车狂潮，随之带来了轿车市场的"多米诺骨牌"效应，吉利、羚羊、奥拓、富康、福莱尔、赛欧、桑塔纳、帕萨特等一系列车型的价格纷纷跟着"跳水"。对天津夏利汽车而言，降低促销的效应相当明显，2002年1月12日大幅降价后，全国各地夏利汽车销售火爆，降价当日仅夏利两厢三缸电喷车就售出561辆，是过去平均日销售的10倍。进入2003年，吉利、夏利、富康等汽车同样是降声一片，直接推动了汽车市场消费的升级。

### 2. 竞争效应

竞争的效应主要有两方面的含义：一方面是指政府对各个汽车厂商选择生产什么车型上的限制减少，国内各厂商能相对自由地开发出系列化产品，从而在各层次市场上开展相对充分的竞争；另一方面是指各种厂商在同一档次的产品(特别生产经济型轿车上) 产品创新进程加快，不断推出各种类型 的新产品，以满足日益变化的市场需要。这种竞争的效应应在很大程度上体现为产品开发的系列化，旧产品不断被更新，新产品不断推出。

几年前，国内轿车消费尤其是家用轿车消费除了"桑塔纳"、"捷达"、"富康"、"奥拓"之外，几乎没有选择。从2001年开始，进入市场的新车型逐渐增多，夏利2000、羚羊、赛欧、宝来等渐次上市。而2001年底以后，在入世的推动下，进入市场的新车进一步明显增多。如上海大众相继推出了POLO1.4升和1.6升，吉利集团推出了优利欧，一汽大众推出了宝来1.6升，神龙推出了2.0升毕加索、988"新自由人"和爱丽舍，海南马达推出了福美来，南京菲亚特推出了派力奥和西耶那，上汽奇瑞推出了奇瑞二代以及"南粤风情"和"城市经典"，华晨集团推出了中华，上海通用推出了别克G天窗牌和赛欧S-RV升级版，天津丰田推出了威驰，还有大的改款车型。这些新款和改款车型达20多种，再加上其他已有在售的车型，国内汽车市场上仅国产轿车品种就不下100种。进入2003年以来更是新车不断。如广州本田的新雅阁、奇瑞QQ等。如此多的车型以及降价的作用，无疑大大刺激了消费者的热情。新车的消费明显增加，如在2002年前10个月各类轿车销售量为90.81万辆，其中仅当年推出的全新车型销售量就超过了15万辆，这还不包括变型车，占全部销售量的17%。新车型以一汽宝来(4万辆)、上海大众POLO(2.4万辆)等最受消费者青睐。

### 3. 释放效应

入世一年多来，我国汽车消费者在观察思考后，越来越理智和现实，意识到"即使到2006年7月1日关税下调全部到位后，进口车实际价格也只会下降30%左右，如果有条件的话，及时消费才是最正确的选

择”,前几年盼入世而持币待购的能量突然释放,这种释放效应为2002年汽车销售“井喷”点着了火。加上众多厂商(合资、股份制、民营)纷纷推出新车型,新车新配置,配置升级不加价,旧型号让利降价,以及日益宽松的消费政策(如降低消费税、银行不断增加消费信贷规模、贷款利率下调)等作用下。这样,压抑了近20年的我国汽车消费之火终于熊熊燃烧起来。步入2003年,新车型推出更是风起云涌,新车型的快速抢滩市场极大地刺激了消费者将购买欲望转变为行动。

### 4. 转移效应

在2002年及2003年前5个月推出的各种流行新型轿车品种中,基本都是跨国大公司与国内汽车厂商合资生产的。跨国大公司由于看好中国目前及未来汽车市场,加上中国投资环境日益改善,劳动力成本较低,产业化配套程度较高等,纷纷采取合资这一直接投资方式,将具有代表性的产品或新开发的产品直接转移到中国生产,这种世界范围内的汽车制造业转移效应,推动了国内汽车厂商新产品的开发及汽车生产的增长。如美国通用、福特;日本丰田、本田;德国大众、奔驰—戴姆勒;法国雷诺;韩国现代等汽车公司纷纷进入中国,并明显扩大了投资规模。

另外,消费者消费观念的改变,收入水平的提高等也促进了我国汽车的消费。

## 三、汽车产业未来发展环境的利弊分析

当前及未来我国汽车市场的发展环境中既有有利的一面,又有不利的一面。

### 1. 我国汽车产业发展环境的有利因素

(1) 较好的宏观经济态势有利于汽车产业的进一步发展。党的十六大报告指出,2000年至2020年要实现我国国民经济翻两番,为此我国GDP年均增长必须要达到7.2%左右。在较高的经济增长率带动下,中国汽车业特别是载货汽车无疑具有较好的发展环境。

(2) 居民收入特别是城镇居民收入的稳步增长,使得汽车进入家庭消费的时机逐渐成熟。根据国务院研究发展中心的数据统计表明:发达国家基本是从人均GDP3000美元开始,汽车消费大幅增长,并持续了数十年。如美、日、德等国,汽车产业拉动这些国家经济增长的时间长达20~30年。在发展中国家,人均GDP超过1000美元时,汽车消费就进入高速持续增长阶段,像韩国、巴西、印度尼西亚、菲律宾都是如此。2002年我国人均GDP达到900多美元,并且北京、上海、广东、江苏等地人均GDP更早已超过1000美元,这表明我国已进入汽车家庭消费的时期。显然这有利于我国汽车业的发展。如下表12–5:

表 12–5　对我国小汽车消费需求的估算表

单位:万人、美元、万辆

| 地址 | 人口数 | 人均 GDP (2001 年) | 人均 GDP (2002 年预测) | 千人拥有小汽车数 | 有购买力小汽车潜在要求 |
|---|---|---|---|---|---|
| 上海 | 1614 | 3645 | 4009 | 36 | 58.10 |
| 北京 | 1383 | 2461 | 2708 | 22 | 30.43 |
| 天津 | 1004 | 2200 | 2420 | 18 | 18.07 |
| 浙江 | 4613 | 1755 | 1930 | 15 | 69.20 |
| 广东 | 7783 | 1639 | 1803 | 15 | 116.75 |
| 江苏 | 7355 | 1563 | 1720 | 14 | 102.97 |
| 福建 | 3440 | 1496 | 1645 | 13 | 44.72 |
| 辽宁 | 4194 | 1450 | 1595 | 13 | 54.52 |
| 山东 | 9041 | 1260 | 1390 | 12 | 108.49 |
| 黑龙江 | 3811 | 1130 | 1240 | 10 | 38.11 |
| 河北 | 6699 | 1006 | 1110 | 10 | 66.99 |
| 新疆 | 1876 | 955 | 1050 | 8 | 15.01 |
| 湖北 | 5975 | 943 | 1040 | 8 | 47.80 |
| 吉林 | 2681 | 915 | 1007 | 8 | 21.45 |
| 其他地区 | 66158 | 一般<800 | 一般<800 | 5 | 330.79 |
| 全国 | 127627 | 893 | 965 |  | 1123.5 |

(3) 汽车要求的多层次性及规模化决定了汽车消费高增长具有长期稳定性。我国巨大的消费人口规模决定了每一项产品的消费均具有较多的层次性,一项主导型消费热点一旦开始形成,就容易在不同的消费群体间逐步扩散,这种扩散效应既表现在地区之间、城乡之间,也表明在同一地区不同消费阶层之间,总的趋势是由高收入阶层向中收入阶层扩散,再向中低收入阶层推进。从上表可以看出,从我国省级区域来讲,有上海、北京、浙江等沿海地区人均GDP超过2000美元的高收入地区,也有数量日益增多的人均GDP在1000~2000美元的中高收入地区,更有数量最多的中低收入地区(多数中西部省份),这决定了我国的消费梯级多。

目前,上海、北京、天津三个都市区,总人口规模为4000多万人,接近韩国的人口,如果加上沿海发达地区

的一些高收入城市及内地一些人均GDP较高的城市，如深圳、东莞、广州、宁波、厦门等地区，则人均GDP超过2000美元的人口可达1亿多人。这些高收入地区如果都能像北京一样掀起“汽车消费热”，且普及率都达到千人30辆，那么私人汽车消费需求总量将接近450万辆，2002年北京私人拥有轿车量80万辆左右，而上海仅达到10万辆。如果考虑到这些地区人均收入继续快速增长，那么这些地区在短期内(2~3年)，就有近300万辆需求待释放。

而由于我国发展的不均衡及梯度性，目前人均年收入在1000~2000美元之间的省份还有数十个，并不断有省份加入这一行列。因此，将从需求上为汽车业进入高速增长阶段提供强劲的动力。

(4) 交通、道路条件的改善为汽车业发展提供了空间。1997年到2002年间，我国公路通车从123万公里增加到176万公里，其中高速公路从4711公里增加到2.52万公里，从居世界第39位跃升到第2位。交通运输条件的改善为中国汽车业的发展提供了巨大的发展空间。

(5) 消费环境、政策的改善有助于汽车业发展。随着汽车消费贷款政策的逐步实施及酝酿中的费改税以及广东等地开始逐步撤销收费站等政策的推行，都将有利于汽车业的快速发展。

(6) 随着城市规模的扩大，人们工作地跟居住地之间的距离也越来越远，这在客观也刺激了人们的购车需求。

2. 我国汽车产业发展环境的不利因素

我国汽车业总的来讲发展前景广阔，但一些客观因素也将制约它的进一步发展壮大，这主要表现在以下几个方面：

(1) 我国人多地少的客观国情促使国家在汽车业发展到一定阶段后必将限制其发展。

与我国国情相似的日本、韩国在汽车业发展上是鼓励扩大出口，而对国内汽车消费采取抑制政策，这与两国人多地少的国情有关。我国也是一个人多地少，特别是平地少的国家，而公路建设所占用的大都是良田，这决定我国不可能像美国一样建成四通八达的高速公路网络。因此，汽车业发展到一定阶段后，国家出于保护耕地的考虑，有可能限制其国内消费。

(2) 交通基础设施建设滞后于汽车发展速度。由于交通基础设施建设的落后，造成我国城市道路及主干道拥挤严重，堵车时有发生，这制约了人们的购车欲望。出于交通顺畅的考虑也会限制家庭轿车的普及。2003年年初，深圳等交通设施、道路条件尚算完好的城市，不时传出要控制上牌照的传言，就表明了这一点。

(3) 汽车对能源的巨大消耗及对环境的污染，有可能促使国家限制其发展。汽车在尚没找到新能源替代前，对石油的巨大消耗将迫使国家对其消费予以限制，燃油税改革等迟迟难以推行，就表明了这点。自1992年以来仅10余年，我国就从石油净出口国，变成了年净进口石油7000万吨的国家。一旦汽车像美国一样普及，目前世界上所有的石油生产中大部分都得供应中国，这个后果无疑是灾难性的。并且汽车行驶所产生的污染，也是非常严重的，这都迫使国家限制汽车业的大发展。

(4) 汽车价格虽下降，但相对于国内普通居民收入来说依旧较高。目前国内一辆汽车价格少说也要数万元，是工薪阶层一年收入的几倍，这与国外车价比我国低，而收入远高于我国，形成了鲜明对比。更何况国内贫富差距悬殊，这都限制了我国汽车消费。

(5) 汽车还是制造事故的高手，在给人们带来方便的同时，也带来了灾难。据统计2002年，我国仅深圳市就发生交通事故1万多起，死亡1157人，全国死于交通事故的人数达近10万人。这也不利于汽车业的发展。

(6) 汽车的使用环境，限制了汽车的大发展。由于费改税等政策迟迟难以实行，国内收费站关卡林立，停车场十分有限等都限制了汽车的消费。

轿车将增产迅猛，其他汽车增势放缓。我国汽车产业增长态势具体预测如下：

2003年载货汽车增长和公路客车增长均会比2002年放慢，这主要是由于载货汽车和公路客车需求增长已进入到成熟阶段，而且它已先于轿车出现快速增长。但轿车产销将延续2002年高速增长态势，全年轿车生产和销售量可望达到150万~160万辆和160万~170万辆，进口将增加到10万辆左右。

同时，轿车市场的竞争也将会更加激烈，特别是经济型轿车和中档轿车市场的竞争。不过由于需求群体大，新款产品的不断推出以及价格上的优势，经济型轿车增势更猛。

轿车市场整车规模及系列化产品规模的效益将逐步显现。近两年一些经济型轿车和中高档轿车生产规模上了一个新台阶。

## 四、我国汽车业的发展政策建议

汽车工业的发展对于一个国家特别是处于工业化初中期的大国来讲,具有重要意义,世界各大经济强国在工业化初中期均是依靠汽车业发展来加快产业结构升级。而鼓励汽车消费不仅是提高人们生活质量和改变人们生活方式的需要，同时也是促进汽车这一关键性制造业发展并带动整体制造业升级的需要。在当前宏观经济内需仍显不足的情况下，制订一揽子鼓励汽车消费的方案，加快把汽车培育为新的主导型消费热点，无疑是有十分重要的意义。为此：

### 第一,废除限制性消费政策,出台鼓励性消费政策

1994年我国对汽车消费一直采取抑制性政策,1994年至今虽然这一政策有明显松动，但仍然存在较多的限制措施,要扩大汽车消费,迫切需要废除限制性消费。不仅如此,还应采取鼓励性政策，如在个人贷款购车上采取一些利率优惠、税收(个人所得税抵扣)等措施。由于在汽车的消费所产生的关联带动效应十分巨大,特别对相关服务业的就业带动效应及增值效应非常明显,因此,尽快出台鼓励汽车消费的政策,对缓解当前就业矛盾具有重要意义。

### 第二,适时推出税改费政策

为此必须协调好原有公路费征收部门与税收部门的利益关系,建立起公路建设及维护新的融资机制。

### 第三,价格竞争力和企业品牌影响力

市场竞争首先是价格竞争,我国汽车产业才刚刚开始打破行政性垄断,完全的市场竞争还需较长时间才能形成,这一过程中价格竞争既是企业的实力的一种体现,也是各大厂扩大市场占有率特别是提高品牌影响力的关键之牌。因此，汽车制造业必须要采取措施,以降低成本,迎接挑战。

### 第四,不断开发新产品,提高企业核心竞争力

作为汽车生产企业,仅打降价牌也不行,产品创新特别是根据市场总体需求的变化和满足各种层次的市场需求，不断开发新产品,是一个汽车厂商能否提高核心竞争力的另一张牌。相信只有同时打这两张牌的汽车厂商才能在未来的竞争日趋激烈的中国市场中获胜。

### 第五,认清国情,集中培育中低档产品,加快经济型轿车的国产品牌的研发

国内企业与外资企业在汽车工业上的竞争,要把握两个大原则:一、汽车产业的战略定位一定要符合产业发展的规律和突出我们的优势;二、不能想当然,一相情愿,把合资变成为“外资至上”,“一切依靠外资”,外资可以为我所用,这一点很像电冰箱产业发展一样,多头合资博弈有利于我们在合资上掌握主动权,但一定要注意培育自主创新产品。

在目前阶段,我们在高档轿车产品上与跨国大公司的差距极大,在这方面明显处于劣势,为此我们要扬长避短。跨国公司已开始放弃的低档汽车产品的生产,主导产品以中高档为主,而我国在这一部分市场上仍有较大空间。因此,在自主开发能力上应集中在中低档产品上。

总之，我国汽车业在未来12年内,仍将有极大的发展空间,但市场竞争也会日趋激烈，部分规模小、开发能力弱的厂家可能会被淘汰出局。

# 冲高回落 繁荣依旧

## ——2003年中国房地产业景气分析报告

20世纪90年代末以来,在住房制度改革和房地产金融发展的推动下,历经几年沉寂后的房地产业突然启动发力,房地产市场呈现出供需两旺的大好局面。2001年4月,反映房地产行业宏观景气状况的国房景气指数创下了多年来的新高,达到106.88点。2002年,国房景气指数虽有所回落,但仍然维持在104点以上高位,2002年房地产开发完成投资7736亿元,同比增长21.9%,2003年一季度,全社会共完成房地产投资1285.1亿元,同比增长34.8%,甚至有些城市房地产开发投资占当地固定资产的投资比例已超过50%,在此背景下,房地产市场是否存在泡沫,房地产市场是否将步入冬天等问题,成为社会各界关注的焦点。因此,正确认识我国房地产市场的现实处境,正确评估和预测我国房地产市场未来几年的发展趋势,对于我国房地产业的持续健康发展无疑具有重要意义。

### 一、经济发展推动房地产业的快速增长

目前,我国房地产业呈现出快速增长的态势,我们既要认识到其中所蕴藏的机遇及对国民经济发展的贡献,又要认识到其中所隐含的风险以做到防患于未然。

#### 1. 中国城市化进程的加快是此轮房地产投资热的重要发动力

从1996年开始,中国城乡人口增长率发生了根本性的转折,农村人口增长率开始出现负值。这是中国新一轮城市化的直接反映和结果。特别是近几年以来中国城市化步伐有加速迹象,据预测,到2020年中国城市化率将达到60%以上,因此中国房地产行业发展空间是十分广阔的。随着城市化的加快,中国流动人口也在不断增加,他们日益成为房地产的重要消费者。特别是随着城市户籍制度改革的有序推行,开始出现在中国内部的"经济移民"现象,对深圳、上海等地的房地产投资也起了很大的推动作用。同时,长江三角洲和珠江三角洲一些中心城市,随着其作为外资产业投资重点和发展地区,海外特别是港澳台投资企业为满足其本土化战略的要求,也加大了对房地产业投资的力度,成为推动当地房地产发展的重要力量。另外,随着城市化的不断发展,城镇居民对住房条件和房屋需求在观念上都发生了很大转变,不但关心住房售价,也关心住房的面积、地理位置、环境和交通条件,以及住房物业服务。中国城市房地产消费从以前的简单数量满足向多层次质量需求转化,也推动了此轮房地产的发展。

#### 2.坚实消费支撑着本轮房地产快速增长

1992年至1993年在中国掀起的第一轮

房地产开发热,从行业发展角度来说,可以被看作是一个在中国新兴行业的导入期、启蒙期和投资躁动期。其所出现的投资过热、土地恶炒,以及烂尾楼的大量出现、银行房地产贷款坏账浮现,都充分说明在一个高速发展行业刚刚诞生的时候,有其潜在的风险性。而中国新一轮房地产快速发展虽然是在经历风险后及房地产业较为成熟的背景下产生的,两者具有很大的不同性。同时10年前,即1992~1993年那一轮房地产投资热是中国经济高增长率、高通货膨胀、利率高、尚处于完全计划经济体制下产生的。而目前新的一轮房地产投资高潮是在经济稳步增长、低通货膨胀,利率处于历史低位,社会主义市场经济体制业已初步建立的环境下发生的。另外,房地产消费主体,在两轮房地产投资热中也发生了根本性的变化,居民购房比重从1992年不到40%上升到2002年超过90%,说明新的一轮房地产投资是有坚实消费作为基础的。

3.房地产市场供需两旺,运行平稳

就当前总体上看,房地产市场保持健康、快速发展态势,供求基本均衡。2003年第一季度,全国房地产继续保持强发展势头,全社会共同完成房地产投资额1285.1亿元,比去年同期增长34.9%,而住宅仍是房地产投资的主要热点,1~3月,全社会共同完成住宅投资额882.36亿元,占总投资额的68.7%,增长35.7%,商业营业用房较前两月有所下降,完成投资141.54亿元,增长38.2%;办公楼投资55.99亿元,增长24.6%;其他投资205.21亿元,增长32.4%。与投资快速增长相对应的是需求的快速增长,2003年前3个月,全国累计完成商品房销售额784.69亿元,增幅比上年同期增加27.7个百分点,是近几年同期的最高值,全国累计完成商品房销售额784.69亿元,同比增长52.7%。业内专家指出,从目前全国房地产市场的运行情况看,总体是一种购售两旺、供销平衡的态势。

## 二、快速增长背后隐藏的掣肘因素

党的十六大明确提出,我国要在未来20年内,国民经济实现翻两番,伴随着经济的增长,我国房地产市场势必也会增长。但由于近两年房地产发展很快,今后几年内,我国房地产增速势必会有所回落,房地产开发商的重点也是消化空置房屋及征用尚未开发的土地。具体来说:

1. 当前宏观经济形势不足以支撑房地产连续多年保持20%的高增长

尽管2003年一季度,我国GDP保持了9.9%的高增长,但这主要是靠高投资及出口增长的强劲势头带来的,而近几年我国投资的边际收益率在逐步下降,国家债务也已突破国际公认的警戒线,从中长期收益,积极财政政策的淡出已是势在必行。出口的高增长主要是由于制造业出口带动及入世效应的呈现,由于我国出口的产品主要是低附加值产品、且国外对我国出口的高增长表示担忧,正欲采取措施限制我国出口,并且我国国民经济对外依存度较高,因此出口的高增长将逐步回落。而拉动国民经济增长的内需一直难以从根本上改变和启动,因此我国宏观的增长面临诸多挑战。2003年一季度9.9%的增长势必难以长期保持,这对我国房地产投资及消费产生了一定的压力。

2.短期内房地产投资比重偏高,存在内在的调整要求

2002年1~11月房地产投资占投资的23.85%,北京等少数城市达到了60%多。从短期看,虽然这一比重已过高,难以长期维持。住宅建设投资占GDP的比重短期也存在偏大和提高过快问题。2000年我国城乡住宅投资占GDP比重为8.49%,其中城镇住宅投资占城镇GDP为9.92%。而据有关资料显示,住宅建设投资与人均GDP存在着内在关系,人均GDP在500美元以下时,住宅建设投资占GDP的比例在2%以下,人均GDP达到1000美元时,这一比例达到为5%,人均GDP达到1500元时,这一比例达到最高值6%~7%。此后,住宅建设随着人均GDP的增加,绝对值增加,但占GDP的比值是下降趋势。最近两年城乡住宅投资占GDP的比重和城镇住宅投资占城镇GDP的比重仍在继续攀高,已明显超过了当前经济增长所能支撑的水平,随着房地产需求的逐步降温,房地产投资面临巨大的调整压力。

3.房地产短期购买压力将增长

有关统计资料表明,1999~2000年我国城乡居民储蓄新增加额明显减少,这与住房货币化改革和房地

产热完全一致，即有很大一部分储蓄是因为房改和房地产消费增长而分流的。这一阶段，储蓄新增量减少既来自高收入阶层，也来自于占人数众多的工薪阶层。而 2001 年开始，城乡居民储蓄再次显著增加，2001 年新增 9430 亿元，2002 年前三季度则增加了 10374.7 亿元，全年新增储蓄额已达 1.3 万亿元，创历史最高纪录。

这显示两个重要信息：一是储蓄猛增，部分与资本市场不景气和总体消费增长偏弱有关，也与房地产正趋于降温有相当的关系，二是 2001 年以来新增储蓄增多的来源与 1999~2000 年新增储蓄的减少的原因明显不同，且对房地产市场产生的影响也完全不同。新增储蓄无疑主要源于高收入阶层，曾有资料显示，我国居民总储蓄中，占 10%的高收入阶层占储蓄总额的 80%。而高收入阶层的住房可以说已基本饱和，造成储蓄这一潜在购买力难以在短期甚至中期转化为住房实际购买力。而工资阶层的储蓄前期被大量消耗，近期增加也就不会很高，这部分潜在购买力的释放，也将会受到很大的限制，因此，住房消费增长的调整已在储蓄或潜在购买力上得到了反映。

#### 4.房地产市场的潜在风险不容忽视

虽然，我国房地产市场总体上是健康运行。但整个房地产市场也存在一些问题，部分地区还比较严重，如果我们对存在的这些问题视而不见，甚至推波助澜，有可能使房地产业健康发展的形势毁于一旦，这些问题主要表现在以下几方面：

(1)房地产投资增长率持续攀高。房地产投资已连续三年超过 25%的增长，且呈现逐年加快的趋势(见图 12-3)。因此，可以认为当前房地产投资已出现了较明显的过热倾向。2000 年我国房地产投资增长 25%，2001 年上升到 25.3%，2002 年增长 28.2%。其中住宅投资增长更快，2000 年增长 25.8%，2001 年上升为 28.9%，2002 年 1~11 月为 29.5%。从区域上看，东部地区投资过热则更为明显，3 年分别增长 21.7%、25.2%和 28.2%，这一持续 3 年高达 20%的投资增长是在基数较高的状况下实现的；中西部地区尽管也连续 3 年保持了高增长，但因为基数低，处于房地产发展的初期，其过高的标准可定为 35%~40%以上。

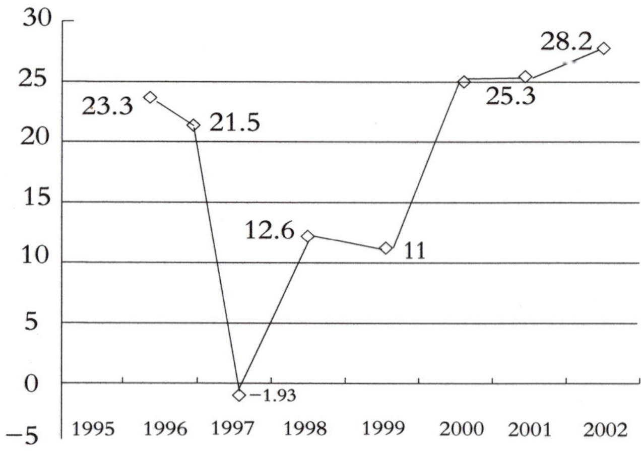


图 12-3 近几年中国房地产业投资增长率比较

从房地产投资比重来看，最近几年全国总体上房地产投资占全部投资（不包括集体和个体，下同）的比重不断上升，已显示出投资过度倾向。2002 年 1~11 月房地产投资占全部投资的比重达 23.85%，而 1998 年为 17.12%，4 年时间提高了 6.73 个百分点。有的城市房地产投资的比重占当地固定资产投资的比例已超过 50%。投资过度依赖于房地产，对经济进一步增长是一大隐患，在一些地区这一问题变得越来越突出。投资和经济过度依赖于房地产的地区多数集中在沿海发达地区和少数西部地区。整个东部地区 2002 年前 11 个月房地产投资占全部投资的比重已超过了 30.78%，因此当前东部地区整体上存在房地产投资过度问题。以北京最高，房地产投资占全部投资的比重高达 60.89%，其次是上海（38.5%）、广东（38.38%）、重庆（33.0%）和辽宁（31.19%）等，另外，福建(28.08%)、江苏（23.72%）、天津（23.64%）和四川(23.55%）均超过了 20%。像北京房地产投资占总投资的比重已超过了 60%，比上年提高了 3.24 个百分点，如果住房消费增长明显回落，将会带动房地产投资增长大幅回落，从而对经济增长产生较大影响，其他的如上海、广东、辽宁和重庆也存在这样的问题。另外，房地产开发企业的圈地运动也掀起新一轮的过度投资。2002 年 5 月，国土资源部发布了《招标拍卖挂牌出让国有土地使用权规定》，该规定指出，自 2002 年 7 月 1 日起，全国各地区的商业、旅游、娱乐、写字楼和商品住宅等各类经营性用地，必须以招标拍卖挂牌方式出让，这份旨在减少暗箱操作土地购买的文件，却导演了一场疯狂的“圈地运动”，珠江合生最近在天津签下了一块18000亩（12平方公里）的开发用地，足可以用来建设一座容纳近20万人口的新城市，另外，上海置业、万科、华润置地、中华企业、中国海外、合生创展等几家上市公司的圈地规模已超过63平方公里，按照1:2的平均住宅开发容积率计算，这些土地储备会有近1.5亿平方米的住宅产生，其总量相当于全国1年商品房（包括住宅、公建）的竣工量。2003年，在空置率上升的趋势下，新开发的土地面积却仍在高速增长，2003年前4个月新开工面积达1.46亿平方米，同比增长31.7%。累计竣工面积也达4281万平方米，同比增长37.4%，增幅比去年同期高18.2%。虽开工面积在增大，但由于圈地规模过大，情况依旧严重（见图12-4）。

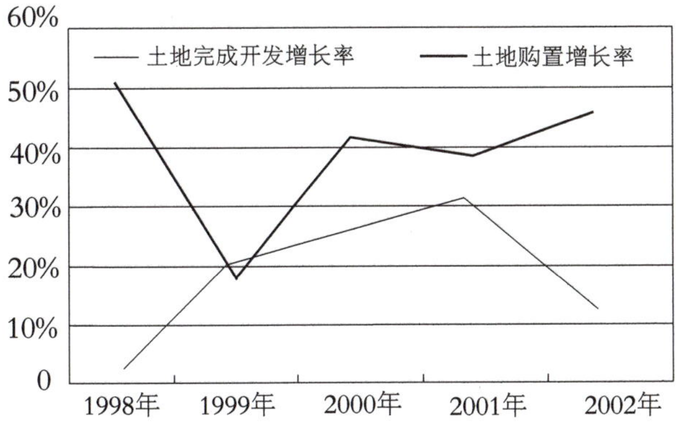


图12-4 1998~2002年我国土地开发情况

(2) 银行对房地产业信贷资金增长过多，助长了房地产业投资增长过速，致使银行业信贷过于集中，风险增大。据中国工商银行公布，截止2002年12月31日，四大国有商业银行包括工行、农业银行、中国银行及建设银行的个人住房贷款余额达7213亿元，比上年初期增加2145亿元，四大商业银行自1997年开立此项业务以来，平均增长率高达150%，目前，个人住房贷款与房地产开发信贷合计已占金融机构13.3万亿元贷款中的10%，银行贷款在一个行业的贷款比率过高，增大了银行资金的信贷风险，为此，央行于2002年12月对商业银行的房贷是否违规进行了检查，检查结果显示虽然房贷违规并不像传言中的严重，但却是助长房地产投资增长过速的重要原因。2003年6月，央行再次要求加强对房地产信贷的检查力度，表明风险已较大。

(3) 房价持续上涨或持续居高不下，房价收入比明显偏高。1997~2002年，广西、云南、辽宁等地的房价都上升了40%，而这些地区的居民收入所上升的幅度远没有40%。致使房价收入比明显偏高。2002年房价收入比最高的是辽宁（11.5），其次为北京（11.0）、云南（10.6），而国际上房价比更何况我国的贫富差距、地区差距较大。房价收入比偏高将导致居民购买力低下、房屋空置率上升，出现泡沫现象。（见图12-5）。

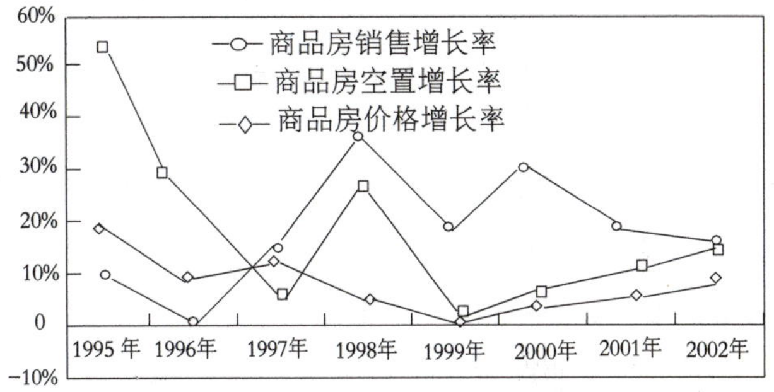


图12-5 1995~2002年商品空置、商品房价格、商品房销售增长率比较

另外，还有两个因素促进房地产降温。其一房价过高对住房新增需求的压力正在明显加大。如2002年中期以来北京等地流行起设计精巧的小户型住宅实际就是住房价格过高而对住房消费需求的压力增大的一种反映。其二是房改以及相关的政策效应经过前几年的相对充分释放后，正趋于明显递减。

正因为如此，自2002年以来，警惕房地产泡沫，防范化解房地产和金融风险的呼声一直不绝于耳。最近央行的《货币政策执行报告》也提出“国内的房地产行业有调整的必要”。

## 三、房地产业的发展趋势预测

虽然我国房地产前几年快速增长，2003年上半年也保持了快速增长，但这种趋势不可能长期持续下去。据统计，因投资的惯性，2003年下半年，我国房地产业将会逐步趋向平稳增长。随后几年，由于宏观经济形势总体较好，及城市化进程等原因我国房地产在未来几年还会保持平稳增长，但增速不会过快。具体地说：

**1.与 2002 年相比,2003 年上半年,受国民经济强劲增长拉动及政策影响,国房景气指数迅速攀升并保持在高位运行,房地产行业有加快发展的迹象;同时,商品房累计销售面积开始出现大于商品房竣工面积的良好势头,房地产行业有望重拾升势**

2003年第一季度，我国国内生产总值达 23562 亿元，同比增长 9.9%，比去年同期加快 2.3 个百分点,是 1997 年以来同期增长最快的,与此对应,我国的房地产行业出现蓬勃发展的良好势态。在这一期间的房地产行业景气水平迅速攀升，与 2002 年的平稳运行形成鲜明对比。可喜的是,商品房累计销售面积达到 3125 万平方米,大于累计商品房竣工面积 2990 万平方米,商品房消费较供给出现了更强的增长势头,一直困扰房地产行业的商品房空置率高居不下的难题开始出现缓解的兆头(见表 12-6)。

**表 12-6 2003 年一季度房地产行业各重要指标同比变化情况**

| 指标 | 购置土地面积 | 完成土地开发面积 | 竣工面积 | 累计销售商品房面积 | 完成房地产开发投资 | 商品房平均销售价格 |
|---|---|---|---|---|---|---|
| 单位 | 万平方米 | | | | 亿元 | 平方米 |
| 数量 | 5380 | 2871 | 2990 | 3125 | 1285 | 2511 |
| 同比增长率 | 38.80% | 66.60% | 45.80% | 45.20% | 34.90% | 5.10% |

从表中可以看出,对景气程度贡献最大的是完成土地开发面积的迅速增长。这表明,未来房地产的供给将会保持较高的增长速度，虽然我国的房地产需求旺盛,但仍不能对过快的供给增长速度掉以轻心。

以下几个方面的变化对房地产行业在 2003 年良好表现有较大影响。

(1) 国民经济增长迅速并且主要增长来自投资拉动。2003 年第一季度全社会固定资产投资 6155 亿元,同比增长 27.8%,比上年同期加快 8.2 个百分点,而社会消费品零售总额 11109 亿元,增长 9.2%,商品零售价格同比下降 0.2%。从上面的数据可以看到我国国民经济目前的高速增长主要是受投资拉动,而房地产行业作为固定资产投资中的重要项目,受到我国国民经济固定资产投资高速增长的影响,表现出较快的增长趋势。

(2)房地产政策相关规定的短期效应。2002 年下半年,国土资源部发令取消国有土地协议转让。而在命令正式生效之前,一些地方已经开始趁机大量协议转让土地。从表 12-6 购置土地面积这一指标我们也看到这一特点,这一政策在客观上造成房地产行业的投资有短期突涨现象。

(3)房地产需求有进一步增长趋势。我国房地产需求一直保持在一个较高的水平,而前几年房地产不景气的主要原因来自供给的结构性失衡,并且供给总量的增长速度大于需求的增长。而从 2003 年第一季度房地产行业发展情况看,供需情况发生的微妙变化,累计商品销售房面积达到 3125 万平方米,同比增长 45.20%。

**2.“非典”疫情的爆发,对我国经济的增长有一定影响,但作为对国民经济增长有重大拉动作用的房地产行业,将有较大可能会得到宽松政策环境的支持,针对房地产行业的供需结构失衡等方面的政策会得到严格推行**

2002年我国房地产行业在国民经济中的地位,以及房地产开发投资在固定资产中的地位也越来越重要。从长期来看房地产行业是国家大力支持发展的行业,从短期来看 2003 年第一季度的经济增长主要还是投资拉动型,并且在 2003 年二季度,非典疫情的不利影响尚未完全体现,假设在这样的背景下强行对房地产业采取宏观调控措施,就会对当前的固定投资增长,并进而对良好的经济发展形势产生不良影响。

**3. 可以预期,2003 年房地产行业将保持健康、稳定的良好运行势头,整体景气情况好于 2002 年**

我国房地产业的波动周期与国民经济的波动周期大体相同，即以 4~6 年左右为一个周期。房地产业前一个波峰是 1993 年，最近一个波峰是 1998 年，可以预期房地产业发展的下一个波峰将在 2004 年左右。而 2003 年将会成为房地产行业加速发展的重要一年，房地产行业将保持稳中有升的运行态势。这主要出于以下两个方面考虑：一方面城镇居民高速增长的房地产需求将继续支持房地产供给的高增长（见图 12-7），从 1998 年到 2002 年，全国城镇居民人增可支配收入已由 5424 元提高到 7703 元，而城镇居民家庭恩格尔系数则由 44.5%下降到 37.7%，这势必会进一步启动住房消费。而从表 12-5 可以看出，2003 年一季度全国城镇居民家庭购房与建房支出增长 82.60%，增长速度惊人。房地产消费需求将能长期支持房地产业发展；另一方面是国民经济持续高速发展将继续带动房地产投资持续增长。据国家统计局发布的公报，1998~2002年这五年，国民经济增长率分别为9.2%、7.1%、8%、7.3%和7.8%；房地产开发投资增长率相应为6.1%、11%、19.5%、25.3%和21.9%。随着国民经济的持续增长，房地产投资也呈现持续增长的势头。2003年一季度国民经济增长速度将近10%，虽然在二季度全国大面积发生非典疫情，但可以预期，今年我国仍可保持7%~8%的增长速度，国民经济发展将继续带动房地产投资持续增长。

表12-7　　2003年一季度全国城镇居民家庭收支情况

| 项目 | | 实际数(元) | 增长速度(%) |
|---|---|---|---|
| 月人均总收入 | | 831.00 | 9.70 |
| | 人均可支配收入 | 784.80 | 8.90 |
| 月人均总支出 | | 761.60 | 12.30 |
| | 消费性支出 | 556.40 | 8.90 |
| | 购房与建房支出 | 56.10 | 82.60 |
| | 转移性支出 | 109.50 | 5.40 |
| | 财产性支出 | 0.60 | 30.40 |
| | 社会保障支出 | 39.10 | 22.50 |

### 4.机会主要存在于中西部和住房郊区化

由于东部地区房地产发展已有一定基础，且近几年增速较快，因此我国目前所存在的区域性房地产泡沫主要存在于东部地区，相反，中西部地区，随着西部大开发等政策的推动及投资的带动下住房会有较大幅度的增速。同时住房郊区化将会有所加快，继续成为新的亮点，并与汽车消费继续保持较快增长相适应。

## 四、促进房地产业健康发展的政策建议

房地产发展特别是住房消费的不断增加对我国近阶段经济增长起了十分重要的作用，今后房地产发展的潜力还很大，但这并不意味着房地产可以持续地保持20%以上的高增长。特别是近两年来，不少房地产商急功近利地炒作房地产，不仅不利于房地产业的健康稳定发展，如果房地产泡沫吹得越来越大，一旦破灭将会对宏观经济产生严重的影响，所以自2002年以来，关于房地产行业是否存在泡沫，如何化解房地产风险讨论的就不绝于耳；同时，世界经济史表明，房地产是最容易产生泡沫的一个行业。因此，加强对房地产发展的宏观调控，具有十分重要的意义。

需要指出的是，我们现在讲宏观调控，不是计划经济时代的治理整顿，更不是简单地采取行政命令，而是在市场经济体制下，主要通过经济、法律等手段，对市场进行引导和规范，以防止房地产泡沫的产生，或对已形成的房地产泡沫采取降温措施，使其不再继续膨胀，促使其软着陆。为此在对房地产行业进行宏观调控，促使其健康快速，规范发展时应着手做好如下工作。

### 1.建立起房地产行业宏观调控目标体系，以保证房地产业协调快速而又稳定发展

以下几个方面是该项工作的重中之重：一是投资和消费增长程度要适度。要分地区和依发展阶段不同而采取不同的控制目标。房地产投资和消费增长要控制在可持续的水平，大致将其控制在高于GDP增长1倍左右，超出这一范围要调控。未来5年内我国房地产发展速度要努力稳定在10%~15%之间，5~10年内可能会加快，可提高到15%~20%。二是各类住房建设的比重适度。各类住房建设的比重也有一个是否适度的问题，与不同收入群体相适应的高档商品房、普通商品房、经济适用房、廉租房的建设比重应有一个合适的度，普通商品房和经济适用房应占绝对多数，而不片面追求高档化，高档商品房和别墅的需求量十分有限。国家有关部门可提高高档商品房的有关税率，相反，要鼓励发展中低档商品房，在税收上实行优惠政策，以改变目前房地产开发商对高档住宅投资过热的倾向。三是房价及房价收入比重要适度，要解决这个问题，除了促进经济增长，提高人民收入水平外，就得通过各种途径来切实降低房价。如税收优惠，鼓励开发经济适用房，推动旧房上市交易等。四是住宅区规模要适度。自2000年以来，一些开发商的开发规模不断扩大，有的甚至达到了数万亩，可住几十万人，这一趋势在未来必须要控制住。否则会带来系列社会问题和公共卫生问题，SARS疫情对此向人们报了警。

### 2. 政府对房地产开发土地供应量应适时进行减量调控

2002年5月，国土资源部发布了《招标拍卖挂牌出让国有土地使用权规定》，规定今后土地出让方式主要

是拍卖和招标，从而使土地供应行为规范化。但该通知下发后，反而促成了新一轮的“圈地热”。致使 2002 年房地产开发企业土地购置开发与土地完成开发增长率出现了反向运行态势，背离状况有所加大。房地产企业旺盛的土地需求、政府过量土地供应与实际上房地产开发土地能力开始脱节，加大了房地产开发企业的经营风险，因此有关部门务必要以该通知为契机，切实落实该通知，以提高土地市场进入门槛，以防范风险。

### 3.限制以短期投机获取暴利的炒楼行为，引导居民理性购房

目前，在部分地区，有的购房者办完了产权证立即进行转让。此类操作，易推动房价上涨，久而久之，会造成泡沫增长。因此，在鼓励投资购房的同时，应采取有效措施制止投机炒楼。如可借鉴韩国的做法，消费者或投资者购置的新房，只有在自己住够一年后才能享受有关房屋出售时的税收优惠，在一年内转让不仅不能优惠，还应增加一定比例的税收，以此抑制炒楼行为。同时，要引导居民理性购房消费和投资。部分房地产开发商急功近利，在楼房销售过程中故意营造紧俏气氛，人为地造成卖方市场，短期内获得高额利润。消费者应当理性购房，尽力克服浮躁攀比的心态。

### 4.调整住房供给机构

2002 年 9 月，国家建设部等六部委在加强对房地产市场宏观调控的通知中明确提出，要继续大力发展经济适用住房，各地要尽快制订和完善中低收入家庭的收入标准，经济适用住房购房对象的条件、购房面积标准以及超面积的处理办法。人均住房面积低于全国平均水平的城市，在审批城市总体规划时要增加居住用地的比例，确保中低收入家庭住房用地的供应；对房价收入比较高的城市，要控制高档商品房开发，增加经济适用住房和低价位商品房供应；对未制订经济适用住房监督管理办法或未按规定进行审核的城市，不得以划拨方式提供建设用地。为响应国家在部委这一要求，必须要做好两点：其一是为满足城市低收入阶层的住房需求，政府应多建廉租房，严格使用廉租房的条件，对住满 5 年以上的住房可按经济实用房价格将其转让给承租房。其二是从建房及购房的税收优惠上鼓励建造中低档住宅。

### 5.加快培育二级市场

当前我国商品房价格高，房价收入比高的原因是多方面的，但其中一个重要原因就是存量住房的市场化进度过慢，造成巨大的住房存量不能自由、合理的流动。但发展的落后，从反面也说明了住房二级市场发展潜力极大。为此要采取多种措施如缩短房改房上市期限限制，降低交易费用，规范完善交易市场、大力培育住房中介机构等。

总之，未来一段时期内，我国房地产将会继续保持一个较快的发展，在发展中，我国有关部门也应采取系列措施防止发展失去正常轨道，以达到规范有序发展。

# 银监会改革出新招 夯实银行业发展基调

## ——2003年中国银行业发展分析报告

2002年,银行业及金融业亮点频出。国家在政策上的扶持和宏观经济增长不仅为银行业提供良好的发展环境,也使得银行业上市公司业绩保持高速增长势头,充分利用资本市场进行筹资,成为银行业新的发展趋势及方向。如浦发银行增发新股、民生银行发行可转债、招商银行首发新股等。统计数据表明,2002年银行股业绩超过20%。从银行业的实际运行状态来看,2003年4月28日中国银监会挂牌成立,2003年1~5月金融机构的各项存款、贷款、银行间市场交易均保持快速增长。2003年,我国银行业整体上向好趋势将不会改变,依然保持平稳增长。

### 一、平稳增长是2003年银行业发展的主基调

2003年我国银行业的发展环境延续了2002年的良好势头,银行业将继续分享我国宏观经济的持续快速发展。2003年前5个月银行业平稳运行,贷款增速加快,预计下半年在货币政策收缩信号作用下,增速有所下降,但银行业全年收入及利润仍会保持平稳增长。

从2003年前5个月尤其是5月份的金融运行情况来看,我国的货币供应量、金融机构的各项存贷款等金融指标均保持较快增长;金融机构各项存款首次突破20万亿元大关,同比增长21.9%;1~5月贷款增加额达1.3万亿元,而全年计划增加2万亿元,前5个月已完成计划的65%;5月末贷款金额增长21.4%,为1997年以来最高值(如下图12-6所示)。同时,5月份银行间同业及回购加权月利率触底回升,预计下半年银行同业拆借及回购利息将有所提高。

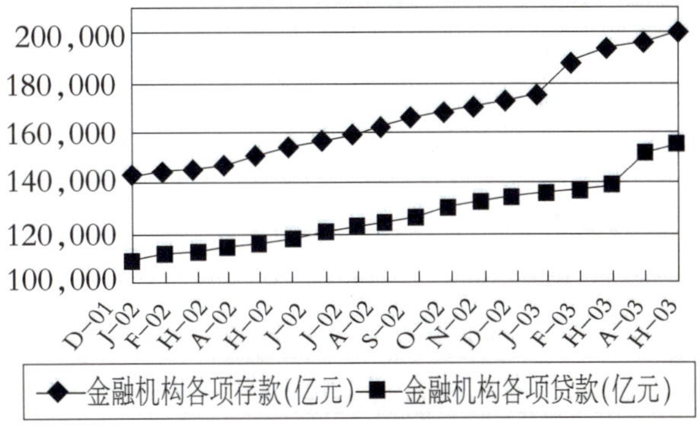


**图12-6 金融机构存贷款变化图**

我国银行存贷规模的增长主要基于以下原因:其一是银行贷款发放较多,由此派生的存款多;其二是企业效益持续好转,相应积累的资金增加较多。由于贷款是银行的高息资产,企业基本面的好转也有利于银行的收息情况,因此可以认为,目前银行的存贷业务,不但从规模上,而且从结构和质量上对银行都是有利的。另外,存贷利差扩大也极大地提高银行的盈利水平。

除量的变化外,今年以来银行业质的变化也极为明显。银行业内一个最根本的变化就是贷款的增长是源于经济内生需求的增长。尽管今年有非典疫情的存在,但

我国宏观经济上半年仍保持了8.2%的高速增长，这是经济周期内生驱动的结果，这种趋势的形成不是非典因素可以扭转的。因此，企业等微观主体对资金的需求将是一个长期的过程，而企业效益转好也将是长期的趋势，这些都将给银行的业务拓展带来长远利益，也从根本上奠定了银行业未来平稳增长的发展基调。

## 二、市场准入属地化管理：提高监管效率 节约经营成本

为提高银行监管效率，节约银行经营成本，中国银监会发布了《关于调整银行市场准入管理方式和程序的决定》(以下简称《决定》)。决定对银行新设分支机构、新开业务审批等等一系列审批权限进行简化调整，实行属地化管理。

一般而言，银行设立分支机构要经过筹建和开业两个阶段。在《决定》实施前，银行设立分支机构的审批环节中存在以下问题：一是监管部门根据监管责任制划分的权限，按照“下管一级”的做法，对商业银行分支机构的筹建和开业进行两次程序和环节都相同的审批；二是没有明确规定在监管部门内部由哪一级监管单位受理银行分支机构设立申请，造成申请的报送和审批环节重复繁杂，降低审批效率；三是按照“谁审批、谁发证”的金融许可证管理原则，由上级审批机关负责许可证的发放与管理，结果造成大量银行分支机构异地领取、换发许可证，给银行带来极大不便。而新颁布的《决定》则大大简化上述审批程序，即明确筹建申请及审核、开业核准和许可证颁发均由银监局或直属分局直接办理，实行属地化管理，无须再报银监会审批。同时，银行设立支行级机构的审批程序也做了相应调整。

在各银行分支机构的新开业务审批权上，银监会取消了部分业务的审批或备案。各银行分支机构欲开办新业务，经上级行授权即可增开，仅须在开办后的10个工作日向当地银行业监管机构报告，即改变了以前银行分支机构只能向监管部门事前报告并接获回执后才能开办业务的要求，改为事后报告。这一方面赋予商业银行开办业务的自主性，鼓励银行进行业务创新；另一方面也减少了行政许可环节，提高行政审批效率；同时也加强了银行内部授权管理的责任，有利于提高银行监管效率。

## 三、银行服务价格：新规促使管理上轨道

商业银行服务是否应该收费及如何收费，是过去一年多来在银行业务开展过程中引发多种争议的焦点问题。2003年6月26日，中国银行业监督管理委员会与国家发展和改革委员会联合发布了《商业银行服务价格管理暂行办法》，它对银行服务定价结构、定价行为监管、储蓄收费管理以及价格的监督处罚等方面作了具体规定，从而一举结束我国银行服务价格管理混乱无序状态。

根据《商业银行服务价格管理暂行办法》规定，从2003年10月1日起，我国商业银行、政策性银行、城市信用社、农村信用社、邮政储蓄机构、财务公司在向各类客户提供各类本外币业务时，根据服务的性质、特点和市场竞争状况，将分别按政府指导价和市场调节价收费。其中实行政府指导价的商业银行服务范围为：(1)人民币基本结算类业务，包括：银行汇票、银行承兑汇票、本票、支票、汇兑、委托收款、托收承付；(2)中国银行业监督管理委员会、国家发展和改革委员会根据对个人、企事业的影响程度以及市场竞争状况确定的商业银行服务项目。政府指导价的服务价格是根据保本微利原则制定，具体服务项目及其基准价格和浮动幅度，由国家发展和改革委员会同中国银监会制定、调整。除上述范围外，商业银行提供的其他服务，则实行市场调节价。

为规范市场调节价的实施行为，《办法》要求商业银行总行就实行市场调节价的服务项目制定本系统内统一的定价管理制度，明确定价范围、定价原则、定价方法以及总行和分行的管理职责，做好内部管理工作；同时还应按照商品和服务实行明码标价的有关规定，在其营业网点对有关服务项目、服务内容和服务价格标准进行公开标识，并通过适当方式向社会公布，接受社会监督；商业银行在调整收费标准时，应至少于执行前10个工作日在相关营业场所进行公告，确保客户的知情权，并在执行前15个工作日

向中国银监会报告，同时报送中国银行业协会。为提高商业银行服务收费行为的透明度，中国银行业协会将对商业银行实行市场调节价的服务项目及服务价格，通过适当方式向社会公布，使其接受社会监督。

《商业银行服务价格管理暂行办法》颁布后，除人民币储蓄开户、销户、同城的同一银行内发生的人民币储蓄存款及大额以下的取款业务外，商业银行均可对其他服务项目进行收费，包括大额取款业务和零钞清点整理储蓄业务。这为银行业的发展创造了较为宽松的政策环境，为商业银行提供了极大的增收创利空间。同时，发展改革委和银监会将对商业银行服务收费行为进行严格监管，遏制商业银行之间的恶性竞争、扰乱市场秩序等行为，这将有利于商业银行在同一发展平台上公平竞争，规范发展，促进银行增加服务品种，提高服务质量。

## 四、中间业务：审批程序简化，创新创收正当时

从国外商业银行来看，中间业务收入占银行总收入的50%以上，而国内商业银行仍以存贷款业务为主，中间业务收入比重不到10%。随着中国成功加入WTO、外资银行抢滩内地金融业务，国有商业银行改革继续向纵深推进，国内商业银行所面临的竞争压力越来越大，银行中间业务成为中外银行竞争的焦点。巨大的差距也就意味着巨大的获利与发展空间，当务之急是在短时间内迅速提高我国银行中间业务的份额、质量和效益。

为促进商业银行中间业务的发展，中国人民银行制定并颁布了一系列法规规章，主要有以下几个：其一，2001年7月4日颁布了《商业银行中间业务暂行规定》。其二，2002年4月25日，为使上述《规定》具有可操作性，人民银行又发布了《关于落实〈商业银行中间业务暂行规定〉有关问题的通知》，明确规定了商业银行中间业务的市场准入形式和申报方法，同时还对已开办的中间业务进行了清理和分类。其三，2003年1月2日，中国人民银行发布有关通知，取消对商业银行中间业务的行政审批。其四，2003年5月，从中国人民银行中分离出来的中国银监会发布《关于调整银行市场准入管理方式和程序的规定》，其中明确规定：从2003年7月1日起，中国银监会取消对中资商业银行开办国内保理、代理证券资金清算(银证转账)、代理保险、证券公司受托投资托管、信托资产托管、企业年金托管等业务的审批；取消对中资商业银行开展买方或协议付息票据贴现、法人账户透支、代理信托产品资金收付等业务的备案；取消对外资银行国内保理、买方或协议付息票据贴现、法人账户透支业务的备案；各银行的分支机构经上级行授权即可开办新业务，无须监管部门审批，仅须向其事后报告。上述一系列规章文件的颁布都为商业银行发展中间业务提供了一个新的宽松的制度环境，由此可预见银行中间业务创新将在我国银行业掀起一股热潮，中间业务将成为未来商业银行发展的新的利润增长点。

商业银行中间业务的范围广泛，包含许多国内银行尚未涉足的创新业务、咨询类业务、交易类业务，以及信托、融资性租赁、银行卡、个人理财、公司理财、网络银行等各项业务中。另外，商业银行在银企合作、银证合作、银保合作、银校合作等方面也蕴藏着巨大商机。

当然，商业银行中间业务的拓展和创新需要一支高素质的管理层和员工队伍作支撑。除纯粹业务发展外，相关人才的培养和储备是银行中间业务发展的一大瓶颈，也是一大机遇。目前国内银行已开展的中间业务中大多处于尝试阶段，发展历史不长、不够成熟；且我国财经类高校及有关商业银行的培训机构的现行教学计划中也很少设置专业化的银行中间业务课程，更缺少此方面的教材。因此，在金融业向混业经营方向发展的大背景下，我国要在短时间内迅速提高银行中间业务水平，必须大力培养拓展银行中间业务的高级人才，由于中间业务是未来商业银行的主要利润来源，从长远来看，银行中间业务专业知识的架构设计和拓展也必须从基础进行。因此，除纯粹中间业务收入外，中间业务的知识培训和人才培养也可成为银行收入的来源之一。

## 五、金融政策创新：推动银行业继续向前大力发展

多年以来，银行业为我国国民经济的发展做出了突出贡献。为了银行业的长期健康稳定发展，国家一直在积极推动国有商业银行改革，提倡鼓励金融创新，如成立四大国有金融资产管理公司、分离中国人民银行成立银监会等。2003 年，我国金融改革创新继续深化，国家有关部门在银行业的法规建设、风险监管、业务创新等方面均采取了相关的新政策和新措施，推动我国银行业继续向前健康发展。

**首先，银监会、审计署、财政部掀起银行监管旋风。**银监会：正式挂牌后不久，即透露正对四大国有银行布置四项现场检查，包括非信贷类资金现场检查、表外资产现场检查、贷款五级分类现场检查、特定贷款现场检查。其目的是掌握银行资产状况，降低银行经营风险。审计署：对四大国有银行的检查是近几年审计署的工作重点；在 2002~2003 年的第二轮工作中，已完成建设银行和中国农业发展银行的审计，并查出隐瞒收入、盈亏不实、违规放贷拆借、财务违规管理等一系列违法乱纪行为；2003 年审计署金融审计的重点是工商银行和人寿保险公司，且行动方案已部署完毕，对工行将围绕控制风险、提高效益、规范管理三方面进行全面检查。财政部：决定在 6 月至 9 月中旬组织全国范围的会计信息检查，其中金融业中的银行是头号重点对象。综合看来，银监会的业务检查、审计署的金融审计和财政部的“会检”，将对银行业的规范经营、风险控制起到极大的督促作用。

**其次，精心组建银监会派出机构。**国务院已为银监会派出机构的设置作出明确指示：坚持从实际出发，内设机构不要求上下对口；坚持精简原则，派出机构所需人员尽量从人民银行系统划转选用，总体上不增加人员编制。整个银监会派出机构将按行政区划设置，即在全国 31 个省、自治区、直辖市和大连、青岛、厦门、深圳、宁波 5 个计划单列市设银监局，在地、市设银监分局，在部分县、市设监管办事处。2003 年下半年，银监会及其各级派出机构的工作目标即是加大监管力度，全面掌握银行业的风险情况，大力降低不良贷款率，积极推进银行业综合改革，努力提高银行业对外开放水平和竞争力。

**再次，加强法规制度、信息统计等基础建设，消除金融创新障碍。**银监会将会根据市场发展变化需求，陆续出台《汽车金融公司管理暂行办法》、《金融机构衍生产品交易业务管理暂行办法》等多个重要法规；将积极配合有关部门做好《中国人民银行法》、《商业银行法》和《中国银行业监督管理法》的修改起草工作；将进一步清理、修订现有法规，尽快对衍生产品交易、市场风险监管、资本充足性管理、企业集团贷款及关联人贷款信用风险控制等内容进行制度规范。在法规制度建设过程中，银监会均将着力删减阻碍工作效率，影响金融创新的不利条款，攻关新法规引导创新，一边鼓励创

新,一边加强监管。

**第四,加强市场调研,捕捉金融新需求,加强创新力度。**在加入WTO后的过渡时期内,为尽快与国际接轨,银监会将着重跟踪国际金融服务与产品发展的新动向(目前已成立国际咨询委员会),加强市场调研,了解市场对金融产品、服务更新换代需求的呼声,捕捉新需求,加大创新力度,银监会在受理新产品、新服务市场准入时,也将充分注意其科技含量与创新程度。对金融创新中涉及的跨业现象,银监会已与证监会、保监会建立起紧急蹉商机制,旨在充分交换信息,在严格风险监管基础上使金融创新得到迅猛发展。

**最后,对四大国有银行的改制上市工作,银监会也将按照市场原则,按照"一行一策"的政策进行。**对外国资本、民间资本投资银行业的类似交易,如美国新桥集团投资公司拟受让深发展股权,也将本着自愿和商业的原则进行。

## 六、新形势下银行业的新挑战

中国已加入WTO一年多了,银行业正逐步取消外资银行办理外汇业务的地域和客户限制,人民币经营业务逐步取消外资银行的地域限制。入世第5年后,中国将允许外资银行设立同城营业网点,允许设立外资非银行金融机构提供汽车消费信贷业务,允许外资金融租赁公司提供金融租赁服务,且均享受国民待遇。受WTO规则制约,中国银行业不仅须遵守国际规则,遵循国际惯例,银行业务指标要符合国际标准;而且还须接受外资银行进入中国市场的同业竞争。即中国银行业既要对内改革,也要对外开放,面临来自内外环境多重挑战。

### 挑战一:金融业混业经营

金融业的混业经营是一个世界性潮流,同时也是未来的行业发展趋势。而我国随着证监会、保监会、银监会的成立,银行、证券、保险业分业经营、分业监管的体制终告形成。这种分业经营体制使得我国的银行、证券公司、保险公司仅有单一资本、单一业务范围,在加入WTO后面对具有国际金融机构背景的综合金融集团竞争时,面临不对等的竞争条件,结果在竞争前就屈居劣势。

另外,从金融创新角度看,金融商品不断推陈出新,金融机构所需资金越来越大,单一的商业银行或证券公司,已无法独自承担日新月异的新金融商品的承销,也无法满足企业一揽子全方位的金融服务和居民多样化的金融理财服务;而综合银行则可以为企业提供多种形式的金融服务,降低客户的交易成本,更能吸引客户。在实践中,一些金融机构也在逐步向混业经营方向发展,如"银证通"的实施。因此,修改《商业银行法》允许混业经营已是大势所趋。

### 挑战二:巴塞尔新资本协议

经过长达5年的深入研究和听取多方面的意见,巴塞尔新资本协议已经初具框架,呼之欲出。新资本协议较之1998年的巴塞尔协议更为复杂、全面、严格,它以资本充足率为核心、以信用风险控制为重点,突出强调国家风险的风险监管思路和方法,以使资本充足比率和各项风险管理措施更能适应当前金融市场发展的客观要求。

根据安排,巴塞尔银行委员会打算于2006年前在成员国实施。中国作为巴塞尔委员会的成员国,必然会受到这一新规则的直接影响,尤其是银行风险监管将面临一系列新的影响:

**其一,大型银行资本不足,急需提高资产质量和拓展资本补充渠道。**新资本协议要求资产质量较差的银行提高风险权重,配备更高水平的资本。而中国银行业尤其是四大国有商业银行的不良贷款比率较高,资产质量较差,同时也普遍面临资本金补充渠道欠缺问题,因此新资本协议提出补充资本金的要求有较大的实现难度。

**其二,银行内部风险评级体系有待完善。**新资本协议框架的核心之一即是银行内部风险评级体系,要求包括评级对象的确定、信用级别及评级号、评级方法、评级考虑的因素、实际违约率和损失程度的统计分析、跟踪复评和对专业评级机构评级结果的利用等等。而我国大多数商业银行在这些方面都与国际银行存在较大差距,从而极大地限制了内部评级在揭示和控制信用风险方面的作用。

**其三,强化信息披露。**由于会计信息不完备,真实性有待提高等因素,中国银行业在信息披露的质量和数量方面,均远远不能适应市场需求，市场也缺乏足够的动力和资料深入分析银行的风险状况。因此，为适应新协议要求，中国银行业须强化信息披露，引导强化市场对银行信息的分析，逐步提高市场约束力量。

其四，金融监管机关决策自主权扩大，监管能力标准提高。按新协议要求，如何及时开辟银行的资本金补充渠道、如何合理确定适合中国国情的不低于8%水平的最低资本充足要求、如何评估和衡量商业银行内部风险评估体系状况、如何运用新的资本协议框架监管外资银行等，对中国金融当局的监管能力而言均是新挑战。

**挑战三：银行的国际竞争力**

银行竞争力是银行综合能力的体现，是在市场经济环境中相对于竞争对手所表现出来的生存能力和持续发展能力的总和。其内容主要包括：银行现实竞争能力，如市场占有率、经营能力、盈利能力、资产质量等，银行潜在竞争力，如银行的组织结构、法人治理结构、业务体系、银行监管的有效性等；银行竞争力的环境因素，如社会发展环境、宏观经济环境、社会信用环境、银行体系环境等。

随着全球经济一体化进程加快和中国加入WTO，中国银行竞争力势必要在世界大舞台上与国际银行比拼，中国银行将接受国际市场竞争中的优胜劣汰法则，担当振兴民族银行业的重任。但实际上在银行竞争力方面，中国商业银行与国际大银行存在较大差距，主要表现在风险监管水平落后导致的资产质量不高，法人治理结构的不合理导致的人力资源潜力没有充分挖掘，资产盈利能力水平低下，业务创新能力弱、信用制度不健全等等。2002年4月，爱立信等公司抛弃国内商业银行而选择国外银行，就充分地表明了国内银行在竞争力方面的不足及弱势。

因此，从动态上看，尽管我国商业银行竞争力与国际大银行之间的差距正随着时间的推移，在不断缩小；但是由于WTO过渡期留给我国银行业的时间有限且紧迫，银行业的不良资产比例过高，已经积累了一定风险。中国银行业的金融监管工作任重道远，银行业的改革创新任务艰巨，竞争力提升难度较大。

综上所述，2003年为兑现入世承诺，我国银行业进一步对外开放，迎接实力雄厚的外国金融集团的竞争挑战，同时也接受国际规则的制约。但随着中国银监会的成立，与银行业有关的大量法规建设、改革措施、金融创新得以实施，中国银行业的内外部发展环境将更加健康规范，银行业的发展潜力得以激活并释放，伴随着"在发展中规范，在规范中发展"的监管思想，平稳增长将是2003年中国银行业发展的总趋势。

VOLUME 13

# 第十三卷

# 2002年度中国上市公司年报大全

- 程序 · 业绩 · 规范 · 创新

  ——2002年上市公司年报披露研究
- 年报概览（上证所上市公司）
- 年报概览（深交所上市公司）

A COMPREHENSIVE HANDBOOK OF CHINESE SECURITIES　　中国证券大全

# 程序 业绩 规范 创新

## ——2002年上市公司年报披露研究

截止 2003 年 4 月 30 日，除 8 家公司外，沪深交易所共有 1237 家上市公司如期披露了 2002 年年度报告，其中包括部分 2003 年新上市的公司。至此，上市公司 2002 年年度报告的披露工作基本结束，但年报中反映出的有关上市公司经营业绩、会计指标及年报信息披露制度等方面仍留下许多问题值得人们去总结和思考。毫无疑问，这种总结和思考对中国上市公司的建设和证券市场的完善具有重要的推动作用。

### 一、观程序：披露进度"前松后紧"、"前喜后忧"

从如期披露的 1237 家上市公司年报的披露进度和程序来看，总体上呈现出如下特征：

#### 1.年报披露进度"前松后紧"

尽管近两年随着上市公司数量的不断增加，沪深证券交易所采取了年报预约披露的方法，以缓解年报披露均衡性的压力，但是仍有许多公司更改披露日期，以往年报披露"前松后紧"的现象并未得到根本改善。据统计数据表明，年报披露的高峰仍然集中在 3 月下旬和 4 月中下旬之间。其中，3 月 28 日两市共有 52 家公司披露年报，成为单日披露年报数量最多的一天。此外，4 月 10 日后的 18 个披露日内共有 476 家公司披露年报，占全部公司数量（1237 家）的 39%，平均每个披露日有 26 家公司披露年报，大大超过全部公司的平均披露进度。表 13-1 统计了 1~4 月披露年报的公司家数和所占全部公司的比例，以及对应的资产总额。从中可以看出，在 3 月和 4 月披露的公司数量大约占全部公司数量的 85%，"前松后紧"现象十分突出。

表 13-1　1~4 月披露年报公司的数量和资产总额

| 月 份 | 家 数 | 比例(%) | 资产总额（亿元） | 比例(%) |
|---|---|---|---|---|
| 1月 | 61 | 5 | 3545.81 | 8.49 |
| 2月 | 121 | 10 | 3067.82 | 7.35 |
| 3月 | 455 | 37 | 16513.59 | 39.55 |
| 4月 | 600 | 48 | 18625.55 | 44.61 |
| 合计 | 1237 | 100 | 41752.77 | 100 |

#### 2.年报平均业绩"前喜后忧"

从近几年我国证券市场年报披露的时间看，存在"绩优公司报喜在前，绩差公司报忧在后"的普遍现象。从披露 2002 年年报公司的业绩情况来看，这种现象并未改观，具体表现为年报的平均业绩"前喜后忧"、"前高后低"。据有关统计资料分析表明，随着披露时间的推移，披露年报公司的平均每股收益呈明显的下降趋势，在年报披露的最后几天每股收益急剧下降,连续为负值,平均业绩随披露进度“前高后低”的现象十分明显。此外,2002年共有亏损公司167家,其中147家在4月份披露了年报,占全部亏损公司的88%,尤其集中在4月下旬。

### 3.资产规模较大的上市公司年报披露“并不落后”

从理论上讲,资产规模较大的上市公司由于分支机构众多,经济业务复杂,无论从自身编制年报的工作量,还是从会计师事务所的审计工作量来看,其在年报披露时间上都最有理由“落后”。但是,2002年年报披露的实际情况显示,资产规模较大的公司,年报披露却“并不落后”。在沪深两市资产总额排名前50位的公司中,62%的公司在3月底前披露了年报,在4月份披露年报的19家公司中,15家在4月中上旬披露了年报,最晚的在4月24日披露。资产总额排名前10位的公司中,也有6家在3月底前,3家在4月中上旬披露了年报。可见,资产规模较大的公司,在年报披露的组织工作上效率较高。

### 4.“非标意见”公司倾向于选择“最后瞬间亮相”

与资产规模较大的公司披露时间“不落后”形成鲜明对照的是,年报中财务报告被出具“非标意见”的公司往往在年报披露的最后时限才“匆忙登场”。据统计,如期披露年报的1237家公司中,共有152家公司的财务报告被注册会计师出具“非标准意见”。非标意见公司在4月底集中亮相趋势明显。其中,4月30日披露年报的28家公司中,有20家的财务报告被出具“非标意见”,占该日披露年报公司数量的71%。

此外,受传统风俗影响,上市公司在年报披露日期的选择上也呈现出一些有趣的特点。例如,选择尾数为“8”的日期披露年报的公司数量远远胜过在其他日期披露年报的公司数量,特别是尾数为“4”的日期。

总的看来,导致上市公司年报在披露程序上呈现不均衡性特征的原因,既有客观因素,又有主观因素。客观上,由于1月份大部分公司年报正在编制之中,而2月份又存在春节长假和休市,因此年报的披露时间一般集中在3、4月份。主观上,“非标意见”公司在年报披露时限的最后“集中登场”,很大程度上是由于公司和会计师事务所虽经反复协调,但仍难以就相关问题达成一致,结果被迫在最后时刻亮相,形成年报披露的“前喜后忧”现象。

## 二、析业绩:

## 总体业绩稳中有升,主营业务突出

除如期披露年报的1237家上市公司外,截至2003年6月18日止,还有5家延迟披露,即一共1242家上市公司已披露年报,扣除2003年新上市公司外,2002年上市公司中共有1228家披露年报。研究上述年报中的业绩信息,可以发现我国上市公司2002年经营业绩呈现出如下新特点:

一是总体业绩呈平稳增长态势。2002年上市公司业绩较2001年总体上有大幅增长,具体表现为税前利润总额和税后净利润的增长:2002年上市公司共实现税前利润总额1321.36亿元,较2001年的1141亿元增长15.8%;其实现税后净利润839.74亿元,较2001年的770.37亿元增长9%。同时与业绩增长相对应的是,上述公司经营活动产生的现金流量总额同比增幅达24.84%,每股经营活动产生的现金流量同比增幅达18.41%,显示出上市公司业绩的“含金量”有所提高,具体数据如表13-2所示。

表13-2　2002年上市公司业绩及经营现金流量增长情况

| 项目 | 2002年 | 2001年 | 增长% |
|---|---|---|---|
| 利润总额(亿元) | 1321.36 | 1141.01 | 15.80 |
| 净利润(亿元) | 839.74 | 770.37 | 9.00 |
| 经营现金流量净额(亿元) | 3271.66 | 2620.73 | 24.84 |
| 每股经营现金流量(元) | 0.553 | 0.467 | 18.41 |

二是上市公司主营业务对利润贡献明显。通过对上市公司利润构成项目的进一步分析发现,2002年度主营业务的增长对上市公司整体业绩贡献较大。据初步统计,2002年上市公司主营业务利润总额同比增幅达18%,超过利润总额和净利润的增长幅度。而计算比较各行业平均毛利率水平也可发现,除个别行业外,大部分行业毛利率水平同2001年基本持平,表明市场和产品盈利能力稳定。其中,电子和石化行业平均毛利率分别增长3.93%和2.15%,产品盈利能力的提高使得上市公司业绩迅速提升。从表13-3的数据中即可看出主营

业务盈利能力的变动对提升行业业绩的作用。

表 13-3　　部分行业的平均毛利率水平和平均每股收益

| 行业 | 2002年毛利率 | 2001年毛利率 | 2002年EPS(元) | 2001年EPS(元) |
|---|---|---|---|---|
| 电子 | 18.16 | 14.22 | 0.17 | -0.01 |
| 石化塑胶塑料 | 12.98 | 10.83 | 0.07 | 0.03 |
| 交通运输仓储 | 32.70 | 32.25 | 0.21 | 0.20 |
| 采掘业 | 20.50 | 20.06 | 0.1806 | 0.1793 |
| 传播与文化业 | 24.41 | 37.66 | -0.24 | 0.08 |

三是上市公司业绩集中程度较高。据统计,以中国石化、中国联通为首的利润总额排名前 10 位的公司,其利润总额和净利润总额分别占已披露年报的 1242 家公司的 37.54%和 36.84%。这表明股市中正在形成的"大盘蓝筹股"群体对上市公司总体业绩具有举足轻重的影响。

四是上市公司地区业绩差异明显。从地区上市公司的平均每股收益情况看,新疆、重庆、广西、福建、河北的上市公司业绩好于全国其他地区,某些西部省份的上市公司,由于可享受经营和税收等方面的优惠政策,其平均业绩优于某些经济发达地区。另外,宁夏、吉林、福建、广东等地上市公司的业绩回升较为明显,增长、扭亏或减亏的幅度较大。

五是上市公司行业业绩差异较大。综合平均每股收益和净资产收益率指标看,电力煤气和水的生产与供应业、金融保险业、金属非金属行业业绩表现较为理想,而传播与文化业、造纸印刷业则总体上表现较差。从年度业绩变动情况看,电子、机械设备仪表和房地产业成为增长较快的行业,而传播与文化业、造纸印刷业和农林牧渔业则总体上呈下滑趋势。

六是投资收益对上市公司业绩影响下降。从 2002 年上市公司利润构成看,投资收益对上市公司总体业绩和相应公司 (指对外投资并产生收益或损失的公司) 业绩的影响程度都较 2001 年明显下降。从总体上看,投资收益占全部公司税前利润总额的比例从 2001 年的 12.92%下降为 9.91%,而占相应公司税前利润总额的比例也由 2001 年 14.16%下降为 10.61%(见表 13-4)。表 13-4 显示了已披露年报的 1242 家公司中具有投资收益(或亏损)的 1122 家公司的总体情况。但就个别公司来看,部分规模较大的公司中,投资收益在利润总额中所占的比重仍然较大。

表 13-4　　2002 年度上市公司投资收益总体情况

| | 家数 | 收益/亏损额(亿元) | 利润总额(亿元) | 影响度(%) |
|---|---|---|---|---|
| 收益 | 678 | 175.89 | 1023.71 | 17.18 |
| 亏损 | 444 | -43.82 | -220.74 | 19.85 |
| 合计 | 1122 | 132.06 | 1244.46 | 10.61 |

七是补贴收入占上市公司利润比重下降。上市公司的补贴收入主要来自于各种流转税返还,以及地方财政给予的相关财政补贴。据统计,2002 年共有 674 家公司享受各种补贴收入,较 2001 年的 602 家略有上升,但补贴收入总额占全部公司税前利润总额的比例为 3.49%,较 2001 年的 3.92%略有下降。从享受补贴收入公司的范围来看,信息技术业、农林牧渔业、电子、医药等行业的上市公司中均有半数以上享有补贴收入,全部 647 家公司共享有补贴收入 46.54 亿元,占其税前利润总额的 11.1%,较 2001 年的 14%有所下降。

总的看来,2002 年我国上市公司总体业绩稳中有升,主营业务贡献突出,投资收益、补贴收入影响下降,上市公司业绩"含金量"提高,经营质量进一步提升;但是受行业利润率、地区经济环境影响,上市公司之间的业绩差异较为明显。

## 三、论规范：若干不良现象有待纠正

从2002年上市公司年报编制和披露的总体情况看，上市公司年报基本贯彻了证监会新修订的年报准则精神，年报披露的整体质量稳步提高，并且上市公司还呈现出“业绩大幅上升、利润结构日趋合理、分配政策逐渐理性、担保风险显著降低”等喜人特点，但在上市公司规范运作和信息披露等方面，仍存在一些不规范现象和问题，暴露出一些急需纠正和完善的监管弊端。

### 1.上市公司业绩预测不尽如人意

在业绩预告制度上，2002年年报将年度业绩预告的披露时间提前至第三季度报告，强调信息披露人要以诚实信用的态度，尽可能准确地披露预测信息，并及时修正先前披露的信息。尤其是对将要暂停上市或终止上市的公司，要求每月前五个工作日内刊登一次风险提示公告，保证高风险公司的经营风险能够提前释放，降低投资者的投资风险。但业绩预告制度的实际执行效果并不尽如人意。一方面上市公司业绩准确性不高，按规定应当进行业绩预测而确定在上一定期报告中进行业绩预测的比例并不高，特别是对于亏损公司和业绩大幅下滑公司，在定期报告中进行准确、及时预测的比例更低；另一方面业绩预测公告不明确或不详细，有多家公司出现未预告业绩、逾期预告业绩或变更预告类型的情况，如预盈转预亏、预警转预亏等，少数公司甚至有利用业绩预告操纵股价的嫌疑，业绩预告制度未充分发挥实际应有作用。可见，业绩预告制度有待进一步完善，业绩预告的操作程序、违规后果等规定需要进一步细化。

### 2.非经常性损益项目界定有偏差

上市公司对非经常性损益相关项目的披露，有助于突出非常项目对公司业绩的影响，从而使投资者得以更好地对公司核心竞争力加以甄别。从表13-5的统计数据可看出，2002年上市公司非经常性损益总体上表现为非经常损失61.39亿元，占存在非常项目公司扣除非常项目前净利润的7.27%。在非经常性损益项目的界定操作中，许多公司由于主观理解有误或是出于主观故意，对非经常性损益项目的界定存在严重偏差，如将计提资产减值准备、长期股权投资差额摊销作为非经常性损益项目，而将关联款项收取的资金占用费、关联欠款偿还冲回的坏账准备、成本法核算的投资收益等不作为非经常性损益项目。目前，这些情况已引起中国证监会的重视，证监会也决定采取相应措施，拟对《公开发行证券的公司信息披露规范问答第1号——非经常性损益》作出修订，以进一步规范上市公司对非经常性损益的确认和披露。

表13-5　　2002年度非经常性损益情况及其影响

| 项目 | 家数 | 收益/损失额(亿元) | 扣除前净利润(亿元) | 影响度(%) |
|---|---|---|---|---|
| 非常收益 | 679 | 67.02 | 414.44 | 16.17 |
| 非常损失 | 537 | -128.41 | 429.86 | -29.87 |
| 无 | 12 | 0.00 | - | 0.00 |
| 合计 | 1228 | -61.39 | 844.30 | -7.27 |

### 3.利用会计手段调节操纵会计利润现象仍有发生

2002年共有137家公司存在会计政策变更，占全部公司的27.02%；97家公司存在会计估计变更，占全部公司的19.13%；131家公司进行了会计差错调整，占全部公司的25.83%；对2002年年报实施追溯调整的公司共有269家，占全部公司的53.05%，其中8家调整后发生盈亏实质性变化。上述变更、调整除因执行新《企业会计准则》和财政部通知等合理原因外，有些是属于故意操纵利润行为，如变更应收款项和存货核算方法，变更资产减值准备计提比例，对以前年度未确认的诉讼赔偿预计负债、纠正以前期间发生的会计政策使用错误、补提会计估计等会计差错更正行为等。上市公司凭借这些会计手段将会计差错更正的累计影响数在不同报告期人为地随意进行分摊，以达到调整以前各期利润从而避免连续亏损，逃避监管的目的。尽管证监会在2002年年报披露工作中已采取一定措施遏制上市公司随意调节利润现象，但实际执行时违规现象仍有发生，可见此方面措施仍有待加强。

### 4.上市公司募集资金使用状况堪忧

据深圳证券交易所公司管理部对深圳52家2001年进行再融资的公司募集资金投资进度的不完全统计，严格履行招股说明书投资进度承诺的公司仅为11家。投资进度不到50%的有10家，其中有一家投资进度为0%，募集资金完全处于闲置状态。统计另外发现，2001年度进行再融资的公司在2002年度共有17家公司存在变更募集资金用途行为。除募集资金项目进度延误、出现资金闲置情况外，上海证券交易所上市公司募集资金使用状况中还存在其他问题，如部分公司难以兑现招股承诺的投资收益；随意变更募集资金的使用项目，甚至不履行应有的变更程序等。因此，如何督促上市公司规范使用募集资金仍有待证券市场监管部门强化监管措施、严格执法去解决。

5.上市公司利润分配有不合理现象

据统计，2002 年超过半数的上市公司提出利润分配方案。高派现、高送转现象普遍，并且以现金分红为主，派现比例大幅提高，其中每股派现比例超过 0.3 元的公司有 59 家，表明上市公司开始倡导并实施“回报股东、鼓励长期投资”的经营理念。但并非所有的派现象均是合理的。有的公司为达到再融资的要求而实施低派现；有的公司为达到再融资要求，而采取高派现行为减少净资产，变相提高净资产收益率；有的公司(共 19 家)每股派现值高于每股经营现金净流量和每股收益，存在利润超分配现象。这些不合理的利润分配现象正引起中国证监会的密切关注，相信不久会得到纠正。

6.变更会计师事务所行为较普遍

据统计，2002 年年报期间，深市上市公司中共有 64 家公司更换会计师事务所，沪市则有 50 多家，其中绩差公司和 ST 公司占相当比例，数量大大超过 2001 年年报数据。这些变更会计师事务所的公司普遍存在前后任会计师沟通不足的问题，部分变更会计师事务所的上市公司审计意见的严重程度突然减缓，相当一部分后任会计师对认为不妥的以前年度的会计处理进行了数额较大的追溯调整，使得上市公司的财务数据缺乏连续性，干扰了普通投资者的正常投资判断。针对此现象，中注协已颁布文件要求前后任注册会计师加强沟通，财政部、证监会等部门也将重点审查变更会计师的上市公司会计信息，至于实施效果还有待观察。

7.上市公司信息披露部分内容不充分、不完整

部分上市公司对年报中“管理层讨论与分析”重视不够，信息披露或者过于简单，或者流于形式，没有达到年报准则规定的深度和广度要求；对可能影响投资者判断的重要信息，如重大事项、公司未来经营计划等涉及文字陈述的部分避重就轻、含糊其词，披露不充分。

另外，还有些上市公司出现历史罕见的巨额亏损；有些公司的审计意见类型值得商榷；有些公司的独立董事未对年报中反映的重大问题提出异议，或者独立董事意见流于形式，缺乏深度等等。上述问题有的是陈年旧弊，有的是伴随发展而出现的新现象，但都说明我国证券市场、上市公司的监管道路任重道远，“在规范中发展，在发展中规范”是我国证券市场永恒不变的主题。

## 四、促创新：“为投资者服务”而改革

上市公司年报披露的服务对象是投资者，年报披露的目的在于让投资者通过年报了解公司的经营状况、盈利水平，获得投资决策的依据。因此，年报披露的改革创新工作应围绕投资者需求，让投资者满意而进行。证券市场的投资者类型各异，既有机构、散户之分，又有专业、业余之分，他们虽然对年报信息分析能力不同，但都同样要求年报信息披露真实、及时、充分。针对前文所提到的一些不规范现象，以及投资者类型、需求的复杂性，我们特就年报披露的内容、形式、程序、监管等各方面提出如下改革建议：

1.强化年报中的“经营信息”

目前，投资者从年

报中获取上市公司的经营信息仅有两条途径:财务信息中的相关指标和“董事会公告”的相关信息。但这两种方式使投资者获得的经营信息十分有限,前者经财务会计手段处理后仅反映经营结果,而缺乏经营过程中的重要环节;后者或多或少存在“避重就轻”、“语焉不详”行为,两者均不能满足投资者需求。因此,建议年报中进一步强化“经营信息”的披露。可建立和完善类似于财务报表的“经营报表”体系,遵循分类、量化、详尽、比较等原则,按不同行业整理设定公司各项经营指标,系统全面反映公司的经营过程和经营成果,以使投资者在掌握上市公司经营活动过程重要信息的基础上作出对其未来发展趋势的研判,再结合财务信息等,最终实现对上市公司收益性信息与风险性信息的权衡而作出投资决策。

### 2.优化信息披露格式与内容

目前,我国证券市场信息披露体系已基本建立,但随着通信方式的进步和年报内容繁杂度的增加,年报披露格式有待进一步优化。由于上市公司普遍存在“重定期披露,轻日常披露”现象,因此定期报告尤其是年报的内容,格式也越来越复杂,这不仅加大上市公司编制年报的难度,同时也使投资者无法及时对相关信息进行对比甄别,导致信息的有效性降低。因此建议将一些重大会计差错、公司治理等问题从年报中分离以公告形式进行日常的信息披露;年度报告应重点集中在经审计的财务信息及管理层对报告期财务状况和经营成果的讨论与分析的披露方面;对年报中的其他内容,如财务报表附注的披露可适当简化和优化。

在信息披露表达方式方面,考虑到投资者的专业知识限制和电脑技术的普及,可将年报中的各项财务数据通过电脑信息处理,变得图表化、直观化、多媒体化甚至立体菜单化,提高年报信息利用水平;也可将网站上的年报格式转变为读者可任意剪贴、编辑、计算的WORD、EXCEL等通用型电子文档,为投资者深入分析年报信息提供方便。

### 3.完善并细化相关的会计核算和信息披露指南,减少上市公司操控业绩的可能性

尽管我国会计制度已逐步完善,但利用会计手段操控业绩现象仍时有发生。如利用“账龄掉期”等方式,通过不计提或少计提坏账准备操纵利润;通过对不同账龄的应收账款规定浮动的计提比例,每年由董事会确定具体计提比例的方式对利润进行微调,通过“年终集中回款”方式规避坏账准备计提等等。在信息披露规则方面,2002年绝大多数公司仅对营业外收支进行扣除,而对于短期投资收益、股权投资差额摊销、资产减值准备转回、会计估计变更的影响数、税收优惠等的扣除标准则很不一致。这些问题使年报业绩信息含有“水分”,公司之间缺乏可比性。因此,必须完善并细化相关的会计核算指南,削除弹性规则,统一核算标准,既防业绩操纵,又要保证信息的可比性,尽力为投资者提供真实、可靠的公司业绩信息。

### 4.建立财务报告的重新披露制度

2002年年报中有相当比例上市公司,因会计政策或会计差错等原因而对以前年度的财务数据进行追溯调整,其中不乏重大调整。在年报中集中如此大量的更正财务信息,既不利于公司年报的及时编制和披露,也不便于投资者及时获取和有效使用信息,同时也给监管工作带来难度。为此,可建立财务报告的重新披露制度,以重大事项临时报告的方式及时重新披露更正后的财务信息,在减轻年报披露压力的同时,提高财务信息披露的及时性和有效性。另外,为杜绝会计差错更正的随意性,可建立证券市场“问责”制度,对于以会计差错更正为名达到特殊目的的公司坚决予以严格处罚。

总的来看,2002年在整体宏观经济环境持续向好,保持稳定高速增长的情况下,上市公司励精图治,总体业绩稳中有升;上市公司年报披露格式逐步向标准化方向发展,实质性披露内容进一步丰富,信息含金量提高。但是由于各种主客观原因,还存在年报披露进度不均衡、公司业绩预告执行不力、公司经营管理水平有待提高、审计独立性缺失等各种问题,有待于证券市场监管部门、上市公司、中介机构、投资者乃至全社会共同努力去解决。

# 年报概览(上证所上市公司)

## A.农、林、牧、渔业(17 家)

# 600108 甘肃亚盛实业(集团)股份有限公司

## 二○○二年年度报告摘要

### 1.重要提示

1.1 本公司董事会及其董事保证本报告所载资料不存在任何虚假记载、误导性陈述或者重大遗漏,并对其内容的真实性、准确性和完整性负个别及连带责任。本年度报告摘要摘自年度报告全文,投资者欲了解详细内容,应阅读年度报告全文。

1.2 无个别董事声明对年度报告内容的真实性、准确性、完整性无法保证或存在异议。

1.3 董事任养成因公未能出席。

1.4 五联联合会计师事务所有限公司为本公司出具了标准无保留意见的审计报告。

1.5 公司法定代表人董事长周长生先生、总经理赵祖英先生、财务总监任都成先生,会计机构负责人何智先生声明:保证年度报告中财务报告内容真实、完整。

### 2.上市公司基本情况简介

2.1 基本情况简介

| | |
|---|---|
| 股票简称 | 亚盛集团 |
| 股票代码 | 600108 |
| 上市交易所 | 上海证券交易所 |
| 注册地址 | 甘肃省兰州市张掖路 219 号基隆大厦 20 楼 |
| 办公地址 | 甘肃省兰州市张掖路 219 号基隆大厦 20 楼 |
| 邮政编码 | 730030 |
| 公司国际互联网网址 | http://www.yasheng.com.cn |
| 电子信箱 | ysjsj@public.lz.gs.cn |

2.2 联系人和联系方式

| | 董事会秘书 | 证券事务代表 |
|---|---|---|
| 姓名 | 周文萍 | 孙小琴 |
| 联系地址 | 甘肃省兰州市张掖路 219 号基隆大厦 20 层 | 甘肃省兰州市张掖路 219 号基隆大厦 20 层 |
| 电话 | 0931－8471961 | 0931－8471961 |
| 传真 | 0931－8471961 | 0931－8471961 |
| 电子信箱 | ysjsj@public.lz.gs.cn | ysjsj@public.lz.gs.cn |

### 3.会计数据和财务指标摘要

3.1 主要会计数据

| | 2002 年 | 2001 年 | 本年比上年增减(%) | 2000 年 |
|---|---|---|---|---|
| 主营业务收入 | 832,229,542.08 | 664,487,484.56 | 25.24 | 690,091,204.30 |
| 利润总额 | 88,653,857.56 | 96,698,716.54 | －8.32 | 103,598,312.11 |
| 净利润 | 80,061,624.78 | 89,787,377.45 | －10.83 | 101,160,100.00 |
| 扣除非经常性损益的净利润 | 80,243,110.75 | 74,924,064.70 | 7.10 | 109,679,179.45 |
| | 2002 年末 | 2001 年末 | 本年末比上年末增减(%) | 2000 年末 |
| 总资产 | 2,496,908,846.90 | 1,842,727,604.65 | 35.50 | 1,586,458,439.94 |
| 股东权益(不含少数股东权益) | 1,430,289,465.22 | 1,381,192,424.98 | 3.55 | 1,100,489,821.42 |
| 经营活动产生的现金流量净额 | 43,100,855.33 | 11,934,259.92 | 261.15 | 95,959,873.17 |

3.2 主要财务指标

| | 2002 年 | 2001 年 | 本年比上年增减(%) | 2000 年 |
|---|---|---|---|---|
| 每股收益(摊薄) | 0.13 | 0.14 | －7.14 | 0.25 |
| 每股收益(加权) | 0.13 | 0.15 | －13.33 | 0.30 |
| 净资产收益率(摊薄) | 5.60 | 6.50 | －13.85 | 9.34 |
| 净资产收益率(加权) | 5.63 | 6.73 | －16.34 | 9.33 |
| 扣除非经常性损益的净利润为基础计算的净资产收益率(摊薄) | 5.60 | 5.42 | 3.32 | 5.44 |
| 扣除非经常性损益的净利润为基础计算的净资产收益率(加权) | 5.63 | 5.62 | 0.18 | 5.61 |
| 每股经营活动产生的现金流量净额 | 0.069 | 0.019 | 263.16 | 0.24 |
| | 2002 年末 | 2001 年末 | 本年末比上年末增减(%) | 2000 年末 |
| 每股净资产 | 2.29 | 2.19 | 4.57 | 2.86 |
| 调整后的每股净资产 | | 2.21 | | 2.72 |

3.3 国内外会计准则差异

□适用 ■不适用

### 4.股本变动及股东情况

4.1 股份变动情况表

1.公司股份变动情况表

数量单位:万股

| | 本次变动前 | 本次变动增减(+,-) | | | | | | 本次变动后 |
|---|---|---|---|---|---|---|---|---|
| | | 配股 | 送股 | 公积金转股 | 增发 | 其他 | 小计 | |
| 一、未上市流通股份 | | | | | | | | |
| 1.发起人股份 | 24,336 | | | | | | | 24,336 |
| 其中: | | | | | | | | |
| 国家持有股份 | 14,072.29 | | | | | | | 14,072.292 |
| 境内法人持有股份 | 10,263.708 | | | | | | | 10,263.708 |
| 境外法人持有股份 | | | | | | | | |
| 其他 | | | | | | | | |
| 2.募集法人股 | 5,252 | | | | | | | 5,252 |
| 3.内部职工股 | 5,234.32 | | | | | | | 5,234.32 |
| 4.优先股或其他 | | | | | | | | |
| 未上市流通股份合计 | 34,822.32 | | | | | | | 34,822.32 |
| 二、已上市流通股份 | | | | | | | | |
| 1.人民币普通股 | 27,682.2 | | | | | | | 27,682.2 |
| 2.境内上市的外资股 | | | | | | | | |
| 3.境外上市的外资股 | | | | | | | | |
| 4.其他 | | | | | | | | |
| 已上市流通股份合计 | 27,682.2 | | | | | | | 27,682.2 |
| 三、股份总数 | 62,504.52 | | | | | | | 62,504.52 |

注:公司无基金配售股份;公司内部职工股是因为吸收合并了山东龙喜股份有限公司形成的,截止报告期期末共有 5234.32 万股;公司无战略投资者配售股份;无一般法人配售股份。

4.2 前十名股东持股表

单位:股

| 报告期末股东总数 | 137915 户 | | | | | |
|---|---|---|---|---|---|---|
| 前十名股东持股情况 | | | | | | |
| 股东名称(全称) | 年度内增减 | 年末持股数量 | 比例(%) | 股份类别(已流通或未流通) | 质押或冻结的股份数量 | 股东性质(国有股东或外资股东) |
| 甘肃亚盛盐化工业集团有限责任公司 | 0 | 140,722,920 | 22.51 | 未流通 | 其中质押 70,000,000 | 国有法人股 |
| 山东龙喜集团 | 0 | 52,520,000 | 8.4 | 未流通 | 全部质押 | |
| 甘肃金塔恒盛农业发展有限责任公司 | 0 | 51,896,520 | 8.3 | 未流通 | 2002.2 质押 2002.10 解除 | |
| 甘肃金盛实业有限公司 | 0 | 26,830,440 | 4.29 | 未流通 | 无 | |
| 甘肃鹏盛农业发展有限责任公司 | 0 | 13,749,840 | 2.2 | 未流通 | 无 | |
| 甘肃省国营生地湾双丰化工厂 | 0 | 10,160,280 | 1.63 | 未流通 | 无 | |
| 张勇 | －31,553 | 600,000 | 0.1 | 流通 | | |
| 吕松 | －52,801 | 560,500 | 0.09 | 流通 | | |
| 王军明 | 0 | 555,360 | 0.089 | 流通 | | |
| 刘丽芬 | 未知 | 541,030 | 0.087 | 流通 | | |
| 前十名股东关联关系或一致行动的说明 | 报告期内前六大股东之间无关联关系,亦不属于《上市公司股东持股变动信息披露管理办法》规定的一致行动人。持有流通股的个人股东之间,公司未知其是否存在关联关系,是否是一致行动人。 | | | | | |

4.3 控股股东及实际控制人情况介绍

4.3.1 控股股东及实际控制人变更情况

□适用 ■不适用

4.3.2 控股股东和其他实际控制人具体情况介绍

甘肃亚盛盐化工业集团有限责任公司是本公司的控股股东，持有公司国有法人股14072.292 万股，占总股本的 22.51%。法定代表人王登福先生。于 1992 年成立，1998 年更名。经营范围：农业技术开发，新技术、新产品的开发、加工；农副产品、化工产品及原料、纺织品、建材的批发零售；生物基因、网络技术的开发、投资畜禽养殖。注册资本：12000 万元。

甘肃亚盛盐化工业集团有限责任公司属国有独资公司，投资主体是甘肃省农垦总公司。

## 5.董事、监事和高级管理人员

5.1 董事、监事和高级管理人员持股变动

| 姓名 | 职务 | 性别 | 出生年月 | 任期起止日期 | 年初持股数 | 年末持股数 | 变动原因 |
|---|---|---|---|---|---|---|---|
| 周长生 | 董事长 | 男 | 1942.08 | 2000－2003 | 39546 | 39546 | 无 |
| 王景胜 | 副董事长 | 男 | 1950.06 | 2001－2003 | 488800 | 488800 | 无 |
| 李兴祥 | 副董事长 | 男 | 1946.10 | 2000－2003 | 3954 | 3954 | 无 |
| 杨占荣 | 董事 | 男 | 1962.02 | 2000－2003 | 20168 | 20168 | 无 |
| 焦永强 | 董事 | 男 | 1965.02 | 2000－2003 | 3954 | 3954 | 无 |
| 李吉玉 | 董事 | 男 | 1949.08 | 2000－2003 | 3954 | 3954 | 无 |
| 许汉春 | 董事 | 男 | 1953.01 | 2000－2003 | 0 | 0 | 无 |
| 段德仁 | 董事 | 男 | 1970.06 | 2000－2003 | 0 | 0 | 无 |
| 王承济 | 董事 | 男 | 1954.10 | 2001－2003 | 301600 | 301600 | 无 |
| 易礼金 | 独立董事 | 男 | 1930.10 | 2002－2003 | 1690 | 1690 | 无 |
| 任养成 | 独立董事 | 男 | 1954.03 | 2001－2003 | 0 | 0 | 无 |
| 宁永光 | 独立董事 | 男 | 1941.01 | 2002－2003 | 0 | 0 | 无 |
| 孙剑谷 | 独立董事 | 男 | 1937.10 | 2002－2003 | 0 | 0 | 无 |
| 马维琪 | 监事会召集人 | 男 | 1933.12 | 2001－2003 | 0 | 0 | 无 |
| 曹香芝 | 监事 | 女 | 1963.11 | 2000－2003 | 0 | 0 | 无 |
| 王红英 | 监事 | 女 | 1969.09 | 2000－2003 | 507 | 507 | 无 |
| 魏国福 | 监事 | 男 | 1964.10 | 2000－2003 | 0 | 0 | 无 |
| 刘文学 | 监事 | 男 | 1965.11 | 2000－2003 | 12259 | 12259 | 无 |
| 赵祖英 | 总经理 | 男 | 1941.05 | 2000－2003 | 0 | 0 | 无 |
| 任都成 | 财务总监 | 男 | 1958.04 | 2000－2003 | 0 | 0 | 无 |
| 晏国生 | 副总经理 | 男 | 1949.04 | 2001－2003 | 0 | 0 | 无 |
| 张天虎 | 副总经理 | 男 | 1961.11 | 2001－2003 | 0 | 0 | 无 |
| 岳霞 | 副总经理 | 女 | 1968.10 | 2001－2003 | 2000 | 2000 | 无 |
| 周文萍 | 董事会秘书 | 女 | 1970.02 | 2000－2003 | 0 | 0 | 无 |

5.2 在股东单位任职的董事监事情况

■适用　□不适用

| 姓名 | 任职的股东名称 | 在股东单位担任的职务 | 任职期间 | 是否领取报酬、津贴（是或否） |
|---|---|---|---|---|
| 王景胜 | 山东龙喜集团公司 | 董事长 | 2000－2004 | 否 |
| 李兴祥 | 甘肃金塔恒盛农业发展有限责任公司 | 董事长 | 2001－2004 | 否 |
| 王承济 | 山东龙喜集团公司 | 副总经理 | 2001－2004 | 否 |
| 杨占荣 | 甘肃鹏盛农业发展有限责任公司 | 董事长 | 2001－2002 | 否 |
| 焦永强 | 甘肃省国营生地湾双丰化工厂厂长 | 董事长 | 2001－2004 | 否 |

5.3 董事、监事和高级管理人员年度报酬情况

| | |
|---|---|
| 年度报酬总额 | 41.5 万元（仅指在公司领取报酬的人员） |
| 金额最高的前三名董事的报酬总额 | 6.6 万元 |
| 金额最高的前三名高级管理人员的报酬总额 | 11.1 万元 |
| 独立董事津贴 | 4.98 万元 |
| 独立董事其他待遇 | 无 |
| 不在公司领取报酬、津贴的董事、监事姓名 | 王景胜、王承济、焦永强、李兴祥、杨占荣 |
| 报酬区间 | 人数 |
| 2 万元及 2 万元以上 | 11 人 |
| 2 万元以下 | 10 人 |

## 6.董事会报告

6.1 报告期内整体经营情况的讨论与分析

公司以建设"农业高科技产业化"为主，业务范围涵盖了印染、饮料、国际贸易、无机化工、网络投资、生物基因等领域。2002 年公司充分利用自身的优势，完成了各项生产经营目标，整体经营状况比较稳定，所涉及主要行业未发生重大变化。

公司结合甘肃省的实际情况，因地制宜地走可持续发展的特色经济之路。通过这几年对资源的整合，极大地拓展了未来的发展空间，有利于培育公司的利润增长点，增加了产品的科技含量，优化产品结构，实现产业升级，提高了公司的市场竞争力，增强了公司的盈利能力，使公司这几年的经营业绩处于稳定状态，以良好的经营业绩回报股东。

报告期内，本公司实现主营业务收入 83,223 万元，较上年增长 25.24%，实现主营业务利润 15,489 万元，较上年增长 23.99%，全年实现净利润 8,006 万元，较上年降低 10.83%。

6.2 主营业务分行业、产品情况表

| 分行业或分产品 | 主营业务收入 | 主营业务成本 | 毛利率(%) | 主营业务收入比上年增减(%) | 主营业务成本比上年增减(%) | 毛利率比上年增减(%) |
|---|---|---|---|---|---|---|
| 农业 | 230,057,662.76 | 151,687,520.29 | 34.07 | －48.75 | －59.10 | －16.70 |
| 其中：家庭农场上缴利润及相关支出 | 63,423,517.19 | 10,910,871.55 | 82.80 | | | |
| 其中：关联交易 | 16,119,762.40 | 13,617,975.28 | 15.52 | －70.91 | －26.63 | －76.67 |
| 印染 | 169,807,693.85 | 145,047,299.07 | 14.58 | 36.66 | 54.98 | －10.10 |
| 饮料 | 39,361,265.20 | 37,677,780.49 | 4.28 | 4.47 | 3.79 | 0.63 |
| 贸易 | 191,048,461.03 | 179,537,178.66 | 6.03 | 162.24 | 154.42 | 2.89 |
| 其它业务 | 938,319.50 | 516,212.70 | 44.99 | －97.95 | －98.36 | 13.60 |
| 化工 | 256,247,753.92 | 215,765,844.45 | 15.80 | | | |
| 其中：关联交易 | 4,163,900.23 | 3,506,003.99 | 15.80 | | | |
| 小计 | 887,461,156.26 | 730,231,835.66 | 17.72 | 21.65 | 21.13 | 0.35 |
| 各业务分部抵消 | 55,231,614.18 | 55,231,614.18 | | | | |
| 合计 | 832,229,542.08 | 675,000,221.48 | 18.89 | 20.16 | 20.33 | 0.18 |
| 产品 | | | | | | |
| 种植及加工 | 230,057,662.76 | 151,687,520.29 | 34.07 | －48.75 | －59.10 | －16.70 |
| 印染 | 169,807,693.85 | 145,047,299.07 | 14.58 | 36.66 | 54.98 | －10.10 |
| 聚乙烯醇、维纶高模 | 183,682,490.98 | 145,988,298.55 | 20.52 | | | |
| 关联交易的定价原则 | 本公司与关联企业之间的业务往来按一般市场经营规则进行，与其他业务往来企业同等对待。与关联企业之间不可避免的关联交易，遵照公平、公正的市场原则进行。 | | | | | |
| 关联交易必要性、持续性的说明 | 受所处环境的限制，双方存在必要的关联交易（包括原料、产品、动力产品等方面），上述关联交易促进了公司生产经营的顺利进行，避免了不必要的投入和浪费，有利于公司提高效益。 | | | | | |

6.3 主营业务分地区情况

| 地区 | 主营业务收入 | 主营业务收入比上年增减(%) |
|---|---|---|
| 省内 | 612,427,430.63 | 43.37 |
| 省外 | 219,802,111.45 | 5.77 |

6.4 销售客户情况

| | | | |
|---|---|---|---|
| 前五名供应商采购金额合计 | 122,240,695.44 | 占采购总额比重 | 16.77% |
| 前五名销售客户销售金额合计 | 212,915,968.62 | 占销售总额比重 | 25.58% |

6.5 参股公司经营情况（适用投资收益占净利润 10%以上的情况）

□适用　■不适用

6.6 主营业务及其结构发生重大变化的原因说明

□适用　■不适用

6.7 主营业务盈利能力（毛利率）与上年相比发生重大变化的原因说明注11

□适用　■不适用

6.8 经营成果和利润构成与上年度相比发生重大变化的原因分析注12

□适用　■不适用

整体财务状况与上年度相比发生重大变化的原因分析注13

□适用　■不适用

6.9 对生产经营环境以及宏观政策、法规产生重大变化已经、正在或将要对公司的财务状况和经营成果产生重要影响的说明

□适用　■不适用

6.10 完成盈利预测的情况

□适用　■不适用

6.11 完成经营计划情况

■适用　□不适用

单位：万元

| | 原拟订的本年度经营计划 | 本年度实际数 |
|---|---|---|
| 销售收入 | 68,000 | 83,223 |
| 成本及费用 | 57,000 | 74,586 |
| 差异说明 | | |

报告期内，实现的销售收入 83,223 万元，比上年度 66,449 万元，净增加 1,6774 万元，增长了 25.24%；但是由于市场原因，创收单位成本从 0.84/元增加到 0.90/元，总成本增加 4,992 万元。使计划净利润从 12,900 万元减至 8,006 万元，比去年同期净利润下降了 10.83%。

6.12 募集资金使用情况

■适用　□不适用

本报告期内无募集资金。

本报告期之前募集资金的使用延续到报告期内的情况下：

1999 年配股募集资金的运用和结果：　单位：元

| 募集资金总额 | 274,510,000 元（扣除发行费用后的实际金额） | 本年度已使用募集资金总额 | 274,510,000 | | |
|---|---|---|---|---|---|
| | | 已累计使用募集资金总额 | 274,510,000 元（截止 2002 年 6 月 30 日已全部用完 | | |
| 承诺项目 | 拟投入金额 | 是否变更项目 | 实际投入金额 | 产生收益金额 | 是否符合计划进度和预计收益 |
| 年产 12000 万米精准农业滴灌管生产线 | 243,105,000 | 否 | 195,182,384.86 | | 符合 |
| 日光温室花卉栽培基地 | 25,000,000 | 否 | 25,582,483.82 | 78 | 符合 |
| 高 a 酸啤酒花基地及啤酒花加工厂 | 32,250,000 | 否 | 45,135,130.00 | 500 | 符合 |
| 5000 亩良种基地建设 | 25,000,000 | 否 | 26,909,609.07 | 330 | 符合 |
| 合计 | 325,355,000 | － | 292,809,607.75 | | － |
| 未达到计划进度和收益的说明（分具体项目） | 无 | | | | |
| 变更原因及变更程序说明（分具体项目） | 无 | | | | |

变更项目情况

□适用　■不适用

6.13 非募集资金项目情况

■适用　□不适用

| 项目名称 | 项目金额 | 项目进度 | 项目收益情况 |
|---|---|---|---|
| 投资成立山东盛龙有限责任公司 | 以净资产 22,950 万元为出资额 | 已注册 | 报告期内净利润为 6,455,402.74 元。 |
| 投资成立兰州新西部维尼纶有限公司 | 以净资产 18,710 万元为出资额 | 已注册 | 报告期内净利润为 1,261,955.24 元。 |
| 合计 | 41,660 万元 | | 7,717,357.98 元 |

6.14 董事会对会计师事务所"非标意见"的说明

□适用　■不适用

6.15 董事会新年度的经营计划(如有)

□适用　■不适用

新年度盈利预测(如有)

□适用　■不适用

6.16 董事会本次利润分配或资本公积金转增预案

经五联联合会计师事务所有限公司审计,公司 2002 年度共实现净利润 80,061,624.78 元,根据公司章程的有关规定,提取法定盈余公积 8,701,070.60 元,提取法定公益金 4,350,535.30 元后,加年初未分配利润 182,252,890.16 元,累计可供投资者分配的利润 249,262,909.04 元。

根据上年度确定的利润分配政策,董事会决定 2002 年度实现利润分配预案如下:

以 2002 年末股本 62,504.52 万股为基数,每 10 股派 0.5 元(含税),共计派发 31,252,260.00 元(含税),剩余利润结转下年度,本年度资本公积金不进行转增。

## 7.重要事项

7.1 收购资产注15

■适用　□不适用

| 交易对方及被收购资产 | 购买日 | 收购价格 | 自购买日起至本年末为上市公司贡献的净利润 | 是否为关联交易 | 定价原则 |
|---|---|---|---|---|---|
| 兰州西维维尼纶实业有限责任公司的主要经营性资产(含相关负债) | 2002 年 5 月 31 日 | 187,184,591.62 元 | | 是 | 以经评估的净资产值为准 |

7.2 出售资产

■适用　□不适用

| 交易对方及被出售资产 | 出售日 | 出售价格 | 本年初起至出售日该出售资产为上市公司贡献的净利润 | 出售产生的损益 | 是否为关联交易 | 定价原则 |
|---|---|---|---|---|---|---|
| 公司所属的下河清分公司、条山分公司部分资产(含相关负债)和农工商分公司、塑料编织袋厂的全部资产(含全部负债) | 2002 年 5 月 31 日 | 167,323,952.59 元 | | | 是 | 以经评估的净资产值为准 |

说明 7.1、7.2 所涉及收购与出售与资产事项对公司业务连续性、管理层稳定性的影响。公司所涉及收购与出售与资产事项对公司业务连续性、管理层稳定性无影响。

7.3 重大担保

□适用　■不适用

7.4 关联债权债务往来

■适用　□不适用

单位:万元

| 关联方 | 向关联方提供资金 | | 关联方向上市公司提供资金 | |
|---|---|---|---|---|
| | 发生额 | 余额 | 发生额 | 余额 |
| 甘肃条山农工商有限责任公司 | | | 53,832,247.77 | 112,710,813.13 |
| 甘肃亚盛农工商公司 | | 3,883,344.25 | 15,314,562.60 | |
| 甘肃亚盛盐化工业集团有限责任公司 | | | 2,633,576.87 | |
| 甘肃省国营生地湾双丰化工厂 | 670,000.00 | 170,000.00 | | |
| 甘肃金盛实业有限公司 | 3,400,000.00 | 7,055,236.98 | | |
| 甘肃亚盛盐化工业集团有限责任公司 | 72,921,863.96 | 31,213,146.85 | | |
| 甘肃茸圣投资有限公司 | 27,964,911.08 | | | |
| 甘肃条山农工商有限责任公司 | 15,216,219.05 | 21,186,004.53 | | |
| 甘肃恒信商标咨询服务有限责任公司 | 266,666.67 | | | |
| 甘肃名扬天下酒业有限责任公司 | 2,476,317.16 | | | |
| 合计 | 122,915,977.92 | 63,507,732.61 | 71,780,387.24 | |

7.5 委托理财

□适用　■不适用

7.6 承诺事项履行情况

□适用　■不适用

7.7 重大诉讼仲裁事项

□适用　■不适用

7.8 独立董事履行职责的情况

根据中国证监会发布的《关于在上市公司建立独立董事制度的指导意见》的要求,公司于 2002 年 5 月 31 日召开 2001 年度股东大会,选举产生了 4 名独立董事,使独立董事人数达到了董事总人数的三分之一。公司的 4 名独立董事均亲自参加或授权参加了公司自其上任后召开的历次董事会,审议了相关议案。就资产置换等关联交易发表了独立意见,充分发挥了独立董事的作用,维护了公司整体利益和中小股东的利益。

## 8.监事会报告

监事会认为公司依法运作、公司财务情况、公司募集资金使用、公司收购、出售资产交易和关联交易不存在问题。

五联联合会计师事务所有限公司为公司 2002 年度财务报告出具了标准无保留意见的审计报告,监事会认为此报告是客观公正的,公司 2002 年度财务报告真实地反映了公司的财务状况和经营成果。

## 9.财务报告

9.1 审计意见

本公司 2002 年度财务会计报告经五联联合会计师事务所有限公司审计确定并签章,注册会计师秦宝、韩旺审计确认签字,出具了"五联审字[2003]第 1061 号"标准无保留意见审计报告。

9.2 比较式合并及母公司的资产负债表、利润表和当年的现金流量表

### 资　产　负　债　表

单位:人民币元

| 项　　目 | 期末数 | | 期初数 | |
|---|---|---|---|---|
| | 合　并 | 母公司 | 合　并 | 母公司 |
| 流动资产: | | | | |
| 货币资金 | 117339381.54 | 83496660.07 | 229933509.39 | 222567183.26 |
| 短期投资 | 11477040.00 | 11477040.00 | | |
| 应收票据 | | | 80000.00 | 80000.00 |
| 应收股利 | 1520000.00 | 1521054.26 | | 216484.64 |
| 应收利息 | | | | |
| 应收帐款 | 166984572.45 | 90290238.86 | 197394272.78 | 194022331.72 |
| 其他应收款 | 359407698.79 | 358551144.91 | 185043774.07 | 303916689.83 |
| 预付帐款 | 226637627.12 | 200846650.37 | 69918251.07 | 67574558.12 |
| 应收补贴款 | 2597904.80 | | | |
| 存货 | 188829917.16 | 39264083.53 | 55497439.78 | 52920058.81 |
| 待摊费用 | 1002060.95 | | 71612.74 | |
| 一年内到期的长期债权投资 | | | | |
| 其他流动资产 | | | | |
| 流动资产合计 | 1075796202.81 | 785446872.00 | 737938859.83 | 841297306.38 |
| 长期投资: | | | | |
| 长期股权投资 | 131799631.06 | 661966773.89 | 150474166.69 | 265456667.70 |
| 其中:合并价差 | －860368.94 | | －785833.31 | |
| 长期债权投资 | | | | |
| 长期投资合计 | 131799631.06 | 661966773.89 | 150474166.69 | 265456667.70 |
| 固定资产: | | | | |
| 固定资产原价 | 1290787954.21 | 137031751.57 | 683338659.81 | 664158681.88 |
| 减:累计折旧 | 462397544.03 | 83605866.42 | 178369621.31 | 176744223.24 |
| 固定资产净值 | 828390410.18 | 353425885.15 | 504969038.50 | 487414458.64 |
| 减:固定资产减值准备 | 51775411.32 | 28804085.87 | 70944548.28 | 70944548.28 |
| 固定资产净额 | 776614998.86 | 324621799.28 | 434024490.22 | 416469910.36 |
| 固定资产清理 | | | | |
| 工程物资 | 1507964.77 | 1507964.77 | 1207720.03 | 1207720.03 |
| 在建工程 | 286824465.50 | 166052578.30 | 362089742.70 | 195899257.51 |
| 固定资产合计 | 1064947429.13 | 492182342.35 | 797321952.95 | 613576887.90 |
| 无形资产及其他资产: | | | | |
| 无形资产 | 205244471.42 | 55116984.35 | 113377507.23 | 80111103.09 |
| 长期待摊费用 | 664667.70 | 309455.23 | 1075367.95 | 578017.95 |
| 其他长期资产 | 18456444.78 | 18456444.78 | 42539750.00 | 42539750.00 |
| 无形及其他资产合计 | 224365583.90 | 73882884.36 | 156992625.18 | 123228871.04 |
| 递延税项: | | | | |
| 递延税款借项 | | | | |
| 资产总计 | 2496908846.90 | 2013478872.60 | 1842727604.65 | 1843559733.02 |
| 流动负债: | | | | |
| 短期借款 | 288701725.90 | 178530000.00 | 180860000.00 | 180060000.00 |
| 应付票据 | 13200000.00 | 13200000.00 | 16000000.00 | 16000000.00 |
| 应付帐款 | 143446504.23 | 30185356.64 | 26982066.07 | 29317129.94 |
| 预收帐款 | 47075903.77 | 19896080.10 | 13227637.25 | 11463953.45 |
| 应付工资 | 5414153.67 | 3894016.01 | 7841251.41 | 7796599.41 |
| 应付福利费 | 6301410.42 | 2696951.26 | 5476697.87 | 5428621.13 |
| 应付股利 | 27984197.29 | 27960608.00 | 32285849.29 | 32262260.00 |
| 应交税金 | 66042094.49 | 23654148.55 | 61608679.84 | 61595658.33 |
| 其他应交款 | 2100361.68 | 588993.95 | 2630720.00 | 2629597.59 |
| 其他应付款 | 133295361.59 | 114265657.85 | 81067438.62 | 109911098.93 |
| 预提费用 | 4791523.74 | 2130736.69 | 2923089.26 | 2902389.26 |
| 预计负债 | | | | |
| 一年内到期的长期负债 | 3000000.00 | 3000000.00 | | |
| 其他流动负债 | | | | |
| 流动负债合计 | 741353236.78 | 420002549.05 | 430905449.61 | 459367308.04 |
| 长期负债: | | | | |
| 长期借款 | 240535551.47 | 154916858.33 | 3000000.00 | 3000000.00 |
| 应付债券 | | | | |
| 长期应付款 | | | | |
| 专项应付款 | 8270000.00 | 8270000.00 | | |
| 其他长期负债 | | | | |
| 长期负债合计 | 248805551.47 | 163186858.33 | 3000000.00 | 3000000.00 |
| 递延税项: | | | | |

| | | | | |
|---|---|---|---|---|
| 递延税款贷项 | | | | |
| 负债合计 | 990158788.25 | 583189407.38 | 433905449.61 | 462367308.04 |
| 少数股东权益 | 76460593.43 | | 27629730.06 | |
| 所有者权益(或股东权益): | | | | |
| 实收资本(或股本) | 625045200.00 | 625045200.00 | 625045200.00 | 625045200.00 |
| 减:已归还投资 | | | | |
| 实收资本(或股本)净额 | 625045200.00 | 625045200.00 | 625045200.00 | 625045200.00 |
| 资本公积 | 481010582.56 | 481010582.56 | 480722907.10 | 480722907.10 |
| 盈余公积 | 106223033.62 | 105031432.81 | 93171427.72 | 93022189.09 |
| 其中:法定公益金 | 27378544.04 | 26981343.77 | 23028008.74 | 22978262.53 |
| 未分配利润 | 218010649.04 | 219202249.85 | 182252890.16 | 182402128.79 |
| 外币报表折算差额 | | | | |
| 所有者权益(或股东权益)合计 | 1430289465.22 | 1430289465.22 | 1381192424.98 | 1381192424.98 |
| 负债和所有者权益(或股东权益)总计 | 2496908846.90 | 2013478872.60 | 1842727604.65 | 1843559733.02 |

## 利润及利润分配表

单位:人民币元

| 项　　目 | 本期数 | | 上期数 | |
|---|---|---|---|---|
| | 合　并 | 母公司 | 合　并 | 母公司 |
| 一、主营业务收入 | 832229542.08 | 518641031.27 | 664487484.56 | 656494589.74 |
| 减:主营业务成本 | 675000221.48 | 390597271.71 | 537800502.56 | 532260678.75 |
| 主营业务税金及附加 | 2334138.10 | 1959881.39 | 1762242.48 | 1749057.90 |
| 二、主营业务利润(亏损以“-”号填列) | 154895182.50 | 126083878.17 | 124924739.52 | 122484853.09 |
| 加:其他业务利润(亏损以“-”号填列) | 1566457.15 | 1266688.24 | 337288.99 | 321527.78 |
| 减:营业费用 | 20276728.47 | 14533878.05 | 21463489.22 | 19588940.04 |
| 管理费用 | 38386869.99 | 28972913.54 | 23017018.61 | 22646985.18 |
| 财务费用 | 9857090.50 | 10014716.37 | 7321633.58 | 7384656.21 |
| 三、营业利润(亏损以“-”号填列) | 87940950.69 | 73829058.45 | 73459887.10 | 73185799.44 |
| 加:投资收益(损失以“-”号填列) | 894392.84 | 7523301.58 | 8375516.69 | 8630204.49 |
| 补贴收入 | 468825.00 | 446321.00 | 18576127.00 | 18461229.00 |
| 营业外收入 | 366551.47 | 2435966.21 | 119221.10 | 149224.10 |
| 减:营业外支出 | 1016862.44 | 988026.19 | 3862038.35 | 3862038.35 |
| 四、利润总额(亏损总额以“-”号填列) | 88653857.56 | 83246621.05 | 96698716.54 | 96564418.68 |
| 减:所得税 | 7907785.87 | 3184996.27 | 6905106.50 | 6777041.23 |
| 少数股东损益 | 684446.91 | | 5932.59 | |
| 五、净利润(亏损以“-”号填列) | 80061624.78 | 80061624.78 | 89787377.15 | 89787377.45 |
| 加:年初未分配利润 | 182252890.16 | 182402128.79 | 177238082.49 | 177349117.96 |
| 其他转入 | | | | |
| 六、可供分配的利润 | 262314514.94 | 262463753.57 | 267025459.94 | 267136495.41 |
| 减:提取法定盈余公积 | 8701070.60 | 8006162.48 | 9004206.53 | 8978737.75 |
| 提取法定公益金 | 4350535.30 | 4003081.24 | 4502103.25 | 4489368.87 |
| 提取职工奖励及福利基金 | | | | |
| 提取储备基金 | | | | |
| 提取企业发展基金 | | | | |
| 利润归还投资 | | | | |
| 七、可供投资者分配的利润 | 249262909.04 | 250454509.85 | 253519150.16 | 253668388.79 |
| 减:应付优先股股利 | | | | |
| 提取任意盈余公积 | | | | |
| 应付普通股股利 | 31252260.00 | 31252260.00 | 31252260.00 | 31252260.00 |
| 转作资本(或股本)的普通股股利 | | | 40014000.00 | 40014000.00 |
| 八、未分配利润 | 218010649.04 | 219202249.85 | 182252890.16 | 182402128.79 |
| 补充材料: | | | | |
| 1.出售、处置部门或被投资单位所得收益 | | | -3751682.75 | -3751682.25 |
| 2.自然灾害发生的损失 | | | | |
| 3.会计政策变更增加(或减少)利润总额 | | | | |
| 4.会计估计变更增加(或减少)利润总额 | | | | |
| 5.债务重组损失 | | | | |
| 6.其它 | | | 18614995.50 | 18500097.00 |

## 现　金　流　量　表

单位:人民币元

| 项　　目 | 合　并 | 母公司 |
|---|---|---|
| 一、经营活动产生的现金流量: | | |
| 销售商品、提供劳务收到的现金 | 909087784.24 | 596735612.51 |
| 收到的税费返还 | 11507052.00 | 13298131.00 |
| 收到的其他与经营活动有关的现金 | 1412082.83 | 1205870.53 |
| 现金流入小计 | 925006919.07 | 611239614.04 |
| 购买商品、接受劳务支付的现金 | 768424682.29 | 474705695.01 |
| 支付给职工以及为职工支付的现金 | 60172457.33 | 52312154.30 |
| 支付的各项税费 | 25622103.42 | 12611236.93 |
| 支付的其他与经营活动有关的现金 | 27386820.70 | 24260432.79 |
| 现金流出小计 | 881906063.74 | 563889519.03 |
| 经营活动产生的现金流量净额 | 13100855.33 | 47350095.01 |
| 二、投资活动产生的现金流量: | | |
| 收回投资所收到的现金 | 18600000.00 | 18600000.00 |
| 取得投资收益所收到的现金 | | |
| 处置固定资产、无形资产和其他长期资产所收回的现金净额 | 231312.64 | 131312.64 |
| 收到的其他与投资活动有关的现金 | | |
| 现金流入小计 | 18831312.64 | 18731312.64 |
| 购建固定资产、无形资产和其他长期资产所支付的现金 | 256085090.12 | 226201589.79 |
| 投资所支付的现金 | 12202040.00 | 17602040.00 |
| 支付的其他与投资活动有关的现金 | | 19760639.37 |
| 现金流出小计 | 287118442.76 | 263564269.16 |
| 投资活动产生的现金流量净额 | -249155817.18 | -244832956.52 |
| 三、筹资活动产生的现金流量: | | |
| 吸收投资所收到的现金 | 21380000.00 | |
| 借款所收到的现金 | 511590000.00 | 471180000.00 |
| 收到的其他与筹资活动有关的现金 | 14940000.00 | 16270000.00 |
| 现金流入小计 | 530910000.00 | 487450000.00 |
| 偿还债务所支付的现金 | 329760000.00 | 318160000.00 |
| 分配股利、利润或偿付利息所支付的现金 | 17219038.88 | 43387430.87 |
| 支付的其他与筹资活动有关的现金 | 80170230.81 | 67490230.81 |
| 现金流出小计 | 457119269.69 | 429037661.68 |
| 筹资活动产生的现金流量净额 | 470739769.19 | 58412338.32 |
| 四、汇率变动对现金的影响 | 101.00 | |
| 五、现金及现金等价物净增加额 | -112594127.85 | -139070523.19 |
| 补充材料 | | |
| 1.将净利润调节为经营活动现金流量: | | |
| 净利润 | 80061624.78 | 80061624.78 |
| 加:计提的资产减值准备 | 6653967.93 | 2614755.97 |
| 固定资产折旧 | 54994452.55 | 37289040.00 |
| 无形资产摊销 | 6997124.89 | 2864039.61 |
| 长期待摊费用摊销 | 143161.12 | 143161.12 |
| 待摊费用的减少(减:增加) | -930448.21 | |
| 预提费用增加(减:减少) | 1866434.48 | -771652.57 |
| 处置固定资产、无形资产和其他长期资产的损失(减:收益) | -83716.84 | 318890.17 |
| 固定资产报废损失 | | |
| 财务费用 | 9857090.50 | 10014716.37 |
| 投资损失(减:收益) | -169392.84 | -6798301.58 |
| 递延税款贷项(减:借项) | | |
| 存货的减少(减:增加) | -133332477.38 | 13655975.28 |
| 经营性应收项目的减少(减:增加) | -126229675.72 | -29459999.39 |
| 经营性应付项目的增加(减:减少) | 151946099.33 | -31441156.43 |
| 其他 | 256311.79 | 31140998.32 |
| 少数股东本期收益 | | |
| 经营活动产生的现金流量净额 | 43100855.33 | 47350095.01 |
| 2.不涉及现金收支的投资和筹资活动: | | |
| 债务转为资本 | | |
| 一年内到期的可转换公司债券 | | |
| 融资租入固定资产 | | |
| 3.现金及现金等价物净增加情况: | | |
| 现金的期末余额 | 117339381.54 | 83496660.07 |
| 减:现金的期初余额 | 229933509.39 | 222567183.26 |
| 加:现金等价物的期末余额 | | |
| 减:现金等价物的期初余额 | | |
| 现金及现金等价物净增加额 | -112594127.85 | 139070523.19 |

9.3 如果与最近一期年度报告相比,会计政策、会计估计和核算方法发生变化,提供具体说明

9.4 与最近一期年度报告相比,公司会计政策、会计估计和核算方法未发生变化。

由于本公司自 2002 年 1 月 1 日起所得税政策的变动,即终止所得税先征后返的优惠政策。本公司财监委对《企业所得税年度申报表》进行审核时,发现经甘地税所减免字(2000)001 号《省级企业所得税减免批复通知书》的核定,本公司从一九九九年元月至一九九九年十二月期间免征农口企业所得税,本公司当年未按照所得税优惠政策调整相关账务,本公司于本期对 1999 年所得税进行了追溯调整,同时对 2000 年及 2001 年因所得税的汇算清缴与会计报表之间的差额进行了更正,以上会计差错更正对会计报表的影响如下:

| 项目 | 2001 年 | | 2000 年 | | 1999 年 | |
|---|---|---|---|---|---|---|
| | 变更前 | 变更后 | 变更前 | 变更后 | 变更前 | 变更后 |
| 净利润 | 89,444,431.86 | 89,787,377.45 | 101,820,251.53 | 101,160,100.00 | 88,955,306.77 | 100,308,142.72 |
| 未分配利润 | 172,872,604.66 | 182,252,890.16 | 168,149,300.74 | 177,238,082.49 | 130,158,605.62 | 139,808,516.77 |
| 盈余公积 | 91,516,083.21 | 93,171,427.72 | 78,061,215.27 | 79,665,117.94 | 62,710,158.86 | 64,413,084.26 |
| 总资产 | 1,842,727,604.65 | 1,842,727,604.65 | 1,586,458,439.94 | 1,586,458,439.94 | 1,492,423,615.80 | 1,492,423,615.80 |
| 净资产 | 1,370,156,794.97 | 1,381,192,424.98 | 1,089,797,137.00 | 1,100,489,821.42 | 1,005,675,385.47 | 1,017,028,221.42 |

9.5 与最近一期年度报告相比,公司合并范围未发生变化,提供具体说明。

本期新设立由本公司持有 90%股权的甘肃亚盛诚信商贸有限责任公司,并将该新增控股子公司纳入了合并范围。

本期本公司与兰州西维维尼纶实业有限责任公司进行资产置换,本公司将换入资产及负债先以分公司管理,后为了便于管理,加强法人治理结构的建设,与兰州维尼纶(集团)有限责任公司工会达成协议,公司以其净资产 18,710.00 万元为出资额,兰州维尼纶(集团)有限责任公司工会以现金出资 2,078.00 万元,共同出资设立兰州新西部维尼纶有限公司,注册资本为 20,788.00 万元,本公司拥有 90%的股权。并将该新增控股子公司纳入了合并范围。

本期本公司以山东龙喜分公司净资产 22,950.00 万元出资,山东龙喜集团以山东龙喜热电厂净资产 2,550.00 万元出资,共同设立山东盛龙实业有限责任公司,本公司拥有 90%的股权。并将该新增控股子公司纳入了合并范围。

甘肃亚盛实业(集团)股份有限公司董事会

二〇〇三年四月二十三日

# 600075 新疆天业股份有限公司

## 二〇〇二年年度报告摘选

### 1.上市公司基本情况简介

1.1 基本情况简介

股票简称:新疆天业 股票代码:600075 上市交易所:上海证券交易所

注册地址:新疆石河子市北一路西

办公地址:新疆石河子市北一路 94 号 邮政编码:832000

公司国际互联网网址:http://www.xj－tianye.com 电子信箱:master@xj－tianye.com

1.2 联系人和联系方式

董事会秘书:沈明 联系地址:新疆石河子市北一路 94 号

电话:0993－2866164 传真:0993－2864515 电子信箱:Stock@163.net

证券事务代表:张红杰 联系地址:新疆石河子市北一路 94 号

电话:0993－2866164 传真:0993－2864515 电子信箱:Stock@163.net

### 2.会计数据和财务指标摘要

2.1 主要会计数据

| | 2002 年 | 2001 年 | 本年比上年增减(%) | 2000 年 |
|---|---|---|---|---|
| 主营业务收入 | 1441939014.26 | 1273857616.28 | 13.19 | 1412492325.26 |
| 利润总额 | 54,390,944.81 | 60494098.55 | －10.08 | 81144926.73 |
| 净利润 | 44578459.52 | 42853952.81 | 4.02 | 68116083.49 |
| 扣除非经常性损益的净利润 | 43661645.05 | 25504891.74 | 71.19 | 49896487.89 |
| | | | 本年末比上年末增减(%) | 2000 年末 |
| 总资产 | 2812043281.71 | 2579305685.80 | 9.02 | 2161734801.55 |
| 股东权益(不含少数股东权益) | 1108899030.78 | 1071060760.89 | 3.53 | 1040165355.98 |
| 经营活动产生的现金流量净额 | 341039440.82 | 106300986.58 | 220.83 | 162663974.57 |

2.2 主要财务指标

| | 2002 年 | 2001 年 | 本年比上年增减(%) | 2000 年 |
|---|---|---|---|---|
| 每股收益 | 0.20 | 0.19 | 5.26 | 0.30 |
| 净资产收益率 | 4.09 | 3.99 | 2.51 | 6.67 |
| 扣除非经常性损益的净利润为基础计算的净资产收益率 | 4.00 | 2.37 | 68.78 | 4.89 |
| 每股经营活动产生的现金流量净额 | 1.50 | 0.47 | 219.15 | 0.72 |
| | 2002 年末 | 2001 年末 | 本年末比上年末增减(%) | 2000 年末 |
| 每股净资产 | 4.89 | 4.72 | 3.60 | 4.59 |
| 调整后的每股净资产 | 4.86 | 4.65 | 4.52 | 4.51 |

# 600093 四川禾嘉股份有限公司

## 二〇〇二年年度报告摘选

### 1.上市公司基本情况简介

1.1 基本情况简介

股票简称:禾嘉股份 股票代码:600093 上市交易所:上海证券交易所

注册地址和办公地址:四川省成都市高新技术产开发业区九兴大道三号 邮政编码:610041

公司国际互联网网址:http://www.hejia.com 电子信箱:hejia@hejia.com

1.2 联系人和联系方式

董事会秘书:樊平 联系地址:四川省成都市高新技术产开发业区九兴大道三号

电话:13908090011 传真:028－85155498 电子信箱:hejia@hejia.com

### 2.会计数据和财务指标摘要

2.1 主要财务数据 单位:人民币元

| | 2002 年 | 2001 年 | 本年比上年增减(%) | 2000 年 |
|---|---|---|---|---|
| 主营业务收入 | 243,344,056.18 | 120,084,122.95 | 102.64 | 175,566,642.06 |
| 利润总额 | 27,455,138.19 | 28,518,744.05 | －3.72 | 25,766,826.46 |
| 净利润 | 16,588,142.71 | 18,950,648.55 | －12.47 | 23,380,541.18 |
| 扣除非经常性损益的净利润 | 17,121,313.12 | 15,207,293.64 | 12.59 | 19,992,278.14 |
| | 2002 年末 | 2001 年末 | 本年末比上年末增减(%) | 2000 年末 |
| 总资产 | 981,667,847.74 | 821,771,315.08 | 19.46 | 723,301,527.57 |
| 股东权益(不含少数股东权益) | 408,028,810.42 | 391,372,530.24 | 4.26 | 369,173,654.78 |
| 经营活动产生的现金流量净额 | －68,311,351.90 | 47,971,849.39 | －242.40 | －23,875,748.77 |

2.2 主要财务指标

| | 2002 年 | 2001 年 | 本年比上年增减(%) | 2000 年 |
|---|---|---|---|---|
| 每股收益(摊薄) | 0.087 | 0.099 | －12.12% | 0.18 |
| 每股收益(加权) | 0.087 | 0.099 | －12.12% | 0.18 |
| 净资产收益率 | 4.07% | 4.84% | －15.91% | 6.33% |
| 扣除非经常性损益的净利润为基础计算的净资产收益率 | 4.20% | 3.89% | 7.97% | 5.42% |
| 每股经营活动产生的现金流量净额 | －0.36 | 0.25 | －244% | －0.19 |
| | 2002 年末 | 2001 年末 | 本年末比上年末增减(%) | 2000 年末 |
| 每股净资产 | 2.13 | 2.05 | 3.90% | 2.90 |
| 调整后的每股净资产 | 2.10 | 2.03 | 3.45% | 1.47 |

# 600180 山东九发食用菌股份有限公司

## 二〇〇二年年度报告摘选

### 1.上市公司基本情况简介

1.1 基本情况简介

股票简称:九发股份 股票代码:600180 上市交易所:上海证券交易所

注册地址:山东省烟台市胜利路 201－209 号 10 楼

办公地址:山东省烟台市南大街 9 号金都大厦 28 楼 邮政编码:264001

公司国际互联网网址:http://www.china－jiufa.com 电子信箱:jiufa@public.ytptt.sd.cn

1.2 联系人和联系方式

董事会秘书:许爱民 联系地址:山东省烟台市南大街 9 号金都大厦 28 楼

电话:0535－6623880 传真:0535－6623798 电子信箱:jiufa@public.ytptt.sd.cn

证券事务代表:高增欣 联系地址:山东省烟台市南大街 9 号金都大厦 28 楼

电话:0535－6623880 传真:0535－6623798 电子信箱:jiufa@public.ytptt.sd.cn

### 2.会计数据和财务指标摘要

2.1 主要会计数据

| | 2002 年 | 2001 年 | 本年比上年增减(%) | 2000 年 |
|---|---|---|---|---|
| 主营业务收入 | 695,545,094.43 | 538,244,390.33 | 29.22 | 351,476,523.20 |
| 利润总额 | 89,964,404.84 | 80,924,232.57 | 11.17 | 72,277,807.13 |
| 净利润 | 83,841,892.97 | 72,505,192.11 | 15.64 | 64,789,928.29 |
| 扣除非经常性损益后的净利润 | 78,871,443.56 | 55,733,702.79 | 39.60 | 64,789,928.29 |
| | 2002 年末 | 2001 年末 | 本年末比上年末增减(%) | 2000 年末 |
| 总资产 | 1,361,023,679.89 | 1,008,894,494.61 | 34.90 | 936,105,054.82 |
| 股东权益(不含少数股东权益) | 750,344,330.50 | 792,142,781.27 | －5.28 | 745,705,758.28 |
| 经营活动产生的现金流量净额 | 15,418,175.61 | 77,075,011.28 | －80.00 | 22,259,166.45 |

2.2 主要财务指标

| | 2002 年 | 2001 年 | 本年比上年增减(%) | 2000 年 |
|---|---|---|---|---|
| 每股收益 | 0.33 | 0.29 | 13.79 | 0.27 |
| 净资产收益率 | 10.04 | 9.51 | 5.57 | 7.90 |
| 扣除非经常性损益的净利润为基础计算的净资产收益率 | 9.44 | 7.31 | 29.14 | 7.90 |
| 每股经营活动产生的现金流量净额 | 0.06 | 0.31 | －80.65 | 0.106 |
| | 2002 年末 | 2001 年末 | 本年末比上年末增减(%) | 2000 年末 |
| 每股净资产 | 3.29 | 3.16 | 4.11 | 3.47 |
| 调整后的每股净资产 | 3.23 | 3.11 | 3.86 | 3.41 |

# 600189 吉林森林工业股份有限公司

## 二〇〇二年年度报告摘选

### 1.上市公司基本情况简介

1.1 基本情况简介

股票简称:吉林森工 股票代码:600189 上市交易所:上海证券交易所

注册地址:长春高新技术产业开发区 办公地址:吉林省长春市人民大街 114 号

邮政编码:130021 公司国际互联网网址:http://www.forestindustry.com.cn

电子信箱:zgjlsgjt@public.cc.ji.cn

1.2 联系人和联系方式

董事会秘书:王 海 联系地址:吉林省长春市人民大街 114 号

电话:0431－8912969 传真:0431－8930595 电子信箱:wanghai189@sohu.com

### 2.会计数据和财务指标摘要

2.1 主要会计数据

| | 2002 年 | 2001 年 | 本年比上年增减(%) | 2000 年 |
|---|---|---|---|---|
| 主营业务收入 | 722,421,893.58 | 612,949,833.12 | 17.86 | 543,580,608.77 |
| 利润总额 | 109,139,137.60 | 126,716,604.60 | －13.87 | 123,121,568.04 |
| 净利润 | 104,372,673.28 | 119,231,937.24 | －12.46 | 104,571,332.41 |
| 扣除非经常性损益的净利润 | 105,372,744.83 | 112,424,590.01 | －6.27 | 106,475,552.80 |
| | 2002 年末 | 2001 年末 | 本年末比上年末增减(%) | 2000 年末 |
| 总资产 | 1,508,984,257.15 | 1,709,826,349.62 | －11.75 | 1,660,678,949.12 |
| 股东权益(不含少数股东权益) | 1,225,432,935.49 | 1,214,210,262.21 | 0.92 | 1,157,078,324.97 |
| 经营活动产生的现金流量净额 | 266,553,442.75 | －14,423,489.86 | | 70,295,606.69 |

2.2 主要财务指标

| | 2002 年 | 2001 年 | 本年比上年增减(%) | 2000 年 |
|---|---|---|---|---|
| 每股收益 | 0.34 | 0.38 | －12.46 | 0.34 |
| 净资产收益率 | 8.52% | 9.82% | －13.24 | 9.04% |
| 扣除非经常性损益的净利润为基础计算的净资产收益率 | 8.60% | 9.26% | －7.13 | 9.20% |
| 每股经营活动产生的现金流量净额 | 0.86 | －0.05 | | 0.23 |
| | 2002 年末 | 2001 年末 | 本年末比上年末增减(%) | 2000 年末 |
| 每股净资产 | 3.95 | 3.91 | 0.92 | 3.73 |
| 调整后的每股净资产 | 3.88 | 3.79 | 2.34 | 3.56 |

## 600225 华通天香集团股份有限公司

### 二〇〇二年年度报告摘选

#### 1.上市公司基本情况简介

1.1 基本情况简介

股票简称:天香集团 股票代码:600225 上市交易所:上海证券交易所

注册地址:上海市浦东新区张江高科技园区郭守敬路351号2号楼6楼A座

办公地址:上海市黄浦区宁波路1号申华金融大厦17楼 邮政编码:200002

电子信箱:txjt@sina.com

1.2 联系人和联系方式

董事会秘书:吴云韶 联系地址:上海市黄浦区宁波路1号申华金融大厦17楼

电话:021-63372666 传真:021-63372100 电子信箱:txjt600225@sina.com

证券事务代表:兰瑞光 联系地址:福州市杨桥路中闽大厦B幢九层

电话:0591-7616387 传真:0591-7557949 电子信箱:txjt@sina.com

#### 2.会计数据和财务指标摘要

2.1 主要会计数据

| | 2002年 | 2001年 | 本年比上年增减(%) | 2000年 |
|---|---|---|---|---|
| 主营业务收入 | 420,000,708.33 | 376,581,634.47 | 11.53 | 370,262,826.12 |
| 利润总额 | 39,847,434.99 | 7,609,584.68 | 423.65 | 31,749,826.98 |
| 净利润 | 21,291,686.66 | 6,288,311.06 | 238.59 | 22,118,765.50 |
| 扣除非经常性损益的净利润 | 17,804,891.88 | 6,290,926.87 | 183.02 | 17,748,422.59 |
| | 2002年末 | 2001年末 | 本年末比上年末增减(%) | 2000年末 |
| 总资产 | 1,279,298,968.08 | 1,178,311,621.12 | 8.57 | 916,131,023.88 |
| 股东权益(不含少数股东权益) | 418,663,053.43 | 397,123,159.37 | 5.42 | 390,834,848.31 |
| 经营活动产生的现金流量净额 | -0.44 | 0.88 | -150.00 | 0.04 |

2.2 主要财务指标

| | 2002年 | 2001年 | 本年比上年增减(%) | 2000年 |
|---|---|---|---|---|
| 每股收益 | 0.11 | 0.03 | 254.84 | 0.17 |
| 净资产收益率 | 5.11 | 1.56 | 227.56 | 5.66 |
| 扣除非经常性损益的净利润为基础计算的净资产收益率 | 4.37 | 1.57 | 178.05 | 4.59 |
| 每股经营活动产生的现金流量净额 | -0.44 | 0.88 | -150.00 | 0.04 |
| | 2002年末 | 2001年末 | 本年末比上年末增减(%) | 2000年末 |
| 每股净资产 | 2.08 | 1.98 | 5.20 | 2.92 |
| 调整后的每股净资产 | 2.03 | 1.93 | 5.24 | 2.83 |

## 600248 杨凌秦丰农业科技股份有限公司

### 二〇〇二年年度报告摘选

#### 1.上市公司基本情况简介

1.1 基本情况简介

股票简称:秦丰农业 股票代码:600248 上市交易所:上海证券交易所

注册地址:杨凌农业高新技术产业示范区西农路六号

办公地址:西安经济技术开发区凤城二路6号 邮政编码:710016

公司国际互联网网址:www.qinfeng-agri.com 电子信箱:qfzykj@pub.xaonline.com

1.2 联系人和联系方式

董事会秘书:赵慧军 联系地址:西安经济技术开发区凤城二路6号

电话:029-7035812 传真:029-6522826 电子信箱:zhj369@sohu.com

证券事务代表:赵永宏 联系地址:西安经济技术开发区凤城二路6号

电话:029-6522223-8407 传真:029-6522826 电子信箱:zhaoyonghong@vip.sina.com

#### 2.会计数据和财务指标摘要

2.1 主要会计数据

| | 2002年 | 2001年 | 本年比上年增减(%) | 2000年 调整前 | 2000年 调整后 |
|---|---|---|---|---|---|
| 主营业务收入 | 342,974,424.42 | 339,538,025.71 | 1 | 164,196,755.12 | 249,634,947.32 |
| 利润总额 | 23,703,371.54 | 31,716,041.72 | -25.26 | 31,448,738.10 | 31,702,357.60 |
| 净利润 | 19,375,231.47 | 27,221,968.88 | -28.83 | 31,150,246.13 | 31,150,246.13 |
| 扣除非经常性损益的净利润 | 19,554,938.25 | 31,634,259.97 | -38.18 | 25,745,093.53 | 25,745,093.53 |
| | 2002年 | 2001年 | 本年末比上年增减(%) | 2000年 调整前 | 2000年 调整后 |
| 总资产 | 951,515,494.80 | 703,370,692.84 | 35.28 | 591,274,506.40 | 637,236,903.33 |
| 股东权益(不含少数股东权益 | 528,602,088.22 | 509,226,865.40 | 3.8 | 496,553,565.07 | 483,671,565.07 |
| 经营活动产生的现金流量净额 | 23,709,422.86 | 9,855,743.78 | 140.56 | 31,480.93 | 31,480.93 |

2.2 主要财务指标

| | 2002年 | 2001年 | 本年比上年末增减(%) | 2000年 调整前 | 2000年 调整后 |
|---|---|---|---|---|---|
| 每股收益 | 0.1505 | 0.2113 | -28.77 | 0.24 | 0.24 |
| 每股收益 | 0.1505 | 0.2113 | -28.77 | 0.29 | 0.29 |
| 净资产收益率 | 3.66 | 5.21 | -29.75 | 6.27 | 6.44 |
| 扣除非经常性损益的净利润为基础计算的净资产收益率 | 3.74 | 5.34 | -29.96 | 8.90 | 10 |
| 每股经营活动产生的现金流量净额 | 0.184 | 0.0765 | 140.52 | 0.0007 | 0.0007 |
| | 2002年 | 2001年 | 本年末比上年末增减(%) | 2000年 调整前 | 2000年 调整后 |
| 每股净资产 | 4.10 | 3.95 | 3.80 | 3.85 | 3.75 |
| 调整后的每股净资产 | 4.10 | 3.95 | 3.80 | 3.63 | 3.75 |

## 600242 广东华龙集团股份有限公司

### 二〇〇二年年度报告摘选

#### 1.上市公司基本情况简介

1.1 基本情况简介

股票简称:华龙集团 股票代码:600242 上市交易所:上海证券交易所

注册地址:广东省阳江市上坑路七号之一

办公地址:广东省广州市寺右新马路111号五羊新城广场21楼 邮政编码:510600

电子信箱:gdhualong@sina.com

1.2 联系人和联系方式

董事会秘书:王晓 联系地址:广东省广州市寺右新马路111号五羊新城广场21楼

电话:020-87377000 传真:020-87377000 电子信箱:00242@sina.com

证券事务代表:许健飞 联系地址:广东省广州市寺右新马路111号五羊新城广场21楼

电话:020-87376991 传真:020-87377000 电子信箱:00242@sina.com

#### 2.会计数据和财务指标摘要

2.1 主要会计数据

| | 2002年 | 2001年 | 本年比上年增减(%) | 2000年 |
|---|---|---|---|---|
| 主营业务收入 | 110,471,305.96 | 66,191,528.75 | 66.90 | 102,257,241.13 |
| 利润总额 | 8,174,249.41 | 12,906,114.93 | -36.66 | 8,170,862.35 |
| 净利润 | 8,760,022.01 | 16,890,302.46 | -48.14 | 1,830,079.54 |
| 扣除非经常性损益的净利润 | 8,491,028.61 | 9,061,372.61 | -6.29 | 21,172,233.04 |
| | 2002年末 | 2001年末 | 本年末比上年末增减(%) | 2000年末 |
| 总资产 | 752,480,818.82 | 762,590,295.21 | -1.33 | 650,310,627.41 |
| 股东权益(不含少数股东权益) | 492,643,204.22 | 483,870,765.84 | 1.81 | 467,226,622.58 |
| 经营活动产生的现金流量净额 | -3,444,152.71 | -40,170,481.18 | 91.42 | 55,815,882.83 |

2.2 主要财务指标

| | 2002年 | 2001年 | 本年比上年增减(%) | 2000年 |
|---|---|---|---|---|
| 每股收益(元/股) | 0.05 | 0.097 | -48.45 | 0.01 |
| 净资产收益率% | 1.78 | 3.49 | -48.99 | 5.01 |
| 扣除非经常性损益的净利润为基础计算的净资产收益率% | 1.72 | 1.87 | -0.08 | 4.40 |
| 每股经营活动产生的现金流量净额 | -0.02 | -0.23 | 91.30 | 0.32 |
| | 2002年末 | 2001年末 | 本年末比上年末增减(%) | 2000年末 |
| 每股净资产 | 2.83 | 2.78 | 1.80 | 2.68 |
| 调整后的每股净资产 | 2.79 | 2.73 | 2.20 | 2.67 |

## 600257 湖南洞庭水殖股份有限公司

### 二〇〇二年年度报告摘选

#### 1.上市公司基本情况简介

1.1 基本情况简介

股票简称:洞庭水殖 股票代码:600257 上市交易所:上海证券交易所

注册地址和办公地址:湖南省常德市人民中路358号华都大酒店六、七层 邮政编码:415000

公司国际互联网网址:http://www.Hndtsz.com 电子信箱:DTSZ@Hndtsz.net

1.2 联系人和联系方式

董事会秘书:黄新元 联系地址:湖南省常德市人民中路358号华都大酒店七层

电话:0736-7252796 传真:0736-7266736 电子信箱:hxy@hndtsz.com

#### 2.会计数据和财务指标摘要

2.1 主要会计数据

| | 2002年 | 2001年 | 本年比上年增减(%) | 2000年 |
|---|---|---|---|---|
| 主营业务收入 | 286,657,154.88 | 161,812,809.55 | 77.2 | 74,635,241.77 |
| 利润总额 | 34,118,686.15 | 21,474,080.17 | 58.9 | 23,781,711.14 |
| 净利润 | 28,818,145.32 | 18,959,575.06 | 52.0 | 21,955,393.47 |
| 扣除非经常性损益的净利润 | 29,349,193.75 | 19,237,698.98 | 52.6 | 23,380,028.05 |
| | 2002年末 | 2001年末 | 本年末比上年末增减(%) | 2000年末 |
| 总资产 | 897,745,186.01 | 590,015,401.43 | 52.2 | 452,802,992.08 |
| 股东权益 | 441,182,800.00 | 419,420,419.75 | 5.2 | 402,735,757.78 |
| 经营活动产生的现金流量净额 | 28,771,017.04 | -1,496,833.11 | | 3,785,010.78 |

2.2 主要财务指标

| | 2002年 | 2001年 | 本年比上年增减(%) | 2000年 |
|---|---|---|---|---|
| 每股收益(摊薄) | 0.39 | 0.26 | 50 | 0.301 |
| 每股收益(加权) | 0.39 | 0.26 | 50 | 0.301 |
| 净资产收益率(摊薄) | 6.53 | 4.52 | 44.5 | 5.45 |
| 净资产收益率(加权) | 6.64 | 4.60 | 44.3 | 8.30 |
| 扣除非经常性损益的净利润为基础计算的加权平均净资产收益率 | 6.77 | 4.67 | 45.0 | 8.84 |
| 每股经营活动产生的现金流量净额 | 0.394 | -0.02 | | 0.052 |
| | 2002年末 | 2001年末 | 本年末比上年末增减(%) | 2000年末 |
| 每股净资产 | 6.04 | 5.74 | 5.2 | 5.52 |
| 调整后的每股净资产 | 5.77 | 5.47 | 5.5 | 5.42 |

## 600265 云南景谷林业股份有限公司

## 二〇〇二年年度报告摘选

### 1.上市公司基本情况简介

1.1 基本情况简介

股票简称：景谷林业 股票代码：600265 上市交易所：上海证券交易所

注册地址：云南省景谷傣族彝族自治县振兴路 83 号

办公地址：云南省景谷傣族彝族自治县威远路 47 号 邮政编码：666400

公司国际互联网网址：www.yn-jgly.com 电子信箱 jglygw@mail.sm263.net

1.2 联系人和联系方式

董事会秘书：滕仕喜 联系地址：云南省景谷傣族彝族自治县威远路 47 号

电话：0879-5224720 传真：0879-5228008 电子信箱：jglytsx@vip.163.com

证券事务代表：高伟 联系地址：云南省景谷傣族彝族自治县威远路 47 号

电话：0879-5226908 传真：0879-5228008

电子信箱：jglygw@mail.sm263.net

### 2.会计数据和财务指标摘要

2.1 主要会计数据

| | 2002年 | 2001年 | 本年比上年增减(%) | 2000年 |
|---|---|---|---|---|
| 主营业务收入 | 417,236,133.95 | 185,817,805.77 | 124.54 | 154,344,817.16 |
| 利润总额 | 39,490,656.32 | 26,787,389.22 | 47.42 | 11,575,862.71 |
| 净利润 | 22,136,470.41 | 20,582,019.86 | 7.55 | 6,545,594.15 |
| 扣除非经常性损益的净利润 | 22,776,463.09 | 19,155,698.10 | 18.90 | 24,464,948.59 |
| | 2002年12月31日 | 2001年12月31日 | 本年比上年末增减(%) | 2000年12月31日 |
| 总资产 | 711,347,116.62 | 564,810,581.51 | 25.94 | 495,951,802.48 |
| 股东权益(不含少数股东权益) | 329,012,896.83 | 306,876,426.42 | 7.21 | 285,717,841.91 |
| 经营活动产生的现金流量净额 | 63,221,023.57 | -62,188,489.23 | 201.66 | 27,086,721.60 |

2.2 主要财务指标

| | 2002年 | 2001年 | 本年比上年增减(%) | 2000年 |
|---|---|---|---|---|
| 每股收益 | 0.21 | 0.20 | 5 | 0.22 |
| 净资产收益率 | 6.73 | 6.71 | 0.30 | 2.29 |
| 扣除非经常性损益的净利润为基础计算的净资产收益率 | 7.12 | 6.47 | 10.05 | 8.56 |
| 每股经营活动产生的现金流量净额 | 0.60 | -0.59 | 201.69 | 0.26 |
| | 2002年12月31日 | 2001年12月31日 | 本年末比上年末增减(%) | 2000年12月31日 |
| 每股净资产 | 3.13 | 2.92 | 7.20 | 2.72 |
| 调整后的每股净资产 | 2.89 | 2.70 | 7.04 | 2.67 |

## 600275 湖北武昌鱼股份有限公司

## 二〇〇二年年度报告摘选

### 1.上市公司基本情况简介

1.1 基本情况简介

股票简称：武昌鱼 股票代码：600275 上市交易所：上海证券交易所

注册地址和办公地址：湖北省鄂州市鄂城区南浦南路特 1 号 邮政编码：436000

公司国际互联网网址：http://www.wuchangyu.com.cn 电子信箱：600275@secure.sse.com.cn

1.2 联系人和联系方式

董事会秘书：李强 联系地址：湖北省鄂州市南浦南路特一号

电话：0711-3200331 传真：0711-3200330 电子信箱：wuchangyu@263.net

### 2.会计数据和财务指标摘要

2.1 主要会计数据 金额单位：人民币元

| | 2002年 | 2001年 | 本年比上年增减(%) | 2000年 |
|---|---|---|---|---|
| 主营业务收入 | 572,181,464.28 | 89,777,756.74 | 537.33 | 112,300,055.15 |
| 利润总额 | 89,954,027.99 | 59,679,811.27 | 50.73 | 79,558,096.17 |
| 净利润 | 38,816,542.71 | 48,489,364.29 | -19.95 | 66,306,416.59 |
| 扣除非经常性损益的净利润 | 48,357,474.11 | 46,119,414.99 | 4.85 | 55,287,130.76 |
| | 2002年末 | 2001年末 | 本年比上年增减(%) | 2000年末 |
| 总资产 | 2,649,954,075.47 | 887,488,065.68 | 198.59 | 857,586,415.91 |
| 股东权益(不含少数股东权益) | 788,592,356.51 | 739,257,225.67 | 6.67 | 705,442,715.38 |
| 经营活动产生的现金流量净额 | -158,838,254.21 | 187,587,079.91 | -184.67 | -63,666,461.37 |

2.2 主要财务指标

| | 2002年 | 2001年 | 本年比上年增减(%) | 2000年 |
|---|---|---|---|---|
| 每股收益(加权) | 0.1323 | 0.1983 | -33.28 | 0.3350 |
| 每股收益(摊薄) | 0.1221 | 0.1983 | -38.43 | 0.2711 |
| 净资产收益率 | 4.92 | 6.56 | -25 | 9.40 |
| 扣除非经常性损益的净利润为基础计算的净资产收益率 | 6.13 | 6.24 | -1.76 | 7.84 |
| 每股经营活动产生的现金流量净额 | -0.4996 | 0.7670 | -165.14 | -0.2603 |
| | 2002年末 | 2001年末 | 本年比上年增减(%) | 2000年末 |
| 每股净资产 | 2.4802 | 3.0225 | -17.94 | 2.8843 |
| 调整后的每股净资产 | 2.4737 | 3.0195 | -18.08 | 2.8831 |

## 600313 中垦农业资源开发股份有限公司

## 二〇〇二年年度报告摘选

### 1.上市公司基本情况简介

1.1 基本情况简介

股票简称：中农资源 股票代码：600313 上市交易所：上交所

注册地址：北京市丰台区科学城 10D 地块 2 号楼

办公地址：北京市丰台区桥南科学城星火路 1 号昌宁大厦 11 层 A 室 邮政编码：100070

电子信箱：zhnzy@public3.bta.net.cn

1.2 联系人和联系方式

董事会秘书：黄桂河 联系地址：北京市丰台区桥南科学城星火路 1 号昌宁大厦 11 层 A 室

电话：010-83607371 传真：010-83607419

### 2.会计数据和财务指标摘要

2.1 主要会计数据

| | 2002年度 | 2001年度 | 本年比上年增减(%) | 2000年度 |
|---|---|---|---|---|
| 主营业务收入 | 1,698,525,685.13 | 1,871,073,210.22 | -9.22% | 1,666,676,329.78 |
| 利润总额 | -85,621,458.37 | 899,162.21 | -9622.36% | 12,782,701.14 |
| 净利润 | -80,274,951.83 | -6,996,085.06 | -1131.97% | 5,779,609.12 |
| 扣除非经常性损益的净利润 | -35,932,627.60 | 789,405.93 | -4651.86% | 14,516,688.84 |
| | 2002年末 | 2001年末 | 本年末比上年末增减(%) | 2000年末 |
| 总资产 | 1,216,883,890.52 | 1,341,583,454.08 | -9.29% | 1,340,856,888.42 |
| 股东权益(不含少数股东权益) | 644,816,702.98 | 730,554,033.20 | -11.74% | 735,495,217.72 |
| 经营活动产生的现金流量净额 | 33,404,987.03 | -175,338,043.03 | 119.05% | -114,060,881.06 |

2.2 主要财务指标

| | 2002年度 | 2001年度 | 本年比上年增减(%) | 2000年度 |
|---|---|---|---|---|
| 每股收益 | -0.3183 | -0.0277 | | 0.0229 |
| 净资产收益率 | -0.1245 | -0.0096 | | 0.0079 |
| 扣除非经常性损益的净利润为基础计算的净资产收益率 | -0.0557 | 0.0011 | | 0.0197 |
| 每股经营活动产生的现金流量净额 | 0.1325 | -0.6952 | | -0.4523 |
| | 2002年末 | 2001年末 | 本年末比上年末增减(%) | 2000年末 |
| 每股净资产 | 2.5568 | 2.8967 | -11.73% | 2.9163 |
| 调整后的每股净资产 | 2.4901 | 2.8409 | -12.35% | 2.8505 |

## 600359 新疆塔里木农业综合开发股份有限公司

## 二〇〇二年年度报告摘选

### 1.上市公司基本情况简介

1.1 基本情况简介

股票简称：新农开发 股票代码：600359 上市交易所：上海证券交易所

注册地址：新疆阿拉尔市南口镇迎宾路 1 号

办公地址：新疆阿克苏市健康路 3 号社会保险大楼 5 层 邮政编码：843000

公司国际互联网网址：http://www.600359.com 电子信箱：nyshg-ak@xj.cninfo.net

1.2 联系人和联系方式

董事会秘书：李新海 联系地址：新疆阿克苏市健康路 3 号社保大楼 5 楼

电话：0997-2134083 传真：0997-2130840 电子信箱：xinhai-li@21cn.com

证券事务代表：张春骊 联系地址：新疆阿克苏市健康路 3 号社保大楼 5 楼

电话：0997-2125499 传真：0997-2130840 电子信箱：Zhang-chunjing@sohu.com

### 2.会计数据和财务指标摘要

2.1 主要会计数据

| | 2002年(元) | 2001年(元) | 本年比上年增减(%) | 2000年(元) |
|---|---|---|---|---|
| 主营业务收入 | 662,297,260.67 | 537,671,097.60 | 23.18 | 685,664,679.47 |
| 利润总额 | 37,407,861.19 | 5,204,420.95 | 618.77 | 108,645,810.94 |
| 净利润 | 30,963,956.56 | 4,410,875.27 | 601.99 | 95,749,372.73 |
| 扣除非经常性损益的净利润 | 27,360,793.26 | -2,323,786.34 | - | 84,718,935.26 |
| | 2002年末(元) | 2001年末(元) | 本年末比上年末增减(%) | 2000年末(元) |
| 总资产 | 1,692,046,697.18 | 1,743,710,767.82 | -2.96 | 1,240,038,024.78 |
| 股东权益(不含少数股东权益) | 983,836,636.41 | 984,972,679.85 | -0.12 | 657,782,812.44 |
| 经营活动产生的现金流量净额 | 845,022,803.67 | -98,637,193.45 | - | 69,463,706.77 |

2.2 主要财务指标

| | 2002年(元) | 2001年(元) | 本年比上年增减(%) | 2000年(元) |
|---|---|---|---|---|
| 每股收益 | 0.096 | 0.014 | 585.71 | 0.326 |
| 净资产收益率 | 3.147 | 0.40 | 686.75 | 14.2 |
| 扣除非经常性损益的净利润为基础计算的净资产收益率 | 2.779 | -0.236 | - | 13.526 |
| 每股经营活动产生的现金流量净额 | 0.622 | -0.307 | - | 0.407 |
| | 2002年年末(元) | 2001年年末(元) | 本年末比上年末增减(%) | 2000年年末(元) |
| 每股净资产 | 3.065 | 3.068 | - | 2.488 |
| 调整后的每股净资产 | 1.992 | 1.945 | 2.42 | 1.072 |

## 600506 新疆库尔勒香梨股份有限公司

### 二〇〇二年年度报告摘选

#### 1.上市公司基本情况简介

1.1 基本情况简介

股票简称:香梨股份 股票代码:600506 上市交易所:上海证券交易所

注册地址和办公地址:新疆库尔勒市团结北路兰干路口 邮政编码:841000

电子信箱:05x102@mail.china.com

1.2 联系人和联系方式

董事会秘书:邓晓天 联系地址:新疆库尔勒市团结北路兰干路口

电话:0996-2204656 传真:0996-2204878 电子信箱:xlgf_tzb@163.com

#### 2.会计数据和财务指标摘要

2.1 主要会计数据

| | 2002 年度 | 2001 年度 | 本年比上年增减(%) | 2000 年度 |
|---|---|---|---|---|
| 主营业务收入 | 80,067,105.62 | 99,011,673.35 | -19.13 | 74,367,556.53 |
| 利润总额 | 30,918,286.58 | 29,716,025.17 | 4.05 | 27,345,145.43 |
| 净利润 | 30,929,510.07 | 29,716,025.17 | 4.08 | |
| 扣除非经常性损益的净利润 | 17,144,455.26 | 26,057,025.41 | -34.20 | |
| | 2002 年末 | 2001 年末 | 本年末比上年末增减(%) | 2000 年末 |
| 总资产 | 620,016,889.58 | 611,926,094.77 | 1.32 | 319,400,533.91 |
| 股东权益(不含少数股东权益) | 467,793,113.89 | 436,863,603.82 | 7.08 | 185,364,631.86 |
| 经营活动产生的现金流量净额 | -5,681,066.90 | 42,897,618.13 | -113.24 | 25,852,968.04 |

2.2 主要财务指标

| | 2002 年 | 2001 年 | 本年比上年增减(%) | 2000 年 |
|---|---|---|---|---|
| 每股收益(加权) | 0.19 | 0.27 | -29.63% | 0.25 |
| 每股收益(扣除非经常性损益) | 0.11 | 0.16 | -31.25% | 0.20 |
| 净资产收益率 | 6.61% | 6.80% | -2.79% | 14.75 |
| 扣除非经常性损益的净利润为基础计算的净资产收益率 | 3.67% | 5.96% | 38.42 | |
| 每股经营活动产生的现金流量净额 | -0.04 | 0.27 | -114.81 | 0.23 |
| | 2002 年末 | 2001 年末 | 本年末比上年末增减(%) | 2000 年末 |
| 每股净资产 | 2.91 | 2.72 | 6.99 | 1.68 |
| 调整后的每股净资产 | 2.91 | 2.79 | 4.30 | 1.66 |

## 600598 黑龙江北大荒农业股份有限公司

### 二〇〇二年年度报告摘选

#### 1.上市公司基本情况简介

1.1 基本情况简介

股票简称:北大荒 股票代码:600598 上市交易所:上海证券交易所

注册地址:哈尔滨市香坊区红旗大街 175 号 办公地址:哈尔滨市南岗区汉水路 263 号

邮政编码:150090 公司国际互联网网址:http://www.haclbdh.com.cn

电子信箱:hacl@haclbdh.com.cn

1.2 联系人和联系方式

董事会秘书:史晓丹 联系地址:哈尔滨市南岗区汉水路 263 号

电话:0451-5195980 传真:0451-5195993 电子信箱:600598@haclbdh.com.cn

证券事务代表:高建国 联系地址:哈尔滨市南岗区汉水路 263 号

电话:0451-5195977 传真:0451-5195950 电子信箱:hacl@haclbdh.com.cn

#### 2.会计数据和财务指标摘要

2.1 主要会计数据

| | 2002 年(本年) | 2001 年(上年) | 本年比上年增减(%) | 2000 年 |
|---|---|---|---|---|
| 主营业务收入 | 1,471,430,073.09 | 1,406,322,626.46 | 4.63 | 1,519,536,160.03 |
| 利润总额 | 380,637,181.31 | 364,282,993.16 | 4.49 | 314,483,926.22 |
| 净利润 | 380,637,181.31 | 364,282,993.16 | 4.49 | 314,483,926.22 |
| 扣除非经常性损益的净利润 | 380,192,988.54 | 344,640,542.17 | 10.32 | 310,877,587.98 |
| | 2002 年末(本年末) | 2001 年末(上年末) | 本年末比上年末增减(%) | 2000 年末 |
| 总资产 | 6,199,190,010.65 | 4,339,305,681.18 | 42.86 | 4,503,761,718.38 |
| 股东权益(不含少数股东权益) | 3,496,411,604.29 | 1,724,488,520.94 | 102.75 | 1,591,354,866.27 |
| 经营活动产生的现金流量净额 | 232,556,625.54 | 214,849,269.27 | 8.24 | 88,895,069.69 |

2.2 主要财务指标

| | 2002 年(本年) | 2001 年(上年) | 本年比上年增减(%) | 2000 年 |
|---|---|---|---|---|
| 每股收益 | 0.26 | 0.31 | -16.13 | 0.27 |
| 净资产收益率 | 10.89 | 21.12 | -48.43 | 19.76 |
| 扣除非经常性损益的净利润为基础计算的净资产收益率 | 12.26 | 19.21 | -36.18 | 17.80 |
| 每股经营活动产生的现金流量净额 | 0.16 | 0.18 | -11.11 | 0.08 |
| | 2002 年末(本年末) | 2001 年末(上年末) | 本年末比上年末增减(%) | 2000 年末 |
| 每股净资产 | 2.38 | 1.47 | 61.90 | 1.36 |
| 调整后的每股净资产 | 2.30 | 1.40 | 64.29 | 1.28 |

## 600672 广东英豪科技教育投资股份有限公司

### 二〇〇二年年度报告摘选

#### 1.上市公司基本情况简介

1.1 基本情况简介

股票简称:英豪科技 股票代码:600672 上市交易所:上海证券交易所

注册地址和办公地址:广东省广州市从化流溪旅游度假区英豪宾馆 3 楼 邮政编码:510960

公司国际互联网网址:http://www.gdyhkj.com 电子信箱:Yhkj.90020@yhoa.net

1.2 联系人和联系方式

董事会秘书:于尹 联系地址:广东英豪科技教育投资股份有限公司

电话:020-87841356 传真:020-87841938 电子信箱:yhkj.90020@yhoa.net

证券事务代表:梁继 联系地址:广东英豪科技教育投资股份有限公司

电话:020-87841356 传真:020-87841938 电子信箱:yhkj.97030@yhoa.net

#### 2.会计数据和财务指标摘要

2.1 主要会计数据(单位:元)

| | 2002 年(本年) | 2001 年(上年) | 本年比上年增减(%) | 2000 年 |
|---|---|---|---|---|
| 主营业务收入 | 131,748,037.34 | 542,765,733.43 | -75.73 | 635,388,561.68 |
| 利润总额 | -400,698,242.07 | 63,847,811.39 | -727.58 | 133,710,570.56 |
| 净利润 | -374,179,342.61 | 25,435,359.54 | -1571.10 | 116,246,588.14 |
| 扣除非经常性损益的净利润 | -331,421,083.63 | 66,836,396.28 | -595.87 | 109,779,417.13 |
| | 2002 年末(本年末) | 2001 年末(上年末) | 本年末比上年末增减(%) | 2000 年末 |
| 总资产 | 1,112,024,733.39 | 1,155,315,199.39 | -3.75 | 1,207,101,863.60 |
| 股东权益(不含少数股东权益) | 253,052,211.27 | 627,231,553.88 | -59.66 | 616,737,317.87 |
| 经营活动产生的现金流量净额 | -105,803,329.47 | 131,096,228.17 | -180.71 | 100,324,551.75 |

2.2 主要财务指标

| | 2002 年(本年) | 2001 年(上年) | 本年比上年增减(%) | 2000 年 |
|---|---|---|---|---|
| 每股收益 | -0.85 | 0.06 | -1516.67 | 0.26 |
| 每股收益注2 | -0.85 | 0.06 | -1516.67 | 0.26 |
| 净资产收益率 | -147.87 | 4.06 | -3742.12 | 18.85 |
| 扣除非经常性损益的净利润为基础计算的净资产收益率 | -130.97 | 10.66 | -1328.61 | 17.80 |
| 每股经营活动产生的现金流量净额 | -0.24 | 0.30 | -180 | 0.23 |
| | 2002 年末(本年末) | 2001 年末(上年末) | 本年末比上年末增减(%) | 2000 年末 |
| 每股净资产 | 0.57 | 1.42 | -59.86 | 1.40 |
| 调整后的每股净资产 | 0.48 | 1.36 | -64.71 | 1.39 |

## 600709 湖北江湖生态农业股份有限公司

### 二〇〇二年年度报告摘选

#### 1.上市公司基本情况简介

1.1 基本情况简介

股票简称:ST 生态 股票代码:600709 上市交易所:上海证券交易所

注册地址和办公地址:湖北省洪湖市瞿家湾开发区唐城大道 18 号 邮政编码:433228

公司国际互联网网址:http://www.lantianstock.com.cn 电子信箱:hblt600709@sina.com.cn

1.2 联系人和联系方式

董事会秘书:李晋 联系地址:湖北省洪湖市瞿家湾开发区唐城大道 18 号

电话:0716-2742298、2742181 传真:0716-2742298 电子信箱:dahongsui@163.com

#### 2.会计数据和财务指标摘要

2.1 主要会计数据

| | 2002 年 | 2001 年 | 本年比上年增减(%) | 2000 年 |
|---|---|---|---|---|
| 主营业务收入 | 12,644,747.61 | 45,801,712.76 | -72.35% | 38,094,774.28 |
| 利润总额 | -55,314,389.45 | -145,373,437.35 | - | |
| 净利润 | 12,487,401.61 | -56,702,595.10 | - | -10,686,569.22 |
| 扣除非经常性损益的净利润 | -19,360,247.47 | -65,300,141.81 | - | |
| | 2002 年末 | 2001 年末 | 本年末比上年末增减(%) | 2000 年末 |
| 总资产 | 915,205,436.23 | 1,105,622,694.41 | -17.72 | 1,115,472,867.85 |
| 股东权益(不含少数股东权益) | -35,783,638.41 | 752,386.69 | - | 129,217,562.03 |
| 经营活动产生的现金流量净额 | -54,244,543.59 | -146,523,883.77 | - | 0.0005 |

2.2 主要财务指标

| | 2002 年 | 2001 年 | 本年比上年增减(%) | 2000 年 |
|---|---|---|---|---|
| 每股收益 | 0.028 | -0.1271 | - | -0.0239 |
| 每股收益注 2 | -0.043 | -0.1464 | - | -0.0239 |
| 净资产收益率 | | | - | -8.26 |
| 扣除非经常性损益的净利润为基础计算的净资产收益率 | - | - | - | |
| 每股经营活动产生的现金流量净额 | -0.1216 | -0.3285 | - | 0.0005 |
| | 2002 年末 | 2001 年末 | 本年末比上年末增减(%) | 2000 年末 |
| 每股净资产 | -0.0802 | 0.0017 | -4818% | 0.2987 |
| 调整后的每股净资产 | -0.2788 | -0.1969 | - | 0.1181 |

# B.采掘业(5家)

# 600188　兖州煤业股份有限公司

## 二〇〇二年年度报告摘要

## 1.重要提示

1.1 本公司董事会及其董事保证本报告所载资料不存在任何虚假记载、误导性陈述或者重大遗漏,并对其内容的真实性、准确性和完整性负个别及连带责任。本年度报告摘要摘自年度报告全文,投资者欲了解详细内容,应阅读年度报告全文。

1.2 公司董事长莫立崎先生、财务总监吴玉祥先生及计划财务部部长张宝才先生声明:保证年度报告中财务会计报告的真实、完整。

## 2.上市公司基本情况简介

2.1 基本情况简介

| | | | |
|---|---|---|---|
| 股票简称 | 兖州煤业 | - | - |
| 股票代码 | 600188 | 1171 | YZC |
| 上市交易所 | 上海证券交易所 | 香港联合交易所有限公司 | 纽约股票交易所 |
| 注册地址 | 山东省邹城市凫山路40号 | | |
| 办公地址 | 山东省邹城市凫山路40号 | | |
| 邮政编码 | 273500 | | |
| 公司国际互联网网址 | http://www.yanzhoucoal.com.cn | | |
| 电子信箱 | yzc@yanzhoucoal.com.cn | | |

2.2　联系人和联系方式

| | 董事会秘书 | 证券事务代表 |
|---|---|---|
| 姓名 | 陈广水 | |
| 联系地址 | 山东省邹城市凫山路40号<br>兖州煤业股份有限公司董事会秘书处 | |
| 电话 | 0537-5382319 | |
| 传真 | 0537-5383311 | |
| 电子信箱 | yzc@yanzhoucoal.com.cn | |

## 3.会计数据和财务指标摘要

3.1 主要会计数据　　单位:元

| | 2002年 | 2001年 | 本年比上年增减(%) | 2000年 |
|---|---|---|---|---|
| 主营业务收入 | 8,055,258,906 | 6,469,352,955 | 24.5 | 4,780,580,876 |
| 利润总额 | 1,530,714,459 | 1,187,740,910 | 28.9 | 869,856,990 |
| 净利润 | 1,003,115,498 | 796,253,265 | 26.0 | 574,248,613 |
| 扣除非经常性损益的净利润 | 1,016,047,545 | 802,363,988 | 26.6 | 582,382,475 |
| | 2002年末 | 2001年末 | 本年末比上年末增减(%) | 2000年末 |
| 总资产 | 12,983,548,363 | 11,350,223,117 | 14.4 | 8,317,105,902 |
| 股东权益(不含少数股东权益) | 9,658,573,023 | 8,723,327,579 | 10.7 | 6,555,136,255 |
| 经营活动产生的现金流量净额 | 2,383,359,598 | 1;651,679,781 | 44.3 | 1,075,185,984 |

3.2 主要财务指标　　单位:元

| | 2002年 | 2001年 | 本年比上年增减(%) | 2000年 |
|---|---|---|---|---|
| 每股收益 | 0.35 | 0.28 | 25.0 | 0.22 |
| 净资产收益率 | 10.39% | 9.13% | 12.2 | 8.76% |
| 扣除非经常性损益的净利润为基础计算的净资产收益率 | 10.52% | 9.20% | 12.8 | 8.88% |
| 每股经营活动产生的现金流量净额 | 0.83 | 0.58 | 43.1 | 0.41 |
| | 2002年末 | 2001年末 | 本年末比上年末增减(%) | 2000年末 |
| 每股净资产 | 3.37 | 3.04 | 10.9 | 2.52 |
| 调整后的每股净资产 | 3.33 | 3.00 | 11.0 | 2.50 |

3.3 国内外会计准则差异

√适用　　□不适用

单位:千元

| | 国内会计准则 | 境外会计准则 |
|---|---|---|
| 净利润 | 1,003,115 | 1,221,999 |
| 差异说明 | 公司聘用德勤·关黄陈方会计师行(香港)和德勤华永会计师事务所(上海)对2002年度财务报表分别按国际财务报告准则和中国会计准则进行了审计。按中国会计准则计算的净利润为1,003,115千元,按国际财务报告准则计算的净利润为1,221,999千元,两者差额为218,884千元;按中国会计准则计算的净资产为9,658,573千元,按国际财务报告准则计算的净资产为9,995,033千元,两者差额为336,460千元。主要调整如下: | |

| | 净利润(千元) | 净资产(千元) |
|---|---|---|
| 按中国会计准则编制财务报表金额 | 1,003,115 | 9,658,573 |
| 按国际财务报告准则调整: | | |
| -冲回计提的维简费 | 230,610 | -- |
| -递延所得税 | 1,387 | 88,807 |
| -减少商誉转入利润 | 27,620 | 55,240 |
| -设定利息 | (39,956) | (99,551) |
| -股利分配 | -- | 298,480 |
| -其他 | (777) | (6,516) |
| 根据国际财务报告准则编制之财务报表金额 | 1,221,999 | 9,995,033 |

## 4.股本变动及股东情况

4.1 股份变动情况表

公司股份变动情况表

数量单位:股

| | 本次变动前 | 本次变动增减(+,-) | | | | | | 本次变动后 |
|---|---|---|---|---|---|---|---|---|
| | | 配股 | 送股 | 公积金转股 | 增发 | 其他 | 小计 | |
| 一、未上市流通股份 | | | | | | | | |
| 1.发起人股份 | 1,670,000,000 | | | | | | | 1,670,000,000 |
| 其中: | | | | | | | | |
| 国家持有股份 | 1,670,000,000 | | | | | | | 1,670,000,000 |
| 境内法人持有股份 | | | | | | | | |
| 境外法人持有股份 | | | | | | | | |
| 其他 | | | | | | | | |
| 2.募集法人股份 | | | | | | | | |
| 3.内部职工股 | | | | | | | | |
| 4.优先股或其他 | | | | | | | | |
| 未上市流通股份合计 | 1,670,000,000 | | | | | | | 1,670,000,000 |
| 二、已上市流通股份 | | | | | | | | |
| 1.人民币普通股 | 180,000,000 | | | | | | | 180,000,000 |
| 2.境内上市的外资股 | | | | | | | | |
| 3.境外上市的外资股 | 1,020,000,000 | | | | | | | 1,020,000,000 |
| 4.其他 | | | | | | | | |
| 已上市流通股份合计 | 1,200,000,000 | | | | | | | 1,200,000,000 |
| 三、股份总数 | 2,870,000,000 | | | | | | | 2,870,000,000 |

4.2 前十名股东持股表

| 报告期末股东总数 | 截至2002年12月31日止,公司拥有股东68,027户,其中国有法人股股东1户,A股股东67,874户和H股股东152户。 | | | | | |
|---|---|---|---|---|---|---|
| 前十名股东持股情况 | | | | | | |
| 股东名称(全称) | 年度内增减 | 年末持股数量 | 比例(%) | 股份类别(已流通或未流通) | 质押或冻结的股份数量 | 股东性质(国有股东或外资股东) |
| 兖矿集团有限公司 | 0 | 1,670,000,000 | 58.19 | 未流通 | 无 | 国有股东 |
| 香港中央结算(代理人)有限公司 | 896,001 | 1,017,259,999 | 35.44 | 已流通 | 无 | 外资股股东 |
| 丰和价值证券投资基金 | 3,475,366 | 3,475,366 | 0.12 | 已流通 | 不详 | A股股东 |
| 景福证券投资基金 | 1,298,432 | 2,330,432 | 0.08 | 已流通 | 不详 | A股股东 |
| 安信证券投资基金 | -231,203 | 1,781,615 | 0.06 | 已流通 | 不详 | A股股东 |
| 东风汽车股份有限公司 | 0 | 1,779,748 | 0.06 | 已流通 | 不详 | A股股东 |
| 华安创新证券投资基金 | -740,846 | 1,607,793 | 0.06 | 已流通 | 不详 | A股股东 |
| 银丰证券投资基金 | 1,602,804 | 1,602,804 | 0.06 | 已流通 | 不详 | A股股东 |
| 南方稳健成长证券投资基金 | 1,515,329 | 1,515,329 | 0.05 | 已流通 | 不详 | A股股东 |
| 上海国际信托投资有限公司 | 1,366,139 | 1,510,000 | 0.05 | 已流通 | 不详 | A股股东 |

| | |
|---|---|
| 前十名股东关联关系或一致行动的说明 | 公司前10名股东中，安信证券投资基金和华安创新证券投资基金的基金管理人均为华安基金管理有限公司，其他股东的关联关系或一致行动关系不详。 |

4.3 控股股东及实际控制人情况介绍

4.3.1 控股股东及实际控制人变更情况

□适用 √不适用

4.3.2 控股股东和其他实际控制人具体情况介绍

兖矿集团有限公司（"母公司"）2002年12月31日持有本公司股份16.7亿股，没有变化，占本公司总股本的58.19%。

母公司是本公司的控股股东，为国有独资公司。法定代表人赵经彻，注册资本人民币3,090,336,000元。主营煤炭生产、建筑建材、化工、机械加工等。

## 5.董事、监事和高级管理人员

5.1 董事、监事和高级管理人员持股变动

| 姓名 | 职务 | 性别 | 年龄 | 任期起止日期 | 年初持股数（股） | 年末持股数（股） | 变动原因 |
|---|---|---|---|---|---|---|---|
| 莫立崎 | 董事长 | 男 | 58 | 2002年4月22日～2005年4月22日 | 10,000 | 10,000 | 无变动 |
| 杨德玉 | 副董事长、总经理 | 男 | 53 | 2002年4月22日～2005年4月22日 | 10,000 | 10,000 | 无变动 |
| 耿加怀 | 董事 | 男 | 52 | 2002年4月22日～2005年4月22日 | 0 | 0 | 无变动 |
| 王邦君 | 董事 | 男 | 58 | 2002年4月22日～2005年4月22日 | 10,000 | 10,000 | 无变动 |
| 于学志 | 董事、副总经理 | 男 | 58 | 2002年4月22日～2005年4月22日 | 0 | 0 | 无变动 |
| 杨家纯 | 董事 | 男 | 48 | 2002年4月22日～2005年4月22日 | 10,000 | 10,000 | 无变动 |
| 吴玉祥 | 董事、财务总监 | 男 | 41 | 2002年4月22日～2005年4月22日 | 10,000 | 10,000 | 无变动 |
| 董云庆 | 董事 | 男 | 47 | 2002年4月22日～2005年4月22日 | 0 | 0 | 无变动 |
| 范维唐 | 独立董事 | 男 | 67 | 2002年4月22日～2005年4月22日 | 0 | 0 | 无变动 |
| 崔建民 | 独立董事 | 男 | 70 | 2002年4月22日～2005年4月22日 | 0 | 0 | 无变动 |
| 王小军 | 独立董事 | 男 | 48 | 2002年4月22日～2005年4月22日 | 0 | 0 | 无变动 |
| 孟宪昌 | 监事会主席 | 男 | 55 | 2002年4月22日～2005年4月22日 | 10,000 | 10,000 | 无变动 |
| 肖述章 | 监事 | 男 | 59 | 2002年4月22日～2005年4月22日 | 10,000 | 10,000 | 无变动 |
| 张胜东 | 监事 | 男 | 46 | 2002年4月22日～2005年4月22日 | 0 | 0 | 无变动 |
| 刘维信 | 监事 | 男 | 52 | 2002年4月22日～2005年4月22日 | 0 | 0 | 无变动 |
| 许本泰 | 监事 | 男 | 44 | 2002年4月22日～2005年4月22日 | 0 | 0 | 无变动 |
| 张英民 | 常务副总经理 | 男 | 49 | 2002年4月22日～2005年4月22日 | 0 | 0 | 无变动 |
| 王新坤 | 副总经理 | 男 | 50 | 2002年4月22日～2005年4月22日 | 0 | 0 | 无变动 |
| 田丰泽 | 副总经理 | 男 | 46 | 2002年7月8日～2005年4月22日 | 0 | 0 | 无变动 |
| 陈广水 | 董事会秘书 | 男 | 37 | 2002年4月22日～2005年4月22日 | 1,000 | 1,000 | 无变动 |
| 时成忠 | 副总经理 | 男 | 40 | 2002年7月8日～2005年4月22日 | 0 | 0 | 无变动 |
| 倪兴华 | 总工程师 | 男 | 46 | 2002年4月22日～2005年4月22日 | 0 | 0 | 无变动 |

注：上表所注任期终止日以选举产生新一届董事、监事的股东大会召开日为准。

5.2 在股东单位任职的董事监事情况

√适用 □不适用

| 姓名 | 任职的股东名称 | 在股东单位担任的职务 | 任职期间 | 是否在股东单位领取报酬、津贴（是或否） |
|---|---|---|---|---|
| 莫立崎 | 兖矿集团有限公司 | 董事局常务副主席、党委书记 | | 否 |
| 耿加怀 | 兖矿集团有限公司 | 总裁、董事局副主席、党委副书记 | | 否 |
| 王邦君 | 兖矿集团有限公司 | 董事局副主席 | | 否 |
| 于学志 | 兖矿集团有限公司 | 党委副书记 | | 否 |
| 杨家纯 | 兖矿集团有限公司 | 董事局董事 | | 否 |
| 董云庆 | 兖矿集团有限公司 | 工会副主席 | | 否 |
| 孟宪昌 | 兖矿集团有限公司 | 监事、党委副书记 | | 否 |
| 肖述章 | 兖矿集团有限公司 | 监事，纪委书记 | | 否 |
| 张胜东 | 兖矿集团有限公司 | 副总会计师 | | 否 |
| 刘维信 | 兖矿集团有限公司 | 审计处处长 | | 否 |

5.3 董事、监事和高级管理人员年度报酬情况

| | |
|---|---|
| 年度报酬总额 | 1,919千元（含税） |
| 金额最高的前三名董事的报酬总额 | 402千元（含税） |
| 金额最高的前三名高级管理人员的报酬总额 | 439千元（含税） |
| 独立董事津贴 | 范维唐报酬为75千元（含税）；崔建民报酬为75千元（含税）；王小军报酬为90千元（含税）。 |
| 独立董事其他待遇 | 无 |
| 不在公司领取报酬、津贴的董事、监事姓名 | 无 |
| 报酬区间 | 人数 |
| 三万元以下 | 7人 |
| 三万元至十万元 | 4人 |
| 十万元以上 | 11人 |

## 6.董事会报告

6.1 报告期内整体经营情况的讨论与分析

2002年公司继续实施提高煤炭产量、销量，扩大出口、收购优质资产的经营策略，经营业绩实现大幅度提高。

全年实现主营业务收入8,055,259千元，其中煤炭销售实现主营业务收入7,907,926千元，同比增长了1,438,573千元或22.2%；新收购的铁路资产实现主营业务收入147,333千元。

公司主营业务成本为3,593,511千元，其中煤炭产品销售成本为3,540,521千元，同比增长了523,803千元或17.4%；铁路运输服务成本为52,990千元。

实现主营业务利润4,321,275千元，同比增长了968,344千元或28.9%。

实现净利润1,003,115千元，同比增长了206,862千元或26.0%。

2002年公司继续实施"提高产量"的措施，煤炭产量实现平稳增长。全年生产原煤3,843万吨，同比增长了441万吨或13.0%。主要原因是：1.济宁三号煤矿原煤产量增长292万吨或57.1%；2.公司其他五座煤矿原煤产量增长149万吨或5.2%。2002年公司商品煤产量为3,582万吨，同比增长369万吨，增幅为11.5%。

2002年公司继续实施"扩大销量、增加出口"的措施，煤炭销量大幅增长。全年销售煤炭3,505万吨，同比增长了401万吨或12.9%。其中：出口销售1,447万吨，同比增长了180万吨或14.2%，主要是由于2号精煤出口增长234万吨，3号精煤出口减少54万吨；国内销售2,058万吨，同比增长了221万吨或12.0%，主要由于1号精煤销量增长16万吨、3号精煤销量增长107万吨、原煤销量增长46万吨和混煤及其他销量增长55万吨。

2002年公司煤炭平均价格为225.63元/吨，同比上升了17.18元/吨或8.2%。其中：国内煤炭平均价格为194.78元/吨，同比上升了24.21元/吨或14.2%；出口平均煤炭价格为269.53元/吨，同比上升了6.14元/吨或2.3%。价格上升的主要原因是：1.2002年国内煤炭价格回升，公司国内销售的各品种煤炭价格均保持增长；2.公司适应市场需求，调整品种结构，价格相对较高的精煤销量增长。

公司于年初收购的铁路资产完成运量2,704万吨。对铁路资产2002年度经营状况的分析及对公司业绩的贡献见"铁路资产经营情况分析"。

3.铁路资产经营情况分析。

公司于2002年初收购了母公司的铁路资产。公司将铁路资产作为独立的业务分部，将其2002年实现的业绩描述如下，以反映收购的铁路资产于2002年对公司业绩作出的贡献。

收购铁路资产之前，公司经由沿海港口销往客户的煤炭经该铁路资产运输，公司以离岸价与客户结算，以离岸价结算煤炭的矿区专线运费由公司承担，向母公司支付。该部分运费以国家确定的价格计算并计入公司的营业费用；通过列车直达客户的煤炭以离矿价结算，以离矿价结算煤炭的矿区专线运费由客户交付公司并由公司向母公司支付。

收购铁路资产之后，公司与客户以离岸价结算的煤炭，其矿区专线运费由公司承担。如将铁路资产做为独立的业务分部计算，此项运输为铁路资产的对内运输，矿区专线运费计入铁路资产的对内运输业务收入，合并报表时相应冲减公司的营业费用。该项运输发生的成本在合并报表前计入铁路资产的对内运输业务成本，合并报表时计入公司营业费用；以离矿价结算的煤炭，其矿区专线运费由客户承担。如将铁路资产做为独立的业务分部计算，此项运输为铁路资产的对外运输，矿区专线运费收入计入公司主营业务收入，该项运输发生的成本计入公司的主营业务成本。将铁路资产做为独立业务分部计算的主要经营指标如下表：

| 项目 | 2002年 |
|---|---|
| 一、铁路运输服务收入（千元） | 534,156 |
| 运量（吨） | 27,044,733 |
| 运价（元/吨） | 19.75 |
| 其中：1.对外运输服务收入（千元） | 147,333 |
| 运量（吨） | 8,557,925 |
| 运价（元/吨） | 17.22 |
| 2.对内运输服务收入（千元） | 386,823 |
| 运量（吨） | 18,486,808 |
| 运价（元/吨） | 20.92 |
| 二、销售税金（千元） | 4,862 |
| 三、铁路运输服务成本（千元） | 192,116 |
| 其中：1.对外运输服务成本（千元） | 52,990 |
| 2.对内运输服务成本（千元） | 139,126 |
| 四、对公司净利润的贡献（千元） | 131,795 |

2002年铁路资产运量为2,704万吨，与2001年其实际运量相比增长了402万吨，符合公司对铁路运量增长的预期。铁路运输价格继续执行国家确定的价格。将其作为独立业务分部计算，2002年对公司净利润的贡献为131,795千元。收购铁路资产既部分缓解了公司煤炭销量增长对运输产生的压力，又提升了公司盈利水平。

6.2 主营业务分行业、产品情况表

单位：元

| 分行业或分产品 | 主营业务收入 | 主营业务成本 | 毛利率（%） | 主营业务收入比上年增减（%） | 主营业务成本比上年增减（%） | 毛利率比上年增减（%） |
|---|---|---|---|---|---|---|
| 煤炭采选业 | 7,907,925,976 | 3,540,520,892 | 55.2 | 22.2 | 17.4 | 3.5 |
| 其中：关联交易 | 148,096,000 | 66,409,000 | | | | |
| 关联交易的定价原则 | 公司向母公司销售的煤炭采用市场价格，公司向母公司提供的铁路运输服务采用国家确定的价格。 | | | | | |
| 关联交易必要性、持续性的说明 | 公司上市重组时把原物业管理、后勤服务等职能留在了母公司，公司只保留了与煤炭生产经营业务有关的资产。为保障公司职工正常的生活和生产秩序，依据上市时公司与母公司签署的《材料和服务供应协议》和《材料和服务供应协议补充协议书》，公司的职工住房、医疗、供暖、供水等后勤服务职能需由母公司向本公司提供；母公司所需要的生活用煤和生产用煤及部分材料供应等服务需由公司向母公司提供。该等关联交易是必要的和具有持续性的。 | | | | | |

6.3 主营业务分地区情况

单位：元

| 地区 | 主营业务收入 | 主营业务收入比上年增减（%） |
|---|---|---|
| 国内 | 4,156,197,704 | 32.6 |
| 出口 | 3,899,061,202 | 16.9 |

6.4 采购和销售客户情况

单位：元

| | | | |
|---|---|---|---|
| 前五名供应商采购金额合计 | 362,360,000 | 占采购总额比重 | 15.9% |
| 前五名销售客户销售金额合计 | 1,505,313,788 | 占销售总额比重 | 19.0% |

6.5 参股公司经营情况（适用投资收益占净利润10%以上的情况）

□适用　√不适用

6.6 主营业务及其结构发生重大变化的原因说明

√适用　□不适用

公司的主营业务为地下煤炭开采、洗选加工、销售和煤炭铁路运输。

公司于2002年初收购了煤炭运输专用铁路资产，主营业务增加了"煤炭铁路运输"。

6.7 主营业务盈利能力(毛利率)与上年相比发生重大变化的原因说明

□适用　√不适用

6.8 经营成果和利润构成与上年度相比发生重大变化的原因分析

√适用　□不适用

2002年公司实现主营业务收入8,055,259千元。其中铁路资产实现主营业务收入147,333千元。扣除收购铁路资产因素，公司实现煤炭主营业务收入为7,907,926千元，同比增加1,438,573千元或22.2%。主要原因是：销量增长因素使主营业务收入增长836,448千元，煤炭价格上升因素使主营业务收入增长602,125千元。

公司主营业务成本为3,593,511千元，其中铁路对外运输服务成本为52,990千元。

扣除收购铁路资产因素，公司的主营业务成本为3,540,521千元，同比增加了523,803千元或17.4%，主要是由于产量增长、洗精煤比例上升和员工工资增加导致成本增长。吨煤销售成本为101.02元，与2001年相比增加了3.82元。主要是由于：1.调整品种结构，提高成本较高的精煤销量比例影响公司吨煤成本增加3.34元；2.员工收入随效益增加提高影响公司吨煤成本增加约2.86元；3.基于2002年度国家对煤矿安全的管理和监察力度加大，公司增加投入约4000万元用于完善煤矿的安全生产设施，影响公司吨煤成本增加约1.14元；4.济宁三号煤矿2002年度原煤产量增长292万吨，其产量增长因素影响公司吨煤销售成本下降0.96元；5.公司依靠先进技术和设备提高劳动生产效率、推进支护和辅助运输改革和加大管理力度，在成本费用得到有效控制的同时，提高了公司原煤产量，影响公司吨煤销售成本下降了2.56元，部分抵消了上述成本增长因素对公司的影响。

2002年公司的主营业务利润为4,321,275千元，同比增加968,344千元或28.9%。主要原因是：1.销量增长和价格上升提高了公司的煤炭产品销售收入，使主营业务利润增加；2.收购铁路资产增加了铁路对外运输服务收入，使主营业务利润增加。

2002年公司的管理费用为1,134,279千元，同比增加468,314千元或70.3%。其中收购的铁路资产为65,686千元。如扣除收购铁路资产因素，2002年公司的管理费用为1,068,593千元，同比增加402,628千元或60.5%。主要原因是：1.养老保险金增加使管理费用增加68,295千元；2.管理人员的工资和福利费增加88,832千元；3.新增补充医疗保险基金及工资附加费增加40,672千元；4.计提坏账准备增加管理费用63,696千元；5.矿产资源补偿费增加45,522千元。另外公司提高产量、扩大销量使管理费用增加。

2002年公司实现净利润1,003,115千元，同比增加206,862千元或26.0%。

与2001年度相比，公司的利润构成中增加了于年初收购的铁路资产本年实现的利润。有关铁路资产盈利情况见"铁路资产经营情况分析"一节。

6.9 对生产经营环境以及宏观政策、法规产生重大变化已经、正在或将要对公司的财务状况和经营成果产生重要影响的说明

√适用　□不适用

2002年国内煤炭市场呈现供需两旺。预计2003年国内煤炭将继续保持供需平稳。中国政府预计2003年GDP增长将达到7%以上，经济的持续稳定增长，电力、冶金、建材等重点用煤行业将进一步增加煤炭消费量，促使全年国内煤炭需求量比2002年有所增长。2003年中国政府将在过往几年大量关闭小煤矿的基础上，对各类煤矿严格执行生产许可证监管，加大小煤矿安全生产的专项整顿力度，关闭不符合标准的小煤矿，煤炭生产和经营秩序将进一步规范，煤炭供应量的增长得到相应控制，2003年国内煤炭供应与上年基本持平。国内煤炭市场将保持供需平衡和价格稳定。

煤炭在国际能源中的地位突出，焦煤供应偏紧，动力煤需求稳步增长。由于煤炭成本低、供应可靠，煤炭在世界能源中占据重要地位，燃煤发电占全球发电的44%。占亚洲地区动力煤进口量75%的日本、韩国和台湾地区不断增长的电力，将带动动力煤需求保持增长。由于供应商的竞争，2003年动力煤价格比2002年将有所下降。焦煤市场在保持2002年旺盛需求的基础上，价格略有回落，受惠于焦煤需求增加和价格高位运行，半软焦煤需求量将持续增加，价格保持稳定。

伊拉克战争和欧佩克的石油政策作用，近期对煤炭供需关系和价格影响不大。从2003年10月1日起日本对动力煤进口征收关税为230日元/吨，对公司2003年煤炭出口影响不大。

中国政府继续鼓励煤炭企业扩大煤炭出口，2003年中国煤炭出口量将达到9000万吨左右。

基于国内外煤炭市场的变化，公司预期2003年国内外煤炭需求将保持平稳，煤炭价格有望接近上一年平均水平。公司将通过增加煤炭销量、调整品种结构、控制成本，实现业绩的稳步增长。

6.10 完成盈利预测的情况

□适用　√不适用

6.11 完成经营计划情况

□适用　√不适用

6.12 募集资金使用情况

□适用　√不适用

| 募集资金总额 | 在本报告期之前募集并延续到报告期内使用的资金为2001年5月增发1.7亿股H股获得的资金净收入494,197千元 | | 本年度已使用募集资金总额 | | 494,197千元 |
|---|---|---|---|---|---|
| | | | 已累计使用募集资金总额 | | 494,197千元 |
| 承诺项目 | 拟投入金额 | 是否变更项目 | 实际投入金额 | 产生收益总额 | 是否符合计划进度和预计收益 |
| 收购济宁三号煤矿 | 494,197千元 | 否 | 494,197千元 | 2002年济宁三号煤矿原煤产803万吨，同比增长292万吨，济宁三号煤矿产量的增长，在增加公司收入的同时，促进了公司2002年成本有所降低，增加了公司利润 | 是 |
| 合计 | 494,197千元 | | 494,197千元 | | |
| 未达到计划进度和收益的说明(分具体项目) | | | | | |
| 变更原因及变更程序说明(分具体项目) | | | | | |

变更项目情况

□适用　√不适用

6.13 非募集资金项目情况

√适用　□不适用

| 项目名称 | 项目金额 | 项目进度 | 项目收益情况 |
|---|---|---|---|
| 收购煤炭运输专用铁路资产 | 1,242,586千元 | 本年度公司已用银行贷款12亿元和自有资金42,586千元全部支付完毕 | 将铁路资产作为独立的业务分部计算，2002年为公司贡献净收益1.318亿元。 |
| 合计 | 1,242,586千元 | - | 2002年为公司贡献净收益1.318亿元 |

6.14 董事会对会计师事务所"非标意见"的说明

□适用　√不适用

6.15 董事会新年度的经营计划(如有)

√适用　□不适用

2003年公司煤炭订货量继续增长。2003年，公司已签订合同及意向3,926万吨，与2002年实际销量相比增长421万吨或12.0%，其中出口计划1,400万吨左右，基本保持上年水平。

预计2003年公司煤炭销售价格将比2002年略有下降。其中国内煤炭销售平均价格将与2002年度基本持平，出口煤炭平均价格预计略低于上年水平。

2003年公司将重点实施以下战略：

提高产量、销量，稳定出口。公司煤炭商品在国内外煤炭市场有良好的信誉，市场空间进一步扩大。2003年，公司继续增加煤炭产量和销量，以满足中国沿海地区电力、冶金用户的煤炭需求增长。2003年公司煤炭出口量将保持2002年的水平。

提高产品质量，调整品种结构。在供求平衡的大格局下，由于消费结构升级和国家能源政策的导向，优质煤炭具有较大的市场潜力和赢利空间，公司将运用较强的洗选能力，持续提高煤炭产品质量，优化煤炭品种结构，着手提高价格较高的精煤等品种销售的比重。

开发新一代综采放顶煤技术，完善适用于中厚煤层的开采技术。公司于"十五"攻关计划目标之一即通过对综采放顶煤技术的改进和完善，使公司2005年原煤产量可达到4,000万吨。公司预计2003年原煤产量将达到4,000万吨。公司继续把保持中厚煤层开采技术的领先，保持综采放顶煤技术的领先，作为公司的重要经营策略之一。公司将在目前工艺的基础上，通过技术装备的更新换代，使工作面年生产能力由300－400万吨提高到400－700万吨，提高单产水平，保持综采放顶煤技术的领先水平；在完善两柱掩护式支架配套设备为主的中厚煤层开采技术基础上，对提升系统、井下煤炭运输系统、地面储装运系统等进行改造，建立完整的中厚煤层的开采技术体系，形成完整的有利于公司向外发展的技术优势，使公司的原煤产量保持增长。

突出管理，降低成本。2003年将采取以下措施：一是进一步通过技术进步提高生产能力、增加产量，提高单产效率，降低单位固定成本；二是进一步推进支护和辅助运输改革，增加煤巷锚网化程度，降低材料消耗，减少用工，降低人工费用；三是完善ERP管理系统，提高管理水平，严格控制成本和费用。

积极寻求收购和开发新煤矿机会。公司通过实施收购策略，成功扩大了经营规模。公司将利用技术、市场、管理等方面的优势，在境内外煤炭及相关行业中寻求机会，收购优质煤矿和开发新的煤矿，提高公司盈利水平，扩大经营规模，增强公司的发展后劲。

通过实施以上措施，2003年公司力争实现以下目标：原煤产量4,000万吨，销量3,800万吨，单位成本不高于2002年水平。

新年度盈利预测(如有)

□适用　√不适用

6.16 董事会本次利润分配或资本公积金转增预案

董事会建议2002年度利润分配方案如下：

| | |
|---|---|
| (按中国会计准则编制) | 元 |
| 净利润 | 1,003,115,498 |
| 年初未分配利润 | 1,197,704,033 |
| 提取法定公积金 | 100,393,485 |
| 提取法定公益金 | 50,237,710 |
| 可供分配利润 | 2,050,188,336 |
| 应付股利 | 298,480,000 |
| 未分配利润 | 1,751,708,336 |

董事会建议本年度派发末期股利298,480,000元(含税)。公司共有普通股28.7亿股，每10股拟派发现金股利1.04元(含税)。

以上董事会建议的利润分配方案将提请2002年度股东周年大会审议批准。

## 7. 重要事项

7.1 收购资产

√适用　□不适用

| 交易对方及被收购资产 | 购买日 | 收购价格 | 自购买日起至本年末为上市公司贡献的净利润 | 是否为关联交易 | 定价原则 |
|---|---|---|---|---|---|
| 收购兖矿集团有限公司济宁三号煤矿 | 2001年1月1日 | 2,450,905千元 | 自购买之日起，该矿累计生产煤炭1314万吨，产量的增长在提高公司收入的同时，又降低了公司的单位成本，提升了公司的盈利能力。 | 是 | 评估确认的价格 |
| 收购兖矿集团有限公司煤炭运输专用铁路资产 | 2002年1月1日 | 1,242,586千元 | 1,318亿元 | 是 | 评估确认的价格 |

7.2 出售资产

□适用　√不适用

公司收购资产对公司业务持续性和管理层稳定性影响的说明：收购的济宁三号煤矿2002年生产原煤803万吨，与2001年相比增长了292万吨，提高了公司的煤炭产量，成为公司主要的生产煤矿之一。该项收购不影响公司业务的连续性和管理层的稳定性，且有利于公司业绩的增长。收购铁路资产减少了与母公司的关联交易，提升了公司的盈利能力。此项收购使公司增加了"煤炭铁路运输"主营业务，对公司管理层的稳定性没有影响。

7.3 重大担保

□适用　√不适用

7.4 关联债权债务往来

√适用　□不适用

单位：万元

| 关联方 | 向关联方提供资金 | | 关联方向上市公司提供资金 | |
|---|---|---|---|---|
| | 发生额 | 余额 | 发生额 | 余额 |
| 兖矿集团 | | | | |
| 其它应收款 | 39,325 | 5,448 | | |
| 应收账款 | 16,048 | 1,049 | | |
| 预付账款 | 6,262 | 1,213 | | |
| 应付票据 | | | 702 | 702 |
| 应付账款 | | | 38,717 | 5,543 |
| 预收帐款 | | | 5,267 | 1,536 |
| 其它应付款 | | | 275,329 | 26,296 |
| 一年内到期的长期应付款 | | | 1,325 | 1,325 |
| 长期应付款 | | | | 9,274 |
| 合计 | 61,635 | 7,710 | 321,340 | 44,676 |

注:向关联方提供资金发生额为借方发生额;关联方向上市公司提供资金发生额为贷方发生额。

7.5 委托理财

□适用 √不适用

7.6 承诺事项履行情况

□适用 √不适用

7.7 重大诉讼仲裁事项

□适用 √不适用

7.8 独立董事履行职责的情况

公司成立时即建立了独立董事制度,独立董事按公司《章程》、《上市规则》、《上市公司治理准则》的规定和要求履行了职责:积极出席董事会会议、参与董事会专门委员会的建设、为公司重大决策提供专业和建设性意见,对公司的规范运行发挥了重要作用,维护了公司和全体股东的合法权益。

2002 年度独立董事依据中国证监会《关于在上市公司建立独立董事制度的指导意见》要求,对公司聘任副总经理、公司董事和监事薪酬发表了同意意见;依据香港联合交易所要求,对公司 2001 年度持续性关联交易发表了同意意见,认为公司持续性关联交易完全按照 1998 年上市时承诺的条件进行。

## 8.监事会报告

公司监事会认为公司依法运作、公司财务情况、公司募集资金使用、公司收购、出售资产交易和关联交易不存在问题。

## 9.财务报告

9.1 审计意见

本公司 2002 年度财务报告经德勤华永会计师事务所审计,注册会计师顾红雨、刘永强签字,出具了(德师报(审)字(03)P0427 号)标准无保留意见的审计报告。

9.2 公司比较式合并及母公司的资产负债表、利润表和当年的现金流量表(见附表)

9.3 公司与最近一期年度报告相比,会计政策、会计估计没有发生变化。

1998 年及以前年度,公司根据财政部(92)财工字第 380 号文的规定,公司每年按原煤产量每吨人民币 6 元计算维持简单再生产费用(维简费),计入生产成本及其他流动负债。上述维简费用于支付国家煤炭工业局相关费用和山东省煤炭工业管理局局长基金、转产费用后,用于煤炭生产设备和煤矿井巷建筑设施更新支付费用,待工程完工结算后,再相应转增资本公积。1999 年年度起,由于公司无需支付国家煤炭工业局、山东省煤炭工业管理局有关费用,且公司计提的折旧基金能够满足煤炭生产设备及井巷建筑物的更新需要,故公司决定不再计提维简费,并将尚未用完的金额共计人民币 161,773,949 元结转计入资本公积。

2002 年上半年,山东省煤炭工业管理部门对公司停提维简费提出异议。认为凡无明文规定作废的行业会计政策和规定,各企业仍需遵照执行,而煤炭行业计提维简费的规定没有作废,且全国煤炭行业执行。因此,公司管理层为了维护上市公司及股东的利益,决定从 2002 年起继续计提维简费并列入当期成本及其他流动负债,并作为重大会计差错更正追溯调整以前年度的财务报告数据,对以前年度未计提的维简费进行了补提并直接列入资本公积,将以前年度损益进行了调整。

因上述事项而引起对以前年度有关科目期初数调整明细及对 2002 年度利润及该年度股东权益具体影响如下:

单位:人民币千元

| | 2002 年度 | 2001 年度 | | 2000 年度 | |
|---|---|---|---|---|---|
| | 增加(减少) | 调整前 | 调整后 | 调整前 | 调整后 |
| 资产负债表 | | | | | |
| 资本公积 | 230,610 | 3,711,033 | 4,223,911 | 2,526,229 | 2,834,973 |
| 盈余公积 | (34,592) | 508,644 | 431,712 | 358,586 | 312,274 |
| 未分配利润 | (196,018) | 1,633,650 | 1,197,704 | 1,070,321 | 807,889 |
| 股东权益 | - | 8,723,327 | 8,723,327 | 6,555,136 | 6,555,136 |
| 利润及利润分配表 | | | | | |
| 主营业务成本 | 230,610 | 2,812,584 | 3,016,718 | 1,983,520 | 2,148,257 |
| 净利润 | (230,610) | 1,000,387 | 796,253 | 738,986 | 574,249 |
| 年初未分配利润 | - | 1,070,321 | 807,889 | 677,523 | 555,117 |
| 提取法定盈余公积 | (23,061) | 100,039 | 79,625 | 73,899 | 57,425 |
| 提取法定公益金 | (11,531) | 50,019 | 39,813 | 36,949 | 28,712 |

公司 2002 年 8 月 16 日第二届董事会第四次会议批准了提取维简费的有关议案,认为该调整属"会计政策变更"。在编制《兖州煤业股份有限公司 2002 年半年度报告》时,公司遵循了上述调整原则。公司于 2002 年 10 月 29 日公布的《兖州煤业股份有限公司 2002 年度前三季度报告》中更正声明,恢复提取维简费的会计调整属"重大会计差错更正"。

9.4 公司与最近一期年度报告相比,合并范围没有发生变化。

**兖州煤业股份有限公司**

**2003 年 4 月 11 日**

## 兖州煤业股份有限公司
## 资 产 负 债 表

2002 年 12 月 31 日

单位:人民币元

| 资　　产 | 合并年末数 | 合并年初数(已重述) | 公司年末数 | 公司年初数(已重述) | 负债及股东权益 | 合并年末数 | 合并年初数(已重述) | 公司年末数 | 公司年初数(已重述) |
|---|---|---|---|---|---|---|---|---|---|
| 流动资产: | | | | | 流动负债: | | | | |
| 货币资金 | 1,595,933,728 | 1,154,806,342 | 1,592,397,958 | 1,150,155,924 | 应付票据 | 108,001,674 | 275,860,000 | 108,001,674 | 275,860,000 |
| 短期投资 | 88,702,100 | 49,997,305 | 88,702,100 | 49,997,305 | 应付账款 | 557,175,701 | 553,982,959 | 556,939,363 | 552,320,331 |
| 应收票据 | 239,974,223 | 155,883,666 | 239,974,223 | 155,883,666 | 预收账款 | 171,826,093 | 122,908,153 | 170,508,547 | 122,794,582 |
| 应收股利 | - | - | 655,479 | - | 应付工资 | 46,389,189 | 36,130,872 | 46,389,189 | 36,130,872 |
| 应收账款 | 573,446,193 | 550,784,838 | 573,446,193 | 550,784,838 | 应付股利 | 298,480,000 | 287,000,000 | 298,480,000 | 287,000,000 |
| 其他应收款 | 223,141,786 | 401,119,702 | 222,698,314 | 400,993,716 | 应交税金 | 206,139,942 | 104,422,929 | 206,021,490 | 103,629,887 |
| 预付账款 | 146,339,631 | 88,165,432 | 145,812,599 | 94,810,318 | 其他应付款 | 542,999,385 | 381,314,134 | 542,851,634 | 377,052,325 |
| 应收补贴款 | 342,595,878 | 419,145,249 | 342,595,878 | 419,145,249 | 预计负债 | 83,043,947 | 120,196,012 | 83,043,947 | 120,196,012 |
| 存货 | 576,579,303 | 439,882,298 | 569,496,944 | 426,352,865 | 一年内到期的长期应付款 | 13,247,800 | 636,633,816 | 13,247,800 | 636,633,816 |
| 待摊费用 | 110,560,888 | 111,048,395 | 110,560,888 | 111,048,395 | 流动负债合计 | 2,027,303,731 | 2,518,448,875 | 2,025,483,644 | 2,511,617,825 |
| | | | | | 长期负债: | | | | |
| 流动资产合计 | 3,897,273,730 | 3,370,833,227 | 3,886,340,576 | 3,359,172,276 | 长期借款 | 1,200,000,000 | - | 1,200,000,000 | - |
| | | | | | 长期应付款 | 92,735,160 | 105,983,040 | 92,735,160 | 105,983,040 |
| 长期股权投资 | 31,897,684 | 1,760,419 | 36,672,090 | 4,470,322 | 长期负债合计 | 1,292,735,160 | 105,983,040 | 1,292,735,160 | 105,983,040 |
| | | | | | 负债合计 | 3,320,038,891 | 2,624,431,915 | 3,318,218,804 | 2,617,600,865 |
| 固定资产: | | | | | 少数股东权益 | 4,936,449 | 2,463,683 | - | - |
| 固定资产原值 | 13,632,796,969 | 11,702,052,041 | 13,631,983,945 | 11,701,559,317 | 股东权益: | | | | |
| 减:累计折旧 | 5,480,779,065 | 4,492,985,894 | 5,480,563,829 | 4,492,836,855 | 股本 | 2,870,000,000 | 2,870,000,000 | 2,870,000,000 | 2,870,000,000 |
| 固定资产净值 | 8,152,017,904 | 7,209,066,147 | 8,151,420,116 | 7,208,722,462 | 资本公积 | 4,454,521,340 | 4,223,911,394 | 4,454,521,340 | 4,223,911,394 |
| 工程物资 | 1,899,659 | 1,697,068 | 1,899,659 | 1,697,068 | 盈余公积 | 582,343,347 | 431,712,152 | 582,179,477 | 431,712,152 |
| 在建工程 | 123,022,757 | 268,991,536 | 123,022,757 | 268,991,536 | 其中:公益金 | 194,141,761 | 143,904,051 | 194,059,826 | 143,904,051 |
| 固定资产合计 | 8,276,940,320 | 7,479,754,751 | 8,276,342,532 | 7,479,411,066 | 未分配利润 | 1,751,708,336 | 1,197,704,033 | 1,751,872,206 | 1,197,704,033 |
| 无形资产 | 777,436,629 | 497,874,780 | 777,436,629 | 497,874,780 | 股东权益合计 | 9,658,573,023 | 8,723,327,579 | 9,658,573,023 | 8,723,327,579 |
| 资产总计 | 12,983,548,363 | 11,350,223,177 | 12,976,791,827 | 11,340,928,444 | 负债及股东权益总计 | 12,983,548,363 | 11,350,223,177 | 12,976,791,827 | 11,340,928,444 |

## 兖州煤业股份有限公司
## 利润及利润分配表

2002 年 12 月 31 日止年度

单位：人民币元

| 项　目 | 合并本年累计数 | 合并上年累计数（已重述） | 公司本年累计数 | 公司上年累计数（已重述） | 项目 | 合并本年累计数 | 合并上年累计数（已重述） | 公司本年累计数 | 公司上年累计数（已重述） |
|---|---|---|---|---|---|---|---|---|---|
| 一、主营业务收入 | 8,055,258,906 | 6,469,352,955 | 8,055,258,906 | 6,469,352,955 | 五、净利润 | 1,003,115,498 | 796,253,265 | 1,003,115,498 | 796,253,265 |
| 减：主营业务成本 | 3,593,511,138 | 3,016,717,921 | 3,599,065,977 | 3,016,717,921 | 加：年初未分配利润 | 1,197,704,033 | 807,888,757 | 1,197,704,033 | 807,888,757 |
| 主营业务税金及附加 | 140,473,141 | 99,704,041 | 140,473,141 | 99,704,041 | 六、可供分配的利润 | 2,200,819,531 | 1,604,142,022 | 2,200,819,531 | 1,604,142,022 |
| 二、主营业务利润 | 4,321,274,627 | 3,352,930,993 | 4,315,719,788 | 3,352,930,993 | 减：提取法定盈余公积 | 100,393,485 | 79,625,327 | 100,311,550 | 79,625,327 |
| 加：其他业务利润 | 30,153,221 | 26,483,329 | 23,403,996 | 26,483,329 | 提取法定公益金 | 50,237,710 | 39,812,662 | 50,155,775 | 39,812,662 |
| 减：营业费用 | 1,647,447,268 | 1,551,609,369 | 1,643,682,040 | 1,551,609,369 | 七、可供股东分配的利润 | 2,050,188,336 | 1,484,704,033 | 2,050,352,206 | 1,484,704,033 |
| 管理费用 | 1,134,279,470 | 665,965,451 | 1,133,135,406 | 665,965,451 | 减：应付普通股股利 | 298,480,000 | 287,000,000 | 298,480,000 | 287,000,000 |
| 财务费用 | 49,561,176 | (34,833,265) | 49,580,917 | (34,833,265) | 八、未分配利润 | 1,751,708,336 | 1,197,704,033 | 1,751,872,206 | 1,197,704,033 |
| 三、营业利润 | 1,520,139,934 | 1,196,672,767 | 1,512,725,421 | 1,196,672,767 | 补充资料 | 合并本年累计数 | 合并上年累计数 | 公司本年累计数 | 公司上年累计数 |
| 加：投资收益 | 3,687,968 | - | 7,059,098 | - | 维简费会计处理变更： | | | | |
| 补贴收入 | 20,156,972 | - | 20,156,972 | - | －减少利润总额 | 230,609,946 | 204,134,184 | 230,609,946 | 204,134,184 |
| 营业外收入 | 8,573,766 | 7,880,206 | 8,573,766 | 7,880,206 | －增加资本公积 | 230,609,946 | 204,134,184 | 230,609,946 | 204,134,184 |
| 减：营业外支出 | 21,844,181 | 16,812,063 | 21,833,000 | 16,812,063 | | | | | |
| 四、利润总额 | 1,530,714,459 | 1,187,740,910 | 1,526,682,257 | 1,187,740,910 | | | | | |
| 减：所得税 | 524,534,221 | 391,487,645 | 523,566,759 | 391,487,645 | | | | | |
| 少数股东损益 | 3,064,740 | - | - | - | | | | | |

## 兖州煤业股份有限公司
## 现 金 流 量 表

2002 年 12 月 31 日止年度

单位：人民币元

| 项　目 | 合并本年累计数 | 合并上年累计数 | 公司本年累计数 | 公司上年累计数 |
|---|---|---|---|---|
| 一、经营活动产生的现金流量： | | | | |
| 销售商品、提供劳务收到的现金 | 8,564,833,180 | 7,185,415,721 | 8,554,804,872 | 7,185,415,721 |
| 收到的税费返还 | 76,549,371 | 214,033,232 | 76,549,371 | 214,033,232 |
| 收到的其他与经营活动有关的现金 | 1,095,669,128 | 666,944,161 | 1,093,233,717 | 666,944,161 |
| 现金流入小计 | 9,737,051,679 | 8,066,393,114 | 9,724,587,960 | 8,066,393,114 |
| 购买商品、接受劳务支付的现金 | 2,507,018,482 | 2,060,777,762 | 2,502,928,837 | 2,060,777,762 |
| 支付给职工以及为职工支付的现金 | 1,365,705,578 | 994,990,361 | 1,365,615,347 | 994,990,361 |
| 支付的各项税费 | 816,698,078 | 1,096,236,752 | 813,695,443 | 1,096,236,752 |
| 支付的其他与经营活动有关的现金 | 2,664,269,943 | 2,262,708,458 | 2,659,437,508 | 2,262,708,458 |
| 现金流出小计 | 7,353,692,081 | 6,414,713,333 | 7,341,677,135 | 6,414,713,333 |
| 经营活动产生的现金流量净额 | 2,383,359,598 | 1,651,679,781 | 2,382,910,825 | 1,651,679,781 |
| 二、投资活动产生的现金流量： | | | | |
| 收回投资所收到的现金 | 53,685,273 | - | 53,685,273 | - |
| 分得股利或利润所收到的现金 | - | - | 651,148 | - |
| 处置固定资产和其他长期资产而收回的现金净额 | 47,799,358 | 13,685,621 | 47,799,358 | 13,685,621 |
| 收购子公司而获得的现金 | - | 1,940,515 | - | - |
| 现金流入小计 | 101,484,631 | 15,626,136 | 102,135,779 | 13,685,621 |
| 购建固定资产和其他长期资产所支付的现金 | 842,469,768 | 684,193,133 | 842,149,469 | 684,193,133 |
| 投资所支付的现金 | 118,839,365 | 51,757,724 | 118,839,365 | 54,467,627 |
| 购入济三矿所支付的现金 | - | 1,204,133,000 | - | 1,204,133,000 |
| 购入运输处所支付的现金 | 1,282,444,340 | - | 1,282,444,340 | - |
| 银行保证金的增加 | 21,760,596 | 30,000,000 | 21,760,596 | 30,000,000 |
| 现金流出小计 | 2,265,514,069 | 1,970,083,857 | 2,265,193,770 | 1,972,793,760 |
| 投资活动产生的现金流量净额 | (2,164,029,438) | (1,954,457,721) | (2,163,057,991) | (1,959,108,139) |
| 三、筹资活动产生的现金流量： | | | | |
| 吸收投资所收到的现金 | - | 1,454,803,875 | - | 1,454,803,875 |
| 取得借款所收到的现金 | 1,600,000,000 | - | 1,600,000,000 | - |
| 现金流入小计 | 1,600,000,000 | 1,454,803,875 | 1,600,000,000 | 1,454,803,875 |
| 偿还债务所支付的现金 | 400,000,000 | - | 400,000,000 | - |
| 购入济三矿所支付的现金 | 636,633,896 | 636,633,960 | 636,633,896 | 636,633,960 |
| 分配股利所支付的现金 | 287,000,000 | 235,340,000 | 287,000,000 | 235,340,000 |
| 子公司支付少数股东股利的现金 | 591,974 | - | - | - |
| 偿付利息所支付的现金 | 75,737,500 | - | 75,737,500 | - |
| 现金流出小计 | 1,399,963,370 | 871,973,960 | 1,399,371,396 | 871,973,960 |
| 筹资活动产生的现金流量净额 | 200,036,630 | 582,829,915 | 200,628,604 | 582,829,915 |
| 四、汇率变动对现金的影响 | - | - | - | - |
| 五、现金及现金等价物净增加额 | 419,366,790 | 280,051,975 | 420,481,438 | 275,401,557 |
| 项目 | 合并本年累计数 | 合并上年累计数（已重述） | 公司本年累计数 | 公司上年累计数（已重述） |
| 1.将净利润调节为经营活动的现金流量： | | | | |
| 净利润 | 1,003,115,498 | 796,253,265 | 1,003,115,498 | 796,253,265 |
| 加：少数股东损益 | 3,064,740 | - | - | - |
| 计提的资产减值准备 | 66,203,577 | (26,671,722) | 66,203,577 | (26,671,722) |
| 固定资产折旧 | 869,077,231 | 811,750,331 | 869,011,035 | 811,750,331 |
| 维简费的计提 | 230,609,946 | 204,134,184 | 230,609,946 | 204,134,184 |
| 无形资产及其他资产摊销 | 19,816,651 | 30,433,568 | 19,816,651 | 30,433,568 |
| 处置固定资产和其他长期资产的损失 | 1,093,362 | 5,811,569 | 1,093,362 | 5,811,569 |
| 待摊费用的减少（减：增加） | 487,507 | (76,316,068) | 487,507 | (76,316,068) |
| 财务费用 | 75,737,500 | - | 75,737,500 | - |
| 投资损失（减：收益） | (3,687,968) | - | (7,059,098) | - |
| 存货的减少（减：增加） | (131,235,706) | (163,450,978) | (137,682,780) | (163,450,978) |
| 经营性应收项目的减少（减：增加） | 162,089,489 | 19,945,412 | 169,578,893 | 19,945,412 |
| 经营性应付项目的增加（减：减少） | 86,987,771 | 49,790,220 | 91,998,734 | 49,790,220 |
| 经营活动产生的现金流量净额 | 2,383,359,598 | 1,651,679,781 | 2,382,910,825 | 1,651,679,781 |
| 2.现金及现金等价物净增加情况： | | | | |
| 现金的期末余额 | 1,544,173,132 | 1,124,806,342 | 1,540,637,362 | 1,120,155,924 |
| 减：现金的期初余额 | 1,124,806,342 | 844,754,367 | 1,120,155,924 | 844,754,367 |
| 现金及现金等价物净增加额 | 419,366,790 | 280,051,975 | 420,481,438 | 275,401,557 |

## 600028 中国石油化工股份有限公司

### 二〇〇二年年度报告摘选

#### 1.中国石化基本情况简介

1.1 基本情况简介

股票简称:中国石化、中国石化、SINOPEC CORP.、SINOPEC CORP. 股票代码:600028、386、SNP、SNP

上市交易所:上海证券交易所、香港交易所、纽约股票交易所、伦敦股票交易所

注册地址和办公地址:中国北京市朝阳区惠新东街甲六号 邮政编码:100029

公司国际互联网网址:http://www.sinopec.com.cn

电子信箱:ir@sinopec.com.cn/media@sinopec.com.cn

1.2 联系人和联系方式

董事会秘书:张洪林先生 联系地址:中国北京市朝阳区惠新东街甲六号

电话:86-10-64990060 传真:86-10-64990022 电子信箱:ir@sinopec.com.cn

证券事务代表:陈革先生 联系地址:中国北京市朝阳区惠新东街甲六号

电话:86-10-64990060 传真:86-10-64990022 电子信箱:ir@sinopec.com.cn

#### 2.会计资料和财务指标摘要

2.1 主要会计资料 截至十二月三十一日止年度(人民币百万元)

| | 2002 年 | 2001 年 | 本年比上年增减(%) | 2000 年 |
|---|---|---|---|---|
| 主营业务收入 | 324,184 | 304,347 | 6.5 | 322,932 |
| 利润总额 | 22,012 | 21,651 | 1.7 | 25,937 |
| 净利润 | 14,121 | 14,018 | 0.7 | 16,154 |
| 扣除非经常性损益的净利润 | 14,999 | 15,853 | -5.4 | 16,450 |
| 经营活动产生的现金流量净额 | 60,069 | 59,692 | 0.6 | 34,472 |
| | 2002 年 12 月 31 日 | 2001 年 12 月 31 日 | 本年末比上年末增减(%) | 2000 年 12 月 31 日 |
| 总资产 | 368,375 | 360,294 | 2.2 | 340,918 |
| 股东权益(不含少数股东权益) | 146,515 | 139,039 | 5.4 | 120,793 |

2.2 主要财务指标 截至十二月三十一日止年度

| | 2002 年 | 2001 年 | 本年比上年增减(%) | 2000 年 |
|---|---|---|---|---|
| 每股收益(人民币元) | | | | |
| (全面摊薄) | 0.163 | 0.162 | 0.6 | 0.193 |
| (加权平均) | 0.163 | 0.165 | -1.2 | 0.227 |
| 净资产收益率 | | | | |
| (全面摊薄)(%) | 9.638 | 10.08 | -4.4 | 13.37 |
| (加权平均) | 9.723 | 10.61 | -8.4 | 16.29 |
| 扣除非经常性损益的净利润为基础计算的净资产收益率 | | | | |
| (全面摊薄) | 10.24 | 11.40 | -10.2 | 13.62 |
| (加权平均) | 10.33 | 11.99 | -13.8 | 16.59 |
| 每股经营活动产生的现金流量净额(人民币元) | 0.693 | 0.688 | 0.7 | 0.411 |
| | 2002 年 12 月 31 日 | 2001 年 12 月 31 日 | 本年末比上年末增减(%) | 2000 年 12 月 31 日 |
| 每股净资产(人民币元) | 1.690 | 1.604 | 5.4 | 1.440 |
| 调整后的每股净资产(人民币元) | 1.676 | 1.584 | 5.8 | 1.420 |

## 600123 山西兰花科技创业股份有限公司

### 二〇〇二年年度报告摘选

#### 1.上市公司基本情况简介

1.1 基本情况简介

股票简称:兰花科创 股票代码:600123 上市交易所:上海证券交易所

注册地址和办公地址:山西省晋城市泽州路 181 号 邮政编码:048000

公司国际互联网网址:http://www.chinalanhua.com 电子信箱:lanhua@chinalanhua.com

1.2 联系人和联系方式

董事会秘书:王立印 联系地址:山西省晋城市泽州路 181 号

电话:0356-2040123 传真:0356-2033799 电子信箱:wangliyin@chinalanhua.com

证券事务代表:栗会兵 联系地址:山西省晋城市泽州路 181 号

电话:0356-2027966 传真:0356-2033799 电子信箱:lhlihuibing@sina.com

#### 2.会计数据和财务指标摘要

2.1 主要会计数据 单位:元

| | 2002 年 | 2001 年 | 本年比上年增减(%) | 2000 年 |
|---|---|---|---|---|
| 主营业务收入 | 646,225,991.73 | 450,620,057.85 | 43.41 | 302,785,842.74 |
| 利润总额 | 115,495,573.44 | 56,954,373.78 | 102.79 | 13,776,321.54 |
| 净利润 | 84,228,265.04 | 39,605,770.79 | 112.67 | 8,267,622.39 |
| 扣除非经常性损益的净利润 | 84,622,602.20 | 37,133,108.71 | 127.89 | -1,388,712.94 |
| | 2002 年末 | 2001 年末 | 本年末比上年末增减(%) | 2000 年末 |
| 总资产 | 1,662,396,731.25 | 1,515,893,767.92 | 9.67 | 1,663,288,510.43 |
| 股东权益(不含少数股东权益) | 870,463,934.11 | 815,680,643.19 | 6.72 | 801,226,415.36 |
| 经营活动产生的现金流量净额 | 178,299,286.92 | 292,796,529.73 | 39.10 | 136,955,777.48 |

2.2 主要财务指标 单位:元

| | 2002 年 | 2001 年 | 本年比上年增减(%) | 2000 年 |
|---|---|---|---|---|
| 每股收益(摊薄) | 0.227 | 0.107 | 112.15 | 0.02 |
| 每股收益(加权) | 0.227 | 0.107 | 112.15 | 0.02 |
| 净资产收益率(%) | 9.68 | 4.84 | 100.00 | 1.03 |
| 扣除非经常性损益的净利润为基础计算的净资产收益率(%) | 9.86 | 4.54 | 117.18 | -0.17 |
| 每股经营活动产生的现金流量净额 | 0.480 | 0.789 | -39.16 | 0.369 |
| | 2002 年末 | 2001 年末 | 本年末比上年末增减(%) | 2000 年末 |
| 每股净资产 | 2.345 | 2.197 | 6.74 | 2.158 |
| 调整后的每股净资产 | 2.270 | 2.106 | 7.79 | 2.049 |

## 600256 新疆广汇实业股份有限公司

### 二〇〇二年年度报告摘选

#### 1.上市公司基本情况简介

1.1 基本情况简介

股票简称:广汇股份 股票代码:600256 上市交易所:上海证券交易所

注册地址和办公地址:新疆维吾尔自治区乌鲁木齐经济技术开发区上海路 6 号

邮政编码:830026

公司国际互联网网址:http://www.guanghui.com 电子信箱:ghgf@mail.guanghui.com

1.2 联系人和联系方式

董事会秘书:闫金生

联系地址:新疆维吾尔自治区乌鲁木齐经济技术开发区上海路 6 号(公司证券部)

电话:0991-3719668 传真:0991-8637008 电子信箱:ghgf@mail.guanghui.com

证券事务代表:王玉琴

联系地址:新疆维吾尔自治区乌鲁木齐经济技术开发区上海路 6 号(公司证券部)

电话:0991-3719668 传真:0991-8637008 电子信箱:ghgf@mail.guanghui.com

#### 2.会计数据和财务指标摘要

2.1 主要会计数据

| | 2002 年 | 2001 年 | 本年比上年增减(%) | 2000 年 |
|---|---|---|---|---|
| 主营业务收入 | 2,397,873,205 | 1,899,336,363 | 26.25 | 719,925,211 |
| 利润总额 | 366,371,154 | 319,201,284 | 14.78 | 176,155,363 |
| 净利润 | 315,426,343 | 272,806,081 | 15.62 | 147,905,251 |
| 扣除非经常性损益的净利润 | 324,589,772 | 270,864,970 | 19.83 | 145,593,638 |
| | 2002 年末 | 2001 年末 | 本年末比上年末增减(%) | 2000 年末 |
| 总资产 | 3,005,081,727 | 2,224,305,098 | 35.10 | 1,116,625,738 |
| 股东权益(不含少数股东权益) | 1,109,924,232 | 821,387,133 | 35.13 | 601,648,530 |
| 经营活动产生的现金流量净额 | 385,846,808 | 202,934,746 | 100.72 | -22,678,186 |

2.2 主要财务指标

| | 2002 年 | 2001 年 | 本年比上年增减(%) | 2000 年 |
|---|---|---|---|---|
| 每股收益 | 0.437 | 0.454 | -3.74% | 0.418 |
| 净资产收益率 | 28.419% | 33.213% | -14.43% | 24.583 |
| 扣除非经常性损益的净利润为基础计算的净资产收益率 | 29.24% | 32.98% | -11.32% | 24.199 |
| 每股经营活动产生的现金流量净额 | 0.564 | 0.337 | 67.36% | -0.064 |
| | 2002 年末 | 2001 年末 | 本年末比上年末增减(%) | 2000 年末 |
| 每股净资产 | 1.538 | 1.366 | 12.59% | 1.7 |
| 调整后的每股净资产 | 1.520 | 1.355 | 12.18% | 1.678 |

## 600395 贵州盘江精煤股份有限公司

### 二〇〇二年年度报告摘选

#### 1.上市公司基本情况简介

1.1 基本情况简介

股票简称:盘江股份 股票代码:600395 上市交易所:上海证券交易所

注册地址:贵州省六盘水市红果经济开发区

办公地址:贵州省六盘水市红果经济开发区干沟桥 邮政编码:553536

1.2 联系人和联系方式

董事会秘书:伍正斌 联系地址:贵州省六盘水市盘县干沟桥

电话:0858-3703069 传真:0858-3700328 电子信箱:Pjwzb@163.com

证券事务代表:杨玉礼 联系地址:贵州省贵阳市北京路 202 号煤炭大厦

电话:0851-6810186 传真:0851-6810503 电子信箱:pjyyl@up369.com

#### 2.会计数据和财务指标摘要

2.1 主要会计数据

| | 2002 年 | 2001 年 | 本年比上年增减(%) | 2000 年 |
|---|---|---|---|---|
| 主营业务收入 | 668,095,548.62 | 493,218,189.56 | +35.46 | 470,349,552.56 |
| 利润总额 | 79,994,955.49 | 79,282,591.64 | +0.90 | 73,896,186.05 |
| 净利润 | 67,776,531.03 | 68,594,330.31 | -1.19 | 49,440,139.36 |
| 扣除非经常性损益的净利润 | 68,297,091.36 | 68,921,058.69 | -0.91 | 49,938,384.62 |
| | 2002 年末 | 2001 年末 | 本年末比上年末增减(%) | 2000 年末(T-2 年末) |
| 总资产 | 1,441,494,073.90 | 1,391,446,321.47 | +3.60 | 730,289,182.31 |
| 股东权益(不含少数股东权益) | 1,216,155,385.45 | 1,185,508,854.42 | +2.59 | 388,807,314.31 |
| 经营活动产生的现金流量净额 | 80,315,137.56 | 35,511,378.24 | +126.17 | 24,181,904.72 |

2.2 主要财务指标

| | 2002 年 | 2001 年 | 本年比上年增减(%) | 2000 年 |
|---|---|---|---|---|
| 每股收益(摊薄) | 0.183 | 0.185 | -1.08 | 0.197 |
| 每股收益(加权) | 0.183 | 0.207 | -11.59 | 0.197 |
| 净资产收益率 | 5.57% | 5.79% | -0.22% | 12.72% |
| 扣除非经常性损益的净利润为基础计算的净资产收益率 | 5.62% | 5.81% | -0.19% | 12.84% |
| 每股经营活动产生的现金流量净额 | 0.216 | 0.096 | +125% | 0.096 |
| | 2002 年末 | 2001 年末 | 本年末比上年末增减(%) | 2000 年末 |
| 每股净资产 | 3.275 | 3.193 | +2.57% | 1.547 |
| 调整后的每股净资产 | 3.250 | 3.191 | +1.85% | 1.544 |

# C．制造业

## C0．食品、饮料(32 家)

# 600559　河北裕丰实业股份有限公司

## 二〇〇二年年度报告摘要

### 1．重要提示

1.1 本公司董事会及其董事保证本报告所载资料不存在任何虚假记载、误导性陈述或者重大遗漏，并对其内容的真实性、准确性和完整性负个别及连带责任。本年度报告摘要摘自年度报告全文，投资者欲了解详细内容，应阅读年度报告全文。

1.2 因工作原因，独立董事秦玉昌先生、石静霞女士未能出席本次董事会，书面委托独立董事吕志强先生出席并代行表决权。

1.3 公司负责人张新广先生、主管会计工作负责人陈辅珍女士、会计机构负责人廉超先生声明：保证年度报告中财务报告的真实、完整。

### 2．上市公司基本情况简介

2.1 基本情况简介

| | |
|---|---|
| 股票简称 | 裕丰股份 |
| 股票代码 | 600559 |
| 上市交易所 | 上海证券交易所 |
| 注册地址和办公地址 | 河北省衡水市人民东路 39 号 |
| 邮政编码 | 053000 |
| 公司国际互联网网址 | http://www.yufengshiyegufen.com |
| 电子信箱 | yfgfzq@yufengshiyegufen.com |

2.2 联系人和联系方式

| | 董事会秘书 | 证券事务代表 |
|---|---|---|
| 姓名 | 刘勇 | 武晓涛 |
| 联系地址 | 河北省衡水市人民东路 39 号 | 河北省衡水市人民东路 39 号 |
| 电话 | 0318－2122755 | 0318－2122755 |
| 传真 | 0318－2669976 | 0318－2669976 |
| 电子信箱 | yfgfzq@yufengshiyegufen.com | yfgfzq@yufengshiyegufen.com |

### 3．会计数据和财务指标摘要

3.1 主要会计数据　　单位：人民币元

| | 2002 年 | 2001 年 | 本年比上年增减(%) | 2000 年 |
|---|---|---|---|---|
| 主营业务收入 | 262,570,399.48 | 227,672,874.98 | 15.33 | 221,026,584.54 |
| 利润总额 | 27,297,361.68 | 27,344,948.69 | －0.17 | 29,052,312.99 |
| 净利润 | 21,747,692.80 | 21,825,386.08 | －0.36 | 21,696,540.56 |
| 扣除非经常性损益的净利润 | 23,744,346.83 | 22,422,200.87 | 5.90 | 21,659,381.78 |
| | 2002 年末 | 2001 年末 | 本年末比上年末增减(%) | 2000 年末 |
| 总资产 | 593,916,269.36 | 385,587,911.48 | 54.03 | 412,031,067.23 |
| 股东权益(不含少数股东权益) | 328,476,524.99 | 148,021,232.19 | 121.91 | 144,747,424.28 |
| 经营活动产生的现金流量净额 | 61,660,892.92 | 60,463,583.22 | 1.98 | 1,486,178.56 |

3.2 主要财务指标

| | 2002 年 | 2001 年 | 本年比上年增减(%) | 2000 年 |
|---|---|---|---|---|
| 每股收益 | 0.16 | 0.22 | －27.27 | 0.22 |
| 净资产收益率 | 6.62% | 14.74% | －55.09 | 14.99% |
| 扣除非经常性损益的净利润为基础计算的净资产收益率 | 12.74% | 14.40% | －11.53 | 14.22% |
| 每股经营活动产生的现金流量净额 | 0.44 | 0.60 | －26.67 | 0.01 |
| | 2002 年末 | 2001 年末 | 本年末比上年末增减(%) | 2000 年末 |
| 每股净资产 | 2.35 | 1.48 | 58.78 | 1.45 |
| 调整后的每股净资产 | 2.34 | 1.48 | 58.11 | 1.44 |

3.3 国内外会计准则差异

□适用　√不适用

### 4．股本变动及股东情况

4.1 股份变动情况表

**公司股份变动情况表**

数量单位：股

| | 本次变动前 | 本次变动增减(＋,－) | | | | | | 本次变动后 |
|---|---|---|---|---|---|---|---|---|
| | | 配股 | 送股 | 公积金转股 | 增发 | 其他 | 小计 | |
| 一、未上市流通股份 | 100,000,000.00 | | | | | | | 100,000,000.00 |
| 1.发起人股份 | | | | | | | | |
| 其中： | | | | | | | | |
| 国家持有股份 | 99,151,900.00 | | | | | | | 99,151,900.00 |
| 境内法人持有股份 | 848,100.00 | | | | | | | 848,100.00 |
| 境外法人持有股份 | | | | | | | | |
| 其他 | | | | | | | | |
| 2.募集法人股份 | | | | | | | | |
| 3.内部职工股 | | | | | | | | |
| 4.优先股或其他 | | | | | | | | |
| 未上市流通股份合计 | 100,000,000.00 | | | | | | | 100,000,000.00 |
| 二、已上市流通股份 | 0 | | | | | 40,000,000.00 | 40,000,000.00 | 40,000,000.00 |
| 1.人民币普通股 | 0 | | | | | 40,000,000.00 | 40,000,000.00 | 40,000,000.00 |
| 2.境内上市的外资股 | | | | | | | | |
| 3.境外上市的外资股 | | | | | | | | |
| 4.其他 | | | | | | | | |
| 已上市流通股份合计 | | | | | | | | |
| 三、股份总数 | 100,000,000.00 | | | | | 40,000,000.00 | 40,000,000.00 | 140,000,000.00 |

注：公司股本变动是因为本年度首次发行新股所致。

4.2 前十名股东持股表

单位：股

| 报告期末股东总数 | 22,836 户 | | | | | |
|---|---|---|---|---|---|---|
| 前十名股东持股情况 | | | | | | |
| 股东名称(全称) | 年度内增减 | 年末持股数量 | 比例(%) | 股份类别(已流通或未流通) | 质押或冻结的股份数量 | 股东性质(国有股东或外资股东) |
| 河北衡水老白干酿酒(集团)有限公司 | 无 | 65,774,400 | 46.99 | 未流通 | 无 | 国家股 |
| 衡水京安集团有限公司 | 无 | 33,024,100 | 23.59 | 未流通 | 无 | 国家股 |
| 河北农大高新技术开发总公司 | 无 | 353,400 | 0.25 | 未流通 | 未知 | 社会法人股 |
| 衡水市陶瓷厂 | 无 | 353,400 | 0.25 | 未流通 | 未知 | 国有法人股 |
| 王琴 | 增 | 303,000 | 0.22 | 已流通 | 未知 | 社会公众股 |
| 刘心义 | 增 | 163,205 | 0.12 | 已流通 | 未知 | 社会公众股 |
| 卢士云 | 增 | 163,100 | 0.12 | 已流通 | 未知 | 社会公众股 |
| 许良龙 | 增 | 149,500 | 0.11 | 已流通 | 未知 | 社会公众股 |
| 天津市天轻食品发酵开发公司 | 无 | 141,300 | 0.10 | 未流通 | 未知 | 社会法人股 |
| 杨克民 | 增 | 137,400 | 0.09 | 已流通 | 未知 | 社会公众股 |
| 前十名股东关联关系或一致行动的说明 | 前 10 名股东中公司发起人股东之间无关联关系，不存在《上市公司股东持股变动信息披露管理办法》中规定的一致行动人的情况。流通股股东之间未知其关联关系，也未知其是否存在一致行动人的情况。 | | | | | |

4.3 控股股东及实际控制人情况介绍

4.3.1 控股股东及实际控制人变更情况

□适用　√不适用

4.3.2 控股股东和其他实际控制人具体情况介绍

控股股东名称：河北衡水老白干酿酒(集团)有限公司

法定代表人：张永增

成立日期：1996 年 12 月

注册资本：9,682 万元

公司类别：国有独资

经营范围：国有资产经营、参股、控股；生产销售啤酒，生产销售纸箱，畜禽产品，种禽养殖，屠宰加工，畜牧生产服务，冷藏，食品加工，生产和销售饮料、食品。

### 5．董事、监事和高级管理人员

5.1 董事、监事和高级管理人员持股变动

| 姓名 | 职务 | 性别 | 年龄 | 任期起止日期 | 年初持股数 | 年末持股数 | 变动原因 |
|---|---|---|---|---|---|---|---|
| 张新广 | 董事长 | 男 | 39 | 2002 年 12 月 30 日至 2005 年 12 月 30 日 | 0 | 0 | |
| 刘彦龙 | 副董事长、总经理 | 男 | 38 | 2002 年 12 月 30 日至 2005 年 12 月 30 日 | 0 | 0 | |
| 魏志民 | 副董事长 | 男 | 54 | 2002 年 12 月 30 日至 2005 年 12 月 30 日 | 0 | 0 | |
| 张永增 | 董事 | 男 | 55 | 2002 年 12 月 30 日至 2005 年 12 月 30 日 | 0 | 0 | |
| 陈辅珍 | 董事、财务负责人 | 女 | 47 | 2002 年 12 月 30 日至 2005 年 12 月 30 日 | 0 | 0 | |
| 刘兰春 | 董事、副总经理 | 男 | 47 | 2002 年 12 月 30 日至 2005 年 12 月 30 日 | 0 | 0 | |
| 吕志强 | 独立董事 | 男 | 66 | 2002 年 12 月 30 日至 2005 年 12 月 30 日 | 0 | 0 | |
| 秦玉昌 | 独立董事 | 男 | 40 | 2002 年 12 月 30 日至 2005 年 12 月 30 日 | 0 | 0 | |
| 石静霞 | 独立董事 | 女 | 33 | 2002 年 12 月 30 日至 2005 年 12 月 30 日 | 0 | 0 | |
| 刘燕陵 | 监事会主席 | 女 | 52 | 2002 年 12 月 30 日至 2005 年 12 月 30 日 | 0 | 0 | |
| 孙凤娟 | 监事 | 女 | 47 | 2002 年 12 月 30 日至 2005 年 12 月 30 日 | 0 | 0 | |

| | | | | | | | |
|---|---|---|---|---|---|---|---|
| 陈国新 | 监事 | 男 | 50 | 2002年12月30日至2005年12月30日 | 0 | 0 | |
| 商清艳 | 监事 | 男 | 41 | 2002年12月30日至2005年12月30日 | 0 | 0 | |
| 陈殿章 | 监事 | 男 | 58 | 2002年12月30日至2005年12月30日 | 0 | 0 | |
| 张煜行 | 副总经理 | 男 | 36 | 2002年12月30日至2005年12月30日 | 0 | 0 | |
| 润艳廷 | 副总经理 | 男 | 38 | 2002年12月30日至2005年12月30日 | 0 | 0 | |
| 张　一 | 副总经理 | 男 | 38 | 2002年12月30日至2005年12月30日 | 0 | 0 | |
| 刘　勇 | 董事会秘书 | 男 | 38 | 2002年12月30日至2005年12月30日 | 0 | 0 | |

5.2 在股东单位任职的董事监事情况

√适用　□不适用

| 姓名 | 任职的股东名称 | 在股东单位担任的职务 | 任职期间 | 是否领取报酬、津贴(是或否) |
|---|---|---|---|---|
| 张永增 | 河北衡水老白干酿酒(集团)有限公司 | 董事长 | 1996年12月至今 | 否 |
| 陈国新 | 河北衡水老白干酿酒(集团)有限公司 | 生产技术处处长 | 2000年3月至今 | 否 |
| 孙凤娟 | 河北衡水老白干酿酒(集团)有限公司 | 劳动人事处处长 | 1996年12月至今 | 否 |

5.3 董事、监事和高级管理人员年度报酬情况

| | |
|---|---|
| 年度报酬总额 | 62万元 |
| 金额最高的前三名董事的报酬总额 | 21万元 |
| 金额最高的前三名高级管理人员的报酬总额 | 16万元 |
| 独立董事津贴 | 4万元 |
| 独立董事其他待遇 | 独立董事行使职权时发生的差旅费用,由公司据实报销。 |
| 不在公司领取报酬、津贴的董事、监事姓名 | 董事张永增先生、监事陈国新先生、监事孙凤娟女士 |
| 报酬区间 | 人数 |
| 6-7.5万元 | 3 |
| 2-5万元 | 9 |

## 6.董事会报告

6.1 报告期内整体经营情况的讨论与分析

一、本年度经营情况的讨论和分析

2002年,公司遵循"以人为本、科学管理、集约经营、规模发展"的基本方针,在稳定发展白酒业务的同时,积极开拓养猪和饲料业务,基本完成了公司生猪产业体系的构建。被国家九部委认定为第二批农业产业化国家重点龙头企业。

2002年公司坚持内抓管理,外抓市场的总体思路,创新机制,实行科学的物流管理,调整产品结构,积极开拓市场,充分发挥公司在生猪种源及白酒品牌上的优势,实现了经营业绩持续稳步的增长,京安分公司共销售种猪23158头,商品猪68208头,位列全国同行业第一。衡水老白干酒业分公司也克服了白酒税负增加及全国白酒市场萎缩等不利因素,以品牌拉动市场,构建科学的营销体系,采取灵活的销售政策,全年共销售白酒8227吨,保证了白酒销售收入的增长。兴业饲料分公司克服市场无序竞争的不利因素,共销售饲料30080吨,保证了业绩的稳定。公司全年共实现主营业务收入26257万元,主营业务利润6827万元,净利润2175万元,分别比2001年增长15.33%,6.16%,-0.36%。净利润有所下降是因为京安分公司根据生产经营需要更换部分优良种猪,对未达到淘汰年限的种猪进行更新,造成营业外支出中的处置固定资产的净损失发生额较大所致。

2002年10月14日,经中国证监会核准,公司向社会公开发行4000万股A股股票,实际募集资金16490.76万元,并于10月29日在上交所成功上市。这不仅为企业发展提供了资金支持,更有利于公司借鉴资本市场的成功经验,规范企业运作,建立健全现代企业制度,使公司步入发展快车道。

6.2 主营业务分行业、产品情况表

单位:人民币元

| 分行业或分产品 | 主营业务收入 | 主营业务成本 | 毛利率(%) | 主营业务收入比上年增减(%) | 主营业务成本比上年增减(%) | 毛利率比上年增减(%) |
|---|---|---|---|---|---|---|
| 白酒 | 158,423,654.40 | 79,104,895.43 | 50.07 | 17.39 | 21.14 | -2.98 |
| 商品猪种猪 | 61,432,801.92 | 41,417,835.48 | 32.58 | 7.74 | 14.07 | -10.30 |
| 饲料 | 42,713,943.16 | 36,342,625.72 | 14.92 | 19.65 | 20.25 | -2.74 |
| 其中:关联交易 | 192,535.00 | 12,698,776.98 | | | | |
| 关联交易的定价原则 | 公司关联交易的定价原则是不高于可比的当地市场价格。 | | | | | |
| 关联交易必要性、持续性的说明 | 公司本期发生的关联交易主要是酒类包装材料,此关联交易对公司控制成本,及时供货,保证生产的正常进行起到了积极的作用。 | | | | | |

6.3 主营业务分地区情况

单位:人民币元

| 地区 | 主营业务收入 | 主营业务收入比上年增减(%) |
|---|---|---|
| 华北地区 | 234,513,520.06 | 13.43 |
| 其它地区 | 28,056,879.42 | 34.05 |

6.4 采购和销售客户情况

| | | | |
|---|---|---|---|
| 前五名供应商采购金额合计 | 31,800,000.00 | 占采购总额比重 | 23% |
| 前五名销售客户销售金额合计 | 91,880,000.00 | 占销售总额比重 | 35% |

6.5 参股公司经营情况(适用投资收益占净利润10%以上的情况)

□适用　√不适用

6.6 主营业务及其结构发生重大变化的原因说明

□适用　√不适用

6.7 主营业务盈利能力(毛利率)与上年相比发生重大变化的原因说明

□适用　√不适用

6.8 经营成果和利润构成与上年度相比发生重大变化的原因分析

□适用　√不适用

整体财务状况与上年度相比发生重大变化的原因分析

□适用　√不适用

6.9 对生产经营环境以及宏观政策、法规产生重大变化已经、正在或将要对公司的财务状况和经营成果产生重要影响的说明。

√适用　□不适用

根据农经发[2000]8号《印发〈关于扶持农业产业化经营重点龙头企业的意见〉的通知》和农经发[2002]14号《关于公布第二批农业产业化国家重点龙头企业名单的通知》,京安分公司利润免征企业所得税,公司其他利润执行33%的所得税税率。

6.10 完成盈利预测的情况

√适用　□不适用

单位:人民币元

| | 盈利预测(本年度) | 本年度实际数 |
|---|---|---|
| 主营收入 | 263,254,454.26 | 262,570,399.48 |
| 利润总额 | 29,845,567.85 | 27,297,361.68 |
| 净利润 | 23,966,961.71 | 21,747,692.80 |
| 差异说明 | | |
| 利润总额及净利润未达到预测数是因为京安分公司根据生产经营需要更换部分优良种猪,对未达到淘汰年限的种猪进行更新,造成营业外支出中的处置固定资产净损失发生额较大所致。 | | |

6.11 完成经营计划情况

√适用　□不适用

单位:人民币元

| | 原拟订的本年度经营计划 | 本年度实际数 |
|---|---|---|
| 收入 | 263,254,454.26 | 262,570,399.48 |
| 成本及费用 | 194,993,218.45 | 198,936,946.39 |
| 差异说明 | | |

6.12 募集资金使用情况

√适用　□不适用

单位:人民币元

| 募集资金总额 | 164,907,600.00 | 本年度已使用募集资金总额 | | 1,471,547.00 | |
|---|---|---|---|---|---|
| | | 已累计使用募集资金总额 | | 1,471,547.00 | |
| 承诺项目 | 拟投入金额 | 是否变更项目 | 实际投入金额 | 产生收益金额 | 是否符合计划进度和预计收益 |
| 京安斯格繁育推广中心项目 | 78,496,100.00 | 否 | 0 | 0 | 是 |
| 肉类联合加工厂项目 | 86,170,000.00 | 否 | 0 | 0 | 是 |
| 植酸酶项目 | 97,384,000.00 | 否 | 1,471,547.00 | 0 | 是 |
| 合计 | 262,050,100.00 | - | 1,471,547.00 | | - |
| 未达到计划进度和收益的说明(分具体项目) | 符合计划进度 | | | | |
| 变更原因及变更程序说明(分具体项目) | 募集资金项目未变更 | | | | |

注:其中肉类联合加工厂项目,报告期后2003年2月26日第二届董事会第二次会议决议,拟变更项目建设方式和地点,并已与2003年2月27日在《中国证券报》及《上海证券报》公告。

变更项目情况

□适用　√不适用

6.13 非募集资金项目情况

□适用　√不适用

6.14 董事会对会计师事务所"非标意见"的说明

□适用　√不适用

6.15 董事会新年度的经营计划(如有)

□适用　√不适用

新年度盈利预测(如有)

□适用　√不适用

6.16 董事会本次利润分配或资本公积金转增预案

2002年,公司共实现净利润21,747,692.80元,根据《公司章程》的规定,提取10%法定公积金2,174,769.28元和提取5%法定公益金1,087,384.64元后,可供分配的利润为18,485,538.88元。为兼顾股东的投资回报和公司的长远发展,公司董事会制定的2002年度利润分配预案为:以2002年12月31日总股本14000万股为基数,向全体股东每10股派发现金红利0.50元(含税),共派发现金7,000,000.00元,剩余11,485,538.88元结转至下年度。该预案须经年度股东大会审议通过后实施。

## 7.重要事项

7.1 收购资产

□适用　√不适用

7.2 出售资产

□适用　√不适用

7.3 重大担保

□适用　√不适用

7.4 关联债权债务往来

√适用　□不适用

单位:万元

| 关联方 | 向关联方提供资金 | | 关联方向上市公司提供资金 | | 备注 |
|---|---|---|---|---|---|
| | 发生额 | 余额 | 发生额 | 余额 | |
| 河北衡水老白干酿酒(集团)有限公司 | | | 687.69 | 486.49 | 其它应付款(代垫款) |
| 衡水京安集团有限公司 | 77.40 | 77.40 | | | 其它应收款(代垫款) |
| 河北斯格种猪有限公司 | 21.32 | 21.32 | | | 应收帐款(货款) |
| 河北衡水老白干集团废品回收公司 | 3.48 | 74.80 | | | 其他应收款(货款) |
| 衡水市陶瓷厂 | 233.12 | 243.53 | | | 预付帐款(货款) |
| 合计 | 335.32 | 417.05 | 687.69 | 486.49 | |

7.5 委托理财

□适用 √不适用

7.6 承诺事项履行情况

□适用 √不适用

7.7 重大诉讼仲裁事项

□适用 √不适用

7.8 独立董事履行职责的情况(请填入空白处)

报告期内,独立董事秦玉昌先生、吕志强先生积极出席公司的董事会和股东大会,对所有重大事项发表了独立意见,严格履行《公司章程》中规定的独立董事的权利与义务,充分发挥独立董事所特有的作用,维护了公司及中小股东的利益。

## 8.监事会报告

监事会认为公司依法运作、公司财务情况、公司募集资金使用、公司收购、出售资产交易和关联交易不存在问题。

## 9.财务报告

9.1 审计意见

公司2002年度财务报告经河北华安会计师事务所有限公司审计,中国注册会计师齐正华、李钰签字,出具了冀华会审字[2003]2062号标准无保留意见的审计报告。

9.2 资产负债表、利润表和现金流量表(附后)

9.3 与最近一期年度报告相比,会计政策、会计估计和核算方法没有发生变化。

9.4 与最近一期年度报告相比,本报告期合并范围未发生变化。

**河北裕丰实业股份有限公司**

**董事长:张新广**

**2003年3月25日**

### 资产负债表

编制单位:河北裕丰实业股份有限公司　　单位:人民币元

| 资产 | 附注号 | 2002.12.31 | 2001.12.31 |
|---|---|---|---|
| 流动资产: | | | |
| 货币资金 | 1 | 230,222,186.45 | 26,202,809.17 |
| 短期投资 | | – | – |
| 应收票据 | 2 | 2,700,000.00 | 5,391,720.00 |
| 应收股利 | | – | – |
| 应收利息 | | – | – |
| 应收帐款 | 3 | 22,157,850.90 | 23,693,869.82 |
| 其他应收款 | 4 | 6,565,242.44 | 10,249,804.13 |
| 预付帐款 | 5 | 21,215,618.47 | 5,273,140.38 |
| 应收补贴款 | 6 | 500,000.00 | – |
| 存货 | 7 | 122,674,676.47 | 135,959,832.08 |
| 待摊费用 | 8 | 32,416.68 | 28,971.00 |
| 一年内到期的长期债权投资 | | – | – |
| 其他流动资产 | | – | – |
| 流动资产合计 | | 406,067,991.41 | 206,800,146.58 |
| 长期投资: | | – | – |
| 长期股权投资 | 9 | 10,233,762.38 | 10,199,657.33 |
| 长期债权投资 | 10 | 1,585,000.00 | 1,585,000.00 |
| 长期投资合计 | 11 | 11,818,762.38 | 11,784,657.33 |
| 固定资产: | | – | – |
| 固定资产原价 | 12 | 249,977,613.68 | 237,629,568.84 |
| 减:累计折旧 | 12 | 78,664,985.00 | 71,608,974.99 |
| 固定资产净值 | 12 | 171,312,628.68 | 166,020,593.85 |
| 减:固定资产减值准备 | 12 | 478,077.77 | 476,791.91 |
| 固定资产净额 | 12 | 170,834,550.91 | 165,543,801.94 |
| 工程物资 | | – | – |
| 在建工程 | 13 | 5,194,964.66 | 1,459,305.63 |
| 固定资产清理 | | – | – |
| 固定资产合计 | | 176,029,515.57 | 167,003,107.57 |
| 无形资产及其他资产: | | – | – |
| 无形资产 | | – | – |
| 长期待摊费用 | | – | – |
| 其他长期资产 | | – | – |
| 无形资产及其他资产合计 | | – | – |
| 递延税项: | | – | – |
| 递延税款借项 | | – | – |
| 资产总计 | | 593,916,269.36 | 385,587,911.48 |
| 负债和股东权益 | 附注号 | 2002.12.31 | 2001.12.31 |
| 流动负债: | | | |
| 短期借款 | 14 | 188,750,000.00 | 171,150,000.00 |
| 应付票据 | | – | – |
| 应付帐款 | 15 | 18,036,424.36 | 16,624,379.63 |
| 预收帐款 | 16 | 1,498,926.28 | 1,988,811.01 |
| 应付工资 | | 261,068.40 | 342,874.70 |
| 应付福利费 | 17 | 303,782.49 | 9,277.22 |
| 应付股利 | 18 | 7,117,930.50 | 18,551,578.17 |
| 应交税金 | 19 | 4,599,363.51 | 852,096.95 |
| 其他应交款 | 20 | 1,227,576.50 | 698,244.08 |
| 其他应付款 | 21 | 10,308,306.10 | 4,594,929.87 |
| 预提费用 | 22 | 83,366.23 | 26,487.66 |
| 预计负债 | | – | – |
| 一年内到期的长期负债 | 23 | 5,000,000.00 | 8,000,000.00 |
| 其他流动负债 | | – | – |
| 流动负债合计 | | 237,186,744.37 | 222,838,679.29 |
| 长期负债: | | – | – |
| 长期借款 | 24 | 20,000,000.00 | 5,000,000.00 |
| 应付债券 | | – | – |
| 长期应付款 | 25 | 8,253,000.00 | 9,728,000.00 |
| 专项应付款 | | – | – |
| 其他长期负债 | | – | – |
| 长期负债合计 | | 28,253,000.00 | 14,728,000.00 |
| 递延税项: | | – | – |
| 递延税款贷项 | | – | – |
| 负债合计 | | 265,439,744.37 | 237,566,679.29 |
| 股东权益: | | – | – |
| 股本 | 26 | 140,000,000.00 | 100,000,000.00 |
| 减:已归还投资 | | – | – |
| 股本净额 | | 140,000,000.00 | 100,000,000.00 |
| 资本公积 | 27 | 167,200,543.19 | 41,492,943.19 |
| 盈余公积 | 28 | 9,790,442.92 | 6,528,289.00 |
| 其中:法定公益金 | | 3,263,480.97 | 2,176,096.33 |
| 未分配利润 | 29 | 11,485,538.88 | – |
| 股东权益合计 | | 328,476,524.99 | 148,021,232.19 |
| 负债及股东权益合计 | | 593,916,269.36 | 385,587,911.48 |

### 利润及利润分配表

编制单位:河北裕丰实业股份有限公司　　单位:人民币元

| 项目 | 附注号 | 2002年度 | 2001年度 |
|---|---|---|---|
| 一、主营业务收入 | 30 | 262,570,399.48 | 227,672,874.98 |
| 减:主营业务成本 | 30 | 156,865,356.63 | 131,831,090.96 |
| 主营业务税金及附加 | 31 | 37,435,384.79 | 31,530,692.34 |
| 二、主营业务利润(亏损以"-"号表示) | | 68,269,658.06 | 64,311,091.68 |
| 加:其他业务利润(亏损以"-"号表示) | 32 | 1,703,109.62 | 1,362,838.00 |
| 减:营业费用 | | 9,979,500.76 | 8,890,128.78 |
| 管理费用 | | 17,653,669.11 | 16,358,222.31 |
| 财务费用 | 33 | 14,438,419.89 | 13,340,698.35 |
| 三、营业利润(亏损以"-"号表示) | | 27,901,177.92 | 27,084,880.24 |
| 加:投资收益(亏损以"-"号表示) | 34 | 21,820.73 | -626,376.76 |
| 补贴收入 | 35 | 1,500,000.00 | 1,483,260.00 |
| 营业外收入 | | 7,242.00 | – |
| 减:营业外支出 | 36 | 2,132,878.97 | 596,814.79 |
| 四、利润总额(亏损以"-"号表示) | | 27,297,361.68 | 27,344,948.69 |
| 减:所得税 | 37 | 5,549,668.88 | 5,519,562.61 |
| 五、净利润(净亏损以"-"号表示) | | 21,747,692.80 | 21,825,386.08 |
| 加:年初未分配利润 | | – | – |
| 其他转入 | | – | – |
| 六、可供分配的利润 | | 21,747,692.80 | 21,825,386.08 |
| 减:提取法定盈余公积 | | 2,174,769.28 | 2,182,538.61 |
| 提取法定公益金 | | 1,087,384.64 | 1,091,269.30 |
| 提取职工奖励及福利基金 | | – | |
| 提取储备基金 | | – | |
| 提取企业发展基金 | | – | |
| 利润归还投资 | | – | |
| 七、可供投资者分配的利润 | | 18,485,538.88 | 18,551,578.17 |
| 减:应付优先股股利 | | – | |
| 提取任意盈余公积 | | – | |
| 应付普通股股利 | | 7,000,000.00 | 18,551,578.17 |
| 转作股本的普通股股利 | | – | |
| 八、未分配利润 | | 11,485,538.88 | 0.00 |
| 补充资料: | | | |
| 1.出售、处置部门或被投资单位所得收益 | | | |
| 2.自然灾害发生的损失 | | | |
| 3.会计政策变更增加(或减少)利润总额 | | | -476,791.91 |
| 4.会计估计变更增加(或减少)利润总额 | | | |
| 5.债务重组损失 | | | |
| 6.其他 | | | |

### 现金流量表

编制单位:河北裕丰实业股份有限公司　　单位:人民币元

| 项目 | 附注 | 2002年度 |
|---|---|---|
| 一、经营活动产生的现金流量: | | |
| 销售商品、提供劳务收到的现金 | | 290,645,414.07 |
| 收到的税费返还 | | – |
| 收到的其他与经营活动有关的现金 | 38 | 10,001,600.00 |
| 现金流入小计 | | 300,647,014.07 |
| 购买商品、接受劳务支付的现金 | | 138,787,283.98 |
| 支付给职工以及为职工支付的现金 | | 26,760,095.35 |
| 支付的各项税费 | | 59,860,694.30 |
| 支付的其他与经营活动有关的现金 | 39 | 13,578,047.52 |
| 现金流出小计 | | 238,986,121.15 |
| 经营活动产生的现金流量净额 | | 61,660,892.92 |
| 二、投资活动产生的现金流量 | | – |
| 收回投资所收到的现金 | | 387,715.68 |
| 取得投资收益所收到的现金 | | – |
| 处置固定资产、无形资产和其他长期资产而收到的现金净额 | | 1,230,927.00 |
| 收到的其他与投资活动有关的现金 | | – |
| 现金流入小计 | | 1,618,642.68 |
| 购建固定资产、无形资产和其他长期资产所支付的现金 | | 19,693,699.36 |
| 投资所支付的现金 | | 400,000.00 |
| 支付的其他与投资活动有关的现金 | | – |
| 现金流出小计 | | 20,093,699.36 |
| 投资活动产生的现金流量净额 | | -18,475,056.68 |
| 三、筹资活动产生的现金流量 | | – |
| 吸收投资所收到的现金 | | 168,557,600.00 |
| 借款所收到的现金 | | 263,250,000.00 |
| 收到的其他与筹资活动有关的现金 | | 800,000.00 |
| 现金流入小计 | | 432,607,600.00 |
| 偿还债务所支付的现金 | | 235,125,000.00 |
| 分配股利、利润或偿付利息所支付的现金 | | 32,999,058.96 |
| 支付的其他与筹资活动有关的现金 | | 3,650,000.00 |
| 现金流出小计 | | 271,774,058.96 |
| 筹资活动产生的现金流量净额 | | 160,833,541.04 |
| 四、汇率变动对现金的影响额 | | – |
| 五、现金及现金等价物净增加额 | | 204,019,377.28 |
| 项目 | | 2002年度 |
| 1.将净利润调节为经营活动的现金流量: | | |
| 净利润 | | 21,747,692.80 |
| 加:计提的资产减值准备 | | -221,612.61 |
| 固定资产折旧 | | 17,425,434.13 |
| 无形资产摊销 | | – |
| 长期待摊费用摊销 | | – |
| 待摊费用的减少(减:增加) | | -3,445.68 |
| 预提费用的增加(减:减少) | | 39,060.57 |
| 处置固定资产、无形资产和其他长期资产的损失(减:收益) | | 2,009,644.38 |
| 固定资产报废损失 | | – |
| 财务费用 | | 14,565,411.29 |
| 投资损失(减:收益) | | -21,820.73 |
| 递延税款贷项(减:借项) | | – |
| 存货的减少(减:增加) | | 15,142,555.48 |
| 经营性应收项目的减少(减:增加) | | 4,467,759.33 |
| 经营性应付项目的增加(减:减少) | | -13,489,786.04 |
| 其　他 | | – |
| 经营活动产生的现金流量净额 | | 61,660,892.92 |
| 2.不涉及现金收支的投资和筹资活动: | | – |
| 债务转为资本 | | – |
| 一年内到期的可转换公司债券 | | – |
| 融资租入固定资产 | | – |
| 3.现金及现金等价物净增加情况: | | – |
| 现金的期末余额 | | 230,222,186.45 |
| 减:现金的期初余额 | | 26,202,809.17 |
| 加:现金等价物的期末余额 | | – |
| 减:现金等价物的期初余额 | | – |
| 现金及现金等价物净增加额 | | 204,019,377.28 |

# 600573 福建省惠泉啤酒集团股份有限公司

## 首次公开发行股票招股说明书摘要

### 释义

在本招股说明书中,除非另有所指,下列简称具有如下含义:

中国证监会:指中国证券监督管理委员会

本公司、发行人、公司、股份公司:指福建省惠泉啤酒集团股份有限公司

社会公众股、A股:指发行人根据本招股说明书发行的面值为1元的人民币普通股

元: 指人民币元

本次发行:指本公司本次向社会公开发行6,300万股社会公众股的行为

上市: 指本公司股票在证券交易所挂牌交易

主承销商:指新疆证券有限责任公司

《公司法》:指《中华人民共和国公司法》

《证券法》:指《中华人民共和国证券法》

《公司章程》:指福建省惠泉啤酒集团股份有限公司章程

三年: 指2000年、2001年和2002年的会计期间

惠安国投:指惠安县国有资产投资经营有限公司

金麦公司:指泉州市金麦啤酒原料有限公司

兴龙包装:指泉州市兴龙包装用品有限公司

中德印务:指泉州中德印务有限公司

龙珠酿酒:指福建泉州市龙珠酿酒有限公司

惠泉集团工会:指福建惠泉啤酒集团公司工会委员会

金麦工会:指泉州市金麦啤酒原料有限公司工会委员会,系由惠安县麦芽厂工会委员会变更而来

龙珠工会:指福建泉州市龙珠酿酒有限公司工会委员会,系由福建泉州龙珠酒厂工会变更而来

WTO:指世界贸易组织

"B"瓶:指啤酒专用玻璃瓶(Beer bottles)。国家质量技术监督局于1996年6月25日发布中华人民共和国国家标准《GB4544-1996啤酒瓶》,其中规定:每个瓶底以上20毫米范围内打有专用标记"B",以表明是盛装啤酒专用瓶,标志字体大小以2号印刷字体为准;同时应在该区域内标明生产企业的标志、生产的年和季。该标准于1997年1月1日实施。

啤酒花:学名蛇麻,为大麻科律草属多年生蔓性草本植物。系雌雄异株,酿造上所用均为雌花,主要目的是利用其分泌物(树脂和酒花油)提供啤酒苦味、香味、防腐力和澄清麦汁的能力。

纯生啤酒:指采用无菌酿造、无菌过滤、无菌包装和全面微生物监控的无菌处理新技术生产出来的啤酒。此种啤酒在灌装过程中不经过热杀菌工序处理,避免了杀菌过程中啤酒的营养成分和风味物质受损,保持了啤酒特有的新鲜口味和口感,但保质期同熟啤一样。

杀口力:啤酒评酒的术语,是指饮用时,啤酒中溶解的二氧化碳与口腔粘膜、舌面接触后产生的一种浓重而愉快的麻辣刺激感。

PET包装:PET(聚对苯二甲酸乙二醇酯)是一种高分子聚脂材料,作为一种新型的包装材料,与玻璃啤酒瓶相比,PET啤酒瓶具有重量轻、强度大、韧性好、不易破碎、携带方便、易于制作成各种形状和规格等优点。又由于该材料可以100%回收再生,它已被世界环境保护组织推荐为优选包装材料。

### 第一章 本次发行概况

一、本次发行的基本情况

1.股票种类:人民币普通股(A股)

2.每股面值:人民币1.00元

3.发行方式:全部向二级市场投资者定价配售

4.发行数量:公开发行新股6,300万股

5.社会公众股占发行后总股本的比例:25.20%

6.每股发行价格:7.44元

7.发行市盈率:20倍(按2002年净利润全面摊薄计算)

8.发行前每股净资产:2.36元(按2002年12月31日经审计的数据计算)

9.发行后每股净资产:3.58元(按全面摊薄法计算,未含2002年12月31日至公开发行日期间的净利润)

10.发行对象:于《招股说明书摘要》刊登日收盘时持有上证所或深交所已上市流通人民币普通股(A股)股票市值达10,000元及以上的投资者

11.承销方式:由主承销商新疆证券有限责任公司组织承销团以余额包销方式承销

12.募集资金总额:46,872万元

13.募集资金净额:45,256万元

14.发行费用:本次发行费用概算为1,616万元,将用于下列项目:

(单位:万元)

| 项目 | 金额 |
|---|---|
| 承销费用 | 1,219 |
| 注册会计师费用 | 120 |
| 律师费用 | 80 |
| 资产评估费用 | 30 |
| 上网发行费用 | 164 |
| 审核费用 | 3 |
| 合计 | 1,616 |

二、发行有关当事人的基本情况

(一)发行人

名 称:福建省惠泉啤酒集团股份有限公司

法定代表人:程汉川

住 所:惠安县螺城镇建设大街157号

电 话:(0595)7396105

传 真:(0595)7378169

联 系 人:陈荣标、何泽平、黄晓英、庄晓彬

(二)主承销商

名 称:新疆证券有限责任公司

法定代表人:高虎

住 所:乌鲁木齐市解放北路1号

电 话:(010)82031569 82031563

传 真:(010)82031441

联 系 人:李庆文、安锐、周洪刚、张炜、戴志新

(三)副主承销商

名 称:广发证券股份有限公司

法定代表人:陈云贤

住 所:广州市天河区天河北路183号大都会广场

电 话:(020)87555888—507

传 真:(020)87553583

联 系 人:庄勇

名 称:金信证券有限责任公司

法定代表人:陈唯贤

住 所:杭州市杭大路18号A座7层

电 话:(0571)87901974

传 真:(0571)87901973

联 系 人:郑涛

名 称:内蒙古证券有限责任公司

法定代表人:孙子荣

住 所:呼和浩特市新城北街62号

电 话:(0471)4965261

传 真:(0471)4930707

联 系 人:吴琼

(四)分销商

名 称:福建省闽发证券有限公司

法定代表人:张晓伟

住 所:福建省福州市五四路158号环球广场28—29层

电 话:(0591)7804218

传 真:(0591)7804717

联 系 人:杨东宇、陈丹丹

名 称:福建省华福证券公司

法定代表人:王希超

住 所:福州市鼓楼区五四路210国际大厦15楼

电 话:(0591)7838500

传 真:(0591)7841150

联 系 人:黄辉

名 称:天一证券有限责任公司

法定代表人:林益森

住 所:宁波市开明街417-427号

电 话:(021)58603561

传 真:(021)68536542

联 系 人:刘俊杰

名 称:巨田证券有限责任公司

法定代表人:王一楠

住 所:深圳市福田区滨河路证券大厦21楼

电 话:(0755)83379333-2250

传 真:(0755)82990006

联 系 人:覃正宇

名 称:东方证券有限责任公司

法定代表人:肖时庆

住 所:上海市东方路1025号

电 话:(021)50367888-1043

传 真:(021)50366340

联 系 人:张晓斌

名 称:金通证券股份有限公司

法定代表人:应土歌

住 所:杭州市延安路515号浙信大厦3F

电 话:(0571)85783754

传 真:(0571)85783754

联 系 人:王小慰

(五)发行人律师

名 称:福州至理律师事务所

法定代表人:蒋方斌

住 所:福建省福州市湖东路中山大厦25层

电 话:(0591)7855641

传 真:(0591)7855741

经办律师:蒋方斌、王新颖

(六)会计师事务所

名 称:福建华兴有限责任会计师事务所

法定代表人:刘久芳

住 所:福建省福州市湖东路中山大厦B座七~九楼

电　　话:(0591)7842343
传　　真:(0591)7840354
经办注册会计师:童益恭、陈玉珍
(七)资产评估机构
名　　称:福建中兴资产评估有限公司
法定代表人:陈家作
住　　所:福州市湖东路152号中山大厦B座11层
电　　话:(0591)7822168
传　　真:(0591)7858645
经办注册评估师:何美瑜、陈家作、刘敏、林友光、洪衍泽
(八)上市推荐人
名　　称:广发证券股份有限公司
　　　　福建省闽发证券有限公司
(九)股票登记机构
名　　称:中国证券登记结算有限责任公司上海分公司
住　　所:上海市浦东新区陆家嘴东路166号
总 经 理:王迪彬
电　　话:(021)58708888
传　　真:(021)58754185
(十)收款银行
账　　户:3002010129027313336
开　户　行:乌鲁木齐市工行明德路支行
三、预计发行时间表
招股说明书公布日期:2003年1月28日
发行公告刊登日期:2003年1月29日
预计发行日期:2003年2月11日
申购缴款日期:2003年2月14日
预计上市日期:本公司申请将本次发行的股票于发行结束后,尽早在上海证券交易所挂牌交易。

# 第二章　风险因素及对策

投资者在评价发行人此次发售的股票时,除本招股说明书提供的各项资料外,应特别认真考虑下述各项风险因素。根据重要性原则或可能影响投资决策的程度大小排序,本公司风险因素及本公司的应对措施如下:

一、财务风险及对策

1.利润下降的风险及对策

面对啤酒行业日益激烈的竞争态势,本公司增加了银行借款进行技术改造,扩大固定资产投资规模,折旧及财务费用随之增加。同时,本公司适当调低了部分产品的销售价格。此外,本公司加大了福建省外市场开拓力度,在一定程度上增加了销售费用。上述因素使得公司2000年至2001年期间的净利润有一定程度的下降。公司2000年度和2001年度实现的净利润分别为8,534.23万元和6,330.29万元,2001年度比2000年度下降25.82%。公司存在利润下降的风险。

对策:公司并未在过去尤其是最近的一个完整的会计年度内因为该风险而遭受损失,未来因此而遭受损失的可能性也极小。本公司推出纯生啤酒等盈利能力较强的产品,丰富了产品组合,这将有利于本公司巩固和提高市场占有率,提升产品的销售利润率。随着技术改造项目的效益充分发挥,本公司的规模优势将逐步显现,将进一步推动生产成本的下降,改善公司的盈利情况。本公司福建省外埠市场开拓较为顺利,随着建立物流配送中心、完善销售网络建设的募集资金项目顺利实施,本公司产品在福建省外市场的销售将迈上一个新的台阶,为公司今后的持续发展提供有力的支持。本公司还将不断进行产品更新和内部挖潜,提高经营管理水平,以降低生产成本,提高产品的盈利能力。

2.资产流动性降低的风险及对策

由于公司进行了大规模的技术改造,其中部分技改资金使用了银行短期借款,负债结构的不合理,导致公司的资产流动性有所降低。截止2002年12月31日,公司总资产为1,196,327,253.70元,其中固定资产为945,748,217.12元,占总资产的比例为79.05%,固定资产比重比较高;同时,公司的流动比率和速动比率分别为0.41和0.26,与同行业上市公司相比处于较低的水平。

对策:公司并未在过去尤其是最近的一个完整的会计年度内因为该风险而遭受损失,未来因此而遭受损失的可能性也极小。公司将继续加强生产经营和管理力度,通过加强对产品销售、货款回收、存货等的管理,扩大销售收入,提高应收账款和存货的质量和流动性,保持较高的周转率,减少资金占用,为公司偿还债务和扩大投资提供现金流。同时,公司将进一步加强资金管理,逐步调整公司的负债结构,使之与公司的资产结构相匹配。公司还将提高财务灵活性,采取各种措施以应付资金流动的意外中断,包括提高从各种渠道借款的能力,主动根据环境变化调整经营活动的规模和方向,合理利用预付货款、应付账款等供应商提供的商业信用等。由于公司具有较好的盈利能力和良好的信用记录,公司从银行取得了较高的授信额度,为流动性提供了很好的补充。此外,公司本次发行募集资金到位,将改善公司的资产结构,进一步提高资产的流动性。

3.偿债风险及对策

近几年啤酒行业的技术发展和设备更新速度较快,竞争的压力也要求企业继续扩大规模,使得公司技术改造任务较重。公开发行股票并上市前,公司经营发展所需要的资金主要来源于银行贷款和自身积累,融资方式比较单一,导致公司负债率升高。截止2002年12月31日,公司资产负债率为60.42%。中长期负债将逐渐进入偿还期,给公司带来一定的债务偿还压力。

对策:长期盈利能力是偿债能力的最可靠的来源。因此,公司将制订合理的战略规划,在进行投资时,严格考察所投资项目的可行性和盈利性,保证公司具有持续发展的能力。公司将继续加强经营管理,使所投资的项目尽快产生效益,提高资产盈利能力,为还本付息提供资金来源。同时,公司将保持合理的融资结构,避免过重的债务负担。另外,本次股票发行上市成功,将使公司获得直接融资渠道,改善公司的资产负债结构。本次募集资金的一部分将直接用于偿还银行贷款,减轻偿债压力。公司在此次募集资金到位以后,将加强项目管理,加快项目建设速度,使募集资金尽快产生效益,提高公司整体盈利能力和抵御偿债风险的能力。

4.难以持续融资的风险

截止2002年12月31日,公司资产负债率为60.42%;在流动负债的构成中,短期借款、一年内到期的长期负债两项占流动负债总额的69.38%。随着公司技改项目的逐步建成,公司前期为项目建设所借的中长期银行借款已逐步进入偿还期,流动负债还将继续增加。由于公司流动比率、速动比率相对同行业其他企业相对较低,如果流动负债,尤其是银行借款发生重大变动,需要立即清偿,或者不能继续获得持续的融资,则公司将可能面临资金不足的风险,影响经营活动的正常进行。

对策:公司的资金运作能力和长期盈利能力,是持续融资的决定因素。随着公司前期投资项目的建成投产,技改项目的产能开始发挥,公司的销售收入在逐步提高,并且收款情况良好,存货占用资金也比较稳定,经营活动产生的净现金流量比较稳定,足以偿付借款利息和到期的长期贷款。同时,公司将严格考察投资项目,确保投资项目具有良好的回报,然后根据现金流情况决定投资的规模和进度,避免由于项目集中上马造成较大的资金压力。在短期资金的筹措方面,公司采取灵活的财务政策,一方面,公司提高对应收、应付款项的管理能力,利用经营活动产生的内部资金逐步偿还短期借款,并合理利用供应商提供的信用,减少短期借款的占用额度;另一方面,由于具有良好的信用记录,公司得到了主要贷款银行给予的授信额度。在一定时期内,可以得到银行的资金支持,保证资金来源渠道基本畅通。另外,根据公司发展战略,公司争取通过本次公开发行股票补充权益性资本,使融资结构更加合理,减轻公司对于银行借款的依赖程度。

5.应收款项发生坏账的风险

2000年、2001年和2002年末,公司的应收账款净额分别为42.35万元、2,185.62万元和1,769.71万元。2000年、2001年和2002年的应收账款周转率分别为848.12次、79.63次和42.82次。2001年末应收账款余额比2000年末增长幅度较大,周转率下降。如果应收账款不能及时回收,将导致公司资金紧张甚至造成损失。

对策:公司的销售政策以先收款后发货为主,三年来应收账款保持在较低水平。2001年,为支持新产品的市场推广,对部分新产品采用了赊销方式。公司跟踪考察客户的信用记录、销售能力等指标,对信用较好的客户核定赊销的额度,并且由销售部门与财务部门共同对销售、收款等环节进行监管,以便根据不同情况采取相应的对策,防止坏账发生。截止2002年12月31日,公司应收账款中一年以内的占95.73%,一年以上二年以内的占4.27%,对确定不能偿还的均全额计提了坏账准备,公司执行了比较谨慎的会计政策。

6.担保等或有负债的风险

截止2002年12月31日,公司对外担保余额为3,200万元,其中为惠安县自来水公司银行贷款担保余额为1,700万元,为惠安县交通建设开发公司银行贷款担保余额为1,500万元,若以上两公司由于经营不善等原因导致不能按期偿还银行贷款,可能会对公司造成损失。

对策:公司对惠安县交通建设开发公司的担保由惠安县国有资产投资经营公司提供反担保,降低了或有负债的风险。惠安县自来水公司目前经营状况良好,公司随时考察其经营情况,控制风险;同时,拟使用本次募集资金对其进行控股式兼并,以进一步改善其经营,提高偿债能力。

二、管理风险及对策

本次发行前,第一大股东惠安国投持有本公司9,537万股的股份,持股比例为51%,存在大股东控制和损害中小投资者利益的风险。本次发行后,惠安国投仍持有本公司9,537万股的股份,持股比例为38.15%,为相对控股股东,仍对本公司有较大的控制和影响力,若其从事与本公司相竞争的业务,或影响、甚至干涉本公司的正常经营管理决策,将给中小股东带来一定的投资风险。

对策:公司并未在过去尤其是最近的一个完整的会计年度内因为该风险而遭受损失,未来因此而遭受损失的可能性也极小。惠安国投已向本公司作出承诺,将严格依照本公司的章程和各项管理制度行事,不会利用其在本公司的控股地位从事任何损害本公司或本公司其他股东利益的活动,其自身及其控制的企业、公司或其他组织将不在中国境内外以任何形式从事与本公司主营业务或者主要产品相竞争或者构成竞争威胁的业务活动,包括在中国境内外投资、收购、兼并与本公司主营业务或者主要产品相同或者相似的公司、企业或者其他经济组织;并承诺本公司将来拓展新的业务领域时享有优先权,惠安国投将不再发展同类业务。根据中国证监会有关规定,本公司二〇〇一年第二次临时股东大会已选举两位独立董事进入本公司董事会。本公司将按《公司法》、《证券法》等有关法律、法规及公司章程的规定严格规范运作,完善法人治理结构,提高决策透明度,并严格按照上市规则等有关法规进行信息披露工作,以切实保护中小股东利益。

三、业务经营风险及对策

(一)行业竞争风险及对策

我国啤酒行业在经历了一个快速增长期后,目前进入了一个相对稳定小幅增长期,总产量从1985年的310万吨猛增至2001年的2,273.81万吨。在经过短期调整后,其持续发展依然拥有广阔的空间。

但是,由于啤酒主要采取陆地运输,费用较高,且消费者讲究啤酒的新鲜度,而啤酒生产工艺水平及包装方法影响啤酒的保质期,除少部分产品精包装远销外,大部分产品以地产地销为宜,因此啤酒存在一定的销售半径(业内一般认为是500公里)。在这个半径范围以内产品是有竞争力的,在这半径范围以外,与当地企业竞争可能会处于劣势。

而且,啤酒行业受地方保护主义等因素的影响,优胜劣汰的市场机制尚无法真正形成。目前啤酒行业生产厂家众多、生产能力相对过剩、市场竞争较为激烈,导致啤酒行业产生了较为突出的低价倾销、广告费用大、销售难度不断增大、啤酒的技术含量和附加值无法快速提升等现象。与此同时,国内几个大型啤酒生产企业凭借资金、技术及品牌的优势,通过收购中小啤酒厂扩大生产规模,无形中造成局部性竞争加剧。如本公司无法在激烈的市场竞争中脱颖而出,逐步提高产量,扩大规模化生产,保持目前福建市场的龙头地位,并适时采取兼并等方式向省外市场拓展,将对本公司今后的业绩增长产生较大影响。

对策:啤酒行业处于平稳的发展时期,新产品、新技术的开发和引进使得市场新的消费需求不断扩大。本公司经过2000年底的技改搬迁一期工程和2001年上半年的纯生啤酒技改工程,目前的生产能力已从2000年度的31.5万吨啤酒/年扩大到2001年度的45万吨啤酒/年,整体装备科技含量大幅提高,产销量稳居福建市场第一位,规模效应将逐步释放体现。本公司将不断优化生产工艺,加大对新产品、新市场的开发力度,在稳定发展普通大麦啤酒市场的同时逐步将产品发展重心转移至以纯生啤酒为主的技术要求高、售价高的品种上来,以提升单位产品的销售利润率。本公司股票成功发行上市后,本公司拟在未来3～5年内选择几家福建省内外的啤酒生产企业予以兼并,以扩展公司产品的销售半径、提高公司的品牌知名度和市场覆盖面,提升公司综合竞争实力。本公司将在继续巩固福建市场的同时,逐步加大向江西、浙江、广东等邻近省市销售的力度,通过建立层次丰富的营销网络,引进先进的管理和营销手段,建立符合全国市场运作的营销模式,积极参与全国市场的竞争,以提升福建省外的市场份额。本公司还将利用现代网络信息技术,建立电子销售网络,以提升管理水平。

(二)原材料供应风险及对策

啤酒生产的主要原料为啤酒大麦、麦芽、大米、酒花等,原料成本在产品成本中占较大比重。随着我国啤酒工业的迅猛发展,对啤酒大麦的需求越来越大,我国啤酒大麦生产难以满足国内啤酒厂家的要求。据全国麦芽工业协会统计,近年我国啤酒大麦约60%～70%依靠进口。本公司生产所需麦芽主要采购自国内厂家广州麦芽有限公司、大连中粮麦芽有限公司、宁波东南溪麦芽有限公司,啤酒大麦全部采购自专业进出口贸易商。虽然本公司拥有国内固定的原料供应商,但啤酒大麦国际市场供求关系的变化仍将对本公司生产原料的供应量和价格产生影响,并将因此影响本公司的产品生产和经营业绩。

对策:本公司采购的主要原材料目前在市场上均供大于求。本公司对主要的大宗原材料麦芽采用竞价议标方式采购,节约了采购资金并加大了对原材料的质量控制力度;本公司生产啤酒的主要辅助材料大米,主要到生长期长、日照时间长、水源充沛的粮食产区选购,可保证供货新鲜、及时;本公司2002年共购进啤酒大麦17,764吨,大部分由中国粮油进出口总公司下属专业企业提供,该企业进口能力、资金、信誉属国内前列;同时本公司还与国内其他实力较强的大麦进口商保持着良好的关系,保证了供货的稳定性。

(三)新产品开发风险及对策

近几年,国内啤酒行业随着消费者消费水平、消费观念的变化,也在不断对自身的产业结构、产品结构进行调整。各家啤酒厂商竞相推出了小麦啤酒、纯生啤酒、特色啤酒等新品种,啤酒品种多样化已成为啤酒行业的发展趋势之一。能否根据市场需求,不断推出新的产品,吸引新的消费者、提升原有消费需求,成为今后国内大型啤酒厂商竞争的一个重要方面。对本公司而言,如不能及时把握住消费趋向的变化,不断推出符合市场需求的新产品,赶上国际流行的消费时尚,就有可能在今后的竞争中丧失先机,从而影响公司的业绩。

对策:公司市场部不断对市场新的消费需求以及新技术、新产品的出现进行研究分析,力求第一时间掌握市场的变动,同时本公司的客户服务部建立了完整的客户档案,以对消费趋向变动作专门的分析和研究。在此基础上,负责新产品开发的技术中心,提出新产品研究方向,并对新

开发产品的先进性、可行性和市场前景进行充分的论证。过去几年里本公司成功地向市场推出了20余种新产品,平均每年推出2~4种新产品,并不断有新产品储备,充分证明了本公司新产品开发及市场推广的能力。本公司将继续以市场为先导,充分发挥现有的综合实力,不断推出符合市场需求的新产品。

(四)发展纯生啤酒等高售价、高质量产品的风险及对策

根据啤酒行业发展规划和公司自身的经营目标,公司将逐步发展纯生啤酒等高售价、高质量的产品。纯生啤酒在生产设备、技术、管理等方面具有较高的要求,同时,还将面临现有大多数消费者对纯生啤酒等高售价、高质量的啤酒产品的消费能力有限的风险,市场开拓有一定的难度。

对策:根据我国的啤酒发展规划,纯生啤酒产量占啤酒总产量的比例到2005年至少要达到5%,到2015年至少要达到20%,纯生啤酒还有很大的发展空间。公司将根据主要市场对纯生啤酒的需求情况,稳步、审慎的发展纯生啤酒等产品,进行稳步扩张。在市场拓展方面,公司将细分市场,分析消费者的消费心理和偏好,树立纯生啤酒质优价高的品牌形象,有针对性地进行整体营销策划。公司以无纯生啤酒产品生产的邻近省份和地区为主要目标市场,提高纯生啤酒在中心城市、酒店宾馆等消费能力较强市场的市场竞争力。通过建立自身的销售网络和物流配送系统,提高对销售终端的控制能力,缩短销售周期,降低销售费用,提高产品销售效率,提高市场开拓的力度和效率。

四、市场风险及对策

(一)市场饱和及过度依赖单一市场的风险及对策

本公司1999年、2000年和2001年的啤酒产量分别是25.4万吨、31.5万吨和40.08万吨,占福建省当年啤酒总产量的比例分别是21.83%、26.50%和31.29%。2000年、2001年和2002年公司销往福建省外的啤酒量分别为3.84万吨、7.08万吨和8.60万吨,占同期公司产量的12.19%、17.66%和20.64%。以上数据显示本公司在福建省的市场份额不断扩大,福建省外市场的开拓也呈逐步上升的态势,但总体而言,福建省仍然是本公司产品的主要市场,省外市场仍占较小比例,本公司面临着福建省市场逐步趋向饱和及过度依赖福建省单一市场的风险。(以上行业数据摘自福建省啤酒专业协会编制的《福建省啤酒行业主要经济技术指标汇总资料》(1999年1-12月)、(2000年1-12月)、(2001年1-12月)。)

对策:本公司作为目前福建省最大的啤酒生产商,拥有在福建省18年的啤酒生产历史,了解福建省啤酒消费者的各种需求,建立了较为科学、稳定的市场营销网络,形成了人数众多且稳定的惠泉品牌消费人群,为今后本公司在福建省的长期发展奠定了良好基础。本公司将采取更加灵活的市场营销策略和新产品战略,开发新的消费群体,不断提高本公司产品在福建的市场占有率。同时为增强本公司在福建省外的市场竞争能力,本公司首先将巩固已在江西省取得的市场优势,树立惠泉啤酒在省外第一站的形象,加大营销投入,扩大销售量;其次要利用目前已在江西、浙江、广东等地形成的良好影响,选择重点区域,集中力量提高市场占有率,为公司进一步拓展全国市场建立稳固的基地。

(二)市场分割的风险及对策

由于存在明显的区域消费特征,我国啤酒行业产生了按地域划分市场的情况。随着市场竞争的加剧,部分地区出现了限制外地啤酒进入当地市场的情况,通过采取设卡检查、收检查费、过路费等地方保护措施来扶持本地啤酒企业。虽然随着市场经济的快速发展,市场经济秩序已逐步规范,但将来本公司在开拓新市场时,仍可能受到地方保护措施的限制,从而产生市场分割的风险。

对策:通过采取灵活的销售策略,扩大品牌效应,自1998年以来,本公司成功开发了福建省外市场,并逐步取得邻省市场较大的份额,为本公司继续拓展省外市场打下了良好基础。2001年4月,国务院发布了《关于整顿和规范市场经济秩序的决定》,意在规范市场竞争,打击地方保护主义,打破地区封锁和部门、行业垄断,健全市场法律法规,以建立规范的市场经济秩序。随着中国加入WTO,随着各级地方政府观念、行为的转变,我国市场经济新秩序将逐步建立,有碍市场经济原则的各种行为将逐步得以纠正,啤酒行业的地区限制壁垒和地方保护主义的影响将逐步减少,从而有利于本公司进一步发挥品牌优势拓展省外市场。本公司还将积极探索新的营销模式,以不断适应日益成熟的市场经济环境,实现全国市场一体化。

(三)消费者对品牌忠诚度的风险及对策

随着消费水平的提高,消费者对价格的敏感程度逐步降低,在消费选择上越来越注重啤酒的品牌形象和企业形象;同时消费者对品牌"从一而终"的传统观念也随着消费时尚的变化而发生着变化。目前全国啤酒行业500余家生产厂家中,真正拥有全国性品牌的还是极少数。本公司的主要销售市场是福建省,2002年省外市场销售量已逐步达到本公司总产量的20.64%,如本公司不能及时了解"惠泉"啤酒品牌在主要销售市场中所处的地位及相关信息,并及时把握市场机会与契机,采取正确的品牌策略参与竞争,或不能将"惠泉"啤酒逐步培育成一个全国性品牌,则会对本公司今后的长期发展产生不利影响。

对策:为使本公司惠泉啤酒在消费者心目中确立良好、持久的品牌形象,本公司和一流的营销策划专业合作伙伴共同制定了科学周密的营销推广计划,广泛利用各种文化传播渠道,定期召开客户恳谈会,加大技术更新力度,不断提高产品质量水平,用一流的产品和服务赢得消费者的信任,从而建立惠泉啤酒绿色、健康、优质、时尚的品牌形象。同时本公司还将加大科技投入和新产品开发投入,不断推出符合消费时尚和消费习惯的新产品,以保持消费者对惠泉啤酒形象的认同感、荣誉感和满足感。

(四)市场开拓的风险及对策

公司目前市场开拓的重点是福建省外的市场开拓和不同消费群体的市场开拓。福建省外的市场开拓面临的主要风险有:因省外部分市场的地方保护造成的进入壁垒的风险,因啤酒销售半径的局限增加销售费用从而降低公司产品竞争力的风险,省外部分市场生产能力过剩和其他啤酒生产企业低价倾销的风险。不同消费群体的市场开拓面临的主要风险有:啤酒消费者对品牌忠诚度的风险,新产品开发能力不足无法满足消费者需求的风险。在省内市场上,公司也需要调整产品结构,继续开拓市场。

对策:针对市场开拓面临的主要风险,公司将采取的措施有:随着地方保护等地方市场壁垒将会逐步被取消,公司将进一步加大省外市场的开拓力度。根据收购兼并计划,公司将在省内其他地域和省外通过收购、控股、参股等多种形式建厂,克服啤酒销售半径对公司产品销售的约束。公司将不断加大新产品开发的力度,通过细分市场,将不同品种的啤酒进行明确定位,满足不同消费群体的不同口味的产品、不同价格层次产品的需求;同时,可以有针对性地采取各种营销方式,有效地提高市场占有率。

(五)企业扩张的风险及对策

公司扩张面临的主要风险有:公司生产规模的扩张速度过快,不能够适应公司现有市场需求增长速度的风险;公司不能够有效的控制和管理被收购、兼并的子公司的风险。

对策:针对公司扩张面临的主要风险,公司将采取的主要措施有:公司将根据啤酒市场的发展规划,对现有市场、潜在市场进行充分的调研,对现有市场和潜在市场的市场需求量进行合理预计,在此基础上测算并制定公司未来啤酒的生产量的计划,保持合理的规模。公司在兼并、收购、控股和参股其他啤酒生产企业时,将对目标企业所处的地理位置、市场需求、地方政策、企业资产状况、管理层及员工素质等因素进行全方位的考察,在此基础上实施兼并、收购、控股和参股,做到有序合理的扩张,使扩张行为完全符合既定的公司发展战略和经营目标。同时,公司将通过被兼并、收购、控股和参股企业的股东会、董事会等决策机构建立健全人员、财务、资产等各方面的管理制度,实现对目标公司的高效管理。

五、募股资金投向风险及对策

(一)募集资金项目管理和实施风险

本公司此次募集资金投向项目均紧紧围绕公司啤酒生产主业,拟投资的7个项目均是本公司董事会在做了较长时间的市场调研、方案论证、充分的技术经济可行性分析后慎重决定的,并有相配套的管理体系、技术力量和人力资源作为支撑,其顺利实施后将有利于提高本公司的啤酒生产能力和市场占有率。尽管如此,我国宏观经济环境的波动、本公司管理人员和技术人员对新项目的驾驭能力强弱等因素均可能对以上项目的按时成功实施产生影响,从而对本公司发展战略目标的实现、公司的市场竞争力和经营业绩产生较大影响。

对策:本公司在项目选择及论证阶段已充分考虑了项目投产后产品市场变化可能给项目效益带来的不利影响,本公司选择的投资项目都充分发挥和利用了本公司的相关优势。为成功实施本次募集资金投向项目,本公司作了大量细致认真的前期工作,包括啤酒市场需求情况的调研、营销网络和营销渠道的分析与准备、上下游产业链的配套衔接、公司员工的素质和技能培训、和有关各方在诚挚合作前提下进行的多轮谈判、项目实施对公司发展战略和市场布局影响的通盘考虑等等,这些前期工作将有助于本公司募集资金投向项目的如期实施和预期目标的实现。募集资金到位后,本公司将成立专门的募集资金项目建设领导小组,加强对设备招投标、工程建设质量的管理,以确保募集资金的使用效果。

(二)投资惠安县自来水公司的风险及对策

本次公开发行股票成功后,公司将用募集资金5,004.74万元控股式兼并惠安县自来水有限公司,其中,以1,664.74万元用于向惠安县建设局受让惠安县自来水公司的部分所有者权益,以3,340万元对该公司进行增资,增资投入的资金用于该公司供水扩建工程项目,兼并完成后公司持有惠安县自来水有限公司80%的股权。投资于惠安县自来水公司将使公司面临政策风险、跨行业经营的风险与管理风险。

1.政策风险

惠安县自来水公司主营业务为自来水的制水和供水,属于城市公用事业。由于自来水行业作为城市公用事业关系国计民生,同时,我国属于水资源短缺的国家,保证水资源的可持续利用、对于水资源进行宏观管理具有必要性,因此,我国针对自来水行业出台了一系列的行业管理政策,主要涉及城市供水企业资质管理、供水节水和水价改革等领域。自来水行业管理政策的变动可能会给公司带来一定的风险。

在经营制水、供水业务的主体资格方面,目前国家没有相关的限制性政策,主要通过对供水企业的资质审批和考核来进行管理。《城市供水条例》、《城市供水企业资质管理规定》规定,各级政府的城市建设行政主管部门按照供水企业的日综合供水能力,审批并核发《城市供水企业资质证书》,并且每年进行一次年检。惠安县自来水公司属于惠安县建设局下属的国有独资公司,具有国家颁发的《城市供水企业资质证书》,企业资质符合相关规定。公司在实施控股式兼并后,将加强自来水公司的资质管理,确保自来水公司继续满足有关政策规定的资质要求。

关于自来水的价格,国家规定按照统一领导、分级管理的原则,实行政府统一定价。如果政府提高原水价格,调低自来水价格,公司将面临一定的政策风险。近年以来,为了贯彻加强水资源的统一规划和管理,国家制定了节水和加快水价改革的政策。2000年,国务院颁布了国发[2000]36号《关于加强城市供水节水和水污染防治工作的通知》,将逐步提高水价作为节约用水的最有效措施,并使自来水定价机制逐步合理化。2002年4月,国家计委、财政部等部委颁布了《关于进一步推进城市供水价格改革工作的通知》,进一步推进水价改革,建立合理的供水价格形成机制。具体措施包括:对城市居民用水实行阶梯式计量水价,对部分城市实行季节性水价,实行用水超计划、超定额累进加价办法,不断拓展水价上涨空间。水价改革和水价的逐步提高将对公司的经营业绩产生积极的影响,并且预计短期内水价定价机制的政策和水价逐步提高的趋势不会发生较大的变动。

2.跨行业经营的风险

公司尚无经营自来水行业的经验,管理层也存在着进入一个新的行业后逐步适应的过程,公司存在跨行业经营的风险。公司在管理、人才、技术等方面如果不能适应跨行业的经营,将对公司的经营业绩产生影响。

为保证本次投资自来水行业的成功,本公司为此已做了充分的准备工作,首先聘请了厦门市政工程设计院自来水分院编制了《惠安县北关水厂扩建工程可研报告》,然后再聘请泉州市工程咨询公司对《惠安县北关水厂扩建工程可研报告》进行评估,从水资源储量、项目方案设计、环境保护、经济效益等多方面对项目进行论证,制订出确实可行的建设方案,目前,项目建设已获政府有关部门的批准;同时,公司管理层考虑到自来水属公用事业,具有一定的垄断性,且在惠安目前用水需求大于供水能力的情况下,经营自来水的风险不大;此外,公司系控股式兼并惠安县自来水有限公司,持有该公司80%的股权,但未计划大幅调整该公司的管理层,将保持原有管理人员的稳定。

3.管理风险

由于公司缺乏经营自来水业务的经验,因此存在对自来水公司的管理风险。如果公司在控股式兼并惠安县自来水公司后,不能够实现对自来水公司的有效管理,将对公司的经营业绩产生一定程度的影响。

公司将在惠安县自来水公司建立规范的法人治理结构,充分发挥股东会、董事会、监事会的作用,加强管理和控制,完善人员、财务、资产等内部管理制度,使公司规范运行。公司作为惠安县自来水公司的重要客户,年用水量占该公司供水量的40%,在长期的业务合作中,对该公司经营管理情况十分了解。鉴于自来水公司现有管理层对自来水企业的管理有较为丰富的经验,在实施控股式兼并后的短期内,公司不准备大幅调整该公司的管理层,将保持原有管理人员的基本稳定,并且通过建立健全激励约束机制充分调动该公司管理层的积极性。公司还将通过董事会向自来水公司推荐少量的关键管理人员,加强对公司主要部门和岗位的控制。同时,公司将对自来水行业进行调研,加强对自来水公司员工的专业培训,适时的引进管理人员和技术人员,提高经营、管理水平。

六、政策风险及对策

目前,我国酿酒行业的产业政策是:限制白酒特别是高度酒的生产、稳步发展啤酒、鼓励黄酒和果酒的生产和消费,对啤酒行业实行"适当发展、重点扶持"的策略。由于我国啤酒行业总体上处于供大于求的状态,如国家在产业政策上进行大的调整,通过法规、税收等对啤酒生产与消费进行限制,则会对本公司的经营产生一定影响。

另外,从2001年5月开始,经国务院批准,财政部调整了烟酒消费税及部分营业税政策,其中,啤酒消费税税率由原先统一的"220元/吨"改变为以出厂价3000元/吨为界分两档计征,即按照2000年产品的出厂价划分为两档税额:每吨啤酒出厂价在3,000元(含3,000元,不含增值税)以上的,税额为250元/吨;每吨啤酒出厂价在3,000元以下的,税额为220元/吨。与2000年度相比,2001年度按新税率新增缴纳消费税234.9万元。消费税税率的提高将对本公司的经营业绩产生一定影响。

对策:目前我国啤酒市场已逐步规范,优胜劣汰的自由竞争格局已初步形成,我国加入WTO后,预计今后国家对啤酒行业进行政策调控的可能性将逐步减小,啤酒行业受国家产业政策影响的风险也将逐步下降。此外,根据我国啤酒行业"两多两少"的特点(即生产厂家多,但上规模、效益好的企业少;啤酒品牌繁多,但优质名牌啤酒少),国家将继续鼓励啤酒行业实施集团化、规模化的整合,以促进该行业稳步发展,扶植中国民族啤酒工业和民族啤酒品牌,预计这一产业政策在相当长的时期内不会改变。

本公司还将加强对国家经济政策决策信息的搜集和研究,谋求与政府有关部门的及时沟通,以及时作出相应的决策,减小政策变化对公司经营业绩的影响程度。

七、技术风险及对策

公司的主营产品为啤酒。啤酒是一种传统产品,生产工艺技术比较成熟。啤酒生产技术的创新主要是通过应用新技术、新材料、新设备以不断提高啤酒的内在产品质量和延长啤酒的保质期,适应人们对啤酒新鲜度和口味的要求。目前,本公司的装备水平处于国内领先地位,但由于新技术的应用、设备的更新换代速度加快,消费者对啤酒产品的质量要求不断提高,这将相应地给公司带来一定的技术风险。本公司上市后由于规模的扩大、市场的要求,将在更大程度上面临

技术的风险，包括由于技术研究的滞后、产品开发的市场把握、系列产品的结构调整、研发工期及成本的控制等因素导致的方向性错误、产品开发滞后或失败、研发投资损失等风险，以及由此产生的市场竞争力下降和企业发展减慢的风险。

公司主要对策是：公司目前的主要生产设备的技术水平在国内外同行业中是处于先进水平的，在三、五年之内落伍的可能性很小。公司在引进国外设备时已充分注意到更新换代的成本，采用了引进关键设备与国内一般设备相配套的办法，这将大大降低设备更新的成本。公司将继续充分研究和开发生物工程技术、信息工程技术来改造公司的啤酒传统生产技术，提高技术档次。公司还将继续大力发展与时代相适应的创新技术，以市场需求为导向，以经济效益为目标，建立和完善技术创新体系；充分调动企业内部核心技术人员的积极性，尊重知识，引进人才，并通过与有关高校、国家知名研究机构等多渠道的联合进行研究开发，全方位、持久性地开展技术创新工作。

八、其他风险及对策

（一）加入 WTO 的风险及对策

加入 WTO 以后，预计我国的啤酒产品进口关税税率将分期下调，进口啤酒的价格会相应下降，进口啤酒的数量可能会增加，这将使我国啤酒市场的竞争更加激烈。国外啤酒生产有悠久的历史，我国啤酒企业与国外著名大公司相比，在工艺、质量、品牌、资金等方面还存在一定差距，这将有可能使国内啤酒企业在加入 WTO 后短期内处于竞争的劣势。

对策：啤酒行业开放较早，目前行业开放程度较高，国家对啤酒行业已无保护、鼓励或限制的特殊政策，国际上主要的品牌很早就进入中国市场，可以说，啤酒行业较早地参与了国际竞争。本公司通过最近几年的技术改造引进国际先进技术和设备，完善了自身生产工艺，扩大了生产规模，提高了啤酒产品质量，增强了与国外著名啤酒品牌竞争的实力。随着我国加入 WTO，本公司引进技术设备的费用将大大降低，同时由于生产原料关税大幅度下降，本公司生产成本下降后竞争力将进一步增强。而国外进口啤酒由于人工、成本及运输费等条件制约，在价格上依然缺乏竞争力，预计对国内市场的冲击力较小。中国加入 WTO 对国内企业提高管理水平也会产生一定的促进作用，同时有利于促进啤酒行业的合作与交流，为本公司今后参与国际市场竞争打下基础。

（二）股市风险及对策

我国的证券市场尚属初级阶段，投资收益与投资风险并存。股市中股票的价格，不仅受公司经营环境、财务状况、经营业绩以及所处行业的发展前景等因素的影响而上下波动，同时还将受到国际国内政治、社会、经济、市场、投资者心理因素及其他不可预料因素的影响而上下波动，造成投资风险。因此，本公司提醒广大投资者对股票市场的风险性要有充分的认识，在选择投资本公司股票时，还应充分考虑涉及到股票市场的各种风险，以尽量避免和减少损失。

对策：本公司将严格按照《公司法》、《证券法》、《公开发行股票公司信息披露实施细则》等法规，规范公司行为，及时、公正、公开地披露重要信息，加强与投资公众的沟通，树立公司的良好形象。同时本公司将加强对募集资金运用的管理，保持利润的稳定增长，为股东创造稳定丰厚的回报。

# 第三章　发行人基本情况

一、概况

发行人名称：福建省惠泉啤酒集团股份有限公司

英文名称：HUIQUAN BREWAGE GROUP INC. FUJIAN CHINA

法定代表人：程汉川

注册资本：18,700 万元

公司成立日期：1997 年 2 月 4 日

公司住所：福建省惠安县螺城镇建设大街 157 号

营业执照注册号：3500001001759

邮政编码：362100

联系电话：(0595)7396105

传真：(0595)7378169

互联网网址：Http://www.huiquan-beer.com;

Http://www.kindspring.com

电子信箱：ksbeer@public.qz.fj.cn

本公司 1989 年被授予"国家二级企业"称号，1997 年被国家经济贸易委员会等部委认定为国家大型二档企业。1997 年初改制后，公司资产总量和生产规模迅速扩大。2001 年完成啤酒产量 40.08 万吨，列全国啤酒行业产量排名第九位，销售额排名第八位（数据来源：国家轻工业信息统计办公室和中国轻工业信息中心联合主办的《全国酿酒行业信息》企业册？2001 年 1－4 季度）。本公司 2000 年底完成位于惠安县城关北区的北厂技改搬迁一期工程，该技改工程总体规划 80 万吨，总占地面积 650 亩，系严格按照国家行业"十五"计划要求，以清洁生产、无菌化生产技术标准建设，融合了惠泉啤酒传统生产工艺技术和国际先进装备工艺技术，全程实现高度自动化生产。其中，纯生啤生产线技改工程于 2001 年 6 月底完成。本公司现已形成 55 万吨/年的啤酒生产能力。

本公司主导产品惠泉啤酒先后被授予"全国啤酒行业优质产品"、"中国食品工业名牌产品"、"福建省名牌产品"、"2000 年福建省用户满意产品"，惠泉牌商标被确认为"福建省著名商标"，2001 年 4 月本公司"惠泉啤酒"系列产品被指定为人民大会堂国宴用酒。本公司在福建省市场占有率连续多年保持前列，并成功辐射到江西、浙江、广东等省外市场。2001 年 4 月本公司被中华全国总工会授予"全国五一劳动奖状"。

二、经营范围

公司的经营范围是啤酒、饮料制造。

三、发行人历史沿革及改制情况

福建省惠泉啤酒集团股份有限公司最早起源于 1938 年惠安县王氏家族兴办的生产地瓜酒的手工小作坊，解放后改造为地方国营企业惠安酒厂，专事生产白酒、黄酒、果露酒、碳酸饮料等产品。1983 年公司在福建省啤酒行业中率先引进啤酒露天大罐发酵新技术，进行啤酒生产，1987 年企业更名为惠安啤酒厂，1995 年 9 月登记成立福建惠泉啤酒集团公司。

本公司是经福建省人民政府闽政体股[1996]09 号文批准，福建惠泉啤酒集团公司整体改制，由福建省惠安县经济贸易局作为主要发起人，联合惠泉集团工会、惠安县惠泉大酒店工会委员会、福建泉州龙珠酒厂工会、惠安县麦芽厂工会委员会、晋达国际有限公司、福建省惠安县华源实业发展公司、惠安县中德彩色印刷厂、泉州市区宏泰名酒食品贸易中心、厦门市建达盛贸易公司、龚金柱等 10 名发起人，以发起设立方式设立的。本公司于 1997 年 2 月 4 日在福建省工商行政管理局正式登记注册。福建省国有资产管理局以闽国资[1997]021 号文对本公司的国有股权设置方案进行了批复：公司成立时总股本为 6,880 万股，其中福建省惠安县经济贸易局以福建惠泉啤酒集团公司经评估确认的净资产 58,677,373.16 元（评估基准日为 1996 年 5 月 31 日）作为出资投入本公司，按 1.529:1 的折股比例认购 3,838 万股，占公司股本总额的 55.78%，股权性质界定为国家股。

公司设立时，主发起人投入公司的资产情况见下表：

（单位：元）

| 资产 | 评估值 | 负债及所有者权益 | 评估值 |
|---|---|---|---|
| 货币资金 | 48,974,625.34 | 短期借款 | 65,210,000.00 |
| 应收账款 | 734,074.86 | 预收账款 | 1,635,893.62 |
| 预付货款 | 2,182,548.96 | 其他应付款 | 15,923,513.25 |
| 其他应收款 | 27,290,450.43 | 应付工资 | 757,898.41 |
| 存货 | 27,158,768.57 | 应付福利费 | 2,224,184.03 |
| 待摊费用 | 3,819,181.80 | 未交税金 | 17,787,694.85 |
| 流动资产合计 | 110,159,649.96 | 其他未交款 | 1,256,747.46 |
| 长期投资 | 465,301.02 | 预提费用 | 4,439,879.21 |
| 固定资产 | 92,140,323.01 | 流动负债合计 | 109,235,810.83 |
| 无形资产 | 4,508,910.00 | 长期负债 | 40,261,000.00 |
| 递延资产 | 900,000.00 | 所有者权益 | 58,677,373.16 |
| 资产合计 | 208,174,183.99 | 合计 | 208,174,183.99 |

其中，主发起人投入的固定资产为：　　（单位：元）

| 项目 | 金额 | 备注 |
|---|---|---|
| 房屋建筑物 | 16,190,287.48 | 生产厂房和办公楼共 25 座，共计 18,145.08 平方米，评估值为 14,651,385.63 元，其他建筑物评估值为 1,538,901.85 元。 |
| 机器设备 | 63,927,395.00 | 啤酒酿造设备、包装线和辅助设备等 |
| 汽　　车 | 177,550.00 | |
| 管理设备 | 2,113,387.80 | 办公用电脑、打印机等设备 |

其他发起人均以现金投入，以同样的比例折股认购 3,042 万股，占公司股本总额的 44.22%。

福建中兴会计师事务所于 1997 年 1 月 19 日出具闽中兴所(97)验字第 02 号《验资报告》，对公司设立时的注册资本予以验证。公司于 1997 年 2 月 4 日在福建省工商行政管理局正式注册成立。

公司成立时的股本结构如下：

| 股东名称 | 股份数（万股） | 比例（%） |
|---|---|---|
| 福建省惠安县经济贸易局 | 3,838 | 55.78 |
| 福建惠泉啤酒集团公司工会委员会 | 1,768 | 25.70 |
| 惠安县惠泉大酒店工会委员会 | 35 | 0.51 |
| 福建泉州龙珠酒厂工会 | 43 | 0.63 |
| 惠安县麦芽厂工会委员会 | 35 | 0.51 |
| 晋达国际有限公司 | 328 | 4.77 |
| 福建省惠安县华源实业发展公司 | 200 | 2.91 |
| 惠安县中德彩色印刷厂 | 35 | 0.51 |
| 泉州市区宏泰名酒食品贸易中心 | 35 | 0.51 |
| 厦门市建达盛贸易有限公司 | 35 | 0.51 |
| 龚金柱 | 528 | 7.67 |
| 合计 | 6,880 | 100 |

1998 年 4 月，经 1997 年度股东大会审议通过，并经福建省人民政府闽政体股[1998]12 号文批准，公司以 1997 年末总股本 6,880 万股为基数，按每 10 股派发现金 1.60 元、送红股 1.5 股，转增 1.5 股，并以 1997 年末总股本 6,880 万股为基数，向全体股东增资扩股 2,056 万股，每股价格 2.10 元，全体股东均以现金认购，筹集的资金用于公司 25 万吨规模技改工程建设。其中福建省惠安县经济贸易局认购 620.6 万股、惠泉集团工会认购 797.334 万股、惠安县惠泉大酒店工会委员会认购 20.148 万股、福建泉州龙珠酒厂工会认购 12.815 万股、惠安县麦芽厂工会委员会认购 10.903 万股、晋达国际有限公司认购 161.6 万股、福建省惠安县华源实业发展公司认购 100 万股、惠安县中德彩色印刷厂认购 14.5 万股、泉州市区宏泰名酒食品贸易中心认购 4.5 万股、厦门市建达盛贸易公司未认购、龚金柱认购 313.6 万股。1998 年 6 月 16 日，惠安会计师事务所出具惠会所验字(1998)62 号《验资报告》，验证上述资本变更情况。

1999 年 6 月 24 日经惠安县人民政府惠政[1999]综 171 号文批准，本公司的国家股持股单位由惠安县经济贸易局变更为惠安县国有资产投资经营有限公司；同时本公司股东惠安县中德彩色印刷厂已依法改制为泉州中德印务有限公司。本公司据此对公司章程进行了修改，并办理了工商变更登记。

1999 年 5 月，经 1998 年度股东大会批准，并经福建省人民政府闽政体股[1999]17 号文批准，公司以 1998 年末总股本 11,000 万股为基数，按每 10 股派发现金 2.10 元、送红股 2 股、转增 2 股，并以 1998 年末总股本 11,000 万股为基数，向全体股东配售 3,300 万股(10:3 的比例)，每股价格为 2.90 元，股东均以现金认购，筹集的资金用于公司 10 万吨规模异地技改工程建设。本次配股过程中，福建泉州龙珠酒厂工会按照 10:3 的比例可获配售 20.6145 万股，实际认购 19.399 万股，将 1.2155 万股配股权转让给惠泉集团工会。惠安县麦芽厂工会按照 10:3 的比例可获配售 16.9209 万股，实际认购 16.2358 万股，将 0.6851 万股配股权转让给惠泉集团工会。泉州市区宏泰名酒食品贸易中心按照 10:3 的比例可获配售 15 万股，实际认购 4 万股，将 11 万股配股权转让给惠泉集团工会。厦门市建达盛贸易公司按照 10:3 的比例可获配售 13.65 万股，实际认购 0 股，分别将所享有的配股权转让给惠泉集团工会 11.3516 万股和惠安县惠泉大酒店工会 2.2984 万股。配股权转让后，惠泉集团工会认购 952.9724 万股，惠安县惠泉大酒店工会认购 21.9928 万股，福建泉州龙珠酒厂工会认购 19.399 万股，惠安县麦芽厂工会委员会认购 16.2358 万股，泉州市区宏泰名酒食品贸易中心认购 4 万股，厦门市建达盛贸易公司未认购，其余股东均按 10:3 的比例认购。1999 年 7 月 21 日，惠安会计师事务所出具了惠会所验字(1999)105 号《验资报告》，验证了上述资本变更情况。

对于本次配股时股东转让配股权的情况，发行人律师认为：配股权是公司股东依法享有的一项权利，股东可以根据自己的经济状况决定是否配股以及是否转让配股权，我国《公司法》以及其他有关法律、法规和规范性文件并未对此作出任何限制性规定，因此，发行人 1999 年配股时股东转让配股权的行为是合法有效的。

1999 年 8 月，福建泉州龙珠酒厂工会名称变更为"福建泉州市龙珠酿酒有限公司工会委员会"；1999 年 12 月，惠安县麦芽厂工会委员会名称变更为"泉州市金麦啤酒原料有限公司工会"；2001 年 3 月，福建省惠安县华源实业发展公司改制为福建省惠安县华源实业有限公司，其原持有的本公司 612 万股股份相应变更至福建省惠安县华源实业有限公司名下；2001 年 8 月，泉州市区宏泰名酒食品贸易中心改制为泉州市宏泰名酒贸易有限公司，其原持有的本公司 74 万股股份相应变更为泉州市宏泰名酒贸易有限公司持有。

2001 年 6 月 25 日，本公司原有工会股东按每股 3.9 元的价格，将其所持有的本公司股份全部转让给新股东，有关转让情况如下：

| 受让方 | 转让方 | 转让股数（万股） | 受让方与发行人关系 |
|---|---|---|---|
| 泉州兴达船务有限公司 | 龙珠工会 | 115.6 | |
| 王建明 | 金麦工会 | 95.2 | |
| 福建天力投资有限公司 | 惠安县惠泉大酒店工会委员会 | 113.9 | |
| | 惠泉集团工会 | 2,781.1 | |
| 福建省青山纸业股份有限公司 | 惠泉集团工会 | 600 | |
| 深圳市恒宝鼎投资有限公司 | 惠泉集团工会 | 350 | |
| 江西清华科技集团有限公司 | 惠泉集团工会 | 500 | |
| 香港圣歌德奇有限公司 | 惠泉集团工会 | 841.5 | |
| 柯文良 | 惠泉集团工会 | 139.202 | |
| 程汉川 | 惠泉集团工会 | 10 | 董事长 |
| 郭振辉 | 惠泉集团工会 | 10 | 董事总经理 |
| 陈荣标 | 惠泉集团工会 | 5.198 | 董事会秘书 |
| 庄木辉 | 惠泉集团工会 | 5 | 总工程师 |
| 陈光明 | 惠泉集团工会 | 5 | 副董事长 |
| 黄其聪 | 惠泉集团工会 | 5 | 董事 |

| | | | |
|---|---|---|---|
| 黄植农 | 惠泉集团工会 | 5 | 监事 |
| 林志坚 | 惠泉集团工会 | 5 | 董事、财务总监 |
| 陈新华 | 惠泉集团工会 | 5 | 常务副总经理 |
| 许炎平 | 惠泉集团工会 | 5 | 副总经理 |
| 叶清法 | 惠泉集团工会 | 5 | 副总经理 |
| 刘友华 | 惠泉集团工会 | 5 | 副总经理 |
| 郑金成 | 惠泉集团工会 | 5 | 技术总监 |

上述股份转让完成后,本公司已于 2001 年 9 月在福建省工商行政管理局办理了工商变更登记手续。

对于本次股份转让的行为,发行人律师认为:公司工会股东将其持有的股份转让给 15 个自然人,受让的自然人均为发行人股份的终极所有者;该次股份转让行为已经履行了必要的法律程序;公司在转让前已明确告知自然人股东该股权不能流通的有关规定;原工会持股转让后不存在潜在的问题和风险隐患。

本次股票发行前公司股本结构参见下章"本次发行前本公司的股本结构"。

四、历次审计、评估及验资情况

1.历次审计情况

本公司自成立以来,共进行了 8 次审计:

1998 年 1 月 19 日,惠安会计师事务所(后改制为惠安永信有限责任会计师事务所)接受本公司委托,审计了本公司 1997 年 12 月 31 日的资产负债表及 1997 年度的损益表,并出具了惠会所审字(1998)01 号《审计报告》。

1999 年 1 月 25 日,惠安会计师事务所接受本公司委托,审计了本公司 1998 年 12 月 31 日的资产负债表,1998 年度的利润表和 1998 年度现金流量表,并出具了惠会所审字[1999]05 号《审计报告》。

2000 年 1 月 28 日,惠安永信有限责任会计师事务所接受本公司委托,审计了本公司 1999 年 12 月 31 日的资产负债表和合并资产负债表、1999 年度利润表和合并利润表、1999 年度现金流量表及合并现金流量表,并出具了惠永信会所审字(2000)13 号《审计报告》。

2001 年 1 月 16 日,福建华兴有限责任会计师事务所接受本公司委托,审计了本公司 2000 年 12 月 31 日的资产负债表和合并资产负债表、2000 年度利润及利润分配表和合并利润及利润分配表、2000 年度现金流量表和合并现金流量表,并出具了闽华兴所(2001)审字 11 号《审计报告》。

2001 年 11 月 6 日,福建华兴有限责任会计师事务所接受本公司委托,审计了本公司 1998 年 12 月 31 日、1999 年 12 月 31 日、2000 年 12 月 31 日、2001 年 9 月 30 日的资产负债表和合并资产负债表,1998 年度、1999 年度、2000 年度、2001 年 1-9 月利润表和合并利润表,1998 年度、1999 年度、2000 年度、2001 年 1-9 月利润分配表和合并利润分配表,2000 年度、2001 年 1-9 月现金流量表和合并现金流量表,并出具了闽华兴所(2001)股审字 172 号《审计报告》。

2002 年 2 月 8 日,福建华兴有限责任会计师事务所接受本公司委托,审计了本公司 1999 年 12 月 31 日、2000 年 12 月 31 日、2001 年 12 月 31 日的资产负债表和合并资产负债表,1999 年度、2000 年度、2001 年度的利润及利润分配表和合并利润及利润分配表,2001 年度的现金流量表和合并现金流量表,并出具了闽华兴所(2002)股审字 C—003 号《审计报告》。

2002 年 7 月 25 日,福建华兴有限责任会计师事务所接受本公司委托,审计了本公司 1999 年 12 月 31 日、2000 年 12 月 31 日、2001 年 12 月 31 日、2002 年 6 月 30 日的资产负债表和合并资产负债表,1999 年度、2000 年度、2001 年度、2002 年 1-6 月的利润及利润分配表和合并利润及利润分配表,2001 年度和 2002 年 1-6 月的现金流量表和合并现金流量表,并出具了闽华兴所(2002)审字 C—072 号《审计报告》。

2003 年 1 月 11 日,福建华兴有限责任会计师事务所接受本公司委托,审计了本公司 2000 年 12 月 31 日、2001 年 12 月 31 日、2002 年 12 月 31 日的资产负债表和合并资产负债表,2000 年度、2001 年度、2002 年度的利润及利润分配表和合并利润及利润分配表,2002 年度的现金流量表和合并现金流量表,并出具了闽华兴所(2003)审字 C—002 号《审计报告》。

2.历次评估情况

福建中兴资产评估有限公司(原福建省资产评估中心)根据国家有关资产评估的规定,在福建惠泉啤酒集团公司改制为股份公司时,对截止 1996 年 5 月 31 日的福建惠泉啤酒集团公司的全部资产、负债和所有者权益进行了评估,并于 1996 年 7 月 18 日出具了闽资(96)评字第 40 号《资产评估报告》。评估结果为总资产 208,113,859.99 元(已扣除 60,324 元代管的非生产性土地国有资产),负债合计 149,496,810.83 元,所有者权益合计 58,677,373.16 元,与评估前账面价值 55,684,378.87 元相比,评估增值 2,992,994.29 元。福建省国有资产管理局以闽国资(1996)353 号文对上述评估结果进行了确认。

福建省地产评估中心(现福建省地产评估事务所)在本公司改制时,对纳入本公司的截止 1996 年 5 月 31 日的原福建惠泉啤酒集团公司的生产经营用地进行了评估。福建省土地管理局以闽土资[1996]047 号文对上述评估予以确认,并同意按照 4,508,910 元作为国家股出资投入本公司。本公司成立后,相应办理了土地使用权证书。

3.历次验资情况

本公司自成立以来,共进行了 3 次验资。

1997 年 1 月 19 日,福建中兴会计师事务所接受公司委托,对公司截止 1997 年 1 月 19 日的实收资本及相关的资产和负债的真实性和合法性进行了审验,并出具了闽中兴所(97)验字第 02 号《验资报告》。

1998 年 6 月 16 日,惠安会计师事务所接受公司委托,对公司截止 1998 年 6 月 15 日的注册资本、投入资本变更情况的真实性和合法性进行了审验,并出具了惠会所验字(1998)62 号《验资报告》。

1999 年 7 月 21 日,惠安会计师事务所接受公司委托,对公司截止 1999 年 7 月 20 日的注册资本、投入资本变更情况的真实性和合法性进行了审验,并出具了惠会所验字(1999)105 号《验资报告》。

五、资产权属变更情况

本公司设立后,已严格按照福建中兴资产评估有限公司出具的闽资(96)评字第 40 号《资产评估报告》有关资产明细办理了产权移交手续。

截止目前,福建惠泉啤酒集团公司投入发行人的房屋、汽车、无形资产等的产权证明已办理过户手续。

发行人律师认为:经本所律师核验,截止目前原福建惠泉啤酒集团公司的房屋、汽车、无形资产等的产权证明均已过户到发行人名下,该等产权证明的过户手续符合有关法律、法规和规范性文件的规定,不存在潜在法律问题或风险。

与本公司生产经营有关的资产权属情况如下:

1.商标

本公司目前拥有国家工商行政管理局商标局核准的两项注册商标专用权:

| 商标名称 | 注册号 | 有效期 |
|---|---|---|
| 惠泉 | 512256 | 2000年 2月 20日至 2001年 2月 19日 |
| | 1148938 | 1998年 7月 7日至 2008年 7月 6日 |

2.土地使用权

本公司目前拥有土地使用权 5 宗,分别位于福建省惠安县螺城镇和辋川镇,土地使用权面积合计为 344,427.2 平方米,用途均为工业用地。其中:惠国用(2001)字第 170037 号《国有土地使用证》对应的土地使用权面积为 60,476.8 平方米,系 2001 年 9 月三块土地使用权证书合并而成,包含公司于设立时作为国家股投入的 45,487.23 平方米部分以及公司两次技改工程征用的部分。惠国用(2000)字第 172410 号《国有土地使用证》对应的土地使用权面积为 29,885 平方米,系于 1997 年 10 月由泉州惠盛针织有限公司转让给本公司。惠国用(1999)字第 170060 号《国有土地使用证》对应的土地使用权面积为 1,732.4 平方米,系于 1999 年 9 月 21 日由惠安益盛食品调味厂转让给本公司。惠国用(2000)字第 170004 号《国有土地使用证》对应的土地使用权面积为 10,000 平方米,系于 1999 年 10 月 14 日由泉州惠盛针织有限公司转让给本公司。惠国用(2001)字第 170010 号《国有土地使用证》对应的土地使用权面积为 24.2333 公顷,系公司北区技改工程建设征用地,公司于 2001 年 3 月以出让方式向惠安县土地局购得。

截止 2002 年 12 月 31 日,本公司土地使用权状况如下(2001 年 1 月 1 日起新增土地使用权并入固定资产核算):

| 种类 | 原始金额 | 累计摊销 | 2002.12.31 | 剩余摊销期限 |
|---|---|---|---|---|
| 土地使用权 | 20,242,865.00 | 2,039,380.08 | 18,203,484.92 | 44.96 |

3.经营性房产

本公司拥有房产 42 宗,分别座落于福建省惠安县螺城镇建设大街 157 号 1 幢至 37 幢,福州市鼓楼区水部洋洋玉融花园 3 座,泉州市丰泽城Ⅱ区 1 层 03 号、2 层 01-02 号、2#701 号;建筑面积合计为 48,075.29 平方米;《房屋所有权证》证号分别为:惠螺字第 04191 号至第 04200 号、榕房权证 R 字第 0120346 号、泉建鲤字第 22496 号至第 22499 号,共 15 本。

4.下属控股、参股公司股权变化

(1)1998 年 6 月,本公司以向惠安县国有资产管理局购得的原泉州市龙珠酒厂的资产 600 万元作为出资,联合龙珠工会、郑木枝先生共同设立福建泉州市龙珠酿酒有限公司,注册资本 1,000 万元,本公司占 60%的股权。1999 年 7 月,经龙珠酿酒股东会审议通过,本公司将所持龙珠酿酒 17.5%股权转让给龙珠工会,将所持龙珠酿酒 2.5%股权转让给郑木枝先生。2001 年 6 月,龙珠工会将其持有的股权全部转让给自然人吴惠芬女士。

(2)1998 年 6 月,本公司以向惠安县国有资产管理局购得的原惠安县麦芽厂的资产 325 万元作为出资,联合金麦工会、朱庆忠先生共同设立金麦公司,注册资本 500 万元,本公司占 65%的股权。2000 年 9 月,金麦公司注册资本增至 2,000 万元,其中本公司以现金增资 1,375 万元,金麦公司增资完成后,本公司占 85%的股权。2001 年 6 月 30 日,金麦工会将其持有的股权全部转让给自然人方照聪先生。

(3)2001 年 6 月 10 日,本公司、惠泉集团工会、郑木枝先生(合称"受让方")与陈光明先生(本公司副董事长)、陈新华先生(本公司副总经理)等十七人(合称"出让方")签订《股权转让协议书》,协议约定,出让方将其所持有的泉州市兴龙包装用品有限公司 100%的股权全部转让给受让方,其中,本公司受让 85%的股权,转让价款为 11,154,144.86 元,惠泉集团工会和郑木枝先生各受让 7.5%的股权;兴龙包装 2001 年 6 月 30 日前实现的盈亏由出让方享有或承担,自 2001 年 7 月 1 日起实现的盈亏由受让方享有或承担。2001 年 7 月 20 日,惠泉集团工会将其持有的 7.5%股权转让给自然人杨江泉先生。

(4)2001 年 9 月,本公司与福鼎市国有资产管理局(以下简称"福鼎国资局")、福建闽东电力股份有限公司(以下简称"闽东电力")签署了《关于共同投资设立"福建惠泉啤酒福鼎有限公司"的合同书》,决定三方共同投资设立"福建惠泉啤酒福鼎有限公司"(以下简称"合营公司")来实施福鼎啤酒厂异地搬迁技改项目。合营公司注册资本为 1,200 万元,其中本公司出资 900 万元(其中以"惠泉牌"注册商标的使用权一次性作价 200 万元出资、以自有资金出资 700 万元)、福鼎国资局以现金出资 192 万元、闽东电力以现金出资 108 万元,三方出资比例分别为 75%、16%、9%。

六、员工及社会保障情况

1.员工人数及变化情况

截止 2002 年 12 月 31 日,本公司(包括子公司)员工总数为 1,851 人。

2.员工专业结构

| 类别 | 人数 | 占职工总数比例 |
|---|---|---|
| 行政人员 | 127 | 6.86% |
| 财务人员 | 26 | 1.40% |
| 销售人员 | 127 | 6.86% |
| 技术人员 | 22 | 1.19% |
| 生产人员 | 1,549 | 83.68% |
| 合计 | 1,851 | 100% |

3.员工受教育程度

| 类别 | 人数 | 占职工总数比例 |
|---|---|---|
| 大学及以上学历 | 94 | 5.08% |
| 大专 | 104 | 5.62% |
| 中专及中专以下 | 1,653 | 89.30% |
| 合计 | 1,851 | 100% |

4.员工年龄分布情况

| 类别 | 人数 | 占职工总数比例 |
|---|---|---|
| 51 岁以上 | 37 | 2.00% |
| 41-50 岁 | 169 | 9.13% |
| 31-40 岁 | 550 | 29.71% |
| 21-30 岁 | 969 | 52.35% |
| 20 岁以下 | 126 | 6.81% |
| 合计 | 1,851 | 100% |

5.公司执行社会保障制度、劳动合同制度的情况

本公司已执行国家关于职工福利、劳保、待业保险及养老保险的有关规定。公司为职工办理了基本养老保险、失业保险、工伤保险、生育保险,上缴比例严格按国家及地方的标准执行,从未出现拖欠情况。①根据国家规定按时、足额按工资总额(基数)的 25%交纳职工养老保险金(公司交纳 20%,个人交纳 5%,从一九九八年起此比例每两年调整一次,即:每满两年个人交纳比例上调 1%,直至 8%,公司交纳比例下调 1%,直至 17%),员工达到国家法定的退休年龄及条件,可以从社会保险机构领取养老保险金;②按平均工资总额(基数)的 3%向社会保险机构交纳失业保险金(公司交纳 2%,个人交纳 1%),因公司原因解除、终止劳动合同的职工,经有关劳动部门审核可以享受失业保险救济金。本公司具备实行"医疗制度改革"及"建立职工基本医疗保险制度"的条件,但因 2001 年本公司所处的县市只对事业、行政单位实行试点,对企业尚未实行医疗保险制度,故本公司仍然采用原有的模式,目前的医疗制度是:根据员工不同的年龄阶段实行医药补贴,一般门诊治疗由员工个人承担费用,住院治疗费用由个人承担 10%,公司承担 90%。为了降低不合理的医疗费用开支,本公司还制定了《员工伤病医疗管理暂行规定》。本公司将继续做好医疗制度改革的各项准备工作,以确保国家医疗改革制度在本公司如期正式实行。

本公司实行住房公积金制度,每位员工建立公积金档案,公积金由职工和公司共同负担,其中公司和职工各按职工本人收入(静态工资)的 5%缴纳,一并存入个人账户,用于员工个人购房及购房贷款。从 2000 年起,住房公积金的缴交比例已调整至各 10%的比例,即:公司和职工各按职工本人收入(静态工资)的 10%缴纳。

七、公司独立运营情况

本公司系由福建惠泉啤酒集团公司整体改制而来,改制时原福建惠泉啤酒集团公司的全部业务、资产、人员、机构等均一同投入本公司。本公司第一大股东惠安县国有资产投资经营有限公司作为国有资产授权经营单位,仅行使国有股权的管理职能,与本公司未有任何资产及业务的往来。本公司自成立之日起,即严格按照《中华人民共和国公司法》的有关规定,设立股东大会、董事会、监事会、经理层及生产经营必需的职能部门,形成了较为规范的法人治理结构。本公司根据《公司法》及公司章程的规定召开股东大会、董事会和监事会,股东大会、董事会和监事会均

严格按照《公司法》和公司章程的规定履行各自的权利义务。本公司拥有独立完整的业务体系及面向市场自主经营的能力，拥有独立的产、供、销生产系统，独立的财务部门、独立的财务核算体系和独立的人事、劳动、工资管理制度，独立开立银行账户，不存在与股东单位共用银行账户的情形也不存在将资金存入股东单位的财务公司或结算中心账户的情形。本公司1997年2月成立后即独立纳税，在福建省惠安县国家税务局和福建省惠安县地方税务局领取税务登记证（证号分别为：国税惠字350521158164558号和闽地税惠字350521158164558号）。

# 第四章　发行人股本

一、本次发行前本公司的股本结构

本次发行前本公司股东共有28名，股本结构如下表所示：

| 股份类别 | 股本数（万股） | 所占比例（%） |
|---|---|---|
| 国家股 | | |
| 其中：惠安县国有资产投资经营有限公司 | 9,537 | 51 |
| 社会法人股 | | |
| 其中：福建天力投资有限公司 | 2,895 | 15.48 |
| 晋达国际有限公司 | 999.6 | 5.35 |
| 香港圣歌德奇有限公司 | 841.5 | 4.50 |
| 福建省惠安县华源实业有限公司 | 612 | 3.27 |
| 福建省青山纸业股份有限公司 | 600 | 3.21 |
| 江西清华科技集团有限公司 | 500 | 2.67 |
| 深圳市恒宝鼎投资有限公司 | 350 | 1.87 |
| 泉州兴达船务有限公司 | 115.6 | 0.62 |
| 泉州中德印务有限公司 | 102 | 0.55 |
| 泉州市宏泰名酒贸易有限公司 | 74 | 0.40 |
| 厦门市建达盛贸易有限公司 | 63.7 | 0.34 |
| 自然人股 | | |
| 其中：龚金柱 | 1,700 | 9.09 |
| 柯文良 | 139.202 | 0.74 |
| 王建明 | 95.2 | 0.51 |
| 程汉川 | 10 | 0.053 |
| 郭振辉 | 10 | 0.053 |
| 陈荣标 | 5.198 | 0.027 |
| 庄木辉 | 5 | 0.0267 |
| 陈光明 | 5 | 0.0267 |
| 黄其聪 | 5 | 0.0267 |
| 黄植农 | 5 | 0.0267 |
| 林志坚 | 5 | 0.0267 |
| 陈新华 | 5 | 0.0267 |
| 许炎平 | 5 | 0.0267 |
| 叶清法 | 5 | 0.0267 |
| 刘友华 | 5 | 0.0267 |
| 郑金成 | 5 | 0.0267 |
| 总股本 | 18,700 | 100 |

二、本次发行后本公司的股本结构

本公司本次拟向社会公众公开发行新股6,300万股，发行后社会公众股占总股本的25.20%。本次发行成功后本公司的股本结构如下：

| 项目 | 股份数（万股） | 比例 |
|---|---|---|
| 国家股 | 9,537 | 38.15% |
| 法人股 | 7,153.4 | 28.61% |
| 自然人股 | 2,009.6 | 8.04% |
| 社会公众股 | 6,300 | 25.20% |
| 合计 | 25,000 | 100.00% |

# 第五章　主要发起人与股东的基本情况

一、公司主要股东的基本情况

1.惠安县国有资产投资经营有限公司

该公司为国有独资公司，注册资本13,000万元，注册地址为螺城镇石灵街47号，法定代表人为庄建辉，经营范围为：从事授权委托国有资产的产、股权管理营运和资产重组、投资开发等资本经营。截止2001年12月31日，该公司总资产为432,849,333.11元，总负债为103,384,999.68元，净资产为329,464,333.43元，2001年度实现净利润53,173,337.05元；截止2002年11月30日，该公司总资产为441,329,169.18元，总负债为92,961,493.35元，净资产为348,36,675.83元，2002年1—11月实现净利润28,043,342.40元（以上数据未经审计）。该公司拥有本公司51%的股权。此外，该公司还持有泉州惠泰石油化工有限公司30%的股权。该公司的主要管理层为董事长庄建辉，副董事长王国聪、黄斌专、林志坚，总经理王国聪，副总经理张仁增、何跃英、陈少勋。

2.福建天力投资有限公司

该公司注册资本18,000万元，注册地址为福州市鼓楼区铜盘路福州软件园，法定代表人为林长青，经营范围为：对信息技术产业、旅游业、餐饮服务业、房地产业、工业、农业、交通运输业、咨询服务业的投资。截止2001年12月31日，该公司总资产为23,867.77万元，净资产为17,295.51万元，2001年度实现净利润－693.25万元（以上数据未经审计）。该公司的股权结构为董事长兼总经理林长青占公司60%股权，副董事长肖志鹏占40%股权。该公司的主要管理层为董事长兼总经理林长青、副董事长肖志鹏。该公司持有本公司15.48%的股份。该公司未持有其他公司的股权。

3.龚金柱

龚金柱先生，男，61岁，住所为台湾省嘉义市北港路320号，身份证号码：M11348264；在中国大陆暂住地住址：福建省惠安县螺城镇福建省惠安龙益实业有限公司宿舍；为本公司发起人之一，现任本公司董事。龚金柱先生持有本公司9.09%的股份。此外，龚金柱先生还担任外商独资企业福建省惠安龙益实业有限公司，并任董事长，该公司经营范围为生产建筑陶瓷、卫生洁具及相关配套产品和各种鞋及鞋用材料。该公司截止2001年12月31日的总资产为60,027,548.16元，净资产为55,341,214.68元，2001年度实现净利润－2,194,724.47元（以上数据经泉州泉联有限责任会计师事务所审计）。

4.晋达国际有限公司

该公司为在中国香港特别行政区登记注册的投资公司，《商业登记证》号码：16193815；注册地址为香港九龙观塘湾图道56号。截止2001年12月31日，该公司总资产为港币1,200万元，净资产为港币990万元，2001年度实现净利润港币400万元（以上数据未经审计）。

该公司法定股本总面值为700万港元，已发行股本总面值为617.5万港元，其中，HendonHoldingsLtd.持有278.2005万港元（占已发行股本的45.053%），H.K.I.CO.LTD持有142.05万港元（占已发行股本的23.004%），李长含持有123.5495万港元（占已发行股本的20.008%），王世杰持有50万港元（占已发行股本的8.097%），黄灿水持有23.7万港元（占已发行股本的3.838%）。

该公司董事长是杨孙西先生。该公司持有本公司5.35%的股份。该公司未持有其他公司的股权。

5.香港圣歌德奇有限公司（ST.GOLDCHIHOLDINGLTD.）

该公司系注册于英属处女群岛的投资公司，注册股本50,000美元，已发行股本总面值为30美元，其中，杨圣敦持有10美元（占已发行股本的33.33%），陈金成持有10美元（占已发行股本的33.33%），商志伟持有10美元（占已发行股本的33.33%）；主要从事投资业务，公司董事长为杨圣敦、总经理为陈金成。截止2001年12月31日，该公司总资产美金500万元。该公司持有本公司4.50%的股份。该公司未持有其他公司的股权。

6.福建省惠安县华源实业有限公司

该公司注册资本800万元，注册地址为福建省惠安县螺城镇，法定代表人为郭献仁，经营范围为：制造、销售鞋服、包装制品、皇冠瓶盖、建材。该公司截止2001年12月31日的总资产为16,822,192.32元，净资产为16,808,642.39元，2001年度实现净利润908,625.40元（上述数据未经审计）。该公司的股权结构为郭献仁持有87.5%股权，福建省惠安县百华电脑机绣厂持有12.5%股权。该公司的主要管理层为董事长兼总经理郭献仁。该公司持有本公司3.27%的股份。该公司未持有其他公司的股权。

7.福建省青山纸业股份有限公司

该公司为上海证券交易所上市公司，公司简称"青山纸业"，股票代码600103，注册资本为70,630万元，注册地址为福州市马尾经济技术开发区君竹路，法定代表人为黄国英，经营范围为：纸浆、纸和纸制品生产销售；工业生产资料，百货，日用杂货，建筑材料，农副产品的销售等。截止2001年12月31日，该公司总资产为234,953.27万元，净资产为155,693.12万元，2001年实现净利润1,1046.99万元（以上数据经福建华兴有限责任会计师事务所审计）。该公司主要股东为福建省青州造纸有限责任公司，主要管理层为董事长黄国英、总经理刘天金、董事会秘书陈炳生。该公司持有本公司3.21%的股份。此外，该公司还持有福州保税区青嘉实业有限公司95%的股权，福建青山漳州香料有限公司65%的股权，芜湖青山纸业商贸有限公司95%的股权，福建省泰宁青杉林场有限责任公司60%的股权，福建省漳平青箐林场有限责任公司60%的股权，福建省明溪清衍林场有限责任公司60%的股权，深圳市镭波光电子有限公司90%的股权，福州开发区青榕纸品有限公司39.28%的股权，厦门中坤化学有限公司47%的股权，福建省武夷山青竹山庄有限公司21.43%的股权，兴业证券股份有限公司0.06%的股权，中国科技国际信托投资有限公司9.49%的股权，深圳恒宝鼎投资有限公司37.50%的股权，重庆宝通光纤技术有限公司30%的股权，福建省沙县青诚工程监理公司40%的股权，福州青于蓝纸品有限公司50%的股权，福建漳平青箐有限公司90%的股权，福建兴业银行3.49%的股权，福建水泥股份有限公司3.06%的股权，福建永安林业（集团）股份有限公司7.93%的股权。

8.江西清华科技集团有限公司

该公司注册资本6,000万元，注册地址为南昌市青山湖小区清华科技楼，法定代表人为郜国昌，经营范围为：电子计算机及配件、电子产品及通信设备、监控设备等。截止2001年12月31日，该公司总资产为23,618.05万元，净资产为10,993.36万元，2001年度实现净利润622.23万元（以上数据未经审计）。该公司的主要股东情况为：郜国昌持有25%股权、黄代放持有25%股权、孔祥川持有16.67%股权、深圳清华大学研究院持有10%股权。该公司主要管理层为：董事长兼总经理郜国昌先生，副总经理陈新然先生和邹卫明先生。该公司另持有泰豪信息技术股份有限公司39%股权、江西清华空调城有限公司28.57%股权、清华泰豪科技股份有限公司27.5%股权、清华同方股份有限公司1.04%股权、江西联创光电科技股份有限公司0.8%股权。该公司主要管理层为：董事长兼总经理郜国昌，副总经理陈然新和邹卫明。该公司持有本公司2.67%的股份。此外，该公司还持有泰豪信息技术股份有限公司39%的股权，清华泰豪科技股份有限公司27.5%的股权，清华同方股份有限公司1.04%的股权，江西联创光电科技股份有限公司0.81%的股权。

9.深圳市恒宝鼎投资有限公司

该公司注册资本4,000万元，注册地址为深圳市福田区深南中路2070号电子科技大厦C座14C2，法定代表人为陈炳生，经营范围为：投资兴办实业，国内商业、物资供销业。截止2001年12月31日，该公司总资产为107,627,719.00元，净资产为55,922,324.65元，2001年度实现净利润为25,832,255.62元（未经审计）。该公司的股权结构为福建省青山纸业股份有限公司占37.5%股权，深圳市天行通投资发展有限公司占37.5%股权，马秋占25%股权。该公司的主要管理层为董事长陈炳生，总经理熊政平。该公司持有本公司1.87%的股份。此外，该公司还持有深圳市恒宝通光电子有限责任公司41.465%的股权。

10.柯文良

柯文良先生，男，57岁，住址：福建省惠安县螺城镇建设路，身份证号码为：350521441002001。柯文良先生持有本公司0.74%的股份。柯文良未持有其他公司的股权。

11.泉州兴达船务有限公司

该公司注册资本1,000万元，注册地址为惠安县东园镇安头村，法定代表人为陈水兴，经营范围为：国内沿海，长江中下游及珠江水系各港间货物运输。该公司截止2001年12月31日的总资产为18,122,602.68元，净资产为12,393,451.38元，2001年度实现净利润1,280,382.68元（未经审计）。该公司的股权结构为陈清海占80%股权，陈水兴占20%股权。该公司的主要管理层为董事长兼总经理陈水兴。该公司持有本公司0.62%的股份。该公司未持有其他公司的股权。

12.泉州中德印务有限公司

该公司注册资本人民币2,500万元，注册地址为惠安县螺阳镇新霞开发区，法定代表人为甘伟建，经营范围为：彩色印刷、包装用品制造。（以上经营范围凡涉及国家专项专营规定的从其规定）。该公司截止2001年12月31日的总资产为37,606,302.67元，净资产为27,901,821.31元，2001年度实现净利润3,167,157.22元（以上数据未经审计）。该公司的股权结构为甘伟建占50%股权，陈建文占25%股权，周玉辉占25%股权。该公司的主要管理层为董事长兼总经理甘伟建，副总经理陈建文、周玉辉。该公司持有本公司0.55%的股份。该公司未持有其他公司的股权。

本公司的其他法人股东和自然人股东未持有其他公司的股权。

本公司所有股东所持公司股份不存在质押或其他有争议的情况。

发行人律师认为：经本所律师核验，截止本补充法律意见书出具日，发行人所有股东所持发行人股份均不存在质押或其他有争议的情况。

二、公司股东之间的相互关系

福建省青山纸业股份有限公司持有深圳市恒宝鼎投资有限公司37.5%股权，且前者的董事会秘书陈炳生先生兼任后者的法定代表人；

王建明先生拥有厦门市建达盛贸易有限公司50%的权益，并任该公司总经理。

本公司发行前所有股东的关联关系除上述披露的有关情况外，不存在其他应披露未披露的关联关系。

# 第六章　发行人的组织结构及组织机构概况

一、组织结构

本公司现有4家控股子公司（其中1家为间接控股）、1家参股子公司、1个分厂、15个职能部门。公司目前的组织构架图如下所附：

股份公司组织结构图

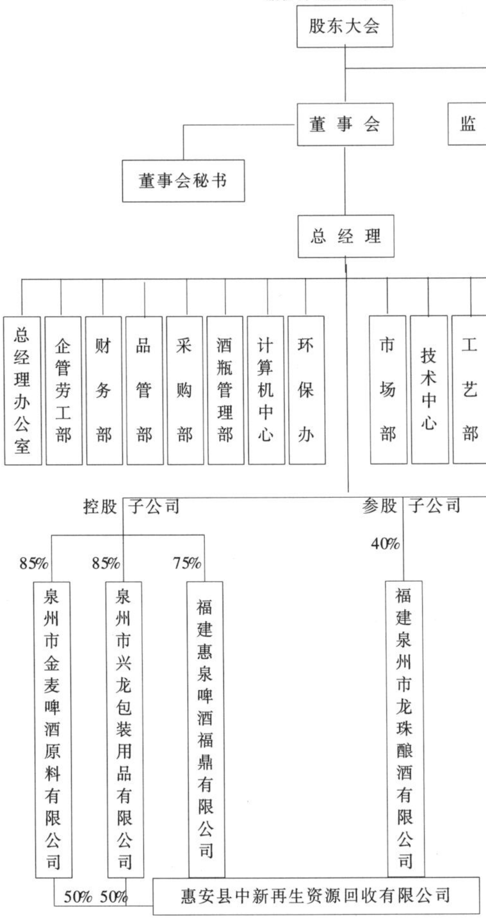


二、公司控股及参股公司

1.泉州市金麦啤酒原料有限公司

该公司于1998年6月24日成立,现注册资本为2,000万元,注册地址为惠安县螺城镇北门外红厝山,法定代表人为黄其聪,经营范围为麦芽、啤酒原料、食品饮料制造、加工;农产品加工。

截止2002年12月31日,该公司的总资产为63,232,877.55元,净资产为21,806,893.68元,2002年度实现净利润1,383,009.43元(以上数据经福建华兴有限责任会计师事务所审计)。

该公司主要管理层为执行董事(法定代表人)黄其聪先生、总经理朱庆忠先生。

本公司持有该公司85%的股权,方照聪持有该公司13%的股权,朱庆忠持有该公司2%股权。

2.泉州市兴龙包装用品有限公司

该公司于1995年11月25日成立,现注册资本为1,000万元,注册地址为辋川镇湖仔村,法定代表人为陈荣标,经营范围为生产加工纸箱。

截止2002年12月31日,该公司总资产为40,540,545.69元,净资产20,660,836.67元,2002年实现净利润6,977,929.54元(以上数据经福建华兴有限责任会计师事务所审计)。

该公司主要管理层为执行董事(法定代表人)陈荣标先生、总经理郑木枝先生。

本公司副董事长陈光明先生曾兼任该公司的董事长职务,并持有其14.57%的股权;本公司副总经理陈新华先生曾兼任该公司的总经理职务,并持有该公司8.82%的股权。2001年6月10日,陈光明、陈新华等十七人将其持有的全部股权予以转让,其中本公司受让850万元,占85%的股权。转让后,兴龙包装成为本公司的控股子公司。

目前本公司持有该公司85%的股权,杨江泉持有7.5%的股权,郑木枝持有7.5%的股权。

3.福建惠泉啤酒福鼎有限公司

该公司于2001年9月18日注册成立,注册资本为1,200万元,注册地址为福鼎市星火民营工业园区,法定代表人为陈惠忠,经营范围为啤酒、饮料制造、销售。

截止2002年12月31日,该公司总资产为97,873,994.34元,净资产为12,000,000.00元(以上数据经福建华兴有限责任会计师事务所审计)。

该公司主要管理层为董事长、总经理庄学勇先生。

目前本公司持有该公司75%的股权,福鼎市国资局持有该公司16%的股权,福建闽东电力股份有限公司持有该公司9%的股权。

4.福建泉州市龙珠酿酒有限公司

该公司于1998年6月24日注册成立,现注册资本为1,000万元,法定代表人为郑木枝,注册地址为惠安县辋川湖仔山,经营范围为制造、加工白酒、黄酒、果露酒。

截止2002年12月31日,该公司的总资产为18,261,006.88元,净资产为12,786,511.85元,2002年度实现净利润2,639,116.10元(上述数据经惠安永信所审计)。

主要管理层为董事长郑木枝先生、总经理吴惠芬女士。

本公司持有该公司40%的股权,吴惠芬持有该公司52.5%股权,郑木枝持有该公司7.5%股权。

5.惠安县中新再生资源回收有限公司

该公司由本公司子公司金麦公司和兴龙包装各投资50%,于2002年7月注册成立,注册资本为50万元,法定代表人为叶凤祥,注册地址为惠安县螺城镇,经营范围为废品(不含金属)回收。

截止2002年12月31日,该公司总资产为1,845,237.92元,净资产654,760.80元,2002年实现净利润154,760.80元(以上数据经福建华兴有限责任会计师事务所审计)。

主要管理层为执行董事、总经理叶凤祥。

6.惠安县中荷畜牧发展有限公司

该公司于1997年5月23日注册成立,注册资本为108万元,法定代表人为张马泗,注册地址为惠安县螺城镇惠兴街鞋业大厦。本公司持有该公司35%的股权,惠安县副食品基地开发公司持有65%的股权。

经股东会决议,该公司已于2000年底停业清算。截止2001年6月30日的总资产和净资产均为146.37万元,2001年1至6月实现净利润13,960.21元(上述数据未经审计),2001年12月已清算完毕。

三、公司内部组织机构设置及运行情况

公司的主要业务及职能部门包括:

1.总经理办公室:负责公司档案管理工作;会议安排;行政管理;对外协调联系;来访接待等工作。

2.企管劳工部:负责员工劳动人事、绩效考核、工资分配、培训和各项规章制度执行的管理。

3.财务部:负责公司日常财务管理工作,制定财务计划,编制财务报表,负责内部审计,实施现金出纳管理。

4.品管部:负责各项产品标准的制定和质量监督检验,保证ISO9000质量管理体系的有效运作,以及负责成品酒的品评等。

5.采购部:制定各类物资采购计划和资金使用计划,实施公开招标计划,建立物资使用情况档案,负责进出库的检验与审核。

6.酒瓶管理部:负责啤酒瓶管理工作,回收瓶的质量管理,满足生产用瓶需要。

7.计算机中心:负责本公司计算机信息系统的开发与维护、公司内部网络及网站的建设与维护等。

8.环境保护办公室:负责本公司污染物监测、控制与综合治理工作。

9.市场部:负责市场营销计划的制定、实施,市场调查研究,建立健全客户档案,产品运输,销售合同评审等。

10.技术中心:负责新产品、新技术、新材料的试验推广,工艺技术文件、技术标准、操作规程的编制。

11.工艺部:负责工艺技术文件的有效实施和监督,对原辅材料、半成品、成品的检验,重要工序控制点的监督检查和考核。

12.生产部:制定各项生产计划,负责生产调度、生产现场的管理、设备管理、安全检查、生产统计报表的编制汇总等。

13.动力部:负责供水、制冷、锅炉、空气压力的管理和维护。

14.客户服务部:负责收集、处理、反馈顾客的质量、服务投诉以及客户满意度的市场收集和分析工作。

15.证券投资部:协助董事会秘书处理公司证券事务,保管、处理公司股东大会、董事会和监事会的有关资料,接待投资者及媒体的来访,反馈公司有关信息,与主管部门、交易所及各中介机构的联络沟通工作等。

# 第七章　业务和技术

一、行业基本情况

(一)啤酒行业管理体制

本公司所属的啤酒行业长期以来归类于轻工行业,目前主要由国家经贸委等有关政府部门会同国家轻工总会负责进行产业政策的制定、行业管理、业务指导和行业信息统计,中国酿酒工业协会、中国食品工业协会以及各地方分会负责进行行业自律性管理和市场研究。

(二)啤酒行业基本情况

啤酒是以大麦和其他谷物为原料,并添加少量酒花,通过制麦芽、糖化、发酵等特定工艺酿制而成,是由外国传入我国的饮料酒。自1900年俄国人在哈尔滨建立第一个啤酒厂到解放前夕的50年间,我国啤酒工业的发展速度缓慢,1949年全国啤酒产量不足万吨。建国后,国家对啤酒行业采取了扶持政策,新建了一批啤酒厂。1980年至1987年,全国啤酒行业的年均增长率达到35%,1988年至1997年,我国啤酒年平均增长速度仍高达13.6%。1999年,全国啤酒产量突破2,000万吨。近10年间,世界年人均啤酒消费量增加了3升,而我国却增加了10升。1993年以来,我国啤酒产量一直居世界第二位,仅次于美国。目前尽管发展中国家啤酒的生产和消费仍保持持续较快的增长,但由于发达国家市场已基本饱和,甚至稳中有降,因此世界啤酒市场处于低速增长期。目前世界啤酒总产量(总消费量)接近1.3亿吨,预测到2005年将达1.6亿吨。亚太地区将成为世界啤酒的最大市场。

中国啤酒工业在经历了一个快速发展期后,目前已进入一个相对稳定的小幅增长期,在经过一个短期的调整后,其持续发展依然拥有广阔的空间。首先,中国虽为世界啤酒生产大国,但人均产量不足18公升,与世界人均消费水平23公升/年还有较大差距;其次,啤酒工业在中国发展的地区性差异悬殊,西部地区的啤酒工业水平同其经济水平一样,发展明显滞后,中国西部大开发战略的实施,为中国啤酒工业向西部发展提供了难得的契机。此外,一批大型啤酒企业集团实力迅速扩张,为中国啤酒工业开拓国际市场奠定了基础。但是,与国际啤酒大国相比,我国啤酒行业在集团化、规模化、质量、效益、品牌等方面均处于落后地位。3万吨以下的小型企业由于规模小、投资少、装备水平落后,再加上管理不善、产品质量不稳定,大多处于崩溃的边缘。由于中国的啤酒市场对国外的啤酒厂商具有极大的诱惑力,20世纪90年代初以来,世界各知名啤酒厂商以各种方式纷纷进入中国,并在1997年掀起了中外合资的高潮,但发展的结果是仅有少数几家"土洋结合"的企业能适应中国消费趋向,而最后站稳市场。在这一过程中,国内啤酒生产企业学习到了国外啤酒厂商先进的管理经验和市场营销模式,并引进了一流的制造设备,大大提升了与国外啤酒厂商竞争的实力。

(三)市场容量

随着国民经济持续发展和人均收入水平的提高,啤酒市场还有一定的增长空间。2001年我国实现啤酒产量2,273.81万吨,已连续九年居世界第二位,成为仅次于美国的世界啤酒生产大国。预计到2003年啤酒产量将超过美国,居世界首位。福建省连续几年来啤酒年产量均居全国第七名至第九名。

(四)技术水平

近二十年来,我国啤酒工业正从高速发展阶段逐步走向稳步增长阶段,各级行业主管部门组织了多项重大技术装备的联合科研攻关和在引进、消化、吸收基础上的技术创新,使我国酿酒机械装备行业的技术水平和制造能力提高到了一个新阶段。一个个各具特色的以自我开发为主体的科研基地和装备制造中心正在形成。近年来啤酒行业的技术发展方向是:酿造过程的无菌管理、微生物检测和控制技术、PET包装、叉流过滤技术、啤酒风味和抗老化研究、降低啤酒溶解氧、提高啤酒风味稳定性、高浓稀释生产多品种啤酒等。伴随着在产业结构、行业经济效益、企业规模、产品质量、整体技术水平等方面的重大变化,啤酒行业的技术、管理和装备水平都在迅速缩小与世界先进水平的差距。我国啤酒行业一些资金雄厚、市场销售好的大企业、大集团都在以品牌为龙头,通过各种方式借鉴国内外先进经验,提高企业的酿造装备水平和建立完善的技术创新体系。企业酿酒技术和设备技术水平的提高有力地促进了产品质量的提高,有些企业的产品已接近和达到国际先进水平标准,并进入国际市场。

(五)发展趋势

我国的啤酒工业已向产业化方向健康发展，未来几年，啤酒工业发展趋势是：

1.随着人民生活水平和消费能力的提高，啤酒消费量仍将保持适度稳定的增长。

2.国内啤酒产品供大于求的形势仍将持续，啤酒价格低的状况将逐步调整，企业经济效益呈现两极分化趋势，规模大、综合竞争能力强的大型啤酒集团将产生。

3.经济交流扩大，进出口量增加。世界啤酒进出口量有扩大趋势，预计我国加入世贸组织后，随着市场的进一步开放和融合，啤酒进出口量将稳步增长。

4.技术装备水平继续提高。在国内，装备水平对啤酒质量的影响越来越明显，啤酒生产企业在技术改造上的投资会不断加大。

5.新技术将得到应用和推广，啤酒品种和包装多样化。啤酒品种朝多样化发展，啤酒口味向淡爽、饮料化发展，包装形式更加丰富。

6.未来几年啤酒技术发展方向是：酿造过程的无菌化管理；降低啤酒溶解氧；提高啤酒风味稳定性；高浓稀释生产多品种啤酒以及膜过滤技术、微生物检测和控制技术、糖浆辅料的使用、PET包装瓶的应用。产品发展方向是：纯生啤酒、淡爽啤酒等。

当前，虽然啤酒产量增长速度减缓，但发展前景依然十分广阔。预计在2003年，中国将成为世界第一啤酒大国，中国啤酒工业对国民经济建设将发挥更加重要的作用，并对世界啤酒工业产生越来越大的影响。

二、影响本行业发展的因素

我国酒类行业将继续贯彻"优质、低度、多品种、低消耗"的方针，积极实施"四个转变"（普通酒向优质酒转变，高度酒向低度酒转变，蒸馏酒向酿造酒转变，粮食酒向水果酒转变），重点发展葡萄酒、水果酒，积极发展黄酒，稳步发展啤酒，控制白酒总量。在1997年，全国轻工总会已将啤酒工业的重点放在结构调整上，并制定了3项具体政策：一是争取国家经贸委设立啤酒工业结构调整专项投资；二是择优扶强，重点支持10个民族品牌大型企业集团的发展，使其在国内市场集中度达40%以上；三是以品牌为龙头，支持大型啤酒企业集团实施跨地区、跨行业的联合兼并，或多种形式的控股、参股、企业重组和资源的优化配置，实施资本经营，使知名品牌优势企业低成本迅速扩张。

三、主要竞争状况

（一）同行业竞争状况

2001年，我国啤酒总产量2273.81万吨。全国各地初具条件和有一定规模的啤酒生产企业共500余家，其中2001年产量在40万吨以上的啤酒集团有9个（包括中外合资外方控股集团），规模10万吨以上的厂家有46家，5—10万吨60多家，3—5万吨40多家。行业内各企业对市场份额竞争比较激烈，目前尚未形成稳定的竞争格局，行业内部整合正在进行，市场集中度在继续提高，今后大规模的啤酒集团将主导中国啤酒行业的发展。

由于啤酒生产企业销售半径的限制以及明显的区域性消费特征，啤酒行业目前按区域划分市场，地方品牌在各地市场具有相对的竞争优势。但从发展趋势看，分割的市场逐渐在融合，部分中型啤酒生产企业也开始拓展全国市场。产品的品牌、质量、售后服务成为市场竞争的关键，新产品的开发也对市场竞争格局产生重大影响。

福建省是公司的主要市场，市场竞争比较激烈。2001年福建省啤酒产销量与上年基本持平，没有显著增长，但惠泉啤酒利用规模、品牌、销售渠道等方面的优势，进一步提高了市场占有率，维护了在福建市场上的竞争优势地位。目前，纯生啤酒等高售价产品在啤酒总产销量中所占比例不高，市场还需要大力开拓，具有较大的增长空间。在该市场上，与公司产生较大竞争的有国内主要的知名品牌和国外知名品牌，如百威、喜力等。目前竞争的关键在于建立品牌效应，继续扩大市场影响力。

顺应行业竞争的态势，公司也积极开拓全国市场。在与其他全国性名牌产品及各地地方品牌产品的竞争中，利用产品本身的质量优势和针对性的营销策划，公司在省外销售比例逐年提高。公司目前主要省外市场是江西市场，未来短期内将着重继续开发江西市场和浙江市场。

（二）本公司的竞争优势和劣势

本公司的竞争优势是：高级管理人员队伍团结，人员和专业结构搭配较合理，并保持相对稳定性，形成了有效的经营、技术、管理团队，并具有较强的创新及战略策划能力；市场定位把握准确，确立了惠泉品牌的优质产品定位，并以城市为主要消费市场；产品在福建省品牌知名度和美誉度高，市场占有率高，在竞争中处于领先地位；公司财务状况良好，盈利能力较强；技术改造步伐快，引进了大量先进设施，整体设备水平处于全国行业的领先地位；公司具有较强的技术开发、产品开发和产品推广能力，产品的技术含量较高，包装设计新颖，新产品市场推广成功率高；能根据产品的生命周期，不断调整产品结构，即一方面不断进行新产品开发，实现产品升级换代，一方面改进产品的内外在质量，延长成熟产品的生命周期；本公司较早建立了产品质量保证体系，质量长期稳定，口味深受欢迎，产品的市场形象良好；已初具较大的生产规模，进入了全国行业十强，同时通过有效的广告投入已逐步扩大了在全国市场的影响和知名度，并在各地市场保持着良好的产销势头。

劣势是：公司高素质人才储备较少，特别是管理、营销、财务人才不足；虽具有一定的产量规模，但与少数啤酒巨头相比，差距仍然较大；公司地处福建泉州市惠安县，与北京、上海等文化中心城市在各方面均有较大差距，部分员工视野有限，开拓精神欠佳；管理方面，虽然随着企业规模的扩大，本公司适时引进了部分高级管理人才，但传统管理经验仍占有较大成分，长期有效的激励机制有待加强。

（三）市场份额变化情况和趋势

惠泉啤酒历年产量示意图

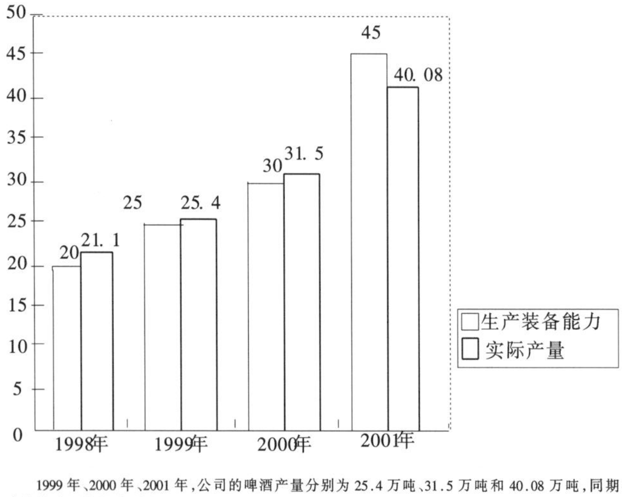


1999年、2000年、2001年，公司的啤酒产量分别为25.4万吨、31.5万吨和40.08万吨，同期福建省的啤酒产量分别为116.33万吨、118.89万吨和128.11万吨，公司在福建省的市场占有率分别为21.83%、26.50%和31.29%，啤酒产量和福建省内市场占有率连续三年省内排名第一。（福建省啤酒产量数据参见：福建省啤酒专业协会主办的《福建省啤酒行业主要经济技术指标汇总资料》）

1999年、2000年、2001年，全国啤酒产量分别为2,065.27万吨、2,231.32万吨和2,273.81万吨，公司在全国的市场占有率分别为1.23%、1.41%和1.76%。本公司在福建省外仍有较大的发展空间。（全国啤酒产量数据参见：国家轻工业局信息统计办公室和中国轻工业信息中心联合主办的《全国酿酒行业信息》企业册）

四、主营业务范围

（一）主要业务范围

本公司的主要业务范围为啤酒、饮料制造和销售。

（二）产品系列构成

从原材料配方看，公司现有产品包括小麦啤酒和大麦啤酒；从生产工艺看，公司现有产品包括熟啤酒、纯生啤酒和白瓶啤酒；从包装形式上看，公司现有产品包括500毫升瓶装啤酒、620毫升瓶装啤酒和350毫升听装啤酒。

（三）啤酒酿造工艺流程图

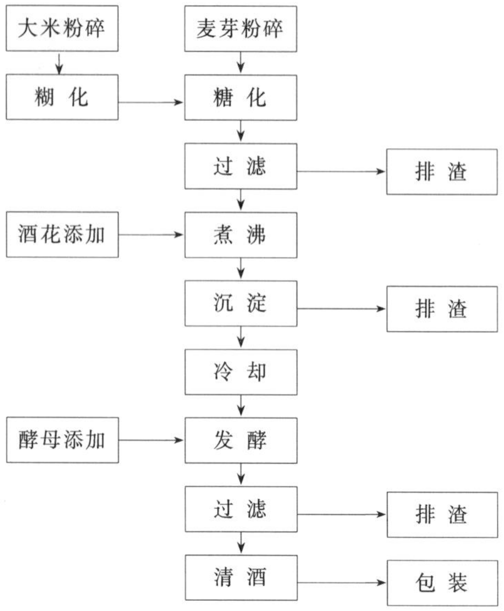


（四）啤酒包装工艺流程图

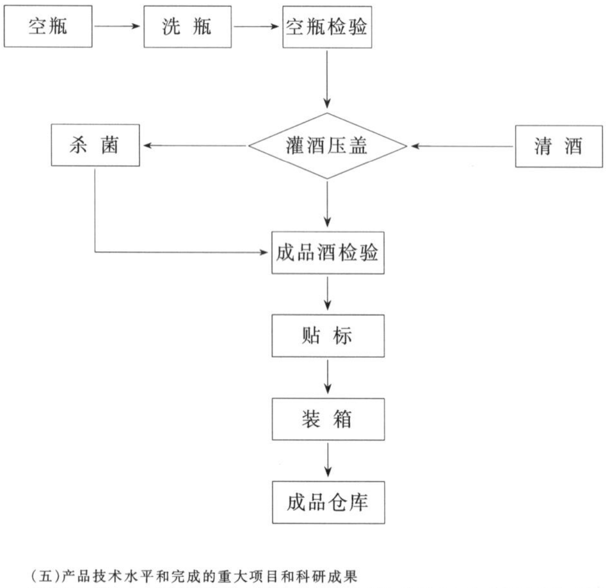


（五）产品技术水平和完成的重大项目和科研成果

啤酒是新鲜麦汁在严格的特定环境下低温发酵而成的，设备的水平、酵母的纯正、温度的控制等都将影响到啤酒的口感和质量。公司所有发酵容器均采用不锈钢材料制成而且经过严格的磨光处理，有效控制了发酵过程中杂菌的感染。露天大罐技术代表着目前世界啤酒发酵技术的前沿，公司的发酵罐大部份在320立方米至500立方米之间，同时在发酵过程中，采用了世界先进的自动检测和自动控制系统，以保证发酵工艺控制的稳定性和准确性。2001年公司又从国外引进了先进的酵母自动添加系统，克服了传统的手工添加的交叉感染和无法准确定量的弊端。啤酒的无菌灌装代表了二十一世纪啤酒生产的新的技术革命，公司及时引进、消化，使得纯生啤酒成为公司新的一个利润增长点。

本公司采用先进的酿造工艺，且均有特定的啤酒酵母菌种进行纯种发酵，使得产品具有如下特色：

外观：清亮透明，浊度＜0.8EBC；

泡沫：洁白、细腻，持久挂杯，持泡性＞210秒；

香气和口味：有明显的酒花香气，口味纯正、爽口，酒体协调、柔和、无异香异味，杀口力强。

小麦啤酒含有明显的酒花香气，适中的酯香、口感醇厚。

以下为历年本公司完成的重大项目和科研成果列表：

年度　　新产品　　　　完成的重大项目和科研成果

| | | |
|---|---|---|
| 1997 年 | 小麦啤酒 | 小麦啤酒通过福建省科委技术鉴定； |
| | | 全麦啤酒的研究； |
| | | 白瓶啤酒的研究； |
| 1998 年 | 全麦啤酒 | 白瓶啤酒的研究； |
| | | 二代小麦啤酒的研究； |
| 1999 年 | 白瓶啤酒 | 螺旋藻啤酒的研究； |
| | 二代小麦啤酒 | 枸杞啤酒的研究； |
| 2000 年 | 螺旋藻啤酒 | 螺旋藻啤酒通过惠安县科委技术鉴定； |
| | 纯生啤酒 | 纯生啤酒的研究； |
| | | 低醇型啤酒的研究； |
| 2001 年 | 枸杞啤酒 | 枸杞啤酒通过福建省科委技术鉴定； |
| | 低醇型啤酒 | 低醇型啤酒； |

本公司所产惠泉啤酒历年来曾获得多项奖项：

1995 年，"惠泉"牌啤酒被福建省人民政府授予福建名牌产品称号；

1995 年，"惠泉"牌 10 度、10.5 度、12 度啤酒被中国酿酒工业协会评为 1995 年啤酒行业优质产品奖；

1997 年，"惠泉"牌 10.5 度、11 度啤酒被中国食品工业协会评为全国食品行业优秀产品；

1997 年，惠泉小麦啤酒的研制通过了福建省科委科学技术成果鉴定；

1998 年，惠泉小麦啤酒荣获"福建省科技进步三等奖"；

1998 年，惠泉小麦啤酒荣获"泉州市科技进步二等奖"；

1998 年，"惠泉"牌商标被福建省著名商标认定委员会认定为福建省著名商标；

1998 年，"惠泉"牌系列啤酒荣获 1999 年 - 2000 年度福建省消费者委员会推荐产品；

1999 年，惠泉小麦啤酒荣获全国食品工业科技进步优秀新产品奖；

2001 年，"惠泉"牌 620 毫升 10 度特制啤酒和小麦啤酒(500ml)被评为 2000 年福建省用户满意产品；

2001 年，"惠泉"牌纯生啤酒荣获全国食品工业科技进步优秀项目奖。

本公司曾获得多项奖项：

1989 年，本公司被国务院授予"国家二级企业"光荣称号；

2000 年，本公司被国家质量技术监督局认定为 2000 年全国质量管理先进企业；

2000 年，泉州市人民政府授予"惠泉啤酒系列产品研制与开发为二 OOO 年度泉州市人民政府市长科学技术——特别奖"；

2001 年，本公司被福建省工商行政管理局授予"重合同守信用单位"称号；

2001 年，本公司荣获中国食品工业协会颁发的全国食品工业科技进步优秀企业奖和特别荣誉奖；

2001 年，本公司被中国食品工业协会授予"全国食品行业质量效益型先进企业"称号；

2001 年，本公司被福建省质量管理协会评为 2000 年福建省用户满意企业；

2001 年，本公司被国家环境保护总局全国饮品企业环境质量管理审核委员会认定为"全国饮品企业环境质量管理合格单位"；

2001 年，本公司被中华全国总工会授予全国"五一劳动奖状"。

(六)各类产品 2002 年度销售情况

| 产品分类 | 销售数量(吨) | 比例(%) | 销售额(元) | 比例(%) | 销售单价(元/千升) | 销售数量(千升) |
|---|---|---|---|---|---|---|
| 620ml 普通瓶装啤酒 | 334,358.24 | 81.24 | 666,672,691.62 | 74.01 | 1,969.96 | 338,419.27 |
| 620ml 白瓶啤酒 | 5,807.68 | 1.41 | 16,264,604.58 | 1.81 | 2,766.93 | 5,878.22 |
| 500ml 普通瓶装啤酒 | 26,503.44 | 6.44 | 46,814,496.67 | 5.20 | 1,745.16 | 26,825.34 |
| 500ml 纯生啤酒 | 16,066.72 | 3.90 | 75,678,065.16 | 8.40 | 4,653.71 | 16,261.86 |
| 500 小麦瓶装啤酒 | 14,986.33 | 3.64 | 39,379,411.48 | 4.37 | 2,596.16 | 15,168.35 |
| 500ml 白瓶啤酒 | 7,519.88 | 1.83 | 28,482,265.28 | 3.16 | 3,742.15 | 7,611.21 |
| 350ml 易拉罐啤酒 | 6,310.64 | 1.53 | 27,225,766.47 | 3.02 | 4,262.50 | 6,387.28 |
| 330ml 瓶装啤酒 | 34.71 | 0.01 | 220,232.06 | 0.02 | 6,269.68 | 35.13 |
| 合计 | 411,587.63 | 100.00 | 900,737,533.32 | 100.00 | —— | 416,586.67 |

(七)市场营销及销售方式

公司负责产品销售和市场开发的部门是市场部，其职责是负责市场营销计划的制定、实施，市场调查研究，建立健全客户档案，产品运输，销售合同评审等。

公司在福建省内成功树立了优质产品的形象，市场定位准确，品牌效应好，且具有比较稳定和有相当实力的经销商队伍。以下为本公司的市场营销主要策略：

1.产品策略。公司现有 20 多个品种，从原材料配方看，分为小麦啤酒和大麦啤酒；从生产工艺看，分为熟啤酒、纯生啤酒和白瓶啤酒；从包装形式上看，有 500 毫升瓶装啤酒、620 毫升瓶装啤酒和 350ml 听装啤酒，根据不同区域人群的口感、包装习惯分别投放。惠泉啤酒系列产品已通过 ISO9000 质量体系认证及中国方圆标志认证，严格按照国标优级酒标准考核，产品理化及感观指标优越。外包装全部使用惠泉啤酒专用 B 瓶，采用纸箱包装(1×12 规格)，外观形象良好。

2.价格策略。本公司采取优质优价方法，单箱定价一般高出同类产品 2—5 元左右。对因区域经济发展不平衡产生的消费需求差异，则相应采用不同的价格组合。

3.渠道策略。采取本地经销商就地区域化经营模式，辅以独家经营、联合经营或分品种经营等形式。公司不断积极调整销售网络建设，实行"多中减少，无中增有"。"多中减少"即采取联合经营或集中经营，改变以往松散型为集约型，有效地控制市场的内耗竞争，与经销商荣辱与共，利益共享，增强了经销商信心。"无中增有"即积极开发新的市场，确定新的经销大户，让产品销售不断扩大。在市场地理分布上，公司主要采取"以城市为中心，以县城为据点"战略，公司各销售片区负责监督，引导和服务市场，使公司的整体市场处于良好的受控状态，达到以销定产。

4.促销手段。以优质产品扩大销售本身就是最好的促销，促销贯穿在产品开发、设计、生产、包装，到售后服务等一系列过程中。本公司几年来一直采用产品及企业形象为主的广告宣传方式，以电视、户外广告、报刊为主要促销媒介，所选媒介的层次一般较高，如中央电视台、主要路段的户外大型广告等，配合以社会公共活动和社会公益活动，来提高公司及品牌知名度。

(八)主要销售市场

目前，公司的主要销售区域仍然是福建省内市场，但随着公司加大省外销售力度，省外市场的销售比例不断提高。2000 年、2001 年和 2002 年公司销往福建省外的啤酒量分别为 3.84 万吨、7.08 万吨和 8.60 万吨，占同期公司产量的 12.19%、17.66% 和 20.64%。

省外市场主要包括江西、浙江、广东等。由于江西省与福建省接壤，并且公司近年来在江西省的市场开拓较为成功，因此江西省市场的销售量和销售额在省外市场中比例最高。募集资金投资项目福鼎啤酒厂异地搬迁技改项目和物流配送中心项目实施后，省外市场特别是江西省和浙江省市场的销售量和销售额将会有较大的提高。

2002 年度福建省及省外销售市场啤酒销售情况如下：

| 省份 | 销售收入(元) | 比例(%) |
|---|---|---|
| 福建省 | 723,821,712.56 | 80.36 |
| 江西省 | 90,037,373.37 | 10.00 |
| 广东省 | 35,131,889.98 | 3.90 |
| 浙江省 | 17,291,674.79 | 1.92 |
| 上海市 | 10,599,218.09 | 1.18 |
| 湖南省 | 9,125,572.72 | 1.01 |
| 江苏省 | 8,683,572.18 | 0.96 |
| 其他省份合计 | 6,046,519.63 | 0.67 |
| 合计 | 900,737,533.32 | 100.00 |

(九)主要原材料和自然资源耗用的情况

啤酒的主要生产原料是麦芽、大米、酒花和水。本公司所用麦芽大部分采用进口原料制造，具有颜色浅、皮薄、籽粒饱满多粉、发芽率高的优点。本公司所用大米均是到稻谷成长期长、日照时间长、水源充分的粮食产区选购当年产的稻谷，在加工过程中增加抛光和色选工序。本公司吨啤酒粮耗约 170 公斤(12 度啤酒标准粮耗)，其中麦芽约占 120 公斤、大米约占 50 公斤。酒花主要采用进口原料，吨酒消耗约为 0.20 公斤。公司酿造用水取自 100 米以下的地下岩泉水，最适合淡爽型啤酒酿造。

2002 年公司主要原材料来源情况见下表：

| 原材料名称 | 产品品种 | 供货单位 | 来源 |
|---|---|---|---|
| 麦芽或大麦 | 澳大利亚麦芽 | 广州麦芽有限公司 | 进口 |
| | 加拿大麦芽 | 大连中粮麦芽有限公司 | 进口 |
| | 澳大利亚大麦 | 宁波东南溪麦芽有限公司 | 进口 |
| | 加拿大大麦 | 泉州金麦啤酒原料有限公司 | 进口 |
| | | 上海南方啤酒原料有限公司 | 进口 |
| | | 新疆绿金啤酒花制品有限公司 | 进口 |
| | 国产小麦芽(短早 781) | 宁波东南溪麦芽有限公司 | 国产 |
| 大米 | 中季大米 | 泉州粮油储备公司 | 国产 |
| | | 惠安县洛阳粮食管理站 | 国产 |
| 啤酒花 | 异构颗粒酒花(美国斯丹那) | 珠海金保利贸易有限公司 | 进口 |
| | 香型酒花(捷克 SAAZ 地区) | 珠海晋轩发展有限公司 | 进口 |

公司 2002 年度麦芽与大麦进口情况见下表：

| 原材料名称 | 供货单位 | 数量(吨) |
|---|---|---|
| 澳麦芽 | 广州麦芽有限公司 | 6,830.10 |
| 加、澳麦芽 | 大连中粮麦芽有限公司 | 1,303.00 |
| 澳麦芽 | 泉州金麦啤酒原料有限公司 | 9,882.15 |
| 加麦芽 | 宁波东南溪麦芽有限公司 | 3,287.25 |
| 加、澳麦芽合计 | | 21,302.50 |
| 加大麦 | 上海南方啤酒原料有限公司 | 1,999.13 |
| 加大麦 | 新疆绿金啤酒花制品有限公司 | 7,520.31 |
| 加大麦 | 国际贸易有限公司 | 723.80 |
| 澳大麦 | 上海南方啤酒原料有限公司 | 7,520.31 |
| 加、澳大麦合计 | | 17,763.55 |

随着我国加入 WTO，本公司所需麦芽等生产原料进口关税将有一定幅度下降，本公司生产成本将逐步下降，本公司竞争力将进一步增强。

(十)环保情况

啤酒生产企业对环境的影响主要是对水环境、大气环境、声环境的影响。本公司一向重视环境保护工作，积极推行清洁工艺生产，采用先进的设备及领先的工艺技术，降低能耗、物耗，把污染源最大限度地削减在生产过程中，有效地降低了末端治理负荷。本公司专门成立了环境保护办公室，建立健全了环保管理制度。公司投资建设了两座日处理能力 6,000 吨的生产废水处理设施，运行稳定，处理效果良好，经处理的排放水严格达到国家废水综合排放一级标准。为切实防治大气污染，公司淘汰了燃煤锅炉，全部采用燃油锅炉，并采用进口低含硫量重油，确保废气达标排放和周边空气质量符合国家大气质量二级标准。在噪音防治方面，公司对高音设备集中统一管理，在车间建立了隔音室，安装管道消音器，关键运转设备采用进口低噪音电机，使得对企业周边环境的噪音污染大大降低。本公司于 2001 年 5 月 28 日被国家环境保护总局全国饮品企业环境质量管理审核委员会认定为"全国饮品企业环境质量管理合格单位"。

(十一)主要固定资产和无形资产

1.固定资产原值、折旧及净值

(1)固定资产原值　　(单位：元)

| 类别 | 2001.12.31 | 本期增加 | 本期减少 | 2002.12.31 |
|---|---|---|---|---|
| 房屋建筑物 | 296,491,479.71 | 79,716,205.54 | - - | 376,207,685.25 |
| 机器设备 | 626,842,867.18 | 103,454,101.15 | 196,806.40 | 730,100,161.93 |
| 电子设备 | 42,905,423.10 | 1,721,610.50 | 27,569.00 | 44,599,464.60 |
| 运输设备 | 13,436,958.41 | 1,800,840.40 | - - | 15,237,798.81 |
| 其　他 | 8,392,395.40 | - - | - - | 8,392,395.40 |
| 合计 | 988,069,123.80 | 186,692,757.59 | 224,375.40 | 1,174,537,505.99 |

(2)累计折旧　　(单位：元)

| 类别 | 2001.12.31 | 本期增加 | 本期减少 | 2002.12.31 |
|---|---|---|---|---|
| 房屋建筑物 | 25,262,868.78 | 12,987,468.23 | - - | 38,250,337.01 |
| 机器设备 | 150,735,919.28 | 57,660,659.09 | 153,249.62 | 208,243,328.75 |
| 电子设备 | 9,053,929.75 | 6,261,743.98 | 27,569.00 | 15,288,104.73 |
| 运输设备 | 7,396,722.24 | 1,927,014.62 | - - | 9,323,736.86 |
| 其他 | 2,431,696.33 | 280,078.58 | - - | 2,711,774.91 |
| 合计 | 194,881,136.38 | 79,116,964.50 | 180,818.62 | 273,817,282.26 |

(3)固定资产净值 2002 年末为 900,720,223.73 元，2001 年末为 793,187,987.42 元。

(4)主要生产设备

本公司是传统的啤酒生产企业，主要生产设备经过改造，其成新度较高，能够保证连续性生产。主要有：蒸汽锅炉、水处理设备、大米粉碎机、麦芽粉碎机、糊化锅、糖化锅、过滤槽、煮沸锅、旋涡沉淀槽、发酵罐、滤酒设备、高浓稀释设备、清酒罐、制冷设备、2 万瓶/时 640ml 包装线、2.4 万瓶/时 640ml 包装线、3.6 万瓶/时 640ml 包装线、3.6 万瓶/时 500ml 包装线、4 万瓶/时 640ml 包装线、4 万瓶/时 500ml 纯生啤酒包装线、CO2 回收系统、制氮系统等。公司的设备选型是：糖化系统的设备和自控是采用世界三大著名制造商之一的德国斯坦尼克公司制造的产品。发酵罐、清酒罐是由广东中山化械厂制造加工，发酵罐表面抛光达到 0.8，酵母菌无法粘住，清酒罐表面抛光达到 0.4，细菌无法粘住。这次新加工发酵罐表面抛光达到 0.4，作为纯生啤酒发酵罐用。发酵、清酒系统管道设备由著名管件阀门的制造商德国 GEA 公司制造，自控系统采用德国西门子公司产品，过滤系统采用瑞士弗尔切斯公司的产品。包装线湿部分由南京轻机厂引进 KHS 公司技术制造，干部分是世界著名包装设备制造商克朗斯公司制造；纯生啤酒整条生产线是由克朗斯公司制造，是目前国内最先进的三条纯生啤酒生产线之一。这条生产线灌酒区的无菌级为 100 级，基本上实现无菌灌装。公共工程部分，制冷机是世界最大品牌美国约克公司制造；空压机是比利时阿托拉斯制造；锅炉是由台湾制造，但关键部件燃烧机是德国扎克公司制造，阀门是德国制造，水泵是丹麦格兰富公司制造，这些关键部件的性能处于国内领先水平。总之，公司的关键设备都是世界各行业的名牌产品，其技术水平处于国内或行业的先进地位。

| 设备名称 | 数量 | 能力 | 重置成本(万元) | 先进程度 | 财务折旧程度 | 继续安全运行时间 |
|---|---|---|---|---|---|---|
| 糖化设备 | 1 套 | 10 万吨/年 | 1,000 | 国内先进 | 42% | 8 年 |
| | 1 套 | 20 万吨/年 | 1,800 | 行业先进 | 70% | 10 年 |
| | 1 套 | 20 万吨/年 | 3,600 | 行业先进 | 97% | 11 年 |
| 发酵罐 | 32 台 | $320m^3$/台 | 38 | 行业先进 | 70% | 10 年 |
| | 10 台 | $200m^3$/台 | 40 | 行业先进 | 47% | 10 年 |
| | 3 台 | $150m^3$/台 | 36 | 行业先进 | 55% | 10 年 |
| | 19 台 | $125m^3$/台 | 30 | 行业先进 | 37% | 10 年 |
| | 28 台 | $500m^3$/台 | 79 | 行业先进 | 97% | 11 年 |
| 啤酒过滤设备 | 2 套 | 30 万吨/年 | 2,500 | 国内先进 | 70% | 10 年 |
| | 1 套 | 20 万吨/年 | 1,900 | 行业先进 | 97% | 11 年 |
| 640ml 啤酒生产线 | 2 条 | 2 万瓶/时 | 1,000 | 国内先进 | 91%,47% | 9 年,6 年 |
| 640ml 啤酒生产线 | 1 条 | 2.4 万瓶/时 | 1,500 | 国内先进 | 68% | 8 年 |
| 640ml 啤酒生产线 | 1 条 | 3.6 万瓶/时 | 3,800 | 国内先进 | 65% | 10 年 |

| | | | | | | |
|---|---|---|---|---|---|---|
| 500ml 啤酒生产线 | 1条 | 3.6万瓶/时 | 3,800 | 国内先进 | 79% | 10年 |
| 640ml 啤酒生产线 | 1条 | 4万瓶/时 | 4,500 | 国内先进 | 97% | 9年 |
| 500ml 纯生生产线 | 1条 | 4万瓶/时 | 8,000 | 行业先进 | 99% | 9年 |
| 蒸汽锅炉 | 2台 | 18T/h.台 | 170 | 国内先进 | 79%,94% | 10年 |
| | 1台 | 10T/h.台 | 132 | 国内先进 | 56% | 8年 |
| | 1台 | 12T/h.台 | 168 | 国内先进 | 65% | 8年 |
| | 2台 | 20t/h.台 | 190 | 国内先进 | 97% | 11年 |
| CO2 回收系统 | 1套 | 800kg/h | 260 | 国内先进 | 80% | 10年 |
| 制氮系统 | 1套 | 800kg/h | 300 | 国内先进 | 65% | 10年 |
| 制冷压缩机 | 4台 | 1279kw/台 | 18 | 国内先进 | 65% | 8年 |
| | 4台 | 1246kw/台 | 30 | 国内先进 | 65% | 8年 |
| | 4台 | 150万大卡/台 | 76 | 行业先进 | 97% | 11年 |
| 大米粉碎机 | 2台 | 8t/h.台 | 30 | 国内先进 | 65%,97% | 9年 |
| 麦芽粉碎机 | 2台 | 16t/h.台 | 230 | 行业先进 | 79%,97% | 9年 |
| 空气压缩机 | 5台 | $27m^3$/min.台 | 32 | 行业先进 | 97% | 11年 |
| 科研、检测设备 | | 1套 | 250 | 行业先进 | 47%,40% | 9年 |

2001年12月20日，发行人与中国工商银行惠安县支行签订了《最高额抵押合同》（合同编号：2001年Jg抵字第001号），合同约定，发行人以其拥有的640ml包装线、发酵系统、糖化系统等部分机械设备及电子设备作为抵押物，为其在2001年12月20日至2006年6月19日期间与中国工商银行惠安县支行签订的最高贷款余额为8300万元的所有借款合同项下的借款提供担保。双方于2001年12月21日向惠安县工商行政管理局办理了企业动产抵押物登记（《抵押物登记证》编号：闽惠工商抵押登字第01093号）。公司律师认为：根据《中华人民共和国担保法》第四十二条规定，该抵押行为合法有效。若发行人不能按期偿还债务，贷款人（即抵押权人）有权依法以上述抵押物折价或者以拍卖、变卖上述抵押物的价款优先受偿；若发行人能够按期偿还债务，则上述抵押自动解除。

2.无形资产

截止2002年12月31日，本公司的无形资产状况如下（单位：元）：

| 种类 | 原始金额 | 2001.12.31 | 累计摊销 | 2002.12.31 | 剩余摊销期限 | 取得方式 |
|---|---|---|---|---|---|---|
| 土地使用权 | 20,242,865.00 | 18,608,342.20 | 2,039,380.08 | 18,203,484.92 | 44.96年 | 出让 |
| 合计 | 20,242,865.00 | 18,608,342.20 | 2,039,380.08 | 18,203,484.92 | | |

其中母公司土地使用权中有1宗土地系本公司1997年2月改制时以土地使用权投入形成的。其余均为本公司成立后，通过出让和转让方式逐步取得。

五、质量控制情况

本公司惠泉啤酒系列产品严格执行国家质量考核标准并接受国家、省、市质量技术监督部门的监督检测。在啤酒生产过程中，坚持推行全面质量管理，于1994年开始按ISO9002－1994质量体系标准建立了从原料、生产控制、检测、出厂、销售服务全过程的质量保证体系，在全省啤酒行业中第一家获得了中质协质量保证中心和中国方圆认证委员会的质量保证体系认证和产品认证，2002年2月份，公司在福建省啤酒行业首家通过了国际食品操作规范认证（GMP）、食品卫生与安全管理体系（HACCP）认证。公司又在2000年起积极推行ISO9001－2000质量管理体系标准，进一步完善和改进公司的质量管理体系，提高产品的质量保证能力。

本公司严格贯彻执行《产品质量法》和《食品卫生法》、《啤酒生产卫生规范》。啤酒产品理化指标严格执行国家标准GB/T4927－1991《啤酒》，并根据企业和市场需要，制定并执行严于国家标准要求的企业标准Q/HQPJ001－－2001《惠泉啤酒》，产品卫生指标严格执行GB2758－1981《发酵酒卫生标准》，外包装要求执行GB10344－1989《饮料酒标签标准》。

本公司对出厂产品质量控制采取内在质量和外在质量控制两种措施进行，内在质量控制依靠先进的啤酒全自动分析仪进行快速准确的检测，再由公司专业人员对每日每批出厂产品进行品评把关；外在质量控制首先在啤酒生产线严格按工序控制点进行自检后，再进行在线抽检和成品仓库综合检验，严格控制不合格产品流入下道工序。只有在产品理化卫生指标、口感品评、外包装质量检查全部合格后，才准予出厂销售。长期以来，公司在产品生产过程、出厂销售各环节严格执行质量一票否决制度，从而保持产品优级品率达到99%以上、保证出厂产品100%合格。

本公司产品的售后服务工作主要由公司客户服务部、品管部负责。公司制定了《产品质量售后服务承诺》，设立了客户服务部和专用的质量投诉服务电话，处理消费者的质量投诉和质量要求，为消费者提供全面及时周到的售后服务。几年来，公司产品没有出现过重大的质量责任纠纷。2000年，公司被评为"福建省用户满意企业"，主要产品获得"福建省用户满意产品"称号。

以上质量控制措施有效地保证了本公司的产品品质，使公司获得了良好的经济及社会效益。

六、主要客户及供应商

（一）前5名客户

本公司2002年度前5位客户的有关数据如下（单位：元）：

| 客户名称 | 货物 | 交易金额 | 占主营收入比例 |
|---|---|---|---|
| 林源盛 | 惠泉啤酒 | 50,449,922.96 | 5.57% |
| 泉州临江副食品经销站 | 惠泉啤酒 | 38,492,156.68 | 4.25% |
| 泉州嘉太中外名酒有限公司 | 惠泉啤酒 | 38,271,291.84 | 4.23% |
| 福建吉马实业有限公司 | 惠泉啤酒 | 31,442,496.28 | 3.47% |
| 林如波 | 惠泉啤酒 | 30,557,363.13 | 3.37% |
| 合计 | 惠泉啤酒 | 189,213,230.89 | 20.89% |

（二）前5名供应商

本公司2002年度前5名供应商的有关数据如下：

| 供应商名称 | 采购量 | | 占主营业务 | 采购物资 |
|---|---|---|---|---|
| | 数量 | 金额（万元） | 成本的比例 | 类型 |
| 泉州中德印务有限公司 | 商标6.7亿套<br>铝标6.5亿张 | 5,073.41 | 9.03% | 啤酒标 |
| 福建省泉州百威制盖有限公司 | 7.06亿个 | 3,111.15 | 5.54% | 瓶盖 |
| 广州麦芽有限公司 | 6,830.10吨 | 2,038.07 | 3.63% | 麦芽 |
| 惠安县洛阳粮食管理站 | 10,500吨 | 1,775.54 | 3.16% | 大米 |
| 中石化厦门燃料油销售公司 | 5,550吨 | 998.57 | 1.78% | 重油 |

本公司向单个客户的销售比例未超过销售总额的50%，向单个供应商的采购比例也未超过总采购金额的50%。

（三）公司与前5名客户和前5名供应商的关联情况

泉州中德印务有限公司系本公司股东，持有本公司102万股股份，占发行前总股份比例的0.55%。

除此之外，本公司、本公司的董事、监事、高级管理人员和核心技术人员、本公司主要关联方、持有本公司5%以上股份的股东在上述供应商或客户中不占有任何权益。

七、核心技术

本公司已有近20年的啤酒生产历史，通过不断地学习国内外先进技术和引进精良设备，并在公司技术人员的共同努力下，经过研究、吸收和总结，取得了长足的进步。目前本公司主要核心技术在国内啤酒行业中处于较先进地位，产品技术含量相对较高，主要概括为三方面特点：

1.菌种管理：本公司备有自己的啤酒酵母菌种，根据各菌种特性，定期进行筛选和选育工作，并采用蜡封、氮封等技术管理，保证其稳定性，防止变异；

2.工艺技术管理：每个新产品的研究和开发须经严密的程序控制，排除客观因素影响；产品的策划和开发工作流程：

开发建议书—→开发输入—→技术接口—→开发方案及其评审—→实验室实验、试制—→开发输出—→试生产工艺及其评审—→开发验证、确认更改—→生产工艺、产品标准制定—→正式生产—→资料整理归档

3.设备技术管理：本公司产品品质能够稳定持续地提高，除了在技术装备选型上不断完善外，设备的卫生管理控制和啤酒酿造过程的溶解氧控制贯穿于整个生产过程，并形成操作规程和作业指导书。

八、研究开发和技术创新情况

（一）研究开发机构

本公司设有专门的技术中心，下设理化室、科研室和微生物室。

（二）研究人员

技术中心共有员工22人，其中高级工程师1人、工程师6人，大学本科以上12人、大专7人。本公司还组成了12人的评酒小组，由从事啤酒生产的技术人员经专业培训考核合格后组成。本公司现有省级评酒员3名、国家级评酒资格委员1名、国家级评酒员1名。

（三）从事项目的进展和目标

公司坚持每年推出新产品，实现产品的升级换代。本公司1998年推出小麦啤酒，风味独特；1999年在福建省首家推出500ml装第二代小麦啤酒，口感醇厚爽润，营养优于普通啤酒，经有关部门鉴定，产品质量达到国内领先水平；2000年推出的惠泉千禧透明瓶啤酒和保健型螺旋藻啤酒，也受到消费者喜爱；2001年本公司跟踪国际酿造最新科技，推出了惠泉纯生啤酒，纯生啤酒与一般熟啤酒相比，口味更新鲜纯正，口感更柔和爽口，更富营养，代表着国际啤酒消费的潮流。

本公司所研制的新产品均为自主开发而成，未与其他单位共同进行研究。自本公司成立以来，有关新产品、新技术的开发未曾经历重大挫折。

（四）研发费用 （单位：万元）

| 年度 | 研发费用 | 主营业务收入 | 比例（%） |
|---|---|---|---|
| 2000 | 703 | 88,550.09 | 0.79 |
| 2001 | 875 | 94,391.59 | 0.93 |
| 2002 | 811 | 90,569.53 | 0.90 |

九、企业文化建设

本公司早在80年代就开始有意识地探索企业文化建设的有效途径，推崇"以人为本、团队协作"的管理理念，将企业文化建设融入经营管理体系之中。勤劳、朴实、自觉、负责是本公司员工形成的优良品德；艰苦创业、敢为人先的企业精神激发了全体员工的工作热情，本公司以科技为先导、以质量创名牌，闯出了一条成功的质量效益型发展道路。公司还注重在培育员工团队精神的同时，大力倡导员工的个人创新意识和能动精神，并逐步将企业文化建设规范化、系统化，为公司良好品牌形象的塑造和企业的健康发展提供了坚强的保证。

## 第八章　同业竞争与关联交易

一、同业竞争

（一）同业竞争

本公司实际控制人惠安县国有资产投资经营有限公司及其控制的其他法人与本公司之间不存在同业竞争情况。

（二）股东及实质控制人的承诺

本公司主要股东惠安国投、福建天力投资有限公司、龚金柱和晋达国际有限公司为了避免发行人与其股东之间将来可能发生同业竞争，已分别向本公司出具了《关于避免同业竞争的承诺函》，承诺其自身及其控制的企业、公司或其他组织将不在中国境内外以任何形式从事与发行人主营业务或者主要产品相竞争或者构成竞争威胁的业务活动，包括在中国境内外投资、收购、兼并与发行人主营业务或者主要产品相同或者相似的公司、企业或者其他经济组织；并承诺若发行人将来开拓新的业务领域，发行人享有优先权，发行人的主要股东将不再发展同类业务。

（三）中介机构的相关意见

福州至理律师事务所在为本公司此次发行所出具的《法律意见书》中指出：发行人和其主要股东之间已经采取有效措施避免同业竞争。发行人在招股说明书及其他有关申报材料中对有关关联交易和解决同业竞争的承诺或措施进行了充分披露，不存在重大遗漏或重大隐瞒。

本公司主承销商认为：发行人与其主要股东之间目前不存在同业竞争，发行人和其主要股东之间已经采取有效措施避免同业竞争。

二、关联交易

（一）关联方及关联关系

根据中国证监会证监发[2001]41号文规定的范围，本公司目前存在的主要关联方及关联关系如下：

1.本公司股东

2.控股股东及其股东控股或参股的企业

参见第五章主要发起人与股东的基本情况中公司主要股东的基本情况一节。

3.对控股股东和主要股东有实质影响的法人或自然人

对福建天力投资有限公司有实质影响的自然人为该公司的董事长兼总经理林长青，居民身份证号码：350500640416705；对晋达国际有限公司有实质影响的自然人为该公司董事长杨孙西先生，中国香港特别行政区居民，身份证号码：B061640(6)。

4.本公司的合营企业或联营企业

(1)福建泉州市龙珠酿酒有限公司

(2)惠安县中荷畜牧发展有限公司

上述公司具体介绍参见第六章发行人的组织结构及组织机构概况中公司控股及参股公司一节。

5.主要投资者个人、关键管理人员、核心技术人员、或与上述关系密切的人士控制的其他企业

(1)正旭（香港）有限公司，在中国香港特别行政区注册，《商业登记证》号码：07371343－000－01－00－2；本公司董事杨孙西占该公司已发行股本的95%；该公司主要从事投资业务。

(2)股达针织厂有限公司，在中国香港特别行政区注册，《商业登记证》号码：05463708－000－02－00－8；本公司董事杨孙西占该公司已发行股本的84%；该公司主要从事投资和进出口业务。

(3)福建省惠安龙益实业有限公司，该公司系本公司股东、董事龚金柱先生在惠安县投资的外商独资企业，其经营范围为生产建筑陶瓷、卫生洁具及相关配套产品和各种鞋及鞋用材料。

（二）董事、监事、高级管理人员在关联方任职情况

参见第九章中上述人员在股东单位、或股东单位控制的单位、本公司控制的单位、同行业其他法人单位任职情况一节的相关内容。

（三）关联交易

1.主要关联交易及影响

(1)本公司2000年至2002年期间一直向中德印务采购各类啤酒标，双方历年均签订了《工矿产品购销合同》。根据福建华兴有限责任会计师事务所的《审计报告》，本公司2000年至2002年期间向中德印务采购各类啤酒标的交易金额、占同类交易的比例及占主营业务成本的比例分别如下： （单位：万元）

| 项目<br>期间 | 含税交易<br>金　额 | 占同类交<br>易的比例 | 主营业务<br>成　本 | 占主营业务<br>成本的比例 |
|---|---|---|---|---|
| 2000年度 | 4,380.69 | 100% | 50,732.14 | 8.6% |
| 2001年度 | 6,274.69 | 100% | 57,175.59 | 10.97% |

| | | | | |
|---|---|---|---|---|
| 2002年度 | 5,073.41 | 100% | 56,207.28 | 9.03% |

本公司2000年至2002年期间向中德印务采购商标、铝箔标等各类啤酒标的数量、单价分别如下:

| 纸张类别 | 2000年度 | | 2001年度 | | 2002年度 | |
|---|---|---|---|---|---|---|
| 铜版纸标 | | 0.032元/套 | 500ML | 0.025元/套 | 500ML | 0.022元/套 |
| | | | 620ML | 0.030元/套 | 620ML | 0.028元/套 |
| 镀铝纸标 | | 0.075元/套 | 500ML | 0.064元/套 | 500ML | 0.058元/套 |
| | | | 620ML | 0.074元/套 | 620ML | 0.03元/套 |
| 防伪镀铝纸标 | | 0.094元/套 | 500ML | 0.070元/套 | 500ML | 0.031元/套 |
| | | | 620ML | 0.083元/套 | 620ML | 0.035元/套 |
| 铝箔纸标 | 500ML | 0.035元/张 | 500ML | 0.031元/张 | 500ML | 0.026元/张 |
| | 620ML | 0.038元/张 | 620ML | 0.031元/张 | 620ML | 0.026元/张 |
| 总数量 商标 | 5.18亿套 | | 6.9亿套 | | 6.7亿套 | |
| 铝标 | 5.18亿张 | | 6.5亿张 | | 6.5亿张 | |
| 总金额 | 4,380.69万元 | | 6,274.69万元 | | 5,073.41万元 | |

(2)本公司2000年至2001年6月期间一直向兴龙包装采购各类纸箱,双方历年均签订了《工矿产品购销合同》。根据福建华兴有限责任会计师事务所的《审计报告》,本公司2000年至2001年6月期间向兴龙包装采购各类纸箱的交易金额、占同类交易的比例及占主营业务成本的比例分别如下:(单位:万元)

| 项目<br>期间 | 含税交易<br>金　额 | 占同类交<br>易的比例 | 主营业务<br>成　本 | 占主营业务<br>成本的比例 |
|---|---|---|---|---|
| 2000年度 | 8,029.41 | 82.39% | 50732.14 | 15.83% |
| 2001年1-6月 | 4,404.23 | 82.08% | - | - |

注:公司于2001年6月底收购泉州市兴龙包装用品有限公司,该公司利润表自2001年7月起将纳入合并范围,故自2001年7月起的交易金额已在合并报表时予以抵销。

本公司2000年至2001年6月以来向兴龙包装采购各类纸箱的的数量、单价分别如下:

| 纸箱类别 | 2000年度 | 2001年1—6月 | |
|---|---|---|---|
| Ⅰ类纸箱 | 2.30元/个 | | 2.30元/个 |
| Ⅱ类纸箱 | 2.10元/个 | 500ML | 2.10元/个 |
| | | 620ML | 2.10元/个 |
| Ⅲ类纸箱(620ML) | 1.90元/个 | | 1.90元/个 |
| Ⅲ类纸箱(500ML) | - - | | 1.80元/个 |
| 合计总数 | 3,694万个 | | 2,139万个 |
| 总金额 | 8,029.41万元 | | 4,404.23万元 |

本公司与中德印务、兴龙包装上述关联交易的定价政策如下:2000年的价格是本公司在参考市场同类产品价格的基础上,与关联公司协商确定。2001年的价格是在几家同类产品厂家报价的基础上,比照最低价格与关联公司协商确定。以上关联交易价格公允。今后,本公司将逐步引进主要原材料招投标定价机制。

上述关联交易的决策依据:2000年6月29日,本公司参照中国证监会发布的《上市公司章程指引》对原公司章程进行了系统的修改,明确了关联交易决策权限的划分,确立了关联董事或关联股东回避制度。此后,本公司发生的关联交易均已按照决策权限的划分标准相应地提交公司董事会和股东大会审议,并且,在董事会或股东大会在对有关关联交易事项进行审议时,关联董事或关联股东均进行了回避,公司已采取了必要措施对其他股东的利益进行保护。在此之前,公司的章程和其他内部规章制度未包含关联交易决策程序的要求,本公司2000年发生的上述关联交易均未提交公司董事会和股东大会审议,但严格按照公司对外交易的管理规定,履行了必要的决策程序。上述关联交易价格公允,没有损害本公司及其他股东的利益。

(3)本公司、惠泉集团工会、郑木枝(合称"受让方")与陈光明(本公司副董事长)、陈新华(本公司副总经理)等十七人(合称"出让方")于2001年6月10日签订《股权转让协议书》,协议约定,出让方将其所持有的泉州市兴龙包装用品有限公司100%的股权全部转让给受让方,其中,本公司受让85%的股权,转让价款为11,154,144.86元,惠泉集团工会和郑木枝各受让7.5%的股权;兴龙包装2001年6月30日前实现的盈亏由出让方享有或承担,自2001年7月1日起实现的盈亏由受让方享有或承担。2001年7月20日,惠泉集团工会将其持有的7.5%股权转让给自苫人杨江泉。

(4)惠安国投与中国工商银行惠安县支行("贷款人")于2000年3月24日签订《最高额保证合同》(编号:2000年Jg保字第001号),约定惠安国投为本公司在2000年3月24日至2005年3月24日期间与贷款人签订的最高贷款余额为15,300万元的所有借款合同项下的借款提供连带责任保证。

(5)本公司与惠安国投、惠安县交通建设开发公司("借款人")于2001年10月24日签订《反担保合同书》,合同约定,由于本公司为借款人向福建兴业银行惠安支行借款1,500万元提供了连带责任保证,惠安国投同意为本公司承担的上述保证责任提供反担保,反担保的形式为连带责任保证;保证期限为两年,从借款人违约造成本公司损失之日起计算。

2.与关联方款项往来期末余额情况

(单位:元)

| | 2002.12.31 | | 2001.12.31 | | 2000.12.31 | |
|---|---|---|---|---|---|---|
| | 余额 | 占该科目余额比例 | 余额 | 占该科目余额比例 | 余额 | 占该科目余额比例 |
| 应付账款-中德印务 | - - | - - | 111,686.55 | 0.32% | 3,063,207.33 | 8.61% |
| 预付账款-中德印务 | 597,416.57 | 7.23% | — | — | — | — |
| 其他应收款-中德印务 | 109,795.00 | 1.76% | 105,000.00 | 2.45% | — | — |
| 其他应收款-龙珠酿酒 | 679,486.35 | 10.94% | 65,349.32 | 1.52% | — | — |
| 其他应付款-龙珠酿酒 | — | — | — | — | 113,045.49 | 0.58% |

本公司本次募集资金运用未涉及关联交易。

(四)发行人公司章程和《股东大会议事规则》对关联交易决策权利和程序的规定

本公司《公司章程》规定,股东大会审议有关关联交易事项时,关联股东不应当参与投票表决,其所代表的有表决权的股份数不计人有效表决权总数。股东大会对有关关联交易事项作出决议时,视普通决议和特别决议不同,分别由出席股东大会的非关联股东所持表决权的二分之一或者三分之二以上通过。有关关联交易事项的表决投票,应当由两名以上非关联股东代表和一名监事参加清点,并由清点人代表当场公布表决结果。股东大会决议的公告应当充分披露非关联股东的表决情况。如有特殊情况关联股东无法回避时,公司在征得有权部门的同意后,可以按照正常程序进行表决,并在股东大会决议公告中作出详细说明。

董事个人或者其所任职的其他企业直接或者间接与公司已有的或者计划中的合同、交易、安排有关联关系时(聘任合同除外),不论有关事项在一般情况下是否需要董事会批准同意,均应当尽快向董事会披露其关联关系的性质和程度,并提请董事会对有关合同、交易、安排作出决议。

董事会在对有关合同、交易、安排进行审议时,有关联关系的董事应当回避,而不应该参加表决;董事会作出决议,应当在不将有关联关系的董事计入法定人数的情况下,由其他董事的过半数通过。

除非有关联关系的董事按照上述要求向董事会作了披露,并且董事会在不将其计入法定人数,该董事亦未参加表决的会议上批准了该事项,公司有权撤销该合同、交易或者安排,但在对方是善意第三人的情况下除外。

(五)关于关联交易公允性的说明

本公司在处理与关联公司的关联交易时,严格遵循《公司章程》对关联交易决策权利与程序的规定,关联股东在审议时执行回避制度。有关关联交易的定价是以本公司利润最大化和保护中小股东权益为基本点,遵循市场规律,通过多方竞价、议价后,按照公开、公平、公正的原则确定的。

(六)独立董事和各中介机构的相关意见

1.独立董事的意见

本公司独立董事认为:

(1)惠泉啤酒与关联方惠安国投、中德印务、兴龙包装之间的关联交易符合公开、公平、公正原则,定价办法公平、合理,协议内容合法有效,没有损害公司和非关联股东的权益;

(2)惠泉啤酒与关联方惠安国投、中德印务、兴龙包装之间的关联交易已进行了认真的分析和论证,并履行了法定批准程序。

2.本公司律师的意见

本公司律师认为:2000年6月29日之前,关联方对发行人的董事会或股东大会的经营决策没有实质性影响,并且,发行人的关联交易公允,不存在损害发行人及其他股东利益的情况。2000年6月29日,发行人参照中国证监会发布的《上市公司章程指引》修改了公司章程,确立了关联董事或关联股东回避制度。自此以后,发行人董事会或股东大会在对有关关联交易事项进行审议时,关联董事或关联股东均进行了回避,发行人已采取了必要措施对其他股东的利益进行保护。

3.本公司注册会计师的意见

本公司注册会计师认为:发行人申报上市财务报告中涉及的重大关联交易事项均为公司正常生产经营中所发生,可以充分利用关联方的资源和专业服务优势,满足公司生产经营的需要,其会计处理符合《企业会计制度》和《关联方之间出售资产等有关会计处理问题暂行规定》(财会〔2001〕64号)。

4.主承销商的意见

主承销商认为:福建省惠泉啤酒集团股份有限公司在处理关联交易时,能够严格按照《公司章程》对决策权利与程序的规定,关联股东在审议时执行回避制度。有关关联交易的定价是以公司利润最大化和保护中小股东权益为基本点,遵循市场规律,通过多方竞价、议价后,按照公开、公平、公正的原则确定,不存在损害发行人及其他股东利益的情况,不会影响发行人生产经营的独立性。

## 第九章　董事、监事、高级管理人员和核心技术人员

一、董事、监事、高级管理人员和核心技术人员的基本情况

(一)董事

程汉川先生,48岁,大专文化,高级经济师,历任惠安啤酒厂车间副主任、主任、副厂长、厂长、福建惠泉啤酒集团公司董事长等职。程汉川先生长期从事啤酒行业的研究和大型国有企业的管理工作,在啤酒企业的经营管理、投资运营、发展战略方面拥有丰富的专业经验。程汉川先生是中国啤酒协会常务理事、福建省啤酒协会副会长、泉州市科学技术协会副主席、泉州市工商联合会(商会)副会长、惠安县工商联合会(商会)会长,现任惠安县国有资产投资经营有限公司董事、本公司董事长。程汉川先生于2000年被授予"全国劳动模范"光荣称号。

陈光明先生,49岁,大专文化,中级馆员,曾任泉州市档案局业务科长、惠安啤酒厂厂长助理、福建惠泉啤酒集团公司副董事长。现任本公司副董事长。陈光明先生于1999年被评为福建省轻纺系统"思想政治工作先进个人"。

郭振辉先生,37岁,大学文化,高级工程师,曾任惠安啤酒厂车间主任、技术科长、厂长助理、副厂长、福建惠泉啤酒集团公司副董事长兼总经理。郭振辉先生是泉州市青年联合会副主席、泉州市青年企业家协会会长、福建省青年企业家协会副会长,现任本公司董事兼总经理。郭振辉先生于1999年被授予"全国五一劳动奖章"。

何跃英先生,41岁,大专文化,统计师,曾任惠安县糖酒副食品公司经理、惠安县副食品基地开发公司经理,现任惠安县国有资产投资经营有限公司副总经理、本公司董事。

黄其聪先生,51岁,大专文化,会计师,历任惠安啤酒厂会计主管、财务部科长、福建惠泉啤酒集团公司财务部经理、本公司第一、二届董事、财务总监等职,现任本公司董事兼金麦公司执行董事。

林志坚先生,36岁,大学文化,会计师、审计师,曾任惠安县审计局审计科长、本公司监事会主席,现任惠安县国有资产投资经营有限公司副董事长、本公司董事、财务总监。

杨孙西先生,64岁,大学文化,中国香港人士,曾任香港特区筹委会推委会委员。杨孙西先生现任全国政协委员、福建省政协常委、世界华人友好协会秘书长、全港工商业联谊会会长、香江国际有限公司董事长、晋达国际有限公司董事长、HendonHoldingsLtd董事长、殷达针织厂有限公司和正旭(香港)有限公司董事、本公司董事。

龚金柱先生,61岁,大学文化,中国台湾人士,现任福建省惠安龙益实业有限公司董事长、本公司董事。

姚弘先生,30岁,大学文化,硕士研究生在读,中国注册会计师。姚弘先生曾任上海申银证券公司发行二部项目经理、港澳信托投资银行总部副总经理,海南力神咖啡股份有限公司董事、海南港澳实业股份有限公司董事,现任福州天力投资顾问有限公司总经理、本公司董事。

独立董事两名:

李耀忠先生,34岁,研究生,注册会计师,会计师,曾任宁夏财政厅科研所《宁夏财会》、《宁夏财政科学研究资料》编辑,宁夏会计师事务所业务助理、项目负责人、部门经理,宁夏五联会计师事务所董事长、主任会计师,现任中国注册会计师协会理事、五联联合会计师事务所有限公司董事、主任会计师。

强纪英女士,59岁,经济师,曾于1962年至1988年就职于中国工商银行上海分行静安支行;1988至1990年就职于中国工商银行上海分行信托投资公司,并参与筹建申银证券公司;1990年至1999年就职于上海证券交易所,曾任上市部副总监;1999年6月发起创建内地第一家上市公司董事会秘书协会。强纪英女士参加了由中国证监会和清华大学管理学院举办的全国独立董事培训班,经考核成绩合格,成为全国首批经中国证监会认可的具有独立董事任职资格的人员。

上述两名独立董事的任职资格符合中国证监会颁发的《关于在上市公司建立独立董事制度的指导意见》中有关独立董事的任职要求。

(二)监事

骆铁富先生,57岁,大学文化,统计师,曾任惠安县统计局副局长、惠安县审计局副局长、惠安县审计局主任科员,2001年5月至今在惠安国投工作,现任本公司监事会主席。

黄植农先生,51岁,初中文化,政工师,曾任惠安酒厂制曲车间主任、成品车间主任,惠安酒厂、惠安啤酒厂、福建惠泉啤酒集团公司工会主席、本公司首届董事。黄植农先生于1992年获得"全国优秀工会工作者"光荣称号。黄植农先生现任泉州市总工会委员、惠安县总工会委员、本公

司工会主席、监事会副主席(职工代表出任的监事)。

潘燕华女士,46岁,高中文化,助理统计师。潘燕华女士长期从事本公司统计工作和工会工作,曾任本公司工会委员、统计主管,现任公司统计主管、工会女工委员会主任、监事(职工代表出任的监事)。

杨圣敦先生,53岁,大学文化,中国香港人士。杨圣敦先生1971年至1975年在香港加铝公司工作,1975年创办健德贸易公司,1977年创办永盛玩具制造公司,现任永盛玩具制造公司董事、香港香江国际发展有限公司董事、本公司监事。

姚迅先生,30岁,大学文化,经济师,证券分析师,曾任福州物贸中心期货交易员、福州天力投资顾问公司投行二部经理,具有较为丰富的投资银行运作经验。姚迅先生现任福州天力投资顾问有限公司副总经理、本公司监事。

(三)高级管理人员

郭振辉先生,公司总经理,简历见董事一节。

陈新华先生,39岁,大专文化,助理工程师,曾任惠安啤酒厂办公室副主任、泉州市龙珠酒厂厂长、泉州市兴龙包装用品有限公司总经理。陈新华先生是惠安县青年联合会常委,现任本公司常务副总经理。陈新华先生于1998年被授予福建省"新长征突击手"光荣称号,于2000年被评为泉州市"优秀青年企业家"。

叶清法先生,48岁,大学文化,高级工程师,曾任惠安啤酒厂质检科长、生产部副主任、厂长助理、副厂长,福建惠泉啤酒集团公司副总经理等职。叶清法先生现任福建省啤酒协会副秘书长、福建省消费者委员会食品分会副会长、本公司副总经理。叶清法先生于2000年荣获"全国质量管理先进个人"称号。

许炎平先生,41岁,大专文化,工程师,曾任惠安啤酒厂包装车间组长、副主任、主任、生产部主任、副厂长,福建惠泉啤酒集团公司副总经理等职。许炎平先生现任泉州市总工会职工技协副秘书长、本公司副总经理。许炎平先生于1995年被授予"全国劳动模范"光荣称号。

刘友华先生,38岁,大学文化,高级工程师。刘友华先生曾任福州啤酒厂副厂长、金泰来啤酒有限公司常务副总经理、福建九州映雪啤酒集团副总经理和总工程师,现任本公司副总经理兼北厂厂长。

庄木辉先生,58岁,大学文化,高级工程师,曾任惠安啤酒厂副厂长、福建惠泉啤酒集团公司董事副总经理、本公司董事兼副总经理,长期负责本公司设备技术工作。庄木辉先生是全国饮料酿酒机械行业专家组专家、福建省投资咨询轻工组专家、福建省啤酒协会专家组成员,现任本公司总工程师。曾连续获得"八五"和"九五"期间福建省"企业技术改造先进个人"荣誉称号。

郑金成先生,56岁,大学文化,高级工程师、高级酿酒师,曾任惠安酒厂车间主任、副厂长、福建惠泉啤酒集团公司技术部经理、副总工程师、福建省轻工厅企业质量管理诊断师等职。郑金成先生长期担任本公司技术负责人,主持了本公司历次技术改造以及小麦啤酒、全麦啤酒、千禧啤酒、纯生啤酒、枸杞啤酒、螺旋藻啤酒等新产品的开发研制工作,现任本公司技术总监。

陈荣标先生,54岁,大学文化,高级经济师,曾任惠安啤酒厂麦芽车间主任、惠安麦芽厂厂长、惠安啤酒厂生产部副主任、厂长助理、副厂长、本公司首届监事、第二届董事,现任本公司董事会秘书兼兴龙包装执行董事。

(四)核心技术人员

庄木辉先生,现任本公司总工程师,主管公司的设备技术工作。

郑金成先生,现任本公司技术总监,主管公司的工艺技术工作。

程志强先生,32岁,大学文化,工程师,曾任惠安啤酒厂质管科科长、福建惠泉啤酒集团公司生产部副经理、技术部副经理、采购部副经理、酿造部主任、分厂副厂长等职。

程志强先生曾担任福建省科委重点科研项目"小麦啤酒研制"的技术负责人,并荣获福建省"科技进步三等奖",现任本公司技术中心主任,福建省啤酒评酒委员,全国啤酒评酒委员。

王国川先生,36岁,大学文化,工程师。王国川先生曾任惠安啤酒厂质检科技术员、福建惠泉啤酒集团公司技术开发部主管、技术部副经理、技术创新中心副经理等职。王国川先生一贯从事啤酒研究与新产品开发工作,近几年来参加了公司所有新产品的开发与研制工作。王国川先生现任本公司技术中心副主任,全国啤酒评酒资格委员。

罗伟先生,31岁,大学文化,工程师,历任公司酿造车间主任、技术部经理、二分厂厂长、生产部经理等职,曾参与数次技术攻关和技术创新项目,现任公司工艺部经理。

蔡金龙先生,32岁,大学文化,工程师,历任公司技术员、品管部主管。蔡金龙先生曾参加小麦啤酒等新产品的研制开发工作,对啤酒质量管理颇有研究,是本公司推行ISO9000国际质量体系的带头人,现任公司高级技术顾问兼品管部经理。

本公司所有董事、监事、高级管理人员、核心技术人员除龚金柱先生系中国台湾人士、杨孙西先生和杨圣敦先生系中国香港人士外,其余均为定居在国内的中华人民共和国公民。

本公司所有董事、监事、高级管理人员、核心技术人员之间,除杨孙西先生和杨圣敦先生系兄弟关系、程汉川先生和许炎平先生系表兄弟关系外,不存在配偶关系或其他三代以内直系亲属或旁系亲属关系。

二、为稳定上述人员已采取和拟采取的措施

1.本公司为稳定上述人员采取了以下措施:

A、在工会股份转让时,采取部分股份由公司核心高级管理人员受让的方式,以达到在未实行股票期权制的情况下,使公司核心高级管理人员的个人利益和公司利益紧密结合的目的。

B、实行效益工资,将每个人的收入与本公司的经营业绩挂钩。

C、提供国内、国外各种培训机会,用于更新知识结构。

2.本公司为稳定上述人员拟采取以下措施:

A、在国家法律、法规允许的条件下,适时推出股票期权制。

B、建立一套科学先进的用人制度,完善岗位职能制度建设,使高层管理人员能够充分发挥其才能,实现个人理想与公司利益最大化的完美结合。

三、董事、监事、高级管理人员及核心技术人员持有公司股份情况

1.董事、监事、高级管理人员和核心技术人员发行前三年持有公司股份变动情况、发行前三年年末持股数量及比例及本次发行后所占比例的情况如下表:(单位:万股)

| 姓名 | 职务 | 2000年末 | | 2001年末 | | 2002年末 | | 发行后(暂按发行6300万股计) | |
|---|---|---|---|---|---|---|---|---|---|
| | | 持股数 | 比例(%) | 持股数 | 比例(%) | 持股数 | 比例(%) | 持股数 | 比例(%) |
| 龚金柱 | 董事 | 1700 | 9.09 | 1700 | 9.09 | 1700 | 9.09 | 1700 | 6.8 |
| 程汉川 | 董事长 | — | — | 10 | 0.053 | 10 | 0.053 | 10 | 0.04 |
| 郭振辉 | 总经理 | — | — | 10 | 0.053 | 10 | 0.053 | 10 | 0.04 |
| 陈荣标 | 董秘 | — | — | 5.198 | 0.027 | 5.198 | 0.027 | 5.198 | 0.0208 |
| 庄木辉 | 总工程师 | — | — | 5 | 0.0267 | 5 | 0.0267 | 5 | 0.02 |
| 陈光明 | 副董事长 | — | — | 5 | 0.0267 | 5 | 0.0267 | 5 | 0.02 |
| 黄其聪 | 董事 | — | — | 5 | 0.0267 | 5 | 0.0267 | 5 | 0.02 |
| 黄植农 | 监事 | — | — | 5 | 0.0267 | 5 | 0.0267 | 5 | 0.02 |
| 林志坚 | 财务总监 | — | — | 5 | 0.0267 | 5 | 0.0267 | 5 | 0.02 |
| 陈新华 | 副总经理 | — | — | 5 | 0.0267 | 5 | 0.0267 | 5 | 0.02 |
| 许炎平 | 副总经理 | — | — | 5 | 0.0267 | 5 | 0.0267 | 5 | 0.02 |
| 叶清法 | 副总经理 | — | — | 5 | 0.0267 | 5 | 0.0267 | 5 | 0.02 |
| 刘友华 | 副总经理 | — | — | 5 | 0.0267 | 5 | 0.0267 | 5 | 0.02 |
| 郑金成 | 技术总监 | — | — | 5 | 0.0267 | 5 | 0.0267 | 5 | 0.02 |

上述14人中,龚金柱先生系本公司发起人之一,其余13人所持本公司的股份均为2001年6月25日通过受让工会股份而来,在此之前所有董事、监事、高级管理人员和核心技术人员均未持有本公司股份。上述14人已确认其所持有的本公司股份均未存在质押或冻结情况,并同意按照法律、法规、规范性文件和公司章程的有关规定,在任职期间以及离职六个月之内不转让所持本公司的股份。

2.本公司无董事、监事、高级管理人员或核心技术人员的配偶或未满18岁的子女持有本公司股份的情形。

3.本公司监事杨圣敦先生持有香港圣歌德奇有限公司33.33%的权益,香港圣歌德奇有限公司持有本公司4.5%的股份;除此而外,本公司其他董事、监事、高级管理人员或核心技术人员不存在通过其近亲属能够直接或间接控制的法人持有本公司发行前股份的情形。

四、董事、监事、高级管理人员及核心技术人员的收入情况

下述收入情况系上述人员2002年度从本公司、关联企业及与其职位相关的其他企业领取收入的情况,除此之外,未享有其他工薪、奖金及津贴、退休金计划、认股权等相关福利待遇。

| 姓名 | 获取薪酬的单位 | 领取的薪酬(万元) | 其他关联企业给予的收入或其他待遇 |
|---|---|---|---|
| 程汉川 | 本公司 | 7.9 | 无 |
| 陈光明 | 本公司 | 6.4 | 无 |
| 郭振辉 | 本公司 | 7.9 | 无 |
| 何跃英 | 惠安国投 | 1.44 | 无 |
| 黄其聪 | 本公司 | 6.4 | 无 |
| 林志坚 | 本公司 | 6.4 | 无 |
| 杨孙西 | 未在本公司或与其职务相关的本公司关联企业领薪 | | |
| 龚金柱 | 未在本公司或与其职务相关的本公司关联企业领薪 | | |
| 姚弘福 | 建天力投资有限公司 | 12 | 无 |
| 李耀忠 | 未在本公司或与其职务相关的本公司关联企业领薪 | | |
| 强纪英 | 未在本公司或与其职务相关的本公司关联企业领薪 | | |
| 骆铁富 | 惠安国投 | 1.8 | 无 |
| 黄植农 | 本公司 | 6.4 | 无 |
| 潘燕华 | 本公司 | 3.5 | 无 |
| 杨圣敦 | 未在本公司或与其职务相关的本公司关联企业领薪 | | |
| 姚迅福 | 建天力投资有限公司 | 4.8 | 无 |
| 陈新华 | 本公司 | 6.4 | 无 |
| 叶清法 | 本公司 | 6.4 | 无 |
| 许炎平 | 本公司 | 6.4 | 无 |
| 刘友华 | 本公司 | 6.4 | 无 |
| 庄木辉 | 本公司 | 6.4 | 无 |
| 郑金成 | 本公司 | 6.4 | 无 |
| 陈荣标 | 本公司 | 6.4 | 无 |
| 程志强 | 本公司 | 4.8 | 无 |
| 王国川 | 本公司 | 4.8 | 无 |
| 罗　伟 | 本公司 | 4.8 | 无 |
| 蔡金龙 | 本公司 | 4.8 | 无 |

五、上述人员在股东单位、或股东单位控制的单位、本公司控制的单位、同行业其他法人单位任职情况

董事长程汉川先生兼任惠安县国有资产投资经营有限公司董事;

董事杨孙西先生现任晋达国际有限公司董事长;

董事、财务总监林志坚先生兼任惠安县国有资产投资经营有限公司副董事长;

董事何跃英先生兼任惠安县国有资产投资经营有限公司副总经理;

董事黄其聪先生兼任本公司控股子公司泉州市金麦啤酒原料有限公司法定代表人、执行董事;

董事会秘书陈荣标先生兼任本公司控股子公司泉州市兴龙包装用品有限公司法定代表人、执行董事;

监事骆铁富先生在惠安县国有资产投资经营有限公司任职员;

监事杨圣敦先生现任香港圣歌德奇有限公司董事长。

截止招股说明书签署之日,除以上任职情况外,本公司董事、监事、高级管理人员及核心技术人员未有在股东单位或股东单位控制的单位、本公司控制的单位、同行业其他法人单位担任职务的情况。

六、其他有关事项

本公司董事、监事、高级管理人员以及核心技术人员与本公司之间不存在借款和担保协议。

经发行人律师核查,发行人的董事、监事、总经理等高级管理人员均不存在《公司法》第57条、第58条规定的情形,也不存在被中国证监会确定为市场禁入者且禁入尚未解除的情形,其任职符合法律、法规和规范性文件以及发行人章程的规定。

## 第十章　公司治理情况

本公司于1997年1月20日召开股份公司创立大会,审议通过了《公司章程》,选举了第一届董事会、第一届监事会,并于同日召开的第一届董事会和第一届监事会上分别聘任了高级管理人员,从而建立了有效的公司法人治理结构;2000年6月29日,本公司2000年度股东大会按照《上市公司章程指引》对原章程进行了系统修改,本公司历次股东大会、董事会和监事会均依法召开并按程序运作,股东大会议事规则、董事会议事规则、监事会议事规则和总经理议事规则等一系列法人治理结构的规则也已逐步建立,未出现违法违规现象。

一、独立董事

本公司于2001年9月9日召开的2001年第二次临时股东大会上,选举产生了两名独立董事。该两名独立董事将严格按照公司章程的相关规定并参照中国证监会颁发的《关于在上市公司建立独立董事制度的指导意见》的有关规定行使职权并承担责任。

二、股东与股东大会

(一)股东的权利与义务

根据本公司《公司章程》,本公司股东享有以下权利:

(一)依照其所持有的股份份额获得股利和其他形式的利益分配;

(二)参加或者委派股东代理人参加股东会议;

(三)依照其所持有的股份份额行使表决权;

(四)对公司的经营行为进行监督,提出建议或者质询;

(五)依照法律、行政法规及公司章程的规定转让、赠与或者质押其所持有的股份;

(六)依照法律、公司章程的规定获得有关信息,包括:

1.缴付成本费用后得到公司章程;

2.缴付合理费用后有权查阅和复印:

(1)本人持股资料;

(2)股东大会会议记录;

(3)中期报告和年度报告;

(4)公司股本总额、股本结构。

(七)公司终止或者清算时,按其所持有的股份份额参加公司剩余财产的分配;

(八)法律、行政法规及公司章程所赋予的其他权利。

根据本公司《公司章程》(草案),本公司股东承担以下义务:

(一)遵守公司章程;

(二)依其所认购的股份和入股方式缴纳股金;

(三)除法律、法规规定的情形外,不得退股;
(四)法律、行政法规及公司章程规定应当承担的其他义务。
(二)股东大会的职责及议事规则
股东大会是公司的权力机构,依法行使下列职权:
(一)决定公司经营方针和投资计划;
(二)选举和更换董事,决定有关董事的报酬事项;
(三)选举和更换由股东代表出任的监事,决定有关监事的报酬事项;
(四)审议批准董事会的报告;
(五)审议批准监事会的报告;
(六)审议批准公司的年度财务预算方案、决算方案;
(七)审议批准公司的利润分配方案和弥补亏损方案;
(八)对公司增加或者减少注册资本作出决议;
(九)对发行公司债券作出决议;
(十)对公司合并、分立、解散和清算等事项作出决议;
(十一)修改公司章程;
(十二)对公司聘用、解聘会计师事务所作出决议;
(十三)审议代表公司发行在外有表决权股份总数的百分之五以上的股东的提案;
(十四)审议法律、法规和公司章程规定应当由股东大会决定的其他事项。
股东大会的议事规则如下:
1.股东大会分为年度股东大会和临时股东大会。年度股东大会每年召开一次,应当于上一会计年度结束后的六个月内举行。
2.有下列情形之一的,公司应当在该事实发生之日起两个月以内召开临时股东大会:
(一)董事人数不足《公司法》规定的法定最低人数,或者少于章程所定人数的三分之二(8人)时;
(二)公司未弥补的亏损达股本总额的三分之一时;
(三)单独或者合并持有公司有表决权股份总数百分之十以上的股东书面请求时;
(四)董事会认为必要时;
(五)监事会提议召开时;
(六)公司章程规定的其它情形。
前述第(三)项持股股数按股东提出书面要求日计算。
3.股东大会会议由董事会负责召集,由董事长主持。董事长因故不能履行职务时,由董事长指定的副董事长或者其他董事主持;董事长和副董事长均不能出席会议,董事长也未指定人选的,由董事会指定一名董事主持会议;董事会未指定会议主持人的,由出席会议的股东共同推举一名股东主持会议;如果因任何理由,该被推举的股东无法主持会议,应当由出席会议的持有最多表决权股份的股东(或股东代理人)主持。
4.公司召开股东大会,董事会应当在会议召开三十日以前通知各股东。
董事会发出召开股东大会的通知后,股东大会不得无故延期。公司因特殊原因必须延期召开股东大会的,应在原定股东大会召开日前至少五个工作日发出延期通知,董事会在延期通知中应说明延期召开的原因并公布延期后的召开日期。
公司延期召开股东大会的,不得变更原通知规定的有权出席股东大会股东的股权登记日。
5.年度股东大会和股东或监事会提议召开的股东大会不得采取通讯表决方式。
临时股东大会审议下列事项时,不得采取通讯表决方式:
(一)公司增加或者减少注册资本;
(二)发行公司债券;
(三)公司的分立、合并、解散和清算;
(四)公司章程的修改;
(五)利润分配方案和弥补亏损方案;
(六)董事会和监事会成员的任免;
(七)变更募股资金投向;
(八)需股东大会审议的关联交易;
(九)需股东大会审议的收购或出售资产事项;
(十)变更会计师事务所;
(十一)公司章程规定的不得通讯表决的其他事项。
6.股东可以亲自出席股东大会,也可以委托代理人代为出席和表决。
7.个人股东亲自出席会议的,应当出示本人身份证和持股凭证;委托代理人出席会议的,代理人应当出示本人身份证、授权委托书和持股凭证。
法人股东应当由法定代表人或者法定代表人委托的代理人出席会议。法定代表人出席会议的,应当出示本人身份证、法定代表人资格证明和持股凭证;委托代理人出席会议的,代理人应当出示本人身份证、法人股东单位的法定代表人依法出具的授权委托书和持股凭证。
8.股东出具的委托代理人出席股东大会的授权委托书应当载明下列内容:
(一)代理人的姓名;
(二)是否具有表决权;
(三)分别对列入股东大会议程的每一审议事项投赞成、反对或者弃权票的指示;
(四)对可能纳入股东大会议程的临时提案是否有表决权,如果有表决权应行使何种表决权的具体指示;
(五)委托书签发日期和有效期限;
(六)委托人签名(或盖章)。委托人为法人股东的,应加盖法人单位印章。
股东也可以在授权委托书中全权委托代理人行使表决权。
9.公司召开股东大会,应当制作出席会议人员的签名册。签名册载明参加会议人员姓名(或单位名称)、身份证号码、住所地址、持有或者代表有表决权的股份数额、被代理人姓名(或单位名称)等事项。
10.股东(或股东代理人)出席股东大会,有权对公司的经营活动提出质询或建议。
除依照有关法律、法规或者涉及公司商业秘密不能在股东大会上公开外,董事会和监事会应当对股东的质询或建议作出答复或说明。
11.出席股东大会的股东(或股东代理人)需要在股东大会上发言的,应当遵守以下规定:
(一)事先填写发言单,发言单应当载明发言人姓名、股东代码、代表股份数额(含受托股份数额)等内容,股东代表发言的先后顺序由会议主持人确定。
(二)每一发言人发言,原则上每次不得超过五分钟,但经会议主持人同意可以适当延长。
(三)针对同一议案,每一发言人的发言不得超过二次。
12.股东大会讨论议案时,会议主持人可视情况决定是否终止讨论。
在股东大会进行过程中,会议主持人可以决定中途休息。
13.公司经国务院证券监督管理机构核准向社会公众公开发行股票并上市后,公司董事会应当聘请有证券从业资格的律师出席股东大会,对以下问题出具法律意见并公告:
(一)股东大会的召集、召开程序是否符合法律法规的规定,是否符合公司章程;
(二)验证出席会议人员资格的合法有效性;
(三)验证年度股东大会提出新提案的股东的资格;
(四)股东大会的表决程序是否合法有效;
(五)应公司要求对其他问题出具的法律意见。
公司董事会也可同时聘请公证人员出席股东大会。
14.董事会应当严格遵守《公司法》以及其他有关法律、法规、规范性文件和公司章程关于召开股东大会的各项规定,认真、按时组织好股东大会。公司全体董事对于股东大会的正常召开负有诚信责任,不得阻碍股东大会依法行使职权。
15.公司董事会、监事会应当采取必要的措施,保证股东大会的严肃性和正常秩序,除出席会议的股东(或股东代理人)、董事、监事、董事会秘书、总经理、其他高级管理人员、聘任律师及董事会邀请的人员以外,公司有权依法拒绝其他人士入场,对于干扰股东大会秩序、寻衅滋事和侵犯其他股东合法权益的行为,公司应当采取措施加以制止并及时报告政府有关部门查处。
16.股东大会决议分为普通决议和特别决议。股东大会作出普通决议,应当由出席股东大会的股东(包括股东代理人)所持表决权的二分之一以上通过。
股东大会作出特别决议,应当由出席股东大会的股东(包括股东代理人)所持表决权的三分之二以上通过。
17.下列事项由股东大会以普通决议通过:
(一)董事会和监事会的工作报告;
(二)董事会拟定的利润分配方案和弥补亏损方案;
(三)董事会和监事会成员的任免及其报酬和支付方法;
(四)公司年度预算方案、决算方案;
(五)公司年度报告;
(六)除法律、行政法规规定或者公司章程规定应当以特别决议通过以外的其他事项。
18.下列事项由股东大会以特别决议通过:
(一)公司增加或者减少注册资本;
(二)发行公司债券;
(三)公司的分立、合并、解散和清算;
(四)公司章程的修改;
(五)回购本公司股份;
(六)公司章程规定和股东大会以普通决议认定会对公司产生重大影响的、需要以特别决议通过的其他事项。
19.股东大会对所有列入会议议程的提案应当进行逐项表决,不得以任何理由搁置或不予表决。年度股东大会对同一事项有不同提案的,应当以提案提出的时间顺序进行表决,对事项作出决议。
临时股东大会不得对召开股东大会的通知中未列明的事项进行表决。
临时股东大会审议通知中列明的提案内容时,对涉及本规则第八条第二款所列事项的提案内容不得进行变更;任何变更都应视为另一个新的提案,不得在本次股东大会上进行表决。
20.股东大会审议董事、监事选举的提案,应当对每一个董事、监事候选人逐个进行表决。改选董事、监事提案获得通过的,新任董事、监事在会议结束之后立即就任。
21.股东大会采取记名投票表决方式进行表决。
22.股东(包括股东代理人)以其所持有的有表决权的股份数额行使表决权,每一股份享有一票表决权。
23.每一审议事项的表决投票,应当至少有两名股东代表和一名监事参加清点,并由清点人代表当场公布表决结果。
24.会议主持人根据表决结果决定股东大会的决议是否通过,并应当在会上宣布表决结果。决议的表决结果载入会议记录。
25.会议主持人如果对表决结果有任何怀疑,可以对所投票数进行点算;如果会议主持人未进行点票,出席会议的股东或者股东代理人对会议主持人宣布的表决结果有异议的,有权在宣布表决结果后立即要求点票,会议主持人应当即时点票。
26.股东大会就有关关联交易事项进行表决时,关联股东应当回避,其所持有的有表决权的股份数不计入有效表决权总数。有关关联交易事项的表决投票,应当由两名以上非关联股东代表和一名监事参加清点,并由清点人代表当场公布表决结果。股东大会决议应当充分披露非关联股东的表决情况。
如有特殊情况关联股东无法回避时,公司在征得有权部门同意后,可以按照正常程序进行表决,但须在股东大会决议中作出详细说明。
27.股东大会应有会议记录。会议记录记载以下内容:
(一)出席股东大会的有表决权的股份数,占公司总股份的比例;
(二)召开会议的日期、地点;
(三)会议主持人姓名、会议议程;
(四)各发言人对每个审议事项的发言要点;
(五)每一表决事项的表决结果;
(六)股东的质询意见、建议及董事会、监事会的答复或说明等内容;
(七)股东大会认为和公司章程规定应当载入会议记录的其他内容。
股东大会记录由出席会议的董事和记录员签名,并作为公司档案由董事会秘书保存。股东大会会议记录的保管期限为十年。
28.股东大会各项决议的内容应当符合法律、法规和公司章程的规定。出席会议的董事应当忠实履行职责,保证决议内容的真实性、准确性和完整性,不得使用容易引起歧义的表述。
股东大会的决议违反法律、法规,侵犯股东合法权益的,股东有权依法向人民法院提起诉讼。
29.股东大会决议应当注明出席会议的股东及股东代理人人数、所持股份总数及占公司有表决权股份总数的比例,表决方式以及每项提案的表决结果。对股东提案作出的决议,应当列明提议股东的姓名或名称、持股比例和提案内容。
三、董事会
1.公司设董事会,对股东大会负责。
2.董事会由十一名董事组成,其中,设独立董事二名。董事会设董事长一人,副董事长一至二人。
3.董事会行使下列职权:
(一)负责召集股东大会,并向大会报告工作;
(二)执行股东大会的决议;
(三)决定公司的经营计划和投资方案;
(四)制订公司的年度财务预算方案、决算方案;
(五)制订公司的利润分配方案和弥补亏损方案;
(六)制订公司增加或者减少注册资本、发行债券或者其他证券及上市方案;
(七)拟订公司重大收购、回购本公司股票或者合并、分立和解散方案;
(八)在股东大会授权范围内,决定公司的风险投资;决定涉及金额不超过公司最近一次经审计之净资产值的20%的资产抵押、对外担保、固定资产或其他重大资产购买、出售、置换等事宜;
(九)决定公司内部管理机构的设置;
(十)聘任或者解聘公司总经理、董事会秘书;根据总经理的提名,聘任或者解聘公司副总经理、财务负责人、总工程师、技术总监等高级管理人员,并决定其报酬事项和奖惩事项;
(十一)向控股、参股子公司推荐董事、监事、总经理或财务负责人等人选;
(十二)制订公司的基本管理制度;
(十三)制订公司章程的修改方案;
(十四)管理公司信息披露事项;

(十五)向股东大会提请聘请或者更换为公司审计的会计师事务所;
(十六)听取公司总经理的工作汇报并检查总经理的工作;
(十七)法律、法规或者公司章程规定,以及股东大会授予的其他职权。
4.公司董事会应当就注册会计师对公司财务报告出具的有保留意见的审计报告向股东大会作出说明。
5.董事会制定董事会议事规则,以确保董事会的工作效率和科学决策。
6.董事会运用公司资产所作出的风险投资权限,不超过公司最近一次经审计之净资产值的20%,并应当建立严格的审查和决策程序;金额超过公司最近一次经审计之净资产值的20%的重大投资项目应当组织有关专家、专业人员进行评审,并报股东大会批准。
7.董事长和副董事长由公司董事担任,以全体董事的过半数选举产生和罢免。
8.董事长行使下列职权:
(一)主持股东大会和召集、主持董事会会议;
(二)督促、检查董事会决议的执行;
(三)签署公司股票、公司债券及其他有价证券;
(四)签署董事会重要文件和其他应由公司法定代表人签署的文件;
(五)行使法定代表人的职权;
(六)在发生特大自然灾害等不可抗力的紧急情况下,对公司事务行使符合法律规定和公司利益的特别处置权,并在事后向公司董事会和股东大会报告;
(七)董事会授予的其他职权。
9.董事长不能履行职权时,董事长应当指定副董事长代行其职权。
10.董事会每年至少召开两次会议,由董事长召集,于会议召开十日以前书面通知全体董事。
11.有下列情形之一的,董事长应在三十个工作日内召集临时董事会会议:
(一)董事长认为必要时;
(二)三分之一以上董事联名提议时;
(三)监事会提议时;
(四)总经理提议时。
12.董事会召开临时董事会会议应于会议召开五日以前以书面或通讯方式通知全体董事。
13.董事会会议通知包括以下内容:
(一)会议日期和地点;
(二)会议期限;
(三)事由及议题;
(四)发出通知的日期。
14.董事会会议应当由二分之一以上的董事出席方可举行。每一董事享有一票表决权。董事会作出决议,必须经全体董事的过半数通过。
15.董事会临时会议在保障董事充分表达意见的前提下,可以用传真方式进行并作出决议,并由参会董事签字。
16.董事会会议应当由董事本人出席,董事因故不能出席的,可以书面委托其他董事代为出席。
委托书应当载明代理人的姓名,代理事项、权限和有效期限,并由委托人签名或者盖章。
代为出席会议的董事应当在授权范围内行使董事的权利。董事未出席董事会会议,亦未委托代表出席的,视为放弃在该次会议上的投票权。
17.董事会决议既可采取记名投票表决方式,也可采取举手表决方式,但若有任何一名董事要求采取投票表决方式时,应当采取投票表决方式。每名董事有一票表决权。
18.董事会会议应当有记录,出席会议的董事和记录人,应当在会议记录上签名。出席会议的董事有权要求在记录上对其在会议上的发言作出说明性记载。董事会会议记录作为公司档案由董事会秘书保存。董事会会议记录的保管期限为十年。
19.董事会会议记录包括以下内容:
(一)会议召开的日期、地点和召集人姓名;
(二)出席董事的姓名以及受他人委托出席董事会的董事(代理人)姓名;
(三)会议议程;
(四)董事发言要点;
(五)每一决议事项的表决方式和结果(表决结果应载明赞成、反对或者弃权的票数)。
四、监事会
1.监事由股东代表和公司职工代表担任。公司职工代表担任的监事不得少于监事人数的三分之一。
2.《公司法》第57条、第58条规定的情形以及被中国证监会确定为市场禁入者,并且禁入尚未解除的,不得担任公司的监事。董事、总经理和其他高级管理人员不得兼任监事。
3.监事每届任期三年。股东担任的监事由股东大会选举产生或更换,职工担任的监事由公司职工民主选举产生或更换,监事连选可以连任。
4.监事连续二次不能亲自出席监事会会议的,视为不能履行职责,股东大会或者职工代表大会应当予以撤换。
5.监事可以在任期届满以前提出辞职,公司章程第五章有关董事辞职的规定,适用于监事。
6.监事应当遵守法律、行政法规和公司章程的规定,履行诚信和勤勉的义务。
7.公司设监事会,由五名监事组成,其中,由股东代表担任的监事三名,由职工代表担任的监事二名。监事会设监事会主席一名,监事会主席不能履行职权时,由监事会主席指定一名监事代行其职权。
8.监事会行使下列职权:
(一)检查公司的财务;
(二)对董事、总经理和其他高级管理人员执行公司职务时违反法律、法规或者章程的行为进行监督;
(三)当董事、总经理和其他高级管理人员的行为损害公司的利益时,要求其予以纠正,必要时向股东大会或者国家有关主管机关报告;
(四)提议召开临时股东大会;
(五)列席董事会会议;
(六)公司章程规定或者股东大会授予的其他职权。
9.监事会行使职权时,必要时可以聘请律师事务所、会计师事务所等专业性机构给予帮助,由此发生的费用由公司承担。
10.监事会每年至少召开一次会议。会议通知应当在会议召开十日以前书面送达全体监事。
11.监事会会议通知包括以下内容:举行会议的日期、地点和会议期限,事由及议题,发出通知的日期。
12.监事会会议应当由监事本人出席。监事未出席监事会会议的,视为放弃在该次会议上的投票权。
13.监事会会议应当由三分之二以上的监事出席方可举行。每一监事享有一票表决权。监事会作出决议,必须经三分之二以上的监事通过。监事会决议采取记名投票表决方式或者举手表决方式,若有任何一名监事要求采取投票表决方式时,应当采取记名投票表决方式。
14.监事会会议应有记录,出席会议的监事和记录人,应当在会议记录上签名。监事有权要求在记录上对其在会议上的发言作出某种说明性记载。监事会会议记录作为公司档案由董事会秘书保存。监事会会议记录的保管期限为十年。

五、关于小股东权益保护的规定及其实际执行情况
本公司按照上市规则结合本公司情况制定了信息披露的有关制度,并将严格按照信息披露充分性、准确性、真实性、完整性和及时性的要求,认真做好本公司的信息披露工作。本公司的关联交易系按照公开、公平、公正的原则采取市场议价定价的方式,在一般的商务条件基础下公平进行的,并在表决关联交易时建立了关联董事和关联股东回避表决制度。本公司还建立了一系列内部控制制度,包含法人治理结构规则、投资决策规则、经营管理规则、财务控制制度、内部审计制度、劳动人事制度、成本控制、质量管理、销售控制、安全控制等,自这些制度实施以来,本公司各级相关部门均能严格遵照执行,取得了良好效果。
本公司聘请的两名独立董事,将严格按照本公司章程并参照中国证监会《关于在上市公司建立独立董事制度的指导意见》履行义务和开展工作。本公司还将结合公司实际生产经营逐步对独立董事制度加以完善,以确保小股东的权益得到充分保障。
六、高级管理人员的选择、考评、激励和约束机制
本公司对高级管理人员的聘任程序为:总经理和董事会秘书由董事长提名,董事会聘任;副总经理等其他高级管理人员由总经理提名,董事会聘任。
本公司于2001年2月24日的2000年度股东大会上审议通过《高级管理人员薪酬标准及发放办法(试行)》,规定公司高级管理人员的年度薪酬是以公司一个生产经营周期(即以年度)为单位,根据高级管理人员所承担的责任、风险确定其基本收入,并按照实际经营和工作成果取得浮动效益收入。该办法自2000年4月份起试行。具体年度薪酬公式如下:
个人年工资总额=(月基础薪酬+年功工资)×12+年终效益薪酬+年终奖励薪酬
其中如完不成净利润目标基数,高级管理人员取消年终效益薪酬;年终奖励薪酬则根据公司高级管理人员某方面突出业绩决定,由公司董事会确定。
七、重大生产经营、重大投资、重大财务等决策程序和规则
根据有关法律、法规、规范性文件和公司章程的有关规定,本公司制定了《福建省惠泉啤酒集团股份有限公司经营管理规则》,主要内容如下:
1.生产经营
股东大会决定公司的经营方针。董事会决定公司的经营计划,总经理应当组织拟订公司的经营计划,并报董事会审查决定。总经理组织实施董事会决议,主持公司的生产经营管理工作。
公司的日常生产经营活动,包括生产管理、原材料采购、产品销售以及与之相关的水、电、气、热力供应、货物运输、仓储、保管、保险、广告宣传、技术开发或技术转让等活动,均由总经理负责;但该等事项涉及合同的单项金额超过人民币1,000万元的,总经理应当向董事会报告。
2.融资和担保
公司的融资和担保事宜原则上由董事会决定,但单项合同金额低于最近一期经审计之净资产值的10%的,董事会授权总经理决定。
公司为其他人提供担保(包括公司以自有资产为其他人的债务进行抵押、质押,或公司为其他人的债务进行保证),单项金额达到公司最近一期经审计之净资产值的20%以上的,董事会应当报股东大会批准。
公司不得向本公司的股东、股东的控股子公司、股东的附属企业提供借款,也不得以自有资产为本公司的股东、股东的控股子公司、股东的附属企业或者个人债务提供担保。
3.资产购置或出售
公司购置或出售资产原则上由董事会决定,但单项合同金额低于最近一期经审计之净资产值的10%的,董事会授权总经理决定。公司购置或出售资产所涉及金额达到公司最近一期经审计之净资产值的20%以上的,董事会应当认真进行可行性研究工作,并报股东大会批准。
公司在十二个月内连续对同一或相关资产分次进行购置或出售的,以其在此期间交易的累计金额计算,根据前述规定,分别由总经理、董事会决定或报股东大会批准。
公司的控股子公司购置或出售资产,比照上述规则执行;公司的参股子公司购置或出售资产,按照有关交易金额乘以本公司的参股比例后所得金额计算,比照本规则执行。
公司委派到子公司的股东代表、董事、总经理或其他高级管理人员,应当分别按照本公司的总经理、董事会或股东大会的决议或决定,在子公司行使相应的表决权或决策权。
4.对外投资的审批权限和实施程序为:
a、单项对外投资金额低于公司最近一期经审计之净资产值的10%的,董事会授权总经理制定投资计划和投资方案,并由总经理组织实施。总经理应当将投资计划、投资方案和实施情况向下一次董事会报告;总经理认为必要时,亦可将该事宜提交董事会审议。
b、单项对外投资金额超过公司最近一期经审计之净资产值的10%且低于公司最近一期经审计之净资产值的20%的,由总经理拟订投资计划和投资方案,报董事会决定;董事会认为必要时,亦可将该事宜提交股东大会审议。
c、单项对外投资金额达到公司最近一期经审计之净资产值的20%以上的,由董事会拟订投资计划和投资方案;董事会应当认真进行可性研究工作,并在组织有关专家、专业人员进行评审后,提交股东大会审议。
公司的控股子公司对外投资,比照上述规则执行;公司的参股子公司对外投资,按照投资金额乘以本公司的参股比例后所得金额计算,比照上述规则执行。
公司委派到子公司的股东代表、董事、总经理或其他高级管理人员,应当分别按照本公司的总经理、董事会或股东大会的决议或决定,在子公司行使相应的表决权或决策权。
参照《上市规则》等有关法律、法规和规范性文件规定,本公司制定了《福建省惠泉啤酒集团股份有限公司关联交易决策规则》,对关联交易的决策做了相应规定,具体重要条款如下:
第八条公司与关联人之间达成的关联交易总额低于300万元,且低于公司最近一次经审计之净资产值的0.5%的,由总经理决定后方可实施。
第九条公司与关联人之间达成的关联交易总额在300万元至3,000万元之间或占公司最近一次经审计之净资产值的0.5%至5%之间的,应当提交公司董事会审议通过后方可实施。
第十条董事个人或者其所任职的其他企业直接或者间接与公司已有的或者计划中的合同、交易、安排有关联关系时(聘任合同除外),不论有关事项在一般情况下是否需要董事会批准同意,有关联关系的董事均应当尽快向董事会披露其关联关系的性质和程度,并提请董事会对有关合同、交易、安排做出决议。董事会在对有关合同、交易、安排进行审议时,有关联关系的董事应当回避,而且不应该参加表决;董事会应当做出决议,应当在不将有关联关系的董事计入法定人数的情况下,由其他董事的过半数通过。
第十一条公司与关联人之间达成的关联交易总额高于3,000万元或高于公司最近一次经审计之净资产值的5%以上的,董事会应当将该关联交易提交公司股东大会审议,该关联交易经股东大会批准后方可实施。
第十二条对于公司拟与关联人之间达成总额高于300万元或高于公司最近经审计净资产值5%以上的关联交易,应当经独立董事认可后方可提交董事会审议;董事会应当对该交易是否对公司有利发表意见,同时公司应当聘请独立财务顾问就该关联交易对全体股东是否公平、合理发表意见,并说明理由、主要假设及考虑因素。
任何与上述关联交易有利害关系的关联股东在股东大会上应当放弃对该议案的投票权,其所代表的有表决权的股份数不计入有效表决权总数。股东大会对有关关联交易事项作出决议时,视普通决议和特别决议不同,分别由出席股东大会的非关联股东所持表决权的二分之一或者三分之二以上通过。有关关联交易事项的表决投票,应当由两名以上非关联股东代表和一名监事参加清点,并由清点人代表当场公布表决结果。公司应当在股东大会决议中充分披露非关联股东的表决情况。
第十三条公司与关联人就同一标的或者公司与同一关联人在连续12个月内达成的关联交

易累计金额达到本规则第九条或者第十一条所述标准的,公司应当按照本规则规定的程序作出决策。

第十四条由公司控制或持有50%以上股权的子公司发生的关联交易,视同本公司行为,其决策程序适用本规则规定;公司的参股公司发生的关联交易,以其交易标的乘以参股比例或协议分红比例后的数额,其决策程序适用本规则规定。

八、管理层和核心技术人员诚信义务的限制性规定。

本公司《公司章程》对管理层和核心技术人员的诚信义务限制如下:

1.董事应当遵守法律、法规和公司章程的规定,忠实履行职责,维护公司利益。当其自身的利益与公司和股东的利益相冲突时,应当以公司和股东的最大利益为行为准则,并保证:

(一)在其职责范围内行使权利,不得越权;

(二)除经公司章程规定或者股东大会在知情的情况下批准,不得同本公司订立合同或者进行交易;

(三)不得利用内幕信息为自己或者他人谋取利益;

(四)不得自营或者为他人经营与公司同类的营业或者从事损害本公司利益的活动;

(五)不得利用职权收受贿赂或者其他非法收入,不得侵占公司的财产;

(六)不得挪用资金或者将公司资金借贷给他人;

(七)不得利用职务便利为自己或者他人侵占或者接受本应属于公司的商业机会;

(八)未经股东大会在知情的情况下批准,不得接受与公司交易有关的佣金;

(九)不得将公司资产以其个人名义或者以其他个人名义开立账户储存;

(十)不得以公司资产为本公司的股东或者其他个人债务提供担保;

(十一)未经股东大会在知情的情况下同意,不得泄漏在任职期间所获得的涉及本公司的机密信息;但在下列情形下,可以向法院或者其他政府主管机关披露该信息:(1)法律有规定;(2)公众利益有要求;(3)该董事本身的合法利益有要求。

2.董事应当谨慎、认真、勤勉地行使公司所赋予的权利,以保证:

(一)公司的商业行为符合国家的法律、行政法规以及国家各项经济政策的要求,商业活动不超越营业执照规定的业务范围;

(二)公平对待所有股东;

(三)认真阅读上市公司的各项商务、财务报告,及时了解公司业务经营管理状况;

(四)亲自行使被合法赋予的公司管理处置权,不得受他人操纵;非经法律、行政法规允许或者得到股东大会在知情的情况下批准,不得将其处置权转授他人行使;

(五)接受监事会对其履行职责的合法监督和合理建议。

3.未经公司章程规定或者董事会的合法授权,任何董事不得以个人名义代表公司或者董事会行事。董事以其个人名义行事时,在第三方会合理地认为该董事在代表公司或者董事会行事的情况下,该董事应当事先声明其立场和身份。

4.董事个人或者其所任职的其他企业直接或者间接与公司已有的或者计划中的合同、交易、安排有关联关系时(聘任合同除外),不论有关事项在一般情况下是否需要董事会批准同意,均应当尽快向董事会披露其关联关系的性质和程度,并提请董事会对有关合同、交易、安排作出决议。

董事会在对有关合同、交易、安排进行审议时,有关联关系的董事应当回避,而不应该参加表决;董事会作出决议,应当在不将有关联关系的董事计入法定人数的情况下,由其他董事的过半数通过。

除非有关联关系的董事按照本条第一款的要求向董事会作了披露,并且董事会在不将其计入法定人数,该董事亦未参加表决的会议上批准了该事项,公司有权撤销该合同、交易或者安排,但在对方是善意第三人的情况下除外。

5.如果公司董事在公司首次考虑订立有关合同、交易、安排前以书面形式通知董事会,声明由于通知所列的内容,公司日后达成的合同、交易、安排与其有利益关系,则在通知阐明的范围内,有关董事视为做了本章前条所规定的披露。

6.董事连续二次未能亲自出席,也不委托其他董事出席董事会会议,视为不能履行职责,董事会应当建议股东大会予以撤换。

7.董事可以在任期届满以前提出辞职。董事辞职应当向董事会提交书面辞职报告。

8.如因董事的辞职导致公司董事人数低于法定最低人数时,该董事的辞职报告应当在下任董事填补因其辞职产生的缺额后方能生效。

余任董事会应当尽快召集临时股东大会,选举董事填补因董事辞职产生的空缺。在股东大会未就董事选举作出决议以前,该提出辞职的董事以及余任董事会的职权应当受到合理的限制。

9.董事提出辞职或者任期届满,其对公司和股东负有的义务在其辞职报告尚未生效或者生效后的合理期间内,以及任期结束后的合理期间内并不当然解除,其对公司商业秘密保密的义务在其任职结束后仍然有效,直至该秘密成为公开信息。其他义务的持续期间应当根据公平的原则决定,视事件发生与离任之间时间的长短,以及与公司的关系在何种情况和条件下结束而定。

10.任职尚未结束的董事,对因其擅自离职给公司造成的损失,应当承担赔偿责任。

11.公司不以任何形式为董事纳税。

12.董事应当在董事会决议上签字并对董事会的决议承担责任。董事会决议违反法律、法规或者章程,致使公司遭受损失的,参与决议的董事对公司负赔偿责任。但经证明在表决时曾表明异议并记载于会议记录的,该董事可以免除责任。

13.有关董事义务的规定,适用于公司监事、总经理和其他高级管理人员。

九、核心管理层和技术人员的变动

本公司董事长、总经理、技术负责人在最近三年内均未发生变化,原财务总监黄其聪因工作需要辞去财务总监职务,2001年5月23日公司第二届董事会第五次会议聘任林志坚为公司财务总监;2000年6月29日,公司第二届董事会第一次会议聘任陈荣标先生为公司董事会秘书、聘任刘友华先生为副总经理。

十、内部控制制度

本公司自1997年2月成立起,根据《公司法》、《证券法》、《上市公司章程指引》等有关法律、法规和规范性文件规定,逐步建立了一系列内部管理控制制度,包括法人治理结构规则、投资决策规则、经营管理规则、财务控制制度、内部审计制度、劳动人事制度、成本控制、质量管理、销售控制、安全控制等,并通过了中国质量管理协会质量保证中心和中国方圆认证委员会的ISO9002质量保证体系认证和产品认证,公司又在2000年起积极推行ISO9001-2000质量管理体系标准。本公司目前的内部控制制度已经涵盖了公司资本运作管理、日常经营管理、财务管理、产品质量控制、人力资源管理等各方面内容,形成了比较完整规范的体系,保证了公司内部控制制度的完整性、合理性和有效性。

注册会计师认为,发行人的内部控制制度是完整的、合理的,并按照控制制度标准于2002年12月31日与会计报表相关的所有重大方面的执行是有效的。

十一、公司管理层评价

本公司认为,公司在成立后的5年多时间内,已根据有关法律法规,结合本公司行业特征和生产经营的需要建立了较为完善的一系列内部控制制度,符合各项法律、法规的要求,并在公司实际运营中得到不断补充和完善,基本满足了完整性、合理性和有效性的有关要求,不存在重大缺陷。同时本公司管理层将根据生产经营的需要和国家有关法律法规的变化,对内部控制制度不断加以改进和完善。

## 第十一章 财务会计信息

一、会计报表编制基准及注册会计师意见

本公司系在对福建惠泉啤酒集团公司整体改制的基础上,以发起设立方式设立。本公司于1997年2月4日在福建省工商行政管理局注册登记。本公司1998年1月1日起执行《股份有限公司会计制度》,2001年1月1日起执行《企业会计制度》,控股子公司泉州市金麦啤酒原料有限公司、泉州市兴龙包装用品有限公司原执行《工业企业会计制度》,2001年1月1日起执行《企业会计制度》,福建惠泉啤酒福鼎有限公司执行《企业会计制度》。

本公司已聘请福建华兴有限责任会计师事务所对本公司2000年12月31日、2001年12月31日、2002年12月31日的资产负债表、合并资产负债表,2000年度、2001年度、2002年度的利润及合并利润表,2000年度、2001年度、2002年度的利润分配表及合并利润分配表,2002年度的现金流量表与合并现金流量表进行了审计。福建华兴有限责任会计师事务所出具了标准无保留意见的《审计报告》(闽华兴所(2003)审字C—002号)。

以下引用的财务数据,非经特别说明,均引自经审计的会计报表。本章的财务会计数据及有关的分析说明反映了公司最近三年的经审计的会计报表及有关附注的重要内容。

二、合并会计报表范围及变化

本公司合并会计报表以母公司、纳入合并范围的子公司的会计报表和其他有关资料为依据,按照《合并会计报表暂行规定》编制而成。子公司的主要会计政策按照母公司的会计政策厘定,公司间的内部投资、重大交易、资金往来等,均已在合并时抵销。项目不一致的,以股份有限公司会计报表项目为准,按相同性质进行合并。本公司于2001年6月底收购泉州市兴龙包装有限公司,该公司纳入合并报表范围,该公司利润表自2001年7月起纳入合并范围。本公司于2001年9月投资成立福建惠泉啤酒福鼎有限公司,该公司报表纳入合并范围。2002年7月,本公司控股子公司金麦公司和兴龙包装各投资50%设立惠安县中新再生资源回收有限公司,该公司报表纳入合并范围。

三、简要会计报表

下述简要合并会计报表反映了本公司的基本财务状况、经营成果和现金流量情况,故在本节中仅披露了本公司的简要合并会计报表。若想详细了解本公司过往三年的财务状况、经营成果和现金流量情况,请阅读招股说明书附录一。

1.简要合并利润表

(单位:元)

| 项目 | 2002年 | 2001年 | 2000年 |
|---|---|---|---|
| 一、主营业务收入 | 905,695,320.15 | 943,915,911.91 | 885,500,852.76 |
| 减:主营业务成本 | 562,072,757.79 | 571,755,898.26 | 507,321,380.05 |
| 主营业务税金及附加 | 112,301,845.33 | 109,997,308.72 | 88,542,541.31 |
| 二、主营业务利润 | 231,320,717.03 | 262,162,704.93 | 289,636,931.40 |
| 加:其他业务利润 | 609,075.27 | 1,375,166.29 | 350,519.15 |
| 减:营业费用 | 58,647,602.52 | 68,092,293.09 | 67,633,723.15 |
| 管理费用 | 30,635,695.57 | 50,894,180.53 | 41,793,004.74 |
| 财务费用 | 36,043,438.52 | 33,603,182.77 | 7,544,596.55 |
| 三、营业利润 | 106,603,055.69 | 110,948,214.83 | 73,016,126.11 |
| 加:投资收益 | 702,663.12 | 558,637.82 | 1,015,781.87 |
| 补贴收入 | - | - | 1,100,000.00 |
| 营业外收入 | 4,017.32 | 200.00 | 13,037.39 |
| 减:营业外支出 | 1,161,567.49 | 2,066,590.27 | 21,797,626.83 |
| 四、利润总额 | 106,148,168.64 | 109,440,462.38 | 153,347,318.54 |
| 减:所得税 | 35,345,896.71 | 45,335,002.40 | 67,808,669.03 |
| 减:少数股东损益 | 1,254,140.84 | 802,531.58 | 196,391.08 |
| 五、净利润 | 69,548,131.09 | 63,302,928.40 | 85,342,258.43 |
| 加:年初未分配利润 | 325,717.65 | 6,465,526.76 | 31,746,428.98 |
| 六、可供分配的利润 | 69,873,848.74 | 69,768,455.16 | 117,088,687.41 |
| 减:提取法定盈余公积 | 7,735,036.39 | 6,785,060.73 | 8,570,698.48 |
| 提取法定公益金 | 7,379,696.49 | 6,557,676.78 | 8,552,462.17 |
| 七、可供股东分配的利润 | 54,759,115.86 | 56,425,717.65 | 99,965,526.76 |
| 减:应付普通股股利 | - | 56,100,000.00 | 93,500,000.00 |
| 转作股本的普通股股利 | - | - | - |
| 八、未分配利润 | 54,759,115.86 | 325,717.65 | 6,465,526.76 |

2.简要合并资产负债表

(单位:元)

| 资产 | 2002.12.31 | 2001.12.31 | 2000.12.31 |
|---|---|---|---|
| 流动资产: | | | |
| 货币资金 | 89,439,316.05 | 80,137,980.15 | 38,994,891.91 |
| 应收票据 | 1,190,000.00 | - | 1,400,000.00 |
| 应收股利 | - | - | 520,000.00 |
| 应收账款 | 17,697,148.85 | 21,856,182.99 | 423,510.64 |
| 其他应收款 | 6,207,154.31 | 4,278,268.43 | 10,062,034.39 |
| 预付账款 | 24,229,864.27 | 2,897,547.82 | 5,932,454.14 |
| 存货 | 84,246,267.60 | 74,326,567.40 | 58,928,788.87 |
| 待摊费用 | 1,050,213.49 | 1,001,502.39 | 578,007.96 |
| 流动资产合计 | 224,059,964.57 | 184,498,049.18 | 116,839,687.91 |
| 长期投资: | | | |
| 长期股权投资 | 5,114,604.73 | 5,051,941.61 | 5,681,882.94 |
| 长期债权投资 | - | - | - |
| 长期投资合计 | 5,114,604.73 | 5,051,941.61 | 5,681,882.94 |
| 固定资产: | | | |
| 固定资产原价 | 1,174,537,505.99 | 988,069,123.80 | 440,310,723.17 |
| 减:累计折旧 | 273,817,282.26 | 194,881,136.38 | 124,944,887.82 |
| 固定资产净值 | 900,720,223.73 | 793,187,987.42 | 315,365,835.35 |
| 减:固定资产减值准备 | 23,474,204.50 | 23,474,204.50 | 2,655,636.82 |
| 固定资产净额 | 877,246,019.23 | 769,713,782.92 | 312,710,198.53 |
| 工程物资 | 116,285.36 | 63,523,500.00 | - |
| 在建工程 | 68,385,912.53 | 49,071,701.25 | 420,338,543.97 |
| 固定资产合计 | 945,748,217.12 | 882,308,984.17 | 733,048,742.50 |
| 无形资产及其他资产: | | | |
| 无形资产 | 18,203,484.92 | 18,608,342.20 | 17,986,215.84 |
| 长期待摊费用 | 3,200,982.36 | 1,758,354.53 | - |
| 无形及其他资产合计 | 21,404,467.28 | 20,366,696.73 | 17,986,215.84 |
| 资产总计 | 1,196,327,253.70 | 1,092,225,671.69 | 873,556,529.19 |
| 负债及所有者权益 | | | |
| 流动负债: | | | |
| 短期借款 | 160,000,000.00 | 134,500,000.00 | 114,200,000.00 |
| 应付票据 | 76,014,970.00 | - | - |
| 应付账款 | 32,742,382.97 | 35,263,750.25 | 35,596,021.86 |
| 预收账款 | 2,313,131.26 | 5,060,957.19 | 1,801,619.94 |
| 应付工资 | - | 2,682,287.97 | 3,859,638.50 |
| 应付福利费 | 5,333,400.32 | 12,132,605.72 | 8,607,381.46 |
| 应付股利 | - | 57,293,712.22 | 93,500,000.00 |
| 未交税金 | 17,472,360.02 | 15,597,516.46 | 26,571,912.65 |
| 其他应交款 | 625,916.59 | 980,601.07 | 564,341.42 |
| 其他应付款 | 28,228,709.49 | 16,318,623.59 | 19,373,370.03 |
| 预提费用 | 3,458,733.00 | 3,388,480.24 | 279,032.50 |
| 一年内到期的长期负债 | 216,500,000.00 | 34,000,000.00 | 51,000,000.00 |

| | | | |
|---|---|---|---|
| 流动负债合计 | 542,689,603.65 | 317,218,534.71 | 355,353,318.36 |
| 长期负债： | | | |
| 长期借款 | 202,500,000.00 | 394,000,000.00 | 150,000,000.00 |
| 长期应付款 | 500,000.00 | 500,000.00 | 650,000.00 |
| 专项应付款 | – | 150,000.00 | – |
| 长期负债合计 | 203,000,000.00 | 394,650,000.00 | 150,650,000.00 |
| 负债合计 | 745,689,603.65 | 711,868,534.71 | 506,003,318.36 |
| 少数股东权益 | 9,370,159.56 | 8,773,771.44 | 3,209,044.45 |
| 股东权益： | | | |
| 股　本 | 187,000,000.00 | 187,000,000.00 | 187,000,000.00 |
| 股本净额 | 187,000,000.00 | 187,000,000.00 | 187,000,000.00 |
| 资本公积 | 118,603,464.62 | 118,467,470.76 | 118,431,200.00 |
| 盈余公积 | 80,904,910.01 | 65,790,177.13 | 52,447,439.62 |
| 其中：法定公益金 | 40,148,218.70 | 32,768,522.21 | 26,210,845.43 |
| 未分配利润 | 54,759,115.86 | 325,717.65 | 6,465,526.76 |
| 股东权益合计 | 441,267,490.49 | 371,583,365.54 | 364,344,166.38 |
| 负债及股东权益总计 | 1,196,327,253.70 | 1,092,225,671.69 | 873,556,529.19 |

3.简要合并现金流量表

（单位：元）

| 项目 | 2002 年 |
|---|---|
| 一、经营活动产生的现金流量： | |
| 销售商品、提供劳务收到的现金 | 1,072,133,407.25 |
| 收到的其他与经营活动有关的现金－现金流入小计 | 1,072,133,407.25 |
| 购买商品、接受劳务支付的现金 | 481,388,005.82 |
| 支付给职工以及为职工支付的现金 | 64,142,514.68 |
| 支付的各种税费 | 236,387,941.08 |
| 支付的其他与经营活动有关的现金 | 73,394,310.57 |
| 现金流出小计 | 855,312,772.15 |
| 经营活动产生的现金流量净额 | 216,820,635.10 |
| 二、投资活动产生的现金流量： | |
| 收回投资所收到的现金 | – |
| 取得投资收益所收到的现金 | 640,000.00 |
| 处置固定资产、无形资产和其他长期资产而收回的现金净额 | – |
| 收到的其他与投资活动有关的现金 | 1,577,402.97 |
| 现金流入小计 | 2,217,402.97 |
| 购建固定资产、无形资产和其他长期资产所支付的现金 | 146,672,609.75 |
| 投资所支付的现金 | – |
| 支付的其他与投资活动有关的现金 | 2,079,035.73 |
| 现金流出小计 | 148,751,645.48 |
| 投资活动产生的现金流量净额 | －146,534,242.51 |
| 三、筹资活动产生的现金流量： | |
| 吸收投资所收到的现金 | – |
| 借款所收到的现金 | 53,000,000.00 |
| 收到的其他与筹资活动有关的现金 | 19,180,000.00 |
| 现金流入小计 | 72,180,000.00 |
| 偿还债务所支付的现金 | 36,500,000.00 |
| 分配股利或利润或偿付利息所支付的现金 | 96,665,056.69 |
| 支付的其他与筹资活动有关的现金 | – |
| 现金流出小计 | 133,165,056.69 |
| 筹资活动产生的现金流量净额 | －60,985,056.69 |
| 四、汇率变动对现金的影响 | – |
| 五、现金及现金等价物净增加额 | 9,301,335.90 |
| 补充资料 | |
| 1.将净利润调节为经营活动的现金流量： | |
| 净利润 | 69,548,131.09 |
| 加：少数股东收益 | 1,254,140.84 |
| 加：计提的资产减值准备 | －6,087,654.04 |
| 固定资产折旧 | 79,051,408.82 |
| 无形资产摊销 | 404,857.28 |
| 长期待摊费用摊销 | 676,712.68 |
| 待摊费用减少（减：增加） | －48,711.10 |
| 预提费用增加（减：减少） | 70,252.76 |
| 处置固定资产、无形资产和其他长期资产的损失（减：收益） | 556.78 |
| 固定资产报废损失 | – |
| 财务费用 | 36,046,428.62 |
| 投资损失（减：收益） | －702,663.12 |
| 存货的减少（减：增加） | －8,765,291.87 |
| 经营性应收项目的减少（减：增加） | －2,513,548.87 |
| 经营性应付项目的增加（减：减少） | 47,886,015.23 |
| 经营活动产生的现金流量净额 | 216,820,635.10 |
| 2.不涉及现金收支的投资和筹资活动： | – |
| 3.现金及现金等价物净增加情况： | |
| 现金的期末余额 | 89,439,316.05 |
| 减：现金的期初余额 | 80,137,980.15 |
| 现金及现金等价物净增加额 | 9,301,335.90 |

四、经营业绩

本公司主营业务突出，主营业务收入和利润主要来自于“惠泉”牌系列啤酒的销售。2000 年、2001 年和 2002 年本公司的主营业务收入分别为 885,500,852.76 元、943,915,911.91 元和 905,695,320.15 元。主营业务收入具体如下表显示：

（单位：元）

| 项目 | 2002 年度 | 2001 年度 | 2000 年度 |
|---|---|---|---|
| 啤酒 | 900,737,533.32 | 943,904,506.78 | 885,466,664.72 |
| 其他 | 4,957,786.83 | 11,405.13 | 34,188.04 |
| 合计 | 905,695,320.15 | 943,915,911.91 | 885,500,852.76 |

本公司的主营业务成本主要为“惠泉”啤酒的直接材料成本、直接人工成本和制造费用。本公司 2000 年度、2001 年度和 2002 年度的主营业务成本分别为 507,321,380.05 元、571,755,898.26 元和 562,072,757.79 元，主营业务利润率分别为 32.71%、27.77%和 25.54%。主营业务利润率有所下降是因为本公司不断增加啤酒产量，为增强市场竞争力、扩大市场占有率，适当调低了部分产品价格。本公司 2000 年度、2001 年度和 2002 年度实现的利润总额分别为 153,347,318.54 元、109,440,462.38 元和 106,148,168.64 元。2001 年度比 2000 年度下降幅度为 28.63%。2001 年度利润总额下降的主要原因是，部分产品销售价格的适当下调，通过向银行借款实施技术改造从而扩大规模，导致固定资产折旧和财务费用增加。

五、非经常性损益的变动趋势　（单位：元）

| 非经常性损益项目 | 2002 年 | 2001 年 | 2000 年 |
|---|---|---|---|
| 1.营业外收入 | －4,017.32 | －200.00 | －13,037.39 |
| 2.营业外支出 | 1,561,567.49 | 2,066,590.27 | 1,811,338.51 |
| 3.补贴收入 | – | – | －1,100,000.00 |
| 4.存货盘盈 | －69,097.33 | – | – |
| 5.调整坏帐准备 | －6,193,502.17 | – | – |
| 6.固定资产减值准备 | – | – | – |
| 7.在建工程减值准备 | – | – | 19,986,288.32 |
| 8.扣除所得税（1－4） | －107,872.17 | 66.00 | 367,302.34 |
| 合计 | －4,812,921.50 | 2,066,456.27 | 21,051,891.78 |

六、资产

（一）固定资产

1.固定资产按实际成本计价。固定资产的标准为：使用年限在一年以上的房屋建筑物、机器设备、运输工具和其他与生产经营有关的设备、器具、工具等以及不属于生产经营主要设备，但单位价值在 2,000 元以上，并且使用期限超过两年的物品。

2.固定资产折旧采用平均年限法。按固定资产类别、预计使用年限和预计净残值率（原值的 3%）确定折旧率如下：

| 固定资产类别 | 折旧年限 | 年折旧率 |
|---|---|---|
| 房屋及建筑物 | 15－35 年 | 2.77%－6.47% |
| 机器设备 | 10－12 年 | 8.08%－9.70% |
| 电子设备 | 5－10 年 | 9.70%－19.40% |
| 运输设备 | 5－10 年 | 9.70%－19.40% |
| 其他 | 5－10 年 | 9.70%－19.40% |

3.固定资产减值准备的计提方法

期末对固定资产逐项进行检查，如果由于市价持续下跌，或技术陈旧、损坏、长期闲置等原因导致其可收回金额低于账面价值的，应当将可收回金额低于其账面价值的差额作为固定资产减值准备。固定资产减值准备按单项计提。如果发现固定资产存在下列情况之一时全额计提减值准备：

A、长期闲置不用，在可预见的未来不会再使用，且已无转让价值的固定资产

B、由于技术进步等原因，已不可使用的固定资产

C、虽然固定资产尚可使用，但使用后产生大量不合格品的固定资产

D、已遭毁损，以致于不再具有使用价值和转让价值的固定资产

E、其它实质上已经不能再给企业带来经济利益的固定资产

4.固定资产原值、折旧及净值

（1）固定资产原值

（单位：元）

| 类别 | 2001.12.31 | 本期增加 | 本期减少 | 2002.12.31 |
|---|---|---|---|---|
| 房屋建筑物 | 296,491,479.71 | 79,716,205.54 | – | 376,207,685.25 |
| 机器设备 | 626,842,867.18 | 103,454,101.15 | 196,806.40 | 730,100,161.93 |
| 电子设备 | 42,905,423.10 | 1,721,610.50 | 27,569.00 | 44,599,464.60 |
| 运输设备 | 13,436,958.41 | 1,800,840.40 | – | 15,237,798.81 |
| 其他 | 8,392,395.40 | – | – | 8,392,395.40 |
| 合计 | 988,069,123.80 | 186,692,757.59 | 224,375.40 | 1,174,537,505.99 |

（2）累计折旧

（单位：元）

| 类别 | 2001.12.31 | 本期增加 | 本期减少 | 2002.12.31 |
|---|---|---|---|---|
| 房屋建筑物 | 25,262,868.78 | 12,987,468.23 | – | 38,250,337.01 |
| 机器设备 | 150,735,919.28 | 57,660,659.09 | 153,249.62 | 208,243,328.75 |
| 电子设备 | 9,053,929.75 | 6,261,743.98 | 27,569.00 | 15,288,104.73 |
| 运输设备 | 7,396,722.24 | 1,927,014.62 | – | 9,323,736.86 |
| 其他 | 2,431,696.33 | 280,078.58 | – | 2,711,774.91 |
| 合计 | 194,881,136.38 | 79,116,964.50 | 180,818.62 | 273,817,282.26 |

（3）固定资产净值 2002 年末为 900,720,223.73 元，2001 年末为 793,187,987.42 元。

（4）固定资产减值准备期末余额 23,474,204.50 元，其中：1999 年计提固定资产减值准备 2,655,636.82 元，1999 年计提在建工程减值准备 832,279.36 元，2000 年计提在建工程减值准备 19,986,288.32 元，2001 年由于工程完工上述在建工程减值准备均转入固定资产减值准备。计提减值准备的原因主要系包装一车间贴标机、包装二车间验瓶机和扎啤生产线因机器老化、能耗高、性能差等原因已停用，以及溪流改造、护坡等不能给企业带来经济效益的资产计提减值准备。

（二）长期投资

本公司投资有四家公司，截止 2002 年 12 月 31 日的长期股权投资的期末余额为 48,212,175.52 元，占净资产的比例为 10.91%（母公司口径）。（单位：元）

| 被投资单位名称 | 投资日期 | 初始投资金额 | 占被投资单位注册资本比例 | 核算方法 | 期末余额 |
|---|---|---|---|---|---|
| 福建泉州市龙珠酿酒有限公司 | 1998.6 | 4,000,000.00 | 40% | 权益法 | 5,114,604.731 |
| 泉州市金麦啤酒原料有限公司 | 1998.6 | 17,000,000.00 | 85% | 合并报表 | 18,535,859.63 |
| 泉州市兴龙包装用品有限公司 | 2001.6 | 11,154,144.86 | 85% | 合并报表 | 17,561,711.16 |
| 福建惠泉啤酒福鼎有限公司 | 2001.9 | 7,000,000.00 | 75% | 合并报表 | 7,000,000.00 |
| 合计 | – | 39,154,144.86 | – | – | 48,212,175.52 |

（三）有形资产

截止 2002 年 12 月 31 日，本公司有形资产净值为 1,173,872,572.93 元，占总资产的比例为 98.12%。（注：有形资产净值＝总资产－无形资产－待摊费用－长期待摊费用）

（四）无形资产

截止 2002 年 12 月 31 日，本公司的无形资产状况如下（单位：元）：

| 种类 | 原始金额 | 2001.12.31 | 累计摊销 | 2002.12.31 | 剩余摊销期 | 取得方式 |
|---|---|---|---|---|---|---|
| 土地使用权 | 20,242,865.00 | 18,608,342.20 | 2,039,380.08 | 18,203,484.92 | 44.96 年 | 出让 |
| 合计 | 20,242,865.00 | 18,608,342.20 | 2,039,380.08 | 18,203,484.92 | | |

其中母公司土地使用权中有 1 宗土地系本公司 1997 年 2 月改制时以土地使用权投入形成的。经福建省地产评估中心采用成本逼近法和基准地价系数修正法出具了闽土资[1996]053 号《土地资产评估报告》，福建省土地管理局以闽土资[1996]047 号文对上述结果进行确认并同意按 4,508,910 元作为国家股投入本公司，其余无形资产为本公司购入。

七、负债

截止 2002 年 12 月 31 日，本公司合并报表范围的负债情况如下：

（一）银行借款

截止 2002 年 12 月 31 日，本公司短期借款为 160,000,000.00 元，其中担保借款 130,000,000.00 元。期末短期借款无逾期未归还的借款。一年内到期的长期负债为 216,500,000.00 元。长期借款余额为 202,500,000.00 元。

（二）对内部人员及关联方负债

截止 2002 年 12 月 31 日，本公司应付工资 0 元，应付福利费 5,333,400.32 元。

（三）或有负债

截至 2002 年 12 月 31 日，公司对外担保余额为 3,200 万元。

| 对方单位 | 担保期限 | 担保余额 |
|---|---|---|
| 惠安县自来水公司 | 2000.9－2008.2 | 1,700.00 万元 |
| 惠安县交通建设开发公司 | 2002.10.31－2003.10.30 | 1,500.00 万元 |

上述对外担保的财务影响：

1.惠安县交通建设开发公司：该担保由惠安县国有资产投资经营公司反担保，对本公司不会

造成不利影响。

2.惠安县自来水公司:该公司经营情况良好,预期不存在还款困难,因此,对该公司的担保给本公司造成不利影响的可能性极小。

八、股东权益

(单位:元)

| 项目 | 2002.12.31 | 2001.12.31 | 2000.12.31 |
|---|---|---|---|
| 股本 | 187,000,000.00 | 187,000,000.00 | 187,000,000.00 |
| 股本净额 | 187,000,000.00 | 187,000,000.00 | 187,000,000.00 |
| 资本公积 | 118,603,464.62 | 118,467,470.76 | 118,431,200.00 |
| 盈余公积 | 80,904,910.01 | 65,790,177.13 | 52,447,439.62 |
| 其中:法定公益金 | 40,148,218.70 | 32,768,522.21 | 26,210,845.43 |
| 未分配利润 | 54,759,115.86 | 325,717.65 | 6,465,526.76 |
| 所有者权益合计 | 441,267,490.49 | 371,583,365.54 | 364,344,166.38 |

九、现金流量

见前述简要合并现金流量表。

十、其他事项

1.公司按照财政部财会字[1999]35号关于《股份有限公司会计制度有关会计处理问题补充规定》的通知,从1999年1月1日起改变如下会计政策:

(1)坏账准备计提由原应收账款余额的5‰改为按应收款项(包括其他应收款)余额按账龄分析法计提;提取比例分别为:账龄1年(含1年,以下类推)以内的,根据其余额的1%计提;账龄1-2年的,根据其余额的5%计提;账龄2-3年的,根据其余额的10%计提;账龄3-4年的,根据其余额的20%计提;账龄4-5年的,根据其余额的40%计提;账龄5年以上的,根据其余额的60%计提;若有确凿证据表明不能收回的应收款项可提高提取比例直至100%。

该项会计政策变更已采用追溯调整法,调整了期初留存收益及相关项目的期初数。该项会计政策变更的累积影响数为3,942,748.87元,其中:调减1998年年初未分配利润2,412,305.12元;调减1998年净利润1,530,443.75元;调减了1999年度净利润1,906,362.43元,调减了1999年年初未分配利润3,154,295.05元及年初盈余公积788,453.82元。

(2)期末短期投资原不计提跌价准备,现改为计提跌价准备;

公司期末短期投资不存在减值情况,未计提跌价准备。

(3)期末存货原不计提跌价准备,现改为计提跌价准备;

公司期末存货不存在减值情况,未计提跌价准备。

(4)期末长期投资原不计提减值准备,现改为计提减值准备。

公司期末长期投资不存在减值情况,未计提减值准备。

2.公司按照《企业会计制度》的规定,从2001年1月1日起改变如下会计政策:

(1)固定资产原不计提减值准备,现改为计提减值准备;

该项会计政策变更已采用追溯调整法,调整了期初留存收益及相关项目的期初数。该项会计政策变更的累积影响数为23,474,204.50元,其中:调减1999年净利润3,487,916.18元;调减了2000年度净利润19,986,288.32元,调减了2000年度年初未分配利润2,790,332.94元及年初盈余公积697,583.24元;调减了2001年年初未分配利润18,779,363.60元及年初盈余公积4,694,840.90元。

(2)在建工程原不计提减值准备,现改为计提减值准备;

公司期末在建工程不存在减值情况,未计提减值准备。

(3)无形资产原不计提减值准备,现改为计提减值准备。

公司期末无形资产不存在减值情况,未计提减值准备。

3.由于经济环境的改变,应收款项无法收回的风险明显增大,公司经过分析决定,自2001年起,改变计提坏账准备的比率如下:

账龄1年(含1年,以下类推)以内的,根据其余额的6%计提;账龄1-2年的,根据其余额的10%计提;账龄2-3年的,根据其余额的30%计提;账龄3-4年的,根据其余额的50%计提;账龄4-5年的,根据其余额的80%计提;账龄5年以上的,根据其余额的100%计提;若有确凿证据表明不能收回的应收款项可全额提取坏账准备。

由于此项会计估计的变更,2001年度多提坏账准备1,448,766.85元,相应地减少本年度净利润1,448,766.85元。

4.关于税收优惠与政府补贴

本公司在报告期内不享受税收减免与返还。

本公司在报告期内享受的政府补贴如下:

2000年度,根据福建省人民政府闽政办(2000)198号文和福建省经济贸易委员会闽经贸能(2000)625号文,本公司享受了1,100,000.00元电价补贴,占2000年净利润比例为1.29%。

发行人律师认为:上述优惠政策均具有相应的依据,发行人所享受上述政府补贴政策并未违反我国有关法律、法规和规范性文件的规定,并已履行了相关批准程序,是合法有效的。

十一、关于预期利润率水平的说明

本公司本次发行新股未编制盈利预测报告,对于本次发行是否符合《公司法》第137条规定的条件说明如下:本公司经营情况良好,2000年度、2001年度和2002年度分别实现净利润8,534.23万元、6,330.29万元和6,954.81万元,2000.2001和2002年度的经审计的全面摊薄的净资产收益率分别为23.42%、17.04%和15.76%,均超过银行同期存款利率。

本公司全体董事声明如下:本公司董事会根据公司目前生产经营状况,结合公司的历史经营记录,以及已经落实的与生产经营相关的经营合同、协议,经反复研究和科学论证,制定了本公司生产经营计划及实施措施,并对该经营计划及实施措施的可行性和有效性进行了认真审核,确信在没有发生重大自然灾害等不可抗力的情况下,本公司首次公开发行股票当年的预期净资产收益率可达到同期银行存款利率。

主承销商经核查认为:如果发行人获得中国证券监督管理委员会的核准首次公开发行股票,在发行人所遵循的国家和地方现行法律、法规、政策和经济环境无重大不利变化,现行的信贷、利率、汇率及市场行情无重大不利变化,发行人目前执行的税赋基准及税率无重大不利变化,无其他人力不可抗拒及不可预见因素对发行人造成重大不利影响的情况下,发行人发行当年全面摊薄的净资产收益率将不低于同期银行存款利率。

发行人律师经核查认为:在没有发生重大自然灾害等不可抗力的情况下,发行人首次公开发行股票当年预期净资产收益率可达同期银行存款利率,符合《公司法》第137条第一款第(四)项关于新股发行条件的规定。

十二、资产评估

福建中兴资产评估有限公司(原福建省资产评估中心)根据国家有关资产评估的规定,在福建惠泉啤酒集团公司改制为股份公司时,对截止1996年5月31日的福建惠泉啤酒集团公司的全部资产、负债和所有者权益进行了评估,并于1996年7月18日出具了闽资(96)评字第40号《资产评估报告》。福建省国有资产管理局以闽国资(1996)353号文对上述评估结果进行了确认。

公司设立时时主要资产项目的账面值、评估值、增值率及评估方法见下表:

单位:元

| 资产项目 | 账面值 | 评估值 | 增值率 | 评估方法 |
|---|---|---|---|---|
| 货币资金 | 48,974,625.34 | 48,974,625.34 | 0 | — |
| 应收账款 | 1,063,473.71 | 734,074.86 | -30.97% | 历史成本法 |
| 其他应收款 | 28,137,766.94 | 27,290,450.43 | -3.01% | 历史成本法 |
| 预付账款 | 2,209,926.66 | 2,182,548.96 | -1.24% | 历史成本法 |
| 存货 | 27,551,966.90 | 27,158,768.57 | -1.43% | 历史成本法 |
| 长期投资 | 427,383.00 | 465,301.01 | 8.87% | 权益法 |
| 固定资产 | 89,131,578.86 | 92,140,323.01 | 3.38% | 重置成本法 |
| 无形资产 | 2,972,629.79 | 4,508,910.00 | 51.68% | 基准地价系数修正法 |
| 递延资产 | 900,000.00 | 900,000.00 | 0 | 账面价值法 |
| 流动负债 | 109,243,154.13 | 109,235,810.83 | -0.01% | 历史成本法 |
| 长期负债 | 40,261,000.00 | 40,261,000.00 | 0 | 历史成本法 |

福建省地产评估中心(现福建省地产评估事务所)在本公司改制时,对纳入本公司的截止1996年5月31日的原福建惠泉啤酒集团公司的生产经营用地进行了评估。福建省土地管理局以闽土资[1996]047号文对上述评估予以确认,并同意按照4,508,910元作为国家股出资投入本公司。本公司成立后,相应办理了土地使用权证书。该宗土地原为行政无偿划拨,评估时的账面价值2,972,629.79元主要系支付征地补偿款形成,评估时该宗土地按照出让方式,以50年工业用地使用权作价,因此增值较大。

十三、验资情况

本公司自成立以来,共进行了3次验资。

1997年1月19日,福建中兴会计师事务所接受公司委托,对公司截止1997年1月19日的实收资本及相关的资产和负债的真实性和合法性进行了审验,并出具了闽中兴所(97)验字第02号《验资报告》。公司设立时各股东尚未投入的2,060元,公司已从1997年度股东应分配利润中收回。

发行人律师认为:发行人设立时其注册资本已经全部到位,各股东溢价出资中尚未投入的2,060元作为应收款,发行人已从1997年度股东应分配利润中收回,该事项不会导致发起人出资不实。

注册会计师认为:公司设立时各股东尚未投入的2,060元,公司已从1997年度股东应分配利润中收回,该事项不会导致发起人出资不实的问题。

1998年6月16日,惠安会计师事务所接受公司委托,对公司截止1998年6月15日的注册资本、投入资本变更情况的真实性和合法性进行了审验,并出具了惠会所验字(1998)62号《验资报告》。

1999年7月21日,惠安会计师事务所接受公司委托,对公司截止1999年7月20日的注册资本、投入资本变更情况的真实性和合法性进行了审验,并出具了惠会所验字(1999)105号《验资报告》。

十四、财务指标

| 财务指标 | 2002.12.31 | 2001.12.31 | 2000.12.31 |
|---|---|---|---|
| 流动比率 | 0.41 | 0.58 | 0.33 |
| 速动比率 | 0.26 | 0.34 | 0.16 |
| 应收账款周转率(次) | 42.82 | 79.63 | 848.12 |
| 存货周转率(次) | 7.09 | 8.58 | 9.55 |
| 无形资产(土地使用权除外) | | | |
| 占净资产比例(%) | 0 | 0 | 0 |
| 母公司资产负债率(%) | 60.42 | 64.76 | 57.37 |
| 每股净资产(元) | 2.36 | 1.99 | 1.95 |
| 研究及开发费用占主营业务收入比例 | 0.90% | 0.93% | 0.79% |
| 每股经营活动的现金流量(元) | 1.16 | 0.71 | 0.76 |

上述财务指标的计算方法如下:

流动比率=流动资产/流动负债

速动比率=速动资产/流动负债

应收账款周转率=主营业务收入/应收帐款平均余额

存货周转率=主营业务成本/存货平均余额

无形资产(土地使用权除外)占总(净)资产的比例=无形资产(土地使用权除外)/总(净)资产

母公司资产负债率=总负债/总资产(以母公司财务报告的财务数据为基础计算)

每股净资产=期末净资产/期末股本总额

研究与开发费用占主营业务收入比例=研究发展费用/主营业务收入

净资产收益率=净利润/期末净资产总额

每股收益=净利润/期末股本总额

每股经营活动的现金流量=经营活动产生的现金流量净额/期末股本总额

本公司按《公开发行证券公司信息披露编报规则第9号-净资产收益率和每股收益的计算及披露》计算的净资产收益率和每股收益如下:

| 2002年报告期利润 | 净资产收益率(%) | | 每股收益(元) | |
|---|---|---|---|---|
| | 全面摊薄 | 加权平均 | 全面摊薄 | 加权平均 |
| 主营业务利润 | 52.42 | 56.92 | 1.24 | 1.24 |
| 营业利润 | 24.16 | 26.23 | 0.57 | 0.57 |
| 净利润 | 15.76 | 17.11 | 0.37 | 0.37 |
| 扣除非经常性损益后的净利润 | 14.67 | 15.93 | 0.35 | 0.35 |
| 2001年报告期利润 | 净资产收益率(%) | | 每股收益(元) | |
| | 全面摊薄 | 加权平均 | 全面摊薄 | 加权平均 |
| 主营业务利润 | 70.55 | 66.20 | 1.40 | 1.40 |
| 营业利润 | 29.86 | 28.20 | 0.59 | 0.59 |
| 净利润 | 17.04 | 15.99 | 0.34 | 0.34 |
| 扣除非经常性损益后的净利润 | 17.59 | 16.51 | 0.35 | 0.35 |
| 2000年报告期利润 | 净资产收益率(%) | | 每股收益(元) | |
| | 全面摊薄 | 加权平均 | 全面摊薄 | 加权平均 |
| 主营业务利润 | 79.50 | 71.25 | 1.55 | 1.55 |
| 营业利润 | 47.49 | 42.56 | 0.93 | 0.93 |
| 净利润 | 23.42 | 20.99 | 0.46 | 0.46 |
| 扣除非经常性损益后的净利润 | 29.20 | 26.17 | 0.57 | 0.57 |

十五、管理层财务分析

基于2000年、2001年和2002年经审计的财务会计资料,本公司董事会和管理层做出如下财务分析:

(一)资产质量状况分析

1.资产的总体情况

截止2002年12月31日,本公司资产总额119,632.73万元,其中流动资产22,405.99万元,长期投资511.46万元,固定资产94,574.82万元,无形资产及其他资产2,140.45万元。

2000年、2001年和2002年末,本公司的流动资产分别为11,683.97万元、18,449.81万元和22,405.99万元,分别占总资产的13.38%、16.89%和18.73%。由于公司采取了有效措施,清理收回有关单位的资金占用和科学安排采购销售计划,减少了存货资金的占用,使得本公司的流动资产占总资产比例较低。2000年、2001年和2002年末,本公司的货币资金分别为3,899.49万元、8,013.80万元和8,943.93万元,分别占当年末流动资产的33.37%、43.44%和39.92%。

2.应收账款

2000年、2001年和2002年末,本公司的应收账款净额分别为42.35万元、2,185.62万元和1,769.71万元。2002年末应收账款中一年以内占95.73%,目前这些应收账款均无回收风险。公司除部分新产品可先赊销外,主要采取先收款后发货的销售方式,三年来应收账款一直保持在较低的水平。2000年、2001年和2002年,本公司的应收账款周转率分别为848.12次、79.63次和42.82次。2000年应收账款周转率较高,主要是由于2000年末应收账款净额较小,只有42.35万元。

2001 年应收账款周转率略有降低，主要是由于 2001 年公司对部分新产品采用赊销方式，期末应收账款余额增加，故应收账款周转率下降至 79.63 次，但仍高于同行业的上市公司。

3.其他应收款

2000 年、2001 年和 2002 年末，本公司的其他应收款净额分别为 1,006.20 万元、427.83 万元和 620.72 万元，分别占当年末流动资产的 8.61%、2.32%和 2.77%，显示公司逐步收回了其他单位占用的资金。

2000 年公司收回惠安县国资局、惠安县地产公司、惠安县自来水公司、螺城镇财政所等单位的欠款，年末公司其他应收款余额为 16,474,601.62 元，提取坏账准备 6,412,567.23 元，其他应收款净值为 10,062,034.39 元，比 1999 年下降 77.29%。2000 年末其他应收款的主要欠款单位是：惠泉大酒店 12,523,502.17，崇武港口供应站 796,569.93 元。

2001 年公司收回惠泉大酒店欠款 633 万元，年末公司其他应收款余额为 11,844,225.43 元，提取坏账准备 7,565,957.00 元，其他应收款净值为 4,278,268.43 元，比 2000 年下降 57.48%。2001 年末其他应收款的主要欠款单位是：惠泉大酒店 6,193,502.17 元，崇武港口供应站 796,569.93 元。

2002 年公司收回惠泉大酒店全部欠款，年末其他应收款余额为 7,766,683.40 元，提取坏账准备 1,559,529.09 元，其他应收款净值为 6,207,154.31 元。2002 年末其他应收款的主要欠款单位是：崇武港口供应站 796,569.93 元。

主要欠款形成原因如下：

(1)对惠安县国有资产管理局的其他应收款是因本公司在 1998 年收购惠安县麦芽厂（现为控股子公司福建泉州市金麦啤酒原料有限公司）和福建泉州龙珠酒厂（现为子公司福建泉州市龙珠酿酒有限公司）的资产时替惠安县国有资产管理局偿还上述两厂的负债和应付职工安置费而形成。该款项已于 2000 年 10 月收回。

(2)对惠安县惠泉大酒店的其他应收款是因惠安县国有资产管理局于 1994 年将惠安县惠泉大酒店委托给本公司前身福建省惠安啤酒厂经营管理（该委托经营已于 1997 年本公司改制前终止），福建省惠安啤酒厂在委托经营过程中代惠安县惠泉大酒店偿还银行借款和其他欠款而形成。2001 年 11 月收回 633 万元，2002 年已经全部收回。

(3)对惠安县地产公司的其他应收款是因本公司向惠安县地产公司支付工程预付款而形成。该款项已于 2000 年 11 月收回。

(4)对惠安县自来水公司的其他应收款是因本公司为惠安县自来水公司代垫供水专线的工程款而形成。该款项已于 2000 年 10 月收回。

(5)对惠安县螺城镇财政所的其他应收款是因本公司在厂区门前道路修建时为惠安县螺城镇财政所代垫工程款而形成。该款项已于 2000 年 11 月收回。

(6)对崇武港口供油站的其他应收款是因本公司前身福建省惠安啤酒厂于 1992 年和 1993 年为崇武港口供油站向中国工商银行惠安县支行借款合计 108 万元提供担保，崇武港口供油站到期不能偿还全部借款，由本公司于 1999 年代其偿还借款而形成。崇武港口供油站至今尚未偿还该项欠款。

主承销商认为，上述其他应收款期末余额以及产生原因情况属实。

注册会计师认为，上述其他应收款期末余额以及产生原因情况属实。

4.存货

2000 年、2001 年和 2002 年末，本公司的存货分别为 5,892.88 万元、7,432.66 万元和 8,424.63 万元。与同行业相比，本公司的存货较低。

部分啤酒生产企业存货情况比较表(2001 年末)

| | 惠泉啤酒 | 燕京啤酒 | 重庆啤酒 | 青岛啤酒 |
|---|---|---|---|---|
| 存货(万元) | 7,433 | 66,603 | 20,913 | 104,456 |
| 存货/总资产 | 6.81% | 15.15% | 17.01% | 12.67% |
| 存货/主营业务成本 | 13.00% | 49.09% | 88.70% | 33.14% |

2002 年 12 月 31 日存货的构成为：

(单位：元)

| 项目 | 2002.12.31 | 备注 |
|---|---|---|
| 原材料 | 29,576,529.04 | 主要是麦芽 |
| 辅助材料 | 2,042,031.19 | |
| 修理用备件 | 10,423,041.93 | |
| 燃料 | 265,563.51 | |
| 包装物 | 21,553,081.18 | 主要是啤酒瓶 |
| 低值易耗品 | 412,700.97 | |
| 在产品 | 9,030,994.00 | |
| 产成品 | 9,436,326.37 | |
| 委托加工材料 | 1,505,999.41 | |
| 合计 | 84,246,267.60 | |

2000 年、2001 年和 2002 年，本公司的存货周转率分别为 9.55、8.58 次和 7.09 次。存货周转率逐年下滑主要是因为各期末存货余额增长幅度略高于同期主营业务成本的增长。

啤酒的生产周期平均为 20 天左右。啤酒的销售周期省内旺季为 2 个月以内，省内淡季为 2.5 至 3 个月以内，省外一般在 2.5 至 3 个月以内。啤酒的保质期执行行业优质标准为 6 个月。2001 年本公司的存货周转天数为 42 天，周转速度快。公司已经建立了存货与仓储财务管理的内部控制制度，始终保持合理的存货库存量，并且定期进行全面的清查盘点，发现不适合生产销售的存货均及时处理，因此本公司存货存在过期贬值的风险较小。

5.对外投资

本公司(母公司)对外长期投资的初始投资金额为 3,915.41 万元，2002 年末为 4,821.22 万元，主要为控股麦芽、纸箱包装物生产企业，使得本公司的产业链逐步趋于完善；控股设立福建惠泉啤酒福鼎有限公司，使本公司迈出了对外扩张的第一步。

6.固定资产

固定资产是公司在用的生产经营性房产、机器设备等，技术含量高，成新度好，无短期内报废的风险。无形资产主要为生产厂区的土地使用权。

(二)资产负债结构、现金流量和偿债能力分析

1.资产负债结构分析

2000 年、2001 年和 2002 年末(母公司)资产负债率分别为 57.37%、64.76%和 60.42%。2000 年至 2001 年资产负债率增加的原因是公司为提高市场竞争能力，扩大市场占有率，不断增加银行借款进行技术改造扩大规模。2000 年、2001 年和 2002 年末长短期银行借款余额分别为 31,520 万元、56,250 万元和 57,900 万元，银行借款余额增幅较大。考虑到利息费用，部分技改项目利用短期借款。

2.现金流量分析

2002 年现金及现金等价物净增加额为 930.13 万元，其中经营活动产生的现金流量净额为 21,682.06 万元，投资活动产生的现金流量净额为 - 14,653.42 万元，筹资活动产生的现金流量净额为 - 6,098.51 万元。公司每股经营活动现金流量为 1.16 元，经营活动现金流量充足。

3.偿债能力分析

从短期债务来看，由于公司注重销售管理，货款回收良好，为公司日常支付和短期资金周转提供了资金支持。公司 2000 年度、2001 年度和 2002 年度应收账款周转率分别为 848.12 次、79.63 次和 42.82 次，存货周转率分别为 9.55 次、8.58 次和 7.09 次，流动资产运用效率指标明显高于同行业上市公司的水平。同时，公司经营活动产生的现金流量较好，2000 年度、2001 年度和 2002 年度公司经营活动现金净流量分别为 14,137.74 万元、13,191.88 万元和 21,682.06 万元，维持了相对稳定水平，保证了公司的现金支付能力。另外，货币资金余额相对到期债务来说比较充足，足以偿付到期债务。截止目前，本公司从未有过逾期未还债务及延迟付息的情况，银行信誉良好。

从长期偿债能力来看，公司资产质量较好，盈利能力较强。2002 年末，公司固定资产净额 87,724.60 万元，固定资产净额与长期负债的比率为 432.14%，为偿还长期债务提供了保障。公司主要生产设备技术先进，其中关键设备均采用世界各行业的名牌产品，自动化和成新度较高，技术水平处于国内或行业的领先地位。募集资金投资项目建成投产后公司销售收入将稳定增加，为公司长期偿债提供了保障。2000 年、2001 年和 2002 年已获利息倍数分别为 11.68 倍、3.94 倍和 3.95 倍，利息支付倍数较高，说明公司偿付银行贷款利息的能力较强。

结合以上情况，管理层认为本公司虽然短期偿债指标的流动比率和速动比率较低，但公司偿还长短期负债的能力较强。

(三)盈利能力分析

2000 年度、2001 年度和 2002 年度公司分别实现主营业务收入 88,550.09 万元、94,391.59 万元和 90,569.53 万元。同期公司实现主营业务利润分别为 28,963.69 万元、26,216.27 万元和 23,132.07 万元，主营业务利润有所下降。同期公司实现净利润分别为 8,534 万元、6,330 万元和 6,955 万元。2000 年至 2001 年公司净利润下降的主要原因是，随着啤酒行业的竞争日益激烈，公司为提高市场占有率逐步调低部分啤酒产品的售价，与 2000 年相比 2001 年平均售价每吨约下调 480 元，减少利润约 1,924 万元。同时，公司为提高市场竞争力，扩大市场占有率，增加了银行借款规模，进行技术改造扩大生产规模，从而增加了财务费用和固定资产折旧。与 2000 年末相比，2001 年末公司银行借款余额增加 24,730 万元，同时因北区技改一期工程完工后专项借款 15,300 万元的利息计入财务费用，2001 年度财务费用比 2000 年度增加 2,606 万元。技术改造和生产规模的扩大使固定资产以及折旧增加，2001 年固定资产折旧比 2000 年增加了 3,662 万元。以上各项原因导致公司 2001 年利润有所下降。

本公司“惠泉”品牌由区域性向全国性推进，对市场影响力加大，产品创新能力强，品质优良，规模化经营效益将日渐体现。随着企业资源管理的优化和销售网络的扩展，管理力度的加大，成本将进一步下降，同时科技含量高、合乎消费时尚的惠泉纯生新产品系列逐步形成规模。

(四)发行人资产质量、偿债能力和盈利能力比较

公司选取了同行业的上市公司青岛啤酒、燕京啤酒和重庆啤酒，将能够反映有关资产质量状况、偿债能力和盈利能力的主要财务指标列示如下(同行业上市公司财务指标摘自上市公司资讯网 www.cnlist.com)：

| 主要指标 | | 燕京啤酒 | 重庆啤酒 | 青岛啤酒 | 惠泉啤酒 |
|---|---|---|---|---|---|
| 应收账款周转率 | 2001 年 | 17.13 | 10.98 | 14.96 | 79.63 |
| | 2000 年 | 18.47 | 8.49 | 8.58 | 848.12 |
| 存货周转率 | 2001 年 | 2.39 | 1.19 | 3.45 | 8.58 |
| | 2000 年 | 2.41 | 1.15 | 3.89 | 9.55 |
| 流动比率 | 2001 年 | 3.04 | 1.05 | 0.51 | 0.58 |
| | 2000 年 | 4.21 | 0.89 | 0.65 | 0.33 |
| 速动比率 | 2001 年 | 1.81 | 0.58 | 0.26 | 0.34 |
| | 2000 年 | 2.99 | 0.56 | 0.43 | 0.16 |
| 净资产收益率(%) | 2001 年 | 7.96 | 5.95 | 3.47 | 17.04 |
| | 2000 年 | 7.79 | 7.35 | 4.26 | 23.42 |
| 加权每股收益(元) | 2001 年 | 0.43 | 0.20 | 0.10 | 0.34 |
| | 2000 年 | 0.44 | 0.26 | 0.11 | 0.46 |

根据上表统计数据可以看出：本公司的应收账款周转率和存货周转率明显优于同行业上市公司，资产管理效率较高；本公司流动比率和速动比率低于同行业上市公司水平，存在一定的短期偿债风险，但由于本公司的资产管理效率高，销售管理和货款回收良好，经营活动现金流良好，能够满足短期偿债的需要。本公司净资产收益率明显高于同行业上市公司，每股收益高于同行业上市公司，盈利能力较强。

(五)公司主要财务优势和困难

优势：

1.以优良品质支持的“惠泉”品牌，获得消费者青睐，拥有大批较为忠诚稳定的消费群体，多年来，本公司产品保持着良好的销售形势。

2.随着公司生产规模扩大，通过先进的工艺管理和技术管理，形成了规范化操作流程，产品质量稳定，单位成本不断下降，实现了一定的规模经济。

3.科技含量高、合乎消费时尚的新产品迭出、销售网络不断延伸，为公司持续发展提供新的增长点。

4.健全的财务管理制度，可有效回避财务风险。本公司货币资产内控严慎，应收账款规模小，存货控制在合理水平。流动资产周转速度快，资产负债率在合理的范围内，偿债能力较强。

困难：

1.本公司在规范化经营进程中，快速的发展受自身的资金实力的限制，筹资渠道单一，而近三年的技改投入、科研投入、市场开发投入资金需求量大，如现金流入不足，将影响公司发展目标的实现，同时加大企业财务负担。

2.本公司产品的销售主要集中在福建省内市场，如出现省内市场异常波动和省外市场拓展受阻，就会面临相应的财务风险。

3.啤酒行业激烈竞争，使得传统的普通产品的销售将在低价位徘徊，产品成本控制压力较大，单位产品获利能力短期内不会有较高提升。

(六)其他事项

1.公司设立时其他应收款的回收情况

公司评估基准日投入的其他应收款的账龄和金额为：

| | |
|---|---|
| 1 年内： | 23,861,647.15 元 |
| 1－－2 年 | 12,400.00 元 |
| 2－－3 年 | 3,416,403.28 元 |
| 合计 | 27,290,450.43 元 |

评估方法：历史成本法。

设立后收回情况(截止 2002 年末)：1 年以内的其他应收款已全部收回；

1－－2 年中的其他应收款尚余 3,000.00 元未收回但已全额计提坏账准备；

2－－3 年中的其他应收款尚余 48,816.75 元未收回但已全额计提坏账准备。

2.公司计提坏账准备的情况

自 2001 年起，公司计提坏账准备的政策如下：

账龄 1 年(含 1 年，以下类推)以内的，根据其余额的 6%计提；账龄 1－2 年的，根据其余额的 10%计提；账龄 2－3 年的，根据其余额的 30%计提；账龄 3－4 年的，根据其余额的 50%计提；账龄 4－5 年的，根据其余额的 80%计提；账龄 5 年以上的，根据其余额的 100%计提；若有确凿证据表明不能收回的应收款项可全额提取坏账准备。

与同行业比较，公司董事会确定的坏账准备计提比例较高。

部分啤酒生产企业坏账准备金计提比例比较表(见各公司 2000 年年报)

| 账龄 | 计提比例 | | | |
|---|---|---|---|---|
| | 惠泉啤酒 | 燕京啤酒 | 重庆啤酒 | 青岛啤酒 |
| 1 年以内 | 6% | 5% | 5% | 10% |
| 1－－2 年 | 10% | 10% | 10% | 20% |
| 2－－3 年 | 30% | 30% | 30% | 30% |
| 3－－4 年 | 50% | 50% | 50% | 100% |

| | | | | |
|---|---|---|---|---|
| 4－－5年 | 80％ | 50％ | 80％ | 100％ |
| 5年以上 | 100％ | 50％ | 100％ | 100％ |

注册会计师认为，公司坏账准备金的计提政策是比较稳健的。

由于惠安县惠泉大酒店2001年已停业，截止2001年12月31日欠款6,192,312.01元全额计提坏账准备。

账龄3－4年的应收账款中，公司为崇武港口供油站担保被扣款796,569.93元，账龄4－5年的应收款项中，福建省食品工业公司欠款等合计158,038.02元，上述无法收回的款项共计954,607.95元，2001年全额计提坏账准备。

本公司上述应收款项均按披露的会计政策计提坏账准备金。

3.公司每年支付的广告费用及其会计处理方法。

公司广告费用的会计处理严格按照权责发生制，计入当期"营业费用—广告费"中。2000年、2001年和2002年公司支付的广告费用为：

(单位：元)

| 年度 | 2002年 | 2001年 | 2000年 |
|---|---|---|---|
| 金额 | 27,896,946.20 | 42,983,975.52 | 50,217,939.03 |

4.独立董事、主承销商和注册会计师对公司资产减值计提政策的专项意见

本公司独立董事认为：公司在报告期内的资产减值计提政策稳健，并且已足额计提各项资产减值准备。

主承销商认为：经过核查，我公司认为，惠泉啤酒已经按照《企业会计制度》的规定足额计提资产减值准备，资产减值准备的计提不会影响惠泉啤酒的持续经营能力。

注册会计师认为：公司的资产减值准备计提政策遵循了稳健性和公允性原则，并按照会计政策于报告期内足额计提了各项资产减值准备，不会影响其持续经营能力。

## 第十二章　业务发展目标

一、发行当年及未来两年内的发展计划

(一)制定发展战略与规划的行业背景

根据有关资料统计，我国2000年生产啤酒2231万吨，位居全世界第二位，但人均消费量较低，为17公升/年，与世界人均消费水平23公升/年还有较大差距(数据来源：据中国酿酒工业协会主办的《啤酒科技》杂志2001年第七期上中国酿酒工业协会啤酒分会秘书长杜绿君女士署名文章《国内外啤酒工业综述》)。随着国家经济发展和国民人均收入水平的提高，"十五"期间我国啤酒的总消费量仍然会保持稳定增长趋势。根据国家啤酒行业"十五"计划和2015年规划，啤酒行业在产品结构方面要"……逐步提高国产啤酒在高消费市场中的比例，在2005年将达到50%。有计划地引导发展纯生啤酒，以纯生啤酒的严格无菌操作带动啤酒生产的微生物监控，提高卫生管理水平。力争2005年纯生啤酒占啤酒总产量的5%，2015年达到20%"；在企业规模方面要"扩大企业的生产规模，走规模化、集团化和现代化(装备、技术、管理)道路，通过收购、控股、参股等方式进行企业间的联合，因地制宜地发展啤酒集团，形成1～2个年产量达100万吨以上的生产企业，5个100万吨以上的啤酒集团；30万吨以上啤酒企业的产量占全国总产量的30%，10万吨以上啤酒企业的产量占全国总产量的60%"。行业指导计划充分体现了在社会主义市场经济条件下，啤酒生产企业通过市场竞争，优胜劣汰，实现市场和资源的有效整合，产生出一批具有一定规模、国内一流的品牌，积极参与国际市场的竞争，迎接全球经济一体化的挑战，为国家作出积极的贡献。

综上所述，在未来2～5年乃至更长的时期里，我国的宏观经济环境和行业发展环境均十分有利于大型啤酒企业的发展。本公司将以此为契机，抓住机遇，制定并实施切实可行的发展战略与规划，走内涵和外延扩大再生产相结合的发展道路，发展自己，提高自己，壮大规模，以适应全国啤酒行业的优化整合。

(二)总体目标

突出啤酒主业，坚持品牌战略，实现规模经济。

加快技术创新，提高产品质量，降低单位成本，开发新鲜度高、保质期长、风味稳定性强的系列产品，不断满足市场消费需求。

培育新的利润增长点，实施适度扩张，实现跨行业、跨地区经营。

到2005年，企业各项主要经济技术指标位居全国十强之列，发展成为具有国际竞争力的现代化大型啤酒集团。

(三)主要经营理念

本公司以"发展食品饮料业，丰富人民物质文化生活"为使命，以"厚报股东、回报社会"为办厂宗旨。坚持"高新名优、客户至上"的经营方针，秉承"以人为本、团队协作"的管理理念，弘扬"敢为人先、艰苦创业"的企业精神。立足长远，持续创新，注重环保，与用户、合作伙伴、员工、社区、产业和社会共同发展。

(四)发展战略

本公司2001年公司啤酒产量40.08万吨，列全国第九位，销售额排名第八位。(资料来源：国家轻工业信息统计办公室和中国轻工业信息中心联合主办的《全国酿酒行业信息》〔企业册2001年1－4季度〕)。为满足日益增长的优质啤酒消费需求，进一步提高企业的核心竞争能力，本公司将充分利用此次公开发行股票并上市的机会，把募集资金重点投向公司啤酒的产品结构调整、规模扩张、技术改造和市场营销网络建设。公司将广泛运用现代信息技术，全面提高装备技术水平，充分发挥公司现有的市场网络优势、"惠泉"品牌优势、产品质量优势、企业制度优势和沿海区位人文优势，依靠科技进步，不断开拓创新，立足啤酒主业及系列产品的发展，适时、审慎地介入相关产业及啤酒上、下游行业，涉足资本市场，培育新的经济增长点。公司将实施"规模经济，全国性品牌经营战略"，力争在3年的时间内，使企业成为管理科学、业绩良好、实力雄厚的上市公司。公司要稳定保持在全国行业十强之列，并向行业前五位挑战。

(五)经营目标

公司遵循国家产业政策的指导，始终从市场需求出发，坚持"高新名优、客户至上"的经营方针，发挥自身优势，稳定提高产品质量，开发满足不同层次需求的产品。以"清洁生产"、"生态环境"为主线，促进企业管理升级，全面提升企业形象，以提高经济效益为最终目标，克服当前市场上各种形式的恶性竞争和低价倾销，进一步提升"惠泉"品牌的价值。

2003年公司产销量将增加到60万吨，主要市场仍以福建省为主，以邻省及全国消费比较集中的城市为主要区域，通过重点市场的拓展，进一步提高公司产品在全国市场的占有率和覆盖率。同时，利用公司地处东南沿海的区位、人文优势，使"惠泉"品牌的影响力向港、澳、台(地区)和东南亚诸国扩展，努力推进海外市场，扩大出口，增创外汇，成为在世界啤酒行业具有一定影响力的知名企业。

1.产品开发计划

公司现有三大产品系列，包括桶装、听装及各种玻璃瓶包装共40多个品种。在2001年以及"十五"期间，公司要把新产品的开发与现有产品的整合作为市场拓展的重要举措，在全面提高产品质量的基础上，重点开发口味纯正、杀口力强的技术要求高、售价较高的啤酒，并以美观大方的包装、不同原料的口味紧贴消费时尚。2001年公司以不同的原料与工艺开发新产品三个，其中纯生啤酒获利最高。

公司计划继续以无菌处理工艺技术开发各种口味的系列纯生啤酒，2003年公司纯生啤酒产销量将达公司啤酒总产销量的15%。不同包装和不同档次的啤酒将不断推出，保持公司产品正常更新换代，以满足消费者多层次的消费需求。

2.人员扩充计划

本公司坚持"以人为本"的管理理念，建立了科学的用人机制，注重企业内部人力资源的开发利用和对外公开招聘相结合。公司常年进行各种形式的培训以提高员工文化素质和业务技术水平，同时坚持"打破地区界限、不拘一格"的用人方针，对外公开招聘高级管理人员和专业技术人员。

随着公司规模的扩大，公司员工队伍要保持相对稳定和必要的增长，2001年公司增加170多名员工，现有员工1,851人；到2003年，公司计划再增加员工200人，其中，计划公开招聘岗位急需的有一定学历和熟练程度的各种专业人才50人。

3.技术开发与创新计划

公司不断进行技术改造，淘汰旧设备、采用先进技术，努力提高装备的技术含量，以利生产高附加值的产品。2002年公司技术创新的重点是以"清洁生产"为主线、以降低不良品率为目标。

同时，公司将积极对现有装备和工艺布局进行研制和开发，以提高啤酒生产的自动化水平，扩大计算机监控的操作面，采取有效的防氧措施降低啤酒溶解氧，进一步提高啤酒的风味稳定性，降低单位成本。

未来两年内，公司将继续加大科技费用的投入，加强评酒委员和技术型人才的培养，逐渐提高公司中、高级科技人员的比例，继续与江南大学(原无锡轻工大学)等高等院校、科研院所挂钩合作，重点攻关创新，提高公司科技创新水平。

公司技术研发中心承担着新产品开发和新技术、新材料应用等的研究任务。到2003年，公司技术研发中心争取升级为省级中心，并向国家级技术研发中心迈进，进行更深层次的研发任务，为公司未来产品发展战略提供保证。

4.市场开发与营销网络建设计划

公司坚持"立足福建、进入全国、挑战国际"的市场发展计划，加强市场研究与开发，重点运用市场营销组合要素，对不同的消费群体如年轻人群体、高收入工薪族群体、高消费固定群体和旅游观光群体等进行市场细分，对低消费的农村市场、不固定消费的妇女群体进行产品结构调整。

未来两年内，公司将加强营销策划、管理与调控，尽快培养和造就一支高素质的营销队伍；公司要坚持以顾客为中心的原则，建立物流配送中心、完善销售网络建设，提高对消费者和经销商的服务质量，有选择地在特定目标市场建立公司直销体系，挖掘潜在高利润的消费群体。到2003年，公司产品市场开发将进一步向全国部分大城市延伸；公司将适时设立海外销售中心，以港、澳、台地区为拓展方向，辐射东南亚及其他国家市场，扩大出口，增加效益，提高公司品牌在海外的知名度。

公司要依托企业资源计划管理系统，以财务管理、供应链和决策系统为主线，利用网络技术实施电子商务计划，建立高速互动式的营销网络，使公司和客户之间达到资源共享，提高市场应变能力，实现全国市场一体化。

5.再融资计划

本公司将采取多元化的筹资方式，来满足各项发展规划的资金需求。公司将以本次公开发行股票为契机，积极利用资本市场进行直接融资，为公司的长远发展筹措资金。

公司将充分发挥信用优势，继续与各银行保持密切联系，利用银行短期贷款额度补充企业短期性资金需求。同时认真进行资本运作，利用各种优惠政策，提高资金的使用水平，努力降低融资成本，防范和降低财务风险，确保股东权益最大化。

6.收购兼并及对外扩张计划

公司将根据全国性市场发展战略，走规模化、集团性经营道路，提高市场竞争能力，不搞低水平的重复建设，不盲目就地扩大生产能力。

公司将借此次发行股票的契机，按"产地销、好水质、强辐射"的基本原则，在闽浙交界、旅游业较发达的闽东地区，收购控股一家中型啤酒企业，在闽东地区建立惠泉啤酒的生产基地。首期改造工程年产能力6万吨，预计2003年内可全面达产。

公司将根据全国品牌经营战略计划，到省外以收购、控股、参股、租赁、合作等多种形式进行企业间的联合。未来两年内，公司要在全国选择适宜区域，设立生产基地，引进和吸收国内外先进的啤酒生产技术，生产优质"惠泉"牌啤酒，逐步实现全国性品牌格局。

在巩固发展主业的同时，公司计划在2003年内兼并(控股)一到两家相关行业的企业，使公司品牌向相关行业延伸，寻求新的利润增长点。本次公开发行成功后，公司将使用部分募集资金控股式兼并惠安县自来水公司。

通过兼并收购和对外扩张，公司将在较短时间内，形成全国性品牌经营优势，成为中国啤酒行业的后起之秀。

7.深化改革和组织结构调整的规划

本公司将在现有管理体制的基础上，进一步深化改革，引进国内外先进的管理理念和组织形式，完善法人治理结构，建立健全科学的决策机制、投资管理机制、研究开发机制、生产管理制度和市场营销机制，加强企业管理、决策的科学性和有效性。

公司组织架构应随着企业发展战略而调整，2001年公司按照上市公司治理结构的要求严格规范，调整公司内部的管理架构使之更趋高效率和科学化。

公司要进一步探索社会主义市场经济体制下新老"三会"班子结构和交叉任职问题，按照《公司法》、《证券法》和《上市公司章程指引》等法律法规的要求，建立既符合企业发展需要又能与国际接轨的科学规范的公司内部组织架构，以提高公司科学决策能力和决策效率。

8.国际化经营规划

本公司认为，我国加入WTO后，啤酒行业机遇大于挑战。我国啤酒行业很早就已对外开放，国际上几乎所有著名品牌都涉足中国，国内啤酒生产企业已经受过国际品牌的挑战，已取得一定的经验和教训，具有较强的竞争能力。公司将充分利用经济全球化和贸易自由化带来的市场机会，利用公司地处东南沿海的区位、人文优势，使"惠泉"品牌的影响力向港、澳、台和东南亚诸国扩展，于未来两年内在上述地区建立销售网络，努力推进海外市场，提高企业品牌知名度，为下一步在境外设厂奠定基础。

(六)业务发展计划与现有业务的关系

前述业务发展计划是在公司现有业务的基础上，按照国家行业"十五"计划和公司中长期发展战略要求的再发展，公司现有业务是该发展计划的基础。发展计划主要是从提高装备水平、缩小与国内外先进啤酒企业的技术差距、以现代工艺技术改造传统的生产方法出发，进一步提高劳动效率，降低生产成本，改善和提高啤酒的内外在质量，开发新的具有市场潜力的纯生啤酒，进一步提高产品在国内外的知名度。计划募集资金投向还发挥现有品牌、技术的优势，挖掘和开发潜在的市场，结合啤酒大重量、易破碎、长距离高成本运输的特性，有计划地在一定的市场半径和市场战略要地就地适度采用兼并或收购、合作等形式，扩大市场占有率，达到销量、质量、效益三同步的最终目的。另外，发展计划还将投入适当资金以控股式兼并自来水公司，主要目的在于保证公司本部优质啤酒酿造水的供给、并借机进入垄断性的水资源供应行业，以利于公司自身的长远发展和以上业务发展计划的顺利实施。

二、拟定上述战略与规划的假定条件

1.本公司股票发行能够在2003年完成；

2.本公司所处行业处于正常发展状态，没有出现重大的市场突变情形；

3.本公司所遵循的现行的法律、法规和国家啤酒产业政策无重大变化；

4.本公司所依据的国家主要税率无大的调整；

5.本公司所处的宏观经济、政治和社会环境处于正常发展状态，没有出现对本公司发展有重大影响的不可抗力的现象发生。

三、实现上述计划将面临的主要困难

1."十五"期间,国家鼓励大型啤酒集团的重组、扩张和行业的企业结构调整,在我国加入WTO后市场国际化、经济一体化的大背景下,公司在战略目标实施、运营管理、市场营销等方面都将面临更大挑战。

2.本公司的规模扩张和快速发展急需各种优秀的管理人员和专业技术人员,在现阶段市场化配置程度不高的情况下,公司引进上述人才存在一定困难。

四、本次募股资金运用对实现上述目标的作用

本次募股资金运用对于本公司实现前述业务目标具有不可替代的作用,同时也是公司能否实现跨世纪发展战略的关键所在。主要体现在如下几方面:

1.通过本次募股,为实现业务目标提供了充足的资金资源,保证了公司能顺利扩张,有利于公司提高装备水平,实现规模化、集团性经营计划。同时,为公司下一步通过资本市场再筹资建立了通道;

2.通过本次募股,使公司从非上市公司变成上市公司,这将进一步完善公司的法人治理结构,规范公司的运作,强化公司决策的科学性和透明度。同时有利于更好地接受社会监督,实现公司管理的升级;

3.通过本次募股,将极大地提高公司的知名度和品牌的市场影响力,有利于公司拓展国内外市场,提高市场占有率,实施全国性品牌经营战略;

4.通过本次募股,将增强公司对优秀人才的吸引力,进一步提高公司员工的凝聚力,增强公司的人才竞争优势,从而有利于业务目标的实现。

# 第十三章　募股资金运用

一、募集资金使用计划

公司本次拟向社会公众公开发行新股6,300万股,每股发行价格7.44元,发行总市值46,872万元,扣除发行费用后,募集资金净额为45,256万元。根据公司的发展目标,拟将募集资金投入以下项目:

(1)纯生啤酒生产线技改项目(偿还部分银行借款);
(2)新增年产8万吨啤酒生产线技改项目;
(3)福鼎啤酒厂异地搬迁技改项目;
(4)金麦公司年新增4万吨麦芽技改工程项目;
(5)控股式兼并惠安县自来水公司;
(6)建立企业资源计划管理系统技改项目;
(7)建立物流配送中心、完善销售网络建设。

本次募集资金投资项目的资金缺口部分由公司自筹解决。

本公司2001年度第二次临时股东大会审议通过了上述募集资金投向项目。

此次募集资金投资计划如下表:　(单位:万元)

| 序号 | 项目名称 | 项目投资总额 | 本公司投入 | | 投资计划进度 |
|---|---|---|---|---|---|
| | | | 自有资金 | 募集资金 | |
| 1 | 纯生啤酒生产线技改项目(偿还部分银行借款) | 19,600 | 11,800 | 7,800 | 2003年 |
| 2 | 新增年产8万吨啤酒生产线技改项目 | 13,976 | | 13,976 | 2003年 |
| 3 | 福鼎啤酒厂异地搬迁技改项目 | 7,798 | 900 | 5,100 | 2003年 |
| 4 | 金麦公司年新增4万吨麦芽技改工程项目 | 6,960 | | 6,960 | 2003年 |
| 5 | 控股式兼并惠安县自来水公司 | 5,004.75 | | 5,004.75 | 2003年 |
| 6 | 建立企业资源计划管理系统技改项目 | 3,000 | | 3,000 | 2003年 |
| 7 | 建立物流配送中心、完善销售网络建设 | 3,000 | | 3,000 | 2003年 |
| | 合计 | 59,338.75 | 12,700 | 44,840.75 | |

(注:福鼎啤酒厂异地搬迁技改项目投资总额为7,798万元,除本公司投入的6,000万元外,还包括福鼎啤酒公司其他股东的投入。)

此次募集资金项目的批准情况如下表:

| 序号 | 项目名称 | 批准单位 | 批准文号 |
|---|---|---|---|
| 1 | 纯生啤酒生产线技改项目(偿还部分银行借款) | 福建省经贸委 | 闽经贸投资[2001]224号 |
| 2 | 新增年产8万吨啤酒生产线技改项目 | 福建省经贸委登记备案 | 闽经贸投资[2001]C001号 |
| 3 | 福鼎啤酒厂异地搬迁技改项目 | 福建省经贸委登记备案 | 闽经贸投资[2001]J001号 |
| 4 | 金麦公司年新增4万吨麦芽技改工程项目 | 福建省经贸委登记备案 | 闽经贸投资[2001]C002号 |
| 5 | 控股式兼并惠安县自来水公司 | 泉州市计委 | 泉计[2000]069号 |
| 6 | 建立企业资源计划管理系统技改项目 | 泉州市经委 | 泉经技[2001]154号 |
| 7 | 建立物流配送中心、完善销售网络建设 | 泉州市经委 | 泉经技[2002]11号 |

上述项目的募集资金预计投入时间均为2003年,本公司将按照募集资金实际到位时间和项目的具体进展情况作相应的调整。各项目的轻重缓急以排列先后为序。本次募集资金剩余部分将用于补充公司流动资金。

二、募集资金对主要财务状况及经营成果的影响

本次公开发行顺利实施后,按照发行股份6,300万股、每股发行价格7.44元计算,可以募集资金45,256万元(已扣除发行费用),公司的资产总额和净资产均增加45,256万元,公司的资产负债率将从2002年12月31日的60.42%降至43.00%,流动比率和速动比率将分别从2002年12月31日的0.41和0.26提高至1.25和1.09,公司资产负债结构将进一步改善,偿债能力将进一步增强,资金紧张的局面将大为缓解,财务风险可以得到有效地控制,财务费用将可明显减少。

在募股资金到位初期,由于资产规模的迅速扩大,而各投资项目尚处于投入期,将使公司的净资产收益率在短期内有所摊薄。但随着募集资金投资项目的逐步达产,将极大增强公司的市场竞争力,提升公司的盈利能力,公司的净资产收益率将稳步提高。而企业资源计划管理等项目的实施,将进一步提升公司的管理水平,减少资金占用和资源浪费,提高资金运用水平,提高工作效率。

三、本次募集资金投资项目简介

(一)纯生啤酒生产线技改项目(偿还部分银行借款)

1.项目背景

纯生啤酒属技术要求高、售价较高的啤酒品种,面世以后,因新鲜、纯正、富含营养而风靡世界。目前在国外,纯生啤酒产量在啤酒总产量中占非常大的比例。在我国,根据国家啤酒行业"十五"计划和2015年发展规划,在产品结构方面,将"有计划地发展纯生啤酒,以纯生啤酒的严格无菌操作带动啤酒生产的微生物监控,提高卫生管理水平。力争2005年纯生啤酒达全国总产量的5%,2015年达到20%"。开发生产纯生啤酒,符合国家的产业政策,是企业开发新产品的方向,具有良好的市场前景。

纯生啤酒的生产关键是防止有害微生物的污染,为此需要在生产的各个环节进行微生物管制,以保证啤酒的微生物安全。这对啤酒企业的生产设备、生产环境和员工素质提出了特别严格的要求。本公司厂区环境良好、内部管理严格、员工素质较高、工艺操作规范,为开发生产纯生啤酒产品创造了良好的条件。

2.项目概况

项目建成投产后,将形成年产7万吨500ml×12瓶装惠泉纯生啤酒的建设规模,成品啤酒的质量标准达到国家《GB4927—91》中的12°P的淡色啤酒优级标准。

3.项目的审批情况

本项目已经福建省经贸委闽经贸投资[2001]224号文批准立项。

4.投资概算

项目总投资为19,600万元,其中固定资产投资18,100万元,铺底流动资金1,500万元。资金来源:企业自筹11,800万元,向工行申请固定资产贷款7,800万元。

5.投资项目的效益分析

本项目建设期为1年。达产后,可年产纯生啤酒7万吨,正常年平均新增销售收入为26,923.08万元,所得税后财务内部收益率为18.82%,投资回收期6.17年(含建设期)。本项目平均投资利润率为22.64%。

6.本次募集资金的使用

由于国内已有啤酒生产企业抢先推出了纯生啤酒产品,为使本公司的纯生啤酒尽快投产、抢夺市场机会,以保持和进一步提高公司在市场中的竞争力,为股东创造良好的经济效益,公司先期使用银行借款投入了本项目的建设。2001年7月,本公司纯生啤酒生产线技改项目基本完成并一次性试产成功,至2002年上半年即可完成全部投资。公司此次拟使用募集资金7,800万元偿还本项目使用的部分银行借款。

(二)新增年产8万吨啤酒生产线技改项目

1.项目背景

本公司生产的惠泉啤酒总销售量占全省25%左右。公司现年啤酒生产规模为45万吨,今年公司全面拓展市场,现有设备已基本满负荷生产。为进一步提高公司产品生产规模,提高市场占有率,公司拟对现有生产设备进行填平补齐,增加部分生产设备,发挥现有设备的潜力,增加公司的啤酒生产能力,新增年产8万吨啤酒,既满足不断增长的消费需求,又进一步降低成本,节省投资、节省时间,扩大公司产品的市场覆盖率,提高企业的经济效益。

2.项目概况

项目建成投产后,将新增年产8万吨啤酒的生产规模。

3.项目的审批情况

本项目已在福建省经贸委登记备案,登记备案表编号为闽经贸投资[2001]C001号文。

4.投资概算

本项目总投资13,976万元,全部为固定资产投资。

5.投资项目的效益分析

本项目建设期限为半年。达产后,可年新增啤酒产量8万吨,正常年平均新增销售收入29,172.80万元,所得税后财务内部收益率为16.84%,投资回收期6.13年(含建设期)。本项目平均投资利润率为17.03%。

(三)福鼎啤酒厂异地搬迁技改项目

1.项目背景

福鼎啤酒厂于1975年开始生产啤酒,系福建省首家啤酒生产企业,其产品曾饮誉八闽大地和浙南市场。该厂为福建省福鼎市国资局下属国有企业,是福鼎市龙头企业之一和福鼎市的纳税大户。自1997年9月至2001年9月,福鼎啤酒厂经历了被福建九州综合商社有限公司(国有独资公司,以下简称"九州商社")以划拨方式兼并,更名为福建九州福鼎啤酒有限公司,成为福建九州集团股份有限公司(深圳证券交易所上市公司,以下简称"ST九州")控股及全资子公司,ST九州将其无偿转让给九州商社,经福建省财政厅批准由九州商社无偿划转福鼎市政府管理的曲折历程。2001年9月15日,福建九州福鼎啤酒有限公司重新更名为福鼎啤酒厂,为福鼎市国资局下属国有企业。(后文为描述方便,福鼎啤酒厂亦用于指称此前的福建九州福鼎啤酒有限公司。)

由于多方面的原因,近年来,福鼎啤酒厂经营步入困境,截止2001年9月30日,该厂净资产为 -395.08万元、2001年1-9月净利润为-269.15万元。企业资产质量恶化,仅能勉强维持生产。

福鼎啤酒厂地处福鼎市次中心区,根据福鼎市的城市发展规划,福鼎市政府拟将福鼎啤酒厂搬迁至城郊结合部。为尽快使企业摆脱经营困境,福鼎市政府希望借福鼎啤酒厂异地搬迁之机改变企业经营机制,提高其装备水平。但由于福鼎啤酒厂经营状况较差,难以凭借自身力量完成异地搬迁技改工程。而福鼎市地处闽东老区,经济基础较薄弱,福鼎市财政对企业的支持力度也非常有限。为此,近年来福鼎市、福鼎啤酒厂一直在积极寻找具有较强的资金实力和产品市场竞争能力的合作伙伴来实施企业的异地搬迁技改项目,福鼎市政府为此于2001年4月专门成立了以市长任组长的"福鼎啤酒异地搬迁和改制工作领导小组"。

本公司从自身发展战略角度出发,经慎重调研、充分论证后认为:福鼎啤酒厂位于福建东北部闽浙两省交界处,该地区省际边贸活跃、旅游业发达,随着宁德地区"撤地建市"的实施、国家公路网"两纵两横"的重要路段福(州)——温(州)高速公路的贯通以及温福铁路的开工建设,闽东地区经济将获得更大的发展机遇,从而提升区域经济发展水平和居民生活水平。本公司借福鼎啤酒厂异地搬迁技改之机进入该地区,北可直接辐射经济发达的浙江温州、台州地区,利用福鼎市的地理优势降低公司产品进入浙江的成本、加强公司品牌辐射浙江市场的力度,西南可守住福建东大门、在省内与本公司形成犄角之势以整合福建啤酒市场,进一步巩固、提高公司品牌在福建省内市场的知名度和市场占有率。参与福鼎啤酒厂的异地搬迁技改项目符合公司发展战略和市场布局需要,对本公司发展具有极为重要的战略意义。此外,本公司利用自身的品牌、技术和管理优势对福鼎啤酒厂施以援手,有利于最大限度地保护和利用福鼎啤酒厂的有效资产,有利于创造就业机会,对国有资产保值增值、对福鼎市地方财政收入的稳定增长、对维护社会稳定都具有相当的意义。

鉴此,应福鼎啤酒厂请求,本公司与福鼎市国有资产管理局(以下简称"福鼎国资局")、福建闽东电力股份有限公司(以下简称"闽东电力")经友好协商,于2001年9月15日签署了《关于共同投资设立"福建惠泉啤酒福鼎有限公司"的合同书》(以下简称"《合同书》"),决定三方共同投资设立"福建惠泉啤酒福鼎有限公司"(以下简称"合营公司")来实施福鼎啤酒厂异地搬迁技改项目。

合营公司已于2001年9月18日设立,注册号为3522031000609,注册资本为1,200万元,其中本公司出资900万元(其中以"惠泉牌"注册商标的使用权一次性作价200万元出资、以自有资金出资700万元)、福鼎国资局以现金出资192万元、闽东电力以现金出资108万元,三方出资比例分别为75%、16%、9%。其中货币出资1,000万元用于征地和五通一平等前期工作。

合营公司董事会由五人组成,其中本公司三人、福鼎国资局和闽东电力各一人,董事长为陈惠忠(本公司推荐的董事),总经理为庄学勇(原为本公司部门经理)。

2.项目概况

该项目首期投入1,200万元,已完成征地、五通一平工作,现进入该项目的设计、可研论证、签约阶段,募集资金到位后即可增加投入,争取2002年第三季度进行试生产。

经三方商定,本公司募集资金到位后,合营各方将均按原出资比例进行增资,将合营公司注册资本增加至8,000万元,其中本公司应增资5,100万元。本公司拟使用募集资金5,100万元用于对合营公司的增资。合营公司增资完成后,将实施福鼎啤酒厂异地搬迁技改项目。

合营公司增资完成后,本公司合计出资为6,000万元,其中以"惠泉牌"商标使用权作价200万元出资、以自有资金投入700万元、以募集资金投入5,100万元,占合营公司75%的权益。

3.项目审批情况

本项目已在福建省经贸委登记备案,备案编号为闽经贸投资[2001]J001号。

4.投资概算

本异地搬迁技改项目总投资为 7,798 万元,其中建设投资 6,798 万元,用于征地和实施对福鼎啤酒的搬迁技改(其中 1,200 万元用于购买福鼎啤酒厂的糖化、发酵设备,438 万元用于此等设备的搬迁和安装费用);建设期铺底流动资金 1,000 万元。

5.投资项目的效益分析

本项目建设期为 1 年。达产后,可年产啤酒 6 万吨,年销售收入 12,000 万元,年销售税金 2,593 万元,年利润总额 1,939 万元,年税后利润 1,299 万元,投资利润率 19.40%,投资回收期 4.88 年(含建设期)。

6.项目实施的其他约定

本公司与福鼎国资局、闽东电力签署的《合同书》对各方的权利、义务和违约责任作了约定。《合同书》第十四条第三款规定,"任何一方不按照本合同约定如期缴纳其认缴的出资额的,应当向已足额缴纳出资的其他方承担违约责任;承担违约责任的方式为支付违约金,违约金数额为违约方应缴未缴出资额的 10%";同条第四款规定,"任何一方发生违约行为导致其他方遭受经济损失时,违约方应当向其他方承担赔偿责任,赔偿范围包括但不限于其他方的直接经济损失和因向违约方索赔而支出的各项费用(如诉讼费、律师费、差旅费等)"。

据上述《合同书》第十条第一款的规定,"自合营公司投产之日起,甲方(福鼎国资局)应当促使其下属企业福鼎啤酒厂立即停产,同时,甲方应当促使福鼎啤酒厂将其拥有的'闽东'牌注册商标(《商标注册证》注册号:第 523482 号)无偿转让给合营公司。"

(四)泉州市金麦啤酒原料有限公司年新增 4 万吨麦芽技改工程项目

1.项目背景

金麦公司是本公司的控股子公司,本公司占其 85% 的权益。该公司法定代表人为黄其聪,住所为惠安县螺城镇北门外红盾山,注册资本 2,000 万元,截止 2001 年 12 月 31 日的净资产为 2,202.39 万元。该公司另两位股东为方照聪(占其 13% 的权益)和金麦公司总经理朱庆忠(占其 2% 的权益)。该公司专为本公司加工啤酒原料麦芽,现生产能力为年产麦芽 2.8 万吨。随着本公司生产规模的不断扩大,对麦芽的需求量也日渐扩大,2001 年公司生产啤酒就需要麦芽 6 万吨以上,本公司扩产后可年产啤酒近 60 万吨,年需麦芽 7 万多吨。为满足公司啤酒生产的需要,金麦公司拟投资 6,960 万元进行年新增 4 万吨麦芽技改项目。金麦公司扩产至 6 万多吨/年的生产能力后,既能满足公司啤酒生产对麦芽的需求,又能进一步降低生产成本、提高产品质量,可获得良好的经济效益。

2.项目概况

本项目系金麦公司在原有年产麦芽 2.8 万吨生产能力的基础上进行技术改造,增建一条年产 4 万吨的麦芽生产线。

3.项目的审批情况

本项目已在福建省经贸委登记备案,备案编号为闽经贸投资[2001]C002 号。

4.投资概算

本项目总投资为 6,960 万元,其中固定资产投资 6,596 万元,铺底流动资金 364 万元。经金麦公司股东会做出决议,本公司将以本次募集资金 6,960 万元单方对金麦公司增资,用于实施本项目。增资完成后,本公司将约占金麦公司 96.5% 的权益。

5.投资项目的效益分析

本项目建设期为 18 个月,达产后,可年新增麦芽 4 万吨,年新增销售收入 11,800 万元,财务内部收益率 20.45%,投资回收期 5.89 年。本项目平均投资利润率为 25.23%。

(五)控股式兼并惠安县自来水公司项目

1.项目背景

惠安县自来水公司为福建省惠安县建设局下属国有企业,注册资本 547 万元,下辖惠安北关水厂。据福建华兴有限责任会计师事务所闽华兴所(2001)审字 333 号审计报告,截止 2000 年 12 月 31 日,惠安县自来水公司资产总计 5,194.65 万元、负债合计 2,954.39 万元、所有者权益合计 2,240.26 万元;截止 2001 年 6 月 30 日,该公司资产总计 4,970.53 万元、负债合计 2,630.05 万元、所有者权益合计 2,340.48 万元;2000 年度净利润为 57.33 万元、2001 年 1~6 月净利润为 94.22 万元。

据福建中兴资产评估有限公司中兴评报字(2001)第 277 号评估报告书,截止评估基准日 2001 年 6 月 30 日,该公司净资产评估值为 2,915.93 万元。对此评估项目,福建省财政厅出具了《关于惠安县自来水公司资产评估项目合规性审核意见的函》(闽财企[2001]301 号)。

惠安县自来水公司目前供水能力为 2 万吨/天,承担着惠安县城 10 多万人口的生活用水和包括本公司在内的城关镇行政区域内 300 多家企事业单位的经营用水的供给任务。其中,本公司及下属子公司日均耗水量约为 8,000 吨,约占自来水公司日供水量的 40%。随着惠安县经济的发展和县城旧城改造速度的加快,供水能力越来越不能满足日益增长的用水需求。

为满足城乡居民生活用水、惠安县城北省级工业开发区和本公司及下属子公司生产经营用水的需要,自来水公司需增加供水量 3 万吨/天。为此,自来水公司拟实施供水扩建工程以提高供水能力。

2.项目概况

经本公司与惠安县建设局协商,本公司本次股票发行成功后,将使用募集资金 5,004.74 万元与惠安县建设局合资设立惠安县自来水有限公司(暂定名,下称"合营公司"),其中,1,664.74 万元用于向惠安县建设局受让惠安县自来水公司的部分所有者权益(受让价款以经评估的净资产为定价依据),3,340 万元直接投入合营公司。惠安县建设局以惠安县自来水公司经评估的净资产中的 1,251.19 万元作为出资。合营公司成立后,注册资本为 6,255.93 万元,本公司持有 80% 的股权,惠安县建设局持有 20% 的股权。本公司投入合营公司的 3,340 万元将用于供水扩建工程项目。目前已完成勘察设计工作,并对该项目的可研报告进行了论证评估,募集资金到位后即可进入实施阶段。

3.项目的审批情况

该项目已经泉州市计委泉计[2000]069 号文批准立项。

4.投资概算

本公司投入 5,004.74 万元与惠安县建设局合资设立合营公司,其中 1,664.74 万元用于向惠安县建设局受让惠安县自来水公司的部分所有者权益,3,340 万元将用于供水扩建工程项目,该项目总投资为 3,340 万元,全部为固定资产投资。项目建设期为 1 年。

5.项目的经济效益

自来水公司现原水费为 0.28 元/吨、水资源费为 0.02 元/吨,平均销售价格每吨 1.6 元,扩建后项目平均利润额 698.8 万元,平均净利润 468.2 万元,本项目扩建后财务内部收益率为 12.2%,投资回收期 8.76 年(含建设期),投资利润率 13%。

(六)建立企业资源计划管理系统技改项目

1.项目背景

本公司实施企业资源计划管理系统(EnterpriseResourcePlanning),就是要依托企业资源计划管理系统(以下简称"ERP 系统")来优化业务流程,对采购、生产、库存、销售、运输、财务、人力资源等进行实时合理规划,从而以最低的成本最快地提供产品和服务,获得最佳的经济效益,并为公司构造电子商务系统建立坚实的基础。

几年来,本公司在计算机应用方面经过了由自主开发软件到购买商品化软件两个阶段,信息技术广泛地应用在公司的产、供、销、财务、人力资源等核心环节上,产生了良好的经济效益。但从企业整体资源的利用角度看,这些系统缺乏集成,较为孤立,尚不能实现企业整体资源管理。自 1998 年以来,本公司积极同国内外优秀顶尖的 ERP 供应商、咨询公司进行深入的探讨,制订了"全面规划、分步实施、效益驱动、逐步推广"的实施 ERP 系统的方针。目前,公司已建立完善的现代企业管理体制,具备了良好的管理基础;公司领导及业务骨干通过培训不断汲取 ERP 管理思想的精髓,高层领导对实施 ERP 系统决心巨大;通过几年来的积累,公司也具备了实施 ERP 系统的人力资源,这些为本公司建设 ERP 系统提供了良好的条件。

2.项目审批情况

本项目已获泉州市经委泉经技[2001]154 号文批复同意。

3.投资概算

本项目总投资 3,000 万元,项目建设期 1 年。其中硬件系统投资为 1,000 万元,软件系统(含软件实施的整体费用及项目的咨询费用)投资为 2,000 万元。

4.项目效益

结合本公司的生产经营情况,本项目实施后预计每年可增加税前利润 570 万元,通过对项目财务现金流分析,可以测算,本项目所得税前的财务内部收益率为 27.32%,投资回收期(静态、不含建设期)3.03 年。

(七)建立物流配送中心、完善销售网络建设项目

1.项目背景

随着市场经济的不断发展和科技水平的进步,啤酒行业的结构调整也加快了步伐,啤酒生产企业逐步向集团化,规模化方向发展,市场竞争不断加剧。为加强对销售终端的控制,在竞争中处于有利地位,各啤酒生产企业均极为重视物流配送中心和产品销售网络的建设。物流配送中心和销售网络的建设、管理已经成为啤酒生产企业营销竞争中的核心要素。

2.项目审批情况

本项目已获泉州市经委泉经技[2002]11 号文批复同意。

3.项目概况

该项目是通过在北京、上海、成都、广东、江西、浙江六大目标市场建立物流配送中心,完善本公司的销售网络建设,可向客户提供有效的物流配送支持,促进公司产品从生产商到消费者的完全销售,实现公司与客户共同达到"双赢"的发展目标。

上述六大目标市场 2001 年销售公司啤酒总产量为 17.66%,且近年来的销售量呈稳步上升趋势。本公司在上述六大目标市场建立物流配送中心、完善销售网络建设后,将通过加强销售过程的管理、为当地消费者和经销商提供及时、快速的服务,保证当地消费者能喝到出厂七天以内的最新鲜的啤酒,进一步提高公司产品的市场竞争力,扩大本公司产品在上述市场的销售量和市场占有率。目前公司已结合 2002 年销售工作,聘请在国际上享有较高声誉的咨询策划机构,对公司的市场销售网络的建设进行咨询、诊断、策划,待募集资金到位后,即可正式启动该项目。

4.投资概算

本公司拟使用募集资金 3,000 万元在上述地区建立物流配送中心、完善啤酒销售网络建设,建设期 1 年,主要用于仓库、办公场所和运输车辆的租赁、购置以及管理软件、人员配备、组建费等。建设完成后,啤酒总配送能力可达到 30 万吨/年。项目投资的分配为:本公司总部投入 1,545 万元用于物流指挥中心的建设,六大目标市场按各自的啤酒投放量投入相应的建设资金。

5.经济效益

根据测算,建设物流配送系统后,年平均增加效益 2900 万元,减去配送成本费用 2195 万元后,年平均增加利润 705 万元。通过对项目财务现金流的分析,经过测算,本项目所得税前的财务内部收益率为 28.65%,投资回收期(静态、不含建设期)为 5 年。

## 第十四章　发行定价和股利分配政策

一、发行定价

公司本次股票发行拟采用上网定价方式进行。确定本次股票发行价格的主要因素有:询价结果、公司估值结果、公司的成长性、行业的发展前景以及国家的相关政策、本公司拟投资项目的发展前景、本公司过去三年的业绩、二级市场上可比公司的股价定位以及适当的一二级市场间价格折扣等。

本次发行定价对公司的估值采取了 4 种方法:现金流贴现法、加权平均法、市盈率法、固定价格法。通过以上四种方法,发行人与主承销商初步商定了发行价格,并向 10 家机构投资者进行了询价。基于上述估值结果和询价结果,综合考虑发行定价的各种因素,发行人和主承销商商讨的发行价格为 7.44 元,发行市盈率为 20 倍(按 2002 年净利润全面摊薄计算),募股资金总量为 45,256 万元(已扣除发行费用)。

二、股利分配政策

本公司股票全部为普通股,股利分配将遵循同股同权同利的原则,按各股东持有的股份比例分配股利。股利派发可采取现金或股票的形式。公司原则上每一会计年度分派一次股利,在每一会计年度结束后的六个月内由公司董事会根据当年的经营业绩和未来的经营计划提出股利分配预案,并提交股东大会审议批准,公司董事会须在股东大会审议批准后两个月内完成股利的派发事项。公司向个人股东派发股利时,将按《中华人民共和国个人所得税法》和国家税务总局发布的《征收个人所得税若干问题的规定》代扣代缴个人所得税。

公司将本着对投资者负责的态度,实现股东价值,回报投资者。公司将在可分配利润方式的选择范围内,充分考虑到投资者的需要,并根据有关法律法规和《公司章程》的规定,公司税后利润按下列顺序分配:

(1)弥补上一年度的亏损;

(2)提取法定公积金 10%;

(3)提取法定公益金 5-10%;

(4)提取任意公积金;

(5)支付股东股利。

公司法定公积金累计额为公司注册资本的 50% 以上的,可以不再提取。提取法定公积金、公益金后是否提取任意公积金由股东大会决定。公司不得在弥补公司亏损和提取法定公积金、公益金之前向股东分配利润。

股东大会决议将公积金转为股本时,按股东原有比例派送新股。但法定公积金转为股本时,所留存的该项公积金不得少于注册资本的 25%。

本公司的股利分配政策保持连续性,本次发行后的股利分配政策依然沿用原来的股利分配政策。

三、历年股利分配情况

1.2000 年 6 月 29 日,本公司 1999 年度股东大会审议批准了《1999 年度利润分配的议案》,根据惠安永信有限责任会计师事务所惠永信会所审字(2000)13 号《审计报告》,本公司 1999 年度实现利润总额 160,177,323.56 元,净利润 105,763,685.17 元,根据《中华人民共和国公司法》和公司章程的有关规定,提取 10% 的法定公积金计 10,576,368.52 元,提取 10% 的法定公益金计 10,576,368.52 元,加上以前年度未分配利润 7,979,232.24 元,追溯调减以前年度未分配利润 2,208,486.72 元,1999 年可供股东分配的利润为 90,381,693.65 元;以 1999 年末总股本 18,700 万股为基数,每 10 股派发现金股利 2.30 元,向全体股东分配股利共计 4,301 万元,其余未分配利润 47,371,693.65 元结转下一年度。

2.2001 年 2 月 24 日,本公司 2000 年度股东大会审议批准了《2000 年度利润分配方案》,根据福建华兴有限责任会计师事务所闽华兴所(2001)审字 11 号《审计报告》,公司 2000 年度实现利润总额 172,812,603.61 元,净利润 105,328,546.75 元,根据《中华人民共和国公司法》和公司章程的有关规定,提取 10% 的法定公积金计 10,532,854.68 元,提取 10% 的法定公益金计 10,532,854.68

元,加上1999年末未分配利润47,371,693.65元,追溯调减未分配利润11,612,394.36元,2000年可供股东分配的利润为120,022,136.68元;以2000年末总股本18700万股为基数,每10股派发现金股利5.00元,向全体股东分配股利计93,500,0000元;其余未分配利润26,522,136.68元结转下一年度。

3.2002年3月15日,本公司2001年度股东大会审议批准了《2001年度利润分配方案》,公司2001年度实现利润总额109,440,462.38元,净利润63,302,928.40元,根据《中华人民共和国公司法》和公司章程的有关规定,提取10%的法定公积金计6,785,060.73元,提取10%的法定公益金计6,557,676.78元,加上2000年末未分配利润6,465,526.76元,2000年可供股东分配的利润为56,425,717.65元;以2001年末总股本18700万股为基数,每10股派发现金股利3元,向全体股东分配股利计56,100,000.00元;其余未分配利润325,717.65元结转下一年度。

公司最近三年历次实际股利分配情况符合《公司法》等法律法规以及本公司章程的规定。

四、滚存利润分配政策

2003年1月9日,本公司2003年第一次临时股东大会审议通过了《关于公司首次公开发行股票前实现利润的处置方案的议案》,对本次公开发行前的滚存利润的处理做如下安排:若本公司经国务院证券监督管理机构核准在2003年向社会公众公开发行股票,则本公司发行当年实现的利润和以前年度的滚存的未分配利润由发行后的新股东(即社会公众股股东)与现有股东按照股份比例及同股同权的原则共享。

本次发行如能按计划完成,预计首次派发股利时间在2003年上半年。

## 第十五章　附录备查文件

附录作为本招股说明书的有机组成部分,包括以下部分:

附录一:审计报告及财务报告全文

附录二:历次法律意见书

投资者可查阅与本次发行有关的所有正式法律文件,具体如下:

(一)本次发行的招股说明书及其摘要,中国证监会对本次发行的核准文件

1.政府部门和证券监管机构对本次发行有关的文件

(二)招股说明书的附录文件

1.为本次发行而编制的财务报告及审计报告原件

2.发行人律师对本次股票发行的法律意见书及其他有关法律意见

3.发行人历次验资报告

4.历次资产评估报告及有关确认文件

(三)其他向中国证监会报送的发行申请文件

1.发行人成立的批准和注册登记文件

2.发行人的公司章程及其他有关内部规定

3.发行人的营业执照

4.发行人的发起人协议

5.关于本次发行事宜的股东大会决议

6.与本次发行有关的重大合同

7.本次承销的有关协议

8.有关增资或资产重组的法律文件

9.历次股利分配的决议及记录

10.有关关联交易协议

(四)其他相关文件

投资者查阅时间:工作日上午8:30－11:30,下午2:00－5:00。

相关文件披露网址:

上海证券交易所

网站 http://www.sse.com.cn

惠泉啤酒公司网站 http://www.huiquan－beer.com

http://www.kindspring.com

新疆证券网站 http://www.unonline.com.cn

投资者查阅地点:

1.福建省惠泉啤酒集团股份有限公司

地　　址:福建省惠安县螺城镇建设大街157号

垂询电话:(0595)7396105

传　　真:(0595)7378169

2.新疆证券有限责任公司

地　　址:乌鲁木齐市解放北路1号

垂询电话:(010)82031569　82031563

传　　真:(010)82031441

# 福建省惠泉啤酒集团股份有限公司首次公开发行股票上市公告书

## 一、释义

在本上市公告书中,除非另有说明,下列名词具有特定含义:

中国证监会:指中国证券监督管理委员会

本公司、发行人:指福建省惠泉啤酒集团股份有限公司

社会公众股、A股:指发行人根据本招股说明书发行的面值为1元的人民币普通股

元:指人民币元

本次发行:指本公司本次向社会公开发行6,300万股社会公众股的行为

上市:指本公司股票在上海证券交易所挂牌交易

《公司法》　指《中华人民共和国公司法》

《证券法》　指《中华人民共和国证券法》

《公司章程》:指福建省惠泉啤酒集团股份有限公司章程

## 一、重要声明与提示

本公司董事会保证上市公告书的真实性、准确性、完整性,全体董事承诺上市公告书不存在虚假记载、误导性陈述或重大遗漏,并承担个别和连带的法律责任。

根据《公司法》、《证券法》等有关法律、法规的规定,本公司董事、高级管理人员已依法履行诚信和勤勉尽责的义务和责任。

上海证券交易所、中国证监会、其他政府机关对本公司股票上市及有关事项的意见,均不表明对本公司的任何保证。

本公司提醒广大投资者注意,凡本上市公告书未涉及的有关内容,请投资者查阅2003年1月28日刊登于《中国证券报》、《上海证券报》、《证券时报》和《证券日报》的本公司招股说明书摘要,以及刊登于上海证券交易所网站(www.sse.com.cn)的本公司招股说明书全文及附录。

本上市公告书同时刊登于上海证券交易所网站(http://www.sse.com.cn)。

## 二、概　览

1.股票简称:惠泉啤酒

2.沪市股票代码:600573

3.深圳代理股票代码:003573

4.总股本:25,000万股

5.可流通股本:6,300万股

6.本次上市流通股本:6,300万股

7.每股发行价格:7.44元

8.上市地点:上海证券交易所

9.上市时间:2003年2月26日

10.股票登记机构:中国证券登记结算有限责任公司上海分公司

11.上市推荐人:广发证券股份有限公司

福建省闽发证券有限公司

12.对首次公开发行股票前股东所持股份的流通限制及期限:根据国家现有法律、法规和中国证券监督管理委员会(以下简称"中国证监会")证监发行字[2003]10号文《关于核准福建省惠泉啤酒集团股份有限公司公开发行股票的通知》的规定,本公司本次公开发行股票前股东所持有的国家股、社会法人股和境内自然人股暂不上市流通。

13.根据《上海证券交易所股票上市规则》,本公司第一大股东惠安县国有资产投资经营有限公司承诺:自本公司股票上市之日起12个月内,不转让其所持有的本公司的股份。同时,本公司也承诺:自公司股票上市之日起12个月内不回购公司第一大股东所持有的本公司股份。

## 三、绪　言

本上市公告书是根据《中华人民共和国公司法》(以下简称"《公司法》")、《中华人民共和国证券法》(以下简称"《证券法》")、《股票发行与交易管理暂行条例》、《公开发行股票公司信息披露实施细则》和《上海证券交易所股票上市规则》等有关法律法规的规定,并按照中国证监会《公开发行证券的公司信息披露内容与格式准则第7号－股票上市公告书》要求而编制的,旨在向投资者提供有关本公司及其股票上市的基本情况。

经中国证监会证监发行字[2003]10号文核准,本公司已于2003年2月11日采用100%向二级市场投资者定价配售方式成功发行了每股面值1.00元的人民币普通股股票6300万股,发行价格为每股人民币7.44元。

根据上海证券交易所上证上字[2003]9号文批准,本公司6,300万股社会公众股将于2003年2月26日起在上海证券交易所挂牌交易,股票简称"惠泉啤酒",沪市股票代码为:600573,深市代理股票代码为:003573。

本公司已于2003年1月28日分别在《中国证券报》、《上海证券报》、《证券时报》和《证券日报》上刊登了招股说明书摘要,招股说明书全文及其必备附件可在上海证券交易所网站(http://www.sse.com.cn)查阅。因招股说明书签署日为2003年1月27日,其中所引用的财务资料距今不足三个月,故与其重复的内容不再重述,敬请投资者查阅上述文件。

## 四、发行人概况

(一)发行人基本情况

发行人名称:福建省惠泉啤酒集团股份有限公司

英文名称:HUIQUAN BREWAGE GROUP INC. FUJIAN CHINA

注册资本:25,000万元

法定代表人:程汉川

公司住所:福建省惠安县螺城镇建设大街157号

经营范围:啤酒、饮料制造。

主营业务:"惠泉"牌啤酒的生产与销售。

所属行业:饮料制造业

邮政编码:362100

联系电话:(0595)7396105

传真:(0595)7378169

互联网网址:Http://www.huiquan－beer.com;

Http://www.kindspring.com

电子信箱:ksbeer@public.qz.fj.cn

董事会秘书:陈荣标

(二)发行人历史沿革

福建省惠泉啤酒集团股份有限公司最早起源于1938年惠安县王氏家族兴办的生产地瓜酒的手工小作坊,解放后改造为地方国营企业惠安酒厂,专事生产白酒、黄酒、果露酒、碳酸饮料等产品。1983年公司在福建省啤酒行业中率先引进啤酒露天大罐发酵新技术,进行啤酒生产,1987年企业更名为惠安啤酒厂,1995年9月登记成立福建惠泉啤酒集团公司。

本公司是经福建省人民政府闽政体股[1996]09 号文批准,福建惠泉啤酒集团公司整体改制,由福建省惠安县经济贸易局作为主要发起人,联合惠泉集团工会、惠安县惠泉大酒店工会委员会、福建泉州龙珠酒厂工会、惠安县麦芽厂工会委员会、晋达国际有限公司、福建省惠安县华源实业发展公司、惠安县中德彩色印刷厂、泉州市区宏泰名酒食品贸易中心、厦门市建达盛贸易公司、龚金柱等 10 名发起人,以发起设立方式设立的。本公司于 1997 年 2 月 4 日在福建省工商行政管理局正式登记注册。福建省国有资产管理局以闽国资[1997]021 号文对本公司的国有股权设置方案进行了批复:公司成立时总股本为 6,880 万股,其中福建省惠安县经济贸易局以福建惠泉啤酒集团公司经评估确认的净资产 58,677,373.16 元(评估基准日为 1996 年 5 月 31 日)作为出资投入本公司,按 1.529:1 的折股比例认购 3,838 万股,占公司股本总额的 55.78%,股权性质界定为国家股。

公司设立时,主发起人投入公司的资产情况见下表:

(单位:元)

| 资产 | 评估值 | 负债及所有者权益 | 评估值 |
|---|---|---|---|
| 货币资金 | 48,974,625.34 | 短期借款 | 65,210,000.00 |
| 应收账款 | 734,074.86 | 预收账款 | 1,635,893.62 |
| 预付货款 | 2,182,548.96 | 其他应付款 | 15,923,513.25 |
| 其他应收款 | 27,290,450.43 | 应付工资 | 757,898.41 |
| 存货 | 27,158,768.57 | 应付福利费 | 2,224,184.03 |
| 待摊费用 | 3,819,181.80 | 未交税金 | 17,787,694.85 |
| 流动资产合计 | 110,159,649.96 | 其他未交款 | 1,256,747.46 |
| 长期投资 | 465,301.02 | 预提费用 | 4,439,879.21 |
| 固定资产 | 92,140,323.01 | 流动负债合计 | 109,235,810.83 |
| 无形资产 | 4,508,910.00 | 长期负债 | 40,261,000.00 |
| 递延资产 | 900,000.00 | 所有者权益 | 58,677,373.16 |
| 资产合计 | 208,174,183.99 | 合计 | 208,174,183.99 |

其中,主发起人投入的固定资产为: (单位:元)

| 项目 | 金额 | 备注 |
|---|---|---|
| 房屋建筑物 | 16,190,287.48 | 生产厂房和办公楼共 25 座,共计 18,145.08 平方米,评估值为 14,651,385.63 元,其他建筑物评估值为 1,538,901.85 元。 |
| 机器设备 | 63,927,395.00 | 啤酒酿造设备、包装线和辅助设备等 |
| 汽　车 | 177,550.00 | |
| 管理设备 | 2,113,387.80 | 办公用电脑、打印机等设备 |

其他发起人均以现金投入,以同样的比例折股认购 3,042 万股,占公司股本总额的 44.22%。

福建中兴会计师事务所于 1997 年 1 月 19 日出具闽中兴所(97)验字第 02 号《验资报告》,对公司设立时的注册资本予以验证。公司于 1997 年 2 月 4 日在福建省工商行政管理局正式注册成立。

公司成立时的股本结构如下:

| 股东名称 | 股份数(万股) | 比例(%) |
|---|---|---|
| 福建省惠安县经济贸易局 | 3,838 | 55.78 |
| 福建惠泉啤酒集团公司工会委员会 | 1,768 | 25.70 |
| 惠安县惠泉大酒店工会委员会 | 35 | 0.51 |
| 福建泉州龙珠酒厂工会 | 43 | 0.63 |
| 惠安县麦芽厂工会委员会 | 35 | 0.51 |
| 晋达国际有限公司 | 328 | 4.77 |
| 福建省惠安县华源实业发展公司 | 200 | 2.91 |
| 惠安县中德彩色印刷厂 | 35 | 0.51 |
| 泉州市区宏泰名酒食品贸易中心 | 35 | 0.51 |
| 厦门市建达盛贸易有限公司 | 35 | 0.51 |
| 龚金柱 | 528 | 7.67 |
| 合计 | 6,880 | 100 |

1998 年 4 月,经 1997 年度股东大会审议通过,并经福建省人民政府闽政体股[1998]12 号文批准,公司以 1997 年末总股本 6,880 万股为基数,按每 10 股派发现金 1.60 元、送红股 1.5 股,转增 1.5 股,并以 1997 年末总股本 6,880 万股为基数,向全体股东增资扩股 2,056 万股,每股价格 2.10 元,全体股东均以现金认购,筹集的资金用于公司 25 万吨规模技改工程建设。其中福建省惠安县经济贸易局认购 620.6 万股、惠泉集团工会认购 797.334 万股、惠安县惠泉大酒店工会委员会认购 20.148 万股、福建泉州龙珠酒厂工会认购 12.815 万股、惠安县麦芽厂工会委员会认购 10.903 万股、晋达国际有限公司认购 161.6 万股、福建省惠安县华源实业发展公司认购 100 万股、惠安县中德彩色印刷厂认购 14.5 万股、泉州市区宏泰名酒食品贸易中心认购 4.5 万股、厦门市建达盛贸易公司未认购、龚金柱认购 313.6 万股。1998 年 6 月 16 日,惠安会计师事务所出具惠会所验字(1998)62 号《验资报告》,验证上述资本变更情况。上述方案实施完毕后,公司的股本结构如下:

| 股东名称 | 股份数(万股) | 比例(%) |
|---|---|---|
| 福建省惠安县经济贸易局 | 5,610 | 51 |
| 福建惠泉啤酒集团公司工会委员会 | 3,095.734 | 28.14 |
| 惠安县惠泉大酒店工会委员会 | 65.648 | 0.60 |
| 福建泉州龙珠酒厂工会 | 68.715 | 0.62 |
| 惠安县麦芽厂工会委员会 | 56.403 | 0.51 |
| 晋达国际有限公司 | 588 | 5.35 |
| 福建省惠安县华源实业发展公司 | 360 | 3.27 |
| 惠安县中德彩色印刷厂 | 60 | 0.55 |
| 泉州市区宏泰名酒食品贸易中心 | 50 | 0.45 |
| 厦门市建达盛贸易有限公司 | 45.5 | 0.41 |
| 龚金柱 | 1,000 | 9.09 |
| 合计 | 11,000 | 100 |

1999 年 6 月 24 日经惠安县人民政府惠政[1999]综 171 号文批准,本公司的国家股持股单位由惠安县经济贸易局变更为惠安县国有资产投资经营有限公司;同时本公司股东惠安县中德彩色印刷厂已依法改制为泉州中德印务有限公司。本公司据此对公司章程进行了修改,并办理了工商变更登记。

1999 年 5 月,经 1998 年度股东大会批准,并经福建省人民政府闽政体股[1999]17 号文批准,公司以 1998 年末总股本 11,000 万股为基数,按每 10 股派发现金 2.10 元、送红股 2 股、转增 2 股,并以 1998 年末总股本 11,000 万股为基数,向全体股东配售 3,300 万股(10:3 的比例),每股价格为 2.90 元,股东均以现金认购,筹集的资金用于公司 10 万吨规模异地技改工程建设。本次配股过程中,福建泉州龙珠酒厂工会按照 10:3 的比例可获配售 20.6145 万股,实际认购 19.399 万股,将 1.2155 万股配股权转让给惠泉集团工会。惠安县麦芽厂工会按照 10:3 的比例可获配售 16.9209 万股,实际认购 16.2358 万股,将 0.6851 万股配股权转让给惠泉集团工会。泉州市区宏泰名酒食品贸易中心按照 10:3 的比例可获配售 15 万股,实际认购 4 万股,将 11 万股配股权转让给惠泉集团工会。厦门市建达盛贸易公司按照 10:3 的比例可获配售 13.65 万股,实际认购 0 股,分别将所享有的配股权转让给惠泉集团工会 11.3516 万股和惠安县惠泉大酒店工会 2.2984 万股。配股权转让后,惠泉集团工会认购 952.9724 万股,惠安县惠泉大酒店工会认购 21.9928 万股,福建泉州龙珠酒厂工会认购 19.399 万股,惠安县麦芽厂工会委员会认购 16.2358 万股,泉州市区宏泰名酒食品贸易中心认购 4 万股,厦门市建达盛贸易公司未认购,其余股东均按 10:3 的比例认购。1999 年 7 月 21 日,惠安会计师事务所出具了惠会所验字(1999)105 号《验资报告》,验证了上述资本变更情况。

对于本次配股时股东转让配股权的情况,发行人律师认为:配股权是公司股东依法享有的一项权利,股东可以根据自己的经济状况决定是否配股以及是否转让配股权,我国《公司法》以及其他有关法律、法规和规范性文件并未对此作出任何限制性规定,因此,发行人 1999 年配股时股东转让配股权的行为是合法有效的。

上述方案实施完毕后,公司的股本结构如下:

| 股东名称 | 股份数(万股) | 比例(%) |
|---|---|---|
| 惠安县国有资产投资经营有限公司 | 9,537 | 51 |
| 福建惠泉啤酒集团公司工会委员会 | 5,287 | 28.27 |
| 惠安县惠泉大酒店工会委员会 | 113.9 | 0.61 |
| 福建泉州龙珠酒厂工会 | 115.6 | 0.62 |
| 惠安县麦芽厂工会委员会 | 95.2 | 0.51 |
| 晋达国际有限公司 | 999.6 | 5.35 |
| 福建省惠安县华源实业发展公司 | 612 | 3.27 |
| 泉州中德印务有限公司 | 102 | 0.55 |
| 泉州市区宏泰名酒食品贸易中心 | 74 | 0.40 |
| 厦门市建达盛贸易有限公司 | 63.7 | 0.34 |
| 龚金柱 | 1,700 | 9.09 |
| 合计 | 18,700 | 100 |

1999 年 8 月,福建泉州龙珠酒厂工会名称变更为"福建泉州市龙珠酿酒有限公司工会委员会";1999 年 12 月,惠安县麦芽厂工会委员会名称变更为"泉州市金麦啤酒原料有限公司工会";2001 年 3 月,福建省惠安县华源实业发展公司改制为福建省惠安县华源实业有限公司,其原持有的本公司 612 万股股份相应变更至福建省惠安县华源实业有限公司名下;2001 年 8 月,泉州市区宏泰名酒食品贸易中心改制为泉州市宏泰名酒贸易有限公司,其原持有的本公司 74 万股股份相应变更为泉州市宏泰名酒贸易有限公司持有。

2001 年 6 月 25 日,本公司原有工会股东按每股 3.9 元的价格,将其所持有的本公司股份全部转让给新股东,有关转让情况如下:

| 受让方 | 转让方 | 转让股数(万股) | 受让方与发行人关系 |
|---|---|---|---|
| 泉州兴达船务有限公司 | 龙珠工会 | 115.6 | |
| 王建明 | 金麦工会 | 95.2 | |
| 福建天力投资有限公司 | 惠安县惠泉大酒店店工会委员会 | 113.9 | |
| | 惠泉集团工会 | 2,781.1 | |
| 福建省青山纸业股份有限公司 | 惠泉集团工会 | 600 | |
| 深圳市恒宝鼎投资有限公司 | 惠泉集团工会 | 350 | |
| 江西清华科技集团有限公司 | 惠泉集团工会 | 500 | |
| 香港圣歌德奇有限公司 | 惠泉集团工会 | 841.5 | |
| 柯文良 | 惠泉集团工会 | 139.202 | |
| 程汉川 | 惠泉集团工会 | 10 | 董事长 |
| 郭振辉 | 惠泉集团工会 | 10 | 董事总经理 |
| 陈荣标 | 惠泉集团工会 | 5.198 | 董事会秘书 |
| 庄木辉 | 惠泉集团工会 | 5 | 总工程师 |
| 陈光明 | 惠泉集团工会 | 5 | 副董事长 |
| 黄其聪 | 惠泉集团工会 | 5 | 董事 |
| 黄植农 | 惠泉集团工会 | 5 | 监事 |
| 林志坚 | 惠泉集团工会 | 5 | 董事、财务总监 |
| 陈新华 | 惠泉集团工会 | 5 | 常务副总经理 |
| 许炎平 | 惠泉集团工会 | 5 | 副总经理 |
| 叶清法 | 惠泉集团工会 | 5 | 副总经理 |
| 刘友华 | 惠泉集团工会 | 5 | 副总经理 |
| 郑金成 | 惠泉集团工会 | 5 | 技术总监 |

上述股份转让完成后,本公司已于 2001 年 9 月在福建省工商行政管理局办理了工商变更登记手续。

对于本次股份转让的行为,发行人律师认为:公司工会股东将其持有的股份转让给 15 个自然人,受让的自然人均为发行人股份的终极所有者;该次股份转让行为已经履行了必要的法律程序;公司在转让前已明确告知自然人股东该股权不能流通的有关规定;原工会持股转让后不存在潜在的问题和风险隐患。

经中国证监会证监发行字[2003]10 号文核准,本公司已于 2003 年 2 月 11 日采用 100%向二级市场投资者定价配售方式成功发行了每股面值 1.00 元的人民币普通股股票 6,300 万股,发行价格为每股人民币 7.44 元。本公司已于 2003 年 2 月 18 日办理了验资手续。本次发行完成后,本公司注册资本为 25,000 万股。

(三)发行人的主要经营情况

1.发行人业务概况

本公司的主要业务范围为"惠泉"牌啤酒的制造和销售。从原材料配方看,公司现有产品包括小麦啤酒和大麦啤酒;从生产工艺看,公司现有产品包括熟啤酒、纯生啤酒和白瓶啤酒;从包装形式上看,公司现有产品包括 500 毫升瓶装啤酒、620 毫升瓶装啤酒和 350 毫升听装啤酒。1999 年、2000 年、2001 年,公司的啤酒产量分别为 25.4 万吨、31.5 万吨和 40.08 万吨,同期福建省的啤酒产量分别为 116.33 万吨、118.89 万吨和 128.11 万吨,公司在福建省的市场占有率分别为 21.83%、26.50%和 31.29%,啤酒产量和福建省内市场占有率连续三年省内排名第一。(福建省啤酒产量数据参见:福建省啤酒专业协会主办的《福建省啤酒行业主要经济技术指标汇总资料》)

2.发行人的竞争优势及劣势

本公司的竞争优势是:高级管理人员队伍团结,人员和专业结构搭配较合理,并保持相对稳定性,形成了有效的经营、技术、管理团队,并具有较强的创新及战略策划能力;市场定位把握准确,确立了惠泉品牌的优质产品定位,并以城市为主要消费市场;产品在福建省品牌知名度和美誉度高,市场占有率高,在竞争中处于领先地位;公司财务状况良好,盈利能力较强;技术改造步伐快,引进了大量先进设施,整体设备水平处于全国行业的领先地位;公司具有较强的技术开发、产品开发和产品推广能力,产品的技术含量较高,包装设计新颖,新产品市场推广成功率高;能根据产品的生命周期,不断调整产品结构,即一方面不断进行新产品开发,实现产品升级换代,一方面改进产品的内外在质量,延长成熟产品的生命周期;本公司较早建立了产品质量保证体系,质量长期稳定,口味深受欢迎,产品的市场形象良好;已初具较大的生产规模,进入了全国行业十强,同时通过有效的广告投入已逐步扩大了在全国市场的影响和知名度,并在各地市场保持着良好的产销势头。

劣势是:公司高素质人才储备较少,特别是管理、营销、财务人才不足;虽具有一定的产量规模,但与少数啤酒巨头相比,差距仍然较大;公司地处福建泉州市惠安县,与北京、上海等文化中心城市在各方面均有较大差距,部分员工视野有限,开拓精神欠佳;管理方面,虽然随着企业规模的扩大,本公司适时引进了部分高级管理人才,但传统管理经验仍占有较大成分,长期有效的激励机制有待加强。

3.主要财务指标

(1)简要合并利润表 (单位:元)

| 项目 | 2002 年度 | 2001 年度 | 2000 年度 |
|---|---|---|---|
| 主营业务收入 | 905,695,320.15 | 943,915,911.91 | 885,500,852.76 |
| 主营业务利润 | 231,320,717.03 | 262,162,704.93 | 289,636,931.40 |
| 营业利润 | 106,603,055.69 | 110,948,214.83 | 173,016,126.11 |
| 利润总额 | 106,148,168.64 | 109,440,462.38 | 153,347,318.54 |
| 净利润 | 69,548,131.09 | 63,302,928.40 | 85,342,258.43 |

(2)简要合并资产负债表

(单位:元)

| 项目 | 2002.12.31 | 2001.12.31 | 2000.12.31 |
|---|---|---|---|
| 流动资产 | 224,059,964.57 | 184,498,049.18 | 116,839,687.91 |
| 长期投资 | 5,114,604.73 | 5,051,941.61 | 5,681,882.94 |
| 固定资产合计 | 945,748,217.12 | 882,308,984.17 | 733,048,742.50 |
| 无形及其他资产 | 21,404,467.28 | 20,366,696.73 | 17,986,215.84 |
| 资产总计 | 1,196,327,253.70 | 1,092,225,671.69 | 873,556,529.19 |
| 流动负债 | 542,689,603.65 | 317,218,534.71 | 355,353,318.36 |
| 长期负债 | 203,000,000.00 | 394,650,000.00 | 150,650,000.00 |
| 负债合计 | 745,689,603.65 | 711,868,534.71 | 506,003,318.36 |
| 少数股东权益 | 9,370,159.56 | 8,773,771.44 | 3,209,044.45 |
| 股东权益合计 | 441,267,490.49 | 371,583,365.54 | 364,344,166.38 |
| 负债与股东权益合计 | 1,196,327,253.70 | 1,092,225,671.69 | 873,556,529.19 |

4.发行人的知识产权

本公司目前拥有国家工商行政管理局商标局核准的两项注册商标专用权:

| 商标名称 | 注册号 | 有效期 |
|---|---|---|
| 惠泉 | 512256 | 2000年 2月 20日至 2001年 2月 19日 |
| | 1148938 | 1998年 7月 7日至 2008年 7月 6日 |

5.发行人未享有任何税收优惠政策。

## 五、股票发行与股本结构

(一)本次上市股票的公开发行情况

1.发行股票种类:人民币普通股

2.每股面值:1.00 元

3.发行数量:公开发行新股 6,300 万股

4.每股发行价格:7.44 元

5.募集资金总额:46,872 万元

6.发行时间:2003 年 2 月 11 日

7.发行方式:100%向二级市场投资者定价配售

8.于本公司《招股说明书摘要》刊登日收盘时持有上证所或深交所已上市流通人民币普通股(A 股)股票市值达 10,000 元及以上的投资者。

9.发行市盈率:20 倍(按 2002 年净利润全面摊薄计算)

10.发行费用总额及项目:本次发行费用总额为 1,614.54 万元,包括承销费用、审计费用、律师费、发行手续费、审核费等。

11.每股发行费用:0.2563 元

(二)本次上市股票的承销情况

本次公开发行的 6,300 万股社会公众股的配号总数为 73247338 个,中签率为 0.08600995%;二级市场投资者认购了 62418897 股,其余 581103 股由主承销商新疆证券有限责任公司包销。

(三)验资报告

### 验 资 报 告

闽华兴所(2003)验字 C－001 号

福建省惠泉啤酒集团股份有限公司全体股东:

我们接受委托,审验了贵公司截止 2003 年 2 月 17 日止新增注册资本的实收情况。按照国家相关法律、法规的规定和协议、章程的要求出资,提供真实、合法、完整的验资资料,保护资产的安全、完整是全体股东及贵公司的责任。我们的责任是对贵公司新增注册资本的实收情况发表审验意见。我们的审验是依据《独立审计实务公告第 1 号—验资》进行的。在审验过程中,我们结合贵公司的实际情况,实施了检查等必要的审验程序。

贵公司原注册资本和实收资本均为人民币壹亿捌仟柒佰万元整(RMB187,000,000 元),已经惠安会计师事务所于 1999 年 7 月 21 日出具惠会所验字[1999]105 号验资报告予以审验。根据贵公司股东大会决议和修改后章程的规定,贵公司申请增加注册资本人民币陆仟叁佰万元整(RMB63,000,000 元)。经中国证券监督管理委员会证监发行字[2003]10 号文批准,贵公司于 2003 年 2 月 11 日向社会公众发行人民币普通股 6,300 万股,全部向二级市场投资者定价配售,每股发行价格 7.44 元。经我们审验,截止 2003 年 2 月 17 日止,贵公司本次发行募集资金为人民币 468,720,000 元,扣除发行费用后,实际募集资金净额为人民币 452,574,611.81 元,其中增加注册资本为人民币陆仟叁佰万元整(RMB63,000,000 元),增加资本公积为人民币 389,574,611.81 元,变更后注册资本和实收资本均为人民币贰亿伍仟万元整(RMB250,000,000 元)。社会公众股股东均以货币资金出资,款存中国工商银行惠安县支行 1408011129001201282 账号和兴业银行惠安县支行 157300101100003436 账号。

本验资报告仅供贵公司申请变更登记及据以向股东签发出资证明时使用,不应将其视为对贵公司验资报告日后资本保全、偿债能力和持续经营能力等的保证,因使用不当所造成的后果,与执行本验资业务的注册会计师及本会计师事务所无关。

福建华兴有限责任会计师事务所　　中国注册会计师:童益恭

中国注册会计师:陈玉珍

中国·福州　　二〇〇三年二月十八日

(四)本次募集资金入帐情况

1.入帐时间:2003 年 2 月 17 日

2.入帐金额:452,574,611.81 元人民币(募集资金扣除承销费和上网发行费后的余额)

3.入帐账号:1408011129001201282 和 157300101100003436

4.开户银行:中国工商银行惠安县支行和兴业银行惠安县支行

(五)本次股票上市前发行人的股权结构和股东持股情况

1.本次股票上市的股权结构

| 项目 | 股份数(万股) | 比例 |
|---|---|---|
| 国家股 | 9,537 | 38.15% |
| 发起人境内法人股 | 851.7 | 3.41% |
| 社会法人股 | 4460.6 | 17.84% |
| 境内自然人股 | 309.6 | 1.24% |
| 外资股 | 3541.1 | 14.16% |
| 社会公众股 | 6,300 | 25.20% |
| 合计 | 25,000 | 100.00% |

2.本次股票上市前,公司前十名股东及其持股比例

| 股　东 | 股本数(万股) | 所占比例(%) |
|---|---|---|
| 惠安县国有资产投资经营有限公司 | 9,537 | 51 |
| 福建天力投资有限公司 | 2,895 | 15.48 |
| 晋达国际有限公司 | 999.6 | 5.35 |
| 香港圣歌德奇有限公司 | 841.5 | 4.50 |
| 福建省惠安县华源实业有限公司 | 612 | 3.27 |
| 福建省青山纸业股份有限公司 | 600 | 3.21 |
| 江西清华科技集团有限公司 | 500 | 2.67 |
| 深圳市恒宝鼎投资有限公司 | 350 | 1.87 |
| 泉州兴达船务有限公司 | 115.6 | 0.62 |
| 泉州中德印务有限公司 | 102 | 0.55 |

## 六、董事、监事、高级管理人员及核心技术人员

(一)董事、监事、高级管理人员简况

1.董事

程汉川先生,48 岁,大专文化,高级经济师,历任惠安啤酒厂车间副主任、主任、副厂长、厂长、福建惠泉啤酒集团公司董事长等职。程汉川先生长期从事啤酒行业的研究和大型国有企业的管理工作,在啤酒企业的经营管理、投资运营、发展战略方面拥有丰富的专业经验。程汉川先生是中国啤酒协会常务理事、福建省啤酒协会副会长、泉州市科学技术协会副主席、泉州市工商联合会(商会)副会长、惠安县工商联合会(商会)会长,现任惠安县国有资产投资经营有限公司董事、本公司董事长。程汉川先生于 2000 年被授予"全国劳动模范"光荣称号。

陈光明先生,49 岁,大专文化,中级馆员,曾任泉州市档案局业务科长、惠安啤酒厂厂长助理、福建惠泉啤酒集团公司副董事长。现任本公司副董事长。陈光明先生于 1999 年被评为福建省轻纺系统"思想政治工作先进个人"。

郭振辉先生,37 岁,大学文化,高级工程师,曾任惠安啤酒厂车间主任、技术科长、厂长助理、副厂长、福建惠泉啤酒集团公司副董事长兼总经理。郭振辉先生是泉州市青年联合会副主席、泉州市青年企业家协会会长、福建省青年企业家协会副会长,现任本公司董事兼总经理。郭振辉先生于 1999 年被授予"全国五一劳动奖章"。

何跃英先生,41 岁,大专文化,统计师、曾任惠安县糖酒副食品公司经理、惠安县副食品基地开发公司经理,现任惠安县国有资产投资经营有限公司副总经理、本公司董事。

黄其聪先生,51 岁,大专文化,会计师,历任惠安啤酒厂会计主管、财务部科长、福建惠泉啤酒集团公司财务部经理、本公司第一、二届董事、财务总监等职,现任本公司董事兼金麦公司执行董事。

林志坚先生,36 岁,大学文化,会计师、审计师,曾任惠安县审计局审计科长、本公司监事会主席,现任惠安县国有资产投资经营有限公司副董事长、本公司董事、财务总监。

杨孙西先生,64 岁,大学文化,中国香港人士,曾任香港特区筹委会推委会委员。杨孙西先生现任全国政协委员、福建省政协常委、世界华人友好协会秘书长、全港工商业联谊会会长、香江国际有限公司董事长、晋达国际有限公司董事长、Hendon Holdings Ltd 董事长、股达针织厂有限公司和正旭(香港)有限公司董事、本公司董事。

龚金柱先生,61 岁,大学文化,中国台湾人士,现任福建省惠安龙益实业有限公司董事长、本公司董事。

姚弘先生,30 岁,大学文化,硕士研究生在读,中国注册会计师。姚弘先生曾任上海申银证券公司发行二部项目经理、港澳信托投资银行总部副总经理,海南力神咖啡股份有限公司董事、海南港澳实业股份有限公司董事,现任福州天力投资顾问有限公司总经理、本公司董事。

独立董事两名:

李耀忠先生,34 岁,研究生,注册会计师,会计师,曾任宁夏财政厅科研所《宁夏财会》、《宁夏财政科学研究资料》编辑,宁夏会计师事务所业务助理、项目负责人、部门经理,宁夏五联会计师事务所董事长、主任会计师,现任中国注册会计师协会理事、五联联合会计师事务所有限公司董事、主任会计师。

强纪英女士,59 岁,经济师,曾于 1962 年至 1988 年就职于中国工商银行上海分行静安支行;1988 至 1990 年就职于中国工商银行上海分行信托投资公司,并参与筹建申银证券公司;1990 年至 1999 年就职于上海证券交易所,曾任上市部副总监;1999 年 6 月发起创建内地第一家上市公司董事会秘书协会。强纪英女士参加了由中国证监会和清华大学管理学院举办的全国独立董事培训班,经考核成绩合格,成为全国首批经中国证监会认可的具有独立董事任职资格的人员。

2.监事

骆铁富先生,57 岁,大学文化,统计师,曾任惠安县统计局副局长、惠安县审计局副局长、惠安县审计局主任科员,2001 年 5 月至今在惠安国投工作,现任本公司监事会主席。

黄植农先生,51 岁,初中文化,政工师,曾任惠安酒厂制曲车间主任、成品车间主任,惠安酒厂、惠安啤酒厂、福建惠泉啤酒集团公司工会主席、本公司首届董事。黄植农先生于 1992 年获得"全国优秀工会工作者"光荣称号。黄植农先生现任泉州市总工会委员、惠安县总工会委员、本公司工会主席、监事会副主席(职工代表出任的监事)。

潘燕华女士,46 岁,高中文化,助理统计师。潘燕华女士长期从事本公司统计工作和工会工作,曾任本公司工会委员、统计主管,现任公司统计主管、工会女工委员会主任、监事(职工代表出任的监事)。

杨圣敦先生,53 岁,大学文化,中国香港人士。杨圣敦先生 1971 年至 1975 年在香港加铝公司工作,1975 年创办健德贸易公司,1977 年创办永盛玩具制造公司,现任永盛玩具制造公司董事、香

港香江国际发展有限公司董事、本公司监事。

姚迅先生,30 岁,大学文化,经济师,证券分析师,曾任福州物贸中心期货交易员、福州天力投资顾问公司投行二部经理,具有较为丰富的投资银行运作经验。姚迅先生现任福州天力投资顾问有限公司副总经理、本公司监事。

3.高级管理人员

郭振辉先生,公司总经理,简历见董事一节。

陈新华先生,39 岁,大专文化,助理工程师,曾任惠安啤酒厂办公室副主任、泉州市龙珠酒厂厂长、泉州市兴龙包装用品有限公司总经理。陈新华先生是惠安县青年联合会常委,现任本公司常务副总经理。陈新华先生于 1998 年被授予福建省"新长征突击手"光荣称号,于 2000 年被评为泉州市"优秀青年企业家"。

叶清法先生,48 岁,大学文化,高级工程师,曾任惠安啤酒厂质检科长、生产部副主任、厂长助理、副厂长,福建惠泉啤酒集团公司副总经理等职。叶清法先生现任福建省啤酒协会副秘书长、福建省消费者委员会食品分会副会长、本公司副总经理。叶清法先生于 2000 年荣获"全国质量管理先进个人"称号。

许炎平先生,41 岁,大专文化,工程师,曾任惠安啤酒厂包装车间组长、副主任、主任、生产部主任、副厂长,福建惠泉啤酒集团公司副总经理等职。许炎平先生现任泉州市总工会职工技协副秘书长、本公司副总经理。许炎平先生于 1995 年被授予"全国劳动模范"光荣称号。

刘友华先生,38 岁,大学文化,高级工程师。刘友华先生曾任福州啤酒厂副厂长、金泰来啤酒有限公司常务副总经理、福建九州映雪啤酒集团副总经理和总工程师,现任本公司副总经理兼北厂厂长。

庄木辉先生,58 岁,大学文化,高级工程师,曾任惠安啤酒厂副厂长、福建惠泉啤酒集团公司董事副总经理、本公司董事兼副总经理,长期负责本公司设备技术工作。庄木辉先生是全国饮料酿酒机械行业专家组专家、福建省投资咨询轻工组专家、福建省啤酒协会专家组成员,现任本公司总工程师。曾连续获得"八五"和"九五"期间福建省"企业技术改造先进个人"荣誉称号。

郑金成先生,56 岁,大学文化,高级工程师、高级酿酒师,曾任惠安酒厂车间主任、副厂长、福建惠泉啤酒集团公司技术部经理、副总工程师、福建省轻工厅企业质量管理诊断师等职。郑金成先生长期担任本公司技术负责人,主持了本公司历次技术改造以及小麦啤酒、全麦啤酒、千禧啤酒、纯生啤酒、枸杞啤酒、螺旋藻啤酒等新产品的开发研制工作,现任本公司技术总监。

陈荣标先生,54 岁,大学文化,高级经济师,曾任惠安啤酒厂麦芽车间主任、惠安麦芽厂厂长、惠安啤酒厂生产部副主任、厂长助理、副厂长、本公司首届监事、第二届董事,现任本公司董事会秘书兼兴龙包装执行董事。

4.核心技术人员

庄木辉先生,现任本公司总工程师,主管公司的设备技术工作。

郑金成先生,现任本公司技术总监,主管公司的工艺技术工作。

程志强先生,32 岁,大学文化,工程师,曾任惠安啤酒厂质管科科长、福建惠泉啤酒集团公司生产部副经理、技术部副经理、采购部副经理、酿造部主任、分厂副厂长等职。程志强先生曾担任福建省科委重点科研项目"小麦啤酒研制"的技术负责人,并荣获福建省"科技进步三等奖",现任本公司技术中心主任,福建省啤酒评酒委员,全国啤酒评酒委员。

王国川先生,36 岁,大学文化,工程师。王国川先生曾任惠安啤酒厂质检科技术员、福建惠泉啤酒集团公司技术开发部主管、技术部副经理、技术创新中心副经理等职。王国川先生一贯从事啤酒研究与新产品开发工作,近几年来参加了公司所有新产品的开发与研制工作。王国川先生现任本公司技术中心副主任,全国啤酒评酒资格委员。

罗伟先生,31 岁,大学文化,工程师,历任公司酿造车间主任、技术部经理、二分厂厂长、生产部经理等职,曾参与数次技术攻关和技术创新项目,现任公司工艺部经理。

蔡金龙先生,32 岁,大学文化,工程师,历任公司生产部技术员、品管部主管。蔡金龙先生曾参加小麦啤酒等新产品的研制开发工作,对啤酒质量管理颇有研究,是本公司推行 ISO9000 国际质量体系的带头人,现任公司高级技术顾问兼品管部经理。

本公司所有董事、监事、高级管理人员、核心技术人员除龚金柱先生系中国台湾人士、杨孙西先生和杨圣敦先生系中国香港人士外,其余均为定居在国内的中华人民共和国公民。

本公司所有董事、监事、高级管理人员、核心技术人员之间,除杨孙西先生和杨圣敦先生系兄弟关系、程汉川先生和许炎平先生系表兄弟关系外,不存在配偶关系或其他三代以内直系亲属或旁系亲属关系。

(二)董事、监事、高级管理人员及核心技术人员持有公司股份情况

1.董事、监事、高级管理人员和核心技术人员发行前三年持有公司股份变动情况、发行前三年年末持股数量及比例及本次发行后所占比例的情况如下表:

(单位:万股)

| 姓名 | 职务 | 2000 年末 | | 2001 年末 | | 2002 年末 | | 本次发行后(按发行 6300 万股计) | |
|---|---|---|---|---|---|---|---|---|---|
| | | 持股数 | 比例(%) | 持股数 | 比例(%) | 持股数 | 比例(%) | 持股数 | 比例(%) |
| 龚金柱 | 董事 | 1700 | 9.09 | 1700 | 9.09 | 1700 | 9.09 | 1700 | 6.8 |
| 程汉川 | 董事长 | — | — | 10 | 0.053 | 10 | 0.053 | 10 | 0.04 |
| 郭振辉 | 总经理 | — | — | 10 | 0.053 | 10 | 0.053 | 10 | 0.04 |
| 陈荣标 | 董秘 | — | — | 5.198 | 0.027 | 5.198 | 0.027 | 5.198 | 0.0208 |
| 庄木辉 | 总工程师 | — | — | 5 | 0.0267 | 5 | 0.0267 | 5 | 0.02 |
| 陈光明 | 副董事长 | — | — | 5 | 0.0267 | 5 | 0.0267 | 5 | 0.02 |
| 黄其聪 | 董事 | — | — | 5 | 0.0267 | 5 | 0.0267 | 5 | 0.02 |
| 黄植农 | 监事 | — | — | 5 | 0.0267 | 5 | 0.0267 | 5 | 0.02 |
| 林志坚 | 财务总监 | — | — | 5 | 0.0267 | 5 | 0.0267 | 5 | 0.02 |
| 陈新华 | 副总经理 | — | — | 5 | 0.0267 | 5 | 0.0267 | 5 | 0.02 |
| 许炎平 | 副总经理 | — | — | 5 | 0.0267 | 5 | 0.0267 | 5 | 0.02 |
| 叶清法 | 副总经理 | — | — | 5 | 0.0267 | 5 | 0.0267 | 5 | 0.02 |
| 刘友华 | 副总经理 | — | — | 5 | 0.0267 | 5 | 0.0267 | 5 | 0.02 |
| 郑金成 | 技术总监 | — | — | 5 | 0.0267 | 5 | 0.0267 | 5 | 0.02 |

上述 14 人中,龚金柱先生系本公司发起人之一,其余 13 人所持本公司的股份均为 2001 年 6 月 25 日通过受让工会股份而来,在此之前所有董事、监事、高级管理人员和核心技术人员均未持有本公司股份。上述 14 人已确认其所持有的本公司股份均未存在质押或冻结情况,并同意按照法律、法规、规范性文件和公司章程的有关规定,在任职期间以及离职六个月之内不转让所持本公司的股份。

2.本公司无董事、监事、高级管理人员或核心技术人员的配偶或未满 18 岁的子女持有本公司股份的情形。

3.本公司监事杨圣敦先生持有香港圣歌德奇有限公司 33.33%的权益,香港圣歌德奇有限公司持有本公司 4.5%的股份;除此而外,本公司其他董事、监事、高级管理人员或核心技术人员不存在通过其近亲属能够直接或间接控制的法人持有本公司发行前股份的情形。

## 七、同业竞争与关联交易

(一)同业竞争情况

本公司实际控制人惠安县国有资产投资经营有限公司及其控制的其他法人与本公司之间不存在同业竞争情况。本公司主要股东惠安国投、福建天力投资有限公司、龚金柱和晋达国际有限公司为了避免发行人与其股东之间将来可能发生同业竞争,已分别向本公司出具了《关于避免同业竞争的承诺函》,承诺其自身及其控制的企业、公司或其他组织将不在中国境内外以任何形式从事与发行人主营业务或者主要产品相竞争或者构成竞争威胁的业务活动,包括在中国境内外投资、收购、兼并与发行人主营业务或者主要产品相同或者相似的公司、企业或者其他经济组织;并承诺若发行人将来开拓新的业务领域,发行人享有优先权,发行人的主要股东将不再发展同类业务。

(二)关联方及关联关系

根据中国证监会证监发[2001]41 号文规定的范围,本公司目前存在的主要关联方及关联关系如下:

1.本公司股东

惠安县国有资产投资经营有限公司

福建天力投资有限公司

晋达国际有限公司

香港圣歌德奇有限公司

福建省惠安县华源实业有限公司

福建省青山纸业股份有限公司

江西清华科技集团有限公司

深圳市恒宝鼎投资有限公司

泉州兴达船务有限公司

泉州中德印务有限公司

泉州市宏泰名酒贸易有限公司

厦门市建达盛贸易有限公司

自然人股股东龚金柱、柯文良、王建明、程汉川、郭振辉、陈荣标、庄木辉、陈光明、黄其聪、黄植农、林志坚、陈新华、许炎平、叶清法、刘友华、郑金成

2.控股股东及其股东控股或参股的企业

泉州惠泰石油化工有限公司

3.对控股股东和主要股东有实质影响的法人或自然人

对福建天力投资有限公司有实质影响的自然人为该公司的董事长兼总经理林长青,居民身份证号码:350500640416705;对晋达国际有限公司有实质影响的自然人为该公司董事长杨孙西先生,中国香港特别行政区居民,身份证号码:B061640(6)。

4.本公司的合营企业或联营企业

泉州市金麦啤酒原料有限公司

福建泉州市龙珠酿酒有限公司

泉州市兴龙包装用品有限公司

福建惠泉啤酒福鼎有限公司

惠安县中新再生资源回收有限公司

5.主要投资者个人、关键管理人员、核心技术人员、或与上述关系密切的人士控制的其他企业

正旭(香港)有限公司,在中国香港特别行政区注册,《商业登记证》号码:07371343 - 000 - 01 - 00 - 2;本公司董事杨孙西占该公司已发行股本的 95%;该公司主要从事投资业务。

股达针织厂有限公司,在中国香港特别行政区注册,《商业登记证》号码:05463708 - 000 - 02 - 00 - 8;本公司董事杨孙西占该公司已发行股本的 84%;该公司主要从事投资和进出口业务。

福建省惠安龙益实业有限公司,该公司系本公司股东、董事龚金柱先生在惠安县投资的外商独资企业,其经营范围为生产建筑陶瓷、卫生洁具及相关配套产品和各种鞋及鞋用材料。

(三)重大关联交易

1.本公司 2000 年至 2002 年期间一直向中德印务采购各类啤酒标,双方历年均签订了《工矿产品购销合同》。根据福建华兴有限责任会计师事务所的《审计报告》,本公司 2000 年至 2002 年期间向中德印务采购各类啤酒标的交易金额、占同类交易的比例及占主营业务成本的比例分别如下:

(单位:万元)

| 期间 | 含税交易金额 | 占同类交易的比例 | 主营业务成本 | 占主营业务成本的比例 |
|---|---|---|---|---|
| 2000 年度 | 4,380.69 | 100% | 50,732.14 | 8.6% |
| 2001 年度 | 6,274.69 | 100% | 57,175.59 | 10.97% |
| 2002 年度 | 5,073.41 | 100% | 56,207.28 | 9.03% |

本公司 2000 年至 2002 年期间向中德印务采购商标、铝箔标等各类啤酒标的数量、单价分别如下:

| 纸张类别 | 2000 年度 | | 2001 年度 | | 2002 年度 | |
|---|---|---|---|---|---|---|
| 铜版纸标 | | 0.032 元/套 | 500ML | 0.025 元/套 | 500ML | 0.022 元/套 |
| | | | 620ML | 0.030 元/套 | 620ML | 0.028 元/套 |
| 镀铝纸标 | | 0.075 元/套 | 500ML | 0.064 元/套 | 500ML | 0.058 元/套 |
| | | | 620ML | 0.074 元/套 | 620ML | 0.03 元/套 |
| 防伪镀铝纸标 | | 0.094 元/套 | 500ML | 0.070 元/套 | 500ML | 0.031 元/套 |
| | | | 620ML | 0.083 元/套 | 620ML | 0.035 元/套 |
| 铝箔纸标 | 500ML | 0.035 元/张 | 500ML | 0.031 元/张 | 500ML | 0.026 元/张 |
| | 620ML | 0.038 元/张 | 620ML | 0.031 元/张 | 620ML | 0.026 元/张 |
| 总数量 商标 | 5.18 亿套 | | 6.9 亿套 | | 6.7 亿套 | |
| 铝标 | 5.18 亿张 | | 6.5 亿张 | | 6.5 亿张 | |
| 总金额 | 4,380.69 万元 | | 6,274.69 万元 | | 5,073.41 万元 | |

2.本公司 2000 年至 2001 年 6 月期间一直向兴龙包装采购各类纸箱,双方历年均签订了《工矿产品购销合同》。根据福建华兴有限责任会计师事务所的《审计报告》,本公司 2000 年至 2001 年 6 月期间向兴龙包装采购各类纸箱的交易金额、占同类交易的比例及占主营业务成本的比例分别如下:

(单位:万元)

| 期间 | 含税交易金额 | 占同类交易的比例 | 主营业务成本 | 占主营业务成本的比例 |
|---|---|---|---|---|

| | | | | |
|---|---|---|---|---|
| 2000 年度 | 8,029.41 | 82.39% | 50732.14 | 15.83% |
| 2001 年 1－6 月 | 4,404.23 | 82.08% | － | － |

注:公司于 2001 年 6 月底收购泉州市兴龙包装用品有限公司,该公司利润表自 2001 年 7 月起将纳入合并范围,故自 2001 年 7 月起的交易金额已在合并报表时予以抵销。

本公司 2000 年至 2001 年 6 月以来向兴龙包装采购各类纸箱的的数量、单价分别如下:

| 纸箱类别 | 2000 年度 | | 2001 年 1—6 月 |
|---|---|---|---|
| Ⅰ类纸箱 | 2.30 元/个 | | 2.30 元/个 |
| Ⅱ类纸箱 | 2.10 元/个 | 500ML | 2.10 元/个 |
| | | 620ML | 2.10 元/个 |
| Ⅲ类纸箱(620ML) | 1.90 元/个 | | 1.90 元/个 |
| Ⅲ类纸箱(500ML) | －－ | | 1.80 元/个 |
| 合计总数 | 3,694 万个 | | 2,139 万个 |
| 总金额 | 8,029.41 万元 | | 4,404.23 万元 |

本公司与中德印务、兴龙包装上述关联交易的定价政策如下:2000 年的价格是本公司在参考市场同类产品价格的基础上,与关联公司协商确定。2001 年的价格是在几家同类产品厂家报价的基础上,比照最低价格与关联公司协商确定。以上关联交易价格公允。今后,本公司将逐步引进主要原材料招投标定价机制。

上述关联交易的决策依据:2000 年 6 月 29 日,本公司参照中国证监会发布的《上市公司章程指引》对原公司章程进行了系统的修改,明确了关联交易决策权限的划分,确立了关联董事或关联股东回避制度。此后,本公司发生的关联交易均已按照决策权限的划分标准相应地提交公司董事会和股东大会审议,并且,在董事会或股东大会在对有关关联交易事项进行审议时,关联董事或关联股东均进行了回避,公司已采取了必要措施对其他股东的利益进行保护。在此之前,公司的章程和其他内部规章制度未包含关联交易决策程序的要求,本公司 2000 年发生的上述关联交易均未提交公司董事会和股东大会审议,但严格按照公司对外交易的管理规定,履行了必要的决策程序。上述关联交易价格公允,没有损害本公司及其他股东的利益。

3.本公司、惠泉集团工会、郑木枝(合称"受让方")与陈光明(本公司副董事长)、陈新华(本公司副总经理)等十七人(合称"出让方")于 2001 年 6 月 10 日签订《股权转让协议书》,协议约定,出让方将其所持有的泉州市兴龙包装用品有限公司 100%的股权全部转让给受让方,其中,本公司受让 85%的股权,转让价款为 11,154,144.86 元,惠泉集团工会和郑木枝各受让 7.5%的股权;兴龙包装 2001 年 6 月 30 日前实现的盈亏由出让方享有或承担,自 2001 年 7 月 1 日起实现的盈亏由受让方享有或承担。2001 年 7 月 20 日,惠泉集团工会将其持有的 7.5%股权转让给自然人杨江泉。

4.惠安国投与中国工商银行惠安县支行("贷款人")于 2000 年 3 月 24 日签订《最高额保证合同》(编号:2000 年 Jg 保字第 001 号),约定惠安国投为本公司在 2000 年 3 月 24 日至 2005 年 3 月 24 日期间与贷款人签订的最高贷款余额为 15,300 万元的所有借款合同项下的借款提供连带责任保证。

5.本公司与惠安国投、惠安县交通建设开发公司("借款人")于 2001 年 10 月 24 日签订《反担保合同书》,合同约定,由于本公司为借款人向福建兴业银行惠安支行借款 1,500 万元提供了连带责任保证,惠安国投同意为本公司承担的上述保证责任提供反担保,反担保的形式为连带责任保证;保证期限为两年,从借款人违约造成本公司损失之日起计算。

## 八、财务会计资料

本公司截止 2002 年 12 月 31 日的财务会计资料已于 2003 年 1 月 28 日分别刊登在《中国证券报》、《上海证券报》、《证券时报》和《证券日报》上并在上海证券交易所网站 http://www.sse.com.cn 上的本公司《招股说明书》全文及其附录中进行了详细披露,尚未超出招股说明书有效期限。欲了解本公司经审计的财务报表及主要财务指标的详细内容,敬请投资者查阅上述报纸、网站或在公告的招股说明书查阅地查阅。

(一)注册会计师意见

本公司已聘请福建华兴有限责任会计师事务所对本公司 2000 年 12 月 31 日、2001 年 12 月 31 日、2002 年 12 月 31 日的资产负债表、合并资产负债表,2000 年度、2001 年度、2002 年度的利润及合并利润表,2000 年度、2001 年度、2002 年度的利润分配表及合并利润分配表,2002 年度的现金流量表与合并现金流量表进行了审计。福建华兴有限责任会计师事务所出具了标准无保留意见的《审计报告》(闽华兴所(2003)审字 C—002 号)。

(二)简要会计报表

本公司简要会计报表参见附表 1－3。

(三)会计报表附注

本公司会计报表附注等有关内容,请查阅 2003 年 1 月 28 日刊登于《中国证券报》、《上海证券报》、《证券时报》和《证券日报》上的《招股说明书摘要》以及刊登于上海证券交易所网站 http://www.sse.com.cn 的本公司《招股说明书》全文及其附录。

(四)主要财务指标

本公司主要财务指标参见附表 4、附表 5。

## 九、其他重要事项

1.本次股票发行后至本上市公告书公告之日,本公司严格依照《公司法》、《证券法》等法律法规的要求,规范运作,生产经营状况正常;所处行业、市场无重大变化,主要投入、产出物供求及价格无重大变化,主要业务发展目标进展状况正常。

2.本次股票发行后至本上市公告书公告之日,本公司无重大投资活动,无重大资产(股权)收购出售行为。

3.本公司住所未发生变更。

4.本次股票发行后至本上市公告书公告之日,本公司未涉及任何重大诉讼或仲裁事项,亦无任何尚未了结或可能面临的重大诉讼或索赔要求。

5.本次股票发行后至本上市公告书公告之日,本公司重大会计政策和会计师事务所未发生变化。

6.本次股票发行、上市前后,公司的税收政策未发生变化。

7.本次股票发行后至本上市公告书公告之日,本公司未发生新的重大负债、担保或重大债项发生变化。

8.自本公司股票首次公开发行之日至本公司上市公告书公告之日,本公司董事、监事和高级管理人员未受到任何刑事起诉,亦没有尚未了结或可能发生的刑事诉讼事项。

9.2003 年 1 月 9 日,本公司 2003 年第一次临时股东大会审议通过了《关于公司首次公开发行股票前实现利润的处置方案的议案》,对本次公开发行前的滚存利润的处理做如下安排:本公司发行当年实现的利润和以前年度的滚存的未分配利润由发行后的新股东(即社会公众股股东)与现有股东按照股份比例及同股同权的原则共享。

10.福建省惠泉啤酒集团股份有限公司第二届董事会第十一次会议于 2003 年 2 月 20 日在公司董事会会议室召开。会议应到董事 11 人,实到董事 7 人,有 3 人董事用传真方式参加了表决。监事会 3 名监事列席了会议,会议由董事长程汉川先生主持。会议审议了公司《2002 年度财务报告》和《2002 年度利润分配预案》。会议以举手表决和传真表决的方式通过以下决议:同意本公司所做的二〇〇二年财务报告,同意本公司截止到二〇〇二年底的未分配利润暂不分配,并提请在下一次召开的股东大会上审议通过上述议案。

11.根据《上海证券交易所股票上市规则》,本公司第一大股东惠安县国有资产投资经营有限公司承诺:自本公司股票上市之日起 12 个月内,不转让其所持有的本公司的股份。同时,本公司也承诺:自公司股票上市之日起 12 个月内不回购公司第一大股东所持有的本公司股份。

12.本次股票发行后至本上市公告书公告之日,本公司无其他应披露而未披露之重大事项。

## 十、董事会上市承诺

本公司董事会将严格遵守《中华人民共和国公司法》、《中华人民共和国证券法》、《股票发行与交易管理暂行条例》、《公开发行股票公司信息披露实施细则》和《上海证券交易所股票上市规则》等国家有关法律法规的规定,承诺自本公司股票上市之日起做到:

1.按照法律、法规规定的程序和要求披露所有对投资者有重大影响的信息,并接受中国证监会、上海证券交易所的监督管理;

2.真实、准确、完整、公允和及时地公布定期报告,并置备于规定场所供投资者查阅;

3.本公司董事、监事及高级管理人员如发生人事变动或持本公司股票发生变化时,在报告中国证监会、上海证券交易所的同时向投资者公布;

4.公司在知悉可能对股票价格产生误导性影响的任何公共传播媒介中出现的消息后,将及时予以公开澄清;

5.本公司董事、监事、高级管理人员及核心技术人员将认真听取社会公众的意见和批评,不利用已获得的内幕消息和其他不正当手段直接或间接从事发行人股票的买卖活动;

6.本公司没有无记录的负债。依据《上海证券交易所股票上市规则》,本公司全体董事、监事将按照有关规定,在本公司股票上市后两个月内签署《董事(监事)声明及承诺书》,并送达上海证券交易所备案。

## 十一、上市推荐人及其意见

(一)上市推荐人有关情况

上市推荐人:广发证券股份有限公司

法定代表人:陈云贤

住　　所:广州市天河区天河北路 183 号大都会广场

电　　话:(020)87555888—507

传　　真:(020)87553583

联系人:安用兵、庄勇

上市推荐人:福建省闽发证券有限公司

法定代表人:张晓伟

住　　所:福建省福州市五四路 158 号环球广场 28—29 层

电　　话:(0591)7804218

传　　真:(0591)7804717

联系人:杨东宇、陈丹丹

(二)上市推荐人的推荐意见

广发证券股份有限公司及福建省闽发证券有限公司认为本公司的《公司章程》符合《公司法》等有关法律、法规和中国证监会的相关规定。根据《公司法》、《证券法》、《股票发行与交易管理暂行条例》和《上海证券交易所股票上市规则》等法律、法规的规定,本公司首次公开发行的股票已具备公开上市的条件。

广发证券股份有限公司及福建省闽发证券有限公司保证发行人的董事了解法律、法规、上海证券交易所上市规则及股票上市协议规定的董事的义务与责任,并协助发行人健全了法人治理结构、协助发行人制定了严格的信息披露制度与保密制度。广发证券股份有限公司及福建省闽发证券有限公司已对上市文件所载的资料进行了核实,确保上市文件真实、准确、完整,符合规定要求。广发证券股份有限公司及福建省闽发证券有限公司保证发行人的上市申请材料、上市公告书没有虚假、严重误导性陈述或者重大遗漏,并保证对其承担连带责任,并保证不利用在上市过程中获得的内幕信息进行内幕交易,为自己或他人谋取利益。

**福建省惠泉啤酒集团股份有限公司**

**2003 年 2 月 26 日**

附表1:

## 简要合并利润表

（单位:元）

| 项　　目 | 2002年 | 2001年 | 2000年 |
|---|---|---|---|
| 一、主营业务收入 | 905,695,320.15 | 943,915,911.91 | 885,500,852.76 |
| 减:主营业务成本 | 562,072,757.79 | 571,755,898.26 | 507,321,380.05 |
| 主营业务税金及附加 | 112,301,845.33 | 109,997,308.72 | 88,542,541.31 |
| 二、主营业务利润 | 231,320,717.03 | 262,162,704.93 | 289,636,931.40 |
| 加:其他业务利润 | 609,075.27 | 1,375,166.29 | 350,519.15 |
| 减:营业费用 | 58,647,602.52 | 68,092,293.09 | 67,633,723.15 |
| 管理费用 | 30,635,695.57 | 50,894,180.53 | 41,793,004.74 |
| 财务费用 | 36,043,438.52 | 33,603,182.77 | 7,544,596.55 |
| 三、营业利润 | 106,603,055.69 | 110,948,214.83 | 73,016,126.11 |
| 加:投资收益 | 702,663.12 | 558,637.82 | 1,015,781.87 |
| 补贴收入 | －－ | －－ | 1,100,000.00 |
| 营业外收入 | 4,017.32 | 200.00 | 13,037.39 |
| 减:营业外支出 | 1,161,567.49 | 2,066,590.27 | 21,797,626.83 |
| 四、利润总额 | 106,148,168.64 | 109,440,462.38 | 153,347,318.54 |
| 减:所得税 | 35,345,896.71 | 45,335,002.40 | 67,808,669.03 |
| 减:少数股东损益 | 1,254,140.84 | 802,531.58 | 196,391.08 |
| 五、净利润 | 69,548,131.09 | 63,302,928.40 | 85,342,258.43 |
| 加:年初未分配利润 | 325,717.65 | 6,465,526.76 | 31,746,428.98 |
| 六、可供分配的利润 | 69,873,848.74 | 69,768,455.16 | 117,088,687.41 |
| 减:提取法定盈余公积 | 7,735,036.39 | 6,785,060.73 | 8,570,698.48 |
| 提取法定公益金 | 7,379,696.49 | 6,557,676.78 | 8,552,462.17 |
| 七、可供股东分配的利润 | 54,759,115.86 | 56,425,717.65 | 99,965,526.76 |
| 减:应付普通股股利 | －－ | 56,100,000.00 | 93,500,000.00 |
| 转作股本的普通股股利 | －－ | －－ | －－ |
| 八、未分配利润 | 54,759,115.86 | 325,717.65 | 6,465,526.76 |

附表2:

## 简要合并资产负债表

（单位:元）

| 资　　产 | 2002.12.31 | 2001.12.31 | 2000.12.31 |
|---|---|---|---|
| 流动资产: | | | |
| 货币资金 | 89,439,316.05 | 80,137,980.15 | 38,994,891.91 |
| 应收票据 | 1,190,000.00 | －－ | 1,400,000.00 |
| 应收股利 | －－ | －－ | 520,000.00 |
| 应收账款 | 17,697,148.85 | 21,856,182.99 | 423,510.64 |
| 其他应收款 | 6,207,154.31 | 4,278,268.43 | 10,062,034.39 |
| 预付账款 | 24,229,864.27 | 2,897,547.82 | 5,932,454.14 |
| 存货 | 84,246,267.60 | 74,326,567.40 | 58,928,788.87 |
| 待摊费用 | 1,050,213.49 | 1,001,502.39 | 578,007.96 |
| 流动资产合计 | 224,059,964.57 | 184,498,049.18 | 116,839,687.91 |
| 长期投资: | | | |
| 长期股权投资 | 5,114,604.73 | 5,051,941.61 | 5,681,882.94 |
| 长期债权投资 | －－ | －－ | －－ |
| 长期投资合计 | 5,114,604.73 | 5,051,941.61 | 5,681,882.94 |
| 固定资产: | | | |
| 固定资产原价 | 1,174,537,505.99 | 988,069,123.80 | 440,310,723.17 |
| 减:累计折旧 | 273,817,282.26 | 194,881,136.38 | 124,944,887.82 |
| 固定资产净值 | 900,720,223.73 | 793,187,987.42 | 315,365,835.35 |
| 减:固定资产减值准备 | 23,474,204.50 | 23,474,204.50 | 2,655,636.82 |
| 固定资产净额 | 877,246,019.23 | 769,713,782.92 | 312,710,198.53 |
| 工程物资 | 116,285.36 | 63,523,500.00 | －－ |
| 在建工程 | 68,385,912.53 | 49,071,701.25 | 420,338,543.97 |
| 固定资产合计 | 945,748,217.12 | 882,308,984.17 | 733,048,742.50 |
| 无形资产及其他资产: | | | |
| 无形资产 | 18,203,484.92 | 18,608,342.20 | 17,986,215.84 |
| 长期待摊费用 | 3,200,982.36 | 1,758,354.53 | －－ |
| 无形及其他资产合计 | 21,404,467.28 | 20,366,696.73 | 17,986,215.84 |
| 资产总计 | 1,196,327,253.70 | 1,092,225,671.69 | 873,556,529.19 |
| 负债及所有者权益 | | | |
| 流动负债: | | | |
| 短期借款 | 160,000,000.00 | 134,500,000.00 | 114,200,000.00 |
| 应付票据 | 76,014,970.00 | －－ | －－ |
| 应付帐款 | 32,742,382.97 | 35,263,750.25 | 35,596,021.86 |
| 预收帐款 | 2,313,131.26 | 5,060,957.19 | 1,801,619.94 |
| 应付工资 | －－ | 2,682,287.97 | 3,859,638.50 |
| 应付福利费 | 5,333,400.32 | 12,132,605.72 | 8,607,381.46 |
| 应付股利 | －－ | 57,293,712.22 | 93,500,000.00 |
| 未交税金 | 17,472,360.02 | 15,597,516.46 | 26,571,912.65 |
| 其他应交款 | 625,916.59 | 980,601.07 | 564,341.42 |
| 其他应付款 | 28,228,709.49 | 16,318,623.59 | 19,373,370.03 |
| 预提费用 | 3,458,733.00 | 3,388,480.24 | 279,032.50 |
| 一年内到期的长期负债 | 216,500,000.00 | 34,000,000.00 | 51,000,000.00 |
| 流动负债合计 | 542,689,603.65 | 317,218,534.71 | 355,353,318.36 |
| 长期负债: | | | |
| 长期借款 | 202,500,000.00 | 394,000,000.00 | 150,000,000.00 |
| 长期应付款 | 500,000.00 | 500,000.00 | 650,000.00 |
| 专项应付款 | －－ | 150,000.00 | －－ |
| 长期负债合计 | 203,000,000.00 | 394,650,000.00 | 150,650,000.00 |
| 负债合计 | 745,689,603.65 | 711,868,534.71 | 506,003,318.36 |
| 少数股东权益 | 9,370,159.56 | 8,773,771.44 | 3,209,044.45 |
| 股东权益: | | | |
| 股本 | 187,000,000.00 | 187,000,000.00 | 187,000,000.00 |
| 股本净额 | 187,000,000.00 | 187,000,000.00 | 187,000,000.00 |
| 资本公积 | 118,603,464.62 | 118,467,470.76 | 118,431,200.00 |
| 盈余公积 | 80,904,910.01 | 65,790,177.13 | 52,447,439.62 |
| 其中:法定公益金 | 40,148,218.70 | 32,768,522.21 | 26,210,845.43 |
| 未分配利润 | 54,759,115.86 | 325,717.65 | 6,465,526.76 |
| 股东权益合计 | 441,267,490.49 | 371,583,365.54 | 364,344,166.38 |
| 负债及股东权益总计 | 1,196,327,253.70 | 1,092,225,671.69 | 873,556,529.19 |

附表3:

## 简要合并现金流量表

（单位:元）

| 项　　目 | 2002年 |
|---|---|
| 一、经营活动产生的现金流量: | |
| 销售商品、提供劳务收到的现金 | 1,072,133,407.25 |
| 收到的其他与经营活动有关的现金 | －－ |
| 现金流入小计 | 1,072,133,407.25 |
| 购买商品、接受劳务支付的现金 | 481,388,005.82 |
| 支付给职工以及为职工支付的现金 | 64,142,514.68 |
| 支付的各种税费 | 236,387,941.08 |
| 支付的其他与经营活动有关的现金 | 73,394,310.57 |
| 现金流出小计 | 855,312,772.15 |
| 经营活动产生的现金流量净额: | 216,820,635.10 |
| 二、投资活动产生的现金流量: | |
| 收回投资所收到的现金 | －－ |
| 取得投资收益所收到的现金 | 640,000.00 |
| 处置固定资产、无形资产和其他长期资产而收回的现金净额 | －－ |
| 收到的其他与投资活动有关的现金 | 1,577,402.97 |
| 现金流入小计 | 2,217,402.97 |
| 购建固定资产、无形资产和其他长期资产所支付的现金 | 146,672,609.75 |
| 投资所支付的现金 | －－ |
| 支付的其他与投资活动有关的现金 | 2,079,035.73 |
| 现金流出小计 | 148,751,645.48 |
| 投资活动产生的现金流量净额 | －146,534,242.51 |
| 三、筹资活动产生的现金流量: | |
| 吸收投资所收到的现金 | －－ |
| 借款所收到的现金 | 53,000,000.00 |
| 收到的其他与筹资活动有关的现金 | 19,180,000.00 |
| 现金流入小计 | 72,180,000.00 |
| 偿还债务所支付的现金 | 36,500,000.00 |
| 分配股利或利润或偿付利息所支付的现金 | 96,665,056.69 |
| 支付的其他与筹资活动有关的现金 | －－ |
| 现金流出小计 | 133,165,056.69 |
| 筹资活动产生的现金流量净额 | －60,985,056.69 |
| 四、汇率变动对现金的影响 | －－ |
| 五、现金及现金等价物净增加额 | 9,301,335.90 |
| 补充资料 | |
| 1.将净利润调节为经营活动的现金流量: | |
| 净利润 | 69,548,131.09 |
| 加:少数股东收益 | 1,254,140.84 |
| 加:计提的资产减值准备 | －6,087,654.04 |
| 固定资产折旧 | 79,051,408.82 |
| 无形资产摊销 | 404,857.28 |
| 长期待摊费用摊销 | 676,712.68 |
| 待摊费用减少(减:增加) | －48,711.10 |
| 预提费用增加(减:减少) | 70,252.76 |
| 处置固定资产、无形资产和其他长期资产的损失(减:收益) | 556.78 |
| 固定资产报废损失 | －－ |
| 财务费用 | 36,046,428.62 |
| 投资损失(减:收益) | －702,663.12 |
| 存货的减少(减:增加) | －8,765,291.87 |
| 经营性应收项目的减少(减:增加) | －2,513,548.87 |
| 经营性应付项目的增加(减:减少) | 47,886,015.23 |
| 经营活动产生的现金流量净额 | 216,820,635.10 |
| 2.不涉及现金收支的投资和筹资活动: | －－ |
| 3.现金及现金等价物净增加情况: | |
| 现金的期末余额 | 89,439,316.05 |
| 减:现金的期初余额 | 80,137,980.15 |
| 现金及现金等价物净增加额 | 9,301,335.90 |

附表4:

## 财　务　指　标

| 财务指标 | 2002.12.31 | 2001.12.31 | 2000.12.31 |
|---|---|---|---|
| 流动比率 | 0.41 | 0.58 | 0.33 |
| 速动比率 | 0.26 | 0.34 | 0.16 |
| 应收账款周转率(次) | 42.82 | 79.63 | 848.12 |
| 存货周转率(次) | 7.09 | 8.58 | 9.55 |
| 无形资产(土地使用权除外)占净资产比例(%) | 0 | 0 | 0 |
| 母公司资产负债率(%) | 60.42 | 64.76 | 57.37 |
| 每股净资产(元) | 2.36 | 1.99 | 1.95 |
| 研究及开发费用占主营业务收入比例 | 0.90% | 0.93% | 0.79% |
| 每股经营活动的现金流量(元) | 1.16 | 0.71 | 0.76 |

附表5:

## 净资产收益率和每股收益

| 2002年报告期利润 | 净资产收益率(%) | | 每股收益(元) | |
|---|---|---|---|---|
| | 全面摊薄 | 加权平均 | 全面摊薄 | 加权平均 |
| 主营业务利润 | 52.42 | 56.92 | 1.24 | 1.24 |
| 营业利润 | 24.16 | 26.23 | 0.57 | 0.57 |
| 净利润 | 15.76 | 17.11 | 0.37 | 0.37 |
| 扣除非经常性损益后的净利润 | 14.67 | 15.93 | 0.35 | 0.35 |

# 600300 徐州维维食品饮料股份有限公司

## 二〇〇二年年度报告摘要

### 1.重要提示

1.1 本公司董事会及其董事保证本报告所载资料不存在任何虚假记载、误导性陈述或者重大遗漏,并对其内容的真实性、准确性和完整性负个别及连带责任。本年度报告摘要摘自年度报告全文,投资者欲了解详细内容,应阅读年度报告全文。

1.2 陈树林副董事长因公未能出席董事会,委托刘友辉董事代为出席并行使表决权。

1.3 公司负责人董事长崔桂亮先生、公司主管会计工作负责人、财务总监吴爱民先生、会计机构负责人总会计师张明扬先生声明:保证年度报告中财务会计报告的真实、完整。

### 2.上市公司基本情况简介

2.1 基本情况简介

| | |
|---|---|
| 股票简称 | 维维股份 |
| 股票代码 | 600300 |
| 上市交易所 | 上海证券交易所 |
| 注册地址 | 江苏省徐州市建国东路205号 |
| 办公地址 | 江苏省徐州市城南开发区维维集团总部 |
| 邮政编码 | 221111 |
| 公司国际互联网网址 | http://www.vvgroup.com.cn |
| 电子信箱 | vvzqb@vvgroup.com |

2.2 联系人和联系方式

| | 董事会秘书 | 证券事务代表 |
|---|---|---|
| 姓名 | 丁金礼 | 孟召永 |
| 联系地址 | 江苏省徐州市城南开发区维维集团总部 | 江苏省徐州市城南开发区维维集团总部 |
| 电话 | 0516－3290169 | 0516－3290169 |
| 传真 | 0516－2704888 | 0516－2704888 |
| 电子信箱 | dingjl@vvgroup.com | |

### 3.会计数据和财务指标摘要

3.1 主要会计数据

| | 2002年 | 2001年 | 本年比上年增减(%) | 2000年 |
|---|---|---|---|---|
| 主营业务收入 | 1,370,257,154.60 | 1,082,538,633.84 | 26.58 | 928,256,689.78 |
| 利润总额 | 149,286,079.00 | 143,061,088.28 | 4.35 | 140,800,149.85 |
| 净利润 | 94,028,952.53 | 113,178,450.90 | －16.92 | 104,338,302.16 |
| 扣除非经常性损益的净利润 | 114,140,088.03 | 94,682,558.03 | 20.55 | 111,681,214.98 |
| | 2002年末 | 2001年末 | 本年末比上年末增减(%) | 2000年末 |
| 总资产 | 2,008,344,732.29 | 1,725,859,655.59 | 16.37 | 1,592,765,842.53 |
| 股东权益(不含少数股东权益) | 1,292,413,737.78 | 1,274,990,520.25 | 1.37 | 1,246,881,818.52 |
| 经营活动产生的现金流量净额 | 349,525,742.33 | 99,522,203.21 | 251.2 | 93,252,854.49 |

3.2 主要财务指标

| | 2002年 | 2001年 | 本年比上年增减(%) | 2000年 |
|---|---|---|---|---|
| 每股收益 | 0.28 | 0.34 | －17.65 | 0.32 |
| 每股收益* | 0.28 | 0.34 | －17.65 | 0.37 |
| 净资产收益率 | 7.28 | 8.88 | －18.02 | 8.37 |
| 扣除非经常性损益的净利润为基础计算的净资产收益率 | 8.83 | 7.43 | 18.84 | 8.96 |
| 每股经营活动产生的现金流量净额 | 1.06 | 0.30 | 253.33 | 0.28 |
| | 2002年 | 2001年 | 本年末比上年末增减(%) | 2000年 |
| 每股净资产 | 3.92 | 3.86 | 1.55 | 3.78 |
| 调整后的每股净资产 | 3.89 | 3.83 | 1.57 | 3.71 |

3.3 国内外会计准则差异

□适用　　√不适用

### 4.股本变动及股东情况

4.1 股份变动情况表

公司股份变动情况表

数量单位:股

| | 本次变动前 | 本次变动增减(+,-) | | | | | | 本次变动后 |
|---|---|---|---|---|---|---|---|---|
| | | 配股 | 送股 | 公积金转股 | 增发 | 其他 | 小计 | |
| 一、未上市流通股份 | | | | | | | | |
| 1.发起人股份 | | | | | | | | |
| 其中: | | | | | | | | |
| 国家持有股份 | | | | | | | | |
| 境内法人持有股份 | 147,200,000 | | | | | | | 147,200,000 |
| 境外法人持有股份 | 82,800,000 | | | | | | | 82,800,000 |
| 其他 | | | | | | | | |
| 2.募集法人股份 | | | | | | | | |
| 3.内部职工股 | | | | | | | | |
| 4.优先股或其他 | | | | | | | | |
| 未上市流通股份合计 | | | | | | | | |
| 二、已上市流通股份 | 230,000,000 | | | | | | | 230,000,000 |
| 1.人民币普通股 | 100,000,000 | | | | | | | 100,000,000 |
| 2.境内上市的外资股 | | | | | | | | |
| 3.境外上市的外资股 | | | | | | | | |
| 4.其他 | | | | | | | | |
| 已上市流通股份合计 | 100,000,000 | | | | | | | 100,000,000 |
| 三、股份总数 | 330,000,000 | | | | | | | 330,000,000 |

根据有关规定,本公司向战略投资者配售的股份持股期限为6个月的4,200万股,于2001年1月4日起上市流通,向战略投资者配售的股份期限为9个月的800万股,于2001年3月3日起上市流通。至此,本公司发行的社会公众股10,000万股全部上市流通。

4.2 前十名股东持股表

| 报告期末股东总数 | 35862户 | | | | | |
|---|---|---|---|---|---|---|
| 前十名股东持股情况 | | | | | | |
| 股东名称(全称) | 年度内增减 | 年末持股数量 | 比例(%) | 股份类别注4(已流通或未流通) | 质押或冻结的股份数量 | 股东性质(国有股东或外资股东) |
| 1.维维集团股份有限公司 | | 146,648,000 | 44.44 | 未流通 | 无 | 法人股 |
| 2.五丰食品(中国)有限公司 | | 82,800,000 | 25.09 | 未流通 | 无 | 外资股 |
| 3.徐州鑫宇经贸有限公司 | | 3,000,000 | 0.91 | 已流通 | | 流通股 |
| 4.泰和基金 | | 2,691,097 | 0.82 | 已流通 | | 流通股 |
| 5.同益基金 | －17,623 | 972,377 | 0.29 | 已流通 | | 流通股 |
| 6.南方稳健 | +54,700 | 796,474 | 0.24 | 已流通 | | 流通股 |
| 7.同德基金 | +40,135 | 711,925 | 0.22 | 已流通 | | 流通股 |
| 8.苏证投资 | | 641,790 | 0.19 | 已流通 | | 流通股 |
| 9.丰和价值 | | 636,365 | 0.19 | 已流通 | | 流通股 |
| 10.北京清华科技园发展中心 | －194,100 | 605,900 | 0.18 | 已流通 | | 流通股 |
| 前十名股东关联关系或一致行动的说明 | | 前10名股东中,法人股股东维维集团股份有限公司和外资股股东五丰食品(中国)有限公司与其他股东之间不存在关联关系,也不属于《上市公司股东持股信息披露管理办法》中规定的一致行动人,未知其他流通股股东之间是否存在关联关系,也未知其他流通股股东是否属于《上市公司股东持股信息披露管理办法》中规定的一致行动人。 | | | | |

4.3 控股股东及实际控制人情况介绍

4.3.1 控股股东及实际控制人变更情况

适用　　√不适用

4.3.2 控股股东和其他实际控制人具体情况介绍

1.公司控股股东为维维集团股份有限公司,法定代表人:杨启典,经营范围:豆奶系列产品、非酒精饮料、其他食品(领取许可证后经营)的生产、加工、销售;建筑材料装潢;金属材料、大豆、白糖、防腐材料的销售;食用油的生产、加工、销售;汽车货运服务。粮食收购(限自用粮)。

该公司成立于1992年11月17日,注册资本为16108.02万元。股权结构为铜山县国有资产管理局持有国家股32,216,040股,占20%;徐州维维投资有限公司持有社会法人股104,864,160股,占65.1%;职工股24,000,000股,占14.9%。

2.公司第二控股股东为五丰食品(中国)有限公司,法定代表人:陈树林,经营范围:国际贸易,该公司成立于1998年10月13日,注册资本为USD1.00,股权结构为100%由五丰行有限公司持有。

### 5.董事、监事和高级管理人员

5.1 董事、监事和高级管理人员持股变动

| 姓名 | 职务 | 性别 | 年龄 | 任期起止日期 | 年初持股数(股) | 年末持股(股) | 变动原因 |
|---|---|---|---|---|---|---|---|
| 崔桂亮 | 董事长 | 男 | 41 | 2002.8.2－2005.8.2 | 0 | 0 | |
| 陈树林 | 副董事长 | 男 | 49 | 2002.8.2－2005.8.2 | 0 | 0 | |
| 魏伯玲 | 董事 | 男 | 52 | 2002.8.2－2005.8.2 | 0 | 0 | |
| 刘友辉 | 董事 | 男 | 48 | 2002.8.2－2005.8.2 | 0 | 0 | |
| 曹荣开 | 董事 副总经理 | 男 | 41 | 2002.8.2－2005.8.2 | 0 | 0 | |
| 朱震宇 | 独立董事 | 男 | 42 | 2002.8.2－2005.8.2 | 0 | 0 | |
| 徐寿春 | 独立董事 | 男 | 34 | 2002.8.2－2005.8.2 | 0 | 0 | |
| 杨启典 | 监事 监事会召集人 | 男 | 44 | 2002.8.2－2005.8.2 | 0 | 0 | |
| 郭晋清 | 监事 | 女 | 38 | 2002.8.2－2005.8.2 | 0 | 0 | |
| 刘　莉 | 监事 | 女 | 39 | 2002.8.2－2005.8.2 | 0 | 0 | |
| 胡云峰 | 总经理 | 男 | 41 | 2002.8.2－2005.8.2 | 0 | 0 | |
| 丁金礼 | 总经济师 董事会秘书 | 男 | 41 | 2002.8.2－2005.8.2 | 0 | 0 | |
| 熊铁虹 | 常务副总经理 | 男 | 45 | 2002.8.2－2005.8.2 | 0 | 0 | |
| 张明扬 | 总会计师 | 男 | 42 | 2002.8.2－2005.8.2 | 0 | 0 | |
| 吴爱民 | 财务总监 | 男 | 33 | 2002.8.2－2005.8.2 | 0 | 0 | |
| 孙　欣 | 总工程师 | 男 | 40 | 2002.8.2－2005.8.2 | 0 | 0 | |
| 董一兵 | 副总经理、首席律师 | 男 | 47 | 2002.8.2－2005.8.2 | 0 | 0 | |
| 李　军 | 副总经理 | 男 | 42 | 2002.8.2－2005.8.2 | 0 | 0 | |
| 吴春明 | 首席会计师 | 男 | 41 | 2002.8.2－2005.8.2 | 0 | 0 | |

5.2 在股东单位任职的董事监事情况

√适用　　□不适用

| 姓名 | 任职的股东名称 | 在股东单位担任的职务 | 任职期间 | 是否领取报酬、津贴(是或否) |
|---|---|---|---|---|
| 杨启典 | 维维集团股份有限公司 | 董事长 | 2000.5-2003.5 | 是 |
| 魏伯玲 | 维维集团股份有限公司 | 副总经理 | 2000.5-2003.5 | 是 |
| 陈树林 | 五丰行有限公司 | 董事长 | 1996.12-至今 | 是 |
| 刘友辉 | 五丰行有限公司 | 副总经理 | 2001.7-至今 | 是 |
| 郭晋清 | 五丰行有限公司 | 总经理 | 2001.7-至今 | 是 |

5.3 董事、监事和高级管理人员年度报酬情况

单位:万元

| | |
|---|---|
| 年度报酬总额 | 367.47 |
| 金额最高的前三名董事的报酬总额 | 105.41 |
| 金额最高的前三名高级管理人员的报酬总额 | 139.56 |
| 独立董事津贴 | 3 |
| 独立董事其他待遇 | 参加公司董事会、股东大会所发生的交通费及住宿费由公司承担 |
| 不在公司领取报酬、津贴的董事、监事姓名 | 陈树林　魏伯玲　刘友辉　郭晋清　杨启典 |
| 报酬区间 | 人数 |
| 80-90万元 | 1 |
| 50-60万元 | 1 |
| 40-50万元 | 3 |
| 10-20万元 | 7 |

## 6.董事会报告

6.1 报告期内整体经营情况的讨论与分析

(一)公司主营业务的范围及其经营状况

(1)公司经营范围:研究、开发、生产食品、饮料系列产品及相关产品,销售自产产品。

(2)报告期内公司主营业务收入、主营业务利润的构成及较前一报告期变化情况

2002年度公司除豆奶粉外,在牛奶、面粉产业迅速发展,全年完成主营业务收入137025.72万元,比上年同期增长26.6%,形成主营业务利润34776.18万元,比去年同期增长76.6%。实现净利润9402.90万元,比去年同期-16.9%。其中:主要产品豆奶粉主营业务收入105626.27万元,销售成本82054.98万元,毛利率22.32%。乳品主营业务收入31532.19万元,销售成本23282.98万元,毛利率26.16%。

根据中国商业联合会、中华全国商业信息中心最新统计监测结果显示:本公司主产品"维维"牌豆奶粉名列固体饮料(豆奶)类商品2002年中国市场销售第一名。

(二)主要控股公司及参股公司的经营情况及业绩

控股子公司徐州维维乳业有限公司报告期内实现主营业务收入56,533.96万元,实现主营业务利润19774.37万元,净利润为9,636.36万元。该公司注册资金2999万美元,主要经营食品、饮料生产、销售;奶牛养殖和鲜奶销售。

(三)公司主要供应商、客户情况

公司在报告期内向前五名供应商合计的采购总额占公司在报告期内年度采购总额的29.88%,报告期内前五名客户的销售额占公司报告期内销售总额的5.56%。

(四)经营中出现的问题与困难及解决方案

公司把发展乳业作为第二大支柱产业,奶源不足会影响公司乳业的发展速度。为此,公司正着手在徐州本部及其它各乳品加工基地进行奶源基地建设。并积极组织从国外进口优质奶牛。

(五)公司本年度实现净利润低于盈利预测,其主要原因是本年度短期投资收益减少造成的。

6.2 主营业务分行业、产品情况表

单位:元

| 分行业或分产品 | 主营业务收入 | 主营业务成本 | 毛利率(%) | 主营业务收入比上年增减(%) | 主营业务成本比上年增减(%) | 毛利率比上年增减(%) |
|---|---|---|---|---|---|---|
| 食品饮料业 | 1,368,595,706.64 | 1,018,649,081.08 | 25.57 | 26.70 | 15.50 | 7.21 |
| 畜牧业 | 1,661,447.96 | 2,014,865.34 | -21.27 | -28.69 | -39.55 | 7.74 |
| …… | | | | | | |
| 其中:关联交易注9 | | | | | | |
| 产品1 | | | | | | |
| 产品2 | | | | | | |
| …… | | | | | | |
| 其中:关联交易 | | | | | | |
| 关联交易的定价原则 | | | | | | |
| 关联交易必要性、持续性的说明 | | | | | | |

6.3 主营业务分地区情况

单位:元

| 地区 | 主营业务收入 | 主营业务收入比上年增减(%) |
|---|---|---|
| 新疆维吾尔自治区 | 17,514,765.70 | |
| 宁夏回族自治区 | 45,041,837.06 | |
| 陕西省 | 58,144,151.29 | |
| 广东省 | 47,606,253.12 | |
| 山东省 | 6,074,622.62 | |
| 四川省 | 50,606,442.70 | |
| 江苏省 | 1,260,449,231.67 | 16.41 |

6.4 采购和销售客户情况

单位:万元

| | | | |
|---|---|---|---|
| 前五名供应商采购金额合计 | 13,488.00 | 占采购总额比重 | 29.88% |
| 前五名销售客户销售金额合计 | 7,611.00 | 占销售总额比重 | 5.56% |

6.5 参股公司经营情况(适用投资收益占净利润10%以上的情况)

√适用　　□不适用

单位:元

| 参股公司名称 | 本期贡献的投资收益 | 占上市公司净利润的比重 | 参股公司 | |
|---|---|---|---|---|
| | | | 经营范围 | 净利润 |
| 徐州维维乳业有限公司 | 72,272,677.69 | 76.86% | 食品饮料的生产销售;奶牛养殖和鲜奶销售 | 96,363,570.25 |

6.6 主营业务及其结构发生重大变化的原因说明

√适用　　□不适用

主营业务及其结构发生重大变化的原因主要是公司乳业销售的增加。

6.7 主营业务盈利能力(毛利率)与上年相比发生重大变化的原因说明

√适用　　□不适用

主营业务盈利能力(毛利率)与上年相比发生重大变化的原因主要是豆奶粉原材料价格的下降及公司乳业销售的增加。

6.8 经营成果和利润构成与上年度相比发生重大变化的原因分析

√适用　　□不适用

1.本年度主营业务利润的增加主要是乳业销售的增加。

2.公司本年度实现净利润比去年减少其主要原因是本年度短期投资收益的减少造成的。

6.9 对生产经营环境以及宏观政策、法规产生重大变化已经、正在或将要对公司的财务状况和经营成果产生重要影响的说明

√适用　　□不适用

国家农业部等九部委于2002年12月联合下发了农经发[2002]14号关于《关于公布第二批农业产业化国家重点龙头企业名单的通知》的文件。本公司被列为国家第二批农业产业化国家重点龙头企业。本公司从事大豆深加工及乳品加工业是国家鼓励和支持发展的产业。根据国家有关规定和政策,各有关部门会支持产业化国家重点龙头企业的发展。政策环境对公司的发展较为有利。

中国加入WTO,国际一些同类企业纷纷看好中国市场,开拓中国市场,加剧了国内市场的竞争,加上国内同行业的竞争特别是乳品行业的竞争,会导致行业成本的增加,利润的下降。因而会给公司的经营发展带来一定的影响。

6.10 完成盈利预测的情况

√适用　　□不适用

单位:元

| | 盈利预测(本年度) | 本年度实际数 |
|---|---|---|
| 主营收入 | 1,283,740,695.77 | 1,370,257,154.60 |
| 利润总额 | 206,797,605.90 | 149,286,079.00 |
| 净利润 | 130,592,314.42 | 94,028,952.53 |
| 差异说明 | | |
| 本年度实现净利润低于盈利预测主要是本年度短期投资收益的减少造成的。 | | |

6.11 完成经营计划情况

√适用　　□不适用

单位:万元

| | 原拟订的本年度经营计划 | 本年度实际数 |
|---|---|---|
| 收入 | 134827.33 | 144468.79 |
| 成本及费用 | 114923.27 | 126325.83 |
| 差异说明 | | |
| 1.收入的增加是因为乳业销售收入的增加;<br>2.成本及费用的增加是因为乳业成本及费用的增加。 | | |

6.12 募集资金使用情况

√适用　　□不适

单位:万元

| 募集资金总额 | 99500 | 本年度已使用募集资金总额 | | 5273.61 | | |
|---|---|---|---|---|---|---|
| | | 已累计使用募集资金总额 | | 89074.86 | | |
| 承诺项目 | 拟投入金额 | 是否变更项目 | 实际投入金额 | 产生收益金额 | 是否符合计划进度和预计收益 | |
| 豆奶粉生产技术改造 | 2950 | 否 | 3131.65 | 880.0 | 否 | |
| 精品豆奶粉生产线 | 2920 | 否 | 2279.36 | 尚没产生效益 | 否 | |
| 生猪养殖基地 | 2980 | 是 | | | | |
| 合资兴办徐州维维乳业有限公司 | 18646.5 | 否 | 18602(注) | 9636.36 | 是 | - |
| 合资兴办徐州维维农牧业有限公司 | 18646.5 | 否 | 18900 | 397.80 | 是 | |
| 合资兴办徐州维维麦片有限公司 | 18646.5 | 否 | 18900 | 456.36 | 是 | |
| 华北配送中心 | 2950 | 否 | | 尚没投入 | 否 | |
| 华东配送中心 | 2857 | 否 | | 尚没投入 | 否 | |
| 西南配送中心 | 2440 | 否 | | 尚没投入 | 否 | |
| 配套流动资金 | 8000 | 否 | 6000 | | 否 | |
| 补充流动资金 | 18463.5 | 否 | 18463.5 | | 是 | - |

变更项目情况

√适用　　□不适用

单位:万元

| 变更投资项目的资金总额 | | | | | |
|---|---|---|---|---|---|
| 变更后的项目 | 对应的原承诺项目 | 变更项目拟投入金额 | 实际投入金额 | 产生收益金额 | 是否符合计划进度和预计收益 |
| 维维农牧科技有限公司增资扩股 | 生猪养殖基地 | 2980 | 2980 | 本年度尚没产生效益 | 是 |
| 合计 | -- | 2980 | 2980 | | - |
| 未达到计划进度和收益的说明(分具体项目) | 1.豆奶粉生产技术改造项目根据公司的生产安排逐步进行。<br>2.精品豆奶粉生产线项目公司根据市场情况于2002年投资建设,现以投入生产。<br>3.合资兴办徐州维维农牧业有限公司项目公司根据市场情况逐步投入。<br>4.合资兴办徐州维维麦片有限公司项目公司根据市场情况逐步投入。<br>5.生猪养殖基地项目经公司2001年度股东大会批准变更投向。《关于变更生猪养殖基地项目的说明》详见2002年3月9日的《中国证券报》和《上海证券报》。变更用于维维农牧科技有限公司增资扩股已按计划完成,于本年度进口奶牛近千头。本年度尚没产生效益。<br>6.三个配送中心项目因本公司2002年继续对全国营销网络及销售组织管理体系进行了调整,本年度尚未投资,公司计划2003年上半年投资建设。 | | | | |

6.13 非募集资金项目情况

□适用　　√不适用

6.14 董事会对会计师事务所"非标意见"的说明

□适用　　√不适用

6.15 董事会新年度的经营计划

√适用　　□不适用

公司将进一步完善企业的内部管理，抓好新产品开发、市场开拓和投资项目建设等重点工作，在确保主产品豆奶粉生产的同时，着重抓好乳业的发展，力争取得更好的业绩。2003年将重点做好以下工作：

(1)坚持科技兴企，以自身开发为主，吸收引进国内国际先进技术，紧跟世界食品发展的步伐，以市场为导向，抓好新产品的开发。2003年积极抓好豆奶粉系列产品的更新换代，液体乳品系列饮料的开发。

(2)进一步完善市场网络体系，向边远地区和农村渗透，巩固主产品豆奶粉系列产品的国内市场占有率，加大新产品的宣传力度，提高新产品的市场占有率。2003年度重点抓好液体乳品系列饮料的市场开发。

(3)加强生产现场管理，严格执行ISO9002质量体系2000版标准，严格考核。根据市场需求，调整产品结构，使开发的新产品能够尽快投放市场，形成批量生产。

(4)抓好企业的资金管理、成本管理，挖掘企业的内部潜力，搞好企业的技术改造和革新，最大限度的降低产品成本及费用。

(5)深化企业内部改革，完善内部管理、内部分配制度，鼓励创新和改革。

(6)继续抓好各类科技人才的培训、引进，将人才重点放在营销、科研开发及管理部门，以提高企业的技术含量和综合管理水平。

(7)加快乳品加工基地的奶源基地建设，特别是万头养牛场及进口奶牛临时检疫场的建设，做好本年度进口奶牛的组织工作，尽快扩大奶牛存栏规模。

新年度盈利预测

□适用 √不适用

6.16 董事会本次利润分配或资本公积金转增预案

(1)2002年利润分配预案

经审计，公司2002年度实现净利润94,028,952.53元，按10%提取法定公积金9,402,895.25元，按5%提取公益金4,701,447.62元后，可供股东分配的利润为79,924,609.66元，加上2001年结余未分配利润2,570,031.74元，扣除会计政策变动追溯调整的上年末未分配利润3,058,043.12元，累计可供股东分配的利润为79,436,598.28元。公司拟按2002年末总股本33000万股为基数，每10股派发现金红利2.3元(社会公众股含个人所得税)，计派发现金红利75,900,000.00元。尚余未分配利润3,536,598.28元，结转下年度。

(2)2002年度不送红股及转增股本。

本次利润分配预案需提交2002年年度股东大会审议通过后实施。

## 7.重要事项

7.1 收购资产

□适用 √不适用

7.2 出售资产

□适用 √不适用

7.3 重大担保

□适用 √不适用

7.4 关联债权债务往来

□适用 √不适用

7.5 委托理财

□适用 √不适用

7.6 承诺事项履行情况

□适用 √不适用

7.7 重大诉讼仲裁事项

□适用 √不适用

7.8 独立董事履行职责的情况

公司聘请的独立董事能够尽职尽责，积极出席报告期内董事会及股东大会。能够履行章程上赋予的特别职权，为公司重大决策提供专业及建设性建议，并认真监督管理层的工作，维护了公司及全体股东的合法权益。

## 8.监事会报告

监事会认为公司依法运作、公司财务情况、公司募集资金使用、公司收购、出售资产交易和关联交易不存在问题。

## 9.财务报告

9.1 审计意见

安永大华会计师事务所有限责任公司为本公司出具了标准无保留意见的审计报告。

**审 计 报 告**

安永大华业字(2003)第398号

徐州维维食品饮料股份有限公司全体股东：

我们接受委托，审计了贵公司(以下统称"贵公司")2002年12月31日合并资产负债表及资产负债表，2002年度合并利润及利润分配表和利润及利润分配表，2002年度合并现金流量表及现金流量表。这些会计报表由贵公司负责，我们的责任是对这些会计报表发表审计意见。我们的审计是根据中国注册会计师独立审计准则进行的。在审计过程中，我们结合贵公司的实际情况，实施了包括抽查会计记录等我们认为必要的审计程序。

我们认为，上述会计报表符合《企业会计准则》和《企业会计制度》的有关规定，在所有重大方面公允地反映了贵公司2002年12月31日的财务状况及2002年度经营成果和现金流量情况，会计处理方法的选用遵循了一贯性原则。

安永大华会计师事务所有限责任公司　　　　中国注册会计师

陆永炜　陆国豪

中国 上海 昆山路146号　　　　2003年3月20日

9.2 资产负债表、利润表和现金流量表(见附表)

9.3 与最近一期年度报告相比，会计政策、会计估计和核算方法发生变化的具体说明。

1.会计政策发生变化的具体说明。本公司因执行《企业会计制度》和《企业会计准则－固定资产》对未使用、不需用固定资产计提折旧。此项会计政策变更在编制2002年度会计报表时，已按照《企业会计制度》和《企业会计准则－固定资产》的规定计提了相应的折旧；对于本年度会计政策与上年度会计政策的差异，已按照《企业会计制度》和《企业会计准则－固定资产》的规定进地了追溯调整。具体如下：

| | 未使用、不需用固定资产计提折旧金额 | 影响当年度净利润 | 影响少数股东损益 | 影响留存收益(含盈余公积) | 其中：年末盈余公积 | 其中：年末未分配利润 | 影响少数股东权益 |
|---|---|---|---|---|---|---|---|
| 2001年末 | 2001年末 | 2001年度 | 2001年度 | 2001年末 | 2001年末 | 2001年末 | 2001年度 |
| 调整前余额/发生额 | 112,907,241.33 | 116,097,029.31 | 23,689,178.90 | 52,073,782.95 | 49,749,219.85 | 2,324,563.10 | 134,213,435.05 |
| 调整后余额/发生额 | 117,704,171.71 | 113,178,450.90 | 22,716,319.43 | 48,476,085.16 | 49,209,565.18 | －733,480.02 | 133,014,202.46 |
| 差额 | 4,796,930.38 | －2,918,578.41 | －972,859.47 | －3,597,697.79 | －539,654.67 | －3,058,043.12 | －1,199,232.59 |
| 2000年末 | | 2000及以前年度 | 2000及以前年度 | 2000年末 | 2000年末 | 2000年末 | 2000年末 |
| 调整前余额/发生额 | 91,644,934.63 | 104,338,302.16 | 958,856.87 | 21,776,753.64 | 32,089,196.81 | －10,312,443.17 | 5,419,201.50 |
| 调整后余额/发生额 | 92,550,427.14 | 103,659,182.78 | 732,483.75 | 21,097,634.26 | 31,987,328.90 | －10,889,694.64 | 5,192,828.38 |
| 差额 | 905,492.51 | －679,119.38 | －226,373.12 | －679,119.38 | －101,867.91 | －577,251.47 | －226,373.12 |

2.会计估计未发生变化

3.核算方法未发生变化。

9.4 与最近一期年度报告相比，合并范围发生变化的具体说明。

1.公司所控制的境内外所有子公司和合营企业情况以及公司合并报表的合并范围：

| 被投资单位全称 | 注册地址 | 经营范围 | 经济性质 | 法定代表人 | 注册资本 | 实际投资额 | 母公司持股比例 | 是否合并 |
|---|---|---|---|---|---|---|---|---|
| 徐州维维乳业有限公司 | 徐州市铜山县伊庄镇工业区 | 食品、饮料的生产销售；奶牛养殖和鲜奶销售。 | 中外合资 | 崔桂亮 | 美元2,999万元 | 人民币18,602万元 | 75% | 是 |
| 徐州鲜禾种猪养殖有限公司 | 徐州市铜山县伊庄 | 种猪、商品猪繁殖与销售；畜禽屠宰，肉或肉制品加工，制造、销售等。 | 有限责任公司 | 崔桂亮 | 人民币500万元 | 人民币450万元 | 90% | 是 |
| 徐州维维麦片有限公司 | 铜山新区12号路 | 麦片、面粉及副产品、淀粉、淀粉糖、挂面、方便面生产、加工及销售。 | 有限责任公司 | 崔桂亮 | 人民币21,000万元 | 人民币18,900万元 | 90% | 是 |
| 维维农牧科技有限公司 | 西安经济技术开发区 | 奶牛养殖；乳及乳制品的生产、销售；豆奶的生产、销售。 | 有限责任公司 | 崔桂华 | 人民币23,980万元 | 人民币21,880万元 | 91.24%注(1) | 是 |
| 徐州维维运输有限公司 | 机场路潘塘镇104国道北 | 汽车货物运输，汽车零配件销售。 | 有限责任公司 | 张世川 | 人民币50万元 | 人民币45万元 | 90% | 是 |
| 维维泸州豆奶粉厂 | 四川泸州向阳集团工业园区 | 生产销售食品饮料 | 集体所有制 | 刘军林 | 人民币100万元 | 人民币100万元 | 100% | 是 |
| 徐州维维牛奶有限公司 | 徐州铜山新区 | 奶牛养殖。 | 有限责任公司 | 崔桂华 | 人民币3,000万元 | 人民币2,100万元 | 由子公司持股70% | 是 |
| 新沂市维维粮油食品有限公司 | 徐州新沂 | 粮食及粮食油的销售。 | 有限责任公司 | 张　建 | 人民币500万元 | 人民币450万元 | 由子公司持股90% | 是 |
| 新疆天山雪农牧科技有限公司 | 新疆库尔勒市 | 乳制品收购、生产。 | 有限责任公司 | 崔桂周 | 人民币3,000万元 | 人民币2,100万元 | 由子公司持股70% | 是 |
| 维维六朝松面粉产业有限公司 | 徐州铜山新区12号路 | 麦片、面粉及副产品、淀粉、方便面的加工、销售。 | 有限责任公司 | 魏伯玲 | 人民币6,000万元 | 人民币4,519.6万元 | 由子公司持股75.33%(注2) | 是 |
| 新疆维维牛奶有限公司 | 呼图壁县 | 乳制品收购、生产、销售、种植、养殖、农副产品(除粮、油)加工、销售。 | 有限责任公司 | 崔桂周 | 人民币500万元 | 人民币400万元 | 由子公司持股80% | 是 |
| 江苏维维双宝乳业有限公司 | 连云港市灌云县东辛农场 | 乳及乳制品生产销售，饲料购销，奶牛饲养。 | 有限责任公司 | 熊铁虹 | 人民币3,500万元 | 人民币1,785万元 | 由子公司持股51% | 是 |
| 徐州维维八一网架有限公司 | 江苏省铜山县郑集镇 | 网架、屋面材料制作、安装、防腐防火工程施工，生产销售食品机械及零部件。 | 有限责任公司 | 胡云峰 | 人民币771万元 | 人民币555.12万元 | 由子公司持股72%注(3) | 是 |
| 徐州维维方便面有限公司 | 徐州市 | 方便面加工、销售。 | 有限责任公司 | 魏伯玲 | 人民币1,000万元 | 人民币700万元 | 由子公司持股70% | 是 |
| 济南维维乳业有限公司 | 济南市 | 生产、销售乳制品，豆奶；农副产品的加工；奶牛养殖。 | 有限责任公司 | 崔桂民 | 人民币6,000万元 | 人民币5,400万元 | 由子公司控股90% | 是 |
| 潍坊维维乳业有限公司 | 临朐县 | 乳及乳制品，豆奶加工、销售；农副产品收购(不含黄烟、蚕茧、粮食、棉花)奶牛养殖。 | 有限责任公司 | 崔桂民 | 人民币2,000万元 | 人民币1,600万元 | 由子公司持股80% | 是 |
| 徐州维维食品工程机械有限公司 | 徐州市 | 食品机械的制造、安装、维修及零配件、装潢材料销售；建筑设备安装、建筑装饰、土建装饰、土建工程。 | 有限责任公司 | 曹淑媛 | 人民币300万元 | 人民币270万元 | 由子公司持股90% | 是 |
| 珠海维维大亨乳业有限公司 | 珠海市 | 奶牛饲养；乳及乳制品的生产加工及销售。 | 有限责任公司 | 熊铁虹 | 人民币6,000万元 | 人民币4,200万元 | 由子公司持股70% | 是 |
| 银川维维北塔乳业股份有限公司 | 银川市解放东街518号 | 乳及乳制品、冷饮、饮料、冷冻食品生产、销售、种植、奶牛养殖及技术咨询及服务(不含中介服务)，房屋租赁。 | 股份有限公司 | 焦明义 | 人民币4,447.45万元 | 人民币3025.85万元 | 由子公司持股68.0357%注(4) | 是 |
| 宁夏东方乳业有限公司 | 银川开发区科技街9号楼8号 | 乳品、无烟精饮料生产、销售、食品、农副产品、纺织品、服装批发、零售。 | 有限责任公司 | 许振清 | 人民币1,000万元 | 人民币500万元 | 由子公司持股50% | 是 |
| 西安维维东方乳业有限公司 | 新合乡党家村 | 乳及乳制品的生产加工、销售；农副产品的收购、加工；奶牛养殖。 | 有限责任公司 | 崔桂周 | 人民币10,500万元 | 人民币6,000万元 | 由子公司持股57.14% | 是 |

注1.2002年8月31日前持股比例为90%，2002年8月31日后持股比例为91.24%。

注2.2002年5月31日前持股比例为51%，2002年5月31日后持股比例为75.33%。

注3.2002年6月30日前持股比例为40%，2002年6月30日后持股比例为72%。

注4.2002年3月1日前持股比例为0%，2002年3月1日至2002年3月31日持股比例为45.1427%，2002年4月1日至2002年11月30日持股比例为68.0102%，2002年12月1日后持股比例为68.0357%。

2.合并范围增加：

| | 合并范围增加 | | | | 对财务状况的影响(千元) | | |
|---|---|---|---|---|---|---|---|
| | 原因 | 股权购买日 | 确定依据 | 合并报表日 | 总资产 | 主营业务收入 | 净利润 |
| 江苏维维双宝乳业有限公司 | 新增投资 | - | - | 2002－11－22 | - | - | - |
| 新疆维维牛奶有限公司 | 新增投资 | - | - | 2002－1－31 | - | - | - |
| 徐州维维工程机械有限公司 | 新增投资 | - | - | 2002－11－2 | - | - | - |
| 徐州维维方便面有限公司 | 新增投资 | - | - | 2002－1－1 | - | - | - |
| 济南维维乳业有限公司 | 新增投资 | - | - | 2002－6－24 | - | - | - |
| 潍坊维维乳业有限公司 | 新增投资 | - | - | 2002－8－8 | - | - | - |
| 珠海维维大亨乳业有限公司 | 新增投资 | - | - | 2002－1－29 | - | - | - |
| 西安维维东方乳业有限公司 | 新增投资 | - | - | 2002－6－14 | - | - | - |
| 维维泸州豆奶粉厂 | 新增投资 | - | - | 2002－9－11 | - | - | - |
| 徐州维维八一网架有公司 | 债务重组 | 2002－6－30 | 债务重组准则 | 2002－7－1 | 11144.04 | 0.00 | －76.59 |
| 银川维维北塔乳业股份有限公司 | 购买股权 | 2002－3－4 | 财政部98(66)号文 | 2002－4－1 | 97932.48 | 45041.84 | 61.55 |

3.合并范围减少：

本年度无。

4.比例合并：

宁夏东方乳业有限公司系由子公司维维农牧科技有限公司控股的银川维维北塔乳业股份有限公司投资的合营公司，由银川维维北塔乳业股份有限公司按照比例合并方法编制合并会计报表。

**徐州维维食品饮料股份有限公司董事会**

**二〇〇三年三月二十日**

## 资 产 负 债 表

2002 年 12 月 31 日

编制单位:徐州维维食品饮料股份有限公司　　金额单位:元

| 资　产 | 注释号 | 行次 | 年末数 | | 年初数 | |
|---|---|---|---|---|---|---|
| | | | 母公司 | 合并 | 母公司 | 合并 |
| 流动资产: | - | - | - | - | - | - |
| 货币资金 | 五、1 | 1 | 213832520.49 | 508948754.55 | 587795170.25 | 698001010.43 |
| 短期投资 | 五、2 | 2 | 48949625.27 | 189760464.34 | 40647804.56 | 162833734.37 |
| 应收票据 | 五、3 | 3 | 37075241.67 | 43768721.67 | 148769877.17 | 149636597.17 |
| 应收股利 | 五-.4 | 4 | | 197030.52 | - | - |
| 应收利息 | | 5 | - | - | - | - |
| 应收帐款 | 五、5 | 6 | 73624801.50 | 114668082.07 | 72557624.83 | 86971037.47 |
| 其他应收款 | 五、6 | 7 | 69875137.65 | 104201474.75 | 32651140.44 | 57633067.08 |
| 预付帐款 | 五、7 | 8 | 237523632.09 | 46428078.26 | 22295137.89 | 28820805.22 |
| 应收补帖款 | - | 9 | - | - | - | - |
| 存 货 | 五、8 | 10 | 70239282.37 | 198603885.14 | 62652126.21 | 124903387.96 |
| 待摊费用 | 五、9 | 11 | 272645.43 | 931014.54 | 387109.45 | 465293.67 |
| 一年内到期的长期债权投资 | - | 21 | - | - | - | - |
| 其他流动资产 | 五、10 | 24 | - | 53697584.00 | - | - |
| 流动资产合计 | - | 30 | 751392886.47 | 1261205089.84 | 967755990.80 | 1309264933.37 |
| 长期投资: | - | - | - | - | - | - |
| 长期股权投资 | 五、11 | 31 | 678084114.28 | -790772.49 | 633512687.40 | 3113683.72 |
| 长期债权投资 | - | 32 | - | - | - | - |
| 长期投资合计 | - | 33 | 678084114.28 | -790772.49 | 633512687.40 | 3113683.72 |
| 其中合并价差(贷差以"-"号表示,合并报表填列) | | 34 | | -790772.49 | | -828465.07 |
| 固定资产: | - | 35 | - | - | - | - |
| 固定资产原值 | 五、12 | 39 | 315586700.07 | 697359344.72 | 290960818.06 | 433593147.00 |
| 减:累计折旧 | 五、12 | 40 | 117076103.15 | 195751090.56 | 101419090.10 | 117704171.71 |
| 固定资产净值 | 五、12 | 41 | 198510596.92 | 501608254.16 | 189541727.96 | 315888975.29 |
| 减:固定资产减值准备 | 五、12 | 42 | 12128588.64 | 12128588.64 | 14254835.44 | 14254835.44 |
| 固定资产净额 | 五、12 | 43 | 186382008.28 | 489479665.52 | 175286892.52 | 301634139.85 |
| 工程物资 | 五、13 | 44 | - | 1315215.18 | - | - |
| 在建工程 | 五、14 | 45 | 6576015.00 | 95931365.61 | 7671570.13 | 20005568.60 |
| 固定资产清理 | - | 46 | - | - | - | - |
| 固定资产合计 | - | 50 | 192958023.28 | 586726246.31 | 182958462.65 | 321639708.45 |
| 无形资产及其他资产 | - | - | - | - | - | - |
| 无形资产 | 五、15 | 51 | 78440310.02 | 158884792.55 | 78950591.57 | 89663142.50 |
| 长期待摊费用 | 五、16 | 52 | 1710106.73 | 2319376.08 | 2085914.69 | 2178187.55 |
| 其他长期资产 | - | 53 | - | - | - | - |
| 无形资产及其他资产合计 | - | 54 | 80150416.75 | 161204168.63 | 81036506.26 | 91841330.05 |
| 递延税项: | - | - | - | - | - | - |
| 递延税款借项 | - | 56 | - | - | - | - |
| 资产总计 | - | 60 | 1702585440.78 | 2008344732.29 | 1865263647.11 | 1725859655.59 |
| 负债和股东权益 | - | - | - | - | - | - |
| 流动负债 | - | - | - | - | - | - |
| 短期借款 | 五、17 | 61 | - | 18600000.00 | - | 5000000.00 |
| 应付票据 | 五、18 | 62 | 50000000.00 | 99600000.00 | - | 53100.00 |
| 应付帐款 | 五、19 | 63 | 94999206.82 | 141695730.46 | 128478658.63 | 121232257.56 |
| 预收帐款 | 五、20 | 64 | 55053705.31 | 65226720.26 | 52522740.60 | 55251942.42 |
| 应付工资 | - | 65 | 3748035.05 | 7306650.35 | 7629462.14 | 9570761.52 |
| 应付福利费 | - | 66 | 0.00 | 2328541.08 | 134845.17 | 755063.89 |
| 应付股利 | 五、21 | 67 | 75995680.00 | 77616195.27 | 85800900.00 | 86800900.00 |
| 应交税金 | 五、22 | 68 | 1487499.51 | 14779983.14 | 9625710.68 | 10503101.07 |
| 其他应交款 | 五、23 | 69 | 58001.66 | 127741.99 | 267703.80 | 302768.67 |
| 其他应付款 | 五、24 | 70 | 124495401.47 | 45646850.51 | 296235453.14 | 18837756.55 |
| 预提费用 | 五、24 | 71 | 407833.38 | 2970787.41 | 1416695.97 | 1304724.47 |
| 预计负债 | - | 72 | - | - | · | - |
| 应付利息 | - | - | - | - | - | - |
| 一年内到期的长期负债 | 五、26 | 78 | - | 83520.00 | - | 41600.00 |
| 其他流动负债 | - | 79 | - | - | - | - |
| 流动负债合计 | - | 80 | 406245363.20 | 475982720.47 | 582112170.13 | 309653976.15 |
| 长期负债: | - | - | - | - | - | - |
| 长期借款 | 五、27 | 81 | - | 11449945.25 | - | 40000.00 |
| 应付债券 | - | 82 | - | - | - | · |
| 长期应付款 | - | 83 | - | - | - | - |
| 专项应付款 | 五、28 | 84 | | 1464500.00 | - | - |
| 其他长期负债 | 五、29 | 85 | 2720318.89 | 2720318.89 | 8160956.73 | 8160956.73 |
| 长期负债合计 | - | 87 | 2720318.89 | 15634764.14 | 8160956.73 | 8200956.73 |
| 递延税项 | - | - | - | - | - | - |
| 递延税项贷项 | - | 89 | - | - | - | - |
| 负债合计 | - | 90 | 408965682.09 | 491617484.61 | 590273126.86 | 317854932.88 |
| 少数股东权益(合并报表填列) | - | 91 | - | 224313509.90 | | 133,014,202.46 |
| 股东权益: | - | - | - | - | - | - |
| 股本 | 五、30 | 92 | 330000000.00 | 330000000.00 | 330000000.00 | 330000000.00 |
| 资本公积 | 五、31 | 93 | 897014721.00 | 897014721.00 | 896514435.09 | 896514435.09 |
| 盈余公积 | 五、32 | 94 | 63068439.41 | 66581088.19 | 48964096.54 | 49209565.18 |
| 其中:法定公益金 | - | 95 | 21022813.17 | 22193696.10 | 16321365.55 | 16403188.43 |
| 减:未确认的投资损失(合并报表填列) | - | 96 | 0.00 | 1206020.91 | - | - |
| 未分配利润 | 五、33 | 97 | 3536598.28 | 23949.50 | -488011.38 | -733480.02 |
| 外币报表折算差额(合并报表填列) | - | 98 | - | - | - | - |
| 股东权益合计 | - | 99 | 1293619758.69 | 1292413737.78 | 1274990520.25 | 1274990520.25 |
| 负债和股东权益总计 | | 100 | 1702585440.78 | 2008344732.29 | 1865263647.11 | 1725859655.59 |

## 利润及利润分配表

2002 年 12 月 31 日

编制单位:徐州维维食品饮料股份有限公司　　金额单位:元

| 项　目 | 注释号 | 行次 | 本年实际数 | | 上年实际数 | |
|---|---|---|---|---|---|---|
| | | | 母公司 | 合并 | 母公司 | 合并 |
| 一、主营业务收入 | 五、31 | 1 | 1056262741.11 | 1370257154.60 | 1016203743.26 | 1082538633.84 |
| 减:主要业务成本 | 五、34 | 2 | 96307329071 | 1020663946.42 | 906413710.94 | 885250047.71 |
| 主要业务税金及附加 | 五、35 | 3 | 345884.19 | 1831384.29 | 188931.24 | 340448.96 |
| 二、主营业务利润(亏损以"-"号填列) | - | 4 | 92843566.21 | 347761823.89 | 109601101.08 | 196948137.17 |
| 加:其他业务利润(亏损以"-"号填列) | 五、36 | 5 | 79395088.98 | 74430768.46 | 69936340.26 | 72411230.42 |
| 减:营业费用 | - | 6 | 108614885.71 | 166968175.89 | 107099824.72 | 112747031.90 |
| 管理费用 | - | 7 | 45649374.35 | 75626133.11 | 37056014.68 | 45257167.69 |
| 财务费用 | 五、37 | 8 | 1419252.46 | -192370.88 | -7819012.52 | -14080180.97 |
| 三、营业利润(亏损以"-"号填列) | - | 10 | 16555142.67 | 179790654.23 | 43200614.46 | 125435348.97 |
| 加:投资收益(亏损以"-"填列) | 五、38 | 11 | 75476718.83 | -36624828.05 | 72974728.37 | 15129846.44 |
| 补帖收入 | 五、39 | 12 | - | 304553.12 | - | - |
| 营业外收入 | - | 13 | 6149208.47 | 8019687.35 | 5675161.68 | 5722143.14 |
| 减:营业外支出 | - | 14 | 865109.93 | 2203987.65 | 2546178.15 | 3226250.27 |
| 四、利润总额(亏损以"-"号填列) | - | 15 | 97315960.04 | 149286079.00 | 119304326.36 | 143061088.28 |
| 减:所得税 | - | 16 | 3287007.51 | 32983091.11 | 6125875.46 | 7166317.95 |
| 少数股东损益(合并报表填列) | - | 17 | - | 23480056.27 | - | 22716319.43 |
| 加:未确认的投资损失(合并报表填列) | - | 18 | | 1206020.91 | - | - |
| 五、净利润(亏损以"-"表示) | - | 20 | 94028952.53 | 94028952.53 | 113178450.90 | 113178450.90 |
| 加:年初未分配利润 | - | 21 | -488011.38 | -733480.02 | -10889694.64 | -10889694.64 |
| 其他转入 | - | 22 | - | - | - | - |
| 六、可供分配的利润 | - | 25 | 93540941.15 | 93295472.51 | 102288756.26 | 102288756.26 |
| 减:提取法定盈余公积 | - | 26 | 9402895.25 | 11581015.34 | 113178450.09 | 11481490.85 |
| 提取法定公益金 | - | 27 | 4701447.62 | 5790507.67 | 5658922.55 | 5740745.43 |
| 提取职工奖励及福利基金(合并报表填列。子公司为外商投资企业的项目) | - | 28 | - | - | - | - |
| 七、可供股东分配的利润 | - | 35 | 79436598.28 | 75923949.50 | 85311988.62 | 85066519.98 |
| 减:应付优先股股利 | - | 36 | - | - | - | - |
| 提取任意盈余公积 | - | 37 | - | - | - | - |
| 应付普通股股利 | - | 38 | 75900000.00 | 75900000.00 | 85800000.00 | 858000000.00 |
| 转作股本的普通股股利 | - | 39 | - | - | - | - |
| 八、未分配利润(未弥补亏损以"-"号填列) | - | 40 | 3536598.28 | 23949.50 | -488011.38 | -733480.02 |
| 补充资料: | - | - | - | - | - | - |
| 1.出售、处置部门或被投资单位所得收益 | - | 41 | - | - | - | |
| 2.自然灾害发生的损失 | - | 42 | - | - | - | - |
| 3.会计政策变更增加(或减少)利润总额 | | 43 | | | -3597697.79 | -3597697.79 |
| 4.会计估计变更增加(或减少)利润总额 | - | 44 | - | - | - | |
| 5.债务重组损失 | - | 45 | - | - | - | - |
| 6.其他 | - | 46 | - | - | - | - |

# 现 金 流 量 表

2002 年 12 月 31 日

编制单位:徐州维维食品饮料股份有限公司 金额单位:元

| 项 目 | 注释号 | 行次 | 母公司金额 | 合并金额 |
|---|---|---|---|---|
| 一、经营活动产生的现金流量: | – | – | – | – |
| 销售商品、提供劳务收到的现金 | – | 1 | 1471932154.99 | 1885270040.09 |
| 收到的税费返还 | – | 2 | 11860000.00 | 12204849.38 |
| 收到的其他与经营活动有关的现金 | 五、40 | 3 | 63414864.51 | 69742958.27 |
| 经营活动现金流入小计 | – | 5 | 1547207019.50 | 1967217847.74 |
| 购买商品、接受劳务支付的现金 | – | 6 | 1337950785.35 | 1297721864.39 |
| 支付给职工以及为职工支付的现金 | – | 7 | 30724082.31 | 79429608.37 |
| 支付的各项税费 | – | 8 | 52764508.65 | 109749450.43 |
| 支付的其他与经营活动有关的现金 | 五、41 | 9 | 82529594.91 | 130791182.22 |
| 经营活动现金流出小计 | – | 10 | 1503968971.22 | 1617692105.41 |
| 经营活动现金流量净额 | – | 11 | 43238048.28 | 349525742.33 |
| 二、投资活动产生的现金流量: | – | – | – | – |
| 收回投资所收到的现金 | – | 12 | 18840308.01 | 156530227.96 |
| 取得投资收益所收到的现金 | – | 13 | 1684328.41 | 9395702.91 |
| 处置固定资产、无形资产和其他长期资产所收回的现金 | – | 14 | 377500.00 | 882595.30 |
| 收到的其他与投资活动有关的现金 | 五、42 | 15 | – | 4556730.31 |
| 投资活动现金流入小计 | – | 16 | 20902136.42 | 171365256.48 |
| 购建固定资产、无形资产和其他长期资产所支付的现金 | – | 18 | 31248867.58 | 223346228.83 |
| 投资所支付的现金 | – | 19 | 67149562.98 | 308101012.42 |
| 支付的其他与投资活动有关的现金 | 五、43 | 20 | 59989145.22 | 61097742.19 |
| 投资活动现金流出小计 | – | 22 | 158387575.78 | 592544983.44 |
| 投资活动产生的现金流量净额 | – | 23 | －137485439.36 | －421179726.96 |
| 三、筹资活动产生的现金流量: | – | – | – | – |
| 吸收投资所收到的现金 | – | 26 | – | 10189100.00 |
| 其中:子公司吸收少数股东权益性投资收到的现金 | – | 27 | – | 10189100.00 |
| 借款所收到的现金 | – | 28 | 30000000.00 | 304833.50 |
| 收到的其他与筹资活动有关的现金 | 五、44 | 29 | – | 837804.34 |
| 筹资活动现金流入小计 | – | 30 | 30000000.00 | 11331737.84 |
| 偿还债务所支付的现金 | – | 31 | 30000000.00 | 16,966,208.00 |
| 分配股利、利润或偿付利息所支付的现金 | – | 32 | 85993620.00 | 111793609.61 |
| 其中:支付少数股东的股利 | – | 33 | – | 24074677.01 |
| 支付的其他与筹活动有关的现金 | – | 34 | 193721638.68 | – |
| 其中:子公司依法减资支付给少数股东的现金 | – | 35 | – | – |
| 筹资活动现金流出小计 | – | 36 | 309715258.68 | 128759817.61 |
| 筹资活动产生的现金流量净额 | – | 40 | －279715258.68 | －117,428,079.77 |
| 四、汇率变动对现金的影响 | – | 41 | – | 29808.52 |
| 五、现金及现金等价物净增加额 | – | 42 | －373962649.76 | －189052255.88 |
| 补充资料 | – | – | – | – |
| 1.将净利润调节为经营活动现金流量: | – | – | – | – |
| 净利润(亏损以"－"号填列) | – | 43 | 94028952.53 | 94028952.53 |
| 加:少数股东本期损益(亏损以"－"号表示) | – | 44 | – | 23480056.27 |
| 减:未确认的投资损失 | – | 45 | – | 1206020.91 |
| 加:计提的资产减值准备 | – | 46 | 7213760.11 | 8692113.15 |
| 固定资产折旧 | – | 47 | 18631767.33 | 46011962.63 |
| 无形资产摊销 | – | 48 | 2096696.18 | 4141013.31 |
| 长期待摊费用摊销 | – | 49 | 476707.96 | 526157.61 |
| 待摊费用减少(减:增加) | – | 50 | 114464.02 | －465058.47 |
| 预提费用增加(减:减少) | – | 51 | －1008862.59 | 1054022.45 |
| 处置固定资产、无形资产和其他长期资产的损失(减:收益) | – | 52 | 552724.99 | －106658.24 |
| 固定资产报废损失 | – | 53 | – | – |
| 财务费用 | – | 54 | 288400.00 | 523696.50 |
| 投资损失(减:收益) | – | 55 | －75476718.83 | 36624828.05 |
| 递延税款贷项(减:借项) | – | 56 | – | – |
| 存货的减少(减:增加) | – | 57 | －7350182.18 | －64007452.76 |
| 经营性应收项目的减少(减:增加) | – | 58 | －25553782.96 | －44290815.25 |
| 经营性应付项目的增加(减:减少) | – | 59 | 34664759.56 | 249959583.30 |
| 其他 | – | 60 | －5440637.84 | －5440637.84 |
| 经营活动产生的现金流量净额 | – | 65 | 43238048.28 | 349525742.33 |
| 2.不涉及现金收支的投资和筹资活动: | – | – | – | – |
| 债务转为资本 | – | 66 | – | |
| 一年内到期的可转换公司债券 | – | 67 | – | – |
| 融资租入固定资产 | – | 68 | – | – |
| 3.现金及现金等价物净增加情况: | – | – | – | – |
| 现金的期末余额 | – | 69 | 213832520.49 | 508948754.55 |
| 减:现金的期初余额 | – | 70 | 587795170.25 | 698001010.43 |
| 加:现金等价物的期末余额 | – | 71 | – | – |
| 减:现金等价物的期初余额 | – | 72 | – | – |
| 现金及现金等价物净增加额 | – | 73 | －373962649.76 | －189052255.88 |

# 600887 内蒙古伊利实业集团股份有限公司

# 二〇〇二年年度报告摘要

## 1.重要提示

1.1 本公司董事会及其董事保证本报告所载资料不存在任何虚假记载、误导性陈述或者重大遗漏，并对其内容的真实性、准确性和完整性负个别及连带责任。本年度报告摘要摘自年度报告全文，投资者欲了解详细内容，应阅读年度报告全文。

1.2 没有董事声明对年度报告内容的真实性、准确性、完整性无法保证或存在异议。

1.3 公司11名董事全部出席董事会。

1.4 公司本年度财务报告已经北京中天华证会计师事务所审计并出具了无保留意见的审计报告。

1.5 公司董事长兼首席执行官郑俊怀先生、总裁潘刚先生、财务负责人张显著先生及财务部经理赵成霞女士声明：保证年度报告中财务会计报告的真实、完整。

## 2.上市公司基本情况简介

2.1 基本情况简介

| | |
|---|---|
| 股票简称 | 伊利股份 |
| 股票代码 | 600887 |
| 上市交易所 | 上海证券交易所 |
| 注册地址 | 内蒙古呼和浩特市金川开发区金四路8号 |
| 办公地址 | 内蒙古呼和浩特市金川开发区金四路8号 |
| 邮政编码 | 010080 |
| 公司国际互联网网址 | http://www.yiligroup.com.cn |
| 电子信箱 | info@yiligroup.com.cn |

2.2 联系人和联系方式

| | 公司董事会秘书 | 证券事务代表 |
|---|---|---|
| 姓名 | | 李永平 |
| 联系地址 | | 呼和浩特市金川开发区金四路8号 |
| 电话 | | 0471-3601621 |
| 传真 | | 0471-3601615 |
| 电子信箱 | | liyongping@yiligroup.com.cn |

## 3.会计数据和财务指标摘要

3.1 主要会计数据

| | 2002年度 | 2001年度 | 本年比上年增减(%) | 2000年 |
|---|---|---|---|---|
| 主营业务收入(元) | 4,010,092,386.78 | 2,701,983,031.90 | 48.41 | 1,590,416,961.97 |
| 利润总额(元) | 213,338,438.53 | 141,055,433.54 | 51.24 | 119,951,155.41 |
| 净利润(元) | 141,948,405.32 | 119,676,679.62 | 18.61 | 89,290,196.71 |
| 扣除非经常性损益的净利润(元) | 149,621,040.58 | 123,437,471.71 | 21.21 | 99,074,261.48 |
| | 2002年12月31日 | 2001年12月31日 | 本年末比上年末增减(%) | 2000年12月31日 |
| 总资产(元) | 2,898,543,738.37 | 1,639,096,124.79 | 76.84 | 1,212,083,900.25 |
| 股东权益(不含少数股东权益)(元) | 1,742,631,067.15 | 833,466,983.47 | 109.08 | 765,798,238.99 |
| 经营活动产生的现金流量净额(元) | 421,180,572.26 | 306,703,484.71 | 37.33 | 91,530,910.84 |

3.2 主要财务指标

| | 2002年度 | 2001年度 | 本年比上年增减(%) | 2000年度 |
|---|---|---|---|---|
| 每股收益(元) | 0.73 | 0.82 | -11.51 | 0.61 |
| 净资产收益率(%) | 8.15 | 14.36 | -43.28 | 11.66 |
| 扣除非经常性损益的净利润为基础计算的净资产收益率(%) | 8.59 | 14.81 | -42.03 | 11.72 |
| 每股经营活动产生的现金流量净额(元) | 2.15 | 2.09 | 3.01 | 0.62 |
| | 2002年12月31日 | 2001年12月31日 | 本年末比上年末增减(%) | 2000年12月31日 |
| 每股净资产(元) | 8.91 | 5.68 | 56.83 | 5.22 |
| 调整后的每股净资产(元) | 8.72 | 5.42 | 60.87 | 5.01 |

3.3 国内外会计准则差异

□适用　　√不适用

## 4.股本变动及股东情况

4.1 股份变动情况表

数量单位：股

| | 本次变动前 | 本次变动增减(+,-) | | | | | | 本次变动后 |
|---|---|---|---|---|---|---|---|---|
| - | | 配股 | 送股 | 公积金转股 | 增发 | 其他 | 小计 | - |
| 一、未上市流通股份 | - | - | - | - | - | - | - | - |
| 1.发起人股份 | - | - | - | - | - | - | - | - |
| 其中： | - | - | - | - | - | - | - | - |
| 国家持有股份 | 33028743 | - | - | - | - | -5000000 | -5000000 | 28028743 |
| 境内法人持有股份 | 9710220 | - | - | - | - | +5000000 | +5000000 | 14710220 |
| 境外法人持有股份 | - | - | - | - | - | - | - | - |
| 其他 | - | - | - | - | - | - | - | - |
| 2.募集法人股份 | 24038176 | - | - | - | - | - | - | 24038176 |
| 3.内部职工股 | - | - | - | - | - | - | - | - |
| 4.优先股或其他 | - | - | - | - | - | - | - | - |
| 其中：转配股 | - | - | - | - | - | - | - | - |
| 未上市流通股份合计 | 66777139 | - | - | - | - | - | - | 66777139 |
| 二、已上市流通股份 | | | | | | | | |
| 1.人民币普通股 | 79893931 | - | - | - | 48961424 | - | 48961424 | 128855355 |
| 2.境内上市的外资股 | - | - | - | - | - | - | - | - |
| 3.境外上市的外资股 | - | - | - | - | - | - | - | - |
| 4.其他 | - | - | - | - | - | - | - | - |
| 已上市流通股份合计 | 79893931 | - | - | - | 48961424 | - | 48961424 | 128855355 |
| 三、股份总数 | 146671070 | - | - | - | 48961424 | - | 48961424 | 195632494 |

4.2 前十名股东持股表

| 报告期末股东总数 | 38159户 | | | | | |
|---|---|---|---|---|---|---|
| 前十名股东持股情况 | | | | | | |
| 股东名称(全称) | 年度内增减 | 年末持股数量 | 比例(%) | 股份类别(已流通或未流通) | 质押或冻结的股份数量 | 股东性质(国有股东或外资股东) |
| 呼和浩特市财政局 | -5000000 | 28028743 | 14.33 | 未流通 | 无 | 国家股 |
| 四川长虹新艺电工有限公司 | 9310030 | 9310030 | 4.76 | 已流通 | 无 | 公众股 |
| 呼和浩特市启元投资有限公司 | 8578000 | 8578000 | 4.38 | 未流通 | 不详 | 法人股 |
| 华宝信托投资有限责任公司 | 1931911 | 7749971 | 3.96 | 已流通 | 无 | 公众股 |
| 博时增长 | 6847546 | 6847546 | 3.50 | 已流通 | 无 | 公众股 |
| 宝钢集团国际经济贸易总公司 | 5189836 | 5189836 | 2.65 | 已流通 | 无 | 公众股 |
| 呼和浩特市华世商贸有限公司 | - | 4224241 | 2.16 | 未流通 | 不详 | 法人股 |
| 建行信托投资公司包头证券营业部 | - | 3799553 | 1.94 | 未流通 | 不详 | 法人股 |
| 内蒙古财信实业有限公司 | - | 3620000 | 1.85 | 未流通 | 不详 | 法人股 |
| 内蒙古元和实业股份有限公司 | - | 2881000 | 1.47 | 未流通 | 不详 | 法人股 |
| 前十名股东关联关系或一致行动的说明 | 未知其是否存在关联关系 | | | | | |

4.3 控股股东及实际控制人情况介绍

4.3.1 控股股东及实际控制人变更情况

□适用　　√不适用

4.3.2 控股股东和其他实际控制人具体情况介绍

经国家财政部财企(2002)393号文件批准，公司原第一大股东呼和浩特市国有资产管理局持有的股份全部划归呼和浩特市财政局所有，同时将国家股中的5000000股，占公司总股本的3.41%有偿转让给呼和浩特市启元投资有限公司。2002年12月31日，呼和浩特市财政局持有公司总股份的14.33%，为公司第一大股东。

## 5.董事、监事和高级管理人员

5.1 董事、监事和高级管理人员持股变动

| 姓名 | 性别 | 年龄 | 任期起止日期 | 职务 | 年初持股数 | 年末持股数 | 持股数变动原因(增发配售新股) |
|---|---|---|---|---|---|---|---|
| 郑俊怀 | 男 | 52 | 2002年6月22日至2005年6月22日 | 董事长兼首席执行官 | 31658 | 31658 | 6000股 |
| 李云卿 | 女 | 55 | 2002年6月22日至2005年6月22日 | 副董事长 | 0 | 0 | - |
| 杨桂琴 | 女 | 42 | 2002年6月22日至2005年6月22日 | 董事兼首席知识运营官 | 23326 | 27926 | 4600股 |
| 郭顺喜 | 男 | 47 | 2002年6月22日至2005年6月22日 | 董事 | 5000 | 6000 | 1000股 |
| 富子荣 | 男 | 44 | 2002年6月22日至2005年6月22日 | 董事 | 0 | 0 | - |
| 陈彦 | 男 | 40 | 2002年6月22日至2005年6月22日 | 董事 | 0 | 0 | - |
| 王宝录 | 男 | 43 | 2002年6月22日至2005年6月22日 | 董事 | 0 | 0 | - |
| 潘刚 | 男 | 32 | 2002年6月22日至2005年6月22日 | 董事兼总裁 | 0 | 0 | - |
| 俞伯伟 | 男 | 42 | 2002年6月22日至2005年6月22日 | 独立董事 | 0 | 0 | - |
| 郭晓川 | 男 | 36 | 2002年6月22日至2005年6月22日 | 独立董事 | 0 | 0 | - |

| 王鹏程 | 男 | 32 | 2002年6月22日至2005年6月22日 | 独立董事 | 0 | 0 | - |
|---|---|---|---|---|---|---|---|
| 杨贵 | 男 | 46 | 2002年6月22日至2005年6月22日 | 监事会主席 | 25888 | 30888 | 5000股 |
| 王绥银 | 男 | 47 | 2002年6月22日至2005年6月22日 | 监事 | 0 | 0 | - |
| 刘忠元 | 男 | 41 | 2002年6月22日至2005年6月22日 | 监事 | 0 | 0 | - |
| 钱芳 | 女 | 28 | 2002年6月22日至2005年6月22日 | 监事 | 0 | 0 | - |
| 张利民 | 男 | 29 | 2002年6月22日至2005年6月22日 | 监事 | 0 | 0 | - |
| 詹永宽 | 男 | 50 | 20023年6月22日至2005年6月22日 | 副总裁 | 0 | 0 | - |
| 张显著 | 男 | 44 | 2002年6月22日至2005年6月22日 | 财务负责人 | 0 | 0 | - |

5.2 在股东单位任职的董事监事情况

| 姓名 | 任职的股东名称 | 在股东单位担任的职务 | 任职期间 | 是否领取报酬、津贴(是或否) |
|---|---|---|---|---|
| 王宝录 | 内蒙古财信实业有限公司 | 总经理 | 1999起至今 | 是 |
| 刘忠元 | 内蒙古和实业股份有限公司 | 董事长 | 1997年至今 | 是 |

5.3 董事、监事和高级管理人员年度报酬、津贴情况

| | |
|---|---|
| 年度已领取报酬、津贴总额 | 1124900元 |
| 金额最高的前三名董事的报酬、津贴总额 | 415000元 |
| 金额最高的前三名高级管理人员的报酬总额 | 336000元 |
| 独立董事津贴 | 50000元 |
| 独立董事其他待遇 | 差旅费据实报销 |
| 不在公司领取报酬、津贴的董事、监事姓名 | 李云卿 |
| 报酬区间 | 人数 |
| 10万元以上 | 6人 |
| 5－10万元之间 | 2人 |
| 5万元以下 | 9人 |

## 6.董事会报告

6.1 报告期内整体经营情况的讨论与分析

公司目前拥有内蒙古、黑龙江、华北、西北等地的主要奶源基地，以独特的地源和资源优势为依托，发展并利用良好的优质天然奶源，以消费者需求为出发点，采用世界一流的设备和技术生产的乳制品，畅销全国市场，"伊利"品牌成为中国驰名商标。公司通过不断开拓创新及产品结构调整，加快品牌建设步伐，呈现了持续快速增长态势。报告期内，公司乳制品占公司总收入的95.41%，产品畅销全国各地市场。

2002年，公司继续立足乳业，大力发展液态奶、奶粉、冷饮三大系列产品，使公司主营产品的市场份额进一步扩大，三大系列产品相互补充，优化资源配置，增强了企业抗风险能力；由于乳制品市场发展空间广阔，众多竞争者为分享利益，不断分割市场，导致乳品行业竞争持续加剧。面对多变的格局，报告期内，公司立足长远发展的要求进行了战略调整，用全球资源做中国市场，已构建了中国伊利发展框架，确定了企业的远景规划，并在市场营销、产品结构、资源配置等多方面进行变革与创新，增强了企业的核心竞争能力，提升了核心竞争优势，并积极与国际乳业集团合作，逐步走向国际化。

2002年，在公司董事会的领导下，经营班子与全体员工的努力拼搏，克服各种不利因素，公司实现主营业务收入40.10亿元，比2001年增长48.41%；利润总额2.13亿元，比2001年增长51.24%，使公司继续保持快速的发展势头。报告期内，公司营业利润与2001年同比增长56.57%，但因国内乳品市场竞争日趋激烈，营业费用同比增长74.41%。

6.2 主营业务分行业、产品情况表

| 分行业或分产品 | 主营业务收入 | 主营业务成本 | 毛利率(%) | 主营业务收入比上年增减(%) | 主营业务成本比上年增减(%) | 毛利率比上年增减(%) |
|---|---|---|---|---|---|---|
| 乳制品 | 3,825,881,091.71 | 2,523,575,059.54 | 34.04 | 47.03 | 37.53 | 13.69 |
| 速冻、面食 | 51,206,084.93 | 42,059,734.68 | 17.86 | 20.87 | 26.84 | -53.48 |
| 其他 | 133,005,210.14 | 109,749,218.05 | 17.49 | 131.12 | 123.12 | 20.39 |

6.3 采购和销售客户情况

| | | | |
|---|---|---|---|
| 前五名供应商采购金额合计 | 117700万元 | 占采购总额比重 | 35.50% |
| 前五名销售客户销售金额合计 | 41788万元 | 占销售总额比重 | 10.42% |

6.4 参股公司经营情况(适用投资收益占净利润10%以上的情况)

□适用 √不适用

6.5 主营业务及其结构发生重大变化的原因说明

□适用 √不适用

6.6 主营业务盈利能力(毛利率)与上年相比发生的重大变化的原因说明

□适用 √不适用

6.7 经营成果和利润构成与上年度相比发生重大变化的原因分析

□适用 √不适用

6.8 整体财务状况与上年度相比发生重大变化的原因分析

□适用 √不适用

6.9 对生产经营环境以及宏观政策、法规产生重大变化已经、正在或将要对公司的财务状况和经营成果产生重要影响的说明。

√适用 □不适用

中国加入WTO后，乳制品关税进一步下调，国外大量乳制品进入国内市场，形成一定程度的冲击；国内外实力雄厚的企业不断进入乳品行业，分割市场，使乳品市场竞争不断加剧。

党的十六大明确提出了全面建设小康社会的目标。随着人民生活水平的不断提高，乳品市场需求将不断增长；国家加大对"三农企业"扶持力度，并给予优惠的政策支持，都为公司进一步发展壮大创造了有利条件。

6.10 完成盈利预测的情况

□适用 √不适用

6.11 完成经营计划情况

□适用 √不适用

6.12 募集资金使用情况

√适用 □不适用

| 募集资金总额 | 80144万元 | 本年度已使用募集资金总额 | | | 29323万元 |
|---|---|---|---|---|---|
| | | 已累计使用募集资金总额 | | | 29323万元 |
| 承诺项目 | 拟投入金额 | 是否变更项目 | 实际投入金额 | 产生收益金额 | 是否符合计划进度和预计收益 |
| 液态奶技改项目 | 19526万元 | 否 | 14267万元 | 是 | |
| 奶源基地建设项目 | 8000万元 | 否 | 1361万元 | 否 | |
| 冷饮技改项目 | 4207万元 | 否 | 2953万元 | 是 | |
| 奶粉技改项目 | 18000万元 | 否 | 6131万元 | 否 | |
| 酸奶及保鲜奶项目 | 19673万元 | 否 | 601万元 | 否 | |
| 物流配送网络建设项目 | 7100万元 | 否 | 1210万元 | 否 | |
| 技术中心建设项目 | 3494万元 | 否 | 2800万元 | 否 | |
| 合计 | 80000万元 | - | 29323万元 | - | - |
| 未达到计划进度和收益的说明 | 鉴于乳制品市场快速变化的特点及公司股东大会对董事会的授权，依据实际发展情况，部分项目未能完全达到计划进度。 | | | | |
| 变更原因及变更程序说明(分具体项目) | - | | | | |

变更项目情况

□适用 √不适用

6.13 非募集资金项目情况

√适用 □不适用

| 项目名称 | 项目金额 | 项目进度 | 项目收益情况 |
|---|---|---|---|
| 冷饮技改项目 | 2182万元 | - | - |
| 财务管理、信息网络和市场建设项目 | 1283万元 | - | - |
| 合计 | 3465万元 | - | - |

6.14 董事会对会计师事务所"非标意见"的说明

□适用 √不适用

6.15 董事会新年度的经营计划(如有)

□适用 √不适用

新年度盈利预测(如有)

□适用 √不适用

6.16 董事会本次利润分配或资本公积金转增预案

经北京中天华正会计师事务所审计，根据《公司章程》的规定及公司2002年经营业绩，本着公司发展与股东利益相一致的原则，提出公司2002年度利润分配及资本公积金转增股本预案。

2002年度利润分配预案：2002年母公司共实现净利润141,761,184.84元，提取10%的法定盈余公积金14,176,118.48元、提取10%的法定公益金14,176,118.48元，加年初未分配利润93,159,692.68元，可供股东分配的利润206,568,640.55元，提取15%的任意盈余公积金21,264,177.73元，以现有股本195,632,494股为基数拟用派送现金红利的形式进行分红，每10股派送现金红利2.00元(含税)，共计39,126,498.80元，其余146,177,964.03元列入未分配利润。

资本公积金转增股本预案：公司以2002年12月31末总股本数为基数，拟按10:10的比例进行资本公积金转增股本。转增后，公司总股本数为391,264,988股。

上述利润分配及资本公积金转增股本预案，尚须经公司2002年度股东大会审议通过后再行实施。

## 7.重要事项

7.1 收购资产

√适用 □不适用

| 交易对方及被收购财产 | 购买日 | 收购价格 | 自购买日起至本年末为上市公司贡献的净利润 | 是否为关联交易(如是，说明定价原则) |
|---|---|---|---|---|
| 包头骑士乳业 | 2002年10月25日 | 1500万元 | - | 否 |

7.2 出售资产

□适用 √不适用

7.3 重大担保

□适用 √不适用

7.4 关联债权债务往来

√适用 □不适用

单位：万元

| 关联方 | 向关联方提供资金 | | 关联方向上市公司提供资金 | |
|---|---|---|---|---|
| | 发生额 | 余额 | 发生额 | 余额 |
| 内蒙古伊利矿泉饮料有限责任公司 | 270000 | 2735000 | - | - |

7.5 委托理财

□适用 √不适用

7.6 承诺事项履行情况

□适用 √不适用

7.7 重大诉讼仲裁事项

√适用 □不适用

①报告期内，呼和浩特市广茂建筑公司诉公司建筑工程承包合同纠纷，标的额2096万元。于2002年11月15日经内蒙古自治区高级人民法院民事判决书"(2002)内民一初字第2号"判决，判决驳回原告呼和浩特市广茂建筑公司的诉讼请求，广茂建筑公司不服，上诉到最高人民法院，案件正在审理之中。

②内蒙古供销冷冻购销公司诉公司租赁合同纠纷，呼和浩特市中级人民法院正在再审中。

上述诉讼不会对公司产生重大影响。

7.8 独立董事履行职责的情况

遵照中国证监会发布的《关于在上市公司建立独立董事制度的指导意见》的要求，公司2001年度股东大会选举产生了三名独立董事，公司的独立董事均为各方面的专家，并担任公司董事会下设的三个专门委员会的召集人，独立行使职权。对公司的运作发展发挥了良好的作用，使公司的治理结构更趋合理性和规范性。

## 8.监事会报告

监事会认为：

1.2002 年公司依法进行经营管理,不存在违法行为或损害公司和股东利益的情况,公司的投资决策符合法律法规和公司章程的规定,内控制度较为完善,有效地规避各种风险。

2.董事、监事及高级管理人员均按法律法规及公司章程的规定履行职责没有违法或损害公司和股东权益的行为。

3.公司 2002 年度财务报告经北京中天华正会计事务所审计,并出具了标准无保留审计意见的审计报告。财务报告真实全面地反映了公司的财务状况和经营成果。

4.2002 年 8 月,经中国证券监督管理委员会证监发行字(2002)45 号文核准,公司增发 48,961,424 股 A 股,共募集资金 801,437,982.95 元(不含发行费用),实际实施的投资项目符合招股说明书中承诺的投入项目。

5.公司与其关联企业的交易公平、合理,未发生内幕交易,没有损害公司及股东的利益。

## 9.财务报告

9.1 审计意见

公司 2002 年度财务报告经北京中天华正会计师事务所中国注册会计师张占强、苏云审计,并出具了标准无保留意见的审计报告[中天华正(蒙)审(2002)009 号]。

9.2 合并及母公司的资产负债表、利润表和当年的现金流量表见附表。

9.3 本期会计政策、会计估计和核算方法与上年度没有发生变化。

9.4 本期合并报表范围变化情况

本期合并报表范围增加:

新增合并控股子公司廊坊伊利乳业有限责任公司和呼和浩特市伊赛鑫乳业有限公司。本期合并报表范围减少:

内蒙古伊利矿泉饮料有限责任公司,已宣告破产;内蒙古伊利房地产开发有限责任公司,本年度已清算完毕。

**董事长:郑俊怀**

**内蒙古伊利实业集团股份有限公司**

**二 00 二年四月三日**

## 资 产 负 债 表

单位:元

| 项 目 | 期末数 | | 期初数 | |
|---|---|---|---|---|
| | 合 并 | 母公司 | 合 并 | 母公司 |
| 流动资产 | - | - | - | - |
| 货币资金 | 780,308,528.74 | 692,669,566.97 | 324,213,991.00 | 233,626,060.03 |
| 短期投资 | 150,011,453.04 | 149,999,453.04 | - | - |
| 应收票据 | 3,930,000.00 | 3,930,000.00 | 320,000.00 | 320,000.00 |
| 应收股利 | - | 14,946,130.96 | - | 14,616,102.91 |
| 应收利息 | - | - | - | - |
| 应收账款 | 90,993,943.25 | 121,444,276.09 | 78,930,566.54 | 83,093,599.91 |
| 其他应收款 | 192,149,638.82 | 350,821,260.11 | 57,082,644.21 | 47,189,782.71 |
| 预付账款 | 46,540,219.07 | 35,623,776.42 | 29,851,154.17 | 17,724,025.01 |
| 应收补贴款 | - | - | - | - |
| 存货 | 377,156,843.16 | 260,097,091.41 | 303,051,667.95 | 205,114,430.53 |
| 待摊费用 | 12,829,252.74 | 11,918,444.65 | 3,182,205.18 | 2,358,566.51 |
| 一年内到期的长期债权投资 | - | - | 26,860.25 | - |
| 其他流动资产 | - | - | - | - |
| 流动资产合计 | 1,653,919,878.82 | 1,641,450,099.65 | 796,659,089.30 | 604,042,567.61 |
| 长期投资: | - | - | - | - |
| 长期股权投资 | -8,376,035.42 | 284,097,384.94 | -9,343,759.43 | 195,902,199.30 |
| 长期债权投资 | - | - | - | - |
| 长期投资合计 | -8,376,035.42 | 284,097,384.94 | -9,343,759.43 | 195,902,199.30 |
| 其中:合并价差 | - | - | - | - |
| 固定资产: | - | - | - | - |
| 固定资产原价 | 1,270,976,595.60 | 902,470,273.63 | 951,242,273.92 | 679,512,239.83 |
| 减:累计折旧 | 331,532,007.82 | 219,572,744.98 | 244,252,634.53 | 149,783,205.85 |
| 固定资产净值 | 939,444,587.78 | 682,897,528.65 | 706,989,639.39 | 529,729,033.98 |
| 减:固定资产减值准备 | 2,423,976.88 | - | 1,707,437.91 | - |
| 固定资产净额 | 937,020,610.90 | 682,897,528.65 | 705,282,201.48 | 529,729,033.98 |
| 工程物资 | 59,902,449.51 | 6,488.00 | 35,246.42 | - |
| 在建工程 | 173,371,742.83 | 21,310,957.01 | 71,036,886.40 | 30,763,515.91 |
| 固定资产清理 | - | - | - | - |
| 固定资产合计 | 1,170,294,803.24 | 704,214,973.66 | 776,354,334.30 | 560,492,549.89 |
| 无形资产及其他资产: | - | - | - | - |
| 无形资产 | 71,160,346.94 | 42,748,716.75 | 64,863,035.63 | 39,569,739.08 |
| 长期待摊费用 | 11,544,744.79 | 7,876,112.62 | 10,563,424.99 | 9,370,527.18 |
| 其他长期资产 | - | - | - | - |
| 无形资产及其他资产合计 | 82,705,091.73 | 50,624,829.37 | 75,426,460.62 | 48,940,266.26 |
| 递延税项 | - | - | - | - |
| 递延税款借项 | - | - | - | - |
| 资产总计 | 2,898,543,738.37 | 2,680,387,287.62 | 1,639,096,124.79 | 1,409,377,583.06 |
| 流动负债 | - | - | - | - |
| 短期借款 | 52,300,000.00 | - | 108,300,000.00 | 80,000,000.00 |
| 应付票据 | 95,278,412.57 | 92,820,095.30 | 72,907,797.53 | 72,907,797.53 |
| 应付账款 | 429,680,475.53 | 438,672,832.75 | 210,025,258.55 | 177,720,901.82 |
| 预收账款 | 54095,066.62 | 45,115,906.33 | 29,505,672.81 | 28,852,783.16 |
| 应付工资 | 81,655,997.51 | 72,846,189.62 | 44,431,070.73 | 39,417,155.82 |
| 应付福利费 | 43,527,621.19 | 39,551,925.57 | 27,048,533.41 | 25,455,688.34 |
| 应付股利 | 49,718,823.58 | 43,486,667.58 | 71,268,080.43 | 67,686,607.22 |
| 应交税金 | 4,665,099.49 | -17,688,654.28 | -12,261,643.75 | -18,008,815.79 |
| 其他应交款 | 497,662.19 | 151,896.05 | 1,852,847.94 | 1,078,264.10 |
| 其他应付款 | 160,046,405.24 | 177,620,241.29 | 114,817,599.00 | 95,879,719.17 |
| 预提费用 | 2,821,884.21 | 1,306,261.77 | 2,964,223.67 | 2,558,670.67 |
| 预计负债 | - | - | - | - |
| 一年内到期的长期负债 | 4,220,000.00 | - | 4,520000.00 | - |
| 其他流动负债 | - | - | - | - |
| 流动负债合计 | 978,507,448.13 | 893,883,361.98 | 675,379,440.32 | 573,548,772.04 |
| 长期负债 | - | - | - | - |
| 长期借款 | 59,450,807.50 | 40,289,000.00 | 55,829,000.00 | 289,000.00 |
| 应付债券 | - | - | - | - |
| 长期应付款 | - | - | - | - |
| 专项应付款 | 1,640,000.00 | 1,640,000.00 | - | - |
| 其他长期负债 | - | - | - | - |
| 长期负债合计 | 61,090,807.50 | 41,929,000.00 | 55,829,000.00 | 289,000.00 |
| 递延税项 | - | - | - | - |
| 递延税款贷项 | 1,943,858.49 | 1,943,858.49 | 2,072,827.55 | 2,072,827.55 |
| 负债合计 | 1,041,542,114.12 | 937,756,220.47 | 733,281,267.87 | 575,910,599.59 |
| 少数股东权益 | 114,370,557.10 | - | 72,347,873.45 | - |
| 所有者权益(或股东权益) | - | - | - | - |
| 实收资本(或股本) | 195,632,494.00 | 195,632,494.00 | 146,671,070.00 | 146,671,070.00 |
| 减:已归还投资 | - | - | - | - |
| 资本公积 | 1,185,790,996.68 | 1,185,790,996.68 | 428,223,023.04 | 428,223,023.04 |
| 盈余公积 | 221,947,365.00 | 215,029,612.44 | 172,330,950.31 | 165,413,197.75 |
| 其中:法定公益金 | 66,992,893.33 | 63,864,702.00 | 52,816,774.85 | 49,688,583.52 |
| 未分配利润 | 139,260,211.47 | 146,177,964.03 | 86,241,940.12 | 93,159,692.68 |
| 外币报表折算差额 | - | - | - | - |
| 所有者权益(或股东权益)合计 | 1,742,631,067.15 | 1,742,631,067.15 | 833,466,983.47 | 833,466,983.47 |
| 负债和所有者权益(或股东权益)总计 | 2,898,543,738.37 | 2,680,387,287.62 | 1,639,096,124.79 | 1,409,377,583.06 |

## 利润及利润分配表

单位:元

| 项 目 | 本期数 | | 上期数 | |
|---|---|---|---|---|
| | 合 并 | 母公司 | 合 并 | 母公司 |
| 一、主营业务收入 | 4,010,092,386.78 | 3,877,815,681.44 | 2,701,983,031.90 | 2,647,908,078.50 |
| 减:主营业务成本 | 2,675,384,012.27 | 2,781,588,729.09 | 1,917,283,776.29 | 1,954,143,957.28 |
| 主营业务税金及附加 | 16,098,916.31 | 11,285,800.53 | 8,271,070.85 | 6,211,515.10 |
| 二、主营业务利润(亏损以"-"号填列) | 1,318,609,458.20 | 1,084,941,151.82 | 776,428,184.76 | 687,552,606.12 |
| 加:其他业务利润(亏损以"-"号填列) | 9,729,874.94 | 7,832,520.28 | 4,507,290.37 | 3,865,465.62 |
| 减:营业费用 | 903,031,394.69 | 833,719,248.01 | 517,775,000.65 | 479,742,064.38 |
| 管理费用 | 202,085,443.77 | 150,241,497.92 | 120,718,197.26 | 84,657,378.81 |
| 财务费用 | 2,604,385.64 | 718,076.96 | 1,538,965.95 | -494,394.53 |
| 三、营业利润(亏损以"-"填列) | 220,618,109.04 | 109,531,003.13 | 140,903,311.27 | 127,513,023.08 |
| 加:投资收益(损失以"-"号填列) | -490,948.93 | 60,485,595.66 | 3,349,614.57 | 3,789,883.86 |
| 补贴收入 | 4,591,875.59 | 1,594,629.09 | 239,579.99 | 164,034.58 |
| 营业外收入 | 8,389,230.09 | 7,936,031.60 | 2,185,401.27 | 1,840,585.25 |
| 减:营业外支出 | 19,769,827.26 | 10,008,304.65 | 5,622,473.54 | 2,875,341.66 |
| 四、利润总额(亏损以"-"填列) | 213,338,438.53 | 169,538,954.83 | 141,055,433.54 | 130,432,185.11 |
| 减:所得税 | 52,028,203.19 | 27,777,769.99 | 18,088,773.86 | 10,755,505.49 |
| 减:少数股东损益 | 19,361,830.02 | - | 3,289,980.06 | - |
| 五、净利润(亏损以"-"填列) | 141,948,405.32 | 141,761184.84 | 119,676,679.62 | 119,676,679.62 |
| 加:年初未分配利润 | 86,241,940.12 | 93,159,692.68 | 62,674,277.39 | 68,171,436.12 |
| 其他转入 | - | - | - | - |
| 六、可供分配的利润 | 228,190,345.44 | 234,920,877.52 | 182,350957.01 | 187,848,115.74 |
| 减:提取法定盈余公积 | 14,176,118.48 | 14,176,118.48 | 12,786,127.23 | 11,967,667.96 |
| 提取法定公益金 | 14,176,118.48 | 14,176,118.48 | 12,540,638.25 | 11,967,667.96 |
| 提取职工奖励及福利基金 | 187,220.48 | - | - | - |
| 提取储备基金 | - | - | - | - |
| 提取企业发展基金 | - | - | - | - |
| 利润归还投资 | - | - | - | - |
| 七、可供投资者分配的利润 | 199,650,888.00 | 206,568,640.56 | 157,024,191.53 | 163,912,779.82 |
| 减:应付优先股股利 | - | - | - | - |
| 提取任意盈余公积 | 21,264,177.73 | 21,264,177.73 | 17,980,666.21 | 17,951,501.94 |
| 应付普通股股利 | 39,126,498.80 | 39,126,498.80 | 52,801,585.26 | 52,801,585.20 |
| 转作资本(或股本)的普通股股利 | - | - | - | - |
| 八、未分配利润 | 139,260,211.47 | 146177,964.03 | 86,241,940.12 | 93,159,692.68 |
| 补充材料: | - | - | - | - |
| 出售、处置部门或被投资单位所得收益 | -688,313.33 | - | - | - |
| 自然灾害发生的损失 | - | - | - | - |
| 会计政策变更增加(或减少)利润总额 | - | - | - | - |
| 会计估计变更增加(或减少)利润总额 | - | - | - | - |
| 债务重组损失 | - | - | - | - |
| 其它 | - | - | - | - |

## 现 金 流 量 表

单位:元

| 项 目 | 合 并 | 母公司 |
|---|---|---|
| 一、经营活动产生的现金流量: | | |
| 销售商品、提供劳务收到的现金 | 4,902,720,533.47 | 4,704,264,626.08 |
| 收到的税费返还 | 4,591,875.59 | 1,594,629.09 |
| 收到的其他与经营活动有关的现金 | 14,000,962.00 | 11,011,804.54 |
| 现金流入小计 | 4,921,313,371.06 | 4,716,871,119.71 |
| 购买商品、接受劳务支付的现金 | 2,982,921,513.03 | 3,150,637,749.46 |
| 支付给职工以及为职工支付的现金 | 242,761,248.87 | 182,522,553.22 |
| 支付的各项税费 | 337,646,843.78 | 260,506,750.17 |
| 支付的广告费 | 232,698,387.90 | 221,650,809.32 |
| 支付的运输费 | 163,810,920.97 | 140,662,759.73 |
| 支付的其他与经营活动有关的现金 | 540,293,884.25 | 593,506,016.42 |
| 现金流出小计 | 4,500,132,798.80 | 4,549,486,638.32 |
| 经营活动产生的现金流量净额 | 421,180,572.26 | 167,384,481.39 |
| 一、投资活动产生的现金流量: | - | - |
| 收回投资所收到的现金 | 1,299,498.65 | 1,299,498.65 |
| 取得投资收益所收到的现金 | 809,370.00 | 17,282,928.85 |
| 处置固定资产、无形资产和其他长期资产所收回的现金净额 | 2,932,791.09 | 2,450,735.65 |
| 收到的其他与投资活动有关的现金 | - | - |
| 现金流入小计 | 5,041,659.74 | 21,033,163.15 |
| 购建固定资产、无形资产和其他长期资产所收回的现金 | 508,634,802.02 | 227,654,067.44 |
| 投资所支付的现金 | 150,820,823.04 | 199,937,123.04 |
| 支付的其他与投资活动有关的现金 | - | - |
| 现金流出小计 | 659,455,625.06 | 427,591,190.48 |
| 投资活动产生的现金流量净额 | -654,413,965.32 | -406,558,027.33 |
| 三、筹资活动产生的现金流量: | - | - |
| 吸收投资所收到的现金 | 812,687,982.95 | 801,437,982.95 |
| 借款所收到的现金 | 223,700,000.00 | 150,000.000.00 |
| 收到的其他与筹资活动有关的现金 | 4,920,397.37 | 3,720,000.00 |
| 现金流入小计 | 1,041,308,380.32 | 955,157,982.95 |
| 偿还债务所支付的现金 | 276,378,192.50 | 190,000.000.00 |
| 分配股利、利润或偿付利息所支付的现金 | 75,275,142.89 | 66,618,915.94 |
| 支付的其他与筹资活动有关的现金 | 327,114.13 | 322,014.13 |
| 现金流出小计 | 351,980,449.52 | 256,940,93007 |
| 筹资活动产生的现金流量净额 | 689,327,930.80 | 698,217,052.88 |
| 四、汇率变动对现金的影响 | - | - |
| 五、现金及现金等价物净增加额 | 456,094,537.74 | 459,043,506.94 |
| 补充材料 | - | - |
| 1.将净利润调节为经营活动现金流量; | - | - |
| 净利润 | 141,948,405.32 | 141,761,184.84 |
| 加:少数股东收益 | 19,361,830.02 | - |
| 计提的资产减值准备 | ,16,323,331.98 | 4,947,970.89 |
| 固定资产折旧 | 102,490,041.49 | 78,465967.30 |
| 无形资产摊销 | 3,023,323.48 | 1,100,710.82 |
| 长期待摊费用摊销 | 6,988,793.05 | 5,663,487.36 |
| 待摊费用减少(减:增加) | -9,647,047.56 | -9,559,878.14 |
| 预提费用增加(减:减少) | -142,339.46 | -1,252,408.90 |
| 处置固定资产、无形资产和其他长期资产的损失(减:收益) | 9,123,391.98 | 1,178,805.48 |
| 固定资产报废损失 | 9,176,759.85 | 3,292,477.50 |
| 财务费用 | 490,948.93 | -60,485,595.66 |
| 投资损失(减:收益) | -128,969.06 | -128,969.06 |
| 递延税款贷项(减:借项) | -74,105,175.21 | -54,982,660.88 |
| 存货的减少(减:增加) | -182,430,605.53 | -368,439,975.88 |
| 经营性应收项目的减少(减:增加) | -182,430,605.53 | -368,439,975.88 |
| 经营性应付项目的增加(减:减少) | 378,671,455.74 | 425,786,938.48 |
| 其他 | - | - |
| 经营活动产生的现金流量净额 | 421,180,572.26 | 167,384,481.39 |
| 2.不涉及现金收支的投资和筹资活动: | - | - |
| 债务转为资本 | - | - |
| 一年内到期的可转换公司债券 | - | - |
| 融资租入固定资产 | - | - |
| 3.现金及现金等价物净增加情况: | - | - |
| 现金的期末余额 | 780,308,528.74 | 692,669,566.97 |
| 减:现金的期初余额 | 324,213,991.00 | 233,626,060.03 |
| 加:现金等价物的期末余额 | - | - |
| 减:现金等价物的期末余额 | - | - |
| 现金及现金等价物净增加额 | 456,094,537.74 | 459,043,506.94 |

## 600059 浙江古越龙山绍兴酒股份有限公司

### 二〇〇二年年度报告摘选

#### 1.上市公司基本情况简介

1.1 基本情况简介

股票简称:古越龙山 股票代码:600059 上市交易所:上海证券交易所

注册地址和办公地址:浙江绍兴北海桥 邮政编码:312000

公司国际互联网网址:http://www.shaoxingwine.com.cn 电子信箱:hjjt@shaoxingwine.com.cn

1.2 联系人和联系方式

董事会秘书:周娟英 联系地址:浙江绍兴北海桥董事会秘书办公室

电话:0575－5158435、5176000 传真:0575－5166884 电子信箱:gylszjy@163.com

#### 2.会计数据和财务指标摘要

2.1 主要会计数据 单位:元

| | 2002年 | 2001年 | 本年比上年增减(%) | 2000年 |
|---|---|---|---|---|
| 主营业务收入 | 483,142,973.88 | 435,513,268.18 | 10.94 | 390,737,799.15 |
| 利润总额 | 93,498,532.46 | 81,525,599.75 | 14.69 | 92,271,544.53 |
| 净利润 | 64,629,189.92 | 69,388,757.14 | －6.86 | 75,638,456.12 |
| 扣除非经常性损益的净利润 | 64,045,603.74 | 68,855,052.46 | －6.98 | 75,538,196.45 |
| | 2002年末 | 2001年末 | 本年末比上年末增减(%) | 2000年末 |
| 总资产 | 1,889,902,382.58 | 1,711,821,583.10 | 10.40 | 1,439,352,848.45 |
| 股东权益(不含少数股东权益) | 1,138,682,105.99 | 1,120,060,510.32 | 1.66 | 760,474,548.86 |
| 经营活动产生的现金流量净额 | 115,985,606.67 | －78,539,554.92 | －－ | －78,539,554.92 |

2.2 主要财务指标 单位:元

| | 2002年 | 2001年 | 本年比上年增减(%) | 2000年 |
|---|---|---|---|---|
| 每股收益 | 0.278 | 0.298 | －6.71 | 0.367 |
| 净资产收益率 | 5.68 | 6.20 | －8.39 | 9.95% |
| 扣除非经常性损益的净利润为基础计算的净资产收益率 | 5.62 | 6.15 | －8.62 | 7.81 |
| 每股经营活动产生的现金流量净额 | 0.498 | －0.337 | －－ | 0.72 |
| | 2002年末 | 2001年末 | 本年末比上年末增减(%) | 2000年末 |
| 每股净资产 | 4.89 | 4.81 | 1.66 | 3.69 |
| 调整后的每股净资产 | 4.87 | 4.79 | 1.67 | 3.46 |

## 600073 上海梅林正广和股份有限公司

### 二〇〇二年年度报告摘选

#### 1.上市公司基本情况简介

1.1 基本情况简介

股票简称:上海梅林 股票代码:600073 上市交易所:上海证券交易所

注册地址:上海市浦东新区川桥路1501号

办公地址:上海市通北路400号 邮政编码:200082

公司国际互联网网址:http://www.smac.com.cn 电子信箱:smac@600073.sina.net

1.2 联系人和联系方式

董事会秘书:钟耀 联系地址:上海市通北路400号

电话:021－65419725 传真:021－65123609 电子信箱:smac@600073.sina.net

#### 2.会计数据和财务指标摘要

2.1 主要会计数据 单位:元

| | 2002年 | 2001年 | 本年比上年增减(%) | 2000年 |
|---|---|---|---|---|
| 主营业务收入 | 631877742.15 | 496349515.14 | 27.3 | 537240254.03 |
| 利润总额 | 25679136.09 | 53379786.76 | －51.89 | 108624327.04 |
| 净利润 | 10553688.86 | 34427895.67 | －69.35 | 80092574.99 |
| 扣除非经常性损益的净利润 | －9063381.95 | 3108053.69 | －391.61 | 21701310.15 |
| | 2002年末 | 2001年末 | 本年末比上年末增减(%) | 2000年末 |
| 总资产 | 1,455,212,378.91 | 1,275,790,390.36 | 14.06 | 1314440760.06 |
| 股东权益(不含少数股东权益) | 798342144.01 | 790371514.22 | 1.01 | 756641904.13 |
| 经营活动产生的现金流量净额 | 42107891.16 | －18429037.03 | 328.49 | 34976182.77 |

2.2 主要财务指标 单位:元

| | 2002年 | 2001年 | 本年比上年增减(%) | 2000年 |
|---|---|---|---|---|
| 每股收益 | 0.03 | 0.11 | －72.73 | 0.25 |
| 净资产收益率(%) | 1.32 | 4.36 | －69.72 | 10.59 |
| 扣除非经常性损益的净利润为基础计算的净资产收益率(%) | －1.14 | 0.40 | －385 | 3.36 |
| 每股经营活动产生的现金流量净额 | 0.13 | －0.06 | 316.67 | 0.11 |
| | 2002年末 | 2001年末 | 本年末比上年末增减(%) | 2000年末 |
| 每股净资产 | 2.46 | 2.44 | 0.82 | 2.34 |
| 调整后的每股净资产 | 2.43 | 2.36 | 2.97 | 2.25 |

## 600090 新疆啤酒花股份有限公司

### 二〇〇二年年度报告摘选

#### 1.上市公司基本情况简介

1.1 基本情况简介

股票简称:啤酒花 股票代码:600090 上市交易所:上海证券交易所

注册地址和办公地址:新疆乌鲁木齐市解放北路17号酒花大厦 邮政编码:830002

公司国际互联网网址:http://www.hops.com.cn 电子信箱:hopscom@mail.wl.xj.cn

1.2 联系人和联系方式

董事会秘书:舒群 联系地址:乌鲁木齐市解放北路17号酒花大厦14楼

电话:0991－2835219 传真:0991－2833517 电子信箱:sq－yl@sohu.com

证券事务代表:谷国栋 联系地址:乌鲁木齐市解放北路17号酒花大厦14楼

电话:0991－2825373 传真:0991－2833517 电子信箱:gugd@163.net

#### 2.会计数据和财务指标摘要

2.1 主要会计数据

| | 2002年 | 2001年 | 本年比上年增减(%) | 2000年 |
|---|---|---|---|---|
| 主营业务收入 | 725,798,711.28 | 684,248,372.84 | 6.07% | 615,741,108.35 |
| 利润总额 | 49,388,697.02 | 80,735,964.05 | －38.83% | 96,831,024.68 |
| 净利润 | 48,139,761.05 | 74,742,023.67 | －35.60% | 90,279,745.16 |
| 扣除非经常性损益的净利润 | 25,949,172.64 | 61,383,933.39 | －57.73% | 90,181,270.93 |
| | 2002年末 | 2001年末 | 本年末比上年末增减(%) | 2000年末 |
| 总资产 | 2,122,240,524.12 | 1,650,810,586.76 | 28.56% | 1,167,072,571.38 |
| 股东权益(不含少数股东权益) | 595,328,146.71 | 545,265,887.12 | 9.18% | 488,877,279.20 |
| 经营活动产生的现金流量净额 | －34,459,066.19 | －29,074,406.21 | －18.52% | －72,398,377.97 |

2.2 主要财务指标

| 项目 | 2002年 | 2001年 | 本年比上年增减(%) | 2000年 |
|---|---|---|---|---|
| 每股收益 | 0.131 | 0.203 | －35.47 | 0.393 |
| 净资产收益率 | 8.086% | 13.707% | －41.00 | 18.92% |
| 扣除非经常性损益的净利润为基础计算的净资产收益率 | 4.359% | 11.26% | －61.29 | 18.24% |
| 每股经营活动产生的现金流量净额 | －0.094 | －0.08 | 17.50 | －0.31 |
| | 2002年末 | 2001年末 | 本年末比上年末增减(%) | 2000年末 |
| 每股净资产 | 1.618 | 1.482 | 9.18 | 2.15 |
| 调整后的每股净资产 | 1.534 | 1.362 | 12.63 | 2.03 |

## 600095 哈尔滨高科技(集团)股份有限公司

### 二〇〇二年年度报告摘选

#### 1.上市公司基本情况简介

1.1 基本情况简介

股票简称:哈高科 股票代码:600095 上市交易所:上海证券交易所

注册地址和办公地址:哈尔滨高新技术产业开发区迎宾路集中区5号街区 邮政编码:150078

公司国际互联网网址:http://www.hbhtg.com 电子信箱:master@hbhtg.com

1.2 联系人和联系方式

董事会秘书:刘海涛 联系地址:哈尔滨高新技术产业开发区迎宾路集中区5号街区

电话:0451－4348333转8065 传真:0451－4348057 电子信箱:liuht@up369.com

证券事务代表:杜冰 联系地址:哈尔滨高新技术产业开发区迎宾路集中区5号街区

电话:0451－4348333转8002 传真:0451－4348052 电子信箱:ddbing@163.com

#### 2.会计数据和财务指标摘要

2.1 主要会计数据

| | 2002年 | 2001年 | 本年比上年增减(%) | 2000年 |
|---|---|---|---|---|
| 主营业务收入 | 227,328,417.21 | 239,930,608.74 | －5.25 | 223,857,560.32 |
| 利润总额 | 7,754,041.67 | －119,149,509.11 | | 25,999,656.93 |
| 净利润 | 6,502,505.91 | －127,119,685.07 | | 17,845,881.50 |
| 扣除非经常性损益的净利润 | 1,293,523.27 | －128,263,618.50 | | 18,843,339.76 |
| | 2002年末 | 2001年末 | 本年末比上年末增减(%) | 2000年末 |
| 总资产 | 1,452,719,935.79 | 1,575,963,275.36 | 7.82 | 1,641,749,967.64 |
| 股东权益(不含少数股东权益) | 601,888,661.32 | 593,270,399.81 | 1.45 | 720,538,096.27 |
| 经营活动产生的现金流量净额 | 37,654,713.06 | 37,667,793.33 | 0.03 | 67,228,972.25 |

2.2 主要财务指标

| | 2002年 | 2001年 | 本年比上年增减(%) | 2000年 |
|---|---|---|---|---|
| 每股收益 | 0.025 | －0.486 | | 0.068 |
| 净资产收益率 | 1.08% | －21.43% | | 2.477% |
| 扣除非经常性损益的净利润为基础计算的净资产收益率 | 0.21% | －21.62% | | 2.40% |
| 每股经营活动产生的现金流量净额 | 0.144 | 0.144 | 0 | 0.257 |
| | 2002年末 | 2001年末 | 本年末比上年末增减(%) | 2000年末 |
| 每股净资产 | 2.301 | 2.268 | 1.47 | 2.755 |
| 调整后的每股净资产 | 2.118 | 1.948 | 8.73 | 2.644 |

# 600127 湖南金健米业股份有限公司

## 二〇〇二年年度报告摘选

### 1.上市公司基本情况简介

1.1 基本情况简介

股票简称:金健米业　股票代码:600127　上市交易所:上海证券交易所

注册地址和办公地址:湖南省常德市德山开发区崇德路　邮政编码:415001

公司国际互联网网址:http://www.gaeagem.com　电子信箱:jinjian@gaeagem.com

1.2 联系人和联系方式

董事会秘书:喻宇汉　联系地址:湖南省常德市德山开发区崇德路

电话:0736-7308616　传真:0736-7308666　电子信箱:dongmi@gaeagem.com

### 2.会计数据和财务指标摘要

2.1 主要会计数据　单位:人民币元

| | 2002年 | 2001年(调整后) | 本年比上年增减(%) | 2000年(调整后) |
|---|---|---|---|---|
| 主营业务收入 | 545,055,937.67 | 409,422,960.35 | 33.128 | 703,221,054.14 |
| 利润总额 | -135,245,540.05 | 5,329,431.43 | -2,637.710 | 47,803,975.05 |
| 净利润 | -133,649,352.80 | 17,036,694.19 | -884.479 | 25,542,407.89 |
| 扣除非经常性损益的净利润 | -126,014,849.58 | 17,036,694.19 | -839.667 | 23,502,407.89 |
| | 2002年末 | 2001年末(调整后) | 本年末比上年末增减(%) | 2000年末(调整后) |
| 总资产 | 2,370,926,209.43 | 2,039,690,768.15 | 16.239 | 903,492,936.56 |
| 股东权益(不含少数股东权益) | 1,123,523,983.00 | 1,257,173,335.80 | 10.631 | 473,663,233.03 |
| 经营活动产生的现金流量净额 | -56,172,589.37 | 30,525,899.04 | 284.016 | 19,884,348.57 |

2.2 主要财务指标　单位:人民币元

| | 2002年 | 2001年(调整后) | 本年比上年增减(%) | 2000年(调整后) |
|---|---|---|---|---|
| 每股收益 | -0.309 | 0.039 | -892.308 | 0.092 |
| 加权每股收益 | -0.309 | 0.047 | -757.447 | 0.092 |
| 净资产收益率 | -11.896% | 1.355% | -977.934 | 5.393% |
| 扣除非经常性损益的净利润为基础计算的净资产收益率 | -11.216% | 1.355% | -927.749 | 4.962% |
| 每股经营活动产生的现金流量净额 | -0.130 | 0.071 | -283.099 | 0.078 |
| | 2002年末 | 2001年末(调整后) | 本年末比上年末增减(%) | 2000年末(调整后) |
| 每股净资产 | 2.598 | 2.907 | 10.698 | 1.858 |
| 调整后的每股净资产 | 2.598 | 2.876 | 9.666 | 1.788 |

# 600132 重庆啤酒股份有限公司

## 二〇〇二年年度报告摘选

### 1.上市公司基本情况简介

1.1 基本情况简介

股票简称:重庆啤酒　股票代码:600132　上市交易所:上海证券交易所

注册和办公地址:重庆市九龙坡区石桥铺石杨路16号　邮政编码:400039

电子信箱:Cqbeer132@163.net

1.2 联系人和联系方式

董事会秘书:苏甫玉　联系地址:同公司注册地址

电话:023-68629476　传真:023-68629476　电子信箱:cqbeer132@163.net

证券事务代表:邓 炜　联系地址:同公司注册地址

电话:023-68629476　传真:023-68629476　电子信箱:deng18@pa18.com

### 2.会计数据和财务指标摘要

2.1 主要会计数据

| | 2002年 | 2001年 | 本年比上年增减 | 2000年 |
|---|---|---|---|---|
| 主营业务收入 | 778,746,307.60 | 466,710,328.93 | 66.86% | 338,155,546.77 |
| 利润总额 | 55,362,870.50 | 40,101,886.30 | 38.06% | 44,793,640.50 |
| 净利润 | 44,554,255.71 | 34,287,205.58 | 29.94% | 40,970,208.61 |
| 扣除非经常性损益的净利润 | 44,569,931.08 | 37,019,103.12 | 20.40% | 42,938,404.77 |
| | 2002年末 | 2001年末 | 本年末比上年末增减(%) | 2000年末 |
| 总资产 | 1,415,554,889.74 | 1,178,141,930.49 | 20.15% | 1,229,505,753.84 |
| 股东权益(不含少数股东权益) | 595,559,790.30 | 576,636,334.59 | 3.28% | 586,555,849.01 |
| 每股经营活动产生的现金流量净额 | 0.73 | 0.58 | 25.86% | 0.51 |

2.2 主要财务指标

| | 2002年 | 2001年 | 本年比上年增减 | 2000年 |
|---|---|---|---|---|
| 每股收益 | 0.2607 | 0.201 | 29.70% | 0.240 |
| 净资产收益率 | 7.48% | 5.95% | 25.71% | 6.98% |
| 扣除非经常性损益的净利润为基础计算的净资产收益率 | 7.44% | 6.13% | 21.37% | 7.01% |
| | 2002年末 | 2001年末 | 本年末比上年末增减 | 2000年末 |
| 每股净资产 | 3.49 | 3.37 | 3.56% | 3.43 |
| 调整后的每股净资产 | 3.42 | 3.33 | 2.70% | 3.42 |

# 600159 内蒙古宁城老窖生物科技股份有限公司

## 二〇〇二年年度报告摘选

### 1.上市公司基本情况简介

1.1 基本情况简介

股票简称:宁城老窖　股票代码:600159　上市交易所:上海证券交易所

注册地址和办公地址:内蒙古自治区宁城县八里罕镇　邮政编码:024231

1.2 联系人和联系方式

董事会秘书:卢涛　联系地址:宁城老窖生物科技股份有限公司证券部

电话:0476-4800807　传真:0476-4800807　4800131

电子信箱:ncljzq@public.hh.nm.cn

### 2.会计数据和财务指标摘要

2.1 主要会计数据

| 项 目 | 2002年度 | 2001年度 | 本年比上年增减(%) | 2000年度 |
|---|---|---|---|---|
| 主营业务收入 | 81,151,831.69 | 203,446,873.55 | -60.11% | 265,461,545.01 |
| 利润总额 | -690,413,794.82 | -28,913,170.32 | -2287% | 52,618,164.29 |
| 净利润 | -681,203,707.27 | -38,440,552.09 | -1672% | 42,301,897.48 |
| 扣除非经常性损益后的净利润 | -630,672,365.83 | -76,410,172.09 | -725.38% | 32,849,338.05 |
| 项 目 | 2002.12.31 | 2001.12.31 | 本年比上年增减(%) | 2000.12.31 |
| 总资产 | 403,940,779.47 | 1,132,874,627.43 | -64.34% | 725,662,079.54 |
| 股东权益(不含少数股东权益) | -8,338,112.34 | 702,856,302.89 | -101.19% | 609,857,769.92 |
| 经营活动产生的现金流量净额 | -22,729,807.77 | -134,394,504.54 | -83.09% | -32,220,466.75 |

2.2 主要财务指标

| 项 目 | 2002年度 | 2001年度 | 本年比上年增减(%) | 2000年度 |
|---|---|---|---|---|
| 每股收益 | -2.23 | -0.126 | -1669% | 0.21 |
| 净资产收益率% | -- | -5.47 | -- | 6.94 |
| 扣除非经常性损益的净资产收益率 | -- | -10.87 | -- | 5.12 |
| 每股经营活动产生的现金流量净额 | -0.075 | -0.44 | -82.95% | -0.15 |
| 项 目 | 2002.12.31 | 2001.12.31 | 本年比上年增减(%) | 2000.12.31 |
| 每股净资产 | -0.027 | 2.30 | -98.83% | 2.93 |
| 调整后的每股净资产 | -0.14 | 2.30 | -106.09% | 2.92 |

# 600186 河南莲花味精股份有限公司

## 二〇〇二年年度报告摘选

### 1.上市公司基本情况简介

1.1 基本情况简介

股票简称:莲花味精　股票代码:600186　上市交易所:上海证券交易所

注册地址和办公地址:河南省项城市莲花大道18号　邮政编码:466200

公司国际互联网网址:http://www.lianhua.com.cn　电子信箱:hlwjjt@public2.zz.ha.cn

1.2 联系人和联系方式

董事会秘书:李国俭　联系地址:河南省项城市莲花大道18号

电话:0394-4298666　传真:0394-4298899　电子信箱:l_gj@sina.com

证券事务代表:谢清喜　联系地址:河南省项城市莲花大道18号

电话:0394-4298666　传真:0394-4298899

### 2.会计数据和财务指标摘要

2.1 主要会计数据　(单位:人民币元)

| | 2002年 | 2001年 | 本年比上年增减(%) | 2000年 |
|---|---|---|---|---|
| 主营业务收入 | 1,219,650,095.92 | 1,387,501,387.29 | -12.10 | 1,310,420,579.65 |
| 利润总额 | 30,914,298.37 | 147,653,862.95 | -79.06 | 233,175,502.53 |
| 净利润 | 19,324,174.10 | 145,409,111.21 | -86.71 | 171,820,687.55 |
| 扣除非经常性损益的净利润 | 17,634,046.24 | 142,823,743.10 | -87.65 | 169,796,380.48 |
| | 2002年末 | 2001年末 | 本年末比上年末增减(%) | 2000年末 |
| 总资产 | 4,608,384,585.96 | 4,325,624,301.25 | 6.54 | 3,048,140,310.25 |
| 股东权益(不含少数股东权益) | 2,084,381,875.27 | 2,065,057,701.17 | 0.94 | 1,393,648,589.96 |
| 经营活动产生的现金流量净额 | 85,130,114.42 | 37,135,653.75 | 129.24 | 89,054,736.35 |

2.2 主要财务指标

| | 2002年 | 2001年 | 本年比上年增减(%) | 2000年 |
|---|---|---|---|---|
| 每股收益 | 0.0219 | 0.2160 | -89.86 | 0.2864 |
| 净资产收益率 | 0.927 | 7.04 | -86.83 | 12.33 |
| 扣除非经常性损益的净利润为基础的净资产收益率 | 0.846 | 6.93 | -87.79 | 12.33 |
| 每股经营活动产生的现金流量净额 | 0.0963 | 0.0546 | 76.37 | 0.1484 |
| | 2002年末 | 2001年末 | 本年末比上年末增减(%) | 2000年末 |
| 每股净资产 | 2.3579 | 3.0368 | -22.36 | 2.3227 |
| 调整后的每股净资产 | 2.3315 | 3.0206 | -22.81 | 2.2985 |

## 600191 包头华资实业股份有限公司

### 二〇〇二年年度报告摘选

#### 1.上市公司基本情况简介

1.1 基本情况简介

股票简称:华资实业 股票代码:600191 上市交易所:上海证券交易所

注册地址:内蒙古自治区包头市国家稀土高新技术产业开发区

办公地址:包头华资实业股份有限公司 邮政编码:014030

公司国际互联网网址:http://www.huazi.com 电子信箱:hzsy@huazi.com

1.2 联系人和联系方式

董事会秘书:李志文 联系地址:包头华资实业股份有限公司证券部

电话:0472－4192200 传真:0472－4190473 电子信箱:lizhiwen@huazi.com

证券事务代表:张久利 联系地址:

电话:0472－4190473 传真:0472－4190473 电子信箱:zhengquanbu@huazi.com

#### 2.会计数据和财务指标摘要

2.1 主要会计数据

| | 2002年 | 2001年 | 本年比上年增减(%) | 2000年 |
|---|---|---|---|---|
| 主营业务收入 | 802,147,310.98 | 608,200,078.22 | 31.89 | 616,088,409.30 |
| 利润总额 | 86,962,120.01 | 81,562,987.09 | 6.62 | 89,606,414.44 |
| 净利润 | 74,307,624.22 | 71,153,880.30 | 4.43 | 72,593,293.19 |
| 扣除非经常性损益的净利润 | 72,259,518.70 | 69,248,680.76 | 4.35 | 70,688,093.65 |
| | 2002年末 | 2001年末 | 本年末比上年末增减(%) | 2000年末 |
| 总资产 | 1,539,933,169.92 | 1,373,536,924.99 | 12.11 | 1,274,380,551.53 |
| 股东权益(不含少数股东权益) | 1,124,126,100.55 | 1,049,595,218.46 | 7.10 | 988,456,238.16 |
| 经营活动产生的现金流量净额 | 82,478,327.49 | 110,677,049.26 | －25.48 | 102,539,272.22 |

2.2 主要财务指标

| | 2002年 | 2001年 | 本年比上年增减(%) | 2000年 |
|---|---|---|---|---|
| 每股收益 | 0.25 | 0.234 | 6.84 | 0.28 |
| 净资产收益率 | 6.84 | 6.98 | －2.01 | 10.04 |
| 扣除非经常性损益的净利润为基础计算的净资产收益率 | 6.66 | 6.80 | －2.06 | 9.79 |
| 每股经营活动产生的现金流量净额 | 0.27 | 0.37 | －27.03 | 0.39 |
| | 2002年末 | 2001年末 | 本年末比上年末增减(%) | 2000年末 |
| 每股净资产 | 3.71 | 3.46 | 7.23 | 3.75 |
| 调整后的每股净资产 | 3.69 | 3.44 | 7.27 | 3.71 |

## 600195 中牧实业股份有限公司

### 二〇〇二年年度报告摘选

#### 1.上市公司基本情况简介

1.1 基本情况简介

股票简称:中牧股份 股票代码:600195 上市交易所:上海证券交易所

注册地址和办公地址:北京市丰台区星火路1号 邮政编码:100070

电子信箱:Cahic@cahic.com.cn

1.2 联系人和联系方式

董事会秘书:高奇志 联系地址:北京市丰台区星火路1号

电话:010－83607777 传真:010－83607998 电子信箱:Qz.gao@263.net

证券事务代表:张菁桦 联系地址:北京市丰台区星火路1号

电话:010－83607500 传真:010－83607995 电子信箱:Zhjh2008@sohu.com

#### 2.会计数据和财务指标摘要

2.1 主要会计数据 单位:元

| | 2002年(T年,即本年) | 2001年(T－1年) | 本年比上年增减(%) | 2000年(T－2年) |
|---|---|---|---|---|
| 主营业务收入 | 1,463,844,010.97 | 1,524,955,200.18 | －4.01% | 1,428,148,841.05 |
| 利润总额 | 27,282,644.15 | 84,622,093.35 | －67.76% | 55,818,153.63 |
| 净利润 | 20,310,674.45 | 86,792,383.57 | －76.60% | 54,917,439.21 |
| 扣除非经常性损益的净利润 | 18,942,813.47 | 84,476,672.99 | －77.58% | 74,528,964.97 |
| | 2002年末(T年,即本年末) | 2001年末(T－1年末) | 本年末比上年末增减(%) | 2000年末(T－2年末) |
| 总资产 | 1,307,423,418.18 | 1,507,106,017.53 | －13.25% | 1,390,779,614.76 |
| 股东权益(不含少数股东权益) | 800,566,119.92 | 826,493,498.29 | －3.14% | 774,516,023.64 |
| 经营活动产生的现金流量净额 | 69,664,757.62 | 227,077,477.87 | －69.32% | 180,117,176.01 |

2.2 主要财务指标

| | 2002年(T年,即本年) | 2001年(T－1年) | 本年比上年增减(%) | 2000年(T－2年) |
|---|---|---|---|---|
| 每股收益 | 0.05 | 0.22 | －77.27% | 0.14 |
| 每股收益 | 0.05 | 0.22 | －77.27% | 0.14 |
| 净资产收益率 | 2.54% | 10.50% | －75.81% | 7.09% |
| 扣除非经常性损益的净利润为基础计算的净资产收益率 | 2.37% | 10.22% | －76.81% | 9.62% |
| 每股经营活动产生的现金流量净额 | 0.18 | 0.58 | －68.97% | 0.46 |
| | 2002年末(T年,即本年末) | 2001年末(T－1年末) | 本年末比上年末增减(%) | 2000年末(T－2年末) |
| 每股净资产 | 2.05 | 2.12 | －3.30% | 1.99 |
| 调整后的每股净资产 | 2.01 | 2.04 | －1.47% | 1.93 |

## 600197 新疆伊力特实业股份有限公司

### 二〇〇二年年度报告摘选

#### 1.上市公司基本情况简介

1.1 基本情况简介

股票简称:伊力特 股票代码:600197 上市交易所:上海证券交易所

注册地址和办公地址:新疆新源县肖尔布拉克 邮政编码:835811

公司国际互联网网址:http://www.yilispirit.com 电子信箱:yltgf－yn@xj.cninfo.net

1.2 联系人和联系方式

董事会秘书:侯宇洲 联系地址:新疆乌鲁木齐市北京南路22号龙岭大厦18层

电话:(0991)3843248 传真:(0991)3842489 电子信箱:yilite5188@sina.com

#### 2.会计数据和财务指标摘要

2.1 主要会计数据 (单位:人民币元)

| | 2002年度 | 2001年度 | 本年比上年增减(%) | 2000年度 | |
|---|---|---|---|---|---|
| | | | | 调整前 | 调整后 |
| 主营业务收入 | 366,932,306.47 | 351,640,124.05 | +4.35 | 353,391,080.86 | 353,391,080.86 |
| 利润总额 | 95,580,797.29 | 88,776,003.89 | +7.67 | 93,718,187.63 | 93,718,187.63 |
| 净利润 | 78,864,302.33 | 76,769,722.60 | +2.73 | 74,522,333.43 | 80,891,955.96 |
| 扣除非经常性损益的净利润 | 77,735,295.44 | 76,105,436.63 | +2.14 | 74,193,343.89 | 74,193,343.89 |
| | 2002年末 | 2001年末 | 本年末比上年末增减(%) | 2000年末 | |
| | | | | 调整前 | 调整后 |
| 总资产 | 1,018,381,402.68 | 949,678,163.48 | +7.23 | 955,565,468.68 | 955,565,468.68 |
| 股东权益(不含少数股东权益 | 755,954,856.28 | 738,573,768.15 | +2.35 | 696,787,012.58 | 721,066,873.59 |
| 经营活动产生的现金流量净额 | 67,496,388.17 | 19,702,128.40 | +242.58 | －14,802,436.92 | －14,802,436.92 |

2.2 主要财务指标

| | 2002年度 | 2001年度 | 本年比上年增减(%) | 2000年度 | |
|---|---|---|---|---|---|
| | | | | 调整前 | 调整后 |
| 每股收益 | 0.358 | 0.35 | +2.29 | 0.34 | 0.37 |
| 净资产收益率 | 10.43 | 10.39 | +0.38 | 10.7 | 11.22 |
| 扣除非经常性损益的净利润为基础计算的净资产收益率 | 10.28 | 10.30 | －0.19 | 10.64 | 10.29 |
| 每股经营活动产生的现金流量净额 | 0.306 | 0.089 | +243.82 | 6.71 | 6.71 |
| | 2002年末 | 2001年末 | 本年末比上年末增减(%) | 2000年末 | |
| | | | | 调整前 | 调整后 |
| 每股净资产 | 3.428 | 3.35 | +2.33 | 3.16 | 3.27 |
| 调整后的每股净资产 | 3.42 | 3.35 | +2.33 | 3.15 | 3.26 |

## 600199 安徽金牛实业股份有限公司

### 二〇〇二年年度报告摘选

#### 1.上市公司基本情况简介

1.1 基本情况简介

股票简称:金牛实业 股票代码:600199 上市交易所:上海证券交易所

注册地址:安徽省阜阳市河滨路302号

公司国际互联网网址:http://www.goldcattle.com 电子信箱:stock@600199.com.cn

1.2 联系人和联系方式

董事会秘书:朱火生 联系地址:安徽省阜阳市莲花路259号

电话:0558－2210568 传真:0558－2212666 电子信箱:Henry－zhu@gvopto.com

证券事务代表:金彪 联系地址:安徽省阜阳市莲花路259号

电话:0558－2210568 传真:0558－2212666 电子信箱:jinbiao@gvopto.com

#### 2.会计数据和财务指标摘要

2.1 主要会计数据

| | 2002年 | 2001年 | 本年比上年增减(%) | 2000年 |
|---|---|---|---|---|
| 主营业务收入 | 411,812,153.96 | 509,827,537.39 | －19.23 | 591,302,114.20 |
| 利润总额 | 21,365,926.86 | 40,715,668.82 | －47.52 | 91,493,040.93 |
| 净利润 | 18,108,028.28 | 35,162,946.23 | －48.50 | 61,435,601.40 |
| 扣除非经常性损益的净利润 | 14,552,208.55 | 26,164,908.90 | －44.38 | 76,977,584.42 |
| | 2002年末 | 2001年末 | 本年末比上年末增减(%) | 2000年末 |
| 总资产 | 1,612,276,436.82 | 1,491,338,792.52 | 8.11 | 1,278,945,585.18 |
| 股东权益(不含少数股东权益) | 983,382,591.82 | 963,195,563.54 | 2.10 | 660,450,335.51 |
| 经营活动产生的现金流量净额 | －20,945,109.60 | 142,250,249.25 | － | －168,931,776.10 |

2.2 主要财务指标

| | 2002年 | 2001年 | 本年比上年增减(%) | 2000年 |
|---|---|---|---|---|
| 每股收益 | 0.052 | 0.102 | －49.02 | 0.19 |
| 净资产收益率 | 1.84% | 3.65% | －49.59 | 9.3% |
| 扣除非经常性损益的净利润为基础计算的净资产收益率 | 1.48% | 2.72% | －45.59 | 11.55% |
| 每股经营活动产生的现金流量净额 | －0.06 | 0.41 | － | －0.52 |
| | 2002年末 | 2001年末 | 本年末比上年末增减(%) | 2000年末 |
| 每股净资产 | 2.84 | 2.78 | 2.16 | 2.04 |
| 调整后的每股净资产 | 2.80 | 2.74 | 2.19 | 2.03 |

# 600238 海南椰岛股份有限公司

## 二〇〇二年年度报告摘选

### 1.上市公司基本情况简介

1.1 基本情况简介

股票简称:海南椰岛　股票代码:600238　上市交易所:上海证券交易所

注册地址:海南省海口市龙华路 43 号　办公地址:海南省海口市世界贸易中心 F 楼

邮政编码:570125　公司国际互联网网址:http://www.yedao.com

电子信箱:hnydlgj@hq.cninfo.net

1.2 联系人和联系方式

董事会秘书:王光新　联系地址:海南省海口市世界贸易中心 F 楼 1101 房

电话:0898－68520135　传真:0898－68520851　电子信箱:hnydlgj@hq.cninfo.net

证券事务代表:王国盛　联系地址:海南省海口市世界贸易中心 F 楼 1101 房

电话:0898－68520135　传真:0898－68520851　电子信箱:hnydlgj@hq.cninfo.net

### 2.会计数据和财务指标摘要

2.1 主要会计数据

| | 2002 年 | 2001 年 | 本年比上年增减(%) | 2000 年 |
|---|---|---|---|---|
| 主营业务收入 | 562,814,806.76 | 419,139,529.09 | 34.28 | 209,251,242.43 |
| 利润总额 | 53,112,786.69 | 48,271,213.74 | 10.03 | 38,233,400.82 |
| 净利润 | 44,281,531.40 | 43,967,341.61 | 0.71 | 32,740,917.09 |
| 扣除非经常性损益的净利润 | 47,352,649.78 | 47,147,454.44 | 0.44 | 24,812,190.08 |
| | 2002 年末 | 2001 年末 | 本年末比上年末增减(%) | 2000 年末 |
| 总资产 | 989,970,738.40 | 710,198,445.21 | 39.39 | 595,022,728.39 |
| 股东权益(不含少数股东权益) | 446,606,110.95 | 411,339,276.34 | 8.57 | 371,499,029.64 |
| 经营活动产生的现金流量净额 | 60,432,519.60 | 58,370,572.61 | 3.53 | 36,229,607.92 |

2.2 主要财务指标

| | 2002 年 | 2001 年 | 本年比上年增减(%) | 2000 年 |
|---|---|---|---|---|
| 每股收益(摊薄) | 0.267 | 0.265 | 0.75 | 0.197 |
| 每股收益(加权) | 0.267 | 0.265 | 0.75 | 0.197 |
| 净资产收益率 | 9.92% | 10.69% | －7.20 | 8.81% |
| 扣除非经常性损益的净利润为基础计算的净资产收益率 | 11.01% | 11.86% | －7.17 | 6.75% |
| 每股经营活动产生的现金流量净额 | 0.3640 | 0.352 | 3.41 | 0.218 |
| | 2002 年末 | 2001 年末 | 本年末比上年末增减(%) | 2000 年末 |
| 每股净资产 | 2.690 | 2.478 | 8.56 | 2.237 |
| 调整后的每股净资产 | 2.688 | 2.41 | 11.54 | 2.205 |

# 600239 云南红河光明股份有限公司

## 二〇〇二年年度报告摘选

### 1.上市公司基本情况简介

1.1 基本情况简介

股票简称:红河光明　股票代码:600239　上市交易所:上海证券交易所

注册地址和办公地址:云南省开远市市西南路 120 号　邮政编码:661600

公司国际互联网网址:http://www.hhgm.com.cn　电子信箱:hhgmltd@hotmail.com

1.2 联系人和联系方式

董事会秘书:马宇鹏　联系地址:云南省开远市市西南路 120 号

电话:0873－7123420　传真:0873－7122528　电子信箱:hhgmltd@hotmail.com

证券事务代表:徐晖　联系地址:云南省开远市市西南路 120 号

电话:0873－7123420　传真:0873－7122528　电子信箱:hhgmltd@hotmail.com

### 2.会计数据和财务指标摘要

2.1 主要会计数据

| 项目 | 2002 年 | 2001 年 | 本年比上年增减(%) | 2000 年 |
|---|---|---|---|---|
| 主营业务收入 | 63,046,550.03 | 69,411,949.75 | －9.17 | 56,443,700.60 |
| 利润总额 | 17,122,981.52 | 24,534,959.49 | －30.21 | 29,127,273.49 |
| 净利润 | 10,755,003.52 | 20,202,572.48 | －46.76 | 21,068,962.10 |
| 扣除非经常性损益的净利润 | 9,551,786.27 | 18,919,873.37 | －49.51 | 11,466,078.44 |
| | 2002 年 12 月 31 日 | 2001 年 12 月 31 日 | 本年末比上年末增减(%) | 2000 年 12 月 31 日 |
| 总资产 | 354,221,684.52 | 371,272,052.85 | －4.59 | 209,910,548.03 |
| 股东权益(不含少数股东权益) | 342,420,034.38 | 331,665,030.86 | ＋3.24 | 180,001,231.44 |
| 经营活动产生的现金流量净额 | 17,880,393.09 | 12,559,414.55 | ＋42.37 | 20,712,072.98 |

2.2 主要财务指标

| 项目 | 2002 年 | 2001 年 | 本年比上年增减(%) | 2000 年 |
|---|---|---|---|---|
| 每股收益 | 0.06 | 0.21 | －71.43 | 0.42 |
| 净资产收益率 | 3.14 | 6.09 | －48.44 | 11.70 |
| 扣除非经常性损益的净利润为基础计算的净资产收益率 | 2.79 | 5.70 | －51.05 | 6.37 |
| 每股经营活动产生的现金流量净额 | 0.10 | 0.13 | －23.08 | 0.41 |
| | 2002 年 12 月 31 日 | 2001 年 12 月 31 日 | 本年末比上年末增减(%) | 2000 年 12 月 31 日 |
| 每股净资产 | 1.93 | 3.37 | －42.73 | 3.56 |
| 调整后的每股净资产 | 1.90 | 3.35 | －43.28 | 3.50 |

# 600298 湖北安琪酵母股份有限公司

## 二〇〇二年年度报告摘选

### 1.上市公司基本情况简介

1.1 基本情况简介

股票简称:安琪酵母　股票代码:600298　上市交易所:上海证券交易所

注册地址和办公地址:湖北省宜昌市中南路 24 号　邮政编码:443003

公司国际互联网网址:http://www.angel.com.cn　电子信箱:angel@angel.com.cn

1.2 联系人和联系方式

董事会秘书:周帮俊　联系地址:湖北省宜昌市中南路 24 号

电话:0717－6352865　传真:0717－6352865　电子信箱:zbj@angel.com.cn

证券事务代表:高路　联系地址:湖北省宜昌市中南路 24 号

电话:0717－6352865　传真:0717－6352865　电子信箱:gaolu@angel.com.cn

### 2.会计数据和财务指标摘要

2.1 主要会计数据　单位:元

| | 2002 年 | 2001 年 | 本年比上年增减(%) | 2000 年 |
|---|---|---|---|---|
| 主营业务收入 | 293,694,321.45 | 237,579,144.72 | ＋23.62 | 184,657,908.75 |
| 利润总额 | 39,794,480.15 | 58,615,346.99 | －47.29 | 47,558,226.79 |
| 净利润 | 29,502,390.40 | 49,413,552.83 | －40.29 | 38,569,032.38 |
| 扣除非经常性损益的净利润 | 22,483,014.76 | 43,990,035.24 | －48.89 | 30,569,646.86 |
| | 2002 年末 | 2001 年末 | 本年末比上年末增减(%) | 2000 年末 |
| 总资产 | 725,881,561.06 | 664,771,463.27 | ＋9.19 | 618,660,843.31 |
| 股东权益(不含少数股东权益) | 577,622,883.06 | 551,974,728.66 | ＋4.65 | 544,705,598.43 |
| 经营活动产生的现金流量净额 | 55,175,117.59 | 41,498,795.79 | ＋32.96 | 28,603,407.79 |

2.2 主要财务指标　单位:元

| | 2002 年 | 2001 年 | 本年比上年增减(%) | 2000 年 |
|---|---|---|---|---|
| 每股收益 | 0.2174 | 0.3641 | －40.29 | 0.2842 |
| 净资产收益率(%) | 5.11 | 8.95 | －42.90 | 7.47 |
| 扣除非经常性损益的净利润为基础计算的净资产收益率(%) | 3.89 | 8.13 | －52.15 | 5.61 |
| 每股经营活动产生的现金流量净额 | 0.4066 | 0.3058 | ＋32.96 | 0.2108 |
| | 2002 年末 | 2001 年末 | 本年末比上年末增减(%) | 2000 年末 |
| 每股净资产 | 4.2566 | 4.0676 | ＋4.65 | 3.8035 |
| 调整后的每股净资产 | 4.2407 | 4.0567 | ＋4.54 | 3.7553 |

# 600305 江苏恒顺醋业股份有限公司

## 二〇〇二年年度报告摘选

### 1.上市公司基本情况简介

1.1 基本情况简介

股票简称:恒顺醋业　股票代码:600305　上市交易所:上海证券交易所

注册地址和办公地址:江苏省镇江市中山西路 84 号　邮政编码:212004

公司国际互联网网址:http://www.zjhengshun.com

电子信箱:hengshun@zjhengshun.com 或 zqb@zjhengshun.com

1.2 联系人和联系方式

董事会秘书:王明法　联系地址:江苏省镇江市中山西路 84 号

电话:0511－5230227　传真:0511－5230209

电子信箱:hengshun@zjhengshun.com 或 zqb@zjhengshun.com

证券事务代表:刘淼　联系地址:江苏省镇江市中山西路 84 号

电话:0511－5230222 转 3141　传真:0511－5230209

电子信箱:hengshun@zjhengshun.com 或 zqb@zjhengshun.com

### 2.会计数据和财务指标摘要

2.1 主要会计数据　(单位:人民币万元)

| | 2002 年 | 2001 年 | 本年比上年增减(%) | 2000 年 |
|---|---|---|---|---|
| 主营业务收入 | 26690.14 | 17409.50 | 53.31 | 14311.21 |
| 利润总额 | 4462.38 | 3565.77 | 25.14 | 2681.78 |
| 净利润 | 2740.70 | 2229.76 | 22.91 | 1640.54 |
| 扣除非经常性损益的净利润 | 2834.97 | 1783.73 | 58.93 | 1650.63 |
| | 2002 年末 | 2001 年末 | 本年末比上年末增减(%) | 2000 年末 |
| 总资产 | 61133.60 | 47334.13 | 29.15 | 19340.67 |
| 股东权益(不含少数股东权益) | 38104.71 | 37154.76 | 2.56 | 9958.21 |
| 经营活动产生的现金流量净额 | 793.76 | 505.32 | 57.08 | 984.48 |

2.2 主要财务指标　(单位:人民币元)

| | 2002 年 | 2001 年 | 本年比上年增减(%) | 2000 年 |
|---|---|---|---|---|
| 每股收益 | 0.2155 | 0.1754 | 22.86 | 0.1882 |
| 每股收益注 2 | 0.2155 | 0.1801 | 19.65 | 0.1882 |
| 净资产收益率 | 7.19% | 6.56% | 9.6 | 17.68 |
| 扣除非经常性损益的净利润为基础计算的净资产收益率 | 7.44% | 4.76% | 56.30 | 17.70 |
| 每股经营活动产生的现金流量净额 | 0.0624 | 0.0397 | 57.18 | 0.3154 |
| | 2002 年末 | 2001 年末 | 本年末比上年末增减(%) | 2000 年末 |
| 每股净资产 | 2.9968 | 2.9221 | 2.56 | 1.1427 |
| 调整后的每股净资产 | 2.9616 | 2.9002 | 2.12 | 1.1261 |

## 600311 甘肃荣华实业(集团)股份有限公司

### 二〇〇二年年度报告摘选

#### 1.上市公司基本情况简介

1.1 基本情况简介

股票简称:荣华实业 股票代码:600311 上市交易所:上海证券交易所

注册地址和办公地址:甘肃省武威市东关街荣华路1号 邮政编码:733000

公司国际互联网网址:http://www.ronghua.cc 电子信箱:chengh@ronghua.cc

1.2 联系人和联系方式

董事会秘书:程浩 联系地址:甘肃省武威市东关街荣华路1号

电话:0935－6151222 传真:0935－6151333 电子信箱:chengh@ronghua.cc

#### 2.会计数据和财务指标摘要

2.1 主要会计数据 单位:人民币元

| | 2002年 | 2001年 | 本年比上年增减(%) | 2000年 |
|---|---|---|---|---|
| 主营业务收入 | 450,853,330.83 | 479,606,024.59 | －6.00 | 425,126,201.97 |
| 利润总额 | 61,783,429.69 | 68,603,975.63 | －9.94 | 65,737,928.61 |
| 净利润 | 58,466,826.89 | 64,777,145.37 | －9.74 | 44,042,432.17 |
| 扣除非经常性损益的净利润 | 36,456,339.75 | 45,315,295.90 | －19.55 | 44,048,432.17 |
| | 2002年末 | 2001年末 | 本年末比上年末增减(%) | 2000年末 |
| 总资产 | 1,221,055,673.97 | 1,244,658,168.85 | －1.90 | 399,055,346.47 |
| 股东权益(不含少数股东权益) | 994,228,019.16 | 955,171,592.27 | 4.09 | 217,343,740.02 |
| 经营活动产生的现金流量净额 | －92,613,899.53 | 128,114,372.22 | －172.29 | 55,307,140.06 |

2.2 主要财务指标

| | 2002年 | 2001年 | 本年比上年增减(%) | 2000年 |
|---|---|---|---|---|
| 每股收益(元) | 0.29 | 0.32 | －9.38 | 0.37 |
| 净资产收益率(%) | 5.88 | 6.78 | －13.27 | 20.26 |
| 扣除非经常性损益的净利润为基础计算的净资产收益率(%) | 3.67 | 7.82 | －53.07 | 21.73 |
| 每股经营活动产生的现金流量净额 | －0.46 | 0.64 | －171.88 | 0.46 |
| | 2002年末 | 2001年末 | 本年末比上年末增减(%) | 2000年末 |
| 每股净资产(元) | 4.97 | 4.78 | 3.98 | 1.81 |
| 调整后的每股净资产(元) | 4.97 | 4.78 | 3.98 | 1.80 |

## 600365 通化葡萄酒股份有限公司

### 二〇〇二年年度报告摘选

#### 1.上市公司基本情况简介

1.1 基本情况简介

股票简称:通葡萄酒 股票代码:600365 上市交易所:上海证券交易所

注册地址和办公地址:通化市前兴路28号 邮政编码:134002

公司国际互联网网址:http://www.thptj.com.cn 电子信箱:thptj@mail.jl.cn

1.2 联系人和联系方式

董事会秘书:高振才 联系地址:吉林省通化市前兴路28号

电话:0435－3948012 传真:0435－3949616 电子信箱:gaozhencai@163.com

证券事务代表:洪恩杰 联系地址:吉林省通化市前兴路28号

电话:0435－3948012 传真:0435－3949616 电子信箱:hongenjie@sohu.com

#### 2.会计数据和财务指标摘要

2.1 主要会计数据 单位:人民币元

| | 2002年 | 2001年 | 本年比上年增减(%) | 2000年 |
|---|---|---|---|---|
| 主营业务收入 | 102,463,313.91 | 128,556,854.48 | －20.31 | 138,314,671.72 |
| 利润总额 | 16,624,685.40 | 19,475,273.30 | －14.6 | 21,295,934.58 |
| 净利润 | 9,185,727.54 | 6,940,545.55 | 32.35 | 11,432,981.49 |
| 扣除非经常性损益的净利润 | 7,093,711.59 | 5,942,297.25 | 19.4 | 5,436,901.69 |
| | 2002年末 | 2001年末 | 本年末比上年末增减(%) | 2000年末 |
| 总资产 | 650,662,936.27 | 622,433,551.62 | 4.53 | 670,705,233.01 |
| 股东权益(不含少数股东权益) | 525,684,763.36 | 530,499,035.82 | 0.91 | 523,558,490.26 |
| 经营活动产生的现金流量净额 | －14,655,679.35 | －218,978,810.31 | －93.31 | 24,830,618.13 |

2.2 主要财务指标 单位:人民币元

| | 2002年 | 2001年 | 本年比上年增减(%) | 2000年 |
|---|---|---|---|---|
| 每股收益 | 0.0656 | 0.0496 | 32.26 | 0.0817 |
| 每股收益注2 | 0.0656 | 0.0496 | 32.26 | 0.0817 |
| 净资产收益率 | 1.7474 | 1.3083 | 33.56 | 2.1837 |
| 扣除非经常性损益的净利润为基础计算的净资产收益率 | 1.3613 | 1.1275 | 20.74 | 1.0412 |
| 每股经营活动产生的现金流量净额 | －0.1047 | －0.1748 | 40.10 | 0.1774 |
| | 2002年末 | 2001年末 | 本年末比上年末增减(%) | 2000年末 |
| 每股净资产 | 3.7549 | 3.7893 | －0.91 | 3.7397 |
| 调整后的每股净资产 | 3.6046 | 3.7586 | －4.09 | 3.7013 |

## 600371 黑龙江华冠科技股份有限公司

### 二〇〇二年年度报告摘选

#### 1.上市公司基本情况简介

1.1 基本情况简介

证券简称:华冠科技 证券代码:600371 上市交易所:上海证券交易所

注册地址:哈尔滨市南岗区华山路99号

办公地址:哈尔滨市南岗区玉山路18号 邮政编码:150090

国际互联网网址:http://www.huaguankeji.com 电子信箱:hgkj@huaguankeji.com

1.2 联系人和联系方式

董事会秘书:霍光 联系地址:哈尔滨市南岗区玉山路18号

电话:0451－2368448 传真:0451－2368448 电子信箱:huoguang@huaguankeji.com

证券事务代表:王维舟 联系地址:哈尔滨市南岗区玉山路18号

电话:0451－2368448 传真:0451－2368448 电子信箱:wangweizhou@huaguankeji.com

#### 2.会计数据和财务指标摘要

2.1 主要会计数据 单位:(人民币)元

| | 2002年 | 2001年 | 增加(%) | 2000年 |
|---|---|---|---|---|
| 主营业务收入 | 159,896,320.60 | 142,189,431.23 | 12.45 | 115,910,472.95 |
| 利润总额 | 23,707,037.02 | 23,684,042.29 | 0.10 | 21,257,286.80 |
| 净利润 | 15,910,506.81 | 15,624,768.73 | 1.83 | 14,259,632.93 |
| 扣除非经常性损益的净利润 | 15,907,912.30 | 16,236,323.72 | －2.02 | 13,701,334.12 |
| | 2002年末 | 2001年末 | 增加(%) | 2000年末 |
| 总资产 | 310,327,937.17 | 152,706,052.16 | 103.22 | 168,530,273.96 |
| 股东权益(不含少数股东权益) | 255,931,623.80 | 112,204,272.08 | 128.09 | 96,579,503.35 |
| 经营活动产生的现金流量净额 | 11,633,154.42 | 20,358,939.10 | －42.86 | 5,051,605.00 |

2.2 主要财务指标 单位:(人民币)元

| | 2002年 | 2001年 | 增加(%) | 2000年 |
|---|---|---|---|---|
| 每股收益 | 0.1591 | 0.2604 | －38.90 | 0.2377 |
| 每股收益注2 | 0.1591 | 0.2604 | －38.90 | 0.2377 |
| 净资产收益率 | 6.22% | 13.93% | －55.35 | 15.11% |
| 扣除非经常性损益的净利润为基础计算的净资产收益率 | 6.22% | 14.20% | －56.20 | 14.19% |
| 每股经营活动产生的现金流量净额 | 0.116 | 0.339 | －65.78 | 0.084 |
| | 2002年末 | 2001年末 | 增加(%) | 2000年末 |
| 每股净资产 | 2.56 | 1.87 | 36.90 | 1.61 |
| 调整后的每股净资产 | 2.55 | 1.87 | 36.36 | 1.60 |

## 600519 贵州茅台酒股份有限公司

### 二〇〇二年年度报告摘选

#### 1.上市公司基本情况简介

1.1 基本情况简介

股票简称:贵州茅台 股票代码:600519 上市交易所:上海证券交易所

注册地址和办公地址:贵州省仁怀市茅台镇 邮政编码:564501

公司国际互联网网址:http://www.moutaichina.com 电子信箱:fnp@moutaichina.com

1.2 联系人和联系方式

董事会秘书:樊宁屏 联系地址:贵州省仁怀市茅台镇

电话:0852－2386002 传真:0852－2386005 电子信箱:fnp@moutaichina.com

证券事务代表:汪智明 联系地址:贵州省仁怀市茅台镇

电话:0852－2386002 传真:0852－2386005 电子信箱:fnp@moutaichina.com

#### 2.会计数据和财务指标摘要

2.1 主要会计数据 单位:元

| | 2002年 | 2001年 | 本年比上年增减(%) | 2000年调整后 |
|---|---|---|---|---|
| 主营业务收入 | 1,834,898,294.90 | 1,618,046,660.31 | 13.40% | 1,114,000,813.26 |
| 利润总额 | 649,370,371.52 | 607,278,206.25 | 6.93% | 444,845,400.13 |
| 净利润 | 376,798,521.36 | 328,290,723.14 | 14.78% | 249,558,877.77 |
| 扣除非经常性损益的净利润 | 378,188,507.17 | 334,872,479.88 | 12.94% | 250,190,500.93 |
| | 2002年末 | 2001年末 | 本年末比上年末增减(%) | 2000年末 |
| 总资产 | 3,930,905,066.72 | 3,463,388,734.98 | 13.50% | 1,268,856,244.90 |
| 股东权益(不含少数股东权益) | 2,852,845,506.16 | 2,530,915,664.80 | 12.72% | 442,420,732.97 |
| 经营活动产生的现金流量净额 | 434,582,378.66 | 42,283,037.35 | 927.79% | 443,124,645.68 |

2.2 主要财务指标

| | 2002年 | 2001年 | 本年比上年增减(%) | 2000年调整后 |
|---|---|---|---|---|
| 每股收益(加权、元/股) | 1.37 | 1.59 | －13.84 | 1.35 |
| 每股收益(摊薄、元/股) | 1.37 | 1.31 | 4.58 | 1.35 |
| 净资产收益率(摊薄) | 13.21% | 12.97% | 1.85 | 56.41% |
| 扣除非经常性损益的净利润为基础计算的加权平均净资产收益率 | 13.91% | 27.33% | －49.10 | 68.79 |
| 每股经营活动产生的现金流量净额(元/股) | 1.58 | 0.17 | 829.41 | 2.39 |
| | 2002年末 | 2001年末 | 本年末比上年末增减(%) | 2000年末 |
| 每股净资产(元/股) | 10.37 | 10.12 | 2.47 | 2.39 |
| 调整后的每股净资产(元/股) | 10.29 | 9.96 | 3.31 | 2.22 |

## 600537 浙江海通食品集团股份有限公司

### 二〇〇二年年度报告摘选

#### 1.上市公司基本情况简介

1.1 基本情况简介

股票简称:海通集团　股票代码:600537　上市交易所:上海证券交易所
注册地址:浙江省慈溪市南二环线288号　办公地址:浙江省慈溪市海通路528号
邮政编码:315300　公司国际互联网网址:www.kaiz.com　电子信箱:securities@haitonggroup.com

1.2 联系人和联系方式

董事会秘书:李强　联系地址:浙江省慈溪市海通路528号
电话:0574－63039988　传真:0574－63039898　电子信箱:securities@haitonggroup.com
证券事务代表:岑洁　联系地址:浙江省慈溪市海通路528号
电话:0574－63039925　传真:0574－63039898　电子信箱:securities@haitonggroup.com

#### 2.会计数据和财务指标摘要

2.1 主要会计数据

| | 2002年 | 2001年 | 本年比上年增减(%) | 2000年 |
|---|---|---|---|---|
| 主营业务收入 | 247,953,077 | 233,924,910 | 6.00 | 202,578,633 |
| 利润总额 | 43,695,422 | 37,676,288 | 15.98 | 42,449,050 |
| 净利润 | 36,118,600 | 34,185,965 | 5.65 | 35,385,476 |
| 扣除非经常性损益的净利润 | 34,680,451 | 27,291,019 | 27.08 | 2001年11月变更设立股份有限公司该指标不具可比性,未作摘录 |
| | 2002年末 | 2001年末 | 本年末比上年末增减(%) | 2000年末 |
| 总资产 | 494,274,434 | 379,753,681 | 30.16 | 254,329,980 |
| 股东权益(不含少数股东权益) | 195,478,269 | 159,540,528 | 22.53 | 125,848,436 |
| 经营活动产生的现金流量净额 | 32,352,827 | 32,430,314 | －0.24 | 20,870,644 |

2.2 主要财务指标

| | 2002年 | 2001年 | 本年比上年增减(%) | 2000年 |
|---|---|---|---|---|
| 每股收益 | 0.32 | 0.30 | 3.23 | 0.31 |
| 每股收益 | 0.22 | | | |
| 净资产收益率 | 18 | 21 | －13.77 | 28.12 |
| 扣除非经常性损益的净利润为基础计算的净资产收益率 | 18 | 17 | 5.88 | 2001年11月变更设立股份有限公司该指标不具可比性,未作摘录 |
| 每股经营活动产生的现金流量净额 | 0.28 | 0.24 | 0.17 | 0.18 |
| | 2002年末 | 2001年末 | 本年末比上年末增减(%) | 2000年末 |
| 每股净资产 | 1.71 | 1.40 | 22.14 | 1.10 |
| 调整后的每股净资产 | 1.70 | 1.39 | 22.30 | 1.09 |

## 600600 青岛啤酒股份有限公司

### 二〇〇二年年度报告摘选

#### 1.上市公司基本情况简介

1.1 基本情况简介

股票简称:青岛啤酒　股票代码:600600(A股)、0168(H股)
上市交易所:上海证券交易所(A股)、香港联合交易所(H股)
注册地址:青岛市登州路56号
办公地址:青岛市香港中路五四广场青啤大厦　邮政编码:266071
公司国际互联网网址:http://www.tsingtao.com.cn　电子信箱:info@tsingtao.com.cn

1.2 联系人和联系方式

董事会秘书:袁璐　联系地址:青岛市香港中路五四广场青啤大厦1603室董事会秘书室
电话:0532－5713831　传真:0532－5713240　电子信箱:secretary@tsingtao.com.cn
证券事务代表:张瑞祥　联系地址:青岛市香港中路五四广场青啤大厦1603室董事会秘书室
电话:0532－5715172　传真:0532－5713240　电子信箱:secretary@tsingtao.com.cn

#### 2.会计数据和财务指标摘要

2.1 主要会计数据　单位:人民币元

| 项目 | 2002年 | 2001年 | 本年比上年增减(%) | 2000年 |
|---|---|---|---|---|
| 主营业务收入 | 6,936,734,126 | 5,276,724,546 | 31.46% | 3,766,259,130 |
| 利润总额 | 377,449,295 | 182,564,938 | 106.75% | 161,200,541 |
| 净利润 | 230,657,385 | 102,887,744 | 124.18% | 91,697,252 |
| 扣除非经常性损益的净利润 | 200,168,347 | 23,084,917 | 767.10% | 41,777,379 |
| 项目 | 2002年末 | 2001年末 | 本年末比上年末增减(%) | 2000年末 |
| 总资产 | 8,938,615,600 | 8,243,838,412 | 8.43% | 6,995,231,025 |
| 股东权益(不含少数股东权益) | 2,977,353,602 | 2,964,914,586 | 0.42% | 2,235,378,634 |
| 经营活动产生的现金流量净额 | 1,106,015,755 | 529,894,751 | 108.72% | 334,096,685 |

2.2 主要财务指标　单位:人民币元

| 项目 | 2002年 | 2001年 | 本年比上年增减(%) | 2000年 |
|---|---|---|---|---|
| 每股收益 | 0.2307 | 0.1029 | 124.20% | 0.1019 |
| 净资产收益率(%) | 7.75% | 3.47% | 115.85% | 4.16% |
| 扣除非经常性损益的净资产收益率(%) | 6.72% | 0.80% | 712.50% | 1.67% |
| 每股经营活动产生的现金流量净额 | 1.11 | 0.53 | 109.43% | 0.37 |
| 项目 | 2002年末 | 2001年末 | 本年末比上年末增减(%) | 2000年末 |
| 每股净资产 | 2.98 | 2.96 | 0.68% | 2.45 |
| 调整后的每股净资产 | 2.89 | 2.87 | 0.70% | 2.43 |

## 600597 上海光明乳业股份有限公司

### 二〇〇二年年度报告摘选

#### 1.上市公司基本情况简介

1.1 基本情况简介

股票简称:光明乳业　股票代码:600597　上市交易所:上海证券交易所
注册地址和办公地址:上海市吴中路578号　邮政编码:201103
公司国际互联网网址:http://www.brightdairy.com　电子信箱:600597@brightdairy.com

1.2 联系人和联系方式

董事会秘书:朱建毅　联系地址:上海市吴中路578号
电话:021－54584520　传真:021－64013337　电子信箱:600597@brightdairy.com

#### 2.会计数据和财务指标摘要

2.1 主要会计数据　单位:人民币元

| | 2002年 | 2001年 | 本年比上年增减(%) | 2000年 |
|---|---|---|---|---|
| 主营业务收入 | 5,021,503,488 | 3,520,210,605 | 42.65% | 2,279,828,659 |
| 利润总额 | 371,886,994 | 221,004,929 | 68.27% | 129,756,763 |
| 净利润 | 226,313,752 | 162,906,619 | 38.92% | 104,235,179 |
| 扣除非经常性损益的净利润 | 250,639,087 | 181,044,803 | 38.44% | 122,133,266 |
| | 2002年末 | 2001年末 | 本年末比上年末增减(%) | 2000年末 |
| 总资产 | 2,937,365,249 | 1,829,170,116 | 60.58% | 1,488,891,590 |
| 股东权益(不含少数股东权益) | 1,578,679,864 | 543,663,332 | 190.38% | 504,739,445 |
| 经营活动产生的现金流量净额 | 480,085,588 | 379,985,619 | 26.34% | 275,739,817 |

2.2 主要财务指标　单位:人民币元

| | 2002年 | 2001年 | 本年比上年增减(%) | 2000年 |
|---|---|---|---|---|
| 每股收益 | 0.35 | 0.33 | 6.06% | 0.21 |
| 净资产收益率 | 14% | 30% | －53.33% | 21% |
| 扣除非经常性损益的净利润为基础计算的净资产收益率 | 16% | 33% | －51.52% | 24% |
| 每股经营活动产生的现金流量净额 | 0.74 | 0.76 | －2.63% | 0.54 |
| | 2002年 | 2001年 | 本年比上年增减(%) | 2000年 |
| 每股净资产 | 2.42 | 1.08 | 124.07% | 1.01 |
| 调整后的每股净资产 | 2.30 | 0.98 | 134.69% | 0.95 |

## 600615 上海丰华(集团)股份有限公司

### 二〇〇二年年度报告摘选

#### 1.上市公司基本情况简介

1.1 基本情况简介

股票简称:丰华股份　股票代码:600615　上市交易所:上海证券交易所
注册地址和办公地址:上海浦东新区东方路3601号　邮政编码:200125
公司国际互联网网址:http://www.fenghwa.com.cn　电子信箱:Office@fenghwa.com.cn

1.2 联系人和联系方式

董事会秘书:王结根　联系地址:上海浦东新区东方路3601号
电话:58811688　传真:58702762　电子信箱:Office@fenghwa.com.cn
证券事务代表:张国丰　联系地址:上海浦东新区东方路3601号
电话:58811688　传真:58702762　电子信箱:Office@fenghwa.com.cn

#### 2.会计数据和财务指标摘要

2.1 主要会计数据

| | 2002年 | 2001年 | 本年比上年增减(%) | 2000年 |
|---|---|---|---|---|
| 主营业务收入 | 146,185,755.56 | 203,044,764.03 | －28.00 | 35,013,042.88 |
| 利润总额 | －66,554,629.15 | －127,152,364.68 | 47.66 | 2,091,556.09 |
| 净利润 | －66,739,154.65 | －111,012,661.86 | 39.88 | 1,641,482.25 |
| 扣除非经常性损益的净利润 | －95,362,278.79 | －129,120,211.52 | 26.14 | －5,414,990.61 |
| | 2002年末 | 2001年末 | 本年末比上年末增减(%) | 2000年末 |
| 总资产 | 947,647,348.78 | 1,097,766,877.27 | －13.67 | 1,132,634,145.91 |
| 股东权益(不含少数股东权益) | 400,732,283.53 | 467,918,240.87 | －14.36 | 580,003,641.92 |
| 经营活动产生的现金流量净额 | －114,425,113.37 | 19,917,226.04 | －674.50 | 128,606,027.13 |

2.2 主要财务指标

| | 2002年 | 2001年 | 本年比上年增减(%) | 2000年 |
|---|---|---|---|---|
| 每股收益 | －0.44 | －0.73 | 39.72 | 0.011 |
| 净资产收益率 | －16.65% | －23.72% | 29.95 | 0.283% |
| 扣除非经常性损益的净利润为基础计算的净资产收益率 | －23.80% | －27.60% | 13.76 | －0.87 |
| 每股经营活动产生的现金流量净额 | －0.76 | 0.132 | －675.75 | 0.85 |
| | 2002年末 | 2001年末 | 本年末比上年末增减(%) | 2000年末 |
| 每股净资产 | 2.66 | 3.11 | －14.47 | 3.86 |
| 调整后的每股净资产 | 1.42 | 1.13 | 25.66 | 1.48 |

## 600695 上海大江(集团)股份有限公司

### 二〇〇二年年度报告摘选

#### 1.上市公司基本情况简介

1.1 基本情况简介

股票简称:大江股份(A股)、大江B股(B股) 股票代码:600695、900919

上市交易所:上海证券交易所

注册地址和办公地址:上海市松江区谷阳南路26号 邮政编码:201600

公司国际互联网网址:http://www.dajiang.com 电子信箱:dajiang@dajiang.com

1.2 联系人和联系方式

董事会秘书:顾德明 联系地址:上海市松江区谷阳南路26号

电话:021－57817566 传真:021－57820072 电子信箱:dajiang@dajiang.com

证券事务代表:顾伟文 联系地址:上海市松江区谷阳南路26号

电话:021－57817571 传真:021－57820072 电子信箱:dajiang@dajiang.com

#### 2.会计数据和财务指标摘要

2.1 主要会计数据

| | 2002年 | 2001年 | 本年比上年增减(%) | 2000年 |
|---|---|---|---|---|
| 主营业务收入 | 1,296,502,643.50 | 1,757,218,491.59 | －26.22 | 1,620,431,308.54 |
| 利润总额 | －238,763,423.62 | －121,286,413.16 | 96.86 | 29,210,496.49 |
| 净利润 | －237,216,112.19 | －141,562,813.39 | 67.57 | 9,430,019.63 |
| 扣除非经常性损益的净利润 | －232,267,265.48 | －169,688,499.80 | 36.88 | －10,529,411.12 |
| | 2002年末 | 2001年末 | 本年末比上年末增减(%) | 2000年末 |
| 总资产 | 1,593,140,462.07 | 2,014,782,130.11 | －20.93 | 2,159,240,796.96 |
| 股东权益(不含少数股东权益) | 562,452,836.89 | 816,953,272.21 | －31.15 | 956,109,377.34 |
| 经营活动产生的现金流量净额 | 126,266,872.01 | 36,041,198.21 | 250.34 | 87,171,581.41 |

2.2 主要财务指标

| | 2002年 | 2001年 | 本年比上年增减(%) | 2000年 |
|---|---|---|---|---|
| 每股收益 | －0.35 | －0.21 | 67.94 | 0.014 |
| 每股收益* | －0.35 | －0.21 | 67.94 | 0.014 |
| 净资产收益率 | －0.42 | －0.17 | 143.39 | 0.98 |
| 扣除非经常性损益的净利润为基础计算的净资产收益率 | －0.41 | －0.21 | 98.84 | －0.01 |
| 每股经营活动产生的现金流量净额 | 0.19 | 0.05 | 274.00 | 0.13 |
| | 2002年末 | 2001年末 | 本年末比上年末增减(%) | 2000年末 |
| 每股净资产 | 0.83 | 1.21 | －31.13 | 1.41 |
| 调整后的每股净资产 | 0.80 | 1.18 | －31.75 | 1.37 |

## 600702 四川沱牌曲酒股份有限公司

### 二〇〇二年年度报告摘选

#### 1.上市公司基本情况简介

1.1 基本情况简介

股票简称:沱牌曲酒 股票代码:600702 上市交易所:上海证券交易所

注册地址和办公地址:四川省射洪县柳树镇中街149号 邮政编码:629209

公司国际互联网网址:http://www.chinatuopai.com 电子信箱:tuopai@mail.sc.cninfo.net

1.2 联系人和联系方式

董事会秘书:王杰 联系地址:四川省射洪县柳树镇中街149号

电话:0825－6766322 传真:0825－6766322、6766352 电子信箱:tpzqb@21cn.com

证券事务代表:胡仁彬 联系地址:四川省射洪县柳树镇中街149号

电话:0825－6766322 传真:0825－6766322、6766352 电子信箱:tpzqb@21cn.com

#### 2.会计数据和财务指标摘要

2.1 主要会计数据 单位:万元

| | 2002年 | 2001年 | 本年比上年增减(%) | 2000年 |
|---|---|---|---|---|
| 主营业务收入 | 84,777.11 | 85,828.14 | －1.22 | 94,090.85 |
| 利润总额 | 2,397.72 | 3,833.01 | －37.44 | 12,400.89 |
| 净利润 | 1,024.54 | 3,085.64 | －66.80 | 10,247.48 |
| 扣除非经常性损益的净利润 | 1,016.63 | 3,041.51 | －66.57 | 9,731.95 |
| | 2002年末 | 2001年末 | 本年末比上年末增减(%) | 2000年末 |
| 总资产 | 206,777.62 | 200,637.45 | 3.06 | 196,554.72 |
| 股东权益(不含少数股东权益) | 160,458.29 | 159,368.32 | 0.68 | 156,282.68 |
| 经营活动产生的现金流量净额 | 3,897.68 | 5,007.53 | －22.16 | 10,865.13 |

2.2 主要财务指标 单位:元

| | 2002年 | 2001年 | 本年比上年增减(%) | 2000年 |
|---|---|---|---|---|
| 每股收益 | 0.03 | 0.09 | －66.67 | 0.30 |
| 每股收益注2 | 0.03 | 0.09 | －66.67 | 0.30 |
| 净资产收益率 | 0.64% | 1.94% | －67.01 | 6.56% |
| 扣除非经常性损益的净利润为基础计算的净资产收益率 | 0.63% | 1.91% | －67.02 | 5.88% |
| 每股经营活动产生的现金流量净额 | 0.12 | 0.15 | －20.00 | 0.32 |
| | 2002年末 | 2001年末 | 本年末比上年末增减(%) | 2000年末 |
| 每股净资产 | 4.76 | 4.72 | 0.85 | 4.63 |
| 调整后的每股净资产 | 4.75 | 4.72 | 0.64 | 4.62 |

## 600735 山东兰陵陈香酒业股份有限公司

### 二〇〇二年年度报告摘选

#### 1.上市公司基本情况简介

1.1 基本情况简介

股票简称:兰陵陈香 股票代码:600735 上市交易所:上海证券交易所

注册地址和办公地址:山东省临沂市沂蒙路426号 邮政编码:276004

电子信箱:mlcdh@sina.com.cn

1.2 联系人和联系方式

董事会秘书:陈东辉 联系地址:山东省临沂市沂蒙路426号

电话:(0539)8322568－3058 传真:(0539)8315880 电子信箱:mlcdh@sina.com.cn

证券事务代表:刘春蕾 联系地址:山东省临沂市沂蒙路426号

电话:(0539)8322568－3058 传真:(0539)8315880

#### 2.会计数据和财务指标摘要

2.1 主要会计数据

| | 2002年 | 2001年 | 本年比上年增减% | 2000年 |
|---|---|---|---|---|
| 主营业务收入 | 86,313,355.05 | 184,074,006.35 | －53.11 | 224,891,007.18 |
| 利润总额 | －60,820,969.48 | 10,324,735.65 | － | 21,116,280.32 |
| 净利润 | －60,820,969.48 | 11,855,265.89 | － | 224,891,007.18 |
| 扣除非经常性损益的净利润 | －57,505,388.07 | 9,101,488.56 | － | 19,371,083.71 |
| | 2002年末 | 2001年末 | 本年末比上年末增减% | 2000年末 |
| 总资产 | 396,840,662.59 | 455,804,140.31 | －12.94 | 403,059,490.55 |
| 股东权益(不含少数股东权益) | 240,716,040.61 | 301,537,101.09 | －20.17 | 289,681,744.20 |
| 经营活动产生的现金流量净额 | 6,909,165.53 | 23,257,645.53 | －70.29 | －42,995,969.06 |

2.2 主要财务指标

| | 2002年 | 2001年 | 本年比上年增减% | 2000年 |
|---|---|---|---|---|
| 每股收益 | －0.39 | 0.08 | － | 0.14 |
| 每股收益 | －0.39 | 0.08 | － | 0.14 |
| 净资产收益率 | －25.27 | 4.0 | － | 6.3 |
| 扣除非经常性损益的净利润为基础计算的净资产收益率 | －21.21 | 3.07 | － | 8.3 |
| 每股经营活动产生的现金流量净额 | 0.04 | 0.15 | －73.33 | －0.36 |
| | 2002年末 | 2001年末 | 本年末比上年末增减% | 2000年末 |
| 每股净资产 | 1.55 | 1.95 | －20.51 | 2.42 |
| 调整后的每股净资产 | 1.51 | 1.93 | －21.76 | 2.39 |

## 600779 四川全兴股份有限公司

### 二〇〇二年年度报告摘选

#### 1.上市公司基本情况简介

1.1 基本情况简介

股票简称:全兴股份 股票代码:600779 上市交易所:上海证券交易所

注册地址和办公地址:四川省成都市金牛区全兴路9号 邮政编码:610036

公司国际互联网网址:http://www.quanxing－china.com 电子信箱:quanxing@mail.sc.cninfo.net

1.2 联系人和联系方式

董事会秘书:张宗俊 联系地址:成都市人民中路二段68号公司董事办

电话:028－86252847 传真:028－86695460 电子信箱:quanxing@mail.sc.cninfo.net

证券事务代表:王成兵 联系地址:成都市人民中路二段68号公司董事办

电话:028－86252847 传真:028－86695460 电子信箱:quanxing@mail.sc.cninfo.net

#### 2.会计数据和财务指标摘要

2.1 主要会计数据 单位:元

| | 2002年 | 2001年 | | 本年比上年增减(%) | 2000年 | |
|---|---|---|---|---|---|---|
| | | 调整后 | 调整前 | | 调整后 | 调整前 |
| 主营业务收入 | 1,052,385,216.85 | 1,144,355,034.75 | 1,144,355,034.75 | －8.04 | 1,280,558,496.74 | 1,280,558,496.74 |
| 利润总额 | 68,846,259.82 | 203,345,032.56 | 218,999,722.67 | －66.14 | 182,621,637.66 | 220,368,199.38 |
| 净利润 | 15,341,291.38 | 157,130,132.14 | 172,784,822.25 | －90.24 | 143,989,865.45 | 178,967,152.14 |
| 扣除非经常性损益的净利润 | 18,195,201.44 | 130,475,162.81 | 146,129,852.92 | －86.06 | 106,824,905.66 | 141,317,652.14 |
| | 2002年末 | 2001年末 | | 本年末比上年末增减(%) | 2000年末 | |
| | | 调整后 | 调整前 | | 调整后 | 调整前 |
| 总资产 | 2,484,860,752.43 | 2,475,520,564.99 | 2,475,520,565.04 | 0.38 | 1,670,055,559.91 | 1,680,054,059.91 |
| 股东权益(不含少数股东权益) | 1,182,539,632.51 | 1,166,613,078.70 | 1,214,410,779.28 | 1.37 | 639,529,839.48 | 677,963,666.92 |
| 经营活动产生的现金流量净额 | 131,026,508.05 | 113,873,005.39 | 113,873,005.39 | 15.06 | 139,930,476.21 | 139,930,476.21 |

2.2 主要财务指标 单位:元

| | 2002年 | 2001年 | | 本年比上年增减(%) | 2000年 | |
|---|---|---|---|---|---|---|
| | | 调整后 | 调整前 | | 调整后 | 调整前 |
| 每股收益(摊薄计算) | 0.03 | 0.35 | 0.39 | －91.43 | 0.35 | 0.44 |
| 每股收益(加权计算) | 0.03 | 0.38 | 0.41 | －92.11 | 0.35 | 0.44 |
| 净资产收益率(摊薄计算) | 1.30 | 13.47 | 14.23 | －90.35 | 22.51 | 26.40 |
| 净资产收益率(加权计算) | 1.31 | 18.53 | 19.87 | －92.93 | 23.65 | 28.58 |
| 扣除非经常性损益的净利润为基础计算的加权净资产收益率 | 1.54 | 15.38 | 16.80 | －89.98 | 17.55 | 22.83 |
| 每股经营活动产生的现金流量净额 | 0.27 | 0.26 | 0.26 | 3.85 | 0.34 | 0.34 |
| | 2002年末 | 2001年末 | | 本年末比上年末增减(%) | 2000年末 | |
| | | 调整后 | 调整前 | | 调整后 | 调整前 |
| 每股净资产 | 2.42 | 2.63 | 2.73 | －7.98 | 1.57 | 1.66 |
| 调整后的每股净资产 | 2.40 | 2.59 | 2.70 | －7.34 | 1.54 | 1.63 |

# C1.纺织、服装、皮毛(32家)

## 600070 浙江富润股份有限公司

### 二〇〇二年年度报告摘选

#### 1.上市公司基本情况简介

1.1 基本情况简介

股票简称:浙江富润 股票代码:600070 上市交易所:上海证券交易所

注册地址和办公地址:浙江省诸暨市安平路42号 邮政编码:311800

公司国际互联网网址:http://www.zhejiangfurun.com 电子信箱:furun@mail.sxptt.zj.cn

1.2 联系人和联系方式

董事会秘书:陈黎伟 联系地址:浙江省诸暨市安平路42号

电话:0575-7222043 传真:0575-7223018 电子信箱:furun@mail.sxptt.zj.cn

证券事务代表:王坚 联系地址:浙江省诸暨市安平路42号

电话:0575-7223532 传真:0575-7223018 电子信箱:furun@mail.sxptt.zj.cn

#### 2.会计数据和财务指标摘要

2.1 主要会计数据

| | 2002年 | 2001年 | 本年比 | |
|---|---|---|---|---|
| 主营业务收入 | 234,835,755.76 | 202,641,322.32 | 15.89 | 213,714,709.22 |
| 利润总额 | 35,423,749.35 | 18,645,565.81 | 89.98 | 30,816,844.82 |
| 净利润 | 25,209,477.15 | 17,789,115.49 | 41.71 | 26,150,551.56 |
| 扣除非经常性损益的净利润 | 24,551,792.37 | 14,642,302.18 | 67.68 | 17,597,966.53 |
| | 2002年末 | 2001年末 | 本年末比上年末增减(%) | 2000年末 |
| 总资产 | 553,202,653.69 | 428,847,378.73 | 29 | 415,064,648.24 |
| 股东权益(不含少数股东权益) | 364,119,362.64 | 228,953,198.71 | 59.04 | 235,252,050.74 |
| 经营活动产生的现金流量净额 | 56,737,093.47 | -10,802,272.19 | | 48,151,561.80 |

2.2 主要财务指标

| | 2002年 | 2001年 | 本年比上年增减(%) | 2000年 |
|---|---|---|---|---|
| 每股收益 | 0.29 | 0.23 | 26.09 | 0.35 |
| 净资产收益率 | 6.92 | 7.77 | -0.85 | 11.12 |
| 扣除非经常性损益的净利润为基础计算的净资产收益率 | 6.74 | 6.40 | 0.34 | 7.48 |
| 每股经营活动产生的现金流量净额 | 0.66 | -0.14 | | 0.64 |
| | 2002年末 | 2001年末 | 本年末比上年末增减(%) | 2000年末 |
| 每股净资产 | 4.25 | 3.02 | 40.73 | 3.11 |
| 调整后的每股净资产 | 4.24 | 3.01 | 40.86 | 3.08 |

## 600086 湖北多佳股份有限公司

### 二〇〇二年年度报告摘选

#### 1.上市公司基本情况简介

1.1 基本情况简介

股票简称:多佳股份 股票代码:600086 上市交易所:上海证券交易所

注册地址:湖北省鄂州市武昌大道298号

办公地址:武汉市关东科技园高科大厦18楼 邮政编码:430074

公司国际互联网网址:http://www.ssedu.com 电子信箱:windows@ssedu.com

1.2 联系人和联系方式

董事会秘书:陈瑞锋先生 联系地址:武汉市关东科技园高科大厦18楼

电话:027-87592157 传真:027-87592144 电子信箱:djrfchen@163.net

证券事务代表:朱一波先生 联系地址:武汉市关东科技园高科大厦18楼

电话:027-87592138 传真:027-87592144 电子信箱:zhuyibo@371.net

#### 2.会计数据和财务指标摘要

2.1 主要会计数据

| | 2002年 | 2001年 | 本年比上年增减(%) | 2000年 |
|---|---|---|---|---|
| 主营业务收入 | 93,285,896.55 | 248,520,324.08 | -166 | 285,729,977.35 |
| 利润总额 | 22,635,222.03 | 38,893,580.72 | -41.8 | 39,692,391.63 |
| 净利润 | 14,934,929.08 | 25,987,967.92 | -42.53 | 30,388,511.81 |
| 扣除非经常性损益的净利润 | 16,524,534.07 | 25,008,740.47 | -33.92 | 32,265,862.80 |
| | 2002年末(本年末) | 2001年末(上年末) | 本年末比上年末增减(%) | 2000年末 |
| 总资产 | 809,239,496.32 | 756,557,120.28 | 6.96 | 736,768,415.54 |
| 股东权益(不含少数股东权益) | 512,019,817.09 | 497,084,888.01 | 3.00 | 74,619,736.81 |
| 经营活动产生的现金流量净额 | 34,135,115.42 | 4,401,640.23 | 676 | -38,879,381.76 |

2.2 主要财务指标

| | 2002年(本年) | 2001年(上年) | 本年比上年增减(%) | 2000年 |
|---|---|---|---|---|
| 每股收益 | 0.042 | 0.074 | -43.24 | 0.145 |
| 每股收益 | 0.042 | 0.074 | -43.24 | 0.145 |
| 净资产收益率 | 2.92% | 5.23% | -44.17 | 6.40% |
| 扣除非经常性损益的净利润为基础计算的净资产收益率 | 2.94% | 5.03% | -41.55 | 6.30% |
| 每股经营活动产生的现金流量净额 | 0.097 | 0.0125 | 676 | -0.177 |
| | 2002年末(本年末) | 2001年末(上年末) | 本年末比上年末增减(%) | 2000年末 |
| 每股净资产 | 1.454 | 1.411 | 3.05 | 2.156 |
| 调整后的每股净资产 | 1.451 | 1.410 | 2.91 | 2.141 |

## 600107 湖北美尔雅股份有限公司

### 二〇〇二年年度报告摘选

#### 1.上市公司基本情况简介

1.1 基本情况简介

股票简称:美尔雅 股票代码:600107 上市交易所:上海证券交易所

注册地址:湖北省黄石市消防路29号 办公地址:湖北省黄石市团城山开发区美尔雅工业园

邮政编码:435003 公司国际互联网网址:http://www.mailyard.com.cn

电子信箱:info@mailyard.com.cn

1.2 联系人和联系方式

董事会秘书:胡钢 联系地址:湖北省黄石市团城山开发区美尔雅工业园美尔雅股份有限公司

电话:0714-6360298 传真:0714-6360212 电子信箱:hugang@mailyard.com.cn

#### 2.会计数据和财务指标摘要

2.1 主要会计数据 单位:元

| | 2002年 | 2001年 | 本年比上年增减(%) | 2000年 |
|---|---|---|---|---|
| 主营业务收入 | 150,513,870.30 | 147,815,826.39 | 1.825 | 311,901,243.73 |
| 利润总额 | -330,759,784.30 | 38,383,542.97 | -961.72 | 85,934,518.59 |
| 净利润 | -335,764,315.75 | 27,520,881.39 | -1320.03 | 67,619,798.55 |
| 扣除非经常性损益的净利润 | -62,253,644.19 | -1,432,447.92 | -4245.96 | 57,186,207.91 |
| | 2002年末 | 2001年末 | 本年末比上年末增减(%) | 2000年末 |
| 总资产 | 897,179,395.78 | 1,243,362,683.22 | -27.84 | 1,267,071,121.59 |
| 股东权益(不含少数股东权益) | 464,692,438.83 | 802,393,057.60 | -42.09 | 891,016,620.54 |
| 经营活动产生的现金流量净额 | 6,539,765.40 | 66,702,543.65 | -190.2 | 138,756,306.77 |

2.2 主要财务指标

| | 2002年 | 2001年 | 本年比上年增减(%) | 2000年 |
|---|---|---|---|---|
| 每股收益 | -0.93 | 0.08 | -1262.50 | 0.188 |
| 净资产收益率% | -72.26 | 3.43 | -2264.67 | 6.18 |
| 扣除非经常性损益的净资产收益率% | -13.40 | -0.37 | -10400 | 4.15 |
| 每股经营活动产生的现金流量净额 | 0.018 | 0.185 | -90.27 | 0.385 |
| | 2002年 | 2001年 | 本年末比上年末增减(%) | 2000年 |
| 每股净资产 | 1.29 | 2.23 | -42.15 | 2.475 |
| 调整后的每股净资产 | 0.74 | 2.12 | -65.09 | 2.11 |

## 600152 宁波维科精华集团股份有限公司

### 二〇〇二年年度报告摘选

#### 1.上市公司基本情况简介

1.1 基本情况简介

股票简称:维科精华 股票代码:600152 上市交易所:上海证券交易所

注册地址:浙江省宁波市和义路99号 办公地址:宁波市体育场路2号 邮政编码:315000

公司国际互联网网址:http://www.veken.com 电子信箱:Eken-elite@nbtex.com.cn

1.2 联系人和联系方式

董事会秘书:张伯根 联系地址:浙江省宁波市体育场路2号

电话:0574-87341480 传真:0574-87279527 电子信箱:wxh@mail.veken.com

证券事务代表:吴晓红 联系地址:浙江省宁波市体育场路2号

电话:0574-87341480 传真:0574-87279527 电子信箱:wxh@mail.veken.com

#### 2.会计数据和财务指标摘要

2.1 主要会计数据

| | 2002年 | 2001年 | 本年比上年增减(%) | 2000年 |
|---|---|---|---|---|
| 主营业务收入 | 1,346,409,107.70 | 1,098,689,112.78 | 22.55 | 1,300,982,378.53 |
| 利润总额 | 81,158,955.41 | 63,232,834.36 | 28.35 | 57,656,723.64 |
| 净利润 | 45,117,800.83 | 47,643,603.77 | -5.3 | 47,733,504.32 |
| 扣除非经常性损益的净利润 | 42,988,640.72 | 48,319,129.61 | -11.03 | 42,585,521.37 |
| | 2002年末 | 2001年末 | 本年末比上年末增减(%) | 2000年末 |
| 总资产 | 1,286,092,279.54 | 980,556,712.27 | 31.16 | 862,443,946.17 |
| 股东权益(不含少数股东权益) | 610,042,270.07 | 591,172,964.32 | 3.19 | 569,483,741.00 |
| 经营活动产生的现金流量净额 | 151,165,293.66 | 107,191,557.16 | 41.02 | 60,460,315.28 |

2.2 主要财务指标

| | 2002年 | 2001年 | 本年比上年增减(%) | 2000年 |
|---|---|---|---|---|
| 每股收益(摊薄) | 0.1537 | 0.1623 | -5.30 | 0.1626 |
| 每股收益(加权) | 0.1537 | 0.1623 | -5.30 | 0.1708 |
| 净资产收益率 | 7.40 | 8.06 | -8.19 | 8.38 |
| 扣除非经常性损益的净利润为基础计算的净资产收益率 | 7.05 | 8.17 | -13.71 | 7.48 |
| 每股经营活动产生的现金流量净额 | 0.5151 | 0.3652 | 41.05 | 0.2060 |
| | 2002年 | 2001年 | 本年比上年增减(%) | 2000年 |
| 每股净资产 | 2.0785 | 2.0143 | 8.16 | 1.9404 |
| 调整后的每股净资产 | 2.0632 | 1.9849 | 8.99 | 1.9139 |

## 600156 湖南华升益鑫泰股份有限公司

### 二〇〇二年年度报告摘选

#### 1.上市公司基本情况简介

1.1 基本情况简介

股票简称:益鑫泰　股票代码:600156　上市交易所:上海证券交易所
注册地址:湖南省长沙市天心区芙蓉南路 257 号
办公地址:湖南省长沙市芙蓉南路 257 号华升大厦七楼　邮政编码:410015
电子信箱:hnyxt@public.cs.hn.cn

1.2 联系人和联系方式

董事会秘书:郝利民　联系地址:湖南省长沙市芙蓉南路 257 号华升大厦七楼
电话:0731－5215526　传真:0731－5217081　电子信箱:hnyxt@public.cs.hn.cn
证券事务代表:辜东先　联系地址:湖南省长沙市芙蓉南路 257 号华升大厦七楼
电话:0731－5213649　传真:0731－5217081　电子信箱:hnyxt@public.cs.hn.cn

#### 2.会计数据和财务指标摘要

2.1 主要会计数据　单位:元

| | 2002 年 | 2001 年 | 本年比上年增减(%) | 2000 年 |
|---|---|---|---|---|
| 主营业务收入 | 707,227,525.96 | 744,256,503.71 | －4.98 | 830,612,964.97 |
| 利润总额 | －150,257,264.30 | 76,203,228.05 | －297.18 | 87,515,134.80 |
| 净利润 | －147,791,471.63 | 66,348,501.40 | －322.75 | 77,248,849.41 |
| 扣除非经常性损益的净利润 | －122,754,245.58 | 51,027,724.26 | －340.56 | 71,834,168.61 |
| | 2002 年末 | 2001 年末 | 本年末比上年末增减(%) | 2000 年末 |
| 总资产 | 1,537,476,156.40 | 1,497,746,285.29 | 2.65 | 1,486,940,283.07 |
| 股东权益(不含少数股东权益) | 1,055,990,681.72 | 1,203,782,153.35 | －12.28 | 1,152,877,658.25 |
| 经营活动产生的现金流量净额 | －119,475,252.20 | 54,270,064.44 | －320.15 | 200,372,177.26 |

2.2 主要财务指标　单位:元

| | 2002 年 | 2001 年 | 本年比上年增减(%) | 2000 年 |
|---|---|---|---|---|
| 每股收益 | －0.3367 | 0.1512 | －322.69 | 0.1760 |
| 净资产收益率 | －14% | 5.53% | －353.16 | 6.51% |
| 扣除非经常性损益的净利润为基础计算的净资产收益率 | －10.86% | 4.30% | －352.56 | 6.74% |
| 每股经营活动产生的现金流量净额 | －0.27 | 0.12 | －325 | 0.46 |
| | 2002 年末 | 2001 年末 | 本年末比上年末增减(%) | 2000 年末 |
| 每股净资产 | 2.41 | 2.74 | －12.04% | 2.70 |
| 调整后的每股净资产 | 2.38 | 2.74 | －13.14% | 2.70 |

## 600167 沈阳新区开发建设股份有限公司

### 二〇〇二年年度报告摘选

#### 1.上市公司基本情况简介

1.1 基本情况简介

股票简称:ST 沈新开　股票代码:600167　上市交易所:上海深圳证券交易所
注册地址:沈阳市浑南新区世纪路 1 号　办公地址:沈阳市和平区三好街 35 号
邮政编码:110004　电子信箱:zqb@shnd.sina.net

2.2 联系人和联系方式

董事会秘书:刘思生　联系地址:沈阳市和平区三好街 35 号
电话:024－23904434　传真:024－23993579
电子信箱:zqb@shnd.sina.net
证券事务代表:胡波　联系地址:沈阳市和平区三好街 35 号
电话:024－23904434　传真:024－23993579
电子信箱:zqb@shnd.sina.net

#### 2.会计数据和财务指标摘要

2.1 主要会计数据　单位:千元

| | 2002 年 | 2001 年 | 本年比上年增减(%) | 2000 年 |
|---|---|---|---|---|
| 主营业务收入 | 159,991 | 111,376 | 43.65% | 113,990 |
| 利润总额 | 60,883 | 2,196 | 2672.44% | －63.187 |
| 净利润 | 60,728 | 2,196 | 2665.39% | －63.187 |
| 扣除非经常性损益的净利润 | 58,349 | －4,581 | － | －43,045 |
| | 2002 年末 | 2001 年末 | 本年末比上年末增减(%) | 2000 年末 |
| 总资产 | 668,328 | 590,029 | 13.27% | 550,591 |
| 股东权益(不含少数股东权益) | 423,500 | 363,289 | 16.57% | 361,092 |
| 经营活动产生的现金流量净额 | 70,574 | －78,905 | － | －27,512 |

2.2 主要财务指标　单位:元

| | 2002 年 | 2001 年 | 本年比上年增减(%) | 2000 年 |
|---|---|---|---|---|
| 每股收益 | 0.32 | 0.01 | 3100% | －0.33 |
| 净资产收益率 | 14.32% | 0.60% | 2287% | －17.50% |
| 扣除非经常性损益的净利润为基础计算的净资产收益率 | 13.76% | －12.60% | － | －21.88% |
| 每股经营活动产生的现金流量净额 | 0.37 | －0.42 | － | －0.18 |
| | 2002 年末 | 2001 年末 | 本年末比上年末增减(%) | 2000 年末 |
| 每股净资产 | 2.2296 | 1.91 | 16.74% | 1.9 |
| 调整后的每股净资产 | 2.2243 | 1.91 | 16.46% | 1.78 |

## 600173 黑龙江省牡丹江新材料科技股份有限公司

### 二〇〇二年年度报告摘选

#### 1.上市公司基本情况简介

1.1 基本情况简介

股票简称:牡丹江　股票代码:600173　上市交易所:上海交易所
注册地址和办公地址:黑龙江省牡丹江市温春镇　邮政编码:157041
电子信箱:zixueyi@public.md.hl.cn

1.2 联系人和联系方式

董事会秘书:李红旗　联系地址:黑龙江省牡丹江市温春镇
电话:0453－6497427　传真:0453－6499002　电子信箱:zixueyi@public.md.hl.cn
证券事务代表:张慧　联系地址:黑龙江省牡丹江市温春镇
电话:0453－6497558　传真:0453－6499002　电子信箱:zixueyi@public.md.hl.cn

#### 2.会计数据和财务指标摘要

2.1 主要会计数据

| | 2002 年 | 2001 年 | 本年比上年增减(%) | 2000 年 |
|---|---|---|---|---|
| 主营业务收入 | 411,304,478.33 | 388,819,674.13 | ＋5.78 | 413,814,830.75 |
| 利润总额 | 7,045,788.02 | 42,947,168.40 | －83.59 | 47,474,676.63 |
| 净利润 | 3,331,290.30 | 37,027,512.00 | －91.00 | 37,174,951.17 |
| 扣除非经常性损益的净利润 | 9,778,859.29 | 34,151,991.58 | －71.37 | 57,973,132.22 |
| | 2002 年末 | 2001 年末 | 本年末比上年末增减(%) | 2000 年末 |
| 总资产 | 1,157,561,551.33 | 1,162,878,185.69 | －0.46 | 930,319,668.43 |
| 股东权益(不含少数股东权益) | 615,690,187.78 | 611,718,897.48 | ＋0.65 | 597,691,385.48 |
| 经营活动产生的现金流量净额 | －61,408,937.22 | 48,216,912.94 | | 3,239,131.04 |

2.2 主要财务指标

| | 2002 年 | 2001 年 | 本年比上年增减(%) | 2000 年 |
|---|---|---|---|---|
| 每股收益 | 0.014 | 0.161 | －91.30 | 0.162 |
| 净资产收益率(%) | 0.54 | 6.05 | －91.07 | 6.22 |
| 扣除非经常性损益的净利润为基础计算的净资产收益率(%) | 1.59 | 5.55 | －71.35 | 8.27 |
| 每股经营活动产生的现金流量净额 | －0.266 | 0.209 | | 0.014 |
| | 2002 年末 | 2001 年末 | 本年末比上年末增减(%) | 2000 年末 |
| 每股净资产 | 2.68 | 2.65 | ＋1.13 | 2.60 |
| 调整后的每股净资产 | 2.64 | 2.58 | ＋2.33 | 2.60 |

## 600177 雅戈尔集团股份有限公司

### 二〇〇二年年度报告摘选

#### 1.上市公司基本情况简介

1.1 基本情况简介

股票简称:雅戈尔　股票代码:600177　上市交易所:上海证券交易所
注册地址:浙江宁波雅戈尔大道 1 号　办公地址:浙江宁波鄞县大道西段 2 号
邮政编码:315153　电子信箱:ir@youngor.com.cn

1.2 联系人和联系方式

董事会秘书:刘新宇　联系地址:浙江宁波鄞县大道西段 2 号公司证券部
电话:0574－87425136　传真:0574－87425390　电子信箱:ir@youngor.com.cn
证券事务代表:金　松　联系地址:浙江宁波鄞县大道西段 2 号公司证券部
电话:0574－87425136　传真:0574－87425390　电子信箱:ir@youngor.com.cn

#### 2.会计数据和财务指标摘要

2.1 主要会计数据　单位:元

| | 2002 年 | 2001 年 | 本年比上年增减(%) | 2000 年 |
|---|---|---|---|---|
| 主营业务收入 | 2,471,202,430.59 | 1,751,468,482.36 | 41.09 | 1,405,697,801.95 |
| 利润总额 | 497,436,769.87 | 417,517,138.76 | 19.14 | 319,515,251.42 |
| 净利润 | 398,874,507.07 | 347,171,883.67 | 14.89 | 291,289,682.11 |
| 扣除非经常性损益的净利润 | 359,317,320.34 | 320,492,293.33 | 12.11 | 287,530,740.08 |
| | 2002 年末 | 2001 年末 | 本年末比上年末增减(%) | 2000 年末 |
| 总资产 | 5,324,674,055.00 | 3,298,264,448.07 | 61.44 | 2,436,174,789.71 |
| 股东权益(不含少数股东权益) | 2,151,133,109.51 | 1,871,194,090.72 | 14.96 | 1,642,497,374.85 |
| 经营活动产生的现金流量净额 | 742,195,671.99 | 330,669,754.43 | 124.45 | 211,940,898.67 |

2.2 主要财务指标　单位:元

| | 2002 年 | 2001 年 | 本年比上年增减(%) | 2000 年 |
|---|---|---|---|---|
| 每股收益 | 0.7021 | 0.6111 | 14.89 | 0.5127 |
| 净资产收益率 | 18.54% | 18.55% | －0.05 | 17.73% |
| 扣除非经常性损益的净利润为基础计算的净资产收益率 | 16.70% | 17.13% | －2.51 | 17.50% |
| 每股经营活动产生的现金流量净额 | 1.3065 | 0.5821 | 124.45 | 0.3731 |
| | 2002 年末 | 2001 年末 | 本年末比上年末增减(%) | 2000 年末 |
| 每股净资产 | 3.7866 | 3.2938 | 14.96 | 2.8912 |
| 调整后的每股净资产 | 3.7798 | 3.2841 | 15.09 | 2.8845 |

# 600219 山东南山实业股份有限公司

## 二〇〇二年年度报告摘选

### 1.上市公司基本情况简介

1.1 基本情况简介

股票简称:南山实业 股票代码:600219 上市交易所:上海证券交易所

注册地址:山东省龙口市东江镇前宋村 办公地址:山东省龙口市东江镇南山村

邮政编码:265718

公司国际互联网网址:WWW.nanshan.com.cn 电子信箱:Nanshan@public.ytptt.sd.cn

1.2 联系人和联系方式

董事会秘书:宋晓 联系地址:山东省龙口市东江镇南山村

电话:0535-8616188 传真:0535-8616188 电子信箱:nanshan@public.ytptt.sd.cn

证券事务代表:邢美敏 联系地址:山东省龙口市东江镇南山村

电话:0535-8616188 传真:0535-8616188 电子信箱:nanshan@public.ytptt.sd.cn

### 2.会计数据和财务指标摘要

2.1 主要会计数据

单位:元

| | 2002年 | 2001年 | 本年比上年增减(%) | 2000年 |
|---|---|---|---|---|
| 主营业务收入 | 1,156,946,733.22 | 1,034,029,861.60 | +11.89 | 918,811,533.43 |
| 利润总额 | 183,728,637.77 | 171,853,851.07 | +6.91 | 143,056,949.56 |
| 净利润 | 131,170,114.15 | 145,043,587.12 | -9.57 | 119,621,767.12 |
| 扣除非经常性损益的净利润 | 130,973,010.21 | 117,543,857.72 | +11.42 | 102,006,208.12 |
| | 2002年末 | 2001年末 | 本年末比上年末增减(%) | 2000年末 |
| 总资产 | 1,975,268,027.12 | 1,800,640,165.07 | +9.70 | 1,568,932,215.62 |
| 股东权益(不含少数股东权益) | 1,381,304,151.91 | 1,280,373,828.68 | +7.88 | 1,173,873,201.56 |
| 经营活动产生的现金流量净额 | 228,831,123.54 | 127,858,165.86 | +78.97 | 158,499,418.13 |

2.2 主要财务指标

| | 2002年 | 2001年 | 本年比上年增减(%) | 2000年 |
|---|---|---|---|---|
| 每股收益(元) | 0.51 | 0.56 | -8.93 | 0.47 |
| 净资产收益率(%) | 9.50 | 11.33 | -16.15 | 10.19 |
| 扣除非经常性损益的净利润为基础计算的净资产收益率(%) | 9.48 | 9.18 | +3.27 | 8.69 |
| 每股经营活动产生的现金流量净额(元) | 0.89 | 0.50 | +78.00 | 0.62 |
| | 2002年末 | 2001年末 | 本年末比上年末增减(%) | 2000年末 |
| 每股净资产(元) | 5.37 | 4.98 | +7.83 | 4.57 |
| 调整后的每股净资产(元) | 5.37 | 4.98 | +7.83 | 4.57 |

# 600220 江苏阳光股份有限公司

## 二〇〇二年年度报告摘选

### 1.上市公司基本情况简介

1.1 基本情况简介

股票简称:江苏阳光 股票代码:600220 上市交易所:上海证券交易所

注册地址和办公地址:江苏省江阴市新桥镇马嘶桥 邮政编码:214426

公司国际互联网网址:http://www.sunshine.com.cn 电子信箱:jsyg88@pub.wx.jsinfo.net

1.2 联系人和联系方式

董事会秘书:陈浩 联系地址:江苏省江阴市新桥镇

电话:(0510)6121688 传真:(0510)6121188 电子信箱:jsyg88@pub.wx.jsinfo.net

### 2.会计数据和财务指标摘要

2.1 主要会计数据 单位:人民币元

| | 2002年 | 2001年 | 本年比上年增减(%) | 2000年 |
|---|---|---|---|---|
| 主营业务收入 | 925,470,808.40 | 804,157,342.63 | 15.09 | 511,728,606.18 |
| 利润总额 | 178,963,596.19 | 160,606,672.35 | 11.43 | 143,052,937.87 |
| 净利润 | 134,901,642.15 | 126,233,557.94 | 6.87 | 119,693,603.45 |
| 扣除非经常性损益的净利润 | 134,824,044.79 | 126,303,797.10 | 6.75 | 143,052,937.87 |
| | 2002年末 | 2001年末 | 本年末比上年末增减(%) | 2000年末 |
| 总资产 | 2,693,878,806.85 | 1,439,366,015.14 | 87.16 | 1,334,796,918.56 |
| 股东权益(不含少数股东权益) | 1,404,745,537.32 | 1,279,820,666.83 | 9.76 | 1,170,832,812.13 |
| 经营活动产生的现金流量净额 | 160,938,507.29 | 130,977,141.08 | 22.88 | 101,932,490.24 |

2.2 主要财务指标 单位:人民币元

| | 2002年 | 2001年 | 本年比上年增减(%) | 2000年 |
|---|---|---|---|---|
| 每股收益 | 0.43 | 0.40 | 7.5 | 0.38 |
| 每股收益 | 0.43 | 0.40 | 7.5 | 0.38 |
| 净资产收益率(%) | 9.60 | 9.86 | -2.64 | 10.22 |
| 扣除非经常性损益的净利润为基础计算的净资产收益率(加权)% | 10.01 | 10.23 | -2.15 | 10.22 |
| 每股经营活动产生的现金流量净额 | 0.52 | 0.42 | 23.81 | 0.33 |
| | 2002年末 | 2001年末 | 本年末比上年末增减(%) | 2000年末 |
| 每股净资产 | 4.50 | 4.10 | 9.76 | 3.75 |
| 调整后的每股净资产 | 4.50 | 4.10 | 9.76 | 3.75 |

# 600232 浙江金鹰股份有限公司

## 二〇〇二年年度报告摘选

### 1.上市公司基本情况简介

1.1 基本情况简介

股票简称:金鹰股份 股票代码:600232 上市交易所:上海证券交易所

注册地址:浙江省舟山市定海区 办公地址:浙江省舟山市定海区小沙镇 邮政编码:316051

电子信箱:gecl@zsptt.zj.cn

1.2 联系人和联系方式

董事会秘书:焦康涛 联系地址:浙江省舟山市定海区小沙镇

电话:0580-8021228 传真:0580-8020228 电子信箱:jiaokt@vip.163.com

### 2.会计数据和财务指标摘要

2.1 主要会计数据(单位:元)

| | 2002年 | 2001年 | 本年比上年增减(%) | 2000年 |
|---|---|---|---|---|
| 主营业务收入 | 714,050,784.65 | 629,816,887.92 | 13.37 | 571,462,350.80 |
| 利润总额 | 93,272,140.39 | 66,956,833.67 | 39.3 | 62,383,269.66 |
| 净利润 | 64,756,208.42 | 53,911,184.59 | 20.12 | 46,522,817.15 |
| 扣除非经常性损益的净利润 | 62,923,458.68 | 47,656,046.32 | 32.04 | 47,001,647.32 |
| | 2002年末 | 2001年末 | 本年末比上年末增减(%) | 2000年末 |
| 总资产 | 849,921,838.93 | 816,359,588.48 | 4.11 | 713,401,150.74 |
| 股东权益(不含少数股东权益) | 476,965,298.97 | 434,229,867.17 | 9.84 | 402,218,954.77 |
| 经营活动产生的现金流量净额 | 48,381,273.06 | 38,482,336.54 | 25.72 | 58,549,933.78 |

2.2 主要财务指标(单位:元)

| | 2002年 | 2001年 | 本年比上年增减(%) | 2000年 |
|---|---|---|---|---|
| 每股收益 | 0.296 | 0.246 | 20.33 | 0.276 |
| 每股收益 | / | / | / | / |
| 净资产收益率 | 13.88 | 12.56 | 10.51 | 14.69 |
| 扣除非经常性损益的净利润为基础计算的净资产收益率 | 13.49 | 11.10 | 21.53 | 14.84 |
| 每股经营活动产生的现金流量净额 | 0.221 | 0.176 | 25.57 | 0.348 |
| | 2002年末 | 2001年末 | 本年末比上年末增减(%) | 2000年末 |
| 每股净资产 | 2.179 | 1.984 | 9.83 | 2.389 |
| 调整后的每股净资产 | 2.146 | 1.940 | 10.62 | 2.326 |

# 600233 大连大杨创世股份有限公司

## 二〇〇二年年度报告摘选

### 1.上市公司基本情况简介

1.1 基本情况简介

股票简称:大连创世 股票代码:600233 上市交易所:上海证券交易所

注册地址:大连市杨树房经济开发小区

办公地址:大连经济技术开发区哈尔滨路23号 邮政编码:116600

公司国际互联网网址:http://www.trands.com 电子信箱:cpct@trands.com

1.2 联系人和联系方式

董事会秘书:孙长丽 联系地址:大连经济技术开发区哈尔滨路23号

电话:0411-7610778 传真:0411-7622686 电子信箱:sunchangli@dayang.net

证券事务代表:徐振超 联系地址:大连经济技术开发区哈尔滨路23号

电话:0411-7610778 传真:0411-7622686 电子信箱:cpct@trands.com

### 2.会计数据和财务指标摘要

2.1 主要会计数据

| | 2002年 | 2001年 | 本年比上年增减(%) | 2000年 |
|---|---|---|---|---|
| 主营业务收入 | 354,960,208.04 | 297,481,562.42 | 19.32 | 288,800,491.20 |
| 利润总额 | 43,765,320.02 | 47,134,634.02 | -7.15 | 47,648,216.37 |
| 净利润 | 27,262,847.07 | 30,598,869.48 | -10.90 | 29,674,037.82 |
| 扣除非经常性损益的净利润 | 23,950,481.72 | 21,191,033.09 | 13.02 | 24,280,025.74 |
| | 2002年末 | 2001年末 | 本年末比上年末增减(%) | 2000年末 |
| 总资产 | 566,624,923.16 | 549,324,685.18 | 3.15 | 539,781,279.77 |
| 股东权益(不含少数股东权益) | 429,658,300.77 | 418,265,215.55 | 2.67 | 398,409,345.73 |
| 经营活动产生的现金流量净额 | 53,915,325.92 | -12,366,768.76 | - | -13,356,923.47 |

2.2 主要财务指标

| | 2002年 | 2001年 | 本年比上年增减(%) | 2000年 |
|---|---|---|---|---|
| 每股收益 | 0.17 | 0.28 | -39.29 | 0.27 |
| 扣除非经常性损益后每股收益 | 0.15 | 0.19 | -21.05 | 0.22 |
| 净资产收益率 | 6.35% | 7.31% | -13.13 | 7.45% |
| 扣除非经常性损益的净利润为基础计算的净资产收益率 | 5.57% | 5.06% | 10.08 | 6.09% |
| 每股经营活动产生的现金流量净额 | 0.33 | -0.11 | - | -0.12 |
| | 2002年末 | 2001年末 | 本年末比上年末增减(%) | 2000年末 |
| 每股净资产 | 2.60 | 3.80 | -31.58 | 3.62 |
| 调整后的每股净资产 | 2.57 | 3.75 | -31.47 | 3.58 |

## 600240 内蒙古仕奇实业股份有限公司

### 二〇〇二年年度报告摘选

#### 1.上市公司基本情况简介

1.1 基本情况简介

股票简称:仕奇实业　股票代码:600240　上市交易所:上海证券交易所

注册地址和办公地址:内蒙古呼和浩特市诺和木勒大街 54 号　邮政编码:010020

公司国际互联网网址:无　电子信箱:suixuejun@sohu.com

1.2 联系人和联系方式

董事会秘书:隋学军　联系地址:内蒙古呼和浩特市诺和木勒大街 54 号

电话:0471－5920636　传真:0471－5920337　电子信箱:suixuejun@sohu.com

#### 2.会计数据和财务指标摘要

2.1 主要会计数据

| | 2002 年 | 2001 年 | 本年比上年增减(%) | 2000 年 |
|---|---|---|---|---|
| 主营业务收入 | 56,526,715.22 | 88,355,625.54 | －36.02 | 232,617,886.12 |
| 利润总额 | －53,712,088.17 | 10,391,465.28 | | 59,400,240.48 |
| 净利润 | －53,770,208.27 | 5,110,797.56 | | 45,292,972.12 |
| 扣除非经常性损益的净利润 | －52,985,375.56 | －1,791,795.68 | －2857.11 | 45,695,285.14 |
| | 2002 年 | 2001 年 | 本年末比上年末增减(%) | 2000 年 |
| 总资产 | 755,102,233.70 | 844,237,919.57 | －10.56 | 1,012,645,651.97 |
| 股东权益(不含少数股东权益) | 671,637,207.17 | 725,302,283.16 | －7.40 | 746,401,969.29 |
| 经营活动产生的现金流量净额 | 101,694,084.75 | －175,164,929.21 | | 63,591,888.11 |

2.2 主要财务指标

| | 2002 年 | 2001 年 | 本年比上年增减(%) | 2000 年 |
|---|---|---|---|---|
| 每股收益 | －0.31 | 0.03 | | 0.26 |
| 净资产收益率 | －8.01% | 0.70% | | 6.07% |
| 扣除非经常性损益的净利润为基础计算的净资产收益率 | －7.89% | －0.25% | －30.56 | 0.34% |
| 每股经营活动产生的现金流量净额 | 0.58 | －1.00 | 158 | 0.36 |
| | 2002 年 | 2001 年 | 本年末比上年末增减(%) | 2000 年 |
| 每股净资产 | 3.84 | 4.15 | －7.47 | 4.27 |
| 调整后的每股净资产 | 3.84 | 4.14 | －7.25 | 4.12 |

## 600241 辽宁时代服装进出口股份有限公司

### 二〇〇二年年度报告摘选

#### 1.上市公司基本情况简介

1.1 基本情况简介

股票简称:辽宁时代　股票代码:600241　上市交易所:上海证券交易所

注册地址:大连市中山区港湾街 7 号　办公地址:大连市中山区港湾街 7 号时代大厦

邮政编码:116001

公司国际互联网网址:www.global.com/Intimes.co　电子信箱:Intimes@mail.dlptt.ln.cn

1.2 联系人和联系方式

董事会秘书:马雨　联系地址:大连市中山区港湾街 7 号时代大厦

电话:0411－2798051/2798001－8695　传真:0411－2798191　电子信箱:600241times@sina.com

#### 2.会计数据和财务指标摘要

2.1 主要会计数据

| 项目 | 2002 年 | 2001 年 | 本年比上年增减(%) | 2000 年 |
|---|---|---|---|---|
| 主营业务收入 | 1,619,012,536.81 | 1,363,036,869.49 | 18.78 | 1,033,812,437.32 |
| 利润总额 | 41,744,465.07 | 48,913,747.26 | －14.66 | 47,734,896.23 |
| 净利润 | 33,290,210.50 | 31,821,594.66 | 4.62 | 31,617,665.51 |
| 扣除非经常性损益的净利润 | 30,635,784.36 | 31,645,908.30 | －3.19 | 31,715,201.16 |
| 项目 | 2002 年末 | 2001 年末 | 本年末比上年末增减(%) | 2000 年末 |
| 总资产 | 669,387,238.69 | 619,483,000.48 | 8.06 | 617,069,314.91 |
| 股东权益(不含少数股东权益) | 403,548,608.99 | 381,855,352.86 | 5.68 | 346,936,349.85 |
| 经营活动产生的现金流量净额 | 17,634,651.56 | －26,531,998.45 | 166.47 | 56,349,219.59 |

2.2 主要财务指标

| 项目 | 2002 年 | 2001 年 | 本年比上年增减(%) | 2000 年 |
|---|---|---|---|---|
| 每股收益 | 0.31 | 0.30 | 3.33 | 0.30 |
| 每股收益 | 0.31 | 0.30 | 3.33 | 0.30 |
| 净资产收益率 | 8.25 | 8.33 | －0.96 | 9.11 |
| 扣除非经常性损益的净利润为基础计算的净资产收益率 | 7.59 | 8.29 | －8.44 | 9.14 |
| 每股经营活动产生的现金流量净额 | 0.17 | －0.25 | 168 | 0.53 |
| 项目 | 2002 年末 | 2001 年末 | 本年末比上年末增减(%) | 2000 年末 |
| 每股净资产 | 3.81 | 3.60 | 5.83 | 3.27 |
| 调整后的每股净资产 | 3.80 | 3.60 | 5.56 | 3.27 |

## 600259 海南兴业聚酯股份有限公司

### 二〇〇二年年度报告摘选

#### 1.上市公司基本情况简介

1.1 基本情况简介

股票简称:兴业聚酯　股票代码:600259　上市交易所:上海证券交易所

注册地址和办公地址:海南省海口市港澳工业区兴业路 19 号　邮政编码:570314

电子信箱:Odt－xy@163.com

1.2 联系人和联系方式

董事会秘书:欧大潭　联系地址:海南省海口市港澳工业区兴业路 19 号

电话:0898－68669470　传真:0898－68664045　电子信箱:Odt－xy@163.com

#### 2.会计数据和财务指标摘要

2.1 主要会计数据

| | 2002 年 | 2001 年 | 本年比上年增减(%) | 2000 年 |
|---|---|---|---|---|
| 主营业务收入 | 408,629,527.31 | 404,766,693.56 | 0.95 | 615,965,025.94 |
| 利润总额 | 2,323,906.18 | －37,712,909.11 | 106.16 | 47,271,622.55 |
| 净利润 | 2,278,600.92 | －37,813,635.73 | 106.03 | 43,209,398.49 |
| 扣除非经常性损益的净利润 | 2,278,600.92 | －37,815,835.73 | 106.03 | 30,740,086.63 |
| | 2002 年末 | 2001 年末 | 本年末比上年末增减(%) | 2000 年末 |
| 总资产 | 1,231,381,411.01 | 1,247,909,896.93 | －1.32 | 1,218,363,531.21 |
| 股东权益(不含少数股东权益) | 438,245,332.75 | 435,966,731.83 | 0.52 | 471,326,351.63 |
| 经营活动产生的现金流量净额 | －22,541,218.30 | 90,950,945.59 | －124.78 | 113,042,210.34 |

2.2 主要财务指标

| | 2002 年 | 2001 年 | 本年比上年增减(%) | 2000 年 |
|---|---|---|---|---|
| 每股收益 | 0.01 | －0.177 | 105.65 | 0.203 |
| 每股收益 * | 0.01 | －0.177 | 105.65 | 0.235 |
| 净资产收益率 | 0.52 | －8.67 | 106.00 | 9.17 |
| 扣除非经常性损益的净利润为基础计算的净资产收益率 | 0.52 | －8.67 | 106.00 | 6.52 |
| 每股经营活动产生的现金流量净额 | －0.11 | 0.43 | －125.58 | 0.53 |
| | 2002 年末 | 2001 年末 | 本年末比上年末增减(%) | 2000 年末 |
| 每股净资产 | 2.05 | 2.04 | 0.49 | 2.21 |
| 调整后的每股净资产 | 2.048 | 2.02 | 1.39 | 2.17 |

## 600272 上海开开实业股份有限公司

### 二〇〇二年年度报告摘选

#### 1.上市公司基本情况简介

1.1 基本情况简介

股票简称:开开实业、开开 B 股　股票代码:600272、900943　上市交易所:上海证券交易所

注册地址和办公地址:上海市万航渡路 888 号　邮政编码:200042

公司国际互联网网址:http://www.e－kaikai.com　电子信箱:Kaikaidm@public3.sta.net.cn

1.2 联系人和联系方式

董事会秘书:徐笑白　联系地址:上海市万航渡路 888 号董事会秘书室

电话:021－62127558　传真:021－62127558　电子信箱:Kaikaidm@public3.sta.net.cn

#### 2.会计数据和财务指标摘要

2.1 主要会计数据　单位:元

| | 2002 年 | 2001 年 | 本年比上年增减(%) | 2000 年 |
|---|---|---|---|---|
| 主营业务收入 | 1,688,875,980.55 | 1,114,928,182.95 | 51.48 | 573,862,663.15 |
| 利润总额 | 67,729,098.62 | 67,088,986.31 | 0.95 | 42,331,636.53 |
| 净利润 | 50,838,947.51 | 49,258,879.46 | 3.21 | 31,424,169.08 |
| 扣除非经常性损益的净利润 | 47,497,329.86 | 29,850,344.11 | 59.12 | 31,364,009.60 |
| | 2002 年末 | 2001 年末 | 本年末比上年末增减(%) | 2000 年末 |
| 总资产 | 2,007,745,919.06 | 1,937,176,968.26 | 3.64 | 947,477,454.77 |
| 股东权益(不含少数股东权益) | 839,593,222.51 | 808,696,925.83 | 3.82 | 368,150,479.89 |
| 经营活动产生的现金流量净额 | －5,982,753.71 | 70,518,321.55 | －108.48 | 193,183,533.50 |

2.2 主要财务指标　单位:元

| | 2002 年 | 2001 年 | 本年比上年增减(%) | 2000 年 |
|---|---|---|---|---|
| 每股收益 | 0.209 | 0.203 | 2.96 | 0.159 |
| 净资产收益率 | 6.055 | 6.091 | －0.59 | 8.536 |
| 扣除非经常性损益的净利润为基础计算的净资产收益率(%) | 5.807 | 3.987 | 45.65 | 8.712 |
| 每股经营活动产生的现金流量净额 | －0.025 | 0.292 | －108.56 | 0.976 |
| | 2002 年末 | 2001 年末 | 本年末比上年末增减(%) | 2000 年末 |
| 每股净资产 | 3.455 | 3.328 | 3.82 | 1.859 |
| 调整后的每股净资产 | 3.446 | 3.299 | 4.46 | 1.824 |

# 600295 内蒙古鄂尔多斯羊绒制品股份有限公司

## 二〇〇二年年度报告摘选

### 1.上市公司基本情况简介

1.1 基本情况简介

股票简称:鄂尔多斯、鄂绒 B 股 股票代码:600295、900936 上市交易所:上海证券交易所

注册地址和办公地址:内蒙古鄂尔多斯市东胜区达拉特南路 102 号 邮政编码:017000

公司国际互联网网址:http://www.chinaerdos.com 电子信箱:li_cj@chinaerdos.com

1.2 联系人和联系方式

董事会秘书:李成君 联系地址:内蒙古鄂尔多斯市东胜区达拉特南路 102 号

电话:0477 - 8543509 传真:0477 - 8523812 电子信箱:li_cj@chinaerdos.com

### 2.会计数据和财务指标摘要

2.1 主要会计数据 单位:人民币元

| | 2002 年 | 2001 年 | 本年比上年增减(%) | 2000 年 |
|---|---|---|---|---|
| 主营业务收入 | 2,215,020,454 | 2,427,947,819 | - 8.77% | 1,821,818,156 |
| 利润总额 | 217,610,631 | 318,819,762 | - 31.74% | 320,291,179 |
| 净利润 | 162,418,220 | 230,683,893 | - 29.59% | 206,399,189 |
| 扣除非经常性损益的净利润 | 161,692,916 | 227,844,418 | - 29.03 | 206,399,189 |
| | 2002 年末 | 2001 年末 | 本年末比上年末增减(%) | 2000 年末 |
| 总资产 | 4,750,413,573 | 3,822,641,577 | 27.27% | 3,401,631,873 |
| 股东权益(不含少数股东权益) | 2,937,638,692 | 2,924,460,472 | 0.45% | 1,562,444,253 |
| 经营活动产生的现金流量净额 | - 48,733,752 | 44,891,641 | - 209% | - 255,578,755 |

2.2 主要财务指标

| | 2002 年 | 2001 年 | 本年比上年增减(%) | 2000 年 |
|---|---|---|---|---|
| 每股收益(元) | 0.31 | 0.45 | - 31.11% | 0.47 |
| 净资产收益率 | 5.53% | 7.89% | - 29.93% | 13.21% |
| 扣除非经常性损益的净利润为基础计算的净资产收益率 | 5.38% | 8.65% | - 3.27% | 12.77% |
| 每股经营活动产生的现金流量净额(元) | - 0.09 | 0.09 | - 205% | - 0.59 |
| | 2002 年末 | 2001 年末 | 本年末比上年末增减(%) | 2000 年末 |
| 每股净资产(元) | 5.69 | 5.67 | 0.41% | 3.58 |
| 调整后的每股净资产(元) | 5.67 | 5.64 | 0.51% | 3.55 |

# 600381 青海白唇鹿股份有限公司

## 二〇〇二年年度报告摘选

### 1.上市公司基本情况简介

1.1 基本情况简介

股票简称:白唇鹿 股票代码:600381 上市交易所:上海证券交易所

注册地址:青海省西宁市小桥大街 36 号 办公地址:青海省西宁市团结桥路 53 号

邮政编码:810015

公司国际互联网网址:http://www.qhbcl.com 电子信箱:qhbcl@qhbcl.com

1.2 联系人和联系方式

董事会秘书:李喆 联系地址:青海省西宁市团结桥路 53 号

电话:(0971)8018897 传真:(0971)8566293 电子信箱:bcllizhe@163.com

证券事务代表:张霄雁 联系地址:青海省西宁市团结桥路 53 号

电话:(0971)8566293 传真:(0971)8018897 电子信箱:bclzxy@163.com

### 2.会计数据和财务指标摘要

2.1 主要会计数据

| | 2002 年 | 2001 年 | 本年比上年增减(%) | 2000 年 |
|---|---|---|---|---|
| 主营业务收入 | 303,165,426.82 | 142,992,748.03 | 112.01% | 104,294,586.44 |
| 利润总额 | 26,487,050.61 | 22,096,426.43 | 19.87% | 18,098,671.75 |
| 净利润 | 20,658,305.97 | 18,043,030.68 | 14.49% | 12,975,898.85 |
| 扣除非经常性损益的净利润 | 23,358,331.55 | 18,099,416.58 | 29.06% | 14,363,368.86 |
| | 2002 年末 | 2001 年末 | 本年末比上年末增减(%) | 2000 年末 |
| 总资产 | 767,690,182.47 | 596,254,273.88 | 28.75% | 293,935,039.77 |
| 股东权益(不含少数股东权益) | 339,003,615.37 | 325,825,309.40 | 4.04% | 102,547,984.77 |
| 经营活动产生的现金流量净额 | 15,539,201.80 | - 10,643,766.66 | 245.99% | 4,519,366.85 |

2.2 主要财务指标

| | 2002 年 | 2001 年 | 本年比上年增减(%) | 2000 年 |
|---|---|---|---|---|
| 每股收益 | 0.1878 | 0.1640 | 14.51% | 0.1730 |
| 净资产收益率 | 6.09% | 5.54% | 9.93% | 12.65% |
| 扣除非经常性损益的净利润为基础计算的加权净资产收益率 | 6.95% | 7.15% | - 2.80% | 13.61% |
| 每股经营活动产生的现金流量净额 | 0.14 | - 0.09 | 255.56% | 0.06 |
| | 2002 年末 | 2001 年末 | 本年末比上年末增减(%) | 2000 年末 |
| 每股净资产 | 3.08 | 2.96 | 4.05% | 1.37 |
| 调整后的每股净资产 | 2.95 | 2.94 | 0.34% | 1.36 |

# 600398 凯诺科技股份有限公司

## 二〇〇二年年度报告摘选

### 1.上市公司基本情况简介

1.1 基本情况简介

股票简称:凯诺科技 股票代码:600398 上市交易所:上海证券交易所

注册地址和办公地址:江苏省江阴市新桥镇 邮政编码:214426

公司国际互联网网址:http://www.cstco.com.cn 电子信箱:security@cstco.com.cn

1.2 联系人和联系方式

董事会秘书:赵志强 联系地址:江苏省江阴市新桥镇

电话:(0510)6121388 - 3188 传真:(0510)6126877 电子信箱:security@cstco.com.cn

证券事务代表:张鸿飞 联系地址:江苏省江阴市新桥镇

电话:(0510)6121388 - 3001 传真:(0510)6126877 电子信箱:stock88@sohu.com

### 2.会计数据和财务指标摘要

2.1 主要会计数据

| | 2002 年 | 2001 年 | 本年比上年增减(%) | 2000 年 |
|---|---|---|---|---|
| 主营业务收入 | 583470082.49 | 421605255.47 | 38.39% | 260284670.97 |
| 利润总额 | 122046301.20 | 82925366.09 | 47.18% | 54446293.84 |
| 净利润 | 85835473.84 | 68763930.34 | 24.83% | 33724545.73 |
| 扣除非经常性损益的净利润 | 84921458.16 | 68697952.84 | 23.62% | 32094615.52 |
| | 2002 年末 | 2001 年末 | 本年末比上年末增减(%) | 2000 年末 |
| 总资产 | 1015016745.10 | 970233557.14 | 4.62% | 783484091.87 |
| 股东权益(不含少数股东权益) | 683476900.81 | 597641426.97 | 14.36% | 527792490.63 |
| 经营活动产生的现金流量净额 | 14998854.06 | 37756936.90 | - 60.27% | 108302420.10 |

2.2 主要财务指标

| | 2002 年 | 2001 年 | 本年比上年增减(%) | 2000 年 |
|---|---|---|---|---|
| 每股收益 | 0.40 | 0.42 | - 4.76% | 0.35 |
| 每股收益 | | | 0.40 | |
| 净资产收益率 | 12.56% | 11.51% | 9.12% | 6.39 |
| 扣除非经常性损益的净利润为基础计算的净资产收益率 | 12.54% | 11.49% | 9.14% | 6.08 |
| 每股经营活动产生的现金流量净额 | 0.07 | 0.23 | - 69.57% | 1.12 |
| | 2002 年末 | 2001 年末 | 本年末比上年末增减(%) | 2000 年末 |
| 每股净资产 | 3.20 | 3.64 | - 12.09% | 5.46 |
| 调整后的每股净资产 | 3.20 | 3.64 | - 12.09% | 5.46 |

# 600400 江苏红豆实业股份有限公司

## 二〇〇二年年度报告摘选

### 1.上市公司基本情况简介

1.1 基本情况简介

股票简称:红豆股份 股票代码:600400 上市交易所:上海证券交易所

注册地址和办公地址:江苏省无锡市锡山区港下镇 邮政编码:214199

公司国际互联网网址:http://www.hongdou.com.cn 电子信箱:hongdou@hongdou.com.cn

1.2 联系人和联系方式

董事会秘书:蒋雄伟 联系地址:江苏省无锡市锡山区港下镇

电话:0510 - 8761888 - 8278 传真:0510 - 8350139 电子信箱:jxw@publicl.wx.js.cn

证券事务代表:孟晓平 联系地址:江苏省无锡市锡山区港下镇

电话:0510 - 8761888 - 8422 传真:0510 - 8350139 电子信箱:hongdou@hongdou.com.cn

### 2.会计数据和财务指标摘要

2.1 主要会计数据

| | 2002 年 | 2001 年 | 本年比上年增减(%) | 2000 年 |
|---|---|---|---|---|
| 主营业务收入 | 625,342,980.16 | 457,048,255.19 | 36.82 | 378,825,211.21 |
| 利润总额 | 87,520,621.23 | 75,274,892.32 | 16.27 | 71,994,642.88 |
| 净利润 | 66,638,026.21 | 56,491,430.53 | 17.96 | 48,021,679.39 |
| 扣除非经常性损益的净利润 | 62,980,211.22 | 51,267,174.05 | 22.85 | 48,398,673.78 |
| | 2002 年末 | 2001 年末 | 本年末比上年末增减(%) | 2000 年末 |
| 总资产 | 1,154,538,759.36 | 766,994,140.96 | 50.53 | 716,309,956.30 |
| 股东权益(不含少数股东权益) | 629,350,318.40 | 580,648,897.84 | 8.39 | 536,607,504.94 |
| 经营活动产生的现金流量净额 | - 224,012,027.01 | 67,782,364.27 | - | 72,247,850.14 |

2.2 主要财务指标

| | 2002 年 | 2001 年 | 本年比上年增减(%) | 2000 年 |
|---|---|---|---|---|
| 每股收益(摊薄) | 0.37 | 0.31 | 19.35 | 0.27 |
| 每股收益 | 0.37 | 0.31 | 19.35 | 0.27 |
| 净资产收益率(加权) | 10.85 | 10.00 | 8.5 | 9.05 |
| 扣除非经常性损益的净利润为基础计算的净资产收益率(加权) | 10.29 | 9.12 | 12.83 | 29.44 |
| 每股经营活动产生的现金流量净额 | - 1.25 | 0.38 | - | 0.40 |
| | 2002 年末 | 2001 年末 | 本年末比上年末增减(%) | 2000 年末 |
| 每股净资产 | 3.51 | 3.23 | 8.67 | 2.99 |
| 调整后的每股净资产 | 3.50 | 3.23 | 8.36 | 2.99 |

# 600448 华纺股份有限公司

## 二〇〇二年年度报告摘选

### 1.上市公司基本情况简介

1.1 基本情况简介

股票简称:华纺股份　股票代码:600448　上市交易所:上海证券交易所

注册地址和办公地址:山东省滨州市黄河二路 819 号　邮政编码:256617

公司国际互联网网址:http://www.huafangcn.com　电子信箱:postmaster@huafangcn.com

1.2 联系人和联系方式

董事会秘书:苏恒湖　联系地址:山东省滨州市黄河二路 819 号

电话:0543－3288255　传真:0543－3288555　电子信箱:henghu@huafangcn.com

### 2.会计数据和财务指标摘要

2.1 主要会计数据

| | 2002 年 | 2001 年 | | 本年比上年增减(%) | 2000 年 | |
|---|---|---|---|---|---|---|
| | | 调整后 | 调整前 | | 调整后 | 调整前 |
| 主营业务收入 | 1,126,120,027.56 | 1,010,885,329.11 | 1,010,885,329.11 | 11.40% | 1,041,366,410.10 | 1,041,366,410.10 |
| 利润总额 | －47,513,453.52 | 35,936,483.10 | 41,370,793.03 | －232.22% | 52,874,147.47 | 52,168,699.89 |
| 净利润 | －47,182,070.24 | 22,816,122.62 | 28,405,351.40 | －306.79% | 33,600,876.37 | 33,990,980.67 |
| 扣除非经常性损益的净利润 | －37,687,338.68 | 15,431,215.55 | 21,020,444.33 | －344.23% | 30,254,226.37 | 30,644,330.67 |
| | 2002 年末 | 2001 年末 | | 本年末比上年增减(%) | 2000 年末 | |
| | | 调整后 | 调整前 | | 调整后 | 调整前 |
| 总资产 | 1,229,248,664.19 | 1,289,880,042.71 | 1,307,776,490.81 | －4.70% | 818,451,764.67 | 821,192,799.61 |
| 股东权益(不含少数股东权益) | 677,620,602.13 | 729,577,392.40 | 764,106,445.15 | －7.12% | 267,641,953.10 | 270,129,974.68 |
| 经营活动产生的现金流量净额 | 107,550.67 | 37,845,854.62 | 37,845,854.62 | －99.72% | －11,824,269.30 | －11,824,269.30 |

2.2 主要财务指标

| | 2002 年 | 2001 年 | | 本年比上年末增减(%) | 2000 年 | |
|---|---|---|---|---|---|---|
| | | 调整后 | 调整前 | | 调整后 | 调整前 |
| 每股收益 | －0.19 | 0.09 | 0.12 | －311.11% | 0.21 | 0.21 |
| 净资产收益率 | －0.07 | 0.05 | 0.07 | －240% | 0.13 | 0.13 |
| 扣除非经常性损益后的净利润为基础计算的净资产收益率 | －0.06 | 0.04 | 0.05 | －250% | 0.11 | 0.11 |
| 每股经营活动产生的现金流量净额 | 0 | 0.15 | 0.15 | －100% | －0.07 | －0.07 |
| | 2002 年末 | 2001 年末 | | 本年末比上年末增减(%) | 2000 年末 | |
| | | 调整后 | 调整前 | | 调整后 | 调整前 |
| 每股净资产 | 2.77 | 2.98 | 3.12 | －7.05% | 1.69 | 1.69 |
| 调整后的每股净资产 | 2.74 | 2.95 | 3.09 | －7.12% | 1.64 | 1.64 |

# 600510 黑牡丹(集团)股份有限公司

## 二〇〇二年年度报告摘选

### 1.上市公司基本情况简介

1.1 基本情况简介

股票简称:黑牡丹　股票代码:600510　上市交易所:上海证券交易所

注册地址和办公地址:江苏省常州市和平南路 47 号　邮政编码:213001

公司国际互联网网址:http://www.blackpeony.com　电子信箱:blackpeony@public.cz.js.cn

1.2 联系人和联系方式

董事会秘书:戈亚芳　联系地址:江苏省常州市和平南路 47 号

电话:(0519)8166510　传真:(0519)8109996　电子信箱:yafge@chinadenim.com

证券事务代表:衡全芳　联系地址:江苏省常州市和平南路 47 号

电话:(0519)8112208　传真:(0519)8109996　电子信箱:hengy@chinadenim.com

### 2.会计数据和财务指标摘要

2.1 主要会计数据　单位:人民币元

| | 2002 年 | 2001 年 | 本年比上年增减(%) | 2000 年 |
|---|---|---|---|---|
| 主营业务收入 | 1,007,012,726.96 | 880,650,576.27 | 14.35 | 878,579,372.38 |
| 利润总额 | 186,463,184.38 | 133,324,544.22 | 39.86 | 83,273,178.18 |
| 净利润 | 125,892,059.27 | 87,049,312.60 | 44.62 | 62,681,500.44 |
| 扣除非经常性损益的净利润 | 126,671,928.05 | 82,871,805.34 | 52.85 | 62,064,956.12 |
| | 2002 年末 | 2001 年末 | 本年末比上年末增减(%) | 2000 年末 |
| 总资产 | 1,165,808,199.51 | 761,415,180.30 | 53.11 | 730,666,775.28 |
| 股东权益(不含少数股东权益) | 810,891,882.52 | 223,424,104.97 | 262.94 | 243,591,159.53 |
| 经营活动产生的现金流量净额 | 116,065,187.01 | 80,257,481.63 | 44.62 | 32,358,524.87 |

2.2 主要财务指标

| | 2002 年 | 2001 年 | 本年比上年增减(%) | 2000 年 |
|---|---|---|---|---|
| 每股收益(元/股) | 0.86 | 0.81 | 6.17 | 0.58 |
| 净资产收益率(%) | 14.24 | 38.96 | －63.45 | 25.73 |
| 扣除非经常性损益的净利润为基础计算的净资产收益率(%) | 14.33 | 37.09 | －61.36 | 25.48 |
| 每股经营活动产生的现金流量净额(元) | 0.79 | 0.74 | 6.76 | 0.30 |
| | 2002 年末 | 2001 年末 | 本年末比上年末增减(%) | 2000 年末 |
| 每股净资产(元/股) | 6.05 | 2.07 | 192.27 | 2.25 |
| 调整后的每股净资产(元/股) | 6.05 | 2.06 | 193.69 | 2.24 |

# 600555 上海茉织华股份有限公司

## 二〇〇二年年度报告摘选

### 1.上市公司基本情况简介

1.1 基本情况简介

股票简称:茉织华、茉织华 B　股票代码:600555、900955　上市交易所:上海证券交易所

注册地址和办公地址:上海市南京西路 1266 号 63 楼　邮政编码:200040

公司国际互联网网址:HTTP://WWW.MATSUOKA.COM.CN

电子信箱:MATSUOKA@PUBLIC2.STA.NET.CN

1.2 联系人和联系方式

董事会秘书:汪为民　联系地址:上海市南京西路 1266 号 63 楼

电话:021－62883080　传真:021－62883886

电子信箱:MATSUOKA@PUBLIC2.STA.NET.CN

证券事务代表:沈琨　联系地址:上海市南京西路 1266 号 63 楼

电话:021－62883080　传真:021－62883886

电子信箱:MATSUOKA@PUBLIC2.STA.NET.CN

### 2.会计数据和财务指标摘要

2.1 主要会计数据　单位:人民币千元

| | 2002 年 | 2001 年 | 本年比上年增减(%) | 2000 年 |
|---|---|---|---|---|
| 主营业务收入 | 1,688,343 | 1,894,760 | －10.89 | 1,394,240 |
| 利润总额 | 171,687 | 256,479 | －33.06 | 229,556 |
| 净利润 | 121,987 | 208,354 | －41.45 | 185,171 |
| 扣除非经常性损益的净利润 | 120,264 | 208,732 | －42.38 | 180,610 |
| | 2002 年末 | 2001 年末 | 本年末比上年末增减(%) | 2000 年末 |
| 总资产 | 3,420,500 | 2,551,842 | 34.04 | 1,815,814 |
| 股东权益(不含少数股东权益) | 2,118,333 | 2,061,521 | 2.76 | 653,081 |
| 经营活动产生的现金流量净额 | 162,767 | 220,969 | －26.34 | 198,043 |

2.2 主要财务指标　单位:人民币元

| | 2002 年 | 2001 年 | 本年比上年增减(%) | 2000 年 |
|---|---|---|---|---|
| 每股收益 | 0.28 | 0.48 | －41.67 | 0.52 |
| 每股收益(加权) | 0.28 | 0.48 | －41.67 | 0.52 |
| 净资产收益率 | 5.76% | 10.10% | －42.97 | 28.4% |
| 扣除非经常性损益的净利润为基础计算的净资产收益率 | 5.68% | 10.00% | －43.2 | 25.3% |
| 每股经营活动产生的现金流量净额 | 0.37 | 0.51 | －27.45 | 0.56 |
| | 2002 年末 | 2001 年末 | 本年末比上年末增减(%) | 2000 年末 |
| 每股净资产 | 4.88 | 4.74 | 2.95 | 1.85 |
| 调整后的每股净资产 | 4.87 | 4.74 | 2.74 | 1.84 |

# 600626 上海申达股份有限公司

## 二〇〇二年年度报告摘选

### 1.上市公司基本情况简介

1.1 基本情况简介

股票简称:申达股份　股票代码:600626　上市交易所:上海证券交易所

注册地址:上海市浦东南路 3888 号　办公地址:上海市武宁南路 448 号申达大厦

邮政编码:200042

公司国际互联网网址:http://www.cnshenda.com.cn　电子信箱:shenda@public1.sta.net.cn

1.2 联系人和联系方式

董事会秘书:玛天羽　联系地址:上海市武宁南路 448 号申达大厦

电话:62319898　传真:62317250　电子信箱:brucema@shenda.com.cn

证券事务代表:张志粱　联系地址:上海市武宁南路 448 号申达大厦

电话:62319898　传真:62317250

### 2.会计数据和财务指标摘要

2.1 主要会计数据　(单位:人民币元)

| | 2002 年 | 2001 年 | 本年比上年增减(%) | 2000 年 |
|---|---|---|---|---|
| 主营业务收入 | 3,842,393,591.92 | 3,125,233,764.67 | 22.95% | 2,805,826,560.81 |
| 利润总额 | 181,372,518.31 | 180,795,653.15 | 0.32% | 132,467,924.51 |
| 净利润 | 134,318,442.79 | 143,786,987.43 | －6.58% | 105,917,128.25 |
| 扣除非经常性损益的净利润 | 120,760,793.17 | 135,192,912.41 | －10.68% | 108,328,075.46 |
| | 2002 年末 | 2001 年末 | 本年末比上年末增减(%) | 2000 年末 |
| 总资产 | 2,729,925,092.78 | 2,274,702,411.70 | 20.01% | 2,222,264,046.31 |
| 股东权益 | 1,269,681,876.49 | 1,192,559,364.28 | 6.47% | 867,320,332.64 |
| 经营活动产生的现金流量净额 | 217,939,793.23 | 144,555,020.31 | 50.76% | 71,435,408.77 |

2.2 主要财务指标　单位:(人民币元)

| | 2002 年 | 2001 年 | 本年比上年增减(%) | 2000 年 |
|---|---|---|---|---|
| 每股收益 | 0.397 | 0.425 | －6.59% | 0.348 |
| 净资产收益率 | 10.58% | 12.05% | －12.19% | 12.21% |
| 扣除非经常性损益的净利润为基础计算的净资产收益率 | 9.08 | 12.07% | －24.77% | 12.65% |
| 每股经营活动产生的现金流量净额 | 0.644 | 0.42 | 50.82% | 0.23 |
| | 2002 年末 | 2001 年末 | 本年末比上年末增减(%) | 2000 年末 |
| 每股净资产 | 3.75 | 3.53 | 6.23% | 2.85 |
| 调整后的每股净资产 | 3.70 | 3.48 | 6.32% | 2.78 |

# 600630 上海龙头(集团)股份有限公司

## 二〇〇二年年度报告摘选

### 1.上市公司基本情况简介

1.1 基本情况简介

股票简称:龙头股份 股票代码:600630 上市交易所:上海证券交易所

注册地址:上海市浦东南路 360 号新上海国际大厦

办公地址:上海市肇嘉浜路 736 号 邮政编码:200030

公司国际互联网网址:http://www.shanghaidragon.com.cn

电子信箱:longtou@shanghaidragon.com.cn

1.2 联系人和联系方式

董事会秘书:周燕敏 联系地址:上海市肇嘉浜路 736 号

电话:021-34061116 传真:021-54666630 电子信箱:ltdsh@shanghaidragon.com.cn

证券事务代表:何徐琳 联系地址:上海市肇嘉浜路 736 号

电话:021-34061116 传真:021-54666630 电子信箱:ltdsh@shanghaidragon.com.cn

### 2.会计数据和财务指标摘要

2.1 主要会计数据 金额单位:人民币元

| | 2002 年 | 2001 年 | 本年比上年增减(%) | 2000 年 |
|---|---|---|---|---|
| 主营业务收入 | 2,240,965,657.78 | 2,078,799,708.39 | 7.80 | 1,947,984,428.35 |
| 利润总额 | 64,231,089.62 | 109,308,854.08 | -41.24 | 159,498,926.27 |
| 净利润 | 50,488,276.40 | 96,795,823.28 | -47.84 | 134,438,825.95 |
| 扣除非经常性损益的净利润 | 50,012,842.32 | 96,697,794.99 | -48.28 | 149,912,497.79 |
| 总资产 | 4,299,107,623.81 | 4,388,543,314.03 | -2.04 | 3,781,985,370.60 |
| 股东权益(不含少数股东权益) | 1,651,656,857.34 | 1,625,659,426.99 | 1.60 | 1,102,263,337.10 |
| 经营活动产生的现金流量净额 | -56,153,318.75 | 3,764,283.26 | -1591.74 | 154,483,888.42 |

注:当年应收出口退税 13800 万元,而上年为 6094 万元,经营活动现金流入影响增加 7706 万元。退税质押贷款的获取,体现在筹资活动内。

2.2 主要财务指标 金额单位:人民币元

| | 2002 年 | 2001 年 | 本年比上年增减(%) | 2000 年 |
|---|---|---|---|---|
| 每股收益 | 0.119 | 0.228 | -47.81 | 0.358 |
| 净资产收益率 | 3.057 | 5.954 | -48.66 | 12.197 |
| 扣除非经常性损益的净利润为基础计算的净资产收益率 | 3.028 | 5.948 | -49.09 | 13.600 |
| 每股经营活动产生的现金流量净额 | -0.132 | 0.009 | -1566.67 | 0.412 |
| 每股净资产 | 3.888 | 3.826 | 1.62 | 2.938 |
| 调整后的每股净资产 | 3.645 | 3.453 | 5.56 | 2.430 |

# 600645 上海望春花(集团)股份有限公司

## 二〇〇二年年度报告摘选

### 1.上市公司基本情况简介

1.1 基本情况简介

股票简称:望春花 股票代码:600645 上市交易所:上海证券交易所

注册地址和办公地址:上海市长宁区北翟路 1168 号 邮政编码:200335

公司国际互联网网址:http://www.met-china.com 电子信箱:wchh600645@163.com

1.2 联系人和联系方式

董事会秘书:佟心 联系地址:上海市长宁区北翟路 1168 号

电话:021-52171679 传真:021-52600580 电子信箱:wchh600645@163.com

证券事务代表:程晓萍 联系地址:上海市长宁区北翟路 1168 号

电话:021-52171679 传真:021-52600580 电子信箱:wchh600645@163.com

### 2.会计数据和财务指标摘要

2.1 主要会计数据

| | 2002 年 | 2001 年 | 本年比上年增减(%) | 2000 年 |
|---|---|---|---|---|
| 主营业务收入 | 311,305,796.97 | 296,054,213.91 | 5.15 | 200,936,590.60 |
| 利润总额 | -56,911,808.39 | 10,378,233.51 | -648.37 | 55,196,617.32 |
| 净利润 | -62,511,429.98 | 2,525,687.33 | -2575.02 | |
| 扣除非经常性损益的净利润 | -60,621,055.85 | 4,531,428.54 | 1377.30 | 35,905,660.59 |
| | 2002 年末 | 2001 年末 | 本年末比上年末增减(%) | 2000 年末 |
| 总资产 | 567,416,407.21 | 781,364,485.82 | -38.32 | 619,070,292.50 |
| 股东权益(不含少数股东权益) | 302,215,442.88 | 360544549.32 | -16.19 | 364,117,640.34 |
| 经营活动产生的现金流量净额 | -14,749,900.81 | -68,836,095.46 | 78.57 | 31,707,538.04 |

2.2 主要财务指标

| | 2002 年 | 2001 年 | 本年比上年增减(%) | 2000 年 |
|---|---|---|---|---|
| 每股收益 | -0.2500 | 0.010 | -2600 | 0.116 |
| 每股收益注 2 | -0.2500 | 0.010 | -2600 | 0.116 |
| 净资产收益率 | -20.68 | 0.701 | -3050.07 | 4.97 |
| 扣除非经常性损益的净利润为基础计算的净资产收益率 | -18.41 | 1.242 | -1572.62 | 1.81 |
| 每股经营活动产生的现金流量净额 | -0.059 | -0.275 | 78.54 | 0.203 |
| | 2002 年末 | 2001 年末 | 本年末比上年末增减(%) | 2000 年末 |
| 每股净资产 | 1.208 | 1.442 | -16.22 | 2.330 |
| 调整后的每股净资产 | 1.085 | 1.327 | 18.61 | 2.176 |

# 600677 航天通信控股集团股份有限公司

## 二〇〇二年年度报告摘选

### 1.上市公司基本情况简介

1.1 基本情况简介

股票简称:航天通信 股票代码:600677 上市交易所:上海证券交易所

注册地址和办公地址:浙江省杭州市解放路 138 号纺织服装大楼二号楼 邮政编码:310009

电子信箱:zhonghui@mail.hz.zj.cn

1.2 联系人和联系方式

董事会秘书:丛培育 联系地址:浙江省杭州市解放路 138 号纺织服装大楼二号楼

电话:0571-87034676 传真:0571-87077662 电子信箱:zhonghui@mail.hz.zj.cn

证券事务代表联系地址:浙江省杭州市解放路 138 号纺织服装大楼二号楼

电话:0571-87079526 传真:0571-87077662 电子信箱:zhonghui@mail.hz.zj.cn

### 2.会计数据和财务指标摘要

2.1 主要会计数据 单位:万元

| | 2002 年 | 2001 年 | 本年比上年增减(%) | 2000 年 |
|---|---|---|---|---|
| 主营业务收入 | 183527.80 | 159694.13 | 14.92 | 157064.85 |
| 利润总额 | 3431.62 | 4562.29 | -24.78 | 10879.91 |
| 净利润 | 654.00 | 2994.78 | -78.16 | 7469.70 |
| 扣除非经常性损益的净利润 | 871.12 | 1830.37 | -52.41 | 6877.56 |
| | 2002 年末 | 2001 年末 | 本年末比上年末增减(%) | 2000 年末 |
| 总资产 | 199835.52 | 187427.75 | 6.62 | 153701.51 |
| 股东权益(不含少数股东权益) | 50853.08 | 49746.15 | 2.23 | 49390.45 |
| 经营活动产生的现金流量净额 | 14372.88 | 5111.93 | 181.16 | 9954.01 |

2.2 主要财务指标

| | 2002 年 | 2001 年 | 本年比上年增减(%) | 2000 年 |
|---|---|---|---|---|
| 每股收益 | 0.0201 | 0.0918 | -78.10 | 0.229 |
| 每股收益 | 0.0201 | 0.0918 | -78.10 | 0.229 |
| 净资产收益率 | 1.286 | 6.02 | -78.64 | 15.12 |
| 扣除非经常性损益的净利润为基础计算的净资产收益率 | 1.732 | 3.69 | -52.81 | 11.27 |
| 每股经营活动产生的现金流量净额 | 0.4407 | 0.1567 | 181.24 | 0.305 |
| | 2002 年末 | 2001 年末 | 本年末比上年末增减(%) | 2000 年末 |
| 每股净资产 | 1.559 | 1.525 | 2.23 | 1.514 |
| 调整后的每股净资产 | 1.3998 | 1.315 | 6.45 | 1.33 |

# 600689 上海三毛纺织股份有限公司

## 二〇〇二年年度报告摘选

### 1.上市公司基本情况简介

1.1 基本情况简介

股票简称:上海三毛 股票代码:600689 上市交易所:上海证券交易所

注册地址:浦东大道 1476 号 办公地址:斜土路 791 号 邮政编码:200023

公司国际互联网网址:http://www.sse.com.cn 电子信箱:sanmao@public6.sta.net.cn

1.2 联系人和联系方式

董事会秘书:张黎芳 联系地址:斜土路 791 号

电话:021-63059496 传真:021-53011939 电子信箱:Zhang-1@citiz.net

### 2.会计数据和财务指标摘要

2.1 主要会计数据

| | 2002 年 | 2001 年 | 本年比上年增减(%) | 2000 年 |
|---|---|---|---|---|
| 主营业务收入 | 939210617.61 | 680703472.01 | 37.98 | 663984616.54 |
| 利润总额 | 2782191.00 | -3061383.44 | | 55154686.80 |
| 净利润 | 5216932.86 | 1979410.07 | 163.56 | 46369736.24 |
| 扣除非经常性损益的净利润 | 1969056.29 | 926767.07 | 112.47 | -13899017.19 |
| | 2002 年末 | 2001 年末 | 本年末比上年末增减(%) | 2000 年末 |
| 总资产 | 1371264274.20 | 1108708823.45 | 23.68 | 979312624.99 |
| 股东权益(不含少数股东权益) | 505438104.64 | 485674075.80 | 4.07 | 486720773.88 |
| 经营活动产生的现金流量净额 | -47774132.12 | 18928779.71 | | 45087948.10 |

2.2 主要财务指标

| | 2002 年 | 2001 年 | 本年比上年增减(%) | 2000 年 |
|---|---|---|---|---|
| 每股收益 | 0.0260 | 0.0098 | 165.31 | 0.2768 |
| 净资产收益率 | 1.03 | 0.41 | 151.22 | 9.53 |
| 扣除非经常性损益的净利润为基础计算的净资产收益率 | 0.39 | 0.19 | 105.26 | -2.86 |
| 每股经营活动产生的现金流量净额 | -0.2377 | 0.0942 | | -0.2232 |
| | 2002 年末 | 2001 年末 | 本年末比上年末增减(%) | 2000 年末 |
| 每股净资产 | 2.5147 | 2.42 | 3.91 | 2.9059 |
| 调整后的每股净资产 | 2.4792 | 2.40 | 3.3 | 2.8501 |

# 600745/ 黄石康赛股份有限公司

## 二〇〇二年年度报告摘选

### 1.上市公司基本情况简介

1.1 基本情况简介

股票简称:ST 康赛　股票代码:600745　上市交易所:上海证券交易所

注册地址:湖北省黄石市芜湖路 85 号

办公地址:湖北省黄石市团城山桂林路 1 号中银大厦附楼

邮政编码:435003　电子信箱:ksxf@163.net

1.2 联系人和联系方式

董事会秘书:吴年有　联系地址:湖北省黄石市团城山桂林路 1 号中银大厦附楼

电话:0714－6366993　传真:0714－6366085　电子信箱:wlyksai@163.net

证券事务代表:徐芬　联系地址:湖北省黄石市团城山桂林路 1 号中银大厦附楼

电话:0714－6366993　传真:0714－6366085　电子信箱:ksxf@163.net

### 2.会计数据和财务指标摘要

2.1 主要会计数据　单位:元

| | 2002 年 | 2001 年 | 本年比上年增减(％) | 2000 年 |
|---|---|---|---|---|
| 主营业务收入 | 56,560,695.24 | 31,826,152.64 | 77.72％ | 78,674,312.92 |
| 利润总额 | －8,553,612.76 | －1,801,696.26 | | －85,890,501.95 |
| 净利润 | 3,133,743.15 | 9,119,140.84 | －65.64％ | －65,543,362.27 |
| 扣除非经常性损益的净利润 | 2,970,462.77 | 7,953,130.39 | －62.65％ | －32,188,425.31 |
| | 2002 年末 | 2001 年末 | 本年末比上年末增减(％) | 2000 年末 |
| 总资产 | 364,878,559.95 | 358,678,270.99 | 1.73％ | 317,508,495.63 |
| 股东权益(不含少数股东权益) | 147,533,259.15 | 156,075,703.98 | －5.47％ | 88,771,477.29 |
| 经营活动产生的现金流量净额 | 16,184,942.15 | －5,676,392.76 | | －6,263,979.69 |

2.2 主要财务指标　单位:元

| | 2002 年 | 2001 年 | 本年比上年增减(％) | 2000 年 |
|---|---|---|---|---|
| 每股收益 | 0.03 | 0.07 | －57.14％ | －0.54 |
| 净资产收益率 | 2.12％ | 5.84％ | －63.70％ | －73.83％ |
| 扣除非经常性损益的净利润为基础计算的净资产收益率 | 1.88％ | 5.25％ | －64.19％ | －26.04％ |
| 每股经营活动产生的现金流量净额 | 0.13 | －0.05 | | －0.05 |
| | 2002 年末 | 2001 年末 | 本年末比上年末增减(％) | 2000 年末 |
| 每股净资产 | 1.21 | 1.28 | －5.47％ | 0.73 |
| 调整后的每股净资产 | 0.26 | 0.96 | －72.92％ | 0.26 |

# 600757/ 上海华源企业发展股份有限公司

## 二〇〇二年年度报告摘选

### 1.上市公司基本情况简介

1.1 基本情况简介

股票简称:华源发展　股票代码:600757　上市交易所:上海证券交易所

注册地址和办公地址:上海市浦东新区商城路 660 号乐凯大厦 20－21 层　邮政编码:200120

公司国际互联网网址:http://www.shworldbest.com　电子信箱:office@shworldbest.com

1.2 联系人和联系方式

董事会秘书:杨林峰　联系地址:上海市浦东新区商城路 660 号乐凯大厦 21 层

电话:021－68875566－2190　传真:021－58792223　电子信箱:office@shworldbest.com

证券事务代表:夏渊　联系地址:上海市浦东新区商城路 660 号乐凯大厦 21 层

电话:021－58793617　传真:021－58792223　电子信箱:office@shworldbest.com

### 2.会计数据和财务指标摘要

2.1 主要会计数据

| | 2002 年 | 2001 年 | 本年比上年增减(％) | 2000 年 |
|---|---|---|---|---|
| 主营业务收入 | 1,865,377,226.94 | 1,793,217,109.21 | 4.02 | 1,810,843,015.54 |
| 利润总额 | 45,454,628.94 | 65,186,699.22 | －30.27 | 112,480,353.41 |
| 净利润 | 32,311,812.83 | 55,058,135.75 | －41.31 | 90,301,503.92 |
| 扣除非经常性损益的净利润 | 15,528,368.62 | 41,647,811.11 | －62.72 | 96,718,738.36 |
| | 2002 年末 | 2001 年末 | 本年末比上年末增减(％) | 2000 年末 |
| 总资产 | 3,700,630,936.86 | 3,304,279,295.40 | 12.00 | 2,850,065,151.49 |
| 股东权益(不含少数股东权益) | 1,242,583,513.00 | 1,211,039,864.41 | 2.60 | 1,179,896,827.58 |
| 经营活动产生的现金流量净额 | 25,731,881.15 | －162,302,314.45 | －－ | 205,211,048.69 |

2.2 主要财务指标

| | 2002 年 | 2001 年 | 本年比上年增减(％) | 2000 年 |
|---|---|---|---|---|
| 每股收益 | 0.07 | 0.12 | －41.67 | 0.29 |
| 净资产收益率 | 2.60 | 4.59 | －43.36 | 7.65 |
| 扣除非经常性损益的净利润为基础计算的净资产收益率 | 1.27 | 3.53 | －64.02 | 11.34 |
| 每股经营活动产生的现金流量净额 | 0.06 | －0.34 | －－ | 0.65 |
| | 2002 年末 | 2001 年末 | 本年末比上年末增减(％) | 2000 年末 |
| 每股净资产 | 2.63 | 2.57 | 2.33 | 3.75 |
| 调整后的每股净资产 | 2.50 | 2.48 | 0.81 | 3.71 |

# 600763/ 北京中燕探戈羽绒制品股份有限公司

## 二〇〇二年年度报告摘选

### 1.上市公司基本情况简介

1.1 基本情况简介

股票简称:ST 中燕　股票代码:600763　上市交易所:上海证券交易所

注册地址:新疆乌鲁木齐市高新技术开发区

办公地址:乌鲁木齐市河南东路 16 号高新技术开发区留学生创业大厦 13 层　邮政编码:830011

电子信箱:bizhy－600763@sohu.com

1.2 联系人和联系方式

董事会秘书:马德有

联系地址:乌鲁木齐市河南东路 16 号高新技术开发区留学生创业大厦 13 层

电话:0991－2301961　传真:0991－2301961　电子信箱:bjzhy－600763@sohu.com

2.1 主要会计数据

单位:人民币元

| | 2002 年 | 2001 年 | 本年比上年增减(％) | 2000 年 |
|---|---|---|---|---|
| 主营业务收入 | 358,419.66 | | | 116,694.02 |
| 利润总额 | 2,893,646.94 | －151,696,185.84 | | －27,301,626.15 |
| 净利润 | 2,893,646.94 | －151,696,185.84 | | －27,301,626.15 |
| 扣除非经常性损益的净利润 | －9,312,650.66 | －147,586,230.63 | | －28,745,730.19 |
| | 2002 年末 | 2001 年末 | 本年末比上年末增减(％) | 2000 年末 |
| 总资产 | 58,866,948.50 | 48,963,227.05 | 20.23 | 198,236,029.65 |
| 股东权益(不含少数股东权益) | 44,361,879.13 | 41,468,232.19 | 6.98 | 193,164,418.03 |
| 经营活动产生的现金流量净额 | －29,240.36 | －916,685.45 | | －6,345,206.80 |

2.2 主要财务指标

单位:人民币元

| | 2002 年 | 2001 年 | 本年比上年增减(％) | 2000 年 |
|---|---|---|---|---|
| 每股收益 | 0.018 | －0.95 | | －0.17 |
| 净资产收益率 | 6.52％ | －365.81％ | | －14.13％ |
| 扣除非经常性损益的净利润为基础计算的净资产收益率 | －20.99 | －355.9 | | －14.88 |
| 每股经营活动产生的现金流量净额 | －0.0002 | －0.01 | | －0.04 |
| | 2002 年末 | 2001 年末 | 本年末比上年末增减(％) | 2000 年末 |
| 每股净资产 | 0.277 | 0.26 | 6.54 | 1.20 |
| 调整后的每股净资产 | 0.12 | 0.20 | －40 | 1.17 |

# 600797/ 浙江浙大网新科技股份有限公司

## 二〇〇二年年度报告摘选

### 1.上市公司基本情况简介

1.1 基本情况简介

股票简称:浙大网新　股票代码:600797　上市交易所:上海证券交易所

注册地址:杭州市文二路 212 号

办公地址:杭州市曙光路 15 号世贸中心 C 座 12 楼　邮政编码:310007

公司国际互联网网址:http://www.insigma.com.cn　电子信箱:zdwx@insigma.com.cn

1.2 联系人和联系方式

董事会秘书:董丹青　联系地址:浙江省杭州市曙光路 15 号世贸中心 C 座 12 楼董事会办公室

电话:0571－87950500　传真:0571－87988110　电子信箱:dongdanqing@insigma.com.cn

### 2.会计数据和财务指标摘要

2.1 主要会计数据

| | 2002 年(本年) | 2001 年(上年) | 本年比上年增减(％) | 2000 年(调整后) |
|---|---|---|---|---|
| 主营业务收入 | 1998549184.07 | 1114304625.28 | 79.35 | 567464138.17 |
| 利润总额 | 102288277.11 | 95036503.83 | 7.63 | 100192909.44 |
| 净利润 | 83851778.47 | 84415558.04 | －0.67 | 59802345.06 |
| 扣除非经常性损益的净利润 | 77351686.75 | 61111642.96 | 26.57 | －14802598.52 |
| | 2002 年(本年) | 2001 年(上年) | 本年比上年增减(％) | 2000 年(调整后) |
| 总资产 | 2300048821.08 | 2260828025.23 | 1.73 | 1759805548.17 |
| 股东权益(不含少数股东权益) | 1004881215.87 | 948869255.00 | 5.90 | 537388340.72 |
| 经营活动产生的现金流量净额 | 26076040.11 | 223909424.70 | －88.35 | 124958938.10 |

2.2 主要财务指标

| | 2002 年(本年) | 2001 年(上年) | 本年比上年增减(％) | 2000 年(调整后) |
|---|---|---|---|---|
| 每股收益(元/股) | 0.18 | 0.25 | －28 | 0.25 |
| 净资产收益率％ | 8.34 | 8.90 | －6.29 | 11.13 |
| 扣除非经常性损益的净利润为基础计算的净资产收益率％ | 7.70 | 6.44 | 19.57 | －2.75 |
| 每股经营活动产生的现金流量净额(元/股) | 0.05 | 0.66 | －92.42 | 0.52 |
| | 2002 年末 | 2001 年末 | 本年末比上年末增减(％) | 2000 年末(调整后) |
| 每股净资产(元/股) | 2.10 | 2.78 | －24.46 | 2.24 |
| 调整后的每股净资产(元/股) | 2.08 | 2.76 | －24.64 | 2.18 |

# C3.造纸、印刷(12 家)

## 600053 江西纸业股份有限公司

### 二〇〇二年年度报告摘选

#### 1.上市公司基本情况简介

1.1 基本情况简介
股票简称:江西纸业 股票代码:600053 上市交易所:上海证券交易所
注册地址和办公地址:江西省南昌市董家窑 112 号 邮政编码:330006
公司国际互联网网址:http://www.JiangXipaper.com.cn 电子信箱:Jxpaper@china.com
1.2 联系人和联系方式
董事会秘书:钱志峰 联系地址:江西省南昌市董家窑 112 号
电话:0791-8624842 传真:0791-8624842 电子信箱:Jxpaper@china.com
证券事务代表:汪亦阳 联系地址:江西省南昌市董家窑 112 号
电话:0791-8632392 传真:0791-8632392 电子信箱:yy-w@china.com

#### 2.会计数据和财务指标摘要

2.1 主要会计数据

| | 2002 年 | 2001 年 | 本年比上年增减(%) | 2000 年 |
|---|---|---|---|---|
| 主营业务收入 | 167,892,133.17 | 305,573,410.40 | -45.05 | 301,466,805.25 |
| 利润总额 | -332,499,585.41 | -299,245,230.73 | -11.11 | 49,146,071.02 |
| 净利润 | -332,499,585.41 | -299,245,230.73 | -11.11 | 36,732,412.38 |
| 扣除非经常性损益的净利润 | -238,769,565.70 | -299,434,230.73 | 20.26 | 17,717,700.00 |
| | 2002 年 | 2001 年 | 本年比上年增减(%) | 2000 年 |
| 总资产 | 1,265,513,953.69 | 1,458,188,438.16 | -13.21 | 1,668,691,480.18 |
| 股东权益(不含少数股东权益) | 15,668,151.17 | 348,146,771.35 | -95.50 | 618,939,835.34 |
| 经营活动产生的现金流量净额 | 24,461,358.96 | -125,288,794.84 | 119.52 | 103,084,800.00 |

2.2 主要财务指标

| | 2002 年 | 2001 年 | 本年比上年增减(%) | 2000 年 |
|---|---|---|---|---|
| 每股收益 | -2.06 | -1.86 | -10.75 | 0.22 |
| 净资产收益率 | -2122.14 | -85.95 | -2369.04 | 5.93 |
| 扣除非经常性损益的净利润为基础计算的净资产收益率 | -1523.51 | -86.01 | -1671.32 | 2.86 |
| 每股经营活动产生的现金流量净额 | 0.15 | -0.78 | 119.23 | 0.64 |
| | 2002 年 | 2001 年 | 本年比上年增减(%) | 2000 年 |
| 每股净资产 | 0.10 | 2.16 | -95.37 | 3.84 |
| 调整后的每股净资产 | -1.81 | 1.02 | -277.45 | 3.84 |

## 600069 河南银鸽实业投资股份有限公司

### 二〇〇二年年度报告摘选

#### 1.上市公司基本情况简介

1.1 基本情况简介
股票简称:银鸽投资 股票代码:600069 上市交易所:上海证券交易所
注册地址和办公地址:河南省漯河市人民东路 95 号 邮政编码:462000
公司国际互联网网址:http://www.yinge.com.cn 电子信箱:wjq@yinge.com.cn
1.2 联系人和联系方式
董事会秘书:张军力 联系地址:河南省漯河市人民东路 95 号
电话:0395-2355681 传真:0395-2355681 电子信箱:zjl@yinge.com.cn
证券事务代表:吴军旗 联系地址:河南省漯河市人民东路 95 号
电话:0395-2355611 传真:0395-2355302 电子信箱:wjq@yinge.com.cn

#### 2.会计数据和财务指标摘要

2.1 主要会计数据

| | 2002 年 | 2001 年 | 本年比上年增减(%) | 2000 年 |
|---|---|---|---|---|
| 主营业务收入 | 379,858,556.30 | 183,099,889.01 | 107.45 | 154,248,157.24 |
| 利润总额 | 16,245,049.95 | -228,540,095.48 | - | 8,773,992.29 |
| 净利润 | 16,245,049.95 | -227,809,995.53 | - | 8,518,325.15 |
| 扣除非经常性损益的净利润 | 11,793,600.83 | -94,254,257.13 | - | 6,839,027.25 |
| | 2002 年末 | 2001 年末 | 本年末比上年末增减(%) | 2000 年末 |
| 总资产 | 870,013,042.48 | 960,701,823.92 | -9.44 | 901,409,403.05 |
| 股东权益(不含少数股东权益) | 395,082,617.49 | 378,031,616.68 | 4.51 | 603,332,361.25 |
| 经营活动产生的现金流量净额 | 114,047,375.04 | -127,941,971.50 | - | 28,741,582.64 |

2.2 主要财务指标

| | 2002 年 | 2001 年 | 本年比上年增减(%) | 2000 年 |
|---|---|---|---|---|
| 每股收益 | 0.04 | -0.61 | - | 0.02 |
| 净资产收益率 | 0.04 | -0.60 | - | 0.01 |
| 扣除非经常性损益的净利润为基础计算的净资产收益率 | 0.03 | -0.25 | - | 0.01 |
| 每股经营活动产生的现金流量净额 | 0.31 | -0.34 | - | 0.08 |
| | 2002 年末 | 2001 年末 | 本年末比上年末增减(%) | 2000 年末 |
| 每股净资产 | 1.06 | 1.02 | 3.92 | 1.62 |
| 调整后的每股净资产 | 1.06 | 1.01 | 4.95 | 1.60 |

## 600103 福建省青山纸业股份有限公司

### 二〇〇二年年度报告摘选

#### 1.上市公司基本情况简介

1.1 基本情况简介
股票简称:青山纸业 股票代码:600103 上市交易所:上海证券交易所
注册地址:福州市马尾经济技术开发区君竹路 办公地址:福建省沙县青州镇
邮政编码:365506 公司国际互联网网址:http://www.7373173.com 或 www.qingshan.cn
电子信箱:qszy@publ.fz.fj.cn 或 fjqszy@qspaper.com
1.2 联系人和联系方式
董事会秘书:陈炳生 联系地址:福州市六一北路 216 号晋安花园三喜阁
电话:0591-7588133 传真:0591-7588745 电子信箱:bschen@pub3.fz.fj.cn
证券事务代表:林建平 联系地址:福建省沙县青州镇
电话:0598-5655167 传真:0598-5655168 电子信箱:jplin@sohu.com

#### 2.会计数据和财务指标摘要

2.1 主要会计数据

| 项目 | 2002 年 | 2001 年 追溯调整后 | 2001 年 追溯调整前 | 本年比上年增减(%) | 2000 年 |
|---|---|---|---|---|---|
| 主营业务收入 | 857,612,243.35 | 918,579,192.98 | 918,579,192.98 | -6.64 | 885,772,571.94 |
| 利润总额 | 40,411,843.66 | 119,065,455.90 | 131,332,712.18 | -66.61 | 133,344,216.94 |
| 净利润 | 13,692,823.47 | 98,202,618.01 | 110,469,874.43 | -86.06 | 127,969,557.45 |
| 扣除非经常性损益的净利润 | 14,036,721.44 | 93,356,824.23 | 105,624,080.51 | -84.96 | 124,550,559.34 |
| | 2002 年末 | 2001 年末 追溯调整后 | 2001 年末 追溯调整前 | 本年末比上年末增减(%) | 2000 年末 |
| 总资产 | 2,266,400,371.26 | 2,338,157,917.48 | 2,338,157,917.48 | -3.07 | 2,289,015,555.67 |
| 股东权益(不含少数股东权益) | 1,558,911,384.74 | 1,544,663,907.85 | 1,556,931,164.13 | 0.92 | 1,488,089,374.01 |
| 经营活动产生的现金流量净额 | 226,040,139.18 | 129,294,685.79 | 129,294,686.79 | 74.83 | 132,792,052.61 |

2.2 主要财务指标

| | 2002 年 | 2001 年 | 本年比上年增减(%) | 2000 年 |
|---|---|---|---|---|
| 每股收益 | 0.019 | 0.139 | -86.06 | 0.181 |
| 净资产收益率 | 0.878 | 6.36 | -86.19 | 8.60 |
| 扣除非经常性损益的净利润为基础计算的净资产收益率 | 0.900 | 6.04 | -85.10 | 8.37 |
| 每股经营活动产生的现金流量净额 | 0.32 | 0.183 | 74.86 | 0.188 |
| | 2002 年末 | 2001 年末 | 本年末比上年末增减(%) | 2000 年末 |
| 每股净资产 | 2.207 | 2.187 | 0.91 | 2.107 |
| 调整后的每股净资产 | 2.186 | 2.179 | 0.32 | 2.093 |

## 600137 四川长江包装控股股份有限公司

### 二〇〇二年年度报告摘选

#### 1.上市公司基本情况简介

1.1 基本情况简介
股票简称:ST 长控 股票代码:600137 上市交易所:上海证券交易所
注册地址和办公地址:四川省宜宾市马鞍石 邮政编码:644004
公司国际互联网网址:http://www.cjpp.com 电子信箱:cjbz@vip.163.com
1.2 联系人和联系方式
董事会秘书:傅相林 联系地址:宜宾市马鞍石
电话:0831-7115019 传真:0831-7115019 电子信箱:cjbz@vip.163.com
证券事务代表:马中明 联系地址:宜宾市马鞍石
电话:0831-7115019 传真:0831-7115019 电子信箱:cjbz@vip.163.com

#### 2.会计数据和财务指标摘要

2.1 主要会计数据 单位:元

| | 2002 年 | 2001 年 | 本年比上年增减(%) | 2000 年 追溯调整后 | 2000 年 追溯调整前 |
|---|---|---|---|---|---|
| 主营业务收入 | 30,562,149.32 | 50,825,445.85 | -39.87 | 135,946,825.00 | 132,637,370.68 |
| 利润总额 | -667,641,197.26 | -20,976,987.90 | -3,082.73 | 16,132,459.33 | 16,225,538.95 |
| 净利润 | -667,585,950.70 | -19,296,331.20 | -3,359.65 | 15,882,883.37 | 16,048,876.49 |
| 扣除非经常性损益的净利润 | -72,338,270.77 | -65,251,906.27 | -10.86 | -32,376,870.31 | -32,162,149.53 |
| | 2002 年 12 月 31 日 | 2001 年 12 月 31 日 | 本年末比上年末增减(%) | 2000 年 12 月 31 日 追溯调整后 | 2000 年 12 月 31 日 追溯调整前 |
| 总资产 | 105,345,216.47 | 726,082,996.63 | -85.49 | 569,523,050.11 | 571,034,004.92 |
| 股东权益(不含少数股东权益) | -521,387,364.55 | 146,305,563.81 | -456.37 | 165,601,660.82 | 166,093,125.93 |
| 经营活动产生的现金流量净额 | -21,545,720.61 | -17,991,381.38 | -19.76 | 5,805,323.19 | 5,805,323.19 |

2.2 主要财务指标

| | 2002 年 | 2001 年 | 本年比上年增减(%) | 2000 年 追溯调整后 | 2000 年 追溯调整前 |
|---|---|---|---|---|---|
| 每股收益 | -10.996 | -0.318 | -3,357.86 | 0.262 | 0.264 |
| 净资产收益率 | -- | -13.189% | -- | 9.591% | 9.663% |
| 扣除非经常性损益的净利润为基础计算的净资产收益率 | -- | -41.841% | -- | -35.134% | -34.808% |
| 每股经营活动产生的现金流量净额 | -0.355 | -0.296 | -19.93 | 0.096 | 0.096 |
| | 2002 年 12 月 31 日 | 2001 年 12 月 31 日 | 本年末比上年末增减(%) | 2000 年 12 月 31 日 追溯调整后 | 2000 年 12 月 31 日 追溯调整前 |
| 每股净资产 | -8.588 | 2.410 | -456.35 | 2.728 | 2.736 |
| 调整后的每股净资产 | -8.601 | 2.262 | -480.24 | 2.477 | 2.489 |

## 600163 福建省南纸股份有限公司

### 二〇〇二年年度报告摘选

#### 1.上市公司基本情况简介

1.1 基本情况简介

股票简称:福建南纸 股票代码:600163 上市交易所:上海证券交易所
注册地址和办公地址:福建省南平市滨江北路 177 号 邮政编码:353000
公司国际互联网网址:http://www.nanping-paper.com 电子信箱:nzzqb@public.npptt.fj.cn

1.2 联系人和联系方式

董事会秘书:李公然 联系地址:福建省南平市滨江北路 177 号
福建省南纸股份有限公司证券部
电话:0599-8808806 传真:0599-8801260 电子信箱:nzzqb@public.npptt.fj.cn
证券事务代表:李永和 联系地址:福建省南平市滨江北路 177 号
福建省南纸股份有限公司证券部
电话:0599-8808806 传真:0599-8801260 电子信箱:nzzqb@public.npptt.fj.cn

#### 2.会计数据和财务指标摘要

2.1 主要会计数据 单位:人民币元

| | 2002 年 | 2001 年 | 本年比上年增减(%) | 2000 年 |
|---|---|---|---|---|
| 主营业务收入 | 1,242,898,935.63 | 1,066,334,539.15 | 16.56 | 954,019,938.07 |
| 利润总额 | 82,781,154.85 | 81,299,968.20 | 1.82 | 76,675,144.77 |
| 净利润 | 69,068,554.42 | 77,398,517.67 | -10.76 | 64,181,487.43 |
| 扣除非经常性损益的净利润 | 69,082,206.47 | 106,640,869.19 | -35.22 | 63,449,990.76 |
| | 2002 年 | 2001 年 | 本年末比上年末增减(%) | 2000 年 |
| 总资产 | 2,589,232,827.02 | 2,585,681,062.63 | 0.14 | 2,462,855,135.26 |
| 股东权益(不含少数股东权益) | 1,115,692,609.04 | 1,107,805,171.66 | 0.71 | 1,073,285,345.98 |
| 经营活动产生的现金流量净额 | 272,146,169.86 | 287,474,859.40 | -5.32 | 131,164,927.76 |

2.2 主要财务指标 单位:人民币元

| | 2002 年 | 2001 年 | 本年比上年增减(%) | 2000 年 |
|---|---|---|---|---|
| 每股收益 | 0.23 | 0.25 | -8.00 | 0.21 |
| 净资产收益率 | 6.19% | 6.99% | -11.44 | 5.98% |
| 扣除非经常性损益的净利润为基础计算的净资产收益率 | 6.19% | 9.63% | -35.72 | 5.91% |
| 每股经营活动产生的现金流量净额 | 0.89 | 0.94 | -5.32 | 0.43 |
| | 2002 年 | 2001 年 | 本年末比上年末增减(%) | 2000 年 |
| 每股净资产 | 3.65 | 3.62 | 0.83 | 3.51 |
| 调整后的每股净资产 | 3.62 | 3.56 | 1.69 | 3.46 |

## 600187 黑龙江黑龙股份有限公司

### 二〇〇二年年度报告摘选

#### 1.上市公司基本情况简介

1.1 基本情况简介

股票简称:黑龙股份 股票代码:600187 上市交易所:上海证券交易所
注册地址和办公地址:黑龙江省齐齐哈尔市龙沙区新立街长青路 27 号 邮政编码:161005
电子信箱:chenah_555@163.com

1.2 联系人和联系方式

董事会秘书:李国民 联系地址:黑龙江省齐齐哈尔市龙沙区新立街长青路 27 号
电话:0452-2817931 传真:0452-2816277
证券事务代表:石大勇 联系地址:黑龙江省齐齐哈尔市龙沙区新立街长青路 27 号
电话:0452-2816277 传真:0452-2816277 电子信箱:chenah_555@163.com

#### 2.会计数据和财务指标摘要

2.1 主要会计数据

| | 2002 年 | 2001 年 | 本年比上年增减(%) | 2000 年 |
|---|---|---|---|---|
| 主营业务收入 | 728,795,394.70 | 605,910,506.73 | 20.28 | 437,541,325.42 |
| 利润总额 | 7,253,001.56 | 69,590,536.55 | -89.57 | 58,600,765.35 |
| 净利润 | 3,852,233.90 | 74,198,075.94 | -94.80 | 30,249,420.49 |
| 扣除非经常性损益的净利润 | 1,170,087.56 | 34,786,023.66 | -96.63 | 50,551,605.91 |
| | 2002 年 | 2001 年 | 本年比上年增减(%) | 2000 年 |
| 总资产 | 2,173,360,600.19 | 1,975,661,361.85 | 10 | 1,778,213,263.90 |
| 股东权益(不含少数股东权益) | 771,543,806.61 | 767,672,835.85 | 0.5 | 758,598,906.89 |
| 经营活动产生的现金流量净额 | 92,972,376.41 | -149,264,970.34 | 162.28 | 28,744,065.41 |

2.2 主要财务指标

| | 2002 年 | 2001 年 | 本年比上年增减(%) | 2000 年 |
|---|---|---|---|---|
| 每股收益 | 0.0118 | 0.4154 | -19.91 | 0.32 |
| 每股收益 | 0.0118 | 0.4154 | -19.91 | 0.32 |
| 净资产收益率 | 0.50% | 9.15% | -94.54 | 11.72% |
| 扣除非经常性损益的净利润为基础计算的净资产收益率 | 0.15% | 4.89% | 96.93 | 8.62% |
| 每股经营活动产生的现金流量净额 | 0.2841 | 0.4562 | -37.72 | 0.0878 |
| | 2002 年 | 2001 年 | 本年末比上年末增减(%) | 2000 年 |
| 每股净资产 | 2.35 | 2.35 | 0 | 3.47 |
| 调整后的每股净资产 | 2.31 | 2.25 | 2.67 | 3.06 |

## 600235 民丰特种纸股份有限公司

### 二〇〇二年年度报告摘选

#### 1.上市公司基本情况简介

1.1 基本情况简介

股票简称:民丰特纸 股票代码:600235 上市交易所:上海证券交易所
注册地址和办公地址:浙江省嘉兴市用里街 70 号 邮政编码:314000
公司国际互联网网址:http:/www.minfenggroup.com 电子信箱:mfzqb@mail.jxptt.zj.cn

1.2 联系人和联系方式

董事会秘书:郑 健 联系地址:浙江嘉兴市用里街 70 号民丰特种纸股份有限公司证券部
电话:0573-2812992 传真:0573-2812992 电子信箱:mfzqb@mail.jxptt.zj.cn
证券事务代表:谢贵兴 联系地址:浙江嘉兴市用里街 70 号民丰特种纸股份有限公司证券部
电话:0573-2812992 传真:0573-2812992 电子信箱 mfzqb@mail.jxptt.zj.cn

#### 2.会计数据和财务指标摘要

2.1 主要会计数据 单位:人民币元

| | 2002 年 | 2001 年 | | 本年比上年增减(%) | | 2000 年 |
|---|---|---|---|---|---|---|
| | | 调整前 | 调整后 | 调整前 | 调整后 | |
| 主营业务收入 | 388,014,234.94 | 316,264,289.21 | 316,264,289.21 | 22.69 | 22.69 | 313,912,065.68 |
| 利润总额 | 64,371,499.09 | 49,159,884.36 | 48,261,099.44 | 30.94 | 33.38 | 43,341,540.48 |
| 净利润 | 47,074,932.70 | 44,924,337.19 | 44,025,552.27 | 4.79 | 6.93 | 40,832,399.81 |
| 扣除非经常性损益的净利润 | 45,426,011.39 | 42,400,998.78 | 41,502,213.86 | 7.13 | 9.45 | 37,754,248.55 |
| | 2002 年末 | 2001 年末 | | 本年末比上年末增减(%) | | 2000 年末 |
| | | 调整前 | 调整后 | 调整前 | 调整后 | |
| 总资产 | 1,484,220,982.12 | 1,145,031,948.03 | 1,144,133,163.11 | 29.62 | 29.72 | 940,990,552.00 |
| 股东权益(不含少数股东权益) | 555,762,519.97 | 546,756,372.19 | 545,857,587.27 | 1.65 | 1.81 | 536,992,035.00 |
| 经营活动产生的现金流量净额 | 72,912,732.50 | 87,466,618.59 | 87,466,618.59 | -16.64 | -16.64 | 46,003,557.07 |

2.2 主要财务指标

| | 2002 年 | 2001 年 | | 本年比上年增减(%) | | 2000 年 |
|---|---|---|---|---|---|---|
| | | 调整前 | 调整后 | 调整前 | 调整后 | |
| 每股收益(元/股) | 0.2660 | 0.2538 | 0.2487 | 4.81 | 6.96 | 0.2307 |
| 净资产收益率(%) | 8.4703 | 8.2165 | 8.0654 | 3.09 | 5.02 | 7.6039 |
| 扣除非经常性损益的净利润为基础计算的加权平均净资产收益率 | 7.9779 | 7.5790 | 7.4243 | 5.26 | 7.46 | 9.3297 |
| 每股经营活动产生的现金流量净额 | 0.4119 | 0.4942 | 0.4942 | -16.64 | -16.64 | 0.2599 |
| | 2002 年末 | 2001 年末 | | 本年末比上年末增减(%) | | 2000 年末 |
| | | 调整前 | 调整后 | 调整前 | 调整后 | |
| 每股净资产 | 3.1399 | 3.0889 | 3.0839 | 1.65 | 1.81 | 3.0339 |
| 调整后的每股净资产 | 3.1077 | 3.0620 | 3.0570 | 1.49 | 1.66 | 3.0062 |

## 600308 山东华泰纸业股份有限公司

### 二〇〇二年年度报告摘选

#### 1.上市公司基本情况简介

1.1 基本情况简介

股票简称:华泰股份 股票代码:600308 上市交易所:上海证券交易所
注册地址和办公地址:山东省东营市广饶县大王镇 邮政编码:257335
公司国际互联网网址:http://www.huatai.com/ 电子信箱:htltd@huatai.com

1.2 联系人和联系方式

董事会秘书:李刚 联系地址:山东省东营市广饶县大王镇
电话:0546-6888879 传真:0546-6871957 电子信箱:ligang_HTGF@163.com
证券事务代表:田居龙 联系地址:山东省东营市广饶县大王镇
电话:0546-6888889 传真:0546-6888018 电子信箱:cio@huatai.com

#### 2.会计数据和财务指标摘要

2.1 主要会计数据 单位:人民币元

| | 2002 年 | 2001 年 | 本年比上年增减(%) | 2000 年 |
|---|---|---|---|---|
| 主营业务收入 | 1,326,460,846.28 | 714,582,177.72 | 85.63% | 626,176,819.82 |
| 利润总额 | 269,688,933.83 | 139,655,374.16 | 93.11% | 120,920,998.39 |
| 净利润 | 190,099,673.18 | 114,240,984.92 | 66.40% | 87,821,948.37 |
| 扣除非经常性损益的净利润 | 188,180,543.40 | 110,248,121.83 | 70.69% | 82,176,571.98 |
| | 2002 年末 | 2001 年末 | 本年末比上年末增减(%) | 2000 年末 |
| 总资产 | 2,752,480,555.06 | 2,636,332,274.92 | 4.41% | 2,371,376,196.79 |
| 股东权益(不含少数股东权益) | 1,640,900,298.37 | 1,460,619,747.39 | 12.34% | 1,357,021,666.94 |
| 经营活动产生的现金流量净额 | 386,960,508.98 | 53,450,063.65 | 623.97% | 37,584,556.18 |

2.2 主要财务指标 单位:人民币元

| | 2002 年 | 2001 年 | 本年比上年增减(%) | 2000 年 |
|---|---|---|---|---|
| 每股收益 | 0.82 | 0.59 | 38.98% | 0.46 |
| 每股收益 | 0.82 | 0.59 | 38.98% | 0.46 |
| 净资产收益率 | 11.59 | 7.82 | 48.21% | 6.47 |
| 扣除非经常性损益的净利润为基础计算的净资产收益率 | 11.47 | 7.55 | 51.92% | 6.06 |
| 每股经营活动产生的现金流量净额 | 1.68 | 0.28 | 500.00% | 0.20 |
| | 2002 年末 | 2001 年末 | 本年末比上年末增减(%) | 2000 年末 |
| 每股净资产 | 7.10 | 7.59 | -6.46% | 7.05 |
| 调整后的每股净资产 | 7.10 | 7.59 | -6.46% | 7.04 |

## 600356 牡丹江恒丰纸业股份有限公司

### 二〇〇二年年度报告摘选

#### 1.上市公司基本情况简介

1.1 基本情况简介

股票简称:恒丰纸业 股票代码:600356 上市交易所:上海证券交易所

注册地址和办公地址:黑龙江省牡丹江市阳明区造纸路11号 邮政编码:157013

公司国际互联网网址:http://www.hengfengpaper.com 电子信箱:sh356@hengfengpaper.com

1.2 联系人和联系方式

董事会秘书:李荣伟 联系地址:黑龙江省牡丹江市阳明区造纸路11号

电话:0453-6331111-6451 传真:0453-6330989 电子信箱:Sh356@hengfengpaper.com

证券事务代表:关兴凯 联系地址:黑龙江省牡丹江市阳明区造纸路11号

电话:0453-6331111-6451 传真:0453-6330989 电子信箱:Sh356@hengfengpaper.com

#### 2.会计数据和财务指标摘要

2.1 主要会计数据

| | 2002年 | 2001年 | 本年比上年增减(%) | 2000年 |
|---|---|---|---|---|
| 主营业务收入 | 426,224,599.35 | 368,794,220.70 | 15.57 | 334,165,485.22 |
| 利润总额 | 73,238,492.69 | 67,593,480.42 | 8.35 | 56,455,835.36 |
| 净利润 | 47,406,243.81 | 45,694,782.87 | 3.75 | 36,539,757.32 |
| 扣除非经常性损益的净利润 | 51,107,495.20 | 46,359,900.26 | 10.24 | 39,566,543.47 |
| | 2002年年末 | 2001年年末 | 本年末比上年末增减(%) | 2000年年末 |
| 总资产 | 700,858,272.60 | 656,006,785.57 | 6.84 | 663,750,882.38 |
| 股东权益(不含少数股东权益) | 528,102,624.94 | 487,696,381.13 | 8.29 | 452,098,676.23 |
| 经营活动产生的现金流量净额 | 91,494,152.91 | 4,597,526.73 | 1890.07 | 15,741,694.69 |

2.2 主要财务指标

| | 2002年 | 2001年 | 本年比上年增减(%) | 2000年 |
|---|---|---|---|---|
| 每股收益 | 0.3386 | 0.3264 | 3.74 | 0.26 |
| 净资产收益率 | 8.98 | 9.37 | -4.16 | 8.08 |
| 扣除非经常性损益的净利润为基础计算的净资产收益率 | 9.68 | 9.51 | 1.79 | 8.75 |
| 每股经营活动产生的现金流量净额 | 0.65 | 0.03 | 2066.67 | 0.11 |
| | 2002年末 | 2001年末 | 本年末比上年末增减(%) | 2000年末 |
| 每股净资产 | 3.77 | 3.48 | 8.33 | 3.23 |
| 调整后的每股净资产 | 3.76 | 3.48 | 8.05 | 3.16 |

## 600419 新疆天宏纸业股份有限公司

### 二〇〇二年年度报告摘选

#### 1.上市公司基本情况简介

1.1 基本情况简介

股票简称:新疆天宏 股票代码:600419 上市交易所:上海证券交易所

注册地址:新疆石河子市西三路

办公地址:新疆石河子市西三路(新疆天宏纸业股份有限公司办公楼) 邮政编码:832009

公司国际互联网网址:http://www.xjth.com.cn 电子信箱:th_600419@163.com

1.2 联系人和联系方式

董事会秘书:王巧玲 联系地址:新疆石河子市西三路

电话:0993-2515661-2240 传真:0993-2511714 电子信箱:th_600419@163.com

证券事务代表:冯志强 联系地址:新疆石河子市西三路

电话:0993-2515661-5555 传真:0993-2511714 电子信箱:fzq63@263.net

#### 2.会计数据和财务指标摘要

2.1 主要会计数据 单位:元

| | 2002年 | 2001年 调整前 | 2001年 调整后 | 本年比上年增减(%) | 2000年 |
|---|---|---|---|---|---|
| 主营业务收入 | 162,380,956.93 | 160,806,047.45 | 160,806,047.45 | 0.98 | 147,304,351.10 |
| 利润总额 | 13,816,034.67 | 16,247,586.19 | 13,943,876.31 | -0.92 | 18,219,441.46 |
| 净利润 | 11,634,170.44 | 13,569,777.31 | 11,266,067.43 | 3.27 | 12,629,669.25 |
| 扣除非经常性损益的净利润 | 10,470,656.91 | 13,673,000.47 | 11,369,290.59 | -7.90 | 12,113,323.40 |
| | 2002年末 | 2001年末 调整前 | 2001年末 调整后 | 本年末比上年末增减(%) | 2000年末 |
| 总资产 | 463,924,825.14 | 403,397,127.37 | 401,093,417.49 | 15.67 | 248,633,462.93 |
| 股东权益(不含少数股东权益) | 286,864,195.45 | 281,427,351.89 | 279,123,642.01 | 2.77 | 93,308,367.90 |
| 经营活动产生的现金流量净额 | -6,139,804.03 | 20,380,890.53 | 20,380,890.53 | -130.13 | 14,366,107.72 |

2.2 主要财务指标 单位:元

| | 2002年 | 2001年 调整前 | 2001年 调整后 | 本年比上年增减(%) | 2000年 |
|---|---|---|---|---|---|
| 每股收益(摊薄) | 0.15 | 0.17 | 0.14 | 7.14 | 0.25 |
| 每股收益(加权) | 0.15 | 0.21 | 0.14 | 7.14 | 0.25 |
| 净资产收益率 | 4.06 | 4.82 | 4.04 | 0.50 | 11.59 |
| 扣除非经常性损益的净利润为基础计算的净资产收益率 | 3.65 | 4.85 | 4.07 | -10.32 | 12.98 |
| 每股经营活动产生的现金流量净额 | -0.08 | 0.25 | 0.25 | -132.00 | 0.29 |
| | 2002年末 | 2001年末 调整前 | 2001年末 调整后 | 本年末比上年末增减(%) | 2000年末 |
| 每股净资产 | 3.58 | 3.51 | 3.48 | 2.87 | 1.86 |
| 调整后的每股净资产 | 3.54 | 3.47 | 3.44 | 2.91 | 1.86 |

## 600567 安徽山鹰纸业股份有限公司

### 二〇〇二年年度报告摘选

#### 1.上市公司基本情况简介

1.1 基本情况简介

股票简称:山鹰纸业 股票代码:600567 上市交易所:上海证券交易所

注册地址和办公地址:安徽省马鞍山市勤俭路3号 邮政编码:243021

公司国际互联网网址:http://www.shanyingpaper.com 电子信箱:stock@shanyingpaper.com

1.2 联系人和联系方式

董事会秘书:钱军 联系地址:安徽省马鞍山市勤俭路3号公司证券部

电话:0555-2826275 传真:0555-2826369 电子信箱:stock@shanyingpaper.com

#### 2.会计数据和财务指标摘要

2.1 主要会计数据 (单位:万元)

| | 2002年 | 2001年 | 本年比上年增减(%) | 2000年 |
|---|---|---|---|---|
| 主营业务收入 | 48,822.48 | 28,094.60 | 73.8 | 32,267.62 |
| 利润总额 | 3,200.21 | 2,736.48 | 16.9 | 2,448.94 |
| 净利润 | 2,511.83 | 2,303.51 | 9.04 | 1,806.71 |
| 扣除非经常性损益的净利润 | 2,528.83 | 2,315.39 | 9.22 | 1,898.27 |
| | 2002年末 | 2001年末 | 本年末比上年末增减(%) | 2000年末 |
| 总资产 | 83,089.91 | 66,627.67 | 24.7 | 33,755.62 |
| 股东权益(不含少数股东权益) | 34,875.82 | 32,979.49 | 5.75 | 12,423.74 |
| 经营活动产生的现金流量净额 | 6,114.82 | -521.44 | 1273 | 1,614.65 |

2.2 主要财务指标

| | 2002年 | 2001年 | 本年比上年增减(%) | 2000年 |
|---|---|---|---|---|
| 每股收益(全面摊薄) | 0.157 | 0.144 | 9.03 | 0.18 |
| 每股收益(加权平均) | 0.157 | 0.229 | -31.44 | 0.18 |
| 净资产收益率 | 7.34 | 16.97 | -56.75 | 15.03 |
| 扣除非经常性损益的净利润为基础计算的净资产收益率 | 7.39 | 17.06 | -56.68 | 16.81 |
| 每股经营活动产生的现金流量净额 | 0.38 | -0.032 | 1287.5 | 0.161 |
| | 2002年末 | 2001年末 | 本年末比上年末增减(%) | 2000年末 |
| 每股净资产 | 2.173 | 2.055 | 5.74 | 1.236 |
| 调整后的每股净资产 | 2.157 | 2.049 | 5.27 | 1.196 |

## 600793 宜宾纸业股份有限公司

### 二〇〇二年年度报告摘选

#### 1.上市公司基本情况简介

1.1 基本情况简介

股票简称:宜宾纸业 股票代码:600793 上市交易所:上海证券交易所

注册地址和办公地址:四川省宜宾市岷江西路54号 邮政编码:644007

公司国际互联网网址:http://www.ybzy.com.cn 电子信箱:dsh@ybzy.com.cn

1.2 联系人和联系方式

董事会秘书:鹿彪 联系地址:四川省宜宾市岷江西路54号

电话:0831-3560668 传真:0831-3561965 电子信箱:ybzylb@263.net

证券事务代表:刘锋 联系地址:四川省宜宾市岷江西路54号

电话:0831-3560985 传真:0831-3561965 电子信箱:dsh@ybzy.com.cn

#### 2.会计数据和财务指标摘要

2.1 主要会计数据

| | 2002年 | 2001年 | 本年比上年增减(%) | 2000年 |
|---|---|---|---|---|
| 主营业务收入 | 324,861,697.11 | 460,007,248.13 | -29.38 | 412,769,141.46 |
| 利润总额 | -80,586,385.97 | 13,511,324.69 | -696.44 | 13,321,109.12 |
| 净利润 | -80,586,385.97 | 9,959,760.84 | -909.12 | 11,787,626.09 |
| 扣除非经常性损益的净利润 | -69,556,809.50 | 12,197,995.17 | -670.23 | 11,278,316.80 |
| | 2002年 | 2001年 | 本年末比上年末增减(%) | 2000年 |
| 总资产 | 834,982,438.05 | 880,075,728.68 | -5.12 | 793,208,423.11 |
| 股东权益(不含少数股东权益) | 101,830,794.74 | 162,486,134.08 | -37.33 | 170,201,711.93 |
| 经营活动产生的现金流量净额 | 34,798,501.68 | -11,713,127.72 | 397.09 | 54,585,784.46 |

2.2 主要财务指标

| | 2002年 | 2001年 | 本年比上年增减(%) | 2000年 |
|---|---|---|---|---|
| 每股收益 | -0.7653 | 0.0946 | -908.99 | 0.112 |
| 净资产收益率 | -79.14 | 6.130 | -1391.03 | 7.73 |
| 扣除非经常性损益的净利润为基础计算的净资产收益率 | -68.31 | 7.51 | -1009.59 | 7.39 |
| 每股经营活动产生的现金流量净额 | 0.3305 | -0.11 | 400.45 | 0.52 |
| | 2002年 | 2001年 | 本年末比上年末增减(%) | 2000年 |
| 每股净资产 | 0.9671 | 1.543 | -37.32 | 1.449 |
| 调整后的每股净资产 | 0.8889 | 1.455 | -38.91 | 1.401 |

# C4.石油、化学、塑料、塑胶(68家)

# 600249 柳州两面针股份有限公司

## 首次公开发行股票招股说明书摘要

### 声　　明

本招股说明书摘要的目的仅为向公众投资者提供有关本次发行的简要情况,并不包括招股说明书全文的各部分内容。招股说明书全文同时刊载于上海证券交易所网站(www.sse.com.cn)。投资者在做出认购决定之前,应仔细阅读招股说明书全文,并以其作为投资决定的依据。

投资者若对本招股说明书及其摘要存在任何疑问,应咨询自己的股票经纪人、律师、专业会计师或其他专业顾问。

发行人董事会已批准本招股说明书及其摘要,全体董事承诺其中不存在虚假记载、误导性陈述或重大遗漏,并对其真实性、准确性、完整性承担个别和连带的法律责任。

公司负责人和主管会计工作的负责人、会计机构负责人保证招股说明书及其摘要中财务会计报告真实、完整。

中国证监会、其它政府部门对本次发行所做的任何决定或意见,均不表明其对本发行人股票的价值或投资者收益的实质性判断或保证。任何与之相反的声明均属虚假不实陈述。

根据《证券法》等的规定,股票依法发行后,发行人经营与收益的变化,由发行人自行负责,由此变化引致的投资风险,由投资者自行负责。

### 第一节　特别风险提示

发行人提示投资者特别关注公司面临的以下风险:

1.2003年1-6月,公司主营业务收入为22,298万元、净利润为1,600万元,上年同期分别为27,718万元和3,331万元,上半年相比上年同期分别减少19.55%和51.97%。减少的主要原因是:①上半年由于"非典"影响了公司产品的运输和销售,使当期销售收入减少约4,000万元;②2003年公司根据"有效经营"的思想,放弃和淘汰了一些毛利率较低的产品,减少了销售收入约1,400万元;③上半年收到中信证券2002年度的红利418万元,比上年收到的2,090万元减少了1,672万元,减幅为80%。根据目前的经营状况,预计公司2003年全年主营业务收入和主营业务利润不会低于上年,但存在净利润下降的风险。

2.由于日用化工行业进入门槛相对较低,市场化程度较高,尤其近年来外资企业的大量涌入,造成行业内部市场竞争加剧。激烈的市场竞争导致行业内产品毛利率下降,同时也造成本公司产品销售收入、利润总额出现较大幅度的波动。其中,2001年度公司利润总额为8,391.05万元、综合毛利率为30.21%,利润总额比2000年增长了51.03%,综合毛利率下降了1.29%。2002年,公司利润总额比2001年下降了18.42%、综合毛利率则下降了1.44%。2003年上半年,公司综合毛利率为29.82%,比上年上升了1.05%,这是因为公司毛利率水平较高的牙膏产品占销售收入的比重上升所致。如果发行人不能采取有效营销策略及相应措施,及时应对市场环境的变化和竞争的加剧,上述利润波动情况有可能反复出现,从而引起经营状况的不稳定。此外,外资品牌强大的竞争攻势、假冒伪劣产品的冲击、产品的更新换代等因素也在一定程度上影响了公司的生产销售,使公司面临着市场占有率下降的风险。

3.本次发行完成后,发行人的净资产将达到103,001.43万元(按最低计划募集资金量计算),是2003年6月30日净资产的2.76倍,公司未披露发行当年(2003年)的盈利预测情况,发行当年的净资产收益率有可能低于6%,存在净资产收益率大幅下降的风险。

4.发行人主要的长期投资为投资中信证券股份有限公司15,200万元,占中信证券总股本的3.83%。报告期内,发行人分别收到2000年、2001年和2002年投资收益3,610万元、2,090万元和418万元,各年度收到的长期投资收益波动较大。由于国内证券市场的较大的波动性,中信证券的经营业绩也可能随之波动。因此,公司的投资收益具有不确定性风险。

5.本次募集资金运用项目中有5个项目共计24,208.7万元的投资的可行性研究报告和论证审批是于1998年完成的。本次股票发行申报前,公司董事会对这些项目进行了认真研究并签字同意。2002年7—10月间公司对上述募集资金运用项目又作了一次全面详尽的补充论证,按照当前市场状况进行了完善和修正。发行人认为,上述项目对于尽快加强公司技术改造力度,扩大生产规模,从而在日趋激烈的日化产品市场竞争中保持领先地位,提高公司技术优势和盈利能力方面是非常必要的和可行的。即使如此,发行人仍提醒投资者应关注募集资金投资项目因企业经营环境和日化市场竞争的变化而存在可能影响公司未来经营业绩的风险。

### 第二节　本次发行概况

| | |
|---|---|
| 1.股票种类: | 人民币普通股(A股) |
| 2.每股面值: | 1.00元 |
| 3.预计发行股数: | 150,000.00股 |
| 发行股灵敏占发行后总股本的比例: | 40.00% |
| 4.发行定价: | 11.38元/股 |
| 全面摊薄市盈率(2002年数据): | 19.96倍 |
| 5.发行前和发行后每股净资产 | |
| 发行前每股净资产: | 4.15元(2003年6月30日) |
| 发行后每股净资产: | 6.87元 |
| 6.拟发行方式与发行对象: | |
| 拟发行方式: | 向二级市场投资者定价配售 |
| 发行对象: | 法律规定的可以从事股票投资的合格投资者 |
| 7.承销方式: | 余额包销 |
| 8.本次发行预计实收募集资金: | 65,664.80万元 |
| 9.发行费用: | 本次公开发行的发行费用总额预计为2,615.20万元。 |

### 第三节　发行人基本情况

一、发行人基本资料

中文名称:柳州两面针股份有限公司
英文名称:Liuzhou Liangmianzhen Co.,Ltd.
名称缩写:LMZ
法定代表人:梁英奇
成立日期:1994年6月30日
注册地址:广西柳州市柳北区长风路2号　(邮政编码:545001)
注册资本:人民币玖仟万元
电话:(0772)2506158
传真:(0772)2506159
互联网网址:http://www.tooth-paste.com/
电子信箱:lzlmz@public.lzptt.gx.cn

二、发行人历史沿革及改制重组情况

发行人前身柳州市牙膏厂是1980年建厂的全民所有制企业,该厂主要生产各种规格的两面针系列牙膏。

1994年6月30日,经广西区体改委批准,由柳州市牙膏厂独家发起,以定向募集方式设立柳州两面针股份有限公司,设立时股本总额为7,500万股,其中原柳州市牙膏厂以经评估的经营性净资产6,530.4万元投入股份公司,折合为国家股3,628万股,占股本总额的48.37%;向社会法人定向募集2,372万股,向内部职工募集1,500万股,分别占股本总额的31.63%和20%。主要股东是柳州市国有资产管理局。

1996年,公司按照《公司法》和国务院国发[1995]17号文的规定进行了规范,并由广西区体改委于1996年12月4日出具了确认规范的验核意见,在广西区工商行政管理局依法履行了重新登记手续。

1997年7月,公司向全体股东每10股送红股2股,共送红股1,500万股。方案实施后,公司总股本为9,000万股。

2001年3月5日,经自治区政府桂政函[2001]31号文批准,公司超比例内部职工股通过转让的方式得到了规范。

三、发行前后的股本结构

| | 发行前 | | 发行后 | |
|---|---|---|---|---|
| 股份类别 | 股数(万股) | 占总股本比例(%) | 股数(万股) | 占总股本比例(%) |
| 国家股 | 3,628 | 40.31 | 3,628 | 24.19 |
| 法人股 | 5,147.0536 | 57.19 | 5,147.0536 | 34.31 |
| 内部职工股 | 224.9464 | 2.50 | 224.9464 | 1.50 |
| 社会公众股 | | | 6,000 | 40.00 |
| 总股本 | 9,000 | 100.00 | 15,000 | 100.00 |

发行人的发起人、控股股东和主要股东之间不存在关联关系。

四、内部职工股的有关情况

1.内部职工股的发行和变动情况

经广西区体改委桂体改股字[1993]156号文批准,公司发行内部职工股1,500万股,占设立时总股本的20%,发行比例超过了国家体改委《定向募集股份有限公司内部职工持股管理规定》中规定的内部职工股不超过2.5%的比例。

1997年,根据公司股东大会的决议,公司向全体股东实施每10股送红股2股的方案。方案实施后,公司内部职工股增至1,800万股。

2.内部职工股的转让和交易情况

经本公司申请及广西柳州股权证托管中心同意,本公司的股权证从1994年9月1日起在柳州股权证托管中心进行柜台交易转让。1998年9月30日,根据中国证监会和广西区体改委的通知,本公司股权证停止转让交易。

为规范公司内部职工股超比例发行,2001年2月24日,本公司通过将占公司总股本17.50%的内部职工股股份转让给法人单位广西柳州钢铁(集团)公司的方案,将每位内部职工股股东个人持有的股份数额中的87.50%(按该比例计算不足1股的部分一律按1股计算)均转让给广西柳州钢铁(集团)公司,转让总股数为15,750,536股。2001年3月5日,广西区政府以桂政函[2001]31号文批准此次内部职工股的转让。此次转让完成后,内部职工股占公司总股本的的比例减至2.50%。

2001年4月12日,广西区政府以桂政函[2001]55号文确认本公司对过去的不规范行为均已按有关法律法规予以纠正。2002年4月23日广西区政府以桂政函[2002]60号文对本公司的内部职工股的清理进行了再次确认。

公司内部职工股将在本次股票发行上市三年后上市流通。

3.内部职工股托管情况

1994年7月,本公司的内部职工股全部托管在广西柳州股权证托管中心。1999年8月至今,本公司股票全部托管在广西证券登记公司。2001年3月30日,广西证券登记公司以桂证登字[2001]第01号文对公司股票集中托管出具证明。

4.发行人律师对公司内部职工股发行、演变及清理情况的法律意见发行人律师认为:发行人内部职工股超比例发行的问题,一方面是由于发行人对有关政策的理解不清,另一方面也是当时的政府职能部门对有关政策把握不准、执行不到位造成的。另外,公司内部职工股在发行中亦存在超范围发行和认购的情况。对于上述违规行为,政府有关主管机关、发行人、认购内部职工股的股东均应承担依法纠正的责任,发行人2001年进行的内部职工股的转让就是有关责任主体依法纠正过去违规行为的具体措施。

公司内部职工股转让的方案,得到了绝大多数内部职工股股东的理解和支持,从实际转让价格来看也没有损害内部职工股东的利益,是公平合理的。若因股权纠纷而诉讼,也将只是个别股东的行为。即使判定个别的股权转让无效,也只是涉及个别股东,对发行人自身的经营运作及依法存续并没有实质性的影响,也不会影响本次股票发行上市。至此,公司内部职工股的有关违规事项均已得到规范和清理,公司目前的股本结构和持股股东的资格符合法律规定。广西区政府桂政函[2001]55号文对公司内部职工股的规范和清理予以了确认。发行人不存在因内部职工股的上述演变引致重大风险或纠纷隐患的情形。

五、发行人的主营业务、主要产品和行业竞争地位发行人是以生产销售口腔卫生用品、洗涤用品以及妇女卫生用品为主的大型日用化工企业。口腔卫生用品("两面针"系列牙膏)是公司最主要的经营业务,近三年其销售收入占公司主营业务收入的比例在65%—75%之间。

"两面针"是我国牙膏行业的著名品牌,1999 年被国家工商行政管理总局商标局评为牙膏行业的中国驰名商标,2002 年两面针牙膏荣获"中国名牌产品"称号。

目前发行人是中国牙膏工业协会理事会的理事长单位。根据中国牙膏工业协会的统计排名,自 1996 年开始,发行人的牙膏产量和销量一直位居全国牙膏行业的前三名(含外资企业),内资企业的第一名。发行人的经济效益一直居于我国牙膏行业的前列。2002 年 6 月,公司荣获中国轻工业联合会授予的 2001 年度"质量效益型先进企业"称号。

发行人牙膏产品的重要成分是两面针植物提取液。两面针植物是一种具有良好抗菌消炎疗效的中药,临床实验证明,两面针药物牙膏具有很好的抗炎消肿、镇痛止血、抑菌除臭等功效。在预防各种口腔疾病方面,中药牙膏与其他药物牙膏相比,具有安全性高、资源丰富的特点。

发行人拥有国际 90 年代先进水平的生产设备和科研仪器,具有年产牙膏 6 亿支、妇女卫生巾 2 亿片、香皂 8 千万块及其他多种产品的生产能力。

两面针中药系列牙膏的核心技术是药用植物提取液在牙膏中的应用,特别是发行人自行研制的两面针提取液在牙膏中的应用具有独到之处,目前在国内处于领先地位。该技术由发行人独立开发,具有自主的知识产权。经过多年应用,该技术已经相当成熟,目前处于大批量生产阶段。

六、与发行人生产经营有关的资产权属情况

自有土地:发行人占用工业用地四宗,商业用地一宗,面积共 108,685.62 平方米。主要房产:发行人目前拥有综合办公大楼、生产车间、仓库等 14 栋已领取房屋所有权证。主要无形资产:发行人拥有和使用的注册商标 30 项;专利及非专利技术 9 项。

七、同业竞争和关联交易

1.本公司与控股股东不存在从事相同或相似业务的情况。发行人与其他股东之间不存在从事相同或相似业务的情况。发行人募集资金投入项目中不存在收购有实际控制权的个人或法人资产以避免同业竞争的情况。

2.报告期内,本公司与关联方发生的关联交易主要包括向关联方采购原材料、采购产成品、销售原材料及产成品、固定资产租赁四大类。

2000 - 2002 年,发行人向关联方进行的原材料采购主要为向达美公司采购牙膏用铝管、铝塑复合管和粘盒等原材料,涉及金额分别为 2000 年 10805 万元、2001 年 13798 万元、2002 年 9542 万元。2003 年 1 月 1 日起,该关联交易已经完全终止。

发行人向关联方进行产成品采购主要是向玉洁公司采购牙膏,向旅游用品厂采购旅游小支重牙膏等,2000 年交易金额为 2654 万元、2001 年为 2379 万元。从 2002 年 1 月 1 日起,该类关联交易已完全不存在。

发行人向关联方出租固定资产主要是达美公司出租房屋和设备,交易金额为 2000 年 423 万元、2001 年 404 万元、2002 年 126.14 万元。2003 年 1 月 1 日起,该类关联交易已完全终止。

发行人向关联方销售产品及原材料主要是向旅游用品厂销售小支重旅游牙膏、向玉洁公司销售牙膏用原材料,交易金额为 2000 年 1,662 万元、2001 年 3,036 万元、2002 年 1,927 万元、2003 年 1 - 6 月 979 万元。其中与玉洁公司的关联交易已于 2002 年 1 月 1 日起完全终止。

3.上述关联交易对本公司的财务状况和经营成果不存在重大影响。公司独立董事认为:公司与关联方发生的所有关联交易均遵循公平、公正、自愿、诚信,交易方式符合市场化的定价原则,交易价格的制定公允合理,并严格履行了公司章程规定的程序,决策行为合法有效,不存在损害公司及中小股东利益的情形。

发行人律师认为公司与关联方发生的关联交易是真实的,交易价格是依据市场原则确定的,价格公平。未发现上述关联交易存在损害发行人、股东利益及违反国家法律法规的规定的情况。上述关联交易合同是公司进行正常的经营活动而发生的,符合《中华人民共和国合同法》的有关规定,是有效合同。

申报会计师认为公司发生的重大关联交易主要是向关联方采购货物,会计处理上是按从关联公司实际发生的采购成本作为公司的存货成本入账,该等重大关联交易的会计处理是符合《关联方之间出售资产等有关会计处理问题暂行规定》(财会【2001】64 号)的规定。

本次发行主承销商认为:发行人与关联方所发生的关联交易有一定的历史成因和业务上的必要性,关联交易是真实的、关联交易合同是合法有效的,未发现不公允之处。发行人已建立了适当的关联交易决策制度,并从 2002 年开始按照承诺大幅减少了关联交易。故在报告期内,关联交易不存在损害发行人股东利益的情形,公司已对关联交易的具体情况进行了充分披露,没有重大遗漏和隐瞒。

八、董事、监事、高级管理人员情况

| 姓名 | 职务 | 简要经历及任职情况 | 薪酬情况(2002 年) | 持有公司股份的数量 |
| --- | --- | --- | --- | --- |
| 梁英奇先生 | 董事长 | 53 岁,大专学历,高级经济师,1968 年参加工作。曾任柳州市牙膏厂劳资科长、副厂长,本公司董事、副总经理,柳州市人大常委委员。现任中国牙膏工业协会理事长,广西区企业家协会常务理事,中共柳州市委候补委员,桂康公司董事长,惠好公司董事长,洗涤用品厂董事长,玉洁公司董事长,中信证券董事和柳州市商业银行董事。 | 1,060,037 | 2,185 股 |
| 袁东升先生 | 董事、总裁、技术负责人 | 36 岁,研究生学历,工程师,1992 年参加工作。曾任本公司技术发展部副经理、销售公司副经理,本公司董事、副总经理、代总经理。桂康公司、惠好公司、洗涤用品厂总经理。 | 636,022 | 993 股 |
| 黄忠耀先生 | 董事 | 51 岁,大专学历,助理经济师,1969 年参加工作曾任柳州市牙膏厂工会主席、劳动人事部部长,本公司劳动人事部部长。 | 530,019 | 4,446 股 |
| 王为民先生 | 董事、董事会秘书、副总裁 | 37 岁,大学学历,会计师,1988 年参加工作。曾任柳州市丰华房地产开发公司拆迁、售房部经理,柳州市政府派驻本公司财务总监。 | 530,019 | 0 股 |
| 张华意先生 | 董事、副总裁 | 44 岁,中专学历,政工员,1978 年参加工作。曾任柳州市牙膏厂经营部副经理、销售公司副经理、惠好公司副总经理、本公司销售公司经理。 | 371,013 | 4,925 股 |
| 罗华忠先生 | 董事 | 53 岁,研究生学历,高级经济师,1968 年参加工作。曾任柳州市汽车改制厂副厂长,柳州国有资产经营公司副总经理。现任柳州经济发展总公司法定代表人、总经理。 | 未在本公司领取薪酬 | 0 股 |
| 蒋昌顺先生 | 董事 | 30 岁,曾任汇馨企业有限公司地产部,海南华馨香料化工有限公司经理。现任汇馨实业(深圳)有限公司产业部经理。 | 未在本公司领取薪酬 | 0 股 |
| 李祖南先生 | 董事 | 44 岁,研究生学历,高级工程师,1976 年参加工作。曾任柳州市建委城建科科员,柳州市三桥工种指挥部施工组副组长,柳州市建委基建科科长,柳州市房产局副局长。现任柳州市建设投资开发有限责任公司法定代表人、副总经理,柳州市建誉房地产开发有限公司执行董事、总经理。 | 未在本公司领取薪酬 | 0 股 |
| 施建勇先生 | 董事 | 44 岁,医学博士,副主任医师,1982 年 1 月参加工作。曾任江苏省中医院内科消化病区主任、主治医师,深圳市沙头角人民医院中医科主任、金五环中医药研究所所长兼金五环健康科技有限公司总经理。现任深圳市中国传统医疗中心内科专家、深圳市中药剂型改革协作组项目负责人。 | 未在本公司领取薪酬 | 0 股 |
| 董世忠先生 | 独立董事 | 68 岁,大学学历,高级工程师、高级经济师,1949 年参加工作。曾任柳州拖拉机厂党委书记,中共柳州市委常委、政府常务副市长,政府党组书记兼柳州市体改委主任,广西机械厅厅长、厅党组书记,柳州市政府顾问、市汽车工业领导小组常务副组长。现已退休 | 39,600 | 0 股 |
| 李骅先生 | 独立董事 | 32 岁,大学学历,会计师、注册会计师(证券期货业务资格)、注册资产评估师、注册税务师。曾任柳州会计师事务所项目经理、部门副经理、部门经理,并被财政部派去香港何铁文苏汉章会计师行研修培训。现为广西正则会计师事务所法定代表人,主任会计师。 | 24,000 | 0 股 |
| 胡铭红女士 | 监事会召集人 | 46 岁,大专学历,会计师,1974 年参加工作。曾任广西柳州市染织厂财务科长、厂长助理,柳州市第三棉纺厂财务科副科长。现任柳州市发动机厂财务总监。 | 未在本公司领取薪酬 | 0 股 |
| 古世亶先生 | 监事 | 40 岁,大专学历,工程师,1982 年参加工作。曾任柳州市牙膏厂销售公司经理、本公司物资部副经理。现任公司物资部经理。 | 69,118 | 4,905 股 |
| 黄薇女士 | 监事 | 35 岁,中专学历,1989 年参加工作。曾在柳州市牙膏厂美工室工作,现在本公司市场部从事包装设计工作。 | 42,600 | 1,323 股 |
| 陈丽霞女士 | 副总裁、总会计师、财务负责人 | 40 岁,大学学历,高级会计师,1981 年 8 月参加工作。曾任柳州五交化集团财务科主办会计、财务部部长,柳州市财政局财务总监,柳州高新区财政局局长。 | 176,673 | 0 股 |
| 覃青云先生 | 核心技术人员 | 46 岁,大学学历,高级工程师,1973 年参加工作。现任本公司技术发展部副经理,是两面针强效中药牙膏的主要研制人员,该产品 2000 年荣获柳州市科学技术进步三等奖。 | 58,364 | 1,698 股 |
| 黄华来先生 | 核心技术人员 | 39 岁,大专学历,工程师,1985 年参加工作。现任本公司技术发展部经理助理。是两面针纯白牙膏、两面针彩条牙膏、两面针强效中药牙膏、两面针新中药牙膏的主要研制人员。 | 40,853 | 1,655 股 |

上述人员所持本公司股票均为内部职工股,不存在质押、担保和其他有争议的情况,亦未通过他人直接或间接控制的法人持有本公司股份。公司及本公司的关联公司与上述人员没有签定过借款、担保协议等。

九、发行人控股股东及其实际控制人的基本情况

本公司国家股股东柳州市国有资产管理局为国有资产授权管理部门,持有公司国家股 3,628 万股,占发行前总股本的 40.31%,为本公司的控股股东。

十、简要财务会计信息

1.简要合并利润及利润分配表　　单位:元

| 项　　目 | 2003 年 1 - 6 月 | 2002 年度 | 2001 年度 | 2000 年度 |
| --- | --- | --- | --- | --- |
| 一、主营业务收入 | 222,977,283.53 | 574,185,883.08 | 521,460,999.41 | 410,993,571.44 |
| 减:主营业务成本 | 156,481,660.38 | 408,977,927.98 | 363,944,875.86 | 281,514,160.47 |
| 主营业务税金及附加 | 1,179,430.22 | 1,991,865.02 | 1,675,938.97 | 1,304,057.95 |
| 二、主营业务利润 | 65,316,192.93 | 163,216,090.08 | 155,840,184.58 | 128,175,353.02 |
| 加:其他业务利润 | 1,790,129.60 | 6,608,674.96 | 4,410,466.76 | 4,140,411.05 |
| 减:营业费用 | 29,171,852.73 | 80,602,669.23 | 74,998,069.21 | 45,796,886.76 |
| 管理费用 | 17,603,454.96 | 32,920,396.53 | 31,398,159.07 | 32,219,660.31 |
| 财务费用 | 3,210,794.60 | 7,110,567.28 | 9,001,991.36 | 11,119,741.44 |
| 三、营业利润 | 17,120,220.24 | 49,191,132.00 | 44,852,431.70 | 43,179,475.56 |
| 加:投资收益 | 4,743,952.75 | 21,978,038.04 | 39,095,336.97 | 12,380,320.12 |
| 补贴收入 | 24,089.00 | 21,184.00 | 19,376.00 | 774.00 |
| 营业外收入 | 148,889.11 | 109,142.73 | 249,850.43 | 66,893.24 |
| 减:营业外支出 | 196,538.30 | 2,842,216.08 | 306,507.79 | 69,182.08 |
| 四、利润总额 | 21,840,612.80 | 68,457,280.69 | 83,910,487.31 | 55,558,280.84 |
| 减:所得税 | 6,077,615.04 | 14,821,937.85 | 17,239,433.24 | 10,287,850.19 |
| 少数股东损益 | (238,660.19) | 2,117,745.02 | 2,603,742.59 | 7,960,801.90 |
| 五、净利润 | 16,001,657.95 | 51,517,597.82 | 64,067,311.48 | 37,309,628.75 |
| 加:年初未分配利润 | 60,526,246.42 | 53,495,976.95 | 5,405,142.98 | 13,598,541.81 |
| 其他转入 | - | - | (4,925,003.58) | - |
| 六、可供分配利润 | 76,527,904.37 | 105,013,574.77 | 64,547,450.88 | 50,908,170.56 |
| 减:提取法定盈余公积 | - | 5,658,218.90 | 7,367,649.28 | 6,335,351.71 |
| 提取法定公益金 | - | 2,829,109.45 | 3,683,824.65 | 3,167,675.87 |
| 提取福利及奖励基金 | - | - | - | - |
| 七、可供股东分配的利润 | 76,527,904.37 | 96,526,246.42 | 53,495,976.95 | 41,405,142.98 |
| 减:应付优先股股利 | - | - | - | - |
| 提取任意盈余公积 | - | - | - | - |
| 应付普通股股利 | - | 36,000,000.00 | - | 36,000,000.00 |
| 转作股本的普通股股利 | - | - | - | - |
| 八、未分配利润 | 76,527,904.37 | 60,526,246.42 | 53,495,976.95 | 5,405,142.98 |

2.简要合并资产负债表

| 资　　产 | 2003年6月30日 | 2002年12月31日 | 2001年12月31日 | 2000年12月31日 |
|---|---|---|---|---|
| 流动资产： | | | | |
| 货币资金 | 92,397,419.90 | 88,333,375.91 | 76,072,019.75 | 44,987,446.18 |
| 应收票据 | 580,000.00 | 4,524,138.90 | 5,140,000.00 | 2,560,000.00 |
| 应收股利 | 4,780,000.00 | – | – | – |
| 应收账款 | 118,822,789.79 | 96,256,443.88 | 67,691,154.90 | 74,746,920.20 |
| 其他应收款 | 59,164,065.73 | 49,076,985.96 | 41,249,091.89 | 27,205,125.88 |
| 预付账款 | 58,059,275.27 | 62,359,784.58 | 64,728,321.32 | 49,286,750.50 |
| 存货 | 67,489,002.52 | 75,239,917.32 | 96,292,118.36 | 81,693,772.58 |
| 待摊费用 | 1,306,974.08 | 835,890.88 | 338,760.05 | 436,852.30 |
| 其他流动资产 | – | 65,593.97 | – | – |
| 流动资产合计 | 402,599,527.29 | 376,692,131.40 | 351,511,466.27 | 280,916,867.64 |
| 长期投资： | | | | |
| 长期股权投资 | 168,724,129.35 | 168,760,176.60 | 168,829,679.84 | 168,802,397.16 |
| 长期债权投资 | – | 14,000.00 | 14,000.00 | 42,000.00 |
| 长期投资合计 | 168,724,129.35 | 168,774,176.60 | 168,843,679.84 | 168,844,397.16 |
| 其中：合并价差 | – | – | – | – |
| 其中：股权投资差额 | – | – | – | – |
| 固定投资： | | | | |
| 固定资产原价 | 321,275,663.07 | 319,577,007.36 | 357,727,536.86 | 331,913,934.92 |
| 减：累计折旧 | 127,489,408.23 | 119,509,161.84 | 121,476,092.41 | 108,707,167.68 |
| 固定资产净值 | 193,786,254.84 | 200,067,845.52 | 236,251,444.45 | 223,206,767.24 |
| 减：固定资产减值准备 | 2,767,571.43 | 2,767,571.43 | 103,767.94 | 103,767.94 |
| 固定资产净额 | 191,018,683.41 | 197,300,274.09 | 236,147,676.51 | 223,102,999.30 |
| 工程物资 | 1,374,344.49 | 1,374,344.49 | 2,798,223.19 | 629,606.49 |
| 在建工程 | 3,868,866.59 | 4,423,580.92 | 4,884,610.80 | 11,583,445.61 |
| 固定资产清理 | – | 149,036.30 | 149,036.30 | 149,036.30 |
| 固定资产合计 | 196,261,894.49 | 203,247,235.80 | 243,979,546.80 | 235,465,087.70 |
| 无形及其他资产： | | | | |
| 无形资产 | – | – | – | 10,313,654.57 |
| 长期待摊费用 | – | – | 178,162.01 | 1,128,117.49 |
| 无形及其他资产合计 | – | – | 178,162.01 | 11,441,772.06 |
| 递延税项： | | | | |
| 递延税款借项 | – | – | – | – |
| 资产总计 | 767,585,551.13 | 748,713,543.80 | 764,512,854.92 | 696,668,124.56 |
| 负债及股东权益 | 2003年6月30日 | 2002年12月31日 | 2001年12月31日 | 2000年12月31日 |
| 流动负债： | | | | |
| 短期借款 | 150,000,000.00 | 150,000,000.00 | 150,000,000.00 | 150,000,000.00 |
| 应付票据 | 17,798,608.33 | 22,238,315.90 | – | – |
| 应付账款 | 56,662,196.80 | 52,418,630.98 | 112,026,354.90 | 78,220,915.05 |
| 预收账款 | 10,135,858.60 | 7,983,118.50 | 17,142,003.90 | 10,363,412.54 |
| 应付工资 | 587,246.84 | 587,246.84 | 3,905,281.50 | 8,242,395.54 |
| 应付福利费 | 958,798.76 | 2,942,092.37 | 4,587,382.67 | 3,487,229.51 |
| 应付股利 | 36,099,148.07 | 36,099,148.07 | 8,834,248.03 | 36,639,281.13 |
| 应交税金 | 4,296,138.45 | 4,388,065.59 | 4,184,706.35 | 24,652,847.10 |
| 其他应交款 | 10,092,642.77 | 9,989,530.43 | 9,914,756.26 | 234,773.29 |
| 其他应付款 | 36,006,481.71 | 33,247,872.39 | 45,621,303.49 | 43,201,506.65 |
| 预提费用 | 365,910.31 | – | – | – |
| 其他流动负债 | 180,000.00 | 180,000.00 | 180,000.00 | 180,000.00 |
| 流动负债合计 | 323,183,030.64 | 320,074,021.07 | 356,396,037.10 | 355,222,360.81 |
| 长期负债： | | | | |
| 长期借款 | – | – | – | – |
| 应付债券 | – | – | – | – |
| 专项应付款 | 20,487,266.64 | 20,487,266.64 | 17,687,266.64 | 17,687,266.64 |
| 其他长期负债 | – | – | – | (4,925,003.58) |
| 长期负债合计 | 20,487,266.64 | 20,487,266.64 | 17,687,266.64 | 12,762,263.06 |
| 递延税项： | | | | |
| 递延税款贷项 | – | – | – | – |
| 负债合计 | 343,670,297.28 | 340,561,287.71 | 374,083,303.74 | 367,984,623.87 |
| 少数股东权益： | | | | |
| 少数股东权益 | 50,548,917.70 | 50,787,577.89 | 48,582,470.80 | 45,978,728.21 |
| 所有者权益： | | | | |
| 股本 | 90,000,000.00 | 90,000,000.00 | 90,000,000.00 | 90,000,000.00 |
| 资本公积 | 80,850,127.49 | 80,850,127.49 | 80,850,127.49 | 80,850,127.49 |
| 盈余公积 | 125,988,304.29 | 125,988,304.29 | 117,500,975.94 | 106,449,502.01 |
| 其中：公益金 | 29,218,378.29 | 29,218,378.29 | 26,389,268.84 | 22,705,444.19 |
| 未分配利润 | 76,527,904.37 | 60,526,246.42 | 53,495,976.95 | 5,405,142.98 |
| 外币折算差额 | – | – | – | – |
| 股东权益合计 | 373,366,336.15 | 357,364,678.20 | 341,847,080.38 | 282,704,772.48 |
| 负债及股东权益总计 | 767,585,551.13 | 748,713,543.80 | 764,512,854.92 | 696,668,124.56 |

3.简要合并现金流量表　　单位：元

| 项　　目 | 2003年1－6月 | 2002年度 |
|---|---|---|
| 经营活动产生的现金流量净额 | 10,933,738.54 | (7,197,181.46) |
| 投资活动产生的现金流量净额 | (2,850,422.20) | 31,448,266.75 |
| 筹资活动产生的现金流量净额 | (4,019,272.35) | (11,992,242.46) |
| 现金及现金等价物净增加额 | 4,064,043.99 | 12,261,356.16 |

注：资产负债率以母公司数据为计算基础。

4.公司最近三年及一期主要财务指标

| 主要财务指标 | | 2003年1－6月 | 2002年 | 2001年 | 2000年 |
|---|---|---|---|---|---|
| 流动比率 | | 1.25 | 1.18 | 0.99 | 0.79 |
| 速动比率 | | 1.04 | 0.94 | 0.72 | 0.56 |
| 应收帐款周转率 | | 1.85 | 7.00 | 7.32 | 4.80 |
| 存货周转率 | | 2.09 | 4.77 | 4.09 | 3.35 |
| 无形资产(土地使用权除外)占总资产的比例(%) | | – | – | – | 0.40 |
| 资产负债率(%) | | 51.23 | 51.10 | 52.84 | 56.36 |
| 研究与开发费用占主营业务收入的比例(%) | | 0.13 | 0.73 | 0.78 | 0.89 |
| 每股净资产 | | 4.15 | 3.97 | 3.80 | 3.14 |
| 净资产收益率(%) | 全面摊薄 | 4.29 | 14.42 | 18.74 | 13.20 |
| | 加权平均 | 4.38 | 14.73 | 20.52 | 13.23 |
| 每股收益(元/股) | 全面摊薄 | 0.18 | 0.57 | 0.71 | 0.41 |
| | 加权平均 | 0.18 | 0.57 | 0.71 | 0.41 |

注：资产负债率以母公司数据为计算基础。

5.公司管理层的财务分析和评价

(1)2003年1－6月公司业绩有所下滑的情况说明如下：

①主营业务收入：2003年1－6月比上年同期下降5420万元，减少了19.55%，公司认为其主要原因是：A.2003年4－6月份，受"非典"的影响，使公司的销售收入减少了约4000万元。"非典"期间，全国的物流系统受到了很大的冲击，公司产品的运输也受到了很大的影响，使得公司产品的运输成本增加，运输时间加长，很多地方公司产品根本无法运到，经销商也关门大吉；在终端商场、超市，人流稀少，公司的产品也不可避免的受到影响。B.公司2003年的经营指导思想是"有效经营"，因此调整了产品的结构，不片面的追求销量，注重效益—利润，将一些毛利低的产品逐步淘汰和放弃，虽然影响了销售收入，但公司的效益却提高了，确保了公司持续发展的后劲。我们认为，2003年上半年的"非典"因素确实对公司的生产经营造成一定影响，影响的结果是收入水平比正常情况下有所减少。

从公司收入分类来看，牙膏类产品的下降水平最小，该项为公司销售的主要产品。其他产品如牙刷、香皂、洗衣粉、洗发露及卫生巾产品的收入水平均下降了30%以上，其中洗衣粉、洗发露下降最多达53.59%，该些产品除受"非典"因素影响外，也是公司调整产品结构的结果。各类产品销售对比情况如下(合并数，单位：万元)：

| 项目 | 2003年1－6月 | 2002年1－6月 | 增减额 | 增减比例 |
|---|---|---|---|---|
| 牙膏 | 16,550 | 17,548 | －998 | －5.69% |
| 牙刷 | 104 | 170 | －66 | －38.82% |
| 香皂 | 2,033 | 3,298 | －1,265 | －38.36% |
| 洗衣粉、洗发露及其他 | 1,481 | 3,191 | －1,710 | －53.59% |
| 卫生巾 | 2,130 | 3,511 | －1,381 | －39.33% |
| 合计 | 22,298 | 27,718 | －5,420 | －19.55% |

②主营业务利润：较上年同期减少823万元，减少了11.19%。由于主营业务收入下降影响到主营业务利润下降，同时由于公司产品销售结构等的变化，使主营业务利润率比上年同期上升了2.76%。各类产品的毛利率变化如下表：

| 项目 | 2003年1－6月 | 2002年1－6月 | 增减比例 |
|---|---|---|---|
| 牙膏 | 36.50% | 36.17% | 0.33% |
| 牙刷 | 18.20% | 15.49% | 2.71% |
| 香皂 | 15.19% | 15.43% | －0.24% |
| 洗衣粉、洗发露及其他 | －4.40% | －1.70% | －2.70% |
| 卫生巾 | 16.26% | 16.98% | －0.72% |
| 合计 | 29.82% | 26.78% | 3.04% |

从表可以看出，牙膏、牙刷产品毛利率较上期略有上升，其他产品毛利率较上期略有下降，由于牙膏产品的毛利率较其他产品高，2003年1－6月牙膏所占主营业务收入的比例为74.22%，比上年同期的63.31%上升了10.91%，而综合销售毛利率也上升了3.04%。

③营业利润：较上年同期减少410万元，减少了19.32%，主要系主营业务利润的下降造成。与此同时，2003年1－6月公司三项费用合计比上年同期减少512万元，说明公司在主营业务收入下降的同时，公司的费用能够得到有效控制，从而确保了公司的整体效益。各项费用对比如下：

单位：万元

| 项目 | 2003年1－6月 | 2002年1－6月 | 增减额 | 增减比例 |
|---|---|---|---|---|
| 营业费用 | 2,917 | 3,559 | －642 | －18.04% |
| 管理费用 | 1,760 | 1,605 | 155 | 9.66% |
| 财务费用 | 321 | 346 | －25 | －7.23% |
| 合计 | 4,998 | 5,510 | －512 | －9.29% |

营业费用减少了642万元，主要为广告费用减少387万元、柜台网点费减少141万元及运输费减少176万元引起；管理费用增加主要系工资支出增加造成；财务费用略有下降系由于利息支出下降。

④利润总额：较上年同期减少1815万元，减少了45.39%，除由于营业利润减少外，主要原因是投资收益减少所至，公司投资收益的主要来源是投资中信证券的分红，由于2002年度证券市场低迷，使中信证券给股东的回报大幅度下降，公司的投资收益比上年同期减少了1676万元，从而影响了利润总额。

综上所述，公司2003年1－6月业绩较上年同期有所下降，主要的原因有两个方面：一是由于受到"非典"因素和公司产品结构调整使公司的收入水平下降，二是由于公司投资收益大幅下降。公司的净利润较上年同期下降了51.97%。

(2)本公司整体资产质量优良，主要情况如下：

2000年、2001年、2002年和2003年6月底公司固定资产净额分别为22,310.30万元、23,614.77万元、19,730.03万元和19,101.87万元，占资产总额的比例分别32.02%、30.89%、26.35%和24.89%。公司充分利用自有资金引进国内外先进生产设备，固定资产投资遵循规范的决策程序和预算制度，严格按计划实施，对固定资产定期维护、规范操作，使资产能以良好的状态运行。

公司除保留必要的原材料和产成品库存外，基本实现按需生产，通过合理的采购计划和生产调度完成客户订单，积压的产品和物资很少，即"零库存"的生产销售管理。2002年，公司实行"先销售，后生产"的产销模式，对降低原材料及产成品库存取得了不错的效果。2000年底、2001年底、2002年底和2003年6月底存货占资产总额的比例分别为11.73%、12.60%、10.05%和8.79%。

2000年12月31日应收账款占流动资产的比例为26.61%，占资产总额的比例为10.73%；2001年12月31日应收账款占流动资产的比例为19.26%，占资产总额的比例为8.85%；2002年应收账款占流动资产的比例为25.55%，占资产总额的比例为12.56%；2003年6月30日应收账款占流动资产的比例为29.51%，占资产总额的比例为15.48%。2000年、2001年、2002年和2003年6月底应收账款周转率分别为4.80次、7.32次、7.00次和1.85次。经过公司的努力，已收回了部分有争议的应收账款。尽管如此，公司仍然有部分应收账款涉及纠纷和争议，公司现已对此类应收账款提取了50%或100%的坏账准备。公司将继续尽力收回，使坏账损失降低。

截至2003年6月30日，公司长期股权投资余额为16,872.41万元，占当期净资产的比例为45.19%。截止2003年6月末，公司投资项目均无遭受较大损失的记录，2000年、2001年、2002年和2003年6月末投资收益分别为1,238.03万元、3,909.53万元、2,198万元和474万元。但是，公司对中信证券的投资会受到证券市场波动的影响，敬请投资者注意。

(3)公司资本结构

公司2000年末、2001年末、2002年末和2003年6月末资产负债率分别为56.36%、53.01%、51.10%和51.23%(母公司报表口径)，均保持在50%左右，公司在严格控制财务风险的前提下，充分利用好财务杠杆，获得更高的权益报酬水平。2000年、2001年、2002年和2003年1－6月银行贷款平均年利率分别为 6.36%、5.04%、4.54%和 4.54%，而利润率分别为 13.20%、18.74%、14.42%和 8.57%。

(4)现金流量

2000 年～2003 年 6 月，公司现金流量随着生产经营活动而呈现波动趋势，2000 年则是一个低点，2001 年是一个较高点，2002 年又有所降低。2003 年上半年与 2002 年同期比较，现金流量大幅增加。

2001 年度由于调整了营销策略，巩固了市场占有率，产品销售数量和销售价格均上升，2001 年度与 2000 年度相比，公司主营业务大幅回升，经营活动产生的现金流量净额由 2000 年度的－1,739.04 万元，增加为 2001 年度的 3,945.72 万元，其中，销售商品收到的现金比 2000 年增加 14,130.55 万元，增幅 28.13%。2001 年投资活动产生的现金流量净额为 2,242.96 万元，比 2000 年度净增 3,019.58 万元，主要原因是收到中信证券的投资收益 3,610 万元。由于保持高比例分配现金股利，公司 2001 年度筹资活动产生的现金流量净额为－3,080.06 万元。

2002 年度公司主营业务收入上升，但公司的现金流量净额有所下降。经营活动产生的现金流量净额为－719.72 万元，其中，销售商品收到的现金为 55,740.46 万元。2002 年度投资活动产生的现金流量净额为 3,144.83 万元，筹资活动产生的现金流量净额为－1,199.22 万元。

2003 年上半年，由于“非典型”肺炎疫情的影响，公司主营业务收入相对 2002 年同期有所下降，但公司充分利用商业信用，经营活动产生的现金流量净额为 1,093.37 万元，其中，销售商品收到的现金为 23,124.61 万元，购买原材料支付的现金为 7,515.07 万元。2003 年 6 月末投资活动产生的现金流量净额为－285.04 万元，筹资活动产生的现金流量净额为－ 401.93 万元。

通过以上对比分析可以看出，在报告期间，公司现金流量虽然出现较大波动，但公司能审时度势，针对市场的变化进行自我调整，确保公司的现金流量处于良好状态。虽然还面临着偿还贷款的压力，但公司通过增加销售收入和加强财务管理能使压力得到缓解。

(5)经营状况与业务发展目标

报告期内，由于激烈的市场竞争，日用化工行业的市场格局发生较大的变化，内外资企业、老牌企业与新兴厂商、传统产品与新产品之间的竞争接近白热化，受此影响，公司销售收入也呈现出上下波动的态势。牙膏作为公司的主导产品，2001 年全年实现销售收入 36,564.79 万元，比 2000 年度增加 5,006.71 万元，增幅为 15.87%，2002 年实现销售收入 38,594.54 万元，比 2001 年增加了 2,029.75 万元，增幅为 5.55%，2003 年上半年实现销售收入 16,549.77 万元。

公司将继续加大产品研究与开发力度，凭借公司在中草药基础研究及应用技术方面形成的优势，不断提高产品的技术含量及附加值，通过开发具有医疗保健作用的功效型日用化工产品，摆脱低技术无差异产品的恶性竞争，拓展全新的市场空间，从而确立不同于一般日化产品的市场定位及竞争优势。

6.公司股利分配政策、历年股利分配情况以及滚存利润的分配政策公司将依照同股同利的原则，按各股东所持股份数分配股利。股利分配采取现金股利、股票股利二者之一或二者并用形式。股利分配原则上每年一次，具体分配方案由董事会根据盈利状况拟定，经股东大会审议通过后实施。

前三年分别以现金方式向股东单位支付股利情况为：2000 年 3600 万元、2001 年不分配、2002 年 3600 万元。公司未分配利润及 2003 年形成的利润由新老股东共享。

7.本公司控股、参股、合营子公司情况

| 被投资单位 | 成立日期 | 法定代表人 | 注册资本 | 投资比例(%) |
|---|---|---|---|---|
| 柳州桂康日用化学品有限公司 | 1993.3 | 梁英奇 | 893 万美元 | 75 |
| 柳州惠好卫生用品有限公司 | 1995.12 | 梁英奇 | 210 万美元 | 75 |
| 柳州两面针洗涤用品厂(注) | 1995.12 | 梁英奇 | 40 万美元 | 51 |
| 柳州市玉洁口腔卫生用品有限公司 | 1997.5 | 梁英奇 | 1,000 万元 | 40 |
| 柳州市商业银行股份有限公司 | 1997.3 | 李丹云 | 1.02 亿元 | 10.00 |
| 中信证券股份有限公司 | 1995.10 | 王东明 | 24.815 亿元 | 3.83 |

注：柳州两面针洗涤用品厂为中外合作企业，其中发行人拥有 51%的利润分配权，具有实际控制权。

## 第四节　募集资金运用

本次发行预计募集资金 68,280 万元，扣除发行费用后净额为 65,664.8 万元。发行后，公司的净资产预计将比 2002 年 12 月 31 日的 35,736.47 万元增长约 2.84 倍，达到 101,401.27 万元。每股净资产预计为 6.76 元，将是 2002 年 12 月 31 日的每股净资产 3.97 元的 1.70 倍。资产负债率将会由 2002 年 12 月 31 日的 51.10%下降到 26.99%(母公司口径)。

达产后，年销售收入将增加 72,925 万元，年净利润将增加 10,429 万元。

| 序号 | 项目名称 | 批准文件 | 计划使用募集资金(万元) | 基本情况 | 财务评价 |
|---|---|---|---|---|---|
| 1 | 新型抗菌剂的开发及应用项目 | 国经贸技[1998]345 号文 | 4,959.70 | 本项目总投资为 4,959.7 万元。其中固定资产投资 2,400 万元，流动资金 2,559.7 万元。 | 达产后可实现年均销售收入 12,650 万元，年均税后利润 1,266 万元，项目内部收益率 21.65%，投资回收期(含 2 年建设期)5.32 年。 |
| 2 | 引进牙膏生产灌包装设备技术改造项目 | 桂经贸字[1998]175 号文 | 2,990 | 项目总投资约合人民币 2,990 万元，主要是固定资产投资 | 达产后，预计可实现年均销售收入 11,090 万元，年均税后利润 891.50 万元，项目内部收益率 26.30%，投资回收期(含 2 年建设期)4.54 年。 |
| 3 | (1)每日棉护垫生产线技术改造项目 | 桂经贸字[1998]517 号文 | 4,795 | 项目总投资为 4795 万元，其中固定资产投资 2,995 万元，生产所需流动资金 1,800 万元。 | 达产后预计可实现年均销售收入 8,060 万元，年均税后利润 836 万元，项目内部收益率 16.32%，投资回收期 6.62 年。 |
|  | (2)引进婴儿纸尿裤生产线技术改造项目 | 桂经贸字[1998]445 号文 | 5,496 | 本项目总投资为 5,496 万元，其中固定资产投资 2,996 万元，生产所需流动资金 2,500 万元。 | 达产后可实现年均销售收入 8,085.50 万元，项目内部收益率 14.86%，投资回收期(含建设期)7.12 年。 |
| 4 | 生产高级洗涤用品技术改造项目 | 桂经贸字[1998]518 号文 | 5,968 | 项目总投资为 5,968 万元。其中固定资产投资 2,968 万元，生产所需流动资金 3,000 万元。 | 达产后，预计可实现年均销售收入 7,200 万元，年均税后利润 944.78 万元，项目内部收益率 14.75%，投资回收期(含建设期)7.21 年。 |
| 5 | 合资生产全塑复合管牙膏项目 | 桂经贸字[2001]625 号文 | 24,192.75 | 公司占合资企业总股份的 75%。项目的拟投资总预算为 32,257 万元，其中发行人出资 24,192.75 万元。 | 预计本公司每年可相应获得投资收益 4,791 万元，本公司该项股权投资项目的内部收益率为 20.85%，投资回收期(含 2 年建设期)5.57 年。 |
| 6 | 松香类产品深加工项目 | 桂经贸字[2001]200 号文 | 3,284 | 本项目总投资为 3,284 万元。其中固定资产投资 2,784 万元生产所需流动资金 500 万元。 | 达产后预计可实现年均销售收入 8,892 万元，年均税后利润 696 万元，项目内部收益率 19.50%，投资回收期(含建设期)5.86 年。 |
| 7 | 超临界 $CO_2$ 流体萃取技术开发应用项目 | 桂经贸字[2001]199 号文 | 2,731 | 本项目总投资为 2,731 万元。其中固定资产投资 2,631 万元，生产所需流动资金 100 万元。 | 达产后预计可实现年均销售收入 1,207.68 万元，年均税后利润 477.40 万元，项目内部收益率 19.74%，投资回收期(含 2 年建设期)5.77 万年。 |
| 8 | 市场营销系统技改项目 | 桂经贸字[2001]603 号文 | 4,100 | 项目总投资额为 4,100 万元，项目建设期一年。 | 预计每年可增加销售额 10,950 万元，新增利润 1,230 万元。 |
| 9 | 科研开发投入 | 桂经贸字[2001]602 号文 | 5,000 | 拟在现有省级技术中心的基础上从硬件和软件两方面进行改造，建设成为“国家级技术研究中心”。 |  |
| 10 | 偿还银行贷款 |  | 2,148.35 |  |  |

## 第五节　风险因素和其它重要事项

一、除已披露之特别风险外，发行人提请投资者注意公司存在的以下风险

1.市场竞争风险。激烈的市场竞争导致行业内产品销售毛利率下降，同时造成产品销售收入的增长速度放缓。

2.财务风险。公司面临着本次股票发行后净资产收益率下降的风险，2003 年度净利润下降的风险，以及应收账款发生坏帐损失的风险。

3.业务经营风险。公司牙膏产品的销售收入占公司总收入的比重较大，在公司牙膏产品中，中低价位产品的产销量一直占 70%以上，高档产品的开发仍显不足。这种相对单一的产品结构不利于公司抵御市场风险。

4.技术风险。技术方面的主要风险在于对关键技术人员的依赖、技术过时和新技术开发不足以及新技术的应用风险。

5.公司募集资金运用项目涉及的固定资产投资规模较大，一旦市场环境发生变化或在项目投资管理过程中出现失误，可能会影响本公司的未来经营业绩。

6.内部职工股转让风险。为规范公司的股权比例，经政府有权部门批准，发行人将超比例的内部职工股通过转让变更为法人股的方式完成了规范工作，变更完成后公司的股权结构得到了政府部门的确认。但仍存在个别股东诉讼风险。

7.加入 WTO 后产品的进口关税税率进一步降低，公司面临进口产品直接竞争的风险。

8.外汇风险。公司出口产品、引进国外设备以及购买部分进口原材料均以外币收支，因此外汇市场的汇率波动将可能影响公司的销售收入和生产成本。

9.不可抗力或者其他意外因素。公司不排除因自然灾害等不可抗力因素或其他意外因素对本公司生产经营带来不利影响的可能性。

二、其它重要事项

对发行人有重要影响的合同为：2001 年 12 月 30 日，发行人与上海三樱包装材料有限公司签订了复合管购销协议书，协议书约定发行人将委托上海三樱包装材料有限公司定做复合管，购销合同每五年一签。

发行人不存在对其财务状况、经营成果、声誉、业务活动、未来前景可能产生较大影响的诉讼或仲裁事项。

## 第六节　本次发行各方当事人和发行时间安排

| 当事人 | 名称 | 住所 | 电话 | 传真 | 联系人 |
|---|---|---|---|---|---|
| 发行人 | 柳州两面针股份有限公司 | 广西柳州市柳北区长风路 2 号 | 0772－2506158 | 0772－2506159 | 王为民 |
| 主承销商 | 广州证券有限责任公司 | 广州市先烈中路 69 号东山广场主楼 5 楼 | 020－87322668 | 020－87325041 | 王文博　李建文<br>王　遥　艾西南<br>洗宏飞　邓尔慷<br>徐佑军　周围林 |
| 律师事务所 | 国浩律师集团(北京)事务所 | 北京市东城区建国门内大街贡院 6 号 E 座 9 层 | 010－65171188 | 010－65176800 | 赵　清<br>黄伟民 |
| 会计师事务所 | 深圳大华天诚会计师事务所 | 深圳市滨河大道 5002 号联合广场 B 座 11 楼 | 0755－82966001 | 0755－82900965 | 胡春元<br>高德惠 |
| 股票登记公司 | 中国证券登记结算有限责任公司上海分公司 | 上海市浦东新区陆家嘴东路 166 号 | 021－38874800 | 021－68870224 |  |
| 收款银行 | 工商银行广州市南方支行 | 广州市环市东路 339 号广东国际大酒店主楼 2 楼 | 020－83311282－301 | 020－83311213 | 彭秀静 |
| 拟上市地 | 上海证券交易所 | 上海市浦东南路 528 号 | 021－68802669 | 021－68802819 |  |

本次发行上市的重要日期：

| 内　容 | 时　间 |
|---|---|
| 1.发行公告刊登日期 | 2003 年 12 月 30 日 |
| 2.发行日期 | 2004 年 1 月 2 日 |
| 3.申购日 | 2004 年 1 月 2 日上午 9:30－11:30，下午 1:00－3:00 |
| 4.摇号日 | 2004 年 1 月 5 日 |
| 5.摇号结果公布日 | 2004 年 1 月 6 日 |
| 6.缴款日 | 2004 年 1 月 7 日 |
| 7.预计上市日期 | 本次股票发行结束后尽快在上海证券交易所挂牌上市 |

## 第七节　附录和备查文件

本招股说明书全文、备查文件和附件可以于工作日在发行人和主承销商住所查阅。招股说明书全文可以通过上海证券交易所网站(www.sse.com.cn)查阅。

# 柳州两面针股份有限公司首次公开发行股票上市公告书

## 第一节　重要声明与提示

本公司董事会保证上市公告书的真实性、准确性、完整性，全体董事承诺上市公告书不存在虚假记载、误导性陈述或重大遗漏，并承担个别和连带的法律责任。

根据《公司法》、《证券法》等有关法律、法规的规定，本公司董事、高级管理人员已依法履行诚信和勤勉尽责的义务和责任。

证券交易所、中国证监会、其他政府机关对本公司股票上市及有关事项的意见，均不表明对本公司的任何保证。

本公司提醒广大投资者注意，凡本上市公告书未涉及的有关内容，请投资者查阅 2003 年 12 月 29 日刊载于《中国证券报》、《上海证券报》、《证券时报》的本公司招股说明书摘要，及刊载于上海证券交易所网站 http://www.sse.com.cn 的本公司招股说明书全文及附录。

## 第二节　概　览

1.股票简称：两面针

2.沪市股票代码：600249

3.深市代理股票代码：003249

4.总股本：150,000,000 股

5.可流通股本：60,000,000 股

6.本次上市流通股本：60,000,000 股

7.发行价格：11.38 元/股

8.上市地点：上海证券交易所

9.上市时间：2004 年 1 月 30 日

10.股票登记机构：中国证券登记结算有限责任公司上海分公司

11.上市推荐人：广州证券有限责任公司

12.对首次公开发行股票前股东所持股份的流通限制及期限：根据国家现有法律、法规规定和中国证监会发行字[2003]136 号《关于核准柳州两面针股份有限公司公开发行股票的通知》，本公司的国有法人股、法人股暂不上市流通，内部职工股在本次发行上市三年后上市流通。

13.本公司第一大股东柳州市国资局对所持股份自愿锁定的承诺：自本公司股票上市之日起 12 个月内，不转让所持有的本公司股份，也不会要求或接受由本公司回购其所持有的股份。

## 第三节　绪言

本上市公告书是根据《中华人民共和国公司法》、《中华人民共和国证券法》、《股票发行与交易管理暂行条例》、《公开发行股票公司信息披露实施细则》和《上海证券交易所股票上市规则》等国家有关法律、法规的规定，并按照中国证券监督管理委员会制定的《公开发行证券的公司信息披露内容与格式准则第 7 号－－股票上市公告书》要求而编制，旨在向投资者提供本公司的基本情况和本次股票上市的有关资料。

经中国证券监督管理委员会证监发行字[2003]136 号文核准，本公司已于 2004 年 1 月 2 日以向二级市场投资者定价配售的方式成功公开发行了 6,000 万股人民币普通股(A 股)，每股面值 1.00 元，每股发行价格 11.38 元。

经上海证券交易所上证上字[2004]3 号《关于柳州两面针股份有限公司人民币普通股股票上市交易的通知》批准，本公司 6,000 万股社会公众股将于 2004 年 1 月 30 日在上海证券交易所上市交易。股票简称"两面针"，沪市股票代码为"600249"，深市代理股票代码为"003249"。

本公司已于 2003 年 12 月 29 日分别在《中国证券报》、《上海证券报》、《证券时报》上刊登了《柳州两面针股份有限公司首次公开发行股票招股说明书摘要》。《柳州两面针股份有限公司首次公开发行股票招股说明书》全文及其附录材料可在上海证券交易所网站(http://www.sse.com.cn)查阅。因招股说明书及其摘要的披露距今不足 3 个月，故与其重复的内容在此不再重述，敬请投资者查阅上述文件。

## 第四节　发行人概况

一、发行人基本情况

发行人名称：柳州两面针股份有限公司

英文名称：Liuzhou Liangmianzhen Co., Ltd.

法定代表人：梁英奇

主营业务：口腔卫生用品、妇女卫生用品和洗涤用品等日用化工产品的生产销售。

注册地址：广西柳州市柳北区长风路 2 号

联系地址：广西柳州市柳北区长风路 2 号

邮政编码：545001

电话：0772－2506159

传真：0772－2506158

互联网网址：http://www.tooth－paste.com/

电子信箱：lzlmz@public.lzptt.gx.cn

董事会秘书：王为民

二、发行人历史沿革

发行人前身柳州市牙膏厂是 1980 年建厂的全民所有制企业，该厂主要生产各种规格的两面针系列牙膏。

1994 年 6 月 30 日，经广西区体改委批准，由柳州市牙膏厂独家发起，以定向募集方式设立柳州两面针股份有限公司，设立时股本总额为 7,500 万股，其中原柳州市牙膏厂以经评估的经营性净资产 6,530.4 万元投入股份公司，折合为国家股 3,628 万股，占股本总额的 48.37%；向社会法人定向募集 2,372 万股、向内部职工募集 1,500 万股，分别占股本总额的 31.63%和 20%。主要股东是柳州市国有资产管理局。

1996 年，公司按照《公司法》和国务院国发[1995]17 号文的规定进行了规范，并由广西区体改委于 1996 年 12 月 4 日出具了确认规范的验核意见，在广西区工商行政管理局依法履行了重新登记手续。

1997 年 7 月，公司向全体股东每 10 股送红股 2 股，共送红股 1,500 万股。方案实施后，公司总股本为 9,000 万股。

2001 年 3 月 5 日，经自治区政府桂政函[2001]31 号文批准，公司超比例内部职工股通过转让的方式得到了规范。

三、主要经营情况

1.主营业务产品

(1)口腔卫生用品：公司主要口腔卫生产品是牙膏，其主要功能是清洁牙齿、保持口腔卫生，是日用必需品。

(2)洗涤用品：洗涤用品包括肥皂和合成洗涤剂两大类产品。作为生活必需品，洗涤用品市场容量很大，目前我国的洗涤用品产量已跃居世界第二位。

(3)妇女卫生用品：妇女卫生用品主要是指卫生巾、卫生护垫等生活用纸产品。卫生巾(卫生护垫)是妇女生活必需品，又是一次性的消费品。

2.产品销售方式和渠道公司产品销售方式主要以经销为主。

3.行业竞争情况与竞争地位

在日用化工产品领域，目前主要由包括本公司在内的几家跨国公司和内资日用化工产品企业占有较大的市场份额。本公司牙膏产品目前在行业内居内资品牌第一名、全部牙膏品牌第三名，具有较强的竞争优势。

4.公司的主要财务指标

见本上市公告书之"财务会计资料"章节。

## 第五节　股票发行与股本结构

一、本次股票上市前首次公开发行股票的情况

1.发行总量：6,000 万股，占发行后总股本 40%。

2.募集资金总额：本次发行募集资金约 682,800,000 元，扣除与发行有关的费用人民币 41,529,563.79 元，实际可使用募集资金人民币 641,270,436.21 元。

3.发行方式：全部向二级市场投资者定价配售的发行方式。

4.发行对象：2003 年 12 月 29 日招股说明书刊登日收盘时，持有上海证券交易所或深圳证券交易所上市流通人民币普通股(A 股)股票的收盘市值总和不少于 10,000 元的投资者。

5.发行有关费用：发行有关费用 4,152.96 万元，包括：承销费用、审计费用、律师费用、审核费、上网发行费用、报纸刊登印刷及网上路演费用。每股发行费用 0.6922 元。

二、本次股票上市前首次公开发行股票的承销情况

本次公开发行 6,000 万流通股股票，沪市、深市二级市场投资者的配号总数为 73,990,156 个，中签率为 0.08109187%。二级市场投资者认购 59,249,844 股，其余 750,156 股由主承销商包销。

三、本次上市前首次公开发行股票所募股资金的验资报告

柳州两面针股份有限公司：

我们接受委托，审验了贵公司截至 2004 年 1 月 10 日止的新增注册资本实收情况。按照国家相关法律、法规的规定和协议、章程的要求出资，提供真实、合法、完整的验资资料，保护资产的安全、完整是全体股东及贵公司的责任。我们的责任是对贵公司新增注册资本的实收情况发表审验意见。我们的审验是依据《独立审计实务公告第 1 号—验资》进行的。在审验过程中，我们结合贵公司的实际情况，实施了检查等必要的审验程序。

贵公司原注册资本为人民币玖仟万元(￥90,000,000.00)，根据贵公司 2002 年度股东大会决议和修改后章程的规定，并经中国证券监督管理委员会证监发行字[2003]136 号文核准，向社会公开发行人民币普通股(A 股)陆仟万股(￥60,000,000 股)，每股面值人民币 1.00 元，计人民币陆仟万元(￥60,000,000.00)。变更后的注册资本为人民币壹亿伍仟万元(￥150,000,000.00)。经我们审验，截至 2004 年 1 月 10 日止，贵公司募集资金计人民币陆亿捌仟贰佰捌拾万元(￥682,800,000.00)，扣除与发行有关的费用人民币肆仟壹佰伍拾贰万玖仟伍佰陆拾叁元柒角玖分(￥41,529,563.79)，贵公司实际增加投入资产人民币陆亿肆仟壹佰贰拾柒万肆佰叁拾陆元贰角壹分(￥641,270,436.21)(均为货币资金)，其中计入股本人民币陆仟万元(￥60,000,000.00)，计入资本公积人民币伍亿捌仟壹佰贰拾柒万肆佰叁拾陆元贰角壹分(￥581,270,436.21)。

同时我们注意到，贵公司本次增资前的注册资本为人民币玖仟万元(￥90,000,000.00)。已经柳州会计师事务所审核，并于 1997 年 11 月 19 日出具柳会师资字(1997)第 27 号验资报告验证。截至 2004 年 1 月 10 日止，变更后的累计注册资本实收金额为人民币壹亿伍仟万元(￥150,000,000.00)。

本验资报告供贵公司申请变更登记时使用，不应将其视为是对贵公司验资报告日后资本保全、偿债能力和持续经营能力等的保证。因使用不当造成的后果，与执行本验资业务的注册会计师及会计师事务所无关。

附件：1.注册资本变更情况明细表

(1)新增注册资本实收情况明细表(表 1)

(2)注册资本变更前后对照表(表 2)

2.验资事项说明

3.验资依据证明文件

中国注册会计师胡春元高德惠

二零零四年一月十日

四、本次发行募股资金入帐情况

入帐时间：2004 年 1 月 8 日

资金金额：641,270,436.21 元人民币(扣除与发行有关的费用)

入帐银行：农行城中支行

入帐帐号：111101040002844

五、发行人上市前股权结构及各类股东的持股情况

1.发行人上市前的股权结构

| 股份类别 | 股数(万股) | 占总股本比例(%) |
|---|---|---|
| 国家股 | 3,628 | 24.19 |
| 法人股 | 5,147.0536 | 34.31 |
| 内部职工股 | 224.9464 | 1.50 |

| | | |
|---|---|---|
| 流通股 | 6,000 | 40.00 |
| 总股本 | 15,000 | 100.00 |

2.本次上市前 10 大股东情况

| 序号 | 股东名称 | 持股数(万股) | 比例(%) |
|---|---|---|---|
| 1 | 柳州市国有资产管理局 | 3,628 | 24.19 |
| 2 | 广西柳州钢铁(集团)公司 | 1,575.0536 | 10.50 |
| 3 | 柳州市经济发展总公司 | 1,434.44 | 9.56 |
| 4 | 汇馨实业(深圳)有限公司 | 865.2 | 5.77 |
| 5 | 柳州市两面针旅游用品厂 | 737.36 | 4.92 |
| 6 | 广西柳州市建设投资开发有限责任公司 | 496 | 3.31 |
| 7 | 广州证券有限责任公司 75.0156 | 1.25 | |
| 8 | 柳州市环达实业投资有限公司 | 33.6 | 0.22 |
| 9 | 李映元 | 11.025 | 0.07 |
| 10 | 德盛稳健证券投资基金 | 10.90 | 0.07 |

## 第六节　董事、监事、高级管理人员

一、董事、监事、高级管理人员与核心技术人员

(一)董事

梁英奇先生:中国籍,53 岁,大专学历,高级经济师,1968 年参加工作。曾任柳州市牙膏厂劳资科长、副厂长,本公司董事、副总经理,柳州市人大常委委员。现任中国牙膏工业协会理事长,广西区企业家协会常务理事,中共柳州市委候补委员,桂康公司董事长,惠好公司董事长,洗涤用品厂董事长,玉洁公司董事长,中信证券董事和柳州市商业银行董事。本公司董事长。

袁东升先生:中国籍,36 岁,研究生学历,工程师,1992 年参加工作。曾任本公司技术发展部副经理、销售公司副经理,本公司董事、副总经理、代总经理。现任桂康公司、惠好公司、洗涤用品厂总经理,本公司董事、总裁、本公司技术负责人。

黄忠耀先生:中国籍,51 岁,大专学历,助理经济师,1969 年参加工作。曾任柳州市牙膏厂工会主席、劳动人事部部长,本公司劳动人事部部长,现任本公司董事。

王为民先生:中国籍,37 岁,大学学历,会计师,1988 年参加工作。曾任柳州市丰华房地产开发公司拆迁、售房部经理,柳州市政府派驻本公司财务总监。现任本公司董事、董事会秘书、副总裁。

张华意先生:中国籍,44 岁,中专学历,政工员,1978 年参加工作。曾任柳州市牙膏厂经营部副经理、销售公司副经理、柳州惠好卫生用品有限公司副总经理、本公司销售公司经理。现任本公司董事、副总裁。

罗华忠先生:中国籍,53 岁,研究生学历,高级经济师,1968 年参加工作。曾于柳州市开关厂工作,任柳州市汽车改制厂副厂长,柳州国有资产经营公司副总经理。现任柳州经济发展总公司法定代表人、总经理。本公司董事。

蒋昌顺先生:中国籍,30 岁。曾任职于深圳市海鹏进出口贸易公司办公室,汇馨企业有限公司地产部,海南华馨香料化工有限公司经理。现任汇馨实业(深圳)有限公司产业部经理。本公司董事。

李祖南先生:中国籍,44 岁,研究生学历,高级工程师,1976 年参加工作。曾任柳钢运输部测绘员,柳州市一桥工种指挥部施工调度计划员,柳州市建委城建科科员,柳州市三桥工种指挥部施工组副组长,柳州市建委基建科科长,柳州市房产局副局长。现任柳州市建设投资开发有限责任公司法定代表人、副总经理,柳州市建誉房地产开发有限公司执行董事、总经理。本公司董事。

施建勇先生:中国籍,44 岁,医学博士,副主任医师,1982 年 1 月参加工作。曾任江苏省中医院内科消化病区主任、主治医师,深圳市沙头角人民医院中医科主任、金五环中医药研究所所长兼金五环健康科技有限公司总经理。现任深圳市中国传统医疗中心内科专家、深圳市中药剂型改革协作组项目负责人。本公司董事。

董世忠先生:中国籍,68 岁,大学学历,高级工程师、高级经济师,1949 年参加工作。曾任柳州拖拉机厂党委书记,中共柳州市委常委、政府常务副市长,政府党组书记兼柳州市体改委主任,广西机械厅厅长、厅党组书记,柳州市政府顾问、市汽车工业领导小组常务副组长。现任本公司独立董事。

李骅先生:中国籍,32 岁,大学学历,会计师、注册会计师(证券期货业务资格)、注册资产评估师、注册税务师。曾任柳州会计师事务所项目经理、部门副经理、部门经理,并被财政部派去香港何铁文苏汉章会计师行研修培训。现为广西正则会计师事务所法定代表人,主任会计师。本公司独立董事。

(二)监事

胡铭红女士:中国籍,46 岁,大专学历,会计师,1974 年参加工作。曾任广西柳州市染织厂财务科长、厂长助理,柳州市第三棉纺厂财务科副科长。现任柳州市发动机厂财务总监。本公司监事会召集人。

古世亶先生:中国籍,40 岁,大专学历,工程师,1982 年参加工作。曾任柳州市牙膏厂销售公司经理、本公司物资部副经理。现任公司物资部经理。本公司监事。

黄薇女士:中国籍,35 岁,中专学历,1989 年参加工作。曾在柳州市牙膏厂美工室工作,现在本公司市场部从事包装设计工作。本公司监事。

(三)其他高级管理人员

陈丽霞女士:中国籍,40 岁,大学学历,高级会计师,1981 年 8 月参加工作。曾任柳州五交化集团财务科主办会计、财务部部长,柳州市财政局财务总监,柳州高新区财政局局长。现任公司副总裁兼总会计师、财务负责人。

二、董事、监事、高级管理人员持有本公司股份的情况

| 姓名 | 股数(股) | 比例(%) | 任职 |
|---|---|---|---|
| 梁英奇 | 2,185 | 0.001457 | 董事长 |
| 袁东升 | 993 | 0.000662 | 董事、总裁 |
| 黄忠耀 | 4,446 | 0.002964 | 董事 |
| 张华意 | 4,925 | 0.003283 | 董事 |
| 古世亶 | 4,905 | 0.003270 | 监事 |
| 黄薇 | 1,323 | 0.000882 | 监事 |

## 第七节　同业竞争与关联交易

一、同业竞争

本公司的第一大股东－柳州市国资局及其控制的其他法人、本公司的自然人股东与本公司之间均不存在同业竞争的情况。

二、关联交易

本公司与关联方发生的关联交易主要包括向关联方采购原材料、采购产成品、销售原材料及产成品、固定资产租赁四大类。

2000－2002 年,发行人向关联方进行的原材料采购主要为向达美公司采购牙膏用铝管、铝塑复合管和粘盒等原材料,涉及金额分别为 2000 年 10,805 万元、2001 年 13,798 万元、2002 年 9,542 万元。2003 年 1 月 1 日起,该关联交易已经完全终止。

发行人向关联方进行产成品采购主要是向玉洁公司采购牙膏,向旅游用品厂采购旅游小支重牙膏等,2000 年交易金额为 2,654 万元、2001 年为 2,379 万元。从 2002 年 1 月 1 日起,该类关联交易已完全不存在。

发行人向关联方出租固定资产主要是达美公司出租房屋和设备,交易金额为 2000 年 423 万元、2001 年 404 万元、2002 年 126.14 万元。2003 年 1 月 1 日起,该类关联交易已完全终止。

发行人向关联方销售产品及原材料主要是向旅游用品厂销售小支重旅游牙膏、向玉洁公司销售牙膏用原材料,交易金额为 2000 年 1,662 万元、2001 年 3,036 万元、2002 年 1,927 万元、2003 年 1－6 月 979 万元。其中与玉洁公司的关联交易已于 2002 年 1 月 1 日起完全终止。

关联交易的详细内容请查阅刊登于上海证券交易所网站 http:www.sse.com.cn 的本公司招股说明书全文。

三、避免同业竞争和规范关联交易的制度安排

本公司第一大股东及其控制的法人、直接和间接持有本公司 5% 以上股权的股东已向公司全体股东出具了《放弃竞争和利益冲突的承诺函》。

本公司章程对有关关联交易的决策权力与程序作出严格规定。

## 第八节　财务会计资料

本公司截至 2003 年 6 月 30 日的财务会计资料,已于 2003 年 12 月 29 日在《中国证券报》、《上海证券报》、《证券时报》刊登的本公司招股说明书摘要中,并在上海证券交易所网站刊登的本公司招股说明书全文及附录中进行了全面披露。投资者欲了解详细内容,请查阅上述报纸或查阅上海证券交易所网站(http:www.sse.com.cn)。(除注明外,本节单位均为人民币元)

一、注册会计师意见

深圳大华天诚会计师事务所对本公司 2000 年 12 月 31 日、2001 年 12 月 31 日、2002 年 12 月 31 日和 2003 年 1－6 月的资产负债表和合并资产负债表,2000 年度、2001 年度、2002 年度和 2003 年 1－6 月的利润及利润分配表、合并利润及利润分配表,2002 年度和 2003 年 1－6 月的现金流量表和合并现金流量表进行了审计,注册会计师出具了标准无保留意见的审计报告。

二、会计报表

(一)合并会计报表

1.合并利润表及利润分配表

| 项　目 | 2003 年 1－6 月 | 2002 年度 | 2001 年度 | 2000 年度 |
|---|---|---|---|---|
| 一、主营业务收入 | 222,977,283.53 | 574,185,883.08 | 521,460,999.41 | 410,993,571.44 |
| 减:主营业务成本 | 156,481,660.38 | 408,977,927.98 | 363,944,875.86 | 281,514,160.47 |
| 主营业务税金及附加 | 1,179,430.22 | 1,991,865.02 | 1,675,938.97 | 1,304,057.95 |
| 二、主营业务利润 | 65,316,192.93 | 163,216,090.08 | 155,840,184.58 | 128,175,353.02 |
| 加:其他业务利润 | 1,790,129.60 | 6,608,674.96 | 4,410,466.76 | 4,140,411.05 |
| 减:营业费用 | 29,171,852.73 | 80,602,669.23 | 74,998,069.21 | 45,796,886.76 |
| 管理费用 | 17,603,454.96 | 32,920,396.53 | 31,398,159.07 | 32,219,660.31 |
| 财务费用 | 3,210,794.60 | 7,110,567.28 | 9,001,991.36 | 11,119,741.44 |
| 三、营业利润 | 17,120,220.24 | 49,191,132.00 | 44,852,431.70 | 43,179,475.56 |
| 加:投资收益 | 4,743,952.75 | 21,978,038.04 | 39,095,336.97 | 12,380,320.12 |
| 补贴收入 | 24,089.00 | 21,184.00 | 19,376.00 | 774.00 |
| 营业外收入 | 148,889.11 | 109,142.73 | 249,850.43 | 66,893.24 |
| 减:营业外支出 | 196,538.30 | 2,842,216.08 | 306,507.79 | 69,182.08 |
| 四、利润总额 | 21,840,612.80 | 68,457,280.69 | 83,910,487.31 | 55,558,280.84 |
| 减:所得税 | 6,077,615.04 | 14,821,937.85 | 17,239,433.24 | 10,287,850.19 |
| 少数股东损益 | (238,660.19) | 2,117,745.02 | 2,603,742.59 | 7,960,801.90 |
| 五、净利润 | 16,001,657.95 | 51,517,597.82 | 64,067,311.48 | 37,309,628.75 |
| 加:年初未分配利润 | 60,526,246.42 | 53,495,976.95 | 5,405,142.98 | 13,598,541.81 |
| 其他转入 | － | － | (4,925,003.58) | － |
| 六、可供分配利润 | 76,527,904.37 | 105,013,574.77 | 64,547,450.88 | 50,908,170.56 |
| 减:提取法定盈余公积 | － | 5,658,218.90 | 7,367,649.28 | 6,335,351.71 |
| 提取法定公益金 | － | 2,829,109.45 | 3,683,824.65 | 3,167,675.87 |
| 提取福利及奖励基金 | － | － | － | － |
| 七、可供股东分配的利润 | 76,527,904.37 | 96,526,246.42 | 53,495,976.95 | 41,405,142.98 |
| 减:应付优先股股利 | － | － | － | － |
| 提取任意盈余公积 | － | － | － | － |
| 应付普通股股利 | － | 36,000,000.00 | － | 36,000,000.00 |
| 转作股本的普通股股利 | － | － | － | － |
| 八、未分配利润 | 76,527,904.37 | 60,526,246.42 | 53,495,976.95 | 5,405,142.98 |

2.母公司资产负债表

| 资　产 | 2003 年 6 月 30 日 | 2002 年 12 月 31 日 | 2001 年 12 月 31 日 | 2000 年 12 月 31 日 |
|---|---|---|---|---|
| 流动资产: | | | | |
| 货币资金 | 92,397,419.90 | 88,333,375.91 | 76,072,019.75 | 44,987,446.18 |
| 应收票据 | 580,000.00 | 4,524,138.90 | 5,140,000.00 | 2,560,000.00 |
| 应收股利 | 4,780,000.00 | － | － | － |
| 应收账款 | 118,822,789.79 | 96,256,443.88 | 67,691,154.90 | 74,746,920.20 |
| 其他应收款 | 59,164,065.73 | 49,076,985.96 | 41,249,091.89 | 27,205,125.88 |
| 预付账款 | 58,059,275.27 | 62,359,784.58 | 64,728,321.32 | 49,286,750.50 |
| 存货 | 67,489,002.52 | 75,239,917.32 | 96,292,118.36 | 81,693,772.58 |
| 待摊费用 | 1,306,974.08 | 835,890.88 | 338,760.05 | 436,852.30 |
| 其他流动资产 | － | 65,593.97 | － | － |

| | | | | |
|---|---|---|---|---|
| 流动资产合计 | 402,599,527.29 | 376,692,131.40 | 351,511,466.27 | 280,916,867.64 |
| 长期投资: | | | | |
| 长期股权投资 | 168,724,129.35 | 168,760,176.60 | 168,829,679.84 | 168,802,397.16 |
| 长期债权投资 | - | 14,000.00 | 14,000.00 | 42,000.00 |
| 长期投资合计 | 168,724,129.35 | 168,774,176.60 | 168,843,679.84 | 168,844,397.16 |
| 其中:合并价差 | - | - | - | - |
| 其中:股权投资差额 | - | - | - | - |
| 固定投资: | | | | |
| 固定资产原价 | 321,275,663.07 | 319,577,007.36 | 357,727,536.86 | 331,913,934.92 |
| 减:累计折旧 | 127,489,408.23 | 119,509,161.84 | 121,476,092.41 | 108,707,167.68 |
| 固定资产净值 | 193,786,254.84 | 200,067,845.52 | 236,251,444.45 | 223,206,767.24 |
| 减:固定资产减值准备 | 2,767,571.43 | 2,767,571.43 | 103,767.94 | 103,767.94 |
| 固定资产净额 | 191,018,683.41 | 197,300,274.09 | 236,147,676.51 | 223,102,999.30 |
| 工程物资 | 1,374,344.49 | 1,374,344.49 | 2,798,223.19 | 629,606.49 |
| 在建工程 | 3,868,866.59 | 4,423,580.92 | 4,884,610.80 | 11,583,445.61 |
| 固定资产清理 | - | 149,036.30 | 149,036.30 | 149,036.30 |
| 固定资产合计 | 196,261,894.49 | 203,247,235.80 | 243,979,546.80 | 235,465,087.70 |
| 无形及其他资产: | | | | |
| 无形资产 | - | - | - | 10,313,654.57 |
| 长期待摊费用 | - | - | 178,162.01 | 1,128,117.49 |
| 无形及其他资产合计 | - | - | 178,162.01 | 11,441,772.06 |
| 递延税项: | | | | |
| 递延税款借项 | - | - | - | - |
| 资产总计 | 767,585,551.13 | 748,713,543.80 | 764,512,854.92 | 696,668,124.56 |
| 负债及股东权益 | 2003 年 6 月 30 日 | 2002 年 12 月 31 日 | 2001 年 12 月 31 日 | 2000 年 12 月 31 日 |
| 流动负债: | | | | |
| 短期借款 | 150,000,000.00 | 150,000,000.00 | 150,000,000.00 | 150,000,000.00 |
| 应付票据 | 17,798,608.33 | 22,238,315.90 | - | - |
| 应付账款 | 56,662,196.80 | 52,418,630.98 | 112,026,354.90 | 78,220,915.05 |
| 预收账款 | 10,135,858.60 | 7,983,118.50 | 17,142,003.90 | 10,363,412.54 |
| 应付工资 | 587,246.84 | 587,246.84 | 3,905,281.50 | 8,242,395.54 |
| 应付福利费 | 958,798.76 | 2,942,092.37 | 4,587,382.67 | 3,487,229.51 |
| 应付股利 | 36,099,148.07 | 36,099,148.07 | 8,834,248.03 | 36,639,281.13 |
| 应交税金 | 4,296,138.45 | 4,388,065.59 | 4,184,706.35 | 24,652,847.10 |
| 其他应交款 | 10,092,642.77 | 9,989,530.43 | 9,914,756.26 | 234,773.29 |
| 其他应付款 | 36,006,481.71 | 33,247,872.39 | 45,621,303.49 | 43,201,506.65 |
| 预提费用 | 365,910.31 | - | - | - |
| 其他流动负债 | 180,000.00 | 180,000.00 | 180,000.00 | 180,000.00 |
| 流动负债合计 | 323,183,030.64 | 320,074,021.07 | 356,396,037.10 | 355,222,360.81 |
| 长期负债: | | | | |
| 长期借款 | - | - | - | - |
| 应付债券 | - | - | - | - |
| 专项应付款 | 20,487,266.64 | 20,487,266.64 | 17,687,266.64 | 17,687,266.64 |
| 其他长期负债 | - | - | - | (4,925,003.58) |
| 长期负债合计 | 20,487,266.64 | 20,487,266.64 | 17,687,266.64 | 12,762,263.06 |
| 递延税项: | | | | |
| 递延税款贷项 | - | - | - | - |
| 负债合计 | 343,670,297.28 | 340,561,287.71 | 374,083,303.74 | 367,984,623.87 |
| 少数股东权益: | | | | |
| 少数股东权益 | 50,548,917.70 | 50,787,577.89 | 48,582,470.80 | 45,978,728.21 |
| 所有者权益: | | | | |
| 股本 | 90,000,000.00 | 90,000,000.00 | 90,000,000.00 | 90,000,000.00 |
| 资本公积 | 80,850,127.49 | 80,850,127.49 | 80,850,127.49 | 80,850,127.49 |
| 盈余公积 | 125,988,304.29 | 125,988,304.29 | 117,500,975.94 | 106,449,502.01 |
| 其中:公益金 | 29,218,378.29 | 29,218,378.29 | 26,389,268.84 | 22,705,444.19 |
| 未分配利润 | 76,527,904.37 | 60,526,246.42 | 53,495,976.95 | 5,405,142.98 |
| 外币折算差额 | - | - | - | - |
| 股东权益合计 | 373,366,336.15 | 357,364,678.20 | 341,847,080.38 | 282,704,772.48 |
| 负债及股东权益总计 | 767,585,551.13 | 748,713,543.80 | 764,512,854.92 | 696,668,124.56 |

3.母公司现金流量表

| 项 目 | 2003 年 1 - 6 月 | 2002 年度 |
|---|---|---|
| 一、经营活动产生的现金流量 | | |
| 销售商品、提供劳务收到的现金 | 231,246,058.71 | 557,404,611.39 |
| 收到的租金 | 11,429.00 | - |
| 收到税费返还 | - | 206,904.00 |
| 收到的其它与经营活动有关的现金 | 10,744,376.92 | 48,795,075.74 |
| 现金流入小计 | 242,001,864.63 | 606,406,591.13 |
| 购买商品、接受劳务支付的现金 | 75,150,677.36 | 409,827,342.10 |
| 支付给职工以及为职工支付的现金 | 15,483,007.00 | 27,515,625.75 |
| 支付各项税费 | 25,674,094.56 | 57,480,403.09 |
| 支付的其它与经营活动有关的现金 | 114,760,347.17 | 118,780,401.65 |
| 现金流出小计 | 231,068,126.09 | 613,603,772.59 |
| 经营活动产生的现金流量净额 | 10,933,738.54 | (7,197,181.46) |
| 二、投资活动产生的现金流量 | | |
| 取得投资收益所收到的现金 | - | 21,502,648.88 |
| 取得债券利息收入所收到的现金 | 14,000.00 | - |
| 处置固定资产、无形资产和其他长期资产而收回现金净额 | - | 32,127,556.76 |
| 现金流入小计 | 14,000.00 | 53,630,205.64 |
| 购建固定资产、无形资产和其他长期资产所支付的现金 | 2,864,422.20 | 22,181,938.89 |
| 现金流出小计 | 2,864,422.20 | 22,181,938.89 |
| 投资活动产生的现金流量净额 | (2,850,422.20) | 31,448,266.75 |
| 三、筹资活动产生的现金流量 | | |
| 借款所收到的现金 | 150,000,000.00 | 325,000,000.00 |
| 收到的其它与筹资活动有关的现金 | - | 2,800,000.00 |
| 现金流入小计 | 150,000,000.00 | 327,800,000.00 |
| 偿还债务所支付的现金 | 150,000,000.00 | 325,000,000.00 |
| 分配股利利润或偿还利息所支付的现金 | 4,019,010.00 | 14,773,640.88 |
| 其中:子公司支付少数股东的股利 | 600,000.00 | - |
| 支付的其它与筹资活动有关的现金 | 262.35 | 18,601.58 |
| 现金流出小计 | 154,019,272.35 | 339,792,242.46 |
| 筹资活动产生的现金流量净额 | (4,019,272.35) | (11,992,242.46) |
| 四、汇率变动对现金的影响额 | - | 2,513.33 |
| 五、现金及现金等价物净增加额 | 4,064,043.99 | 12,261,356.16 |

三、会计报表附注

会计报表附注内容请查阅本公司招股说明书附录部分(详见 http://www.sse.com.cn)。

四、财务指标

| 主要财务指标 | 2003 年 1 - 6 月 | 2002 年 | 2001 年 | 2000 年 |
|---|---|---|---|---|
| 流动比率 | 1.25 | 1.18 | 0.99 | 0.79 |
| 速动比率 | 1.04 | 0.94 | 0.72 | 0.56 |
| 应收帐款周转率 | 1.85 | 7.00 | 7.32 | 4.80 |
| 存货周转率 | 2.09 | 4.77 | 4.09 | 3.35 |
| 无形资产(土地使用权除外)占总资产的比例(%) | - - | - - | - - | 0.40 |
| 资产负债率(%)(母公司) | 51.23 | 51.10 | 52.84 | 56.36 |
| 研究与开发费用占主营业务收入的比例(%) | 0.13 | 0.73 | 0.78 | 0.89 |
| 每股净资产 | 4.15 | 3.97 | 3.80 | 3.14 |
| 每股收益(按发行前总股本 9000 万股) | 0.18 | 0.57 | 0.71 | 0.41 |
| 每股经营活动现金流量(元) | 0.11 | - 0.06 | | |

## 第九节 其他重要事项

一、自本公司股票首次公开发行之日至本上市公告书公告之日,本公司严格依照《公司法》、《证券法》等法律法规的要求,规范运行,生产经营情况正常;所处行业和市场无重大变化;主要业务及发展目标的进展状况正常,主要投入、产出物供求及价格无重大变化。

二、自本公司股票首次公开发行之日至本上市公告书公告之日,本公司无重大对外投资、重大资产(股权)收购或出售行为;住所未发生变更。

三、自本公司股票首次公开发行之日至本上市公告书公告之日,本公司重大会计政策和会计师事务所没有发生变化。

四、自本公司股票首次公开发行之日至本上市公告书公告之日,本公司未发生新的重大负债或重大债项发生变化。

五、自本公司股票首次公开发行之日至本上市公告书公告之日,本公司董事、监事和高级管理人员没有尚未了结或可能发生的刑事诉讼事项。

六、自本公司股票首次公开发行之日至本上市公告书公告之日,本公司未涉及重大诉讼事项或仲裁,亦无尚未了结或可能面临的重大诉讼或索赔要求。

七、本公司股票首次公开发行至本上市公告书公告之日,没有其他应披露而未披露之重大事项。

## 第十节 董事会上市承诺

本公司董事会承诺将严格遵守《中华人民共和国公司法》、《中华人民共和国证券法》、《股票发行与交易管理暂行条例》、《公开发行股票公司信息披露实施细则》和《上海证券交易所股票上市规则》等国家相关法律、法规和有关规定,并自股票上市之日起做到:

一、真实、准确、完整、公允和及时地公布定期报告,披露所有对投资者有重大影响的信息,并接受中国证监会、证券交易所的监督管理;

二、本公司在知悉可能对股票价格产生误导性影响的任何公共传播媒介中出现的消息后,将及时予以公开澄清;

三、本公司董事、监事、高级管理人员和核心技术人员将认真听取社会公众的意见和批评,不利用已获得的内幕消息和其他不正当手段直接或间接从事发行人股票的买卖活动;

四、本公司没有无记录的负债。

## 第十一节 上市推荐人及其意见

一、上市推荐人广州证券有限责任公司

地址:广州市先烈中路 69 号

联系人:王文博、李建文、王遥、艾西南

电话:020 - 87322668

传真:020 - 87325041

二、上市推荐人意见

本公司的上市推荐人认为:本公司章程符合《中华人民共和国公司法》、《中华人民共和国证券法》及《上海证券交易所股票上市规则》等法律、法规和中国证监会的有关规定;本公司本次股票发行完全符合《中华人民共和国公司法》、《中华人民共和国证券法》及《上海证券交易所股票上市规则》的法律、法规和中国证监会的有关规定,已具备了上市条件。

本公司董事了解法律、法规、上海证券交易所上市规则及股票上市协议规定的董事的义务与责任,本公司建立健全了法人治理结构,本公司制定了严格的信息披露制度与保密制度。

上市推荐人已对上市文件所载的资料进行了核实,确认上市文件真实、准确、完整、符合规定要求,没有虚假记载、严重误导性陈述或重大遗漏,并对其承担连带责任。上市推荐人与本公司之间不存在关联关系。

上市推荐人愿意推荐发行人的股票在上海证券交易所上市交易,并且在上市推荐过程中,保证不利用获得的内幕信息进行内幕交易,为自己或他人谋取利益。

# 600409 唐山三友化工股份有限公司

# 首次公开发行股票招股说明书

## 第一节 特别提示和特别风险提示

本公司提醒投资者特别注意以下风险：

一、由于纯碱行业的下游行业具有周期性变化的特点，导致纯碱的市场价格也呈现周期性变化趋势，这将直接影响本公司的业绩。

二、本公司拟以募集资金4.15亿元投资年产1.5万吨聚偏氯乙烯(PVDC)项目，由于是填补国内PVDC产品生产的空白，且投资较大，因而存在一定的投资风险；股份公司拟投资6738万元建设12万吨/年无水氯化钙技术改造项目，将采取向志达钙业增资的方式进行。由于志达钙业2000年、2001年出现一定亏损，因此可能加大氯化钙项目的投资风险，从而影响股份公司当期的投资收益。

三、集团公司在本次发行后将持有本公司63.51%的股份，占绝对控股地位，于2000年、2001年连续两年亏损，亏损金额分别为－2566.25万元和－923.63万元。三友集团持有集团公司90.43%的股份，发行结束后将间接持有本公司57.43%的股份，是本公司的实际控制人。因此本公司存在由于控股股东一股独大及财务状况不佳而损害中小投资者利益的风险。

四、本公司与集团公司及其下属企业存在关联交易，2002年，本公司向关联方采购原材料金额占主营业务成本的5.9%，向关联方采购电、蒸汽等能源金额占主营业务成本的23.85%，因此存在控股股东通过关联交易影响本公司生产经营的风险。

## 第二节 本次发行概况

| | |
|---|---|
| 股票种类 | 人民币普通股(A股) |
| 每股面值 | 1.00元 |
| 发行股数、占发行后总股本的比例 | 10,000万股，28.57% |
| 发行价格 | 6.00元/股 |
| 标明计量基础和口径的市盈率 | 20倍(按2002年每股收益计算) |
| 发行前和发行后每股净资产 | 发行前：1.63元(以2002年12月31日为基准日)<br>发行后：2.81元 |
| 市净率(发行价/发行后每股净资产) | 2.14倍 |
| 发行方式 | 向二级市场投资者定价配售 |
| 发行对象 | 于招股说明书摘要刊登当日即2003年5月30日收盘时持有沪市或深市的已上市流通人民币普通股(A股)股票市值达10,000元及以上的投资者均可参加本次新股配售发行的申购。投资者同时持有的沪、深两市上市流通A股股票市值不合并计算。 |
| 本次发行股份的上市流通及发起人股东所持股份的流通限制 | 本次发行结束后将尽快申请在上证所安排上市。本公司全部5位发起人股东所持有的股份暂不上市流通。 |
| 承销方式 | 余额包销 |
| 本次发行预计实收募股资金 | 57694.5万元 |
| 发行费用概算 | 2305.5万元 |

## 第三节 发行人基本情况

一、发行人基本资料

| | |
|---|---|
| 注册中、英文名称及缩写 | 唐山三友化工股份有限公司<br>TANGSHAN SANYOU CHEMICAL INDUSTRIES CO.,LTD. |
| 法定代表人 | 王春生 |
| 成立(工商注册)日期 | 1999年12月28日 |
| 住所及其邮政编码 | 河北省唐山市南堡开发区 063305 |
| 电话、传真号码 | 联系电话：0315－8517040，0315－8511642<br>传真号码：0315－8519188 |
| 互联网网址 | www.sanyou－chem.com.cn |
| 电子信箱 | shilz@sanyou－chem.com.cn |

二、发行人历史沿革及经历的改制重组情况

1.发行人设立方式和批准设立的机构

唐山三友化工股份有限公司是经河北省人民政府冀股办(1999)48号文件批准，以集团公司作为主发起人，联合国投资产管理公司、唐山投资有限公司、河北省建设投资公司、国富投资公司，共同发起设立的股份公司，注册资本人民币25000万元。

2.发起人及其投入资产的内容

| 发起人 | 投入资产 | 投入金额(万元) | 折合股数(万股) | 占股本比例 |
|---|---|---|---|---|
| 集团公司 | 经营性资产和进出口公司50%的股权 | 29029.63 | 22231 | 88.92% |
| 国投资产管理公司 | 现金 | 1828.29 | 1400 | 5.60% |
| 唐山投资有限公司 | 现金 | 805.25 | 617 | 2.47% |
| 河北省建设投资公司 | 现金 | 731.01 | 560 | 2.24% |
| 国富投资公司 | 现金 | 250.99 | 192 | 0.77% |

三、有关股本的情况

1.本次发行前后的股本结构：

| 股份类别 | 股东名称 | 发行前 | | 发行后 | |
|---|---|---|---|---|---|
| | | 股数(万股) | 比例(%) | 股数(万股) | 比例(%) |
| 未上市流通股份 | 集团公司、国投资产管理公司、唐山投资有限公司、河北省建设投资公司、国富投资公司 | 25000 | 100.00 | 25000 | 71.43 |
| 发起人股份 | 同上 | 同上 | 同上 | 同上 | 同上 |
| 国家持有股份(国有法人股) | 同上 | 同上 | 同上 | 同上 | 同上 |
| 境内法人持有股份 | 同上 | 同上 | 同上 | 同上 | 同上 |
| 社会公众股 | | － | － | 10000 | 28.57 |
| 合计 | | 25000 | 100.00 | 35000 | 100.00 |

本公司不存在境外法人持有股份、募集法人股、内部职工股等情况。

2.发行人的发起人、控股股东和主要股东之间的关联关系

集团公司本次发行前持有本公司88.92%的股份，是本公司控股股东，发行后将持有本公司63.51%的股权。三友集团持有集团公司90.43%的股份，是本公司实际控制人。本公司持有志达钙业65%的股权，为志达钙业控股股东。

四、发行人业务范围和主营业务

(一)本公司从事的主营业务

本公司是我国制碱工业的重要生产、出口基地，主要从事纯碱的生产和销售。

(二)本公司主要产品品种及生产能力

1.产品品种

本公司纯碱产品主要包括：

①根据产品密度的不同，分为重质纯碱、轻质纯碱。

②根据氯化物含量的不同，分为普通碱、低盐碱、超低盐碱、特殊低盐碱。

③根据不同客户的需求，生产工业纯碱和食品添加剂纯碱。

2.生产能力

单位：万吨

| 产品名称 | 2002年 | 2001年 | 2000年 | 年生产能力 |
|---|---|---|---|---|
| 纯碱(扣除自身耗用量) | 97.3 | 85.8 | 86 | 100 |
| 其中重质纯碱 | 46.3 | 38.9 | 37.9 | 50 |

3.主要产品的用途

本公司主营产品纯碱广泛应用于化工、轻工、建材、冶金、医药等行业。目前我国纯碱的消费构成为：玻璃行业42%、化工行业12%、轻工行业12%、民用7%、冶金行业5%、医药行业2%、其他领域20%。本公司产品的下游企业主要是玻璃企业、氧化铝企业和合成洗涤剂企业。

4.产品销售方式和渠道

本公司纯碱产品的销售通过本公司经营部进行，在东北市场区域主要采用代理商代理方式，其余市场区域主要采用直接面对用户的销售方式；本公司氯化钙产品的销售采取如下模式：对于大中用户直接面对终端用户，而对于部分零散小用户则在该地区设立代理商。

5.主要原材料和能源供应

(1)主要原材料

本公司生产纯碱所需主要原材料为原盐、石灰石、焦炭、液氨等。其中原盐年消耗量约为145万吨；石灰石年消耗量约为145万吨；焦炭年消耗量约为11万吨；液氨年消耗量约为0.6万吨。

(2)能源消耗

本公司生产纯碱需要消耗大量能源，主要包括：电力、蒸汽、水。其中年消耗电力约1.2亿KWH、蒸汽280万吨、水1800万立方米。

6.行业竞争情况和发行人在行业中的竞争地位

我国现有大中小型碱厂40余家，2000年、2001年、2002年国内十大碱厂纯碱总产量(万吨)及排名：

| 名次 | 2000年 生产厂家 | 总产量 | 2001年 生产厂家 | 总产量 | 2002年 生产厂家 | 总产量 |
|---|---|---|---|---|---|---|
| 1 | 股份公司 | 88.25 | 连云港碱厂 | 88.10 | 山东海化股份有限公司 | 100.11 |
| 2 | 连云港碱厂 | 85.61 | 山东海化股份有限公司 | 88.04 | 股份公司 | 99.07 |
| 3 | 山东海化股份有限公司 | 85.14 | 股份公司 | 87.45 | 连云港碱厂 | 90.01 |
| 4 | 大化碱厂 | 74.13 | 大化碱厂 | 76.48 | 大化碱厂 | 82.45 |
| 5 | 天津碱厂 | 69.85 | 天津碱厂 | 75.33 | 天津碱厂 | 79.46 |
| 6 | 青岛碱业股份有限公司 | 56.18 | 青岛碱业股份有限公司 | 58.47 | 青岛碱业股份有限公司 | 60.71 |
| 7 | 湖北双环股份有限公司 | 52.58 | 湖北双环股份有限公司 | 55.16 | 湖北双环股份有限公司 | 57.50 |
| 8 | 伊化集团 | 48.39 | 自贡鸿化 | 34.88 | 自贡鸿化 | 38.08 |
| 9 | 自贡鸿化 | 31.71 | 伊化集团 | 24.87 | 伊化集团 | 31.29 |
| 10 | 南方碱厂 | 24.28 | 南方碱厂 | 24.57 | 南方碱厂 | 27.68 |

注：①2000年数据摘自《中国纯碱工业年鉴》，2001年、2002年数据摘自中国碱业网。

②上述总产量中包括企业自身耗用量。

本公司在东北市场的主要竞争对手是大化碱厂，在华北市场的主要竞争对手有天津碱厂、山东海化股份有限公司和伊化集团，在华东市场的主要竞争对手是连云港碱厂。

根据本公司纯碱年产量和国内纯碱总产量计算，近年来本公司主要产品产量占国内总产量的比率为：

| 主要产品 | 2000 年 | 2001 年 | 2002 年 |
|---|---|---|---|
| 纯碱 | 10.42% | 10.36% | 9.76% |

五、发行人业务及生产经营有关的资产权属情况

1.土地使用权的处置情况

本公司生产占用土地共 193824.58 平方米，由本公司向集团公司租赁使用。集团公司以出让方式取得了上述土地的使用权，双方已签订《土地使用权租赁协议》和《补充协议》。

2.房产

本公司生产经营所占用的房屋，已办理产权变更手续。本公司各主要管理职能部门的办公场所由本公司向集团公司租赁使用，双方已签定《房产租赁协议》，集团公司已按有关规定办理了《房屋租赁许可证》。

3.商标

本公司合法拥有“三友”商标。

六、关于同业竞争和关联交易

(一)同业竞争

股份公司设立时，集团公司将与纯碱生产销售相关的生产经营性资产和业务部门全部投入本公司，集团公司不再从事纯碱的生产和销售业务。三友集团作为股份公司的实际控制人，三友集团及其下属子公司不存在与股份公司从事相同、相似业务的情况；同时，股份公司与集团公司及其控制的法人之间也不存在从事相同、相似业务的情况，不存在同业竞争。集团公司亦于 2000 年 1 月出具了避免同业竞争的承诺函。发行人律师和主承销商律师均对此发表了相同意见。

(二)关联交易

本公司与关联方之间发生的关联交易主要包括石灰石供应、编织袋供应、纯碱代理出口、股权转让、工程施工服务、运输服务、水电汽供应、商标使用以及土地、房屋的有偿使用等方面存在的关联交易。

1.向关联方购货

单位：万元

| 单位名称 | 货物名称 | 2002 年度 | | 2001 年度 | | 2000 年度 | |
|---|---|---|---|---|---|---|---|
| | | 金额 | 占该类交易比例 | 金额 | 占该类交易比例 | 金额 | 占该类交易比例 |
| 塑编子公司 | 编织袋 | 2,552 | 78% | 2204 | 100% | 2,257 | 88% |
| 矿山子公司 | 石灰石 | 3,910 | 58% | 3718 | 62% | 3,062 | 52% |
| 榆山子公司 | 石灰石 | – | – | 399 | 7% | 639 | 11% |
| 建安公司 | 工程施工 | 1,448 | 23% | 1588 | 39% | 744 | 35% |
| 运输公司 | 汽车运输 | 607 | 56% | 673 | 60% | 498 | 100% |
| 三友实业 | 油　料 | 163 | 100% | 174 | 100% | – | – |
| 三友实业 | 设备清洗 | 71 | 100% | 127 | 100% | – | – |
| 集团公司 | 电 | 3,651 | 100% | 3,004 | 100% | 3,201 | 100% |
| 集团公司 | 汽 | 12,234 | 100% | 10,595 | 100% | 9,775 | 100% |
| 集团公司 | 软　水 | 155 | 100% | 178 | 100% | – | – |

2.向关联方销货

单位：万元

| 单位名称 | 货物名称 | 2002 年度 | | 2001 年度 | | 2000 年度 | |
|---|---|---|---|---|---|---|---|
| | | 金额 | 占该类交易比例 | 金额 | 占该类交易比例 | 金额 | 占该类交易比例 |
| 集团公司 | 直流水<br>循环水 | 282 | 76% | 420 | 61% | – | – |
| 化纤公司 | 直流水 | 77 | 21% | 81 | 12% | – | – |
| 义龙公司 | 聚酯切片 | – | – | 125 | 100% | 372 | 100% |

3.代理进口手续费收入

单位：万元

| 单位名称 | 货物名称 | 2002 年 1－4 月 | | 2001 年度 | | 2000 年度 | |
|---|---|---|---|---|---|---|---|
| | | 金额 | 占该类交易比例 | 金额 | 占该类交易比例 | 金额 | 占该类交易比例 |
| 化纤公司 | 木浆等 | 47 | 69% | 113 | 81% | 74 | 100% |

4.向关联方租赁

单位：万元

| 单位名称 | 租赁标的 | 2002 年度 | 2001 年度 | 2000 年度 |
|---|---|---|---|---|
| 唐山三友碱业(集团)有限公司 | 房屋、土地 | 49.53 | 49.53 | 49.53 |
| 唐山三友碱业(集团)有限公司 | 陡河管线 | 200 | 200 | – |

5.代理产品出口

本公司于 2002 年 4 月 1 日与进出口公司签订了《纯碱出口代理原则协议》，公司 2002 年 4 月至 10 月间共委托进出口公司代理出口纯碱 5,154 万元，支付代理费 103 万元。

6.关联交易影响分析

2002 年发生的向关联方购货中，股份公司向关联方采购原材料占主营业务成本的 5.9%；向关联方采购包装物占主营业务成本的 3.8%；集团公司对本公司提供电、蒸汽等能源供应占主营业务成本的 23.85%；其他部分占主营业务成本的 0.58%。2002 年本公司向关联企业租赁房屋、土地以及陡河管线等占主营业务成本的 0.38%。2002 年本公司向关联企业销货占主营业务收入的 0.38%。

(三)避免同业竞争和规范关联交易的制度规定

集团公司已出具避免同业竞争的《承诺函》。

为进一步减少和规范关联交易，股份公司股东大会决议将其所持有的进出口公司 50% 股权转让给化纤公司，目前，该股权转让工作已全部完成。对于不可避免的关联交易，双方已签署相关的长期协议。此外，股份公司建立了《关联交易决策制度》等切实可行的内部控制制度，杜绝了集团公司通过关联交易影响或损害股份公司中小股东利益行为的发生。

(四)中介机构对关联方、关联关系及交易的核查意见

发行人律师、主承销商和独立董事均对关联交易发表了意见，认为关联交易定价遵循了公平、公正、合理的原则，不存在损害发行人及其股东利益的情况，也没有违反国家有关法律、行政法规的限制性规定，其决策程序合法有效，发行人所存在的关联交易不影响发行人生产经营的独立性。

七、董事、监事、高级管理人员

| 姓名 | 职务 | 性别 | 年龄 | 任期起止日期 | 简要经历 | 兼职情况 | 薪酬情况(元) | 持有公司股份的数量 | 与公司的其他利益关系 |
|---|---|---|---|---|---|---|---|---|---|
| 王春生 | 董事长 | 男 | 40 岁 | 2002.12－2005.12 | 曾任集团公司副总经理等职 | 集团公司董事 | 99657 | 0 | 无 |
| 于得友 | 副董事长、总经理 | 男 | 44 岁 | 2002.12－2005.12 | 曾任三友集团副总经理等职 | 集团公司董事 | 99657 | 0 | 无 |
| 么志义 | 董事 | 男 | 46 岁 | 2002.12－2005.12 | 曾任集团公司董事长 | 三友集团董事长、集团公司董事 | 156200 | 0 | 无 |
| 张兆仲 | 董事 | 男 | 57 岁 | 2002.12－2005.12 | 曾任河北省计委基建处干部、投资处副处长 | 河北省建设投资公司副总经理 | | 0 | 无 |
| 常润兰 | 董事 | 女 | 55 岁 | 2002.12－2005.12 | 曾任职河北省轻工纺织研究所 | 兼任河北省建设投资公司工业分公司经理、三友集团董事 | | 0 | 无 |
| 王兵 | 董事 | 男 | 43 岁 | 2002.12－2005.12 | 唐山投资有限公司副总经理 | 兼任唐山投资有限公司总经理、三友集团监事 | | 0 | 无 |
| 席长龙 | 董事 | 男 | 50 岁 | 2002.12－2005.12 | | 唐山投资有限公司副总经理 | | 0 | 无 |
| 耿炳南 | 董事 | 男 | 37 岁 | 2002.12－2005.12 | 曾任国投资产管理公司项目经理 | 兼任三友集团董事、集团公司董事 | | 0 | 无 |
| 杨鹏飞 | 董事 | 男 | 49 岁 | 2002.12－2005.12 | 曾任国投资产管理公司担任项目经理助理 | | | 0 | 无 |
| 石景 | 董事 | 女 | 29 岁 | 2002.12－2005.12 | 曾任职国富投资公司投资管理部 | | | 0 | 无 |
| 闫荣城 | 独立董事 | 男 | 42 岁 | 2002.12－2005.12 | 曾任证监会石家庄特派员办事处上市公司处处长 | 河北经贸大学副教授 | | 0 | 无 |
| 王鹏程 | 独立董事 | 男 | 33 岁 | 2002.12－2005.12 | 曾任中央财经大学会计系副教授 | 天健会计师事务所合伙人 | | 0 | 无 |
| 王锡岭 | 独立董事 | 男 | 58 岁 | 2002.12－2005.12 | 曾任中国纯碱工业协会秘书长 | 中国纯碱工业协会副理事长兼秘书长 | | 0 | 无 |
| 赵瑞民 | 监事会主席 | 男 | 43 岁 | 2002.12－2005.12 | 曾任唐山化纤纺织集团公司公安处处长 | 集团公司监事 | 76356 | 0 | 无 |
| 张定元 | 监事 | 男 | 39 岁 | 2002.12－2005.12 | 曾任原国投建化实业公司部门副经理、经理 | 集团公司监事 | | 0 | 无 |
| 郭红林 | 监事 | 男 | 31 岁 | 2002.12－2005.12 | 曾任职国富投资公司 | | | 0 | 无 |
| 张敏珊 | 监事 | 女 | 51 岁 | 2002.12－2005.12 | 曾任职唐山投资有限公司 | | | 0 | 无 |
| 张军 | 监事 | 男 | 37 岁 | 2002.12－2005.12 | 曾任职河北省轻工业科学研究院 | 三友集团监事、集团公司监事 | | 0 | 无 |
| 毕开恒 | 职工监事 | 男 | 55 岁 | 2002.12－2005.12 | 曾任唐山化纤纺织集团公司党委副书记兼纪委书记、工会主席 | 三友集团监事会主席、集团公司监事会主席 | 92918 | 0 | 无 |
| 张建国 | 职工监事 | 男 | 50 岁 | 2002.12－2005.12 | 曾任职丰南县粮食局 | | 22358 | 0 | 无 |
| 王宝云 | 常务副总经理 | 男 | 49 岁 | 2002.12－2005.12 | 曾任三友集团副总经理 | | 92918 | 0 | 无 |
| 马德春 | 副总经理 | 男 | 38 岁 | 2002.12－2005.12 | 曾任本公司化工工艺副总工程师 | | 76356 | 0 | 无 |
| 陈炳谦 | 副总经理 | 男 | 40 岁 | 2002.12－2005.12 | 曾任集团公司副总经理 | | 92918 | 0 | 无 |
| 李木臣 | 副总经理 | 男 | 39 岁 | 2002.12－2005.12 | 曾任集团公司副总 | 志达钙业董事长兼总经理 | 45080 | 0 | 无 |
| 李建渊 | 副总经理 | 男 | 37 岁 | 2002.12－2005.12 | 曾任本公司生产技术部部长 | | 23633 | 0 | 无 |
| 孙任靖 | 副总经理 | 男 | 39 岁 | 2002.12－2005.12 | 曾任本公司经营部经理 | | 48338 | 0 | 无 |
| 刘宽清 | 总会计师 | 男 | 33 岁 | 2002.12－2005.12 | 曾任本公司财务部副部长 | | 20739 | 0 | 无 |
| 史岭珠 | 董事会秘书 | 男 | 37 岁 | 2002.12－2005.12 | 曾任集团公司证券部部长 | | 22331 | 0 | 无 |

八、发行人控股股东及其实际控制人的基本情况

(一)控股股东基本情况

本公司控股股东——集团公司注册资本 159265 万元，法定代表人姜存阳，经营范围：化工产品制造、销售；石灰石、建筑装饰用石采选、销售；火力发电；蒸汽、热水生产和供应。

截止至 2002 年 12 月 31 日,集团公司总资产 256111 万元,净资产 167099 万元,2002 年实现净利润 1493 万元。集团公司所持有的本公司股票不存在被质押或其他有争议的情况。

(二)实际控制人基本情况

本公司实际控制人——三友集团是 1998 年 6 月成立的国家 520 户重点国有企业之一。三友集团注册资本 244092 万元,法定代表人么志义,经营范围为工业投资,在国家法律、法规政策允许范围内进行资产管理。

截止 2002 年 12 月 31 日,三友集团总资产为 41.78 亿元,净资产为 22.76 亿元,2002 年实现利润总额 1146 万元,净利润 - 1927 万元。

九、简要财务会计信息

(一)简要财务报表

## 合并资产负债表

单位:人民币元

| 项　　目 | 合　　并 | | |
|---|---|---|---|
| | 2002.12.31 | 2001.12.31 | 2000.12.31 |
| 流动资产: | | | |
| 货币资金 | 124,217,962.29 | 87,103,141.66 | 68,227,031.02 |
| 短期投资 | 99,000.00 | - | - |
| 应收票据 | 94,093,406.38 | 122,438,195.82 | 64,736,396.24 |
| 应收帐款 | 152,139,731.35 | 183,437,968.09 | 225,731,882.40 |
| 其他应收款 | 6,234,006.12 | 1,807,074.35 | 45,678,007.10 |
| 预付帐款 | 15,800,212.37 | 22,960,510.07 | 17,110,239.07 |
| 应收补贴款 | - | 18,269,082.62 | 12,046,974.66 |
| 存货 | 52,366,765.55 | 49,216,120.81 | 58,054,513.95 |
| 待摊费用 | 1,496,271.03 | 718,156.73 | 543,634.29 |
| 流动资产合计 | 446,447,355.09 | 485,950,250.15 | 492,128,678.73 |
| 长期投资: | - | - | - |
| 合并价差 | - 1,536,021.63 | - 1,708,285.71 | - |
| 固定资产: | - | - | - |
| 固定资产原价 | 958,651,944.78 | 943,460,226.23 | 878,438,815.02 |
| 减:累计折旧 | 483,993,446.26 | 436,688,692.97 | 383,892,555.41 |
| 固定资产净值 | 474,658,498.52 | 506,771,533.26 | 494,546,259.61 |
| 减:固定资产减值准备 | 18,889,859.34 | 18,889,859.34 | 17,131,057.56 |
| 固定资产净额 | 455,768,639.18 | 487,881,673.92 | 477,415,202.05 |
| 工程物资 | 2,050,374.63 | - | - |
| 在建工程 | 76,468,001.26 | 36,744,240.18 | 7,628,727.63 |
| 固定资产合计 | 534,287,015.07 | 524,625,914.10 | 485,043,929.68 |
| 无形资产 | 4,872,557.83 | 4,974,958.24 | - |
| 无形资产及其他资产合计 | 4,872,557.83 | 4,974,958.24 | - |
| 资产总计 | 984,070,906.36 | 1,013,842,836.78 | 977,172,608.41 |
| 流动负债: | | | |
| 短期借款 | - | 60,000,000.00 | 168,050,000.00 |
| 应付票据 | 9,812.00 | 3,350,000.00 | 42,690,000.00 |
| 应付账款 | 112,470,419.20 | 128,066,558.60 | 70,558,181.13 |
| 预收账款 | 7,055,465.58 | 8,573,756.01 | 29,587,082.76 |
| 应付工资 | 13,282,594.43 | 14,205,196.08 | 15,063,496.34 |
| 应付福利费 | 7,107,575.63 | 7,342,369.61 | 3,171,107.59 |
| 应付股利 | 50,000,000.00 | 41,655,000.00 | 37,500,000.00 |
| 应交税金 | 9,643,202.20 | 2,487,461.52 | 57,679,671.60 |
| 其他应交款 | 2,825,153.65 | 2,440,522.00 | 2,119,284.23 |
| 其他应付款 | 13,629,916.01 | 11,244,491.64 | 7,197,281.74 |
| 预提费用 | 4,594,021.72 | 4,027,872.90 | 648,365.54 |
| 一年内到期的长期负债 | 212,590,000.00 | - | - |
| 流动负债合计 | 433,208,160.42 | 283,393,228.36 | 434,264,470.93 |
| 长期负债: | - | - | - |
| 长期借款 | 127,200,000.00 | 339,790,000.00 | 202,590,000.00 |
| 长期负债合计 | 127,200,000.00 | 339,790,000.00 | 202,590,000.00 |
| 负债合计 | 560,408,160.42 | 623,183,228.36 | 636,854,470.93 |
| 少数股东权益: | 16,027,133.28 | 12,130,542.38 | - 3,666,099.83 |
| 股东权益: | - | - | - |
| 股本 | 250,000,000.00 | 250,000,000.00 | 250,000,000.00 |
| 股本净额 | 250,000,000.00 | 250,000,000.00 | 250,000,000.00 |
| 资本公积 | 76,839,057.49 | 76,750,923.11 | 76,689,923.11 |
| 盈余公积 | 30,869,483.27 | 19,597,488.35 | 8,769,062.09 |
| 其中:公益金 | 10,289,827.76 | 6,532,496.12 | 2,923,020.70 |
| 未分配利润 | 49,927,071.90 | 36,010,518.93 | 12,191,351.93 |
| 未确认的投资损失 | - | - 3,829,864.35 | - 3,666,099.82 |
| 股东权益合计 | 407,635,612.66 | 378,529,066.04 | 343,984,237.31 |
| 负债和股东权益总计 | 984,070,906.36 | 1,013,842,836.78 | 977,172,608.41 |

## 合 并 利 润 表

单位:人民币元

| 项　　目 | 合　　并 | | |
|---|---|---|---|
| | 2002 年度 | 2001 年度 | 2000 年度 |
| 一、主营业务收入 | 944,375,468.72 | 878,027,198.92 | 811,326,926.34 |
| 减:主营业务成本 | 666,145,745.27 | 654,822,046.15 | 566,537,644.55 |
| 主营业务税金及附加 | 7,196,992.24 | 5,947,558.06 | 4,587,576.43 |
| 二、主营业务利润 | 271,032,731.21 | 217,257,594.71 | 240,201,705.36 |
| 加:其他业务利润 | 1,596,922.36 | 5,905,982.35 | 1,108,048.20 |
| 减:营业费用 | 49,547,353.73 | 36,380,816.34 | 37,193,466.65 |
| 管理费用 | 73,600,022.69 | 51,296,856.99 | 61,177,862.60 |
| 财务费用 | 22,463,531.49 | 24,212,397.43 | 21,994,585.45 |
| 三、营业利润 | 127,018,745.66 | 111,273,506.30 | 120,943,838.86 |
| 加:投资收益 | 172,264.08 | 14,355.34 | - |
| 补贴收入 | 408,295.00 | 259,142.00 | 558,591.00 |
| 营业外收入 | 87,440.00 | 396,366.32 | 1,218,514.72 |
| 减:营业外支出 | 6,900,897.40 | 4,142,045.57 | 6,010,201.16 |
| 四、利润总额 | 120,785,847.34 | 107,801,324.39 | 116,710,743.42 |
| 减:所得税 | 45,285,489.60 | 36,039,005.67 | 40,734,685.81 |
| 少数股东本期收益 | 189,268.20 | - 220,772.98 | - 808,474.86 |
| 未确认投资损失 | 122,541.65 | - 164,501.56 | - 808,474.86 |
| 五、净利润 | 75,188,547.89 | 72,147,593.26 | 77,593,007.33 |

## 合并现金流量表简表

单位:人民币元

| 项　　目 | 2002 年度 | 2001 年度 |
|---|---|---|
| 经营活动产生的现金流量净额 | 217,170,210.30 | 116,902,222.80 |
| 投资活动产生的现金流量净额 | - 38,142,803.62 | - 71,321,323.77 |
| 筹资活动产生的现金流量净额 | - 124,349,795.72 | - 29,698,646.19 |
| 汇率变动对现金的影响额 | | 7,628.47 |
| 现金及现金等价物净增加额 | 54,677,610.96 | 15,889,881.31 |

(二)主要财务指标

| 指标名称 | 2002.12.31 | 2001.12.31 | 2000.12.31 |
|---|---|---|---|
| 流动比率(倍) | 1.03 | 1.71 | 1.13 |
| 速动比率(倍) | 0.91 | 1.54 | 1.00 |
| 应收帐款周转率(次) | 5.63 | 4.29 | 3.97 |
| 存货周转率(次) | 13.12 | 12.21 | 10.56 |
| 资产负债率(%)(按母公司会计报表计算) | 56.97% | 61.09% | 64.59% |
| 净资产收益率 | 18.45% | 19.06% | 22.56% |
| 扣除非经常性损益后的净资产收益率 | 19.56% | 19.72% | 23.38% |
| 每股经营活动产生的现金流量 | 0.87 | 0.47 | 0.26 |
| 每股净现金流量 | 0.22 | 0.06 | 0.03 |

(三)管理层讨论和分析

1.关于资产质量状况及资产负债结构

截止 2002 年 12 月 31 日本公司资产总计为 98,407 万元。货币资金与应收票据之和占流动资产总额的比重为 48.9%;应收帐款质量较好,1 年以内应收帐款所占比重为 59.06%,并相应提取了坏帐准备;库存存货资产 5,237 万元,存货量基本符合本公司定额库存,并相应提取了存货跌价准备,存货无质量风险;固定资产按新会计准则规定,计提了固定资产减值准备。截止 2002 年 12 月 31 日,本公司负债总额为 56,041 万元,资产负债率为 56.95%,符合公司的承受能力,也符合本行业特点。

根据本行业特点,本公司管理层认为,公司流动资产质量较好,资产负债率较为合理,公司有足够的周转资金,待公司发行股票后,上述指标将进一步好转。

2.关于经营成果盈利能力及前景分析

2001 年、2002 年本公司实现主营业务收入分别为 87803 万元、94438 万元,主营业务利润分别为 21726 万元、27103 万元,净利润分别为 7215 万元、7519 万元。2001 年主营业务收入较 2000 年增长 8.22%;2002 年主营业务收入较 2001 年增长 7.56%,主营业务利润增长 24.75%。

随着本次募集资金投向项目的建成投产,将为本公司带来新的利润增长点;

3.关于现金流量及偿债能力分析

本公司 2001 年、2002 年经营活动产生的现金流量净额分别为 11690 万元、21717 万元,公司现金流量比较充足。2001 年 12 月 31 日、2002 年 12 月 31 日本公司流动比率分别为 1.71 和 1.03,速动比率分别为 1.54 和 0.91。

结合本行业特点,管理层认为本公司现金流量情况较好。

(四)股利分配情况及发行后股利分配政策、发行前滚存利润的分配政策

股利分配政策:本公司实行同股同利的分配政策,按股东持有的股份的比例进行分配,各类普通股享有同等权益。在每个会计年度结束后的六个月内,由公司董事会根据该会计年度的经营业绩和未来的生产经营计划提出股利分配方案后,经股东大会批准后予以执行。

公司近 3 年的股利分配情况:公司 2000 年每 10 股派现金红利 1.5 元,2001 年每 10 股派现金红利 1.5 元,2002 年每 10 股派现金红利 2.0 元。

滚存利润分配政策:本公司 A 股发行当年所产生的利润及以前年度累计的未分配利润,由本次发行后的新老股东共同享有。公司发行后的第一个盈利年度结束后,在公司可供分配利润范围内以现金或红股的形式对公开发行后公司的全体股东进行首次分配。

(五)发行人控股子公司或纳入发行人合并会计报表的企业基本情况

本公司本次发行前有一家子公司,为唐山三友志达钙业有限公司。该公司成立于 2000 年 5 月 28 日,注册资本 5400 万元,法定代表人李木臣(兼任总经理)。该公司经营范围是工业二水氯化钙、氯化钠、无水氯化钙、融雪剂的生产和销售,设计生产能力 3 万吨氯化钙。本公司持有该公司 65% 的股权,是控股股东;丰南市第二盐场持有该公司 35% 的股权。截止 2002 年 12 月 31 日,该公司总资产 7402 万元,净资产 4579 万元,实现销售收入 2436 万元,实现利润 19 万元。

## 第四节　募股资金运用

公司本次股票发行实际募集资金额为 57694.5 万元,拟投资项目共需资金 53839 万元,剩余资金将用于补充公司流动资金。公司对本次募集资金的实际投入时间将按募集资金实际到位时间和项目的进展情况作相应调整。资金运用过程中如出现阶段性闲置时,将用于补充流动资金或进行购买国债等安全、稳定的短期投资。

投资项目基本情况、发展前景及具体安排和计划:

单位:万元

| 序号 | 项目名称 | 基本情况 | 发展前景 | 项目总投资 | 使用募集资金 | 建设期 | | |
|---|---|---|---|---|---|---|---|---|
| | | | | | | 2003年 | 2004年 | 2005年 |
| 1 | 1.5万吨/年聚偏氯乙烯（PVDC）项目 | 项目建成后可年产PVDC产品1.5万吨 | 本项目为填补国内空白项目。项目建成投产后正常年份可实现销售收入37350万元，实现税后利润9696万元，投资回收期为6.41年（含建设期2年） | 69200 | 41500 | 35000 | 5000 | 1500 |
| 2 | 12万吨/年无水氯化钙技术改造项目 | 项目建成投产后可年产12万吨无水粒状氯化钙 | 项目建成投产后可年增销售收入17495.10万元，年实现利润10449.80万元，投资回收期4.2年（含建设期2年） | 19668 | 6738 | 6738 | - | - |
| 3 | 20万吨/年挤压法重质纯碱技术改造项目 | 项目建成后可使重质纯碱生产能力达到60万吨/年 | 项目建成投产后每年可新增销售收入1656万元，新增利润总额740万元，投资回收期5.48年 | 4160 | 1222 | 1222 | - | - |
| 4 | 综合节能技术改造项目 | 本技术改造项目包括：溴化锂制冷技术改造、循环冷却水系统冷却塔改造、闪发废蒸汽回收利用改造、石灰废水用作锅炉除尘水改造、电气节能改造。 | 本项目是公司综合节能改造项目，通过这次节能改造，每年可节电750万KWh，每年可节水440万立方米，减少污水排放量430万立方米，每年可减少其他费用1100万元。本项目建设期1年，项目建成投产后可年新增利润1428万元，投资回收期4.67年。 | 4379 | 4379 | 4379 | - | - |

## 第五节　风险因素和其他重要事项

一、风险因素

1.纯碱生产限产政策的风险：为缓解国内纯碱市场供大于求的状况，维护纯碱的市场价格，国家经贸委曾经于1999年8月开始对纯碱生产实施了总量控制的政策。如果今后再次执行该政策，将限制本公司进一步提高纯碱产量。

2.对主要原材料的依赖风险：本公司生产纯碱所需主要原材料为原盐、石灰石、焦炭、液氨等。如果上述原材料资源枯竭或者价格提高，将对本公司的正常经营和生产成本构成影响。

3.对能源的依赖风险：本公司的生产需要消耗大量能源，每年约消耗电量1.2亿KWH，消耗蒸汽280万吨，消耗水1800万立方米。由于本公司所处的华北地区属于缺水地区，严重的干旱和可能的提价将对本公司水的供应产生一定影响，从而影响本公司的生产。

4.应收帐款的坏帐风险：截止2002年12月31日，本公司应收帐款净额为15213.97万元，主要是由于以前年度纯碱下游行业市场不景气，导致本公司产生较大数额的应收帐款。如果纯碱市场再度恶化或下游行业效益不好，势必会增加公司应收帐款的数量，给公司的财务状况带来一定的不利影响。

5.行业竞争风险：我国纯碱行业市场化程度较高，市场竞争激烈。由于国内其他碱厂纯碱产量的不断扩大和个别地区存在地方保护主义，使行业内部竞争加剧，剧烈的市场竞争可能会对本公司的经营造成一定影响。

6.环保风险：本公司作为大型化工企业，在纯碱生产过程中产生一定数量的废液、废渣、废气。目前上述污染物的排放均已达到国家标准，但不可避免会对周边环境造成一定影响。随着我国政府对环境保护的日益重视，将可能提高环保标准，从而增加本公司污染治理的成本。

7.汇率风险：本公司2002年出口纯碱12.22万吨，占公司纯碱总销量的12.56%。在现行外汇管理体制下，如果人民币汇率发生较大波动，将直接影响本公司的出口收入。

二、其他重要事项

1.重大合同：本公司目前正在履行的重大合同包括8份总额为33979万元的借款合同；以及10份采购、销售合同。

2.重大诉讼或仲裁事项：无。

## 第六节　本次发行各方当事人和发行时间安排

一、发行各方当事人：

| 名称 | 住所 | 联系电话 | 传真 | 经办人或联系人姓名 |
|---|---|---|---|---|
| 唐山三友化工股份有限公司 | 河北唐山市南堡开发区 | 0315－8517040 | 0315－8519188 | 史岭珠、张建华 |
| 国泰君安证券股份有限公司 | 上海市商城路618号 | 010－82001473 | 010－82001523 | 张江、李海凌、任松涛 |
| 北京海问律师事务所 | 北京市南银大厦17层 | 010－64106566 | 010－64106928 | 赵燕、巫志声 |
| 河北华安会计师事务所有限公司 | 河北省石家庄市燕山大酒店22层 | 0311－7025163 | 0311－7028803 | 刘国忠、廖志勇 |
| 中国证券登记结算有限责任公司上海分公司 | 上海市浦东新路陆家嘴东路166号 | 021－38874800 | 021－58899400 | 王迪彬 |
| 中国建设银行唐山南堡开发区支行 | 河北省唐山市南堡开发区 | 0315－8511701 | 0315－8515249 | 李全良 |
| 中国工商银行唐山市南堡开发区支行 | 河北省唐山市南堡开发区 | 0315－8511728 | 0315－8515140 | 张雨纲 |
| 上海证券交易所 | 上海市浦东南路528号 | 021－68808888 | 021－68811782 | |

二、本次发行上市的重要日期：

| | |
|---|---|
| 发行公告刊登的日期 | 2003年6月2日 |
| 预计发行日期 | 2003年6月4日 |
| 申购期 | 2003年6月4日上午9:30－11:30，下午1:00－3:00 |
| 资金冻结日期 | 无 |
| 预计上市日期 | 本次发行股票结束后将尽快申请在上海证券交易所安排上市 |

## 第七节　附录和备查文件

1.招股说明书全文、备查文件和附件可以到发行人和主承销商住所查阅。

查阅时间：工作日上午8:30—11:30，下午2:00—5:00

2.招股说明书全文可以通过上海证券交易所网站查阅。

上海证券交易所网址：www.sse.com.cn

# 唐山三友化工股份有限公司股票上市公告书

## 第一节　重要声明与提示

唐山三友化工股份有限公司（以下简称"本公司"、"公司"或"发行人"）董事会保证上市公告书的真实性、准确性、完整性，全体董事承诺上市公告书不存在虚假记载、误导性陈述或重大遗漏，并承担个别和连带的法律责任。

根据《中华人民和国公司法》、《中华人民共和国证券法》等有关法律、法规的规定，本公司董事、高级管理人员已依法履行诚信和勤勉尽责的义务和责任。

证券交易所、中国证监会、其他政府机关对本公司股票上市及有关事项的意见，均不表明对本公司的任何保证。

本公司提醒广大投资者注意：凡本上市公告书未涉及的有关内容，请投资者查阅2003年5月30日刊载于《中国证券报》、《上海证券报》、《证券时报》及《证券日报》的本公司招股说明书摘要及刊载于上海证券交易所网站（www.sse.com.cn）的本公司招股说明书全文。

## 第二节　概　览

1.股票简称：三友化工

2.沪市股票代码：600409

3.深市代理股票代码：003409

4.总股本：35,000万股

5.可流通股本：10,000万股

6.发行价格：6.00元/股

7.本次上市流通股本：10,000万股

8.对首次公开发行股票前股东所持股份的流通限制及期限

根据国家现有法律、法规规定和中国证券监督管理委员会《关于核准唐山三友化工股份有限公司公开发行股票的通知》（证监发行字[2003]48号），本公司全部5位发起人股东所持有的股份暂不上市流通。

9.上市地点：上海证券交易所

10.上市时间：2003年6月18日

11.股份登记机构：中国证券登记结算有限责任公司上海分公司

12.上市推荐人：国泰君安证券股份有限公司、东北证券有限责任公司

13.根据《上海证券交易所股票上市规则》，本公司第一大股东唐山三友碱业（集团）有限公司承诺：自本公司股票上市之日起一年内，不转让其持有的本公司的股份；同时也不由本公司回购其所持有的发起人股份。

## 第三节　绪　言

本公司上市公告书是根据《中华人民共和国公司法》、《中国人民共和国证券法》、《股票发行与交易管理暂行条例》、《公开发行股票公司信息披露实施细则》和《上海证券交易所股票上市规则》等国家有关法律、法规的规定，并按照中国证券监督管理委员会制定的《公开发行证券的公司信息披露内容与格式准则第7号－股票上市公告书》而编制，旨在向投资者提供本公司的基本情况和本次股票上市的有关资料。

经中国证券监督管理委员会证监发行字[2003]48号文核准，本公司已于2003年6月4日采用全部向二级市场投资者定价配售的方式成功发行了每股面值1.00元的人民币普通股（A股）10,000万股，每股发行价为6.00元。

经上海证券交易所上证上字[2003]59号《上市通知书》批准，本公司公开发行的10,000万股社会公众股将于2003年6月18日起在上海证券交易所挂牌交易。股票简称为"三友化工"，沪市股票代码为600409。

本公司已于2003年5月30日分别在《中国证券报》、《上海证券报》、《证券时报》及《证券日报》上刊登了《招股说明书摘要》。招股说明书正文及其附录可以在上海证券交易所网站（www.sse.com.cn）查询。上述内容刊登距今不足三个月，故与其重复的内容不再重述，敬请投资者查阅。

## 第四节　公司概况

一、本公司基本情况

公司中文名称：唐山三友化工股份有限公司
英文名称：TANGSHAN SANYOU CHEMICAL INDUSTRIES CO.，LTD.
注册资本：35,000 万元
法定代表人：王春生
设立日期：1999 年 12 月 28 日
注册地址：河北省唐山市南堡开发区
邮政编码：063305
联系电话：0315－8517040　0315－8511642
传真号码：0315－8519188
互联网网址：www.Sanyou－chem.com.cn
电子信箱：shilz@sanyou－chem.com.cn
董事会秘书：史岭珠
所属行业：化工原材料

二、本公司历史沿革

唐山三友化工股份有限公司是经河北省人民政府冀股办(1999)48 号文件批准，以唐山三友碱业(集团)有限公司(以下简称"集团公司")作为主发起人，联合国投资产管理公司、唐山投资有限公司、河北省建设投资公司、国富投资公司，共同发起设立的股份公司，设立时注册资本人民币 25000 万元。于 1999 年 12 月 28 日获得河北省工商行政管理局颁发的营业执照，执照编号为 1300001001528。

经中国证券监督管理委员会证监发行字[2003]48 号文核准，本公司于 2003 年 6 月 4 日采用全部向二级市场投资者定价配售的方式成功发行了每股面值 1.00 元的人民币普通股 10,000 万股，每股发行价为 6.00 元。本次发行完成后，本公司的总股本为 35,000 万股。本公司承诺于 2003 年 7 月 31 日前在工商行政管理部门完成工商变更注册登记。

三、本公司主要经营情况

1.本公司经营范围及主营业务

本公司的经营范围是：纯碱、食用添加剂碳酸钠及系列产品的生产、销售，经营本企业自产产品和技术的出口业务和本企业所需的原辅材料、机械设备、零配件及技术的进口业务，但国家限定公司经营和禁止进出口的商品和技术除外。

本公司是我国制碱工业的重要生产、出口基地，主要从事纯碱的生产和销售。

2.本公司主要产品及其用途

本公司纯碱产品主要包括：

①根据产品密度的不同，分为重质纯碱、轻质纯碱。

②根据氯化物含量的不同，分为普通碱、低盐碱、超低盐碱、特殊低盐碱。

③根据不同客户的需求，生产工业纯碱和食品添加剂纯碱。

纯碱是一种重要的化工原材料，广泛应用于化工、轻工、建材、冶金、医药等行业。目前我国纯碱的消费构成为：玻璃行业 42%、化工行业 12%、轻工行业 12%、民用 7%、冶金行业 5%、医药行业 2%、其他领域 20%。本公司产品的下游企业主要是玻璃企业、氧化铝企业和合成洗涤剂企业。

3.本公司主要技术

本公司在石灰石工序采用大型竖式混装窑，这种窑具有生产能力大、热效率高等优点。上料采用 PC 机程序控制，大幅度降低了石灰石和焦碳的消耗。该装置是目前国内氨碱法纯碱生产企业采用的单台生产能力最大的混装窑。

本公司在盐水精制工序采用一步法精制盐水。与传统的石灰碳酸铵法相比，该法具有工艺流程短、设备结疤轻、盐水质量稳定、产品质量高、精制过程中不产生 $CNH_3$、有利于提高 Na－Cl 转化率等优点。目前，国内有本公司、南化公司连云港碱厂等大碱厂采用此法。

本公司在碳化工序采用异径菌帽碳化塔。该塔具有以下优点：①生产能力大。②冷却效率高。③转化率高，碳化转化率 75%左右。④结晶质量好。因此目前国内许多大中型氨碱厂及联碱厂已采用这种碳化塔。

本公司引进德国筛得力公司 SHS1002/1090ZK 型双级柱锥式离心机，对真空过滤后重碱进行二次分离。在不加洗水的条件下，分离后重碱水份降到 12.3%，盐份比分离前降低 0.11%。使用后降低了重碱水份和盐份，提高了产品质量，节约了能源，提高了煅烧炉生产能力，而且还可以大规模生产优质低盐纯碱。

本公司在煅烧工序使用的∮3600×30000 外返碱蒸汽煅烧炉，是目前生产能力最大的国产煅烧炉，生产能力 800T/d，采用变频调速控制其转速，可大大缓解前工序波动对后工序的影响。

4.影响本公司发展的有利和不利因素

(1)有利因素：

1)属于基础原材料行业

纯碱属于基本化工原材料，被誉为"化工之母"，与国民经济和人民生活具有密不可分的关系。由于这种密切关系，纯碱行业将在相当长的时期内稳步发展。

2)行业进入壁垒高

经过多年的发展，我国纯碱行业已经形成了稳定的产业基础和行业格局。由于纯碱生产企业具有对自然资源和能源的消耗量大、资金密集的特点，因此进入纯碱行业的壁垒较高，主要障碍包括：国家主管部门的批准、一次性投资大、生产需有规模效益、几大原材料供应基地应相距较近、须有符合环保要求的废渣液堆排放场地和处理技术等。

3)技术成熟

目前纯碱的主要生产方法是合成法纯碱和天然碱加工两种，其中合成法纯碱主要有联合制碱和氨碱法(索尔维)制碱两种工艺。上述两种制碱工艺均已经过长期生产实践的检验，技术成熟、可靠。

4)宏观经济形势整体看好

由于纯碱属于基本化工原材料，其市场价格与国民经济宏观经济形势密切相关。2001 年国家实行积极的财政政策，扩大内需，使我国宏观经济出现良好上升态势，2001 年国民经济增长速度略高于 7%，2002 年国民经济增长率与 2001 年基本持平，2003 年我国将继续执行扩大内需、积极的财政政策和稳健的货币政策等经济政策，因此宏观经济形势仍整体看好，这必将对促进国内纯碱行业的发展将产生积极作用。

5)消费趋向的变化将带动产品结构的调整

随着对纯碱消费由轻质纯碱向重质纯碱的转变，将促使我国纯碱行业加快产品结构的调整速度，加大对相关领域的科研投入，最终实现纯碱产业的升级。

6)发达国家纯碱企业纷纷减产、停产

由于利用氨碱法生产纯碱需要消耗大量的自然资源和能源，以及其资金密集、劳动密集的特点，所以很多发达国家已经关闭或减少本国的纯碱企业。据报道，最近有以下几家纯碱企业由于环保和成本因素停产：日本旭硝子公司下属联碱厂、美国通用化学公司下属氨碱厂、美国 FMC 公司下属天然碱厂，以上三家企业共有纯碱生产能力 210 万吨。我国纯碱行业正可利用这一时机，占领国际市场。

7)我国天然碱储量不足，美国天然碱运输成本高

由于我国发现探明的天然碱矿数量少、品位低，使得国内天然碱目前无法替代合成碱；美国天然碱虽然成本低、品质高，但因运费高，加上国内纯碱市场化程度高，美国天然碱难以对国内纯碱市场造成大的冲击。

(2)不利因素

1)国内纯碱市场基本饱和，纯碱消费增长速度低于其生产增长速度

从近两年国内纯碱的生产和消费情况分析，可以看出纯碱消费增长速度低于其生产的增长速度。这主要是由于没有合理的战略格局和部分地方存在地方保护主义，各地均存在一些小型纯碱企业等原因。长期的生产能力扩张使得国内普通产品市场趋于饱和，市场竞争日益加剧。这种情况的出现，一方面能够促使行业内企业不断提高产品质量，开发高附加值产品，优化产品结构，但另一方面，存在的恶性竞争也会给国内纯碱行业的长远发展造成不利影响。

2)属于传统行业，产品附加值相对较低，增长缓慢

纯碱作为一种基本化工原材料，属于典型的传统行业。加之劳动密集、资金密集的特点，其产品的附加值相对较低，全行业增长速度相对缓慢。

3)受宏观经济形势变化的影响大

由于纯碱行业与国民经济和人民生活联系密切，因此宏观经济形势的变化将直接或间接影响纯碱行业的发展。

4)加入 WTO 后，受到美国天然碱的威胁

加入 WTO 将使我国纯碱企业直接面对美国天然碱的竞争。尽管这对国内纯碱市场份额的影响不大(详见第四章"风险因素")，但它使得国内纯碱的价格不能高于美国天然碱在我国的销售价格。

5.本公司自身的竞争优势

(1)规模优势

本公司 2002 年纯碱总产量为 99.07 万吨，约占全国纯碱总产量的 10%左右，1999 年、2000 年连续两年名列全国同行业首位，2001 年国内排名第三，2002 年国内排名第二，具有明显的规模优势。规模优势降低了本公司的生产成本，增强了公司的竞争力。

(2)紧邻原材料产地

纯碱生产需要消耗大量的原材料，本公司紧邻各种原材料产地。其中本公司盐水车间的化盐工段紧邻河北省南堡盐场的储盐场；距主要石灰石矿山仅 60 公里；距焦碳主要供应商仅一墙之隔；液氨的供应商均在本公司周边 70 公里的范围之内。紧邻原材料产地，大大降低了本公司原材料的运输成本，增强了公司的竞争力。

(3)交通便利

本公司地处冀东平原，交通便利。区内有铁路京哈线、京承线通过，京沈、津唐、唐港等三条高速公路将唐山地区与全国高速公路网联接到一起，陆路交通四通八达；海运码头京唐港、天津港、秦皇岛港架又起了连通世界的桥梁。便利的交通设施，保证了本公司原材料和产成品的运输。

(4)重质纯碱产量大

重质纯碱具有坚实、颗粒大、密度高、吸湿低、不易结块、不易飞扬、流动性好等优点，且产品附加值较高，是纯碱消费的新趋势。本公司 2000 年生产重质纯碱 37.9 万吨，占公司总产量的 44.19%；2000 年国内共生产重质纯碱 221 万吨，本公司占有其总产量 17.19%的份额，名列全国同行业首位。2001 年本公司生产重质纯碱 38.9 万吨，2002 年生产重质纯碱 46.3 万吨。

6.本公司主要财务数据

本公司主要财务数据请参见本公告书"第八节财务会计资料"部分。

7.本公司拥有的主要知识产权

本公司所有产品均使用"三友"商标，本公司目前拥有"三友"商标所有权

8.本公司享有的主要财政税收优惠政策

本公司纯碱出口部分原执行"先征后退"政策，2002 年改为执行"免抵退"的政策，退税率 15%。

## 第五节　股票发行与股本结构

一、本公司本次股票上市前首次公开发行股票的情况

股票种类：境内上市人民币普通股(A 股)
每股面值：人民币 1.00 元
发行数量：10,000 万股
发行价格：6.00 元/股
发行市盈率：20 倍
募股资金总额：60,000 万元
募股资金净额：57,686.09 万元
发行方式：全部向二级市场投资者定价配售

发行对象：于 2003 年 5 月 30 日持有上海证券交易所或深圳证券交易所已上市流通的人民币普通股(A 股)股票(以下简称"流通股票")的收盘市值总和(包括可流通但暂时锁定的股份市值)不少于 10,000 元的投资者。

发行费用：本次发行费用总额为 2,313.91 万元，包括承销费用、审计费用、律师费用、评估费用、发行手续费用、股权登记费用、审核费等。

每股发行费用：0.23 元

二、本公司本次股票上市前首次公开发行股票的承销情况

本公司本次公开发行人民币普通股(A 股)10,000 万股的配号总数为 85,568,580，中签率为 0.11686533%。其中，二级市场投资者认购 992449989 股，其余 755011 股由主承销商包销。

三、本公司本次上市前首次公开发行股票所募股资金的验资报告

验资报告

冀华会验字[2003]1002 号

唐山三友化工股份有限公司全体股东：

我们接受委托，审验了唐山三友化工股份有限公司(以下简称"贵公司")截至 2003 年 6 月 11 日止新增注册资本实收情况。按照国家相关法律、法规的规定和协议、章程的要求出资，提供真

实、合法、完整的验资资料,保护资产的安全、完整是贵公司全体股东及贵公司的责任。我们的责任是对贵公司本次新增注册资本的实收情况发表审验意见。我们的审验是依据《独立审计实务公告第1号－验资》进行的。在审验过程中,我们结合贵公司的实际情况,实施了检查等必要的审验程序。

贵公司由唐山三友碱业(集团)有限公司、国投建化实业公司(现更名为国投资产管理公司)、河北省建设投资公司、河北省经济开发投资公司(现更名为国富投资公司)、唐山投资有限公司共同发起设立,于1999年12月28日在河北省工商行政管理局注册,工商注册登记号为1300001001528,注册资本为人民币25,000万元。

贵公司根据2002年第一次临时股东大会决议和修改后章程的规定,申请向社会公开发行普通股(A股)100,000,000股,增加注册资本人民币100,000,000元。经中国证券监督管理委员会证监发行字[2003]48号文件核准,贵公司于2003年6月4日以全部向二级市场投资者定价配售的发行方式向社会公开发行人民币普通股股票100,000,000股,每股面值人民币1.00元,每股发行价格为人民币6.00元。

经审验,我们认为,截至2003年6月11日止,贵公司已收到社会公众股股东缴纳的新增注册资本人民币100,000,000元,扣除发行费用23,139,144.90元后,募集资金净额为人民币576,860,855.10元,实际计入资本公积人民币476,860,855.10元。

同时我们注意到,贵公司本次增资前的注册资本为人民币250,000,000元,业经河北华安会计师事务所有限公司以冀华会验字[1999]第1020号验资报告予以审验。截至2003年6月11日止,连同本次验证的新增注册资本实收金额人民币100,000,000元,贵公司变更后的累计注册资本实收金额为人民币350,000,000元。

本验资报告仅供贵公司申请变更登记及据以向股东签发出资证明时使用,不应将其视为是对贵公司验资报告日后资本保全、偿债能力和持续经营能力等的保证。因使用不当所造成的后果,与执行本验资业务的注册会计师及会计师事务所无关。

河北华安会计师事务所有限公司　　中国注册会计师
刘国忠
廖志勇
地址:中国·石家庄市裕华西路158号　　2003年6月11日

四、本公司本次上市前首次公开发行股票所募股资金入账情况

入帐时间:2003年6月11日

入帐金额:576,860,855.10元(已扣除发行费用)

银行账号:13062603622100906

收款银行:中国建设银行唐山南堡开发区支行

银行账号:0403013229201099860

收款银行:中国工商银行唐山市南堡开发区支行

五、本公司本次股票上市前股权结构和股东持股情况

1.本公司本次股票上市前的股权结构

| 股份类型 | 持股数量(万股) | 占总股本比例(%) |
|---|---|---|
| 发起人股 | 25,000 | 71.43 |
| 社会公众股 | 10,000 | 28.57 |
| 股份总额 | 35,000 | 100.00 |

2.本次股票上市前,本公司前十名股东持股数量及占总股本的比例

| 序号 | 股东名称 | 持股数量(万股) | 占股本比例 |
|---|---|---|---|
| 1 | 集团公司 | 22231 | 63.51% |
| 2 | 国投资产管理公司 | 1400 | 4.00% |
| 3 | 唐山投资有限公司 | 617 | 1.76% |
| 4 | 河北省建设投资公司 | 560 | 1.60% |
| 5 | 国富投资公司 | 192 | 0.55% |
| 6 | 国泰君安 | 86.2 | 0.25% |
| 7 | 开元基金 | 13.1 | 0.04% |
| 8 | 国信证券 | 12.9 | 0.04% |
| 9 | 科瑞基金 | 12.7 | 0.04% |
| 10 | 景福基金 | 12.6 | 0.04% |

## 第六节　董事、监事、高级管理人员及核心技术人员

一、董事、监事、高级管理人员及核心技术人员简介

1.董事

王春生,男,1963年6月出生,大学,高级工程师。1998年6月至2002年7月担任唐山三友集团有限公司(以下简称"三友集团")副总经理职务;1999年12月起至2002年7月担任本公司副董事长,1999年12月至2001年6月任股份公司总经理,2002年7月30日当选为本公司董事长至今。

于得友,男,1959年10月出生,大专,经济师。1998年6月至2002年4月担任三友集团第一副总经理职务;1999年12月至今担任本公司董事,2001年6月至今担任本公司总经理,2002年7月起任本公司副董事长。

么志义,男,1957年7月出生,大学,高级经济师,全国人大代表、全国劳动模范,2001年被河北省人民政府授予2000年度河北省优秀企业家称号。1998年6月至今担任三友集团董事长;1998年6月15日至2001年8月16日担任集团公司董事长;1999年12月至2002年7月担任本公司董事长。

张兆仲,男,1946年3月出生,大学,高级工程师。1993年10月至今河北省建设投资公司副总经理,1999年12月起至今担任本公司董事。

常润兰,女,1948年6月出生,大学,工程师。1998年6月至今担任三友集团董事;1999年12月起至今担任本公司董事。

王兵,男,1960年12月27日出生,硕士学历,1998年5月至今任唐山投资有限公司总经理,2001年6月至今担任三友集团监事,1999年12月起至今担任本公司董事。

席长龙,男,1953年5月29日出生,大学学历,政工师。1988年至1993年任交通银行唐山分行工会主席、办公室主任,1993年至今担任唐山市经济开发投资公司、唐山投资有限公司董事、副总经理,2001年10月起至今担任本公司董事。

耿炳南,男,1966年3月出生,硕士学历。2001年6月至今担任三友集团董事、集团公司董事、本公司董事。

杨鹏飞,男,1954年8月8日出生,大学学历,助理经济师。2001年6月起至今担任本公司董事。

石景,女,1974年8月26日出生,硕士学历。2000年8月在国富投资公司投资管理部工作,2001年6月起至今担任本公司董事。

闫荣城,男,1961年10月出生,经济学硕士。1993年3月至1994年4月任河北省人民政府股份制试点办公室负责人,1994年4月至1996年11月任河北省体改委证券管理办公室主任(处长),1996年11月至1998年2月任河北省证券委国际业务处处长,1998年2月至1998年12月任河北省证券监督管理委员会上市公司处处长,1998年12月至2002年3月任中国证监会石家庄特派员办事处上市公司处处长,2002年3月至今任河北经贸大学副教授。2002年5月起担任本公司独立董事。

王鹏程,男,1970年11月出生,副教授,会计学博士。现任天健会计师事务所合伙人、中国注册会计师协会准则组成员。1994年4月至2000年10月在中央财经大学会计系任副教授,从事教学科研工作,并于2000年2月在财政部财政科学研究所获得会计学博士学位;1998年9月至今任天健会计师事务所合伙人。2002年5月起担任本公司独立董事。

王锡岭,男,1945年3月出生,高级工程师。1978年4月至1993年8月任化学工业部化肥司副处长,期间于1989年4月至1999年4月任中国纯碱工业协会副秘书长,1999年4月至2001年4月任中国纯碱工业协会秘书长,2001年4月至今任中国纯碱工业协会副理事长兼秘书长。2002年5月起担任本公司独立董事。

2.监事

赵瑞民,男,1960年5月出生,高中文化。1999年12月起担任本公司职工监事、监事会主席。

张定元,男,1964年12月出生,大学,高级经济师。1999年12月起至今担任本公司监事。

郭红林,男,1972年2月出生,大学。1999年12月起担任本公司监事。

张敏珊,女,1952年9月25日出生,中专学历,工程师。2001年10起任本公司监事。

张军,男,1966年9月出生,大学,工程师。1999年12月起至今担任本公司监事;2001年6月起担任三友集团监事。

毕开恒,男,1948年6月出生,大专学历,高级政工师。1998年6月至今担任三友集团监事会主席;1999年12月起担任本公司职工监事。

张建国,男,1953年12月出生,中专学历,政工师。2000年10月起担任本公司职工监事。

3.高级管理人员

总经理:于得友,同上。

常务副总经理:王宝云,男,1954年1月出生,大专学历,高级经济师。2002年7月30日起至今担任本公司常务副总经理职务。

副总经理:马德春,男,1965年6月出生,大学学历,高级工程师。2000年10月至今任本公司副总经理,2001年8月至今兼任本公司总工程师。

副总经理:陈炳谦,男,1963年12月出生,大学学历,高级工程师。2002年7月30日起至今任本公司副总经理职务。

副总经理:李木臣,男,1964年10月出生,大专学历。2002年7月30日起至今任本公司副总经理职务。

副总经理:李建渊,男,1966年10月出生,大学学历,高级经济师。2002年7月30日起至今担任本公司副总经理职务。

副总经理:孙任靖,男,1964年6月出生,大专学历,法医师。1999年12月任本公司经营部经理,2001年8月至今任本公司副总经理。

二、董事、监事、高级管理人员及核心技术人员持股情况

本公司除董事常润兰持有本公司1000股流通股外,其他上述人员均未持有本公司股份情况,且不存在上述人员在发行前持有发行人关联企业股份的情况。

三、董事、监事、高级管理人员相互之间不存在配偶关系、三代以内直系和旁系亲属关系。

## 第七节　同业竞争与关联交易

一、同业竞争情况

股份公司设立时,集团公司将与纯碱生产销售相关的生产经营性资产和业务部门全部投入本公司,集团公司不再从事纯碱的生产和销售业务。三友集团作为股份公司的实际控制人,三友集团及其下属子公司不存在与股份公司从事相同、相似业务的情况;同时,股份公司与集团公司及其控制的法人之间也不存在从事相同、相似业务的情况,不存在同业竞争。

二、关联方与关联关系

(一)关联方

本公司的关联企业主要包括本公司的实际控制人－－三友集团及其下属的全资和控股子公司、控股股东－－集团公司及其下属的全资和控股子公司、本公司的控股子公司以及其他存在控制关系或发生关联交易的关联方等。

1.本公司实质控制人——三友集团及其下属的全资和控股子公司

| 序号 | 公司名称 | 持股比例 |
|---|---|---|
| 1 | 集团公司 | 90.43% |
| 2 | 唐山三友集团化纤有限公司 | 99.87% |
| 3 | 唐山义龙纺织集团公司 | 100% |
| 4 | 唐山市冀东化工集团有限责任公司 | 99.1% |

2.本公司控股股东——集团公司及其下属的全资及控股子公司

| 序号 | 公司名称 | 持股比例 |
|---|---|---|
| 1 | 唐山三友矿山有限公司 | 100% |
| 2 | 唐山三友运输有限公司 | 87.2% |
| 3 | 唐山三友实业有限公司 | 100% |
| 4 | 唐山三友榆山实业有限公司 | 96.5% |
| 5 | 唐山三友塑料制品有限公司 | 80% |
| 6 | 唐山三友集团建筑安装工程有限公司 | 49.72% |

3.本公司的控股子公司

本公司控股子公司为唐山三友志达钙业有限公司(以下简称"志达钙业")。

4.其它存在控制关系或发生关联交易的关联方

唐山三友集团进出口有限公司,唐山三友集团化纤有限公司子公司,在报告期内曾为本公司代理纯碱出口业务。

(二)关联关系

1.股权关系

三友集团持有集团公司90.43%的股份,集团公司持有本公司本次发行后63.51%的股权,因此三友集团是股份公司实际控制人。

集团公司本次发行前持有本公司88.92%的股份,发行后将持有本公司63.51%的股权,是本公司控股股东。

本公司持有志达钙业65%的股权,为志达钙业控股股东。

2.控制关系

截止至2002年12月31日,各关联方对本公司进行控制或影响的方式、途径、程度如下:

(1)集团公司持有股份公司88.92%的股份,是股份公司的控股股东,除通过行使投票权参与并影响股份公司的生产经营、人事管理等方面的决策外,还可以通过向股份公司提供软水、电、汽的供应、向股份公司提供土地、房屋、陡河引水管线租赁等途径影响股份公司的生产经营。股份公司生产所需用软水、电、汽全部由集团公司下属热电分厂提供,2002年上述关联交易共涉及金额16040万元,占主营业务成本的24.1%。

(2)矿山子公司是集团公司的控股子公司,可以通过提供石灰石影响股份公司的生产经营。2002年股份公司生产所需石灰石的58%由矿山子公司提供,涉及金额3910万元,占主营业务成本的5.9%。

(3)榆山子公司是集团公司的控股子公司,曾经向本公司提供石灰石。目前集团公司已对其完成产权改革,榆山子公司与本公司已不存在关联交易。

(4)塑编子公司是集团公司的控股子公司,可以通过提供编织袋影响股份公司的生产经营。2002年股份公司生产所需编织袋的78%由塑编子公司提供,涉及金额2552万元,占主营业务成本的3.8%。

(5)建安公司是集团公司的控股子公司,可以通过提供建筑工程、管道防腐等服务影响股份公司的生产经营。2002年建安公司与股份公司发生的工程施工服务占股份公司同类业务的23%,涉及金额1448万元,占主营业务成本的2.2%。

(6)运输公司是集团公司的控股子公司,可以通过提供运输服务影响股份公司的生产经营。2002年运输公司向股份公司提供的运输服务占股份公司同类业务的56%,涉及金额607万元。

为减少股份公司同集团公司下属企业的关联关系,集团公司已分别通过股东会决议,对塑编子公司、矿山子公司进行产权改革,使其退出集团公司。

(三)人事管理关系

董事长王春生先生兼任集团公司董事;

副董事长、总经理于得友先生兼任集团公司董事;

董事么志义先生兼任三友集团董事长、集团公司董事;

董事耿炳南先生兼任三友集团董事、集团公司董事;

董事常润兰女士为本公司股东－－河北省建设投资公司工业分公司经理,兼任三友集团董事;

董事张兆仲先生为本公司股东－－河北省建设投资公司副总经理;

董事王兵先生为本公司股东－－唐山投资有限公司总经理,并兼任三友集团监事;

董事席长龙先生为本公司股东－－唐山投资有限公司副总经理。

监事会主席赵瑞民先生兼任集团公司监事;

监事张定元兼任集团公司监事;

监事张军兼任三友集团监事、集团公司监事;

职工监事毕开恒兼任三友集团监事会主席、集团公司监事会主席;

副总经理李木臣先生兼任志达钙业董事长兼总经理。

(四)商业利益关系

根据河北华安会计师事务所有限公司出具的冀华会审字[2003]1019号《审计报告》,截止至2002年12月31日,本公司与矿山子公司、塑编子公司之间存在原材料及包装物采购的关联交易;与建安公司、运输公司之间存在接受关联企业提供劳务等商业利益关系。

本次发行股票募集资金投向PVDC项目所需土地、能源及原材料将由冀东化工供应;氯化钙项目将采取对志达钙业进行增资的方式进行项目建设。上述募集资金投向项目的建设和生产运行将与关联方发生关联交易。

三、关联交易

(一)关联交易内容

1.石灰石采购

两家生产矿石的子公司所开采的制碱用石灰石全部向本公司供货,2001年本公司向上述两家子公司采购石灰石共计约100万吨,共计发生交易金额4117万元,占主营业务成本的6.29%,本公司向关联方采购石灰石的数量占同类业务采购总量的69%。由于集团公司已完成对榆山子公司的产权改革,2002年本公司与榆山子公司不存在关联交易;与矿山子公司的关联交易金额为3910万元,占主营业务成本的5.9%,占本公司同类业务采购总量的58%。

为减少该项关联交易,集团公司于2002年7月30日通过股东会决议,对矿山子公司进行产权改革,使其退出集团公司。

2.编织袋采购

本公司向塑编子公司采购编织袋的关联交易价格为1.49元/条,与塑编子公司市场外销价一致。2002年本公司向塑编子公司采购编织袋共计支付购货款2552万元,占主营业务成本的3.8%,占本公司同类业务采购总量的78%,占塑编子公司总销量的93%。

目前,集团公司正在对塑编子公司进行产权改革,转让其所持有的股权,转让完成后股份公司将不再与塑编子公司发生关联交易。

3.纯碱出口代理

本公司于2002年4月29日申请获得进出口自营权,并于2002年5月15日通过股东大会决议,将本公司持有的进出口公司股权转让给化纤公司。为保证股份公司纯碱出口业务在办理自营进出口相关手续期间可以顺利进行,2002年4月1日本公司与进出口公司签订了《纯碱出口代理原则协议》,于2002年4至10月间委托进出口公司代理纯碱出口业务,并相应支付代理费103万元。股份公司于2002年11月开始完全独立自营纯碱出口业务,而不再与进出口公司发生关联交易。

4.工程施工及相关服务

为保证股份公司正常生产运行,建安公司为本公司提供建筑安装、公用工程、防腐保温、设备维修维护等服务。2002年与本公司发生的关联交易金额为1448万元,占同类业务的23%。

5.用车、公路运输服务

为确保本公司正常生产对用车和公路运输的需要,本公司与运输公司签订了《用车、公路运输原则性协议》。2002年本公司向运输公司支付的费用为607万元,占本公司同类业务量56%。运输公司对外计价和对本公司计价标准一致。

6.水、电、汽供应

本公司生产所需软水、电、蒸汽全部由集团公司提供;集团公司生产所需之循环水、直流水由本公司提供,为明确双方这种供应关系,双方签订了《水电汽供应协议》。集团公司每年向本公司供软水约90万立方米,电1亿KWH,汽260万吨;本公司每年向集团公司提供直流水约690万立方米、循环水600万立方米。

热电分厂发电的平均外销价格为0.32元/度,供给股份公司的电价为0.30元/度,2002年交易金额为3651万元,占热电分厂总发电量的53%。热电分厂蒸汽的平均外销价格为43.17元/吨,供给股份公司的蒸汽价格为43.14元/吨,2002年交易金额为12234万元,占热电分厂蒸汽总产量的63%。

2002年本公司向集团公司支付水费、电费、蒸汽费等共计16040万元,占主营业务成本的24.1%。

7.土地使用权租赁

根据《土地使用权租赁协议》,本公司向集团公司租赁使用与其投入本公司经营性资产相对应的土地,共计193824.58平方米(290.73亩),本公司每年需向集团公司支付租金17.77万元。

8.房产租赁

根据《房产租赁协议》,本公司主要管理职能部门的办公场所向集团公司租赁使用,租赁面积为3175.88平方米,期限为20年,本公司每年需向集团公司支付租金31.76万元。

9.陡河输水管线租赁

根据《陡河输水管线租赁协议》,本公司向集团公司租赁使用陡河输水管线,租赁期限十年,股份公司每年需向集团公司支付租金200万元。

10.商标转让

本公司设立时,集团公司未将"三友"商标投入本公司。为保障股份公司能够长期稳定的使用该商标,本公司与集团公司于2001年5月29日签订了《商标使用许可协议》。

为保证股份公司资产的完整性,集团公司于2002年4月6日通过董事会决议,同意将其所持有的"三友"商标无偿转让给股份公司,并于2002年4月25日通过股东大会决议。股份公司于2002年4月15日通过董事会决议,并于2002年5月15日通过股东大会决议,同意无偿受让"三友"商标。双方已于2002年4月26日签定了《商标转让合同》,国家工商行政管理总局商标局已于2002年10月7日核准该项转让事宜。

11.向集团公司提供资金

截止至2000年12月31日,股份公司应收集团公司款项为4408.7万元,该笔款项由集团公司无偿使用,并于2001年全部偿还。

12.其它对发行人有影响的重大关联交易－－进出口公司和志达钙业股权转让

详见第五章－四－(五)

(二)关联交易协议

1.《石灰石购销原则性协议》

关于纯碱生产的原材料石灰石的供应,2000年1月本公司分别与矿山子公司和榆山子公司签订了《石灰石购销原则性协议》。此协议均为长期协议,协议规定本公司每年向矿山子公司购买总数为75±15万吨的石灰石,向榆山子公司购买总数为40±10万吨的石灰石,购买价格可约定为固定价格或随行就市。如采取固定价格,应参考上年市场平均价格确定,每吨石灰石价格可上下浮动10%;如采取随行就市,应参考当月1－15日的市场平均价格,每吨石灰石价格可上下浮动5%。

由于集团公司已完成对榆山子公司的产权改革,本公司与其签定的《石灰石购销原则性协议》已终止。

2.《编织袋购销原则性协议》

为满足本公司纯碱产品的包装需要,2000年1月本公司与塑编子公司签订了《编织袋购销原则性协议》。此协议为长期协议,协议规定本公司每年向塑编子公司购买约1600±200万条编织袋,购买价格可约定为固定价格或随行就市。如采取固定价格,应参考上年市场平均价格确定,每100条编织袋价格可上下浮动8%;如采取随行就市,应参考当月1－15日的市场平均价格,每100条编织袋价格可上下浮动4%。

3.《纯碱出口代理原则协议》

为保证本公司纯碱产品的出口需要,2002年4月1日本公司与进出口公司签订了《纯碱出口代理原则协议》。协议规定进出口公司为本公司代理纯碱出口,代理费不高于进出口总金额的2%(按纯碱出口FOB价计算)。

4.《用车、公路运输原则性协议》

为确保本公司正常生产对用车和公路运输的需要,2000年1月,本公司与运输公司签订了《用车、公路运输原则性协议》。协议规定了用车、公路运输服务的提供方式、服务价格和支付时间,运价由双方参考《河北省汽车运价规则》和市场价格共同协商制定。协议有效期为2000年1月1日至2000年12月31日,有效期届满,可自动续展,每次续展一年。每年12月双方可重新协商次年的价格和结算方式。

5.《水电汽供应协议》

基于集团公司与本公司的渊源关系,本公司生产所需软水、电、汽有赖于集团公司提供;集团公司生产所需之循环水、直流水有赖于本公司提供,为明确双方这种供应关系,2001年1月1日双方签订了《水电汽供应协议》。协议规定集团公司每年向本公司供应软水90万立方米、汽260万吨、电10000万千瓦时,价格分别为软水每立方米2.05元,电每千瓦时0.30元,汽每吨43.14元;股份公司向集团公司供应直流水690万立方米、循环水600万立方米,分别为每立方米0.71元和0.30元。协议于2001年1月1日签署,有效期十年,每年结束后30日内以现金向对方支付。

6.《土地使用权租赁协议》

本公司向集团公司租赁使用与经营性资产相对应的土地,共计193824.58平方米(290.73亩),1999年12月,本公司与集团公司签定了《土地使用权租赁协议》。集团公司已办理该土地使用权的出让手续,取得了土地使用权。根据《中华人民共和国合同法》的有关规定,发行人与碱业公司于2002年4月25日签署《土地使用权租赁协议补充协议》,将土地使用权租赁期限由五十年变更为二十年,租金总额为355.4万元,年租金为17.77万元。

7.《房产租赁协议》

本公司主要管理职能部门的办公场所向集团公司租赁使用,1999年12月双方签订了《房产租赁协议》。协议规定租赁面积为3175.88平方米,期限为20年,年租金为31.76万元,股份公司应在每一会计年度结束后60天内支付租金。

8.《陡河输水管线租赁协议》

由于目前陡河输水管线输送的水全部提供给本公司使用，而集团公司拥有陡河输水管线的所有权，2001年1月1日双方签署了《陡河输水管线租赁协议》，协议规定，股份公司向集团公司租赁使用陡河输水管线，年租金200万元，租赁期限十年，并于每年12月31日前支付租金。

9.《商标转让合同》

为保证股份公司资产的完整性，集团公司于2002年4月6日通过董事会决议，同意将其所持有的"三友"商标无偿转让给股份公司，并于2002年4月25日通过股东大会决议。股份公司于2002年4月15日通过董事会决议，并于2002年5月15日通过股东大会决议，同意无偿受让"三友"商标。双方于2002年4月26日签定了《商标转让合同》。合同约定：在"三友"商标工商变更手续未完成之前，双方于2001年5月29日签署的《商标使用许可协议》继续有效。

国家工商行政管理总局商标局已于2002年10月7日核准该项转让事宜，《商标使用许可协议》已终止。

10.《商标使用许可协议》

由于公司改制设立时未将"三友"商标纳入股份公司，为保障本公司的正常生产经营，能够长期稳定的使用该商标，2001年5月29日双方签订了《商标使用许可协议》。协议规定在集团公司所拥有的注册号为548179号的"三友"注册商标的核定商品范围未扩大之前，可由本公司及其下属公司无偿独占使用，即集团公司及其下属公司不得使用该商标，且集团公司不得再许可除本公司以外的任何第三方使用该商标；如"三友"商标的核定范围扩大，则发行人可以继续无偿使用该商标，而集团公司及其下属公司可以在与股份公司没有竞争的产品范围内使用"三友"注册商标。

11.志达钙业《股权转让协议》

本公司于2001年10月18日与集团公司签署了《股权转让协议》。协议中规定，集团公司同意将其所持有的志达钙业65%股权以及该股权所附带的权利和义务全部转让给本公司；双方同意，志达钙业净资产值以经国有资产主管部门确认的评估中介机构出具的资产评估报告中所载评估值为准，其转让价款计算方法为：志达钙业净资产值乘以65%。转让完成后，本公司与丰南市第二盐场合计持有该公司100%的股权，本公司成为志达钙业控股股东。

12.进出口公司《股权转让协议》

本公司于2002年4月25日与化纤公司签署了《股权转让协议》。协议中规定：本公司将所持有的进出口公司50%股权以及该股权所附带的权利和义务全部转让给化纤公司；双方同意，进出口公司净资产价值以经国有资产主管部门核准的由评估中介机构出具的资产评估报告中所载评估值为准；转让价款的确认方法为：进出口公司净资产价值的50%，如进出口公司净资产评估值为负数，则转让价格为零元。

进出口公司的股权转让工作已完成，进出口公司已不再是股份公司的控股子公司。

四、本次募股资金的运用涉及的关联交易

本次募集资金投向中1.5万吨/年聚偏氯乙烯(PVDC)项目将在冀东化工厂区内建设，该项目生产过程中所需液碱、氯气、氯乙烯等原料以及能源由冀东化工供应，辅助设施和公用工程均利用冀东化工现有条件，双方将通过签署相关协议对该项关联交易进行约束。

本公司此次募集资金投向中12万吨/年无水氯化钙技术改造项目拟通过对志达钙业增资的方式，投入6738万元进行该项目的建设。氯化钙生产过程中所需的电、汽等能源由集团公司供应，双方将通过签署相关协议对该项关联交易进行约束。

## 第八节 财务会计资料

本公司2000年、2001年和2002年的财务会计资料已于2003年5月30日在《中国证券报》、《上海证券报》、《证券时报》及《证券日报》刊登的《招股说明书摘要》中进行了披露，投资者欲了解详细内容，请查阅上述报纸或刊载于上海证券交易所网站(http://www.sse.com.cn)的本公司招股说明书全文。

一、注册会计师意见

发行人委托河北华安会计师事务所有限公司对本公司2000年12月31日、2001年12月31日及2002年12月31日的资产负债表，2000、2001及2002年度的利润及利润分配表，2002年度的现金流量表进行了审计，注册会计师已出具了标准无保留意见的审计报告。

二、简要会计报表(见附表)

三、会计报表附注

本公司会计报表附注等有关内容，请查阅2003年5月30日在《中国证券报》、《上海证券报》、《证券时报》及《证券日报》刊登的《招股说明书摘要》以及刊载于上海证券交易所网站(http://www.sse.com.cn)的本公司招股说明书全文与附录。

四、主要财务指标

| 指标名称 | 2002.12.31 | 2001.12.31 | 2000.12.31 |
|---|---|---|---|
| 流动比率(倍) | 1.03 | 1.71 | 1.13 |
| 速动比率(倍) | 0.91 | 1.54 | 1.00 |
| 应收帐款周转率(次) | 5.63 | 4.29 | 3.97 |
| 存货周转率(次) | 13.12 | 12.21 | 10.56 |
| 无形资产(土地使用权除外)占总资产的比例 | 0 | 0 | 0 |
| 资产负债率(%)(按母公司会计报表计算) | 56.97% | 61.09% | 64.59% |
| 每股净资产 | 1.63 | 1.51 | 1.38 |
| 研究与开发费用占主营业务收入比例 | 0 | 0 | 0 |
| 每股经营活动产生的现金流量 | 0.87 | 0.47 | 0.26 |

## 第九节 其他重要事项

一、自本公司股票首次公开发行之日至本上市公告书公告之日，本公司严格依照现行有关法律、法规的规定规范运行，生产经营情况正常，本公司所处行业和市场无重大变化，主要业务发展目标的进展状况正常，主要投入、产出物供求及价格无重大变化。

二、自本公司股票首次公开发行之日至本上市公告书公告之日，本公司没有进行重大对外投资，无重大资产(股权)收购、出售行为。

三、自本公司股票首次公开发行之日至本上市公告书公告之日，本公司住所未变更。

四、自本公司股票首次公开发行之日至本上市公告书公告之日，本公司未涉及任何重大诉讼、仲裁或行政处罚案件，并且董事会认为本公司未面临任何重大影响的诉讼和索赔要求；同时，本公司董事、监事和高级管理人员未受到任何刑事起诉，亦没有尚未了结或可能发生的刑事诉讼事项。

五、自本公司股票首次公开发行之日至本上市公告书公告之日，本公司重大会计政策和会计师事务所没有发生变化。

六、自本公司股票首次公开发行之日至本上市公告书公告之日，未发生新的重大负债，并且重大债项未发生变化。

七、本公司股票首次公开发行和股票上市前后税负无变化。

八、根据《上海证券交易所股票上市规则》，本公司第一大股东唐山三友碱业(集团)有限公司承诺：自本公司股票上市之日起一年内，不转让其持有的本公司的股份；同时也不由本公司回购其所持有的股份。

九、自本公司股票首次公开发行至本上市公告书公告之日，本公司没有其他应披露而未披露之重大事项。

## 第十节 董事会上市承诺

本公司董事会承诺将严格遵守《中华人民共和国公司法》、《中华人民共和国证券法》、《股票发行与交易管理暂行条例》、《公开发行股票公司信息披露实施细则》和《上海证券交易所股票上市规则》等国家法律、法规和有关规定，并自股票上市之日起作到：

1.承诺真实、准确、完整、公允和及时地公布定期报告，披露所有对投资者有重大影响的信息，并接受中国证监会、证券交易所的监督管理；

2.承诺本公司在知悉可能对股票价格产生误导性影响的任何公共传播媒介中出现的消息后，将及时予以公开澄清；

3.本公司董事、监事、高级管理人员和核心技术人员将认真听取社会公众的意见和批评，不利用已获得的内幕消息和其他不正当手段直接或间接从事本公司股票的买卖活动；

4.本公司没有无记录的负债。

## 第十一节 上市推荐人及意见

一、上市推荐人情况

上市推荐人：国泰君安证券股份有限公司

法定代表人：金建栋

住所：上海浦东商城路618号

联系电话：010－82001473、82001471

联系传真：010－82001523

联系人：张江、李海凌、任松涛

第二上市推荐人：东北证券有限责任公司

法定代表人：李树

住所：长春市人民大街138－1号

联系电话：010－68573830

联系人：高毅辉

二、上市推荐人意见

本公司上市推荐人认为：本公司章程符合《中华人民共和国公司法》等有关法律、法规和中国证监会关于公司章程的相关规定。根据《中华人民共和国公司法》、《中华人民共和国证券法》、《股票发行与交易管理暂行条例》、《上海证券交易所股票上市规则》等国家有关法律、法规的规定，本公司首次公开发行的股票已具备公开上市的条件。

本公司上市推荐人保证本公司的董事了解法律、法规、上海证券交易所上市规则及股票上市协议规定的董事的义务与责任，并协助本公司健全了法人治理结构、制定了严格的信息披露制度与保密制度。

本公司上市推荐人已对上市文件所载的资料进行了核实，确保上市文件真实、准确、完整，符合规定要求。保证本公司的上市申请材料、上市公告书没有虚假、严重误导性陈述或者重大遗漏，并保证对其承担连带责任。

本公司上市推荐人愿意推荐本公司股票在上海证券交易所上市交易，并保证不利用在上市过程中获得的内幕信息进行内幕交易，为自己或他人谋取利益。

唐山三友化工股份有限公司

二〇〇三年六月十三日

附表：

## 合并资产负债表

单位：人民币元

| 资　产 | 合　并 | | |
|---|---|---|---|
| | 2002.12.31 | 2001.12.31 | 2000.12.31 |
| 流动资产： | | | |
| 货币资金 | 124,217,962.99 | 87,103,141.66 | 68,227,031.02 |
| 短期投资 | 99,000.00 | - | - |
| 应收票据 | 94,093,406.38 | 122,438,195.82 | 64,736,396.24 |
| 应收帐款 | 152,139,731.35 | 183,437,968.09 | 225,731,882.40 |
| 其他应收款 | 6,234,006.12 | 1,807,074.35 | 45,678,007.10 |
| 预付帐款 | 15,800,212.37 | 22,960,510.07 | 17,110,239.07 |
| 应收补贴款 | - | 18,269,082.62 | 12,046,974.66 |
| 存货 | 52,366,765.55 | 49,216,120.81 | 58,054,513.95 |
| 待摊费用 | 1,496,271.03 | 718,156.73 | 543,634.29 |
| 流动资产合计 | 446,447,355.09 | 485,950,250.15 | 492,128,678.73 |
| 长期投资： | - | - | - |
| 合并价差 | -1,536,021.63 | -1,708,285.71 | - |
| 固定资产： | - | - | - |
| 固定资产原价 | 958,651,944.78 | 943,460,226.23 | 878,438,815.02 |
| 减：累计折旧 | 483,993,446.26 | 436,688,692.97 | 383,892,555.41 |
| 固定资产净值 | 474,658,498.52 | 506,771,533.26 | 494,546,259.61 |
| 减：固定资产减值准备 | 18,889,859.34 | 18,889,859.34 | 17,131,057.56 |
| 固定资产净额 | 455,768,639.18 | 487,881,673.92 | 477,415,202.05 |
| 工程物资 | 2,050,374.63 | - | - |
| 在建工程 | 76,468,001.26 | 36,744,240.18 | 7,628,727.63 |
| 固定资产合计 | 534,287,015.07 | 524,625,914.10 | 485,043,929.68 |
| 无形资产及其他资产： | - | - | - |
| 无形资产 | 4,872,557.83 | 4,974,958.24 | - |
| 无形资产及其他资产合计 | 4,872,557.83 | 4,974,958.24 | - |
| 资产总计 | 984,070,906.36 | 1,013,842,836.78 | 977,172,608.41 |
| 负债和股东权益 | 合　并 | | |
| | 2002.12.31 | 2001.12.31 | 2000.12.31 |
| 流动负债： | | | |
| 短期借款 | - | 60,000,000.00 | 168,050,000.00 |
| 应付票据 | 9,812.00 | 3,350,000.00 | 42,690,000.00 |
| 应付帐款 | 112,470,419.20 | 128,066,558.60 | 70,558,181.13 |
| 预收帐款 | 7,055,465.58 | 8,573,756.01 | 29,587,082.76 |
| 应付工资 | 13,282,594.43 | 14,205,196.08 | 15,063,496.34 |
| 应付福利费 | 7,107,575.63 | 7,342,369.61 | 3,171,107.59 |
| 应付股利 | 50,000,000.00 | 41,655,000.00 | 37,500,000.00 |
| 应交税金 | 9,643,202.20 | 2,487,461.52 | 57,679,671.60 |
| 其他应交款 | 2,825,153.65 | 2,440,522.00 | 2,119,284.23 |
| 其他应付款 | 13,629,916.01 | 11,244,491.64 | 7,197,281.74 |
| 预提费用 | 4,594,021.72 | 4,027,872.90 | 648,365.54 |
| 一年内到期的长期负债 | 212,590,000.00 | - | - |
| 流动负债合计 | 433,208,160.42 | 283,393,228.36 | 434,264,470.93 |
| 长期负债： | - | - | - |
| 长期借款 | 127,200,000.00 | 339,790,000.00 | 202,590,000.00 |
| 长期负债合计 | 127,200,000.00 | 339,790,000.00 | 202,590,000.00 |
| 负债合计 | 560,408,160.42 | 623,183,228.36 | 636,854,470.93 |
| 少数股东权益： | 16,027,133.28 | 12,130,542.38 | -3,666,099.83 |
| 股东权益： | - | - | - |
| 股本 | 250,000,000.00 | 250,000,000.00 | 250,000,000.00 |
| 股本净额 | 250,000,000.00 | 250,000,000.00 | 250,000,000.00 |
| 资本公积 | 76,839,057.49 | 76,750,923.11 | 76,689,923.11 |
| 盈余公积 | 30,869,483.27 | 19,597,488.35 | 8,769,062.09 |
| 其中：公益金 | 10,289,827.76 | 6,532,496.12 | 2,923,020.70 |
| 未分配利润 | 49,927,071.90 | 36,010,518.93 | 12,191,351.93 |
| 未确认的投资损失 | - | -3,829,864.35 | -3,666,099.82 |
| 股东权益合计 | 407,635,612.66 | 378,529,066.04 | 343,984,237.31 |
| 负债和股东权益总计 | 984,070,906.36 | 1,013,842,836.78 | 977,172,608.41 |

## 合并利润表

单位：人民币元

| 项　目 | 合　并 | | |
|---|---|---|---|
| | 2002年度 | 2001年度 | 2000年度 |
| 一、主营业务收入 | 944,375,468.72 | 878,027,198.92 | 811,326,926.34 |
| 减：主营业务成本 | 666,145,745.27 | 654,822,046.15 | 566,537,644.55 |
| 主营业务税金及附加 | 7,196,992.24 | 5,947,558.06 | 4,587,576.43 |
| 二、主营业务利润 | 271,032,731.21 | 217,257,594.71 | 240,201,705.36 |
| 加：其他业务利润 | 1,596,922.36 | 5,905,982.35 | 1,108,048.20 |
| 减：营业费用 | 49,547,353.73 | 36,380,816.34 | 37,193,466.65 |
| 管理费用 | 73,600,022.69 | 51,296,856.99 | 61,177,862.60 |
| 财务费用 | 22,463,531.49 | 24,212,397.43 | 21,994,585.45 |
| 三、营业利润 | 127,018,745.66 | 111,273,506.30 | 120,943,838.86 |
| 加：投资收益 | 172,264.08 | 14,355.34 | - |
| 补贴收入 | 408,295.00 | 259,142.00 | 558,591.00 |
| 营业外收入 | 87,440.00 | 396,366.32 | 1,218,514.72 |
| 减：营业外支出 | 6,900,897.40 | 4,142,045.57 | 6,010,201.16 |
| 四、利润总额 | 120,785,847.34 | 107,801,324.39 | 116,710,743.42 |
| 减：所得税 | 45,285,489.60 | 36,039,005.67 | 40,734,685.81 |
| 少数股东本期收益 | 189,268.20 | -220,772.98 | -808,474.86 |
| 未确认投资损失 | 122,541.65 | -164,501.56 | -808,474.86 |
| 五、净利润 | 75,188,547.89 | 72,147,593.26 | 77,593,007.33 |
| 加：年初未分配利润 | 36,010,518.93 | 12,191,351.93 | -19,132,593.31 |
| 六、可供分配的利润 | 111,199,066.82 | 84,338,945.19 | 58,460,414.02 |
| 减：提取法定盈余公积 | 7,514,663.28 | 7,218,950.84 | 5,846,041.39 |
| 提取法定公益金 | 3,757,331.64 | 3,609,475.42 | 2,923,020.70 |
| 七、可供投资者分配的利润 | 99,927,071.90 | 73,510,518.93 | 49,691,351.93 |
| 应付普通股股利 | 50,000,000.00 | 37,500,000.00 | 37,500,000.00 |
| 八、未分配利润 | 49,927,071.90 | 36,010,518.93 | 12,191,351.93 |

## 合并现金流量表简表

单位：人民币元

| 项　目 | 2002年度 | 2001年度 |
|---|---|---|
| 经营活动产生的现金流量 | | |
| 销售商品，提供劳务收到的现金 | 1,101,654,443.32 | 976,745,932.22 |
| 收到的税费返还 | 408,295.00 | 12,061,428.16 |
| 收到的其他与经营活动有关的现金 | 362,366.35 | 2,074,814.55 |
| 现金流入小计 | 1,102,520,104.67 | 990,882,174.93 |
| 购买商品，接受劳务支付的现金 | 688,394,567.54 | 661,325,970.27 |
| 经营租赁所支付的现金 | 3,012,800.00 | 145,000.00 |
| 支付给职工以及为职工支付的现金 | 65,557,202.47 | 49,877,204.28 |
| 支付的增值税款 | 61,812,292.59 | 102,926,636.21 |
| 支付的所得税款 | 41,291,512.60 | 45,000,000.00 |
| 支付的除增值税，所得税以外的其他税费 | 7,785,976.56 | 6,493,102.71 |
| 支付的其他与经营活动有关的现金 | 17,495,542.61 | 8,212,038.66 |
| 现金流出小计 | 885,349,894.37 | 873,979,952.13 |
| 经营活动产生的现金流量净额 | 217,170,210.30 | 116,902,222.80 |
| 投资活动产生的现金流量 | | |
| 处置固定资产、无形资产和其他长期资产而收回的现金净额 | 128,800.00 | 80,000.00 |
| 现金流入小计 | 128,800.00 | 80,000.00 |
| 购建固定资产，无形资产和其他长期资产所支付的现金 | 38,172,603.62 | 43,378,705.39 |
| 权益性投资所支付的现金 | - | 28,022,618.38 |
| 债权性投资所支付的现金 | 99,000.00 | - |
| 现金流出小计 | 38,271,603.62 | 71,401,323.77 |
| 投资活动产生的现金流量净额 | -38,142,803.62 | -71,321,323.77 |
| 筹资活动产生的现金流量 | | |
| 借款所收到的现金 | - | 197,200,000.00 |
| 现金流入小计 | - | 197,200,000.00 |
| 偿还债务所支付的现金 | 60,000,000.00 | 168,050,000.00 |
| 分配股利或利润所支付的现金 | 41,655,000.00 | 33,345,000.00 |
| 偿付利息所支付的现金 | 22,694,795.72 | 25,503,646.19 |
| 现金流出小计 | 124,349,795.72 | 226,898,646.19 |
| 筹资活动产生的现金流量净额 | -124,349,795.72 | -29,698,646.19 |
| 汇率变动对现金的影响额 | | 7,628.47 |
| 现金及现金等价物净增加额 | 54,677,610.96 | 15,889,881.31 |

# 600480 凌云工业股份有限公司

## 首次公开发行股票招股说明书

### 第一节 特别提示和特别风险提示

1.本公司对下属9家子公司拥有实质控制权，这9家子公司(其中有6家为中外合资企业、1家为中外合作企业)分别位于河北涿州、上海、长春、深圳、重庆、哈尔滨、北京、四川都江堰等地。由于各子公司相对分散，对信息沟通、业务相互协调提出较高的要求，如出现信息传递不畅等情况，将可能影响生产经营，一定程度上降低运营效率和管理效率，导致管理风险。

2.截至2003年5月31日，本公司合并报表应收帐款和其他应收款帐面净值分别为218,678,545.07元，11,793,246.75元。本公司截至2003年5月31日一年以内应收帐款金额占应收帐款总额的83.10%。虽然本公司的客户主要为各地煤气公司和大中型汽车厂家，客户信誉良好，但仍存在发生坏帐或资金回笼不及时的风险。

3.截至2003年5月31日，本公司母公司报表长期股权投资为15,923万元，子公司有9家。被投资企业有其独立的领导层进行经营管理，特别是其中的7家是中外合资(作)公司，财务管理体系具有较大的独立性。由于子公司经营管理水平、市场环境、产品供求等方面存在可变性，对外投资收益存在不确定的风险。本公司对子公司财务检查监督如若不能及时有效到位，财务内部控制制度不能严格执行，可能导致对外投资的财务失控风险。

4.随着作为外商投资先进技术企业享受三年减半税收优惠政策到期，本公司和本公司子公司上海亚大、长春亚大所得税实际税率将不同程度的提高，存在因税收优惠政策到期后发行人净利润减少的风险。

### 第二节 本次发行概况

| 股票种类 | 人民币普通股(A)股 |
|---|---|
| 每股面值 | 人民币1.00元 |
| 发行股数、占发行后总股本的比例 | 6,800万股，占发行后总股本的28.33%。 |
| 发行价格 | 3.48元/股 |
| 市盈率 | 14.26倍(按2002年每股收益全面摊薄计算) |
| 每股净资产 | 发行前为1.15元(按2003年5月31日合并报表计算)，发行后为1.76元。 |
| 市净率(发行价/发行后每股净资产) | 1.98倍 |
| 发行方式 | 向二级市场投资者定价配售 |
| 发行对象 | 2003年7月28日收盘时在上交所或深交所持有已上市流通A股股票市值10,000元及以上的投资者。 |
| 本次发行股份的上市流通 | 本次发行后将在上海证券交易所挂牌交易 |
| 承销方式 | 余额包销 |
| 本次发行预计实收募股资金 | 22,515.256万元 |
| 发行费用概算 | 1,148.744万元 |

### 第三节 发行人基本情况

一、发行人基本资料

| | |
|---|---|
| 公司名称 | 凌云工业股份有限公司 |
| 英文名称 | LINGYUN INDUSTRIAL CORPORATION LIMITED |
| 法定代表人 | 李喜增 |
| 成立日期 | 2000年11月10日 |
| 公司住所 | 河北省涿州市松林店镇 |
| 邮政编码 | 072761 |
| 联系电话 | 0312－3951002 |
| 传　　真 | 0312－3951234 |
| 网　　址 | www.lingyun.com.cm |
| 电子信箱 | lyac@heinfo.net |

二、发行人的历史沿革及经历的改制重组情况

本公司前身为中外合资经营企业凌云汽车零部件有限公司(以下简称"零部件公司")。经原对外贸易经济合作部[2000]外经贸资二函字第808号文批准，零部件公司以经审计的2000年8月31日净资产按1:1比例折为17,200万股，依法整体变更为凌云工业股份有限公司。经中华人民共和国工商行政管理局企业注册局企外函字[2000]第94号文授权，本公司于2000年11月10日在保定市工商行政管理局办理了工商变更登记，注册资本为人民币17,200万元。

2000年8月，零部件公司与河北凌云工业集团有限公司(以下简称"凌云集团")进行了股权转让，以2000年5月31日作为转让基准日，由零部件公司将其持有的中外合资德尔福沙基诺凌云驱动轴有限公司40%的股东权益转让给凌云集团，同时凌云集团将其持有的三家合资企业股东权益(包括亚大塑料制品有限公司50%；上海亚大塑料制品有限公司30%；长春亚大汽车零件制造有限公司25%的股权)转让给零部件公司。

三、有关股本的情况

1.本次发行前后股本结构

| 股本类别 | 股东名称 | 发行前 | | 发行后 | |
|---|---|---|---|---|---|
| | | 股数(万股) | 比例(%) | 股数(万股) | 比例(%) |
| 未上市流通股份 | | 17,200 | 100 | 17,200 | 71.67 |
| 发起人股份 | | 17,200 | 100 | 17,200 | |
| 国家持有股份(国有法人股) | 河北凌云工业集团有限公司 | 10,474.8 | 60.9 | 10,474.8 | 43.64 |
| | 北京市燃气集团有限责任公司 | 86 | 0.5 | 86 | 0.36 |
| | 中国市政工程华北设计研究院 | 51.6 | 0.3 | 51.6 | 0.22 |
| | 中国市政工程西南设计研究院 | 51.6 | 0.3 | 51.6 | 0.22 |
| 境外法人持有的股份 | 英属维尔京群岛第五汽车有限公司 | 6,536 | 38.00 | 6,536 | 27.23 |
| 社会公众股 | | | | 6,800 | 28.33 |
| 合计 | | 17,200 | 100 | 24,000 | 100 |

2.本公司的发起人、控股股东和主要股东之间均不存在关联关系。

四、发行人业务情况

1.公司主要业务构成

本公司及子公司主营业务为汽车零部件(汽车车身辊压件、冲压件、PA－11汽车压力管路总成)与PE管道系统(PE燃气管道系统、PE给水管道系统)的研制、生产与销售。本公司主要从事汽车车身辊压件、冲压件的研制、生产和销售；本公司子公司主要从事PA－11汽车压力管路总成、PE(燃气、供水)管道系统产品的研制、生产和销售。

2.主要产品及用途

| 产品名称 | 产品用途 |
|---|---|
| 车门上框、中滑槽总成、流水檐、中车门导轨总成、保险杠等汽车辊压件和冲压件 | 汽车车身金属零部件 |
| PA－11汽车压力管路总成 | 用于汽车制动和燃油输送管路系统及气动系统 |
| PE管道系统 | 用于燃气、给水、供热等输送管道 |

3.产品销售方式和渠道

本公司及本公司子公司生产的汽车辊压件、冲压件产品与汽车压力管路总成产品，主要采用直销的方式，为国内大中型汽车整车生产厂家配套。本公司子公司生产的PE管道系统产品，通过建立的全国销售服务网络销售。

4.所需主要原材料和能源

本公司生产汽车辊压件、冲压件的主要原材料为钢材，本公司子公司生产PA－11汽车压力管路总成的主要原材料为PA－11颗粒，生产的PE管道系统产品主要原料为中密度聚乙烯颗粒。

本公司及本公司子公司所耗用的能源主要为电、蒸汽、水。

5.行业竞争情况和发行人在行业中的竞争地位

本公司所处行业为汽车零部件行业和PE管道系统产品行业。本公司是国内最大的汽车辊压件、冲压件生产企业之一，主要竞争对手是浙江一家企业和江苏一家企业。本公司子公司是国内汽车压力管路总成生产龙头企业，国内市场占有率第一，主要竞争对手是山东一家企业、山西一家企业、广州一家企业。根据中国城市煤气学会2000年9月出具的《中国城市燃气市场调研》，本公司子公司是PE管道系统产品市场的龙头企业，拥有70%的市场占有率。

五、发行人业务经营有关的资产权属情况

1.商标：本公司拥有凌云集团无偿转让给本公司的"凌云"商标(注册号为1030780)，拥有本公司自行注册的第十二类的图形商标(注册号为3002460)。

2.土地使用权和房产情况：本公司拥有面积为79.67亩的土地使用权，本公司子公司涿州亚大生产经营用地为向凌云集团租赁使用，租用面积15,920平方米。本公司拥有25栋房屋，获得涿房松企字第000063号《房屋所有权证》，子公司涿州亚大拥有5栋房屋，获得涿房企字第000069号《房屋所有权证》，同时向凌云集团租赁1,410.34平方米的房产。

3.专利和非专利技术

本公司拥有2项非专利技术，本公司子公司涿州亚大拥有2项非专利技术和10项专利证书、5项专利申请受理通知书。

六、同业竞争与关联交易

(一)同业竞争情况

本公司控股股东凌云集团主要经营摩托车箱体件的生产，与本公司及其子公司产品具有不同的用途，相互之间不存在替代性，不与本公司构成同业竞争。本公司第二大股东英属维尔京群岛第五汽车有限公司除作为本公司股东外，无其他业务，与本公司不存在竞争关系。凌云集团已出具了避免同业竞争承诺函，发行人律师和主承销商对此发表了相同的意见。

(二)关联交易

1.关联交易内容

(1)综合服务：本公司、本公司子公司涿州亚大分别与凌云集团签订《综合服务协议》，约定向凌云集团采购水、电、蒸汽等，占同类产品交易比例为100%；约定凌云集团向本公司以及涿州亚大提供医疗保健服务、通讯服务、托幼服务及学校教育。

(2)商标使用许可：本公司许可凌云集团摩托车箱体分公司、德尔福公司无偿使用"凌云"商

标。

(3)土地使用权租赁:本公司子公司涿州亚大向凌云集团租赁面积为15,920平方米土地使用权,土地使用年限为20年,租金为每年每平方米10元。

(4)房屋租赁:本公司子公司涿州亚大与凌云集团签订了《房屋租赁协议》,租用凌云集团的房屋的建筑面积为1410.34平方米,租赁价格为每年每平方米200元。

(5)贷款担保:截至2003年5月31日,凌云集团为本公司向银行担保借款8800万元。本公司与中国民生银行石家庄分行于2003年5月9日签定编号为(2003)(石分综)字(0509)号综合授信合同,获取1亿元贷款额度,该综合授信合同由凌云集团提供担保,目前本公司已在该额度内从民生银行石家庄分行获得贷款6千万元。

(6)股权置换

2000年8月,本公司前身零部件公司与凌云集团进行股权置换,由零部件公司将其持有的德尔福公司40%的股权转让给凌云集团;同时,凌云集团将其持有的涿州亚大50%的股权、上海亚大30%的股权、长春亚大25%的股权转让给零部件公司。申报会计师认为本次置换按照《企业会计准则—非货币性交易》的有关规定进行了帐务处理。

本公司独立董事认为上述股权置换价格公允,并履行了相关批准程序;主承销商华安证券有限责任公司认为上述股权置换对本公司生产经营的独立性不存在负面影响;发行人律师北京市嘉源律师事务所认为上述股权置换符合有关法律、法规和规范性文件的要求,且已取得有权部门的适当批准;申报会计师认为上述股权置换的会计处理符合《关联方之间出售资产等有关会计处理问题暂行规定》。

2.关联交易对本公司财务状况和经营成果的影响

| 关联交易内容 | 时间 | 关联交易金额(元) | 占主营业务成本的比例(%) |
|---|---|---|---|
| 土地使用权、房屋租赁费 | 2000年 | 257,868.33 | 0.23 |
| | 2001年 | 447,466.00 | 0.19 |
| | 2002年 | 441,276.00 | 0.14 |
| | 2003年1-5月 | 183,863.00 | 0.13 |
| 水、电、蒸汽、压缩空气供应费 | 2000年 | 4,682,098.21 | 4.24 |
| | 2001年 | 6,529,171.10 | 2.71 |
| | 2002年 | 6,904,142.87 | 2.26 |
| | 2003年1-5月 | 3,790,108.54 | 2.71 |

本公司目前存在的与凌云集团的关联交易占主营业务成本的比例较低,对公司的财务状况和经营成果的影响较小。

3.发行人律师与主承销商对关联交易的核查意见

发行人律师认为本公司与关联企业的关联关系清晰、明确、关联价格公平、合理,不存在损害公司及其他股东利益的情况。本公司已在章程中规定了关联交易公允决策的程序,该等规定合法有效。主承销商认为本公司与关联方的关联交易没有明显背离可比较的市场价格,不存在损害中小股东利益的情况。关联交易表决时关联股东进行了回避,决策程序合法有效。

七、董事、监事和高级管理人员

| 姓名 | 职务 | 性别 | 年龄 | 任期起止日期 | 简要经历 | 兼职情况 | 薪酬情况 | 持有公司股份数量 | 与公司的其他利益关系 |
|---|---|---|---|---|---|---|---|---|---|
| 李喜增 | 董事长 | 男 | 49 | 2000.11-2003.11 | 曾任凌云汽车零部件有限公司总经理等职 | 凌云集团总经理,四家亚大子公司董事 | 未在公司领薪 | 0 | 无 |
| 陈春国 | 副董事长 | 男 | 31 | 2003.3-2003.11 | 曾任大连雷龙铸铁制品有限公司总经理等职 | 高登国际(香港)投资有限公司董事长、兼任英属维尔京群岛第五汽车有限公司董事长 | 未在公司领薪 | 0 | 无 |
| 常志成 | 董事、总经理 | 男 | 57 | 2000.11-2003.11 | 曾任亚大塑料制品有限公司副总经理等职 | 凌云集团董事、四家亚大子公司董事长 | 120000 | 0 | 无 |
| 王艺林 | 董事 | 男 | 62 | 2000.11-2003.11 | 曾任河北凌云机械厂党委书记等职 | 凌云集团党委书记、监事会主席,四家亚大子公司董事 | 未在公司领薪 | 0 | 无 |
| 姜岩 | 董事 | 女 | 32 | 2003.3-2003.11 | 曾任普华永道会计事务所(上海)办事处项目经理等职 | 高登国际(香港)投资有限公司财务总监 | 未在公司领薪 | 0 | 无 |
| 董祯富 | 董事 | 男 | 58 | 2000.11-2003.11 | 曾任河北凌云机械厂财务处处长等职 | 凌云集团董事、财务总监、四家亚大子公司董事 | 未在公司领薪 | 0 | 无 |
| 赵涌 | 独立董事 | 男 | 77 | 2002.3-2003.11 | 曾任中国市政工程华北设计研究院副院长、顾问等职 | 国家城市给排水工程技术研究中心顾问、中国城市煤气学会顾问 | 未在公司领薪 | 0 | 无 |
| 贺德龙 | 独立董事 | 男 | 68 | 2002.3-2003.11 | 曾任中国机电报社社长兼总编等职 | 中国报业协会副主席、中国企业文化研究会理事 | 未在公司领薪 | 0 | 无 |
| 杨金观 | 独立董事 | 男 | 41 | 2002.3-2003.11 | 曾在中惠会计师事务所、北京天华会计师事务所兼做注册会计师工作 | 中央财经大学会计系副主任 | 未在公司领薪 | 0 | 无 |
| 王桂云 | 监事 | 女 | 49 | 2000.11-2003.11 | 曾任河北凌云机械厂财务处副处长 | 德尔福沙基诺凌云驱动轴有限公司财务负责人 | 未在公司领薪 | 0 | 无 |
| 丁杰 | 监事 | 男 | 31 | 2003.3-2003.11 | | 英属维尔京群岛第五汽车有限公司投资事业部部长 | 未在公司领薪 | 0 | 无 |
| 武利亚 | 监事 | 女 | 54 | 2000.11-2003.11 | 曾任北京市公用局处长、副局长等职 | 北京市燃气集团有限责任公司董事、总经理 | 未在公司领薪 | 0 | 无 |
| 李志发 | 监事 | 男 | 39 | 2000.11-2003.11 | 曾任河北凌云机械厂技术处副处长,现任本公司产品工程部经理 | | 60000 | 0 | 无 |
| 陈宝军 | 监事 | 男 | 45 | 2000.11-2003.11 | 曾任河北凌云机械厂保卫科科长,现任本公司人事经理部经理 | | 48000 | 0 | 无 |
| 夏鑫玉 | 副总经理 | 男 | 39 | 2002.12至今 | 曾任大连宏安会计师事务所副所长等职 | 高登国际(香港)投资有限公司总经理 | 84000 | 0 | 无 |
| 信虎峰 | 副总经理 | 男 | 40 | 2002.12至今 | 曾任河北凌云机械厂副厂长等职 | 凌云集团董事 | 84000 | 0 | 无 |
| 于计俊 | 副总经理 | 男 | 42 | 2002.3至今 | 曾任涿州亚大技术开发部经理等职 | | 84000 | 0 | 无 |
| 史建升 | 副总经理 | 男 | 48 | 2000.11至今 | 曾任河北凌云机械厂党委副书记兼纪委书记等职 | 哈飞凌云、重庆凌云董事 | 96000 | 0 | 无 |
| 张建华 | 董事会秘书 | 男 | 37 | 2000.11至今 | 曾任河北凌云工业集团有限公司财务处副处长等职 | | 54000 | 0 | 无 |
| 石三棉 | 财务负责人 | 女 | 51 | 2000.11至今 | 曾任河北凌云机械厂财务处处长等 | 哈飞凌云、重庆凌云董事 | 66000 | 0 | 无 |

以上人员均不持有本公司股份,与公司也不存在任何其他利益关系。

八、发行人控股股东基本情况

发行人控股股东为河北凌云工业集团有限公司,持有本公司60.9%的股份,凌云集团法定代表人李金泉,注册资金16975万元。凌云集团主要业务为摩托车配件加工,为凌云集团所在地各公司及分支机构提供水、暖、电、气等服务。截至2003年5月31日凌云集团总资产为35,202万元,净资产为18,424万元,2003年1-5月净利润为900万元(未经审计)。

凌云集团前身是1966年成立于河北省涞源县的国营利生机械厂,1975年7月更名为国营凌云机械厂,1992年6月更名为河北凌云机械厂,1999年3月改制为河北凌云工业集团有限公司。2001年2月,经国家经济贸易委员会经贸产业[2001]131号文批准,凌云集团实施债转股。债转股后,中国兵器工业集团公司持有凌云集团44.69%的股权,中国信达资产管理公司持有凌云集团38.36%的股权,中国华融资产管理公司持有凌云集团16.95%的股权。

2002年10月,北京实德投资有限公司通过拍卖会拍得中国信达资产管理公司持有的凌云集团的38.36%的股权,2002年11月,中国华融资产管理公司持有凌云集团的16.95%的股权全部转让给中国兵器工业集团公司。经保定市工商行政管理局确认,目前中国兵器工业集团公司持有凌云集团61.64%的股权,北京实德投资有限公司持有凌云集团38.36%的股权。中国兵器工业集团公司是凌云集团的实际控制人。

九、发行人简要财务信息

1.发行人简要财务报表

**简要合并资产负债表**

单位:元

| 资产 | 2003-5-31 | 2002-12-31 | 2001-12-31 | 2000-12-31 |
|---|---|---|---|---|
| 流动资产: | | | | |
| 货币资金 | 103,578,292.05 | 100,905,715.04 | 61,234,822.51 | 51,589,340.18 |
| 应收票据 | 36,930,268.53 | 25,764,215.78 | 60,322,052.33 | 31,161,097.40 |
| 应收帐款 | 218,678,545.07 | 192,949,796.90 | 145,040,892.67 | 132,967,507.27 |
| 其他应收款 | 11,793,246.75 | 5,464,708.38 | 4,279,211.39 | 2,872,261.92 |
| 预付帐款 | 24,624,305.85 | 18,713,162.33 | 24,246,924.05 | 11,117,683.83 |
| 存货 | 131,682,617.40 | 115,674,198.95 | 107,896,084.56 | 70,851,864.71 |
| 待摊费用 | 364,379.00 | 1,084.46 | 385,292.74 | 110,174.69 |
| 流动资产合计 | 527,651,654.65 | 459,472,881.84 | 403,405,280.25 | 300,669,930.00 |
| 长期投资 | | | | |
| 长期股权投资 | 55,872,164.75 | 22,405,874.75 | 25,328,378.75 | 28,250,883.55 |
| 长期投资合计 | 55,872,164.75 | 22,405,874.75 | 25,328,378.75 | 28,250,883.55 |
| 固定资产 | | | | |
| 固定资产原价 | 290,708,366.80 | 255,523,014.14 | 212,637,882.87 | 179,413,891.33 |
| 减:累计折旧 | 93,193,282.38 | 87,822,484.66 | 71,039,902.16 | 57,270,670.28 |
| 固定资产净值 | 197,515,084.42 | 167,700,529.48 | 141,597,980.71 | 122,143,221.05 |
| 固定资产净额 | 197,515,084.42 | 167,700,529.48 | 141,597,980.71 | 122,143,221.05 |
| 在建工程 | 4,742,857.13 | 28,269,415.80 | 3,771,077.02 | 2,887,302.66 |
| 固定资产合计 | 202,257,941.55 | 195,969,945.28 | 145,369,057.73 | 125,030,523.71 |
| 无形资产及其他资产 | | | | |
| 无形资产 | 15,370,214.61 | 15,527,112.11 | 15,903,666.11 | 16,280,220.11 |
| 长期待摊费用 | 10,584,346.13 | 11,121,305.27 | 5,036,813.37 | 4,576,915.12 |
| 无形资产及其他资产合计 | 25,954,560.74 | 26,648,417.38 | 20,940,479.48 | 20,857,135.23 |
| 资产总计 | 811,736,321.69 | 704,497,119.25 | 595,043,196.21 | 474,808,472.49 |
| 流动负债 | | | | |
| 短期借款 | 231,200,000.00 | 151,200,000.00 | 125,200,000.00 | 96,200,000.00 |
| 应付票据 | 645,673.74 | 1,508,750.00 | 2,032,500.00 | - |
| 应付帐款 | 62,366,350.29 | 57,927,527.78 | 60,317,758.37 | 29,250,687.36 |
| 预收帐款 | 6,337,086.54 | 8,576,540.40 | 4,513,647.22 | 1,895,124.44 |
| 应付工资 | 792,780.00 | 2,683,392.00 | 490,538.00 | 1,196,936.40 |
| 应付福利费 | 4,895,750.02 | 4,367,790.32 | 1,887,146.04 | 5,088,262.10 |
| 应付股利 | 120,066,521.79 | 125,966,521.79 | 75,573,648.46 | 66,925,989.71 |
| 应交税金 | 37,888,403.98 | 30,111,884.81 | 24,739,645.95 | 23,042,397.53 |
| 其他应交款 | 1,145.45 | 1,684.59 | | |
| 其他应付款 | 12,968,245.46 | 13,225,188.19 | 10,028,857.46 | 12,441,576.03 |
| 预提费用 | 3,371,840.01 | 1,945,503.19 | 1,270,105.15 | 1,924,786.74 |
| 一年内到期的长期负债 | 28,000,000.00 | - | - | - |
| 流动负债合计 | 508,533,797.28 | 397,514,783.07 | 306,053,846.65 | 237,965,760.31 |

| | | | | |
|---|---|---|---|---|
| 长期负债 | | | | |
| 长期借款 | – | 28,000,000.00 | 28,000,000.00 | – |
| 长期应付款 | 3,103,947.77 | 3,621,272.40 | 5,460,767.39 | 1,697,027.53 |
| 专项应付款 | 100,000.00 | 100,000.00 | | |
| 长期负债合计 | 3,203,947.77 | 31,721,272.40 | 33,460,767.39 | 1,697,027.53 |
| 负债合计 | 511,737,745.05 | 429,236,055.47 | 339,514,614.04 | 239,662,787.84 |
| 少数股东权益 | 102,474,312.41 | 89,506,229.33 | 74,876,418.41 | 60,889,624.46 |
| 股东权益 | | | | |
| 股本 | 172,000,000.00 | 172,000,000.00 | 172,000,000.00 | 172,000,000.00 |
| 股本净额 | 172,000,000.00 | 172,000,000.00 | 172,000,000.00 | 172,000,000.00 |
| 资本公积 | – | | | – |
| 盈余公积 | 12,899,330.45 | 12,899,330.45 | 7,109,052.89 | 2,650,166.63 |
| 其中:法定公益金 | 4,336,260.30 | 4,336,260.30 | 2,406,167.78 | 919,872.36 |
| 未分配利润 | 12,624,933.78 | 855,504.00 | 1,543,110.87 | –394,106.44 |
| 股东权益合计 | 197,524,264.23 | 185,754,834.45 | 180,652,163.76 | 174,256,060.19 |
| 负债及股东权益总计 | 811,736,321.69 | 704,497,119.25 | 595,043,196.21 | 474,808,472.49 |

**简要合并利润表**

单位:元

| 项　　目 | 2003 年 1–5 月 | 2002 年度 | 2001 年度 | 2000 年度 |
|---|---|---|---|---|
| 一、主营业务收入 | 215,947,980.36 | 499,148,996.51 | 387,116,660.98 | 174,405,209.31 |
| 减:主营业务成本 | 139,917,086.31 | 305,342,768.89 | 241,031,482.55 | 110,494,078.42 |
| 主营业务税金及附加 | 23,157.81 | 55,332.91 | 44,772.55 | – |
| 二、主营业务利润 | 76,007,736.24 | 193,750,894.71 | 146,040,405.88 | 63,911,130.89 |
| 加:其他业务利润 | 1,062,122.06 | 895,298.13 | 1,407,751.79 | 2,668,753.46 |
| 减:营业费用 | 17,621,380.86 | 35,767,928.13 | 29,123,546.59 | 10,504,348.81 |
| 管理费用 | 16,838,408.25 | 34,847,936.81 | 26,089,779.07 | 12,809,337.83 |
| 财务费用 | 4,255,899.71 | 11,164,865.06 | 7,269,752.89 | 3,027,012.04 |
| 三、营业利润 | 38,354,169.48 | 112,865,462.84 | 84,965,079.12 | 40,239,185.67 |
| 加:投资收益 | –1,217,710.00 | –2,922,504.00 | –2,922,504.80 | –524,507.87 |
| 补贴收入 | 201,000.00 | 80,000.00 | – | – |
| 营业外收入 | 77,736.81 | 270,689.72 | 99,656.43 | 113,465.87 |
| 减:营业外支出 | 184,450.29 | 803,333.29 | 1,318,365.74 | 385,248.97 |
| 四、利润总额 | 37,230,746.00 | 109,490,315.27 | 80,823,865.01 | 39,442,894.70 |
| 减:所得税 | 11,937,639.14 | 30,272,168.30 | 21,601,867.46 | 10,542,473.19 |
| 少数股东本期损益 | 12,968,083.08 | 37,188,137.12 | 29,365,602.75 | 9,636,265.75 |
| 五、净利润 | 12,325,023.78 | 42,030,009.85 | 29,856,394.80 | 19,264,155.76 |

**简要合并现金流量表**

单位:元

| 项　　目 | 2003 年 1–5 月 | 2002 年度 |
|---|---|---|
| 经营活动产生的现金流量净额 | –24,800,452.02 | 99,559,482.71 |
| 投资活动产生的现金流量净额 | –43,408,103.20 | –67,562,020.44 |
| 筹资活动产生的现金流量净额 | 70,881,132.23 | 7,673,430.26 |
| 现金及现金等价物净增加额 | 2,672,577.01 | 39,670,892.53 |

2.主要财务指标

| 项目 | 2003 年 1–5 月 | 2002 年度 | 2001 年度 | 2000 年度 |
|---|---|---|---|---|
| 流动比率 | 1.04 | 1.16 | 1.32 | 1.26 |
| 速动比率 | 0.78 | 0.86 | 0.97 | 0.97 |
| 应收帐款周转率 | 0.98 | 2.75 | 2.60 | 1.80 |
| 存货周转率 | 1.11 | 2.71 | 2.70 | 2.53 |
| 资产负债率(母公司) | 54.77% | 45.80% | 40.52% | 32.52% |
| 扣除非常性损益后净资产收益率(全面摊薄) | 6.26 | 23.25 | 16.74 | 11.22 |
| 每股净资产(元/股) | 1.15 | 1.08 | 1.05 | 1.01 |
| 每股收益 | 0.07 | 0.24 | 0.17 | 0.11 |
| 每股经营活动的现金净流量 | –0.14 | 0.58 | | |
| 每股净现金流量(元) | 0.015 | 0.23 | | |

3.管理层讨论和分析

(1)关于公司资产质量状况及资产负债结构

本公司资产的流动性较强,固定资产投资方面达到了一定的规模,生产经营稳健。本公司应收帐款较大,但客户信誉良好,帐龄结构合理,应收帐款发生坏帐的比例很小。由于公司增加了流动资金贷款。本公司最近一期资产负债率有所提高。

(2)现金流量、盈利前景

本公司2002年经营活动产生的现金流量状况正常。由于"非典"疫情、生产经营的季节性等原因影响,本公司2003年1–5月经营活动产生的现金流量比去年水平有所下降,本公司2003年1–5月的主营业务收入和净利润占全年的比例较低。本公司及本公司子公司下半年进入销售旺季,所在汽车零部件行业及PE管道系统行业继续保持较快发展速度,预计2003年全年主营业务收入和净利润比上年保持一定增长。

(3)本公司的主要财务优势和困难

本公司经营收支状况比较稳定,财务信誉良好,负债水平合理,能够适时偿还到期债务,但本公司的资本积累能力已经不能满足企业发展对资金的需要。

4.股利分配政策和历年分配情况以及发行后股利分配政策、发行前滚存利润的分配政策

(1)股利分配政策:本公司将依照同股同权的原则,按各股东所持股份数分配股利。本公司采取现金或者股票或者法律许可的其他方式分配股利。本公司股东大会对利润分配方案决议后,董事会在股东大会召开后的两个月内完成股利(或股份)的派发事项。

(2)本公司近三年股利分配情况:

本公司2000年度分配普通股股利15,751,178.80元;2001年度分配普通股股利23,379,251.55元;2002年度分配普通股股利33,548,626.46元。

(3)发行前滚存利润的分配政策和发行后股利分配政策

经公司2002年度股东大会通过,公司2003年1月1日以前的利润拟由老股东享有,2003年度利润拟由新老股东共同享有。本次发行后预计首次分配股利的时间在2004年6月30日之前,具体分配方案由股东大会根据公司实际经营发展需要确定。

5.发行人控股子公司或纳入发行人合并会计报表的其他企业的基本情况

(1)亚大塑料制品有限公司(涿州亚大)

涿州亚大是成立于1987年7月的中外合资企业,注册资本427万美元,法定代表人常志成,总经理任榜英。主要业务为汽车压力管路总成等汽车零部件和PE管道系统产品的生产和销售。本公司在涿州亚大董事会拥有半数以上席位,对涿州亚大拥有实质控制权。截至2003年5月31日,涿州亚大总资产为34,209万元,净资产12,261万元,2003年1–5月净利润1,990万元(已经审计)。

(2)上海亚大塑料制品有限公司(上海亚大)

上海亚大是成立于1993年12月的中外合作企业,注册资本250万美元,法定代表人常志成,总经理乔进。主要业务为汽车压力管路总成和PE管道系统的产品生产和销售。本公司通过拥有上海亚大董事会的多数表决权,对上海亚大拥有实质控制权。截至2003年5月31日,上海亚大总资产为12,051万元,净资产5,044万元,2003年1–5月,净利润847万元(已经审计)。

(3)长春亚大汽车零件制造有限公司(长春亚大)

长春亚大是成立于1993年8月的中外合资企业,注册资本人民币600万元,法定代表人常志成,总经理倪万里。主要业务为汽车压力管路总成产品的生产和销售。本公司通过拥有长春亚大董事会的多数表决权,对长春亚大拥有实质控制权。截至2003年5月31日,长春亚大的总资产为6,078万元,净资产2,218万元,2003年1–5月净利润321万元(已经审计)。

(4)深圳亚大塑料制品有限公司(深圳亚大)

深圳亚大是成立于2001年6月的中外合资企业,注册资本人民币2500万元,法定代表人常志成,总经理刘存杰。主要业务为PE管道系统产品的生产和销售。本公司在深圳亚大董事会拥有半数以上席位,对深圳亚大拥有实质控制权。截至2003年5月31日,深圳亚大的总资产为6,921万元,净资产2,341万元,净利润–159万元(已经审计)。

(5)重庆长安凌云汽车零部件有限公司(重庆凌云)

重庆凌云成立于1999年4月,注册资本人民币600万元,法定代表人王重生,总经理张建忠,主要业务为汽车辊压件和冲压件的生产和销售。本公司现持有重庆凌云66%的股权,重庆长鑫建筑工程有限公司持有重庆凌云34%的股权。截至2003年5月31日,重庆凌云的总资产为972万元,净资产609万元,2003年1–5月净利润31万元(已经审计)。

(6)哈尔滨哈飞凌云汽车零部件有限公司(哈飞凌云)

哈飞凌云成立于2000年10月,注册资本人民币800万元,法定代表人王志超,总经理段晓刚,主要业务为汽车辊压件和冲压件的生产和销售。本公司现持有该公司62.5%的股权,哈尔滨哈飞汽车制造有限公司持有其37.5%的股权。截至2003年5月31日,哈飞凌云的总资产为1000万元,净资产905万元。2003年1–5月该公司实现净利润43万元(已经审计)。

## 第四节　募股资金运用

本次股票发行后,扣除发行费用,实际募集资金为22,515.256万元,将按照项目轻重缓急投资以下项目:

单位:万元

| 序号 | 项目名称 | 项目批文 | 基本情况 | 发展前景 | 募集资金投入金额 | 募集资金使用计划 | | |
|---|---|---|---|---|---|---|---|---|
| | | | | | | 2003 年度 | 2004 年度 | 2005 年度 |
| 1 | 四川凌云塑料建材合资项目 | 兵器外字[2001]824号 | 项目建成投产后可年产5000吨PE管道系统产品 | 本项目财务内部收益率(税后)22.15%;投资回收期(税后)5.82年 | 2444 | 2444 | | |
| 2 | 北京凌云塑料建材合资项目 | 兵器外字[2001]823号 | 项目建成投产后可年产5000吨PE管道系统产品 | 本项目财务内部收益率(税后)19.25%;投资回收期(税后)6.39年 | 2713 | 2713 | | |
| 3 | 西安凌云塑料建材合资项目 | 兵器外字[2001]825号 | 项目建成投产后可年产5000吨PE管道系统产品 | 本项目财务内部收益率(税后)21.22%;投资回收期(税后)5.99年 | 2445 | 2445 | | |
| 4 | 上海凌云燃烧机制造建设项目 | 计产业[2001]2252号 | 项目建成投产后可年产6000台燃烧机 | 本项目财务内部收益率(税后)28.58%;投资回收期(税后)5.43年 | 9157 | 5000 | 2000 | 2157 |
| 5 | 扩大汽车辊压件产品生产能力技术改造项目 | 兵器计字[2000]1047号 | 项目建成投产后可年产汽车辊冲压件251万件 | 本项目财务内部收益率(税后)17.45%;投资回收期(税后)6.63年 | 3138 | 1300 | 1838 | |
| 6 | 上海汽车辊压件及冲压件产品建设项目 | 兵器计字[2001]28号 | 项目建成投产后可年产汽车辊冲压件119万件 | 本项目财务内部收益率(税后)14.85%;投资回收期(税后)7.50年 | 3314 | 1500 | 1814 | |
| 7 | 哈尔滨保温管生产线建设项目 | 兵器计字[2001]60号 | 项目建成投产后可年产预制保温管200千米 | 本项目财务内部收益率(税后)15.77%;投资回收期(税后)7.56年 | 5927 | 1500 | 3000 | 1427 |
| 8 | 石河子保温管生产线建设项目 | 兵器计字[2001]61号 | 项目建成投产后可年产预制保温管200千米 | 本项目财务内部收益率(税后)15.44%;投资回收期(税后)7.65年 | 5939 | 1500 | 3000 | 1439 |
| | 合计 | | | | 35077 | 18402 | 11652 | 5023 |

对于本次募集资金,公司将实行专款专用,严格按照公司的资金管理制度统一管理,并按投资计划使用。对于暂时未投入使用的短期闲置的募集资金,本公司将通过投资国债等渠道,提高资金的利用效率。

## 第五节　风险因素和其它重要事项

一、风险因素

1.股权原因导致的管理风险:本公司分别持有涿州亚大50%的股权、上海亚大30%的股权(同时涿州亚大持有上海亚大40%的股权)、长春亚大25%的股权(同时涿州亚大持有长春亚大35%的股权),这种股权结构可能影响本公司对三家亚大公司的控制,进而产生相应的管理风险。

2.对主要客户依赖的风险:本公司汽车零部件产品主要客户为全国的汽车生产厂家。一旦主要客户出现经营困难或者自主开发相关产品,则将造成本公司生产经营困难。

3.交通方面的限制风险:本公司子公司生产的PE管道系统产品具有体积大、重量轻、单位运输成本较高等特点,长途运输会增加产品的购买成本、带来产品的不经济问题。

4.依赖境外原材料供应商的风险:本公司及本公司子公司生产所需高强度带钢、尼龙-11、PE(聚乙烯)等原材料主要依赖进口,如果境外原材料供应出现问题,将直接影响本公司及本公司子公司的生产经营。

5.产品生命周期的风险:整车车型更新换代的速度加快,单个零部件的生命周期较短,一旦本公司没能及时为新车型开发配套件,将影响本公司生产经营和发展。

6.市场分割的风险:本公司子公司生产的PE管道系统产品最终用户主要为各地煤气公司,国内部分地区不同程度地存在市场分割现象,对PE燃气管道系统产品的销售可能造成一定影响。

7.债务结构不合理风险:截至2003年5月31日,本公司合并报表流动负债占负债总额的99.37%,流动负债中短期借款、其他应付款占流动负债的48.01%。因此,本公司短期偿债压力较大,一定程度上存在偿还债务的风险。

8.人力资源风险:本公司目前所处的地理位置较偏僻,不利于吸引高素质的人才。如果这种状况不能得到妥善解决,将影响本公司的长远发展。

9.募集资金投资项目地域分散带来的风险:本次募集资金项目涉及在北京、上海、四川、西安、哈尔滨和石河子等地建厂,由于各地的经济政策环境不同,可能影响异地投资项目的实施。

10.投资项目对单一客户过分依赖的风险:本次募集资金投资项目之一的上海汽车辊压件及冲压件产品建设项目主要是为上海通用汽车有限公司配套,一旦上述公司的采购政策发生变化,将对本公司投资项目的收益产生不利的影响。

11.募集资金投资项目的技术风险:本次募集资金实施上海凌云燃烧机制造项目,目前我国所用的燃烧机95%以上为进口产品,由于本公司目前没有生产该产品的现有技术和经验,一旦产品质量不能满足市场需要,该项目将面临失败的风险。

12.加入WTO的风险:我国加入WTO后,导致国内汽车价格逐年下降,汽车零部件相应降价,对本公司汽车零部件业务产生影响;我国加入WTO后,PE管道系统产品进口产品数量将不断增加,同时国外PE管道系统企业将增加在国内的投资,竞争加剧,这将对本公司子公司PE管道系统业务产生影响。

13.外国投资或技术转让的法律、法规变化的风险:本公司及其子公司的外国股东住所地、总部所在国家或地区向中国境内投资或技术转让的法律、法规如果发生不利变化,有可能对本公司及其子公司的增资、甚至日常生产经营管理带来风险。

14.汇率风险:本公司及本公司子公司部分原材料依赖进口,本公司子公司有部分产品出口,外汇市场汇率的波动将带来外汇汇兑损益。

二、其它重要事项

1.重大合同:本公司目前正在履行的重大合同包括8份贷款合同;7份销售合同;7份合资经营合同;一份技术转让合同。

2.重大诉讼或仲裁事项:本公司无诉讼或仲裁事项;持有公司20%以上股份的股东,公司董事、监事、高级管理人员和核心技术人员也未涉及作为一方当事人的重大诉讼或仲裁事项;公司董事、监事、高级管理人员和核心技术人员不存在受到刑事诉讼的情况。

## 第六节　本次发行各方当事人和发行时间安排

一、本次发行各方当事人情况

| 各方当事人 | 名称 | 住所 | 联系电话 | 传真 | 经办人或联系人姓名 |
|---|---|---|---|---|---|
| 发行人 | 凌云工业股份有限公司 | 河北省涿州市松林店镇 | (0312)3951002 | (0312)3951234 | 张建华、王海霞 |
| 主承销商 | 华安证券有限责任公司 | 安徽省合肥市阜南路166号润安大厦 | (0551)5161657 | (0551)5161659 | 皮文辉、江成祺、孙萍、方书品 |
| 发行人律师 | 北京市嘉源律师事务所 | 北京市西城区复兴门内大街158号远洋大厦F407 | (010)66493377 | (010)66412855 | 徐莹、贺伟平 |
| 审计机构 | 利安达信隆会计师事务所有限责任公司 | 北京市王府井大街138号新东安市场写字楼2座8层 | (010)85866870 | (010)85866877 | 黄锦辉、温京辉 |
| 资产评估机构 | 中华财务会计咨询公司 | 北京市月坛北街2号月坛大厦7层 | (010)68081472 | (010)68081470 | 付继军、邱洪生 |
| 证券登记机构 | 中国证券登记结算有限责任公司上海分公司 | 上海市浦东新区陆家嘴东路166号 | (021)38874800 | (021)68870064 | 孟利 |
| 申请上市的证券交易所 | 上海证券交易所 | 上海市浦东南路528号 | (021)68802689 | (021)68804229 | 唐军青、周卫 |

二、本次发行上市的重要日期

| | |
|---|---|
| 发行公告刊登日期 | 2003年7月29日 |
| 预计发行日期 | 2003年7月31日 |
| 申购期 | 2003年7月31日 |
| 摇号结果公告日期 | 2003年8月4日 |
| 预计缴款日期 | 2003年8月5日 |
| 预计上市日期 | 2003年8月15日 |

## 第七节　附录和备查文件

1.招股说明书全文、备查文件及附件可以到发行人和主承销商住所查阅。

查阅时间:工作日上午8:30-11:30,下午2:00-5:00

2.招股说明书全文可以通过上海证券交易所网站查阅。

上海证券交易所网址:www.sse.com.cn

# 凌云工业股份有限公司首次公开发行股票上市公告书

## 第一节　重要声明与提示

凌云工业股份有限公司(以下简称"本公司"、"公司"或"发行人")董事会保证上市公告书的真实性、准确性、完整性,全体董事承诺上市公告书不存在虚假记载、误导性陈述或重大遗漏,并承担个别和连带的法律责任。

根据《公司法》、《证券法》等有关法律、法规的规定,本公司董事、高级管理人员已依法履行诚信和勤勉尽责的义务和责任。

上海证券交易所、中国证监会、其他政府机关对本公司股票上市及有关事项的意见,均不表明对本公司的任何保证。

本公司提醒广大投资者注意,凡本上市公告书未涉及的有关内容,请投资者查阅2003年7月28日刊载于《中国证券报》、《上海证券报》、《证券时报》、《证券日报》的本公司招股说明书摘要,及刊载于上海证券交易所网站(http://www.sse.com.cn)的本公司招股说明书全文。

本上市公告书刊登网址:http://www.sse.com.cn

## 第二节　概　览

1.股票简称:凌云股份

2.沪市股票代码:600480

3.深市股票代理代码:003480

4.股本总额:24,000万股

5.可流通股本:6,800万股

6.本次上市流通股本:6,800万股

7.发行价格:3.48元/股

8.上市地点:上海证券交易所

9.上市时间:2003年8月15日

10.股票登记机构:中国证券登记结算有限责任公司上海分公司

11.上市推荐人:华安证券有限责任公司、东北证券有限责任公司

12.对本公司首次公开发行股票前股东所持股份的流通限制及期限:根据国家有关法律、法规规定和中国证券监督管理委员会证监发行字[2003]73号文《关于核准凌云工业股份有限公司公开发行股票的通知》,本公司的国有法人股、法人股暂不上市流通。

13.首次公开发行股票前股东对所持股份自愿锁定的承诺:本公司公开发行股票前第一大股东河北凌云工业集团有限公司向上海证券交易所承诺,自本公司股票上市之日起12个月内,不转让所持有本公司的股份,也不由本公司回购其所持有的股份。

## 第三节　绪　言

本上市公告书是根据《中华人民共和国公司法》、《中华人民共和国证券法》、《股票发行与交易管理暂行条例》、《公开发行股票公司信息披露实施细则》和《上海证券交易所股票上市规则》等国家有关法律法规的规定,并按照中国证监会《公开发行股票信息披露内容与格式准则第7号—股票上市公告书》而编制的,旨在向投资者提供有关本公司和本次股票上市的基本情况和本次股票上市的有关资料。

经中国证券监督管理委员会证监发行字[2003]73号文核准,本公司于2003年7月31日通过上海证券交易所系统,以向沪市、深市二级市场投资者定价配售的方式成功发行了6,800万股每股面值1.00元的人民币普通股,发行价为每股人民币3.48元。

根据上海证券交易所上证上字[2003]94号《关于凌云工业股份有限公司人民币普通股股票上市交易的通知》,本公司6,800万股社会公众股将于2003年8月15日起在上海证券交易所挂牌交易,股票简称"凌云股份",沪市股票代码为"600480",深市代理股票代码为"003480"。

本公司已于2003年7月28日分别在《中国证券报》、《上海证券报》和《证券时报》、《证券日报》上刊登了招股说明书摘要,在上海证券交易所网站(http://www.sse.com.cn)刊载招股说明书

全文及其必备附件，距今不足3个月，故与其重复的内容不再重述，敬请投资者查阅上述文件。

## 第四节 公司概况

一、公司基本情况

1.中文名称：凌云工业股份有限公司

2.英文名称：LINGYUN INDUSTRIAL CORPORATION LIMITED

3.注册资本：24,000万元

4.法定代表人：李喜增

5.设立日期：2000年11月10日

6.住　　所：河北省涿州市松林店镇

7.经营范围：生产和销售塑料燃气管道系统、给水管道系统、供热管道系统、大口径排水管道系统及相关施工设备和产品的设计、研制、开发；纳米材料加工和应用；生产和销售汽车零部件、机械加工产品及相关产品的设计、开发。

8.主导产品：汽车零部件产品（包括汽车辊压件、汽车冲压件与汽车压力管路系统总成）、PE管道系统产品（包括PE燃气管道系统、PE给水管道系统等）。

9.所属行业：塑料制造业（C49）、普通机械制造业（C71）

10.电话号码：0312－3951002

11.传真号码：0312－3951234

12.网　　址：www.lingyun.com.cn

13.电子信箱：lyac@heinfo.net

14.董事会秘书：张建华

二、公司历史沿革及改制重组情况

本公司前身为中外合资经营企业凌云汽车零部件有限公司（以下简称"零部件公司"）。经原对外贸易经济合作部[2000]外经贸资二函字第808号文批准，零部件公司以经审计的2000年8月31日净资产按1:1比例折为17,200万股，依法整体变更为凌云工业股份有限公司。经中华人民共和国工商行政管理局企业注册局企外函字[2000]第94号文授权，本公司于2000年11月10日在保定市工商行政管理局办理了工商变更登记，注册资本为人民币17,200万元。

2000年8月，河北凌云集团有限责任公司（以下简称"凌云集团"）与零部件公司签订了《股权转让协议》，约定以2000年5月31日作为转让基准日，由零部件公司将其持有的中外合资德尔福沙基诺凌云驱动轴有限公司（以下简称"德尔福公司"）40%的股东权益转让给凌云集团，同时凌云集团将其持有的亚大塑料制品有限公司（以下简称"涿州亚大"）50%股权、上海亚大塑料制品有限公司（以下简称"上海亚大"）30%股权、长春亚大汽车零件制造有限公司25%（以下简称"长春亚大"）股权转让给零部件公司。

经中国证监会证监发行字[2003]73号文核准，本公司于2003年7月31日采取向二级市场投资者定价配售的方式成功发行了6,800万股每股面值1.00元的人民币普通股，发行价为每股人民币3.48元。本次发行完成后，本公司总股本为24,000万元，本公司承诺于2003年9月30日之前办理完毕工商变更登记。

本公司发行前后股权结构变化情况如下：

| 股权结构 | 本次发行前股本结构 | | 本次发行后股本结构 | |
|---|---|---|---|---|
| | 股数（万股） | 所占比例（%） | 股数（万股） | 所占比例（%） |
| 国有法人股 | 10,664.00 | 62.00 | 10,664.00 | 44.44 |
| 外资股 | 6,536.00 | 38.00 | 6,536.00 | 27.23 |
| 社会公众股 | － | － | 6,800.00 | 28.33 |
| 总股本 | 17,200.00 | 100.00 | 24,000.00 | 100.00 |

三、公司主要经营情况

1.主营业务构成

本公司及子公司主营业务为汽车零部件（汽车车身辊压件、冲压件、PA－11汽车压力管路总成）与PE管道系统（PE燃气管道系统、PE给水管道系统）的研制、生产与销售。本公司主要从事汽车车身辊压件、冲压件的研制、生产和销售；本公司子公司主要从事PA－11汽车压力管路总成、PE（燃气、供水）管道系统产品的研制、生产和销售。

2.竞争优势与劣势

（1）竞争优势

①生产技术水平和研究开发水平较高

本公司是国内最早将辊压技术应用于汽车零部件生产中的厂商之一。经过多年的积累，本公司已经具备从原材料检测到产品的设计、开发能力。在辊压件的核心制造技术上，从工艺设计、工装到设备制造、运行软件的开发，本公司均有独特的技术，从而成为国内辊压件生产企业中的技术领先者。

本公司子公司亚大塑料制品有限公司是国内最早生产PE燃气管道的厂家之一。经过十几年的发展，三家亚大公司已经成为从PE管道产品、管件到施工设备等的综合供应商。

②规模优势

本公司目前是国内大型的汽车辊压件、汽车冲压件产品生产厂商之一，本公司子公司涿州亚大是目前国内PE燃气管道领域唯一能从管材、管件、施工机具到设计、施工、维修、提供成套服务的企业，也是PE燃气管道领域唯一进入国际市场的企业，其PE燃气管道产品在国内市场占有率居全国首位。本公司（包括子公司）具有一定的规模优势。

③市场网络比较健全

公司一直致力于建设完整的销售网络，本公司子公司PE管道系统产品的销售实行划区管理，形成了覆盖除台湾以外国内所有地区的销售服务网络。

④整体配套能力

本公司可以自行设计生产所需的模具，具有很强的技术开发能力。而燃气管道则可提供包括管材、管件及管道施工在内的全套产品和服务。

（2）竞争劣势

①未能实现规模经济

本公司是全国大型的专业汽车辊压件、冲压件生产企业之一，但由于我国的汽车整车生产厂家不具有大规模生产的条件，本公司单件产品的生产规模较小，难以形成规模经济。本公司子公司作为全国大型的PE燃气管道生产厂商，产量不能满足市场的需求，部分市场被竞争对手占领。

②产品结构单一

本公司仅生产汽车辊压件和冲压件，属于劳动密集型产品。本公司子公司主要生产PE管道系统产品，PA－11汽车压力管总成，产品结构比较单一。

3.主要财务指标

请参阅本上市公告书"八、财务会计资料"部分的相关内容。

4.专利和非专利技术

本公司拥有2项非专利技术，本公司子公司涿州亚大拥有2项非专利技术和10项专利证书、5项专利申请受理通知书。

5.公司享有的税收优惠政策

本公司作为外商投资先进技术企业2000年－2002年享受三年减半税收优惠政策，所得税实际税率为15%，2003年起所得税实际税率为33%；本公司子公司上海亚大作为外商投资先进技术企业2001年—2003年享受三年减半税收优惠政策，所得税实际税率为13.5%，2004年起所得税实际税率为27%；本公司子公司长春亚大作为外商投资先进技术企业2000年—2002年享受三年减半税收优惠政策，所得税实际税率为10%，2003年起所得税实际税率为15%。

## 第五节 股票发行与股本结构

一、本次股票上市前首次公开发行股票的情况

1.发行数量：6,800万股

2.发行价格：3.48元/股

3.募股资金总额：23,664万元

4.发行方式：全部向二级市场投资者定价配售

5.配售主要对象：持有2003年7月28日在沪市或深市的已上市流通人民币普通股（A股）股票的收盘市值总和不少于10,000元的投资者。

6.发行费用总额及项目：本次公开发行股票的发行费用为1,148.744万元，主要包括：承销费用、审计费用、律师费用、评估费用、发行审核费及上网发行费等。

7.每股发行费用：0.169元/股

二、本次股票上市前首次公开发行股票的承销情况

本次发行向二级市场投资者定价配售发行6,800万股社会公众股的配号总数为76,820,808个，中签率为0.08851768%；二级市场投资者认购了67,479,936股，其余520,064股由主承销商组织的承销团包销。

三、本次股票上市前首次公开发行股票所募股资金的验资报告

验 资 报 告

利安达验字[2003]第1010号

凌云工业股份有限公司全体股东：

我们接受委托，审验了凌云工业股份有限公司（以下简称"贵公司"）截至2003年8月6日止新增注册资本实收情况。按照国家相关法律、法规的规定和协议、章程的要求出资，提供真实、合法、完整的验资资料，保护资产的安全、完整是贵公司全体股东及贵公司的责任。我们的责任是对贵公司本次新增注册资本的实收情况发表审验意见。我们的审验是依据《独立审计实务公告第1号—验资》进行的。在审验过程中，我们结合贵公司的实际情况，实施了检查等必要的审验程序。

贵公司原注册资本为人民币172,000,000元，贵公司根据2001年第一次临时股东大会决议和修改后章程的规定，申请向社会公开发行普通股（A股）68,000,000股，增加注册资本人民币68,000,000元。经中国证券监督管理委员会证监发行字[2003]73号文件核准，贵公司于2003年7月31日以全部向二级市场投资者定价配售的发行方式向社会公开发行人民币普通股股票68,000,000股，每股面值人民币1.00元，每股发行价格为人民币3.48元，可募集资金总额为人民币236,640,000元。

经审验，我们认为，截至2003年8月6止，贵公司已收到社会公众股股东缴纳的募集资金总额为人民币236,640,000元（大写：贰亿叁仟陆佰陆拾肆万元），扣除券商承销佣金、上网发行手续费等发行费用11,487,440元后，募集资金净额为人民币225,152,560元（大写：贰亿贰仟伍佰壹拾伍万贰仟伍佰陆拾元），其中新增注册资本人民币68,000,000元，资本公积人民币157,152,560元。

同时我们注意到，贵公司本次增资前的注册资本为人民币172,000,000元，已经原深圳中天会计师事务所审验，并于2000年11月8日出具股验字[2000]第C033号验资报告。截至2003年8月6日止，连同本次验证的新增注册资本实收金额人民币68,000,000元，贵公司变更后的累计注册资本实收金额为人民币240,000,000元。

本验资报告仅供贵公司申请变更登记及据以向股东签发出资证明时使用，不应将其视为是对贵公司验资报告日后资本保全、偿债能力和持续经营能力等的保证。因使用不当所造成的后果，与执行本验资业务的注册会计师及会计师事务所无关。

附件：1.注册资本变更情况明细表

（1）新增注册资本实收情况明细表（表1）

（2）注册资本变更前后对照表（表2）

2.验资事项说明

利安达信隆会计师事务所　　主任会计师：黄锦辉

有限责任公司　　中国注册会计师：温京辉

中国·北京　　二〇〇三年八月六日

四、募股资金入帐情况

1.入帐时间：2003年8月6日

2.入帐金额：228,012,560.00元

3.入帐帐号：1306662082210000591

4.开户银行：中国建设银行河北省涿州物探支行

五、公司上市前股权结构及各类股东的持股情况

1.本次上市前股权结构

| 股份类别 | 持股数（万股） | 持股比例（%） |
|---|---|---|
| 发起人股 | 172,000 | 71.67 |
| 其中：国有法人股 | 10,664.00 | 44.44 |
| 外资股 | 6,536.00 | 27.23 |
| 社会公众股（A股） | 6,800.00 | 28.33 |
| 股本总额 | 24,000.00 | 100.00 |

2.本次上市前十大股东情况

| 股东名称 | 股权性质 | 股数(万股) | 持股比例(%) |
|---|---|---|---|
| 1.河北凌云工业集团有限公司 | 国有法人股 | 104,748,000 | 43.64 |
| 2.英属维尔京群岛第五汽车有限公司 | 外资股 | 65,360,000 | 27.23 |
| 3.北京市燃气集团有限责任公司 | 国有法人股 | 860,000 | 0.36 |
| 4.华安证券 | 社会公众股 | 538,064 | 0.22 |
| 5.中国市政工程华北设计研究院 | 国有法人股 | 516,000 | 0.22 |
| 6.中国市政工程西南设计研究院 | 国有法人股 | 516,000 | 0.22 |
| 7.天同 180 | 社会公众股 | 99,000 | 0.04 |
| 8.同益基金 | 社会公众股 | 77,000 | 0.03 |
| 9.汉盛基金 | 社会公众股 | 71,000 | 0.03 |
| 10.同盛基金 | 社会公众股 | 69,000 | 0.03 |

## 第六节　董事、监事、高级管理人员及核心技术人员

一、董事、监事、高级管理人员及技术负责人简历

1.董事

李喜增先生,49 岁,本公司董事长,中国籍,本科,高级工程师。曾任河北凌云机械厂常务副厂长、凌云汽车零部件有限公司总经理等职。现兼任河北凌云工业集团有限公司总经理,兼任四家亚大子公司董事。

陈春国先生,31 岁,本公司副董事长,中国籍,大专,高级经济师。曾任大连雷龙铸铁制品有限公司总经理等职。现任高登国际(香港)投资有限公司董事长,兼任英属维尔京群岛第五汽车有限公司董事长。

常志成先生,57 岁,本公司董事、总经理,中国籍,本科,正高工。曾任河北凌云机械厂副厂长,涿州亚大副总经理等职,现兼任四家亚大子公司董事长。

王艺林先生,62 岁,本公司董事,中国籍,本科,高级政工师。曾任河北凌云机械厂党委书记等职。现任河北凌云工业集团有限公司党委书记、监事会主席,兼任四家亚大子公司董事。

姜岩女士,32 岁,本公司董事,中国籍,本科,注册会计师。曾任何铁文(香港)会计师事务所项目经理等职。现任高登国际(香港)投资有限公司财务总监。

董祯富先生,58 岁,本公司董事,中国籍,中专。曾任河北凌云机械厂总会计师等职。现任河北凌云工业集团有限公司财务总监,兼任四家亚大子公司董事。

赵涌先生,77 岁,本公司独立董事,中国籍,教授级高级工程师。曾任中国市政工程华北设计研究院副院长、国际煤气联盟理事等职。现任国家城市给排水工程技术研究中心顾问、中国城市煤气学会顾问等职。

贺德龙先生,68 岁,本公司独立董事,中国籍,研究员。曾任中国机电报社社长兼总编等职,现任中国报业协会副主席、中国企业文化研究会理事等职。

杨金观先生,41 岁,本公司独立董事,中国籍,副教授、硕士研究生导师,曾在北京天华会计师事务所兼做注册会计师工作。现任中央财经大学会计系副主任,兼任中国税务咨询协会理事等职。

2.监事

王桂云女士,49 岁,本公司监事会主席,中国籍,专科。曾任河北凌云机械厂财务处副处长,现任德尔福沙基诺凌云驱动轴有限公司财务负责人。

丁杰先生,31 岁,本公司监事,中国籍,本科。现任英属维尔京群岛第五汽车有限公司投资事业部部长。

武利亚女士,54 岁,本公司监事,中国籍,本科。曾任北京市公用局处长、副局长等职。现任北京市燃气集团有限责任公司董事、总经理。

李志发先生,39 岁,本公司监事,中国籍,本科。曾任河北凌云机械厂技术处副处长等职,现任公司产品工程部经理。

陈宝军先生,45 岁,本公司职工监事,中国籍,专科。曾任河北凌云机械厂保卫科科长等职。现任公司人事经理部经理。

3.其它高级管理人员

夏鑫玉先生,39 岁,本公司副总经理,中国籍,本科。曾任大连宏安会计师事务所副所长等职。现兼任高登国际(香港)投资有限公司总经理。

信虎峰先生,40 岁,本公司副总经理,中国籍,本科。曾任德尔福沙基诺凌云驱动轴有限公司中方副总经理等职。

于计俊先生,42 岁,本公司负责技术的副总经理,中国籍,本科,高级工程师。曾任涿州亚大技术开发部经理等职。

史建升先生,48 岁,本公司副总经理,中国籍,专科。曾任河北凌云机械厂党委副书记兼纪委书记等职。

石三棉女士,51 岁,本公司财务负责人,中国籍,专科。曾任河北凌云机械厂财务处处长等职。

张建华先生,37 岁,本公司董事会秘书,中国籍,本科,工程师。曾任河北凌云工业集团有限公司财务处副处长等职。

4.核心技术人员

李志发先生,见公司监事基本情况介绍。

刘永昌先生,38 岁,中国籍,高级工程师,本科。现任产品工程部工程师。

赵海深先生,37 岁,中国籍,高级工程师,本科,现任亚大塑料制品有限公司技术部经理。

卢培丰先生,34 岁,中国籍,工程师,本科,现为亚大塑料制品有限公司技术部模具开发工程师。

## 第七节　同业竞争与关联交易

一、同业竞争情况

本公司控股股东凌云集团主要经营摩托车箱体件的生产,与本公司及其子公司产品具有不同的用途,相互之间不存在替代性,不与本公司构成同业竞争。本公司第二大股东英属维尔京群岛第五汽车有限公司除作为本公司股东外,无其他业务,与本公司不存在竞争关系。凌云集团已出具了避免同业竞争承诺函。

二、关联交易情况

(一)关联方与关联关系

本公司目前存在的关联方及关联关系请查阅刊登于上海证券交易所网站(www.sse.com.cn)的本公司招股说明书全文及附录。

(二)主要关联交易

1.关联交易内容

(1)综合服务:本公司、本公司子公司涿州亚大分别与凌云集团签订《综合服务协议》,约定向凌云集团采购水、电、蒸汽等,占同类产品交易比例为 100%;约定凌云集团向本公司以及涿州亚大提供医疗保健服务、通讯服务、托幼服务及学校教育。

(2)商标使用许可:本公司许可凌云集团摩托车箱体分公司、德尔福公司无偿使用"凌云"商标。

(3)土地使用权租赁:本公司子公司涿州亚大向凌云集团租赁面积为 15,920 平方米土地使用权,土地使用年限为 20 年,租金为每年每平方米 10 元。

(4)房屋租赁:本公司子公司涿州亚大与凌云集团签订了《房屋租赁协议》,租用凌云集团的房屋的建筑面积为 1,410.34 平方米,租赁价格为每年每平方米 200 元。

(5)贷款担保:截至 2003 年 5 月 31 日,凌云集团为本公司向银行担保借款 8,800 万元。本公司与中国民生银行石家庄分行于 2003 年 5 月 9 日签定编号为(2003)(石分综)字(0509)号综合授信合同,获取 1 亿元贷款额度,该综合授信合同由凌云集团提供担保,目前本公司已在该额度内从民生银行石家庄分行获得贷款 6,000 万元。

(6)股权置换

2000 年 8 月,本公司前身零部件公司与凌云集团进行股权置换,由零部件公司将其持有的德尔福公司 40% 的股权转让给凌云集团;同时,凌云集团将其持有的涿州亚大 50% 的股权、上海亚大 30% 的股权、长春亚大 25% 的股权转让给零部件公司。申报会计师认为本次置换按照《企业会计准则—非货币性交易》的有关规定进行了帐务处理。

2.关联交易对本公司财务状况和经营成果的影响

| 关联交易内容 | 时间 | 关联交易金额(元) | 占主营业务成本的比例(%) |
|---|---|---|---|
| 土地使用权、房屋租赁费 | 2000 年 | 257,868.33 | 0.23 |
| | 2001 年 | 447,466.00 | 0.19 |
| | 2002 年 | 441,276.00 | 0.14 |
| | 2003 年 1 - 5 月 | 183,863.00 | 0.13 |
| 水、电、蒸汽、压缩空气供应费 | 2000 年 | 4,682,098.21 | 4.24 |
| | 2001 年 | 6,529,171.10 | 2.71 |
| | 2002 年 | 6,904,142.87 | 2.26 |
| | 2003 年 1 - 5 月 | 3,790,108.54 | 2.71 |

本公司目前存在的与凌云集团的关联交易占主营业务成本的比例较低,对公司的财务状况和经营成果的影响较小。

关联交易详细内容请查阅刊登于上海证券交易所网站(www.sse.com.cn)本公司招股说明书全文。

## 第八节　财务会计信息

本公司截止 2003 年 5 月 31 日的财务会计资料,已于 2003 年 7 月 28 日在《中国证券报》、《上海证券报》、《证券时报》、《证券日报》刊登的《招股说明书摘要》中进行了披露,投资者欲了解详情内容,请查阅上述报纸或刊登在上海证券交易所网站(http://www.sse.com.cn)的本公司招股说明书全文。

一、注册会计师意见

公司全体股东委托利安达信隆会计师事务所有限责任公司审计了 2000 年 12 月 31 日、2001 年 12 月 31 日、2002 年 12 月 31 日、2003 年 5 月 31 日母公司及合并资产负债表,2000 年度、2001 年度、2002 年度、2003 年 1 - 5 月母公司及合并利润及利润分配表以及 2002 年度、2003 年 1 - 5 月母公司及合并现金流量表。利安达信隆会计师事务所有限责任公司出具了标准无保留意见的审计报告。

二、简要会计报表

1.发行人简要财务报表

简要合并资产负债表

单位:元

| 资　　产 | 2003 - 5 - 31 | 2002 - 12 - 31 | 2001 - 12 - 31 | 2000 - 12 - 31 |
|---|---|---|---|---|
| 流动资产: | | | | |
| 货币资金 | 103,578,292.05 | 100,905,715.04 | 61,234,822.51 | 51,589,340.18 |
| 应收票据 | 36,930,268.53 | 25,764,215.78 | 60,322,052.33 | 31,161,097.40 |
| 应收帐款 | 218,678,545.07 | 192,949,796.90 | 145,040,892.67 | 132,967,507.27 |
| 其他应收款 | 11,793,246.75 | 5,464,708.38 | 4,279,211.39 | 2,872,261.92 |
| 预付帐款 | 24,624,305.85 | 18,713,162.33 | 24,246,924.05 | 11,117,683.83 |
| 存货 | 131,682,617.40 | 115,674,198.95 | 107,896,084.56 | 70,851,864.71 |
| 待摊费用 | 364,379.00 | 1,084.46 | 385,292.74 | 110,174.69 |
| 流动资产合计 | 527,651,654.65 | 459,472,881.84 | 403,405,280.25 | 300,669,930.00 |
| 长期投资 | | | | |
| 长期股权投资 | 55,872,164.75 | 22,405,874.75 | 25,328,378.75 | 28,250,883.55 |
| 长期投资合计 | 55,872,164.75 | 22,405,874.75 | 25,328,378.75 | 28,250,883.55 |
| 固定资产 | | | | |
| 固定资产原价 | 290,708,366.80 | 255,523,014.14 | 212,637,882.87 | 179,413,891.33 |
| 减:累计折旧 | 93,193,282.38 | 87,822,484.66 | 71,039,902.16 | 57,270,670.28 |
| 固定资产净值 | 197,515,084.42 | 467,700,529.48 | 141,597,980.71 | 122,143,221.05 |
| 固定资产净额 | 197,515,084.42 | 167,700,529.48 | 141,597,980.71 | 122,143,221.05 |
| 在建工程 | 4,742,857.13 | 28,269,415.80 | 3,771,077.02 | 2,887,302.66 |
| 固定资产合计 | 202,257,941.55 | 195,969,945.28 | 145,369,057.73 | 125,030,523.71 |
| 无形资产及其他资产 | | | | |
| 无形资产 | 15,370,214.61 | 15,527,112.11 | 15,903,666.11 | 16,280,220.11 |
| 长期待摊费用 | 10,584,346.13 | 11,121,305.27 | 5,036,813.37 | 4,576,915.12 |

| | | | | |
|---|---|---|---|---|
| 无形资产及其他资产合计 | 25,954,560.74 | 26,648,417.38 | 20,940,479.48 | 20,857,135.23 |
| 资产总计 | 811,736,321.69 | 704,497,119.25 | 595,043,196.21 | 474,808,472.49 |
| 流动负债 | | | | |
| 短期借款 | 231,200,000.00 | 151,200,000.00 | 125,200,000.00 | 96,200,000.00 |
| 应付票据 | 645,673.74 | 1,508,750.00 | 2,032,500.00 | – |
| 应付帐款 | 62,366,350.29 | 57,927,527.78 | 60,317,758.37 | 29,250,687.36 |
| 预收帐款 | 6,337,086.54 | 8,576,540.40 | 4,513,647.22 | 1,895,124.44 |
| 应付工资 | 792,780.00 | 2,683,392.00 | 490,538.00 | 1,196,936.40 |
| 应付福利费 | 4,895,750.02 | 4,367,790.32 | 1,887,146.04 | 5,088,262.10 |
| 应付股利 | 120,066,521.79 | 125,966,521.79 | 75,573,648.46 | 66,925,989.71 |
| 应交税金 | 37,888,403.98 | 30,111,884.81 | 24,739,645.95 | 23,042,397.53 |
| 其他应交款 | 1,145.45 | 1,684.59 | | |
| 其他应付款 | 12,968,245.46 | 13,225,188.19 | 10,028,857.46 | 12,441,576.03 |
| 预提费用 | 3,371,840.01 | 1,945,503.19 | 1,270,105.15 | 1,924,786.74 |
| 一年内到期的长期负债 | 28,000,000.00 | – | – | – |
| 流动负债合计 | 508,533,797.28 | 397,514,783.07 | 306,053,846.65 | 237,965,760.31 |
| 长期负债 | | | | |
| 长期借款 | – | 28,000,000.00 | 28,000,000.00 | – |
| 长期应付款 | 3,103,947.77 | 3,621,272.40 | 5,460,767.39 | 1,697,027.53 |
| 专项应付款 | 100,000.00 | 100,000.00 | | |
| 长期负债合计 | 3,203,947.77 | 31,721,272.40 | 33,460,767.39 | 1,697,027.53 |
| 负债合计 | 511,737,745.05 | 429,236,055.47 | 339,514,614.04 | 239,662,787.84 |
| 少数股东权益 | 102,474,312.41 | 89,506,229.33 | 74,876,418.41 | 60,889,624.46 |
| 股东权益 | | | | |
| 股本 | 172,000,000.00 | 172,000,000.00 | 172,000,000.00 | 172,000,000.00 |
| 股本净额 | 172,000,000.00 | 172,000,000.00 | 172,000,000.00 | 172,000,000.00 |
| 资本公积 | – | | | – |
| 盈余公积 | 12,899,330.45 | 12,899,330.45 | 7,109,052.89 | 2,650,166.63 |
| 其中:法定公益金 | 4,336,260.30 | 4,336,260.30 | 2,406,167.78 | 919,872.36 |
| 未分配利润 | 12,624,933.78 | 855,504.00 | 1,543,110.87 | -394,106.44 |
| 股东权益合计 | 197,524,264.23 | 185,754,834.45 | 180,652,163.76 | 174,256,060.19 |
| 负债及股东权益总计 | 811,736,321.69 | 704,497,119.25 | 595,043,196.21 | 474,808,472.49 |

简要合并利润表

单位:元

| 项　目 | 2003 年 1-5 月 | 2002 年度 | 2001 年度 | 2000 年度 |
|---|---|---|---|---|
| 一、主营业务收入 | 215,947,980.36 | 499,148,996.51 | 387,116,660.98 | 174,405,209.31 |
| 减:主营业务成本 | 139,917,086.31 | 305,342,768.89 | 241,031,482.55 | 110,494,078.42 |
| 主营业务税金及附加 | 23,157.81 | 55,332.91 | 44,772.55 | – |
| 二、主营业务利润 | 76,007,736.24 | 193,750,894.71 | 146,040,405.88 | 63,911,130.89 |
| 加:其他业务利润 | 1,062,122.06 | 895,298.13 | 1,407,751.79 | 2,668,753.46 |
| 减:营业费用 | 17,621,380.86 | 35,767,928.13 | 29,123,546.59 | 10,504,348.81 |
| 管理费用 | 16,838,408.25 | 34,847,936.81 | 26,089,779.07 | 12,809,337.83 |
| 财务费用 | 4,255,899.71 | 11,164,865.06 | 7,269,752.89 | 3,027,012.04 |
| 三、营业利润 | 38,354,169.48 | 112,865,462.84 | 84,965,079.12 | 40,239,185.67 |
| 加:投资收益 | -1,217,710.00 | -2,922,504.00 | -2,922,504.80 | -524,507.87 |
| 补贴收入 | 201,000.00 | 80,000.00 | – | – |
| 营业外收入 | 77,736.81 | 270,689.72 | 99,656.43 | 113,465.87 |
| 减:营业外支出 | 184,450.29 | 803,333.29 | 1,318,365.74 | 385,248.97 |
| 四、利润总额 | 37,230,746.00 | 109,490,315.27 | 80,823,865.01 | 39,442,894.70 |
| 减:所得税 | 11,937,639.14 | 30,272,168.30 | 21,601,867.46 | 10,542,473.19 |
| 少数股东本期损益 | 12,968,083.08 | 37,188,137.12 | 29,365,602.75 | 9,636,265.75 |
| 五、净利润 | 12,325,023.78 | 42,030,009.85 | 29,856,394.80 | 19,264,155.76 |

简要合并现金流量表

单位:元

| 项　目 | 2003 年 1-5 月 | 2002 年度 |
|---|---|---|
| 经营活动产生的现金流量净额 | -24,800,452.02 | 99,559,482.71 |
| 投资活动产生的现金流量净额 | -43,408,103.20 | -67,562,020.44 |
| 筹资活动产生的现金流量净额 | 70,881,132.23 | 7,673,430.26 |
| 现金及现金等价物净增加额 | 2,672,577.01 | 39,670,892.53 |

三、会计报表附注

本公司会计报表注释等内容,请投资者查阅刊登于上海证券交易所网站(www.sse.com.cn)本公司招股说明书全文。

四、主要财务指标

以下财务指标中,除资产负债率为母公司报表口径外,均以合并财务报告数据为基础进行计算。

| 项　目 | 2003 年 1-5 月 | 2002 年度 | 2001 年度 | 2000 年度 |
|---|---|---|---|---|
| 流动比率 | 1.04 | 1.16 | 1.32 | 1.26 |
| 速动比率 | 0.78 | 0.86 | 0.97 | 0.97 |
| 应收帐款周转率 | 0.98 | 2.75 | 2.60 | 1.80 |
| 存货周转率 | 1.11 | 2.71 | 2.70 | 2.53 |
| 资产负债率(母公司) | 54.77% | 45.80% | 40.52% | 32.52% |
| 扣除非常性损益后净资产收益率(全面摊薄) | 6.26 | 23.25 | 16.74 | 11.22 |
| 每股净资产(元/股) | 1.15 | 1.08 | 1.05 | 1.01 |
| 每股收益 | 0.07 | 0.24 | 0.17 | 0.11 |
| 每股经营活动的现金净流量 | -0.14 | 0.58 | | |
| 每股净现金流量(元) | 0.015 | 0.23 | | |

## 第九节　其他重要事项

一、自本公司股票首次公开发行之日至本上市公告书公告之日,本公司严格依照现行有关法律、法规的规定规范运行,生产经营情况正常,本公司所处行业和市场无重大变化,主要业务发展目标的进展状况正常,主要投入、产出物供求及价格无重大变化;

二、自本公司股票首次公开发行之日至本上市公告书公告之日,本公司没有进行重大对外投资,无重大资产(股权)收购、出售行为;

三、自本公司股票首次公开发行之日至本上市公告书公告之日,本公司重大会计政策和会计师事务所没有发生变化;

四、本公司未涉及任何重大诉讼、仲裁或行政处罚案件,并且董事会认为本公司未面临任何重大影响的诉讼和索赔要求;

五、自本公司股票首次公开发行之日至本上市公告书公告之日,本公司董事、监事和高级管理人员未受到任何刑事起诉,亦没有尚未了结或可能发生的刑事诉讼事项;

六、自本公司股票首次公开发行之日至本上市公告书公告之日,本公司住所未变更;本公司未发生新的重大负债,并且重大债项未发生变化。

七、根据《上海证券交易所股票上市规则》,本公司第一大股东凌云工业集团有限公司承诺,自本公司股票上市之日起 12 个月内,不转让其所持有的本公司股份,也不由本公司回购其持有的本公司股份。

八、本公司股票首次公开发行至本上市公告书公告之日,没有其他应披露而未披露之重大事项。

## 第十节　董事会上市承诺

本公司董事会将严格遵守《中华人民共和国公司法》、《中华人民共和国证券法》、《股票发行与交易管理暂行条例》、《公开发行股票公司信息披露实施细则》和《上海证券交易所股票上市规则》等国家相关法律、法规和有关规定,并自股票上市之日起做到:

1.真实、准确、完整、公允和及时地公布定期报告,披露所有对投资者有重大影响的信息,并接受中国证监会、证券交易所的监督管理;

2.本公司在知悉可能对股票价格产生误导性影响的任何公共传播媒介中出现的消息后,将及时予以公开澄清;

3.本公司董事、监事、高级管理人员和核心技术人员将认真听取社会公众的意见和批评,不利用已获得的内幕消息和其他不正当手段直接或间接从事发行人股票的买卖活动;

4.本公司没有无记录的负债。

## 第十一节　上市推荐人及其意见

一、上市推荐人

1.上市推荐人:华安证券有限责任公司

法定代表人:汪永平

地址:安徽省合肥市阜南路 166 号润安大厦

电话:(0551)5161657

传真:(0551)5161659

联系人:皮文辉、江成祺、方书品、孙萍

2.上市推荐人:东北证券有限责任公司

法定代表人:李树

地址:吉林省长春市人民大街 138-1 号 19 层

电话:010-68573830

传真:010-68573829

联系人:田树春

二、上市推荐人意见

本公司上市推荐人认为,发行人章程符合《中华人民共和国公司法》等有关法律、法规和中国证监会关于公司章程的相关规定;发行人本次股票发行完全符合《中华人民共和国公司法》、《中华人民共和国证券法》、《股票发行与交易管理暂行条例》、《上海证券交易所股票上市规则》等国家有关法律、法规的规定,已具备了上市条件;发行人董事了解法律、法规、上海证券交易所上市规则及股票上市协议规定的董事的义务与责任;发行人建立健全了法人治理结构,制定了严格的信息披露制度与保密制度。

上市推荐人已对上市文件所载的资料进行了核实,确保上市文件真实、准确、完整,符合规定要求,保证发行人的上市申请材料、上市公告书没有虚假、严重误导性陈述或者重大遗漏,并保证对其承担连带责任。上市推荐人与发行人不存在关联关系。上市推荐人愿意推荐发行人股票在上海证券交易所上市交易,并保证不利用在上市过程中获得的内幕信息进行内幕交易,为自己或他人谋取利益。

凌云工业股份有限公司

2003 年 8 月 9 日

# 600722 沧州化学工业股份有限公司

## 二○○二年年度报告摘要

### 1.重要提示

1.1 本公司董事会及其董事保证本报告所载资料不存在任何虚假记载、误导性陈述或者重大遗漏,并对其内容的真实性、准确性和完整性负个别及连带责任。本年度报告摘要摘自年度报告全文,投资者欲了解详细内容,应阅读年度报告全文。

1.2 公司董事靳洪强先生、李晓华先生未出席董事会。

1.3 公司董事长周振德先生、主管会计工作负责人张建珍副总经理及股份公司财务中心主任吕朝晖女士声明:保证年度报告中财务会计报告的真实、完整。

### 2.上市公司基本情况简介

2.1 基本情况简介

| | |
|---|---|
| 股票简称 | 沧州化工 |
| 股票代码 | 600722 |
| 上市交易所 | 上海证券交易所 |
| 注册地址 | 河北省沧州市南环中路 18 号 |
| 办公地址 | 河北省沧州市南环中路 18 号 |
| 邮政编码 | 061000 |
| 公司国际互联网网址 | http://www.czchem.com |
| 电子信箱 | info@czchem.com |

2.2 联系人和联系方式

| | 董事会秘书 |
|---|---|
| 姓名 | 邢金生 |
| 联系地址 | 河北省沧州市南环中路 18 号 |
| 电话 | 0317-3030719 |
| 传真 | 0317-3030719 |
| 电子信箱 | xjs69@sohu.com |

### 3.会计数据和财务指标摘要

3.1 主要会计数据

| | 2002 年 | 2001 年 | 本年比上年增减(%) | 2000 年 |
|---|---|---|---|---|
| 主营业务收入 | 1352532883.12 | 1318739352.54 | 2.56 | 1357635825.68 |
| 利润总额 | 5414800.15 | 14402292.76 | -62.40 | 117292353.10 |
| 净利润 | 4483775.08 | 12451191.83 | -63.99 | 97288638.42 |
| 扣除非经常性损益的净利润 | -3075795.24 | 12260234.71 | -125.09 | 105398960.84 |
| | 2002 年末 | 2001 年末 | 本年末比上年末增减(%) | 2000 年末 |
| 总资产 | 3172297166.32 | 2890333729.75 | 9.76 | 2603222307.91 |
| 股东权益(不含少数股东权益) | 962686552.39 | 957727934.61 | 5.18 | 945276742.78 |
| 经营活动产生的现金流量净额 | 126425154.31 | 70699776.54 | 78.82 | 135674129.35 |

3.2 主要财务指标

| | 2002 年 | 2001 年 | 本年比上年增减(%) | 2000 年 |
|---|---|---|---|---|
| 每股收益 | 0.01 | 0.047 | -78.72 | 0.231 |
| 净资产收益率 | 0.47% | 1.30% | -0.83% | 10.29% |
| 扣除非经常性损益的净利润为基础计算的净资产收益率 | -0.32% | 2.03% | -115.76% | 10.61% |
| 每股经营活动产生的现金流量净额 | 0.30 | 0.167 | 79.64% | 0.322 |
| | 2002 年末 | 2001 年末 | 本年末比上年末增减(%) | 2000 年末 |
| 每股净资产 | 2.28 | 2.27 | 0.01% | 2.24 |
| 调整后的每股净资产 | 2.27 | 2.26 | 0.01% | 2.19 |

3.3 国内外会计准则差异

□适用 √不适用

### 4.股本变动及股东情况

4.1 股份变动情况表

公司股份变动情况表

数量单位:股

| | 本次变动前 | 本次变动增减(+,-) | | | | | | 本次变动后 |
|---|---|---|---|---|---|---|---|---|
| | | 配股 | 送股 | 公积金转股 | 增发 | 其他 | 小计 | |
| 一、未上市流通股份 | | | | | | | | |
| 1.发起人股份 | 206420000 | | | | | | | 206420000 |
| 其中: | | | | | | | | |
| 国家持有股份 | 206420000 | | | | | | | 206420000 |
| 境内法人持有股份 | 100000000 | | | | | | | 100000000 |
| 境外法人持有股份 | | | | | | | | |
| 其他 | | | | | | | | |
| 2.募集法人股份 | | | | | | | | |
| 3.内部职工股 | | | | | | | | |
| 4.优先股或其他 | | | | | | | | |
| 未上市流通股份合计 | 306420000 | | | | | | | 306420000 |
| 二、已上市流通股份 | | | | | | | | |
| 1.人民币普通股 | 115000000 | | | | | | | 115000000 |
| 2.境内上市的外资股 | | | | | | | | |
| 3.境外上市的外资股 | | | | | | | | |
| 4.其他 | | | | | | | | |
| 已上市流通股份合计 | 115000000 | | | | | | | 115000000 |
| 三、股份总数 | 421420000 | | | | | | | 421420000 |

4.2 前十名股东持股表

| 报告期末股东总数 | 73723 | | | | | |
|---|---|---|---|---|---|---|
| 前十名股东持股情况 | | | | | | |
| 股东名称(全称) | 年度内增减 | 年末持股数量 | 比例(%) | 股份类别(已流通或未流通) | 质押或冻结的股份数量 | 股东性质(国有股东或外资股东) |
| 河北沧州化工实业集团有限公司 | 0 | 206420000 | 48.98 | 未流通 | 55000000 | 国有股 |
| 广州利德龙科技集团有限公司 | 0 | 100000000 | 23.72 | 未流通 | 33000000 | 法人股 |
| 陈雨甫 | 0 | 452410 | 0.11 | 已流通 | 未知 | 流通股 |
| 黄国芹 | 0 | 432230 | 0.10 | 已流通 | 未知 | 流通股 |
| 张帮聘 | 0 | 376140 | 0.09 | 已流通 | 未知 | 流通股 |
| 谭伟华 | 0 | 368600 | 0.09 | 已流通 | 未知 | 流通股 |
| 魏长海 | 0 | 343500 | 0.08 | 已流通 | 未知 | 流通股 |
| 傅文淋 | 0 | 337796 | 0.08 | 已流通 | 未知 | 流通股 |
| 何宝珠 | 0 | 265590 | 0.06 | 已流通 | 未知 | 流通股 |
| 陈观轩 | 0 | 260000 | 0.06 | 已流通 | 未知 | 流通股 |
| 前十名股东关联关系或一致行动的说明 | 公司和广州利德龙科技集团有限公司不存在关联关系,其他的均为流通股股东,公司未知其关联关系。 | | | | | |

4.3 控股股东及实际控制人情况介绍

4.3.1 控股股东及实际控制人变更情况

□适用 √不适用

4.3.2 控股股东和其他实际控制人具体情况介绍

1.河北沧化实业集团有限公司持有本公司国家股 20642 万股占 48.98%,其所持有股份未作任何抵押,亦未有其他法律争议。法定代表人:周振德,注册资本 16664 万元。经营范围:聚氯乙烯树脂、氢氧化钠、液氯、塑料制品、造粒

2.广州利德龙科技集团有限公司成立于 1999 年元月,法定代表人:王咏梅,注册资本 6050 万元,位于广东省广州市天河北路 233 号中信广场 1606,主要从事科技产品的开发、推广应用,批发和零售贸易(国家专营专控商品除外)。

### 5.董事、监事和高级管理人员

5.1 董事、监事和高级管理人员持股变动

| 姓名 | 职务 | 性别 | 年龄 | 任期起止日期 | 年初持股数 | 年末持股数 | 变动原因 |
|---|---|---|---|---|---|---|---|
| 周振德 | 董事长 | 男 | 58 | 2001.10.16-2004.10.16 | 13800 | 13800 | |
| 孙文育 | 总经理 | 男 | 53 | 2001.10.16-2004.10.16 | 6900 | 6900 | |
| 曹建林 | 董事、副总经理 | 男 | 47 | 2001.10.16-2004.10.16 | 13800 | 13800 | |
| 李晓华 | 董事 | 男 | 40 | 2001.10.16-2004.10.16 | 11500 | 11500 | |

| | | | | | | | |
|---|---|---|---|---|---|---|---|
| 于生春 | 董事、副总经理 | 男 | 40 | 2001.10.16－2004.10.16 | 0 | 0 | |
| 张建珍 | 董事、副总经理 | 男 | 41 | 2001.10.16－2004.10.16 | 13800 | 13800 | |
| 靳洪强 | 董事 | 男 | 40 | 2001.10.16－2004.10.16 | 0 | 0 | |
| 吴桂华 | 监事会主席 | 女 | 54 | 2001.10.16－2004.10.16 | 0 | 0 | |
| 于占祥 | 监事会副主席 | 男 | 60 | 2001.10.16－2004.10.16 | 0 | 0 | |
| 孙秀旺 | 监事 | 男 | 47 | 2001.10.16－2004.10.16 | 0 | 0 | |
| 李　强 | 监事 | 男 | 39 | 2001.10.16－2004.10.16 | 0 | 0 | |
| 穆德胜 | 监事 | 男 | 50 | 2001.10.16－2004.10.16 | 5980 | 5980 | |
| 赵锡军 | 独立董事 | 男 | 40 | 2002.6.28－2004.10.16 | 0 | 0 | |
| 丘　创 | 独立董事 | 男 | 41 | 2002.6.28－2004.10.16 | 0 | 0 | |
| 邢金生 | 董事会秘书 | 男 | 34 | 2003.1.13－2004.10.16 | 0 | 0 | |

5.2 在股东单位任职的董事监事情况

√适用　　□不适用

| 姓名 | 任职的股东名称 | 在股东单位担任的职务 | 任职期间 | 是否领取报酬、津贴(是或否) |
|---|---|---|---|---|
| 周振德 | 河北沧州化工实业集团有限公司 | 董事长 | 2001.10.16－2004.10.16 | 否 |
| 孙文育 | 河北沧州化工实业集团有限公司 | 董事 | 2001.10.16－2004.10.16 | 否 |
| 曹建林 | 河北沧州化工实业集团有限公司 | 董事 | 2001.10.16－2004.10.16 | 否 |
| 李晓华 | 河北沧州化工实业集团有限公司 | 董事、副总经理 | 2001.10.16－2004.10.16 | 否 |
| 于生春 | 河北沧州化工实业集团有限公司 | 董事 | 2001.10.16－2004.10.16 | 否 |
| 张建珍 | 河北沧州化工实业集团有限公司 | 董事 | 2001.10.16－2004.10.16 | 否 |
| 靳洪强 | 河北沧州化工实业集团有限公司 | 董事、副总经理 | 2001.10.16－2004.10.16 | 否 |
| 吴桂华 | 河北沧州化工实业集团有限公司 | 监事 | 2001.10.16－2004.10.16 | 否 |
| 于占祥 | 河北沧州化工实业集团有限公司 | 监事 | 2001.10.16－2004.10.16 | 否 |

5.3 董事、监事和高级管理人员年度报酬情况

| 年度报酬总额 | |
|---|---|
| 金额最高的前三名董事的报酬总额 | 16.32 万元 |
| 金额最高的前三名高级管理人员的报酬总额 | 12.91 万元 |
| 独立董事津贴 | 2.6 万元 |
| 独立董事其他待遇 | 参加董事会、股东大会的差旅费由公司负责 |
| 不在公司领取报酬、津贴的董事、监事姓名 | 无 |
| 报酬区间 | 人数 |
| 5 万元－7 万元 | 2 |
| 4 万元－5 万元 | 5 |
| 3 万元－4 万元 | 3 |
| 2 万元－3 万元 | 4 |

## 6.董事会报告

6.1 报告期内整体经营情况的讨论与分析

2002 年全球经济复苏的步履迟缓，国际化工市场竞争激烈，特别是中国加入世贸组织以后，公司主导产品 PVC 树脂的进口关税从 16%下降到 12.8%，关税壁垒下降，刺激了产品进口，进口 PVC 树脂产品持续保持国内市场的高份额，达到近 40%。同时，PVC 树脂低价进口的冲击也没有根本消除，国家对外经济贸易合作部在 2002 年 3 月 29 日对来自美国、韩国、日本、俄罗斯和台湾地区的 PVC 树脂(纯粉)进行反倾销，但 PVC 树脂均价仍处于低迷状态。战争局势的扑溯迷离造成石油价格一路攀升，公司的主要原料 EDC 的价格也是居高不下，也导致了公司的产品的竞争力的下降。

为解决以上困难，公司积极调整战略，全面贯彻十六大经济建设和经济体制改革方针，坚持走新型工业化道路，推进产业结构优化升级，充分利用国际国内两个市场，合理配置、有效利用能源资源，同时，公司联合其他几家氯碱公司申请对美国、日本等 5 个国家和地区的进口 PVC 树脂(纯粉)进行反倾销调查。全面理解和贯彻"客户第一、客户至上"的企业经营理念，整合营销机构，变革营销机制和制度，提升企业的核心竞争力。调整和优化财务核算体系，做好财务分析和基础管理工作，严格内部审计，强化财务监督监管。加强生产一线各项基础管理工作，确保生产长周期安全稳定运行。规划、整合企业信息化平台，加快企业管理现代化。贯彻"简、易、人性化"的文化精髓，遵循"尊重、信任、承诺、认同"八字方针，全面建立企业诚信体系，做好"整理、整顿、清扫、清理、养成"现场管理工作。

6.2 主营业务分行业、产品情况表

| 分行业或分产品 | 主营业务收入 | 主营业务成本 | 毛利率(%) | 主营业务收入比上年增减(%) | 主营业务成本比上年增减(%) | 毛利率比上年增减(%) |
|---|---|---|---|---|---|---|
| 化工产品 | 1345739850.37 | 1212111434.93 | 9.93 | 2.05 | 2.27 | 1.93 |
| 水泥 | 6793032.75 | 5112612.63 | 24.74 | 100 | 100 | 100 |
| 其中:关联交易 | 74219107.63 | 72834571.9 | 1.87 | | | |
| 关联交易的定价原则 | 根据市场价格进行销售。 | | | | | |
| 关联交易必要性、持续性的说明 | 该关联交易属于正常的产品销售，保证了公司持续稳定的发展。 | | | | | |

6.3 主营业务分地区情况

| 地区 | 主营业务收入 | 主营业务收入比上年增减(%) |
|---|---|---|
| 安徽 | 24808.85 万元 | 100 |
| 浙江 | 16806.35 万元 | 10 |

6.4 采购和销售客户情况

| | | | |
|---|---|---|---|
| 前五名供应商采购金额合计 | 15914.13 | 占采购总额比重 | 16.64% |
| 前五名销售客户销售金额合计 | 49465 | 占销售总额比重 | 34.62% |

6.5 参股公司经营情况(适用投资收益占净利润 10%以上的情况)

□适用　　√不适用

6.6 主营业务及其结构发生重大变化的原因说明

□适用　　√不适用

6.7 主营业务盈利能力(毛利率)与上年相比发生重大变化的原因说明

□适用　　√不适用

6.8 经营成果和利润构成与上年度相比发生重大变化的原因分析

√适用　　□不适用

2002 年营业外收支净额 7487358.10 元较去年营业外收支净额 190957.12 元变化较大，主要是今年固定资产盘盈所致。

其他项目变化较小。

整体财务状况与上年度相比发生重大变化的原因分析

√适用　　□不适用

| 指标项目 | 2002 年末 | 2001 年末 | 增减 |
|---|---|---|---|
| 总资产 | 3172297166.32 | 2890333729.75 | 281963436.57 |
| 长期负债 | 408600000.00 | 840800000.00 | －432200000.00 |
| 股东权益 | 962686552.39 | 957727934.61 | 4958617.78 |
| 主营业务利润 | 131387557.06 | 131507862.85 | －120305.79 |
| 净利润 | 4483775.08 | 12451191.83 | －7967416.75 |

指标变动原因：

(1)总资产增加主要是今年负债和利润增加所致；

(2)长期负债减少是因为公司本年度长期借款减少所致；

(3)股东权益增加主要是本年实现利润所致；

(4)主营业务利润减少是因为公司本年度产品价格下滑，销售收入减少所致；

(5)净利润减少是因为公司产品成本提高较大，销售价格大幅下滑；

6.9 对生产经营环境以及宏观政策、法规产生重大变化已经、正在或将要对公司的财务状况和经营成果产生重要影响的说明

√适用　　□不适用

1.关税调整：国务院批准将于 2003 年 1 月 1 日再次降低关税利率，PVC 树脂关税从 12.8%降至 11.8%，这将降低进口 PVC 树脂的成本，继续对国内市场产生冲击。

2.国际原油价格上涨，引发二氯乙烷价格上涨，增加了 PVC 树脂的生产成本。

3.原国家对外贸易经济合作部于 2002 年 3 月 29 日立案受理的 PVC 树脂反倾销案预计在近期作出初裁，其结果可能对 PVC 树脂市场产生影响。

4.根据国家经贸委 2001 年 6 月 26 日公布的《部分行业"十五"规划》，公司的主要产品的生产工艺 40 万吨/年"乙烯法聚氯乙烯"被列为重点支持和发展的项目，这有利于公司进一步扩大生产规模，增强核心竞争力，公司拟于今年开工建设。

6.10 完成盈利预测的情况

□适用　　√不适用

6.11 完成经营计划情况

□适用　　√不适用

6.12 募集资金使用情况

□适用　　√不适用

6.13 非募集资金项目情况

√适用　　□不适用

| 项目名称 | 项目金额 | 项目进度 | 项目收益情况 |
|---|---|---|---|
| 40 万吨/年 PVC 树脂工程 | 本期投资 1184.33 万元 | 现已完成 5% | |
| 公司技改工程 | 本期投资 3646.05 万元 | 现在已完成 95% | |
| 水泥工程 | 本期投资 3766.98 万元 | 已经于 2002 年 8 月 29 日正式投产 | |
| 合计 | 8597.36 万元 | | |

6.14 董事会对会计师事务所"非标意见"的说明

□适用　　√不适用

6.15 董事会新年度的经营计划(如有)

□适用　　√不适用

6.16 董事会本次利润分配或资本公积金转增预案

本年度公司实现净利润 448.38 万元，提取 10%的公积金和 5%的公益金，加上以前年度未分配利润 17399.94 万元，可供股东分配的利润 17824.54 万元，由于公司为增加市场竞争力，准备优化工艺路线并扩大生产规模，需要大量的资金，公司董事会决定：2002 年度利润暂不分配，也不进行资本公积金转增股本。

该预案须经股东大会审议通过。

## 7.重要事项

7.1 收购资产

□适用　　√不适用

7.2 出售资产

√适用　　☐不适用

| 交易对方及被出售资产 | 出售日 | 出售价格 | 本年初起至出售日该出售资产为上市公司贡献的净利润 | 出售产生的损益 | 是否为关联交易 | 定价原则 |
|---|---|---|---|---|---|---|
| 广州中科信集团有限公司,广东沧化实业有限公司 23%的股权 | 2002 年 6 月 18 日 | 2080 万元 | 0 | -66.86 万元 | 否 | 协议价 |
| 广州凯西企业集团有限公司,广州中科信集团有限公司 34%的股权 | 2002 年 7 月 11 日 | 3836 万元 | 9.78 万元 | 83.14 万元 | 否 | 协议价 |
| 糊树脂资产 | 2002 年 4 月 30 日 | 260.53 万元 | 0 | 0 | 是 | 评估值 |

上述股权转让和资产出售有利于减轻公司的盈利能力,同时提高公司资产的使用水平。

7.3 重大担保

√适用　　☐不适用

| 担保对象名称 | 发生日期(协议签署日) | 担保金额 | 担保类型 | 担保期 | 是否履行完毕 | 是否为关联方担保(是或否) |
|---|---|---|---|---|---|---|
| 阳江市稀土厂 | 2001 年 12 月 14 日 | 4000 万元 | 连带责任 | 2001 年 12 月 14 日至 2004 年 12 月 14 日 | 否 | 否 |
| 广州福达企业集团有限公司 | 2002 年 6 月 12 日 | 4000 万元 | 连带责任 | 2002 年 6 月 12 日至 2005 年 6 月 12 日 | 否 | 否 |
| 担保发生额合计 | | | 8000 万元 | | | |
| 担保余额合计 | | | 8000 万元 | | | |
| 其中:关联担保余额合计 | | | 0 | | | |

7.4 关联债权债务往来

√适用　　☐不适用

单位:万元

| 关联方 | 向关联方提供资金 | | 关联方向上市公司提供资金 | |
|---|---|---|---|---|
| | 发生额 | 余额 | 发生额 | 余额 |
| 河北沧州化工实业集团有限公司(应收账款) | 2010.66 | 17223.77 | | |
| 河北沧州化工实业集团有限公司(其他应收账款) | 9703.19 | 16708.97 | | |
| 沧化(集团)进出口公司 | -1576.16 | 2535.24 | | |
| 揭阳华南沧化实业有限公司 | | | 665.50 | 363.44 |
| 沧化(集团)中捷盐场 | 4779.67 | 4959.40 | | |
| 沧化(集团)科昱发展有限公司 | 2313.84 | 2313.84 | | |

7.5 委托理财

☐适用　　√不适用

7.6 承诺事项履行情况

√适用　　☐不适用

公司生产聚氯乙烯所用原材料 EDC 全部需要进口,而股份公司目前没有进出口经营权,所以委托沧化集团进出口公司代理采购,为减少关联交易事项,股份公司已经于 2002 年 9 月获得了进出口代理权。

7.7 重大诉讼仲裁事项

☐适用　　√不适用

7.8 独立董事履行职责的情况

公司独立董事本着诚信、勤勉的原则,认真的参加公司的董事会和股东大会并能够从不同的角度独立的对公司高管人员的任命、关联交易、资产处置和其他重大议案作出公正的判断,对公司董事会正确决策,在公司的治理和企业可持续发展方面发挥了积极的作用。保证了公司董事会决策的独立性、规范性和正确性,维护了中小投资者的利益。

## 8.监事会报告

(1)公司依法运作情况:2002 年度公司董事会按照股东大会决议的要求,确实履行了各项决议,决策程序符合《公司法》及《公司章程》的有关规定,公司已逐步建立起了内部控制制度,公司经理、董事在执行公司职务时无违反法律、法规、公司章程或损害公司利益的行为。

(2)检查公司财务状况:监事会对公司的财务状况进行了认真、细致的检查,认为公司的 2002 年度财务报告真实地反映了公司 2002 年度的财务状况和经营成果。河北华安会计师事务所有限公司出具的审计报告是客观、公正的。

(3)募集资金使用情况:报告期内未使用募集资金。

(4)关联交易情况:公司关联交易公开,无内募交易行为,未损害公司利益。

(5)报告期内公司收购、出售资产价格合理,不存在损害部分股东权益或造成资产流失的行为。

(6)股东大会决议执行情况

公司监事会成员列席了公司董事会和股东大会会议,对公司董事会提交股东大会审议的各项报告和提案内容,本公司监事会无异议,公司监事会对股东大会决议的执行情况进行了监督,认为公司董事会能够认真履行股东大会的决议。

## 9.财务报告

9.1 审计意见

本公司 2002 年度财务报告经华安会计师事务所有限公司审计,注册会计师齐正华、李钰签字,出具了(冀华会审字[2003]第 2065 号)标准无保留意见的审计报告。

9.2 比较式合并及母公司的资产负债表、利润表和当年的现金流量表。(见附表)

9.3 依据《固定资产》准则股份公司对大修费应一次计入费用,本公司依据该项会计政策变更,在编制本年的比较会计报表时对待摊费用大修费年初数进行了追溯调整。

9.4 本期合并报表合并范围变化情况

本期合并报表合并范围没有变化。

沧州化学工业股份有限公司

2003 年 4 月 12 日

## 利润及利润分配表

单位:元

| 项目 | 本期数 | | 上期数 | |
|---|---|---|---|---|
| | 合并 | 母公司 | 合并 | 母公司 |
| 一、主营业务收入 | 1352532883.12 | 1472789918.43 | 1318739352.54 | 1396697811.87 |
| 减:主营业务成本 | 1217224047.56 | 1385770145.76 | 1185208269.50 | 1314485597.68 |
| 主营业务税金及附加 | 3921278.50 | 3921278.50 | 2023220.19 | 2023220.19 |
| 二、主营业务利润(亏损以"-"号填列) | 131387557.06 | 83098494.17 | 131507862.85 | 80188994.00 |
| 加:其他业务利润(亏损以"-"号填列) | 19484210.52 | 19393088.73 | 13638608.31 | 15764295.81 |
| 减:营业费用 | 12380895.97 | 12380895.97 | 17901456.75 | 17901456.75 |
| 管理费用 | 35518581.81 | 21254902.05 | 38236346.76 | 30484276.95 |
| 财务费用 | 98178485.82 | 65278129.55 | 75055318.98 | 42609573.25 |
| 三、营业利润(亏损以"-"号填列) | 4793803.98 | 3577655.33 | 13953348.67 | 4957982.86 |
| 加:投资收益(损失以"-"号填列) | -3086345.03 | -2284135.09 | 257986.97 | 12180433.54 |
| 补贴收入 | | | | |
| 营业外收入 | 3908995.15 | 570415.33 | 207157.12 | |
| 减:营业外支出 | 201653.95 | | 16200.00 | |
| 四、利润总额(亏损总额以"-"号填列) | 5414800.15 | 1863935.57 | 14402292.76 | 17138416.40 |
| 减:所得税 | 841890.63 | 841890.63 | 626384.64 | 626384.64 |
| 减:少数股东损益 | 89134.44 | | 1324716.29 | |
| 五、净利润(亏损以"-"号填列) | 4483775.08 | 1022044.94 | 12451191.83 | 1651280031.62 |
| 加:年初未分配利润 | 173999424.31 | 186450938.06 | 165280031.62 | 172415711.12 |
| 其他转入 | | | | |
| 六、可供分配的利润 | 178483199.39 | 187472983.06 | 177731223.45 | 188927742.88 |
| 减:提取法定盈余公积 | 102204.49 | 102204.49 | 1651203.18 | 1651203.18 |
| 提取法定公益金 | 51102.25 | 51102.25 | 825601.58 | 825601.58 |
| 提取职工奖励及福利基金 | | | | |
| 提取储备基金 | | | | |
| 提取企业发展基金 | | | | |
| 利润归还投资 | | | | |
| 七、可供投资者分配的利润 | 178245449.51 | 187319676.32 | 173999424.31 | 186450938.12 |
| 减:应付优先股股利 | | | | |
| 提取任意盈余公积 | | | | |
| 应付普通股股利 | | | | |
| 转作资本(或股本)的普通股股利 | | | | |
| 八、未分配利润 | 178245449.51 | 187319676.32 | 173999424.31 | 186450938.12 |
| 补充材料: | | | | |
| 出售、处置部门或被投资单位所得收益 | | | | |
| 自然灾害发生的损失 | | | | |
| 会计政策变更增加(或减少)利润总额 | | | | |
| 会计估计变更增加(或减少)利润总额 | | | | |
| 债务重组损失 | | | | |
| 其它 | | | | |

## 资 产 负 债 表

单位:元

| 项　目 | 期末数 | | 期初数 | |
|---|---|---|---|---|
| | 合并 | 母公司 | 合并 | 母公司 |
| 流动资产: | | | | |
| 货币资金 | 157296115.28 | 154795333.31 | 155922428.68 | 153133406.77 |
| 短期投资 | | | | |
| 应收票据 | 23298850.00 | 22940850.00 | 10770000.00 | 10770000.00 |
| 应收股利 | | | | |
| 应收利息 | | | | |
| 应收账款 | 299992910.35 | 410185749.12 | 287481068.74 | 436573089.96 |
| 其他应收款 | 265822606.80 | 265822606.80 | 112930223.06 | 112546872.20 |
| 预付账款 | 145968279.09 | 145968279.09 | 99790680.32 | 99605680.32 |
| 应收补贴款 | | | | |
| 存货 | 378513712.77 | 377599640.82 | 314094499.40 | 319408219.40 |
| 待摊费用 | 2649766.54 | 962547.54 | 1629364.08 | |
| 一年内到期的长期债权投资 | | | | |
| 其他流动资产 | | | | |
| 流动资产合计 | 1273542240.83 | 1378275006.68 | 982618264.28 | 1132037268.65 |
| 长期投资: | | | | |
| 长期股权投资 | 22915900.05 | 193066801.83 | 87370667.62 | 256719359.46 |
| 长期债权投资 | | | | |
| 长期投资合计 | 22915900.05 | 193066801.83 | 87370667.62 | 256719359.46 |
| 其中:合并价差 | | | | |
| 固定资产: | | | | |
| 固定资产原价 | 2115199778.76 | 1205174256.87 | 1864995384.20 | 970133063.78 |
| 减:累计折旧 | 341814486.26 | 232179060.34 | 245253980.07 | 177146283.57 |
| 固定资产净值 | 1773385292.50 | 972995196.53 | 1619741404.13 | 792986780.21 |
| 减:固定资产减值准备 | 67796841.24 | 67796841.24 | 68188922.03 | 68188922.03 |
| 固定资产净额 | 1705588451.26 | 905198355.29 | 1551552482.10 | 724797858.18 |
| 工程物资 | 5101215.96 | 5101215.96 | | |
| 在建工程 | 16066246.72 | 16066246.72 | 109459326.83 | 109459326.83 |
| 固定资产清理 | | | | |
| 固定资产合计 | 1726755913.94 | 926365817.97 | 1661011808.93 | 834257185.01 |
| 无形资产及其他资产: | | | | |
| 无形资产 | 148907111.50 | 93341529.50 | 159134988.92 | 95304379.32 |
| 长期待摊费用 | 176000.00 | 176000.00 | 198000.00 | 198000.00 |
| 其他长期资产 | | 284175483.00 | | 284175483.00 |
| 无形资产及其他资产合计 | 149083111.50 | 377693012.50 | 159332988.92 | 379677862.32 |
| 递延税项: | | | | |
| 递延税款借项 | | | | |
| 资产总计 | 3172297166.32 | 2875400638.98 | 2890333729.75 | 2602691675.44 |
| 流动负债: | | | | |
| 短期借款 | 592608340.00 | 439608340.00 | 463429600.00 | 310429600.00 |
| 应付票据 | 359000000.00 | 359000000.00 | 243942515.75 | 243942515.75 |
| 应付账款 | 275639722.22 | 273630690.74 | 142960464.32 | 142295052.35 |
| 预收账款 | 53519293.57 | 53519293.57 | 99295150.10 | 99295150.10 |
| 应付工资 | 297574.00 | 297574.00 | | |
| 应付福利费 | -4492111.81 | -5038284.46 | -1587621.42 | -2798967.95 |
| 应付股利 | | | | |
| 应交税金 | 25374225.72 | 22807643.17 | -5825725.36 | -7680375.92 |
| 其他应交款 | 1047199.26 | 1047199.26 | 338823.69 | 338823.69 |
| 其他应付款 | 7625074.55 | 1896912.37 | 7007772.78 | 5592841.43 |
| 预提费用 | 8081788.87 | 8081788.87 | 9124442.17 | 9124442.17 |
| 预计负债 | | | | |
| 一年内到期的长期负债 | 432200000.00 | 373200000.00 | 83100000.00 | 83100000.00 |
| 其他流动负债 | | | | |
| 流动负债合计 | 1750901106.38 | 1528051157.52 | 1041785422.03 | 883639081.62 |
| 长期负债: | | | | |
| 长期借款 | 408600000.00 | 378600000.00 | 840800000.00 | 751800000.00 |
| 应付债券 | | | | |
| 长期应付款 | | | | |
| 专项应付款 | | | | |
| 其他长期负债 | | | | |
| 长期负债合计 | 408600000.00 | 378600000.00 | 840800000.00 | 751800000.00 |
| 递延税项: | | | | |
| 递延税款贷项 | | | | |
| 负债合计 | 2159501106.38 | 1906651157.52 | 1882585422.03 | 1635439081.62 |
| 少数股东权益 | 50109507.55 | | 50020373.11 | |
| 所有者权益(或股东权益): | | | | |
| 实收资本(或股本) | 421420000.00 | 421420000.00 | 421420000.00 | 421420000.00 |
| 减:已归还投资 | | | | |
| 实收资本(或股本)净额 | | | | |
| 资本公积 | 292040335.77 | 292040335.77 | 291565493.07 | 291565493.07 |
| 盈余公积 | 70980767.11 | 67969469.37 | 70743017.23 | 67816162.63 |
| 其中:法定公益金 | 22635156.02 | 22635156.02 | 22584053.77 | 22584053.77 |
| 未分配利润 | 178245449.51 | 187319676.32 | 173999424.31 | 186450938.12 |
| 外币报表折算差额 | | | | |
| 所有者权益(或股东权益)合计 | 962686552.39 | 968749481.46 | 957727934.61 | 967252593.82 |
| 负债和所有者权益(或股东权益)总计 | 3172297166.32 | 2875400638.98 | 2890333729.75 | 2602691675.44 |

## 现 金 流 量 表

单位:元

| 项　目 | 合 并 | 母公司 |
|---|---|---|
| 一、经营活动产生的现金流量: | | |
| 销售商品、提供劳务收到的现金 | 1698476094.37 | 1698476094.37 |
| 收到的税费返还 | | |
| 收到的其他与经营活动有关的现金 | 5124315.04 | 111983.24 |
| 现金流入小计 | 1703600409.41 | 1698588077.61 |
| 购买商品、接受劳务支付的现金 | 1436288417.63 | 1489702837.90 |
| 支付给职工以及为职工支付的现金 | 67894024.74 | 46840716.90 |
| 支付的各项税费 | 31332134.05 | 12724845.28 |
| 支付的其他与经营活动有关的现金 | 41660678.68 | 38350967.10 |
| 现金流出小计 | 1577175255.10 | 1587619367.18 |
| 经营活动产生的现金流量净额 | 126425154.31 | 110968710.43 |
| 二、投资活动产生的现金流量: | | |
| 收回投资所收到的现金 | | |
| 取得投资收益所收到的现金 | | |
| 处置固定资产、无形资产和其他长期资产所收回的现金净额 | 39000.00 | 39000.00 |
| 收到的其他与投资活动有关的现金 | | |
| 现金流入小计 | 39000.00 | 39000.00 |
| 购建固定资产、无形资产和其他长期资产所支付的现金 | 44862555.49 | 44727395.49 |
| 投资所支付的现金 | | |
| 支付的其他与投资活动有关的现金 | | |
| 现金流出小计 | 44862555.49 | 44727395.49 |
| 投资活动产生的现金流量净额 | -44823555.49 | -44688395.49 |
| 三、筹资活动产生的现金流量: | | |
| 吸收投资所收到的现金 | | |
| 借款所收到的现金 | 825068785.00 | 672068785.00 |
| 收到的其他与筹资活动有关的现金 | 590049.59 | 590049.59 |
| 现金流入小计 | 825658834.59 | 672658834.59 |
| 偿还债务所支付的现金 | 778990045.00 | 625990045.00 |
| 分配股利、利润或偿付利息所支付的现金 | 125614245.49 | 110004721.67 |
| 支付的其他与筹资活动有关的现金 | 1014530.71 | 1014530.71 |
| 现金流出小计 | 905618821.20 | 737009297.38 |
| 筹资活动产生的现金流量净额 | -79959986.61 | -64350462.79 |
| 四、汇率变动对现金的影响 | -267925.61 | -267925.61 |
| 五、现金及现金等价物净增加额 | 1373686.60 | 1661926.54 |
| 补充材料 | | |
| 1.将净利润调节为经营活动现金流量: | | |
| 净利润 | 4483775.08 | 1022044.94 |
| 加:少数股东损益 | 89134.44 | |
| 加:计提的资产减值准备 | -1905321.96 | -2098868.85 |
| 固定资产折旧 | 97630954.11 | 56103224.69 |
| 无形资产摊销 | 10227877.42 | 1962849.82 |
| 长期待摊费用摊销 | 22000.00 | 22000.00 |
| 待摊费用减少(减:增加) | 5652275.88 | 5710130.80 |
| 预提费用增加(减:减少) | -1042653.30 | -1042653.30 |
| 处置固定资产、无形资产和其他长期资产的损失(减:收益) | -37050.00 | -37050.00 |
| 固定资产报废损失 | | |
| 财务费用 | 93364066.68 | 60463710.41 |
| 投资损失(减:收益) | 3086345.03 | 2284135.09 |
| 递延税款贷项(减:借项) | | |
| 存货的减少(减:增加) | -62794984.64 | -56567192.69 |
| 经营性应收项目的减少(减:增加) | 22847043.49 | 22371309.71 |
| 经营性应付项目的增加(减:减少) | -48205176.36 | 21308435.14 |
| 其他 | 3006868.44 | -533365.33 |
| 少数股东本期收益 | | |
| 经营活动产生的现金流量净额 | 126425154.31 | 110968710.43 |
| 2.不涉及现金收支的投资和筹资活动: | | |
| 债务转为资本 | | |
| 一年内到期的可转换公司债券 | | |
| 融资租入固定资产 | | |
| 3.现金及现金等价物净增加情况: | | |
| 现金的期末余额 | 157296115.28 | 154795333.31 |
| 减:现金的期初余额 | 155922428.68 | 153133406.77 |
| 加:现金等价物的期末余额 | | |
| 减:现金等价物的期初余额 | | |
| 现金及现金等价物净增加额 | 1373686.60 | 166926.54 |

## 600002 中国石化齐鲁股份有限公司

### 二〇〇二年年度报告摘选

#### 1.上市公司基本情况简介

1.1 基本情况简介

股票简称:齐鲁石化 股票代码:600002 上市交易所:上海证券交易所

注册地址和办公地址:山东省淄博高新技术产业开发区 邮政编码:255086

电子信箱:qlgfdms@mail.qilu.com.cn

1.2 联系人和联系方式

董事会秘书:李风安 联系地址:山东省淄博高新技术产业开发区

电话:0533－3583728 传真:0533－3583718 电子信箱:lifan@mail.qilu.com.cn

#### 2.会计数据和财务指标摘要

2.1 主要会计数据

| | 2002年 | 2001年 | 本年比上年增减(%) | 2000年 |
|---|---|---|---|---|
| 主营业务收入(万元) | 716,948.70 | 749,223.0 | －4.31 | 715,551.04 |
| 利润总额(万元) | 6,636.2 | 4,113.64 | 61.32 | 53,884.08 |
| 净利润(万元) | 4,262.80 | －6,028.80 | 170.71 | 40,264.10 |
| 扣除非经常性损益的净利润(万元) | 4,443.50 | －4,875.00 | 191.15 | 43,482.49 |
| | 2002年末 | 2001年末 | 本年末比上年末增减(%) | 2000年末 |
| 总资产 | 666,176.10 | 733,939.50 | －9.23 | 828,910.56 |
| 股东权益(不含少数股东权益)(万元) | 439,139.20 | 434,741.20 | 1.01 | 486,082.64 |
| 经营活动产生的现金流量净额(元) | 1,218,293,000 | 841,240,000.00 | 44.82 | 760,332,293.11 |

2.2 主要财务指标

| | 2002年 | 2001年 | 本年比上年增减(%) | 2000年 |
|---|---|---|---|---|
| 每股收益(元) | 0.022 | －0.031 | 170.97 | 0.206 |
| 每股收益注2 | 0.022 | －0.031 | 170.97 | 0.206 |
| 净资产收益率(%) | 0.97 | －1.39 | 169.78 | 9.28 |
| 扣除非经常性损益的净利润为基础计算的净资产收益率(%) | 0.92 | －1.12 | 182.14 | 8.97 |
| 每股经营活动产生的现金流量净额(元) | 0.62 | 0.43 | 44.19 | 0.39 |
| | 2002年末 | 2001年末 | 本年末比上年末增减(%) | 2000年末 |
| 每股净资产(元) | 2.25 | 2.23 | 0.90 | 2.26 |
| 调整后的每股净资产(元) | 2.21 | 2.18 | 1.38 | 2.22 |

## 600061 中纺投资发展股份有限公司

### 二〇〇二年年度报告摘选

#### 1.上市公司基本情况简介

1.1 基本情况简介

股票简称:中纺投资 股票代码:600061 上市交易所:上海证券交易所

注册地址:上海市浦东商城路738号1804室

办公地址:上海市长宁区延安西路1228号嘉利大厦33层 邮政编码:200052

公司国际互联网网址:http://www.sinotex－ctrc.com.cn

电子信箱:600061@sinotex－ctrc.com.cn

1.2 联系人和联系方式

董事会秘书:鲍勤飞 联系地址:北京朝阳区安苑路15号

电话:010－64958201 传真:010－64958201 电子信箱:600061@sinotex－ctrc.com.cn

证券事务代表:沈强 联系地址:上海市长宁区延安西路1228号嘉利大厦33层

电话:021－62818687 传真:021－62816868 电子信箱:600061@sinotex－ctrc.com.cn

#### 2.会计数据和财务指标摘要

2.1 主要会计数据

单位:元

| | 2002年 | 2001年 | 本年比上年增减(%) | 2000年 |
|---|---|---|---|---|
| 主营业务收入 | 750,007,003.51 | 671,584,832.15 | 11.68 | 710,454,985.03 |
| 利润总额 | 2,020,863.97 | 33,207,925.85 | －93.91 | 41,475,493.77 |
| 净利润 | 1,366,108.08 | 27,121,256.94 | －94.96 | 31,885,957.65 |
| 扣除非经常性损益的净利润 | －49,423.38 | 25334148.37 | －100.20 | 46,337,501.51 |
| | 2002年末 | 2001年末 | 本年末比上年末增减(%) | 2000年末 |
| 总资产 | 898,870,872.27 | 737,477,843.88 | 21.88 | 733,424,971.05 |
| 股东权益(不含少数股东权益) | 480,478,027.84 | 479,138,980.09 | 0.28 | 458,190,411.46 |
| 经营活动产生的现金流量净额 | －5,625,615.29 | －19,237,453.19 | | 47,320,231.08 |

2.2 主要财务指标

单位:元

| | 2002年 | 2001年 | 本年比上年增减(%) | 2000年 |
|---|---|---|---|---|
| 每股收益 | 0.004 | 0.094 | －95.74 | 0.222 |
| 每股收益 * | －－ | －－ | －－ | －－ |
| 净资产收益率 | 0.280 | 5.66 | －95.05 | 6.96 |
| 扣除非经常性损益的净利润为基础计算的净资产收益率 | －0.01 | 5.29 | －100.19 | 6.88 |
| 每股经营活动产生的现金流量净额 | －0.02 | －0.07 | | 0.33 |
| | 2002年末 | 2001年末 | 本年末比上年末增减(%) | 2000年末 |
| 每股净资产 | 1.29 | 1.67 | －22.75 | 3.19 |
| 调整后的每股净资产 | 1.29 | 1.66 | －22.29 | 3.17 |

## 600063 安徽皖维高新材料股份有限公司

### 二〇〇二年年度报告摘选

#### 1.上市公司基本情况简介

1.1 基本情况简介

股票简称:皖维高新 股票代码:600063 上市交易所:上海证券交易所

注册地址和办公地址:安徽省巢湖市皖维路56号 邮政编码:238002

公司国际互联网网址:http://www.wwgf.com.cn 电子信箱:wwjszx@mail.hf.ah.cn

1.2 联系人和联系方式

董事会秘书:汤华章 联系地址:安徽省巢湖市皖维路56号

电话:0565－2317280 传真:0565－2317447 电子信箱:wwjszx@mail.hf.af.cn

#### 2.会计数据和财务指标摘要

2.1 主要会计数据

| | 2002年 | 2001年 | 本年比上年增减(%) | 2000年 |
|---|---|---|---|---|
| 主营业务收入 | 742,693,605.45 | 507,444,659.31 | 46.36 | 386,927,950.66 |
| 利润总额 | 73,444,661.51 | 84,976,359.48 | －13.57 | 64,959,011.04 |
| 净利润 | 44,414,604.58 | 77,153,983.99 | －42.43 | 52,900,606.32 |
| 扣除非经常性损益的净利润 | 42,988,353.44 | 74,394,640.67 | －42.21 | 51,966,389.29 |
| | 2002年末 | 2001年末 | 本年末比上年末增减(%) | 2000年末 |
| 总资产 | 1,465,422,590.56 | 1,114,187,220.55 | 31.52 | 1,194,541,645.44 |
| 股东权益(不含少数股东权益) | 627,817,703.60 | 614, | | |
| 经营活动产生的现金流量净额 | 122,430,214.29 | 135,013,870.52 | －9.32 | 75,921,364.37 |

2.2 主要财务指标

| | 2002年 | 2001年 | 本年比上年增减(%) | 2000年 |
|---|---|---|---|---|
| 每股收益 | 0.176 | 0.305 | －42.3 | 0.209 |
| 每股收益 | | | | |
| 净资产收益率 | 7.07 | 12.55 | －43.66 | 8.62 |
| 扣除非经常性损益的净利润为基础计算的净资产收益率 | 6.85 | 12.04 | －43.11 | 8.47 |
| 每股经营活动产生的现金流量净额 | 0.484 | 0.534 | －9.36 | 0.3 |
| | 2002年末 | 2001年末 | 本年末比上年末增减(%) | 2000年末 |
| 每股净资产 | 2.482 | 2.432 | 2.06 | 2.427 |
| 调整后的每股净资产 | 2.339 | 2.379 | －1.68 | 2.398 |

## 600065 大庆联谊石化股份有限公司

### 二〇〇二年年度报告摘选

#### 1.公司基本情况简介

1.1 基本情况简介

股票简称:大庆联谊 股票代码:600065 上市交易所:上海证券交易所

注册地址和办公地址:黑龙江省大庆市大同区林源南街5号 邮政编码:163852

电子信箱:dqlysby@public.dq.hl.cn

1.2 联系人和联系方式

董事会秘书:柴铭 联系地址:黑龙江省大庆市大同区林源南街5号

电话:0459－6717944 传真:0459－6717944 电子信箱:cm600065@263.net

证券事务代表:李玊番 联系地址:黑龙江省大庆市大同区林源南街5号

电话:0459－6717944 传真:0459－6717944 电子信箱:dqlysby@public.dq.hl.cn

#### 2.会计数据和财务指标摘要

2.1 主要会计数据 单位:人民币元

| | 2002年 | 2001年 | 本年比上年增减(%) | 2000年 |
|---|---|---|---|---|
| 主营业务收入 | 693,242,840.03 | 549,955,227.68 | 26.05 | 484,836,963.72 |
| 利润总额 | 4,633,633.43 | －61,547,502.61 | － | 30,232,210.82 |
| 净利润 | 4,915,919.92 | －57,330,278.23 | － | 24,981,320.17 |
| 扣除非经常性损益的净利润 | 1,651,785.96 | －57,728,431.33 | － | 24,497,635.66 |
| | 2002年末 | 2001年末 | 本年末比上年末增减(%) | 2000年末 |
| 总资产 | 1,183,416,174.98 | 1,216,835,783.66 | －2.75 | 1,379,223,988.93 |
| 股东权益(不含少数股东权益) | 728,946,860.50 | 723,965,160.84 | 0.69 | 791,196,481.76 |
| 经营活动产生的现金流量净额 | 3,197,938.12 | －35,775,197.56 | － | 23,045,831.62 |

2.2 主要财务指标 单位:人民币元

| | 2002年 | 2001年 | 本年比上年增减(%) | 2000年 |
|---|---|---|---|---|
| 每股收益 | 0.0256 | －0.2986 | － | 0.1561 |
| 净资产收益率(%) | 0.6743 | －7.919 | － | 3.26 |
| 扣除非经常性损益的净利润为基础计算的净资产收益率(%) | 0.23 | －7.97 | － | 3.10 |
| 每股经营活动产生的现金流量净额 | 0.0167 | －0.1863 | － | 0.144 |
| | 2002年末 | 2001年末 | 本年末比上年末增减(%) | 2000年末 |
| 每股净资产 | 3.7966 | 3.7707 | 0.69 | 4.945 |
| 调整后的每股净资产 | 3.7243 | 3.6953 | 0.78 | 4.90 |

## 600074 南京中达制膜(集团)股份有限公司

# 二〇〇二年年度报告摘选

## 1.上市公司基本情况简介

1.1 基本情况简介

股票简称:南京中达 股票代码:600074 上市交易所:上海证券交易所
注册地址:南京经济技术开发区高新技术工业园
办公地址:南京市汉中路89号金鹰国际商城20层C座 邮政编码:210029
公司国际互联网网址:http://www.njzdzm.com 电子信箱:webmaster@njzdzm.com

1.2 联系人和联系方式

董事会秘书:万文山 联系地址:南京市汉中路89号金鹰国际商城20层C座
电话:025－4711201 传真:025－4718465 电子信箱:finance@njzdzm.com
证券事务代表:郑晓贤 联系地址:南京市汉中路89号金鹰国际商城20层C座
电话:025－4718467 025－4718462－2650 传真:025－4718465
电子信箱:finance@njzdzm.com

## 2.会计数据和财务指标摘要

2.1 主要会计数据

| | 2002年 | 2001年 | 本年比上年增减(%) | 2000年 |
|---|---|---|---|---|
| 主营业务收入 | 762,330,103.43 | 493,908,341.54 | 54.35 | 495,774,850.24 |
| 利润总额 | 126,216,425.84 | 88,649,251.03 | 42.38 | 76,114,631.19 |
| 净利润 | 83,485,075.09 | 74,768,875.21 | 11.66 | 61,505,878.08 |
| 扣除非经常性损益的净利润 | 83,996,841.35 | 71,648,458.04 | 17.23 | 61,645,062.56 |
| | 2002年 | 2001年 | 本年末比上年末增减(%) | 2000年 |
| 总资产 | 2,510,434,091.24 | 1,475,885,969.90 | 70.10 | 1,115,017,620.30 |
| 股东权益(不含少数股东权益) | 1,033,881,446.20 | 591,315,807.96 | 74.84 | 535,334,487.52 |
| 经营活动产生的现金流量净额 | 194,429,182.01 | 124,994,514.84 | 55.55 | 224,522,386.94 |

2.2 主要财务指标

| | 2002年 | 2001年 | 本年比上年增减(%) | 2000年 |
|---|---|---|---|---|
| 每股收益 | 0.245 | 0.517 | －52.61 | 0.425 |
| 净资产收益率 | 8.07 | 12.64 | －36.16 | 11.49 |
| 扣除非经常性损益的净利润为基础计算的净资产收益率 | 8.67 | 12.51 | －30.70 | 11.89 |
| 每股经营活动产生的现金流量净额 | 0.570 | 0.864 | －34.03 | 1.553 |
| | 2002年 | 2001年 | 本年末比上年末增减(%) | 2000年 |
| 每股净资产 | 3.029 | 4.089 | －25.92 | 3.702 |
| 调整后的每股净资产 | 2.997 | 3.277 | －8.54 | 3.681 |

## 600078 江苏澄星磷化工股份有限公司

# 二〇〇二年年度报告摘选

## 1.上市公司基本情况简介

1.1 基本情况简介

股票简称:澄星股份 股票代码:600078 上市交易所:上海证券交易所
注册地址:江苏省江阴市花山路208号 办公地址:江苏省江阴市花山路208号
邮政编码:214432 电子信箱:cx@public1.wx.js.cn

1.2 联系人和联系方式

董事会秘书:陈永勤 联系地址:江苏省江阴市花山路208号
电话:0510－6281316－431 传真:0510－6281884 电子信箱:cx@public1.wx.js.cn
证券事务代表:夏奕峰 联系地址:江苏省江阴市花山路208号
电话:0510－6281316－432 传真:0510－6281884 电子信箱:cx@public1.wx.js.cn

## 2.会计数据和财务指标摘要

2.1 主要会计数据

| | 2002年 | 2001年 | 本年比上年增减(%) | 2000年 |
|---|---|---|---|---|
| 主营业务收入 | 771,014,625.20 | 586,096,155.58 | 31.50 | 541,396,549.64 |
| 利润总额 | 90,510,188.16 | 66,393,561.67 | 36.30 | 52,163,180.91 |
| 净利润 | 55,031,448.58 | 59,407,924.21 | －7.37 | 36,049,740.21 |
| 扣除非经常性损益的净利润 | 49,372,036.04 | 60,506,784.07 | －18.40 | 41,943,286.96 |
| | 2002年末 | 2001年末 | 本年末比上年末增减(%) | 2000年末 |
| 总资产 | 1,240,454,912.61 | 1,103,916,161.73 | 12.37 | 813,969,353.74 |
| 股东权益(不含少数股东权益) | 689,216,077.42 | 634,184,628.84 | 8.68 | 637,798,393.43 |
| 经营活动产生的现金流量净额 | －34,365,681.71 | 61,293,108.21 | －156.07 | －40,774,510.64 |

2.2 主要财务指标

| | 2002年 | 2001年 | 本年比上年增减(%) | 2000年 |
|---|---|---|---|---|
| 每股收益 | 0.31 | 0.33 | －6.06 | 0.20 |
| 每股收益 | 0.31 | 0.33 | －6.06 | 0.20 |
| 净资产收益率 | 7.98 | 9.36 | －14.74 | 5.65 |
| 扣除非经常性损益的净利润为基础计算的净资产收益率 | 7.16 | 9.54 | －24.95 | 6.19 |
| 每股经营活动产生的现金流量净额 | －0.19 | 0.34 | －155.88 | －0.23 |
| | 2002年末 | 2001年末 | 本年末比上年末增减(%) | 2000年末 |
| 每股净资产 | 3.83 | 3.52 | 8.81 | 3.54 |
| 调整后的每股净资产 | 3.80 | 3.48 | 9.20 | 3.54 |

## 600091 包头明天科技股份有限公司

# 二〇〇二年年度报告摘选

## 1.上市公司基本情况简介

1.1 基本情况简介

股票简称:明天科技 股票代码:600091 上市交易所:上海证券交易所
注册地址和办公地址:内蒙古包头稀土高新技术产业开发区曙光路22号 邮政编码:014030
公司国际互联网网址:http://www.tomotech.com 电子信箱:maser@tomotech.com

1.2 联系人和联系方式

董事会秘书:关明 联系地址:内蒙古包头稀土高新技术产业开发区曙光路22号
电话:0472－2207068 传真:0472－2207059 电子信箱:Guanming@tomotech.com
证券事务代表:王宇锋 联系地址:内蒙古包头稀土高新技术产业开发区曙光路22号
电话:0472－2207058 传真:0472－2207059 电子信箱:wyfzqb@sohu.com

## 2.会计数据和财务指标摘要

2.1 主要会计数据

| | 2002年 | 2001年 | 本年比上年增减(%) | 2000年 |
|---|---|---|---|---|
| 主营业务收入 | 718,894,742.04 | 631,497,434.86 | 13.84 | 785,916,006.62 |
| 利润总额 | 75,744,744.52 | 77,438,103.76 | －2.19 | 82,711,962.63 |
| 净利润 | 77,133,565.33 | 62,818,453.83 | 22.79 | 70,385,824.23 |
| 扣除非经常性损益的净利润 | 74,769,395.87 | 63,434,025.82 | 17.87 | 86,838,776.84 |
| | 2002年末 | 2001年末 | 本年末比上年末增减(%) | 2000年末 |
| 总资产 | 2,499,052,904.67 | 1,655,661,086.44 | 50.94 | 1,076,767,977.60 |
| 股东权益(不含少数股东权益) | 1,777,500,457.85 | 780,322,420.39 | 127.79 | 717,503,966.56 |
| 经营活动产生的现金流量净额 | 141,376,094.55 | 180,811,284.34 | －21.81 | 68,921,923.52 |

2.2 主要财务指标

| | 2002年 | 2001年 | 本年比上年增减(%) | 2000年 |
|---|---|---|---|---|
| 每股收益 | 0.229 | 0.277 | －17.32 | 0.311 |
| 净资产收益率 | 4.34 | 8.05 | －46.09 | 9.81 |
| 扣除非经常性损益的净利润为基础计算的净资产收益率 | 4.21 | 8.13 | －48.22 | 12.10 |
| 每股经营活动产生的现金流量净额 | 0.42 | 0.80 | －47.5 | 0.29 |
| | 2002年末 | 2001年末 | 本年末比上年末增减(%) | 2000年末 |
| 每股净资产 | 5.28 | 3.45 | 53.04 | 3.17 |
| 调整后的每股净资产 | 5.23 | 3.37 | 55.19 | 3.15 |

## 600094 上海华源股份有限公司

# 二〇〇二年年度报告摘选

## 1.上市公司基本情况简介

1.1 基本情况简介

股票简称:华源股份、华源B股 股票代码:600094、900940 上市交易所:上海证券交易所
注册地址和办公地址:上海浦东陆家嘴东路161号招商局大厦31楼 邮政编码:200120
公司国际互联网网址:http://www.worldbest.sh.cn 电子信箱:Shhygf@worldbest.sh.cn

1.2 联系人和联系方式

董事会秘书:张乐生 联系地址:上海浦东陆家嘴东路161号招商局大厦31楼
电话:021－58799888(总机) 021－58823020(直线) 传真:021－58825887
电子信箱:lesheng411@worldbest.sh.cn
证券事务代表:薛玉宝 联系地址:上海浦东陆家嘴东路161号招商局大厦31楼
电话:021－58799888(总机) 传真:021－58825887 电子信箱:swc07@sohu.com

## 2.会计数据和财务指标摘要

2.1 主要会计数据 单位:元

| | 2002年 | 2001年 | 本年比上年增减(%) | 2000年 |
|---|---|---|---|---|
| 主营业务收入 | 2,304,504,237.16 | 1,858,169,193.87 | 24.02 | 1,474,113,925.85 |
| 利润总额 | 86,181,862.62 | 139,027,348.88 | －38.01 | 145,292,017.96 |
| 净利润 | 43,802,982.91 | 77,310,043.15 | －43.34 | 85,401,026.67 |
| 扣除非经常性损益的净利润 | 31,653,046.05 | 63,062,874.58 | －49.81 | 64,436,726.67 |
| | 2002年末 | 2001年末 | 本年末比上年末增减(%) | 2000年末 |
| 总资产 | 4,479,913,477.72 | 3,823,941,000.69 | 17.15 | 3,222,578,182.01 |
| 股东权益(不含少数股东权益) | 1,474,577,107.45 | 1,430,022,968.88 | 3.12 | 1,385,863,769.43 |
| 经营活动产生的现金流量净额 | 203,948,070.84 | 337,383,978.51 | －39.55 | 204,511,094.62 |

2.2 主要财务指标 单位:元

| | 2002年 | 2001年 | 本年比上年增减(%) | 2000年 |
|---|---|---|---|---|
| 每股收益 | 0.09 | 0.16 | －43.75 | 0.17 |
| 净资产收益率(%) | 2.97 | 5.41 | －45.10 | 6.16 |
| 扣除非经常性损益的净利润为基础计算的净资产收益率(%) | 2.15 | 4.41 | －51.25 | 4.65 |
| 每股经营活动产生的现金流量净额 | 0.41 | 0.69 | －40.58 | 0.42 |
| | 2002年末 | 2001年末 | 本年末比上年末增减(%) | 2000年末 |
| 每股净资产 | 3.00 | 2.91 | 3.09 | 2.82 |
| 调整后的每股净资产 | 2.96 | 2.87 | 3.14 | 2.76 |

# 600096 云南云天化股份有限公司

## 二○○二年年度报告摘选

### 1.上市公司基本情况简介

1.1 基本情况简介

股票简称:云天化 股票代码:600096 上市交易所:上海证券交易所

注册地址和办公地址:云南省水富县 邮政编码:657800

公司国际互联网网址:http://www.yyth.com 电子信箱:sfll@public.km.yn.cn

1.2 联系人和联系方式

董事会秘书:刘和兴 联系地址:云南省水富县云南云天化股份有限公司总经理办公室

电话:0870-8664318 传真:0870-8664319 电子信箱:lhx@yth.com.cn

证券事务代表:冯驰 联系地址:云南省水富县云南云天化股份有限公司总经理办公室

电话:0870-8662010 传真:0870-8664319 电子信箱:ythfc@yth.com.cn

### 2.会计数据和财务指标摘要

2.1 主要会计数据

| | 2002年 | 2001年 | 本年比上年增减(%) | 2000年 |
|---|---|---|---|---|
| 主营业务收入 | 978,613,813.89 | 885,550,116.57 | 9.51 | 765,368,352.28 |
| 利润总额 | 187,358,738.26 | 182,949,098.62 | 2.41 | 202,104,865.75 |
| 净利润 | 153,048,188.26 | 154,547,942.81 | -0.97 | 164,904,543.25 |
| 扣除非经常性损益的净利润 | 138,529,885.08 | 123,546,425.47 | 12.13 | 164,904,543.25 |
| | 2002年末 | 2001年末 | 本年末比上年末增减(%) | 2000年末 |
| 总资产 | 2,470,465,496.03 | 1,915,646,577.11 | 26.35 | 1,556,235,699.60 |
| 股东权益(不含少数股东权益) | 1,204,363,615.63 | 1,190,701,337.91 | 1.13 | 1,101,640,507.45 |
| 经营活动产生的现金流量净额 | 301,655,143.92 | 318,135,085.32 | -5.18 | 234,430,461.97 |

2.2 主要财务指标

| | 2002年 | 2001年 | 本年比上年增减(%) | 2000年 |
|---|---|---|---|---|
| 每股收益 | 0.4157 | 0.4198 | -0.98 | 0.4479 |
| 每股收益 | 0.4157 | 0.4198 | -0.98 | 0.2990 |
| 净资产收益率 | 12.71 | 12.98 | -2.08 | 14.97 |
| 扣除非经常性损益的净利润为基础计算的净资产收益率 | 10.93 | 10.18 | 7.37 | 10.72 |
| 每股经营活动产生的现金流量净额 | 0.8193 | 0.8641 | -5.18 | 0.6367 |
| | 2002年末(T年,即本年末) | 2001年末(T-1年末) | 本年末比上年末增减(%) | 2000年末(T-2年末) |
| 每股净资产 | 3.2711 | 3.2345 | 1.13 | 2.9921 |
| 调整后的每股净资产 | 3.2170 | 3.2298 | -0.40 | 2.9884 |

# 600135 乐凯胶片股份有限公司

## 二○○二年年度报告摘选

### 1.上市公司基本情况简介

1.1 基本情况简介

股票简称:乐凯胶片 股票代码:600135 上市交易所:上海证券交易所

注册地址:河北省保定国家高新技术产业开发区(朝阳路68号)

办公地址:河北省保定市建设南路1号 邮政编码:071054

公司国际互联网网址:http://www.luckyfilm.com.cn 电子信箱:office@luckyfilm.com.cn

1.2 联系人和联系方式

董事会秘书:李建新 联系地址:河北省保定市建设南路1号

电话:0312-7922899 传真:0312-3217937 电子信箱:stock@luckyfilm.com.cn

### 2.会计数据和财务指标摘要

2.1 主要会计数据　　单位:人民币元

| | 2002年(本年) | 2001年 | 本年比上年增减(%) | 2000年 |
|---|---|---|---|---|
| 主营业务收入 | 592958899.88 | 638148274.53 | -7.08 | 758946417.44 |
| 利润总额 | 148481321.69 | 168865174.01 | -12.07 | 255199295.23 |
| 净利润 | 124183669.36 | 139866344.21 | -11.21 | 215350881.23 |
| 扣除非经常性损益的净利润 | 128935592.46 | 138788498.51 | -7.10 | 210804803.29 |
| | 2002年末(本年末) | 2001年末 | 本年末比上年末增减(%) | 2000年末 |
| 总资产 | 1173027261.35 | 1156977070.47 | 1.39 | 1109517284.96 |
| 股东权益(不含少数股东权益) | 971305577.82 | 970241908.46 | 0.11 | 967175564.25 |
| 经营活动产生的现金流量净额 | 160495227.86 | 198628010.14 | -19.20 | 299131560.47 |

2.2 主要财务指标

| | 2002年(本年) | 2001年 | 本年比上年增减(%) | 2000年 |
|---|---|---|---|---|
| 每股收益(元) | 0.363 | 0.409 | -11.25 | 0.756 |
| 加权平均每股收益(元) | 0.363 | 0.409 | -11.25 | 0.756 |
| 净资产收益率(%) | 12.785 | 14.416 | -11.31 | 22.27 |
| 扣除非经常性损益的净利润为基础计算的净资产收益率(%) | 13.274 | 14.305 | -7.21 | 21.789 |
| 每股经营活动产生的现金流量净额(元) | 0.469 | 0.581 | -19.28 | 1.050 |
| | 2002年末(本年末) | 2001年末 | 本年末比上年末增减(%) | 2000年末 |
| 每股净资产(元) | 2.840 | 2.837 | 0.11 | 3.394 |
| 调整后的每股净资产(元) | 2.833 | 2.832 | 0.04 | 3.385 |

# 600141 湖北兴发化工集团股份有限公司

## 二○○二年年度报告摘选

### 1.上市公司基本情况简介

1.1 基本情况简介

股票简称:兴发集团 股票代码:600141 上市交易所:上海证券交易所

注册地址:湖北省兴山县高阳镇民主街99号

办公地址:湖北省兴山县古夫镇昭君路昭君山庄 邮政编码:443711

公司国际互联网网址:http://www.xingfagroup.com 电子信箱:swd169@21cn.com

1.2 联系人和联系方式

董事会秘书:孙卫东 联系地址:湖北省兴山县古夫镇昭君路昭君山庄

电话:07172582609 传真:07172582619、07172582606 电子信箱:swd169@21cn.com

证券事务代表:胡坤裔 联系地址:湖北省兴山县古夫镇昭君路昭君山庄

电话:07172582618 传真:07172582619、07172582606

电子信箱:hukunyi@xingfagroup.com

### 2.会计数据和财务指标摘要

2.1 主要会计数据　　单位:元

| | 2002年 | 2001年 | 本年比上年增减(%) | 2000年 |
|---|---|---|---|---|
| 主营业务收入 | 462,077,740.02 | 357,164,705.01 | 29.37 | 273,442,223.41 |
| 利润总额 | 27,763,943.59 | 39,115,772.91 | -29.02 | 30,635,875.92 |
| 净利润 | 17,793,602.19 | 33,543,638.72 | -46.95 | 25,823,124.64 |
| 扣除非经常性损益的净利润 | 17,907,239.64 | 35,045,960.81 | -48.90 | 25,638,399.29 |
| | 2002年 | 2001年 | 本年比上年增减(%) | 2000年 |
| 总资产 | 954,197,933.38 | 714,778,037.52 | 33.50 | 662,294,906.65 |
| 股东权益(不含少数股东权益) | 404,966,718.73 | 403,173,116.54 | 0.44 | 385,629,477.82 |
| 经营活动产生的现金流量净额 | 8,426,113.64 | 80,647,631.48 | -89.55 | 92,169,781.06 |

| | 2002年 | 2001年 | 本年比上年增减(%) | 2000年 |
|---|---|---|---|---|
| 每股收益 | 0.11 | 0.21 | -47.62 | 0.16 |
| 净资产收益率 | 4.39% | 8.32% | -47.24 | 6.70% |
| 扣除非经常性损益的净利润为基础计算的净资产收益率 | 4.42% | 8.68% | -49.08 | 6.82% |
| 每股经营活动产生的现金流量净额 | 0.053 | 0.50 | -89.55 | 0.58 |
| | 2002年 | 2001年 | 本年比上年增减(%) | 2000年 |
| 每股净资产 | 2.53 | 2.52 | 0.40 | 2.41 |
| 调整后的每股净资产 | 2.53 | 2.52 | 0.40 | 2.41 |

# 600146 宁夏大元化工股份有限公司

## 二○○二年年度报告摘选

### 1.上市公司基本情况简介

1.1 基本情况简介

股票简称:大元股份 股票代码:600146 上市交易所:上海证券交易所

注册地址:银川市经济技术开发区经天东路南侧8号 办公地址:宁夏银川市鼓楼北街2号

邮政编码:750004 电子信箱:nxdygf@email.nx.cninfo.net

1.2 联系人和联系方式

证券事务代表:李占奇 联系地址:宁夏银川市鼓楼北街2号

电话:0951-6042066 传真:0951-6042066 6032396

电子信箱:nxdygf@email.nx.cninfo.net

### 2.会计数据和财务指标摘要

2.1 主要会计数据　　(单位:人民币元)

| | 2002年 | 2001年 | 本年比上年增减(%) | 2000年 |
|---|---|---|---|---|
| 主营业务收入 | 40,740,247.85 | 1,531,125,205.05 | -97.34 | 1,334,224,066.57 |
| 利润总额 | 2,887,348.03 | -113,931,990.08 | -525.59 | 8,826,570.30 |
| 净利润 | 2,093,868.29 | -114,319,241.12 | -101.83 | 6,896,192.13 |
| 扣除非经常性损益的净利润 | 2,485,126.66 | -109,944,854.27 | -102.39 | 8,379,780.69 |
| | 2002年末 | 2001年末 | 本年末比上年末增减(%) | 2000年末 |
| 总资产 | 417,574,794.31 | 405,382,146.30 | 2.91 | 1,003,313,891.82 |
| 股东权益(不含少数股东权益) | 359,380,459.51 | 357,286,591.22 | 0.59 | 462,873,936.86 |
| 经营活动产生的现金流量净额 | 6,114,656.09 | 25,911,975.36 | -76.40 | -52,751,718.80 |

2.2 主要财务指标　　(单位:人民币元)

| | 2002年 | 2001年 | 本年比上年增减(%) | 2000年 |
|---|---|---|---|---|
| 每股收益 | 0.01 | -0.57 | -101.75 | 0.03 |
| 净资产收益率 | 0.58 | -27.58 | -102.10 | 1.49 |
| 扣除非经常性损益的净利润为基础计算的净资产收益率 | 0.69 | -26.50 | -102.60 | 1.47 |
| 每股经营活动产生的现金流量净额 | 0.03 | 0.13 | -76.92 | -0.26 |
| | 2002年末 | 2001年末 | 本年末比上年末增减(%) | 2000年末 |
| 每股净资产 | 1.797 | 1.786 | 0.62 | 2.31 |
| 调整后的每股净资产 | 1.795 | 1.776 | 1.07 | 2.30 |

## 600155 河北宝硕股份有限公司

### 二〇〇二年年度报告摘选

#### 1.上市公司基本情况简介

1.1 基本情况简介

股票简称:宝硕股份 股票代码:600155 上市交易所:上海证券交易所

注册地址:河北省保定国家高新技术产业开发区朝阳北路176号

办公地址:河北省保定国家高新技术产业开发区朝阳北路175号 邮政编码:071051

公司国际互联网网址:http://www.baoshuo.com.cn 电子信箱:baoshuo@baoshuo.com.cn

1.2 联系人和联系方式

董事会秘书:何胜利 联系地址:河北省保定国家高新技术产业开发区朝阳北路175号

电话:(0312)3109607 传真:(0312)3109605 电子信箱:shl-he@baoshuo.com.cn

#### 2.会计数据和财务指标摘要

2.1 主要会计数据

| | 2002年 | 2001年 | 本年比上年增减(%) | 2000年 |
|---|---|---|---|---|
| 主营业务收入 | 1,201,134,163.11 | 1,113,408,043.48 | 7.88 | 1,052,410,285.84 |
| 利润总额 | 95,469,961.73 | 99,652,413.75 | －4.20 | 84,751,840.10 |
| 净利润 | 62,079,746.46 | 72,069,675.16 | －13.86 | 61,963,696.46 |
| 扣除非经常性损益的净利润 | 61,147,591.01 | 71,911,973.82 | －14.97 | 81,843,102.36 |
| | 2002年 | 2001年 | 本年末比上年末增减(%) | 2000年 |
| 总资产 | 2,283,955,299.54 | 2,054,564,431.93 | 11.16 | 1,723,962,201.96 |
| 股东权益(不含少数股东权益) | 808,952,213.94 | 788,049,373.26 | 2.65 | 758,332,836.36 |
| 经营活动产生的现金流量净额 | 151,648,768.17 | 147,531,409.74 | 2.79 | 147,109,528.48 |

2.2 主要财务指标

| | 2002年 | 2001年 | 本年比上年增减(%) | 2000年 |
|---|---|---|---|---|
| 每股收益 | 0.151 | 0.175 | －14.00 | 0.225 |
| 净资产收益率 | 7.674 | 9.145 | －16.09 | 8.171 |
| 扣除非经常性损益的净利润为基础计算的净资产收益率 | 7.465 | 9.053 | －17.54 | 14.08 |
| 每股经营活动产生的现金流量净额 | 0.368 | 0.358 | 2.79 | 0.535 |
| | 2002年 | 2001年 | 本年末比上年末增减(%) | 2000年 |
| 每股净资产 | 1.961 | 1.910 | 2.67 | 2.758 |
| 调整后的每股净资产 | 1.936 | 1.900 | 1.89 | 2.750 |

## 600160 浙江巨化股份有限公司

### 二〇〇二年年度报告摘选

#### 1.上市公司基本情况简介

1.1 基本情况简介

股票简称:巨化股份 股票代码:600160 上市交易所:上海证券交易所

注册地址和办公地址:浙江省衢州市柯城区 邮政编码:324004

公司国际互联网网址:http://www.jhgf.com.cn 电子信箱:ZJP@Juhua.com.cn

1.2 联系人和联系方式

董事会秘书:余洁敏 联系地址:浙江省衢州市柯城区浙江巨化股份有限公司

电话:0570－3091704 3091688 传真:0570－3091777

电子信箱:YJM@Juhua.com.cn

#### 2.会计数据和财务指标摘要

2.1 主要会计数据 单位:元

| | 2002年 | 2001年 | 本年比上年增减(%) | 2000年 |
|---|---|---|---|---|
| 主营业务收入 | 1,520,018,084.23 | 1,267,680,160.83 | 19.91 | 1,235,379,872.02 |
| 利润总额 | 115,678,034.88 | 100,726,773.17 | 14.84 | 149,674,315.52 |
| 净利润 | 86,738,464.62 | 105,209,431.07 | －17.56 | 118,954,670.02 |
| 扣除非经常性损益的净利润 | 84,727,237.19 | 99,144,271.85 | －14.54 | 102,784,133.44 |
| | 2002年末 | 2001年末 | 本年末比上年末增减(%) | 2000年末 |
| 总资产 | 2,532,752,590.18 | 2,370,377,713.12 | 6.85 | 1,842,611,760.68 |
| 股东权益(不含少数股东权益) | 1,311,091,306.55 | 1,320,413,189.59 | －0.71 | 951,214,927.08 |
| 经营活动产生的现金流量净额 | 365,583,924.06 | 254,492,513.52 | 43.62 | 306,665,816.27 |

2.2 主要财务指标 单位:元

| | 2002年 | 2001年 | 本年比上年增减(%) | 2000年 |
|---|---|---|---|---|
| 每股收益 | 0.234 | 0.283 | －17.31 | 0.349 |
| 净资产收益率 | 6.62 | 7.97 | －16.94 | 12.51 |
| 扣除非经常性损益的净利润为基础计算的净资产收益率 | 6.21 | 8.95 | －30.61 | 10.14 |
| 每股经营活动产生的现金流量净额 | 0.98 | 0.69 | 42.03 | 0.90 |
| | 2002年末 | 2001年末 | 本年末比上年末增减(%) | 2000年末 |
| 每股净资产 | 3.53 | 3.56 | －0.84 | 2.79 |
| 调整后的每股净资产 | 3.48 | 3.50 | －0.57 | 2.72 |

## 600176 中国化学建材股份有限公司

### 二〇〇二年年度报告摘选

#### 1.上市公司基本情况简介

1.1 基本情况简介

股票简称:中国化建 股票代码:600176 上市交易所:上海证券交易所

注册地址和办公地址:北京市海淀区紫竹院南路2号 邮政编码:100044

电子信箱:ccbm@public.bta.net.cn

1.2 联系人和联系方式

董事会秘书:贾建军 联系地址:北京市海淀区紫竹院南路2号

电话:010－88411666 传真:010－88418866 电子信箱:600176@secure.sse.com.cn

证券事务代表:陈雨 联系地址:北京市海淀区紫竹院南路2号

电话:010－68434863 传真:010－88418866 电子信箱:600176@secure.sse.com.cn

#### 2.会计数据和财务指标摘要

2.1 主要会计数据 (单位:人民币万元)

| | 2002年 | 2001年调整后 | 本年比上年增减(%) | 2001年调整前 | 2000年 |
|---|---|---|---|---|---|
| 主营业务收入 | 63,439 | 53,132 | 19.40 | 53,132 | 37,188 |
| 利润总额 | 3,323 | 2,379 | 39.68 | 2,509 | 6,542 |
| 净利润 | 1,506 | 467 | 222.48 | 147 | 4,542 |
| 扣除非经常性损益的净利润 | 1,303 | 2,886 | －54.85 | 2,886 | 3,039 |
| | 2002年末 | 2001年末调整后 | 本年末比上年末增减(%) | 2001年末调整前 | 2000年末 |
| 总资产 | 150,260 | 151,341 | －0.71 | 151,341 | 122,532 |
| 股东权益(不含少数股东权益) | 48,796 | 48,336 | 0.95 | 48,016 | 47,991 |
| 经营活动产生的现金流量净额 | 8,852 | －4,948 | －－ | －4,948 | 10,165 |

2.2 主要财务指标

| | 2002年 | 2001年调整后 | 本年比上年增减(%) | 2001年调整前 | 2000年 |
|---|---|---|---|---|---|
| 每股收益 | 0.068 | 0.021 | 223.81 | 0.007 | 0.204 |
| 净资产收益率 | 3.09% | 0.97% | 218.56 | 0.31% | 9.47% |
| 扣除非经常性损益的净利润为基础计算的净资产收益率 | 2.67% | 6.63% | －59.73 | 6.01% | 6.11% |
| 每股经营活动产生的现金流量净额 | 0.398 | －0.222 | －－ | －0.222 | 0.457 |
| | 2002年末 | 2001年末调整后 | 本年末比上年末增减(%) | 2001年末调整前 | 2000年末 |
| 每股净资产 | 2.192 | 2.171 | 0.97 | 2.157 | 2.156 |
| 调整后的每股净资产 | 2.100 | 1.955 | 7.42 | 1.941 | 2.054 |

## 600179 黑龙江黑化股份有限公司

### 二〇〇二年年度报告摘选

#### 1.上市公司基本情况简介

1.1 基本情况简介

股票简称:黑化股份 股票代码:600179 上市交易所:上海证券交易所

注册地址和办公地址:黑龙江省齐齐哈尔市富拉尔基区向阳大街2号 邮政编码:161041

电子信箱:HHGF@163.net

1.2 联系人和联系方式

董事会秘书:王宏伟 联系地址:黑化股份有限公司董事会秘书处

电话:0452－8927290 传真:0452－8927290 电子信箱:HHGF@163.net

证券事务代表:张连增 联系地址:黑化股份有限公司董事会秘书处

电话:0452－8927290 传真:0452－8927290 电子信箱:HHGF@163.net

#### 2.会计数据和财务指标摘要

2.1 主要会计数据 单位:万元

| | 2002年 | 2001年 | 本年比上年增减(%) | 2000年 |
|---|---|---|---|---|
| 主营业务收入 | 54,924 | 123,034 | －55.6 | 104,816 |
| 利润总额 | 1,537 | 1,410 | ＋9.0 | 2,690 |
| 净利润 | 775 | 2,143 | －63.8 | 646 |
| 扣除非经常性损益的净利润 | 361 | 477 | －24.3 | 710 |
| | 2002年末 | 2001年末 | 本年末比上年末增减(%) | 2000年末 |
| 总资产 | 170,795 | 158,264 | ＋7.9 | 169,964 |
| 股东权益(不含少数股东权益) | 78,898 | 78,116 | ＋1.0 | 75,973 |
| 经营活动产生的现金流量净额 | 6,994 | －12,231 | －－ | －23,628 |

2.2 主要财务指标

| | 2002年 | 2001年 | 本年比上年增减(%) | 2000年 |
|---|---|---|---|---|
| 每股收益 | 0.02 | 0.06 | －66.7 | 0.02 |
| 净资产收益率 | 0.98% | 2.74% | －64.2 | 0.85% |
| 扣除非经常性损益的净利润为基础计算的净资产收益率 | 0.46% | 0.61% | －24.6 | 0.89 |
| 每股经营活动产生的现金流量净额 | 0.21 | －0.37 | ＋156.8 | －0.72 |
| | 2002年末 | 2001年末 | 本年末比上年末增减(%) | 2000年末 |
| 每股净资产 | 2.39 | 2.37 | ＋0.8 | 2.30 |
| 调整后的每股净资产 | 2.36 | 2.35 | ＋0.4 | 2.24 |

## 600181 云大科技股份有限公司

### 二〇〇二年年度报告摘选

#### 1.上市公司基本情况简介

1.1 基本情况简介

股票简称:云大科技　股票代码:600181　上市交易所:上海证券交易所

注册地址:昆明市国家高新技术产业开发区科医路

办公地址:昆明市国家高新技术产业开发区科医路 59 号　邮政编码:650106

公司国际互联网网址:http://www.eunida.com　电子信箱:unida@eunida.com

1.2 联系人和联系方式

董事会秘书:邓志民　联系地址:昆明市国家高新技术产业开发区科医路 59 号

电话:0871-8315883　传真:0871-8315072　电子信箱:dengzhimin@eunida.com

证券事务代表:李畅鸿　联系地址:昆明市国家高新技术产业开发区科医路 59 号

电话:0871-8350069　传真:0871-8311251　电子信箱:lichanghong@eunida.com

#### 2.会计数据和财务指标摘要

2.1 主要会计数据

| | 2002 年（本年） | 2001 年（上年） | 本年比上年增减(%) | 2000 年 |
|---|---|---|---|---|
| 主营业务收入 | 604,321,256.68 | 388,045,766.39 | 55.73 | 256,651,150.70 |
| 利润总额 | 42,786,832.94 | 86,645,237.90 | -50.62 | 57,196,183.29 |
| 净利润 | 31,032,979.48 | 71,961,697.29 | -56.88 | 30,177,847.48 |
| 扣除非经常性损益后的净利润 | 21,364,548.31 | 71,075,082.88 | -69.94 | 26,247,867.54 |
| | 2002 年末（本年末） | 2001 年末（上年末） | 本年末比上年末增减(%) | 2000 年末 |
| 总资产 | 2,379,579,538.97 | 1,919,267,276.41 | 23.98 | 1,213,318,415.12 |
| 股东权益(不含少数股东权益) | 931,464,212.94 | 911,350,177.51 | 2.21 | 857,837,386.26 |
| 经营活动产生的现金流量净额 | -126,271,675.48 | -303,211,928.90 | 58.36 | -641,887.42 |

2.2 主要财务指标

| | 2002 年（本年） | 2001 年（上年） | 本年比上年增减(%) | 2000 年 |
|---|---|---|---|---|
| 每股收益 | 0.09 | 0.21 | -57.14 | 0.17 |
| 净资产收益率 | 3.33 | 7.90 | -57.85 | 3.52 |
| 扣除非经常性损益后的净利润为基础计算的净资产收益率 | 2.29 | 7.80 | -70.64 | 3.06 |
| 每股经营活动产生的现金流量净额 | -0.36 | -0.87 | 58.62 | 0 |
| | 2002 年末（本年末） | 2001 年末（上年末） | 本年末比上年末增减(%) | 2000 年末 |
| 每股净资产 | 2.68 | 2.62 | 2.29 | 4.93 |
| 调整后的每股净资产 | 2.53 | 2.51 | 0.8 | 4.60 |

## 600182 桦林轮胎股份有限公司

### 二〇〇二年年度报告摘选

#### 1.上市公司基本情况简介

1.1 基本情况简介

股票简称:桦林轮胎　股票代码:600182　上市交易所:上海证券交易所

注册地址和办公地址:黑龙江省牡丹江市桦林镇　邮政编码:157032

公司国际互联网网址:http://www.hualintyre.com　电子信箱:hualin@public.md.hl.cn

1.2 联系人和联系方式

董事会秘书:周明权　联系地址:黑龙江省牡丹江市桦林镇

电话:0453-6306990　传真:0453-6304100　电子信箱:Hualinzmq@163.com

证券事务代表:吕惠友、崔平　联系地址:黑龙江省牡丹江市桦林镇

电话:0453-6306948　传真:0453-6304100

电子信箱:Hualinlhy6948@163.com、Hualincp6948@163.com

#### 2.会计数据和财务指标摘要

2.1 主要会计数据　单位:人民币元

| | 2002 年 | 2001 年 | 本年比上年增减(%) | 2000 年 |
|---|---|---|---|---|
| 主营业务收入 | 568,295,469.49 | 801,183,163.49 | -29.07 | 712,993,416 |
| 利润总额 | -242,734,396.17 | -174,856,482.85 | -38.81 增亏 | 3,002,097.67 |
| 净利润 | -242,734,396.17 | -174,856,482.85 | -38.81 增亏 | 2,440,930.67 |
| 扣除非经常性损益的净利润 | -235,981,518.79 | -176,795,596.62 | -33.48 增亏 | -5,760,890.64 |
| | 2002 年末 | 2001 年末 | 本年末比上年末增减(%) | 2000 年末 |
| 总资产 | 1,723,072,437.83 | 1,938,241,048.94 | -11.10 | 1,911,916,970.63 |
| 股东权益(不含少数股东权益) | 40,000,000.00 | 40,000,000.00 | | 0 |
| 经营活动产生的现金流量净额 | -12,907,353.97 | -115,810,886.14 | +88.85 | -28,011,559.23 |

2.2 主要财务指标　单位:人民币元

| | 2002 年 | 2001 年 | 本年比上年增减(%) | 2000 年 |
|---|---|---|---|---|
| 每股收益 | -0.714 | -0.514 | -38.91 | 0.007 |
| 净资产收益率 | -68.69 | -29.33 | -134.20 | 0.317 |
| 扣除非经常性损益的净利润为基础计算的净资产收益率 | -49.71 | -25.87 | -92.15 | 0.751 |
| 每股经营活动产生的现金流量净额 | -0.038 | -0.327 | 88.38 | -0.082 |
| | 2002 年末 | 2001 年末 | 本年末比上年末增减(%) | 2000 年末 |
| 每股净资产 | 1.039 | 1.753 | -40.73 | 2.267 |
| 调整后的每股净资产 | 0.779 | 1.599 | -51.28 | 2.235 |

## 600226 浙江升华拜克生物股份有限公司

### 二〇〇二年年度报告摘选

#### 1.上市公司基本情况简介

1.1 基本情况简介

股票简称:升华拜克　股票代码:600226　上市交易所:上海交易所

注册地址:浙江省湖州市经济技术开发区　办公地址:浙江省德清县钟管工业区

邮政编码:313220　公司国际互联网网址:http://www.biok.com　电子信箱:600226@biok.com

1.2 联系人和联系方式

董事会秘书:陈俊标　联系地址:浙江省德清县钟管工业区

电话:0572-8402738　传真:0572-8402738　电子信箱:junbchen@21cn.com

证券事务代表:唐劲然　联系地址:浙江省德清县钟管工业区

电话:0572-8402738　传真:0572-8402738　电子信箱:tjr600226@nwb.com.cn

#### 2.会计数据和财务指标摘要

2.1 主要会计数据(单位:元)

| | 2002 年 | 2001 年 | 本年比上年增减(%) | 2000 年 |
|---|---|---|---|---|
| 主营业务收入 | 386,958,924 | 374,736,830 | 3.26 | 204,578,945 |
| 利润总额 | 62,353,651 | 76,223,396 | -18.18 | 63,865,299 |
| 净利润 | 50,413,400 | 69,677,188 | -27.65 | 57,816,980 |
| 扣除非经常性损益的净利润 | 45,602,142 | 65,345,309 | -30.21 | 53,885,427 |
| | 2002 年末 | 2001 年末 | 本年末比上年末增减(%) | 2000 年末 |
| 总资产 | 990,346,034 | 640,144,004 | 54.71 | 545,347,978 |
| 股东权益(不含少数股东权益) | 775,147,526 | 474,912,798 | 63.22 | 434,038,010 |
| 经营活动产生的现金流量净额 | 80,830,250 | 57,557,266 | 40.43 | 28,867,326 |

2.2 主要财务指标

| | 2002 年 | 2001 年 | 本年比上年增减(%) | 2000 年 |
|---|---|---|---|---|
| 每股收益(元) | 0.187 | 0.275 | -32.00 | 0.33 |
| 净资产收益率% | 6.18 | 14.67 | -57.87 | 13.32 |
| 扣除非经常性损益的净利润为基础计算的净资产收益率% | 7.96 | 14.42 | -44.80 | 11.82 |
| 每股经营活动产生的现金流量净额(元) | 0.30 | 0.23 | 30.43 | 0.27 |
| | 2002 年末 | 2001 年末 | 本年末比上年末增减(%) | 2000 年末 |
| 每股净资产(元) | 3.02 | 1.87 | 61.50 | 2.50 |
| 调整后的每股净资产(元) | 3.01 | 1.87 | 60.96 | 2.47 |

## 600227 贵州赤天化股份有限公司

### 二〇〇二年年度报告摘选

#### 1.上市公司基本情况简介

1.1 基本情况简介

股票简称:赤天化　股票代码:600227　上市交易所:上海证券交易所

注册地址:贵阳市新添大道 310 号　办公地址:贵州省赤水市化工路　邮政编码:564707

公司国际互联网网址:http://www.chth.com.cn　电子信箱:gfgsbgs@chth.com.cn

1.2 联系人和联系方式

董事会秘书:杨呈祥　联系地址:贵州省赤水市化工路贵州赤天化股份有限公司

电话:0852-2878788　传真:0852-2878332　电子信箱:gfgsbgs@chth.com.cn

证券事务代表:梅君、王晓强　联系地址:贵州省赤水市化工路贵州赤天化股份有限公司

电话:0852-2878874　传真:0852-2878332　电子信箱:gfgsbgs@chth.com.cn

#### 2.会计数据和财务指标摘要

2.1 主要会计数据

| | 2002 年 | 2001 年 | 本年比上年增减(%) | 2000 年 |
|---|---|---|---|---|
| 主营业务收入 | 659,393,192.68 | 630,644,450.25 | 4.56 | 600,867,609.35 |
| 利润总额 | 72,364,790.86 | 42,128,089.24 | 71.77 | 76,740,318.18 |
| 净利润 | 61,259,168.14 | 37,515,717.98 | 63.29 | 65,133,301.76 |
| 扣除非经常性损益的净利润 | 49,864,695.28 | 6,886,114.11 | 624.13 | 36,468,342.47 |
| | 2002 年末 | 2001 年末 | 本年末比上年末增减(%) | 2000 年末 |
| 总资产 | 868,515,680.79 | 901,548,781.00 | -3.66 | 843,264,825.04 |
| 股东权益(不含少数股东权益) | 748,382,533.49 | 721,123,365.35 | 3.78 | 700,607,647.37 |
| 经营活动产生的现金流量净额 | 67,427,317.44 | 153,762,191.11 | -56.15 | 701,704.63 |

2.2 主要财务指标

| | 2002 年 | 2001 年 | 本年比上年增减(%) | 2000 年 |
|---|---|---|---|---|
| 每股收益 | 0.360 | 0.221 | 62.90 | 0.383 |
| 净资产收益率 | 8.19 | 5.20 | 57.5 | 9.30 |
| 扣除非经常性损益的净利润为基础计算的净资产收益率 | 6.66 | 0.95 | 601.05 | 5.21 |
| 每股经营活动产生的现金流量净额 | 0.397 | 0.904 | -56.08 | 0.004 |
| | 2002 年末 | 2001 年末 | 本年末比上年末增减(%) | 2000 年末 |
| 每股净资产 | 4.402 | 4.24 | 3.82 | 4.12 |
| 调整后的每股净资产 | 4.402 | 4.24 | 3.82 | 4.12 |

# 600228 江西昌九生物化工股份有限公司

## 二〇〇二年年度报告摘选

### 1.上市公司基本情况简介

1.1 基本情况简介

股票简称:昌九生化 股票代码:600228 上市交易所:上海证券交易所

注册地址:南昌市高新区高新一路创业大厦 办公地址:南昌市洪都北大道316号四楼

邮政编码:330077 电子信箱:jxcjgf@pulic.nc.jx.cn

1.2 联系人和联系方式

董事会秘书:张浩 联系地址:南昌市洪都北大道316号四楼

电话:0791－8504560 传真:0791－8504797 电子信箱:jxcjgf@pulic.nc.jx.cn

证券事务代表:赵红旗 联系地址:南昌市洪都北大道316号四楼

电话:0791－8504386 传真:0791－8504797 电子信箱:jxcjgf@pulic.nc.jx.cn

### 2.会计数据和财务指标摘要

2.1 主要会计数据 单位:元

| | 2002年 | 2001年 | 本年比上年增减(%) | 2000年 |
|---|---|---|---|---|
| 主营业务收入 | 302,018,333.57 | 337,033,952.59 | －10.39 | 276,849,104.63 |
| 利润总额 | 4,854,597.56 | 27,550,197.02 | －82.38 | 11,412,603.05 |
| 净利润 | 1,067,446.52 | 25,552,822.37 | －95.82 | 10,611,923.11 |
| 扣除非经常性损益的净利润 | 2,276,161.23 | 23,496,319.59 | －91.09 | 15,600,343.61 |
| | 2002年 | 2001年 | 本年末比上年末增减(%) | 2000年 |
| 总资产 | 785,888,418.07 | 815,860,092.32 | －3.67 | 760,049,934.12 |
| 股东权益(不含少数股东权益) | 459,781,540.40 | 458,714,093.88 | 2.33 | 441,766,793.73 |
| 经营活动产生的现金流量净额 | －22,185,599.29 | 13,661,910.25 | －262.39 | －8,950,192.44 |

2.2 主要财务指标 单位:元

| | 2002年 | 2001年 | 本年比上年增减(%) | 2000年 |
|---|---|---|---|---|
| 每股收益 | 0.004 | 0.09 | －95.56 | 0.06 |
| 净资产收益率 | 0.232% | 5.61% | －95.86 | 2.40% |
| 扣除非经常性损益的净利润为基础计算的净资产收益率 | 0.496% | 5.22% | －90.50 | 3.36% |
| 每股经营活动产生的现金流量净额 | －0.077 | 0.047 | －263.83 | －0.05 |
| | 2002年 | 2001年 | 本年末比上年末增减(%) | 2000年 |
| 每股净资产 | 1.596 | 1.59 | 0.38 | 2.45 |
| 调整后的每股净资产 | 1.549 | 1.55 | －0.06 | 2.41 |

# 600229 青岛碱业股份有限公司

## 二〇〇二年年度报告摘选

### 1.上市公司基本情况简介

1.1 基本情况简介

股票简称:青岛碱业 股票代码:600229 上市交易所:上海证券交易所

注册地址和办公地址:青岛市四流北路78号 邮政编码:266043

公司国际互联网网址:http://www.qdjy.com 电子信箱:xxzx@qdjy.com

1.2 联系人和联系方式

董事会秘书:丁肇远 联系地址:青岛市四流北路78号

电话:0532－4822574 传真:0532－4815402 电子信箱:zhengquan@qdjy.com

证券事务代表:邹怀基 联系地址:青岛市四流北路78号

电话:0532－4822574 传真:0532－4815402 电子信箱:zhengquan@qdjy.com

### 2.会计数据和财务指标摘要

2.1 主要会计数据

| | 2002年 | 2001年 | 本年比上年增减(%) | 2000年 |
|---|---|---|---|---|
| 主营业务收入 | 959,772,244.99 | 936,122,248.58 | 2.53 | 787,921,055.11 |
| 利润总额 | 68,209,192.92 | 82,995,508.51 | －17.82 | 77,136,933.60 |
| 净利润 | 48,639,279.99 | 67,949,774.74 | －28.42 | 64,757,362.26 |
| 扣除非经常性损益的净利润 | 42,209,922.90 | 52,224,197.85 | －19.18 | 51,218,365.38 |
| | 2002年末 | 2001年末 | 本年末比上年末增减(%) | 2000年末 |
| 总资产 | 1,670,108,774.94 | 1,627,164,100.98 | 2.64 | 1,497,548,022.37 |
| 股东权益(不含少数股东权益) | 835,963,706.10 | 831,493,357.60 | 0.54 | 814,770,704.66 |
| 经营活动产生的现金流量净额 | 102,360,138.72 | 115,227,241.16 | －11.16 | 129,539,046.90 |

2.2 主要财务指标

| | 2002年 | 2001年 | 本年比上年增减(%) | 2000年 |
|---|---|---|---|---|
| 每股收益 | 0.16 | 0.23 | －30.43 | 0.22 |
| 净资产收益率 | 5.82 | 8.13 | －28.41 | 7.90 |
| 扣除非经常性损益的净利润为基础计算的净资产收益率 | 5.05 | 6.25 | －19.2 | 6.25 |
| 每股经营活动产生的现金流量净额 | 0.35 | 0.39 | －15.38 | 0.44 |
| | 2002年末 | 2001年末 | 本年末比上年末增减(%) | 2000年末 |
| 每股净资产 | 2.83 | 2.83 | 0 | 2.78 |
| 调整后的每股净资产 | 2.79 | 2.79 | 0 | 2.76 |

# 600260 湖北凯乐新材料科技股份有限公司

## 二〇〇二年年度报告摘选

### 1.上市公司基本情况简介

1.1 基本情况简介

股票简称:凯乐科技 股票代码:600260 上市交易所:上海证券交易所

注册地址和办公地址:湖北省公安县斗湖堤镇城关 邮政编码:434300

公司国际互联网网址:http://www.kaile.com.cn 电子信箱:Kailegroup@163.net

1.2 联系人和联系方式

董事会秘书:陈 杰 联系地址:湖北省公安县斗湖堤镇城关

电话:0716－5209491 传真:0716－5209433 电子信箱:Kailegroup@163.net

证券事务代表:王政 联系地址:湖北省公安县斗湖堤镇城关

电话:0716－5209111 传真:0716－5209433 电子信箱:Kailegroup@163.net

### 2.会计数据和财务指标摘要

2.1 主要会计数据 单位:人民币元

| | 2002年 | 2001年 | 本年比上年增减(%) | 2000年 |
|---|---|---|---|---|
| 主营业务收入 | 363,013,669.05 | 430,840,854.82 | －15.74 | 306,580,836.02 |
| 利润总额 | 75,150,212.37 | 102,525,890.69 | －26.70 | 69,420,964.40 |
| 净利润 | 53,341,594.94 | 88,175,149.45 | －39.50 | 57,932,806.06 |
| 扣除非经常性损益的净利润 | 43,754,446.32 | 86,319,077.04 | －49.31 | 61,880,006.81 |
| | 2002年 | 2001年 | 本年末比上年末增减(%) | 2000年 |
| 总资产 | 1,020,014,641.43 | 1,048,604,486.59 | －2.73 | 1,016,178,739.33 |
| 股东权益(不含少数股东权益) | 881,991,212.19 | 828,649,587.14 | 6.44 | 764,679,799.10 |
| 经营活动产生的现金流量净额 | －65,570,406.44 | 41,738,737.16 | －257.10 | 93,893,662.92 |

2.2 主要财务指标 单位:人民币元

| | 2002年 | 2001年 | 本年比上年增减(%) | 2000年 |
|---|---|---|---|---|
| 每股收益 | 0.30 | 0.50 | －40.00 | 0.33 |
| 净资产收益率 | 6.05% | 10.64% | －43.14 | 7.58% |
| 扣除非经常性损益的净利润为基础计算的净资产收益率 | 4.96% | 10.42% | －52.40 | 8.09% |
| 每股经营活动产生的现金流量净额 | －0.37 | 0.24 | －254.17 | 0.53 |
| | 2002年 | 2001年 | 本年末比上年末增减(%) | 2000年 |
| 每股净资产 | 5.01 | 4.71 | 6.37 | 4.35 |
| 调整后的每股净资产 | 5.00 | 4.70 | 6.38 | 4.34 |

# 600277 内蒙古亿利科技实业股份有限公司

## 二〇〇二年年度报告摘选

### 1.上市公司基本情况简介

1.1 基本情况简介

股票简称:亿利科技 股票代码:600277 上市交易所:上海证券交易所

注册地址和办公地址:内蒙古鄂尔多斯市东胜区鄂尔多斯西街亿利科技大厦 邮政编码:017000

公司国际互联网网址:http://www.elion.com.cn 电子信箱:yilicor@public.hh.nm.cn

1.2 联系人和联系方式

董事会秘书:屈增龙 联系地址:内蒙古鄂尔多斯市东胜区鄂尔多斯西街亿利科技大厦

电话:0477－8372708 传真:0477－8371744 电子信箱:yilicor@public.hh.nm.cn

证券事务代表:闫树春 联系地址:内蒙古鄂尔多斯市东胜区鄂尔多斯西街亿利科技大厦

电话:0477－8372708 传真:0477－8371744 电子信箱:yilicor@public.hh.nm.cn

### 2.会计数据和财务指标摘要

2.1 主要会计数据 单位:元

| | 2002年 | 2001年 | 本年比上年增减(%) | 2000年 |
|---|---|---|---|---|
| 主营业务收入 | 559,428,261.44 | 226,836,440.86 | 146.62% | 208,700,774.10 |
| 利润总额 | 45,455,855.32 | 36,265,655.62 | 25.34% | 34,851,278.20 |
| 净利润 | 36,818,570.97 | 30,043,252.41 | 22.55% | 24,895,703.79 |
| 扣除非经常性损益的净利润 | 36,910,967.47 | 29,050,465.24 | 27.06% | 30,869,387.20 |
| | 2002年末 | 2001年末 | 本年末比上年末增减(%) | 2000年末 |
| 总资产 | 1,373,444,333.18 | 973,882,189.48 | 41.03 | 919,121,577.30 |
| 股东权益(不含少数股东权益) | 723,670,492.37 | 686,158,214.43 | 5.47 | 669,237,295.54 |
| 经营活动产生的现金流量净额 | 30,090,506.25 | －17,735,972.69 | －－ | －22,211,208.70 |

2.2 主要财务指标 单位:元

| | 2002年 | 2001年 | 本年比上年增减(%) | 2000年 |
|---|---|---|---|---|
| 每股收益 | 0.23 | 0.19 | 21.05% | 0.16 |
| 每股收益注2 | 0.23 | 0.19 | 21.05% | 0.16 |
| 净资产收益率 | 5.09% | 4.38% | 16.21% | 3.72% |
| 扣除非经常性损益的净利润为基础计算的净资产收益率 | 5.24% | 4.25% | 23.29% | 8.35% |
| 每股经营活动产生的现金流量净额 | 0.19 | －0.11 | －－ | －0.14 |
| | 2002年末 | 2001年末 | 本年末比上年末增减(%) | 2000年末 |
| 每股净资产 | 4.58 | 4.34 | 5.53% | 4.24 |
| 调整后的每股净资产 | 4.48 | 4.32 | 3.70% | 4.20 |

# 600281 太原化工股份有限公司

## 二〇〇二年年度报告摘选

### 1.公司基本情况简介

1.1 基本情况简介

股票简称:太化股份　股票代码:600281　上市交易所:上海证券交易所

注册地址:太原市学府西街高科技园区长治路工西三条 2 号

办公地址:山西省太原市文源巷 15 号　邮政编码:030001

公司国际互联网网址:www.thgf.com.cn　电子信箱:Thgf@public.ty.sx.cn

1.2 联系人和联系方式

董事会秘书:吴洪山　联系地址:山西省太原市文源巷 15 号

电话:0351－4181612　传真:0351－4180791　电子信箱:Thgf@public.ty.sx.cn

### 2.会计数据和财务指标摘要

2.1 主要会计数据

| | 2002 年 | 2001 年 | 本年比上年增减(%) | 2000 年 |
|---|---|---|---|---|
| 主营业务收入 | 682459116.71 | 711788581.12 | －4.12 | 785448247.86 |
| 利润总额 | 27237708.05 | 46344323.12 | －41.18 | 63213296.69 |
| 净利润 | 22363515.90 | 38795664.98 | －42.36 | 51060030.73 |
| 扣除非经常性损益的净利润 | 18094035.53 | 27797646.28 | －34.91 | 53250090.33 |
| | 2002 年末 | 2001 年末 | 本年末比上年末增减(%) | 2000 年末 |
| 总资产 | 1996566040.72 | 1979490776.80 | 0.86 | 1776883840.50 |
| 股东权益(不含少数股东权益) | 1041754063.80 | 1024539882.90 | 1.68 | 994173585.92 |
| 经营活动产生的现金流量净额 | －44556661.94 | 91681736.84 | －112.04 | －64374787.45 |

2.2 主要财务指标

| | 2002 年 | 2001 年 | 本年比上年增减(%) | 2000 年 |
|---|---|---|---|---|
| 每股收益 | 0.062 | 0.108 | －42.59 | 0.142 |
| 净资产收益率 | 2.15 | 3.79 | －43.27 | 5.14 |
| 扣除非经常性损益的净利润为基础计算的净资产收益率 | 1.75 | 2.74 | －36.13 | 9.31 |
| 每股经营活动产生的现金流量净额 | －0.12 | 0.26 | －146.15 | －0.18 |
| | 2002 年末 | 2001 年末 | 本年末比上年末增减(%) | 2000 年末 |
| 每股净资产 | 2.903 | 2.855 | 1.68 | 2.770 |
| 调整后的每股净资产 | 2.856 | 2.776 | 2.88 | 2.710 |

# 600299 蓝星化工新材料股份有限公司

## 二〇〇二年年度报告摘选

### 1.上市公司基本情况简介

1.1 基本情况简介

股票简称:星新材料　股票代码:600299　上市交易所:上海证券交易所

注册地址:北京市海淀区花园东路 30 号花园饭店 6201 室

办公地址:北京市海淀区花园东路 30 号花园商务会馆　邮政编码:000083

公司国际互联网网址:http://www.star－nm.com　电子信箱:xcl－008@star－nm.com

1.2 联系人和联系方式

董事会秘书:陈凤林　证券事务代表:刘佳

联系地址:北京市海淀区花园东路 30 号花园商务会馆

电话:010－82070614　传真:010－82070735　电子信箱:xcl－008@star－nm.com

### 2.会计数据和财务指标摘要

3.1 主要会计数据　单位:万元

| | 2002 年 | 2001 年 | 本年比上年增减(%) | 2000 年 |
|---|---|---|---|---|
| 主营业务收入 | 75,064 | 55,825 | 34.46 | 42,795 |
| 利润总额 | 6,029 | 5,954 | 1.26 | 7,265 |
| 净利润 | 5,031 | 4,871 | 3.28 | 6,162 |
| 扣除非经常性损益的净利润 | 4,685 | 4,693 | －0.17 | 5,305 |
| | 2002 年末 | 2001 年末 | 本年末比上年末增减(%) | 2000 年末 |
| 总资产 | 227,835 | 171,716 | 32.68 | 122,288 |
| 股东权益(不含少数股东权益) | 78,579 | 75,948 | 3.46 | 76,430 |
| 经营活动产生的现金流量净额 | 17,882 | 23,747 | －175.29 | －25,534 |

2.2 主要财务指标

| | 2002 年 | 2001 年 | 本年比上年增减(%) | 2000 年 |
|---|---|---|---|---|
| 每股收益 | 0.21 | 0.203 | 3.45 | 0.26 |
| 每股收益 | 0.21 | －－ | －－ | －－ |
| 净资产收益率 | 6.40 | 6.18 | 3.56 | 8.06 |
| 扣除非经常性损益的净利润为基础计算的净资产收益率 | 6.40 | 6.18 | 3.56 | 6.94 |
| 每股经营活动产生的现金流量净额 | 0.745 | 0.989 | －24.67 | －1.06 |
| | 2002 年末 | 2001 年末 | 本年末比上年末增减(%) | 2000 年末 |
| 每股净资产 | 3.27 | 3.16 | 3.48 | 3.18 |
| 调整后的每股净资产 | 3.28 | 3.14 | 4.46 | 3.16 |

# 600301 南宁化工股份有限公司

## 二〇〇二年年度报告摘选

### 1.上市公司基本情况简介

1.1 基本情况简介

股票简称:南化股份　股票代码:600301　上市交易所:上海证券交易所

注册地址:广西南宁市亭洪路 80 号　办公地址:广西南宁市亭洪路 80 号　邮政编码:530031

公司国际互联网网址:http://www.nh.com.cn/　电子信箱:nh@nn.col.com.cn

1.2 联系人和联系方式

董事会秘书:高友志先生　联系地址:广西南宁市亭洪路 80 号

电话:0771－4835135　传真:0771－4835643　电子信箱:nhzz@nn.gx.cninfo.net

证券事务代表:戴素霞女士　联系地址:广西南宁市亭洪路 80 号

电话:0771－4821093　传真:0771－4821093　电子信箱:nhzz@nn.gx.cninfo.net

### 2.会计数据和财务指标摘要

2.1 主要会计数据

| | 2002 年 | 2001 年 | 本年比上年增减(%) | 2000 年 |
|---|---|---|---|---|
| 主营业务收入 | 502,168,006.03 | 449,670,334.95 | 11.67 | 462,610,075.14 |
| 利润总额 | 38,489,401.82 | 29,142,997.01 | 32.07 | 43,575,604.82 |
| 净利润 | 32,669,928.15 | 24,343,034.18 | 34.21 | 36,015,261.22 |
| 扣除非经常性损益的净利润 | 33,012,315.96 | 24,958,197.98 | 32.27 | 35,134,355.83 |
| | 2002 年末 | 2001 年末 | 本年末比上年末增减(%) | 2000 年末 |
| 总资产 | 772,527,138.21 | 759,078,500.87 | 1.77 | 681,098,358.76 |
| 股东权益(不含少数股东权益) | 527,466,527.55 | 527,923,264.60 | －0.09 | 516,740,924.12 |
| 经营活动产生的现金流量净额 | 86,328,644.78 | 47,807,628.30 | 80.58 | 35,255,620.42 |

2.2 主要财务指标

| | 2002 年 | 2001 年 | 本年比上年增减(%) | 2000 年 |
|---|---|---|---|---|
| 每股收益 | 0.1765 | 0.13 | 35.77 | 0.19 |
| 每股收益 | 0.1765 | 0.13 | 35.77 | 0.19 |
| 净资产收益率 | 6.19 | 4.61 | 34.27 | 6.97 |
| 扣除非经常性损益的净利润为基础计算的净资产收益率 | 6.26 | 4.51 | 38.80 | 6.80 |
| 每股经营活动产生的现金流量净额 | 0.466 | 0.258 | 80.62 | 0.191 |
| | 2002 年末 | 2001 年末 | 本年末比上年末增减(%) | 2000 年末 |
| 每股净资产 | 2.85 | 2.85 | 0 | 2.80 |
| 调整后的每股净资产 | 2.85 | 2.85 | 0 | 2.80 |

# 600309 烟台万华聚氨酯股份有限公司

## 二〇〇二年年度报告摘选

### 1.上市公司基本情况简介

1.1 基本情况简介

股票简称:烟台万华　股票代码:600309　上市交易所:上海证券交易所

注册地址和办公地址:烟台市幸福南路 7 号　邮政编码:264002

公司国际互联网网址:http://www.ytpu.com　电子信箱:stock@ytpu.com

1.2 联系人和联系方式

董事会秘书:郭兴田　联系地址:烟台市幸福南路 7 号

电话:0535－6837888 转 8282;0535－6837894　传真:0535－6837894

电子信箱:stock@ytpu.com

证券事务代表:张道辉　联系地址:烟台市幸福南路 7 号

电话:0535－6837888 转 8537;0535－6837894　传真:0535－6837894

电子信箱:stock@ytpu.com

### 2.会计数据和财务指标摘要

2.1 主要会计数据　单位:人民币元

| | 2002 年 | 2001 年 | 本年比上年增减(%) | 2000 年 |
|---|---|---|---|---|
| 主营业务收入 | 881,744,022.69 | 571,288,456.37 | 54.34 | 344,853,089.67 |
| 利润总额 | 189,949,444.67 | 114,391,400.66 | 66.05 | 60,256,120.61 |
| 净利润 | 154,326,437.19 | 100,728,393.18 | 53.21 | 49,803,512.36 |
| 扣除非经常性损益的净利润 | 154,855,379.20 | 105,065,645.70 | 47.39 | 52,974,406.92 |
| | 2002 年末 | 2001 年末 | 本年末比上年末增减(%) | 2000 年末 |
| 总资产 | 928,133,136.03 | 726,705,994.51 | 27.72 | 757,607,653.79 |
| 股东权益(不含少数股东权益) | 731,858,820.50 | 653,798,259.77 | 11.94 | 601,069,866.59 |
| 经营活动产生的现金流量净额 | 123,979,697.90 | 84,766,521.49 | 46.26 | 84,086,054.37 |

2.2 主要财务指标　单位:人民币元

| | 2002 年 | 2001 年 | 本年比上年增减(%) | 2000 年 |
|---|---|---|---|---|
| 每股收益 | 0.40 | 0.42 | －4.76 | 0.42 |
| 净资产收益率(%) | 21.09 | 15.41 | 36.86 | 8.29 |
| 扣除非经常性损益的净利润为基础计算的净资产收益率(%) | 21.19 | 16.13 | 31.37 | 34.58 |
| 每股经营活动产生的现金流量净额 | 0.32 | 0.35 | －8.57 | 0.70 |
| | 2002 年末 | 2001 年末 | 本年末比上年末增减(%) | 2000 年末 |
| 每股净资产 | 1.91 | 2.72 | －29.78 | 5.01 |
| 调整后的每股净资产 | 1.90 | 2.72 | －30.15 | 5.01 |

## 600315 上海家化联合股份有限公司

### 二〇〇二年年度报告摘选

#### 1.上市公司基本情况简介

1.1 基本情况简介

股票简称:上海家化 股票代码:600315 上市交易所:上海证券交易所

注册地址和办公地址:上海市保定路 527 号 邮政编码:200082

公司国际互联网网址:http://www.jahwa.com.cn 电子信箱:Zhengq@jahwa.com.cn

1.2 联系人和联系方式

董事会秘书:冯珺 联系地址:上海市保定路 527 号

电话:021－65456400－3725 传真:021－65129748 电子信箱:Fengj@jahwa.com.cn

证券事务代表:曾巍 联系地址:上海市保定路 527 号

电话:021－65456400－3374 传真:021－65129748 电子信箱:Zhengq@jahwa.com.cn

#### 2.会计数据和财务指标摘要

2.1 主要会计数据

| | 2002 年(本年) | 2001 年(上年) | 本年比上年增减(%) | 2000 年 |
|---|---|---|---|---|
| 主营业务收入 | 1,363,884,564.20 | 1,305,853,059.24 | 4.44% | 1,187,217,478.32 |
| 利润总额 | 94,203,833.84 | 85,330,300.11 | 10.40% | 56,837,133.97 |
| 净利润 | 75,361,961.53 | 72,975,839.94 | 3.27% | 47,498,905.00 |
| 扣除非经常性损益的净利润 | 71,284,075.18 | 72,079,167.13 | －1.10% | 57,142,147.91 |
| | 2002 年末 | 2001 年末(上年末) | 本年末比上年末增减(%) | 2000 年末 |
| 总资产 | 1,521,943,204.90 | 1,503,664,685.46 | 1.22% | 786,716,191.72 |
| 股东权益(不含少数股东权益) | 1,105,233,355.88 | 1,070,350,371.54 | 3.26% | 286,771,149.86 |
| 经营活动产生的现金流量净额 | 19,807,343.33 | 66,722,898.86 | －70.31% | 150,035,803.48 |

2.2 主要财务指标

| | 2002 年 | 2001 年 | 本年比上年增减(%) | 2000 年 |
|---|---|---|---|---|
| 每股收益 | 0.2791 | 0.2703 | 3.26% | 0.2500 |
| 净资产收益率 | 6.82% | 6.82% | － | 16.56% |
| 扣除非经常性损益的净利润为基础计算的净资产收益率 | 6.43% | 7.38% | －12.87% | 19.86% |
| 每股经营活动产生的现金流量净额 | 0.0734 | 0.2471 | －70.30% | 0.7897 |
| | 2002 年末(本年末) | 2001 年末(上年末) | 本年末比上年末增减(%) | 2000 年末 |
| 每股净资产 | 4.0935 | 3.9643 | 3.26% | 1.5093 |
| 调整后的每股净资产 | 4.0224 | 3.8781 | 3.72% | 1.4005 |

## 600319 潍坊亚星化学股份有限公司

### 二〇〇二年年度报告摘选

#### 1.上市公司基本情况简介

1.1 基本情况简介

股票简称:亚星化学 股票代码:600319 上市交易所:上海证券交易所

注册地址和办公地址:山东省潍坊市奎文区鸢飞路 899 号 邮政编码:261031

公司国际互联网网址:http://www.chinayaxing.com 电子信箱:info@chinayaxing.com

1.2 联系人和联系方式

董事会秘书:汪波 联系地址:山东省潍坊市奎文区鸢飞路 899 号

电话:0536－8667941 传真:0536－8666877 电子信箱:info@chinayaxing.com

证券事务代表:李念法 联系地址:山东省潍坊市奎文区鸢飞路 899 号

电话:0536－8663853 传真:0536－8663853 电子信箱:info@chinayaxing.com

#### 2.会计数据和财务指标摘要

2.1 主要会计数据

| | 2002 年 | 2001 年 | 本年比上年增减(%) | 2000 年 |
|---|---|---|---|---|
| 主营业务收入 | 606,289,163.86 | 597,642,456.09 | 1.45 | 502,616,841.63 |
| 利润总额 | 55,061,447.54 | 62,375,813.44 | －11.73 | 76,878,615.73 |
| 净利润 | 47,622,039.48 | 54,484,594.14 | －12.60 | 67,273,836.89 |
| 扣除非经常性损益的净利润 | 45,994,002.10 | 52,729,605.83 | －12.77 | 69,760,210.79 |
| | 2002 年末 | 2001 年末 | 本年末比上年末增减(%) | 2000 年末 |
| 总资产 | 1,376,995,789.21 | 1,317,176,244.53 | 4.54 | 679,919,506.80 |
| 股东权益(不含少数股东权益) | 1,004,607,772.26 | 988,469,124.95 | 1.63 | 235,371,193.78 |
| 经营活动产生的现金流量净额 | 58,836,199.83 | 67,959,239.61 | －13.42 | 100,288,587.40 |

2.2 主要财务指标

| | 2002 年 | 2001 年 | 本年比上年增减(%) | 2000 年 |
|---|---|---|---|---|
| 每股收益 | 0.151 | 0.173 | －12.72 | 0.286 |
| 净资产收益率 | 4.74% | 5.51% | －13.97 | 28.58% |
| 扣除非经常性损益的净利润为基础计算的加权平均净资产收益率 | 4.54% | 6.07% | 25.21 | 31.24% |
| 每股经营活动产生的现金流量净额 | 0.186 | 0.215 | －13.49 | 0.426 |
| | 2002 年末 | 2001 年末 | 本年末比上年末增减(%) | 2000 年末 |
| 每股净资产 | 3.183 | 3.132 | 1.63 | 0.999 |
| 调整后的每股净资产 | 3.145 | 3.090 | 1.78 | 0.956 |

## 600328 内蒙古兰太实业股份有限公司

### 二〇〇二年年度报告摘选

#### 1.上市公司基本情况简介

1.1 基本情况简介

股票简称:兰太实业 股票代码:600328 上市交易所:上海证券交易所

注册地址和办公地址:内蒙古阿拉善左旗吉兰泰镇 邮政编码:750333

公司国际互联网网址:http://www.lantai.net.cn 电子信箱:yhjtgs@public.hh.nm.cn

1.2 联系人和联系方式

董事会秘书:李晶 联系地址:内蒙古阿拉善左旗吉兰泰镇

电话:0483－8838636 传真:0483－8838735 电子信箱:ltgslj@public.hh.nm.cn

证券事务代表:赵双云 联系地址:内蒙古阿拉善左旗吉兰泰镇

电话:0483－8838620 传真:0483－8838735 电子信箱:ltsy600328@263.net

#### 2.会计数据和财务指标摘要

2.1 主要会计数据

| | 2002 年 | 2001 年 | 本年比上年增减(%) | 2000 年 |
|---|---|---|---|---|
| 主营业务收入 | 388,432,117.46 | 269,137,053.28 | 44.33 | 250,601,885.56 |
| 利润总额 | 51,802,194.78 | 48,095,364.12 | 7.71 | 37,132,872.62 |
| 净利润 | 43,813,075.26 | 39,668,698.74 | 10.45 | 26,158,181.70 |
| 扣除非经常性损益的净利润 | 41,631,370.68 | 32,641,515.59 | 27.54 | 38,495,646.31 |
| | 2002 年 12 月 31 日 | 2001 年 12 月 31 日 | 本年末比上年末增减(%) | 2000 年 12 月 31 日 |
| 总资产 | 1,213,885,449.01 | 1,193,659,693.11 | 1.69 | 957,493,923.00 |
| 股东权益(不含少数股东权益) | 651,039,933.83 | 634,851,322.41 | 2.55 | 607,268,326.6 |
| 经营活动产生的现金流量净额 | 10,559,190.54 | 39,417,573.00 | －73.11 | 20,341,703.37 |

2.2 主要财务指标

| | 2002 年 | 2001 年 | 本年比上年增减(%) | 2000 年 |
|---|---|---|---|---|
| 每股收益 | 0.25 | 0.23 | 8.70 | 0.15 |
| 每股收益注 2 | 0.25 | 0.23 | 8.70 | 0.23 |
| 净资产收益率 | 6.67 | 6.33 | 5.37 | 15.31 |
| 扣除非经常性损益的净利润为基础计算的净资产收益率 | 6.34 | 5.21 | 21.69 | 22.47 |
| 每股经营活动产生的现金流量净额 | 0.06 | 0.23 | －73.91 | 0.12 |
| | 2002 年 12 月 31 日 | 2001 年 12 月 31 日 | 本年末比上年末增减(%) | 2000 年 12 月 31 日 |
| 每股净资产 | 3.77 | 3.68 | 2.45 | 3.52 |
| 调整后的每股净资产 | 3.75 | 3.65 | 2.74 | 3.47 |

## 600331 四川宏达化工股份有限公司

### 二〇〇二年年度报告摘选

#### 1.上市公司基本情况简介

1.1 基本情况简介

股票简称:宏达股份 股票代码:600331 上市交易所:上海证券交易所

注册地址:四川省什邡市民主镇 办公地址:四川省成都市锦里东路 2 号宏达大厦

邮政编码:610041

公司国际互联网网址:http://www.sichuanhongda.com 电子信箱:hongdazqb@163.net

1.2 联系人和联系方式

董事会秘书:王延俊 联系地址:四川省成都市锦里东路 2 号宏达大厦

电话:028－86141081 传真:028－86140372 电子信箱:hongdazqb@163.net

证券事务代表:王礼春 联系地址:四川省成都市锦里东路 2 号宏达大厦

电话:028－86141081 传真:028－86140372 电子信箱:hongdazqb@163.net

#### 2.会计数据和财务指标摘要

2.1 主要财务数据(单位:人民币元)

| | 2002 年 | 2001 年 | 本年比上年增减(%) | 2000 年 |
|---|---|---|---|---|
| 主营业务收入 | 521,689,819.02 | 372,461,360.30 | 40.07 | 347,328,400.42 |
| 利润总额 | 47,229,243.51 | 32,912,983.99 | 43.50 | 55,412,742.65 |
| 净利润 | 39,640,568.81 | 22,238,564.54 | 78.25 | 36,571,048.71 |
| 扣除非经常性损益的净利润 | 31,533,068.81 | 21,148,694.90 | 49.10 | 37,010,409.32 |
| | 2002 年末 | 2001 年末 | 本年末比上年末增减(%) | 2000 年末 |
| 总资产 | 1,441,615,887.74 | 1,145,447,720.32 | 25.86 | 521,446,977.92 |
| 股东权益(不含少数股东权益) | 681,955,534.07 | 661,571,413.85 | 3.08 | 217,121,054.33 |
| 经营活动产生的现金流量净额 | －51,273,332.56 | 52,348,567.61 | －197.95 | －42,243,814.82 |

2.2 主要财务指标(单位:人民币元)

| | 2002 年 | 2001 年 | 本年比上年增减(%) | 2000 年 |
|---|---|---|---|---|
| 每股收益(摊薄) | 0.3049 | 0.1711 | 78.20 | 0.4571 |
| 每股收益(加权) | 0.3049 | 0.2687 | 13.47 | 0.4571 |
| 净资产收益率 | 5.81 | 3.36 | 72.92 | 16.84 |
| 扣除非经常性损益的净利润为基础计算的净资产收益率 | 4.62 | 3.20 | 44.38 | 17.22 |
| 每股经营活动产生的现金流量净额 | －0.39 | 0.40 | －197.5 | －0.53 |
| | 2002 年末 | 2001 年末 | 本年末比上年末增减(%) | 2000 年末 |
| 每股净资产 | 5.25 | 5.09 | 3.14 | 2.71 |
| 调整后的每股净资产 | 5.18 | 5.06 | 2.37 | 2.67 |

## 600339 新疆独山子天利高新技术股份有限公司

# 二〇〇二年年度报告摘选

### 1.上市公司基本情况简介

1.1 基本情况简介

股票简称:天利高新 股票代码:600339 上市交易所:上海证券交易所
注册地址和办公地址:新疆独山子区大庆东路 2 号 邮政编码:833600
公司国际互联网网址:http://www.tlhnt.com http://www.600339.com
电子信箱:tlgx@sina.com

1.2 联系人和联系方式

董事会秘书:马新海 联系地址:新疆独山子大庆东路 2 号天利高新董事会秘书办公室
电话:0992-3655959 传真:0992-3659999 电子信箱:600339@vip.sina.com
证券事务代表:任斌 联系地址:新疆独山子大庆东路 2 号天利高新证券部
电话:0992-3877118 传真:0992-3659999 电子信箱:tlgx_ren@sina.com

### 2.会计数据和财务指标摘要

2.1 主要会计数据 (单位:人民币元)

| | 2002 年 | 2001 年 | 本年比上年增减(%) | 2000 年 |
|---|---|---|---|---|
| 主营业务收入 | 733,987,939.67 | 340,440,308.09 | 115.60 | 311,769,414.30 |
| 利润总额 | 61,088,702.22 | 60,622,718.08 | 0.77 | 49,040,208.48 |
| 净利润 | 52,037,481.40 | 51,361,139.96 | 1.32 | 32,208,616.04 |
| 扣除非经常性损益的净利润 | 52,444,230.96 | 54,075,616.27 | -3.02 | 31,333,976.17 |
| | 2002 年末 | 2001 年末 | 本年末比上年末增减(%) | 2000 年末 |
| 总资产 | 1,082,166,646.90 | 920,306,727.89 | 17.59 | 790,312,522.62 |
| 股东权益(不含少数股东权益) | 627,899,246.49 | 629,411,765.09 | -0.24 | 604,835,592.64 |
| 经营活动产生的现金流量净额 | 110,465,088.33 | -8,192.72 | 1348432 | 41,585,601.12 |

2.2 主要财务指标 (单位:人民币元)

| | 2002 年 | 2001 年 | 本年比上年增减(%) | 2000 年 |
|---|---|---|---|---|
| 每股收益(摊薄) | 0.15 | 0.22 | -31.82 | 0.189 |
| 每股收益(加权) | 0.15 | 0.22 | -31.82 | 0.293 |
| 净资产收益率 | 7.94 | 8.15 | -2.58 | 17.00 |
| 扣除非经常性损益的净利润为基础计算的净资产收益率 | 8.00 | 8.58 | -6.76 | 16.54 |
| 每股经营活动产生的现金流量净额 | 0.31 | 0 | -- | 0.249 |
| | 2002 年末 | 2001 年末 | 本年末比上年末增减(%) | 2000 年末 |
| 每股净资产 | 1.76 | 2.64 | -33.33 | 3.56 |
| 调整后的每股净资产 | 1.76 | 2.64 | -33.33 | 3.54 |

## 600367 贵州红星发展股份有限公司

# 二〇〇二年年度报告摘选

### 1.上市公司基本情况简介

1.1 基本情况简介

股票简称:红星发展 股票代码:600367 上市交易所:上海证券交易所
注册地址和办公地址:贵州省安顺市镇宁县丁旗镇 邮政编码:561206
公司国际互联网网址:http://www.hxfz.com.cn 电子信箱:rsfz@21cn.com

1.2 联系人和联系方式

董事会秘书:温霞 联系地址:贵州省安顺市镇宁县丁旗镇
电话:0853-6780066 传真:0853-6780074 电子信箱:WenXia168@21cn.com
证券事务代表:刘宝江 联系地址:贵州省安顺市镇宁县丁旗镇
电话:0853-6780388 传真:0853-6780074 电子信箱:LiuBaojiang@21cn.com

### 2.会计数据和财务指标摘要

2.1 主要会计数据 单位:元

| | 2002 年 | 2001 年 | 本年比上年增减(%) | 2000 年 |
|---|---|---|---|---|
| 主营业务收入 | 503,701,758.58 | 357,386,635.94 | 40.9% | 252,309,769.61 |
| 利润总额 | 135,861,624.32 | 102,835,687.26 | 32.1% | 74,008,442.27 |
| 净利润 | 95,228,900.08 | 80,944,600.96 | 17.6% | 51,103,034.19 |
| 扣除非经常性损益的净利润 | 96,493,041.53 | 80,195,810.99 | 20.3% | 54,967,633.38 |
| | 2002 年末 | 2001 年末 | 本年末比上年末增减(%) | 2000 年末 |
| 总资产 | 970,050,234.19 | 727,290,334.65 | 33.4% | 279,268,991.77 |
| 股东权益(不含少数股东权益) | 659,843,972.07 | 565,290,334.65 | 16.7% | 126,033,073.93 |
| 经营活动产生的现金流量净额 | 100,309,283.39 | 43,989,039.48 | 128.0% | 50,379,409.50 |

2.2 主要财务指标 单位:元

| | 2002 年 | 2001 年 | 本年比上年增减(%) | 2000 年 |
|---|---|---|---|---|
| 每股收益 | 0.73 | 0.81 | -9.88 | 0.73 |
| 净资产收益率 | 15.91 | 14.30 | 11.26 | 40.55 |
| 扣除非经常性损益的净利润为基础计算的净资产收益率 | 16.12 | 16.95 | -4.90 | 43.61 |
| 每股经营活动产生的现金流量净额 | 0.77 | 0.44 | 75.00 | 0.72 |
| | 2002 年末 | 2001 年末 | 本年末比上年末增减(%) | 2000 年末 |
| 每股净资产 | 5.08 | 5.66 | -10.25 | 1.80 |
| 调整后的每股净资产 | 5.07 | 5.65 | -10.27 | 1.77 |

## 600389 南通江山农药化工股份有限公司

# 二〇〇二年年度报告摘选

### 1.上市公司基本情况简介

1.1 基本情况简介

股票简称:江山股份 股票代码:600389 上市交易所:上海证券交易所
注册地址和办公地址:江苏省南通市姚港路 35 号 邮政编码:226006
公司国际互联网网址:http://www.jsac.com.cn 电子信箱:jspc@public.nt.js.cn

1.2 联系人和联系方式

董事会秘书:陶坤山 电话:0513-3517961 传真:0513-3521807
电子信箱:jsgf@pub.nt.jsinfo.net
联系地址:江苏省南通市姚港路 35 号南通江山农药化工股份有限公司董事会秘书室
证券事务代表:宋金华 电话:0513-3517081 传真:0513-3521807
电子信箱:s-jh@pub.nt.jsinfo.net
联系地址:江苏省南通市姚港路 35 号南通江山农药化工股份有限公司董事会秘书室

### 2.会计数据和财务指标摘要

2.1 主要会计数据

| | 2002 年 | 2001 年 | 本年比上年增减(%) | 2000 年 |
|---|---|---|---|---|
| 主营业务收入 | 704,587,455.55 | 588,816,716.13 | 19.66 | 522,577,948.23 |
| 利润总额 | 49,410,601.52 | 48,854,632.43 | 1.14 | 42,102,129.78 |
| 净利润 | 31,609,257.90 | 37,470,080.28 | -15.64 | 27,705,181.44 |
| 扣除非经常性损益的净利润 | 28,913,600.05 | 26,931,047.11 | 8.24 | 29,645,107.38 |
| | 2002 年末 | 2001 年末 | 本年末比上年末增减(%) | 2000 年末 |
| 总资产 | 1,029,600,094.35 | 775,468,283.95 | 32.77 | 719,994,124.57 |
| 股东权益(不含少数股东权益) | 454,699,625.90 | 431,819,177.01 | 5.30 | 396,480,232.12 |
| 经营活动产生的现金流量净额 | 20,861,068.42 | 72,080,084.47 | -71.06 | 35,203,982.13 |

2.2 主要财务指标

| | 2002 年 | 2001 年 | 本年比上年增减(%) | 2000 年 |
|---|---|---|---|---|
| 每股收益 | 0.176 | 0.250 | -29.6 | 0.185 |
| 净资产收益率 | 6.95 | 8.68 | | 6.99 |
| 扣除非经常性损益的净利润为基础计算的净资产收益率 | 6.36 | 6.24 | 0.80 | 6.99 |
| 每股经营活动产生的现金流量净额 | 0.116 | 0.481 | -75.47 | 0.24 |
| | 2002 年末 | 2001 年末 | 本年末比上年末增减(%) | 2000 年末 |
| 每股净资产 | 2.526 | 2.879 | -12.26 | 2.643 |
| 调整后的每股净资产 | 2.516 | 2.861 | -10.49 | 2.612 |

## 600426 山东华鲁恒升化工股份有限公司

# 二〇〇二年年度报告摘选

### 1.上市公司基本情况简介

1.1 基本情况简介

股票简称:华鲁恒升 股票代码:600426 上市交易所:上海证券交易所
注册地址和办公地址:山东省德州市天衢西路 24 号 邮政编码:253024
公司国际互联网网址:http://www.hl-hengsheng.com 电子信箱:Hl600426@sina.com

1.2 联系人和联系方式

董事会秘书:宋杰 联系地址:山东省德州市天衢西路 24 号
电话:0534-2460426 传真:0534-2462421 电子信箱:Hl600426@sina.com
证券事务代表:段亚鹏 联系地址:山东省德州市天衢西路 24 号
电话:0534-2460426 传真:0534-2462421 电子信箱:Hl600426@sina.com

### 2.会计数据和财务指标摘要

2.1 主要会计数据

| | 2002 年 | 2001 年 | 本年比上年增减(%) | 2000 年 |
|---|---|---|---|---|
| 主营业务收入 | 451099301.23 | 375230569.24 | 20.22 | 392368537.85 |
| 利润总额 | 61428757.47 | 44725657.83 | 37.35 | 51465162.22 |
| 净利润 | 46092048.25 | 33574820.16 | 37.28 | 34382107.37 |
| 扣除非经常性损益的净利润 | 36164881.23 | 29579323.67 | 22.26 | 34206156.26 |
| | 2002 年末 | 2001 年末 | 本年末比上年末增减(%) | 2000 年末 |
| 总资产 | 896669794.51 | 447527676.21 | 100.36 | 431357107.87 |
| 股东权益(不含少数股东权益) | 558153115.95 | 172955783.59 | 222.71 | 167919560.56 |
| 经营活动产生的现金流量净额 | 49477356.44 | 44584781.49 | 10.97 | 1849698.12 |

2.2 主要财务指标

| | 2002 年 | 2001 年 | 本年比上年增减(%) | 2000 年 |
|---|---|---|---|---|
| 每股收益 | 0.276 | 0.31 | -10.97 | 0.32 |
| 每股收益 | 0.276 | 0.31 | -10.97 | 0.32 |
| 净资产收益率 | 8.26 | 19.41 | -57.44 | 20.48 |
| 扣除非经常性损益的净利润为基础计算的净资产收益率 | 9.63 | 16.01 | -39.85 | 21.45 |
| 每股经营活动产生的现金流量净额 | 0.30 | 0.42 | -28.57 | 0.02 |
| | 2002 年末 | 2001 年末 | 本年末比上年末增减(%) | 2000 年末 |
| 每股净资产 | 3.34 | 1.62 | 106.17 | 1.57 |
| 调整后的每股净资产 | 3.34 | 1.62 | 106.17 | 1.57 |

## 600458 株洲时代新材料科技股份有限公司

### 二〇〇二年年度报告摘选

#### 1.上市公司基本情况简介

1.1 基本情况简介

股票简称:时代新材 股票代码:600458 上市交易所:上海证券交易所

注册地址:株洲市高新技术开发区黄河南路

办公地址:株洲市天元区黄山路 邮政编码:412007

公司国际互联网网址:http://www.trp.com.cn 电子信箱:public@trp.com.cn

1.2 联系人和联系方式

董事会秘书:杨宗国 联系地址:株洲市天元区黄山路公司证券事务办

电话:0733－2884718 传真:0733－2884786 电子信箱:yangzg@trp.com.cn

证券事务代表:季晓康 联系地址:株洲市天元区黄山路公司证券事务办

电话:0733－2884786 传真:0733－2884786 电子信箱:jixiaokang@trp.com.cn

#### 2.会计数据和财务指标摘要

2.1 主要会计数据 单位:元

| 项 目 | 2002 年 | 2001 年 | 本年比上年增减(%) | 2000 年 |
|---|---|---|---|---|
| 主营业务收入 | 157,463,933.83 | 102,029,484.37 | 54.33 | 80,199,178.08 |
| 利润总额 | 31,290,592.49 | 20,017,794.87 | 56.31 | 13,780,912.93 |
| 净利润 | 25,852,613.69 | 16,750,717.73 | 54.34 | 11,442,275.81 |
| 扣除非经常性损益的净利润 | 25,925,636.35 | 17,128,016.53 | 51.36 | 11,473,022.13 |
| 项 目 | 2002 年末 | 2001 年末 | 本年末比上年末增减(%) | 2000 年末 |
| 总资产 | 388,010,287.66 | 136,681,881.12 | 183.88 | 98,173,860.62 |
| 股东权益(不含少数股东权益) | 310,287,402.80 | 72,485,653.96 | 328.07 | 54,914,616.08 |
| 经营活动产生的现金流量净额 | 8,376,768.23 | 4,622,878.59 | 81.20 | 12,842,863.73 |

2.2 主要财务指标

| 项 目 | 2002 年 | 2001 年 | 本年比上年增减(%) | 2000 年 |
|---|---|---|---|---|
| 每股收益(元) | 0.30 | 0.33 | －9.09 | 0.23 |
| 净资产收益率% | 8.33 | 23.11 | －63.95 | 20.84 |
| 扣除非经常性损益的净利润为基础计算的净资产收益率(%) | 8.36 | 23.63 | －64.62 | 20.89 |
| 每股经营活动产生的现金流量净额(元) | 0.10 | 0.09 | 11.11 | 0.26 |
| 项 目 | 2002 年末 | 2001 年末 | 本年末比上年末增减(%) | 2000 年末 |
| 每股净资产(元) | 3.64 | 1.45 | 151.03 | 1.10 |
| 调整后的每股净资产(元) | 3.64 | 1.44 | 152.78 | 1.06 |

## 600486 江苏扬农化工股份有限公司

### 二〇〇二年年度报告摘选

#### 1.上市公司基本情况简介

1.1 基本情况简介

股票简称:扬农化工 股票代码:600486 上市交易所:上海证券交易所

注册地址和办公地址:江苏扬州市文峰路 39 号 邮政编码:225009

公司国际互联网网址:http://www.yngf.com 电子信箱:yngf@yngf.com

1.2 联系人和联系方式

董事会秘书:陆曦明 联系地址:扬州市文峰路 39 号

电话:0514－7813243－7486 传真:0514－7815486 电子信箱:stockcom@yngf.com

证券事务代表:吴孝举 联系地址:扬州市文峰路 39 号

电话:0514－7813243－7486 传真:0514－7815486 电子信箱:stockcom@yngf.com

#### 2.会计数据和财务指标摘要

2.1 主要会计数据

| | 2002 年 | 2001 年 | 本年比上年增减(%) | 2000 年 |
|---|---|---|---|---|
| 主营业务收入 | 300,975,583.58 | 264,416,321.37 | 13.83 | 245,297,700.74 |
| 利润总额 | 36,690,345.78 | 35,344,655.61 | 3.81 | 35,714,362.63 |
| 净利润 | 24,250,405.18 | 23,676,226.22 | 2.43 | 23,911,633.31 |
| 扣除非经常性损益的净利润 | 26,245,778.32 | 25,077,285.50 | 4.66 | 25,089,704.65 |
| | 2002 年末 | 2001 年末 | 本年末比上年末增减(%) | 2000 年末 |
| 总资产 | 493,259,928.27 | 240,279,555.15 | 105.29 | 239,475,726.32 |
| 股东权益(不含少数股东权益) | 329,196,527.87 | 108,493,178.13 | 221.86 | 104,586,551.91 |
| 经营活动产生的现金流量净额 | 33,226,346.27 | 51,794,367.09 | －35.85 | 55,375,951.58 |

2.2 主要财务指标

| | 2002 年 | 2001 年 | 本年比上年增减(%) | 2000 年 |
|---|---|---|---|---|
| 每股收益 | 0.243 | 0.338 | －28.11 | 0.342 |
| 净资产收益率 | 7.37% | 21.82% | －68.19 | 22.86% |
| 扣除非经常性损益的净利润为基础计算的净资产收益率 | 10.04% | 21.54% | －53.39 | 22.19% |
| 每股经营活动产生的现金流量净额 | 0.332 | 0.740 | －55.14 | 0.791 |
| | 2002 年末 | 2001 年末 | 本年末比上年末增减(%) | 2000 年末 |
| 每股净资产 | 3.292 | 1.550 | 125.29 | 1.494 |
| 调整后每股净资产 | 3.291 | 1.550 | 125.23 | 1.494 |

## 600532 山东华阳科技股份有限公司

### 二〇〇二年年度报告摘选

#### 1.上市公司基本情况简介

1.1 基本情况简介

股票简称:华阳科技 股票代码:600532 上市交易所:上海证券交易所

注册地址和办公地址:山东省宁阳县磁窑镇 邮政编码:271411

公司国际互联网网址:http://www.huayang.com 电子信箱:cnhy@huayang.com

1.2 联系人和联系方式

董事会秘书:周忠 联系地址:山东省宁阳县磁窑镇华阳科技办公大楼

电话:0538－5826209 传真:0538－5826269 电子信箱:huayang1000@sohu.com

证券事务代表:靳茂国 联系地址:山东省宁阳县磁窑镇华阳科技办公大楼

电话:0538－5826208 传真:0538－5826269 电子信箱:5826208@163.com

#### 2.会计数据和财务指标摘要

2.1 主要会计数据(单位:人民币元)

| | 2002 年 | 2001 年 | 本年比上年增减(%) | 2000 年 |
|---|---|---|---|---|
| 主营业务收入 | 277,244,773.86 | 249,790,786.85 | 10.99 | 216,160,038.92 |
| 利润总额 | 25,824,955.55 | 23,971,903.20 | 7.73 | 20,242,893.12 |
| 净利润 | 17,082,512.78 | 15,635,186.99 | 9.26 | 13,131,245.36 |
| 扣除非经常性损益的净利润 | 17,197,727.91 | 15,635,186.99 | 9.99 | 13,131,245.36 |
| | 2002 年末 | 2001 年末 | 本年末比上年末增减(%) | 2000 年末 |
| 总资产 | 490,483,462.42 | 224,334,542.98 | 118.64 | 171,427,866.43 |
| 股东权益(不含少数股东权益) | 330,861,679.30 | 90,307,797.45 | 266.37 | 74,631,338.46 |
| 经营活动产生的现金流量净额 | 50,386,722.80 | 5,769,829.84 | 773.28 | 7,381,380.98 |

2.2 主要财务指标

| | 2002 年 | 2001 年 | 本年比上年增减(%) | 2000 年 |
|---|---|---|---|---|
| 每股收益 | 0.19 | 0.31 | －38.71 | 0.26 |
| 净资产收益率 | 5.16% | 17.31% | －70.19 | 17.59% |
| 扣除非经常性损益的净利润为基础计算的净资产收益率 | 12.47% | 17.31% | －27.96 | 17.59% |
| 每股经营活动产生的现金流量净额 | 0.56 | 0.12 | 366.67 | 0.15 |
| | 2002 年末 | 2001 年末 | 本年末比上年末增减(%) | 2000 年末 |
| 每股净资产 | 3.676 | 1.81 | 103.09 | 1.49 |
| 调整后的每股净资产 | 3.674 | 1.80 | 104.11 | 1.49 |

## 600579 青岛黄海橡胶股份有限公司

### 二〇〇二年年度报告摘选

#### 1.上市公司基本情况简介

1.1 基本情况简介

股票简称:黄海股份 股票代码:600579 上市交易所:上海证券交易所

注册地址和办公地址:青岛市李沧区沧安路 1 号 邮政编码:266041

公司国际互联网网址:http://www.yellowsearubber.com 电子信箱:info@yellowsearubber.com

1.2 联系人和联系方式

董事会秘书:宋志勇 联系地址:青岛市李沧区沧安路 1 号

电话:0532－4693425 传真:0532－4692935 电子信箱:stock@yellowsearubber.com

证券事务代表:孙荣青 联系地址:青岛市李沧区沧安路 1 号

电话:0532－4692733 传真:0532－4692935 电子信箱:stock@yellowsearubber.com

#### 2.会计数据和财务指标摘要

2.1 主要会计数据 单位:(人民币)元

| | 2002 年 | 2001 年 | 本年比上年增减(%) | 2000 年 |
|---|---|---|---|---|
| 主营业务收入 | 599,303,066.76 | 409,010,554.71 | 46.53% | 427,327,775.96 |
| 利润总额 | 70,798,104.90 | 44,083,976.18 | 60.60% | 39,801,469.20 |
| 净利润 | 46,411,869.90 | 29,590,511.51 | 56.85% | 25,353,027.24 |
| 扣除非经常性损益的净利润 | 46,411,869.90 | 29,590,511.51 | 56.85% | 25,353,027.24 |
| | 2002 年末 | 2001 年末 | 本年末比上年末增减(%) | 2000 年末 |
| 总资产 | 1,137,666,332.94 | 634,753,040.96 | 79.23% | 569,136,329.66 |
| 股东权益(不含少数股东权益) | 542,579,975.45 | 215,072,810.72 | 152.28% | 185,482,299.21 |
| 经营活动产生的现金流量净额 | 117,572,856.72 | 79,056,452.40 | 48.72% | (16,932,429.58) |

2.2 主要财务指标 单位:(人民币)元

| | 2002 年 | 2001 年 | 本年比上年增减(%) | 2000 年 |
|---|---|---|---|---|
| 每股收益(摊薄) | 0.215 | 0.25 | －0.04% | 0.21 |
| 每股收益(加权) | 0.314 | 0.25 | 56% | 0.21 |
| 净资产收益率 | 8.55% | 13.76% | －5.21% | 13.71% |
| 扣除非经常性损益的净利润为基础计算的净资产收益率 | 8.55% | 13.76% | －5.21% | 13.71% |
| 每股经营活动产生的现金流量净额 | 0.54 | 0.66 | －0.12 | －0.14 |
| | 2002 年末 | 2001 年末 | 本年末比上年末增减(%) | 2000 年末 |
| 每股净资产 | 2.51 | 1.79 | 40.22% | 1.55 |
| 调整后的每股净资产 | 2.47 | 1.78 | 38.76% | 1.83 |

## 600596 浙江新安化工集团股份有限公司

### 二〇〇二年年度报告摘选

#### 1.上市公司基本情况简介

1.1 基本情况简介

股票简称:新安股份 股票代码:600596 上市交易所:上海证券交易所

注册地址和办公地址:浙江省建德市新安江白沙路 93 号 邮政编码:311600

公司国际互联网网址:http://www.xinanchem.com 电子信箱:Xinanche@jd.hz.zj.cn

1.2 联系人和联系方式

董事会秘书:姜永平 联系地址:浙江省建德市新安江白沙路 93 号

电话:0571-64715693 传真:0571-64726063 电子信箱:j_yping@263.net

证券事务代表:李明乔 联系地址:浙江省建德市新安江白沙路 93 号

电话:0571-64723891 转 2080 传真:0571-64726275 电子信箱:xahglmq@sina.com

#### 2.会计数据和财务指标摘要

2.1 主要会计数据 单位:元

| | 2002 年(本年) | 2001 年(上年) | 本年比上年增减(%) | 2000 年 |
|---|---|---|---|---|
| 主营业务收入 | 782,924,548.67 | 649,117,924.27 | 20.61 | 560,805,751.98 |
| 利润总额 | 38,925,729.85 | 32,311,478.31 | 20.47 | 37,773,734.23 |
| 净利润 | 32,105,861.98 | 20,482,849.16 | 56.75 | 23,035,858.52 |
| 扣除非经常性损益的净利润 | 31,604,182.30 | 18,382,956.80 | 71.92 | 23,176,320.20 |
| | 2002 年(本年末) | 2001 年(上年末) | 本年末比上年末增减(%) | 2000 年末 |
| 总资产 | 924,807,266.23 | 930,993,924.26 | -0.66 | 597,899,710.76 |
| 股东权益(不含少数股东权益) | 503,071,722.10 | 493,745,747.26 | 1.89 | 192,904,263.99 |
| 经营活动产生的现金流量净额 | 115,781,370.56 | 1,033,581.82 | 11101.96 | 107,288,290.40 |

2.2 主要财务指标

| | 2002 年(本年) | 2001 年(上年) | 本年比上年增减(%) | 2000 年 |
|---|---|---|---|---|
| 每股收益(全面摊薄) | 0.239 | 0.153 | +56.21 | 0.245 |
| 每股收益(加权平均) | 0.239 | 0.191 | +25.13 | 0.245 |
| 净资产收益率 | 6.38 | 4.15 | +53.73 | 11.94 |
| 扣除非经常性损益的净利润为基础计算的净资产收益率 | 6.20 | 6.12 | +1.31 | 12.22 |
| 每股经营活动产生的现金流量净额 | 0.86 | 0.01 | +8500 | 0.80 |
| | 2002 年末(本年末) | 2001 年末(上年末) | 本年末比上年末增减(%) | 2000 年末 |
| 每股净资产 | 3.75 | 3.68 | 1.90 | 2.05 |
| 调整后的每股净资产 | 3.70 | 3.63 | 1.93 | 2.00 |

## 600599 湖南浏阳花炮股份有限公司

### 二〇〇二年年度报告摘选

#### 1.上市公司基本情况简介

1.1 基本情况简介

股票简称:浏阳花炮 股票代码:600599 上市交易所:上海证券交易所

注册地址和办公地址:湖南省浏阳市金沙北路 369 号 邮政编码:410300

公司国际互联网网址:http://www.kingfireworks.com 电子信箱:liuhua@public.cs.hn.cn

1.2 联系人和联系方式

董事会秘书:唐和平 联系地址:湖南省浏阳市金沙北路 369 号

电话:0731-3620966 传真:0731-3611670 电子信箱:Lyhp600599@263.net

证券事务代表:杨萍 联系地址:湖南省浏阳市金沙北路 369 号

电话:0731-3620966 传真:0731-3611670 电子信箱:Lyhp600599@263.net

#### 2.会计数据和财务指标摘要

2.1 主要会计数据 单位:人民币万元

| | 2002 年 | 2001 年 | 本年比上年增减(%) | 2000 年 |
|---|---|---|---|---|
| 主营业务收入 | 27612.04 | 19717.00 | 40.04 | 20025.72 |
| 利润总额 | 3461.38 | 2587.07 | 33.80 | 1721.48 |
| 净利润 | 2019.93 | 1779.00 | 13.54 | 1185.47 |
| 扣除非经常性损益的净利润 | 2035.16 | 1522.54 | 33.67 | 1175.49 |
| | 2002 年末 | 2001 年末 | 本年末比上年末增减(%) | 2000 年末 |
| 总资产 | 51220.23 | 35024.71 | 46.24 | 13194.72 |
| 股东权益(不含少数股东权益) | 27896.34 | 27136.40 | 2.80 | 7748.77 |
| 经营活动产生的现金流量净额 | -8347.93 | -193.59 | -4212.17 | 125.37 |

2.2 主要财务指标 单位:人民币元

| | 2002 年 | 2001 年 | 本年比上年增减(%) | 2000 年 |
|---|---|---|---|---|
| 每股收益(摊薄) | 0.160 | 0.254 | -37.01 | 0.237 |
| 每股收益(加权) | 0.160 | 0.305 | -47.54 | 0.237 |
| 净资产收益率 | 7.24 | 6.56 | 10.36 | 14.93 |
| 扣除非经常性损益的净利润为基础计算的净资产收益率 | 7.18 | 10.84 | -33.76 | 14.81 |
| 每股经营活动产生的现金流量净额 | -0.66 | -0.03 | -2100 | 0.03 |
| | 2002 年末 | 2001 年末 | 本年末比上年末增减(%) | 2000 年末 |
| 每股净资产 | 2.21 | 3.88 | -43.04 | 1.55 |
| 调整后的每股净资产 | 2.21 | 3.86 | -42.75 | 1.53 |

## 600614 上海胶带股份有限公司

### 二〇〇二年年度报告摘选

#### 1.上市公司基本情况简介

1.1 基本情况简介

股票简称:胶带股份、胶带 B 股 股票代码:600614、900907 上市交易所:上海证券交易所

注册地址:上海浦东东昌路 600 号

办公地址:上海市浦东世纪大道 1600 号浦项商务广场 19 楼 邮政编码:200122

公司国际互联网网址:http://www.600614.com 电子信箱:qian_hx@600614.com

1.2 联系人和联系方式

董事会秘书:钱海啸先生 联系地址:上海市浦东世纪大道 1600 号浦项商务广场 19 楼

电话:021-50813939*201 传真:021-58313117 电子信箱:qian_hx@600614.com

证券事务代表:嵇尚洲先生 联系地址:上海市浦东世纪大道 1600 号浦项商务广场 19 楼

电话:021-50813939*698 传真:021-58313117 电子信箱:ji_sz@600614.com

#### 2.会计数据和财务指标摘要

2.1 主要会计数据 单位:元

| | 2002 年 | 2001 年 | 本年比上年增减(%) | 2000 年 |
|---|---|---|---|---|
| 主营业务收入 | 219,337,939.26 | 226,115,352.00 | -3.00 | 150,969,732.58 |
| 利润总额 | 38,193,483.50 | 35,131,013.98 | 8.72 | 24,188,448.69 |
| 净利润 | 26,780,557.16 | 28,143,109.36 | -4.84 | 20,578,038.20 |
| 扣除非经常性损益的净利润 | 14,153,405.69 | 12,835,036.86 | 10.27 | -34,194,613.27 |
| | 2002 年末 | 2001 年末 | 本年末比上年末增减(%) | 2000 年末 |
| 总资产 | 1,177,824,483.60 | 791,366,575.41 | 48.83 | 597,621,576.56 |
| 股东权益(不含少数股东权益) | 216,419,920.43 | 203,812,243.72 | 6.19 | 178,055,285.66 |
| 经营活动产生的现金流量净额 | -68,431,142.89 | 18,676,175.19 | -466 | 42,873,692.68 |

2.2 主要财务指标

| | 2002 年 | 2001 年 | 本年比上年增减(%) | 2000 年 |
|---|---|---|---|---|
| 每股收益 | 0.233 | 0.244 | -4.51 | 0.179 |
| 净资产收益率 | 12.37% | 13.81% | -1.44 | 11.56% |
| 扣除非经常性损益的净利润为基础计算的净资产收益率 | 6.54% | 6.29% | 3.97 | -19.17% |
| 每股经营活动产生的现金流量净额 | -0.594 | 0.162 | -466 | 0.372 |
| | 2002 年末 | 2001 年末 | 本年末比上年末增减(%) | 2000 年末 |
| 每股净资产 | 1.880 | 1.770 | 6.21 | 1.547 |
| 调整后的每股净资产 | 1.767 | 1.698 | 4.06 | 0.551 |

## 600617 上海联华合纤股份有限公司

### 二〇〇二年年度报告摘选

#### 1.上市公司基本情况简介

1.1 基本情况简介

股票简称:联华合纤、联华 B 股 股票代码:600617、900913 上市交易所:上海证券交易所

注册地址:上海市浦东新区恒大路 62 号

办公地址:上海市嘉定区沪宜公路 4290 号 邮政编码:201800

公司国际互联网网址:http://www.lh-fibre.com 电子信箱:lhfibre@public4.sta.net.cn

1.2 联系人和联系方式

董事会秘书:王凌中 联系地址:上海市凯旋路 3500 号华苑大厦 1 号楼 21 层

电话:64689988 传真:64874717 电子信箱:wang-lz@online.sh.cn

#### 2.会计数据和财务指标摘要

2.1 主要会计数据(单位:万元)

| | 2002 年 | 2001 年 | 本年比上年增减(%) | 2000 年 |
|---|---|---|---|---|
| 主营业务收入 | 18,401.15 | 32,311.77 | -43.05 | 41,421.18 |
| 利润总额 | -18,229.57 | 27.19 | -67145.13 | 649.25 |
| 净利润 | -16,881.99 | 112.82 | -15063.65 | 619.22 |
| 扣除非经常性损益的净利润 | -10,547.23 | -40.42 | / | 626.69 |
| | 2002 年末 | 2001 年末 | 本年末比上年末增减(%) | 2000 年末 |
| 总资产 | 43,408.37 | 56,456.16 | -23.11 | 53,244.37 |
| 股东权益(不含少数股东权益) | 11,598.49 | 28,480.48 | -59.28 | 28,364.15 |
| 经营活动产生的现金流量净额 | -53.05 | -2,034.75 | | 2,022.53 |

2.2 主要财务指标

| | 2002 年 | 2001 年 | 本年比上年增减(%) | 2000 年 |
|---|---|---|---|---|
| 每股收益 | -1.01 | 0.007 | -14528.57 | 0.037 |
| 净资产收益率 | -145.55 | 0.40 | -36487.50 | 2.18 |
| 扣除非经常性损益的净利润为基础计算的净资产收益率 | -90.94 | -0.14 | | 2.20 |
| 每股经营活动产生的现金流量净额 | -0.003 | -0.12 | | 0.12 |
| | 2002 年末 | 2001 年末 | 本年末比上年末增减(%) | 2000 年末 |
| 每股净资产 | 0.69 | 1.70 | -59.41 | 1.70 |
| 调整后的每股净资产 | 0.68 | 1.60 | -57.50 | 1.60 |

# 600618 上海氯碱化工股份有限公司

## 二〇〇二年年度报告摘选

### 1.上市公司基本情况简介

1.1 基本情况简介

股票简称:氯碱化工、氯碱 B 股 股票代码:600618、900908 上市交易所:上海证券交易所

注册地址和办公地址:上海龙吴路 4747 号 邮政编码:200241

公司国际互联网网址:http://www.scacc.com 电子信箱:Office@styc.com

1.2 联系人和联系方式

董事会秘书:许沛文 联系地址:上海龙吴路 4747 号

电话:64340601 传真:64342640 电子信箱:shxpw@21cn.com

证券事务代表:庞学英 联系地址:上海龙吴路 4747 号

电话:64342640 传真:64342640 电子信箱:Pangxy@21cn.com

### 2.会计数据和财务指标摘要

2.1 主要会计数据 单位:万元

| | 2002 年 | 2001 年(调整后) | 本年比上年增减(%) | 2000 年(调整后) |
|---|---|---|---|---|
| 主营业务收入 | 316099.24 | 272832.30 | 15.86 | 294143.43 |
| 利润总额 | 943.08 | 2840.30 | -66.80 | 4429.14 |
| 净利润 | 635.10 | 708.61 | -10.37 | 2057.63 |
| 扣除非经常性损益的净利润 | -644.51 | -10290.51 | 93.74% | 1473.04 |
| | 2002 年 12 月 31 日 | 2001 年 12 月 31 日调整后 | 本年末比上年末增减(%) | 2000 年 12 月 31 日调整后 |
| 总资产 | 477629.71 | 460929.54 | 3.62 | 474041.32 |
| 股东权益(不含少数股东权益) | 282036.40 | 280222.83 | 0.65 | 279514.22 |
| 经营活动产生的现金流量净额 | 46791.45 | 23788.54 | 96.70 | 42632.58 |

2.2 主要财务指标

| | 2002 年 | 2001 年调整后 | 本年比上年增减(%) | 2000 年调整后 |
|---|---|---|---|---|
| 每股收益 | 0.0055 | 0.0061 | -9.84 | 0.0177 |
| 每股收益注 2 | 0.0055 | 0.0061 | -9.84 | 0.0177 |
| 净资产收益率 | 0.23 | 0.25 | -8.00 | 0.74 |
| 扣除非经常性损益的净利润为基础计算的净资产收益率 | -0.23 | -3.67 | 93.73 | 0.53 |
| 每股经营活动产生的现金流量净额 | 0.4018 | 0.2043 | 96.67 | 0.3661 |
| | 2002 年 12 月 31 日 | 2001 年 12 月 31 日调整后 | 本年末比上年末增减(%) | 2000 年 12 月 31 日调整后 |
| 每股净资产 | 2.422 | 2.406 | 0.67 | 2.400 |
| 调整后的每股净资产 | 2.283 | 2.190 | 4.25 | 2.088 |

# 600623 上海轮胎橡胶(集团)股份有限公司

## 二〇〇二年年度报告摘选

### 1.上市公司基本情况简介

1.1 基本情况简介

股票简称:轮胎橡胶、轮胎 B 股 股票代码:600623、900909 上市交易所:上海证券交易所

注册地址和办公地址:上海市四川中路 63 号 邮政编码:200002

公司国际互联网网址:http://www.cstarc.com 电子信箱:company@cstarc.com

1.2 联系人和联系方式

董事会秘书:王玲 联系地址:四川中路 63 号

电话:021-33024666-6379 传真:021-63390367 电子信箱:company@cstarc.com

证券事务代表:吴志文 联系地址:四川中路 63 号

电话:021-33024666-6378 传真:021-63390367 电子信箱:company@cstarc.com

### 2.会计数据和财务指标摘要

2.1 主要会计数据

| | 2002 年 | 2001 年 | 本年比上年增减(%) | 2000 年 |
|---|---|---|---|---|
| 主营业务收入 | 3,382,244,488.06 | 2,465,765,016.56 | 37.17 | 3,629,794,782.00 |
| 利润总额 | -110,732,405.19 | 7,519,642.17 | -1572.57 | -752,984,749.75 |
| 净利润 | 60,153,426.61 | 15,721,733.83 | 282.61 | -744,575,260.90 |
| 扣除非经常性损益的净利润 | 56,612,750.41 | -227,040,546.24 | -124.94 | -855,875,260.90 |
| | 2002 年末 | 2001 年末 | 本年末比上年末增减(%) | 2000 年末 |
| 总资产 | 5,393,607,175.00 | 5,918,582,693.72 | -8.87 | 6,370,161,053.29 |
| 股东权益(不含少数股东权益) | 940,079,526.50 | 1,077,993,595.59 | -12.79 | 1,125,710,229.88 |
| 经营活动产生的现金流量净额 | 454,948,285.39 | 750,340,065.37 | -39.37 | 72,032,835.09 |

2.2 主要财务指标

| | 2002 年 | 2001 年 | 本年比上年增减(%) | 2000 年 |
|---|---|---|---|---|
| 每股收益 | 0.068 | 0.018 | 277.78 | -0.837 |
| 净资产收益率 | 6.399 | 1.458 | 388.89 | -66.142 |
| 扣除非经常性损益的净利润为基础计算的净资产收益率 | 5.109 | -20.029 | -125.51 | -75.63 |
| 每股经营活动产生的现金流量净额 | 0.511 | 0.844 | -39.45 | 0.08 |
| | 2002 年末 | 2001 年末 | 本年末比上年末增减(%) | 2000 年末 |
| 每股净资产 | 1.057 | 1.212 | -12.79 | 1.270 |
| 调整后的每股净资产 | 0.910 | 1.140 | -20.18 | 1.266 |

# 600636 上海三爱富新材料股份有限公司

## 二〇〇二年年度报告摘选

### 1.上市公司基本情况简介

1.1 基本情况简介

股票简称:三爱富 股票代码:600636 上市交易所:上海证券交易所

注册地址:上海市浦东新区蔡路 办公地址:上海市漕溪路 250 号银海大楼 A805 室

邮政编码:200235 公司国际互联网网址:http://www.sh3f.com 电子信箱:ssafdb@online.sh.cn

1.2 联系人和联系方式

董事会秘书:张经仪 联系地址:上海市漕溪路 250 号银海大楼 A805 室

电话:021-64823549 传真:021-64823550 电子信箱:ssafdb@online.sh.cn

证券事务代表:何兰娟 联系地址:上海市漕溪路 250 号银海大楼 A805 室

电话:021-64823552 传真:021-64823550 电子信箱:ssafdb@online.sh.cn

### 2.会计数据和财务指标摘要

2.1 主要会计数据

| | 2002 年 | 2001 年 | 本年比上年增减(%) | 2000 年 |
|---|---|---|---|---|
| 主营业务收入 | 828542338.31 | 564120930.07 | 46.87 | 488807151.97 |
| 利润总额 | 98036858.18 | 80454744.92 | 21.85 | 52017443.06 |
| 净利润 | 57647872.39 | 48225205.44 | 19.54 | 34970073.37 |
| 扣除非经常性损益的净利润 | 61902643.39 | 48779175.80 | 26.90 | 38969604.34 |
| | 2002 年末 | 2001 年末 | 本年末比上年末增减(%) | 2000 年末 |
| 总资产 | 821232501.78 | 565223197.43 | 45.29 | 483870047.49 |
| 股东权益(不含少数股东权益) | 429934250.30 | 270737683.76 | 58.80 | 245432239.90 |
| 经营活动产生的现金流量净额 | 152418606.05 | 32851190.28 | 363.97 | 39272156.95 |

2.2 主要财务指标

| | 2002 年 | 2001 年 | 本年比上年增减(%) | 2000 年 |
|---|---|---|---|---|
| 每股收益 | 0.3086 | 0.4155 | -25.73 | 0.3013 |
| 每股收益 | 0.3086 | 0.4155 | -25.73 | 0.3013 |
| 净资产收益率 | 13.41% | 17.81 | -24.71 | 14.25 |
| 扣除非经常性损益的净利润为基础计算的净资产收益率 | 14.40% | 18.02 | -3.62 | 15.88 |
| 每股经营活动产生的现金流量净额 | 0.816 | 0.283 | 188.34 | 0.338 |
| | 2002 年末 | 2001 年末 | 本年末比上年末增减(%) | 2000 年末 |
| 每股净资产 | 2.30 | 2.33 | -1.29 | 2.11 |
| 调整后的每股净资产 | 2.27 | 2.31 | -1.73 | 2.10 |

# 600656 上海华源制药股份有限公司

## 二〇〇二年年度报告摘选

### 1.上市公司基本情况简介

1.1 基本情况简介

股票简称:华源制药 股票代码:600656 上市交易所:上海证券交易所

注册地址:上海市浦东新区张江高科技园区郭守敬路 351 号

办公地址:上海市中山北路 1958 号 25 层 邮政编码:200063

国际互联网网址:http://www.cwgc-pharm.com 电子信箱:huayuan@cwgc-pharm.com

1.2 联系人和联系方式

董事会秘书:王长虹 联系地址:上海市中山北路 1958 号 25 层 2506 室

电话:021-62030205 传真:021-62030205 电子信箱:Huayuan@cwgc-pharm.com

### 2.会计数据和财务指标摘要

2.1 主要会计数据(单位:人民币元)

| 项目 | 2002 年 | 2001 年 | 本年比上年增减(%) | 2000 年 |
|---|---|---|---|---|
| 主营业务收入 | 887,989,361.45 | 613,777,404.14 | 44.68 | 264,445,693.61 |
| 利润总额 | 54,626,096.96 | 31,967,540.41 | 70.88 | 16,732,445.59 |
| 净利润 | 20,262,220.76 | 17,465,905.83 | 16.01 | 11,450,403.95 |
| 扣除非经常性损益后的净利润 | 16,079,964.21 | 16,602,829.87 | -3.15 | 9,655,994.18 |
| 项目 | 2002 年末 | 2001 年末 | 本年末比上年末增减(%) | 2000 年末 |
| 总资产 | 1,374,646,508.20 | 1,243,775,068.32 | 10.52 | 873,151,703.35 |
| 股东权益(不含少数股东权益) | 166,905,561.07 | 140,121,241.91 | 19.12 | 125,282,710.27 |
| 经营活动产生的现金流量净额 | 57,730,844.26 | 43,809,645.74 | 31.78 | 25,972,249.10 |

2.2 主要财务指标

| | 2002 年 | 2001 年 | 本年比上年增减(%) | 2000 年 |
|---|---|---|---|---|
| 每股收益 | 0.22 | 0.19 | 15.79 | 0.12 |
| 每股收益 | 0.22 | 0.19 | 15.79 | 0.12 |
| 净资产收益率 | 12.14 | 12.46 | -2.57 | 9.14 |
| 扣除非经常性损益后的净利润为基础计算的净资产收益率 | 10.66 | 12.41 | -14.10 | 7.66 |
| 每股经营活动产生的现金流量净额 | 0.62 | 0.47 | 31.91 | 0.27 |
| | 2002 年末 | 2001 年末 | 本年末比上年末增减(%) | 2000 年末 |
| 每股净资产 | 1.79 | 1.50 | 19.33 | 1.34 |
| 调整后的每股净资产 | 1.54 | 1.17 | 31.62 | 1.09 |

## 600669 鞍山合成(集团)股份有限公司

# 二〇〇二年年度报告摘选

## 1.上市公司基本情况简介

1.1 基本情况简介

股票简称:ST 鞍合成　股票代码:600669　上市交易所:上海证券交易所

注册地址和办公地址:中国辽宁省鞍山市铁西区柳西街 168 号　邮政编码:114011

公司国际互联网网址:http://www.ashcjt.com　电子信箱:hcjtzqb@163.com

1.2 联系人和联系方式

董事会秘书:王月红　联系地址:中国辽宁省鞍山市铁西区柳西街 168 号

电话:0412－8840881　传真:0412－8813178　电子信箱:hcjtzqb@163.com

## 2.会计数据和财务指标摘要

2.1 主要会计数据

| | 2002 年 | 2001 年 | 本年比上年增减(%) | 2000 年 |
|---|---|---|---|---|
| 主营业务收入 | 25,430,356.46 | 48,449,362.83 | －47.51 | 167,004,794.12 |
| 利润总额 | －192,872,334.18 | －102,634,566.59 | －87.92 | 1,993,855.65 |
| 净利润 | －192,664,777.67 | －98,735,225.00 | －95.13 | 8,522,732.91 |
| 扣除非经常性损益的净利润 | －184,979,154.57 | －91,404,417.53 | －102.37 | －840,735.66 |
| | 2002 年末 | 2001 年末 | 本年末比上年末增减(%) | 2000 年末 |
| 总资产 | 731,489,685.81 | 878,911,725.72 | －16.77 | 977,263,240.21 |
| 股东权益(不含少数股东权益) | 26,603,762.49 | 219,268,540.16 | －87.87 | 314,846,904.62 |
| 经营活动产生的现金流量净额 | 49,676,327.16 | －117,988,244.71 | －569.82 | －8,828,328.31 |

2.2 主要财务指标

| | 2002 年 | 2001 年 | 本年比上年增减(%) | 2000 年 |
|---|---|---|---|---|
| 每股收益 | －0.83 | －0.43 | 93.02 | 0.04 |
| 净资产收益率 | －724.20 | －45.03 | 1508.26 | 2.71 |
| 扣除非经常性损益的净利润为基础计算的净资产收益率 | －695.31 | －39.37 | 1666.09 | －0.0025 |
| 每股经营活动产生的现金流量净额 | －0.21 | －0.51 | 81.00 | －0.038 |
| | 2002 年末 | 2001 年末 | 本年末比上年末增减(%) | 2000 年末 |
| 每股净资产 | 0.11 | 0.94 | 111.70 | 1.36 |
| 调整后的每股净资产 | －0.03 | 0.61 | －1.04 | 1.16 |

## 600699 辽源得亨股份有限公司

# 二〇〇二年年度报告摘选

## 1.上市公司基本情况简介

1.1 基本情况简介

股票简称:辽源得亨　股票代码:600699　上市交易所:上海证券交易所

注册地址:辽源市福兴路 3 号　办公地址:吉林省辽源市福兴路 3 号　邮政编码:136200

电子信箱:lydhb@163.net

1.2 联系人和联系方式

董事会秘书:由春玲　联系地址:吉林省辽源市福兴路 3 号

电话:0437－3512077　传真:0437－3512077　电子信箱:lydhb@163.net

## 2.会计数据和财务指标摘要

2.1 主要会计数据

| | 2002 年 | 2001 年 | 本年比上年增减(%) | 2000 年 |
|---|---|---|---|---|
| 主营业务收入 | 310,497,420.35 | 183,528,236.12 | 69.18 | 226,097,968.80 |
| 利润总额 | 31,622,467.63 | 23,627,490.30 | 33.84 | 45,074,221.86 |
| 净利润 | 19,917,584.41 | 19,100,161.58 | 4.28 | 37,584,238.59 |
| 扣除非经常性损益的净利润 | 20,096,371.86 | 19,287,516.14 | 4.19 | 37,407,109.55 |
| | 2002 年末 | 2001 年末 | 本年末比上年末增减(%) | 2000 年末 |
| 总资产 | 1,171,325,970.20 | 854,799,392.97 | 37.03 | 548,521,841.27 |
| 股东权益(不含少数股东权益) | 431,155,902.84 | 411,238,318.43 | 4.84 | 274,976,290.13 |
| 经营活动产生的现金流量净额 | 3,026,191.10 | 590,343.77 | 412.62 | 119,283,187.31 |

2.2 主要财务指标

| | 2002 年 | 2001 年 | 本年比上年增减(%) | 2000 年 |
|---|---|---|---|---|
| 每股收益(元) | 0.111 | 0.108 | 2.78 | 0.237 |
| 每股收益(元)* | 0.111 | 0.108 | 2.78 | |
| 净资产收益率(%) | 4.62 | 4.64 | －0.43 | 13.67 |
| 扣除非经常性损益的净利润为基础计算的净资产收益率(%) | 4.66 | 4.69 | －0.64 | 13.60 |
| 每股经营活动产生的现金流量净额(元) | 0.017 | 0.003 | 466.67 | 0.75 |
| | 2002 年末 | 2001 年末 | 本年末比上年末增减(%) | 2000 年末 |
| 每股净资产(元) | 2.40 | 2.32 | 3.45% | 1.73 |
| 调整后的每股净资产(元) | 2.25 | 2.19 | 2.74% | 1.38 |

## 600688 中国石化上海石油化工股份有限公司

# 二〇〇二年年度报告摘选

## 1.上市公司基本情况简介

1.1 基本情况简介

股票简称:上海石化　股票代码:600688、338,SHI

上市交易所:上海交易所,香港联合交易所,纽约交易所

注册地址和办公地址:上海市金山区金一路 48 号　邮政编码:200540

公司国际互联网网址:www.spc.com.cn　电子信箱:spc@spc.com.cn

1.2 联系人和联系方式

董事会秘书:张经明　联系地址:上海市金山区金一路 48 号

电话:86－21－57943143　传真:86－21－57940050　电子信箱:Zhangjm@spc.com.cn

证券事务代表:唐伟忠　联系地址:上海市金山区金一路 48 号

电话:86－21－57943143　传真:86－21－57940050　电子信箱:tom@spc.com.cn

## 2.会计数据和财务指标摘要

2.1 主要会计数据　　单位:人民币元

| | 2002 年 | 2001 年 | 本年比上年增减(%) | 2000 年 |
|---|---|---|---|---|
| 主营业务收入 | 22,322,896,000 | 20,197,396,000 | 11 | 21,277,268,000 |
| 利润总额 | 1,036,238,000 | 93,509,000 | 1,008 | 1,080,645,000 |
| 净利润 | 908,965,000 | 71,604,000 | 1,169 | 903,932,000 |
| 扣除非经常性损益的净利润 | 1,009,815,000 | 206,619,000 | 389 | 926,278,000 |
| | 2002 年 12 月 31 日 | 2001 年 12 月 31 日 | 本年末比上年末增减(%) | 2000 年 12 月 31 日 |
| 总资产 | 26,562,285,000 | 24,770,182,000 | 7 | 22,099,657,000 |
| 股东权益(不含少数股东权益) | 14,121,460,000 | 13,572,495,000 | 4 | 13,817,038,000 |
| 经营活动产生的现金流量净额 | 2,322,574,000 | 2,838,737,000 | －18 | 2,945,750,000 |

2.2 主要财务指标

| | 2002 年 12 月 31 日止年度 | 2001 年 12 月 31 日止年度 | 本年比上年增减(%) | 2000 年 12 月 31 日止年度 |
|---|---|---|---|---|
| 每股收益 | 人民币 0.126 元 | 人民币 0.010 元 | 1,160 | 人民币 0.126 元 |
| 每股收益 | 人民币 0.126 元 | 人民币 0.010 元 | 1,160 | 人民币 0.126 元 |
| 净资产收益率 | 6.437% | 0.528% | 1,119 | 6.542% |
| 扣除非经常性损益的净利润为基础计算的净资产收益率 | 7.151% | 1.52% | 370 | 6.704% |
| 每股经营活动产生的现金流量净额 | 人民币 0.323 元 | 人民币 0.394 元 | －18 | 人民币 0.409 元 |
| | 2002 年 12 月 31 日 | 2001 年 12 月 31 日 | 本年末比上年末增减(%) | 2000 年 12 月 31 日 |
| 每股净资产 | 人民币 1.961 元 | 人民币 1.885 元 | 4 | 人民币 1.919 元 |
| 调整后的每股净资产 | 人民币 1.946 元 | 人民币 1.867 元 | 4 | 人民币 1.855 元 |

## 600703 湖北天颐科技股份有限公司

# 二〇〇二年年度报告摘选

## 1.上市公司基本情况简介

1.1 基本情况简介

股票简称:天颐科技　股票代码:600703　上市交易所:上海证券交易所

注册地址和办公地址:湖北省荆州市沙市区高新技术开发区三湾路 1 号

邮政编码:434000　电子信箱:yshz1972@163.com

1.2 联系人和联系方式

董事会秘书:易声泽　联系地址:湖北省荆州市沙市区高新技术开发区三湾路 1 号

电话:0716－8328443　传真:0716－8328443　电子信箱:yshz1972@163.com

## 2.会计数据和财务指标摘要

2.1 主要会计数据　　单位:人民币元

| | 2002 年 | 2001 年 | 本年比上年增减(%) | 2000 年 |
|---|---|---|---|---|
| 主营业务收入 | 498,731,231.33 | 421,729,398.58 | 18.26% | 71,746,564.41 |
| 利润总额 | 17,403,022.13 | 13,179,064.86 | 32.05% | －24,747,506.53 |
| 净利润 | 17,195,159.92 | 13,124,406.38 | 31.02% | －24,468,864.44 |
| 扣除非经常性损益的净利润 | 17,193,275.62 | 13,822,705.41 | 24.38% | －22,926,818.32 |
| | 2002 年 12 月 31 日 | 2001 年 12 月 31 日 | 本年末比上年末增减(%) | 2000 年 12 月 31 日 |
| 总资产 | 581,036,726.66 | 428,830,393.10 | 35.49% | 306,788,214.66 |
| 股东权益(不含少数股东权益) | 173,990,305.48 | 157,755,783.28 | 10.29% | 101,397,739.90 |
| 经营活动产生的现金流量净额 | －47,382,894.48 | －34,720,699.04 | 36.47% | 97,041,982.24 |

2.2 主要财务指标

| | 2002 年 | 2001 年 | 本年比上年增减(%) | 2000 年 |
|---|---|---|---|---|
| 每股收益(元/股) | 0.14 | 0.11 | 27.27% | －0.23 |
| 每股收益(元/股)(不含少数股东权益) | 0.14 | 0.11 | 27.27% | －0.24 |
| 净资产收益率(%) | 10.37% | 8.32% | 24.64% | －24.13% |
| 扣除非经常性损益的净利润为基础计算的净资产收益率(%) | 10.37% | 10.52% | －1.43% | －20.35% |
| 每股经营活动产生的现金流量净额(元) | －0.40 | －0.29 | 37.93% | 0.81 |
| | 2002 年 12 月 31 日 | 2001 年 12 月 31 日 | 本年末比上年末增减(%) | 2000 年 12 月 31 日 |
| 每股净资产(元) | 1.46 | 1.30 | 12.31% | 0.85 |
| 调整后的每股净资产(元) | 1.43 | 1.32 | 8.33% | 0.73 |

## 600725 云南云维股份有限公司

### 二〇〇二年年度报告摘选

#### 1.上市公司基本情况简介

1.1 基本情况简介

股票简称:云维股份　股票代码:600725　上市交易所:上海证券交易所

注册地址:云南省曲靖市沾益县花山镇　办公地址:云南省曲靖市沾益县花山镇

邮政编码:655338　公司国际互联网网址:http://www.yunweigroup.com

电子信箱:yunwei@hi2000.com&yugroup@hi2000.com

1.2 联系人和联系方式

董事会秘书:李斌　联系地址:云南省曲靖市沾益县花山镇

电话:0874－3064350　传真:0874－3064195　电子信箱:ynywlb@ynmail.com

证券事务代表:蒋观华　联系地址:云南省曲靖市沾益县花山镇

电话:0874－3068588　传真:0874－3064195　电子信箱:ywjgh@etang.com

#### 2.会计数据和财务指标摘要

2.1 主要会计数据

| | 2002 年 | 2001 年 | 本年比上年增减(%) | 2000 年 |
|---|---|---|---|---|
| 主营业务收入 | 246,727,952.56 | 255,878,969.33 | 3.58 | 154,019,576.63 |
| 利润总额 | 28,832,511.89 | 66,035,483.12 | 56.34 | 23,753,225.54 |
| 净利润 | 31,471,139.90 | 45,670,133.71 | 31.09 | 21,593,742.56 |
| 扣除非经常性损益的净利润 | 30,879,629.19 | 44,617,051.60 | 30.79 | 21,013,163.38 |
| | 2002 年末 | 2001 年末 | 增减% | 2000 年末 |
| 总资产 | 553,636,817.37 | 498,788,948.21 | 11 | 381,177,883.51 |
| 股东权益(不含少数股东权益) | 376,427,650.24 | 366,609,391.19 | 2.68 | 343,091,599.34 |
| 现金及现金等价物净增加额 | －17,276,253.04 | 46,836,464.83 | －136.89 | 10,398,542.11 |

2.2 主要财务指标

| | 2002 年 | 2001 年 | 本年比上年增减(%) | 2000 年 |
|---|---|---|---|---|
| 每股收益(摊薄) | 0.286 | 0.399 | －28.32 | 0.196 |
| 每股收益(加权) | 0.286 | 0.399 | －28.32 | 0.196 |
| 净资产收益率 | 8.231 | 12.02 | －31.52 | 6.533 |
| 扣除非经常性损益的净利润为基础计算的净资产收益率 | 8.076 | 11.977 | －32.57 | 6.501 |
| 每股经营活动产生的现金流量净额 | 0.188 | 0.39 | －51.79 | 0.36 |
| | 2002 年 | 2001 年 | 本年末比上年末增减(%) | 2000 年 |
| 每股净资产 | 3.425 | 3.332 | 2.7 | 3.119 |
| 调整后的每股净资产 | 3.259 | 3.269 | 1.01 | 3.092 |

## 600727 山东鲁北化工股份有限公司

### 二〇〇二年年度报告摘选

#### 1.上市公司基本情况简介

1.1 基本情况简介

股票简称:鲁北化工　股票代码:600727　上市交易所:上海证券交易所

注册地址:山东省无棣县马山子镇　办公地址:山东省无棣县埕口镇　邮政编码:251909

公司国际互联网网址:http://www.lubei.com　电子信箱:lubeizqb@msn.com

1.2 联系人和联系方式

董事会秘书:田玉新　联系地址:山东省无棣县埕口镇东

电话:0543－6451265　传真:0543－6451265　电子信箱:lubeizqb@msn.com

#### 2.会计数据和财务指标摘要

2.1 主要会计数据　单位:元

| | 2002 年 | 2001 年 | 本年比上年增减(%) | 2000 年 |
|---|---|---|---|---|
| 主营业务收入 | 596,711,388.91 | 64,2059,234.00 | －7.06 | 837,739,283.68 |
| 利润总额 | 94,485,803.52 | 156,688,222.83 | －39.80 | 226,366,042.08 |
| 净利润 | 75,327,093.18 | 132,481,217.77 | －43.14 | 193,430,127.19 |
| 扣除非经常性损益的净利润 | 98,110,547.26 | 132,481,217.77 | －25.94 | 193,430,127.19 |
| | 2002 年末 | 2001 年末 | 本年末比上年末增减(%) | 2000 年末 |
| 总资产 | 3,268,115,595.73 | 3,218,212,365.63 | 1.55 | 3,054,541,334.06 |
| 股东权益(不含少数股东权益) | 2,229,857,136.91 | 2,154,530,043.73 | 3.50 | 2,022,048,825.96 |
| 经营活动产生的现金流量净额 | 165,652,645.08 | 198,451,966.65 | 16.53 | 198,451,966.65 |

2.2 主要财务指标

| | 2002 年 | 2001 年 | 本年比上年增减(%) | 2000 年 |
|---|---|---|---|---|
| 每股收益 | 0.199 | 0.35 | －43.14 | 0.51 |
| 净资产收益率 | 3.38 | 6.15 | －45.04 | 9.60 |
| 扣除非经常性损益的净利润为基础计算的净资产收益率(%) | 4.40 | 6.15 | －28.46 | 9.60 |
| 每股经营活动产生的现金流量净额 | 0.44 | 0.52 | －15.38 | 1.03 |
| | 2002 年末 | 2001 年末 | 本年末比上年末增减(%) | 2000 年末 |
| 每股净资产 | 5.88 | 5.68 | 3.52 | 5.33 |
| 调整后的每股净资产 | 5.87 | 5.68 | 2.35 | 5.33 |

## 600731 湖南海利化工股份有限公司

### 二〇〇二年年度报告摘选

#### 1.上市公司基本情况简介

1.1 基本情况简介

股票简称:湖南海利　股票代码:600731　上市交易所:上海证券交易所

注册地址和办公地址:湖南省长沙市芙蓉中路 399 号　邮政编码:410007

公司国际互联网网址:http://www.hnhlc.com　电子信箱:hnhlzq01@public.cs.hn.cn

1.2 联系人和联系方式

董事会秘书:肖光普　联系地址:湖南长沙市芙蓉中路 399 号

电话:0731－5552484　传真:0731－5540475　电子信箱:hnhlzq03@public.cs.hn.cn

#### 2.会计数据和财务指标摘要

2.1 主要会计数据

| | 2002 年 | 2001 年 | 本年比上年增减(%) | 2000 年 |
|---|---|---|---|---|
| 主营业务收入 | 345212881.84 | 300386408.37 | 14.92 | 331058796.14 |
| 利润总额 | 34189579.13 | 27583531.65 | 23.95 | 32902233.31 |
| 净利润 | 27462176.59 | 21840462.17 | 25.74 | 26849019.44 |
| 扣除非经常性损益的净利润 | 28359423.82 | 20476779.85 | 38.50 | 25393903.19 |
| | 2002 年末 | 2001 年末 | 本年末比上年末增减(%) | 2000 年末 |
| 总资产 | 924466556.19 | 916416963.83 | 0.88 | 875292016.24 |
| 股东权益(不含少数股东权益) | 454958735.61 | 432174982.54 | 5.27 | 415119636.41 |
| 经营活动产生的现金流量净额 | 27949690.26 | 2179725.89 | 1182.26 | 6987904.33 |

2.2 主要财务指标

| | 2002 年 | 2001 年 | 本年比上年增减(%) | 2000 年 |
|---|---|---|---|---|
| 每股收益 | 0.117 | 0.093 | 25.81 | 0.115 |
| 净资产收益率 | 6.04 | 5.05 | 19.6 | 6.47 |
| 扣除非经常性损益的净利润为基础计算的净资产收益率 | 6.36 | 4.81 | 32.22 | 9.11 |
| 每股经营活动产生的现金流量净额 | 0.12 | 0.009 | 1233.3 | 0.03 |
| | 2002 年末 | 2001 年末 | 本年末比上年末增减(%) | 2000 年末 |
| 每股净资产 | 1.95 | 1.85 | 5.41 | 1.78 |
| 调整后的每股净资产 | 1.90 | 1.80 | 5.56 | 1.73 |

## 600740 山西焦化股份有限公司

### 二〇〇二年年度报告摘选

#### 1.上市公司基本情况简介

1.1 基本情况简介

股票简称:山西焦化　股票代码:600740　上市交易所:上海证券交易所

注册地址和办公地址:山西省洪洞县广胜寺镇　邮政编码:041606

公司国际互联网网址:www.sxjh.com.cn　电子信箱:sjgf@public.lf.sx.cn

1.2 联系人和联系方式

董事会秘书:李峰　联系地址:山西省洪洞县广胜寺镇

电话:0357－6626012　传真:0357－6625045　电子信箱:sjgf@public.lf.sx.cn

#### 2.会计数据和财务指标摘要

2.1 主要会计数据　单位:元

| | 2002 年(即本年) | 2001 年(上年) | 本年比上年增减(%) | 2000 年 |
|---|---|---|---|---|
| 主营业务收入 | 949023605.48 | 622675394.02 | 52.41 | 325646717.17 |
| 利润总额 | 75217820.03 | 68667023.05 | 9.54 | 71258913.78 |
| 净利润 | 46708684.32 | 67588840.88 | －30.89 | 47714210.73 |
| 扣除非经常性损益的净利润 | 46504571.90 | 67671747.04 | －31.28 | 49754795.85 |
| | 2002 年末(即本年末) | 2001 年末(上年末) | 本年末比上年末增减(%) | 2000 年末 |
| 总资产 | 2024222689.52 | 1747133605.99 | 15.86 | 1614101860.14 |
| 股东权益(不含少数股东权益) | 728866615.08 | 681787672.79 | 6.91 | 633585823.89 |
| 经营活动产生的现金流量净额 | 438756966.16 | 2466095.90 | 17691.56 | 188517803.23 |

2.2 主要财务指标　单位:元

| | 2002 年(即本年) | 2001 年(上年) | 本年比上年增减(%) | 2000 年 |
|---|---|---|---|---|
| 每股收益 | 0.23 | 0.3332 | －30.97 | 0.2352 |
| 净资产收益率 | 6.41 | 9.91 | －35.32 | 7.53 |
| 扣除非经常性损益的净利润为基础计算的净资产收益率 | 6.59 | 10.13 | －34.95 | 7.85 |
| 每股经营活动产生的现金流量净额 | 2.162 | 0.012 | 17916.67 | 0.93 |
| | 2002 年末(即本年末) | 2001 年末(上年末) | 本年末比上年末增减(%) | 2000 年末 |
| 每股净资产 | 3.59 | 3.361 | 6.81 | 3.12 |
| 调整后的每股净资产 | 3.40 | 3.143 | 8.18 | 2.97 |

## 600746 江苏索普化工股份有限公司

# 二〇〇二年年度报告摘选

### 1.上市公司基本情况简介

1.1 基本情况简介

股票简称:江苏索普　股票代码:600746　上市交易所:上海证券交易所

注册地址和办公地址:江苏省镇江市谏壁镇越河街50号　邮政编码:212006

公司国际互联网网址:http://www.sopo.com.cn　电子信箱:sopo@pub.zj.jsinfo.net

1.2 联系人和联系方式

董事会秘书:许逸中　联系地址:江苏省镇江市谏壁镇越河街50号

电话:0511-3366244　传真:0511-3362036　电子信箱:sopo@pub.zj.jsinfo.net

### 2.会计数据和财务指标摘要

2.1 主要会计数据　单位:万元

| | 2002年 | 2001年 | 本年比上年增减(%) | 2000年 |
|---|---|---|---|---|
| 主营业务收入 | 25851.67 | 25395.39 | 1.8 | 24792.82 |
| 利润总额 | -3900.75 | 2636.88 | | 4343.91 |
| 净利润 | -3304.78 | 2401.93 | | 3688.13 |
| 扣除非经常性损益的净利润 | -3298.68 | 652.42 | | 2830.28 |
| | 2002年末 | 2001年末 | 本年末比上年末增减(%) | 2000年末 |
| 总资产 | 55624.55 | 57823.15 | -3.8 | 53303.83 |
| 股东权益(不含少数股东权益) | 33610.61 | 36839.19 | -8.76 | 34437.26 |
| 经营活动产生的现金流量净额 | -14174.32 | 10254.31 | | 5496.94 |

2.2 主要财务指标

| | 2002年 | 2001年 | 本年比上年增减(%) | 2000年 |
|---|---|---|---|---|
| 每股收益(元/股) | -0.1079 | 0.0784 | | 0.2197 |
| 净资产收益率(%) | -9.83 | 6.52 | | 10.72 |
| 扣除非经常性损益的净利润为基础计算的净资产收益率(%) | -9.81 | 1.77 | | 8.11 |
| 每股经营活动产生的现金流量净额(元/股) | -0.4626 | 0.3346 | | 0.3229 |
| | 2002年末 | 2001年末 | 本年末比上年末增减(%) | 2000年末 |
| 每股净资产(元/股) | 1.097 | 1.202 | -0.105 | 2.049 |
| 调整后的每股净资产(元/股) | 1.086 | 1.173 | -0.087 | 1.996 |

## 600764 甘肃三星石化(集团)股份有限公司

# 二〇〇二年年度报告摘选

### 1.上市公司基本情况简介

1.1 基本情况简介

证券简称:三星石化　证券代码:600764　上市交易所:上海证券交易所

注册地址:甘肃省兰州市高新技术开发区科技街66号　邮政编码:730060

公司国际互联网网址:http://www.ciwo.com.cn　电子信箱:Qyang@idncn.com

1.2 联系人和联系方式

董事会秘书:杨琼　联系地址:北京市广安门内大街338号新时代大酒店写字楼603室

电话:010-63574758　传真:010-63574757　电子信箱:yangqiong63@hotmail.com

证券事务代表:赵婕　联系地址:北京市广安门内大街338号新时代大酒店写字楼603室

电话:010-63574758　传真:010-63574757　电子信箱:yangqiong63@hotmail.com

### 2.会计数据和财务指标摘要

2.1 主要会计数据(单位:人民币元)

| | 2002年 | 2001年 | 本年比上年增减(%) | 2000年 |
|---|---|---|---|---|
| 主营业务收入 | 669,272,212 | 508,727,341 | 31.6 | 595,431,306 |
| 净利润 | 41,990,017 | 31,806,802 | 32.0 | 54,016,090 |
| 扣除非经常性损益的净利润 | 42,008,462 | 32,038,935 | 31.1 | 53,499,953 |
| | 2002年末 | 2001年末 | 本年末比上年末增减(%) | 2000年末 |
| 总资产 | 776,773,572 | 500,256,924 | 55.3 | 544,425,484 |
| 股东权益(不含少数股东权益) | 417,418,569 | 421,223,967 | -0.9 | 415,972,719 |

2.2 主要财务指标

| | 2002年 | 2001年 | 本年比上年增减(%) | 2000年 |
|---|---|---|---|---|
| 每股收益 | 0.229 | 0.173 | 32.0 | 0.295 |
| 净资产收益率 | 10.06 | 7.55 | 33.2 | 12.99 |
| 扣除非经常性损益的净利润为基础计算的净资产收益率 | 10.06 | 7.61 | 32.3 | 13.32 |
| 每股经营活动产生的现金流量净额 | 0.56 | 0.25 | 129.8 | 0.34 |
| | 2002年末 | 2001年末 | 本年末比上年末增减(%) | 2000年末 |
| 每股净资产 | 2.279 | 2.299 | -0.9 | 2.271 |
| 调整后的每股净资产 | 2.239 | 2.276 | -1.6 | 2.268 |

## 600810 神马实业股份有限公司

# 二〇〇二年年度报告摘选

### 1.上市公司基本情况简介

1.1 基本情况简介

股票简称:神马实业　股票代码:600810　上市交易所:上海证券交易所

注册地址和办公地址:河南省平顶山市建设中路63号　邮政编码:467000

电子信箱:shenma@public.pdptt.ha.cn

1.2 联系人和联系方式

董事会秘书:刘臻　联系地址:河南省平顶山市建设中路63号

电话:0375-3921266　传真:0375-3921500　电子信箱:liuzh@371.net

证券事务代表:范维　联系地址:河南省平顶山市建设中路63号

电话:0375-3921231　传真:0375-3921500

### 2.会计数据和财务指标摘要

2.1 主要会计数据

| | 2002年 | 2001年 | 本年比上年增减(%) | 2000年 |
|---|---|---|---|---|
| 主营业务收入 | 1355878618.00 | 1157430868.70 | 17.15 | 1040443506.81 |
| 利润总额 | 18174210.36 | 60174499.94 | -69.79 | 154798576.51 |
| 净利润 | 7779922.46 | 25751477.57 | -69.79 | 81376367.83 |
| 扣除非经常性损益的净利润 | 2233625.67 | 6331932.71 | -64.72 | 83504827.41 |
| | 2002年末 | 2001年末 | 本年末比上年末增减(%) | 2000年末 |
| 总资产 | 4146774688.17 | 4071074845.26 | 1.86 | 3902955681.53 |
| 股东权益(不含少数股东权益) | 3384950110.71 | 3405484188.25 | -0.60 | 3377721238.68 |
| 经营活动产生的现金流量净额 | 95637053.13 | 36850445.49 | 159.53 | 55383282.21 |

2.2 主要财务指标

| | 2002年 | 2001年 | 本年比上年增减(%) | 2000年 |
|---|---|---|---|---|
| 每股收益 | 0.014 | 0.045 | -68.89 | 0.158 |
| 净资产收益率 | 0.0023 | 0.0076 | -69.74 | 0.0241 |
| 扣除非经常性损益的净利润为基础计算的净资产收益率 | 0.0007 | 0.0019 | -63.16 | 0.0247 |
| 每股经营活动产生的现金流量净额 | 0.169 | 0.065 | 160.00 | 0.108 |
| | 2002年末 | 2001年末 | 本年末比上年末增减(%) | 2000年末 |
| 每股净资产 | 5.978 | 6.014 | -0.59 | 6.561 |
| 调整后的每股净资产 | 5.862 | 5.948 | -1.45 | 6.519 |

## 600871 中国石化仪征化纤股份有限公司

# 二〇〇二年年度报告摘选

### 1.上市公司基本情况简介

1.1 基本情况简介

股票简称:仪征化纤　股票代码:600871、1033

上市交易所:上海证券交易所、香港联合交易所有限公司(香港联交所)

注册地址:中华人民共和国(中国)江苏省仪征市　办公地址:中国江苏省仪征市

邮政编码:211900　公司国际互联网网址:http://www.ycfc.com　电子信箱:cso@ycfc.com

1.2 联系人和联系方式

董事会秘书:吴朝阳先生

联系地址:中国江苏省仪征市中国石化仪征化纤股份有限公司董事会秘书室

电话:86-514-3231888　传真:86-514-3235880　电子信箱:cso@ycfc.com

证券事务代表:董事会助理秘书　石敏小姐

联系地址:中国江苏省仪征市中国石化仪征化纤股份有限公司董事会秘书室

电话:86-514-3231888　传真:86-514-3235880　电子信箱:cso@ycfc.com

### 2.会计数据和财务指标摘要

2.1 主要会计数据　单位:人民币千元

| | 2002年 | 2001年 | 本年比上年增(减)(%) | 2000年 |
|---|---|---|---|---|
| 主营业务收入 | 8,009,669 | 7,808,658 | 3 | 9,014,472 |
| 利润总额 | 151,465 | 213,375 | (29) | 985,493 |
| 净利润 | 139,833 | 170,789 | (18) | 840,228 |
| 扣除非经常性损益的净利润 | 141,329 | 246,470 | (43) | 915,998 |
| | 2002年末 | 2001年末 | 本年末比上年末增(减)(%) | 2000年末 |
| 总资产 | 12,179,002 | 11,201,494 | 9 | 11,361,088 |
| 股东权益(不含少数股东权益) | 8,881,701 | 8,801,868 | 1 | 8,711,079 * |
| 经营活动产生的现金流量净额 | 1,468,024 | 742,344 | 98 | 2,112,533 |

2.2 主要财务指标

| | 2002年 | 2001年 | 本年比上年增(减)(%) | 2000年 |
|---|---|---|---|---|
| 每股收益 | 人民币0.035 | 人民币0.043 | (19) | 人民币0.210 |
| 净资产收益率 | 1.57% | 1.94% | (19) | 9.65% * |
| 扣除非经常性损益的净利润为基础计算的加权平均净资产收益率 | 1.59% # | 2.80% # | (43) | 10.59% * |
| 每股经营活动产生的现金流量净额 | 人民币0.367 | 人民币0.186 | 97 | 人民币0.528 |
| | 2002年末 | 2001年末 | 本年末比上年末增(减)(%) | 2000年末 |
| 每股净资产 | 人民币2.22 | 人民币2.20 | 1 | 人民币2.178 * |
| 调整后的每股净资产 | 人民币2.220 | 人民币2.198 | 1 | 人民币2.156 |

## 600882 山东大成农药股份有限公司

### 二〇〇二年年度报告摘选

#### 1.上市公司基本情况简介

1.1 基本情况简介

股票简称:大成股份 股票代码:600882 上市交易所:上海证券交易所

注册地址和办公地址:山东省淄博市张店区洪沟路25号 邮政编码:255009

公司国际互联网网址:http://www.shandongdacheng.com

电子信箱:sdnyl@zb-public.sd.cninfo.net

1.2 联系人和联系方式

董事会秘书:于宁 联系地址:山东省淄博市张店区洪沟路25号

电话:0533-2111919 传真:0533-2113511 电子信箱:yn_882@163.com

证券事务代表:张国昌 联系地址:山东省淄博市张店区洪沟路25号

电话:0533-2111999-6502 传真:0533-2113511 电子信箱:yn_882@163.com

#### 2.会计数据和财务指标摘要

2.1 主要会计数据 金额单位:人民币元

| | 2002年 | 2001年 | 本年比上年增减(%) | 2000年 |
|---|---|---|---|---|
| 主营业务收入 | 446,487,521.37 | 419,082,731.79 | +6.54 | 390,147,731.34 |
| 利润总额 | 5,017,599.53 | 8,994,941.19 | -44.22 | 5,323,000.55 |
| 净利润 | 4,404,712.77 | 6,440,824.73 | -31.61 | 3,323,618.79 |
| 扣除非经常性损益的净利润 | 1,876,983.66 | 8,640,824.73 | -78.28 | 3,323,618.79 |
| | 2002年12月31日 | 2001年12月31日 | 本年末比上年末增减(%) | 2000年12月31日 |
| 总资产 | 1,046,974,933.49 | 933,878,951.08 | +12.11 | 914,121,471.30 |
| 股东权益(不含少数股东权益) | 487,431,126.62 | 483,026,413.85 | +0.91 | 481,402,916.65 |
| 经营活动产生的现金流量净额 | 29,464,146.99 | 23,030,675.95 | +27.93 | 22,323,682.30 |

2.2 主要财务指标 金额单位:人民币元

| | 2002年 | 2001年 | 本年比上年增减(%) | 2000年 |
|---|---|---|---|---|
| 每股收益 | 0.024 | 0.035 | -31.43 | 0.018 |
| 净资产收益率(%) | 0.90% | 1.33% | -32.33 | 0.69% |
| 扣除非经常性损益的净利润为基础计算的净资产收益率(%) | 0.39 | 1.79 | -78.21 | 0.69 |
| 每股经营活动产生的现金流量额 | 0.16 | 0.12 | +27.93 | 0.12 |
| | 2002年12月31日 | 2001年12月31日 | 本年末比上年末增减(%) | 2000年12月31日 |
| 每股净资产 | 2.62 | 2.60 | +0.77 | 2.59 |
| 调整后的每股净资产 | 2.55 | 2.53 | +0.79 | 2.39 |

## 600885 武汉力诺工业股份有限公司

### 二〇〇二年年度报告摘选

#### 1.上市公司基本情况简介

1.1 基本情况简介

股票简称:力诺工业 股票代码:600885 上市交易所:上海证券交易所

注册地址:武汉市桥口区古田路十七号 办公地址:武汉市建设大道618号信合大厦9楼

邮政编码:430015 公司国际互联网网址:http://www.lnind.com

电子信箱:lnind@lnind.com

1.2 联系人和联系方式

董事会秘书:杨川先生 联系地址:武汉市建设大道618号信合大厦9楼

电话:027-85497163 传真:027-85497085 电子信箱:yc@lnind.com

证券事务代表:刘守明先生 联系地址:武汉市建设大道618号信合大厦9楼

电话:027-85497163 传真:027-85497085 电子信箱:stock@lnind.com

#### 2.会计数据和财务指标摘要

2.1 主要会计数据 单位:人民币元

| | 2002年 | 2001年 | 本年比上年增减(%) | 2000年 |
|---|---|---|---|---|
| 主营业务收入 | 203,237,133.14 | 102,924,668.18 | 97.46 | 75,425,015.32 |
| 利润总额 | 17,198,063.63 | 4,192,589.37 | 310.20 | -15,367,661.02 |
| 净利润 | 17,158,962.67 | 4,214,853.71 | 307.11 | -15,367,661.02 |
| 扣除非经常性损益的净利润 | 16,968,429.71 | 2,335,339.38 | 626.59 | -16,698,338.43 |
| | 2002年末 | 2001年末 | 本年末比上年末增减(%) | 2000年末 |
| 总资产 | 584,020,088.25 | 547,236,749.48 | 6.72 | 412,954,555.88 |
| 股东权益(不含少数股东权益) | 195,922,634.29 | 136,351,458.69 | 43.69 | 132,375,168.00 |
| 经营活动产生的现金流量净额 | 42,901,364.21 | 5,424,921.46 | 690.82 | 6,072,970.85 |

2.2 主要财务指标 单位:人民币元

| | 2002年 | 2001年 | 本年比上年增减(%) | 2000年 |
|---|---|---|---|---|
| 每股收益 | 0.13 | 0.03 | 333.33 | -0.12 |
| 净资产收益率 | 8.76 | 3.08 | 184.42 | -11.61 |
| 扣除非经常性损益的净利润为基础计算的加权平均净资产收益率 | 11.72 | 1.74 | 573.56 | -11.55 |
| 每股经营活动产生的现金流量净额 | 0.33 | 0.04 | 725.00 | 0.06 |
| | 2002年末 | 2001年末 | 本年末比上年末增减(%) | 2000年末 |
| 每股净资产 | 1.51 | 1.05 | 43.81 | 1.02 |
| 调整后的每股净资产 | 1.51 | 1.05 | 43.81 | 0.86 |

## 600886 国投华靖电力控股股份有限公司

### 二〇〇二年年度报告摘选

#### 1.上市公司基本情况简介

1.1 基本情况简介

股票简称:国投电力 股票代码:600886 上市交易所:上海证券交易所

注册地址:甘肃省兰州市城关区曹家巷58号 办公地址:北京市西城区阜成门外大街7号国投大厦9层 邮政编码:100037

公司国际互联网网址:http://www.sdicpower.com 电子信箱:gtdl@sdicpower.com

1.2 联系人和联系方式

董事会秘书:魏琼 联系地址:北京市西城区阜成门外大街7号国投大厦920室

电话:010-68003595 传真:010-68096127 电子信箱:weiqiong@sdicpower.com

#### 2.会计数据和财务指标摘要

2.1 主要会计数据 单位:元

| | 2002年 | 2001年 | 本年比上年增减(%) | 2000年 |
|---|---|---|---|---|
| 主营业务收入 | 2,536,380,521.76 | 1,906,409,322.80 | 33.04 | 1,859,074,053.90 |
| 利润总额 | 11,859,854.37 | -39,628,397.74 | | 5,923,689.08 |
| 净利润 | -34,091,282.09 | -39,628,397.74 | 13.97 | 5,923,689.08 |
| 扣除非经常性损益的净利润 | -12,397,455.27 | -50,433,740.65 | 75.42 | 5,923,689.08 |
| | 2002年末 | 2001年末 | 本年末比上年末增减(%) | 2000年末 |
| 总资产 | 4,688,752,636.34 | 910,684,101.21 | 414.86 | 1,167,000,708.87 |
| 股东权益(不含少数股东权益) | 824,164,545.34 | 860,708,919.22 | -4.25 | 947,8360,441.42 |
| 经营活动产生的现金流量净额 | 229,602,872.49 | -39,103,770.67 | | 195,742,978.63 |

2.2 主要财务指标

| | 2002年 | 2001年 | 本年比上年增减(%) | 2000年 |
|---|---|---|---|---|
| 每股收益 | -0.121 | -0.141 | 14.18 | 0.021 |
| 每股收益(调整后的) | -0.121 | -0.141 | 14.18 | 0.021 |
| 净资产收益率 | -4.136 | -4.604 | 10.17 | 0.658 |
| 扣除非经常性损益的净利润为基础计算的净资产收益率(加权平均) | -1.469 | -5.729 | 74.36 | 0.66 |
| 每股经营活动产生的现金流量净额 | 0.815 | -0.139 | | 0.695 |
| | 2002年末 | 2001年末 | 本年末比上年末增减(%) | 2000年末 |
| 每股净资产 | 2.925 | 3.055 | -4.26% | 3.195 |
| 调整后的每股净资产 | 2.925 | 3.042 | -3.85 | 3.195 |

## 600889 南京化纤股份有限公司

### 二〇〇二年年度报告摘选

#### 1.上市公司基本情况简介

1.1 基本情况简介

股票简称:南京化纤 股票代码:600889 上市交易所:上海证券交易所

注册地址:南京市南京高新技术产业开发区20幢B二楼

办公地址:南京市中央门外伏家场 邮政编码:210038

公司国际互联网网址:HTTP://www.viscosefibre.com 电子信箱:ncfo@viscosefibre.com

1.2 联系人和联系方式

董事会秘书:郑立标 联系地址:南京市中央门外伏家场

电话:025-5561011-3616 传真:025-5562809 电子信箱:stock@viscosefibre.com

证券事务代表:朱斌 联系地址:南京市中央门外伏家场

电话:025-5561011-3685 传真:025-5562809 电子信箱:5562809@sohu.com

#### 2.会计数据和财务指标

2.1 主要会计数据

| | 2002年 | 2001年 | 本年比上年增减(%) | 2000年 调整后 | 2000年 调整前 |
|---|---|---|---|---|---|
| 主营业务收入 | 395,527,949.41 | 333,278,922.46 | 18.68 | 291,519,768.15 | 291,519,768.15 |
| 利润总额 | 39,503,724.36 | 41,027,507.29 | -3.71 | 44,288,059.09 | 45,254,986.27 |
| 净利润 | 33,015,721.47 | 30,203,273.75 | 9.31 | 38,796,108.99 | 39,763,036.17 |
| 扣除非经常性损益的净利润 | 34,759,823.30 | 28,514,872.73 | 21.90 | 8.60 | 8.57 |
| | 2002年末 | 2001年末 | 本年末比上年末增减(%) | 2000年末 调整后 | 2000年末 调整前 |
| 总资产 | 777,287,779.74 | 678,412,677.52 | 14.57 | 617,355,947.86 | 618,322,875.04 |
| 股东权益(不含少数股东权益) | 497,857,393.73 | 463,758,594.05 | 7.25 | 438,401,742.09 | 456,101,168.79 |
| 经营活动产生的现金流量净额 | 72,902,383.64 | 60,979,760.21 | 19.55 | -6,471,578.94 | -6,471,578.94 |

2.2 主要财务指标

| | 2002年 | 2001年 | 本年比上年增减(%) | 2000年 调整后 | 2000年 调整前 |
|---|---|---|---|---|---|
| 每股收益 | 0.20 | 0.19 | 5.26 | 0.24 | 0.25 |
| 净资产收益率 | 6.63 | 6.51 | 1.84 | 8.85 | 8.72 |
| 扣除非经常性损益后的净利润为基础计算的净资产收益率 | 7.24 | 6.29 | 15.10 | 8.60 | 8.57 |
| 每股经营活动产生的现金流量净额 | 0.45 | 0.38 | 18.42 | -0.04 | -0.04 |
| | 2002年末 | 2001年末 | 本年末比上年末增减(%) | 2000年末 调整后 | 2000年末 调整前 |
| 每股净资产 | 3.08 | 2.87 | 7.31 | 2.71 | 2.82 |
| 调整后的每股净资产 | 3.07 | 2.86 | 7.34 | 2.67 | 2.78 |

# C5.电子(21 家)

# 600747 大连大显股份有限公司

## 二〇〇二年年度报告摘要

## 1.重要提示

1.1 本公司董事会及其董事保证本报告所载资料不存在任何虚假记载、误导性陈述或者重大遗漏,并对其内容的真实性、准确性和完整性负个别及连带责任。本年度报告摘要摘自年度报告全文,投资者欲了解详细内容,应阅读年度报告全文。

1.2 没有董事声明对年度报告内容的真实性、准确性、完整性无法保证或存在异议。

1.3 公司独立董事曹贵兴因工作关系未出席本次董事会,委托独立董事肖洪钧先生对本次会议审议议案行使表决权。

1.4 大连华连会计师事务所为本公司出具了无解释性说明、无保留意见的审计报告。

1.5 公司董事长刘秉强,财务总监戴玉钧及财务部长安彦雄声明:保证年度报告中财务会计报告的真实、完整。

## 2.上市公司基本情况简介

2.1 基本情况简介

| | |
|---|---|
| 股票简称 | 大显股份 |
| 股票代码 | 600747 |
| 上市交易所 | 上海证券交易所 |
| 注册地址 | 辽宁省大连市高新园区双 D 港辽河东路 1 号 |
| 办公地址 | 辽宁省大连市甘井子区革镇堡后革街 |
| 邮政编码 | 116035 |
| 公司国际互联网网址 | http://www.dxdl.com |
| 电子信箱 | dxdl@mail.dlptt.ln.cn |

2.2 联系人和联系方式

| | 董事会秘书 | 证券事务代表 |
|---|---|---|
| 姓名 | 王忠全 | 原隆欣 |
| 联系地址 | 大连市甘井子区革镇堡后革街 | 大连市甘井子区革镇堡后革街 |
| 电话 | 0411-6459612、6458775-992 | 0411-6459612、6458775-992 |
| 传真 | 0411-6458328 | 0411-6458328 |
| 电子信箱 | Zhongqu5158@sina.com | yuanlongxin@sina.com |

## 3.会计数据和财务指标摘要

3.1 主要会计数据 单位:元

| | 2002 年 | 2001 年 | 本年比上年增减(%) | 2000 年 | |
|---|---|---|---|---|---|
| | | | | 调整后 | 调整前 |
| 主营业务收入 | 903,290,701.21 | 745,108,381.79 | 21.23 | 661,114,673.88 | 633,629,069.34 |
| 利润总额 | 153,944,443.67 | 126,036,062.95 | 22.14 | 118,746,299.85 | 160,218,936.70 |
| 净利润 | 121,534,395.23 | 100,693,217.61 | 20.70 | 92,823,001.36 | 134,076,148.89 |
| 扣除非经常性损益的净利润 | 95,879,436.11 | 107,780,897.53 | -11.04 | 107,634,483.17 | 115,217,511.79 |
| | 2002 年末 | 2001 年末 | 本年末比上年末增减(%) | 2000 年末 | |
| | | | | 调整后 | 调整前 |
| 总资产 | 2,104,693,720.33 | 1,906,124,561.52 | 10.42 | 1,314,898,137.95 | 1,389,262,315.21 |
| 股东权益(不含少数股东权益) | 1,361,127,581.98 | 1,268,207,398.56 | 7.33 | 751,112,932.12 | 792,366,079.65 |
| 经营活动产生的现金流量净额 | 54,122,044.57 | 247,847,947.78 | -78.16 | 82,351,889.72 | 82,351,889.72 |

3.2 主要财务指标 单位:元

| | 2002 年 | 2001 年 | 本年比上年增减(%) | 2000 年 | |
|---|---|---|---|---|---|
| | | | | 调整后 | 调整前 |
| 每股收益 | 0.248 | 0.308 | -19.48 | 0.374 | 0.54 |
| 每股收益 | 0.288 | 0.312 | -7.69 | 0.459 | 0.54 |
| 净资产收益率(%) | 8.929 | 7.94 | 12.46 | 12.36 | 16.92 |
| 扣除非经常性损益的净利润为基础计算的净资产收益率 | 7.044 | 8.50 | -17.13 | 14.33 | 14.54 |
| 每股经营活动产生的现金流量净额 | 0.110 | 0.758 | -85.49 | 0.444 | 0.33 |
| | 2002 年末 | 2001 年末 | 本年末比上年末增减(%) | 2000 年末 | |
| | | | | 调整后 | 调整前 |
| 每股净资产 | 2.773 | 3.876 | -28.46 | 3.028 | 3.19 |
| 调整后的每股净资产 | 2.742 | 3.820 | -28.22 | 2.988 | 3.15 |

3.3 国内外会计准则差异

□适用 √不适用

## 4.股本变动及股东情况

4.1 股份变动情况表

公司股份变动情况表

数量单位:股

| | 本次变动前 | 本次变动增减(+,-) | | | | | | 本次变动后 |
|---|---|---|---|---|---|---|---|---|
| | | 配股 | 送股 | 公积金转股 | 增发 | 其他 | 小计 | |
| 一、未上市流通股份 | | | | | | | | |
| 1.发起人股份 | 165490304 | | 33098061 | 49647091 | | | 82745152 | 248235456 |
| 其中: | | | | | | | | |
| 国家持有股份 | 165490304 | | 33098061 | 49647091 | | | 82745152 | 248235456 |
| 境内法人持有股份 | | | | | | | | |
| 境外法人持有股份 | | | | | | | | |
| 其他 | | | | | | | | |
| 2.募集法人股份 | 10740957 | | 2148191 | 3222287 | | | 5370478 | 16111435 |
| 3.内部职工股 | | | | | | | | |
| 4.优先股或其他 | | | | | | | | |
| 未上市流通股份合计 | 176231261 | | 35246252 | 52869378 | | | 88115630 | 264346891 |
| 二、已上市流通股份 | | | | | | | | |
| 1.人民币普通股 | 150954739 | | 30190948 | 45286422 | | | 75477370 | 226432109 |
| 2.境内上市的外资股 | | | | | | | | |
| 3.境外上市的外资股 | | | | | | | | |
| 4.其他 | | | | | | | | |
| 已上市流通股份合计 | | | | | | | | |
| 三、股份总数 | 327186000 | | 65437200 | 98155800 | | | 163593000 | 490779000 |

4.2 前十名股东持股表

| 报告期末股东总数 | 52415 | | | | | |
|---|---|---|---|---|---|---|
| 前十名股东持股情况 | | | | | | |
| 股东名称(全称) | 年度内增减(股) | 年末持股数量(股) | 比例(%) | 股份类别注4(已流通或未流通) | 质押或冻结的股份数量 | 股东性质(国有股东或外资股东) |
| 大连大显集团有限公司 | 82,745,091 | 248,235,273 | 50.58 | 未流通 | 无 | 国有股东 |
| 华安创新证券投资基金 | 18,207,924 | 18,207,924 | 3.71 | 已流通 | 未知 | |
| 中信证券股份有限公司 | -1,088,437 | 12,334,000 | 2.51 | 已流通 | 未知 | |
| 中国工商银行大连信托投资公司 | 1,723,856 | 5,171,568 | 1.05 | 未流通 | 未知 | |
| 大连经济技术开发区鑫鑫商贸公司 | 1,458,648 | 4,375,943 | 0.89 | 未流通 | 未知 | |
| 沈阳北泰集团有限公司 | 1,125,000 | 3,375,000 | 0.68 | 未流通 | 未知 | |
| 汉鼎证券投资基金 | 1,799,996 | 1,799,996 | 0.37 | 已流通 | 未知 | |
| 安顺证券投资基金 | 1,630,000 | 1,630,000 | 0.32 | 已流通 | 未知 | |
| 富国动态平衡证券投资基金 | 1,318,952 | 1,318,952 | 0.27 | 已流通 | 未知 | |
| 久嘉证券投资基金 | 958,973 | 958,973 | 0.19 | 已流通 | 未知 | |
| 前十名股东关联关系或一致行动的说明注5 | 1.大连经济技术开发区鑫鑫商贸公司是大连大显集团有限公司的全资子公司;<br>2.华安创新证券投资基金和安顺证券投资基金由华安基金管理有限公司管理;<br>3.其余股东之间是否存在关联关系未知。 | | | | | |

4.3 控股股东及实际控制人注6情况介绍

4.3.1 控股股东及实际控制人变更情况

□适用 √不适用

4.3.2 控股股东和其他实际控制人具体情况介绍

报告期内,公司控股股东仍为大连大显集团有限公司,没有发生变化。

大连大显集团有限公司。国有制企业。法人代表:刘秉强。成立日期:1995 年 12 月 26 日,注册资本 15160 万元。经营范围:电子元器件、电视机、汽车音响机芯、计算机软盘、线路板、模具、工业电子设备、医用材料、轻工产品制造及宾馆、商贸、超市、餐饮、房地产等。大连大显集团有限公司是一个集视像、通信信息以及关键零部件产品为主、技工贸于一体的大型电子信息产业集团。现有员工 8300 人,其中各类工程技术人员 1350 人,占地面积 61.5 万平方米,建筑面积 38.4 万平方米。集团总资产 56.2 亿元,负债率 50.7%。其核心企业是大连大显股份有限公司,所持本公司股份无质押情况。

## 5.董事、监事和高级管理人员

5.1 董事、监事和高级管理人员持股变动

| 姓名 | 职务[注7] | 性别 | 年龄 | 任期起止日期 | 年初持股数 | 年末持股数 | 变动原因 |
|---|---|---|---|---|---|---|---|
| 刘秉强 | 董事长 | 男 | 54 | 2000.4－2003.4 | 34477 | 51715 | 2001年度利润分配、转增股本 |
| 李学成 | 副董事长 | 男 | 59 | 2000.4－2003.4 | 27582 | 41373 | 2001年度利润分配、转增股本 |
| 戴玉钧 | 财务总监 | 男 | 57 | 2000.4－2003.4 | 34654 | 51981 | 2001年度利润分配、转增股本 |
| 王忠全 | 董秘 | 男 | 39 | 2000.4－2003.4 | 0 | 0 | |
| 安彦雄 | 董事 | 男 | 33 | 2000.4－2003.4 | 0 | 0 | |
| 黄　铎 | 董事 | 男 | 50 | 2000.4－2003.4 | 0 | 0 | |
| 肖志国 | 董事 | 男 | 40 | 2000.4－2003.4 | 0 | 0 | |
| 肖洪钧 | 独立董事 | 男 | 53 | 2002.7－2003.4 | 0 | 0 | |
| 曹贵兴 | 独立董事 | 男 | 63 | 2002.7－2003.4 | 0 | 0 | |
| 杨　建 | 监事会主席 | 男 | 49 | 2000.4－2003.4 | 17239 | 25993 | 2001年度利润分配、转增股本 |
| 李焕欣 | 监事 | 男 | 55 | 2000.4－2003.4 | 15323 | 22985 | 2001年度利润分配、转增股本 |
| 朱本华 | 监事 | 女 | 55 | 2000.4－2003.4 | 116721 | 175082 | 2001年度利润分配、转增股本 |
| 刘奎杰 | 监事 | 男 | 39 | 2000.4－2003.4 | 0 | 0 | |
| 王长盛 | 监事 | 男 | 40 | 2000.4－2003.4 | 0 | 0 | |

5.2 在股东单位任职的董事监事情况

√适用　　□不适用

| 姓名 | 任职的股东名称 | 在股东单位担任的职务 | 任职期间 | 是否领取报酬、津贴(是或否) |
|---|---|---|---|---|
| 刘秉强 | 大连大显集团有限公司 | 董事长 | 2002－至今 | 否 |
| 朱本华 | 大连大显集团有限公司 | 退休 | | 是 |

5.3 董事、监事和高级管理人员年度报酬情况

| | |
|---|---|
| 年度报酬总额 | 146.3万元 |
| 金额最高的前三名董事的报酬总额 | 63.17万元 |
| 金额最高的前三名高级管理人员的报酬总额 | 63.17万元 |
| 独立董事津贴 | 2000元/月 |
| 独立董事其他待遇 | 无 |
| 不在公司领取报酬、津贴的董事、监事姓名 | 黄铎、肖志国 |
| 报酬区间 | 人数 |
| 17－23万元 | 6 |
| 8－9万元 | 3 |
| 2－4万元 | 2 |

## 6.董事会报告

6.1 报告期内整体经营情况的讨论与分析

公司主营业务为彩色显象管用电子枪金属零件及组件、移动电话、扩频数字无绳电话、网络设备、电视机、显示器件、精密模具、精密微型轴、高精密多层线路板。2002年,公司在经济全球化的大环境下,因势利导,紧紧围绕着机构调整、新产品开发、成本控制、信息化管理等方面开展工作,在迭荡起伏的市场竞争中取得了较好的经营业绩。本报告期内,公司各类产品共实现主营业务收入90,329万元,比去年同期增长21.2%,实现净利润12,153.4万元,比去年同期增长20.7%。

6.2 主营业务分行业、产品情况表[注8]

| 分行业或分产品 | 主营业务收入(元) | 主营业务成本(元) | 毛利率(%) | 主营业务收入比上年增减(%) | 主营业务成本比上年增减(%) | 毛利率比上年增减(%) |
|---|---|---|---|---|---|---|
| | | | | | | |
| 工业 | 903,290,701.21 | 690,845,499.69 | 23.52 | 21.23 | 32.11 | －6.3 |
| 其中:关联交易 | 295,659,548.52 | 289,610,981.66 | 2.05 | 50.88 | 116.62 | －29.72 |
| 手机 | 295,659,548.52 | 289,610,981.66 | 2.05 | 50.88 | 116.62 | －29.72 |
| 彩枪金属零部件 | 251,857,407.13 | 134,580,357.45 | 46.56 | 41.68 | 65.04 | －7.56 |
| 线路板 | 142,133,053.21 | 116,553,341.29 | 18.00 | －9,59 | －13.68 | 3.89 |
| 其中:关联交易 | 295,659,548.52 | 289,610,981.66 | 2.05 | 50.88 | 116.62 | －29.72 |
| 关联交易的定价原则 | 公司按照财政部下发财会(2001)64号文件《关联方之间出售资产等有关会计处理问题暂行规定》的通知制定本公司的关联方交易的定价原则。具体为:<br>(1)正常的商品销售:<br>当期对非关联方的销售量占该商品总销售量的20%及以上按对非关联方销售的加权平均价格作为对关联方之间同类交易的计量基础,并据以确认为收入,实际交易价格超过确认为收入的部分,计入资本公积。商品的销售仅限于上市公司与其关联方之间,或者与非关联方之间的商品销售未达到商品总销售量较大比例的实际交易价格不超过帐面价值120%的,按实际价格确认为收入,实际交易价格超过所销售商品帐面价值120%的,将商品帐面价值的120%确认为收入,实际交易价格超过确认为收入的部分,计入资本公积。<br>(2)非正常商品销售及出售固定资产、无形资产、长期投资和其他资产如果没有确凿证据表明交易价格是公允的,应按出售商品及资产的账面价值确认为收入,实际交易价格超过出售商品及资产账面价值的部分计入资本公积。 | | | | | |
| 关联交易必要性、持续性的说明 | 根据公司整体营销管理,本公司手机产品完全由大显经销公司经销。 | | | | | |

6.3 主营业务分地区情况

| 地区 | 主营业务收入 | 主营业务收入比上年增减(%) |
|---|---|---|
| 国内 | 791,375,878.68 | 25.36 |
| 国外 | 111,914,822.53 | －1.67 |

6.4 采购和销售客户情况

| | | | |
|---|---|---|---|
| 前五名供应商采购金额合计 | 367,489,419.96元 | 占采购总额比重 | 66.16% |
| 前五名销售客户销售金额合计 | 569,904,121.67元 | 占销售总额比重 | 63.09% |

6.5 参股公司经营情况(适用投资收益占净利润10%以上的情况)

√适用　　□不适用

| 参股公司名称 | 本期贡献的投资收益(元) | 占上市公司净利润的比重 | 参股公司 | |
|---|---|---|---|---|
| | | | 经营范围 | 净利润 |
| 大连东芝电视机有限公司 | 35,113,181.41 | 28.89% | 该公司属家电制造行业。该公司主要产品是"TOSHIBA"系列彩色电视机及超大屏幕背投电视 | 123,205,659.36 |

6.6 主营业务及其结构发生重大变化的原因说明[注10]

□适用　　√不适用

6.7 主营业务盈利能力(毛利率)与上年相比发生重大变化的原因说明[注11]

□适用　　√不适用

6.8 经营成果和利润构成与上年度相比发生重大变化的原因分析[注12]

□适用　　√不适用

整体财务状况与上年度相比发生重大变化的原因分析[注13]

□适用　　√不适用

6.9 对生产经营环境以及宏观政策、法规产生重大变化已经、正在或将要对公司的财务状况和经营成果产生重要影响的说明

√适用　　□不适用

公司自2002年1月1日起,所得税不再享受"先征后返"税收政策优惠

6.10 完成盈利预测的情况

□适用　　√不适用

6.11 完成经营计划情况

□适用　　√不适用

6.12 募集资金使用情况

√适用　　□不适用

| 募集资金总额 | 433,447,366.66元 | 本年度已使用募集资金总额 | | 8,753.02万元 | |
|---|---|---|---|---|---|
| | | 已累计使用募集资金总额 | | 15,709.03万元 | |
| 承诺项目 | 拟投入金额(万元) | 是否变更项目 | 实际投入金额(万元) | 产生收益金额(万元) | 是否符合计划进度和预计收益 |
| 彩色显象管电子枪用金属零件及组件技术改造 | 6,936 | 否 | 10,276 | 2835 | 是 |
| 建设64CM飞利浦彩色显象管电子枪用金属零件及组件生产线 | 2,600 | 否 | 3,204 | 425 | 是 |
| 精密轴二期技术改造项目 | 2,994 | 否 | 2,229 | 无 | 是 |
| 建设信息网络产品(电缆调制解调器)项目 | 15,000 | 是 | | 无 | 否 |
| 建设ADSL调制解调器项目 | 13,532 | 是 | | 无 | 否 |
| 合计 | 41,062 | － | 15,709 | 3260 | － |
| 未达到计划进度和收益的说明(分具体项目) | | | | | |
| 变更原因及变更程序说明(分具体项目) | 1.《建设信息网络产品(电缆调制解调器)项目》<br>2.《建设ADSL调制解调器项目》<br>公司根据以上两个项目无法实施,于2002年10月24日召开第三届董事会第十二次会议审议通过了《变更募集资金投向》议案,并提交公司第十三次股东大会审议通过后实施。 | | | | |

变更项目情况

√适用　　□不适用

| 变更投资项目的资金总额 | 28000万元 | | | | |
|---|---|---|---|---|---|
| 变更后的项目 | 对应的原承诺项目 | 变更项目拟投入金额(万元) | 实际投入金额(万元) | 产生收益金额(万元) | 是否符合计划进度和预计收益 |
| 大连太平洋电子有限公司片式元器件项目 | 建设信息网络产品(电缆调制解调器)项目 | 28000 | 0 | 0 | 是 |
| 合计 | － | 28000 | 0 | 0 | － |
| 未达到计划进度和收益的说明(分具体项目) | 大连太平洋电子有限公司于2002年12月25日领取营业执照,按合资企业法规定,企业领取执照后90天内注入注册资本15%资金,10个月内根据工程进度情况注齐全部资金。截止报告期末,该项目尚未进行。 | | | | |

6.13 非募集资金项目情况

√适用　　□不适用

| 项目名称 | 项目金额(万元) | 项目进度(%) | 项目收益情况 |
|---|---|---|---|
| 旅顺精密轴 | 6325 | 70 | 旅顺精密轴项目在建 |
| 64CM东芝纯平彩件 | 281 | 86 | 42.5万元销售收入 |
| 合计 | 6606 | － | 42.5 |

6.14 董事会对会计师事务所"非标意见"的说明

□适用　　√不适用

6.15 董事会新年度的经营计划(如有)

√适用 □不适用

1.实施科技创新,拓展企业发展空间

加大新产品开发过程的控制管理,降低开发成本,开拓新市场。2003 年新品开发的重点是继续进行三菱 34"彩件、华飞彩件以及日立三大件系列的开发与批量认定工作。黑白散件年内计划生产 1000 万套;彩枪零件新品开发在兼顾国、内外两个市场基础上,重点开发国际市场,尤其是印度、马来西亚、泰国等东南亚市场。完成 9 个品种 97 付模具及批量生产,争取增加销售额 5000 万,利润 1200 万。日立三大件在一季度确保全部完成认定,年内计划完成 600 万套。

2.推进信息化管理,实现管理创新,有效提高管理水平

以 ERP 项目实施为平台,对现有业务流程与管理流程进行再造,实现整个企业的管理创新与管理改善。并在 ERP 成功上线后导入工作流(Workflow)和商业智能(BIS),协助 ERP 产品更好运作。

3.实施制度创新,实现资源优化配置,提高企业核心竞争力

坚持以人为本,建立完善用人机制与激励机制;理顺分配关系,由人力资源部牵头,确立以劳动、资本、技术和管理等生产要素按贡献参与分配为原则的分配方案,实现资源优化配置。

4.对中干的培养、监督与考核,提高中干素质

着重围绕德、勤、绩、能四个方面加强对中干的培养、监督与绩效考核;着力解决中干在思想作风、学风、工作作风、领导作风和生活作风方面的突出问题,切实提高中干的领导水平、管理水平与专业素养,造就一支牢记使命,勤奋工作;坚持原则,一心为公;改进作风,求真务实;加强学习,与时俱进的企业中坚力量。

新年度盈利预测

□适用 √不适用

6.16 董事会本次利润分配或资本公积金转增预案

经大连华连会计师事务所审计,公司 2002 年度实现利润总额 153,944,443.67 元,净利润 121,534,395.23 元。根据《公司章程》的有关规定,提取 10% 法定公积金,计 14,605,279.00 元;提取 5% 法定公益金,计 7,034,092.23 元;提取职工奖励及福利基金 473,879.07 元。上年度末分配利润 270,175,545.63 元。本次可供股东分配的利润为 304,159,490.56 元。

公司 2002 年度利润分配预案为:以 2002 年 12 月 31 日总股本 49077.9 万股为基数,按每 10 股派现金红利 0.625 元人民币(含税)。

## 7.重要事项

7.1 收购资产注15

□适用 √不适用

7.2 出售资产注17

□适用 √不适用

7.3 重大担保

□适用 √不适用

7.4 关联债权债务往来

√适用 □不适用

单位:元

| 关联方 | 向关联方提供资金 | | 关联方向上市公司提供资金 | |
|---|---|---|---|---|
| | 发生额 | 余额 | 发生额 | 余额 |
| 大连大显经销公司 | 343,705,800.00 | 9954.20 | | |
| 大连大显电子器件厂 | 76,811,891.82 | 811.57 | | |
| 大连大显网络系统有限公司 | 307,911,550.53 | 503.69 | | |
| 大连鑫鑫商贸公司 | 6 | 592.25 | | |
| 大连大显集团显示器厂 | | 211.35 | | |
| 大连远东房屋开发公司 | 0.30 | 197.44 | | |
| 大连大显集团有限公司 | | | 305,298,619.05 | 3041.18 |
| 大连大显工贸公司 | | | 408.53 | 11.15 |
| 合计 | 728,429,248.65 | 12,270.50 | 305,296,027.58 | 3052.33 |

7.5 委托理财

√适用 □不适用

| 受托人 | 委托金额(元) | 委托期限 | 约定收益 | 实际收益 | 实际收回金额(元) |
|---|---|---|---|---|---|
| 中国银河证券有限责任公司 | 300,000,000 | 2001.3.14 - 2002.3.13 | 12% | 12% | 336,000,000 |
| 合计 | 300,000,000 | | | | 336,000,000 |

7.6 承诺事项履行情况

□适用 √不适用

7.7 重大诉讼仲裁事项

□适用 √不适用

7.8 独立董事履行职责的情况

## 8.监事会报告

监事会认为公司依法运作、公司财务情况、公司收购、出售资产交易和关联交易不存在问题。

关于公司对募集资金的使用,监事会认为:

1.公司 2000 年度配股募集资金的已使用情况与承诺情况一致

2.尚未使用的募集资金使用情况

原投资项目名称:《建设信息网络产品(电缆调制解调器)项目》

《建设 ADSL 调制解调器项目》

新投资项目名称:大连太平洋电子有限公司片式元器件项目

变更募集资金投向的数量:28000 万元人民币

公司第三届董事会第十二次会议审议通过了《变更募集资金投向》议案,并提交公司第十三次股东大会审议通过后实施。

公司董事会在上述募集资金变更实施过程是严格按照有关法律法规执行的合法决策程序。

## 9.财务报告

9.1 审计意见

本公司 2002 年度财务报告经大连华连会计师事务所审计,注册会计师王秀玉、王灵霞签字,出具了内审字[2003]77 号标准无保留审计意见的审计报告。

9.2 披露比较式合并及母公司的资产负债表、利润表和当年的现金流量表(附后)

9.3 与最近一期年度报告相比,会计政策、会计估计和核算方法未发生变化。

9.4 与最近一期年度报告相比,合并范围未发生变化。

大连大显股份有限公司

二 00 二年三月十八日

### 利润及利润分配表

编制单位:大连大显股份有限公司　　单位:元

| 项　目 | 本期数 | | 上期数 | |
|---|---|---|---|---|
| | 合并 | 母公司 | 合并 | 母公司 |
| 一、主营业务收入 | 903,290,701.21 | 651,110,485.22 | 745,108,381.79 | 523,614,631.36 |
| 减:主营业务成本 | 690,845,499.69 | 512,554,056.29 | 522,934,820.78 | 345,946,027.75 |
| 主营业务税金及附加 | 3,890,388.24 | 3,017,589.02 | 4,388,016.15 | 4,027,551.71 |
| 二、主营业务利润(亏损以"-"号填列) | 208,554,813.28 | 135,538,839.91 | 217,785,544.86 | 173,641,051.90 |
| 加:其他业务利润(亏损以"-"号填列) | 812,156.34 | 702,108.84 | -672,609.69 | -670,511.08 |
| 减:营业费用 | 13,245,133.09 | 6,640,503.04 | 17,502,094.47 | 11,237,188.58 |
| 管理费用 | 95,763,565.62 | 64,354,903.31 | 68,522,153.78 | 54,711,564.13 |
| 财务费用 | 21,289,922.98 | 18,345,120.45 | 27,751,187.15 | 22,554,325.16 |
| 三、营业利润(亏损以"-"号填列) | 79,068,347.93 | 46,900,421.95 | 103,337,499.77 | 84,467,462.95 |
| 加:投资收益(损失以"-"号填列) | 70,693,802.29 | 92,994,104.27 | 25,329,787.69 | 39,056,206.70 |
| 补贴收入 | 1,117,577.16 | 146,131.00 | 548,864.38 | 114,076.00 |
| 营业外收入 | 4,269,516.76 | 4,223,583.65 | 958,059.38 | 759,560.26 |
| 减:营业外支出 | 1,204,800.47 | 472,911.21 | 4,138,148.27 | 3,999,269.80 |
| 四、利润总额(亏损总额以"-"号填列) | 153,944,443.67 | 143,791,329.66 | 126,036,062.95 | 120,398,036.11 |
| 减:所得税 | 28,588,820.24 | 22,730,813.51 | 43,047,193.89 | 40,341,547.72 |
| 减:少数股东损益 | 3,821,228.20 | | 2,783,683.11 | |
| 加:财政返还所得税 | | | 20,488,031.66 | 20,488,031.66 |
| 五、净利润(亏损以"-"号填列) | 121,534,395.23 | 121,060,516.15 | 100,693,217.61 | 100,544,520.05 |
| 加:年初未分配利润 | 270,175,545.63 | 278,315,867.83 | 254,456,084.83 | 258,817,625.78 |
| 其他转入 | | | | |
| 六、可供分配的利润 | 391,709,940.86 | 399,376,383.98 | 355,149,302.44 | 359,362,145.83 |
| 减:提取法定盈余公积 | 14,605,279.00 | 12,106,051.62 | 13,328,947.06 | 10,054,452.00 |
| 提取法定公益金 | 7,034,092.23 | 6,053,025.81 | 5,531,512.19 | 5,027,226.00 |
| 提取职工奖励及福利基金 | 473,879.07 | | 148,697.56 | |
| 提取储备基金 | | | | |
| 提取企业发展基金 | | | | |
| 利润归还投资 | | | | |
| 七、可供投资者分配的利润 | 369,596,690.56 | 381,217,306.55 | 336,140,145.63 | 344,280,467.83 |
| 减:应付优先股股利 | | | | |
| 提取任意盈余公积 | | | | |
| 应付普通股股利 | 30,673,687.50 | 30,673,687.50 | 16,359,300.00 | 16,359,300.00 |
| 转作资本(或股本)的普通股股利 | 65,437,200.00 | 65,437,200.00 | 49,605,300.00 | 49,605,300.00 |
| 八、未分配利润 | 273,485,803.06 | 285,106,419.05 | 270,175,545.63 | 278,315,867.83 |
| 补充材料: | | | | |
| 出售、处置部门或被投资单位所得收益 | | | | |
| 自然灾害发生的损失 | | | | |
| 会计政策变更增加(或减少)利润总额 | | | | |
| 会计估计变更增加(或减少)利润总额 | | | | |
| 债务重组损失 | | | | |
| 其它 | | | | |

## 资　产　负　债　表

编制单位：大连大显股份有限公司　　　　单位：元

| 项　目 | 期末数 |  | 期初数 |  |
|---|---|---|---|---|
|  | 合并 | 母公司 | 合并 | 母公司 |
| 流动资产： |  |  |  |  |
| 货币资金 | 751,819,052.43 | 668,053,539.26 | 519,295,358.60 | 474,281,895.12 |
| 短期投资 | 34,269,983.60 | 34,269,983.60 | 307,998,239.24 | 300,000,000.00 |
| 应收票据 | 126,848,511.45 | 118,683,601.71 | 39,373,098.93 | 29,353,685.50 |
| 应收股利 |  |  |  |  |
| 应收利息 |  |  |  |  |
| 应收账款 | 158,480,511.21 | 91,085,045.35 | 132,818,853.70 | 84,032,848.77 |
| 其他应收款 | 35,111,493.01 | 124,321,083.72 | 35,267,610.45 | 66,153,992.46 |
| 预付帐款 | 21,824,550.20 | 20,091,814.69 | 9,874,084.96 | 8,513,367.02 |
| 应收补贴款 |  |  |  |  |
| 存货 | 180,872,680.17 | 146,614,106.78 | 175,112,402.97 | 152,946,559.01 |
| 待摊费用 | 768,993.20 |  | 290,542.73 |  |
| 一年内到期的长期债权投资 |  |  |  |  |
| 其他流动资产 |  |  |  |  |
| 流动资产合计 | 1,309,995,775.27 | 1,203,119,175.11 | 1,220,030,191.58 | 1,115,282,347.88 |
| 长期投资： |  |  |  |  |
| 长期股权投资 | 180,784,680.83 | 371,549,079.18 | 174,332,543.79 | 341,757,777.03 |
| 长期债权投资 |  |  |  |  |
| 长期投资合计 | 180,784,680.83 | 371,549,079.18 | 174,332,543.79 | 341,757,777.03 |
| 其中：合并价差 |  |  |  |  |
| 固定资产： |  |  |  |  |
| 固定资产原价 | 954,966,928.91 | 525,210,901.13 | 770,957,406.56 | 397,911,242.48 |
| 减：累计折旧 | 370,934,947.68 | 196,927,299.43 | 333,014,077.64 | 188,741,528.48 |
| 固定资产净值 | 584,031,981.23 | 328,283,601.70 | 437,943,328.92 | 209,169,714.00 |
| 减：固定资产减值准备 | 29,253,410.09 | 29,253,410.09 | 29,253,410.09 | 29,253,410.09 |
| 固定资产净额 | 554,778,571.14 | 299,030,191.61 | 408,689,918.83 | 179,916,303.91 |
| 工程物资 |  |  |  |  |
| 在建工程 | 54,524,413.77 | 6,053,344.23 | 97,449,551.78 | 78,530,602.75 |
| 固定资产清理 |  |  |  |  |
| 固定资产合计 | 609,302,984.91 | 305,083,535.84 | 506,139,470.61 | 258,446,906.66 |
| 无形资产及其他资产： |  |  |  |  |
| 无形资产 | 4,610,279.32 | 670,289.40 | 5,528,467.94 | 1,504,350.10 |
| 长期待摊费用 |  |  | 93,887.60 |  |
| 其他长期资产 |  |  |  |  |
| 无形资产及其他资产合计 | 4,610,279.32 | 670,289.40 | 5,622,355.54 | 1,504,350.10 |
| 递延税项： |  |  |  |  |
| 递延税款借项 |  |  |  |  |
| 资产总计 | 2,104,693,720.33 | 1,880,422,079.53 | 1,906,124,561.52 | 1,716,991,381.67 |
| 流动负债： |  |  |  |  |
| 短期借款 | 216,414,900.00 | 136,414,900.00 | 238,908,545.89 | 160,914,900.00 |
| 应付票据 | 134,449,617.01 | 123,611,965.11 | 68,525,622.15 | 68,525,622.15 |
| 应付账款 | 35,765,013.81 | 8,091,744.14 | 23,007,444.77 | 2,667,427.98 |
| 预收账款 | 4,133,747.72 | 2,502,878.23 | 12,281,713.50 | 10,893,150.09 |
| 应付工资 | 12,213,582.89 | 12,213,582.89 | 12,213,582.89 | 12,213,582.89 |
| 应付福利费 | 5,998,496.35 | 4,610,002.50 | 3,416,182.09 | 3,021,211.76 |
| 应付股利 | 39,575,179.10 | 39,575,179.10 | 16,622,663.87 | 16,622,663.87 |
| 应交税金 | 3,958,919.75 | -2,675,101.47 | 21,269,758.02 | 21,393,277.13 |
| 其他应交款 | 206,427.90 | 161,274.48 | 552,405.07 | 546,537.14 |
| 其他应付款 | 88,337,334.76 | 62,853,072.57 | 43,278,958.59 | 20,697,200.34 |
| 预提费用 | 2,122,437.52 | 1,935,000.00 | 1,288,409.74 | 1,288,409.74 |
| 预计负债 |  |  |  |  |
| 一年内到期的长期负债 |  |  |  |  |
| 其他流动负债 |  |  |  |  |
| 流动负债合计 | 30,673,687.50 | 389,294,497.55 | 441,365,286.58 | 318,783,983.09 |
| 长期负债： |  |  |  |  |
| 长期借款 | 130,000,000.00 | 130,000,000.00 | 130,000,000.00 | 130,000,000.00 |
| 应付债券 |  |  |  |  |
| 长期应付款 |  |  |  |  |
| 专项应付款 |  |  |  |  |
| 其他长期负债 |  |  |  |  |
| 长期负债合计 | 130,000,000.00 | 130,000,000.00 | 130,000,000.00 | 130,000,000.00 |
| 递延税项： |  |  |  |  |
| 递延税款贷项 |  |  |  |  |
| 负债合计 | 642,501,969.31 | 488,620,810.05 | 571,365,286.58 | 448,783,983.09 |
| 少数股东权益 | 70,390,481.54 |  | 66,551,876.38 |  |
| 所有者权益（或股东权益） |  |  |  |  |
| 实收资本（或股本） | 490,779,000.00 | 490,779,000.00 | 327,186,000.00 | 327,186,000.00 |
| 减：已归还投资 |  |  |  |  |
| 实收资本（或股本）净额 |  |  |  |  |
| 资本公积 | 465,998,923.50 | 465,998,923.50 | 561,621,368.74 | 561,621,368.74 |
| 盈余公积 | 130,863,855.42 | 119,243,239.43 | 109,224,484.19 | 101,084,162.01 |
| 其中：法定公益金 | 32,160,902.72 | 29,735,681.69 | 25,126,810.49 | 23,682,655.88 |
| 未分配利润 | 273,485,803.06 | 285,106,419.05 | 270,175,545.63 | 278,315,867.83 |
| 外币报表折算差额 |  |  |  |  |
| 所有者权益（或股东权益）合计 | 1,361,127,581.98 | 1,361,127,581.98 | 1,268,207,398.56 | 1,268,207,398.58 |
| 负债和所有者权益（或股东权益）总计 | 2,104,693,720.33 | 1,880,422,079.53 | 1,906,124,561.52 | 1,716,991,381.67 |

## 现　金　流　量　表

编制单位：大连大显股份有限公司　　　　单位：元

| 项　目 | 合并 | 母公司 |
|---|---|---|
| 一、经营活动产生的现金流量： |  |  |
| 销售商品、提供劳务收到的现金 | 837,503,382.31 | 529,252,311.48 |
| 收到的税费返还 | 1,766,961.85 |  |
| 收到的其他与经营活动有关的现金 | 83,552,921.50 | 76,550,169.38 |
| 现金流入小计 | 922,823,265.66 | 668,802,480.86 |
| 购买商品、接受劳务支付的现金 | 611,283,452.64 | 502,329,184.46 |
| 支付给职工以及为职工支付的现金 | 70,901,426.55 | 44,524,562.85 |
| 支付的各项税费 | 96,362,601.70 | 81,273,518.09 |
| 支付的其他与经营活动有关的现金 | 90,153,740.20 | 49,625,241.48 |
| 现金流出小计 | 868,701,221.09 | 677,752,506.88 |
| 经营活动产生的现金流量净额 | 54,122,044.57 | -8,950,026.02 |
| 二、投资活动产生的现金流量： |  |  |
| 收回投资所收到的现金 | 323,318,737.09 | 303,324,420.00 |
| 取得投资收益所收到的现金 | 64,512,233.95 | 74,249,873.51 |
| 处置固定资产、无形资产和其他长期资产所收回的现金净额 | 4,357,006.81 | 4,351,006.81 |
| 收到的其他与投资活动有关的现金 |  |  |
| 现金流入小计 | 392,187,977.85 | 381,925,300.32 |
| 购建固定资产、无形资产和其他长期资产所支付的现金 | 108,738,592.73 | 82,071,225.44 |
| 投资所支付的现金 | 49,860,799.96 | 37,865,153.60 |
| 支付的其他与投资活动有关的现金 |  | 11,079,170.07 |
| 现金流出小计 | 158,599,392.69 | 131,015,549.11 |
| 投资活动产生的现金流量净额 | 233,588,585.16 | 250,909,751.21 |
| 三、筹资活动产生的现金流量： |  |  |
| 吸收投资所收到的现金 |  |  |
| 借款所收到的现金 | 316,414,750.00 | 236,414,750.00 |
| 收到的其他与筹资活动有关的现金 | 500,000.00 | 500,000.00 |
| 现金流入小计 | 316,914,750.00 | 236,914,750.00 |
| 偿还债务所支付的现金 | 340,925,975.05 | 260,914,750.00 |
| 分配股利、利润或偿付利息所支付的现金 | 32,218,531.23 | 24,297,233.19 |
| 支付的其他与筹资活动有关的现金 |  |  |
| 现金流出小计 | 373,144,506.28 | 285,211,983.19 |
| 筹资活动产生的现金流量净额 | -56,229,756.28 | -48,297,233.19 |
| 四、汇率变动对现金的影响 | 1,042,820.38 | 109,152.14 |
| 五、现金及现金等价物净增加额 | 232,523,693.83 | 193,771,644.14 |
| 补充材料 |  |  |
| 1.将净利润调节为经营活动现金流量： |  |  |
| 净利润 | 121,534,395.23 | 121,060,516.15 |
| 加：少数股东权益 | 3,821,228.20 |  |
| 加：计提的资产减值准备 | 23,161,909.88 | 21,500,113.76 |
| 固定资产折旧 | 68,910,824.07 | 39,738,308.45 |
| 无形资产摊销 | 922,300.25 | 834,060.70 |
| 长期待摊费用摊销 |  |  |
| 待摊费用减少（减：增加） | -482,562.10 |  |
| 预提费用增加（减：减少） | 834,027.78 | 646,590.26 |
| 处置固定资产、无形资产和其他长期资产的损失（减：收益） | -3,705,261.90 | -3,818,913.07 |
| 固定资产报废损失 | 678,967.90 |  |
| 财务费用 | 21,074,942.64 | 18,802,135.92 |
| 投资损失（减：收益） | -70,693,802.29 | -92,994,104.27 |
| 递延税款贷项（减：借项） |  |  |
| 存货的减少（减：增加） | 1,159,243.84 | 3,035,304.86 |
| 经营性应收项目的减少（减：增加） | -122,190,207.07 | -119,090,398.95 |
| 经营性应付项目的增加（减：减少） | 9,096,001.76 | 1,336,360.16 |
| 其他 | 36.38 | 0.01 |
| 少数股东本期收益 |  |  |
| 经营活动产生的现金流量净额 | 54,122,044.57 | -8,950,026.02 |
| 2.不涉及现金收支的投资和筹资活动： |  |  |
| 债务转为资本 |  |  |
| 一年内到期的可转换公司债券 |  |  |
| 融资租入固定资产 |  |  |
| 3.现金及现金等价物净增加情况： |  |  |
| 现金的期末余额 | 751,819,052.43 | 668,053,539.26 |
| 减：现金的期初余额 | 519,295,358.60 | 474,281,895.12 |
| 加：现金等价物的期末余额 |  |  |
| 减：现金等价物的期初余额 |  |  |
| 现金及现金等价物净增加额 | 232,523,693.83 | 193,771,644.14 |

## 600057 厦门厦新电子股份有限公司

### 二〇〇二年年度报告摘选

#### 1.上市公司基本情况简介

1.1 基本情况简介

股票简称:ST厦新 股票代码:600057 上市交易所:上海证券交易所

注册地址和办公地址:厦门市体育路45号 邮政编码:361012

公司国际互联网网址:www.amoisonic.com.cn 电子信箱:stock@amoisonic.com.cn

1.2 联系人和联系方式

董事会秘书:吕东 联系地址:厦门市体育路45号证券部

电话:0592-5058123-3500 传真:0592-5051631 电子信箱:stock@amoisonic.com.cn

证券事务代表:廖杰 联系地址:厦门市体育路45号证券部

电话:0592-5058123-3500 传真:0592-5111285 电子信箱:liejack@amoisonic.com.cn

#### 2.会计数据和财务指标摘要

2.1 主要会计数据

| | 2002年 | 2001年 | 本年比上年增减(%) | 2000年 |
|---|---|---|---|---|
| 主营业务收入 | 4,486,696,049.08 | 988,261,206.53 | 354.00% | 993,477,404.62 |
| 利润总额 | 686,616,718.97 | -78,249,478.53 | -977.47% | -176,472,280.97 |
| 净利润 | 606,938,466.53 | -78,249,478.53 | -875.65% | -174,481,880.87 |
| 扣除非经常性损益的净利润 | 613,384,953.74 | -91,416,764.07 | -770.98% | -183,267,948.56 |
| | 2002年末 | 2001年末 | 本年末比上年末增减(%) | 2000年末 |
| 总资产 | 2,762,001,527.53 | 1,584,364,468.79 | 74.33% | 1,343,632,732.89 |
| 股东权益(不含少数股东权益) | 889,248,936.02 | 412,078,529.52 | 115.80% | 490,328,008.05 |
| 经营活动产生的现金流量净额 | 972,159,531.84 | 58,423,093.60 | 1564.00% | -254,116,783.41 |

2.2 主要财务指标

| | 2002年 | 2001年 | 本年比上年增减(%) | 2000年 |
|---|---|---|---|---|
| 每股收益(摊薄) | 1.69 | -0.22 | -895.06% | -0.56 |
| 每股收益(加权) | 1.69 | -0.22 | -895.06% | -0.56 |
| 净资产收益率 | 68.25% | -18.99% | 459.40% | -40.53% |
| 扣除非经常性损益的净利润为基础计算的净资产收益率 | 68.98% | -20.26% | 440.47% | -35.90% |
| 每股经营活动产生的现金流量净额 | 2.71 | 0.16 | 1593.75% | -0.71 |
| | 2002年末 | 2001年末 | 本年末比上年末增减(%) | 2000年末 |
| 每股净资产 | 2.48 | 1.15 | 115.65% | 1.37 |
| 调整后的每股净资产 | 2.44 | 1.05 | 132.38% | 1.23 |

## 600060 青岛海信电器股份有限公司

### 二〇〇二年年度报告摘选

#### 1.上市公司基本情况简介

1.1 基本情况简介

股票简称:海信电器 股票代码:600060 上市交易所:上海交易所

注册地址和办公地址:青岛经济技术开发区团结路18号 邮政编码:266510

公司国际互联网网址:http://www.hisense.com 电子信箱:Shengqiang221@sohu.com

1.2 联系人和联系方式

董事会秘书:盛强 联系地址:青岛东海西路17号海信大厦(邮编:266071)

电话:0532-3863463 传真:0532-3888515 电子信箱:Shengqiang221@sohu.com

#### 2.会计数据和财务指标摘要

2.1 主要会计数据

| | 2002年 | 2001年 | 本年比上年增减(%) | 2000年 |
|---|---|---|---|---|
| 主营业务收入 | 5,623,550,011.17 | 3,872,560,749.89 | 45.22% | 4,296,817,948.80 |
| 利润总额 | 49,757,367.68 | -21,382,533.05 | - | 43,369,924.40 |
| 净利润 | 35,059,479.97 | -24,013,613.24 | - | 33,695,566.43 |
| 扣除非经常性损益的净利润 | 27,340,253.98 | -25,618,673.46 | - | 27,447,751.48 |
| | 2002年末 | 2001年末 | 本年末比上年末增减(%) | 2000年末 |
| 总资产 | 3,970,910,472.20 | 4,003,507,754.58 | -0.81% | 2,594,054,453.91 |
| 股东权益(不含少数股东权益) | 2,307,219,399.24 | 2,209,975,083.26 | 4.40% | 1,290,460,881.08 |
| 经营活动产生的现金流量净额 | 86,109,599.89 | 510,766,657.86 | -83.14% | 232,689,971.84 |

2.2 主要财务指标

| | 2002年 | 2001年 | 本年比上年增减(%) | 2000年 |
|---|---|---|---|---|
| 每股收益 | 0.071 | -0.049 | - | 0.081 |
| 每股收益 | 0.071 | -0.049 | - | 0.081 |
| 净资产收益率 | 1.520 | -1.087 | - | 2.611 |
| 扣除非经常性损益的净利润为基础计算的净资产收益率 | 1.185 | -1.159 | - | 2.127 |
| 每股经营活动产生的现金流量净额 | 0.174 | 1.034 | -83.14% | 0.561 |
| | 2002年末 | 2001年末 | 本年末比上年末增减(%) | 2000年末 |
| 每股净资产 | 4.673 | 4.476 | 4.40% | 3.113 |
| 调整后的每股净资产 | 4.645 | 4.473 | 3.84% | 3.052 |

## 600083 成都福地科技股份有限公司

### 二〇〇二年年度报告摘选

#### 1.上市公司基本情况简介

1.1 基本情况简介

股票简称:ST红光 股票代码:600083 上市交易所:上海证券交易所

注册地址:四川省成都市科华北路58号

办公地址:广东省东莞市南城区莞太大道255号彩管厂五号楼 邮政编码:523077

公司国际互联网网址:http://www.cdfortune.com 电子信箱:stock@cdfortune.com

1.2 联系人和联系方式

董事会秘书:宋静远 联系地址:东莞市南城区莞太大道255号彩管厂五号楼

电话:0769-2906116 传真:0769-2906119 电子信箱:stock@cdfortune.com

证券事务代表:相里麒 联系地址:东莞市南城区莞太大道255号彩管厂五号楼

电话:0769-2906358 传真:0769-2906119 电子信箱:stock@cdfortune.com

#### 2.会计数据和财务指标摘要

2.1 主要会计数据

| | 2002年 | 2001年 | 本年比上年增减(%) | 2000年 |
|---|---|---|---|---|
| 主营业务收入 | 179,310,587.39 | 86,057,796.89 | 108.36 | 27,714,790.24 |
| 利润总额 | 8,106,398.72 | 12,165,924.19 | -33.37 | -70,584,825.59 |
| 净利润 | 8,106,398.72 | 12,165,924.19 | -33.37 | -70,584,825.59 |
| 扣除非经常性损益的净利润 | 22,326,373.62 | 5,944,834.47 | 275.56 | -55,767,195.05 |
| | 2002年末 | 2001年末 | 本年末比上年末增减(%) | 2000年末 |
| 总资产 | 207,942,955.10 | 209,686,773.50 | -0.83 | 1,305,960,382.74 |
| 股东权益(不含少数股东权益) | 13,418,223.08 | 5,338,186.81 | 151.36 | 27,691,733.34 |
| 经营活动产生的现金流量净额 | -8,084,692.04 | 48,832,821.62 | -116.56 | -12,593,627.15 |

2.2 主要财务指标

| | 2002年 | 2001年 | 本年比上年增减(%) | 2000年 |
|---|---|---|---|---|
| 每股收益 | 0.035 | 0.053 | -33.96 | -0.307 |
| 每股收益 | 0.035 | 0.053 | -33.96 | -0.307 |
| 净资产收益率 | 60.41 | 227.90 | -73.49 | -254.89 |
| 扣除非经常性损益的净利润为基础计算的净资产收益率 | 166.39% | 111.36% | 49.41 | -254.89 |
| 每股经营活动产生的现金流量净额 | -0.035 | 0.212 | -116.51 | -0.087 |
| | 2002年12月31日 | 2001年12月31日 | 本年末比上年末增减(%) | 2000年12月31日 |
| 每股净资产 | 0.058 | 0.023 | 152.17 | 0.12 |
| 调整后的每股净资产 | 0.048 | 0.001 | 4700.00 | -0.197 |

## 600171 上海贝岭股份有限公司

### 二〇〇二年年度报告摘选

#### 1.上市公司基本情况简介

1.1 基本情况简介

股票简称:上海贝岭 股票代码:600171 上市交易所:上海证券交易所

注册地址和办公地址:上海市宜山路810号 邮政编码:200233

公司国际互联网网址:http://www.belling.com.cn 电子信箱:bloffice@bellling.com.cn

1.2 联系人和联系方式

董事会秘书:严海容 联系地址:上海市宜山路810号

电话:64850700*157 传真:64854424 电子信箱:bloffice@bellling.com.cn

#### 2.会计数据和财务指标摘要

2.1 主要会计数据

单位:元

| | 2002年 | 2001年 | 本年比上年增减(%) | 2000年 |
|---|---|---|---|---|
| 主营业务收入 | 762,992,902.55 | 783,607,621.42 | -2.63% | 792,384,575.75 |
| 利润总额 | 108,244,951.99 | 166,110,958.61 | -34.84% | 187,069,976.48 |
| 净利润 | 105,091,638.90 | 149,043,729.86 | -29.49% | 172,922,040.52 |
| 扣除非经常性损益的净利润 | 97,431,102.92 | 144,376,266.79 | -32.52% | 167,602,877.37 |
| | 2002年末 | 2001年末 | 本年末比上年末增减(%) | 2000年末 |
| 总资产 | 1,599,717,514.83 | 1,540,497,199.02 | 3.84% | 1,454,655,938.49 |
| 股东权益(不含少数股东权益) | 1,344,652,719.40 | 1,276,241,274.95 | 5.36% | 1,194,985,898.19 |
| 经营活动产生的现金流量净额 | 254,843,138.87 | 130,273,587.45 | 95.62% | 62,348,373.64 |

2.2 主要财务指标

| | 2002年 | 2001年 | 本年比上年增减(%) | 2000年 |
|---|---|---|---|---|
| 每股收益 | 0.19 | 0.34 | -45.27% | 0.40 |
| 扣除非经常性损益后的每股收益 | 0.17 | 0.33 | -47.72% | 0.39 |
| 净资产收益率 | 7.82% | 11.68% | -33.09% | 14.47% |
| 扣除非经常性损益的净利润为基础计算的净资产收益率 | 7.25% | 11.31% | -35.95% | 14.03% |
| 每股经营活动产生的现金流量净额 | 0.45 | 0.30 | 50.41% | 0.60 |
| | 2002年末 | 2001年末 | 本年末比上年末增减(%) | 2000年末 |
| 每股净资产 | 2.38 | 2.94 | -19.02% | 2.75 |
| 调整后的每股净资产 | 2.36 | 2.90 | -18.57% | 2.73 |

# 600203 福建福日电子股份有限公司

## 二〇〇二年年度报告摘选

### 1.上市公司基本情况简介

1.1 基本情况简介

股票简称:福日股份 股票代码:600203 上市交易所:上海证券交易所

注册地址:福州市马尾区快安大道 M9511 厂房

办公地址:福州市五一北路 169 号福日大厦 邮政编码:350005

公司国际互联网网址:http://www.furielec.com 电子信箱:furielec@pub3.fz.fj.cn

1.2 联系人和联系方式

董事会秘书:江骞龙 联系地址:福州市五一北路 169 号福日大厦

电话:0591－3315984 传真:0591－3319978 电子信箱:jiangqianlong@21cn.com

证券事务代表:王佐 联系地址:福州市五一北路 169 号福日大厦

电话:0591－3318998 传真:0591－3319978 电子信箱:wangzuo@vip.sina.com

### 2.会计数据和财务指标摘要

2.1 主要会计数据

| | 2002 年 | 2001 年 | 本年比上年增减(%) | 2000 年 |
|---|---|---|---|---|
| 主营业务收入 | 1,376,352,416.13 | 798,763,918.28 | 72.31 | 558,193,435.09 |
| 利润总额 | －2,847,519.42 | 33,413,240.70 | － | 54,592,563.84 |
| 净利润 | 1,599,444.34 | 31,618,151.08 | －94.94 | 50,503,801.13 |
| 扣除非经常性损益的净利润 | －7,780,012.73 | 14,790,556.59 | －－ | 35,073,268.56 |
| | 2002 年末 | 2001 年末 | 本年末比上年末增减(%) | 2000 年末 |
| 总资产 | 1,832,902,306.09 | 1,541,095,297.58 | 18.94 | 1,292,583,420.75 |
| 股东权益(不含少数股东权益) | 596,354,725.35 | 592,091,160.67 | 0.72 | 571,996,562.56 |
| 经营活动产生的现金流量净额 | 5,624,341.11 | 68,484,478.86 | －91.79 | 52,555,792.38 |

2.2 主要财务指标

| | 2002 年 | 2001 年 | 本年比上年增减(%) | 2000 年 |
|---|---|---|---|---|
| 每股收益 | 0.006 | 0.123 | －95.12 | 0.197 |
| 每股收益 | 0.006 | 0.123 | －95.12 | 0.197 |
| 净资产收益率 | 0.27% | 5.34% | －94.94 | 10.17% |
| 扣除非经常性损益的净利润为基础计算的净资产收益率 | －1.31% | 2.52% | － | 2.44% |
| 每股经营活动产生的现金流量净额 | 0.022 | 0.267 | －91.76 | 0.205 |
| | 2002 年末 | 2001 年末 | 本年末比上年末增减(%) | 2000 年末 |
| 每股净资产 | 2.33 | 2.31 | 0.87 | 2.23 |
| 调整后的每股净资产 | 2.29 | 2.28 | 0.44 | 2.22 |

# 600207 河南安彩高科股份有限公司

## 二〇〇二年年度报告摘选

### 1.上市公司基本情况简介

1.1 基本情况简介

股票简称:安彩高科 股票代码:600207 上市交易所:上海证券交易所

注册地址和办公地址:河南省安阳市中州路南段 邮政编码:455000

公司国际互联网网址:http://www.acht.com.cn 电子信箱:achtzqb@acht.com.cn

1.2 联系人和联系方式

董事会秘书:许应中 联系地址:河南省安阳市中州路南段

电话:0372－3932916－2533 传真:0372－3938035 电子信箱:achtzqb@acht.com.cn

证券事务代表:刘一 联系地址:河南省安阳市中州路南段

电话:0372－3932916－2533 传真:0372－3938035 电子信箱:achtzqb@acht.com.cn

### 2.会计数据和财务指标摘要

2.1 主要会计数据 (单位:元)

| | 2002 年 | 2001 年 | 本年比上年增减(%) | 2000 年 |
|---|---|---|---|---|
| 主营业务收入 | 1,776,611,863.04 | 1,389,600,498.08 | 27.85% | 2,106,586,602.73 |
| 利润总额 | 177,884,242.94 | 197,357,405.03 | －9.87% | 662,189,657.89 |
| 净利润 | 97,112,796.00 | 146,969,532.59 | －33.92% | 524,467,567.84 |
| 扣除非经常性损益的净利润 | 97,679,158.61 | 94,255,042.09 | 3.63% | 395,862,053.69 |
| | 2002 年末 | 2001 年末 | 本年末比上年末增减(%) | 2000 年末 |
| 总资产 | 3,217,403,174.21 | 3,037,251,480.12 | 5.93% | 3,163,091,356.68 |
| 股东权益(不含少数股东权益) | 2,160,702,396.77 | 2,151,589,600.77 | 0.42% | 2,092,510,068.18 |
| 经营活动产生的现金流量净额 | 384,341,401.95 | 624,100,214.37 | －38.42% | 472,005,127.53 |

2.2 主要财务指标 (单位:元)

| | 2002 年 | 2001 年 | 本年比上年增减(%) | 2000 年 |
|---|---|---|---|---|
| 每股收益(摊薄) | 0.2207 | 0.3340 | －33.92% | 1.1920 |
| 每股收益(加权) | 0.2207 | 0.3340 | －33.92% | 1.1920 |
| 净资产收益率 | 4.49% | 6.83% | －34.20% | 25.06% |
| 扣除非经常性损益的净利润为基础计算的净资产收益率 | 4.52% | 4.35% | 3.92% | 18.60% |
| 每股经营活动产生的现金流量净额 | 0.8735 | 1.4184 | －38.42% | 1.0727 |
| | 2002 年末 | 2001 年末 | 本年末比上年末增减(%) | 2000 年末 |
| 每股净资产 | 4.911 | 4.890 | 0.42% | 4.756 |
| 调整后的每股净资产 | 4.908 | 4.885 | 0.46% | 4.748 |

# 600261 浙江阳光集团股份有限公司

## 二〇〇二年年度报告摘选

### 1.上市公司基本情况简介

1.1 基本情况简介

股票简称:浙江阳光 股票代码:600261 上市交易所:上海证券交易所

注册地址和办公地址:浙江省上虞市凤山路 129 号 邮政编码:312300

公司国际互联网网址:http://www.yankon.com 电子信箱:yankon@yankon.com

1.2 联系人和联系方式

董事会秘书:吴青谊 联系地址:浙江省上虞市凤山路 129 号

电话:0575－2027720 传真:0575－2027720 电子信箱:wuqy@yankon.com

证券事务代表:任锋 联系地址:浙江省上虞市凤山路 129 号

电话:0575－2027721 传真:0575－2027720 电子信箱:renfeng@yankon.com

### 2.会计数据和财务指标摘要

2.1 主要会计数据(单位:人民币元)

| | 2002 年 | 2001 年 | 本年比上年增减(%) | 2000 年 |
|---|---|---|---|---|
| 主营业务收入 | 404,496,489.08 | 583,300,519.15 | －30.65% | 303,428,304.45 |
| 利润总额 | 58,974,005.37 | 77,611,063.29 | －24.01% | 55,679,115.67 |
| 净利润 | 45,845,161.65 | 64,153,269.43 | －28.54% | 46,720,042.89 |
| 扣除非经常性损益的净利润 | 39,375,146.98 | 47,372,862.02 | －16.88% | 34,041,541.73 |
| | 2002 年末 | 2001 年末 | 本年末比上年末增减(%) | 2000 年末 |
| 总资产 | 868,069,834.35 | 763,230,271.68 | 13.74% | 666,846,837.04 |
| 股东权益(不含少数股东权益) | 555,235,290.51 | 542,145,198.87 | 2.41% | 495,172,382.01 |
| 经营活动产生的现金流量净额 | 115,142,975.78 | 78,951,827.58 | 45.84% | 28,489,613.56 |

2.2 主要财务指标(单位:人民币元)

| | 2002 年 | 2001 年 | 本年比上年增减(%) | 2000 年 |
|---|---|---|---|---|
| 每股收益 | 0.37 | 0.52 | －28.85% | 0.47 |
| 每股收益(全面摊薄) | 0.37 | 0.52 | －28.85% | 0.38 |
| 净资产收益率 | 8.26% | 11.83% | －30.18% | 9.44% |
| 扣除非经常性损益的净利润为基础计算的净资产收益率 | 6.97% | 8.98% | －22.38% | 0.35 |
| 每股经营活动产生的现金流量净额 | 0.93 | 0.64 | 45.31% | 0.23 |
| | 2002 年末 | 2001 年末 | 本年末比上年末增减(%) | 2000 年末 |
| 每股净资产 | 4.51 | 4.40 | 2.50% | 4.02 |
| 调整后的每股净资产 | 4.42 | 4.31 | 2.55% | 3.91 |

# 600330 浙江天通电子股份有限公司

## 二〇〇二年年度报告摘选

### 1.上市公司基本情况简介

1.1 基本情况简介

股票简称:天通股份 股票代码:600330 上市交易所:上海证券交易所

注册地址:浙江省海宁市郭店镇建设路 11 号 办公地址:浙江省海宁市龙祥写字楼十八层

邮政编码:314412(注册地),314400(办公地) 公司国际互联网网址:http://www.tdgcore.com

电子信箱:tdga@mail.jxptt.zj.cn

1.2 联系人和联系方式

董事会秘书:许丽秀 联系地址:浙江省海宁市龙祥写字楼十八层

电话:0573－7230878 传真:0573－7230228 电子信箱:tdga@mail.jxptt.zj.cn

### 2.会计数据和财务指标摘要

2.1 主要会计数据 单位:(人民币)元

| | 2002 年 | 2001 年 | 本年比上年增减(%) | 2000 年 |
|---|---|---|---|---|
| 主营业务收入 | 309,181,447.51 | 269,043,679.61 | 14.92 | 251,844,919.60 |
| 利润总额 | 67,842,308.00 | 73,702,218.22 | －7.95 | 51,668,650.16 |
| 净利润 | 63,194,791.53 | 69,220,669.17 | －8.71 | 48,004,337.55 |
| 扣除非经常性损益的净利润 | 61,684,168.84 | 63,296,265.00 | －2.55 | 50,541,488.36 |
| | 2002 年末 | 2001 年末 | 本年末比上年末增减(%) | 2000 年末 |
| 总资产 | 799,955,738.77 | 705,634,714.85 | 13.37 | 381,718,005.21 |
| 股东权益(不含少数股东权益) | 585,446,737.43 | 550,917,061.44 | 6.27 | 150,578,504.34 |
| 经营活动产生的现金流量净额 | 74,471,534.43 | 91,431,676.16 | －18.55 | 91,949,793.77 |

2.2 主要财务指标 单位:(人民币)元

| | 2002 年 | 2001 年 | 本年比上年增减(%) | 2000 年 |
|---|---|---|---|---|
| 每股收益 | 0.275 | 0.302 | －8.94 | 0.425 |
| 净资产收益率 | 10.79 | 12.56 | －14.09 | 31.88 |
| 扣除非经常性损益的净利润为基础计算的净资产收益率 | 10.54 | 11.49 | －8.27 | 33.56 |
| 每股经营活动产生的现金流量净额 | 0.325 | 0.398 | －18.34 | 0.814 |
| | 2002 年末 | 2001 年末 | 本年末比上年末增减(%) | 2000 年末 |
| 每股净资产 | 2.551 | 2.401 | 6.25 | 1.333 |
| 调整后的每股净资产 | 2.547 | 2.398 | 6.21 | 1.318 |

# 600353 成都旭光电子股份有限公司

## 二〇〇二年年度报告摘选

### 1.上市公司基本情况简介

1.1 基本情况简介

股票简称:旭光股份　股票代码:600353　上市交易所:上海证券交易所

注册地址和办公地址:四川省成都市新都区电子路 172 号　邮政编码:610500

公司国际互联网网址:http://www.xuguang.com　电子信箱:xuguang@xuguang.com

1.2 联系人和联系方式

董事会秘书:敬志坚　联系地址:四川省成都市新都区电子路 172 号

电话:028-83967182　传真:028-83967248　电子信箱:xuguang@xuguang.com.cn

### 2.会计数据和财务指标摘要

2.1 主要会计数据

| | 2002 年 | 2001 年 | 本年比上年增减(%) | 2000 年 |
|---|---|---|---|---|
| 主营业务收入 | 170,065,343.04 | 200,705,798.27 | -15.27 | 165,577,419.30 |
| 利润总额 | 15,877,891.91 | 26,016,339.85 | -38.97 | 22,265,617.66 |
| 净利润 | 14,166,346.10 | 21,579,739.73 | -34.35 | 18,955,414.12 |
| 扣除非经常性损益的净利润 | 12,185,213.44 | 22,427,484.32 | -47.67 | 20,999,510.19 |
| 总资产 | 572,078,956.26 | 342,263,689.20 | 67.15 | 301,225,811.46 |
| 股东权益(不含少数股东权益) | 354,063,573.69 | 139,848,734.51 | 153.18 | 117,955,896.49 |
| 经营活动产生的现金流量净额 | 7,200,253.84 | 29,422,312.30 | -75.53 | 9,390,721.09 |

2.2 主要财务指标

| | 2002 年(合并) | 2001 年 | 本年比上年增减(%) | 2000 年 |
|---|---|---|---|---|
| 每股收益(摊薄) | 0.17 | 0.41 | -58.54 | 0.36 |
| 每股收益(加权) | 0.26 | 0.41 | -36.59 | 0.36 |
| 净资产收益率(%) | 4.00 | 15.43 | -74.08 | 16.07 |
| 扣除非经常性损益的净利润为基础计算的净资产收益率(%) | 7.36 | 17.42 | -57.75 | 17.20 |
| 每股经营活动产生的现金流量净额 | 0.09 | 0.56 | -83.93 | 0.18 |
| | 2002 年 12 月 31 日 | 2001 年 12 月 31 日 | 本年末比上年末增减(%) | 2000 年 12 月 31 日 |
| 每股净资产 | 4.29 | 2.66 | 61.28 | 2.24 |
| 调整后的每股净资产 | 4.24 | 2.55 | 66.27 | 2.18 |

# 600355 武汉精伦电子股份有限公司

## 二〇〇二年年度报告摘选

### 1.上市公司基本情况简介

1.1 基本情况简介

股票简称:精伦电子　股票代码:600355　上市交易所:上海证券交易所

注册地址:武汉市洪山区双塘小区　办公地址:武汉市东湖开发区庙山小区　邮政编码:430223

公司国际互联网网址:http://www.jinglun.com.cn　电子信箱:board@jinglun.com.cn

1.2 联系人和联系方式

董事会秘书:金家明　联系地址:董事会秘书处

电话:027-87921111-3226　传真:027-87921111-3223　电子信箱:jinjm@jinglun.com

### 2.会计数据和财务指标摘要

2.1 主要会计数据

| | 2002 年 | 2001 年 | 本年比上年增减(%) | 2000 年 |
|---|---|---|---|---|
| 主营业务收入 | 363,082,838.80 | 295,454,117.26 | 22.89% | 192,410,232.15 |
| 利润总额 | 98,082,043.63 | 100,744,858.66 | 17.43% | 73,208,722.36 |
| 净利润 | 82,497,208.66 | 83,527,251.55 | -1.23% | 60,648,882.12 |
| 扣除非经常性损益的净利润 | 83,564,156.07 | 83,201,972.26 | 0.44% | 59,873,250.50 |
| | 2002 年 | 2001 年 | 本年末比上年末增减(%) | 2000 年 |
| 总资产 | 854,313,609.53 | 393,320,324.24 | 117.21% | 270,098,227.39 |
| 股东权益(不含少数股东权益) | 696,988,183.17 | 184,856,837.07 | 277.04% | 101,119,632.32 |
| 经营活动产生的现金流量净额 | 9,667,384.87 | 95,130,776.27 | -89.84% | 54,909,184.58 |

2.2 主要财务指标

| | 2002 年 | 2001 年 | 本年比上年增减(%) | 2000 年 |
|---|---|---|---|---|
| 每股收益 | 0.67 | 0.91 | -26.37% | 0.66 |
| 每股收益 | | | | |
| 净资产收益率 | 11.84 | 45.18 | -73.79% | 59.98 |
| 扣除非经常性损益的净利润为基础计算的净资产收益率 | 11.99 | 45.01 | -73.36% | 59.21 |
| 每股经营活动产生的现金流量净额 | 0.08 | 1.03 | -95% | 0.60 |
| | 2002 年 | 2001 年 | 本年末比上年末增减(%) | 2000 年 |
| 每股净资产 | 5.67 | 2.01 | 182.08% | 1.10 |
| 调整后的每股净资产 | 5.64 | 2.00 | 182% | 1.09 |

# 600360 吉林华微电子股份有限公司

## 二〇〇二年年度报告摘选

### 1.上市公司基本情况简介

1.1 基本情况简介

股票简称:华微电子　股票代码:600360　上市交易所:上海证券交易所

注册地址:吉林市丰满区长江街 100 号　办公地址:吉林省吉林市深圳街 99 号

邮政编码:132013　电子信箱:zg6666@mail.jl.com

1.2 联系人和联系方式

董事会秘书:丁大月　联系地址:吉林省吉林市深圳街 99 号

电话:0432-4678411　传真:0432-4665812　电子信箱:zg6666@mail.jl.com

证券事务代表:赫荣刚　联系地址:吉林省吉林市深圳街 99 号

电话:0432-4678411　传真:0432-4665812　电子信箱:zg6666@mail.jl.com

### 2.会计数据和财务指标摘要

2.1 主要会计数据　单位:元

| | 2002 年(本年) | 2001 年(上年) | 本年比上年增减(%) | 2000 年 |
|---|---|---|---|---|
| 主营业务收入 | 284,123,680.44 | 232,591,787.40 | 22.16 | 180,714,749.52 |
| 利润总额 | 26,614,781.98 | 31,347,193.61 | -15.10 | 22,133,778.69 |
| 净利润 | 26,644,237.39 | 25,932,624.74 | 2.74 | 18,330,223.21 |
| 扣除非经常性损益的净利润 | 27,300,962.52 | 26,209,745.11 | 4.16 | 24,175,849.11 |
| | 2002 年末(本年末) | 2001 年末(上年末) | 本年末比上年末增减(%) | 2000 年末 |
| 总资产 | 1,072,305,838.82 | 918,549,791.90 | 16.74 | 381,562,443.63 |
| 股东权益(不含少数股东权益) | 590,086,481.89 | 567,498,028.60 | 3.98 | 123,369,109.20 |
| 经营活动产生的现金流量净额 | 48,800,984.59 | 11,340,269.01 | 330.33 | -20,979,835.76 |

2.2 主要财务指标

| | 2002 年(本年) | 2001 年(上年) | 本年比上年增减(%) | 2000 年 |
|---|---|---|---|---|
| 每股收益 | 0.23 | 0.22 | 4.55 | 0.27 |
| 净资产收益率 | 4.52 | 4.55 | -0.66 | 14.86 |
| 扣除非经常性损益的净利润为基础计算的净资产收益率 | 4.70 | 4.60 | 2.17 | 14.89 |
| 每股经营活动产生的现金流量净额 | 0.41 | 0.10 | 310 | -0.30 |
| | 2002 年末(本年末) | 2001 年末(上年末) | 本年末比上年末增减(%) | 2000 年末 |
| 每股净资产 | 5.00 | 4.83 | 3.52 | 1.81 |
| 调整后的每股净资产 | 4.90 | 4.78 | 2.51 | 1.80 |

# 600363 江西联创光电科技股份有限公司

## 二〇〇二年年度报告摘选

### 1.上市公司基本情况简介

1.1 基本情况简介

股票简称:联创光电　股票代码:600363　上市交易所:上海证券交易所

注册地址和办公地址:南昌国家高新产业开发区火炬大街 125 号　邮政编码:330029

公司国际互联网网址:HTTP//WWW.LIANCHUANG.COM.CN

电子信箱:LCKJGS@PUBLIC.NC.JX.CN

1.2 联系人和联系方式

董事会秘书:姚伟彪　联系地址:南昌国家高新产业开发区火炬大街 125 号

电话:0791-8108479　传真:0791-8105326　电子信箱:ywb100172@163.com

### 2.会计数据和财务指标摘要

2.1 主要会计数据(万元)

| | 2002 年 | 2001 年 | 本年比上年增减(%) | 2000 年 |
|---|---|---|---|---|
| 主营业务收入 | 74,535.01 | 63,234.81 | 17.87 | 47,410.73 |
| 利润总额 | 7,285.96 | 4,241.35 | 71.78 | 3,997.83 |
| 净利润 | 4,661.73 | 1,928.92 | 141.67 | 1,711.35 |
| 扣除非经常性损益的净利润 | 4,777.62 | 1,635.85 | 192.05 | 1,314.10 |
| | 2002 年末 | 2001 年末 | 本年末比上年末增减(%) | 2000 年末 |
| 总资产 | 126,253.90 | 110,166.86 | 14.60 | 70,060.87 |
| 股东权益(不含少数股东权益) | 62,733.57 | 60,018.93 | 4.52 | 17,887.13 |
| 经营活动产生的现金流量净额 | 8,814.38 | 3,492.08 | 152.41 | 1,038.44 |

2.2 主要财务指标(元)

| | 2002 年 | 2001 年 | 本年比上年增减(%) | 2000 年 |
|---|---|---|---|---|
| 每股收益(摊薄) | 0.1886 | 0.1170 | 61.19 | 0.1632 |
| 每股收益(加权) | 0.2190 | 0.1287 | 70.16 | 0.1632 |
| 净资产收益率 | 7.43% | 3.21% | 131.46 | 9.56% |
| 扣除非经常性损益的净利润为基础计算的净资产收益率 | 7.78% | 3.30% | 135.75 | 7.57% |
| 每股经营活动产生的现金流量净额 | 0.3565 | 0.2118 | 68.31 | 0.099 |
| | 2002 年 | 2001 年 | 本年末比上年末增减(%) | 2000 年 |
| 每股净资产 | 2.5377 | 3.6428 | -30.33% | 1.7067 |
| 调整后的每股净资产 | 2.5151 | 3.5944 | -30.33% | 1.6340 |

# 600551 科大创新股份有限公司

## 二〇〇二年年度报告摘选

### 1.上市公司基本情况简介

1.1 基本情况简介

股票简称:科大创新 股票代码:600551 上市交易所:上海证券交易所

注册地址:安徽省合肥市长江西路669号

办公地址:安徽省合肥市长江西路669号 科大创新股份有限公司 邮政编码:230088

公司国际互联网网址:www.cx-ustc.com

电子信箱:stock@cx-ustc.com;cxstock@vip.sina.com.cn

1.2 联系人和联系方式

董事会秘书:冯士芬 联系地址:安徽省合肥市长江西路669号 科大创新股份有限公司

电话:0551-5329668 传真:0551-5321568 电子信箱:cxstock@vip.sina.com.cn

证券事务代表:尹翔 联系地址:安徽省合肥市长江西路669号 科大创新股份有限公司

电话:0551-5312668 传真:0551-5321568 电子信箱:cxstock@vip.sina.com.cn

### 2.会计数据和财务指标摘要

2.1 主要会计数据 (单位:万元)

| | 2002年 | 2001 | 本年比上年增减(%) | 2000年 |
|---|---|---|---|---|
| 主营业务收入 | 6,681.47 | 6,078.24 | 9.92 | 5,869.96 |
| 利润总额 | 884.04 | 1,221.66 | -27.64 | 1,021.36 |
| 净利润 | 736.91 | 1,004.98 | -26.67 | 826.25 |
| 扣除非经常性损益的净利润 | 713.74 | 981.69 | -27.29 | 680.66 |
| | 2002年末 | 2001年末 | 本年末比上年末增减(%) | 2000年末 |
| 总资产 | 30,513.15 | 16,572.78 | 84.12 | 11,945.07 |
| 股东权益(不含少数股东权益) | 17,847.86 | 8,382.96 | 112.91 | 7,377.98 |
| 经营活动产生的现金流量净额 | 1,005.21 | -740.81 | 235.69 | -341.40 |

2.2 主要财务指标

| | 2002年 | 2001年 | 本年比上年增减(%) | 2000年 |
|---|---|---|---|---|
| 每股收益(全面摊薄) | 0.10 | 0.20 | -50.00 | 0.17 |
| 每股收益(加权平均) | 0.13 | 0.20 | -35.00 | 0.17 |
| 净资产收益率(%) | 4.13 | 11.99 | -65.55 | 11.20 |
| 扣除非经常性损益的净利润为基础全面摊薄计算的净资产收益率(%) | 4.00 | 11.71 | -65.84 | 9.23 |
| 每股经营活动产生的现金流量净额 | 0.13 | -0.15 | 186.67 | -0.07 |
| | 2002年末 | 2001年末 | 本年末比上年末增减(%) | 2000年末 |
| 每股净资产 | 2.38 | 1.68 | 41.67 | 1.48 |
| 调整后的每股净资产 | 2.34 | 1.60 | 46.25 | 1.43 |

# 600563 厦门法拉电子股份有限公司

## 二〇〇二年年度报告摘选

### 1.上市公司基本情况简介

1.1 基本情况简介

股票简称:法拉电子 股票代码:600563 上市交易所:上海证券交易所

注册地址和办公地址:厦门市金桥路101号 邮政编码:361012

公司国际互联网网址:http://www.faratronic.com 电子信箱:fara@public.xm.fj.cn

1.2 联系人和联系方式

董事会秘书:许琼玖 联系地址:厦门市金桥路101号

电话:0592-5114116 传真:0592-5042553 电子信箱:xuqj@public.xm.fj.cn

### 2.会计数据和财务指标摘要

2.1 主要会计数据

| | 2002年 | 2001年 | 本年比上年增减(%) | 2000年 |
|---|---|---|---|---|
| 主营业务收入 | 246,486,431.92 | 223,342,591.22 | 10.36 | 194,579,174.24 |
| 利润总额 | 54,565,051.67 | 45,122,495.96 | 20.93 | 37,087,681.25 |
| 净利润 | 44,342,958.22 | 39,889,588.13 | 11.16 | 36,510,213.44 |
| 扣除非经常性损益的净利润 | 44,488,684.22 | 39,889,588.13 | 11.53 | 36,510,213.44 |
| | 2002年末 | 2001年末 | 本年末比上年末增减(%) | 2000年末 |
| 总资产 | 719,457,917.56 | 392,217,195.56 | 83.43 | 362,879,776.79 |
| 股东权益(不含少数股东权益) | 652,363,664.05 | 225,793,292.80 | 188.92 | 182,440,988.05 |
| 经营活动产生的现金流量净额 | 108,268,947.43 | 60,802,804.41 | 78.07 | 51,881,927.12 |

2.2 主要财务指标

| | 单位 | 2002年 | 2001年 | 本年比上年增减(%) | 2000年 |
|---|---|---|---|---|---|
| 每股收益(摊薄) | 元/股 | 0.30 | 0.40 | -25.00 | 0.37 |
| 每股收益(加权) | 元/股 | 0.44 | 0.40 | 10.00 | 0.37 |
| 净资产收益率(摊薄) | | 6.80 | 17.67 | -61.52 | 20.01 |
| 扣除非经常性损益的净利润为基础计算的净资产收益率 | | 17.94 | 19.71 | -8.98 | 22.24 |
| 每股经营活动产生的现金流量净额 | 元/股 | 0.72 | 0.61 | 18.03 | 0.52 |
| | 单位 | 2002年末 | 2001年末 | 本年末比上年末增减(%) | 2000年末 |
| 每股净资产 | 元/股 | 4.35 | 2.26 | 92.48 | 1.82 |
| 调整后的每股净资产 | 元/股 | 4.35 | 2.26 | 92.48 | 1.82 |

# 600602 上海广电电子股份有限公司

## 二〇〇二年年度报告摘选

### 1.上市公司基本情况简介

1.1 基本情况简介

股票简称:广电电子、上电B股 股票代码:600602、900901 上市交易所:上海证券交易所

注册地址:上海市浦东新区张江高科技园区张衡路200号1号楼2楼

办公地址:上海市长寿路97号世纪商务大厦26楼 邮政编码:200060

公司国际互联网网址:http://www.sva-e.com 电子信箱:webmaster@sva-e.com

1.2 联系人和联系方式

董事会秘书:胡之奎 联系地址:上海市长寿路97号世纪商务大厦26楼

电话:62980202转646或647 传真:62982121 电子信箱:hu_zk@sva-e.com

证券事务代表:周祁顺、肖敏 联系地址:上海市长寿路97号世纪商务大厦26楼

电话:62980202转646或647 传真:62982121 电子信箱:stock@sva-e.com

### 2.会计数据和财务指标摘要

2.1 主要会计数据 金额单位:元

| | 2002年 | 2001年 | 本年比上年增减(%) | 2000年 |
|---|---|---|---|---|
| 主营业务收入 | 4,656,299,472.16 | 4,058,711,570.29 | 14.72 | 5,055,646,755.07 |
| 利润总额 | 216,742,011.12 | 202,595,870.62 | 6.98 | 623,675,128.90 |
| 净利润 | 103,920,242.88 | 170,444,004.72 | -39.03 | 299,460,108.80 |
| 扣除非经常性损益的净利润 | 108,958,517.24 | 63,580,061.43 | 71.37 | 297,689,115.40 |
| | 2002年末 | 2001年末 | 本年末比上年末增减(%) | 2000年末 |
| 总资产 | 7,478,597,999.73 | 7,679,584,053.96 | -2.62 | 7,297,072,817.35 |
| 股东权益(不含少数股东权益) | 2,741,764,740.73 | 2,690,544,454.82 | 1.90 | 2,515,171,898.02 |
| 经营活动产生的现金流量净额 | 568,274,082.69 | 431,279,287.82 | 31.76 | 375,239,040.02 |

2.2 主要财务指标 金额单位:元

| | 2002年 | 2001年 | 本年比上年增减(%) | 2000年 |
|---|---|---|---|---|
| 每股收益 | 0.112 | 0.202 | -44.55 | 0.355 |
| 净资产收益率 | 3.79% | 6.33% | -40.13 | 11.91% |
| 扣除非经常性损益的净利润为基础计算的净资产收益率 | 3.97% | 2.45% | 62.04 | 12.43% |
| 每股经营活动产生的现金流量净额 | 0.61 | 0.51 | 19.61 | 0.45 |
| | 2002年末 | 2001年末 | 本年末比上年末增减(%) | 2000年末 |
| 每股净资产 | 2.96 | 3.19 | -7.21 | 2.98 |
| 调整后的每股净资产 | 2.89 | 3.13 | -7.67 | 2.93 |

# 600637 上海广电信息产业股份有限公司

## 二〇〇二年年度报告摘选

### 1.上市公司基本情况简介

1.1 基本情况简介

股票简称:广电信息 股票代码:600637 上市交易所:上海证券交易所

注册地址:上海市田林路140号 办公地址:上海市金都路3800号 邮政编码:201108

公司国际互联网网址:http://www.svainfo.com 电子信箱:dongban@svainfo.com

1.2 联系人和联系方式

董事会秘书:马祖飞 联系地址:上海市金都路3800号

电话:021-64189198-3522 传真:021-64189828 电子信箱:Ma_zf@svainfo.com

证券事务代表:范汉方 联系地址:上海市金都路3800号

电话:021-64189198-3521 传真:021-64189828 电子信箱:fhf@svainfo.com

### 2.会计数据和财务指标摘要

2.1 主要会计数据 单位:元

| | 2002年 | 2001年 | | 本年比上年增减(%) | | 2000年 | |
|---|---|---|---|---|---|---|---|
| | | 调整后 | 调整前 | 调整后 | 调整前 | 调整后 | 调整前 |
| 主营业务收入 | 2,902,674,659.61 | 2,728,596,919.85 | 2,728,596,919.85 | 6.38% | 6.38% | 2318569499.90 | 2703610084.97 |
| 利润总额 | 117,459,091.44 | 183,835,435.92 | 210,483,811.75 | -36.11% | -44.20% | 137792876.81 | 200188104.94 |
| 净利润 | 115,076,015.91 | 184,145,889.40 | 203,105,195.60 | -37.51% | -43.34% | 119023922.48 | 173783624.37 |
| 扣除非经常性损益的净利润 | 109,507,287.57 | 156,149,693.80 | 175,109,000.00 | -29.87% | -37.46% | 127380298.11 | 182140000.00 |
| | 2002年末 | 2001年末 | | 本年末比上年末增减(%) | | 2000年末 | |
| | | 调整后 | 调整前 | 调整后 | 调整前 | 调整后 | 调整前 |
| 总资产 | 6,316,673,363.89 | 6,323,642,054.34 | 6,392,495,276.61 | -0.11% | -1.19% | 3518034190.40 | 4684144712.58 |
| 股东权益(不含少数股东权益) | 3,419,206,524.60 | 3,385,031,833.26 | 3,446,195,985.90 | 1.01% | -0.78% | 1121594476.31 | 1236655384.45 |
| 经营活动产生的现金流量净额 | -301,857,879.68 | -465,508,563.77 | -465,508,563.77 | 35.16% | 35.16% | -285042897.83 | -285042897.83 |

2.2 主要财务指标 单位:元

| | 2002年 | 2001年 | | 本年比上年增减(%) | | 2000年 | |
|---|---|---|---|---|---|---|---|
| | | 调整后 | 调整前 | 调整后 | 调整前 | 调整后 | 调整前 |
| 每股收益 | 0.1404 | 0.2471 | 0.2725 | -43.18% | -48.48% | 0.1934 | 0.2824 |
| 每股收益 | 0.1404 | 0.2471 | 0.2725 | -43.18% | -48.48% | 0.1597 | 0.2332 |
| 净资产收益率 | 3.37% | 5.44% | 5.89% | -38.05% | -42.78% | 10.61% | 14.05% |
| 扣除非经常性损益的净利润为基础计算的净资产收益率 | 3.20% | 4.61% | 5.08% | -30.58% | -37% | 11.36% | 14.73% |
| 每股经营活动产生的现金流量净额 | -0.3682 | -0.6246 | -0.6246 | 41.05% | 41.05% | -0.4633 | -0.4633 |
| | 2002年末 | 2001年末 | | 本年末比上年末增减(%) | | 2000年末 | |
| | | 调整后 | 调整前 | 调整后 | 调整前 | 调整后 | 调整前 |
| 每股净资产 | 4.1707 | 4.5419 | 4.6240 | -8.17% | -9.80% | 1.8229 | 2.0099 |
| 调整后的每股净资产 | 3.9394 | 4.3094 | 4.3888 | -8.59% | 10.24% | 1.5851 | 1.7420 |

## 600707 彩虹显示器件股份有限公司

### 二○○二年年度报告摘选

#### 1.上市公司基本情况简介

1.1 基本情况简介

股票简称:彩虹股份　股票代码:600707　上市交易所:上海证券交易所

注册地址:西安高新技术开发区西区　办公地址:西安高新技术开发区西区高新一路16号

邮政编码:710075

公司国际互联网网址:http://www.iricoltd.com.cn　电子信箱:office@ch.com.cn

1.2 联系人和联系方式

董事会秘书:刘晓东　联系地址:西安高新技术开发区西区高新一路16号

电话:029-8311073　传真:029-8214864　电子信箱:stock@ch.com.cn

证券事务代表:郑涛　联系地址:西安高新技术开发区西区高新一路16号

电话:029-8214865　传真:029-8214864　电子信箱:stock@ch.com.cn

#### 2.会计数据和财务指标摘要

2.1 主要会计数据

| | 2002年 | 2001年 | 本年比上年增减 | 2000年 |
|---|---|---|---|---|
| 主营业务收入 | 2,899,730,466.66 | 2,422,511,497.90 | 19.70% | 1,905,630,595.34 |
| 净利润 | 174,014,662.65 | 84,419,021.19 | 106.13% | 115,143,113.94 |
| 利润总额 | 222,826,582.24 | 103,601,618.83 | 115.08% | 134,899,748.18 |
| 扣除非经常性损益的净利润 | 179,143,174.11 | 55,109,532.55 | 225.07% | 115,143,113.94 |
| | 2002年末 | 2001年末 | 本年末比上年末增减 | 2000年末 |
| 总资产 | 2,502,375,756.24 | 2,626,950,965.88 | -4.74% | 2,245,496,217.95 |
| 股东权益(不含少数股东权益) | 1,660,202,072.84 | 1,561,994,194.19 | 6.29% | 1,548,749,320.20 |
| 经营活动产生的现金流量净额 | 555,584,096.83 | 109,808,898.00 | 405.96% | 51,355,007.50 |

2.2 主要财务指标

| | 2002年 | 2001年 | 本年比上年增减 | 2000年 |
|---|---|---|---|---|
| 每股收益 | 0.413 | 0.20 | 106.50% | 0.273 |
| 每股收益 | 0.413 | 0.20 | 106.50% | 0.273 |
| 净资产收益率(%) | 10.48 | 5.40 | 94.07% | 7.430 |
| 扣除非经常性损益的净利润为基础计算的净资产收益率(%) | 10.86 | 3.46 | 213.87% | 7.93 |
| 每股经营活动产生的现金流量净额 | 1.319 | 0.26 | 407.31% | 0.122 |
| | 2002年末 | 2001年末 | 本年末比上年末增减 | 2000年末 |
| 每股净资产 | 3.942 | 3.71 | 6.25% | 3.677 |
| 调整后的每股净资产 | 3.825 | 3.71 | 3.10% | 3.675 |

## 600777 烟台新潮实业股份有限公司

### 二○○二年年度报告摘选

#### 1.上市公司基本情况简介

1.1 基本情况简介

股票简称:新潮实业　股票代码:600777　上市交易所:上海证券交易所

注册地址:山东省烟台市牟平区牟山路98号　办公地址:山东省烟台市牟平区牟山路98号

邮政编码:264100　公司国际互联网网址:http://www.xinchaoshiye.com

电子信箱:xinchao@public.ytptt.sd.cn

1.2 联系人和联系方式

董事会秘书:于德海　联系地址:山东省烟台市牟平区牟山路98号

电话:0535-4259777　传真:0535-4225688　电子信箱:Yudehai777@163.com

证券事务代表:常宗利　联系地址:山东省烟台市牟平区牟山路98号

电话:0535-4259777　传真:0535-4225688　电子信箱:CZL777@sina.com

#### 2.会计数据和财务指标摘要

2.1 主要会计数据

| | 2002年 | 2001年 | 本年比上年增减(%) | 2000年 |
|---|---|---|---|---|
| 主营业务收入 | 753,455,472.96 | 664,041,861.87 | 13.47 | 585,073,272.45 |
| 利润总额 | 117,232,034.70 | 87,042,202.50 | 34.68 | 74,752,100.19 |
| 净利润 | 75,490,104.49 | 71,927,213.13 | 4.95 | 45,203,535.74 |
| 扣除非经常性损益的净利润 | 75,432,220.97 | 71,661,941.60 | 5.26 | 64,645,980.57 |
| | 2002年末 | 2001年末 | 本年末比上年末增减(%) | 2000年末 |
| 总资产 | 1,241,392,360.60 | 1,115,296,079.96 | 11.31 | 928,262,262.46 |
| 股东权益(不含少数股东权益) | 773,691,259.63 | 707,975,266.13 | 9.28 | 680,324,905.61 |
| 经营活动产生的现金流量净额 | 126,965,761.39 | 89,127,210.29 | 42.45 | 80,785,166.31 |

2.2 主要财务指标

| | 2002年 | 2001年 | 本年比上年增减(%) | 2000年 |
|---|---|---|---|---|
| 每股收益 | 0.37 | 0.35 | 4.95 | 0.22 |
| 净资产收益率 | 9.76 | 10.16 | -3.96 | 6.64 |
| 扣除非经常性损益的净利润为基础计算的净资产收益率 | 10.12 | 10.00 | 1.11 | 10.40 |
| 每股经营活动产生的现金流量净额 | 0.62 | 0.44 | 40.91 | 0.39 |
| | 2002年末 | 2001年末 | 本年末比上年末增减(%) | 2000年末 |
| 每股净资产 | 3.78 | 3.46 | 9.28 | 3.32 |
| 调整后的每股净资产 | 3.76 | 3.44 | 9.27 | 3.30 |

## 600839 四川长虹电器股份有限公司

### 二○○二年年度报告摘选

#### 1.上市公司基本情况简介

1.1 基本情况简介

股票简称:四川长虹　股票代码:600839　上市交易所:上海证券交易所

注册地址和办公地址:四川省绵阳市高新区绵兴东路35号　邮政编码:621000

公司国际互联网网址:http://www.changhong.com　电子信箱:600839@changhong.com

1.2 联系人和联系方式

董事会秘书:谭明献　联系地址:四川省绵阳市高新区绵兴东路35号

电话:0816-2418486　传真:0816-2418518　电子信箱:tan.mx@changhong.com

#### 2.会计数据和财务指标摘要

2.1 主要会计数据　单位:万元

| | 2002年 | 2001年 | 本年比上年增减(%) | 2000年 |
|---|---|---|---|---|
| 主营业务收入 | 1,258,518.47 | 951,461.85 | 32.27 | 1,070,721.39 |
| 利润总额 | 20,663.30 | 10,709.98 | 92.94 | 16,619.15 |
| 净利润 | 17,620.27 | 8,402.80 | 109.70 | 11,381.83 |
| 扣除非经常性损益的净利润 | 10,236.26 | -6,135.53 | -266.84 | 19,868.11 |
| | 2002年末 | 2001年末 | 本年末比上年末增减(%) | 2000年末 |
| 总资产 | 1,867,036.73 | 1,763,064.49 | 5.90 | 1617190.07 |
| 股东权益(不含少数股东权益) | 1,292,624.65 | 1,273,444.72 | 1.51 | 1264975.12 |
| 经营活动产生的现金流量净额 | -297,367.03 | 137,343.45 | -316.51 | 227,497.79 |

2.2 主要财务指标　单位:元

| | 2002年 | 2001年 | 本年比上年增减(%) | 2000年 |
|---|---|---|---|---|
| 每股收益 | 0.081 | 0.039 | 108.62 | 0.053 |
| 净资产收益率 | 1.36% | 0.66% | 106.58 | 0.90% |
| 扣除非经常性损益的净利润为基础计算的净资产收益率 | 0.79% | -0.48% | -264.36 | 1.57% |
| 每股经营活动产生的现金流量净额 | -1.37 | 0.63 | -317.46 | 1.05 |
| | 2002年末 | 2001年末 | 本年末比上年末增减(%) | 2000年末 |
| 每股净资产 | 5.973 | 5.884 | 1.51 | 5.845 |
| 调整后的每股净资产 | 5.962 | 5.871 | 1.56 | 5.787 |

## 600870 厦门华侨电子股份有限公司

### 二○○二年年度报告摘选

#### 1.上市公司基本情况简介

1.1 基本情况简介

股票简称:ST厦华　股票代码:600870　上市交易所:上海证券交易所

注册地址和办公地址:厦门市湖里大道22号　邮政编码:361006

公司国际互联网网址:http://www.xoceco.com.cn　电子信箱:xoceco@public.xm.fj.cn

1.2 联系人和联系方式

董事会秘书:林旦旦　联系地址:厦门市湖里大道22号证券管理投资部

电话:0592-5687203　传真:0592-6021331　电子信箱:zqb@xoceco.com.cn

证券事务代表:高松丽　联系地址:厦门市湖里大道22号证券管理投资部

电话:0592-5687203　传真:0592-6021331　电子信箱:zqb@xoceco.com.cn

#### 2.会计数据和财务指标摘要

2.1 主要会计数据

| | 2002年 | 2001年 | 本年比上年增减(%) | 2000年 |
|---|---|---|---|---|
| 主营业务收入 | 2,892,248,044.65 | 2,135,480,826.00 | 35.44 | 3,291,107,402.68 |
| 利润总额 | 13,532,370.95 | -301,018,701.23 | 105 | -395,803,085.13 |
| 净利润 | 10,299,407.91 | -300,143,982.64 | 103 | -395,007,432.51 |
| 扣除非经常性损益的净利润 | 4,616,413.97 | -306,521,483.55 | 102 | -390,506,948.98 |
| | 2002年末 | 2001年末 | 本年末比上年末增减(%) | 2000年末 |
| 总资产 | 3,139,250,857.06 | 3,170,083,227.27 | -0.97 | 3,829,138,135.16 |
| 股东权益(不含少数股东权益) | 721,460,198.53 | 710,948,539.72 | 1.5 | 1,006,016,011.15 |
| 经营活动产生的现金流量净额 | 213,957,081.78 | -180,263,611.13 | 218.69 | 87,969,685.85 |

2.2 主要财务指标

| | 2002年 | 2001年 | 本年比上年增减(%) | 2000年 |
|---|---|---|---|---|
| 每股收益 | 0.028 | -0.77 | 103 | -1.07 |
| 净资产收益率(%) | 1.43 | -42.21 | 103 | -39.26 |
| 扣除非经常性损益的净利润为基础计算的净资产收益率(%) | 0.64 | -40.43 | 101 | -39.71 |
| 每股经营活动产生的现金流量净额 | 0.58 | -0.43 | 235 | -1.39 |
| | 2002年末 | 2001年末 | 本年末比上年末增减(%) | 2000年末 |
| 每股净资产 | 1.95 | 1.92 | 1.56 | 2.71 |
| 调整后的每股净资产 | 1.92 | 1.89 | 1.59 | 2.70 |

# C6.金属、非金属矿物(69家)

# 600102　莱芜钢铁股份有限公司

## 二〇〇二年年度报告摘要

## 1.重要提示

1.1 本公司董事会及其董事保证本报告所载资料不存在任何虚假记载、误导性陈述或者重大遗漏，并对其内容的真实性、准确性和完整性承担个别及连带责任。本年度报告摘要摘自年度报告全文，投资者欲了解详细内容，应阅读年度报告全文。

1.2 公司副董事长宋兰祥先生、董事田克宁先生因出差未能参加审议年度报告的董事会，均书面委托董事长李名岷先生代为行使表决权。

1.3 公司董事长李名岷先生、财务主管及会计机构负责人于德政先生声明：保证年度报告中财务报告的真实、完整。

## 2.上市公司基本情况简介

2.1 基本情况简介

| | |
|---|---|
| 股票简称 | 莱钢股份 |
| 股票代码 | 600102 |
| 上市交易所 | 上海证券交易所 |
| 注册地址 | 山东省莱芜市钢城区 |
| 办公地址 | 山东省莱芜市钢城区 |
| 邮政编码 | 271104 |
| 公司国际互联网网址 | http://www.laigang.com |
| 电子信箱 | mishuke@mail.laigang.com |

2.2 联系人和联系方式

| | 董事会秘书 | 证券事务代表 |
|---|---|---|
| 姓名 | 丁志刚 | 侯祥银 |
| 联系地址 | 山东省莱芜市钢城区 | 山东省莱芜市钢城区 |
| 电话 | (0634)6820601、6820011 | (0634)6820601、6820011 |
| 传真 | (0634)6821094、6822102 | (0634)6821094、6822102 |
| 电子信箱 | lisc1997@yahoo.com.cn | lsco1997@yahoo.com.cn |

## 3.会计数据和财务指标摘要

3.1 主要会计数据　　数量单位：元

| | 2002年 | 2001年 | 本年比上年增减(%) | 2000年 |
|---|---|---|---|---|
| 主营业务收入 | 6014643593.67 | 4988201238.39 | 20.58 | 4525407567.87 |
| 利润总额 | 579375313.61 | 539338832.21 | 7.42 | 614450253.96 |
| 净利润 | 385037378.08 | 455789435.76 | －15.52 | 518708218.32 |
| 扣除非经常性损益的净利润 | 404870260.32 | 453063548.28 | －10.64 | 527066807.39 |
| | 2002年末 | 2001年末 | 本年末比上年末增减(%) | 2000年末 |
| 总资产 | 7056369899.21 | 5592984827.21 | 26.16 | 5132283046.27 |
| 股东权益(不含少数股东权益) | 3802309544.75 | 3231816673.98 | 17.65 | 2826388575.82 |
| 经营活动产生的现金流量净额 | 721384103.63 | 490953616.68 | 46.94 | 1110075188.23 |

3.2 主要财务指标　　数量单位：元

| | 2002年 | 2001年 | 本年比上年增减(%) | 2000年 |
|---|---|---|---|---|
| 每股收益 | 0.417 | 0.523 | －20.27 | 0.60 |
| 每股收益 | 0.417 | 0.523 | －20.27 | 0.60 |
| 净资产收益率 | 10.13 | 14.10 | －3.97 | 18.35 |
| 扣除非经常性损益的净利润为基础计算的净资产收益率 | 10.65 | 14.02 | －3.37 | 18.88 |
| 每股经营活动产生的现金流量净额 | 0.78 | 0.56 | 39.29 | 1.27 |
| | 2002年末 | 2001年末 | 本年末比上年末增减(%) | 2000年末 |
| 每股净资产 | 4.12 | 3.71 | 11.05 | 3.24 |
| 调整后的每股净资产 | 4.12 | 3.69 | 11.65 | 3.24 |

3.3 国内外会计准则差异

□适用　　√□不适用

## 4.股本变动及股东情况

4.1 股份变动情况表

数量单位：股

| | 本次变动前 | 本次变动增减(+,-) | | | | | | 本次变动后 |
|---|---|---|---|---|---|---|---|---|
| | | 配股 | 送股 | 公积金转股 | 增发 | 其他 | 小计 | |
| 一、未上市流通股份 | | | | | | | | |
| 1.发起人股份 | | | | | | | | |
| 其中： | | | | | | | | |
| 国家持有股份 | 715,182,000 | 4,291,092 | | | | | | 719,473,092 |
| 境内法人持有股份 | | | | | | | | |
| 境外法人持有股份 | | | | | | | | |
| 其他 | | | | | | | | |
| 2.募集法人股份 | | | | | | | | |
| 3.内部职工股 | | | | | | | | |
| 4.优先股或其他 | | | | | | | | |
| 未上市流通股份合计 | 715,182,000 | 4,291,092 | | | | | | 719,473,092 |
| 二、已上市流通股份 | | | | | | | | |
| 1.人民币普通股 | 156,000,000 | 46,800,000 | | | | | | 202,800,000 |
| 2.境内上市的外资股 | | | | | | | | |
| 3.境外上市的外资股 | | | | | | | | |
| 4.其他 | | | | | | | | |
| 已上市流通股份合计 | 156,000,000 | 46,800,000 | | | | | | 202,800,000 |
| 三、股份总数 | 871,182,000 | 51,091,092 | | | | | | 922,273,092 |

注：公司不存在基金配售股份、柜台交易公司内部职工股份、战略投资者配售股份、一般法人配售股份。

4.2 前十名股东持股表

数量单位：股

| 报告期末股东总数 | 89307人 | | | | | |
|---|---|---|---|---|---|---|
| 前十名股东持股情况 | | | | | | |
| 股东名称(全称) | 年度内增减 | 年末持股数量 | 比例(%) | 股份类别(已流通或未流通) | 质押或冻结的股份数量 | 股东性质(国有股东或外资股东) |
| 莱芜钢铁集团有限公司 | +4,291,092 | 719,473,092 | 78.01 | 未流通 | 无 | 国有股东 |
| 海通证券有限公司 | －3,617,705 | 10,931,567 | 1.185 | 已流通 | 无 | 法人股东 |
| 裕阳证券投资基金 | 未知 | 874,783 | 0.095 | 已流通 | 未知 | 法人股东 |
| 华宝信托投资有限责任公司 | 未知 | 841,531 | 0.091 | 已流通 | 未知 | 法人股东 |
| 华安上证180指数增强型证券投资基金 | 未知 | 836,914 | 0.091 | 已流通 | 未知 | 法人股东 |
| 李明舒 | +135,600 | 587,600 | 0.064 | 已流通 | 未知 | 个人股东 |
| 兴和证券投资基金 | +68,952 | 530,948 | 0.058 | 已流通 | 未知 | 法人股东 |
| 董建伟 | －260,170 | 516,150 | 0.056 | 已流通 | 未知 | 个人股东 |
| 沈阳建业股份有限公司 | 未知 | 405,036 | 0.044 | 已流通 | 未知 | 法人股东 |
| 李卫伟 | 未知 | 376,018 | 0.041 | 已流通 | 未知 | 个人股东 |
| 前十名股东关联关系或一致行动的说明 | 公司前10名股东之间未发现存在关联关系或属于一致行动人的情况。 | | | | | |

4.3 控股股东及实际控制人情况介绍

4.3.1 控股股东及实际控制人变更情况

□适用　　√不适用

4.3.2 控股股东和其他实际控制人具体情况介绍

公司控股股东为莱芜钢铁集团有限公司，法定代表人为姜开文先生；该公司前身为莱芜钢铁总厂，始建于1970年1月，于1999年5月改制为有限责任公司，为国家特大型企业，是国家重点扶持的512家企业之一；注册资本为312,269.33万元；主要经营项目：投资，新产品开发及技术服务，建筑材料的生产、销售，批准范围的商品进出口及对外派遣劳务人员，承包本行业境外工程及境内国际招标工程，物业管理，服装加工，液化气销售，住宿、餐饮、文化娱乐服务等。报告期内公司控股股东未发生变更。

山东省人民政府于2001年底授权山东省财政厅在省级资产经营公司成立以前暂作为莱芜钢铁集团有限公司国有资本出资人。

## 5.董事、监事和高级管理人员

5.1 董事、监事和高级管理人员持股变动

数量单位：股

| 姓名 | 职务 | 性别 | 年龄 | 任期起止日期 | 年初持股数 | 年末持股数 | 变动原因 |
|---|---|---|---|---|---|---|---|
| 李名岷 | 董事长 | 男 | 56 | 2000.12.30至2003.12.30 | 3510 | 4563 | 配股 |

| | | | | | | | |
|---|---|---|---|---|---|---|---|
| 宋兰祥 | 副董事长 | 男 | 52 | 2000.12.30至2003.12.30 | 1170 | 1521 | 配股 |
| 田克宁 | 董事 | 男 | 46 | 2000.12.30至2003.12.30 | 1120 | 1120 | |
| 赵雁彬 | 董事总经理 | 男 | 49 | 2000.12.30至2003.12.30 | 1320 | 1716 | 配股 |
| 刘　琦 | 独立董事 | 男 | 68 | 2002.6.21至2003.12.30 | 0 | 0 | |
| 任　辉 | 独立董事 | 男 | 57 | 2002.6.21至2003.12.30 | 0 | 0 | |
| 崔宪池 | 董事 | 男 | 56 | 2000.12.30至2003.12.30 | 300 | 390 | 配股 |
| 魏兴文 | 董事 | 男 | 50 | 2000.12.30至2003.12.30 | 100 | 650 | 配股、买入 |
| 张胜生 | 董事副总经理 | 男 | 44 | 2000.12.30至2003.12.30 | 500 | 650 | 配股 |
| 王爱军 | 董事 | 男 | 53 | 2000.12.30至2003.12.30 | 100 | 130 | 配股 |
| 赵焕栋 | 董事 | 男 | 53 | 2000.12.30至2003.12.30 | 300 | 500 | 配股、买入 |
| 赵茂祥 | 监事会主席 | 男 | 53 | 2000.12.30至2003.12.30 | 1950 | 2535 | 配股 |
| 宋振训 | 监事 | 男 | 58 | 2000.12.30至2003.12.30 | 1170 | 1170 | |
| 荆延芳 | 监事 | 男 | 47 | 2000.12.30至2003.12.30 | 58 | 58 | |
| 李丽芳 | 监事 | 女 | 48 | 2000.12.30至2003.12.30 | 2260 | 2260 | |
| 于忠念 | 监事 | 男 | 37 | 2002.6.18至2003.12.30 | 0 | 0 | |
| 陶登奎 | 副总经理 | 男 | 39 | 2002.5.31至2003.12.30 | 0 | 0 | |
| 罗登武 | 副总经理 | 男 | 40 | 2002.5.31至2003.12.30 | 0 | 0 | |
| 丁志刚 | 董事会秘书 | 男 | 51 | 2000.12.30至2003.12.30 | 300 | 390 | 配股 |
| 于德政 | 财务主管 | 男 | 40 | 2002.5.31至2003.12.30 | 300 | 390 | 配股 |

5.2 在股东单位任职的董事监事情况

√□适用　　□不适用

| 姓名 | 任职的股东名称 | 在股东单位担任的职务 | 任职期间 | 是否领取报酬、津贴(是或否) |
|---|---|---|---|---|
| 李名岷 | 莱芜钢铁集团有限公司 | 副董事长、总经理 | 自1999年4月起 | 否 |
| 宋兰祥 | 莱芜钢铁集团有限公司 | 董事 | 自1999年4月起 | 否 |
| 田克宁 | 莱芜钢铁集团有限公司 | 董事 | 自2000年9月起 | 否 |
| 赵雁彬 | 莱芜钢铁集团有限公司 | 董事 | 自2000年9月起 | 否 |
| 赵茂祥 | 莱芜钢铁集团有限公司 | 监事会主席 | 自2002年1月起 | 否 |
| 荆延芳 | 莱芜钢铁集团有限公司 | 监察处处长 | 自1998年6月起 | 否 |

5.3 董事、监事和高级管理人员年度报酬情况

| | |
|---|---|
| 年度报酬总额 | 133.71万元 |
| 金额最高的前三名董事的报酬总额 | 25.77万元 |
| 金额最高的前三名高级管理人员的报酬总额 | 22.46万元 |
| 独立董事津贴 | 7.2万元(不含税) |
| 独立董事其他待遇 | 因履行职务而发生的食宿交通等必要的费用由公司据实报销 |
| 不在公司领取报酬、津贴的董事、监事姓名 | 无 |
| 报酬区间 | 人数 |
| 3.5-4.5万元 | 3 |
| 6.5-7.5万元 | 11 |
| 7.5-8.5万元 | 5 |
| 8.5-9.5万元 | 1 |

## 6.董事会报告

6.1 报告期内整体经营情况的讨论与分析

公司主营业务为钢铁产品的生产和销售。公司拥有普通钢和特殊钢两套生产系统,其中普钢系统主要生产以H型钢为主的型钢和螺纹钢,特钢系统主要生产轴承钢和齿轮钢。报告期内公司抓住国民经济持续发展以及钢材市场由冷转暖的有利形势,以全面提高企业核心竞争力统揽全局,坚持整体优化管理,推进公司高效规范发展。围绕做精、做细、做优、做强钢铁主业,实现可持续发展,积极应对我国加入世界贸易组织后面临的新的机遇和挑战,按照年度生产经营计划的部署,坚持系统思考,不断超越,认真贯彻落实严细实管理方针,落实成本系统优化措施,加大结构调整及新产品开发力度,进一步开拓市场,积极推进技改技措工程及新建项目的达产达效,主要技术经济指标有所提升,核心竞争力进一步增强,在股本扩张的同时保持了良好的经营业绩。公司全年共生产生铁211万吨、钢280万吨、钢材291万吨,钢材实物产销率达到100.06%;实现主营业务收入60.15亿元,主营业务利润9.83亿元,净利润3.85亿元,每股收益0.417元,净资产收益率10.13%。

6.2 主营业务分行业、产品情况表

单位:万元

| 分行业或分产品 | 主营业务收入 | 主营业务成本 | 毛利率(%) | 主营业务收入比上年增减(%) | 主营业务成本比上年增减(%) | 毛利率比上年增减(%) |
|---|---|---|---|---|---|---|
| 钢铁业 | 600776.33 | 498946.51 | 16.95 | 20.58 | 20.77 | -0.13 |
| 其中:关联交易 | 34213.17 | 28414.04 | | | | |
| 其他 | 688.03 | 585.37 | 14.92 | 35.89 | 83.60 | -12.80 |
| 普大 | 46658.18 | 38555.32 | 7.72 | -4.89 | -3.16 | -11.01 |
| 普中 | 96825.62 | 80170.89 | 15.86 | 35.97 | 40.56 | -7.28 |
| 普小 | 174591.85 | 144560.74 | 28.60 | 21.20 | 21.15 | 11.46 |
| 优钢 | 145123.07 | 120160.81 | 23.77 | 17.45 | 6.35 | 17.70 |
| 钢带 | 113161.24 | 93696.667 | 18.54 | 11.57 | 23.13 | -9.48 |
| 其他 | 25104.40 | 22387.45 | 2.59 | | | |
| 其中:关联交易 | 34213.17 | 28414.04 | | | | |
| 关联交易定价原则 | 国家有定价的按国家定价执行,国家没有定价的按市场价格执行;没有市场价格参照,按照成本加成定价;既没有市场价格,也不适合成本加成定价的,按照协议价定价。 | | | | | |
| 关联交易必要性、持续性说明 | 公司部分辅助生产系统和配套设施方面的服务由莱芜钢铁集团有限公司提供,双方存在必要的关联交易,上述交易促进了公司生产经营的顺利进行,避免了不必要的重复建设和人财物的浪费,有利于公司提高效益。 | | | | | |

注:钢铁业-黑色金属冶炼及压延加工业;普大-普通大型钢材;普中-普通中型钢材;普小-普通小型钢材;优钢-优质钢型材。

6.3 主营业务分地区情况

| 地区 | 主营业务收入 | 主营业务收入比上年增减(%) |
|---|---|---|
| 华东 | 443870.64万元 | 35.98 |
| 华北 | 63246.82万元 | 4.18 |
| 其他 | 94346.90万元 | -15.52 |

6.4 采购和销售客户情况

| | | | |
|---|---|---|---|
| 前五名供应商采购金额合计 | 4.99亿元 | 占采购总额比重 | 11.32% |
| 前五名销售客户销售金额合计 | 7.6亿元 | 占销售总额比重 | 12.64% |

6.5 参股公司经营情况(适用投资收益占净利润10%以上的情况)

□适用　　√□不适用

6.6 主营业务及其结构发生重大变化的原因说明

□适用　　√□不适用

6.7 主营业务盈利能力(毛利率)与上年相比发生重大变化的原因说明

□适用　　√□不适用

6.8 经营成果和利润构成与上年度相比发生重大变化的原因分析

√□适用　　□不适用

主营业务利润为982,645,673.61元,净利润为385,037,378.08元,分别比上年增长153,201,915.82元、-70,752,057.68元,增长幅度分别为18.47%、-15.52%;公司主营业务利润增加主要因为报告期产品销量增加所致,净利润有所降低主要因为报告期所得税率由15%增加到33%使所得税大幅增加造成,报告期内公司利润构成未发生变动。

整体财务状况与上年度相比发生重大变化的原因分析

√适用　　□不适用

报告期内,公司财务状况良好,财务结构合理,各项财务指标保持较好水平。总资产达到7,056,369,899.21元,负债总额为3,243,714,297.49元,长期负债为1,194,089,961.60元,股东权益为3,802,309,544.75元,分别比上年增长1,463,385,072.00元、896,396,140.72元、35,066,010.79元、570,492,870.77元,增长幅度分别为26.16%、38.19%、3.03%、17.65%;公司总资产和股东权益增加的主要原因是本年度实现净利润385,037,378.08元,实施配股方案增加股东权益380,844,975.49元。公司少数股东权益为10,346,056.97元,系与控股子公司合并会计报表所致。现金及现金等价物净增加额641,537,732.60元,比上年增加556,264,030.91元,增长6.52倍,主要系经营活动现金流入及配股资金转入形成。

6.9 对生产经营环境以及宏观政策、法规产生重大变化已经、正在或将要对公司的财务状况和经营成果产生重要影响的说明

√适用　　□不适用

根据国务院和财政部有关通知,报告期内公司所得税按33%缴纳,不再享受先征后返的企业所得税优惠政策,这对公司净利润造成一定影响,公司已通过进一步加强生产经营管理,深入挖潜增效,保持了良好的经营业绩。

6.10 完成盈利预测的情况

□适用　　√不适用

6.11 完成经营计划情况

√适用　　□不适用

| | 原拟订的本年度经营计划 | 本年度实际数 |
|---|---|---|
| 收入 | 51.5亿元 | 60.15亿元 |
| 成本及费用 | 46.1亿元 | 54.36亿元 |
| 差异说明 | | |
| 收入、成本及费用均比计划增加主要系公司产销相应增加所致。 | | |

6.12 募集资金使用情况

√适用　　□不适用

单位:万元

| 募集资金总额 | 38084.50 | 本年度已使用募集资金总额 | 1138.24 | | |
|---|---|---|---|---|---|
| | | 已累计使用募集资金总额 | 1138.24 | | |
| 承诺项目 | 拟投入金额 | 是否变更项目 | 实际投入金额 | 产生收益金额 | 是否符合计划进度和预计收益 |
| 干熄焦工艺与装备及化学产品净化回收系统改造 | 28400(其中报告期拟投入18000) | 否 | -- | -- | 否 |
| 4#焦炉技术改造 | 5073(其中报告期拟投入3600) | 否 | 1138.24 | -- | 否 |
| 备煤及输焦系统技术改造 | 4935(其中报告期拟投入4000) | 否 | -- | -- | 否 |
| 合计 | 38408(其中报告期拟投入25600) | - | 1138.24 | -- | -- |
| 未达到计划进度和收益的说明(分具体项目) | 募集资金到位比预期迟,三季度才到位,四季度开始投入。公司将推进工程建设进度,促进4#焦炉技术改造和备煤及输焦系统技术改造项目的按时完工。根据国内外干熄焦技术发展的新状况,公司正进一步优化和完善工艺设计。 | | | | |
| 变更原因及变更程序说明(分具体项目) | | | | | |

变更项目情况

□适用　　√不适用

6.13 非募集资金项目情况

√适用　　□不适用

单位:万元

| 项目名称 | 项目金额 | 项目进度 | 项目收益情况 |
|---|---|---|---|
| 750m³ 高炉技术改造项目 | 12447.03 | 完工 | 完善工艺、产能提高 |
| 4＃转炉工程项目 | 6871.54 | 完工 | 完善工艺、产能提高 |
| 105m² 烧结机技术改造项目 | 2928.95 | 95％ | 进入试生产阶段 |
| 合金钢连铸机项目 | 5900.00 | 完工 | 技术改进、产能提高 |
| 合计 | 28147.52 | － | － |

6.14 董事会对会计师事务所“非标意见”的说明

□适用 √不适用

6.15 董事会新年度的经营计划（如有）

√适用 □不适用

2003 年工作的指导思想：以党的十六大精神为指针，以提高核心竞争力和效益为目标，坚持以安全稳定顺行为保证，坚持以整体优化、系统超越为着力点，推进技术、管理和制度创新，深化三项制度改革，转换经营机制，规范运作发展，构筑钢铁栋梁，展示强者风范。

2003 年度公司主要经营计划和目标：销售收入 74 亿元；生产生铁 270 万吨，钢 380 万吨，商品坯材 385 万吨。

2003 年国家坚持扩大内需的方针，继续实施积极的财政政策和稳健的货币政策，实现投资和消费双拉动，国家重点建设项目如三峡二期工程、西电东送、西气东输、南水北调、青藏铁路等全面铺开，这将拉动原材料、基础工业的发展，钢材市场的宏观基本面可望保持较好态势。同时钢铁产品市场竞争将更加激烈，洗精煤、焦炭、废钢等原材料价格居高不下等不利因素将使生产经营面临较大压力。为适应经营环境的变化，提高企业的核心竞争能力，保证全年度经营计划和目标的实现，公司将采取以下措施：

1.提升生产组织管理水平，确保安全稳定高效。充分发挥电视电话会议信息传递平台的作用，加强生产组织，完善调度指挥系统。强化设备管理，搞好动力能源平衡。搞好质量管理，严把质量关，以精品立市。优化产品结构，走专业化生产的路子。切实抓好安全管理，确保安全文明生产。

2.改革营销体制，实施营销战略，实现营销方式的转变。分步骤优化整合生产经营结构、品种结构，按效益分配资源，实行开放式经营，实现管理与操作分开，变品种销售为区域销售，引入竞争机制，激励机制，约束机制和业绩评价机制，调动营销人员的积极性。

3.加大原料采购力度，改革采购体制，实现采购方式的转变。管理人员与采购人员要分开，收入要与业绩挂钩；寻求战略合作伙伴，规避市场风险；持续坚持精料方针，满足生产需要；通过采取招标、比价等灵活采购策略努力降低采购成本。

4.坚持技术创新，不断提高核心竞争力。技术开发实行市场化运营，实现管理职能与开发职能分开，收入与研究课题挂钩考核，研发与市场和营销结合，持续提升优化技术经济指标，推进节能清洁型工厂建设进程。

5.加强基础管理，严格考核。继续强化制度建设，健全制度体系。实施全面预算管理，细化成本费用指标。建立健全经济责任制考核体系，充分调动全体员工的积极性和创造性。

6.推进三项制度改革，优化人力资源结构。优化劳动组织结构、人力资源结构和分配结构，构建凝聚关键人才、稳定骨干队伍的新型用人和分配制度，实现人力资源的优化配置和合理流动。

7.规范公司运作，树立良好的公众形象。大力倡导并树立诚信意识、规范意识、效益意识和形象意识，通过不断完善公司的治理结构和治理工作，推进提高公司规范运作水平，实现公司更好、更快地发展，以良好的业绩回报股东。

8.加强企业文化建设，树立适应形势发展的核心价值观，凝聚人气。深入开展创建学习型班组、学习型车间、学习型工厂活动，提高全公司的学习力和创新力。

新年度盈利预测（如有）

□适用 √不适用

6.16 董事会本次利润分配或资本公积金转增预案

经山东乾聚有限责任会计师事务所审计，公司 2002 年度实现净利润 385,037,378.08 元，依据公司章程规定，提取 10％法定盈余公积和 10％公益金，共计 77,001,056.10 元，加年初未分配利润 981,101,505.68 元，年末可供投资者分配的利润累计 1,289,137,827.66 元。公司拟以 2002 年末总股本 922,273,092 股为基数，向全体股东每 10 股派发现金 2.50 元（含税），共派发现金红利 230,568,273.00 元，剩余利润 1,058,569,554.66 元转入下年度。2002 年度公司不进行资本公积转增股本。

本次派送现金红利预案在公司 2002 年度股东大会通过后适当时间实施。

## 7.重要事项

7.1 收购资产

√适用 □不适用

| 交易对方及被收购资产 | 购买日 | 收购价格 | 自购买日起至本年末为上市公司贡献的净利润 | 是否为关联交易 | 定价原则 |
|---|---|---|---|---|---|
| 向莱芜钢铁集团有限公司收购 50 吨电炉资产 | 2002.11.29 | 17575.05 万元 | －－ | 是 | 双方一致同意经评估并确认后的资产价值作为本次交易价格 |

7.2 出售资产

√适用 □不适用

| 交易对方及被出售资产 | 出售日 | 出售价格 | 本年初起至出售日该出售资产为上市公司贡献的净利润 | 出售产生的损益 | 是否为关联交易 | 定价原则 |
|---|---|---|---|---|---|---|
| 向莱芜钢铁集团有限公司出售冷轧带钢车间部分资产 | 2002.8.19 | 1235.45 万元 | | －1780.11 万元（系评估减值） | 是 | 双方一致同意经评估确认后的资产价值作为本次交易价格 |
| 向莱芜钢铁集团有限公司出售热轧带钢资产 | 2002.11.29 | 9442.56 万元 | | ＋3370.82 万元（系评估增值） | 是 | 双方一致同意经评估确认后的资产价值作为本次交易价格 |

上述事项不影响公司业务连续性、管理层稳定性。具体情况见 2002 年 8 月 21 日、10 月 29 日、11 月 30 日《中国证券报》、《上海证券报》和《证券时报》。

7.3 重大担保

□适用 √□不适用

7.4 关联债权债务往来

√适用 □不适用

单位：元

| 关联方 | 向关联方提供资金 | | 关联方向上市公司提供资金 | |
|---|---|---|---|---|
| | 发生额 | 余额 | 发生额 | 余额 |
| 莱芜钢铁集团有限公司 | 342970.53 | －212568.22 | | |
| 合计 | 342970.53 | －212568.22 | | |

7.5 委托理财

□适用 √□不适用

7.6 承诺事项履行情况

□适用 √□不适用

7.7 重大诉讼仲裁事项

□适用 √□不适用

7.8 独立董事履行职责的情况

报告期内，公司独立董事勤勉、尽责，参加了公司董事会和股东大会，对资产出售和资产置换等关联交易事项发表了独立意见。

## 8.监事会报告

监事会认为公司依法运作；公司 2002 年度财务报告真实反映了公司的财务状况和经营成果；公司最近一次募集资金实际投入项目和配股说明书一致；公司与莱芜钢铁集团有限公司之间的资产出售和资产置换价格合理，没有损害股东及公司利益；公司关联交易均按双方签订的协议执行，符合公开、公平、公正的原则，没有损害股东及公司利益；山东乾聚有限责任会计师事务所出具了标准无保留意见的审计报告。

## 9.财务报告

9.1 审计意见

本公司 2002 年度财务报告经山东乾聚有限责任会计师事务所审计，注册会计师车云、田爱军签字，出具了（文号）标准无保留意见的审计报告。

9.2 披露比较式合并及母公司的资产负债表、利润表和当年的现金流量表。

9.3 与最近一期年度报告相比，会计政策、会计估计和核算方法未发生变化。

9.4 与最近一期年度报告相比，合并范围未发生变化。

莱芜钢铁股份有限公司董事会

二○○三年三月二十五日

### 资产减值准备明细表

2002 年度

编制单位：莱芜钢铁股份有限公司　　单位：人民币元

| 项　目 | 年初余额 | 本年增加数 | 本年转回数 | 年末余额 |
|---|---|---|---|---|
| 一、坏帐准备合计 | 3,238,804.86 | 487,817.21 | | 3,726,622.07 |
| 其中：应收账款 | 2,861,731.23 | 221,481.78 | | 3,083,213.01 |
| 其他应收款 | 377,073.63 | 266,335.43 | | 643,409.06 |
| 二、短期投资跌价准备合计 | | | | |
| 其中：股票投资 | | | | |
| 债券投资 | | | | |
| 三、存货跌价准备合计 | 9,979,184.17 | －2,719,555.11 | | 7,259,629.06 |
| 其中：库存商品 | | | | |
| 原材料 | 9,979,184.17 | －2,719,555.11 | | 7,259,629.06 |
| 四、长期投资减值准备合计 | | | | |
| 其中：长期股权投资 | | | | |
| 长期债权投资 | | | | |
| 五、固定资产减值准备合计 | 9,322,022.04 | 18,370,634.84 | 17,801,134.17 | 9,891,522.71 |
| 其中：房屋、建筑物 | 2,332,902.90 | | | 2,332,902.90 |
| 机器设备 | 6,989,119.14 | 18,370,634.84 | 17,801,134.17 | 7,558,619.81 |
| 六、无形资产减值准备 | | | | |
| 其中：专利权 | | | | |
| 商标权 | | | | |
| 七、在建工程减值准备 | | | | |
| 八、委托贷款减值准备 | | | | |

### 合并利润表

编制单位：莱芜钢铁股份有限公司　　单位：人民币元

| 项　目 | 附注 | 合并数 | | 母公司数 | |
|---|---|---|---|---|---|
| | | 2002 年度 | 2001 年度 | 2002 年度 | 2001 年度 |
| 一、主营业务收入 | | 6,014,643,593.67 | 4,988,201,238.39 | 6,007,763,305.85 | 4,983,789,994.53 |
| 减：主营业务成本 | | 4,995,318,764.12 | 4,136,310,915.00 | 4,989,465,076.95 | 4,133,122,610.24 |
| 主营业务税金及附加 | | 36,679,155.94 | 22,446,565.60 | 36,679,155.94 | 22,446,565.60 |
| 二、主营业务利润 | | 982,645,673.61 | 829,443,757.79 | 981,619,072.96 | 828,220,818.69 |
| 加：其他业务利润 | | 8,506,276.41 | －6,830,114.83 | 8,506,276.41 | －6,830,138.04 |
| 减：营业费用 | | 47,184,200.07 | 27,709,779.95 | 46,292,510.66 | 27,326,605.84 |
| 管理费用 | | 260,555,781.86 | 202,452,115.03 | 253,510,147.06 | 200,278,307.38 |
| 财务费用 | | 74,513,229.41 | 52,730,250.95 | 74,256,667.99 | 52,597,532.32 |
| 三、营业利润 | | 608,898,738.68 | 539,721,497.03 | 616,066,023.66 | 541,188,235.11 |
| 加：投资收益 | | 77,891.70 | 7,156,576.63 | －3,617,551.36 | 6,399,080.27 |
| 补贴收入 | | | | | |
| 营业外收入 | | 463,356.31 | 7,100,056.00 | 463,356.31 | 7,100,056.00 |
| 减：营业外支出 | | 30,064,673.08 | 14,639,297.45 | 30,064,673.08 | 14,630,297.45 |
| 四、利润总额 | | 579,375,313.61 | 539,338,832.21 | 582,847,155.53 | 540,057,073.93 |
| 减：所得税 | | 197,841,875.02 | 84,267,638.17 | 197,841,875.02 | 84,267,638.17 |
| 少数股东收益 | | －3,503,939.49 | －718,241.72 | | |
| 五、净利润 | | 385,037,378.08 | 455,789,435.76 | 385,005,280.51 | 455,789,435.76 |

## 合并资产负债表

编制单位:莱芜钢铁股份有限公司　　单位:人民币元

| 资　产 | 附注 | 合并数 | | 母公司数 | |
|---|---|---|---|---|---|
| | | 2002 年 12 月 31 日 | 2001 年 12 月 31 日 | 2002 年 12 月 31 日 | 2001 年 12 月 31 日 |
| 流动资产: | | | | | |
| 货币资金 | | 751,694,189.00 | 110,156,456.40 | 751,277,210.67 | 109,006,429.20 |
| 短期投资 | | | | | |
| 应收票据 | | 518,138,425.43 | 245,342,998.27 | 518,138,425.43 | 245,342,998.27 |
| 应收股利 | | | | | |
| 应收利息 | | | | | |
| 应收帐款 | | 209,086,172.99 | 134,312,639.91 | 205,451,471.29 | 132,125,579.19 |
| 其他应收款 | | 30,588,927.75 | 18,671,977.33 | 32,357,257.18 | 19,840,628.32 |
| 预付帐款 | | 254,484,367.08 | 81,537,702.81 | 254,356,926.97 | 77,737,169.97 |
| 应收补贴款 | | | | | |
| 存货 | | 971,542,524.90 | 1,030,334,538.88 | 964,608,600.53 | 1,025,849,188.98 |
| 待摊费用 | | | | | |
| 一年内到期的长期债权投资 | | | | | |
| 其他流动资产 | | | | | |
| 流动资产合计 | | 2,735,534,607.15 | 1,620,356,313.60 | 2,726,189,892.07 | 1,609,901,993.93 |
| 长期投资: | | | | | |
| 长期股权投资 | | 69,441,776.10 | 69,363,884.40 | 80,353,284.31 | 83,970,835.67 |
| 长期债权投资 | | | | | |
| 长期投资合计 | | 69,441,776.10 | 69,363,884.40 | 80,353,284.31 | 83,970,835.67 |
| 其中:合并价差 | | -558,223.90 | -636,115.60 | | |
| 固定资产: | | | | | |
| 固定资产原值 | | 5,704,309,850.41 | 5,263,543,834.91 | 5,682,003,827.08 | 5,242,123,782.02 |
| 减:累计折旧 | | 1,816,272,590.38 | 1,599,114,842.01 | 1,812,606,917.88 | 1,596,983,545.07 |
| 固定资产净值 | | 3,888,037,260.03 | 3,664,428,992.90 | 3,869,396,909.20 | 3,645,140,236.95 |
| 减:固定资产减值准备 | | 9,891,522.71 | 9,322,022.04 | 9,891,522.71 | 9,322,022.04 |
| 固定资产净额 | | 3,878,145,737.32 | 3,655,106,970.86 | 3,859,505,386.49 | 3,635,818,214.91 |
| 工程物资 | | 69,416.37 | 69,416.37 | 69,416.37 | 69,416.37 |
| 在建工程 | | 369,030,865.96 | 231,881,779.68 | 368,467,296.89 | 230,100,185.42 |
| 固定资产清理 | | | | | |
| 固定资产合计 | | 4,247,246,019.65 | 3,887,058,166.91 | 4,228,042,099.75 | 3,865,987,816.70 |
| 无形资产及其他资产: | | | | | |
| 无形资产 | | 4,147,496.31 | 4,260,927.51 | | |
| 长期待摊费用 | | | 11,945,534.79 | | 11,945,534.79 |
| 其他长期资产 | | | | | |
| 无形资产及其他资产合计 | | 4,147,496.31 | 16,206,462.30 | | 11,945,534.79 |
| 递延税项: | | | | | |
| 递延税款借项 | | | | | |
| 资产总计 | | 7,056,369,899.21 | 5,592,984,827.21 | 7,034,585,276.13 | 5,571,806,181.09 |

| 负债及股东权益 | 附注 | 合并数 | | 母公司数 | |
|---|---|---|---|---|---|
| | | 2002.12.31 | 2001.12.31 | 2002.12.31 | 2001.12.31 |
| 流动负债: | | | | | |
| 短期借款 | | 268,037,884.00 | 134,000,000.00 | 268,037,884.00 | 130,000,000.00 |
| 应付票据 | | 147,468,522.31 | 204,462,351.36 | 147,468,522.31 | 204,462,351.36 |
| 应付帐款 | | 568,543,163.25 | 321,808,456.74 | 568,036,251.61 | 321,773,096.47 |
| 预收帐款 | | 124,167,853.48 | 102,520,397.95 | 124,095,775.76 | 102,442,680.05 |
| 应付工资 | | 29,898,323.83 | 26,049,110.44 | 29,831,603.19 | 25,810,668.89 |
| 应付福利费 | | 37,638,505.84 | 56,839,005.73 | 37,586,795.36 | 56,732,807.68 |
| 应付股利 | | 230,568,273.00 | 52,270,920.00 | 230,568,273.00 | 52,270,920.00 |
| 应交税金 | | 240,112,761.52 | 51,520,068.41 | 240,705,631.71 | 51,624,551.84 |
| 其他应交款 | | 24,946,019.20 | 13,942,272.41 | 24,939,626.50 | 13,935,879.71 |
| 其他应付款 | | 170,014,840.66 | 165,944,513.46 | 158,719,315.11 | 162,975,490.84 |
| 预提费用 | | | | | |
| 预计负债 | | | | | |
| 一年内到期的长期负债 | | 208,228,188.80 | 58,937,109.46 | 208,228,188.80 | 58,937,109.46 |
| 其他流动负债 | | | | | |
| 流动负债合计 | | 2,049,624,335.89 | 1,188,294,205.96 | 2,038,217,867.35 | 1,180,965,556.30 |
| 长期负债: | | | | | |
| 长期借款 | | 1,194,089,961.60 | 1,159,023,950.81 | 1,194,089,961.60 | 1,159,023,950.81 |
| 应付债券 | | | | | |
| 长期应付款 | | | | | |
| 专项应付款 | | | | | |
| 其他长期负债 | | | | | |
| 长期负债合计 | | 1,194,089,961.60 | 1,159,023,950.81 | 1,194,089,961.60 | 1,159,023,950.81 |
| 递延税项: | | | | | |
| 递延税款贷项 | | | | | |
| 负债合计 | | 3,243,714,297.49 | 2,347,318,156.77 | 3,232,307,828.95 | 2,339,989,507.11 |
| 少数股东权益 | | 10,346,056.97 | 13,849,996.46 | | |
| 股东权益: | | | | | |
| 股本 | | 922,273,092.00 | 871,182,000.00 | 922,273,092.00 | 871,182,000.00 |
| 减:已归还投资 | | | | | |
| 股本净额 | | 922,273,092.00 | 871,182,000.00 | 922,273,092.00 | 871,182,000.00 |
| 资本公积 | | 1,340,092,155.57 | 975,159,481.88 | 1,340,092,155.57 | 975,159,481.88 |
| 盈余公积 | | 481,374,742.52 | 404,373,686.42 | 481,374,742.52 | 404,373,686.42 |
| 其中:法定公益金 | | 240,687,371.26 | 202,186,843.21 | 240,687,371.26 | 202,186,843.21 |
| 未分配利润 | | 1,085,569,554.66 | 981,101,505.68 | 1,058,537,457.09 | 981,101,505.68 |
| 股东权益合计 | | 3,802,309,544.75 | 3,231,816,673.98 | 3,802,277,447.18 | 3,231,816,673.98 |
| 负债和股东权益总计 | | 7,056,369,899.21 | 5,592,984,827.21 | 7,034,585,276.13 | 5,571,806,181.09 |

## 合并利润分配表

编制单位:莱芜钢铁股份有限公司　　单位:人民币元

| 项　目 | 附注 | 合并数 | | 母公司数 | |
|---|---|---|---|---|---|
| | | 2002 年度 | 2001 年度 | 2002 年度 | 2001 年度 |
| 一、净利润 | | 385,037,378.08 | 455,789,435.76 | 385,005,280.51 | 455,789,435.76 |
| 加:年初未分配利润 | | 981,101,505.68 | 668,740,877.08 | 981,101,505.68 | 668,740,877.08 |
| 其他转入 | | | | | |
| 二、可供分配的利润 | | 1,366,138,883.76 | 1,124,530,312.84 | 1,366,106,786.19 | 1,124,530,312.84 |
| 减:提取法定盈余公积 | | 38,500,528.05 | 45,578,943.58 | 38,500,528.05 | 45,578,943.58 |
| 提取法定公益金 | | 38,500,528.05 | 45,578,943.58 | 38,500,528.05 | 45,578,943.58 |
| 提取职工奖励及福利基金 | | | | | |
| 提取储备基金 | | | | | |
| 提取企业发展基金 | | | | | |
| 利润归还投资 | | | | | |
| 三、可供投资者分配的利润 | | 1,289,137,827.66 | 1,033,372,425.68 | 1,289,105,730.09 | 1,033,372,425.68 |
| 减:应付优先股股利 | | | | | |
| 提取任意盈余公积 | | | | | |
| 应付普通股股利 | | 230,568,273.00 | 52,270,920.00 | 230,568,273.00 | 52,270,920.00 |
| 转作股本的普通股股利 | | | | | |
| 四、未分配利润 | | 1,058,569,554.66 | 981,101,505.68 | 1,058,537,457.09 | 981,101,505.68 |

## 现金流量表

2002 年度

编制单位:莱芜钢铁股份有限公司　　单位:人民币元

| 项　目 | 附注 | 合并数 | 母公司数 |
|---|---|---|---|
| 一、经营活动产生的现金流量: | | | |
| 销售商品、提供劳务收到的现金 | | 6,725,782,579.84 | 6,719,352,035.06 |
| 收到的税费返还 | | | |
| 收到的其他与经营活动有关的现金 | | 161,805.15 | 161,805.15 |
| 现金流入小计 | | 6,725,944,384.99 | 6,719,513,840.21 |
| 购买商品、接受劳务支付的现金 | 4,923,718,86 | 4,917,144,172.59 | |
| 支付给职工以及为职工支付的现金 | | 507,823,962.10 | 506,780,645.10 |
| 支付的各项税费 | | 415,853,101.93 | 415,808,101.93 |
| 支付的其他与经营活动有关的现金 | | 157,164,354.39 | 154,352,479.79 |
| 现金流出小计 | | 6,004,560,281.36 | 5,994,085,399.41 |
| 经营活动产生的现金流量净额 | | 721,384,103.63 | 725,428,440.80 |
| 二、投资活动产生的现金流量: | | | |
| 收回投资所收到的现金 | | | |
| 取得投资收益所收到的现金 | | | |
| 处置固定资产、无形资产和其他长期资产所收回的现金净额 | | | |
| 收到的其他与投资活动有关的现金 | | | |
| 现金流入小计 | | | |
| 购建固定资产、无形资产和其他长期资产所支付的现金 | | 652,034,662.84 | 651,582,512.56 |
| 投资所支付的现金 | | | |
| 支付的其他与投资活动有关的现金 | | | |
| 现金流出小计 | | 652,034,662.84 | 651,582,512.56 |
| 投资活动产生的现金流量净额 | | -652,034,662.84 | -651,582,512.56 |
| 三、筹资活动产生的现金流量: | | | |
| 吸收投资所收到的现金 | | 381,763,567.09 | 381,763,567.09 |
| 借款所收到的现金 | | 433,210,933.13 | 433,210,933.13 |
| 收到的其他与筹资活动有关的现金 | | 10,000,000.00 | |
| 现金流入小计 | | 824,974,500.22 | 814,974,500.22 |
| 偿还债务所支付的现金 | | 116,815,959.00 | 110,815,959.00 |
| 分配股利、利润或偿付利息所支付的现金 | | 135,810,249.41 | 135,733,687.99 |
| 支付的其他与筹资活动有关的现金 | | 160,000.00 | |
| 现金流出小计 | | 252,786,208.41 | 246,549,646.99 |
| 筹资活动产生的现金流量净额 | | 572,188,291.81 | 568,424,853.23 |
| 四、汇率变动对现金的影响 | | | |
| 五、现金及现金等价物净增加额 | | 641,537,732.60 | 642,270,781.47 |
| 附注: | | | 单位:人民币元 |
| 补充资料 | 行次 | 合并数 | 母公司数 |
| 1.将净利润调节为经营活动现金流量: | | | |
| 净利润 | | 385,037,378.08 | 385,005,280.51 |
| 加:少数股东收益 | | -3,503,939.49 | |
| 加:计提的资产减值准备 | | -1,122,237.23 | -1,181,358.41 |
| 固定资产折旧 | | 336,450,993.78 | 334,916,618.22 |
| 无形资产摊销 | | 113,431.20 | |
| 长期待摊费用摊销 | | 11,945,534.79 | 11,945,534.79 |
| 待摊费用的减少(或增加) | | | |
| 预提费用增加(或减少) | | | |
| 处置固定资产、无形资产和其他长期资产的损失(减:收益) | | 5,660,954.16 | 5,660,954.16 |
| 固定资产报废损失 | | | |
| 财务费用 | | 74,513,229.41 | 74,256,667.99 |
| 投资损失(减:收益) | | -77,891.70 | |
| 递延税款贷项(减:借项) | | | |
| 存货的减少(减:增加) | | 61,511,563.09 | 65,440,915.46 |
| 经营性应收项目的减少(减:增加) | | -528,879,835.77 | -535,718,939.90 |
| 经营性应付项目的增加(减:减少) | | 373,718,112.67 | 376,917,086.31 |
| 其他 | | 6,016,810.64 | 8,185,681.67 |
| 经营活动产生的现金流量净额 | | 721,384,103.63 | 725,428,440.80 |
| 2.不涉及现金收支的投资和筹资活动: | | | |
| 债务转为资本 | | | |
| 一年内到期的可转换公司债券 | | | |
| 融资租入固定资产 | | | |
| 3.现金及现金等价物净增加情况: | | | |
| 现金的期末余额 | | 751,694,189.00 | 751,277,210.67 |
| 减:现金的期初余额 | | 110,156,456.40 | 109,006,429.20 |
| 加:现金等价物的期末余额 | | | |
| 减:现金等价物的期初余额 | | | |
| 现金及现金等价物净增加额 | | 641,537,732.60 | 642,270,781.47 |

# 600392 太原理工天成科技股份有限公司

## 首次公开发行股票招股说明书摘要

### 释　义

在本招股说明书中，除非另有说明，下列简称具有如下意义：

| | |
|---|---|
| 本公司、公司、发行人 | 指太原理工天成科技股份有限公司 |
| 天成实业 | 指山西太工天成科技实业有限公司，本公司前身 |
| 智林公司 | 指太原理工天成智林教育科技有限公司，本公司之控股子公司 |
| 友邦公司 | 指北京友邦天成科技有限公司，本公司之控股子公司 |
| 软件公司 | 指太原理工天成软件科技有限公司，本公司之控股子公司 |
| 大同公司 | 指大同太工天成信息技术有限公司，本公司之控股子公司 |
| 股票、A股、新股 | 指本公司本次发行的记名式人民币普通股股票 |
| 本次发行 | 指本公司本次向社会公开发行人民币普通股2,370万股 |
| 元 | 指人民币元 |
| 3S | 指地理信息系统、全球卫星定位系统、遥感 |

### 第一节　特别提示及特别风险提示

（一）公司经营管理层运营大规模资产的经验较少，经营管理层若不能及时更新经营管理观念和知识，并引进优秀的管理人才，将制约公司的发展。（二）公司目前主要的市场仍局限在山西省，山西省经济发展状况将直接对公司的经营产生影响。（三）本次发行后公司净资产规模将大幅增加，公司净资产收益率将出现大幅下降。（四）公司的计算机及辅助设备销售业务竞争激烈，其销售毛利和毛利率逐年降低，可能对公司的经营业绩造成不利影响；公司的企业网络及信息化建设业务和教学设备及中小学信息化建设业务市场竞争日趋激烈，若公司不能持续保持竞争优势，则可能对公司的利润增长造成不利影响。（五）公司部分产品的技术专利系购买取得，部分核心技术人员为兼职人员，这对公司自主开发核心技术的能力产生一定影响。（六）2000年公司增资控股了友邦公司和智林公司，两公司2001年、2002年的主营业务收入合计占公司当年主营业务收入的比例分别为51.21%和55.63%，其经营状况对公司的发展具有重要影响。

### 第二节　本次发行概况

| | |
|---|---|
| 股票种类 | 人民币普通股（A股） |
| 每股面值 | 人民币1.00元 |
| 发行股数、占发行后总股本的比例 | 2,370万股，占发行后总股本的32.917% |
| 发行价格 | 9.73元/股 |
| 发行市盈率 | 17.69倍（按2002年每股税后利润0.55元计算） |
| 每股净资产 | 发行前：1.64元/股；发行后：4.16元/股（扣除发行费用） |
| 市净率（发行价格/发行后每股净资产） | 2.34倍 |
| 发行方式 | 全部向二级市场投资者定价配售 |
| 发行对象 | 于2003年4月30日持有上海证券交易所或深圳证券交易所已上市流通A股股票市值总和不少于1万元的投资者。配售时，投资者分别使用其所持的两市的股票市值。 |
| 本次发行股份的上市流通，包括各类投资者持有期的限制或承诺 | 预计2003年5月29日在上海证券交易所上市流通。发起股东承诺自股票上市之日起，所持公司股票锁定一年。 |
| 承销方式 | 余额包销 |
| 本次发行预计实收募股资金 | 22,004.59万元 |
| 发行费用概算 | 1,055.51万元 |

### 第三节　发行人的基本资料

（一）公司基本资料

| | |
|---|---|
| 中文名称 | 太原理工天成科技股份有限公司 |
| 英文名称 | TIANCHENG CO.，LTD OF TAIYUAN UNIVERSITY OF TECHNOLOGY |
| 法定代表人 | 郭勇义 |
| 成立日期 | 2000年7月5日 |
| 注册地址 | 太原市迎泽西大街79号 |
| 办公地址及邮政编码 | 太原市万柏林区千峰南路鸿峰花园10号—11号（030024） |
| 电话号码 | 0351—6018786 |
| 传真号码 | 0351—6014037 |
| 互联网网址 | http://www.tichn.com |
| 电子信箱 | info@tichn.com |

（二）历史沿革及经历的改制重组情况

本公司经山西省人民政府晋政函[2000]166号文批准，于2000年7月5日由天成实业整体变更设立，公司发起人间无关联关系。（1）太原理工大学：公司控股股东，为国家"211工程"重点建设的百所高校之一。（2）太原宏展计算机网络工程有限公司：注册资本1,500万元，注册地址太原迎泽大街56号，法定代表人兰旭，主营智能家居。（3）山西佳成资讯有限公司：注册资本1,000万元，注册地址太原开化寺181号，法定代表人赵亮，主营商品贸易。（4）深圳市殷图科技发展有限公司：注册资本300万元，注册地址深圳怡景花园绿景道4号，法定代表人闫海琴，主营电子设备购销。（5）太原德雷科技开发有限公司：注册资本300万元，注册地址太原新建路178号，法定代表人马玉珍，主营化工产品开发。

（三）公司股本情况

本次发行前后公司股本结构变化情况如下表（单位：万股）：

| 股份类别 | 股东名称 | 发行前 | | 发行后 | |
|---|---|---|---|---|---|
| | | 持股数量 | 持股比例 | 持股数量 | 持股比例 |
| 未上市流通股 | | 4,830.000 | 100.00% | 4,830.000 | 67.083% |
| 发起人股份 | | 4,830.000 | 100.00% | 4,830.000 | 67.083% |
| 国家持有股份（国有法人股） | 太原理工大学 | 2,492.280 | 51.60% | 2,492.280 | 34.615% |
| 境内法人持有股份 | | 2,337.720 | 48.40% | 2,337.720 | 32.468% |
| | 太原宏展计算机网络工程有限公司 | 1,175.622 | 24.34% | 1,175.622 | 16.328% |
| | 山西佳成资讯有限公司 | 735.609 | 15.23% | 735.609 | 10.217% |
| | 深圳市殷图科技发展有限公司 | 220.248 | 4.56% | 220.248 | 3.059% |
| | 太原德雷科技开发有限公司 | 206.241 | 4.27% | 206.241 | 2.864% |
| 境外法人持有股份 | | | | | |
| 其他 | | | | | |
| 募集法人股 | | | | | |
| 内部职工股 | | | | | |
| 社会公众股 | | | | 2,370.000 | 32.917% |
| 合计 | | 4,830.000 | 100.00% | 7,200.000 | 100.000% |

（四）公司的技术与业务

公司的核心技术是"传感器及测控技术"和"应用软件开发技术"。感应式数字液位传感器技术曾获得国家技术发明二等奖，该技术可广泛用于水利水文等行业。公司围绕着应用数据库技术、"3S"技术、计算机信息集成技术等领域，开发完成了环保管理系列软件、交通管理软件、教育系列软件等一系列的行业应用软件。公司的主营业务情况如下表：

| 业务分类 | 业务内涵 | 主要产品（服务） | 主要客户 | 竞争情况 |
|---|---|---|---|---|
| 企业网络及信息化建设 | 针对企业、政府机关等单位提供全面的信息化解决方案。 | 多种信息化解决方案，如交通管理、通信网络等解决方案。 | 各类政府及企事业单位。 | 竞争激烈，有较强的地域性。公司在山西省具有从业经验、规模、资金及技术等优势。 |
| 教学设备及中小学信息化建设 | 面向教育领域的网络及信息化建设，教学仪器设备，电教产品。 | 教学设备系列产品、"校校通"工程解决方案、教育软件及课件等。 | 中小学校。 | 公司拥有丰富经验及多项相关技术成果，有产品、服务本地化和提供个性化服务的优势。 |
| 传感器及测控系统 | 以传感器等产品，面向水利水文等行业提供信息化建设服务。 | 感应式数字液位传感器及测控系统。 | 水文水利工程等的监控和管理。 | 公司产品国内领先，可靠性高，便于远程监控，应用领域广，公司可提供一体化解决方案及服务。 |
| 技术开发服务及软件 | 提供面向特定行业的应用软件及相关服务。 | 环保管理、交通管理、国土资源管理等系列软件。 | 环保、交通、国土资源等行业。 | 竞争程度比通用软件低，公司的行业应用软件在山西省具有明显的技术、行业、服务等优势。 |
| 计算机及辅助设备销售 | 计算机及外围设备的销售。 | 计算机及其外围设备。 | 面向市场，配套其他业务。 | |

（五）公司资产权属情况

公司拥有四处房产的房屋产权。智林公司拥有"智林"牌商标，公司另有"太工天成"等五个商标正在申请之中。公司拥有感应式数字水位传感器等专利及多功能教室集中控制系统软件V1.0等十一项计算机软件著作权，软件公司拥有公开查询系统V1.0等两项计算机软件著作权。公司拥有"山西省安全技术防范工程设计施工许可证"、"专项工程设计证书"等特许经营权。

（六）同业竞争与关联交易

1.同业竞争情况：公司与太原理工大学及其控制的法人间不存在同业竞争。公司律师认为：发行人与控股股东之间不存在同业竞争。主承销商认为：发行人与股东之间不存在同业竞争。

2.关联交易情况：近年来公司已发生的关联交易金额小，对公司财务状况和经营成果的影响小。尚存的关联交易如下：（1）智林公司租赁太原理工大学的房产；（2）智林公司为太原理工大学阳泉学院提供教学设备。公司律师认为：发行人与太原理工大学签定的关联交易合同，遵循了公平、公正、公开的市场原则，关联交易决策程序合法和有效。主承销商认为：发行人对公司业已存在的关联交易进行了充分的披露，并已遵循公允原则，程序合法。

3.减少关联交易的措施：公司已购置自有的生产经营场所，房屋租赁类关联交易已大幅减少；公司将尽可能依靠自主力量进行技术开发。

（七）董事、监事、高级管理人员

| 姓名 | 职务 | 性别 | 年龄 | 任期起止日期 | 简要经历 | 兼职情况 | 薪酬情况 |
|---|---|---|---|---|---|---|---|
| 郭勇义 | 董事长 | 男 | 48 | 2000.7－2003.7 | 硕士，教授。曾任太原理工大学副校长。 | 太原重型机械学院院长。 | 2.1万 |
| 杜文广 | 副董事长、总经理 | 男 | 40 | 2000.7－2003.7 | 硕士，高级工程师。曾任天成实业董事长兼总经理。 | 智林公司、软件公司法定代表人，友邦公司董事 | 3.5万 |
| 汤子强 | 副董事长 | 男 | 58 | 2000.7－2003.7 | 硕士，教授。现任太原理工大学产业处处长。 | 太原理工大学产业处处长。 | 1.9万 |
| 兰旭 | 董事 | 男 | 40 | 2000.7－2003.7 | 硕士。现任太原宏展计算机网络工程有限公司董事长。 | 太原宏展计算机网络工程有限公司法定代表人 | 6.8万 |
| 闫海琴 | 董事 | 男 | 46 | 2000.7－2003.7 | 博士。曾任广西北海银河股份有限公司副总经理 | 深圳市殷图科技发展有限公司董事长 | 5.6万 |
| 胡柏彦 | 董事 | 男 | 49 | 2001.12－2004.12 | 教授。太原理工大学人事处处长。 | 太原理工大学副校长 | 2.0万 |
| 冯子标 | 独立董事 | 男 | 65 | 2000.7－2003.7 | 教授、博士生导师。享受政府特殊津贴。 | 山西经济学会会长 | 3.2万 |

| | | | | | | | |
|---|---|---|---|---|---|---|---|
| 孙建中 | 独立董事 | 男 | 46 | 2000.7-2003.7 | 博士,教授。1996年被评为山西省青年学科带头人。 | 山西财经大学常务副校长 | 2.7万 |
| 张高勇 | 独立董事 | 男 | 61 | 2000.7-2003.7 | 中国工程院院士,第十届全国人大代表。 | 中国日用化学工业研究所所长 | 3.1万 |
| 马福昌 | 监事会召集人 | 男 | 50 | 2001.12-2004.12 | 教授。曾任太原理工大学副校长。 | 太原理工大学常务副校长 | 2.1万 |
| 杨世春 | 监事 | 男 | 63 | 2000.7-2003.7 | 教授,博士生导师。曾任太原理工大学常务副校长,现已退休。 | | 3.4万 |
| 焦淑英 | 监事 | 女 | 40 | 2000.7-2003.7 | 会计师。现任太原宏展计算机网络工程有限公司会计。 | | 3.6万 |
| 师卫 | 监事 | 男 | 47 | 2000.7-2003.7 | 硕士。主要从事数字信号处理及智能电子产品方面的研究。 | | 3.1万 |
| 苏斌 | 监事 | 男 | 44 | 2000.7-2003.7 | 学士。主要从事智能电子产品方面的研究。 | | 2.9万 |
| 张元义 | 副总经理 | 男 | 49 | 2000.7-2003.7 | 学士,高级工程师。曾任天成实业副总经理。 | 大同公司法定代表人 | 3.5万 |
| 彭晋春 | 副总经理 | 男 | 32 | 2001.3-2004.3 | 学士。曾任天成实业部门经理。 | | 3.5万 |
| 阎志中 | 副总经理 | 男 | 32 | 2003.1-2006.1 | 硕士。曾任公司总经理助理、证券部经理。 | | 3.5万 |
| 冯解放 | 财务总监 | 女 | 51 | 2000.7-2003.7 | 会计师。1998年始任天成实业财务负责人。 | | 3.4万 |
| 何小刚 | 总工程师 | 男 | 43 | 2000.7-2003.7 | 学士,副教授。山西省电子技术协会常务理事。 | | 3.4万 |
| 段吉福 | 董事会秘书 | 男 | 48 | 2000.7-2003.7 | 学士,高级工程师。曾任太原理工大学产业处副处长。 | | 3.4万 |

注:上述人员中兰旭持有太原宏展计算机网络工程有限公司55%的股份,闫海琴持有深圳市殷图科技发展有限公司28%的股份,杜文广、苏斌、张元义、彭晋春、冯解放、何小刚分别持有山西佳成资讯有限公司20%、2%、10%、2%、5%、2%的股份,除上述外与公司不存在其他利益关系。

(八)公司控股股东:太原理工大学隶属于山西省教育厅,是山西省规模最大的理工科综合性大学。

(九)财务会计信息

1.简要财务会计报表(单位:元)

(1)简要合并资产负债表

| 项目 | 2002年12月31日 | 2001年12月31日 | 2000年12月31日 |
|---|---|---|---|
| 货币资金 | 50,980,898.91 | 23,809,482.72 | 12,441,947.95 |
| 应收票据 | 350,000.00 | 0.00 | 0.00 |
| 应收账款 | 52,633,342.88 | 28,933,043.29 | 20,309,832.10 |
| 其他应收款 | 3,632,559.37 | 4,056,809.69 | 6,336,482.61 |
| 预付账款 | 9,970,525.33 | 10,262,690.97 | 8,789,895.22 |
| 存货 | 24,827,269.35 | 12,098,471.70 | 9,462,817.24 |
| 待摊费用 | 207,794.56 | 246,738.39 | 136,509.92 |
| 流动资产合计 | 142,602,390.40 | 79,407,236.76 | 57,477,485.04 |
| 固定资产原价 | 19,749,161.26 | 15,752,269.45 | 2,883,612.80 |
| 减:累计折旧 | 3,325,299.64 | 1,485,687.32 | 855,749.50 |
| 固定资产净值 | 16,423,861.62 | 14,266,582.13 | 2,027,863.30 |
| 减:固定资产减值准备 | 84,000.00 | 84,000.00 | 0.00 |
| 固定资产净额 | 16,339,861.62 | 14,182,582.13 | 2,027,863.30 |
| 在建工程 | 0.00 | 0.00 | 8,872,956.32 |
| 固定资产合计 | 16,339,861.62 | 14,182,582.13 | 10,900,819.62 |
| 无形资产 | 4,920,978.28 | 1,679,601.22 | 706,542.62 |
| 长期待摊费用 | 0.00 | 0.00 | 113,323.80 |
| 无形资产及其他资产合计 | 4,920,978.28 | 1,679,601.22 | 819,866.42 |
| 资产总计 | 163,863,230.30 | 95,269,420.11 | 69,198,171.08 |
| 短期借款 | 45,800,000.00 | 16,800,000.00 | 10,290,000.00 |
| 应付票据 | 9,000,000.00 | 3,000,000.00 | 0.00 |
| 应付账款 | 2,184,517.53 | 1,071,977.19 | 9,403,045.85 |
| 预收账款 | 11,375,915.34 | 1,589,730.83 | 3,785,332.92 |
| 应付工资 | 132,744.00 | 24,120.00 | 0.00 |
| 应付福利费 | 662,494.91 | 292,069.68 | 128,352.32 |
| 应付股利 | 0.00 | 5,396,009.58 | 0.00 |
| 应交税金 | 912,872.37 | 3,339,014.13 | 1,223,653.88 |
| 其它未交款 | 46,647.86 | 59,990.32 | 70,307.27 |
| 其他应付款 | 9,562,810.55 | 7,835,249.79 | 2,170,126.50 |
| 预提费用 | 389,205.76 | 423,379.37 | 23,946.25 |
| 流动负债合计 | 80,067,208.32 | 39,831,540.89 | 27,094,764.99 |
| 负债合计 | 80,067,208.32 | 39,831,540.89 | 27,094,764.99 |
| 少数股东权益 | 4,343,773.36 | 2,765,361.43 | 2,406,662.33 |
| 股本 | 48,300,000.00 | 48,300,000.00 | 32,200,000.00 |
| 股本净额 | 48,300,000.00 | 48,300,000.00 | 32,200,000.00 |
| 盈余公积 | 11,607,085.23 | 5,488,429.60 | 1,382,700.55 |
| 其中:法定公益金 | 3,869,028.41 | 1,829,476.53 | 460,900.18 |
| 未分配利润 | 19,545,163.39 | -1,115,911.81 | 6,114,043.21 |
| 股东权益合计 | 79,452,248.62 | 52,672,517.79 | 39,696,743.76 |
| 负债及股东权益合计 | 163,863,230.30 | 95,269,420.11 | 69,198,171.08 |

(2)简要合并利润表

| 项目 | 2002年度 | 2001年度 | 2000年度 |
|---|---|---|---|
| 一、主营业务收入 | 320,231,196.36 | 224,042,877.39 | 133,088,430.14 |
| 减:主营业务成本 | 265,146,017.98 | 191,860,472.83 | 116,851,439.80 |
| 主营业务税金及附加 | 2,527,674.91 | 1,264,432.10 | 504,361.41 |
| 二、主营业务利润 | 52,557,503.47 | 30,917,972.46 | 15,732,628.93 |
| 加:其他业务利润 | 62,417.24 | 91,219.26 | 686.83 |
| 减:营业费用 | 7,021,776.25 | 3,984,189.55 | 1,816,459.54 |
| 管理费用 | 12,546,582.03 | 4,803,633.11 | 2,525,092.24 |
| 财务费用 | 2,468,840.76 | 816,602.66 | 564,329.22 |
| 三、营业利润 | 30,582,721.67 | 21,404,766.40 | 10,827,434.76 |
| 加:补贴收入 | 550,000.00 | 340,000.00 | 100,000.00 |
| 营业外收入 | 3,580.66 | 50,000.20 | 76,329.54 |
| 减:营业外支出 | 168,517.73 | 200,671.25 | 63,392.28 |
| 四、利润总额 | 30,967,784.60 | 21,594,095.35 | 10,940,372.02 |
| 减:所得税 | 2,580,724.78 | 2,527,612.64 | 230,352.82 |
| 少数股东损益 | 1,607,328.99 | 694,699.10 | 299,306.27 |
| 五、净利润 | 26,779,730.83 | 18,371,783.61 | 10,410,712.93 |

(3)简要合并现金流量表

| 项目 | 2002年度 | 2001年度 |
|---|---|---|
| 经营活动产生的现金流量净额 | 12,221,351.47 | 8,302,499.05 |
| 投资活动产生的现金流量净额 | -7,003,347.74 | -3,737,747.60 |
| 筹资活动产生的现金流量净额 | 21,953,412.46 | 6,802,783.32 |
| 现金及现金等价物净增加额 | 27,171,416.19 | 11,367,534.77 |

2.主要财务指标

| 主要财务指标 | 2002年 | 2001年 | 2000年 |
|---|---|---|---|
| 流动比率 | 1.78 | 1.99 | 2.12 |
| 速动比率 | 1.47 | 1.69 | 1.77 |
| 应收账款周转率(次/年) | 7.85 | 9.10 | 8.17 |
| 存货周转率(次/年) | 14.36 | 17.80 | 23.19 |
| 资产负债率(%)(母公司) | 43.27 | 40.36 | 36.89 |
| 净资产收益率(全面摊薄)(%) | 33.71 | 34.88 | 26.23 |
| 扣除非经常性损益后净资产收益率(全面摊薄)(%) | 33.25 | 34.34 | 25.80 |
| 每股收益(全面摊薄)(元/股) | 0.55 | 0.38 | 0.32 |
| 每股经营活动的现金流量(元/股) | 0.25 | 0.17 | -0.03 |
| 每股净现金流量 | 0.56 | 0.24 | |

3.公司管理层的财务分析

本公司资产整体质量优良。应收账款整体收款风险小,存货变现风险不大;货币资金、应收账款、预付账款和存货增加系公司增资扩股后,业务规模扩大所致;固定资产成新率较好;无形资产减值风险极小。公司近三年资产负债率合理,流动比率及速动比率适当,短期偿债压力和短期偿债风险均很小。近两年公司生产经营所产生的现金流量保持与销售收入同步增长,现金流情况良好。近三年公司应收账款周转率及存货周转率较高,流动资产保持了良好的周转水平,有着较高的资金运用效率和较强资产运营能力。公司近三年销售收入及净利润均保持了良好的增长趋势,盈利能力强且稳定提高。然而公司目前自有资本规模小,产品的持续性开发和规模化生产受到资金限制。若本次股票发行成功,将为公司扩大产品生产提供充分的资金保障。

4.各子公司情况

(1)友邦公司:成立于2000年3月20日,注册资本300万元,公司占其注册资本的80%,主营计算机及辅助设备销售,法定代表人赵谦,主要经营管理人员为杜文广、李骁。截止2002年12月31日,总资产804.40万元,净资产357.04万元;2002年主营收入8,880.58万元,净利润27.21万元。(2)智林公司:成立于2000年10月13日,注册资本864万元,公司占其注册资本的90%,主营教学设备及软件的生产和销售,法定代表人杜文广,主要经营管理人员为杜文广、张起贵。截止2002年12月31日,总资产3,768.07万元,净资产2,184.31万元,2002年主营收入8,933.13万元,净利润825.27万元。(3)大同公司:成立于2000年9月11日,注册资本100万元,公司占其注册资本的55%,主营计算机及软件销售,法定代表人张元义,主要经营管理人员为张元义、王新成。截止2002年12月31日,总资产130.40万元,净资产105.36万元;2002年主营收入328.41万元,净利润2.83万元。(4)软件公司:成立于2001年7月5日,注册资本100万元,公司占其注册资本的90%,主营软件开发,法定代表人杜文广,主要经营管理人员为杜文广、郭涌。截止2002年12月31日,总资产1,072.20万元,净资产948.67万元;2002年主营收入1,451.39万元,净利润714.88万元。

5.公司股利分配情况

(1)公司税后利润的分配顺序和比例:弥补上一年度的亏损;按税后利润的10%提取法定公积金;按税后利润的5%提取法定公益金;提取任意盈余公积金,具体比例由股东大会决定;用于股利分配。(2)公司历年分配情况:1999年向全体股东分配2,583,587.58元;2000年未分配利润中910,396.78%元转增为太原理工大学的出资,剩余1,326,363.91元向其他原股东按出资比例分配;2001年以未分配利润1,610万元送股;截止2001年12月31日以前的未分配利润归公司老股东所有,自2002年1月1日至股票发行日所实现的未分配利润由公司新老股东共享。(3)本次发行后第一个盈利年度的股利分配计划,将由公司董事会依法提出,由发行后召开的首次年度股东大会审定批准后实施。

## 第四节　募股资金运用

本次募股资金将按轻重缓急用于以下项目:

| 项目名称 | 项目概况 |
|---|---|
| 感应式数字液位传感器及其自动化监控系统项目 | 公司的感应式数字液位传感器及其监控系统具有很强的市场竞争力。公司拟建设数字液位传感器及其自动化监控系统的规模化生产基地及研发中心。项目总投资8,012万元,建设期一年,预计正常年净利润为1,758.08万元,投资回收期(含建设期,下同)为5.62年。 |

| | |
|---|---|
| 现代教学仪器及设备生产基地建设项目 | 公司生产的教学仪器和设备供不应求,扩大生产规模并开发新产品势在必行。公司拟建设现代教学仪器与设备生产基地,包括教育电脑生产线、多媒体教学设备生产线、现代教学仪器生产线、生产技术管理中心和产品开发中心。项目总投资 4,270.33 万元,建设期一年,预计正常年净利润 1,711.51 万元。投资回收期(含建设期)为 4.7 年。 |
| 教育软件及多媒体网络课件制作基地建设项目 | 为保持公司在相关软件及课件产品技术上、内容上的优势,不断开发高水平的产品,公司拟建设教育软件及多媒体网络课件基地,包括成立课件制作中心、远程教育技术支持中心、远程教育资源管理中心,建立软件生产基地。项目总投资 4,248 万元,建设期一年,预计正常年净利润 1,488.20 万元,投资回收期 5.5 年。 |
| 软件开发及生产基地建设项目 | 公司将对以"3S"技术为核心的以环保、交通、国土资源等行业为重点应用领域的软件系统进行升级、延伸并扩大生产规模。建设内容包括软件生产基地的建设和产品技术服务网站的设立。项目总投资 4020.94 万元,建设期一年,预计正常年净利润 1113.04 万元,投资回收期 4.0 年。 |
| 补充流动资金 | 以上项目总投资 20,551.27 万元,剩余 1,453.32 万元用于补充流动资金。 |

## 第五节　风险因素及其他重要事项

(一)风险因素

1.管理风险:公司运作时间短,规模较小,现有组织模式和管理制度能否适应公司规模的迅速扩大,将对公司的未来发展产生较大影响。

2.市场风险:(1)公司的经营活动与商业周期的变化有一定的相关性,且公司产品的生命周期对公司经营活动有较大影响。(2)由于销售体系的建立尚不完善,公司产品在有些区域的市场进入不足。

3.业务风险:公司目前的各类业务尚未均衡发展,若公司的主营业务结构不能进行适当调整,将制约公司的更大发展。

4.技术风险:(1)若公司不能持续进行技术创新,则势必影响公司的产品创新和业务创新,从而使公司逐渐丧失市场竞争力。(2)公司开发的部分产品还没有进行大规模生产,仍面临着进一步市场化并实现经营规模化等方面的考验。(3)若技术开发人员不能不断提高其技术水平,公司无法稳定及逐步引进高水平的技术人才,则技术开发队伍的发展存在一定风险。

5.财务风险:(1)公司的负债主要为短期借款,增大了公司的短期偿债风险。(2)公司固定资产规模相对偏小,固定资产不足将会制约公司的发展。(3)如果公司财务内部控制制度得不到严格的执行,可能给公司正常生产经营带来无法预知的风险。

6.募股资金投向风险:所投资的项目已经充分论证,但仍可能因技术替代、项目实施不力、市场需求变化等因素,导致项目无法顺利实施或难以达到预期效益。

7.税收政策风险:公司作为在国家级高新技术产业开发区注册的高新技术企业,享受相关的所得税的优惠政策,如国家的税收政策发生变化,将对公司的经营业绩产生直接影响。

(二)重要合同

1.借款合同:公司与建行河西支行、工行太原市万柏林支行、农行太原市并州支行签定了 4,580 万元流动资金借款合同。2.商务合同:(1)智林公司分别与平遥县教育局电教馆、山西省育民教育世行贷款服务中心及太原理工大学阳泉学院签定的价值为 1,235.39 万元、674.67 万元及 500 万元的教学设备供货合同;(2)公司与雁北师范学院签定的 510 万元的教学设备供货合同。

(三)重大仲裁和诉讼事项

截止本招股说明书签署日,公司、控股子公司、持有公司 20%以上(含 20%)股份的股东无任何(或可预见的)重大诉讼或仲裁等事项;公司董事、监事、高级管理人员和核心技术人员无受到(或可预见的受到)刑事起诉的情况。

## 第六节　本次发行各方当事人和发行时间安排

(一)本次发行之各方当事人

| 名称 | 住所 | 联系电话 | 传真 | 联系人 |
|---|---|---|---|---|
| 太原理工天成科技股份有限公司 | 太原市万柏林区千峰南路鸿峰花园 10 号 - 11 号楼 | 0351—6018786 | 0351—6014037 | 段吉福、阎志中 |
| 国信证券有限责任公司 | 深圳市红岭中路 1012 号国信证券大厦 | 010—66215566 | 010—66211976 | 王炳全、傅承 |
| 湖南警宇律师事务所 | 长沙市芙蓉中路 267 号东成大厦 26 楼 | 0731—4304799 | 0731—4304299 | 刘彦 |
| 山西天元会计师事务所(有限公司) | 太原市府西街 195 号 | 0351—4211596 | 0351—4211600 | 李建勋、刘志红 |
| 中国证券登记结算有限责任公司上海分公司 | 上海市浦东新路陆家嘴东路 166 号 | 021 - 58708888 | 021 - 58754185 | |
| 上海证券交易所 | 上海市浦东南路 528 号证券大厦 | 021 - 68808888 | 021 - 68804868 | |

(二)上市前的有关重要日期

| | |
|---|---|
| 发行公告刊登日期 | 2003 年 5 月 12 日 |
| 预计发行日期 | 2003 年 5 月 14 日 |
| 申购期 | 2003 年 5 月 14 日 |
| 预计上市日期 | 2003 年 5 月 29 日 |

## 第七节　附录和备查文件

(一)附录:审计报告及财务报告全文,法律意见书。

(二)备查文件目录:1.招股说明书及其摘要正式文本;2.审计报告及财务报告全文;3.发行人律师对本次股票发行的法律意见书及其它有关法律意见;4.验资报告;5.公司章程及其他有关内部规章;6.关于本次发行事宜的股东大会决议;7.发行人成立的批准和注册登记文件;8.政府部门和证券监管机构对本次发行的文件。

(三)备查文件的查阅方式:投资者可在发行期间每个工作日 9:00 至 17:00 在以下地点查阅备查文件:

1.太原理工天成科技股份有限公司

地点:太原市万柏林区千峰南路鸿峰花园 10 号 - 11 号楼

电话:0351 - 6018786

传真:0351 - 6014037

联系人:段吉福、阎志中

2.国信证券有限责任公司

地址:深圳市红岭中路 1012 号国信证券大厦

电话:010 - 66215566

传真:010 - 66211976

联系人:王炳全、傅承

太原理工天成科技股份有限公司

2003 年 4 月 4 日

# 太原理工天成科技股份有限公司首次公开发行股票上市公告书

## 第一节　重要声明与提示

太原理工天成科技股份有限公司(以下简称"本公司"、"公司"或"发行人")董事会保证上市公告书的真实性、准确性、完整性,全体董事承诺上市公告书不存在虚假记载、误导性陈述或重大遗漏,并承担个别和连带的法律责任。

根据《中华人民共和国公司法》、《中华人民共和国证券法》等有关法律、法规的规定,本公司董事、高级管理人员已依法履行诚信和勤勉尽责的义务和责任。

证券交易所、中国证券监督管理委员会、其他政府机关对本公司股票上市及有关事项的意见,均不表明对本公司的任何保证。

本公司提醒广大投资者注意,凡本上市公告书未涉及的有关内容,请投资者查阅 2003 年 4 月 30 日刊载于《中国证券报》、《上海证券报》、《证券时报》的本公司招股说明书摘要,及刊载于上海证券交易所网站(www.sse.com.cn)的本公司招股说明书全文。本上市公告书刊载网站:www.sse.com.cn。

## 第二节　概　览

一、股票简称:太工天成

二、沪市股票代码:600392

三、深市代理股票代码:003392

四、总股本:72,000,000 股

五、可流通股本:23,700,000 股

六、本次股票发行价格:9.73 元/股

七、本次上市流通股本:23,700,000 股

八、上市地点:上海证券交易所

九、上市日期:2003 年 5 月 29 日

十、股票登记机构:中国证券登记结算有限责任公司上海分公司

十一、上市推荐人:国信证券有限责任公司

本公司首次公开发行股票前股东所持股份的流通限制及期限:根据国家有关法律、法规规定和中国证券监督管理委员会证监发行字[2003]39 号《关于核准太原理工天成科技股份有限公司公开发行股票的通知》,本公司的国有法人股、其他法人股暂不上市流通。

本公司首次公开发行股票前第一大股东太原理工大学承诺:自本公司股票上市之日起 12 个月内,不转让其所持有的本公司股份,也不由本公司回购其所持有的本公司股份。

## 第三节　绪　言

本上市公告书是根据《中华人民共和国公司法》、《中华人民共和国证券法》、《股票发行与交易管理暂行条例》、《公开发行股票公司信息披露实施细则》和《上海证券交易所股票上市规则》等国家有关法律、法规的规定,并按照中国证券监督管理委员会《公开发行证券的公司信息披露内容与格式准则第 7 号——股票上市公告书》而编制,旨在向投资者提供本公司的基本情况和本次股票上市的有关资料。

经中国证券监督管理委员会证监发行字[2003]39 号文核准,本公司于 2003 年 5 月 14 日以向沪市、深市二级市场投资者定价配售的方式成功发行 2,370 万股人民币普通股(A 股),每股面值 1.00 元,发行价格为每股 9.73 元。

经上海证券交易所上证上字[2003]47 号文批准,本公司公开发行 2,370 万股社会公众股将于 2003 年 5 月 29 日起在上海证券交易所挂牌交易。股票简称"太工天成",沪市股票代码为"600392",深市代理股票代码为"003392"。

本公司已于 2003 年 4 月 30 日在《中国证券报》、《上海证券报》、《证券时报》上刊登了《招股说明书摘要》,招股说明书正文及其附录刊载于上海证券交易所网站(www.sse.com.cn),距今不足三个月,故与其重复的内容不再重述,敬请投资者查阅上述内容。

## 第四节　发行人概况

一、发行人基本情况

(一)中文名称:太原理工天成科技股份有限公司

英文名称:TIANCHENG CO.,LTD OF TAIYUAN UNIVERSITY OF TECHNOLOGY

(二)法定代表人:郭勇义

(三)设立日期:2000 年 7 月 5 日

(四)注册地址:太原市迎泽西大街 79 号

(五)办公地址:太原市万柏林区千峰南路鸿峰花园 10 号 - 11 号

电话号码:0351 - 6018786

传真号码:0351 - 6014037

互联网址:http://www.tichn.com

电子信箱:info@tichn.com

(六)经营范围:研制、开发、生产、销售、安装智能电子设备及其网络系统;研制、开发、生产、销售现代化教育设备及其软件、课件;承揽工业生产自动化工程、安全技术防范工程;综合技术服务、咨询;计算机及相关设备的租赁;承接水利水电工程的咨询及自动化系统集成项目;经营本企业自产产品及技术的出口业务,代理出口将本企业自行研制开发的技术转让给其他企业所生产

的产品;经营本企业所需的原辅材料、仪器仪表、机械设备、零配件及技术的进口业务(国家限定公司经营和国家禁止进出口的商品及技术除外);经营进料加工和"三来一补"业务。

(七)所属行业:信息技术

(八)董事会秘书:段吉福

二、发行人历史沿革

本公司是经山西省人民政府晋政函[2000]166 号文批准,由山西太工天成科技实业有限公司(以下简称"天成实业")整体变更设立的股份有限公司。

本公司前身——天成实业成立于 1998 年 7 月 1 日,注册资本为 3,159 万元,五名股东分别为太原理工大学、太原宏展计算机网络工程有限公司、山西佳成资讯有限公司、深圳市殷图科技发展有限公司和太原德雷科技开发有限公司。为进一步建立现代企业制度,天成实业召开股东大会,与会股东一致同意将天成实业申请整体变更为股份有限公司。根据山西省国有资产管理局晋国资企函字(2000)第 72 号文批准的国有股权管理方案,天成实业以经审计的帐面净资产按 1:1 的比例折为股份,公司总股本为 3,220 万股,各股东按其出资占注册资本的比例持有股份有限公司的股份。五家股东的持股比例分别为 51.60%、23.34%、15.23%、4.56%和 4.27%。2000 年 7 月 3 日,公司召开了创立大会;2000 年 7 月 5 日,公司在山西省工商行政管理局办理了工商注册登记。2001 年,公司以截至 2001 年 6 月 30 日所实现的未分配利润送股,公司总股本增至 4,830 万股。

经中国证券监督管理委员会证监发行字[2003]39 号文核准,本公司于 2003 年 5 月 14 日在上海证券交易所以向二级市场投资者定价配售方式成功发行了人民币普通股 2,370 万股,每股面值 1.00 元,每股发行价 9.73 元。此次发行完成后,本公司的总股本增至 7,200 万股,注册资本为 7,200 万元人民币。

三、发行人主要经营情况

本公司以核心技术——"传感器及测控技术"和"应用软件开发技术"为支撑,以"智能化电子产品、应用软件与网络系统"为公司的主营业务方向,具体细分为"企业网络及信息化建设"、"教育领域信息化建设"、"传感器及测控系统"、"技术开发服务及软件"、"计算机及辅助设备销售"等五类。公司各类业务的开展情况如下:

(一)"企业网络及信息化建设"业务

"企业网络信息化建设"是将信息技术应用于企业管理的各个环节,用以提高管理效率和信息资源的利用率。其任务主要是信息系统支撑平台的构建(包括方案规划、设计、系统集成、工程实施)及管理信息系统的设计、开发、运行及维护。

为避开竞争的焦点,充分发挥公司的技术、人才及地域优势,本公司把业务重点放在了山西省本地网络的建设、智能终端设备和基于应用软件的综合解决方案上。由于本公司具有较强的软件开发和网络技术优势,在山西省具有较强的竞争力,公司的业务范围已遍及交通、教育、邮政、通信、金融等许多行业,公司开发了以应用软件为核心的针对企业和政府部门的多种信息化解决方案,如:电信运营商城域网解决方案、交通运政管理、交通征费、稽查解决方案以及电信运营商城域网解决方案等。

(二)"技术开发服务及软件"业务

"技术开发服务及软件"业务是公司业务中发展最快、盈利能力最强的业务。本公司结合企业网络信息化的建设,扬长避短,重点开发了基于数据库技术、"3S"技术、计算机信息集成技术面向特定行业的系列应用软件,主要有环保管理系列软件、交通管理软件、国土资源管理软件、流通企业供应链系统软件、金融系列软件等,主要运用于环保、交通、国土资源、商业等行业。

行业应用软件的竞争程度比通用软件低,公司的系列行业应用软件在山西省具有明显的技术、行业、服务等优势。

(三)"教学设备及中小学信息化建设"业务

教育领域是公司新近开辟的一个市场,是公司今后几年新的利润增长点。

公司的主要产品和服务有:教育电脑系列产品、多媒体教学设备系列产品、"校校通"工程解决方案、教育软件及课件等。

公司生产的"智林教育电脑"是山西省首家获得国家有关部门认定并颁发生产许可证的品牌产品。

"多媒体教学设备系列"产品是运用现代多媒体技术、控制技术和数据传输技术生产的用于各个教学环节的教学设备。

针对"校校通"及中小学信息化工程,公司制订了包括自有的计算机设备、应用软件、教学资源在内的全面解决方案。

随着中小学信息化建设工程的推进,教学管理软件、多媒体教学软件、计算机教室管理软件也呈现出了较大的需求,针对这一情况,公司组织开发了相应的软件,这些软件已经随公司的产品和服务推广到了山西省城乡的中小学之中。在课件领域,公司也组织了大量的开发,其中,E-learning 网络课件平台通过了山西省科技厅主持的成果鉴定,达到国内领先水平。

(四)"传感器及测控系统"业务

"传感器及测控系统"业务是公司利用自身技术大力发展的一项业务,是公司业务中增长较快,利润率较高的业务。随着公司实力的不断增强,公司对"传感器及测控技术"的投入不断增加,该项技术逐渐走向成熟,成为公司新的盈利增长点。围绕该技术,公司组织开发了"感应式数字液位传感器及测控系统",该系统由感应式数字液位传感器、测控仪表及配套软件组成。"感应式数字液位传感器及测控系统"在水文实时监测、水利工程建设监控、水库调度、防汛、灌溉、水力发电及其它水利工程监控和管理等方面具有广泛的应用前景。

目前,本公司已具备该类产品的小批量生产能力,产品已在水利水文测量、污水处理、城市供水等许多方面得到了应用,已广泛应用在北京、河北,陕西,湖北、河南、山西等地,运行状况良好。

(五)"计算机及辅助设备销售"业务

"计算机及辅助设备销售"业务是公司创立之初的一项主要业务,随着公司实力的不断增强,这项业务的营业额绝对数值虽然仍在保持持续增长,但占公司业务的比重在持续下降。随着市场竞争的加剧,该项业务过去三年毛利率呈逐年下降态势。

公司此项业务主要面对山西、北京两个市场,部分产品配套于公司的其他四类业务。

公司各类业务收入占公司主营业务收入的比重如下表所示:

单位:万元

| 业务类别 | 2002 年 | | 2001 年 | | 2000 年 | |
|---|---|---|---|---|---|---|
| | 销售额 | 比重(%) | 销售额 | 比重(%) | 销售额 | 比重(%) |
| 企业网络及信息化建设 | 3,106.17 | 9.70 | 3,145.98 | 14.04 | 1,687.31 | 12.68 |
| 技术开发服务及软件 | 2,435.93 | 7.61 | 928.45 | 4.14 | 154.06 | 1.16 |
| 教学设备及中小学信息化建设 | 8,284.02 | 25.87 | 3,247.64 | 14.50 | 942.61 | 7.08 |
| 传感器及测控系统 | 3,048.12 | 9.52 | 1,041.76 | 4.65 | 575.31 | 4.32 |
| 计算机及辅助设备销售 | 15,148.88 | 47.30 | 14,040.46 | 62.67 | 9,949.55 | 74.76 |
| 合计 | 32,023.12 | 100.00 | 22,404.29 | 100.00 | 13,308.84 | 100.00 |

请参阅本上市公告书"财务会计资料"部分的相关内容。

五、主要知识产权

本公司的控股子公司——太原理工天成智林教育科技有限公司拥有"智林"牌商标,本公司另有"太工天成"、"TICHN"、"天晨"、"报童"、"精至达"等五个商标正在申请之中。

本公司拥有以下 2 项专利:感应式数字水位传感器、一种报纸杂志自动分离装置。本公司拥有 11 项计算机软件著作权:人武动员信息管理系统、TC-302 水位测控仪软件 V1.0、自动报纸销售机控制软件 V1.0、多功能教室集中控制系统单片机软件 V1.0、多媒体语音教学系统单片机软件 V1.0、多功能教室集中控制系统软件 V1.0、多媒体语言教学系统控制软件 V1.0、多媒体网络教室软件 V1.0、天成超市信息管理系统 V2.0、TC401 系列感应式数字传感器软件 V1.0、水位自动测报系统。本公司的控股子公司——太原理工天成软件科技有限公司拥有 2 项计算机软件著作权:公开查询系统 V1.0、城镇地籍管理系统 V3.0。

本公司拥有下列特许经营权:山西省安全技术防范工程设计施工许可证、专项工程设计证书、自营进出口权。

有关知识产权的详细内容请查阅 2003 年 4 月 30 日刊载于上海证券交易所网站(www.sse.com.cn)的本公司招股说明书全文。

六、财政税收优惠政策

本公司作为在国家级高新技术产业开发区注册的高新技术企业,根据财政部、国家税务总局《关于企业所得税若干优惠政策的通知》的规定,1999 年和 2000 年享受免缴所得税的优惠政策,其后年度按 15%缴纳所得税。

## 第五节　股票发行与股本结构

一、本次发行的基本情况

(一)股票种类:人民币普通股(A 股)

(二)每股面值:1.00 元

(三)发行数量:2,370 万股

发行后总股本:7,200 万股

发行股数占发行后总股本的比例:32.917%

(四)发行价格:9.73 元/股

(五)发行市盈率:按 2002 年每股税后利润 0.55 元计算的市盈率为 17.69 倍

(六)发行前每股净资产:1.64 元(合并报表数据)

发行后每股净资产:4.16 元(扣除发行费用)

(七)发行方式:全部向二级市场投资者定价配售

(八)发行对象:于 2003 年 4 月 30 日持有上海证券交易所或深圳证券交易所已上市流通人民币普通股(A 股)股票市值总和不少于 1 万元的投资者(上海证券交易所或深圳证券交易所流通股票单独计算其市值总和)。两市投资者均可参加本次新股发行的配售。配售时,投资者分别使用其所持的两市的股票市值。

(九)本次发行实收募股资金及发行费用:本次发行共募集资金 23,060.10 万元,扣除发行费用(包括承销费、审计费用、律师费用、发行手续费用及审核费)1,055.51 万元,实际筹集资金 22,004.59 万元。每股发行费用为 0.445 元。

二、本次股票上市前首次公开发行股票的承销情况

本次公开发行的 2,370 万股社会公众股的配号总数为 58,474,411 个,中签率为 0.04053055%。其中二级市场投资者认购 2,344.8461 万股,其余 25.1539 万股由主承销商国信证券有限责任公司包销。

三、本次上市前首次公开发行股票所募股资金的验资报告

**验 资 报 告**

晋天元变验[2003]02 号

**太原理工天成科技股份有限公司全体股东:**

我们接受委托,审验了贵公司截至 2003 年 5 月 20 日止发行社会公众股募集资金的实收情况。按照国家相关的法律、法规的规定和协议、章程的要求出资,提供真实、合法、完整的验资资料,保护资产的安全、完整是全体股东及贵公司的责任。我们的责任是对贵公司发行社会公众股募集资金的实收情况发表审验意见。我们的审验是依据《独立审计实务公告第 1 号-验资》进行的。在审验过程中,我们结合贵公司的实际情况,实施了检查等必要的审验程序。

太原理工天成科技股份有限公司变更前的注册资本为人民币 48,300,000.00 元,贵公司本次申请的注册资本为人民币 72,000,000.00 元,其中:发起人投入资本人民币 48,300,000.00 元,已由我所[2001]天元股验字第 005 号验资报告予以验证;贵公司经中国证券监督管理委员会证监发行字[2003]39 号文《关于核准太原理工天成科技股份有限公司公开发行股票的通知》核准,以每股人民币 9.73 元的价格向境内投资者发行面值为人民币 1.00 元的 A 股股票 2,370 万股,本次募集资金款为人民币 230,601,000.00 元,扣除预计发行费人民币 10,555,100.00 元后为人民币 220,045,900.00 元,其中:股本为人民币 23,700,000.00 元,资本公积为人民币 196,345,900.00 元。

根据我们的审验,截至 2003 年 5 月 20 日止贵公司已收到国信证券有限责任公司汇入的募集资金款人民币 222,884,359.35 元,此款为募集资金款人民币 230,601,000.00 元扣除承销发行费和上网发行手续费人民币 7,716,640.65 元后的款项,该款项汇入贵公司在中国工商银行太原市下元分理处开设的账户(账号 0502126329026415980)。贵公司向社会公众发行拟上市 A 股后,股本总额为人民币 72,000,000.00 元,资本公积为人民币 196,345,900.00 元,其中:发起人为 4,830 万股,占 67.083%,社会公众股为 2,370 万股,占 32.917%。截至 2003 年 5 月 20 日止贵公司申请的注册资本已全部到位,经验证属实。

本验资报告供贵公司向国家工商行政管理部门申请变更登记及据以向股东签发出资证明时使用,不应将其视为是对贵公司验资报告日后资本保全、偿债能力和持续经营能力等的保证。因使用不当造成的后果,与执行本次验资业务的注册会计师及会计师事务所无关。

附件:1.注册资本变更情况表:

(1)新增注册资本实收情况明细表(表 1)

(2)注册资本变更前后对照表(表 2)

2.验资事项说明

**山西天元会计师事务所(有限公司)**　　**中国注册会计师:宋晓伟**

**中国·太原**　　**中国注册会计师:刘志红**

**二○○三年五月二十一日**

四、本次募股资金入帐情况

(一)入帐时间:2003 年 5 月 20 日

(二)入帐金额:222,884,359.35 元

(三)入帐帐号:0502126329026415980

(四)开户银行:工行下元分理处

五、本公司上市前股权结构及各类股东的持股情况

(一)本次上市前公司的股权结构

| 股份类别 | 持股数(股) | 持股比例(%) |
|---|---|---|
| 1.尚未流通股份 | 48,300,000 | 67.083 |
| 发起人持有的股份 | 48,300,000 | 67.083 |
| 其中:国有法人持有的股份 | 24,922,800 | 34.615 |
| 境内法人持有的股份 | 23,377,200 | 32.468 |
| 2.可流通股份 | 23,700,000 | 32.917 |
| 境内上市人民币普通股 | 23,700,000 | 32.917 |
| 其中:本次公开发行股份 | 23,700,000 | 32.917 |
| 3.总股本 | 72,000,000 | 100.000 |

(二)本次上市前公司前十名股东的持股情况

| 股东 | 股权性质 | 持股数(股) | 持股比例 |
|---|---|---|---|
| 1.太原理工大学 | 国有法人股 | 24,922,800 | 34.615% |
| 2.太原宏展计算机网络工程有限公司 | 境内法人股 | 11,756,220 | 16.328% |

| | | | |
|---|---|---|---|
| 3.山西佳成资讯有限公司 | 境内法人股 | 7,356,090 | 10.217% |
| 4.深圳市股图科技发展有限公司 | 境内法人股 | 2,202,480 | 3.059% |
| 5.太原德雷科技开发有限公司 | 境内法人股 | 2,062,410 | 2.864% |
| 6.国信证券 | 社会公众股 | 251,539 | 0.349% |
| 7.久嘉基金 | 社会公众股 | 46,000 | 0.064% |
| 8.天同 180 | 社会公众股 | 29,000 | 0.040% |
| 9.融鑫基金 | 社会公众股 | 19,000 | 0.026% |
| 10.广发证券 | 社会公众股 | 18,000 | 0.025% |

## 第六节　董事、监事、高级管理人员及核心技术人员

一、公司董事、监事、高级管理人员及核心技术人员简介

(一)公司董事简介

1.郭勇义先生，中华人民共和国公民，1955年生，教授。1997年7月任太原理工大学副校长，2003年2月至今任太原重型机械学院院长，2000年7月3日当选为公司董事、副董事长，2001年12月12日当选为董事长。郭勇义先生曾被评为山西省教育系统优秀共产党员，目前兼任中国煤炭学会理事、中国煤炭劳动保护学会矿山通风委员会副主任。

2.杜文广先生，中华人民共和国公民，1963年生，硕士，高级工程师。1991年在太原工业大学科技开发公司从事技术开发工作，1992年参与筹建山西天元电子技术有限公司并任副总经理，1998年7月创建山西太工天成科技实业有限公司并任董事长兼总经理，2000年7月3日当选为公司董事、副董事长，并被公司董事会聘为总经理。杜文广先生于1999年至2002年连续四年被太原高新技术开发区授予优秀企业家的称号，2000年被共青团山西省委授予"五四青年奖章"，被共青团中央授予"中国青年科技创新奖章"，2002年当选为太原市人大代表。

3.汤子强先生，中华人民共和国公民，1945年生，教授。曾任太原工业大学产业处处长，现任太原理工大学产业处处长，2000年7月3日当选为本公司董事，2001年12月12日当选为公司副董事长。

4.兰旭先生，中华人民共和国公民，1963年生，硕士。曾任太原宏展装饰工程有限公司董事长，1998年8月至今任太原宏展计算机网络工程有限公司董事长，2000年7月3日当选为公司董事。

5.闫海琴先生，中华人民共和国公民，1957年生，博士。曾任广西北海银河股份有限公司副总经理，1999年至今任深圳市股图科技发展有限公司董事长，2000年7月3日当选为公司董事。

6.胡柏彦先生，中华人民共和国公民，1954年生，教授。曾任太原理工大学水利系党总支书记、校人事处处长，现任太原理工大学副校长，2001年12月12日当选为公司董事。

7.冯子标先生，中华人民共和国公民，1938年生，教授，享受政府特殊津贴。曾任山西财经大学校长，现任中国生产力经济学会常务理事、山西经济学会会长等职，2000年7月3日当选为公司独立董事。冯子标先生对企业管理及资本运营有较深的研究，先后发表学术论文百余篇，出版专著15部。

8.孙建中先生，中华人民共和国公民，1957年生，博士，教授。1997年12月至今任山西财经大学常务副校长，2000年7月3日当选为公司独立董事。孙建中先生在生产力经济学等领域有较深的研究，先后发表学术论文30余篇，出版专著6部，1996年被评为山西省青年学科带头人。

9.张高勇先生，中华人民共和国公民，1942年生，工程院院士，享受政府特殊津贴。现任中国日用化学工业研究所所长，2000年7月3日当选为公司独立董事。张高勇先生1990年被批准为国家级有突出贡献的中青年专家，1991年被授予"国家七五重点科技攻关有突出贡献者"称号，2003年当选为十届全国人大代表。

(二)监事会成员

1.马福昌先生，中华人民共和国公民，1953年生，教授。1999年任太原理工大学副校长，2001年12月12日当选为公司监事、监事会召集人。马福昌先生主要从事测控技术方面的研究，获国家发明专利3项，主持省级科研项目8项(已完成6项，3项达国际领先水平)，1998年获国家重点新产品1项，2000年获国家技术发明奖二等奖1项。本公司聘请马福昌先生在公司研究院进行传感器及测控技术方面的客座研究。

2.杨世春先生，中华人民共和国公民，1940年生，教授。曾任太原理工大学常务副校长，现已退休，2000年7月3日当选为公司监事。

3.焦淑英女士，中华人民共和国公民，1963年生，本科，会计师。1990年至今担任太原宏展计算机网络工程有限公司会计，2000年7月3日当选为公司监事。

4.师卫先生，中华人民共和国公民，1956年生，硕士。1998年始就职于本公司，为公司核心技术人员，2000年7月3日作为公司职工代表当选为公司监事。师卫先生主要从事数字信号处理及智能电子产品方面的研究，已发表科研论文10余篇，主持和参加科研项目6项，主持和参加产品开发项目7项(通过鉴定并已投放市场的产品有5项)。

5.苏斌先生，中华人民共和国公民，1959年生，学士。1998年7月至今就职于本公司，为公司核心技术人员，2000年7月3日作为公司职工代表当选为公司监事。苏斌先生主要从事智能电子产品方面的研究，发表科研论文10余篇，完成科研项目5项(2项达国内领先水平)，获得国家专利2项。

(三)高级管理人员简介

1.总经理：杜文广先生，略

2.财务总监：冯解放女士，中华人民共和国公民，1952年生，会计师。曾先后在太原市水泵厂、太原工业大学科技开发公司财务部就职，1998年始任山西太工天成科技实业有限公司财务负责人，2000年7月3日被聘为公司财务总监。

3.技术负责人：何小刚先生，中华人民共和国公民，1960年生，副教授。1985年任教于太原工业大学，1998年任山西太工天成科技实业有限公司总工，2000年7月3日被聘为公司技术负责人。何小刚先生发表国际论文3篇、国内论文5篇，研制的控制系统仿真仪曾获山西省科技进步三等奖，获国家专利2项。何小刚先生兼任山西省电子技术协会、山西省电机工程学会和山西省自动化协会理事。

4.副总经理：张元义先生，中华人民共和国公民，1954年生，学士，高级工程师。1978年在太原工业大学任教，1991年担任太原工业大学科技开发公司计算机事业部经理，自1998年7月任山西太工天成科技实业有限公司副总经理，2000年7月3日被聘为公司副总经理。

5.副总经理：彭晋春先生，中华人民共和国公民，1971年生，学士。1998年－2000年7月任山西太工天成科技实业有限公司部门经理，2001年3月25日被聘为本公司副总经理。

6.副总经理：阎志中先生，中华人民共和国公民，1971年生，硕士。1998年任山西通泰昌集团股份有限公司副总经理，2001年任本公司总经理助理、证券部经理，2003年1月27日被聘为本公司副总经理。

7.董事会秘书：段吉福先生，中华人民共和国公民，1955年生，学士，高级工程师。曾任太原工业大学材料工程学院总务处长、产业处长等职，1999年在山西太工天成科技有限公司从事技术工作，2000年7月3日被聘为本公司董事会秘书。

(四)公司核心技术人员简介

1.何小刚先生：略

2.荣小平先生，中华人民共和国公民，1960年生，硕士，高级工程师。1992年在山西天元电子技术有限公司担任总工程师；1998年在山西太工天成科技实业有限公司从事技术工作。荣小平先生主要从事计算机软件及网络方面的研究，主持、开发的"山西省交通征费稽查微机管理信息系统"，已在全省102个县市的130多个交通征费所推广应用。

3.苏斌先生：略

4.师卫先生：略

5.马福昌先生：略

6.余雪丽女士，中华人民共和国公民，1944年生，教授。1994年至今任太原理工大学计算机系主任。余雪丽女士主要从事计算机软件及多媒体技术方面的研究，在国内外学术刊物发表论文32篇，出版国家级专著和教材7部，曾负责"863"重大项目子课题"辉光离子掺金属微机监测系统"，完成山西省自然科学基金和归国留学人员基金以及省教委教育研究课题共7项、国家开放实验室课题2项，承担横向课题7项。本公司聘请余雪丽女士在公司研究院进行教育软件和教学课件等方面的客座研究。

二、持股情况说明

本次发行前本公司董事、监事、高级管理人员及核心技术人员及其亲属均未持有本公司的任何股权。部分人员持有公司发起人股东的股份，除此之外，不再持有公司任何关联企业的股份。具体持股情况如下：

| 人员 | 发起股东 | 持股比例 |
|---|---|---|
| 杜文广 | 山西佳成资讯有限公司 | 20.0% |
| 兰旭 | 太原宏展计算机网络工程有限公司 | 55.0% |
| 闫海琴 | 深圳市股图科技发展有限公司 | 28.0% |
| 张元义 | 山西佳成资讯有限公司 | 10.0% |
| 彭晋春 | 山西佳成资讯有限公司 | 2.0% |
| 冯解放 | 山西佳成资讯有限公司 | 5.0% |
| 何小刚 | 山西佳成资讯有限公司 | 2.0% |
| 荣小平 | 山西佳成资讯有限公司 | 2.5% |
| 苏斌 | 山西佳成资讯有限公司 | 2.0% |

## 第七节　同业竞争与关联交易

一、同业竞争情况

本公司与各股东之间不存在同业竞争。公司全体发起股东均承诺：在作为本公司股东期间，其及其具有实际控制权的公司保证不直接或间接从事与本公司的业务范围相同、近似或相似的，对本公司业务将构成或可能构成竞争的任何业务。

二、关联交易情况

与本公司存在控制关系的关联方为公司的控股股东太原理工大学及本公司的四个控股子公司，不与本公司存在控制关系的关联方为公司的另外四家发起股东及太原理工大学下属的其他校办企业。

本公司发生的关联交易主要为公司租赁太原理工大学的部分房屋、与其进行必要的技术合作以及小额商品的销售和代理采购，关联交易数额小，对公司财务状况和经营成果的影响很小。所发生的关联交易已遵循公允的市场原则定价，并履行了必要的决策程序，程序合法。

关联交易有关内容请查阅2003年4月30日刊载于上海证券交易所网站(www.sse.com.cn)的本公司招股说明书全文。

为减少关联交易，公司已购置自有的生产经营场所，房屋租赁类关联交易已大幅减少；公司将尽可能依靠自主力量进行技术开发；公司将通过严格履行公司章程中关于关联交易的条款，规范关联交易的决策以切实保护中小股东利益。

## 第八节　财务会计资料

本公司2000年－2002年的财务会计资料已于2003年4月30日在《中国证券报》、《上海证券报》和《证券时报》刊登的《招股说明书摘要》中进行了披露，投资者欲了解详细内容，请查阅上述报纸或刊载于上海证券交易所网站(www.sse.com.cn)的本公司招股说明书全文与附录。

一、注册会计师意见

山西天元会计师事务所(有限公司)对本公司2000年1月1日至2002年12月31日的资产负债表、利润表、利润分配表以及2001年度、2002年度的现金流量表进行了审计，并已出具了标准无保留意见的审计报告。

二、简要会计报表

**简要合并资产负债表**

编制单位：太原理工天成科技股份有限公司　　　　单位：人民币元

| 项目 | 2002年12月31日 | 2001年12月31日 | 2000年12月31日 |
|---|---|---|---|
| 流动资产： | | | |
| 货币资金 | 50,980,898.91 | 23,809,482.72 | 12,441,947.95 |
| 应收票据 | 350,000.00 | 0.00 | 0.00 |
| 应收账款 | 52,633,342.88 | 28,933,043.29 | 20,309,832.10 |
| 其他应收款 | 3,632,559.37 | 4,056,809.69 | 6,336,482.61 |
| 预付账款 | 9,970,525.33 | 10,262,690.97 | 8,789,895.22 |
| 存货 | 24,827,269.35 | 12,098,471.70 | 9,462,817.24 |
| 待摊费用 | 207,794.56 | 246,738.39 | 136,509.92 |
| 流动资产合计 | 142,602,390.40 | 79,407,236.76 | 57,477,485.04 |
| 固定资产： | | | |
| 固定资产原价 | 19,749,161.26 | 15,752,269.45 | 2,883,612.80 |
| 减：累计折旧 | 3,325,299.64 | 1,485,687.32 | 855,749.50 |
| 固定资产净值 | 16,423,861.62 | 14,266,582.13 | 2,027,863.30 |
| 减：固定资产减值准备 | 84,000.00 | 84,000.00 | 0.00 |
| 固定资产净额 | 16,339,861.62 | 14,182,582.13 | 2,027,863.30 |
| 在建工程 | 0.00 | 0.00 | 8,872,956.32 |
| 固定资产合计 | 16,339,861.62 | 14,182,582.13 | 10,900,819.62 |
| 无形资产及其他资产： | | | |
| 无形资产 | 4,920,978.28 | 1,679,601.22 | 706,542.62 |
| 长期待摊费用 | 0.00 | 0.00 | 113,323.80 |
| 无形资产及其他资产合计 | 4,920,978.28 | 1,679,601.22 | 819,866.42 |
| 资产总计 | 163,863,230.30 | 95,269,420.11 | 69,198,171.08 |
| 流动负债： | | | |
| 短期借款 | 45,800,000.00 | 16,800,000.00 | 10,290,000.00 |
| 应付票据 | 9,000,000.00 | 3,000,000.00 | 0.00 |
| 应付账款 | 2,184,517.53 | 1,071,977.19 | 9,403,045.85 |
| 预收账款 | 11,375,915.34 | 1,589,730.83 | 3,785,332.92 |
| 应付工资 | 132,744.00 | 24,120.00 | 0.00 |

| | | | |
|---|---|---|---|
| 应付福利费 | 662,494.91 | 292,069.68 | 128,352.32 |
| 应付股利 | 0.00 | 5,396,009.58 | 0.00 |
| 应交税金 | 912,872.37 | 3,339,014.13 | 1,223,653.88 |
| 其它未交款 | 46,647.86 | 59,990.32 | 70,307.27 |
| 其他应付款 | 9,562,810.55 | 7,835,249.79 | 2,170,126.50 |
| 预提费用 | 389,205.76 | 423,379.37 | 23,946.25 |
| 流动负债合计 | 80,067,208.32 | 39,831,540.89 | 27,094,764.99 |
| 长期负债合计 | | | |
| 负债合计 | 80,067,208.32 | 39,831,540.89 | 27,094,764.99 |
| 少数股东权益 | 4,343,773.36 | 2,765,361.43 | 2,406,662.33 |
| 所有者权益: | | | |
| 股本 | 48,300,000.00 | 48,300,000.00 | 32,200,000.00 |
| 减:已归还投资 | | | |
| 股本净额 | 48,300,000.00 | 48,300,000.00 | 32,200,000.00 |
| 资本公积 | | | |
| 盈余公积 | 11,607,085.23 | 5,488,429.60 | 1,382,700.55 |
| 其中:法定公益金 | 3,869,028.41 | 1,829,476.53 | 460,900.18 |
| 未分配利润 | 19,545,163.39 | -1,115,911.81 | 6,114,043.21 |
| 股东权益合计 | 79,452,248.62 | 52,672,517.79 | 39,696,743.76 |
| 负债及股东权益合计 | 163,863,230.30 | 95,269,420.11 | 69,198,171.08 |

**简要合并利润及利润分配表**

编制单位:太原理工天成科技股份有限公司　　　　单位:人民币元

| 项目 | 2002 年度 | 2001 年度 | 2000 年度 |
|---|---|---|---|
| 一、主营业务收入 | 320,231,196.36 | 224,042,877.39 | 133,088,430.14 |
| 减:主营业务成本 | 265,146,017.98 | 191,860,472.83 | 116,851,439.80 |
| 主营业务税金及附加 | 2,527,674.91 | 1,264,432.10 | 504,361.41 |
| 二、主营业务利润 | 52,557,503.47 | 30,917,972.46 | 15,732,628.93 |
| 加:其他业务利润 | 62,417.24 | 91,219.26 | 686.83 |
| 减:营业费用 | 7,021,776.25 | 3,984,189.55 | 1,816,459.54 |
| 管理费用 | 12,546,582.03 | 4,803,633.11 | 2,525,092.24 |
| 财务费用 | 2,468,840.76 | 816,602.66 | 564,329.22 |
| 三、营业利润 | 30,582,721.67 | 21,404,766.40 | 10,827,434.76 |
| 加:投资收益 | | | |
| 加:补贴收入 | 550,000.00 | 340,000.00 | 100,000.00 |
| 营业外收入 | 3,580.66 | 50,000.20 | 76,329.54 |
| 减:营业外支出 | 168,517.73 | 200,671.25 | 63,392.28 |
| 加:以前年度损益调整 | | 0.00 | 0.00 |
| 四、利润总额 | 30,967,784.60 | 21,594,095.35 | 10,940,372.02 |
| 减:所得税 | 2,580,724.78 | 2,527,612.64 | 230,352.82 |
| 少数股东损益 | 1,607,328.99 | 694,699.10 | 299,306.27 |
| 五、净利润 | 26,779,730.83 | 18,371,783.61 | 10,410,712.93 |
| 加:年初未分配利润 | -1,115,911.81 | 6,114,043.21 | -607,333.83 |
| 其他转入 | | | |
| 六、可分配的利润 | 25,663,819.02 | 24,485,826.82 | 9,803,379.10 |
| 减:提取法定盈余公积 | 4,079,103.75 | 2,737,152.70 | 968,383.47 |
| 提取法定公益金 | 2,039,551.88 | 1,368,576.35 | 484,191.73 |
| 七、可供股东分配的利润 | 19,545,163.39 | 20,380,097.77 | 8,350,803.90 |
| 减:应付普通股股利 | 0.00 | 5,396,009.58 | 1,326,363.91 |
| 转作股本的普通股股利 | 0.00 | 16,100,000.00 | 910,396.78 |
| 八、未分配利润 | 19,545,163.39 | -1,115,911.81 | 6,114,043.21 |

**简要合并现金流量表**

编制单位:太原理工天成科技股份有限公司　　　　单位:人民币元

| 项目 | 2002 年度 | 2001 年度 |
|---|---|---|
| 经营活动产生的现金流量净额 | 12,221,351.47 | 8,302,499.05 |
| 投资活动产生的现金流量净额 | -7,003,347.74 | -3,737,747.60 |
| 筹资活动产生的现金流量净额 | 21,953,412.46 | 6,802,783.32 |
| 现金及现金等价物净增加额 | 27,171,416.19 | 11,367,534.77 |

三、会计报表附注

本公司会计报表附注等有关内容,请查阅 2003 年 4 月 30 日刊载于上海证券交易所网站(www.sse.com.cn)的本公司招股说明书全文与附录。

四、主要财务指标

本公司近三年主要财务指标如下表:

| 主要财务指标 | 2002 年 | 2001 年 | 2000 年 |
|---|---|---|---|
| 流动比率 | 1.78 | 1.99 | 2.12 |
| 速动比率 | 1.47 | 1.69 | 1.77 |
| 资产负债率(%) | 43.27 | 40.36 | 36.89 |
| 应收账款周转率(次/年) | 7.85 | 9.10 | 8.17 |
| 存货周转率(次/年) | 14.36 | 17.80 | 23.19 |
| 研发费用占主营业务收入的比例(%) | 1.79 | 1.02 | 0.89 |
| 每股净资产(元/股) | 1.64 | 1.09 | 1.23 |
| 每股经营活动的现金流量(元/股) | 0.25 | 0.17 | -0.03 |
| 按净利润计算: | | | |
| 每股收益(全面摊薄)(元/股) | 0.55 | 0.38 | 0.32 |
| 每股收益(加权平均)(元/股) | 0.55 | 0.57 | 0.47 |
| 净资产收益率(全面摊薄)(%) | 33.71 | 34.88 | 26.23 |
| 净资产收益率(加权平均)(%) | 40.54 | 37.58 | 38.32 |
| 按扣除非经常性损益后的净利润计算: | | | |
| 每股收益(全面摊薄)(元/股) | 0.55 | 0.37 | 0.32 |
| 每股收益(加权平均)(元/股) | 0.55 | 0.56 | 0.46 |
| 净资产收益率(全面摊薄)(%) | 33.25 | 34.34 | 25.80 |
| 净资产收益率(加权平均)(%) | 39.99 | 32.62 | 37.81 |

## 第九节　其他重要事项

一、自本公司股票首次公开发行之日至本上市公告书公告之日,本公司严格依照现行有关法律、法规的规定规范运行,生产经营情况正常,本公司所处行业和市场无重大变化,主要业务发展目标的进展状况正常,主要投人、产出物供求及价格无重大变化。

二、自本公司股票首次公开发行之日至本上市公告书公告之日,本公司没有进行重大对外投资,无重大资产(股权)收购、出售行为。

三、自本公司股票首次公开发行之日至本上市公告书公告之日,本公司重大会计政策和会计师事务所没有发生变化。

四、根据公司 2001 年度和 2003 年度股东大会决议,公司自 2002 年 1 月 1 日至股票发行日实现的税后利润由新老股东共同享有。本次新股发行后第一个盈利年度的股利分配方案由新股发行后召开的首次年度股东大会审议批准。

五、本公司股票首次公开发行和股票上市前后税负无变化。

六、自本公司股票首次公开发行之日至本上市公告书公告之日,本公司未涉及任何重大诉讼、仲裁或行政处罚案件,并且董事会认为本公司未面临任何重大影响的诉讼和索赔要求。

七、自本公司股票首次公开发行之日至本上市公告书公告之日,本公司董事、监事和高级管理人员未受到任何刑事起诉,亦没有尚未了结或可能发生的刑事诉讼事项。

八、自本公司股票首次公开发行之日至本上市公告书公告之日,本公司住所未变更。

九、自本公司股票首次公开发行之日至本上市公告书公告之日,未发生新的重大负债,并且重大债项未发生变化。

十、根据《上海证券交易所股票上市规则》,本公司第一大股东太原理工大学承诺,自本公司股票上市之日起 12 个月内,不转让其所持有的本公司股份,也不由本公司回购其持有的本公司股份。

十一、本公司股票首次公开发行之日至本上市公告书公告之日,没有其他应披露而未披露之重大事项。

## 第十节　董事会上市承诺

本公司董事会承诺将严格遵守《中华人民共和国公司法》、《中华人民共和国证券法》、《股票发行与交易管理暂行条例》、《公开发行股票公司信息披露实施细则》和《上海证券交易所股票上市规则》等国家法律、法规和有关规定,并自股票上市之日起作到:

(一)承诺真实、准确、完整、公允和及时地公布定期报告,披露所有对投资者有重大影响的信息,并接受中国证券监督管理委员会、证券交易所的监督管理;

(二)承诺本公司在知悉可能对股票价格产生误导性影响的任何公共传播媒介中出现的消息后,将及时予以公开澄清;

(三)本公司董事、监事、高级管理人员和核心技术人员将认真听取社会公众的意见和批评,不利用已获得的内幕消息和其他不正当手段直接或间接从事本公司股票的买卖活动;

(四)本公司没有无记录的负债。

## 第十一节　上市推荐人及其意见

一、上市推荐人情况

上市推荐人:国信证券有限责任公司

法定代表人:胡关金

地址:深圳市红岭中路 1012 号国信证券大厦

联系人:王炳全、傅承

电话:010-66215566

传真:010-66211976

二、上市推荐人意见

本公司上市推荐人认为,本公司章程符合《中华人民共和国公司法》等有关法律、法规和中国证券监督管理委员会关于公司章程的相关规定。根据《中华人民共和国公司法》、《中华人民共和国证券法》、《股票发行与交易管理暂行条例》、《上海证券交易所股票上市规则》等国家有关法律、法规的规定,本公司首次公开发行的股票已具备公开上市的条件。

本公司上市推荐人保证本公司的董事了解法律、法规、上海证券交易所上市规则及股票上市协议规定的董事的义务与责任,并协助本公司健全了法人治理结构、制定了严格的信息披露制度与保密制度。

本公司上市推荐人已对上市文件所载的资料进行了核实,确保上市文件真实、准确、完整,符合规定要求。保证本公司的上市申请材料、上市公告书没有虚假、严重误导性陈述或者重大遗漏,并保证对其承担连带责任。

本公司上市推荐人愿意推荐本公司股票在上海证券交易所上市交易,并保证不利用在上市过程中获得的内幕信息进行内幕交易,为自己或他人谋取利益。

**太原理工天成科技股份有限公司**
**2003 年 5 月 24 日**

# 600425 新疆青松建材化工股份有限公司

## 首次公开发行股票招股说明书摘要

### 第一节 特别提示和特别风险提示

本公司特别提醒投资者注意下列投资风险：

一、截止2002年12月31日，公司主要产品的生产能力分别为水泥96万吨、加气砼6万立方米、空心楼板17万米、磷肥5万吨，烧碱5,000吨，公司存在跨行业经营和生产经营规模较小引致的相关风险。

二、截止2002年底，新疆共有水泥生产企业87家，其中南疆地区31家。随着南疆地区一些小水泥厂不断扩大生产规模以及区外水泥生产企业的不断进入，市场竞争程度日趋激烈。

三、公司在上市前每年按经审计的利润总额的14.85%上缴利润，不再单独计缴所得税。公司自上市之日起五年内按14.85%的税率就地缴纳所得税。如果以33%的所得税税率模拟计算，公司前三年的净利润将由2,308.08万元、2,658.70万元和2,744.12万元下降至1,802.51万元、2,091.99万元和2,159.20万元。如果国家关于所得税的减免政策发生变化，将影响公司的经营业绩。

四、公司生产的磷肥、建筑加气砼砌块免征增值税，32.5级复合硅酸盐水泥和275#砌筑水泥实行增值税即征即退。2000年、2001年、2002年，公司因利用"三废"而减免增值税获得的补贴收入分别为4,436,809.28元、4,074,983.79元、4,208,641.77元，占当期利润总额的比例分别为16.30%、13.05%和13.06%。如果国家关于增值税等税收减免政策发生变化，将影响公司的经营业绩。

五、公司2001年收购设立的库车水泥厂、拜城水泥厂的水泥生产线属于逐步淘汰的生产能力范畴。公司面临由于产业政策限制，而造成生产能力和市场份额下降的风险。

六、本次发行完成后，建化总厂仍将持有本公司65.90%的股份，为公司绝对控股股东。建化总厂可能凭借其控股地位，影响本公司人事、生产和经营管理决策，侵害公司其他股东的利益。

七、2002年、2001年、2000年公司的毛利率分别为36.19%、44.08%、40.89%，存在因毛利率下降而引致的相关风险。

八、2000年至2002年公司的存货周转率分别为2.32、2.33和2.66，低于同行业上市公司的平均水平；2000年12月31日、2001年12月31日、2002年12月31日公司的流动比率分别为0.98、0.90、1.25，速动比率分别为0.61、0.50、0.72；2001年12月31日公司的负债全部为短期负债，无长期负债，负债结构不尽合理，公司存在一定的短期偿债能力风险。

### 第二节 本次发行概况

| | |
|---|---|
| 股票种类 | 人民币普通股 |
| 每股面值 | 1.00元 |
| 发行数量、占发行后总股本的比例 | 6000万股、32.45% |
| 每股发行价 | 4.30元 |
| 发行市盈率 | 19.55倍(按2002年全面摊薄每股收益计算) |
| 发行前和发行后每股净资产 | 发行前：1.61元/股(按2002年12月31日经审计的数据计算)<br>发行后：2.42元/股 |
| 市净率 | 1.777 |
| 发行方式 | 全部向二级市场投资者定价配售 |
| 发行对象 | 于刊登招股说明书日2003年7月4日(T-3)持有上海证券交易所或深圳证券交易所已上市流通人民币普通股(A股)股票的收盘市值总和不少于10,000元的投资者(国家有关法律、法规禁止购买者除外) |
| 本次发行股份的上市流通 | 本次发行结束后将尽快申请在上证所挂牌交易 |
| 承销方式 | 余额包销 |
| 本次发行预计实收募股资金 | 24,662.70万元 |
| 发行费用概算 | 1,137.30万元 |

### 第三节 发行人基本情况

(一)发行人基本资料

| | |
|---|---|
| 中文名称 | 新疆青松建材化工股份有限公司 |
| 英文名称 | XINJIANG QINGSONG CEMENT CO.,LTD. |
| 法定代表人 | 甘军 |
| 成立(工商注册)日期 | 2000年11月17日 |
| 住所及其邮政编码 | 新疆维吾尔自治区阿克苏市林园 843005 |
| 电话、传真号码 | (0997)2811282、(0997)2811282 |
| 互联网网址 | 无 |
| 电子信箱 | qsgf@hotmail.com |

(二)发行人历史沿革及经历的历次改制重组情况

1.发行人设立方式和批准设立的机构

本公司是经新疆维吾尔自治区人民政府新政函【2000】193号《关于同意设立新疆青松建材化工股份有限公司的批复》批准，以新疆阿克苏青松建材化工总厂为主发起人，联合新疆生产建设兵团农一师塔里木热电有限责任公司、新疆阿拉尔水利水电工程总公司、新疆塔里木建筑安装工程总公司等三家法人单位及自然人刘功大以发起设立方式组建的股份有限公司。公司于2000年11月17日在新疆维吾尔自治区工商行政管理局登记注册，注册资本12,492.75万元。

2.发起人及其投入资产的内容：

| 股东名称 | 投入资产 | 投入金额(万元) | 折合股数(万股) | 占总股本比例(%) |
|---|---|---|---|---|
| 建化总厂 | 经营性资产 | 18,279.12 | 12,186.08 | 97.55 |
| 热电公司 | 现金 | 200 | 133.33 | 1.07 |
| 水电公司 | 现金 | 100 | 66.67 | 0.53 |
| 建安公司 | 现金 | 60 | 40.00 | 0.32 |
| 刘功大 | 现金 | 100 | 66.67 | 0.53 |
| 合计 | 净资产 | 18,739.12 | 12,492.75 | 100.00 |

(三)有关股本情况

1.本次发行前后的股本结构如下：

| 股份类别 | 股东名称 | 发行前 | | 发行后 | |
|---|---|---|---|---|---|
| | | 股份数量(万股) | 占总股本比例(%) | 股份数量(万股) | 占总股本比例(%) |
| 未上市流通股份 | 建化总厂、热电公司、水电公司、建安公司、刘功大 | 12,492.75 | 100.00 | 12,492.75 | 67.55 |
| 发起人股份 | 建化总厂、热电公司、水电公司、建安公司、刘功大 | 12,492.75 | 100.00 | 12,492.75 | 67.55 |
| 国家持有的股份(国有法人股) | 建化总厂、热电公司、水电公司、建安公司 | 12,426.08 | 99.47 | 12,426.08 | 67.19 |
| 自然人股 | 刘功大 | 66.67 | 0.53 | 66.67 | 0.36 |
| 社会公众股 | | 0 | 0 | 6,000 | 32.45 |
| 合计(总股本) | | 12,492.75 | 100 | 18,492.75 | 100.00 |

注：本公司不存在境外法人持有股份、境内法人持有股份、募集法人股、内部职工股等情况。

2.发行人的发起人、控股股东和主要股东之间无关联关系

(四)内部职工股情况：本公司未发行过内部职工股

(五)发行人业务情况

1.发行人主营业务：水泥及其制品、化工产品的生产与销售。

2.主要产品及其用途

通用水泥广泛应用于工业、农业、水利、国防、桥梁及民用建筑工程；特种水泥主要应用于油井加固、大体积混凝土水利工程、道路路面、桥涵基础等工程；加气砼与空心楼板广泛应用于工业民用建筑、隔断屋面保温等工程；磷肥广泛应用于农业种植。

3.产品销售方式和渠道：本公司的产品以面向用户直接销售的形式为主。

4.所需主要原材料：公司生产所需主要原材料为石灰石、页岩、黄土、绿土、萤石、石膏、铁矿石、硫金沙等。

5.行业竞争状况和发行人在行业中的竞争地位：

新疆由于地理环境特殊，水泥产品的运输半径又制约着市场范围的有效扩大，基本上以天山为界，形成了南疆地区和北疆地区两大区域市场。

目前，公司是南疆地区最大的水泥企业，在生产能力、品牌形象、成本质量和技术水平等方面均占有较高的优势，处于区域性主导地位。近几年来，北疆地区大型水泥生产企业已开始通过资本运作等手段涉足南疆地区的水泥市场，公司面临的市场竞争形式日趋严峻。

(六)发行人业务及生产经营有关的资产权属情况。

1.专利和非专利技术：无。

2.土地使用权：本公司列入无形资产的土地使用权共14宗，面积合计573,089.43平方米，全部以出让方式取得。其中12宗，共333,089.23平方米系公司设立时由公司筹委会以出让方式取得。其余2宗分别为公司在收购库车县建材矿化工业总公司水泥厂以及在喀什建设加气混凝土砌块项目时以出让方式取得，面积合计240,000.20平方米。

3.商标：公司水泥产品使用的商标为"青松牌"图文商标，由建化总厂无偿转让予本公司所有。

4.特许经营情况：无

(七)关于同业竞争和关联交易

1.同业竞争：

公司实际控制人建化总厂及其控制的企业中与本公司从事相同或相似业务的公司为建化总厂之控股子公司乌鲁木齐黑山新型墙体材料有限公司。

黑山公司主营业务为加气混凝土的生产与销售，与公司生产销售加气混凝土、楼板等水泥制品业务存在相似情形。最近三年黑山公司产品的销售市场均是以乌鲁木齐市为中心，以天山为界，向北疆地区辐射，销售半径不超过500公里。公司加气混凝土等水泥制品的销售市场以阿克苏地区为中心，销售半径同样为500公里左右，部分产品销往喀什。公司与乌鲁木齐市运输距离为1,014公里，二者在市场范围上存在较大的差别。黑山公司对本公司的主营业务不构成实质影响，二者不存在同业竞争。

持有公司5%以上股份的股东为建化总厂，建化总厂已向本公司作出避免同业竞争的承诺。

发行人律师和主承销商审查后均认为，发行人与关联方之间不存在同业竞争。

2.关联交易

(1)关联交易的具体内容及对公司财务状况和经营成果的影响

公司与关联方的主要关联事项如下：

| 关联方名称 | 关联关系 | 关联事项 |
|---|---|---|
| 建化总厂 | 公司控股股东 | 煤电互供、综合服务、商标转让、商品采购、建筑承包、借款保证、房屋租赁等 |
| 建安公司<br>水电公司<br>刘功大 | 公司股东 | 产品销售 |

前三年关联交易对发行人财务状况和经营成果影响程度如下表：

| 关联交易内容 | 时间 | 关联交易金额（万元） | 对财务状况和经营成果的影响 | |
|---|---|---|---|---|
| | | | 占主营业务成本比例（%） | 占主营业务收入比例（%） |
| 原煤、商品采购 | 2000 年 | 1,206.20 | 12.25 | －－ |
| | 2001 年 | 1,500.42 | 14.05 | |
| | 2002 年 | 1,552.55 | 10.99 | －－ |
| 综合服务 | 2000 年 | 255.07 | 2.60 | －－ |
| | 2001 年 | 214.08 | 2.00 | －－ |
| | 2002 年 | 206.74 | 1.46 | －－ |
| 电力供应 | 2000 年 | 56.76 | －－ | 0.34 |
| | 2001 年 | 61.30 | －－ | 0.32 |
| | 2002 年 | 76.52 | －－ | 0.35 |
| 承包工程 | 2000 年 | 504.68 | －－ | 3.03 |
| | 2001 年 | 792.96 | －－ | 4.15 |
| | 2002 年 | 563.44 | －－ | 2.55 |
| 水泥销售 | 2000 年 | 597.18 | －－ | 3.59 |
| | 2001 年 | 827.02 | －－ | 4.33 |
| | 2002 年 | 1,060.80 | －－ | 4.79 |

公司存在的关联交易占公司主营业务收入或主营业务成本的比例普遍较低，结合公司与关联单位的往来余额进行分析，上述关联交易对公司的财务状况和经营成果影响程度较小。

(2)公司全体董事、发行人律师和主承销商均认为公司发生的关联交易是公允的，没有损害公司及公司其他股东合法权益

（八）董事、监事、高级管理人员

董事、监事、高级管理人员情况见下表

| 姓名 | 职务 | 性别 | 年龄 | 任期起止日期 | 简要经历 | 兼职情况 | 薪酬情况（万元） |
|---|---|---|---|---|---|---|---|
| 甘军 | 董事长 | 男 | 49 | 2000.10－2003.10 | 曾任建化总厂党委书记等 | | 11.66 |
| 杨万川 | 董事、总经理 | 男 | 38 | 2000.10－2003.10 | 曾任本公司副总经理 | | 11.66 |
| 李玉梅 | 董事 | 女 | 40 | 2000.10－2003.10 | 曾任热电公司纪委书记 | 现任热电公司总经理、党委书记 | 1.68 |
| 陆林 | 董事 | 男 | 41 | 2000.10－2003.10 | 曾任农一师工程团行政主管 | 现任建安公司总经理 | 5.6 |
| 张忠其 | 董事 | 男 | 42 | 2001.10－2003.10 | 曾任水利水电工程处副处长 | 现任水电公司总经理 | 6 |
| 刘功大 | 董事 | 男 | 56 | 2000.10－2003.10 | | 现任建安公司202 队队长 | 2 |
| 高华 | 董事 | 男 | 46 | 2000.10－2003.10 | 曾任建化总厂磷肥厂副厂长 | | 9.91 |
| 方华生 | 董事 | 男 | 56 | 2000.10－2003.10 | 现任本公司水泥厂烧成三分厂安全员 | | 1.77 |
| 沈荣法 | 董事、董事会秘书 | 男 | 58 | 2001.10－2003.10 | 曾任建化总厂办公室主任 | | 9.91 |
| 叶伟明 | 独立董事 | 男 | 40 | 2002.2－2003.10 | 曾任职于广东省司法厅 | 现为广东信扬律师事务所律师 | 22 |
| 许锐敏 | 独立董事 | 女 | 35 | 2002.2－2003.10 | 曾任天富热电行政秘书 | 现任天富热电董事会秘书 | 10 |
| 杨守德 | 监事会主席 | 男 | 59 | 2000.10－2003.10 | 曾任建化总厂党办室主任 | | 10.50 |
| 王运新 | 监事 | 男 | 54 | 2000.10－2003.10 | 曾任建化总厂保卫科科长 | | 5.79 |
| 郭兆军 | 监事 | 男 | 46 | 2000.10－2003.10 | 曾任农一师水利水电工程处纪委书记 | 现任水电公司副政委 | 5.10 |
| 何光普 | 监事 | 男 | 43 | 2000.10－2003.10 | 曾任农一师基建公司会计 | 现任热电公司财务科科长 | 1.30 |
| 胡伯初 | 监事 | 男 | 41 | 2000.10－2003.10 | 现任本公司磷肥厂制酸车间值班长 | | 1.60 |
| 丁荣华 | 副总经理 | 男 | 57 | 2000.10－2003.10 | 曾任建化总厂副厂长 | | 9.91 |
| 孙惠民 | 总会计师兼财务部部长 | 男 | 58 | 2000.10－2003.10 | 曾任建化总厂副总会计师 | | 9.91 |

注：上述人员与公司均不存在其他利益关系，其中除公司董事刘功大持有本公司 66.67 万股股份外，均不持有公司股份；刘功大先生 2002 年度收入仅为基本工资收入。

（九）发行人控股股东及其实际控制人情况：

本公司控股股东及实际控制人为建化总厂，成立于 1992 年 4 月，注册资本 7,784 万元，法定代表人王龙华，住所新疆维吾尔自治区阿克苏市林园，主营业务为原煤开采。2002 年 12 月 31 日，建化总厂资产总额 26,296.33 万元，负债总额 4,822.83 万元，所有者权益 21,473.51 万元。2002 年度共实现主营业务收入 1,697.35 万元，主营业务利润 574.86 万元，净利润 2,101.07 万元（以上数据未经审计）。

（十）简要财务会计信息

1.简要财务报表

(1)简要资产负债表：

简要资产负债表

编制单位：新疆青松建材化工股份有限公司　　单位：元

| 资　　产 | 2002 年 12 月 31 日 | 2001 年 12 月 31 日 | 2000 年 12 月 31 日 |
|---|---|---|---|
| 流动资产： | | | |
| 货币资金 | 17,678,753.63 | 9,328,734.90 | 14,870,392.62 |
| 应收票据 | 142,800.00 | 300,000.00 | |
| 应收账款净额 | 48,475,894.13 | 47,856,430.93 | 42,071,413.45 |
| 其他应收款 | 2,062,719.71 | 1,402,883.76 | 3,163,287.37 |
| 预付账款 | 3,321,444.86 | 6,371,097.67 | 3,220,929.59 |
| 存货 | 52,934,099.35 | 53,293,054.67 | 38,305,956.05 |
| 待摊费用 | | 655,000.00 | |
| 流动资产合计 | 124,615,711.68 | 119,207,201.96 | 101,631,979.08 |
| 长期投资： | | | |
| 长期股权投资 | 829.082.10 | 791,567.29 | 549,310.72 |
| 长期投资合计 | 829.082.10 | 791,567.29 | 549,310.72 |
| 固定资产： | | | |
| 固定资产原价 | 354,931,215.67 | 321,224,819.19 | 290,754,287.81 |
| 减：累计折旧 | 141,232,477.57 | 127,057,264.78 | 105,486,030.72 |
| 固定资产净值 | 213,698,738.10 | 194,167,554.41 | 185,268,257.09 |
| 减：固定资产减值准备 | 1,778,869.11 | 1,780,995.22 | |
| 固定资产净额 | 211,919,868.99 | 192,386,559.19 | 185,268,257.09 |
| 在建工程 | 52,591.28 | 193,729.74 | 1,620,032.24 |
| 固定资产合计 | 211,972,460.27 | 192,580,288.93 | 186,888,289.33 |
| 无形资产及其他资产： | | | |
| 无形资产 | 12,643,135.89 | 12,948,266.69 | 1,709,007.04 |
| 长期待摊费用 | 185,561.60 | 408,741.18 | 902,204.04 |
| 无形资产及其他资产合计 | 12,828,697.49 | 13,357,007.87 | 2,611,211.08 |
| 资 产 总 计 | 350,245,951.54 | 325,936,066.05 | 291,680,790.21 |
| 负债及股东权益 | | | |
| 流动负债： | | | |
| 短期借款 | 36,000,000.00 | 60,000,000.00 | 62,000,000.00 |
| 应付账款 | 16,456,255.64 | 14,898,031.26 | 16,940,742.76 |
| 预收账款 | 5,248,922.18 | 4,232,794.78 | 1,664,990.03 |
| 应付工资 | 3,570,409.41 | 6,643,442.57 | 9,248,586.84 |
| 应付福利费 | 1,767,687.22 | 6,061,191.26 | 6,213,043.61 |
| 应付股利 | 20,000,000.00 | 20,000,000.00 | |
| 应交税金 | 5,808,331.72 | 3,226,842.64 | －745,391.96 |
| 其他应交款 | 38,766.88 | 47,280.08 | －6,882.83 |
| 其他应付款 | 10,025,590.86 | 15,945,860.40 | 8,254,613.08 |
| 预提费用 | 548,596.65 | 540,284.77 | 357,891.92 |
| 一年内到期的长期负债 | | 1,000,000.00 | |
| 流动负债合计 | 99,464,560.56 | 132,595,827.76 | 103,927,593.45 |
| 长期负债： | | | |
| 长期借款 | 50,000,000.00 | | 1,000,000.00 |
| 长期负债合计 | 50,000,000.00 | | 1,000,000.00 |
| 负债合计 | 149,464,560.56 | 132,595,827.76 | 104,927,593.45 |
| 股东权益： | | | |
| 股本 | 124,927,500.00 | 124,927,500.00 | 124,927,500.00 |
| 资本公积 | 62,463,694.50 | 62,463,694.50 | 62,463,694.50 |
| 盈余公积 | 8,008,529.47 | 3,892,356.57 | |
| 其中：法定公益金 | 2,669,509.82 | 1,297,452.19 | |
| 未分配利润 | 5,381,667.01 | 2,056,687.22 | －637,997.74 |
| 股东权益合计 | 200,781,390.98 | 193,340,238.29 | 186,753,196.76 |
| 负债及股东权益总计 | 350,245,951.54 | 325,936,066.05 | 291,680,790.21 |

(2)简要利润及利润分配表

简要利润及利润分配表

编制单位：新疆青松建材化工股份有限公司　　单位：元

| 项　　目 | 2002 年 | 2001 年 | 2000 年 |
|---|---|---|---|
| 一、主营业务收入 | 221,313,561.42 | 190,957,191.00 | 166,542,012.25 |
| 减：主营业务成本 | 141,212,400.52 | 106,783,196.81 | 98,441,822.30 |
| 主营业务税金及附加 | 346,933.27 | 978.839.20 | 25,791.16 |
| 二、主营业务利润（亏损以“－”号填列） | 79,754,227.63 | 83,195,154.99 | 67,256,362.75 |
| 加：其他业务利润（亏损以“－”号填列） | 1,502,734.77 | 4,768,756.60 | 3,464,803.26 |
| 减：营业费用 | 8,058,050.05 | 8,007,875.84 | 3,546,916.78 |
| 管理费用 | 39,032,992.46 | 46,907,581.98 | 39,892,702.37 |
| 财务费用 | 5,442,087.15 | 3,723,180.31 | 4,177,762.27 |
| 三、营业利润（亏损以“－”号填列） | 28,723,832.74 | 29,325,273.46 | 23,103,784.59 |
| 加：投资收益（损失以“－”号填列） | 237,514.81 | 242,256.57 | 31,870.72 |
| 补贴收入 | 4,208,641.77 | 4,074,983.79 | 4,436,809.28 |
| 营业外收入 | 40,830.46 | 114,337.69 | 66,369.19 |
| 减：营业外支出 | 983,981.62 | 2,533,079.89 | 421,464.60 |
| 四、利润总额（亏损总额以“－”号填列） | 32,226,838.16 | 31,223,771.62 | 27,217,369.18 |
| 减：所得税 | 4,785,685.47 | 4,636,730.09 | 4,136,521.99 |
| 五、净利润（净亏损以“－”号填列） | 27,441,152.69 | 26,587,041.53 | 23,080,847.19 |
| 加：年初未分配利润 | 2,056,687.22 | －637,997.74 | － |
| 六、可供分配的利润 | 29,497,839.91 | 25,949,043.79 | －637,997.74 |
| 减：提取法定盈余公积 | 2,744,115.27 | 2,594,904.38 | － |
| 提取法定公益金 | 1,372,057.63 | 1,297,452.19 | － |
| 七、可供股东分配的利润 | 25,381,667.01 | 22,056,687.22 | －637,997.74 |
| 减：应付普通股股利 | 20,000,000.00 | 20,000,000.00 | － |
| 八、未分配利润 | 5,381,667.01 | 2,056,687.22 | －637,997.74 |

(3)简要现金流量表

简要现金流量表

编制单位：新疆青松建材化工股份有限公司　　单位：元

| 项　　目 | 行次 | 2002 年 |
|---|---|---|
| 经营活动产生的现金流量净额 | 1 | 50,289,285.27 |
| 投资活动产生的现金流量净额 | 2 | －41,425,745.27 |
| 筹资活动产生的现金流量净额 | 3 | －513,521.27 |
| 现金及现金等价物净增加额 | 4 | 8,350,018.73 |

2.主要财务指标

| 项　目 | 2002年或 2002年12月31日 | 2001年或 2001年12月31日 | 2000年或 2000年12月31日 |
|---|---|---|---|
| 流动比率 | 1.25 | 0.90 | 0.98 |
| 速动比率 | 0.72 | 0.50 | 0.61 |
| 资产负债率(%) | 42.67 | 40.68 | 35.97 |
| 存货周转率(次) | 2.66 | 2.33 | 2.32 |
| 应收账款周转率(次) | 4.59 | 4.25 | 3.80 |
| 净资产收益率 | 13.67 | 13.75 | 12.36 |
| 扣除非经常性损益后净资产收益率 | 14.14 | 14.82 | 12.52 |
| 每股收益(元) | 0.22 | 0.21 | 0.18 |
| 每股经营活动的现金流量(元) | 0.40 | 0.29 | -- |
| 每股净现金流量(元) | 0.07 | -0.04 | -- |

3.公司管理层对公司近三年财务状况和经营成果的讨论与分析:

(1)资产质量

截止2002年12月31日公司的流动资产为124,615,711.68元,占总资产的35.58%,长期投资、固定资产、无形资产及其他资产总和为225,630,239.86元,占总资产的比例为64.42%。基本符合水泥行业的资产结构特征。公司所有资产均真实存在。公司不存在以本公司的资产对外担保的情况,公司不存在重大的或有支出。

公司应收帐款占流动资产比例与同行业上市公司相比,基本适当,近三年公司的应收帐款金额及其占流动资产的比例基本稳定,未有大额坏帐发生。

固定资产方面,从生产经营设备的成新度和先进性看,经过多年来不断更新改造,公司的主要生产设备状况得到大幅度的改善,设备成新率大都在85%以上。公司主要产品水泥的生产设备多为机械化立窑和中空回转窑,生产工艺相对落后,今后将向以新型干法工艺水泥生产线为主的方向发展。

(2)业务进展及盈利能力

公司2001年收购了新疆阿克苏地区拜城水泥厂、库车县建材矿化工业总公司水泥厂经营性资产,并于2002年对库车水泥厂进行技术改造,使得公司的水泥生产能力由70万吨上升至96万吨,水泥产品的产销量和市场占有率居南疆第一。公司在南疆市场的区域性主导地位得以进一步巩固和加强。

4.股利分配情况

(1)发行人股利分配政策

发行人将依照同股同权、同股同利的原则,按各股东持有股份的比例进行股利分配,发行人的股利分配可以采取现金和股票两种形式。公司股东大会对利润分配方案作出决议后,公司董事会须在股东大会召开后两个月内完成股利(或股份)的派发事项。

(2)发行人近三年历次实际分配股利情况

2001年度公司共实现税后利润26,587,041.53元,累计可供分配的利润25,949,043.79元,在依法提取法定盈余公积金和法定公益金后,向公司发起人股东每股分配0.16元,共计2,000万元;2002年度公司共实现税后利润27,441,152.69元,累计可供分配的利润29,497,839.91元,在依法提取法定盈余公积金和法定公益金后,向公司发起人股东每股分配0.16元,共计2,000万元。

(3)利润共享计划、本次发行后股利派发计划

公司2002年度利润分配后的累计未分配利润滚存到下一会计年度,由新老股东共享。本公司将从本次发行后的第一个盈利年度起派发股利,预计首次分配股利时间不迟于2004年6月30日。

5.发行人控股子公司和纳入合并报表的其他企业的情况

公司只有一家控股子公司喀什市三利加气混凝土有限责任公司,公司持有三利公司55.21%的股权。三利公司法定代表人金光荣,住所喀什市机场路二巷27号,经营范围为灰砂加气块及水泥制品制造、小型建筑机械制造、仓储服务,主营业务为加气砼的生产与销售。2002年12月31日,三利公司资产总额163.64万元,净资产150.17万元,2002年度实现主营业务收入208.44万元,净利润43.26万元。

本公司控股子公司喀什市三利加气混凝土有限责任公司2000年、2001年及2002年均未纳入合并范围。原因是根据财政部财会二字【1996】2号《关于合并会计报表合并范围请示的复函》,按照资产标准,销售收入标准和利润标准计算得出的比率均在10%以下,根据重要性原则,可以不纳入合并范围。

## 第四节　募股资金运用

公司本次股票发行实际募集资金额为24,662.70万元,少于本次发行募股资金运用项目投资总额合计为25,930.69万元(其中建设投资总额24,130.69万元),募集资金到位后仍有缺口1,267.99万元,公司将通过银行贷款或自筹资金等方式解决。募股资金到位后,本公司将视进展情况分期投入,资金出现暂时闲置时,本公司将本着稳健经营和资金安全的原则,用于一年以内的国债、重点建设债券的投资。

投资项目基本情况、发展前景及具体安排和计划如下:

1.喀什日产1,000吨熟料的特种水泥生产线工程

项目建设内容主要包括生料粉磨系统、熟料烧成系统、水泥粉磨及储存系统、水泥包装及散装系统等的水泥生产线。

项目投资总额为16,035.56万元,其中项目建设投资14,835.56万元,正常年流动资金需用额为1,200万元。项目建设期1年,达产期2年,项目建成达产后,将为公司年新增销售收入12,481万元,新增利润总额3,509万元。

2.拜城日产1,000吨水泥熟料工程

拜城日产1,000吨水泥熟料工程是拜城日产1,000吨水泥熟料及库车年产30万吨水泥粉磨站项目的重要构成部分。拜城日产1,000吨水泥熟料及库车年产30万吨水泥粉磨站项目是一个日产1,000吨新型干法工艺水泥生产线的整体建设项目,由拜城日产1,000吨水泥熟料工程和库车年产30万吨水泥粉磨站工程组成。

该项目建设内容为包括破碎、原料系统、生料系统、烧成系统等的熟料基地生产线。

该项目投资总额9,895.13万元,其中建设投资为9,295.13万元,流动资金为600万元。该项目建设期1年,达产期2年,第1年达产系数可达80%,该项目建成投产后,可为公司年新增销售收入5,453万元,新增利润总额1,446万元。

## 第五节　风险因素和其他重要事项

(一)风险因素

1.主要原材料、能源供应风险

公司水泥生产所需的主要原材料为石灰石、粘土、砂岩、石膏和铁矿。公司生产所需能源主要包括煤和电。其中,石灰石、粘土、砂岩由公司自备矿供应,铁矿需要从市场采购,原煤绝大部分由公司控股股东建化总厂供应,电力主要由公司自备水电站和旋窑余热发电供应,在枯水期需上网采购部分电力。受市场价格及运输成本因素影响,主要原材料和能源供应存在一定的风险。

2.产品结构调整的风险

作为传统的水泥建材生产企业,公司如果在向高等级水泥、特种水泥和新型建材发展的升级换代过程中,不能有效和及时满足产品更新换代的周期要求、技术要求和市场需求,将产生因产品结构调整而引致的相关风险。

3.依赖单一市场的风险

由于受运输半径的制约和天山山脉的阻隔,公司的水泥及其制品难以快速走出南疆地区,南疆地区的经济发展水平和发展速度以及日益激烈的竞争格局将影响公司的利润增长。

4.应收帐款呆坏帐风险

2002年12月31日,公司应收帐款金额为4,848万元,占流动资产的比例为38.90%。由于公司相当一部分产品直接销售给用户,货款回收存在一定的风险。如果销售人员为扩大销售业绩盲目赊销产品或公司货款回收不利,将加大公司应收款项呆坏账风险。

(二)其他重要事项

1.重要合同:目前公司正在履行的重要合同包括《煤电互供协议》、《综合服务协议》、《建筑安装工程承包合同》以及8笔总额为8,500万元的银行借款合同。

2.重大诉讼或仲裁事项:无

## 第六节　本次发行各方当事人和发行时间安排

(一)发行各方当事人情况

| 名称 | 住所 | 联系电话 | 传真 | 经办人姓名 |
|---|---|---|---|---|
| 新疆青松建材化工股份有限公司 | 新疆维吾尔自治区阿克苏市林园 | (0997) 2811282 | (0997) 2811282 | 沈荣法 |
| 河北证券有限责任公司 | 河北省石家庄市裕华东路81号冶金大厦 | (0311) 6991971 | (0311) 6982188 | 崔胜朝　韩长风　盖建飞　高月仓　黄坚 |
| 北京市中孚律师事务所 | 北京市右安门外玉林里一号北京市商务会馆四层 | (010) 63294582 | (010) 63293547 | 张国蓉　李显琴 |
| 北京金杜律师事务所 | 北京市朝阳区光华路1号嘉里中心北楼30层 | (010) 65612299 | (010) 65610830 | 王建平　白彦春　李在军 |
| 上海立信长江会计师事务所有限公司 | 上海市嘉定工业区叶城路925号1幢208室 | (021) 63606600 | (021) 63501127 | 周琪　朱颖　王斌 |
| 上海立信资产评估有限公司 | 上海市嘉定工业区叶城路925号112室 | (021) 54236088-805 | (021) 64871128 | 张美灵　赵斌 |
| 中国证券登记结算有限责任公司上海分公司 | 上海市浦东新区浦建路727号 | (021) 58708888 | (021) 58708888 | |
| 上海证券交易所 | 上海市浦东南路528号 | (021) 68808888 | (021) 68811782 | |

(二)本次发行上市的重要日期

| | |
|---|---|
| 发行公告刊登的日期: | 2003年7月7日 |
| 预计发行日期: | 2003年7月9日 |
| 申购期: | 2003年7月9日 |
| 预计上市日期: | 本次发行结束后将尽快在上海证券交易所挂牌交易 |

## 第七节　附录和备查文件

1.招股说明书全文、备查文件和附件可以到发行人和主承销商住所查阅。

查阅时间:工作日上午8:30—11:30,下午2:00—5:00

2.招股说明书全文可以通过上海证券交易所网站查阅。

上海证券交易所网址:www.sse.com.cn

# 首次公开发行股票上市公告书

## 第一节　概　览

1.股票简称:青松建化
2.沪市股票代码:600425
3.深市代理股票代码:003425
4.发行价格:4.30元/股
5.股本总额:184,927,500股
6.可流通股本:60,000,000股
7.本次上市流通股本:60,000,000股
8.上市地点:上海证券交易所
9.上市时间:2003年7月24日
10.股票登记机构:中国证券登记结算有限责任公司上海分公司
11.上市推荐人:新疆证券有限责任公司

河北证券有限责任公司

12.本公司首次公开发行股票前股东所持股份的流通限制及期限:根据国家现有法律、法规规定和中国证监会证监发行字[2003]74号《关于核准新疆青松建材化工股份有限公司公开发行股票的通知》,本公司的国有法人股暂不上市流通。

13.根据《上海证券交易所股票上市规则》,本公司第一大股东新疆阿克苏青松建材化工总厂对所持股份自愿锁定的承诺:自本公司股票上市之日起12个月内,不转让所持有本公司的股份,也不由上市公司回购本公司股份。

## 第二节 绪 言

本上市公告书是根据《中华人民共和国公司法》、《中华人民共和国证券法》、《股票发行与交易管理暂行条例》、《公开发行股票公司信息披露实施细则》和《上海证券交易所股票上市规则》等国家有关法律、法规的规定,并按照中国证监会《公开发行证券的公司信息披露内容与格式准则第7号—股票上市公告书》的规定而编制,旨在向投资者提供有关新疆青松建材化工股份有限公司的基本情况和本次股票上市的有关资料。

经中国证券监督管理委员会证监发行字[2003]74号文核准,本公司于2003年7月9日利用上海证券交易所交易系统,以向沪市、深市二级市场投资者定价配售的方式成功发行了6,000万股、每股面值1.00元的人民币普通股,发行价为每股人民币4.30元。

经上海证券交易所上证上字[2003]85号文核准,本公司公开发行的6,000万股社会公众股将于2003年7月24日起在上海证券交易所挂牌交易。股票简称"青松建化",沪市股票代码"600425"、深市代理股票代码"003425"。

本公司已于2003年7月4日在《上海证券报》、《证券时报》、《证券日报》和《中国证券报》上刊登了《招股说明书摘要》,招股说明书正文及其附录刊载于上海证券交易所网站(http://www.sse.com.cn),距今不足三个月,故与其重复的内容在此不再重述,敬请投资者查阅上述内容。

## 第三节 发行人概况

一、发行人的基本情况

1.发行人中文名称:新疆青松建材化工股份有限公司

英文名称:XINJIANG QINGSONG CEMENT Co.,Ltd.

2.注册资本:18,492.75万元人民币

3.法定代表人:甘 军

4.注册地址:新疆阿克苏市林园

5.设立日期:2000年11月17日

6.经营范围:建筑材料、工业用氧气、无机酸、烧碱、磷肥、复合肥、电力的生产经营;铸钢件、汽车运输、机械维修。

7.所属行业:制造业——非金属矿物制品业(C61)

8.邮政编码:843005

9.董事会秘书:沈荣法

10.电话:(0997)2811282

11.传真:(0997)2811675

12.电子信箱:qsgf@hotmail.com

二、发行人的历史沿革

本公司是经新疆维吾尔自治区人民政府新政函【2000】193号《关于同意设立新疆青松建材化工股份有限公司的批复》批准,以新疆阿克苏青松建材化工总厂(以下简称"建化总厂")为主发起人,以其所属水泥厂、磷肥厂、烧碱厂、塑化厂、机械厂、运输公司、建筑公司、供应公司、电站、供电所的全部资产和管理机构中与主营业务相关的经营性资产18,279.12万元出资,其它发起人新疆生产建设兵团农一师塔里木热电有限责任公司(以下简称"热电公司")、新疆阿拉尔水利水电工程总公司(以下简称"水电公司")、新疆塔里木建筑安装工程总公司(以下简称"建安公司")、自然人刘功大分别以现金出资200万元、100万元、60万元、100万元,股本总额为12,492.75万股,于2000年11月17日在新疆维吾尔自治区工商行政管理局办理了工商注册登记。

经中国证监会证监发行字[2003]74号文核准,公司于2003年7月9日在上海证券交易所以向二级市场投资者定价配售方式成功发行了人民币普通股6,000万股,每股面值1.00元,每股发行价4.30元。此次发行完成后,公司的总股本增至18,492.75万股。

三、发行人主要经营状况

1.本公司主营业务

公司实际从事的主营业务为水泥及其制品、化工产品的生产与销售。公司主导产品为各种型号的通用水泥和特种水泥,楼板、加气砼等水泥制品以及磷肥、烧碱等化工产品。前三年,公司水泥及其制品占主营业务收入的平均比例为86.17%,化工产品占主营业务收入的平均比例为12.92%。

2.本公司主要产品及用途

(1)公司主要产品:

水泥产品,包括普通硅酸盐水泥(32.5R,42.5R,52.5R)、硅酸盐水泥(42.5RI,52.5RI,42.5RII,52.5RII)、32.5复合硅酸盐水泥、275#砌筑水泥、道路硅酸盐水泥(425,525)、中热硅酸盐水泥(425,525)、抗硫酸盐硅酸盐水泥(中抗525,高抗425)、高抗硫型油井水泥(G级,H级);

水泥制品,包括蒸压加气混凝土砌块、预应力混凝土空心板;

化工产品,包括普通过磷酸钙、工业硫酸、蓄电池硫酸、工业氢氧化钠、工业合成盐酸等。

(2)公司主要产品用途:

公司水泥产品广泛应用于工业、农业、水利、国防、道路、桥梁及民用建筑等工程。磷肥主要应用于农业种植。

3.发行人主要技术

(1)核心技术来源和方式

G级油井水泥生产技术:公司引进、消化吸收和应用国外成熟的科技成果,研制油田开发急需的G级油井水泥取得成功,填补了自治区的空白,在全国处于领先地位,曾获兵团科学技术进步一等奖、自治区新产品二等奖。

H级油井水泥生产技术:公司与塔里木油田勘探指挥部有关工程技术人员联合成立了H级油井水泥攻关小组,经过两年的艰苦工作终于取得了成功,该产品填补了自治区空白,在国内处于领先水平。

(2)现有生产系统的技术水平

公司水泥生产线现有生产系统是在历经多次技术改造后形成的,与全国同行业、同等规模的企业相比,无论工艺技术、工装设备、产品检测能力、新产品开发力度等方面均处于领先水平。

4.发行人竞争优势与劣势

公司生产基地阿克苏地区处于南疆地区的中心部位,具备向周边四地州辐射的天然地缘优势;公司生产的特种水泥适应南疆地区独特的自然环境和经济结构,产品质量好、附加价值高、市场占有率高,符合南疆地区的经济发展方向和重点工程施工的要求;公司是兵团最大工业企业之一,在兵团具有十分重要的地位,享有兵团特殊体制和经济结构调整所赋予的产业政策扶持优势和各种优惠政策优势;公司是南疆地区最大的水泥生产企业,本次募集资金投资项目建成投产,公司的规模优势将进一步彰显、行业龙头地位将进一步巩固和强化;公司在生产过程中严格执行过程控制程序并开展全员质量管理教育,曾被评为"全国质量效益型先进企业"、"全国建材行业推行全面质量管理先进企业"等,"青松牌"水泥是自治区和农业部优质产品;公司拥有储量丰富的各种矿产资源开采权,矿产原材料品种全、品位高、运输距离短,降低了产品生产成本,保障了产品质量,提高了产品竞争力。

公司的竞争劣势在于公司的生产规模仍然较小、生产工艺水平不够先进,与国家大型、特大型水泥生产企业,公司的生产规模尚难以与之抗衡,技术装备水平和生产工艺水平仍然处于较低层次。

四、主要财务指标

请参阅本公告书"财务会计资料"部分的相关内容。

五、主要知识产权、特许经营权

公司拥有的商标为"青松牌"图文商标,商标注册证号为173826。

公司拥有下列特许经营权:证号分别为6529010120013、6500000211175、6500000211200的石灰石采矿许可证、证号为6529010120022的砂岩采矿许可证、证号为6529010120023的绿土采矿许可证、证号为6529010120024的黄土采矿许可证、证号分别为6529260120022、6529260120023的水泥用页岩采矿许可证。

有关知识产权的详细内容请查阅2003年7月4日刊载于上海证券交易所网站(www.sse.com.cn)的本公司招股说明书全文。

六、本公司享有的财政税收优惠政策

1.所得税优惠政策

根据财政部、国家税务总局、新疆维吾尔自治区国家税务局、兵团财务局等规定,公司2000年、2001年、2002年按每年经审计利润总额的14.85%上交建化总厂,不再单独计征所得税,所得税由兵团汇总缴纳,兵团执行的所得税税率为33%。在发行当年及以后年度将执行14.85%的企业所得税税率。

2.增值税优惠政策

根据国家财政部税务总局财税字【2001】113号文等规定,公司生产的普通过磷酸钙肥料免征增值税;利用废渣生产的建筑加气砼砌块在2002年4月1日前免征增值税;公司生产的加气砼砌块在原料中掺有煤矸石、石煤、粉煤灰、烧煤锅炉的炉渣等达到30%以上的自2002年1月1日起至2002年12月31日免征增值税;公司生产的325号水泥利用硫铁矿渣、粉煤灰、石灰窑炉渣等工业废弃物生产而成,自2000年元月起免征公司生产销售的325号水泥的增值税,2000年元月至9月已缴纳的325号水泥的增值税从应税产品增值税中抵减;公司生产的275#砌筑水泥、32.5级复合硅酸盐水泥自2001年4月1日至2002年4月1日免征增值税,自2002年1月1日—2002年12月31日实行增值税即征即退政策。

## 第四节 股票发行与股本结构

一、本次股票上市前首次公开发行股票的情况

1.发行数量:6,000万股

2.股票发行价格:4.30元/股

3.募股资金总额:25,800万元

4.发行方式:全部向二级市场投资者定价配售

5.中签率:0.07965906%

6.发行费用总额及项目:本次股票发行费用共1,535.06万元,主要包括承销费用、律师费用、审计费用、评估费、上网发行费、审核费用等。

7.每股发行费用:0.256元

二、本次股票上市前首次公开发行股票的承销情况

本次公开发行的6,000万股社会公众股的配号总数为75,320,999,中签率为0.07965906%。其中,二级市场投资者认购59,566,121股,其余433,879股由主承销商—河北证券有限责任公司包销。

三、本次上市前首次公开发行股票所募股资金的验资报告

上海立信长江会计师事务所有限公司对本公司本次上市前首次公开发行股票募集资金出具了《验资报告》(信长会师报字[2003]第21517号),摘录如下:

新疆青松建材化工股份有限公司全体股东:

我们接受委托,审验了贵公司截至2003年7月16日止新增注册资本的实收情况。按照国家相关法律、法规的规定和协议、章程的要求出资,提供真实、合法、完整的验资资料,保护资产的安全、完整是全体股东及贵公司的责任。我们的责任是对贵公司新增注册资本的实收情况发表审验意见。我们的审验是依据《独立审计实务公告1号—验资》进行的。在审验过程中,我们结合贵公司的实际情况,实施了检查等必要的审验程序。

贵公司原注册资本为人民币12,492.75万元,根据贵公司2001年度股东会决议和修改后章程的规定,贵公司申请通过向社会公开发行人民币普通股(A股)增加注册资本人民币6,000万元,变更后的注册资本为人民币18,492.75万元。经我们审验,截至2003年7月16日止,贵公司实际已发行人民币普通股(A股)6,000万股,募集资金总额为25,800万元,扣除发行费用1,535.06万元,实际募集资金净额为24,264.94万元。其中新增注册资本陆仟万元(6,000万元),资本溢价人民币18,492.75万元。

同时我们注意到,贵公司本次增资前的注册资本为人民币12,492.75万元,已经上海立信长江会计师事务所有限公司审验,并于2000年10月16日出具信长会师报字(2000)第20438号验资报告。截至2003年7月16日止,变更后累计注册资本实收金额为人民币18,492.75万元。

本验资报告供贵公司申请变更登记及据以向股东签发出资证明时使用,不应将其视为是对贵公司验资报告日后资本保全、偿债能力和持续经营能力等的保证。因使用不当造成的后果,与执行本验资业务的注册会计师及会计师事务所无关。

附件:1.注册资本变更情况明细表

(1)新增注册资本实收情况明细表(表1)

(2)注册资本变更前后对照表(表2)

2.验资事项说明

上海立信会计师事务所有限公司 中国注册会计师 周琪

中国注册会计师 朱颖

中国.上海.南京东路61号四楼 2003年7月16日

四、募股资金入账情况

1.入账时间:2003年7月16日

2.入账金额:24,856.35万元

3.入账账号:777601040001410

4.开户银行:中国农业银行阿克苏兵团支行建化厂分理处

五、发行人上市前股权结构及各类股东的持股情况

1.本公司上市前的股权结构:

| 股份类别 | 股份数额(万股) | 占总股本比例(%) |
|---|---|---|
| 发起人股 | 12,492.75 | 67.55 |
| 其中:法人股 | 12,426.08 | |
| 自然人股 | 66.67 | |
| 社会公众股 | 6,000.00 | 32.45 |
| 总股本 | 18,426.08 | 100.00 |

2.上市前,本公司前十名股东持股情况

| 序号 | 股东名称 | 股份数额(万股) | 占总股本比例(%) |
|---|---|---|---|
| 1 | 建化总厂 | 12,186.08 | 65.90 |
| 2 | 热电公司 | 133.33 | 0.72 |
| 3 | 水电公司 | 66.67 | 0.36 |
| 4 | 刘功大 | 66.67 | 0.36 |
| 5 | 河北证券有限责任公司 | 43.59 | 0.236 |
| 6 | 建安公司 | 40.00 | 0.21 |
| 7 | 天同180基金 | 9.80 | 0.053 |
| 8 | 易方达稳定基金 | 5.60 | 0.030 |
| 9 | 通乾基金 | 5.50 | 0.029 |
| 10 | 国泰金鹰基金 | 5.50 | 0.029 |

## 第五节 董事、监事、高级管理人员及核心技术人员

一、董事会成员

甘　军　男,中国国籍,本公司董事长,49岁,大专文化,高级政工师。历任建化总厂磷矿政治指导员、团委副书记、水泥厂党委书记、建化总厂党委书记等。

杨万川　男,中国国籍,本公司董事、总经理,38岁,大专文化,工程师。历任建化总厂水泥厂烧成三分厂厂长、水泥厂副厂长、厂长、党委书记;建化总厂副厂长;新疆青松建材化工股份有限公司副总经理。

李玉梅　男,中国国籍,本公司董事,40岁,大专文化,政工师。现任新疆生产建设兵团农一师塔里木热电有限责任公司总经理、党委书记。历任农一师十一团财务科副科长、农一师热电厂组织科长、党委书记、纪委书记。

陆　林　男,中国国籍,本公司董事,41岁,中专文化,工程师。现任新疆塔里木建筑安装工程总公司总经理、党委副书记。历任农一师工程团工业科科长、工程团副团长、团长。

张忠其　男,中国国籍,本公司董事,42岁,研究生学历,经济师。现任新疆阿拉尔水利水电工程总公司总经理。历任农一师第二工程团机械大队二队队长、水工处一队队长、经理、水利水电工程处副处长。

刘功大　男,中国国籍,本公司董事,56岁,大专文化。现任新疆塔里木建筑安装工程总公司202队队长,承包经营。历任农一师十二团工程连木工、技术员、施工队长,农一师基建工程公司202队队长。曾于1982年至1989年底承包农一师十二团工程连。

高　华　男,中国国籍,本公司董事,46岁,高中文化,政工师。现任建化总厂工会主席。历任建化总厂磷肥厂制酸车间副主任、磷肥厂副厂长。

方华生　男,中国国籍,本公司董事,56岁,初中文化。现任本公司水泥厂烧成三分厂安全员。

沈荣法　男,中国国籍,公司董事、董事会秘书兼证券部部长,58岁,大专文化,高级政工师。历任农一师建筑化工厂工会干事、办公室副主任、办公室主任;建化总厂工会副主席、办公室主任。

叶伟明　男,中国国籍,公司独立董事,40岁,研究生学历,律师。现为广东信扬律师事务所律师,广东省律师协会理事、金融证券委员会委员。曾任职于广东省司法厅和广东省经济体制改革委员会。

许锐敏　女,中国国籍,公司独立董事,35岁,大专学历,注册会计师。现任新疆天富热电股份有限公司董事会秘书。历任新疆石河子电力工业公司财务科出纳、会计,新疆石河子电力多种经营局财务科科长兼新疆天富热电股份有限公司行政秘书。

二、监事会成员

杨守德　男,中国国籍,本公司监事会主席,59岁,大专文化,高级政工师。历任农一师建筑化工厂指导员、副矿长、建化总厂中学宣传科科长、副校长、建化总厂党办室主任。

王运新　男,中国国籍,本公司监事,54岁,大专文化,高级政工师。现任建化总厂副厂长、纪委书记。历任建化总厂保卫科副科长、科长、党办室主任。

郭兆军　男,中国国籍,本公司监事,46岁,大专文化,政工师。现任新疆阿拉尔水利水电工程总公司副政委。历任建化总厂塔水处保卫干事、组织科干事、农一师工二团组织科副科长、科长、团纪委书记、农一师水利水电工程处纪委书记。

何光普　男,中国国籍,本公司监事,43岁,大专文化,助理会计师。现任新疆生产建设兵团农一师塔里木热电有限责任公司财务科科长。历任农一师十一团值班一连三班副班长、七连会计、十连会计、基建公司会计。

胡伯初　男,中国国籍,本公司监事,41岁,高中文化。现任本公司磷肥厂制酸车间值班长,曾在农一师建筑化工厂采矿一队工作。

三、其他主要高级管理人员

丁荣华　男,中国国籍,57岁,大专文化,工程师。历任建化总厂汽车队指导员、连长、运输分公司经理、建化总厂副厂长。现任本公司副总经理。

孙惠民　男,中国国籍,58岁,大专文化,会计师。历任建化总厂水泥厂财务会计、建筑分公司成本会计、财务组副组长、水泥厂经营办主任、副厂长、建化总厂销售科副科长、审计科科长、副总会计师、副总会计师兼财务科科长。现任本公司总会计师兼财务部部长。

四、公司主要核心技术人员

徐小庆　男,中国国籍,56岁,大专文化,高级工程师。现任本公司副总工程师。

顾志明　男,中国国籍,56岁,大专文化,工程师。现任本公司技术中心办公室主任。

以上人员在招股说明书披露日至上市公告书刊登日期没有变动。

五、董事、监事、高级管理人员与核心技术人员的持股情况

公司除董事刘功大先生作为发起人持有本公司66.67万股股份外,其他上述人员均未持有本公司及本公司关联方股份的情况。上述人员不存在通过其近亲属能够直接或间接控制的法人持有本公司及本公司关联方股份的情形。

公司董事、监事、高级管理人员与核心技术人员相互之间不存在配偶关系、三代以内的直系和旁系亲属关系。

## 第六节 同业竞争与关联交易

一、同业竞争情况

本公司与各股东之间不存在同业竞争。公司控股股东建化总厂承诺:"不利用控股股东的地位谋取不正当的特殊利益,不损害公司的合法权益,不从事与本公司生产经营范围相同与相似的业务,与本公司不发生同业竞争,不与本公司产生利益冲突"。

二、关联交易及关联协议

(一)关联交易

1.公司向建化总厂采购原煤、供应电力

本公司生产所需原煤,绝大部分由建化总厂供应,而建化总厂生产经营所需电力由公司提供。为规范上述关联交易行为,双方于2001年6月8日签署的《煤电互供协议》约定,上述产品以国家指导价格或市场价格进行结算。

2.综合服务

公司与建化总厂于2001年6月签署《综合服务协议》。该协议约定,公司生产经营及公司职工生活所需的综合服务由建化总厂供应,各项服务以国家指导价格、市场价格或依据建化总厂有关服务内容的实际成本计算的价格进行结算。

3.承包建化总厂建筑安装工程

公司2000年、2001年、2002年分别与建化总厂签订了《建筑安装工程承包确认书》和《建筑安装工程承包合同》,由公司作为承包方为建化总厂建造宿舍楼、医院门诊楼等。

4.无偿受让建化总厂注册商标

2000年7月18日,公司与建化总厂签订了《注册商标转让合同》,建化总厂将其所属的"青松"牌图文商标无偿转让给本公司。2001年12月30日,上述商标转让已获得国家工商行政管理总局商标局核准。

5.建化总厂为公司部分银行借款提供担保

2001年、2002年公司向中国银行阿克苏地区分行分别借款2,000万元、3,000万元,建化总厂为本公司上述借款提供担保,并与中国银行阿克苏地区分行签定了《保证合同》。

6.向建化总厂出租办公房屋

公司与建化总厂于2001年2月18日,签订了《房屋租赁协议》,根据协议约定,建化总厂共向公司租赁办公用房屋400平方米,年租赁费用5万元。

7.向建化总厂采购商品

前三年,公司向建化总厂生活服务公司采购职工劳保用品、福利用品等商品,分别支付290.96万元、358.42万元和435.98万元。

8.向股东建安公司、水电公司和刘功大承包经营的202队销售水泥

前三年,公司分别向公司股东单位销售水泥25,783.80吨、30,317.20吨和37,263.54吨,实现销售收入597.18万元、827.02万元和1,060.80万元。

发行人律师、注册会计师及主销商经核查认为,发行人有关重大关联交易是基于市场公平、公正的原则,以协议、合同形式进行的,不存在损害公司及其股东利益的情况。

## 第七节 财务会计资料

本公司截止2002年12月31日的财务会计资料,已于2003年7月4日在《上海证券报》、《证券时报》《证券日报》和《中国证券报》刊登的《招股说明书摘要》中进行了披露,投资者欲了解详细内容,请查阅上述报纸或刊载于上海证券交易所网站(http://www.sse.com.cn)的本公司招股说明书全文。

一、注册会计师意见

本公司已聘请上海立信会计师事务所有限公司对本公司2000年12月31日、2001年12月31日及2002年12月31日的资产负债表,2000年度、2001年度及2002年度的利润表及利润分配表,以及2002年的现金流量表进行了审计。会计师已出具了标准无保留意见的审计报告。

二、简要会计报表

简要资产负债表

编制单位:新疆青松建材化工股份有限公司　　单位:元

| 项　目 | 2002年12月31日 | 2001年12月31日 | 2000年12月31日 |
|---|---|---|---|
| 流动资产: | | | |
| 货币资金 | 17,678,753.63 | 9,328,734.90 | 14,870,392.62 |
| 应收票据 | 142,800.00 | 300,000.00 | |
| 应收账款净额 | 48,475,894.13 | 47,856,430.93 | 42,071,413.45 |
| 其他应收款 | 2,062,719.71 | 1,402,883.76 | 3,163,287.37 |
| 预付账款 | 3,321,444.86 | 6,371,097.67 | 3,220,929.59 |
| 存货 | 52,934,099.35 | 53,293,054.67 | 38,305,956.05 |
| 待摊费用 | | 655,000.00 | |
| 流动资产合计 | 124,615,711.68 | 119,207,201.96 | 101,631,979.08 |
| 长期投资: | | | |
| 长期股权投资 | 829.082.10 | 791,567.29 | 549,310.72 |
| 长期投资合计 | 829.082.10 | 791,567.29 | 549,310.72 |
| 固定资产: | | | |
| 固定资产原价 | 354,931,215.67 | 321,224,819.19 | 290,754,287.81 |
| 减:累计折旧 | 141,232,477.57 | 127,057,264.78 | 105,486,030.72 |
| 固定资产净值 | 213,698,738.10 | 194,167,554.41 | 185,268,257.09 |
| 减:固定资产减值准备 | 1,778,869.11 | 1,780,995.22 | |
| 固定资产净额 | 211,919,868.99 | 192,386,559.19 | 185,268,257.09 |
| 在建工程 | 52,591.28 | 193,729.74 | 1,620,032.24 |
| 固定资产合计 | 211,972,460.27 | 192,580,288.93 | 186,888,289.33 |
| 无形资产及其他资产: | | | |
| 无形资产 | 12,643,135.89 | 12,948,266.69 | 1,709,007.04 |
| 长期待摊费用 | 185,561.60 | 408,741.18 | 902,204.04 |
| 无形资产及其他资产合计 | 12,828,697.49 | 13,357,007.87 | 2,611,211.08 |
| 资 产 总 计 | 350,245,951.54 | 325,936,066.05 | 291,680,790.21 |
| 负债及股东权益 | | | |
| 流动负债: | | | |
| 短期借款 | 36,000,000.00 | 60,000,000.00 | 62,000,000.00 |
| 应付账款 | 16,456,255.64 | 14,898,031.26 | 16,940,742.76 |
| 预收账款 | 5,248,922.18 | 4,232,794.78 | 1,664,990.03 |
| 应付工资 | 3,570,409.41 | 6,643,442.57 | 9.248,586.84 |
| 应付福利费 | 1,767,687.22 | 6,061,191.26 | 6,213,043.61 |
| 应付股利 | 20,000,000.00 | 20,000,000.00 | |
| 应交税金 | 5,808,331.72 | 3,226,842.64 | －745,391.96 |
| 其他应交款 | 38,766.88 | 47,280.08 | －6,882.83 |
| 其他应付款 | 10,025,590.86 | 15,945,860.40 | 8,254,613.08 |
| 预提费用 | 548,596.65 | 540,284.77 | 357,891.92 |

| | | | |
|---|---|---|---|
| 一年内到期的长期负债 | | 1,000,000.00 | |
| 流动负债合计 | 99,464,560.56 | 132,595,827.76 | 103,927,593.45 |
| 长期负债: | | | |
| 长期借款 | 50,000,000.00 | | 1,000,000.00 |
| 长期负债合计 | 50,000,000.00 | | 1,000,000.00 |
| 负债合计 | 149,464,560.56 | 132,595,827.76 | 104,927,593.45 |
| 股东权益: | | | |
| 股本 | 124,927,500.00 | 124,927,500.00 | 124,927,500.00 |
| 资本公积 | 62,463,694.50 | 62,463,694.50 | 62,463,694.50 |
| 盈余公积 | 8,008,529.47 | 3,892,356.57 | |
| 其中:法定公益金 | 2,669,509.82 | 1,297,452.19 | |
| 未分配利润 | 5,381,667.01 | 2,056,687.22 | -637,997.74 |
| 股东权益合计 | 200,781,390.98 | 193,340,238.29 | 186,753,196.76 |
| 负债及股东权益总计 | 350,245,951.54 | 325,936,066.05 | 291,680,790.21 |

简要利润及利润分配表

编制单位:新疆青松建材化工股份有限公司　　单位:元

| 项　目 | 2002 年 | 2001 年 | 2000 年 |
|---|---|---|---|
| 一、主营业务收入 | 221,313,561.42 | 190,957,191.00 | 166,542,012.25 |
| 减:主营业务成本 | 141,212,400.52 | 106,783,196.81 | 98,441,822.30 |
| 主营业务税金及附加 | 346,933.27 | 978.839.20 | 25,791.16 |
| 二、主营业务利润(亏损以“-”号填列) | 79,754,227.63 | 83,195,154.99 | 67,256,362.75 |
| 加:其他业务利润(亏损以“-”号填列) | 1,502,734.77 | 4,768,756.60 | 3,464,803.26 |
| 减:营业费用 | 8,058,050.05 | 8,007,875.84 | 3,546,916.78 |
| 管理费用 | 39,032,992.46 | 46,907,581.98 | 39,892,702.37 |
| 财务费用 | 5,442,087.15 | 3,723,180.31 | 4,177,762.27 |
| 三、营业利润(亏损以“-”号填列) | 28,723,832.74 | 29,325,273.46 | 23,103,784.59 |
| 加:投资收益(损失以“-”号填列) | 237,514.81 | 242,256.57 | 31,870.72 |
| 补贴收入 | 4,208,641.77 | 4,074,983.79 | 4,436,809.28 |
| 营业外收入 | 40,830.46 | 114,337.69 | 66,369.19 |
| 减:营业外支出 | 983,981.62 | 2,533,079.89 | 421,464.60 |
| 四、利润总额(亏损总额以“-”号填列) | 32,226,838.16 | 31,223,771.62 | 27,217,369.18 |
| 减:所得税 | 4,785,685.47 | 4,636,730.09 | 4,136,521.99 |
| 五、净利润(净亏损以“-”号填列) | 27,441,152.69 | 26,587,041.53 | 23,080,847.19 |
| 加:年初未分配利润 | 2,056,687.22 | -637,997.74 | - |
| 六、可供分配的利润 | 29,497,839.91 | 25,949,043.79 | -637,997.74 |
| 减:提取法定盈余公积 | 2,744,115.27 | 2,594,904.38 | - |
| 提取法定公益金 | 1,372,057.63 | 1,297,452.19 | - |
| 七、可供股东分配的利润 | 25,381,667.01 | 22,056,687.22 | -637,997.74 |
| 减:应付普通股股利 | 20,000,000.00 | 20,000,000.00 | - |
| 八、未分配利润 | 5,381,667.01 | 2,056,687.22 | -637,997.74 |

简要现金流量表

编制单位:新疆青松建材化工股份有限公司　　单位:元

| 项　目 | 2002 年 |
|---|---|
| 经营活动产生的现金流量净额 | 50,289,285.27 |
| 投资活动产生的现金流量净额 | -41,425,745.27 |
| 筹资活动产生的现金流量净额 | -513,521.27 |
| 现金及现金等价物净增加额 | 8,350,018.73 |

三、会计报表附注

本公司会计报表附注等有关内容,请查阅 2002 年 7 月 4 日在《上海证券报》、《证券时报》《证券日报》和《中国证券报》刊登的《招股说明书摘要》以及刊载于上海证券交易所网站(http://www.sec.com.cn)的招股说明书全文。

四、主要财务指标

| 项　目 | 2002 年或 2002 年 12 月 31 日 | 2001 年或 2001 年 12 月 31 日 | 2000 年或 2000 年 12 月 31 日 |
|---|---|---|---|
| 流动比率 | 1.25 | 0.90 | 0.98 |
| 速动比率 | 0.72 | 0.50 | 0.61 |
| 存货周转率(次) | 2.66 | 2.33 | 2.32 |
| 应收账款周转率(次) | 4.59 | 4.25 | 3.80 |
| 无形资产占总资产的比例(%) | 3.61 | 3.97 | 0.59 |
| 无形资产占净资产的比例(%) | 6.30 | 6.70 | 0.92 |
| 资产负债率(%) | 42.67 | 40.68 | 35.97 |
| 每股净资产(元) | 1.61 | 1.55 | 1.49 |
| 研究与开发费用占主营业务收入的比例(%) | 0.30 | 0.30 | 0.20 |
| 每股经营活动的现金流量(元) | 0.40 | 0.29 | --- |

## 第八节　其他重要事项

一、自本公司股票首次公开发行之日至本公司上市公告书公告之日,本公司严格依照现行有关法律、法规的规定规范运行,生产经营情况正常,所处行业和市场无重大变化,主要业务发展目标进展正常,主要投入、产出供求及价格没有发生重大变化。

二、自本公司股票首次公开发行之日至本公司上市公告书公告之日,本公司没有进行重大对外投资行为,无重大资产(股权)收购、出售行为。

三、自本公司股票首次公开发行之日至本公司上市公告书公告之日,本公司住所未发生变更。

四、自本公司股票首次公开发行之日至本公司上市公告书公告之日,本公司董事、监事和高级管理人员没有尚未了结或可能发生的刑事诉讼事项;本公司未涉及任何重大诉讼事项或仲裁,亦无任何尚未了结或可能面临的重大诉讼或索赔要求。

五、自本公司股票首次公开发行之日至本公司上市公告书公告之日,本公司重大会计政策和会计师事务所未发生变动。

六、自本公司股票首次公开发行之日至本公司上市公告书公告之日,本公司未发生新的重大负债,并且重大债项未发生变化。

七、根据公司 2002 年度股东大会决议通过的 2002 年度利润分配方案,公司 2002 年度利润分配后的累计未分配利润 5,381,667.01 元滚存到下一会计年度,由新老股东共享,预计首次分配股利时间不迟于 2004 年 6 月 30 日。

八、本公司股票首次公开发行和股票上市前后税负无变化;

九、根据《上海证券交易所股票上市规则》,本公司第一大股东建化总厂已承诺:自本公司股票上市之日起 12 个月内,不转让其持有的本公司股份,也不由上市公司回购本公司股份。

十、自本公司股票首次公开发行之日至本公司上市公告书公告之日,没有其他应披露而未披露之重大事项。

## 第九节　董事会上市承诺

本公司董事会承诺将严格遵守《中华人民共和国公司法》、《中华人民共和国证券法》、《股票发行与交易管理暂行条例》、《公开发行股票公司信息披露实施细则》和《上海证券交易所股票上市规则》等国家法律、法规和有关规定,并自股票上市之日起作到:

一、承诺真实、准确、完整、公允和及时地公布定期报告,披露所有对投资者有重大影响的信息,并接受中国证监会、证券交易所的监督管理;

二、承诺本公司在知悉可能对股票价格产生误导性影响的任何公共传播媒介中出现的消息后,将及时予以公开澄清;

三、本公司董事、监事、高级管理人员和核心技术人员将认真听取社会公众的意见和批评,不利用已获得的内幕消息和其他不正当手段直接或间接从事发行人股票的买卖活动;

四、本公司没有无记录的负债。

依据《上海证券交易所股票上市规则》,本公司全体董事、监事将按照有关规定,在本公司股票上市后两个月内签署《董事(监事)声明及承诺书》并送达上海证券交易所备案。

## 第十节　上市推荐人及其意见

一、上市推荐人情况

1.上市推荐人:新疆证券有限责任公司

法定代表人:高　虎

注册地址:新疆乌鲁木齐市解放北路 1 号

联系电话:(0991)2306684

传　　真:(0991)2301111-8028

联 系 人:刘军保、徐振江

2.上市推荐人:河北证券有限责任公司

法定代表人:武铁锁

注册地址:河北省石家庄市裕华东路 81 号冶金大厦

联系电话:(0311) 6991971

传　　真:(0311) 6982188

联 系 人:崔胜朝　韩长风　盖建飞　高月仓　黄坚

二、上市推荐人意见

本公司上市推荐人认为本公司具备了《中华人民共和国公司法》、《中华人民共和国证券法》、《股票发行与交易管理暂行条例》、《公开发行股票公司信息披露实施细则》和《上海证券交易所股票上市规则》等有关法律、法规所规定的上市条件。

本公司上市推荐人保证本公司的董事了解法律、法规、上海证券交易所上市规则及股票上市协议规定的董事的义务与责任;本公司建立健全了法人治理结构,制定了严格的信息披露制度与保密制度。

本公司上市推荐人已对上市文件所载的资料进行了核实,确保上市文件真实、准确、完整,符合规定要求。保证本公司的上市申请材料、上市公告书没有虚假记载、误导性陈述或者重大遗漏,并保证对其承担相应的法律责任。

本公司上市推荐人愿意推荐本公司股票在上海证券交易所上市交易,并保证不利用上市过程获得的内幕信息进行内幕交易,为自己和他人谋取利益。

**新疆青松建材化工股份有限公司**

**2003 年 7 月 16 日**

# 600553 河北太行水泥股份有限公司

## 二○○二年年度报告摘要

### 1.重要提示

1.1 本公司董事会及其董事保证本报告所载资料不存在任何虚假记载、误导性陈述或者重大遗漏，并对其内容的真实性、准确性和完整性负个别及连带责任。本年度报告摘要摘自年度报告全文，投资者欲了解详细内容，应阅读年度报告全文。

1.2 董事杨广林先生委托范国良先生出席并行使表决权，独立董事周守华先生委托王欣新先生出席并行使表决权；

董事邱承玉先生因退休、李怀江先生因工作调动未出席本次董事会；

董事臧志宪先生因故未出席本次会议。

1.3 中喜会计师事务所有限责任公司为本公司出具了标准无保留意见的审计报告。

1.4 公司董事长王里顺先生、主管会计工作负责人郑宝金先生及会计机构负责人于宝通先生声明：保证年度报告中财务会计报告的真实、完整。

### 2.上市公司基本情况简介

2.1 基本情况简介

| | |
|---|---|
| 股票简称 | 太行股份 |
| 股票代码 | 600553 |
| 上市交易所 | 上海证券交易所 |
| 注册地址 | 河北省邯郸市峰峰矿区建国路2号 |
| 办公地址 | 河北省邯郸市峰峰矿区建国路2号 |
| 邮政编码 | 056200 |
| 公司国际互联网网址 | http://www.taihang－cement.com |
| 电子信箱 | thgf@taihang－cement.com |

2.2 联系人和联系方式

| | 董事会秘书 | 证券事务代表 |
|---|---|---|
| 姓名 | | 刘宇 |
| 联系地址 | | 河北省邯郸市峰峰矿区建国路2号 |
| 电话 | | 0310－5013722－2945 |
| 传真 | | 0310－5015753 |
| 电子信箱 | | lylply@163.com |

### 3.会计数据和财务指标摘要

3.1 主要会计数据　　单位：元

| | 2002年 | 2001年 | 本年比上年增减(%) | 2000年 |
|---|---|---|---|---|
| 主营业务收入 | 379,324,641.33 | 354,161,637.76 | 7.10 | 336,631,312.24 |
| 利润总额 | 50,460,830.48 | 51,318,902.02 | －1.67 | 47,851,141.44 |
| 净利润 | 40,398,148.44 | 40,145,209.15 | 0.63 | 36,882,615.29 |
| 扣除非经常性损益的净利润 | 41,379,949.74 | 40,993,440.38 | 0.09 | 38,015,651.73 |
| | 2002年末 | 2001年末 | 本年末比上年末增减(%) | 2000年末 |
| 总资产 | 1,220,904,612.54 | 644,474,340.10 | 89.44 | 666,880,564.87 |
| 股东权益(不含少数股东权益) | 664,439,103.68 | 359,296,562.69 | 84.93 | 332,419,384.43 |
| 经营活动产生的现金流量净额 | 59,541,096.40 | 50,888,539.20 | 17.00 | 63,894,705.18 |

3.2 主要财务指标　　单位：元

| | 2002年 | 2001年 | 本年比上年增减(%) | 2000年 |
|---|---|---|---|---|
| 每股收益 | 0.21 | 0.29 | －27.59 | 0.26 |
| 每股收益 | －－ | －－ | －－ | －－ |
| 净资产收益率 | 6.08% | 11.17% | －45.57 | 11.10% |
| 扣除非经常性损益的净利润为基础计算的净资产收益率 | 6.23% | 11.41% | －45.40 | 11.44% |
| 每股经营活动产生的现金流量净额 | 0.31 | 0.36 | －13.89 | 0.46 |
| | 2002年末 | 2001年末 | 本年末比上年末增减(%) | 2000年末 |
| 每股净资产 | 3.50 | 2.57 | 36.19 | 2.37 |
| 调整后的每股净资产 | 3.44 | 2.36 | 45.76 | 2.38 |

3.3 国内外会计准则差异

□适用　√不适用

### 4.股本变动及股东情况

4.1 股份变动情况表

公司股份变动情况表　　数量单位：股

| | 本次变动前 | 本次变动增减(＋,－) | | | | | | 本次变动后 |
|---|---|---|---|---|---|---|---|---|
| | | 配股 | 送股 | 公积金转股 | 增发 | 其他 | 小计 | |
| 一、未上市流通股份 | | | | | | | | |
| 1.发起人股份 | 96,860,000 | | | | | | | 96,860,000 |
| 其中： | | | | | | | | |
| 国家持有股份 | 96,860,000 | | | | | | | 96,860,000 |
| 境内法人持有股份 | | | | | | | | |
| 境外法人持有股份 | | | | | | | | |
| 其他 | | | | | | | | |
| 2.募集法人股份 | 23,140,000 | | | | | | | 23,140,000 |
| 3.内部职工股 | 20,000,000 | | | | | | | 20,000,000 |
| 4.优先股或其他 | | | | | | | | |
| 未上市流通股份合计 | 140,000,000 | | | | | | | |
| 二、已上市流通股份 | | | | | | | | |
| 1.人民币普通股 | | | | | ＋50,000,000 | | 50,000,000 | 50,000,000 |
| 2.境内上市的外资股 | | | | | | | | |
| 3.境外上市的外资股 | | | | | | | | |
| 4.其他 | | | | | | | | |
| 已上市流通股份合计 | | | | | 50,000,000 | | 50,000,000 | 50,000,000 |
| 三、股份总数 | 14,000,0000 | | | | 50,000,000 | | 50,000,000 | 190,000,000 |

4.2 前十名股东持股表

| 报告期末股东总数 | 29338户 | | | | | |
|---|---|---|---|---|---|---|
| 前十名股东持股情况 | | | | | | |
| 股东名称(全称) | 年度内增减 | 年末持股数量 | 比例(%) | 股份类别(已流通或未流通) | 质押或冻结的股份数量 | 股东性质(国有股东或外资股东) |
| 河北太行华信建材有限责任公司 | | 96860000 | 50.98 | 未流通 | | 国有股 |
| 湘财证券 | ＋6,885,737 | 6,885,737 | 3.62 | 已流通 | | 社会公众股 |
| 邯郸太行实业股份有限公司 | | 4,725,000 | 2.49 | 未流通 | | 社会法人股 |
| 山海关开发区金蹄房地产投资公司 | | 4,100,000 | 2.16 | 未流通 | | 社会法人股 |
| 河北太行集团青年综合利用厂 | | 2,350,000 | 1.24 | 未流通 | | 社会法人股 |
| 国都证券 | ＋2,225,992 | 2,225,992 | 1.17 | 已流通 | | 社会公众股 |
| 河北冀铁集团公司 | | 1,500,000 | 0.79 | 未流通 | | 社会法人股 |
| 中国银河证券有限责任公司上海东方路证券营业部 | | 1,150,000 | 0.61 | 未流通 | | 社会法人股 |
| 中国金谷国际信托投资有限公司 | | 1,000,000 | 0.53 | 未流通 | 是 | 社会法人股 |
| 中国宝安集团股份有限公司 | | 900,000 | 0.47 | 未流通 | | 社会法人股 |
| 前十名股东关联关系或一致行动的说明 | 前10名股东中，第五大股东受第一大股东控制。未知其他股东之间是否有关联关系，也未知其他股东之间是否存在属于《上市公司股东持股变动信息披露管理办法》规定的一致行动人。 | | | | | |

说明：山东省济南市中级人民法院通知[(2002)济民四初字第136号]，该院于二00二年十二月十八日查封了中国金谷国际信托投资有限公司持有的太行股份社会法人股壹佰万股，查封期限自二00二年十二月十八日至二00三年六月十八日。

4.3 控股股东及实际控制人情况介绍

4.3.1 控股股东及实际控制人变更情况

√适用　□不适用

| 新控股股东名称 | 新实际控制人名称 | 变更日期 | 刊登日期 | 刊登报刊 |
|---|---|---|---|---|
| 河北太行华信建材有限责任公司 | 邯郸市国有资产管理局<br>中国华融资产管理公司<br>中国信达资产管理公司 | 2002年3月15日 | 2002年8月2日 | 《中国证券报》《上海证券报》《证券时报》《证券日报》 |

说明：公司原控股股东为河北太行集团公司。2000年12月27日经国家经贸委、财政部、中国人民银行联合审核并报经国务院同意，国家经贸委以国经贸产业[2000]1238号文件批复同意原河北太行集团公司为债转股试点企业，其中中国华融资产管理公司的协议转股债权为19600万元，中国信达资产管理公司的协议转股债权为6500万元。经协商，中国华融资产管理公司及中国信达资产管理公司分别以其持有的债权直接对原河北太行集团公司增资，2002年3月15日原河北太行集团公司依法更名为河北太行华信建材有限责任公司，并经工商变更登记予以确认。

4.3.2 控股股东和其他实际控制人具体情况介绍

公司控股股东为河北太行华信建材有限责任公司,法定代表人李安飞,成立日期2002年3月15日,注册资本63,547万元,主要经营石灰石开采、水泥制品、汽车运输、机械设备和厂房内房屋租赁、技术咨询服务等。

邯郸市国有资产管理局持有河北太行华信建材有限责任公司产权58.93%。中国华融资产管理公司持有河北太行华信建材有限责任公司产权30.84%,法定代表人杨凯生,成立日期1999年10月19日,注册资本100亿元,主要收购并经营中国工商银行剥离的不良资产。中国信达资产管理公司持有河北太行华信建材有限责任公司产权10.23%,法定代表人朱登山,成立日期1999年4月20日,注册资本100亿元,主要收购并经营中国建设银行剥离的不良资产。

## 5.董事、监事和高级管理人员

5.1 董事、监事和高级管理人员持股变动

| 姓名 | 职务 | 性别 | 年龄 | 任期起止日期 | 年初持股数 | 年末持股数 | 变动原因 |
|---|---|---|---|---|---|---|---|
| 邱承玉 | 董事长 | 男 | 60 | 2000.5－2003.5 | 20000 | 20000 | 未变动 |
| 王里顺 | 董事、总经理 | 男 | 55 | 2000.5－2003.5 | 20000 | 20000 | 未变动 |
| 李安飞 | 董事 | 男 | 57 | 2000.5－2003.5 | 8000 | 8000 | 未变动 |
| 孙新民 | 董事、副总经理 | 男 | 51 | 2000.5－2003.5 | 8000 | 8000 | 未变动 |
| 范国良 | 董事、副总经理 | 男 | 43 | 2000.5－2003.5 | 5000 | 5000 | 未变动 |
| 史国林 | 董事、副总经理 | 男 | 51 | 2000.5－2003.5 | 8000 | 8000 | 未变动 |
| 李怀江 | 董事 | 男 | 45 | 2000.5－2003.5 | 8000 | 8000 | 未变动 |
| 臧志宪 | 董事、董事会秘书 | 男 | 48 | 2000.5－2003.5 | 6000 | 6000 | 未变动 |
| 郑宝金 | 董事 | 男 | 36 | 2000.5－2003.5 | 6000 | 6000 | 未变动 |
| 冯志宏 | 董事 | 男 | 41 | 2000.5－2003.5 | 5000 | 5000 | 未变动 |
| 杨广林 | 董事 | 男 | 50 | 2000.5－2003.5 | 6000 | 6000 | 未变动 |
| 周守华 | 独立董事 | 男 | 39 | 2002.10－2003.5 | 0 | 0 | 未变动 |
| 王欣新 | 独立董事 | 男 | 51 | 2002.10－2003.5 | 0 | 0 | 未变动 |
| 闫荣城 | 独立董事 | 男 | 42 | 2002.10－2003.5 | 0 | 0 | 未变动 |
| 王维民 | 监事会主席 | 男 | 55 | 2000.5－2003.5 | 8000 | 8000 | 未变动 |
| 韩宝林 | 监事 | 男 | 55 | 2000.5－2003.5 | 5000 | 5000 | 未变动 |
| 徐景阳 | 监事 | 男 | 44 | 2000.5－2003.5 | 6000 | 6000 | 未变动 |
| 王卫平 | 监事 | 男 | 39 | 2000.5－2003.5 | 5000 | 5000 | 未变动 |
| 李　平 | 监事 | 男 | 45 | 2000.5－2003.5 | 9000 | 9000 | 未变动 |

注:至本报告披露日,原董事长邱承玉先生已退休,董事会已同意了其辞去董事的申请,并选举王里顺董事为新董事长。

5.2 在股东单位任职的董事监事情况

√适用　　□不适用

| 姓名 | 任职的股东名称 | 在股东单位担任的职务 | 任职期间 | 是否领取报酬、津贴(是或否) |
|---|---|---|---|---|
| 李安飞 | 河北太行华信建材有限责任公司 | 董事长、总经理 | 2002年3月至今 | 是 |
| 李怀江 | 河北太行华信建材有限责任公司 | 工会主席 | 2002年3月至今 | 是 |
| 杨广林 | 河北太行华信建材有限责任公司 | 总经理助理 | 2002年3月至今 | 是 |
| 王维民 | 河北太行华信建材有限责任公司 | 党委副书记 | 2002年3月至今 | 是 |
| 韩宝林 | 河北太行华信建材有限责任公司 | 组织部部长 | 2002年3月至今 | 是 |

5.3 董事、监事和高级管理人员年度报酬情况

| | |
|---|---|
| 年度报酬总额 | 688,569元 |
| 金额最高的前三名董事的报酬总额 | 281,137元 |
| 金额最高的前三名高级管理人员的报酬总额 | 261,056元 |
| 独立董事津贴 | 5,000元 |
| 独立董事其他待遇 | |
| 不在公司领取报酬、津贴的董事、监事姓名 | 李安飞、李怀江、杨广林、王维民、韩宝林 |
| 报酬区间 | 人数 |
| 1.5万－2万元 | 1 |
| 3万－4万 | 2 |
| 6万－7万 | 3 |
| 8万－9万 | 3 |
| 10万－11万 | 2 |

## 6.董事会报告

6.1 报告期内整体经营情况的讨论与分析

1.2002年8月,公司5,000万A股股票成功发行上市,募集资金28,650万元,扣除相关发行费用后,实际募集资金27,762.74万元。此次成功上市为公司的发展注入了新的活力,为公司的做大做强、实现跨越式发展奠定了基础。公司将以此为契机,进一步完善法人治理结构,切实转换经营机制,以股东权益最大化为目标,严格按照各项法律法规规范经营,给广大投资者以满意的回报。

一年来在公司全体员工的共同努力下,全面圆满的完成公司各项生产经营任务,全年水泥生产完成193.17万吨,熟料生产完成164.48万吨;水泥销售完成197.54万吨,同比基本持平,熟料销售完成21.03万吨,同比增长8万吨,实现销售收入37,932万元;实现利润总额5,046万元;净利润4040万元。

2.依据2002年第一次临时股东大会决议公司对募集资金的投向进行了变更,此次变更后新投和收购项目是公司主业的进一步增强和延伸,符合国家和地方产业政策,具有良好的经济效益和社会效益,有利于公司壮大主业、增加赢利能力。此次变更募集资金投向后公司将形成北京、保定、邯郸三点一线的布局,使公司的资源配置更加合理,为进一步巩固并扩大传统市场同时开发新市场奠定了基础。目前新投资项目进展顺利。(此次变更募集资金投向的具体事宜参见本章"募集资金变更情况"一节)

3.2003年是公司发展的关键一年,"北京项目"和"保定项目"将陆续建成投产,立波尔窑烧成系统改造项目也将完成。"三点一线"的格局形成后,将使公司的实力大大增强。公司将进一步发挥"太行山"的品牌优势,借"奥运"商机,加强三地协调、协作,相互支援,相互补充、,实行销售一体化,避免内部竞争,实现最佳经济效益。

4.新的一年里,公司也将面临一定的困难。北京是公司的传统市场,但面对"奥运"商机,各主要厂商也均加大了在北京市场的销售力度,同时周边市场的水泥生产能力仍在增加,2003年销售市场将面临更激烈的竞争。新项目建成后能否顺利达产、能否达到预期收益,这其中还存在着诸多的不确定因素。立波尔窑烧成系统改造项目的实施将对公司的正常生产产生一定影响,同时,该项目完工后,公司原有的立波尔窑生产线将全部停产,由于该设备基本已到使用年限,所以对公司资产状况的影响将不会很大,但生产人员的分流将会使管理费用增加。"北京项目"和"保定项目"尚有一段建设期,在资金使用上有可能出现短缺。

6.2 主营业务分行业、产品情况表

单位:元

| 分行业或分产品 | 主营业务收入 | 主营业务成本 | 毛利率(%) | 主营业务收入比去年增减(%) | 主营业务成本比上年增减(%) | 毛利率比上年增减(%) |
|---|---|---|---|---|---|---|
| 建材行业 | 379,324,641.33 | 249,158,137.82 | 34.32 | 7.1 | 18.76 | －15.8 |
| 其中:关联交易 | | | | | | |
| | | | | | | |
| 水泥 | 349,811,642.70 | 227,260,050.01 | 35.03 | 3.1 | 13.74 | －14.79 |
| 其中:关联交易 | | | | | | |
| 关联交易的定价原则 | | | | | | |
| 关联交易的必要性、持续性的说明 | | | | | | |

6.3 主营业务分地区情况　　单位:元

| 地区 | 主营业务收入 | 主营业务收入比上年增减(%) |
|---|---|---|
| 北京 | 90,773,977.53 | －11.85 |
| 天津 | 39,463,444.96 | 77.21 |
| 河北省 | 234,044,361.38 | 10.23 |
| 山西省 | 15,042,857.46 | －9.62 |

6.4 采购和销售客户情况

| | | | |
|---|---|---|---|
| 前五名供应商采购金额合计 | 203,007,177.77元 | 占采购总额比重 | 65.19% |
| 前五名销售客户销售金额合计 | 276,121,727.94元 | 占销售总额比重 | 72.79% |

6.5 参股公司经营情况(适用投资收益占净利润10%以上的情况)

□适用　　√不适用

6.6 主营业务及其结构发生重大变化的原因说明

□适用　　√不适用

6.7 主营业务盈利能力(毛利率)与上年相比发生重大变化的原因说明

√适用　　□不适用

主要原燃材料价格上涨,特别是煤、电的涨价增加生产成本约2600万元,影响了公司的主营业务盈利能力。

6.8 经营成果和利润构成与上年度相比发生重大变化的原因分析

□适用　　√不适用

整体财务状况与上年度相比发生重大变化的原因分析

√适用　　□不适用

(1)货币资金增加406.23%,主要是向社会公众公开发行A股募集资金所致;

(2)应收票据增加80.27%,主要是客户以银行承兑汇票结算货款增加所致;

(3)其他应收款减少43.87%,主要是将应收邯郸市集资办电办公室集资办电款转让给峰峰矿区昌达劳动服务公司所致;

(4)总资产增加89.44%,主要是向社会公众公开发行A股募集资金、在建工程增加所致;

(5)股东权益增加84.93%,主要是向社会公众公开溢价发行A股5,000股所致;

(6)主营业务利润减少9.35%,主要是煤、电等原材料涨价所致;

(7)现金及现金等价物净增加额增加3,959.91%,主要是向社会公众公开发行A股募集资金所致。

6.9 对生产经营环境以及宏观政策、法规产生重大变化已经、正在或将要对公司的财务状况和经营成果产生重要影响的说明

√适用　　□不适用

去年因煤、电的涨价使公司增加生产成本约2600万元,今年这种状况尚未好转,这在很大程度上将影响公司生产成本。

6.10 完成盈利预测的情况

□适用　　√不适用

6.11 完成经营计划情况

□适用　√不适用

6.12 募集资金使用情况

√适用　□不适用

| 募集资金总额 | 27,762.74 万元 | | 本年度已使用募集资金总额 | | 17,627.53 万元 |
|---|---|---|---|---|---|
| 承诺项目 | 拟投入金额 | 是否变更项目 | 实际投入金额 | 产生收益金额 | 是否符合计划进度和预计收益 |
| 1.控股设立河北省冀中水泥有限责任公司 | 20,000 万元 | 是 | 无 | | |
| 2.立波尔窑烧成系统改造项目 | 4,919 万元 | 否 | 1,244.5 万元 | 无 | 否 |
| 3.粉料输送及原煤均化(节能)技改工程 | 2,998 万元 | 否 | 1,144.06 万元 | 无 | 否 |
| 合计 | 27,917 万元 | | 13,589.56 万元 | | |
| 未达到计划进度和收益的说明(分具体项目) | 由于募集资金到位较晚,立波尔窑烧成系统改造项目、粉料输送及原煤均化(节能)技改工程项目正在实施当中 | | | | |
| 变更原因及变更程序说明(分具体项目) | 原承诺以募集资金控股设立河北省冀中水泥有限责任公司是本公司与其他方共同合作的项目。在《河北省冀中水泥有限责任公司合资协议书》签署及项目立项后,由于我方募集资金迟迟不能到位,为了抢抓机遇,适应市场条件的变化,原合作三方河北省建设投资公司、石家庄建设投资公司、石家庄水泥厂在未与本公司进行沟通的情况下,联合其它投资人已将该项目启动,致使公司已不便再行介入该项目。鉴于此,为了保证募集资金的顺利投入和使用效率,保护股东及广大投资者的利益,本着对投资人负责的态度,公司与原合作各方协商,解除了《河北省冀中水泥有限责任公司合资协议书》,终止了该项目的实施。<br>此次变更募集资金投向,经公司 2002 年 9 月 23 日三届九次董事会形成决议,已报 2002 年 10 月 25 日公司 2002 年第一次临时股东大会审议通过。具体事宜见 2002 年 9 月 25 日及 2002 年 10 月 26 日在《上海证券报》上刊登的本公司编号为临 2002－001、临 2002－002、临 2002－003 及临 2002－005 的本公司公告。 | | | | |

变更项目情况

√适用　□不适用

| 变更投资项目的资金总额 | 20,000 万元 | | | | |
|---|---|---|---|---|---|
| 变更后的项目 | 对应的原承诺项目 | 变更项目拟投入金额 | 实际投入金额 | 产生收益金额 | 是否符合计划进度和预计收益 |
| 1.投资 7,800 万元组建"保定太行和益水泥有限公司" | 控股设立河北省冀中水泥有限责任公司 | 7,800 万元 | 7,800 万元 | 无 | 是 |
| 2.出资 5,700 万元收购北京建谊建筑工程有限公司所持有的北京太行建谊水泥有限公司 57% 股权 | 控股设立河北省冀中水泥有限责任公司 | 5,700 万元 | 5,700 万元 | 无 | 是 |
| 3.投资 4,972.63 万元实施低温余热发电综合利用技改工程 | 控股设立河北省冀中水泥有限责任公司 | 4,972.63 万元 | 211.6 万元 | 无 | 是 |
| 4.变更后剩余的募集资金 1,527.37 万元补充公司流动资金 | 控股设立河北省冀中水泥有限责任公司 | 1,527.37 万元 | 1,527.37 万元 | －－ | 是 |
| 合计 | | 20,000 万元 | 15,238.97 万元 | 无 | －－ |
| 未达到计划进度和收益的说明(分具体项目) | | | | | |

说明:出资 5,700 万元收购北京建谊建筑工程有限公司所持有的北京太行建谊水泥有限公司 57%股权已实施完毕,现该公司名称已变更为北京太行前景水泥有限公司。在本报告期截止日前该项目尚在建设中;至本报告披露日,该项目已建成投产。

6.13 非募集资金项目情况

□适用　√不适用

6.14 董事会对会计师事务所"非标意见"的说明

□适用　√不适用

6.15 董事会新年度的经营计划(如有)

□适用　√不适用

新年度盈利预测(如有)

□适用　√不适用

6.16 董事会本次利润分配或资本公积金转增预案

经中喜会计师事务所审计,我公司 2002 年共实现净利润 40,398,148.44 元,依据《公司法》和《公司章程》的规定,提取 10%的法定公积金 4,039,814.84 元,提取 10%的法定公益金 4,039,814.84 元,加上年度结转利润 47,047,700.50 元,可供股东分配的利润共 79,366,219.26 元。以现有的总股本 1.9 亿股为基数,向全体股东每 10 股派发现金股利 0.5 元(含税),共派发现金股利 9,500,000 元,剩余 69,866,219.26 元转到下一年度。2002 年度资本公积金不转增股本。此项分配预案需提交 2002 年度股东大会审议后实施。

## 7.重要事项

7.1 收购资产

√适用　□不适用

| 交易对方及被收购资产 | 购买日 | 收购价格 | 自购买日起至本年末为上市公司贡献的净利润 | 是否为关联交易 | 定价原则 |
|---|---|---|---|---|---|
| 北京建谊建筑工程有限公司所持有的北京太行建谊水泥有限公司 57%的股权 | 2002 年 10 月 30 日 | 5,700 万元 | 无 | 否 | 评估价 |

说明:现该公司名称已变更为北京太行前景水泥有限公司。

7.2 出售资产

□适用　√不适用

说明:该收购事项对公司业务连续性、管理层稳定性没有影响。

7.3 重大担保

□适用　√不适用

7.4 关联债权债务往来

√适用　□不适用

单位:元

| 关联方 | 向关联方提供资金 | | 关联方向上市公司提供资金 | |
|---|---|---|---|---|
| | 发生额 | 余额 | 发生额 | 余额 |
| 河北太行华信建材有限责任公司 | 8,209,258.64 | 1,163,868.26 | 2,689,890.44 | |
| 河北太行集团青年综合利用厂 | 5,635,506.92 | | 5,085,176.63 | 1,303,573.99 |
| 合计 | 13,844,765.56 | 1,163,868.26 | 7,775,067.07 | 1,303,573.99 |

注:

1.河北太行水泥股份有限公司向河北太行华信建材有限责任公司提供资金 8,209,258.64 元。其中:向河北太行华信建材有限责任公司采购原石 7,097,258.64 元,土地租赁费 40 万元,供暖服务费 51.2 万元、电话通讯服务费 20 万元。

2.河北太行水泥股份有限公司向河北太行集团青年综合利用厂提供资金 5,635,506.92 元。其中:向河北太行集团青年综合利用厂采购电 258,466.92 元,窑灰清理费 260,000.00 元,委托加工处理费 5,117,040 元。

3.河北太行华信建材有限责任公司向河北太行水泥股份有限公司提供资金 2,689,890.44 元。其中:向河北太行水泥股份有限公司采购材料 1,910,134.17 元,采购煤 779,756.27 元。

4.河北太行集团青年综合利用厂向河北太行水泥股份有限公司提供资金 5,085,176.63 元。其中:向河北太行水泥股份有限公司采购材料 1,166,426.22 元,采购煤 3,918,750.41 元。

7.5 委托理财

□适用　√不适用

7.6 承诺事项履行情况

□适用　√不适用

7.7 重大诉讼仲裁事项

□适用　√不适用

7.8 独立董事履行职责的情况。(请填入空白处)

根据中国证监会发布的《关于在上市公司建立独立董事制度的指导意见》的要求,本公司于 2002 年 10 月 25 日召开的 2002 年第一次临时股东大会上增选了三名独立董事,使董事会成员构成日趋合理,法人治理结构趋于完善。公司将于 2003 年 6 月 30 日前使独立董事达到三分之一的规定。

## 8.监事会报告

监事会认为公司依法运作、公司财务情况、公司募集资金使用、公司收购、出售资产交易和关联交易不存在问题。

## 9.财务报告

9.1 审计意见

中喜会计师事务所有限公司对本公司 2002 年度财务报告出具了标准无保留意见的审计报告(中喜审字(2003)第 01080 号),签字注册会计师为高明来,吕小云。

9.2 比较式合并及母公司的资产负债表、利润表和当年的现金流量表。(附后)

9.3 如果与最近一期年度报告相比,会计政策、会计估计和核算方法未发生变化。

9.4 如果与最近一期年度报告相比,合并范围发生变化,提供具体说明。(请填入空白处)。

(1)本公司拥有北京太行建谊水泥有限公司 57%的股权,故本期将其纳入合并报表范围。该公司本年尚处筹建期间,仅合并其 2002 年 12 月 31 日资产负债表。

(2)2002 年 11 月,本公司与河北建设集团有限公司共同投资设立保定太行和益水泥有限公司。本公司拥有保定太行和益水泥有限公司 65%的股权,故本期将其纳入报表范围。该公司本年尚处筹建期间,仅合并其 2002 年 12 月 31 日资产负债表。

河北太行水泥股份有限公司

二 00 三年三月十五日

## 利润及利润分配表

编制单位：河北太行水泥股份有限公司　　　　单位：人民币元

| 项　　目 | 附注 | 合并 | | 母公司 | |
|---|---|---|---|---|---|
| | | 2002 年度 | 2001 年度 | 2002 年度 | 2001 年度 |
| 一、主营业务收入 | 五、28 | 379,324,641.33 | 354,161,637.76 | 379,324,641.33 | 354,161,637.76 |
| 减：主营业务成本 | 五、29 | 249,158,137.82 | 209,808,389.05 | 249,158,137.82 | 209,808,389.05 |
| 主营业务税金及附加 | 五、30 | 2,239,115.13 | 3,230,714.42 | 2,239,115.13 | 3,230,714.42 |
| 二、主营业务利润 | | 127,927,388.38 | 141,122,534.29 | 127,927,388.38 | 141,122,534.29 |
| 加：其他业务利润 | 五、31 | 2,503,545.15 | 2,024,924.01 | 2,503,545.15 | 2,024,924.01 |
| 减：营业费用 | | 41,547,798.22 | 44,049,020.71 | 41,547,798.22 | 44,049,020.71 |
| 管理费用 | | 35,017,177.96 | 39,906,984.28 | 35,017,177.96 | 39,906,984.28 |
| 财务费用 | 五、32 | 11,748,022.44 | 11,603,001.62 | 11,748,022.44 | 11,603,001.62 |
| 三、营业利润 | | 42,117,934.91 | 47,588,451.69 | 42,117,934.91 | 47,588,451.69 |
| 加：投资收益 | 五、33 | -1,261,783.99 | 55,862.30 | -1,261,783.99 | 55,862.30 |
| 补贴收入 | 五、34 | 10,517,045.16 | 4,600,000.00 | 10,517,045.16 | 4,600,000.00 |
| 营业外收入 | 五、35 | 236,798.28 | 6,563.64 | 236,798.28 | 6,563.64 |
| 减：营业外支出 | 五、36 | 1,149,163.88 | 931,975.61 | 1,149,163.88 | 931,975.61 |
| 四、利润总额 | | 50,460,830.48 | 51,318,902.02 | 50,460,830.48 | 51,318,902.02 |
| 减：所得税 | 五、37 | 10,062,682.04 | 11,173,692.87 | 10,062,682.04 | 11,173,692.87 |
| 少数股东本期损益 | | - | - | - | - |
| 五、净利润 | | 40,398,148.44 | 40,145,209.15 | 40,398,148.44 | 40,145,209.15 |
| 加：年初未分配利润 | | 47,047,700.50 | 28,931,533.19 | 47,047,700.50 | 28,931,533.19 |
| 其他转入 | | - | - | - | |
| 六、可供分配利润 | | 87,445,848.94 | 69,076,742.34 | 87,445,848.94 | 69,076,742.34 |
| 减：提取法定盈余公积 | | 4,039,814.84 | 4,014,520.92 | 4,039,814.84 | 4,014,520.92 |
| 提取法定公益金 | | 4,039,814.84 | 4,014,520.92 | 4,039,814.84 | 4,014,520.92 |
| 提取职工奖励及福利基金 | | - | - | - | - |
| 提取储备基金 | | - | - | - | - |
| 提取企业发展基金 | | - | - | - | - |
| 利润归还投资 | | - | - | - | - |
| 七、可供投资者分配的利润 | | 79,366,219.26 | 61,047,700.50 | 79,366,219.26 | 61,047,700.50 |
| 减：应付优先股股利 | | - | - | - | - |
| 提取任意盈余公积 | | - | - | - | - |
| 应付普通股股利 | | 9,500,000.00 | 14,000,000.00 | 9,500,000.00 | 14,000,000.00 |
| 转作股本的普通股股利 | | | | | |
| 八、未分配利润 | 五、27 | 69,866,219.26 | 47,047,700.50 | 69,866,219.26 | 47,047,700.50 |
| 利润表补充资料： | | | | | |
| 1.出售、处置部门或被投资单位所得收益 | | - | - | - | - |
| 2.自然灾害发生的损失 | | - | - | - | - |
| 3.会计政策变更增加(或减少)利润总额 | | - | - | - | - |
| 4.会计估计变更增加(或减少)利润总额 | | - | - | - | - |
| 5.债务重组损失 | | - | - | - | - |
| 6.其他 | | - | - | - | - |

## 资产负债表

编制单位：河北太行水泥股份有限公司　　　　单位：人民币元

| 项　　目 | 附注 | 合并 | | 母公司 | |
|---|---|---|---|---|---|
| | | 2002 年 12 月 31 日 | 2001 年 12 月 31 日 | 2002 年 12 月 31 日 | 2001 年 12 月 31 日 |
| 流动资产： | | | | | |
| 货币资金 | 五、1 | 285,586,602.45 | 56,414,116.03 | 212,732,142.65 | 56,414,116.03 |
| 短期投资 | | - | - | - | - |
| 应收票据 | 五、2 | 19,450,630.62 | 10,790,000.00 | 19,450,630.62 | 10,790,000.00 |
| 应收股利 | | - | - | - | - |
| 应收利息 | | - | - | - | - |
| 应收帐款 | 五、3 | 142,765,532.78 | 122,285,552.02 | 142,765,532.78 | 122,285,552.02 |
| 其他应收款 | 五、4 | 8,984,438.55 | 16,006,660.93 | 7,349,710.41 | 16,006,660.93 |
| 预付帐款 | 五、5 | 7,178,198.89 | 9,700,326.23 | 7,178,198.89 | 9,700,326.23 |
| 应收补贴款 | | - | - | - | - |
| 存货 | 五、6 | 38,355,327.23 | 43,867,751.72 | 38,355,327.23 | 43,867,751.72 |
| 待摊费用 | | - | - | - | - |
| 一年内到期的长期债权投资 | 五、7 | 5,180.00 | 5,439.00 | 5,180.00 | 5,439.00 |
| 其他流动资产 | | - | - | - | - |
| 流动资产合计 | | 502,325,910.52 | 259,069,845.93 | 427,836,722.58 | 259,069,845.93 |
| 长期投资： | | | | | |
| 长期股权投资 | 五、8 | 19,541,739.61 | 20,803,566.80 | 154,541,739.61 | 20,803,566.80 |
| 长期债权投资 | | - | - | - | - |
| 合并价差 | | - | - | - | - |
| 长期投资合计 | | 19,541,739.61 | 20,803,566.80 | 154,541,739.61 | 20,803,566.80 |
| 固定资产： | | | | | |
| 固定资产原价 | 五、9 | 626,533,210.79 | 606,218,197.86 | 622,846,723.79 | 606,218,197.86 |
| 减：累计折旧 | 五、9 | 326,942,506.61 | 298,511,891.93 | 326,748,662.11 | 298,511,891.93 |
| 固定资产净值 | 五、9 | 299,590,704.18 | 307,706,305.93 | 296,098,061.68 | 307,706,305.93 |
| 减：固定资产减值准备 | 五、9 | 1,726,724.85 | 606,537.03 | 1,726,724.85 | 606,537.03 |
| 固定资产净额 | 五、9 | 297,863,979.33 | 307,099,768.90 | 294,371,336.83 | 307,099,768.90 |
| 工程物资 | 五、10 | 33,244,214.05 | - | 15,434,014.05 | - |
| 在建工程 | 五、11 | 353,030,868.55 | 40,979,896.33 | 38,630,866.80 | 40,979,896.33 |
| 固定资产清理 | | - | - | - | - |
| 固定资产合计 | | 684,139,061.93 | 348,079,665.23 | 348,436,217.68 | 348,079,665.23 |
| 无形资产及其他资产： | | | | | |
| 无形资产 | 五、12 | 13,424,041.97 | 16,521,262.14 | 13,424,041.97 | 16,521,262.14 |
| 长期待摊费用 | 五、13 | 1,473,858.51 | - | - | - |
| 其他长期资产 | | - | - | - | - |
| 无形资产及其他资产合计 | | 14,897,900.48 | 16,521,262.14 | 13,424,041.97 | 16,521,262.14 |
| 递延税款： | | | | | |
| 递延税款借项 | | | | | |
| 资产总计 | | 1,220,904,612.54 | 644,474,340.10 | 944,238,721.84 | 644,474,340.10 |
| 流动负债： | | | | | |
| 短期借款： | 五、14 | 96,200,000.00 | 79,580,000.00 | 88,580,000.00 | 79,580,000.00 |
| 应付票据 | | - | - | - | - |
| 应付帐款 | 五、15 | 35,694,649.38 | 40,177,709.38 | 35,694,649.38 | 40,177,709.38 |
| 预收帐款 | 五、16 | 4,743,314.13 | 8,025,628.80 | 4,743,314.13 | 8,025,628.80 |
| 应付工资 | | - | - | - | - |
| 应付福利费 | | 3,278,833.99 | 2,462,718.15 | 3,273,833.99 | 2,462,718.15 |
| 应付股利 | 五、17 | 14,304,500.00 | 15,738,500.00 | 14,304,500.00 | 15,738,500.00 |
| 应交税金 | 五、18 | -8,896,900.82 | -29,465,289.20 | -8,896,900.82 | -29,465,289.20 |
| 其他应交款 | 五、19 | -349,283.81 | 105,955.48 | -349,283.81 | 105,955.48 |
| 其他应付款 | 五、20 | 194,895,395.99 | 35,432,554.80 | 10,849,505.29 | 35,432,554.80 |
| 预提费用 | | - | - | - | - |
| 预计负债 | | - | - | - | - |
| 一年内到期的长期负债 | 五、21 | 130,500,000.00 | 500,000.00 | 130,500,000.00 | 500,000.00 |
| 其他流动负债 | | | | | |
| 流动负债合计 | | 470,365,508.86 | 152,557,777.41 | 278,699,618.16 | 152,557,777.41 |
| 长期负债： | | | | | |
| 长期借款 | 五、22 | | 130,000,000.00 | | 130,000,000.00 |
| 应付债券 | | - | - | - | - |
| 长期应付款 | | | | | |
| 专项应付款 | 五、23 | 1,100,000.00 | 2,620,000.00 | 1,100,000.00 | 2,620,000.00 |
| 其他长期负债 | | - | - | - | - |
| 长期负债合计 | | 1,100,000.00 | 132,620,000.00 | 1,100,000.00 | 132,620,000.00 |
| 递延税项： | | | | | |
| 递延税款贷项 | | | | | |
| 负债合计 | | 471,465,508.86 | 285,177,777.41 | 279,799,618.16 | 285,177,777.41 |
| 少数股东权益 | | 85,000,000.00 | | | |
| 股东权益： | | | | | |
| 总股本 | 五、24 | 190,000,000.00 | 140,000,000.00 | 190,000,000.00 | 140,000,000.00 |
| 减：已归还投资 | | - | - | - | - |
| 股本净额 | | 190,000,000.00 | 140,000,000.00 | 190,000,000.00 | 140,000,000.00 |
| 资本公积 | 五、25 | 328,914,751.06 | 104,670,358.51 | 328,914,751.06 | 104,670,358.51 |
| 盈余公积 | 五、26 | 75,658,133.36 | 67,578,503.68 | 75,658,133.36 | 67,578,503.68 |
| 其中：法定公益金 | 五、26 | 34,538,300.18 | 30,498,485.34 | 34,538,300.18 | 30,498,485.34 |
| 未分配利润 | 五、27 | 69,866,219.26 | 47,047,700.50 | 69,866,219.26 | 47,047,700.50 |
| 股东权益合计 | | 664,439,103.68 | 359,296,562.69 | 664,439,103.68 | 359,296,562.69 |
| 负债及股东权益总计 | | 1,220,904,612.54 | 644,474,340.10 | 944,238,721.84 | 644,474,340.10 |

## 现 金 流 量 表

2002 年度

编制单位：河北太行水泥股份有限公司　　　　单位：人民币元

| 项　　目 | 附注 | 合并 | 母公司 |
|---|---|---|---|
| 一、经营活动产生的现金流量： | | | |
| 销售商品、提供劳务收到的现金 | | 481,378,708.96 | 481,378,708.96 |
| 收到的税费返还 | | - | - |
| 收到的其他与经营活动有关的现金 | 五、38 | 17,251,794.11 | 17,251,794.11 |
| 现金流入小计 | | 498,630,503.07 | 498,630,503.07 |
| 购买商品、接受劳务支付的现金 | | 360,238,824.01 | 360,238,824.01 |
| 支付给职工以及为职工支付的现金 | | 34,712,523.65 | 34,712,523.65 |
| 支付的各项税费 | | 15,979,995.51 | 15,979,995.51 |
| 支付的其他与经营活动有关的现金 | 五、39 | 28,158,063.50 | 28,158,063.50 |
| 现金流出小计 | | 439,089,406.67 | 439,089,406.67 |
| 经营活动产生的现金流量净额 | | 59,541,096.40 | 59,541,096.40 |
| 二、投资活动产生的现金流量： | | | |
| 收回投资所收到的现金 | | 259.00 | 259.00 |
| 取得投资收益所收到的现金 | | 43.20 | 43.20 |
| 处置固定资产、无形资产和其他长期资产所收回的现金净额 | | 407,600.00 | 407,600.00 |
| 收到的其他与投资活动有关的现金 | | 1,093,854.00 | - |
| 现金流入小计 | | 1,501,756.20 | 407,902.20 |
| 购建固定资产、无形资产和其他长期资产所收回的现金净额 | | 360,945,863.14 | 25,463,383.59 |
| 投资所支付的现金 | | - | 135,000,000.00 |
| 支付的其他与投资活动有关的现金 | 五、40 | 2,914,947.24 | - |
| 现金流出小计 | | 363,860,810.38 | 160,463,383.59 |
| 投资活动产生的现金流量净额 | | -362,359,054.18 | -160,055,481.39 |
| 三、筹资活动产生的现金流量 | | | |
| 吸收投资所收到的现金 | | 362,627,453.75 | 277,627,453.75 |
| 其中：子公司吸收少数股东权益性投资收到的现金 | | 85,000,000.00 | - |
| 借款所收到的现金 | | 278,700,000.00 | 88,580,000.00 |
| 收到的其他与筹资活动有关的现金 | | 37,827.50 | - |
| 现金流入小计 | | 641,365,281.25 | 366,207,453.75 |
| 偿还债务所支付的现金 | | 79,580,000.00 | 79,580,000.00 |
| 分配股利、利润或偿付利息所支付的现金 | | 23,648,416.14 | 23,648,416.14 |
| 其中：子公司支付少数股东股利所支付的现金 | | - | - |
| 支付的其他与筹资活动有关的现金 | 五、41 | 6,146,626.00 | 6,146,626.00 |
| 其中：子公司依法减资支付给少数股东的现金 | | - | - |
| 现金流出小计 | | 109,375,042.14 | 109,375,042.14 |
| 筹资活动产生的现金流量净额 | | 531,990,239.11 | 256,832,411.61 |
| 四、汇率变动对现金的影响 | | 205.09 | - |
| 五、现金及现金等价物净增加额 | | 229,172,486.42 | 156,318,026.62 |
| 1.将净利润调节为经营活动现金流量： | | | |
| 净利润 | | 40,398,148.44 | 40,398,148.44 |
| 加：少数股东损益 | | - | - |
| 计提的资产减值准备 | | 4,258,104.56 | 4,258,104.56 |
| 固定资产折旧 | | 31,503,473.75 | 31,503,473.75 |
| 无形资产摊销 | | 3,237,220.17 | 3,237,220.17 |
| 长期待摊费用摊销 | | - | - |
| 待摊费用减少(减：增加) | | - | - |
| 预提费用增加(减：减少) | | - | - |
| 处置固定资产、无形资产和其他长期资产的损失(减：收益) | | -241,046.65 | -241,046.65 |
| 固定资产报废损失 | | - | - |
| 财务费用 | | 13,114,416.14 | 13,114,416.14 |
| 投资损失(减：收益) | | 1,261,783.99 | 1,261,783.99 |
| 递延税款贷项(减：借项) | | - | - |
| 存货的减少(减：增加) | | 5,212,196.29 | 5,212,196.29 |
| 经营性应收项目的减少(减：增加) | | -18,546,215.28 | -18,546,215.28 |
| 经营性应付项目的增加(减：减少) | | -20,656,985.01 | -20,656,985.01 |
| 其他 | | - | - |
| 经营活动产生的现金流量净额 | | 59,541,096.40 | 59,541,096.40 |
| 2.不涉及现金收支的投资和筹资活动： | | | |
| 债务转为资本 | | - | - |
| 一年内到期的可转换公司债券 | | - | - |
| 融资租入固定资产 | | - | - |
| 3.现金及现金等价物净增加情况： | | - | - |
| 现金的期末余额 | | 285,586,602.45 | 212,732,142.65 |
| 减：现金的期初余额 | | 56,414,116.03 | 56,414,116.03 |
| 现金等价物的期末余额 | | - | - |
| 减：现金等价物的期初余额 | | - | - |
| 现金及现金等价物净增加额 | | 229,172,486.42 | 156,318,026.62 |

# 600802 福建水泥股份有限公司

## 二○○二年年度报告摘要

### 1.重要提示

1.1 本公司董事会及其董事保证本报告所载资料不存在任何虚假记载、误导性陈述或者重大遗漏,并对其内容的真实性、准确性和完整性负个别及连带责任。本年度报告摘要摘自年度报告全文,投资者欲了解详细内容,应阅读年度报告全文。

1.2 独立董事邱华炳先生、董事林威先生因故未出席本次会议,均委托董事长黄建民先生出席并表决。

1.3 公司董事长黄建民先生、总经理盖小健先生、总会计师高嶙先生及会计机构负责人许建才先生声明:保证年度报告中财务会计报告的真实、完整。

### 2.上市公司基本情况简介

2.1 基本情况简介

| | |
|---|---|
| 股票简称 | 福建水泥 |
| 股票代码 | 600802 |
| 上市交易所 | 上海证券交易所 |
| 注册地址 | 福建省福州市杨桥东路 118 号宏杨新城建福大厦 |
| 办公地址 | 福建省福州市杨桥东路 118 号宏杨新城建福大厦 |
| 邮政编码 | 350001 |
| 公司国际互联网网址 | http://www.jianfu.com/ |
| 电子信箱 | cement@pub5.fz.fj.cn |

2.2 联系人和联系方式

| | 董事会秘书 | 证券事务代表 |
|---|---|---|
| 姓名 | 林成潮 | 林国金 |
| 电话 | 0591－7517808－1560 | 0591－7517808－1508 |
| 传真 | 0591－7527300 | 0591－7527300 |
| 联系地址 | 福建省福州市杨桥东路 118 号宏杨新城建福大厦 | |
| 电子信箱 | dmcement@pub5.fz.fj.cn | |

### 3.会计数据和财务指标摘要

3.1 主要会计数据 单位:元

| | 2002 年 | 2001 年 | | 本年比上年增减(%) | 2000 年 | |
|---|---|---|---|---|---|---|
| | | 调整后 | 调整前 | | 调整后 | 调整前 |
| 主营业务收入 | 715,306,953.38 | 582,648,450.50 | 582,648,450.50 | 22.77 | 542,123,770.13 | 542,123,770.13 |
| 利润总额 | －168,896,959.18 | －5,635,837.57 | －4,556,346.32 | 2896.84 | | 36,497,471.95 |
| 净利润 | －168,884,492.21 | 1,024,676.39 | 2,104,167.64 | －16581.74 | －95,942,273.76 | －95,140,105.17 |
| 扣除非经常性损益的净利润 | －87,831,421.12 | －127,188.27 | 952,302.98 | 68969.26 | | |
| | 2002 年末 | 2001 年末 | | 本年末比上年末增减(%) | 2000 年末 | |
| | | 调整后 | 调整前 | | 调整后 | 调整前 |
| 总资产 | 1,409,004,908.73 | 1,591,870,720.80 | 1,591,870,720.80 | －11.49 | 1,518,133,663.57 | 1,518,133,663.57 |
| 股东权益(不含少数股东权益) | 535,317,803.48 | 699,682,295.69 | 701,563,955.53 | －23.49 | 698,467,019.30 | 699,269,187.89 |
| 经营活动产生的现金流量净额 | 73,746,158.59 | 83,852,329.56 | 83,852,329.56 | －12.05 | －60,946,356.74 | －60,946,356.74 |

3.2 主要财务指标 单位:元

| | 2002 年 | 2001 年 | | 本年比上年增减(%) | 2000 年 | |
|---|---|---|---|---|---|---|
| | | 调整后 | 调整前 | | 调整后 | 调整前 |
| 每股收益 | －0.60 | 0.0036 | 0.007 | －16766.67 | | |
| 净资产收益率 | －31.55 | 0.15 | 0.300 | －21133.33 | | |
| 扣除非经常性损益的净利润为基础计算的净资产收益率 | －16.41 | －0.02 | 0.136 | 81950 | －0.137 | －13.606 |
| 每股经营活动产生的现金流量净额 | 0.26 | 0.296 | 0.296 | －12.16 | －0.215 | －0.215 |
| | 2002 年末 | 2001 年末 | | 本年末比上年末增减(%) | 2000 年末 | |
| | | 调整后 | 调整前 | | 调整后 | 调整前 |
| 每股净资产 | 1.89 | 2.47 | 2.481 | －23.48 | 2.47 | 2.473 |
| 调整后的每股净资产 | 1.702 | 2.212 | 2.216 | －23.06 | 2.327 | 2.33 |

3.3 国内外会计准则差异

□适用 √不适用

### 4.股本变动及股东情况

4.1 股份变动情况表

公司股份变动情况表

数量单位:股

| | 本次变动前 | 本次变动增减(＋,－) | | | | | | | 本次变动后 |
|---|---|---|---|---|---|---|---|---|---|
| | | 配股 | 送股 | 公积金转股 | 增发 | 其他 | 小计 | － | |
| 一、未上市流通股份 | － | － | － | － | － | － | － | － | － |
| 1.发起人股份 | 145145000 | － | － | － | － | － | － | － | 145145000 |
| 其中: | － | － | － | － | － | － | － | － | － |
| 国家持有股份 | 145145000 | － | － | － | － | － | － | － | 145145000 |
| 境内法人持有股份 | － | － | － | － | － | － | － | － | － |
| 境外法人持有股份 | － | － | － | － | － | － | － | － | － |
| 其他 | － | － | － | － | － | － | － | － | － |
| 2.募集法人股份 | 3372600 | － | － | － | － | － | － | － | 3372600 |
| 3.内部职工股 | － | － | － | － | － | － | － | － | － |
| 4.优先股或其他 | | | | | | | | | |
| 未上市流通股份合计 | 148517600 | － | － | － | － | － | － | － | 148517600 |
| 二、已上市流通股份 | － | － | － | － | － | － | － | － | － |
| 1.人民币普通股 | 134299391 | － | － | － | － | － | － | － | 134299391 |
| 2.境内上市的外资股 | － | － | － | － | － | － | － | － | － |
| 3.境外上市的外资股 | － | － | － | － | － | － | － | | |
| 4.其他 | － | － | － | － | － | － | － | － | － |
| 已上市流通股份合计 | 134299391 | － | － | － | － | － | － | － | 134299391 |
| 三、股份总数 | 282816991 | － | － | － | － | － | － | － | 282816991 |

4.2 前十名股东持股表

| 报告期末股东总数 | 78988 户 | | | | | |
|---|---|---|---|---|---|---|
| 前十名股东持股情况 | | | | | | |
| 股东名称(全称) | 年度内增减 | 年末持股数量 | 比例(%) | 股份类别 | 质押或冻结的股份数量 | 股东性质(国有股东或外资股东) |
| 福建省国有资产管理委员会 | － | 145,145,000 | 51.32 | 未流通 | 120,250,000 | 国家股 |
| 福建省青山纸业股份有限公司 | － | 698,500 | 0.25 | 未流通 | 未知 | 募集法人股 |
| 福建兴业证券公司 | －1,591,670 | 550,000 | 0.56 | 未流通 | 未知 | 募集法人股 |
| 福建投资开发总公司 | － | 550,000 | 0.19 | 未流通 | 未知 | 募集法人股 |
| 傅培珍 | ＋502,039 | 502,039 | 0.18 | 已流通 | 未知 | 流通股 |
| 福建省石化经济发展公司 | － | 419,100 | 0.15 | 未流通 | 未知 | 募集法人股 |
| 中国人民保险公司福建分公司运用部 | － | 330,000 | 0.12 | 未流通 | 未知 | 募集法人股 |
| 张荣妹 | ＋312,400 | 312,400 | 0.11 | 已流通 | 未知 | 流通股 |
| 安徽省证券公司 | ＋277,349 | 277,349 | 0.10 | 已流通 | 未知 | 流通股 |
| 蔡怀义 | ＋241,500 | 241,500 | 0.09 | 已流通 | 未知 | 流通股 |
| 前十名股东关联关系或一致行动的说明注 5 | 法人股股东不存在关联关系也不属于《上市公司股东持股变动信息披露管理办法》规定的一致行动人。此外,公司未详其他股东间的关联关系及其一致行动人的情况。 | | | | | |

4.3 控股股东及实际控制人情况介绍

4.3.1 控股股东及实际控制人变更情况

√ 适用 □不适用

| 新控股股东名称 | 新实际控制人名称 | 变更日期 | 刊登日期 | 刊登报刊 |
|---|---|---|---|---|
| | 福建省建材(控股)有限责任公司 | 2001 年 11 月 26 日 | 2002 年 3 月 5 日 | 《上海证券报》 |

4.3.2 控股股东和其他实际控制人具体情况介绍

福建省建材(控股)有限责任公司为福建省政府授权经营国有资产的国有独资公司。该公司成立于 1997 年 4 月 3 日,注册资本 16800 万元,法定代表人为黄建民,主要经营授权的国有资产及其收益管理;对外投资经营;咨询服务;建筑材料;装饰材料,金属材料,矿产品,普通机械,电器机械及器材,煤炭,水泥包装袋的批发、零售标准砂的制造。

### 5.董事、监事和高级管理人员

5.1 董事、监事和高级管理人员持股变动

| 姓名 | 职务 | 性别 | 年龄 | 任期起止日期 | 年初持股数 | 年末持股数 | 变动原因 |
|---|---|---|---|---|---|---|---|
| 黄建民 | 董事长 | 男 | 46 | 2001 年 6 月－2004 年 6 月 | 0 | 0 | － |
| 林锦瑞 | 副董事长 | 男 | 51 | 2001 年 6 月－2004 年 6 月 | 8499 | 8499 | － |
| 盖小健 | 董事兼总经理 | 男 | 52 | 2001 年 6 月－2004 年 6 月 | 0 | 0 | － |
| 刘永忠 | 董事兼常务副总 | 男 | 61 | 2001 年 6 月－2004 年 6 月 | 8499 | 8499 | － |
| 高嶙 | 董事兼总会计师 | 男 | 42 | 2001 年 6 月－2004 年 6 月 | 0 | 0 | － |
| 陈炳生 | 董事 | 男 | 36 | 2001 年 6 月－2004 年 6 月 | 0 | 0 | － |
| 林威 | 董事 | 男 | 32 | 2001 年 6 月－2004 年 6 月 | 0 | 0 | － |
| 邱华炳 | 独立董事 | 男 | 61 | 2002 年 5 月－2004 年 6 月 | 0 | 0 | － |
| 陈汉文 | 独立董事 | 男 | 35 | 2002 年 5 月－2004 年 6 月 | 0 | 0 | － |
| 李恭洲 | 监事会主席 | 男 | 52 | 2001 年 6 月－2004 年 6 月 | 0 | 0 | |
| 曹　元 | 监事 | 男 | 49 | 2001 年 6 月－2004 年 6 月 | 0 | 0 | － |
| 曾建平 | 监事 | 男 | 38 | 2001 年 6 月－2004 年 6 月 | 0 | 0 | － |

| | | | | | | | |
|---|---|---|---|---|---|---|---|
| 林金柏 | 监事 | 男 | 40 | 2002 年 5 月 – 2004 年 6 月 | 0 | 0 | – |
| 陈明飞 | 监事 | 男 | 41 | 2001 年 6 月 – 2004 年 6 月 | 6568 | 6568 | – |
| 林述雄 | 监事 | 男 | 46 | 2001 年 6 月 – 2004 年 6 月 | 0 | 0 | – |
| 张达贵 | 监事 | 男 | 38 | 2001 年 6 月 – 2004 年 6 月 | 0 | 0 | – |
| 陈先份 | 监事 | 男 | 40 | 2001 年 6 月 – 2004 年 6 月 | 0 | 0 | – |
| 杜卫东 | 副总经理 | 男 | 40 | 2001 年 6 月 – 2004 年 6 月 | 0 | 0 | – |
| 林顺贵 | 副总经理 | 男 | 47 | 2001 年 6 月 – 2004 年 6 月 | 2600 | 2600 | – |
| 何友栋 | 副总经理 | 男 | 40 | 2001 年 6 月 – 2004 年 6 月 | 0 | 0 | – |
| 严　飞 | 副总经理 | 男 | 47 | 2001 年 6 月 – 2004 年 6 月 | 0 | 0 | – |
| 林成潮 | 董事会秘书 | 男 | 52 | 2001 年 6 月 – 2004 年 6 月 | 0 | 0 | – |
| 郑元清 | 总工程师 | 男 | 59 | 2001 年 6 月 – 2004 年 6 月 | 0 | 0 | – |

5.2　在股东单位任职的董事监事情况

√适用　　　　□不适用

| 姓名 | 任职的股东名称 | 在股东单位担任的职务 | 任职期间 | 是否领取报酬、津贴 |
|---|---|---|---|---|
| 黄建民 | 福建省建材(控股)有限责任公司 | 总经理 | 从 2000 年 5 月起 | 否 |
| 林锦瑞 | 福建省建材(控股)有限责任公司 | 副总经理 | 从 2000 年 5 月起 | 否 |
| 李恭洲 | 福建省建材(控股)有限责任公司 | 党委副书记 | 从 2000 年 5 月起 | 否 |
| 曹元 | 福建省建材(控股)有限责任公司 | 政治部负责人 | 从 2001 年 1 月起 | 否 |
| 曾建平 | 福建省建材(控股)有限责任公司 | 投资发展部负责人 | 从 2001 年 1 月起 | 否 |
| 林金柏 | 福建省建材(控股)有限责任公司 | 资产财务部经理助理 | 从 2002 年 6 月起 | 否 |
| 陈炳生 | 福建省青山纸业股份有限公司 | 董事会秘书兼副总经理 | 2001 年 7 月 – 2004 年 7 月 | 否 |
| 林威 | 兴业证券股份有限公司 | 投资银行福州总部副总经理 | 2000 年 4 月起 | 否 |

5.3 董事、监事和高级管理人员年度报酬情况

| | |
|---|---|
| 年度报酬总额 | 40.1427 万元 |
| 金额最高的前三名董事的报酬总额 | 13.6532 万元 |
| 金额最高的前三名高级管理人员的报酬总额 | 14.5778 万元 |
| 独立董事津贴 | 6 万元(每人 3 万含税) |
| 独立董事其他待遇 | 行使职权所发生的必要费用由公司承担 |
| 不在公司领取报酬、津贴的董事、监事姓名 | 黄建民、林锦瑞、陈炳生、林威、李恭洲、曹元、曾建平、林金柏 |
| 报酬区间 | 人数 |
| 6 万以上 | 1 人 |
| 3 – 5 万 | 1 人 |
| 3 – 4 万 | 3 人 |
| 2 – 3 万 | 6 人 |
| 2 万以下 | 2 人 |

# 6.董事会报告

6.1 报告期内整体经营情况的讨论与分析

经营环境

2002 年,我国继续实施扩大内需的政策和积极的财政政策和稳健的货币政策,国民经济持续较快增长,全社会固定资产投资完成 4.32 万亿元,增长 16.1%,全国规模以上企业水泥年产量合计达 7.25 亿吨,年增长 9.7%。同时,水泥行业结构调整步伐明显加快。

2002 年,福建省全社会固定资产投资完成 1210 亿元,增长 6.7%。受需求拉动,全省水泥年产量约 2000 万吨(含规模以下企业产量约 300 万吨),增长 13.45%。由于我国水泥工业存在的结构性矛盾和区域的不平衡性,福建省 2002 年在产水泥企业 275 家,小水泥企业数量就占 97.8%,生产集中度低,同时省外水泥也加紧了入闽的竞夺,造成无序竞争和过度竞争并存格局,导致水泥价格持续走低。

主营业务情况

2002 年,公司日产 2000 吨水泥熟料的四号窑正式投产,公司产能迅速提高,水泥年产能力增至 300 万吨,给公司较为薄弱的销售能力提出了新的考验。公司在认真组织市场的全面调研和分析后,从完善公司营销内部组织与激励机制,规范内部业务流程,进一步加强和改进营销工作,坚持营销创新、勇于实践、开拓进取,全面提升公司营销能力等方面,制定并贯彻落实了一系列的措施,营销能力得到了一定程度的提高,基本适应了产能迅速扩张的需要。

2002 年度,公司水泥和熟料销售总量达 294.29 万吨,其中,水泥销量 251.19 万吨、熟料销量 42.04 万吨,分别比去年增长 31.45%、16.52%、406.51%。实现了产、销的同步增长,提高了市场占有率。

公司坚持通过扩大产销量、加强管理、技术改造来降低成本,努力消化因市场售价下滑、大宗原燃材料价格上涨带来的不利因素,保证了公司产品的市场竞争力。

上市以来,公司年度业绩首次亏损

2002 年,公司实现主营业务收入 715,306,953.38 元,主营业务利润 213,699,897.89 元,分别比上年增长 22.77%、8.11%,利润总额 – 168,896,959.18 元,净利润 – 168,884,492.21 元,出现了重大亏损,主要原因如下:

1.近几年,福建省水泥市场价格年年走低,2002 年,公司水泥价格每吨平均比上年降低 6.65 元。

2.本报告期公司调整坏帐计提比例并按个别认定法认定的呆坏帐全额计提坏帐准备,本次变更和个别呆坏帐计提,累计影响利润 90822072.24 元,占年度亏损额的 53.77%。

3.计提各项资产减值准备,包括存货跌价,固定资产、长期投资等减值准备,影响利润 15,186,688.52 元,占年度亏损额的 8.99%。

4.职工房改、医保等支出,影响利润 15875424.35 元,占年度亏损额的 9.40%。

全面推行"三项制度"改革与分流辅业

2002 年是公司大力推行改革之年,为公司长远发展的需要,公司以鼓励员工提前内部退养和实施全员竞聘上岗相结合的办法,完成了公司总部,销售、投资、物业等分公司及两生产厂副厂级的岗位竞聘工作。本年度公司办理了 838 名员工的内部退养手续,同时,本着主辅分离、精干主业的原则,制定了职工医院、建福设备安装维修有限公司、福泥汽车运输有限公司和两厂劳服公司及生活服务等部门的分流方案。目前,职工医院整体剥离工作基本完成,其他分流方案及两生产厂管理、生产岗位竞聘也将于 2003 年分步实施。为顺利完成分流、剥离工作,2002 年公司为员工办理了医保,一次性补缴费用 528.87 万元。

本次改革对公司精干主业、增强竞争力、重塑企业文化及今后发展等都将起积极而深远的影响。

6.2 主营业务分行业、产品情况表

| 分行业或分产品 | 主营业务收入 | 主营业务成本 | 毛利率(%) | 主营业务收入比上年增减(%) | 主营业务成本比上年增减(%) | 毛利率比上年增减(%) |
|---|---|---|---|---|---|---|
| 水泥 | 643,690,724.31 | 435,363,412.83 | 32.36 | 13.35 | 19.60 | – 3.54 |
| 大熟料 | 61,359,509.40 | 55,106,884.12 | 10.19 | 403.47 | 385.99 | 3.25 |
| 机砖 | 85,902.98 | 86,538.09 | – 0.74 | – 85.75 | – 87.72 | 14.44 |
| 其他 | 10,170,816.69 | 3,447,163.89 | 66.11 | 417.37 | 213.22 | 22.05 |
| 其中:关联交易注 9 | – | – | – | – | – | – |
| 产品 1 | – | – | – | – | – | – |
| 产品 2 | – | – | – | – | – | – |
| …… | – | – | – | – | – | – |
| 其中:关联交易 | – | – | – | – | – | |
| 关联交易的定价原则 | | | | | | |
| 关联交易必要性、持续性的说明 | – | | | | | |

6.3 主营业务分地区情况

| 地区 | 主营业务收入 | 主营业务收入比上年增减(%) |
|---|---|---|
| 福建省 | 647,510,536.74 | 13.51 |
| 浙江省 | 61,359,509.40 | 403.47 |
| 江西省 | 64,369,072.43 | – |

6.4 采购和销售客户情况

| | | | |
|---|---|---|---|
| 前五名供应商采购金额合计 | 8,308.90 | 占采购总额比重 | 41.20% |
| 前五名销售客户销售金额合计 | 18,588.75 | 占销售总额比重 | 25.98% |

6.5 参股公司经营情况(适用投资收益占净利润 10%以上的情况)

□适用　　　√不适用

6.6 主营业务及其结构发生重大变化的原因说明注10

□ 适用　　　√不适用

6.7 主营业务盈利能力(毛利率)与上年相比发生重大变化的原因说明

□适用　　　√不适用

6.8 经营成果和利润构成与上年度相比发生重大变化的原因分析

√适用　　　□不适用

1.本报告期公司调整坏帐计提比例并按个别认定法认定的呆坏帐全额计提坏帐准备,本次变更和个别呆坏帐计提,累计影响利润 90,822,072.24 元,占年度亏损额的 53.77%。

2.计提各项资产减值准备,包括存货跌价、固定资产、长期投资等减值准备,影响利润 15,186,688.52 元,占年度亏损额的 8.99%。

3.职工房改、医保等支出,影响利润 15,875,424.35 元,占年度亏损额的 9.40%。

整体财务状况与上年度相比发生重大变化的原因分析

√适用　　　□不适用

| 指标名称 | 2002 年 | 2001 年(调整后) | 2001 年(调整前) | 增减变动% |
|---|---|---|---|---|
| 总资产 | 1,409,004,908.73 | 1,591,870,720.80 | 1,591,870,720.80 | – 11.49 |
| 长期负债 | 178,104,795.26 | 267,575,993.96 | 267,575,993.96 | – 33.44 |
| 股东权益 | 535,317,803.48 | 699,682,295.69 | 701,563,955.53 | – 23.49 |
| 主营业务利润 | 213,699,897.89 | 197,664,058.94 | 198,743,550.19 | 8.11 |
| 净利润 | – 168,884,492.21 | 1,024,676.39 | 2,104,167.64 | – 16581.74 |
| 现金及现金等价物净增加额 | – 83,676,481.39 | – 26,742,786.03 | – 26,742,786.03 | 212.89 |

说明:

①总资产减少,主要是本报告期亏损;

②长期负债减少,系归还部分兼并顺昌水泥厂陈欠债务;

③股东权益减少,系本期亏损转未分配利润;

④主营业务利润增加,系年内四号窑正式投产,产、销增加所致;

⑤净利润减少,主要是本报告期提高坏帐计提比例及按个别认定法计提应收款项坏帐准备及其他资产减值准备,以及售价下滑、大宗原燃材料价格上涨使营业利润减少等引致。

⑥现金及现金等价物净增加额,负数额增加 212.89%,主要是本报告期偿还债务金额大幅增加。

6.9 对生产经营环境以及宏观政策、法规产生重大变化已经、正在或将要对公司的财务状况和经营成果产生重要影响的说明

√适用　　　□不适用

1.公司兼并福建省顺昌水泥厂所享受的优惠政策在本报告期结束,即从 2003 年开始公司不再继续享受"公司所得税和新增增值税地方分成部分及国有股股权收益实行先缴存后从财政支出渠道拨给公司,用于增资配股,或回收企业股权,以及解决兼并顺昌水泥厂所应偿还的债务问题"的优惠政策。本报告期公司尚未收到上述优惠政策返回的款项。

2.根据财政部财税(2002)99 号文件《关于进一步认真贯彻落实国务院〈关于纠正地方自行制定税收先征后返政策的通知〉的通知》,由于本报告期尚在享受兼并顺昌水泥厂的优惠政策期内,对本报告期没产生实际影响,但从 2003 年起公司将按 33%的所得税税率纳税。

6.10 完成盈利预测的情况

□适用　　　√不适用

6.11 完成经营计划情况

□适用　　　√不适用

6.12 募集资金使用情况

√适用　　　□不适用

| 募集资金总额 | 162,683,303万元 | 本年度已使用募集资金总额 | | | 3,782.01万元 |
|---|---|---|---|---|---|
| | | 已累计使用募集资金总额 | | | 14,154.86万元 |
| 承诺项目 | 拟投入金额(万元) | 是否变更项目 | 实际投入金额 | 产生收益金额 | 是否符合计划进度和预计收益 |
| 无烟煤技术改造项目。 | 4,732 | 否 | 4,485.09 | 1,088 | 是 |
| 粘土预均化烘干与石灰石破碎系统技术改造工程。 | 4,804 | 是 | - | - | - |
| 肖厝开发区20万吨水泥粉磨站、10万吨散装水泥中转库、10万立方米商品混凝土搅拌站项目。 | 4,612 | 是 | - | - | - |
| 兼并顺昌水泥厂后续工作。 | 5,000 | 否 | 5,000 | 不适用 | 是 |
| 合计 | 19,146 | - | 9,485.05 | 1,088 | |
| 未达到计划进度和收益的说明 | - | | | | |
| 变更原因及变更程序说明(分具体项目) | 1.粘土预均化烘干与石灰石破碎系统技术改造工程<br>该项目因生产工艺改变和新技术出现,未投入。为提高募集资金使用效益并结合公司实际情况,经公司于2002年10月24日召开的第三届董事会第九次会议决议,拟变更募集资金1,150万元投资福州粉磨站加装辊压机节能技术改造项目,变更2,373.79万元用于补充公司流动资金。该项变更议案拟提交2002年度股东大会审议批准。该事项披露于2002年10月28日的《上海证券报》上。<br>2.肖厝25万吨袋装水泥仓库、15万吨散装水泥中转库、10万立方米商品混凝土搅拌站项目。<br>由于我司拟对建福厂水泥磨进行技改,水泥粉磨能力将大幅提高,同时肖厝开发区(已更名为泉港开发区)对环保的要求较高,解决粉尘污染需较大投资,因此将建设年产20万吨水泥粉磨站改为建设年中转25万吨袋装水泥仓库。<br>散装水泥中转库中转能力由年中转10万吨增加为15万吨,该项调整系适应当地市场的客观需要。改变投资方式,由我司全资投入改为组建合资公司投入。合资组建泉州市泉港金泉福建材有限公司负责筹建该项目。 | | | | |

变更项目情况
√适用　　□不适用

| 变更投资项目的资金总额 | 8,135.79万元 | | | | |
|---|---|---|---|---|---|
| 变更后的项目 | 对应的原承诺项目 | 变更项目拟投入金额 | 实际投入金额 | 产生收益金额 | 是否符合计划进度和预计收益 |
| 福州粉磨站加装辊压机节能技术改造项目 | 粘土预均化烘干与石灰石破碎系统技术改造工程 | 1,150 | 668 | 在建 | 是 |
| 补充公司流动资金 | | 2,373.79 | 2,373.79 | 不适用 | 是 |
| 25万吨袋装水泥仓库、15万吨散装水泥中转库、10万立方米商品混凝土搅拌站项目 | 肖厝开发区20万吨水泥粉磨站、10万吨散装水泥中转库、10万立方米商品混凝土搅拌站项目。 | 3,259.45 | 1,628 | 在建 | 未达计划进度 |
| 合计 | - | 6,783.24 | 4,669.75 | 不适用 | - |
| 未达到计划进度和收益的说明(分具体项目) | 本公司结合肖厝开发区的建设进展情况,适度推迟了建设进度。 | | | | |

6.13 非募集资金项目情况
√适用　　□不适用

| 项目名称 | 项目金额 | 项目进度 | 项目收益情况 |
|---|---|---|---|
| 公司四号窑配套项目,主要为收购原漳州恒泰水泥厂及购置水泥运输用列车 | 本报告期投入2,888.42万元,已累计投入5,140.4万元 | 100% | 不适用 |
| 漳州3号磨 | 本报告期投入金额2,185.19万元,已累计投资2,542.70万元 | 100% | 不适用 |
| 合计 | 本报告期投入5,073.61万元,已累计投资7,683.1万元 | - | |

6.14 董事会对会计师事务所"非标意见"的说明
□适用　　√不适用
6.15 董事会新年度的经营计划(如有)
√适用　　□不适用

生产熟料240万吨,生产水泥290万吨;销售水泥290万吨,销售商品熟料18万吨,力争产、销商品总量318万吨。

新年度盈利预测(如有)
□适用　　√不适用
6.16 董事会本次利润分配或资本公积金转增预案

经福建华兴会计有限责任公司审计,公司2002年度实现利润总额-168,896,959.18元,净利润-168,884,492.21元,加年初未分配利润-105,882,586.41元及其他转入104,565,424.54元,2002年可供分配的利润为-170,201,654.08元。
1.提取两金:提取法定盈余公积金21,262.08元,提取法定公益金21,262.08元。
2.可供股东分配的利润为-170,244,178.24元。
本年度亏损未弥补,故不进行利润分配,也不进行公积金转增股本。
该预案需经股东大会审议批准后实施。

## 7.重要事项

7.1 收购资产
√适用　　□不适用

| 交易对方及被收购资产 | 购买日 | 收购价格 | 自购买日起至本年末为上市公司贡献的净利润 | 是否为关联交易 | 定价原则 |
|---|---|---|---|---|---|
| 收购福建省顺昌水泥厂劳动服务公司的水泥粉磨车间资产 | 2002年3月31日 | 本公司以持有的常州金源房地产开发有限公司55%股权(帐面值10,099,451.08元) | 不适用 | 否 | 审计值 |

7.2 出售资产
√适用　　□不适用

| 交易对方及被出售资产 | 出售日 | 出售价格 | 本年初起至出售日该出售资产为上市公司贡献的净利润 | 出售产生的损益 | 是否为关联交易 | 定价原则 |
|---|---|---|---|---|---|---|
| 福建省顺昌水泥厂劳动服务公司,本公司持有的常州金源房地产开发有限公司55%股权 | 2002年3月31日 | 9,957,964.78元 | 不适用 | 不适用 | 否 | 评估值 |

说明:公司业务连续性、管理层稳定性的影响。
上述收购和出售,精干了公司主业,并提高公司资产质量。对管理稳定性不产生影响。
7.3 重大担保
√适用　　□不适用

| 担保对象名称 | 发生日期(协议签署日) | 担保金额(万元) | 担保类型 | 担保期 | 是否履行完毕 | 是否为关联方担保(是或否) |
|---|---|---|---|---|---|---|
| 三明新型建材总厂 | 2002.06.28 | 2743 | 连带责任保证 | 2002.06.28-2003.06.27 | 否 | 是 |
| 福建省建福散装水泥联合公司 | 2002.05.30 | 400 | 连带责任保证 | 2002.05.30-2003.05.29 | 否 | 是 |
| | 2002.09.13 | 400 | 连带责任保证 | 2002.09.13-2003.09.12 | 否 | 是 |
| 厦门建福散装水泥运输公司 | 2002.09.03 | 150 | 银行承兑汇票 | 2002.09.03-2003.01.15 | 否 | 是 |
| | 2002.11.20 | 200 | 银行承兑汇票 | 2002.11.20-2003.04.20 | 否 | 是 |
| | 2002.12.04 | 50 | 银行承兑汇票 | 2002.12.04-2003.05.04 | 否 | 是 |
| 厦门金福鹭建材有限公司 | 2002.10.24 | 200 | 银行承兑汇票 | 200210.24-2003.01.24 | 否 | 是 |
| | 2002.11.26 | 200 | 银行承兑汇票 | 2002.11.26-2003.03.10 | 否 | 是 |
| | 2002.12.20 | 300 | 银行承兑汇票 | 2002.12.20-2003.03.10 | 否 | 是 |
| | 2002.12.27 | 200 | 银行承兑汇票 | 2002.12.27-2003.03.27 | 否 | 是 |
| 福建省福发股份有限公司 | 2002.1.1 | 3000 | 连带责任 | 2002年1月起1年 | 否 | 否 |
| | 2002.2.1 | 4,000 | 连带责任 | 2002年2月起1年 | 否 | 否 |
| | 2002.2.1 | 900 | 连带责任 | 2002年2月起1年 | 否 | 否 |
| 担保发生额合计:12743万元 | | | - | | | |
| 担保余额合计12,743万元 | | | - | | | |
| 其中:关联担保余额合计4,843万元 | | | - | | | |

7.4 关联债权债务往来
√适用　　□不适用

单位:万元

| 关联方 | 向关联方提供资金 | | 关联方向上市公司提供资金 | |
|---|---|---|---|---|
| | 发生额 | 余额 | 发生额 | 余额 |
| 福建省非金属矿工业公司 | 115.95 | 115.95 | - | |
| 福建省建福散装水泥联营公司 | 596.51 | 596.51 | - | - |
| 厦门鹭麟散装水泥有限公司 | 32.83 | 32.83 | - | - |
| 福建省建福散装水泥联营公司 | 368.66 | 368.66 | - | - |
| 福建省建材(控股)有限责任公司 | 70 | 70 | - | - |
| 三明新型建材总厂 | 50 | 50 | - | - |
| 合计 | 1,233.95 | 1,233.95 | - | - |

7.5 委托理财
□适用　　√不适用
7.6 承诺事项履行情况
√适用　　□不适用
公司或持股5%以上股东在报告期内或持续到报告期内的承诺事项
7.6.1 报告期内或持续到报告期内,公司持股5%以上股东未作出任何承诺事项。
7.6.2 本公司于2002年10月31日在《上海证券报》刊登的《关于巡回检查发现问题的整改报告的公告》承诺:"在今后工作中将整改报告中的有关整改措施落实到位"。有关履行情况见2002年10月31日的《上海证券报》本公司《关于巡回检查发现问题的整改报告的公告》。
7.7 重大诉讼仲裁事项
√适用　　□不适用
7.7.1 公司与鞍山证券公司等证券交易代理合同纠纷案件
因鞍山证券公司(以下简称"鞍证")上海陕西北路证券营业部擅自同意与本公司合作投资的上海泰和投资管理咨询有限公司单方划走双方共管保证金人民币3,400万元,给本公司造成或有损失,本公司向上海市二中院提起上诉,请求判令鞍证及其上海陕西北路证券营业部承担偿付责任。审理期间因被告不服上海市二中院裁定,提出管辖权异议,上海市高院于2002年8月21日作出了"驳回上诉,维持原裁定"的判决。鞍证因严重违规经营于同一期间的8月9日被中国证监会撤销,并由中国人行组织成立的清算组对其进行清算和行使清算期管理职权。经公开开庭审理,上海二中院于2003年2月28日作出判决:判令被告鞍证清算组应在本判决生效后对鞍证债权债务进行清算(清算期限以企业被撤消后的法定清算程序确定),并以清算后的财产向本公司和上海泰和投资管理有限公司共同在鞍山证券公司上海陕西北路证券营业部开设的泰和水泥资金帐户(帐号为02104487)偿付人民币3400万元及该款自2001年6月26日起至本判决生效之日止的利息损失(按银行同期活期存款利率计付);对本公司要求鞍证支付本公司为追索上述款项而支出的律师费、差旅费等费用共计人民币36万元的诉讼请求不予支持;本案案件受理费人民币190,871元、财产保全费人民币181,381元,合计人民币372,252元,由本公司负担3,705元、被告鞍证清算组以清算财产负担368,547元。公司将依法追索上述债权,尽可能降低损失。
本案有关公告分别披露于2002年6月19日、2003年3月18日《上海证券报》的本公司重大诉讼事项公告、重大诉讼仲裁公告以及公司定期报告。
7.7.2 本公司与厦门世嘉房地产发展有限公司买卖合同货款纠纷案件
本公司诉厦门世嘉房地产发展有限公司买卖合同货款纠纷一案,经厦门市中院一审判决后,被告不服上诉至省高院,由于被告未按要求预交二审案件受理费,省高院于9月10日裁定被告上诉案件按自动撤回上诉处理的终审裁定。厦门市中院原裁定,即判令被告于判决书生效之日起十日内支付我司水泥货款及铁路运费、综合服务费等共计人民币1731.1214万元,案件受理费9.6566万元、财产保全费8.707万元由被告负担,经申请,该判决已进入强制执行阶段。现我司正与被告就其提出的抵偿上述债款的有关方案进行谈判。

本案有关公告披露于 2002 年 6 月 19 日的《上海证券报》

7.7.3 厦门鹭麟散装水泥有限公司(被告)欠我司水泥货款 5,286,182.94 元纠纷案件。

2002 年 1 月,经厦门市中院判决,判令报告偿还我司 5,286,182.94 元。经我司申请,厦门市中院于 9 月 27 日裁定,对本案保全的并经评估的资产 2,837,898 元(评估净值)直接抵偿我司。我司已于 10 月 17 日接收了该部分资产。

厦门鹭麟散装水泥有限公司系我司持有其股权 42.9% 的子公司。

7.7.4 福州新宏宇混凝土有限公司(被告)买卖合同纠纷案件

2002 年 11 月,经福州市仓山区法院于审理终结,判令被告支付我司水泥货款人民币 721,470.60 元,案件受理费 12,820 元由被告承担。本判决现已生效。

7.8 独立董事履行职责的情况

2002 年 5 月 9 日,公司召开的 2001 年度股东大会审议通过了《关于聘请独立董事及独立董事津贴的议案》,选聘邱华炳、陈汉文先生为公司第三届董事会独立董事。本次股东大会,邱华炳、陈汉文先生均以独立董事候选人身份参加了会议。报告期内,二位独立董事会均出席了公司召开的五次董事会中的四次会议,各有一次因故未能亲自出席而委托其他董事出席和表决。在出席会议上,对议案进行了认真审议并表决。就公司董事会三届九次会议决议拟变更部分募集资金用途的事项,邱华炳先生(陈汉文因故委托其他董事出席)站在公司和中小股东的立场,出具了独立、客观的意见。

## 8.监事会报告

监事会认为公司运作、公司财务情况、公司募集资金使用、公司收购、出售资产交易和关联交易不存在问题。

## 9.财务报告

9.1 审计意见

2002 年度财务报告经福建华兴有限责任会计师事务所审计、注册会计师童益恭、陈玉珍签字,出具了闽华兴所(2003)审字 C-041 号标准无保留意见的审计报告。

9.2 资产负债表、利润表和当年的现金流量表(见附表)

9.3 与最近一期年度报告相比,本年度会计估计发生变更、具体如下:

由于经济环境的改变,应收账款项无法收回的风险明显增大,公司董事会结合公司实际情况,依据谨慎性原则,决定自 2002 年起,改变坏账准备的计提比例如下:

| 账龄 | 原提取比例(%) | 变更后提取比例(%) |
|---|---|---|
| 1 年以下 | 0.5 | 5 |
| 1---2 年 | 6 | 20 |
| 2---3 年 | 7 | 30 |
| 3---4 年 | 10 | 50 |
| 4---5 年 | 15 | 80 |
| 5 年以上 | 25 | 100 |

如有确凿证据表明应收款项不能收回,或收回可能性较小,则加大坏账准备计提比例,直至达 100%。

对此项会计估计变更公司采用未来适用法。由于此项会计估计的变更,2002 年度提坏账准备 48,245,877.11 元,相应地减少本年度净利润 48,245,877.11 元。

9.4 与最近一期年度报告相比,本年度合并范围发生变化,具体如下:

公司 2001 年 12 月的投资厦门金福鹭建材有限公司,占 90% 股权比例,本年新增投资漳州金石新型建材有限公司,占 85.71% 股权比例,上述两家子公司于本期纳入合并会计报表范围。

### 资 产 负 债 表

2002 年 12 月 31 日

编制单位:福建水泥股份有限公司　　单位:人民币元

| 项　目 | 注释五(一) | 期末数 | | 期初数 | |
|---|---|---|---|---|---|
| | | 合并数 | 母公司 | 合并数 | 母公司 |
| 流动资产: | | | | | |
| 货币资金 | 1 | 63,434,958.01 | 54,507,440.27 | 147,111,439.40 | 140,245,929.84 |
| 短期投资 | | | | | |
| 应收票据 | 2 | 16,226,753.65 | 15,896,753.65 | 11,550,052.34 | 11,550,052.34 |
| 应收股利 | | | | | |
| 应收利息 | | | | | |
| 应收账款 | 3 | 108,119,231.67 | 99,539,243.14 | 150,352,209.23 | 145,818,031.79 |
| 其他应收款 | 4 | 61,288,044.49 | 72,609,436.81 | 128,567,834.91 | 128,496,294.03 |
| 预付账款 | 5 | 9,332,200.73 | 8,364,252.46 | 14,589,703.48 | 13,097,682.61 |
| 应收补贴款 | | | | | |
| 存货 | 6 | 79,924,873.25 | 76,088,587.42 | 97,578,210.72 | 94,183,163.83 |
| 待摊费用 | 7 | 3,768,293.46 | 3,175,543.30 | 4,525,753.09 | 3,793,809.74 |
| 一年内到期的长期债权投资 | | | | | |
| 其他流动资产 | | | | | |
| 流动资产合计 | | 342,094,355.26 | 330,181,257.05 | 554,275,203.17 | 537,184,964.18 |
| 长期投资: | | | | | |
| 长期股权投资 | 8 | 51,300,936.09 | 65,489,146.42 | 71,853,424.19 | 83,974,076.92 |
| 长期债权投资 | | | | | |
| 长期投资合计 | | 51,300,936.09 | 65,489,146.42 | 71,853,424.19 | 83,974,076.92 |
| 固定资产: | | | | | |
| 固定资产原价 | 9 | 1,390,084,359.33 | 1,368,739,132.76 | 1,266,393,912.66 | 1,254,824,072.11 |
| 减:累计折旧 | 9 | 461,183,389.87 | 455,177,404.01 | 421,748,305.64 | 417,204,726.21 |
| 固定资产净值 | | 928,900,969.46 | 913,561,728.75 | 844,645,607.02 | 837,619,345.90 |
| 减:固定资产减值准备 | | 119,789,374.34 | 119,789,374.34 | 118,305,098.68 | 118,305,098.68 |
| 固定资产净额 | | 809,111,595.12 | 793,772,354.41 | 726,340,508.34 | 719,314,247.22 |
| 工程物资 | 10 | 7,437,090.33 | 6,095,678.05 | 17,498,946.11 | 17,498,946.11 |
| 在建工程 | 11 | 22,608,139.57 | 14,174,481.02 | 65,858,804.72 | 65,337,325.02 |
| 固定资产清理 | | | | | |
| 固定资产合计 | | 839,156,825.02 | 814,042,513.48 | 809,698,259.17 | 802,150,518.35 |
| 无形资产及其他资产: | | | | | |
| 无形资产 | 12 | 139,790,648.37 | 134,873,988.37 | 135,370,854.50 | 131,303,854.50 |
| 长期待摊费用 | 13 | 36,662,143.99 | 35,749,182.47 | 20,672,979.77 | 19,676,779.75 |
| 其他长期资产 | | | | | |
| 无形资产及其他资产合计 | | 176,452,792.36 | 170,623,170.84 | 156,043,834.27 | 150,980,634.25 |
| 递延税项: | | | | | |
| 递延税款借项 | | | | | |
| 资产总计 | | 1,409,004,908.73 | 1,380,336,087.79 | 1,591,870,720.80 | 1,574,290,193.70 |
| 流动负债: | | | | | |
| 短期借款 | 14 | 479,870,000.00 | 477,870,000.00 | 489,500,000.00 | 489,500,000.00 |
| 应付票据 | 15 | 11,000,000.00 | | 9,000,000.00 | |
| 应付账款 | 16 | 53,930,819.08 | 52,924,290.44 | 31,446,158.53 | 31,349,581.96 |
| 预收账款 | 17 | 18,213,982.36 | 17,062,426.69 | 34,135,153.97 | 31,756,175.17 |
| 应付工资 | | | | 359,256.26 | 173,256.26 |
| 应付福利费 | | 192,656.49 | | 431,971.09 | |
| 应付股利 | | | | | |
| 应交税金 | 18 | 13,777,893.58 | 12,889,393.89 | 8,523,184.87 | 7,682,360.31 |
| 其他未交款 | 19 | 3,268,365.33 | 3,242,649.18 | 1,895,587.12 | 1,856,672.31 |
| 其他应付款 | 20 | 51,387,179.20 | 40,008,528.26 | 47,299,541.80 | 43,077,845.58 |
| 预提费用 | 21 | 1,922,727.39 | 1,877,997.39 | 668,207.14 | 545,060.88 |
| 预计负债 | | | | | |
| 一年内到期的长期负债 | 22 | 61,001,198.70 | 61,001,198.70 | | |
| 其他流动负债 | | | | | |
| 流动负债合计 | | 694,564,822.13 | 666,876,484.55 | 623,259,060.78 | 605,940,952.47 |
| 长期负债: | | | | | |
| 长期借款 | 23 | 110,250,000.00 | 110,250,000.00 | 266,055,993.96 | 266,055,993.96 |
| 应付债券 | | | | | |
| 长期应付款 | 24 | 67,154,795.26 | 67,154,795.26 | | |
| 专项应付款 | | 700,000.00 | 700,000.00 | 1,520,000.00 | 1,520,000.00 |
| 其他长期负债 | | | | | |
| 长期负债合计 | | 178,104,795.26 | 178,104,795.26 | 267,575,993.96 | 267,575,993.96 |
| 递延税项: | | | | | |
| 递延税款贷项 | | | | | |
| 负债合计 | | 872,669,617.39 | 844,981,279.81 | 890,835,054.74 | 873,516,946.43 |
| 少数股东权益 | | 1,017,487.86 | | 1,353,370.37 | |
| 股东权益: | | | | | |
| 股本 | 25 | 282,816,991.00 | 282,816,991.00 | 282,816,991.00 | 282,816,991.00 |
| 资本公积 | 26 | 368,063,207.89 | 368,063,207.89 | 363,543,207.89 | 363,543,207.89 |
| 盈余公积 | 27 | 54,681,782.83 | 54,461,825.05 | 159,204,683.21 | 159,027,249.59 |
| 其中:法定公益金 | | 143,118.24 | 33,139.35 | 121,856.16 | 33,139.35 |
| 未分配利润 | 28 | -170,244,178.24 | -169,987,215.96 | -105,882,586.41 | -104,614,201.21 |
| 外币报表折算差额 | | | | | |
| 股东权益合计 | | 535,317,803.48 | 535,354,807.98 | 699,682,295.69 | 700,773,247.27 |
| 负债和股东权益)总计 | | 1,409,004,908.73 | 1,380,336,087.79 | 1,591,870,720.80 | 1,574,290,193.70 |

### 利润及利润分配表

2002 年度

编制单位:福建水泥股份有限公司　　单位:人民币元

| 项　目 | 注释五(一) | 本期累计数 | | 上年累计数 | |
|---|---|---|---|---|---|
| | | 合并数 | 母公司 | 合并数 | 母公司 |
| 一、主营业务收入 | 29 | 715,306,953.38 | 687,595,584.35 | 582,648,450.50 | 567,614,242.24 |
| 减:主营业务成本 | 30 | 494,003,998.93 | 490,779,283.92 | 377,168,235.00 | 376,102,289.90 |
| 主营业务税金及附加 | | 7,603,056.56 | 6,958,707.64 | 7,816,156.56 | 7,305,857.26 |
| 二、主营业务利润(亏损以"-"号填列) | | 213,699,897.89 | 189,857,592.79 | 197,664,058.94 | 184,206,095.08 |
| 加:其他业务利润(亏损以"-"号填列) | 31 | 907,085.65 | 893,527.81 | 2,913,003.74 | 2,543,876.22 |
| 减:营业费用 | | 126,573,465.20 | 110,101,088.77 | 109,251,355.58 | 100,223,545.66 |
| 管理费用 | 32 | 192,665,021.05 | 184,225,410.99 | 72,921,556.50 | 68,309,294.14 |
| 财务费用 | 33 | 36,523,589.53 | 36,657,113.06 | 28,765,472.40 | 28,706,261.82 |
| 三、营业利润(亏损以"-"号填列) | | -141,155,092.24 | -140,232,492.22 | -10,361,321.80 | -10,489,130.32 |
| 加:投资收益(损失以"-"号填列) | 34 | -5,502,634.66 | -7,560,238.17 | 6,013,492.26 | 6,136,203.64 |
| 补贴收入 | | | | 2,320,000.00 | 2,320,000.00 |
| 营业外收入 | | 439,760.67 | 430,010.67 | 187,085.64 | 118,224.94 |
| 减:营业外支出 | 35 | 22,678,992.95 | 22,529,063.57 | 3,795,093.67 | 3,722,312.22 |
| 四、利润总额(亏损总额以"-"号填列) | | -168,896,959.18 | -169,891,783.29 | -5,635,837.57 | -5,637,013.96 |
| 减:所得税 | | 305,264.37 | 46,656.00 | -6,430,562.77 | -6,770,576.08 |
| 少数股东权益 | | 317,731.34 | | -229,951.19 | |
| 五、净利润(净亏损以"-"号填列) | | -168,884,492.21 | -169,938,439.29 | 1,024,676.39 | 1,133,562.12 |
| 加:年初未分配利润 | | -105,882,586.41 | -104,614,201.21 | -106,452,466.77 | -105,407,694.70 |
| 其他转入 | | 104,565,424.54 | 104,565,424.54 | | |
| 六、可供分配的利润 | | -170,201,654.08 | -169,987,215.96 | -105,427,790.38 | -104,274,132.58 |
| 减:提取法定盈余公积 | | 21,262.08 | | 170,719.91 | 113,356.21 |
| 提取法定公益金 | | 21,262.08 | | 170,719.91 | 113,356.21 |
| 提取职工奖励及福利基金 | | | | | |
| 提取储备基金 | | | | | |
| 提取企业发展基金 | | | | | |
| 利润归还投资 | | | | | |
| 七、可供投资者分配的利润 | | -170,244,178.24 | -169,987,215.96 | -105,769,230.20 | -104,500,845.00 |
| 减:应付优先股股利 | | | | | |
| 提取任意盈余公积 | | | | 113,356.21 | 113,356.21 |
| 应付普通股股利 | | | | | |
| 转作资本(或股本)的普通股股利 | | | | | |
| 八、未分配利润 | | -170,244,178.24 | -169,987,215.96 | -105,882,586.41 | -104,614,201.21 |

### 现 金 流 量 表

2002 年度

编制单位:福建水泥股份有限公司　　单位:人民币元

| 项　目 | 注释五(一) | 合并数 | 母公司 |
|---|---|---|---|
| 一、经营活动产生的现金流量: | | | |
| 销售商品、提供劳务收到的现金 | | 760,215,644.67 | 741,149,249.62 |
| 收到的税费返还 | | 92,419.48 | |
| 收到的其他与经营活动有关的现金 | | 3,278,304.65 | 2,593,087.36 |
| 现金流入小计 | | 763,586,368.80 | 743,742,336.98 |
| 购买商品、接受劳务支付的现金 | | 434,460,497.68 | 428,246,066.87 |
| 支付给职工以及为职工支付的现金 | | 90,105,609.50 | 86,256,473.54 |
| 支付的各项税费 | | 75,747,186.15 | 72,056,122.95 |
| 支付的其他与经营活动有关的现金 | 36 | 89,526,916.88 | 93,055,830.17 |
| 现金流出小计 | | 689,840,210.21 | 679,614,493.53 |
| 经营活动产生的现金流量净额 | | 73,746,158.59 | 64,127,843.45 |
| 二、投资活动产生的现金流量: | | | |
| 收回投资所收到的现金 | | | |
| 取得投资收益所收到的现金 | | 2,216.41 | |
| 处置固定资产、无形资产和其他长期资产而收到的现金净额 | | 2,372,530.48 | 2,369,330.48 |
| 收到的其他与投资活动有关的现金 | | 400,000.00 | 400,000.00 |
| 现金流入小计 | | 2,774,746.89 | 2,769,330.48 |
| 购建固定资产、无形资产和其他长期资产所支付的现金 | | 69,515,424.71 | 58,553,701.34 |
| 投资所支付的现金 | | | 1,200,000.00 |
| 支付的其他与投资活动有关的现金 | | | |
| 现金流出小计 | | 69,515,424.71 | 59,753,701.34 |
| 投资活动产生的现金流量净额 | | -66,740,677.82 | -56,984,370.86 |
| 三、筹资活动产生的现金流量: | | | |
| 吸收投资所收到的现金 | | 200,000.00 | |
| 借款所收到的现金 | | 30,370,000.00 | 28,370,000.00 |
| 收到的其他与筹资活动有关的现金 | | 381,585.83 | 381,585.83 |
| 现金流入小计 | | 30,951,585.83 | 28,751,585.83 |
| 偿还债务所支付的现金 | | 85,250,000.00 | 85,250,000.00 |
| 分配股利、利润或偿付利息所支付的现金 | | 36,383,547.99 | 36,383,547.99 |
| 支付的其他与筹资活动有关的现金 | | | |
| 现金流出小计 | | 121,633,547.99 | 121,633,547.99 |
| 筹资活动产生的现金流量净额 | | -90,681,962.16 | -92,881,962.16 |
| 四、汇率变动对现金的影响 | | | |
| 五、现金及现金等价物净增加额 | | -83,676,481.39 | -85,738,489.57 |
| 补充资料 | 注释 | 合并数 | 母公司 |
| 1.将净利润调节为经营活动现金流量: | | | |
| 净利润 | | -168,884,492.21 | -169,938,439.29 |
| 加:少数股东损益 | | -317,731.34 | |
| 计提的资产减值准备 | | 110,753,433.60 | 107,875,870.82 |
| 固定资产折旧 | | 54,869,544.98 | 53,307,608.27 |
| 无形资产摊销 | | 3,116,498.13 | 3,116,498.13 |
| 长期待摊费用摊销 | | 4,430,997.01 | 4,228,354.41 |
| 待摊费用的减少(减:增加) | | 757,459.63 | 618,266.44 |
| 预提费用增加(减:减少) | | 1,254,520.25 | 1,332,936.51 |
| 处置固定资产、无形资产和其他长期资产的损失(减:收益) | | 9,000,657.72 | 8,858,207.00 |
| 固定资产报废损失 | | 2,198,265.10 | 2,198,265.10 |
| 财务费用 | | 36,573,981.45 | 36,692,799.40 |
| 投资损失(减:收益) | | 5,502,634.66 | 7,560,238.17 |
| 递延税款贷项(减:借项) | | | |
| 存货的减少(减:增加) | | 8,346,679.34 | 10,510,362.48 |
| 经营性应收项目的减少(减:增加) | | -12,536,332.13 | -5,572,050.01 |
| 经营性应付项目的增加(减:减少) | | 18,680,042.40 | 3,338,926.02 |
| 其他 | | | |
| 经营活动产生的现金流量净额 | | 73,746,158.59 | 64,127,843.45 |
| 2.不涉及现金收支的投资和筹资活动: | | | |
| 债务转为资本 | | | |
| 一年内到期的可转换公司债券 | | | |
| 融资租入固定资产 | | | |
| 3.现金及现金等价物净增加情况: | | | |
| 现金期末余额 | | 63,434,958.01 | 54,507,440.27 |
| 减:现金的期初余额 | | 147,111,439.40 | 140,245,929.84 |
| 加:现金等价物的期末余额 | | | |
| 减:现金等价物的期初余额 | | | |
| 现金及现金等价物净增加情况 | | -83,676,481.39 | -85,738,489.57 |

## 600001 邯郸钢铁股份有限公司

### 二〇〇二年年度报告摘选

#### 1.上市公司基本情况简介

1.1 基本情况简介

股票简称：邯郸钢铁　股票代码：600001　上市交易所：上海证券交易所

注册地址：河北省邯郸市复兴路232号　办公地址：河北省邯郸市复兴路232号

邮政编码：056015　公司国际互联网网址：http://www.hdgt.com.cn

电子信箱：hdgt@public.hdptt.he.cn

1.2 联系人和联系方式

董事会秘书：李卜海　联系地址：河北省邯郸市复兴路232号

电话：03106074191　传真：03106074190　电子信箱：hdgt@public.hdptt.he.cn

证券事务代表：陈占军　联系地址：河北省邯郸市复兴路232号

电话：03106074191　传真：03106074190　电子信箱：hdgt@public.hdptt.he.cn

#### 2.会计数据和财务指标摘要

2.1 主要会计数据　单位：千元

| | 2002年 | 2001年 | | 本年比上年增减(%) | 2000年 | |
|---|---|---|---|---|---|---|
| | | 调整后 | 调整前 | | 调整后 | 调整前 |
| 主营业务收入 | 7,875,478 | 7,237,153 | 7,237,153 | 8.82 | 5,856,684 | 5,856,684 |
| 利润总额 | 788,418 | 785,732 | 773,302 | 0.34 | 793,834 | 793,674 |
| 净利润 | 528,649 | 683,137 | 670,708 | -22.61 | 664,352 | 664,193 |
| 扣除非经常性损益的净利润 | 622,710 | 520,124 | 507,695 | 19.72 | 509,032 | 508,872 |
| | 2002年 | 2001年 调整后 | 调整前 | 本年末比上年年末增减(%) | 2000年 调整后 | 调整前 |
| 总资产 | 9,861,355 | 8,703,525 | 8,690,936 | 13.30 | 7,503,212 | 7,503,052 |
| 股东权益(不含少数股东权益) | 6,606,408 | 6,241,280 | 6,228,692 | 5.85 | 5,781,127 | 5,780,967 |
| 经营活动产生的现金流量净额 | 719,304 | 626,024 | 626,024 | 14.90 | 906,361 | 906,361 |

2.2 主要财务指标

| | 2002年 | 2001年 | | 本年比上年增减(%) | 2000年 | |
|---|---|---|---|---|---|---|
| | | 调整后 | 调整前 | | 调整后 | 调整前 |
| 每股收益 | 0.356 | 0.460 | 0.451 | -22.61 | 0.447 | 0.447 |
| 净资产收益率 | 8.00 | 10.95 | 10.77 | -26.94 | 11.49 | 11.49 |
| 扣除非经常性损益的净利润为基础计算的净资产收益率 | 9.43 | 8.33 | 8.15 | 13.21 | 8.81 | 8.80 |
| 每股经营活动产生的现金流量净额 | 0.48 | 0.42 | 0.42 | 14.29 | 0.61 | 0.61 |
| | 2002年 | 2001年 调整后 | 调整前 | 本年比上年增减(%) | 2000年 调整后 | 调整前 |
| 每股净资产 | 4.44 | 4.20 | 4.19 | 5.71 | 3.89 | 3.89 |
| 调整后的每股净资产 | 4.42 | 4.20 | 4.19 | 5.24 | 3.88 | 3.88 |

## 600005 武汉钢铁股份有限公司

### 二〇〇二年年度报告摘选

#### 1.上市公司基本情况简介

1.1 基本情况简介

股票简称：武钢股份　股票代码：600005　上市交易所：上海证券交易所

注册地址和办公地址：武汉市青山区沿港路3号　邮政编码：430080

公司国际互联网网址：http://www.wisco.com.cn　电子信箱：stock@wspc.com.cn

1.2 联系人和联系方式

董事会秘书：施军先生　联系地址：武汉钢铁股份有限公司董事会秘书室

电话：027－86306023、027－86807873　传真：027－86807873

电子信箱：stock@wspc.com.cn

证券事务代表：刘国富先生　联系地址：武汉钢铁股份有限公司董事会秘书室

电话：027－86306023、027－86807873　传真：027－86807873

电子信箱：stock@wspc.com.cn

#### 2.会计数据和财务指标摘要

2.1 主要会计数据

| | 2002年 | 2001年 | 本年比上年增减(%) | 2000年 |
|---|---|---|---|---|
| 主营业务收入 | 6,758,140,782.54 | 6,326,621,633.74 | 6.82 | 6,925,280,769.77 |
| 利润总额 | 890,041,874.36 | 822,319,165.28 | 8.24 | 838,297,463.16 |
| 净利润 | 595,902,012.29 | 703,141,313.67 | -15.25 | 706,892,004.25 |
| 扣除非经常性损益的净利润 | 606,091,484.11 | 721,591,535.12 | -16.01 | 711,372,546.45 |
| | 2002年末 | 2001年末 | 本年末比上年末增减(%) | 2000年末 |
| 总资产 | 6,982,052,652.99 | 6,676,003,650.47 | 4.58 | 6,331,297,981.90 |
| 股东权益(不含少数股东权益) | 5,162,047,295.11 | 4,670,669,282.82 | 12.76 | 4,552,862,369.15 |
| 经营活动产生的现金流量净额 | 1,283,308,237.09 | 1,041,162,040.25 | 23.26 | 1,613,057,181.03 |

2.2 主要财务指标

| | 2002年 | 2001年 | 本年比上年增减(%) | 2000年 |
|---|---|---|---|---|
| 每股收益 | 0.285 | 0.336 | -15.18 | 0.338 |
| 扣除非经常性损益的净利润为基础计算的净资产收益率 | 12.19 | 14.71 | -17.13 | 14.87 |
| 每股经营活动产生的现金流量净额 | 0.614 | 0.498 | 23.29 | 0.772 |
| | 2002年末 | 2001年末 | 本年末比上年末增减(%) | 2000年末 |
| 每股净资产 | 2.469 | 2.234 | 10.82 | 2.178 |
| 调整后的每股净资产 | 2.469 | 2.234 | 10.47 | 2.178 |

## 600010 内蒙古包钢钢联股份有限公司

### 二〇〇二年年度报告摘选

#### 1.上市公司基本情况简介

1.1 基本情况简介

股票简称：钢联股份　股票代码：600010　上市交易所：上海证券交易所

注册地址：内蒙古包头市昆区河西工业区　办公地址：内蒙古包头市昆区钢铁大街85号

邮政编码：014010

电子信箱：glgf@public.hh.nm.cn

1.2 联系人和联系方式

董事会秘书：郭景龙　联系地址：内蒙古包头市昆区钢铁大街85号

电话：0472－2105037　2319990　传真：0472－2105006　2319991

电子信箱：glgf@public.hh.nm.cn

#### 2.会计数据和财务指标摘要

2.1 主要会计数据　单位：元

| | 2002年 | 2001年 | 本年比上年增减(%) | 2000年 |
|---|---|---|---|---|
| 主营业务收入 | 6,404,781,500.66 | 5,581,354,214.80 | 14.25 | 5,898,473,064.86 |
| 利润总额 | 440,082,395.10 | 400,972,493.28 | 5.93 | 440,586,929.00 |
| 净利润 | 305,433,330.60 | 256,658,839.96 | 19.00 | 288,891,610.43 |
| 扣除非经常性损益的净利润 | 315,067,342.42 | 267,083,668.30 | 17.97 | |
| | 2002年末 | 2001年末 | 本年末比上年末增减(%) | 2000年末 |
| 总资产 | 8,266,826,747.94 | 7,271,355,808.70 | 13.69 | 2,657,931,681.09 |
| 股东权益(不含少数股东权益) | 3,591,786,080.35 | 3,473,535,150.25 | 3.40 | 1,564,364,133.39 |
| 经营活动产生的现金流量净额 | 1,359,599,400.76 | -376,474,667.20 | 461.16 | |

2.2 主要财务指标　单位：元

| | 2002年 | 2001年 | 本年比上年增减(%) | 2000年 |
|---|---|---|---|---|
| 每股收益 | 0.24 | 0.21 | 14.29 | 0.32 |
| 净资产收益率 | 8.50% | 7.39% | 15.02 | 18.47 |
| 扣除非经常性损益的净利润为基础计算的净资产收益率 | 8.62% | 8.09% | 6.55% | 19.13% |
| 每股经营活动产生的现金流量净额 | 1.09 | -0.30 | 463.33 | 0.14 |
| | 2002年末 | 2001年末 | 本年末比上年末增减(%) | 2000年末 |
| 每股净资产 | 2.87 | 2.78 | 3.24 | 1.24 |
| 调整后的每股净资产 | 2.87 | 2.78 | 3.24 | 1.24 |

## 600019 宝山钢铁股份有限公司

### 二〇〇二年年度报告摘选

#### 1.上市公司基本情况简介

1.1 基本情况简介

股票简称：宝钢股份　股票代码：600019　上市交易所：上海证券交易所

注册地址：上海市宝山区富锦路果园　办公地址：上海市宝山区富锦路果园

邮政编码：201900　公司国际互联网网址：http://www.baosteel.com

电子信箱：ir@baosteel.com

1.2 联系人和联系方式

董事会秘书：陆国清　联系地址：上海市宝山区富锦路果园

电话：26647000　传真：26646999　电子信箱：ir@baosteel.com

#### 2.会计数据和财务指标摘要

2.1 主要会计数据

单位：百万元

| | 2002年 | 2001年 | 本年比上年增减(%) | 2000年 |
|---|---|---|---|---|
| 主营业务收入 | 33,877 | 29,171 | 16.13 | 30,941 |
| 利润总额 | 5,942 | 3,710 | 60.16 | 4,378 |
| 净利润 | 4,272 | 2,561 | 66.81 | 2,992 |
| 扣除非经常性损益的净利润 | 4,356 | 2,562 | 70.02 | 3,004 |
| | 2002年末 | 2001年末 | 本年末比上年末增减(%) | 2000年末 |
| 总资产 | 61,489 | 58,042 | 5.94 | 38,967 |
| 股东权益(不含少数股东权益) | 28,185 | 26,290 | 7.21 | 25,282 |
| 经营活动产生的现金流量净额 | 10,790 | 9,038 | 19.38 | 8,995 |

2.2 主要财务指标

| | 2002年 | 2001年 | 本年比上年增减(%) | 2000年 |
|---|---|---|---|---|
| 每股收益 | 0.34 | 0.20 | 70.00 | 0.24 |
| 净资产收益率(%) | 15.16 | 9.74 | 55.65 | 11.84 |
| 扣除非经常性损益后的净资产收益率(%) | 15.45 | 9.75 | 58.46 | 11.88 |
| 每股经营活动产生的现金流量净额 | 0.86 | 0.72 | 19.44 | 0.72 |
| | 2002年末 | 2001年末 | 本年末比上年末增减(%) | 2000年末 |
| 每股净资产 | 2.25 | 2.10 | 7.14 | 2.02 |
| 调整后每股净资产 | 2.25 | 2.10 | 7.14 | 2.02 |

# 600092 陕西精密合金股份有限公司

## 二〇〇二年年度报告摘选

### 1.上市公司基本情况简介

1.1 基本情况简介

股票简称:精密股份 股票代码:600092 上市交易所:上海证券交易所
注册地址:西安高新技术产业开发区高新一路19号
办公地址:西安市莲湖区枣园东路2号 邮政编码:710077
公司国际互联网网址:http://www.jmgf.com.cn 电子信箱:jmgf@sein.sxgb.com.cn

1.2 联系人和联系方式

董事会秘书:葛熙富 联系地址:西安市莲湖区枣园东路2号
电话:029-4610536 传真:029-4620414 电子信箱:Jmgf@vip.sina.com

### 2.会计数据和财务指标摘要

2.1 主要会计数据 单位:人民币元

| | 2002年 | 2001年 | 本年比上年增减(%) | 2000年 |
|---|---|---|---|---|
| 主营业务收入 | 134,177,620.24 | 153,673,056.92 | -12.69 | 125,416,081.19 |
| 利润总额 | 5,499,057.52 | 47,092,036.09 | -88.32 | 62,870,521.05 |
| 净利润 | 3,185,112.46 | 39,555,625.15 | -91.95 | 54,142,927.24 |
| 扣除非经常性损益的净利润 | 2,750,112.23 | 35,820,684.26 | -92.32 | 50,300,250.43 |
| | 2002年末 | 2001年末 | 本年末比上年末增减(%) | 2000年末 |
| 总资产 | 1,093,385,312.49 | 1,077,405,651.88 | 1.48 | 906,653,238.95 |
| 股东权益(不含少数股东权益) | 676,219,666.74 | 673,034,554.28 | 0.47 | 646,538,739.13 |
| 经营活动产生的现金流量净额 | -83,073,373.42 | 11,908,686.47 | -797.59 | 75,577,503.34 |

2.2 主要财务指标 单位:人民币元

| | 2002年 | 2001年 | 本年比上年增减(%) | 2000年 |
|---|---|---|---|---|
| 每股收益 | 0.0122 | 0.1514 | -91.94 | 0.2073 |
| 每股收益 | 0.0122 | 0.1514 | -91.94 | 0.2073 |
| 净资产收益率 | 0.47 | 5.88 | -5.41 | 8.37 |
| 扣除非经常性损益的净利润为基础计算的净资产收益率 | 0.41 | 5.38 | -4.97 | 9.14 |
| 每股经营活动产生的现金流量净额 | -0.3180 | 0.0456 | -797.37 | 0.2894 |
| | 2002年末 | 2001年末 | 本年末比上年末增减(%) | 2000年末 |
| 每股净资产 | 2.59 | 2.58 | 0.39 | 2.48 |
| 调整后的每股净资产 | 2.59 | 2.57 | 0.78 | 2.47 |

# 600111 内蒙古包钢稀土高科技股份有限公司

## 二〇〇二年年度报告摘选

### 1.上市公司基本情况简介

1.1 基本情况简介

股票简称:稀土高科 股票代码:600111 上市交易所:上海证券交易所
注册地址:内蒙古包头稀土高新技术产业开发区
办公地址:内蒙古包头稀土开发区青工南路 邮政编码:014030
公司国际互联网网址:http://www.reht.com 电子信箱:rarearth@public.hh.nm.cn

1.2 联系人和联系方式

董事会秘书:赵占斌
联系地址:内蒙古包头稀土高新技术产业开发区稀土高科公司
电话:0472-2207766 传真:0472-2207766 电子信箱:security@reht.com

### 2.会计数据和财务指标摘要

2.1 主要会计数据

| | 2002年(本年) | 2001年(上年) | 本年比上年增减(%) | 2000年 |
|---|---|---|---|---|
| 主营业务收入 | 303,024,888.25 | 315,427,395.05 | -3.93 | 392,534,885.68 |
| 利润总额 | 68,054,716.56 | 81,741,452.11 | -16.74 | 100,457,237.25 |
| 净利润 | 65,189,807.87 | 80,568,683.18 | -19.09 | 98,081,073.43 |
| 扣除非经常性损益的净利润 | 64,620,394.01 | 75,356,261.76 | -14.25 | 102,993,303.19 |
| | 2002年末(本年末) | 2001年末(上年末) | 本年末比上年末增减(%) | 2000年末 |
| 总资产 | 1,401,729,400.75 | 1,293,718,483.03 | 8.35 | 1,223,090,824.89 |
| 股东权益(不含少数股东权益) | 1,065,132,670.87 | 1,020,126,563.00 | 4.41 | 1,001,808,062.95 |
| 经营活动产生的现金流量净额 | 50,625,967.31 | 3,309,807.79 | 1462.50 | 170,122,072.73 |

2.2 主要财务指标

| | 2002年(本年) | 2001年(上年) | 本年比上年增减(%) | 2000年 |
|---|---|---|---|---|
| 每股收益 | 0.161 | 0.200 | -19.50 | 0.243 |
| 净资产收益率 | 6.120 | 7.90 | -22.53 | 9.79 |
| 扣除非经常性损益的净利润为基础计算的净资产收益率 | 6.067 | 7.387 | -17.87 | 10.28 |
| 每股经营活动产生的现金流量净额 | 0.125 | 0.008 | 1462.50 | 0.421 |
| | 2002年末(本年末) | 2001年末(上年末) | 本年末比上年末增减(%) | 2000年末 |
| 每股净资产 | 2.639 | 2.527 | 4.432 | 2.482 |
| 调整后的每股净资产 | 2.488 | 2.423 | 2.68 | 2.355 |

利润附表 单位:人民币元

| | 报告期利润 | 净资产收益率% | | 每股收益 | |
|---|---|---|---|---|---|
| | | 全面摊薄 | 加权平均 | 全面摊薄 | 加权平均 |
| 主营业务利润 | 91,274,912.27 | 8.57 | 8.85 | 0.226 | 0.226 |
| 营业利润 | 65,405,131.54 | 6.14 | 6.34 | 0.162 | 0.162 |
| 净利润 | 65,189,807.87 | 6.12 | 6.32 | 0.161 | 0.161 |
| 扣除非经常性损益后的净利润 | 64,620,394.01 | 6.07 | 6.27 | 0.160 | 0.160 |

# 600117 西宁特殊钢股份有限公司

## 二〇〇二年年度报告摘选

### 1.上市公司基本情况简介

1.1 基本情况简介

股票简称:西宁特钢 股票代码:600117 上市交易所:上海证券交易所
注册地址:青海省西宁市 办公地址:青海省西宁市柴达木西路52号 邮政编码:810005
电子信箱:xntg@public.xn.qh.cn

1.2 联系人和联系方式

董事会秘书:杨凯 联系地址:青海省西宁市柴达木西路52号
电话:0971-5299089 传真:0971-5218389 电子信箱:xntg@public.xn.qh.cn

### 2.会计数据和财务指标摘要

2.1 主要会计数据

| | 2002年(T年,即本年) | 2001年(T-1年) | 本年比上年增减(%) | 2000年(T-2年) |
|---|---|---|---|---|
| 主营业务收入 | 1,354,044,114.76 | 1,238,874,914.32 | 9.30% | 1,318,282,113.99 |
| 利润总额 | 128,133,457.23 | 101,066,108.46 | 26.78% | 95,748,750.36 |
| 净利润 | 113,690,382.76 | 89,332,106.54 | 27.27% | 80,809,037.18 |
| 扣除非经常性损益的净利润 | 109,540,153.22 | 79,230,833.49 | 38.25% | 60,249,947.39 |
| | 2002年末(T年,即本年末) | 2001年末(T-1年末) | 本年末比上年末增减(%) | 2000年末(T-2年末) |
| 总资产 | 2,952,712,111.19 | 2,724,555,950.97 | 8.37% | 2,487,555,585.60 |
| 股东权益(不含少数股东权益) | 1,513,576,717.53 | 1,399,886,334.77 | 8.12% | 1,310,554,228.23 |
| 经营活动产生的现金流量净额 | 121,623,834.10 | 174,566,789.20 | -43.53% | 51,634,129.22 |

2.2 主要财务指标

| | 2002年(T年,即本年) | 2001年(T-1年) | 本年比上年增减(%) | 2000年(T-2年) |
|---|---|---|---|---|
| 每股收益 | 0.1953 | 0.1534 | 27.31% | 0.1388 |
| 每股收益(新股本) | 0.1953 | 0.1534 | 27.31% | 0.1435 |
| 净资产收益率 | 9.39 | 6.38 | 47.18% | 6.17 |
| 扣除非经常性损益的净利润为基础计算的净资产收益率 | 7.52 | 5.88 | 27.89% | 4.60 |
| 每股经营活动产生的现金流量净额 | 0.21 | 0.30 | -30% | 0.09 |
| | 2002年末(T年,即本年末) | 2001年末(T-1年末) | 本年末比上年末增减(%) | 2000年末(T-2年末) |
| 每股净资产 | 2.08 | 2.40 | -13.33% | 2.25 |
| 调整后的每股净资产 | 1.98 | 2.32 | -14.66% | 2.13 |

# 600126 杭州钢铁股份有限公司

## 二〇〇二年年度报告摘选

### 1.上市公司基本情况简介

1.1 基本情况简介

股票简称:杭钢股份 股票代码:600126 上市交易所:上海证券交易所
注册地址和办公地址:浙江省杭州市拱墅区半山镇 邮政编码:310022
电子信箱:hggf@mail.hz.zj.cn

1.2 联系人和联系方式

董事会秘书:韩晓通 联系地址:浙江省杭州市半山路132号
电话:0571-88132917 传真:0571-88132919 电子信箱:hggf@mail.hz.zj.cn
证券事务代表:周尧福 联系地址:浙江省杭州市半山路132号
电话:0571-88132917 传真:0571-88132919 电子信箱:hggf@mail.hz.zj.cn

### 2.会计数据和财务指标摘要

2.1 主要会计数据 单位:人民币元

| | 2002年 | 2001年 | 本年比上年增减(%) | 2000年 |
|---|---|---|---|---|
| 主营业务收入 | 5,165,749,229.88 | 4,315,219,411.95 | 19.71 | 3,927,581,611.23 |
| 利润总额 | 418,873,730.58 | 410,940,497.61 | 1.93 | 496,113,041.89 |
| 净利润 | 271,134,243.62 | 342,481,281.46 | -20.83 | 370,736,639.87 |
| 扣除非经常性损益的净利润 | 284,530,652.30 | 352,572,039.03 | -19.30 | 377,146,382.55 |
| | 2002年末 | 2001年末 | 本年末比上年末增减(%) | 2000年末 |
| 总资产 | 3,876,888,135.58 | 3,147,764,200.01 | 23.16 | 2,938,906,727.23 |
| 股东权益(不含少数股东权益) | 2,187,037,814.89 | 2,043,970,769.27 | 7.00 | 1,798,290,112.81 |
| 经营活动产生的现金流量净额 | 748,147,798.87 | 350,349,214.10 | 113.54 | 93,917,429.19 |

2.2 主要财务指标

| | 2002年 | 2001年 | 本年比上年增减(%) | 2000年 |
|---|---|---|---|---|
| 每股收益(元/股) | 0.42 | 0.531 | -20.90 | 0.574 |
| 净资产收益率(%) | 12.40 | 16.76 | -26.01 | 20.62 |
| 扣除非经常性损益的净利润为基础计算的加权平均净资产收益率(%) | 13.05 | 17.90 | -27.09 | 27.32 |
| 每股经营活动产生的现金流量净额 | 1.16 | 0.543 | 113.63 | 0.146 |
| | 2002年末 | 2001年末 | 本年末比上年末增减(%) | 2000年末 |
| 每股净资产 | 3.39 | 3.17 | 6.94 | 2.79 |
| 调整后的每股净资产 | 3.37 | 3.15 | 6.98 | 2.75 |

## 600165 宁夏恒力钢丝绳股份有限公司

### 二〇〇二年年度报告摘选

#### 1.上市公司基本情况简介

1.1 基本情况简介

股票简称:宁夏恒力 股票代码:600165 上市交易所:上海证券交易所

注册地址:宁夏回族自治区银川市

办公地址:宁夏回族自治区石嘴山市河滨街 邮政编码:753202

公司国际互联网网址:http://www.nxhengli.com.cn 电子信箱:hlqg@nxhengli.com.cn

1.2 联系人和联系方式

董事会秘书:张文彬 联系地址:宁夏石嘴山市河滨街

电话:0952－3671240 传真:0952－3671799

证券事务代表:卓青峰 联系地址:宁夏石嘴山市河滨街

电话:0952－3671394 传真:0952－3671799

#### 2.会计数据和财务指标摘要

2.1 主要会计数据 单位:人民币元

| | 2002年 | 2001年 | 本年比上年增减(%) | 2000年 |
|---|---|---|---|---|
| 主营业务收入 | 366,900,946.06 | 373,154,087.58 | －1.68 | 336,526,549.51 |
| 利润总额 | 29,582,787.28 | 60,134,490.30 | －50.80 | 67,494,017.23 |
| 净利润 | 25,564,937.95 | 50,237,173.70 | －49.11 | 48,924,312.20 |
| 扣除非经常性损益的净利润 | 18,960,069.53 | 38,970,693.03 | －51.35 | 46,483,728.51 |
| | 2002年末 | 2001年末 | 本年末比上年末增减(%) | 2000年末 |
| 总资产 | 1,238,946,239.58 | 1117,892,139.27 | 10.83 | 777,460,653.62 |
| 股东权益(不含少数股东权益) | 700,289,002.53 | 674,702,203.82 | 3.79 | 434,728,695.25 |
| 经营活动产生的现金流量净额 | 53,307,803.77 | 40,635,133.39 | 31.19 | 134,167,453.14 |

2.2 主要财务指标 单位:人民币元

| | 2002年 | 2001年 | 本年比上年增减(%) | 2000年 |
|---|---|---|---|---|
| 每股收益 | 0.102 | 0.20 | －49 | 0.21 |
| 净资产收益率 | 3.65 | 7.45 | －51.01 | 11.25 |
| 扣除非经常性损益的净利润为基础计算的净资产收益率 | 2.71 | 5.78 | －53.11 | 10.69 |
| 每股经营活动产生的现金流量净额 | 0.21 | 0.16 | 31.25 | 0.58 |
| | 2002年末 | 2001年末 | 本年末比上年末增减(%) | 2000年末 |
| 每股净资产 | 2.79 | 2.69 | 3.35 | 1.89 |
| 调整后的每股净资产 | 2.73 | 2.65 | 3.01 | 1.85 |

## 600172 河南黄河旋风股份有限公司

### 二〇〇二年年度报告摘选

#### 1.上市公司基本情况简介

1.1 基本情况简介

股票简称:黄河旋风 股票代码:600172 上市交易所:上海证券交易所

注册地址和办公地址:河南省长葛市人民路200号 邮政编码:461500

公司国际互联网网址:http://www.hhxf.com 电子信箱:pxuanfeng@sina.com

1.2 联系人和联系方式

董事会秘书:李建中 联系地址:河南省长葛市人民路200号

电话:0374－6165530 传真:0374－6128688 电子信箱:pxuanfeng@sina.com

授权代表:朱宝利 联系地址:河南省长葛市人民路200号

电话:0374－6165530 传真:0374－6128688 电子信箱:pxuanfeng@sina.com

#### 2.会计数据和财务指标摘要

2.1 主要会计数据 单位:人民币元

| | 2002年 | 2001年 | 本年比上年增减(%) | 2000年 |
|---|---|---|---|---|
| 主营业务收入 | 300,375,233.43 | 283,394,490.85 | 5.99 | 318,939,205.39 |
| 利润总额 | 42,441,162.53 | 34,454,701.50 | 23.18 | 60,274,608.14 |
| 净利润 | 30,022,962.31 | 29,171,008.09 | 2.92 | 48,570,613.07 |
| 扣除非经常性损益的净利润 | 27,552,837.40 | 27,993,793.60 | －1.58 | 43,758,622.70 |
| | 2002年末 | 2001年末 | 本年末比上年末增减(%) | 2000年末 |
| 总资产 | 1,043,895,864.42 | 947,211,432.07 | 10.21 | 687,794,624.63 |
| 股东权益(不含少数股东权益) | 764,718,375.63 | 748,095,413.32 | 2.22 | 433,032,659.04 |
| 经营活动产生的现金流量净额 | 15,241,829.16 | －9,748,169.84 | － | 22,399,553.17 |

2.2 主要财务指标 单位:人民币元

| | 2002年 | 2001年 | 本年比上年增减(%) | 2000年 |
|---|---|---|---|---|
| 每股收益 | 0.112 | 0.109 | 2.92 | 0.181 |
| 每股收益 | 0.112 | 0.109 | 2.92 | 0.181 |
| 净资产收益率 | 3.93% | 3.90% | 0.77 | 11.22% |
| 扣除非经常性损益的净利润为基础计算的净资产收益率 | 3.60% | 3.74% | －3.74 | 10.11% |
| 每股经营活动产生的现金流量净额 | 0.057 | －0.036 | － | 0.084 |
| | 2002年末 | 2001年末 | 本年末比上年末增减(%) | 2000年末 |
| 每股净资产 | 2.86 | 2.79 | 2.51 | 1.62 |
| 调整后的每股净资产 | 2.85 | 2.78 | 2.52 | 1.61 |

## 600173 黑龙江省牡丹江新材料科技股份有限公司

### 二〇〇二年年度报告摘选

#### 1.上市公司基本情况简介

1.1 基本情况简介

股票简称:牡丹江 股票代码:600173 上市交易所:上海交易所

注册地址和办公地址:黑龙江省牡丹江市温春镇 邮政编码:157041

电子信箱:zixueyi@public.md.hl.cn

1.2 联系人和联系方式

董事会秘书:李红旗 联系地址:黑龙江省牡丹江市温春镇

电话:0453－6497427 传真:0453－6499002 电子信箱:zixueyi@public.md.hl.cn

证券事务代表:张慧 联系地址:黑龙江省牡丹江市温春镇

电话:0453－6497558 传真:0453－6499002 电子信箱:zixueyi@public.md.hl.cn

#### 2.会计数据和财务指标摘要

2.1 主要会计数据

| | 2002年 | 2001年 | 本年比上年增减(%) | 2000年 |
|---|---|---|---|---|
| 主营业务收入 | 411,304,478.33 | 388,819,674.13 | ＋5.78 | 413,814,830.75 |
| 利润总额 | 7,045,788.02 | 42,947,168.40 | －83.59 | 47,474,676.63 |
| 净利润 | 3,331,290.30 | 37,027,512.00 | －91.00 | 37,174,951.17 |
| 扣除非经常性损益的净利润 | 9,778,859.29 | 34,151,991.58 | －71.37 | 57,973,132.22 |
| | 2002年末 | 2001年末 | 本年末比上年末增减(%) | 2000年末 |
| 总资产 | 1,157,561,551.33 | 1,162,878,185.69 | －0.46 | 930,319,668.43 |
| 股东权益(不含少数股东权益) | 615,690,187.78 | 611,718,897.48 | ＋0.65 | 597,691,385.48 |
| 经营活动产生的现金流量净额 | －61,408,937.22 | 48,216,912.94 | | 3,239,131.04 |

2.2 主要财务指标

| | 2002年 | 2001年 | 本年比上年增减(%) | 2000年 |
|---|---|---|---|---|
| 每股收益 | 0.014 | 0.161 | －91.30 | 0.162 |
| 净资产收益率(%) | 0.54 | 6.05 | －91.07 | 6.22 |
| 扣除非经常性损益的净利润为基础计算的净资产收益率(%) | 1.59 | 5.55 | －71.35 | 8.27 |
| 每股经营活动产生的现金流量净额 | －0.266 | 0.209 | | 0.014 |
| | 2002年末 | 2001年末 | 本年末比上年末增减(%) | 2000年末 |
| 每股净资产 | 2.68 | 2.65 | ＋1.13 | 2.60 |
| 调整后的每股净资产 | 2.64 | 2.58 | ＋2.33 | 2.60 |

## 600205 山东铝业股份有限公司

### 二〇〇二年年度报告摘选

#### 1.上市公司基本情况简介

1.1 基本情况简介

股票简称:山东铝业 股票代码:600205 上市交易所:上海证券交易所

注册地址和办公地址:山东省淄博市高新技术产业开发区柳泉路北首 邮政编码:255086

公司国际互联网网址:http://www.sd－al.com/ 电子信箱:sdal@sina.com

2.2 联系人和联系方式

董事会秘书:王国忠 联系地址:山东省淄博市山东铝业股份有限公司董事会办公室

电话:0533－2930136 传真:0533－2985999 电子信箱:dm600205@sina.com

证券事务代表:韩杰华 联系地址:山东省淄博市山东铝业股份有限公司董事会办公室

电话:0533－2943291 传真:0533－2985999 电子信箱:hjh298@sohu.com

#### 2.会计数据和财务指标摘要

2.1 主要会计数据(单位:人民币元)

| | 2002年 | 2001年 | 本年比上年增减(%) | 2000年 |
|---|---|---|---|---|
| 主营业务收入 | 2,048,226,361.03 | 2,253,429,067.11 | －9.11 | 2,585,274,263.79 |
| 利润总额 | 158,963,469.67 | 256,692,966.49 | －38.07 | 469,333,371.50 |
| 净利润 | 145,265,376.73 | 224,801,342.83 | －35.38 | 383,525,496.78 |
| 扣除非经常性损益的净利润 | 144,408,066.71 | 227,031,087.95 | －36.39 | 435,501,122.63 |
| | 2002年末 | 2001年末 | 本年末比上年末增减(%) | 2000年末 |
| 总资产 | 2,592,163,223.72 | 2,502,715,724.09 | 3.57 | 2,419,942,671.96 |
| 股东权益(不含少数股东权益) | 1,360,349,118.73 | 1,295,109,000.91 | 5.04 | 1,204,096,608.57 |
| 经营活动产生的现金流量净额 | 249,741,429.21 | －39,606,601.33 | | 225,348,576.24 |

2.2 主要财务指标(单位:人民币元)

| | 2002年 | 2001年 | 本年比上年增减(%) | 2000年 |
|---|---|---|---|---|
| 每股收益 | 0.259 | 0.401 | －35.41 | 0.685 |
| 每股收益注2 | | | | |
| 净资产收益率 | 10.68 | 17.35 | －39.42 | 31.85 |
| 扣除非经常性损益的净利润为基础计算的净资产收益率 | 10.62 | 17.53 | －38.44 | 36.17 |
| 每股经营活动产生的现金流量净额 | 0.45 | －0.07 | | 0.40 |
| | 2002年末 | 2001年末 | 本年末比上年末增减(%) | 2000年末 |
| 每股净资产 | 2.43 | 2.31 | 5.19 | 2.15 |
| 调整后的每股净资产 | 2.41 | 2.30 | 4.78 | 2.13 |

## 600212 山东江泉实业股份有限公司

### 二〇〇二年年度报告摘选

#### 1.上市公司基本情况简介

1.1 基本情况简介

股票简称:江泉实业 股票代码:600212 上市交易所:上海证券交易所

注册地址:山东省临沂市罗庄区工业街东段

办公地址:山东省临沂市罗庄区双月门北江泉商务楼 邮政编码:276017

公司国际互联网网址:http://www.jiangquan.com.cn 电子信箱:Info@jiangquan.com.cn

1.2 联系人和联系方式

董事会秘书:田英智 联系地址:山东省临沂市罗庄区双月门北江泉商务楼

电话:0539－8246243 传真:0539－8271388 电子信箱:tyz@jiangquan.com.cn

证券事务代表:纪进凤 联系地址:山东省临沂市罗庄区双月门北江泉商务楼

电话:0539－8246243 传真:0539－8271388 电子信箱:jjf@jiangquan.com.cn

#### 2.会计数据和财务指标摘要

2.1 主要会计数据

| | 2002 年 | 2001 年 | 本年比上年增减(%) | 2000 年 |
|---|---|---|---|---|
| 主营业务收入 | 609,793,100.40 | 835,373,006.92 | －27.00 | 783,776,671.87 |
| 利润总额 | 64,842,908.74 | 95,776,374.72 | －32.30 | 98,836,300.40 |
| 净利润 | 40,567,340.92 | 75,790,647.58 | －46.50 | 78,015,998.39 |
| 扣除非经常性损益的净利润 | 43,127,808.06 | 79,881,567.44 | －46.01 | 83,949,836.39 |
| 总资产 | 1,692,178,116.98 | 1,173,914,456.39 | 44.10 | 1,096,201,806.04 |
| 股东权益(不含少数股东权益) | 1,306,856,470.21 | 879,547,360.53 | 48.60 | 825,617,363.62 |
| 经营活动产生的现金流量净额 | 193,778,648.79 | 57,275,825.02 | 238.30 | －40,119,756.24 |

2.2 主要财务指标

| | 2002 年 | 2001 年 | 本年比上年增减(%) | 2000 年 |
|---|---|---|---|---|
| 每股收益(摊薄) | 0.127 | 0.35 | －63.70 | 0.36 |
| 每股收益(加权) | 0.152 | 0.35 | －56.60 | 0.36 |
| 净资产收益率 | 3.1% | 8.62% | －64.00 | 9.45% |
| 扣除非经常性损益的净利润为基础计算的净资产收益率 | 4.7% | 9.32% | －49.57 | 10.36% |
| 每股经营活动产生的现金流量净额 | 0.61 | 0.26 | 134.60 | －0.18 |
| 每股净资产 | 4.09 | 4.01 | 2.00 | 3.77 |
| 调整后的每股净资产 | 4.01 | 4.01 | 0.00 | 3.74 |

## 600231 凌源钢铁股份有限公司

### 二〇〇二年年度报告摘选

#### 1.上市公司基本情况简介

1.1 基本情况简介

股票简称:凌钢股份 股票代码:600231 上市交易所:上海证券交易所

注册地址和办公地址:辽宁省凌源市钢铁路 3 号 邮政编码:122500

公司国际互联网网址:http://www.lgjt.com.cn 电子信箱:lgwjch@online.ln.cn

1.2 联系人和联系方式

董事会秘书:何东生 联系地址:辽宁省凌源市钢铁路 3 号凌源钢铁股份有限公司证券部

电话:0421－6834429 传真:0421－6830436 电子信箱:hds@lggf.com.cn

证券事务代表:王宝杰 联系地址:辽宁省凌源市钢铁路 3 号凌源钢铁股份有限公司证券部

电话:0421－6834429 传真:0421－6830436

#### 2.会计数据和财务指标摘要

2.1 主要会计数据

| | 2002 年 | 2001 年 | 本年比上年增减(%) | 2000 年 |
|---|---|---|---|---|
| 主营业务收入 | 2,475,094,195.43 | 1,858,681,308.36 | 33.16 | 1,594,192,423.59 |
| 利润总额 | 256,309,644.70 | 164,945,104.28 | 55.39 | 212,268,292.56 |
| 净利润 | 203,686,869.87 | 163,630,334.17 | 24.48 | 139,926,890.52 |
| 扣除非经常性损益的净利润 | 187,800,199.79 | 127,705,729.89 | 47.06 | 140,148,929.15 |
| | 2002 年末 | 2001 年末 | 本年末比上年末增减(%) | 2000 年末 |
| 总资产 | 2,257,057,897.12 | 1,784,876,887.71 | 26.45 | 1,536,424,763.52 |
| 股东权益(不含少数股东权益) | 1,413,349,440.98 | 1,270,142,130.45 | 11.27 | 1,152,402,151.26 |
| 经营活动产生的现金流量净额 | 197,538,031.35 | 177,815,046.82 | 11.09 | 63,359,956.42 |

2.2 主要财务指标

| | 2002 年 | 2001 年 | 本年比上年增减(%) | 2000 年 |
|---|---|---|---|---|
| 每股收益 | 0.505 | 0.528 | －4.36 | 0.45 |
| 每股收益 | 0.505 | 0.528 | －4.36 | 0.45 |
| 净资产收益率 | 14.41 | 12.88 | 11.88 | 12.14 |
| 扣除非经常性损益的净利润为基础计算的净资产收益率 | 13.88 | 10.55 | 31.56 | 16.68 |
| 每股经营活动产生的现金流量净额 | 0.490 | 0.574 | －14.63 | 0.20 |
| | 2002 年末 | 2001 年末 | 本年末比上年末增减(%) | 2000 年末 |
| 每股净资产 | 3.507 | 4.097 | －14.40 | 3.72 |
| 调整后的每股净资产 | 3.489 | 3.91 | －10.77 | 3.58 |

## 600217 陕西秦岭水泥(集团)股份有限公司

### 二〇〇二年年度报告摘选

#### 1.上市公司基本情况简介

1.1 基本情况简介

股票简称:秦岭水泥 股票代码:600217 上市交易所:上海证券交易所

注册地址和办公地址:陕西省铜川市耀州区东郊 邮政编码:727100

公司国际互联网网址:http://www.qinling.com 电子信箱:Webmaster@qinliing.com

1.2 联系人和联系方式

董事会秘书:韩保平 联系地址:陕西省铜川市耀州区东郊

电话:0919－6231630 传真:0919－6233344 电子信箱:qlc@vip.163.com

证券事务代表:王建平 联系地址:陕西省铜川市耀州区东郊

电话:0919－6231630 传真:0919－6233344 电子信箱:qlwjp@163.com

#### 2.会计数据和财务指标摘要

2.1 主要会计数据

| | 2002 年 | 2001 年 | 本年比上年增减(%) | 2000 年 |
|---|---|---|---|---|
| 主营业务收入 | 501,488,167.27 | 440,543,527.92 | 13.83 | 396,371,283.84 |
| 利润总额 | 71,125,884.22 | 72,308,359.56 | －1.63 | 72,906,934.24 |
| 净利润 | 45364327.27 | 60,644,937.00 | －25.19 | 61,943,016.32 |
| 扣除非经常性损益的净利润 | 46,339,717.65 | 61,508,801.10 | －24.66 | 61,521,207.42 |
| | 2002 年末 | 2001 年末 | 本年末比上年末增减(%) | 2000 年末 |
| 总资产 | 1,295,586,831.88 | 1,118,300,155.79 | 15.85 | 989,491,208.81 |
| 股东权益(不含少数股东权益) | 739,275,062.30 | 690,279,770.65 | 7.10 | 663,542,990.69 |
| 经营活动产生的现金流量净额 | 16,690,103.04 | 828,838.48 | 1,913.67 | 33,982,526.41 |

2.2 主要财务指标

| | 2002 年 | 2001 年 | 本年比上年增减(%) | 2000 年 |
|---|---|---|---|---|
| 每股收益 | 0.11 | 0.147 | －25.17 | 0.30 |
| 净资产收益率 | 6.14% | 8.79% | －30.15 | 9.34% |
| 扣除非经常性损益的净利润为基础计算的净资产收益率 | 6.27% | 8.91% | －29.29 | 9.27% |
| 每股经营活动产生的现金流量净额 | 0.04 | 0.002 | 1900 | 0.16 |
| | 2002 年末 | 2001 年末 | 本年末比上年末增减(%) | 2000 年末 |
| 每股净资产 | 1.79 | 1.67 | 7.18 | 3.21 |
| 调整后的每股净资产 | 1.78 | 1.66 | 7.23 | 3.16 |

## 600282 南京钢铁股份有限公司

### 二〇〇二年年度报告摘选

#### 1.上市公司基本情况简介

1.1 基本情况简介

股票简称:南钢股份 股票代码:600282 上市交易所:上海证券交易所

注册地址和办公地址:江苏省南京市大厂区卸甲甸 邮政编码:210035

公司国际互联网网址:http://www.600282.net 电子信箱:webmaster@600282.net

1.2 联系人和联系方式

董事会秘书:徐林 联系地址:江苏省南京市大厂区卸甲甸

电话:025－7056780 传真:025－7052184 电子信箱:xulin@600282.net

#### 2.会计数据和财务指标摘要

2.1 主要会计数据

单位:元

| | 2002 年 | 2001 年 | 本年比上年增减(%) | 2000 年 |
|---|---|---|---|---|
| 主营业务收入 | 4,665,263,092.55 | 4,001,026,137.19 | 17 | 3,389,775,529.32 |
| 利润总额 | 390,608,687.00 | 241,469,332.65 | 62 | 260,394,407.71 |
| 净利润 | 243,154,991.57 | 206,185,874.20 | 18 | 201,485,026.56 |
| 扣除非经常性损益的净利润 | 235,615,992.96 | 208,827,026.55 | 13 | 204,062,181.51 |
| | 2002 年末 | 2001 年末 | 本年末比上年末增减(%) | 2000 年末 |
| 总资产 | 3,209,713,580.58 | 2,582,196,411.05 | 24 | 2,581,824,870.28 |
| 股东权益 | 1,742,527,221.80 | 1,600,172,230.23 | 9 | 1,494,786,356.03 |
| 经营活动产生的现金流量净额 | 242,507,134.16 | 233,791,063.36 | 4 | 466,237,733.88 |

2.2 主要财务指标

单位:元

| | 2002 年 | 2001 年 | 本年比上年增减(%) | 2000 年 |
|---|---|---|---|---|
| 每股摊薄收益 | 0.48 | 0.41 | 17 | 0.48 |
| 加权平均每股收益 | 0.48 | 0.41 | 17 | 0.61 |
| 净资产收益率(%) | 13.95 | 12.89 | 8 | 13.48 |
| 扣除非经常性损益的净利润为基础计算的净资产收益率(%) | 13.52 | 13.05 | 4 | 13.65 |
| 每股经营活动产生的现金流量净额 | 0.48 | 0.46 | 4 | 1.11 |
| | 2002 年末 | 2001 年末 | 本年末比上年末增减(%) | 2000 年末 |
| 每股净资产 | 3.46 | 3.17 | 9 | 3.56 |
| 调整后的每股净资产 | 3.41 | 3.13 | 9 | 3.53 |

# 600286 湖南国光瓷业集团股份有限公司

## 二〇〇二年年度报告摘选

### 1.上市公司基本情况简介

1.1 基本情况简介

股票简称:国光瓷业 股票代码:600286 上市交易所:上海证券交易所

注册地址:株洲市高新技术产业开发区创业服务中心 A1 栋 3 层

办公地址:湖南省醴陵市花园庵 270 号 邮政编码:412200

公司国际互联网网址:http://www.guoguang-ceramic.com 电子信箱:hngg@mail.zz.hn.cn

1.2 联系人和联系方式

董事会秘书:唐治 联系地址:湖南省长沙市芙蓉中路松桂园海东青八楼

电话:0731-4330333 传真:0731-4313467 电子信箱:tzhimail@163.net

证券事务代表:张钰 罗俊群 联系地址:湖南省长沙市芙蓉中路松桂园海东青八楼

电话:0731-4331995-830 0731-4331995-831 传真:0731-4313467

电子信箱:zhyumail@sina.com Luojunqun@163.net

### 2.会计数据和财务指标摘要

2.1 主要会计数据

| | 2002 年 | 2001 年 | 本年比上年增减(%) | 2000 年 |
|---|---|---|---|---|
| 主营业务收入 | 498,264,457.17 | 359,259,705.89 | 38.69 | 248,638,579.88 |
| 利润总额 | 40,497,376.71 | 33,003,312.84 | 22.71 | 28,749,465.23 |
| 净利润 | 23,770,976.14 | 26,557,332.59 | -10.49 | 24,673,512.17 |
| 扣除非经常性损益的净利润 | 23,015,723.73 | 26,751,872.34 | -13.97 | 22,118,627.98 |
| | 2002 年末 | 2001 年末 | 本年末比上年末增减(%) | 2000 年末 |
| 总资产 | 1,113,514,281.48 | 911,727,248.13 | 22.13 | 681,204,833.92 |
| 股东权益(不含少数股东权益) | 354,237,726.95 | 326,256,867.40 | 8.58 | 307,020,491.87 |
| 经营活动产生的现金流量净额 | 28,693,793.29 | 43,026,889.29 | -33.31 | 46,865,578.85 |

2.2 主要财务指标

| | 2002 年 | 2001 年 | 本年比上年增减(%) | 2000 年 |
|---|---|---|---|---|
| 每股收益 | 0.209 | 0.28 | -25.36 | 0.273 |
| 净资产收益率 | 6.71 | 8.14 | -19.35 | 8.43 |
| 扣除非经常性损益的净利润为基础计算的净资产收益率 | 6.76 | 8.32 | -17.57 | 7.39 |
| 每股经营活动产生的现金流量净额 | 0.252 | 0.453 | -44.37 | 0.49 |
| | 2002 年末 | 2001 年末 | 本年末比上年末增减(%) | 2000 年末 |
| 每股净资产 | 3.11 | 3.49 | -10.89 | 3.245 |
| 调整后的每股净资产 | 3.09 | 3.40 | -9.12 | 3.224 |

# 600291 内蒙古西水创业股份有限公司

## 二〇〇二年年度报告摘选

### 1.上市公司基本情况简介

1.1 基本情况简介

股票简称:西水股份 股票代码:600291 上市交易所:上海证券交易所

注册地址:呼和浩特市 办公地址:乌海市 邮政编码:016032

电子信箱:Xzzssnc@email.nm.cninfo.net

1.2 联系人和联系方式

董事会秘书:白雪峰 联系地址:内蒙古乌海市

电话:0473-4663855 传真:0473-4663855

证券事务代表:谢圣正 联系地址:内蒙古乌海市

电话:0473-4663855 传真:0473-4663855

### 2.会计数据和财务指标摘要

2.1 主要会计数据

| | 2002 年 | 2001 年 | 本年比上年增减(%) | 2000 年(T-2 年) |
|---|---|---|---|---|
| 主营业务收入 | 479,278,779.78 | 227,260,404.64 | 110.89 | 176,039,765.65 |
| 利润总额 | 39,613,780.23 | 37,870,213.95 | 4.60 | 44,818,637.60 |
| 净利润 | 35,063,371.49 | 25,578,269.05 | 37.08 | 32,543,640.28 |
| 扣除非经常性损益的净利润 | 35,412,720.22 | 28,068,330.71 | 26.17 | 28,460,025.03 |
| | 2002 年末 | 2001 年末 | 本年末比上年末增减(%) | 2000 年末 |
| 总资产 | 1,140,871,781.54 | 947,941,606.48 | 20.35 | 796,030,568.41 |
| 股东权益(不含少数股东权益) | 581,072,952.40 | 545,971,000.87 | 6.43 | 521,842,250.76 |
| 经营活动产生的现金流量净额 | 96,203,517.19 | 14,841,347.27 | 548.21 | -32,532,622.13 |

2.2 主要财务指标

| | 2002 年 | 2001 年 | 本年比上年增减(%) | 2000 年(T-2 年) |
|---|---|---|---|---|
| 每股收益 | 0.22 元/股 | 0.16 元/股 | 37.5 | 0.20 元/股 |
| 每股收益 | 0.22 元/股 | 0.16 元/股 | 37.5 | 0.26 元/股 |
| 净资产收益率 | 6.03 | 4.68 | 28.85 | 6.23 |
| 扣除非经常性损益的净利润为基础计算的净资产收益率 | 6.09 | 5.14 | 18.48 | 5.45 |
| 每股经营活动产生的现金流量净额 | 0.60 元/股 | 0.23 元/股 | 160.87 | -0.20 元/股 |
| | 2002 年末 | 2001 年末 | 本年末比上年末增减(%) | 2000 年末 |
| 每股净资产 | 3.63 元/股 | 3.41 元/股 | 6.45 | 3.26 元/股 |
| 调整后的每股净资产 | 3.49 元/股 | 3.32 元/股 | 5.12 | 3.16 元/股 |

# 600296 兰州铝业股份有限公司

## 二〇〇二年年度报告摘选

### 1.上市公司基本情况简介

1.1 基本情况简介

股票简称:兰州铝业 股票代码:600296 上市交易所:上海证券交易所

注册地址:兰州市城关区东岗西路 316 号

办公地址:兰州市西固区山丹街 375 号 邮政编码:730060

公司国际互联网网址:http://www.lzalco.com 电子信箱:LZLC@public.lz.gs.cn

1.2 联系人和联系方式

董事会秘书:钦义发 联系地址:甘肃省兰州市西固区山丹街 375 号

电话:0931-7549414 传真:0931-7558888,0931-7558857 电子信箱:7549318@163.com

### 2.会计数据和财务指标摘要

2.1 主要会计数据

| | 2002 年 | 2001 年 | 本年比上年增减(%) | 2000 年 |
|---|---|---|---|---|
| 主营业务收入 | 1,829,312,581.90 | 1,289,764,134.42 | 41.83 | 1,246,195,441.15 |
| 利润总额 | 180,799,687.17 | 98,322,961.52 | 83.88 | 111,786,626.63 |
| 净利润 | 166,764,524.90 | 89,258,510.46 | 86.83 | 93,260,065.30 |
| 扣除非经常性损益的净利润 | 168,852,068.87 | 75,901,129.31 | 122.46 | 84,177,020.30 |
| | 2002 年 12 月 31 日 | 2001 年 12 月 31 日 | 本年比上年增减(%) | 2000 年 12 月 31 日 |
| 总资产 | 3,224,280,863.27 | 2,503,529,450.62 | 28.79 | 2,034,922,122.89 |
| 股东权益(不含少数股东权益) | 1,323,744,600.59 | 1,199,487,419.07 | 10.36 | 1,133,425,550.25 |
| 经营活动产生的现金流量净额 | 10,813,382.01 | 103,515,205.42 | -89.55 | 70,521,324.36 |

2.2 主要财务指标

| | 2002 年 | 2001 年 | 本年比上年增减(%) | 2000 年 |
|---|---|---|---|---|
| 每股收益 | 0.565 | 0.303 | 86.47 | 0.316 |
| 每股收益注 2 | | | | |
| 净资产收益率 | 12.6 | 7.44 | 69.35 | 8.23 |
| 扣除非经常性损益的净利润为基础计算的净资产收益率 | 12.76 | 6.33 | 101.58 | 7.43 |
| 每股经营活动产生的现金流量净额 | 0.037 | 0.351 | -89.46 | 0.239 |
| | 2002 年 12 月 31 日 | 2001 年 12 月 31 日 | 本年比上年增减(%) | 2000 年 12 月 31 日 |
| 每股净资产 | 4.45 | 4.05 | 9.88 | 3.827 |
| 调整后的每股净资产 | 4.487 | 4.066 | 10.35 | 3.842 |

# 600307 甘肃酒钢集团宏兴钢铁股份有限公司

## 二〇〇二年年度报告摘选

### 1.上市公司基本情况简介

1.1 基本情况简介

股票简称:酒钢宏兴 股票代码:600307 上市交易所:上海证券交易所

注册地址和办公地址:甘肃嘉峪关市雄关东路 12 号 邮政编码:735100

公司国际互联网网址:http://www.jiugang.com.cn 电子信箱:600307@secure.sse.com.cn

1.2 联系人和联系方式

董事会秘书:王清慧 联系地址:甘肃嘉峪关雄关东路 12 号酒钢宏兴证券部

电话:09376715370 传真:09376715507 电子信箱:wangqinghuijg@sohu.com.cn

证券事务代表:宋之国 联系地址:甘肃嘉峪关雄关东路 12 号酒钢宏兴证券部

电话:09376715370 传真:09376715507

### 2.会计数据和财务指标摘要

2.1 主要会计数据

| | 2002 年 | 2001 年 | 本年比上年增减(%) | 2000 年 |
|---|---|---|---|---|
| 主营业务收入 | 3,595,837,249.59 | 3,415,606,308.84 | 5.28 | 3,122,791,235.85 |
| 利润总额 | 342,198,066.74 | 253,575,640.58 | 34.95 | 248,553,688.21 |
| 净利润 | 228,012,710.83 | 265,405,176.59 | -14.09 | 160,953,192.34 |
| 扣除非经常性损益的净利润 | 235,941,976.09 | 164,595,327.73 | 43.35 | 157,314,908.77 |
| | 2002 年末 | 2001 年末 | 本年末比上年末增减(%) | 2000 年末 |
| 总资产 | 3,371,052,082.57 | 3,364,122,729.88 | 0.21 | 3,001,888,590.3 |
| 股东权益(不含少数股东权益) | 2,184,184,129.29 | 2,081,115,874.61 | 4.95 | 1,866,452,650.97 |
| 经营活动产生的现金流量净额 | 592,992,448.20 | 561,603,720.12 | 5.59 | 224,998,178.75 |

2.2 主要财务指标

| | 2002 年 | 2001 年 | 本年比上年增减(%) | 2000 年 |
|---|---|---|---|---|
| 每股收益 | 0.31 | 0.36 | -13.89 | 0.30 |
| 每股收益(摊薄) | 0.31 | 0.36 | -13.89 | 0.22 |
| 净资产收益率 | 10.44 | 12.75 | -18.12 | 8.3 |
| 扣除非经常性损益的净利润为基础计算的净资产收益率 | 10.75 | 7.94 | 35.39 | 17.06 |
| 每股经营活动产生的现金流量净额 | 0.81 | 0.77 | 5.19 | 0.31 |
| | 2002 年末 | 2001 年末 | 本年末比上年末增减(%) | 2000 年末 |
| 每股净资产 | 3.00 | 2.86 | 4.9 | 2.66 |
| 调整后的每股净资产 | 2.98 | 2.76 | 7.97 | 2.56 |

## 600318 安徽巢东水泥股份有限公司

### 二〇〇二年年度报告摘选

#### 1.上市公司基本情况简介

1.1 基本情况简介

股票简称:巢东股份　股票代码:600318　上市交易所:上海证券交易所

注册地址:安徽省巢湖市健康路238号

办公地址:安徽省巢湖市长江西路269号　邮政编码:238001

公司国际互联网网址:http://www.cdgfgs.com.cn　电子信箱:cddms@vip.sina.com

1.2 联系人和联系方式

董事会秘书:谢旻　联系地址:安徽省巢湖市长江西路269号

电话:0565-2391720　传真:0565-2391918　电子信箱:cddms@vip.sina.com

证券事务代表:高海龙　联系地址:安徽省巢湖市长江西路269号

电话:0565-2391720　传真:0565-2391918　电子信箱:cddms@vip.sina.com

#### 2.会计数据和财务指标摘要

2.1 主要会计数据　单位:元

| | 2002年 | 2001年 | 本年比上年增减(%) | 2000年 |
|---|---|---|---|---|
| 主营业务收入 | 595,355,799.87 | 555,157,296.97 | +7.24 | 422,645,074.72 |
| 利润总额 | 24,605,296.07 | 35,876,358.49 | -31.42 | 39,982,235.29 |
| 净利润 | 16,019,238.06 | 29,844,884.33 | -46.33 | 34,442,389.81 |
| 扣除非经常性损益的净利润 | 17,400,581.99 | 22,700,906.07 | -23.35 | 29,598,578.87 |
| | 2002年末 | 2001年末 | 本年末比上年末增减(%) | 2000年末 |
| 总资产 | 1,388,853,517.49 | 1,440,211,745.28 | -3.57 | 1,001,097,488.22 |
| 股东权益(不含少数股东权益) | 612,687,168.04 | 596,667,929.98 | +2.68 | 586,940,417.57 |
| 经营活动产生的现金流量净额 | 90,658,172.30 | 58,316,995.76 | +55.46 | 35,870,239.49 |

2.2 主要财务指标

| | 2002年 | 2001年 | 本年比上年增减(%) | 2000年 |
|---|---|---|---|---|
| 每股收益 | 0.08 | 0.15 | -46.67 | 0.17 |
| 净资产收益率 | 2.61 | 5.00 | -47.80 | 15.19 |
| 扣除非经常性损益的净利润为基础计算的净资产收益率 | 2.95 | 3.65 | -19.18 | 4.93 |
| 每股经营活动产生的现金流量净额 | 0.45 | 0.29 | +55.17 | 0.18 |
| | 2002年末 | 2001年末 | 本年末比上年末增减(%) | 2000年末 |
| 每股净资产 | 3.06 | 2.98 | +2.68 | 2.93 |
| 调整后的每股净资产 | 3.06 | 2.98 | +2.68 | 2.93 |

## 600357 承德新新钒钛股份有限公司

### 二〇〇二年年度报告摘选

#### 1.上市公司基本情况简介

1.1 基本情况简介

股票简称:承德钒钛　股票代码:600357　上市交易所:上海证券交易所

注册地址和办公地址:河北省承德市双滦区　邮政编码:067002

公司国际互联网网址:http://www.cdvt.com.cn　电子信箱:zqb8899@163.com

1.2 联系人和联系方式

董事会秘书:王世杰　联系地址:河北省承德市双滦区承德新新钒钛股份有限公司证券部

电话:(0314)4073210　传真:(0314)4079279　电子信箱:zqb8899@163.com

证券事务代表:周开英　联系地址:河北省承德市双滦区承德新新钒钛股份有限公司证券部

电话:(0314)4073574　传真:(0314)4079279　电子信箱:zqb8899@163.com

#### 2.会计数据和财务指标摘要

2.1 主要会计数据

| | 2002年 | 2001年 | 本年比上年增减(%) | 2000年 |
|---|---|---|---|---|
| 主营业务收入 | 2,767,398,206.67 | 2,198,909,311.45 | 25.85 | 2,633,932,220.83 |
| 利润总额 | 122,326,578.53 | 113,925,722.85 | 7.37 | 108,947,791.86 |
| 净利润 | 82,007,218.12 | 75,631,147.17 | 8.43 | 72,317,119.75 |
| 扣除非经常性损益的净利润 | 79,422,677.42 | 75,065,413.73 | 5.80 | 71,629,596.17 |
| | 2002年末 | 2001年末 | 本年末比上年末增减(%) | 2000年末 |
| 总资产 | 3,985,348,466.86 | 2,721,007,284.53 | 46.47 | 2,382,191,337.93 |
| 股东权益(不含少数股东权益) | 1,392,926,279.26 | 906,031,575.35 | 53.74 | 828,131,270.92 |
| 经营活动产生的现金流量净额 | 248,262,073.38 | 24,217,007.76 | 925.14 | 19,875,822.92 |

2.2 主要财务指标

| | 2002年 | 2001年 | 本年比上年增减(%) | 2000年 |
|---|---|---|---|---|
| 每股收益 | 0.22 | 0.27 | -18.52 | 0.26 |
| 净资产收益率 | 5.89 | 8.35 | -29.46 | 8.73 |
| 扣除非经常性损益的净利润为基础计算的净资产收益率(加权平均) | 7.09 | 8.66 | -18.13 | 8.48 |
| 每股经营活动产生的现金流量净额 | 0.65 | 0.09 | 622.22 | 0.07 |
| | 2002年末 | 2001年末 | 本年末比上年末增减(%) | 2000年末 |
| 每股净资产 | 3.66 | 3.23 | 13.31 | 2.95 |
| 调整后的每股净资产 | 3.61 | 2.98 | 21.14 | 2.73 |

## 600321 四川国栋建设股份有限公司

### 二〇〇二年年度报告摘选

#### 1.上市公司基本情况简介

1.1 基本情况简介

股票简称:国栋建设　股票代码:600321　上市交易所:上海证券交易所

注册地址和办公地址:四川省成都市双流板桥　邮政编码:600206

公司国际互联网网址:HTTP://WWW.CHINAGUODONG.COM

电子信箱:Guodong@Chengdunet.com

1.2 联系人和联系方式

董事会秘书:王效明　联系地址:四川省成都市双流板桥

电话:028-85805811　传真:028-85804146　电子信箱:Guodong@Chengdunet.com

证券事务代表:胡海涛　联系地址:四川省成都市双流板桥

电话:028-85805811　传真:028-85804146

#### 2.会计数据和财务指标摘要

2.1 主要会计数据(单位:元)

| | 2002年 | 2001年 | 本年比上年增减(%) | 2000年 |
|---|---|---|---|---|
| 主营业务收入 | 222,764,913.34 | 341,043,684.01 | -34.68 | 331,408,390.41 |
| 利润总额 | 57,236,592.30 | 73,590,584.92 | -22.22 | 72,581,462.75 |
| 净利润 | 48,415,028.73 | 61,904,182.44 | -21.79 | 61,371,687.95 |
| 扣除非经常性损益的净利润 | 39,066,323.45 | 59,992,421.92 | -34.88 | 61,371,687.95 |
| | 2002年末 | 2001年末 | 本年末比上年末增减(%) | 2000年末 |
| 总资产 | 1,284,859,476.78 | 1,295,455,712.60 | -0.77 | 281,021,660.96 |
| 股东权益(不含少数股东权益) | 1,054,989,037.59 | 1,050,374,008.86 | 0.44 | 143,847,106.58 |
| 经营活动产生的现金流量净额 | 59,318,752.37 | 1,486,769.37 | 3889.77 | |

2.2 主要财务指标

| | 2002年 | 2001年 | 本年比上年增减(%) | 2000年 |
|---|---|---|---|---|
| 每股收益 | 0.28 | 0.35 | -20 | 0.58 |
| 净资产收益率 | 4.59 | 5.89 | -22.07 | 42.66 |
| 扣除非经常性损益的净利润为基础计算的净资产收益率 | 3.70 | 5.71 | -35.20 | 42.66 |
| 每股经营活动产生的现金流量净额 | 0.34 | 0.01 | 3300 | 0.18 |
| | 2002年末 | 2001年末 | 本年末比上年末增减(%) | 2000年末 |
| 每股净资产 | 6.02 | 5.99 | 0.50 | 1.38 |
| 调整后的每股净资产 | 6.02 | 5.99 | 0.50 | 1.36 |

## 600362 江西铜业股份有限公司

### 二〇〇二年年度报告摘选

#### 1.上市公司基本情况简介

1.1 基本情况简介

股票简称:江西铜业(A股)、江西铜业(H股)、江西铜业(H股)

股票代码:600362、0358、0358

上市交易所:上海证券交易所、香港联合交易所有限公司、伦敦股票交易所有限公司(H股第二上市地)

注册地址和办公地址:江西省贵溪市冶金大道15号　邮政编码:335424

公司国际互联网网址:http://www.jxcc.com　电子信箱:jccl@jxcc.com

1.2 联系人和联系方式

董事会秘书:黄东风　联系地址:江西省贵溪市冶金大道15号

电话:701 3777735　传真:701 3777013　电子信箱:jccl@jxcc.com

证券事务代表:潘其方　联系地址:江西省贵溪市冶金大道15号

电话:701 3777736　传真:701 3777013　电子信箱:jccl@jxcc.com

#### 2.会计数据和财务指标摘要

2.1 主要会计数据

| | 2002年 人民币千元 | 2001年 人民币千元 | 比上年增减(%) | 2000年 人民币千元 |
|---|---|---|---|---|
| 主营业务收入 | 3,327,073 | 2,995,793 | 11.1 | 3,524,512 |
| 利润总额 | 173,337 | 301,659 | -42.5 | 108,864 |
| 净利润 | 169,504 | 301,435 | -43.8 | 108,660 |
| 扣除非经常性损益的净利润 | 187,709 | 304,273 | -38.3 | 108,594 |
| | 2002年 人民币千元 | 2001年 人民币千元 | 比上年增减(%) | 2000年 人民币千元 |
| 总资产 | 8,823,138 | 8,460,149 | 4.3 | 7,749,142 |
| 股东权益(不含少数股东权益) | 4,662,383 | 4,572,800 | 2.0 | 3,898,782 |
| 经营活动产生的现金流量净额 | 773,135 | 640,292 | 20.7 | 671,389 |

2.2 主要财务指标

| | 2002年 人民币元 | 2001年 人民币元 | 比上年增减(%) | 2000年 人民币元 |
|---|---|---|---|---|
| 每股收益 | 0.06 | 0.11 | -45.5 | 0.045 |
| 净资产收益率 | 3.64% | 6.59% | -44.8 | 2.79% |
| 扣除非经常性损益的净利润为基础计算的净资产收益率 | 4.03% | 7.51% | -46.3 | 2.79% |
| 每股经营活动产生的现金流量净额 | 0.29 | 0.24 | 20.8 | 0.28 |
| | 2002年 人民币元 | 2001年 人民币元 | 比上年增减(%) | 2000年 人民币元 |
| 每股净资产 | 1.75 | 1.72 | 1.7 | 1.60 |
| 调整后的每股净资产 | 1.74 | 1.71 | 1.8 | 1.59 |

## 600373 江西鑫新实业股份有限公司

### 二〇〇二年年度报告摘选

#### 1.上市公司基本情况简介

1.1 基本情况简介

股票简称:鑫新股份 股票代码:600373 上市交易所:上海证券交易所

注册地址和办公地址:江西省上饶市南环路二号 邮政编码:334000

公司国际互联网网址:WWW.XXGF.COM.CN 电子信箱:600373@secure.sse.com.cn

1.2 联系人和联系方式

董事会秘书:彭震 联系地址:江西省上饶市南环路二号 传真:0793－8222255

电话:0793－8238282－6813,13907936028 电子信箱:penz@xxgf.com.cn

证券事务代表:卢国清 联系地址:江西省上饶市南环路二号 传真:0793－8222255

电话:0793－8238282－6178,13307938506 电子信箱:lugq@xxgf.com.cn

#### 2.会计数据和财务指标摘要

2.1 主要会计数据 (单位:人民币元)

| | 2002 年 | 2001 年 | 本年比上年增减(%) | 2000 年 |
|---|---|---|---|---|
| 主营业务收入 | 323,943,709.32 | 337,834,833.25 | －4.11 | 365,509,926.79 |
| 利润总额 | 12,467,049.91 | 15,937,522.99 | －21.78 | 17,472,579.41 |
| 净利润 | 7,554,017.15 | 10,683,552.22 | －29.29 | 11,699,316.38 |
| 扣除非经常性损益的净利润 | 4,427,610.33 | 7,386,645.03 | －40.06 | 8,753,507.17 |
| | 2002 年末 | 2001 年末 | 本年末比上年末增减(%) | 2000 年末 |
| 总资产 | 566,859,950.21 | 412,970,948.89 | 37.26 | 405,311,197.47 |
| 股东权益(不含少数股东权益) | 255,089,772.13 | 127,632,244.72 | 99.86 | 119,482,074.65 |
| 经营活动产生的现金流量净额 | －16,306,559.93 | 16,303,468.61 | | 53,801,452.94 |

2.2 主要财务指标 (单位:人民币元)

| | 2002 年 | 2001 年 | 本年比上年增减(%) | 2000 年 |
|---|---|---|---|---|
| 每股收益摊薄 | 0.06 | 0.13 | －53.85 | 0.15 |
| 每股收益加权 | 0.06 | 0.13 | －53.85 | 0.15 |
| 净资产收益率摊薄 | 2.96 | 8.37 | －64.64 | 9.79 |
| 净资产收益率加权 | 3.23 | 8.56 | －62.27 | 10.29 |
| 扣除非经常性损益的净利润为基础计算的净资产收益率 | 1.74 | 5.79 | －70.29 | 7.07 |
| 每股经营活动产生的现金流量净额 | －0.13 | 0.20 | | 0.67 |
| | 2002 年末 | 2001 年末 | 本年末比上年末增减(%) | 2000 年末 |
| 每股净资产 | 2.04 | 1.60 | 27.5 | 1.49 |
| 调整后的每股净资产 | 1.99 | 1.50 | 32.67 | 1.41 |

## 600399 抚顺特殊钢股份有限公司

### 二〇〇二年年度报告摘选

#### 1.上市公司基本情况简介

1.1 基本情况简介

股票简称:抚顺特钢 股票代码:600399 上市交易所:上海证券交易所

注册地址和办公地址:辽宁省抚顺市望花区和平路东段 56 号 邮政编码:113001

公司国际互联网网址:http://www.fs－ss.com 电子信箱:fstg@fs－ss.com

1.2 联系人和联系方式

董事会秘书:王治农 联系地址:辽宁省抚顺市望花区和平路东段 56 号

电话:0413－6676495 传真:0413－6688966 电子信箱:wyn@fs－ss.com

证券事务代表:徐中浩 联系地址:辽宁省抚顺市望花区和平东段 56 号

电话:0413－6678441 传真:0413－6679476 电子信箱:xzh@fs－ss.com

#### 2.会计数据和财务指标摘要

2.1 主要会计数据

| | 2002 年 | 2001 年 | 本年比上年增减(%) | 2000 年 |
|---|---|---|---|---|
| 主营业务收入 | 1,732,712,948.16 | 1,466,607,696.62 | 18.14 | 1,623,325,756.87 |
| 利润总额 | 65,005,822.51 | 117,907,807.61 | －44.87 | 96,564,735.07 |
| 净利润 | 42,173,321.05 | 100,479,068.13 | －58.03 | 78,235,139.29 |
| 扣除非经常性损益的净利润 | 43,467,841.30 | 101,780,232.43 | －57.29 | 83,297,228.84 |
| | 2002 年末 | 2001 年末 | 本年末比上年末增减(%) | 2000 年末 |
| 总资产 | 4,228,286,530.89 | 3,006,256,050.22 | 40.65 | 2,688,985,781.81 |
| 股东权益(不含少数股东权益) | 1,448,052,366.94 | 1,405,879,045.89 | 3 | 1,319,066,526.19 |
| 经营活动产生的现金流量净额 | 357,578,403.89 | 260,263,883.25 | 37.39 | 70,605,638.67 |

2.2 主要财务指标

| | 2002 年 | 2001 年 | 本年比上年增减(%) | 2000 年 |
|---|---|---|---|---|
| 每股收益 | 0.08 | 0.19 | －57.89 | 0.15 |
| 净资产收益率 | 2.91 | 7.15 | －59.30 | 5.93 |
| 扣除非经常性损益的净利润为基础计算的净资产收益率 | 3.02 | 7.34 | －58.86 | 11 |
| 每股经营活动产生的现金流量净额 | 0.69 | 0.50 | 38 | 0.14 |
| | 2002 年末 | 2001 年末 | 本年末比上年末增减(%) | 2000 年末 |
| 每股净资产 | 2.78 | 2.70 | 2.96 | 2.53 |
| 调整后的每股净资产 | 2.77 | 2.69 | 2.97 | 2.53 |

## 600456 宝鸡钛业股份有限公司

### 二〇〇二年年度报告摘选

#### 1.上市公司基本情况简介

1.1 基本情况简介

股票简称:宝钛股份 股票代码:600456 上市交易所:上海证券交易所

注册地址:陕西省宝鸡市高新技术产业开发区火炬路 19 号

办公地址:陕西省宝鸡市钛城路 1 号 邮政编码:721014

公司国际互联网网址:http://www.baoti.com 电子信箱:baoti@263.net.cn

1.2 联系人和联系方式

董事会秘书:郑海山 联系地址:陕西省宝鸡市钛城路 1 号

电话:0917－3382026 传真:0917－3382132 电子信箱:btgfzhs@263.net

证券事务代表:任鑫 联系地址:陕西省宝鸡市钛城路 1 号

电话:0917－3382116 传真:0917－3382132 电子信箱:btgfrenxin@263.net

#### 2.会计数据和财务指标摘要

2.1 主要会计数据 单位:元

| | 2002 年 | 2001 年 | 本年比上年增减(%) | 2000 年 |
|---|---|---|---|---|
| 主营业务收入 | 346,410,332.26 | 325,464,479.89 | 6.44 | 292,290,943.26 |
| 利润总额 | 48,497,882.60 | 44,423,675.81 | 9.17 | 40,092,333.16 |
| 净利润 | 41,019,488.32 | 37,760,124.44 | 8.63 | 40,092,333.16 |
| 扣除非经常性损益的净利润 | 43,089,137.99 | 38,415,833.24 | 12.17 | 40,002,733.68 |
| | 2002 年末 | 2001 年末 | 本年末比上年末增减(%) | 2000 年末 |
| 总资产 | 923,241,057.63 | 594,434,964.84 | 55.31 | 590,137,581.95 |
| 股东权益(不含少数股东权益) | 613,639,825.31 | 260,859,761.55 | 135.24 | 223,099,637.11 |
| 经营活动产生的现金流量净额 | 63,851,016.86 | 17,518,183.92 | 264.48 | 61,926,680.30 |

2.2 主要财务指标

| | 2002 年 | 2001 年 | 本年比上年增减(%) | 2000 年 |
|---|---|---|---|---|
| 每股收益 | 0.21 | 0.27 | －22.22 | 0.29 |
| 每股收益 | | | | |
| 净资产收益率 | 6.68 | 14.47 | －53.84 | 17.97 |
| 扣除非经常性损益的净利润为基础计算的净资产收益率 | 7.00 | 14.77 | －52.61 | 17.94 |
| 每股经营活动产生的现金流量净额 | 0.3191 | 0.125 | 155.28 | 0.4421 |
| | 2002 年末 | 2001 年末 | 本年末比上年末增减(%) | 2000 年末 |
| 每股净资产 | 3.067 | 1.8622 | 64.70 | 1.5927 |
| 调整后的每股净资产 | 3.06 | 1.83 | 67.21 | 1.85 |

## 600516 兰州海龙新材料科技股份有限公司

### 二〇〇二年年度报告摘选

#### 1.上市公司基本情况简介

1.1 基本情况简介

股票简称:海龙科技 股票代码:600516 上市交易所:上海证券交易所

注册地址和办公地址:兰州市红古区海石湾 2 号街坊 354 号 邮政编码:730084

公司国际互联网网址:http://www.hailongkeji.com.cn 电子信箱:dnengx@public.lz.gs.cn

1.2 联系人和联系方式

董事会秘书:邓广星 联系地址:兰州市红古区海石湾 2 号街坊 354 号

电话:0931－6234288 传真:0931－6232285 电子信箱:gxdeng@public.lz.gs.cn

证券事务代表:徐有红 联系地址:兰州市红古区海石湾 2 号街坊 354 号

电话:0931－6234288 传真:0931－6232285 电子信箱:dnengx@public.lz.gs.cn

#### 2.会计数据和财务指标摘要

2.1 主要会计数据

| | 2002 年 | 2001 年 | 本年比上年增减(%) | 2000 年 |
|---|---|---|---|---|
| 主营业务收入 | 431,456,357.82 | 412,903,254.22 | 4.49 | 363,826,185.19 |
| 利润总额 | 40,472,348.24 | 39,109,385.36 | 3.49 | 37,073,947.52 |
| 净利润 | 33,312,735.32 | 48,011,670.14 | －30.62 | 24,606,308.85 |
| 扣除非经常性损益的净利润 | 33,732,156.01 | 33,478,177.87 | 0.76 | 26,379,752.70 |
| | 2002 年 | 2001 年 | 本年比上年增减(%) | 2000 年 |
| 总资产 | 1,392,665 | 780,629,765.20 | 78.40 | 637,544,950.20 |
| 股东权益(不含少数股东权益) | 751,423,729.73 | 272,896,895.60 | 175.35 | 224,521,670.66 |
| 经营活动产生的现金流量净额 | －56,780,361.24 | －86,851,718.58 | －34.62 | －15,603,812.41 |

2.2 主要财务指标

| | 2002 年 | 2001 年 | 本年比上年末增减(%) | 2000 年 |
|---|---|---|---|---|
| 每股收益(全面摊薄) | 0.17 | 0.40 | －57.50 | 0.21 |
| 净资产收益率(全面摊薄) | 4.43 | 17.59 | －74.82 | 11.00 |
| 扣除非经常性损益的净利润为基础计算的净资产收益率(全面摊薄) | 4.49 | 12.27 | －63.41 | 11.75 |
| 扣除非经常性损益的净利润为基础计算的净资产收益率(加权平均) | 7.59 | 13.47 | －43.65 | 12.43 |
| 每股经营活动产生的现金流量净额 | －0.28 | －0.72 | －61.11 | －0.13 |
| | 2002 年 | 2001 年 | 本年比上年末增减(%) | 2000 年 |
| 每股净资产 | 3.76 | 2.27 | 65.64 | 1.87 |
| 调整后的每股净资产 | 3.75 | 2.27 | 65.20 | 1.86 |

# 600529 山东省药用玻璃股份有限公司

## 二〇〇二年年度报告摘选

### 1.上市公司基本情况简介

1.1 基本情况简介

股票简称:山东药玻 股票代码:600529 上市交易所:上海证券交易所

注册地址和办公地址:山东省沂源县城二郎山路八号 邮政编码:256100

公司国际互联网网址:http://www.pharmglass.com 电子信箱:sdyb@pharmglass.com

1.2 联系人和联系方式

董事会秘书:周仕勇 联系地址:山东省沂源县城二郎山路八号

电话:0533-3242312-2028 传真:0533-3249700 电子信箱:65zsy@163.com

证券事务代表:于恩亮 联系地址:山东省沂源县城二郎山路八号

电话:0533-3242312-2111 传真:0533-3249700 电子信箱:sdyb@pharmglass.com

### 2.会计数据和财务指标摘要

2.1 主要会计数据 单位:人民币元

| | 2002年 | 2001年 | 本年比上年增减(%) | 2000年 |
|---|---|---|---|---|
| 主营业务收入 | 422,318,260.42 | 350,108,854.74 | 20.62 | 293,114,742.19 |
| 利润总额 | 82,335,560.04 | 59,652,844.13 | 38.02 | 44,828,368.66 |
| 净利润 | 54,752,953.36 | 37,360,478.49 | 46.55 | 30,452,642.41 |
| 扣除非经常性损益的净利润 | 54,965,204.98 | 38,303,820.78 | 43.50 | 30,847,596.77 |
| | 2002年 | 2001年 | 本年末比上年增减(%) | 2000年 |
| 总资产 | 943,593,775.86 | 460,614,681.90 | 104.86 | 394,610,019.24 |
| 股东权益(不含少数股东权益) | 641,554,698.37 | 191,541,313.16 | 234.94 | 177,236,203.72 |
| 经营活动产生的现金流量净额 | 109,261,606.93 | 28,603,697.76 | 281.98 | 44,762,642.98 |

2.2 主要财务指标 单位:人民币元

| | 2002年 | 2001年 | 本年比上年增减(%) | 2000年 |
|---|---|---|---|---|
| 每股收益 | 0.66 | 0.74 | -10.81 | 0.60 |
| 净资产收益率 | 8.53 | 19.51 | -56.28 | 17.18 |
| 扣除非经常性损益的净利润为基础计算的净资产收益率 | 12.44 | 19.19 | -35.17 | 18.34 |
| 每股经营活动产生的现金流量净额 | 1.33 | 0.57 | 133.33 | 0.89 |
| | 2002年 | 2001年 | 本年末比上年增减(%) | 2000年 |
| 每股净资产 | 7.79 | 3.80 | 105.00 | 3.52 |
| 调整后的每股净资产 | 7.79 | 3.80 | 105.00 | 3.52 |

# 600531 河南豫光金铅股份有限公司

## 二〇〇二年年度报告摘选

### 1.上市公司基本情况简介

1.1 基本情况简介

股票简称:豫光金铅 股票代码:600531 上市交易所:上海证券交易所

注册地址和办公地址:河南省济源市济水大街中段525号 邮政编码:454650

公司国际互联网网址:http://www.Yuguang@yggf.com.cn 电子信箱:Yuguang@yggf.com.cn

1.2 联系人和联系方式

董事会秘书:任文艺 联系地址:河南省济源市济水大街中段525号

电话:0391-6665836 传真:0391-6688986 电子信箱:Yuguang@yggf.com.cn

证券事务代表:蔡亮 联系地址:河南省济源市济水大街中段525号

电话:0391-6665835 传真:0391-6688986 电子信箱:Yuguang@yggf.com.cn

### 2.会计数据和财务指标摘要

2.1 主要会计数据 单位:人民币元

| | 2002年 | 2001年 | 本年比上年增减(%) | 2000年 |
|---|---|---|---|---|
| 主营业务收入 | 1,005,990,475.64 | 748,055,228.13 | 34.48 | 439,180,571.39 |
| 利润总额 | 49,893,936.93 | 46,180,580.92 | 8.04 | 38,787,028.87 |
| 净利润 | 33,619,727.23 | 30,128,948.46 | 11.59 | 25,905,666.60 |
| 扣除非经常性损益的净利润 | 33,377,787.34 | 30,683,270.39 | 8.78 | 26,291,540.18 |
| | 2002年末 | 2001年末 | 本年末比上年末增减(%) | 2000年末 |
| 总资产 | 967,350,456.02 | 497,542,355.83 | 94.43 | 441,917,526.94 |
| 股东权益(不含少数股东权益) | 517,860,270.76 | 181,905,667.76 | 184.69 | 151,776,719.30 |
| 经营活动产生的现金流量净额 | -79,067,631.10 | 7,819,293.05 | -1111.19 | 10,034,487.19 |

2.2 主要财务指标 单位:人民币元

| | 2002年 | 2001年 | 本年比上年增减(%) | 2000年 |
|---|---|---|---|---|
| 每股收益 | 0.27 | 0.37 | -27.03 | 0.32 |
| 净资产收益率 | 6.49% | 17.20% | -62.22 | 17.45% |
| 扣除非经常性损益的净利润为基础计算的净资产收益率 | 10.12% | 18.64% | -45.71 | 19.62% |
| 每股经营活动产生的现金流量净额 | -0.62 | 0.10 | -720.00 | 0.12 |
| | 2002年末 | 2001年末 | 本年末比上年末增减(%) | 2000年末 |
| 每股净资产 | 4.08 | 2.22 | 83.78 | 1.86 |
| 调整后的每股净资产 | 4.07 | 2.22 | 83.33 | 1.86 |

# 600539 太原狮头水泥股份有限公司

## 二〇〇二年年度报告摘选

### 1.上市公司基本情况简介

1.1 基本情况简介

股票简称:狮头股份 股票代码:600539 上市交易所:上海证券交易所

注册地址和办公地址:山西省太原市万柏林区开城街1号 邮政编码:030056

公司国际互联网网址:http://www.lionhead.com.cn 电子信箱:600539@lionhead.com.cn

1.2 联系人和联系方式

董事会秘书:郝瑛 联系地址:山西省太原市万柏林区开城街1号太原狮头水泥股份有限公司证券部

电话:0351-6532621 传真:0351-6966242 电子信箱:600539@lionhead.com.cn

### 2.会计数据和财务指标摘要

2.1 主要会计数据 单位:元

| | 2002年 | 2001年 | 本年比上年增减(%) | 2000年 |
|---|---|---|---|---|
| 主营业务收入 | 289,212,250.25 | 294,766,852.43 | -1.88% | 246,990,669.53 |
| 利润总额 | 35,246,462.39 | 50,824,242.56 | -30.65% | 45,141,750.49 |
| 净利润 | 23,034,951.02 | 37,227,836.98 | -38.12% | 30,730,021.67 |
| 扣除非经常性损益的净利润 | 23,981,922.88 | 34,325,196.81 | -30.13% | - |
| | 2002年末 | 2001年末 | 本年末比上年末增减(%) | 2000年末 |
| 总资产 | 1,092,347,135.53 | 1,050,270,596.53 | 4.01% | 511,255,387.64 |
| 股东权益(不含少数股东权益) | 812,053,552.43 | 789,018,601.41 | 2.92% | 208,510,963.12 |
| 经营活动产生的现金流量净额 | 38,196,318.85 | 35,392,072.80 | 7.92% | 29,772,159.33 |

2.2 主要财务指标 单位:元

| | 2002年 | 2001年 | 本年比上年增减(%) | 2000年 |
|---|---|---|---|---|
| 每股收益 | 0.10 | 0.16 | -37.50 | 0.20 |
| 净资产收益率(%) | 2.84 | 4.72 | -39.83 | 14.74 |
| 扣除非经常性损益的净利润为基础计算的净资产收益率(%) | 2.95 | 4.35 | -32.18 | 13.27 |
| 每股经营活动产生的现金流量净额 | 0.17 | 0.15 | 13.33 | 0.20 |
| | 2002年末 | 2001年末 | 本年末比上年末增减(%) | 2000年末 |
| 每股净资产 | 3.53 | 3.43 | 2.92 | 1.39 |
| 调整后的每股净资产 | 3.49 | 3.39 | 2.95 | 1.36 |

# 600549 厦门钨业股份有限公司

## 二〇〇二年年度报告摘选

### 1.上市公司基本情况简介

1.1 基本情况简介

股票简称:厦门钨业 股票代码:600549 上市交易所:上海证券交易所

注册地址:厦门市湖滨南路619号 办公地址:厦门市湖滨南路619号 邮政编码:361004

公司国际互联网网址:http://www.cxtc.com 电子信箱:xtc@public.xm.fj.cn

1.2 联系人和联系方式

董事会秘书:郭文清 联系地址:厦门市湖滨南路619号16层

电话:0592-5363856 传真:0592-5363857 电子信箱:xtc@public.xm.fj.cn

证券事务代表:许火耀 联系地址:厦门市湖滨南路619号16层

电话:0592-5363856 传真:0592-5363857 电子信箱:xtc@public.xm.fj.cn

### 2.会计数据和财务指标摘要

2.1 主要会计数据 单位:人民币元

| | 2002年 | 2001年 | 本年比上年增减(%) | 2000年 |
|---|---|---|---|---|
| 主营业务收入 | 578,398,096.55 | 705,706,011.13 | -18.04 | 648,138,708.78 |
| 利润总额 | 77,851,231.36 | 91,984,116.15 | -15.36 | 56,070,580.34 |
| 净利润 | 50,056,023.11 | 61,324,331.29 | -18.37 | 35,601,218.79 |
| 扣除非经常性损益的净利润 | 46,114,902.04 | 62,077,927.51 | -25.71 | 25,673,545.69 |
| | 2002年末 | 2001年末 | 本年末比上年末增减(%) | 2000年末 |
| 总资产 | 1,103,649,270.49 | 585,234,893.37 | +88.58 | 691,341,787.37 |
| 股东权益(不含少数股东权益) | 552,391,465.15 | 204,787,104.31 | +169.73 | 183,538,736.61 |
| 经营活动产生的现金流量净额 | 41,570,285.63 | 214,119,391.92 | -80.59 | 164,034,056.73 |

2.2 主要财务指标

| | 2002年 | 2001年 | 本年比上年增减(%) | 2000年 |
|---|---|---|---|---|
| 每股收益 | 0.42 | 0.68 | -38.24 | 0.40 |
| 每股收益 | | | | |
| 净资产收益率 | 9.06% | 29.95% | -69.75 | 19.40% |
| 扣除非经常性损益的净利润为基础计算的净资产收益率 | 8.35% | 30.31% | -72.45 | 13.99% |
| 每股经营活动产生的现金流量净额 | 0.35 | 2.38 | -85.29 | 1.82 |
| | 2002年末 | 2001年末 | 本年末比上年末增减(%) | 2000年末 |
| 每股净资产 | 4.60 | 2.28 | +101.75 | 2.04 |
| 调整后的每股净资产 | 4.60 | 2.26 | +103.54 | 1.99 |

# 600552 安徽方兴科技股份有限公司

## 二○○二年年度报告摘选

### 1.上市公司基本情况简介

1.1 基本情况简介

股票简称:方兴科技 股票代码:600552 上市交易所:上海证券交易所

注册地址和办公地址:安徽省蚌埠市涂山路767号 邮政编码:233054

公司国际互联网网址:http://www.fangxingkj.com 电子信箱:fxkj@fangxingkj.com

1.2 联系人和联系方式

董事会秘书:李群虎 联系地址:安徽省蚌埠市涂山路767号

电话:0552－4077780 传真:0552－4077780 电子信箱:Lqh2858@vip.sina.com

### 2.会计数据和财务指标摘要

2.1 主要会计数据

| | 2002年 | 2001年 | 本年比上年增减(%) | 2000年 |
|---|---|---|---|---|
| 主营业务收入 | 189,137,930.20 | 177,960,698.59 | 6.28 | 166,107,001.55 |
| 利润总额 | 20,578,328.09 | 21,095,689.47 | －2.45 | 18,668,706.66 |
| 净利润 | 14,073,865.33 | 13,867,863.44 | 1.49 | 11,694,825.81 |
| 扣除非经常性损益的净利润 | 14,607,000.00 | 13,928,079.61 | 4.86 | 13,275,431.38 |
| | 2002年末 | 2001年末 | 本年末比上年末增减(%) | 2000年末 |
| 总资产 | 466,740,225.00 | 221,598,069.03 | 110.62 | 205,136,434.85 |
| 股东权益(不含少数股东权益) | 303,312,275.26 | 87,312,344.66 | 247.39 | 73,444,481.22 |
| 经营活动产生的现金流量净额 | 29,249,162.98 | 17,530,505.16 | 66.85 | 9,588,688.19 |

2.2 主要财务指标

| | 2002年 | 2001年 | 本年比上年增减(%) | 2000年 |
|---|---|---|---|---|
| 每股收益 | 0.16 | 0.28 | －42.86 | 0.23 |
| 每股收益 | | | | |
| 净资产收益率 | 4.51 | 15.88 | －71.60 | 15.92 |
| 扣除非经常性损益的净利润为基础计算的净资产收益率 | 11.28 | 17.33 | －34.91 | 21.83 |
| 每股经营活动产生的现金流量净额 | 0.32 | 0.35 | －8.6 | 0.19 |
| | 2002年末 | 2001年末 | 本年末比上年末增减(%) | 2000年末 |
| 每股净资产 | 3.37 | 1.75 | 98.29 | 1.47 |
| 调整后的每股净资产 | 3.36 | 1.73 | 100.00 | 1.42 |

# 600558 四川大西洋焊接材料股份有限公司

## 二○○二年年度报告摘选

### 1.上市公司基本情况简介

1.1 基本情况简介

股票简称:大西洋 股票代码:600558 上市交易所:上海证券交易所

注册地址:四川省自贡市大安区马冲口街2号 邮政编码:643010

办公地址:四川省自贡市大安区马冲口街2号 电子信箱:Atlantic@zg－public.sc.cninfo.net

公司国际互联网网址:http://www.chinaweld－atlantic.com

董事会秘书:郭万程 联系地址:四川省自贡市大安区马冲口街2号

电话:0813－5100549 传真:0813－5101216 电子信箱:zhshatl@263.net

证券事务代表:郑胜 联系地址:四川省自贡市大安区马冲口街2号

电话:0813－5101327 传真:0813－5101216 电子信箱:zhshatl@263.net

### 2.会计数据和财务指标摘要

2.1 主要会计数据

| | 2002年 | 2001年 | 本年比上年增减(%) | 2000年 |
|---|---|---|---|---|
| 主营业务收入 | 506,460,977.28 | 450,435,967.72 | 12.438 | 408,698,715.54 |
| 利润总额 | 43,338,221.66 | 39,682,953.28 | 9.211 | 36,158,505.89 |
| 净利润 | 28,418,508.50 | 25,630,684.82 | 10.877 | 21,976,654.71 |
| 扣除非经常性损益的净利润 | 36,529,084.05 | 29,780,023.23 | 22.663 | 26,125,993.22 |
| | 2002年 | 2001年 | 本年末比上年末增减(%) | 2000年 |
| 总资产 | 703,211,491.69 | 661,669,385.89 | 6.278 | 97,311,898.43 |
| 股东权益(不含少数股东权益) | 472,831,323.26 | 458,557,642.21 | 3.113 | 130,025,793.22 |
| 经营活动产生的现金流量净额 | 59,774,411.41 | 2,176,477.42 | 2,646.383 | 84,912,587.96 |

2.2 主要财务指标

| | 2002年 | 2001年 | 本年比上年增减(%) | 2000年 |
|---|---|---|---|---|
| 每股收益 | 0.237 | 0.214 | 10.664 | 0.279 |
| 净资产收益率 | 6.010 | 5.589 | 7.538 | 18.710 |
| 扣除非经常性损益的净利润为基础计算的净资产收益率 | 7.661 | 7.210 | 6.254 | 18.780 |
| 每股经营活动产生的现金流量净额 | 0.498 | 0.018 | 2,667.334 | 1.130 |
| | 2002年 | 2001年 | 本年末比上年末增减(%) | 2000年 |
| 每股净资产 | 3.940 | 3.821 | 3.121 | 1.734 |
| 调整后的每股净资产 | 3.923 | 3.797 | 3.330 | 1.698 |

# 600562 江苏高淳陶瓷股份有限公司

## 二○○二年年度报告摘选

### 1.上市公司基本情况简介

1.1 基本情况简介

股票简称:高淳陶瓷 股票代码:600562 上市交易所:上海证券交易所

注册地址:江苏省高淳县固城镇 办公地址:江苏省高淳县固城镇 邮政编码:211304

公司国际互联网网址:CHINA－STONEWARE.COM

电子信箱:BGS@CHINA－STONEWARE.COM

1.2 联系人和联系方式

董事会秘书:王贵夫 联系地址:江苏省高淳县固城镇

电话:025－7377228 传真:025－7377688 电子信箱:BGS@CHINA－STONEWARE.COM

### 2.会计数据和财务指标摘要

2.1 主要财务数据

| | 2002年(本年) | 2001年(上年) | 本年比上年增减(%) | 2000年 |
|---|---|---|---|---|
| 主营业务收入 | 109,179,370.78 | 102,487,760.13 | 6.53 | 114,390,019.02 |
| 利润总额 | 30,577,668.04 | 28,976,141.52 | 5.53 | 28,255,073.31 |
| 净利润 | 20,446,785.04 | 19,555,955.86 | 4.56 | 19,042,148.47 |
| 扣除非经常性损益的净利润 | 20,257,524.54 | 18,109,449.98 | 11.86 | 18,092,808.60 |
| | 2002年末(本年末) | 2001年末(上年末) | 本年末比上年末增减(%) | 2000年末 |
| 总资产 | 165,728,418.75 | 164,546,534.87 | 0.7 | 147,573,341.42 |
| 股东权益(不含少数股东权益) | 97,685,775.16 | 85,647,919.52 | 14.41 | 82,987,670.00 |
| 经营活动产生的现金流量净额 | 30,645,621.04 | 17,650,655.42 | 73.62 | 12,525,360.55 |

2.2 主要财务指标

| | 2002年(本年) | 2001年(上年) | 本年比上年增减(%) | 2000年 |
|---|---|---|---|---|
| 每股收益 | 0.38 | 0.36 | 5.56 | 0.35 |
| 每股收益注2 | 0.38 | 0.36 | 5.56 | 0.36 |
| 净资产收益率 | 20.93 | 22.83 | －8.32 | 22.95 |
| 扣除非经常性损益的净利润为基础计算的净资产收益率 | 21.13 | 19.52 | 8.25 | 20.18 |
| 每股经营活动产生的现金流量净额 | 0.57 | 0.33 | 72.73 | 0.23 |
| | 2002年末(本年末) | 2001年末(上年末) | 本年末比上年末增减(%) | 2000年末 |
| 每股净资产 | 1.81 | 1.58 | 14.56 | 1.53 |
| 调整后的每股净资产 | 1.81 | 1.58 | 14.56 | 1.53 |

# 600569 安阳钢铁股份有限公司

## 二○○二年年度报告摘选

### 1.上市公司基本情况简介

1.1 基本情况简介

证券简称:安阳钢铁 证券代码:600569 上市交易所:上海证券交易所

注册地址和办公地址:河南省安阳市殷都区梅元庄 邮政编码:455004

公司国际互联网网址:http://www.aysteel.com.cn 电子信箱:AGZQ@sohu.com

1.2 联系人和联系方式

董事会秘书:阎长宽 联系地址:河南省安阳市殷都区梅元庄

电话:0372－3120175 传真:0372－3120181 电子信箱:AGCWC@371.net

证券事务代表:段金亮 联系地址:河南省安阳市殷都区梅元庄

电话:0372－3120175 传真:0372－3120181 电子信箱:AGCWC@371.net

### 2.会计数据和财务指标摘要

2.1 主要会计数据 单位:人民币元

| 项目 | 2002年 | 2001年 | 本年比上年增减(%) | 2000年 |
|---|---|---|---|---|
| 主营业务收入 | 6717388911.54 | 5947481443.95 | 12.95 | 5264675783.80 |
| 利润总额 | 725597259.08 | 703523936.61 | 3.14 | 741398319.85 |
| 净利润 | 537303166.45 | 470730259.54 | 14.14 | 492262987.45 |
| 扣除非经常性损益的净利润 | 486128713.27 | 473609579.10 | 2.64 | 514423151.23 |
| | 2002年末 | 2001年末 | 本年末比上年末增减(%) | 2000年末 |
| 总资产 | 6251258430.81 | 6068533586.00 | 3.01 | 5089480677.66 |
| 股东权益(不含少数股东权益) | 4570076028.96 | 4299424281.96 | 6.30 | 2409559094.40 |
| 经营活动产生的现金流量净额 | 1021050139.28 | 582079454.66 | 75.41 | 1451129841.04 |

2.2 主要财务指标

| 项目 | 计量单位 | 2002年 | 2001年 | 本年比上年增减(%) | 2000年 |
|---|---|---|---|---|---|
| 每股收益 | 元 | 0.40 | 0.35 | 14.29 | 0.45 |
| 每股收益 | 元 | 0.40 | 0.40 | 0 | 0.45 |
| 净资产收益率 | % | 11.76 | 10.95 | 7.40 | 20.43 |
| 扣除非经常性损益的净利润为基础计算的净资产收益率 | % | 10.64 | 11.02 | －3.45 | 21.35 |
| 每股经营活动产生的现金流量净额 | 元 | 0.76 | 0.43 | 76.74 | 1.33 |
| | | 2002年末 | 2001年末 | 本年末比上年末增减(%) | 2000年末 |
| 每股净资产 | 元 | 3.40 | 3.20 | 6.25 | 2.20 |
| 调整后的每股净资产 | 元 | 3.39 | 3.18 | 6.60 | 2.18 |

# 600581 新疆八一钢铁股份有限公司

## 二〇〇二年年度报告摘选

### 1.上市公司基本情况简介

1.1 基本情况简介

股票简称:八一钢铁 股票代码:600581 上市交易所:上海证券交易所

注册地址和办公地址:新疆维吾尔自治区乌鲁木齐市头屯河区新钢路 邮政编码:830022

公司国际互联网网址:http://www.bygt.com.cn 电子信箱:chenht@bygt.com.cn

1.2 联系人和联系方式

董事会秘书:沈东新 联系地址:新疆维吾尔自治区乌鲁木齐市头屯河区新钢路

电话:0991-3890166 传真:0991-3890266 电子信箱:chenht@bygt.com.cn

证券事务代表:陈海涛 联系地址:新疆维吾尔自治区乌鲁木齐市头屯河区新钢路

电话:0991-3890166 传真:0991-3890266 电子信箱:Chenht@bygt.com.cn

### 2.会计数据和财务指标摘要

2.1 主要会计数据

| | 2002年 | 2001年 | 本年比上年增减(%) | 2000年 |
|---|---|---|---|---|
| 主营业务收入 | 3,182,934,669.50 | 3,088,649.365.30 | 3.05 | 2,618,149,111.43 |
| 利润总额 | 185,888,291.39 | 239,467,144.98 | -22.37 | 180,581,365.45 |
| 净利润 | 160,222,184.75 | 211,179,913.31 | -24.13 | 125,748,783.09 |
| 扣除非经常性损益的净利润 | 158,835,829.57 | 217,463,195.60 | -26.96 | 125,869,670.32 |
| | 2002年末 | 2001年末 | 本年末比上年末增减(%) | 2000年末 |
| 总资产 | 3,027,634,163.30 | 1,663,395,453.20 | 82.02 | 1,463,663,846.50 |
| 股东权益(不含少数股东权益) | 1,657,148,218.54 | 657,149,048.62 | 152.17 | 463,166,039.86 |
| 经营活动产生的现金流量净额 | 182,483,736.98 | 127,201,787.88 | 43.46 | 1,156,756,454.33 |

2.2 主要财务指标

| | 2002年 | 2001年 | 本年比上年增减(%) | 2000年 |
|---|---|---|---|---|
| 每股收益 | 0.39 | 0.76 | -48.68 | 0.45 |
| 净资产收益率 | 9.67% | 32.14% | -69.91 | 27.15 |
| 扣除非经常性损益的净利润为基础计算的净资产收益率 | 15.20% | 38.23% | -60.24 | 25.54 |
| 每股经营活动产生的现金流量净额 | 0.45 | 0.46 | -2.17 | 0.53 |
| | 2002年末 | 2001年末 | 本年末比上年末增减(%) | 2000年末 |
| 每股净资产 | 4.05 | 2.35 | 72.34 | 1.66 |
| 调整后的每股净资产 | 4.03 | 2.35 | 71.49 | 1.65 |

# 600585 安徽海螺水泥股份有限公司

## 二〇〇二年年度报告摘选

### 1.上市公司基本情况简介

1.1 基本情况简介

股票简称:海螺水泥 股票代码:600585(A股)、0914(H股)

上市交易所:上海证券交易所、香港联合交易所有限公司

注册地址和办公地址:安徽省芜湖市北京东路209号 邮政编码:241000

电子信箱:conch@mail.ahwhptt.net.cn

1.2 联系人和联系方式

董事会秘书:章明静 联系地址:安徽省芜湖市北京东路209号

电话:0553-3115338 传真:0553-3114550 电子信箱:conch_ah@mail.ahwhptt.net.cn

证券事务代表:杨开发 联系地址:安徽省芜湖市北京东路209号

电话:0553-3114546 传真:0553-3114550 电子信箱:conch_ah@mail.ahwhptt.net.cn

### 2.会计数据和财务指标摘要

2.1 主要会计数据　　金额单位:人民币千元

| | 2002年 | 2001年 | 本年比上年增减(%) | 2000年 |
|---|---|---|---|---|
| 主营业务收入 | 2,999,776 | 2,058,349 | 45.74 | 1,237,737 |
| 利润总额 | 543,729 | 314,874 | 72.68 | 131,900 |
| 净利润 | 263,758 | 202,726 | 30.11 | 113,772 |
| 扣除非经常性损益的净利润 | 271,550 | 202,517 | 34.09 | 114,789 |
| | 2002年末 | 2001年末 | 本年末比上年末增减(%) | 2000年末 |
| 总资产 | 8,899,624 | 6,068,021 | 46.66 | 4,440,003 |
| 股东权益(不含少数股东权益) | 3,220,666 | 2,210,524 | 45.70 | 2,031,683 |
| 经营活动产生的现金流量净额 | 908,137 | 735,980 | 23.39 | 472,215 |

2.2 主要财务指标

| | 2002年 | 2001年 | 本年比上年增减(%) | 2000年 |
|---|---|---|---|---|
| 每股收益 | 0.22 | 0.21 | 4.76 | 0.12 |
| 每股收益注2 | - | - | - | - |
| 净资产收益率 | 8.19% | 9.17% | -10.69 | 5.60% |
| 扣除非经常性损益的净利润为基础计算的净资产收益率 | 8.43% | 9.16% | -7.97 | 5.66% |
| 每股经营活动产生的现金流量净额 | 0.77 | 0.75 | 2.67 | 0.48 |
| | 2002年末 | 2001年末 | 本年末比上年末增减(%) | 2000年末 |
| 每股净资产 | 2.72 | 2.25 | 20.89 | 2.07 |
| 调整后的每股净资产 | 2.72 | 2.24 | 21.43 | 2.06 |

# 600586 山东金晶科技股份有限公司

## 二〇〇二年年度报告摘选

### 1.上市公司基本情况简介

1.1 基本情况简介

股票简称:金晶科技 股票代码:600586 上市交易所:上海证券交易所

注册地址和办公地址:山东省淄博市高新技术开发区宝石镇王庄 邮政编码:255086

公司国际互联网网址:http://www.shandongglass.com

电子信箱:jj6333@zb-public.sd.cninfo.net

1.2 联系人和联系方式

董事会秘书:董保森 证券事务代表:吕超

联系地址:山东省淄博市高新技术开发区宝石镇王庄

电话:(0533)3586666 传真:(0533)3585586 电子信箱:jj6333@zb-public.sd.cninfo.net

### 2.会计数据和财务指标摘要

2.1 主要会计数据

| 项目 | 2002年 | 2001年 | 本年比上年增减(%) | 2000年 |
|---|---|---|---|---|
| 主营业务收入 | 322,629,533.05 | 385,477,392.64 | -16.30 | 188,754,790.99 |
| 利润总额 | 61,057,700.92 | 88,044,023.18 | -30.65 | 41,308,124.46 |
| 净利润 | 37,829,667.75 | 45,895,442.30 | -17.57 | 34,685,042.08 |
| 扣除非经常性损益的净利润 | 24,986,046.24 | 43,357,031.85 | -42.37 | 34,458,094.48 |
| 项目 | 2002年末 | 2001年末 | 本年末比上年末增减(%) | 2000年末 |
| 总资产 | 953,937,372.90 | 431,957,992.59 | 120.84 | 444,476,089.54 |
| 股东权益(不含少数股东权益) | 478,217,939.96 | 147,378,815.00 | 224.48 | 101,483,372.70 |
| 经营活动产生的现金流量净额 | 85,846,579.30 | 6,900,210.08 | 1044.12 | 7,987,251.26 |

2.2 主要财务指标

| 项目 | 2002年 | 2001年 | 本年比上年增减(%) | 2000年 |
|---|---|---|---|---|
| 每股收益 | 0.39 | 0.74 | -47.30 | 0.56 |
| 净资产收益率 | 7.91% | 31.14% | -74.12 | 34.18% |
| 扣除非经常性损益的净利润为基础计算的净资产收益率 | 5.22% | 29.42% | -82.26 | 33.95% |
| 每股经营活动产生的现金流量净额 | 0.89 | 1.07 | -20.22 | 0.13 |
| 项目 | 2002年末 | 2001年末 | 本年末比上年末增减(%) | 2000年末 |
| 每股净资产 | 4.94 | 2.38 | 107.56 | 1.64 |
| 调整后的每股净资产 | 4.93 | 2.37 | 108.02 | 1.63 |

# 600589 广东榕泰实业股份有限公司

## 二〇〇二年年度报告摘选

### 1.上市公司基本情况简介

1.1 基本情况简介

股票简称:广东榕泰 股票代码:600589 上市交易所:上海证券交易所

注册地址和办公地址:广东省揭阳市新兴东二路1号 邮政编码:522000

公司国际互联网网址:HTTP://WWW.RONGTAI.COM.CN 电子信箱:rongtai@rongtai.com.cn

1.2 联系人和联系方式

董事会秘书:林岳金 联系地址:广东省揭阳市新兴东二路1号

电话:(0663)8676616 传真:(0663)8676899 电子信箱:rongtai@rongtai.com.cn

证券事务代表:徐罗旭 联系地址:广东省揭阳市新兴东二路1号

电话:(0663)8676616 传真:(0663)8676899 电子信箱:rongtai@rongtai.com.cn

### 2.会计数据和财务指标摘要

2.1 主要会计数据　　单位:(人民币)元

| | 2002年(本年) | 2001年(上年) | 本年比上年增减(%) | 2000年 |
|---|---|---|---|---|
| 主营业务收入 | 348,508,337.46 | 274,612,886.09 | 26.91 | 230,193,143.72 |
| 利润总额 | 60,539,779.09 | 46,488,084.99 | 30.23 | 39,438,734.10 |
| 净利润 | 52,516,027.25 | 35,227,474.65 | 49.08 | 26,423,951.85 |
| 扣除非经常性损益的净利润 | 50,054,523.46 | 32,523,454.93 | 53.90 | 26,423,951.85 |
| | 2002年末(本年末) | 2001年末(上年末) | 本年末比上年末增减(%) | 2000年末 |
| 总资产 | 720,142,391.50 | 688,375,246.37 | 4.61 | 269,563,223.43 |
| 股东权益(不含少数股东权益) | 566,021,016.35 | 545,504,989.10 | 3.76 | 150,244,844.45 |
| 经营活动产生的现金流量净额 | 23,892,231.44 | 32,405,484.45 | -26.27 | 23,496,600.15 |

2.2 主要财务指标

| | 2002年(本年) | 2001年(上年) | 本年比上年增减(%) | 2000年 |
|---|---|---|---|---|
| 每股收益(加权) | 0.328 | 0.25 | 31.20 | 0.22 |
| 每股收益(摊薄) | 0.328 | 0.22 | 49.09 | 0.22 |
| 净资产收益率(%) | 9.28 | 6.46 | 43.65 | 17.59 |
| 扣除非经常性损益的净利润为基础计算的净资产收益率(%) | 8.84 | 5.96 | 48.32 | 17.59 |
| 每股经营活动产生的现金流量净额 | 0.15 | 0.20 | -25 | 0.19 |
| | 2002年末(本年末) | 2001年末(上年末) | 本年末比上年末增减(%) | 2000年末 |
| 每股净资产 | 3.54 | 3.41 | 3.81 | 1.25 |
| 调整后的每股净资产 | 3.54 | 3.41 | 3.81 | 1.25 |

## 600595 河南中孚实业股份有限公司

### 二〇〇二年年度报告摘选

#### 1.上市公司基本情况简介

1.1 基本情况简介

股票简称:中孚实业　股票代码:600595　上市交易所:上海证券交易所

注册地址和办公地址:河南省巩义市新华路 31 号　邮政编码:451200

公司国际互联网网址:http://www.zfsy.com.cn　电子信箱:zqb@zfsy.com.cn

1.2 联系人和联系方式

董事会秘书:贺怀钦　联系地址:河南省巩义市新华路 31 号

电话:0371－4381551　传真:0371－4399595　电子信箱:zqb@zfsy.com.cn

证券事务代表:姚国良　联系地址:河南省巩义市新华路 31 号

电话:0371－4381551　传真:0371－4399595　电子信箱:zqb@zfsy.com.cn

#### 2.会计数据和财务指标摘要

2.1 主要会计数据(单位:人民币元)

| | 2002 年 | 2001 年 | 本年比上年增减(%) | 2000 年 |
|---|---|---|---|---|
| 主营业务收入 | 578,530,715.93 | 523,811,103.64 | 10.45 | 454,844,998.26 |
| 利润总额 | 70,884,997.12 | 62,691,539.98 | 13.07 | 41,743,108.08 |
| 净利润 | 55,472,233.47 | 41,900,802.90 | 32.39 | 30,513,731.52 |
| 扣除非经常性损益的净利润 | 47,487,973.37 | 42,425,957.80 | 11.93 | 30,736,692.30 |
| | 2002 年末 | 2001 年末 | 本年末比上年末增减(%) | 2000 年末 |
| 总资产 | 1,146,040,933.04 | 607,076,774.68 | 88.78 | 575,280,348.79 |
| 股东权益(不含少数股东权益) | 650,052,493.28 | 220,769,303.81 | 206.70 | 178,868,500.91 |
| 经营活动产生的现金流量净额 | 114,894,731.06 | 78,855,421.53 | 45.70 | 104,481,337.77 |

2.2 主要财务指标

| | 2002 年 | 2001 年 | 本年比上年增减(%) | 2000 年 |
|---|---|---|---|---|
| 每股收益 | 0.41 | 0.49 | －16.33 | 0.36 |
| 每股收益 | － | － | － | － |
| 净资产收益率 | 8.53% | 18.98% | －56.85 | 17.06% |
| 扣除非经常性损益的净利润为基础计算的净资产收益率 | 10.60 | 21.36 | －50.37 | 20.29 |
| 每股经营活动产生的现金流量净额 | 0.85 | 0.92 | －7.61 | 1.23 |
| | 2002 年末 | 2001 年末 | 本年末比上年末增减(%) | 2000 年末 |
| 每股净资产 | 4.81 | 2.59 | 93.44 | 2.10 |
| 调整后的每股净资产 | 4.79 | 2.56 | 95.31 | 2.08 |

## 600608 上海宽频科技股份有限公司

### 二〇〇二年年度报告摘选

#### 1.上市公司基本情况简介

1.1　基本情况简介

股票简称:上海科技　股票代码:600608　上市交易所:上海证券交易所

注册地址和办公地址:上海银城东路 139 号四楼　邮政编码:200120

公司国际互联网网址:http://www.i600608.com　电子信箱:invest@sbt.sh.cn

1.2　联系人和联系方式

董事会秘书:胡兴堂　联系地址:上海银城东路 139 号四楼

电话:021－68865313　传真:021－68866341　电子信箱:invest@sbt.sh.cn

#### 2.会计数据和财务指标摘要

2.1　主要会计数据

| | 2002 年 | 2001 年 | 本年比上年增减(%) | 2000 年 |
|---|---|---|---|---|
| 主营业务收入 | 983,015,686.32 | 319,629,313.39 | 207.55 | 181,173,331.89 |
| 利润总额 | 50,932,867.44 | 29,831,049.55 | 70.74 | 25,398,888.83 |
| 净利润 | 33,275,288.60 | 30,119,571.82 | 10.48 | 18,957,060.09 |
| 扣除非经常性损益的净利润 | 27,250,676.09 | 43,932,667.35 | －37.97 | |
| | 2002 年 | 2001 年 | 本年末比上年末增减(%) | 2000 年 |
| 总资产 | 899,655,154.17 | 658,178,693.53 | 36.69 | 468,313,335.54 |
| 股东权益(不含少数股东权益) | 348,689,721.40 | 315,414,432.80 | 10.55 | 299,077,719.68 |
| 经营活动产生的现金流量净额 | －28,723,007.75 | 67,864,255.43 | －142.32 | |

2.2　主要财务指标

| | 2002 年度 | 2001 年 | 本年比上年增减(%) | 2000 年 |
|---|---|---|---|---|
| 每股收益 | 0.2200 | 0.1991 | 10.48 | 0.1253 |
| 每股收益 | 0.2200 | 0.1991 | 10.48 | 0.1253 |
| 净资产收益率 | 9.56 | 9.55 | 0.1 | 6.34 |
| 扣除非经常性损益的净利润为基础计算的净资产收益率 | 7.82 | 13.93 | －43.86 | 5.02 |
| 每股经营活动产生的现金流量净额 | －0.1899 | 0.4487 | －142.32 | 0.9387 |
| | 2002 年 | 2001 年 | 本年末比上年末增减(%) | 2000 年 |
| 每股净资产 | 2.31 | 2.09 | 10.53 | 1.98 |
| 调整后的每股净资产 | 2.22 | 2.02 | 9.90 | 1.90 |

## 600660 福耀玻璃工业集团股份有限公司

### 二〇〇二年年度报告摘选

#### 1.上市公司基本情况简介

1.1 基本情况简介

股票简称:福耀玻璃　股票代码:600660　上市交易所:上海证券交易所

注册地址:福建省福清市融侨经济技术开发区　办公地址:福建省福清市福耀工业村

邮政编码:350301　公司国际互联网网址:http://www.fuyaogroup.com

电子信箱:fuyao@fuyaogroup.com

1.2 联系人和联系方式

董事会秘书:陈跃丹　联系地址:福建省福清市福耀工业村

电话:0591－5383777　传真:0591－5383666

电子信箱:danych@fuyaogroup.com

证券事务代表:陈向明　联系地址:福建省福清市福耀工业村

电话:0591－5382723　传真:0591－5382723

电子信箱:chenxiangming@fuyaogroup.com

#### 2.会计数据和财务指标摘要

2.1 主要会计数据　(单位:元)

| | 2002 年 | 2001 年 | 本年比上年增减(%) | 2000 年 |
|---|---|---|---|---|
| 主营业务收入 | 1,124,389,888 | 938,287,622 | 19.83 | 753,812,693 |
| 利润总额 | 198,228,325 | 154,811,857 | 28.04 | 130,468,406 |
| 净利润 | 184,288,109 | 152,153,548 | 21.12 | 126,612,633 |
| 扣除非经常性损益的净利润 | 202,886,710 | 169,418,695 | 19.75 | 154,773,643 |
| | 2002 年末 | 2001 年末 | 本年末比上年末增减(%) | 2000 年末 |
| 总资产 | 2,046,206,887 | 1,688,731,889 | 21.17 | 1,359,008,819 |
| 股东权益(不含少数股东权益) | 673,649,006 | 557,061,671 | 20.93 | 460,092,492 |
| 经营活动产生的现金流量净额 | 384,704,418 | 204,206,714 | 88.39 | 226,323,165 |

2.2 主要财务指标

| | 2002 年 | 2001 年 | 本年比上年增减(%) | 2000 年 |
|---|---|---|---|---|
| 每股收益(摊薄) | 0.41 | 0.37 | 10.81 | 0.50 |
| 每股收益(加权) | 0.41 | 0.37 | 10.81 | 0.50 |
| 净资产收益率(%) | 27.4% | 27.3% | 0.37 | 27.5% |
| 扣除非经常性损益的净利润为基础计算的净资产收益率 | 30.1% | 30.4% | －0.99 | 33.6% |
| 每股经营活动产生的现金流量净额 | 0.85 | 0.50 | 70.00 | 0.89 |
| | 2002 年末 | 2001 年末 | 本年末比上年末增减(%) | 2000 年末 |
| 每股净资产 | 1.49 | 1.37 | 8.76 | 1.81 |
| 调整后的每股净资产 | 1.38 | 1.26 | 9.52 | 1.66 |

## 600665 上海沪昌特殊钢股份有限公司

### 二〇〇二年年度报告摘选

#### 1.上市公司基本情况简介

1.1　基本情况简介

股票简称:沪昌特钢　股票代码:600665　上市交易所:上海证券交易所

注册地址:上海同济路 332 号　办公地址:上海宝杨路 1988 号　邮政编码:200940

公司国际互联网网址:http://www.600665shc.com　电子信箱:shcrx@online.sh.cn

1.2　联系人和联系方式

董事会秘书:田为全　联系地址:上海宝杨路 1988 号

电话:021－56126920　传真:021－56128176　电子信箱:shcrx@online.sh.cn

证券事务代表:金惟　联系地址:上海宝杨路 1988 号

电话:021－56126920　传真:021－56128176　电子信箱:shcrx@online.sh.cn

#### 2.会计数据和财务指标摘要

2.1　主要会计数据　单位:元

| | 2002 年 | 2001 年 | 本年比上年增减(%) | 2000 年 |
|---|---|---|---|---|
| 主营业务收入 | 780438519.33 | 826208087.26 | －5.54 | 752431469.89 |
| 利润总额 | 15255173.60 | 16418702.04 | －7.09 | 17868430.87 |
| 净利润 | 8525380.27 | 13684981.67 | －37.70 | 14309773.22 |
| 扣除非经常性损益的净利润 | 8923387.98 | 18489471.81 | －51.74 | 14258021.60 |
| | 2002 年末 | 2001 年末 | 本年末比上年末增减(%) | 2000 年末 |
| 总资产 | 1482571097.00 | 1329611232.36 | 11.50 | 1497212191.27 |
| 股东权益(不含少数股东权益) | 1250655742.67 | 1241169401.78 | 0.76 | 1247184591.99 |
| 经营活动产生的现金流量净额 | 206041371.07 | 348583368.30 | －40.89 | 125633972.60 |

2.2　主要财务指标　单位:元

| | 2002 年 | 2001 年 | 本年比上年增减(%) | 2000 年 |
|---|---|---|---|---|
| 每股收益 | 0.012 | 0.019 | －36.84 | 0.0199 |
| 净资产收益率 | 0.682 | 1.103 | －38.17 | 1.147 |
| 扣除非经常性损益的净利润为基础计算的净资产收益率 | 0.716 | 1.504 | －52.39 | 1.109 |
| 每股经营活动产生的现金流量净额 | 0.286 | 0.484 | －40.91 | 0.174 |
| | 2002 年末 | 2001 年末 | 本年末比上年末增减(%) | 2000 年末 |
| 每股净资产 | 1.737 | 1.724 | 0.75 | 1.732 |
| 调整后的每股净资产 | 1.730 | 1.697 | 1.94 | 1.730 |

# 600668 浙江尖峰集团股份有限公司

## 二〇〇二年年度报告摘选

### 1.上市公司基本情况简介

1.1 基本情况简介

股票简称:尖峰集团　股票代码:600668　上市交易所:上海证券交易所

注册地址:浙江省金华市罗店镇　办公地址:浙江省金华市婺江东路88号　邮政编码:321000

公司国际互联网网址:http://www.jianfeng.com.cn　电子信箱:zjjfo@mail.jhptt.zj.cn

1.2 联系人和联系方式

董事会秘书:朱坚卫　联系地址:浙江省金华市婺江东路88号

电话:0579－2326868转3917　传真:0579－2324611　电子信箱:zjjfo@mail.jhptt.zj.cn

证券事务代表:陈展宏　联系地址:浙江省金华市婺江东路88号

电话:0579－2326868转3907　传真:0579－2324611　电子信箱:zjjfo@mail.jhptt.zj.cn

### 2.会计数据和财务指标摘要

2.1 主要会计数据　单位:元

| | 2002年 | 2001年(调整后) | 本年比上年增减(%) | 2000年(调整后) |
|---|---|---|---|---|
| 主营业务收入 | 1119466380.28 | 1054530058.41 | 6.16 | 941012890.32 |
| 利润总额 | 50891698.83 | 54619677.21 | －6.83 | 40227101.67 |
| 净利润 | 41796872.16 | 43811311.90 | －4.60 | 36933527.13 |
| 扣除非经常性损益的净利润 | 38462934.48 | 46750249.01 | －17.73 | 35791729.82 |
| | 2002年末 | 2001年末(调整后) | 本年末比上年末增减(%) | 2000年末(调整后) |
| 总资产 | 1692471643.19 | 1558757466.36 | 8.58 | 1568376098.17 |
| 股东权益(不含少数股东权益) | 649812741.79 | 508726917.33 | 27.73 | 493294959.69 |
| 经营活动产生的现金流量净额 | 52963299.14 | 91021595.52 | －41.81 | 55659728.05 |

2.2 主要财务指标

| | 2002年 | 2001年(调整后) | 本年比上年增减(%) | 2000年(调整后) |
|---|---|---|---|---|
| 每股收益 | 0.14 | 0.15 | －6.67 | 0.12 |
| 净资产收益率 | 6.43 | 8.61 | －25.32 | 7.48 |
| 扣除非经常性损益的净利润为基础计算的净资产收益率 | 5.92 | 9.19 | －35.58 | 7.26 |
| 每股经营活动产生的现金流量净额 | 0.18 | 0.30 | －40.00 | 0.19 |
| | 2002年末 | 2001年末(调整后) | 本年末比上年末增减(%) | 2000年末(调整后) |
| 每股净资产 | 2.16 | 1.69 | 27.81 | 1.64 |
| 调整后的每股净资产 | 2.14 | 1.65 | 29.70 | 1.55 |

# 600674 四川川投控股股份有限公司

## 二〇〇二年年度报告摘选

### 1.上市公司基本情况简介

1.1 基本情况简介

股票简称:川投控股　股票代码:600674　上市交易所:上海证券交易所

注册地址和办公地址:四川省峨眉山市九里镇　邮政编码:614222

公司国际互联网网址:http://www.invest.com.cn　电子信箱:scemfa@ls－public.cninfo.net

1.2 联系人和联系方式

董事会秘书:许克义　联系地址:四川省峨眉山市九里镇

电话:0833－5576179　028－82996861　传真:0833－5576490　028－82996854

电子信箱:Xky@invest.com.cn

### 2.会计数据和财务指标摘要

2.1 主要会计数据

| | 2002年 | 2001年 | 本年比上年增减(%) | 2000年 |
|---|---|---|---|---|
| 主营业务收入 | 645,395,614.99 | 653,868,294.84 | －1.30 | 595,897,999.41 |
| 利润总额 | 48,898,057.26 | 85,157,101.95 | －42.58 | 154,593,379.00 |
| 净利润 | 39,578,604.06 | 66,844,431.15 | －40.79 | 120,229,086.79 |
| 扣除非经常性损益的净利润 | 36,512,990.17 | 67,334,342.48 | －45.77 | 89,425,980.49 |
| | 2002年末 | 2001年末 | 本年末比上年末增减(%) | 2000年末 |
| 总资产 | 1,113,967,400.77 | 942,407,391.74 | 18.20 | 947,531,846.52 |
| 股东权益(不含少数股东权益) | 618,251,199.26 | 583,251,149.57 | 6.00 | 514,459,413.29 |
| 经营活动产生的现金流量净额 | 114,544,288.96 | 222,620,901.47 | －48.55 | －58,302,136.71 |

2.2 主要财务指标

| | 2002年 | 2001年 | 本年比上年增减(%) | 2000年 |
|---|---|---|---|---|
| 每股收益(摊薄) | 0.103 | 0.173 | －40.46 | 0.498 |
| 净资产收益率(%) | 6.40 | 11.46 | －44.15 | 23.37 |
| 扣除非经常性损益的净利润为基础计算的加权净资产收益率(%) | 6.05 | 12.30 | －50.81 | 19.27 |
| 每股经营活动产生的现金流量净额 | 0.30 | 0.58 | －48.28 | －0.24 |
| | 2002年末 | 2001年末 | 本年末比上年末增减(%) | 2000年末 |
| 每股净资产 | 1.60 | 1.51 | 5.96 | 2.13 |
| 调整后的每股净资产 | 1.58 | 1.46 | 8.22 | 2.13 |

# 600678 四川金顶(集团)股份有限公司

## 二〇〇二年年度报告摘选

### 1.上市公司基本情况简介

1.1 基本情况简介

股票简称:四川金顶　股票代码:600678　上市交易所:上海证券交易所

注册地址和办公地址:四川省峨眉山市名山路东段　邮政编码:614200

电子信箱:scjddsb@163.com

1.2 联系人和联系方式

董事会秘书:许毅刚　联系地址:四川省峨眉山市名山路东段公司董事办

电话:0833－5521267　传真:0833－5521205

电子信箱:scjddsb@163.com

证券事务代表:魏良益　联系地址:四川省峨眉山市名山路东段公司董事办

电话:0833－5521271　传真:0833－5521244

电子信箱:scjddsb@163.com

### 2.会计数据和财务指标摘要

2.1 主要会计数据

| | 2002年 | 2001年 | 本年比上年增减(%) | 2000年 |
|---|---|---|---|---|
| 主营业务收入 | 453,492,502.36 | 406,186,983.81 | 11.65 | 372,863,677.90 |
| 利润总额 | 20,710,761.43 | －86,798,769.51 | － | 6,575,286.41 |
| 净利润 | 22,466,761.67 | －83,855,738.09 | － | 4,433,668.53 |
| 扣除非经常性损益的净利润 | 24,390,180.67 | －59,057,710.33 | － | 10,853,179.19 |
| | 2002年12月31日 | 2001年12月31日 | 本年末比上年末增减(%) | 2000年12月31日 |
| 总资产 | 865,321,655.34 | 936,179,304.51 | －7.57 | 802,614,643.25 |
| 股东权益(不含少数股东权益) | 270,045,780.40 | 246,593,011.11 | 9.51 | 330,914,839.19 |
| 经营活动产生的现金流量净额 | 35,517,530.12 | 58,197,388.07 | 38.97 | 20,474,080.00 |

2.2 主要财务指标

| | 2002年 | 2001年 | 本年比上年增减(%) | 2000年 |
|---|---|---|---|---|
| 每股收益(摊薄) | 0.097 | －0.36 | － | 0.019 |
| 每股收益(加权) | 0.097 | －0.36 | － | 0.019 |
| 净资产收益率 | 8.32% | －34.02% | － | 1.34% |
| 扣除非经常性损益的净利润为基础计算的净资产收益率 | 9.03% | －23.00% | － | 3.78% |
| 每股经营活动产生的现金流量净额 | 0.153 | 0.25 | 38.80 | 0.088 |
| | 2002年12月31日 | 2001年12月31日 | 本年末比上年末增减(%) | 2000年12月31日 |
| 每股净资产 | 1.161 | 1.060 | 9.53 | 1.42 |
| 调整后的每股净资产 | 1.033 | 0.927 | 11.43 | 1.16 |

# 600691 东新电碳股份有限公司

## 二〇〇二年年度报告摘选

### 1.上市公司基本情况简介

1.1 基本情况简介

股票简称:东新电碳　股票代码:600691　上市交易所:上海证券交易所

注册地址和办公地址:四川省自贡市自流井区东光路桌子山22号　邮政编码:643000

电子信箱:Dxt888@163.net

1.2 联系人和联系方式

董事会秘书:杜东海　联系地址:四川省自贡市自流井区东光路桌子山22号

电话:0813－2600887　传真:0813－2606903　电子信箱:Dxt888@163.net

证券事务代表:王立君　联系地址:四川省自贡市自流井区东光路桌子山22号

电话:0813－2606903　传真:0813－2606903　电子信箱:Dxt888@163.net

### 2.会计数据和财务指标摘要

2.1 主要会计数据(单位:人民币元)

| 指标项目 | 2002年 | 2001年 调整后 | 2001年 调整前 | 本年比上年调整后增减(%) | 2000年 |
|---|---|---|---|---|---|
| 主营业务收入 | 48,191,170.47 | 60,861,957.54 | 60,861,957.54 | －20.82% | 62,788,961.78 |
| 利润总额 | －11,752,203.79 | 1,635,570.60 | 2,148,488.36 | －818.54% | －11,726,397.27 |
| 净利润 | －11,752,203.79 | 1,635,570.60 | 2,148,488.36 | －818.54% | －11,714,694.31 |
| 扣除非经常性损益后的净利润 | －11,898,230.50 | －13,444,429.40 | －12,931,511.64 | －11.50% | －11,714,694.31 |
| 指标项目 | 2002年 | 2001年 调整后 | 2001年 调整前 | 本年比上年调整后增减(%) | 2000年 |
| 总资产 | 228,465,980.94 | 228,243,083.18 | 231,760,820.31 | 0.10% | 229,897,272.85 |
| 股东权益(不含少数股东权益) | 81,966,693.94 | 89,505,488.02 | 93,023,225.15 | －8.42% | 90,786,746.76 |
| 经营活动产生的现金流量净额 | －3,755,070.93 | －15,271,555.26 | －15,271,555.26 | －75.41% | －12,145,414.49 |

2.2 主要财务指标(单位:人民币元)

| 指标项目 | 2002年 | 2001年 | 本年比上年增减(%) | 2000年 |
|---|---|---|---|---|
| 每股收益(人民币元/股) | －0.1521 | 0.03 | －607.00% | －0.152 |
| 净资产收益率(%)(摊薄) | －14.34 | 2.3 | －723.48% | －15.16 |
| 扣除非经常性损益后的净资产收益率(%)(加权) | －14.19 | －14.99 | －5.34% | －11 |
| 扣除非经常性损益后的净资产收益率(%)(摊薄) | －14.48 | －14.8 | －2.16% | －12.9 |
| 每股经营活动产生的现金流量净额(人民币元/股) | －0.0486 | －0.1976 | －75.40% | －0.157 |
| 指标项目 | 2002年 | 2001年 | 本年比上年增减(%) | 2000年 |
| 每股净资产(人民币元/股) | 1.0607 | 1.2038 | －11.89% | 1.305 |
| 调整后每股净资产(人民币元/股) | 0.3870 | 0.4955 | －21.89% | 0.705 |

## 600696 利嘉(上海)股份有限公司

### 二〇〇二年年度报告摘选

#### 1.公司基本情况简介

1.1 基本情况简介

股票简称:利嘉股份 股票代码:600696 上市交易所:上海证券交易所

注册地址:上海市海宁路 358 号国际商厦五层 邮政编码:200080

办公地址:上海市虹口区吴淞路 619 号味美思大酒店六层 电子信箱:lcsh@vip.sina.com

1.2 联系人和联系方式

董事会秘书:陈勇 联系地址:上海市虹口区吴淞路 619 号味美思大酒店六层

电话:021－63937288 传真:021－63937298 电子信箱:chenyong98699@vip.sina.com

证券事务代表:何佳 联系地址:上海市虹口区吴淞路 619 号味美思大酒店六层

电话:021－63937288 传真:021－63937298 电子信箱:jiahe.he@vip.sina.com

#### 2.会计数据和财务指标摘要

2.1 主要会计数据 单位:元

| | 2002 年 | 2001 年 | 本年比上年增减(%) | 2000 年 |
|---|---|---|---|---|
| 主营业务收入 | 186,497,446.71 | 155,193,837.88 | 20.17% | 61,638,152.70 |
| 利润总额 | 33,588,530.30 | 25,501,013.25 | 31.71% | －14,685,141.44 |
| 净利润 | 33,588,530.30 | 25,501,013.25 | 31.71% | －14,685,141.44 |
| 扣除非经常性损益的净利润 | 46,983,873.62 | 38,869,837.49 | 20.87% | －70,339,934.16 |
| | 2002 年年末 | 2001 年年末 | 本年末比上年末增减(%) | 2000 年年末 |
| 总资产 | 849,447,172.26 | 801,200,693.59 | 6.02% | 658,370,619.74 |
| 股东权益(不含少数股东权益) | 386,372,766.42 | 352,784,236.12 | 9.52 | 320,503,308.30 |
| 经营活动产生的现金流量净额 | 7,030,231.32 | 32,587,852.67 | －78.43% | －43,084,999.10 |

2.2 主要财务指标 单位:元

| | 2002 年 | 2001 年 | 本年比上年增减(%) | 2000 年 |
|---|---|---|---|---|
| 每股收益(摊薄) | 0.128 | 0.097 | 31.96% | －0.056 |
| 每股收益(加权) | 0.128 | 0.097 | 31.96% | －0.056 |
| 净资产收益率 | 8.69% | 7.23% | 20.19% | －4.58% |
| 扣除非经常性损益的净资产收益率 | 12.71% | 11.7% | 3.93% | －14.89% |
| 每股经营活动产生的现金流量净额 | 0.03 | 0.12 | －75% | －0.165 |
| | 2002 年年末 | 2001 年年末 | 本年末比上年末增减(%) | 2000 年年末 |
| 每股净资产 | 1.47 | 1.35 | 8.89% | 1.22 |
| 调整后的每股净资产 | 1.47 | 1.34 | 9.70% | 1.22 |

## 600714 青海山川铁合金股份有限公司

### 二〇〇二年年度报告摘选

#### 1.上市公司基本情况简介

1.1 基本情况简介

股票简称:山川股份 股票代码:600714 上市交易所:上海证券交易所

注册地址和办公地址:青海省西宁市朝阳西路 112 号 邮政编码:810028

电子信箱:scgfxx@public.xn.qh.cn

1.2 联系人和联系方式

董事会秘书:张光周 联系地址:青海省西宁市朝阳西路 112 号

电话:0971－5509464、7720083 传真:0971－5507586 电子信箱:scgfxx@public.xn.qh.cn

#### 2.会计数据和财务指标摘要

2.1 主要会计数据

| | 2002 年(T 年,即本年) | 2001 年(T－1 年) | 本年比上年增减(%) | 2000 年(T－2 年) |
|---|---|---|---|---|
| 主营业务收入 | 221,966,781.51 | 153,067,493.41 | 45.01 | 156,934,680.65 |
| 利润总额 | 21,000,993.08 | 25,238,325.66 | －16.79 | 23,846,638.04 |
| 净利润 | 15,548,302.04 | 22,490,786.99 | －30.87 | 20,819,738.52 |
| 扣除非经常性损益的净利润 | 15,327,425.94 | 21,831,444.14 | －29.79 | 20,907,612.40 |
| | 2002 年末(T 年,即本年末) | 2001 年末(T－1 年末) | 本年末比上年末增减(%) | 2000 年末(T－2 年末) |
| 总资产 | 380,378,201.16 | 346,795,419.73 | 9.68 | 332,572,644.42 |
| 股东权益(不含少数股东权益) | 232,970,870.17 | 217,422,568.13 | 7.15 | 198,018,080.61 |
| 经营活动产生的现金流量净额 | 25,626,418.84 | －1,657,556.03 | 1646.04 | －6,671,022.46 |

2.2 主要财务指标

| | 2002 年(T 年,即本年) | 2001 年(T－1 年) | 本年比上年增减(%) | 2000 年(T－2 年) |
|---|---|---|---|---|
| 每股收益 | 0.1442 | 0.2086 | －30.87 | 0.1931 |
| 净资产收益率 | 6.67 | 10.34 | －35.49 | 10.51 |
| 扣除非经常性损益的净利润为基础计算的净资产收益率 | 6.81 | 10.04 | －32.17 | 10.56 |
| 每股经营活动产生的现金流量净额 | 0.238 | －0.015 | 1686.67 | －0.062 |
| | 2002 年末(T 年,即本年末) | 2001 年末(T－1 年末) | 本年末比上年末增减(%) | 2000 年末(T－2 年末) |
| 每股净资产 | 2.1609 | 2.0167 | 7.15 | 1.8367 |
| 调整后的每股净资产 | 2.1228 | 2.003 | 5.98 | 1.7859 |

## 600720 甘肃祁连山水泥股份有限公司

### 二〇〇二年年度报告摘选

#### 1.上市公司基本情况简介

1.1 基本情况简介

股票简称:祁连山 股票代码:600720 上市交易所:上海证券交易所

注册地址和办公地址:甘肃省永登县中堡镇 邮政编码:730301

公司国际互联网网址:http://www.qilianshan.com 电子信箱:zqb@qilianshan.com

1.2 联系人和联系方式

董事会秘书:王云鹏 联系地址:甘肃省永登县中堡镇

电话:0931－6476538 传真:0931－6476671 电子信箱:wyp@qilianshan.com

证券事务代表:陈军 联系地址:甘肃省永登县中堡镇

电话:0931－6476501 传真:0931－6476671 电子信箱:qlscj@sina.com

#### 2.会计数据和财务指标摘要

2.1 主要会计数据

| | 2002 年 | 2001 年 | 本年比上年增减(%) | 2000 年 |
|---|---|---|---|---|
| 主营业务收入 | 382,818,534.90 | 266,834,758.30 | 43.47 | 274,292,956.33 |
| 利润总额 | 52,794,701.64 | 62,044,265.70 | －14.91 | 66,664,815.48 |
| 净利润 | 41,774,112.41 | 51,554,981.06 | －18.97 | 54,894,234.12 |
| 扣除非经常性损益的净利润 | 43,474,969.66 | 41,136,409.97 | 5.68 | 50,256,221.59 |
| | 2002 年 12 月 31 日 | 2001 年 12 月 31 日 | 本年末比上年末增减(%) | 2000 年 12 月 31 日 |
| 总资产 | 1,160,026,780.51 | 972,763,560.09 | 19 | 803,922,810.41 |
| 股东权益(不含少数股东权益) | 606,685,442.40 | 547,370,321.58 | 10.84 | 525,399,692.28 |
| 经营活动产生的现金流量净额 | 111,128,168.25 | 61,701,746.58 | 80.11 | 23,500,198.22 |

2.2 主要财务指标

| | 2002 年 | 2001 年 | 本年比上年增减(%) | 2000 年 |
|---|---|---|---|---|
| 每股收益 | 0.12 | 0.15 | －20 | 0.25 |
| 净资产收益率 | 6.89% | 9.41% | －26.78 | 10.43% |
| 扣除非经常性损益的净利润为基础计算的净资产收益率 | 7.17% | 7.52% | －4.65 | 9.48% |
| 每股经营活动产生的现金流量净额 | 0.32 | 0.18 | 77.78 | 0.11 |
| | 2002 年 12 月 31 日 | 2001 年 12 月 31 日 | 本年末比上年末增减(%) | 2000 年 12 月 31 日 |
| 每股净资产 | 1.75 | 1.58 | 10.76 | 2.43 |
| 调整后的每股净资产 | 1.74 | 1.51 | 15.23 | 2.27 |

## 600737 新疆屯河投资股份有限公司

### 二〇〇二年年度报告摘选

#### 1.上市公司基本情况简介

1.1 基本情况简介

股票简称:新疆屯河 股票代码:600737 上市交易所:上海证券交易所

注册地址:新疆昌吉市河滩北路 8 号

办公地址:新疆昌吉市乌伊东路 33 号 邮政编码:831100

公司国际互联网网址:http://www.tunhe.com 电子信箱:tunhe@tunhe.com

1.2 联系人和联系方式

董事会秘书:金涛 联系地址:新疆昌吉市乌伊东路 33 号

电话:0994－2350079 传真:0994－2337689 电子信箱:Build－cj@mail.xj.cninfo.net

证券事务代表:付疆 联系地址:新疆昌吉市乌伊东路 33 号

电话:0994－2350079 传真:0994－2337689 电子信箱:Build－cj@mail.xj.cninfo.net

#### 2.会计数据和财务指标摘要

2.1 主要会计数据 单位:元

| | 2002 年(本年) | 2001 年(上年) | 本年比上年增减(%) | 2000 年 |
|---|---|---|---|---|
| 主营业务收入 | 1,943,517,384.39 | 767,261,504.20 | 153.31 | 454,075,534.08 |
| 利润总额 | 173,473,904.19 | 89,988,454.58 | 92.77 | 105,082,917.89 |
| 净利润 | 112,629,851.40 | 52,795,027.66 | 113.33 | 91,857,924.47 |
| 扣除非经常性损益的净利润 | 51,464,891.09 | 17,716,780.39 | 190.49 | 84,915,502.42 |
| | 2002 年末(本年末) | 2001 年末(上年末) | 本年末比上年末增减(%) | 2000 年末 |
| 总资产 | 6,320,218,797.81 | 4,258,164,271.30 | 48.43 | 1,910,917,770.78 |
| 股东权益(不含少数股东权益) | 1,009,994,890.49 | 886,589,296.71 | 13.92 | 836,295,923.99 |
| 经营活动产生的现金流量净额 | 488,449,429.38 | －196,187,766.87 | 348.97 | 47,345,194.24 |

2.2 主要财务指标 单位:元

| | 2002 年(本年) | 2001 年(上年) | 本年比上年增减(%) | 2000 年 |
|---|---|---|---|---|
| 每股收益 | 0.20 | 0.14 | 42.86 | 0.24 |
| 净资产收益率 | 11.15 | 5.95 | 87.39 | 10.98 |
| 扣除非经常性损益的净利润为基础计算的净资产收益率 | 5.48 | 2.05 | 167.32 | 11.73 |
| 每股经营活动产生的现金流量净额 | 0.85 | －0.51 | 266.67 | 0.12 |
| | 2002 年末(本年末) | 2001 年末(上年末) | 本年末比上年末增减(%) | 2000 年末 |
| 每股净资产 | 1.76 | 2.31 | －23.81 | 2.18 |
| 调整后的每股净资产 | 1.72 | 2.30 | －25.22 | 2.16 |

## 600748 上海浦东不锈薄板股份有限公司

### 二〇〇二年年度报告摘选

#### 1.上市公司基本情况简介

1.1 基本情况简介

股票简称:浦东不锈 股票代码:600748 上市交易所:上海证券交易所

注册地址和办公地址:上海上南路 300 号 邮政编码:200126

电子信箱:spssa@shtel.net.cn

1.2 联系人和联系方式

董事会秘书:阙兆森 联系地址:上海上南路 300 号

电话:021-58723089 传真:021-68630598 电子信箱:spssa@shtel.net.cn

证券事务代表:陈水林 联系地址:上海上南路 300 号

电话:021-58723089 传真:021-68630598 电子信箱:spssa@shtel.net.cn

#### 2.会计数据和财务指标摘要

2.1 主要会计数据 单位:元

| | 2002 年 | 2001 年 | 本年比上年增减(%) | 2000 年 |
|---|---|---|---|---|
| 主营业务收入 | 625,110,631.62 | 315,547,247.67 | +98.10 | 516,343,018.34 |
| 利润总额 | 2,852,538.39 | 10,229,321.89 | -72.11 | 840,004.23 |
| 净利润 | 2,831,077.14 | 9,522,420.55 | -70.27 | -876,107.49 |
| 扣除非经常性损益的净利润 | 2,316,928.29 | 4,481,960.34 | -48.31 | -8,342,806.86 |
| | 2002 年末 | 2001 年末 | 本年末比上年末增减(%) | 2000 年末 |
| 总资产 | 1,210,409,309.84 | 1,170,732,183.78 | +3.39 | 1,197,383,823.58 |
| 股东权益(不含少数股东权益) | 1,056,497,930.83 | 1,053,234,764.55 | +0.31 | 1,043,712,344.00 |
| 经营活动产生的现金流量净额 | 27,327,217.61 | 96,111,741.79 | -71.57 | -9,314,927.06 |

2.2 主要财务指标 单位:元

| | 2002 年 | 2001 年 | 本年比上年增减(%) | 2000 年 |
|---|---|---|---|---|
| 每股收益 | 0.005 | 0.016 | -68.75 | -0.0015 |
| 净资产收益率 | 0.27 | 0.90 | -70.00 | -0.08 |
| 扣除非经常性损益的净利润为基础计算的净资产收益率 | 0.22 | 0.43 | -48.84 | -0.80 |
| 每股经营活动产生的现金流量净额 | 0.047 | 0.164 | -71.34 | -0.016 |
| | 2002 年末 | 2001 年末 | 本年末比上年末增减(%) | 2000 年末 |
| 每股净资产 | 1.80 | 1.79 | +0.56 | 1.78 |
| 调整后的每股净资产 | 1.77 | 1.76 | +0.57 | 1.78 |

## 600782 新华金属制品股份有限公司

### 二〇〇二年年度报告摘选

#### 1.上市公司基本情况简介

1.1 基本情况简介

股票简称:新华股份 股票代码:600782 上市交易所:上海证券交易所

注册地址:江西省新余市铁焦路 办公地址:江西省新余市高新技术经济开发区

邮政编码:338004 公司国际互联网网址:http://www.xmpc.com.cn

电子信箱:xmpc@xmpc.com.cn

1.2 联系人和联系方式

董事会秘书:游绍诚 联系地址:江西省新余市高新技术经济开发区

电话:0790-6460888 传真:0790-6460999 电子信箱:stock@xmpc.com.cn

证券事务代表:张伟国 联系地址:江西省新余市高新技术经济开发区

电话:0790-6460888 传真:0790-6460999 电子信箱:stock@xmpc.com.cn

#### 2.会计数据和财务指标摘要(调整后的数据)

2.1 主要会计数据

| | 2002 年 | 2001 年 | 本年比上年增减(%) | 2000 年 |
|---|---|---|---|---|
| 主营业务收入 | 397,370,463.32 | 292,873,428.11 | 35.68 | 254,390,271.81 |
| 利润总额 | 32,320,488.88 | 31,300,927.84 | 3.26 | 30,419,714.43 |
| 净利润 | 27,539,448.50 | 26,440,873.18 | 4.15 | 26,887,935.16 |
| 扣除非经常性损益的净利润 | 23,184,734.68 | 18,897,758.26 | 22.69 | 23,570,057.33 |
| | 2002 年末 | 2001 年末 | 本年末比上年末增减(%) | 2000 年末 |
| 总资产 | 489,124,501.94 | 400,858,724.56 | 22.02 | 384,082,282.86 |
| 股东权益(不含少数股东权益) | 269,822,836.19 | 266,435,934.45 | 1.27 | 261,249,302.41 |
| 经营活动产生的现金流量净额 | 53,153,431.63 | 32,727,715.41 | 62.41 | -8,263,258.23 |

2.2 主要财务指标

| | 2002 年 | 2001 年 | 本年比上年增减(%) | 2000 年 |
|---|---|---|---|---|
| 每股收益 | 0.1425 | 0.1368 | 4.17 | 0.2227 |
| 净资产收益率 | 10.21 | 9.92 | 2.92 | 10.29 |
| 扣除非经常性损益的净利润为基础计算的净资产收益率 | 8.59 | 7.09 | 21.16 | 9.02 |
| 每股经营活动产生的现金流量净额 | 0.2751 | 0.1694 | 62.40 | -0.0684 |
| | 2002 年末 | 2001 年末 | 本年末比上年末增减(%) | 2000 年末 |
| 每股净资产 | 1.3965 | 1.3789 | 1.28 | 2.1633 |
| 调整后的每股净资产 | 1.3536 | 1.3531 | 0.04 | 2.1328 |

## 600783 四砂股份有限公司

### 二〇〇二年年度报告摘选

#### 1.上市公司基本情况简介

1.1 基本情况简介

股票简称:四砂股份 股票代码:600783 上市交易所:上海证券交易所

注册地址:山东省淄博市高新技术产业开发区中路

办公地址:山东省淄博市张店区南定车站街 69 号 邮政编码:255055

公司国际互联网网址:http://www.si-sha.cn 电子信箱:sisha@zb-public.sd.cninfo.net

1.2 联系人和联系方式

董事会秘书:赵鹏 联系地址:山东省淄博市张店区南定车站街 69 号

电话:(0533)2980151-8273、8300 传真:(0533)2981033

电子信箱:sisha@zb-public.sd.cninfo.net

证券事务代表:颜卫国 联系地址:山东省淄博市张店区南定车站街 69 号

电话:(0533)2980151-8300 传真:(0533)2981033

电子信箱:sisha@zb-public.sd.cninfo.net

#### 2.会计数据和财务指标摘要

2.1 主要会计数据

| | 2002 年(本年) | 2001 年(上年) | | 本年比上年增减(%) | 2000 年 | |
|---|---|---|---|---|---|---|
| | | 调整前 | 调整后 | | 调整前 | 调整后 |
| 主营业务收入 | 129073146.31 | 132758371.08 | 132758371.08 | -2.78 | 173474773.74 | 173474773.74 |
| 利润总额 | -33234455.47 | -1608040.29 | -5607973.15 | -492.63 | -32162135.46 | -38892992.91 |
| 净利润 | -30818669.92 | 1313010.31 | -2686922.55 | -1046.99 | -32917074.73 | -39647932.18 |
| 扣除非经常性损益的净利润 | -30241495.89 | -14911697.60 | -18911630.46 | -59.91 | -319222092.24 | -38652949.69 |
| | 2002 年末(本年) | 2001 年末(上年) | | 本年末比上年末增减(%) | 2000 年末 | |
| | | 调整前 | 调整后 | | 调整前 | 调整后 |
| 总资产 | 601332491.42 | 544226888.70 | 530059001.80 | 13.45 | 563564954.54 | 555591914.19 |
| 股东权益(不含少数股东权益) | 259895368.07 | 304718083.59 | 290377330.37 | -10.50 | 304444172.01 | 296471131.66 |
| 经营活动产生的现金流量净额 | -17831157.22 | 7811599.09 | 7811599.09 | -328.27 | 14360587.73 | 14360587.73 |

2.2 主要财务指标

| | 2002 年(本年) | 2001 年(上年) | | 本年比上年末增减(%) | 2000 年 | |
|---|---|---|---|---|---|---|
| | | 调整前 | 调整后 | | 调整前 | 调整后 |
| 每股收益 | -0.1524 | 0.0065 | -0.0133 | -1046.99 | -0.1627 | -0.1960 |
| 净资产收益率(%) | -11.86 | 0.43 | -0.93 | -1181.51 | -10.81 | -13.37 |
| 扣除非经常性损益的净利润为基础计算的净资产收益率(%) | -11.00 | -4.89 | -6.41 | -71.63 | -9.88 | -12.19 |
| 每股经营活动产生的现金流量净额 | -0.0882 | 0.0386 | 0.0386 | -328.27 | 0.0710 | 0.0710 |
| | 2002 年末(本年) | 2001 年末(上年) | | 本年末比上年末增减(%) | 2000 年末 | |
| | | 调整前 | 调整后 | | 调整前 | 调整后 |
| 每股净资产 | 1.2848 | 1.5064 | 1.4355 | -10.50 | 1.5051 | 1.4657 |
| 调整后的每股净资产 | 1.1484 | 1.3610 | 1.2920 | -11.11 | 1.4210 | 1.4255 |

## 600792 云南马龙化建股份有限公司

### 二〇〇二年年度报告摘选

#### 1.上市公司基本情况简介

1.1 基本情况简介

股票简称:ST 马龙 股票代码:600792 上市交易所:上海证券交易所

注册地址:云南省马龙县 办公地址:云南省马龙县王家庄镇 邮政编码:655102

1.2 联系人和联系方式

董事会秘书:鲜思林 联系地址:云南省马龙县王家庄镇

电话:0874-8010050 传真:0874-8010036 电子信箱:xiansiling@163.com

证券事务代表:谭毅 联系地址:云南省马龙县王家庄镇

电话:0874-8010153 传真:0874-8010036 电子信箱:suntan@km169.net

#### 2.会计数据和财务指标摘要

2.1 主要会计数据(单位:元)

| | 2002 年 | 2001 年 | 本年比上年增减(%) | 2000 年 |
|---|---|---|---|---|
| 主营业务收入 | 162,909,230.14 | 80,638,328.05 | 102.02 | 59,566,561.68 |
| 利润总额 | 9,828,573.22 | -25,752,813.60 | | -13,786,748.82 |
| 净利润 | 10,916,016.08 | -25,752,813.60 | | -13,786,748.82 |
| 扣除非经常性损益的净利润 | 10,997,172.94 | -17,017,077.09 | | -13,786,748.82 |
| | 2002 年末 | 2001 年末 | 本年末比上年末增减(%) | 2000 年末 |
| 总资产 | 256,568,353.39 | 154,594,876.93 | 65.96 | 159,595,878.36 |
| 股东权益(不含少数股东权益) | 101,159,236.25 | 70,730,603.45 | 43.02 | 96,164,457.05 |
| 经营活动产生的现金流量净额 | -74,503,434.39 | 12,179,632.87 | | -47,812,164.77 |

2.2 主要财务指标(单位:元)

| | 2002 年 | 2001 年 | 本年比上年增减(%) | 2000 年 |
|---|---|---|---|---|
| 每股收益 | 0.214 | -0.5 | | -0.27 |
| 净资产收益率% | 10.79 | -36.36 | | -14.17 |
| 扣除非经常性损益的净利润为基础计算的净资产收益率% | 14.43 | -23.79 | | -13.23 |
| 每股经营活动产生的现金流量净额 | -1.46 | -0.24 | -508.33 | -0.94 |
| | 2002 年末 | 2001 年末 | 本年末比上年末增减(%) | 2000 年末 |
| 每股净资产 | 1.98 | 1.39 | 42.45 | 1.91 |
| 调整后的每股净资产 | 1.84 | 1.38 | 33.33 | 1.88 |

# 600801 华新水泥股份有限公司

## 二〇〇二年年度报告摘选

### 1.上市公司基本情况简介

1.1 基本情况简介

股票简称:华新水泥、华新B股　股票代码:600801、900933　上市交易所:上海证券交易所

注册地址和办公地址:湖北省黄石市黄石大道897号　邮政编码:435002

公司国际互联网网址:http://www.huaxincem.com　电子信箱:stock@huaxincem.com

1.2 联系人和联系方式

董事会秘书:王锡明　联系地址:湖北省黄石市黄石大道897号

电话:0714－6224971转8310　传真:0714－6235204　电子信箱:Wangximing@huaxincem.com

证券事务代表:王璐　联系地址:湖北省黄石市黄石大道897号

电话:0714－6224971转8471　传真:0714－6235204　电子信箱:stock@huaxincem.com

### 2.会计数据和财务指标摘要

2.1 主要会计数据

| | 2002年 | 2001年 | 本年比上年增减(%) | 2000年 |
|---|---|---|---|---|
| 主营业务收入 | 801,088,440 | 691,883,574 | 15.8 | 594,625,818 |
| 利润总额 | 33,079,289 | 29,202,655 | 13.3 | 21,506,285 |
| 净利润 | 29,316,143 | 22,619,212 | 29.6 | 16,523,105 |
| 扣除非经常性损益的净利润 | 21,956,938 | 19,259,077 | 14.0 | 15,341,605 |
| | 2002年 | 2001年 | 本年末比上年末增减(%) | 2000年 |
| 总资产 | 2,304,347,068 | 2,063,115,187 | 11.7 | 2,011,302,834 |
| 股东权益(不含少数股东权益) | 738,571,971 | 722,391,828 | 2.2 | 711,266,616 |
| 经营活动产生的现金流量净额 | 254,279,926 | 118,171,613 | 115.2 | 138,031,345 |

2.2 主要财务指标

| | 2002年 | 2001年 | 本年比上年增减(%) | 2000年 |
|---|---|---|---|---|
| 每股收益 | 0.09 | 0.07 | 28.6 | 0.05 |
| 净资产收益率 | 3.97 | 3.13 | 26.8 | 2.32 |
| 扣除非经常性损益的净利润为基础计算的净资产收益率 | 3.00 | 3.16 | －5.1 | 2.16 |
| 每股经营活动产生的现金流量净额 | 0.77 | 0.36 | 113.9 | 0.42 |
| | 2002年末 | 2001年末 | 本年末比上年末增减(%) | 2000年末 |
| 每股净资产 | 2.25 | 2.20 | 2.3 | 2.17 |
| 调整后的每股净资产 | 2.16 | 2.12 | 1.9 | 2.09 |

# 600804 成都鹏博士科技股份有限公司

## 二〇〇二年年度报告摘选

### 1.上市公司基本情况简介

1.1 基本情况简介

股票简称:鹏博士　股票代码:600804　上市交易所:上海证券交易所

注册地址:中国四川成都市高新西区创业中心

办公地址:成都华兴正街5号王府井商务公寓B座14楼D　邮政编码:610016

公司国际互联网网址:http://www.szmmt.com.cn　电子信箱:master@szmmt.com.cn

1.2 联系人和联系方式

董事会秘书:何斌　联系地址:成都华兴正街5号王府井商务公寓B座14楼D

电话:028－86625987　传真:028－86622006　电子信箱:hb012@sina.com

证券事务代表:任春晓　联系地址:深圳市福田区车公庙天安数码城创新科技广场B座3楼

电话:0755－83432853　传真:0755－83432846　电子信箱:cxren@sohu.com

### 2.会计数据和财务指标摘要

2.1 主要会计数据

| | 2002年度 | 2001年度 | 本年比上年增减(%) | 2000年度 |
|---|---|---|---|---|
| 主营业务收入 | 292805260.77 | 294196924.05 | －0.4 | 234171875.11 |
| 利润总额 | 3638141.27 | 1323895.32 | 174.80 | －31473526.82 |
| 净利润 | 3646283.73 | 1325197.35 | 175.15 | －31473526.82 |
| 扣除非经常性损益的净利润 | 1809584.18 | －234669.54 | －－ | 31275196.22 |
| | 2002年末 | 2001年末 | 本年末比上年末增减(%) | 2000年末 |
| 总资产 | 373,428,732.84 | 341,308,645.83 | 9.41 | 368894974.96 |
| 股东权益(不含少数股东权益) | 193,562,379.30 | 190,677,508.53 | 1.51 | 200111178.56 |
| 经营活动产生的现金流量净额 | －21,823,702.51 | 15,581,737.93 | －－ | 14368642.88 |

2.2 主要财务指标

| | 2002年 | 2001年 | 本年比上年增减(%) | 2000年 |
|---|---|---|---|---|
| 每股收益 | 0.03 | 0.011 | 175.15 | －0.27 |
| 净资产收益率 | 1.88 | 0.69 | 172.46 | －16.36 |
| 扣除非经常性损益的净利润为基础计算的净资产收益率 | 0.93 | －0.98 | －－ | －16.36 |
| 每股经营活动产生的现金流量净额 | －0.18 | 0.13 | －－ | 0.12 |
| | 2002年末 | 2001年末 | 本年末比上年末增减(%) | 2000年末 |
| 每股净资产 | 1.659 | 1.635 | 1.46 | 1.649 |
| 调整后的每股净资产 | 1.532 | 1.514 | 1.10 | 1.542 |

# 600808 马鞍山钢铁股份有限公司

## 二〇〇二年年度报告摘选

### 1.上市公司基本情况简介

1.1 基本情况简介

股票简称:马钢股份、马鞍山钢铁　股票代码:600808、323

上市交易所:上海证券交易所、香港联合交易所有限公司

注册地址和办公地址:安徽省马鞍山市红旗中路8号　邮政编码:243003

公司国际互联网网址:http://www.magang.com.cn　电子信箱:mggfdms@magang.com.cn

1.2 联系人和联系方式

董事会秘书:苏鉴钢　联系地址:安徽省马鞍山市红旗中路8号

电话:86－555－2888158　传真:86－555－2887284　电子信箱:mggfdms@magang.com.cn

### 2.会计数据和财务指标摘要

2.1 主要会计数据　　金额单位:人民币千元

| | 2002年 | 2001年 | 本年比上年增减(%) | 2000年 |
|---|---|---|---|---|
| 主营业务收入 | 10,973,917 | 9,547,929 | 14.94 | 8,185,687 |
| 利润总额 | 479,702 | 297,131 | 61.44 | 197,087 |
| 净利润 | 384,441 | 208,396 | 84.48 | 176,031 |
| 扣除非经常性损益的净利润 | 824,830 | 465,556 | 77.17 | 522,250 |
| | 2002年末 | 2001年末 | 本年末比上年末增减(%) | 2000年末 |
| 总资产 | 17,138,511 | 16,723,013 | 2.48 | 16,857,270 |
| 股东权益(不含少数股东权益) | 11,862,833 | 11,777,107 | 0.73 | 11,887,985 |
| 经营活动产生的现金流量净额 | 2,589,655 | 1,386,219 | 86.8 | 1,570,183 |

2.2 主要财务指标　　金额单位:人民币元

| | 2002年 | 2001年 | 本年比上年增减(%) | 2000年 |
|---|---|---|---|---|
| 每股收益 | 0.060 | 0.032 | 87.5 | 0.027 |
| 净资产收益率 | 3.24 | 1.77 | 83.05 | 1.48 |
| 扣除非经常性损益的净利润为基础计算的净资产收益率 | 6.95 | 3.95 | 75.95 | 4.39 |
| 每股经营活动产生的现金流量净额 | 0.4012 | 0.2147 | 86.8 | 0.2432 |
| | 2002年末 | 2001年末 | 本年末比上年末增减(%) | 2000年末 |
| 每股净资产 | 1.84 | 1.82 | 1.10 | 1.84 |
| 调整后的每股净资产 | 1.84 | 1.82 | 1.10 | 1.82 |

# 600819 上海耀华皮尔金顿玻璃股份有限公司

## 二〇〇二年年度报告摘选

### 1.上市公司基本情况简介

1.1 基本情况简介

股票简称:耀皮玻璃、耀皮B股　股票代码:600819、900918　上市交易所:上海证券交易所

注册地址和办公地址:上海市浦东新区济阳路100号　邮政编码:200126

公司国际互联网网址:http://www.sypglass.com　电子信箱:office@sypglass.com

1.2 联系人和联系方式

董事会秘书:金闽丽　联系地址:上海市浦东新区济阳路100号

电话:021－58839305　传真:021－58801554　电子信箱:office@sypglass.com

### 2.会计数据和财务指标摘要

2.1 主要会计数据　　单位:千元

| | 2002年 | 2001年 | 本年比上年增减(%) | 2000年 |
|---|---|---|---|---|
| 主营业务收入 | 1,083,522 | 1,044,917 | 3.70 | 866,874 |
| 利润总额 | 130,044 | 188,042 | －30.84 | 185,262 |
| 净利润 | 110,512 | 162,382 | －31.94 | 154,621 |
| 扣除非经常性损益的净利润 | 109,372 | 161,226 | －32.16 | 157,056 |
| | 2002年 | 2001年 | 本年末比上年末增减(%) | 2000年 |
| 总资产 | 2,070,645 | 2,128,488 | －2.72 | 2,022,734 |
| 股东权益(不含少数股东权益) | 1,676,867 | 1,663,849 | 0.78 | 1,608,729 |
| 经营活动产生的现金流量净额 | 224,928 | 217,353 | 3.49 | 258,138 |

2.2 主要财务指标

| | 2002年 | 2001年 | 本年比上年增减(%) | 2000年 |
|---|---|---|---|---|
| 每股收益 | 0.227 | 0.333 | －31.83 | 0.317 |
| 净资产收益率(全面摊薄) | 6.59 | 9.76 | －32.48 | 9.61 |
| 扣除非经常性损益的净利润为基础计算的加权平均净资产收益率 | 6.36 | 9.69 | －34.36 | 9.76 |
| 每股经营活动产生的现金流量净额 | 0.46 | 0.45 | 2.22 | 0.53 |
| | 2002年 | 2001年 | 本年末比上年末增减(%) | 2000年 |
| 每股净资产 | 3.44 | 3.41 | 0.88 | 3.30 |
| 调整后的每股净资产 | 3.27 | 3.22 | 1.55 | 3.12 |

# 600829 哈尔滨天鹅实业股份有限公司

## 二〇〇二年年度报告摘选

### 1.上市公司基本情况简介

1.1 基本情况简介

股票简称:天鹅股份 股票代码:600829 上市交易所:上海证券交易所

注册地址和办公地址:哈尔滨市道里区共乐街 182 号 邮政编码:150076

公司国际互联网网址:http://www.sse.com.cn 电子信箱:haswan@public.hr.hl.cn

1.2 联系人和联系方式

董事会秘书:乔克荣 联系地址:哈尔滨市道里区共乐街 182 号

电话:0451-4624214 传真:0451-4624142 电子信箱:teqky@up.369.com

### 2.会计数据和财务指标摘要

2.1 主要会计数据 单位:元

| | 2002 年(本年) | 2001 年(上年) | 本年比上年增减(%) | 2000 年 |
|---|---|---|---|---|
| 主营业务收入 | 503,240,301.61 | 521,117,959.29 | -3.43 | 516,969,629.74 |
| 利润总额 | 20,857,534.94 | 53,842,017.18 | -61.26 | 70,123,724.09 |
| 净利润 | 10,112,087.52 | 44,208,252.81 | -77.13 | 61,543,119.65 |
| 扣除非经常性损益的净利润 | -3,185,388.08 | 23,676,000.89 | -114 | 32,332,353.49 |
| | 2002 年末(本年) | 2001 年末(上年) | 本年末比上年末增减(%) | 2000 年末 |
| 总资产 | 929,890,053.29 | 960,695,651.16 | -3.21 | 989,346,205.81 |
| 股东权益(不含少数股东权益) | 526,172,250.08 | 501,108,703.16 | 5.00 | 454,607,035.33 |
| 经营活动产生的现金流量净额 | 127,487,895.15 | 14,791,214.86 | 761.92 | 61,854,082.94 |

2.2 主要财务指标 单位:元

| | 2002 年(本年) | 2001 年(上年) | 本年比上年增减(%) | 2000 年 |
|---|---|---|---|---|
| 每股收益 | 0.0392 | 0.3345 | -88.29 | 0.4655 |
| 净资产收益率(%) | 2 | 9.27 | -78.43 | 13.80 |
| 扣除非经常性损益的净利润为基础计算的净资产收益率(%) | -0.61 | 4.97 | -112.27 | 7.37 |
| 每股经营活动产生的现金流量净额 | 0.49 | 0.11 | 345.45 | 0.47 |
| | 2002 年(本年) | 2001 年(上年) | 本年末比上年末增减(%) | 2000 年 |
| 每股净资产 | 2.04 | 3.79 | -46.17 | 3.44 |
| 调整后的每股净资产 | 1.98 | 3.68 | -46.20 | 3.28 |

# 600853 龙建路桥股份有限公司

## 二〇〇二年年度报告摘选

### 1.上市公司基本情况简介

1.1 基本情况简介

股票简称:ST 龙建 股票代码:600853 上市交易所:上海证券交易所

注册地址和办公地址:黑龙江省哈尔滨市南岗区长江路 368 号 邮政编码:150090

公司国际互联网网址:http://www.longjianlq.com.cn 电子信箱:postmaster@longjianlq.com

1.2 联系人和联系方式

董事会秘书:王征宇 联系地址:黑龙江省哈尔滨市南岗区长江路 368 号

电话:0451-2281860 传真:0451-2281253 电子信箱:Zhengyu-wang@sohu.com

证券事务代表:李学强 联系地址:黑龙江省哈尔滨市南岗区长江路 368 号

电话:0451-2281430 传真:0451-2281253 电子信箱:Leexq4181@sina.com

### 2.会计数据和财务指标摘要

2.1 主要会计数据

| | 2002 年 | 2001 年 | 本年比上年增减(%) | 2000 年 |
|---|---|---|---|---|
| 主营业务收入 | 2,316,231,131.13 | 975,974,143.21 | 137.33% | 1,140,573,739.17 |
| 利润总额 | 74,370,058.30 | -84,932,794.54 | | -203,185,317.26 |
| 净利润 | 46,140,372.60 | -84,932,794.54 | | -203,185,317.26 |
| 扣除非经常性损益的净利润 | 44,266,513.84 | -121,796,507.93 | | -242,667,920.00 |
| | 2002 年末 | 2001 年末 | 本年末比上年末增减(%) | 2000 年末 |
| 总资产 | 2,086,907,669.14 | 1,981,959,145.40 | 5.30% | 2,213,684,727.96 |
| 股东权益(不含少数股东权益) | 665,759,393.75 | 618,256,385.12 | 7.68% | 775,806,299.64 |
| 经营活动产生的现金流量净额 | 11,535,405.41 | 105,005,777.42 | -89.01 | 170,614,602.30 |

2.2 主要财务指标

| | 2002 年 | 2001 年 | 本年比上年增减(%) | 2000 年 |
|---|---|---|---|---|
| 每股收益 | 0.087 | -0.1595 | | -0.3816 |
| 净资产收益率 | 6.93% | -13.73% | | -26.19% |
| 扣除非经常性损益的净利润为基础计算的净资产收益率 | 6.65% | -19.70% | | -31.28% |
| 每股经营活动产生的现金流量净额 | 0.0217 | 0.1972 | -89% | 0.3205 |
| | 2002 年末 | 2001 年末 | 本年末比上年末增减(%) | 2000 年末 |
| 每股净资产 | 1.2505 | 1.161 | 7.71% | 1.46 |
| 调整后的每股净资产 | 1.2374 | 1.102 | 12.29% | 1.31 |

# 600876 洛阳玻璃股份有限公司

## 二〇〇二年年度报告摘选

### 1.上市公司基本情况简介

1.1 基本情况简介

股票简称:洛阳玻璃、洛阳玻璃 股票代码:600876、1108

上市交易所:上海证券交易所、香港联合交易所有限公司

注册地址和办公地址:河南省洛阳市西工区唐宫中路九号 邮政编码:471009

公司国际互联网网址:http://www.clfg.com 电子信箱:lbdms@public2.lyptt.ha.cn

1.2 联系人和联系方式

董事会秘书:王捷先生

联系地址:河南省洛阳市西工区唐宫中路九号

洛阳玻璃股份有限公司董事会秘书室

电话:0379-3908588、3908560 传真:0379-3251984 电子信箱:lbdms@public2.lyptt.ha.cn

### 2.会计数据和财务指标摘要

2.1 主要会计数据 单位:千元

| | 2002 年 | 2001 年 | 本年比上年增减(%) | 2000 年 |
|---|---|---|---|---|
| 主营业务收入 | 825,194 | 817,277 | 0.97 | 901,522 |
| (亏损)/利润总额 | (390,220) | 8,088 | (4924.68) | 89,440 |
| (亏损)/净利润 | (344,691) | 9,868 | (3593.02) | 65,991 |
| 扣除非经常性损益的净(亏损)/利润 | (134,844) | 11,746 | (1248.00) | 56,783 |
| | 2002 年末 | 2001 年末 | 本年末比上年末增减(%) | 2000 年末 |
| 总资产 | 2,835,698 | 3,121,000 | (9.14) | 2,889,045 |
| 股东权益(不含少数股东权益) | 1,218,037 | 1,562,584 | (22.05) | 1,552,716 |
| 经营活动产生的现金流量净额 | 26,192 | 86,567 | (69.74) | 45,062 |

2.2 主要财务指标

| | 2002 年 | 2001 年 | 本年比上年增减(%) | 2000 年 |
|---|---|---|---|---|
| 每股(亏损)/收益(元) | (0.492) | 0.014 | (3614.29) | 0.094 |
| 净资产(损失)/收益率% | (28.30) | 0.63 | (4592.06) | 4.25 |
| 扣除非经常性损益的净利润为基础计算的净资产(损失)/收益率% | (11.07) | 0.75 | (1576.00) | 3.6 |
| 每股经营活动产生的现金流量净额 | 0.037 | 0.124 | (70.16) | 0.064 |
| | 2002 年末 | 2001 年末 | 本年末比上年末增减(%) | 2000 年末 |
| 每股净资产(元) | 1.74 | 2.23 | (21.97) | 2.22 |
| 调整后的每股净资产(元) | 0.96 | 1.23 | (21.95) | 1.81 |

# 600888 新疆众和股份有限公司

## 二〇〇二年年度报告摘选

### 1.上市公司基本情况简介

1.1 基本情况简介

股票简称:新疆众和 股票代码:600888 上市交易所:上海证券交易所

注册地址和办公地址:新疆维吾尔自治区乌鲁木齐市喀什东路 18 号 邮政编码:830013

公司国际互联网网址:http://www.joinworld.com 电子信箱:joinworld@mail.china.com

1.2 联系人和联系方式

董事会秘书:崔立新 联系地址:新疆维吾尔自治区乌鲁木齐市喀什东路 18 号

电话:0991-6635306 转 2933 传真:0991-6637493 电子信箱:600888xjjw2933@sina.com

证券事务代表:衡晓英 联系地址:新疆维吾尔自治区乌鲁木齐市喀什东路 18 号

电话:0991-6635306 转 2933 传真:0991-6637493 电子信箱:hshaozhe@163.net

### 2.会计数据和财务指标摘要

2.1 主要会计数据 单位:元

| | 2002 年 | 2001 年 | 本年比上年增减(%) | 2000 年 |
|---|---|---|---|---|
| 主营业务收入 | 400,189,892.63 | 418,954,184.02 | -4.48 | 417,525,906.66 |
| 利润总额 | 57,812,308.87 | 36,237,113.19 | 59.54 | 25,171,509.05 |
| 净利润 | 48,247,055.14 | 31,196,929.22 | 54.66 | 24,980,585.16 |
| 扣除非经常性损益的净利润 | 51,245,108.24 | 31,151,929.22 | 64.5 | 23,296,302.24 |
| | 2002 年末 | 2001 年末 | 本年末比上年末增减(%) | 2000 年末 |
| 总资产 | 1,238,385,158.87 | 1,219,218,795.42 | 1.57 | 907,953,493.01 |
| 股东权益(不含少数股东权益) | 275,828,200.85 | 235,852,265.71 | 16.95 | 214,994,236.48 |
| 经营活动产生的现金流量净额 | 64,905,133.22 | 168,190,537.63 | -61.41 | 49,014,666.66 |

2.2 主要财务指标 单位:元

| | 2002 年 | 2001 年 | 本年比上年增减(%) | 2000 年 |
|---|---|---|---|---|
| 每股收益 | 0.4667 | 0.3017 | 54.69 | 0.242 |
| 净资产收益率 | 17.49 | 13.23 | 4.26 | 11.62 |
| 扣除非经常性损益的净利润为基础计算的净资产收益率 | 18.58 | 13.21 | 5.37 | 10.84 |
| 每股经营活动产生的现金流量净额 | 0.63 | 1.63 | -61.35 | 0.47 |
| | 2002 年末 | 2001 年末 | 本年末比上年末增减(%) | 2000 年末 |
| 每股净资产 | 2.67 | 2.28 | 17.11 | 2.07 |
| 调整后的每股净资产 | 2.43 | 2.17 | 11.99 | 1.97 |

# C7.机械、设备、仪表(104 家)

## 600006 东风汽车股份有限公司

### 二〇〇二年年度报告摘选

#### 1.上市公司基本情况简介

1.1 基本情况简介

股票简称:东风汽车 股票代码:600006 上市交易所:上海证券交易所
注册地址:湖北省襄樊市高新技术产业开发区春园西路 4 号
办公地址:湖北省襄樊市东风汽车大道 1 号 邮政编码:441004
公司国际互联网网址:http://www.dfac.com 电子信箱:dfac@dfac.com

1.2 联系人和联系方式

董事会秘书:卢锋 联系地址:湖北省襄樊市东风汽车大道 1 号
电话:0710-3396805 传真:0710-3396809 电子信箱:luf@dfac.com
证券事务代表:张新峰 联系地址:湖北省襄樊市东风汽车大道 1 号
电话:0710-3396899 传真:0710-3396900 电子信箱:zhangxinf@dfac.com

#### 2.会计数据和财务指标摘要

2.1 主要会计数据

| | 2002 年 | 2001 年 | 本年比上年增减(%) | 2000 年 |
|---|---|---|---|---|
| 主营业务收入 | 7,000,588,582.83 | 4,430,827,338.73 | 58.00 | 3,444,582,934.97 |
| 利润总额 | 760,618,282.26 | 621,302,889.77 | 22.42 | 411,869,355.50 |
| 净利润 | 616,430,396.29 | 537,370,232.74 | 14.71 | 349,228,551.37 |
| 扣除非经常性损益的净利润 | 629,966,217.50 | 533,329,683.54 | 18.12 | 367,723,373.23 |
| | 2002 年末 | 2001 年末 | 本年末比上年末增减(%) | 2000 年末 |
| 总资产 | 6,613,234,506.71 | 4,948,382,387.07 | 33.64 | 4,040,829,513.97 |
| 股东权益(不含少数股东权益) | 3,374,850,575.63 | 2,957,879,017.93 | 14.10 | 2,670,166,485.19 |
| 经营活动产生的现金流量净额 | 1,940,038,211.48 | 47,728,891.81 | 3964.70 | 475,755,367.55 |

2.2 主要财务指标

| | 2002 年 | 2001 年 | 本年比上年增减(%) | 2000 年 |
|---|---|---|---|---|
| 每股收益 | 0.6164 | 0.5374 | 14.70 | 0.3492 |
| 净资产收益率 | 18.27% | 18.17% | 0.55 | 13.08% |
| 扣除非经常性损益的净利润为基础计算的加权平均净资产收益率 | 19.29% | 18.30% | 5.41 | 13.65% |
| 每股经营活动产生的现金流量净额 | 1.94 | 0.0477 | 3967.09 | 0.4758 |
| | 2002 年末 | 2001 年末 | 本年末比上年末增减(%) | 2000 年末 |
| 每股净资产 | 3.3749 | 2.9579 | 14.10 | 2.670 |
| 调整后的每股净资产 | 3.3742 | 2.8373 | 18.92 | 2.527 |

## 600038 哈飞航空工业股份有限公司

### 二〇〇二年年度报告摘选

#### 1.上市公司基本情况简介

1.1 基本情况简介

股票简称:哈飞股份 股票代码:600038 上市交易所:上海证券交易所
注册地址:哈尔滨市高新技术开发区集中开发区 34 号楼
办公地址:哈尔滨市平房区友协大街 15 号 邮政编码:150066
公司国际互联网网址:http://www.hafei.com 电子信箱:HAI@hafei.com

1.2 联系人和联系方式

董事会秘书:赵安立 联系地址:哈尔滨市平房区友协街 15 号
电话:0451-6528350 传真:0451-6528350 电子信箱:HAI@hafei.com

#### 2.会计数据和财务指标摘要

2.1 主要会计数据

| | 2002 年(本年) | 2001 年(上年) | 本年比上年增减(%) | 2000 年(调整前) | 2000 年(调整后) |
|---|---|---|---|---|---|
| 主营业务收入 | 534,022,118.68 | 319,727,564.59 | 67.02 | 237,381,822.36 | 237,381,822.36 |
| 利润总额 | 66,003,621.10 | 64,598,299.32 | 2.18 | 40,588,887.85 | 34,036,144.69 |
| 净利润 | 60,599,017.39 | 54,518,187.85 | 11.15 | 40,588,887.85 | 34,036,144.69 |
| 扣除非经常性损益的净利润 | 54,602,069.88 | 50,920,251.95 | 7.23 | 40,172,063.13 | 40,172,063.13 |
| | 2002 年末(本年末) | 2001 年末(上年末) | 本年末比上年末增减(%) | 2000 年(调整前) | 2000 年(调整后) |
| 总资产 | 1,076,480,753.15 | 923,470,600.72 | 16.57 | 776,188,316.76 | 768,685,836.10 |
| 股东权益(不含少数股东权益) | 730,454,300.64 | 669,855,283.25 | 9.05 | 637,839,576.06 | 630,337,095.40 |
| 经营活动产生的现金流量净额 | 23,482,316.63 | -11,213,306.96 | - | 37,266,608.60 | 37,266,608.60 |

2.2 主要财务指标

| | 2002 年(本年) | 2001 年(上年) | 本年比上年增减(%) | 2000 年(调整前) | 2000 年(调整后) |
|---|---|---|---|---|---|
| 每股收益 | 0.25 | 0.36 | -30.56 | 0.27 | 0.23 |
| 净资产收益率 | 8.30% | 8.14% | 1.97 | 6.36% | 5.40% |
| 扣除非经常性损益的净利润为基础计算的净资产收益率 | 7.48% | 7.60% | -1.58 | 6.30% | 6.37% |
| 每股经营活动产生的现金流量净额 | 0.10 | -0.07 | -- | 0.25 | 0.25 |
| | 2002 年末(本年末) | 2001 年末(上年末) | 本年末比上年末增减(%) | 2000 年末(调整前) | 2000 年末(调整后) |
| 每股净资产 | 3.04 | 4.47 | -31.99 | 4.25 | 4.20 |
| 调整后的每股净资产 | 3.01 | 4.47 | -32.66 | 4.25 | 4.20 |

## 600055 北京万东医疗装备股份有限公司

### 二〇〇二年年度报告摘选

#### 1.上市公司基本情况简介

1.1 基本情况简介

股票简称:万东医疗 股票代码:600055 上市交易所:上海证券交易所
注册地址:北京市朝阳区酒仙桥路 5 号
办公地址:北京市朝阳区建国门外郎家园 6 号 邮政编码:100022
公司国际互联网网址:http://www.wandong.com.cn 电子信箱:wdmed@public.bta.net.cn

1.2 联系人和联系方式

董事会秘书:张丹石 联系地址:北京市朝阳区建国门外郎家园 6 号
电话:010-65682598 传真:010-65682598 电子信箱:info@wandong.com.cn
证券事务代表:何一中 联系地址:北京市朝阳区建国门外郎家园 6 号
电话:010-65682598 传真:010-65682598 电子信箱:info@wandong.com.cn

#### 2.会计数据和财务指标摘要

2.1 主要会计数据

| | 2002 年 | 2001 年 | 本年比上年增减(%) | 2000 年 |
|---|---|---|---|---|
| 主营业务收入 | 387,864,054.60 | 327,415,196.02 | 18.46% | 277,416,967.46 |
| 利润总额 | 40,897,605.23 | 38,046,190.24 | 7.49% | 38,659,434.62 |
| 净利润 | 33,629,680.94 | 32,094,634.51 | 4.78% | 26,102,338.49 |
| 扣除非经常性损益的净利润 | 33,796,418.32 | 32,490,687.46 | 4.02% | 31,263,430.17 |
| | 2002 年末 | 2001 年末 | 本年末比上年末增减(%) | 2000 年末 |
| 总资产 | 595,244,177.35 | 502,284,171.83 | 18.51% | 517,153,480.68 |
| 股东权益(不含少数股东权益) | 366,706,680.37 | 344,075,406.83 | 6.58% | 323,715,794.25 |
| 经营活动产生的现金流量净额 | 51,209,165.86 | 11,831,227.94 | 332.83% | 24,822,006.74 |

2.2 主要财务指标

| | 2002 年 | 2001 年 | 本年比上年增减(%) | 2000 年 |
|---|---|---|---|---|
| 每股收益 | 0.30 | 0.29 | 3.45% | 0.24 |
| 净资产收益率 | 9.17 | 9.33 | -1.71% | 8.06 |
| 扣除非经常性损益的净利润为基础计算的净资产收益率 | 9.22 | 9.44 | -2.33% | 9.66 |
| 每股经营活动产生的现金流量净额 | 0.46 | 0.11 | 318.19% | 0.22 |
| | 2002 年末 | 2001 年末 | 本年末比上年末增减(%) | 2000 年末 |
| 每股净资产 | 3.30 | 3.10 | 6.45% | 2.91 |
| 调整后的每股净资产 | 3.29 | 3.09 | 6.47% | 2.87 |

## 600066 郑州宇通客车股份有限公司

### 二〇〇二年年度报告摘选

#### 1.上市公司基本情况简介

1.1 基本情况简介

股票简称:宇通客车 股票代码:600066 上市交易所:上海证券交易所
注册地址:郑州市凤凰路 7 号 办公地址:郑州市南郊十八里河 邮政编码:450016
公司国际互联网网址:http://www.yutong.com 电子信箱:info@yutong.com

1.2 联系人和联系方式

董事会秘书:徐建生 联系地址:郑州市南郊十八里河
电话:0371-6806316 传真:0371-6806000 电子信箱:sbd@yutong.com

#### 2.会计数据和财务指标摘要

2.1 主要会计数据

| | 2002 年 | 2001 年 | 本年比上年增减(%) | 2000 年 |
|---|---|---|---|---|
| 主营业务收入 | 2,685,049,399.93 | 1,579,515,325.09 | 69.99 | 1,198,968,349.32 |
| 利润总额 | 171,559,069.96 | 122,354,700.06 | 40.21 | 97,084,109.03 |
| 净利润 | 104,058,010.26 | 98,425,147.00 | 5.72 | 78,707,896.71 |
| 扣除非经常性损益的净利润 | 120,573,163.33 | 97,869,647.00 | 23.20 | 78,363,096.71 |
| | 2002 年末 | 2001 年末 | 本年末比上年末增减(%) | 2000 年末 |
| 总资产 | 1,733,279,423.03 | 1,403,971,748.22 | 23.46 | 1,407,173,303.31 |
| 股东权益(不含少数股东权益) | 958,447,557.20 | 853,608,578.19 | 12.28 | 836,662,103.76 |
| 经营活动产生的现金流量净额 | 273,627,892.05 | 97,798,745.28 | 179.79 | 219,082,456.01 |

2.2 主要财务指标

| | 2002 年 | 2001 年 | 本年比上年增减(%) | 2000 年 |
|---|---|---|---|---|
| 每股收益 | 0.7611 | 0.7199 | 5.72 | 0.5757 |
| 净资产收益率 | 10.86 | 11.53 | -5.81 | 9.41 |
| 扣除非经常性损益的净利润为基础计算的净资产收益率 | 12.58 | 11.47 | 9.68 | 9.99 |
| 每股经营活动产生的现金流量净额 | 2.00 | 0.72 | 177.78 | 1.60 |
| | 2002 年末 | 2001 年末 | 本年末比上年末增减(%) | 2000 年末 |
| 每股净资产 | 7.01 | 6.243 | 12.29 | 6.12 |
| 调整后的每股净资产 | 7.007 | 6.236 | 12.36 | 6.11 |

# 600067 福州大通机电股份有限公司

## 二〇〇二年年度报告摘选

### 1.上市公司基本情况简介

1.1 基本情况简介

股票简称:福州大通 股票代码:600067 上市交易所:上海证券交易所

注册地址:福建省福州市开发区快安延伸区创新楼

办公地址:福建省福州市五一路 32 号元洪大厦 26 层 邮政编码:350005

公司国际互联网网址:http://www.dartong.net 电子信箱:fdt@pub2.fz.fj.cn

1.2 联系人和联系方式

董事会秘书:林思雨 联系地址:福建省福州市五一路 32 号元洪大厦 26 层

电话:0591-3353338 传真:0591-3350026 电子信箱:lsy@dartong.net

证券事务代表:肖林寿 联系地址:福建省福州市五一路 32 号元洪大厦 26 层

电话:0591-3353338 传真:0591-3350026 电子信箱:xls@dartong.net

### 2.会计数据和财务指标摘要

2.1 主要会计数据 单位:人民币千元

| | 2002 年 | 2001 年 | | 本年比上年增减(%) | 2000 年 | |
|---|---|---|---|---|---|---|
| | | 调整后 | 调整前 | | 调整后 | 调整前 |
| 主营业务收入 | 374,019.87 | 403,493.28 | 403,493.28 | -7.3 | 389,253.48 | 389,253.48 |
| 利润总额 | 34,798.39 | 28,986.45 | 28,986.45 | 20.05 | 29,549.50 | 29,549.50 |
| 净利润 | 24,594.59 | 32,358.47 | 32,358.47 | -23.99 | 19,067.19 | 19,067.19 |
| 扣除非经常性损益的净利润 | 19,377.07 | 29,230.95 | 29,230.95 | -33.71 | 15,639.61 | 15,639.61 |
| | 2002 年末 | 2001 年末 | | 本年末比上年末增减(%) | 2000 年末 | |
| | | 调整后 | 调整前 | | 调整后 | 调整前 |
| 总资产 | 945,862.93 | 556,491.51 | 556,491.51 | 69.97 | 531,782.26 | 531,782.26 |
| 股东权益(不含少数股东权益) | 306,476.32 | 287,132.31 | 303,054.58 | 6.74 | 270,525.59 | 286,447.86 |
| 经营活动产生的现金流量净额 | 12,943.20 | 1,143.64 | 1,143.64 | 1,031.75 | -44,364.82 | -44,364.82 |

2.2 主要财务指标

| | 2002 年 | 2001 年 | | 本年比上年增减(%) | 2000 年 | |
|---|---|---|---|---|---|---|
| | | 调整后 | 调整前 | | 调整后 | 调整前 |
| 每股收益 | 0.15 | 0.31 | 0.31 | -51.61 | 0.18 | 0.18 |
| 净资产收益率 | 8.02 | 11.27 | 10.68 | -28.83 | 7.05 | 6.66 |
| 扣除非经常性损益的净利润为基础计算的净资产收益率(加权) | 6.47 | 10.20 | 9.66 | -36.57 | 7.55 | 7.66 |
| 每股经营活动产生的现金流量净额 | 0.08 | 0.01 | 0.01 | 700 | -0.42 | -0.42 |
| | 2002 年末 | 2001 年末 | | 本年末比上年末增减(%) | 2000 年末 | |
| | | 调整后 | 调整前 | | 调整后 | 调整前 |
| 每股净资产 | 1.82 | 2.73 | 2.89 | -33.33 | 2.58 | 2.73 |
| 调整后的每股净资产 | 1.75 | 2.70 | 2.86 | -35.19 | 2.56 | 2.71 |

# 600071 凤凰光学股份有限公司

## 二〇〇二年年度报告摘选

### 1.上市公司基本情况简介

1.1 基本情况简介

股票简称:凤凰光学 股票代码:600071 上市交易所:上海证券交易所

注册地址和办公地址:江西省上饶市光学路 1 号 邮政编码:334000

公司国际互联网网址:http://www.phenixoptics.com 电子信箱:srfhgf@public1.srptt.jx.cn

1.2 联系人和联系方式

董事会秘书:邹建伟 联系地址:凤凰光学股份有限公司董事会办公室

电话:0793-8259547 传真:0793-8259547 电子信箱:jianweiz@phenixoptics.com.cn

### 2.会计数据和财务指标摘要

2.1 主要会计数据 单位:元

| | 2002 年 | 2001 年 | 本年比上年增减(%) | 2000 年 |
|---|---|---|---|---|
| 主营业务收入 | 340,437,936.15 | 313,599,930.80 | 8.56 | 273,396,537.84 |
| 利润总额 | 26,076,896.60 | 39,292,605.32 | -33.63 | 45,303,935.66 |
| 净利润 | 19,682,541.72 | 34,448,494.93 | -42.87 | 38,304,883.68 |
| 扣除非经常性损益的净利润 | 19,418,117.20 | 29,961,103.22 | -35.19 | 36,077,282.10 |
| | 2002 年末 | 2001 年末 | 本年末比上年末增减(%) | 2000 年末 |
| 总资产 | 673,395,410.70 | 658,980,480.52 | 2.22 | 563,888,466.95 |
| 股东权益(不含少数股东权益) | 443,437,806.77 | 401,605,181.34 | 10.41 | 372,934,587.39 |
| 经营活动产生的现金流量净额 | 28,929,444.22 | 54,713,044.44 | -47.13 | 19,626,172.71 |

2.2 主要财务指标 单位:元

| | 2002 年 | 2001 年 | 本年比上年增减(%) | 2000 年 |
|---|---|---|---|---|
| 每股收益 | 0.0829 | 0.1451 | -42.87 | 0.36 |
| 净资产收益率(%) | 4.44 | 8.58 | -48.26 | 10.27 |
| 扣除非经常性损益的净利润为基础计算的净资产收益率(%) | 4.38 | 7.90 | -44.56 | 9.67 |
| 每股经营活动产生的现金流量净额 | 0.12 | 0.23 | -47.83 | 0.18 |
| | 2002 年末 | 2001 年末 | 本年末比上年末增减(%) | 2000 年末 |
| 每股净资产 | 1.87 | 1.69 | 10.65 | 3.47 |
| 调整后的每股净资产 | 1.84 | 1.68 | 9.53 | 3.47 |

# 600072 江南重工股份有限公司

## 二〇〇二年年度报告摘选

### 1.上市公司基本情况简介

1.1 基本情况简介

股票简称:江南重工 股票代码:600072 上市交易所:上海证券交易所

注册地址:上海市上川路 361 号

办公地址:上海市鲁班路 600 号江南造船大厦 11-13 楼 邮政编码:200023

公司国际互联网网址:http://www.jnshipyard.com.cn 电子信箱:mail@jnhi.com

1.2 联系人和联系方式

董事会秘书:施卫东 联系地址:上海市鲁班路 600 号江南造船大厦 11 楼江南重工公司办公室

电话:021-53023456-672 传真:021-63141103 电子信箱:mail@jnhi.com

### 2.会计数据和财务指标摘要

2.1 主要会计数据 单位:人民币元

| | 2002 年 | 2001 年 | 本年比上年增减(%) | 2000 年 |
|---|---|---|---|---|
| 主营业务收入 | 476,813,589.85 | 413,253,281.71 | 15.38 | 353,554,251.77 |
| 利润总额 | 37,175,370.83 | 32,705,163.46 | 13.67 | 24,343,573.45 |
| 净利润 | 30,299,713.64 | 27,506,889.08 | 10.15 | 19,889,109.86 |
| 扣除非经常性损益的净利润 | 11,617,737.43 | 18,344,772.62 | -36.67 | -16,330,870.75 |
| | 2002 年末 | 2001 年末 | 本年末比上年末增减(%) | 2000 年末 |
| 总资产 | 1,120,108,961.57 | 1,101,872,422.04 | 1.66 | 1,076,070,687.26 |
| 股东权益(不含少数股东权益) | 989,316,962.51 | 959,017,248.87 | 3.16 | 973,887,404.11 |
| 经营活动产生的现金流量净额 | 46,319,201.86 | 85,941,643.33 | -46.10 | 6,021,016.16 |

2.2 主要财务指标

| | 2002 年 | 2001 年 | 本年比上年增减(%) | 2000 年 |
|---|---|---|---|---|
| 每股收益 | 0.092 | 0.100 | -8.00 | 0.072 |
| 每股收益(加权) | 0.092 | 0.100 | -8.00 | 0.072 |
| 净资产收益率(%) | 3.063 | 2.868 | 6.80 | 2.121 |
| (加权) | 3.110 | 2.910 | | 2.143 |
| 扣除非经常性损益的净利润为基础计算的净资产收益率(%) | 1.174 | 1.913 | -38.63 | -1.741 |
| (加权) | 1.204 | 1.941 | -37.27 | -1.760 |
| 每股经营活动产生的现金流量净额 | 0.141 | 0.313 | -54.95 | 0.022 |
| | 2002 年末 | 2001 年末 | 本年末比上年末增减(%) | 2000 年末 |
| 每股净资产 | 3.003 | 3.493 | -14.03 | 3.392 |
| 调整后的每股净资产 | 2.950 | 3.440 | -14.24 | 3.403 |

# 600081 东风电子科技股份有限公司

## 二〇〇二年年度报告摘选

### 1.上市公司基本情况简介

1.1 基本情况简介

股票简称:东风科技 股票代码:600081 上市交易所:上海证券交易所

注册地址:上海市浦东新区新金桥路 828 号

办公地址:上海市中山北路 2000 号 22 楼 邮政编码:200063

公司国际互联网网址:http://www.detc.com.cn 电子信箱:Postmaster@detc.com.cn

1.2 联系人和联系方式

董事会秘书:天 涯

联系地址:上海市中山北路 2000 号 22 楼

电话:021-62033003-21 传真:021-62032133

电子信箱:tianya@detc.com.cn

### 2.会计数据和财务指标摘要

2.1 主要会计数据

| | 2002 年 | 2001 年 | 本年比上年增减(%) | 2000 年(调整后) |
|---|---|---|---|---|
| 主营业务收入 | 734,904,619.03 | 600,031,975.14 | 22.48 | 394,104,982.88 |
| 利润总额 | 84,932,924.99 | 59,845,643.99 | 41.92 | 48,065,300.82 |
| 净利润 | 70,614,632.43 | 50,448,244.78 | 39.97 | 39,139,252.53 |
| 扣除非经常性损益的净利润 | 58,410,387.46 | 42,532,694.58 | 37.33 | 40,771,960.43 |
| | 2002 年末 | 2001 年末 | 本年末比上年末增减(%) | 2000 年末(调整后) |
| 总资产 | 1,006,403,591.97 | 877,399,121.32 | 14.70 | 737,905,821.61 |
| 股东权益(不含少数股东权益) | 457,155,623.75 | 386,477,225.03 | 18.29 | 386,278,980.25 |
| 经营活动产生的现金流量净额 | 138,307,209.50 | 26,266,298.49 | 426.56 | 29,768,783.21 |

2.2 主要财务指标

| | 2002 年 | 2001 年 | 本年比上年增减(%) | 2000 年(调整后) |
|---|---|---|---|---|
| 每股收益 | 0.2928 | 0.2510 | 16.65 | 0.1947 |
| 净资产收益率 | 15.45% | 13.05% | 18.40 | 10.13% |
| 扣除非经常性损益的净利润为基础计算的净资产收益率 | 12.78% | 10.34% | 23.59 | 10.56% |
| 每股经营活动产生的现金流量净额 | 0.57 | 0.13 | 338.46 | 0.20 |
| | 2002 年末 | 2001 年末 | 本年末比上年末增减(%) | 2000 年末(调整后) |
| 每股净资产 | 1.8953 | 1.9277 | -1.68 | 1.9218 |
| 调整后的每股净资产 | 1.8704 | 1.9075 | -1.94 | 1.9000 |

## 600089 新疆特变电工股份有限公司

### 二〇〇二年年度报告摘选

#### 1.上市公司基本情况简介

1.1 基本情况简介

股票简称:特变电工 股票代码:600089 上市交易所:上海证券交易所

注册地址和办公地址:新疆昌吉市延安南路 52 号 邮政编码:831100

公司国际互联网网址:http://www.tbea.com.cn 电子信箱:tbea－cj@mail.xj.cninfo.net

1.2 联系人和联系方式

董事会秘书:郭俊香 联系地址:新疆昌吉市延安南路 52 号

电话:0994－2724766 传真:0994－2724766 电子信箱:gjx－tbea@sohu.com

证券事务代表:焦海华 联系地址:新疆昌吉市延安南路 52 号

电话:0994－2724766 传真:0994－2724766 电子信箱:jhh_008@sohu.com

#### 2.会计数据和财务指标摘要

2.1 主要会计数据 单位:元

| | 2002 年 | 2001 年 | 本年比上年增减(%) | 2000 年 |
|---|---|---|---|---|
| 主营业务收入 | 1,761,745,738.18 | 1,310,460,083.17 | 34.44 | 996,847,243.42 |
| 利润总额 | 139,524,754.40 | 107,176,617.16 | 30.18 | 63,737,964.99 |
| 净利润 | 87,630,430.39 | 80,147,580.81 | 9.34 | 56,866,418.54 |
| 扣除非经常性损益的净利润 | 80,446,083.97 | 53,539,193.92 | 50.26 | 57,072,460.33 |
| | 2002 年末 | 2001 年末 | 本年末比上年末增减(%) | 2000 年末 |
| 总资产 | 2,708,325,634.10 | 2,224,157,492.89 | 21.77 | 1,778,498,635.76 |
| 股东权益(不含少数股东权益) | 893,409,797.74 | 824,424,524.47 | 8.37 | 783,669,007.43 |
| 经营活动产生的现金流量净额 | 265,935,719.30 | －33,183,404.42 | －－ | 11,258,251.90 |

2.2 主要财务指标

| | 2002 年 | 2001 年 | 本年比上年增减(%) | 2000 年 |
|---|---|---|---|---|
| 每股收益 | 0.34 | 0.31 | 9.68 | 0.2192 |
| 每股收益 | 0.34 | 0.31 | 9.68 | 0.2192 |
| 净资产收益率 | 9.81 | 9.72 | 0.93 | 7.26 |
| 扣除非经常性损益的净利润为基础计算的净资产收益率 | 9.27 | 6.49 | 42.84 | 8.27 |
| 每股经营活动产生的现金流量净额 | 1.02 | －0.1279 | －－ | 0.043 |
| | 2002 年末 | 2001 年末 | 本年末比上年末增减(%) | 2000 年末 |
| 每股净资产 | 3.44 | 3.18 | 8.18 | 3.02 |
| 调整后的每股净资产 | 3.38 | 3.10 | 9.03 | 2.94 |

## 600099 林海股份有限公司

### 二〇〇二年年度报告摘选

#### 1.上市公司基本情况简介

1.1 基本情况简介

股票简称:林海股份 股票代码:600099 上市交易所:上海交易所

注册地址和办公地址:江苏省泰州市泰九路 14 号 邮政编码:225300

公司国际互联网网址:http://www.linhai.com.cn 电子信箱:lh.tz@public.tz.js.cn

1.2 联系人和联系方式

董事会秘书、证券事务代表:栾月明 联系地址:江苏省泰州市泰九路 14 号

电话:0523－6551888 传真:0523－6551403 电子信箱:lhdltz@pub.tz.jsinfo.net

#### 2.会计数据和财务指标摘要

2.1 主要会计数据

| | 2002 年 | 2001 年 | 本年比上年增减(%) | 2000 年 |
|---|---|---|---|---|
| 主营业务收入 | 158532537.05 | 190628999.83 | －16.84 | 200110462.72 |
| 利润总额 | 3052874.67 | 3614304.23 | －15.53 | 2918783.29 |
| 净利润 | 3052874.67 | 1575114.57 | 93.82 | 2596637.35 |
| 扣除非经常性损益的净利润 | 3172584.29 | 1488485.18 | 113.14 | 4335160.06 |
| | 2002 年 12 月 31 日 | 2001 年 12 月 31 日 | 本年末比上年末增减(%) | 2000 年 12 月 31 日 |
| 总资产 | 513323231.45 | 521956196.20 | －1.65 | 542441974.24 |
| 股东权益(不含少数股东权益) | 451266615.90 | 448213741.23 | 0.68 | 449967786.75 |
| 经营活动产生的现金流量净额 | 9404587.59 | 54453758.28 | －82.73 | 53536187.25 |

2.2 主要财务指标

| | 2002 年 | 2001 年 | 本年比上年增减(%) | 2000 年 |
|---|---|---|---|---|
| 每股收益 | 0.014 | 0.007 | 100 | 0.014 |
| 净资产收益率 | 0.68 | 0.35 | 94.29 | 0.58 |
| 扣除非经常性损益的净利润为基础计算的净资产收益率% | 0.70 | 0.33 | 112.12 | 0.96 |
| 每股经营活动产生的现金流量净额 | 0.04 | 0.25 | －84.00 | 0.29 |
| | 2002 年 12 月 31 日 | 2001 年 12 月 31 日 | 本年末比上年末增减(%) | 2000 年 12 月 31 日 |
| 每股净资产 | 2.06 | 2.05 | 0.59 | 2.46 |
| 调整后的每股净资产 | 2.02 | 2.01 | 0.49 | 2.45 |

## 600104 上海汽车股份有限公司

### 二〇〇二年年度报告摘选

#### 1.上市公司基本情况简介

1.1 基本情况简介

股票简称:上海汽车 股票代码:600104 上市交易所:上海证券交易所

注册地址:上海张江高科技园区碧波路 25 号

办公地址:上海张江高科技园区松涛路 563 号 A 幢 5 层 邮政编码:201203

公司国际互联网网址:http://www.china－sa.com 电子信箱:stoc@china－sa.com

1.2 联系人和联系方式

董事会秘书:张锦根 联系地址:上海张江高科技园区松涛路 563 号 A 幢 5 层

电话:021－50803808 传真:021－50803780 电子信箱:stoc@china－sa.com

证券事务代表:张韬 联系地址:上海张江高科技园区松涛路 563 号 A 幢 5 层

电话:021－50803808 传真:021－50803780 电子信箱:stoc@china－sa.com

#### 2.会计数据和财务指标摘要

2.1 主要会计数据 (单位:万元)

| | 2002 年 | 2001 年 | 本年比上年增减(%) | 2000 年 |
|---|---|---|---|---|
| 主营业务收入 | 476,924 | 370,523 | 28.72% | 249,343 |
| 利润总额 | 114,762 | 85,530 | 34.18% | 59,743 |
| 净利润 | 107,044 | 78,419 | 36.50% | 49,160 |
| 扣除非经常性损益的净利润 | 117,246 | 83,580 | 40.28% | 49,847 |
| | 2002 年末 | 2001 年末 | 本年末比上年末增减(%) | 2000 年末 |
| 总资产 | 1,070,046 | 1,005,433 | 6.43% | 649,482 |
| 股东权益(不含少数股东权益) | 827,529 | 812,691 | 1.83% | 448,379 |
| 经营活动产生的现金流量净额 | 77,788 | 72,694 | 7.01% | 55,165 |

2.2 主要财务指标 单位:元

| | 2002 年 | 2001 年 | 本年比上年增减(%) | 2000 年 |
|---|---|---|---|---|
| 每股收益 | 0.425 | 0.311 | 36.66% | 0.351 |
| 净资产收益率 | 12.94% | 9.65% | 34.09% | 10.96% |
| 扣除非经常性损益的净利润为基础计算的净资产收益率 | 14.17% | 10.28% | 37.84% | 12.99% |
| 每股经营活动产生的现金流量净额 | 0.309 | 0.288 | 7.29% | 0.394 |
| | 2002 年末 | 2001 年末 | 本年末比上年末增减(%) | 2000 年末 |
| 每股净资产 | 3.284 | 3.225 | 1.83% | 3.203 |
| 调整后的每股净资产 | 3.265 | 3.206 | 1.84% | 3.174 |

## 600112 贵州长征电器股份有限公司

### 二〇〇二年年度报告摘选

#### 1.上市公司基本情况简介

1.1 基本情况简介

股票简称:长征电器 股票代码:600112 上市交易所:上海证券交易所

注册地址和办公地址:贵州省遵义市上海路 100 号 邮政编码:563002

公司国际互联网网址:http://www.czdq.com.cn 电子信箱:gzczdq@public.gz.cn

1.2 联系人和联系方式

董事会秘书:江毅 联系地址:贵州省遵义市上海路 100 号

电话:0852－8622952 传真:0852－8626701 电子信箱:gz600112@sohu.com

#### 2.会计数据和财务指标摘要

2.1 主要会计数据 单位:元

| | 2002 年 | 2001 年 | 本年比上年增减(%) | 2000 年 |
|---|---|---|---|---|
| 主营业务收入 | 136,606,430.83 | 165,247,251.43 | －17.33 | 182,350,529.00 |
| 利润总额 | －196,683,683.64 | 10,575,560.00 | －1959.79 | 34,838,613.81 |
| 净利润 | －196,683,683.64 | 4,268,352.85 | －4707.95 | 30,609,353.87 |
| 扣除非经常性损益的净利润 | －179,430,912.51 | 9,313,058.13 | －2026.66 | 28,273,172.52 |
| | 2002 年末 | 2001 年末 | 本年末比上年末增减(%) | 2000 年末 |
| 总资产 | 476,212,530.34 | 686,537,584.69 | －30.64 | 777,961,733.92 |
| 股东权益(不含少数股东权益) | 279,902,197.48 | 474,608,516.94 | －41.02 | 470,340,164.09 |
| 经营活动产生的现金流量净额 | －14,207,706.04 | －834,269.29 | 1603.01 | 19,190,558.54 |

2.2 主要财务指标

| | 2002 年 | 2001 年 | 本年比上年增减(%) | 2000 年 |
|---|---|---|---|---|
| 每股收益 | －1.1435 | 0.0248 | －4710.89 | 0.17 |
| 净资产收益率% | －70.27 | 0.899 | －7916.46 | 6.50 |
| 扣除非经常性损益的净利润为基础计算的净资产收益率% | －47.5948 | 0.9328 | －5202.36 | 6.1372 |
| 每股经营活动产生的现金流量净额 | －0.0826 | －0.0049 | 1585.71 | 0.1116 |
| | 2002 年末 | 2001 年末 | 本年末比上年末增减(%) | 2000 年末 |
| 每股净资产 | 1.63 | 2.76 | －40.94 | 2.73 |
| 调整后的每股净资产 | 1.48 | 2.68 | －44.78 | 2.66 |

## 600148 长春一东离合器股份有限公司

### 二〇〇二年年度报告摘选

#### 1.上市公司基本情况简介

1.1 基本情况简介

股票简称:离合器 股票代码:600148 上市交易所:上海证券交易所

注册地址和办公地址:长春市朝阳区繁荣路17-1号 邮政编码:130012

电子信箱:ccyidong@public.cc.jl.cn

1.2 联系人和联系方式

董事会秘书:王有年 联系地址:长春市朝阳区繁荣路17-1号

电话:0431-5173591-6224 传真:0431-5174234 电子信箱:ccyidong@public.cc.jl.cn

证券事务代表:杜影 联系地址:长春市朝阳区繁荣路17-1号

电话:0431-5173591-6944 传真:0431-5174234 电子信箱:ccyidong@public.cc.jl.cn

#### 2.会计数据和财务指标摘要

2.1 主要会计数据 单位:元

| | 2002年 | 2001年 | 本年比上年增减(%) | 2000年(追溯调整后) |
|---|---|---|---|---|
| 主营业务收入 | 213,968,161.15 | 160,133,081.61 | 33.62% | 153,994,416.09 |
| 利润总额 | 18,469,881.53 | 9,239,119.41 | 99.91% | 12,454,471.60 |
| 净利润 | 13,796,374.02 | 8,302,388.86 | 66.17% | 10,492,163.05 |
| 扣除非经常性损益的净利润 | 13,509,431.93 | 8,303,236.88 | 62.70% | 10,093,732.02 |
| | 2002年末 | 2001年末 | 本年末比上年末增减(%) | 2000年(追溯调整后) |
| 总资产 | 349,991,629.52 | 356,506,041.83 | -1.83% | 316,889,254.85 |
| 股东权益(不含少数股东权益) | 257,769,634.84 | 252,443,182.42 | 2.11% | 189,278,948.18 |
| 经营活动产生的现金流量净额 | 13,991,190.98 | 37,116,132.84 | -62.30% | 24,557,819.33 |

2.2 主要财务指标 单位:元

| | 2002年 | 2001年 | 本年比上年增减(%) | 2000年(追溯调整后) |
|---|---|---|---|---|
| 每股收益 | 0.097 | 0.059 | 65.24% | 0.078 |
| 净资产收益率 | 5.35% | 3.29% | 62.61% | 5.54% |
| 扣除非经常性损益的净利润为基础计算的净资产收益率 | 5.24% | 3.49% | 50.14% | 5.33% |
| 每股经营活动产生的现金流量净额 | 0.10 | 0.26 | -61.54% | 0.18 |
| | 2002年末 | 2001年末 | 本年末比上年末增减(%) | 2000年(追溯调整后) |
| 每股净资产 | 1.82 | 1.78 | 2.25% | 1.41 |
| 调整后的每股净资产 | 1.72 | 1.67 | 2.99% | 1.33 |

## 600149 邢台轧辊股份有限公司

### 二〇〇二年年度报告摘选

#### 1.上市公司基本情况简介

1.1 基本情况简介

股票简称:邢台轧辊 股票代码:600149 上市交易所:上海证券交易所

注册地址和办公地址:河北省邢台市新兴西路1号 邮政编码:054025

公司国际互联网网址:http://www.XT-zhagun.com 电子信箱:xtmc149@163.com

1.2 联系人和联系方式

董事会秘书:靳电入 联系地址:河北省邢台市新兴西路1号

电话:0319-2116168 传真:0319-2022061 电子信箱:xtmc149@163.com

#### 2.会计数据和财务指标摘要

2.1 主要会计数据 单位:元

| | 2002年 | 2001年 | 本年比上年增减(%) | 2000年 |
|---|---|---|---|---|
| 主营业务收入 | 410537526.32 | 374038854.10 | 9.76 | 381890232.14 |
| 利润总额 | 43112702.92 | 32252630.94 | 33.67 | 33281693.54 |
| 净利润 | 29188113.33 | 27335964.64 | 6.78 | 27028866.24 |
| 扣除非经常性损益的净利润 | 28489206.16 | 27189403.10 | 4.78 | 26587234.75 |
| | 2002年末 | 2001年末 | 本年末比上年末增减(%) | 2000年末 |
| 总资产 | 892871932.57 | 929172096.65 | -3.91 | 927415168.26 |
| 股东权益(不含少数股东权益) | 542357104.95 | 513168991.62 | 5.69 | 494323026.98 |
| 经营活动产生的现金流量净额 | 19362748.73 | 29443474.36 | -34.24 | -6785582.24 |

2.2 主要财务指标 单位:元

| | 2002年 | 2001年 | 本年比上年增减(%) | 2000年 |
|---|---|---|---|---|
| 每股收益 | 0.095 | 0.11 | -13.64 | 0.16 |
| 净资产收益率 | 5.38 | 5.33 | 0.94 | 5.47 |
| 扣除非经常性损益的净利润为基础计算的净资产收益率(%) | 5.26 | 5.30 | -0.75 | 5.38 |
| 每股经营活动产生的现金流量净额 | 0.063 | 0.12 | -47.50 | -0.04 |
| | 2002年末 | 2001年末 | 本年末比上年末增减(%) | 2000年末 |
| 每股净资产 | 1.77 | 2.01 | -11.94 | 2.91 |
| 调整后的每股净资产 | 1.76 | 1.99 | -11.56 | 2.87 |

## 600150 沪东重机股份有限公司

### 二〇〇二年年度报告摘选

#### 1.上市公司基本情况简介

1.1 基本情况简介

股票简称:沪东重机 股票代码:600150 上市交易所:上海证券交易所

注册地址和办公地址:上海市浦东大道2851号 邮政编码:200129

公司国际互联网网址:http://www.hhm.com.cn 电子信箱:Stock@hhm.com.cn

1.2 联系人和联系方式

董事会秘书:王惠梁、林勤国 联系地址:上海市浦东大道2893号

电话:021-58461891 传真:021-38710103 电子信箱:Stock@hhm.com.cn

#### 2.会计数据和财务指标摘要

2.1 主要会计数据 单位:人民币元

| | 2002年 | 2001年 | 本年比上年增减(%) | 2000年 |
|---|---|---|---|---|
| 主营业务收入 | 866,287,162.60 | 800,317,422.75 | 8.24 | 722,811,838.45 |
| 利润总额 | 19,355,800.83 | 16,166,029.26 | 19.73 | -48,260,824.73 |
| 净利润 | 9,092,529.22 | 12,134,401.43 | -25.07 | -48,359,699.45 |
| 扣除非经常性损益的净利润 | 11,299,576.10 | 7,969,105.74 | 41.79 | -52,116,403.32 |
| | 2002年末 | 2001年末 | 本年末比上年末增减(%) | 2000年末 |
| 总资产 | 1,131,353,985.52 | 1,253,424,719.34 | -9.74 | 1,271,885,374.68 |
| 股东权益(不含少数股东权益) | 480,980,035.82 | 470,095,983.48 | 2.32 | 458,969,609.95 |
| 经营活动产生的现金流量净额 | 61,857,354.29 | 164,251,454.74 | -62.34 | 140,057,285.66 |

2.2 主要财务指标 单位:人民币元

| | 2002年 | 2001年 | 本年比上年增减(%) | 2000年 |
|---|---|---|---|---|
| 每股收益 | 0.038 | 0.050 | -25.07 | -0.20 |
| 净资产收益率 | 1.89% | 2.58% | -26.74 | -10.54% |
| 扣除非经常性损益的净利润为基础计算的净资产收益率 | 2.35% | 1.70% | 38.24 | -11.36% |
| 每股经营活动产生的现金流量净额 | 0.256 | 0.68 | -62.35 | 0.58 |
| | 2002年末 | 2001年末 | 本年末比上年末增减(%) | 2000年末 |
| 每股净资产 | 1.992 | 1.95 | 2.32 | 1.90 |
| 调整后的每股净资产 | 1.972 | 1.90 | 3.81 | 1.78 |

## 600151 上海航天汽车机电股份有限公司

### 二〇〇二年年度报告摘选

#### 1.上市公司基本情况简介

1.1 基本情况简介

股票简称:航天机电 股票代码:600151 上市交易所:上海证券交易所

注册地址:上海市浦东新区榕桥路661号

办公地址:上海市漕溪路222号航天大厦南楼 邮政编码:200235

公司国际互联网网址:http://www.saae-ch.com 电子信箱:saae@shanghai.cngb.com

1.2 联系人和联系方式

董事会秘书:陈平平 联系地址:上海市漕溪路222号航天大厦南楼

电话:64827176 传真:64827177 电子信箱:saae@shanghai.cngb.com

证券事务代表:王慧莉 联系地址:上海市漕溪路222号航天大厦南楼

电话:64827176 传真:64827177 电子信箱:saae@shanghai.cngb.com

#### 2.会计数据和财务指标摘要

2.1 主要会计数据 (单位:元)

| | 2002年 | 2001年 | 本年比上年增减(%) | 2000年 |
|---|---|---|---|---|
| 主营业务收入 | 1,293,175,410.18 | 1,057,301,215.87 | 22.31 | 964,001,067.43 |
| 利润总额 | 148,970,384.59 | 139,543,154.34 | 6.76 | 195,581,858.50 |
| 净利润 | 77,405,069.41 | 88,471,166.04 | -12.51 | 133,498,717.11 |
| 扣除非经常性损益的净利润 | 72,553,270.15 | 41,174,845.64 | 76.21 | 89,178,618.69 |
| | 2002年末 | 2001年末 | 本年末比上年末增减(%) | 2000年末 |
| 总资产 | 2,208,967,091.55 | 2,168,054,367.07 | 2.22 | 2,092,717,207.94 |
| 股东权益(不含少数股东权益) | 1,189,670,365.26 | 1,171,254,989.93 | 1.57 | 1,143,203,128.84 |
| 经营活动产生的现金流量净额 | 206,519,466.59 | 185,126,996.87 | 10.94 | 149,598,865.20 |

2.2 主要财务指标 (单位:元)

| | 2002年 | 2001年 | 本年比上年增减(%) | 2000年 |
|---|---|---|---|---|
| 每股收益(摊薄) | 0.165 | 0.189 | -12.70 | 0.46 |
| 每股收益(加权) | 0.165 | 0.189 | -12.70 | 0.49 |
| 净资产收益率(%) | 6.51 | 7.55 | -13.87 | 11.68 |
| 扣除非经常性损益的净利润为基础计算的净资产收益率(%) | 6.00 | 3.47 | 72.91 | |
| 每股经营活动产生的现金流量净额 | 0.441 | 0.396 | 10.86 | 0.51 |
| | 2002年末 | 2001年末 | 本年末比上年末增减(%) | 2000年末 |
| 每股净资产 | 2.543 | 2.504 | 1.56 | 3.91 |
| 调整后的每股净资产 | 2.431 | 2.376 | 2.31 | 3.57 |

## 600162 山东临沂工程机械股份有限公司

### 二〇〇二年年度报告摘选

#### 1.上市公司基本情况简介

1.1 基本情况简介

股票简称:山东临工 股票代码:600162 上市交易所:上海证券交易所

注册地址和办公地址:山东省临沂市金雀山路 17 号 邮政编码:276004

公司国际互联网网址:http://www.lingong.com.cn 电子信箱:lingong@lingong.com.cn

1.2 联系人和联系方式

董事会秘书:高树建 联系地址:山东省临沂市金雀山路 17 号

电话:0539－8308809 传真:0539－8109193 电子信箱:gsj.162@163.com

证券事务代表:徐洁 联系地址:山东省临沂市金雀山路 17 号

电话:0539－8308809 传真:0539－8109193 电子信箱:gsj.162@163.com

#### 2.会计数据和财务指标摘要

2.1 主要会计数据

| | 2002 年 | 2001 年（调整后） | 本年比上年增减(%) | 2000 年（调整后） |
|---|---|---|---|---|
| 主营业务收入 | 1,026,520,295.79 | 533,687,807.01 | 92.34 | 443,017,786.00 |
| 利润总额 | 38,714,433.56 | 22,303,083.14 | 73.58 | 15,641,118.75 |
| 净利润 | 25,510,183.05 | 19,161,490.27 | 33.13 | 13,872,096.21 |
| 扣除非经常性损益的净利润 | 20,966,771.88 | 7,951,643.50 | 163.68 | 13,872,096.21 |
| | 2002 年末 | 2001 年末（调整后） | 本年末比上年末增减(%) | 2000 年末（调整后） |
| 总资产 | 1,340,084,127.01 | 1,199,492,798.50 | 11.72 | 1,189,286,046.73 |
| 股东权益(不含少数股东权益) | 615,255,753.63 | 589,738,698.38 | 4.33 | 570,746,596.05 |
| 经营活动产生的现金流量净额 | 118,642,326.29 | 31,038,904.37 | 282.24 | 53,089,809.77 |

2.2 主要财务指标

| | 2002 年 | 2001 年（调整后） | 本年比上年增减(%) | 2000 年（调整后） |
|---|---|---|---|---|
| 每股收益 | 0.15 | 0.11 | 36.36 | 0.08 |
| 净资产收益率 | 4.15 | 3.25 | 27.69 | 2.43 |
| 扣除非经常性损益的净利润为基础计算的净资产收益率 | 3.48 | 1.37 | 154.01 | 3.23 |
| 每股经营活动产生的现金流量净额 | 0.67 | 0.18 | 272.22 | 0.30 |
| | 2002 年末 | 2001 年末（调整后） | 本年末比上年末增减(%) | 2000 年末（调整后） |
| 每股净资产 | 3.50 | 3.35 | 4.48 | 3.24 |
| 调整后的每股净资产 | 3.44 | 3.31 | 3.93 | 3.20 |

## 600169 太原重工股份有限公司

### 二〇〇二年年度报告摘选

#### 1.上市公司基本情况简介

1.1 基本情况简介

股票简称:太原重工 股票代码:600169 上市交易所:上海证券交易所

注册地址:太原高新技术产业开发区

办公地址:太原市万柏林区玉河街 53 号 邮政编码:030024

公司国际互联网网址:http://www.TYHI.COM.CN 电子信箱:tyhi@public.ty.sx.cn

1.2 联系人和联系方式

董事会秘书:李迎魁 联系地址:太原市万柏林区玉河街 53 号

电话:0351－6361155 传真:0351－6362554 电子信箱:tyhi@public.ty.sx.cn

#### 2.会计数据和财务指标摘要

2.1 主要会计数据

| | 2002 年 | 2001 年 | 本年比上年增减(%) | 2000 年 |
|---|---|---|---|---|
| 主营业务收入 | 816,419,966.30 | 665,110,448.98 | 22.75 | 543,782,454.61 |
| 利润总额 | 18,436,903.38 | 28,163,626.07 | －34.54 | 30,759,088.99 |
| 净利润 | 10,695,033.01 | 20,525,669.23 | －47.89 | 31,948,582.66 |
| 扣除非经常性损益的净利润 | 13,787,052.51 | 20,649,234.09 | －30.95 | 22,880,088.26 |
| | 2002 年末 | 2001 年末 | 本年末比上年末增减(%) | 2000 年末 |
| 总资产 | 2,098,442,385.90 | 1,681,260,200.59 | 24.81 | 1,464,196,472.64 |
| 股东权益(不含少数股东权益) | 880,061,807.47 | 869,366,774.46 | 1.23 | 848,604,726.76 |
| 经营活动产生的现金流量净额 | －26,005,497.87 | －28,621,141.98 | 9.14 | －20,122,365.91 |

2.2 主要财务指标

| | 2002 年 | 2001 年 | 本年比上年增减(%) | 2000 年 |
|---|---|---|---|---|
| 每股收益 | 0.0287 | 0.055 | －47.82 | 0.086 |
| 净资产收益率 | 1.22 | 2.36 | －48.31 | 3.76 |
| 扣除非经常性损益的净利润为基础计算的净资产收益率 | 1.57 | 2.38 | －34.03 | 2.70 |
| 每股经营活动产生的现金流量净额 | －0.0699 | －0.077 | 9.22 | －0.054 |
| | 2002 年末 | 2001 年末 | 本年末比上年末增减(%) | 2000 年末 |
| 每股净资产 | 2.36 | 2.34 | 0.85 | 2.28 |
| 调整后的每股净资产 | 2.25 | 2.28 | －1.3 | 2.25 |

## 600178 哈尔滨东安汽车动力股份有限公司

### 二〇〇二年年度报告摘选

#### 1.上市公司基本情况简介

1.1 基本情况简介

股票简称:东安动力 股票代码:600178 上市交易所:上海证券交易所

注册地址:哈尔滨市南岗区高新技术开发区 13 栋 办公地址:哈尔滨市平房区保国街 51 号

邮政编码:150066 电子信箱:dadl600178@263.net.cn

1.2 联系人和联系方式

董事会秘书:姜俊奇 联系地址:哈尔滨市平房区保国街 51 号

电话:0451－6528172 6528173 传真:0451－6505502 电子信箱:dadl600178@263.net.cn

证券事务代表:耿方宝 联系地址:哈尔滨市平房区保国街 51 号

电话:0451－6528172 6528173 传真:0451－6505502 电子信箱:dadl600178@263.net.cn

#### 2.会计数据和财务指标摘要

2.1 主要会计数据

| | 2002 年(本年) | 2001 年(上年) | 本年比上年增减(%) | 2000 年 |
|---|---|---|---|---|
| 主营业务收入 | 2,190,992,767.04 | 1,851,434,461.02 | 18.34% | 1,554,098,329.61 |
| 利润总额 | 129,818,952.60 | 102,858,703.38 | 26.21% | 160,983,264.64 |
| 净利润 | 116,807,743.91 | 90,980,561.67 | 28.39% | 138,291,520.15 |
| 扣除非经常性损益的净利润 | 117,697,904.31 | 88,947,481.77 | 32.32% | 134,758,438.25 |
| | 2002 年末（本年末） | 2001 年末（上年末） | 本年末比上年末增减(%) | 2000 年末 |
| 总资产 | 2,268,301,128.41 | 2,118,218,985.40 | 7.08% | 1,693,416,393.99 |
| 股东权益(不含少数股东权益) | 1,453,521,398.00 | 1,429,129,654.09 | 1.71% | 1,079,659,249.34 |
| 经营活动产生的现金流量净额 | 148,338,219.01 | 119,428,031.92 | 24.21% | 269,190,683.71 |

2.2 主要财务指标

| | 2002 年（本年） | 2001 年（上年） | 本年比上年增减(%) | 2000 年 |
|---|---|---|---|---|
| 每股收益 | 0.2528 | 0.1969 | 28.39% | 0.3273 |
| 净资产收益率 | 8.04% | 6.37% | 26.23% | 12.81% |
| 扣除非经常性损益的净利润为基础计算的净资产收益率 | 8.10% | 6.22% | 30.23% | 12.48% |
| 每股经营活动产生的现金流量净额 | 0.3210 | 0.2585 | 24.21% | 0.6371 |
| | 2002 年末（本年末） | 2001 年末（上年末） | 本年末比上年末增减(%) | 2000 年末 |
| 每股净资产 | 3.1456 | 3.0928 | 1.71% | 2.5554 |
| 调整后的每股净资产 | 3.1152 | 3.0874 | 0.90% | 2.5551 |

## 600183 广东生益科技股份有限公司

### 二〇〇二年年度报告摘选

#### 1.上市公司基本情况简介

1.1 基本情况简介

股票简称:生益科技 股票代码:600183 上市交易所:上海证券交易所

注册地址和办公地址:广东省东莞市万江区莞穗大道 411 号 邮政编码:523039

公司国际互联网网址:http://www.syst.com.cn 电子信箱:syzjb@pub.dgnet.gd.cn

1.2 联系人和联系方式

董事会秘书:温世龙 联系地址:广东省东莞市万江区莞穗大道 411 号

电话:0769－2271828 转 8225 传真:0769－2271828 转 8225 电子信箱:syzjb@pub.dgnet.gd.cn

#### 2.会计数据和业务数据摘要

2.1 主要会计数据

| | 2002 年 | 2001 年 | 本年比上年增减(%) | 2000 年 |
|---|---|---|---|---|
| 主营业务收入 | 886,082,337.06 | 720,009,440.22 | 23.07 | 988,693,270.77 |
| 利润总额 | 103,778,296.78 | 67,279,101.33 | 54.25 | 233,974,697.77 |
| 净利润 | 90,773,671.13 | 63,341,324.67 | 43.3 | 214,499,246.07 |
| 扣除非经常性损益后的净利润 | 89,710,648.19 | 61,667,926.15 | 45.5 | 212,038,009.31 |
| | 2002 年末 | 2001 年末 | 本年比上年末增减(%) | 2000 年末 |
| 总资产 | 1,625,089,768.82 | 1,368,521,099.30 | 18.7 | 153,888,341.52 |
| 股东权益 | 996,543,044.36 | 969,570,935.73 | 2.78 | 943,038,204.81 |
| 经营活动产生的现金流量净额 | 102,481,244.98 | 202,719,995.80 | －49.4 | 130,496,177.09 |

2.2 主要财务指标

| | 2002 年 | 2001 年 | 本年比上年增减(%) | 2000 年 |
|---|---|---|---|---|
| 每股收益 | 0.14 | 0.1291 | 8.44 | 0.4371 |
| 净资产收益率 | 9.11 | 6.53 | 39.51 | 26.62 |
| 扣除非经常性损益后的净利润为基础的净资产收益率 | 9.00 | 6.36 | 41.51 | 22.48 |
| 每股经营活动产生的现金流量净额 | 0.1606 | 0.4131 | －61.12 | 0.2659 |
| | 2002 年末 | 2001 年末 | 本年比上年末增减(%) | 2000 年末 |
| 每股净资产 | 1.562 | 1.9756 | －20.94 | 1.922 |
| 调整后的每股净资产 | 1.561 | 1.9582 | －20.29 | 1.916 |

# 600192 兰州长城电工股份有限公司

## 二〇〇二年年度报告摘选

### 1.上市公司基本情况简介

1.1 基本情况简介

股票简称:长城电工 股票代码:600192 上市交易所:上海证券交易所

注册地址和办公地址:甘肃省兰州市农民巷125号 邮政编码:730000

公司国际互联网网址:WWW.LZ-GWE.COM 电子信箱:LZGWE@PUBLIC.LZ.GS.CN

1.2 联系人和联系方式

董事会秘书:何世民 联系地址:甘肃省兰州市农民巷125号

电话:0931-8415912 传真:0931-8414606 电子信箱:LZGWE@PUBLIC.LZ.GS.CN

证券事务代表:穆成利 联系地址:甘肃省兰州市农民巷125号

电话:0931-8415762 传真:0931-8414606 电子信箱:LZGWE@PUBLIC.LZ.GS.CN

### 2.会计数据和财务指标摘要

2.1 主要会计数据

| | 2002年 | 2001年 | 本年比上年增减(%) | 2000年 |
|---|---|---|---|---|
| 主营业务收入 | 759,055,866.99 | 692,372,553.05 | 9.63 | 689,537,457.67 |
| 利润总额 | 21,629,218.94 | 20,845,714.55 | 3.76 | 49,439,887.77 |
| 净利润 | 16,718,914.92 | 14,523,476.42 | 15.12 | 42,057,404.86 |
| 扣除非经常性损益的净利润 | 17,953,628.77 | 13,391,253.84 | 34.07 | 40,669,731.20 |
| | 2002年末 | 2001年末 | 本年末比上年末增减(%) | 2000年末 |
| 总资产 | 1,887,736,421.35 | 1,910,299,315.74 | -1.12 | 1,797,013,541.90 |
| 股东权益(不含少数股东权益) | 1,044,948,027.66 | 1,020,357,109.53 | 2.41 | 1,004,274,685.29 |
| 经营活动产生的现金流量净额 | 2,382,033.96 | -11,333,515.13 | 21.02 | 13,356,881.95 |

2.2 主要财务指标

| | 2002年 | 2001年 | 本年比上年增减(%) | 2000年 |
|---|---|---|---|---|
| 每股收益(全面摊薄) | 0.0522 | 0.0453 | 15.23 | 0.1312 |
| 每股收益(加权平均) | 0.0522 | 0.0453 | 15.23 | 0.1376 |
| 净资产收益率 | 1.60% | 1.42% | 12.68 | 4.19% |
| 扣除非经常性损益的净利润为基础计算的净资产收益率 | 1.72 | 1.31 | 31.30 | 4.05 |
| 每股经营活动产生的现金流量净额 | 0.0074 | -0.0354 | 120.90 | 0.0417 |
| | 2002年末 | 2001年末 | 本年末比上年末增减(%) | 2000年末 |
| 每股净资产 | 3.2604 | 3.1836 | 2.41 | 3.1335 |
| 调整后的每股净资产 | 3.2405 | 3.1697 | 2.23 | 3.1227 |

# 600202 哈尔滨空调股份有限公司

## 二〇〇二年年度报告摘选

### 1.上市公司基本情况简介

1.1 基本情况简介

股票简称:哈空调 股票代码:600202 上市交易所:上海证券交易所

注册地址:哈尔滨市南岗区高新技术产业开发区嵩山路26号楼

办公地址:哈尔滨市道里区友谊路193号 邮政编码:150018

公司国际互联网网址:www.hac.com.cn 电子信箱:hac@hac.com.cn

1.2 联系人和联系方式

董事会秘书:王作海 联系地址:哈尔滨市道里区友谊路193号

电话:0451-4644521 传真:0451-4676205 电子信箱:Hac-zq@0451.com

### 2.会计数据和财务指标摘要

2.1 主要会计数据

| | 2002年(本年) | 2001年(调整后) | 2001年(调整前) | 本年比上年增减(%) | 2000年(调整后) | 2000年(调整前) |
|---|---|---|---|---|---|---|
| 主营业务收入 | 173,368,319.40 | 250,298,616.61 | 273,457,959.36 | -30.74 | 191,329,161.86 | 191,329,161.86 |
| 利润总额 | 456,325.43 | 69,704,904.43 | 68,241,100.54 | -99.35 | 42,816,307.92 | 65,883,654.12 |
| 净利润 | 3,693,591.91 | 65,046,258.24 | 64,080,147.67 | -94.32 | 33,417,591.47 | 56,484,937.67 |
| 扣除非经常性损益的净利润 | 3,336,509.12 | 59,115,663.05 | 58,149,552.48 | -94.36 | 46,581,070.00 | 46,581,070.00 |
| | 2002年末(本年末) | 2001年末(调整后) | 2001年末(调整前) | 本年末比上年末增减(%) | 2000年末(调整后) | 2000年末(调整前) |
| 总资产 | 629,489,427.29 | 591,928,894.94 | 611,065,361.58 | 6.35 | 538,539,736.96 | 561,607,083.16 |
| 股东权益(不含少数股东权益) | 353,722,748.03 | 353,236,468.13 | 352,270,357.56 | 0.14 | 310,466,177.16 | 333,533,523.36 |
| 经营活动产生的现金流量净额 | -13,134,902.82 | 62,337,981.07 | 63,715,527.41 | -121.07 | 921,609.98 | 921,609.98 |

2.2 主要财务指标

| | 2002年(本年) | 2001年(调整后) | 2001年(调整前) | 本年比上年增减(%) | 2000年(调整后) | 2000年(调整前) |
|---|---|---|---|---|---|---|
| 每股收益 | 0.0150 | 0.2912 | 0.2869 | -94.85 | 0.2992 | 0.5057 |
| 净资产收益率 | 1.04% | 18.41% | 18.19% | -94.35 | 10.76% | 16.94% |
| 扣除非经常性损益的净利润为基础计算的净资产收益率 | 0.94% | 16.74% | 16.51% | -94.38 | 15.00% | 13.97% |
| 每股经营活动产生的现金流量净额 | -0.0535 | 0.2791 | 0.2852 | -119.17 | 0.0083 | 0.0083 |
| | 2002年末(本年末) | 2001年末(调整后) | 2001年末(调整前) | 本年末比上年末增减(%) | 2000年末(调整后) | 2000年末(调整前) |
| 每股净资产 | 1.4395 | 1.5812 | 1.5769 | -8.96 | 2.7796 | 2.9861 |
| 调整后的每股净资产 | 1.4367 | 1.5807 | 1.5729 | -9.11 | 2.7788 | 2.9853 |

# 600218 安徽全柴动力股份有限公司

## 二〇〇二年年度报告摘选

### 1.上市公司基本情况简介

1.1 基本情况简介

股票简称:全柴动力 股票代码:600218 上市交易所:上海证券交易所

注册地址和办公地址:安徽省全椒县襄河镇建设东路70号 邮政编码:239500

公司国际互联网网址:http://www.quanchai.com.cn 电子信箱:quanchai@email.mei.net.cn

1.2 联系人和联系方式

董事会秘书:马国友 联系地址:安徽省全椒县襄河镇建设东路70号

电话:(0550)5018888转2289 传真:(0550)5011156、5015888 电子信箱:maguoyou@21cn.com

### 2.会计数据和财务指标摘要

2.1 主要会计数据(单位:人民币元)

| | 2002年 | 2001年 | 本年比上年增减(%) | 2000年 |
|---|---|---|---|---|
| 主营业务收入 | 556,217,061.67 | 447,421,660.62 | +24.32 | 41,838,828.69 |
| 利润总额 | 18,968,366.00 | 39,250,705.88 | -51.67 | 62,490,374.87 |
| 净利润 | 10,640,420.14 | 31,219,073.58 | -65.92 | 53,223,208.53 |
| 扣除非经常性损益的净利润 | 9,669,395.70 | 30,775,720.33 | -68.58 | 54,004,183.01 |
| | 2002年末 | 2001年末 | 本年末比上年末增减(%) | 2000年末 |
| 总资产 | 1,243,011,591.72 | 1,193,318,951.07 | 4.12 | 899,870,712.01 |
| 股东权益(不含少数股东权益) | 861,031,480.58 | 856,355,490.49 | 0.55 | 634,532,614.21 |
| 经营活动产生的现金流量净额 | 87,715,356.09 | 65,747,462.62 | 57.13 | -21,938,066.85 |

2.2 主要财务指标

| | 2002年 | 2001年 | 本年比上年增减(%) | 2000年 |
|---|---|---|---|---|
| 每股收益 | 0.04 | 0.11 | -63.64 | 0.20 |
| 每股收益 | - | - | - | - |
| 净资产收益率 | 1.24 | 3.65 | -66.03 | 8.26 |
| 扣除非经常性损益的净利润为基础计算的净资产收益率 | 1.12 | 3.60 | -68.89 | 8.37 |
| 每股经营活动产生的现金流量净额 | 0.31 | 0.23 | 34.78 | -0.08 |
| | 2002年末 | 2001年末 | 本年末比上年末增减(%) | 2000年末 |
| 每股净资产 | 3.04 | 3.02 | 0.66 | 2.44 |
| 调整后的每股净资产 | 3.03 | 3.01 | 0.66 | 2.43 |

# 600237 安徽铜峰电子股份有限公司

## 二〇〇二年年度报告摘选

### 1.上市公司基本情况简介

1.1 基本情况简介

股票简称:铜峰电子 股票代码:600237 上市交易所:上海证券交易所

注册地址和办公地址:安徽省铜陵市石城路168号 邮政编码:244000

公司国际互联网网址:http://www.tong-feng.com.cn 电子信箱:webmaster@tong-feng.com

1.2 联系人和联系方式

董事会秘书:周小平 联系地址:安徽省铜陵市石城路168号铜峰电子董事会秘书处

电话:0562-2819178 传真:0562-2809105 电子信箱:tfzhouxp@mail.ahwhptt.net.cn

### 2.会计数据和财务指标摘要

2.1 主要会计数据

| | 2002年 | 2001年 | 本年比上年增减(%) | 2000年 |
|---|---|---|---|---|
| 主营业务收入 | 236,444,561.82 | 214,926,962.90 | 10.01 | 176,845,803.15 |
| 利润总额 | 42,851,550.38 | 49,220,702.30 | -12.94 | 27,363,218.92 |
| 净利润 | 30,737,098.35 | 40,257,235.50 | -23.65 | 20,800,617.68 |
| 扣除非经常性损益的净利润 | 25,634,203.28 | 27,258,677.39 | -5.96 | 22,611,860.74 |
| | 2002年末 | 2001年末 | 本年末比上年末增减(%) | 2000年末 |
| 总资产 | 702,434,503.48 | 659,562,273.02 | 6.50 | 651,386,190.37 |
| 股东权益(不含少数股东权益) | 474,487,199.19 | 453,750,100.84 | 4.57 | 423,492,865.34 |
| 经营活动产生的现金流量净额 | 74,316,816.49 | 56,963,851.19 | 30.46 | 4,390,313.99 |

2.2 主要财务指标

| | 2002年 | 2001年 | 本年比上年增减(%) | 2000年 |
|---|---|---|---|---|
| 每股收益 | 0.31 | 0.40 | -22.50 | 0.21 |
| 净资产收益率 | 6.48 | 8.87 | -26.94 | 4.91 |
| 扣除非经常性损益的净利润为基础计算的净资产收益率 | 5.40 | 6.01 | -10.15 | 5.34 |
| 每股经营活动产生的现金流量净额 | 0.74 | 0.57 | 29.82 | 0.04 |
| | 2002年末 | 2001年末 | 本年末比上年末增减(%) | 2000年末 |
| 每股净资产 | 4.74 | 4.54 | 4.41 | 4.23 |
| 调整后的每股净资产 | 4.62 | 4.46 | 3.59 | 4.21 |

# 600243 青海华鼎实业股份有限公司

## 二〇〇二年年度报告摘选

### 1.上市公司基本情况简介

1.1 基本情况简介

股票简称:青海华鼎 股票代码:600243 上市交易所:上海证券交易所

注册地址:青海省西宁市柴达木西路101号 办公地址:青海省西宁市解放路16号

邮政编码:810000 电子信箱:qhhdsyoffice@china.com

1.2 联系人和联系方式

董事会秘书:刘文忠 联系地址:青海省西宁市解放路16号

电话:0971－8224981 传真:0971－8224982 电子信箱:liuwzhd@21cn.com

证券事务代表:马新萍 联系地址:广东省广州市番禺区石楼镇石清路12号

电话:020－84860333 传真:020－84869191 电子信箱:ivyma@21cn.com

### 2.会计数据和财务指标摘要

2.1 主要会计数据

| | 2002年 | 2001年 | 本年比上年增减(%) | 2000年 |
|---|---|---|---|---|
| 主营业务收入 | 346,151,196.89 | 278,374,260.53 | 24.35 | 221,722,703.90 |
| 利润总额 | 17,348,728.55 | 18,292,795.77 | －5.16 | 24,156,545.30 |
| 净利润 | 13,276,364.75 | 16,586,482.78 | －19.96 | 16,183,059.79 |
| 扣除非经常性损益的净利润 | 11,947,906.41 | 14,363,334.64 | －16.82 | 17,443,151.65 |
| | 2002年末 | 2001年末 | 本年末比上年末增减(%) | 2000年末 |
| 总资产 | 726,332,759.76 | 719,755,336.85 | 0.91 | 645,945,548.78 |
| 股东权益(不含少数股东权益) | 402,546,181.26 | 393,833,453.03 | 2.21 | 385,076,970.25 |
| 经营活动产生的现金流量净额 | 648,927.81 | －30,662,214.47 | －－ | －76,781,016.19 |

2.2 主要财务指标

| | 2002年 | 2001年 | 本年比上年增减(%) | 2000年 |
|---|---|---|---|---|
| 每股收益 | 0.0848 | 0.1059 | －19.92 | 0.10 |
| 净资产收益率 | 3.30 | 4.21 | －21.62 | 4.20 |
| 扣除非经常性损益的净利润为基础计算的净资产收益率 | 2.98 | 3.65 | －18.36 | 9.69 |
| 每股经营活动产生的现金流量净额 | 0.004 | －0.20 | | －0.49 |
| | 2002年末 | 2001年末 | 本年末比上年末增减(%) | 2000年末 |
| 每股净资产 | 2.57 | 2.51 | 2.39 | 2.46 |
| 调整后的每股净资产 | 2.46 | 2.40 | 2.40 | 2.40 |

# 600262 内蒙古北方重型汽车股份有限公司

## 二〇〇二年年度报告摘选

### 1.上市公司基本情况简介

1.1 基本情况简介

股票简称:北方股份 股票代码:600262 上市交易所:上海证券交易所

注册地址和办公地址:内蒙古包头稀土高新技术产业开发区 邮政编码:014030

公司国际互联网网址:http://www.chinanhl.com 电子信箱:nhllc@public.hh.nm.cn

1.2 联系人和联系方式

董事会秘书:张勇 联系地址:内蒙古包头稀土高新技术产业开发区

电话:0472－2207888 2207558 传真:0472－2207538 2207558

电子信箱:nhlzql@public.nm.cninfo.net

证券事务代表:赵军 联系地址:内蒙古包头稀土高新技术产业开发区

电话:0472－2207888 传真:0472－2207538 电子信箱:bfgfzq2@sina.com

### 2.会计数据和财务指标摘要

2.1 主要会计数据 单位:元

| 财务指标 | 2002年度 | 2001年度 | | 本年比上年增减(%) | | 2000年度 | |
|---|---|---|---|---|---|---|---|
| | | 调整前 | 调整后 | 调整前 | 调整后 | 调整前 | 调整后 |
| 主营业务收入 | 269,617,526.72 | 227,946,008.19 | 227,946,008.19 | 18.28 | 18.28 | 234,642,058.22 | 234,642,058.22 |
| 利润总额 | 32,128,813.04 | 22,573,766.47 | 20,132,369.66 | 42.33 | 59.59 | 40,644,728.67 | 38,203,331.86 |
| 净利润 | 29,060,044.19 | 18,944,913.85 | 16,503,517.04 | 53.39 | 76.08 | 33,738,816.14 | 31,297,419.33 |
| 扣除非经常性损益的净利润 | 30,093,085.81 | 13,469,662.27 | 13,469,662.27 | 123.41 | 123.41 | 30,559,416.15 | 30,559,416.15 |
| 财务指标 | 2002年末 | 2001年末 | | 本年末比上年末增减(%) | | 2000年末 | |
| | | 调整前 | 调整后 | 调整前 | 调整后 | 调整前 | 调整后 |
| 总资产 | 869,237,217.30 | 844,347,481.51 | 837,633,640.28 | 2.95 | 3.77 | 784,392,477.60 | 780,120,033.18 |
| 股东权益(不含少数股东权益) | 574,889,160.69 | 571,242,957.73 | 564,529,116.50 | 0.64 | 1.84 | 559,098,043.88 | 554,825,599.46 |
| 经营活动产生的现金流量净额 | 39,873,358.93 | －18,703,110.03 | －18,703,110.03 | 313.19 | 313.19 | －143,901,605.00 | －143,901,605.00 |

2.2 主要财务指标 单位:元

| 财务指标 | 2002年 | 2001年 | | 本年比上年增减(%) | | 2000年 | |
|---|---|---|---|---|---|---|---|
| | | 调整前 | 调整后 | 调整前 | 调整后 | 调整前 | 调整后 |
| 每股收益 | 0.1709 | 0.1114 | 0.0971 | 53.41 | 76.00 | 0.199 | 0.184 |
| 净资产收益率(摊薄%) | 5.0549 | 3.3164 | 2.9234 | 52.42 | 72.91 | 6.035 | 5.6409 |
| 扣除非经常性损益的净利润为基础计算的净资产收益率(加权平均%) | 5.1969 | 2.3690 | 2.3922 | 119.37 | 117.24 | 8.7359 | 8.8128 |
| 每股经营活动产生的现金流量净额 | 0.2345 | －0.110 | －0.110 | 313.18 | 313.18 | －0.846 | －0.846 |
| 财务指标 | 2002年末 | 2001年末 | | 本年末比上年末增减(%) | | 2000年末 | |
| | | 调整前 | 调整后 | 调整前 | 调整后 | 调整前 | 调整后 |
| 每股净资产 | 3.382 | 3.360 | 3.321 | 0.65 | 1.84 | 3.289 | 3.264 |
| 调整后的每股净资产 | 3.357 | 3.322 | 3.283 | 1.05 | 2.25 | 3.254 | 3.230 |

# 600268 国电南京自动化股份有限公司

## 二〇〇二年年度报告摘选

### 1.上市公司基本情况简介

1.1 基本情况简介

股票简称:国电南自 股票代码:600268 上市交易所:上海证券交易所

注册地址:江苏南京市江宁高新技术开发区中新路 办公地址:江苏南京市新模范马路38号

邮政编码:210003 公司国际互联网网址:http://www.sac－china.com

电子信箱:s.dept@sac－china.com

1.2 联系人和联系方式

董事会秘书:邹峰 联系地址:江苏南京市新模范马路38号综合楼五层证券部

电话:025－3410173 025－3418700－3020 传真:025－3410871

电子信箱:s.dept@sac－china.com

证券事务代表:肖宁 联系地址:江苏南京市新模范马路38号综合楼五层证券部

电话:025－3410173 025－3418700－3020 传真:025－3410871

电子信箱:xn@sac－china.com

### 2.会计数据和财务指标摘要

2.1 主要会计数据 单位:元

| | 2002年 | 2001年 | 本年比上年增减(%) | 2000年 |
|---|---|---|---|---|
| 主营业务收入 | 529,718,949.06 | 545,791,668.67 | －2.94 | 419,168,899.76 |
| 利润总额 | 37,688,809.90 | 32,163,640.07 | 17.18 | 51,799,357.97 |
| 净利润 | 30,038,736.94 | 28,635,963.57 | 4.90 | 48,547,169.25 |
| 扣除非经常性损益的净利润 | 28,786,828.81 | 14,461,083.18 | 99.06 | 48,625,699.77 |
| | 2002年末 | 2001年末 | 本年末比上年末增减(%) | 2000年末 |
| 总资产 | 975,820,407.54 | 905,259,442.72 | 7.79 | 761,129,539.95 |
| 股东权益(不含少数股东权益) | 467,817,596.04 | 459,202,348.25 | 1.88 | 448,072,041.88 |
| 经营活动产生的现金流量净额 | 108,303,056.66 | －22,176,834.55 | － | －44,102,327.06 |

2.2 主要财务指标 单位:元

| | 2002年 | 2001年 | 本年比上年增减(%) | 2000年 |
|---|---|---|---|---|
| 每股收益 | 0.255 | 0.243 | 4.94 | 0.413 |
| 每股收益注2 | 0.255 | 0.243 | 4.94 | 0.413 |
| 净资产收益率 | 6.42 | 6.24 | 2.88 | 10.83 |
| 扣除非经常性损益的净利润为基础计算的净资产收益率 | 6.15 | 3.15 | 95.24 | 10.85 |
| 每股经营活动产生的现金流量净额 | 0.92 | －0.19 | － | －0.37 |
| | 2002年末 | 2001年末 | 本年末比上年末增减(%) | 2000年末 |
| 每股净资产 | 3.965 | 3.892 | 1.88 | 3.797 |
| 调整后的每股净资产 | 3.763 | 3.784 | －0.55 | 3.749 |

# 600290 苏福马股份有限公司

## 二〇〇二年年度报告摘选

### 1.上市公司基本情况简介

1.1 基本情况简介

股票简称:苏福马 股票代码:600290 上市交易所:上海证券交易所

注册地址:江苏省苏州市新区何山花园8幢103室

办公地址:江苏省苏州市西大营门57号 邮政编码:215003

公司国际互联网网址:http://www.sufoma.com 电子信箱:sufoma@pub.sz.jsinfo.net

1.2 联系人和联系方式

董事会秘书:胡其新 联系地址:江苏省苏州市西大营门57号

电话:0512－67513621 传真:0512－67513633 电子信箱:sfmdm@sufoma.com

证券事务代表:王晴 联系地址:江苏省苏州市西大营门57号

电话:0512－67513633 传真:0512－67513633

### 2.会计数据和财务指标摘要

2.1 主要会计数据(单位:人民币元)

| | 2002年 | 2001年 | 本年比上年增减(%) | 2000年 |
|---|---|---|---|---|
| 主营业务收入 | 218,609,796.14 | 150,539,724.99 | 45.22 | 158,617,720.55 |
| 利润总额 | 13,467,282.12 | 16,279,503.72 | －17.26 | 14,382,199.71 |
| 净利润 | 10,171,075.52 | 12,580,077.07 | －19.15 | 14,382,199.71 |
| 扣除非经常性损益的净利润 | 7,275,656.19 | 10,606,848.10 | －31.41 | 14,071,118.33 |
| | 2002年末 | 2001年末 | 本年末比上年末增减(%) | 2000年末 |
| 总资产 | 484,945,293.02 | 418,107,444.34 | 15.98 | 371,260,069.19 |
| 股东权益(不含少数股东权益) | 221,839,201.42 | 216,887,566.66 | 2.28 | 208,228,613.63 |
| 经营活动产生的现金流量净额 | 6,064,635.46 | －15,726,227.09 | －－ | 22,208,523.63 |

2.2 主要财务指标 (单位:人民币元)

| | 2002年 | 2001年 | 本年比上年增减(%) | 2000年 |
|---|---|---|---|---|
| 每股收益 | 0.08 | 0.15 | －46.67 | 0.25 |
| 净资产收益率 | 4.62% | 5.86% | －21.16 | 13.31% |
| 扣除非经常性损益的净利润为基础计算的净资产收益率 | 3.30% | 4.94% | －33.20 | 12.93% |
| 每股经营活动产生的现金流量净额 | 0.05 | －0.19 | －－ | 0.27 |
| | 2002年末 | 2001年末 | 本年末比上年末增减(%) | 2000年末 |
| 每股净资产 | 1.78 | 2.61 | －31.80 | 2.56 |
| 调整后的每股净资产 | 1.66 | 2.51 | －33.86 | 2.52 |

# 600302 西安标准工业股份有限公司

## 二〇〇二年年度报告摘选

### 1.上市公司基本情况简介

1.1 基本情况简介

股票简称:标准股份 股票代码:600302 上市交易所:上海证券交易所

注册地址和办公地址:西安市太白南路一号 邮政编码:710068

公司国际互联网网址:www.Chinatypical.com 电子信箱:typical@chinatypical.com

1.2 联系人和联系方式

董事会秘书:吴涛 联系地址:西安市太白南路一号

电话:029-8279352 传真:029-8236001 电子信箱:wtao0643@sina.com.cn

证券事务代表:黎永亮 联系地址:西安市太白南路一号

电话:029-8279352 传真:029-8236001 电子信箱:stock@chinatypical.com

### 2.会计数据和财务指标摘要

2.1 主要会计数据

| 项目 | 2002 年 | 2001 年 | 本年比上年增减(%) | 2000 年 |
|---|---|---|---|---|
| 主营业务收入 | 707,592,932.86 | 519,188,085.85 | 36.29 | 574,834,762.25 |
| 利润总额 | 90,092,683.52 | 88,925,741.96 | 1.31 | 85,984,477.11 |
| 净利润 | 71,368,286.11 | 70,373,170.11 | 1.41 | 60,902,705.31 |
| 扣除非经常性损益的净利润 | 72,030,874.37 | 72,450,256.95 | -0.58 | 56,461,918.82 |
| | 2002 年末 | 2001 年末 | 比上年末增减(%) | 2000 年末 |
| 总资产 | 1,017,197,234.71 | 931,791,460.69 | 9.17 | 914,266,637.08 |
| 股东权益(不含少数股东权益) | 674,465,416.31 | 650,948,600.80 | 3.61 | 588,515,921.91 |
| 经营活动产生的现金流量净额 | 96,743,347.83 | 78,760,011.63 | 22.83 | 78,129,451.13 |

2.2 主要财务指标

| | 2002 年 | 2001 年 | 本年比上年增减(%) | 2000 年 |
|---|---|---|---|---|
| 每股收益 | 0.22 | 0.221 | -0.45 | 0.381 |
| 净资产收益率 | 10.58 | 10.81 | -2.13 | 10.32 |
| 扣除非经常性损益的净利润为基础计算的净资产收益率 | 10.68 | 11.62 | -8.09 | 10.30 |
| 每股经营活动产生的现金流量净额 | 0.30 | 0.247 | 21.46 | 0.49 |
| | 2002 年 | 2001 年 | 本年比上年增减(%) | 2000 年 |
| 每股净资产 | 2.11 | 2.04 | 3.43 | 3.69 |
| 调整后的每股净资产 | 2.09 | 2.034 | 2.75 | 3.68 |

# 600303 丹东曙光股份有限公司

## 二〇〇二年年度报告摘选

### 1.上市公司基本情况简介

1.1 基本情况简介

股票简称:曙光股份 股票代码:600303 上市交易所:上海证券交易所

注册地址和办公地址:辽宁省丹东市振安区曙光路 50 号 邮政编码:118001

公司国际互联网网址:www.chinasgaxle.com 电子信箱:shuguang@chinasgaxle.com

1.2 联系人和联系方式

董事会秘书:那涛 联系地址:辽宁省丹东市振安区曙光路 50 号

电话:0415-4146825 传真:0415-4142821 电子信箱:dongban@chinasgaxle.com

### 2.会计数据和财务指标摘要

2.1 主要会计数据 单位:万元

| | 2002 年 | 2001 年 | 本年比上年增减(%) | 2000 年 |
|---|---|---|---|---|
| 主营业务收入 | 67,258 | 34,883 | 92.81% | 35,287 |
| 利润总额 | 6,306 | 5,283 | 19.36% | 5,021 |
| 净利润 | 3,711 | 3,472 | 6.88% | 3,159 |
| 扣除非经常性损益的净利润 | 3,988 | 3,264 | 22.18% | 2,608 |
| | 2002 年 12 月 31 日 | 2001 年 12 月 31 日 | 本年比上年增减(%) | 2000 年 12 月 31 日 |
| 总资产 | 154,264 | 92,238 | 67.25% | 80,753 |
| 股东权益(不含少数股东权益) | 44,033 | 43,402 | 1.45% | 43,000 |
| 经营活动产生的现金流量净额 | 2,721 | 2,843 | -4.29% | 4,421 |

2.2 主要财务指标

| | 2002 年 | 2001 年 | 本年比上年增减(%) | 2000 年 |
|---|---|---|---|---|
| 每股收益 | 0.23 | 0.21 | 9.52% | 0.35 |
| 每股收益 | 0.23 | 0.21 | 9.52% | 0.63 |
| 净资产收益率 | 8.19% | 7.76% | 5.54% | 33.61% |
| 扣除非经常性损益的净利润为基础计算的净资产收益率 | 8.08% | 7.30% | 10.68% | 27.75% |
| 每股经营活动产生的现金流量净额 | 0.17 | 0.18 | -5.56% | 0.49 |
| | 2002 年 12 月 31 日 | 2001 年 12 月 31 日 | 本年比上年增减(%) | 2000 年 12 月 31 日 |
| 每股净资产 | 2.72 | 2.68 | 1.49% | 4.78 |
| 调整后的每股净资产 | 2.55 | 2.67 | -0.45% | 4.73 |

# 600312 河南平高电气股份有限公司

## 二〇〇二年年度报告摘选

### 1.上市公司基本情况简介

1.1 基本情况简介

股票简称:平高电气 股票代码:600312 上市交易所:上海证券交易所

注册地址和办公地址:河南省平顶山市南环东路 22 号 邮政编码:467001

公司国际互联网网址:http://www.pinggao.com 电子信箱:pinggao@pinggao.com

1.2 联系人和联系方式

董事会秘书:刘伟 联系地址:河南省平顶山市南环东路 22 号

电话:0375-3804061 传真:0375-3804464 电子信箱:600312@secure.sse.com.cn

证券事务代表:程占彪 联系地址:河南省平顶山市南环东路 22 号

电话:0375-3804063 传真:0375-3804464 电子信箱:600312@secure.sse.com.cn

### 2.会计数据和财务指标摘要

2.1 主要会计数据 单位:人民币元

| | 2002 年 | 2001 年 | 本年比上年增减(%) | 2000 年 |
|---|---|---|---|---|
| 主营业务收入 | 554,078,417.25 | 493,187,635.97 | 12.35 | 500,464,298.04 |
| 利润总额 | 60,812,904.52 | 50,257,936.52 | 21.00 | 59,965,640.66 |
| 净利润 | 45,183,687.78 | 40,517,712.11 | 11.52 | 33,183,986.67 |
| 扣除非经常性损益的净利润 | 34,226,047.01 | 30,967,153.36 | 10.52 | 32,270,584.69 |
| | 2002 年末 | 2001 年末 | 本年末比上年末增减(%) | 2000 年末 |
| 总资产 | 1,353,831,075.55 | 1,315,835,812.21 | 2.89 | 550,400,593.44 |
| 股东权益(不含少数股东权益) | 906,022,684.66 | 878,133,146.05 | 3.18 | 172,809,036.59 |
| 经营活动产生的现金流量净额 | 32,166,196.36 | (35,294,002.59) | 191.14 | 60,599,508.73 |

2.2 主要财务指标

| | 2002 年 | 2001 年 | 本年比上年增减(%) | 2000 年 |
|---|---|---|---|---|
| 每股收益 | 0.25 | 0.22 | 13.64 | 0.27 |
| 每股收益注 2 | 0.25 | 0.22 | 13.64 | 0.27 |
| 净资产收益率(%) | 4.99 | 4.61 | 8.24 | 19.20 |
| 扣除非经常性损益的净利润为基础计算的净资产收益率(%) | 3.78 | 3.53 | (7.08) | 18.67 |
| 每股经营活动产生的现金流量净额 | 0.18 | (0.19) | 194.74 | 0.49 |
| | 2002 年末 | 2001 年末 | 本年末比上年末增减(%) | 2000 年末 |
| 每股净资产 | 4.94 | 4.79 | 3.13 | 1.40 |
| 调整后的每股净资产 | 4.94 | 4.79 | 3.13 | 1.40 |

# 600316 江西洪都股份有限公司

## 二〇〇二年年度报告摘选

### 1.上市公司基本情况简介

1.1 基本情况简介

股票简称:洪都股份 股票代码:600316 上市交易所:上海证券交易所

注册地址:南昌市高新技术产业开发区南飞点 办公地址:南昌市新溪桥 邮政编码:330024

公司国际互联网网址:http://www.hongdu-aviation.com 电子信箱:hdaajx@public.nc.jx.cn

1.2 联系人和联系方式

董事会秘书:陈文浩 联系地址:江西省南昌市新溪桥 5001 信箱 512 分箱

电话:0791-8467844 传真:0791-8467844 电子信箱:hdaajx@public.nc.jx.cn

证券事务代表:周新太 联系地址:江西省南昌市新溪桥 5001 信箱 512 分箱

电话:0791-8469749 传真:0791-8467843 电子信箱:zqb@hongdu-aviation.com

### 2.会计数据和财务指标摘要

2.1 主要会计数据

| | 2002 年 | 2001 年 | 本年比上年增减(%) | 2000 年 |
|---|---|---|---|---|
| 主营业务收入 | 516,849,866.84 | 441,676,090.52 | 17.00 | 288,713,989.92 |
| 利润总额 | 74,497,015.24 | 63,412,174.41 | 17.45 | 41,063,718.28 |
| 净利润 | 67,109,835.55 | 63,430,563.14 | 6.00 | 41,063,718.28 |
| 扣除非经常性损益的净利润 | 49,250,238.66 | 44,039,190.31 | 12.00 | 40,668,218.94 |
| | 2002 年末 | 2001 年末 | 本年末比上年末增减(%) | 2000 年末 |
| 总资产 | 1,374,293,546.61 | 1,252,831,134.35 | 9.70 | 1,220,886,271.07 |
| 股东权益(不含少数股东权益) | 1,060,424,813.68 | 1,056,314,978.13 | 0.39 | 1,013,884,414.99 |
| 经营活动产生的现金流量净额 | 138,494,475.51 | 17,580,156.32 | 688.00 | 86,326,919.84 |

2.2 主要财务指标

| | 2002 年末 | 2001 年末 | 本年末比上年末增减(%) | 2000 年末 |
|---|---|---|---|---|
| 每股收益 | 0.32 | 0.30 | 7.00 | 0.29 |
| 净资产收益率 | 6.33 | 6.00 | 6.00 | 4.05 |
| 扣除非经常性损益的净利润为基础计算的净资产收益率 | 4.64 | 4.17 | 11.00 | 3.96 |
| 每股经营活动产生的现金流量净额 | 0.66 | 0.08 | 725.00 | 0.62 |
| | 2002 年末 | 2001 年末 | 本年末比上年末增减(%) | 2000 年末 |
| 每股净资产 | 5.05 | 5.03 | 0.39 | 7.24 |
| 调整后的每股净资产 | 5.05 | 5.03 | 0.39 | 7.23 |

## 600320 上海振华港口机械(集团)股份有限公司

# 二〇〇二年年度报告摘选

### 1.上市公司基本情况简介

1.1 基本情况简介

股票简称:振华港机、振华 B 股　股票代码:600320,900947　上市交易所:上海证券交易所

注册地址和办公地址:上海市浦东南路 3470 号　邮政编码:200125

公司国际互联网网址:http://www.zpmc.com　电子信箱:zpmc@pubic.sta.net.cn

1.2 联系人和联系方式

董事会秘书:高莉娟女士　联系地址:上海市浦东南路 3470 号

电话:021－58396666　传真:021－58399555　电子信箱:zpmc@pubic.sta.net.cn

证券事务代表:彭炳华先生　联系地址:上海市浦东南路 3470 号

电话:021－58396666　传真:021－58399555　电子信箱:zpmc@pubic.sta.net.cn

### 2.会计数据和财务指标摘要

2.1 主要财务数据　金额单位:人民币元

| | 2002 年(T 年,即本年) | 2001 年(T－1 年) | 本年比上年增减(%) | 2000 年(T－2 年) |
|---|---|---|---|---|
| 主营业务收入 | 3,074,237,616 | 2,885,460,045 | 6.54% | 2,156,858,595 |
| 利润总额 | 155,364,118 | 213,603,508 | －27.27% | 139,774,807 |
| 净利润 | 137,004,461 | 191,532,232 | －28.47% | 124,245,805 |
| 扣除非经常性损益的净利润 | 135,473,436 | 178,398,003 | －24.06% | 124,245,805 |
| | 2002 年末(T 年,即本年末) | 2001 年(T－1 年) | 本年末比上年末增减(%) | 2000 年(T－2 年) |
| 总资产 | 5,205,288,896 | 4,467,633,868 | 16.51% | 3,866,426,653 |
| 股东权益(不含少数股东权益) | 1,851,036,344 | 1,805,331,883 | 2.53% | 1,705,099,651 |
| 经营活动产生的现金流量净额 | (151,315,439) | (202,318,031) | －25.21% | (503,159,014) |

2.2 主要财务指标

| | 2002 年(本年) | 2001 年(上年) | 本年比上年增减(%) | 2000 年 |
|---|---|---|---|---|
| 每股收益(元) | 0.30 | 0.42 | －28.57% | 0.27 |
| 净资产收益率 | 7.40 | 10.64 | －30.45% | 7.29 |
| 扣除非经常性损益的净利润为基础计算的净资产收益率 | 7.23 | 9.94 | －27.26% | 13.98 |
| 每股经营活动产生的现金流量净额(元) | (0.33) | (0.44) | －25.00% | (1.44) |
| | 2002 年末(本年末) | 2001 年末(上年末) | 本年末比上年末增减(%) | 2000 年末 |
| 每股净资产(元) | 4.05 | 3.95 | 2.53% | 3.73 |
| 调整后的每股净资产(元) | 4.05 | 3.95 | 2.53% | 3.57 |

## 600335 中外建发展股份有限公司

# 二〇〇二年年度报告摘选

### 1.上市公司基本情况简介

1.1 基本情况简介

股票简称:中发展　股票代码:600335　上市交易所:上海证券交易所

注册地址:天津市华苑产业区火炬大厦 410 室

办公地址:天津市河东区津塘路 156 号　邮政编码:300180

公司国际互联网网址:http://www.21CU.net.cn　电子信箱:cciddmc@yeah.net

1.2 联系人和联系方式

董事会秘书:冯小宇　联系地址:天津市河东区津塘路 156 号

电话:022－24935580　传真:022－24935580　电子信箱:cciddmc@yeah.net

证券事务代表:盛志兵　联系地址:天津市河东区津塘路 156 号

电话:022－24935580　传真:022－24935580　电子信箱:cciddmc@yeah.net

### 2.会计数据和财务指标摘要

2.1 主要会计数据　单位:元

| | 2002 年 | 2001 年 调整前 | 2001 年 调整后 | 本年比上年增减(%) 调整前 | 本年比上年增减(%) 调整后 | 2000 年 调整前 | 2000 年 调整后 |
|---|---|---|---|---|---|---|---|
| 主营业务收入 | 258,821,007.12 | 183,494,982.33 | 183,494,982.33 | 41.05 | 41.05 | 226,156,107.31 | 226,156,107.31 |
| 利润总额 | －37,267,433.22 | 3,165,130.54 | 2,771,755.74 | －1277.44 | －1444.54 | 20,147,582.18 | 15,857,015.20 |
| 净利润 | －37,267,433.22 | 2,236,650.46 | 1,843,275.66 | －1766.22 | －2121.80 | 16,428,183.55 | 12,137,616.57 |
| 扣除非经常性损益后净利润 | －38,675,425.79 | －10,787,203.03 | －11,180,577.83 | －258.53 | －245.92 | 14,700,555.78 | 10,410,033.80 |
| | 2002 年末 | 2001 年末 调整前 | 2001 年末 调整后 | 本年比上年末增减(%) 调整前 | 本年比上年末增减(%) 调整后 | 2000 年末 调整前 | 2000 年末 调整后 |
| 总资产 | 627,260,660.66 | 697,702,171.32 | 691,953,854.40 | －10.10 | －9.35 | 529,018,625.96 | 523,663,683.84 |
| 股东权益(不含少数股东权益) | 282,380,010.52 | 322,311,488.71 | 316,563,171.79 | －12.39 | －10.80 | 115,405,821.47 | 110,050,879.35 |
| 经营活动产生的现金流量净额 | －68,912,528.28 | －10,848,378.50 | －10,848,378.50 | －535.23 | －535.23 | 26,755,034.83 | 26,755,034.83 |

2.2 主要财务指标　单位:元

| | 2002 年 | 2001 年 调整前 | 2001 年 调整后 | 本年比上年增减(%) 调整前 | 本年比上年增减(%) 调整后 | 2000 年 调整前 | 2000 年 调整后 |
|---|---|---|---|---|---|---|---|
| 每股收益 | －0.3195 | 0.0192 | 0.0158 | －1764.06 | －2122.15 | 0.2013 | 0.1487 |
| 净资产收益率 | －13.20 | 0.69 | 0.58 | －2013.04 | －2375.86 | 14.24 | 11.03 |
| 扣除非经常性损益的净利润为基础计算的净资产收益率 | －12.91 | －3.46 | －3.65 | －273.12 | －253.70 | 10.60 | 7.38 |
| 每股经营活动产生的现金流量净额 | －0.59 | －0.09 | －0.09 | －555.56 | －555.56 | 0.33 | 0.33 |
| | 2002 年末 | 2001 年末 调整前 | 2001 年末 调整后 | 本年比上年增减(%) 调整前 | 本年比上年增减(%) 调整后 | 2000 年末 调整前 | 2000 年末 调整后 |
| 每股净资产 | 2.4212 | 2.7636 | 2.7143 | －12.39 | －10.80 | 1.4138 | 1.3482 |
| 调整后的每股净资产 | 2.3415 | 2.7128 | 2.6635 | －13.69 | －12.09 | 1.3465 | 1.2809 |

## 600336 青岛澳柯玛股份有限公司

# 二〇〇二年年度报告摘选

### 1.上市公司基本情况简介

1.1 基本情况简介

股票简称:澳柯玛　股票代码:600336　上市交易所:上海证券交易所

注册地址和办公地址:青岛经济技术开发区前湾港路 315 号　邮政编码:266510

公司国际互联网网址:http://www.aucma.com.cn　电子信箱:dmb@aucma.com.cn

1.2 联系人和联系方式

董事会秘书:孙武　联系地址:青岛经济技术开发区前湾港路 315 号

电话:0532－6765129　传真:0532－6765129　电子信箱:sunwu@aucma.com.cn

证券事务代表:王洪阳　联系地址:青岛经济技术开发区前湾港路 315 号

电话:0532－6765129　传真:0532－6765129　电子信箱:wanghy@aucma.com.cn

### 2.会计数据和财务指标摘要

2.1 主要会计数据

| | 2002 年 | 2001 年 | 本年比上年增减(%) | 2000 年 |
|---|---|---|---|---|
| 主营业务收入 | 1,666,306,889.73 | 1,063,127,740.68 | 56.74% | 535,718,507.49 |
| 利润总额 | 35,895,983.68 | 55,004,642.31 | －34.74% | 29,745,998.11 |
| 净利润 | 34,256,922.02 | 42,812,964.53 | －19.98% | 26,294,346.75 |
| 扣除非经常性损益的净利润 | 35,887,960.10 | 34,492,623.91 | 4.05% | 3,334,392.68 |
| | 2002 年末 | 2001 年末 | 本年末比上年末增减(%) | 2000 年末 |
| 总资产 | 3,219,548,337.19 | 3,201,788,460.43 | 0.55% | 2,201,620,695.28 |
| 股东权益(不含少数股东权益) | 1,197,155,641.68 | 1,185,606,797.38 | 0.97% | 1,170,494,294.22 |
| 经营活动产生的现金流量净额 | 176,948,475.36 | 108,545,841.11 | 63.02% | 441,331,023.62 |

2.2 主要财务指标

| | 2002 年 | 2001 年 | 本年比上年增减(%) | 2000 年 |
|---|---|---|---|---|
| 每股收益 | 0.1004 | 0.1255 | －20.00% | 0.105 |
| 每股收益(摊薄) | 0.1004 | 0.1255 | －20.00% | 0.077 |
| 净资产收益率 | 2.88 | 3.63 | －20.66% | 5.96 |
| 扣除非经常性损益的净利润为基础计算的净资产收益率 | 3.01 | 2.93 | 2.73% | 0.76 |
| 每股经营活动产生的现金流量净额 | 0.52 | 0.32 | 62.50% | 1.29 |
| | 2002 年末 | 2001 年末 | 本年末比上年末增减(%) | 2000 年末 |
| 每股净资产 | 3.51 | 3.48 | 0.86% | 3.43 |
| 调整后的每股净资产 | 3.42 | 3.45 | －0.87% | 3.42 |

## 600346 大连冰山橡塑股份有限公司

# 二〇〇二年年度报告摘选

### 1.上市公司基本情况简介

1.1 基本情况简介

股票简称:冰山橡塑　股票代码:600346　上市交易所:上海证券交易所

注册地址和办公地址:大连市甘井子区周水子广场一号　邮政编码:116033

公司国际互联网网址:http://www.dlrpm.com　电子信箱:office@mail.dlrpm.com

1.2 联系人和联系方式

董事会秘书:孙培德　联系地址:大连市甘井子区周水子广场 1 号

电话:0411－6641861 转 6106,6641378　传真:0411－6641645　电子信箱:zqc@mail.dlrpm.com

### 2.会计数据和财务指标摘要

2.1 主要会计数据　单位:元

| | 2002 年 | 2001 年 | 本年比上年增减(%) | 2000 年 |
|---|---|---|---|---|
| 主营业务收入 | 209,179,606.44 | 222,529,837.93 | －6.00 | 210,913,207.76 |
| 利润总额 | 12,925,811.49 | 21,042,399.68 | －38.57 | 17,779,462.44 |
| 净利润 | 8,553,259.94 | 15,925,621.88 | －46.29 | 11,144,941.29 |
| 扣除非经常性损益的净利润 | 8,419,805.45 | 15,606,410.31 | －46.05 | 12,769,565.28 |
| | 2002 年 | 2001 年 | 本年末比上年末增减(%) | 2000 年 |
| 总资产 | 545,541,952.41 | 530,270,936.83 | 2.88 | 325,843,702.65 |
| 股东权益(不含少数股东权益) | 314,791,199.89 | 311,487,939.95 | 1.06 | 121,491,731.93 |
| 经营活动产生的现金流量净额 | －7,552,716.50 | 4,116,385.01 | －283.48 | |

2.2 主要财务指标　单位:元

| | 2002 年 | 2001 年 | 本年比上年增减(%) | 2000 年 调整前 | 2000 年 调整后 |
|---|---|---|---|---|---|
| 每股收益 | 0.08 | 0.15 | －46.67 | 0.159 | 0.197 |
| 每股收益 | 截止披露日有变化的 | | | | |
| 净资产收益率 | 2.72 | 5.12 | －46.88 | 9.17 | 10.6 |
| 扣除非经常性损益的净利润为基础计算的净资产收益率 | 2.70 | 5.02 | －46.22 | 9.41 | 10.99 |
| 每股经营活动产生的现金流量净额 | －0.07 | 0.04 | －275 | 0.128 | 0.128 |
| | 2002 年末 | 2001 年末 | 本年末比上年末增减(%) | 2000 年末 调整前 | 2000 年末 调整后 |
| 每股净资产 | 3.00 | 2.97 | 1.01 | 1.74 | 1.86 |
| 调整后的每股净资产 | 3.00 | 2.95 | 1.01 | 1.73 | 1.86 |

## 600366 宁波韵升(集团)股份有限公司

# 二〇〇二年年度报告摘选

### 1.上市公司基本情况简介

1.1 基本情况简介

股票简称:宁波韵升 股票代码:600366 上市交易所:上海证券交易所

注册地址:浙江省宁波市民安路348号 办公地址:浙江省宁波市民安路348号

邮政编码:315040 公司国际互联网网址:www.yunsheng.com 电子信箱:zqb@yunsheng.com

1.2 联系人和联系方式

董事会秘书:应新异 联系地址:浙江省宁波市民安路348号

电话:0574-87776804 传真:0574-87776466 电子信箱:zqb@yunsheng.com

证券事务代表:朱佩红 联系地址:浙江省宁波市民安路348号

电话:0574-87776939 传真:0574-87776466 电子信箱:zqb@yunsheng.com

### 2.会计数据和财务指标摘要

2.1 主要会计数据

| | 2002年 | 2001年 | 本年比上年增减(%) | 2000年 |
|---|---|---|---|---|
| 主营业务收入 | 709,063,350.77 | 433,552,850.71 | 63.54 | 293,972,017.96 |
| 利润总额 | 78,326,578.55 | 78,398,213.16 | -0.1 | 49,182,211.32 |
| 净利润 | 51,495,471.04 | 64,792,884.02 | -20.52 | 36,048,539.04 |
| 扣除非经常性损益的净利润 | 47,489,064.92 | 46,296,857.70 | 2.58 | 29,802,002.88 |
| | 2002年末 | 2001年末 | 本年末比上年末增减(%) | 2000年末 |
| 总资产 | 1,109,425,689.45 | 807,316,159.08 | 37.42 | 843,608,258.28 |
| 股东权益(不含少数股东权益) | 568,332,433.77 | 562,449,733.75 | 1.05 | 515,102,062.27 |
| 经营活动产生的现金流量净额 | 74,251,783.80 | 33,886,226.94 | 119.12 | 17,339,084.41 |

2.2 主要财务指标

| | 2002年 | 2001年 | 本年比上年增减(%) | 2000年 |
|---|---|---|---|---|
| 每股收益 | 0.1801 | 0.3399 | -47.04 | 0.2836 |
| 净资产收益率 | 9.06% | 11.52% | -21.14 | 6.96% |
| 扣除非经常性损益的净利润为基础计算的净资产收益率 | 8.36% | 8.23% | 1.53 | 5.75% |
| 每股经营活动产生的现金流量净额 | 0.2596 | 0.1777 | 46.11 | 0.1364 |
| | 2002年末 | 2001年末 | 本年末比上年末增减(%) | 2000年末 |
| 每股净资产 | 1.9873 | 2.9502 | -32.64 | 4.0758 |
| 调整后的每股净资产 | 1.9733 | 2.8657 | -31.14 | 3.9903 |

## 600372 江西昌河股份有限公司

# 二〇〇二年年度报告摘选

### 1.上市公司基本情况简介

1.1 基本情况简介

股票简称:昌河股份 股票代码:600372 上市交易所:上海证券交易所

注册地址:江西省景德镇市 办公地址:江西省景德镇市 邮政编码:333002

电子信箱:chgufen@public1.jd.jx.cn

1.2 联系人和联系方式

董事会秘书:杜端甫 联系地址:江西省景德镇市东郊

电话:0798-8448974 传真:0798-8448974 电子信箱:chgufen@public1.jd.jx.cn

### 2.会计数据和财务指标摘要

2.1 主要会计数据 单位:元

| | 2002年 | 2001年 | 本年比上年增减(%) | 2000年 |
|---|---|---|---|---|
| 主营业务收入 | 4,372,983,034.44 | 3,328,468,798.16 | 31.38% | 2,826,881,340.91 |
| 利润总额 | 121,326,628.18 | 84,583,263.56 | 43.44% | 121,223,245.49 |
| 净利润 | 84,838,527.88 | 86,529,340.03 | -1.95% | 90,754,752.72 |
| 扣除非经常性损益的净利润 | 89,459,264.34 | 86,169,911.49 | 3.82% | 96,051,934.99 |
| | 2002年 | 2001年 | 本年末比上年末增减(%) | 2000年 |
| 总资产 | 3,867,290,492.69 | 3,287,764,438.22 | 17.63% | 2,071,888,942.89 |
| 股东权益(不含少数股东权益) | 1,303,932,937.28 | 1,288,689,281.30 | 1.18% | 538,125,630.82 |
| 经营活动产生的现金流量净额 | 327,200,169.90 | 179,358,530.20 | 82.43% | 280,182,586.30 |

2.2 主要财务指标

| | 2002年 | 2001年 | 本年比上年增减(%) | 2000年 |
|---|---|---|---|---|
| 每股收益 | 0.21 | 0.21 | | 0.30 |
| 每股收益* | 0.21 | 0.21 | | 0.30 |
| 净资产收益率 | 6.51% | 6.75% | -3.56% | 17% |
| 扣除非经常性损益的净利润为基础计算的净资产收益率 | 6.86% | 6.74% | 1.78% | 17.58% |
| 每股经营活动产生的现金流量净额 | 0.80 | 0.44 | 82.43% | 1.07 |
| | 2002年 | 2001年 | 本年末比上年末增减(%) | 2000年 |
| 每股净资产 | 3.18 | 3.14 | 1.27% | 1.79 |
| 调整后的每股净资产 | 3.04 | 3.10 | -1.94% | 1.71 |

## 600379 陕西宝光真空电器股份有限公司

# 二〇〇二年年度报告摘选

### 1.上市公司基本情况简介

1.1 基本情况简介

股票简称:宝光股份 股票代码:600379 上市交易所:上海证券交易所

注册地址和办公地址:陕西省宝鸡市高新技术开发区英达路五号 邮政编码:721006

公司国际互联网网址:http://www.baoguang.com 公司电子信箱:office@baoguang.com.cn

1.2 联系人和联系方式

董事会秘书:金宝长 联系地址:陕西省宝鸡市高新技术开发区英达路五号

电话:0917-3561512 传真:0917-3561512 电子信箱:office@baoguang.com.cn

证券事务代表:李文青 联系地址:陕西省宝鸡市高新技术开发区英达路五号

电话:0917-3561512 传真:0917-3561512 电子信箱:office@baoguang.com.cn

### 2.会计数据和财务指标摘要

2.1 主要会计数据 单位:元

| 项目 | 2002年数据 | 2001年数据 | 本年比上年增减(%) | 2000年 |
|---|---|---|---|---|
| 利润总额 | 16,674,632.90 | 15,518,800.12 | 7.45% | 8,361,475.55 |
| 净利润 | 13,902,693.26 | 12,379,964.14 | 12.30% | 6,283,793.36 |
| 扣除非经常性损益的净利润 | 14,263,772.10 | 13,500,143.35 | 5.66% | 6,065,194.96 |
| 主营业务利润 | 86,713,463.82 | 90,206,472.59 | -3.87% | 72,698,926.45 |
| 其他业务利润 | 3,872,623.60 | 2,986,097.61 | 29.69% | 2,559,312.16 |
| 营业利润 | 17,069,713.86 | 15,655,295.59 | 9.03% | 12,436,539.16 |
| 投资收益 | 0.00 | 0.00 | | |
| 补贴收入 | 373,414.94 | 98,500.00 | 279.10% | 300,000.00 |
| 营业外收支净额 | -645,554.37 | -234,995.84 | 174.71% | -4375,063.61 |
| 经营活动产生的现金流量净额 | 35,503,402.96 | 5,993,343.41 | 492.38% | 4,200,215.89 |
| 现金及现金等价物净增加额 | -52,961,400.20 | 158,101,076.81 | -133.50% | 5,940,387.76 |

注:经营活动产生的现金流量净额增加是由于下半年为支付购料款开具的银行承兑汇票款都在下年支付

2.2 主要财务指标 单位:元

| 财务指标 | 2002年 | 2001年 | 本年比上年增减(%) | 2000年 |
|---|---|---|---|---|
| 每股收益(元/股) | 0.0880 | 0.0783 | 11.39 | 0.0582 |
| 每股收益(加权)(元/股) | 0.0880 | 0.1146 | -23.88 | 0.0582 |
| 每股净资产(元/股) | 1.6908 | 1.5708 | 7.59 | 0.9947 |
| 调整后每股净资产(元/股) | 1.6383 | 1.4660 | 0.1715 | 0.8824 |
| 每股经营活动产生的现金流量净额(元) | 0.2247 | 0.0379 | 492.88 | 0.0550 |
| 净资产收益率(摊薄)(%) | 5.204 | 4.988 | 3.40 | 5.849 |
| 净资产收益率(加权)(%) | 5.35 | 11.07 | -51.845 | 6.20 |
| 扣除非经常性损益净资产收益率(%) | 5.34 | 5.40 | 0.92 | 5.61 |

## 600382 广东明珠球阀集团股份有限公司

# 二〇〇二年年度报告摘选

### 1.上市公司基本情况简介

1.1 基本情况简介

股票简称:广东明珠 股票代码:600382 上市交易所:上海证券交易所

注册地址和办公地址:广东省兴宁市兴城镇赤巷口 邮政编码:514500

公司国际互联网网址:http://www.gdmzh.com 电子信箱:600382@gdmzh.com

1.2 联系人和联系方式

董事会秘书:欧阳璟 联系地址:广东省兴宁市兴城镇赤巷口

电话:0753-3338549 传真:0753-3338549 电子信箱:gdmzh@gdmzh.com

证券事务代表:赵永前 联系地址:广东省兴宁市兴城镇赤巷口

电话:0753-3337589 传真:0753-3324118 电子信箱:zyq@gdmzh.com

### 2.会计数据和财务指标摘要

2.1 主要会计数据 单位:元

| | 2002年 | 2001年 | 本年比上年增减(%) | 2000年 |
|---|---|---|---|---|
| 主营业务收入 | 438,866,530.87 | 358,397,608.04 | 22.45 | 343,256,457.28 |
| 利润总额 | 41,500,941.40 | 48,479,411.41 | -14.39 | 37,963,787.88 |
| 净利润 | 35,747,065.26 | 32,825,812.74 | 8.90 | 23,407,532.14 |
| 扣除非经常性损益的净利润 | 12,982,151.37 | 21,738,564.94 | -40.28 | 23,273,532.14 |
| 总资产 | 1,046,570,156.63 | 1,046,770,574.51 | -0.02 | 406,574,288.17 |
| 股东权益(不含少数股东权益) | 499,947,196.49 | 488,203,891.77 | 2.41 | 161,244,168.19 |
| 经营活动产生的现金流量净额 | 10,188,256.27 | 11,317,691.93 | -9.98 | 103,102,240.97 |

2.2 主要财务指标 单位:元

| | 2002年 | 2001年 | 本年比上年增减(%) | 2000年 |
|---|---|---|---|---|
| 每股收益 | 0.21 | 0.19 | 10.53 | 0.21 |
| 净资产收益率 | 7.15 | 6.72 | 6.40 | 14.18 |
| 扣除非经常性损益的净利润为基础计算的净资产收益率 | 2.60 | 4.12 | -36.89 | 14.18 |
| 每股经营活动产生的现金流量净额 | 0.060 | 0.066 | -9.10 | 0.93 |
| 每股净资产 | 2.93 | 2.86 | 2.45 | 1.49 |
| 调整后的每股净资产 | 2.92 | 2.86 | 2.10 | 1.46 |

## 600388 福建龙净环保股份有限公司

### 二〇〇二年年度报告摘选

#### 1.上市公司基本情况简介

1.1 基本情况简介

股票简称:龙净环保 股票代码:600388 上市交易所:上海证券交易所

注册地址和办公地址:福建省龙岩市陵园路 81 号 邮政编码:364000

公司国际互联网网址:http://www.longking.com.cn 电子信箱:longking@public.lyptt.fj.cn

1.2 联系人和联系方式

董事会秘书:陈培敏 联系地址:福建省龙岩市陵园路 81 号

电话:0597－2210288 传真:0597－2290903 电子信箱:lyzhy@public.lyptt.fi.cn

证券事务代表:陈健辉 联系地址:福建省龙岩市陵园路 81 号

电话:0597－2210288 传真:0597－2290903 电子信箱:longking@public.lyptt.fj.cn

#### 2.会计数据和财务指标摘要

2.1 主要会计数据

| | 2002 年 | 2001 年 | 本年比上年增减(%) | 2000 年 |
|---|---|---|---|---|
| 主营业务收入 | 381,961,545.70 | 351,779,383.48 | 8.58 | 185,156,109.84 |
| 利润总额 | 26,292,000.24 | 41,280,308.66 | －36.31 | 29,597,251.27 |
| 净利润 | 25,582,848.23 | 37,134,270.26 | －31.11 | 18,987,835.09 |
| 扣除非经常性损益的净利润 | 25,649,138.97 | 38,239,232.74 | －32.92 | 17,408,086.01 |
| | 2002 年末 | 2001 年末 | 本年末比上年末增减(%) | 2000 年末 |
| 总资产 | 1,109,994,131.91 | 917,754,437.62 | 20.95 | 845,711,621.13 |
| 股东权益(不含少数股东权益) | 633,603,312.59 | 619,610,464.36 | 2.24 | 582,795,346.60 |
| 经营活动产生的现金流量净额 | －76,412,120.88 | －13,731,180.00 | 456.48 | 26,224,557.50 |

2.2 主要财务指标

| | 2002 年 | 2001 年 | 本年比上年增减(%) | 2000 年 |
|---|---|---|---|---|
| 每股收益 | 0.153 | 0.222 | －31.08 | 0.114 |
| 净资产收益率 | 4.04 | 5.99 | －32.55 | 3.26 |
| 扣除非经常性损益的净利润为基础计算的净资产收益率 | 4.05 | 6.17 | －34.36 | 2.34 |
| 每股经营活动产生的现金流量净额 | －0.458 | －0.082 | 456.48 | 0.157 |
| | 2002 年末 | 2001 年末 | 本年末比上年末增减(%) | 2000 年末 |
| 每股净资产 | 3.793 | 3.710 | 2.24 | 3.490 |
| 调整后的每股净资产 | 3.782 | 3.702 | 2.16 | 3.483 |

## 600391 四川成发航空科技股份有限公司

### 二〇〇二年年度报告摘选

#### 1.上市公司基本情况简介

1.1 基本情况简介

股票简称:成发科技 股票代码:600391 上市交易所:上海证券交易所

注册地址:成都高新区高朋大道 11 号科技工业园区

办公地址:成都市双桥子 邮政编码:610067

公司国际互联网网址:http://www.scfast.com 电子信箱:board@scfast.com

1.2 联系人和联系方式

董事会秘书:杨光 联系地址:四川成都双桥子

电话:028－84509005 传真:028－84506505 电子信箱:board@scfast.com

证券事务代表:李志伟 联系地址:四川成都双桥子

电话:028－84509005 传真:028－84506505 电子信箱:board@scfast.com

#### 2.会计数据和财务指标摘要

2.1 主要会计数据 单位:人民币元

| | 2002 年 | 2001 年 | 本年比上年增减(%) | 2000 年 |
|---|---|---|---|---|
| 主营业务收入 | 184,523,690.38 | 204,419,390.08 | －9.73 | 179,674,380.82 |
| 利润总额 | 28,042,758.71 | 35,124,542.66 | －20.16 | 30,176,032.48 |
| 净利润 | 21,420,984.89 | 35,124,542.66 | －39.01 | 30,176,032.48 |
| 扣除非经常性损益的净利润 | 21,869,117.07 | 35,913,338.26 | －39.11 | 30,190,689.49 |
| | 2002 年末 | 2001 年末 | 本年末比上年末增减(%) | 2000 年末 |
| 总资产 | 621,330,057.03 | 663,312,716.83 | －6.33 | 376,744,837.87 |
| 股东权益(不含少数股东权益) | 418,556,633.66 | 420,547,258.88 | －0.47 | 141,412,465.06 |
| 经营活动产生的现金流量净额 | 44,466,582.70 | 28,664,523.85 | 55.13 | 29,101,937.62 |

2.2 主要财务指标 单位:人民币元

| | 2002 年 | 2001 年 | 本年比上年增减(%) | 2000 年 |
|---|---|---|---|---|
| 每股收益 | 0.15 | 0.25 | －40.00 | 0.34 |
| 净资产收益率 | 5.12 | 8.35 | －38.68 | 21.34 |
| 扣除非经常性损益的净利润为基础计算的净资产收益率 | 5.22 | 8.54 | －38.88 | 21.35 |
| 每股经营活动产生的现金流量净额 | 0.32 | 0.20 | 60.00 | 0.21 |
| | 2002 年末 | 2001 年末 | 本年末比上年末增减(%) | 2000 年末 |
| 每股净资产 | 2.99 | 3.00 | －0.33 | 1.57 |
| 调整后的每股净资产 | 2.98 | 3.00 | －0.67 | 1.57 |

## 600397 安源实业股份有限公司

### 二〇〇二年年度报告摘选

#### 1.上市公司基本情况简介

1.1 基本情况简介

股票简称:安源股份 股票代码:600397 上市交易所:上海证券交易所

注册地址和办公地址:江西省萍乡市昭萍东路 3 号 邮政编码:337003

公司国际互联网网址:http://www.anyuan1999.com 电子信箱:anyuan1999@163.net

1.2 联系人和联系方式

董事会秘书:陈松柳 联系地址:江西省萍乡市昭萍东路 3 号

电话:0799－6581363 传真:0799－6581363 电子信箱:chs16278@163.com

证券事务代表:文俊宇 联系地址:江西省萍乡市昭萍东路 3 号

电话:0799－6581386 传真:0799－6581363 电子信箱:wenjunyu1974@163.com

#### 2.会计数据和财务指标摘要

2.1 主要会计数据 单位:元

| 项目 | 2002 年 | 2001 年 | 本年比上年增减(%) | 2000 年 |
|---|---|---|---|---|
| 主营业务收入 | 407,798,684.94 | 406,259,789.04 | 0.38 | 338,876,253.99 |
| 利润总额 | 68,042,594.66 | 67,288,976.93 | 1.12 | 58,517,717.37 |
| 净利润 | 47,670,224.41 | 50,390,964.02 | －5.40 | 43,439,415.03 |
| 扣除非经常性损益的净利润 | 47,844,514.90 | 50,370,180.08 | －5.01 | 43,833,398.03 |
| 项目 | 2002 年 | 2001 年 | 本年比上年增减(%) | 2000 年 |
| 总资产 | 1,075,420,683.32 | 546,438,796.71 | 96.81 | 473,832,148.96 |
| 股东权益(不含少数股东权益) | 716,851,516.82 | 231,028,348.55 | 210.29 | 219,897,334.71 |
| 经营活动产生的现金流量净额 | 35,792,661.83 | 73,690,869.88 | －51.43 | 53,730,056.95 |

2.2 主要财务指标

| 项目 | 2002 年 | 2001 年 | 本年比上年增减(%) | 2000 年 |
|---|---|---|---|---|
| 每股收益 | 0.2167 | 0.3599 | －39.79 | 0.3103 |
| 净资产收益率 | 6.650% | 20.560% | －67.66 | 19.735% |
| 扣除非经常性损益的净利润为基础计算的净资产收益率 | 6.674% | 21.803% | －69.39 | 31.297% |
| 每股经营活动产生的现金流量净额 | 0.1627 | 0.5692 | －71.42 | 0.3838 |
| 项目 | 2002 年 | 2001 年 | 本年比上年增减(%) | 2000 年 |
| 每股净资产 | 3.26 | 1.65 | 97.58 | 1.57 |
| 调整后的每股净资产 | 3.24 | 1.63 | 98.77 | 1.56 |

## 600416 湘潭电机股份有限公司

### 二〇〇二年年度报告摘选

#### 1.上市公司基本情况简介

1.1 基本情况简介

股票简称:湘电股份 股票代码:600416 上市交易所:上海证券交易所

注册地址和办公地址:中国湖南省湘潭市下摄司街 302 号 邮政编码:411101

公司国际互联网网址:http://www.xemw.com 电子信箱:Qshxx@xemw.com

1.2 联系人和联系方式

董事会秘书:汤鸿辉 联系地址:中国湖南省湘潭市下摄司街 302 号

电话:0732－8595089 8595320 传真:0732－8610767 8595732

电子信箱:dshmsh@xemw.com

证券事务代表:肖锋 联系地址:中国湖南省湘潭市下摄司街 302 号

电话:0732－8595732 8595252 传真:0732－8595732 电子信箱:xtdjzjb@163.net

#### 2.会计数据和财务指标摘要

2.1 主要会计数据(单位:元)

| | 2002 年 | 2001 年 | 本年比上年增减(%) | 2000 年 |
|---|---|---|---|---|
| 主营业务收入 | 573,960,299 | 522,717,838 | 9.80 | 481,879,827 |
| 利润总额 | 62,643,472 | 61,471,596 | 1.91 | 58,408,990 |
| 净利润 | 40,844,889 | 39,286,326 | 3.97 | 37,285,122 |
| 扣除非经常性损益的净利润 | 41,986,458 | 39,479,443 | 6.35 | 34,435,597 |
| | 2002 年末 | 2001 年末 | 本年末比上年末增减(%) | 2000 年末 |
| 总资产 | 1,049,132,542 | 653,841,120 | 60.46 | 583,329,240 |
| 股东权益(不含少数股东权益) | 617,899,462 | 229,419,715 | 169.33 | 190,133,389 |
| 经营活动产生的现金流量净额 | 4,377,797 | 47,817,638 | －90.84 | 24,447,593 |

2.2 主要财务指标(单位:元)

| | 2002 年 | 2001 年 | 本年比上年增减(%) | 2000 年 |
|---|---|---|---|---|
| 每股收益(元/股) | 0.21 | 0.33 | －36.36 | 0.31 |
| 净资产收益率(%) | 6.61 | 17.12 | －10.51 | 19.61 |
| 扣除非经常性损益的净利润为基础计算的净资产收益率(%) | 6.80 | 17.21 | －10.41 | 18.11 |
| 每股经营活动产生的现金流量净额(元/股) | 0.02 | 0.40 | －95.00 | 0.20 |
| | 2002 年末 | 2001 年末 | 本年末比上年末增减(%) | 2000 年末 |
| 每股净资产(元/股) | 3.17 | 1.91 | 65.97 | 1.58 |
| 调整后的每股净资产(元/股) | 3.16 | 1.91 | 65.45 | 1.58 |

# 600418 安徽江淮汽车股份有限公司

## 二〇〇二年年度报告摘选

### 1.上市公司基本情况简介

1.1 基本情况简介
股票简称:江淮汽车 股票代码:600418 上市交易所:上海证券交易所
注册地址:合肥市东流路176号 办公地址:合肥市东流路176号 邮政编码:230022
公司国际互联网网址:http://www.jac.com.cn 电子信箱:jqgf@jac.com.cn
1.2 联系人和联系方式
董事会秘书:王敏 联系地址:合肥市东流路176号证券部
电话:0551-3415133-6835 传真:0551-3425437 电子信箱:jqgf@jac.com.cn

### 2.会计数据和财务指标摘要

2.1 主要会计数据

| | 2002年 | 2001年 | 本年比上年增减(%) | 2000年 | |
|---|---|---|---|---|---|
| | | | | 调整后 | 调整前 |
| 主营业务收入 | 3,442,996,006.71 | 1,989,381,523.15 | 73.07 | 1,793,642,832.46 | 1,793,642,832.46 |
| 利润总额 | 162,080,333.49 | 104,241,306.17 | 55.49 | 98,650,617.62 | 98,650,617.62 |
| 净利润 | 132,414,176.87 | 88,962,410.67 | 48.84 | 81,654,875.03 | 81,654,875.03 |
| 扣除非经常性损益的净利润 | 133,550,447.14 | 90,080,316.43 | 48.26 | 81,547,265.55 | 81,547,265.55 |
| | 2002年 | 2001年 | 本年比上年增减(%) | 2000年 | |
| | | | | 调整后 | 调整前 |
| 总资产 | 1,817,741,625.46 | 1,371,371,007.72 | 32.55 | 651,413,668.87 | 651,413,668.87 |
| 股东权益(不含少数股东权益) | 1,104,128,667.52 | 1,029,514,490.65 | 7.25 | 235,731,595.76 | 235,731,595.76 |
| 经营活动产生的现金流量净额 | 344,761,324.11 | -14,784,509.29 | 2,431.91 | 135,883,294.58 | 135,883,294.58 |

2.2 主要财务指标

| | 2002年 | 2001年 | 本年比上年增减(%) | 2000年 | |
|---|---|---|---|---|---|
| | | | | 调整后 | 调整前 |
| 每股收益 | 0.58 | 0.39 | 47.62 | 0.54 | 0.54 |
| 净资产收益率 | 11.99 | 8.64 | 38.77 | 34.64 | 34.64 |
| 扣除非经常性损益的净利润为基础计算的净资产收益率(摊薄) | 12.10 | 8.75 | 38.29 | 34.64 | 34.64 |
| 每股经营活动产生的现金流量净额 | 1.50 | -0.06 | 2600 | 0.91 | 0.91 |
| | 2002年末 | 2001年末 | 本年比上年增减(%) | 2000年 | |
| | | | | 调整后 | 调整前 |
| 每股净资产 | 4.80 | 4.48 | 7.14 | 1.57 | 1.57 |
| 调整后的每股净资产 | 4.77 | 4.46 | 6.95 | 1.57 | 1.57 |

# 600468 天津特精液压股份有限公司

## 二〇〇二年年度报告摘选

### 1.上市公司基本情况简介

1.1 基本情况简介
股票简称:特精股份 股票代码:600468 上市交易所:上海证券交易所
注册地址:天津市南开区南泥湾路8号
办公地址:天津市南开区南开三纬路63号 邮政编码:300100
公司国际互联网网址:http://www.hyd-machchina.com 电子信箱:tjhc@hyd-machchina.com
1.2 联系人和联系方式
董事会秘书:梁岩 联系地址:天津市南开区南开三纬路63号
电话:022-27386320 传真:022-27386320 电子信箱:tjgf@sohu.com

### 2.会计数据和财务指标摘要

2.1 主要会计数据

| | 2002年(本年) | 2001年(上年) | 本年比上年增减(%) | 2000年 |
|---|---|---|---|---|
| 主营业务收入 | 226,748,538.10 | 133,943,431.70 | 69.29 | 150,858,959.38 |
| 利润总额 | 9,526,431.00 | 6,645,827.17 | 43.34 | 19,362,861.49 |
| 净利润 | 4,157,891.09 | 5,113,908.00 | -18.69 | 15,032,861.63 |
| 扣除非经常性损益的净利润 | 3,207,565.05 | 3,910,447.26 | -17.97 | 12,202,464.56 |
| | 2002年末 | 2001年末 | 本年末比上年末增减(%) | 2000年末 |
| 总资产 | 708,670,809.92 | 559,746,778.85 | 26.61 | 365,668,933.39 |
| 股东权益(不含少数股东权益) | 333,430,682.69 | 335,161,219.57 | -0.52 | 133,488,456.62 |
| 经营活动产生的现金流量净额 | -48,976,878.37 | -39,452,275.54 | -24.14 | 45,424,459.18 |

2.2 主要财务指标

| | 2002年(本年) | 2001年(上年) | 本年比上年增减(%) | 2000年 |
|---|---|---|---|---|
| 每股收益 | 0.038 | 0.046 | -17.39 | 0.188 |
| 净资产收益率 | 1.25 | 1.52 | -17.76 | 11.26 |
| 扣除非经常性损益的净利润为基础计算的净资产收益率 | 0.96 | 1.54 | -37.66 | 9.55 |
| 每股经营活动产生的现金流量净额 | -0.445 | -0.359 | -23.96 | 0.568 |
| | 2002年末 | 2001年末 | 本年末比上年末增减(%) | 2000年末 |
| 每股净资产 | 3.031 | 3.047 | -0.52 | 1.669 |
| 调整后的每股净资产 | 3.015 | 3.034 | -0.63 | 1.661 |

# 600496 安徽长江农业装备股份有限公司

## 二〇〇二年年度报告摘选

### 1.上市公司基本情况简介

1.1 基本情况简介
股票简称:长江股份 股票代码:600496 上市交易所:上海证券交易所
注册地址和办公地址:安徽省六安市江淮路28号 邮政编码:237009
公司国际互联网网址:http://www.cjgf.com.cn 电子信箱:cjgf@mail.la.ah163.net
1.2 联系人和联系方式
董事会秘书:喻小平 联系地址:安徽省六安市江淮路28号
电话:0564-3366648 传真:0564-3364237 电子信箱:cjgf@mail.la.ah163.net
证券事务代表:汤玉鹏 联系地址:安徽省六安市江淮路28号
电话:0564-3366353 传真:0564-3364237 电子信箱:cjgf@mail.la.ah163.net

### 2.会计数据和财务指标摘要

2.1 主要会计数据 单位:人民币元

| | 2002年 | 2001年 | 本年比上年增减(%) | 2000年 |
|---|---|---|---|---|
| 主营业务收入 | 138,805,636.78 | 178,207,054.46 | -22.11 | 197,101,507.58 |
| 利润总额 | 10,046,563.28 | 18,884,955.79 | -46.80 | 18,920,012.95 |
| 净利润 | 6,731,593.40 | 12,656,313.11 | -46.81 | 12,676,408.68 |
| 扣除非经常性损益的净利润 | 6,321,179.49 | 12,638,585.43 | -49.98 | 12,795,592.73 |
| | 2002年末 | 2001年末 | 本年末比上年末增减(%) | 2000年末 |
| 总资产 | 345,449,097.87 | 193,546,435.89 | 78.48 | 199,892,950.36 |
| 股东权益(不含少数股东权益) | 244,992,205.99 | 99,642,352.72 | 145.87 | 97,486,039.61 |
| 经营活动产生的现金流量净额 | 22,381,045.93 | 26,337,957.38 | -15.02 | 9,648,487.83 |

2.2 主要财务指标

| | 2002年 | 2001年 | 本年比上年增减(%) | 2000年 |
|---|---|---|---|---|
| 每股收益(摊薄) | 0.06 | 0.18 | -66.67 | 0.18 |
| 每股收益(加权平均) | 0.07 | 0.18 | -61.11 | 0.18 |
| 净资产收益率(摊薄) | 2.75% | 12.70% | -78.35 | 13.00% |
| 净资产收益率(加权平均) | 3.70% | 11.60% | -68.10 | 11.94% |
| 扣除非经常性损益的净利润为基础计算的净资产收益率(摊薄) | 2.58% | 12.68% | -79.65 | 13.19% |
| 扣除非经常性损益的净利润为基础计算的净资产收益率(加权平均) | 3.48% | 12.59% | -72.36 | 12.05% |
| 每股经营活动产生的现金流量净额 | 0.20 | 0.38 | -47.37 | 0.14 |
| | 2002年末 | 2001年末 | 本年末比上年末增减(%) | 2000年末 |
| 每股净资产 | 2.23 | 1.42 | 56.46 | 1.39 |
| 调整后的每股净资产 | 2.23 | 1.42 | 56.59 | 1.39 |

# 600499 广东科达机电股份有限公司

## 二〇〇二年年度报告摘选

### 1.上市公司基本情况简介

1.1 基本情况简介
股票简称:科达机电 股票代码:600499 上市交易所:上海证券交易所
注册地址:广东省顺德市容桂镇高新技术产业开发园桥东路8号
办公地址:广东省顺德市陈村大都工业区 邮政编码:528313
公司国际互联网网址:http://www.kedagroup.com 电子信箱:kedasec@21cn.com
1.2 联系人和联系方式
董事会秘书:谭登平 联系地址:广东省顺德市陈村大都工业区
电话:0765-3833869 传真:0765-3312955 电子信箱:kedasec@21cn.com
证券事务代表:陈家旺 联系地址:广东省顺德市陈村大都工业区
电话:0765-3832999 传真:0765-3312955 电子信箱:kedasec@21cn.com

### 2.会计数据和财务指标摘要

2.1 主要会计数据

| | 2002年 | 2001年 | 本年比上年增减(%) | 2000年 |
|---|---|---|---|---|
| 主营业务收入 | 216,830,657.13 | 147,620,915.04 | 46.88 | 107,384,191.36 |
| 利润总额 | 36,521,672.78 | 28,005,001.91 | 30.41 | 20,615,038.97 |
| 净利润 | 33,488,948.03 | 24,972,277.16 | 34.10 | 17,582,314.22 |
| 扣除非经常性损益的净利润 | 33,300,695.46 | 25,022,366.79 | 33.08 | 16,208,378.18 |
| | 2002年末 | 2001年末 | 本年末比上年末增减(%) | 2000年末 |
| 总资产 | 492,030,609.01 | 146,483,444.79 | 235.90 | 124,262,040.32 |
| 股东权益(不含少数股东权益) | 378,767,737.72 | 73,843,533.69 | 412.93 | 46,601,239.17 |
| 经营活动产生的现金流量净额 | 33,198,387.24 | 16,307,821.36 | 103.57 | 8,677,711.12 |

2.2 主要财务指标

| | 2002年 | 2001年 | 本年比上年增减(%) | 2000年 |
|---|---|---|---|---|
| 每股收益 | 0.606 | 0.707 | -14.29 | 0.489 |
| 每股收益* | 0.602 | 0.709 | -15.09 | 0.459 |
| 净资产收益率 | 8.84 | 33.82 | -73.86 | 37.73 |
| 扣除非经常性损益的净利润为基础计算的净资产收益率 | 8.79 | 33.89 | -74.06 | 34.78 |
| 每股经营活动产生的现金流量净额 | 0.60 | 0.462 | 29.87 | 0.246 |
| | 2002年末 | 2001年末 | 本年末比上年末增减(%) | 2000年末 |
| 每股净资产 | 6.849 | 2.09 | 227.70 | 1.32 |
| 调整后的每股净资产 | 6.849 | 2.83 | 142.01 | 1.313 |

## 600501 南京晨光航天应用技术股份有限公司

### 二〇〇二年年度报告摘选

#### 1.上市公司基本情况简介

1.1 基本情况简介

股票简称:航天晨光 股票代码:600501 上市交易所:上海证券交易所

注册地址:南京江宁经济技术开发区天元路 139 号

办公地址:南京市秦淮区正学路一号 邮政编码:210006

公司国际互联网网址:http://www.aeroshiny.com 电子信箱:htcg@jlonline.com

1.2 联系人和联系方式

董事会秘书:吴道琴 联系地址:南京市秦淮区正学路一号

电话:025－2413078－2043 或 2441163 传真:025－2410226 电子信箱:600501@aeroshiny.com

证券事务代表:张智秀 联系地址:南京市秦淮区正学路一号

电话:025－2413078－2038 传真:025－2407656 电子信箱:zt@aeroshiny.com

#### 2.会计数据和财务指标摘要

2.1 主要会计数据

| 项目 | 2002 年 | 2001 年 | 本年比上年增减 | 2000 年 |
|---|---|---|---|---|
| 主营业务收入 | 568,206,412.96 | 441,265,538.18 | 28.77% | 359,524,493.50 |
| 利润总额 | 42,238,268.84 | 40,178,214.74 | 5.13% | 34,403,589.06 |
| 净利润 | 32,914,168.68 | 33,009,067.82 | －0.29% | 26,829,226.66 |
| 扣除非经常性损益的净利润 | 31,375,215.99 | 35,569,502.21 | －11.79% | 27,489,678.13 |
| | 2002 年末 | 2001 年末 | 本年末比上年末增减 | 2000 年末 |
| 总资产 | 930,499,833.75 | 792,746,435.67 | 17.38% | 424,818,800.03 |
| 股东权益(不含少数股东权益) | 458,192,575.40 | 449,812,172.37 | 1.86% | 158,487,158.07 |
| 经营活动产生的现金流量净额 | 51,522,884.47 | 18,428,992.64 | 179.58% | 39,153,491.94 |

2.2 主要财务指标

| 项目 | 2002 年 | 2001 年 | 本年比上年增减 | 2000 年 追溯调整前 | 2000 年 追溯调整后 |
|---|---|---|---|---|---|
| 每股收益(摊薄数) | 0.18 | 0.27 | －34.52% | 0.32 | 0.27 |
| 净资产收益率 | 7.24% | 7.34% | －1.28% | 16.93% | 14.66% |
| 扣除非经常性损益的净利润为基础计算的加权平均净资产收益率 | 6.77% | 11.09% | －38.96% | 0.33 | 0.37 |
| 每股经营活动产生现金流量净额 | 0.28 | 0.15 | 83.58% | 0.332 | 0.332 |
| | 2002 年末 | 2001 年末 | 本年末比上年末增减 | 追溯调整前 | 追溯调整后 |
| 每股净资产 | 2.43 | 3.657 | －33.67% | 1.909 | 1.821 |
| 调整后的每股净资产 | 2.38 | 3.585 | －33.59% | 1.780 | 1.692 |

## 600520 铜陵三佳模具股份有限公司

### 二〇〇二年年度报告摘选

#### 1.上市公司基本情况简介

1.1 基本情况简介

股票简称:三佳模具 股票代码:600520 上市交易所:上海证券交易所

注册地址:安徽省铜陵经济技术开发区

办公地址:安徽省铜陵市石城路电子工业区 邮政编码:244000

公司国际互联网网址:http://www.sanjia.net 电子信箱:sanjia@sanjia.net

1.2 联系人和联系方式

董事会秘书:谢乐平 联系地址:安徽省铜陵市石城路电子工业区董事会秘书处

电话:0562－2627520 传真:0562－2627555 电子信箱:xlp@sanjia.net

#### 2.会计数据和财务指标摘要

2.1 主要会计数据(单位:人民币元)

| | 2002 年 | 2001 年 | 本年比上年增减(%) | 2000 年 |
|---|---|---|---|---|
| 主营业务收入 | 93,639,904.09 | 82,860,000.55 | 13.01 | 65,533,262.35 |
| 利润总额 | 30,959,745.81 | 31,985,977.11 | －3.21 | 24,39,66.70 |
| 净利润 | 20,501,207.19 | 21,270,414.90 | －3.62 | 16,554,826.38 |
| 扣除非经常性损益的净利润 | 20,552,759.54 | 21,243,701.03 | －3.25 | 16,554,826.38 |
| | 2002 年末 | 2001 年末 | 本年末比上年末增减(%) | 2000 年末 |
| 总资产 | 349,233,984.20 | 299,624,293.89 | 16.56 | 102,826,820.37 |
| 股东权益(不含少数股东权益) | 252,014,903.24 | 221,775,473.25 | 13.64 | 39,747,558.35 |
| 经营活动产生的现金流量净额 | 7,692,998.91 | 6,151,459.18 | 25.06 | 15,441,351.77 |

2.2 主要财务指标

| | 2002 年 | 2001 年 | 本年比上年增减(%) | 2000 年 |
|---|---|---|---|---|
| 每股收益 | 0.33 | 0.34 | －2.94 | 0.44 |
| 净资产收益率 | 8.13% | 9.59% | －15.22 | 14.65% |
| 扣除非经常性损益的净利润为基础计算的净资产收益率 | 8.15% | 42.16% | －80.67 | 31.93% |
| 每股经营活动产生的现金流量净额 | 0.12 | 0.10 | 20 | 0.41 |
| | 2002 年末 | 2001 年末 | 本年末比上年末增减(%) | 2000 年末 |
| 每股净资产 | 4.01 | 3.53 | 13.60 | 1.05 |
| 调整后的每股净资产 | 3.99 | 3.52 | 13.35 | 1.04 |

## 600523 贵州贵航汽车零部件股份有限公司

### 二〇〇二年年度报告摘选

#### 1.上市公司基本情况简介

1.1 基本情况简介

股票简称:贵航股份 股票代码:600523 上市交易所:上海证券交易所

注册地址:贵阳国家高新技术产业开发区火炬大道 1 号

办公地址:贵州省贵阳市新华路 9 号乌江大厦 14 层 邮政编码:550002

电子信箱:Ghgf－zqb@china.com

1.2 联系人和联系方式

董事会秘书:朱华斌 联系地址:贵州省贵阳市新华路 9 号乌江大厦 14 层

电话:0851－5815780 传真:0851－5870544 电子信箱:Ghgf－zqb@china.com

证券事务代表:陈娅萍 联系地址:贵州省贵阳市新华路 9 号乌江大厦 14 层

电话:0851－5815780 传真:0851－5870544 电子信箱:Ghgf－zqb@china.com

#### 2.会计数据和财务指标摘要

2.1 主要会计数据 单位:人民币元

| | 2002 年 | 2001 年 | 本年比上年增减(%) | 2000 年 |
|---|---|---|---|---|
| 主营业务收入 | 379,021,800.72 | 354,509,142.53 | 6.91 | 384,690,470.99 |
| 利润总额 | 5,628,871.21 | 25,009,269.55 | －77.50 | 47,029,463.92 |
| 净利润 | 2,852,521.38 | 18,441,632.52 | －84.54 | 37,219,413.65 |
| 扣除非经常性损益的净利润 | 4,305,215.24 | 20,236,912.10 | －78.75 | 27,539,989.54 |
| | 2002 年末 | 2001 年末 | 本年末比上年末增减(%) | 2000 年末 |
| 总资产 | 1,061,916,982.13 | 1,108,827,022.25 | －4.24 | 807,790,574.79 |
| 股东权益(不含少数股东权益) | 564,816,060.42 | 570,320,508.84 | －0.97 | 225,737,619.16 |
| 经营活动产生的现金流量净额 | 6,051,072.09 | 29,759,025.51 | －79.67 | 60,467,938.48 |

2.2 主要财务指标

| | 2002 年 | 2001 年 | 本年比上年增减(%) | 2000 年 |
|---|---|---|---|---|
| 每股收益(摊薄) | 0.013 | 0.09 | －85.56 | 0.25 |
| 每股收益(加权) | 0.013 | 0.13 | －90.00 | 0.25 |
| 净资产收益率 | 0.51% | 3.34% | －84.74 | 16.49% |
| 扣除非经常性损益的净利润为基础计算的净资产收益率 | 0.76% | 3.63% | －79.07 | 12.21% |
| 每股经营活动产生的现金流量净额 | 0.03 | 0.14 | －78.58 | 0.40 |
| | 2002 年末 | 2001 年末 | 本年末比上年末增减(%) | 2000 年末 |
| 每股净资产 | 2.57 | 2.59 | －0.78 | 1.51 |
| 调整后的每股净资产 | 2.57 | 2.60 | －1.16 | 1.39 |

## 600526 浙江菲达环保科技股份有限公司

### 二〇〇二年年度报告摘选

#### 1.上市公司基本情况简介

1.1 基本情况简介

股票简称:菲达环保 股票代码:600526 上市交易所:上海证券交易所

注册地址和办公地址:浙江省诸暨市望云路 88 号 邮政编码:311800

公司国际互联网网址:http://www.zhejiangfeida.com 电子信箱:feida@mail.sxptt.zj.cn

1.2 联系人和联系方式

董事会秘书:屠天云 联系地址:浙江省诸暨市望云路 88 号

电话:0575－7385602 传真:0575－7214695 电子信箱:feida@mail.sxptt.zj.cn

证券事务代表:周明良 联系地址:浙江省诸暨市望云路 88 号

电话:0575－7212511 传真:0575－7214695 电子信箱:Feidal@mail.sxptt.zj.cn

#### 2.会计数据和财务指标摘要

2.1 主要会计数据

| | 2002 年 | 2001 年 | 本年比上年增减(%) | 2000 年 |
|---|---|---|---|---|
| 主营业务收入 | 327,580,241.38 | 267,780,825.82 | 22.33 | 203,607,252.12 |
| 利润总额 | 38,624,411.32 | 35,047,498.60 | 10.21 | 23,937,643.22 |
| 净利润 | 23,659,488.81 | 21,414,539.07 | 10.48 | 14,708,313.88 |
| 扣除非经常性损益的净利润 | 23,912,899.34 | 21,892,092.28 | 9.23 | 14,884,960.16 |
| | 2002 年末 | 2001 年末 | 本年末比上年末增减(%) | 2000 年末 |
| 总资产 | 665,415,507.74 | 275,400,805.99 | 141.62 | 221,880,362.78 |
| 股东权益(不含少数股东权益) | 372,113,462.86 | 96,122,852.95 | 287.12 | 74,708,313.88 |
| 经营活动产生的现金流量净额 | 32,419,210.91 | 11,043,568.08 | 193.56 | －17,458,130.65 |

2.2 主要财务指标

| | 2002 年 | 2001 年 | 本年比上年增减(%) | 2000 年 |
|---|---|---|---|---|
| 每股收益 | 0.24 | 0.36 | －33 | 0.23 |
| 净资产收益率 | 6.36% | 22.27% | －71 | 19.64% |
| 扣除非经常性损益的净利润为基础计算的净资产收益率 | 6.43% | 22.78% | －72 | 19.92% |
| 每股经营活动产生的现金流量净额 | 0.32 | 0.18 | 78 | －0.29 |
| | 2002 年末 | 2001 年末 | 本年末比上年末增减(%) | 2000 年末 |
| 每股净资产 | 3.72 | 1.6 | 133 | 1.25 |
| 调整后的每股净资产 | 3.72 | 1.6 | 133 | 1.25 |

## 600550 保定天威保变电气股份有限公司

# 二〇〇二年年度报告摘选

## 1.上市公司基本情况简介

1.1 基本情况简介

股票简称:天威保变 股票代码:600550 上市交易所:上海证券交易所

注册地址:保定国家高新技术产业开发区竞秀街28号

办公地址:河北省保定市江城路318号 邮政编码:071056

公司国际互联网网址:http://www.btwbb.com/ 电子信箱:tzb@twbb.com.cn

1.2 联系人和联系方式

董事会秘书:张继承 联系地址:河北省保定市江城路318号

电话:(0312)3252455 传真:(0312)3230382 电子信箱:zh.jicheng@sina.com

## 2.会计数据和财务指标摘要

2.1 主要会计数据

| | 2002年 | 2001年 | 本年比上年增减(%) | 2000年 |
|---|---|---|---|---|
| 主营业务收入 | 652,814,495.28 | 611,934,673.43 | 6.68 | 614,275,015.71 |
| 利润总额 | 53,538,370.64 | 51,834,963.34 | 3.29 | 58,483,169.99 |
| 净利润 | 33,203,912.68 | 44,061,387.93 | -24.64 | 49,083,233.03 |
| 扣除非经常性损益的净利润 | 32,714,648.93 | 41,759,535.74 | -21.66 | 48,492,014.34 |
| | 2002年末 | 2001年末 | 本年末比上年末增减(%) | 2000年末 |
| 总资产 | 1,639,499,311.71 | 1,472,546,623.22 | 11.34 | 827,860,736.94 |
| 股东权益(不含少数股东权益) | 870,906,395.19 | 837,154,108.32 | 4.03 | 277,222,378.86 |
| 经营活动产生的现金流量净额 | 55,777,666.43 | 62,597,826.35 | -10.90 | -5,280,132.80 |

2.2 主要财务指标

| | 2002年 | 2001年 | 本年比上年增减(%) | 2000年 |
|---|---|---|---|---|
| 每股收益 | 0.10 | 0.20 | -50 | 0.31 |
| 净资产收益率 | 3.81 | 5.26 | -27.57 | 17.71 |
| 扣除非经常性损益的净利润为基础计算的净资产收益率 | 3.83 | 5.34 | -28.28 | 17.94 |
| 每股经营活动产生的现金流量净额 | 0.17 | 0.28 | -39.29 | -0.03 |
| | 2002年末 | 2001年末 | 本年末比上年末增减(%) | 2000年末 |
| 每股净资产 | 2.64 | 3.81 | -30.71 | 1.73 |
| 调整后的每股净资产 | 2.61 | 3.80 | -31.32 | 1.73 |

## 600560 北京金自天正智能控制股份有限公司

# 二〇〇二年年度报告摘选

## 1.公司基本情况简介

1.1 基本情况简介

股票简称:金自天正 股票代码:600560 上市交易所:上海证券交易所

注册地址:北京市丰台区丰台路84号 办公地址:北京市丰台区丰台路84号

邮政编码:100071

公司国际互联网网址:http://www.AriTime.com.cn 电子信箱:aritime@AriTime.com

1.2 联系人和联系方式

董事会秘书:胡邦周 联系地址:北京金自天正智能控制股份有限公司董事会秘书办公室

电话:010-63848915 传真:010-63812131 电子信箱:hubangzhou@sohu.com

证券事务代表:党红文 联系地址:北京金自天正智能控制股份有限公司董事会秘书办公室

电话:010-63848915 传真:010-63812131 电子信箱:hongwen@263.net

## 2.会计数据和财务指标摘要

2.1 主要会计数据

| | 2002年 | 2001年 | 本年比上年增减(%) | 2000年 |
|---|---|---|---|---|
| 主营业务收入 | 174,906,545.00 | 150,992,922.07 | 15.84 | 124,801,607.60 |
| 利润总额 | 23,304,967.28 | 21,133,312.27 | 10.28 | 16,920,966.85 |
| 净利润 | 23,304,967.28 | 21,133,312.27 | 10.28 | 16,920,966.85 |
| 扣除非经常性损益的净利润 | 23,365,553.51 | 22,094,567.05 | 5.75 | 18,609,258.85 |
| | 2002年末 | 2001年末 | 本年末比上年末增减(%) | 2000年末 |
| 总资产 | 509,244,644.90 | 226,121,987.21 | 125.21 | 248,271,191.08 |
| 股东权益(不含少数股东权益) | 366,056,259.85 | 101,663,461.78 | 260.07 | 90,286,749.51 |
| 经营活动产生的现金流量净额 | 4,855,499.82 | 6,467,091.96 | -24.92 | 891,183.49 |

2.2 主要财务指标

| | 2002年 | 2001年 | 本年比上年增减(%) | 2000年 |
|---|---|---|---|---|
| 每股收益 | 0.30 | 0.45 | -33.33 | 0.36 |
| 净资产收益率 | 6.37 | 20.79 | -69.36 | 18.74 |
| 扣除非经常性损益的净利润为基础计算的净资产收益率 | 6.38 | 21.73 | -70.64 | 20.61 |
| 每股经营活动产生的现金流量净额 | 0.06 | 0.14 | -57.14 | 0.02 |
| | 2002年末 | 2001年末 | 本年末比上年末增减(%) | 2000年末 |
| 每股净资产 | 4.79 | 2.19 | 118.72 | 1.94 |
| 调整后的每股净资产 | 4.77 | 2.17 | 119.82 | 1.91 |

## 600565 重庆市迪马实业股份有限公司

# 二〇〇二年年度报告摘选

## 1.上市公司基本情况简介

1.1 基本情况简介

股票简称:迪马股份 股票代码:600565 上市交易所:上海证券交易所

注册地址:重庆市南岸区白鹤路108号

办公地址:重庆市南岸区南城大道正联大厦21楼 邮政编码:400060

公司国际互联网网址:http://www.cqdima.com.cn 电子信箱:cqdmgf@cta.cq.cn

1.2 联系人和联系方式

董事会秘书:黄力进 联系地址:重庆市南岸区南城大道199号正联大厦21楼

电话:023-69021876 传真:023-69021878 电子信箱:cqdmgf@cta.cq.cn

证券事务代表:童永秀 联系地址:重庆市南岸区南城大道199号正联大厦21楼

电话:023-69021877 传真:023-69021878 电子信箱:cqdmgf@cta.cq.cn

## 2.会计数据和财务指标摘要

2.1 主要会计数据(单位:千元)

| | 2002年 | 2001年 | 本年比上年增减(%) | 2000年 |
|---|---|---|---|---|
| 主营业务收入 | 484,796 | 473,228 | 2.44 | 371,134 |
| 利润总额 | 42,379 | 55,943 | -24.25 | 39,839 |
| 净利润 | 35,103 | 47,250 | -25.71 | 33,292 |
| 扣除非经常性损益的净利润 | 35,143 | 48,234 | -27.14 | 33,650 |
| | 2002年末 | 2001年末 | 本年末比上年末增减(%) | 2000年末 |
| 总资产 | 510,081 | 224,263 | 127.44 | 197,582 |
| 股东权益(不含少数股东权益) | 379,904 | 72,370 | 424.95 | 65,920 |
| 经营活动产生的现金流量净额 | 24,983 | 8,318 | 200.35 | 23,893 |

2.2 主要财务指标

| | 2002年 | 2001年 | 本年比上年增减(%) | 2000年 |
|---|---|---|---|---|
| 每股收益 | 0.44 | 0.79 | -44.30 | 0.55 |
| 净资产收益率 | 9.24 | 65.29 | -85.85 | 50.50 |
| 扣除非经常性损益的净利润为基础计算的净资产收益率 | 9.25 | 66.65 | -86.12 | 51.05 |
| 每股经营活动产生的现金流量净额 | 0.31 | 0.14 | 121.43 | 0.40 |
| | 2002年末 | 2001年末 | 本年末比上年末增减(%) | 2000年末 |
| 每股净资产 | 4.75 | 1.21 | 292.56 | 1.10 |
| 调整后的每股净资产 | 4.74 | 1.19 | 297.48 | 1.10 |

## 600566 湖北洪城通用机械股份有限公司

# 二〇〇二年年度报告摘选

## 1.上市公司基本情况简介

1.1 基本情况简介

股票简称:洪城股份 股票代码:600566 上市交易所:上海证券交易所

注册地址和办公地址:湖北省荆州市红门路3号 邮政编码:434000

公司国际互联网网址:http://www.hbhc.com.cn 电子信箱:hbhc@www.public.js.hb.cn

1.2 联系人和联系方式

董事会秘书:王速建 联系地址:湖北省荆州市红门路3号

电话:0716-8221198 传真:0716-8221198 电子信箱:wsjian@etang.com

## 2.会计数据和财务指标摘要

2.1 主要会计数据 单位:元

| | 2002年 | 2001年 | 本年比上年增减(%) | 2000年 |
|---|---|---|---|---|
| 主营业务收入 | 107291805.87 | 113961205.12 | -5.85 | 97818487.12 |
| 利润总额 | 20746693.22 | 20786290.73 | -0.19 | 21828557.67 |
| 净利润 | 13892030.26 | 17701866.29 | -21.52 | 14546817.04 |
| 扣除非经常性损益的净利润 | 13074009.69 | 17807760.66 | -26.58 | 12758392.65 |
| | 2002年末 | 2001年末 | 本年末比上年末增减(%) | 2000年末 |
| 总资产 | 606317393.92 | 582650722.58 | 4.06 | 223382952.91 |
| 股东权益(不含少数股东权益) | 458149506.14 | 449572875.88 | 1.91 | 140008366.22 |
| 经营活动产生的现金流量净额 | 22002386.83 | 7425447.55 | 196.31 | 23726776.26 |

2.2 主要财务指标 单位:元

| | 2002年 | 2001年 | 本年比上年增减(%) | 2000年 |
|---|---|---|---|---|
| 每股收益 | 0.13 | 0.17 | -23.53 | 0.22 |
| 净资产收益率 | 3.03 | 3.94 | -23.10 | 10.39 |
| 扣除非经常性损益的净利润为基础计算的净资产收益率 | 2.85 | 3.96 | -28.03 | 9.04 |
| 每股经营活动产生的现金流量净额 | 0.21 | 0.07 | 200.00 | 0.36 |
| | 2002年末 | 2001年末 | 本年末比上年末增减(%) | 2000年末 |
| 每股净资产 | 4.31 | 4.23 | 1.89 | 2.11 |
| 调整后的每股净资产 | 4.30 | 4.22 | 1.90 | 2.10 |

## 600577 铜陵精达特种电磁线股份有限公司

### 二〇〇二年年度报告摘选

#### 1.上市公司基本情况简介

1.1 基本情况简介

股票简称:精达股份　股票代码:600577　上市交易所:上海证券交易所

注册地址和办公地址:安徽省铜陵市芜铜路(经济技术开发区内)　邮政编码:244000

公司国际互联网网址:http://www.jingdagroup.com.cn　电子信箱:zqb@jingda.sina.net

1.2 联系人和联系方式

董事会秘书:张天赢　联系地址:安徽省铜陵市芜铜路

电话:0562－2809086　传真:0562－2809086　电子信箱:zqb@jingda.sina.net

证券事务代表:储中京　联系地址:安徽省铜陵市芜铜路

电话:0562－2828657　传真:0562－2809086　电子信箱:zqb@jingda.sina.net

#### 2.会计数据和财务指标摘要

2.1 主要会计数据

| | 2002 年 | 2001 年 | 本年比上年增减(%) | 2000 年 |
|---|---|---|---|---|
| 主营业务收入 | 429,681,523.69 | 316,279,392.77 | 35.86% | 276,964,721.88 |
| 利润总额 | 33,969,336.82 | 30,188,125.74 | 12.53% | 21,778,571.11 |
| 净利润 | 21,330,311.40 | 19,844,336.09 | 7.49% | 14,488,897.25 |
| 扣除非经常性损益的净利润 | 20,765,870.50 | 19,781,240.29 | 4.98% | 14,466,627.12 |
| | 2002 年末 | 2001 年末 | 本年末比上年末增减(%) | 2000 年末 |
| 总资产 | 470,499,092.73 | 239,475,573.86 | 96.47% | 167,723,740.89 |
| 股东权益(不含少数股东权益) | 267,114,287.11 | 68,156,574.86 | 291.91% | 50,960,842.63 |
| 经营活动产生的现金流量净额 | 21,473,551.25 | 33,975,308.58 | －36.80% | |

2.2 主要财务指标

| | 2002 年末 | 2001 年末 | 本年比上年增减(%) | 2000 年 |
|---|---|---|---|---|
| 每股收益 | 0.36 | 0.50 | －28.34% | 0.36 |
| 每股收益 | | | | |
| 净资产收益率 | 7.99% | 29.12% | －72.57% | 0.28% |
| 扣除非经常性损益的净利润为基础计算的净资产收益率 | 7.77% | 29.02% | －73.21% | 0.28% |
| 每股经营活动产生的现金流量净额 | 0.36 | 0.85 | －57.86% | |
| | 2002 年末 | 2001 年末 | 本年末比上年末增减(%) | 2000 年末 |
| 每股净资产 | 4.45 | 1.70 | 161.28% | 1.27 |
| 调整后的每股净资产 | 4.44 | 1.70 | 160.81% | 1.27 |

## 600580 浙江卧龙科技股份有限公司

### 二〇〇二年年度报告摘选

#### 1.上市公司基本情况简介

1.1 基本情况简介

股票简称:卧龙科技　股票代码:600580　上市交易所:上海证券交易所

注册地址:浙江省上虞市经济开发区　办公地址:浙江省上虞市经济开发区舜江西路 378 号

邮政编码:312300　公司国际互联网网址:http://www.wolong.com.cn/

电子信箱:wolong@mail.sxptt.zj.cn

1.2 联系人和联系方式

董事会秘书:龚宏武　联系地址:上虞市经济开发区舜江西路 378 号

电话:0575－2129895　传真:0575－2019783　电子信箱:wolong@mail.sxptt.zj.cn

证券事务代表:倪宇泰　联系地址:上虞市经济开发区舜江西路 378 号

电话:0575－2129895　传真:0575－2019783　电子信箱:wolong@mail.sxptt.zj.cn

#### 2.会计数据和财务指标摘要

2.1 主要会计数据

| | 2002 年 | 2001 年 | 本年比上年增减(%) | 2000 年 |
|---|---|---|---|---|
| 主营业务收入 | 208,026,519.84 | 203,084,498.10 | 2.43 | 168,093,310.95 |
| 利润总额 | 41,719,256.03 | 46,780,076.68 | －10.82 | 40,847,904.97 |
| 净利润 | 29,779,753.58 | 30,664,988.16 | －2.89 | 26,651,719.26 |
| 扣除非经常性损益的净利润 | 22,269,664.61 | 29,412,013.63 | －24.28 | 25,109,769.22 |
| | 2002 年末 | 2001 年末 | 本年末比上年末增减(%) | 2000 年末 |
| 总资产 | 637,317,786.87 | 252,521,396.79 | 152.38 | 236,265,340.00 |
| 股东权益(不含少数股东权益) | 420,111,168.39 | 118,138,146.74 | 255.61 | 87,155,556.20 |
| 经营活动产生的现金流量净额 | 29,810,426.51 | 40,071,111.99 | －25.61 | 56,337,713.54 |

2.2 主要财务指标

| | 2002 | 2001 | 本年比上年增减(%) | 2000 |
|---|---|---|---|---|
| 每股收益 | 0.27 | 0.41 | －34.15 | 0.36 |
| 每股收益 | | | | |
| 净资产收益率 | 7.09 | 25.96 | －72.69 | 30.58 |
| 扣除非经常性损益的净利润为基础计算的净资产收益率 | 5.29 | 24.78 | －78.65 | 28.52 |
| 每股经营活动产生的现金流量净额 | 0.27 | 0.54 | －50.00 | 0.76 |
| | 2002 | 2001 | 本年末比上年末增减(%) | 2000 |
| 每股净资产 | 3.85 | 1.59 | 142.14 | 1.18 |
| 调整后的每股净资产 | 3.82 | 1.55 | 146.45 | 1.15 |

## 600582 天地科技股份有限公司

### 二〇〇二年年度报告摘选

#### 1.上市公司基本情况简介

1.1 基本情况简介

股票简称:天地科技　股票代码:600582　上市交易所:上海证券交易所

注册地址:北京市朝阳区将台路 2 号爱都大厦

办公地址:北京市朝阳区和平里青年沟东路 5 号　邮政编码:100013

公司国际互联网网址:http://www.tdtec.com　电子信箱:zhaogd@tdtec.com

1.2 联系人和联系方式

董事会秘书:赵国栋　联系地址:北京市朝阳区和平里青年沟东路 5 号

电话:010－84262803　传真:010－84262838　电子信箱:zhaogd@tdtec.com

证券事务代表:闵勇　联系地址:北京市朝阳区和平里青年沟东路 5 号

电话:010－84262852　传真:010－84262838　电子信箱:miny@tdtec.com

#### 2.会计数据和财务指标摘要

本摘要金额单位如非特别说明为千元。

2.1 主要会计数据

| | 2002 年 | 2001 年 | 本年比上年增减(%) | 2000 年 |
|---|---|---|---|---|
| 主营业务收入 | 257544.6 | 178837.8 | 44.01 | 130864.7 |
| 利润总额 | 37027.7 | 32395.8 | 14.30 | 24255.0 |
| 净利润 | 34007.4 | 31200.6 | 8.97 | 24121.7 |
| 扣除非经常性损益的净利润 | 35241.5 | 32170.8 | 9.54 | 24202.2 |
| | 2002 年 | 2001 年 | 本年末比上年末增减(%) | 2000 年 |
| 总资产 | 526929.7 | 174955.4 | 201.18 | 160910.3 |
| 股东权益(不含少数股东权益) | 436314.0 | 105739.9 | 303.17 | 74071.5 |
| 经营活动产生的现金流量净额 | －10665.8 | 27303.8 | －139.06 | －395.2 |

2.2 主要财务指标

| | 2002 年 | 2001 年 | 本年比上年增减(%) | 2000 年 |
|---|---|---|---|---|
| 每股收益 | 0.453 | 0.624 | －27.4 | 0.482 |
| 净资产收益率 | 7.79 | 29.51 | －73.6 | 32.56 |
| 扣除非经常性损益的净利润为基础计算的净资产收益率 | 10.71 | 35.52 | －69.85 | 35.41 |
| 每股经营活动产生的现金流量净额 | －0.142 | 0.546 | －126.01 | －0.008 |
| | 2002 年末 | 2001 年末 | 本年末比上年末增减(%) | 2000 年末 |
| 每股净资产 | 5.818 | 2.115 | 175.08 | 1.481 |
| 调整后的每股净资产 | 5.805 | 2.089 | 177.88 | 1.481 |

## 600587 山东新华医疗器械股份有限公司

### 二〇〇二年年度报告摘选

#### 1.上市公司基本情况简介

1.1 基本情况简介

股票简称:新华医疗　股票代码:600587　上市交易所:上海证券交易所

注册地址:淄博高新技术产业开发区新华医疗科技园

办公地址:山东省淄博市张店区洪沟路 2 号　邮政编码:255086

公司国际互联网网址:http://www.xhmed.com　电子信箱:xhyl@zb－public.sd.cninfo.net

1.2 联系人和联系方式

董事会秘书:季跃相　联系地址:淄博市张店区洪沟路 2 号

电话:0533－2284275　传真:0533－2285258　电子信箱:xhyl@zb－public.sd.cninfo.net

证券事务代表:靳建国　联系地址:淄博市张店区洪沟路 2 号

电话:0533－2170060　传真:0533－2285258　电子信箱:xhyl@zb－public.sd.cninfo.net

#### 2.会计数据和财务指标摘要

2.1 主要会计数据　单位:元

| | 2002 年 | 2001 年 | 本年比上年增减(%) | 2000 年 |
|---|---|---|---|---|
| 主营业务收入 | 249648293.45 | 179942035.59 | 38.74 | 131797072.41 |
| 利润总额 | 25824234.45 | 23900310.14 | 8.05 | 19007183.42 |
| 净利润 | 21361303.00 | 18641894.00 | 14.59 | 11752624.44 |
| 扣除非经常性损益的净利润 | 21527799.67 | 18689788.00 | 15.18 | 11782179.80 |
| | 2002 年末 | 2001 年末 | 本年末比上年末增减(%) | 2000 年末 |
| 总资产 | 528816103.87 | 282730297.05 | 87.04 | 181203518.53 |
| 股东权益(不含少数股东权益) | 294225683.16 | 90647170.02 | 224.58 | 69688453.62 |
| 经营活动产生的现金流量净额 | 25645639.00 | 16245251.01 | 57.87 | 2345913.83 |

2.2 主要财务指标

| | 2002 年 | 2001 年 | 本年比上年增减(%) | 2000 年 |
|---|---|---|---|---|
| 每股收益 | 0.35 | 0.46 | －23.91 | 0.29 |
| 每股收益(加权) | 0.47 | 0.46 | 2.17 | 0.29 |
| 净资产收益率 | 7.26 | 20.57 | －64.71 | 16.86 |
| 扣除非经常性损益的净利润为基础计算的净资产收益率 | 7.32 | 20.62 | －64.50 | 16.91 |
| 每股经营活动产生的现金流量净额 | 0.42 | 0.40 | 5.00 | 0.06 |
| | 2002 年末 | 2001 年末 | 本年末比上年末增减(%) | 2000 年末 |
| 每股净资产 | 4.80 | 2.25 | 113.33 | 1.73 |
| 调整后的每股净资产 | 4.78 | 2.22 | 115.32 | 1.67 |

# 600590 泰豪科技股份有限公司

## 二○○二年年度报告摘选

### 1.上市公司基本情况简介

1.1 基本情况简介

股票简称:泰豪科技 股票代码:600590 上市交易所:上海证券交易所
注册地址:江西省南昌高新开发区清华泰豪大楼
办公地址:江西省南昌高新开发区泰豪大厦 邮政编码:330029
公司国际互联网网址:http://www.tellhow.com 电子信箱:tsinghua@tellhow.com

1.2 联系人和联系方式

董事会秘书:杨骏 联系地址:江西省南昌高新开发区泰豪大厦
电话:0791-8110590 传真:0791-8106688 电子信箱:stock@tellhow.com
证券事务代表:曾锐 联系地址:江西省南昌高新开发区泰豪大厦
电话:0791-8110590 传真:0791-8106688 电子信箱:stock@tellhow.com

### 2.会计数据和财务指标摘要

2.1 主要会计数据 单位:(人民币)千元

| | 2002 年(本年) | 2001 年(上年) | 本年比上年增减(%) | 2000 年 |
|---|---|---|---|---|
| 主营业务收入 | 381,926 | 330,411 | 15.59 | 236,629 |
| 利润总额 | 28,638 | 24,321 | 17.75 | 16,194 |
| 净利润 | 24,710 | 22,177 | 11.42 | 13,482 |
| 扣除非经常性损益的净利润 | 21,373 | 21,878 | -2.31 | 13,464 |
| | 2002 年末(本年末) | 2001 年末(上年末) | 本年末比上年末增减(%) | 2000 年末 |
| 总资产 | 646,394 | 347,314 | 86.11 | 253,878 |
| 股东权益(不含少数股东权益) | 330,568 | 137,072 | 141.16 | 114,895 |
| 经营活动产生的现金流量净额 | 4,928 | 13,740 | -64.13 | 2,161 |

2.2 主要财务指标 单位:(人民币)元

| | 2002 年(本年) | 2001 年(上年) | 本年比上年增减(%) | 2000 年 |
|---|---|---|---|---|
| 每股收益(全面摊薄) | 0.19 | 0.24 | -20.83 | 0.14 |
| 每股收益(加权平均) | 0.22 | 0.24 | -8.33 | 0.14 |
| 净资产收益率(全面摊薄)(%) | 7.48 | 16.18 | -53.77 | 11.73 |
| 净资产收益率(加权平均)(%) | 10.28 | 17.60 | -41.59 | 12.47 |
| 扣除非经常性损益的净利润为基础计算的加权平均净资产收益率(%) | 8.89 | 17.17 | -48.22 | 12.45 |
| 每股经营活动产生的现金流量净额 | 0.04 | 0.15 | -73.33 | 0.02 |
| | 2002 年末(本年末) | 2001 年末(上年末) | 本年末比上年末增减(%) | 2000 年末 |
| 每股净资产 | 2.48 | 1.47 | 68.71 | 1.23 |
| 调整后的每股净资产 | 2.48 | 1.47 | 68.71 | 1.23 |

# 600592 福建龙溪轴承股份有限公司

## 二○○二年年度报告摘选

### 1.上市公司基本情况简介

1.1 基本情况简介

股票简称:龙溪股份 股票代码:600592 上市交易所:上海证券交易所
注册地址和办公地址:福建省漳州市延安北路 邮政编码:363000
公司国际互联网网址:http://www.ls.com.cn 电子信箱:Lsmarket@public.zzptt.fj.cn

1.2 联系人和联系方式

董事会秘书:曾凡沛 联系地址:福建省漳州市延安北路
电话:0596-2072091 传真:0596-2072136 电子信箱:zfpls@163.com
证券事务代表:何秋勇 联系地址:福建省漳州市延安北路
电话:0596-2072091 传真:0596-2072136 电子信箱:zfpls@163.com

### 2.会计数据和财务指标摘要

2.1 主要会计数据 单位:元

| 项目 | 2002 年 | 2001 年 调整前 | 2001 年 调整后 | 比上年增减(%) | 2000 年 |
|---|---|---|---|---|---|
| 主营业务收入 | 189,442,880.95 | 168,384,816.82 | 168,384,816.82 | 12.51 | 105,019,722.02 |
| 利润总额 | 41,416,084.69 | 36,312,768.72 | 36,285,446.03 | 14.14 | 29,269,167.59 |
| 净利润 | 27,021,513.69 | 29,796,629.78 | 29,769,307.09 | -9.23 | 23,498,386.37 |
| 扣除非经常性损益的净利润 | 27,308,037.96 | 28,776,267.48 | 28,748,944.79 | -5.01 | 16,245,146.30 |
| | 2002 年末 | 2001 年末 调整前 | 2001 年末 调整后 | 比上年末增减(%) | 2000 年末 |
| 总资产 | 614,122,851.32 | 351,487,997.77 | 351,255,283.82 | 74.84 | 300,103,548.79 |
| 股东权益(不含少数股东权益) | 485,402,304.19 | 201,798,151.27 | 201,626,725.92 | 140.74 | 171,130,237.72 |
| 经营活动产生的现金流量净额 | 21,491,767.10 | 26,436,291.76 | 26,436,291.76 | -18.70 | 36,344,897.11 |

2.2 主要财务指标 单位:元

| 项目 | 2002 年 | 2001 年 调整前 | 2001 年 调整后 | 本年比上年增减(%) | 2000 年 |
|---|---|---|---|---|---|
| 每股收益 | 0.18 | 0.30 | 0.30 | -39.60 | 0.23 |
| 净资产收益率 | 5.57% | 14.77% | 14.76% | -62.30 | 13.73% |
| 扣除非经常性损益后加权平均净资产收益率 | 8.54% | 15.47% | 15.46% | -44.76 | 9.49% |
| 每股经营活动产生的现金流量净额 | 0.14 | 0.26 | 0.26 | -46.15 | 0.36 |
| | 2002 年末 | 2001 年末 调整前 | 2001 年末 调整后 | 本年末比上年末增减(%) | 2000 年末 |
| 每股净资产 | 3.24 | 2.02 | 2.02 | 60.4 | 1.71 |
| 调整后的每股净资产 | 3.18 | 1.95 | 1.95 | 63.08 | 1.64 |

# 600604 上海二纺机股份有限公司

## 二○○二年年度报告摘选

### 1.上市公司基本情况简介

1.1 基本情况简介

股票简称:二纺机、二纺 B 股 股票代码:600604、900902 上市交易所:上海证券交易所
注册地址和办公地址:上海市场中路 687 号 邮政编码:200434
公司国际互联网网址:http://www.shej.com 电子信箱:shej@public7.sta.net.cn

1.2 联系人和联系方式

董事会秘书:李勃 联系地址:上海市场中路 687 号
电话:65318888-2300 传真:65421963 电子信箱:shej@public7.sta.net.cn
证券事务代表:吴涛 联系地址:上海市场中路 687 号
电话:65318888-2673、65318494 传真:65421963 电子信箱:shej@public7.sta.net.cn

### 2.会计数据和财务指标摘要

2.1 主要会计数据 单位:万元

| | 2002 年 | 2001 年 | 本年比上年增减(%) | 2000 年 |
|---|---|---|---|---|
| 主营业务收入 | 74,459.26 | 81,530.24 | -8.67 | 46,529.56 |
| 利润总额 | 1,265.42 | -172.87 | - | -1038.45 |
| 净利润 | 900.21 | -608.30 | - | -1207.91 |
| 扣除非经常性损益的净利润 | 651.54 | -651.98 | - | -1083.17 |
| | 2002 年末 | 2001 年末 | 本年末比上年末增减(%) | 2000 年末 |
| 总资产 | 125,176.52 | 138,081.30 | -9.35 | 141,557.77 |
| 股东权益(不含少数股东权益) | 63,413.79 | 62,215.19 | 1.93 | 63,915.00 |
| 经营活动产生的现金流量净额 | 6,315.27 | 12,888.24 | -51.00 | 8,863.49 |

2.2 主要财务指标

| | 2002 年 | 2001 年 | 本年比上年增减(%) | 2000 年 |
|---|---|---|---|---|
| 每股收益 | 0.0159 | -0.0107 | - | -0.021 |
| 每股收益(注) | 0.0159 | -0.0107 | - | -0.021 |
| 净资产收益率% | 1.42 | -0.98 | - | -1.89 |
| 扣除非经常性损益的净利润为基础计算的净资产收益率% | 1.027 | -1.048 | - | -1.695 |
| 每股经营活动产生的现金流量净额 | 0.111 | 0.228 | -51.32 | 0.156 |
| | 2002 年末 | 2001 年末 | 本年末比上年末增减(%) | 2000 年末 |
| 每股净资产 | 1.119 | 1.098 | 1.91 | 1.128 |
| 调整后的每股净资产 | 1.036 | 1.007 | 2.88 | 1.010 |

# 600605 上海轻工机械股份有限公司

## 二○○二年年度报告摘选

### 1.上市公司基本情况简介

1.1 基本情况简介

股票简称:轻工机械 股票代码:600605 上市交易所:上海证券交易所
注册地址:上海浦东新区川沙镇东河浜路 10 号
办公地址:上海南京西路 1576 号 邮政编码:200040
公司国际互联网网址:http://www.china-slime.com 电子信箱:slimcf@online.sh.cn

1.2 联系人和联系方式

董事会秘书:沈军 联系地址:上海南京西路 1576 号
电话:021-62560000-147 传真:021-62566022 电子信箱:qinggong@eastday.com

### 2.会计数据和财务指标摘要

2.1 主要会计数据

| | 2002 年 | 2001 年 | 本年比上年增减(%) | 2000 年 |
|---|---|---|---|---|
| 主营业务收入 | 182,868,086.13 | 195,028,577.10 | -6.24 | 219,749,970.76 |
| 利润总额 | 7,148,876.03 | 7,236,220.51 | -1.21 | 3,026,879.81 |
| 净利润 | 6,025,018.15 | 9,130,883.57 | -34.01 | 7,744,191.79 |
| 扣除非经常性损益的净利润 | -7,208,462.78 | 2,150,626.99 | -435.18 | 6,095,376.70 |
| | 2002 年末 | 2001 年末 | 本年末比上年末增减(%) | 2000 年末 |
| 总资产 | 623,607,443.80 | 592,053,966.20 | 5.33 | 600,403,931.04 |
| 股东权益(不含少数股东权益) | 307,989,904.83 | 301,964,886.68 | 2.00 | 305,758,544.57 |
| 经营活动产生的现金流量净额 | 3,257,465.96 | 5,019,771.26 | -35.11 | 5,034,664.32 |

2.2 主要财务指标

| | 2002 年 | 2001 年 | 本年比上年增减(%) | 2000 年 |
|---|---|---|---|---|
| 每股收益 | 0.029 | 0.043 | -32.56 | 0.037 |
| 净资产收益率 | 1.956 | 3.024 | -35.32 | 2.533 |
| 扣除非经常性损益的净利润为基础计算的净资产收益率 | -2.340 | 0.712 | -428.65 | 1.994 |
| 每股经营活动产生的现金流量净额 | 0.015 | 0.024 | -37.50 | 0.024 |
| | 2002 年末 | 2001 年末 | 本年末比上年末增减(%) | 2000 年末 |
| 每股净资产 | 1.465 | 1.437 | 2.00 | 1.455 |
| 调整后的每股净资产 | 1.351 | 1.339 | 0.90 | 1.373 |

## 600609 金杯汽车股份有限公司

### 二〇〇二年年度报告摘选

#### 1.上市公司基本情况简介

1.1 基本情况简介
股票简称:金杯汽车　股票代码:600609　上市交易所:上海证券交易所
注册地址:沈阳市沈河区万柳塘路38号
办公地址:中国沈阳高新技术开发区浑南产业开发区世纪路1号二十一世纪大厦A座
邮政编码:110179　电子信箱:stock@syba.com.cn
1.2 联系人和联系方式
董事会秘书:杜红谱
联系地址:中国沈阳高新技术开发区浑南产业开发区世纪路1号二十一世纪大厦A座
电话:024－23745563　传真:024－23745241　电子信箱:stock@syba.com.cn
证券事务代表:乔广海
联系地址:中国沈阳高新技术开发区浑南产业开发区世纪路1号二十一世纪大厦B座602室
电话:024－23745563　传真:024－23745241　电子信箱:stock@syba.com.cn

#### 2.会计数据和财务指标摘要

2.1 主要会计数据

| | 2002年 | 2001年 | 本年比上年增减(%) | 2000年 |
|---|---|---|---|---|
| 主营业务收入 | 671,522,900.48 | 648,469,033.41 | 3.56 | 795,417,581.72 |
| 利润总额 | 32,652,135.32 | －965,881,906.51 | | 257,845,963.35 |
| 净利润 | 10,933,907.62 | －979,795,126.96 | | 257,801,963.35 |
| 扣除非经常性损益的净利润 | －205,430,662.54 | －14,568,842.02 | | 136,661,420.94 |
| | 2002年末 | 2001年末 | 本年末比上年末增减(%) | 2000年末 |
| 总资产 | 4,176,667,999.42 | 4,711,992,387.38 | －11.36 | 5,286,750,464.76 |
| 股东权益(不含少数股东权益) | 1,426,266,768.51 | 1,396,096,457.80 | 2.16 | 2,374,827,238.50 |
| 经营活动产生的现金流量净额 | －86,571,165.37 | －14,076,601.30 | | －424,540,558.32 |

2.2 主要财务指标

| | 2002年 | 2001年 | 本年比上年增减(%) | 2000年 |
|---|---|---|---|---|
| 每股收益 | 0.01 | －0.8967 | | 0.2359 |
| 加权平均每股收益 | 0.01 | －0.8967 | | 0.2625 |
| 净资产收益率 | 0.71% | －70.18% | | 10.86% |
| 扣除非经常性损益的净利润为基础计算的净资产收益率 | －14.40% | －1.04% | | 5.75% |
| 每股经营活动产生的现金流量净额 | －0.0792 | －0.0129 | | －0.3885 |
| | 2002年末 | 2001年末 | 本年末比上年末增减(%) | 2000年末 |
| 每股净资产 | 1.3053 | 1.2777 | 2.16 | 2.1700 |
| 调整后的每股净资产 | 1.1275 | 1.1120 | 1.39 | 1.7200 |

## 600610 中国纺织机械股份有限公司

### 二〇〇二年年度报告摘选

#### 1.上市公司基本情况简介

1.1 基本情况简介
股票简称:ST中纺机、ST中纺B　股票代码:600610、900906
上市交易所:上海证券交易所、上海证券交易所
注册地址和办公地址:上海市长阳路1687号　邮政编码:200090
公司国际互联网网址:http://www.ctmco.com.cn　电子信箱:ctmzjbk@online.sh.cn
1.2 联系人和联系方式
董事会秘书:李文利　联系地址:上海市长阳路1687号
电话:021－65432970－512　传真:021－65455130　电子信箱:ctmzjbk@online.sh.cn
证券事务代表:应民刚　联系地址:上海市长阳路1687号
电话:021－65432970－512　传真:021－65455130　电子信箱:ctmzjbk@online.sh.cn

#### 2.会计数据和财务指标摘要

2.1 主要会计数据　单位:元

| | 2002年 | 2001年 | 本年比上年增减(%) | 2000年 |
|---|---|---|---|---|
| 主营业务收入 | 604,077,686.88 | 449,419,326.11 | 34.41 | 386,688,212.00 |
| 利润总额 | 110,840,248.16 | 3,647,272.08 | 2,938.99 | 939,537.37 |
| 净利润 | 108,423,777.57 | 1,643,526.48 | 6,497.02 | －356,639.71 |
| 扣除非经常性损益的净利润 | 12,563,516.51 | －37,813,050.58 | － | －45,110,579.08 |
| | 2002年末 | 2001年末 | 本年末比上年末增减(%) | 2000年末 |
| 总资产 | 791,100,453.22 | 628,693,852.08 | 25.83 | 810,269,723.01 |
| 股东权益(不含少数股东权益) | 361,210,825.88 | 33,545,099.78 | 976.79 | 3,190,573.30 |
| 经营活动产生的现金流量净额 | 57,033,656.28 | 45,356,974.80 | 25.74 | 37,263,914.82 |

2.2 主要财务指标　单位:元

| | 2002年 | 2001年 | 本年比上年增减(%) | 2000年 |
|---|---|---|---|---|
| 每股收益 | 0.304 | 0.0046 | 6,421.74 | －0.001 |
| 每股收益(加权平均) | 0.304 | 0.0046 | 6,421.74 | －0.001 |
| 净资产收益率 | 30.02% | 4.90% | 512.65 | －1.12% |
| 扣除非经常性损益的净利润为基础计算的净资产收益率 | 3.48% | －112.72% | － | －141.41% |
| 每股经营活动产生的现金流量净额 | 0.16 | 0.13 | 23.08 | 0.10 |
| | 2002年末 | 2001年末 | 本年末比上年末增减(%) | 2000年末 |
| 每股净资产 | 1.012 | 0.094 | 976.60 | 0.089 |
| 调整后的每股净资产 | 0.9534 | 0.0267 | 3,470.79 | －0.04 |

## 600619 上海海立(集团)股份有限公司

### 二〇〇二年年度报告摘选

#### 1.上市公司基本情况简介

1.1 基本情况简介
股票简称:海立股份(A股)、海立B股(B股)　股票代码:600619、900910
上市交易所:上海证券交易所
注册地址:上海浦东新区金桥出口加工区26号地块
办公地址:上海市长阳路2555号　邮政编码:200090
公司国际互联网网址:http://www.highly.cc　电子信箱:heartfelt@highly.cc
1.2 联系人和联系方式
董事会秘书:钟磊　联系地址:上海市长阳路2555号
电话:65660000　传真:65670941　电子信箱:zhonglei@highly.cc

#### 2.会计数据和财务指标摘要

2.1 主要会计数据　单位:元

| | 2002年 | 2001年 | 本年比上年增减(%) | 2000年 |
|---|---|---|---|---|
| 主营业务收入 | 2,132,275,656.36 | 2,558,683,838.68 | －16.67 | 1,756,773,972.67 |
| 利润总额 | 65,827,283.03 | 237,692,834.92 | －72.31 | 138,341,212.19 |
| 净利润 | 16,727,467.85 | 122,424,924.56 | －86.33 | 64,638,655.76 |
| 扣除非经常性损益的净利润 | 24,053,434.12 | 129,439,779.37 | －81.42 | 56,321,619.95 |
| | 2002年末 | 2001年末 | 本年末比上年末增减(%) | 2000年末 |
| 总资产 | 3,288,768,694.05 | 3,270,031,388.55 | 0.57 | 2,668,734,815.00 |
| 股东权益(不含少数股东权益) | 989,187,780.59 | 987,027,408.59 | 0.22 | 893,296,086.78 |
| 经营活动产生的现金流量净额 | 296,527,711.97 | 469,623,556.96 | －36.86 | 312,172,577.42 |

2.2 主要财务指标　单位:元

| | 2002年 | 2001年 | 本年比上年增减(%) | 2000年 |
|---|---|---|---|---|
| 每股收益(元/股)摊薄 | 0.044 | 0.322 | －86.33 | 0.170 |
| 每股收益(元/股)加权 | －－ | －－ | －－ | －－ |
| 净资产收益率(%) | 1.69 | 12.40 | －86.37 | 7.24 |
| 扣除非经常性损益后的净利润为基础计算的净资产收益率(%) | 2.43 | 13.11 | －81.46 | 6.30 |
| 每股经营活动产生的现金流量净额 | 0.78 | 1.23 | －36.59 | 0.82 |
| | 2002年末 | 2001年末 | 本年末比上年末增减(%) | 2000年末 |
| 每股净资产(元/股) | 2.60 | 2.59 | 0.39 | 2.35 |
| 调整后的每股净资产(元/股) | 2.54 | 2.51 | 1.20 | 2.31 |

## 600527 上海电器股份有限公司

### 二〇〇二年年度报告摘选

#### 1.上市公司基本情况简介

1.1 基本情况简介
股票简称:电器股份　股票代码:600627　上市交易所:上海证券交易所
注册地址:上海市东方路428号　办公地址:上海市福州路89号　邮政编码:200002
公司国际互联网网址:www.cn－seac.com　电子信箱:seac@cn－seac.com
1.2 联系人和联系方式
董事会秘书:程彦敏　联系地址:上海市福州路89号
电话:021－63216717　传真:021－63297808　电子信箱:seac@cn－seac.com
证券事务代表:顾晓燕　联系地址:上海市福州路89号
电话:021－63216717　传真:021－63297808　电子信箱:seac@cn－seac.com

#### 2.会计数据和财务指标摘要

2.1 主要会计数据

| | 2002年 | 2001年 | 本年比上年增减(%) | 2000年 |
|---|---|---|---|---|
| 主营业务收入 | 2,525,114,499.94 | 2,592,939,544.92 | －2.62 | 2,365,013,336.01 |
| 利润总额 | 54,181,412.12 | 44,433,596.93 | 21.94 | 119,711,716.54 |
| 净利润 | 51,990,592.17 | 37,383,209.99 | 39.07 | 104,092,905.99 |
| 扣除非经常性损益的净利润 | 53,519,177.10 | 24,776,162.97 | 116.01 | 60,644,957.54 |
| | 2002年末 | 2001年末 | 本年末比上年末增减(%) | 2000年末 |
| 总资产 | 1,681,217,905.78 | 4,962,628,311.11 | －66.12 | 4,269,551,739.46 |
| 股东权益(不含少数股东权益) | 891,953,382.64 | 839,809,546.77 | 6.21 | 803,401,655.32 |
| 经营活动产生的现金流量净额 | 589,633,146.34 | 222,382,276.85 | 165.14 | 105,472,940.22 |

2.2 主要财务指标

| | 2002年 | 2001年 | 本年比上年增减(%) | 2000年 |
|---|---|---|---|---|
| 每股收益 | 0.10 | 0.07 | 42.86 | 0.20 |
| 净资产收益率 | 5.83 | 4.45 | 31.01 | 12.96 |
| 扣除非经常性损益的净利润为基础计算的净资产收益率 | 6.00 | 2.95 | 103.39 | 7.55 |
| 每股经营活动产生的现金流量净额 | 1.14 | 0.43 | 165.12 | 0.20 |
| | 2002年末 | 2001年末 | 本年末比上年末增减(%) | 2000年末 |
| 每股净资产 | 1.72 | 1.62 | 6.17 | 1.55 |
| 调整后的每股净资产 | 1.64 | 1.30 | 26.15 | 1.09 |

## 600633 上海白猫股份有限公司

### 二〇〇二年年度报告摘选

#### 1.上市公司基本情况简介

1.1 基本情况简介

股票简称:白猫股份 股票代码:600633 上市交易所:上海证券交易所

注册地址:上海市常德路 774 号 办公地址:上海市金沙江路 1829 号 邮政编码:200333

电子信箱:maxam@stof.com

1.2 联系人和联系方式

董事会秘书:丁一新 联系地址:上海市金沙江路 1829 号

电话:32023251 传真:52701369 电子信箱:ding-yixin@stof.com

证券事务代表:顾正秋 联系地址:上海市金沙江路 1829 号

电话:52709214 传真:52700505 电子信箱:gu-zq@stof.com

#### 2.会计数据和财务指标摘要

2.1 主要会计数据 单位:元

| | 2002 年 | 2001 年 | 本年比上年增减(%) | 2000 年 |
|---|---|---|---|---|
| 主营业务收入 | 327,464,632.98 | 206,742,353.36 | 58.39 | 0.00 |
| 利润总额 | 27,855,775.22 | 22,286,422.62 | 24.99 | -177,311,931.87 |
| 净利润 | 24,185,579.18 | 17,758,498.53 | 36.19 | -177,311,931.87 |
| 扣除非经常性损益的净利润 | 23,523,070.32 | 11,215,502.23 | 109.74 | -177,174,823.16 |
| | 2002 年末 | 2001 年末 | 本年末比上年末增减(%) | 2000 年末 |
| 总资产 | 338,416,090.24 | 379,196,981.09 | -10.75 | 557,603,233.83 |
| 股东权益(不含少数股东权益) | 199,028,052.26 | 182,629,166.34 | 8.98 | -160,104,444.03 |
| 经营活动产生的现金流量净额 | 39,702,538.63 | 11,275,920.95 | 252.10 | -658,455.46 |

2.2 主要财务指标 单位:元

| | 2002 年 | 2001 年 | 本年比上年增减(%) | 2000 年 |
|---|---|---|---|---|
| 每股收益(摊薄) | 0.1591 | 0.1168 | 36.22 | -1.166 |
| 每股收益(加权) | 0.1591 | 0.1168 | 36.22 | -1.166 |
| 净资产收益率 | 12.1518 | 9.7238 | 24.97 | |
| 扣除非经常性损益的净利润为基础计算的净资产收益率 | 11.8190 | 6.1411 | 92.46 | |
| 每股经营活动产生的现金流量净额 | 0.2611 | 0.0742 | 251.89 | -0.004 |
| | 2002 年末 | 2001 年末 | 本年末比上年末增减(%) | 2000 年末 |
| 每股净资产 | 1.3090 | 1.2011 | 8.98 | -1.053 |
| 调整后的每股净资产 | 1.2691 | 1.0957 | 15.83 | -1.168 |

## 600673 成都量具刃具股份有限公司

### 二〇〇二年年度报告摘选

#### 1.上市公司基本情况简介

1.1 基本情况简介

股票简称:成量股份 股票代码:600673 上市交易所:上海证券交易所

注册地址和办公地址:四川省成都市二环东一段十四号 邮政编码:610056

公司国际互联网网址:http://www.Chinachengliang.com 电子信箱:CL@Chinachengliang.com

1.2 联系人和联系方式

董事会秘书:唐晓林 联系地址:四川省成都二环路东一段 14 号

电话:028-83247498-2425 传真:028-83242494

证券事务代表:徐兵 联系地址:四川省成都二环路东一段 14 号

电话:028-83247498-2419 传真:028-83242494 电子信箱:Xubing2419@163.com

#### 2.会计数据和财务指标摘要

2.1 主要会计数据

| | 2002 年 | 2001 年 | 本年比上年增减(%) | 2000 年 |
|---|---|---|---|---|
| 主营业务收入 | 152,183,514.17 | 131,506,504.35 | 15.72 | 113,749,405.57 |
| 利润总额 | 2,868,337.42 | 2,802,876.40 | 2.34 | 2,666,764.03 |
| 净利润 | 2,354,080.56 | 2,605,547.56 | -9.65 | 2,200,745.90 |
| 扣除非经常性损益的净利润 | 2,354,080.56 | 2,605,547.56 | -9.65 | 2,200,745.90 |
| | 2002 年末 | 2001 年末 | 本年末比上年末增减(%) | 2000 年末 |
| 总资产 | 313,307,821.75 | 333,041,853.71 | -5.93 | 329,438,452.61 |
| 股东权益(不含少数股东权益) | 125,980,327.07 | 123,617,000.62 | 1.91 | 120,811,453.06 |
| 经营活动产生的现金流量净额 | 24,393,068.23 | 3,181,673.02 | 666.67 | 13,344,424.22 |

2.2 主要财务指标

| | 2002 年 | 2001 年 | 本年比上年增减(%) | 2000 年 |
|---|---|---|---|---|
| 每股收益 | 0.02 | 0.02 | 0.00 | 0.02 |
| 每股收益 | 0.02 | 0.02 | 0.00 | 0.02 |
| 净资产收益率 | 1.87% | 2.11% | -11.37 | 1.71% |
| 扣除非经常性损益的净利润为基础计算的净资产收益率 | 1.87% | 2.11% | 11.37 | 1.71% |
| 每股经营活动产生的现金流量净额 | 0.22 | 0.03 | 633.33 | 0.12 |
| | 2002 年末 | 2001 年末 | 本年末比上年末增减(%) | 2000 年末 |
| 每股净资产 | 1.13 | 1.12 | 0.89 | 1.09 |
| 调整后的每股净资产 | 0.99 | 0.94 | 5.32 | 0.90 |

## 600676 上海交运股份有限公司

### 二〇〇二年年度报告摘选

#### 1.上市公司基本情况简介

1.1 基本情况简介

股票简称:交运股份 股票代码:600676 上市交易所:上海证券交易所

注册地址:上海市浦东新区浦东南路 2304 号

办公地址:上海市平武路 38 号仁达商务楼三楼 邮政编码:200052

电子信箱:jygf@public1.sta.net.cn

1.2 联系人和联系方式

董事会秘书:李汝德 联系地址:上海市平武路 38 号仁达商务楼三楼

电话:(021)62520140*8027 传真:(021)62116123 电子信箱:jygf@public1.sta.net.cn

证券事务代表:华志明 联系地址:上海市平武路 38 号仁达商务楼三楼

电话:(021)62520140*8015 传真:(021)62116123 电子信箱:jygf@public1.sta.net.cn

#### 2.会计数据和财务指标摘要

2.1 主要会计数据

| | 2002 年 | 2001 年 调整后 | 2001 年 调整前 | 本年比上年增减(%) | 2000 年 |
|---|---|---|---|---|---|
| 主营业务收入(万元) | 44,770.95 | 34,885.57 | 34,885.57 | +28.34 | 26,173.67 |
| 利润总额(万元) | 6,857.26 | 5,773.67 | 6,017.57 | +18.77 | 6,353.90 |
| 净利润(万元) | 5,536.51 | 4,835.96 | 5,079.87 | +14.49 | 5,087.61 |
| 扣除非经常性损益的净利润(万元) | 4,955.00 | 3,342.13 | 3,582.38 | +48.26 | 5,479.32 |
| | 2002 年末 | 2001 年末 调整后 | 2001 年末 调整前 | 本年末比上年末增减(%) | 2000 年末 |
| 总资产(万元) | 136,501.30 | 132,871.13 | 133,115.03 | +2.73 | 124,519.58 |
| 股东权益(不含少数股东权益)(万元) | 96,339.40 | 93,369.62 | 93,613.53 | +3.18 | 90,263.66 |
| 经营活动产生的现金流量净额(万元) | 14,735.84 | 10,322.24 | 10,322.24 | +42.75 | 3,633.22 |

2.2 主要财务指标

| | 2002 年 | 2001 年 调整后 | 2001 年 调整前 | 本年比上年后增减(%) | 2000 年 |
|---|---|---|---|---|---|
| 每股收益 | 0.3277 | 0.2862 | 0.3007 | +14.50 | 0.3011 |
| 净资产收益率(%) | 5.75 | 5.18 | 5.43 | +11 | 5.64 |
| 扣除非经常性损益后的净利润为基础计算的加权平均净资产收益率 | 5.22 | 3.64 | 3.90 | +43.41 | 9.01 |
| 每股经营活动产生的现金流量净额 | 0.8721 | 0.6109 | 0.6109 | +42.76 | 0.22 |
| | 2002 年末 | 2001 年末 调整后 | 2001 年末 调整前 | 本年末比上年末增减(%) | 2000 年末 |
| 每股净资产 | 5.702 | 5.526 | 5.541 | +3.18 | 5.342 |
| 调整后的每股净资产 | 5.492 | 5.482 | 5.496 | +0.18 | 5.292 |

## 600685 广州广船国际股份有限公司

### 二〇〇二年年度报告摘选

#### 1.上市公司基本情况简介

1.1 基本情况简介

股票简称:广船国际 股票代码:A 股-600685、H 股-317

上市交易所:A 股-上海证券交易所、H 股-香港联合交易所有限公司

注册地址和办公地址:中国·广州市芳村大道南 40 号 邮政编码:510382

公司国际互联网网址:http://www.chinagsi.com 电子信箱:gsi@chinagsi.com

1.2 联系人和联系方式

董事会秘书:李志东 联系地址:中国·广州市芳村大道南 40 号

电话:020-81896411 传真:020-81891575 电子信箱:lzd@chinagsi.com

#### 2.会计数据和财务指标摘要

2.1 主要会计数据 单位:人民币千元

| | 2002 年 | 2001 年 | 本年比上年增减(%) | 2000 年 |
|---|---|---|---|---|
| 主营业务收入 | 2,413,101 | 2,076,603 | 16.20 | 2,222,270 |
| 利润(亏损)总额 | 17,569 | 11,325 | -55.13 | (729,783) |
| 净利润(亏损) | 15,917 | 8,978 | 77.29 | (739,770) |
| 扣除非经常性损益的净利润(亏损) | (52,661) | 9,033 | -683.00 | (3,537) |
| | 2002 年末 | 2001 年末 | 本年末比上年末增减(%) | 2000 年 |
| 总资产 | 3,192,625 | 2,510,263 | 27.18 | 2,396,910 |
| 股东权益(不含少数股东权益) | 633,538 | 617,730 | 2.56 | 608,663 |
| 经营活动产生的现金流量净额 | (385,727) | 333,833 | -215.54 | 23,914 |

2.2 主要财务指标 单位:人民币元

| | 2002 年 | 2001 年 | 本年比上年增减(%) | 2000 年 |
|---|---|---|---|---|
| 每股收益(亏损) | 0.032 | 0.018 | 77.78 | (1.4955) |
| 净资产收益(亏损)率 | 2.51 | 1.45 | 73.10 | (121.55) |
| 扣除非经常性损益的净利润为基础计算的净资产收益(亏损)率 | (8.42) | 1.47 | -672.79 | (1.82) |
| 每股经营活动产生的现金流量净额 | (0.78) | 0.6748 | -215.59 | 0.0483 |
| | 2002 年末 | 2001 年末 | 本年末比上年末增减(%) | 2000 年末 |
| 每股净资产 | 1.28 | 1.25 | 2.40 | 1.23 |
| 调整后的每股净资产 | 1.12 | 1.24 | 7.70 | 1.12 |

## 600686 厦门汽车股份有限公司

# 二○○二年年度报告摘选

### 1.上市公司基本情况简介

1.1 基本情况简介

股票简称:厦门汽车 股票代码:600686 上市交易所:上海证券交易所

注册地址和办公地址:厦门市厦禾路 820 号帝豪大厦 27－28 层 邮政编码:361004

公司国际互联网网址:http://www.amc.com.cn 电子信箱:amc@public.xm.fj.cn

1.2 联系人和联系方式

董事会秘书:姚永宁 联系地址:厦门市厦禾路 820 号帝豪大厦 28 层

电话:0592－2962988 传真:0592－2960686 电子信箱:amc@public.xm.fj.cn

证券事务代表:唐祝敏 联系地址:厦门市厦禾路 820 号帝豪大厦 28 层

电话:0592－2962988 传真:0592－2960686 电子信箱:amc@public.xm.fj.cn

### 2.会计数据和财务指标摘要

2.1 主要会计数据 单位:元

| | 2002 年 | 2001 年 | 本年比上年增减(%) | 2000 年 |
|---|---|---|---|---|
| 主营业务收入 | 2,111,335,005.47 | 1,187,590,727.61 | 77.78 | 863,141,920.21 |
| 利润总额 | 150,839,887.72 | 75,025,726.26 | 101.05 | 60,773,304.12 |
| 净利润 | 87,235,382.13 | 47,139,274.26 | 85.06 | 35,710,118.67 |
| 扣除非经常性损益的净利润 | 88,832,511.13 | 52,849,197.32 | 68.09 | 32,218,455.68 |
| | 2002 年末 | 2001 年末 | 本年末比上年末增减(%) | 2000 年末 |
| 总资产 | 1,184,682,541.59 | 980,472,718.94 | 20.83 | 897,906,573.54 |
| 股东权益(不含少数股东权益) | 352,397,180.35 | 306,133,681.53 | 15.11 | 293,989,223.96 |
| 经营活动产生的现金流量净额 | 269,404,105.08 | 109,363,252.88 | 146.34 | 80,858,053.20 |

2.2 主要财务指标 单位:元

| | 2002 年 | 2001 年 | 本年比上年增减(%) | 2000 年 |
|---|---|---|---|---|
| 每股收益 | 0.58 | 0.31 | 85.06 | 0.24 |
| 净资产收益率 | 24.75 | 15.40 | 60.76 | 12.15 |
| 扣除非经常性损益的净利润为基础计算的净资产收益率 | 25.40 | 16.64 | 52.62 | 10.36 |
| 每股经营活动产生的现金流量净额 | 1.78 | 0.72 | 146.34 | 0.53 |
| | 2002 年末 | 2001 年末 | 本年末比上年末增减(%) | 2000 年末 |
| 每股净资产 | 2.33 | 2.02 | 15.11 | 1.94 |
| 调整后的每股净资产 | 2.26 | 1.98 | 13.9 | 1.908 |

## 600690 青岛海尔股份有限公司

# 二○○二年年度报告摘选

### 1.上市公司基本情况简介

1.1 基本情况简介

股票简称:青岛海尔 股票代码:600690 上市交易所:上海证券交易所

注册地址:青岛市崂山区海尔工业园内 办公地址:青岛市重庆南路 99 号 邮政编码:266032

公司国际互联网网址:http://www.haier.com 电子信箱:ref@haier.com

1.2 联系人和联系方式

董事会秘书:崔少华 联系地址:青岛市海尔路 1 号海尔工业园
青岛海尔股份有限公司证券部

电话:0532－8938138 传真:0532－8938313 电子信箱:cuish@haier.com

证券事务代表:纪东 联系地址:青岛市海尔路 1 号海尔工业园
青岛海尔股份有限公司证券部

电话:0532－8938138 传真:0532－8938313 电子信箱:cuish@haier.com

### 2.会计数据和财务指标摘要

2.1 主要会计数据 单位:元

| | 2002 年 | 2001 年 | 本年比上年增减(%) | 2000 年 |
|---|---|---|---|---|
| 主营业务收入 | 11,553,520,958.99 | 11,441,823,199.86 | +0.98% | 4,828,378,025.49 |
| 利润总额 | 536,981,441.98 | 897,880,145.49 | －40.19% | 502,277,993.42 |
| 净利润 | 397,059,657.32 | 617,838,607.43 | －35.73% | 424,089,888.87 |
| 扣除非经常性损益的净利润 | 377,059,540.08 | 603,838,607.43 | －37.56% | 422,610,294.67 |
| | 2002 年末 | 2001 年末 | 本年末比上年末增减(%) | 2000 年末 |
| 总资产 | 7,394,136,944.61 | 6,942,405,040.37 | +6.51% | 3,933,559,801.94 |
| 股东权益(不含少数股东权益) | 5,089,945,277.38 | 4,932,180,104.62 | +3.20% | 2,810,163,548.44 |
| 经营活动产生的现金流量净额 | 390,670,453.18 | 701,881,581.41 | －44.34% | 477,725,679.48 |

2.2 主要财务指标

| | 2002 年 | 2001 年 | 本年比上年增减(%) | 2000 年 |
|---|---|---|---|---|
| 每股收益(元) | 0.50 | 0.77 | －35.06% | 0.75 |
| 净资产收益率(%) | 7.80% | 12.53% | －37.75% | 15.09% |
| 扣除非经常性损益的净利润为基础计算的净资产收益率(%) | 7.41% | 12.24% | －39.46% | 15.04% |
| 每股经营活动产生的现金流量净额 | 0.49 | 0.88 | －44.32% | 0.85 |
| | 2002 年末 | 2001 年末 | 本年末比上年末增减(%) | 2000 年末 |
| 每股净资产 | 6.38 | 6.18 | +3.24% | 4.98 |
| 调整后的每股净资产 | 6.33 | 6.15 | +2.93% | 4.98 |

## 600698 济南轻骑摩托车股份有限公司

# 二○○二年年度报告摘选

### 1.上市公司基本情况简介

1.1 基本情况简介

股票简称:ST 轻骑(A 股)、ST 轻骑 B(B 股) 股票代码:600698(A 股)、900946(B 股)

上市交易所:上海证券交易所

注册地址和办公地址:山东省济南市历下区和平路 34 号 邮政编码:250014

公司国际互联网网址:http://www.chinaqingqi.net 电子信箱:jnqqztb@21cn.com

1.2 联系人和联系方式

董事会秘书:吕来升 联系地址:济南市和平路 34 号

电话:0531－6461196 传真:0531－6960676 电子信箱:jnqqztb@21cn.com

证券事务代表:宋义才 联系地址:济南市和平路 34 号

电话:0531－6414419 传真:0531－6960676 电子信箱:qqsongyicai@sina.com

### 2.会计数据和财务指标摘要

2.1 主要会计数据

| | 2002 年(本年) | 2001 年(上年) | 本年比上年增减(%) | 2000 年 调整前 | 2000 年 调整后 |
|---|---|---|---|---|---|
| 主营业务收入 | 661,070,590.96 | 643,410,345.18 | 2.74 | 534,116,193.41 | 534,116,193.41 |
| 利润总额 | －3,405,558,073.00 | －718,478,732.13 | －373.99 | －272,430,339.02 | －405,276,213.24 |
| 净利润 | －3,402,247,454.80 | －699,782,683.72 | －386.19 | －272,432,967.32 | －405,278,841.54 |
| 扣除非经常性损益的净利润 | －2,800,404,420.28 | －200,711,286.77 | －1295.24 | －266,053,039.05 | －266,053,039.05 |
| | 2002 年末(本年末) | 2001 年末(上年末) | 本年末比上年末增减(%) | 2000 年末 调整前 | 2000 年末 调整后 |
| 总资产 | 953,585,195.28 | 3,464,628,171.31 | －72.48 | 4,146,817,121.07 | 3,976,499,616.39 |
| 股东权益(不含少数股东权益) | －1,611,623,293.29 | 1,790,624,161.51 | －190.22 | 2,715,954,708.69 | 2,545,637,204.01 |
| 经营活动产生的现金流量净额 | －113,401,715.05 | －138,738,066.67 | 18.41 | －0.33 | －0.33 |

2.2 主要财务指标

| | 2002 年(本年) | 2001 年(上年) | 本年比上年增减(%) | 2000 年 调整前 | 2000 年 调整后 |
|---|---|---|---|---|---|
| 每股收益 | －3.50 | －0.72 | －386.19 | －0.28 | －0.42 |
| 净资产收益率 | －211 | －39.08 | －440.00 | －10.03 | －15.92 |
| 扣除非经常性损益的净利润为基础计算的净资产收益率 | －173.76 | －11.21 | －145.00 | －9.80 | 0.46 |
| 每股经营活动产生的现金流量净额 | －0.12 | －0.14 | 14.29 | －0.33 | －0.33 |
| | 2002 年末(本年末) | 2001 年末(上年末) | 本年末比上年末增减(%) | 2000 年末 调整前 | 2000 年末 调整后 |
| 每股净资产 | －1.66 | 1.84 | －190.22 | 2.79 | 2.62 |
| 调整后的每股净资产 | －1.66 | 1.84 | －190.22 | 2.79 | 2.62 |

## 600710 常林股份有限公司

# 二○○二年年度报告摘选

### 1.上市公司基本情况简介

1.1 基本情况简介

股票简称:常林股份 股票代码:600710 上市交易所:上海证券交易所

注册地址:江苏省常州市新北区常澄路 55 号 办公地址:江苏省常州市常林路 10 号

邮政编码:213002

公司国际互联网网址:http://www.changlin.com.cn 电子信箱:clcxs@public.cz.js.cn

1.2 联系人和联系方式

董事会秘书:周龙江先生 联系地址:江苏省常州市常林路 10 号

电话:0519－6752853 传真:0519－6750025 电子信箱:clcdm@pub.cz.jsinfo.net

证券事务代表:冯伟国先生 联系地址:江苏省常州市常林路 10 号

电话:0519－6781158 传真:0519－6750025 电子信箱:clcdm@pub.cz.jsinfo.net

### 2.会计数据和财务指标摘要

2.1 主要会计数据 单位:人民币元

| | 2002 年 | 2001 年 | 本年比上年增减(%) | 2000 年 |
|---|---|---|---|---|
| 主营业务收入 | 1,004,496,619.73 | 530,639,149.84 | 89.30 | 404,901,963.53 |
| 利润总额 | 60,117,363.69 | 7,886,236.51 | 662.31 | 7,685,573.32 |
| 净利润 | 52,091,149.65 | 6,882,053.87 | 656.91 | 6,761,711.75 |
| 扣除非经常性损益的净利润 | 47,886,034.49 | 243,157.66 | 19593.41 | 1,132,370.88 |
| | 2002 年末 | 2001 年末 | 本年末比上年末增减(%) | 2000 年末 |
| 总资产 | 947,777,181.17 | 851,805,583.12 | 11.27 | 789,833,879.35 |
| 股东权益(不含少数股东权益) | 480,487,796.00 | 439,946,646.35 | 9.22 | 433,151,093.16 |
| 经营活动产生的现金流量净额 | 34,590,739.78 | 52,017,724.35 | －33.50 | 25,503,051.22 |

2.2 主要财务指标 单位:人民币元

| | 2002 年 | 2001 年 | 本年比上年增减(%) | 2000 年 |
|---|---|---|---|---|
| 每股收益 | 0.32 | 0.04 | 656.91 | 0.04 |
| 净资产收益率 | 10.84% | 1.56% | 593.05 | 1.56% |
| 扣除非经常性损益的净利润为基础计算的净资产收益率 | 9.97% | 0.06% | 17931.78 | 0.26% |
| 每股经营活动产生的现金流量净额 | 0.21 | 0.32 | －33.50 | 0.15 |
| | 2002 年末 | 2001 年末 | 本年末比上年末增减(%) | 2000 年末 |
| 每股净资产 | 2.91 | 2.67 | 9.22 | 2.63 |
| 调整后的每股净资产 | 2.81 | 2.60 | 8.01 | 2.55 |

# 600715 松辽汽车股份有限公司

## 二〇〇二年年度报告摘选

### 1.上市公司基本情况简介

1.1 基本情况简介

股票简称:松辽汽车 股票代码:600715 上市交易所:上海证券交易所

注册地址和办公地址:沈阳市苏家屯区白松路 22 号 邮政编码:110101

电子信箱:slqccom@mail.sy.ln.cn

1.2 联系人和联系方式

董事会秘书:孙华东 联系地址:沈阳市苏家屯区白松路 22 号

电话:024－89811610 传真:024－89811259 电子信箱:slqccom@mail.sy.ln.cn

### 2.会计数据和财务指标摘要

2.1 主要会计数据 单位:(人民币)元

| | 2002 年 | 2001 年 调整后 | 2001 年 调整前 | 本年比上年增减(%) | 2000 年 |
|---|---|---|---|---|---|
| 主营业务收入 | －－ | －－ | －－ | －－ | 10,384,502.59 |
| 利润总额 | －170,097,143.31 | －51,936,426.69 | －62,710,244.54 | －227.51 | 6,839,079.80 |
| 净利润 | －170,097,143.31 | －51,936,426.69 | －62,710,244.54 | －227.51 | 6,839,079.80 |
| 扣除非经常性损益的净利润 | －102,605,960.13 | －48,115,009.67 | －58,888,827.52 | －113.25 | 6,839,079.80 |
| | 2002 年末 | 2001 年末 调整后 | 2001 年末 调整前 | 本年末比上年末增减(%) | 2000 年末 |
| 总资产 | 502,642,194.85 | 598,346,653.79 | 598,774,921.90 | －15.99 | 651,294,476.33 |
| 股东权益(不含少数股东权益) | 76,489,387.27 | 205,812,465.58 | 192,806,461.58 | －62.84 | 236,679,176.12 |
| 经营活动产生的现金流量净额 | －1,931,490.97 | 83,996,947.27 | 83,996,947.27 | －102.30 | 5,701,599.71 |

2.2 主要财务指标 单位:(人民币)元

| | 2002 年 | 2001 年 调整后 | 2001 年 调整前 | 本年比上年增减(%) | 2000 年 |
|---|---|---|---|---|---|
| 每股收益 | －0.758 | －0.232 | －0.28 | －226.72 | 0.05 |
| 净资产收益率(%) | －222.38 | －25.23 | －32.52 | －781.41 | 2.89 |
| 扣除非经常性损益的净资产收益率(%) | －134.14 | －23.38 | －28.46 | －473.74 | 2.89 |
| 每股经营活动产生的现金流量净额 | －0.0086 | 0.37 | 0.37 | －102.32 | 0.04 |
| | 2002 年末 | 2001 年末 调整后 | 2001 年末 调整前 | 本年末比上年末增减(%) | 2000 年末 |
| 每股净资产 | 0.341 | 0.918 | 0.86 | －62.85 | 1.69 |
| 调整后的每股净资产 | 0.33 | 0.878 | 0.82 | －62.41 | 1.62 |

# 600724 宁波富达股份有限公司

## 二〇〇二年年度报告摘选

### 1.上市公司基本情况简介

1.1 基本情况简介

股票简称:宁波富达 股票代码:600724 上市交易所:上海证券交易所

注册地址和办公地址:浙江省余姚市阳明西路 355 号 邮政编码:315400

公司国际互联网网址:http://www.Fuda.com 电子信箱:fuda@fuda.com

1.2 联系人和联系方式

董事会秘书:陈建新 联系地址:余姚市阳明西路 355 号

电话:0574－62814275 传真:0584－62813915－1198 电子信箱:dsbcjx@fuda.com

证券事务代表:施亚琴 联系地址:余姚市阳明西路 355 号

电话:0574－62814275 传真:0584－62813915－1184 电子信箱:dsbsyq@fuda.com

### 2.会计数据和财务指标摘要

2.1 主要会计数据

| | 2002 年 | 2001 年 | 本年比上年增减(%) | 2000 年 调整前 | 2000 年 调整后 |
|---|---|---|---|---|---|
| 主营业务收入 | 758,718,913.82 | 684,320,495.26 | 10.87 | 468,790,736.13 | 468,790,736.13 |
| 利润总额 | 103,470,630.82 | 91,946,257.55 | 12.53 | 52,591,526.73 | 49,788,621.41 |
| 净利润 | 61,225,442.21 | 71,080,868.93 | －13.87 | 43,285,722.81 | 40,546,248.06 |
| 扣除非经常性损益的净利润 | 57,856,352.30 | 71,338,290.01 | －18.90 | 41,183,553.22 | 41,183,553.22 |
| | 2002 年 12 月 31 日 | 2001 年 12 月 31 日 | 本年末比上年末增减(%) | 2000 年 12 月 31 日 调整前 | 2000 年 12 月 31 日 调整后 |
| 总资产 | 1,273,770,541.41 | 971,019,274.51 | 31.18 | 547,958,847.03 | 528,959,136.74 |
| 股东权益(不含少数股东权益) | 546,329,381.72 | 530,636,886.78 | 2.96 | 299,485,939.72 | 282,566,951.89 |
| 经营活动产生的现金流量净额 | 55,325,807.26 | 14,309,147.38 | 286.65 | 26,701,038.98 | 26,701,038.98 |

2.2 主要财务指标

| | 2002 年 | 2001 年 | 本年比上年增减(%) | 2000 年 调整前 | 2000 年 调整后 |
|---|---|---|---|---|---|
| 每股收益 | 0.17 | 0.20 | －15 | 0.21 | 0.20 |
| 净资产收益率 | 11.21 | 13.40 | －16.34 | 14.45 | 14.35 |
| 扣除非经常性损益的净利润为基础计算的净资产收益率 | 10.31 | 13.77 | －25.13 | 14.76 | 15.63 |
| 每股经营活动产生的现金流量净额 | 0.15 | 0.04 | 275.00 | 0.13 | 0.13 |
| | 2002 年 12 月 31 日 | 2001 年 12 月 31 日 | 本年末比上年末增减(%) | 2000 年 12 月 31 日 调整前 | 2000 年 12 月 31 日 调整后 |
| 每股净资产 | 1.50 | 1.46 | 2.74 | 1.46 | 1.38 |
| 调整后的每股净资产 | 1.45 | 1.41 | 2.84 | 1.39 | 1.31 |

# 600732 上海港机股份有限公司

## 二〇〇二年年度报告摘选

### 1.上市公司基本情况简介

1.1 基本情况简介

股票简称:上海港机 股票代码:600732 上市交易所:上海证券交易所

注册地址:上海市浦东南路 3500 号 办公地址:上海市浦东南路 3500 号 邮政编码:200125

公司国际互联网网址:http://www.chinaspmc.com 电子信箱:spmc@chinaspmc.com

1.2 联系人和联系方式

董事会秘书:蔡爱国 联系地址:上海市浦东南路 3500 号

电话:(021)5839513 转 6665 传真:(021)58817756 电子信箱:aiguo_cai@163.net

证券事务代表:何婧 联系地址:上海市浦东南路 3500 号

电话:(021)5839513 转 6665 传真:(021)58817756 电子信箱:aiguo_cai@163.net

### 2.会计数据和财务指标摘要

2.1 主要会计数据

| | 2002 年 | 2001 年 | 本年比上年增减(%) | 2000 年 |
|---|---|---|---|---|
| 主营业务收入 | 678,992,496.92 | 709,404,619.37 | －4.29 | 495,044,179.90 |
| 利润总额 | 5,101,124.04 | －59,056,259.52 | | 24,862,603.24 |
| 净利润 | 4,920,458.76 | －59,559,709.15 | | 20,144,675.74 |
| 扣除非经常性损益的净利润 | 2,557,882.98 | －65,828,918.55 | | 11,137,902.71 |
| | 2002 年 | 2001 年 | 本年末比上年末增减(%) | 2000 年 |
| 总资产 | 1,137,442,078.82 | 1,123,493,896.97 | 1.24 | 1,192,371,827.87 |
| 股东权益(不含少数股东权益) | 346,021,923.67 | 341,101,464.97 | 1.44 | 394,644,633.61 |
| 经营活动产生的现金流量净额 | 38,456,255.43 | 119,078,581.58 | －67.71 | －102,474,684.14 |

2.2 主要财务指标

| | 2002 年 | 2001 年 | 本年比上年增减(%) | 2000 年 |
|---|---|---|---|---|
| 每股收益 | 0.02 | －0.24 | | 0.081 |
| 净资产收益率 | 1.42 | －17.46 | | 4.95 |
| 扣除非经常性损益的净利润为基础计算的净资产收益率 | 1.62 | －17.89 | | 2.8 |
| 每股经营活动产生的现金流量净额 | 0.155 | 0.4802 | －67.72 | －0.4132 |
| | 2002 年 | 2001 年 | 本年末比上年末增减(%) | 2000 年末 |
| 每股净资产 | 1.3953 | 1.3755 | 1.44 | 1.5914 |
| 调整后的每股净资产 | 1.3275 | 1.3711 | －3.18 | 1.5308 |

# 600742 长春一汽四环汽车股份有限公司

## 二〇〇二年年度报告摘选

### 1.上市公司基本情况简介

1.1 基本情况简介

股票简称:一汽四环 股票代码:600742 上市交易所:上海证券交易所

注册地址和办公地址:吉林省长春市普阳街 99 号 邮政编码:130011

电子信箱:fawsh@public.cc.jl.cn

1.2 联系人和联系方式

董事会秘书:范希军 联系地址:吉林省长春市普阳街 99 号

电话:0431－7629115 传真:0431－7629113 电子信箱:fawsh@public.cc.jl.cn

证券事务代表:李文东 联系地址:吉林省长春市普阳街 99 号

电话:0431－7629115 传真:0431－7629113 电子信箱:fawsh@public.cc.jl.cn

### 2.会计数据和财务指标摘要

2.1 主要会计数据 单位:元

| | 2002 年 | 2001 年 | 本年比上年增减(%) | 2000 年 |
|---|---|---|---|---|
| 主营业务收入 | 3,240,895,329.40 | 2,137,738,469.91 | 51.60 | 837,032,260.46 |
| 利润总额 | 190,514,912.42 | 179,042,970.30 | 6.41 | 108,478,897.59 |
| 净利润 | 142,385,443.25 | 141,428,090.41 | 0.68 | 106,182,134.47 |
| 扣除非经常性损益的净利润 | 143,679,504.50 | 162,064,091.50 | －11.34 | 109,116,703.04 |
| | 2002 年末 | 2001 年末 | 本年末比上年末增减(%) | 2000 年末 |
| 总资产 | 1,912,651,722.84 | 1,356,177,309.32 | 41.03 | 1,247,797,511.97 |
| 股东权益(不含少数股东权益) | 1,164,918,868.19 | 1,040,822,764.25 | 11.92 | 960,073,359.35 |
| 经营活动产生的现金流量净额 | 273,656,096.27 | 168,944,889.53 | 61.98 | 73,871,108.17 |

2.2 主要财务指标 单位:元

| | 2002 年 | 2001 年 | 本年比上年增减(%) | 2000 年 |
|---|---|---|---|---|
| 每股收益 | 0.673 | 0.669 | 0.60 | 0.50 |
| 净资产收益率 | 12.22 | 13.59 | －10.08 | 11.06 |
| 扣除非经常性损益的净利润为基础计算的净资产收益率 | 12.33 | 15.57 | －20.81 | 0.11 |
| 每股经营活动产生的现金流量净额 | 1.29 | 0.80 | 61.25 | 0.35 |
| | 2002 年末 | 2001 年末 | 本年末比上年末增减(%) | 2000 年末 |
| 每股净资产 | 5.51 | 4.95 | 11.31 | 4.54 |
| 调整后的每股净资产 | 5.35 | 4.68 | 14.32 | 4.30 |

# 600753 河南冰熊保鲜设备股份有限公司

## 二〇〇二年年度报告摘选

### 1.上市公司基本情况简介

1.1 基本情况简介

股票简称:ST 冰熊　股票代码:600753　上市交易所:上海证券交易所

注册地址和办公地址:河南省民权县府后街 22 号　邮政编码:476800

公司国际互联网网址:http://www.bingxiong.com.cn　电子信箱:bxgf@bingxiong.com.cn

1.2 联系人和联系方式

董事会秘书:杨平原　联系地址:河南省民权县府后街 22 号

电话:(0370)8585698　传真:(0370)8551431　电子信箱:yangpingyuan@bingxiong.com.cn

证券事务代表:李玉钦　联系地址:河南省民权县府后街 22 号

电话:(0370)8585007　传真:(0370)8551431　电子信箱:zhengquanbu@bingxiong.com.cn

### 2.会计数据和财务指标摘要

2.1 主要会计数据

| | 2002 年 | 2001 年 | 本年比上年增减(%) | 2000 年 |
|---|---|---|---|---|
| 主营业务收入 | 64,671,473.09 | 100,158,467.59 | -35.43% | 103,397,009.41 |
| 利润总额 | 4,139,501.50 | 5,390,776.94 | -23.21% | -48,999,734.26 |
| 净利润 | 4,139,501.50 | 5,390,776.94 | -23.21% | -48,999,734.26 |
| 扣除非经常性损益的净利润 | -2,362,284.51 | 5,352,214.09 | -144.14% | -48,730,742.73 |
| | 2002 年末 | 2001 年末 | 本年末比上年末增减(%) | 2000 年末 |
| 总资产 | 429,987,529.68 | 426,830,127.31 | 0.74% | 391,808,355.68 |
| 股东权益(不含少数股东权益) | 109,045,746.47 | 104,844,757.67 | 4.01% | 85,135,817.66 |
| 经营活动产生的现金流量净额 | 0.10 | -0.06 | 283.33% | 0.08 |

2.2 主要财务指标

| | 2002 年 | 2001 年 | 本年比上年增减(%) | 2000 年 |
|---|---|---|---|---|
| 每股收益 | 0.0323 | 0.04 | -19.25% | -0.38 |
| 净资产收益率 | 3.80% | 6.14% | -38.11% | -44.69% |
| 扣除非经常性损益的净利润为基础计算的净资产收益率 | -2.17% | 6.1% | -135.57% | -44.39% |
| 每股经营活动产生的现金流量净额 | 0.11 | -0.06 | 283.33% | 0.08 |
| | 2002 年末 | 2001 年末 | 本年末比上年末增减(%) | 2000 年末 |
| 每股净资产 | 0.85 | 0.82 | 3.66% | 0.67 |
| 调整后的每股净资产 | 0.84 | 0.77 | 9.09% | 0.62 |

# 600760 山东黑豹股份有限公司

## 二〇〇二年年度报告摘选

### 1.上市公司基本情况简介

1.1 基本情况简介

股票简称:山东黑豹　股票代码:600760　上市交易所:上海证券交易所

注册地址和办公地址:山东省文登市龙山路 107 号　邮政编码:264400

公司国际互联网网址:http://www.heibao.com.cn　电子信箱:wdnyys@public.whptt.sd.cn

1.2 联系人和联系方式

董事会秘书:孙军芳　联系地址:山东省文登市龙山路 107 号

电话:0631-8352083　传真:0631-8352228　电子信箱:Wdnyys@public.whptt.sd.cn

证券事务代表:王海兵　联系地址:山东省文登市龙山路 107 号

电话:0631-83502083　传真:0631-8352228　电子信箱:Wdnyys@public.whptt.sd.cn

### 2.会计数据和财务指标摘要

2.1 主要会计数据　单位:元

| | 2002 年 | 2001 年 | 本年比上年增减(%) | 2000 年 |
|---|---|---|---|---|
| 主营业务收入 | 216,215,390.46 | 282,702,213.35 | -23.52 | 292,956,765.80 |
| 利润总额 | -72,573,684.94 | -51,987,848.74 | -39.60 | 22,653,665.78 |
| 净利润 | -72,573,684.94 | -51,987,848.74 | -39.60 | 20,801,389.88 |
| 扣除非经常性损益的净利润 | -72,334,240.40 | -51,863,923.15 | -39.47 | 5,801,389.88 |
| | 2002 年末 | 2001 年末 | 本年末比上年末增减(%) | 2000 年末 |
| 总资产 | 802,460,870.64 | 925,273,991.64 | -13.27 | 1,015,071,365.56 |
| 股东权益(不含少数股东权益) | 645,511,487.94 | 718,047,587.81 | -10.10 | 798,639,164.73 |
| 经营活动产生的现金流量净额 | -7,678,702.51 | 10,708,101.95 | -171.71 | 5,644,841.46 |

2.2 主要财务指标　单位:元

| | 2002 年 | 2001 年 | 本年比上年增减(%) | 2000 年 |
|---|---|---|---|---|
| 每股收益 | -0.27 | -0.19 | -42.11 | 0.076 |
| 净资产收益率 | -11.24 | -7.24 | -55.25 | 2.60 |
| 扣除非经常性损益的净利润为基础计算的净资产收益率 | -11.21 | -7.22 | -55.26 | 0.73 |
| 每股经营活动产生的现金流量净额 | -0.03 | 0.04 | -175 | 0.02 |
| | 2002 年末 | 2001 年末 | 本年末比上年末增减(%) | 2000 年末 |
| 每股净资产 | 2.36 | 2.63 | -10.27 | 2.93 |
| 调整后的每股净资产 | 2.14 | 2.54 | -15.75 | 2.92 |

# 600761 安徽合力股份有限公司

## 二〇〇二年年度报告摘选

### 1.上市公司基本情况简介

1.1 基本情况简介

股票简称:安徽合力　股票代码:600761　上市交易所:上海证券交易所

注册地址和办公地址:安徽省合肥市望江西路 15 号　邮政编码:230022

公司国际互联网网址:http://www.helichina.com/　电子信箱:heli@helichina.com

1.2 联系人和联系方式

董事会秘书:徐琳　联系地址:安徽省合肥市望江西路 15 号

电话:(0551)3648005-6498　传真:(0551)3633431　电子信箱:xl@helichina.com

证券事务代表:周星琪　联系地址:安徽省合肥市望江西路 15 号

电话:(0551)3648005-6902　传真:(0551)3633431　电子信箱:SQ600761@secure.sse.com.cn

### 2.会计数据和财务指标摘要

2.1 主要会计数据　单位:元

| 项目 | 2002 年 | 2001 年 | 本年比上年增减(%) | 2000 年 |
|---|---|---|---|---|
| 主营业务收入 | 746,869,626.84 | 528,558,651.79 | +41.30 | 485,076,904.58 |
| 利润总额 | 86,801,851.43 | 73,146,248.47 | +18.67 | 66,409,576.99 |
| 净利润 | 73,858,095.84 | 61,445,709.16 | +20.20 | 55,334,278.02 |
| 扣除非经常性损益的净利润 | 73,345,125.19 | 60,027,219.69 | +22.19 | 53,967,239.35 |
| | 2002 年末 | 2001 年末 | 本年末比上年末增减(%) | 2000 年末 |
| 总资产 | 939,253,810.89 | 1,008,511,247.02 | -6.87 | 872,268,390.11 |
| 股东权益(不含少数股东权益) | 703,002,770.88 | 670,043,580.79 | +4.92 | 649,410,821.41 |
| 经营活动产生的现金流量净额 | 117,160,562.55 | 62,331,748.90 | +87.96 | 100,042,139.53 |

2.2 主要财务指标　单位:元

| 项目 | 2002 年 | 2001 年 | 本年比上年增减(%) | 2000 年 |
|---|---|---|---|---|
| 每股收益 | 0.36 | 0.30 | +20.00 | 0.27 |
| 净资产收益率 | 10.51 | 9.17 | +14.61 | 8.52 |
| 扣除非经常性损益的净利润为基础计算的净资产收益率 | 10.43 | 8.96 | +16.41 | 8.31 |
| 每股经营活动产生的现金流量净额 | 0.57 | 0.31 | +83.87 | 0.49 |
| | 2002 年末 | 2001 年末 | 本年末比上年末增减(%) | 2000 年末 |
| 每股净资产 | 3.44 | 3.27 | +5.20 | 3.17 |
| 调整后的每股净资产 | 3.41 | 3.25 | +4.92 | 3.16 |

# 600765 贵州力源液压股份有限公司

## 二〇〇二年年度报告摘选

### 1.上市公司基本情况简介

1.1 基本情况简介

股票简称:力源液压　股票代码:600765　上市交易所:上海证券交易所

注册地址:贵州省贵阳国家高新技术产业开发区

办公地址:贵州省贵阳市乌当区新场乡　邮政编码:550202

公司国际互联网网址:http://www.liyuanhydraulic.com　电子信箱:lkccxpublic.gzzt.net.cn

1.2 联系人和联系方式

董事会秘书:舒代游　联系地址:贵州省贵阳市乌当区新场乡公司办

电话:0851-6132002　传真:0851-6132590　电子信箱:Sdy.yq@263.net

### 2.会计数据和财务指标摘要

2.1 主要会计数据

| | 2002 年 | 2001 年 | 本年比上年增减(%) | 2000 年 |
|---|---|---|---|---|
| 主营业务收入 | 61,415,743.10 | 51,641,296.33 | 18.93 | 43,948,159.87 |
| 利润总额 | 1,509,029.25 | 1,146,046.41 | 31.67 | 312,115.05 |
| 净利润 | 1,509,029.25 | 1,146,046.41 | 31.67 | 312,115.05 |
| 扣除非经常性损益的净利润 | 3,078,101.13 | 2,070,752.56 | 48.65 | 503,183.66 |
| | 2002 年末 | 2001 年末 | 本年末比上年末增减(%) | 2000 年末 |
| 总资产 | 221,349,313.27 | 213,168,761.71 | 3.84 | 206,298,967.70 |
| 股东权益(不含少数股东权益) | 153,915,333.72 | 152,863,693.89 | 0.688 | 150,796,103.72 |
| 经营活动产生的现金流量净额 | 14,413,622.99 | 13,858,001.03 | 4.00 | 7,344,566.31 |

2.2 主要财务指标

| | 2002 年 | 2001 年 | 本年比上年增减(%) | 2000 年 |
|---|---|---|---|---|
| 每股收益 | 0.014 | 0.010 | 40.00 | 0.003 |
| 净资产收益率 | 0.980 | 0.750 | 30.67 | 0.207 |
| 扣除非经常性损益的净利润为基础计算的净资产收益率 | 2.004 | 1.368 | 46.49 | 0.335 |
| 每股经营活动产生的现金流量净额 | 0.130 | 0.125 | 4.00 | 0.066 |
| | 2002 年末 | 2001 年末 | 本年末比上年末增减(%) | 2000 年末 |
| 每股净资产 | 1.386 | 1.377 | 0.65 | 1.358 |
| 调整后的每股净资产 | 1.376 | 1.360 | 1.18 | 1.343 |

## 600786 东方锅炉(集团)股份有限公司

### 二〇〇二年年度报告摘选

#### 1.上市公司基本情况简介

1.1 基本情况简介

股票简称:ST 东锅　股票代码:600786　上市交易所:上海证券交易所

注册地址和办公地址:四川省自贡市五星街黄桷坪路 150 号　邮政编码:643001

公司国际互联网网址:http://www.dbc-cn.com　电子信箱:dbc@zg-public.sc.cninfo.net

1.2 联系人和联系方式

董事会秘书:贺建强　联系地址:四川省自贡市五星街黄桷坪路 150 号

电话:0813-4735000/4734600　传真:0813-2203200/4732744

电子信箱:dbcdm@zg-public.sc.cninfo.net

#### 2.会计数据和财务指标摘要

2.1 主要会计数据

| | 2002 年 | 2001 年 | 本年比上年增减(%) | 2000 年 |
|---|---|---|---|---|
| 主营业务收入 | 1,104,391,063.29 | 489,537,181.43 | 125.60 | 363,215,170.51 |
| 利润总额 | 18,438,017.42 | -195,779,414.54 | | -123,272,625.34 |
| 净利润 | 17,136,944.27 | -196,152,993.96 | | -124,105,830.58 |
| 扣除非经常性损益的净利润 | 15,112,362.76 | -228,972,314.70 | | -133,399,516.20 |
| | 2002 年 12 月 31 日 | 2001 年 12 月 31 日 | 本年末比上年末增减(%) | 2000 年 12 月 31 日 |
| 总资产 | 1,827,485,878.28 | 1,300,816,719.13 | 40.49 | 1,226,713,871.49 |
| 股东权益(不含少数股东权益) | 155,199,280.24 | 135,403,964.04 | 14.62 | 329,935,184.24 |
| 经营活动产生的现金流量净额 | 217,721,170.50 | 213,085,989.46 | 2.18 | 42,886,151.00 |

2.2 主要财务指标

| | 2002 年 | 2001 年 | 本年比上年增减(%) | 2000 年 |
|---|---|---|---|---|
| 每股收益 | 0.0811 | -0.9284 | | -0.5874 |
| 每股收益 | 0.0811 | -0.9284 | | -0.5874 |
| 净资产收益率 | 11.0419 | -144.8650 | | -37.6152 |
| 扣除非经常性损益的净利润为基础计算的净资产收益率 | 9.7374 | -169.1031 | | -40.4320 |
| 每股经营活动产生的现金流量净额 | 1.0305 | 0.5394 | 91.05 | 0.1978 |
| | 2002 年 12 月 31 日 | 2001 年 12 月 31 日 | 本年末比上年末增减(%) | 2000 年 12 月 31 日 |
| 每股净资产 | 0.7346 | 0.6409 | 14.62 | 1.5617 |
| 调整后的每股净资产 | -0.0392 | -0.0169 | | 1.1154 |

## 600806 交大昆机科技股份有限公司

### 二〇〇二年年度报告摘选

#### 1.上市公司基本情况简介

1.1 基本情况简介

股票简称:交大科技、交大科技　股票代码:600806、0300

上市交易所:上海证券交易所、香港联合交易所

注册地址和办公地址:中华人民共和国云南省昆明市茨坝路 23 号　邮政编码:650203

公司国际互联网网址:http://www.jkht.com　电子信箱:dsh@jkht.com

1.2 联系人和联系方式

董事会秘书:冯思忠　联系地址:中华人民共和国云南省昆明市茨坝路 23 号

电话:86-871-5212410　传真:86-871-5150317　电子信箱:jkht@jkht.com

证券事务代表:曲莘野　联系地址:中华人民共和国云南省昆明市茨坝路 23 号

电话:86-871-5212411　传真:86-871-5150317　电子信箱:dsh@jkht.com

#### 2.会计数据和财务指标摘要

2.1 主要会计数据　单位:人民币元

| | 2002 年 | 2001 年 | 本年比上年增减(%) | 2000 年 |
|---|---|---|---|---|
| 主营业务收入 | 179,628,485 | 102,493,975 | 75.26 | 91,071,498 |
| 利润总额 | 7,734,064 | 2,051,121 | 277.07 | 3,576,289 |
| 净利润 | 6,077,479 | 2,051,121 | 196.30 | 3,576,289 |
| 扣除非经常性损益的净利润 | 3,709,297 | (808,121) | -- | 2,251,289 |
| | 2002 年末 | 2001 年末 | 本年末比上年末增减(%) | 2000 年末 |
| 总资产 | 839,469,211 | 776,107,545 | 8.16 | 666,040,112 |
| 股东权益(不含少数股东权益) | 506,778,045 | 500,700,566 | 1.21 | 505,942,642 |
| 经营活动产生的现金流量净额 | (4,481,320) | (13,688,777) | -- | 12,933,727 |

2.2 主要财务指标

| | 2002 年 | 2001 年 | 本年比上年增减(%) | 2000 年 |
|---|---|---|---|---|
| 每股收益(元/股) | 0.025 | 0.008 | 212.5 | 0.015 |
| 净资产收益率(%) | 1.2 | 0.41 | 192.68 | 0.71 |
| 扣除非经常性损益的净利润为基础计算的净资产收益率(%) | 0.73 | (1.61) | -- | 0.44 |
| 每股经营活动产生的现金流量净额(元/股) | (0.018) | (0.05) | -- | 0.05 |
| | 2002 年末 | 2001 年末 | 本年末比上年末增减(%) | 2000 年末 |
| 每股净资产(元/股) | 2.07 | 2.04 | 1.47 | 2.07 |
| 调整后的每股净资产(元/股) | 2.06 | 2.03 | 1.48 | 2.01 |

## 600815 厦门工程机械股份有限公司

### 二〇〇二年年度报告摘选

#### 1.上市公司基本情况简介

1.1 基本情况简介

股票简称:厦工股份　股票代码:600815　上市交易所:上海证券交易所

注册地址和办公地址:厦门市厦禾路 668 号　邮政编码:361004

公司国际互联网网址:http://www.xiagong.com.cn/　电子信箱:xggfzqb@public.xm.fj.cn

1.2 联系人和联系方式

董事会秘书:王智勇　联系地址:厦门市厦禾路 668 号厦门工程机械股份有限公司董事会秘书处

电话:0592-2115449　传真:0592-2036720　电子信箱:xggfzqb@public.xm.fj.cn

证券事务代表:叶维萍

联系地址:厦门市厦禾路 668 号厦门工程机械股份有限公司董事会秘书处

电话:0592-2115449　传真:0592-2036720　电子信箱:xggfzqb@public.xm.fj.cn

#### 2.会计数据和财务指标摘要

2.1 主要会计数据

| | 2002 年 | 2001 年 | 本年比上年增(%) | 2000 年 |
|---|---|---|---|---|
| 主营业务收入 | 1,658,516,287.75 | 1,062,394,301.38 | 56.11 | 716,803,166.34 |
| 利润总额 | 72,762,189.45 | 40,249,383.66 | 80.78 | 15,213,158.93 |
| 净利润 | 52,926,156.73 | 29,681,193.20 | 78.32 | 10,888,985.70 |
| 扣除非经常性损益的净利润 | 52,581,874.60 | 27,098,188.54 | 94.04 | 10,402,710.35 |
| | 2002 年末 | 2001 年末 | 本年末比上年末增减(%) | 2000 年末 |
| 总资产 | 1,439,509,524.01 | 1,307,824,833.11 | 10.07 | 1,101,256,634.85 |
| 股东权益(不含少数股东权益) | 800,439,336.18 | 789,942,386.34 | 1.33 | 774,319,214.95 |
| 经营活动产生的现金流量净额 | 72,161,308.13 | -26,791,083.15 | 369.35 | 57,184,155.38 |

2.2 主要财务指标

| | 2002 年 | 2001 年 | 本年比上年增减(%) | 2000 年 |
|---|---|---|---|---|
| 每股收益 | 0.12 | 0.10 | 20.00 | 0.04 |
| 每股收益* | 0.12 | -- | -- | -- |
| 净资产收益率 | 6.61% | 3.76% | 75.80 | 1.41% |
| 扣除非经常性损益的净利润为基础计算的净资产收益率 | 6.57% | 3.43% | 91.55 | 1.34% |
| 每股经营活动产生的现金流量净额 | 0.16 | -0.09 | 277.78 | 0.19 |
| | 2002 年末 | 2001 年末 | 本年末比上年末增减(%) | 2000 年末 |
| 每股净资产 | 1.78 | 2.64 | -32.58 | 2.59 |
| 调整后的每股净资产 | 1.72 | 2.57 | -33.07 | 2.49 |

## 600818 上海永久股份有限公司

### 二〇〇二年年度报告摘选

#### 1.上市公司基本情况简介

1.1 基本情况简介

股票简称:ST 永久　ST 永久 B　股票代码:600818、900915　上市交易所:上海证券交易所

注册地址:上海市周家嘴路 1357 号　办公地址:上海市辽源西路 209 号　邮政编码:200092

公司国际互联网网址:http://www.cnforever.com　电子信箱:forever@cnforever.com

1.2 联系人和联系方式

董事会秘书:袁志坚　联系地址:上海市辽源西路 209 号

电话:86-21-65136974　传真:86-21-65139966

#### 2.会计数据和财务指标摘要

2.1 主要会计数据

| | 2002 年 | 2001 年 | 本年比上年增减(%) | 2000 年 |
|---|---|---|---|---|
| 主营业务收入 | 550,605,526.92 | 370,076,140.70 | 48.78% | 279,728,858.73 |
| 利润总额 | 48,006,000.34 | 3,359,541.36 | 1328.95% | -210,146,223.36 |
| 净利润 | 52,557,618.42 | 8,837,276.26 | 494.73% | -246,669,077.94 |
| 扣除非经常性损益的净利润 | 7,679,507.95 | -26,211,827.02 | | |
| | 2002 年末 | 2001 年末 | 本年末比上年末增减(%) | 2000 年末 |
| 总资产 | 529,562,194.27 | 496,647,916.69 | 6.63% | 476,408,064.03 |
| 股东权益(不含少数股东权益) | 120,970,878.93 | 63,013,411.47 | 91.98% | -341,902,442.50 |
| 经营活动产生的现金流量净额 | 70,887,963.08 | -47,974,495.86 | | 12,256,872.38 |

2.2 主要财务指标

| | 2002 年 | 2001 年 | 本年比上年增减(%) | 2000 年 |
|---|---|---|---|---|
| 每股收益 | 0.20 | 0.03 | 566.67 | -0.93 |
| 净资产收益率 | 43.45 | 14.02 | 209.91 | / |
| 扣除非经常性损益的净利润为基础计算的净资产收益率 | 6.35 | -41.6 | / | / |
| 每股经营活动产生的现金流量净额 | 0.27 | -0.18 | / | 0.05 |
| | 2002 年末 | 2001 年末 | 本年末比上年末增减(%) | 2000 年末 |
| 每股净资产 | 0.46 | 0.24 | 91.67 | -1.29 |
| 调整后的每股净资产 | 0.45 | 0.24 | 87.50 | -1.29 |

## 600831 陕西广电网络传媒股份有限公司

### 二〇〇二年年度报告摘选

#### 1.上市公司基本情况简介

1.1 基本情况简介

股票简称:广电网络 股票代码:600831 上市交易所:上海证券交易所

注册地址:西安市幸福北路 21 号

办公地址:西安市太白南路 363 号影视大酒店副楼 邮政编码:710068

公司国际互联网网址:http://www.600831.com 电子信箱:600831@china.com

1.2 联系人和联系方式

董事会秘书:李道光 联系地址:西安市太白南路 363 号影视大酒店副楼

电话:029－8278115 传真:029－8255370 电子信箱:600831@china.com

证券事务代表:范勇建 联系地址:西安市太白南路 363 号影视大酒店副楼

电话:029－8278115 传真:029－8255370 电子信箱:600831@china.com

#### 2.会计数据和财务指标摘要

2.1 主要会计数据 单位:元

| | 2002 年 | 2001 年 | 本年比上年增减(%) | 2000 年 |
|---|---|---|---|---|
| 主营业务收入 | 191,066,210.36 | 8,199,356.93 | 2230.4 | 28,291,087.46 |
| 利润总额 | 18,825,538.16 | 22,486,007.20 | －16.3 | －26,380,058.04 |
| 净利润 | 16,202,702.30 | 22,486,007.20 | －27.9 | －26,407,169.74 |
| 扣除非经常性损益的净利润 | 16,253,490.58 | 2,485,647.55 | 553.9 | －25,918,165.71 |
| | 2002 年末 | 2001 年末 | 本年末比上年末增减(%) | 2000 年末 |
| 总资产 | 250,688,574.74 | 320,403,548.50 | －21.7 | 425,863,473.31 |
| 股东权益(不含少数股东权益) | 150,711,397.51 | 130,044,359.75 | 15.9 | 72,081,021.46 |
| 经营活动产生的现金流量净额 | 31,946,139.14 | 3,254,382.62 | 881.7 | －22,242,936.23 |

2.2 主要财务指标 单位:元

| | 2002 年 | 2001 年 | | 本年比上年增减(%) | 2000 年 |
|---|---|---|---|---|---|
| | | 调整后 | 调整前 | | |
| 每股收益 | 0.146 | 0.202 | 0.089 | －27.72 | －0.237 |
| 净资产收益率(%) | 10.75 | 17.29 | 8.46 | －37.82 | －36.64 |
| 扣除非经常性损益后的净利润为基础计算的净资产收益率(%) | 10.78 | 1.91 | 2.12 | 464.40 | －35.96 |
| 每股经营活动产生的现金流量净额 | 0.29 | 0.03 | 0.03 | 866.67 | －0.20 |
| | 2002 年末 | 2001 年末 | | 本年末比上年末增减(%) | 2000 年末 |
| 每股净资产 | 1.354 | 1.168 | 1.056 | 15.92 | 0.648 |
| 调整后的每股净资产 | 1.354 | 1.168 | 1.056 | 15.92 | 0.494 |

## 600835 上海上菱电器股份有限公司

### 二〇〇二年年度报告摘选

#### 1.上市公司基本情况简介

1.1 基本情况简介

股票简称:上菱电器、上菱 B 股 股票代码:600835、900925 上市交易所:上海证券交易所

注册地址和办公地址:上海市浦东新区建平路 2 号 邮政编码:200135

公司国际互联网网址:http://www.shangling.com 电子信箱:sldsh@shangling.com

1.2 联系人和联系方式

董事会秘书:司文培 联系地址:上海市浦东新区建平路 2 号

电话:021－58857888(总机)－343 传真:021－58858624 电子信箱:sldm@21cn.net

#### 2.会计数据和财务指标摘要

2.1 主要会计数据(单位:元)

| | 2002 年 | 2001 年 | 本年比上年增减(%) | 2000 年 |
|---|---|---|---|---|
| 主营业务收入 | 4,468,336,934.68 | 3,844,769,510.00 | 16.22 | 3,628,284,505.64 |
| 利润总额 | 728,061,994.92 | 618,143,834.19 | 17.78 | 576,493,905.16 |
| 净利润 | 272,775,662.16 | 246,444,551.36 | 10.68 | 275,868,909.14 |
| 扣除非经常性损益的净利润 | 281,159,637.39 | 234,364,047.17 | 19.97 | 260,121,291.71 |
| | 2002 年末 | 2001 年末 | 本年末比上年末增减(%) | 2000 年末 |
| 总资产 | 8,504,600,429.86 | 7,434,956,073.11 | 14.39 | 7,059,816,173.41 |
| 股东权益(不含少数股东权益) | 2,880,596,662.94 | 2,714,715,040.63 | 6.11 | 2,744,244,752.94 |
| 经营活动产生的现金流量净额 | 690,591,617.23 | 887,186,030.30 | －22.16 | 678,152,932.48 |

2.2 主要财务指标(单位:元)

| | 2002 年 | 2001 年 | 本年比上年增减(%) | 2000 年 |
|---|---|---|---|---|
| 每股收益 | 0.461 | 0.458 | 0.66 | 0.615 |
| 净资产收益率 | 9.47 | 9.08 | 4.30 | 10.05 |
| 扣除非经常性损益的净利润为基础计算的净资产收益率 | 10.05 | 8.83 | 13.82 | 9.67 |
| 每股经营活动产生的现金流量净额 | 1.17 | 1.64 | －28.66 | 1.51 |
| | 2002 年末 | 2001 年末 | 本年末比上年末增减(%) | 2000 年末 |
| 每股净资产 | 4.87 | 5.05 | －3.56 | 6.12 |
| 调整后的每股净资产 | 4.65 | 4.99 | －6.81 | 5.87 |

## 600841 上海柴油机股份有限公司

### 二〇〇二年年度报告摘选

#### 1.上市公司基本情况简介

1.1 基本情况简介

股票简称:上柴股份、上柴 B 股 股票代码:600841、900920 上市交易所:上海证券交易所

注册地址:上海市浦东大道 2748 号 邮编:200129

办公地址:上海市军工路 2636 号 邮政编码:200432

公司国际互联网网址:http://www.sse.com.cn 电子信箱:sdecdsh@sh163c.sta.net.cn

1.2 联系人和联系方式

董事会秘书:梁宝泉 联系地址:上海市军工路 2636 号

电话:021－65745656－2207 传真:021－65749845 65740047

电子信箱:sdecdsh@sh163c.sta.net.cn

#### 2.会计数据和财务指标摘要

2.1 主要会计数据 单位:人民币元

| | 2002 年 | 2001 年 | 本年比上年增减(%) | 2000 年(调整后) |
|---|---|---|---|---|
| 主营业务收入 | 2,061,034,424 | 1,411,854,056 | 45.98 | 1,262,440,917 |
| 利润总额 | 131,982,586 | 53,438,139 | 146.98 | 46,152,683 |
| 净利润 | 100,713,868 | 44,477,765 | 126.44 | 37,635,061 |
| 扣除非经常性损益的净利润 | 98,961,755 | 30,306,794 | 248.91 | 29,153,257 |
| | 2002 年末 | 2001 年末 | 本年末比上年末增减(%) | 2000 年末(调整后) |
| 总资产 | 2,312,516,619 | 2,135,423,949 | 8.29 | 2,335,112,412 |
| 股东权益(不含少数股东权益) | 1,618,972,654 | 1,584,367,257 | 2.18 | 1,578,909,779 |
| 经营活动产生的现金流量净额 | 320,072,573 | 240,910,637 | 32.86 | 118,883,232 |

2.2 主要财务指标 单位:人民币元

| | 2002 年 | 2001 年 | 本年比上年增减(%) | 2000 年(调整后) |
|---|---|---|---|---|
| 每股收益 | 0.21 | 0.093 | 125.81 | 0.078 |
| 净资产收益率% | 6.22 | 2.81 | 121.35 | 2.38 |
| 扣除非经常性损益的净利润为基础计算的净资产收益率% | 6.11 | 1.91 | 247.12 | 1.76 |
| 每股经营活动产生的现金流量净额 | 0.66 | 0.50 | 32.00 | 0.25 |
| | 2002 年末 | 2001 年 | 本年比上年增减(%) | 2000 年(调整后) |
| 每股净资产 | 3.37 | 3.30 | 2.12 | 3.29 |
| 调整后的每股净资产 | 3.37 | 3.30 | 2.12 | 3.29 |

## 600843 上工股份有限公司

### 二〇〇二年年度报告摘选

#### 1.上市公司基本情况简介

1.1 基本情况简介

股票简称:上工股份、上工 B 股 股票代码:600843、900924 上市交易所:上海证券交易所

注册地址:上海市浦东新区罗山路 1201 号

办公地址:上海市浦东新区世纪大道 1500 号东方大厦 12 楼 邮政编码:200122

公司国际互联网网址:http://www.shanggong group.com 电子信箱:shggg@public3.sta.net.cn

1.2 联系人和联系方式

董事会秘书:张一枫 联系地址:上海市浦东新区世纪大道 1500 号东方大厦 12 楼

电话:021－68407515 传真:021－63302939 电子信箱:shggg@public3.sta.net.cn

证券事务代表:顾根荣 联系地址:上海市浦东新区世纪大道 1500 号东方大厦 12 楼

电话:021－68407700－728 传真:021－63302939 电子信箱:shggg@public3.sta.net.cn

#### 2.会计数据和财务指标摘要

2.1 主要会计数据 单位:元

| | 2002 年 | 2001 年 | 本年比上年增减(%) | 2000 年 |
|---|---|---|---|---|
| 主营业务收入 | 875,299,752.11 | 916,259,944.36 | －4.47 | 559,084,567.97 |
| 利润总额 | 18,050,349.19 | 52,582,339.60 | －65.67 | 43,333,087.06 |
| 净利润 | 13,161,566.40 | 45,840,041.90 | －71.29 | 37,678,637.13 |
| 扣除非经常性损益的净利润 | 5,927,894.46 | 40,867,013.75 | －85.49 | 29,792,256.51 |
| | 2002 年 12 月 31 日 | 2001 年 12 月 31 日 | 本年末比上年末增减(%) | 2000 年 12 月 31 日 |
| 总资产 | 1,354,455,716.34 | 1,317,411,199.56 | 2.81 | 1,129,660,907.74 |
| 股东权益(不含少数股东权益) | 514,991,748.36 | 502,565,328.12 | 2.47 | 461,621,424.96 |
| 经营活动产生的现金流量净额 | 28,288,880.82 | 3,361,038.96 | 741.67 | －3,431,707.32 |

2.2 主要财务指标 单位:元

| | 2002 年 | 2001 年 | 本年比上年增减(%) | 2000 年 |
|---|---|---|---|---|
| 每股收益(摊薄) | 0.0521 | 0.1816 | －71.31 | 0.1492 |
| 每股收益(加权) | 0.0521 | 0.1816 | －71.31 | 0.1492 |
| 净资产收益率(摊薄) | 2.5557% | 9.1212% | －71.98 | 8.1622% |
| 扣除非经常性损益的净利润为基础计算的净资产收益率(摊薄) | 1.15% | 8.13% | －85.85 | 6.45% |
| 每股经营活动产生的现金流量净额 | 0.1121 | 0.0133 | 741.67 | －0.0136 |
| | 2002 年 12 月 31 日 | 2001 年 12 月 31 日 | 本年末比上年末增减(%) | 2000 年 12 月 31 日 |
| 每股净资产 | 2.0398 | 1.9906 | 2.47 | 1.8284 |
| 调整后的每股净资产 | 2.0088 | 1.9745 | 1.74 | 1.8188 |

## 600847 重庆万里蓄电池股份有限公司

### 二〇〇二年年度报告摘选

#### 1.上市公司基本情况简介

1.1 基本情况简介

股票简称:万里电池 股票代码:600847 上市交易所:上海证券交易所

注册地址和办公地址:重庆市巴南区苦竹坝31号 邮政编码:400054

电子信箱:info@wanlibattery.com

1.2 联系人和联系方式

董事会秘书:余京学 联系地址:重庆市巴南区苦竹坝31号

电话:023-62597905 传真:023-62591155 电子信箱:info@wanlibattery.com

#### 2.会计数据和财务指标摘要

2.1 主要会计数据

| | 2002年 | 2001年 | 本年比上年增减(%) | 2000年 |
|---|---|---|---|---|
| 主营业务收入 | 119,313,779.20 | 111,123,068.02 | 7.37 | 97,054,802.92 |
| 利润总额 | -25,308,340.03 | 518,716.34 | | 7,452,080.10 |
| 净利润 | -25,308,340.03 | 518,716.34 | | 7,452,080.10 |
| 扣除非经常性损益的净利润 | -24,424,005.52 | 518,716.34 | | -5,496,920 |
| | 2002年末 | 2001年末 | 本年末比上年末增减(%) | 2000年末 |
| 总资产 | 171,867,944.05 | 198,068,758.82 | -13.23 | 196,530,754.81 |
| 股东权益(不含少数股东权益) | 63,423,655.47 | 88,631,995.50 | -28.44 | 87,933,279.16 |
| 经营活动产生的现金流量净额 | -8,854,053.54 | 3,688,580.28 | | 27,326,122.41 |

2.2 主要财务指标

| | 2002年 | 2001年 | 本年比上年增减(%) | 2000年 |
|---|---|---|---|---|
| 每股收益 | -0.2855 | 0.0118 | | 0.084 |
| 净资产收益率 | -39.90 | 0.59 | | 0.0847 |
| 扣除非经常性损益的净利润为基础计算的净资产收益率 | -38.5 | 0.72 | | -6.20 |
| 每股经营活动产生的现金流量净额 | -0.10 | 0.042 | | 0.310 |
| | 2002年末 | 2001年末 | 本年末比上年末增减(%) | 2000年末 |
| 每股净资产 | 0.7153 | 0.9997 | -28.44 | 0.9918 |
| 调整后的每股净资产 | 0.6667 | 0.890 | -25.09 | 0.8468 |

## 600848 上海自动化仪表股份有限公司

### 二〇〇二年年度报告摘选

#### 1.上市公司基本情况简介

1.1 基本情况简介

股票简称:自仪股份、自仪B股 股票代码:600848、900928 上市交易所:上海证券交易所

注册地址和办公地址:上海市延安西路1599号怡翔大楼七楼 邮政编码:200050

公司国际互联网网址:http://www.saic.sh.cn 电子信箱:bod@saic.sh.cn

1.2 联系人和联系方式

董事会秘书:缪丹桦 联系地址:上海市延安西路1599号怡翔大楼七楼

电话:62800705 传真:62800705或62801680 电子信箱:mdh@saic.sh..cn

#### 2.会计数据和财务指标摘要

2.1 主要会计数据 单位:人民币元

| | 2002年 | 2001年 | 本年比上年增减(%) | 2000年 |
|---|---|---|---|---|
| 主营业务收入 | 579,593,087 | 578,447,967 | 0.2 | 541,961,090 |
| 利润总额 | 18,246,384 | 18,101,894 | 0.8 | -215,801,989 |
| 净利润 | 10,249,507 | 8,355,729 | 22.66 | -250,654,444 |
| 扣除非经常性损益的净利润 | -19,345,149 | -14,621,177 | - | -227,500,460 |
| | 2002年12月31日 | 2001年12月31日(调整后) | 本年末比上年末增减(%) | 2000年12月31日(调整后) |
| 总资产 | 978,625,099 | 997,012,622 | -1.84 | 1,017,144,602 |
| 股东权益(不含少数股东权益) | 110,608,713 | 110,143,937 | 0.42 | 78,356,504 |
| 经营活动产生的现金流量净额 | -46,655,682 | 98,892,246 | | 60,317,884 |

2.2 主要财务指标 单位:人民币元

| | 2002年 | 2001年(调整后) | 本年比上年增减(%) | 2000年(调整后) |
|---|---|---|---|---|
| 每股收益 | 0.03 | 0.02 | 50 | -0.63 |
| 净资产收益率 | 9.27% | 7.59% | 22.13 | -319.89% |
| 扣除非经常性损益的净利润为基础计算的净资产收益率 | -16.78% | -17.72% | -- | -130.06% |
| 每股经营活动产生的现金流量净额 | -0.12 | 0.25 | - | 0.15 |
| | 2002年12月31日 | 2001年12月31日(调整后) | 本年末比上年末增减(%) | 2000年12月31日(调整后) |
| 每股净资产 | 0.28 | 0.28 | - | 0.20 |
| 调整后的每股净资产 | 0.22 | 0.18 | 22.22 | 0.05 |

## 600854 江苏春兰制冷设备股份有限公司

### 二〇〇二年年度报告摘选

#### 1.上市公司基本情况简介

1.1 基本情况简介

股票简称:春兰股份 股票代码:600854 上市交易所:上海证券交易所

注册地址和办公地址:江苏省泰州市春兰工业园区春兰路1号 邮政编码:225300

公司国际互联网网址:http://www.chunlan.com.cn 电子信箱:clzl.tz@public.tz.js.cn

1.2 联系人和联系方式

董事会秘书:陈震 联系地址:江苏省泰州市口泰路58号

电话:0523-6217958、6663663 传真:0523-6219729、6663839

电子信箱:clzlgstz@pub.tz.jsinfo.net

证券事务代表:田森 联系地址:江苏省泰州市口泰路58号

电话:0523-6217958、6663663 传真:0523-6219729、6663839

电子信箱:clzl.tz@public.tz.js.cn

#### 2.会计数据和财务指标摘要

2.1 主要会计数据

| | 2002年 | 2001年 | 本年比上年增减(%) | 2000年 |
|---|---|---|---|---|
| 主营业务收入 | 1,740,890,896.17 | 1,762,227,348.47 | -1.21 | 1824980951.86 |
| 利润总额 | 148,996,556.15 | 277,183,291.60 | -46.25 | 312,469,129.46 |
| 净利润 | 120,399,810.92 | 219,355,055.93 | -45.11 | 262,655,990.40 |
| 扣除非经常性损益的净利润 | 125,476,884.14 | 220,087,306.45 | -42.99 | 256,581,854.34 |
| | 2002年末 | 2001年末 | 本年末比上年末增减(%) | 2000年末 |
| 总资产 | 3,608,128,146.76 | 4,065,796,383.84 | -11.26 | 2,709,439,418.62 |
| 股东权益(不含少数股东权益) | 2,969,809,797.08 | 2,900,627,901.35 | 2.39 | 1,737,986,613.46 |
| 经营活动产生的现金流量净额 | -217,634,931.61 | 246,208,074.23 | -188.39 | 147,989,946.38 |

2.2 主要财务指标

| | 2002年 | 2001年 | 本年比上年增减(%) | 2000年 |
|---|---|---|---|---|
| 每股收益 | 0.232 | 0.422 | -45.11 | 0.86 |
| 净资产收益率(%) | 4.05 | 7.56 | -46.43 | 15.11 |
| 扣除非经常性损益的净利润为基础计算的加权平均净资产收益率(%) | 4.27 | 9.92 | -56.96 | 14.41 |
| 每股经营活动产生的现金流量净额 | -0.42 | 0.47 | -188.39 | 0.48 |
| | 2002年末 | 2001年末 | 本年末比上年末增减(%) | 2000年末 |
| 每股净资产 | 5.72 | 5.58 | 2.51 | 5.67 |
| 调整后的每股净资产 | 5.72 | 5.58 | 2.51 | 5.67 |

## 600855 北京航天长峰股份有限公司

### 二〇〇二年年度报告摘选

#### 1.上市公司基本情况简介

1.1 基本情况简介

股票简称:航天长峰 股票代码:600855 上市交易所:上海证券交易所

注册地址:北京市海淀区永定路51号 办公地址:北京市海淀区永定路51号

邮政编码:100854 公司国际互联网网址:http://www.ascf.com.cn

电子信箱:ascf@ascf.com.cn

1.2 联系人和联系方式

董事会秘书:张金奎 联系地址:北京市142信箱39分箱

电话:010-88271805 传真:010-88525775 电子信箱:jkzhang@ascf.com.cn

证券事务代表:赵山 联系地址:北京市142信箱39分箱

电话:010-88525789 传真:010-88525242 电子信箱:ascf@ascf.com.cn

#### 2.会计数据和财务指标摘要

2.1 主要会计数据

| | 2002年 | 2001年 | 本年比上年增减(%) | 2000年 |
|---|---|---|---|---|
| 主营业务收入 | 161,938,068.28 | 131,492,819.99 | 23.15 | 41,282,329.86 |
| 利润总额 | 21,276,912.69 | 21,278,883.31 | -0.01 | -6,334,979.66 |
| 净利润 | 20,155,115.85 | 19,898,881.91 | 1.29 | -6,334,979.66 |
| 扣除非经常性损益的净利润 | 18,845,017.20 | 21,392,967.81 | -11.91 | -50,630,696.93 |
| | 2002年末 | 2001年末 | 本年末比上年末增减(%) | 2000年末 |
| 总资产 | 326,008,363.93 | 300,525,212.43 | 8.48 | 296,899,868.45 |
| 股东权益(不含少数股东权益) | 218,683,432.16 | 198,528,316.31 | 10.15 | 179,477,833.54 |
| 经营活动产生的现金流量净额 | 24,960,590.95 | 20,202,753.51 | 23.55 | 1,026,703.70 |

2.2 主要财务指标

| | 2002年 | 2001年 | 本年比上年增减(%) | 2000年 |
|---|---|---|---|---|
| 每股收益 | 0.126 | 0.124 | 1.61 | -0.040 |
| 净资产收益率 | 9.22 | 10.02 | -7.98 | -3.53 |
| 扣除非经常性损益的净资产收益率 | 9.03 | 11.31 | -20.16 | -51.22 |
| 每股经营活动产生的现金流量净额 | 0.156 | 0.126 | 23.81 | 0.006 |
| | 2002年末 | 2001年末 | 本年末比上年末增减(%) | 2000年末 |
| 每股净资产 | 1.366 | 1.240 | 10.16 | 1.121 |
| 调整后的每股净资产 | 1.354 | 1.202 | 12.65 | 0.987 |

## 600860 北人印刷机械股份有限公司

### 二〇〇二年年度报告摘选

#### 1.上市公司基本情况简介

1.1 基本情况简介

股票简称:北人股份、北人印刷 股票代码:600860、187

上市交易所:上海证券交易所、香港证券交易所

注册地址和办公地址:中国北京市朝阳区广渠路南侧 44 号 邮政编码:100022

公司国际互联网网址:http://www.beirengf.com 电子信箱:Beirengf@beirengf.com

1.2 联系人和联系方式

董事会秘书:戎佩敏 联系地址:北京市朝阳区广渠路南侧 44 号

电话:010－67748470 传真:010－67714086 电子信箱:Beirengf@beirengf.com

#### 2.会计数据和财务指标摘要

2.1 主要会计数据 单位:人民币千元

| 项目 | 2002 年 | 2001 年 | 本年比上年增减(%) | 2000 年 |
|---|---|---|---|---|
| 主营业务收入 | 926,929 | 699,076 | 32.59 | 442,056 |
| 利润总额 | 85,499 | 75,752 | 12.87 | 37,353 |
| 净利润 | 68,941 | 64,282 | 7.25 | 30,229 |
| 扣除非经常性损益的净利润 | 61,452 | 65,626 | －6.36 | 50,880 |
| 项目 | 2002 年末 | 2001 年末 | 本年末比上年末增减(%) | 2000 年末 |
| 总资产 | 1,882,272 | 1,581,331 | 19.03 | 1,317,293 |
| 股东权益(不含少数股东权益) | 979,111 | 951,126 | 2.94 | 934,844 |
| 经营活动产生的现金流量净额 | 174,290 | 50,324 | 246.34 | 35,682 |

2.2 主要财务指标 单位:人民币元

| 项目 | 2002 年 | 2001 年 | 本年比上年增减(%) | 2000 年 |
|---|---|---|---|---|
| 每股收益 | 0.17 | 0.16 | 6.25 | 0.08 |
| 每股收益 | 0.16 | －－ | －－ | －－ |
| 净资产收益率 | 7.04% | 6.76% | 4.14 | 3.23% |
| 扣除非经常性损益的净利润为基础计算的净资产收益率 | 6.28% | 6.90% | －8.99 | 5.44% |
| 每股经营活动产生的现金流量净额 | 0.44 | 0.13 | 238.46 | 0.09 |
| 项目 | 2002 年末 | 2001 年末 | 本年末比上年末增减(%) | 2000 年末 |
| 每股净资产 | 2.45 | 2.38 | 2.94 | 2.34 |
| 调整后的每股净资产 | 2.29 | 2.22 | 3.15 | 2.19 |

## 600862 南通纵横国际股份有限公司

### 二〇〇二年年度报告摘选

#### 1.上市公司基本情况简介

1.1 基本情况简介

股票简称:ST 纵横 股票代码:600862 上市交易所:上海证券交易所

注册地址和办公地址:江苏省南通市任港路 23 号 邮政编码:226006

公司国际互联网网址:http://www.tonmac.com.cn 电子信箱:ntmt@public.nt.js.cn

1.2 联系人和联系方式

董事会秘书:陈志平 联系地址:江苏省南通市任港路 23 号

电话:0513－5516141－8305 传真:0513－5512271 电子信箱:ntmt@public.nt.js.cn

证券事务代表:丁凯 联系地址:江苏省南通市任港路 23 号

电话:0513－5516141－8307 传真:0513－5512271 电子信箱:ntmt@public.nt.js.cn

#### 2.会计数据和财务指标摘要

2.1 主要会计数据 单位:人民币元

| | 2002 年 | 2001 年 | 本年比上年增减(%) | 2000 年 |
|---|---|---|---|---|
| 主营业务收入 | 323,455,501.37 | 282,386,906.70 | 14.54 | 312,335,977.82 |
| 利润总额 | －399,852,355.76 | －270,532,015.03 | 47.80 | 62,583,923.90 |
| 净利润 | －389,086,724.06* | －269,687,959.49 | 44.27 | 47,782,204.87 |
| 扣除非经常性损益的净利润 | －107,995,346.61 | －142,722,356.05 | －24.33 | 45,066,060.40 |
| | 2002 年末 | 2001 年末 | 本年末比上年末增减(%) | 2000 年末 |
| 总资产 | 962,023,144.44 | 1,786,475,098.41 | －46.15 | 1,773,711,539.67 |
| 股东权益(不含少数股东权益) | 180,907,381.41 | 574,780,478.76 | －68.53 | 862,804,280.64 |
| 经营活动产生的现金流量净额 | －43,246,254.81 | －484,287,099.58 | －91.07 | －38,171,467.31 |

*其中计提资产减值准备及预计或有损失计 293,295,125.74 元

2.2 主要财务指标 单位:人民币元

| | 2002 年 | 2001 年 | 本年比上年增减(%) | 2000 年 |
|---|---|---|---|---|
| 每股收益(摊薄) | －1.63 | －1.13 | 44.25 | 0.2405 |
| 净资产收益率 | －215.08% | －46.92% | 358.40 | 5.538% |
| 扣除非经常性损益的净利润为基础计算的净资产收益率 | －59.70% | －24.83% | 140.43 | 5.22% |
| 每股经营活动产生的现金流量净额 | －0.18 | －2.03 | －91.13 | －0.19 |
| | 2002 年末 | 2001 年末 | 本年末比上年末增减(%) | 2000 年末 |
| 每股净资产 | 0.7587 | 2.4105 | －68.53 | 4.34 |
| 调整后的每股净资产 | 0.5318 | 2.3379 | －77.25 | 4.2625 |

## 600875 东方电机股份有限公司

### 二〇〇二年年度报告摘选

#### 1.上市公司基本情况简介

1.1 基本情况简介

股票简称:东方电机、东方电机 股票代码:600875、1072

上市交易所:上海证券交易所、香港联合交易所有限公司

注册地址和办公地址:中国四川德阳黄河西路 188 号 邮政编码:618000

公司国际互联网网址:http://www.dfem.com.cn 电子信箱:dsb@dfem.com.cn

1.2 联系人和联系方式

董事会秘书:龚丹 联系地址:中国四川德阳黄河西路 188 号

电话:0838－2409358 传真:0838－2402125 电子信箱:dsb@dfem.com.cn

证券事务代表:黄勇 联系地址:中国四川德阳黄河西路 188 号

电话:0838－2409358 传真:0838－2402125 电子信箱:dsb@dfem.com.cn

#### 2.会计数据和财务指标摘要

2.1 主要会计数据 单位:人民币千元

| | 2002 年 | 2001 年 | 本年比上年增减(%) | 2000 年 |
|---|---|---|---|---|
| 主营业务收入 | 920,905 | 370,293 | 148.70 | 644,417 |
| 利润总额 | 20,435 | (261,499) | － | 3,245 |
| 净利润 | 20,011 | (261,349) | － | 2,310 |
| 扣除非经常性损益的净利润 | 1,440 | (260,440) | － | (22,397) |
| | 2002 年末 | 2001 年末 | 本年末比上年末增减(%) | 2000 年末 |
| 总资产 | 2,764,956 | 2,590,425 | 6.74 | 2,397,273 |
| 股东权益(不含少数股东权益) | 907,161 | 885,832 | 2.41 | 1147,065 |
| 经营活动产生的现金流量净额 | 21,208 | (54,112) | － | 175,039 |

2.2 主要财务指标 单位:人民币元

| | 2002 年 | 2001 年 | 本年比上年增减(%) | 2000 年 |
|---|---|---|---|---|
| 每股收益 | 0.045 | (0.581) | － | 0.0051 |
| 净资产收益率 | 2.21 | (29.5) | － | 0.2 |
| 扣除非经常性损益的净利润为基础计算的净资产收益率 | 0.16 | (29.4) | － | (1.95) |
| 每股经营活动产生的现金流量净额 | 0.05 | (0.12) | － | 0.39 |
| | 2002 年末 | 2001 年末 | 本年末比上年末增减(%) | 2000 年末 |
| 每股净资产 | 2.02 | 1.97 | 2.54 | 2.55 |
| 调整后的每股净资产 | 1.5 | 1.49 | 0.67 | 2.00 |

## 600877 中国嘉陵工业股份有限公司

### 二〇〇二年年度报告摘选

#### 1.上市公司基本情况简介

1.1 基本情况简介

股票简称:中国嘉陵 股票代码:600877 上市交易所:上海证券交易所

注册地址和办公地址:重庆市沙坪坝区双碑 邮政编码:400032

公司国际互联网网址:http://www.jialing.com.cn 电子信箱:zqc@jialing.com.cn

1.2 联系人和联系方式

董事会秘书:黄经雨 联系地址:重庆市沙坪坝区双碑中国嘉陵工业股份有限公司(集团)

电话:023－65194095 传真:023－65196666

证券事务代表:艾亿春 联系地址:重庆市沙坪坝区双碑中国嘉陵工业股份有限公司(集团)

电话:023－65194095 传真:023－65194096

#### 2.会计数据和财务指标摘要

2.1 主要会计数据 单位:元

| 项目 | 2002 年 | 2001 年度 | | 本年比上年增减(%) | 2000 年度 | |
|---|---|---|---|---|---|---|
| | | 调整后 | 调整前 | | 调整后 | 调整前 |
| 主营业务收入 | 2,887,332,410.14 | 2,590,508,981.69 | 2,590,508,981.69 | 11.46 | 2,605,457,880.72 | 2,605,457,880.72 |
| 利润总额 | －173,291,291.61 | 7,155,123.59 | 8,537,998.17 | －2,521.92 | 18,013,694.67 | 18,013,694.67 |
| 净利润 | －168,055,138.95 | 8,370,009.71 | 9,752,884.29 | －2,107.82 | 19,754,525.30 | 19,754,525.30 |
| 扣除非经常性损益的净利润 | －168,410,219.41 | －32,867,077.14 | －32,975,862.41 | 412.40 | －33,290,496.40 | －33,290,496.40 |
| 项目 | 2002 年末 | 2001 年末 | | 本年比上年增减(%) | 2000 年末 | |
| | | 调整后 | 调整前 | | 调整后 | 调整前 |
| 总资产 | 3,771,828,390.01 | 3,999,538,785.40 | 3,994,313,443.39 | －5.69 | 3,717,145,197.36 | 3,711,282,506.04 |
| 股东权益 | 1,176,007,537.26 | 1,347,802,223.91 | 1,355,377,283.10 | －12.75 | 1,341,440,245.86 | 1,348,353,965.66 |
| 经营活动产生的现金流量净额 | 140,097,188.27 | 59,058,661.15 | 59,058,661.15 | 137.22 | 785,957,136.95 | 785,957,136.95 |

2.2 主要财务指标

| 项目 | 2002 年 | 2001 年度 | | 本年比上年增减(%) | 2000 年 | |
|---|---|---|---|---|---|---|
| | | 调整后 | 调整前 | | 调整后 | 调整前 |
| 每股收益(元) | －0.35 | 0.02 | 0.02 | －1850 | 0.04 | 0.04 |
| 净资产收益率(%) | －14.29 | 0.62 | 0.72 | －2404.84 | 1.47 | 1.47 |
| 扣除非经常性损益的净利润为基础计算的净资产收益率(%) | －14.32 | －2.44 | －2.43 | 486.89 | －2.48 | －2.47 |
| 每股经营活动产生的现金流量净额(元) | 0.30 | 0.12 | 0.12 | 150 | 1.66 | 1.66 |
| | 2002 年末 | 2001 年末 | | 本年比上年增减(%) | 2000 年末 | |
| | | 调整后 | 调整前 | | 调整后 | 调整前 |
| 每股净资产(元) | 2.48 | 2.84 | 2.86 | －12.68 | 2.83 | 2.85 |
| 调整后的每股净资产(元) | 2.33 | 2.70 | 2.72 | －13.70 | 2.72 | 2.74 |

# 600879 长征火箭技术股份有限公司

## 二〇〇二年年度报告摘选

### 1.上市公司基本情况简介

1.1 基本情况简介

股票简称:火箭股份　股票代码:600879　上市交易所:上海证券交易所

注册地址:武汉经济技术开发区高科技园

办公地址:武汉市建设大道847号瑞通广场B座21层　邮政编码:430015

公司国际互联网网址:http://www.rocketstock.com.cn　电子信箱:lmlv@rocketstock.com.cn

1.2 联系人和联系方式

董事会秘书:吕凡　联系地址:武汉市建设大道847号瑞通广场B座21层

电话:027-85487719　传真:027-85487727　电子信箱:lufan@rocketstock.com.cn

### 2.会计数据和财务指标摘要

2.1 主要会计数据　单位:人民币元

| | 2002年度 | 2001年度 | 本年比上年增减(%) | 2000年度 |
|---|---|---|---|---|
| 主营业务收入 | 562,660,168.73 | 468,558,607.30 | 20.08 | 420,292,613.65 |
| 利润总额 | 120,212,382.12 | 126,817,856.74 | -5.21 | 84,130,232.67 |
| 净利润 | 118,887,029.55 | 110,384,050.72 | 7.7 | 64,227,185.70 |
| 扣除非经常性损益的净利润 | 121,395,536.32 | 110,191,006.64 | 10.17 | 50,615,024.70 |
| | 2002年末 | 2001年末 | 本年末比上年末增减(%) | 2000年末 |
| 总资产 | 1,442,196,855.51 | 1,232,197,309.05 | 17.04 | 882,939,319.44 |
| 股东权益(不含少数股东权益) | 828,140,748.87 | 720,970,379.12 | 14.86 | 337,502,232.50 |
| 经营活动产生的现金流量净额 | 117,519,069.88 | 71,153,876.38 | 65.16 | 9,772,224.97 |

2.2 主要财务指标

| | 2002年 | 2001年 | 本年比上年增减(%) | 2000年 |
|---|---|---|---|---|
| 每股收益 | 0.51 | 0.47 | 8.51 | 0.44 |
| 净资产收益率 | 14.36% | 14.83% | -3.17 | 19.03% |
| 扣除非经常性损益的净利润为基础计算的净资产收益率 | 14.66% | 14.80% | -0.95 | 15.00% |
| 每股经营活动产生的现金流量净额 | 0.50 | 0.30 | 66.67 | 0.07 |
| | 2002年末 | 2001年末 | 本年末比上年末增减(%) | 2000年末 |
| 每股净资产 | 3.53 | 3.08 | 14.61 | 2.32 |
| 调整后的每股净资产 | 3.53 | 3.08 | 14.61 | 2.32 |

# 600890 长春长铃实业股份有限公司

## 二〇〇二年年度报告摘选

### 1.上市公司基本情况简介

1.1 基本情况简介

股票简称:长春长铃　股票代码:600890　上市交易所:上海证券交易所

注册地址和办公地址:长春市经济技术开发区临河街230号　邮政编码:130031

公司国际互联网网址:http://www.chanlin.com　电子信箱:chanlin@public.cc.jl.cn

1.2 联系人和联系方式

董事会秘书:张涛　联系地址:长春市经济技术开发区临河街230号

电话:0431-4669888-8401　传真:0431-4647622　电子信箱:tchang@263.net

证券事务代表:桂红植　联系地址:长春市经济技术开发区临河街230号

电话:0431-4647632　传真:0431-4647622　电子信箱:ghzchanlin@163.com

### 2.会计数据和财务指标摘要

2.1 主要会计数据(单位:元)

| | 2002年 | 2001年 | 本年比上年增减(%) | 2000年 |
|---|---|---|---|---|
| 主营业务收入 | 192,932,440.13 | 308,028,984.98 | -37 | 363,748,401.96 |
| 利润总额 | -84,481,961.92 | 22,429,187.27 | -477 | 20,763,478.67 |
| 净利润 | -36,847,472.91 | 39,420,115.01 | -193 | 38,449,644.80 |
| 扣除非经常性损益的净利润 | -54,510,651.39 | 34,041,919.33 | -260 | 33,071,449.12 |
| | 2002年末 | 2001年末 | 本年末比上年末增减(%) | 2000年末 |
| 总资产 | 1,035,772,514.70 | 1,210,113,271.56 | -14.41 | 1,210,036,959.08 |
| 股东权益(不含少数股东权益) | 687,212,647.04 | 734,887,674.29 | -6.49 | 735,517,325.23 |
| 经营活动产生的现金流量净额 | -46,536,638.27 | 73,859,119.58 | -163.01 | 73,859,119.58 |

2.2 主要财务指标

| | 2002年 | 2001年 | 本年比上年增减(%) | 2000年 |
|---|---|---|---|---|
| 每股收益(摊薄) | -0.076 | 0.081 | -193.83 | 0.08 |
| 每股收益(加权) | -0.076 | 0.081 | -193.83 | 0.08 |
| 净资产收益率 | -5.36% | 5.36% | -200 | 5.23 |
| 扣除非经常性损益的净利润为基础计算的净资产收益率 | -7.81% | 4.6% | -269.78 | 4.49 |
| 每股经营活动产生的现金流量净额 | -0.096 | 0.15 | -164 | 0.15 |
| | 2002年末 | 2001年末 | 本年末比上年末增减(%) | 2000年末 |
| 每股净资产 | 1.42 | 1.52 | -6.58 | 1.52 |
| 调整后的每股净资产 | 1.41 | 1.51 | -6.62 | 1.51 |

# 600892 河北湖大科技教育发展股份有限公司

## 二〇〇二年年度报告摘选

### 1.上市公司基本情况简介

1.1 基本情况简介

股票简称:湖大科教　股票代码:600892　上市交易所:上海证券交易所

注册地址:石家庄市中山东路51号

办公地址:石家庄市中山东路51号劝业大酒店八层　邮政编码:050000

电子信箱:shiquanye@sina.com

1.2 联系人和联系方式

董事会秘书:马欣威　联系地址:石家庄市中山东路51号

电话:0311-6032360　传真:0311-6033718　电子信箱:sjzcl@sina.com

证券事务代表:牛华豹　联系地址:石家庄市中山东路51号

电话:0311-6034778　传真:0311-6034778　电子信箱:sjznhb@sina.com

### 2.会计数据和财务指标摘要

2.1 主要会计数据(单位:元)

| | 2002年(本年) | 2001年(上年) | 本年比上年增减(%) | 2000年 |
|---|---|---|---|---|
| 主营业务收入 | 91,160,105.08 | 23,745,503.00 | 283.90 | 21,782,959.70 |
| 利润总额 | -18,849,136.37 | 1,630,644.23 | -- | 1,872,610.20 |
| 净利润 | -16,482,020.80 | 1,698,581.86 | -- | 1,616,322.27 |
| 扣除非经常性损益的净利润 | -23,342,875.35 | 1,552,201.45 | -- | 627,202.49 |
| | 2002年末(本年末) | 2001年末(上年末) | 本年末比上年末增减(%) | 2000年末 |
| 总资产 | 375,815,721.47 | 235,469,024.14 | 59.60 | 236,029,781.95 |
| 股东权益(不含少数股东权益) | 52,067,440.35 | 63,545,990.82 | -18.06 | 61,756,028.58 |
| 经营活动产生的现金流量净额 | -15,015,722.93 | 31,147,978.37 | -- | 11,226,360.79 |

2.2 主要财务指标

| | 2002年(本年) | 2001年(上年) | 本年比上年增减(%) | 2000年 |
|---|---|---|---|---|
| 每股收益 | -0.3264 | 0.0336 | -- | 0.0320 |
| 净资产收益率 | -31.6551 | 2.67 | -- | 2.6173 |
| 扣除非经常性损益的净利润为基础计算的净资产收益率 | -42.2075 | 2.4756 | -- | -64.5180 |
| 每股经营活动产生的现金流量净额 | -0.2973 | 0.6168 | -- | 0.2223 |
| | 2002年末(本年末) | 2001年末(上年末) | 本年末比上年末增减(%) | 2000年末 |
| 每股净资产 | 1.0310 | 1.2583 | -18.06 | 1.2229 |
| 调整后的每股净资产 | 0.6856 | 1.0439 | -34.32 | 0.8556 |

# 900935 上海阳晨投资股份有限公司

## 二〇〇二年年度报告摘选

### 1.上市公司基本情况简介

1.1 基本情况简介

股票简称:阳晨B股　股票代码:900935　上市交易所:上海证券交易所

注册地址:上海市桂箐路2号　办公地址:上海市徐家汇路555号10楼　邮政编码:200023

电子信箱:Young.sun.inv@hotmail.com

1.2 联系人和联系方式

董事会秘书:仲辉　联系地址:上海市徐家汇路555号10楼董事会秘书室

电话:021-63901001　传真:021-63901001　电子信箱:zh900935@hotmail.com

### 2.会计数据和财务指标摘要

2.1 主要会计数据　单位:人民币元

| | 2002年 | 2001年 | 本年比上年增减(%) | 2000年 |
|---|---|---|---|---|
| 主营业务收入 | 163,887,006 | 155,852,530 | 5.16% | 153,850,408 |
| 利润总额 | 6,494,471 | 6,223,380 | 4.36% | 1,880,327 |
| 净利润 | 5,401,037 | 5,331,269 | 1.3% | 1,867,445 |
| 扣除非经常性损益的净利润 | 3,266,293 | 4,946,004 | -34% | -1,812,249 |
| | 2002年末 | 2001年末 | 本年末比上年末增减(%) | 2000年末 |
| 总资产 | 358,695,177 | 398,520,948 | -10% | 407,756,031 |
| 股东权益(不含少数股东权益) | 285,812,187 | 280,411,150 | 1.93% | 275,079,881 |
| 经营活动产生的现金流量净额 | 20,504,102 | 17,542,719 | 16.88% | 26,341,064 |

2.2 主要财务指标

| | 2002年 | 2001年 | 本年比上年增减(%) | 2000年 |
|---|---|---|---|---|
| 每股收益 | 0.03 | 0.03 | 0 | 0.01 |
| 净资产收益率 | 1.89% | 1.90% | -0.5% | 0.63 |
| 扣除非经常性损益的净利润为基础计算的净资产收益率 | 1.14% | 1.76% | -35% | -0.63 |
| 每股经营活动产生的现金流量净额 | 0.11 | 0.095 | 15.79% | 0.142 |
| | 2002年末 | 2001年末 | 本年末比上年末增减(%) | 2000年末 |
| 每股净资产 | 1.54 | 1.51 | 1.99% | 1.48 |
| 调整后的每股净资产 | 1.54 | 1.49 | 3.36% | 1.46 |

# C8.医药、生物制品(42 家)

# 600129 重庆太极实业(集团)股份有限公司

## 二○○二年年度报告摘要

## 1.重要提示

1.1 本公司董事会及其董事保证本报告所载资料不存在任何虚假记载、误导性陈述或者重大遗漏,并对其内容的真实性、准确性和完整性负个别及连带责任。本年度报告摘要摘自年度报告全文,投资者欲了解详细内容,应阅读年度报告全文。

1.2 公司独立董事王一涛先生、董事李志超先生、朱明希先生、杨炬先生因出差未能出席本次董事会,分别委托独立董事薛云奎先生、董事艾尔为先生、贺洪琼女士、夏雪先生代为行使表决权。

1.3 重庆天健会计师事务所有限责任公司为本公司出具了标准无保留意见的审计报告。

1.4 本公司董事长白礼西先生、财务总监刘明华女士保证年度报告中财务报告的真实、准确。

## 2.公司基本情况简介

2.1 基本情况简介

| | |
|---|---|
| 股票简称 | 太极集团 |
| 股票代码 | 600129 |
| 上市交易所 | 上海证券交易所 |
| 注册地址 | 重庆市涪陵区建设路 68 号 |
| 办公地址 | 重庆市涪陵区建设路 68 号 |
| 邮政编码 | 408000 |
| 公司国际互联网网址 | http://www.taiji.com |
| 电子信箱 | tjzq@taiji.com |

2.2 联系人和联系方式

| | 董事会秘书 |
|---|---|
| 姓名 | 夏　雪 |
| 联系地址 | 重庆市涪陵区建设路 68 号 |
| 电话 | 023－72800072 |
| 传真 | 023－72800072 |
| 电子信箱 | xiaxue600129@sina.com |

## 3.会计数据和财务指标摘要

3.1 主要会计数据

单位:元

| | 2002 年 | 2001 年 | 本年比上年增减(%) | 2000 年 |
|---|---|---|---|---|
| 主营业务收入 | 2,339,122,634.90 | 1,748,970,683.81 | 33.74 | 1,195,078,095.81 |
| 利润总额 | 71,168,969.82 | 83,097,611.21 | －14.35 | －36,391,110.10 |
| 净利润 | 54,701,632.47 | 59,837,775.35 | －8.58 | －44,497,192.77 |
| 扣除非经常性损益的净利润 | 52,541,601.43 | 44,778,693.36 | 17.34 | －49,342,050.00 |
| | 2002 年末 | 2001 年末 | 本年比上年增减(%) | 2000 年末 |
| 总资产 | 3,195,601,490.16 | 2,531,823,271.96 | 26.22 | 1,788,159,086.04 |
| 股东权益(不含少数股东权益) | 848,192,155.07 | 796,492,891.85 | 6.49 | 799,378,968.32 |
| 经营活动产生的现金流量净额 | 260,516,520.52 | 224,468,621.06 | 16.06 | 35,148,854.78 |

3.2 主要财务指标

单位:元

| | 2002 年 | 2001 年 | 本年比上年增减(%) | 2000 年 |
|---|---|---|---|---|
| 每股收益(加权) | 0.217 | 0.237 | －8.44 | －0.179 |
| 每股收益(摊薄) | 0.217 | 0.237 | －8.44 | －0.176 |
| 净资产收益率 | 6.45% | 7.51% | －14.11 | －5.57% |
| 扣除非经常性损益的净利润为基础计算的净资产收益率 | 6.38% | 5.40% | 18.15 | －6.36% |
| 每股经营活动产生的现金流量净额 | 1.03 | 0.89 | 15.73 | 0.14 |
| 每股净资产 | 3.36 | 3.15 | 6.67 | 3.16 |
| 调整后的每股净资产 | 3.15 | 2.99 | 5.35 | 2.98 |

3.3 国内外会计准则差异

□适用　　√不适用

## 4.股本变动及股东情况

4.1 股份变动情况表

公司股份变动情况表

数量单位:股

| | 本次变动前 | 本次变动增减(+,-) | | | | | | 本次变动后 |
|---|---|---|---|---|---|---|---|---|
| | | 配股 | 送股 | 公积金转股 | 增发 | 其他 | 小计 | |
| 一、未上市流通股份 | | | | | | | | |
| 1.发起人股份 | | | | | | | | |
| 其中: | | | | | | | | |
| 国家持有股份 | | | | | | | | |
| 境内法人持有股份 | 161,044,920 | | | | | | | 161,044,920 |
| 境外法人持有股份 | | | | | | | | |
| 其他 | | | | | | | | |
| 2.募集法人股份 | 16,555,080 | | | | | | | 16,555,080 |
| 3.内部职工股 | | | | | | | | |
| 4.优先股或其他 | | | | | | | | |
| 未上市流通股份合计 | 177,600,000 | | | | | | | 177,600,000 |
| 二、已上市流通股份 | | | | | | | | |
| 1.人民币普通股 | 75,000,000 | | | | | | | 75,000,000 |
| 2.境内上市的外资股 | | | | | | | | |
| 3.境外上市的外资股 | | | | | | | | |
| 4.其他 | | | | | | | | |
| 已上市流通股份合计 | 75,000,000 | | | | | | | 75,000,000 |
| 三、股份总数 | 252,600,000 | | | | | | | 252,600,00 |

4.2 前十名股东持股表

| 报告期末股东总数 | 3062 户 | | | | | |
|---|---|---|---|---|---|---|
| 前十名股东持股情况 | | | | | | |
| 股东名称(全称) | 年度内增减 | 年末持股数量 | 比例(%) | 股份类别 | 质押或冻结的股份数量 | 股东性质 |
| 太极集团有限公司 | 0 | 147,789,600 | 58.51 | 未流通 | 25,000,000 | 国有法人股 |
| 重庆市涪陵区希兰生物科技有限公司 | 0 | 16,555,080 | 6.55 | 未流通 | 16,555,080 | 法人股 |
| 重庆市涪陵药用植物资源开发研究所 | 0 | 12,847,320 | 5.09 | 未流通 | 12,847,320 | 法人股 |
| 华夏证券有限公司 | 3,014,079 | 11,968,395 | 4.73 | 已流通 | | 社会公众股 |
| 北京当代伟业房地产开发有限公司 | 3,307,761 | 3,307,761 | 1.31 | 已流通 | | 社会公众股 |
| 上海同盛投资(集团)有限公司 | 3,174,193 | 3,174,193 | 1.27 | 已流通 | | 社会公众股 |
| 深圳兰光经济发展公司 | 2,974,459 | 2,974,459 | 1.18 | 已流通 | | 社会公众股 |
| 当代投资集团有限公司 | 2,711,373 | 2,711,373 | 1.07 | 已流通 | | 社会公众股 |
| 深圳市明正投资有限公司 | 2,685,716 | 2,685,716 | 1.06 | 已流通 | | 社会公众股 |
| 海南华城实业投资有限公司 | 1,721,220 | 1,721,220 | 0.68 | 已流通 | | 社会公众股 |
| 前十名股东关联关系或一致行动的说明 | 太极集团有限公司是重庆市涪陵药用植物资源开发研究所的第一大股东,重庆市涪陵药用植物开发研究所是重庆市涪陵区希兰生物科技有限公司的第一大股东。属于一致行动人。<br>未知其他股东存在关联关系。 | | | | | |

4.3 控股股东及实际控制人情况介绍

4.3.1 控股股东及实际控制人变更情况

□适用　　√不适用

4.3.2 控股股东和其他实际控制人具体情况介绍

公司控股股东为太极集团有限公司,法定代表人:白礼西,注册地址:重庆市涪陵区建设路 68 号,注册资本:34,233.8 万元,其中重庆市涪陵区财政局出资 33,883.8 万元,占注册资本的 98.97%;涪陵区医药总公司出资 350 万元,占注册资本的 1.03%。主营业务:零售中成药、西药、生物药、保健食品、保健用品、饮品、医疗器械。医疗包装制品加工,汽车二级维护及其以下作业,按(1995)外经贸政函字第 2389 号文核准的经营范围从事进出口业务。批发、零售百货、副食品、五金、交电,化工(不含化学危险品),工艺美术品、建筑材料、商品包装。中草药种植,水产品养殖,旅馆,餐饮,旅游开发,房地产开发,汽车货运。

## 5.董事、监事和高级管理人员

5.1 董事、监事和高级管理人员持股变动

| 姓名 | 职务 | 性别 | 年龄 | 任期起止日期 | 年初持股数(股) | 年末持股数(股) | 变动原因 |
|---|---|---|---|---|---|---|---|
| 白礼西 | 董事长 | 男 | 39 | 2000.5－2003.5 | 3713 | 3713 | |
| 李志超 | 董事兼总经理 | 男 | 40 | 2000.5－2003.5 | 3000 | 3000 | |
| 艾尔为 | 董事 | 男 | 46 | 2000.5－2003.5 | 2400 | 2400 | |
| 朱明希 | 董事 | 男 | 46 | 2000.5－2003.5 | 3000 | 3000 | |
| 王小军 | 董事兼常务副总经理 | 男 | 32 | 2002.7－2003.5 | | | |
| 夏　雪 | 董事兼董事会秘书 | 男 | 39 | 2002.7－2003.5 | | | |
| 秦少容 | 董事 | 女 | 42 | 2002.7－2003.5 | | | |

| | | | | | | |
|---|---|---|---|---|---|---|
| 杨　炬 | 董事 | 男 | 46 | 2000.5－2003.5 | 3000 | 3000 |
| 张洪模 | 董事 | 男 | 31 | 2002.7－2003.5 | | |
| 贺洪琼 | 董事 | 女 | 38 | 2002.7－2003.5 | | |
| 王一涛 | 独立董事 | 男 | 54 | 2002.5－2003.5 | | |
| 薛云奎 | 独立董事 | 男 | 39 | 2002.5－2003.5 | | |
| 卢　军 | 监事会主席 | 女 | 46 | 2002.7－2003.5 | 3000 | 3000 |
| 谭礼文 | 监事 | 男 | 38 | 2000.7－2003.5 | 1500 | 1500 |
| 徐卫国 | 监事 | 男 | 51 | 2000.7－2003.5 | 3060 | 3060 |
| 张春宏 | 监事 | 女 | 36 | 2002.7－2003.5 | | |
| 罗文义 | 监事 | 男 | 55 | 2002.7－2003.5 | | |
| 李阳春 | 副总经理 | 男 | 40 | 2000.12－2003.5 | | |
| 罗诗遂 | 副总经理 | 男 | 39 | 2000.12－2003.5 | | |
| 林世元 | 总经济师 | 男 | 40 | 2000.12－2003.5 | | |
| 刘明华 | 财务总监 | 女 | 52 | 2002.7－2003.5 | | |
| 杨修齐 | 总工程师 | 男 | 48 | 2002.7－2003.5 | | |

5.2 在股东单位任职的董事监事情况

√适用　□不适用

| 姓名 | 任职的股东名称 | 在股东单位担任的职务 | 任职期间 | 是否在股东单位领取报酬、津贴(是或否) |
|---|---|---|---|---|
| 白礼西 | 太极集团有限公司 | 董事长兼总经理 | 2000.12－现在 | 是 |
| 李志超 | 太极集团有限公司 | 董事 | 2000.12－现在 | 否 |
| 艾尔为 | 太极集团有限公司 | 董事兼副总经理 | 2000.12－现在 | 是 |
| 朱明希 | 太极集团有限公司 | 董事兼副总经理 | 2000.12－现在 | 是 |
| 谭礼文 | 太极集团有限公司 | 监事 | 2000.12－现在 | 是 |
| 张春宏 | 太极集团有限公司 | 党委副书记 | 2000.12－现在 | 是 |

5.3 董事、监事和高级管理人员年度报酬情况

| | |
|---|---|
| 年度报酬总额 | 120 万元 |
| 金额最高的前三名董事的报酬总额 | 32 万元 |
| 金额最高的前三名高级管理人员的报酬总额 | 30 万元 |
| 独立董事津贴 | 6 万元/人/年 |
| 独立董事其他待遇 | 无 |
| 不在公司领取报酬、津贴的董事、监事姓名 | 白礼西　艾尔为　朱明希　谭礼文　张春宏 |
| 报酬区间 | 人数 |
| 3－8 万元 | 13 人 |
| 8－15 万元 | 4 人 |

## 6.董事会报告

6.1 报告期内整体经营情况的讨论与分析

公司所处的行业为医药行业,主要从事中、西成药的生产和销售。

报告期内,公司实现主营业务收入 233,912.26 万元,同比增长 33.74%;主营业务利润 78,663.87 万元,同比增长 7.58%;利润总额 7,116.90 万元,同比下降 14.35%;净利润 5,470.16 万元,同比下降 8.58%。

6.2 主营业务分行业、产品情况表

单位:万元

| 分行业或分产品 | 主营业务收入 | 主营业务成本 | 毛利率(%) | 主营业务收入比上年增减(%) | 主营业务成本比上年增减(%) | 毛利率比上年增长(%) |
|---|---|---|---|---|---|---|
| 工业 | 91,212.12 | 23,196.49 | 74.57 | －2.95 | －13.04 | 4.12 |
| 商业 | 142,270.38 | 130,168.21 | 8.51 | 76.79 | 77.75 | －5.44 |
| 服务业 | 429.76 | 109.09 | 74.62 | －1.82 | －14.07 | 5.10 |
| 其中:关联交易 | 17,437.73 | 8,900.23 | 48.96 | 42.57 | 45.21 | 32.74 |
| 关联交易的定价原则 | 按市场价格制定 | | | | | |
| 关联交易必要性、持续性的说明 | 提高资源的使用效率,充分发挥集团内部的市场资源优势 | | | | | |

6.3 主营业务分地区情况

单位:万元

| 地区 | 主营业务收入 | 主营业务收入比上年增减(%) |
|---|---|---|
| 国内地区 | 226,142.81 | 29.30 |
| 国外地区 | 7,769.46 | －－ |

6.4 采购和销售客户情况

单位:万元

| | | | |
|---|---|---|---|
| 前五名供应商采购金额合计 | 5,349.91 | 占采购总额比重 | 19.67% |
| 前五名销售客户销售金额合计 | 25,181.87 | 占销售总额比重 | 10.77% |

6.5 参股公司经营情况(适用投资收益占净利润 10%以上的情况)

√适用　□不适用

单位:万元

| 参股公司名称 | 本期贡献的投资收益 | 占上市公司净利润的比重 | 参股公司 | |
|---|---|---|---|---|
| | | | 经营范围 | 净利润 |
| 重庆桐君阁股份有限公司 | 1,373.69 | 25.11 | 主营中成药制造、中药饮片加工、中药材(含麝香),滋补保健品经营等 | 2,108.50 |

6.6 主营业务及其结构发生重大变化的原因说明

√适用　□不适用

主营业务收入结构发生变化,主要原因是公司控股子公司重庆桐君阁股份有限公司医药商业经营规模扩大所致。

6.7 主营业务盈利能力(毛利率)与上年相比发生重大变化的原因说明

√适用　□不适用

经营毛利率下降主要原因是医药商业毛利率下降,药品零售政策性降价及市场竞争加剧。

6.8 经营成果和利润构成与上年度相比发生重大变化的原因分析

√适用　□不适用

本年度利润总额下降,主要是调整广告费摊销办法所致。

整体财务状况与上年度相比发生重大变化的原因分析(单位:万元)

√适用　□不适用

| 项目 | 2002 年 | 2001 年 | 变动幅度(%) | 主要变动原因 |
|---|---|---|---|---|
| 总资产 | 319,560.15 | 253,182.33 | 26.22 | 并表子公司增加 |
| 股东权益(不含少数股东权益) | 84,819.22 | 79,649.29 | 6.49 | 收益增加 |
| 主营业务利润 | 78,663.87 | 73,120.94 | 7.58 | 销售收入增加 |
| 净利润 | 5,470.16 | 5,983.78 | －8.58 | 管理费用增加 |
| 现金及现金等价 | 23,047.24 | 8,697.73 | 164.98 | 销售规模扩大,物净增加额退回了对西南药业的收购款 |

6.9 对生产经营环境以及宏观政策、法规产生重大变化已经、正在或将要对公司的财务状况和经营成果产生重要影响的说明

√适用　□不适用

1.税收政策

根据重庆市地方税务局渝地税免〔2002〕1262 号文,因公司生产"曲美"、"急支糖浆"、"通天口服液"等产品符合国家当前鼓励发展的产业、产品和技术目录第十九类第 1 项和第 19 项的相关规定,且鼓励类业务收入占总收入的 70%以上,同意对公司 2002 年度企业所得税减按 15%所得税税率执行。这将对公司的生产经营活动产生良好影响。

2.会计政策、会计估计变更及会计差错更正

①会计政策变更

a.本年度因执行《企业会计准则－－固定资产》,而对未使用、不需用固定资产由原不计提折旧改为计提折旧,根据财政部颁布的财会[2002]18 号文《关于执行〈企业会计制度〉和相关会计准则有关问题解答》的相关规定,此项会计政策变更应当采用追溯调整法,调整期初留存收益。该项会计政策的变更对公司会计报表的影响为:其累积影响数为－346,287.38 元,其中对 2001 年期初留存收益的影响为－211,186.16 元,对 2001 年度净利润的影响为－135,101.22 元;其对 2002 年度净利润的影响为－114,463.21 元。

b.根据财政部颁布的财会[2002]18 号文《关于执行〈企业会计制度〉和相关会计准则有关问题解答》的相关规定,企业为扩大其产品或劳务的影响而在各种媒体上作广告宣传所发生的广告费,应于相关广告见诸于媒体时,作为期间费用,直接计入当期营业费用,不得预提和待摊。因此,本年公司对广告费摊销办法进行了调整,原广告费摊销方法为"自广告费发生之日(即付款日),从次月起分两年平均摊销",调整为"自广告费在发生时(付款日)根据合同规定的广告服务时间进行推销,如服务时间在当年,即全额进入营业费用;如服务时间跨年度,按当年服务时间所占比例进入营业费用"。此项会计政策变更公司采用了追溯调整法,调整期初留存收益。该项会计政策的变更对会计报表的影响为:其累积影响数为－186,574,800.31 元,其中对 2001 年期初留存收益的影响为－142,278,032.14 元,对 2001 年度净利润的影响为－44,296,768.17 元;其对 2002 年度净利润的影响为－48,160,662.34 元。

c.公司控股子公司四川太极制药有限公司根据财政部[2001]62 号文《外商投资企业执行〈企业会计制度〉有关问题的规定》,从本年度起执行《企业会计制度》的相关规定,变更了财政部[2001]62 号文中规定的相关会计政策。子公司四川太极制药有限公司因会计政策变更进行追溯调整后导致其 2000 年 12 月 31 日的净资产为负。故子公司四川太极制药有限公司的会计政策变更进行追溯调整后对公司会计报表的影响为:其累积影响数为 0.00 元(不含未确认投资损失),其中对 2001 年期初留存收益的影响为－3,324,558.78 元,对 2001 年度净利润的影响为 3,324,558.78 元;其对 2002 年度净利润的影响为 0.00 元。

②会计估计变更子公司重庆桐君阁股份有限公司根据相关规定,从 2002 年 1 月 1 日起,对固定资产估计经济使用年限作了如下会计估计变更:

| 固定资产类别 | 估计经济使用年限 | | 年折旧率% | |
|---|---|---|---|---|
| | 变更前 | 变更后 | 变更前 | 变更后 |
| 房屋及建筑物 | 30 | 10－40 | 3.167 | 2.375－9.5 |
| 通用设备 | 10 | 5－10 | 9.5 | 9.5－19 |
| 专用设备 | 10 | 5－15 | 9.5 | 6.33－19 |

上述会计估计变更　子公司重庆桐君阁股份有限公司已采用未来适用法对会计报表进行了调整,该项会计估计变更对公司 2002 年度利润总额的影响为－2,064,300.02 元。

(2)会计差错的更正　根据财政部驻重庆市财政监察专员办事处财驻渝监检决[2002]3 号文"财政监督检查结论和处理决定",本年度公司对财驻渝监检决[2002]3 号文中的处理决定进行了会计差错更正,该项会计差错更正使得 2001 年度净利润减少 488,040.97 元。

6.10 完成盈利预测的情况

□适用　√不适用

6.11 完成经营计划情况

□适用　√不适用

6.12 募集资金使用情况

□适用　√不适用

变更项目情况

□适用　√不适用

6.13 非募集资金项目情况

√适用　□不适用

单位:万元

| 项目名称 | 项目金额 | 项目进度 | 项目收益情况 |
|---|---|---|---|
| 太极涪陵工业园区 | 16,474.95 | | 未完工 |
| 驻外机构工程 | 4,883.41 | | 未完工 |
| 中药现代化项目 | 4,944.11 | 31.31% | 未完工 |
| 合计 | 12,926.77 | | |

6.14 董事会对会计师事务所"非标意见"的说明

□适用　√不适用

6.15 董事会新年度的经营计划(如有)

√适用　□不适用

公司 2003 年度主要工作指南

(1)始终坚持艰苦奋斗、勤俭发展的优良作风。

(2)优化内部资源,抓好重点骨干产品销售。工业销售必须优化市场,商业销售必须优化商品,根本的问题是要优化人力资源组合,确保重点市场、重点产品、重点商品的投入和周转。

(3)加大中药现代化力度,多增加市场畅销的医药产品,突出品牌竞争优势,用市场杠杆为科研工作提速。中药及中药现代化产品是公司永远的核心竞争力,公司将进一步理顺思路,加强和加快新药科研工作,继续推进科研系统的人事分配制度改革。

(4)苦练内功,抓好管理,推动发展。全面清理、整顿、整合各类人、财、物资源,全面实施工业、商业企业基础管理规范,增收节支,节能降耗,努力提高工作效率和经济效益。

(5)有序完成 GMP、GSP 认证,推动 GAP、GLP 工作,全面提升公司技术水平。

(6)深化分配制度改革,推动年薪制、岗位技能工资制、技术岗位合同工资制的实施。积极探索产权制度改革,实现产权结构多元化,加快公司内部人才市场的建立。

(7)加大招商引资,加大项目储备力度,适时融资,多渠道、多形式争取资金,加大国际合作步伐。推进国内医药工商企业战略联盟工作。

新年度盈利预测

□适用　√不适用

6.16 董事会本次利润分配或资本公积金转增预案

公司2002年度经重庆天健会计师事务所审计的净利润54,701,632.47元,加年初未分配利润－22,004,023.97元,可供分配的利润32,697,608.50元,提取法定盈余公积金6,519,538.98元,提取法定公益金3,916,336.47元,可供股东分配利润为22,261,733.05元。为了公司的长远发展需要,经研究决定,公司2002年度利润分配预案为:2002年度不进行利润分配,也不进行资本公积金转增股本。

## 7.重要事项

7.1 收购资产

√适用　□不适用

| 交易对方及被收购资产 | 购买日 | 收购价格 | 自购买日起至本年末为上市公司贡献的净利润 | 是否为关联交易 | 定价原则 |
|---|---|---|---|---|---|
| 收购太极集团有限公司持有重庆中医药高科技发展有限公司66.78%的股权 | 2002年9月9日 | 6,351.6万元 | 10.56万元 | 是 | 以评估值为基础 |
| 收购太极集团有限公司持有太极集团衡生制药有限公司81.25%的股权 | 2002年9月9日 | 1,924万元 | 22.06万元 | 是 | 以评估值为基础 |
| 收购太极集团有限公司持有太极集团浙江东方制药有限公司70%的股权 | 2002年9月9日 | 1,372万元 | 52.70万元 | 是 | 以评估值为基础 |
| 受让重庆市财政局持有西南药业股份有限公司43.01%的股权 | 2002年4月4日 | 25,600万元 | 未并表 | 是 | 以评估值为基础 |

7.2 出售资产

√适用　□不适用

| 交易对方及被出售资产 | 出售日 | 出售价格 | 本年初至出售日该出售资产为上市公司贡献的净利润 | 出售产生的损益 | 是否为关联交易(如是,说明定价原则) |
|---|---|---|---|---|---|
| 向重庆桐君阁股份有限公司出售四川天诚大药房连锁有限责任公司96.97%的股权 | 2002年2月5日 | 4,864万元 | 0 | 0 | 是,以评估值为依据 |
| 向重庆桐君阁股份有限公司出售四川省自贡市医药有限公司55%的股权 | 2002年2月5日 | 660万元 | 0 | 0 | 是,以评估值为依据 |
| 向四川省绵阳药业集团出售四川天诚大药房连锁有限责任公司3.03%的股权 | 2002年10月18日 | 152万元 | 0 | 18,312.68元 | 是,以评估值为依据 |

7.3 重大担保

√适用　□不适用

| 担保对象名称 | 发生日期(协议签署日) | 担保金额 | 担保类型 | 担保期 | 是否履行完毕 | 是否为关联方担保(是或否) |
|---|---|---|---|---|---|---|
| 重庆朝华科技(集团)股份有限公司 | 2002年8月28日 | 5,000万元 | 连带责任担保 | 1年 | 否 | 否 |
| 重庆长丰通信股份有限公司 | 2002年12月2日 | 1,500万元 | 连带责任担保 | 1年 | 否 | 否 |
| 重庆长丰通信股份有限公司 | 2002年8月20日 | 5,000万元 | 连带责任担保 | 1年 | 否 | 否 |
| 担保发生额合计 | | | 11,500万元 | | | |
| 担保余额合计 | | | 11,500万元 | | | |
| 其中:关联担保余额合计 | | | 0元 | | | |

7.4 关联债权债务往来

√适用　□不适用

单位:万元

| 关联方 | 向关联方提供资金 | | 关联方向上市公司提供资金 | |
|---|---|---|---|---|
| | 发生额 | 余额 | 发生额 | 余额 |
| 涪陵德胜服务中心 | 400.00 | 400.00 | | |
| 涪陵百货公司 | 210.00 | 210.00 | | |
| 西南药业股份有限公司 | | | 2,000.00 | 0 |
| 合计 | 610.00 | 610.00 | 2,000.00 | 0 |

7.5 委托理财

□适用　√不适用

7.6 承诺事项履行情况

□适用　√不适用

7.7 重大诉讼仲裁事项

√适用　□不适用

上海罗氏制药有限公司在罗氏(中国)有限公司注册的网站－－赛尼可网站"你问我答"栏目和宣传手册中将涪陵药制厂生产的减肥药"曲美"和上海罗氏制药有限公司生产的同类药品"赛尼可"进行比较,称西布曲明有严重的副作用等,其实质在于夸大并突出曲美的不足,进而贬低曲美的作用,给公司造成不良影响和商誉损失。因此,公司委托太宇律师事务所向重庆第一中级人民法院提起诉讼。

2002年5月9日重庆市高级人民法院作出判决,被告上海罗氏制药有限公司赔偿公司经济损失100万元,并在赛尼可网站和《中国经营报》上向公司赔礼道歉,消除影响。判决已全面执行完毕。

7.8 独立董事履行职责的情况

报告期内公司聘任了王一涛先生、薛云奎先生为公司独立董事,两位董事尽力尽职,在审议定期报告、关联交易和收购西南药业股份有限公司等事宜时,独立董事充分发挥了其专业知识和工作经验,站在为维护中小股东的立场上,提出了许多有益的意见和建议,并发表了独立意见,认真履行了独立董事职责,有效维护了中小股东的利益。

## 8.监事会报告

监事会作为公司监督职能机构,在2002年能严格按照《公司法》、《证券法》和《公司章程》等法律、法规全面履行职责。为此,公司监事会对以下事项发表独立意见:

1.公司依法运作情况

公司监事会依据国家有关法律、法规、《公司章程》及公司的三会议事规则的规定,对公司股东大会、董事会的召开程序、决议事项、董事会对股东大会决议的执行情况、公司高级管理人员执行职务的情况及公司管理制度等进行了监督,通过列席历次股东大会和董事会,履行了监督职责,认为公司的决策程序合法,建立了完善的内部控制制度,公司董事及高级管理人员在执行职务时,没有违反法律、法规、《公司章程》或损害公司利益的行为。

2.检查公司财务的情况

公司监事会从保证公司规范运作和广大股东的合法权益的立场出发,认真审阅了重庆天健会计师事务所出具的2002年年度审计报告,认为其真实的反映了公司的财务状况、经营成果及现金流量,是客观公正的。认为公司2002年度会计政策、会计估计变更及会计差错更正符合国家有关政策法规,并真实反映了公司的实际情况。

3.公司收购、出售资产情况

报告期内,公司2002年度第一次临时股东大会审议通过受让太极集团有限公司持有重庆中医药高科技发展有限公司、太极集团四川衡生制药有限公司股权和太极集团浙江东方制药有限公司股权;公司第三届董事会第十七次会议审议通过公司购买重庆市长寿湖联合企业公司所拥有的高峰岛全岛;公司2002年度第三次临时股东大会审议通过了公司受让重庆市财政局持有的西南药业股份有限公司部分国家股股权,以上收购议案的表决及实施均符合有关法律、法规。

4."三分开"及关联交易情况

监事会认为与控股股东在人员、资产、财务上严格遵守"三分开"的原则,做到了人员独立、资产完整、财务独立。

监事会认为公司与关联股东的交易定价科学合理,交易公平、公正、公开,董事会对公司与关联企业之间发生经常性关联交易表决时,关联董事履行了回避表决,程序符合《公司法》、《上海证券交易所股票上市规则(2001年修订本)》和《公司章程》的有关规定,没有损害上市公司和中、小股东的利益,关联交易的信息披露均符合监管要求。

## 9.财务报告

9.1 审计意见

本公司2002年度财务会计报告已经重庆天健会计师事务所有限责任公司的注册会计师审计,中国注册会计师龙文虎先生、易琳女士签字,并出具了〔重庆天健(2003)158号〕标准无保留意见的审计报告。

9.2 会计报表(见附表)

9.3 如果与最近一期年度报告相比,会计政策、会计估计和核算方法发生变化,具体说明如下:

(1)会计政策变更

a.本年度因执行《企业会计准则－－固定资产》,而对未使用、不需用固定资产由原不计提折旧改为计提折旧,根据财政部颁布的财会[2002]18号文《关于执行〈企业会计制度〉和相关会计准则有关问题解答》的相关规定,此项会计政策变更应当采用追溯调整法,调整期初留存收益。该项会计政策的变更对公司会计报表的影响为:其累积影响数为－346,287.38元,其中对2001年期初留存收益的影响为－211,186.16元,对2001年度净利润的影响为－135,101.22元;其对2002年度净利润的影响为－114,463.21元。

b.根据财政部颁布的财会[2002]18号文《关于执行〈企业会计制度〉和相关会计准则有关问题解答》的相关规定,企业为扩大其产品或劳务的影响而在各种媒体上作广告宣传所发生的广告费,应于相关广告见诸于媒体时,作为期间费用,直接计入当期营业费用,不得预提和待摊。因此,本年公司对原广告费摊销方法即从受益日起分两年平均摊销变更为相关广告见诸于媒体时直接计入当期损益。此项会计政策变更公司采用了追溯调整法,调整期初留存收益。该项会计政策的变更对会计报表的影响为:其累积影响数为－186,574,800.31元,其中对2001年期初留存收益的影响为－142,278,032.14元,对2001年度净利润的影响为－44,296,768.17元;其对2002年度净利润的影响为－48,160,662.34元。

c.公司控股子公司四川太极制药有限公司根据财政部[2001]62号文《外商投资企业执行〈企业会计制度〉有关问题的规定》,从本年度起执行《企业会计制度》的相关规定,变更了财政部[2001]62号文中规定的相关会计政策。子公司四川太极制药有限公司因会计政策变更进行追溯调整后导致其2000年12月31日的净资产为负。故子公司四川太极制药有限公司的会计政策变更进行追溯调整后对公司会计报表的影响为:其累积影响数为0.00元(不含未确认投资损失),其中对2001年期初留存收益的影响为－3,324,558.78元,对2001年度净利润的影响为3,324,558.78元;其对2002年度净利润的影响为0.00元。

(2)会计估计变更

子公司重庆桐君阁股份有限公司根据相关规定,从2002年1月1日起,对固定资产估计经济使用年限作了如下会计估计变更:

| 固定资产类别 | 估计经济使用年限 | | 年折旧率% | |
|---|---|---|---|---|
| | 变更前 | 变更后 | 变更前 | 变更后 |
| 房屋及建筑物 | 30 | 10－40 | 3.167 | 2.375－9.5 |
| 通用设备 | 10 | 5－10 | 9.5 | 9.5－19 |
| 专用设备 | 10 | 5－15 | 9.5 | 6.33－19 |

上述会计估计变更子公司重庆桐君阁股份有限公司已采用未来适用法对会计报表进行了调整,该项会计估计变更对公司2002年度利润总额的影响为－2,064,300.02元。

(3)会计差错的更正

根据财政部驻重庆市政监察专员办事处财驻渝监检决[2002]3号文"财政监督检查结论和处理决定",本年度公司对财驻渝监检决[2002]3号文中的处理决定进行了会计差错更正,该项会计差错更正使得2001年度净利润减少488,040.97元。

9.4 与最近一期年度报告相比,合并范围发生如下变化:

(1)本年新增合并会计报表单位包括:重庆中医药高科技发展有限公司、太极集团四川衡生制药有限公司、太极集团浙江东方制药有限公司、天津桐君阁大药房有限责任公司、太极集团重庆市沙坪坝区医药有限公司、太极集团重庆市沙坪大药房连锁有限公司、太极集团四川省德阳大中药业有限公司、太极集团四川德阳荣升药业有限公司、四川德阳天诚大药房连锁有限责任公司、成都联合药业发展有限责任公司、成都西部医药经营有限公司、重庆西部医药商城有限责任公司、重庆医药保健品进出口有限公司、深圳市斯贝特进出口贸易有限公司、重庆化工进出口公司及自贡市盐都大药房连锁有限公司。

(2)本年减少合并会计报表单位包括:四川太极医药有限公司。减少原因系2002年9月子公司重庆桐君阁股份有限公司与四川省绵阳药业集团公司签订了《股权转让协议书》,重庆桐君阁股份有限公司将持有的四川太极医药有限公司120万股(占其注册资本的60%)的股权按每股人民币1元转让给四川省绵阳药业集团公司。转让后,公司不再对该公司具有实际控制权,故合并会计报表相应减少该公司。

## 10.备查文件目录

1.载有法定代表人、主管会计机构工作负责人、会计机构负责人签名并盖章的会计报表。
2.载有会计师事务所盖章、注册会计师签名并盖章的审计报告原件。
3.报告期内在中国证监会指定报纸上公开披露过的所有公司文件的正本及公告原件。

**重庆太极实业(集团)股份有限公司**
**二〇〇三年四月十六日**

## 合并资产负债表

编制单位:重庆太极实业(集团)股份有限公司　　2002 年 12 月 31 日　　单位:人民币元

| 资　产 | 附注编号 | 年末数 | 年初数 | 负债和股东权益 | 附注编号 | 年末数 | 年初数 |
|---|---|---|---|---|---|---|---|
| 流动资产: | | | | 流动负债: | | | |
| 货币资金 | 五、1 | 553,829,272.12 | 323,356,849.48 | 短期借款 | 五、14 | 978,690,000.00 | 663,742,500.00 |
| 短期投资 | 五、2 | 1,758,339.00 | | 应付票据 | 五、15 | 156,868,789.72 | 100,779,915.71 |
| 应收票据 | 五、3 | 9,089,188.46 | 3,123,475.52 | 应付账款 | 五、16 | 273,977,704.89 | 165,919,702.41 |
| 应收股利 | | | | 预收账款 | 五、16 | 42,762,028.02 | 74,098,547.45 |
| 应收利息 | | | | 应付工资 | 五、17 | 5,680,061.84 | 4,714,908.45 |
| 应收账款 | 五、4 | 240,382,015.67 | 208,774,860.07 | 应付福利费 | | 15,522,040.58 | 10,967,874.65 |
| 其他应收款 | 五、4 | 105,315,542.29 | 123,577,447.77 | 应付股利 | 五、18 | 7,968,569.95 | 69,248,143.57 |
| 预付账款 | 五、6 | 116,605,390.72 | 394,545,981.22 | 应交税金 | 五、19 | 101,689,145.76 | 115,875,947.72 |
| 应收补贴款 | 五、5 | 28,463,599.48 | 6,000,000.00 | 其他应交款 | 五、20 | 6,777,865.05 | 6,405,284.84 |
| 存货 | 五、7 | 441,689,922.79 | 279,115,659.44 | 其他应付款 | 五、16 | 258,782,501.57 | 59,933,976.84 |
| 待摊费用 | 五、8 | 1,954,553.53 | 1,500,368.85 | 预提费用 | | 329,460.86 | |
| 一年内到期的长期债权投资 | | 586.18 | 4,503.20 | 预计负债 | | | |
| 其他流动资产 | | | | 一年内到期的长期负债 | 五、21 | 152,714,285.71 | 60,000,000.00 |
| 流动资产合计 | | 1,499,088,410.24 | 1,339,999,145.55 | 其他流动负债 | | | |
| 长期投资: | | | | | | | |
| 长期股权投资 | 五、9 | 117,556,559.22 | 37,973,268.87 | 流动负债合计 | | 2,001,762,453.95 | 1,331,686,801.64 |
| 其中:合并价差 | | 91,826,099.92 | 7,538,060.88 | 长期负债: | | | |
| 长期债权投资 | | | | 长期借款 | 五、22 | 153,421,804.39 | 276,056,829.64 |
| 长期投资合计 | | 117,556,559.22 | 37,973,268.87 | 应付债券 | | | |
| 固定资产: | | | | 长期应付款 | | | |
| 固定资产原价 | 五、10 | 1,169,411,050.36 | 921,339,273.15 | 专项应付款 | 五、23 | 42,880,900.00 | 27,355,100.00 |
| 减:累计折旧 | 五、10 | 208,540,727.73 | 145,529,923.19 | 其他长期负债 | | | |
| 固定资产净值 | | 960,870,322.63 | 775,809,349.96 | 长期负债合计 | | 196,302,704.39 | 303,411,929.64 |
| 减:固定资产减值准备 | 五、10 | 19,181,116.14 | 28,224,018.08 | 递延税项: | | | |
| 固定资产净额 | | 941,689,206.49 | 747,585,331.88 | 递延税款贷项 | | | |
| 工程物资 | | | | | | | |
| 在建工程 | 五、11 | 420,047,237.47 | 278,426,665.15 | 负债合计 | | 2,198,065,158.34 | 1,635,098,731.28 |
| 固定资产清理 | | 449,170.76 | 857,478.03 | 少数股东权益 | | 149,344,176.75 | 100,231,648.83 |
| 固定资产合计 | | 1,362,185,614.72 | 1,026,869,475.06 | 股东权益: | | | |
| 无形资产及其他资产 | | | | 股本 | 五、24 | 252,600,000.00 | 252,600,000.00 |
| 无形资产 | 五、12 | 194,147,730.26 | 113,296,540.35 | 资本公积 | 五、25 | 496,570,398.51 | 496,470,898.50 |
| 长期待摊费用 | 五、13 | 22,623,175.72 | 13,684,842.13 | 盈余公积 | 五、26 | 93,152,309.45 | 82,716,434.00 |
| 其他长期资产 | | | | 其中:法定公益金 | 五、26 | 26,802,140.39 | 22,885,803.92 |
| 无形资产及其他资产合计 | | 216,770,905.98 | 126,981,382.48 | 未确认投资损失 | | -16,392,285.94 | -13,290,416.68 |
| 递延税项: | | | | 未分配利润 | 五、27 | 22,261,733.05 | -22,004,023.97 |
| 递延税款借项 | | | | 股东权益合计 | | 848,192,155.07 | 796,492,891.85 |
| 资产总计 | | 3,195,601,490.16 | 2,531,823,271.96 | 负债和股东权益总计 | | 3,195,601,490.16 | 2,531,823,271.96 |

## 资　产　负　债　表

编制单位:重庆太极实业(集团)股份有限公司　　2002 年 12 月 31 日　　单位:人民币元

| 资　产 | 附注编号 | 年末数 | 年初数 | 负债和股东权益 | 附注编号 | 年末数 | 年初数 |
|---|---|---|---|---|---|---|---|
| 流动资产: | | | | 流动负债: | | | |
| 货币资金 | | 363,539,810.66 | 157,066,175.77 | 短期借款 | | 430,850,000.00 | 406,850,000.00 |
| 短期投资 | | 1,758,339.00 | | 应付票据 | | 13,500,000.00 | 26,000,000.00 |
| 应收票据 | | 1,841,200.00 | 3,123,475.52 | 应付账款 | | 79,183,426.64 | 58,543,796.60 |
| 应收股利 | | | | 预收账款 | | 37,868,734.52 | 66,068,476.99 |
| 应收利息 | | | | 应付工资 | | 2,690,021.46 | 2,661,077.99 |
| 应收账款 | 六、1 | 148,189,466.33 | 156,544,103.10 | 应付福利费 | | 4,905,751.83 | 4,385,842.54 |
| 其他应收款 | 六、1 | 106,093,421.80 | 76,219,748.92 | 应付股利 | | 131,572.45 | 62,372,076.44 |
| 预付账款 | | 46,709,764.44 | 355,449,353.79 | 应交税金 | | 79,963,593.63 | 87,234,180.58 |
| 应收补贴款 | | | 6,000,000.00 | 其他应交款 | | 3,431,770.91 | 3,911,914.46 |
| 存货 | | 78,466,076.23 | 74,643,224.39 | 其他应付款 | | 150,758,774.07 | 18,132,946.74 |
| 待摊费用 | | 587,352.66 | 566,514.70 | 预提费用 | | 46,035.00 | |
| 一年内到期的长期债权投资 | | | | 预计负债 | | | |
| 其他流动资产 | | | | 一年内到期的长期负债 | | 142,714,285.71 | 58,000,000.00 |
| 流动资产合计 | | 747,185,431.12 | 829,612,596.19 | 其他流动负债 | | | |
| 长期投资: | | | | | | | |
| 长期股权投资 | 六、2 | 324,870,486.94 | 272,958,311.03 | 流动负债合计 | | 946,043,966.22 | 794,160,312.34 |
| 其中:股权投资差额 | | 32,143,008.36 | 7,363,809.56 | 长期负债: | | | |
| 长期债权投资 | | | | 长期借款 | | 133,278,214.30 | 251,030,000.00 |
| 长期投资合计 | | 324,870,486.94 | 272,958,311.03 | 应付债券 | | | |
| 固定资产: | | | | 长期应付款 | | | |
| 固定资产原价 | | 570,945,727.53 | 524,653,228.74 | 专项应付款 | | 38,590,900.00 | 27,355,100.00 |
| 减:累计折旧 | | 79,033,559.74 | 62,584,104.82 | 其他长期负债 | | | |
| 固定资产净值 | | 491,912,167.79 | 462,069,123.92 | 长期负债合计 | | 171,869,114.30 | 278,385,100.00 |
| 减:固定资产减值准备 | | 14,068,310.92 | 18,175,481.91 | 递延税项: | | | |
| 固定资产净额 | | 477,843,856.87 | 443,893,642.01 | 递延税款贷项 | | | |
| 工程物资 | | | | | | | |
| 在建工程 | | 309,255,544.96 | 238,448,644.55 | 负债合计 | | 1,117,913,080.52 | 1,072,545,412.34 |
| 固定资产清理 | | | 857,478.03 | | | | |
| 固定资产合计 | | 787,099,401.83 | 683,199,764.59 | 股东权益: | | | |
| 无形资产及其他资产: | | | | 股本 | | 252,600,000.00 | 252,600,000.00 |
| 无形资产 | | 108,195,718.22 | 85,126,119.28 | 资本公积 | | 496,570,398.51 | 496,470,898.50 |
| 长期待摊费用 | | 7,091,822.67 | 6,351,312.61 | 盈余公积 | | 56,262,562.83 | 48,503,424.50 |
| 其他长期资产 | | | | 其中:法定公益金 | | 17,096,410.08 | 14,510,030.64 |
| 无形资产及其他资产合计 | | 115,287,540.89 | 91,477,431.89 | 未分配利润 | | 51,096,818.92 | 7,128,368.36 |
| 递延税项: | | | | | | | |
| 递延税款借项 | | | | 股东权益合计 | | 856,529,780.26 | 804,702,691.36 |
| 资产总计 | | 1,974,442,860.78 | 1,877,248,103.70 | 负债和股东权益总计 | | 1,974,442,860.78 | 1,877,248,103.70 |

## 合并利润及利润分配表

编制单位:重庆太极实业(集团)股份有限公司　　2002 年度　　单位:人民币元

| 项　目 | 附注编号 | 本年数 | 上年数 | 项　目 | 附注编号 | 本年数 | 上年数 |
|---|---|---|---|---|---|---|---|
| 一、主营业务收入 | 五、28 | 2,339,122,634.90 | 1,748,970,683.81 | 六、可供分配的利润 | | 32,697,608.50 | 42,880,816.02 |
| 减:主营业务成本 | 五、28 | 1,534,737,945.86 | 1,000,322,651.30 | 减:提取法定盈余公积 | | 6,519,538.98 | 7,704,533.25 |
| 主营业务税金及附加 | 五、29 | 17,745,963.84 | 17,438,643.08 | 提取法定公益金 | | 3,916,336.47 | 4,906,240.15 |
| 二、主营业务利润 | | 786,638,725.20 | 731,209,389.43 | 七、可供投资者分配的利润 | | 22,261,733.05 | 30,270,042.62 |
| 加:其他业务利润 | 五、30 | 10,800,448.44 | 9,003,216.73 | 减:应付优先股股利 | | | |
| 减:营业费用 | | 462,672,033.32 | 464,956,248.80 | 提取任意盈余公积 | | | 1,754,066.59 |
| 管理费用 | | 195,644,540.71 | 160,738,409.29 | 应付普通股股利 | | | 50,520,000.00 |
| 财务费用 | 五、31 | 62,603,536.78 | 40,590,583.12 | 转作股本的普通股股利 | | | |
| 三、营业利润 | | 76,519,062.83 | 73,927,364.95 | 八、未分配利润 | | 22,261,733.05 | -22,004,023.97 |
| 加:投资收益 | 五、32 | -7,709,874.49 | 1,323,107.65 | 1.出售、处置部门或被投资单位所得收益 | 五、32 | -52,540.05 | |
| 补贴收入 | 五、33 | 522,380.75 | 6,000,000.00 | 2.自然灾害发生的损失 | | | |
| 营业外收入 | 五、34 | 5 ,083,318.80 | 3,162,413.61 | 3.会计政策变更增加(或减少)利润总额 | 二、21 | -56,786,294.65 | -41,248,482.88 |
| 减:营业外支出 | 五、35 | 3,245,918.07 | 1,315,275.00 | 4.会计估计变更增加(或减少)利润总额 | 二、21 | -2,064,300.02 | |
| 四、利润总额 | | 71,168,969.82 | 83,097,611.21 | 5.债务重组损失 | | | |
| 减:少数股东损益 | | 5,910,995.84 | 7,408,900.89 | 6.其他 | | | |
| 加:未确认的投资损失 | 五、36 | 3,101,869.26 | 7,292,806.12 | | | | |
| 减:所得税 | | 13,658,210.77 | 23,143,741.09 | | | | |
| 五、净利润 | | 54,701,632.47 | 59,837,775.35 | | | | |
| 加:年初未分配利润 | | -22,004,023.97 | -16,956,959.33 | | | | |
| 其他转入 | | | | | | | |

## 合并现金流量表

编制单位:重庆太极实业(集团)股份有限公司　　2002 年度　　单位:人民币元

| 项　目 | 附注编号 | 金　额 | 补充资料 | 附注编号 | 金　额 |
|---|---|---|---|---|---|
| 一、经营活动产生的现金流量: | | | 1.将净利润调节为经营活动现金流量: | | |
| 销售商品、提供劳务收到的现金 | | 2,672,898,255.65 | 净利润 | | 54,701,632.47 |
| 收到的税费返还 | | 5,076,026.08 | 加:少数股东损益 | | 5,910,995.84 |
| 收到的其他与经营活动有关的现金 | 五、37 | 262,669,082.43 | 未确认的投资损失 | | -3,101,869.26 |
| 现金流入小计 | | 2,940,643,364.16 | 计提的资产减值准备 | | -624,606.87 |
| 购买商品、接受劳务支付的现金 | | 1,883,897,766.96 | 固定资产折旧 | | 42,741,770.00 |
| 支付给职工以及为职工支付的现金 | | 154,235,426.45 | 无形资产摊销 | | 8,502,478.53 |
| 支付的各项税费 | | 202,434,133.22 | 长期待摊费用摊销 | | 5,072,385.51 |
| 支付的其他与经营活动有关的现金 | 五、37 | 439,559,517.01 | 待摊费用减少(减:增加) | | -454,184.68 |
| 现金流出小计 | | 2,680,126,843.64 | 预提费用增加(减:减少) | | 329,460.86 |
| 经营活动产生的现金流量净额 | | 260,516,520.52 | 处置固定资产、无形资产和其他长期资产的损失(减:收益) | | -202,143.02 |
| 二、投资活动产生的现金流量: | | | 固定资产报废损失 | | 2,875,971.50 |
| 收回投资所收到的现金 | | 2,127,753.46 | 财务费用 | | 61,294,816.63 |
| 取得投资收益所收到的现金 | | 271,560.12 | 投资损失(减:收益) | | 8,006,785.49 |
| 处置固定资产、无形资产和其他长期资产所收回的现金净额 | | 1,673,733.69 | 递延税款贷项(减:借项) | | |
| 收到的其他与投资活动有关的现金 | 五、37 | 320,000,000.00 | 存货的减少(减:增加) | | -159,628,417.90 |
| 现金流入小计 | | 324,073,047.27 | 经营性应收项目的减少(减:增加) | | -118,997,081.28 |
| 购建固定资产、无形资产和其他长期资产所支付的现金 | | 268,660,605.97 | 经营性应付项目的增加(减:减少) | | 354,088,526.70 |
| 投资所支付的现金 | 五、37 | 99,977,518.59 | 其他 | | |
| 支付的其他与投资活动有关的现金 | 五、37 | 3,119,058.07 | 经营活动产生的现金流量净额 | | 260,516,520.52 |
| 现金流出小计 | | 371,757,182.63 | | | |
| 投资活动产生的现金流量净额 | | -47,684,135.36 | 2.不涉及现金收支的投资和筹资活动: | | |
| 三、筹资活动产生的现金流量: | | | 债务转为资本 | | |
| 吸收投资所收到的现金 | | 12,600,000.00 | 一年内到期的可转换公司债券 | | |
| 其中:子公司吸收少数股东权益性投资所收到的现金 | | 12,600,000.00 | 融资租入固定资产 | | |
| 借款所收到的现金 | | 1,242,205,289.29 | | | |
| 收到的其他与筹资活动有关的现金 | | | | | |
| 现金流入小计 | | 1,254,805,289.29 | | | |
| 偿还债务所支付的现金 | | 1,112,679,994.13 | | | |
| 分配股利、利润或偿付利息所支付的现金 | | 124,566,855.92 | | | |
| 其中:子公司支付少数股东股利所支付的现金 | | 473,500.00 | | | |
| 支付的其他与筹资活动有关的现金 | | | 3.现金及现金等价物净增加情况: | | |
| 其中:子公司依法减资支付给少数股东的现金 | | | 现金的期末余额 | 五、1 | 513,829,272.12 |
| 现金流出小计 | | 1,237,246,850.05 | 减:现金的期初余额 | 五、1 | 283,356,849.48 |
| 筹资活动产生的现金流量净额 | | 17,558,439.24 | 加:现金等价物的期末余额 | | |
| 四、汇率变动对现金的影响 | | 81,598.24 | 减:现金等价物的期初余额 | | |
| 五、现金及现金等价物净增加额 | | 230,472,422.64 | 现金及现金等价物净增加额 | | 230,472,422.64 |

## 现　金　流　量　表

编制单位:重庆太极实业(集团)股份有限公司　　2002 年度　　单位:人民币元

| 项　目 | 附注编号 | 金　额 | 补充资料 | 附注编号 | 金　额 |
|---|---|---|---|---|---|
| 一、经营活动产生的现金流量: | | | 1.将净利润调节为经营活动现金流量: | | |
| 销售商品、提供劳务收到的现金 | | 854,607,122.73 | 净利润 | | 51,727,588.89 |
| 收到的税费返还 | | | 加:计提的资产减值准备 | | 10,546,684.25 |
| 收到的其他与经营活动有关的现金 | | 207,132,524.75 | 固定资产折旧 | | 18,450,862.17 |
| 现金流入小计 | | 1,061,739,647.48 | 无形资产摊销 | | 5,781,282.56 |
| 购买商品、接受劳务支付的现金 | | 340,320,930.91 | 长期待摊费用摊销 | | 1,830,883.96 |
| 支付给职工以及为职工支付的现金 | | 62,488,464.04 | 待摊费用减少(减:增加) | | -20,837.96 |
| 支付的各项税费 | | 136,570,059.67 | 预提费用增加(减:减少) | | 46,035.00 |
| 支付的其他与经营活动有关的现金 | | 315,864,170.47 | 处置固定资产、无形资产和其他长期资产的损失(减:收益) | | -33,627.08 |
| 现金流出小计 | | 855,243,625.09 | 固定资产报废损失 | | 950,594.97 |
| 经营活动产生的现金流量净额 | | 206,496,022.39 | 财务费用 | | 34,619,914.33 |
| 二、投资活动产生的现金流量: | | | 投资损失(减:收益) | | -12,150,568.55 |
| 收回投资所收到的现金 | | 56,760,000.00 | 递延税款贷项(减:借项) | | |
| 取得投资收益所收到的现金 | | | 存货的减少(减:增加) | | -3,985,111.50 |
| 处置固定资产、无形资产和其他长期资产所收回的现金净额 | | | 经营性应收项目的减少(减:增加) | | -27,800,123.23 |
| 收到的其他与投资活动有关的现金 | | 320,000,000.00 | 经营性应付项目的增加(减:减少) | | 126,532,444.58 |
| 现金流入小计 | | 376,760,000.00 | 其他 | | |
| 购建固定资产、无形资产和其他长期资产所支付的现金 | | 167,984,279.44 | 经营活动产生的现金流量净额 | | 206,496,022.39 |
| 投资所支付的现金 | | 98,476,000.00 | | | |
| 支付的其他与投资活动有关的现金 | | | | | |
| 现金流出小计 | | 266,460,279.44 | | | |
| 投资活动产生的现金流量净额 | | 110,299,720.56 | 2.不涉及现金收支的投资和筹资活动: | | |
| 三、筹资活动产生的现金流量: | | | 债务转为资本 | | |
| 吸收投资所收到的现金 | | | 一年内到期的可转换公司债券 | | |
| 借款所收到的现金 | | 649,550,000.00 | 融资租入固定资产 | | |
| 收到的其他与筹资活动有关的现金 | | | | | |
| 现金流入小计 | | 649,550,000.00 | | | |
| 偿还债务所支付的现金 | | 660,294,285.71 | | | |
| 分配股利、利润或偿付利息所支付的现金 | | 99,577,368.99 | 3.现金及现金等价物净增加情况: | | |
| 支付的其他与筹资活动有关的现金 | | | 现金的期末余额 | | 363,539,810.66 |
| 现金流出小计 | | 759,871,654.70 | 减:现金的期初余额 | | 157,066,175.77 |
| 筹资活动产生的现金流量净额 | | -110,321,654.70 | 加:现金等价物的期末余额 | | |
| 四、汇率变动对现金的影响 | | -453.36 | 减:现金等价物的期初余额 | | |
| 五、现金及现金等价物净增加额 | | 206,473,634.89 | 现金及现金等价物净增加额 | | 206,473,634.89 |

## 利　润　及　利　润　分　配　表

编制单位:重庆太极实业(集团)股份有限公司　　2002 年度　　单位:人民币元

| 项　目 | 附注编号 | 本年数 | 上年数 | 项　目 | 附注编号 | 本年数 | 上年数 |
|---|---|---|---|---|---|---|---|
| 一、主营业务收入 | 六、3 | 688,807,232.73 | 742,731,324.15 | 六、可供分配的利润 | | 58,855,957.25 | 66,043,247.66 |
| 减:主营业务成本 | 六、3 | 188,418,154.75 | 222,104,260.62 | 减:提取法定盈余公积 | | 5,172,758.89 | 5,596,586.20 |
| 主营业务税金及附加 | | 12,567,580.82 | 13,147,576.18 | 提取法定公益金 | | 2,586,379.44 | 2,798,293.10 |
| 二、主营业务利润 | | 487,821,497.16 | 507,479,487.35 | 七、可供投资者分配的利润 | | 51,096,818.92 | 57,648,368.36 |
| 加:其他业务利润 | | 6,075,124.04 | 5,173,370.72 | 减:应付优先股股利 | | | |
| 减:营业费用 | | 309,020,703.14 | 348,361,930.17 | 提取任意盈余公积 | | | |
| 管理费用 | | 101,726,400.49 | 92,728,790.34 | 应付普通股股利 | | | 50,520,000.00 |
| 财务费用 | | 36,504,414.10 | 26,245,531.88 | 转作股本的普通股股利 | | | |
| 三、营业利润 | | 46,645,103.47 | 45,316,605.68 | 八、未分配利润 | | 51,096,818.92 | 7,128,368.36 |
| 加:投资收益 | 六、4 | 11,908,907.55 | 19,700,629.19 | 1.出售、处置部门或被投资单位所得收益 | 六、4 | 1,011,908.36 | |
| 补贴收入 | | | 6,000,000.00 | 2.自然灾害发生的损失 | | | |
| 营业外收入 | | 2,826,496.66 | 1,628,757.86 | 3.会计政策变更增加(或减少)利润总额 | 二、21 | -56,786,294.65 | -41,287,882.87 |
| 减:营业外支出 | | 966,733.35 | 353,414.32 | 4.会计估计变更增加(或减少)利润总额 | 二、21 | -1,344,891.46 | |
| 四、利润总额 | | 60,413,774.33 | 72,292,578.41 | 5.债务重组损失 | | | |
| 减:所得税 | | 8,686,185.44 | 16,326,716.43 | 6.其他 | | | |
| 五、净利润 | | 51,727,588.89 | 55,965,861.98 | | | | |
| 加:年初未分配利润 | | 7,128,368.36 | 10,077,385.68 | | | | |
| 其他转入 | | | | | | | |

# 600789 山东鲁抗医药股份有限公司

## 二○○二年年度报告摘要

### 1.重要提示

1.1 本公司董事会及其董事保证本报告所载资料不存在任何虚假记载、误导性陈述或者重大遗漏,并对其内容的真实性、准确性和完整性负个别及连带责任。本年度报告摘要摘自年度报告全文,投资者欲了解详细内容,应阅读年度报告全文。

1.2 董事徐志贤未能出席董事会,委托董事李建先生行使表决权。

1.3 公司董事长章建辉先生、财务总监刘敏女士、会计主管关玲女士声明:保证年度报告中财务报告的真实、完整。

### 2.上市公司基本情况简介

2.1 基本情况简介

| | |
|---|---|
| 股票简称 | 鲁抗医药 |
| 股票代码 | 600789 |
| 上市交易所 | 上海证券交易所 |
| 注册地址和办公地址 | 山东省济宁市太白楼西路 173 号 |
| 邮政编码 | 272021 |
| 公司国际互联网网址 | http://www.lkpc.com |
| 电子信箱 | zqb@lkpc.com |

2.2 联系人和联系方式

| | 董事会秘书 | 证券事务代表 |
|---|---|---|
| 姓名 | 田立新 | 王德泉 |
| 联系地址 | 山东省济宁市太白楼西路 173 号 | 山东省济宁市太白楼西路 173 号 |
| 电话 | 0537-2983174 | 0537-2983097 |
| 传真 | 0537-2983097 | 0537-2983097 |
| 电子信箱 | Tlx600789@sina.com | Wdq801@sina.com |

### 3.会计数据和财务指标摘要

3.1 主要会计数据(单位:元)

| | 2002 年 | 2001 年 | 本年比上年增减(%) | 2000 年 |
|---|---|---|---|---|
| 主营业务收入 | 1,039,480,479.00 | 771,137,423.89 | 34.80 | 701,322,197.30 |
| 利润总额 | 122,996,528.07 | 81,994,231.14 | 50.01 | 70,422,058.75 |
| 净利润 | 97,621,753.85 | 70,460,242.86 | 38.55 | 59,755,484.84 |
| 扣除非经常性损益的净利润 | 83,853,721.31 | 56,967,040.83 | 47.20 | 59,755,484.84 |
| | 2002 年末 | 2001 年末 | 本年末比上年末增减(%) | 2000 年末 |
| 总资产 | 2,361,076,789.49 | 2,405,011,588.93 | -1.83 | 2,269,924,797.20 |
| 股东权益 | 1,259,357,235.16 | 1,161,735,481.31 | 8.40 | 1,130,474,241.98 |
| 经营活动产生的现金流量净额 | 315,589,769.71 | 270,430,098.30 | 16.70 | 22,357,319.76 |

3.2 主要财务指标(单位:元)

| | 2002 年 | 2001 年 | 本年比上年增减(%) | 2000 年 |
|---|---|---|---|---|
| 每股收益(摊薄) | 0.27 | 0.19 | 42.11 | 0.16 |
| 每股收益(加权) | 0.27 | 0.19 | 42.11 | 0.16 |
| 净资产收益率(摊薄) | 7.75% | 6.07% | 27.68 | 5.29% |
| 净资产收益率(加权) | 8.06% | 6.10% | 32.13 | 5.29% |
| 扣除非经常性损益的净利润为基础计算的加权平均净资产收益率 | 6.93% | 4.93% | 40.57 | 5.29% |
| 每股经营活动产生的现金流量净额 | 0.87 | 0.74 | 17.57 | 0.061 |
| | 2002 年末 | 2001 年末 | 本年末比上年末增减(%) | 2000 年末 |
| 每股净资产 | 3.45 | 3.18 | 8.49 | 3.10 |
| 调整后的每股净资产 | 3.44 | 3.17 | 8.52 | 3.05 |

3.3 国内外会计准则差异

□适用 □√不适用

### 4.股本变动及股东情况

4.1 股份变动情况表

公司股份变动情况

数量单位:股

| 股份类别 | 本次变动前 | 本次变动增减(+,-) 配股 | 送股 | 公积金转增 | 增发 | 其它 | 小计 | 本次变动后 |
|---|---|---|---|---|---|---|---|---|
| 未上市流通股份 | | | | | | | | |
| 1.发起人股份 | | | | | | | | |
| 其中:国有股份 | 142,997,400 | | | | | | | 142,997,400 |
| 境内法人持有股份 | | | | | | | | |
| 外资法人持有股份 | 63,658,870 | | | | | | | 63,658,870 |
| 其它 | | | | | | | | |
| 2.募集法人股份 | | | | | | | | |
| 3.内部职工股 | | | | | | | | |
| 4.优先股及其他 | | | | | | | | |
| 其中:转配股 | | | | | | | | |
| 未上市流通股份合计 | 206,656,270 | | | | | | | 206,656,270 |
| 已上市流通股份 | | | | | | | | |
| 1.人民币普通股 | 158,097,940 | | | | | | | 158,097,940 |
| 2.境内上市的外资股 | | | | | | | | |
| 3.境外上市的外资股 | | | | | | | | |
| 4.其它 | | | | | | | | |
| 已上市流通股份合计 | 158,097,940 | | | | | | | 158,097,940 |
| 股份总数 | 364,754,210 | | | | | | | 364,754,210 |

4.2 前十名股东持股表

| 报告期末股东总数 | 90095 户 | | | | | |
|---|---|---|---|---|---|---|
| 前十名股东持股情况 | | | | | | |
| 股东名称(全称) | 年度内增减 | 年末持股数量 | 比例(%) | 股份类别(已流通或未流通) | 质押或冻结的股份数量 | 股东性质(国有股东或外资股东) |
| 山东鲁抗医药集团有限公司(国家股) | 0 | 142997400 | 39.200 | 未流通 | 无 | 国家股 |
| 中国置业(控股)有限公司(境外法人) | 0 | 63658870 | 17.450 | 未流通 | 无 | 境外法人股 |
| 国投兴业 | -31480 | 1300000 | 0.36 | 已流通 | 无 | 流通股份 |
| 中关村 | 1210211 | 1210211 | 0.33 | 已流通 | 无 | 流通股份 |
| 天华基金 | 984322 | 984322 | 0.27 | 已流通 | 无 | 流通股份 |
| 兴和基金 | 392281 | 598775 | 0.16 | 已流通 | 无 | 流通股份 |
| 陈人墩 | 593800 | 593800 | 0.16 | 已流通 | 无 | 流通股份 |
| 裕阳基金 | 507575 | 507575 | 0.14 | 已流通 | 无 | 流通股份 |
| 姚文娟 | 312990 | 312990 | 0.09 | 已流通 | 无 | 流通股份 |
| 王莲英 | 312000 | 312000 | 0.09 | 已流通 | 无 | 流通股份 |
| 前十名股东关联关系或一致行动的说明 | 山东鲁抗医药集团有限公司为本公司第一大股东,截止 2002 年 12 月 31 日,持有本公司 14299.740 万股普通股股份(国家股),占公司总股本的 39.20%,报告期内所持股份无增减变动,没有发生所持股份质押和冻结情况;是本公司的控股公司,同本公司之间存在关联关系。 | | | | | |

4.3 控股股东及实际控制人情况介绍

4.3.2 控股股东和其他实际控制人具体情况介绍

山东鲁抗医药集团有限公司成立于 1994 年 3 月 30 日,1999 年 8 月 30 日改制为国有独资公司,公司法定代表人为章建辉先生,注册资本额为 19399 万元人民币,国家股占公司股本总额的 100%;目前经营范围是生产、销售化学原料药及制剂、化工原辅料及中间体、兽药、医药包装品,化工产品、印刷品、纸制品、饲料、饮料、粮油制品的制造、销售;洗涤用品、橡胶制品、纺织品、服装的销售;医药技术的咨询、开发、质量监测;医药化工设备制作。

4.3.1 控股股东及实际控制人变更情况

□适用 □√不适用

### 5.董事、监事和高级管理人员

5.1 董事、监事和高级管理人员持股变动

| 姓名 | 职务 | 性别 | 年龄 | 任期起止日期 | 年初持股数 | 年末持股数 | 变动原因 |
|---|---|---|---|---|---|---|---|
| 章建辉 | 董事长 | 男 | 57 | 2000-2003 | 13000 | 13000 | |
| 徐志贤 | 副董事长 | 男 | 45 | 2000-2003 | 0 | 0 | |
| 林永彬 | 董事、总经理 | 男 | 39 | 2000-2003 | 6500 | 6500 | |
| 陈冠胜 | 董事、常务副总经理 | 男 | 35 | 2000-2003 | 3250 | 3250 | |
| 李 建 | 董事、副总经理 | 男 | 47 | 2000-2003 | 0 | 0 | |
| 程 军 | 董事 | 男 | 45 | 2000-2003 | 13000 | 13000 | |
| 刘振文 | 董事 | 男 | 50 | 2000-2003 | 11000 | 11000 | |
| 童云从 | 董事 | 男 | 53 | 2000-2003 | 2600 | 2600 | |
| 颜骏廷 | 董事 | 男 | 39 | 2000-2003 | 7700 | 7700 | |
| 周喜良 | 独立董事 | 男 | 63 | 2002-2003 | 5500 | 5500 | |
| 刘仲川 | 独立董事 | 男 | 29 | 2002-2003 | 0 | 0 | |
| 王海燕 | 监事会主席 | 男 | 52 | 2000-2003 | 12000 | 12000 | |
| 刘宪新 | 监事会副主席 | 女 | 47 | 2002-2003 | 1000 | 1000 | |
| 宗传芳 | 职工监事 | 男 | 52 | 2001-2003 | 2100 | 2100 | |
| 田立新 | 董事会秘书 | 男 | 35 | 2000-2003 | 0 | 0 | |
| 甘士喜 | 副总经理 | 男 | 51 | 2001-2003 | 1500 | 1500 | |
| 唐 健 | 副总经理 | 男 | 36 | 2000-2003 | 1980 | 2280 | 增持 |

| 姓名 | 职务 | 性别 | 年龄 | 任期起止日期 | 年初持股数 | 年末持股数 | 变动原因 |
|---|---|---|---|---|---|---|---|
| 黄贤胜 | 副总经理 | 男 | 36 | 2000－2003 | 550 | 550 | · |
| 刘　敏 | 财务总监 | 女 | 47 | 2000－2003 | 2600 | 2600 | |

5.2 在股东单位任职的董事监事情况

□√适用　□不适用

| 姓名 | 任职的股东名称 | 在股东单位担任的职务 | 任职期间 | 是否领取报酬、津贴(是或否) |
|---|---|---|---|---|
| 章建辉 | 鲁抗集团公司 | 董事长 | 2000－2003 | 否 |
| 徐志贤 | 中置公司 | 董事 | 2000－2003 | 否 |
| 刘振文 | 鲁抗集团公司 | 总经理 | 2000－2003 | 否 |
| 程　军 | 鲁抗集团公司 | 副总经理 | 2000－2003 | 否 |
| 童云从 | 鲁抗集团公司 | 总会计师 | 2000－2003 | 否 |
| 王海燕 | 鲁抗集团公司 | 工会主席 | 2000－2003 | 否 |
| 刘宪新 | 鲁抗集团公司 | 纪委书记 | 2002－2003 | 否 |

5.3 董事、监事和高级管理人员年度报酬情况

| | |
|---|---|
| 年度报酬总额 | 183 万元 |
| 金额最高的前三名董事的报酬总额 | 53 万元(税前) |
| 金额最高的前三名高级管理人员的报酬总额 | 45 万元(税前) |
| 独立董事津贴 | 每人每年标准为 2.4 万元(税后)。本报告期内实际执行 7 个月，每人每年共领取 1.4677 万元 |
| 独立董事其他待遇 | 无 |
| 不在公司领取报酬、津贴的董事、监事姓名 | 章建辉、徐志贤、刘振文、程　军、童云从、王海燕、刘宪新 |
| 报酬区间 | 人数 |
| 15 万元以上 | 1 人 |
| 10 万元以上 | 7 人 |
| 4 万元以上 | 2 人 |

## 6.董事会报告

6.1 报告期内整体经营情况的讨论与分析

2002 年是中国入世元年，公司积极抓住国内经济持续增长的发展机遇，认真贯彻落实董事会批准的年度计划，发扬与时俱进，奋力爬坡的精神，转变经营理念，加大半合抗原料药和医药中间体的销售，扩大动植物药品的出口；并注重高新技术的引进与消化，合理组织生产，保持生产秩序的稳定；通过强化目标成本管理，大力开展技术进步和技术攻关活动，推进“一增两降”工作的开展，使公司产品成本得到了较大下降，增强了产品的市场竞争力，实现了半合抗和抗生素产品的增产与稳产，取得了创新创效双丰收，完成了 2002 年全年的任务和目标。截止 2002 年 12 月 31 日，销售收入 103,948.05 万元，比上年同期增长 34.8%，实现利润总额 12,299.65 万元，比上年同期增长 50.01%，出口创汇实现 3080 万美元。

6.2 主营业务分行业、产品情况表(单位：万元)

| 分行业或分产品 | 主营业务收入 | 主营业务成本 | 毛利率(%) | 主营业务收入比上年增减(%) | 主营业务成本比上年增减(%) | 毛利率比上年增减(%) |
|---|---|---|---|---|---|---|
| 抗生素原料药 | 14,851.80 | 10127.46 | 31.81 | 78.05 | 64.00 | 23.34 |
| 半合成抗生素原料药 | 15,890.65 | 12604.97 | 20.68 | 121.56 | 89.01 | 195.01 |
| 制剂药品 | 59,541.60 | 41901.44 | 29.63 | 21.81 | 20.59 | 2.49 |
| 兽用抗生素 | 12,931.60 | 11107.96 | 14.10 | 10.36 | 17.39 | －26.72 |
| 其它 | 732.38 | 430.27 | 41.25 | －27.05 | 67.96 | －－ |
| 其中：关联交易 | 30,320.45 | 22,200.86 | 26.78 | 73.12 | 85.84 | 10.30 |
| 关联交易的定价原则 | 按照公平公正的市场定价原则定价 | | | | | |
| 关联交易必要性、持续性的说明 | 本公司与关联方的交易价格均采用交易时的市场价格 | | | | | |

6.3 主营业务分地区情况

| 地区 | 主营业务收入 | 主营业务收入比上年增减(%) |
|---|---|---|
| 省内 | 41595 | 52.50 |
| 省外 | 40559 | 14.72 |
| 出口 | 21794 | 50.47 |

6.4 采购和销售客户情况

| | | | |
|---|---|---|---|
| 前五名供应商采购金额合计 | 18847 万 | 占采购总额比重 | 31.25% |
| 前五名销售客户销售金额合计 | 33403.73 万 | 占销售总额比重 | 32.14% |

6.5 参股公司经营情况(适用投资收益占净利润 10%以上的情况)

□适用　□√不适用

6.6 主营业务及其结构发生重大变化的原因说明

□√适用　□不适用

“九五”重点项目进入了收获期，增加了产品产量，扩产改造提高了生产能力，青霉素系列产品、6－APA 产品链、7－ACA 产品链等品种的销售收入，同比分别增长了 31%、22%和 40%。

6.7 主营业务盈利能力(毛利率)与上年相比发生重大变化的原因说明

□适用　□√不适用

6.8 经营成果和利润构成与上年度相比发生重大变化的原因分析

□√适用　□不适用

(1)销售市场的拓宽，有效的提高了产销率，夯实了全年业绩的基础。

(2)技术进步使产品的技经指标得到大幅地提高，成本下降率达 14.76%，提高了市场竞争力。

(3)国际市场需求的增大，原料药和中间体出口量的增加，以及价格的稳定走势加大了如青霉素工业钾盐、大观霉素及兽用抗生素的销量。新产品头孢地嗪的投产也增加了主营业务的利润。

(4)开展营销方式创新和严格执行资信控制等管理工作，加快了营运资金的周转，减轻了财务资金的压力，有效地降低了经营中的风险，毛利率完成与去年同期比增加 2.5 个百分点，改善了公司主营业务的结构，提高了产品盈利能力。

整体财务状况与上年度相比发生重大变化的原因分析

□√适用　□不适用

(1)本年度末公司总资产为 236107.68 万元，比上年减少 4393.48 万元，同比减少 1.83%，主要原因为期内归还 1999 年发行的企业重点建设债券和日本输银贷款所致。

(2)本年度末公司长期负债为 43107.89 万元，比上年减少 10653.03 万元，同比减少 19.82%，主要原因为一年内到期的长期借款转为流动负债所致。

(3)本年度末公司股东权益合计为 125935.72 万元，比上年增加 9762.17 万元，同比增加 8.04%，主要原因是盈余公积和未分配利润增加所致。

(4)本年度末公司主营业务利润为 26962.70 万元，比上年增加 8836.44 万元，同比增加 48.75%，主要原因是公司产品整体销量增加、成本降低所致。

(5)本年度公司净利润为 9762.18 万元，比上年增加 2716.16 万元，同比增加 38.55%，主要原因为销售额增长，成本降低所致，国产设备投资抵免所得税 1330.12 万元也相应地增加了当期净利润。

(6)本年度公司现金及现金等物价物净增加额为－13942.04 万元，比上年减少 10910.40 万元，同比减少 359.88%，主要原因为归还借款和固定资产投资所致。

6.9　对生产经营环境以及宏观政策、法规产生重大变化已经、正在或将要对公司的财务状况和经营成果产生重要影响的说明

□√适用　□不适用

(一)加入 WTO 后，我国化学制药行业原料药的“比较优势”已经开始发挥，中国已成为世界原料药的重要生产基地。鲁抗作为国内抗生素原料药的生产基地之一，具有产量大、成本低、适合中国国情的优势。

(二)2003 年国家继续坚持扩大内需，实施积极的财政政策和稳健的货币政策，宏观经济总体继续向好。随着人口老龄化及人民生活水平的提高，国内药品消费将持续增长，尤其是国内农村卫生体制的改革会增加农村医药市场对普药的需求及 OTC 市场的规范，将为药品生产、流通企业带来新的商机，同时半合抗药品尤其是头孢类产品替代传统抗生素制剂品种的步伐进一步加快，已成为城市的用药主流，必将对半合抗的快速增长起到推动作用。

(三)医药流通体制和国家医疗体制改革继续深化，医疗保险制度、药品分类管理制度、医院与药房分开核算、医药企业结构调整、生产领域 GMP 认证、流通领域 GSP 认证等改革措施的到位，将使医药市场运作更为规范，有利于国内规范的大型医药企业的经营。

(四)国家对环境保护和生态农业、绿色食品的要求，会增加兽用、农用抗生素的市场需求。

(五)能源方面，水价会提高，煤炭价格预计将稳中有降，电力价格亦将有所下降。

6.10 完成盈利预测的情况

□适用　□√不适用

6.11 完成经营计划情况

□√适用　□不适用

2002 年公司积极抓住国内经济持续增长的发展机遇，合理组织生产，强化目标成本管理，加大半合抗原料药和医药中间体的销售，扩大动植物药品的出口。实现了半合抗和抗生素产品的增产与稳产，完成了全年的任务和目标，销售收入完成年度计划的 103%。

6.12　募集资金使用情况

□适用　□√不适用

变更项目情况

□适用　□√不适用

6.13 非募集资金项目情况

□√适用　□不适用

| 项目名称 | 项目金额 | 项目进度 | 项目收益情况 |
|---|---|---|---|
| 头孢类抗生素及中间体技术改造项目 | 12498 万 | 完成建设进度 90% | －－ |
| 青霉素扩产项目 | 2275 万 | 已建成投产 | －－ |
| 西区冷冻扩产项目 | 800 万 | 已建成，保证了夏季用冷增加的需要 | －－ |
| 乙酰螺旋霉素 GMP 改造项目 | 500 万 | 已建成 | －－ |

6.14 董事会对会计师事务所“非标意见”的说明

□适用　□√不适用

6.15 董事会新年度的经营计划(如有)

□√适用　□不适用

面对国内外经济形势及医药行业的发展变化，结合公司当前的生产经营状况，公司确定 2003 年经营的总体思路是：全面树立市场竞争意识；围绕“一增两降”夯实基础管理，加大科技进步力度，加快新产品开发步伐，力争改革取得新突破。预计全年实现销售收入 12.8 亿元，同比增长 22.38%。

新年度盈利预测(如有)

□适用　□√不适用

6.16 董事会本次利润分配或资本公积金转增预案

公司 2002 年度利润分配预案为：经山东乾聚有限责任会计师事务所审计，公司 2002 年实现利润总额 122,996,528.07 元，税后利润 97,621,753.85 元，提取 10% 的法定盈余公积金 9,762,175.39 元，提取 5% 法定公益金 4,881,087.69 元，加上上年未分配利润 133,783,885.70 元，本年度可供股东分配的利润为 216,762,376.47 元。公司董事会拟定 2002 年度利润暂不分配，同时不进行资本公积金转增股本。

2003 年度利润分配政策：公司拟在 2003 年中期进行利润分配一次，年度结束后分配利润一次，公司下一年度净利润用于股利分配的比例约为 50% 左右。2003 年度利润分配计划需由董事会提出预案，提交股东大会审议通过后实施。

## 7.重要事项

7.1 收购资产

□适用 □√不适用

7.2 出售资产

□适用 □√不适用

说明 7.1、7.2 所涉及事项对公司业务连续性、管理层稳定性的影响。

7.3 重大担保

□适用 □√不适用

7.4 关联债权债务往来

□适用 □√不适用

7.5 委托理财

□适用 □√不适用

7.6 承诺事项履行情况

□适用 □√不适用

7.7 重大诉讼仲裁事项

□适用 □√不适用

7.8 独立董事履行职责的情况。(请填入空白处)

独立董事自任职以来，认真参加了报告期内的董事会和股东大会，分别从财务、经营等方面对公司的关联交易以及其他方案作出了客观、公正的判断、发表了专业性意见，并出具了独立董事意见书。

## 8.监事会报告

监事会认为，公司能按照《公司法》和国家相关的法律法规进行规范运作，执行股东大会的各项决议和授权，决策程序合法，财务报告真实反映了公司的财务状况和经营成果，年度内关联交易公平合理，没有损害公司利益行为。

## 9.财务报告

9.1 审计意见

标准无保留意见

9.2 公司的资产负债表、利润表、利润分配表和当年的现金流量表。(附表)

9.3 与最近一期年度报告相比，会计政策、会计估计和核算方法无变化。

9.4 与最近一期年度报告相比，合并范围未发生变化。

山东鲁抗医药股份有限公司

2003 年 2 月 27 日

## 资 产 负 债 表

编制单位：山东鲁抗医药股份有限公司　　　　单位：元

| 资　产 | 附注 | 2002 年 12 月 31 日 | 2001 年 12 月 31 日 | 负债和股东权益 | 附注 | 2002 年 12 月 31 日 | 2001 年 12 月 31 日 |
|---|---|---|---|---|---|---|---|
| 流动资产： | | | | 流动负债： | | | |
| 货币资金 | 1 | 66,579,291.97 | 205,999,705.41 | 短期借款 | 12 | 122,030,000.00 | 174,980,400.00 |
| 短期投资 | | | | 应付票据 | 13 | 8,554,110.00 | 14,215,000.00 |
| 应收票据 | 2 | 130,984,348.21 | 64,606,285.81 | 应付账款 | 14 | 251,584,389.23 | 202,789,628.11 |
| 应收股利 | | | | 预收账款 | 15 | 12,930,930.99 | 5,848,473.05 |
| 应收利息 | | | | 应付工资 | 16 | 3,377,943.23 | 4,382,746.79 |
| 应收帐款 | 3 | 276,383,521.81 | 298,973,560.77 | 应付福利费 | | 4,372,212.88 | 1,959,473.46 |
| 其他应收款 | 4 | 12,012,655.14 | 28,050,644.39 | 应付股利 | | | 29,180,336.80 |
| 预付账款 | 5 | 14,873,620.93 | 25,105,547.88 | 应交税金 | 17 | 207,671.70 | 1,061,891.79 |
| 应收补贴款 | | | | 其他应交款 | 18 | 722,683.40 | 288,771.29 |
| 存货 | 6 | 184,458,846.85 | 204,413,275.76 | 其他应付款 | 19 | 131,796,542.27 | 100,951,945.29 |
| 待摊费用 | | | | 预提费用 | 20 | 8,401,067.02 | 8,579,995.49 |
| 一年内到期的长期债权投资 | | | | 预计负债 | | | |
| 其他流动资产 | | | | 一年内到期的长期负债 | 21 | 126,167,727.55 | 136,262,233.71 |
| 流动资产合计 | | 685,292,284.91 | 827,149,020.02 | 其他流动负债 | | | |
| 长期投资： | | | | 流动负债合计 | | 670,145,278.27 | 680,500,895.78 |
| 长期股权投资 | 7 | 48,710,788.00 | 47,810,788.00 | 长期负债 | | | |
| 长期债权投资 | 7 | | 1,250,000.00 | 长期借款 | 22 | 431,078,870.52 | 537,609,170.67 |
| 长期投资合计 | | 48,710,788.00 | 49,060,788.00 | 应付债券 | | | |
| 固定资产： | | | | 长期应付款 | | | |
| 固定资产原价 | 8 | 1,832,039,856.08 | 1,761,363,129.13 | 专项应付款 | | | |
| 减：累计折旧 | 8 | 380,985,122.00 | 293,987,980.37 | 住房周转金 | | | |
| 固定资产净值 | | 1,451,054,734.08 | 1,467,375,148.76 | 其他长期负债 | | | |
| 减：固定资产减值准备 | 8 | 6,028,843.72 | 7,052,476.73 | 长期负债合计 | | 431,078,870.52 | 537,609,170.67 |
| 固定资产净额 | | 1,445,025,890.36 | 1,460,322,672.03 | 递延税项： | | | |
| 工程物资 | 9 | 23,874,310.94 | 12,105,825.75 | 递延税款贷项 | | | |
| 在建工程 | 10 | 144,683,466.92 | 46,187,149.72 | 负债合计 | | 1,101,224,148.79 | 1,218,110,066.45 |
| 固定资产清理 | | | | 递延收益 | 23 | 495,405.54 | 25,166,041.17 |
| 固定资产合计 | | 1,613,583,668.22 | 1,518,615,647.50 | 股东权益： | | | |
| 无形资产及其他资产： | | | | 股本 | 24 | 364,754,210.00 | 364,754,210.00 |
| 无形资产 | 11 | 13,490,048.36 | 10,186,133.41 | 减：已归还投资 | | | |
| 长期待摊费用 | | | | 股本净额 | | 364,754,210.00 | 364,754,210.00 |
| 其他长期资产 | | | | 资本公积 | 25 | 535,918,202.37 | 535,918,202.37 |
| 无形资产及其他资产合计 | | 13,490,048.36 | 10,186,133.41 | 盈余公积 | 26 | 141,922,446.32 | 127,279,183.24 |
| | | | | 其中：法定公益金 | | 30,838,834.51 | 25,957,746.82 |
| 递延税项： | | | | 未分配利润 | 27 | 216,762,376.47 | 133,783,885.70 |
| 递延税款借项 | | | | 股东权益合计 | | 1,259,357,235.16 | 1,161,735,481.31 |
| 资产总计 | | 2,361,076,789.49 | 2,405,011,588.93 | 负债和股东权益合计 | | 2,361,076,789.49 | 2,405,011,588.93 |

法定代表人：章建辉　　财务负责人：刘　敏　　编制人：关　玲

## 利　润　表

编制单位：山东鲁抗医药股份有限公司　　　　单位：人民币元

| 项　目 | 附注 | 2002 年度 | 2001 年度 |
|---|---|---|---|
| 一、主营业务收入 | 28 | 1,039,480,479.00 | 771,137,423.89 |
| 减：主营业务成本 | 29 | 761,085,219.72 | 583,842,746.97 |
| 主营业务税金及附加 | 30 | 8,768,252.65 | 6,032,097.02 |
| 二、主营业务利润 | | 269,627,006.63 | 181,262,579.90 |
| 加：其他业务利润 | | 2,665,590.13 | 3,068,616.78 |
| 减：营业费用 | | 41,481,754.76 | 35,219,577.87 |
| 管理费用 | | 73,254,652.10 | 45,512,544.41 |
| 财务费用 | 31 | 33,861,063.38 | 26,187,037.21 |
| 三、营业利润 | | 123,695,126.52 | 77,412,037.19 |
| 加：投资收益 | 32 | 240,240.92 | 5,100,975.92 |
| 补贴收入 | | | |
| 营业外收入 | | 1,026,361.47 | 563,379.15 |
| 减：营业外支出 | | 1,965,200.84 | 1,082,161.12 |
| 四、利润总额 | | 122,996,528.07 | 81,994,231.14 |
| 减：所得税 | | 25,374,774.22 | 11,533,988.28 |
| 五、净利润 | | 97,621,753.85 | 70,460,242.86 |

法定代表人：章建辉　　财务负责人：刘　敏　　编制人：关　玲

## 利　润　分　配　表

编制单位：山东鲁抗医药股份有限公司　　　　单位：人民币元

| 项　目 | 附注 | 2002 年度 | 2001 年度 |
|---|---|---|---|
| 一、净利润 | | 97,621,753.85 | 70,460,242.86 |
| 加：年初未分配利润 | | 133,783,885.70 | 103,073,016.07 |
| 其他转入 | | | |
| 二、可供分配的利润 | | 231,405,639.55 | 173,533,258.93 |
| 减：提取法定盈余公积 | | 9,762,175.39 | 7,046,024.29 |
| 提取法定公益金 | | 4,881,087.69 | 3,523,012.14 |
| 提取职工奖励及福利基金 | | | |
| 提取储备基金 | | | |
| 提取企业发展基金 | | | |
| 利润归还投资 | | | |
| 三、可供投资者分配的利润 | | 216,762,376.47 | 162,964,222.50 |
| 减：应付优先股股利 | | | |
| 提取任意盈余公积 | | | |
| 应付普通股股利 | | | 29,180,336.80 |
| 转作股本的普通股股利 | | | |
| 四、未分配利润 | | 216,762,376.47 | 133,783,885.70 |

法定代表人：章建辉　　财务负责人：刘　敏　　编制人：关　玲

## 现　金　流　量　表

2002 年度

编制单位：山东鲁抗医药股份有限公司　　　　单位：人民币元

| 项　目 | 行次 | 金　额 |
|---|---|---|
| 一、经营活动产生的现金流量： | | |
| 销售商品、提供劳务收到的现金 | 1 | 1,240,149,204.93 |
| 收到的税费返还 | 3 | |
| 收到的其他与经营活动有关的现金 | 8 | 645,565.59 |
| 现金流入小计 | 9 | 1,240,794,770.52 |
| 购买商品、接受劳务支付的现金 | 10 | 604,014,875.55 |
| 支付给职工以及为职工支付的现金 | 12 | 109,188,335.69 |
| 支付的各项税费 | 13 | 131,569,934.23 |
| 支付的其他与经营活动有关的现金 | 18 | 80,431,855.34 |
| 现金流出小计 | 20 | 925,205,000.81 |
| 经营活动产生的现金流量净额 | 21 | 315,589,769.71 |
| 二、投资活动产生的现金流量： | | |
| 收回投资所收到的现金 | 22 | 1,250,000.00 |
| 取得投资收益所收到的现金 | 23 | 240,240.92 |
| 处置固定资产、无形资产和其他长期资产所收到的现金净额 | 25 | 213,332.75 |
| 收到的其他与投资活动有关的现金 | 28 | |
| 现金流入小计 | 29 | 1,703,573.67 |
| 购建固定资产、无形资产和其他长期资产所支付的现金 | 30 | 199,945,109.78 |
| 投资所支付的现金 | 31 | |
| 支付的其他与投资活动有关的现金 | 35 | |
| 现金流出小计 | 36 | 199,945,109.78 |
| 投资活动产生的现金流量净额 | 37 | -198,241,536.11 |
| 三、筹资活动产生的现金流量： | | |
| 吸收投资所收到的现金 | 38 | |
| 借款所收到的现金 | 40 | 73,500,000.00 |
| 收到的其他与筹资活动有关的现金 | 43 | |
| 现金流入小计 | 44 | 73,500,000.00 |
| 偿还债务所支付的现金 | 45 | 259,651,601.30 |
| 分配股利、利润或偿付利息所支付的现金 | 46 | 70,617,045.74 |
| 支付的其他与筹资活动有关的现金 | 52 | |
| 现金流出小计 | 53 | 330,268,647.04 |
| 筹资活动产生的现金流量净额 | 54 | -256,768,647.04 |
| 四、汇率变动对现金的影响 | 55 | |
| 五、现金及现金等价物净增加额 | 56 | -139,420,413.44 |
| 补充资料 | 行次 | 金额 |
| 1.将净利润调节为经营活动现金流量： | | |
| 净利润 | 57 | 97,621,753.85 |
| 加：计提的资产减值准备 | 58 | -4,629,378.12 |
| 固定资产折旧 | 59 | 98,842,552.96 |
| 无形资产摊销 | 60 | 250,898.72 |
| 长期待摊费用摊销 | 61 | |
| 待摊费用减少(减：增加) | 64 | |
| 预提费用增加(减：减少) | 65 | -178,928.47 |
| 处置固定资产、无形资产和其他长期资产的损失(减：收益) | 66 | -13,760.00 |
| 固定资产报废损失 | 67 | -210,449.65 |
| 财务费用 | 68 | 33,861,063.38 |
| 投资损失(减：收益) | 69 | -240,240.92 |
| 递延税款贷项(减：借项) | 70 | |
| 存货的减少(减：增加) | 71 | 19,291,098.42 |
| 经营性应收项目的减少(减：增加) | 72 | -11,053,664.38 |
| 经营性应付项目的增加(减：减少) | 73 | 82,048,823.92 |
| 其他 | 74 | |
| 经营活动产生的现金流量净额 | 75 | 315,589,769.71 |
| 2.不涉及现金收支的投资和筹资活动： | | |
| 债务转为资本 | 76 | |
| 一年内到期的可转换公司债券 | 77 | |
| 融资租入固定资产 | 78 | |
| 3.现金及现金等价物净增加情况： | | |
| 现金的期末余额 | 79 | 66,579,291.97 |
| 减：现金的期初余额 | 80 | 205,999,705.41 |
| 加：现金等价物的期末余额 | 81 | |
| 减：现金等价物的期初余额 | 82 | |
| 现金及现金等价物净增加额 | 83 | -139,420,413.44 |

法定代表人：章建辉　　财务负责人：刘　敏　　编制人：关　玲

## 600062 北京双鹤药业股份有限公司

### 二〇〇二年年度报告摘选

#### 1.上市公司基本情况简介

1.1 基本情况简介

股票简称:双鹤药业 股票代码:600062 上市交易所:上海证券交易所
注册地址:北京市朝阳区望京利泽东二路 1 号
办公地址:北京市朝阳区光华路九号 邮政编码:100020
公司国际互联网网址:http://www.dcpc.com.cn 电子信箱:dcpcmss@95777.com

1.2 联系人和联系方式

董事会秘书:倪军 联系地址:北京市朝阳区光华路九号
电话:(010)65853578 传真:(010)65853578 电子信箱:dcpcmss@95777.com
证券事务代表:白丽萍 联系地址:北京市朝阳区光华路九号
电话:(010)65853578 传真:(010)65853578 电子信箱:dcpcmss@95777.com

#### 2.会计数据和财务指标摘要

2.1 主要会计数据(单位:元)

| | 2002 年 | 2001 年 | 本年比上年增减(%) | 2000 年 |
|---|---|---|---|---|
| 主营业务收入 | 3,686,321,221 | 2,378,312,203 | 55.00 | 1,165,072,916 |
| 利润总额 | 205,593,538 | 184,687,127 | 11.32 | 150,539,608 |
| 净利润 | 168,442,069 | 152,019,075 | 10.80 | 106,752,098 |
| 扣除非经常性损益的净利润 | 164,898,387 | 148,297,108 | 11.19 | 106,752,098 |
| | 2002 年末 | 2001 年末 | 本年末比上年末增减(%) | 2000 年末 |
| 总资产 | 3,616,464,655 | 2,736,346,260 | 32.16 | 1,417,707,544 |
| 股东权益(不含少数股东权益) | 1,404,196,234 | 1,275,374,913 | 10.10 | 731,986,376 |
| 经营活动产生的现金流量净额 | 140,634,509 | 141,011,420 | -0.27 | 172,805,379 |

2.2 主要财务指标(单位:元)

| | 2002 年 | 2001 年 | 本年比上年增减(%) | 2000 年 |
|---|---|---|---|---|
| 每股收益 | 0.3819 | 0.4481 | -14.77 | 0.3492 |
| 净资产收益率 | 12.00% | 11.92% | 0.67 | 14.58% |
| 扣除非经常性损益的净利润为基础计算的净资产收益率 | 11.74% | 11.63% | 0.95 | 14.58% |
| 每股经营活动产生的现金流量净额 | 0.3188 | 0.4156 | -23.29 | 0.5653 |
| | 2002 年末 | 2001 年末 | 本年末比上年末增减(%) | 2000 年末 |
| 每股净资产 | 3.1836 | 3.7590 | -15.31 | 2.3945 |
| 调整后的每股净资产 | 2.9792 | 3.6899 | -19.26 | 2.3304 |

## 600085 北京同仁堂股份有限公司

### 二〇〇二年年度报告摘选

#### 1.上市公司基本情况简介

1.1 基本情况简介

股票简称:同仁堂 股票代码:600085 上市交易所:上海证券交易所
注册地址:北京经济技术开发区宏达北路 10 号商务大楼
办公地址:北京市崇文区东兴隆街 52 号,北京市崇外大街 42 号 邮政编码:100062
公司国际互联网网址:http://www.tongrentang.com 电子信箱:tongrentang@tongrentang.com

1.2 联系人和联系方式

董事会秘书:张生瑜 联系地址:北京市崇文区东兴隆街 52 号
电话:010-67020018 传真:010-67020018 电子信箱:zsy@tongrentang.com
证券事务代表:贾泽涛 联系地址:北京市崇文区东兴隆街 52 号
电话:010-67020018 传真:010-67020018 电子信箱:jiazetao@tongrentang.com

#### 2.会计数据和财务指标摘要

2.1 主要会计数据 单位:元

| | 2002 年 | 2001 年 | 本年比上年增减(%) | 2000 年 |
|---|---|---|---|---|
| 主营业务收入 | 1,991,845,756.42 | 1,611,670,549.33 | 23.59 | 1,024,392,082.05 |
| 利润总额 | 330,221,848.78 | 258,092,515.61 | 27.95 | 205,343,909.89 |
| 净利润 | 249,877,391.48 | 198,753,717.10 | 25.72 | 139,680,797.21 |
| 扣除非经常性损益的净利润 | 252,335,010.92 | 200,758,648.78 | 25.69 | 139,877,646.76 |
| | 2002 年末 | 2001 年末 | 本年末比上年末增减(%) | 2000 年末 |
| 总资产 | 2,459,189,102.89 | 2,157,963,598.23 | 13.96 | 1,636,021,189.14 |
| 股东权益(不含少数股东权益) | 1,394,232,268.31 | 1,243,528,399.41 | 12.12 | 913,895,803.43 |
| 经营活动产生的现金流量净额 | 250,613,588.82 | 230,176,079.62 | 8.88 | 167,791,144.22 |

2.2 主要财务指标

| | 2002 年 | 2001 年 | 本年比上年增减(%) | 2000 年 |
|---|---|---|---|---|
| 每股收益 | 0.753 | 0.599 | 25.71 | 0.582 |
| 净资产收益率 | 17.92 | 15.98 | 12.14 | 15.28 |
| 扣除非经常性损益的净利润为基础计算的净资产收益率 | 18.10 | 16.14 | 12.14 | 15.31 |
| 每股经营活动产生的现金流量净额 | 0.755 | 0.694 | 8.79 | 0.699 |
| | 2002 年末 | 2001 年末 | 本年末比上年末增减(%) | 2000 年末 |
| 每股净资产 | 4.202 | 3.748 | 12.11 | 3.808 |
| 调整后的每股净资产 | 4.075 | 3.695 | 10.28 | 3.773 |

## 600161 北京天坛生物制品股份有限公司

### 二〇〇二年年度报告摘选

#### 1.上市公司基本情况简介

1.1 基本情况简介

股票简称:天坛生物 股票代码:600161 上市交易所:上海证券交易所
注册地址:北京市海淀区紫竹院南路十七号
办公地址:北京市朝阳区三间房南里四号 邮政编码:100024
公司国际互联网网址:http://www.btbp.com.cn 电子信箱:zjb@btbp.com.cn

1.2 联系人和联系方式

董事会秘书:张翼 联系地址:北京市朝阳区三间房南里四号
电话:010-65762911、65724045 传真:010-65772354、65792747
电子信箱:ttswdm@china.com
证券事务代表:慈翔 联系地址:北京市朝阳区三间房南里四号
电话:010-65762911、65772354 传真:010-65772354 电子信箱:cipp@sohu.com

#### 2.会计数据和财务指标摘要

2.1 主要会计数据

| | 2002 年 | 2001 年 调整前 | 2001 年 调整后 | 本年比上年增减(%) | 2000 年 |
|---|---|---|---|---|---|
| 主营业务收入 | 199,657,724.07 | 155,001,448.86 | 155,001,448.86 | 28.81 | 137,577,474.83 |
| 利润总额 | 44,893,320.55 | 40,769,650.50 | 39,491,650.50 | 13.68 | 44,008,762.22 |
| 净利润 | 36,300,750.51 | 34,345,677.02 | 33,259,377.02 | 9.14 | 34,774,791.82 |
| 扣除非经常性损益的净利润 | 33,999,618.95 | 33,270,134.50 | 32,183,835.40 | 5.64 | 33,102,153.34 |
| | 2002 年末 | 2001 年末 调整前 | 2001 年末 调整后 | 本年末比上年末增减(%) | 2000 年末 |
| 总资产 | 504,770,185.54 | 463,320,778.78 | 460,386,778.78 | 9.64 | 442,370,625.89 |
| 股东权益(不含少数股东权益) | 288,522,242.57 | 289,142,968.06 | 286,649,068.06 | 0.65 | 275,363,704.64 |
| 经营活动产生的现金流量净额 | 84,382,046.53 | 46,491,760.29 | 46,491,760.29 | 81.5 | 47,903,911.74 |

2.2 主要财务指标

| | 2002 年 | 2001 年 调整前 | 2001 年 调整后 | 本年比上年增减(%) | 2000 年 |
|---|---|---|---|---|---|
| 每股收益(摊薄) | 0.189 | 0.179 | 0.173 | 9.25 | 0.181 |
| 每股收益(加权) | 0.189 | 0.179 | 0.173 | 9.25 | 0.181 |
| 净资产收益率 | 12.58 | 11.88 | 11.6 | 8.45 | 12.63 |
| 扣除非经常性损益的净利润为基础计算的净资产收益率 | 11.78 | 11.39 | 11.23 | 4.9 | 12.02 |
| 每股经营活动产生的现金流量净额 | 0.44 | 0.24 | 0.24 | 83.33 | 0.25 |
| | 2002 年末 | 2001 年末 调整前 | 2001 年末 调整后 | 本年末比上年末增减(%) | 2000 年末 |
| 每股净资产 | 1.5 | 1.51 | 1.49 | 0.67 | 1.43 |
| 调整后的每股净资产 | 1.5 | 1.46 | 1.44 | 4.17 | 1.43 |

## 600196 上海复星实业股份有限公司

### 二〇〇二年年度报告摘选

#### 1.上市公司基本情况简介

1.1 基本情况简介

股票简称:复星实业 股票代码:600196 上市交易所:上海证券交易所
注册地址:上海市曹杨路 510 号九楼 办公地址:上海市复兴东路 2 号 邮政编码:200010
公司国际互联网网址:http://www.fosun.com.cn 电子信箱:600196@fosun.com.cn

1.2 联系人和联系方式

董事会秘书:秦学棠 联系地址:上海市复兴东路 2 号
电话:021-63325070 传真:021-63325079 电子信箱:600196@fosun.com.cn

#### 2.会计数据和财务指标摘要

2.1 主要会计数据 (合并报表)(单位:元)

| 项目 | 2002 年度 | 2001 年度 | 本年比上年增减(%) | 2000 年度 |
|---|---|---|---|---|
| 主营业务收入 | 1,031,661,305.27 | 727,844,514.14 | 41.74 | 566,827,899.23 |
| 利润总额 | 175,075,273.50 | 160,645,666.37 | 8.98 | 116,176,894.24 |
| 净利润 | 147,210,216.49 | 143,447,733.31 | 2.62 | 102,569,447.45 |
| 扣除非经常性损益的净利润 | 123,941,662.96 | 124,638,396.70 | -0.56 | 105,944,089.92 |
| 项目 | 2002 年末 | 2001 年末 | 本年末比上年末增减(%) | 2000 年末 |
| 总资产 | 3,139,570,098.00 | 2,215,289,094.34 | 41.72 | 1,525,075,463.17 |
| 股东权益(不含少数股东权益) | 1,409,510,876.71 | 1,271,914,454.83 | 10.82 | 1,111,864,284.41 |
| 经营活动产生的现金流量净额 | 102,474,342.21 | 68,151,778.03 | 50.36 | 138,427,512.17 |

2.2 主要财务指标 (合并报表)(单位:元)

| 项目 | 2002 年度 | 2001 年度 | 本年比上年增减(%) | 2000 年度 |
|---|---|---|---|---|
| 每股收益 | 0.385 | 0.488 | -21.11 | 0.349 |
| 净资产收益率 | 10.444% | 11.278% | -7.39 | 9.225% |
| 扣除非经常性损益的净利润为基础计算的加权平均净资产收益率 | 9.009% | 10.218% | -11.83 | 13.197% |
| 每股经营活动产生的现金流量净额 | 0.268 | 0.232 | 15.52 | 0.471 |
| 项目 | 2002 年末 | 2001 年末 | 本年末比上年末增减(%) | 2000 年末 |
| 每股净资产 | 3.851 | 4.330 | -11.06 | 3.785 |
| 调整后的每股净资产 | 3.741 | 4.264 | -12.27 | 3.702 |

# 600211 西藏诺迪康药业股份有限公司

## 二〇〇二年年度报告摘选

### 1.上市公司基本情况简介

1.1 基本情况简介

股票简称:西藏药业 股票代码:600211 上市交易所:上海证券交易所

注册地址:拉萨市北京中路 93 号 邮政编码:850000、610016

办公地址:拉萨市北京中路 93 号、成都市中新街 49 号锦贸大厦 18 层

公司国际互联网网址:www.tibetpharmacy.com 电子信箱:security@tibetpharmacy.com

1.2 联系人和联系方式

董事会秘书:高自力 联系地址:成都市中新街 49 号锦贸大厦 18 层

电话:(028)86653915 传真:(028)86660740 电子信箱:security@tibetpharmacy.com

### 2.会计数据和财务指标摘要

2.1 主要会计数据

| | 2002 年 | 2001 年 | 本年比上年增减(%) | 2000 年 |
|---|---|---|---|---|
| 主营业务收入 | 74,490,534.33 | 74,659,338.19 | -0.23 | 83,122,877.26 |
| 利润总额 | 10,144,611.66 | 18,236,514.64 | -44.37 | 30,798,836.84 |
| 净利润 | 10,197,512.27 | 18,298,830.82 | -44.27 | 30,985,532.54 |
| 扣除非经常性损益的净利润 | 9,749,624.75 | 15,981,029.39 | -38.99 | 30,165,903.80 |
| | 2002 年末 | 2001 年末 | 本年末比上年末增减(%) | 2000 年末 |
| 总资产 | 733,078,599.01 | 608,325,276.78 | 20.51 | 518,908,406.58 |
| 股东权益(不含少数股东权益) | 414,370,547.26 | 404,173,034.99 | 2.52 | 392,004,204.17 |
| 经营活动产生的现金流量净额 | 32,854,146.82 | 15,473,520.15 | 112.32 | 20,555,027.96 |

2.2 主要财务指标

| | 2002 年 | 2001 年 | 本年比上年增减(%) | 2000 年 |
|---|---|---|---|---|
| 每股收益 | 0.083 | 0.15 | -44.67 | 0.29 |
| 净资产收益率 | 2.461% | 4.53% | -45.67 | 7.9% |
| 扣除非经常性损益的净利润为基础计算的净资产收益率 | 2.353% | 3.95% | -40.43 | 7.7% |
| 每股经营活动产生的现金流量净额 | 0.268 | 0.142 | 88.73 | 0.192 |
| | 2002 年末 | 2001 年末 | 本年末比上年末增减(%) | 2000 年末 |
| 每股净资产 | 3.38 | 3.30 | 2.42 | 3.20 |
| 调整后的每股净资产 | 3.30 | 3.25 | 1.54 | 3.17 |

# 600216 浙江医药股份有限公司

## 二〇〇二年年度报告摘选

### 1.上市公司基本情况简介

1.1 基本情况简介

股票简称:浙江医药 股票代码:600216 上市交易所:上海证券交易所

注册地址和办公地址:浙江省杭州市中和路司马渡巷 60 号 邮政编码:310003

公司国际互联网网址:http://www.chinazmc.com 电子信箱:Zmc2@mail.hz.zj.cn

1.2 联系人和联系方式

董事会秘书:张国钧 联系地址:浙江医药股份有限公司证券部

电话:0571-87230968 传真:0571-87213793 电子信箱:Zmc2@mail.hz.zj.cn

证券事务代表:俞祝军 联系地址:浙江医药股份有限公司证券部

电话:0571-87213883 传真:0571-87213883 电子信箱:Zmc3@163.com

### 2.会计数据和财务指标摘要

2.1 主要会计数据

| | 2002 年 | 2001 年 | 本年比上年增减(%) | 2000 年 |
|---|---|---|---|---|
| 主营业务收入 | 1,113,399,315.44 | 867,037,763.83 | +28.41 | 1,091,443,747.81 |
| 利润总额 | 31,432,332.18 | 21,126,893.05 | +48.78 | 10,366,396.98 |
| 净利润 | 18,737,725.47 | 16,384,824.72 | +14.36 | 8,183,397.81 |
| 扣除非经常性损益的净利润 | 9,404,963.18 | 12,629,172.32 | -25.53 | 687,028.44 |
| | 2002 年末 | 2001 年末 | 本年末比上年末增减(%) | 2000 年末 |
| 总资产 | 1,636,671,688.35 | 1,565,154,855.03 | +4.57 | 1,418,486,243.72 |
| 股东权益(不含少数股东权益) | 619,101,778.32 | 599,938,416.85 | +3.19 | 597,049,709.70 |
| 经营活动产生的现金流量净额 | 23,127,193.39 | 98,247,476.68 | -76.46 | 10,538,044.68 |

2.2 主要财务指标

| | 2002 年 | 2001 年 | 本年比上年增减(%) | 2000 年 |
|---|---|---|---|---|
| 每股收益 | 0.042 | 0.036 | +16.67 | 0.027 |
| 净资产收益率 | 3.03% | 2.73% | +10.99 | 1.37% |
| 扣除非经常性损益的净利润为基础计算的净资产收益率 | 1.52% | 2.11% | -27.96 | 0.16% |
| 每股经营活动产生的现金流量净额 | 0.051 | 0.218 | -76.61 | 0.035 |
| | 2002 年 | 2001 年 | 本年末比上年末增减(%) | 2000 年 |
| 每股净资产 | 1.376 | 1.333 | +3.23 | 1.990 |
| 调整后的每股净资产 | 1.336 | 1.244 | +7.40 | 1.890 |

# 600222 河南竹林众生制药股份有限公司

## 二〇〇二年年度报告摘选

### 1.上市公司基本情况简介

1.1 基本情况简介

股票简称:竹林众生 股票代码:600222 上市交易所:上海证券交易所

注册地址和办公地址:河南省郑州高新技术产业开发区金梭路 8 号 邮政编码:450001

公司国际互联网网址:http://www.joysun.com 电子信箱:joysun@www.joysun.com

1.2 联系人和联系方式

董事会秘书:孙学智 联系地址:河南省郑州高新技术产业开发区金梭路 8 号

电话:0371-7982194 传真:0371-7981161 电子信箱:sxz222@sohu.com

证券事务代表:罗剑超 联系地址:河南省郑州高新技术产业开发区金梭路 8 号

电话:0371-7982194 传真:0371-7981161 电子信箱:Jianchao18@sina.com

### 2.会计数据和财务指标摘要

2.1 主要会计数据

| | 2002 年 | 2001 年 | 本年比上年增减(%) | 2000 年 |
|---|---|---|---|---|
| 主营业务收入 | 181,813,254.40 | 136,082,015.46 | 33.61 | 139,922,588.09 |
| 利润总额 | 15,021,356.78 | 33,155,944.76 | -54.69 | 50,821,568.15 |
| 净利润 | 10,914,393.85 | 29,085,631.05 | -62.47 | 40,249,224.94 |
| 扣除非经常性损益的净利润 | 11,096,532.25 | 28,226,305.06 | -60.69 | 38,332,235.56 |
| | 2002 年末 | 2001 年末 | 本年末比上年末增减(%) | 2000 年末 |
| 总资产 | 692,994,762.20 | 622,909,250.24 | 11.25 | 566,836,951.04 |
| 股东权益(不含少数股东权益) | 428,119,785.61 | 416,523,096.94 | 2.78 | 404,387,457.89 |
| 经营活动产生的现金流量净额 | 7,466,736.09 | 55,029,196.00 | -86.43 | 875,358.04 |

2.2 主要财务指标

| | 2002 年 | 2001 年 | 本年比上年增减(%) | 2000 年 |
|---|---|---|---|---|
| 每股收益 | 0.0802 | 0.2136 | -62.45 | 0.2956 |
| 净资产收益率 | 2.55 | 6.98 | -63.47 | 9.95 |
| 扣除非经常性损益的净利润为基础计算的净资产收益率 | 2.59 | 6.78 | -61.80 | 9.48 |
| 每股经营活动产生的现金流量净额 | 0.0548 | 0.4042 | -86.44 | 0.0064 |
| | 2002 年末 | 2001 年末 | 本年末比上年末增减(%) | 2000 年末 |
| 每股净资产 | 3.1446 | 3.0594 | 2.78 | 2.9703 |
| 调整后的每股净资产 | 3.1413 | 3.0588 | 2.70 | 2.9597 |

# 600253 河南天方药业股份有限公司

## 二〇〇二年年度报告摘选

### 1.上市公司基本情况简介

1.1 基本情况简介

股票简称:天方药业 股票代码:600253 上市交易所:上海证券交易所

注册地址:河南省驻马店市光明路 2 号 办公地址:河南省驻马店市光明路 2 号

邮政编码:463003 公司国际互联网网址:http://www.topfond.com

电子信箱:info@topfond.com

2.2 联系人和联系方式

董事会秘书:梁耀武 联系地址:河南省驻马店市光明路 2 号

电话:0396-3823517 传真:0396-3815761

电子信箱:stock@topfond.com

### 2.会计数据和财务指标摘要

2.1 主要会计数据

| | 2002 年 | 2001 年 | 本年比上年增减(%) | 2000 年 |
|---|---|---|---|---|
| 主营业务收入 | 479,870,443.31 | 383,343,918.58 | 25.18 | 366,971,458.27 |
| 利润总额 | 79,958,291.98 | 74,791,263.45 | 6.90 | 62,956,670.14 |
| 净利润 | 54,476,410.44 | 54,039,775.61 | 0.81 | 41,075,822.72 |
| 扣除非经常性损益的净利润 | 54,611,718.09 | 46,688,072.94 | 16.96 | 35,273,385.31 |
| | 2002 年 12 月 31 日 | 2001 年 12 月 31 日 | 本年末比上年末增减(%) | 2000 年 12 月 31 日 |
| 总资产 | 1,141,971,154.88 | 1,026,145,160.58 | 11.29 | 1,103,561,193.46 |
| 股东权益(不含少数股东权益) | 748,860,925.66 | 715,384,515.22 | 4.68 | 678,070,313.56 |
| 经营活动产生的现金流量净额 | 98,021,862.38 | 40,034,126.79 | 144.84 | 31,816,585.94 |

2.2 主要财务指标

| | 2002 年(合并) | 2001 年 | 本年比上年增减(%) | 2000 年 |
|---|---|---|---|---|
| 每股收益(摊薄) | 0.13 | 0.26 | -50 | 0.20 |
| 每股收益(加权) | 0.13 | 0.26 | -50 | 0.27 |
| 净资产收益率 | 7.27% | 7.55% | -3.71 | 6.04% |
| 扣除非经常性损益的净利润为基础计算的净资产收益率(加权) | 7.35% | 6.62% | 11.03 | 16.82% |
| 每股经营活动产生的现金流量净额 | 0.23 | 0.19 | 21.05 | 0.15 |
| | 2002 年 12 月 31 日 | 2001 年 12 月 31 日 | 本年末比上年末增减(%) | 2000 年 12 月 31 日 |
| 每股净资产 | 1.78 | 3.49 | -49.00 | 3.23 |
| 调整后的每股净资产 | 1.77 | 3.38 | -47.63 | 3.21 |

## 600267/ 浙江海正药业股份有限公司

### 二〇〇二年年度报告摘选

#### 1.上市公司基本情况简介

1.1 基本情况简介

股票简称:海正药业　股票代码:600267　上市交易所:上海证券交易所
注册地址和办公地址:浙江省台州市椒江区外沙路 46 号　邮政编码:318000
公司国际互联网网址:http://www.hisunpharm.com　电子信箱:hy@hisunpharm.com

1.2 联系人和联系方式

董事会秘书:张　薇　联系地址:浙江省杭州市华浙广场 1 号 19 层 B 座
电话:0571－85278141、0576－8827809　传真:0571－85270053
电子信箱:wzhang@hisunpharm.com
证券事务代表:邓久发　联系地址:浙江省台州市椒江区外沙路 46 号
电话:0576－8827809　传真:0576－8827887　电子信箱:stock600267@hisunpharm.com

#### 2.会计数据和财务指标摘要

2.1 主要会计数据

| | 2002 年 | 2001 年 | 本年比上年增减(%) | 2000 年 |
|---|---|---|---|---|
| 主营业务收入 | 762,317,312.76 | 575,832,307.45 | 32.39 | 518,004,030.49 |
| 利润总额 | 71,185,161.79 | 58,071,776.90 | 22.58 | 58,400,404.57 |
| 净利润 | 50,103,606.19 | 48,542,565.23 | 3.22 | 51,017,800.26 |
| 扣除非经常性损益的净利润 | 52,770,932.26 | 48,011,756.83 | 9.91 | 55,682,716.08 |
| | 2002 年末 | 2001 年末 | 本年末比上年末增减(%) | 2000 年末 |
| 总资产 | 1,575,521,723.81 | 1,298,921,957.79 | 21.29 | 1,197,012,491.89 |
| 股东权益(不含少数股东权益) | 802,530,557.60 | 764,801,285.41 | 4.93 | 734,598,995.57 |
| 经营活动产生的现金流量净额 | 120,818,045.93 | 69,136,622.50 | 74.75 | 55,698,173.02 |

2.2 主要财务指标

| | 2002 年 | 2001 年 | 本年比上年增减(%) | 2000 年 |
|---|---|---|---|---|
| 每股收益 | 0.201 | 0.195 | 3.08 | 0.327 |
| 净资产收益率 | 6.24 | 6.35 | －1.73 | 6.95 |
| 扣除非经常性损益的净利润为基础计算的净资产收益率 | 6.68 | 6.27 | 6.54 | 12.39 |
| 每股经营活动产生的现金流量净额 | 0.484 | 0.277 | 74.73 | 0.357 |
| | 2002 年末 | 2001 年末 | 本年末比上年末增减(%) | 2000 年末 |
| 每股净资产 | 3.215 | 3.064 | 4.93% | 4.709 |
| 调整后的每股净资产 | 3.202 | 3.054 | 4.85% | 4.694 |

## 600276 江苏恒瑞医药股份有限公司

### 二〇〇二年年度报告摘选

#### 1.上市公司基本情况简介

1.1 基本情况简介

股票简称:恒瑞医药　股票代码:600276　上市交易所:上海证券交易所
注册地址:江苏连云港经济技术开发区黄河路 38 号
办公地址:江苏连云港新浦区人民东路 145 号　邮政编码:222002
公司国际互联网网址:http://www.hrs.com　电子信箱:600276@pub.lyg.jsinfo.net

1.2 联系人和联系方式

董事会秘书:陈学民　联系地址:连云港市新浦人民东路 145 号
电话:0518－5457194　传真:0518－5452340　电子信箱:600276@sina.com
证券事务代表:戴洪斌　联系地址:连云港市新浦人民东路 145 号
电话:0518－5465745　传真:0518－5453845　电子信箱:5465745@vip.163.com

#### 2.会计数据和财务指标摘要

2.1 主要会计数据

| | 2002 年 | 2001 年 | 本年比上年增减(%) | 2000 年 |
|---|---|---|---|---|
| 主营业务收入 | 756,025,462.47 | 634,268,947.69 | 19.20 | 484,707,192.06 |
| 利润总额 | 110,509,025.53 | 97,665,461.26 | 13.15 | 81,887,217.07 |
| 净利润 | 78,953,996.69 | 81,155,081.33 | －2.71 | 65,271,386.36 |
| 扣除非经常性损益的净利润 | 72,654,956.69 | 62,949,303.09 | 15.42 | 57,032,302.16 |
| | 2002 年末 | 2001 年末 | 本年末比上年末增减(%) | 2000 年末 |
| 总资产 | 1,204,575,770.68 | 1,119,024,142.95 | 7.65 | 986,273,264.76 |
| 股东权益(不含少数股东权益) | 792,100,034.76 | 743,061,762.78 | 6.60 | 670,432,577.19 |
| 经营活动产生的现金流量净额 | 49,835,037.83 | 11,487,104.94 | 333.83 | 19,605,766.42 |

2.2 主要财务指标

| | 2002 年 | 2001 年 | 本年比上年增减(%) | 2000 年 |
|---|---|---|---|---|
| 每股收益 | 0.310 | 0.382 | －18.85 | 0.491 |
| 净资产收益率 | 9.97 | 10.92 | －13.60 | 9.74 |
| 扣除非经常性损益的净利润为基础计算的净资产收益率 | 9.28 | 8.85 | 4.86 | 18.41 |
| 每股经营活动产生的现金流量净额 | 0.195 | 0.054 | 261.11 | 0.148 |
| | 2002 年末 | 2001 年末 | 本年末比上年末增减(%) | 2000 年末 |
| 每股净资产 | 3.105 | 3.496 | －11.18 | 5.047 |
| 调整后的每股净资产 | 3.043 | 3.459 | －12.03 | 5.008 |

## 600285 河南羚锐制药股份有限公司

### 二〇〇二年年度报告摘选

#### 1.上市公司基本情况简介

1.1 基本情况简介

股票简称:羚锐股份　股票代码:600285　上市交易所:上海证券交易所
注册地址:河南省新县向阳路 232 号
办公地址:河南省新县城关解放路 48 号　邮政编码:465550
公司国际互联网网址:http://www.lingrui.com　电子信箱:douqiang@vip.sina.com

1.2 联系人和联系方式

董事会秘书:都强　联系地址:河南省新县城关解放路 48 号
电话:0397－2973569　传真:0397－2987888　电子信箱:douqiang@vip.sina.com
证券事务代表:陈燕　联系地址:河南省新县城关解放路 48 号
电话:0397－2973569　传真:0397－2987888　电子信箱:douqiang@vip.sina.com

#### 2.会计数据和财务指标摘要

2.1 主要会计数据(单位:人民币元)

| | 2002 年 | 2001 年(调整后) | 本年比上年增减(%) | 2001 年度(调整前) | 2000 年 |
|---|---|---|---|---|---|
| 主营业务收入 | 189,546,057.64 | 172,176,395.86 | 10.09 | 172,176,395.86 | 130,734,521.66 |
| 利润总额 | 15,000,702.19 | 29,424,118.78 | －49.02 | 29,409,452.21 | 28,736,239.95 |
| 净利润 | 13,086,339.98 | 24,987,511.73 | －49.63 | 25,107,218.50 | 23,554,530.20 |
| 扣除非经常性损益的净利润 | 11,656,929.19 | 20,665,577.65 | －43.59 | 20,665,577.65 | 21,862,385.49 |
| | 2002 年末 | 2001 年末(调整前) | 本年末比上年末增减(%) | 2001 年末(调整后) | 2000 年末 |
| 总资产 | 697,745,052.89 | 560,455,922.29 | 24.50 | 560,376,578.20 | 503,237,928.58 |
| 股东权益(不含少数股东权益) | 414,872,848.45 | 401,734,519.10 | 3.27 | 401,789,548.35 | 386,718,329.85 |
| 经营活动产生的现金流量净额 | 69,411,209.16 | 3,411,013.97 | 1934.91 | 3,411,640.85 | 13,663,311.98 |

2.2 主要财务指标(单位:人民币元)

| | 2002 年 | 2001 年(调整后) | 本年比上年增减(%) | 2001 年(调整前) | 2000 年 |
|---|---|---|---|---|---|
| 每股收益 | 0.13 | 0.25 | －48.00 | 0.25 | 0.234 |
| 净资产收益率 | 3.15% | 6.25% | －49.60 | 6.252 | 6.091% |
| 扣除非经常性损益的净利润为基础计算的净资产收益率 | 2.81% | 5.14% | －45.33 | 5.144 | 6.151% |
| 每股经营活动产生的现金流量净额 | 0.69 | 0.034 | 1934.91 | 0.034 | 0.037 |
| | 2002 年末 | 2001 年末(调整后) | 本年末比上年末增减(%) | 2001 年末(调整前) | 2000 年末 |
| 每股净资产 | 4.13 | 4.00 | 3.25 | 4.003 | 3.853 |
| 调整后的每股净资产 | 4.08 | 3.85 | 5.97 | 3.853 | 3.818 |

## 600297/ 大连美罗药业股份有限公司

### 二〇〇二年年度报告摘选

#### 1.上市公司基本情况简介

1.1 基本情况简介

股票简称:美罗药业　股票代码:600297　上市交易所:上海证券交易所
注册地址:大连高新技术产业园区七贤岭敬贤街 29 号　办公地址:大连市中山区中山路 112 号
邮政编码:116001　公司国际互联网网址:http://www.merro.com.cn
电子信箱:merro@mail.dlptt.ln.cn

1.2 联系人和联系方式

董事会秘书:孙安民　联系地址:大连市中山区中山路 112 号
电话:0411－3631991－905　传真:0411－3686363　电子信箱:anminsun@sina.com
证券事务代表:王刚　联系地址:大连市中山区中山路 112 号
电话:0411－3631991－806　传真:0411－3686363　电子信箱:wgdlcn@yahoo.com.cn

#### 2.会计数据和财务指标摘要

2.1 主要会计数据

| | 2002 年 | 2001 年 | 本年比上年增减(%) | 2000 年 |
|---|---|---|---|---|
| 主营业务收入 | 678,612,612.01 | 612,757,456.07 | 10.75 | 567,742,495.72 |
| 利润总额 | 25,565,028.96 | 41,730,323.97 | －38.74 | 33,066,229.46 |
| 净利润 | 23,957,132.75 | 42,215,390.31 | －43.25 | 28,924,076.09 |
| 扣除非经常性损益的净利润 | 21,054,636.39 | 33,220,525.84 | －36.62 | 25,639,737.42 |
| | 2002 年末 | 2001 年末 | 本年末比上年末增减(%) | 2000 年末 |
| 总资产 | 925,623,595.89 | 890,937,379.85 | 3.89 | 834,126,239.09 |
| 股东权益(不含少数股东权益) | 540,853,879.07 | 528,514,610.97 | 2.33 | 506,856,904.91 |
| 经营活动产生的现金流量净额 | 10,135,891.81 | 8,574,283.63 | 18.21 | 60,959,441.10 |

2.2 主要财务指标

| | 2002 年 | 2001 年 | 本年比上年增减(%) | 2000 年 |
|---|---|---|---|---|
| 每股收益(摊薄) | 0.21 | 0.37 | －43.24 | 0.25 |
| 每股收益(加权) | 0.21 | 0.37 | －43.24 | 0.35 |
| 净资产收益率% | 4.43 | 7.99 | －44.56 | 5.71 |
| 扣除非经常性损益的净利润为基础计算的净资产收益率% | 3.89 | 6.29 | －38.16 | 11.73 |
| 每股经营活动产生的现金流量净额 | 0.09 | 0.07 | 28.57 | 0.53 |
| | 2002 年末 | 2001 年末 | 本年末比上年末增减(%) | 2000 年末 |
| 每股净资产 | 4.70 | 4.60 | 2.17 | 4.41 |
| 调整后的每股净资产 | 4.57 | 4.50 | 1.56 | 4.34 |

# 600329 天津中新药业集团股份有限公司

## 二〇〇二年年度报告摘选

### 1.上市公司基本情况简介

1.1 基本情况简介

股票简称:中新药业 股票代码:600329 上市交易所:上海证券交易所、新加坡股票交易所

注册地址:天津市南开区白堤路 119 号 办公地址:天津市南开区白堤路 17 号中新大厦

邮政编码:300193

公司国际互联网网址:http://www.pharmtzxp.com 电子信箱:zxyy600329@163.com

1.2 联系人和联系方式

董事会秘书:莫浩 联系地址:天津市南开区白堤路 17 号中新大厦

电话:022-27020926 传真:022-27020926 电子信箱:zxyy600329@163.com

证券事务代表:封浩 侯薇 联系地址:天津市南开区白堤路 17 号中新大厦

电话:022-27020892 传真:022-27020599 电子信箱:zxyy600329@163.com

### 2.会计数据和财务指标摘要

2.1 主要会计数据 单位:千元

| | 2002 年 | 2001 年 | 本年比上年增减(%) | 2000 年 |
|---|---|---|---|---|
| 主营业务收入 | 1,839,259 | 1,521,939 | 20.85 | 822,646 |
| 利润总额 | 101,913 | 84,415 | 20.73 | 99,577 |
| 净利润 | 85,111 | 63,288 | 34.48 | 86,474 |
| 扣除非经常性损益的净利润 | 85,070 | 59,230 | 43.63 | 83,629 |
| | 2002 年末 | 2001 年末 | 本年末比上年末增减(%) | 2000 年末 |
| 总资产 | 3,008,126 | 2,703,143 | 11.28 | 2,512,656 |
| 股东权益(不含少数股东权益) | 1,506,671 | 1,440,863 | 4.57 | 1,052,352 |
| 经营活动产生的现金流量净额 | 187,604 | 157,726 | 18.94 | -14,201 |

2.2 主要财务指标

| | 2002 年 | 2001 年 | 本年比上年增减(%) | 2000 年 |
|---|---|---|---|---|
| 每股收益 | 0.23 | 0.17 | 35.29 | 0.26 |
| 每股收益 | 0.23 | 0.18 | 27.78 | 0.26 |
| 净资产收益率 | 5.65 | 4.39 | 28.70 | 8.22 |
| 扣除非经常性损益的净利润为基础计算的净资产收益率 | 5.65 | 4.11 | 37.47 | 7.95 |
| 每股经营活动产生的现金流量净额 | 0.51 | 0.43 | 18.60 | -0.043 |
| | 2002 年末 | 2001 年末 | 本年末比上年末增减(%) | 2000 年末 |
| 每股净资产 | 4.08 | 3.90 | 4.62 | 3.19 |
| 调整后的每股净资产 | 4.03 | 3.83 | 5.22 | 3.12 |

# 600351 山西亚宝药业集团股份有限公司

## 二〇〇二年年度报告摘选

### 1.上市公司基本情况简介

1.1 基本情况简介

股票简称:亚宝药业 股票代码:600351 上市交易所:上海证券交易所

注册地址和办公地址:山西省芮城县富民路 43 号 邮政编码:044600

公司国际互联网网址:http://www.yabao.com.cn 电子信箱:yabao@public.yc.sx.cn

1.2 联系人和联系方式

董事会秘书:任蓬勃 联系地址:山西省芮城县富民路 43 号

电话:0359-3088178 传真:0359-3088178 电子信箱:yabaorpb@sina.com

证券事务代表:王刚 联系地址:山西省芮城县富民路 43 号

电话:0359-3088168 传真:0359-3088178 电子信箱:yabaostock@etang.com

### 2.会计数据和财务指标摘要

2.1 主要会计数据 单位:人民币元

| | 2002 年(本年) | 2001 年(上年) | 本年比上年增减(%) | 2000 年 |
|---|---|---|---|---|
| 主营业务收入 | 212,627,953.34 | 154,552,428.73 | 37.58% | 133,596,785.32 |
| 利润总额 | 30,473,468.47 | 27,455,986.96 | 10.99% | 23,644,686.97 |
| 净利润 | 19,459,465.59 | 17,965,554.54 | 8.32% | 14,526,470.42 |
| 扣除非经常性损益的净利润 | 20,395,936.65 | 18,459,510.54 | 10.49% | 14,186,547.76 |
| | 2002 年末(本年末) | 2001 年末(上年末) | 本年末比上年末增减(%) | 2000 年末 |
| 总资产 | 447,376,008.03 | 261,427,466.68 | 71.13% | 221,065,010.12 |
| 股东权益(不含少数股东权益) | 271,770,780.97 | 86,577,850.17 | 213.90% | 79,615,547.58 |
| 经营活动产生的现金流量净额 | 24,288,234.95 | 23,587,029.19 | 2.97% | 28,464,075.53 |

2.2 主要财务指标

| | 2002 年(本年) | 2001 年(上年) | 本年比上年增减(%) | 2000 年 |
|---|---|---|---|---|
| 每股收益(摊薄) | 0.17 | 0.24 | -29.17% | 0.19 |
| 每股收益(加权) | 0.23 | 0.24 | -4.17% | 0.19 |
| 净资产收益率(摊薄) | 7.16% | 20.75% | -65.49% | 18.25% |
| 扣除非经常性损益的净利润为基础计算的净资产收益率 | 14.34% | 22.21% | -35.43% | 18.08% |
| 每股经营活动产生的现金流量净额 | 0.21 | 0.31 | -32.26% | 0.28 |
| | 2002 年末(本年末) | 2001 年末(上年末) | 本年末比上年末增减(%) | 2000 年末 |
| 每股净资产 | 2.36 | 1.15 | 105.21% | 1.06 |
| 调整后的每股净资产 | 2.34 | 1.04 | 125% | 0.96 |

# 600332 广州药业股份有限公司

## 二〇〇二年年度报告摘选

### 1.上市公司基本情况简介

1.1 基本情况简介

股票简称:广州药业、广州药业 股票代码:600332(A 股)、0874(H 股)

上市交易所:上海证券交易所、香港联合交易所有限公司

注册地址和办公地址:中国广东省广州市沙面北街 45 号 邮政编码:510130

公司国际互联网网址:http://www.gpc.com.cn 电子信箱:sec@gpc.com.cn

1.2 联系人和联系方式

董事会秘书:何舒华 联系地址:中国广东省广州市沙面北街 45 号

电话:(8620)81218117 传真:(8620)81216408 电子信箱:hesh@gpc.com.cn

### 2.会计数据和财务指标摘要

2.1 主要会计数据(单位:人民币千元)

| | 2002 年 | 2001 年 | 本年比上年增减(%) | 2000 年 |
|---|---|---|---|---|
| 主营业务收入 | 5,943,823 | 5,334,029 | 11.43 | 4,222,857 |
| 利润总额 | 287,506 | 260,081 | 10.54 | 215,138 |
| 净利润 | 158,478 | 146,134 | 8.45 | 141,214 |
| 扣除非经常性损益的净利润 | 162,296 | 147,580 | 9.97 | 126,528 |
| | 2002 年末 | 2001 年末 | 本年末比上年末增减(%) | 2000 年末 |
| 总资产 | 4,173,194 | 3,702,113 | 12.72 | 3,017,797 |
| 股东权益(不含少数股东权益) | 2,286,929 | 2,172,916 | 5.25 | 1,326,404 |
| 经营活动产生的现金流量净额 | 169,014 | 140,154 | 20.59 | 286,951 |

2.2 主要财务指标(单位:人民币元)

| | 2002 年 | 2001 年 | 本年比上年增减(%) | 2000 年 |
|---|---|---|---|---|
| 每股收益 | 0.20 | 0.18 | 11.11 | 0.20 |
| 净资产收益率 | 6.93% | 6.73% | 2.97 | 10.65% |
| 扣除非经常性损益的净利润为基础计算的净资产收益率 | 7.10% | 6.79% | 4.57% | 9.54% |
| 每股经营活动产生的现金流量净额 | 0.21 | 0.17 | 23.53 | 0.39 |
| | 2002 年末 | 2001 年末 | 本年末比上年末增减(%) | 2000 年末 |
| 每股净资产 | 2.82 | 2.68 | 5.22 | 1.81 |
| 调整后的每股净资产 | 2.74 | 2.59 | 5.79 | 1.68 |

# 600380 深圳太太药业股份有限公司

## 二〇〇二年年度报告摘选

### 1.上市公司基本情况简介

1.1 基本情况简介

股票简称:太太药业 股票代码:600380 上市交易所:上海证券交易所

注册地址:深圳市南山区第五工业区太太药业工业大厦(邮编:518057)

办公地址:深圳市罗湖区深南东路 5002 号信兴广场地王商业大厦 23F(邮编:518008)

公司国际互联网网址:http://www.taitai.com 电子信箱:taitai@taitai.com

1.2 联系人和联系方式

董事会秘书:邱庆丰 联系地址:深圳市罗湖区深南东路 5002 号信兴广场地王商业大厦 23F

电话:0755-82478966 传真:0755-82478967 电子信箱:taitai@taitai.com

### 2.会计数据和财务指标摘要

2.1 主要会计数据 单位:元

| 项目 | 2002 年度 | 2001 年度 | 本年比上年增减(%) | 2000 年度 |
|---|---|---|---|---|
| 主营业务收入 | 711,647,636.44 | 678,817,966.56 | 4.84% | 674,605,315.69 |
| 利润总额 | 206,249,943.72 | 219,098,358.45 | -5.86% | 171,162,097.92 |
| 净利润 | 171,882,009.41 | 200,618,059.90 | -14.32% | 155,999,285.85 |
| 扣除非经常性损益的净利润 | 173,275,650.40 | 203,352,562.45 | -14.79% | 157,859,886.04 |
| | 2002 年末 | 2001 年末 | 本年末比上年末增减(%) | 2000 年末 |
| 总资产 | 2,523,199,897.72 | 2,327,350,377.63 | 8.42% | 739,794,877.87 |
| 股东权益(不含少数股东权益) | 2,007,049,940.30 | 1,981,154,228.97 | 1.31% | 232,365,625.52 |
| 经营活动产生的现金流量净额 | 236,127,010.60 | 223,788,778.12 | 5.51% | 171,605,108.39 |

2.2 主要财务指标 单位:元

| | 2002 年度 | 2001 年度 | 本年比上年增减(%) | 2000 年 |
|---|---|---|---|---|
| 每股收益 | 0.4227 | 0.7401 | -42.88% | 0.7758 |
| 净资产收益率 | 8.56% | 10.13% | -15.46% | 67.14% |
| 扣除非经常性损益的净利润为基础计算的加权净资产收益率 | 8.39% | 15.75% | -48.57% | 75.03% |
| 每股经营活动产生的现金流量净额 | 0.5807 | 0.8255 | -29.65% | 0.8534 |
| | 2002 年末 | 2001 年末 | 本年末比上年末增减(%) | 2000 年末 |
| 每股净资产 | 4.9359 | 7.3084 | -32.46% | 1.1556 |
| 调整后的每股净资产 | 4.9290 | 7.3040 | -32.52% | 1.0981 |

# 600385 山东金泰集团股份有限公司

## 二〇〇二年年度报告摘选

### 1.上市公司基本情况简介

1.1 基本情况简介

证券简称:山东金泰　证券代码:600385　上市交易所:上海证券交易所

注册地址:山东省济南市山大北路56号　办公地址:山东省济南市洪楼西路29号

邮政编码:250100　公司国际互联网网址:http://www.jintai.com.cn

电子信箱:jtjt-jn@263.net

1.2 联系人和联系方式

董事会秘书:吕世鹏　联系地址:山东省济南市洪楼西路29号

电话:0531-8902341　传真:0531-8902341　电子信箱:lushipeng@263.net

证券事务代表:刘芃　联系地址:山东省济南市洪楼西路29号

电话:0531-8902341　传真:0531-8902341　电子信箱:jtjt-jn@263.net

### 2.会计数据和财务指标摘要

2.1 主要会计数据　单位:(人民币元)

| 项目 | 2002年 | 2001年 调整后 | 2001年 调整前 | 本年比上年增减(%) | 2000年 调整后 | 2000年 调整前 |
|---|---|---|---|---|---|---|
| 主营业务收入 | 27,589,767.29 | 79,254,440.79 | 171,596,892.45 | -65.19 | 99,340,288.56 | 162,225,857.82 |
| 利润总额 | -136,644,631.28 | 5,106,656.68 | 12,052,970.58 | -5220.58 | 11,748,696.70 | 15,663,884.88 |
| 净利润 | -135,704,006.82 | 4,754,302.01 | 11,790,007.18 | -6401.21 | 9,359,488.14 | 13,301,181.59 |
| 扣除非经常性损益的净利润 | -28,468,933.12 | 2,698,094.39 | 12,271,939.08 | -1153.02 | 9,420,612.35 | 13,362,305.80 |
| 项目 | 2002年12月31日 | 2001年12月31日 调整后 | 2001年12月31日 调整前 | 本年比上年增减(%) | 2000年12月31日 调整后 | 2000年12月31日 调整前 |
| 总资产 | 316,087,173.25 | 440,133,073.78 | 428,349,864.34 | -27.88 | 422,462,769.56 | 425,347,285.07 |
| 股东权益(不含少数股东权益 | 44,938,583.57 | 180,623,601.42 | 195,257,717.84 | -79.05 | 179,402,390.63 | 187,000,801.86 |
| 经营活动产生的现金流量净额 | 801,756.32 | -2,728,606.45 | 26,915,683.00 | 129.38 | 3,171,921.11 | 3,171,921.11 |

2.2 主要财务指标　单位:(人民币元)

| 项目 | 2002年 | 2001年 调整后 | 2001年 调整前 | 本年比上年增减(%) | 2000年 调整后 | 2000年 调整前 |
|---|---|---|---|---|---|---|
| 每股收益 | -0.99 | 0.03 | 0.08 | -5050 | 0.13 | 0.19 |
| 净资产收益率(%) | -301.98 | 2.63 | 6.04 | -30296.80 | 5.22 | 7.11 |
| 扣除非经常性损益的净利润为基础计算的净资产收益率 | -120.34 | 1.49 | 6.28 | -10644.35 | 5.25 | 7.15 |
| 每股经营活动产生的现金流量净额 | 0.01 | -0.02 | 0.19 | 150 | 0.04 | 0.45 |
| 项目 | 2002年末 | 2001年末 调整后 | 2001年末 调整前 | 本年末比上年末增减(%) | 2000年末 调整后 | 2000年末 调整前 |
| 每股净资产 | 0.32 | 1.28 | 1.38 | -79.20 | 2.54 | 2.65 |
| 调整后的每股净资产 | 0.30 | 1.13 | 1.34 | -78.18 | 2.31 | 2.42 |

# 600422 昆明制药集团股份有限公司

## 二〇〇二年年度报告摘选

### 1.上市公司基本情况简介

1.1 基本情况简介

股票简称:昆明制药　股票代码:600422　上市交易所:上海证券交易所

注册地址和办公地址:云南省昆明市国家高新技术开发区科医路166号　邮政编码:650106

公司国际互联网网址:www.kpc.com.cn　电子信箱:master@kpc.com.cn

1.2 联系人和联系方式

董事会秘书:徐朝能

联系地址:云南省昆明市国家高新技术开发区科医路166号昆明制药集团股份有限公司证券部

电话:0871-8324311　传真:0871-8324311　电子信箱:Xuchaoneng0006@sina.com

证券事务代表:孟丽

联系地址:云南省昆明市国家高新技术开发区科医路166号昆明制药集团股份有限公司证券部

电话:0871-8324311　传真:0871-8324311　电子信箱:mengli@iholley.com

### 2.会计数据和财务指标摘要

2.1 主要会计数据　单位:元

| | 2002年 | 2001年 | 本年比上年增减(%) | 2000年 调整后 | 2000年 调整前 |
|---|---|---|---|---|---|
| 主营业务收入 | 504,857,512.12 | 488,239,996.06 | 3.4 | 511,359,384.92 | 512,039,085.81 |
| 利润总额 | 64,581,585.62 | 49,665,124.62 | 30.03 | 58,231,071.70 | 57,008,513.77 |
| 净利润 | 44,588,168.08 | 38,321,612.07 | 16.35 | 38,885,442.90 | 35,178,524.45 |
| 扣除非经常性损益的净利润 | 37,118,394.03 | 33,253,083.89 | 11.62 | 34,272,475.39 | 30,565,556.94 |
| | 2002年末 | 2001年末 | 本年末比上年末增减(%) | 2000年末 调整后 | 2000年末 调整前 |
| 总资产 | 763,284,617.04 | 763,982,918.44 | -0.09 | 794,040,469.86 | 798,795,994.59 |
| 股东权益(不含少数股东权益) | 530,835,232.50 | 518,856,401.07 | 2.31 | 507,976,613.34 | 511,949,256.89 |
| 经营活动产生的现金流量净额 | 17,383,397.10 | 67,068,565.05 | -74.08 | 47,757,440.27 | 47,757,440.27 |

2.2 主要财务指标　单位:元

| | 2002年 | 2001年 | 本年比上年增减(%) | 2000年 调整后 | 2000年 调整前 |
|---|---|---|---|---|---|
| 每股收益(摊薄) | 0.45 | 0.39 | 15.38 | 0.40 | 0.36 |
| 每股收益(加权) | 0.45 | 0.39 | 15.38 | 0.63 | 0.53 |
| 净资产收益率 | 8.40% | 7.39% | 13.67 | 7.65% | 6.87% |
| 扣除非经常性损益的净利润为基础计算的净资产收益率 | 6.99% | 6.41% | 9.05 | 6.75% | 5.97% |
| 每股经营活动产生的现金流量净额 | 0.18 | 0.68 | -73.53 | 0.49 | 0.49 |
| | 2002年末 | 2001年末 | 本年末比上年末增减(%) | 2000年末 调整后 | 2000年末 调整前 |
| 每股净资产 | 5.41 | 5.28 | 2.46 | 5.17 | 5.21 |
| 调整后的每股净资产 | 5.28 | 5.18 | 1.93 | 5.03 | 5.08 |

# 600466 四川迪康科技药业股份有限公司

## 二〇〇二年年度报告摘选

### 1.上市公司基本情况简介

1.1 基本情况简介

股票简称:迪康药业　股票代码:600466　上市交易所:上海证券交易所

注册地址:成都市二环路南四段十一号

办公地址:成都市高新区科园二路一号201信箱　邮政编码:610041

公司国际互联网网址:http://www.dikangyaoye.com.cn　电子信箱:dkyy@dikangyaoye.com

1.2 联系人和联系方式

董事会秘书:刘明　联系地址:四川省成都市高新区科园二路1号201信箱

电话:028-85195555-8300　传真:028-85184149　电子信箱:lium@dkyaoye.com

证券事务代表:郭俊华　联系地址:四川省成都市高新区科园二路1号201信箱

电话:028-87845999-1802　传真:028-85184149　电子信箱:guojh@dkyaoye.com

### 2.会计数据和财务指标摘要

2.1 主要会计数据　单位:人民币元

| | 2002年 | 2001年 | 本年比上年增减(%) | 2000年 |
|---|---|---|---|---|
| 主营业务收入 | 153,160,660.29 | 94,000,109.63 | 62.94 | 105,088,161.67 |
| 利润总额 | 29,841,247.66 | 28,844,160.70 | 3.46 | 27,073,229.86 |
| 净利润 | 24,021,648.39 | 29,114,816.21 | -17.49 | 25,703,903.24 |
| 扣除非经常性损益的净利润 | 20,048,752.78 | 24,731,631.72 | -18.93 | 16,452,155.72 |
| | 2002年末 | 2001年末 | 本年末比上年末增减(%) | 2000年末 |
| 总资产 | 779,445,158.58 | 751,547,889.42 | 3.71 | 183,100,184.95 |
| 股东权益(不含少数股东权益) | 650,832,281.32 | 639,540,652.93 | 1.77 | 116,433,845.08 |
| 经营活动产生的现金流量净额 | 17,653,435.34 | 40,001,745.25 | -55.87 | 4,566,963.30 |

2.2 主要财务指标

| | 2002年 | 2001年 | 本年比上年增减(%) | 2000年 |
|---|---|---|---|---|
| 每股收益 | 0.19 | 0.229 | -17.03% | 0.332 |
| 净资产收益率 | 3.69 | 4.55 | -18.90% | 22.08 |
| 扣除非经常性损益的净利润为基础计算的净资产收益率 | 3.08 | 4.17 | -26.14% | 15.88 |
| 每股经营活动产生的现金流量净额 | 0.14 | 0.31 | -54.84% | 0.06 |
| | 2002年末 | 2001年末 | 本年末比上年末增减(%) | 2000年末 |
| 每股净资产 | 5.11 | 5.02 | 1.79% | 1.50 |
| 调整后的每股净资产 | 5.09 | 5.00 | 1.80% | 1.49 |

# 600488 天津天药药业股份有限公司

## 二〇〇二年年度报告摘选

### 1.上市公司基本情况简介

1.1 基本情况简介

股票简称:天药股份　股票代码:600488　上市交易所:上海证券交易所

注册地址:天津市新技术产业园区华苑产业区中济科园B座

办公地址:天津市河东区八纬路109号　邮政编码:300171

电子信箱:tjpc600488@vip.sina.com

1.2 联系人和联系方式

董事会秘书:王喆

联系地址:天津市河东区八纬路109号(邮政编码:300171)

电话:022-24160861　传真:022-24160910

电子信箱:tjpc600488@vip.sina.com

### 2.会计数据和财务指标摘要

2.1 主要会计数据

| | 2002年 | 2001年 | 本年比上年增减(%) | 2000年 |
|---|---|---|---|---|
| 主营业务收入 | 607,207,027.92 | 509,338,669.47 | 19.21% | 496,022,238.89 |
| 利润总额 | 108,163,902.83 | 88,603,816.81 | 22.08% | 77,765,093.71 |
| 净利润 | 90,911,701.33 | 75,362,245.23 | 20.63% | 65,583,454.97 |
| 扣除非经常性损益的净利润 | 89,767,038.87 | 78,381,781.72 | 14.53% | 65,747,745.68 |
| | 2002年末 | 2001年末 | 本年末比上年末增减(%) | 2000年末 |
| 总资产 | 1,419,005,481.89 | 1,134,021,405.55 | 25.13% | 502,776,628.75 |
| 股东权益(不含少数股东权益) | 759,364,173.98 | 709,230,575.86 | 7.07% | 211,745,692.75 |
| 经营活动产生的现金流量净额 | 45,275,910.80 | 71,870,926.25 | -37.00% | 41,064,211.70 |

2.2 主要财务指标

| | 2002年 | 2001年 | 本年比上年增减(%) | 2000年 |
|---|---|---|---|---|
| 每股收益 | 0.469 | 0.58 | -19.08% | 0.63 |
| 净资产收益率 | 11.97% | 10.63% | 12.63% | 30.97% |
| 扣除非经常性损益的净利润为基础计算的净资产收益率 | 11.82% | 11.05% | 6.98% | 31.05% |
| 每股经营活动产生的现金流量净额 | 0.217 | 0.482 | -54.88% | 0.395 |
| | 2002年末 | 2001年末 | 本年末比上年末增减(%) | 2000年末 |
| 每股净资产 | 3.92 | 4.76 | -17.65% | 2.04 |
| 调整后的每股净资产 | 3.905 | 4.72 | -17.26% | 2.01 |

## 600511 国药集团药业股份有限公司

### 二〇〇二年年度报告摘选

#### 1.上市公司基本情况简介

1.1 基本情况简介

股票简称:国药股份 股票代码:600511 上市交易所:上海证券交易所
注册地址和办公地址:北京市崇文区永外三元西巷甲 12 号 邮政编码:100077
公司国际互联网网址:http://www.cncm.com.cn 电子信箱:zjb@cncm.com.cn

1.2 联系人和联系方式

董事会秘书:龚家申 联系地址:北京市崇文区永外三元西巷甲 12 号
电话:010－67262917 传真:010－67262919 电子信箱:zjb@cncm.com.cn
证券事务代表:吕致远 联系地址:北京市崇文区永外三元西巷甲 12 号
电话:010－67262920 传真:010－67262920 电子信箱:Lvzhiyuan2001@suho.com

#### 2.会计数据和财务指标摘要

2.1 主要会计数据 单位:(人民币)万元

| | 2002 年 | 2001 年 | 本年比上年增减(%) | 2000 年 |
|---|---|---|---|---|
| 主营业务收入 | 122,382 | 122,089 | 0.24 | 109,872 |
| 利润总额 | 4,437 | 3,490 | 27.14 | 2,584 |
| 净利润 | 2,618 | 1,986 | 31.82 | 1,399 |
| 扣除非经常性损益的净利润 | 2,797 | 1,993 | 40.34 | 1,407 |
| | 2002 年末 | 2001 年末 | 本年末比上年末增减(%) | 2000 年末 |
| 总资产 | 80,837 | 43,576 | 85.51 | 38,283 |
| 股东权益(不含少数股东权益) | 39,830 | 13,257 | 200.45 | 12,271 |
| 经营活动产生的现金流量净额 | 1,519 | －1,180 | | 4,422 |

2.2 主要财务指标 单位:(人民币)元

| | 2002 年 | 2001 年 | 本年比上年增减(%) | 2000 年 |
|---|---|---|---|---|
| 每股收益 | 0.197 | 0.248 | －20.57% | 0.175 |
| 净资产收益率 | 6.57% | 14.98% | －56.14% | 11.40% |
| 扣除非经常性损益的净利润为基础计算的净资产收益率 | 7.02% | 15.03% | －53.30% | 11.47% |
| 每股经营活动产生的现金流量净额 | 0.114 | －0.147 | | 0.553 |
| | 2002 年末 | 2001 年末 | 本年末比上年末增减(%) | 2000 年末 |
| 每股净资产 | 2.995 | 1.657 | 80.75% | 1.534 |
| 调整后的每股净资产 | 2.976 | 1.643 | 81.14% | 1.529 |

## 600518 广东康美药业股份有限公司

### 二〇〇二年年度报告摘选

#### 1.上市公司基本情况简介

1.1 基本情况简介

股票简称:康美药业 股票代码:600518 上市交易所:上海交易所
注册地址:广东省普宁市下架山工业区 办公地址:广东省普宁市长春路
邮政编码:515300 公司国际互联网网址:http://www.kangmei.com.cn
电子信箱:kangmei@pub.jieyang.net.cn

1.2 联系人和联系方式

董事会秘书:邱锡伟 联系地址:广东省普宁市长春路
电话:0663－2917777 转 8009 传真:0663－2916111 电子信箱:kangmei@pub.jieyang.net.cn
证券事务代表:温少生 联系地址:广东省普宁市长春路
电话:0663－2917777 转 8009 传真:0663－2916111 电子信箱:kangmei@pub.jieyang.net.cn

#### 2.会计数据和财务指标摘要

2.1 主要会计数据

| | 2002 年度 | 2001 年度 | 本年比上年增减(%) | 2000 年度 |
|---|---|---|---|---|
| 主营业务收入 | 410,980,322.46 | 380,800,449.02 | 7.93 | 352,401,493.09 |
| 利润总额 | 57,155,087.95 | 43,716,438.04 | 30.74 | 37,504,964.00 |
| 净利润 | 43,832,651.56 | 29,156,880.22 | 50.33 | 24,552,679.34 |
| 扣除非经常性损益的净利润 | 41,844,262.40 | 29,250,240.03 | 43.06 | 24,588,624.34 |
| | 2002 年 12 月 31 日 | 2001 年 12 月 31 日 | 本年末比上年末增减(%) | 2000 年 12 月 31 日 |
| 总资产 | 629,578,765.70 | 517,608,796.27 | 21.63 | 231,229,030.61 |
| 股东权益(不含少数股东权益) | 391,232,321.74 | 365,099,670.18 | 7.16 | 103,963,129.92 |
| 经营活动产生的现金流量净额 | 53,469,227.98 | 15,688,534.75 | 240.82 | 9,961,133.05 |

2.2 主要财务指标

| | 2002 年度 | 2001 年度 | 本年比上年增减(%) | 2000 年度 |
|---|---|---|---|---|
| 每股收益(摊薄) | 0.619 | 0.412 | 50.24 | 0.47 |
| 每股收益(加权) | 0.619 | 0.440 | 40.68 | 0.47 |
| 净资产收益率(摊薄) | 11.20 | 7.99 | 40.18 | 23.62 |
| 净资产收益率(加权) | 11.33 | 9.62 | 17.78 | 20.79 |
| 扣除非经常性损益的净利润为基础计算的净资产收益率(摊薄) | 10.70 | 8.01 | 33.58 | 23.65 |
| 扣除非经常性损益的净利润为基础计算的净资产收益率(加权) | 10.81 | 9.65 | 12.02 | 23.23 |
| 每股经营活动产生的现金流量净额 | 0.755 | 0.222 | 240.09 | 0.189 |
| | 2002 年 12 月 31 日 | 2001 年 12 月 31 日 | 本年末比上年末增减(%) | 2000 年 12 月 31 日 |
| 每股净资产 | 5.526 | 5.157 | 7.16 | 1.969 |
| 调整后的每股净资产 | 5.371 | 5.00 | 7.42 | 1.91 |

## 600530 上海交大昂立股份有限公司

### 二〇〇二年年度报告摘选

#### 1.上市公司基本情况简介

1.1 基本情况简介

股票简称:交大昂立 股票代码:600530 上市交易所:上海证券交易所
注册地址:上海市松江区松江镇环城路 117 号 办公地址:上海市虹桥路 811 号
邮政编码:200030 公司国际互联网网址:http://www.onlly.com.cn
电子信箱:stock@mail.onlly.com.cn

1.2 联系人和联系方式

董事会秘书:张潘宏 联系地址:上海市虹桥路 811 号
电话:62810808 传真:62816699 电子信箱:stock@mail.onlly.com.cn

#### 2.会计数据和财务指标摘要

2.1 主要会计数据 单位:人民币元

| | 2002 年 | 2001 年 | 本年比上年增减(%) | 2000 年 |
|---|---|---|---|---|
| 主营业务收入 | 476,867,461.75 | 453,323,538.47 | 5.19 | 479358175.38 |
| 利润总额 | 56,806,030.96 | 59,603,552.36 | －4.69 | 50864208.05 |
| 净利润 | 51,181,478.72 | 54,640,914.53 | －6.33 | 50615855.64 |
| 扣除非经常性损益的净利润 | 45,042,562.01 | 36,441,147.65 | 23.60 | 30006345.06 |
| | 2002 年末 | 2001 年末 | 本年末比上年末增减(%) | 2000 年末 |
| 总资产 | 1,339,316,832.31 | 1,174,748,264.57 | 14.01 | 448112095.82 |
| 股东权益(不含少数股东权益) | 898,746,313.84 | 889,564,835.12 | 1.03 | 180162600.33 |
| 经营活动产生的现金流量净额 | 50,785,110.64 | －13,025,846.21 | 489.88 | 28783039.82 |

2.2 主要财务指标 单位:人民币元

| | 2002 年 | 2001 年 | 本年比上年增减(%) | 2000 年 |
|---|---|---|---|---|
| 每股收益 | 0.26 | 0.27 | －3.70 | 0.34 |
| 净资产收益率 | 5.69% | 6.14% | －7.33 | 28.09% |
| 扣除非经常性损益的净利润为基础计算的净资产收益率 | 5.01% | 4.09% | 22.49 | 11.00% |
| 每股经营活动产生的现金流量净额 | 0.25 | －0.065 | 484.62 | 0.192 |
| | 2002 年末 | 2001 年末 | 本年末比上年末增减(%) | 2000 年末 |
| 每股净资产 | 4.49 | 4.45 | 0.90 | 1.20 |
| 调整后的每股净资产 | 4.42 | 4.41 | 0.23 | 1.19 |

## 600535 天津天士力制药股份有限公司

### 二〇〇二年年度报告摘选

#### 1.上市公司基本情况简介

1.1 基本情况简介

股票简称:天士力 股票代码:600535 上市交易所:上海证券交易所
注册地址和办公地址:天津北辰科技园区 邮政编码:300402
公司国际互联网网址:http://www.tasly.com.cn 电子信箱:STOCK@TASLY.COM

1.2 联系人和联系方式

董事会秘书:宋利元 联系地址:天津北辰科技园区
电话:022－26736999 传真:022－26736721 电子信箱:sly1999@vip.sina.com

#### 2.会计数据和财务指标摘要

2.1 主要会计数据 单位:元

| | 2002 年 | 2001 年 | 本年比上年增减(%) | 2000 年 |
|---|---|---|---|---|
| 主营业务收入 | 929,786,247.76 | 684,555,834.51 | 35.82 | 391,617,892.31 |
| 利润总额 | 144,881,445.11 | 128,846,571.44 | 12.44 | 101,150,914.21 |
| 净利润 | 117,848,638.26 | 102,871,351.89 | 14.56 | 79,530,353.03 |
| 扣除非经常性损益的净利润 | 119,690,782.00 | 104,902,951.89 | 14.10 | 83,426,731.17 |
| | 2002 年末 | 2001 年末 | 本年末比上年末增减(%) | 2000 年末 |
| 总资产 | 1,250,698,632.62 | 595,390,443.00 | 110.06 | 420,470,286.39 |
| 股东权益(不含少数股东权益) | 972,901,823.72 | 238,796,381.55 | 307.42 | 150,053,286.73 |
| 经营活动产生的现金流量净额 | 206,221,824.26 | 83,766,845.58 | 146.19 | 104,634,280.81 |

2.2 主要财务指标

| | 2002 年 | 2001 年 | 本年比上年增减(%) | 2000 年 |
|---|---|---|---|---|
| 每股收益(元/股) | 0.62 | 0.73 | －15.07 | 0.57 |
| 净资产收益率% | 12.11 | 43.08 | －71.89 | 53.00 |
| 扣除非经常性损益的净利润为基础计算的净资产收益率% | 12.30 | 43.92 | －71.99 | 55.60 |
| 每股经营活动产生的现金流量净额(元/股) | 1.09 | 0.60 | 81.67 | 0.75 |
| | 2002 年末 | 2001 年末 | 本年末比上年末增减(%) | 2000 年末 |
| 每股净资产(元/股) | 5.12 | 1.71 | 199.42 | 1.07 |
| 调整后的每股净资产(元/股) | 5.11 | 1.70 | 200.59 | 0.94 |

## 600538 北海国发海洋生物产业股份有限公司

### 二〇〇二年年度报告摘选

#### 1.上市公司基本情况简介

1.1 基本情况简介

股票简称:北海国发　股票代码:600538　上市交易所:上海证券交易所

注册地址和办公地址:广西壮族自治区北海市北京路西侧9号　邮政编码:536000

公司国际互联网网址:http://www.gofar.com.cn　电子信箱:securities@gofar.com.cn

1.2 联系人和联系方式

董事会秘书:李勇　联系地址:广西壮族自治区北海市北京路西侧9号

电话:0779-3200619　传真:0779-3200618　电子信箱:securities@gofar.com.cn

#### 2.会计数据和财务指标摘要

2.1 主要会计数据　单位:(人民币)元

| | 2002年 | 2001年 | 本年比上年增减(%) | 2000年 |
|---|---|---|---|---|
| 主营业务收入 | 99,009,959.25 | 94,056,629.99 | 5.27 | 81,444,403.42 |
| 利润总额 | 24,082,535.58 | 25,615,880.73 | -5.99 | 23,835,709.23 |
| 净利润 | 23,693,989.51 | 24,594,196.01 | -3.66 | 15,608,025.34 |
| 扣除非经常性损益的净利润 | 19,909,331.74 | 21,754,325.29 | -8.48 | 15,725,258.66 |
| | 2002年末 | 2001年末 | 本年末比上年末增减(%) | 2000年末 |
| 总资产 | 235,219,459.90 | 206,656,094.88 | 13.82 | 195,977,577.20 |
| 股东权益(不含少数股东权益) | 142,037,403.14 | 129,423,413.63 | 9.75 | 104,829,217.62 |
| 经营活动产生的现金流量净额 | 17,013,359.07 | 23,347,464.45 | -27.13 | 18,921,920.83 |

2.2 主要财务指标　单位:(人民币)元

| | 2002年 | 2001年 | 本年比上年增减(%) | 2000年 |
|---|---|---|---|---|
| 每股收益 | 0.36 | 0.37 | -2.70 | 0.24 |
| 每股收益(股本变动) | 0.21 | 0.22 | -4.55 | 0.14 |
| 净资产收益率 | 16.68 | 19.00 | -12.21 | 14.89 |
| 扣除非经常性损益的净利润为基础计算的净资产收益率 | 14.02 | 16.81 | -16.60 | 15.00 |
| 每股经营活动产生的现金流量净额 | 0.26 | 0.35 | -25.71 | 0.29 |
| | 2002年末 | 2001年末 | 本年末比上年末增减(%) | 2000年末 |
| 每股净资产 | 2.16 | 1.97 | 9.64 | 1.59 |
| 调整后的每股净资产 | 2.13 | 1.95 | 9.23 | 1.57 |

## 600556 广西北生药业股份有限公司

### 二〇〇二年年度报告摘选

#### 1.上市公司基本情况简介

1.1 基本情况简介

股票简称:北生药业　股票代码:600556　上市交易所:上海证券交易所

注册地址和办公地址:广西壮族自治区北海市北海大道168号　邮政编码:536000

公司国际互联网网址:http://www.bsyy.com.cn　电子信箱:bsyy-bh@163.net

1.2 联系人和联系方式

董事会秘书:颜丹　联系地址:同公司注册地址

电话:0779-3226316　传真:0779-3226388

电子信箱:lls-yan@163.net

#### 2.会计数据和财务指标摘要

2.1 主要会计数据

| | 2002年 | 2001年 | 本年比上年增减(%) | 2000年 |
|---|---|---|---|---|
| 主营业务收入 | 217,372,021.96 | 123,793,186.78 | 75.59 | 98,898,617.86 |
| 利润总额 | 43,597,150.12 | 21,991,817.84 | 98.24 | 18,772,231.95 |
| 净利润 | 32,042,370.22 | 15,180,753.47 | 111.07 | 10,133,219.69 |
| 扣除非经常性损益的净利润 | 34,429,848.65 | 17,395,807.07 | 97.92 | 10,243,120.00 |
| | 2002年末 | 2001年末 | 本年末比上年末增减(%) | 2000年末 |
| 总资产 | 1,275,588,245.33 | 788,877,537.94 | 61.70 | 267,843,584.16 |
| 股东权益(不含少数股东权益) | 501,818,025.40 | 478,775,655.18 | 4.81 | 79,019,760.02 |
| 经营活动产生的现金流量净额 | 90,734,908.47 | 3,455,923.08 | 2525.49 | 9,539,448.30 |

2.2 主要财务指标

| | 2002年 | 2001年 | 本年比上年增减(%) | 2000年 |
|---|---|---|---|---|
| 每股收益 | 0.3560 | 0.1687 | 111.03 | 0.2076 |
| 每股收益注2 | 0.3560 | 0.2428 | 46.62 | 0.2076 |
| 净资产收益率 | 6.48 | 6.97 | -7.03 | 13.70 |
| 扣除非经常性损益的净利润为基础计算的净资产收益率 | 6.94 | 7.99 | -13.14 | 13.85 |
| 每股经营活动产生的现金流量净额 | 1.01 | 0.04 | 2425.00 | 0.20 |
| | 2002年末 | 2001年末 | 本年末比上年末增减(%) | 2000年末 |
| 每股净资产 | 5.5758 | 5.3197 | 4.81 | 1.6193 |
| 调整后的每股净资产 | 5.5092 | 5.2895 | 4.15 | 1.4591 |

## 600557 江苏康缘药业股份有限公司

### 二〇〇二年年度报告摘选

#### 1.上市公司基本情况简介

1.1 基本情况简介

股票简称:康缘药业　股票代码:600557　上市交易所:上海证券交易所

注册地址:连云港市经济技术开发区泰山北路58号　办公地址:连云港市新浦海昌南路58号

邮政编码:222001　公司国际互联网网址:http://www.chinakanion.com

电子信箱:chengfkanion@pub.lyg.jsinfo.net

1.2 联系人和联系方式

董事会秘书:程凡　联系地址:连云港市新浦海昌南路58号

电话:0518-5521990　传真:0518-5521983　电子信箱:chengfkanion@pub.lyg.jsinfo.net

#### 2.会计数据和财务指标摘要

2.1 主要会计数据　单位:万元

| | 2002年 | 2001年 | 同比增长(%) | 2000年 |
|---|---|---|---|---|
| 主营业务收入 | 26,205.66 | 22,543.32 | 16.25 | 15,655.87 |
| 利润总额 | 2,576.90 | 2,477.57 | 4.01 | 1,619.74 |
| 净利润 | 2,087.49 | 1,831.82 | 13.96 | 1,142.12 |
| 扣除非经常性损益的净利润 | 1,950.02 | 2,166.11 | -9.98 | 1,548.99 |
| | 2002年末 | 2001年末 | 同比增长(%) | 2000年末 |
| 总资产 | 42,607.22 | 17,752.36 | 140.01 | 17,592.96 |
| 股东权益(不含少数股东权益) | 33,171.53 | 7,230.10 | 358.80 | 5,553.26 |
| 经营活动产生的现金流量净额 | 1,115.29 | 2,102.42 | -46.95 | 1,546.76 |

2.2 主要财务指标　单位:元

| | 2002年 | 2001年 | 同比增长(%) | 2000年 |
|---|---|---|---|---|
| 每股收益(全面摊薄) | 0.23 | 0.35 | -34.29 | 0.22 |
| 每股收益(加权平均) | 0.34 | 0.35 | -2.86 | 0.67 |
| 净资产收益率(%) | 6.29 | 25.34 | -75.18 | 20.57 |
| 加权平均净资产收益率(扣除非经常性损益%) | 13.06 | 33.48 | -60.99 | 32.79 |
| 每股经营活动产生的现金流量净额 | 0.12 | 0.41 | -70.73 | 0.30 |
| 每股净资产 | 3.61 | 1.40 | 157.86 | 1.07 |
| 调整后的每股净资产 | 3.58 | 1.28 | 179.69 | 0.89 |

## 600568 湖北潜江制药股份有限公司

### 二〇〇二年年度报告摘选

#### 1.上市公司基本情况简介

1.1 基本情况简介

股票简称:潜江制药　股票代码:600568　上市交易所:上海证券交易所

注册地址和办公地址:湖北省潜江市横堤路特18号　邮政编码:433100

公司国际互联网网址:http://www.qjzy.com　电子信箱:qy600568@163.net

1.2 联系人和联系方式

董事会秘书:王凯　联系地址:武汉市洪山路87号潜江制药办事处

电话:027-87300388　传真:027-87309098　电子信箱:qy600568@163.net

证券事务代表:漆贤高　联系地址:湖北省潜江市横堤路特18号

电话:0728-6296288　传真:0728-62424548　电子信箱:qy600568@163.net

#### 2.会计数据和财务指标摘要

2.1 主要会计数据　单位:元

| | 2002年 | 2001年 | 本年比上年增减(%) | 2000年 |
|---|---|---|---|---|
| 主营业务收入 | 90,769,137.96 | 81,686,840.61 | 11.12% | 76,259,425.82 |
| 利润总额 | 18,268,508.63 | 21,144,824.84 | -13.60 | 8,900,280.39 |
| 净利润 | 11,189,285.13 | 13,867,134.12 | -19.31 | 2,367,684.79 |
| 扣除非经常性损益的净利润 | 5,083,246.97 | 12,197,321.15 | -58.32 | 2,481,615.56 |
| | 2002年末 | 2001年末 | 本年末比上年末增减(%) | 2000年末 |
| 总资产 | 478,196,582.13 | 460,314,776.92 | 3.97 | 124,129,131.86 |
| 股东权益(不含少数股东权益) | 444,660,287.44 | 433,471,002.31 | 2.58 | 72,125,290.59 |
| 经营活动产生的现金流量净额 | 566,660.76 | 4,586,089.67 | -87.64 | 2,848,124.93 |

2.2 主要财务指标

| | 2002年 | 2001年 | 本年比上年增减(%) | 2000年 |
|---|---|---|---|---|
| 每股收益全面摊薄 | 0.15 | 0.19 | -21.05 | 0.06 |
| 每股收益加权平均 | 0.15 | 0.23 | -34.78 | 0.06 |
| 净资产收益率(摊薄) | 2.52 | 3.20 | -21.25 | 3.28 |
| 扣除非经常性损益的净利润为基础计算的净资产收益率(加权) | 1.14 | 2.81 | -58.72 | 15.58 |
| 每股经营活动产生的现金流量净额 | 0.01 | 0.06 | -83.33 | 0.08 |
| | 2002年末 | 2001年末 | 本年末比上年末增减(%) | 2000年末 |
| 每股净资产 | 6.10 | 5.95 | 2.52 | 1.91 |
| 调整后的每股净资产 | 6.08 | 5.93 | 2.53 | 1.85 |

# 600664 哈药集团股份有限公司

## 二〇〇二年年度报告摘选

### 1.上市公司基本情况简介

1.1 基本情况简介

股票简称:哈药集团 股票代码:600664 上市交易所:上海证券交易所

注册地址:哈尔滨市南岗区昆仑商城隆顺街2号

办公地址:哈尔滨市道里区友谊路431号 邮政编码:150018

公司国际互联网网址:http://www.hayao.com 电子信箱:master@hayao.com

1.2 联系人和联系方式

董事会秘书:林本松 联系地址:哈尔滨市道里区友谊路431号

电话:0451－4604688 传真:0451－4604688 电子信箱:sec@hayao.com

### 2.会计数据和财务指标摘要

2.1 主要会计数据　　单位:元

| | 2002年 | 2001年(调整后) | 本年比上年增减(%) | 2000年 |
|---|---|---|---|---|
| 主营业务收入 | 6,514,940,343.92 | 5,368,313,591.02 | 21.36 | 6,444,458,354.56 |
| 利润总额 | 405,432,046.04 | 393,882,918.17 | 2.93 | 335,288,993.17 |
| 净利润 | 301,839,536.52 | 283,799,925.16 | 6.36 | 217,614,964.03 |
| 扣除非经常性损益的净利润 | 312,843,945.79 | 288,833,805.64 | 8.31 | 210,943,307.24 |
| | 2002年末 | 2001年末(调整后) | 本年末比上年末增减(%) | 2000年末 |
| 总资产 | 5,953,473,458.91 | 5,766,309,715.56 | 3.25 | 4,379,988,726.14 |
| 股东权益(不含少数股东权益) | 2,813,821,294.06 | 2,558,507,972.51 | 9.98 | 1,430,576,885.94 |
| 经营活动产生的现金流量净额 | 383,440,725.47 | 604,128,838.34 | －36.53 | 541,696,486.96 |

2.2 主要财务指标　　单位:元

| | 2002年 | 2001年 | 本年比上年增减(%) | 2000年 |
|---|---|---|---|---|
| 每股收益(摊薄) | 0.47 | 0.53 | －11.32 | 0.48 |
| 净资产收益率 | 10.73 | 11.09 | －0.36 | 15.21 |
| 扣除非经常性损益的净利润为基础计算的净资产收益率 | 11.12 | 11.29 | －0.17 | 14.75 |
| 每股经营活动产生的现金流量净额 | 0.60 | 1.14 | －47.37 | 1.20 |
| | 2002年末 | 2001年末 | 本年末比上年末增减(%) | 2000年末 |
| 每股净资产 | 4.42 | 4.82 | －8.30 | 3.17 |
| 调整后的每股净资产 | 4.38 | 4.74 | －7.59 | 3.07 |

# 600666 西南药业股份有限公司

## 二〇〇二年年度报告摘选

### 1.公司基本情况简介

1.1 基本情况简介

股票简称:西南药业 股票代码:600666 上市交易所:上海证券交易所

注册地址和办公地址:重庆市沙坪坝区天星桥21号 邮政编码:400038

电子信箱:swpcom@public.cta.cq.cn

1.2 联系人和联系方式

董事会秘书:孙岷源 联系地址:重庆市沙坪坝区天桥21号

电话:(023)65313118－5080 传真:(023)65311721 电子信箱:Swpzqbgs@cta.cq.cn

证券事务代表:牟晓 联系地址:重庆市沙坪坝区天桥21号

电话:(023)65313118－5027 传真:(023)65347589

电子信箱:Swpzqbgs@cta.cq.cn

### 2.会计数据和财务指标摘要

2.1 主要会计数据

| | 2002年 | 2001年 | 本年比上年增减(%) | 2000年 |
|---|---|---|---|---|
| 主营业务收入 | 330,554,722.11 | 305,021,457.91 | 8.37 | 293,613,233.46 |
| 利润总额 | 23,897,497.76 | 22,874,107.92 | 4.47 | 17,859,036.98 |
| 净利润 | 19,361,445.09 | 19,450,360.59 | －0.46 | 14,927,760.33 |
| 扣除非经常性损益后的净利润 | 17,944,474.89 | 13,713,287.72 | 30.85 | 11,903,589.50 |
| | 2002年末 | 2001年末 | 本年末比上年末增减(%) | 2000年末 |
| 总资产 | 450,336,536.12 | 357,189,886.20 | 26.08 | 396,495,935.89 |
| 股东权益(不含少数股东权益) | 247,815,779.33 | 237,972,934.87 | 4.14 | 228,794,049.41 |
| 经营活动产生的现金流量净额 | 9,401,818.10 | 18,846,122.06 | －50.11 | 26,411,023.20 |

2.2 主要财务指标

| | 2002年 | 2001年 | 本年比上年增减(%) | 2000年 |
|---|---|---|---|---|
| 每股收益(元) | 0.13 | 0.13 | － | 0.10 |
| 净资产收益率 | 7.81% | 8.17% | －4.41 | 6.79% |
| 扣除非经常性损益的净利润为基础计算的加权净资产收益率 | 7.25% | 5.75% | 26.31% | 5.20% |
| 每股经营活动产生的现金流量净额 | 0.06 | 0.13 | －53.85 | 0.18 |
| | 2002年末 | 2001年末 | 本年末比上年末增减(%) | 2000年末 |
| 每股净资产(元) | 1.67 | 1.60 | 4.38 | 1.54 |
| 调整后的每股净资产 | 1.59 | 1.52 | 4.60 | 1.47 |

# 600671 杭州天目山药业股份有限公司

## 二〇〇二年年度报告摘选

### 1.上市公司基本情况简介

1.1 基本情况简介

股票简称:天目药业 股票代码:600671 上市交易所:上海证券交易所

注册地址和办公地址:浙江省临安市锦城街道安阁弄3号 邮政编码:311300

公司国际互联网网址:http://www.hztm.com 电子信箱:tmsp@la.hz.zj.cn

1.2 联系人和联系方式

董事会秘书:周群林 联系地址:浙江省临安市锦城街道安阁弄3号

电话:0571－63722229 传真:0571－63715401 电子信箱:tmsp@la.hz.zj.cn

证券事务代表:张丹 联系地址:浙江省临安市锦城街道安阁弄3号

电话:0571－63722229 传真:0571－63715401 电子信箱:tmsp@la.hz.zj.cn

### 2.会计数据和财务指标摘要

2.1 主要会计数据　　单位:人民币元

| | 2002年度 | 2001年度 | 本年比上年增减(%) | 2000年度 |
|---|---|---|---|---|
| 主营业务收入 | 158,235,821.13 | 144,426,652.48 | 9.56 | 94,154,364.56 |
| 利润总额 | 5,989,368.40 | 7,288,890.34 | －17.83 | 6,011,370.98 |
| 净利润 | 1,958,557.23 | 2,972,604.10 | －34.11 | 2,484,971.26 |
| 扣除非经常性损益的净利润 | 976,606.84 | 1,720,895.64 | －43.25 | 3,787,504.04 |
| | 2002年12月31日 | 2001年12月31日 | 本年末比上年末增减(%) | 2000年12月31日 |
| 总资产 | 373,529,789.85 | 407,379,512.34 | －8.31 | 402,727,083.01 |
| 股东权益(不含少数股东权益) | 223,551,440.48 | 223,038,733.25 | 0.23 | 223,478,778.88 |
| 经营活动产生的现金流量净额 | 21,800,069.04 | 10,517,537.81 | 107.27 | －9,668,653.87 |

2.2 主要财务指标

| | 2002年度 | 2001年度 | 本年比上年增减(%) | 2000年度 |
|---|---|---|---|---|
| 普通每股收益(摊薄) | 0.005 | 0.015 | －66.35 | 0.01 |
| 普通每股收益(加权) | 0.005 | 0.015 | －66.35 | 0.01 |
| 净资产收益率(%) | 0.88 | 1.33 | －0.45 | 1.11 |
| 扣除非经常性损益的净利润为基础计算的净资产收益率(%) | 0.44 | 0.77 | －0.33 | 1.69 |
| 每股经营活动产生的现金流量净额 | 0.21 | 0.10 | 110 | －0.09 |
| | 2002年末 | 2001年末 | 本年末比上年末增减(%) | 2000年末 |
| 每股净资产 | 1.98 | 1.97 | 0.25 | 1.97 |
| 调整后的每股净资产 | 1.67 | 1.88 | －11.28 | 1.87 |

# 600713 南京医药股份有限公司

## 二〇〇二年年度报告摘选

### 1.上市公司基本情况简介

1.1 基本情况简介

股票简称:南京医药 股票代码:600713 上市交易所:上海证券交易所

注册地址:南京市经济技术开发区(中山东路486号)

办公地址:南京市中山东路486号 邮政编码:210002

公司国际互联网网址:http://www.njyy.com.cn 电子信箱:info@njyy.com

1.2 联系人和联系方式

董事会秘书:王永利女士 联系地址:南京市中山东路486号

电话:025－4415515－1407 传真:025－4453856 电子信箱:info@njyy.com

证券事务代表:梁毅宁先生 联系地址:南京市中山东路486号

电话:025－4525221 传真:025－4525221 电子信箱:info@njyy.com

### 2.会计数据和财务指标摘要

2.1 主要会计数据

| | 2002年 | 2001年 调整后 | 2001年 调整前 | 本年比上年增减(%) | 2000年 调整后 | 2000年 调整前 |
|---|---|---|---|---|---|---|
| 主营业务收入 | 2,068,689,554.65 | 1,428,644,367.80 | 1,428,644,367.80 | 44.80 | 1,329,200,574.02 | 1,329,200,574.02 |
| 利润总额 | 45,801,685.16 | 51,082,367.63 | 54,215,749.31 | －10.34 | 54,330,808.78 | 57,040,725.41 |
| 净利润 | 28,198,027.42 | 33,764,437.85 | 36,897,819.53 | －16.49 | 36,758,714.01 | 39,468,630.64 |
| 扣除非经常性损益的净利润 | 21,943,427.42 | 15,068,943.27 | 18,202,324.95 | 45.62 | 35,433,665.03 | 38,143,581.66 |
| | 2002年末 | 2001年末 调整后 | 2001年末 调整前 | 本年末比上年末增减(%) | 2000年末 调整后 | 2000年末 调整前 |
| 总资产 | 1,816,297,162.59 | 1,167,997,094.90 | 1,167,258,693.41 | 55.51 | 1,183,403,231.54 | 1,186,113,148.17 |
| 股东权益(不含少数股东权益) | 436,904,949.39 | 428,590,783.84 | 431,724,165.52 | 1.94 | 416,416,758.07 | 419,126,674.70 |
| 经营活动产生的现金流量净额 | 68,751,799.14 | －4,202,536.98 | －4,202,536.98 | 1736.90 | 87,678,049.61 | 87,678,049.61 |

2.2 主要财务指标

| | 2002年 | 2001年 调整后 | 2001年 调整前 | 本年比上年增减(%) | 2000年 调整后 | 2000年 调整前 |
|---|---|---|---|---|---|---|
| 每股收益 | 0.145 | 0.174 | 0.19 | －16.67 | 0.19 | 0.20 |
| 每股收益注2 | 0.145 | 0.174 | 0.19 | －16.67 | 0.19 | 0.20 |
| 净资产收益率 | 6.45 | 7.88 | 8.55 | －18.15 | 8.83 | 9.42 |
| 扣除非经常性损益的净利润为基础计算的净资产收益率 | 5.06 | 3.52 | 4.19 | 43.75 | 8.51 | 9.10 |
| 每股经营活动产生的现金流量净额 | 0.35 | －0.02 | －0.02 | 1850 | 0.45 | 0.45 |
| | 2002年末 | 2001年末 调整后 | 2001年末 调整前 | 本年末比上年末增减(%) | 2000年末 调整后 | 2000年末 调整前 |
| 每股净资产 | 2.25 | 2.21 | 2.22 | 1.81 | 2.14 | 2.16 |
| 调整后的每股净资产 | 2.22 | 2.19 | 2.20 | 1.37 | 2.11 | 2.13 |

## 600750 江西江中药业股份有限公司

### 二〇〇二年年度报告摘选

#### 1.上市公司基本情况简介

1.1 基本情况简介

股票简称:江中药业 股票代码:600750 上市交易所:上海证券交易所

注册地址:江西省南昌市火炬大道888号 办公地址:江西省南昌市福州路347号

邮政编码:330077 公司国际互联网网址:www.jzjt.com 电子信箱:jzyy@jzjt.com

1.2 联系人和联系方式

董事会秘书:吴伯帆 联系地址:江西省南昌市福州路347号

电话:0791-8515742 传真:0791-8515742 电子信箱:jzyy@jzjt.com

#### 2.会计数据和财务指标摘要

2.1 主要会计数据

| | 2002年 | 2001年 | 本年比上年增减(%) | 2000年 |
|---|---|---|---|---|
| 主营业务收入 | 667,672,108.02 | 354,965,944.99 | 88.09 | 368,460,145.52 |
| 利润总额 | 69,318,666.85 | 67,789,844.97 | 2.26 | 48,878,543.23 |
| 净利润 | 43,213,413.95 | 37,820,923.47 | 14.26 | 279,115.18 |
| 扣除非经常性损益的净利润 | 46,459,853.87 | 42,945,041.52 | 8.18 | 27,615,978.36 |
| | 2002年 | 2001年 | 本年末比上年末增减(%) | 2000年 |
| 总资产 | 740,781,442.58 | 636,572,579.59 | 16.37 | 686,363,685.62 |
| 股东权益(不含少数股东权益) | 549,698,986.61 | 520,860,547.36 | 5.54 | 496,963,680.42 |
| 经营活动产生的现金流量净额 | 94,901,625.40 | 41,278,693.52 | 12.99 | 121,768,643.80 |

2.2 主要财务指标

| | 2002年 | 2001年 | 本年比上年增减(%) | 2000年 |
|---|---|---|---|---|
| 每股收益 | 0.30 | 0.26 | 15.38 | 0.002 |
| 净资产收益率 | 7.86% | 7.26% | 8.26 | 0.06% |
| 扣除非经常性损益的净利润为基础计算的净资产收益率 | 8.31% | 8.25% | 0.73 | 5.28% |
| 每股经营活动产生的现金流量净额 | 0.65 | 0.28 | 132.14 | 0.83 |
| | 2002年 | 2001年 | 本年末比上年末增减(%) | 2000年 |
| 每股净资产 | 3.76 | 3.56 | 5.62 | 3.40 |
| 调整后的每股净资产 | 3.63 | 3.50 | 3.71 | 3.38 |

## 600752 哈慈股份有限公司

### 二〇〇二年年度报告摘选

#### 1.上市公司基本情况简介

1.1 基本情况简介

股票简称:哈慈股份 股票代码:600752 上市交易所:上海证券交易所

注册地址和办公地址:哈尔滨市动力区通乡街169号 邮政编码:150046

公司国际互联网网址:http://www.hacico.com 电子信箱:master@hacico.com

1.2 联系人和联系方式

董事会秘书:郝沪东 联系地址:哈尔滨市动力区通乡街169号

电话:0451-2688688 传真:0451-5696922 电子信箱:haohudong@hacico.com

证券事务代表:赵雪梅 联系地址:哈尔滨市动力区通乡街169号

电话:0451-2688688 传真:0451-5696922

#### 2.会计数据和财务指标摘要

2.1 主要会计数据

| | 2002年 | 2001年 | 本年比上年增减(%) | 2000年 |
|---|---|---|---|---|
| 主营业务收入 | 44,411,923.33 | 254,005,843.60 | -82.52 | 395,522,904.15 |
| 利润总额 | -185,933,138.34 | 20,348,486.23 | -1013.74 | 48,608,861.30 |
| 净利润 | -188,819,725.79 | 17,271,593.95 | -1193.24 | 47,258,436.66 |
| 扣除非经常性损益的净利润 | -136,173,124.40 | 21,365,678.85 | -737.35 | 48,062,945.91 |
| | 2002年 | 2001年 | 本年比上年增减(%) | 2000年 |
| 总资产 | 1,226,280,054.73 | 1,358,471,196.02 | -9.73 | 893,257,231.56 |
| 股东权益(不含少数股东权益) | 752,032,033.71 | 945,399,306.15 | -20.45 | 663,582,049.90 |
| 经营活动产生的现金流量净额 | -124,174,400.85 | 122,940,571.77 | -201 | 33,731,149.99 |

2.2 主要财务指标

| | 2002年 | 2001年 | 本年比上年增减(%) | 2000年 |
|---|---|---|---|---|
| 每股收益 | -0.558 | 0.051 | -1194.11 | 0.16 |
| 净资产收益率 | -25.11 | 1.83 | -1472.13 | 7.12 |
| 扣除非经常性损益的净利润为基础计算的净资产收益率 | -16 | 2.97 | -638.72 | 7.68 |
| 每股经营活动产生的现金流量净额 | -0.37 | 0.36 | -202.78 | 0.11 |
| | 2002年 | 2001年 | 本年比上年增减(%) | 2000年 |
| 每股净资产 | 2.22 | 2.79 | -20.43 | 2.20 |
| 调整后的每股净资产 | 2.13 | 2.74 | -22.26 | 2.14 |

## 600771 东盛科技股份有限公司

### 二〇〇二年年度报告摘选

#### 1.上市公司基本情况简介

1.1 基本情况简介

股票简称:东盛科技 股票代码:600771 上市交易所:上海证券交易所

注册地址:青海省西宁市高新开发区

办公地址:陕西省西安市南二环西段九号永安大厦 邮政编码:710068

公司国际互联网网址:http://www.topsun.com 电子信箱:topsun@public.xa.sn.cn

1.2 联系人和联系方式

董事会秘书:田红 联系地址:陕西省西安市南二环西段九号永安大厦

电话:029-8378953 传真:029-8378953 电子信箱:th0552@sina.com

证券事务代表:郑延莉 联系地址:陕西省西安市南二环西段九号永安大厦

电话:029-8378949转8085 传真:029-8378953 电子信箱:zhengyl1975@sina.com

#### 2.会计数据和财务指标摘要

2.1 主要会计数据 单位:元

| | 2002年 | 2001年(调整后) | 本年比上年增减% | 2000年(调整后) |
|---|---|---|---|---|
| 主营业务收入 | 504,300,326 | 445,672,499 | 13.15% | 311,038,666 |
| 利润总额 | 56,469,168 | 34,071,596 | 65.74% | 56,334,272 |
| 净利润 | 37,230,073 | 44,731,388 | -16.77% | 53,650,096 |
| 扣除非经常性损益的净利润 | 33,322,886 | 60,702,269 | -45.10% | 53,587,088 |
| | 2002年末 | 2001年末(调整后) | 本年末比上年末增减% | 2000年末(调整后) |
| 总资产 | 1,184,807,939 | 1,006,365,907 | 17.73% | 629,030,062 |
| 股东权益(不含少数股东权益) | 362,905,782 | 337,429,078 | 7.55% | 292,697,690 |
| 经营活动产生的现金流量净额 | 129,324,507 | 19,964,642 | 547.76% | 11,518,539 |

2.2 主要财务指标 单位:元

| | 2002年 | 2001年(调整后) | 本年比上年增减% | 2000年(调整后) |
|---|---|---|---|---|
| 每股收益 | 0.20 | 0.24 | -16.67% | 0.29 |
| 净资产收益率% | 10.26 | 13.26 | -22.62% | 18.33 |
| 扣除非经常性损益的净利润为基础计算的净资产收益率 | 9.34 | 19.27 | -51.53% | 20.16 |
| 每股经营活动产生的现金流量净额 | 0.69 | 0.11 | 527.27% | 0.06 |
| | 2002年末 | 2001年末(调整后) | 本年末比上年末增减% | 2000年末(调整后) |
| 每股净资产 | 1.94 | 1.81 | 7.18% | 1.57 |
| 调整后的每股净资产 | 1.93 | 1.72 | 12.21% | 1.51 |

## 600796 浙江钱江生物化学股份有限公司

### 二〇〇二年年度报告摘选

#### 1.上市公司基本情况简介

1.1 基本情况简介

股票简称:钱江生化 股票代码:600796 上市交易所:上海证券交易所

注册地址和办公地址:浙江省海宁市硖石镇西山路598号 邮政编码:314400

公司国际互联网网址:http://www.qianjiang-bioch.com 电子信箱:qjbioch@mail.jxptt.zj.cn

1.2 联系人和联系方式

董事会秘书:胡明

联系地址:浙江省海宁市硖石镇西山路598号浙江钱江生物化学股份有限公司董事会办公室

电话:0573-7042800 传真:0573-7035640 电子信箱:qjbioch@mail.jxptt.zj.cn

证券事务代表:胡鸣一

联系地址:浙江省海宁市硖石镇西山路598号浙江钱江生物化学股份有限公司董事会办公室

电话:0573-7042800 传真:0573-7035640 电子信箱:qjbioch@mail.jxptt.zj.cn

#### 2.会计数据和财务指标摘要

2.1 主要会计数据

| | 2002年 | 2001年 | 本年比上年增减(%) | 2000年 |
|---|---|---|---|---|
| 主营业务收入 | 202,376,337.56 | 200,244,518.55 | 1.06 | 198,601,692.48 |
| 利润总额 | 19,930,336.61 | 28,818,175.59 | -30.84 | 41,893,867.87 |
| 净利润 | 16,749,164.44 | 26,316,321.44 | -36.35 | 35,877,603.41 |
| 扣除非经常性损益的净利润 | 14,736,932.94 | 22,847,936.62 | -35.50 | 35,745,691.89 |
| | 2002年末 | 2001年末 | 本年末比上年末增减(%) | 2000年末 |
| 总资产 | 533,453,690.79 | 439,942,417.33 | 21.26 | 407,881,991.75 |
| 股东权益(不含少数股东权益) | 365,885,437.91 | 250,040,558.47 | 46.33 | 245,027,037.03 |
| 经营活动产生的现金流量净额 | 53,143,615.18 | 31,194,065.13 | 70.34 | 42,094,158.82 |

2.2 主要财务指标

| | 2002年 | 2001年 | 本年比上年增减(%) | 2000年 |
|---|---|---|---|---|
| 每股收益(摊薄) | 0.143 | 0.247 | -42.11 | 0.337 |
| 每股收益(加权) | 0.149 | 0.247 | -39.68 | 0.337 |
| 净资产收益率(%) | 4.58 | 10.52 | -56.46 | 14.64 |
| 扣除非经常性损益的净利润为基础计算的净资产收益率(%) | 4.47 | 8.85 | -49.49 | 14.46 |
| 每股经营活动产生的现金流量净额 | 0.454 | 0.293 | 54.95 | 0.395 |
| | 2002年末 | 2001年末 | 本年末比上年末增减(%) | 2000年末 |
| 每股净资产 | 3.125 | 2.347 | 33.15 | 2.300 |
| 调整后的每股净资产 | 3.087 | 2.339 | 31.98 | 2.290 |

## 600812 华北制药股份有限公司

### 二〇〇二年年度报告摘选

#### 1.上市公司基本情况简介

1.1 基本情况简介

股票简称:华北制药 股票代码:600812 上市交易所:上海证券交易所

注册地址和办公地址:河北省石家庄市和平东路388号 邮政编码:050015

公司国际互联网网址:http://www.ncpc.com.cn 电子信箱:gufenban@ncpc.com.cn

1.2 联系人和联系方式

董事会秘书:曹正平 联系地址:河北省石家庄市和平东路388号

电话:(0311)6219063 传真:(0311)6060942 电子信箱:Caozhengping@ncpc.com.cn

证券事务代表:许建文 联系地址:河北省石家庄市和平东路388号

电话:(0311)6678491 传真:(0311)6060942 电子信箱:xujianwen@ncpc.com.cn

#### 2.会计数据和财务指标摘要

2.1 主要会计数据 单位:元

| | 2002年 | 2001年 | 本年比上年增减(%) | 2000年 |
|---|---|---|---|---|
| 主营业务收入 | 3,003,474,213.22 | 2,830,811,625.68 | 6.10% | 2,358,939,127.37 |
| 利润总额 | 246,889,644.68 | 199,833,594.72 | 23.55% | 128,352,603.18 |
| 净利润 | 130,916,604.72 | 110,951,880.64 | 17.99% | 81,498,681.94 |
| 扣除非经常性损益的净利润 | 130,639,567.23 | 94,179,734.61 | 38.71% | 94,315,742.91 |
| | 2002年末 | 2001年末 | 本年末比上年末增减(%) | 2000年末 |
| 总资产 | 6,958,987,345.18 | 7,147,564,949.04 | -2.64% | 6,541,967,647.29 |
| 股东权益(不含少数股东权益) | 2,450,151,777.62 | 2,326,214,394.77 | 5.33% | 2,268,396,351.50 |
| 经营活动产生的现金流量净额 | 738,500,978.74 | 366,401,538.17 | 101.56% | 174,606,758.66 |

2.2 主要财务指标 单位:元

| | 2002年 | 2001年 | 本年比上年增减(%) | 2000年 |
|---|---|---|---|---|
| 每股收益 | 0.11 | 0.09 | 22.22% | 0.07 |
| 净资产收益率 | 5.34% | 4.77% | 11.95% | 3.59% |
| 扣除非经常性损益的净利润为基础计算的净资产收益率 | 5.33% | 4.05% | 31.60% | 4.16% |
| 每股经营活动产生的现金流量净额 | 0.63 | 0.31 | 103.23% | 0.15 |
| | 2002年末 | 2001年末 | 本年末比上年末增减(%) | 2000年末 |
| 每股净资产 | 2.10 | 1.99 | 5.53% | 1.94 |
| 调整后的每股净资产 | 1.75 | 1.88 | -6.91% | 1.83 |

## 600842 上海中西药业股份有限公司

### 二〇〇二年年度报告摘选

#### 1.上市公司基本情况简介

1.1 基本情况简介

股票简称:ST中西 股票代码:600842 上市交易所:上海证券交易所

注册地址:上海浦东江心沙路9号 办公地址:上海交通路1515号 邮政编码:200065

公司国际互联网网址:http://www.zhongxi.com.cn 电子信箱:zxjsjb@online.sh.cn

1.2 联系人和联系方式

董事会秘书:张兴国 联系地址:上海交通路1515号

电话:021-56082188总机转 传真:021-56083743 电子信箱:zxjsjb@online.sh.cn

证券事务代表:冯骏 联系地址:上海交通路1515号

电话:021-56082188总机转 传真:021-56083743

#### 2.会计数据和财务指标摘要

2.1 主要会计数据

| | 2002年 | 2001年 | 本年比上年增减(%) | 2000年 |
|---|---|---|---|---|
| 主营业务收入 | 214758233.64 | 235567802.42 | -8.83 | 239345209.81 |
| 利润总额 | -503450739.36 | -92011574.44 | -447.16 | -149115540.35 |
| 净利润 | -516109526.53 | -85099127.73 | -506.48 | -150149343.20 |
| 扣除非经常性损益的净利润 | -429710039.58 | -32824056.05 | -1209.13 | -150149343.20 |
| | 2002年末 | 2001年末 | 本年末比上年末增减(%) | 2000年末 |
| 总资产 | 742911995.34 | 1217355590.81 | -38.97 | 1218141138.84 |
| 股东权益(不含少数股东权益) | -414921732.57 | 102799611.36 | -503.62 | 181975818.33 |
| 经营活动产生的现金流量净额 | -34014801.18 | -24398072.44 | -39.42% | 68747834.04 |

2.2 主要财务指标

| | 2002年 | 2001年 | 本年比上年增减(%) | 2000年 |
|---|---|---|---|---|
| 每股收益 | -2.3939 | -0.3947 | -506.48 | -0.696 |
| 净资产收益率 | -124.39 | -82.78 | -- | -82.55 |
| 扣除非经常性损益的净利润为基础计算的净资产收益率 | -103.49 | -61.00 | -- | -59.47 |
| 每股经营活动产生的现金流量净额 | -0.1577 | -0.1132 | -39.42% | 0.3189 |
| | 2002年末 | 2001年末 | 本年末比上年末增减(%) | 2000年末 |
| 每股净资产 | -1.9245 | 0.4768 | -503.62 | 0.6836 |
| 调整后的每股净资产 | -2.0758 | 0.4158 | -599.23 | 0.3189 |

## 600849 上海市医药股份有限公司

### 二〇〇二年年度报告摘选

#### 1.上市公司基本情况简介

1.1 基本情况简介

股票简称:上海医药 股票代码:600849 上市交易所:上海证券交易所

注册地址和办公地址:上海浦东新区金桥路1399号 邮政编码:201206

公司国际互联网网址:http://www.shaphar.com.cn 电子信箱:shaphar@shaphar.com.cn

1.2 联系人和联系方式

董事会秘书:曹伟荣 联系地址:上海浦东新区金桥路1399号

电话:021-58999802 传真:021-58995835 电子信箱:caowr@elong.com

#### 2.会计数据和财务指标摘要

2.1 主要会计数据 单位:元

| | 2002年 | 2001年 | 本年比上年增减% | 2000年 |
|---|---|---|---|---|
| 主营业务收入 | 7,235,687,313.06 | 5,202,034,324.53 | 39.09 | 4,595,253,671.57 |
| 利润总额 | 213,477,213.21 | 199,782,533.00 | 6.85 | 198,070,919.87 |
| 净利润 | 125,847,063.73 | 142,723,226.18 | -11.82 | 162,248,209.70 |
| 扣除非经常性损益的净利润 | 106,816,695.10 | 130,771,144.13 | -18.32 | 126,253,767.75 |
| | 2002年末 | 2001年末 | 本年末比上年末增减% | 2000年末 |
| 总资产 | 5,402,814,501.19 | 4,282,905,389.05 | 26.15 | 3,512,674,565.45 |
| 股东权益(不含少数股东权益) | 1,559,553,026.73 | 1,495,063,866.69 | 4.31 | 754,442,749.41 |
| 经营活动产生的现金流量净额 | 100,843,203.22 | 65,733,190.72 | 53.41 | 146,221,378.81 |

2.2 主要财务指标

| | 2002年 | 2001年 | 本年比上年增减% | 2000年 |
|---|---|---|---|---|
| 每股收益 | 0.40 | 0.45 | -11.11 | 0.71 |
| 净资产收益率(%) | 8.07 | 9.55 | -15.50 | 21.51 |
| 扣除非经常性损益后的净资产收益率% | 6.85 | 8.75 | -21.71 | 16.04 |
| 每股经营活动产生的现金流量净额 | 0.32 | 0.21 | 52.38 | 0.64 |
| | 2002年末 | 2001年末 | 本年末比上年末增减% | 2000年末 |
| 每股净资产 | 4.93 | 4.73 | 4.23 | 3.29 |
| 调整后的每股净资产 | 4.52 | 4.48 | 0.89 | 3.04 |

## 600866 广东肇庆星湖生物科技股份有限公司

### 二〇〇二年年度报告摘选

#### 1.上市公司基本情况简介

1.1 基本情况简介

股票简称:星湖科技 股票代码:600866 上市交易所:上海证券交易所

注册地址和办公地址:广东省肇庆市工农北路67号 邮政编码:526040

公司国际互联网网址:http://www.starlake.com.cn 电子信箱:development@starlake.com.cn

1.2 联系人和联系方式

董事会秘书:陈明 联系地址:广东省肇庆市工农北路67号

电话:0758-2291130 传真:0758-2239449 电子信箱:development@starlake.com.cn

证券事务代表:杨达明 联系地址:广东省肇庆市工农北路67号

电话:0758-2291130 传真:0758-2239449 电子信箱:development@starlake.com.cn

#### 2.会计数据和财务指标摘要

2.1 主要会计数据

| | 2002年 | 2001年 | 本年比上年增减(%) | 2000年 |
|---|---|---|---|---|
| 主营业务收入 | 492,423,317.40 | 440,054,866.86 | 11.9 | 348,874,852.30 |
| 利润总额 | 87,400,703.94 | 76,238,388.24 | 14.64 | 93,872,745.16 |
| 净利润 | 78,669,427.23 | 67,754,594.17 | 16.11 | 85,986,460.58 |
| 扣除非经常性损益的净利润 | 78,057,363.99 | 67,380,258.17 | 15.85 | 85,590,168.58 |
| | 2002年末 | 2001年末 | 本年末比上年末增减(%) | 2000年末 |
| 总资产 | 1,023,825,045.52 | 1,001,551,948.95 | 2.22 | 1,048,659,941.59 |
| 股东权益(不含少数股东权益) | 831,118,209.76 | 752,374,791.78 | 10.47 | 717,189,105.71 |
| 经营活动产生的现金流量净额 | 183,184,119.55 | 60,824,722.50 | 201.2 | 93,412,020.97 |

2.2 主要财务指标

| | 2002年 | 2001年 | 本年比上年增减(%) | 2000年 |
|---|---|---|---|---|
| 每股收益 | 0.24 | 0.21 | 14.28 | 0.366 |
| 净资产收益率 | 9.47 | 9.01 | 5.34 | 11.99 |
| 扣除非经常性损益的净利润为基础计算的净资产收益率 | 9.39 | 8.99 | 4.45 | 11.93 |
| 每股经营活动产生的现金流量净额 | 0.562 | 0.187 | 200.53 | 0.373 |
| | 2002年末 | 2001年末 | 本年末比上年末增减(%) | 2000年末 |
| 每股净资产 | 2.55 | 2.31 | 10.39 | 2.86 |
| 调整后的每股净资产 | 2.54 | 2.28 | 11.40 | 2.84 |

# C9.其他制造业(8家)

## 600110 中科英华高技术股份有限公司

### 二〇〇二年年度报告摘选

#### 1.上市公司基本情况简介

1.1 基本情况简介
股票简称:中科英华 股票代码:600110 上市交易所:上海证券交易所
注册地址和办公地址:吉林省长春市高新技术开发区火炬路286号
邮政编码:130012 公司国际互联网网址:http://www.KINWA.COM.CN
电子信箱:ciac@public.cc.jl.cn
1.2 联系人和联系方式
董事会秘书:黄宝育 联系地址:吉林省长春市高新技术开发区火炬路286号
电话:0431-5161088 传真:0431-5161071 电子信箱:ccrs@public.cc.jl.cn

#### 2.会计数据和财务指标摘要

2.1 主要会计数据

| | 2002年 | 2001年 | 本年比上年增减(%) | 2000年 |
|---|---|---|---|---|
| 主营业务收入 | 217,082,823.10 | 115,414,315.92 | 88.10 | 89,630,264.99 |
| 利润总额 | 54,735,004.01 | 55,732,505.98 | -1.79 | 55,732,505.98 |
| 净利润 | 51,000,808.68 | 50,983,367.26 | - | 47,128,629.98 |
| 扣除非经常性损益的净利润 | 49,895,058.03 | 41,651,182.08 | 19.79 | 46,434,969.18 |
| | 2002年末 | 2001年末 | 本年末比上年末增减(%) | 2000年末 |
| 总资产 | 858,202,163.28 | 753,983,207.46 | 13.16 | 498,775,805.71 |
| 股东权益(不含少数股东权益) | 592,979,595.11 | 552,960,557.87 | 7.24 | 339,961,539.33 |
| 经营活动产生的现金流量净额 | 55,008,629.80 | 14,177,416.58 | 288 | 69,375,745.50 |

2.2 主要财务指标

| | 2002年 | 2001年 | 本年比上年增减(%) | 2000年 |
|---|---|---|---|---|
| 每股收益 | 0.153 | 0.275 | -44.36 | 0.4075 |
| 净资产收益率 | 8.60 | 9.22 | -6.72 | 13.86 |
| 扣除非经常性损益的净利润为基础计算的净资产收益率 | 8.41 | 7.40 | 13.65 | 8.01 |
| 每股经营活动产生的现金流量净额 | 0.1646 | 0.0764 | 115.45 | 0.60 |
| | 2002年末 | 2001年末 | 本年末比上年末增减(%) | 2000年末 |
| 每股净资产 | 1.80 | 2.98 | -39.60 | 2.94 |
| 调整后的每股净资产 | 1.72 | 2.91 | -40.89 | 2.83 |

## 600113 浙江东日股份有限公司

### 二〇〇二年年度报告摘选

#### 1.上市公司基本情况简介

1.1 基本情况简介
股票简称:浙江东日 股票代码:600113 上市交易所:上海证券交易所
注册地址和办公地址:浙江省温州市矮凳桥92号 邮政编码:325003
公司国际互联网网址:Http://www.dongri.com 电子信箱:Zjdongri@mail:wzptt.zj.cn
1.2 联系人和联系方式
董事会秘书:张乘东 联系地址:浙江省温州市矮凳桥92号
电话:0577-88812155 传真:0577-88822336 电子信箱:Zjdongri@mail:wzptt.zj.cn
证券事务代表:陈琦 联系地址:浙江省温州市矮凳桥92号
电话:0577-88812155 传真:0577-88822336 电子信箱:Zjdongri@mail:wzptt.zj.cn

#### 2.会计数据和财务指标摘要

2.1 主要会计数据

| | 2002年 | 2001年 | 本年比上年增(%) | 2000年 |
|---|---|---|---|---|
| 主营业务收入 | 41,529,661.23 | 66,663,981.62 | -37.7 | 101,239,816.08 |
| 利润总额 | 6,875,403.93 | 4,212,611.65 | 63.21 | 18,069,125.20 |
| 净利润 | 4,479,843.17 | 2,430,467.25 | 84.32 | 15,121,159.24 |
| 扣除非经常性损益的净利润 | 3,682,233.78 | 2,718,236.38 | 35.46 | 15,121,159.24 |
| | 2002年末 | 2001年末 | 本年末比上年末增(%) | 2000年末 |
| 总资产 | 409,941,858.37 | 431,100,856.82 | -4.91 | 431,124,005.86 |
| 股东权益(不含少数股东权益) | 358,603,047.51 | 354,104,873.22 | 1.27 | 351,674,405.97 |
| 经营活动产生的现金流量净额 | 36,680,855.04 | 2,453,075.55 | 1395 | 16,942,303.70 |

2.2 主要财务指标

| | 2002年 | 2001年 | 本年比上年增减(%) | 2000年 |
|---|---|---|---|---|
| 每股收益(摊薄) | 0.04 | 0.02 | 100 | 0.13 |
| 每股收益(加权) | 0.04 | 0.02 | 100 | 0.13 |
| 净资产收益率 | 1.25 | 0.69 | 81.16 | 4.30 |
| 扣除非经常性损益的净利润为基础计算的净资产收益率 | 1.03 | 0.77 | 33.77 | 4.30 |
| 每股经营活动产生的现金流量净额 | 0.31 | 0.02 | 1450 | 0.40 |
| | 2002年末 | 2001年末 | 本年末比上年末增减(%) | 2000年末 |
| 每股净资产 | 3.04 | 3.00 | 1.33 | 2.98 |
| 调整后的每股净资产 | 3.02 | 2.97 | 1.68 | 2.96 |

## 600206 有研半导体材料股份有限公司

### 二〇〇二年年度报告摘选

#### 1.上市公司基本情况简介

1.1 基本情况简介
股票简称:有研硅股 股票代码:600206 上市交易所:上海证券交易所
注册地址:北京市海淀区北三环中路43号
办公地址:北京市新街口外大街2号 邮政编码:100088
公司国际互联网网址:http://www.gritek.com 电子信箱:taosen@gritek.com
1.2 联系人和联系方式
董事会秘书:陶森 联系地址:北京市新街口外大街2号
电话:62355380 传真:62355381 电子信箱:taosen@gritek.com
证券事务代表:刘晶 联系地址:北京市新街口外大街2号
电话:62355380 传真:62355381 电子信箱:liujing@gritek.com

#### 2.会计数据和财务指标摘要

2.1 主要会计数据 单位:元

| | 2002年 | 2001年 | 本年比上年增减(%) | 2000年 |
|---|---|---|---|---|
| 主营业务收入 | 120,831,218.27 | 108,355,366.03 | 11.51% | 119,183,217.74 |
| 利润总额 | -30,979,495.26 | 5,373,142.12 | | 30,190,161.30 |
| 净利润 | -33,758,533.02 | 1,735,304.32 | | 38,700,011.62 |
| 扣除非经常性损益的净利润 | -34,939,841.61 | 1,273,616.76 | | 21,674,436.26 |
| | 2002年末 | 2001年末 | 本年末比上年末增减(%) | 2000年末 |
| 总资产 | 974,202,044.52 | 886,226,197.59 | 9.93% | 735,968,812.10 |
| 股东权益(不含少数股东权益) | 652,199,151.57 | 688,805,814.85 | -5.31% | 679,289,489.41 |
| 经营活动产生的现金流量净额 | 19,289,954.88 | -18,161,406.20 | | 18,851,546.32 |

2.2 主要财务指标 单位:元

| | 2002年 | 2001年 | 本年比上年增减(%) | 2000年 |
|---|---|---|---|---|
| 每股收益 | -0.233 | 0.012 | | 0.267 |
| 净资产收益率 | -5.18% | 0.25% | | 5.73% |
| 扣除非经常性损益的净利润为基础计算的净资产收益率 | -5.21% | 0.18% | | 3.21% |
| 每股经营活动产生的现金流量净额 | 0.133 | -0.125 | | 0.130 |
| | 2002年末 | 2001年末 | 本年末比上年末增减(%) | 2000年末 |
| 每股净资产 | 4.498 | 4.750 | -5.31% | 4.685 |
| 调整后的每股净资产 | 4.374 | 4.714 | -7.21% | 4.667 |

## 600208 中宝科控投资股份有限公司

### 二〇〇二年年度报告摘选

#### 1.上市公司基本情况简介

1.1 基本情况简介
股票简称:中宝股份 股票代码:600208 上市交易所:上海证券交易所
注册地址:浙江嘉兴禾兴路366号 办公地址:上海南京东路中宝银楼八楼
邮政编码:200001 电子信箱:600208@secure.sse.com.cn
1.2 联系人和联系方式
董事会秘书:钱春 联系地址:上海南京东路中宝银楼八楼
电话:02163603572 传真:02163603562 电子信箱:Qianchun600208@263.net
证券事务代表:高磊 联系地址:上海南京东路中宝银楼八楼
电话:02163603572 传真:02163603562 电子信箱:Gaolei600208@263.net

#### 2.会计数据和财务指标摘要

2.1 主要会计数据

| | 2002年 | 2001年 | 本年比上年增减(%) | 2000年(调整后) |
|---|---|---|---|---|
| 主营业务收入 | 403,416,254.06 | 852,203,451.91 | -52.66 | 1,155,888,937.52 |
| 利润总额 | 58,266,876.90 | 70,828,800.50 | -17.74 | 73,538,504.51 |
| 净利润 | 15,322,007.25 | 40,632,570.22 | -62.29 | 38,139,494.93 |
| 扣除非经常性损益的净利润 | -5,248,681.92 | 32,736,355.56 | -116.04 | 30,079,960.97 |
| | 2002年末 | 2001年末 | 本年末比上年末增减(%) | 2000年末(调整后) |
| 总资产 | 2,666,554,143.88 | 2,190,224,929.09 | 21.75 | 2,216,909,030.67 |
| 股东权益(不含少数股东权益) | 621,928,603.78 | 602,935,847.91 | 3.15 | 571,112,335.18 |
| 经营活动产生的现金流量净额 | 46,456,008.52 | -70,405,085.57 | 165.98 | 185,949,908.75 |

2.2 主要财务指标

| | 2002年 | 2001年 | 本年比上年增减(%) | 2000年(调整后) |
|---|---|---|---|---|
| 每股收益 | 0.06 | 0.19 | -68.42 | 0.18 |
| 每股收益 | | | | |
| 净资产收益率 | 2.46% | 6.74% | -63.50 | 6.68% |
| 扣除非经常性损益的净利润为基础计算的净资产收益率 | -0.86% | 5.54% | -115.52 | 5.77% |
| 每股经营活动产生的现金流量净额 | 0.19 | -0.34 | 155.88 | 0.89 |
| | 2002年末 | 2001年末 | 本年末比上年末增减(%) | 2000年末(调整后) |
| 每股净资产 | 2.48 | 2.88 | -13.89 | 2.73 |
| 调整后的每股净资产 | 2.33 | 2.69 | -13.38 | 2.61 |

## 600210 上海紫江企业集团股份有限公司

### 二〇〇二年年度报告摘选

#### 1.上市公司基本情况简介

1.1 基本情况简介

股票简称:紫江企业 股票代码:600210 上市交易所:上海证券交易所

注册地址和办公地址:上海市莘庄工业区申富路 618 号: 邮政编码:201108

公司国际互联网网址:http://www.zijiangqy.com 电子信箱:zjqy@zijiangqy.com

1.2 联系人和联系方式

董事会秘书:高军 联系地址:上海市莘庄工业区申富路 618 号

电话:54421100－167 传真:54422693 电子信箱:zjqy@zijiangqy.com

证券事务代表:黄冰 联系地址:上海市莘庄工业区申富路 618 号

电话:54421100－193 传真:54422693 电子信箱:zjqy@zijiangqy.com

#### 2.会计数据和财务指标摘要

2.1 主要会计数据 （单位:元）

| | 2002 年 | 2001 年 | 本年比上年增减(%) | 2000 年 |
|---|---|---|---|---|
| 主营业务收入 | 1,821,347,043.89 | 1,138,597,790.32 | 59.96 | 802,524,387.11 |
| 利润总额 | 319,613,318.06 | 256,241,315.05 | 24.73 | 194,194,628.67 |
| 净利润 | 252,490,004.23 | 197,856,021.85 | 27.61 | 151,579,634.79 |
| 扣除非经常性损益的净利润 | 252,650,858.64 | 195,254,084.05 | 29.39 | 148,107,633.19 |
| | 2002 年末 | 2001 年末 | 本年末比上年末增减(%) | 2000 年末 |
| 总资产 | 4,541,941,541.46 | 3,737,533,613.93 | 21.52 | 2,169,256,270.39 |
| 股东权益(不含少数股东权益) | 1,557,269,981.67 | 1,470,430,151.90 | 5.91 | 968,705,837.36 |
| 经营活动产生的现金流量净额 | 530,557,374.20 | 264,231,058.02 | 100.79 | 229,779,586.98 |

2.2 主要财务指标 （单位:元）

| | 2002 年 | 2001 年 | 本年比上年增减(%) | 2000 年 |
|---|---|---|---|---|
| 每股收益(摊薄) | 0.462 | 0.362 | 27.62 | 0.469 |
| 每股收益(加权) | 0.462 | 0.377 | 22.55 | 0.469 |
| 净资产收益率 | 16.21% | 13.46% | 20.43 | 15.65% |
| 扣除非经常性损益的净利润为基础计算的净资产收益率 | 16.22% | 13.28% | 22.14 | 15.29% |
| 每股经营活动产生的现金流量净额 | 0.97 | 0.48 | 102.08 | 0.71 |
| | 2002 年末 | 2001 年末 | 本年末比上年末增减(%) | 2000 年末 |
| 每股净资产 | 2.85 | 2.69 | 5.95 | 2.995 |
| 调整后的每股净资产 | 2.81 | 2.65 | 6.04 | 2.95 |

## 600293 湖北三峡新型建材股份有限公司

### 二〇〇二年年度报告摘选

#### 1.上市公司基本情况简介

1.1 基本情况简介

股票简称:三峡新材 股票代码:600293 上市交易所:上海证券交易所

注册地址和办公地址:湖北省当阳市经济技术开发区 邮政编码:444105

电子信箱:dysxxz@163.net

1.2 联系人和联系方式

董事会秘书:张光春 联系地址:湖北省当阳市经济技术开发区

电话:0717－3280108 传真:0717－8934018 电子信箱:SXZGC@163.net

证券事务代表:张金奎 联系地址:湖北省当阳市经济技术开发区

电话:0717－3280108 传真:0717－8934018 电子信箱:SXZGC@163.net

#### 2.会计数据和财务指标摘要

2.1 主要会计数据

| | 2002 年 | 2001 年 | 本年比上年增减(%) | 2000 年 |
|---|---|---|---|---|
| 主营业务收入 | 357,358,559.41 | 260,174,212.86 | 37.35 | 232,408,416.16 |
| 利润总额 | 12,962,111.97 | 36,033,229.21 | －64.03 | 58,445,077.46 |
| 净利润 | 8,555,581.87 | 29,962,236.67 | －71.45 | 43,411,017.19 |
| 扣除非经常性损益的净利润 | 4,253,944.80 | 14,705,852.25 | －71.07 | 44,457,575.89 |
| | 2002 年末 | 2001 年末 | 本年末比上年末增减(%) | 2000 年末 |
| 总资产 | 1,141,449,429.11 | 1,093,179,935.37 | 4.42 | 1,013,197,285.54 |
| 股东权益(不含少数股东权益) | 726,188,953.26 | 717,445,482.38 | 1.22 | 692,758,245.71 |
| 经营活动产生的现金流量净额 | 14,913,126.33 | 44,205,415.31 | －66.26 | 25,273,946.54 |

2.2 主要财务指标

| | 2002 年 | 2001 年 | 本年比上年增减(%) | 2000 年 |
|---|---|---|---|---|
| 每股收益 | 0.0312 | 0.1420 | －78.03 | 0.206 |
| 每股收益注2 | －－ | －－ | －－ | －－ |
| 净资产收益率(%) | 1.18 | 4.18 | －71.77 | 6.27 |
| 扣除非经常性损益的净利润为基础计算的净资产收益率(%) | 0.59 | 2.05 | －71.22 | 13.36 |
| 每股经营活动产生的现金流量净额 | 0.054 | 0.210 | －74.29 | －0.066 |
| | 2002 年末 | 2001 年末 | 本年末比上年末增减(%) | 2000 年末 |
| 每股净资产 | 2.647 | 3.400 | －22.15 | 3.280 |
| 调整后的每股净资产 | 2.640 | 3.390 | －22.12 | 3.270 |

## 600390 金瑞新材料科技股份有限公司

### 二〇〇二年年度报告摘选

#### 1.上市公司基本情况简介

1.1 基本情况简介

股票简称:金瑞科技 股票代码:600390 上市交易所:上海证券交易所

注册地址和办公地址:湖南省长沙市岳麓区麓山南路 1 号 邮政编码:410012

公司国际互联网网址:www.king－ray.com www.king－ray.com.cn

电子信箱:Kingray@public.cs.hn.cn

1.2 联系人和联系方式

董事会秘书:刘丹 联系地址:湖南省长沙市岳麓区麓山南路 1 号

电话:0731－8657400 传真:0731－8711158 电子信箱:Invest@king－ray.com.cn

证券事务代表:李淼 联系地址:湖南省长沙市岳麓区麓山南路 1 号

电话:0731－8657382 传真:0731－8711158 电子信箱:Invest@king－ray.com.cn

#### 2.会计数据和财务指标摘要

2.1 主要会计数据 单位:元

| | 2002 年 | 2001 年 | 本年比上年增减(%) | 2000 年 |
|---|---|---|---|---|
| 主营业务收入 | 255,374,266.71 | 225,675,360.89 | 13.16 | 223,991,728.46 |
| 利润总额 | 17,777,930.52 * | 28,639,324.76 | －37.92 | 26,974,523.69 |
| 净利润 | 15,610,104.31 | 25,303,442.87 | －38.31 | 26,561,576.58 |
| 扣除非经常性损益的净利润 | 14,906,545.67 | 24,946,132.80 | －40.25 | 33,261,434.53 |
| | 2002 年末 | 2001 年末 | 本年末比上年末增减(%) | 2000 年末 |
| 总资产 | 929,097,548.22 | 863,575,587.75 | 7.59 | 899,067,468.74 |
| 股东权益(不含少数股东权益) | 698,630,710.79 | 698,386,645.36 | 0.03 | 671,641,232.13 |
| 经营活动产生的现金流量净额 | －1,301,186.90 | －32,806,909.22 | 96.03 | 13,763,213.70 |

2.2 主要财务指标

| | 2002 年 | 2001 年 | 本年比上年增减(%) | 2000 年 |
|---|---|---|---|---|
| 每股收益(元) | 0.15 | 0.24 | －37.50 | 0.25 |
| 每股收益(元) | 0.15 | 0.24 | －37.50 | 0.25 |
| 净资产收益率(%) | 2.23 | 3.67 | －39.24 | 3.95 |
| 扣除非经常性损益的净利润为基础计算的净资产收益率(%) | 2.13 | 3.63 | －41.32 | 4.76 |
| 每股经营活动产生的现金流量净额(元) | －0.01 | －0.31 | 96.77 | 0.11 |
| | 2002 年末 | 2001 年末 | 本年末比上年末增减(%) | 2000 年末 |
| 每股净资产(元) | 6.54 | 6.54 | 0.00 | 6.29 |
| 调整后的每股净资产(元) | 6.38 | 6.43 | －0.78 | 6.23 |

## 600525 深圳市长园新材料股份有限公司

### 二〇〇二年年度报告摘选

#### 1.上市公司基本情况简介

1.1 基本情况简介

股票简称:长园新材 股票代码:600525 上市交易所:上海证券交易所

注册地址:深圳市南山区科技工业园科技路 30－4 栋

办公地址:深圳市南山区科技工业园科苑大道长园新材料港 邮政编码:518057

公司国际互联网网址:http://www.changyuan.com 电子信箱:szChangy@publci.szptt.net.cn

1.2 联系人和联系方式

董事会秘书:倪昭华 联系地址:深圳市南山区科技工业园科苑大道长园新材料 A 栋 6 楼

电话:0755－56717828 传真:0755－26630603 电子信箱:joyni@changyuan.com

证券事务代表:刘栋 联系地址:深圳市南山区科技工业园科苑大道长园新材料港 A 栋 6 楼

电话:0755－26719476 传真:0755－26630603 电子信箱:liudong@changyuan.com

#### 2.会计数据和财务指标摘要

2.1 主要会计数据

| | 2002 年 | 2001 年 | 本年比上年增减(%) | 2000 年 |
|---|---|---|---|---|
| 主营业务收入 | 195,725,636.38 | 143,687,307.60 | 36.22 | 104,803,274.34 |
| 利润总额 | 42,425,894.06 | 37,904,798.63 | 11.93 | 29,208,593.84 |
| 净利润 | 30,963,793.54 | 27,957,872.73 | 10.75 | 24,295,095.42 |
| 扣除非经常性损益的净利润 | 23,207,982.04 | 20,677,576.58 | 12.24 | 19,456,158.27 |
| | 2002 年末 | 2001 年末 | 本年末比上年末增减(%) | 2000 年末 |
| 总资产 | 487,688,743.08 | 259,290,286.58 | 88.09 | 210,436,823.45 |
| 股东权益(不含少数股东权益) | 277,419,031.53 | 120,724,661.25 | 129.79 | 127,249,643.00 |
| 经营活动产生的现金流量净额 | 40,182,407.24 | 44,249,407.86 | －9.19 | 17,023,685.04 |

2.2 主要财务指标

| | 2002 年 | 2001 年 | 本年比上年增减(%) | 2000 年 |
|---|---|---|---|---|
| 每股收益(摊薄) | 0.31 | 0.38 | －18.42 | 0.33 |
| 每股收益(加权) | 0.40 | 0.38 | 5.26 | 0.33 |
| 净资产收益率% | 11.16 | 23.16 | －51.81 | 25.94 |
| 扣除非经常性损益的净利润为基础计算的净资产收益率(摊薄) | 8.45 | 17.13 | －50.67 | 20.77 |
| 扣除非经常性损益的净利润为基础计算的净资产收益率(加权) | 15.75 | 19.88 | －20.77 | 24.77 |
| 每股经营活动产生的现金流量净额(加权) | 0.40 | 0.59 | －32.20 | 0.42 |
| | 2002 年末 | 2001 年末 | 本年末比上年末增减(%) | 2000 年末 |
| 每股净资产 | 2.79 | 1.62 | 72.22 | 1.26 |
| 调整后的每股净资产 | 2.79 | 1.62 | 72.22 | 1.26 |

# D.电力、煤气及水的生产和供应业(24 家)

## 600011 华能国际电力股份有限公司

### 二〇〇二年年度报告摘选

#### 1.上市公司基本情况简介

1.1 基本情况简介

股票简称:华能国际 股票代码:600011 902 HNP

上市交易所:上海证券交易所 香港联合交易所有限公司 纽约证券交易所

注册地址和办公地址:北京市西城区复兴门南大街丙 2 号(天银大厦 C 段西区)

邮政编码:100031 公司国际互联网网址:http://www.hpi.com.cn

电子信箱:ir@hpi.com.cn zqb@hpi.com.cn

1.2 联系人和联系方式

董事会秘书:黄龙 联系地址:北京市西城区复兴门南大街丙 2 号(天银大厦 C 段西区)

电话:010 - 66491999 传真:010 - 66491888 电子信箱:huangl@hpi.com.cn

证券事务代表:谷碧泉 联系地址:北京市西城区复兴门南大街丙 2 号(天银大厦 C 段西区)

电话:010 - 66491851 传真:010 - 66491860 电子信箱:gbq@hpi.com.cn

#### 2.会计数据和财务指标摘要

2.1 主要会计数据 单位:人民币元

| | 2002 年 | 2001 年 | 本年比上年增减(%) | 2000 年 |
|---|---|---|---|---|
| 主营业务收入 | 18,725,340,857 | 15,816,656,338 | 18.39 | 12,558,386,117 |
| 利润总额 | 5,212,079,411 | 4,422,515,755 | 17.85 | 3,055,428,592 |
| 净利润 | 4,082,350,589 | 3,636,064,244 | 12.27 | 2,644,226,947 |
| 扣除非经常性损益的净利润 | 4,111,128,754 | 3,668,152,921 | 12.08 | 2,773,154,342 |
| | 2002 年末 | 2001 年末 | 本年末比上年末增减(%) | 2000 年末 |
| 总资产 | 48,098,755,152 | 47,229,708,718 | 1.84 | 42,411,333,851 |
| 股东权益(不含少数股东权益) | 29,169,476,868 | 27,125,564,005 | 7.54 | 22,519,441,432 |
| 经营活动产生的现金流量净额 | 7,804,860,642 | 7,114,149,193 | 9.71 | 6,837,841,655 |

2.2 主要财务指标

| | 2002 年 | 2001 年 | 本年比上年增减(%) | 2000 年 |
|---|---|---|---|---|
| 每股收益(元/股) | 0.68 | 0.61 | 11.48 | 0.47 |
| 净资产收益率(%) | 14.00 | 13.40 | 4.48 | 11.80 |
| 扣除非经常性损益的净利润为基础计算的净资产收益率(%) | 14.09 | 14.93 | - 5.63 | 12.36 |
| 每股经营活动产生的现金流量净额(元/股) | 1.30 | 1.19 | 9.24 | 1.21 |
| | 2002 年末 | 2001 年末 | 本年末比上年末增减(%) | 2000 年末 |
| 每股净资产(元/股) | 4.86 | 4.52 | 7.52 | 3.99 |
| 调整后的每股净资产(元/股) | 4.85 | 4.52 | 7.30 | 3.98 |

## 600098 广州发展实业控股集团股份有限公司

### 二〇〇二年年度报告摘选

#### 1.上市公司基本情况简介

1.1 基本情况简介

股票简称:广州控股 股票代码:600098 上市交易所:上海证券交易所

注册地址和办公地址:广州市东山区东风中路 509 号 27、29 楼 邮政编码:510045

公司国际互联网网址:http://www.gzholdings.com 电子信箱:gzkg163@pub.guangzhou.gd.cn

1.2 联系人和联系方式

董事会秘书:李红梅 联系地址:广州市东山区东风中路 509 号 27 楼

电话:020 - 83606539 传真:020 - 83606693 电子信箱:dshms@gzholdings.com

证券事务代表:贝学容 联系地址:广州市东山区东风中路 509 号 27 楼

电话:020 - 83606689 传真:020 - 83606693 电子信箱:sqdb@gzholdings.com

#### 2.会计数据和财务指标摘要

2.1 主要会计数据 单位:人民币元

| | 2002 年 | 2001 年 | 本年比上年增减(%) | 2000 年 调整后 | 2000 年 调整前 |
|---|---|---|---|---|---|
| 主营业务收入 | 4,070,763,060.28 | 3,907,556,249.30 | 4.18 | 3,459,174,406.70 | 3,459,174,406.70 |
| 利润总额 | 1,436,268,575.23 | 1,334,451,370.84 | 7.63 | 1,188,353,327.53 | 1,209,472,780.76 |
| 净利润 | 823,488,438.05 | 942,831,079.97 | - 12.66 | 864,490,032.67 | 882,549,759.29 |
| 扣除非经常性损益的净利润 | 721,309,586.79 | 966,172,237.74 | - 25.34 | 765,317,753.19 | 783,377,479.81 |
| | 2002 年末 | 2001 年末 | 本年末比上年末增减(%) | 2000 年末 调整后 | 2000 年末 调整前 |
| 总资产 | 10,746,511,818.84 | 9,126,466,813.69 | 17.75 | 8,287,642,326.52 | 8,251,024,485.46 |
| 股东权益(不含少数股东权益) | 5,249,539,550.31 | 4,802,146,924.76 | 9.32 | 4,235,155,844.79 | 4,255,111,782.39 |
| 经营活动产生的现金流量净额 | 1,653,240,309.67 | 1,677,585,191.65 | - 1.45 | 1,750,438,773.65 | 1,750,438,773.65 |

2.2 主要财务指标

| | 2002 年 | 2001 年 | 本年比上年增减(%) | 2000 年 调整后 | 2000 年 调整前 |
|---|---|---|---|---|---|
| 每股收益(元/股) | 0.657 | 0.753 | - 12.66 | 0.690 | 0.705 |
| 净资产收益率(%) | 15.69 | 19.63 | - 20.07 | 20.41 | 20.74 |
| 扣除非经常性损益的净利润为基础计算的净资产收益率(%) | 13.83 | 20.53 | - 32.64 | 22.75 | 23.21 |
| 每股经营活动产生的现金流量净额(元/股) | 1.32 | 1.34 | - 1.49 | 1.40 | 1.40 |
| | 2002 年末 | 2001 年末 | 本年末比上年末增减(%) | 2000 年末 调整后 | 2000 年末 调整前 |
| 每股净资产(元/股) | 4.190 | 3.833 | 9.31 | 3.38 | 3.40 |
| 调整后的每股净资产(元/股) | 4.187 | 3.825 | 9.46 | 3.38 | 3.39 |

## 600101 四川明星电力股份有限公司

### 二〇〇二年年度报告摘选

#### 1.上市公司基本情况简介

1.1 基本情况简介

股票简称:明星电力 股票代码:600101 上市交易所:上海证券交易所

注册地址:四川省遂宁市大东街 18 号 办公地址:四川省遂宁市明月路 88 号

邮政编码:629000 电子信箱:mxep@sn - public.sc.cninfo.net

1.2 联系人和联系方式

董事会秘书:蒋青 联系地址:四川省遂宁市明月路 88 号

电话:(0825)2210076 传真:(0825)2210017

电子信箱:q - jiang@sn - public.sc.cninfo.net.

#### 2.会计数据和财务指标摘要

2.1 主要会计数据 单位:元

| | 2002 年 | 2001 年 | 本年比上年增减(%) | 2000 年 追溯调整前 | 2000 年 追溯调整后 |
|---|---|---|---|---|---|
| 主营业务收入 | 325413396.08 | 248241750.84 | 31.09 | 243470530.64 | 243470530.64 |
| 利润总额 | 91149392.75 | 85449421.69 | 6.67 | 95923853.12 | 94641250.92 |
| 净利润 | 78726848.88 | 78321880.49 | 0.52 | 81660078.17 | 80377475.97 |
| 扣除非经常性损益的净利润 | 80871876.58 | 72251755.11 | 11.93 | 81848569.19 | 81848569.19 |
| | 2002 年末 | 2001 年末 | 本年末比上年末增减(%) | 2000 年末 追溯调整前 | 2000 年末 追溯调整后 |
| 总资产 | 1425359427.58 | 1362256060.44 | 4.63 | 970409569.92 | 942934173.70 |
| 股东权益(不含少数股东权益) | 1030439754.56 | 991660852.36 | 3.91 | 633588005.38 | 606112582.16 |
| 经营活动产生的现金流量净额 | 131628450.49 | 97140252.96 | 35.50 | 110681505.32 | 110681505.32 |

2.2 主要财务指标 单位:元

| | 2002 年 | 2001 年 | 本年比上年增减(%) | 2000 年 追溯调整前 | 2000 年 追溯调整后 |
|---|---|---|---|---|---|
| 每股收益 | 0.464 | 0.461 | 0.65 | 0.558 | 0.549 |
| 每股收益 2 | 报告期末至披露日股本未发生变化 | 报告期末至披露日股本未发生变化 | - | 报告期末至披露日股本未发生变化 | 报告期末至披露日股本未发生变化 |
| 净资产收益率 | 7.64 | 7.90 | - 3.29 | 12.89 | 13.26 |
| 扣除非经常性损益的净利润为基础计算的净资产收益率 | 7.85 | 7.29 | 7.68 | 12.91 | 12.91 |
| 每股经营活动产生的现金流量净额 | 0.775 | 0.58 | 33.62 | 0.76 | 0.76 |
| | 2002 年末 | 2001 年末 | 本年末比上年末增减(%) | 2000 年末 追溯调整前 | 2000 年末 追溯调整后 |
| 每股净资产 | 6.07 | 5.84 | 3.94 | 4.33 | 4.14 |
| 调整后的每股净资产 | 5.88 | 5.80 | 1.38 | 4.27 | 4.09 |

## 600116 重庆三峡水利电力(集团)股份有限公司

### 二〇〇二年年度报告摘选

#### 1.上市公司基本情况简介

1.1 基本情况简介

股票简称:三峡水利 股票代码:600116 上市交易所:上海证券交易所

注册地址:重庆市万州区鸽子沟 72 号 办公地址:重庆市渝中区八一路 183 号谊德大厦 12 层

邮政编码:400010 公司国际互联网网址:http://www.sxsl.com.cn

电子信箱:sxslzqb@public.cta.cq.cn

1.2 联系人和联系方式

董事会秘书:陈丽娟 联系地址:重庆市渝中区八一路 183 号谊德大厦 12 层

电话:023 - 63801161 传真:023 - 63801165 电子信箱:sxslzqb@public.cta.cq.cn

证券事务代表:何小军 联系地址:重庆市渝中区八一路 183 号谊德大厦 12 层

电话:023 - 63801161 传真:023 - 63801165 电子信箱:sxslzqb@public.cta.cq.cn

#### 2.会计数据和财务指标摘要

2.1 主要会计数据

| | 2002 年 | 2001 年 | 本年比上年增减(%) | 2000 年 |
|---|---|---|---|---|
| 主营业务收入 | 333,281,904.57 | 291,829,036.89 | 14.20 | 219,620,174.30 |
| 利润总额 | 13,871,377.58 | 28,000,387.57 | - 50.46 | 37,127,739.68 |
| 净利润 | 8,209,093.48 | 20,161,029.77 | - 59.28 | 29,043,371.56 |
| 扣除非经常性损益的净利润 | 9,017,766.36 | 20,137,460.52 | - 55.22 | 23,994,741.27 |
| | 2002 年末 | 2001 年末 | 本年末比上年末增减(%) | 2000 年末 |
| 总资产 | 1,180,493,988.97 | 1,127,897,755.61 | 4.66 | 1,100,083,773.27 |
| 股东权益(不含少数股东权益) | 514,873,837.08 | 504,567,771.99 | 2.04 | 488,572,063.06 |
| 经营活动产生的现金流量净额 | 105,504,743.91 | 66,132,055.06 | 59.54 | 111,602,269.53 |

2.2 主要财务指标

| | 2002 年 | 2001 年 | 本年比上年增减(%) | 2000 年 |
|---|---|---|---|---|
| 每股收益 | 0.05 | 0.12 | - 58.33 | 0.17 |
| 净资产收益率 | 1.59 | 4.00 | - 60.25 | 4.91 |
| 扣除非经常性损益的净利润为基础计算的净资产收益率 | 1.75 | 3.99 | 56.14 | 4.91 |
| 每股经营活动产生的现金流量净额 | 0.60 | 0.38 | 57.89 | 0.64 |
| | 2002 年末 | 2001 年末 | 本年末比上年末增减(%) | 2000 年末 |
| 每股净资产 | 2.95 | 2.89 | 2.08 | 2.80 |
| 调整后的每股净资产 | 2.42 | 2.61 | - 7.28 | 2.80 |

## 600121 郑州煤电股份有限公司

### 二〇〇二年年度报告摘选

#### 1.上市公司基本情况简介

1.1 基本情况简介

股票简称:郑州煤电 股票代码:600121 上市交易所:上海证券交易所

注册地址和办公地址:郑州市二七区大学路 30 号 邮政编码:450052

公司国际互联网网址:http://www.zzce.com.cn 电子信箱:zzce@public.zz.ha.cn

1.2 联系人和联系方式

董事会秘书:付胜龙 联系地址:郑州市二七区大学路 30 号

电话:(0371)6591333 或 13603982629 传真:(0371)6950227 电子信箱:fushenglong@371.net

证券事务代表:常征 联系地址:郑州市二七区大学路 30 号

电话:(0371)6591331 或 13607680555 传真:(0371)6982868 电子信箱:zjbb@public2.zz.ha.cn

#### 2.会计数据和财务指标摘要

2.1 主要会计数据 单位:(人民币)万元

| | 2002 年 | 2001 年 | 本年比上年增减(%) | 2000 年 |
|---|---|---|---|---|
| 主营业务收入 | 83115.54 | 62795.68 | 32.42 | 45883.94 |
| 利润总额 | 12031.81 | 8954.02 | 34.37 | 11786.35 |
| 净利润 | 8029.35 | 7610.96 | 5.50 | 11786.35 |
| 扣除非经常性损益的净利润 | 8406.28 | 7668.12 | 9.63 | 11818.99 |
| | 2002 年末 | 2001 年末 | 本年末比上年末增减(%) | 2000 年末 |
| 总资产 | 218382.87 | 204130.22 | 6.98 | 166712.15 |
| 股东权益(不含少数股东权益) | 130307.50 | 122278.15 | 6.57 | 114471.58 |
| 经营活动产生的现金流量净额 | 25343.16 | 15129.68 | 67.51 | 4193.45 |

2.2 主要财务指标 单位:(人民币)元

| | 2002 年 | 2001 年 | 本年比上年增减(%) | 2000 年 |
|---|---|---|---|---|
| 每股收益 | 0.10 | 0.094 | 11.11 | 0.1455 |
| 净资产收益率 | 6.16% | 6.22% | －0.96 | 9.39% |
| 扣除非经常性损益的净利润为基础计算的净资产收益率 | 6.36% | 6.27% | 1.44 | 9.71% |
| 每股经营活动产生的现金流量净额 | 0.313 | 0.187 | 67.38 | 0.052 |
| | 2002 年末 | 2001 年末 | 本年末比上年末增减(%) | 2000 年末 |
| 每股净资产 | 1.609 | 1.51 | 6.62 | 1.55 |
| 调整后的每股净资产 | 1.604 | 1.51 | 6.62 | 1.548 |

## 600131 四川岷江水利电力股份有限公司

### 二〇〇二年年度报告摘选

#### 1.上市公司基本情况简介

1.1 基本情况简介

股票简称:岷江水电 股票代码:600131 上市交易所:上海证券交易所

注册地址和办公地址:四川省汶川县下索桥 邮政编码:623007

1.2 联系人和联系方式

董事会秘书:蒲和翔 联系地址:成都市温哥华广场 15 楼 H 座

电话:028－87731485 传真:028－87764010

证券事务代表:蒲正斌 联系地址:成都市温哥华广场 15 楼 H 座

电话:028－87731485 传真:028－87764010

电子信箱:puzhengbin@263.net

#### 2.会计数据和财务指标摘要

2.1 主要会计数据

| 项目 | 2002 年 | 2001 年 | 本年比上年增减(%) | 2000 年 |
|---|---|---|---|---|
| 主营业务收入 | 343,732,067.61 | 142,867,714.76 | 140.59 | 106,753,516.30 |
| 利润总额 | 69,493,591.13 | 33,527,228.61 | 107.28 | 37,995,523.67 |
| 净利润 | 53,172,894.67 | 27,341,349.71 | 94.48 | 30,352,264.29 |
| 扣除非经常性损益的净利润 | 51,195,049.36 | 26,663,785.21 | 92.00 | 28,485,150.65 |
| | 2002 年末 | 2001 年末 | 本年末比上年末增减(%) | 2000 年末 |
| 总资产 | 1,680,860,227.54 | 1,457,688,496.73 | 15.31 | 1,218,472,747.99 |
| 股东权益(不含少数股东权益) | 618,871,375.90 | 595,352,902.03 | 3.95 | 383,946,172.72 |
| 每股经营活动产生的现金流量净额 | 0.11 | 0.09 | 22.22 | 0.14 |

2.2 主要财务指标

| 项目 | 2002 年 | 2001 年 | 本年比上年增减(%) | 2000 年 |
|---|---|---|---|---|
| 每股收益 | 0.18 | 0.09 | 100.00 | 0.11 |
| 扣非经常损益后的每股收益 | 0.17 | 0.09 | 88.89 | 0.09 |
| 净资产收益率 | 8.20% | 4.59% | 78.65 | 7.38% |
| 扣非经常性损益后净资产收益率(摊薄) | 7.95% | 4.59% | 73.20 | 5.91% |
| 扣非经常性损益后净资产收益率(加权) | 8.29% | 6.24% | 32.85 | 5.74% |
| 项目 | 2002 年末 | 2001 年末 | 本年末比上年末增减(%) | 2000 年末 |
| 每股净资产 | 2.09 | 2.01 | 3.98 | 1.50 |
| 调整后的每股净资产 | 2.05 | 2.00 | 8.5 | 1.50 |

## 600168 武汉三镇实业控股股份有限公司

### 二〇〇二年年度报告摘选

#### 1.上市公司基本情况简介

1.1 基本情况简介

股票简称:武汉控股 股票代码:600168 上市交易所:上海证券交易所

注册地址:武汉经济技术开发区联发大厦

办公地址:武汉市发展大道东方商都 5 楼 邮政编码:430023

公司国际互联网网址:http://www.whkg.com.cn 电子信箱:whkonggu@public.wh.hb.cn

1.2 联系人和联系方式

董事会秘书:曾牧 联系地址:武汉市发展大道东方商都 5 楼

电话:027－85600546 传真:027－85877108 电子信箱:whkonggu@public.wh.hb.cn

证券事务代表:李丹 联系地址:武汉市发展大道东方商都 5 楼

电话:027－85600546 传真:027－85877108 电子信箱:whkonggu@public.wh.hb.cn

#### 2.会计数据和财务指标摘要

2.1 主要会计数据 单位:人民币元

| | 2002 年 | 2001 年 | 本年比上年增减(%) | 2000 年 |
|---|---|---|---|---|
| 主营业务收入 | 214,858,644.95 | 231,474,536.01 | －7.18 | 235,110,058.22 |
| 利润总额 | 111,710,708.58 | 156,424,038.61 | －28.58 | 167,388,216.66 |
| 净利润 | 78,407,542.98 | 132,746,876.53 | －40.93 | 146,899,671.64 |
| 扣除非经常性损益的净利润 | 75,675,740.24 | 120,473,291.05 | －37.18 | 129,183,319.25 |
| | 2002 年 12 月 31 日 | 2001 年 12 月 31 日 | 本年末比上年末增减(%) | 2000 年 12 月 31 日 |
| 总资产 | 1,460,792,764.73 | 1,536,654,347.54 | －4.94 | 1,555,619,962.72 |
| 股东权益(不含少数股东权益) | 1,326,216,737.67 | 1,311,291,694.69 | 1.14 | 1,283,124,144.54 |
| 经营活动产生的现金流量净额 | 75,286,845.02 | 167,949,990.35 | －55.17 | 148,158,693.48 |

2.2 主要财务指标 单位:人民币元

| | 2002 年 | 2001 年 | 本年比上年增减(%) | 2000 年 |
|---|---|---|---|---|
| 每股收益 | 0.1777 | 0.3009 | －40.94 | 0.3330 |
| 净资产收益率 | 5.91% | 10.12% | －41.60 | 11.45% |
| 扣除非经常性损益的净利润为基础计算的净资产收益率 | 5.60% | 8.93% | －37.29 | 10.88% |
| 每股经营活动产生的现金流量净额 | 0.1707 | 0.3807 | －55.16 | 0.3358 |
| | 2002 年末 | 2001 年末 | 本年末比上年末增减(%) | 2000 年末 |
| 每股净资产 | 3.0063 | 2.9724 | 1.14 | 2.9086 |
| 调整后的每股净资产 | 3.0060 | 2.9694 | 1.23 | 2.9075 |

## 600283 钱江水利开发股份有限公司

### 二〇〇二年年度报告摘选

#### 1.上市公司基本情况简介

1.1 基本情况简介

股票简称:钱江水利 股票代码:600283 上市交易所:上海证券交易所

注册地址:浙江省杭州市天目山路 166 号投资大厦 办公地址:浙江省杭州市赤山埠路 47 号

邮政编码:310013

公司国际互联网网址:http://www.qjwater.com 电子信箱:qjwrj@public.hz.zj.cn

1.2 联系人和联系方式

董事会秘书:吉清 联系地址:浙江省杭州市赤山埠路 47 号

电话:0571－87974387 传真:0571－87974400 电子信箱:jq0006@21cn.com

证券事务代表:贾庆洲 联系地址:浙江省杭州市赤山埠路 47 号

电话:0571－87974387 传真:0571－87974400

#### 2.会计数据和财务指标摘要

2.1 主要会计数据 (单位:元)

| | 2002 年 | 2001 年 | | 本年比上年增减(%) | | 2000 年 | |
|---|---|---|---|---|---|---|---|
| | | 调整前 | 调整后 | 调整前 | 调整后 | 调整前 | 调整后 |
| 主营业务收入 | 250,922,199.73 | 164,882,958.82 | 164,882,958.82 | 52.18 | 52.18 | 145,952,839.17 | 145,952,839.17 |
| 利润总额 | 97,833,548.48 | 67,794,144.68 | 67,789,061.68 | 44.31 | 44.32 | 62,570,698.11 | 62,570,698.11 |
| 净利润 | 48,568,609.86 | 52,592,742.09 | 51,640,758.86 | －7.65 | －5.95 | 45,363,044.76 | 44,846,406.43 |
| 扣除非经常性损益的净利润 | 52,103,983.64 | 53,478,408.55 | 52,526,425.32 | －2.57 | －0.80 | 44,885,838.00 | |
| 总资产 | 1,568,557,497.09 | 119,161,269.74 | 119,161,269.74 | 31.63 | 31.63 | 1,343,562,344.79 | 1,343,562,344.79 |
| 股东权益(不含少数股东权益) | 859,822,969.24 | 855,435,989.27 | 853,967,367.71 | 0.51 | 0.69 | 835,939,786.62 | 835,423,148.29 |
| 经营活动产生的现金流量净额 | 93,730,528.97 | 34,827,495.86 | 34,827,495.86 | 169.13 | 169.13 | －62,632,270.86 | －62,632,270.86 |

2.2 主要财务指标 (单位:元)

| | 2002 年 | 2001 年 | | 本年比上年增减(%) | | 2000 年 | |
|---|---|---|---|---|---|---|---|
| | | 调整前 | 调整后 | 调整前 | 调整后 | 调整前 | 调整后 |
| 每股收益(元/股) | 0.17 | 0.18 | 0.18 | －5.56 | －5.56 | 0.16 | 0.16 |
| 净资产收益率(%) | 5.65 | 6.15 | 6.05 | －8.13 | －6.61 | 5.43 | 5.37 |
| 扣除非经常性损益的净利润为基础计算的净资产收益率(%) | 6.06 | 6.25 | 6.15 | －3.04 | －1.46 | 5.37 | －5.31 |
| 每股经营活动产生的现金流量净额(元/股) | 0.33 | 0.12 | 0.12 | 175 | 175 | －0.22 | －0.22 |
| 每股净资产(元/股) | 3.01 | 3.00 | 2.99 | 0.33 | 0.67 | 2.93 | 2.93 |
| 调整后的每股净资产(元/股) | 2.51 | 2.48 | 2.47 | 1.21 | 1.62 | 2.42 | 2.40 |

## 600292 重庆九龙电力股份有限公司

### 二〇〇二年年度报告摘选

#### 1.上市公司基本情况简介

1.1 基本情况简介

股票简称:九龙电力　股票代码:600292　上市交易所:上海证券交易所

注册地址:重庆市高新技术产业开发区九龙园区盘龙村113号

办公地址:重庆市九龙坡区渝州路37号　邮政编码:400041

公司国际互联网网址:http://www.jiulon.com　电子信箱:cqjl@jiulon.com

1.2 联系人和联系方式

董事会秘书:黄青华　联系地址:重庆市九龙坡区渝州路37号

电话:(023)68637303　传真:(023)68635244

电子信箱:huangqinghua@vip.163.com

#### 2.会计数据和财务指标摘要

2.1 主要会计数据

| | 2002年(本年) | 2001年(上年) | 本年比上年增减(%) | 2000年 |
|---|---|---|---|---|
| 主营业务收入 | 405,196,224.87 | 313,817,068.01 | 29.12 | 278,009,305.16 |
| 净利润 | 70,308,766.75 | 75,612,070.37 | -7.01 | 70,977,100.42 |
| 扣除非经常性损益的净利润 | 63,221,590.36 | 57,408,136.36 | 10.13 | 72,187,988.65 |
| | 2002年末(本年末) | 2001年末(上年末) | 本年末比上年末增减(%) | 2000年末 |
| 总资产 | 1,529,598,626.56 | 1,070,640,230.99 | 42.87 | 1,023,857,498.66 |
| 股东权益(不含少数股东权益) | 788,678,941.75 | 785,255,598.15 | 0.44 | 743,093,527.78 |
| 经营活动产生的现金流量净额 | 94,837,035.76 | 141,284,876.80 | -32.88 | 43,406,297.03 |

2.2 主要财务指标

| | 2002年(本年) | 2001年(上年) | 本年比上年增减(%) | 2000年 |
|---|---|---|---|---|
| 每股收益 | 0.420 | 0.452 | -7.08 | 0.424 |
| 每股收益* | 0.420 | 0.452 | -7.08 | 0.605 |
| 净资产收益率 | 8.915 | 9.630 | -7.42 | 9.550 |
| 扣除非经常性损益的净利润为基础计算的净资产收益率 | 8.016 | 7.311 | 9.64 | 9.715 |
| 每股经营活动产生的现金流量净额 | 0.567 | 0.840 | -32.5 | 0.260 |
| | 2002年末(本年末) | 2001年末(上年末) | 本年末比上年末增减(%) | 2000年末 |
| 每股净资产 | 4.716 | 4.700 | 0.34 | 4.440 |
| 调整后的每股净资产 | 4.697 | 4.690 | 0.15 | 4.440 |

## 600310 广西桂东电力股份有限公司

### 二〇〇二年年度报告摘选

#### 1.上市公司基本情况简介

1.1 基本情况简介

股票简称:桂东电力　股票代码:600310　上市交易所:上海证券交易所

注册地址和办公地址:广西贺州市平安西路12号　邮政编码:542800

公司国际互联网网址:http://www.gdep.com.cn　电子信箱:600310@gdep.com.cn

1.2 联系人和联系方式

董事会秘书:刘世盛　联系地址:广西贺州市平安西路12号

电话:0774-5297881,5283977　传真:0774-5283343　电子信箱:Liushisheng@gdep.com.cn

证券事务代表:陆培军　联系地址:广西贺州市平安西路12号

电话:0774-5297796,5283977　传真:0774-5285255　电子信箱:Lupeijun@gdep.com.cn

#### 2.会计数据和财务指标摘要

2.1 主要会计数据　单位:人民币元

| | 2002年 | 2001年 | 本年比上年增减(%) | 2000年 |
|---|---|---|---|---|
| 主营业务收入 | 312,758,074.67 | 279,808,520.97 | 11.78 | 400,136,833.92 |
| 利润总额 | 82,498,974.55 | 75,022,518.33 | 9.97 | 56,353,227.44 |
| 净利润 | 62,481,339.06 | 59,396,513.71 | 5.19 | 46,513,330.07 |
| 扣除非经常性损益的净利润 | 63,384,192.23 | 60,172,146.60 | 5.34 | 48,421,893.34 |
| | 2002年末 | 2001年末 | 本年末比上年末增减(%) | 2000年末 |
| 总资产 | 784,341,072.03 | 809,062,877.63 | -3.06 | 291,297,250.49 |
| 股东权益(不含少数股东权益) | 602,034,715.01 | 585,392,239.03 | 2.84 | 186,732,081.67 |
| 经营活动产生的现金流量净额 | 116,426,825.35 | 128,031,410.46 | -9.06 | 32,109,324.73 |

2.2 主要财务指标　单位:人民币元

| | 2002年 | 2001年 | 本年比上年增减(%) | 2000年 |
|---|---|---|---|---|
| 每股收益(摊薄) | 0.3986 | 0.3789 | 5.20 | 0.4162 |
| 每股收益(加权) | 0.3986 | 0.3882 | 2.68 | 0.4162 |
| 净资产收益率 | 10.38 | 10.15 | 2.27 | 24.91 |
| 扣除非经常性损益的净利润为基础计算的净资产收益率 | 10.53 | 10.28 | 2.43 | 25.93 |
| 每股经营活动产生的现金流量净额 | 0.7428 | 0.8168 | -9.06 | 0.29 |
| | 2002年末 | 2001年末 | 本年末比上年末增减(%) | 2000年末 |
| 每股净资产 | 3.8407 | 3.7346 | 2.84 | 1.67 |
| 调整后的每股净资产 | 3.8357 | 3.7326 | 2.76 | 1.67 |

## 600323 南海发展股份有限公司

### 二〇〇二年年度报告摘选

#### 1.上市公司基本情况简介

1.1 基本情况简介

股票简称:南海发展　股票代码:600323　上市交易所:上海证券交易所

注册地址:广东省南海市桂城南桂东路43号　邮政编码:528200

办公地址:广东省佛山市南海区桂城南桂东路43号　电子信箱:nhfz@pub.nanhai.net.cn

1.2 联系人和联系方式

董事会秘书:郭展全　联系地址:广东佛山市南海区桂城南桂东路43号三楼

电话:0757-6280996　传真:0757-6236551　电子信箱:nhfz@pub.nanhai.net.cn

证券事务代表:黄春然　联系地址:广东佛山市南海区桂城南桂东路43号三楼

电话:0757-6280996　传真:0757-6236551　电子信箱:huangchunran@sohu.com

#### 2.会计数据和财务指标摘要

2.1 主要会计数据

| | 2002年 | 2001年 | 本年比上年增减(%) | 2000年 |
|---|---|---|---|---|
| 主营业务收入 | 233,919,317.66 | 218,424,013.96 | +7.09 | 131,675,738.73 |
| 利润总额 | 91,027,934.80 | 91,224,668.05 | -0.22 | 51,295,313.19 |
| 净利润 | 72,100,094.99 | 73,185,827.83 | -1.48 | 32,005,471.47 |
| 扣除非经常性损益的净利润 | 57,028,928.02 | 61,631,453.16 | -7.47 | 40,507,888.79 |
| | 2002年末 | 2001年末 | 本年末比上年末增减(%) | 2000年末 |
| 总资产 | 910,624,280.14 | 893,738,048.34 | +1.89 | 960,174,626.87 |
| 股东权益(不含少数股东权益) | 708,971,365.85 | 678,574,104.46 | +4.48 | 644,008,775.23 |
| 经营活动产生的现金流量净额 | 124,994,438.24 | 146,330,607.06 | -14.58 | 72,418,412.35 |

2.2 主要财务指标

| | 2002年 | 2001年 | 本年比上年增减(%) | 2000年 |
|---|---|---|---|---|
| 每股收益 | 0.35 | 0.35 | - | 0.15 |
| 净资产收益率 | 10.17% | 10.79% | -5.75 | 4.97% |
| 扣除非经常性损益的净利润为基础计算的净资产收益率 | 7.98% | 9.06% | -11.92 | 15.47% |
| 每股经营活动产生的现金流量净额 | 0.60 | 0.70 | -14.29 | 0.35 |
| | 2002年末 | 2001年末 | 本年末比上年末增减(%) | 2000年末 |
| 每股净资产 | 3.40 | 3.25 | +4.62 | 3.09 |
| 调整后的每股净资产 | 3.34 | 3.20 | +4.38 | 3.05 |

## 600333 长春燃气股份有限公司

### 二〇〇二年年度报告摘选

#### 1.上市公司基本情况简介

1.1 基本情况简介

股票简称:长春燃气　股票代码:600333　上市交易所:上海证券交易所

注册地址和办公地址:吉林省长春市延安大路3号　邮政编码:130021

公司国际互联网网址:http://www.ccrq.com　电子信箱:changchunranqi@mail.china.com

1.2 联系人和联系方式

董事会秘书:孙树怀　联系地址:长春市延安大路3号

电话:0431-5954615　传真:0431-5954267　电子信箱:Shuhuai0333@vip.sina.com

证券事务代表:赵勇　联系地址:长春市延安大路3号

电话:0431-5954383　传真:0431-5954267　电子信箱:Ccylm609@sina.com

#### 2.会计数据和财务指标摘要

2.1 主要会计数据

| | 2002年 | 2001年 | 本年比上年增减(%) | 2000年 |
|---|---|---|---|---|
| 主营业务收入 | 447,439,608.10 | 406,832,856.91 | 9.98 | 278,808,296.17 |
| 利润总额 | 109,261,293.93 | 102,911,001.16 | 6.17 | 51,923,304.36 |
| 净利润 | 90,099,683.05 | 83,689,357.05 | 7.66 | 43,563,635.90 |
| 扣除非经常性损益的净利润 | 93,301,431.46 | 81,930,742.15 | 13.88 | 33,911,634.23 |
| | 2002年末 | 2001年末 | 本年末比上年末增减(%) | 2000年末 |
| 总资产 | 1,154,337,715.07 | 1,051,906,214.93 | 9.74 | 842,148,579.07 |
| 股东权益(不含少数股东权益) | 778,111,631.72 | 722,695,525.81 | 7.67 | 652,006,827.49 |
| 经营活动产生的现金流量净额 | 105,807,503.51 | 53,327,959.26 | 98.41 | 16,149,966.28 |

2.2 主要财务指标

| | 2002年 | 2001年 | 本年比上年增减(%) | 2000年 |
|---|---|---|---|---|
| 每股收益 | 0.22 | 0.35 | -37.14 | 0.18 |
| 净资产收益率 | 11.58 | 11.58 | 0 | 6.68 |
| 扣除非经常性损益的净利润为基础计算的净资产收益率 | 11.99 | 11.34 | 5.73 | 5.20 |
| 每股经营活动产生的现金流量净额 | 0.26 | 0.22 | 18.18 | 0.07 |
| | 2002年末 | 2001年末 | 本年末比上年末增减(%) | 2000年末 |
| 每股净资产 | 1.91 | 3.02 | -36.75 | 2.78 |
| 调整后的每股净资产 | 1.91 | 3.02 | -36.75 | 2.64 |

## 600396 沈阳金山热电股份有限公司

### 二〇〇二年年度报告摘选

#### 1.上市公司基本情况简介

1.1 基本情况简介

股票简称:金山股份 股票代码:600396 上市交易所:上海证券交易所

注册地址:沈阳市苏家屯区迎春街2号 办公地址:沈阳市和平区南五马路185巷1号

邮政编码:110006 公司国际互联网网址:http://www.syjsrd.com 电子信箱:syjsrd@online.ln.cn

1.2 联系人和联系方式

董事会秘书:薛滨 联系地址:沈阳市和平区南五马路185巷1号

电话:024－23229287 传真:024－23229139 电子信箱:syjsrd@online.ln.cn

证券事务代表:黄宾 联系地址:沈阳市和平区五马路185巷1号

电话:024－23229022－320 传真:024－23229139 电子信箱:zq@syjsrd.com

#### 2.会计数据和财务指标摘要

2.1 主要会计数据

| | 2002年度 | 2001年度 | 本年比上年增减(%) | 2000年 |
|---|---|---|---|---|
| 主营业务收入 | 366,921,835.35 | 104,746,408.57 | 250.30 | 92,081,084.34 |
| 利润总额 | 82,338,846.82 | 24,753,407.47 | 232.64 | 25,443,207.29 |
| 净利润 | 35,345,199.36 | 21,332,392.26 | 65.69 | 16,245,880.38 |
| 扣除非经常性损益的净利润 | 36,766,202.71 | 9,388,629.29 | 291.60 | 13,454,800.93 |
| | 2002.12.31 | 2001.12.31 | 本年末比上年末增减(%) | 2000.12.31 |
| 总资产 | 1,329,258,939.07 | 563,880,864.57 | 135.73 | 269,341,573.29 |
| 股东权益(不含少数股东权益) | 441,996,751.25 | 398,561,234.25 | 10.90 | 106,621,507.52 |
| 经营活动产生的现金流量净额 | －191,991,384.45 | 415,155.82 | －－ | 16,177,519.67 |

2.2 主要财务指标

| | 2002年度 | 2001年度 | 本年比上年增减(%) | 2000年度 |
|---|---|---|---|---|
| 每股收益 | 0.27 | 0.16 | 68.75 | 0.19 |
| 净资产收益率 | 8.00 | 5.35 | 49.53 | 15.43 |
| 扣除非经常性损益的净利润为基础计算的净资产收益率 | 8.32 | 2.36 | 252.54 | 10.92 |
| 每股经营活动产生的现金流量净额 | －1.48 | 0.003 | －－ | 0.19 |
| | 2002.12.31 | 2001.12.31 | 本年末比上年末增减(%) | 2000.12.31 |
| 每股净资产 | 3.40 | 3.07 | 10.75 | 1.25 |
| 调整后的每股净资产 | 3.40 | 3.07 | 10.75 | 1.25 |

## 600505 四川西昌电力股份有限公司

### 二〇〇二年年度报告摘选

#### 1.上市公司基本情况简介

1.1 基本情况简介

股票简称:西昌电力 股票代码:600505 上市交易所:上海证券交易所

注册地址和办公地址:四川省西昌市老西门街13号 邮政编码:615000

公司国际互联网网址:http://www.xcpjs.com 电子信箱:xcdlgs@163.net

1.2 联系人和联系方式

董事会秘书:徐元珏 联系地址:四川省西昌市老西门街13号

电话:0834－3830007 传真:0834－3830169 电子信箱:xcdlgs@163.net

证券事务代表:韩亚能 联系地址:四川省西昌市老西门街13号

电话:0834－3830101 传真:0834－3830169 电子信箱:xcdlgs@163.net

#### 2.会计数据和财务指标摘要

2.1 主要会计数据

| | 2002年 | 2001年 | 本年比上年增减(%) | 2000年 |
|---|---|---|---|---|
| 主营业务收入 | 163,924,087.44 | 127,610,787.42 | 28.46 | 138,390,129.89 |
| 利润总额 | 26,285,833.04 | 28,358,706.41 | －7.31 | 31,542,099.35 |
| 净利润 | 22,647,379.47 | 24,004,216.13 | －5.65 | 25,601,777.14 |
| 扣除非经常性损益的净利润 | 22,614,303.45 | 21,706,394.36 | 4.18 | 22,308,563.49 |
| | 2002年末 | 2001年末 | 本年末比上年末增减(%) | 2000年末 |
| 总资产 | 1,155,678,543.84 | 856,626,368.48 | 34.91 | 708,432,954.57 |
| 股东权益(不含少数股东权益) | 529,828,039.36 | 305,999,068.66 | 73.15 | 244,248,852.53 |
| 经营活动产生的现金流量净额 | 90,369,561.65 | 73,259,390.20 | 23.36 | 59,120,492.17 |

2.2 主要财务指标

| | 2002年 | 2001年 | 本年比上年增减(%) | 2000年 |
|---|---|---|---|---|
| 每股收益 | 0.1373 | 0.218 | －37.02 | 0.233 |
| 每股收益(加权) | 0.1373 | 0.218 | －37.02 | 0.233 |
| 净资产收益率 | 4.27 | 7.84 | －45.54 | 10.48 |
| 扣除非经常性损益的净利润为基础计算的净资产收益率 | 4.28 | 7.09 | －39.63 | 9.13 |
| 每股经营活动产生的现金流量净额 | 0.55 | 0.67 | －17.91 | 0.54 |
| | 2002年末 | 2001年末 | 本年末比上年末增减(%) | 2000年末 |
| 每股净资产 | 3.21 | 2.78 | 15.47 | 2.22 |
| 调整后的每股净资产 | 3.12 | 2.76 | 13.04 | 2.18 |

## 600509 新疆天富热电股份有限公司

### 二〇〇二年年度报告摘选

#### 1.上市公司基本情况简介

1.1 基本情况简介

股票简称:天富热电 股票代码:600509 上市交易所:上海证券交易所

注册地址和办公地址:新疆石河子市红星路54号 邮政编码:832000

公司国际互联网网址:http://www.tfrd.com.cn 电子信箱:xjtianfu@sina.com

1.2 联系人和联系方式

董事会秘书:许锐敏 联系地址:新疆石河子市红星路54号

电话:0993－2902860 传真:0993－2901728 电子信箱:Tfrd.600509@163.com

证券事务代表:冯文东 联系地址:新疆石河子市红星路54号

电话:0993－2901128 传真:0993－2901728 电子信箱:Tfrd.600509@163.com

#### 2.会计数据和财务指标摘要

2.1 主要会计数据

单位:元

| | 2002年 | 2001年 | 本年比上年增减(%) | 2000年 |
|---|---|---|---|---|
| 主营业务收入 | 452,110,524.32 | 352,341,415.33 | 23.98% | 313,861,849.25 |
| 利润总额 | 51,353,366.96 | 53,234,735.49 | －3.53% | 44,318,204.30 |
| 净利润 | 46,667,121.46 | 45,460,032.54 | 2.65% | 37,676,612.32 |
| 扣除非经常性损益的净利润 | 42,454,370.64 | 46,104,842.89 | －7.92% | 37,909,535.00 |
| | 2002年末 | 2001年末 | 本年末比上年末增减(%) | 2000年末 |
| 总资产 | 1,531,395,713.07 | 667,015,917.91 | 129.59% | 553,323,412.33 |
| 股东权益(不含少数股东权益) | 620,604,090.90 | 207,617,344.11 | 198.92% | 188,676,911.71 |
| 经营活动产生的现金流量净额 | 3,348.01 | 81,930,159.69 | －100.00% | 107,104,983.46 |

2.2 主要财务指标

单位:元

| | 2002年 | 2001年 | 本年比上年增减(%) | 2000年 |
|---|---|---|---|---|
| 每股收益 | 0.28 | 0.42 | －33.33% | 0.35 |
| 每股收益[注2] | 0.28 | 0.42 | －33.33% | 0.35 |
| 净资产收益率 | 7.52 | 21.9 | －65.66% | 19.97 |
| 扣除非经常性损益的净利润为基础计算的净资产收益率 | 6.84 | 22.21 | －69.2% | 20.09 |
| 每股经营活动产生的现金流量净额 | | 0.75 | | 0.98 |
| | 2002年末 | 2001年末 | 本年末比上年末增减(%) | 2000年末 |
| 每股净资产 | 3.67 | 1.9 | 93.16 | 1.73 |
| 调整后的每股净资产 | 3.67 | 1.9 | 93.16 | 1.73 |

## 600578 北京京能热电股份有限公司

### 二〇〇二年年度报告摘选

#### 1.上市公司基本情况简介

1.1 基本情况简介

股票简称:京能热电 股票代码:600578 上市交易所:上海证券交易所

注册地址和办公地址:北京市石景山区广宁路10号 邮政编码:100041

公司国际互联网网址:www.jnrd.com.cn 电子信箱:postmaster@jnrd.com.cn

1.2 联系人和联系方式

董事会秘书:王彬 联系地址:北京市石景山区广宁路10号

电话:010－88991155－3017 传真:010－88990762 电子信箱:jnrd@263.net

证券事务代表:樊俊杰 联系地址:北京市石景山区广宁路10号

电话:010－88990762 传真:010－88990762 电子信箱:jnrd@263.net

#### 2.会计数据和财务指标摘要

2.1 主要会计数据

单位:(人民币)元

| | 2002年(本年) | 2001年(上年) | 本年比上年增减(%) | 2000年 |
|---|---|---|---|---|
| 主营业务收入 | 1,110,115,343.50 | 1,106,679,207.38 | 0.31 | 1,168,332,325.85 |
| 利润总额 | 129,062,529.77 | 179,001,994.47 | －27.90 | 172,784,495.53 |
| 净利润 | 85,788,104.91 | 118,027,400.30 | －27.32 | 102,310,683.20 |
| 扣除非经常性损益的净利润 | 86,878,085.08 | 107,902,502.38 | －19.48 | 114,394,526.02 |
| | 2002年末 | 2001年末 | 本年比上年增减(%) | 2000年末 |
| 总资产 | 2,094,114,498.52 | 1,679,634,620.11 | 24.68 | 1,845,907,859.80 |
| 股东权益(不含少数股东权益) | 1,326,339,633.93 | 835,684,401.70 | 58.71 | 717,657,001.40 |
| 经营活动产生的现金流量净额 | 321,095,681.24 | 466,955,746.25 | －31.24 | 341,388,105.52 |

2.2 主要财务指标

| | 2002年(本年) | 2001年(上年) | 本年比上年增减(%) | 2000年 |
|---|---|---|---|---|
| 每股收益(元/股) | 0.15 | 0.25 | －40 | 0.22 |
| 净资产收益率(%) | 6.47 | 14.12 | －54.18 | 14.26 |
| 扣除非经常性损益的净利润为基础计算的净资产收益率(%) | 6.55 | 12.91 | －49.26 | 15.94 |
| 每股经营活动产生的现金流量净额(元) | 0.56 | 0.99 | －43.43 | 0.72 |
| | 2002年(本年) | 2001年(上年) | 本年比上年增减(%) | 2000年 |
| 每股净资产(元) | 2.31 | 1.77 | 30.51 | 1.52 |
| 调整后的每股净资产(元) | 2.31 | 1.77 | 30.51 | 1.52 |

# 600642 申能股份有限公司

## 二〇〇二年年度报告摘选

### 1.上市公司基本情况简介

1.1 基本情况简介

股票简称:申能股份 股票代码:600642 上市交易所:上海证券交易所

注册地址:上海市浦东银城东路139号1010室

办公地址:上海市复兴中路1号22楼 邮政编码:200021

公司国际互联网网址:http://www.shenergy.net.cn 电子信箱:Zhenquan@shenergy.com.cn

1.2 联系人和联系方式

董事会秘书:陈铭锡 联系地址:上海市复兴中路1号

电话:021-63900888 传真:021-63900119 电子信箱:Zhenquan@shenergy.com.cn

证券事务代表:周燕飞 联系地址:上海市复兴中路1号

电话:021-63900145 传真:021-63900119 电子信箱:Zhouming@shenergy.com.cn

### 2.会计数据和财务指标摘要

2.1 主要会计数据 (单位:人民币元)

| | 2002年 | 2001年 | 本年比上年增减(%) | 2000年 |
|---|---|---|---|---|
| 主营业务收入 | 2,820,007,095.35 | 2,004,831,864.11 | 40.66% | 1,423,971,949.88 |
| 利润总额 | 1,220,049,657.04 | 1,011,767,229.70 | 20.59% | 1,358,962,117.59 |
| 净利润 | 1,034,411,536.31 | 1,155,485,205.26 | -10.48% | 1,463,294,043.32 |
| 扣除非经常性损益的净利润 | 1,002,231,964.42 | 866,030,901.03 | 15.73% | 801,677,571.22 |
| | 2002年末 | 2001年末 | 本年末比上年末增减(%) | 2000年末 |
| 总资产 | 13,492,813,599.76 | 9,907,849,920.62 | 36.18% | 9,830,255,715.65 |
| 股东权益(不含少数股东权益) | 7,206,930,080.62 | 5,041,890,652.34 | 42.94% | 4,684,363,129.43 |
| 经营活动产生的现金流量净额 | 1,242,554,284.79 | 1,113,172,526.81 | 11.62% | 814,697,330.15 |

2.2 主要财务指标

| | 2002年 | 2001年 | 本年比上年增减(%) | 2000年 |
|---|---|---|---|---|
| 每股收益 | 0.577 | 0.708 | -18.50% | 0.896 |
| 净资产收益率 | 14.35% | 22.92% | -37.39% | 31.24% |
| 扣除非经常性损益的净利润为基础计算的加权平均净资产收益率 | 14.46% | 16.46% | -12.15% | 16.25% |
| 每股经营活动产生的现金流量净额 | 0.693 | 0.682 | 1.61% | 0.499 |
| | 2002年末 | 2001年末 | 本年末比上年末增减(%) | 2000年末 |
| 每股净资产 | 4.019 | 3.087 | 30.19% | 2.868 |
| 调整后的每股净资产 | 3.992 | 3.043 | 31.19% | 2.806 |

# 600644 乐山电力股份有限公司

## 二〇〇二年年度报告摘选

### 1.上市公司基本情况简介

1.1 基本情况简介

股票简称:乐山电力 股票代码:600644 上市交易所:上海证券交易所

注册地址和办公地址:乐山市市中区嘉定北路46号 邮政编码:614000

公司国际互联网网址:http://www.lsep.com.cn 电子信箱:Lslep@ls-public.sc.cninfo.net

1.2 联系人和联系方式

董事会秘书:李江 联系地址:乐山市市中区嘉定北路46号

电话:0833-2445800 传真:0833-2445900 电子信箱:600644lep@163.com

证券事务代表:谭俊 联系地址:乐山市市中区嘉定北路46号

电话:0833-2445801 传真:0833-2445900 电子信箱:600644lep@163.com

### 2.会计数据和财务指标摘要

2.1 主要会计数据

| | 2002年 | 2001年 | 本年比上年增减(%) | 2000年 |
|---|---|---|---|---|
| 主营业务收入 | 270,908,744.59 | 251,851,884.84 | 7.57 | 300,804,560.36 |
| 利润总额 | 6,209,860.23 | 33,263,862.98 | -81.33 | 51,673,779.39 |
| 净利润 | 546,376.76 | 26,530,326.38 | -97.94 | 40,204,616.98 |
| 扣除非经常性损益的净利润 | -4,791,801.21 | 21,423,990.79 | | 32,822,364.78 |
| | 2002年末 | 2001年末 | 本年末比上年末增减(%) | 2000年末 |
| 总资产 | 1,147,181,621.80 | 1,120,153,800.72 | 2.41 | 1,084,083,598.19 |
| 股东权益(不含少数股东权益) | 446,327,309.35 | 458,236,915.57 | -2.60 | 443,946,893.23 |
| 经营活动产生的现金流量净额 | 34,776,202.67 | 72,529,854.90 | -52.05 | 72,529,854.90 |

2.2 主要财务指标

| | 2002年 | 2001年 | 本年比上年增减(%) | 2000年 |
|---|---|---|---|---|
| 每股收益 | 0.0022 | 0.1064 | -97.94 | 0.16 |
| 每股收益 | 0.0022 | 0.1064 | -97.94 | 0.16 |
| 净资产收益率 | 0.12% | 5.79% | -97.93 | 9.06% |
| 扣除非经常性损益的净利润为基础计算的净资产收益率 | -1.07% | 4.68% | | 4.85% |
| 每股经营活动产生的现金流量净额 | 0.14 | 0.29 | -51.72 | 0.29 |
| | 2002年末 | 2001年末 | 本年末比上年末增减(%) | 2000年末 |
| 每股净资产 | 1.79 | 1.84 | -2.72 | 1.78 |
| 调整后的每股净资产 | 1.70 | 1.74 | -2.30 | 1.63 |

# 600649 上海市原水股份有限公司

## 二〇〇二年年度报告摘选

### 1.上市公司基本情况简介

1.1 基本情况简介

股票简称:原水股份 股票代码:600649 上市交易所:上海证券交易所

注册地址:上海市浦东新区北艾路1540号

办公地址:上海市四川北路818号五楼 邮政编码:200085

电子信箱:smrwc@online.sh.cn

1.2 联系人和联系方式

董事会秘书:王鋅柔 联系地址:上海市四川北路818号五楼

电话:021-63564899 传真:021-63564880 电子信箱:smrwc@online.sh.cn

证券事务代表:白磊 联系地址:上海市四川北路818号五楼

电话:021-63564899 传真:021-63564880 电子信箱:smrwc@online.sh.cn

### 2.会计数据和财务指标摘要

2.1 主要会计数据

| | 2002年 | 2001年 | 本年比上年增减(%) | 2000年 |
|---|---|---|---|---|
| 主营业务收入 | 784737465.97元 | 750508358.32元 | 4.56 | 808114349.14元 |
| 利润总额 | 478151334.20元 | 458603398.13元 | 4.26 | 478896269.62元 |
| 净利润 | 415500233.63元 | 388720608.37元 | 6.89 | 406115767.25元 |
| 扣除非经常性损益的净利润 | 417661628.36元 | 371808380.47元 | 12.34 | 404371468.92元 |
| | 2002年末 | 2001年末 | 本年末比上年末增减(%) | 2000年末 |
| 总资产 | 6435830516.28元 | 5889452138.73元 | 9.28 | 7016358914.67元 |
| 股东权益(不含少数股东权益) | 5025702719.68元 | 4759246300.25元 | 5.60 | 4468326351.16元 |
| 经营活动产生的现金流量净额 | 1161999579.97元 | 743419141.62 | 56.31 | 834324664.65元 |

2.2 主要财务指标

| | 2002年 | 2001年 | 本年比上年增减(%) | 2000年 |
|---|---|---|---|---|
| 每股收益 | 0.22 | 0.21 | 4.76 | 0.22 |
| 净资产收益率 | 8.27 | 8.17 | 1.22 | 9.09 |
| 扣除非经常性损益的净利润为基础计算的净资产收益率 | 8.41 | 7.97 | 5.52 | 8.80 |
| 每股经营活动产生的现金流量净额 | 0.62 | 0.40 | 55.00 | 0.44 |
| | 2002年末 | 2001年末 | 本年末比上年末增减(%) | 2000年末 |
| 每股净资产 | 2.67 | 2.53 | 5.53 | 2.37 |
| 调整后的每股净资产 | 2.67 | 2.53 | 5.53 | 2.36 |

# 600719 大连热电股份有限公司

## 二〇〇二年年度报告摘选

### 1.公司基本情况简介

1.1 基本情况简介

证券简称:大连热电 证券代码:600719 上市交易所:上海证券交易所

注册地址:辽宁省大连市沙河口区香周路210号

办公地址:辽宁省大连市西岗区沿海街90号 邮政编码:116021

公司国际互联网网址:http://www.dlredian.com 电子信箱:webmaster@dlredian.com

1.2 联系人和联系方式

董事会秘书:张耀和 联系地址:辽宁省大连市西岗区沿海街90号

电话:0411-4422999-8290 传真:0411-4438670 电子信箱:dlrdzqb@sina.com

### 2.会计数据和财务数据摘要

2.1 主要财务数据 单位:元

| | 2002年(合并) | 2001年(合并调整后) | 本年比上年增减(%) | 2000年(母公司) |
|---|---|---|---|---|
| 主营业务收入 | 370,445,955.71 | 375,650,228.66 | -1.39 | 320,450,367.38 |
| 利润总额 | 45,077,000.91 | 61,750,983.51 | -27.00 | 65,441,552.05 |
| 净利润 | 29,608,637.64 | 53,105,952.25 | -44.25 | 54,734,644.96 |
| 扣除非经常性损益的净利润 | 28,762,660.09 | 51,365,478.44 | -44.00 | 60,943,727.41 |
| | 2002年末(合并) | 2001年末(合并调整后) | 本年末比上年末增减(%) | 2000年末(母公司) |
| 总资产 | 1,708,433,257.25 | 1,554,578,423.37 | 9.90 | 1,193,207,988.86 |
| 股东权益(不含少数股东权益) | 703,496,583.14 | 668,157,295.43 | 5.29 | 630,676,328.72 |
| 经营活动产生的现金流量净额 | 21,977,206.05 | 18,509,025.65 | 18.74 | 279,857,404.38 |

2.2 主要财务指标

| | 2002年(合并) | 2001年(合并调整后) | 本年比上年增减(%) | 2000年(母公司) |
|---|---|---|---|---|
| 每股收益(元/股) | 0.15 | 0.26 | -42.30 | 0.27 |
| 净资产收益率(%) | 4.21 | 7.95 | -47.04 | 8.68 |
| 扣除非经常性损益的净利润为基础计算的净资产收益率(%) | 4.09 | 7.69 | -46.81 | 9.66 |
| 每股经营活动产生的现金流量净额(元/股) | 0.11 | 0.09 | 22.22 | 1.38 |
| | 2002年末(合并) | 2001年末(合并调整后) | 本年末比上年末增减(%) | 2000年末(母公司) |
| 每股净资产(元/股) | 3.48 | 3.30 | 5.45 | 3.12 |
| 调整后的每股净资产(元/股) | 3.47 | 3.27 | 6.12 | 3.08 |

## 600726 黑龙江电力股份有限公司

### 二〇〇二年年度报告摘选

#### 1.上市公司基本情况简介

1.1 基本情况简介

股票简称:龙电股份(A股)、龙电B股(B股) 股票代码:600726(A股)、900937(B股)
上市交易所:上海证券交易所
注册地址:哈尔滨市南岗区高新技术开发区19号楼B座
办公地址:哈尔滨市南岗区大成街209号 邮政编码:150001
公司国际互联网网址:http://www.londian.com 电子信箱:dlgf@public.hr.hl.cn

1.2 联系人和联系方式

董事会秘书:梅君超 联系地址:哈尔滨市南岗区大成街209号
电话:0451－2525998 传真:0451－2525878 电子信箱:dlgf@public.hr.hl.cn
证券事务代表:战莹 联系地址:哈尔滨市南岗区大成街209号
电话:0451－2525778 传真:0451－2525878 电子信箱:dlgf@public.hr.hl.cn

#### 2.会计数据和财务指标摘要

2.1 主要会计数据　　单位:人民币元

| | 2002年 | 2001年 | 本年比上年增减(%) | 2000年 |
|---|---|---|---|---|
| 主营业务收入 | 1,124,660,819.56 | 1,188,046,509.35 | －5.34 | 807,498,682.91 |
| 利润总额 | 289,239,873.27 | 312,922,344.37 | －7.57 | 247,478,849.28 |
| 净利润 | 249,090,227.59 | 281,644,119.58 | －11.56 | 228,215,735.53 |
| 扣除非经常性损益的净利润 | 195,980,825.40 | 281,702,360.82 | －30.43 | 214,803,235.53 |
| | 2002年末 | 2001年末 | 本年末比上年末增减(%) | 2000年末 |
| 总资产 | 3,605,285,751.73 | 3,495,309,851.84 | 3.15 | 3,297,266,583.46 |
| 股东权益(不含少数股东权益) | 3,024,750,060.44 | 2,887,786,328.85 | 4.74 | 2,740,694,004.47 |
| 经营活动产生的现金流量净额 | 501,180,611.73 | 589,796,905.85 | －15.02 | 191,483,439.01 |

2.2 主要财务指标

| | 2002年 | 2001年 | 本年比上年增减(%) | 2000年 |
|---|---|---|---|---|
| 每股收益 | 0.22 | 0.25 | －12 | 0.33 |
| 净资产收益率 | 8.24% | 9.75% | －15.49 | 8.33% |
| 扣除非经常性损益的净利润为基础计算的净资产收益率 | 6.51% | 9.78% | －33.44 | 11.46% |
| 每股经营活动产生的现金流量净额 | 0.45 | 0.53 | －15.09 | 0.27 |
| | 2002年末 | 2001年末 | 本年末比上年末增减(%) | 2000年末 |
| 每股净资产 | 2.70 | 2.58 | 4.65 | 3.91 |
| 调整后的每股净资产 | 2.70 | 2.58 | 4.65 | 3.91 |

## 600744 湖南华银电力股份有限公司

### 二〇〇二年年度报告摘选

#### 1.上市公司基本情况简介

1.1 基本情况简介

股票简称:华银电力 股票代码:600744 上市交易所:上海证券交易所
注册地址和办公地址:湖南省长沙市芙蓉南路308号 邮政编码:410007
公司国际互联网网址:http://www.hypower.com.cn 电子信箱:hyep@cs.hn.cn

1.2 联系人和联系方式

董事会秘书:金毓江 联系地址:湖南省长沙市芙蓉南路308号
电话:0731－5388088 传真:0731－5510188 电子信箱:hyjyj@cs.hn.cn
证券事务代表:刘杰 联系地址:湖南省长沙市芙蓉南路308号
电话:0731－5388028 传真:0731－5510188 电子信箱:hheplj@cs.hn.cn

#### 2.会计数据和财务指标摘要

2.1 主要会计数据

| | 2002年 | 2001年 | | 本年比上年增减(%) | 2000年 | |
|---|---|---|---|---|---|---|
| | | 调整前 | 调整后 | | 调整前 | 调整后 |
| 主营业务收入 | 1003304580.83 | 1069988823.11 | 1069988823.11 | －6.23 | 1067713009.79 | 1067713009.79 |
| 利润总额 | 6944934.37 | 127822055.55 | 114714755.25 | －93.96 | 212244212.62 | 47461005.10 |
| 净利润 | 3860441.96 | 113563603.85 | 99832819.24 | －96.13 | 177490551.48 | 12707343.96 |
| 扣除非经常性损益的净利润 | 4241705.70 | 114346156.92 | 100615372.31 | －95.78 | 163122614.48 | 163122614.48 |
| | 2002年末 | 2001年末 | | 本年末比上年末增减(%) | 2000年末 | |
| | | 调整前 | 调整后 | | 调整前 | 调整后 |
| 总资产 | 5285014642.05 | 5093395754.07 | 5080869844.07 | 4.02 | 4576837256.28 | 4412054048.76 |
| 股东权益(不含少数股东权益 | 2876609829.00 | 2904387436.67 | 2890656652.06 | －0.49 | 2595632004.11 | 2430848796.59 |
| 经营活动产生的现金流量净额 | 304361865.38 | 182401021.94 | 182401021.94 | 66.86 | 303468180.80 | 303468180.80 |

2.2 主要财务指标

| | 2002年 | 2001年 | | 本年比上年增减(%) | 2000年 | |
|---|---|---|---|---|---|---|
| | | 调整前 | 调整后 | | 调整前 | 调整后 |
| 每股收益 | 0.0054 | 0.1596 | 0.1403 | －96.15 | 0.2751 | 0.0197 |
| 净资产收益率 | 0.13 | 3.91 | 3.45 | －96.23 | 6.84 | 0.52 |
| 扣除非经常性损益的净利润为基础计算的净资产收益率 | 0.14 | 4.60 | 4.05 | －96.54 | 6.30 | 6.51 |
| 每股经营活动产生的现金流量净额 | 0.428 | 0.256 | 0.256 | 67.19 | 0.470 | 0.470 |
| | 2002年末 | 2001年末 | | 本年末比上年末增减(%) | 2000年末 | |
| | | 调整前 | 调整后 | | 调整前 | 调整后 |
| 每股净资产 | 4.042 | 4.081 | 4.062 | －0.49 | 4.023 | 3.768 |
| 调整后的每股净资产 | 4.007 | 4.065 | 4.046 | －0.96 | 3.998 | 3.743 |

## 600769 武汉祥龙电业股份有限公司

### 二〇〇二年年度报告摘选

#### 1.上市公司基本情况简介

1.1 基本情况简介

股票简称:祥龙电业 股票代码:600769 上市交易所:上海证券交易所
注册地址和办公地址:武汉市洪山区葛化街化工路31号 邮政编码:430078
电子信箱:pxldy@public.wh.hb.cn

1.2 联系人和联系方式

董事会秘书:杨思兵 联系地址:武汉市洪山区葛化街化工路31号
电话:027－87602482 传真:027－87600367 电子信箱:pxldy@public.wh.hb.cn
证券事务代表:方玮琦 联系地址:武汉市洪山区葛化街化工路31号
电话:027－87600367 传真:027－87600367 电子信箱:pxldy@public.wh.hb.cn

#### 2.会计数据和财务指标摘要

2.1 主要会计数据　　单位:元

| | 2002年 | 2001年 | 本年比上年增减(%) | 2000年 |
|---|---|---|---|---|
| 主营业务收入 | 425,357,969.78 | 436,774,301.07 | －2.61 | 499,470,306.07 |
| 利润总额 | －99,884,454.09 | －49,226,192.16 | －102.90 | 25,897,552.42 |
| 净利润 | －99,884,454.09 | －49,226,192.16 | －102.90 | 21,328,537.31 |
| 扣除非经常性损益的净利润 | －87,685,833.76 | －46,356,793.91 | －89.15 | 17,462,404.76 |
| | 2002年 | 2001年末 | 本年末比上年末增减(%) | 2000年末 |
| 总资产 | 1,035,479,090.31 | 1,128,892,355.54 | －8.27 | 1,200,142,703.28 |
| 股东权益(不含少数股东权益) | 756,423,144.26 | 856,307,598.35 | －11.66 | 932,705,404.39 |
| 经营活动产生的现金流量净额 | 17,787,520.52 | 5,126,821.08 | 246.95 | －22,663,190.54 |

2.2 主要财务指标　　单位:元

| | 2002年 | 2001年 | 本年比上年增减(%) | 2000年 |
|---|---|---|---|---|
| 每股收益 | －0.2864 | －0.1411 | －102.78 | 0.0564 |
| 净资产收益率(%) | －13.20 | －5.75 | －129.57 | 2.17 |
| 扣除非经常性损益的净利润为基础计算的净资产收益率 | －11.59 | －5.41 | －114.23 | －0.0187 |
| 每股经营活动产生的现金流量净额 | 0.05099 | 0.0147 | 246.87 | －0.06 |
| | 2002年末 | 2001年末 | 本年末比上年末增减(%) | 2000年末 |
| 每股净资产 | 2.17 | 2.45 | －11.43 | 2.59 |
| 调整后的每股净资产 | 2.15 | 2.43 | －11.52 | 2.59 |

## 600780 山西通宝能源股份有限公司

### 二〇〇二年年度报告摘选

#### 1.上市公司基本情况简介

1.1 基本情况简介

股票简称:通宝能源 股票代码:600780 上市交易所:上海证券交易所
注册地址和办公地址:山西省太原市高新技术产业开发区学府工业园区V－6区
邮政编码:030006
公司国际互联网网址:http://www.600780.net 电子信箱:top600780@sina.com

1.2 联系人和联系方式

董事会秘书:叶宁华 联系地址:山西省太原市高新技术产业开发区学府工业园区V－6区
电话:0351－7021857 传真:0351－7021077 电子信箱:topllx@sina.com
证券事务代表:梁丽星 联系地址:山西省太原市高新技术产业开发区学府工业园区V－6区
电话:0351－7021857 传真:0351－7021077 电子信箱:topllx@sina.com

#### 2.会计数据和财务指标摘要

2.1 主要会计数据

| | 2002年(T年) | 2001年(T－1年) | 本年比上年增减(%) | 2000年(T－2年) |
|---|---|---|---|---|
| 主营业务收入(元) | 278,766,951.38 | 265,718,724.24 | 4.91 | 240,657,419.62 |
| 利润总额(元) | 92,954,221.48 | 70,419,946.5 | 32 | 74,885,170.77 |
| 净利润(元) | 74,378,486.29 | 58,309,551.61 | 27.56 | 59,431,483.91 |
| 扣除非经常性损益的净利润(元) | 74,291,697.29 | 61,329,670.35 | 21.14 | 53,438,690.22 |
| | 2002年(T年) | 2001年(T－1年) | 本年比上年增减(%) | 2000年(T－2年) |
| 总资产(元) | 1,253,520,210.34 | 706,938,770.5 | 77.32 | 793,694,610.73 |
| 股东权益(元) | 1,089,136,726.22 | 526,452,866.34 | 106.88 | 495,105,141.23 |
| 经营活动产生的现金流量净额(元) | 135,577,839.02 | 141,764,689.5 | －4.36 | 133,941,305.44 |

2.2 主要财务指标

| | 2002年(T年) | 2001年(T－1年) | 本年比上年增减(%) | 2000年(T－2年) |
|---|---|---|---|---|
| 每股收益(元) | 0.26 | 0.27 | －5.19 | 0.28 |
| 净资产收益率(%) | 6.83 | 11.08 | －38.36 | 12 |
| 扣除非经常性损益的净利润为基础计算的净资产收益率(%) | 12.27 | 11.70 | 4.87 | 10.85 |
| 每股经营活动产生的现金流量净额(元) | 0.47 | 0.66 | －28.79 | 0.62 |
| | 2002年(T年) | 2001年(T－1年) | 本年比上年增减(%) | 2000年(T－2年) |
| 每股净资产(元) | 3.74 | 2.44 | 53.28 | 2.3 |
| 调整后的每股净资产(元) | 3.74 | 2.44 | 53.28 | 2.29 |

# E.建筑业(12家)

## 600052 浙江广厦股份有限公司

### 二〇〇二年年度报告摘选

#### 1.上市公司基本情况简介

1.1 基本情况简介
股票简称:浙江广厦 股票代码:600052 上市交易所:上海证券交易所
注册地址:浙江省东阳市吴宁西路21号
办公地址:浙江省杭州市玉古路166号 邮政编码:310013
公司国际互联网网址:http://www.gsgf.com 电子信箱:zjgs@mail.china.com
1.2 联系人和联系方式
董事会秘书:许晓琳 联系地址:浙江省杭州市玉古路166号
电话:0571-87969988-1211 传真:0571-85125355 电子信箱:foryou3@sohu.com

#### 2.会计数据和财务指标摘要

2.1 主要会计数据

| | 2002年 | 2001年 | 本年比上年增减 | 2000年 |
|---|---|---|---|---|
| 主营业务收入 | 914,009,042.01 | 409,248,507.07 | 123.34% | 1,635,949,424.57 |
| 利润总额 | 269,226,182.48 | 89,036,511.87 | 202.38% | 97,737,526.80 |
| 净利润 | 101,019,011.37 | 74,055,452.33 | 36.41% | 81,217,632.48 |
| 扣除非经常性损益的净利润 | 115,348,165.57 | 62,945,594.24 | 83.25% | 72,148,632.48 |
| | 2002年末 | 2001年末 | 本年末比上年末增减 | 2000年末 |
| 总资产 | 3,746,993,445.61 | 3,035,497,998.34 | 23.44% | 2,371,260,461.43 |
| 股东权益(不含少数股东权益) | 1,529,712,986.98 | 1,427,025,811.13 | 7.20% | 805,877,548.92 |
| 经营活动产生的现金流量净额 | 377,640,905.84 | -206,780,366.29 | -282.63% | -163,065,163.54 |

2.2 主要财务指标

| | 2002年 | 2001年 | 本年比上年增减 | 2000年 |
|---|---|---|---|---|
| 每股收益 | 0.21 | 0.15 | 40% | 0.19 |
| 净资产收益率 | 6.60% | 5.19% | 27.17% | 10.08% |
| 扣除非经常性损益的净利润为基础计算的净资产收益率 | 7.81% | 7.47% | 4.56% | 8.95% |
| 每股经营活动产生的现金流量净额 | 0.78 | -0.43 | -281.40% | -0.39 |
| | 2002年末 | 2001年末 | 本年末比上年末增减 | 2000年末 |
| 每股净资产 | 3.16 | 2.95 | 7.12% | 1.90 |
| 调整后的每股净资产 | 3.13 | 2.93 | 6.83% | 1.67 |

## 600068 葛洲坝股份有限公司

### 二〇〇二年年度报告摘选

#### 1.上市公司基本情况简介

1.1 基本情况简介
股票简称:葛洲坝 股票代码:600068 上市交易所:上海证券交易所
注册地址和办公地址:湖北省宜昌市石子岭路3号 邮政编码:443002
电子信箱:gzb@cngzb.com
1.2 联系人和联系方式
董事会秘书:张之平 联系地址:湖北省宜昌市石子岭路3号
电话:0717-6746439 传真:0717-6718802 电子信箱:gzb@cngzb.com
证券事务代表:彭立权 联系地址:湖北省宜昌市石子岭路3号
电话:0717-6746439 传真:0717-6718802 电子信箱:gzb@cngzb.com

#### 2.会计数据和财务指标摘要

2.1 主要会计数据

| | 2002年 | 2001年 | 本年比上年增减(%) | 2000年 |
|---|---|---|---|---|
| 主营业务收入 | 1,897,009,875.83 | 2,208,482,820.25 | -14.10 | 2,155,795,724.72 |
| 利润总额 | 88,792,934.58 | 156,703,797.92 | -43.34 | 308,823,866.71 |
| 净利润 | 82,719,284.19 | 145,850,376.07 | -43.28 | 211,480,041.35 |
| 扣除非经常性损益的净利润 | 110,446,539.05 | 175,416,122.17 | -37.04 | 230,100,771.98 |
| | 2002年末 | 2001年末 | 本年末比上年末增减(%) | 2000年末 |
| 总资产 | 4,844,251,055.89 | 4,904,076,136.61 | -1.22 | 4,583,782,616.85 |
| 股东权益(不含少数股东权益) | 3,331,493,362.39 | 3,248,770,556.42 | 2.55 | 3,131,783,543.47 |
| 经营活动产生的现金流量净额 | 107,847,298.54 | 32,977,922.51 | 227.03 | 9,939,436.02 |

2.2 主要财务指标

| | 2002年 | 2001年 | 本年比上年增减(%) | 2000年 |
|---|---|---|---|---|
| 每股收益 | 0.117 | 0.21 | -44.28 | 0.30 |
| 净资产收益率 | 2.48 | 4.54 | -45.37 | 6.75 |
| 扣除非经常性损益的净利润为基础计算的净资产收益率 | 3.32 | 5.38 | -38.29 | 7.35 |
| 每股经营活动产生的现金流量净额 | 0.153 | 0.05 | 206.00 | 0.01 |
| | 2002年末 | 2001年末 | 本年末比上年末增减(%) | 2000年末 |
| 每股净资产 | 4.72 | 4.62 | 2.16 | 4.44 |
| 调整后的每股净资产 | 4.71 | 4.56 | 3.29 | 4.37 |

## 600145 重庆四维瓷业(集团)股份有限公司

### 二〇〇二年年度报告摘选

#### 1.上市公司基本情况简介

1.1 基本情况简介
股票简称:四维瓷业 股票代码:600145 上市交易所:上海证券交易所
注册地址和办公地址:重庆市江津油溪镇 邮政编码:402285
公司国际互联网网址:http://www.sse.com.cn 电子信箱:swelldm@163.com
1.2 联系人和联系方式
董事会秘书:乔昌志 联系地址:重庆市江津油溪镇
电话:023-61088888 传真:023-61088999 电子信箱:swelldm@163.com
证券事务代表:黄培国 联系地址:重庆市江津油溪镇
电话:023-61088888 传真:023-61088999 电子信箱:swelldm@163.com

#### 2.会计数据和财务指标摘要

2.1 主要会计数据

| | 2002年(本年) | 2001年(上年) | 本年比上年增减(%) | 2000年 |
|---|---|---|---|---|
| 主营业务收入 | 293,911,367.12 | 309,875,559.88 | -5.15 | 198,397,702.49 |
| 利润总额 | 46,743,842.46 | 89,300,580.57 | -47.66 | 39,769,932.50 |
| 净利润 | 39,497,378.16 | 78,637,958.08 | -49.77 | 34,031,256.35 |
| 扣除非经常性损益的净利润 | 39,672,802.20 | 80,962,075.00 | -51 | 35,482,992.74 |
| | 2002年末(本年末) | 2001年末(上年末) | 本年末比上年末增减(%) | 2000年末 |
| 总资产 | 742,233,020.56 | 719,626,056.78 | 3.14 | 598,747,943.57 |
| 股东权益(不含少数股东权益) | 453,844,053.50 | 414,346,675.34 | 9.53 | 336,374,255.22 |
| 经营活动产生的现金流量净额 | 33,240,468.93 | 63,657,861.51 | -47.78 | 37,903,944.33 |

2.2 主要财务指标

| | 2002年(本年) | 2001年(上年) | 本年比上年增减(%) | 2000年 |
|---|---|---|---|---|
| 每股收益 | 0.11 | 0.32 | -65.62 | 0.25 |
| 净资产收益率(%) | 8.70 | 18.98 | -54.16 | 10.66 |
| 扣除非经常性损益的净利润为基础计算的净资产收益率(%) | 8.74 | 19.54 | -55.27 | 10.13 |
| 每股经营活动产生的现金流量净额 | 0.10 | 0.26 | -61.54 | 0.28 |
| | 2002年末(本年末) | 2001年末(上年末) | 本年末比上年末增减(%) | 2000年末 |
| 每股净资产 | 1.31 | 1.67 | -21.56 | 2.45 |
| 调整后的每股净资产 | 1.30 | 1.66 | -21.69 | 2.40 |

## 600170 上海建工股份有限公司

### 二〇〇二年年度报告摘选

#### 1.上市公司基本情况简介

1.1 基本情况简介
股票简称:上海建工 股票代码:600170 上市交易所:上海证券交易所
注册地址和办公地址:上海市浦东新区福山路33号 邮政编码:200120
电子信箱:sc@china-scg.com
1.2 联系人和联系方式
董事会秘书:尤卫平 联系地址:上海市浦东新区福山路33号
电话:021-68872178 传真:021-58795500 电子信箱:sc@china-scg.com
证券事务代表:吴正明 联系地址:上海市浦东新区福山路33号
电话:021-68870170 传真:021-58795500 电子信箱:sc@china-scg.com

#### 2.会计数据和财务指标摘要

2.1 主要会计数据

| | 2002年 | 2001年 | 本年比上年增减(%) | 2000年 |
|---|---|---|---|---|
| 主营业务收入 | 9,043,131,304 | 8,003,747,821 | 12.99 | 7,767,287,555 |
| 利润总额 | 228,685,116 | 221,327,469 | 3.32 | 266,000,277 |
| 净利润 | 192,957,450 | 185,201,977 | 4.19 | 226,275,363 |
| 扣除非经常性损益的净利润 | 191,162,055 | 183,224,837 | 4.33 | 224,853,968 |
| | 2002年末 | 2001年末 | 本年末比上年末增减(%) | 2000年末 |
| 总资产 | 9,130,919,954 | 6,562,274,534 | 39.14 | 5,126,238,153 |
| 股东权益(不含少数股东权益) | 2,818,357,694 | 2,715,312,494 | 3.79 | 2,069,713,185 |
| 经营活动产生的现金流量净额 | 526,441,394 | 905,240,031 | -41.85 | -301,704,620 |

2.2 主要财务指标

| | 2002年 | 2001年 | 本年比上年增减(%) | 2000年 |
|---|---|---|---|---|
| 每股收益(全面摊薄) | 0.27 | 0.31 | -12.90 | 0.42 |
| 每股收益(加权平均) | | | | |
| 净资产收益率 | 6.85 | 6.82 | 0.44 | 10.93 |
| 扣除非经常性损益的净利润为基础计算的净资产收益率 | 6.80 | 7.99 | -14.89 | 11.10 |
| 每股经营活动产生的现金流量净额 | 0.73 | 1.51 | -51.66 | -0.54 |
| | 2002年 | 2001年 | 本年比上年增减(%) | 2000年 |
| 每股净资产 | 3.92 | 4.53 | -13.47 | 3.85 |
| 调整后的每股净资产 | 3.91 | 4.51 | -13.30 | 3.83 |

# 600266 北京城建投资发展股份有限公司

## 二〇〇二年年度报告摘选

### 1.上市公司基本情况简介

1.1 基本情况简介

股票简称:北京城建 股票代码:600266 上市交易所:上海证券交易所
注册地址:北京市海淀区学院南路 62 号 办公地址:北京市朝阳区北土城西路 11 号城建开发大厦
邮政编码:100029 公司国际互联网网址:http://www.bucid.com
电子信箱:Tz@bucid.com

1.2 联系人和联系方式

董事会秘书:杨运成 联系地址:北京市朝阳区北土城西路 11 号城建开发大厦
电话:010－62260806 传真:010－62035933 电子信箱:Yyc@bucid.com
证券事务代表:李威 联系地址:北京市朝阳区北土城西路 11 号城建开发大厦
电话 010－62035963 传真:010－62035933 电子信箱:Liwei@bucid.com

### 2.会计数据和财务指标摘要

2.1 主要会计数据 单位:人民币元

| | 2002 年(本年) | 2001 年(上年) | 本年比上年增减(%) | 2000 年 |
|---|---|---|---|---|
| 主营业务收入 | 1,681,000,759.22 | 1,064,117,392.99 | 57.97% | 7,208,431,645.37 |
| 利润总额 | 109,740,739.61 | 178,393,835.26 | －38.48% | 276,182,389.84 |
| 净利润 | 159,850,449.09 | 142,976,587.19 | 11.80% | 147,042,689.54 |
| 扣除非经常性损益的净利润 | 141,126,962.77 | 136,958,386.78 | 3.05% | 144,763,443.32 |
| | 2002 年末(本年末) | 2001 年末(上年末) | 本年末比上年末增减(%) | 2000 年末 |
| 总资产 | 8,415,877,503.36 | 4,744,098,498.99 | 77.40% | 6,739,126,945.67 |
| 股东权益(不含少数股东权益) | 1,592,006,601.22 | 1,515,838,754.63 | 5.02% | 1,439,706,595.93 |
| 经营活动产生的现金流量净额 | －170,238,372.82 | 229,318,914.96 | －174.24% | －206,613,031.82 |

2.2 主要财务指标 单位:人民币元

| | 2002 年(本年) | 2001 年(上年) | 本年比上年增减(%) | 2000 年 |
|---|---|---|---|---|
| 每股收益 | 0.2664 | 0.2383 | 11.79% | 0.3676 |
| 每股收益(摊薄) | 0.2664 | 0.2383 | 11.79% | 0.3676 |
| 净资产收益率 | 10.04% | 9.43% | 6.47% | 10.21% |
| 扣除非经常性损益的净利润为基础计算的净资产收益率(摊薄) | 8.86% | 9.04% | －1.99% | 10.05% |
| 每股经营活动产生的现金流量净额 | －0.2837 | 0.3822 | －174.23% | －0.5165 |
| | 2002 年末(本年末) | 2001 年末(上年末) | 本年末比上年末增减(%) | 2000 年末 |
| 每股净资产 | 2.6533 | 2.5264 | 5.02% | 3.5993 |
| 调整后的每股净资产 | 2.6034 | 2.5186 | 3.37% | 3.5253 |

# 600512 腾达建设集团股份有限公司

## 二〇〇二年年度报告摘选

### 1.上市公司基本情况简介

1.1 基本情况简介

股票简称:腾达建设 股票代码:600512 上市交易所:上海证券交易所
注册地址和办公地址:浙江省台州市路桥大道东一号 邮政编码:318050
公司国际互联网网址:http://www.tengdajs.com 电子信箱:zqb@tengdajs.com

1.2 联系人和联系方式

董事会秘书:黄发盛 联系地址:上海市芷江中路 258 弄 1 号 24 楼
电话:021－56983912 传真:021－56983912 电子信箱:zqb@tengdajs.com
证券事务代表:阮文君 联系地址:上海市芷江中路 258 弄 1 号 24 楼
电话:021－56983912 传真:021－56983912 电子信箱:zqb@tengdajs.com

### 2.会计数据和财务指标摘要

2.1 主要会计数据 单位:元

| | 2002 年 | 2001 年 | 本年比上年增减(%) | 2000 年 |
|---|---|---|---|---|
| 主营业务收入 | 559,456,714.65 | 497,099,037.61 | 12.50 | 435,388,189.08 |
| 利润总额 | 37,264,899.75 | 38,578,353.01 | －3.40 | 36,750,240.61 |
| 净利润 | 24,815,417.62 | 24,714,853.32 | 0.40 | 24,487,415.03 |
| 扣除非经常性损益的净利润 | 26,245,861.27 | 24,708,032.93 | 6.22 | 24,326,272.47 |
| | 2002 年末 | 2001 年末 | 本年末比上年末增减(%) | 2000 年末 |
| 总资产 | 781,311,079.65 | 367,284,068.94 | 112.73 | 394,645,601.19 |
| 股东权益(不含少数股东权益) | 430,750,209.70 | 144,491,813.89 | 198.11 | 119,776,960.57 |
| 经营活动产生的现金流量净额 | 30,859,656.97 | 8,647,905.84 | 256.85 | 25,084,447.61 |

2.2 主要财务指标 单位:元

| | 2002 年 | 2001 年 | 本年比上年增减(%) | 2000 年 |
|---|---|---|---|---|
| 每股收益 | 0.16 | 0.25 | －36.00 | 0.25 |
| 每股收益 | 0.25 | 0.25 | 0 | 0.25 |
| 净资产收益率 | 5.76% | 17.10% | －66.32 | 20.44% |
| 扣除非经常性损益的净利润为基础计算的净资产收益率 | 6.09% | 17.10% | －64.39 | 20.31% |
| 每股经营活动产生的现金流量净额 | 0.19 | 0.09 | 111.11 | 0.25 |
| | 2002 年末 | 2001 年末 | 本年末比上年末增减(%) | 2000 年末 |
| 每股净资产 | 2.70 | 1.45 | 86.21 | 1.20 |
| 调整后的每股净资产 | 2.64 | 1.29 | 104.65 | 1.19 |

# 600528 中铁二局股份有限公司

## 二〇〇二年年度报告摘选

### 1.上市公司基本情况简介

1.1 基本情况简介

股票简称:中铁二局 股票代码:600528 上市交易所:上海证券交易所
注册地址:成都高新区创业东路 18 号高新大厦 10 楼
办公地址:成都市通锦路 16 号中铁二局大厦 邮政编码:610032
公司国际互联网网址:http://www.crec.com.cn 电子信箱:ztejbgs@mail.sc.cninfo.net

1.2 联系人和联系方式

董事会秘书:邓爱民 联系地址:成都市通锦路 16 号中铁二局大厦 810 号
电话:028－87684612 传真:028－87683980 电子信箱:wenbo228@163.com
证券事务代表:曾永林 联系地址:成都市通锦路 16 号中铁二局大厦 809 号
电话:028－86444398 传真:028－87683980 电子信箱:zengyl@crceg.com.cn

### 2.会计数据和财务指标摘要

2.1 主要会计数据

| | 2002 年 | 2001 年 | 本年比上年增减(%) | 2000 年 |
|---|---|---|---|---|
| 主营业务收入 | 4,424,356,392.64 | 4,038,977,082.16 | －9.54% | 4,119,435,203.60 |
| 利润总额 | 144,395,367.28 | 161,448,203.79 | －10.56% | 169,930,075.78 |
| 净利润 | 110,262,853.70 | 161,029,352.77 | －31.53% | 169,930,075.78 |
| 扣除非经常性损益的净利润 | 112,778,137.79 | 172,268,608.09 | －34.53% | 186,820,049.81 |
| | 2002 年末 | 2001 年末 | 本年末比上年末增减(%) | 2000 年末 |
| 总资产 | 4,222,720,409.68 | 3,471,109,479.57 | 21.65% | 2,020,279,822.36 |
| 股东权益(不含少数股东权益) | 1,715,317,357.30 | 1,722,494,008.92 | －0.42% | 804,165,436.01 |
| 经营活动产生的现金流量净额 | －323,294,093.51 | 49,544,478.80 | －752.53% | 13,525,180.02 |

2.2 主要财务指标

| | 2002 年 | 2001 年 | 本年比上年增减(%) | 2000 年 |
|---|---|---|---|---|
| 每股收益 | 0.27 | 0.39 | －30.77% | 0.566 |
| 净资产收益率 | 6.43 | 9.35 | －31.23% | 21.13 |
| 扣除非经常性损益的净利润为基础计算的净资产收益率 | 6.34 | 12.46 | －49.12% | 25.28 |
| 每股经营活动产生的现金流量净额 | －0.79 | 0.12 | －758.33% | 0.045 |
| | 2002 年末 | 2001 年末 | 本年末比上年末增减(%) | 2000 年末 |
| 每股净资产 | 4.18 | 4.2 | －0.48% | 2.681 |
| 调整后的每股净资产 | 4.12 | 4.19 | －1.67% | 2.654 |

# 600758 辽宁金帝建设集团股份有限公司

## 二〇〇二年年度报告摘选

### 1.上市公司基本情况简介

1.1 基本情况简介

股票简称:金帝建设 股票代码:600758 上市交易所:上海证券交易所
注册地址和办公地址:沈阳市沈河区青年大街 118 号 邮政编码:110014
电子信箱:jindicc@mail.sy.ln.cn

1.2 联系人和联系方式

董事会秘书:朱丹石 联系地址:沈阳市沈河区青年大街 118 号
电话:024－22870330 传真:024－22855430 电子信箱:jindicc@mail.sy.ln.cn
证券事务代表:王莉 联系地址:沈阳市沈河区青年大街 118 号
电话:024－22870330 传真:024－22855430 电子信箱:jindicc@mail.sy.ln.cn

### 2.会计数据和财务指标摘要

2.1 主要会计数据

| | 2002 年 | 2001 年 | 本年比上年增减(%) | 2000 年 |
|---|---|---|---|---|
| 主营业务收入 | 587,097,003.40 | 636,143,748.38 | －7.71 | 593,073,913.23 |
| 利润总额 | －157,875,172.79 | －90,050,671.86 | －75.31 | 5,273,191.69 |
| 净利润 | －157,394,156.14 | －85,513,298.48 | －84.06 | 5,038,462.52 |
| 扣除非经常性损益的净利润 | －27,030,971.20 | －14,670,613.93 | －84.25 | －18,165,181.42 |
| | 2002 年末 | 2001 年末 | 本年末比上年末增减(%) | 2000 年末 |
| 总资产 | 1,011,336,698.20 | 1,048,240,891.96 | －3.52 | 1,122,472,624.78 |
| 股东权益(不含少数股东权益) | 92,973,390.34 | 250,174,321.45 | －62.84 | 356,801,294.04 |
| 经营活动产生的现金流量净额 | 1,082,896.40 | －12,587,506.06 | 108.60 | 32,314,653.74 |

2.2 主要财务指标

| | 2002 年 | 2001 年 | 本年比上年增减(%) | 2000 年 |
|---|---|---|---|---|
| 每股收益 | －0.99 | －0.54 | －83.33 | 0.03 |
| 净资产收益率% | －169.29 | －33.71 | －402.20 | 1.41 |
| 扣除非经常性损益的净利润为基础计算的净资产收益率 | －29.07 | －5.86 | －396.08 | －5.28 |
| 每股经营活动产生的现金流量净额 | 0.01 | 0.08 | －87.50 | 0.20 |
| | 2002 年末 | 2001 年末 | 本年末比上年末增减(%) | 2000 年末 |
| 每股净资产 | 0.58 | 1.57 | －63.06 | 2.23 |
| 调整后的每股净资产 | －0.89 | 1.17 | －176.07 | 1.71 |

## 600820 上海隧道工程股份有限公司

### 二〇〇二年年度报告摘选

#### 1.上市公司基本情况简介

1.1 基本情况简介

股票简称:隧道股份 股票代码:600820 上市交易所:上海证券交易所
注册地址:上海市浦东新区海徐路957号 办公地址:上海市肇嘉浜路239号
邮政编码:200032 公司国际互联网网址:http://www.stec.net
电子信箱:stecodd@public.sta.net.cn

1.2 联系人和联系方式

董事会秘书:金 波 联系地址:上海市肇嘉浜路239号
电话:021-64312461 传真:021-64377289 电子信箱:stecjb@guomai.sh.cn

#### 2.会计数据和财务指标摘要

2.1 主要会计数据

| | 2002年 | 2001年 | 本年比上年增减(%) | 2000年 |
|---|---|---|---|---|
| 主营业务收入 | 4,437,128,420.74 | 3,973,425,764.34 | 11.67% | 2,761,477,290.39 |
| 利润总额 | 138,314,492.05 | 118,385,197.63 | 16.83% | 108,731,085.94 |
| 净利润 | 107,236,765.17 | 96,011,779.02 | 11.69% | 90,338,270.41 |
| 扣除非经常性损益的净利润 | 109,050,053.98 | 131,581,387.06 | -17.12% | 112,048,261.10 |
| | 2002年末 | 2001年末 | 本年末比上年末增减(%) | 2000年末 |
| 总资产 | 6,139,852,434.98 | 5,981,804,304.91 | 2.64% | 4,312,814,059.55 |
| 股东权益(不含少数股东权益) | 1,646,491,906.37 | 1,570,003,373.23 | 4.87% | 1,131,893,328.39 |
| 经营活动产生的现金流量净额 | 808,480,872.35 | 231,411,098.53 | 249.37% | -155,368,179.05 |

2.2 主要财务指标

| | 2002年 | 2001年 | 本年比上年增减(%) | 2000年 |
|---|---|---|---|---|
| 每股收益 | 0.1814 | 0.1787 | 1.51% | 0.2402 |
| 净资产收益率 | 6.5130% | 6.115% | 6.51% | 7.981% |
| 扣除非经常性损益的净利润为基础计算的净资产收益率 | 6.6232% | 8.381% | -20.97% | 9.899% |
| 每股经营活动产生的现金流量净额 | 1.3677 | 0.4306 | 217.63% | -0.4131 |
| | 2002年末 | 2001年末 | 本年末比上年末增减(%) | 2000年末 |
| 每股净资产 | 2.7853 | 2.9215 | -4.66% | 3.0098 |
| 调整后的每股净资产 | 2.7366 | 2.7427 | -0.22% | 2.9425 |

## 600852 中国四川国际合作股份有限公司

### 二〇〇二年年度报告摘选

#### 1.上市公司基本情况简介

1.1 基本情况简介

股票简称:中川国际 股票代码:600852 上市交易所:上海证券交易所
注册地址:四川省成都市永兴巷15号
办公地址:四川省成都市顺城大街206号四川国际大厦24层 邮政编码:610016
公司国际互联网网址:http://www.sietco.com.cn 电子信箱:sietco@mail.sc.cninfo.net

1.2 联系人和联系方式

董事会秘书:陈璞 联系地址:四川省成都市顺城大街206号四川国际大厦24层
电话:028-86520852 传真:028-86521326 电子信箱:sietcodb@vip.sina.com
证券事务代表:侯伟齐 联系地址:四川省成都市顺城大街206号四川国际大厦24层
电话:028-86520505 传真:028-86521326 电子信箱:sietcodb@vip.sina.com

#### 2.会计数据和财务指标摘要

2.1 主要会计数据 单位:元

| | 2002年 | 2001年 | 本年比上年增减(%) | 2000年 |
|---|---|---|---|---|
| 主营业务收入 | 212,451,922.69 | 192,060,830.52 | 11 | 288,003,204.29 |
| 利润总额 | -60,463,305.27 | 12,460,478.99 | -585 | 27,278,876.82 |
| 净利润 | -58,666,998.23 | 6,437,131.93 | -1011 | 24,213,830.94 |
| 扣除非经常性损益的净利润 | -60,721,402.22 | -3,304,743.17 | 1737 | 22,658,783.22 |
| | 2002年末 | 2001年末 | 本年末比上年末增减(%) | 2000年末 |
| 总资产 | 984,860,018.78 | 1,165,999,372.05 | -16 | 1,088,996,876.52 |
| 股东权益(不含少数股东权益) | 196,584,352.42 | 249,237,582.22 | -21 | 240,176,615.09 |
| 经营活动产生的现金流量净额 | -384,033,032.26 | 284,382,590.29 | -235 | 21,047,654.51 |

2.2 主要财务指标 单位:元

| | 2002年 | 2001年 | 本年比上年增减(%) | 2000年 |
|---|---|---|---|---|
| 每股收益 | -0.36 | 0.04 | -1000 | 0.15 |
| 净资产收益率 | -29.84 | 2.58 | -1256.59 | 10.08 |
| 扣除非经常性损益的净利润为基础计算的净资产收益率 | -30.89 | -1.33 | 2222.56 | 9.43 |
| 每股经营活动产生的现金流量净额 | -2.34 | 1.73 | -235.26 | 0.13 |
| | 2002年末 | 2001年末 | 本年末比上年末增减(%) | 2000年末 |
| 每股净资产 | 1.20 | 1.52 | -21.05 | 1.46 |
| 调整后的每股净资产 | 1.08 | 1.39 | -22.30 | 1.34 |

## 900939 上海汇丽建材股份有限公司

### 二〇〇二年年度报告摘选

#### 1.上市公司基本情况简介

1.1 基本情况简介

股票简称:汇丽B股 股票代码:900939 上市交易所:上海证券交易所
注册地址:上海浦东康桥工业区 办公地址:上海浦东南路2161号 邮政编码:200127
公司国际互联网网址:http://www.huili.com 电子信箱:hlgf@huili.com

1.2 联系人和联系方式

董事会秘书:陶娅龄 联系地址:上海浦东南路2161号
电话:86-21-58705858 传真:86-21-68731596 电子信箱:hlgf@huili.com
证券事务代表:张燕 联系地址:上海浦东南路2161号
电话:86-21-58705858-2250 传真:86-21-68731596 电子信箱:zhangyan@huili.com

#### 2.会计数据和财务指标摘要

2.1 主要会计数据 单位:元

| | 2002年 | 2001年 | 本年比上年增减(%) | 2000年 |
|---|---|---|---|---|
| 主营业务收入 | 386,419,812.25 | 414,043,528.96 | -6.67 | 330,228,780.46 |
| 利润总额 | 21,156,007.08 | 29,036,690.41 | -27.14 | 21,251,237.99 |
| 净利润 | 8,309,963.47 | 22,822,773.05 | -63.59 | 17,709,905.56 |
| 扣除非经常性损益的净利润 | 7,861,721.08 | 9,976,848.52 | -21.20 | 17,709,905.56 |
| | 2002年末 | 2001年末 | 本年末比上年末增减(%) | 2000年末 |
| 总资产 | 871,171,375.45 | 847,381,921.49 | 2.81 | 758,700,713.95 |
| 股东权益(不含少数股东权益) | 322,291,353.14 | 307,366,647.31 | 4.86 | 284,546,956.93 |
| 经营活动产生的现金流量净额 | -48,307,538.92 | -33,554,475.02 | -43.97 | 21,884,391.87 |

2.2 主要财务指标 单位:元

| | 2002年 | 2001年 | 本年比上年增减(%) | 2000年 |
|---|---|---|---|---|
| 每股收益 | 0.05 | 0.14 | -64.29 | 0.11 |
| 净资产收益率 | 2.58 | 7.43 | -65.28 | 6.22 |
| 扣除非经常性损益的净利润为基础计算的净资产收益率 | 2.44 | 3.25 | -24.92 | 6.22 |
| 每股经营活动产生的现金流量净额 | -0.27 | -0.20 | -35.00 | 0.13 |
| | 2002年末 | 2001年末 | 本年末比上年末增减(%) | 2000年末 |
| 每股净资产 | 1.78 | 1.86 | -4.30 | 1.72 |
| 调整后的每股净资产 | 1.76 | 1.85 | -4.86 | 1.64 |

## 900957 上海凌云幕墙科技股份有限公司

### 二〇〇二年年度报告摘选

#### 1.上市公司基本情况简介

1.1 基本情况简介

股票简称:凌云B股 股票代码:900957 上市交易所:上海证券交易所
注册地址和办公地址:上海浦东东方路877号嘉兴大厦18楼 邮政编码:200122
公司国际互联网网址:http://www.elingyun.com

1.2 联系人和联系方式

董事会秘书:高云飞 联系地址:上海浦东东方路877号嘉兴大厦18楼
电话:021-50818242 传真:021-50819380 电子信箱:sd01@elingyun.com
证券事务代表:张燕琦 联系地址:上海浦东东方路877号嘉兴大厦18楼
电话:021-50813736 传真:021-50819380 电子信箱:sd02@elingyun.com

#### 2.会计数据和财务指标摘要

2.1 主要会计数据 单位:元

| | 2002年 | 2001年 | 本年比上年增减(%) | 2000年 |
|---|---|---|---|---|
| 主营业务收入 | 83,492,330 | 594,113,141 | -85.95 | 779,412,108 |
| 利润总额 | 23,904,631 | 41,609,037 | -42.55 | 81,567,876 |
| 净利润 | 23,682,402 | 46,727,893 | -49.32 | 75,490,641 |
| 扣除非经常性损益的净利润 | 8,495,590 | 33,678,186 | -74.78 | 76,780,000 |
| | 2002年末 | 2001年末 | 本年末比上年末增减(%) | 2000年末 |
| 总资产 | 2,138,712,480 | 1,436,847,977 | 48.85 | 1,460,754,268 |
| 股东权益(不含少数股东权益) | 642,658,908 | 616,078,842 | 4.32 | 576,330,949 |
| 经营活动产生的现金流量净额 | -41,975,339 | -11,643,494 | 260.51 | -33,975,337 |

2.2 主要财务指标

| | 2002年 | 2001年 | 本年比上年增减(%) | 2000年 |
|---|---|---|---|---|
| 每股收益 | 0.07 | 0.13 | -46.15 | 0.22 |
| 每股收益 | 0.07 | 0.13 | -46.15 | 0.31 |
| 净资产收益率 | 3.69 | 7.58 | -51.32 | 13.04 |
| 扣除非经常性损益的净利润为基础计算的净资产收益率 | 1.32 | 7.79 | -83.06 | 19.49 |
| 每股经营活动产生的现金流量净额 | -0.12 | -0.03 | 300 | -0.10 |
| | 2002年末 | 2001年末 | 本年末比上年末增减(%) | 2000年末 |
| 每股净资产 | 1.84 | 1.77 | 3.95 | 1.66 |
| 调整后的每股净资产 | 1.83 | 1.76 | 3.98 | 1.65 |

# F.交通运输、仓储业(34家)

# 600326 西藏天路交通股份有限公司

## 二○○二年年度报告摘要

## 1.重要提示

1.1 本公司董事会及其董事保证本报告所载资料不存在任何虚假记载、误导性陈述或者重大遗漏,并对其内容的真实性、准确性和完整性负个别及连带责任。本年度报告摘要摘自年度报告全文,投资者欲了解详细内容,应阅读年度报告全文。

1.2 没有个别董事声明对年度报告内容的真实性、准确性、完整性无法保证或存在异议。

1.3 公司董事饶邦骥(女士)因有事在外未能出席董事会,委托公司董事扎西江措(先生)作为授权代表出席与表决,同意本年度报告所涉及的内容。所有董事均出席董事会。

1.4 四川君和会计师事务所为本公司出具了标准无保留意见的审计报告。

1.5 公司董事长兼总经理扎西江措(先生)、主管会计工作的负责人李忠(先生),会计机构负责人洪强(先生)声明:保证年度报告中财务报告的真实、完整。

## 2.上市公司基本情况简介

2.1 基本情况简介

| | |
|---|---|
| 股票简称 | 西藏天路 |
| 股票代码 | 600326 |
| 上市交易所 | 上海证券交易所 |
| 注册地址 | 西藏自治区工商管理局 |
| 办公地址 | 西藏拉萨市夺底路14号 |
| 邮政编码 | 850000 |
| 电子信箱 | xztlgf@163.net |

2.2 联系人和联系方式

| | 董事会秘书 | 证券事务代表 |
|---|---|---|
| 姓名 | 多吉罗布 | |
| 联系地址 | 西藏拉萨市夺底路14号 | |
| 电话 | 0891－6322208 | |
| 传真 | 0891－6333071 | |
| 电子信箱 | | |

## 3.会计数据和财务指标摘要

3.1 主要会计数据

| | 2002年度 | 2001年度 | 本年比上年增减(%) | 2000年度 |
|---|---|---|---|---|
| 主营业务收入 | 509,022,200.76 | 342,566,125.77 | 48.59 | 251,914,918.93 |
| 利润总额 | 35,299,989.76 | 27,038,989.19 | 30.55 | 16,375,150.88 |
| 净利润 | 30,092,391.89 | 23,740,493.88 | 26.76 | 11,759,250.77 |
| 扣除非经常性损益的净利润 | 32,543,981.81 | 31,365,790.82 | 3.77 | 13,966,276.31 |
| | 2002年末 | 2001年末 | 本年末比上年末增减(%) | 2000年末 |
| 总资产 | 703,155,099.35 | 564,299,409.57 | 24.61 | 251,818,268.05 |
| 股东权益(不含少数股东权益) | 377,580,370.45 | 374,487,978.56 | 0.83 | 92,004,455.30 |
| 经营活动产生的现金流量净额 | 51,946,618.07 | 38,171,264.09 | 36.09 | 52,073,293.76 |

3.2 主要财务指标

| | 2002年度 | 2001年度 | 本年比上年增减(%) | 2000年度 |
|---|---|---|---|---|
| 每股收益 | 0.1672 | 0.2374 | －29.57 | 0.1960 |
| 每股收益 | －－ | －－ | －－ | －－ |
| 净资产收益率 | 7.97% | 6.34% | 25.71 | 12.78% |
| 扣除非经常性损益的净利润为基础计算的净资产收益率 | 8.62% | 8.38% | 2.86 | 15.18% |
| 每股经营活动产生的现金流量净额 | 0.2886 | 0.3817 | －24.39 | 0.8679 |
| | 2002年末 | 2001年末 | 本年末比上年末增减(%) | 2000年末 |
| 每股净资产 | 2.0977 | 3.7449 | －43.99 | 1.5334 |
| 调整后的每股净资产 | 2.0864 | 3.7358 | －44.15 | 1.5307 |

3.3 国内外会计准则差异

□适用 √不适用

## 4.股本变动及股东情况

4.1 股份变动情况表

公司股份变动情况表

数量单位:股

| | 本次变动前 | 本次变动增减(＋,－) | | | | | | 本次变动后 |
|---|---|---|---|---|---|---|---|---|
| | | 配股 | 送股 | 公积金转股 | 增发 | 其他 | 小计 | |
| 一、未上市流通股份 | | | | | | | | |
| 1.发起人股份 | 60,000,000.00 | | | 48,000,000.00 | | | 48,000,000.00 | 108,000,000.00 |
| 其中: | | | | | | | | |
| 国家持有股份 | 60,000,000.00 | | | 48,000,000.00 | | | 48,000,000.00 | 108,000,000.00 |
| 境内法人持有股份 | | | | | | | | |
| 境外法人持有股份 | | | | | | | | |
| 其他 | | | | | | | | |
| 2.募集法人股份 | | | | | | | | |
| 3.内部职工股 | | | | | | | | |
| 4.优先股或其他 | 60,000,000.00 | | | 48,000,000.00 | | | 48,000,000.00 | 108,000,000.00 |
| 未上市流通股份合计 | | | | | | | | |
| 二、已上市流通股份 | 40,000,000.00 | | | 32,000,000.00 | | | 32,000,000.00 | 72,000,000.00 |
| 1.人民币普通股 | | | | | | | | |
| 2.境内上市的外资股 | | | | | | | | |
| 3.境外上市的外资股 | 40,000,000.00 | | | 32,000,000.00 | | | 32,000,000.00 | 72,000,000.00 |
| 4.其他 | | | | | | | | |
| 已上市流通股份合计 | | | | | | | | |
| 三、股份总数 | 100,000,000.00 | | | 80,000,000.00 | | | 80,000,000.00 | 180,000,000.00 |

4.2 前十名股东持股表

| 报告期末股东总数 | 21055户 | | | | | |
|---|---|---|---|---|---|---|
| 前十名股东持股情况 | | | | | | |
| 股东名称(全称) | 年度内增减 | 年末持股数量 | 比例(%) | 股份类别(已流通或未流通) | 质押或冻结的股份数量 | 股东性质(国有股东或外资股东) |
| 西藏公路工程总公司 | ＋29342997.42 | 66021840 | 36.68 | 未流通 | 无 | 国有法人股 |
| 西藏自治区交通工业总公司 | ＋6999000.82 | 15747840 | 8.75 | 未流通 | 无 | 国有法人股 |
| 西藏拉萨汽车运输总公司 | ＋5722311.65 | 12875220 | 7.15 | 未流通 | 无 | 国有法人股 |
| 西藏自治区汽车工业贸易总公司 | ＋5681331.51 | 12580380 | 6.99 | 未流通 | 无 | 国有法人股 |
| 西藏自治区交通厅格尔木运输总公司 | ＋344358.60 | 774720 | 0.43 | 未流通 | 无 | 国有法人股 |
| 郑新 | ＋540000 | 540000 | 0.30 | 已流通 | 不详 | 流通股 |
| 孙德兴 | ＋471786 | 471786 | 0.26 | 已流通 | 不详 | 流通股 |
| 乔楚明 | ＋382060 | 382060 | 0.21 | 已流通 | 不详 | 流通股 |
| 陈春华 | ＋288400 | 288400 | 0.16 | 已流通 | 不详 | 流通股 |
| 黎克秀 | ＋258600 | 258600 | 0.14 | 已流通 | 不详 | 流通股 |
| 前十名股东关联关系或一致行动的说明 | 1.西藏公路工程总公司为公司控股股东,其持有本公司股份6602.184万股为未上市流通的国有法人股,持有股份占公司总股本的36.68%。<br>2.公司第一至第五大股东均为国有法人股,隶属西藏自治区交通厅,其主营业务均无关联关系。持有公司总股份5%以上的法人股东所持股份未发生质押、冻结情况。<br>3.公司控股股东或实际控制人报告期内未发生变化。<br>4.后5名流通股股东之间是否存在关联关系或属于《上市公司股东持股变动信息披露管理办法》规定的一致行动人,公司不详。 | | | | | |

4.3 控股股东及实际控制人情况介绍

4.3.1 控股股东及实际控制人变更情况

□适用 √不适用

4.3.2 控股股东和其他实际控制人具体情况介绍

1.公司控股股东名称:西藏公路工程总公司
注册地址:拉萨市夺底路14号
法定代表人:罗丹
成立日期:1959年
注册资本:人民币5924万元
主要业务和产品:建筑设备安装
股权结构:国有企业
2.公司控股股东实际控制人情况
公司控股股东实际控制人:西藏自治区交通厅
法定代表人:加措
单位性质:政府行政部门
主要职能:主管全区交通公路建设、运输行业
西藏交通厅注册地址:拉萨市罗布林卡路10号

## 5.董事、监事和高级管理人员

5.1 董事、监事和高级管理人员持股变动

| 姓名 | 职　务 | 性别 | 年龄 | 任期起止日期 | 年初持股数 | 年末持股数 | 变动原因 |
|---|---|---|---|---|---|---|---|
| 扎西江措 | 董事长兼总经理 | 男 | 36 岁 | 2002.3 - 2005.3 | 0 | 0 | 无 |
| 何黎峰 | 副董事长 | 男 | 42 岁 | 2002.3 - 2005.3 | 0 | 0 | 无 |
| 李　铧 | 董事 | 男 | 37 岁 | 2002.3 - 2005.3 | 0 | 0 | 无 |
| 边巴次仁 | 董事 | 女 | 40 岁 | 2002.3 - 2005.3 | 0 | 0 | 无 |
| 张德川 | 董事 | 男 | 47 岁 | 2002.3 - 2005.3 | 0 | 0 | 无 |
| 饶邦骥 | 董事 | 女 | 48 岁 | 2002.3 - 2005.3 | 0 | 0 | 无 |
| 范文理 | 独立董事 | 男 | 57 岁 | 2002.6 - 2005.3 | 0 | 0 | 无 |
| 唐光兴 | 独立董事 | 男 | 36 岁 | 2002.6 - 2005.3 | 0 | 0 | 无 |
| 洛桑曲加 | 监事会主席 | 男 | 53 岁 | 2002.3 - 2005.3 | 0 | 0 | 无 |
| 普　布 | 监事 | 男 | 50 岁 | 2002.3 - 2005.3 | 0 | 0 | 无 |
| 肖慈祥 | 监事 | 男 | 38 岁 | 2002.3 - 2005.3 | 0 | 0 | 无 |
| 田　根 | 常务副总经理 | 男 | 44 岁 | 2002.3 - 2005.3 | 0 | 0 | 无 |
| 王锦河 | 副总经理兼总工程师 | 男 | 35 岁 | 2002.3 - 2005.3 | 0 | 0 | 无 |
| 李　忠 | 副总经理 | 男 | 34 岁 | 2002.3 - 2005.3 | 0 | 0 | 无 |
| 王继昌 | 副总经理 | 男 | 49 岁 | 2002.3 - 2005.3 | 0 | 0 | 无 |
| 边连仲 | 副总经理 | 男 | 49 岁 | 2002.3 - 2005.3 | 0 | 0 | 无 |
| 多吉罗布 | 董事会秘书 | 男 | 29 岁 | 2002.3 - 2005.3 | 0 | 0 | 无 |
| 洪　强 | 财务负责人 | 男 | 28 岁 | 2002.3 - 2005.3 | 0 | 0 | 无 |

5.2 在股东单位任职的董事监事情况

√适用　　□不适用

| 姓名 | 任职的股东名称 | 在股东单位担任的职务 | 任职期间 | 是否领取报酬津贴(是或否) |
|---|---|---|---|---|
| 李　铧 | 西藏公路工程总公司 | 总经理 | 2002.3 - 2005.3 | 是 |
| 边巴次仁 | 西藏自治区交通工业总公司 | 副总经理 | 2002.3 - 2005.3 | 是 |
| 张德川 | 西藏拉萨汽车运输总公司 | 总经理 | 2002.3 - 2005.3 | 是 |
| 饶邦骥 | 西藏自治区汽车工业贸易总公司 | 总经理 | 2002.3 - 2005.3 | 是 |
| 洛桑曲加 | 西藏公路工程总公司 | 公司党委书记、副总经理 | 2002.3 - 2005.3 | 是 |
| 普　布 | 西藏拉萨汽车运输总公司 | 党委书记 | 2002.3 - 2005.3 | 是 |

5.3 董事、监事和高级管理人员年度报酬情况

| | |
|---|---|
| 年度报酬总额 | 2,183,732.00 元(含税) |
| 金额最高的前三名董事的报酬总额 | 588,969.00 元(含税) |
| 金额最高的前三名高级管理人员的报酬总额 | 768,969.00 元(含税) |
| 独立董事津贴 | 50,000.00 元(含税) |
| 独立董事其他待遇 | - - |
| 不在公司领取报酬、津贴的董事、监事姓名 | - - |
| 报酬区间 | 人数 |
| 2 - 5 万元 | 9 人 |
| 10 - 19 万元 | 2 人 |
| 20 - 28 万元 | 7 人 |

## 6.董事会报告

6.1 报告期内整体经营情况的讨论与分析

报告期内公司所处行业及经营范围没有发生变化，公司持续稳定发展；报告期内公司以《上市公司治理准则》为规范依据，不断完善公司法人治理结构，建立健全现代企业制度，规范公司运作。公司第二届董事会对公司组织机构进行了重大改革，重塑工作业务流程，补充完善各项规章制度，以“做精品工程、创天路品牌”为质量方针和“以质量求生存、以质量促效益、以质量求发展”的发展方略，在日常工作中一以贯之，并逐步建立健全了质量保证体系。以提高施工质量和经济效益为根本出发点，充分发挥西藏本土施工企业的龙头优势，不断拓展市场，强化主业，使得工程安全、进度、质量、效益全面提高。通过调整经营结构、加强成本管理与控制、强化财务管理工作、狠抓质量管理等各项工作实施和落实，凝聚人气、激励斗志，建立起灵活有效的用人机制，充分发挥企业员工的积极性、创造性。降低经营成本，提升了管理水平和规模竞争力。

在企业的改革发展过程中，公司始终坚持以建立现代企业制度为“纲”，以规范化运作为“纲”，以此来带动和促进企业经营机制的转换。报告期内公司建立现代企业制度，彻底转换经营机制，以适应市场经济和社会化大生产发展的需要。

由于公司的主业是公路建设，工程分公司的改革成败维系着整个公司的兴衰。为压缩开支，削减冗员，充分发挥各职能部门作用。不断压缩管理层次，推行扁平化管理是公司增产促效的重要手段。公司在报告期内开始全面贯彻执行 ISO9001:2000 国际质量体系标准。同时，公司资本运营、投资管理工作也正在有序推进，管理规范，取得较好投资回报。使公司 2002 年度公司实现主营业务收入 509,022,200.76 元，主营业务成本 422,226,645.66 元，主营业务利润 73,666,296.19 元，净利润 30,092,391.89 元；分别较上年度增长 166,456,074.99 元、149,401,620.93 元、12,008,253.82 元、6,351,898.01 元；增幅 48.59%，54.76%，19.48%，26.76%；其中：公路工程施工实现主营业务收入 424,763,861.59 元，主营业务成本 343,125,656.00 元，主营业务利润 68,752,025.00 元。

2002 年度净利润较上一年度增加了 26.76%，主要系本年度公路工程收入较上年大幅提升；募集资金投资项目本年度产生良好投资回报所致。

6.2 主营业务分行业、产品情况表

| 分行业或分产品 | 主营业务收入 | 主营业务成本 | 毛利率(%) | 主营业务收入比上年增减(%) | 主营业务成本比上年增减(%) | 毛利率比上年增减(%) |
|---|---|---|---|---|---|---|
| 公路工程 | 424,763,861.59 | 343,125,656.00 | 19.22 | 73.68 | 85.80 | - 21.52 |
| 汽车贸易 | 80,125,473.91 | 75,806,653.33 | 5.39 | - 6.76 | - 3.65 | - 36.21 |
| 其中:关联交易 | - | - | - | - | - | - |
| 关联交易的定价原则 | | | | | | |
| 关联交易必要性、持续性的说明 | - | | | | | |

6.3 主营业务分地区情况

| 地区 | 主营业务收入 | 主营业务收入比上年增减(%) |
|---|---|---|
| 西藏自治区 | 480,580,235.25 | 40.29 |
| 青海省 | 28,441,965.51 | 100.00 |
| 合计 | 509,022,200.76 | 48.59 |

6.4 采购和销售客户情况

单位:(人民币)万元

| | | | |
|---|---|---|---|
| 前五名供应商采购金额合计 | 6,473.92 | 占采购总额比重 | 31.46% |
| 前五名销售客户销售金额合计 | 42,699.59 | 占销售总额比重 | 83.89% |

6.5 参股公司经营情况(适用投资收益占净利润 10%以上的情况)

√适用　　□不适用

| 参股公司名称 | 本期贡献的投资收益(元) | 占上市公司净利润的比重 | 参股公司 | |
|---|---|---|---|---|
| | | | 经营范围 | 净利润 |
| 西藏高争建材股份有限公司 | 3,550,153.72 | 11.80% | 主营建材、釉面墙地砖的生产、销售 | 18,249,050.36 |

6.6 主营业务及其结构发生重大变化的原因说明

□适用　　√不适用

6.7 主营业务盈利能力(毛利率)与上年相比发生重大变化的原因说明

√适用　　□不适用

一、公路工程本年度毛利率 19.22%，较上一年度毛利率 24.49%下降了 5.27 个百分点，其下降的原因为：

1.因大量区外大型施工企业拥入区内工程施工市场，工程的招投标市场日趋激烈，工程毛利率呈逐年下降趋势。

2.公司以前年度完工工程在本年度缺陷责任保修期到期工程少，本报告期收回的缺陷责任保修期保留金减少，对本期的毛利率影响较大。

二、汽车贸易本年毛利率 5.39%，较上一年度毛利率 8.45%下降了 3.06 个百分点，其下降原因为：汽车销售市场竞争日趋激烈，单车销售价格下降幅度较大所致。

6.8 经营成果和利润构成与上年度相比发生重大变化的原因分析

√适用　　□不适用

1.2002 年度实现主营业务利润 73,666,296.19 元，较上一年度增加了 19.48%，主要系本年度公路工程收入较上年大幅提升所致。

2.2002 年度实现净利润 30,092,391.89 元，较上一年度增加了 26.76%，主要系本年度公路工程收入较上年大幅提升；募集资金投资项目本年度产生良好投资回报所致。

整体财务状况与上年度相比发生重大变化的原因分析

√适用　　□不适用

1.2002 年 12 月 31 日，公司的总资产 703,155,099.35 元，较上年度增加了 24.61%，主要系公司本年度公路工程收入大幅增加，计量支付货币资金回收良好，资产结构进一步优化；2002 年度公司合并会计报表范围发生了变化，本年度公司将新增的控股子公司西藏天路邛崃水业有限责任公司资产负债表纳入合并会计报表范围，增加了公司总资产所致。

2.2002 年 12 月 31 日，公司长期负债 85,000,000.00 元，较上年度增加了 46.55%，主要系本年度公司将新增的控股子公司西藏天路邛崃水业有限责任公司资产负债表纳入合并会计报表范围，子公司本年度增加的长期借款 2,000 万元所致。

3.2002 年 12 月 31 日，公司股东权益 377,580,370.45 元，较上年度增加了 0.83%，主要系 2003 年公司第二届董事会第六次会议分配预案拟向全体股东每 10 股派 1.50 元现金红利(含税)，减少可供投资者分配利润 2,700.00 万元，结余未分配利润转入所致。

4.2002 年度经营活动产生的现金流量净额 51,946,618.07 元，较上一年度增加了 36.09%，主要系本年度公司加大了工程计量支付工作力度，工程货币资金回收状况良好，较上一年度有了较大改善所致。

5.2002 年度现金及现金等价物净增加额 - 58,890,000.41 元，较上一年度下降了 119.90%，主要系本年度公司支付公路工程施工设备 3,851.29 万元；支付本公司募集资金变更投资项目——参股西藏高争建材股份有限公司 2,040.00 万元；支付本公司募集资金变更投资项目——与四川瑞云集团股份有限公司、自然人王瑞东共同出资组建西藏云天工程建筑有限责任公司 1,200.00 万元；支付本公司募集资金变更投资项目——与西藏高争建材股份有限公司共同出资组建高天水泥有限责任公司本期投资款 1,200.00 万元；支付本公司募集资金变更投资项目——收购邛崃自来水有限责任公司 60%的股权，受让股权转让款 1,719.00 万元；支付 2001 年度现金股利 804.03 万元所致。

6.9 对生产经营环境以及宏观政策、法规产生重大变化已经、正在或将要对公司的财务状况和经营成果产生重要影响的说明

√适用　　□不适用

国家积极财政政策、西部大开发战略实施和加入 WTO 对我们的经营环境、经营理念的方面无可置疑的将产生巨大的影响，其既是机遇也是挑战。国家积极财政政策、西部大开发战略实施拓展了西藏基础设施建设市场，对公司来说是机遇，但同时国内外大中型基础设施建设企业大量拥进西藏建筑市场，势必对西藏现有的基础设施建设企业带来一定的冲击，行业竞争将会进一步加剧。我公司目前虽然是西藏公路建设行业的龙头企业之一，但在规模、技术、管理等方面与国内国外同行业的企业相比，还有一定的差距。再加之公司拟投资新建的水泥生产线项目将与国内其他水泥厂家一样，也将面对“入世”后的考验和挑战。虽然目前“入世”的因素在短期内不会对公司造成太大的冲击，但今后市场竞争带来的风险对公司未来经营活动将产生较大的影响。

6.10 完成盈利预测的情况

□适用　　√不适用

6.11 完成经营计划情况

√适用　　□不适用

单位:人民币元

| | 原拟订的本年度经营计划 | 本年度实际数 |
|---|---|---|
| 收入 | 420,277,400.00 | 509,022,200.76 |
| 成本 | 349,138,000.00 | 422,226,645.66 |
| 差异说明 | | |
| 本年度主营业务收入、主营业务成本分别比经营计划超出 21.12%、20.93%，主要系公司进一步解放思想、深化改革，立足于体制创新、技术创新和机制创新，进一步完善法人治理结构，提高募集资金使用效率，推动企业产业升级。凭借公司长期以来良好的企业信誉，丰富的高原施工经验和通过技术改造所提高的机械化施工能力，不断提高企业的核心竞争能力，使得工程安全、进度、质量、效益全面提高，实现公司主营业务收入的大幅增长所致。 | | |

6.12 募集资金使用情况

√适用　　□不适用

| 募集资金总额 | 26,252.08 | 本年度已使用募集资金总额 | | 7,301.48 | |
|---|---|---|---|---|---|
| | | 已累计使用募集资金总额 | | 14,738.9 | |
| 承诺项目 | 拟投入金额 | 是否变更项目 | 实际投入金额 | 产生收益金额 | 是否符合计划进度和预计收益 |
| 1.1000t/d 级带改进型分解炉的五级预热预分解窑水泥生产线改扩建项目 | 14,103.31 | 否 | 2,408.84 | | 没有达到计划进度 |
| 2.工程施工机械设备技改项目 | 4,900.00 | 否 | 6,335.22 | | 追加投入2,252.69 万元 |
| 3.汽车修理厂改扩建项目 | 4,713.00 | 变更 | - | - | - |
| 4.更新大吨位载货车辆项目 | 2,500.00 | 否 | 687.50 | | 没有达到计划进度 |
| 合计 | 26,216.31 | - | 9,431.56 | | - |
| 未达到计划进度和收益的说明(分具体项目) | 1.水泥生产线改扩建项目,根据政策与市场分析,考虑到独自承担该项目所冒的风险过大,采取与西藏高争建材股份有限公司共同承担该项目,组建了西藏高天水泥有限责任公司,并且由于将 1000t/d 改为 2000t/d 的生产规模需要重新经过国家审批,现正在进行审批手续,造成资金未能投资到位。<br>2.更新大吨位载货车辆项目,由于青藏铁路的建设,势必会造成运输市场格局的变化,公司放慢了实施进度,所以资金未能到位。 | | | | |
| 变更原因及变更程序说明 | 汽车修理厂改扩建项目由于市场因素拟暂缓实施,实际投资项目改为收购西藏天路邛崃水业有限责任公司。 | | | | |

变更项目情况

√适用　　□不适用

单位:(人民币)万元

| 变更投资项目的资金总额 | 13,988.62 | | | | |
|---|---|---|---|---|---|
| 变更后的项目 | 对应的原承诺项目 | 变更项目拟投入金　额 | 实际投入金额 | 产生收益金　额 | 是否符合计划进度和预计收益 |
| 1.西藏高天水泥有限责任公司 | 原承诺项目 1 | 6,910.62 | 2,408.84 | - | 没有达到计划进度 |
| 2.西藏高争建材股份有限公司 | 利用原承诺项目 1 的剩余资金 | 2,040.00 | 2,040.00 | 355.02 | 达到计划进度 |
| 3.汽车展场改扩建项目 | 利用原承诺项目 1 的剩余资金 | 400.00 | 414.70 | - | -14.70(超计划) |
| 4.西藏云天工程建筑有限责任公司 | 利用原承诺项目 1 的剩余资金 | 1,200.00 | 1,200.00 | 84.81 | 达到计划进度 |
| 5.西藏天路邛崃水业有限责任公司 | 原承诺项目 3 | 3,438 | 1,719 | | 没有达到计划进度 |
| 合计 | - | 13,988.62 | 7,782.54 | 439.83 | - |
| 未达到计划进度和收益的说明(分具体项目) | 1.西藏高天水泥有限责任公司由于正在办理国家审批手续,资金未能到位。<br>2.更新大吨位载货车辆项目,由于青藏铁路的建设,造成市场格局的变化,暂缓实施,所以资金未能到位。<br>3.西藏天路邛崃水业有限责任公司,由于是 2002 年 12 月 27 日(购买日)才收购过来,时间短促,到年底才支出 1,719 万元。 | | | | |

6.13 非募集资金项目情况

□适用　　√不适用

6.14 董事会对会计师事务所"非标意见"的说明

□适用　　√不适用

6.15 董事会新年度的经营计划(如有)

□适用　　√不适用

新年度盈利预测(如有)

□适用　　√不适用

6.16 董事会本次利润分配或资本公积金转增预案

经公司第二届董事会第六次会议决议,公司 2002 年度财务会计报表经四川君和会计师事务所审计,公司 2002 年度实现净利润 30,092,391.89 元,按《公司章程》的有关规定计提 10%的法定盈余公积金 3,009,239.19 元;计提 10%的法定公益金 3,009,239.19 元;计提 8%的任意盈余公积金 2,407,391.35 元。加上 2001 年度未分配利润 13,987,758.26 元,2002 年度可供投资者分配的利润为 35,654,280.42 元。公司拟向全体股东每 10 股派 1.50 元现金红利(含税),剩余 8,654,280.42 元未分配利润结转以后年度分配。

公司本次利润分配拟不送红股,不用资本公积金转增股本。

以上分配预案尚需提交 2002 年度股东大会审议批准后方可实施。

## 7.重要事项

7.1 收购资产

√适用　　□不适用

单位:(人民币)万元

| 交易对方及被收购资产 | 购买日 | 收购价格 | 自购买日起至本年末为上市公司贡献的净利润 | 是否为关联交易 | 定价原则 |
|---|---|---|---|---|---|
| 邛崃市自来水有限责任公司 | 2002 年 12 月 27 日 | 3,438 | 无 | 否 | 评估价 |

7.2 出售资产

□适用　　√不适用

7.3 重大担保

√适用　　□不适用

| 担保对象名称 | 发生日期(协议签署日) | 担保金额 | 担保类型 | 担保期 | 是否履行完毕 | 是否为关联方担保(是或否) |
|---|---|---|---|---|---|---|
| 四川省瑞云集团股份有限公司 | 2002.03 | 1,000.00 | 连带保证责任 | 2002.03-2003.03 | 否 | 否 |
| 担保发生额合计 | 1,000.00 | | | | | |
| 担保余额合计 | 1,000.00 | | | | | |
| 其中:关联担保余额合计 | 0.00 | | | | | |

7.4 关联债权债务往来

√适用　　□不适用

单位:人民币元

| 关联方 | 向关联方提供资金 | | 关联方向上市公司提供资金 | |
|---|---|---|---|---|
| | 发生额 | 余额 | 发生额 | 余额 |
| 西藏自治区汽车工业贸易总公司 | 680,094.82 | 4,546,367.13 | | |
| 西藏拉萨汽车运输总公司 | -224,499.17 | 1,030,343.44 | | |
| 西藏自治区交通工业总公司 | 611,547.20 | 1,867,518.06 | | |
| 西藏山南地区水泥厂 | 1,629,476.52 | 8,682,574.85 | | |
| 西藏日喀则宗山水泥有限责任公司 | 0.00 | 2,850,019.09 | | |
| 西藏自治区交通厅格尔木运输总公司 | 50,800.00 | 154,905.11 | | |
| 西藏云天工程建筑有限责任公司 | | | 3,183,153.96 | 3,183,153.96 |
| 西藏高争建材股份有限公司 | | | 474.57 | 474.57 |
| 西藏公路工程总公司 | | | 705,308.53 | 705,308.53 |
| 合计 | 2,747,419.37 | 19,131,727.68 | 3,888,937.06 | 3,888,937.06 |

7.5 委托理财

□适用　　√不适用

7.6 承诺事项履行情况

□适用　　√不适用

7.7 重大诉讼仲裁事项

□适用　　√不适用

7.8 独立董事履行职责的情况(请填入空白处)

根据《关于在上市公司建立独立董事制度的指导意见》公司于 2002 年 6 月 28 日公司第二届股东大会第一次会议上审议通过了聘任范文理(先生)、唐光兴(先生)为公司第二届董事会独立董事。自任职以来,两名独立董事认真参加了公司报告期内召开的董事会及股东大会,参与会议各项议案的审议,从法律、财务、行业等不同角度对董事会的议案发表了专业意见,并对公司经营活动中的重大决策事项发表了客观公正的意见,出具了独立董事意见函。为董事会的科学决策及公司规范运作的良性发展都起到了积极的作用。两名独立董事认真履行了作为独立董事应承担的职责。切实发挥了维护公司及广大中小股东利益的作用。

## 8.监事会报告

监事会认为公司依法运作、公司财务情况、公司募集资金使用、公司收购、出售资产交易和关联交易不存在问题。

## 9.财务报告

9.1 审计意见

**审　计　报　告**

**君和审字(2003)第 3052 号**

西藏天路交通股份有限公司全体股东:

我们接受委托,审计了贵公司 2002 年 12 月 31 日的资产负债表和合并资产负债表、2002 年度的利润及利润分配表和合并利润及利润分配表以及 2002 年度的现金流量表和合并现金流量表。这些会计报表由贵公司负责,我们的责任是对这些会计报表发表审计意见。我们的审计是依据《中国注册会计师独立审计准则》进行的。在审计过程中,我们结合贵公司的实际情况,实施了包括抽查会计记录等我们认为必要的审计程序。

我们认为,上述会计报表符合《企业会计准则》和《企业会计制度》的有关规定,在所有重大方面公允地反映了贵公司 2002 年 12 月 31 日的财务状况及 2002 年度的经营成果和现金流量情况,会计处理方法的选用遵循了一贯性原则。

**四川君和会计师事务所**　　　　**中国注册会计师:**

**地址:中国、成都**　　　　**中国注册会计师:**

**报告日期:2003 年 2 月 25 日**

9.2 财务报表

### 资产负债表附表 1:资产减值准备明细表

2002 年 12 月 31 日

编制单位:西藏天路交通股份有限公司　　　　单位:人民币元

| 项目 | 期初余额 | 本年增加数 | 本年转回数 | 期末余额 |
|---|---|---|---|---|
| 一、坏帐准备合计 | 4,213,873.86 | 3,306,558.88 | | 7,520,432.74 |
| 其中:应收账款 | 2,531,854.85 | 2,124,867.88 | | 4,656,722.73 |
| 其他应收款 | 1.682,019.01 | 1,181,691.00 | | 2,863,710.01 |
| 二、短期投资跌价准备合计 | 1,537,103.77 | 734,948.00 | | 2,272,051.77 |
| 其中:股票投资 | 1,537,103.77 | 734,948.00 | | 2,272,051.77 |
| 债券投资 | | | | |
| 三、存货跌价准备合计 | 1,917,052.07 | 1,733,470.07 | | 3,650,522.14 |
| 其中:库存商品 | 868,713.61 | 106,170.77 | | 974,884.38 |
| 原材料 | 1,048,338.46 | 1,627,299.30 | | 2,675,637.76 |
| 四、长期投资减值准备合计 | 1,290,312.39 | | 193,537.83 | 1,096,774.56 |
| 其中:长期股权投资 | 1,290,312.39 | | 193,537.83 | 1,096,774.56 |
| 长期债权投资 | | | | |
| 五、固定资产减值准备合计 | 12,904,516.51 | 6,917,241.70 | | 19,821,758.21 |
| 其中:房屋、建筑物 | 4,450,730.38 | 3,319,540.41 | | 7,770,270.79 |
| 机器设备 | 8,453,786.13 | 3,597,701.29 | | 12,051,487.42 |
| 六、无形资产减值准备 | | | | |
| 其中:专利权 | | | | |
| 商标权 | | | | |
| 七、在建工程减值准备 | | | | |
| 八、委托贷款减值准备 | | | | |

## 资产负债表附表 2:股东权益增减变动表

2002 年 12 月 31 日

编制单位:西藏天路交通股份有限公司　　　　单位:人民币元

| 项目 | 本年数 | 上年末 |
|---|---|---|
| 一、股本: | | |
| 年初余额 | 100,000,000.00 | 60,000,000.00 |
| 本年增加数 | 80,000,000.00 | 40,000,000.00 |
| 其中:资本公积转入 | 80,000,000.00 | |
| 盈余公积转入 | | |
| 利润分配转入 | | |
| 新增股本 | | 40,000,000.00 |
| 本年减少数 | | |
| 年末余额 | 180,000,000.00 | 100,000,000.00 |
| 二、资本公积: | | |
| 年初余额 | 252,393,627.85 | 23,650,598.47 |
| 本年增加数 | | 228,743,029.38 |
| 其中:股本溢价 | | 222,520,800.00 |
| 接受损赠非现金资产准备 | | |
| 接受现金捐赠 | | |
| 股权投资准备 | | |
| 拨款转入 | | |
| 外币资本折算差额 | | |
| 其他资本公积 | | 6,222,229.38 |
| 本年减少数 | 80,000,000.00 | |
| 年末余额 | 172,393,627.85 | 252,393,627.85 |
| 三、法定和任意盈余公积: | | |
| 年初余额 | 4,613,045.18 | 2,238,995.79 |
| 本年增加数 | 5,416,630.54 | 2,374,049.39 |
| 其中:从净利润中提取数 | 5,416,630.54 | 2,374,049.39 |
| 其中:法定盈余公积 | 3,009,239.19 | 2,374,049.39 |
| 任意盈余公积 | 2,407,391.35 | |
| 储备基金 | | |
| 企业发展基金 | | |
| 法定公益金转入数 | | |
| 本年减少数 | | |
| 其中:弥补亏损 | | |
| 转增股本 | | |
| 分派现金股利 | | |
| 分派股票股利 | | |
| 年末余额 | 10,029,675.72 | 4,613,045.18 |
| 其中:法定盈余公积 | 7,622,284.37 | 4,613,045.18 |
| 储备基金 | | |
| 企业发展基金 | | |
| 四、法定公益金: | | |
| 年初余额 | 3,493,547.27 | 1,119,497.88 |
| 本年增加数 | 3,009,239.19 | 2,374,049.39 |
| 其中:从净利润中提取数 | 3,009,239.19 | 2,374,049.39 |
| 本年减少数 | | |
| 其中:集体福利支出 | | |
| 年末余额 | 6,502,786.46 | 3,493,547.27 |
| 五、未分配利润: | | |
| 年初未分配利润 | 13,987,758.26 | 4,995,363.16 |
| 本年净利润(净亏损以"-"号填列) | 30,092,391.89 | 23,740,493.88 |
| 本年利润分配 | 35,425,869.73 | 14,748,098.78 |
| 年末未分配利润(未弥补亏损以"-"号填列) | 8,654,280.42 | 13,987,758.26 |

## 资　产　负　债　表

2002 年 12 月 31 日

编制单位:西藏天路交通股份有限公司　　　　单位:人民币元

| 资　　产 | 附注 | 期末数 | | 年初数 |
|---|---|---|---|---|
| | | 合并数 | 母公司数 | |
| 流动资产: | | | | |
| 货币资金 | 6.1 | 303,233,255.12 | 301,386,088.03 | 362,123,255.53 |
| 短期投资 | 6.2 | 1,791,051.00 | 1,791,051.00 | 2,575,648.99 |
| 应收票据 | | | | |
| 应收股利 | | | | |
| 应收利息 | | | | |
| 应收账款 | 6.3 | 66,345,632.60 | 65,290,964.21 | 31,701,476.97 |
| 其他应收款 | 6.4 | 51,312,148.71 | 28,067,791.09 | 29,683,419.84 |
| 预付帐款 | 6.5 | 16,125,870.15 | 16,084,765.90 | 12,656,223.37 |
| 应收补贴款 | | | | |
| 存货 | 6.6 | 27,848,114.31 | 27,725,928.72 | 29,007,185.65 |
| 待摊费用 | | | | |
| 一年内到期的长期债权投资 | | | | 270,526.00 |
| 其他流动资产 | | | | |
| 流动资产合计 | | 466,656,071.89 | 440,346,588.95 | 468,017,736.35 |
| 长期投资 | | | | |
| 长期股权投资 | 6.7 | 50,320,492.29 | 84,700,492.29 | 774,151.31 |
| 长期债权投资 | | | | |
| 长期投资合计 | | 50,320,492.29 | 84,700,492.29 | 774,151.31 |
| 合并价差 | | 420,504.05 | | |
| 固定资产: | | | | |
| 固定资产原价 | 6.8 | 309,921,317.20 | 250,606,651.69 | 201,291,459.55 |
| 减:累计折旧 | 6.8 | 121,622,467.05 | 117,277,422.58 | 104,918,616.49 |
| 固定资产净值 | 6.8 | 188,298,850.15 | 133,329,229.11 | 96,372,843.06 |
| 减:固定资产减值准备 | 6.8 | 19,821,758.21 | 17,061,015.95 | 12,904,516.51 |
| 固定资产净额 | 6.8 | 168,477,091.94 | 116,268,213.16 | 83,468,326.55 |
| 工程物资 | | | | |
| 在建工程 | 6.9 | 12,104,147.14 | 12,088,370.19 | 11,424,759.48 |
| 固定资产清理 | | | | |
| 固定资产合计 | | 180,581,239.08 | 128,356,583.35 | 94,893,086.03 |
| 无形资产及其他资产: | | | | |
| 无形资产 | 6.10 | 5,176,792.04 | | |
| 长期待摊费用 | | | | 614,435.88 |
| 其他长期资产 | | | | |
| 无形资产及其他资产合计 | | 5,176,792.04 | | 614,435.88 |
| 递延税项: | | | | |
| 递延税款借项 | | | | |
| 资产总计 | | 703,155,099.35 | 653,403,664.59 | 564,299,409.57 |
| 流动负债: | | | | |
| 短期借款 | 6.11 | 913,147.05 | 913,147.05 | 913,147.05 |
| 应付票据 | | | | |
| 应付帐款 | 6.12 | 85,420,427.65 | 84,698,046.01 | 68,481,515.16 |
| 预收帐款 | 6.13 | 47,113,803.24 | 47,113,803.24 | 39,587,194.51 |
| 应付工资 | 6.14 | 4,434,807.66 | 4,434,807.66 | 2,770,004.08 |
| 应付福利费 | | 1,182,732.78 | 1,127,275.74 | 1,119,252.29 |
| 应付股利 | 6.15 | 27,047,030.18 | 27,047,030.18 | 8,087,318.83 |
| 应交税金 | 6.16 | 4,096,988.63 | 3,123,989.61 | 3,020,465.52 |
| 其他应交款 | 6.17 | 63,910.43 | 13,744.40 | -34,611.93 |
| 其他应付款 | 6.18 | 47,638,313.94 | 49,351,450.25 | 7,461,879.85 |
| 预提费用 | | 23,903.38 | | 405,265.65 |
| 一年内到期的长期负债 | | | | |
| 其他流动负债 | | | | |
| 流动负债合计 | | 217,935,064.94 | 217,823,294.14 | 131,811,431.01 |
| 长期负债: | | | | |
| 长期借款 | 6.19 | 85,000,000.00 | 58,000,000.00 | 58,000,000.00 |
| 应付债券 | | | | |
| 长期应付款 | | | | |
| 其他长期负债 | | | | |
| 长期负债合计 | | 85,000,000.00 | 58,000,000.00 | 58,000,000.00 |
| 递延税项: | | | | |
| 递延税款贷项 | | | | |
| 负债合计 | | 302,935,064.94 | 275,823,294.14 | 189,811,431.01 |
| 少数股东权益 | | 22,639,663.96 | | |
| 所有者权益: | | | | |
| 股本 | 6.20 | 180,000,000.00 | 180,000,000.00 | 100,000,000.00 |
| 资本公积 | 6.21 | 172,393,627.85 | 172,393,627.85 | 252,393,627.85 |
| 盈余公积 | 6.22 | 16,532,462.18 | 16,532,462.18 | 8,106,592.45 |
| 其中:公益金 | 6.22 | 6,502,786.46 | 6,502,786.46 | 3,493,547.27 |
| 未分配利润 | 6.23 | 8,654,280.42 | 8,654,280.42 | 13,987,758.26 |
| 股东权益合计 | | 377,580,370.45 | 377,580,370.45 | 374,487,978.56 |
| 负债及股东权益总计 | | 703,155,099.35 | 653,403,664.59 | 564,299,409.57 |

## 利润及利润分配表

2002 年度

编制单位:西藏天路交通股份有限公司　　　　单位:人民币元

| 项　目 | 附注 | 本年累计数 | | 上年实际数 |
|---|---|---|---|---|
| | | 合并数 | 母公司数 | |
| 一、主营业务收入 | 6.24 | 509,022,200.76 | 509,022,200.76 | 342,566,125.77 |
| 减:主营业务成本 | 6.24 | 422,226,645.66 | 422,226,645.66 | 272,825,024.73 |
| 主营业务税金及附加 | 6.25 | 13,129,258.91 | 13,129,258.91 | 8,083,058.67 |
| 二、主营业务利润 | | 73,666,296.19 | 73,666,296.19 | 61,658,042.37 |
| 加:其他业务利润 | | 54,003.69 | 54,003.69 | -143,644.41 |
| 减:营业费用 | | 3,458,197.90 | 3,458,197.90 | 3,243,139.36 |
| 管理费用 | | 33,437,764.09 | 33,437,764.09 | 27,320,147.24 |
| 财务费用 | 6.26 | 275,964.32 | 275,964.32 | -4,373,659.79 |
| 三、营业利润 | | 36,548,373.57 | 36,548,373.57 | 35,324,771.15 |
| 加:投资收益 | 6.27 | 4,478,189.45 | 4,478,189.45 | -1,877,813.42 |
| 补贴收入 | | | | |
| 营业外收入 | 6.28 | 71,393.43 | 71,393.43 | 853,777.04 |
| 减:营业外支出 | 6.29 | 5,797,966.69 | 5,797,966.69 | 7,261,745.58 |
| 四、利润总额 | | 35,299,989.76 | 35,299,989.76 | 27,038,989.19 |
| 减:所得税 | 6.3 | 5,207,597.87 | 5,207,597.87 | 3,298,495.31 |
| 少数股东本期收益 | | | | |
| 五、净利润 | | 30,092,391.89 | 30,092,391.89 | 23,740,493.88 |
| 加:年初未分配利润 | | 13,987,758.26 | 13,987,758.26 | 4,995,363.16 |
| 其他转入 | | | | |
| 六、可供分配的利润 | | 44,080,150.15 | 44,080,150.15 | 28,735,857.04 |
| 减:提取法定盈余公积 | | 3,009,239.19 | 3,009,239.19 | 2,374,049.39 |
| 提取法定公益金 | | 3,009,239.19 | 3,009,239.19 | 2,374,049.39 |
| 提取职工奖励及福利基金 | | | | |
| 提取储备基金 | | | | |
| 提取企业发展基金 | | | | |
| 利润归还投资 | | | | |
| 七、可供投资者分配的利润 | | 38,061,671.77 | 38,061,671.77 | 23,987,758.26 |
| 减:应付优先股股利 | | | | |
| 提取任意盈余公积 | | 2,407,391.35 | 2,407,391.35 | |
| 应付普通股股利 | | 27,000,000.00 | 27,000,000.00 | 10,000,000.00 |
| 转作股本的普通股股利 | | | | |
| 八、未分配利润 | | 8,654,280.42 | 8,654,280.42 | 13,987,758.26 |

| 补充资料 | 2002 年度 | | 2001 年度 |
|---|---|---|---|
| | 母公司数 | 合并数 | |
| 1.出售、处置部门或投资单位所得收益 | -- | -- | -- |
| 2.自然灾害发生的损失 | -- | -- | -- |
| 3.会计政策变更增加(或减少)的利润总额 | -- | -- | -- |
| 4.会计估计变更增加(或减少)的利润总额 | -- | -- | -- |
| 5.债务重组损失 | -- | -- | -- |
| 6.其他 | -- | -- | -- |

## 全面摊薄和加权平均净资产收益率和每股收益

2002 年度

编制单位:西藏天路交通股份有限公司

按《公开发行证券公司信息披露编报规则》第 9 号计算的合并会计报表有关指标如下:

| 报告期利润 | 净资产收益率% | | 每股收益(人民币元) | |
|---|---|---|---|---|
| | 全面摊薄 | 加权平均 | 全面摊薄 | 加权平均 |
| 主营业务利润 | 19.51 | 18.91 | 0.4093 | 0.4093 |
| 营业利润 | 9.68 | 9.38 | 0.2030 | 0.2030 |
| 净利润 | 7.97 | 7.73 | 0.1672 | 0.1672 |
| 扣除非经常性损益后的净利润 | 8.62 | 8.35 | 0.1808 | 0.1808 |

## 现　金　流　量　表

2002 年度

编制单位:西藏天路交通股份有限公司　　　　单位:人民币元

| 项　目 | 附注 | 合并数 | 母公司数 |
|---|---|---|---|
| 一、经营活动产生的现金流量: | | | |
| 销售商品、提供劳务收到的现金 | | 487,367,513.26 | 487,367,513.26 |
| 收到的税费返还 | | 2,158,000.00 | 2,158,000.00 |
| 收到的其他与经营活动有关的现金 | | 729,108.98 | 729,108.98 |
| 现金流入小计 | | 490,254,622.24 | 490,254,622.24 |
| 购买商品、接受劳务支付的现金 | | 378,012,373.01 | 378,012,373.01 |
| 支付给职工以及为职工支付的现金 | | 35,454,091.37 | 35,454,091.37 |
| 支付的各种税费 | | 10,905,341.44 | 10,905,341.44 |
| 支付的其他与经营活动有关的现金 | 6.31 | 13,936,198.35 | 13,936,198.35 |
| 现金流出小计 | | 438,308,004.17 | 438,308,004.17 |
| 经营活动产生的现金流量净额 | | 51,946,618.07 | 51,946,618.07 |
| 二、投资活动产生的现金流量: | | | |
| 收回投资所收到的现金 | | 49,650.00 | 49,650.00 |
| 取得投资收益所收到的现金 | | 33,921.47 | 33,921.47 |
| 处置固定资产、无形资产和其他长期资产所收回的现金净额 | | 557,624.74 | 557,624.74 |
| 收到的其他与投资活动有关的现金 | | 1,847,167.09 | |
| 现金流入小计 | | 2,488,363.30 | 641,196.21 |
| 购建固定资产、无形资产和其他长期资产所支付的现金 | | 41,413,939.13 | 41,413,939.13 |
| 投资所支付的现金 | | 61,590,000.00 | 61,590,000.00 |
| 支付的其他与投资活动有关的现金 | | | |
| 现金流出小计 | | 103,003,939.13 | 103,003,939.13 |
| 投资活动产生的现金流量净额 | | -100,515,575.83 | -102,362,742.92 |
| 三、筹资活动产生的现金流量: | | | |
| 吸收投资所收到的现金 | | | |
| 借款所收到的现金 | | | |
| 收到的其他与筹资活动有关的现金 | | | |
| 现金流入小计 | | | |
| 偿还债务所支付的现金 | | | |
| 分配股利、利润或偿付利息所支付的现金 | | 10,321,042.65 | 10,321,042.65 |
| 支付的其他与筹资活动有关的现金 | | | |
| 现金流出小计 | | 10,321,042.65 | 10,321,042.65 |
| 筹资活动产生的现金流量净额 | | -10,321,042.65 | -10,321,042.65 |
| 四、汇率变动对现金的影响 | | | |
| 五、现金及现金等价物净增加额 | | -58,890,000.41 | -60,737,167.50 |
| 补充资料 | 附注 | 合并数 | 母公司数 |
| 1.将净利润调节为经营活动的现金流量 | | | |
| 净利润 | | 30,092,391.89 | 30,092,391.89 |
| 加:少数股东损益(亏损以"-"号列示) | | | |
| 计提资产减值准备 | | 8,459,042.45 | 8,459,042.45 |
| 固定资产折旧 | | 13,016,482.76 | 13,016,482.76 |
| 无形资产摊销 | | | |
| 长期待摊费用摊销 | | | |
| 待摊费用的减少(减:增加) | | 270,526.00 | 270,526.00 |
| 预提费用的增加(减:减少) | | -405,265.65 | -405,265.65 |
| 处置固定资产、无形资产和其他长期资产的损失(减:收益) | | | |
| 固定资产报废损失 | | 207,914.42 | 207,914.42 |
| 财务费用 | | 275,964.32 | 275,964.32 |
| 投资损失(减:收益) | | -4,478,189.45 | -4,478,189.45 |
| 递延税款贷项(减:借项) | | | |
| 存货的减少(减:增加) | | 1,387,427.70 | 1,387,427.70 |
| 经营性应收项目的减少(减:增加) | | -32,501,401.02 | -32,501,401.02 |
| 经营性应付项目的增加(减:减少) | | 35,621,724.65 | 35,621,724.65 |
| 其他 | | | |
| 经营活动产生的现金流量净额 | | 51,946,618.07 | 51,946,618.07 |
| 2.不涉及现金收支的投资和筹资活动 | | | |
| 债务转为资本 | | | |
| 一年内到期的可转换公司债券 | | | |
| 融资租赁固定资产 | | | |
| 其他 | | | |
| 3.现金及现金等价物增加情况: | | | |
| 现金的期末余额 | | 303,233,255.12 | 301,386,088.03 |
| 减:现金的期初余额 | | 362,123,255.53 | 362,123,255.53 |
| 加:现金等价物的期末余额 | | | |
| 减:现金等价物的期初余额 | | | |
| 现金及现金等价物净增加额 | | -58,890,000.41 | -60,737,167.50 |

9.3 与最近一期年度报告相比,本报告期会计政策、会计估计和核算方法均未发生变化。

9.4 与最近一期年度报告相比,本报告期公司会计报表合并范围发生了变化:

本年度以新增被投资单位西藏天路邛崃水业有限责任公司,本公司已于 2002 年 12 月 27 日支付 50% 的收购款 17,190,000.00 元,购买其 60% 股权且对其已具有实质上的控制权,根据财会字(1988)66 号规定确定 2002 年 12 月 27 日为购买日,并将其资产负债表纳入本年度合并会计报表范围。

# 600377 江苏宁沪高速公路股份有限公司

## 二〇〇二年年度报告摘要

## 1.重要提示

本公司董事会及其董事保证本报告所载资料不存在任何虚假记载、误导性陈述或者重大遗漏，并对其内容的真实性、准确性和完整性负个别及连带责任。本年度报告摘要摘自年度报告全文，投资者欲了解详细内容，应阅读年度报告全文。

董事周建强先生、王正义先生授权沈长全董事、独立董事王国刚先生授权杨雄胜董事代为表决。

本公司董事长沈长全先生、总经理陈祥辉先生、财务部经理刘伟女士声明：保证年度报告中财务报告的真实、完整。

## 2.上市公司基本情况简介

2.1 基本情况简介

| 股票简称 | 宁沪高速(A股) | 江苏宁沪(H股) | JEXWW(ADR) |
|---|---|---|---|
| 股票代码 | 600377 | 0177 | 477373104 |
| 上市交易所 | 上海证券交易所 | 香港联合交易所 | 美国 |
| 注册地址 | 中华人民共和国江苏省南京市石鼓路69号江苏交通大厦 | | |
| 办公地址 | 中华人民共和国江苏省南京市石鼓路69号江苏交通大厦 | | |
| 邮政编码 | 210004 | | |
| 公司国际互联网网址 | http://www.jsexpressway.com | | |
| 电子信箱 | nhgs@public1.ptt.js.cn | | |

2.2 联系人和联系方式

| | 董事会秘书 | 证券事务代表 |
|---|---|---|
| 姓名 | 姚永嘉 | 江涛、楼庆、边庆梅 |
| 联系地址 | 中华人民共和国江苏省南京市石鼓路69号江苏交通大厦 | |
| 电话 | 8625－4469332 | 8625－4200999－4706、4705 |
| 传真 | 8625－4466643 | |
| 电子信箱 | dms@jsexpressway.com | |

## 3.会计数据和财务指标摘要注1

3.1 主要会计数据

| | 2002 年 | 2001 年 | 本年比上年增减(%) | 2000 年 |
|---|---|---|---|---|
| 主营业务收入 | 2,026,238 | 1,625,992 | 24.62 | 1,381,696 |
| 利润总额 | 1,235,272 | 940,590 | 31.33 | 828,265 |
| 净利润 | 816,833 | 780,864 | 4.61 | 691,486 |
| 扣除非经常性损益的净利润 | 819,725 | 625,593 | 31.03 | 566,734 |
| | 2002 年末 | 2001 年末 | 本年末比上年末增减(%) | 2000 年末 |
| 总资产 | 15,081,793 | 14,914,400 | 1.12 | 15,057,227 |
| 股东权益(不含少数股东权益) | 13,613,202 | 13,470,559 | 1.06 | 13,319,413 |
| 经营活动产生的现金流量净额 | 1,301,452 | 1,089,528 | 19.45 | 1,005,143 |

3.2 主要财务指标

| | 2002 年 | 2001 年 | 本年比上年增减(%) | 2000 年 |
|---|---|---|---|---|
| 每股收益 | 0.162 元 | 0.16 元 | 1.25 | 0.14 元 |
| 每股收益注2 | | | | |
| 净资产收益率 | 6% | 5.8% | 3.45 | 5.2% |
| 扣除非经常性损益的净利润为基础计算的净资产收益率 | 6.02% | 4.64% | 29.74 | 4.25% |
| 每股经营活动产生的现金流量净额 | 0.26 元 | 0.22 元 | 18.18 元 | 0.20 元 |
| | 2002 年末 | 2001 年末 | 本年末比上年末增减(%) | 2002 年末 |
| 每股净资产 | 2.7 元 | 2.67 元 | 1.12 | 2.64 元 |
| 调整后的每股净资产 | 2.7 元 | 2.67 元 | 1.12 | 2.64 元 |

3.3 国内外会计准则差异

单位：人民币千元

| | 国内会计准则 | 境外会计准则注3 |
|---|---|---|
| 净利润 | 816,833 | 854,445 |
| 差异说明 | 产生差异的主要原因为香港会计准则与国内会计准则对固定资产评估价格不同导致折旧差异，及对土地使用权摊销方法不同产生差异。 | |

## 4.股本变动及股东情况

4.1 股份变动情况表

公司股份变动情况表

数量单位：股

| | 本次变动前 | 本次变动增减(+,－) | 本次变动后 |
|---|---|---|---|
| 一、未上市流通股份 | | | |
| 1.发起人股份 | 3,381,214,600 | | 3,381,214,600 |
| 其中： | | | |
| 国家持有股份 | 2,781,743,600 | | 2,781,743,600 |
| 境内法人持有股份 | 599,471,000 | | 599,471,000 |
| 境外法人持有股份 | | | |
| 其他 | | | |
| 2.募集法人股份 | 284,532,900 | | 284,532,900 |
| 3.内部职工股 | | | |
| 4.优先股或其他 | | | |
| 未上市流通股份合计 | 3,665,747,500 | | 3,665,747,500 |
| 二、已上市流通股份 | | | |
| 1.人民币普通股 | 150,000,000 | | 150,000,000 |
| 2.境内上市的外资股 | | | |
| 3.境外上市的外资股 | 1,222,000,000 | | 1,222,000,000 |
| 4.其他 | | | |
| 已上市流通股份合计 | 1,372,000,000 | | 1,372,000,000 |
| 三、股份总数 | 5,037,747,500 | | 5,037,747,500 |

注：报告期内，本公司未发生股份总数及结构变动的情况。

4.2 前十名股东持股表

| 报告期末股东总数 | 18,352 户 | | | | |
|---|---|---|---|---|---|
| 前十名股东持股情况 | | | | | |
| 股东名称(全称) | 年度内增减 | 年末持股数量 | 比例(%) | 股份类别 | 股东性质 |
| 江苏交通控股有限公司 | | 2,781,743,600 | 55.22 | 未流通 | 国家股 |
| 华建交通经济开发中心 | | 597,471,000 | 11.86 | 未流通 | 国有法人股 |
| The Capital Group Companies Inc | | 154,696,000 | 3.07 | 已流通 | H股 |
| Capital Research and Management Company | 88,250,000 | 88,250,000 | 1.75 | 已流通 | ADR代表的H股 |
| 银河证券有限责任公司 | －426,765 | 18,983,505 | 0.38 | 已流通 | A股 |
| 华夏证券有限责任公司 | | 16,660,000 | 0.33 | 未流通 | 社会法人股 |
| 申银万国证券股份有限公司 | | 14,450,000 | 0.29 | 未流通 | 社会法人股 |
| Winner Glory Development Ltd | | 12,000,000 | 0.24 | 已流通 | H股 |
| 江苏鑫苏投资管理公司 | | 8,484,000 | 0.17 | 未流通 | 社会法人股 |
| 江苏汇远房地产发展实业公司 | | 6,200,000 | 0.12 | 未流通 | 社会法人股 |
| 前十名股东关联关系或一致行动的说明注5 | 本公司未知前十名股东之间存在关联关系或一致行动人关系 | | | | |

4.3 控股股东及实际控制人注6情况介绍

4.3.1 控股股东及实际控制人变更情况

□适用　　√不适用

4.3.2 控股股东和其他实际控制人具体情况介绍

1.控股股东—江苏交通控股有限公司

本公司控股股东江苏交通控股有限公司([交通控股公司])是在本公司原控股股东江苏交通投资公司的基础上，根据苏政复[2000]132号《省政府关于成立江苏交通控股有限公司的批复》，于二零零零年九月十五日正式变更成立的。该公司持有本公司2,781,743,600股股份，占本公司总股本的55.22%。

交通控股公司由省政府出资设立，授权其为具有投资性质的国有资产经营单位和投资主体，法人代表：沈长全，注册资本人民币46亿元，其经营范围为：在省政府授权范围内，从事国有资产经营、管理；有关交通基础设施、交通运输及相关产业的投资、建设、经营和管理；实业投资，国内贸易(国家有专项规定的报经审批后经营)。

除本公司之外，交通控股公司未持有其他上市公司5%以上股份。

2.持股10%以上股东—华建交通经济开发中心。

华建交通经济开发中心([华建中心])持有本公司597,471,000股股份，占本公司总股本的11.86%，为本公司第二大股东。

华建中心于一九九三年十二月十八日设立，为全民所有制企业，法定代表人：傅育宁，注册资本人民币5亿元，其经营范围为：主营公路、码头、港口、航道的综合开发、承包建设；交通基础设施新技术、新产品、新材料的开发、研制和产品的销售以及经济信息咨询；人才培训等。

3.The Capital Group Companies Inc，持有154,696,000股股份，占本公司H股股份12.66%。

## 5.董事、监事和高级管理人员

5.1 董事、监事和高级管理人员持股变动

| 姓名 | 职务注7 | 性别 | 年龄 | 任期起止日期 | 年初持股数 | 年末持股数 | 变动原因 |
|---|---|---|---|---|---|---|---|
| 沈长全 | 董事长 | 男 | 55 | 2001年4月至2003年 | 0 | 0 | 0 |
| 周建强 | 董事 | 男 | 50 | 2001年4月至2003年 | 0 | 0 | 0 |
| 张文盛 | 董事 | 男 | 56 | 2002年5月至2003年 | 0 | 0 | 0 |
| 陈祥辉 | 董事、总经理 | 男 | 40 | 2001年4月至2003年 | 0 | 0 | 0 |
| 范玉曙 | 董事 | 女 | 51 | 2000年5月至2003年 | 0 | 0 | 0 |
| 崔小龙 | 董事 | 男 | 42 | 2001年4月至2003年 | 0 | 0 | 0 |
| 王正义 | 董事 | 男 | 45 | 2000年5月至2003年 | 0 | 0 | 0 |

| | | | | | | | |
|---|---|---|---|---|---|---|---|
| 张永珍 | 独立董事 | 女 | 71 | 2000年5月至2003年 | 0 | 0 | 0 |
| 方　铿 | 独立董事 | 男 | 64 | 2000年5月至2003年 | 0 | 0 | 0 |
| 王国刚 | 独立董事 | 男 | 48 | 2002年4月至2003年 | 0 | 0 | 0 |
| 杨雄胜 | 独立董事 | 男 | 43 | 2002年4月至2003年 | 0 | 0 | 0 |
| 钟章万 | 监事会主席 | 男 | 60 | 2000年5月至2003年 | 0 | 0 | 0 |
| 贾大康 | 监事 | 男 | 60 | 2000年5月至2003年 | 0 | 0 | 0 |
| 徐　扬 | 监事 | 男 | 31 | 2001年4月至2003年 | 0 | 0 | 0 |
| 张承育 | 监事 | 男 | 52 | 2002年5月至2003年 | 0 | 0 | 0 |
| 马　宁 | 监事 | 女 | 46 | 2001年4月至2003年 | 0 | 0 | 0 |
| 李大鹏 | 副总经理 | 男 | 50 | 2000年12月至2003年 | 0 | 0 | 0 |
| 刘步存 | 副总经理 | 男 | 53 | 2000年12月至2003年 | 0 | 0 | 0 |
| 吴赞平 | 副总经理 | 男 | 39 | 2001年8月至2003年 | 0 | 0 | 0 |
| 姚永嘉 | 董事会秘书 | 男 | 39 | 2000年12月至2003年 | 0 | 0 | 0 |
| 刘　伟 | 财务部经理 | 女 | 47 | 2000年12月至2003年 | 0 | 0 | 0 |
| 林志华 | 香港公司秘书 | 男 | 39 | 2002年6月起一年 | 0 | 0 | 0 |

5.2 在股东单位任职的董事监事情况

| 姓名 | 任职的股东名称 | 在股东单位担任的职务 | 任职期间 | 是否领取报酬、津贴 |
|---|---|---|---|---|
| 沈长全 | 江苏交通控股有限公司 | 董事长 | 2001年1月起 | 否 |
| 周建强 | 江苏交通控股有限公司 | 副董事长、总经理 | 2000年11月起 | 否 |
| 范玉曙 | 江苏交通控股有限公司 | 财务审计部经理 | 2002年12月起2年 | 否 |
| 崔小龙 | 江苏交通控股有限公司 | 投资发展部经理 | 2002年2月起2年 | 否 |
| 张承育 | 江苏交通控股有限公司 | 人事部经理 | 2002年1月起2年 | 否 |
| 张文盛 | 华建交通经济开发中心 | 副总经理 | 1998年11月起 | 否 |
| 马　宁 | 华建交通经济开发中心 | 行政人事部副经理 | 1998年9月起 | 否 |
| 王正义 | 江苏交通建设集团 | 董事长 | 2002年4月起 | 否 |

5.3 董事、监事和高级管理人员年度报酬情况

| | |
|---|---|
| 年度报酬总额 | 1,588千元 |
| 金额最高的前三名董事的报酬总额 | 452千元 |
| 金额最高的前五名高级管理人员的报酬总额 | 936千元 |
| 独立董事津贴 | 港币200千元、人民币80千元 |
| 独立董事其他待遇 | 无 |
| 不在公司领取报酬、津贴的董事、监事姓名 | 沈长全先生、周建强先生、张文盛先生、范玉曙女士、崔小龙先生、王正义先生、徐扬先生、张承育先生、马宁女士 |
| 报酬区间 | 人数 |
| 100－250千元 | 8人 |

## 6.董事会报告

6.1 报告期内整体经营情况的讨论与分析

2002年,本集团充分利用自身优势,借助大好宏观经济环境,积极参与、努力把握投资机遇,不断实现公司资产的良性扩张;在稳固主业的同时进一步探索新的发展领域,不断寻求利润增长空间;致力于科学有效的管理与规范化运作,实现企业的稳步健康发展。

本集团依靠各路桥资产交通流量的强劲增长,经营业绩取得了连续六年来的持续增长,全年实现营业收入人民币2,272,515千元,按中国会计准则,税后利润约为人民币816,833,308元,每股盈利约为人民币0.1621元,比上年同期上升4.58%。

6.2 主营业务分行业、产品情况表注8

| 分行业或分产品 | 主营业务收入 | 主营业务成本 | 毛利率(%) | 主营业务收入比上年增减(%) | 主营业务成本比上年增减(%) | 毛利率比上年增减(%) |
|---|---|---|---|---|---|---|
| 沪宁高速公路 | 1,431,371 | 422,450 | 70.49 | 24.23 | 19.34 | 1.75 |
| 宁沪二级公路 | 249,899 | 109,966 | 56 | 11.09 | 23.22 | -7.18 |
| 宁连公路南京段 | 52,874 | 28,069 | 46.91 | 4.88 | 110.12 | -36.17 |
| 广靖高速公路 | 124,693 | 34,596 | 72.25 | 44.76 | 119.95 | -11.6 |
| 锡澄高速公路 | 167,402 | 46,446 | 72.25 | 49.04 | 1.26 | 22.13 |

6.3 主营业务分地区情况

| 地区 | 主营业务收入 | 主营业务收入比上年增减(%) |
|---|---|---|
| 江苏省境内 | 2,026,238千元 | 24.62 |

6.4 采购和销售客户情况

□适用　√不适用

6.5 参股公司经营情况(适用投资收益占净利润10%以上的情况)

| 参股公司名称 | 本期贡献的投资收益 | 占净利润的比重 | 参股公司 | |
|---|---|---|---|---|
| | | | 经营范围 | 净利润 |
| 江苏广靖锡澄高速公路有限责任公司 | 115,350 | 14% | 江苏广靖锡澄高速公路兴建、管理、养护及收费,以及相关的物资储存,汽车客、货运输,汽车维修 | 134,148 |
| 江苏扬子大桥股份有限公司 | 22,280 | 3% | 主要负责江阴长江公路及其他交通基础设施的建设、维护管理和经营 | 119,267 |

6.6 主营业务及其结构发生重大变化的原因说明注10

□适用　√不适用

6.7 主营业务盈利能力(毛利率)与上年相比发生重大变化的原因说明注11

□适用　√不适用

6.8 经营成果和利润构成与上年度相比发生重大变化的原因分析注12

□适用　√不适用

整体财务状况与上年度相比发生重大变化的原因分析注13

□适用　√不适用

6.9 对生产经营环境以及宏观政策、法规产生重大变化已经、正在或将要对公司的财务状况和经营成果产生重要影响的说明

本公司于2002年度取消税收优惠政策,执行33%所得税率。税收优惠的取消,对本公司的盈利带来了一定的影响。2002年,本集团应缴所得税400,500千元,为去年同期实际负税的272.14%。

6.10 完成盈利预测的情况

□适用　√不适用

6.11 完成经营计划情况

□适用　√不适用

6.12 募集资金使用情况

□适用　√不适用

变更项目情况

□适用　√不适用

6.13 非募集资金项目情况

| 项目名称 | 项目金额 | 项目进度 | 项目收益情况 |
|---|---|---|---|
| 江苏宁沪投资发展有限责任公司 | 95,000千元 | 于2002年9月23日完成工商注册登记 | 10千元 |
| 上海中交海德交通科技股份有限公司 | 7,500千元 | 于2002年5月30日设立 | 10千元 |
| 合计 | 102,500千元 | - | 20千元 |

6.14 董事会对会计师事务所"非标意见"的说明

□适用　√不适用

6.15 董事会新年度的经营计划

1.沪宁高速公路的拓宽改造工程是适应不断增长的交通流量的需要,工程的可行性报告及拓宽方案正在深入的研究之中,希望在二零零三年有实质性进展。

2.继续进行宁沪二级公路收费站点的调整工作,力争二零零三年上半年开通收费,最大限度的把移站过程和新站开通初期的各种矛盾降低到最小程度,确保移站工作的平稳过渡。

3.二零零三年度,本公司将继续推进管理年活动,以实现行为规范化、服务标准化、考核制度化、决策科学化的管理目标,并建立起一套兼顾内部公平性和外部竞争性的人力资源管理体系,实现业绩驱动。

4.根据经营需要和投资计划,制定切实可行的财务政策和筹资计划,积极研究参与可能的发展项目,进一步扩展公司与江苏省内其他收费路桥项目的资产组合。

新年度盈利预测

□适用　√不适用

6.16 董事会本次利润分配或资本公积金转增预案

本公司二零零二年度实现净利润816,833,308元,提取10%的法定公积金、5%的法定公益金,加上年初未分配利润468,813,520元,本次可供分配利润合计1,285,646,828元,本公司董事会以总股本5,037,747,500股为基数,建议向全体股东派发末期股息每十股人民币1.3元(含税)。

以上董事会建议之利润分配方案,提呈二零零二年度股东周年大会审议批准,派发末期股息的具体日期和程序另行公告。

## 7.重要事项

7.1 收购资产注15

| 交易对方及被收购资产 | 购买日 | 收购价格 | 自购买日起至本年末为上市公司贡献的净利润注16 | 是否为关联交易 | 定价原则 |
|---|---|---|---|---|---|
| 交通控股公司持有的苏州苏嘉杭高速公路有限公司约33.33%的权益 | 2002年5月28日 | 315,400千元 | 无 | 是 | 根据资产评估报告定价 |

7.2 出售资产注17

□适用　√不适用

说明7.1、7.2所涉及事项对公司业务连续性、管理层稳定性的影响。

苏嘉杭高速公路是同(江)三(亚)国道主干线的重要分流道路及江苏省规划的高速公路架构的重要组成部份,是江苏、浙江两省的交通枢纽。苏嘉杭高速公路与沪宁高速公路江苏段在苏州交汇,此交汇点将引导江苏省北部、浙江省、上海、南京的车辆通过沪宁高速公路,从而提高本公司主要营运资产沪宁高速公路江苏段的交通流量。因此,该项收购有明显增效作用,并将扩大本公司现时的资产基础,与本公司业务增长重点相配合。

7.3 重大担保

□适用　√不适用

7.4 关联债权债务往来

□适用　√不适用

7.5 委托理财

| 受托人 | 委托金额 | 委托期限 | 约定收益 | 实际收益 | 实际收回金额 |
|---|---|---|---|---|---|
| 苏州市投资公司 | 100,000千元 | 2002年6月1日至2003年5月31日 | 无 | 委托协议尚未到期,未进行资金结算 | |

7.6 承诺事项履行情况

1.本公司董事会承诺2002年度利润分配方案:二零零二年分配现金红利一次,分配比例不低于该年度净利润的50%。

2002年利润分配方案完全根据以上董事会决议,具体分配方案请参见董事会报告中的"本年度利润分配预案"。

2.报告期内本公司持股5%以上股东没有在指定报纸和网站上披露承诺事项。

7.7 重大诉讼仲裁事项

□适用　√不适用

7.8 独立董事履行职责的情况。

报告期内,本公司董事会委员会召开了两次会议,在公司的项目投资、财务报告审核等方面进行了决策。

本公司独立董事均能按照相关法律、法规和公司章程的要求,忠实履行诚信与勤勉义务,维护公司整体利益,尤其关注中小股东的合法权益不受损害,在本公司的关联交易、重大事项的审议中发表独立意见,履行独立职责。

## 8.监事会报告

监事会认为公司依法运作、公司财务情况、公司募集资金使用、公司收购、出售资产交易和关联交易不存在问题。

## 9.财务报告

9.1 审计意见

本公司编制的二零零二年度财务报告,已经普华永道会计师事务所审计,并出具了无保留意见的审计报告。

9.2 披露比较式合并及母公司的资产负债表、利润表和当年的现金流量表(见附表)

9.4 如果与最近一期年度报告相比,合并范围发生变化,提供具体说明。

报告期内,本公司投资设立江苏宁沪投资发展有限责任公司并拥有其95%的股份,合并报表范围发生变化。

本公司、江苏广靖锡澄高速公路股份有限公司、南京双狮楼酒店有限责任公司及江苏宁沪投资发展有限责任公司合称为本集团。

### 资　产　负　债　表

单位:人民币千元

| 项　目 | 期末数 | | 期初数 | |
|---|---|---|---|---|
| | 合　并 | 母公司 | 合　并 | 母公司 |
| 流动资产: | | | | |
| 货币资金 | 719,611,366 | 496,965,485 | 775,622,715 | 642,437,403 |
| 短期投资 | 100,000,000 | 100,000,000 | 109,234,663 | 109,234,663 |
| 应收票据 | | | | |
| 应收股利 | 5,239,458 | 5,239,458 | 10,750,250 | 10,750,250 |
| 应收利息 | 131,458 | 131,458 | 542,738 | 542,738 |
| 应收帐款 | 18,171,274 | 16,190,226 | 17,131,981 | 16,372,546 |
| 其他应收款 | 38,555,670 | 47,948,144 | 21,264,917 | 30,447,029 |
| 预付帐款 | 11,052,244 | 8,883,315 | 8,859,161 | 7,258,372 |
| 应收补贴款 | | | | |
| 存货 | 7,743,710 | 7,365,374 | 5,815,225 | 5,276,401 |
| 待摊费用 | | | | |
| 一年内到期的长期债权投资 | | | | |
| 其他流动资产 | | | | |
| 流动资产合计 | 900,505,180 | 682,723,460 | 949,221,650 | 822,319,402 |
| 长期投资: | | | | |
| 长期股权投资 | 1,381,006,533 | 3,592,359,349 | 862,394,161 | 3,020,394,112 |
| 长期债权投资 | | | | |
| 长期投资合计 | 1,381,006,533 | 3,592,359,349 | 862,394,161 | 3,020,394,112 |
| 其中:合并价差 | | | | |
| 固定资产: | | | | |
| 固定资产原价 | 12,912,033,273 | 10,379,920,423 | 12,777,384,822 | 10,269,037,829 |
| 减:累计折旧 | (1,635,937,687) | (1,526,078,166) | (1,263,658,944) | (1,195,573,016) |
| 固定资产净值 | 11,276,095,586 | 8,853,842,257 | 11,513,725,878 | 9,073,464,813 |
| 减:固定资产减值准备 | | | | |
| 固定资产净额 | 11,276,095,586 | 8,853,842,257 | 11,513,725,878 | 9,073,464,813 |
| 工程物资 | | | | |
| 在建工程 | 12,525,157 | 11,890,267 | 13,438,870 | 3,124,676 |
| 固定资产清理 | | 6,381 | | 6,381 |
| 固定资产合计 | 11,288,620,743 | 8,865,732,524 | 11,527,171,129 | 9,076,595,870 |
| 无形资产及其他资产: | | | | |
| 无形资产 | 1,509,767,503 | 1,509,767,503 | 1,573,336,663 | 1,573,336,663 |
| 长期待摊费用 | 1,893,277 | | 2,276,242 | |
| 其他长期资产 | | | | |
| 无形资产及其他资产合计 | 1,511,660,780 | 1,509,767,503 | 1,575,612,905 | 1,573,336,663 |
| 递延税项: | | | | |
| 递延税款借项 | | | | |
| 资产总计 | 15,081,793,236 | 14,650,582,836 | 14,914,399,845 | 14,492,646,047 |
| 流动负债: | | | | |
| 短期借款 | 120,000,000 | 120,000,000 | 210,000,000 | 210,000,000 |
| 应付票据 | | | | |
| 应付帐款 | 39,957,817 | 38,258,336 | 66,051,216 | 48,247,701 |
| 预收帐款 | 3,703,162 | 3,601,634 | 1,695,444 | 1,695,444 |
| 应付工资 | 12,483,399 | 12,483,399 | 12,557,000 | 12,557,000 |
| 应付福利费 | 12,264,450 | 9,903,882 | 9,099,006 | 8,022,477 |
| 应付股利 | 600,724,748 | 5,817,573 | 642,387,088 | 637,507,359 |
| 应交税金 | 70,440,622 | 58,378,629 | (3,481,960) | (7,259,532) |
| 其他应交款 | | | | |
| 其他应付款 | 84,197,793 | 63,268,748 | 88,510,151 | 73,138,764 |
| 预提费用 | | | | |
| 预计负债 | | | | |
| 一年内到期的长期负债 | 6,822,316 | 6,822,316 | 4,702,772 | 4,702,772 |
| 其他流动负债 | | | | |
| 流动负债合计 | 1,010,594,307 | 973,441,692 | 1,031,520,717 | 988,611,985 |
| 长期负债: | | | | |
| 长期借款 | 61,493,867 | 61,493,867 | 50,312,918 | 50,312,918 |
| 应付债券 | | | | |
| 长期应付款 | | | 247,499,999 | |
| 专项应付款 | | | | |
| 其他长期负债 | | | | |
| 长期负债合计 | 61,493,867 | 61,493,867 | 297,812,917 | 50,312,918 |
| 递延税项: | | | | |
| 递延税款贷项 | | | | |
| 负债合计 | 1,072,088,174 | 1,034,935,559 | 1,329,333,634 | 1,038,924,903 |
| 少数股东权益 | 396,503,024 | | 131,345,067 | |
| 所有者权益(或股东权益): | | | | |
| 实收资本(或股本) | 5,037,747,500 | 5,037,747,500 | 5,037,747,500 | 5,037,747,500 |
| 减:已归还投资 | | | | |
| 实收资本(或股本)净额 | | | | |
| 资本公积 | 7,484,538,998 | 7,484,538,998 | 7,484,538,998 | 7,484,538,998 |
| 盈余公积 | 602,448,076 | 563,197,257 | 462,621,126 | 440,672,261 |
| 其中:法定公益金 | 200,816,024 | 187,732,418 | 154,207,041 | 146,890,753 |
| 未确认的投资损失 | (2,445,239) | | | |
| 未分配利润 | 490,912,703 | 530,163,522 | 468,813,520 | 490,762,385 |
| 外币报表折算差额 | | | | |
| 所有者权益(或股东权益)合计 | 13,613,202,038 | 13,615,647,277 | 13,453,721,144 | 13,453,721,144 |
| 负债和所有者权益(或股东权益)总计 | 15,081,793,236 | 14,650,582,836 | 14,914,399,845 | 14,492,646,047 |

### 利润及利润分配表

单位:人民币千元

| 项　目 | 本期数 | | 上期数 | |
|---|---|---|---|---|
| | 合　并 | 母公司 | 合　并 | 母公司 |
| 一、主营业务收入 | 2,026,238,352 | 1,734,143,463 | 1,625,991,870 | 1,427,535,350 |
| 减:主营业务成本 | (641,526,560) | (560,484,543) | (518,194,612) | (456,597,629) |
| 主营业务税金及附加 | (112,456,174) | (96,244,963) | (90,228,874) | (79,228,212) |
| 二、主营业务利润(亏损以"-"号填列) | 1,272,255,618 | 1,077,413,957 | 1,017,568,384 | 891,709,509 |
| 加:其他业务利润(亏损以"-"号填列) | 52,108,570 | 48,835,208 | 22,915,383 | 19,977,701 |
| 减:营业费用 | | | | |
| 管理费用 | (136,233,355) | (128,721,287) | (127,644,353) | (122,471,779) |
| 财务费用 | (2,430,653) | (4,833,042) | (3,290,694) | (4,773,647) |
| 三、营业利润(亏损以"-"号填列) | 1,185,700,180 | 992,694,836 | 909,548,720 | 784,441,784 |
| 加:投资收益(损失以"-"号填列) | 42,638,970 | 156,879,254 | 37,192,541 | 108,322,995 |
| 补贴收入 | | | | |
| 营业外收入 | 20,058,941 | 13,130,783 | 8,529,024 | 7,297,358 |
| 减:营业外支出 | (13,126,027) | (11,683,115) | (14,680,223) | (14,299,107) |
| 四、利润总额(亏损总额以"-"号填列) | 1,235,272,064 | 1,151,021,758 | 940,590,062 | 885,763,030 |
| 减:所得税 | (400,500,356) | (334,188,450) | (146,986,723) | (104,899,045) |
| 减:少数股东损益 | (20,383,639) | | (12,739,354) | |
| 未确认的投资损失 | 2,445,239 | | | |
| 五、净利润(亏损以"-"号填列) | 816,833,308 | 816,833,308 | 780,863,985 | 780,863,985 |
| 加:年初未分配利润 | 468,813,520 | 490,762,385 | 445,692,540 | 456,746,436 |
| 其他转入 | | | | |
| 六、可供分配的利润 | 1,285,646,828 | 1,307,595,693 | 1,226,556,525 | 1,237,610,421 |
| 减:提取法定盈余公积 | (93,217,967) | (81,683,331) | (85,349,712) | (78,086,399) |
| 提取法定公益金 | (46,608,983) | (40,841,665) | (42,674,855) | (39,043,199) |
| 提取职工奖励及福利基金 | | | | |
| 提取储备基金 | | | | |
| 提取企业发展基金 | | | | |
| 利润归还投资 | | | | |
| 七、可供投资者分配的利润 | 1,145,819,878 | 1,185,070,697 | 1,098,531,958 | 1,120,480,823 |
| 减:应付优先股股利 | | | | |
| 提取任意盈余公积 | | | | |
| 应付普通股股利 | (654,907,175) | (654,907,175) | (629,718,438) | (629,718,438) |
| 转作资本(或股本)的普通股股利 | | | | |
| 八、未分配利润 | 490,912,703 | 530,163,522 | 468,813,520 | 490,762,385 |
| 补充材料: | | | | |
| 出售、处置部门或被投资单位所得收益 | | | | |
| 自然灾害发生的损失 | | | | |
| 会计政策变更增加(或减少)利润总额 | | | | |
| 会计估计变更增加(或减少)利润总额 | | | | |
| 债务重组损失 | | | | |
| 其它 | | | | |

### 现　金　流　量　表

单位:人民币千元

| 项　目 | 合　并 | 母公司 |
|---|---|---|
| 一、经营活动产生的现金流量: | | |
| 销售商品、提供劳务收到的现金 | 2,431,238,442 | 2,076,848,957 |
| 收到的税费返还 | | |
| 收到的其他与经营活动有关的现金 | 20,058,941 | 13,130,783 |
| 现金流入小计 | 2,451,297,383 | 2,089,979,740 |
| 购买商品、接受劳务支付的现金 | (462,057,530) | (397,597,250) |
| 支付给职工以及为职工支付的现金 | (121,596,241) | (108,424,310) |
| 支付的各项税费 | (450,247,920) | 376,438,692) |
| 支付的其他与经营活动有关的现金 | (115,943,862) | (94,916,781) |
| 现金流出小计 | (1,149,845,553) | (977,377,033) |
| 经营活动产生的现金流量净额 | 1,301,451,830 | 1,112,602,707 |
| 二、投资活动产生的现金流量: | | |
| 收回投资所收到的现金 | 53,304,661 | 53,304,661 |
| 取得投资收益所收到的现金 | 45,370,340 | 116,801,009 |
| 处置固定资产、无形资产和其他长期资产所收回的现金净额 | - | - |
| 收到的其他与投资活动有关的现金 | 8,601,316 | 6,180,978 |
| 现金流入小计 | 107,276,317 | 176,286,648 |
| 购建固定资产、无形资产和其他长期资产所支付的现金 | (150,352,865) | (132,580,052) |
| 投资所支付的现金 | (596,900,000) | (591,900,000) |
| 支付的其他与投资活动有关的现金 | - | - |
| 现金流出小计 | (747,252,865) | (724,480,052) |
| 投资活动产生的现金流量净额 | (639,976,548) | (548,193,404) |
| 三、筹资活动产生的现金流量: | | |
| 吸收投资所收到的现金 | 5,000,000 | - |
| 其中:子公司吸收少数股东权益性投资收到的现金 | 5,000,000 | - |
| 借款所收到的现金 | 469,055,253 | 469,055,253 |
| 收到的其他与筹资活动有关的现金 | - | - |
| 现金流入小计 | 474,055,253 | 469,055,253 |
| 偿还债务所支付的现金 | (545,754,760) | (545,754,760) |
| 分配股利、利润或偿付利息所支付的现金 | (655,021,787) | (642,416,377) |
| 其中:子公司支付少数股东权益 | (12,605,410) | - |
| 支付的其他与筹资活动有关的现金 | | |
| 其中:子公司依法减资支付给少数股东的现金 | | |
| 现金流出小计 | (1,200,776,547) | (1,188,171,137) |
| 筹资活动产生的现金流量净额 | (726,721,294) | (719,115,884) |
| 四、汇率变动对现金的影响 | | |
| 五、现金及现金等价物净增加额 | (65,246,012) | (154,706,581) |
| 补充材料 | | |
| 1.将净利润调节为经营活动现金流量: | | |
| 净利润 | 816,833,308 | 816,833,308 |
| 加:少数股东权益 | 20,383,639 | - |
| 未确认的投资损失 | (2,445,239) | - |
| 计提的资产减值准备 | 136,190 | 110,369 |
| 固定资产折旧 | 375,706,107 | 333,932,514 |
| 无形资产摊销 | 63,569,160 | 63,569,160 |
| 长期待摊费用摊销 | 382,965 | |
| 待摊费用减少(减:增加) | | |
| 预提费用增加(减:减少) | | |
| 处置固定资产、无形资产和其他长期资产的损失(减:收益) | | |
| 固定资产报废损失 | 3,896,831 | 3,896,831 |
| 财务费用 | 2,536,555 | 4,956,893 |
| 投资损失(减:收益) | (42,638,970) | (156,879,254) |
| 递延税款贷项(减:借项) | | |
| 存货的减少(减:增加) | (1,928,485) | (2,088,973) |
| 经营性应收项目的减少(减:增加) | 7,103,070 | (6,834,968) |
| 经营性应付项目的增加(减:减少) | 57,916,699 | 55,106,827 |
| 其他 | | |
| 少数股东本期收益 | | |
| 经营活动产生的现金流量净额 | 1,301,451,830 | 1,112,602,707 |
| 2.不涉及现金收支的投资和筹资活动: | | |
| 债务转为资本 | | |
| 一年内到期的可转换公司债券 | | |
| 融资租入固定资产 | | |
| 3.现金及现金等价物净增加情况: | | |
| 现金的期末余额 | 719,611,366 | 496,965,485 |
| 减:现金的期初余额 | (775,622,715) | (642,437,403) |
| 加:现金等价物的期末余额 | 100,000,000 | 100,000,000 |
| 减:现金等价物的期初余额 | (109,234,663) | (109,234,663) |
| 现金及现金等价物净增加额 | (65,246,012) | (154,706,581) |

## 600003 东北高速公路股份有限公司

### 二〇〇二年年度报告摘选

#### 1.上市公司基本情况简介

1.1 基本情况简介

股票简称:东北高速 股票代码:600003 上市交易所:上海证券交易所
注册地址:吉林省长春市高新技术产业开发区硅谷大街 4000 号
办公地址:吉林省长春市经济开发区浦东路 19－1 号 邮政编码:130031
公司国际互联网网址:http://www.northeast－expressway.com 电子信箱:dbgs@dbgs.sina.net

1.2 联系人和联系方式

董事会秘书:徐鹏 联系地址:吉林省长春市经济开发区浦东路 19－1 号
电话:0431－4622168 传真:0431－4653168 电子信箱:dbgs@dbgs.sina.net
证券事务代表:戴琦 联系地址:吉林省长春市经济开发区浦东路 19－1 号
电话:0431－4639168 传真:0431－4653168 电子信箱:neec@263.net

#### 2.会计数据和财务指标摘要

2.1 主要会计数据 单位:元

| | 2002 年 | 2001 年调整后 | 本年比上年增减(%) | 2000 年(调整后) |
|---|---|---|---|---|
| 主营业务收入 | 403,255,049.93 | 373,905,581.98 | 7.8494 | 344,360,640.88 |
| 利润总额 | 216,208,203.87 | 245,170,047.44 | －11.8130 | 261,299,824.93 |
| 净利润 | 121,726,841.02 | 185,842,130.33 | －34.4999 | 178,383,328.08 |
| 扣除非经常性损益的净利润 | 173,989,022.28 | 205,827,338.88 | －15.4685 | 151,270,454.83 |
| | 2002 年 | 2001 年末 | 本年比上年增减(%) | 2000 年末(调整后) |
| 总资产 | 5,278,080,338.62 | 4,994,443,953.71 | 5.6790 | 4,109,023,964.93 |
| 股东权益(不含少数股东权益) | 3,051,520,909.27 | 2,929,794,068.25 | 4.1548 | 2,804,611,937.92 |
| 经营活动产生的现金流量净额 | 293,063,464.56 | 392,264,658.11 | －25.2894 | 150,238,989.83 |

2.2 主要财务指标 单位:元

| | 2002 年 | 2001 年调整后 | 本年比上年增减(%) | 2000 年调整后 |
|---|---|---|---|---|
| 每股收益(摊薄) | 0.1003 | 0.1532 | －34.5300 | 0.1470 |
| 每股收益(加权) | 0.1003 | 0.1532 | －34.5300 | 0.1470 |
| 净资产收益率 | 3.9891 | 6.3432 | －37.1122 | 6.3604 |
| 扣除非经常性损益的净利润为基础计算的净资产收益率 | 5.7017 | 7.0253 | －18.8405 | 5.3936 |
| 每股经营活动产生的现金流量净额 | 0.2416 | 0.3233 | －25.2706 | 0.1238 |
| | 2002 年末 | 2001 年末 | 本年比上年增减(%) | 2000 年调整后 |
| 每股净资产 | 2.5153 | 2.4149 | 4.0499 | 2.3117 |
| 调整后的每股净资产 | 2.5014 | 2.4050 | 4.0083 | 2.3009 |

## 600009 上海国际机场股份有限公司

### 二〇〇二年年度报告摘选

#### 1.上市公司基本情况简介

1.1 基本情况简介

股票简称:上海机场 股票代码:600009 衍生品种简称:机场转债 衍生品种代码:100009
上市交易所:上海证券交易所
注册地址:上海市浦东新区启航路 900 号
办公地址:上海市虹桥路 2550 号 邮政编码:200335

1.2 联系人和联系方式

董事会秘书:黄晔 联系地址:上海国际机场股份有限公司证券投资部
电话:(021)62688899－44169 传真:(021)62681737 电子信箱:无

#### 2.会计数据和财务指标摘要

2.1 主要会计数据(单位:元)

| | 2002 年 | 2001 年 | 本年比上年增减(%) | 2000 年 |
|---|---|---|---|---|
| 主营业务收入 | 1,370,972,239 | 1,156,530,353 | 18.54 | 867,896,151 |
| 利润总额 | 715,186,388 | 667,133,773 | 7.20 | 641,722,439 |
| 净利润 | 605,681,032 | 566,761,205 | 6.87 | 545,203,047 |
| 扣除非经常性损益的净利润 | 597,197,925 | 568,363,194 | 5.07 | 544,598,500 |
| | 2002 年末 | 2001 年末 | 本年比上年增减(%) | 2000 年末 |
| 总资产 | 6,737,001,896 | 6,617,955,483 | 1.80 | 7,811,324,201 |
| 股东权益(不含少数股东权益) | 5,348,041,710 | 5,021,149,355 | 6.51 | 4,356,225,200 |
| 经营活动产生的现金流量净额 | 1,001,506,860 | 861,622,387 | 16.24 | 741,455,001 |

2.2 主要财务指标(单位:元)

| | 2002 年 | 2001 年 | 本年比上年增减(%) | 2000 年 |
|---|---|---|---|---|
| 每股收益 | 0.429 | 0.401 | 6.98 | 0.395 |
| 净资产收益率 | 11.33% | 11.29% | 0.35 | 12.52% |
| 扣除非经常性损益的净利润为基础计算的净资产收益率 | 11.21% | 13.87% | －19.18 | 13.00% |
| 每股经营活动产生的现金流量净额 | 0.709 | 0.610 | 16.23 | 0.537 |
| | 2002 年末 | 2001 年末 | 本年比上年增减(%) | 2000 年末 |
| 每股净资产 | 3.786 | 3.555 | 6.50 | 3.154 |
| 调整后的每股净资产 | 3.783 | 3.550 | 6.56 | 3.153 |

## 600012 安徽皖通高速公路股份有限公司

### 二〇〇二年年度报告摘选

#### 1.上市公司基本情况简介

1.1 基本情况简介

股票简称:皖通高速、安徽皖通 股票代码:600012、0995
上市交易所:上海证券交易所、香港联合证券交易所
注册地址:安徽省合肥市长江西路 669 号 办公地址:安徽省合肥市美菱大道 8 号
邮政编码:230051
公司国际互联网网址:http://www.anhui－expressway.com.cn
电子信箱:epway@mail.hf.ah.cn

1.2 联系人和联系方式

董事会秘书:谢新宇 联系地址:安徽省合肥市美菱大道 8 号
电话:0551－3432521 传真:0551－3432521 电子信箱:epway@mail.hf.ah.cn
证券事务代表:韩榕、丁瑜 联系地址:安徽省合肥市美菱大道 8 号
电话:0551－3433722 传真:0551－3434602 电子信箱:epway@mail.hf.ah.cn

#### 2.会计数据和财务指标摘要

2.1 主要会计数据 单位:人民币元

| | 2002 年 | 2001 年 | 本年比上年增减(%) | 2000 年 |
|---|---|---|---|---|
| 主营业务收入 | 751,627,487.66 | 611,449,942.44 | 22.93 | 408,766,443.51 |
| 利润总额 | 324,805,926.29 | 257,985,235.28 | 25.90 | 217,766,071.23 |
| 净利润 | 258,392,601.47 | 248,119,302.92 | 4.14 | 179,702,204.86 |
| 扣除非经常性损益的净利润 | 246,635,622.67 | 205,861,978.92 | 19.81 | 149,624,533.86 |
| | 2002 年末 | 2001 年末 | 本年末比上年末增减(%) | 2000 年末 |
| 总资产 | 5,062,203,678.57 | 4,359,674,870.02 | 16.11 | 4,302,013,163.26 |
| 股东权益(不含少数股东权益) | 3,552,199,647.07 | 2,887,035,850.92 | 23.04 | 2,723,433,133.00 |
| 经营活动产生的现金流量净额 | 502,611,988.25 | 417,054,438.56 | 20.51 | 258,225,649.92 |

2.2 主要财务指标 单位:人民币元

| | 2002 年 | 2001 年 | 本年比上年增减(%) | 2000 年 |
|---|---|---|---|---|
| 每股收益 | 0.16 | 0.18 | －11.19% | 0.13 |
| 净资产收益率(全面摊薄) | 7.27% | 8.6% | －15.47% | 6.6% |
| 扣除非经常性损益的净利润为基础计算的净资产收益率(加权平均) | 8.34% | 7.22% | 15.51% | 5.66% |
| 每股经营活动产生的现金流量净额(全面摊薄) | 0.30 | 0.30 | － | 0.18 |
| | 2002 年末 | 2001 年末 | 本年末比上年末增减(%) | 2000 年末 |
| 每股净资产(全面摊薄) | 2.14 | 2.05 | 4.4% | 1.93 |
| 调整后的每股净资产(全面摊薄) | 2.14 | 2.04 | 4.9% | 1.93 |

## 600018 上海港集装箱股份有限公司

### 二〇〇二年年度报告摘选

#### 1.上市公司基本情况简介

1.1 基本情况简介

股票简称:上港集箱 股票代码:600018 上市交易所:上海证券交易所
注册地址:上海市浦东新区港华路 1299 号 办公地址:上海市军工路 4049 号 邮政编码:200432
公司国际互联网网址:http://www.spcco.com 电子信箱:oa@spcco.com

1.2 联系人和联系方式

董事会秘书:陆卫国 联系地址:上海市军工路 4049 号(吉发大厦)
电话:(021)56443578 传真:(021)56441469 电子信箱:luwg@spcco.com
证券事务代表:石径存 联系地址:上海市军工路 4049 号(吉发大厦)
电话:(021)56443572 传真:(021)56441469 电子信箱:shijc@spcco.com

#### 2.会计数据和财务指标摘要

2.1 主要会计数据 单位:元

| | 2002 年 | 2001 年 | 本年比上年增减(%) | 2000 年 |
|---|---|---|---|---|
| 主营业务收入 | 2,590,065,009.36 | 2,138,473,790.45 | 21.12 | 1,825,278,175.40 |
| 利润总额 | 1,256,852,370.27 | 1,202,738,209.54 | 4.50 | 1,139,532,222.78 |
| 净利润 | 778,448,410.55 | 704,723,170.04 | 10.46 | 544,783,538.04 |
| 扣除非经常性损益的净利润 | 787,048,373.17 | 640,675,580.21 | 22.85 | 534,988,216.44 |
| | 2002 年末 | 2001 年末 | 本年末比上年末增减(%) | 2000 年末 |
| 总资产 | 8,254,106,111.85 | 7,719,236,155.82 | 6.93 | 7,027,749,987.26 |
| 股东权益(不含少数股东权益) | 4,980,620,222.47 | 4,593,386,216.50 | 8.43 | 3,924,376,469.25 |
| 经营活动产生的现金流量净额 | 1,449,164,576.51 | 1,223,152,104.57 | 18.48 | 1,193,002,906.07 |

2.2 主要财务指标 单位:元

| | 2002 年 | 2001 年 | 本年比上年增减(%) | 2000 年 |
|---|---|---|---|---|
| 每股收益 | 0.8628 | 0.7811 | 10.46 | 0.6038 |
| 净资产收益率(%) | 15.6295 | 15.3421 | 1.87 | 13.8820 |
| 扣除非经常性损益后的净资产收益率(%) | 15.8022 | 13.9478 | 13.30 | 13.6324 |
| 每股经营活动产生的现金流量净额 | 1.6063 | 1.3557 | 18.48 | 1.3223 |
| | 2002 年末 | 2001 年末 | 本年末比上年末增减(%) | 2000 年末 |
| 每股净资产 | 5.5205 | 5.0913 | 8.43 | 4.3498 |
| 调整后的每股净资产 | 5.4576 | 5.0426 | 8.23 | 4.2948 |

# 600026 中海发展股份有限公司

## 二〇〇二年年度报告摘选

### 1.上市公司基本情况简介

1.1 基本情况简介
股票简称:中海发展 股票代码:600026(A股)、1138股(H股)
上市交易所:上海证券交易所、香港联合交易所
注册地址:中华人民共和国("中国")上海市浦东新区源深路168号
办公地址:中国上海市东大名路700号 邮政编码:200080
公司国际互联网网址:http://www.cnshipping.com 电子信箱:csd@cnshipping.com

1.2 联系人和联系方式
董事会秘书:姚巧红 联系地址:中国上海市东大名路700号1601室
电话:(86)021-65967160 传真:(86)021-65966160 电子信箱:yao_qh@cnshipping.com
证券事务代表:李永良 联系地址:中国上海市东大名路700号1601室
电话:(86)021-65966161 传真:(86)021-65966160 电子信箱:liyongliang@cnshipping.com

### 2.会计数据和财务指标摘要

2.1 主要会计数据 单位:(人民币千元)

| | 2002年 | 2001年 | 本年比上年增减(%) | 2000年 |
|---|---|---|---|---|
| 主营业务收入 | 4,325,796 | 4,029,977 | 7.3 | 3,271,432 |
| 利润总额 | 683,562 | 464,125 | 47.3 | 355,075 |
| 净利润 | 571,919 | 351,297 | 62.8 | 311,802 |
| 扣除非经常性损益的净利润 | 570,831 | 338,471 | 68.6 | 309,504 |
| | 2002年末 | 2001年末 | 本年末比上年末增减(%) | 2000年末 |
| 总资产 | 9,002,401 | 8,836,432 | 1.8 | 8,141,764 |
| 股东权益(不含少数股东权益) | 6,149,094 | 5,084,481 | 20.9 | 5,008,775 |
| 经营活动产生的现金流量净额 | 1,740,589 | 1,482,160 | 17.3 | 1,038,916 |

2.2 主要财务指标

| | 2002年 | 2001年 | 本年比上年增减(%) | 2000年 |
|---|---|---|---|---|
| 每股收益(人民币元/股)(摊薄) | 0.172 | 0.118 | 45.8 | 0.105 |
| 每股收益(人民币元/股)(加权) | 0.18 | 0.118 | 52.5 | 0.105 |
| 净资产收益率(%)(摊薄) | 9.3 | 6.91 | 34.6 | 6.23 |
| 净资产收益率(%)(加权) | 9.77 | 6.96 | 39.7 | 6.23 |
| 扣除非经常性损益的净利润为基础计算的净资产收益率(%)(摊薄) | 9.28 | 6.61 | 39.8 | 6.16 |
| 扣除非经常性损益的净利润为基础计算的净资产收益率(%)(加权) | 9.75 | 6.68 | 44.5 | 6.17 |
| 每股经营活动产生的现金流量净额(人民币元/股) | 0.52 | 0.50 | 4.0 | 0.35 |
| | 2002年末 | 2001年末 | 本年末比上年末增减(%) | 2000年末 |
| 每股净资产(人民币元) | 1.85 | 1.71 | 8.2 | 1.68 |
| 调整后的每股净资产(人民币元) | 1.84 | 1.70 | 8.2 | 1.67 |

# 600033 福建发展高速公路股份有限公司

## 二〇〇二年年度报告摘选

### 1.上市公司基本情况简介

1.1 基本情况简介
股票简称:福建高速 股票代码:600033 上市交易所:上海证券交易所
注册地址:福州市杨桥东路118号宏杨新城2号楼19层
办公地址:福州市东水路18号福建交通综合大楼26层 邮政编码:350001
电子信箱:fjgsgf@pub6.fz.fj.cn

1.2 联系人和联系方式
董事会秘书:蒋建新 联系地址:福州市东水路18号福建交通综合大楼26层
电话:0591-7077366 传真:0591-7077266 电子信箱:fjgsgf@pub6.fz.fj.cn
证券事务代表:林凯 联系地址:福州市东水路18号福建交通综合大楼26层
电话:0591-7077366 传真:0591-7077266 电子信箱:fjgsgf@pub6.fz.fj.cn

### 2.会计数据和财务指标摘要

2.1 主要会计数据 单位:元

| | 2002年 | 2001年 | 本年比上年增减(%) | 2000年 |
|---|---|---|---|---|
| 主营业务收入 | 702,678,281.60 | 303,682,633.31 | 131.39 | 201,466,612.07 |
| 利润总额 | 491,600,494.92 | 298,995,098.12 | 64.42 | 204,615,799.77 |
| 净利润 | 260,142,249.56 | 220,276,251.31 | 18.10 | 135,171,108.35 |
| 扣除非经常性损益的净利润 | 235,343,129.40 | 184,098,213.97 | 27.84 | 133,489,175.13 |
| | 2002年末 | 2001年末 | 本年末比上年末增减(%) | 2000年末 |
| 总资产 | 5,563,741,584.84 | 5,923,862,615.48 | -6.08 | 2,238,117,352.62 |
| 股东权益(不含少数股东权益) | 2,573,206,784.51 | 2,347,445,256.72 | 9.62 | 909,010,173.74 |
| 经营活动产生的现金流量净额 | 432,928,396.63 | 348,546,200.48 | 24.21 | 329,884,433.72 |

3.2 主要财务指标 单位:元

| | 2002年 | 2001年 | 本年比上年增减(%) | 2000年 |
|---|---|---|---|---|
| 每股收益 | 0.3798 | 0.3216 | 18.10 | 0.2766 |
| 净资产收益率 | 10.11 | 9.38 | 7.78 | 14.76 |
| 扣除非经常性损益的净利润为基础计算的净资产收益率 | 9.50 | 8.33 | 14.05 | 14.69 |
| 每股经营活动产生的现金流量净额 | 0.6320 | 0.5088 | 24.21 | 0.6802 |
| | 2002年 | 2001年 | 本年末比上年末增减(%) | 2000年末 |
| 每股净资产 | 3.7565 | 3.4269 | 9.62 | 1.8742 |
| 调整后的每股净资产 | 3.7562 | 3.4259 | 9.64 | 1.8740 |

# 600087 南京水运实业股份有限公司

## 二〇〇二年年度报告摘选

### 1.上市公司基本情况简介

1.1 基本情况简介
股票简称:南京水运、水运转债 股票代码:600087、100087 上市交易所:上海证券交易所
注册地址:南京经济技术开发区 办公地址:南京市中山北路241号江苏华侨大厦十楼
邮政编码:210009 电子信箱:nwti@public1.ptt.js.cn

1.2 联系人和联系方式
董事会秘书:曾善柱 联系地址:南京市中山北路241号江苏华侨大厦十楼
电话:025-3720378 传真:025-3709524 电子信箱:zsz021@sina.com
证券事务代表:朱双龙 联系地址:南京市中山北路241号江苏华侨大厦十楼
电话:025-3700725 传真:025-3709524 电子信箱:zslong301@sina.com

### 2.会计数据和财务指标摘要

2.1 主要会计数据 单位:元

| | 2002年 | 2001年 | 本年比上年增减(+/-%) | 2000年 |
|---|---|---|---|---|
| 主营业务收入 | 521,204,188.51 | 485,985,818.65 | +7.25 | 522,986,400.95 |
| 利润总额 | 148,131,408.08 | 135,718,864.84 | +9.15 | 124,956,698.33 |
| 净利润 | 125,368,122.16 | 115,539,888.55 | +8.51 | 104,588,565.84 |
| 扣除非经常性损益的净利润 | 116,653,176.82 | 104,349,125.42 | +11.79 | 104,592,419.11 |
| | 2002年末 | 2001年末 | 本年末比上年末增减(+/-%) | 2000年末 |
| 总资产 | 1,280,182,515.36 | 959,704,375.24 | +33.39 | 946,311,434.35 |
| 股东权益(不含少数股东权益) | 836,204,496.95 | 810,632,056.59 | +3.15 | 793,768,738.19 |
| 经营活动产生的现金流量净额 | 124,447,907.41 | 212,896,117.76 | -41.55 | 196,292,402.74 |

2.2 主要财务指标 单位:元

| | 2002年 | 2001年 | 本年比上年增减(+/-%) | 2000年 |
|---|---|---|---|---|
| 每股收益 | 0.52 | 0.483 | +8.49 | 0.437 |
| 每股收益注2 | - | - | - | - |
| 净资产收益率 | 14.99 | 14.25 | +5.19 | 13.18 |
| 扣除非经常性损益的净利润为基础计算的净资产收益率 | 13.36 | 12.62 | +5.86 | 12.43 |
| 每股经营活动产生的现金流量净额 | 0.52 | 0.89 | -41.57 | 0.82 |
| | 2002年末 | 2001年末 | 本年末比上年末增减(+/-%) | 2000年末 |
| 每股净资产 | 3.49 | 3.39 | +2.95 | 3.32 |
| 调整后的每股净资产 | 3.49 | 3.38 | +3.25 | 3.22 |

# 600106 重庆路桥股份有限公司

## 二〇〇二年年度报告摘选

### 1.上市公司基本情况简介

1.1 基本情况简介
股票简称:重庆路桥 股票代码:600106 上市交易所:上海证券交易所
注册地址和办公地址:重庆南坪经济技术开发区丹龙路1号 邮政编码:400060
公司国际互联网网址:http://www.cqrb.com.cn 电子信箱:cqrb@crqb.com.cn

1.2 联系人和联系方式
董事会秘书:张漫 联系地址:重庆南坪经济技术开发区丹龙路1号
电话:023-62803632 传真:023-62909387 电子信箱:cqrb@cqrb.com.cn

### 2.会计数据和财务指标摘要

2.1 主要会计数据

| 项目 | 2002年 | 2001年 | 本年比上年增减(%) | 2000年 |
|---|---|---|---|---|
| 主营业务收入 | 238,472,122.02 | 136,887,998.00 | 74.21 | 122,795,703.00 |
| 利润总额 | 82,151,639.15 | 81,243,709.35 | 1.12 | 90,628,003.07 |
| 净利润 | 71,589,540.17 | 70,076,945.79 | 2.16 | 77,525,177.12 |
| 扣除非经营性损益后的净利润 | 51,319,119.46 | 53,841,013.76 | -4.68 | 54,064,000.00 |
| 总资产 | 1,483,285,595.88 | 1,326,717,880.71 | 11.80 | 1,298,289,518.08 |
| 股东权益(不含少数股东权益) | 962,152,716.33 | 891,225,495.73 | 7.96 | 847,692,651.73 |
| 经营活动产生的现金流量净额 | 86,998,621.86 | 81,287,536.45 | 7.03 | 128,299,532.79 |

2.2 主要财务指标

| 项目 | 2002年 | 2001年 | 本年比上年增减(%) | 2000年 |
|---|---|---|---|---|
| 每股收益 | 0.2309 | 0.2261 | 2.12 | 0.2501 |
| 净资产收益率 | 7.44 | 7.86% | -5.34 | 9.15% |
| 扣除非经营性损益后的净利润为基础计算的净资产收益率 | 5.33 | 6.04% | -11.75 | 6.38% |
| 每股经营活动产生的现金流量净额 | 0.28 | 0.26 | 7.69 | 0.41 |
| 每股净资产 | 3.10 | 2.87 | 8.01 | 2.73 |
| 调整后的每股净资产 | 3.04 | 2.81 | 8.19 | 2.65 |

# 600115 中国东方航空股份有限公司

## 二〇〇二年年度报告摘选

### 1.上市公司基本情况简介

1.1 基本情况简介

股票简称:东方航空、东方航空　股票代码:600115、670、CEA

上市交易所:上海证券交易所、香港证券交易所、纽约证券交易所

注册地址:上海市浦东国际机场机场大道 66 号

办公地址:上海市虹桥路 2550 号　邮政编码:200335

公司国际互联网网址:www.ce－air.com　电子信箱:ir@ce－air.com

1.2 联系人和联系方式

董事会秘书:罗祝平　电子信箱:ir@ce－air.com

联系地址:上海市虹桥路 2550 号中国东方航空股份有限公司董事会秘书室

电话:021－51130920　传真:021－62686116

证券事务代表:吕少君　电子信箱:lushaojun@ce－air.com

联系地址:上海市虹桥路 2550 号中国东方航空股份有限公司董事会秘书室

电话:021－51130928　传真:021－62686116

### 2.会计数据和财务指标摘要

2.1 主要会计数据(单位:千元)

| | 2002 年 | 2001 年 | 本年比上年增减(%) | 2000 年 |
|---|---|---|---|---|
| 主营业务收入 | 13,390,646 | 12,839,339 | 4.29 | 11,821,758 |
| 利润总额 | 262,306 | 148,652 | 76.46 | 103,232 |
| 净利润 | 124,259 | 97,001 | 28.10 | 3,756 |
| 扣除非经常性损益的净利润 | 67,011 | 111,199 | －39.74 | －242,960 |
| | 2002 年 | 2001 年 | 本年末比上年末增减(%) | 2000 年 |
| 总资产 | 31,426,197 | 27,393,456 | 14.72 | 27,034,032 |
| 股东权益(不含少数股东权益) | 6,284,066 | 6,256,659 | 0.44 | 6,654,281 |
| 经营活动产生的现金流量净额 | 3,563,382 | 319,4912 | 11.53 | 3,077,964 |

2.2 主要财务指标(人民币元)

| | 2002 年 | 2001 年 | 本年比上年增减(%) | 2000 年 |
|---|---|---|---|---|
| 每股收益 | 0.02553 | 0.01993 | 28.10 | 0.0008 |
| 净资产收益率% | 1.98 | 1.55 | 27.74 | 0.06 |
| 扣除非经常性损益的净利润为基础计算的净资产收益率% | 1.06 | 1.66 | －36.14 | －3.60 |
| 每股经营活动产生的现金流量净额 | 0.73 | 0.66 | 10.61 | 0.63 |
| | 2002 年 | 2001 年 | 本年末比上年末增减(%) | 2000 年 |
| 每股净资产 | 1.291 | 1.286 | 0.39 | 1.367 |
| 调整后的每股净资产 | 1.2103 | 1.2113 | －0.08 | 1.2906 |

# 600125 大连铁龙实业股份有限公司

## 二〇〇二年年度报告摘选

### 1.上市公司基本情况简介

1.1 基本情况简介

股票简称:铁龙股份　股票代码:600125　上市交易所:上海证券交易所

注册地址:大连高新技术产业园区七贤岭产业化基地高新街 3 号

办公地址:大连市中山区新安街 1 号　邮政编码:116001 电子信箱:tlzqb@21cn.com

1.2 联系人和联系方式

董事会秘书:畅晓东　联系地址:大连市中山区新安街 1 号

电话:0411－2810881　传真:0411－2816639　电子信箱:cxdong@21cn.com

证券事务代表:关晓东　联系地址:大连市中山区新安街 1 号

电话:0411－2651498　传真:0411－2816639　电子信箱:guan7758@263.net

### 2.会计数据和财务指标摘要

2.1 主要会计数据

| | 2002 年 | 2001 年 | 本年比上年增减(%) | 2000 年 |
|---|---|---|---|---|
| 主营业务收入 | 320,678,546.85 | 349,241,907.49 | －8.18% | 305,458,998.55 |
| 利润总额 | 83,381,359.82 | 82,924,392.06 | 0.55% | 93,590,272.08 |
| 净利润 | 65,432,623.05 | 60,204,998.59 | 8.68% | 71,541,180.40 |
| 扣除非经常性损益的净利润 | 65,875,278.92 | 62,449,469.76 | 5.49% | 83,075,975.31 |
| | 2002 年末 | 2001 年末 | 本年末比上年末增减(%) | 2000 年末 |
| 总资产 | 872,054,914.15 | 835,307,320.51 | 4.40% | 847,696,372.82 |
| 股东权益(不含少数股东权益) | 595,091,354.52 | 548,556,855.69 | 8.48% | 488,071,042.66 |
| 经营活动产生的现金流量净额 | 91,318,878.22 | 154,408,879.78 | －40.86% | 110,518,492.59 |

2.2 主要财务指标

| | 2002 年 | 2001 年 | 本年比上年增减(%) | 2000 年 |
|---|---|---|---|---|
| 每股收益 | 0.343 | 0.316 | 8.68% | 0.375 |
| 净资产收益率 | 11.00% | 10.98% | 0.18% | 14.66% |
| 扣除非经常性损益的净利润为基础计算的净资产收益率 | 11.07% | 11.38% | －2.76% | 17.02% |
| 每股经营活动产生的现金流量净额 | 0.479 | 0.809 | －40.86% | 0.58 |
| | 2002 年末 | 2001 年末 | 本年末比上年末增减(%) | 2000 年末 |
| 每股净资产 | 3.119 | 2.875 | 8.48% | 2.558 |
| 调整后的每股净资产 | 3.004 | 2.805 | 7.10% | 2.467 |

# 600190 锦州港股份有限公司

## 二〇〇二年年度报告摘选

### 1.上市公司基本情况简介

1.1 基本情况简介

股票简称:锦州港、锦港 B 股　股票代码:600190、900952　上市交易所:上海证券交易所

注册地址和办公地址:锦州经济技术开发区锦港大街一段 1 号　邮政编码:121007

公司国际互联网网址:HTTP://WWW.JINZHOUPORT.COM

电子信箱:JZCJHGA@MAIL.JZPTT.LN.CN

1.2 联系人和联系方式

董事会秘书:高鸿敏　联系地址:锦州经济技术开发区锦港大街一段 1 号

电话:0416－3586462　传真:0416－3582431　电子信箱:JZGDSHMS@MAIL.JZPTT.LN.CN

证券事务代表:齐文辉　联系地址:锦州经济技术开发区锦港大街一段 1 号

电话:0416－3586234　传真:0416－3582431

### 2.会计数据和财务指标摘要

2.1 主要会计数据

| | 2002 年(本年) | 2001 年(上年) | 本年比上年增减(%) | 2000 年 |
|---|---|---|---|---|
| 主营业务收入 | 384,367,602 | 311,480,863 | 23.4 | 263,889,135 |
| 利润总额 | 13,313,017 | 33,345,576 | －60.1 | 32,706,729 |
| 净利润 | －1,742,587 | 12,749,263 | －113.7 | 14,674,438 |
| 扣除非经常性损益的净利润 | 8,752,145 | 12,057,817 | －21.7 | 14,584,068 |
| | 2002 年末(本年末) | 2001 年末(上年末) | 本年末比上年末增减(%) | 2000 年末 |
| 总资产 | 2,025,706,327 | 2,465,298,704 | －17.8 | 1,813,612,471 |
| 股东权益(不含少数股东权益) | 907,708,176 | 904,336,371 | 0.4 | 891,587,108 |
| 经营活动产生的现金流量净额 | 150,095,847 | 122,779,254 | 22.2 | 126,959,039 |

2.2 主要财务指标

| | 2002 年(本年) | 2001 年(上年) | 本年比上年增减(%) | 2000 年 |
|---|---|---|---|---|
| 每股收益 | －0.002 | 0.013 | －113.7 | 0.023 |
| 净资产收益率 | －0.192 | 1.410 | －113.6 | 1.644 |
| 扣除非经常性损益的净利润为基础计算的净资产收益率 | 0.969 | 1.340 | －22.0 | 1.538 |
| 每股经营活动产生的现金流量净额 | 0.159 | 0.130 | －1 | 0.201 |
| | 2002 年末(即本年末) | 2001 年末(上年末) | 本年末比上年末增减(%) | 2000 年末 |
| 每股净资产 | 0.959 | 0.955 | 0.4 | 1.414 |
| 调整后的每股净资产 | 0.931 | 0.910 | 2.2 | 1.354 |

# 600213 扬州亚星客车股份有限公司

## 二〇〇二年年度报告摘选

### 1.上市公司基本情况简介

1.1 基本情况简介

股票简称:亚星客车　股票代码:600213　上市交易所:上海证券交易所

注册地址和办公地址:扬州市经济开发区扬子江中路 188 号　邮政编码:225009

公司国际互联网网址:http://www.yaxingkeche.com　电子信箱:yz.yxmc@public.yz.js.cn

1.2 联系人和联系方式

董事会秘书:张榕森　联系地址:扬州市经济开发区扬子江中路 188 号

电话:0514－7850400、7882999－8120　传真:0514－7852329　电子信箱:yxmc_8120@sina.com

### 2.会计数据和财务指标摘要

2.1 主要会计数据

| | 2002 年 | 2001 年 | 本年比上年增减(%) | 2000 年 |
|---|---|---|---|---|
| 主营业务收入 | 876,543,604.73 | 1,019,842,172.56 | －14.05 | 916,039,198.50 |
| 利润总额 | 28,623,512.13 | 57,091,354.38 | －49.86 | 64,501,852.85 |
| 净利润 | 22,296,463.58 | 53,264,866.83 | －58.14 | 51,671,018.51 |
| 扣除非经常性损益的净利润 | 23,241,491.69 | 55,059,235.81 | －57.79 | 38,259,424.36 |
| | 2002 年末 | 2001 年末 | 本年末比上年末增减(%) | 2000 年末 |
| 总资产 | 1,156,994,420.47 | 1,286,608,601.42 | －10.07 | 1,158,082,938.95 |
| 股东权益(不含少数股东权益) | 643,087,460.49 | 630,778,299.88 | ＋0.02 | 603,013,959.73 |
| 经营活动产生的现金流量净额 | －111,409,463.81 | 131,924,862.67 | －184.45 | 254,369,499.36 |

2.2 主要财务指标

| | 2002 年 | 2001 年 | 本年比上年增减(%) | 2000 年 |
|---|---|---|---|---|
| 每股收益 | 0.12 | 0.28 | －57.14 | 0.27 |
| 净资产收益率 | 3.47 | 8.44 | －58.89 | 8.57 |
| 扣除非经常性损益的净利润为基础计算的净资产收益率 | 3.61 | 8.73 | －58.65 | 6.27 |
| 每股经营活动产生的现金流量净额 | －0.58 | 0.69 | －184.06 | 1.29 |
| | 2002 年末 | 2001 年末 | 本年末比上年末增减(%) | 2000 年末 |
| 每股净资产 | 3.38 | 3.32 | ＋0.02 | 3.21 |
| 调整后的每股净资产 | 3.36 | 3.28 | ＋0.024 | 3.16 |

# 600221 海南航空股份有限公司

## 二〇〇二年年度报告摘选

### 1.上市公司基本情况简介

1.1 基本情况简介

股票简称:海南航空、海航 B 股 股票代码:600221、900945 上市交易所:上海证券交易所

注册地址:海南省海口市机场西路 168 号

办公地址:海南省海口市海秀路 29 号海航发展大厦 邮政编码:570206

公司国际互联网网址:http://www.hnair.com 电子信箱:webmaster@hnair.com

1.2 联系人和联系方式

董事会秘书:张尚辉 联系地址:海口市海秀路 29 号海航发展大厦

电话:0898-66739961 传真:0898-66739960 电子信箱:sh_zhang@hnair.com

证券事务代表:吕广伟 联系地址:海口市海秀路 29 号海航发展大厦

电话:0898-66739961 传真:0898-66739960 电子信箱:gw_lv@hnair.com

### 2.会计数据和财务指标摘要

2.1 主要会计数据

| | 2002 年 | 2001 年 | 本年比上年增减(%) | 2000 年 |
|---|---|---|---|---|
| 主营业务收入 | 5,028,281,733 | 3,254,753,740 | 54.49% | 2,296,484,304 |
| 利润总额 | 219,103,206 | 140,084,757 | 56.41% | 185,807,107 |
| 净利润 | 181,150,923 | 100,302,701 | 80.60% | 164,783,514 |
| 扣除非经常性损益的净利润 | 177,751,695 | 99,565,780 | 78.53% | 122,156,858 |
| | 2002 年末 | 2001 年末 | 本年末比上年末增减(%) | 2000 年末 |
| 总资产 | 19,400,958,098 | 15,004,326,205 | 29.30% | 10,183,648,745 |
| 股东权益(不含少数股东权益) | 2,382,945,724 | 2,184,004,969 | 9.11% | 2,127,517,437 |
| 经营活动产生的现金流量净额 | 1,061,924,972 | 1,356,186,417 | -21.70% | 224,334,622 |

2.2 主要财务指标

| | 2002 年 | 2001 年 | 本年比上年增减 | 2000 年 |
|---|---|---|---|---|
| 每股收益 | 0.25 | 0.14 | 78.57% | 0.23 |
| 净资产收益率 | 7.60 | 4.59 | 65.58% | 7.75 |
| 扣除非经常性损益的净利润为基础计算的净资产收益率 | 7.81 | 4.56 | 71.27% | 5.69 |
| 每股经营活动产生的现金流量净额 | 1.45 | 1.86 | -22.04% | 0.31 |

# 600270 中外运空运发展股份有限公司

## 二〇〇二年年度报告摘选

### 1.上市公司基本情况简介

1.1 基本情况简介

股票简称:外运发展 股票代码:600270 上市交易所:上海证券交易所

注册地址和办公地址:北京市海淀区西三环北路 21 号久凌大厦 邮政编码:100089

公司国际互联网网址:www.sinoair.com 电子信箱:stock@sinoair.com

1.2 联系人和联系方式

董事会秘书:张葵 联系地址:北京市海淀区西三环北路 21 号久凌大厦

电话:010-68405635 传真:010-68405628 电子信箱:stock@sinoair.com

证券事务代表:崔建齐 联系地址:北京市海淀区西三环北路 21 号久凌大厦

电话:010-68405635 传真:010-68405628 电子信箱:stock@sinoair.com

### 2.会计数据和财务指标摘要

2.1 主要会计数据

| | 2002 年(T 年,即本年) | 2001 年(T-1 年) | 本年比上年增减(%) | 2000 年(T-2 年) |
|---|---|---|---|---|
| 主营业务收入 | 2,266,662,324.05 | 1,471,924,808.86 | 53.99% | 1,045,690,746.34 |
| 利润总额 | 584,314,027.05 | 465,784,814.47 | 25.45% | 364,119,473.20 |
| 净利润 | 270,799,238.70 | 230,878,579.27 | 17.29% | 176,899,235.00 |
| 扣除非经常性损益的净利润 | 271,449,645.38 | 229,904,165.32 | 18.07% | 171,839,200.00 |
| | 2002 年末(T 年,即本年末) | 2001 年末(T-1 年末) | 本年末比上年末增减(%) | 2000 年末(T-2 年末) |
| 总资产 | 2,558,394,148.98 | 2,244,605,062.47 | 13.98% | 1,988,090,366.69 |
| 股东权益(不含少数股东权益) | 1,734,737,695.46 | 1,549,448,795.85 | 11.96% | 1,378,631,203.99 |
| 经营活动产生的现金流量净额 | 418,891,993.53 | 341,446,605.03 | 22.68% | 260,530,400.00 |

2.2 主要财务指标

| | 2002 年(T 年,即本年) | 2001 年(T-1 年) | 本年比上年增减(%) | 2000 年(T-2 年) |
|---|---|---|---|---|
| 每股收益 | 0.74 | 0.76 | -2.61% | 0.64 |
| 每股收益 | 0.81 | 0.79 | 2.21% | 0.85 |
| 净资产收益率 | 15.61% | 14.90% | 10.60% | 12.55 |
| 扣除非经常性损益的净利润为基础计算的净资产收益率 | 15.65% | 14.84% | 5.44% | 12.53 |
| 每股经营活动产生的现金流量净额 | 1.15 | 1.12 | 2.23% | 0.94 |
| | 2002 年末(T 年,即本年末) | 2001 年末(T-1 年末) | 本年末比上年末增减(%) | 2000 年末(T-2 年末) |
| 每股净资产 | 4.74 | 5.08 | -6.66% | 4.97 |
| 调整后的每股净资产 | 4.55 | 4.86 | -6.41% | 4.71 |

# 600269 江西赣粤高速公路股份有限公司

## 二〇〇二年年度报告摘选

### 1.上市公司基本情况简介

1.1 基本情况简介

股票简称:赣粤高速 股票代码:600269 上市交易所:上海证券交易所

注册地址:南昌市北京西路 69 号省府大院西二路 12 号

办公地址:南昌市洪城路 508 号方兴大厦 邮政编码:330025

公司国际互联网网址:http://www.jxexpressway.com 电子信箱:Xiongcsh@163.net

1.2 联系人和联系方式

董事会秘书:熊长水 联系地址:江西省南昌市洪城路 508 号方兴大厦

电话:0791-6532505 6527021 6504265 传真:0791-6507178

电子信箱:Xiongcsh@163.net

### 2.会计数据和财务指标摘要

2.1 主要会计数据

| | 2002 年 | 2001 年 | 本年比上年增减(%) | 2000 年 |
|---|---|---|---|---|
| 主营业务收入 | 464,054,928.00 | 387,201,398.00 | 19.85 | 283,169,110.00 |
| 利润总额 | | | | |
| 净利润 | 185,770,663.15 | 179,223,382.96 | 3.65 | 176,075,711.37 |
| 扣除非经常性损益的净利润 | 183,104,218.41 | 175,442,344.26 | 4.37 | 163,957,028.21 |
| | 2002 年末 | 2001 年末 | 本年末比上年末增减(%) | 2000 年末 |
| 总资产 | 4,513,341,235.65 | 4084,968,361.79 | 10.49 | 3979,439,799.13 |
| 股东权益(不含少数股东权益) | 3,097,417,962.22 | 2,633,078,267.20 | 17.63 | 2524,454,884.24 |
| 经营活动产生的现金流量净额 | 0.60 | 0.85 | -29.41 | 0.28 |

2.2 主要财务指标

| | 2002 年 | 2001 年 | 本年比上年增减(%) | 2000 年 |
|---|---|---|---|---|
| 每股收益 | 0.48 | 0.51 | -5.88 | 0.499 |
| 净资产收益率 | 6.00 | 6.81 | -11.89 | 6.97 |
| 扣除非经常性损益的净利润为基础计算的净资产收益率 | 6.72 | 6.71 | 0.15 | 7.79 |
| 每股经营活动产生的现金流量净额 | 0.60 | 0.85 | -29.41 | 0.28 |
| | 2002 年末 | 2001 年末 | 本年末比上年末增减(%) | 2000 年末 |
| 每股净资产 | 7.96 | 7.46 | 6.7 | 7.15 |
| 调整后的每股净资产 | 7.87 | 7.46 | 5.5 | 7.15 |

# 600279 重庆港九股份有限公司

## 二〇〇二年年度报告摘选

### 1.上市公司基本情况简介

1.1 基本情况简介

股票简称:重庆港九 股票代码:600279 上市交易所:上海证券交易所

注册地址:重庆市九龙坡区盘龙镇盘龙五村 113-13 号

办公地址:重庆市渝中区信义街 18 号重庆朝天门大酒店 15 楼 邮政编码:400011

公司国际互联网网址:http://www.cqgj.com.cn 电子信箱:cqgj@cqgj.com.cn

1.2 联系人和联系方式

董事会秘书:李毓坚 联系地址:重庆市渝中区信义街 18 号重庆朝天门大酒店 15 楼

电话:023-63100879 传真:023-63801564 电子信箱:liyuj@cqgj.com.cn

### 2.会计数据和财务指标摘要

2.1 主要会计数据 单位:元

| | 2002 年 | 2001 年 | 本年比上年增减(%) | 2000 年 |
|---|---|---|---|---|
| 主营业务收入 | 97,285,019.62 | 102,966,231.57 | -5.52 | 70,769,761.82 |
| 利润总额 | 31,497,986.16 | 49,491,054.42 | -36.36 | 47,814,427.70 |
| 净利润 | 26,733,880.17 | 41,641,625.87 | -35.80 | 47,814,427.70 |
| 扣除非经常性损益的净利润 | 11,814,777.05 | 21,243,919.21 | -44.39 | 30,657,580.44 |
| | 2002 年末 | 2001 年末 | 本年末比上年末增减(%) | 2000 年末 |
| 总资产 | 800,604,590.64 | 850,338,185.91 | -5.85 | 792,357,605.14 |
| 股东权益(不含少数股东权益) | 718,456,060.38 | 704,035,370.69 | 2.05 | 687,173,626.81 |
| 经营活动产生的现金流量净额 | -99,385,653.54 | -2,842,058.87 | -3396.96 | 255,309,464.83 |

2.2 主要财务指标 单位:元

| | 2002 年 | 2001 年 | 本年比上年增减(%) | 2000 年 |
|---|---|---|---|---|
| 每股收益 | 0.117 | 0.182 | -35.71 | 0.155 |
| 净资产收益率 | 3.72 | 5.91 | -37.39 | 5.15 |
| 扣除非经常性损益的净利润为基础计算的净资产收益率 | 1.64 | 2.71 | -39.85 | 5.95 |
| 每股经营活动产生的现金流量净额 | 0.182 | 0.083 | 119.28 | 0.058 |
| | 2002 年末 | 2001 年末 | 本年末比上年末增减(%) | 2000 年末 |
| 每股净资产 | 3.146 | 3.083 | 2.69 | 3.009 |
| 调整后的每股净资产 | 3.102 | 3.067 | 1.79 | 2.970 |

## 600317 营口港务股份有限公司

### 二○○二年年度报告摘选

#### 1.上市公司基本情况简介

1.1 基本情况简介

股票简称:营口港 股票代码:600317 上市交易所:上海证券交易所

注册地址和办公地址:辽宁省营口市鲅鱼圈区新港大路1号 邮政编码:115007

公司国际互联网网址:http://www.ykplc.com 电子信箱:yhj ykplc@ykport.com.cn

1.2 联系人和联系方式

董事会秘书:杨会君 联系地址:辽宁营口鲅鱼圈区新港大路1号

电话:0417－6268507 传真:0417－6268506 电子信箱:yhj ykplc@ykport.com.cn

#### 2.会计数据和财务指标摘要

2.1 主要会计数据

单位:万元

| | 2002年 | 2001年 | 本年比上年增减(%) | 2000年 |
|---|---|---|---|---|
| 主营业务收入 | 34,623.73 | 20,390.08 | +69.81 | 23,759.72 |
| 利润总额 | 8,967.04 | 7,050.32 | +27.19 | 6,600.15 |
| 净利润 | 6,006.61 | 4,593.63 | +30.76 | 4,422.11 |
| 扣除非经常性损益的净利润 | 6,098.76 | 4,231.20 | +44.14 | 4,395.00 |
| | 2002年末 | 2001年末 | 本年末比上年末增减(%) | 2000年末 |
| 总资产 | 121,196.14 | 38,602.24 | +213.96 | 40,534.45 |
| 股东权益(不含少数股东权益) | 89,758.23 | 25,102.12 | +257.57 | 22,318.16 |
| 经营活动产生的现金流量净额 | 4,843.59 | 2,036.33 | +137.86 | 6,553.83 |

2.2 主要财务指标

| | 2002年 | 2001年 | 本年比上年增减(%) | 2000年 |
|---|---|---|---|---|
| 每股收益(元) | 0.24 | 0.31 | －22.58 | 0.29 |
| 净资产收益率 | 6.69% | 18.30% | －63.44 | 19.80% |
| 扣除非经常性损益的净利润为基础计算的净资产收益率 | 6.79% | 16.86% | －59.73 | 19.80% |
| 每股经营活动产生的现金流量净额(元) | 0.19 | 0.14 | 35.71 | 0.44 |
| | 2002年末 | 2001年末 | 本年末比上年末增减(%) | 2000年末 |
| 每股净资产(元) | 3.59 | 1.67 | +114.97 | 1.49 |
| 调整后的每股净资产(元) | 3.59 | 1.67 | +114.97 | 1.45 |

## 600368 广西五洲交通股份有限公司

### 二○○二年年度报告摘选

#### 1.上市公司基本情况简介

1.1 基本情况简介

股票简称:五洲交通 股票代码:600368 上市交易所:上海证券交易所

注册地址和办公地址:广西南宁市新民路48号 邮政编码:530012

电子信箱:wzjt@nn－mail.gx.cninfo.net

1.2 联系人和联系方式

董事会秘书:陈仕岳 联系地址:广西南宁市新民路48号

电话:0771－2838485 传真:0771－2115590 电子信箱:wzjt@nn－mail.gx.cninfo.net

#### 2.会计数据和财务指标摘要

2.1 主要会计数据

| | 2002年 | 2001年 | 本年比上年增减(%) | 2000年 |
|---|---|---|---|---|
| 主营业务收入 | 188,399,622.00 | 137,184,467.00 | 37.33 | 135,032,054.00 |
| 利润总额 | 137,945,835.31 | 121,926,550.84 | 13.14 | 125,153,721.78 |
| 净利润 | 116,296,217.82 | 131,238,329.52 | －11.39 | 82,964,942.77 |
| 扣除非经常性损益的净利润 | 116,987,205.41 | 103,043,611.85 | 13.53 | 80,738,083.94 |
| | 2002年末 | 2001年末 | 本年末比上年末增减(%) | 2000年末 |
| 总资产 | 1,446,181,558.90 | 1,347,975,844.76 | 7.29 | 1,408,437,871.65 |
| 股东权益(不含少数股东权益) | 1,112,941,734.02 | 1,036,425,516.20 | 7.38 | 937,013,767.71 |
| 经营活动产生的现金流量净额 | 179,019,456.23 | 139,798,404.54 | 28.06 | 48,538,636.94 |

2.2 主要财务指标

| | 2002年 | 2001年 | 本年比上年增减(%) | 2000年 |
|---|---|---|---|---|
| 每股收益 | 0.26 | 0.30 | －13.33 | 0.23 |
| 净资产收益率 | 10.45 | 12.66 | －17.46 | 8.45 |
| 扣除非经常性损益的净利润为基础计算的净资产收益率 | 10.51 | 9.93 | 5.84 | 8.62 |
| 每股经营活动产生的现金流量净额 | 0.41 | 0.31 | 32.26 | 0.11 |
| | 2002年 | 2001年 | 本年末比上年末增减(%) | 2000年 |
| 每股净资产 | 2.52 | 2.34 | 7.69 | 2.12 |
| 调整后的每股净资产 | 2.52 | 2.34 | 7.69 | 2.12 |

## 600369 重庆长江水运股份有限公司

### 二○○二年年度报告摘选

#### 1.上市公司基本情况简介

1.1 基本情况简介

股票简称:长运股份 股票代码:600369 上市交易所:上海证券交易所

注册地址:重庆市涪陵区中山东路2号

办公地址:重庆市涪陵区中山东路2号、重庆市渝中区陕西路1号 邮政编码:408000

公司国际互联网网址:http://www.sse.com.cn 电子信箱:Cqchangyun@cta.cq.cn

1.2 联系人和联系方式

董事会秘书:饶正力 联系地址:重庆市渝中区陕西路1号

电话:023－63819926 传真:023－63819708 电子信箱:Raozhengli@sina.com

#### 2.会计数据和财务指标摘要

2.1 主要会计数据

| | 2002年 | 2001年 | 本年比上年增减(%) | 2000年 |
|---|---|---|---|---|
| 主营业务收入 | 155,687,324.80 | 110,974,858.91 | 40.29 | 155,547,613.11 |
| 利润总额 | 20,270,809.41 | 20,014,686.88 | 1.28 | 26,540,531.72 |
| 净利润 | 18,703,900.85 | 16,266,351.97 | 14.99 | 21,174,872.12 |
| 扣除非经常性损益的净利润 | 2,284,805.34 | 8,027,318.10 | －69.05 | 16,990,734.98 |
| | 2002年末 | 2001年末 | 本年末比上年末增减(%) | 2000年末 |
| 总资产 | 1,317,528,522.10 | 1,061,509,299.36 | 24.12 | 817,657,657.24 |
| 股东权益(不含少数股东权益) | 571,502,323.70 | 559,569,627.52 | 2.13 | 546,601,024.92 |
| 经营活动产生的现金流量净额 | 11,535,056.74 | －110,310,635.69 | 110.46 | 77,195,936.41 |

2.2 主要财务指标

| | 2002年 | 2001年 | 本年比上年增减(%) | 2000年 |
|---|---|---|---|---|
| 每股收益 | 0.109 | 0.094 | 15.96 | 0.125 |
| 净资产收益率(%) | 3.273 | 2.91 | 12.47 | 4.10 |
| 扣除非经常性损益的净利润为基础计算的净资产收益率(%) | 0.435 | 1.43 | －69.58 | 3.108 |
| 每股经营活动产生的现金流量净额 | 0.067 | －0.64 | 110.46 | 0.448 |
| | 2002年末 | 2001年末 | 本年末比上年末增减(%) | 2000年末 |
| 每股净资产 | 3.317 | 3.248 | 2.12 | 3.172 |
| 调整后的每股净资产 | 3.297 | 3.22 | 2.39 | 3.135 |

## 600386 北京巴士股份有限公司

### 二○○二年年度报告摘选

#### 1.上市公司基本情况简介

1.1 基本情况简介

股票简称:北京巴士 股票代码:600386 上市交易所:上海证券交易所

注册地址:北京市海淀区紫竹院路32号 办公地址:北京市海淀市紫竹院路32号

邮政编码:100044 公司国际互联网网址:WWW.NEWBJBUS.COM

电子信箱:BJBASHI@BTAMAIL.NET.CN

1.2 联系人和联系方式

董事会秘书:傅世学 联系地址:北京市海淀区紫竹院路32号

电话:010－68477383 传真:010－68731430 电子信箱:BJBASHI@BTAMAIL.NET.CN

证券事务代表:汤世华 联系地址:北京市海淀区紫竹院路32号

电话:010－68477383 传真:010－68731430 电子信箱:BJBASHI@BTAMAIL.NET.CN

#### 2.会计数据和财务指标摘要

2.1 主要会计数据

单位:人民币元

| | 2002年 | 2001年 | 本年比上年增减(%) | 2000年 |
|---|---|---|---|---|
| 主营业务收入 | 1,418,525,071 | 952,128,416.22 | 48.98% | 532,459,876.16 |
| 利润总额 | 169,869,241.35 | 120,240,791.35 | 41.27% | 72,813,423.49 |
| 净利润 | 119,940,606.71 | 70,762,021.41 | 69.50% | 64,124,914.63 |
| 扣除非经常性损益的净利润 | 101,763,371.99 | 68,360,780.63 | 48.86% | 70,935,556.86 |
| | 2002年末 | 2001年末 | 本年末比上年末增减(%) | 2000年末 |
| 总资产 | 2,392,548,476.80 | 2,222,885,564.09 | 7.63% | 853,786,948.19 |
| 股东权益(不含少数股东权益) | 1,161,630,336.29 | 1,121,529,007.73 | 3.58% | 315,138,920.26 |
| 经营活动产生的现金流量净额 | 275,701,715.96 | 134,834,101.95 | 104.47% | 91,918,068.51 |

2.2 主要财务指标

单位:人民币元

| | 2002年 | 2001年 | 本年比上年增减(%) | 2000年 |
|---|---|---|---|---|
| 每股收益(加权) | 0.48 | 0.29 | 65.52% | 0.37 |
| 每股收益(摊薄) | 0.48 | 0.28 | 71.43% | 0.37 |
| 净资产收益率(摊薄) | 10.33% | 6.31% | 63.71% | 20.35% |
| 扣除非经常性损益的净利润为基础计算的净资产收益率 | 8.76% | 6.10% | 43.61% | 22.51% |
| 每股经营活动产生的现金流量净额 | 1.09 | 0.54 | 101.86% | 0.53 |
| | 2002年末 | 2001年末 | 本年末比上年末增减(%) | 2000年末 |
| 每股净资产 | 4.61 | 4.45 | 3.60% | 1.83 |
| 调整后的每股净资产 | 4.48 | 4.38 | 2.28% | 1.77 |

## 600428 中远航运股份有限公司

### 二〇〇二年年度报告摘选

#### 1.上市公司基本情况简介

1.1 基本情况简介
股票简称:中远航运 股票代码:600428 上市交易所:上海证券交易所
注册地址:广东省广州市保税区东江大道 282 号康胜大厦
办公地址:广州市珠江新城华利路 19 号远洋明珠大厦 4 楼 邮政编码:510623
公司国际互联网网址:http://www.coscol.com.cn/ 电子信箱:info@coscol.com.cn
1.2 联系人和联系方式
董事会秘书:林敬伟 联系地址:广州市珠江新城华利路 19 号远洋明珠大厦 4 楼
电话:(020)37585333 传真:(020)37585136 电子信箱:linjw@coscol.com.cn
证券事务代表:杨炜锋 联系地址:广州市珠江新城华利路 19 号远洋明珠大厦 4 楼
电话:(020)37585333 - 8112 传真:(020)37585136 电子信箱:yangwf@coscol.com.cn

#### 2.会计数据和财务指标摘要

2.1 会计数据

| | 2002 年 | 2001 年 | 本年比上年增减(%) | 2000 年 |
|---|---|---|---|---|
| 主营业务收入 | 548,883,052.97 | 535,117,598.11 | 2.57% | 483,085,844.53 |
| 利润总额 | 106,675,810.54 | 104,172,683.75 | 2.40% | 81,787,389.10 |
| 净利润 | 82,580,155.59 | 85,675,035.83 | -3.61% | 81,787,389.10 |
| 扣除非经常性损益的净利润 | 76,556,048.94 | 85,614,740.56 | -10.58% | 79,725,098.47 |
| | 2002 年末 | 2001 年末 | 本年末比上年末增减(%) | 2000 年末 |
| 总资产 | 1,656,110,583.20 | 526,938,153.74 | 214.29% | 583,840,569.61 |
| 股东权益(不含少数股东权益) | 1,357,258,910.41 | 360,413,324.93 | 276.58% | 325,338,289.10 |
| 经营活动产生的现金流量净额 | 86,434,250.96 | 162,427,507.94 | -46.79% | 282,834,717.54 |

2.2 主要财务指标

| | 2002 年 | 2001 年 | 本年比上年增减(%) | 2000 年 |
|---|---|---|---|---|
| 每股收益 | 0.23 | 0.37 | -38.42% | 0.36 |
| 净资产收益率 | 6.08 | 23.77 | -74.40% | 25.14 |
| 扣除非经常性损益的净利润为基础计算的净资产收益率 | 7.37 | 24.16 | -69.50% | 22.73 |
| 每股经营活动产生的现金流量净额 | 0.24 | 0.71 | -66.20% | 1.23 |
| | 2002 年末 | 2001 年末 | 本年末比上年末增减(%) | 2000 年末 |
| 每股净资产 | 3.77 | 1.57 | 140.13% | 1.41 |
| 调整后的每股净资产 | 3.76 | 1.57 | 139.72% | 1.41 |

## 600548 深圳高速公路股份有限公司

### 二〇〇二年年度报告摘选

#### 1.上市公司基本情况简介

1.1 基本情况简介
股票简称:深高速(A 股)、深圳高速(H 股) 股票代码:600548、0548
上市交易所:上海证券交易所、香港证券交易所
注册地址和办公地址:深圳市滨河路北 5022 号联合广场 A 座 19 楼 1901 ~ 1913
邮政编码:518026
公司国际互联网网址:http://www.sz-expressway.com 电子信箱:szew@sz-expressway.com
1.2 联系人和联系方式
董事会秘书:张荣兴 联系地址:深圳市滨河路北 5022 号联合广场 A 座 19 楼
电话:755 - 82945608 传真:755 - 82910696 电子信箱:Johnson@sz-expressway.com
证券事务代表:吕瑞 联系地址:深圳市滨河路北 5022 号联合广场 A 座 19 楼
电话:755 - 82945618 传真:755 - 82910696 电子信箱:Johnson@sz-expressway.com

#### 2.会计数据和财务指标摘要

2.1 主要会计数据

| | 2002 年 | 2001 年 | 本年比上年增减 | 2000 年 |
|---|---|---|---|---|
| 主营业务收入 | 646,127,966 | 604,518,644 | 6.88% | 515,395,592 |
| 利润总额 | 405,558,077 | 408,614,532 | -0.75% | 341,434,784 |
| 净利润 | 351,353,919 | 401,936,897 | -12.58% | 339,223,834 |
| 扣除非经常性损益的净利润 | 348,542,330 | 429,469,807 | -18.84% | 328,705,873 |
| | 2002 年 | 2001 年 | 本年末比上年末增减 | 2000 年 |
| 总资产 | 6,922,502,651 | 6,968,563,648 | -0.66% | 5,931,176,373 |
| 股东权益(不含少数股东权益) | 5,160,312,772 | 5,070,546,337 | 1.77% | 4,282,241,353 |
| 经营活动产生的现金流量净额 | 441,196,398 | 575,216,016 | -23.30% | 431,475,129 |

2.2 主要财务指标

| | 2002 年 | 2001 年 | 本年比上年增减 | 2000 年 |
|---|---|---|---|---|
| 每股收益 | 0.16 | 0.18 | -11.11% | 0.17 |
| 净资产收益率 | 6.81% | 7.93% | -14.12% | 7.92% |
| 扣除非经常性损益的净利润为基础计算的净资产收益率 | 6.75% | 8.47% | -20.31% | 8.29% |
| 每股经营活动产生的现金流量净额 | 0.20 | 0.26 | -23.08% | 0.21 |
| | 2002 年 | 2001 年 | 本年末比上年末增减 | 2000 年 |
| 每股净资产 | 2.37 | 2.33 | 1.72% | 2.12 |
| 调整后的每股净资产 | 2.35 | 2.31 | 1.73% | 2.11 |

## 600561 江西长运股份有限公司

### 二〇〇二年年度报告摘选

#### 1.上市公司基本情况简介

1.1 基本情况简介
股票简称:江西长运 股票代码:600561 上市交易所:上海证券交易所
注册地址和办公地址:江西省南昌市广场南路 118 号 邮政编码:330003
公司国际互联网网址:http://www.jxcy.com.cn 电子信箱:jxcy@public.nc.jx.cn
1.2 联系人和联系方式
董事会秘书:黄鸿源 联系地址:南昌市广场南路 118 号
电话:0791 - 6298107 传真:0791 - 6217722 电子信箱:dongsihui@jxcy.com.cn
证券事务代表:王玉惠 联系地址:南昌市广场南路 118 号
电话:0791 - 6298107 传真:0791 - 6217722 电子信箱:dongsihui@jxcy.com.cn

#### 2.会计数据和财务指标摘要

2.1 主要会计数据 单位:元

| | 2002 年 | 2001 年 | 本年比上年增减(%) | 2000 年 |
|---|---|---|---|---|
| 主营业务收入 | 152,979,458.19 | 121,446,425.18 | 25.96 | 74,536,969.54 |
| 利润总额 | 43,389,788.58 | 33,560,064.04 | 29.29 | 27,205,419.21 |
| 净利润 | 28,665,760.23 | 21,978,937.56 | 30.42 | 18,196,692.70 |
| 扣除非经常性损益的净利润 | 25,293,059.31 | 21,663,795.66 | 16.75 | 16,730,821.36 |
| | 2002 年末 | 2001 年末 | 本年末比上年末增减(%) | 2000 年末 |
| 总资产 | 470,251,928.41 | 241,755,943.86 | 94.52 | 219,375,414.62 |
| 股东权益(不含少数股东权益) | 259,668,871.52 | 109,086,311.29 | 138.04 | 96,536,673.73 |
| 经营活动产生的现金流量净额 | 59,707,653.88 | 56,240,800.52 | 6.16 | 108,581,840.57 |

2.2 主要财务指标

| | 2002 年 | 2001 年 | 本年比上年增减(%) | 2000 年 |
|---|---|---|---|---|
| 每股收益 | 0.31 | 0.35 | -11.43 | 0.29 |
| 净资产收益率(%) | 11.04 | 20.15 | -45.21 | 18.85 |
| 扣除非经常性损益的净利润为基础计算的净资产收益率(%) | 9.74 | 19.86 | -50.96 | 17.33 |
| 每股经营活动产生的现金流量净额 | 0.64 | 0.89 | -28.09 | 1.73 |
| | 2002 年末 | 2001 年末 | 本年末比上年末增减(%) | 2000 年末 |
| 每股净资产 | 2.80 | 1.74 | 60.92 | 1.54 |
| 调整后的每股净资产 | 2.76 | 1.71 | 61.40 | 1.51 |

## 600591 上海航空股份有限公司

### 二〇〇二年年度报告摘选

#### 1.上市公司基本情况简介

1.1 基本情况简介
股票简称:上海航空 股票代码:600591 上市交易所:上海证券交易所
注册地址:上海市浦东国际机场内机场大道 100 号
办公地址:上海市江宁路 212 号 邮政编码:200041
公司国际互联网网址:http://www.shanghai-air.com 电子信箱:ir@shanghai-air.com
1.2 联系人和联系方式
董事会秘书:徐骏民 联系地址:上海市江宁路 212 号
电话:021 - 62552072 传真:021 - 62728870 电子信箱:ir@shanghai-air.com
证券事务代表:徐骏民 联系地址:上海市江宁路 212 号
电话:021 - 62552072 传真:021 - 62728870 电子信箱:ir@shanghai-air.com

#### 2.会计数据和财务指标摘要

2.1 主要会计数据 单位:元

| | 2002 年 | 2001 年 | 本年比上年增减(%) | 2000 年 |
|---|---|---|---|---|
| 主营业务收入 | 4,056,744,577.46 | 3,501,462,163.77 | 15.86 | 2,933,548,767.52 |
| 利润总额 | 167,717,916.60 | 166,282,391.09 | 0.86 | 75,011,979.01 |
| 净利润 | 140,725,875.55 | 138,846,988.73 | 1.35 | 60,825,799.21 |
| 扣除非经常性损益的净利润 | 140,808,468.65 | 136,774,525.27 | 2.95 | 55,150,250.49 |
| | 2002 年末 | 2001 年末 | 本年末比上年末增减(%) | 2000 年末 |
| 总资产 | 7,107,971,394.15 | 6,376,678,410.75 | 11.47 | 5,540,569,951.55 |
| 股东权益(不含少数股东权益) | 1,699,067,820.52 | 582,764,418.21 | 191.55 | 536,164,588.49 |
| 经营活动产生的现金流量净额 | 394,246,769.89 | 673,404,824.88 | -41.45 | 606,872,976.95 |

2.2 主要财务指标

| | 2002 年 | 2001 年 | 本年比上年增减(%) | 2000 年 |
|---|---|---|---|---|
| 每股收益 | 0.195 | 0.267 | -26.97 | 0.12 |
| 净资产收益率 | 8.283 | 23.826 | -65.24 | 11.345 |
| 扣除非经常性损益的净利润为基础计算的净资产收益率 | 8.287 | 23.470 | -64.69 | 10.286 |
| 每股经营活动产生的现金流量净额 | 0.55 | 1.29 | -57.36 | 1.16 |
| | 2002 年末 | 2001 年末 | 本年末比上年末增减(%) | 2000 年末 |
| 每股净资产 | 2.36 | 1.12 | 110.71 | 1.03 |
| 调整后的每股净资产 | 2.31 | 1.06 | 117.92 | 0.91 |

# 600692 上海亚通股份有限公司

## 二〇〇二年年度报告摘选

### 1.上市公司基本情况简介

1.1 基本情况简介

股票简称:亚通股份 股票代码:600692 上市交易所:上海证券交易所

注册地址和办公地址:上海崇明八一路1号 邮政编码:202150

公司国际互联网网址:http://www.cmjt.com 电子信箱:E－mail:shytcl@online.sh.cn

1.2 联系人和联系方式

董事会秘书:蔡福生 联系地址:上海崇明八一路1号

电话:021－69692714 传真:021－69695782

证券事务代表:赵柳滨 联系地址:上海崇明八一路1号

电话:021－69692738 传真:021－69695782

### 2.会计数据和财务指标摘要

2.1 主要会计数据 单位:元

| | 2002年 | 2001年 | 本年比上年增减(%) | 2000年(调整后) |
|---|---|---|---|---|
| 主营业务收入 | 204,963,785.70 | 186,789,433.32 | 9.73 | 169,786,628.18 |
| 利润总额 | 20,473,083.27 | 19,930,537.08 | 2.72 | 15,969,270.67 |
| 净利润 | 16,855,125.97 | 15,958,014.99 | 5.62 | 12,744,602.72 |
| 扣除非经常性损益的净利润 | 16,906,408.00 | 8,406,131.63 | 101.12 | 19,652,843.54 |
| | 2002年末 | 2001年末 | 本年比上年增减(%) | 2000年末(调整后) |
| 总资产 | 540,635,214.27 | 538,170,100.08 | 0.46 | 511,346,360.30 |
| 股东权益(不含少数股东权益) | 340,043,038.01 | 323,187,912.04 | 5.22 | 313,549,855.45 |
| 经营活动产生的现金流量净额 | 36,788,925.89 | 70,074,411.74 | －47.5% | 53,648,391.61 |

2.2 主要财务指标 单位:元

| | 2002年 | 2001年 | 本年比上年增减(%) | 2000年 |
|---|---|---|---|---|
| 每股收益 | 0.121 | 0.126 | －3.96 | 0.101 |
| 净资产收益率 | 4.96% | 4.94% | 0.40 | 7.56% |
| 扣除非经常性损益的净利润为基础计算的净资产收益率 | 5.1% | 2.61% | 95.40 | 5.80% |
| 每股经营活动产生的现金流量净额 | 0.265 | 0.55 | －51.81 | 0.42 |
| | 2002年末 | 2001年末 | 本年比上年增减(%) | 2000年末 |
| 每股净资产 | 2.45 | 2.56 | －4.29 | 2.48 |
| 调整后的每股净资产 | 2.38 | 2.51 | －5.18 | 2.45 |

# 600717 天津港(集团)股份有限公司

## 二〇〇二年年度报告摘选

### 1.上市公司基本情况简介

1.1 基本情况简介

股票简称:天津港 股票代码:600717 上市交易所:上海证券交易所

注册地址:天津市塘沽区新港二号路卡子门内

办公地址:天津市塘沽区新港二号路35号 邮政编码:300456

电子信箱:tjpgroup@tianjinport.ptacn.com

1.2 联系人和联系方式

董事会秘书:李全勇 联系地址:天津市塘沽区新港二号路35号

电话:022－25706615 传真:022－25706615 电子信箱:tjpsec@tianjinport.ptacn.com

证券事务代表: 联系地址:

电话: 传真: 电子信箱:

### 2.会计数据和财务指标摘要

2.1 主要会计数据 单位:元

| | 2002年 | 2001年 | 本年比上年增减(%) | 2000年 |
|---|---|---|---|---|
| 主营业务收入 | 1,235,134,671.26 | 1,000,674,677.25 | 23.43 | 650,689,330.72 |
| 利润总额 | 445,602,550.21 | 339,592,666.99 | 31.22 | 231,155,998.10 |
| 净利润 | 298,841,616.05 | 269,841,009.32 | 10.75 | 191,761,167.90 |
| 扣除非经常性损益的净利润 | 304,387,917.74 | 266,332,369.45 | 14.29 | 186,809,733.69 |
| | 2002年末 | 2001年末 | 本年末比上年末增减(%) | 2000年末 |
| 总资产 | 3,169,110,479.41 | 2,813,011,389.44 | 12.66 | 2,190,468,057.26 |
| 股东权益(不含少数股东权益) | 1,813,307,090.93 | 1,593,647,930.76 | 13.78 | 1,482,639,591.05 |
| 经营活动产生的现金流量净额 | 571,061,384.76 | 477,977,783.21 | 19.47 | 334,250,086.97 |

2.2 主要财务指标 单位:元

| | 2002年 | 2001年 | 本年比上年增减(%) | 2000年 |
|---|---|---|---|---|
| 每股收益 | 0.15 | 0.11 | 9.76 | 0.52 |
| 每股收益 | | | | |
| 净资产收益率 | 16.48 | 16.93 | －2.66 | 12.93 |
| 扣除非经常性损益的净利润为基础计算的净资产收益率 | 17.46 | 17.60 | －0.80 | 13.42 |
| 每股经营活动产生的现金流量净额 | 0.87 | 0.72 | 20.83 | 0.91 |
| | 2002年末 | 2001年末 | 本年末比上年末增减(%) | 2000年末 |
| 每股净资产 | 2.75 | 2.42 | 13.64 | 4.04 |
| 调整后的每股净资产 | 2.74 | 2.40 | 14.17 | 3.98 |

# 600751 天津市海运股份有限公司

## 二〇〇二年年度报告摘选

### 1.上市公司基本情况简介

1.1 基本情况简介

股票简称:天津海运、天海B股 股票代码:600751、900938 上市交易所:上海证券交易所

注册地址和办公地址:天津市河西区马场道207号 邮政编码:300204

公司国际互联网网址:http://www.tmsc－tj.com.cn 电子信箱:Tmsc600751@163.com

1.2 联系人和联系方式

董事会秘书:姜涛 联系地址:天津市河西区马场道207号

电话:022－23281780 传真:022－23286115 电子信箱:Tmsc600751@163.com

### 2.会计数据和财务指标摘要

2.1 主要会计数据 单位:(人民币)元

| | 2002年 | 2001年 | 本年比上年增减(%) | 2000年 |
|---|---|---|---|---|
| 主营业务收入 | 782,140,835.41 | 855,644,642.96 | －8.59 | 864,757,717.94 |
| 利润总额 | －70,356,096.86 | 31,209,682.72 | －325.43 | 98,343,913.96 |
| 净利润 | －72,583,244.47 | 24,774,786.70 | －392.97 | 8,338,891.09 |
| 扣除非经常性损益的净利润 | －73,432,191.43 | 24,809,776.44 | －395.98 | 81,908,143.19 |
| | 2002年末 | 2001年末 | 本年末比上年末增减(%) | 2000年末 |
| 总资产 | 2,098,092,087.47 | 2,001,101,546.75 | 4.85 | 1,605,867,854.22 |
| 股东权益(不含少数股东权益) | 1,067,243,488.17 | 1,141,178,345.51 | －6.48 | 828,917,658.21 |
| 经营活动产生的现金流量净额 | －98,087,081.30 | 40,402,060.84 | －342.78 | －47,570,837.34 |

2.2 主要财务指标 单位:(人民币)元

| | 2002年 | 2001年 | 本年比上年增减(%) | 2000年 |
|---|---|---|---|---|
| 每股收益 | －0.1473 | 0.05 | －394.60 | 0.18 |
| 净资产收益率 | －6.8010% | 2018% | －411.97 | 10.06% |
| 扣除非经常性损益的净利润为基础计算的净资产收益率 | －6.8560% | 2.18% | －414.50 | 10.06% |
| 每股经营活动产生的现金流量净额 | －0.1991 | 0.08 | －348.88 | －0.10 |
| | 2002年末 | 2001年末 | 本年末比上年末增减(%) | 2000年末 |
| 每股净资产 | 2.17 | 2.32 | －6.47 | 1.78 |
| 调整后的每股净资产 | 2.02 | 2.17 | －6.91 | 1.59 |

# 600772 中油龙昌(集团)股份有限公司

## 二〇〇二年年度报告摘选

### 1.上市公司基本情况简介

1.1 基本情况简介

股票简称:石油龙昌 股票代码:600772 上市交易所:上海证券交易所

注册地址和办公地址:上海市中山南路28号久事大厦20层 邮政编码:200010

公司国际互联网网址:http://www.longchamp.com.cn 电子信箱:Longchamp600772@hotmail.com

1.2 联系人和联系方式

董事会秘书:赵伟文 联系地址:上海市中山南路28号20层

电话:021－63302552 传真:021－63300386 电子信箱:zhaoweiwen@hotmail.com

证券事务代表:顾敏 联系地址:上海市中山南路28号20层

电话:021－63300077－111 传真:021－63300386 电子信箱:amy－gu@etang.com

### 2.会计数据和财务指标摘要

2.1 主要会计数据 单位:人民币元

| | 2002年 | 2001年 | 本年比上年增减(%) | 2000年 |
|---|---|---|---|---|
| 主营业务收入 | 214,961,228.41 | 210,519,342.14 | 2.11 | 355,277,846.23 |
| 利润总额 | 52,878,742.07 | 49,327,504.30 | 7.20 | 85,064,867.39 |
| 净利润 | 15,822,911.01 | 9,918,284.43 | 59.53 | 41,456,892.98 |
| 扣除非经常性损益的净利润 | 7,917,550.03 | 9,832,704.86 | －19.48 | 43,538,917.56 |
| | 2002年12月31日 | 2001年12月31日 | 本年末比上年末增减(%) | 2000年12月31日 |
| 总资产 | 1,085,364,106.00 | 1,485,565,014.92 | －26.94 | 1,334,956,507.93 |
| 股东权益(不含少数股东权益) | 672,549,757.55 | 650,953,547.37 | 3.32 | 458,958,849.69 |
| 经营活动产生的现金流量净额 | 90,949,101.20 | 118,465,175.40 | －23.23 | 150,505,923.75 |

2.2 主要财务指标 单位:人民币元

| | 2002年12月31日止年度 | 2001年12月31日止年度 | 本年比上年增减(%) | 2000年12月31日止年度 |
|---|---|---|---|---|
| 每股收益 | 0.066 | 0.0414 | 59.42 | 0.183 |
| 每股收益 | 0.066 | 0.0414 | 59.42 | 0.183 |
| 净资产收益率 | 2.35% | 1.52% | 54.61 | 9.03% |
| 扣除非经常性损益的净利润为基础计算的净资产收益率(加权) | 1.20% | 1.64% | －26.83 | 9.64% |
| 每股经营活动产生的现金流量净额 | 0.38 | 0.49 | －22.45 | 0.66 |
| | 2002年12月31日 | 2001年12月31日 | 本年末比上年末增减(%) | 2000年12月31日 |
| 每股净资产 | 2.807 | 2.717 | 3.31 | 2.02 |
| 调整后的每股净资产 | 2.758 | 2.667 | 3.41 | 1.96 |

## 600768 宁波富邦精业集团股份有限公司

### 二〇〇二年年度报告摘选

#### 1.上市公司基本情况简介

1.1 基本情况简介

股票简称:ST甬富邦 股票代码:600768 上市交易所:上海证券交易所
注册地址:宁波市中山东路336号
办公地址:宁波市药行街139号中国银行大厦20层 邮政编码:315010
公司国际互联网网址:http://www.600768.com.cn 电子信箱:fbjy@600768.com.cn

1.2 联系人和联系方式

董事会秘书:马晓勇 联系地址:宁波市药行街139号中国银行大厦20层
电话:0574-87300929 传真:0574-87306619 电子信箱:mxy@600768.com.cn
证券事务代表:唐剑江 联系地址:宁波市药行街139号中国银行大厦20层
电话:0574-87300017 传真:0574-87306619 电子信箱:tjj@600768.com.cn

#### 2.会计数据和财务指标摘要

2.1 主要会计数据 单位:元

| | 2002年 | 2001年 | 本年比上年增减(%) | 2000年 |
|---|---|---|---|---|
| 主营业务收入 | 304,586,946.68 | 208,161,506.10 | 46.32 | 134,165,263.33 |
| 利润总额 | 24,718,463.76 | 508,982.45 | 4,756.45 | -29,755,203.37 |
| 净利润 | 24,532,483.12 | 282,410.61 | 8,586.81 | -29,732,122.97 |
| 扣除非经常性损益的净利润 | 14,739,938.67 | -1,057,804.37 | | -29,775,194.57 |
| | 2002年末 | 2001年末 | 本年末比上年末增减(%) | 2000年末 |
| 总资产 | 300,797,339.56 | 264,125,098.74 | 13.88 | 233,702,187.28 |
| 股东权益(不含少数股东权益) | 103,249,044.30 | 78,716,561.18 | 31.17 | 78,355,681.63 |
| 经营活动产生的现金流量净额 | 25,368,689.33 | 8,586,472.30 | 195.45 | 3,268,487.52 |

2.2 主要财务指标 单位:元

| | 2002年 | 2001年 | 本年比上年增减(%) | 2000年 |
|---|---|---|---|---|
| 每股收益 | 0.26 | 0.003 | 8,566.67 | -0.32 |
| 净资产收益率 | 23.76 | 0.36 | 6,500.00 | -37.95 |
| 扣除非经常性损益的净利润为基础计算的净资产收益率 | 14.28 | -1.35 | | -30.59 |
| 每股经营活动产生的现金流量净额 | 0.27 | 0.09 | 200.00 | 0.04 |
| | 2002年末 | 2001年末 | 本年末比上年末增减(%) | 2000年末 |
| 每股净资产 | 1.11 | 0.85 | 30.59 | 0.84 |
| 调整后的每股净资产 | 1.10 | 0.82 | 34.15 | 0.75 |

## 600787 中储发展股份有限公司

### 二〇〇二年年度报告摘选

#### 1.上市公司基本情况简介

1.1 基本情况简介

股票简称:中储股份 股票代码:600787 上市交易所:上海证券交易所
注册地址:天津市北辰区经济开发区开发大厦 办公地址:天津市河西区友谊路19号
邮政编码:300201 公司国际互联网网址:www.zcgf.com.cn 电子信箱:zjb@zcgf.com.cn

1.2 联系人和联系方式

董事会秘书:薛斌 联系地址:天津市河西区友谊路19号公司证券部
电话:022-28010734 传真:022-28010722 电子信箱:xuebin@zcgf.com.cn
证券事务代表:胡华萍 联系地址:天津市河西区友谊路19号公司证券部
电话:022-28010734 传真:022-28010722 电子信箱:huhuaping@zcgf.com.cn

#### 2.会计数据和财务指标摘要

2.1 主要会计数据 单位:人民币元

| | 2002年 | 2001年 | 本年比上年增减(%) | 2000年 |
|---|---|---|---|---|
| 主营业务收入 | 1,032,756,766.49 | 699,630,285.37 | 47.61 | 443,898,119.60 |
| 利润总额 | 37,801,857.08 | 39,301,181.15 | -3.81 | 54,900,828.53 |
| 净利润 | 28,537,974.30 | 31,848,193.69 | -10.39 | 45,648,774.87 |
| 扣除非经常性损益的净利润 | 17,300,466.22 | 16,499,823.12 | 4.85 | 45,648,774.87 |
| | 2002年末 | 2001年末 | 本年末比上年末增减(%) | 2000年末 |
| 总资产 | 1,395,128,640.17 | 1,165,983,567.84 | 19.65 | 923,721,824.60 |
| 股东权益(不含少数股东权益) | 759,520,562.81 | 741,844,408.19 | 2.38 | 733,230,277.69 |
| 经营活动产生的现金流量净额 | 92,715,402.03 | 8,958,905.22 | 934.9 | 98,631,984.17 |

2.2 主要财务指标

| | 2002年 | 2001年 | 本年比上年增减(%) | 2000年 |
|---|---|---|---|---|
| 每股收益 | 0.092 | 0.1026 | -10.33 | 0.147 |
| 每股收益 | 0.092 | 0.1026 | -10.33 | 0.147 |
| 净资产收益率 | 3.76 | 4.293 | -12.42 | 6.225 |
| 扣除非经常性损益的净利润为基础计算的净资产收益率 | 2.2942 | 2.2875 | 0.29 | 9.236 |
| 每股经营活动产生的现金流量净额 | 0.2988 | 0.029 | 930.34 | 0.318 |
| | 2002年末 | 2001年末 | 本年末比上年末增减(%) | 2000年末 |
| 每股净资产 | 2.4474 | 2.3904 | 2.38 | 2.36 |
| 调整后的每股净资产 | 2.4042 | 2.34 | 2.74 | 2.33 |

## 600798 宁波海运股份有限公司

### 二〇〇二年年度报告摘选

#### 1.上市公司基本情况简介

1.1 基本情况简介

股票简称:宁波海运 股票代码:600798 上市交易所:上海证券交易所
注册地址和办公地址:宁波市中马路202号 邮政编码:315020
电子信箱:nbmcl@mail.nbptt.zj.cn

1.2 联系人和联系方式

董事会秘书:黄敏辉 联系地址:宁波市中马路202号
电话:0574-87356271 传真:0574-87355051 电子信箱:hminhui@pub.cnnb.net

#### 2.会计数据和财务指标摘要

2.1 主要会计数据 单位:人民币元

| | 2002年 | 2001年 | 本年比上年增减(%) | 2000年 |
|---|---|---|---|---|
| 主营业务收入 | 275,288,304.40 | 265,458,300.34 | 3.70 | 262,153,438.84 |
| 利润总额 | 76,346,984.99 | 98,910,482.85 | -22.81 | 101,645,925.99 |
| 净利润 | 59,800,355.48 | 87,851,700.89 | -31.93 | 82,256,356.37 |
| 扣除非经常性损益的净利润 | | 85,420,902.92 | -100.00 | 81,833,592.41 |
| | 2002年末 | 2001年末 | 本年末比上年末增减(%) | 2000年末 |
| 总资产 | 910,913,424.17 | 927,161,939.14 | -1.75 | 893,853,915.47 |
| 股东权益(不含少数股东权益) | 757,121,800.70 | 748,508,945.22 | 1.15 | 724,641,619.33 |
| 经营活动产生的现金流量净额 | 146,233,363.42 | 67,990,790.74 | 115.08 | 100,476,633.74 |

2.2 主要财务指标

| | 2002年 | 2001年 | 本年比上年增减(%) | 2000年 |
|---|---|---|---|---|
| 每股收益 | 0.12 | 0.17 | -29.41 | 0.16 |
| 每股收益 | 0.12 | 0.167 | -27.65 | 0.13 |
| 净资产收益率 | 7.90 | 11.74 | -32.71 | 11.35 |
| 扣除非经常性损益的净利润为基础计算的净资产收益率 | 7.90 | 11.41 | -30.76 | 11.29 |
| 每股经营活动产生的现金流量净额 | 0.29 | 0.13 | -100.00 | 0.19 |
| | 2002年末 | 2001年末 | 本年末比上年末增减(%) | 2000年末 |
| 每股净资产 | 1.48 | 1.46 | 1.37 | 1.41 |
| 调整后的每股净资产 | 1.48 | 1.46 | 1.37 | 1.41 |

## 600896 中海(海南)海盛船务股份有限公司

### 二〇〇二年年度报告摘选

#### 1.上市公司基本情况简介

1.1 基本情况简介

股票简称:中海海盛 股票代码:600896 上市交易所:上海证券交易所
注册地址和办公地址:海南省海口市龙昆北路2号珠江广场帝豪大厦25层 邮政编码:570125
公司国际互联网网址:http://www.hsshipping.com 电子信箱:security@hsshipping.com

1.2 联系人和联系方式

董事会秘书:胡小波
联系地址:海南省海口市龙昆北路2号珠江广场帝豪大厦25层公司证券部
电话:0898-68583985 传真:0898-68581486 电子信箱:x.b.hu@hsshipping.163.com
证券事务代表:刘柏成
联系地址:海南省海口市龙昆北路2号珠江广场帝豪大厦25层公司证券部
电话:0898-68583777-311 传真:0898-68581486 电子信箱:b.c.liu@hsshipping.163.com

#### 2.会计数据和财务指标摘要

2.1 主要会计数据 单位:(人民币)元

| | 2002年(本年) | 2001年(上年) | 本年比上年增减(%) | 2000年 |
|---|---|---|---|---|
| 主营业务收入 | 434,029,264.18 | 445,211,041.90 | -2.51 | 428,660,912.09 |
| 利润总额 | 75,714,674.20 | 64,150,050.77 | 18.03 | 90,105,992.04 |
| 净利润 | 55,187,575.94 | 47,201,701.75 | 16.92 | 66,721,502.55 |
| 扣除非经常性损益的净利润 | 54,801,523.03 | 56,713,072.10 | -3.37 | 58,461,275.67 |
| | 2002年末(本年末) | 2001年末(上年末) | 本年末比上年末增减(%) | 2000年末 |
| 总资产 | 1,054,286,778.61 | 1,085,055,179.26 | -2.8 | 1,107,277,081.41 |
| 股东权益(不含少数股东权益) | 816,372,111.97 | 792,760,679.48 | 2.98 | 777,287,232.73 |
| 经营活动产生的现金流量净额 | 108,698,032.43 | 71,925,935.75 | 51.12 | 132,710,047.70 |

2.2 主要财务指标 单位:(人民币)元

| | 2002年(本年) | 2001年(上年) | 本年比上年增减(%) | 2000年 |
|---|---|---|---|---|
| 每股收益 | 0.17 | 0.15 | 13.3 | 0.21 |
| 每股收益* | 0.17 | 0.15 | 13.3 | 0.21 |
| 净资产收益率 | 6.76% | 5.95% | 13.61 | 8.58% |
| 扣除非经常性损益的净利润为基础计算的净资产收益率 | 6.71% | 7.15% | -6.15 | 7.52% |
| 每股经营活动产生的现金流量净额 | 0.34 | 0.23 | 47.82 | 0.42 |
| | 2002年末本年末 | 2001年末上年末 | 本年末比上年末增减(%) | 2000年末 |
| 每股净资产 | 2.57 | 2.50 | 2.8 | 2.45 |
| 调整后的每股净资产 | 2.43 | 2.38 | 2.10 | 2.35 |

# G.信息技术业(39 家)

## 600406 国电南瑞科技股份有限公司

## 首次公开发行股票招股说明书摘要

### 第一节 特别提示和特别风险提示

特别风险提示

1.本公司是南瑞集团控股的专门从事电力自动化领域产品开发和系统集成的企业,由于电力自动化领域发标业务的特殊性和分工的不同,所以与南瑞集团存在一定的关联交易,存在关联交易风险。

2.目前行业内对电力自动化产品大部分招标文件中规定执行的是"181"或"361"的付款方式。由于付款期的延长,所以相应增加了公司的应收账款数额。截止 2003 年 6 月底,公司应收账款数额较大,达到了 16748.14 万元,存在着应收账款的风险。

3.本公司为软件开发企业,又是江苏省认定的高新技术企业,并在国家级高新技术开发区注册,根据《鼓励软件产业和集成电路产业发展政策》的有关规定,本公司享受新办软件企业自盈利年度起所得税"两免三减半"的优惠政策。但是,随着国家宏观经济形势和行业政策的变化,政府可能会调整相应的财政和税收政策,所以可能存在税收优惠政策变动风险。

4.本公司作为一家专业从事电力自动化软硬件开发生产和系统集成服务的提供商,人才对企业的发展至关重要。上市后,随着募集资金投资项目的开展,对高水平软件技术人才和相关专业的各类人才的需求将大幅上升。另外,随着中国加入 WTO,公司也面临由于国际企业的竞争所导致的人力资源成本上升的问题。所以可能存在人力资源风险。

5.本公司产品中包含了软件技术和电力系统控制专业技术,其产品具有技术进步快、产品生命周期短、更新换代快的特点。本公司作为一家软件企业,技术的进步对公司发展至关重要。同时,本公司在上市后将面临包括对技术、产品和市场发展趋势的把握,开发失败、研发投资损失的风险。所以可能存在技术研发风险。本公司所研制的产品科技含量较高,为国内同行瞩目。如技术失密将对本公司产生较大的负面影响。所以可能存在技术失密风险。

请投资者对发行人的上述风险予以特别关注,并仔细阅读招股说明书中"风险因素"等有关章节。

### 第二节 本次发行概况

| 股票种类 | 人民币普通股(A 股) |
|---|---|
| 每股面值 | 1.00 元 |
| 发行股数、占发行后总股本的比例 | 4000 万股(占发行后总股本的 36.70%) |
| 发行价格 | 10.39 元 |
| 发行市盈率 | 20 倍(按 2002 年全面摊薄每股收益计算) |
| 发行前和发行后每股净资产 | 2.22 元,5.043 元 |
| 市净率 | 2.06 |
| 发行方式 | 全部向二级市场投资者定价配售 |
| 发行对象 | 于本招股说明书摘要刊登当日收盘时,持有沪市或深市的已上市流通人民币普通股(A 股)股票市值不少于 10,000 元的投资者(国家法律、法规禁止购买者除外)。 |
| 本次发行股份的上市流通 | 本次发行结束后将尽快申请在上海证券交易所挂牌交易。 |
| 承销方式 | 余额包销 |
| 本次发行预计实收募股资金 | 39639.54 万元 |
| 发行费用概算 | 1920.46 万元 |

### 第三节 发行人基本情况

一、发行人基本资料

| 注册中、英文名称 | 国电南瑞科技股份有限公司 |
|---|---|
| 法定代表人 | 闵 涛 |
| 成立日期 | 2001 年 2 月 28 日 |
| 住所及邮政编码 | 南京市高新技术产业开发区 D10 幢 210061 |
| 电话、传真号码 | 025－3429900－2315,3407064 |
| 互联网网址 | www.naritech.cn |
| 电子信箱 | stock@naritech.cn |

二、发行人历史沿革及经历的改制重组情况

本公司是经国家经贸委以国经贸企改[2001]158 号文《关于同意设立国电南瑞科技股份有限公司的批复》批准,由南京南瑞集团公司以其下属的电网控制分公司和系统控制分公司的生产经营性净资产及位于南京市浦口区沿江镇高新技术产业开发区的 1848.8 平方米的土地使用权和房产作为出资,国电电力发展股份有限公司以现金收购南京南瑞集团公司工业控制分公司的生产经营性净资产作为出资,联合南京京瑞科电力设备有限公司、江苏省电力公司、云南电力集团有限公司、黑龙江省电力有限公司、广东华电实业有限公司和英大国际信托投资有限责任公司等六家发起人以现金出资,共同发起设立的股份有限公司。公司注册资本 6900 万元。

三、发行人有关股本的情况

1.本次发行前后的股本结构

| 股东名称 | 发行前 | | 发行后 | |
|---|---|---|---|---|
| | 股数(万股) | 比例(%) | 股数(万股) | 比例(%) |
| 国有法人股 | 5451 | 79.0 | 5451 | 50.01 |
| 其中:南京南瑞集团公司 | 2898 | 42.0 | 2898 | 26.59 |
| 国电电力发展股份有限公司 | 1980 | 28.7 | 1980 | 18.17 |
| 江苏省电力公司 | 138 | 2.0 | 138 | 1.27 |
| 云南电力集团有限公司 | 138 | 2.0 | 138 | 1.27 |
| 黑龙江省电力有限公司 | 228 | 3.3 | 228 | 2.09 |
| 英大国际信托投资有限责任公司 | 69 | 1.0 | 69 | 0.63 |
| 社会法人股 | 1449 | 21.0 | 1449 | 13.29 |
| 其中:南京京瑞科电力设备有限公司 | 1380 | 20.0 | 1380 | 12.66 |
| 广东华电实业有限公司 | 69 | 1.0 | 69 | 0.63 |
| 社会公众股 | － | － | 4000 | 36.70 |
| 合计 | 6900 | 100.0 | 10900 | 100 |

2.发行人的发起人、控股股东和主要股东之间的关联关系

本公司八家发起人股东之中,南京南瑞集团公司、国电电力发展股份有限公司、江苏省电力公司、云南电力集团有限公司和黑龙江省电力有限公司均为国家电力公司的全资或控股子公司。随着电力体制改革的实施,南瑞集团划归国家电网公司。

本公司主发起人南京南瑞集团公司同时持有本公司股东南京京瑞科电力设备有限公司 5.76%的权益,同时本公司实质控制人电自院通过下属的深圳南京自动化研究所持有京瑞科 94.07%的权益。

四、内部职工股情况

本公司未发行过内部职工股,也不存在工会持股和职工持股会的情况。

五、发行人业务情况

1.发行人主营业务

公司主营发电、输电、变电、配电、供电控制系统设备;计算机及外部设备;通信交换、通信终端及通信设备(不含卫星地面接收设备);工业自动化仪表、电工仪器、电子测量仪器、工业过程控制系统及装置设计、制造、销售、服务;电子计算机软件的研制、开发、服务。经营本企业自产产品及技术的出口业务;经营本企业生产、科研所需的原辅材料、仪器仪表、机械设备、零配件及技术的进口业务(国家限定公司经营和国家禁止进出口的商品及技术除外)。

2.主要产品或服务及其用途

电网调度自动化类－OPEN－2000 能量管理系统、SD－6000 调度自动化系统、RD－800 分布式电网监控系统等。

变电站自动化类－NS2000 变电站综合自动化系统、BJ 系列变电站微机监控系统、DISA 系列分布式变电站监控系统、BSJ－2000 变电站分布式计算机监控系统等。

工业控制类－GKS－9000 分散控制系统、GKS－IAS 企业管理信息统计分析系统等。

3.产品销售方式和渠道

公司主要以直销方式实现产品销售。

4.行业竞争情况及本公司在行业中的地位

本公司前身是电力行业专门从事电力自动化技术研究和产品开发的专业科研院所之一,拥有强大的技术开发力量和丰富的产品开发经验。目前本行业的竞争主要表现为以下两个特点:在低端市场上,由于量大面广、技术要求相对较低,因此,参与竞争的公司较多,对本公司的产品存在一定的竞争压力;在高端市场上,竞争主要体现在要求供应商具有深入的理论研究基础、先进的技术水平和丰富的工程经验等强大的综合能力,市场准入门槛较高,除了几家国际知名的公司外,国内目前只有本公司及少数几家单位能够参与竞争。

六、发行人业务及生产经营有关的资产权属情况

1.商标

南瑞集团与本公司签订了《商标使用许可合同》及其补充协议,约定南瑞集团将其注册并持有的第 715154 号"NARI"商标和第 1042407 号"南瑞"商标许可股份公司使用,许可使用期限为 2001 年 2 月 28 日至 2015 年 9 月 30 日。新《商标法》实施后,本公司已经向国家商标局申请注册了"国电南瑞"文字商标,并已经于 2003 年 3 月 17 日取得了国家工商行政管理总局商标局出具的《商标注册证》。公司自行注册商标后,商标"NARI"将继续使用,商标"南瑞"将停止使用。

2.专有技术

| 序号 | 产 品 | 版本号 | 登记号 | 权利起算日 |
|---|---|---|---|---|
| 1 | 省、地区级电网新一代 OPEN－2000 能量管理系统 | V2.3 | 2001SR1805 | 2001 年 6 月 20 日 |
| 2 | 具有统一支持软件平台的开放式分布式能量管理系统(SD－6000) | V3.01 | 2001SR1806 | 2001 年 6 月 20 日 |
| 3 | 地区、县级电网监控系统 RD－800 | V2.0 | 2001SR1807 | 2001 年 6 月 20 日 |
| 4 | 自动发电控制和经济调度软件 | V2.1 | 2001SR1808 | 2001 年 6 月 20 日 |
| 5 | EMS 应用软件 | V2.0 | 2001SR1809 | 2001 年 6 月 20 日 |
| 6 | NS－2000 变电站总控通信系统 | V1.0 | 2001SR1810 | 2001 年 6 月 20 日 |
| 7 | NS－2000 变电站后台监控系统 | V1.0 | 2001SR1811 | 2001 年 6 月 20 日 |
| 8 | GKS－IAS 企业管理信息统计分析系统 | V2.0 | 2001SR1812 | 2001 年 6 月 20 日 |
| 9 | GKS 计算机分散控制系统软件 | V1.0 | 2001SR1813 | 2001 年 6 月 20 日 |
| 10 | DISA 系列分布式变电站监控系统 | V3.0 | 2001SR3708 | 2001 年 6 月 20 日 |
| 11 | BSJ－2200 型变电站分布式计算机监控系统 | V2.0 | 2001SR3709 | 2001 年 6 月 20 日 |
| 12 | BJ 系列变电站微机监控系统 | V3.0 | 2001SR3710 | 2001 年 6 月 20 日 |
| 13 | NS2000 变电站综合自动化系统 | V2.21 | 2003SR5244 | 2003 年 6 月 16 日 |

3.房屋、土地使用权

公司目前除拥有位于南京市高新技术产业开发区的面积为 1848.8 平方米的土地和建筑面积为 4586.9 平方米的一项厂房外,还向南瑞集团租赁了共计 5512.93 平方米的办公生产用房。

七、同业竞争和关联交易

1.同业竞争

本公司控股股东南京南瑞集团公司及其控制的其他法人与本公司之间目前不存在同业竞争。本公司其他股东与本公司之间目前也不存在同业竞争。同时,南瑞集团出具了书面的“不竞争承诺函”。发行人律师与主承销商经核查认为,发行人与关联方之间不存在同业竞争。

2.关联交易

本公司的关联交易主要包括购货转签、销货转签、房屋租赁、销售等。其具体情况如下:

| 项目 | 2003 年 1－6 月 | | 2002 年 | |
|---|---|---|---|---|
| | 交易额 | 比例 | 交易额 | 比例 |
| 采购 | 155.51 | 1% | 832 | 3% |
| 购货转签 | 1272.18 | 12% | 5415.46 | 22% |
| 销售 | 7561.02 | 46% | 22341.28% | 64% |
| 销货转签 | 410.17 | 2% | 3340.39 | 10% |

其中,前两项比例为关联方采购和关联方购货转签占总采购额的比例,后两项比例为关联方销售和关联方销货转签占总销售额的比例。

八、董事、监事和高级管理人员情况

| 姓名 | 职务 | 性别 | 年龄 | 任期起止日期 | 简要经历 | 其他兼职情况 | 2002 年薪酬情况(万元) | 持有公司股份 | 与公司其他利益关系 |
|---|---|---|---|---|---|---|---|---|---|
| 闵涛 | 董事长 | 男 | 40 | 2002.3－2004.2 | 曾任南瑞集团电网分公司总经理、国电南瑞总经理。 | 无 | 29.80 | 0 | 无 |
| 薛禹胜 | 董事 | 男 | 62 | 2001.2－2004.2 | 博士生导师、电自院总工程师、南瑞集团总工程师。 | 无 | 不在公司计酬 | 0 | 无 |
| 寇伟 | 董事 | 男 | 42 | 2001.2－2004.2 | 云南华能澜沧江水电有限公司党组书记、总经理。 | 无 | 不在公司计酬 | 0 | 无 |
| 朱大新 | 董事 | 男 | 58 | 2001.2－2004.2 | 现任京瑞科技术总监。 | 无 | 不在公司计酬 | 0 | 无 |
| 刘曙光 | 董事 | 男 | 42 | 2001.2－2004.2 | 现任国电电力发展股份有限公司证券事务代表、副总经济师、证券投资部经理。 | 无 | 不在公司计酬 | 0 | 无 |
| 李国春 | 董事 | 男 | 42 | 2002.3－2004.2 | 电自院人事处处长。 | 无 | 不在公司计酬 | 0 | 无 |
| 徐从才 | 独立董事 | 男 | 51 | 2002.3－2004.2 | 现任南京财经大学校长、党委副书记、教授 | 无 | 3(津贴) | 0 | 无 |
| 文晓明 | 独立董事 | 男 | 51 | 2002.3－2004.2 | 现任南京师范大学教授,南京艺术学院教授、党委书记、常务副院长。 | 无 | 3(津贴) | 0 | 无 |
| 吴明礼 | 独立董事 | 男 | 52 | 2003.2－2004.2 | 现任南京财经大学会计学院副院长。 | 南京中央商场独董 | 0 | 0 | 无 |
| 柳一兵 | 监事会召集人 | 男 | 42 | 2002.3－2004.2 | 现任南瑞集团副总经济师、综合业务处处长。 | 航天晨光董事 | 不在公司计酬 | 0 | 无 |
| 王玉霜 | 监事 | 女 | 54 | 2001.2－2004.2 | 中国南方电网公司监察部主任。 | 无 | 不在本公司计酬 | 0 | 无 |
| 宋云翔 | 监事 | 男 | 37 | 2001.2－2004.2 | 现任南瑞集团成套设备分公司总经理。 | 无 | 不在公司计酬 | 0 | 无 |
| 范钦南 | 监事 | 男 | 37 | 2001.2－2004.2 | 现任国电南瑞工控分公司总经理 | 无 | 10.20 | 0 | 无 |
| 姚建国 | 监事 | 男 | 40 | 2001.2－2004.2 | 现任国电南瑞电网分公司副总经理、研发中心主任。 | 无 | 27.78 | 0 | 无 |
| 张长银 | 总经理 | 男 | 40 | 2002.3－2004.2 | 现任国电南瑞总经理 | 无 | 28.71 | 0 | 无 |
| 冷俊 | 副总经理 | 男 | 40 | 2001.2－2004.2 | 现任国电南瑞副总经理。 | 无 | 27.16 | 0 | 无 |
| 郑延海 | 副总经理、财务负责人、董事会秘书 | 男 | 44 | 2001.2－2004.2 | 现任国电南瑞副总经理、财务负责人、董事会秘书。 | 深圳美欧电子独董 | 27.27 | 0 | 无 |

九、发行人控股股东及其实际控制人的基本情况

1.控股股东:南京南瑞集团公司,注册资本为 20000 万元。南瑞集团的经营范围包括:电子计算机及配件、机械设备、仪器仪表(制造、销售、服务、出口);所属企业自研、自产所需的技术、原辅材料、机械设备、仪器仪表、零备件(除国家规定的一类商品)进口;电子产品、通信设备(不含卫星地面接收设备)、五金交电(不含助力车及正三轮摩托车)销售;计算机网络及综合信息资源管理系统、电力信息技术应用系统及产品、电力系统仿真分析及产品的开发销售、技术咨询服务。主要管理层为:卜凡强、宋振沪、沈国荣、曹铁男、王力科、薛禹胜。

2.实质控制人:国电自动化研究院,注册资本为 20000 万元。其作为国家电力公司电力自动化领域的研究中心,主要从事电力自动化领域基础理论的研究,其研究成果通过南瑞集团进行产业化。主要管理层为:卜凡强、宋振沪、沈国荣、曹铁男、王力科、薛禹胜。

十、简要财务会计信息

(一)简要财务报表

1.简要合并资产负债表

| 资　产 | 2003 年 6 月 30 日 | 2002 年 12 月 31 日 |
|---|---|---|
| 货币资金 | 100,161,675.23 | 88,517,429.80 |
| 应收票据 | 200,000.00 | 471,214.00 |
| 应收账款 | 167,481,356.48 | 154,017,671.61 |
| 其他应收款 | 18,416,127.48 | 12,759,992.36 |
| 预付账款 | 2,280,552.96 | 3,908,499.55 |
| 存货 | 103,448,283.73 | 93,056,280.09 |
| 流动资产合计 | 391,987,995.88 | 352,731,087.41 |
| 固定资产原价 | 14,793,697.54 | 13,554,788.56 |
| 减:累计折旧 | 4,365,578.40 | 3,814,345.53 |
| 固定资产净值 | 10,428,119.14 | 9,740,443.03 |
| 减:固定资产减值准备 | 135,400.26 | 135,400.26 |
| 固定资产净额 | 10,292,718.88 | 9,605,042.77 |
| 固定资产合计 | 10,292,718.88 | 9,605,042.77 |
| 无形资产 | 528,678.77 | 534,663.83 |
| 无形及其他资产合计 | 528,678.77 | 534,663.83 |
| 资产总计 | 402,809,393.53 | 362,870,794.01 |
| 负债及股东权益 | 2003 年 6 月 30 日 | 2002 年 12 月 31 日 |
| 短期借款 | 10,000,000.00 | 15,000,000.00 |
| 应付票据 | 9,601,385.31 | － |
| 应付账款 | 89,869,382.65 | 100,320,254.40 |
| 预收账款 | 95,464,377.16 | 79,180,869.85 |
| 应付福利费 | 11,624,048.06 | 10,843,895.55 |
| 应交税金 | 2,970,483.19 | －8,067,315.86 |
| 其他应交款 | 394,183.39 | 170,599.21 |
| 其他应付款 | 12,285,281.28 | 12,101,027.56 |
| 流动负债合计 | 232,209,141.04 | 209,549,330.71 |
| 负债合计 | 232,209,141.04 | 209,549,330.71 |
| 股本 | 69,000,000.00 | 69,000,000.00 |
| 资本公积 | 20,458,255.55 | 20,458,255.55 |
| 盈余公积 | 12,772,641.56 | 12,772,641.56 |
| 其中:法定公益金 | 6,386,320.78 | 6,386,320.78 |
| 未分配利润 | 68,369,355.38 | 51,090,566.19 |
| 股东权益合计 | 170,600,252.49 | 153,321,463.30 |
| 负债和股东权益总计 | 402,809,393.53 | 362,870,794.01 |

2.简要合并利润及利润分配表

| 项　目 | 2003 年 1－6 月 | 2002 年度 | 2001 年度 | 2000 年度 |
|---|---|---|---|---|
| 主营业务收入 | 166,052,214.48 | 348,526,435.67 | 284,832,113.61 | 237,526,395.10 |
| 减:主营业务成本 | 114,328,398.02 | 246,162,972.83 | 205,054,617.15 | 161,682,638.06 |
| 主营业务税金及附加 | 1,576,637.81 | 2,625,453.70 | 2,708,031.25 | 3,040,130.64 |
| 主营业务利润 | 50,147,178.65 | 99,738,009.14 | 77,069,465.21 | 72,803,626.40 |
| 加:其他业务利润 | 39,149.52 | 130,622.16 | 116,462.20 | 1,304,697.56 |
| 减:营业费用 | 7,781,331.02 | 19,370,508.48 | 14,343,223.68 | 15,222,599.20 |
| 管理费用 | 22,781,689.55 | 46,012,806.82 | 31,880,450.90 | 38,995,671.24 |
| 财务费用 | －79,555.90 | 303,085.66 | 142,532.94 | 2,205,075.57 |
| 营业利润 | 19,702,863.50 | 34,182,230.34 | 30,819,719.89 | 17,684,977.95 |
| 补贴收入 | 1,147,112.28 | 1,997,240.66 | 62,858.97 | － |
| 营业外收入 | － | 18,711.96 | － | － |
| 减:营业外支出 | － | 355,133.98 | 1,292.99 | 5,000.00 |
| 利润总额 | 20,849,975.78 | 35,843,048.98 | 30,881,285.87 | 17,679,977.95 |
| 减:所得税 | 3,571,186.59 | － | 509,270.65 | 4,309,948.95 |
| 净利润 | 17,278,789.19 | 35,843,048.98 | 30,372,015.22 | 13,370,029.00 |
| 加:年初未分配利润 | 51,090,566.19 | 22,416,127.01 | － | － |
| 可供分配的利润 | 68,369,355.38 | 58,259,175.99 | 28,020,158.77 | |
| 减:提取法定盈余公积 | | 3,584,304.90 | 2,802,015.88 | － |
| 提取法定公益金 | | 3,584,304.90 | 2,802,015.88 | － |
| 可供股东分配的利润 | 68,369,355.38 | 51,090,566.19 | 22,416,127.01 | |
| 未分配利润 | 68,369,355.38 | 51,090,566.19 | 22,416,127.01 | |

3.简要合并现金流量表

| | 2003 年 1－6 月 | 2002 年 |
|---|---|---|
| 经营活动产生的现金流量净额 | 21,125,054.41 | 33,617,442.80 |
| 投资活动产生的现金流量净额 | －1,136,828.98 | －2,972,887.51 |
| 筹资活动产生的现金流量净额 | －8,343,980.00 | －1,593,587.14 |
| 现金及现金等价物净增加额 | 11,644,245.43 | 29,050,968.15 |
| 每股经营活动的现金流量 | 0.3062 | 0.4872 |

(二)主要财务指标

| 主要财务指标 | 2003 年 1－6 月 | 2002 年 |
|---|---|---|
| 流动比率 | 1.69 | 1.68 |
| 速动比率 | 0.97 | 1.24 |
| 应收账款周转率(次/年) | 1.03 | 2.37 |
| 存货周转率(次/年) | 0.88 | 2.75 |
| 资产负债率(%) | 57.65% | 57.75% |
| 每股经营性现金流量净额(元) | 0.3062 | 0.4872 |
| 每股净现金流量(元) | 0.1688 | 0.4210 |
| 每股收益(元) | 0.2504 | 0.5195 |
| 净资产收益率(全面摊薄) | 10.13% | 23.38% |
| 扣除非经营性损益后净资产收益率(全面摊薄) | 9.46% | 23.13% |

(三)发行人管理层对公司近三年财务状况和经营成果的讨论和分析于 2003 年 6 月 30 日和 2002 年 12 月 31 日,本公司的资产组成结构如下所示:

| | 2003 年 6 月 30 日 | 2002 年 12 月 31 日 |
|---|---|---|
| 货币资金 | 24.87% | 24.39% |
| 应收帐款 | 41.58% | 42.44% |
| 存货 | 25.68% | 25.64% |
| 固定资产、无形资产和其他资产 | 2.69% | 2.79% |

公司于 2003 年 1－6 月和 2002 年 12 月 31 日的应收帐款数额分别为 16748.14 万元和 15401.77 万元,公司应收账款整体水平在资产中所占的比重略显偏高。其主要原因是:A、行业特性:本公司主要产品所面对的电力行业具有固定资产投资周期较长、部分采购由电力物资公司统一负责的特性,产品投运后,电力物资公司向上级电力部门申请拨款、批准、拨款到位需一段时期,致使部分销货欠款时间较长。B、销售及信用政策:本公司目前的经营范围主要是原属南瑞集团的电

网控制分公司、系统控制分公司和工业控制分公司的业务。因此，本公司基本沿袭了原电网控制分公司、系统控制分公司和工业控制分公司的业务模式和销售政策。同时，作为新成立公司，为树立公司形象、维持已有的客户群，开拓新的市场领域，本公司适度放宽了信用政策。C、业务周期：本公司目前的业务具有明显的周期性特征，由于电力行业固定资产投资立项的申请和批准主要集中在年初，而款项拨付的申请和批准主要集中在年末；因此，本公司较大部分的业务承揽和项目投入发生在上半年，而较大部分的项目完工和货款回笼发生在下半年。鉴于上述周期性特征，本公司销售商品、提供劳务收到的现金在一个会计年度中分布不均，因而导致年中的应收帐款余额往往大于年末数，尤其体现在上半年各月末的应收帐款余额。总的说来，本公司目前的应收帐款规模是维持正常的生产经营所必须的。本公司于 2002 年 12 月 31 日和 2003 年 1－6 月的应收帐款余额与其销售收入和经营状况基本匹配。

本公司于 2003 年 6 月 30 日和 2002 年 12 月 31 日的存货水平与以前年度相比有较大幅度的增加，主要是由于公司大力开拓市场，取得了一些大型的电力自动化工程项目，由于此类项目本身建设周期较长，本公司产品虽已完工，但尚需配套设施的竣工才能最终调试投运，因此导致期末存货余额较多。另一方面，从存货的构成来分析，本公司 85％以上的存货为有技术含量的已发出商品和在产品，因此，并不存在现有存货可变现净值低于成本的风险。

本公司于 2003 年 6 月 30 日和 2002 年 12 月 31 日的长期资产（固定资产、无形资产和其他资产）占总资产的比例与以前年度基本相当，其中结构基本未发生变化。所以，本公司的资产质量良好、结构合理。

本公司于 2003 年 6 月 30 日和 2002 年 12 月 31 日的资产负债率为 57.65％和 57.75％，全部为流动负债。其中短期借款、应付帐款和预收账款在负债中占有将近 84.12％和 92.82％的比例，其中应付账款主要是由于本公司业务量的增加，导致采购等生产经营活动增加而使得应付账款保持较高的水平；预收账款主要是由于合同付款采用“181”和“361”的付款方式，随着合同量的增加，预收账款余额较大。相对以前年度而言，本公司的资产负债率有所降低，可见在改制成立为股份有限公司并吸引股权投资后，本公司的资产负债结构有了较大的改善。并且，在本公司新产品进入成熟期并加速应收帐款的回收后，资产负债结构将有更大的改观。

（四）股利分配情况

1.根据本公司 2002 年 3 月 15 日股东大会通过的公司滚存利润分配原则的决议，对公司从 2001 年 2 月 28 日成立以来所获得的利润，在公司股票发行上市之前不作分配，由 A 股发行后的新老股东共同享有。

2.根据本公司 2002 年 3 月 23 日董事会通过的 2001 年度利润分配预案和 2002 年 4 月 24 日股东大会通过的 2001 年度利润分配方案，2001 年度对各股东不分配股利。

3.根据本公司 2003 年 1 月 25 日董事会通过的 2002 年度利润分配预案和 2003 年 2 月 25 日股东大会通过的 2002 年度利润分配方案，2002 年度对各股东不分配股利。

## 第四节 募股资金运用

本次公开发行股票，预计募集资金共计 39639.54 万元，将全部用于以下 8 个项目，按实际需要分期投入。若项目运用出现资金闲置时，该项资金用于补充流动资金或进行安全、稳健的短期投资；若项目运用出现资金不足时，由公司自筹解决。

| 项目名称 | 项目基本情况 | 项目发展前景 | 募集资金投入（万元） | | |
|---|---|---|---|---|---|
| | | | 第一年 | 第二年 | 小计 |
| 电力系统稳定控制 | 本项目是《国家高新技术产品目录》光机电一体化类监控设备及控制系统子类中的产品，是电力系统安全稳定运行的关键技术。 | 内部收益率 16.21％，投资回收期（含建设期）5.95 年。 | 3203 | 4297 | 6900 |
| 电力商业化运营技术支持系统 | 本项目是《国家高新技术产品目录》光机电一体化类监控设备及控制系统子类电力调度与管理自动化系统产品，是我国正在推行的发电侧电力市场的重要技术支撑技术。 | 内部收益率 14.91％，投资回收期（含建设期）5.79 年。 | 2938 | 3962 | 7500 |
| 新一代水电厂计算机监测与控制系统 | 本项目属于《国家高新技术产品目录》光机电一体化类监控设备及控制系统子类中的产品，该系统是一个面向对象的集合式系统，为实现真正的水电厂“无人值班”（少人值守）创造了必要的条件。 | 内部收益率 16.30％，投资回收期（含建设期）5.88 年。 | 3377 | 4623 | 8000 |
| 配电系统自动化 | 本项目属于《国家高新技术产品目录》光机电一体化类控制设备及控制系统子类中的电力调度与管理自动化系统。对包括配电管理系统产品、配电自动化系统产品、需求侧管理系统产品、馈线终端装置系列产品等产品进行研发、生产。 | 内部收益率 18.32％，投资回收期（含建设期）：5.69 年 | 3418 | 4082 | 7500 |
| 农村电力自动化系统 | 本项目属于《国家高新技术产品目录》光机电一体化类控制设备及控制系统子类中的电力调度与管理自动化系统，研制的主要产品有农村电力控制中心系统、农村电力综合信息管理系统、农村电力专用通信系统、农村电力数据采集系统、农村电网智能一次设备等。 | 内部收益率 16.89％，投资回收期（含建设期）5.88 年。 | 3474 | 3626 | 7100 |
| 轨道交通电气自动化及综合监控系统 | 主要研究开发适用于轨道交通监控的电气自动化装置和电力监控子系统，并在此基础上与其他子系统集成为综合监控系统。 | 内部收益率 20.15％，投资回收期（含建设期）5.53 年。 | 2784 | 5316 | 8100 |
| 火电厂监控管理一体化系统 | 该项目以分散控制系统为基础，实现火电厂监控管理一体化，功能覆盖火电厂几乎所有过程，形成功能分散、管理集中的有机整体。 | 内部收益率 18.78％，投资回收期（含建设期）5.72 年。 | 3104 | 5817 | 8921 |
| 电力企业通用信息管理系统平台 | 主要包括系统核心平台、安全控制体系、WEB 综合信息发布系统、系统工作流控制管理、系统图形化用户界面、系列工具套件支撑系统、数据交换系统。 | 内部收益率 16.59％，投资回收期（含建设期）6.03 年。 | 2218 | 4282 | 6500 |
| 合计 | | | 24516 | 36005 | 60521 |

## 第五节 风险因素和其他重要事项

一、除特别风险外，提请投资者注意公司存在的下列风险

1.组织模式和管理制度风险

本公司的业务体系已经建立并正常运行，并建立了人事管理、财务管理、业务管理、内部决策管理等多方面的管理制度，但公司的生产经营需要公司各部门的通力合作，因而协调是否顺畅、管理是否高效成为本公司业务成功与否的重要因素之一。本公司按照国际的惯例及国内同行的实践建立了股份公司治理结构和新的管理体制，董事会中除控股股东代表外还有其它股东的代表，并聘请了独立董事。此外本公司还设有监事会，并根据现代企业制度重组了业务流程，制定了投资与财务管理的程序和规则。但是这些公司治理结构及管理机制的改革仍处于初步阶段，需要不断探索改善。由此可能出现组织管理达不到预期目的从而影响管理效率的风险。

2.大股东控制风险

本公司的实质控制人为国电自动化研究院，本公司八个发起人股东中的两个股东南瑞集团和京瑞科均为电自院全资或控股的子公司，因而电自院通过上述两家公司可控制本公司约 62％的股份。由于电自院和上述两家股东与本公司可能存在利益上的冲突，因此有可能作出对上述三家企业有利而不符合本公司利益的行动。本次发行完成后，电自院仍然对本公司间接拥有 39.25％的股权。因此，电自院有控制本公司董事会成员组成，决定分红派息计划或以其他方式控制本公司的可能。

3.软件项目开发风险

本公司产品中包含了软件技术和电力系统控制专业技术。其产品具有技术进步快、产品生命周期短、更新换代快的特点。电力系统专业控制理论和控制方法也在不断的发展和完善。本公司作为一家软件企业，技术的进步对公司发展至关重要。同时信息技术、网络技术和计算机技术的发展，也促进了电力系统自动化控制方法的变革。这一切都要求从事电力系统自动化领域的企业必须准确把握产业和行业发展趋势，迅速反应，持续创新，不断利用新技术推出新产品和升级产品。同时，本公司在上市后将面临包括由于对技术、产品和市场发展趋势的把握，关键技术及主要新产品的研发及上市，核心技术和重要产品的方案，研发周期及成本控制等因素导致的发展方向偏差，技术及产品落后，开发失败、研发投资损失的风险，以及由此导致的市场竞争力下降和企业发展减缓的风险。

4.技术失密风险

本公司所研制的产品科技含量较高，不少关键技术系本公司独创，为本公司独有，也为国内同行瞩目。如技术失密将对本公司产生较大的负面影响。如何有效地防止技术失密，维护本公司的合法技术权益是本公司十分关注的问题。

二、其他重要事项

1.重大合同

目前公司正在执行的包括 6 份总额为 5714.87 万元的买卖合同，1 份总额为 1000 万元的借款合同，1 份总额为 400.5 万元的土地使用合同，1 份总额为 5000 万元的综合授信合同以及与南方证券的股票承销合同。

2.重大诉讼或仲裁事项

公司目前无重大诉讼或仲裁事项。

## 第六节 本次发行各方当事人和发行时间安排

一、发行各方当事人

| | 名称 | 住所 | 联系电话 | 传真 | 联系人 |
|---|---|---|---|---|---|
| 发行人 | 国电南瑞科技股份有限公司 | 南京市高新技术产业开发区 D10 幢 | 025－3429900－2315、3407064 | 025－3407064 | 郑延海、张晓东 |
| 主承销商 | 南方证券股份有限公司 | 深圳市罗湖区嘉宾路 4028 号太平洋商贸大厦 20－28 层 | 021－52340265、52342163、52342021 | 021－52340280 | 潘斌、徐疆、朱兵 |
| 律师事务所 | 北京市众天中瑞律师事务所 | 北京市朝阳区东三环北路 8 号亮马河大厦一座 503 室 | 010－65900088 | 010－65906089 | 许军利、王正平 |
| 会计师事务所 | 天健会计师事务所有限公司 | 北京市西城区金融街 27 号投资广场 A 座 17 层 | 010－66212130 | 010－66212110 | 廖良汉、邓书法 |
| 评估事务所 | 中联资产评估有限公司 | 北京阜外大街 1 号四川大厦东塔 22 层 | 010－68365066 | 010－68365038 | 王生龙、刘伟 |
| 股票登记机构 | 中国证券登记结算有限责任公司上海分公司 | 上海市浦东新区陆家嘴东路 166 号 | 021－58708888 | 021－58754185 | |
| 拟上市交易所 | 上海证券交易所 | 上海市浦东南路 528 号证券大厦 | 021－68802689 | 021－68802819 | |

二、本次发行上市的重要日期

| 项目 | 时间 |
|---|---|
| 1.发行公告刊登日期（T－2） | 2003 年 9 月 22 日 |
| 2.预计发行日期（T） | 2003 年 9 月 24 日 |
| 3.申购期（T） | 2003 年 9 月 24 日 |
| 4.预计上市日期 | 2003 年 10 月 16 日左右 |

## 第七节 附录和备查文件

1.招股说明书全文、备查文件和附件可以到发行人和主承销商住所查阅。

查阅时间：每工作日上午 9:00－11:00，下午 2:00－4:00

2.招股说明书全文可以通过上海证券交易所网站查阅。

上海证券交易所网址：www.sse.com.cn

国电南瑞科技股份有限公司

2003 年 9 月 19 日

# 国电南瑞科技股份有限公司首次公开发行股票上市公告书

## 第一节　重要声明与提示

国电南瑞科技股份有限公司(以下简称"本公司"、"公司"或"发行人")董事会保证上市公告书的真实性、准确性、完整性,全体董事承诺上市公告书不存在虚假记载、误导性陈述或重大遗漏,并承担个别和连带的法律责任。

根据《公司法》、《证券法》等有关法律、法规的规定,本公司董事、高级管理人员已依法履行诚信和勤勉尽责的义务和责任。

证券交易所、中国证监会、其他政府机关对本公司股票上市及有关事项的意见,均不表明对本公司的任何保证。

本公司提醒广大投资者注意,凡本上市公告书未涉及的有关内容,请投资者查阅 2003 年 9 月 19 日刊载于《中国证券报》、《上海证券报》和《证券时报》的本公司招股说明书摘要,及刊载于上海证券交易所网站(http//www.sse.com.cn)的本公司招股说明书全文。

## 第二节　概览

1.股票简称:国电南瑞

2.沪市股票代码:600406

3.深市代理股票代码:003406

4.总股本:109,000,000 股

5.可流通股本:40,000,000 股

6.本次上市流通股本:40,000,000 股

7.上市地点:上海证券交易所

8.上市时间:2003 年 10 月 16 日

9.股票登记机构:中国证券登记结算有限责任公司上海分公司

10.上市推荐人:北方证券有限责任公司
　　中国银河证券有限责任公司

11.本公司首次公开发行股票前股东所持股份的流通限制及期限:根据国家有关法律、法规规定和中国证监会证监发行字[2003]115 号《关于核准国电南瑞科技股份有限公司公开发行股票的通知》,本公司的国有法人股和法人股暂不上市流通。

12.根据《上海证券交易所股票上市规则》,本公司第一大股东南京南瑞集团公司承诺:自本公司股票上市之日起 12 个月内,不转让其持有的本公司的股份;同时也不由本公司回购其所持有的股份。

## 第三节　绪言

本上市公告书是根据《中华人民共和国公司法》、《中华人民共和国证券法》、《股票发行与交易管理暂行条例》、《公开发行股票公司信息披露实施细则》和《上海证券交易所股票上市规则》等国家有关法律、法规的规定,并按照中国证监会《公开发行证券的公司信息披露内容与格式准则第 7 号—股票上市公告书》而编制,旨在向投资者提供本公司的基本情况和本次股票上市的有关资料。

经中国证监会证监发行字[2003]115 号文核准,本公司于 2003 年 9 月 24 日以向沪市、深市二级市场投资者定价配售的方式成功发行 4,000 万股人民币普通股,每股面值 1.00 元,发行价为每股人民币 10.39 元。

经上海证券交易所上证上字[2003]126 号文批准,本公司公开发行 4,000 万股社会公众股将于 2003 年 10 月 16 日起在上海证券交易所挂牌交易。股票简称"国电南瑞",沪市股票代码为"600406",深市代理股票代码为"003406"。

本公司已于 2003 年 9 月 19 日在《中国证券报》、《上海证券报》和《证券时报》上刊登了《招股说明书摘要》,招股说明书正文及其附录刊载于上海证券交易所网站(http//www.sse.com.cn),距今不足三个月,故与其重复的内容不再重述,敬请投资者查阅上述内容。

## 第四节　发行人概况

一、本公司基本情况

1.公司名称:国电南瑞科技股份有限公司

英文名称:NARI Technology Development Limited Company

2.注册资本:本次股票发行前为 6,900 万元,发行后为 10,900 万元

3.法定代表人:闵涛

4.公司住所:江苏省南京市高新技术产业开发区 D10 幢

5.经营范围:发电、输电、变电、配电、供电控制系统设备;计算机及外部设备;通信交换、通信终端及通信设备(不含卫星地面接收设备);工业自动化仪表、电工仪器、电子测量仪器、工业过程控制系统及装置设计、制造、销售、服务;电子计算机软件的研制、开发、服务。经营本企业自产产品及技术的出口业务;经营本企业生产、科研所需的原辅材料、仪器仪表、机械设备、零配件及技术的进口业务(国家限定公司经营和国家禁止进出口的商品及技术除外)。

6.主营业务:电网调度自动化、变电站自动化、火电厂及工业控制自动化产品的研制、开发和销售。

7.所属行业:信息技术业

8.联系电话:025－3407064、3429900－2315

9.传真号码:025－3407064

10.互联网网址:www.naritech.cn

11.电子信箱:stock@naritech.cn

12.董事会秘书:郑延海

二、公司历史沿革

本公司是根据《公司法》等有关法律、法规,并经国家经贸委以国经贸企改[2001]158 号文《关于同意设立国电南瑞科技股份有限公司的批复》批准,于 2001 年 2 月 28 日在南京市工商行政管理局注册成立的股份有限公司。

根据重组方案,南瑞集团和国电电力分别以资产投入,其他发起人以现金投入。其中主发起人南瑞集团以其下属的电网控制分公司和系统控制分公司的生产经营性净资产及位于南京市浦口区沿江镇高新技术产业开发区的 1848.8 平方米的土地使用权和 4586.9 平方米房产,投入股份公司。根据中联资产评估有限公司出具的中联评报字(2000)17 号《南京南瑞集团公司投入拟设立的国电南瑞科技股份有限公司的部分资产项目资产评估报告书》和中联评报字(2000)23 号《土地估价报告》的评估结果,并经财政部财企(2000)359 号《关于组建国电南瑞科技股份公司资产评估项目审核的函》确认,南瑞集团拟投入股份公司的总资产为 7796.98 万元,负债为 3940.74 万元,净资产为 3856.24 万元。公司设立时,南瑞集团实际投入的净资产为 3757.24 万元,剩余 99 万元退还南瑞集团。国电电力将其以现金收购的原南京南瑞集团公司工业控制分公司的经营性净资产作为出资,投入股份公司。根据中联资产评估有限公司出具的中联评报字(2000)18 号《南瑞公司出让、国电电力受让工业控制分公司并投入组建国电南瑞科技股份有限公司资产评估报告书》的评估结果,并经财政部财企(2000)359 号《关于组建国电南瑞科技股份公司资产评估项目审核的函》确认,国电电力投入股份公司的总资产为 10710.15 万元,负债为 8143.08 万元,净资产为 2567.06 万元。其他发起人中,京瑞科以现金出资 1789.16 万元,江苏电力以现金出资 178.92 万元,云南电力以现金出资 178.92 万元,黑龙江电力以现金出资 295.60 万元,广东华电以现金出资 89.46 万元,济南英大以现金出资 89.46 万元,共计投入现金 2621.52 万元。

三、公司主要经营情况

1.发行人业务概况

本公司实际从事的主要业务是:电网调度自动化、变电站自动化、火电厂以及工业控制自动化系统的软硬件开发生产和系统集成服务。

本公司主要产品包括:

电网调度自动化类－OPEN－2000 能量管理系统、SD－6000 调度自动化系统、RD－800 分布式电网监控系统等。

变电站自动化类－NS2000 变电站综合自动化系统、BJ 系列变电站微机监控系统、DISA 系列分布式变电站监控系统、BSJ－2000 变电站分布式计算机监控系统等。

工业控制类－GKS－9000 分散控制系统、GKS－IAS 企业管理信息统计分析系统等。

2.本公司的竞争优势与劣势

本公司是由南瑞集团部分改制而来,与国内竞争者相比,本公司前身早在 70 年代初期几乎与国外同步进入电力系统自动化产品的研究和开发领域,拥有国内多项首创技术和产品,因此具备竞争对手所缺少的专业优势。公司同时拥有以硕士、博士为骨干的人才队伍,本科以上员工占员工总人数的 79%。南瑞品牌在国内电力工业界享有较高的声誉,被普遍认可,在国际同行中也拥有较高的知名度。随着中国加入 WTO 和本公司参与国际市场力度的进一步加强,相信本公司品牌的知名度将会进一步提高。同时,为充分挖掘产品的外延,本公司还是国内率先研究将电力自动化系统应用于石化、市政、环保、水利、轨道交通等多个领域的企业。因此,在国内竞争同行中,本公司拥有强大的竞争优势。

在国内市场上由于高技术人才的聘用竞争加剧,高技术人才的薪资逐渐增高,使本公司产品开发的成本有逐渐上升的趋势。同时由于市场上存在一些非正常的价格竞争,给本公司造成了一定的压力。但是本公司将会进一步改善运行机制,提高效率,在资本市场的支持下,进一步加大新产品的研发和拓宽销售服务网络的力度,保持竞争优势。

3.主要财务指标

请参见本公告书"第八节　财务会计资料"。

4.主要知识产权

(1)商标

南瑞集团与本公司签订了《商标使用许可合同》及其补充协议,约定南瑞集团将其注册并持有的第 715154 号"NARI"商标和第 1042407 号"南瑞"商标许可股份公司使用,许可使用期限为 2001 年 2 月 28 日至 2015 年 9 月 30 日。新《商标法》实施后,本公司已经向国家商标局申请注册了"国电南瑞"文字商标,并已经于 2003 年 3 月 17 日取得了国家工商行政管理总局商标局出具的《商标注册证》。公司自行注册商标后,商标"NARI"将继续使用,商标"南瑞"将停止使用。

(2)专有技术

| 序号 | 产　品 | 版本号 | 登记号 | 权利起算日 |
|---|---|---|---|---|
| 1 | 省、地区级电网新一代 OPEN－2000 能量管理系统 | V2.3 | 2001SR1805 | 2001 年 6 月 20 日 |
| 2 | 具有统一支持软件平台的开放式分布式能量管理系统(SD－6000) | V3.01 | 2001SR1806 | 2001 年 6 月 20 日 |
| 3 | 地区、县级电网监控系统 RD－800 | V2.0 | 2001SR1807 | 2001 年 6 月 20 日 |
| 4 | 自动发电控制和经济调度软件 | V2.1 | 2001SR1808 | 2001 年 6 月 20 日 |

| | | | | |
|---|---|---|---|---|
| 5 | EMS 应用软件 | V2.0 | 2001SR1809 | 2001 年 6 月 20 日 |
| 6 | NS－2000 变电站总控通信系统 | V1.0 | 2001SR1810 | 2001 年 6 月 20 日 |
| 7 | NS－2000 变电站后台监控系统 | V1.0 | 2001SR1811 | 2001 年 6 月 20 日 |
| 8 | GKS－IAS 企业管理信息统计分析系统 | V2.0 | 2001SR1812 | 2001 年 6 月 20 日 |
| 9 | GKS 计算机分散控制系统软件 | V1.0 | 2001SR1813 | 2001 年 6 月 20 日 |
| 10 | DISA 系列分布式变电站监控系统 | V3.0 | 2001SR3708 | 2001 年 6 月 20 日 |
| 11 | BSJ－2200 型变电站分布式计算机监控系统 | V2.0 | 2001SR3709 | 2001 年 6 月 20 日 |
| 12 | BJ 系列变电站微机监控系统 | V3.0 | 2001SR3710 | 2001 年 6 月 20 日 |
| 13 | NS2000 变电站综合自动化系统 | V2.21 | 2003SR5244 | 2003 年 6 月 16 日 |

5.财政税收优惠政策

(1)增值税:本公司产品销售收入的增值税税率为 17%。

股份公司设立后,根据《关于鼓励软件产业和集成电路产业发展有关税收政策问题的通知》(财税〔2000〕25 号)规定,本公司取得的软件产品销售收入,符合退税规定的,按 17% 的法定税率征收增值税后,实际税负超过 3% 的部分实行即征即退政策。

(2)营业税:本公司技术转让、技术开发收入营业税税率为 5%。根据财政部、国家税务总局财税字[1999]273 号《关于贯彻落实〈中共中央国务院关于加强技术创新,发展高科技,实现产业化的决定〉有关税收问题的通知》规定,经南京市技术市场认定登记的技术转让、技术开发合同,其收入免征营业税。

(3)企业所得税:本公司为在南京高新技术产业开发区注册的高新技术企业、新办软件生产企业,根据财政部、国家税务总局、海关总署《关于鼓励软件产业和集成电路产业发展有关税收政策问题的通知》(财税〔2000〕25 号)规定,经江苏省南京市国家税务局宁国税函[2002]71 号《关于同意国电南瑞科技股份有限公司享受软件企业所得税优惠政策的函》批准,本公司自开始获利年度起,第一年和第二年免征企业所得税,第三年至第五年减半征收企业所得税(税率 16.5%)。根据财税字(94)001 号文规定,经江苏省南京市国家税务局宁国税高新减字[2003]第 04 号减免税批复,本公司自 2003 年度起减按 15% 征收企业所得税。

## 第五节　股票发行与股本结构

一、本次发行的基本情况

1.股票种类:境内上市人民币普通股(A 股)

2.每股面值:1.00 元

3.发行股数:4,000 万股

4.每股发行价:10.39 元

5.发行市盈率:20 倍

6.发行方式:全部向二级市场投资者定价配售

7.发行对象:于 2003 年 9 月 19 日持有上海证券交易所或深圳证券交易所已上市流通人民币普通股(A 股)股票的收盘市值总和(包括可流通但暂锁定的股份市值)不少于 10,000 元的投资者。

8.本次发行实收募股资金及发行费用

本次股票发行共募资金 41,560 万元,扣除发行费用(包括承销费、审计费用、评估费用、律师费用、发行手续费用、审核费等)1920.46 万元,实募资金 39639.54 万元。每股发行费用为 0.4802 元。

二、本次股票上市前首次公开发行股票的承销情况

本次公开发行的 4,000 万股社会公众股的配号总数为 68,170,666,起始号码为 000100000001,中签率为 0.05867626%。其中二级市场投资者认购 39,481,942 股,其余 518,058 股由主承销商包销。

三、本次上市前首次公开发行股票所募股资金的验资报告

验资报告

天健(2003)验字 003 号

国电南瑞科技股份有限公司全体股东:

我们接受委托,审验了贵公司截至 2003 年 10 月 8 日止新增注册资本(股本)的实收情况。按照国家相关法律、法规的规定和协议、章程的要求出资,提供真实、合法、完整的验资资料,保护资产的安全、完整是全体股东及贵公司的责任。我们的责任是对贵公司新增注册资本的实收情况发表审验意见。我们的审验是依据《独立审计实务公告第 1 号－验资》进行的。在审验过程中,我们结合贵公司的实际情况,实施了检查等必要的审验程序。

贵公司原注册资本(股本)为人民币 69,000,000 元,根据贵公司股东大会决议,贵公司申请增加注册资本(股本)人民币 40,000,000 元。变更后的注册资本(股本)为人民币 109,000,000 元。经我们审验,截至 2003 年 10 月 8 日止,贵公司已收到社会公众股股东投入注册资本合计为人民币肆仟万元整(RMB 40,000,000.00 元),各股东均以货币资金出资。

贵公司本次增资前的注册资本为人民币 69,000,000 元,业经天健会计师事务所天健(2001)验字 002 号《验资报告》验证。截至 2003 年 10 月 8 日止,变更后的累计注册资本实收金额为人民币 109,000,000 元。

本验资报告供贵公司申请变更登记及据以向股东签发出资证明时使用,不应将其视为是对贵公司验资报告日后资本保全、偿债能力和持续经营能力等的保证。因使用不当造成的后果,与执行本验资业务的注册会计师及天健会计师事务所有限公司无关。

附件(一)新增注册资本实收情况明细表

附件(二)注册资本变更前后对照表

附件(三)验资事项说明

附件(四)股东投入资金凭证复印件

附件(五)天健会计师事务所《企业法人营业执照》复印件

附件(六)天健会计师事务所《从事证券期货相关业务许可证》复印件

北京天健会计师事务所有限公司　　中国注册会计师:廖良汉

中国·北京

2003 年 10 月 8 日　　中国注册会计师:邓书法

四、本次募股资金入帐情况

入帐时间:2003 年 10 月 8 日

入帐金额:403,696,120.70 元

入帐帐号:099211000095393601

开户银行:深圳发展银行南京分行营业部

五、本公司上市前股权结构及各类股东的持股情况

1.本次上市前股权结构

| 股份类别 | 股数(万股) | 比例(%) |
|---|---|---|
| 国有法人股 | 5451 | 50.01 |
| 社会法人股 | 1449 | 13.29 |
| 社会公众股 | 4000 | 36.70 |
| 合计 | 10900 | 100 |

2.本次上市前十大股东情况

| 股东名称 | 持股数(股) | 持股比例(%) |
|---|---|---|
| 南京南瑞集团公司 | 28,980,000 | 26.59 |
| 国电电力发展股份有限公司 | 19,800,000 | 18.17 |
| 南京京瑞科电力设备有限公司 | 13,800,000 | 12.66 |
| 黑龙江省电力有限公司 | 2,280,000 | 2.09 |
| 江苏省电力公司 | 1,380,000 | 1.27 |
| 云南电力集团有限公司 | 1,380,000 | 1.27 |
| 英大国际信托投资有限责任公司 | 690,000 | 0.63 |
| 广东华电实业有限公司 | 690,000 | 0.63 |
| 南方证券股份有限公司 | 528,058 | 0.48 |
| 天同 180 | 58,000 | 0.05 |

## 第六节　董事、监事、高级管理人员及核心技术人员

一、董事、监事、高级管理人员及核心技术人员的基本情况

1.董事会成员

闵涛先生,男,40 岁,大学毕业,高级工程师。曾荣获国家科技进步三等奖一次、省部级科技进步二等奖三次,并被评为江苏省优秀科技工作者,是"江苏省 333 跨世纪学术、技术带头人培养工程"的培养对象。现任本公司董事长。

薛禹胜先生,男,62 岁,中国工程院院士,博士生导师,高级工程师(教授级),本公司董事,十届全国人大代表。现任电力自动化研究院总工程师、南京南瑞集团公司总工程师。薛先生主持并参与了多个国家和省部级重点科研项目的开发研究工作,曾荣获国家科技进步一等奖一次、部科技进步一等奖三次,先后获得全国能源工业劳动模范、江苏省中青年科技奖、国家级突出贡献中青年科技管理专家、全国先进工作者等荣誉称号。

寇伟先生,男,42 岁,大学毕业,高级工程师,本公司董事。现任云南华能澜沧江水电有限公司党组书记、总经理。

朱大新先生,男,58 岁,硕士研究生,高级工程师(教授级),本公司董事。现任南京京瑞科电力设备有限公司技术总监。朱先生主持完成了多个重大科研项目的开发研究工作,曾荣获国家科技进步二等奖一次、省部级科技进步二等奖五次。

刘曙光先生,男,42 岁,研究生、高级工程师,本公司董事。现任国电电力发展股份有限公司证券事务代表、副总经济师、证券投资部经理。

李国春先生,男,42 岁,大学毕业,高级工程师,本公司董事。现任电力自动化研究院人事处处长。李先生长期从事测控技术的研究工作,参与主持完成了我国电力系统第一代实时自报式水情自动测报系统的开发研制工作,并多次主持完成过大型水情自动测报系统的设计及项目实施工作,曾获得江苏省新长征突击手称号。

徐从才先生,男,51 岁,经济学博士,教授,博士生导师,本公司独立董事。现任南京财经大学校长、党委副书记、教授。徐先生是"江苏省 333 跨世纪学术、技术带头人培养工程"的培养对象,享受政府特殊津贴,被评为"国家级有突出贡献的中青年专家"。

文晓明先生,男,51 岁,法学硕士,教授,博士生导师,本公司独立董事。现任南京师范大学教授,南京艺术学院教授、党委书记、常务副院长。文先生先后出版过多部学术专著及数十篇学术论文,两次获得省哲学社会科学成果奖,并被评为"江苏省有突出贡献中青年专家"。

吴明礼先生,男,52 岁,教授,硕士生导师,本公司独立董事。现任南京财经大学会计学院副院长。吴先生多年来一直从事会计教学。1986 年调入南京经济学院,主要从事财务管理与会计本专科教学,以及会计人员的会计继续教育(会计制度与会计准则培训)。曾先后承担了上市公司有关资本运营的省部级课题多项并取得相关研究成果。2002 年 6 月,吴先生出版了他的专著《现代财务理论与方法研究》。吴明礼先生还兼任南京中央商场股份有限公司独立董事。

2.监事会成员

柳一兵先生,男,42 岁,硕士研究生,高级工程师(教授级),本公司监事,监事会召集人。现任南瑞集团副总经济师,综合业务处处长

王玉霜女士,女,54 岁,大学毕业,高级经济师,本公司监事。现任中国南方电网公司监察部主任。

宋云翔先生,男,37 岁,大学毕业,高级工程师,职工监事代表,本公司监事。现任南瑞集团公司成套设备分公司总经理。

范钦南先生,男,37 岁,硕士研究生,高级工程师,职工监事代表,本公司监事。现任国电南瑞科技股份有限公司工业控制分公司总经理。

姚建国先生,男,40 岁,硕士研究生,高级工程师,职工监事代表,本公司监事。现任国电南瑞科技股份有限公司研发中心主任和电网控制分公司副总经理。

3.其他高级管理人员

张长银先生,男,40岁,硕士研究生,高级工程师。现任国电南瑞科技股份有限公司总经理。张先生曾荣获部科技进步二等奖和三等奖各一次。

冷俊先生,男,40岁,大学毕业,高级工程师。现任本公司副总经理。冷先生曾先后获得部科技进步二等奖和省部级科技进步一等奖各一次。

郑延海先生,男,44岁,硕士研究生,高级工程师。现任国电南瑞科技股份有限公司副总经理、财务负责人、董事会秘书。郑先生曾获国家发明专利一项,并荣获部科技进步三等奖一次。

4.核心技术人员

江平先生,男,36岁,博士研究生,高级工程师,是测控技术理论和工程方面的专家。

宋燕敏女士,女,42岁,硕士研究生,高级工程师,是电力市场方面的技术专家,曾荣获2001年度浙江省科技进步一等奖和国家电力公司科技进步二等奖。

赵金荣先生,男,35岁,硕士研究生,高级工程师,曾荣获2000年度国家科技进步二等奖,1999年度国家电力公司科技进步二等奖。

刘极女士,女,35岁,硕士研究生,高级工程师,曾荣获99年度江苏省科技进步一等奖。

高宗和先生,男,39岁,硕士研究生,高级工程师,是电力系统高级应用软件方面的专家。曾荣获94年度电力部科技进步一等奖、96年度国家科技进步一等奖。

李钢先生,男,36岁,硕士研究生,高级工程师,曾荣获1995年电力部科技进步三等奖。

韩跃进先生,男,45岁,硕士研究生,高级工程师,是工业控制自动化领域的专家。

丁杰先生,男,36岁,硕士研究生,高级工程师,曾荣获广东省科技进步二等奖。

皮保农先生,男,39岁,大学毕业,高级工程师,曾荣获国家科技进步三等奖、广东省科技进步奖。

何卫先生,男,33岁,硕士研究生,工程师,长期从事电力系统自动化监控系统的研究开发工作。

严小文先生,男,35岁,硕士研究生,工程师,是调度自动化系统方面的技术专家,曾荣获国家科技进步三等奖一次,电力部科技进步二等奖一次。

濮卫兴先生,男,34岁,博士研究生,高级工程师。曾荣获1996年江苏省电力局科技成果一等奖。

二、持股情况说明

本次发行前,本公司董事、监事、高级管理人员和核心技术人员及其家属均未持有本公司股份。

## 第七节　同业竞争与关联交易

一、关于同业竞争

本公司控股股东南京南瑞集团公司及其控制的其他法人与本公司之间目前不存在同业竞争。

同时,本公司第一大股东南京南瑞集团公司在《不竞争承诺函》中郑重承诺:"本公司承诺,在今后的业务中,避免与贵公司同业竞争,即本公司包括本公司的全资和控股公司及本公司具有实际控制权的公司不以任何形式从事与贵公司相同或相似的业务。本公司与贵公司在开展新业务时,均有责任和义务相互通报,妥善协调,避免在新业务中产生同业竞争。在贵公司董事会或股东大会表决是否与本公司存在同业竞争的会议上,本公司人员担任的董事或股东代表将按照贵公司《章程》予以回避,或不参与表决。"本公司其他股东与本公司之间目前也不存在同业竞争。同时,南瑞集团出具了书面的"不竞争承诺函"。发行人律师与主承销商经核查认为,发行人与关联方之间不存在同业竞争。

本公司律师审查认为:经本所律师对公司股权关联方的《企业法人营业执照》、避免同业竞争承诺等的审查及对上述事实的调查,至本报告出具日,公司与其股权关联方不存在同业竞争。公司有关股权关联方亦已向发行人做出了关于不从事同业竞争的承诺。对于南瑞集团与发行人可能出现的同业竞争,公司与南瑞集团已经按有关承诺进行有效处理。经本所律师对公司《招股说明书》的审阅,发行人已按照中国证监会《公开发行证券的公司信息披露内容与格式准则第1号—招股说明书》的要求,对有关关联交易和解决同业竞争的措施或承诺进行了充分披露,本所律师未发现有重大遗漏或重大隐瞒。

本次发行主承销商经核查认为,发行人与关联方之间不存在同业竞争。

二、关联方及关联关系和关联交易

1.关联方及关联关系

| 关联方名称 | 与本公司关系 | 关联交易 |
|---|---|---|
| 国家电力公司及所属公司 | 同受国家电力公司控制 | 存在 |
| 国家电网公司及所属公司 | 同受国家电网公司控制 | 存在 |
| 国家电力公司电力自动化研究院 | 母公司之母公司,本公司实际控制人 | 存在 |
| 南京南瑞集团公司 | 本公司控股股东,持有本公司42.0%股权 | 存在 |
| 国电电力发展股份有限公司 | 本公司股东,持有本公司28.7%股权 | 不存在 |
| 南京京瑞科电力设备有限公司 | 本公司股东,持有本公司20.0%股权 | 存在 |
| 江苏省电力公司 | 本公司股东,持有本公司2.0%股权 | 存在 |
| 云南电力集团有限公司 | 本公司股东,持有本公司2.0%股权 | 存在 |
| 黑龙江省电力有限公司 | 本公司股东,持有本公司3.3%股权 | 存在 |
| 广东华电实业有限公司 | 本公司股东,持有本公司1.0%股权 | 不存在 |
| 英大国际信托投资有限责任公司 | 本公司股东,持有本公司1.0%股权 | 不存在 |
| 南瑞继电保护有限公司 | 同受母公司控制的子公司 | 存在 |
| 南京南瑞继保电气有限公司 | 同受母公司控制的子公司 | 存在 |
| 南京南瑞继保营销有限公司 | 同受母公司控制的子公司 | 存在 |
| 南京中德保护控制系统有限公司 | 同受母公司控制的子公司 | 存在 |
| 南瑞国际系统工程有限公司 | 同受母公司控制的子公司 | 不存在 |
| 北京南瑞系统控制公司 | 同受母公司控制的子公司 | 存在 |
| 北京南瑞北方自动化技术有限公司 | 同受母公司控制的子公司 | 存在 |
| 上海南瑞实业有限公司 | 同受母公司控制的子公司 | 存在 |
| 深圳南瑞科技有限公司 | 同受母公司控制的子公司 | 存在 |
| 深圳市中瑞达实业有限公司 | 同受母公司控制的子公司 | 不存在 |
| 深圳南京自动化研究所 | 同受电自院控制的子公司 | 存在 |
| 南京南瑞电气检测技术有限公司 | 同受电自院控制的子公司 | 不存在 |
| 南京南瑞工贸实业有限公司 | 同受电自院控制的子公司 | 不存在 |
| 南京南瑞广告传播有限公司 | 同受电自院控制的子公司 | 存在 |

2.关联关系和存在的关联交易

公司的关联交易主要包括购货转签与销货转签、采购与委托加工、房屋租赁、控股股东为本公司提供担保、商标许可及专有技术许可等。公司与关联方分别签订了《关于分项中标后有关合同问题的原则协议书》、《委托加工协议》、《房屋租赁协议》、《商标使用许可合同》等关联交易协议以规范双方在上述交易中的权利和义务。

本公司律师审查认为:(1)公司无偿使用南瑞集团的有关商标等无形资产符合有关监管部门关于公司改制重组时对商标等无形资产处置的有关规定;(2)上述房屋租赁协议、委托加工协议的签署遵循了等价有偿、公平、公正原则,交易价格公允;(3)上述转签合同的交易价格和条件为招标方确定,未发现与招标方签订合同的一方在转签合同时,改变招标方所确定的交易价格和条件的情形;(4)上述关联交易不存在损害发行人及其他股东利益的情况;(5)经审查发行人的有关股东大会决议、表决记录等文件,在表决上述关联交易议案时,关联股东均放弃了表决权,履行了发行人《公司章程》中规定的关联交易决策程序。

经审查,发行人《公司章程》、《公司章程》(修订草案)等文件明确规定了关联交易公允决策的程序。根据发行人《公司章程》(修订草案)规定:同一标的金额或者与同一关联人在连续12个月内累计金额总额在公司最近审计净资产的5%以上,或在3000万以上的关联交易,应由股东大会审议。当股东大会审议有关关联交易事项时,关联股东不应当参与投票表决,其所代表的有表决权的股份数不计入有效表决总数。发行人《公司章程》(修订草案)还规定:董事个人或者其所任职的其他企业直接或者间接与公司已有的或者计划中的合同、交易、安排有关联关系时,不论有关事项在一般情况下是否需要董事会批准同意,均应当尽快向董事会披露其关联关系的性质和程度。董事会审议有关关联交易事项时,关联董事应当回避,不参加董事会的投票表决。

本次发行主承销商认为所披露的关联方、关联关系、关联交易已全面披露,不存在损害发行人及中小股东利益的情形,决策程序合法有效,交易价格公允。

3.关联交易情况及占同类业务的比例

| 项目 | 2003年1-6月 | | 2002年 | |
|---|---|---|---|---|
| | 交易额 | 比例 | 交易额 | 比例 |
| 采购 | 155.51 | 1% | 832 | 3% |
| 购货转签 | 1272.18 | 12% | 5415.46 | 22% |
| 销售 | 7561.02 | 46% | 22341.28 | 64% |
| 销货转签 | 410.17 | 2% | 3340.39 | 10% |

其中,前两项比例为关联方采购和关联方购货转签占总采购额的比例,后两项比例为关联方销售和关联方销货转签占总销售额的比例。其中2002年销售是指对原国家电力公司下属各企业的销售,2003年销售则是指对现国家电网公司下属各企业的销售。

4.本次募股资金的运用涉及的关联交易

根据目前的安排,本次募股资金的运用不涉及关联交易。

## 第八节　财务会计资料

本公司2000年、2001年、2002年和2003年1-6月的财务会计资料已于2003年9月19日在《中国证券报》、《上海证券报》和《证券时报》刊登的《招股说明书摘要》中进行了披露,投资者欲了解详细内容,请查阅上述报纸或刊载于上海证券交易所网站(http//www.see.com.cn)的本公司招股说明书全文。

一、注册会计师意见

本公司已聘请天健会计师事务所有限公司对本公司2002年12月31日、2003年6月30日的资产负债表,2000年度、2001年度、2002年度和2003年1-6月的利润表,2001年3至12月、2002年度和2003年1-6月份的利润分配表,以及2002年度和2003年1-6月的现金流量表进行了审计。天健会计师事务所有限公司已出具了天健(2003)审字062号标准无保留意见的审计报告。

二、简要会计报表

1.简要资产负债表

| 资　产 | 2003年6月30日 | 2002年12月31日 |
|---|---|---|
| 货币资金 | 100,161,675.23 | 88,517,429.80 |
| 应收票据 | 200,000.00 | 471,214.00 |
| 应收账款 | 167,481,356.48 | 154,017,671.61 |
| 其他应收款 | 18,416,127.48 | 12,759,992.36 |
| 预付账款 | 2,280,552.96 | 3,908,499.55 |
| 存货 | 103,448,283.73 | 93,056,280.09 |
| 流动资产合计 | 391,987,995.88 | 352,731,087.41 |
| 固定资产原价 | 14,793,697.54 | 13,554,788.56 |
| 减:累计折旧 | 4,365,578.40 | 3,814,345.53 |
| 固定资产净值 | 10,428,119.14 | 9,740,443.03 |
| 减:固定资产减值准备 | 135,400.26 | 135,400.26 |
| 固定资产净额 | 10,292,718.88 | 9,605,042.77 |
| 固定资产合计 | 10,292,718.88 | 9,605,042.77 |
| 无形资产 | 528,678.77 | 534,663.83 |
| 无形及其他资产合计 | 528,678.77 | 534,663.83 |
| 资产总计 | 402,809,393.53 | 362,870,794.01 |
| 负债及股东权益 | 2003年6月30日 | 2002年12月31日 |

| | | |
|---|---|---|
| 短期借款 | 10,000,000.00 | 15,000,000.00 |
| 应付票据 | 9,601,385.31 | - |
| 应付账款 | 89,869,382.65 | 100,320,254.40 |
| 预收账款 | 95,464,377.16 | 79,180,869.85 |
| 应付福利费 | 11,624,048.06 | 10,843,895.55 |
| 应交税金 | 2,970,483.19 | -8,067,315.86 |
| 其他应交款 | 394,183.39 | 170,599.21 |
| 其他应付款 | 12,285,281.28 | 12,101,027.56 |
| 流动负债合计 | 232,209,141.04 | 209,549,330.71 |
| 负债合计 | 232,209,141.04 | 209,549,330.71 |
| 股本 | 69,000,000.00 | 69,000,000.00 |
| 资本公积 | 20,458,255.55 | 20,458,255.55 |
| 盈余公积 | 12,772,641.56 | 12,772,641.56 |
| 其中:法定公益金 | 6,386,320.78 | 6,386,320.78 |
| 未分配利润 | 68,369,355.38 | 51,090,566.19 |
| 股东权益合计 | 170,600,252.49 | 153,321,463.30 |
| 负债和股东权益总计 | 402,809,393.53 | 362,870,794.01 |

2.简要利润及利润分配表

| 项　　目 | 2003年1-6月 | 2002年度 | 2001年度 | 2000年度 |
|---|---|---|---|---|
| 主营业务收入 | 166,052,214.48 | 348,526,435.67 | 284,832,113.61 | 237,526,395.10 |
| 减:主营业务成本 | 114,328,398.02 | 246,162,972.83 | 205,054,617.15 | 161,682,638.06 |
| 主营业务税金及附加 | 1,576,637.81 | 2,625,453.70 | 2,708,031.25 | 3,040,130.64 |
| 主营业务利润 | 50,147,178.65 | 99,738,009.14 | 77,069,465.21 | 72,803,626.40 |
| 加:其他业务利润 | 39,149.52 | 130,622.16 | 116,462.20 | 1,304,697.56 |
| 减:营业费用 | 7,781,331.02 | 19,370,508.48 | 14,343,223.68 | 15,222,599.20 |
| 管理费用 | 22,781,689.55 | 46,012,806.82 | 31,880,450.90 | 38,995,671.24 |
| 财务费用 | -79,555.90 | 303,085.66 | 142,532.94 | 2,205,075.57 |
| 营业利润 | 19,702,863.50 | 34,182,230.34 | 30,819,719.89 | 17,684,977.95 |
| 补贴收入 | 1,147,112.28 | 1,997,240.66 | 62,858.97 | |
| 营业外收入 | - | 18,711.96 | - | - |
| 减:营业外支出 | - | 355,133.98 | 1,292.99 | 5,000.00 |
| 利润总额 | 20,849,975.78 | 35,843,048.98 | 30,881,285.87 | 17,679,977.95 |
| 减:所得税 | 3,571,186.59 | - | 509,270.65 | 4,309,948.95 |
| 净利润 | 17,278,789.19 | 35,843,048.98 | 30,372,015.22 | 13,370,029.00 |

3.简要现金流量表

| | 2003年1-6月 | 2002年 |
|---|---|---|
| 经营活动产生的现金流量净额 | 21,125,054.41 | 33,617,442.80 |
| 投资活动产生的现金流量净额 | -1,136,828.98 | -2,972,887.51 |
| 筹资活动产生的现金流量净额 | -8,343,980.00 | -1,593,587.14 |
| 现金及现金等价物净增加额 | 11,644,245.43 | 29,050,968.15 |
| 每股经营活动的现金流量 | 0.3062 | 0.4872 |

三、会计报表附注

本公司会计报表附注等有关内容,请查阅2003年9月19日在《中国证券报》、《上海证券报》和《证券时报》刊登的《招股说明书摘要》以及刊载于上海证券交易所网站(http://www.sse.com.cn)的本公司招股说明书全文与附录。

四、主要财务指标

1.主要财务指标

| | 2003年1-6月 | 2002年 |
|---|---|---|
| 流动比率 | 1.69 | 1.68 |
| 速动比率 | 0.97 | 1.24 |
| 应收帐款周转率 | 1.03 | 2.37 |
| 存货周转率 | 0.88 | 2.75 |
| 无形资产(土地使用权除外)占总资产比率 | 0 | 0 |
| 无形资产(土地使用权除外)占净资产比率 | 0 | 0 |
| 资产负债率 | 57.65% | 57.75% |
| 每股净资产 | 2.47 | 2.22 |
| 研发投入占主营业务收入比率 | 5.08% | 8.13% |

2.净资产收益率和每股收益

(1)净资产收益率

根据《公开发行证券公司信息披露编报规则第9号——净资产收益率和每股收益的计算及披露》及证监会[2001]7号文通知关于非经常性损益的有关规定,本公司2002年和2003年1-6月的净资产收益率如下:

| 报告期利润 | 全面摊薄 | | 加权平均 | |
|---|---|---|---|---|
| | 2003年1-6月 | 2002 | 2003年1-6月 | 2002 |
| 主营业务利润 | 29.39% | 65.05% | 30.96% | 73.66% |
| 营业利润 | 11.55% | 22.29% | 12.17% | 25.24% |
| 净利润 | 10.13% | 23.38% | 10.67% | 26.47% |
| 扣除非经常性损益后的净利润 | 9.46% | 23.13% | 9.96% | 26.20% |

(2)每股收益

| 报告期利润 | 全面摊薄 | | 加权平均 | |
|---|---|---|---|---|
| | 2003年1-6月 | 2002 | 2003年1-6月 | 2002 |
| 主营业务利润 | 0.73 | 1.45 | 0.73 | 1.45 |
| 营业利润 | 0.29 | 0.50 | 0.29 | 0.50 |
| 净利润 | 0.25 | 0.52 | 0.25 | 0.52 |
| 扣除非经常性损益后的净利润 | 0.23 | 0.51 | 0.23 | 0.51 |

## 第九节　其他重要事项

一、自本公司股票首次公开发行之日至本上市公告书公告之日,本公司未发生可能对本公司有较大影响的其他重要事项。

二、根据《上海证券交易所股票上市规则》,本公司第一大股东南京南瑞集团公司承诺:自本公司股票上市之日起12个月内,不转让其持有的本公司的股份;同时也不由本公司回购其所持有的股份。

## 第十节　董事会上市承诺

本公司董事会承诺将严格遵守《中华人民共和国公司法》、《中华人民共和国证券法》、《股票发行与交易管理暂行条例》、《公开发行股票公司信息披露实施细则》和《上海证券交易所股票上市规则》等国家法律、法规和有关规定,承诺自股票上市之日起做到:

1.按照法律、法规规定的程序和要求披露所有对投资者有重大影响的信息,并接受中国证监会、上海证券交易所的监督管理;

2.真实、准确、完整、公允和及时地公布定期报告,并置备于规定场所供投资者查阅;

3.本公司董事、监事和高级管理人员如发生人事变动或持本公司股票发生变化时,在报告中国证监会、上海证券交易所的同时向投资者公布;

4.本公司在知悉可能对股票价格产生误导性影响的任何公共传播媒介中出现的消息后,将及时予以公开澄清;

5.本公司董事、监事、高级管理人员和核心技术人员将认真听取社会公众的意见和批评,不利用已获得的内幕消息和其他不正当手段直接或间接从事本公司股票的买卖活动;

6.本公司没有无记录的负债。

## 第十一节　上市推荐人及意见

一、上市推荐人情况

1.上市推荐人:北方证券有限责任公司

法定代表人:路畔生

地址:上海市浦东南路500号国家开发银行大厦13楼

电话:021-58885109

传真:021-58885130

联系人:罗先文、刘辉

2.上市推荐人:中国银河证券有限责任公司

法定代表人:朱 利

地址:北京市西城区金融大街35号国际企业大厦

电话:025-3303093

传真:025-3303006

联系人:杨 立

二、上市推荐人意见

本公司上市推荐人认为,本公司章程符合《中华人民共和国公司法》等有关法律、法规和中国证监会关于公司章程的相关规定。根据《中华人民共和国公司法》、《中华人民共和国证券法》、《股票发行与交易管理暂行条例》、《上海证券交易所股票上市规则》等国家有关法律、法规的规定,本公司首次公开发行的股票已具备公开上市的条件。

本公司的董事了解法律、法规、上海证券交易所上市规则及股票上市协议规定的董事的义务与责任,本公司建立了健全的法人治理结构、制定了严格的信息披露制度与保密制度。

上市推荐人已对上市文件所载的资料进行了核实,确保上市文件真实、准确、完整,符合规定要求。保证本公司的上市申请材料、上市公告书没有虚假记载、严重误导性陈述或者重大遗漏,并对其承担连带责任。

上市推荐人与本公司不存在关联关系。上市推荐人愿意推荐本公司股票在上海证券交易所上市交易,并在上市推荐过程中,保证不利用获得的内幕信息进行内幕交易,为自己或他人谋取利益。

**国电南瑞科技股份有限公司**

**2003年10月11日**

# 600476 湖南湘邮科技股份有限公司

# 首次公开发行股票招股说明书摘要

## 第一节 特别风险提示

1.本公司与控股股东湖南省邮政局及其附属企业、国家邮政局及湖南省外其他省、市邮政局等关联方之间的关联交易金额较大,存在重大关联交易风险。

2.本公司主要从事面向邮政行业的软件开发与系统集成业务,对邮政行业依赖程度较大,该行业的发展速度及规模将直接影响到本公司未来的经营收入。同时,随着邮政行业内软件产品竞争的日益加剧,公司将面临产品业务过度集中所导致的风险。

3.本公司的主营业务收入主要来自于湖南省内市场,本公司在国内其他省份的业务开拓则显得较为薄弱,市场开发的广度与深度均显不足,存在过度依赖单一市场的风险。

4.本公司应收款项余额较大,较大金额的应收款项一方面降低了公司资金周转速度,另一方面也加大了公司财务风险,增大了形成坏帐的可能。

5.公司非经常性损益较大,且如果今后不进一步强化公司经常性收益的获取能力,而试图以非经常性损益作为取得利润的主要手段,则将对公司可持续发展能力产生较大的负面影响。

6.本公司作为科研院所转制科技企业所享受的所得税税收优惠政策将于2004年12月到期,且如果高新技术企业及软件产业所享有的优惠政策发生重大变化,将对公司的经营业绩产生直接影响。

7.本公司改制设立时资产评估增值幅度较大,如果进行评估所依据的假定条件在将来发生重大变化,将给公司财务状况和生产经营带来一定的影响。

8.2003 年 1-9 月份,公司实现净利润 1,347.94 万元,只占 2002 年全年净利润 1,916.59 万元的 70.33%。如果公司不能在 2003 年第四季度进一步增强盈利能力,将对公司 2003 年度的整体业绩表现产生一定影响。

## 第二节 本次发行概况

| | |
|---|---|
| 股票种类 | 人民币普通股(A股) |
| 每股面值 | 每股面值人民币 1.00 元 |
| 发行股数、占发行后总股本的比例 | 本次发行 3,500 万股。占发行后总股本的 33.90% |
| 发行价格 | 5.18 元/股 |
| 发行市盈率 | 18.5 倍(按 2002 年度全面摊薄每股收益计算) |
| 发行前、后每股净资产 | 发行前:1.63 元/股(按 2002 年 12 月 31 日审计数据计算)<br>发行后:2.74 元/股(扣除发行费用) |
| 市净率 | 1.89 倍 |
| 发行方式 | 全部向二级市场投资者定价配售 |
| 发行对象 | 招股说明书摘要刊登当日收盘时持有沪市或深市已上市流通人民币普通股的投资者 |
| 本次发行股份的上市流通 | 发行后将尽快申请在上海证券交易所挂牌交易 |
| 承销方式 | 余额包销 |
| 本次发行预计实收募股资金 | 17,207.64 万元 |
| 发行费用概算 | 922.36 万元 |

## 第三节 发行人基本情况

一、发行人基本资料

1.中文名称:湖南湘邮科技股份有限公司

2.英文名称:Hunan Copote Science&Technology Co.,Ltd.

3.法定代表人:阮大平

4.设立日期:2000 年 10 月 17 日

5.注册地址:长沙市开福区上大垅东风二村

6.办公地址:长沙国家高新区麓谷基地湘邮科技园

7.邮政编码:410205

8.电　　话:0731-8998688　　8998858

9.传　　真:0731-8998686

10.网　　址:http://www.copote.com

11.电子信箱:copote@copote.com

二、发行人历史沿革及经历的改制重组情况

本公司是经国家经济贸易委员会国经贸企改[2000]934号《关于同意设立湖南湘邮科技股份有限公司的复函》文件批准,以邮科院作为改制主体,由湖南省邮政局作为主发起人,联合中国速递服务公司、江西赣粤高速公路股份有限公司等七家公司于 2000 年 10 月 17 日共同发起设立的股份有限公司,注册资本 6825 万元。财政部以财企[2000]345号《关于湖南湘邮科技股份有限公司(筹)国有股权管理有关问题的批复》同意股份公司的股权处置方案:湖南省邮政局以邮科院经评估确认的生产经营性净资产 5385.38 万元和现金 1114.62 万元作为出资,按 65%的比例折为 4225 万股国有法人股;中国速递服务公司、江西赣粤高速公路股份有限公司、湖南新时代通讯网络股份有限公司分别以现金 2100 万元、800 万元、300 万元出资,按 65%的比例分别折为 1365 万股、520 万股、195 万股国有法人股;易思博网络系统(深圳)有限公司、上海爱建进出口有限公司、湖南移动通信器材有限公司、湖南省凯祥通信设备有限公司分别以现金 280 万元、220 万元、200 万元、100 万元出资,按 65%的比例分别折为 182 万股、143 万股、130 万股、65 万股法人股。

三、本次发行前后的股本结构

| 股份类别 | 股东名称 | 发行前 | | 发行后 | |
|---|---|---|---|---|---|
| | | 股数(万股) | 比例(%) | 股数(万股) | 比例(%) |
| 发起人股 | 湖南省邮政局 | 4225 | 61.90 | 4225 | 40.92 |
| | 中国速递服务公司 | 1365 | 20.00 | 1365 | 13.22 |
| | 江西赣粤高速公路股份有限公司 | 520 | 7.62 | 520 | 5.04 |
| | 湖南新时代通信网络股份有限公司 | 195 | 2.86 | 195 | 1.89 |
| | 易思博网络系统(深圳)有限公司 | 182 | 2.67 | 182 | 1.76 |
| | 上海爱建进出口有限公司 | 143 | 2.10 | 143 | 1.38 |
| | 湖南移动通信器材有限公司 | 130 | 1.90 | 130 | 1.26 |
| | 湖南省凯祥通信设备有限公司 | 65 | 0.95 | 65 | 0.63 |
| 社会公众股 | | 0 | 0 | 3,500 | 33.90 |
| 合　计 | | 6,825 | 100% | 10,325 | 100% |

四、发行人股东之间的关系

公司发起人股东中,控股股东湖南省邮政局与中国速递服务公司均为国家邮政局下属全资企业,二者之间存在关联关系。

五、发行人业务和技术情况

(一)主营业务及主要产品

公司以软件开发和系统集成业务为主,主要面向邮政行业,同时服务于电信、移动、金融、证券等行业;此外,公司还提供网络设计、建筑设计等设计类业务,开展面向邮政行业、网络安全领域的硬件产品的研制、开发和生产。

本公司的产品主要是应用软件和支撑平台,产品形态以面向邮政行业的应用软件和集成为主,主要产品有:呼叫中心、邮证通系统、邮政信息交换处理平台、报刊发行经营系统、邮政金融中间业务平台等属国家重点发展的产品。

(二)产品销售方式和渠道

1.公司产品的销售模式

产品研究与开发是最重要的环节,产品的生产按合同采用以销定产的模式,为特定客户提供个性化服务,产销率接近 100%。

2.公司产品销售情况

2000 年、2001 年、2002 年及 2003 年 1-9 月,公司产品销售情况如下:

| 项目 | 2003 年 1-9 月 | 2002 年度 | 2001 年度 | 2000 年度 |
|---|---|---|---|---|
| 定制软件收入 | 19,567,098.59 | 40,916,179.37 | 28,416,420.75 | 23,849,213.59 |
| 系统集成收入 | 60,642,865.32 | 76,117,169.92 | 55,087,136.86 | 37,452,239.03 |
| 设计收入 | 2,696,556.76 | 6,682,888.17 | 7,997,122.50 | 5,633,441.00 |
| 产品销售收入 | 30,917,310.43 | 5,186,533.53 | 1,928,369.85 | 5,394,928.94 |
| 合计 | 113,823,831.10 | 128,902,770.99 | 93,429,049.96 | 72,329,822.56 |

(三)发行人产品所需主要原材料

本公司的产品为典型的知识型产品,开发耗用的物质材料很少。主要原材料为:计算机硬件设备、网络布线、软件光盘/磁盘、加密卡等。

(四)行业基本情况及同行业竞争情况

软件产业是当前世界上增长最快的朝阳产业。"八五"期间我国软件市场平均增长率为 98.6%,"九五"期间平均增长率为 28.1%(由于基数的增加造成发展速度减缓),远远高于全球软件业的增长速度,且近 3 年出现了增长加速的态势。2002 年我国软件市场销售额达 345 亿元,较 2001 年增长 21.05%。

中国邮政是信息化起步较晚的行业,信息化改造的市场巨大。依据中国邮政信息化工作新的五年计划,在未来五年内,将在邮政计算机综合网上开发运行包括"报刊发行"、"速递"等 13 个邮政业务应用系统,同时为了确保综合网上各应用系统的安全运行,将建立全网的网管及网络安全系统。面向中国邮政行业的软件业务在"生产管理应用软件"与"信息服务软件"这两个方向具有巨大的市场和发展空间。

今后相当长的一段时间内,邮政行业对应用软件和系统集成业务将有持续增长的需求,这为国内邮政系统软件提供商面临难得的发展机遇。与此同时,行业内部竞争也日趋激烈。随着一批颇具实力的国内企业的崛起,用户有了更多选择余地,其希望找到能提供完整解决方案的厂商,并希望得到长期、完善的服务。在这种情况下,竞争将演化为企业综合实力的竞争,主要体现在产品和技术的领先和成熟程度、持续的技术支持和服务的水平、企业的规模和品牌影响等方面。

(五)发行人在行业中的竞争地位

公司系由科研院所转制设立,具有较为雄厚的科研开发实力。公司现有员工 286 人,其中硕士、博士 37 人,计算机技术人员 155 人,科研力量处于国内同行业领先水平。近几年来,公司及其前身邮科院共取得了一系列科研成果,先后有移动通信直放站、号簿管理系统等 11 个项目获省部级科技成果奖,还有两个项目进入国家 863 计划。1999 年至 2002 年,本公司及其前身邮科院先后被认定为"国家邮政局高新技术研究所"、"国家邮政局科技发展中心"、"国家火炬计划软件产业基地长沙软件园骨干企业"和国家规划布局内重点软件企业,并经全国博士后管委会办公室批准设立博士后工作站。2001 年,公司获得 CCIC 质量认证中心颁发的 ISO9001—2000 版质量体系认证证书。

此外,公司及其前身邮科院作为我国邮政系统的重点技术支撑单位,多年来服务于我国邮政的电子化和信息化建设,建立和培育了一批长期、稳定的核心客户群体。

六、发行人业务及生产经营有关的资产权属情况

(一)土地使用权

本公司共四宗土地使用权,其中三宗 31,107.69 平方米土地使用权系湖南省邮政局发起设立本公司时折股投入(国有土地使用证号分别为湘国用(2001)字第 091 号、湘国用(2001)字第 092

号、常国用(2001)字第 158 号),一宗为本公司于 2001 年以出让方式取得,土地使用权面积为 32,110.31 平方米(国有土地使用证号为长国用(2001)字第 014957 号)。

(二)经营性房产

本公司现拥主发起人湖南省邮政局发起设立本公司时折股投入的总面积为 10,753.15 平方米的房屋建筑物 4 处(房屋所有权证号分别为长房权证开福字第 00216665 号、长房权证开福字第 00216664 号、长房权证开福字第 00216663 号、常德市房权证武字第 00078763 号),拥有自建的总建筑面积为 25,279 平方米的湘邮科技园房屋建筑物三处(房屋所有权证正在办理之中)。

(三)知识产权

公司现拥有 1 项专利权,19 项软件产品著作权。

(四)主要固定资产情况

公司固定资产质量状况良好,主要包括:房屋及建筑物、生产用机器设备、电子设备、运输设备和其他设备,其中电子设备主要为电脑、打印机及网络设备,房屋建筑物主要为办公大楼。

七、同业竞争与关联交易

(一)同业竞争

本公司的主营业务为软件开发和系统集成。湖南省邮政局主营业务为邮政基础业务、邮政增值业务、邮政储蓄业务、邮政附属业务等业务。国家邮政局主营国际国内公用邮政业务(包括:函件、包裹、特快专递)、邮政储蓄汇兑、报刊发行、电子信函、各种邮政增值业务。本公司与控股股东湖南省邮政局及其控制的法人、最终控制人国家邮政局及下属的各省(区、市)邮政局之间不存在从事相同、相似业务的情况,不存在同业竞争。

发行人律师和主承销商经核查后均认为,公司与湖南省邮政局、国家邮政局及其他省级邮政局不存在同业竞争关系

(二)关联交易

1.关联交易

(1)产品销售

| 关联方名称 | 2003 年 1－9 月 | | 2002 年度 | | 2001 年度 | | 2000 年度 | |
|---|---|---|---|---|---|---|---|---|
| | 金额(万元) | 占销售收入比例 | 金额(万元) | 占销售收入比例 | 金额(万元) | 占销售收入比例 | 金额(万元) | 占销售收入比例 |
| 湖南省各市、州邮政局 | 659 | 5.79% | 974 | 7.56% | 1085 | 11.61% | 2710 | 37.46% |
| 湖南省邮政信息技术局 | 3029 | 26.61% | 3783 | 29.35% | 2678 | 28.66% | 1352 | 18.69% |
| 湖南省邮政局 | 38 | 0.33% | 387 | 3.00% | 95 | 1.02% | － | － |
| 国家邮政局 | 304 | 2.67% | 382 | 2.96% | 429 | 4.59% | － | － |
| 湖南省外其他省、市邮政局 | 392 | 3.44% | 615 | 4.77% | 662 | 7.09% | 42 | 0.58% |
| 合计 | 4422 | 38.85% | 6141 | 47.64% | 4949 | 52.97% | 4104 | 56.74% |

(2)补贴收入

| 项目 | 2003 年 1－9 月 | 2002 年度 | 2001 年度 | 2000 年度 |
|---|---|---|---|---|
| 科研经费补贴(元) | － | － | 1,186,000.00 | 1,502,000.00 |

(3)本公司向湖南省邮政局有偿租赁位于开福区东风二村面积为 3518.73 平方米的一宗土地,租金每年 10 万元。

(4)借款担保

2003 年 1－9 月份,湖南省邮政局为本公司 13,000 万元银行借款提供了担保。

2.关于公司关联交易的说明

本公司前身邮科院是全国邮政行业内的重点科研企业和技术支撑单位,主要从事与邮政业务相关的应用软件、支撑软件开发和系统集成业务,公司的历史沿革和产品特性使得公司在业务经营中存在数量较大的关联交易。

国内邮政行业的软件开发和系统集成市场是一个完全开放的市场,公司关联交易合同均是按照市场原则以招投标方式获得。为规范关联交易,公司建立了关联股东和关联董事的回避制度和独立董事制度,保证关联交易按照公正、公平的原则进行。

公司独立董事认为公司与关联方发生的关联交易是正常的公司经营和市场运作行为,有利于公司的业务拓展,关联交易合同的条款公平、公正、合法,没有损害公司及其他股东的利益。

发行人律师和主承销商对公司关联交易进行核查后认为,公司与关联方之间按照等价有偿、平等自愿的原则签署关联交易合同,未发现该等合同在订立时存在显失公平的情形,公司重大关联交易均已按照关联交易公允决策程序在关联董事或关联股东回避表决的情况下,经公司董事会或股东大会审议通过,没有损害发行人及其他股东利益。

八、董事、监事、高级管理人员

发行人董事、监事、高级管理人员基本情况如下 :

| 姓名 | 职务 | 性别 | 年龄 | 任期起止日期 | 薪酬情况(元) |
|---|---|---|---|---|---|
| 阮大平 | 董事长 | 男 | 51 | 2001.5－2003.10 | 不在本公司领薪 |
| 方　平 | 董事 | 男 | 57 | 2000.10－2003.10 | 不在本公司领薪 |
| 章干泉 | 董事 | 男 | 54 | 2000.10－2003.10 | 不在本公司领薪 |
| 龙作群 | 董事 | 男 | 56 | 2000.10－2003.10 | 不在本公司领薪 |
| 阎洪生 | 董事、总裁 | 男 | 49 | 2002.4－2003.10 | 82500 |
| 唐幼珊 | 董事 | 男 | 47 | 2003.4－2003.10 | 不在本公司领薪 |
| 罗来华 | 董事 | 男 | 52 | 2000.10－2003.10 | 不在本公司领薪 |
| 黄其荣 | 董事 | 男 | 57 | 2000.10－2003.10 | 不在本公司领薪 |
| 兰红兵 | 董事 | 男 | 36 | 2000.10－2003.10 | 不在本公司领薪 |
| 王颂文 | 董事 | 男 | 47 | 2000.10－2003.10 | 不在本公司领薪 |
| 王德厚 | 董事 | 男 | 39 | 2000.10－2003.10 | 不在本公司领薪 |
| 朱武祥 | 独立董事 | 男 | 38 | 2001.5－2003.10 | 不在本公司领薪 |
| 龚德明 | 独立董事 | 男 | 43 | 2001.5－2003.10 | 不在本公司领薪 |
| 周兆达 | 独立董事 | 男 | 52 | 2003.10－2003.10 | 不在本公司领薪 |
| 彭胜军 | 独立董事 | 男 | 37 | 2003.10－2003.10 | 不在本公司领薪 |
| 邓小洋 | 独立董事 | 男 | 39 | 2003.10－2003.10 | 不在本公司领薪 |
| 何永平 | 独立董事 | 男 | 37 | 2003.10－2003.10 | 不在本公司领薪 |
| 易正根 | 监事 | 男 | 59 | 2000.10－2003.10 | 不在本公司领薪 |
| 刘伯康 | 监事 | 男 | 47 | 2000.10－2003.10 | 不在本公司领薪 |
| 黄韶峰 | 监事 | 男 | 48 | 2000.10－2003.10 | 不在本公司领薪 |
| 肖罗生 | 监事 | 男 | 49 | 2000.10－2003.10 | 70583 |
| 陈　琰 | 监事 | 女 | 33 | 2000.10－2003.10 | 96840 |
| 李　兵 | 副总裁 | 男 | 34 | 2001.4－2003.10 | 88594 |
| 唐岳荣 | 副总裁 | 男 | 48 | 2001.4－2003.10 | 90474 |
| 何志刚 | 财务总监 | 男 | 38 | 2001.4－2003.10 | 87654 |
| 王　飞 | 董事会秘书 | 男 | 30 | 2000.10－2003.10 | 76714 |

以上人员简要简历及兼职情况

| 姓名 | 简要经历 | 兼职情况 |
|---|---|---|
| 阮大平 | 曾任长沙市邮政局代理局长、局长 | 湖南省邮政局党组成员、副局长,湖南省长沙市第 11 届人大代表 |
| 方　平 | 曾任河北省邮电管理局财务处处长 | 国家邮政局计划财务部主任 |
| 章干泉 | 曾任湖南省邮政局副局长,本公司董事长 | 湖南省邮政局党组书记、局长 |
| 龙作群 | 曾任湖南省邮政局计划财务处处长 | 湖南省邮政局助理巡视员、副总会计师 |
| 阎洪生 | 曾任湖南衡阳市邮政局局长、书记 | 本公司党委书记,湖南鸿飞置业有限公司董事长 |
| 唐幼珊 | 曾任长沙市邮政局副局长 | 湖南省邮政局副总工程师、信息技术局局长 |
| 罗来华 | 曾任江西赣粤高速公路股份有限公司总经理助理 | 江西赣粤高速公路股份有限公司副总经理 |
| 黄其荣 | 曾任湖南国讯实业发展总公司副总经理 | 湖南新时代通信网络股份有限公司副总经理 |
| 兰红兵 | 曾任海南国信技术有限公司总经理 | 易思博网络系统(深圳)有限公司董事长 |
| 王颂文 | 曾在上海外轮供应公司工作 | 上海爱建进出口有限公司副总经理 |
| 王德厚 | 曾任湖南邵阳移动通信分公司副总经理 | 湖南省移动通信器材有限公司总经理 |
| 朱武祥 | 历任清华大学助教、讲师,麻省理工学院斯隆管理学院访问学者 | 清华大学经济管理学院金融系副主任、教授,北京京泰实业(集团)高级顾问,天则经济研究所江南天惠经济研究公司高级顾问,浙江财经学院兼职教授 |
| 龚德明 | 曾任湖南常德市委党校政治教研室和管理教研室主任 | 湖南正大丰和策划顾问有限公司董事长、总经理 |
| 周兆达 | 曾任长沙东塘百货大楼总经理兼党委书记 | 长沙通程实业集团有限公司董事长兼总经理,长沙通程控股股份有限公司董事长 |
| 彭胜军 | 曾任湖南省邮政局科学技术处处长、副总工程师 | 中国联通湖南分公司副总经理 |
| 邓小洋 | 曾赴荷兰商学院做访问学者,主持和参与完成省部级课题 10 余项 | 湖南大学会计学院教授、硕士生导师 |
| 何永平 | 曾任香港良基集团财务总监 | 武汉楚都房地产有限公司董事、副总经理 |
| 易正根 | 曾任湖南省邮政局审计处处长 | 湖南省邮政局助理巡视员 |
| 刘伯康 | 曾任江西省高等等级公路管理局庐岛所所长 | 江西省高等级公路管理局路政管理处处长,江西赣粤高速公路股份有限公司监事 |
| 黄韶峰 | 历任湖南省包装公司上海分公司经理、海口分公司经理 | 湖南省凯祥通信设备有限公司董事长兼总经理 |
| 肖罗生 | 曾任湖南省邮政局多种经营处副处长、处长,本公司董事 | 本公司投资部副总经理 |
| 陈　琰 | 曾任湖南省邮电科学研究院市场部副经理、产品代理部经理、市场营销部总经理 | 本公司市场总监 |
| 李　兵 | 曾任长沙市电信局信息产业局局长 | 北京国邮畅通通信信息技术有限公司董事长 |
| 唐岳荣 | 曾任湖南省邮电科学研究院副院长 | 湖南高新科技技术企业理事会理事 |
| 何志刚 | 曾任中国农业银行长沙市高新技术产业开发区支行办公室主任、综合领导组长 | 长沙市商业银行监事 |
| 王　飞 | 先后在湖南省邮电管理局经营管理处、湖南省邮政局计划财务处工作 | |

注:上述人员不存在直接间接持有本公司股份的情况,与公司不存在其他利益关系。

九、发行人控股股东及其实际控制人的基本情况

本公司控股股东湖南省邮政局成立于 1999 年 10 月 28 日,注册资金人民币 10 亿元,法定代表人章干泉,住所为长沙市曙光北路 134 号,经营范围包括:邮政基础业务、邮政增值业务、邮政储蓄业务、邮政附属业务。经北京中兴新世纪会计师事务所有限公司审计,截止 2002 年 12 月 31 日,湖南省邮政局总资产 489,265 万元,净资产 253,358 万元,2002 年度实现主营业务收入 202,765 万元,实现净利润 1,439 万元。该局持有本公司 61.90% 的股份。

本公司发起人股东湖南省邮政局与中国速递服务公司均为国家邮政局下属全资企业,本公司最终控制人为国家邮政局。国家邮政局成立于 1995 年 10 月 4 日,注册资金为人民币 7.9119 亿元,法定代表人刘安东,注册地址为北京市西城区宣武门西大街 131 号,主营国际国内公用邮政业务(包括:函件、包裹、特快专递)、邮政储蓄汇兑、报刊发行、电子信函及各种邮政增值业务。根据国务院国发[1998]6 号文及国务院办公厅国办发[1998]97 号文有关规定,国家邮政局是信息产业部管理的主管全国邮政行业以及管理全国邮政企业的机构,既是行政机构,又是公用企业。

十、发行人财务会计信息

(一)简要会计报表

1.简要合并利润表

单位:元

| 项目 | 2003 年度 1－9 月 | 2002 年度 | 2001 年度 | 2000 年度 |
|---|---|---|---|---|
| 一、主营业务收入 | 113,823,831.10 | 128,902,770.99 | 93,429,049.96 | 72,329,822.56 |
| 减:主营业务成本 | 82,759,979.89 | 92,030,510.60 | 61,925,486.12 | 41,447,444.30 |
| 主营业务税金及附加 | 895,870.09 | 975,958.55 | 683,551.35 | 1,330,060.31 |
| 二、主营业务利润 | 30,167,981.12 | 35,896,301.84 | 30,820,012.49 | 29,552,317.95 |
| 加:其他业务利润 | 471,668.20 | 548,642.38 | 475,905.79 | 286,809.61 |
| 减:营业费用 | 4,287,892.19 | 6,918,240.90 | 6,810,351.86 | 11,132,902.33 |
| 管理费用 | 12,126,334.04 | 12,661,610.45 | 11,825,088.09 | 13,764,189.67 |
| 财务费用 | 4,288,182.64 | 2,645,385.84 | 152,387.44 | 424,812.15 |
| 三、营业利润 | 9,937,240.45 | 14,219,707.03 | 12,508,090.89 | 4,517,223.41 |
| 加:投资收益 | 1,020,000.00 | 816,000.00 | －4,543.60 | 1,079,048.92 |
| 补贴收入 | 2,453,451.29 | 3,090,853.87 | 1,186,000.00 | 1,502,000.00 |
| 营业外收入 | 3,800.00 | － | 93,380.50 | 440,144.74 |
| 减:营业外支出 | 50,050.00 | 129,051.16 | 1,749.44 | 659,427.29 |
| 四、利润总额 | 13,364,441.74 | 18,816,509.74 | 13,781,178.35 | 6,878,989.78 |

| | | | | |
|---|---|---|---|---|
| 减:所得税 | - | - | - | 305,549.72 |
| 减:少数股东损益 | -114,989.74 | -349,400.34 | 8,459.11 | -1,749,302.43 |
| 五、净利润 | 13,479,431.48 | 19,165,910.08 | 13,772,719.24 | 8,322,742.49 |

2.简要合并资产负债表 单位:元

| 项目 | 2003.9.30 | 2002.12.31 | 2001.12.31 | 2000.12.31 |
|---|---|---|---|---|
| 流动资产: | | | | |
| 货币资金 | 56,350,906.46 | 27,754,396.16 | 35,063,428.68 | 31,832,157.57 |
| 应收帐款 | 37,553,222.15 | 33,987,798.91 | 28,705,437.25 | 31,793,483.62 |
| 其他应收款 | 16,127,313.61 | 9,875,179.04 | 6,620,119.11 | 9,528,242.55 |
| 预付帐款 | 44,245,687.05 | 30,104,267.79 | 2,993,300.29 | 6,374,547.03 |
| 存货 | 36,505,410.29 | 33,604,768.63 | 26,948,127.46 | 16,929,043.78 |
| 待摊费用 | - | - | - | 2,124,848.77 |
| 流动资产合计 | 190,782,539.56 | 135,326,410.53 | 100,330,412.79 | 98,582,323.32 |
| 长期投资: | | | | |
| 长期股权投资 | 13,574,470.00 | 11,584,470.00 | 13,579,926.40 | 11,624,470.00 |
| 长期投资合计 | 13,574,470.00 | 11,584,470.00 | 13,579,926.40 | 11,624,470.00 |
| 固定资产: | | | | |
| 固定资产原价 | 115,754,768.41 | 103,690,292.31 | 33,541,782.80 | 28,279,825.86 |
| 减:累计折旧 | 19,678,531.62 | 13,555,560.55 | 10,434,220.37 | 7,859,443.06 |
| 固定资产净值 | 96,076,236.79 | 90,134,731.76 | 23,107,562.43 | 20,420,382.80 |
| 固定资产净额 | 96,076,236.79 | 90,134,731.76 | 23,107,562.43 | 20,420,382.80 |
| 在建工程 | | 1,666,575.00 | 25,378,216.11 | 13,369,841.56 |
| 固定资产合计 | 96,076,236.79 | 91,801,306.76 | 48,485,778.54 | 33,790,224.36 |
| 无形资产及其他资产: | | | | |
| 无形资产 | 8,250,344.25 | 8,383,062.72 | 8,560,020.68 | 8,734,715.00 |
| 无形资产及其他资产合计 | 8,250,344.25 | 8,383,062.72 | 8,560,020.68 | 8,734,715.00 |
| 资产总计 | 308,683,590.60 | 247,095,250.01 | 170,956,138.41 | 152,731,732.68 |
| 流动负债: | | | | |
| 短期借款 | 130,200,000.00 | 85,200,000.00 | 15,200,000.00 | 12,500,000.00 |
| 应付票据 | 5,502,245.01 | 3,819,836.01 | - | - |
| 应付帐款 | 6,834,611.06 | 3,779,335.18 | 8,483,658.77 | 7,562,066.44 |
| 预收帐款 | 3,875,618.45 | 2,287,252.65 | 2,186,294.89 | 5,615,945.18 |
| 应付工资 | 460,173.48 | 1,095,286.94 | 2,492,553.11 | 601,985.89 |
| 应付福利费 | 398,062.36 | 1,734,334.92 | 2,295,275.23 | 1,015,980.02 |
| 应付股利 | 16,291,023.57 | 16,291,023.57 | 18,492,638.26 | - |
| 应交税金 | 2,695,203.85 | 2,510,730.77 | 3,403,837.78 | 4,385,459.04 |
| 其他应交款 | 52,042.71 | 51,232.84 | 77,759.63 | 457,048.34 |
| 其他应付款 | 15,308,444.37 | 16,624,493.13 | 8,741,067.52 | 6,298,734.63 |
| 流动负债合计 | 181,617,424.86 | 133,393,526.01 | 61,373,085.19 | 38,437,219.54 |
| 负债合计 | 181,617,424.86 | 133,393,526.01 | 61,373,085.19 | 38,437,219.54 |
| 少数股东权益 | 2,397,528.49 | 2,512,518.23 | 1,268,733.96 | 1,260,274.86 |
| 股东权益 | | | | |
| 股本 | 68,250,000.00 | 68,250,000.00 | 68,250,000.00 | 68,250,000.00 |
| 资本公积 | 36,750,000.00 | 36,750,000.00 | 36,750,000.00 | 36,750,000.00 |
| 盈余公积 | 6,189,205.77 | 6,189,205.77 | 3,314,319.26 | 1,248,411.37 |
| 其中:公益金 | 2,063,068.58 | 2,063,068.58 | 1,104,773.08 | 416,137.12 |
| 未分配利润 | 13,479,431.48 | - | - | 6,785,826.91 |
| 股东权益合计 | 124,668,637.25 | 111,189,205.77 | 108,314,319.26 | 113,034,238.28 |
| 负债及权益合计 | 308,683,590.60 | 247,095,250.01 | 170,956,138.41 | 152,731,732.68 |

3.简要合并现金流量表 单位:元

| 项目 | 2003年度1-9月 | 2002年度 |
|---|---|---|
| 经营活动产生的现金流量净额 | 355,543.24 | -26,713,860.60 |
| 投资活动产生的现金流量净额 | -12,463,954.67 | -30,817,014.32 |
| 筹资活动产生的现金流量净额 | 40,704,921.73 | 50,221,842.40 |
| 现金及现金等价物净增加额 | 28,596,510.30 | -7,309,032.52 |

(二)主要财务指标

| 项　　目 | 2003年1-9月 | 2002年 | 2001年 | 2000年 |
|---|---|---|---|---|
| 流动比率 | 1.05 | 1.01 | 1.63 | 2.57 |
| 速动比率 | 0.85 | 0.76 | 0.86 | 2.12 |
| 存货周转率(次) | 2.36 | 3.08 | 2.83 | 2.88 |
| 应收账款周转率(次) | 3.18 | 3.77 | 2.89 | 2.31 |
| 资产负债率(母公司) | 57.80% | 53.60% | 34.73% | 16.24% |
| 每股收益(摊薄)(元) | 0.198 | 0.281 | 0.2018 | 0.1219 |
| 净资产收益率(摊薄) | 10.81% | 17.24% | 12.71% | 7.36% |
| 扣除非经常损益后净资产收益率(摊薄) | 10.03% | 16.62% | 11.55% | 6.02% |
| 每股经营活动现金流量(元) | 0.0052 | -0.3914 | 0.237 | 0.0482 |
| 每股净现金流量(元) | 0.4190 | -0.1071 | 0.0473 | 0.3506 |

(三)公司管理层的财务分析

1.关于经营成果、盈利能力及前景分析

过往三年,公司主营业务收入与净利润持续快速增长。2000年度、2001年度和2002年度,公司分别实现主营业务收入7,232.98万元、9,342.90万元和12,890.28万元,2001年度、2002年度分别比上年增长29.17%、37.97%;2000年度、2001年度和2002年度分别实现净利润832.27万元、1,377.27万元和1,916.59万元,2001年度、2002年度净利润增长率分别为65.48%、39.16%。2003年上半年,由于"非典"疫情爆发,导致2003年1-9月份公司主营业务收入增长放缓,但仍保持了较快的持续增长态势。2003年1-9月,公司实现主营业务收入11,382.38万元,占2002年度的88.30%。公司主营业务收入增长放缓,再加上银行贷款增加和湘邮科技园工程投入使用后固定资产折旧大幅增加而导致的财务费用和管理费用大幅增长,致使公司2003年1-9月净利润出现了一定程度的下降。公司目前主营业务经营状况良好,盈利能力稳定,产品技术先进、性能优良,具有良好的市场前景,随着公司募集资金投资项目相继建成投产,公司的主营业务和经营业绩将继续保持良好的增长态势。

2.关于资产负债结构及资产质量分析

截止2003年9月30日,本公司母公司资产负债率为57.80%,全部为流动负债,无重大到期未偿还债务,资产负债率适中,资产负债结构合理。2003年9月底,公司货币资金、应收帐款、预付帐款和存货占流动资产的比例分别为29.54%、19.68%、23.19%和19.13%,其中应收帐款、预付帐款的帐龄较短,发生坏帐的可能性较低,存货主要由各个正在实施合同的开发成本组成,均可得到补偿。公司长期投资主要是围绕公司核心业务的战略性投资,固定资产是本公司正常生产经营所必须资产,不存在重大不良资产。

3.关于现金流量及偿债能力分析

2002年度,公司经营性现金净流量为负主要系公司经营性预付帐款增加所致,投资活动现金净流量为负主要系公司为扩大生产经营规模增加固定资产投资所致。2003年1-9月份,本公司经营活动产生的现金流量净额为35.55万元,现金及现金等价物净增加额为2,859.65万元,公司投资活动现金净流量为负主要是由于公司增加生产投入所致。随着经营性应收款项和预付帐款的回收、投资经营效益的提高和银行借款的增加,将进一步改善公司的现金流量状况。

4.公司主要财务优势及困难

公司资产质量优良,偿债能力较强,经营业绩稳定,资信状况良好,但应收账款余额较大,且公司自身资本积累能力难以满足进一步发展的需要。

(四)股利分配政策

1.本公司股票全部为普通股,股利分配将遵循"同股同利"的原则,按股东持有的股份数额,以现金股利、股票或其他合法的方式进行分配。在每个会计年度结束后的六个月内,由本公司董事会根据该会计年度的经营业绩和公司的发展规划提出股利分配方案,经股东大会批准后执行。

2.公司2000年度不进行利润分配;2001年度可供股东分配利润为18,492,638.26元,公司对该部分利润按股东持股比例进行现金分红;2002年度不进行利润分配。

3.根据2002年度股东大会决议,公司于2002年12月31日以后所产生的利润由新老股东共享。本次股票发行后第一个盈利年度拟派发股利一次。

(五)公司控股子公司基本情况

1.湖南长沙波士特科技发展有限公司

该公司成立于1998年5月28日,法定代表人阎洪生,注册资金为800.50万元,其中本公司持有其99.17%的股权,湖南星邮物业管理有限公司持有其0.83%的股权。目前,该公司主要从事智能大厦网络系统集成、数字监控系统开发和集成、国内外计算机品牌产品专业代理等业务。经审计,该公司2003年9月底总资产为3,180.92万元,净资产为1,990.39万元,2003年1-9月份实现主营业务收入1,434.87万元,实现净利润32.14万元。

2.湖南省科兴通信技术开发有限责任公司

该公司成立于1998年1月19日,法定代表人阎洪生,注册资金500万元,其中本公司持有其96%股权,陈永芝持有其4%的股权。该公司自成立后主要经营移动通信产品业务,2000年初曾投资开发邮政项目,但当期收益不大。本公司于成立后,考虑到该公司在移动产品方面所具有的技术和市场基础,其决定继续经营移动产品,现该公司正致力于移动通信产品业务的开拓。经审计,截止2003年9月30日,该公司资产总额为857.88万元,净资产为729.45万元,2003年1-9月份实现主营业务收入109.74万元,实现净利润-14.24万元。为支持该公司发展,该公司于2003年4月进行增资扩股,注册资本增为500万元,新增资本金全部由本公司投入。

3.北京国邮畅通通信信息技术有限公司

该公司成立于2001年11月15日,法定代表人李兵,注册资金500万元,其中本公司持有其70%的股权,国家邮政局机关服务中心持有其30%的股权。该公司主要从事自营和代理各类商品和技术的进出口,但国家限定公司经营或禁止进出口的商品和技术除外。经审计,截止2003年9月30日,该公司资产总额为441.03万元,净资产为403.96万元,2003年1-9月份实现主营业务收入109.96万元,实现净利润-19.21万元。

4.湖南鸿飞置业有限公司

该公司成立于2002年9月9日,法定代表人阎洪生,注册资金1000万元,本公司持有其99%的股权,湖南省创佳工程建设监理咨询有限公司持有其1%的股权,该公司主要从事房地产开发和建筑装饰材料销售业务。经审计,截止2003年9月30日,该公司资产总额为4,439.62万元,净资产为899.88万元,2003年1-9月份实现净利润-85.07万元。

## 第四节　募股资金运用

一、投资规模及投向

(一)电子邮政开放式应用平台项目

本项目经湖南省经济贸易委员会湘经贸投资[2001]100号文批准立项。项目总投资4,970万元,其中固定资产投资3,470万元,配套流动资金1,500万元。项目建设期1年,项目建成后,可年增产值9000万元,项目投资利润率42.88%,静态投资回收期4.2年。

(二)邮政金融网计算机处理系统项目

本项目经湖南省经济贸易委员会文件湘经贸投资[2001]102号文批准立项。项目总投资4,666万元,其中固定资产投资3,166万元,配套流动资金1,500万元。项目建设期1年,项目建成后,可年增产值8,000万元,利润1736万元,项目投资利润率50%,静态投资回收期3.13年。

(三)YG01热转印邮资机项目

本项目经湖南省经济贸易委员会文件湘经贸投资[2001]103号文批准立项。项目总投资4,845万元,其中固定资产投资4,345万元,配套流动资金500万元。项目建设期1年,项目建成后,可年增产值4,000万元,利润1,027万元,项目投资利润率25.24%,静态投资回收期5.01年。

(四)湘邮科技营销网络建设项目

本项目经湖南省发展计划委员会湘计高技(2001)573号文批准立项。项目总投资3,700万元,其中固定资产投资2,870万元,配套流动资金830万元。项目建设期1年,项目建成后,可年增产值4,000万元,项目投资利润率19.22%,静态投资回收期5.23年。

二、募股资金使用计划

本公司将按照由重到轻、由急到缓的次序安排进行项目建设工作,资金使用计划如下:

| 序号 | 项目名称 | 投资总额(万元) | 投资额(第一年)(万元) | 投资额(第二年)(万元) |
|---|---|---|---|---|
| 1 | 电子邮政开放式应用平台项目 | 4,970 | 3,470 | 1,500 |
| 2 | 邮政金融网计算机系统项目 | 4,666 | 3,166 | 1,500 |

| | | | | |
|---|---|---|---|---|
| 3 | YG01 热转印邮资机项目 | 4,845 | 4,345 | 500 |
| 4 | 湘邮科技营销网络建设项目 | 3,700 | 3,700 | |
| | 合　计 | 18,181 | 14,681 | 3,500 |

项目实施过程中出现资金闲置将用于补充流动资金,资金出现不足将通过银行融资解决

## 第五节　风险因素和其它重要事项

一、风险因素

(一)控股股东控制风险

湖南省邮政局目前持有本公司 61.90%的股份,处于实际控股地位,如果利用其控股地位,通过行使表决权对公司人事、经营决策等方面实施控制,或通过关联交易控制公司经营业绩,将可能对公司的经营发展造成负面影响,损害本公司及其他股东的利益。

(二)市场风险

国内市场中存在的条块分割、地方保护壁垒等问题,将对公司的市场开拓带来一定难度,公司可能面临市场分割的风险。此外,邮政行业应用软件及系统集成业务具有较明显的周期性运行特点,公司可能面临商业周期风险。

(三)行业风险

中国软件产业目前仍然处于初级发展阶段,软件市场尚不成熟,同时软件行业内部竞争日趋激烈,公司可能面临软件市场成熟度不高和行业内部竞争加剧所引致的行业风险。

(四)财务风险

2003 年 9 月底,公司应收关联公司款项(包括应收帐款和其他应收款)为 1,946 万元,占公司应收款项总额的 33.75%。公司应收关联公司款项金额较大,如关联公司经营状况发生变化,将使回款周期加长,并可能导致关联方占用公司资金和发生坏帐的风险。此外,公司资产负债率水平较低,未充分发挥财务杠杆的作用,导致公司资产规模、经营规模相对偏小,对公司发展速度和经营效益的提高造成了一定影响。再则,公司目前正处于业务经营的快速扩张期,对公司持续融资能力提出了更高要求,公司可能面临融资能力局限性所引致的风险。

(五)管理风险

随着公司经营规模的进一步扩大,管理的复杂性程度不断提高,如公司的管理制度和经营模式不能满足公司发展的需要,将可能由此引致一定的管理风险。

(六)技术风险

公司主要从事面向邮政行业的软件开发和系统集成业务。软件产业具有技术进步快、产品生命周期短、更新换代快的特点,且受到所针对的应用行业的技术、市场和政策变化的影响。公司所处的行业特点及所从事的业务特性,决定了公司存在一定的技术风险。

(七)人力资源管理风险

软件行业属于知识密集型行业,随着软件市场对人才需求量的增加,本公司的员工激励机制若不具吸引力,也有可能使成熟技术随着人员的流动扩散出去,公司面临人才引进、保留和发展的风险,人力资源问题不容忽视。

(八)募股资金投向风险

本次发行募集资金拟投资四个项目,在公司管理人员未有相应幅度增加的情况下新上较多项目,将给项目组织和管理带来一定的难度。此外,在项目实施过程中,可能会因市场环境、研究成果转化、人才引进及项目组织管理不能达到预期要求等因素的影响,使投资项目达不到预期效益,从而影响公司经营业绩。

(九)其他风险

随着我国加入 WTO,将有更多国外软件公司进入国内软件市场,提供适合中国国情的软件产品和服务,公司产品与服务在价格方面的竞争优势将不明显,并可能出现激烈的人才竞争,将会给公司发展带来一定影响。此外,由于本公司主要从事邮政行业应用软件开发和系统集成业务,我国邮政经营管理体制所发生的重大变化,也将可能对公司业务经营产生一定的影响。

二、其他重要事项

(一)重要合同

公司目前正在履行的重要合同包括:与国家邮政局、湖南省邮政信息技术局、新疆维吾尔自治区邮政局、重庆市邮政局、广西南宁市久鼎科技有限责任公司、武汉钢铁(集团)公司、湖南省资兴市教育局等单位签订的 16 份销售合同,与各银行签订的 9 份借款合同,与中国银行长沙市赤岗支行签订的 2 份授信合同。

(二)重大诉讼或仲裁事项

本公司及持有本公司 5%以上股份的股东、公司董事长及总裁不存在尚未了结或可预见的重大诉讼、仲裁案件或被行政处罚的案件。

## 第六节　木次发行各方当事人和发行时间安排

一、发行人本次发行各方当事人情况

| | | |
|---|---|---|
| (一) | 发行人: | 湖南湘邮科技股份有限公司 |
| | 注册地址: | 长沙市开福区上大垅东风二村 |
| | 办公地址: | 长沙国家高新区麓谷基地湘邮科技园 |
| | 联系电话: | (0731)8998688 8998858 |
| | 联系传真: | (0731)8998686 |
| | 联 系 人: | 王飞　颜毅　汪志刚 |
| (二) | 主承销商 | 长江证券有限责任公司 |
| | 注册地址: | 武汉市新华下路特 8 号 |
| | 联系电话: | (0755)83566335 |
| | 联系传真: | (0755)83566335 |
| | 联 系 人: | 宋宇海、刘钢、唐为、黄学军、陈军 |
| (三) | 律师事务所: | 湖南启元律师事务所 |
| | 注册地址: | 长沙市芙蓉中路 465 号金源大酒店南楼九楼 |
| | 联系电话: | (0731)5540103 |
| | 联系传真: | (0731)5540103－8888 |
| | 经办律师: | 朱旗、陈金山 |
| (四) | 会计师事务所: | 天职孜信会计师事务所有限公司 |
| | 注册地址: | 北京市海淀区车公庄西路乙 19 华通大厦 B 座 |
| | 联系电话: | (0731)2183705 |
| | 联系传真: | (0731)2183738 |
| | 经办会计师: | 向秋玲、王永松 |
| (五) | 资产评估机构: | 湖南湘资有限责任会计师事务所 |
| | 注册地址: | 长沙市芙蓉中路 486 号 |
| | 联系电话: | (0731)5165307 |
| | 联系传真: | (0731)5165300 |
| | 经办估价师: | 徐建文、张萍 |
| (六) | 土地评估机构: | 中地不动产评估有限公司 |
| | 注册地址: | 北京市西城区金融街通泰大厦 B 座 601 室 |
| | 联系电话: | (010)88086863 |
| | 联系传真: | (010)88086860 |
| | 经办估价师: | 董丽萍、段海涛 |
| (七) | 股票登记机构名称: | 中国证券登记结算有限责任公司上海分公司 |
| | 联系地址: | 上海市浦东新区陆家嘴东路 166 号 |
| | 联系电话: | 021－58708888 |
| | 联系传真: | 021－58754185 |
| (八) | 收款银行名称 | 中国农业银行武汉市江南支行 |
| | 户　　名: | 长江证券有限责任公司清算中心 |
| (九) | 申请上市的证券交易所 | 上海证券交易所 |

二、发行人本次发行上市的重要日期

| | |
|---|---|
| 发行公告刊登日期: | 2003 年 11 月 21 日 |
| 预计发行日期: | 2003 年 11 月 25 日 |
| 配售发行申购日期: | 2003 年 11 月 25 日 |
| 资金冻结日期: | 不适用 |
| 预计上市日期: | 本次发行结束后将尽快在上海证券交易所挂牌交易 |

## 第七节　附录和备查文件

投资者可查阅与本次发行有关的所有正式法律文件,包括:

(一)本次发行本招股说明书全文、审计报告和法律意见书,中国证监会对本次发行的核准文件;

(二)招股说明书的附录文件;

(三)其他向中国证监会报送的发行申请文件

查阅时间:工作日上午 8:30－11:30,下午 2:30－5:00。

查阅地点:公司及主承销商的法定住所。

# 湖南湘邮科技股份有限公司首次公开发行股票上市公告书

## 第一节　重要声明与提示

湖南湘邮科技股份有限公司(以下简称“本公司”、“公司”或“发行人”)董事会保证上市公告书的真实性、准确性、完整性,全体董事承诺上市公告书不存在虚假记载、误导性陈述或重大遗漏,并承担个别和连带的法律责任。

根据《公司法》、《证券法》等有关法律、法规的规定,本公司董事、高级管理人员已依法履行诚信和勤勉尽责的义务和责任。

上海证券交易所、中国证监会、其他政府机关对本公司股票上市及有关事项的意见,均不表明对本公司的任何保证。

本公司提醒广大投资者注意,凡本上市公告书未涉及的有关内容,请投资者查阅 2003 年 11 月 20 日刊载于《中国证券报》、《上海证券报》、《证券时报》和《证券日报》的本公司招股说明书摘要及刊载于上海证券交易所网站(www.sse.com.cn)的本公司招股说明书全文。

本上市公告书刊登网址:www.sse.com.cn。

## 第二节　概　览

1.股票简称:湘邮科技

2.沪市股票代码:600476

3.深市代理股票代码:003476

4.总股本:103,250,000 股

5.可流通股本:35,000,000 股

6.本次上市流通股本:35,000,000 股

7.发行价格:5.18 元/股

8.上市地点:上海证券交易所

9.上市时间:2003 年 12 月 10 日

10.股票登记机构:中国证券登记结算有限责任公司上海分公司

11.上市推荐人:长江证券有限责任公司

12.根据国家现有法律、法规和中国证券监督管理委员会(以下简称“中国证监会”)证监发行字[2003]112 号《关于核准湖南湘邮科技股份有限公司公开发行股票的通知》,本公司发起人所持有的国有法人股和法人股暂不上市流通。

13.根据《上海证券交易所股票上市规则》,本公司第一大股东湖南省邮政局承诺:自本公司股票上市之日起 12 个月内,不转让其持有的本公司的股份,也不由本公司回购其所持有的股份。

## 第三节　绪言

本上市公告书是根据《中华人民共和国公司法》、《中华人民共和国证券法》、《股票发行与交易管理暂行条例》、《公开发行股票公司信息披露实施细则》和《上海证券交易所股票上市规则》等

国家有关法律、法规的规定，并按照中国证监会《公开发行证券的公司信息披露内容与格式准则第 7 号—股票上市公告书》而编制，旨在向投资者提供本公司的基本情况和本次股票上市的有关资料。

经中国证监会证监发行字[2003]112 号文核准，本公司于 2003 年 11 月 25 日利用上海证券交易所和深圳证券交易所交易系统，以向沪市、深市二级市场投资者定价配售的方式成功发行 3,500 万股人民币普通股，每股面值 1.00 元，发行价为每股人民币 5.18 元。

经上海证券交易所上证上字[2003]146 号《关于湖南湘邮科技股份有限公司人民币普通股股票上市交易的通知》批准，本公司公开发行的 3,500 万股社会公众股将于 2003 年 12 月 10 日起在上海证券交易所挂牌交易。股票简称"湘邮科技"，沪市股票代码为"600476"，深市代理股票代码为"003476"。

本公司已于 2003 年 11 月 20 日（T－3 日）在《中国证券报》、《上海证券报》、《证券时报》和《证券日报》上刊登了《招股说明书摘要》，招股说明书正文及其附录刊载于上海证券交易所网站（www.sse.com.cn），距今不足三个月，故与其重复的内容不再重述，敬请投资者查阅上述内容。

## 第四节　发行人概况

一、本公司基本情况

1.公司名称：湖南湘邮科技股份有限公司

英文名称：Hunan Copote Science&Technology Co., Ltd.

2.注册资本：68,250,000 元人民币（本次发行前）

103,250,000 元人民币（本次发行后）

3.法定代表人：阮大平

4.注册地址：长沙市开福区上大垅东风二村

5.办公地址：长沙国家高新区麓谷基地湘邮科技园

6.设立日期：2000 年 10 月 17 日

7.经营范围：研制、开发、生产、销售计算机软、硬件及邮电高科技电子产品；设计、安装、维护计算机网络、无线通信工程、电子信息系统集成；销售移动通信直放站无线寻呼发射机；销售机械设备、五金、交电、建筑材料（不含硅酮胶）、日用百货、日用杂品及政策允许的化工原料、化工产品、金属材料；承接邮电高新技术课题的研究并提供科技成果引进、转让、咨询服务（不含中介）。

8.所属行业：计算机应用服务业

9.联系电话：0731－8998688、8998858

10.传真号码：0731－8998686

11.互联网网址：http://www.copote.com

12.电子信箱：copote@copote.com

13.董事会秘书：王飞

二、公司历史沿革及股权变动情况

本公司是经国家经济贸易委员会国经贸企改[2000]934 号《关于同意设立湖南湘邮科技股份有限公司的复函》文件批准，以湖南省邮电科学研究院作为改制主体，由湖南省邮政局作为主发起人，联合中国速递服务公司、江西赣粤高速公路股份有限公司、湖南新时代通信网络股份有限公司、易思博网络系统（深圳）有限公司、上海爱建进出口有限公司、湖南移动通信器材有限公司、湖南省凯祥通信设备有限公司于 2000 年 10 月 17 日共同发起设立的股份有限公司，注册资本 6825 万元。本公司自设立以来至本次 A 股发行前，股本结构未发生任何变化。

经中国证监会证监发行字[2003]112 号文核准，本公司于 2003 年 11 月 25 日以全部向二级市场投资者定价配售发行方式发行了人民币普通股（A 股）3,500 万股，每股面值 1.00 元，每股发行价格 5.18 元。本次发行后，本公司的总股本为 103,250,000 股，注册资本为 103,250,000 元。

三、公司主要经营情况

1.本公司主要业务概况

公司以软件开发和系统集成业务为主，主要面向邮政行业，同时服务于电信、移动、金融、证券等行业；此外，公司还提供网络设计、建筑设计等设计类业务，开展面向邮政行业、网络安全领域的硬件产品的研制、开发和生产。本公司主要产品有：呼叫中心、邮证通系统、邮政信息交换处理平台、报刊发行经营系统、邮政金融中间业务平台等属国家重点发展的产品。

2.本公司的竞争优势和劣势

（1）技术及人才优势。公司系由科研院所转制设立，曾先后被认定为"国家邮政局高新技术研究所"、"国家邮政局科技发展中心"、"国家火炬计划软件产业基地长沙软件园骨干企业"和国家规划布局内重点软件企业，并经批准设立博士后工作站，具有较为雄厚的科研开发实力。近几年来，公司及其前身共取得了软件成果 30 个，计算机在通信领域的应用成果 25 个，通信产品成果 18 个，并先后有移动通信直放站、号薄管理系统等 11 个项目获省部级科技成果奖，还有两个项目进入国家 863 计划。此外，作为我国邮政系统信息化进程的开拓者，公司拥有了一支国内一流的从事软件研究与开发的人才队伍，拥有硕士、博士 37 人，计算机技术人员 155 人，科研力量处于国内同行业领先水平。

（2）市场优势。公司作为我国邮政系统重点技术支撑单位，所开发的产品和技术在邮政系统内享有较高的知名度和良好的声誉，使公司建立和培育了一批长期、稳定的核心客户群体。此外，公司脱胎于邮政系统，且主要股东为邮政企业，其深厚的邮政系统背景和渊源将为公司的市场开拓提供较大的便利。

（3）管理和价格优势。公司是国内最早进行邮政系统软件开发的企业之一，有近 10 年的开发及经营经验，具有较为深厚的科研开发基础和经验积累。此外，公司已通过 ISO9001－2000 版质量体系认证，建立了完善的质量管理体系，且公司产品完全结合中国邮政用户实际需要进行设计开发，产品适用性更强，产品价格和实施费用也相对较低。公司在其所从事的业务领域内具有一定的管理优势和价格竞争优势。

公司的竞争劣势主要在于：公司前身市场化运作基础较弱，知识产权保护意识不强；公司成立时间较短，在资金实力、产业化规模方面与国内和国际的领先企业尚有一定的差距，迫切需要公司壮大自身经营规模，增强资金实力。

3.主要财务指标详见本上市公告书"财务会计资料"部分。

4.主要知识产权

公司现拥有 1 项专利权，19 项软件产品著作权。

| 产品名称 | 证书编号 | 发证机关 |
|---|---|---|
| 超声波捆扎机 | 第 513946 号 | 国家知识产权局 |
| 集成电路（IC）卡公用预付费省级管理中心系统 | 湘 DGY－2001－0021 | 湖南省信息产业厅 |
| 市内电话业务号簿管理系统 | 湘 DGY－2001－0022 | 湖南省信息产业厅 |
| 邮政客户服务中心系统 | 湘 DGY－2001－0023 | 湖南省信息产业厅 |
| 数字监控系统 | 湘 DGY－2001－0024 | 湖南省信息产业厅 |
| 湘邮邮政省内报刊发行生产管理系统 V1.0 | 软著登字第 004564 号 | 国家版权局 |
| 湘邮邮政大客户关系管理系统 V1.0 | 软著登字第 004565 号 | 国家版权局 |
| 湘邮 GIS 位置服务公共资源平台 V1.0 | 软著登字第 004566 号 | 国家版权局 |
| 湘邮彩票投注系统 V1.0 | 软著登字第 004567 号 | 国家版权局 |
| 湘邮移动商务应用平台 V1.0 | 软著登字第 004568 号 | 国家版权局 |
| 湘邮邮政综合计算机网安全保密系统 V1.0 | 软著登字第 004601 号 | 国家版权局 |
| 湘邮邮政物流仓储配送管理系统 V1.0 | 软著登字第 004602 号 | 国家版权局 |
| 湘邮邮政综合计算机网信息中心信息交换处理系统 V1.0 | 软著登字第 004603 号 | 国家版权局 |
| 湘邮移动短信彩票投注系统平台 V1.0 | 软著登字第 004604 号 | 国家版权局 |
| 湘邮 GL－I 型交接箱集中管理系统 V1.0 | 软著登字第 004605 号 | 国家版权局 |
| 湘邮通用支付网关系统 V1.0 | 软著登字第 004606 号 | 国家版权局 |
| 湘邮邮政邮购业务计算机管理系统 V1.0 | 软著登字第 004607 号 | 国家版权局 |
| 湘邮邮政综合业务平台系统 V1.0 | 软著登字第 004608 号 | 国家版权局 |
| 湘邮邮政名址库应用系统 V1.0 | 软著登字第 004609 号 | 国家版权局 |
| 湘邮呼叫中心系统 V1.0 | 软著登字第 004962 号 | 国家版权局 |

5.公司享有的税收优惠政策

本公司属于信息产业部所属科研机构转制的科技企业，按照国税发（1999）135 号文件、国办发（2000）38 号文件和湘国税局函（2001）78 号文件的规定，本公司从 2000 年 10 月起至 2004 年 12 月止，5 年内免征企业所得税，免征技术转让收入的营业税。依据财政部、国家税务总局及海关总署的财税[2000]25 号文件，本公司自行开发生产的软件产品或集成电路产品销售自 2000 年 6 月 24 日起至 2010 年底以前按 17% 的法定税率征收增值税后，对其实际税负超过 3% 或 6% 的部分享受即征即退的政策。本公司下属子公司湖南省科兴通信技术有限责任公司、湖南长沙波士特科技发展有限公司属湖南省科学技术厅认定的高新技术企业，根据湘国税局函（2001）78 号文件的规定，从 2000 年 10 月起至 2004 年 12 月止，5 年内免征企业所得税；子公司北京国邮畅通信息技术有限公司属北京市科学技术委员会认定的高新技术企业，且注册于北京市高新技术产业开发区，企业所得税率为 15%。

## 第五节　股票发行与股本结构

一、本次股票上市前公开发行股票的基本情况

1.发行数量：3,500 万股

2.发行价格：5.18 元/股

3.发行市盈率：18.5 倍

4.募集资金总额：18,130 万元；募集资金净额：17,207.64 万元

5.发行方式：全部向二级市场投资者定价配售

6.发行对象：2003 年 11 月 20 日持有沪市或深市已上市流通 A 股股票的收盘市值不少于 10,000 元或以上的二级市场投资者。

7.发行费用总额及项目：本次股票发行费用总额为 922.36 万元，包括承销费、审计费用、律师费用、评估费用、上网发行手续费、审核费用等项目。

8.每股发行费用：0.26 元

二、本次股票上市前首次公开发行股票的承销情况

本次向二级市场投资者定价配售发行的 3,500 万股社会公众股的配号总数为 63,716,067 个，中签率为 0.05493120%；二级市场投资者实际认购 3466.1290 万股，其余 33.8710 万股由主承销商包销。

三、本次股票上市前首次公开发行股票所募股资金的验资报告

天职孜信会计师事务所有限公司为本次股票上市前首次公开发行股票募集资金出具了天孜湘验[2003]2－70 号《验资报告》，摘录如下：

湖南湘邮科技股份有限公司全体股东：

我们接受湖南湘邮科技股份有限公司（以下简称"贵公司"）的委托，审验了贵公司截至 2003 年 12 月 2 日止新增注册资本的实收情况。按照国家相关法律、法规的规定和协议、章程的要求出资，提供真实、合法、完整的验资资料，保护资产的安全、完整是贵公司全体股东及贵公司的责任。我们的责任是对贵公司新增注册资本的实收情况发表审验意见。我们的审验是依据《独立审计实务公告第 1 号—验资》进行的。在审验过程中，我们结合贵公司的实际情况，实施了检查等必要的审验程序。

贵公司原注册资本为人民币 68,250,000 元，根据贵公司 2003 年 4 月 9 日的 2002 年度股东大会决议，贵公司申请增加注册资本人民币 35,000,000 元。根据中国证券监督管理委员会于 2003 年 9 月 10 日签发的证监发行字[2003]112 号文批复，贵公司公开发行每股面值人民币 1 元的普通股股票，发行数量为 35,000,000 股，发行价格为每股人民币 5.18 元。经我们审验，截至 2003 年 12 月 2 日止，贵公司已收到本次公开发行募集的新增注册资本合计人民币 35,000,000 元，全部为货币资金。

同时我们注意到，贵公司本次增资前的注册资本为人民币 68,250,000 元，已经长沙孜信有限责任会计师事务所审验，并于 2000 年 8 月 17 日出具验资报告。截至 2003 年 12 月 2 日，变更后的累计注册资本实收金额为人民币壹亿零叁佰贰拾伍万元整（¥103,250,000 元）。

本验资报告供贵公司申请工商变更登记及据以向股东签发出资证明时使用，不应将其视为是对贵公司验资报告日后资本保全、偿债能力和持续经营能力等的保证。因使用不当造成的后果，与执行本验资报告业务的注册会计师及会计师事务所无关。

四、本次募股资金入帐情况

1.入帐时间：2003 年 12 月 2 日

2.入帐金额：175,226,400 元（扣除发行手续费用及承销费用后的余额）

3.入帐帐号：48202196908099001

4.开户银行：中国银行长沙市赤岗支行枫树山分理处

五、本公司上市前股权结构及各类股东的持股情况

（1）本次上市前后股本结构

| 股东名称 | | 股权性质 | 发行前 | | 发行后 | |
|---|---|---|---|---|---|---|
| | | | 股数（万股） | 比例（%） | 股数（万股） | 比例（%） |
| 发起人股 | 湖南省邮政局 | 国有法人股 | 4225 | 61.90 | 4225 | 40.92 |
| | 中国速递服务公司 | 国有法人股 | 1365 | 20.00 | 1365 | 13.22 |
| | 江西赣粤高速公路股份有限公司 | 国有法人股 | 520 | 7.62 | 520 | 5.04 |
| | 湖南新时代通信网络股份有限公司 | 国有法人股 | 195 | 2.86 | 195 | 1.89 |
| | 易思博网络系统（深圳）有限公司 | 法人股 | 182 | 2.67 | 182 | 1.76 |
| | 上海爱建进出口有限公司 | 法人股 | 143 | 2.10 | 143 | 1.38 |
| | 湖南移动通信器材有限公司 | 法人股 | 130 | 1.90 | 130 | 1.26 |
| | 湖南省凯祥通信设备有限公司 | 法人股 | 65 | 0.95 | 65 | 0.63 |
| 社会公众股（A股） | | 社会公众股 | - | - | 3,500 | 33.90 |
| 合　计 | | | 6,825 | 100 | 10,325 | 100 |

（2）本次上市前十大股东情况

| 序号 | 股东名称 | 股份性质 | 持股数量（股） | 占总股本比例（%） |
|---|---|---|---|---|
| 1 | 湖南省邮政局 | 国有法人股 | 42,250,000 | 40.92 |
| 2 | 中国速递服务公司 | 国有法人股 | 13,650,000 | 13.22 |
| 3 | 江西赣粤高速公路股份有限公司 | 国有法人股 | 5,200,000 | 5.04 |
| 4 | 湖南新时代通信网络股份有限公司 | 国有法人股 | 1,950,000 | 1.89 |
| 5 | 易思博网络系统（深圳）有限公司 | 法人股 | 1,820,000 | 1.76 |
| 6 | 上海爱建进出口有限公司 | 法人股 | 1,430,000 | 1.38 |
| 7 | 湖南移动通信器材有限公司 | 法人股 | 1,300,000 | 1.26 |
| 8 | 湖南省凯祥通信设备有限公司 | 法人股 | 650,000 | 0.63 |
| 9 | 长江证券有限责任公司 | 流通A股 | 349,710 | 0.34 |
| 10 | 德盛稳健 | 流通A股 | 52,000 | 0.05 |

## 第六节　董事、监事、高级管理人员及核心技术人员

一、董事、监事、高级管理人员与核心技术人员简介

本公司董事、监事、高级管理人员与核心技术人员均为中国国籍，无境外的永久居留权，相互之间不存在配偶、三代以内直系和旁系亲属关系。

1.董事

阮大平先生，公司董事长，1952年出生，中共党员，研究生学历，高级经济师。曾任长沙市邮政局代理局长、局长，现任湖南省邮政局党组成员、副局长，湖南省长沙市第11届人大代表。

方平先生，公司副董事长，1946年出生，中共党员，大专学历，高级经济师。曾任河北省邮电管理局财务处处长，现任国家邮政局计划财务部主任。

章于泉先生，1949年出生，中共党员，硕士研究生，高级工程师。曾任湖南省邮政局副局长（主持工作），本公司董事长，现任湖南省邮政局党组书记、局长。

龙作群先生，1947年出生，中共党员，大专文化，高级会计师。曾任湖南省邮政局计划财务处处长，现任湖南省邮政局助理巡视员、副总会计师。

阎洪生先生，1954年出生，中共党员，大专学历，高级经济师。曾任湖南天辰通信股份有限公司副总经理、总经理，湖南衡阳市邮政局局长兼党委书记，现任本公司总裁、党委书记。

唐幼珊先生，1956年出生，中共党员，大学学历，高级经济师。曾任长沙市邮政局副局长，现任湖南省邮政局副总工程师、信息技术局局长。

罗来华先生，1951年出生，大专文化。曾任江西赣粤高速公路股份有限公司总经理助理，现任江西赣粤高速公路股份有限公司副总经理。

黄其荣先生，1946年出生，中共党员，高级会计师。曾任湖南国讯实业发展总公司副总经理，现任湖南新时代通信网络股份有限公司副总经理。

兰红兵先生，1967年5月出生，博士。曾任海南国信技术有限公司总经理，现任易思博网络系统（深圳）有限公司董事长。

王颂文先生，1956年出生，大专，国际商务师。现任上海爱建进出口有限公司副总经理。

王德厚先生，1964年出生，中共党员，1995年获得中国社科院研究生学历，工程师。曾任湖南省邵阳市移动通信分公司副总经理，现任湖南省移动通信器材有限公司总经理。

朱武祥先生，独立董事，1965年5月出生，中共党员，博士学位。现任清华大学经济管理学院金融系副主任、教授，兼任北京京泰实业（集团）高级顾问，天则经济研究所江南天惠经济研究公司高级顾问，浙江财经学院兼职教授。

龚德明先生，独立董事，1960年出生，中共党员，法学学士，经济管理学副教授。曾任湖南常德市委党校政治教研室和管理教研室主任，现任湖南正大丰和策划顾问有限公司董事长、总经理。

周兆达先生，独立董事，1951年出生，高级经济师，有突出贡献专家，全国优秀企业家，中共长沙市委委员，第九届全国人大代表。曾任长沙东塘百货大楼总经理兼党委书记，现任长沙通程实业集团有限公司董事长兼总经理、长沙通程控股股份有限公司董事长。

彭胜军先生，独立董事，1966年出生，中共党员，大学文化，高级工程师。曾任湖南省邮电管理局科学技术处处长、副总工程师，现任中国联通湖南分公司副总经理。

邓小洋先生，独立董事，1964年出生，中共党员，管理学（会计学）博士。现任湖南大学会计学院教授、硕士生导师。

何永平先生，独立董事，1966年出生，中共党员，大学本科，律师，注册会计师。曾任香港良基集团财务总监，现任武汉楚都房地产有限公司董事、副总经理。

2.监事

易正根先生，监事会召集人，1944年出生，中共党员，大学文化，高级经济师。曾任湖南省邮政局审计处处长，现任湖南省邮政局助理巡视员。

刘伯康先生，1956年出生，大专文化，中共党员。曾任江西省高等等级公路管理局庐岛所所长，现任江西省高等级公路管理局路政管理处处长，江西赣粤高速公路股份有限公司监事。

黄韶峰先生，1955年出生，大专文化。曾任湖南省包装公司上海分公司经理、海口分公司经理，现任湖南省凯祥通信设备有限公司董事长兼总经理。

肖罗生先生，1954年生，汉族，中共党员，大专文化，工程师。曾任湖南省邮政局多种经营处副处长、处长，本公司董事，现任本公司投资部副总经理。

陈瑛女士，1970年出生，大学文化，工学学士学位，工程师。曾任湖南省邮电科学研究院市场部副经理、产品代理部经理，现任本公司市场总监。

3.高级管理人员

阎洪生先生，总裁，简历见前述董事介绍。

李兵先生，副总裁，1969年4月出生，大学本科，高级工程师。曾任长沙市电信局信息产业局局长。

唐岳荣先生，副总裁，1955年出生，大专学历。曾任湖南省邮电科学研究院副院长。

何志刚先生，财务总监，1965年2月出生，大学本科，经济师。曾任中国农业银行长沙市高新技术产业开发区支行办公室主任、综合领导组长。

王飞先生，董事会秘书，1973年12月出生，硕士，经济师。

4.核心技术人员

蒋秋山先生，1962年出生，硕士，高级工程师，现任本公司金融事业部总经理。曾担任湖南计算机股份有限公司系统室主任，曾主持研制SINON系列中西文图形终端并获得国家外经贸部科技进步二等奖，主持开发邮政金融大后台管理系统，在全国11个省市广泛应用。

江宁先生，1970年出生，硕士，高级工程师，现任本公司技术发展中心系统分析员。曾担任湖南省邮电科学研究院副总工程师，曾主持开发IC卡公话省级管理系统并获信息产业部三等奖，主持开发180客户投诉计算机处理系统并获湖南省科技进步四等奖，2000年被评为湖南省劳动模范。

二、董事、监事、高级管理人员和核心技术人员持有公司股份及变动情况

上述人员未直接持有本公司股份，上述人员的家属不存在直接或间接持有本公司股份的情况。

## 第七节　同业竞争与关联交易

一、关于同业竞争

本公司的主营业务为软件开发和系统集成。湖南省邮政局主营业务为邮政基础业务、邮政增值业务、邮政储蓄业务、邮政附属业务等业务。国家邮政局主营国际国内公用邮政业务（包括：函件、包裹、特快专递）、邮政储蓄汇兑、报刊发行、电子信函、各种邮政增值业务。本公司与控股股东湖南省邮政局及其控制的法人、最终控制人国家邮政局及下属的各省（区、市）邮政局之间不存在从事相同、相似业务的情况，不存在同业竞争。

本公司控股股东湖南省邮政局已作出避免同业竞争的书面承诺，承诺其在作为本公司控股股东期间，不从事与本公司经营业务范围相同或相似的业务和经营，不投资控股与本公司经营业务范围相同或相似的企业，任何此类投资、收购与兼并事项都将通过本公司进行。本公司实际控制人国家邮政局亦就同业竞争出具了书面承诺

二、关联方及关联关系和关联交易

1.关联方

本公司的关联方包括：（1）公司8家发起人股东；（2）公司实际控制人国家邮政局；（3）本公司参股及控股公司；（4）除湖南省邮政局外的全国各省、市邮政局；（5）湖南省邮政局下辖各市、州邮政局、湖南省邮政局信息技术局、湖南省邮政局信函广告局、湖南省邮政局速递局、湖南省邮政局邮购局、湖南省邮政局邮票局、湖南省邮政局报刊发行局、湖南省集邮总公司、湖南省邮政局书报刊音像局、湖南省邮政局邮政储汇局、湖南省邮政局长沙邮区中心局、湖南省邮政运输局、湖南省邮电汽车修制总厂、湖南省邮政培训中心、湖南新纪元实业有限责任公司；（6）公司关键管理人员及核心技术人员。

2.关联交易

（1）产品销售

| 关联方名称 | 2003年1－9月 | | 2002年度 | | 2001年度 | | 2000年度 | |
|---|---|---|---|---|---|---|---|---|
| | 金额（万元） | 占销售收入比例 | 金额（万元） | 占销售收入比例 | 金额（万元） | 占销售收入比例 | 金额（万元） | 占销售收入比例 |
| 湖南省各市、州邮政局 | 659 | 5.79% | 974 | 7.56% | 1085 | 11.61% | 2710 | 37.46% |
| 湖南省邮政信息技术局 | 3029 | 26.61% | 3783 | 29.35% | 2678 | 28.66% | 1352 | 18.69% |
| 湖南省邮政局 | 38 | 0.33% | 387 | 3.00% | 95 | 1.02% | - | - |
| 国家邮政局 | 304 | 2.67% | 382 | 2.96% | 429 | 4.59% | - | - |
| 湖南省外其他省、市邮政局 | 392 | 3.44% | 615 | 4.77% | 662 | 7.09% | 42 | 0.58% |
| 合计 | 4422 | 38.85% | 6141 | 47.64% | 4949 | 52.97% | 4104 | 56.74% |

（2）补贴收入

| 项目 | 2003年1－9月 | 2002年度 | 2001年度 | 2000年度 |
|---|---|---|---|---|
| 科研经费补贴（元） | - | - | 1,186,000.00 | 1,502,000.00 |

（3）本公司向湖南省邮政局有偿租赁位于开福区东风二村面积为3518.73平方米的一宗土地，租金每年10万元。

（4）借款担保

2003年1－9月份，湖南省邮政局为本公司13,000万元银行借款提供了担保。

（5）关于公司关联交易的说明

本公司是全国邮政行业内的重点科研企业和技术支撑单位，主要从事与邮政业务相关的应用软件、支撑软件开发和系统集成业务，公司的历史沿革和产品特性使得公司在业务经营中存在数量较大的关联交易。

国内邮政行业的软件开发和系统集成市场是一个完全开放的市场，公司关联交易合同均是按照市场原则以招投标方式获得。为规范关联交易，公司建立了关联股东和关联董事的回避制度和独立董事制度，保证关联交易按照公正、公平的原则进行。

公司独立董事认为公司与关联方发生的关联交易是正常的公司经营和市场运作行为，有利于公司的业务拓展，关联交易合同的条款公平、公正、合法，没有损害公司及其他股东的利益。

## 第八节　财务会计资料

一、注册会计师意见

本公司已聘请天职孜信会计师事务所有限公司对公司2000年度、2001年度、2002年度、2003年1－9月财务会计报表进行了审计，并出具了标准无保留意见的审计报告（天孜湘审［2003］第2－240号）。以下引用的财务会计数据，非经特别说明，均引自经审计的会计报表。

二、简要会计报表

1.简要合并利润表　　　　单位：人民币元

| 项目 | 2003 年度 1－9 月 | 2002 年度 | 2001 年度 | 2000 年度 |
|---|---|---|---|---|
| 一、主营业务收入 | 113,823,831.10 | 128,902,770.99 | 93,429,049.96 | 72,329,822.56 |
| 减:主营业务成本 | 82,759,979.89 | 92,030,510.60 | 61,925,486.12 | 41,447,444.30 |
| 主营业务税金及附加 | 895,870.09 | 975,958.55 | 683,551.35 | 1,330,060.31 |
| 二、主营业务利润 | 30,167,981.12 | 35,896,301.84 | 30,820,012.49 | 29,552,317.95 |
| 加:其他业务利润 | 471,668.20 | 548,642.38 | 475,905.79 | 286,809.61 |
| 减:营业费用 | 4,287,892.19 | 6,918,240.90 | 6,810,351.86 | 11,132,902.33 |
| 管理费用 | 12,126,334.04 | 12,661,610.45 | 11,825,088.09 | 13,764,189.67 |
| 财务费用 | 4,288,182.64 | 2,645,385.84 | 152,387.44 | 424,812.15 |
| 三、营业利润 | 9,937,240.45 | 14,219,707.03 | 12,508,090.89 | 4,517,223.41 |
| 加:投资收益 | 1,020,000.00 | 816,000.00 | －4,543.60 | 1,079,048.92 |
| 补贴收入 | 2,453,451.29 | 3,090,853.87 | 1,186,000.00 | 1,502,000.00 |
| 营业外收入 | 3,800.00 | － | 93,380.50 | 440,144.74 |
| 减:营业外支出 | 50,050.00 | 129,051.16 | 1,749.44 | 659,427.29 |
| 四、利润总额 | 13,364,441.74 | 18,816,509.74 | 13,781,178.35 | 6,878,989.78 |
| 减:所得税 | － | － | － | 305,549.72 |
| 减:少数股东损益 | －114,989.74 | －349,400.34 | 8,459.11 | －1,749,302.43 |
| 五、净利润 | 13,479,431.48 | 19,165,910.08 | 13,772,719.24 | 8,322,742.49 |

2.简要合并资产负债表　　单位:人民币元

| 项目 | 2003.9.30 | 2002.12.31 | 2001.12.31 | 2000.12.31 |
|---|---|---|---|---|
| 流动资产: | | | | |
| 货币资金 | 56,350,906.46 | 27,754,396.16 | 35,063,428.68 | 31,832,157.57 |
| 应收帐款 | 37,553,222.15 | 33,987,798.91 | 28,705,437.25 | 31,793,483.62 |
| 其他应收款 | 16,127,313.61 | 9,875,179.04 | 6,620,119.11 | 9,528,242.55 |
| 预付帐款 | 44,245,687.05 | 30,104,267.79 | 2,993,300.29 | 6,374,547.03 |
| 存货 | 36,505,410.29 | 33,604,768.63 | 26,948,127.46 | 16,929,043.78 |
| 待摊费用 | － | － | － | 2,124,848.77 |
| 流动资产合计 | 190,782,539.56 | 135,326,410.53 | 100,330,412.79 | 98,582,323.32 |
| 长期投资: | | | | |
| 长期股权投资 | 13,574,470.00 | 11,584,470.00 | 13,579,926.40 | 11,624,470.00 |
| 长期投资合计 | 13,574,470.00 | 11,584,470.00 | 13,579,926.40 | 11,624,470.00 |
| 固定资产: | | | | |
| 固定资产原价 | 115,754,768.41 | 103,690,292.31 | 33,541,782.80 | 28,279,825.86 |
| 减:累计折旧 | 19,678,531.62 | 13,555,560.55 | 10,434,220.37 | 7,859,443.06 |
| 固定资产净值 | 96,076,236.79 | 90,134,731.76 | 23,107,562.43 | 20,420,382.80 |
| 固定资产净额 | 96,076,236.79 | 90,134,731.76 | 23,107,562.43 | 20,420,382.80 |
| 在建工程 | | 1,666,575.00 | 25,378,216.11 | 13,369,841.56 |
| 固定资产合计 | 96,076,236.79 | 91,801,306.76 | 48,485,778.54 | 33,790,224.36 |
| 无形资产及其他资产: | | | | |
| 无形资产 | 8,250,344.25 | 8,383,062.72 | 8,560,020.68 | 8,734,715.00 |
| 无形资产及其他资产合计 | 8,250,344.25 | 8,383,062.72 | 8,560,020.68 | 8,734,715.00 |
| 资产总计 | 308,683,590.60 | 247,095,250.01 | 170,956,138.41 | 152,731,732.68 |
| 流动负债: | | | | |
| 短期借款 | 130,200,000.00 | 85,200,000.00 | 15,200,000.00 | 12,500,000.00 |
| 应付票据 | 5,502,245.01 | 3,819,836.01 | － | － |
| 应付帐款 | 6,834,611.06 | 3,779,335.18 | 8,483,658.77 | 7,562,066.44 |
| 预收帐款 | 3,875,618.45 | 2,287,252.65 | 2,186,294.89 | 5,615,945.18 |
| 应付工资 | 460,173.48 | 1,095,286.94 | 2,492,553.11 | 601,985.89 |
| 应付福利费 | 398,062.36 | 1,734,334.92 | 2,295,275.23 | 1,015,980.02 |
| 应付股利 | 16,291,023.57 | 16,291,023.57 | 18,492,638.26 | － |
| 应交税金 | 2,695,203.85 | 2,510,730.77 | 3,403,837.78 | 4,385,459.04 |
| 其他应交款 | 52,042.71 | 51,232.84 | 77,759.63 | 457,048.34 |
| 其他应付款 | 15,308,444.37 | 16,624,493.13 | 8,741,067.52 | 6,298,734.63 |
| 流动负债合计 | 181,617,424.86 | 133,393,526.01 | 61,373,085.19 | 38,437,219.54 |
| 负债合计 | 181,617,424.86 | 133,393,526.01 | 61,373,085.19 | 38,437,219.54 |
| 少数股东权益 | 2,397,528.49 | 2,512,518.23 | 1,268,733.96 | 1,260,274.86 |
| 股东权益 | | | | |
| 股本 | 68,250,000.00 | 68,250,000.00 | 68,250,000.00 | 68,250,000.00 |
| 资本公积 | 36,750,000.00 | 36,750,000.00 | 36,750,000.00 | 36,750,000.00 |
| 盈余公积 | 6,189,205.77 | 6,189,205.77 | 3,314,319.26 | 1,248,411.37 |
| 其中:公益金 | 2,063,068.58 | 2,063,068.58 | 1,104,773.08 | 416,137.12 |
| 未分配利润 | 13,479,431.48 | － | － | 6,785,826.91 |
| 股东权益合计 | 124,668,637.25 | 111,189,205.77 | 108,314,319.26 | 113,034,238.28 |
| 负债及权益合计 | 308,683,590.60 | 247,095,250.01 | 170,956,138.41 | 152,731,732.68 |

3.简要合并现金流量表　　单位:人民币元

| 项目 | 2003 年度 1－9 月 | 2002 年度 |
|---|---|---|
| 经营活动产生的现金流量净额 | 355,543.24 | －26,713,860.60 |
| 投资活动产生的现金流量净额 | －12,463,954.67 | －30,817,014.32 |
| 筹资活动产生的现金流量净额 | 40,704,921.73 | 50,221,842.40 |
| 现金及现金等价物净增加额 | 28,596,510.30 | －7,309,032.52 |

三、主要财务指标

| 项　　目 | 2003 年 1－9 月 | 2002 年 | 2001 年 | 2000 年 |
|---|---|---|---|---|
| 流动比率 | 1.05 | 1.01 | 1.63 | 2.57 |
| 速动比率 | 0.85 | 0.76 | 0.86 | 2.12 |
| 存货周转率(次) | 2.36 | 3.08 | 2.83 | 2.88 |
| 应收账款周转率(次) | 3.18 | 3.77 | 2.89 | 2.31 |
| 资产负债率(母公司) | 57.80% | 53.60% | 34.73% | 16.24% |
| 每股收益(摊薄)(元) | 0.198 | 0.281 | 0.2018 | 0.1219 |
| 净资产收益率(摊薄) | 10.81% | 17.24% | 12.71% | 7.36% |
| 扣除非经常损益后净资产收益率(摊薄) | 10.03% | 16.62% | 11.55% | 6.02% |
| 每股经营活动现金流量(元) | 0.0052 | －0.3914 | 0.237 | 0.0482 |
| 每股净现金流量(元) | 0.4190 | －0.1071 | 0.0473 | 0.3506 |

按《公开发行证券公司信息披露编报规则第 9 号—净资产收益率和每股收益的计算及披露》要求计算的发行前的净资产收益率和每股收益如下:

| 报告期利润 | 2003 年 1－9 月 | | | | 2002 年度 | | | | 2001 年度 | | | | 2000 年度 | | | |
|---|---|---|---|---|---|---|---|---|---|---|---|---|---|---|---|---|
| | 净资产收益率(%) | | 每股收益(元) | | 净资产收益率(%) | | 每股收益(元) | | 净资产收益率(%) | | 每股收益(元) | | 净资产收益率(%) | | 每股收益(元) | |
| | 全面摊薄 | 加权平均 | 全面摊薄 | 加权平均 | 全面摊薄 | 加权平均 | 全面摊薄 | 加权平均 | 全面摊薄 | 加权平均 | 全面摊薄 | 加权平均 | 全面摊薄 | 加权平均 | 全面摊薄 | 加权平均 |
| 主营业务利润 | 24.2 | 25.58 | 0.442 | 0.442 | 32.28 | 32.71 | 0.526 | 0.526 | 28.45 | 27.85 | 0.4516 | 0.4516 | 14.56 | 21.2 | 0.433 | |
| 营业利润 | 7.97 | 8.43 | 0.146 | 0.146 | 12.79 | 12.96 | 0.208 | 0.208 | 11.55 | 11.31 | 0.1833 | 0.1833 | 6.02 | 8.76 | 0.066 | |
| 净利润 | 10.81 | 11.43 | 0.198 | 0.198 | 17.24 | 17.46 | 0.281 | 0.281 | 12.71 | 12.44 | 0.2018 | 0.2018 | 7.36 | 10.72 | 0.1219 | |
| 扣除非经常性净损益后的净利润 | 10.03 | 10.6 | 0.183 | 0.183 | 16.62 | 16.84 | 0.271 | 0.271 | 11.55 | 11.31 | 0.1833 | 0.1833 | 6.02 | 8.76 | 0.0873 | |

## 第九节　其他重要事项

一、自本公司股票首次公开发行之日至本上市公告书公告前,本公司严格依照国家现行法律、法规的规定,规范运行,生产经营情况正常,没有发生可能对本公司产生较大影响的其他重要事项。

二、根据《上海证券交易所股票上市规则》的有关规定,本公司控股股东湖南省邮政局承诺:自本公司股票上市之日起 12 个月内,不转让其持有的本公司的股份,也不由本公司回购其所持有的股份。

## 第十节　董事会上市承诺

本公司董事会承诺将严格遵守《中华人民共和国公司法》、《中华人民共和国证券法》、《股票发行与交易管理暂行条例》、《公开发行股票公司信息披露实施细则》和《上海证券交易所股票上市规则》等国家法律、法规和有关规定,并自股票上市之日起做到:

一、承诺真实、准确、完整、公允和及时地公布定期报告,披露所有对投资者有重大影响的信息,并接受中国证监会、上海证券交易所的监督管理;

二、承诺本公司在知悉可能对股票价格产生误导性影响的任何公共传播媒介中出现的消息后,将及时予以公开澄清;

三、本公司董事、监事、高级管理人员和核心技术人员将认真听取社会公众的意见和批评,不利用已获得的内幕消息和其他不正当手段直接或间接从事本公司股票的买卖活动;

四、本公司没有无记录的负债。

## 第十一节　上市推荐人及其意见

一、上市推荐人情况

名称:长江证券有限责任公司

法定代表人:明云成

住所:武汉市新华下路特 8 号

电话:(0755)83566335

传真:(0755)83566335

联系人:刘钢、唐为

二、上市推荐人意见

本公司上市推荐人认为,本公司章程符合《中华人民共和国公司法》等有关法律、法规和中国证监会关于公司章程的相关规定。本公司首次公开发行的股票完全符合《中华人民共和国公司法》、《中华人民共和国证券法》、《上海证券交易所股票上市规则》等有关法律、法规的规定,已具备了上市的条件。

上市推荐人保证本公司的董事了解法律、法规、上海证券交易所上市规则及股票上市协议规定的董事的义务与责任,并协助本公司健全了法人治理结构、制定了严格的信息披露制度与保密制度。上市推荐人已对上市文件所载的资料进行了核实,确保上市文件真实、准确、完整,符合规定要求。保证本公司的上市申请材料、上市公告书没有虚假、严重误导性陈述或者重大遗漏,并保证对其承担连带责任。

上市推荐人愿意推荐本公司股票在上海证券交易所上市交易,并保证不利用在上市过程中获得的内幕信息进行内幕交易,为自己或他人谋取利益。

湖南湘邮科技股份有限公司

二 OO 三年十二月五日

# 600487 江苏亨通光电股份有限公司

## 首次公开发行股票招股说明书摘要

### 第一节 特别提示和特别风险提示

本公司特别提醒投资者注意"风险因素"中的下列投资风险：

1.主要股东控制风险。本次发行后，亨通集团仍持有本公司52.34%的股份，为本公司的控股股东。目前崔根良先生持有亨通集团50.007%的股份，为股份公司的实际控制人。如果崔根良先生和亨通集团利用其大股东地位决定本公司重大人事、经营决策等，本公司的生产经营与业绩将因此而受到影响。

2.净资产收益率下降引致的风险。本次发行后，预计可募集资金38,016.60万元，本公司的净资产将由发行前的19,149.30万元增加至57,165.90万元，增长1.99倍，净资产收益率将由2002年度的27.03%下降至8.86%(按2002年度实现净利润全面摊薄计算)，因此公司面临净资产收益率被稀释的风险。

3.募集资金投向市场风险。公司本次募股资金主要投资于光纤拉丝技术改造项目和掺铒光纤放大器等五个项目。中国电信业通过近几年的迅猛发展，未来的增长速度将逐步趋缓，国内光纤光缆生产规模日益扩大，国外光纤光缆企业的不断介入，光纤及掺铒光纤放大器的市场竞争日趋激烈。从而公司募股资金投资中的光纤拉丝技术改造项目和掺铒光纤放大器项目将存在一定市场风险。

4.资产负债率较高引致的风险。2000年12月31日、2001年12月31日、2002年12月31日和2003年3月31日，本公司的资产负债率分别为66.52%、64.52%、64.69%和63.61%，这虽然是公司经营规模快速扩张的结果，但由此也削弱了公司进一步贷款融资的能力并可能产生相关的财务风险。

5.行业波动风险。受全球信息产业自身周期性波动、中国电信改革以及国内光缆供求变动的影响，国内光缆光纤行业近两年波动较大，继2001年度大幅增长后，2002年出现回落。公司经营业绩相应大幅波动：2001年度与2000年相比，主营业务收入增长100%，主营业务利润增长103.87%，利润总额增长65.99%；而2002年度与2001年相比，主营业务收入下降21.25%，主营业务利润下降42.70%，利润总额下降32.47%。虽然与国内同行业已上市公司相比，公司主要财务指标相对较好，但随着国内电信业加强市场化经营、国外光缆光纤厂商进入，国内光缆光纤行业的竞争将加剧，行业增长与波动的全球化程度也进一步提高，公司经营业绩的稳定性受到影响。

6.经营业绩下滑的风险。由于近两年国内光缆光纤行业盈利能力整体下滑，公司作为国内光缆的主要供应厂商，经营业绩相应下降：近三年又一期主营业务收入分别为401,189,532.49元、802,759,295.21元、632,155,060.01元和104,484,102.54元，主营业务毛利率分别为30.70%、31.28%、21.84%和16.65%，净利润分别为44,347,977.94元、70,326,932.19元、50,660,799.27元、4,045,484.40元。虽然目前国内电信行业投资有所复苏，但由于光缆价格尚未全面回升，公司2003年1～3月主营业务毛利率较2002年下降，公司经营业绩面临继续下滑的风险。

### 第二节 本次发行概况

| | |
|---|---|
| 股票种类 | 人民币普通股 |
| 每股面值 | 1.00元 |
| 发行股数<br>占发行后总股本的比例 | 3500万股<br>占发行后总股本27.75% |
| 发行价格 | 11.20元 |
| 标明计量基础和口径的市盈率 | 20倍(按2002年度净利润及2002年末总股本全面摊薄计算) |
| 发行前每股净资产<br>发行后每股净资产 | 2.10元(2002年12月31日)<br>4.53元(扣除发行费用) |
| 市净率(发行价/发行后每股净资产) | 247.24% |
| 发行方式 | 向二级市场投资者定价配售 |
| 发行对象 | 在配售发行申购日之前第三个交易日，持有上交所或深交所已上市流通人民币普通股(A股)股票收盘市值和总和(包括可流通但暂时锁定的股份市值)不少于10,000元的投资者。沪市、深市二级市场投资者都可参加本次发行的申购。申购时，投资者分别使用其所持的沪市、深市的股票市值。 |
| 本次发行股份的上市流通 | 本次发行结束后将尽快申请上证所挂牌交易 |
| 承销方式 | 余额包销 |
| 本次发行预计实收募股资金 | 38,016.60万元 |
| 发行费用概算 | 1,183.40万元 |

### 第三节 发行人基本情况

一、发行人基本资料

| | |
|---|---|
| 注册中文名称 | 江苏亨通光电股份有限公司 |
| 英文名称 | JIANGSU HENGTONG PHOTOELECTRIC STOCK CO.,LTD |
| 法定代表人 | 崔根良 |
| 成立(工商注册)日期 | 1999年12月14日 |
| 住所及其邮政编码 | 江苏省吴江市七都镇 215234 |
| 电话、传真号码 | (0512)63802858 63801518 |
| 互联网网址 | www.htgd.com.cn |
| 电子信箱 | htgd@htgd.com.cn |

二、发行人历史沿革及经历的改制重组情况：

1.发行人设立方式和批准设立的机构

江苏亨通光电股份有限公司系经江苏省人民政府苏政复[1999]144号文件批准，以线缆总厂作为主发起人，由吴江妙都光缆有限公司整体变更设立的股份公司。

吴江妙都光缆有限公司系中日合资经营企业，于1993年4月26日经吴江市对外经济贸易委员会吴外经(93)字第354号文批准成立，注册资本200万美元，其中中方线缆总厂出资150万美元，占注册资本的75%；日本株式会社妙香园出资50万美元，占注册资本的25%。妙都公司分别于1994年、1996年、1998年实行增资，注册资本增至1,146.50万美元。

1997年9月、1999年1月，合资中方线缆总厂分别向天津市电话器材公司、昆明市电信局职工技协服务部转让其持有的妙都公司2.1%、3.15%的股权。1999年9月，线缆总厂受让日本株式会社妙香园持有的妙都公司的25%的股权，经吴江市对外经济贸易委员会以吴外经(99)字第159号文批准，妙都公司变更为内资企业。1999年9月，线缆总厂将其持有的妙都公司的13.889%、3.152%、3.152%和2.102%股权分别转让给毛慧苏女士、苏州电力实业总公司、吴江市电力实业总公司和吴江亨利光电材料有限责任公司，并办理了工商变更登记手续。

2.发起人及其投入资产的内容

本公司的发起人为线缆总厂、毛慧苏女士、苏州电力实业总公司、吴江市电力实业总公司、吴江亨利光电材料有限责任公司、天津市电话器材公司、昆明市电信局职工技协服务部。

2000年8月，亨通集团规范登记为有限责任公司，依据国家工商行政管理局《公司登记管理若干问题的规定》关于"有限责任公司不得设立非公司的企业法人"的规定，亨通集团申请并经核准于2000年8月注销了线缆总厂，依法承继了线缆总厂所有的资产、负债及相应的权利、义务，因而成为本公司控股股东。2001年3月，苏州电力实业总公司、吴江市电力实业总公司分别更名为苏州苏源电力实业总公司、吴江市苏源电力实业总公司。

妙都公司变更为股份公司后，股份公司依法承继了其全部资产与负债，并履行了相关法律手续，土地使用权证书、房屋产权证书、专利证书等都依法办理了变更手续，不存在产权纠纷。妙都公司截止1999年9月30日账面净资产经审计为91,122,603.94元。上海长江会计师事务所出具的沪长会师验报字(99)第696号验资报告对江苏亨通光电股份有限公司(筹)截止1999年12月10日的实收股本及相关资产和负债的真实性和合法性进行了验证。

三、有关股本的情况

1.本次发行前后的股本结构：

| 股份类别 | 股东名称 | 发行前 | | 发行后 | |
|---|---|---|---|---|---|
| | | 股数(万股) | 比例(%) | 股数(万股) | 比例(%) |
| 未上市流通股份 | | 9,112.00 | 100.00 | 9,112.00 | 72.25 |
| 发起人股份 | | 9,112.00 | 100.00 | 9,112.00 | 72.25 |
| 境内法人持有股份 | 亨通集团有限公司 | 6,601.74 | 72.45 | 6,601.74 | 52.34 |
| | 天津市电话器材公司 | 191.53 | 2.10 | 191.53 | 1.52 |
| | 昆明市电信局职工技协服务部 | 287.21 | 3.15 | 287.21 | 2.28 |
| | 苏州苏源电力实业总公司 | 287.21 | 3.15 | 287.21 | 2.28 |
| | 吴江市苏源电力实业总公司 | 287.21 | 3.15 | 287.21 | 2.28 |
| | 吴江亨利光电材料有限公司 | 191.53 | 2.10 | 191.53 | 1.52 |
| 其他 | 自然人：毛慧苏女士 | 1,265.57 | 13.89 | 1,265.57 | 10.03 |
| 社会公众股 | | | | 3,500.00 | 27.75 |
| 合计 | | 9,112.00 | 100.00 | 12612 | 100.00 |

注：本公司不存在国家持有的股份、境外法人持有的股份、募集法人股、内部职工股等情况。

2.亨通集团有限公司持有吴江亨利光电材料有限公司76%的股权，除上述关联关系外，本公司股东间不存在其他关联关系。

四、内部职工股情况

本公司未发行过内部职工股。

五、发行人业务情况

1.发行人的主营业务

本公司主营业务为光纤光缆的生产与销售。

2.产品及用途

| 产品 | 普通层绞式光缆 | 层绞式光纤带光缆 | 普通中心束管式光缆 | 中心束管式光纤带光缆 | 钢丝铠装光缆 | ADSS光缆 | 室内软光缆 |
|---|---|---|---|---|---|---|---|
| 用途 | 架空、管道、直埋、农话用 | 局间通信和接入网传输 | 架空、管道、直埋用 | 局间通信和接入网传输 | 水下用 | 电力系统用光缆 | 室内用 |

3.销售方式与渠道

公司产品直接销售给中国移动、中国联通、中国电信等客户。

4.所需主要原材料

公司生产所需原材料主要为光纤、护套料、PBT塑管、钢(铝)带等。

5.行业竞争情况以及行业中的竞争地位

目前，国内光纤光缆生产厂家达150家之多，竞争激烈。根据2002年上半年《人民邮电报》，经中国邮电器材总公司授权刊登，2001年度公司销售量已上升为全国同行业第三位。

六、发行人业务及生产经营有关的资产权属情况

公司自主拥有房产、土地使用权、商标、专利及非专利技术。

七、同业竞争和关联交易

1.同业竞争情况

本公司实际控制人及其控制的其它法人与本公司之间不存在同业竞争情况，并承诺今后也

不从事与本公司相竞争的业务。

2.关联交易情况

| 交易内容 | 2002 年 | | 2001 年 | | 2000 年 | |
|---|---|---|---|---|---|---|
| | 金额（万元） | 所占比例(%) | 金额（万元） | 所占比例(%) | 金额（万元） | 所占比例(%) |
| 1.购买辅助材料 | 2,699.49 | 6.81 | 6,429.01 | 10.97 | 1,724.02 | 6.03 |
| 2.委托进口原料 | 5,321.97 | 13.44 | 24,653.51 | | | |
| 3.销售材料 | 858.94 | 1.38 | 2,771.31 | 3.30 | 42.41 | 0.10 |
| 4.委托加工 | 984.82 | - | 5,077.03 | | | |
| 5.购买固定资产 | | | | | 1,062.48 | |
| 6.出售固定资产 | | | | | 1,657.32 | |
| 7.委托经营 | 16.67 | - | 25.00 | | | |
| 8.向关联方融资 | | | | | 5,278.54 | 100.00 |
| 9.综合服务 | 60.00 | - | 60.00 | - | 60.00 | |
| 10.担保 | | | | | 13,320 | |
| 11.为了消除同业竞争,股份公司2002年5月受让亨通集团所持有的上海亨通的52%股权,价款2,680.28万元。 | | | | | | |

2003 年 1～3 月公司的关联交易情况为:购买辅助材料 773.17 万元,占同期外购材料的 9.33%;接受亨通集团提供综合服务,金额为 41.80 万元。

3.同业竞争与关联交易的措施

(1)公司为消除同业竞争,于 2001 年 6 月受托经营管理上海亨通,于 2002 年 5 月收购了亨通集团所持上海亨通的 52%的股权,成为上海亨通的控股股东。

(2)本公司控股上海亨通后,终止了委托经营、出售材料及委托上海亨通加工两项关联交易。2002 年 1 月 31 日,本公司取得自营进出口权,于次月 4 日与亨通集团签订协议,终止了委托进口原料的关联交易。

(3) 本公司控股股东出具了《不予竞争承诺函》,承诺集团公司及由其控股的子公司将不从事与股份公司目前主营业务(即光缆产品的生产和销售)相同的业务;如今后股份公司从事新的业务,则集团公司亦将避免与股份公司在同一业务领域内进行竞争。

本公司公司章程中对有关关联交易的决策权力与程序做出了严格规定。

本公司控股股东亨通集团承诺,对于因集团公司作为控股股东控制本公司而使本公司的合法利益受到损害,由此产生的损失,集团公司愿承担赔偿责任。

4.中介机构的意见

(1)公司独立董事认为:公司该等关联交易均为生产经营所必需或为减少同业竞争规范运作而发生的,均履行了法定批准程序,符合公允性原则,不存在损害公司利益或影响公司独立性的情形。

(2)主承销商平安证券认为:

“控股股东亨通集团及其下属控股子公司与亨通光电不存在同业竞争,并且已作出避免竞争承诺,避免与亨通光电进行同业竞争。

本招股说明书所披露关联方、关联关系、关联交易全面充分,关联交易决策程序合法有效,交易价格公允,不存在损害发行人及中小股东利益的情形。”

(3)发行人律师认为:亨通光电与关联方不存在同业竞争;亨通集团以书面承诺的方式,避免与亨通光电进行同业竞争。

上述关联交易是在一般商业条件下按照自愿、公平、诚信、等价有偿的原则进行的,其计价是公允的,并不存在损害发行人及其他股东利益的情况;同时发行人已采取了必要措施,以保护其他股东的利益;上述关联交易均经过发行人董事会审议批准,且发行人董事会在审议该等关联交易时,关联董事均予以回避表决。故本所律师认为,上述重大关联交易,除 2000 年发行人向关联方短期借款这一行为不规范以外,均是合法、有效的。

(4)申报注册会计师认为:经审核,对发行人上述重大关联交易事项,我们未发现存在影响发行人财务状况和经营业绩公允性的情形,发行人对上述关联交易的会计处理符合《关联方之间出售资产等有关会计处理问题暂行规定》。

八、董事、监事、高级管理人员

上述人员基本情况及其兼职、薪酬情况以及与发行人及其控股子公司间的股权关系或其他利益关系如下。(见附表)

九、发行人控股股东及其实际控制人的基本情况。

1994 年 3 月 8 日江苏省经济体制改革委员会批准,以线缆总厂为主体建立具有法人资格的“江苏亨通集团公司”,同年 4 月 15 日登记成立。

2000 年,吴江市七都镇人民政府以七政发【2000】15 号文件《关于同意亨通集团公司改制的批复》,同意“亨通集团公司以经清产、评估、剥离确认后的净资产 160,533,854.54 元进行转制,同意由亨通集团公司工会股东出资 38,210,000 元与自然人崔根良出资 38,200,000 元,形成总股本为 76,410,000 元的亨通集团有限公司。剩余的是资本公积为 53,024,854 元和盈余公积为 31,099,000.54 元”。2000 年 11 月 1 日经国家工商行政管理局核准,亨通集团公司变更为亨通集团有限公司,并于同年 11 月 28 日在吴江市工商行政管理局办理了变更登记。改制变更后的公司制企业法人亨通集团有限公司注册资本 7,641 万元。

2001 年 5 月 15 日和 6 月 20 日,为规范工会间接持股问题,经两次股权转让后,股东变更为崔根良、孙根荣、沈明权、沈鑫仁、戴小林等 31 个自然人。

亨通集团有限公司目前已成为国内大型线缆企业集团公司,其主要产品通信电缆,销量连续六年领先于国内同行。

亨通集团除持有本公司 72.451%股份外,还控股江苏亨通线缆有限公司、江苏亨通电力电缆有限公司、吴江亨利光电材料有限责任公司、吴江亨通电力电缆有限公司、苏州亨通信息科技有限公司、吴江亨通光电科技有限公司。

十、简要财务会计信息

1.简要会计报表(单位:元)

(1)简要利润表

| 项　　目 | 2003 年 1～3 月 | 2002 年度 | 2001 年度 | 2000 年度 |
|---|---|---|---|---|
| 主营业务收入 | 104,484,102.54 | 632,155,060.01 | 802,759,295.21 | 401,189,532.49 |
| 主营业务成本 | 87,092,424.19 | 482,766,979.35 | 545,820,443.51 | 274,535,830.28 |
| 主营业务税金及附加 | 1,023,719.09 | 5,514,883.56 | 5,847,632.70 | 3,492,207.66 |
| 主营业务利润 | 16,367,959.26 | 143,873,197.10 | 251,091,219.00 | 123,161,494.55 |
| 其它业务利润 | 185,277.73 | 1,318,229.29 | 2,099,132.67 | 970,366.97 |
| 营业费用 | 3,984,491.39 | 37,735,076.80 | 107,818,567.70 | 38,863,658.18 |
| 管理费用 | 4,679,804.47 | 22,311,769.85 | 23,661,042.91 | 12,425,300.91 |
| 财务费用 | 2,294,509.09 | 9,590,334.81 | 9,036,623.75 | 5,400,265.63 |
| 营业利润 | 5,594,432.04 | 75,554,244.93 | 112,674,117.31 | 67,442,636.80 |
| 投资收益 | - | -38,201.96 | | |
| 营业外收入 | 27,391.00 | 123,125.95 | 10,023.80 | 20,540.00 |
| 营业外支出 | 24,670.00 | 108,582.70 | 836,522.10 | 81,230.00 |
| 利润总额 | 6,109,153.04 | 75,530,586.22 | 111,847,589.01 | 67,381,946.80 |
| 所得税 | 2,042,112.81 | 24,221,234.19 | 41,520,656.82 | 23,033,968.86 |
| 少数股东损益 | 21,555.83 | 648,552.76 | | |
| 净利润 | 4,045,484.40 | 50,660,799.27 | 70,326,932.19 | 44,347,977.94 |

(2)简要资产负债表

| 项　　目 | 2003.03.31 | 2002.12.31 | 2001.12.31 | 2000.12.31 |
|---|---|---|---|---|
| 货币资金 | 44,225,328.72 | 31,239,364.56 | 34,496,196.03 | 27,174,523.40 |
| 应收票据 | 522,032.00 | 3,919,800.00 | 0.00 | 0.00 |
| 应收账款 | 181,832,594.78 | 192,143,441.52 | 91,121,381.11 | 145,020,970.21 |
| 其它应收款 | 18,950,075.06 | 23,698,859.01 | 19,739,807.35 | 4,601,056.18 |
| 预付账款 | 23,204,088.89 | 16,784,578.40 | 10,628,012.02 | 5,998,316.76 |
| 存　货 | 164,194,938.18 | 164,075,604.32 | 224,248,632.57 | 137,928,790.79 |
| 流动资产合计 | 432,929,057.63 | 431,861,647.81 | 380,234,029.08 | 320,723,657.34 |
| 固定资产原价 | 212,792,405.47 | 212,303,146.47 | 125,215,850.82 | 120,711,028.11 |
| 累计折旧 | 69,255,571.84 | 65,607,181.22 | 45,459,794.49 | 36,085,454.94 |
| 固定资产净值 | 143,536,833.63 | 146,695,965.25 | 79,756,056.33 | 84,625,573.17 |
| 无形资产 | 2,470,956.36 | 2,484,170.04 | 2,537,024.76 | 2,589,879.48 |
| 长期待摊费用 | | 0.00 | 0.00 | 907,007.54 |
| 资产总计 | 578,936,847.62 | 581,041,783.10 | 462,527,110.17 | 408,846,117.53 |
| 短期借款 | 90,700,000.00 | 55,000,000.00 | 0.00 | 0.00 |
| 应付票据 | 3,000,000.00 | 12,601,835.39 | 0.00 | 0.00 |
| 应付账款 | 100,049,054.06 | 100,520,958.18 | 36,115,370.61 | 29,521,226.91 |
| 预收账款 | 18,029,132.05 | 19,478,295.35 | 9,518,436.36 | 44,194,000.34 |
| 应付工资 | 390,038.89 | 3,563,388.82 | 5,386,096.66 | 4,258,971.82 |
| 应付福利费 | 4,425,227.51 | 4,326,368.50 | 3,010,674.40 | 1,689,989.08 |
| 应付股利 | 27,336,000.00 | 27,336,000.00 | 13,668,000.00 | 0 |
| 应交税金 | 5,933,479.75 | 15,128,608.71 | 17,106,312.31 | 18,554,765.99 |
| 其它应交款 | 4,160,974.39 | 4,288,296.69 | 2,257,527.30 | 1,016,321.53 |
| 其它应付款 | 54,963,135.18 | 73,557,271.37 | 60,081,986.59 | 27,274,123.80 |
| 预提费用 | 2,432,142.15 | 1,836,511.68 | 3,303,051.41 | 0.00 |
| 一年内到期的长期负债 | 50,000,000.00 | 0.00 | 87,244,142.60 | 145,437,888.24 |
| 流动负债合计 | 361,419,183.98 | 317,637,534.69 | 237,691,598.24 | 271,947,287.71 |
| 长期借款 | | 50,081,125.00 | | |
| 长期应付款 | | 0.00 | 60,712,800.00 | 0 |
| 专项应付款 | 1,078,500.00 | 951,000.00 | | |
| 负债合计 | 362,497,683.98 | 368,669,659.69 | 298,404,398.24 | 271,947,287.71 |
| 少数股东权益 | 24,946,168.04 | 24,924,612.21 | 0.00 | 0.00 |
| 股本 | 91,120,000.00 | 91,120,000.00 | 91,120,000.00 | 91,120,000.00 |
| 资本公积 | 2,603.94 | 2,603.94 | 2,603.94 | 2,603.94 |
| 盈余公积 | 48,242,991.72 | 48,242,991.72 | 40,636,543.49 | 16,022,117.22 |
| 公益金 | 8,436,003.23 | 8,436,003.23 | 5,900,520.49 | 2,384,173.88 |
| 未分配利润 | 52,127,399.94 | 48,081,915.54 | 32,363,564.50 | 29,754,108.66 |
| 股东权益合计 | 191,492,995.60 | 187,447,511.20 | 164,122,711.93 | 136,898,829.82 |
| 负债及股东权益合计 | 578,936,847.62 | 581,041,783.10 | 462,527,110.17 | 408,846,117.53 |

(3)2002 年简要现金流量表

| 项　　目 | 2003 年 1～3 月 | 2002 年度 |
|---|---|---|
| 经营活动产生的现金流量净额 | -19,400,480.85 | 99,918,275.67 |
| 投资活动产生的现金流量净额 | -489,259.00 | -36,410,234.88 |
| 筹资活动产生的现金流量净额 | 32,875,704.01 | -66,764,872.26 |
| 现金及现金等价物净增加额 | 12,985,964.16 | -3,256,831.47 |

2.近三年一期主要财务指标

| 财务指针 | 2003.03.31 | 2002.12.31 | 2001.12.31 | 2000.12.31 |
|---|---|---|---|---|
| 流动比率 | 1.20 | 1.36 | 1.60 | 1.18 |
| 速动比率 | 0.74 | 0.84 | 0.66 | 0.67 |
| 应收账款周转率 | 0.53 | 4.20 | 6.30 | 2.51 |
| 存货周转率 | 0.52 | 2.55 | 2.96 | 2.22 |
| 资产负债率(%) | 63.61 | 63.45 | 64.52 | 66.52 |
| 净资产收益率(%) | 2.11 | 27.03 | 42.85 | 32.42 |
| 扣除非经常性损益后净资产收益率(全面摊薄)(%) | 2.11 | 27.02 | 43.35 | 33.12 |
| 每股收益(元) | 0.04 | 0.56 | 0.77 | 0.50 |
| 每股经营活动现金流量(元) | -0.21 | 1.10 | - | - |
| 每股净现金流量 | 0.14 | -0.04 | - | - |

3.管理层的简要分析

(1)资产及结构

公司最近三年期末的资产负债率分别为 66.52%、64.52%、64.69%和 63.61%,资产负债率维持在较高水平,主要由于公司近年业务增长与规模扩大所致,同时也表明,公司为满足规模扩张而面临着较大的资金需求。

本公司的流动资产主要为存货、应收账款。应收账款期末余额较 2002 年末有所下降,但 2002 年末余额较 2001 年末余额增长 110%,主要因为 2001 年度光缆产品市场行情供不应求,货款回笼速度较快;2002 年由于国内电信改组、全球 IT 技术产业滑坡等因素影响,光缆价格下降,公司适当放宽客户的结算期从而导致应收帐款余额上升;但公司应收账款质量良好,无呆账、坏账,账龄分布情况为:账龄为 1 年以内的应收账款为 188,839,153.04 元,占应收账款总额 98.56%,且客户主要为电信、广电系统,资信度很高。

公司存货2002年末余额较2001年末余额减少64,343,349.54元,下降了27.85%。公司存货占流动资产的37.99%,占总资产的28.24%,符合本行业生产的特点;公司存货主要为产成品,占存货总额的64.92%,这主要是由于一方面公司是定单生产,材料库存相对要少,另一方面,光缆销售的安装工程周期较长。

(2)偿债能力

2002年度经营活动产生的现金流量净额为99,918,275.67元,公司整体营运资金充足,公司偿债能力较强。

本公司信誉良好,与银行建立了良好的合作关系,公司自成立到现在,从未发生重大债务逾期未能偿还的事项。

(3)主营业务收入及成长

公司主营业务波动较大,表现为2001年度大幅增长后于2002年上半年回落。

公司主营业务收入2001年较以前年度增长较快主要因为:2001年度销售量按同比口径测算较2000年度增长35.32%,同期平均销售单价同比增长47.86%。而2002年主营业务收入较2001年同比下降21.77%,主要影响因素为:销量较2001年同比增长77.95%,平均销售单价同比下降49.02%。因此,近年来公司光缆销售量一直保持稳定、高速增长,公司主营业务波动主要由于光缆价格变动所致。光缆价格波动主要受光纤光缆行业正常周期性波动、中国电信行业改革、国内光缆供求变动的影响。随着2002年全球光缆光纤进入调整期,光纤价格变动减缓,国内光缆光纤价格也趋于平稳,在信息产业部的指导下,随着行业自律的加强,价格下降趋势已得到遏制,业已企稳并略有回升。

4.股利分配情况

(1)股利分配政策

本公司的股利分配遵循同股同利的原则,按各股东所持股份数额分配股利。在每个会计年度结束后的六个月内,由公司董事会根据当年的经营业绩和未来的经营发展计划提出股利分配方案,经股东大会批准后实施。

(2)历年分配情况:

2000年度未分配利润29,435,050.08元于2001年10月份分配并支付。

2001年度向全体股东派发现金红利每股0.15元。

2002年度向全体股东派发现金红利每股0.30元,剩余未分配利润48,081,915.54元,留存有新老股东共享。

(3)本公司将在上市当年进行利润分配,发行当年的滚存利润由新老股东享有。

5.控股子公司上海亨通

上海亨通于2000年9月21日由亨通集团与上海凌云电信器材销售公司共同投资设立,注册资本4,808万元,亨通集团持有52%的股权,主要从事光通信领域的技术开发、服务、咨询等。本公司于2002年5月收购亨通集团所持有的上海亨通52%的股权成为上海亨通的控股股东。上海亨通的法定代表人崔根良,现任总经理李苏明。

上海亨通2001年开始投入生产,主要财务状况如下(其中,2001年财务数据未经审计,2002年财务数据已经上海立信长江会计师事务所审计):

(1)资产状况:

单位:元

| 项目 | 2003.03.31 | 2002.12.31 | 2001.12.31 | 2001.1.1 |
|---|---|---|---|---|
| 流动资产 | 27,016,723.03 | 25,235,161.45 | 76,306,878.67 | 49,467,294.96 |
| 固定资产 | 62,004,890.62 | 63,169,675.48 | 20,243,964.54 | 19,464,968.27 |
| 递延资产及其他资产 | 0 | 0 | 0 | 523,092.81 |
| 资产总额 | 89,021,613.65 | 88,404,836.93 | 96,550,843.21 | 69,455,356.04 |
| 流动负债 | 36,171,930.24 | 35,727,561.49 | 44,811,630.10 | 21,859,374.82 |
| 注册资本 | 48,080,000.00 | 48,080,000.00 | 48,080,000.00 | 48,080,000.00 |
| 所有者权益总额 | 51,971,183.41 | 51,926,275.44 | 51,739,213.11 | 47,595,981.22 |

(2)损益状况:

单位:元

| 项目 | 2003年1～3月 | 2002年度 | 2001年度 |
|---|---|---|---|
| 主营业务收入 | 8,371,757.15 | 45,335,347.69 | 48,256,193.23 |
| 主营业务利润 | 1,262,149.90 | 7,770,808.67 | 12,557,787.85 |
| 营业利润 | -269,167.09 | 667,146.12 | 6,033,380.00 |
| 利润总额 | 52,832.91 | 1,562,348.58 | 6,383,380.00 |
| 净利润 | 44,907.97 | 1,082,264.79 | 3,986,782.06 |

## 第四节　募股资金运用

公司本次发行社会公众股3,500万股,按每股发行价为11.20元计,若发行成功,预计可募集资金总额为39,200万元,扣除发行费用后,可用募集资金为38,016.60万元。根据2003年第一次临时股东大会,本次募股资金投向:

| 项目名称 | 总投资(万元) | 固定资产年度投资计划(万元) | | 产生效益时间 |
|---|---|---|---|---|
| | | 2003年 | 2004年 | |
| 光纤拉丝 | 17,245.4 | 7,063.1 | 8,632.6 | 2005年 |
| ADSS光缆 | 5,116.4 | 4,717.2 | 0 | 2004年 |
| OPGW光缆 | 5,182 | 4,939.9 | 0 | 2004年 |
| 接入网光缆和室内光缆 | 5,802.9 | 4,993 | 0 | 2004年 |
| 掺铒光纤放大器 | 12,511.3 | 8,379.5 | 0 | 2005年 |
| 合　计 | 45,858 | 30,092.7 | 8,632.6 | |

## 第五节　风险因素和其它重要事项

一、风险因素

1.募股资金投向实施风险

本次募股资金主要投向光纤拉丝技术改造项目和掺铒光纤放大器项目等高技术领域,可能会由于技术、管理等因素,影响项目的实施,导致项目的盈利水平下降。

2.应收账款坏账风险

光缆行业竞争十分激烈,为了扩大销售市场,公司采取分期收款的销售策略,加上光缆铺设工期较长,导致应收账款余额较高,本公司2003年3月31日应收账款账面金额为19,159.60万元,其中:账龄一年以下的为18,883.92万元,占98.56%,1～2年的为252.81万元,占1.32%,2～3年的22.87万元,占0.12%。如客户财务状况恶化、破产等,则公司将会面临应收账款呆坏账的风险。

3.主营业务高度集中的风险

目前本公司主营业务集中,利润全部来自于光纤光缆的制造与销售,如果市场竞争加剧,以至光缆行业供过于求,将导致本公司经营收益下降。

4.公司规模扩张带来的人才风险

人才对本公司的发展至关重要。根据本公司的发展规划,本公司将介入光纤拉丝、预制棒制造、光纤放大器等更高技术含量产品的生产,而公司本次发行并上市将带来规模迅速扩张,这将对公司的现有人才结构提出新的要求。若不能吸引、挽留高级研发人才、营销人才和管理人才,公司的发展目标将无法实现。

5.光缆与光纤价格变动引致的风险

光纤为光缆生产的主要原材料,目前光纤成本占制造成本65.55%以上,因此光缆、光纤的价格是影响公司经营业绩的主要因素。2001年以前,光纤、光缆价格呈同方向变动,如公司2001年度资料表明,光纤价格的月均下降幅度(4.34%)大于光缆价格下降幅度(2.05%),公司业务的盈利能力较强并且稳定。但2002年度因行业竞争、市场供大于求、中国电信改革推迟光缆工程规划等因素影响,市场出现阶段性反转调整,光缆价格下降明显大于光纤价格下降,公司2002年销售毛利率已由以前的31%下降至23.63%,2003年1～3月毛利率下降至16.65%。因而光缆光纤价格变动将给公司的经营业绩带来较大影响。

6.光通信技术快速发展的风险

光通信技术正处于快速发展过程中,光纤光缆产品技术更新较快。本公司目前是国家高新技术企业,主要产品的技术水平已接近或达到国际先进水平,但如果公司的科研开发和产品升级不能及时跟上,将会影响公司在行业的技术领先地位,对公司的经营和发展造成不利影响。

7.商业周期引致的风险

2000年中国电信进行了公司化改造,国内电信业正在由以建设为中心、不计成本占有市场的传统经营模式向以效益为中心的经营模式转变。国内经济不景气,特别是国内电信业不景气将影响电信行业的业务收入、投资等,进而对本公司的盈利状况产生不利影响。

8.加入WTO带来的风险

中国加入WTO,对本公司的影响是挑战与机遇并存。从积极的方面看,中国加入世贸组织有利于本公司光缆产品扩大出口,降低进口原料和辅料的采购成本;从不利的方面看,中国加入世贸组织后,国内光缆产品市场可能会受到国外产品的冲击,公司的经营可能会受到影响。

二、其他重要事项

本公司无其他需要披露的重大事项。

## 第六节　本次发行各方当事人和发行时间安排

一、发行各方当事人情况

| 名　称 | 住　所 | 联系电话 | 传　真 | 联系人姓名 |
|---|---|---|---|---|
| 江苏亨通光电股份有限公司 | 江苏省吴江市七都镇 | (0512)63802858 | (0512)63801518 | 姚央毛、王剑 |
| 平安证券有限责任公司 | 深圳市八卦岭八卦三路平安大厦三层 | (021)62078613 | (021)62078900 | 金山、罗腾子、莫家柱、陈华 |
| 上海市瑛明律师事务所 | 上海市浦东南路528号证券大厦北塔14层 | (021)68815499 | (021)68817393 | 江浩雄、黄晨 |
| 上海立信长江会计师事务所有限公司 | 上海市南京东路61号新黄浦金融大厦四楼 | (021)63606600 | (021)63501004 | 施国梁、王凤妹 |
| 中国证券登记结算有限责任公司上海分公司 | 上海市浦东新区陆家嘴东路166号 | (021)38874800 | (021)68870224 | 周铭、朱伟 |
| 上海证券交易所 | 上海市浦东南路528号 | (021)68808888 | (021)68811782 | 周卫、吴菁华 |

二、本次发行上市的重要日期

| | |
|---|---|
| 发行公告刊登的日期 | 2003年8月5日(T-2日) |
| 预计发行日期 | 2003年8月7日(T日) |
| 申购期 | 2003年8月7日(T日)上午9:30-11:30,下午1:00-3:00 |
| 预计缴款日期 | 2003年8月12日 |
| 预计上市日期 | 本次发行股票结束后将尽快申请在上海证券交易所挂牌交易 |

## 第七节　附录和备查文件

1.招股说明书全文、备查文件和附件可到发行人及主承销商的法定住所查阅。查阅时间:9:00～11:00　14:00～16:00(节假日除外)

2.招股说明书全文可以通过上海证券交易所网站查阅。上海证券交易所网址:www.sse.com.cn

附表：

| 上述人员基本情况及其兼职、薪酬情况以及与发行人及其控股子公司间的股权关系或其他利益关系如下： | | | | | | | | | |
|---|---|---|---|---|---|---|---|---|---|
| 姓名 | 职务 | 性别 | 年龄 | 任期起止日期 | 简要经历 | 兼职情况 | 薪酬情况 | 持有公司股份的数量 | 与本公司的其他利益关系 |
| 崔根良 | 董事长 | 男 | 45 | 1998 | 线缆总厂总经理、亨通集团董事长 | 亨通集团总经理、上海亨通、吴江亨通电力电缆有限公司董事长 | 35.80 万元 | | 持有亨通集团 50.007% 的股权 |
| 施广华 | 副董事长 | 男 | 54 | 2001 | 苏州供电局科长、江苏省电力工业局处长、苏州苏源电力实业总公司董事长 | | | | |
| 钱建林 | 董事、总经理 | 男 | 30 | 1998 | 妙都公司工程部主任、技术部主任、本公司副总经理 | 亨通集团董事 | 22.52 万元 | | 持有亨通集团 1.57% 的股权 |
| 孙锦荣 | 董事 | 男 | 46 | 1999 | 亨通集团财务部副总经理、亨通集团副总经理、亨通集团董事长、吴江亨利董事长 | | | | 持有亨通集团 1.57% 的股权 |
| 许劲 | 董事 | 男 | 43 | 2003 | 天津器材总经理 | | | | |
| 毛慧苏 | 董事 | 女 | 32 | 1999 | 留学日本、苏州市上方山旅游开发有限公司 | | | 1,265.57 万股 | |
| 万云波 | 董事 | 女 | 42 | 1998 | 昆明市电信局审计部主任、云南电信公司昆明分公司工委副主任、昆明电信职工技协主任 | | | | |
| 徐洪强 | 董事 | 男 | 63 | 1999 | 苏州供电局人事科、吴江市苏源电力实业总公司董事长 | | | | |
| 姚央毛 | 董事、董事会秘书 | 男 | 40 | 1999 | 亨通集团办公室主任 | | 10 万元 | – | 持有亨通集团 0.327% 的股权 |
| 钱瑞 | 董事 | 男 | 39 | 1999 | 亨通集团副总经理 | 亨通集团监事长 | | | 持有亨通集团 1.178% 的股权 |
| 雷良海 | 独立董事 | 男 | 41 | 2002 | 上海理工大学财务处处长、投资与建设学院副院长、商学院副院长 | | | | |
| 顾秦华 | 独立董事 | 男 | 40 | 2002 | 江苏苏州震宇律师事务所主任 | | | | |
| 周仲麒 | 独立董事 | 男 | 65 | 2003 | 中国通信企协光纤产业分会秘书长 | | | | |
| 任晓敏 | 独立董事 | 男 | 45 | 2003 | 北京邮电大学副校长兼研究生院院长 | | | | |
| 王　净 | 独立董事 | 女 | 32 | 2003 | 吴江华正会计师事务所有限公司评估部经理 | | | | |
| 尹纪成 | 监事 | 男 | 30 | 1998 | 妙都公司车间主任、生产部主任 | 监事会召集人 | 13 万元 | | 持有亨通集团 0.327% 的股权 |
| 戴小林 | 监事 | 男 | 43 | 1999 | 亨通集团销售部副总经理助理 | | | | 持有亨通集团 6.609% 的股权 |
| 沈建峰 | 监事 | 男 | 32 | 2003 | 吴江亨利光电材料有限公司财务部主任 | | | | |
| 吴重阳 | 副总经理、总工程师 | 男 | 61 | 1998 | 邮电部侯马电缆厂仪表试制组长、光缆分厂副厂长、研究所副所长，负责创建了中国第一条光缆生产线，曾获邮电部科技进步一等奖、三等奖、国家级新产品奖 | 中国科技会堂专家委员会专家 | 16.50 万元 | | |
| 陈鸿保 | 副总经理 | 男 | 52 | 1998 | 电子工业部光纤光缆室、设备研究室副主任、安徽省天康集团总工程师 | 上海光通信委员会委员、《光纤通信》副主编 | 16.50 万元 | | |
| 王　剑 | 财务负责人 | 男 | 40 | 2002 | 讲师资质、注册会计师资格、在读 MBA | | 6 万元 | | |
| 江　平 | | 男 | 36 | 2000 | 安徽省国防科工委科技成果一等奖、安徽省国防科工委科技进步二等奖、安徽省科技进步二等奖 | | 8 万 | | |
| 李苏明 | 上海亨通科技有限公司总经理 | 男 | 53 | 2000 | 参加《西昌卫星发射现场光纤图像传输系统》获电子部科技成果一等奖；《核攻击下的光通信系统研究》获国防科工委集体三等功；《上海市合流污水治理二期工程光纤监控试验段系统》获上海市科技成果二等奖 | 复旦大学和上海理工大学兼职教授 | 16.50 万元 | | |
| 杜柏林 | 技术中心副主任 | 男 | 65 | 1999 | | 上海大学兼职教授，上海光通信专业委员会主任 | 12 万元 | | |

# 江苏亨通光电股份有限公司股票上市公告书

## 第一节 重要声明与提示

本公司董事会保证上市公告书的真实性、准确性、完整性，全体董事承诺上市公告书不存在虚假记载、误导性陈述或重大遗漏，并承担个别和连带的法律责任。

根据《公司法》、《证券法》等有关法律、法规的规定，本公司董事、高级管理人员已依法履行诚信和勤勉尽责的义务和责任。

上海证券交易所、中国证监会、其他政府机关对本公司股票上市及有关事项的意见，均不表明对本公司的任何保证。

本公司提醒广大投资者注意，凡本上市公告书未涉及的有关内容，请投资者查阅 2003 年 8 月 4 日刊登于《上海证券报》、《中国证券报》、《证券时报》、《证券日报》的本公司招股说明书摘要，及刊载于上海证券交易所网站（www.sse.com.cn）的本公司招股说明书全文。

本上市公告书刊登网址：www.sse.com.cn

## 第二节 概 览

1.股票简称：亨通光电

2.沪市股票代码：600487

3.深市代理股票代码：003487

4.股本总额：126,120,000 股

5.可流通股本：35,000,000 股

6.本次上市流通股本：35,000,000 股

7.发行价格：11.20 元/股

8.上市地点：上海证券交易所

9.上市时间：2003 年 8 月 22 日

10.股票登记机构：中国证券登记结算有限责任公司上海分公司

11.上市推荐人：平安证券有限责任公司

12.本公司公开发行股票前股东所持股份的流通期限及限制：根据国家现行法律、法规规定和中国证监会证监发行字[2003]72 号文《关于核准江苏亨通光电股份有限公司公开发行股票的通知》，本公司的法人股、自然人持有的未流通股份暂不上市流通。

13.本公司股票上市前第一大股东亨通集团有限公司承诺：自本公司股票上市之日起 12 个月内，不转让其所持有本公司股份，本公司也不会回购其所持有的股份。

## 第三节 绪 言

本上市公告书是根据《中华人民共和国公司法》、《中华人民共和国证券法》、《股票发行与交易管理暂行条例》、《公开发行股票公司信息披露实施细则》和《上海证券交易所股票上市规则》等国家有关法律、法规的规定，并按照中国证监会《公开发行证券的公司信息披露内容与格式准则第 7 号－－股票上市公告书》而编制。

经中国证监会证监发行字[2003]72 号文核准，本公司于 2003 年 8 月 7 日采取 100%向沪市、深市二级市场投资者定价配售的方式成功发行了 3,500 万股每股面值 1.00 元的人民币普通股，发行价为每股人民币 11.20 元。

经上海证券交易所上证上字[2003]97 号《关于江苏亨通光电股份有限公司人民币普通股股票上市交易的通知》批准，本公司公开发行的 3,500 万股社会公众股将于 2003 年 8 月 22 日起在上海证券交易所挂牌交易。股票简称“亨通光电”，沪市股票代码“600487”，深市股票代码“003487”。

本公司已于 2003 年 8 月 4 日在《上海证券报》、《中国证券报》、《证券时报》、《证券日报》上刊登了《招股说明书摘要》，招股说明书正文及其附录可以在上海证券交易所网站（http://www.sse.com.cn）查询。相关资料刊登距今不足三个月，故与其重复的内容不再重述，敬请投资者查阅上述内容。

## 第四节 发行人概况

一、发行人基本情况

1.公司名称：江苏亨通光电股份有限公司

英文名称：JIANGSU HENGTONG PHOTOELECTRIC STOCK CO.，LTD

2.注册资本：126,120,000 元

3.法定代表人：崔根良

4.成立时间：1999 年 12 月 14 日

5.注册地址：江苏省吴江市七都镇

邮政编码：215234

6.营范围：光纤光缆、电力电缆、特种通信线缆、光纤拉丝、电源材料及附件、电子元器件、通信设备（卫星地面接收设施除外）的制造、销售，网络工程设计、安装，实业投资。

7.所属行业：通信及设备制造业

8.电话：0512－63802858　传真：0512－63801518

电子邮箱：htgd@htgd.com.cn

9.董事会秘书：姚央毛

二、发行人的历史沿革及经历的改制重组情况

江苏亨通光电股份有限公司系经江苏省人民政府苏政复[1999]144 号文件批准，以线缆总厂作为主发起人，由吴江妙都光缆有限公司整体变更设立的股份公司。

吴江妙都光缆有限公司系中日合资经营企业，于 1993 年 4 月 26 日经吴江市对外经济贸易委员会吴外经(93)字第 354 号文批准成立，注册资本 200 万美元，其中中方线缆总厂出资 150 万美元，占注册资本的 75%；日本株式会社妙香园出资 50 万美元，占注册资本的 25%。妙都公司分别于 1994 年、1996 年、1998 年实行增资，注册资本增至 1,146.50 万美元。

1997 年 9 月、1999 年 1 月，合资中方线缆总厂分别向天津市电话器材公司、昆明市电信局职工技协服务部转让其持有的妙都公司 2.1%、3.15%的股权。1999 年 9 月，线缆总厂受让日本株式会社妙香园持有的妙都公司的 25%的股权，经吴江市对外经济贸易委员会以吴外经(99)字第 159 号文批准，妙都公司变更为内资企业。1999 年 9 月，线缆总厂将其持有的妙都公司的 13.889%、3.152%、3.152%和 2.102%股权分别转让给毛慧苏女士、苏州电力实业总公司、吴江市电力实业总公司和吴江亨利光电材料有限责任公司，并办理了工商变更登记手续。

2000 年 8 月，亨通集团规范登记为有限责任公司，依据国家工商行政管理局《公司登记管理若干问题的规定》关于“有限责任公司不得设立非公司的企业法人”的规定，亨通集团申请并经核准于 2000 年 8 月注销了线缆总厂，依法承继了线缆总厂所有的资产、负债及相应的权利、义务，因而成为本公司控股股东。2001 年 3 月，苏州电力实业总公司、吴江市电力实业总公司分别更名为苏州苏源电力实业总公司、吴江市苏源电力实业总公司。

三、股权变动情况

本公司自设立以来股权结构未发生其他变化，亦未发生任何重大资产重组行为。

经中国证监会证监发行字[2003]72 号文核准，发行人于 2003 年 8 月 7 日以 100%向二级市场投资者定价配售的发行方式成功地发行了人民币普通股 3,500 万股，每股面值 1.00 元，每股发行价 11.20 元。此次发行成功后，本公司的总股本为 12,612 万股，注册资本为 12,612 万元。

本次发行前后公司的股本结构：

| 股份名称 | 发行前 | | 发行后 | |
|---|---|---|---|---|
| | 数量（万股） | 比例（%） | 数量（万股） | 比例（%） |
| 尚未流通股份 | | | | |
| 发起人股份 | 9,112 | 100 | 9,112 | 72.25 |
| 已流通股份 | 0 | 0 | 3,500 | 27.75 |
| 股份总额 | 9,112 | 100 | 12,612 | 100 |

注：1.本公司不存在国家持有的股份、境外法人持有的股份、募集法人股、内部职工股等情况。

2.亨通集团有限公司持有吴江亨利光电材料有限公司 76%的股权，除上述关联关系外，本公司股东间不存在其他关联关系。

3.本公司未发行过内部职工股。

四、发行人的主要经营情况

1.发行人的主营业务

本公司主营业务为光纤光缆的生产与销售。

2.产品及用途

| 产品 | 普通层绞式光缆 | 层绞式光纤带光缆 | 普通中心束管式光缆 | 中心束管式光纤带光缆 | 钢丝铠装光缆 | ADSS 光缆 | 室内软光缆 |
|---|---|---|---|---|---|---|---|
| 用途 | 架空、管道、直埋、农话用 | 局间通信和接入网传输 | 架空、管道、直埋用 | 局间通信和接入网传输 | 水下用 | 电力系统用光缆 | 室内用 |

3.销售方式与渠道

公司产品直接销售给中国移动、中国联通、中国电信等客户。

4.所需主要原材料

公司生产所需原材料主要为光纤、护套料、PBT 塑管、钢（铝）带等。

5.发行人的竞争优势和劣势

目前，国内光纤光缆生产厂家达 150 家之多，竞争激烈。根据 2002 年上半年《人民邮电报》，经中国邮电器材总公司授权刊登，2001 年度公司销售量已上升为全国同行业第三位。

公司的竞争优势和劣势如下：

（1）优势分析

①覆盖全国的市场网络

公司拥有一支技术、业务能力很强的营销队伍，又由于公司的产品系列化和多功能，因而客户遍布中国电信、联通、中国移动、广电、网通、国防、铁通、电力、油田、高速公路、计算机网络及科研单位等领域，市场网络覆盖全国。

②强大的研发实力

本公司拥有 10 多名从事光纤光缆行业研究 20 多年的专家及高工。目前本公司已开发成功的光缆产品达 20 多个系列，规格逾千，成为国内同行业产品最齐全的公司之一。

1999 年，本公司技术中心完成省级以上鉴定新产品 15 个，承担并完成国家级及省级火炬计划项目两个，开发出国家级及省级高新技术产品 3 个。

目前本公司共获得专利 7 项，其中层绞式半干式缆芯光缆在首届香港中华专利技术博览会上荣获金奖；另有 3 项产品获得江苏省高新技术产品证书。

2000 年 3 月，本公司被国家科技部认定为重点高新技术企业；2000 年 5 月，本公司技术中心被江苏省计划与经济委员会以苏计经科函（2000）87 号文认定为省重点支持的企业技术中心；2000 年 5 月，传送网与接入网标准研究组批准公司为其全权成员单位。

③领先的制造技术及严格的质量控制

本公司先后从芬兰 NOKIA 公司、奥地利 M&S 公司、意大利德·安杰利公司、美国 AFA 公司和奥地利罗森泰公司等公司引进大量国际先进设备、实验设备和检测仪表，并于 1997 年 6 月被原广电部确定为华东地区光缆检测站。本公司于 1997 年 5 月通过了 ISO9002 质量体系认证，于 2001 年 5 月通过 ISO14001 环境管理体系认证。

（2）劣势分析

①需进一步充实高级人才和上海等沿海大城市相比，本公司地理位置相对较偏，在引进人才上存在一定的难度，为此，本公司将把管理部门移至上海，并进一步注重人才资源的开发、培养与利用，积极招聘高级管理、技术、财务和证券人才。

②需要克服融资能力的不足

目前公司的融资渠道仅限于银行贷款，根本无法满足本公司发展的需求。为促进本公司的快速发展，申请发行社会公众股并上市已成为本公司的迫切需要。

6.发行人近三年又一期主营业务收入和利润情况

单位:人民币元

| 项　目 | 2003年1-3月 | 2002年度 | 2001年度 | 2000年度 |
|---|---|---|---|---|
| 主营业务收入 | 104,484,102.54 | 632,155,060.01 | 802,759,295.21 | 401,189,532.49 |
| 主营业务利润 | 16,367,959.26 | 143,873,197.10 | 251,091,219.00 | 123,161,494.55 |
| 营业利润 | 5,594,432.04 | 75,554,244.93 | 112,674,117.31 | 67,442,636.80 |
| 利润总额 | 6,109,153.04 | 75,530,586.22 | 111,847,589.01 | 67,381,946.80 |
| 净利润 | 4,045,484.40 | 50,660,799.27 | 70,326,932.19 | 44,347,977.94 |

7.发行人拥有的主要知识产权

(1)专利

| 专利名称 | 剩余保护年限 | 专利权人 | 专利号 |
|---|---|---|---|
| 层绞式小缆芯ADSS光缆 | 6年 | 本公司 | ZL 99 2 46158.8 |
| 层绞式半干式缆芯光缆 | 6年 | 本公司 | ZL 99 2 19249.8 |
| 综合引入光缆 | 7年 | 本公司 | ZL 00 2 48678.4 |
| 同轴电缆五类电缆及光纤复合引入光缆 | 8年 | 本公司 | ZL01220693.8 |
| 裸光纤引入光缆 | 8年 | 本公司 | ZL01220696.X |
| 含不锈钢光纤套管的陆上光缆 | 9年 | 本公司 | ZL01207139.0 |
| 半紧套光纤光缆 | 9年 | 本公司 | ZL01207138.2 |

(2)非专利技术

公司和上海大学联合研制国家自然科学基金项目大余长不锈钢管二次被覆光纤。

8.发行人享有的税收优惠政策

公司未享有任何财政、税收优惠政策。子公司上海亨通光电科技有限公司所得税享受高新技术企业优惠，税率15%。

## 第五节　股票发行和股本结构

一、本次股票上市前公开发行股票的情况

1.发行数量:3,500万股

2.发行价格:11.20元/股

3.募集资金总额:39,200万元

4.发行方式:100%向二级市场投资者配售

5.发行费用总额及项目:本次发行费用总额为1,183.40万元，包括承销费用、审计费用、律师费用、发行手续费、审核费用等项目。

6.每股发行费用:0.34元

二、本次股票上市前首次发行股票的承销情况

本次公开发行的3,500万股社会公众股的配号总数为68289218个，中签率为0.05125260%。其中，二级市场投资者认购34,590,361股，其余409,639股由主承销商包销。

三、本次上市前首次公开发行股票募集资金的验资报告

上海立信长江会计师事务所有限公司对本公司本次上市前首次公开发行股票募集资金出具了《验资报告》信长会师报字(2003)第11122号，摘录如下：

四、募股资金入帐情况

1.入帐时间:2003年8月13日

2.入帐金额:38,239.60万元(募集资金扣除承销费和上网发行费后的余额)

3.入帐帐号:501-3229976362210000551

4.开户银行:中国建设银行吴江市支行

五、发行人上市前股权结构及各类股东的持股情况

1.本次股票上市前，本公司的股权结构如下：

| 股份名称 | 数量(股) | 比例(%) |
|---|---|---|
| 一、非上市流通股 | 91,120,000 | 72.25 |
| 社会法人股 | 78,464,343 | 62.22 |
| 自然人股 | 12,655,657 | 10.03 |
| 二、社会公众股 | 35,000,000 | 27.75 |
| 股份总额 | 126,120,000 | 100 |

2.前十名股东持股情况

| 股东名称 | 持股数量(股) | 持股比例(%) |
|---|---|---|
| 亨通集团 | 66,017,351 | 52.34 |
| 毛慧苏 | 12,655,657 | 10.03 |
| 吴江电力 | 2,872,102 | 2.28 |
| 苏源电力 | 2,872,102 | 2.28 |
| 昆明电信技 | 2,872,102 | 2.28 |
| 天津电器 | 1,915,343 | 1.52 |
| 亨利光材 | 1,915,343 | 1.52 |
| 平安证券 | 409,639 | 0.32 |
| 鸿阳基金 | 59,000 | 0.047 |
| 天同180 | 58,000 | 0.046 |

## 第六节　董事、监事、高级管理人员及核心技术人员

本公司董事、监事、高级管理人员、技术负责人及核心技术人员均为中华人民共和国国籍；相互之间不存在配偶关系、三代以内直系和旁系亲属关系；均未以任何方式持有公司的股票。上述人员承诺在其任职或工作期间，将遵守国家有关法律、法规及公司规章制度关于其维护本公司利益的规定。

一、董事会

1.崔根良先生，中国国籍，45岁，大专，高级政工师，现任本公司董事长，兼亨通集团有限公司董事、总经理，还兼任上海亨通、江苏亨通线缆有限公司、江苏亨通电力电缆有限公司、吴江亨通电力电缆有限公司、苏州亨通信息科技有限公司以及吴江亨通光电科技有限公司的董事长。崔先生先后获得苏州市劳动模范(1994年)、江苏省劳动模范(1996年)、优秀科技创业转业退伍军人奖(1997年)、全国优秀乡镇企业厂长(经理、董事长)称号(1998年)等多种荣誉称号。

崔先生曾担任的重要职务包括：1986年~1987年，七都丝织服装厂厂长；1988年~1990年，吴江乳胶厂厂长；1991年~2000年，线缆总厂、亨通集团公司总经理及董事长。

2.施广华先生，中国国籍，54岁，大学本科，经济师，现任本公司副董事长，兼任苏州苏源电力实业总公司董事长、苏州电力发展有限公司董事长。施先生曾担任的重要职务包括：1985~1992年，苏州供电局科长、公司经理；1992~2000年，江苏省电力工业局副处长、处长；2000年至今，担任苏州苏源电力实业总公司董事长、苏州电力发展有限公司董事长。

3.钱建林先生，中国国籍，30岁，在读研究生，助理工程师，现任本公司总经理、董事兼任亨通集团有限公司董事。钱先生曾担任的主要职务包括：1993~1995年，担任吴江妙都光缆有限公司工程部主任；1995~1996年，担任吴江妙都光缆有限公司技术部主任；1997~1998年，担任吴江妙都光缆有限公司副总经理助理；1998~2000年，担任江苏亨通光电股份有限公司董事、执行副总经理。

4.孙锦荣先生，中国国籍，46岁，大专，助理会计师，现任本公司董事，兼任亨通集团有限公司董事长、吴江亨利光电材料有限责任公司董事长。1988年~1990年，任吴江乳胶厂出纳会计；1991年~2000年，历任亨通集团公司财务部副总经理、亨通集团公司副总经理。

5.许劲先生，中国国籍，43岁，大学，高级工程师，本公司董事，现任天津市电话器材公司总经理。

6.毛慧苏女士，中国国籍，32岁，大学本科，现任本公司董事。1992年3月~1997年3月，留学日本大阪近畿大学。1999年12月至今，担任本公司董事。

7.万云波女士，中国国籍，42岁，大学本科，高级政工师，本公司董事，现任云南电信公司昆明分公司工委副主任、昆明市电信局职工技协服务部主任。万女士1993年4月至1997年4月，任昆明市电信局审计室主任；1997年5月至今，任云南电信公司昆明分公司工委副主任，昆明电信职工技协主任。万女士曾被评为1997年至1999年度云南省职工技协先进个人。

8.徐洪强先生，中国国籍，63岁，大专，经济师，现任本公司董事，兼任吴江市苏源电力实业总公司董事长。1964~1979年，任职于苏州供电局人事科、保卫科、团委等；1979年至今，任吴江市苏源电力实业总公司董事长。

9.姚央毛先生，中国国籍，40岁，大专，现任本公司董事、董事会秘书。1989~1993年，担任吴江色织化纤厂副厂长；1994~1999年，担任亨通集团公司办公室主任；2000年至今，担任本公司董事、董事会秘书。

10.钱瑞先生，中国国籍，39岁，大专，工程师，现任本公司董事，兼任亨通集团有限公司监事长。1991年4月至1998年12月，曾任亨通集团公司副总经理。

11.雷良海先生，中国国籍，41岁，博士研究生，本公司独立董事，雷先生历任上海理工大学财务处处长、沪江现代企业研究所所长、上海理工大学投资与建设学院副院长、上海理工大学商学院副院长等职。

12.顾秦华先生，中国国籍，40岁，在读研究生，高级律师，本公司独立董事，顾先生任江苏苏州震宇律师事务所主任，兼任江苏律师协会行政和国家赔偿专业委员会副主任。

13.周仲麒先生，中国国籍，65岁，大学，高级工程师，本公司独立董事，周先生现任中国通信企协光纤产业分会秘书长。

14.任晓敏先生，中国国籍，45岁，教授、博导，本公司独立董事，任先生现任北京邮电大学副校长兼研究生院院长。

15.王净女士，中国国籍，32岁，大学，本公司独立董事，王女士现任吴江华正会计师事务所有限公司评估部经理。

二、监事会

1.尹纪成先生，中国国籍，30岁，大专，技术员，现任本公司监事会召集人、本公司销售部经理。1994年~1996年，任吴江妙都光缆有限公司车间主任；1996年~2000年，任吴江妙都光缆有限公司生产部经理。

2.戴小林先生，中国国籍，43岁，高中文化，现任本公司监事会监事，兼任亨通集团有限公司销售部副总经理助理。1992年进入亨通集团销售部任销售员。

3.沈建峰先生，中国国籍，32岁，高中文化，现任本公司监事会监事，兼任吴江亨利光电材料有限公司财务部主任。

三、其他高级管理人员

1.钱建林先生，总经理(详见董事部分)。

2.吴重阳先生，中国国籍，61岁，大学本科，教授级高工，现任本公司副总经理、总工程师，兼任中国科技会堂专家委员会专家、香港新时代国际文化出版社科技专家顾问。曾历任邮电部侯马电缆厂仪表试制组长、光缆分厂副厂长、研究所副所长，获得过山西省科技先进工作者、邮电部成绩优异高级工程师等多种荣誉称号。作为中国第一批从事光纤、光缆研制的专家之一，吴先生曾负责(技术总负责)创建了中国第一条光缆生产线(国家级工业性实验项目)。吴先生曾获得的奖项包括：邮电部科技进步一等奖、三等奖、国家级新产品奖和世界科学技术发展成就奖(香港国际专利技术博览会)。

3.陈鸿保先生，中国国籍，52岁，大学本科，高级工程师，现任本公司副总经理，兼任上海光通信委员会委员、《光纤通信》副主编。1983年4月~1995年7月，任电子工业部光纤光缆室、设备研究室副主任；1995年7月~1997年9月，任安徽省天康集团总工程师。曾于电子部八所从事光纤光缆研究工作多年，研究领域涵盖光纤拉丝、光纤预制棒制作、光纤测试和光纤光缆专用设备研制等。

4.王剑先生，中国国籍，40岁，在读研究生，注册会计师资格，现为本公司财务负责人。

本公司与上述董事、监事、高级管理人员之间没有签订借款、担保等协议。

四、核心技术人员

1.吴重阳先生(详见高级管理人员)。

2.陈鸿保先生(详见高级管理人员)。

3.江平先生，中国国籍，36岁，硕士，高级工程师。主要从事光纤光缆专用设备研制，主持和参与研制的产品包括：光纤着色机、二次套塑生产线、钢丝铠装生产线、护套生产线、SZ绞合成缆机等。江先生的研究成果曾获得安徽省国防科工委科技成果一等奖(1998年)、安徽省国防科工委科技进步二等奖(1999年)、安徽省科技进步二等奖(1999年)。

4.李苏明先生，中国国籍，53岁，高级工程师，上海亨通科技有限公司总经理，从事光纤光缆和光通信系统研究工作二十多年，曾参加《西昌卫星发射场发射现场光纤图像传输系统》课题，获

电子部科技成果一等奖;完成《核攻击下的光通信系统研究》,获国防科工委集体三等功;完成《上海市合流污水治理二期工程光纤监控试验段系统》,获上海市科技成果二等奖;曾获中国政府全额资助奖学金赴日本留学,现为复旦大学和上海理工大学兼职教授。

5.杜柏林先生,中国国籍,63岁,教授级高工,公司技术中心副主任,从事光通信研究二十多年,完成多项国家科研项目,著有《光纤通信和光纤传感器》,现为上海大学兼职教授,上海光通信专业委员会主任。

上述董事、监事、高级管理人员及核心技术人员声明:除以上已披露的兼职情况外,均未在股东单位或股东控制的单位、本公司所控制的法人单位、同行业其他法人单位兼任其他职务。

## 第七节　同业竞争与关联交易

一、同业竞争

本公司实际控制人及其控制的其它法人与本公司之间不存在同业竞争情况,并承诺今后也不从事与本公司相竞争的业务。

本公司的主营业务为光纤光缆的生产和销售,公司控股股东亨通集团有限公司的主营业务为通信电缆的生产和销售,两者是完全不同的产品。集团公司的控股子公司所从事的主要业务为同轴电缆、电力电缆、光电缆辅助材料的生产和销售,与本公司经营不构成竞争。

发行人律师及主承销商均对此发表了相同意见。

二、发行人关联方

根据中国证监会证监发[2001]41号文,本公司目前存在的关联方及关联关系如下:

(一)本公司的七家股东为本公司的关联方。

1.亨通集团有限公司

本公司控股股东,持有公司66,017,351股,占公司发行前总股本的72.451%。亨通集团有限公司前身为亨通集团公司,成立于1994年4月,2000年11月,改制成为亨通集团有限公司,为国内大型线缆企业集团,主要产品为通信电缆。

2.毛慧苏女士

1971年出生于苏州,持有本公司12,655,657股,占本公司发行前总股本的13.889%。

3.天津市电话器材公司

持有本公司1,915,343股,占本公司发行前总股本的2.102%。该公司成立于1993年12月,主营电信设备、器材及相关产品的批发零售。

4.昆明市电信局职工技协服务部

持有本公司2,872,102股,占本公司发行前总股本的3.152%,成立于1991年5月,主营电信技术服务。

5.苏州苏源电力实业总公司

持有本公司2,872,102股,占本公司发行前总股本的3.152%。该公司原名苏州电力实业总公司,成立于1993年11月,1997年10月进行股份合作制改造,主营电力设备安装及电力工程的勘探、设计、施工等,于2001年3月更名苏州苏源电力实业总公司。

6.吴江市苏源电力实业总公司

持有本公司2,872,102股,占本公司发行前总股本的3.152%。该公司原名吴江市电力实业总公司,成立于1992年10月,1997年9月进行股份合作制改造,主营供用电咨询与设计、输变配电设备安装与维修以及通讯设备安装调试,于2001年3月更名为吴江市苏源电力实业总公司。

7.吴江亨利光电材料有限责任公司

持有本公司1,915,343股,占本公司发行前总股本的2.102%。该公司成立于1999年6月,主营线缆辅助材料及连接插件的制造。

(二)控股股东控股或参股的企业。亨通集团控股企业(除本公司外)如下表:

| 企业名称 | 主要业务 | 注册资本(万元) | 法定代表人 | 集团公司持股比例 |
|---|---|---|---|---|
| 吴江亨利光电材料有限责任公司 | 光电缆辅助材料的生产和销售 | 500 | 孙锦荣 | 76% |
| 江苏亨通线缆有限公司 | 市话电缆、射频同轴电缆 | 1,000万美元 | 崔根良 | 55% |
| 江苏亨通电力电缆有限公司 | 生产、销售电力电缆 | 2,000万美元 | 崔根良 | 75% |
| 苏州亨通信息科技有限公司 | 目前尚未开展业务 | 200 | 崔根良 | 85% |
| 吴江亨通光电科技有限公司 | 目前尚未开展业务 | 50 | 崔根良 | 85% |
| 吴江亨通电力电缆有限公司 | 电力电缆及辅助材料 | 500 | 崔根良 | 85% |

(三)发行人控股子公司上海亨通光电科技有限公司,上海亨通原为亨通集团与上海凌云电信器材销售公司合资设立,亨通集团持有52%的股权。2002年5月,公司收购亨通集团所持上海亨通52%股份成为上海亨通的控股股东。

(四)对控股股东有实质影响的法人或自然人主要为集团公司的股东崔根良、孙根荣、沈明权、沈鑫仁、戴小林等。

(五)本公司的董事、监事和高管人员为本公司关联方。

(六)本公司董事、监事、高级管理人员担任其他企业主要职务的情况有:

1.本公司董事许劲先生兼任本公司股东天津市电话器材公司的总经理;

2.本公司董事施广华先生兼任本公司股东苏州电力发展有限公司的董事长。

上述人员之间不存在关联关系,除对集团公司的投资外,均未投资参股任何其他企业。

(七)本公司高管人员发行前持股情况如下:

1.除毛慧苏女士外,本公司董事、监事、高级管理人员和核心技术人员不存在直接持有本公司股份的情况。

2.本公司董事崔根良先生(持有集团公司50.007%股权)、孙锦荣先生(持有集团公司1.570%股权)、钱建林先生(持有集团公司1.570%股权)、钱瑞先生(持有集团公司1.178%股权)、姚央毛先生(持有集团公司0.327%股权)通过亨通集团有限公司间接持有本公司股份;本公司监事戴小林(持有集团公司6.609%股权)和尹纪成(持有集团公司0.327%股权)通过亨通集团有限公司间接持有本公司股份。除此以外,其它董事、监事、高级管理人员和核心技术人员不存在通过其能够直接或间接控制的公司持有本公司股份的情况。

3.本公司董事、监事、高级管理人员和核心技术人员的家属中不存在直接或间接持有本公司股份的情况。

除上述企业和人员外,本公司不存在其他关联方。

三、关联交易

(一)关联交易的具体内容及对公司财务状况和经营成果的影响

公司的关联交易主要发生在与亨通集团及其下属企业之间,包括原辅材料采购、销售产品、综合服务、委托加工等关联交易,具体情况如下:

| 交易内容 | 2002年 | | 2001年 | | 2000年 | |
|---|---|---|---|---|---|---|
| | 金额(万元) | 所占比例(%) | 金额(万元) | 所占比例(%) | 金额(万元) | 所占比例(%) |
| 1.购买辅助材料 | 2,699.49 | 6.81 | 6,429.01 | 10.97 | 1,724.02 | 6.03 |
| 2.委托进口原料 | 5,321.97 | 13.44 | 24,653.51 | | | |
| 3.销售材料 | 858.94 | 1.38 | 2,771.31 | 3.30 | 42.41 | 0.10 |
| 4.委托加工 | 984.82 | - | 5,077.03 | | | |
| 5.购买固定资产 | | | | | 1,062.48 | |
| 6.出售固定资产 | | | | | 1,657.32 | |
| 7.委托经营 | 16.67 | - | 25.00 | | | |
| 8.向关联方融资 | | | | | 5,278.54 | 100.00 |
| 9.综合服务 | 60.00 | - | 60.00 | - | 60.00 | |
| 10.担保 | | | | | 13,320 | |
| 11.为了消除同业竞争,股份公司2002年5月受让亨通集团所持有的上海亨通的52%股权,价款2,680.28万元。 | | | | | | |

2003年1~3月公司的关联交易情况为:购买辅助材料773.17万元,占同期外购材料的9.33%;接受亨通集团提供综合服务,金额为41.80万元。因上述关联交易价格公允,对公司的经营成果影响不大。

(二)公司减少关联交易已经或拟采取的措施:

(1)公司为消除同业竞争,于2001年6月受托经营管理上海亨通,于2002年5月收购了亨通集团所持上海亨通的52%的股权,成为上海亨通的控股股东。

(2)本公司控股上海亨通后,终止了委托经营、出售材料及委托上海亨通加工两项关联交易。2002年1月31日,本公司取得自营进出口权,于次月4日与亨通集团签订协议,终止了委托进口原料的关联交易。

(3)本公司控股股东出具了《不予竞争承诺函》,承诺集团公司及由其控股的子公司将不从事与股份公司目前主营业务(即光缆产品的生产和销售)相同的业务;如今后股份公司从事新的业务,则集团公司亦将避免与股份公司在同一业务领域内进行竞争。

本公司公司章程中对有关关联交易的决策权力与程序做出了严格规定。

本公司控股股东亨通集团承诺,对于因集团公司作为控股股东控制本公司而使本公司的合法利益受到损害,由此产生的损失,集团公司愿承担赔偿责任。

(三)发行人律师、主承销商和独立董事均对关联交易发表了意见,认为公司关联交易符合有关规定,关联交易是公允的,没有损害本公司及其他股东的利益。

## 第八节　财务会计资料

本公司截止2002年3月31日的财务会计资料已于2003年8月4日刊登于《上海证券报》、《中国证券报》、《证券时报》、《证券日报》上刊登的招股说明书摘要以及刊载于上海证券交易所网站 http://www.sse.com.cn 的本公司招股说明书全文及附录中进行了详细批露,尚未超出有效期限。欲了解本公司经审计的财务报表及主要财务指标的详细内容,敬请投资者查阅上述报纸、网站或在公告的招股说明书查阅地查阅。

本公司已聘请上海立信长江会计师事务所有限责任公司(简称"立信长江所")对本公司2000年12月31日、2001年12月31日、2002年12月31日和2003年3月31日的资产负债表,2000年度、2001年度、2002年度和2003年1-3月的利润表和利润分配表以及2002年度和2003年1-3月的现金流量表进行了审计,立信长江所已出具了标准无保留意见的信长会师报字(2003)第21450号《审计报告》。本部分引用的财务数据,非经特别说明,均引自经审计的会计报表。

一、最近三年的简要报表(见附表)

二、简要会计报表附注

有关本公司会计报表附注的详细内容,请查阅前述公开披露的招股说明书全文或招股说明书摘要。

三、主要财务指标:

1.根据立信长江所出具的审计报告,本公司的财务指标分析如下:

| 财务指标 | 2003.03.31 | 2002.12.31 | 2001.12.31 | 2000.12.31 |
|---|---|---|---|---|
| 流动比率 | 1.20 | 1.36 | 1.60 | 1.18 |
| 速动比率 | 0.74 | 0.84 | 0.66 | 0.67 |
| 应收账款周转率 | 0.53 | 4.20 | 6.30 | 2.51 |
| 存货周转率 | 0.52 | 2.55 | 2.96 | 2.22 |
| 资产负债率(%) | 63.61 | 64.69 | 64.52 | 66.52 |
| 每股净资产(元) | 2.10 | 2.06 | 1.80 | 1.50 |
| 研发费用占主营业务收入比率(%) | | 4.32 | 5.14 | 6.95 |
| 净资产收益率(%) | 2.11 | 27.03 | 42.85 | 32.42 |
| 每股收益(元) | 0.04 | 0.56 | 0.77 | 0.50 |
| 每股经营活动现金流量(元) | -0.21 | 1.10 | 1.19 | 0.03 |

2.本公司按《公开发行证券公司信息披露编报规则第9号-净资产收益率和每股收益率的计算及披露》计算的净资产收益率和每股收益如下:

| 报告期利润 | | 净资产收益率(%) | | 每股收益(元/股) | |
|---|---|---|---|---|---|
| | | 全面摊薄 | 加权平均 | 全面摊薄 | 加权平均 |
| 主营业务利润 | 2000年 | 90.99 | 72.67 | 1.37 | 1.37 |
| | 2001年 | 154.30 | 147.18 | 2.78 | 2.78 |
| | 2002年 | 76.74 | 77.81 | 1.58 | 1.58 |
| | 2003年1-3月 | 8.55 | 8.64 | 0.18 | 0.18 |
| 营业利润 | 2000年 | 50.29 | 40.16 | 0.76 | 0.76 |
| | 2001年 | 68.65 | 65.48 | 1.24 | 1.24 |
| | 2002年 | 40.31 | 40.86 | 0.83 | 0.83 |
| | 2003年1-3月 | 2.92 | 2.95 | 0.06 | 0.06 |

| | | | | | |
|---|---|---|---|---|---|
| 净利润 | 2000 年 | 33.08 | 26.42 | 0.50 | 0.50 |
| | 2001 年 | 42.85 | 40.87 | 0.77 | 0.77 |
| | 2002 年 | 27.03 | 27.40 | 0.56 | 0.56 |
| | 2003 年 1 - 3 月 | 2.11 | 2.14 | 0.04 | 0.04 |
| 扣除非经营性损益后的净利润 | 2000 年 | 33.12 | 26.45 | 0.50 | 0.50 |
| | 2001 年 | 43.35 | 41.35 | 0.78 | 0.78 |
| | 2002 年 | 27.02 | 27.39 | 0.56 | 0.56 |
| | 2003 年 1 - 3 月 | 2.11 | 2.14 | 0.04 | 0.04 |

## 第九节　其他重要事项

一、自公司股票首次公开发行日至本上市公告之日，本公司严格依照现行有关法律、法规的规定规范运行，本公司生产经营情况正常，主要业务发展目标进展正常；

二、自公司股票首次公开发行日至本上市公告之日，本公司所处行业和市场无重大变化；

三、自公司股票首次公开发行日至本上市公告之日，本公司主要投入、产出物供求及市场价格无重大变化；

四、自公司股票首次公开发行日至本上市公告之日，本公司没有进行新的重大对外投资，无重大资产(股权)收购、出售行为；

五、自公司股票首次公开发行日至本上市公告之日，本公司住所没有发生变更；

六、自公司股票首次公开发行日至本上市公告之日，本公司无重大诉讼、仲裁案件；

七、自公司股票首次公开发行日至本上市公告之日，本公司无重大会计政策变化；

八、自公司股票首次公开发行日至本上市公告之日，本公司无会计事务所变动；

九、自公司股票首次公开发行日至本上市公告之日，本公司没有发生新的重大负债，重大债项未发生变化；

十、根据公司 2002 年度股东大会决议，本公司首次公开发行股票前剩余未分配利润由本次发行后新老股东共享；

十一、本公司股票上市前后税赋无变化；

十二、本公司计划将在上市当年进行利润分配，具体实施时间由本公司股东大会决定；

十三、根据《上海证券交易所股票上市规则》，公司第一大股东已向上海证券交易所承诺，自发行人股票上市之日起 12 个月内，第一大股东不转让其持有的发行人股份，也不由上市公司回购其持有的股份；

十四、自公司股票首次公开发行日至本上市公告之日，没有其他应披露而未披露之重大事项。

## 第十节　董事会上市承诺

本公司董事会承诺将严格遵守《中华人民共和国证券法》、《中华人民共和国公司法》、《股票发行与交易管理暂行条例》、《公开发行股票公司信息披露实施细则》和《上海证券交易所股票上市规则》等国家法律、法规和中国证监会的有关规定，并自股票上市之日起做到：

一、承诺真实、准确、完整、公允和及时地公布定期公告，披露所有对投资者有重大影响的信息，并接受中国证监会、证券交易所的监督管理；

二、承诺本公司在知悉可能对股票价格产生误导性影响的任何公共传播媒介中出现的消息后，将及时给予公开澄清；

三、本公司董事、监事、高级管理人员和核心技术人员将认真听取社会公众的意见和批评，不利用已获得的内幕消息和其他不正当手段直接或间接从事本公司股票的买卖活动；

四、本公司没有无记录的负债。

## 第十一节　上市推荐人及其意见

一、上市推荐人情况

上市推荐人：平安证券有限责任公司

法定代表人：杨秀丽

住　　所：深圳市八卦岭八卦三路平安大厦三层

联系电话：0755 - 82262888 - 3628

传　　真：0755 - 82434614

联 系 人：金山、罗腾子、陈华

二、上市推荐人意见

本公司上市推荐人认为：本公司章程符合《中华人民共和国公司法》等有关法律、法规和和中国证监会的规定。根据《中华人民共和国公司法》、《中华人民共和国证券法》、《股票发行与交易管理暂行条例》、《上海证券交易所股票上市规则》等国家有关法律、法规的规定，本公司符合上市条件。

本公司上市推荐人保证本公司的董事了解法律、法规、上海证券交易所上市规则及股票上市协议规定的董事的义务与责任，并协助本公司健全了法人治理结构、协助本公司制定了严格的信息披露制度和保密制度。

本公司上市推荐人已对上市文件所载的资料进行了核实，确保上市文件真实、准确、完整，符合规定要求。本公司上市推荐人保证本公司的上市申请材料、上市公告书没有虚假、严重误导性陈述或者重大遗漏，并保证对其承担连带责任。

本公司上市推荐人愿意推荐本公司股票在上海证券交易所上市交易，并保证不利用在上市过程中获得的内幕信息进行内幕交易，为自己或他人谋取利益。

附：亨通光电近三年简要财务报表(见附表)

**江苏亨通光电股份有限公司**

**二〇〇三年八月十四日**

1.简要利润表

单位：人民币元

| 项　目 | 2003 年 1 ~ 3 月 | 2002 年度 | 2001 年度 | 2000 年度 |
|---|---|---|---|---|
| 主营业务收入 | 104,484,102.54 | 632,155,060.01 | 802,759,295.21 | 401,189,532.49 |
| 主营业务成本 | 87,092,424.19 | 482,766,979.35 | 545,820,443.51 | 274,535,830.28 |
| 主营业务税金及附加 | 1,023,719.09 | 5,514,883.56 | 5,847,632.70 | 3,492,207.66 |
| 主营业务利润 | 16,367,959.26 | 143,873,197.10 | 251,091,219.00 | 123,161,494.55 |
| 其它业务利润 | 185,277.73 | 1,318,229.29 | 2,099,132.67 | 970,366.97 |
| 营业费用 | 3,984,491.39 | 37,735,076.80 | 107,818,567.70 | 38,863,658.18 |
| 管理费用 | 4,679,804.47 | 22,311,769.85 | 23,661,042.91 | 12,425,300.91 |
| 财务费用 | 2,294,509.09 | 9,590,334.81 | 9,036,623.75 | 5,400,265.63 |
| 营业利润 | 5,594,432.04 | 75,554,244.93 | 112,674,117.31 | 67,442,636.80 |
| 投资收益 | - | - 38,201.96 | | |
| 营业外收入 | 27,391.00 | 123,125.95 | 10,023.80 | 20,540.00 |
| 营业外支出 | 24,670.00 | 108,582.70 | 836,522.10 | 81,230.00 |
| 利润总额 | 6,109,153.04 | 75,530,586.22 | 111,847,589.01 | 67,381,946.80 |
| 所得税 | 2,042,112.81 | 24,221,234.19 | 41,520,656.82 | 23,033,968.86 |
| 少数股东损益 | 21,555.83 | 648,552.76 | | |
| 净利润 | 4,045,484.40 | 50,660,799.27 | 70,326,932.19 | 44,347,977.94 |

2.简要资产负债表

单位：人民币元

| 项　目 | 2003.03.31 | 2002.12.31 | 2001.12.31 | 2000.12.31 |
|---|---|---|---|---|
| 货币资金 | 44,225,328.72 | 31,239,364.56 | 34,496,196.03 | 27,174,523.40 |
| 应收票据 | 522,032.00 | 3,919,800.00 | 0.00 | 0.00 |
| 应收账款 | 181,832,594.78 | 192,143,441.52 | 91,121,381.11 | 145,020,970.21 |
| 其它应收款 | 18,950,075.06 | 23,698,859.01 | 19,739,807.35 | 4,601,056.18 |
| 预付账款 | 23,204,088.89 | 16,784,578.40 | 10,628,012.02 | 5,998,316.76 |
| 存　货 | 164,194,938.18 | 164,075,604.32 | 224,248,632.57 | 137,928,790.79 |
| 流动资产合计 | 432,929,057.63 | 431,861,647.81 | 380,234,029.08 | 320,723,657.34 |
| 固定资产原价 | 212,792,405.47 | 212,303,146.47 | 125,215,850.82 | 120,711,028.11 |
| 累计折旧 | 69,255,571.84 | 65,607,181.22 | 45,459,794.49 | 36,085,454.94 |
| 固定资产净值 | 143,536,833.63 | 146,695,965.25 | 79,756,056.33 | 84,625,573.17 |
| 无形资产 | 2,470,956.36 | 2,484,170.04 | 2,537,024.76 | 2,589,879.48 |
| 长期待摊费用 | | 0.00 | 0.00 | 907,007.54 |
| 资产总计 | 578,936,847.62 | 581,041,783.10 | 462,527,110.17 | 408,846,117.53 |
| 短期借款 | 90,700,000.00 | 55,000,000.00 | 0.00 | 0.00 |
| 应付票据 | 3,000,000.00 | 12,601,835.39 | 0.00 | 0.00 |
| 应付账款 | 100,049,054.06 | 100,520,958.18 | 36,115,370.61 | 29,521,226.91 |
| 预收账款 | 18,029,132.05 | 19,478,295.35 | 9,518,436.36 | 44,194,000.34 |
| 应付工资 | 390,038.89 | 3,563,388.82 | 5,386,096.66 | 4,258,971.82 |
| 应付福利费 | 4,425,227.51 | 4,326,368.50 | 3,010,674.40 | 1,689,989.08 |
| 应付股利 | 27,336,000.00 | 27,336,000.00 | 13,668,000.00 | 0 |
| 应交税金 | 5,933,479.75 | 15,128,608.71 | 17,106,312.31 | 18,554,765.99 |
| 其它应交款 | 4,160,974.39 | 4,288,296.69 | 2,257,527.30 | 1,016,321.53 |
| 其它应付款 | 54,963,135.18 | 73,557,271.37 | 60,081,986.59 | 27,274,123.80 |
| 预提费用 | 2,432,142.15 | 1,836,511.68 | 3,303,051.41 | 0.00 |
| 一年内到期的长期负债 | 50,000,000.00 | 0.00 | 87,244,142.60 | 145,437,888.24 |
| 流动负债合计 | 361,419,183.98 | 317,637,534.69 | 237,691,598.24 | 271,947,287.71 |
| 长期借款 | | 50,081,125.00 | | |
| 长期应付款 | | 0.00 | 60,712,800.00 | 0 |
| 专项应付款 | 1,078,500.00 | 951,000.00 | | |
| 负债合计 | 362,497,683.98 | 368,669,659.69 | 298,404,398.24 | 271,947,287.71 |
| 少数股东权益 | 24,946,168.04 | 24,924,612.21 | 0.00 | 0.00 |
| 股本 | 91,120,000.00 | 91,120,000.00 | 91,120,000.00 | 91,120,000.00 |
| 资本公积 | 2,603.94 | 2,603.94 | 2,603.94 | 2,603.94 |
| 盈余公积 | 48,242,991.72 | 48,242,991.72 | 40,636,543.49 | 16,022,117.22 |
| 公益金 | 8,436,003.23 | 8,436,003.23 | 5,900,520.49 | 2,384,173.88 |
| 未分配利润 | 52,127,399.94 | 48,081,915.54 | 32,363,564.50 | 29,754,108.66 |
| 股东权益合计 | 191,492,995.60 | 187,447,511.20 | 164,122,711.93 | 136,898,829.82 |
| 负债及股东权益合计 | 578,936,847.62 | 581,041,783.10 | 462,527,110.17 | 408,846,117.53 |

3.2002 年简要现金流量表

单位：人民币元

| 项　目 | 2003 年 1 ~ 3 月 | 2002 年度 |
|---|---|---|
| 经营活动产生的现金流量净额 | - 19,400,480.85 | 99,918,275.67 |
| 投资活动产生的现金流量净额 | - 489,259.00 | - 36,410,234.88 |
| 筹资活动产生的现金流量净额 | 32,875,704.01 | - 66,764,872.26 |
| 现金及现金等价物净增加额 | 12,985,964.16 | - 3,256,831.47 |

## 600050 中国联合通信股份有限公司

### 二〇〇二年年度报告摘选

### 1.上市公司基本情况简介

1.1 基本情况简介

股票简称:中国联通 股票代码:600050 上市交易所:上海证券交易所

注册地址:中国北京市东城区建国门内大街 18 号办三 6 层

办公地址:上海市世纪大道 88 号金茂大厦 40 楼(2003 年 4 月 1 日起迁往上址办公)

邮政编码:办公地址:200121

公司国际互联网网址:http://www.chinaunicom－a.com 电子信箱:ir@chinaunicom－a.com

1.2 联系人和联系方式

董事会秘书:劳建华 联系地址:上海市世纪大道 88 号金茂大厦 40 楼 邮编:200121

电话:021－50477288 传真:021－50471778 电子信箱:laojh@chinaunicom.com.cn

证券事务代表:赵一雷 联系地址:上海市世纪大道 88 号金茂大厦 40 楼 邮编:200121

电话:021－50477288 传真:021－50471778 电子信箱:zhaoyl@chinaunicom－a.com

### 2.会计数据和财务指标摘要

2.1 主要会计数据

| | 2002 年 | 2001 年 | 本年比上年增减(%) | 2000 年 |
|---|---|---|---|---|
| 主营业务收入(元) | 39,477,608,242 | 29,027,806,604 | 36.00 | 22,550,549,788 |
| 利润总额(元) | 6,191,963,512 | 5,129,711,138 | 20.71 | 5,326,523,576 |
| 净利润(元) | 1,947,852,967 | 1,670,519,902 | 16.60 | 1,552,747,919 |
| 扣除非经常性损益的净利润(元) | 1,975,409,605 | 1,963,002,769 | 0.63 | 1,595,091,794 |
| | 2002 年末 | 2001 年末 | 本年末比上年末增减(%) | 2000 年末 |
| 总资产(元) | 149,949,102,922 | 127,953,155,099 | 17.19 | 112,884,229,787 |
| 股东权益(不含少数股东权益)(元) | 36,721,160,087 | 24,259,547,281 | 51.37 | 22,644,541.546 |
| 经营活动产生的现金流量净额(元) | 12,938,008,786 | 11,181,839,931 | 15.71 | 10,061,532,962 |

2.2 主要财务指标

| | 2002 年 | 2001 年 | 本年比上年增减(%) | 2000 年 |
|---|---|---|---|---|
| 每股收益(元) | 0.10 | 0.11 | －9.09 | 不适用 |
| 净资产收益率(%) | 5.3 | 6.9 | －23.19 | 6.9 |
| 扣除非经常性损益的净利润为基础计算的净资产收益率(%) | 5.4 | 8.1 | －33.3 | 7.1 |
| 每股经营活动产生的现金流量净额(元) | 0.66 | 0.76 | －13.16 | 不适用 |
| | 2002 年末 | 2001 年末 | 本年末比上年末增减(%) | 2000 年末 |
| 每股净资产(元) | 1.86 | 1.65 | 12.73 | 不适用 |
| 调整后的每股净资产(元) | 1.41 | 1.47 | －4.08 | 不适用 |

## 600076 潍坊北大青鸟华光科技股份有限公司

### 二〇〇二年年度报告摘选

### 1.上市公司基本情况简介

1.1 基本情况简介

股票简称:青鸟华光 股票代码:600076 上市交易所:上海证券交易所

注册地址:山东省潍坊市奎文区东风东街 272 号

办公地址:山东省潍坊市高新技术产业开发区华光电子区 邮政编码:261061

公司国际互联网网址:http://www.hg.com.cn 电子信箱:info@hg.com.cn

1.2 联系人和联系方式

董事会秘书:刘世祯 联系地址:山东省潍坊市高新技术产业开发区华光电子区

电话:0536－2991601 传真:0536－8865200 电子信箱:liusz@hg.com.cn

证券事务代表:原晋锋 联系地址:山东省潍坊市高新技术产业开发区华光电子区

电话:0536－2991601 传真:0536－8865200 电子信箱:yuanjf@hg.com.cn

### 2.会计数据和财务指标摘要

2.1 主要会计数据 单位:元

| | 2002 年 | 2001 年 | 本年比上年增减(%) | 2000 年 |
|---|---|---|---|---|
| 主营业务收入 | 336,915,200.94 | 358,575,641.22 | －6.04 | 244,099,339.43 |
| 利润总额 | 7,849,618.21 | 54,563,691.44 | －85.6 | 63,072,465.05 |
| 净利润 | 2,776,486.26 | 48,468,197.63 | －94.27 | 52,019,057.73 |
| 扣除非经常性损益后的净利润 | －7,280,605.86 | 54,921,119.71 | －115.06 | 58,536,431.59 |
| | 2002 年末 | 2001 年末 | 本年末比上年末增减(%) | 2000 年末 |
| 总资产 | 1,875,682,197.46 | 1,569,031,761.61 | 19.54 | 1,021,444,864.93 |
| 股东权益(不含少数股东权益) | 994,087,933.46 | 658,762,447.15 | 50.90 | 623,759,209.52 |
| 经营活动产生的现金流量净额 | －211,833,379.41 | 34,959,770.96 | －705.93 | 95,185,896.94 |

2.2 主要财务指标

| | 2002 年 | 2001 年 | 本年比上年增减(%) | 2000 年 |
|---|---|---|---|---|
| 每股收益 | 0.011 | 0.2160 | －95.45% | 0.2318 |
| 净资产收益率 | 0.28% | 7.36% | －96.2% | 8.34% |
| 扣除非经常性损益的净利润为基础计算的净资产收益率 | －0.73% | 8.34% | －108.75% | 9.19% |
| 每股经营活动产生的现金流量净额 | －0.8366 | 0.1558 | －636.97% | 0.4241 |
| | 2002 年末 | 2001 年末 | 本年末比上年末增减(%) | 2000 年末 |
| 每股净资产 | 3.9258 | 2.9355 | 33.74% | 2.8130 |
| 调整后的每股净资产 | 3.82 | 2.83 | 34.98% | 2.763 |

## 600097 浙江华立科技股份有限公司

### 二〇〇二年年度报告摘选

### 1.上市公司基本情况简介

1.1 基本情况简介

股票简称:华立科技 股票代码:600097 上市交易所:上海证券交易所

注册地址:杭州市高新技术产业开发区西斗门工业区

办公地址:浙江省杭州市西斗门路 18 号 邮政编码:310012

公司国际互联网网址:http://www.holleykj.com 电子信箱:holleykj@iholley.com

1.2 联系人和联系方式

董事会秘书:马三光 联系地址:浙江省杭州市西斗门路 18 号

电话:0571－88471777 传真:0571－88471666 电子信箱:holleytech@iholley.com

### 2.会计数据和财务指标摘要

2.1 主要会计数据

| | 2002 年 | 2001 年 | 本年比上年增减(%) | 2000 年 |
|---|---|---|---|---|
| 主营业务收入 | 208482877.77 | 114653885.07 | 81.84% | 26978753.55 |
| 利润总额 | 10527705.60 | 11928597.24 | －11.74% | －88778066.78 |
| 净利润 | 10167853.80 | 12225188.83 | －16.83% | －55171684.65 |
| 扣除非经常性损益的净利润 | 8943153.97 | 11479711.46 | －22.10% | －60334118.69 |
| | 2002 年 | 2001 年 | 本年末比上年末增减(%) | 2000 年 |
| 总资产 | 409619429.05 | 394026083.43 | 3.96% | 625017203.31 |
| 股东权益(不含少数股东权益) | 139443151.18 | 126813569.37 | 9.96% | 15843681.81 |
| 经营活动产生的现金流量净额 | 37419539.05 | 60118225.19 | －37.76% | －2044729.14 |

2.2 主要财务指标

| | 2002 年 | 2001 年 | 本年比上年增减(%) | 2000 年 |
|---|---|---|---|---|
| 每股收益 | 0.09 | 0.11 | －18.18% | －0.48 |
| 净资产收益率 | 7.29% | 9.64% | －24.38% | －348.25% |
| 扣除非经常性损益的净利润为基础计算的净资产收益率 | 6.78% | 16.09% | －57.86% | －162.35% |
| 每股经营活动产生的现金流量净额 | 0.32 | 0.52 | －38.46% | －0.02 |
| | 2002 年 | 2001 年 | 本年比上年增减(%) | 2000 年 |
| 每股净资产 | 1.21 | 1.10 | 10.00% | 0.14 |
| 调整后的每股净资产 | 1.20 | 1.09 | 10.09% | 0.11 |

## 600100 清华同方股份有限公司

### 二〇〇二年年度报告摘选

### 1.上市公司基本情况简介

1.1 基本情况简介

股票简称:清华同方 股票代码:600100 上市交易所:上海证券交易所

注册地址:北京海淀区清华园清华同方大厦

办公地址:北京海淀区清华同方科技广场 A 座 29 层 邮政编码:100083

公司国际互联网网址:http://www.thtf.com.cn 电子信箱:sunm@thtf.com.cn

1.2 联系人和联系方式

董事会秘书:孙岷 联系地址:北京海淀区清华同方科技广场 A 座 29 层

电话:010－82399888、82399981 传真:010－82399765、82399970 电子信箱:sunm@thtf.com.cn

证券事务代表:宋强 联系地址:北京海淀区清华同方科技广场 A 座 29 层

电话:010－82399888、82399981 传真:010－82399765、82399970 电子信箱:songq@thtf.com.cn

### 2.会计数据和财务指标摘要

2.1 主要会计数据 单位:(人民币)千元

| 财务指标 | 2002 年度 | 2001 年度 | 本年比上年增减(%) | 2000 年度 |
|---|---|---|---|---|
| 主营业务收入 | 5,439,668.36 | 5,012,532.07 | 8.52 | 3,315,703.72 |
| 利润总额 | 254,149.40 | 432,971.39 | －41.30 | 304,935.73 |
| 净利润 | 183,595.06 | 290,758.12 | －36.86 | 216,421.92 |
| 扣除非经常性损益的净利润 | 181,580.52 | 291,398.12 | －37.69 | 216,421.92 |
| 财务指标 | 2002 年末 | 2001 年末 | 本年末比上年末增减(%) | 2000 年末 |
| 总资产 | 6,276,320.90 | 6,065,172.21 | 3.48 | 5,227,732.82 |
| 股东权益(不含少数股东权益) | 2,762,637.12 | 2,663,344.11 | 3.73 | 2,500,014.85 |
| 经营活动产生的现金流量净额 | 122,309.38 | 198,521.97 | －38.39 | 183,597.44 |

2.2 主要财务指标

| 财务指标 | 2002 年度 | 2001 年度 | 本年比上年增减(%) | 2000 年度 |
|---|---|---|---|---|
| 每股收益(摊薄)(元/股) | 0.320 | 0.506 | －36.76 | 0.616 |
| 每股收益(加权)(元/股) | 0.320 | 0.506 | －36.76 | 0.650 |
| 净资产收益率(摊薄)(%) | 6.65 | 10.92 | －39.10 | 9.17 |
| 净资产收益率(加权)(%) | 6.63 | 10.99 | －39.67 | 15.91 |
| 扣除非经常性损益的净利润为基础计算的平均净资产收益率(摊薄)(%) | 6.57 | 10.94 | －39.94 | 9.17 |
| 扣除非经常性损益的净利润为基础计算的平均净资产收益率(加权)(%) | 6.56 | 11.02 | －40.47 | 15.91 |
| 每股经营活动产生的现金流量净额(元/股) | 0.213 | 0.345 | －38.26 | 0.479 |
| 财务指标 | 2002 年末 | 2001 年末 | 本年末比上年末增减(%) | 2000 年末 |
| 每股净资产(元/股) | 4.808 | 4.635 | 3.73 | 6.718 |
| 调整后的每股净资产(元/股) | 4.708 | 4.490 | 4.86 | 6.490 |

## 600105 江苏永鼎股份有限公司

# 二〇〇二年年度报告摘选

### 1.上市公司基本情况简介

1.1 基本情况简介

股票简称:永鼎光缆 股票代码:600105 上市交易所:上海证券交易所

注册地址:江苏省吴江市芦墟镇

办公地址:江苏省吴江市芦墟镇汾湖经济技术开发区 邮政编码:215211

公司国际互联网网址:http://www.chinayongding.com 电子信箱:chinayd@sina.com

1.2 联系人和联系方式

董事会秘书:彭美娥 联系地址:江苏省吴江市芦墟镇汾湖经济技术开发区

电话:0512-63272395 传真:0512-63271975 电子信箱:Yongdin_cn@sina.com

证券事务代表:朱云 联系地址:江苏省吴江市芦墟镇汾湖经济技术开发区

电话:0512-63272489 传真:0512-63271866 电子信箱:Chunbo@sina.com

### 2.会计数据和财务指标摘要

2.1 主要会计数据

| | 2002 年 | 2001 年 | 本年比上年增减(%) | 2000 年 |
|---|---|---|---|---|
| 主营业务收入 | 1030993631.89 | 1268639017.25 | -18.73 | 716094725.02 |
| 利润总额 | 88424654.28 | 95259673.15 | -7.18 | 65837766.48 |
| 净利润 | 62972038.12 | 76418544.70 | -17.60 | 52064622.43 |
| 扣除非经常性损益的净利润 | 61302719.23 | 82342379.06 | -25.55 | 61007748.60 |
| | 2002 年 | 2001 年末 | 本年末比上年末增减(%) | 2000 年末 |
| 总资产 | 1518377525.84 | 1319481929.25 | 15.07 | 965148964.89 |
| 股东权益(不含少数股东权益) | 945343723.69 | 685671230.00 | 37.87 | 639758176.65 |
| 经营活动产生的现金流量净额 | 200721420.80 | 4662544.96 | 4204.98 | 7774436.32 |

2.2 主要财务指标

| | 2002 年 | 2001 年 | 本年比上年增减(%) | 2000 年 |
|---|---|---|---|---|
| 每股收益 | 0.231 | 0.306 | -24.51 | 0.21 |
| 净资产收益率 | 6.66 | 11.15 | -40.27 | 8.14 |
| 扣除非经常性损益的净利润为基础计算的净资产收益率 | 6.48 | 12.01 | -46.04 | 9.59 |
| 每股经营活动产生的现金流量净额 | 0.74 | 0.02 | 3600 | 0.03 |
| | 2002 年末 | 2001 年末 | 本年末比上年末增减(%) | 2000 年末 |
| 每股净资产 | 3.47 | 2.75 | 26.18 | 2.56 |
| 调整后的每股净资产 | 3.46 | 2.73 | 26.74 | 2.55 |

## 600122 江苏宏图高科技股份有限公司

# 二〇〇二年年度报告摘选

### 1.上市公司基本情况简介

1.1 基本情况简介

股票简称:宏图高科 股票代码:600122 上市交易所:上海证券交易所

注册地址:南京市浦口高新区 03 栋 2 楼 办公地址:南京市湖北路 83 号 6 楼 邮政编码:210009

公司国际互联网网址:http://www.hiteker.com 电子信箱:hiteker@hiteker.com

1.2 联系人和联系方式

董事会秘书:张伟 联系地址:南京市湖北路 83 号六楼

电话:025-3300922 传真:025-3300230 电子信箱:zhangw@hiteker.com

证券事务代表:徐清 联系地址:南京市湖北路 83 号六楼

电话:025-3300922 传真:025-3300230 电子信箱:xuqing@hiteker.com

### 2.会计数据和财务指标摘要

2.1 主要会计数据

| | 2002 年 | 2001 年 | 本年比上年增减 | 2000 年(调整后) |
|---|---|---|---|---|
| 主营业务收入 | 2,210,151,999.79 | 2,004,814,826.89 | 10.24% | 1,171,988,152.38 |
| 利润总额 | 54,152,257.87 | 69,324,918.30 | -21.89% | 76,381,629.56 |
| 净利润 | 34,667,770.71 | 58,153,918.51 | -40.39% | 75,902,187.49 |
| 扣除非经常性损益的净利润 | 33,129,323.61 | 60,119,535.68 | -44.89% | 54,289,861.49 |
| | 2002 年末 | 2001 年末 | 本年末比上年末增减 | 2000 年末(调整后) |
| 总资产 | 2,927,355,328.27 | 2,416,718,386.19 | 21.13% | 1,842,667,613.03 |
| 股东权益(不含少数股东权益) | 979,606,230.35 | 941,011,183.79 | 4.10% | 575,133,041.07 |
| 经营活动产生的现金流量净额 | 102,967,877.19 | -71,641,541.31 | - | -370,255,674.82 |

2.2 主要财务指标

| | 2002 年 | 2001 年 | 本年比上年增减 | 2000 年(调整后) |
|---|---|---|---|---|
| 每股收益(元) | 0.109 | 0.182 | -40.11% | 0.221 |
| 净资产收益率 | 3.54% | 6.18% | -42.72% | 11.32% |
| 扣除非经常性损益的净利润为基础计算的净资产收益率 | 3.38% | 6.39% | -47.10% | 13.20% |
| 每股经营活动产生的现金流量净额 | 0.323 | -0.224 | - | -1.254 |
| | 2002 年末 | 2001 年末 | 本年末比上年末增减 | 2000 年末(调整后) |
| 每股净资产 | 3.069 | 2.948 | 4.10% | 1.948 |
| 调整后的每股净资产 | 2.910 | 2.886 | 0.83% | 1.929 |

## 600130 宁波波导股份有限公司

# 二〇〇二年年度报告摘选

### 1.上市公司基本情况简介

1.1 基本情况简介

股票简称:波导股份 股票代码:600130 上市交易所:上海证券交易所

注册地址和办公地址:浙江省奉化市城山路 99 号 邮政编码:315500

公司国际互联网网址:http://www.chinabird.com 电子信箱:cbird@public.cnptt.zj.cn

1.2 联系人和联系方式

董事会秘书:马思甜 联系地址:浙江省奉化市城山路 99 号

电话:0574-88918855 传真:0574-88929054 电子信箱:bridzq@mail.nbptt.zj.cn

证券事务代表:赵勤攻 联系地址:浙江省奉化市城山路 99 号

电话:0574-88918855 传真:0574-88929054 电子信箱:bridzq@mail.nbptt.zj.cn

### 2.会计数据和财务指标摘要

2.1 主要会计数据

| | 2002 年 | 2001 年 | 本年比上年增减(%) | 2000 年 |
|---|---|---|---|---|
| 主营业务收入 | 6,367,615,959.00 | 2,622,293,289.85 | 142.83 | 934,781,128.52 |
| 利润总额 | 271,822,789.42 | 126,654,014.82 | 114.62 | 45,805,864.53 |
| 净利润 | 215,922,223.92 | 68,134,627.02 | 216.91 | 25,390,644.98 |
| 扣除非经常性损益的净利润 | 225,825,898.84 | 86,028,192.40 | 162.50 | 11,436,684.76 |
| | 2002 年末 | 2001 年末 | 本年末比上年末增减(%) | 2000 年末 |
| 总资产 | 3,807,414,781.24 | 1,743,431,603.24 | 118.39 | 1,215,398,263.33 |
| 股东权益(不含少数股东权益) | 992,467,069.28 | 832,544,845.36 | 19.21 | 787,586,134.54 |
| 经营活动产生的现金流量净额 | 594231345.98 | 356544987.71 | 66.66 | -152948826.80 |

2.2 主要财务指标

| | 2002 年 | 2001 年 | 本年比上年增减(%) | 2000 年 |
|---|---|---|---|---|
| 每股收益 | 1.35 | 0.426 | 216.90 | 0.16 |
| 净资产收益率 | 21.76 | 8.18 | 166.01 | 3.22 |
| 扣除非经常性损益的净利润为基础计算的净资产收益率 | 22.75 | 10.33 | 120.23 | 1.45 |
| 每股经营活动产生的现金流量净额 | 3.71 | 2.23 | 66.38 | -0.96 |
| | 2002 年末 | 2001 年末 | 本年末比上年末增减(%) | 2000 年末 |
| 每股净资产 | 6.203 | 5.203 | 19.22 | 4.92 |
| 调整后的每股净资产 | 6.16 | 5.155 | 19.50 | 4.86 |

## 600139 鼎天科技股份有限公司

# 二〇〇二年年度报告摘选

### 1.上市公司基本情况简介

1.1 基本情况简介

股票简称:鼎天科技 股票代码:600139 上市交易所:上海证券交易所

注册地址和办公地址:四川省德阳市华山北路 114 号 邮政编码:618000

公司国际互联网网址:http://www.dingtian.com.cn 电子信箱:s-tech@dingtian.com.cn

1.2 联系人和联系方式

董事会秘书:黄晓君 联系地址:四川省德阳市华山北路 114 号

电话:0838-2826498 传真:0838-2821217 电子信箱:huang_xj@dingtian.com.cn

### 2.会计数据和财务指标摘要

2.1 主要会计数据

| | 2002 年 | 2001 年调整后 | 本年比上年增减(%) | 2000 年 |
|---|---|---|---|---|
| 主营业务收入 | 404,511,103.51 | 193,930,587.25 | 108.59 | 209,024,624.50 |
| 利润总额 | -46,704,022.58 | -66,210,119.27 | -29.46 | 17,001,636.70 |
| 净利润 | -47,044,032.00 | -66,210,119.27 | -28.95 | 13,539,774.96 |
| 扣除非经常性损益的净利润 | -45,373,679.24 | -50,268,679.84 | -9.74 | 10,370,092.90 |
| | 2002 年末 | 2001 年末调整后 | 本年末比上年末增减(%) | 2000 年末 |
| 总资产 | 400,742,904.07 | 407,229,901.59 | -1.59 | 526,708,405.79 |
| 股东权益(不含少数股东权益) | 77,237,115.30 | 101,131,702.16 | -23.63 | 164,309,066.30 |
| 经营活动产生的现金流量净额 | -70,431,971.35 | 20,043,102.43 | -451.40 | 7,263,056.48 |

2.2 主要财务指标

| | 2002 年 | 2001 年调整后 | 本年比上年增减(%) | 2000 年 |
|---|---|---|---|---|
| 每股收益 | -0.62 | -0.87 | -28.74 | 0.18 |
| 净资产收益率 | -60.91% | -65.47% | -6.97 | 8.24% |
| 扣除非经常性损益的净利润为基础计算的加权净资产收益率 | -56.89% | -38.31% | 48.50 | 5.61% |
| 每股经营活动产生的现金流量净额 | -0.93 | 0.26 | -457.69 | 0.10 |
| | 2002 年末 | 2001 年末调整后 | 本年末比上年末增减(%) | 2000 年末 |
| 每股净资产 | 1.02 | 1.33 | -23.31 | 2.16 |
| 调整后的每股净资产 | 0.83 | 1.17 | -29.06 | 2.04 |

# 600198 大唐电信科技股份有限公司

## 二〇〇二年年度报告摘选

### 1.上市公司基本情况简介

1.1 基本情况简介

股票简称:大唐电信 股票代码:600198 上市交易所:上海证券交易所
注册地址:北京海淀区学院路40号研一楼
办公地址:北京海淀区学院路40号 邮政编码:100083
公司国际互联网网址:http://www.dtt.com.cn 电子信箱:dtt@dt-mail.com

1.2 联系人和联系方式

董事会秘书:付景林 联系地址:北京海淀区学院路40号
电话:010-62303607 传真:010-62303607 电子信箱:dtt@dt-mail.com
证券事务代表:王芊、齐秀彬 联系地址:北京海淀区学院路40号
电话:010-62303607 传真:010-62303607 电子信箱:qxb@dt-mail.com

### 2.会计数据和财务指标摘要

2.1 主要会计数据

| | 2002年 | 2001年 | 本年比上年增减(%) | 2000年(调整后) |
|---|---|---|---|---|
| 主营业务收入 | 2,091,403,076.76 | 2,051,455,333.83 | 1.95 | 2,397,623,846.86 |
| 利润总额 | 50,610,574.97 | 56,491,532.64 | -10.41 | 96,270,039.07 |
| 净利润 | 22,806,858.61 | 36,100,018.51 | -36.82 | 69,959,618.29 |
| 扣除非经常性损益的净利润 | 6,246,007.81 | 10,211,545.29 | -38.83 | 55,977,542.07 |
| | 2002年末 | 2001年末 | 本年末比上年末增减(%) | 2000年末(调整后) |
| 总资产 | 5,592,030,410.91 | 5,041,600,785.80 | 10.92 | 4,445,053,168.08 |
| 股东权益(不含少数股东权益) | 1,942,905,261.00 | 1,903,179,823.29 | 2.09 | 1,955,178,214.05 |
| 经营活动产生的现金流量净额 | -848,077,387.48 | -25,935,787.57 | -3169.91 | -311,431,613.53 |

2.2 主要财务指标

| | 2002年 | 2001年 | 本年比上年增减(%) | 2000年(调整后) |
|---|---|---|---|---|
| 每股收益 | 0.0520 | 0.0822 | -36.74 | 0.1594 |
| 每股收益 | 0.0520 | 0.0822 | -36.74 | 0.1665 |
| 净资产收益率(%) | 1.17 | 1.90 | -38.42 | 3.58 |
| 扣除非经常性损益的净利润为基础计算的净资产收益率(%) | 0.32 | 0.54 | -40.74 | 2.86 |
| 每股经营活动产生的现金流量净额 | -1.93 | -0.06 | -3116.67 | -0.71 |
| | 2002年末 | 2001年末 | 本年末比上年末增减(%) | 2000年末(调整后) |
| 每股净资产 | 4.4259 | 4.335 | 2.1 | 4.454 |
| 调整后的每股净资产 | 4.2539 | 4.215 | 0.92 | 4.394 |

# 600288 大恒新纪元科技股份有限公司

## 二〇〇二年年度报告摘选

### 1.上市公司基本情况简介

1.1 基本情况简介

股票简称:大恒科技 股票代码:600288 上市交易所:上海证券交易所
注册地址和办公地址:北京市海淀区中关村大街22号中科大厦十一层 邮政编码:100080
公司国际互联网网址:http://www.dhxjy.com.cn 电子信箱:newepoch@public2.bta.net.cn

1.2 联系人和联系方式

董事会秘书:严宏深 联系地址:北京市海淀区中关村大街22号中科大厦十一层1101
电话:010-62628443 传真:010-62628384 电子信箱:newepoch@public2.bta.net.cn
证券事务代表:潘裕民 联系地址:北京市海淀区中关村大街22号中科大厦十一层1107
电话:010-62628381 传真:010-62628384 电子信箱:newepoch@public2.bta.net.cn

### 2.会计数据和财务指标摘要

2.1 主要会计数据

| | 2002年 | 2001年 | 本年比上年增减(%) | 2000年 |
|---|---|---|---|---|
| 主营业务收入 | 1,695,746,361.13 | 1,347,309,834.96 | 25.86% | 1,188,361,116.14 |
| 利润总额 | 62,135,754.96 | 64,026,909.86 | -2.95% | 63,206,747.12 |
| 净利润 | 46,103,614.97 | 42,974,766.76 | 7.28% | 37,482,687.36 |
| 扣除非经常性损益的净利润 | 46,121,861.27 | 43,081,638.61 | 7.06% | 33,528,944.09 |
| | 2002年末 | 2001年末 | 本年末比上年末增减(%) | 2000年末 |
| 总资产 | 1,352,079,408.24 | 1,251,984,124.29 | 7.99% | 1,219,377,277.46 |
| 股东权益(不含少数股东权益) | 712,224,692.52 | 686,971,885.04 | 3.68% | 639,952,946.64 |
| 经营活动产生的现金流量净额 | 86,638,556.98 | -12,982,743.50 | | 44,952,524.82 |

2.2 主要财务指标

| | 2002年 | 2001年 | 本年比上年增减(%) | 2000年 |
|---|---|---|---|---|
| 每股收益 | 0.2195 | 0.3070 | -28.47% | 0.2677 |
| 净资产收益率 | 6.47% | 6.26% | 3.35% | 5.86% |
| 扣除非经常性损益的净利润为基础计算的净资产收益率 | 6.48% | 6.27% | 3.35% | 5.24% |
| 每股经营活动产生的现金流量净额 | 0.41 | -0.09 | | 0.32 |
| | 2002年末 | 2001年末 | 本年末比上年末增减(%) | 2000年末 |
| 每股净资产 | 3.39 | 4.91 | -30.96% | 4.57 |
| 调整后的每股净资产 | 3.38 | 4.89 | -30.88% | 4.54 |

# 600289 哈尔滨亿阳信通股份有限公司

## 二〇〇二年年度报告摘选

### 1.上市公司基本情况简介

1.1 基本情况简介

股票简称:亿阳信通 股票代码:600289 上市交易所:上海证券交易所
注册地址:哈尔滨高新技术产业开发区1号楼
办公地址:北京中关村海淀南路19号、哈尔滨高新技术产业开发区1号楼
邮政编码:北京100080、哈尔滨150090
公司国际互联网网址:http://www.boco.com.cn 电子信箱:gsb@boco.com.cn

1.2 联系人和联系方式

董事会秘书:郭士斌 联系地址:北京中关村海淀南路19号、哈尔滨高新技术产业开发区1号楼
电话:010-82666789、0451-2326789 传真:010-82666332、0451-2320579
电子信箱:gsb@boco.com.cn
证券事务代表:王龙声 电子信箱:gsb@boco.com.cn
联系地址:北京中关村海淀南路19号、哈尔滨高新技术产业开发区1号楼
电话:010-82666789、0451-2326789 传真:010-82666332、0451-2320579

### 2.会计数据和财务指标摘要

2.1 主要会计数据

| | 2002年(本年) | 2001年(上年) | 本年比上年增减(%) | 2000年 |
|---|---|---|---|---|
| 主营业务收入 | 483,374,982.63 | 620,377,092.59 | -22.08 | 473,634,284.82 |
| 利润总额 | 90,380,753.42 | 97,106,422.68 | -6.93 | 79,586,586.47 |
| 净利润 | 67,674,350.26 | 73,453,236.18 | -7.87 | 57,562,590.89 |
| 扣除非经常性损益的净利润 | 81,111,700.00 | 80,431,287.07 | 0.85 | 58,092,628.24 |
| | 2002年末(本年末) | 2001年末(上年末) | 本年末比上年末增减(%) | 2000年末 |
| 总资产 | 1,387,388,952.48 | 1,365,211,191.79 | 1.62 | 1,377,621,242.02 |
| 股东权益(不含少数股东权益) | 933,574,271.05 | 888,706,757.92 | 5.05 | 837,703,389.84 |
| 经营活动产生的现金流量净额 | 141,501,762.04 | 233,785,564.77 | -39.47 | -196,649,675.93 |

2.2 主要财务指标

| | 2002年(本年) | 2001年(上年) | 本年比上年增减(%) | 2000年 |
|---|---|---|---|---|
| 每股收益 | 0.639 | 0.694 | -7.93 | 0.544 |
| 每股收益注2 | 0.639 | 0.694 | -7.93 | 0.600 |
| 净资产收益率 | 7.25 | 8.27 | -12.33 | 6.87 |
| 扣除非经常性损益的净利润为基础计算的净资产收益率 | 8.80% | 9.16% | -3.93 | 6.67% |
| 每股经营活动产生的现金流量净额 | 1.336 | 2.21 | -39.55 | -1.86 |
| | 2002年末(本年末) | 2001年末(上年末) | 本年末比上年末增减(%) | 2000年末 |
| 每股净资产 | 8.816 | 8.39 | 5.08 | 7.91 |
| 调整后的每股净资产 | 8.796 | 8.39 | 4.84 | 7.87 |

# 600345 武汉长江通信产业集团股份有限公司

## 二〇〇二年年度报告摘选

### 1.上市公司基本情况简介

1.1 基本情况简介

股票简称:长江通信 股票代码:600345 上市交易所:上海证券交易所
注册地址和办公地址:武昌珞瑜路200-1号东湖新技术开发区管理大楼11层
邮政编码:430079 公司国际互联网网址:http://www.ycig.com
电子信箱:ccigof@public.wh.hb.cn

1.2 联系人和联系方式

董事会秘书:胡湘建 联系地址:武昌珞瑜路200-1号东湖新技术开发区管理大楼11层
电话:027-87411083 传真:027-87411083 电子信箱:hxj@ycig.com
证券事务代表:蔡丽华 联系地址:武昌珞瑜路200-1号东湖新技术开发区管理大楼11层
电话:027-87426652 传真:027-87426652 电子信箱:clh@ycig.com

### 2.会计数据和财务指标摘要

2.1 主要会计数据 (单位:千元)

| | 2002年(本年) | 2001年(上年) | 本年比上年增减(%) | 2000年 |
|---|---|---|---|---|
| 主营业务收入 | 377,851 | 389,556 | -3.00% | 266,597 |
| 利润总额 | 24,111 | 193,258 | -87.52% | 89,108 |
| 净利润 | 12,203 | 195,690 | -93.76% | 77,931 |
| 扣除非经常性损益的净利润 | 15,744 | 194,711 | -91.91% | 68,427 |
| | 2002年(本年末) | 2001年(上年末) | 本年末比上年末增减(%) | 2000年末 |
| 总资产 | 1,409,538 | 1,330,909 | 5.91% | 1,047,617 |
| 股东权益(不含少数股东权益) | 904,855 | 887,955 | 1.90% | 702,864 |
| 经营活动产生的现金流量净额 | 54,617 | -95,028 | 157.47% | 61,626 |

2.2 主要财务指标

| | 2002年(本年) | 2001年(上年) | 本年比上年增减(%) | 2000年 |
|---|---|---|---|---|
| 每股收益(摊薄) | 0.06 | 1.19 | -94.96% | 0.47 |
| 每股收益(加权) | 0.06 | 1.19 | -94.96% | 0.65 |
| 净资产收益率 | 1.35% | 22.04% | -93.87% | 11.09% |
| 扣除非经常性损益的净利润为基础计算的净资产收益率 | 1.74% | 21.93% | -92.07% | 9.74% |
| 每股经营活动产生的现金流量净额 | 0.28 | -0.58 | 148.28% | 0.37 |
| | 2002年末(本年末) | 2001年末(上年末) | 本年末比上年末增减(%) | 2000年末 |
| 每股净资产 | 4.57 | 5.38 | -15.06% | 4.26 |
| 调整后的每股净资产 | 4.53 | 5.28 | -14.20% | 4.23 |

## 600498 烽火通信科技股份有限公司

### 二〇〇二年年度报告摘选

#### 1.上市公司基本情况简介

1.1 基本情况简介

股票简称:烽火通信 股票代码:600498 上市交易所:上海证券交易所

注册地址和办公地址:武汉市洪山区邮科院路 88 号 邮政编码:430074

公司国际互联网网址:http://www.fiberhome.com.cn 电子信箱:info@fiberhome.com.cn

1.2 联系人和联系方式

董事会秘书:熊向峰 联系地址:武汉市洪山区邮科院路 88 号烽火通信董事会秘书处

电话:027-87693885 传真:027-87691704 电子信箱:info@fiberhome.com.cn

证券事务代表:戈俊 联系地址:武汉市洪山区邮科院路 88 号烽火通信董事会秘书处

电话:027-87693885 传真:027-87691704 电子信箱:info@fiberhome.com.cn

#### 2.会计数据和业务数据摘要

2.1 主要会计数据 (单位:元)

| | 2002 年 | 2001 年 | 本年比上年增减(%) | 2000 年 |
|---|---|---|---|---|
| 主营业务收入 | 1,540,120,426.15 | 1,800,584,835.55 | -14.45% | 1,003,959,375.61 |
| 利润总额 | 62,837,136.15 | 167,435,299.44 | -62.47% | 111,071,404.10 |
| 净利润 | 65,143,988.20 | 167,435,299.44 | -61.09% | 111,071,404.10 |
| 扣除非经常性损益的净利润 | 65,273,649.91 | 150,127,429.83 | -56.52% | 92,962,350.72 |
| | 2002 年 | 2001 年 | 本年比上年增减(%) | 2000 年 |
| 总资产 | 3,067,463,937.45 | 3,026,427,577.97 | 1.36% | 1,409,682,790.15 |
| 股东权益(不含少数股东权益) | 2,273,400,358.81 | 2,257,750,244.05 | 0.69% | 487,955,842.36 |
| 经营活动产生的现金流量净额 | -133,743.77 | -137,044,794.86 | -99.90% | -115,271,690.95 |

2.2 主要财务指标

| | 2002 年 | 2001 年 | 本年比上年增减(%) | 2000 年 |
|---|---|---|---|---|
| 每股收益(元/股) | 0.16 | 0.41 | -60.98% | 0.34 |
| 净资产收益率 | 2.87% | 7.42% | -61.32% | 22.76% |
| 扣除非经常性损益的净利润为基础计算的净资产收益率 | 2.88% | 13.40% | -78.51% | 17.60% |
| 每股经营活动产生的现金流量净额(元/股) | -0.0003 | -0.33 | -99.91% | -0.35 |
| | 2002 年 | 2001 年 | 本年比上年增减(%) | 2000 年 |
| 每股净资产(元/股) | 5.54 | 5.51 | 0.54% | 1.48 |
| 调整后的每股净资产(元/股) | 5.44 | 5.47 | -0.55% | 1.47 |

## 600503 宏智科技股份有限公司

### 二〇〇二年年度报告摘选

#### 1.上市公司基本情况简介

1.1 基本情况简介

股票简称:宏智科技 股票代码:600503 上市交易所:上海证券交易所

注册地址:福州市工业路 548 号福州市创业大厦 3 层

办公地址:福州市五一中路 57 号 邮政编码:350005

公司国际互联网网址:http://www.Wholewise.com.cn 电子信箱:wwgroup@pub2.fz.fj.cn

1.2 联系人和联系方式

董事会秘书:杨云 联系地址:福州市五一中路 57 号

电话:0591-3321996-321 传真:0591-3321996-572 电子信箱:yangy@wholewise.com.cn

#### 2.会计数据和财务指标摘要

2.1 主要会计数据

| | 2002 年 | 2001 年 | 本年比上年增减(%) | 2000 年 |
|---|---|---|---|---|
| 主营业务收入 | 233,851,388.34 | 192,090,646.33 | +21.74 | 131,168,673.05 |
| 利润总额 | 38,128,848.41 | 32,656,912.72 | +18.19 | 26,809,899.92 |
| 净利润 | 34,869,973.18 | 30,400,203.74 | +14.70 | 24,863,633.18 |
| 扣除非经常性损益的净利润 | 34,411,718.98 | 28,303,850.18 | +21.58 | 22,372,665.51 |
| | 2002 年 | 2001 年 | 本年末比上年末增减(%) | 2000 年 |
| 总资产 | 599,247,466.20 | 219,700,046.09 | +172.76 | 191,500,593.91 |
| 股东权益(不含少数股东权益) | 487,182,169.31 | 120,193,396.13 | +305.33 | 89,793,192.39 |
| 经营活动产生的现金流量净额 | 21,869,961.05 | 16,266,734.97 | +34.45 | 18,478,767.18 |

2.2 主要财务指标

| | 2002 年 | 2001 年 | 本年比上年增减(%) | 2000 年 |
|---|---|---|---|---|
| 每股收益 | 0.32 | 0.43 | -25.58 | 0.36 |
| 净资产收益率 | 7.16 | 25.30 | -71.70 | 27.69 |
| 扣除非经常性损益的净利润为基础计算的净资产收益率 | 7.06 | 23.55 | -70.02 | 24.92 |
| 每股经营活动产生的现金流量净额 | 0.20 | 0.23 | -13.04 | 0.26 |
| | 2002 年 | 2001 年 | 本年末比上年末增减(%) | 2000 年 |
| 每股净资产 | 4.43 | 1.72 | +157.56 | 1.28 |
| 调整后的每股净资产 | 4.40 | 1.71 | +157.31 | 1.28 |

## 600522 江苏中天科技股份有限公司

### 二〇〇二年年度报告摘选

#### 1.上市公司基本情况简介

1.1 基本情况简介

股票简称:中天科技 股票代码:600522 上市交易所:上海证券交易所

注册地址和办公地址:江苏省如东县河口镇 邮政编码:226463

公司国际互联网网址:http://www.jszt.com.cn 电子信箱:zqb@jszt.com.cn

1.2 联系人和联系方式

董事会秘书:曹卫兵 联系地址:南通市经济技术开发区中天路西

电话:0513-3599505 传真:0513-3599504 电子信箱:zqb@jszt.com.cn

证券事务代表:杨栋云 联系地址:南通市经济技术开发区中天路西

电话:0513-3599505 传真:0513-3599504 电子信箱:free_zt@163.com

#### 2.会计数据和业务数据摘要

2.1 主要会计数据

| | 2002 年 | 2001 年 | 本年比上年增减(%) | 2000 年 |
|---|---|---|---|---|
| 主营业务收入 | 413,536,930.68 | 538,826,849.02 | -23% | 303,161,692.36 |
| 利润总额 | 52,873,734.78 | 60,749,447.03 | -13% | 52,898,360.86 |
| 净利润 | 39,753,898.34 | 37,723,128.44 | 5% | 35,441,901.78 |
| 扣除非经常性损益的净利润 | 42,123,622.22 | 42,523,538.4 | -1% | 24,599,894.1 |
| | 2002 年末 | 2001 年末 | 本年末比上年末增减(%) | 2000 年末 |
| 总资产 | 833,741,788.03 | 441,273,536.88 | 89% | 358,571,592.21 |
| 股东权益(不含少数股东权益) | 560,839,323.25 | 188,527,141.12 | 197% | 151,054,876.51 |
| 经营活动产生的现金流量净额 | 53,732,365.63 | 81,256,033.08 | -34% | 90,391,364 |

2.2 主要财务指标

| | 2002 年 | 2001 年 | 本年比上年增减(%) | 2000 年 |
|---|---|---|---|---|
| 每股收益 | 0.19 | 0.27 | -30% | 0.26 |
| 净资产收益率 | 7% | 20% | -65% | 23% |
| 扣除非经常性损益的净利润为基础计算的净资产收益率 | 8% | 22% | -64% | 19% |
| 每股经营活动产生的现金流量净额 | 0.26 | 0.59 | -53% | 0.65 |
| | 2002 年末 | 2001 年末 | 本年末比上年末增减(%) | 2000 年末 |
| 每股净资产 | 2.69 | 1.36 | 98% | 1.09 |
| 调整后的每股净资产 | 2.69 | 1.36 | 98% | 1.09 |

## 600536 中软网络技术股份有限公司

### 二〇〇二年年度报告摘选

#### 1.上市公司基本情况简介

1.1 基本情况简介

股票简称:中软股份 股票代码:600536 上市交易所:上海证券交易所

注册地址和办公地址:北京市海淀区学院南路 55 号中软大厦 1 号楼 6 层 邮政编码:100081

公司国际互联网网址:http://www.chinasoftcom.com;http://www.cssnet.com.cn

电子信箱:cssnet@css.com.cn

1.2 联系人和联系方式

董事会秘书:程曙光 联系地址:北京市海淀区学院南路 55 号中软大厦 1 号楼 6 层

电话:010-62186577 传真:010-62169523 电子信箱:cheng@css.com.cn

证券事务代表:梁琼 联系地址:北京市海淀区学院南路 55 号中软大厦 1 号楼 6 层

电话:010-62186577 传真:010-62169523 电子信箱:liangq@css.com.cn

#### 2.会计数据和财务指标摘要

2.1 主要会计数据

| | 2002 年(本年) | 2001 年(上年) | 本年比上年增减(%) | 2000 年 |
|---|---|---|---|---|
| 主营业务收入 | 464,821,776.86 | 325,209,334.57 | 42.93% | 170,257,302.09 |
| 利润总额 | 48,601,984.63 | 35,175,580.95 | 38.17% | 23,896,354.20 |
| 净利润 | 39,578,494.75 | 30,106,690.62 | 31.46% | 20,222,846.54 |
| 扣除非经常性损益的净利润 | 38,775,937.25 | 30,306,228.05 | 27.95% | 20,316,268.45 |
| | 2002 年末(本年末) | 2001 年末(上年末) | 本年末比上年末增减(%) | 2000 年末 |
| 总资产 | 558,091,231.54 | 163,620,137.42 | 241.09% | 122,643,785.02 |
| 股东权益(不含少数股东权益) | 423,542,966.63 | 74,885,288.98 | 465.59% | 60,742,910.99 |
| 经营活动产生的现金流量净额 | 16,866,421.25 | 15,576,616.35 | 8.28% | 18,737.40 |

2.2 主要财务指标

| | 2002 年(本年) | 2001 年(上年) | 本年比上年增减(%) | 2000 年 |
|---|---|---|---|---|
| 每股收益 | 0.47 | 0.56 | -15.36% | 0.37 |
| 净资产收益率 | 9.34% | 40.20% | -76.76% | 33.29% |
| 扣除非经常性损益的净利润为基础计算的净资产收益率 | 9.16% | 40.47% | -77.38% | 33.45% |
| 每股经营活动产生的现金流量净额 | 0.20 | 0.29 | -30.90% | 0.0003 |
| | 2002 年末(本年末) | 2001 年末(上年末) | 本年末比上年末增减(%) | 2000 年末 |
| 每股净资产 | 5.03 | 1.38 | 264.01% | 1.12 |
| 调整后的每股净资产 | 5.01 | 1.38 | 263.86% | 1.12 |

## 600571 杭州信雅达系统工程股份有限公司

### 二〇〇二年年度报告摘选

#### 1.上市公司基本情况简介

1.1 基本情况简介

股票简称:信雅达　股票代码:600571　上市交易所:上海证券交易所

注册地址:杭州市文三路252号伟星大厦六楼　邮政编码:310053

办公地址:杭州市高新技术产业开发区(滨江)高新软件园二期信雅达科技大厦

公司国际互联网网址:http://www.sunyard.com　电子信箱:mail@sunyard.com

1.2 联系人和联系方式

董事会秘书:费禹铭　证券事务代表:吴文光

联系地址:杭州市高新技术产业开发区(滨江)高新软件园二期信雅达科技大厦

电话:0571－56686501　传真:0571－56686502　电子信箱:mail@sunyard.com

#### 2.会计数据和财务指标摘要

2.1 主要会计数据　单位:人民币元

| | 2002年 | 2001年 | 本年比上年增减(%) | 2000年 |
|---|---|---|---|---|
| 主营业务收入 | 190,400,101.28 | 159,153,284.64 | 19.63 | 109,242,421.33 |
| 利润总额 | 39,336,007.62 | 36,008,636.08 | 9.24 | 27,361,245.26 |
| 净利润 | 32,013,108.74 | 27,360,007.52 | 17.01 | 19,305,315.55 |
| 扣除非经常性损益的净利润 | 30,044,860.68 | 21,784,561.64 | 37.92 | 11,101,965.55 |
| | 2002年末 | 2001年末 | 本年比上年增减(%) | 2000年末 |
| 总资产 | 447,714,608.19 | 142,561,619.52 | 214.05 | 95,975,003.88 |
| 股东权益(不含少数股东权益) | 313,246,898.33 | 62,980,299.59 | 397.37 | 41,412,160.17 |
| 经营活动产生的现金流量净额 | 55,062,282.83 | 40,134,483.33 | 37.19 | －14,471,527.29 |

2.2 主要财务指标　单位:人民币元

| | 2002年 | 2001年 | 本年比上年增减(%) | 2000年 |
|---|---|---|---|---|
| 每股收益 | 0.55 | 0.68 | －19.12 | 0.48 |
| 净资产收益率 | 10.21% | 43.44% | －76.50 | 46.61% |
| 扣除非经常性损益的净利润为基础计算的净资产收益率 | 9.59% | 33.47% | －71.35 | 26.81% |
| 每股经营活动产生的现金流量净额 | 0.94 | 0.99 | －5.05 | －0.35 |
| | 2002年末 | 2001年末 | 本年比上年增减(%) | 2000年末 |
| 每股净资产 | 5.36 | 1.56 | 243.59 | 1.02 |
| 调整后的每股净资产 | 5.35 | 1.55 | 245.16 | 1.00 |

## 600588 北京用友股份有限公司

### 二〇〇二年年度报告摘选

#### 1.上市公司基本情况简介

1.1 基本情况简介

股票简称:用友软件　股票代码:600588　上市交易所:上海证券交易所

注册地址和办公地址:北京市海淀区上地信息产业基地开拓路15号　邮政编码:100085

公司国际互联网网址:http://www.ufsoft.com　电子信箱:ir@ufsoft.com.cn

1.2 联系人和联系方式

董事会秘书:章珂　联系地址:北京市上地信息产业基地开拓路15号

电话:010－62986688　传真:010－62971426　电子信箱:ir@ufsoft.com.cn

证券事务代表:钱晓宁　联系地址:北京市上地信息产业基地开拓路15号

电话:010－62986688　传真:010－62971426　电子信箱:ir@ufsoft.com.cn

#### 2.会计数据和财务指标摘要

2.1 主要会计数据

| | 2002年 | 2001年 | 本年比上年增减(%) | 2000年 |
|---|---|---|---|---|
| 主营业务收入 | 488,215,150 | 333,483,187 | 46.4 | 212,885,320 |
| 利润总额 | 103,445,027 | 79,239,368 | 30.5 | 46,876,996 |
| 净利润 | 91,605,983 | 70,400,601 | 30.1 | 40,042,866 |
| 扣除非经常性损益的净利润 | 91,814,082 | 71,240,027 | 28.9 | － |
| | 2002年末 | 2001年末 | 本年末比上年末增减(%) | 2000年末 |
| 总资产 | 1,218,117,870 | 1,167,865,248 | 4.3 | 162,499,084 |
| 股东权益(不含少数股东权益) | 1,033,923,602 | 1,002,317,619 | 3.2 | 83,844,465 |
| 经营活动产生的现金流量净额 | 83,797,297 | 103,293,352 | －18.9 | 47,646,367 |

2.2 主要财务指标

| | 2002年 | 2001年 | 本年比上年增减(%) | 2000年 |
|---|---|---|---|---|
| 每股收益 | 0.92 | 0.70 | 30.1 | 0.53 |
| 净资产收益率 | 8.9% | 7.0% | 26.2 | 47.8% |
| 扣除非经常性损益的净利润为基础计算的加权平均净资产收益率 | 9.0% | 9.8% | －8.2 | 42.1% |
| 每股经营活动产生的现金流量净额 | 0.84 | 1.03 | －18.9 | 0.64 |
| | 2002年末 | 2001年末 | 本年末比上年末增减(%) | 2000年末 |
| 每股净资产 | 10.34 | 10.02 | 3.2 | 1.12 |
| 调整后的每股净资产 | 10.30 | 9.96 | 3.4 | 1.01 |

## 600601 上海方正延中科技集团股份有限公司

### 二〇〇二年年度报告摘选

#### 1.上市公司基本情况简介

1.1 基本情况简介

股票简称:方正科技　股票代码:600601　上市交易所:上海证券交易所

注册地址:上海市南京西路1515号嘉里中心九楼

办公地址:上海市浦东南路360号新上海国际大厦36层　邮政编码:200120

公司国际互联网网址:http://www.foundertech.com　电子信箱:houyb@foundertech.com

1.2 联系人和联系方式

董事会秘书:侯郁波先生　联系地址:上海市浦东南路360号新上海国际大厦36层

电话:021－58407668－654　传真:021－58408970　电子信箱:houyb@foundertech.com

#### 2.会计数据和财务指标摘要

2.1 主要会计数据

| | 2002年 | 2001年 | 本年比上年增减(%) | 2000年 |
|---|---|---|---|---|
| 主营业务收入 | 4,512,535,486.05 | 3,692,870,125.54 | 22.20 | 3,185,531,699.96 |
| 利润总额 | 153,013,266.88 | 120,015,487.47 | 27.49 | 1,223,186,719.95 |
| 净利润 | 129,038,565.40 | 100,808,323.69 | 28.00 | 93,056,219.38 |
| 扣除非经常性损益的净利润 | 111,464,999.77 | 49,785,457.37 | 123.89% | 75,396,096.00 |
| | 2002年末 | 2001年末 | 本年末比上年末增减(%) | 2000年末 |
| 总资产 | 2,021,991,192.12 | 2,390,968,339.74 | －15.43 | 1,424,964,277.43 |
| 股东权益(不含少数股东权益) | 716,600,096.15 | 587,561,531.05 | 21.96 | 484,354,176.62 |
| 经营活动产生的现金流量净额 | 234,328,436.17 | 560,334,056.76 | －58.18 | 6,450,758.76 |

2.2 主要财务指标

| | 2002年 | 2001年 | 本年比上年增减(%) | 2000年 |
|---|---|---|---|---|
| 每股收益 | 0.346 | 0.270 | 28.15 | 0.498 |
| 每股收益注2 | 0.346 | 0.270 | 28.15 | 0.498 |
| 净资产收益率 | 18.01 | 17.09 | 5.38 | 19.21 |
| 扣除非经常性损益的净利润为基础计算的净资产收益率 | 15.55 | 9.29 | 67.38 | 15.57 |
| 每股经营活动产生的现金流量净额 | 0.628 | 1.5 | －58.13 | 0.02 |
| | 2002年末 | 2001年末 | 本年末比上年末增减(%) | 2000年末 |
| 每股净资产 | 1.92 | 1.57 | 22.29 | 2.59 |
| 调整后的每股净资产 | 1.860 | 1.499 | 24.08 | 2.49 |

## 600621 上海金陵股份有限公司

### 二〇〇二年年度报告摘选

#### 1.上市公司基本情况简介

1.1 基本情况简介

股票简称:上海金陵　股票代码:600621　上市交易所:上海证券交易所

注册地址:上海浦东杨高南路475号

办公地址:上海市福州路666号26F　邮政编码:200001

公司国际互联网网址:http://www.jin－ling.com　电子信箱:shjl@jin－ling.com

1.2 联系人和联系方式

董事会秘书:陈炳良　联系地址:上海福州路666号26F

电话:021－63226000－221、021－63222658　传真:021－63502688

电子信箱:cbl@jin－ling.com

#### 2.会计数据和财务指标摘要

2.1 主要会计数据　单位:人民币元

| | 2002年 | 2001年 | 本年比上年增减(%) | 2000年 |
|---|---|---|---|---|
| 主营业务收入 | 835,407,027.27 | 904,430,571.52 | －7.63 | 869,666,425.72 |
| 利润总额 | 88,079,382.68 | －118,765,856.69 | | 220,938,532.18 |
| 净利润 | 72,037,097.40 | －126,165,071.23 | | 201,117,956.11 |
| 扣除非经常性损益的净利润 | 43,428,176.09 | 32,037,215.77 | 35.56 | 116,270,225.18 |
| | 2002年末 | 2001年末 | 本年末比上年末增减(%) | 2000年末 |
| 总资产 | 1,391,667,610.56 | 1,410,571,873.20 | －1.34 | 1,818,099,186.11 |
| 股东权益(不含少数股东权益) | 857,813,435.54 | 838,184,573.24 | 2.34 | 964,349,644.47 |
| 经营活动产生的现金流量净额 | 86,537,790.23 | 198,044,140.02 | －55.71 | 6,823,929.68 |

注:"扣除非经常性损益的净利润"中扣除的项目及涉及金额分别为营业外收支净额9,295,748.62元,获得补贴收入7,199,110.96元,获得股票投资净收益12,114,061.73元。

2.2 主要财务指标　单位:人民币元

| | 2002年 | 2001年 | 本年比上年增减(%) | 2000年 |
|---|---|---|---|---|
| 每股收益(摊薄) | 0.1375 | －0.2407 | | 0.4989 |
| 每股收益(加权) | 0.1375 | －0.2407 | | 0.4989 |
| 净资产收益率(摊薄) | 8.40% | －15.05% | | 20.86% |
| 净资产收益率(加权) | 8.24% | －14.00% | | 23.28% |
| 扣除非经常性损益的净利润为基础计算的净资产收益率 | 4.97% | 3.55% | 40.00 | 13.46% |
| 每股经营活动产生的现金流量净额 | 0.1651 | 0.3779 | －55.70 | 0.017 |
| | 2002年末 | 2001年末 | 本年末比上年末增减(%) | 2000年末 |
| 每股净资产 | 1.64 | 1.60 | 2.50 | 2.39 |
| 调整后的每股净资产 | 1.51 | 1.50 | 0.67 | 2.25 |

# 600654 上海飞乐股份有限公司

## 二〇〇二年年度报告摘选

### 1.上市公司基本情况简介

1.1 基本情况简介
股票简称:飞乐股份 股票代码:600654 上市交易所:上海证券交易所
注册地址:上海市浦东新区新金桥路201号 办公地址:上海市昭化路68号
邮政编码:200050 公司国际互联网网址:http://www.feilo.com.cn
电子信箱:Feilo-zq@mail2.online.sh.cn
1.2 联系人和联系方式
董事会秘书:刘仁仁 联系地址:上海市昭化路68号
电话:62523309 传真:62408263 电子信箱:liurenren@feilo.com.cn
证券事务代表:毛丽建 联系地址:上海市昭化路68号
电话:62512629 传真:62517323 电子信箱:maolijian@feilo.com.cn

### 2.会计数据和财务指标摘要

2.1 主要会计数据 单位:元

| | 2002年 | 2001年 | 本年比上年增减(%) | 2000年 |
|---|---|---|---|---|
| 主营业务收入 | 616,631,866.92 | 450,910,083.02 | 36.75 | 545,757,112.57 |
| 利润总额 | 20,036,642.66 | 63,272,853.84 | -68.33 | 108,300,831.50 |
| 净利润 | 15,308,535.18 | 52,380,754.79 | -70.77 | 76,666,829.15 |
| 扣除非经常性损益的净利润 | 26,316,504.33 | 44,438,993.50 | -40.78 | 46,094,921.01 |
| | 2002年末 | 2001年末 | 本年末比上年末增减(%) | 2000年末 |
| 总资产 | 2,360,745,701.66 | 2,159,992,108.88 | 9.29 | 1,584,733,754.70 |
| 股东权益(不含少数股东权益) | 1,195,986,124.41 | 1,184,566,343.18 | 0.96 | 650,480,102.20 |
| 经营活动产生的现金流量净额 | 12,822,521.31 | -8,051,523.95 | 259.26 | 5,619,661.03 |

2.2 主要财务指标 单位:元

| | 2002年 | 2001年 | 本年比上年增减(%) | 2000年 |
|---|---|---|---|---|
| 每股收益 | 0.03 | 0.12 | -75 | 0.20 |
| 净资产收益率(%) | 1.28 | 4.42 | -71 | 11.79 |
| 扣除非经常性损益的净利润为基础计算的净资产收益率(%) | 2.20 | 3.75 | -41 | 7.09 |
| 每股经营活动产生的现金流量净额 | 0.03 | -0.02 | 250 | 0.02 |
| | 2002年末 | 2001年末 | 本年末比上年末增减(%) | 2000年末 |
| 每股净资产 | 2.47 | 2.69 | -8.2 | 1.74 |
| 调整后的每股净资产 | 2.11 | 2.33 | -9.4 | 1.41 |

# 600657 北京天桥北大青鸟科技股份有限公司

## 二〇〇二年年度报告摘选

### 1.上市公司基本情况简介

1.1 基本情况简介
股票简称:青鸟天桥 股票代码:600657 上市交易所:上海证券交易所
注册地址:北京市崇文区永内大街1号
办公地址:北京市海淀区成府路207号(北大青鸟楼) 邮政编码:100871
公司国际互联网网址:http://www.jbbis.com.cn 电子信箱:jbtq@jbbis.com.cn
1.2 联系人和联系方式
董事会秘书:于明 联系地址:北京市海淀区成府路207号(北大青鸟楼)
电话:010-82615888转3357 传真:010-62764411 电子信箱:yuming@jadebird.com.cn
证券事务代表:石莹 联系地址:北京市海淀区成府路207号(北大青鸟楼)
电话:010-82615888转3357 传真:010-62764411 电子信箱:shiying@jadebird.com.cn

### 2.会计数据和财务指标摘要

2.1 主要会计数据 单位:元

| | 2002年 | 2001年 | 本年比上年增减(%) | 2000年 |
|---|---|---|---|---|
| 主营业务收入 | 760,624,921.13 | 1,134,794,511.44 | -32.97 | 489,210,310.56 |
| 利润总额 | 33,830,238.58 | 90,965,787.26 | -62.81 | 67,185,700.86 |
| 净利润 | 25,102,137.52 | 46,460,863.06 | -45.97 | 54,194,658.00 |
| 扣除非经常性损益的净利润 | 23,643,111.42 | 49,390,383.51 | -52.13 | 70,021,333.54 |
| | 2002年末 | 2001年末 | 本年末比上年末增减(%) | 2000年末 |
| 总资产 | 2,647,574,018.18 | 3,537,508,305.27 | -25.16 | 2,618,396,378.81 |
| 股东权益(不含少数股东权益) | 820,962,110.98 | 743,865,886.14 | 10.36 | 708,139,553.00 |
| 经营活动产生的现金流量净额 | 131,459,562.83 | 285,392,500.69 | -53.94 | -602,273,622.62 |

2.2 主要财务指标 单位:元

| | 2002年 | 2001年 | 本年比上年增减(%) | 2000年 |
|---|---|---|---|---|
| 每股收益 | 0.1402 | 0.2594 | -45.95 | 0.3934 |
| 每股收益 | 0.1402 | 0.2594 | -45.95 | 0.3934 |
| 净资产收益率 | 3.0576% | 6.2459% | -51.05 | 7.65% |
| 扣除非经常性损益的净利润为基础计算的净资产收益率 | 2.9628% | 6.7531% | -56.13 | 17.43% |
| 每股经营活动产生的现金流量净额 | 0.7341 | 1.5937 | -53.94 | -4.27 |
| | 2002年末 | 2001年末 | 本年末比上年末增减(%) | 2000年末 |
| 每股净资产 | 4.5844 | 4.1539 | 10.36 | 5.1407 |
| 调整后的每股净资产 | 4.5246 | 3.9133 | 15.62 | 4.87 |

# 600658 北京兆维科技股份有限公司

## 二〇〇二年年度报告摘选

### 1.上市公司基本情况简介

1.1 基本情况简介
股票简称:兆维科技 股票代码:600658 上市交易所:上海证券交易所
注册地址和办公地址:北京市朝阳区酒仙桥路14号 邮政编码:100016
公司国际互联网网址:http://www.cwtech.com.cn 电子信箱:gongsi@cwtech.com.cn
1.2 联系人和联系方式
董事会秘书:姚诚 联系地址:北京市朝阳区酒仙桥路14号
电话:010-84567920 传真:010-84567917 电子信箱:yaocheng@cwtech.com.cn
证券事务代表:罗丽丽 联系地址:北京市朝阳区酒仙桥路14号
电话:010-64372784 传真:010-84567917 电子信箱:luolili@cwtech.com.cn

### 2.会计数据和财务指标摘要

2.1 主要会计数据 单位:元

| | 2002年 | 2001年 | 本年比上年增减(%) | 2000年 |
|---|---|---|---|---|
| 主营业务收入 | 622,753,085.15 | 528,593,331.39 | 17.81% | 167,846,185.32 |
| 利润总额 | 29,034,451.31 | 104,811,484.84 | -72.30% | 2,567,282.21 |
| 净利润 | 25,597,189.47 | 101,756,251.05 | -74.84% | 953,724.91 |
| 扣除非经常性损益的净利润 | 23,900,927.13 | 103,695,158.05 | -76.95% | -14,774,645.84 |
| | 2002年末 | 2001年末 | 本年末比上年末增减(%) | 2000年末 |
| 总资产 | 745,585,124.99 | 666,528,294.26 | 11.86% | 536,055,035.12 |
| 股东权益(不含少数股东权益) | 301,014,918.82 | 275,171,506.61 | 9.39% | 171,062,044.77 |
| 经营活动产生的现金流量净额 | -112,126,487.36 | -36,292,920.89 | -208.95% | 55,813,337.28 |

2.2 主要财务指标 单位:元

| | 2002年 | 2001年 | 本年比上年增减(%) | 2000年 |
|---|---|---|---|---|
| 每股收益 | 0.1530 | 0.6092 | -74.89% | 0.0057 |
| 净资产收益率 | 8.50% | 36.98% | -77.01% | 0.56% |
| 扣除非经常性损益的净利润为基础计算的净资产收益率 | 8.30% | 46.72% | -82.23% | -5.39% |
| 每股经营活动产生的现金流量净额 | -0.6713 | -0.2173 | -208.94% | 0.3342 |
| | 2002年末 | 2001年末 | 本年末比上年末增减(%) | 2000年末 |
| 每股净资产 | 1.8022 | 1.6475 | 9.39% | 1.0242 |
| 调整后的每股净资产 | 1.7517 | 1.6302 | 7.45% | 0.9990 |

# 600680 上海邮电通信设备股份有限公司

## 二〇〇二年年度报告摘选

### 1.上市公司基本情况简介

1.1 基本情况简介
股票简称:上海邮通、邮通B股 股票代码:600680、900930 上市交易所:上海证券交易所
注册地址和办公地址:上海市宜山路700号 邮政编码:200233
公司国际互联网网址:http://www.shpte.com.cn 电子信箱:spte@public6.sta.net.cn
1.2 联系人和联系方式
董事会秘书:杨家霖 联系地址:上海市宜山路700号
电话:021-64834310 传真:021-64834310 电子信箱:yangjl@shpte.com
证券事务代表:周应昕 联系地址:上海市宜山路700号
电话:021-64834310 传真:021-64834310 电子信箱:Judyzhoue@21cn.com

### 2.会计数据和财务指标摘要

2.1 主要会计数据 单位:人民币元

| | 2002年 | 2001年 | 本年比上年增减(%) | 2000年 |
|---|---|---|---|---|
| 主营业务收入 | 1,535,820,775.44 | 990,122,658.23 | 55.11 | 555,540,379.27 |
| 利润总额 | 48,162,878.23 | 68,660,656.03 | -29.85 | 29,865,814.36 |
| 净利润 | 31,520,147.88 | 61,437,714.44 | -48.70 | 27,673,041.06 |
| 扣除非经常性损益的净利润 | 31,114,511.60 | 61,558,808.31 | -49.46 | 27,060,109.87 |
| | 2002年末 | 2001年末 | 本年末比上年末增减(%) | 2000年末 |
| 总资产 | 1,908,693,044.85 | 1,712,895,237.35 | 11.43 | 1,177,456,246.03 |
| 股东权益(不含少数股东权益) | 596,510,343.42 | 579,530,709.63 | 2.93 | 540,769,819.06 |
| 经营活动产生的现金流量净额 | 38,062,524.93 | 49,437,931.76 | -23.01 | 35,812,618.63 |

2.2 主要财务指标 单位:人民币元

| | 2002年 | 2001年 | 本年比上年增减(%) | 2000年 |
|---|---|---|---|---|
| 每股收益 | 0.103 | 0.201 | -48.76 | 0.091 |
| 净资产收益率 | 5.284 | 10.601 | -50.16 | 5.117 |
| 扣除非经常性损益的净利润为基础计算的净资产收益率 | 5.216 | 10.622 | -50.89 | 5.004 |
| 每股经营活动产生的现金流量净额 | 0.125 | 0.162 | -22.84 | 0.117 |
| | 2002年末 | 2001年末 | 本年末比上年末增减(%) | 2000年末 |
| 每股净资产 | 1.956 | 1.901 | 2.89 | 1.773 |
| 调整后的每股净资产 | 1.810 | 1.759 | 2.90 | 1.670 |

## 600687 厦门新宇软件股份有限公司

## 二〇〇二年年度报告摘选

### 1.上市公司基本情况简介

1.1 基本情况简介

股票简称:新宇软件 股票代码:600687 上市交易所:上海证券交易所

注册地址和办公地址:厦门市湖滨西路9号大西洋海景城A栋30层 邮政编码:361003

公司国际互联网网址:http://www.newsky.com.cn 电子信箱:newskyxm@public.xm.fj.cn

1.2 联系人和联系方式

董事会秘书:龚卉 联系地址:厦门市大西洋海景城A栋30层

电话:0592-2397318 传真:0592-2397338 电子信箱:newskyxm@public.xm.fj.cn

证券事务代表:洪斐斐 联系地址:厦门市大西洋海景城A栋30层

电话:0592-2397318 传真:0592-2397338 电子信箱:newskyxm@public.xm.fj.cn

### 2.会计数据和财务指标摘要(单位:元)

2.1 主要会计数据

| | 2002年 | 2001年 | 本年比上年增减(%) | 2000年 |
|---|---|---|---|---|
| 主营业务收入 | 197,241,633.23 | 197,993,072.90 | -0.38 | 83,258,394.09 |
| 利润总额 | 13,514,699.94 | 18,657,874.81 | -27.57 | 29,316,059.71 |
| 净利润 | 7,089,533.34 | 19,051,602.56 | -62.79 | 25,371,634.95 |
| 扣除非经常性损益的净利润 | 10,969,097.49 | 21,055,811.72 | -47.90 | 24,986,943.93 |
| | 2002年末 | 2001年末 | 本年末比上年末增减(%) | 2000年末 |
| 总资产 | 500,033,788.85 | 385,196,784.42 | 29.81 | 378,942,024.19 |
| 股东权益(不含少数股东权益) | 208,555,252.98 | 201,465,719.64 | 3.52 | 182,408,717.08 |
| 经营活动产生的现金流量净额 | -28,881,883.82 | 64,839,202.61 | -144.54 | -34,014,867.02 |

2.2 主要财务指标

| | 2002年 | 2001年 | 本年比上年增减(%) | 2000年 |
|---|---|---|---|---|
| 每股收益 | 0.0645 | 0.1732 | -62.76 | 0.40 |
| 净资产收益率 | 3.40 | 9.46 | -64.06 | 13.91 |
| 扣除非经常性损益的净利润为基础计算的净资产收益率 | 5.35 | 10.97 | -51.23 | 15.26 |
| 每股经营活动产生的现金流量净额 | -0.26 | 0.59 | -144.07 | -0.54 |
| | 2002年末 | 2001年末 | 本年末比上年末增减(%) | 2000年末 |
| 每股净资产 | 1.896 | 1.832 | 3.49 | 2.876 |
| 调整后的每股净资产 | 1.896 | 1.832 | 3.49 | 2.876 |

## 600706 长安信息产业(集团)股份有限公司

## 二〇〇二年年度报告摘选

### 1.上市公司基本情况简介

1.1 基本情况简介

股票简称:长安信息 股票代码:600706 上市交易所:上海证券交易所

注册地址和办公地址:陕西省西安市友谊东路41号 邮政编码:710054

公司国际互联网网址:http://www.changxin.com 电子信箱:cainfor@pub.xaonline.com

1.2 联系人和联系方式

董事会秘书:张安平 联系地址:陕西省西安市友谊东路41号

电话:029-2214266 传真:029-2233943 电子信箱:cadsh@pub.xaonline.com

证券事务代表:高艳 联系地址:陕西省西安市友谊东路41号

电话:029-2214266 传真:029-2233943 电子信箱:cadsh@pub.xaonline.com

### 2.会计数据和财务指标摘要

2.1 主要会计数据

| | 2002年 | 2001年 | 本年比上年增减(%) | 2000年 |
|---|---|---|---|---|
| 主营业务收入 | 164,677,874.99 | 596,660,872.76 | -72.40 | 377,108,523.84 |
| 利润总额 | 15,642,778.15 | 31,864,691.99 | -50.91 | 12,681,243.57 |
| 净利润 | 16,946,855.96 | 19,908,712.20 | -14.88 | 6,889,557.90 |
| 扣除非经常性损益的净利润 | 16,982,495.67 | 20,539,699.91 | -17.32 | 7,281,036.88 |
| | 2002年末 | 2001年末 | 本年末比上年末增减(%) | 2000年末 |
| 总资产 | 882,630,633.02 | 819,095,495.96 | 7.76 | 724,622,369.81 |
| 股东权益(不含少数股东权益) | 158,308,298.45 | 138,620,442.80 | 14.20 | 118,828,960.14 |
| 经营活动产生的现金流量净额 | -4,801,281.73 | 16,358,209.70 | -129.35 | 52,080,863.11 |

2.2 主要财务指标

| | 2002年 | 2001年 | 本年比上年增减(%) | 2000年 |
|---|---|---|---|---|
| 每股收益 | 0.19 | 0.23 | -17.39 | 0.079 |
| 净资产收益率 | 10.70 | 14.36 | -25.49 | 5.80 |
| 扣除非经常性损益的净利润为基础计算的净资产收益率 | 11.55 | 15.46 | -25.29 | 6.06 |
| 每股经营活动产生的现金流量净额 | -0.05 | 0.19 | -126.32 | 0.60 |
| | 2002年末 | 2001年末 | 本年末比上年末增减(%) | 2000年末 |
| 每股净资产 | 1.81 | 1.59 | 13.84 | 1.36 |
| 调整后的每股净资产 | 1.67 | 1.45 | 15.17 | 1.22 |

## 600718 沈阳东软软件股份有限公司

## 二〇〇二年年度报告摘选

### 1.上市公司基本情况简介

1.1 基本情况简介

股票简称:东软股份 股票代码:600718 上市交易所:上海证券交易所

注册地址:沈阳市和平区文化路3号巷11号

办公地址:沈阳市浑南新区东大软件园 邮政编码:110179

公司国际互联网网址:http://www.neusoft.com 电子信箱:investor@neusoft.com

1.2 联系人和联系方式

董事会秘书:王自栋 联系地址:沈阳市浑南新区东大软件园

电话:024-23783000-85712 传真:024-23783375 电子信箱:investor@neusoft.com

证券事务代表:徐庆荣 联系地址:沈阳市浑南新区东大软件园

电话:024-23783000-85712 传真:024-23783375 电子信箱:investor@neusoft.com

### 2.会计数据和财务指标摘要

2.1 主要会计数据

| 项目 | 2002年(本年) | 2001年(上年) | 本年比上年增减(%) | 2000年 |
|---|---|---|---|---|
| 主营业务收入 | 1,907,247,541 | 1,758,647,799 | 8.45 | 1,089,137,919 |
| 利润总额 | 102,606,530 | 151,628,987 | -32.33 | 159,513,564 |
| 净利润 | 79,711,678 | 135,134,213 | -41.01 | 128,584,187 |
| 扣除非经常性损益的净利润 | 85,216,142 | 141,032,481 | -39.58 | 163,351,573 |
| | 2002年末(本年末) | 2001年末(上年末) | 本年末比上年末增减(%) | 2000年末 |
| 总资产 | 2,590,674,148 | 2,457,471,215 | 5.42 | 1,953,967,186 |
| 股东权益(不含少数股东权益) | 1,273,209,399 | 1,192,016,738 | 6.81 | 1,120,892,596 |
| 经营活动产生的现金流量净额 | -22,196,265 | 74,023,325 | - | 65,840,283 |

2.2 主要财务指标

| 项目 | 2002年(本年) | 2001年(上年) | 本年比上年增减(%) | 2000年 |
|---|---|---|---|---|
| 每股收益 | 0.28 | 0.48 | -41.67 | 0.46 |
| 净资产收益率(%) | 6.26 | 11.34 | -44.80 | 11.47 |
| 以扣除非经常性损益后净利润为基数计算的加权平均净资产收益率(%) | 6.92 | 11.87 | -41.70 | 13.64 |
| 每股经营活动产生的现金流量净额 | -0.08 | 0.26 | - | 0.23 |
| | 2002年末(本年末) | 2001年末(上年末) | 本年末比上年末增减(%) | 2000年末 |
| 每股净资产 | 4.52 | 4.24 | 6.60 | 3.98 |
| 调整后的每股净资产 | 4.43 | 4.12 | 7.52 | 3.89 |

## 600728 新太科技股份有限公司

## 二〇〇二年年度报告摘选

### 1.上市公司基本情况简介

1.1 基本情况简介

股票简称:新太科技 股票代码:600728 上市交易所:上海证券交易所

注册地址和办公地址:广州市天河高新技术产业开发区建中路51-53号 邮政编码:510665

公司国际互联网网址:http://www.suntektech.com 电子信箱:info@suntektech.com

1.2 联系人和联系方式

董事会秘书:潘福久 联系地址:广州市天河高新技术产业开发区工业园建中路51-53号

电话:020-85550260 传真:020-85538988 电子信箱:panfj@suntektech.com

证券事务代表:刘颖 联系地址:广州市天河高新技术产业开发区工业园建中路51-53号

电话:020-85520635 传真:020-85538988 电子信箱:ly@suntektech.com

### 2.会计数据和财务指标摘要

2.1 主要会计数据

单位:元

| | 2002年 | 2001年 | 本年比上年增减(%) | 2000年 |
|---|---|---|---|---|
| 主营业务收入 | 496,127,647.36 | 589,246,172.25 | -15.80 | 725,291,886.45 |
| 利润总额 | 22,534,946.22 | 33,715,089.58 | -33.16 | 64,047,509.09 |
| 净利润 | 20,076,733.10 | 26,275,431.49 | -23.59 | 53,077,606.15 |
| 扣除非经常性损益的净利润 | 18,432,685.10 | 30,170,661.62 | -38.91 | 50,809,729.43 |
| | 2002年末 | 2001年末 | 本年比上年增减(%) | 2000年末 |
| 总资产 | 1,201,791,674.24 | 1,069,341,657.43 | 12.39 | 1,156,889,973.76 |
| 股东权益(不含少数股东权益) | 820,792,581.11 | 810,992,228.64 | 1.21 | 797,135,612.30 |
| 经营活动产生的现金流量净额 | 50,097,382.87 | 48,770,019.72 | 2.72 | 2,236,151.67 |

2.2 主要财务指标

| | 2002年 | 2001年 | 本年比上年增减(%) | 2000年 |
|---|---|---|---|---|
| 每股收益 | 0.096 | 0.126 | -23.81 | 0.255 |
| 净资产收益率 | 2.446 | 3.240 | -24.51 | 6.659 |
| 扣除非经常性损益的净利润为基础计算的净资产收益率 | 2.246 | 3.720 | -39.62 | 6.374 |
| 每股经营活动产生的现金流量净额 | 0.241 | 0.234 | 2.99 | 0.011 |
| | 2002年末 | 2001年末 | 本年比上年增减(%) | 2000年末 |
| 每股净资产 | 3.943 | 3.896 | 1.21 | 3.829 |
| 调整后的每股净资产 | 3.909 | 3.891 | 0.46 | 3.823 |

## 600733 成都前锋电子股份有限公司

### 二〇〇二年年度报告摘选

#### 1.上市公司基本情况简介

1.1 基本情况简介

股票简称:前锋股份 股票代码:600733 上市交易所:上海证券交易所

注册地址和办公地址:成都市西玉龙街211号 邮政编码:610015

公司国际互联网网址:http://www.qianfeng-ltd.com 电子信箱:office@qianfeng-ltd.com

1.2 联系人和联系方式

董事会秘书:姜久富 联系地址:成都市西玉龙街211号交银大厦16楼

电话:028-86525719 传真:028-86525725 电子信箱:jiangjiufu@qianfeng-ltd.com

证券事务代表:邓红光 联系地址:成都市西玉龙街211号交银大厦16楼

电话:028-86525723 传真:028-86525725 电子信箱:denghongguang@qianfeng-ltd.com

#### 2.会计数据和财务指标摘要

2.1 主要会计数据

| | 2002年 | 2001年 | 本年比上年增减(%) | 2000年 |
|---|---|---|---|---|
| 主营业务收入 | 142,318,969.52 | 71,596,296.33 | 98.78 | 136,910,641.43 |
| 利润总额 | 5,917,655.80 | 2,045,354.41 | 189.32 | 29,689,597.70 |
| 净利润 | 1,416,911.70 | 4,749,033.17 | -70.16 | 21,989,030.46 |
| 扣除非经常性损益的净利润 | -7,713,781.78 | -1,621,552.64 | 375.70 | 19,695,696.52 |
| | 2002年末 | 2001年末 | 本年末比上年末增减(%) | 2000年末 |
| 总资产 | 688,767,558.58 | 520,640,976.64 | 32.29 | 442,212,146.43 |
| 股东权益(不含少数股东权益) | 263,452,956.34 | 262,036,044.64 | 0.54 | 256,360,011.47 |
| 经营活动产生的现金流量净额 | 571,734.41 | 12,904,204.89 | -95.57 | 48,303,842.98 |

2.2 主要财务指标

| | 2002年 | 2001年 | 本年比上年增减(%) | 2000年 |
|---|---|---|---|---|
| 每股收益 | 0.0072 | 0.024 | -70.00 | 0.1113 |
| 每股收益 | 0.0072 | 0.024 | -70.00 | 0.1113 |
| 净资产收益率 | 0.5378 | 1.8124 | -70.33 | 8.5774 |
| 扣除非经常性损益的净利润为基础计算的净资产收益率 | -2.9280 | -0.6188 | 373.18 | 7.0786 |
| 每股经营活动产生的现金流量净额 | 0.0029 | 0.0653 | -95.56 | 0.2445 |
| | 2002年末 | 2001年末 | 本年末比上年末增减(%) | 2000年末 |
| 每股净资产 | 1.3334 | 1.3262 | 0.55 | 1.2975 |
| 调整后的每股净资产 | 1.3321 | 1.3225 | 0.73 | 1.2975 |

## 600734 福建实达电脑集团股份有限公司

### 二〇〇二年年度报告摘选

#### 1.上市公司基本情况简介

1.1 基本情况简介

股票简称:实达电脑 股票代码:600734 上市交易所:上海证券交易所

注册地址:福州市经济技术开发区科技工业区A小区C号楼

办公地址:福建省福州市福二工业区实达科技城 邮政编码:350002

公司国际互联网网址:http://www.start.com.cn 电子信箱:gzwb@star.com.cn

1.2 联系人和联系方式

董事会秘书:吴波 联系地址:福建省福州市福二工业区实达科技城九层

电话:0591-3709680 传真:0591-3708128 电子信箱:gzwb@start.com.cn

证券事务代表:周凌云 联系地址:福建省福州市福二工业区实达科技城九层

电话:0591-3709680 传真:0591-3708128 电子信箱:zhouly@start.com.cn

#### 2.会计数据和财务指标摘要

2.1 主要会计数据(单位:元)

| | 2002年 | 2001年 | 本年比上年增减(%) | 2000年 |
|---|---|---|---|---|
| 主营业务收入 | 2,324,977,114.04 | 2,896,863,453.73 | -19.74 | 3,201,611,925.02 |
| 利润总额 | 30,924,391.40 | 80,434,578.74 | -61.55 | -237,416,045.96 |
| 净利润 | 20,996,070.33 | 51,298,942.33 | -59.08 | -252,112,175.11 |
| 扣除非经常性损益的净利润 | 7,756,559.84 | 34,868,203.09 | -77.75 | -254,043,418.55 |
| | 2002年末 | 2001年末 | 本年末比上年末增减(%) | 2000年末 |
| 总资产 | 2,071,204,682.35 | 1,682,125,515.07 | 23.13 | 1,777,744,940.58 |
| 股东权益(不含少数股东权益) | 606,563,589.93 | 578,428,667.58 | 4.86 | 523,427,818.06 |
| 经营活动产生的现金流量净额 | 101,068,859.88 | -32,991,282.49 | 406.35 | -66,171,641.21 |

2.2 主要财务指标

| | 2002年 | 2001年 | 本年比上年增减(%) | 2000年 |
|---|---|---|---|---|
| 每股收益 | 0.0597 | 0.1459 | -58.77 | -0.7401 |
| 每股收益 | 0.0597 | 0.1459 | -58.77 | -0.7401 |
| 净资产收益率 | 3.4615 | 8.8687 | -60.97 | -49.7055 |
| 扣除非经常性损益的净利润为基础计算的加权平均净资产收益率 | 1.3171 | 6.3503 | -79.26 | -39.9396 |
| 每股经营活动产生的现金流量净额 | 0.2875 | -0.0938 | 406.35 | -0.1882 |
| | 2002年末 | 2001年末 | 本年末比上年末增减(%) | 2000年末 |
| 每股净资产 | 1.7254 | 1.6453 | 4.87 | 1.4889 |
| 调整后的每股净资产 | 1.6246 | 1.6171 | 0.46 | 1.4378 |

## 600756 山东浪潮齐鲁软件产业股份有限公司

### 二〇〇二年年度报告摘选

#### 1.上市公司基本情况简介

1.1 基本情况简介

股票简称:浪潮软件 股票代码:600756 上市交易所:上海证券交易所

注册地址:山东省泰安市虎山路中段 办公地址:山东省济南市山大路224号

邮政编码:250013 公司国际互联网网址:http://www.cheeloosoft.com.cn

电子信箱:600756@langchao.com.cn

1.2 联系人和联系方式

董事会秘书:罗万里 联系地址:山东省济南市山大路224号

电话:0531-8932888-8461 传真:0531-8522334 电子信箱:600756@langchao.com.cn

证券事务代表:卢文杰 联系地址:山东省济南市山大路224号

电话:0531-8932888-8461 传真:0531-8522334 电子信箱:600756@langchao.com.cn

#### 2.会计数据和财务指标摘要

2.1 主要会计数据

| | 2002年 | 2001年 | 本年比上年增减(%) | 2000年 |
|---|---|---|---|---|
| 主营业务收入 | 555,768,600.51 | 332,159,821.38 | 67.32 | 57,137,745.1 |
| 利润总额 | 81,516,187.74 | 56,590,488.71 | 44.05 | 21,761,421.18 |
| 净利润 | 67,259,532.50 | 52,319,381.49 | 28.56 | 15,708,615.87 |
| 扣除非经常性损益的净利润 | 57,711,551.85 | 46,234,966.44 | 24.82 | 15,012,615.87 |
| | 2002年末 | 2001年末 | 本年末比上年末增减(%) | 2000年末 |
| 总资产 | 573,754,591.60 | 347,066,331.48 | 65.32 | 290,961,917.19 |
| 股东权益(不含少数股东权益) | 340,794,612.59 | 273,535,080.09 | 24.59 | 229,475,138.60 |
| 经营活动产生的现金流量净额 | 44,627,648.48 | 115,525,262.68 | -53.86 | 13,838,410.27 |

2.2 主要财务指标

| | 2002年 | 2001年 | 本年比上年增减(%) | 2000年 |
|---|---|---|---|---|
| 每股收益 | 0.41 | 0.32 | 28.13 | 0.14 |
| 净资产收益率 | 19.74% | 19.13% | 3.19 | 6.85% |
| 扣除非经常性损益的净利润为基础计算的净资产收益率 | 16.93% | 16.90% | 0.18 | 6.54% |
| 每股经营活动产生的现金流量净额 | 0.27 | 0.70 | -61.43 | 0.13 |
| | 2002年末 | 2001年末 | 本年末比上年末增减(%) | 2000年末 |
| 每股净资产 | 2.06 | 1.66 | 24.10 | 2.08 |
| 调整后的每股净资产 | 2.04 | 1.64 | 24.39 | 2.06 |

## 600775 南京熊猫电子股份有限公司

### 二〇〇二年年度报告摘选

#### 1.上市公司基本情况简介

1.1 基本情况简介

股票简称:南京熊猫、南京熊猫 股票代码:600775、0553

上市交易所:上海证券交易所 香港交易所

注册地址:中华人民共和国南京市南京高新技术产业开发区05幢北侧1-2层

办公地址:中华人民共和国南京市中山东路301号 邮政编码:210002

公司国际互联网网址:http://www.chinapanda.com.cn 电子信箱:office@panda.nj.js.cn

1.2 联系人和联系方式

董事会秘书:施秋生 联系地址:中国·南京市中山东路301号

电话:025-4801442 传真:025-4820729 电子信箱:gfb@panda.nj.js.cn

证券事务代表:陈业宝 联系地址:中国·南京市中山东路301号

电话:025-4801144 传真:025-4820729 电子信箱:gfb@panda.nj.js.cn

#### 2.会计数据和财务指标摘要

2.1 主要会计数据 单位:人民币·千元

| | 2002年 | 2001年 | 本年比上年增减(%) | 2000年 |
|---|---|---|---|---|
| 主营业务收入 | 1,293,686 | 861,560 | 50.16 | 584,247 |
| 利润总额 | 113,865 | 179,016 | (36.39) | 120,325 |
| 净利润 | 91,185 | 179,419 | (49.18) | 115,349 |
| 扣除非经常性损益的净利润 | 92,861 | 140,514 | (33.91) | 113,426 |
| | 2002年末 | 2001年末 | 本年末比上年末增减(%) | 2000年末 |
| 总资产 | 2,727,635 | 2,069,729 | 31.79 | 2,419,628 |
| 股东权益(不含少数股东权益) | 1,030,356 | 939,077 | 9.72 | 759,580 |
| 经营活动产生的现金流量净额 | (195,845) | (51,036) | (283.74) | (124,452) |

2.2 主要财务指标 单位:人民币·元

| | 2002年 | 2001年 | 本年比上年增减(%) | 2000年 |
|---|---|---|---|---|
| 每股收益 | 0.14 | 0.27 | (49.18) | 0.18 |
| 净资产收益率(%) | 8.85 | 19.11 | (53.69) | 15.19 |
| 扣除非经常性损益的净利润为基础计算的净资产收益率(%) | 9.01 | 14.96 | (39.77) | 13.64 |
| 每股经营活动产生的现金流量净额 | (0.30) | (0.08) | (283.74) | (0.19) |
| | 2002年末 | 2001年末 | 本年末比上年末增减(%) | 2000年末 |
| 每股净资产 | 1.57 | 1.43 | 9.72 | 1.16 |
| 调整后的每股净资产 | 1.45 | 1.38 | 5.07 | 1.08 |

# 600776 东方通信股份有限公司

## 二〇〇二年年度报告摘选

### 1.上市公司基本情况简介

1.1 基本情况简介

股票简称:东方通信、东信B股 股票代码:600776、900941 上市交易所:上海证券交易所

注册地址和办公地址:中国浙江省杭州市文三路398号 邮政编码:310013

公司国际互联网网址:http://www.eastcom.com 电子信箱:Webmaster@eastcom.com

1.2 联系人和联系方式

董事会秘书:郭端端 联系地址:中国浙江省杭州市文三路398号

电话:0571－88865242 传真:0571－88865243 电子信箱:Webmaster@eastcom.com

证券事务代表:蔡祝平 联系地址:中国浙江省杭州市文三路398号

电话:0571－88865242 传真:0571－88865243 电子信箱:Webmaster@eastcom.com

### 2.会计数据和财务指标摘要

2.1 主要会计数据

| | 2002年度 | 2001年度 | 本年比上年增减(%) | 2000年度 |
|---|---|---|---|---|
| 主营业务收入 | 8,219,687,112.13 | 8,398,612,585.77 | －2.13 | 7,713,900,606.51 |
| 利润总额 | －171,258,413.62 | 259,768,033.36 | －166.93 | 415,141,677.21 |
| 净利润 | －205,944,191.66 | 207,343,655.91 | －199.33 | 378,624,495.53 |
| 扣除非经常性损益的净利润 | －168,558,933.97 | 179,188,634.56 | －194.07 | 385,267,529.61 |
| | 2002年12月31日 | 2001年12月31日 | 本年末比上年末增减(%) | 2000年12月31日 |
| 总资产 | 6,856,237,430.05 | 7,721,345,597.39 | －11.20 | 7,943,229,192.89 |
| 股东权益(不含少数股东权益) | 3,446,339,634.23 | 3,652,284,660.76 | －5.63 | 3,565,283,104.21 |
| 经营活动产生的现金流量净额 | －763,284,921.85 | 1,066,427,001.47 | －171.57 | 862,057,585.72 |

2.2 主要财务指标

| | 2002年度 | 2001年度 | 本年比上年增减(%) | 2000年度 |
|---|---|---|---|---|
| 每股收益 | －0.328 | 0.330 | －199.39 | 0.60 |
| 净资产收益率 | －5.98% | 5.68% | －205.28 | 10.62% |
| 扣除非经常性损益的净利润为基础计算的净资产收益率 | －4.89% | 4.91% | －199.59 | 10.81% |
| 每股经营活动产生的现金流量净额 | －1.215 | 1.698 | －171.55 | 1.37 |
| | 2002年12月31日 | 2001年12月31日 | 本年末比上年末增减(%) | 2000年12月31日 |
| 每股净资产 | 5.488 | 5.816 | －5.64 | 5.68 |
| 调整后的每股净资产 | 5.458 | 5.777 | －5.52 | 5.54 |

# 600799 黑龙江省科利华网络股份有限公司

## 二〇〇二年年度报告摘选

### 1.上市公司基本情况简介

1.1 基本情况简介

股票简称:ST龙科 股票代码:600799 上市交易所:上海证券交易所

注册地址:黑龙江省阿城市北环路2号

办公地址:北京市海淀区上地信息产业基地创业东路33号科利华网络大厦 邮政编码:100084

公司国际互联网网址:http://www.clever.com.cn 电子信箱:webmaster@clever.com.cn

1.2 联系人和联系方式

董事会秘书:孙斌 联系地址:北京市海淀区上地信息产业基地创业东路33号科利华网络大厦

电话:010－82899729 传真:010－82899731 电子信箱:clever@clever.com.cn

证券事务代表:郑婷 电话:010－82899729 传真:010－82899731

联系地址:北京市海淀区上地信息产业基地创业东路33号科利华网络大厦

电子信箱:clever@clever.com.cn

### 2.会计数据和财务指标摘要

2.1 主要会计数据

| | 2002年 | 2001年 | 本年比上年增减(%) | 2000年 |
|---|---|---|---|---|
| 主营业务收入 | 77,086,344.69 | 188,924,682.73 | －59.20 | 343,825,218.49 |
| 利润总额 | －108,486,481.07 | 27,838,342.07 | －489.70 | 99,673,991.29 |
| 净利润 | －115,020,088.48 | 22,405,163.63 | －613.36 | 86,408,307.50 |
| 扣除非经常性损益的净利润 | －72,739,699.63 | 27,700,530.06 | －362.59 | 119,682,108.00 |
| | 2002年末 | 2001年末 | 本年末比上年末增减(%) | 2000年末 |
| 总资产 | 1,251,945,457.00 | 1,469,915,100.43 | －14.83 | 1,253,625,970.19 |
| 股东权益(不含少数股东权益) | 547,442,319.07 | 662,462,407.55 | －17.40 | 640,057,243.92 |
| 经营活动产生的现金流量净额 | －72,634,321.33 | －97,166,411.30 | －25.25 | 62,451,344.07 |

2.2 主要财务指标

| | 2002年 | 2001年 | 本年比上年增减(%) | 2000年 |
|---|---|---|---|---|
| 每股收益 | －0.295 | 0.057 | －617.54 | 0.222 |
| 净资产收益率 | －21.010 | 3.13 | －771.25 | 15.573 |
| 扣除非经常性损益的净利润为基础计算的净资产收益率 | －12.002 | 3.13 | －483.45 | 17.694 |
| 每股经营活动产生的现金流量净额 | －0.19 | －0.22 | －13.64 | 0.160 |
| | 2002年末 | 2001年末 | 本年末比上年末增减(%) | 2000年末 |
| 每股净资产 | 1.404 | 1.701 | －17.46 | 1.642 |
| 调整后的每股净资产 | 1.513 | 1.524 | －0.72 | 1.535 |

# 600845 上海宝信软件股份有限公司

## 二〇〇二年年度报告摘选

### 1.上市公司基本情况简介

1.1 基本情况简介

股票简称:宝信软件 宝信B 股票代码:600845 900926 上市交易所:上海证券交易所

注册地址和办公地址:上海市浦东新区张江高科技园区郭守敬路515号 邮政编码:201203

公司国际互联网网址:http://www.baosight.com 电子信箱:investor@baosight.com

1.2 联系人和联系方式

董事会秘书:陈健 联系地址:上海浦东新区张江高科技园区郭守敬路515号

电话:021－50801155－1353 传真:021－50803294 电子信箱:investor@baosight.com

证券事务代表:胡德康 联系地址:上海浦东新区张江高科技园区郭守敬路515号

电话:021－50801155－1462 传真:021－50803294 电子信箱:hudekang@baosight.com

### 2.会计数据和财务指标摘要

2.1 主要会计数据

单位:元

| | 2002年度 | 2001年度 | 本年比上年增减(%) | 2000年度 |
|---|---|---|---|---|
| 主营业务收入 | 639,696,569.21 | 397,354,165.99 | 60.99 | 231,286,851.22 |
| 利润总额 | 51,552,632.12 | 39,018,086.59 | 32.12 | －125,838,597.35 |
| 净利润 | 52,736,989.01 | 39,180,565.70 | 34.60 | －125,595,959.98 |
| 扣除非经常性损益的净利润 | 48,589,192.36 | 38,378,611.61 | 26.60 | －108,662,417.65 |
| | 2002年末 | 2001年末 | 本年末比上年末增减(%) | 2000年末 |
| 总资产 | 441,117,357.33 | 323,292,072.51 | 36.46 | 634,399,238.14 |
| 股东权益(不含少数股东权益) | 303,375,521.56 | 263,523,740.13 | 15.12 | 203,910,784.51 |
| 经营活动产生的现金流量净额 | －9,125,616.59 | 21,429,142.29 | － | 31,621,951.43 |

2.2 主要财务指标

| | 2002年 | 2001年 | 本年比上年增减(%) | 2000年 |
|---|---|---|---|---|
| 每股收益 | 0.201 | 0.149 | 34.90 | －0.48 |
| 净资产收益率 | 17.38% | 14.87% | 16.88 | －61.59% |
| 扣除非经常性损益的净利润为基础计算的净资产收益率 | 16.02% | 14.56% | 10.03 | －53.29% |
| 每股经营活动产生的现金流量净额 | －0.035 | 0.08 | － | 0.12 |
| | 2002年末 | 2001年末 | 本年末比上年末增减(%) | 2000年末 |
| 每股净资产 | 1.157 | 1.005 | 15.12% | 0.78 |
| 调整后的每股净资产 | 1.132 | 0.974 | 16.22% | 0.69 |

# 600850 上海华东电脑股份有限公司

## 二〇〇二年年度报告摘选

### 1.上市公司基本情况简介

1.1 基本情况简介

股票简称:华东电脑 股票代码:600850 上市交易所:上海证券交易所

注册地址:上海市凤阳路310号 办公地址:上海市桂林路418号 邮政编码:200233

公司国际互联网网址:http://www.shecc.com 电子信箱:ecczb@shecc.com

1.2 联系人和联系方式

董事会秘书:吴志明 联系地址:上海市桂林路418号

电话:021－64362789 传真:021－64700357 电子信箱:dm@shecc.com

### 2.会计数据和财务指标摘要

2.1 主要会计数据

| | 2002年 | 2001年 | 本年比上年增减(%) | 2000年 |
|---|---|---|---|---|
| 主营业务收入 | 791,731,660.36 | 575,646,860.91 | 37.54 | 1,395,429,933.16 |
| 利润总额 | －22,808,662.15 | 17,718,161.26 | －228.73 | 13,442,252.70 |
| 净利润 | －29,712,106.02 | 14,723,025.44 | －301.81 | 11,861,893.10 |
| 扣除非经常性损益的净利润 | －27,263,079.52 | 3,207,792.92 | －949.90 | 11,412,693.79 |
| | 2002年末 | 2001年末 | 本年末比上年末增减(%) | 2000年末 |
| 总资产 | 544,937,117.17 | 525,371,421.28 | 3.72 | 476,472,864.44 |
| 股东权益(不含少数股东权益) | 198,841,358.38 | 228,536,625.47 | －12.99 | 213,227,797.48 |
| 经营活动产生的现金流量净额 | －23,842,354.53 | 64,435,299.96 | －137.00 | 42,091,505.88 |

2.2 主要财务指标

| | 2002年 | 2001年 | 本年比上年增减(%) | 2000年 |
|---|---|---|---|---|
| 每股收益 | －0.1737 | 0.0086 | －2,120.03 | 0.1040 |
| 每股收益 | －0.1737 | 0.0086 | －2,120.03 | 0.1098 |
| 净资产收益率 | －14.94 | 6.44 | －332.03 | 5.56 |
| 扣除非经常性损益的净利润为基础计算的净资产收益率 | －12.76 | 1.40 | －1,011.34 | 7.81 |
| 每股经营活动产生的现金流量净额 | －0.1394 | 0.3800 | －136.6851 | 0.3700 |
| | 2002年末 | 2001年末 | 本年末比上年末增减(%) | 2000年末 |
| 每股净资产 | 1.1626 | 1.3362 | －12.9937 | 1.8700 |
| 调整后的每股净资产 | 0.9789 | 1.1728 | －16.5395 | 1.8600 |

# H.批发和零售贸易(60 家)

## 600056 中技贸易股份有限公司

### 二〇〇二年年度报告摘选

#### 1.上市公司基本情况简介

1.1 基本情况简介

股票简称:中技贸易　股票代码:600056　上市交易所:上海证券交易所

注册地址和办公地址:北京市海淀区西三环北路 21 号久凌大厦公寓楼　邮政编码:100089

公司国际互联网网址:http://www.cntic－trading.com.cn　电子信箱:dsh@cntic－trading.com

1.2 联系人和联系方式

董事会秘书:齐建西　联系地址:北京西三环北路久凌大厦公寓楼

电话:010－68404720　传真:010－68476727　电子信箱:qijianxi@trade.genertec.com.cn

#### 2.会计数据和财务指标摘要

2.1 主要会计数据

| | 2002 年(本年) | 2001 年(上年) | 本年比上年增减(%) | 2000 年 |
|---|---|---|---|---|
| 主营业务收入 | 2,307,107,078.61 | 2,482,811,037.90 | －7.08 | 1,400,095,461.52 |
| 利润总额 | 51,141,120.82 | 55,290,385.96 | －7.50 | 37,702,593.31 |
| 净利润 | 45,132,778.97 | 49,033,921.47 | －7.96 | 32,253,889.39 |
| 扣除非经常性损益的净利润 | 31,929,014.60 | 10,231,476.81 | 212.07 | 30,010,929.39 |
| | 2002 年末(本年末) | 2001 年末(上年末) | 本年末比上年末增减(%) | 2000 年末 |
| 总资产 | 1,001,737,216.09 | 1,205,250,421.23 | －16.89 | 1,121,579,102.31 |
| 股东权益(不含少数股东权益) | 582,209,513.12 | 550,111,734.15 | 5.83 | 512,652,590.01 |
| 经营活动产生的现金流量净额 | －130,095,359.33 | 298,042,360.66 | － | －150,007,299.70 |

2.2 主要财务指标

| | 2002 年(本年) | 2001 年(上年) | 本年比上年增减(%) | 2000 年 |
|---|---|---|---|---|
| 每股收益 | 0.3462 | 0.3762 | －7.97 | 0.2474 |
| 净资产收益率 | 7.7520% | 9.1282% | －15.08 | 6.29% |
| 扣除非经常性损益的净利润为基础计算的净资产收益率(加权) | 5.5754% | 1.9047% | 192.72 | 7.97% |
| 每股经营活动产生的现金流量净额 | －1.0000 | 2.2865 | － | －1.15 |
| | 2002 年末(本年末) | 2001 年末(上年末) | 本年末比上年末增减(%) | 2000 年末 |
| 每股净资产 | 4.4665 | 4.2203 | 5.83 | 3.9329 |
| 调整后的每股净资产 | 4.4600 | 4.2167 | 5.77 | 3.9193 |

## 600058 五矿龙腾科技股份有限公司

### 二〇〇二年年度报告摘选

#### 1.上市公司基本情况简介

1.1 基本情况简介

股票简称:龙腾科技　股票代码:600058　上市交易所:上海证券交易所

注册地址和办公地址:北京市海淀区三里河路 5 号 B 座　邮政编码:100044

公司国际互联网网址:http://www.minlist.com.cn　电子信箱:minlist@minmetals.com

1.2 联系人和联系方式

董事会秘书:高勇　联系地址:北京市海淀区三里河路 5 号 B 座

电话:010－68494208　传真:010－68494207　电子信箱:gaoyong@minmetals.com

证券事务代表:崔青莲　联系地址:北京市海淀区三里河路 5 号 B 座

电话:010－68494206　传真:010－68494207　电子信箱:cuiq1@minmetals.com

#### 2.会计数据和财务指标摘要

2.1 主要会计数据　(单位:人民币百万元)

| 指标项目 | 2002 年 | 2001 年 调整后 | 2001 年 调整前 | 本年比上年调整后增减(%) | 2000 年 调整后 | 2000 年 调整前 |
|---|---|---|---|---|---|---|
| 主营业务收入 | 28,333.29 | 19,572.99 | 19,565.14 | 44.76 | 11,749.70 | 11,749.70 |
| 利润总额 | 293.76 | 248.49 | 253.59 | 18.22 | 327.50 | 321.34 |
| 净利润 | 178.30 | 154.80 | 154.80 | 15.18 | 209.18 | 207.73 |
| 扣除非经常性损益后的净利润 | 181.26 | 151.92 | 152.36 | 19.31 | 183.46 | 219.38 |
| 指标项目 | 2002 年末 | 2001 年末 调整后 | 2001 年末 调整前 | 本年比上年调整后增减(%) | 2000 年末 调整后 | 2000 年末 调整前 |
| 总资产 | 9,507.41 | 5,304.59 | 5,310.57 | 79.23 | 4,285.19 | 4293.6 |
| 股东权益(不含少数股东权益 | 1,903.24 | 1,843.20 | 1,846.62 | 3.26 | 1,835.40 | 1844.15 |
| 经营活动产生的现金流量净额 | 1,945.29 | 43.32 | 43.32 | 4,390.51 | 124.56 | 124.56 |

2.2 主要财务指标

| 指标项目 | 2002 年 | 2001 年 | 本年比上年增减(%) | 2000 年 |
|---|---|---|---|---|
| 每股收益(人民币元/股) | 0.4204 | 0.3650 | 15.18 | 0.4933 |
| 净资产收益率(%)(摊薄) | 9.3682 | 8.3982 | 11.55 | 11.3972 |
| 扣除非经常性损益后的净资产收益率(%)(加权) | 9.2829 | 7.9424 | 16.88 | 10.5376 |
| 扣除非经常性损益后的净资产收益率(%)(摊薄) | 9.3696 | 8.2423 | 13.68 | 9.9957 |
| 每股经营活动产生的现金流量净额(人民币元/股) | 4.5870 | 0.1021 | 4392.65 | 0.2937 |
| 指标项目 | 2002 年末 | 2001 年末 | 本年比上年增减(%) | 2000 年末 |
| 每股净资产(人民币元/股) | 4.4878 | 4.3463 | 3.26 | 4.3279 |
| 调整后的每股净资产(人民币元/股) | 4.4491 | 4.3007 | 3.45 | 4.2820 |

## 600082 天津海泰科技发展股份有限公司

### 二〇〇二年年度报告摘选

#### 1.上市公司基本情况简介

1.1 基本情况简介

股票简称:ST 海泰　股票代码:600082　上市交易所:上海证券交易所

注册地址:天津新技术产业园区华苑产业区

办公地址:天津新技术产业园区华苑产业区物华道 2 号海泰火炬创业园 C 座　邮政编码:300384

公司国际互联网网址:http://www.hitech－develop.com　电子信箱:company@hitech－develop.com

1.2 联系人和联系方式

董事会秘书:温健　联系地址:天津新技术产业园区华苑产业区物华道 2 号海泰火炬创业园 C 座

电话:022－23078880 转 205　传真:022－23078889　电子信箱:company@hitech－develop.com

#### 2.会计数据和财务指标摘要

2.1 主要会计数据

| | 2002 年 | 2001 年 | 本年比上年增减(%) | 2000 年 调整前 | 2000 年 调整后 |
|---|---|---|---|---|---|
| 主营业务收入 | 121,872,446.29 | 536,170,246.35 | －77.27 | 433,858,916.89 | 433,646,763.20 |
| 利润总额 | 41,962,470.50 | －83,143,687.80 | | －91,779,285.52 | －100,581,305.74 |
| 净利润 | 27,752,560.82 | －83,249,934.87 | | －92,058,280.71 | －100,860,300.93 |
| 扣除非经常性损益的净利润 | 27,152,182.92 | －83,249,934.87 | | －92,058,280.71 | －100,860,300.93 |
| | 2002 年末 | 2001 年末 | 本年末比上年末增减(%) | 2000 年末 调整前 | 2000 年末 调整后 |
| 总资产 | 522,293,051.89 | 350,930,945.92 | 48.83 | 1,176,877,774.42 | 1,165,406,359.60 |
| 股东权益(不含少数股东权益) | 347,401,059.89 | 323,670,980.21 | 7.33 | 403,768,913.50 | 391,847,650.26 |
| 经营活动产生的现金流量净额 | －13,900,078.71 | 16,371,933.58 | －184.90 | 10,805,074.30 | 10,805,074.30 |

2.2 主要财务指标

| | 2002 年 | 2001 年 | 本年比上年增减(%) | 2000 年 调整前 | 2000 年 调整后 |
|---|---|---|---|---|---|
| 每股收益 | 0.186 | －0.559 | | －0.618 | －0.677 |
| 净资产收益率 | 7.99 | －25.721 | | －22.80 | －25.74 |
| 扣除非经常性损益的净利润为基础计算的净资产收益率 | 8.04 | －23.771 | | －20.52 | －22.70 |
| 每股经营活动产生的现金流量净额 | －0.093 | 0.110 | －184.55 | 0.073 | 0.073 |
| | 2002 年末 | 2001 年末 | 本年末比上年末增减(%) | 2000 年末 调整前 | 2000 年末 调整后 |
| 每股净资产 | 2.332 | 2.173 | 7.32 | 2.710 | 2.630 |
| 调整后的每股净资产 | 2.329 | 2.173 | 7.18 | 2.532 | 2.452 |

## 600084 新天国际经贸股份有限公司

### 二〇〇二年年度报告摘选

#### 1.上市公司基本情况简介

1.1 基本情况简介

股票简称:新天国际　股票代码:600084　上市交易所:上海证券交易所

注册地址和办公地址:新疆维吾尔自治区乌鲁木齐市红山路 40 号　邮政编码:830002

电子信箱:Sun－time@mail.xj.cninfo.net

1.2 联系人和联系方式

董事会秘书:陈军　联系地址:新疆乌鲁木齐市红山路 40 号新天国际大厦三层

电话:0991－8882439　传真:0991－8882439　电子信箱:600084dmb@21cn.com

证券事务代表:刘卫军　联系地址:新疆乌鲁木齐市红山路 40 号新天国际大厦三层

电话:0991－8882439　传真:0991－8882439　电子信箱:600084dmb@21cn.com

#### 2.会计数据和财务指标摘要

2.1 主要会计数据　单位:元

| | 2002 年 | 2001 年 | 本年比上年增减(%) | 2000 年 |
|---|---|---|---|---|
| 主营业务收入 | 1,263,211,121.41 | 853,719,547.88 | 47.97 | 686,139,377.78 |
| 利润总额 | 93,126,811.55 | 83,407,577.47 | 11.65 | 96,146,714.76 |
| 净利润 | 76,648,722.52 | 73,565,693.64 | 4.19 | 88,111,086.90 |
| 扣除非经常性损益的净利润 | 77,006,121.31 | 71,943,804.38 | 7.04 | 86,593,144.09 |
| | 2002 年 | 2001 年 | 本年末比上年末增减(%) | 2000 年 |
| 总资产 | 2,481,127,881.08 | 1,923,776,235.37 | 28.97 | 1,579,234,102.47 |
| 股东权益(不含少数股东权益) | 730,324,707.92 | 677,148,880.05 | 8.89 | 635,784,810.41 |
| 经营活动产生的现金流量净额 | －78,909,367.34 | 42,094,864.98 | | 4,443,142.53 |

2.2 主要财务指标　单位:万元

| | 2002 年 | 2001 年 | 本年比上年增减(%) | 2000 年 |
|---|---|---|---|---|
| 每股收益(摊薄) | 0.33 | 0.31 | 6.45 | 0.49 |
| 每股收益(加权) | 0.33 | 0.31 | 6.45 | 0.49 |
| 净资产收益率 | 10.50 | 10.64 | －1.32 | 13.86 |
| 扣除非经常性损益的净利润为基础计算的净资产收益率 | 10.54 | 10.41 | 1.25 | 13.70 |
| 每股经营活动产生的现金流量净额 | －0.34 | 0.18 | －289 | 0.03 |
| | 2002 年末 | 2001 年末 | 本年末比上年末增减(%) | 2000 年末 |
| 每股净资产 | 3.14 | 2.88 | 9.03 | 3.51 |
| 调整后的每股净资产 | 3.04 | 2.77 | 10.83 | 3.43 |

# 600109 成都城建投资发展股份有限公司

## 二〇〇二年年度报告摘选

### 1.上市公司基本情况简介

1.1 基本情况简介

股票简称:ST 成百 股票代码:600109 上市交易所:上海证券交易所

注册地址和办公地址:四川省成都市大慈寺路 83 号 邮政编码:610016

电子信箱:cc600109@mail.sc.cninfo.net

1.2 联系人和联系方式

董事会秘书:李勇 联系地址:四川省成都市大慈寺路 83 号

电话:028－86652215 传真:028－86666775 电子信箱:LiYong109@163.com

### 2.会计数据和财务指标摘要

2.1 主要会计数据

| | 2002 年 | 2001 年 | 本年比上年增减(%) | 2000 年 |
|---|---|---|---|---|
| 主营业务收入 | 591,096,538.54 | 641,718,753.59 | －7.89 | 783,746,072.30 |
| 利润总额 | 8,490,277.22 | 1,309,061.93 | 548.58 | －31,233,812.56 |
| 净利润 | 8,484,902.61 | 1,303,986.59 | 550.69 | －31,246,046.56 |
| 扣除非经常性损益的净利润 | 6,029,924.52 | －15,848,266.96 | － | －23,846,046.56 |
| | 2002 年末 | 2001 年末 | 本年末比上年末增减(%) | 2000 年末 |
| 总资产 | 319,973,992.87 | 275,316,607.41 | 16.22 | 271,576,205.46 |
| 股东权益(不含少数股东权益) | 180,830,988.53 | 14,453,977.71 | 1151.08 | 40,021,561.40 |
| 经营活动产生的现金流量净额 | 13,727,350.59 | 11,570,263.97 | 18.64 | 13,409,385.32 |

2.2 主要财务指标

| | 2002 年 | 2001 年 | 本年比上年增减(%) | 2000 年 |
|---|---|---|---|---|
| 每股收益 | 0.120 | 0.018 | 566.67 | －0.440 |
| 净资产收益率 | 4.69 | 9.02 | －48.00 | －78.07 |
| 扣除非经常性损益的净利润为基础计算的净资产收益率 | 3.33 | －109.65 | － | －59.58 |
| 每股经营活动产生的现金流量净额 | 0.193 | 0.163 | 18.40 | 0.189 |
| | 2002 年末 | 2001 年末 | 本年末比上年末增减(%) | 2000 年末 |
| 每股净资产 | 2.548 | 0.204 | 1149.02 | 0.564 |
| 调整后的每股净资产 | 2.535 | 0.118 | 2048.31 | 0.051 |

# 600120 浙江东方集团股份有限公司

## 二〇〇二年年度报告摘选

### 1.上市公司基本情况简介

1.1 基本情况简介

股票简称:浙江东方 股票代码:600120 上市交易所:上海证券交易所

注册地址和办公地址:浙江省杭州市庆春路 199 号 邮政编码:310006

公司国际互联网网址:http://www.zjorient.com 电子信箱:Orient@mail.hz.zj.cn

1.2 联系人和联系方式

董事会秘书:汪涛 联系地址:浙江省杭州市庆春路 199 号

电话:0571－87215678－86133 传真:0571－87214481 电子信箱:Wangtao701117@sina.com

证券事务代表:尹巍 联系地址:浙江省杭州市庆春路 199 号

电话:0571－87215678－86165 传真:0571－87215011 电子信箱:Yzz0000@163.com

### 2.会计数据和财务指标摘要

2.1 主要会计数据

| | 2002 年 | 2001 年 | | 本年比上年增减(%) | | 2000 年 | |
|---|---|---|---|---|---|---|---|
| | | 调整后 | 调整前 | 调整后 | 调整前 | 调整后 | 调整前 |
| 主营业务收入 | 3,641,768,676.78 | 3,103,369,601.54 | 3,103,369,601.54 | 17.35 | 17.35 | 3,107,988,274.74 | 3,107,988,274.74 |
| 利润总额 | 209,191,333.49 | 161,266,442.68 | 161,266,442.68 | 29.72 | 29.72 | 124,042,436.56 | 124,042,436.56 |
| 净利润 | 110,845,107.43 | 103,172,610.88 | 103,172,610.88 | 7.44 | 7.44 | 88,454,280.61 | 88,454,280.61 |
| 扣除非经常性损益后的净利润 | 114,438,315.83 | 81,975,444.00 | 81,975,414.00 | 39.60 | 39.60 | 69,328,243.43 | 69,328,243.43 |
| | 2002 年末 | 2001 年末 | | 本年比上年增减(%) | | 2000 年末 | |
| | | 调整后 | 调整前 | 调整后 | 调整前 | 调整后 | 调整前 |
| 总资产 | 2,444,860,028.85 | 1,597,161,201.09 | 1,568,888,137.59 | 53.08 | 55.83 | 1,346,432,556.85 | 1,318,159,493.35 |
| 股东权益(不含少数股东权益) | 822,358,884.22 | 714,459,334.97 | 695,516,382.43 | 15.10 | 18.24 | 633,912,001.16 | 614,644,286.05 |
| 经营活动产生的现金流量净额 | －261,823,811.74 | 32,471,233.67 | 32,471,233.67 | －906.33 | －906.33 | 1,673,668.54 | 1,673,668.54 |

2.2 主要财务指标

| | 2002 年 | 2001 年 | | 本年比上年增减(%) | | 2000 年 | |
|---|---|---|---|---|---|---|---|
| | | 调整后 | 调整前 | 调整后 | 调整前 | 调整后 | 调整前 |
| 每股收益 | 0.35 | 0.46 | 0.46 | －23.73 | －23.73 | 0.63 | 0.63 |
| 净资产收益率 | 13.48 | 14.44 | 14.83 | －6.66 | －9.11 | 13.95 | 14.39 |
| 扣除非经常性损益的净利润为基础计算的净资产收益率 | 13.92 | 11.47 | 11.74 | 21.28 | 18.53 | 11.00 | 11.28 |
| 每股经营活动产生的现金流量净额 | －0.83 | 0.14 | 0.14 | －691.97 | －691.97 | 0.01 | 0.01 |
| | 2002 年末 | 2001 年末 | | 本年比上年增减(%) | | 2000 年末 | |
| | | 调整后 | 调整前 | 调整后 | 调整前 | 调整后 | 调整前 |
| 每股净资产 | 2.60 | 3.17 | 3.08 | －17.78 | －15.49 | 4.49 | 4.36 |
| 调整后的每股净资产 | 2.56 | 3.05 | 2.96 | －15.92 | －13.46 | 4.33 | 4.22 |

# 600128 江苏弘业股份有限公司

## 二〇〇二年年度报告摘选

### 1.上市公司基本情况简介

1.1 基本情况简介

股票简称:弘业股份 股票代码:600128 上市交易所:上海证券交易所

注册地址和办公地址:江苏省南京市中华路 50 号弘业大厦 邮政编码:210001

公司国际互联网网址:http://www.jsac.com

电子信箱:jsacgrp@public1.ptt.js.cn jsacgrp@artall.com

1.2 联系人和联系方式

董事会秘书:姜琳 联系地址:江苏省南京市中华路 50 号弘业大厦

电话:025－2308738 传真:025－2307117 电子信箱:jianglin@artall.com

证券事务代表:王翠 联系地址:江苏省南京市中华路 50 号弘业大厦

电话:025－2262530 传真:025－2307117 电子信箱:wangcui@artall.com

### 2.会计数据和财务指标摘要

2.1 主要会计数据

| 项目 | 2002 年 | 2001 年 | 本年比上年增减(%) | 2000 年 |
|---|---|---|---|---|
| 主营业务收入 | 1,652,575,500.86 | 1,449,252,709.37 | 14.03 | 1,432,055,073.12 |
| 利润总额 | 36,158,192.27 | 21,828,008.31 | 65.65 | 63,959,537.06 |
| 净利润 | 16,067,134.26 | 10,243,087.10 | 56.86 | 44,239,155.74 |
| 扣除非经常性损益的净利润 | 17,900,820.48 | 2,242,161.18 | 698.37 | 36,838,174.20 |
| | 2002 年末 | 2001 年末 | 本年末比上年末增减(%) | 2000 年末 |
| 总资产 | 923,384,310.56 | 842,186,074.84 | 9.64 | 825,258,685.84 |
| 股东权益(不含少数股东权益) | 558,065,230.93 | 551,400,369.42 | 1.21 | 556,300,195.02 |
| 经营活动产生的现金流量净额 | 21,981,316.96 | 19,667,816.93 | 11.76 | 75,191,825.64 |

2.2 主要财务指标

| | 2002 年 | 2001 年 | 本年比上年增减(%) | 2000 年 |
|---|---|---|---|---|
| 每股收益 | 0.08 | 0.05 | 60.00 | 0.22 |
| 净资产收益率 | 2.88 | 1.86 | 54.84 | 7.95 |
| 扣除非经常性损益的净利润为基础计算的加权净资产收益率 | 3.20 | 0.41 | 680.49 | 6.62 |
| 每股经营活动产生的现金流量净额 | 0.11 | 0.10 | 10.00 | 0.37 |
| | 2002 年末 | 2001 年末 | 本年末比上年末增减(%) | 2000 年末 |
| 每股净资产 | 2.80 | 2.76 | 1.45 | 2.79 |
| 调整后的每股净资产 | 2.73 | 2.69 | 1.49 | 2.63 |

# 600153 厦门建发股份有限公司

## 二〇〇二年年度报告摘选

### 1.上市公司基本情况简介

1.1 基本情况简介

股票简称:厦门建发 股票代码:600153 上市交易所:上海证券交易所

注册地址:厦门市鹭江道 52 号海滨大厦六楼 办公地址:厦门市鹭江道 52 号海滨大厦七楼

邮政编码:361001 公司国际互联网网址:http://www.chinacnd.com 电子信箱:pub@chinacdc.com

1.2 联系人和联系方式

董事会秘书:林茂 联系地址:厦门市鹭江道 52 号海滨大厦七楼证券部

电话:0592－2132319 传真:0592－2132319 电子信箱:lm@chinacdc.com

### 2.会计数据和财务指标摘要

2.1 主要会计数据

单位:元

| 项 目 | 2002 年 | 2001 年 | 2000 年 |
|---|---|---|---|
| 主营业务收入 | 7,464,321,687.24 | 5,987,260,456.46 | 5,148,813,073.06 |
| 利润总额 | 210,749,070.19 | 163,726,684.73 | 116,067,457.21 |
| 净利润 | 164,937,273.40 | 143,133,689.00 | 98,548,759.12 |
| 扣除非经常性损益的净利润 | 160,900,840.77 | 143,088,140.96 | 112,010,904.16 |
| 项 目 | 2002 年末 | 2001 年末 | 2000 年末 |
| 总资产 | 4,124,949,910.98 | 3,678,905,902.99 | 3,299,248,356.22 |
| 股东权益 | 1,520,863,515.20 | 1,504,138,074.78 | 1,375,920,400.88 |
| 经营活动产生的现金流量净额 | 42,710,251.20 | 289,907,088.76 | 56,248,093.35 |

2.2 主要财务指标

| 项 目 | 2002 年 | 2001 年 | 2000 年 |
|---|---|---|---|
| 每股收益(元) | 0.56 | 0.48 | 0.33 |
| 每股经营活动产生的现金流量(元) | 0.14 | 0.98 | 0.19 |
| 净资产收益率(%) | 10.84 | 9.51 | 7.16 |
| 扣除非经常损益加权平均净资产收益率(%) | 10.14 | 10.00 | 11.40 |
| 项 目 | 2002 年末 | 2001 年末 | 2000 年末 |
| 每股净资产(元) | 5.14 | 5.08 | 4.65 |
| 调整后每股净资产(元) | 4.88 | 4.98 | 4.62 |

# 600234 太原天龙集团股份有限公司

## 二〇〇二年年度报告摘选

### 1.上市公司基本情况简介

1.1 基本情况简介

股票简称:天龙集团 股票代码:600234 上市交易所:上海证券交易所

注册地址和办公地址:太原市迎泽大街 291 号 邮政编码:030001

电子信箱:Yfgao7053@sina.com

1.2 联系人和联系方式

董事会秘书:白耀宏 联系地址:太原市迎泽大街 291 号

电话:0351-4040922 传真:0351-4810073 电子信箱:Yfgao7053@sina.com

### 2.会计数据和财务指标摘要

2.1 主要会计数据 单位:人民币元

| | 2002 年 | 2001 年 | 本年比上年增减(%) | 2000 年 调整后 | 2000 年 调整前 |
|---|---|---|---|---|---|
| 主营业务收入 | 139,854,077.05 | 139,638,844.79 | +0.15 | 293,685,593.84 | 422,677,443.61 |
| 利润总额 | -140,801,426.72 | -68,383,134.30 | | 18,649,376.76 | 24,039,376.76 |
| 净利润 | -140,801,426.72 | -68,383,134.30 | | 14,109,342.59 | 19,499,342.59 |
| 扣除非经常性损益的净利润 | -66,439,124.14 | -71,655,801.22 | | 11,862,489.45 | 17,252,489.45 |
| | 2002 年末 | 2001 年末 | 本年末比上年末增减(%) | 2000 年末 调整后 | 2000 年末 调整前 |
| 总资产 | 583,725,626.76 | 679,359,152.38 | -14.08 | 408,064,685.84 | 449,307,335.70 |
| 股东权益(不含少数股东权益) | 79,417,289.54 | 220,218,716.26 | -63.94 | 288,601,850.56 | 307,108,896.12 |
| 经营活动产生的现金流量净额 | -31,209,436.84 | -5,999,805.16 | | 6,804,095.62 | 6,804,095.62 |

2.2 主要财务指标 单位:人民币元

| | 2002 年 | 2001 年 | 本年比上年增减(%) | 2000 年 调整后 | 2000 年 调整前 |
|---|---|---|---|---|---|
| 每股收益(摊薄) | -1.50 | -0.73 | | 0.15 | 0.21 |
| 净资产收益率(%) | -177.29 | -31.05 | | 4.89 | 6.35 |
| 扣除非经常性损益的净利润为基础计算的净资产收益率(%) | -83.66 | -32.54 | | 4.11 | 5.62 |
| 每股经营活动产生的现金流量净额 | -0.33 | -0.06 | | 0.07 | 0.07 |
| | 2002 年末 | 2001 年末 | 本年末比上年末增减(%) | 2000 年末 调整后 | 2000 年末 调整前 |
| 每股净资产 | 0.85 | 2.35 | -63.83 | 3.07 | 3.27 |
| 调整后的每股净资产 | 0.72 | 2.20 | -67.27 | 2.96 | 3.13 |

# 600247 吉林物华(集团)股份有限公司

## 二〇〇二年年度报告摘选

### 1.上市公司基本情况简介

1.1 基本情况简介

股票简称:物华股份 股票代码:600247 上市交易所:上海证券交易所

注册地址和办公地址:吉林省吉林市怀德街 29 号 邮政编码:132001

公司国际互联网网址:http://www.chinawh.com 电子信箱:600247@chinawh.com

1.2 联系人和联系方式

董事会秘书:高观生 联系地址:吉林省吉林市怀德街 29 号

电话:0432-2485305 传真:0432-2452677 电子信箱:Ggs6146@sina.com

证券事务代表:周桂华 联系地址:吉林省吉林市怀德街 29 号

电话:0432-2491247 传真:0432-2452677 电子信箱:zhouhua@chinawh.com

### 2.会计数据和财务指标摘要

2.1 主要会计数据

| | 2002 年 | 2001 年 | 本年比上年增减(%) | 2000 年 |
|---|---|---|---|---|
| 主营业务收入 | 103,664,198.79 | 82,936,540.03 | 24.99 | 119,810,226.88 |
| 利润总额 | 33,503,011.41 | 27,260,532.78 | 22.90 | 20,796,064.43 |
| 净利润 | 21,809,218.51 | 22,682,693.80 | -3.85 | 17,494,537.71 |
| 扣除非经常性损益的净利润 | 21,681,530.39 | 22,770,421.45 | -4.78 | 17,668,206.65 |
| | 2002 年末 | 2001 年末 | 本年末比上年末增减(%) | 2000 年末 |
| 总资产 | 586,110,175.28 | 502,692,176.13 | 16.59 | 428,812,581.93 |
| 股东权益(不含少数股东权益) | 359,474,857.39 | 346,806,837.61 | 3.65 | 321,725,984.26 |
| 经营活动产生的现金流量净额 | 35,732,099.86 | -13,627,388.62 | -- | 8,338,328.10 |

2.2 主要财务指标

| | 2002 年 | 2001 年 | 本年比上年增减(%) | 2000 年 |
|---|---|---|---|---|
| 每股收益 | 0.20 | 0.21 | -4.76 | 0.16 |
| 每股收益注 2 | 0.20 | 0.21 | -4.76 | 0.22 |
| 净资产收益率 | 6.07 | 6.54 | -7.19 | 5.44 |
| 扣除非经常性损益的净利润为基础计算的净资产收益率 | 6.06 | 6.81 | -11.01 | 9.45 |
| 每股经营活动产生的现金流量净额 | 0.32 | -0.12 | | 0.08 |
| | 2002 年末 | 2001 年末 | 本年末比上年末增减(%) | 2000 年末 |
| 每股净资产 | 3.27 | 3.15 | 3.81 | 2.92 |
| 调整后的每股净资产 | 3.21 | 3.10 | 3.55 | 2.82 |

# 600278 东方国际创业股份有限公司

## 二〇〇二年年度报告摘选

### 1.上市公司基本情况简介

1.1 基本情况简介

股票简称:东方创业 股票代码:600278 上市交易所:上海证券交易所

注册地址:上海市浦东新区陆家嘴路 166 号

办公地址:上海市娄山关路 85 号 A 座 邮政编码:200336

公司国际互联网网址:http://www.oie.com.cn 电子信箱:oiehq@oie.com.cn

1.2 联系人和联系方式

董事会秘书:黄大瑜 联系地址:上海市娄山关路 85 号 A 座

电话:021-62789999 传真:021-62784020 电子信箱:oiehq@oie.com.cn

证券事务代表:朱蓓、孟伟 联系地址:上海市娄山关路 85 号 A 座

电话:021-62785521 传真:021-62784020 电子信箱:oiehq@oie.com.cn

### 2.会计数据和财务指标摘要

2.1 主要会计数据 (单位:元)

| | 2002 年 | 2001 年 | 本年比上年增减(%) | 2000 年 |
|---|---|---|---|---|
| 主营业务收入 | 3,186,587,391.15 | 2,698,563,179.24 | 18.08 | 2,779,714,071.78 |
| 利润总额 | 89,724,348.67 | 123,993,614.15 | -27.64 | 131,413,968.52 |
| 净利润 | 64,196,769.94 | 95,245,046.09 | -32.60 | 91,427,778.61 |
| 扣除非经常性损益的净利润 | 63,593,583.38 | 71,568,336.28 | -11.14 | 89,425,864.68 |
| | 2002 年末 | 2001 年末 | 本年末比上年末增减(%) | 2000 年末 |
| 总资产 | 2,156,174,597.18 | 2,081,022,025.44 | 3.61 | 2,047,454,153.42 |
| 股东权益(不含少数股东权益) | 981,466,698.98 | 949,265,571.30 | 3.39 | 893,499,551.92 |
| 经营活动产生的现金流量净额 | 11,393,419.51 | 141,059,741.97 | -91.92 | 14,473,737.44 |

2.2 主要财务指标 (单位:元)

| | 2002 年 | 2001 年 | 本年比上年增减(%) | 2000 年 |
|---|---|---|---|---|
| 每股收益 | 0.20 | 0.30 | -33.33 | 0.29 |
| 净资产收益率 | 6.54 | 10.03 | -34.80 | 10.23 |
| 扣除非经常性损益的净利润为基础计算的净资产收益率 | 6.48 | 7.54 | -14.06 | 10.01 |
| 每股经营活动产生的现金流量净额 | 0.04 | 0.44 | -90.91 | 0.05 |
| | 2002 年末 | 2001 年末 | 本年末比上年末增减(%) | 2000 年末 |
| 每股净资产 | 3.07 | 2.97 | 3.37 | 2.79 |
| 调整后的每股净资产 | 2.93 | 2.85 | 2.81 | 2.58 |

# 600280 南京中央商场股份有限公司

## 二〇〇二年年度报告摘选

### 1.上市公司基本情况简介

1.1 基本情况简介

股票简称:南京中商 股票代码:600280 上市交易所:上海证券交易所

注册地址:南京市白下区中山南路 79 号 办公地址:南京市白下区中山南路 79 号

邮政编码:210005 电子信箱:zyscth@public1.ptt.js.cn

1.2 联系人和联系方式

董事会秘书:陶 华 联系地址:南京市白下区中山南路 79 号

电话:025-4728470 传真:025-4707466 电子信箱:zyscth@public.ptt.js.cn

证券事务代表:官国宝 联系地址:南京市白下区中山南路 79 号

电话:025-4717725 传真:025-4722766 电子信箱:zyscggb@sina.com

### 2.会计数据和财务指标摘要

2.1 主要会计数据

| | 2002 年 | 2001 年 | 本年比上年增减(%) | 2000 年 |
|---|---|---|---|---|
| 主营业务收入 | 1,270,368,304.00 | 965,856,528.65 | 31.52% | 688,615,815.40 |
| 利润总额 | 45,920,388.40 | 39,956,207.57 | 14.93% | 31,290,250.98 |
| 净利润 | 30,490,654.42 | 34,386,723.01 | -11.33% | 26,596,713.33 |
| 扣除非经常性损益的净利润 | 29,893,371.37 | 30,582,480.04 | -2.25% | 25,542,027.11 |
| | 2002 年末 | 2001 年末 | 本年末比上年末增减(%) | 2000 年末 |
| 总资产 | 1,047,730,360.10 | 788,983,943.48 | 32.79% | 788,906,097.37 |
| 股东权益(不含少数股东权益) | 454,243,322.58 | 431,028,320.54 | 5.39% | 414,416,405.24 |
| 经营活动产生的现金流量净额 | 152,740,954.78 | 52,128,746.42 | 193.01% | 47,206,039.66 |

2.2 主要财务指标

| | 2002 年 | 2001 年 | 本年比上年增减(%) | 2000 年 |
|---|---|---|---|---|
| 每股收益 | 0.25 | 0.28 | -31% | 0.22 |
| 每股收益 | 0.25 | 0.28 | -31% | 0.22 |
| 净资产收益率 | 6.71 | 7.98 | -15.91% | 6.51 |
| 扣除非经常性损益的净利润为基础计算的净资产收益率 | 6.70 | 7.18 | -6.69% | 9.57 |
| 每股经营活动产生的现金流量净额 | 1.26 | 0.43 | 193.02% | 0.39 |
| | 2002 年末 | 2001 年末 | 本年末比上年末增减(%) | 2000 年末 |
| 每股净资产 | 3.75 | 3.55 | 5.63 | 3.37 |
| 调整后的每股净资产 | 3.72 | 3.46 | 7.51 | 3.24 |

## 600287 江苏舜天股份有限公司

### 二〇〇二年年度报告摘选

#### 1.上市公司基本情况简介

1.1 基本情况简介

股票简称:江苏舜天 股票代码:600287 上市交易所:上海证券交易所

注册地址:南京市建邺路 98 号

办公地址:南京市建邺路 98 号舜天大厦 邮政编码:210004

公司国际互联网网址:http://www.saintycorp.com 电子信箱:webmaster@saintycorp.com

1.2 联系人和联系方式

董事会秘书:杨青峰 联系地址:南京市建邺路 98 号舜天大厦

电话:025－4208688－81424 传真:025－4201927 电子信箱:yqf@saintycorp.com

#### 2.会计数据和财务指标摘要

2.1 主要会计数据

| | 2002 年 | 2001 年 | 本年比上年增减(%) | 2000 年 |
|---|---|---|---|---|
| 主营业务收入 | 3,225,760,242.57 | 2,960,898,976.24 | 8.95 | 2,482,840,514.92 |
| 利润总额 | 126,503,545.15 | 149,460,269.80 | －17.37 | 146,197,597.93 |
| 净利润 | 90,202,163.67 | 122,745,000.27 | －26.51 | 90,699,027.72 |
| 扣除非经常性损益的净利润 | 89,222,172.26 | 103,696,346.54 | －13.96 | 81,554,201.09 |
| | 2002 年末 | 2001 年末 | 本年末比上年末增减(%) | 2000 年末 |
| 总资产 | 1,807,303,848.19 | 1,486,931,989.35 | 21.55 | 1,391,158,060.05 |
| 股东权益(不含少数股东权益) | 732,349,322.75 | 692,876,647.54 | 5.70 | 669,950,526.69 |
| 经营活动产生的现金流量净额 | －32,428,869.22 | －44,193,517.86 | －26.62 | 62,427,056.76 |

2.2 主要财务指标

| | 2002 年 | 2001 年 | 本年比上年增减(%) | 2000 年 |
|---|---|---|---|---|
| 每股收益 | 0.41 | 0.73 | －26.79 注 | 0.5939 |
| 净资产收益率 | 12.32 | 17.72 | －30.47 | 13.54 |
| 扣除非经常性损益的净利润为基础计算的净资产收益率 | 12.18 | 14.97 | －18.64 | 12.17 |
| 每股经营活动产生的现金流量净额 | －0.1485 | －0.2631 | －43.65 | 0.4088 |
| | 2002 年末 | 2001 年末 | 本年末比上年末增减(%) | 2000 年末 |
| 每股净资产 | 3.3533 | 4.1243 | －18.69 | 4.3866 |
| 调整后的每股净资产 | 3.3362 | 4.0590 | －17.81 | 3.8676 |

## 600306 沈阳商业城股份有限公司

### 二〇〇二年年度报告摘选

#### 1.上市公司基本情况简介

1.1 基本情况简介

股票简称:商业城 股票代码:600306 上市交易所:上海证券交易所

注册地址和办公地址:沈阳市沈河区中街路 212 号 邮政编码:110011

公司国际互联网网址:http://www.e－syc.com.cn 电子信箱:sycgf@e－syc.com.cn

1.2 联系人和联系方式

董事会秘书:张黎明 联系地址:沈阳市沈河区中街路 212 号

电话:024－24865838 传真:024－24848007 电子信箱:sycgf@e－syc.com.cn

证券事务代表:张建佐 联系地址:沈阳市沈河区中街路 212 号

电话:024－24848874 传真:024－24865832 电子信箱:sycgf@e－syc.com.cn

#### 2.会计数据和财务指标摘要

2.1 主要会计数据 单位:元

| | 2002 年(本年) | 2001 年(上年) | 本年比上年增减(%) | 2000 年 |
|---|---|---|---|---|
| 主营业务收入 | 799,146,828.36 | 997,277,848.59 | －19.87 | 836,476,031.86 |
| 利润总额 | 24,818,909.00 | 29,255,467.17 | －15.16 | 39,833,930.81 |
| 净利润 | 17,637,296.63 | 30,352,568.83 | －41.89 | 26,474,252.57 |
| 扣除非经常性损益的净利润 | 16,855,881.61 | 17,645,041.20 | －4.47 | 27,166,422.55 |
| | 2002 年末 | 2001 年末 | 本年末比上年末增减(%) | 2000 年末 |
| 总资产 | 775,888,721.33 | 665,268,597.47 | 16.63 | 657,350,843.65 |
| 股东权益(不含少数股东权益) | 427,168,376.82 | 409,527,606.51 | 4.31 | 387,287,451.54 |
| 经营活动产生的现金流量净额 | 51,549,753.81 | 43,717,993.77 | 17.91 | 70,152,030.54 |

2.2 主要财务指标 单位:元

| | 2002 年 | 2001 年 | 本年比上年增减(%) | 2000 年 |
|---|---|---|---|---|
| 每股收益 | 0.1 | 0.17 | －41.18 | 0.19 |
| 净资产收益率 | 4.13 | 7.41 | －44.26 | 6.84 |
| 扣除非经常性损益的净利润为基础计算的净资产收益率 | 4.03 | 4.54 | －11.23 | 18 |
| 每股经营活动产生的现金流量净额 | 0.29 | 0.25 | 16 | 0.51 |
| | 2002 年末 | 2001 年末 | 本年末比上年末增减(%) | 2000 年末 |
| 每股净资产 | 2.40 | 2.30 | 4.35 | 2.83 |
| 调整后的每股净资产 | 2.39 | 2.28 | 4.82 | 2.81 |

## 600327 无锡商业大厦股份有限公司

### 二〇〇二年年度报告摘选

#### 1.上市公司基本情况简介

1.1 基本情况简介

股票简称:大厦股份 股票代码:600327 上市交易所:上海证券交易所

注册地址和办公地址:江苏省无锡市中山路 343 号 邮政编码:214001

公司国际互联网网址:http://www.eastall.com 电子信箱:cmc@eastall.com

1.2 联系人和联系方式

董事会秘书:张斌 联系地址:江苏省无锡市中山路 343 号

电话:0510－2702093 传真:0510－2700159 电子信箱:zbin@cmc.sina.net

证券事务代表:陈辉 联系地址:江苏省无锡市中山路 343 号

电话:0510－2702093 传真:0510－2700159 电子信箱:cmc@eastall.com

#### 2.会计数据和财务指标摘要

2.1 主要会计数据 单位:元

| | 2002 年 | 2001 年 | 本年比上年增减(%) | 2000 年 |
|---|---|---|---|---|
| 主营业务收入 | 1,532,236,132.38 | 1,176,381,461.52 | 30.25 | 856,792,831.64 |
| 利润总额 | 54,413,249.53 | 48,683,739.23 | 11.77 | 43,387,801.16 |
| 净利润 | 36,741,258.62 | 32,346,456.27 | 13.59 | 28,681,545.70 |
| 扣除非经常性损益的净利润 | 35,435,320.93 | 32,758,956.27 | 8.17 | 28,532,145.70 |
| | 2002 年末 | 2001 年末 | 本年末比上年末增减(%) | 2000 年末 |
| 总资产 | 778,071,462.37 | 322,046,558.08 | 141.60 | 275,192,974.70 |
| 股东权益(不含少数股东权益) | 500,506,023.27 | 111,015,216.87 | 350.84 | 85,526,822.30 |
| 经营活动产生的现金流量净额 | 84,007,872.98 | 76,872,475.45 | 9.28 | 13,154,013.00 |

2.2 主要财务指标

| | 2002 年 | 2001 年 | 本年比上年增减(%) | 2000 年 |
|---|---|---|---|---|
| 每股收益 | 0.338 | 0.471 | －28.24 | 0.418 |
| 净资产收益率 | 7.34 | 29.14 | －74.81 | 33.54 |
| 扣除非经常性损益的净利润为基础计算的净资产收益率 | 7.08 | 29.51 | －76.01 | 33.36 |
| 每股经营活动产生的现金流量净额 | 0.77 | 1.12 | －31.25 | 0.19 |
| | 2002 年末 | 2001 年末 | 本年末比上年末增减(%) | 2000 年末 |
| 每股净资产 | 4.60 | 1.62 | 183.95 | 1.25 |
| 调整后的每股净资产 | 4.54 | 1.53 | 196.73 | 1.11 |

## 600361 北京华联综合超市股份有限公司

### 二〇〇二年年度报告摘选

#### 1.上市公司基本情况简介

1.1 基本情况简介

股票简称:华联综超 股票代码:600361 上市交易所:上海证券交易所

注册地址和办公地址:北京市西城区阜外大街 1 号四川经贸大厦负 2 层 3 号 邮政编码:100037

公司国际互联网网址:http://www.Beijing－hualian.com 电子信箱:hlzqb@sina.com

1.2 联系人和联系方式

董事会秘书:牛晓华 联系地址:北京市西城区阜外大街 1 号

电话:010－88363718 传真:010－68364733 电子信箱:hlzqb@sina.com

证券事务代表:周剑军 联系地址:北京市西城区阜外大街 1 号

电话:010－88363718 传真:010－68364733 电子信箱:hlzqb@sina.com

#### 2.会计数据和财务指标摘要

2.1 主要会计数据

| | 2002 年 | 2001 年 | 本年比上年增减 | 2000 年 |
|---|---|---|---|---|
| 主营业务收入 | 2,636,418,054.69 | 1,243,678,820.01 | 111.99% | 975,415,622.52 |
| 利润总额 | 71,403,943.14 | 73,336,102.01 | －2.63% | 50,611,442.12 |
| 净利润 | 36,555,249.93 | 45,817,353.87 | －20.22% | 31,542,327.39 |
| 扣除非经常性损益的净利润 | 32,106,528.37 | 44,481,992.65 | －27.82% | 32,420,488.95 |
| | 2002 年末 | 2001 年末 | 本年末比上年末增减 | 2000 年末 |
| 总资产 | 2,333,255,269.84 | 1,540,299,162.04 | 51.48% | 432,276,371.73 |
| 股东权益(不含少数股东权益) | 567,221,491.10 | 554,582,692.37 | 2.28% | 101,035,469.44 |
| 经营活动产生的现金流量净额 | 133,329,118.02 | 55,465,260.08 | 140.38% | 121,570,732.61 |

2.2 主要财务指标

| | 2002 年 | 2001 年 | 本年比上年增减 | 2000 年 |
|---|---|---|---|---|
| 每股收益 | 0.29 | 0.36 | －19.14% | 0.42 |
| 净资产收益率 | 6.44% | 8.26% | －21.98% | 31.22% |
| 扣除非经常性损益的净利润为基础计算的加权净资产收益率 | 5.60% | 29.21% | －80.83% | 37.59% |
| 每股经营活动产生的现金流量净额 | 1.06 | 0.44 | 141.31% | 1.68 |
| | 2002 年 | 2001 年 | 本年末比上年末增减 | 2000 年 |
| 每股净资产 | 4.52 | 4.42 | 2.20% | 1.34 |
| 调整后的每股净资产 | 3.71 | 4.05 | －8.42% | 1.05 |

## 600415 浙江中国小商品城集团股份有限公司

# 二〇〇二年年度报告摘选

### 1.上市公司基本情况简介

1.1 基本情况简介

股票简称:小商品城 股票代码:600415 上市交易所:上海证券交易所

注册地址:浙江省义乌市宾王路158号 办公地址:浙江省义乌市宾王路158号

邮政编码:322000 公司国际互联网网址:http://www.cccgroup.com.cn

电子信箱:zcscc@public.ywptt.zj.cn

1.2 联系人和联系方式

董事局秘书:陈荣根 联系地址:浙江省义乌市宾王路158号

电话:0579-5544933 传真:0579-5546226

电子信箱:ywcrg@public.ywptt.zj.cn

### 2.会计数据和财务指标摘要

2.1 主要会计数据

(金额单位:元)

| | 2002年 | 2001年 | 本年比上年增减(%) | 2000年 |
|---|---|---|---|---|
| 主营业务收入 | 752,686,000.23 | 385,376,532.06 | +95.31 | 408,079,556.59 |
| 利润总额 | 63,267,178.58 | 49,649,352.97 | +27.43 | 48,204,536.66 |
| 净利润 | 43,496,949.32 | 32,963,764.78 | +31.95 | 33,169,310.43 |
| 扣除非经常性损益的净利润 | 38,127,060.52 | 32,758,346.05 | +16.39 | 33,442,261.90 |
| | 2002年末 | 2001年末 | 本年末比上年末增减(%) | 2000年末 |
| 总资产 | 1,522,456,192.51 | 959,850,686.70 | +58.61 | 781,790,519.37 |
| 股东权益(不含少数股东权益) | 313,536,763.86 | 280,442,815.44 | +11.80 | 247,479,050.66 |
| 经营活动产生的现金流量净额 | 680,813,980.41 | 45,647,328.22 | +1391.47 | 13,362,341.32 |

2.2 主要财务指标

(金额单位:元)

| | 2002年 | 2001年 | 本年比上年增减(%) | 2000年 |
|---|---|---|---|---|
| 每股收益 | 0.42 | 0.32 | +31.25 | 0.32 |
| 每股收益 | 0.42 | 0.32 | +31.25 | 0.32 |
| 净资产收益率 | 13.87 | 11.75 | +18.04 | 13.40 |
| 扣除非经常性损益的净利润为基础计算的净资产收益率 | 12.16 | 11.68 | +4.11 | 13.51 |
| 每股经营活动产生的现金流量净额 | 6.54 | 0.44 | +1386.36 | 0.13 |
| | 2002年末 | 2001年末 | 本年末比上年末增减(%) | 2000年 |
| 每股净资产 | 3.01 | 2.70 | +11.48 | 2.37 |
| 调整后的每股净资产 | 2.93 | 2.65 | +10.57 | 2.34 |

## 600500 中化国际贸易股份有限公司

# 二〇〇二年年度报告摘选

### 1.上市公司基本情况简介

1.1 基本情况简介

股票简称:中化国际 股票代码:600500 上市交易所:上海证券交易所

注册地址和办公地址:上海市浦东新区世纪大道88号金茂大厦三区18层 邮政编码:200121

公司国际互联网网址:http://www.sinochemintl.com 电子信箱:Intl@sinochem.com

1.2 联系人和联系方式

董事会秘书:王克明 联系地址:上海市浦东新区世纪大道88号金茂大厦三区18层

电话:(021)50498899,50495988 传真:(021)50490909,50470206

电子信箱:Intel@sinochem.com

证券事务代表:刘翔 联系地址:上海市浦东新区世纪大道88号金茂大厦三区18层

电话:(021)50498899,50475048 传真:(021)50490909,50470206

电子信箱:Xiangliu@sinochem.com

### 2.会计数据和财务指标摘要

2.1 主要会计数据

单位:人民币千元

| | 2002年 | 2001年 | 本年比上年增减(%) | 2000年 |
|---|---|---|---|---|
| 主营业务收入 | 8,003,136 | 6,567,157 | 21.87% | 5,682,751 |
| 利润总额 | 330,592 | 113,708 | 190.74% | 179,224 |
| 净利润 | 260,265 | 90,521 | 187.52% | 125,753 |
| 扣除非经常性损益的净利润 | 264,489 | 92,750 | 185.16% | 123,744 |
| | 2002年末 | 2001年末 | 本年末比上年末增减(%) | 2000年末 |
| 总资产 | 3,084,337 | 2,528,235 | 22% | 2,078,139 |
| 股东权益(不含少数股东权益) | 1,563,180 | 1,442,516 | 8.36% | 1,419,824 |
| 经营活动产生的现金流量净额 | 288,947 | 644,131 | -55.14% | -630,303 |

2.2 主要财务指标

单位:人民币元

| | 2002年 | 2001年 | 本年比上年增减(%) | 2000年 |
|---|---|---|---|---|
| 每股收益 | 0.47 | 0.24 | 91.68% | 0.34 |
| 净资产收益率 | 16.65% | 6.28% | 165.32% | 8.86% |
| 扣除非经常性损益的净利润为基础计算的净资产收益率 | 16.92% | 6.43% | 163.15% | 8.72% |
| 每股经营活动产生的现金流量净额 | 0.52 | 1.73 | -70.09% | -1.69 |
| | 2002年末 | 2001年末 | 本年末比上年末增减(%) | 2000年末 |
| 每股净资产 | 2.8 | 3.87 | -27.76% | 3.81 |
| 调整后的每股净资产 | 2.72 | 3.79 | -27.87% | 3.8 |

## 600515 海南第一投资招商股份有限公司

# 二〇〇二年年度报告摘选

### 1.上市公司基本情况简介

1.1 基本情况简介

股票简称:第一投资 股票代码:600515 上市交易所:上海证券交易所

注册地址和办公地址:海南省海口市滨海大道南洋大厦15层 邮政编码:570105

公司国际互联网网址:http://www.yitou.com 电子信箱:zhangfengshan@163.net

1.2 联系人和联系方式

董事会秘书:张丰山 联系地址:海南省海口市滨海大道南洋大厦15层

电话:0898-68530096 传真:0898-68513887 电子信箱:zhangfengshan@163.net

### 2.会计数据和财务指标摘要

2.1 主要会计数据 金额单位:元

| | 2002年 | 2001年 | 本年比上年增减(%) | 2000年 |
|---|---|---|---|---|
| 主营业务收入 | 249,574,485.07 | 246,882,039.14 | 1.09 | 225,864,876.33 |
| 利润总额 | 28,493,013.82 | 27,999,440.40 | 1.76 | 26,159,105.25 |
| 净利润 | 23,915,605.10 | 23,710,462.03 | 0.87 | 22,142,756.14 |
| 扣除非经常性损益的净利润 | 20,962,728.47 | 17,707,200.00 | 18.39 | 21,245,121.11 |
| | 2002年末(本年末) | 2001年末(上年末) | 本年末比上年末增减(%) | 2000年末 |
| 总资产 | 785,334,252.01 | 559,428,388.69 | 40.38 | 491,569,227.77 |
| 股东权益(不含少数股东权益) | 431,294,228.05 | 191,667,814.96 | 25.02 | 233,075,594.58 |
| 经营活动产生的现金流量净额 | 29,130,216.04 | 32,924,198.55 | -11.52 | 50,038,602.65 |

2.2 主要财务指标

| | 2002年 | 2001年 | 本年比上年增减(%) | 2000年 |
|---|---|---|---|---|
| 每股收益(全面摊薄) | 0.155 | 0.23 | -32.61 | 0.21 |
| 每股收益(加权平均) | 0.191 | 0.23 | 16.96 | 0.16 |
| 净资产收益率(全面摊薄) | 5.55 | 12 | -53.75 | 10 |
| 净资产收益率(加权平均) | 8.16 | 10 | -18.40 | 11 |
| 扣除非经常性损益的净利润为基础计算的净资产收益率(加权平均) | 7.15 | 7 | 2.14 | 10 |
| 每股经营活动产生的现金流量净额 | 0.19 | 0.32 | -40.63 | 0.48 |
| | 2002年末(本年末) | 2001年末(上年末) | 本年末比上年末增减(%) | 2000年末 |
| 每股净资产 | 2.80 | 1.84 | 52.17 | 2.24 |
| 调整后的每股净资产 | 2.74 | 1.74 | 57.47 | 2.20 |

## 600616 上海市第一食品商店股份有限公司

# 二〇〇二年年度报告摘选

### 1.上市公司基本情况简介

1.1 基本情况简介

股票简称:第一食品 股票代码:600616 上市交易所:上海证券交易所

注册地址和办公地址:上海市浦东新区张杨路579号(三鑫大厦内) 邮政编码:200120

公司国际互联网网址:http://www.firstfood-cn.com http://www.firstfood.com.cn

电子信箱:sfps@firstfood-cn.com

1.2 联系人和联系方式

董事会秘书:张黎云 联系地址:上海市浦东新区张杨路579号(三鑫大厦内)

电话:(021)58352625 (021)50812727*8607 传真:(021)58352620

电子信箱:lily@firstfood-cn.com

### 2.会计数据和财务指标摘要

2.1 主要会计数据

| | 2002年 | 2001年 | 本年比上年增减(%) | 2000年 |
|---|---|---|---|---|
| 主营业务收入 | 1,057,911,095.20 | 586,193,791.15 | 80.47 | 593,764,367.95 |
| 利润总额 | 41,031,209.36 | 34,876,021.17 | 17.65 | 23,629,793.67 |
| 净利润 | 31,763,161.52 | 27,158,555.52 | 16.95 | 19,017,638.78 |
| 扣除非经常性损益的净利润 | 29,722,656.00 | 26,918,822.82 | 10.42 | 18,949,638.78 |
| | 2002年末 | 2001年末 | 本年末比上年末增减(%) | 2000年末 |
| 总资产 | 1,362,592,516.23 | 547,429,430.96 | 148.91 | 503,484,483.57 |
| 股东权益(不含少数股东权益) | 314,593,241.06 | 309,474,748.30 | 1.65 | 314,204,760.46 |
| 经营活动产生的现金流量净额 | -87,551,767.75 | 50,549,792.19 | -273.20 | 35,049,439.05 |

2.2 主要财务指标

| | 2002年 | 2001年 | 本年比上年增减(%) | 2000年 |
|---|---|---|---|---|
| 每股收益 | 0.17 | 0.21 | -19.05 | 0.15 |
| 净资产收益率 | 10.10 | 8.78 | 15.03 | 6.05 |
| 扣除非经常性损益的净利润为基础计算的净资产收益率 | 9.14 | 8.63 | 5.91 | 7.87 |
| 每股经营活动产生的现金流量净额 | -0.46 | 0.40 | -215.00 | 0.28 |
| | 2002年末 | 2001年末 | 本年末比上年末增减(%) | 2000年末 |
| 每股净资产 | 1.65 | 2.44 | -32.38 | 2.48 |
| 调整后的每股净资产 | 1.54 | 2.15 | -28.37 | 2.18 |

## 600628 上海新世界股份有限公司

### 二〇〇二年年度报告摘选

#### 1.上市公司基本情况简介

1.1 基本情况简介

股票简称：新世界 股票代码：600628 上市交易所：上海证券交易所
注册地址：上海市南京西路 2～68 号 办公地址：上海市南京西路 2～68 号 邮政编码：200003
公司国际互联网网址：http://www.newworld-china.com
电子信箱：newworld@newworld-china.com

1.2 联系人和联系方式

董事会秘书：马炳芳 联系地址：上海市南京西路 2～68 号新世界城 14 楼
电话：(021)63588888*3322 传真：(021)63583331 电子信箱：nwuser@public2.sta.net.cn
证券事务代表：沈惠文 联系地址：上海市南京西路 2～68 号新世界城 14 楼
电话：(021)63588888*3322 传真：(021)63583331 电子信箱：nwuser@public2.sta.net.cn

#### 2.会计数据和财务指标摘要

2.1 主要会计数据

单位：元

| | 2002 年 | 2001 年 | 本年比上年增减(%) | 2000 年 |
|---|---|---|---|---|
| 主营业务收入 | 1,652,944,374.98 | 1,881,094,861.91 | -12.13 | 1,998,670,377.90 |
| 利润总额 | 108,381,990.95 | 89,704,770.23 | 20.82 | 88,678,984.37 |
| 净利润 | 69,296,044.57 | 74,453,921.50 | -6.93 | 75,731,039.12 |
| 扣除非经常性损益的净利润 | 72,621,220.49 | 68,118,247.68 | 6.61 | 63,017,299.62 |
| | 2002 年末 | 2001 年末 | 本年末比上年末增减(%) | 2000 年末 |
| 总资产 | 1,847,190,709.02 | 1,848,094,567.66 | -0.05 | 1,952,442,245.39 |
| 股东权益(不含少数股东权益) | 844,346,327.69 | 813,318,681.16 | 3.81 | 757,655,356.26 |
| 经营活动产生的现金流量净额 | 241,572,809.70 | 62,534,511.48 | 286.30 | 256,387,791.32 |

2.2 主要财务指标

单位：元

| | 2002 年 | 2001 年 | 本年比上年增减(%) | 2000 年 |
|---|---|---|---|---|
| 每股收益 | 0.22 | 0.28 | -21.43 | 0.34 |
| 净资产收益率 | 8.21% | 9.15% | -10.27 | 10.00% |
| 扣除非经常性损益的净利润为基础计算的净资产收益率 | 8.60% | 8.38% | 2.63 | 8.32% |
| 每股经营活动产生的现金流量净额 | 0.76 | 0.24 | 216.67 | 0.96 |
| | 2002 年末 | 2001 年末 | 本年末比上年末增减(%) | 2000 年末 |
| 每股净资产 | 2.65 | 3.06 | -13.40 | 3.42 |
| 调整后的每股净资产 | 2.63 | 3.04 | -13.49 | 3.37 |

## 600631 上海市第一百货商店股份有限公司

### 二〇〇二年年度报告摘选

#### 1.上市公司基本情况简介

1.1 基本情况简介

股票简称：第一百货 股票代码：600631 上市交易所：上海证券交易所
注册地址：上海市浦东南路 1111 号 办公地址：上海市南京东路 800 号新一百大厦 18 楼
邮政编码：200001 公司国际互联网网址：http://www.sh100.net
电子信箱：office@no-1.com.cn

1.2 联系人和联系方式

董事会秘书：张锡援 联系地址：上海市南京东路 800 号新一百大厦 18 楼
电话：63225020 传真：63517447 电子信箱：stock@no-1.com.cn
证券事务代表：朱俊 联系地址：上海市南京东路 800 号新一百大厦 18 楼
电话：63617120 传真：63517447

#### 2.会计数据和财务指标摘要

2.1 主要会计数据

| | 2002 年(本年) | 2001 年(上年) | 本年比上年增减(%) | 2000 年 |
|---|---|---|---|---|
| 主营业务收入 | 2,764,146,682.46 | 3,289,279,478.60 | -15.96 | 4,269,877,623.21 |
| 利润总额 | 95,876,496.48 | 86,297,330.61 | 11.10 | 60,983,201.95 |
| 净利润 | 47,417,108.12 | 69,161,275.42 | -31.44 | 57,410,055.87 |
| 扣除非经常性损益的净利润 | 54,194,267.24 | 53,645,875.24 | 1.02 | 58,201,667.23 |
| | 2002 年末(本年末) | 2001 年末(上年末) | 本年末比上年末增减(%) | 2000 年末 |
| 总资产 | 3,784,869,703.67 | 3,901,918,768.20 | -3.00 | 4,453,138,898.90 |
| 股东权益(不含少数股东权益) | 1,653,358,685.89 | 1,640,624,341.16 | 0.78 | 1,572,713,956.40 |
| 经营活动产生的现金流量净额 | 224,495,825.55 | 178,900,861.85 | 25.49 | 450,968,403.63 |

2.2 主要财务指标

| | 2002 年(本年) | 2001 年(上年) | 本年比上年增减(%) | 2000 年 |
|---|---|---|---|---|
| 每股收益 | 0.081 | 0.119 | -31.93 | 0.108 |
| 净资产收益率% | 2.87 | 4.22 | -31.99 | 3.65 |
| 扣除非经常性损益的净利润为基础计算的净资产收益率% | 3.29 | 3.27 | 0.31 | 3.47 |
| 每股经营活动产生的现金流量净额 | 0.395 | 0.31 | 27.42 | 0.85 |
| | 2002 年末(本年末) | 2001 年末(上年末) | 本年末比上年末增减(%) | 2000 年末 |
| 每股净资产 | 2.84 | 2.81 | 1.07 | 2.97 |
| 调整后的每股净资产 | 2.45 | 2.40 | 1.67 | 2.55 |

## 600632 上海华联商厦股份有限公司

### 二〇〇二年年度报告摘选

#### 1.上市公司基本情况简介

1.1 基本情况简介

股票简称：华联商厦 股票代码：600632 上市交易所：上海证券交易所
注册地址：上海市浦东新区张杨路 655 号 办公地址：上海市南京东路 635 号
邮政编码：200120.200001 公司国际互联网网址：hualian.sh.cn
电子信箱：shhlcob@online.sh.cn

1.2 联系人和联系方式

董事会秘书：陈冠军 联系地址：上海市南京东路 635 号 631 室
电话：021-63224466 转 7666 传真：021-63226105 电子信箱：chengj@hualian.sh.cn
证券事务代表：尹敏 联系地址：上海市南京东路 635 号 631 室
电话：021-63224466 转 7666 传真：021-63226105 电子信箱：yinmin@hualian.sh.cn

#### 2.会计数据和财务指标摘要

2.1 主要会计数据

单位：元

| | 2002 年 | 2001 年 | 本年比上年增减(%) | 2000 年 |
|---|---|---|---|---|
| 主营业务收入 | 2,412,860,176.70 | 2,546,611,652.35 | -5.25 | 3,619,562,425.82 |
| 利润总额 | 107,492,935.30 | 104,017,546.60 | 3.34 | 131,418,809.06 |
| 净利润 | 101,445,950.82 | 92,934,991.59 | 10.18 | 110,228,363.65 |
| 扣除非经常性损益的净利润 | 101,399,642.75 | 79,691,817.62 | 27.30 | 55,218,016.93 |
| | 2002 年末 | 2001 年末 | 本年末比上年末增减(%) | 2000 年末 |
| 总资产 | 2,436,324,622.60 | 2,315,811,692.63 | 5.20 | 2,201,812,564.06 |
| 股东权益(不含少数股东权益) | 1,417,676,869.78 | 1,365,913,140.66 | 3.79 | 1,003,671,541.06 |
| 经营活动产生的现金流量净额 | 264,307,669.03 | -267,072,254.55 | | 327,363,276.71 |

2.2 主要财务指标

单位：元

| | 2002 年 | 2001 年 | 本年比上年增减(%) | 2000 年 |
|---|---|---|---|---|
| 每股收益 | 0.24 | 0.22 | 9.09 | 0.29 |
| 净资产收益率 | 7.22% | 6.80% | 6.18 | 10.98% |
| 扣除非经常性损益的净利润为基础计算的加权平均净资产收益率 | 7.16% | 5.88% | 21.77 | 5.27% |
| 每股经营活动产生的现金流量净额 | 0.63 | -0.63 | | 0.85 |
| | 2002 年末 | 2001 年末 | 本年末比上年末增减(%) | 2000 年末 |
| 每股净资产 | 3.35 | 3.23 | 3.72 | 2.61 |
| 调整后的每股净资产 | 3.18 | 3.03 | 4.95 | 2.46 |

## 600655 上海豫园旅游商城股份有限公司

### 二〇〇二年年度报告摘选

#### 1.上市公司基本情况简介

1.1 基本情况简介

股票简称：豫园商城 股票代码：600655 上市交易所：上海证券交易所
注册地址：上海市文昌路 19 号 办公地址：上海市方浜中路 269 号 邮政编码：200010
公司国际互联网网址：www.Yuyuantm.com.cn 电子信箱：Contact@yuyuantm.com.cn

1.2 联系人和联系方式

董事会秘书：曹有源 联系地址：上海市方浜中路 269 号
电话：021-63559999 传真：021-63550558 电子信箱：Obd@yuyuantm.com.cn

#### 2.会计数据和财务指标摘要

2.1 主要会计数据

单位：元

| | 2002 年 | 2001 年 | 本年比上年增减(%) | 2000 年 |
|---|---|---|---|---|
| 主营业务收入 | 2,598,247,566.63 | 3,219,833,920.78 | -19.30 | 3,615,991,439.69 |
| 利润总额 | 124,049,791.18 | 123,463,144.30 | 0.48 | 119,676,763.94 |
| 净利润 | 94,325,660.92 | 99,403,070.09 | -5.11 | 96,866,802.52 |
| 扣除非经常性损益的净利润 | 100,578,140.08 | 92,820,398.19 | 8.36 | 90,474,090.13 |
| | 2002 年末 | 2001 年末 | 本年末比上年末增减(%) | 2000 年末 |
| 总资产 | 3,066,005,649.82 | 3,585,676,682.76 | -14.49 | 3,358,823,462.56 |
| 股东权益(不含少数股东权益) | 1,718,234,083.56 | 1,661,140,715.03 | 3.44 | 1,613,286,371.58 |
| 经营活动产生的现金流量净额 | 499,375,458.01 | 260,310,499.89 | 91.84 | 133,367,405.99 |

2.2 主要财务指标

单位：元

| | 2002 年 | 2001 年 | 本年比上年增减(%) | 2000 年 |
|---|---|---|---|---|
| 每股收益 | 0.203 | 0.214 | -5.14 | 0.208 |
| 净资产收益率 | 5.490 | 5.984 | -8.26 | 6.004 |
| 扣除非经常性损益的净利润为基础计算的净资产收益率 | 5.888 | 5.582 | 5.48 | 5.802 |
| 每股经营活动产生的现金流量净额 | 1.073 | 0.559 | 91.95 | 0.287 |
| | 2002 年末 | 2001 年末 | 本年末比上年末增减(%) | 2000 年末 |
| 每股净资产 | 3.692 | 3.570 | 3.42 | 3.467 |
| 调整后的每股净资产 | 3.455 | 3.295 | 4.86 | 3.215 |

# 600682 南京新街口百货商店股份有限公司

## 二〇〇二年年度报告摘选

### 1.上市公司基本情况简介

1.1 基本情况简介

股票简称:南京新百 股票代码:600682 上市交易所:上海证券交易所

注册地址和办公地址:南京市中山南路三号 邮政编码:210005

公司国际互联网网址:http://www.njxb.com 电子信箱:njxbgs.z@public1.ptt.js.cn

1.2 联系人和联系方式

董事会秘书:王毓兰女士 联系地址:南京市中山南路三号十楼董秘室

电话:025-4717494 传真:025-4724722 电子信箱:wyl@njxb.com

证券事务代表:冯建康先生 联系地址:南京市中山南路三号十楼董秘室

电话:025-4717494 传真:025-4724722 电子信箱:fengjiankang@hotmail.com

### 2.会计数据和财务指标摘要

2.1 主要会计数据

| | 2002 年(元) | 2001 年(元) | 本年比上年增减(%) | 2000 年(元) |
|---|---|---|---|---|
| 主营业务收入 | 2,054,808,843.48 | 1,448,689,337.11 | 41.84 | 1,376,547,329.45 |
| 利润总额 | 93,267,625.53 | 78,496,286.73 | 18.82 | 77,711,411.28 |
| 净利润 | 57,773,725.54 | 62,240,477.33 | -7.18 | 66,200,979.01 |
| 扣除非经常性损益的净利润 | 70,784,361.19 | 53,057,929.57 | 33.41 | 54,395,960.75 |
| | 2002 年末(元) | 2001 年末(元) | 本年末比上年末增减(%) | 2000 年末(元) |
| 总资产 | 1,877,929,616.55 | 1,652,269,033.63 | 13.66 | 1,603,482,240.27 |
| 股东权益(不含少数股东权益) | 843,615,859.25 | 824,606,008.03 | 2.31 | 801,475,596.75 |
| 经营活动产生的现金流量净额 | 85,756,803.55 | 44,926,853.42 | 90.88 | 155,336,434.72 |

2.2 主要财务指标

| | 2002 年 | 2001 年 | 本年比上年增减(%) | 2000 年 |
|---|---|---|---|---|
| 每股收益(元) | 0.25 | 0.27 | -7.41 | 0.29 |
| 净资产收益率% | 6.85 | 7.55 | -9.27 | 8.26 |
| 扣除非经常性损益的净利润为基础计算的净资产收益率% | 8.29 | 6.37 | 30.14 | 9.26 |
| 每股经营活动产生的现金流量净额(元) | 0.373 | 0.195 | 91.28 | 0.67 |
| | 2002 年末 | 2001 年末 | 本年末比上年末增减(%) | 2000 年末 |
| 每股净资产(元) | 3.66 | 3.58 | 2.23 | 3.48 |
| 调整后的每股净资产(元) | 3.64 | 3.56 | 2.25 | 3.45 |

# 600683 银泰控股股份有限公司

## 二〇〇二年年度报告摘选

### 1.上市公司基本情况简介

1.1 基本情况简介

股票简称:银泰股份 股票代码:600683 上市交易所:上海证券交易所

注册地址:宁波市中山东路 238 号

办公地址:宁波市东渡路 55 号华联大厦 7 楼 邮政编码:315000

公司国际互联网网址:http://www.nbhl.com.cn 电子信箱:master@nbhl.com.cn

1.2 联系人和联系方式

董事会秘书:钟明海 联系地址:宁波市东渡路 55 号华联大厦 7 楼

电话:0574-87092008 传真:0574-87092059 电子信箱:zhongmh@nbhl.com.cn

证券事务代表:曹颖颖 联系地址:宁波市东渡路 55 号华联大厦 7 楼

电话:0574-87092006 传真:0574-87092059 电子信箱:Cao5566@sina.com.cn

### 2.会计数据和财务指标摘要

2.1 主要会计数据

| | 2002 年 | 2001 年 | 本年比上年增减(%) | 2000 年 |
|---|---|---|---|---|
| 主营业务收入 | 803,167,568.94 | 660,115,154.60 | 21.67 | 659,907,683.55 |
| 利润总额 | 28,117,208.62 | 10,551,344.28 | 166.48 | 10,255,892.34 |
| 净利润 | 27,900,906.05 | 9,278,968.98 | 200.69 | 10,584,436.17 |
| 扣除非经常性损益的净利润 | 22,802,515.64 | 1,874,760.85 | 1,116.29 | -12,467,596.58 |
| | 2002 年 12 月 31 日 | 2001 年 12 月 31 日 | 本年比上年增减(%) | 2000 年 12 月 31 日 |
| 总资产 | 973,935,389.80 | 898,712,114.09 | 8.37 | 883,385,611.77 |
| 股东权益(不含少数股东权益) | 275,754,790.39 | 247,084,763.92 | 11.60 | 236,718,276.18 |
| 经营活动产生的现金流量净额 | 49,984,030.53 | 4,806,449.49 | 939.94 | 8,028,109.71 |

2.2 主要财务指标

| | 2002 年 | 2001 年 | 本年比上年增减(%) | 2000 年 |
|---|---|---|---|---|
| 每股收益 | 0.14 | 0.05 | 180 | 0.05 |
| 净资产收益率 | 10.12 | 3.76 | 169.14 | 4.47 |
| 扣除非经常性损益的净利润为基础计算的净资产收益率 | 8.27 | 0.75 | 1002.67 | -5.27 |
| 每股经营活动产生的现金流量净额 | 0.25 | 0.02 | 1150.00 | 0.04 |
| | 2002 年 12 月 31 日 | 2001 年 12 月 31 日 | 本年比上年增减(%) | 2000 年 12 月 31 日 |
| 每股净资产 | 1.38 | 1.24 | 11.29 | 1.19 |
| 调整后的每股净资产 | 1.35 | 1.21 | 11.57 | 1.15 |

# 600693 福建东百集团股份有限公司

## 二〇〇二年年度报告摘选

### 1.上市公司基本情况简介

1.1 基本情况简介

股票简称:东百集团 股票代码:600693 上市交易所:上海证券交易所

注册地址和办公地址:福建省福州市八一七北路 84 号东百大厦 18 层 邮政编码:350001

电子信箱:fjdbjt@pub5.fz.fj.cn

1.2 联系人和联系方式

董事会秘书:徐海涛 联系地址:福州市八一七北路 84 号东百大厦 18 层

电话:0591-7531724 传真:0591-7531804 电子信箱:fjdbjt@pub5.fz.fj.cn

证券事务代表:陈玲 联系地址:福州市八一七北路 84 号东百大厦 18 层

电话:0591-7531724 传真:0591-7531804 电子信箱:fjdbjt@pub5.fz.fj.cn

### 2.会计数据和财务指标摘要

2.1 主要会计数据 单位:元

| | 2002 年 | 2001 年 | 本年比上年增减(%) | 2000 年 |
|---|---|---|---|---|
| 主营业务收入 | 355,723,449.42 | 603,507,594.15 | -41.06 | 585,598,083.08 |
| 利润总额 | 21,494,850.49 | -61,942,682.63 | -- | 5,570,548.10 |
| 净利润 | 20,765,488.42 | -59,436,774.04 | -- | 4,437,564.71 |
| 扣除非经常性损益的净利润 | 20,579,818.37 | -34,549,482.31 | -- | 359,024.90 |
| | 2002 年末 | 2001 年末 | 本年末比上年末增减(%) | 2000 年末 |
| 总资产 | 733,925,213.24 | 671,124,333.52 | +9.36 | 758,630,742.13 |
| 股东权益(不含少数股东权益) | 340,841,644.26 | 320,076,155.84 | +6.49 | 379,512,929.88 |
| 经营活动产生的现金流量净额 | 73,191,560.07 | -10,004,411.17 | -- | 36,550,447.09 |

2.2 主要财务指标

| | 2002 年 | 2001 年 | 本年比上年增减(%) | 2000 年 |
|---|---|---|---|---|
| 每股收益 | 0.157 | -0.450 | -- | 0.034 |
| 每股收益 | 0.157 | -0.450 | -- | 0.034 |
| 净资产收益率 | 6.092 | -18.570 | -- | 1.169 |
| 扣除非经常性损益的净利润为基础计算的净资产收益率 | 6.038 | -10.794 | -- | 0.095 |
| 每股经营活动产生的现金流量净额 | 0.554 | -0.076 | -- | 0.277 |
| | 2002 年末 | 2001 年末 | 本年末比上年末增减(%) | 2000 年末 |
| 每股净资产 | 2.582 | 2.425 | 6.474 | 2.875 |
| 调整后的每股净资产 | 1.421 | 1.487 | -4.438 | 2.051 |

# 600694 大商集团股份有限公司

## 二〇〇二年年度报告摘选

### 1.上市公司基本情况简介

1.1 基本情况简介

股票简称:大商股份 股票代码:600694 上市交易所:上海证券交易所

注册地址和办公地址:大连市中山区青三街 1 号 邮政编码:116001

公司国际互联网网址:www.dsjt.com 电子信箱:dsjt@dalian-gov.net

1.2 联系人和联系方式

董事会秘书:姜福德 联系地址:大连市中山区青三街 1 号

电话:0411-3643215 传真:0411-3630358 电子信箱:dsjt@sina.com.cn

证券事务代表:刘艳华 联系地址:大连市中山区青三街 1 号

电话:0411-3643215 传真:0411-3630358 电子信箱:LYH66838@sina.com.cn

### 2.会计数据和财务指标摘要

2.1 主要会计数据 单位:人民币元

| | 2002 年 | 2001 年 | 本年比上年增减(%) | 2000 年 |
|---|---|---|---|---|
| 主营业务收入 | 3,048,986,660.20 | 1,980,522,849.43 | 53.95 | 1,357,857,674.15 |
| 利润总额 | 140,533,984.20 | 112,013,669.71 | 25.46 | 103,384,685.21 |
| 净利润 | 82,684,119.89 | 90,466,938.59 | -8.60 | 86,294,575.65 |
| 扣除非经常性损益的净利润 | 78,484,292.63 | 91,207,812.95 | -13.95 | 85,848,072.13 |
| | 2002 年末 | 2001 年末 | 本年末比上年末增减(%) | 2000 年末 |
| 总资产 | 3,943,406,722.60 | 2,494,205,175.47 | 58.10 | 1,281,113,547.63 |
| 股东权益(不含少数股东权益) | 1,266,740,194.63 | 1,211,887,999.43 | 4.53 | 794,870,436.04 |
| 经营活动产生的现金流量净额 | 148,726,508.82 | 205,502,760.26 | -27.62 | 109,496,076.40 |

2.2 主要财务指标

| | 2002 年 | 2001 年 | 本年比上年增减(%) | 2000 年 |
|---|---|---|---|---|
| 每股收益 | 0.31 | 0.34 | -8.82 | 0.38 |
| 净资产收益率 | 6.53% | 7.46% | -12.47 | 10.86% |
| 扣除非经常性损益的净利润为基础计算的净资产收益率 | 6.20% | 7.53% | -17.66 | 10.80% |
| 每股经营活动产生的现金流量净额 | 0.56 | 0.77 | -27.27 | 0.48 |
| | 2002 年末 | 2001 年末 | 本年末比上年末增减(%) | 2000 年末 |
| 每股净资产 | 4.74 | 4.54 | 4.41 | 3.51 |
| 调整后的每股净资产 | 4.55 | 4.41 | 3.17 | 3.38 |

## 600697 长春欧亚集团股份有限公司

### 二〇〇二年年度报告摘选

#### 1.公司基本情况简介

1.1 基本情况简介
股票简称:欧亚集团　股票代码:600697　上市交易所:上海证券交易所
注册地址:长春市工农大路 14 号　办公地址:长春市工农大路 14 号
邮政编码:130021　公司国际互联网网址:www.cn－eurasiagroup.com
电子信箱:ouya@public.cc.jl.cn
1.2 联系人和联系方式
董事会秘书:席汝珍　联系地址:长春市工农大路 14 号
电话:0431－5620053　传真:0431－5666517
电子信箱:ouya@public.cc.jl.cn

#### 2.会计数据和财务指标摘要

2.1 主要会计数据　单位:元

| 项　目 | 2002 年 | 2001 年 | 本年比上年增减(%) | 2000 年 |
|---|---|---|---|---|
| 主营业务收入 | 655,923,778.20 | 613,889,604.32 | 6.85 | 604,784,536.77 |
| 利润总额 | 49,014,595.97 | 46,222,770.73 | 6.04 | 42,258,127.82 |
| 净利润 | 31,827,419.05 | 38,367,541.15 | －17.05 | 39,596,184.60 |
| 扣除非经常性损益的净利润 | 30,061,587.31 | 39,823,564.30 | 24.51 | 35,860,069.50 |
| 项　目 | 2002 年末 | 2001 年末 | 本年末比上年末增减(%) | 2000 年末 |
| 总资产 | 728,856,630.77 | 718,229,218.44 | 1.48 | 645,112,797.75 |
| 股东权益(不含少数股东权益) | 427,920,250.21 | 421,006,249.90 | 1.64 | 407,552,127.49 |
| 经营活动产生的现金流量净额 | 79,862,400.56 | 77,610,227.25 | 2.90 | 46,115,687.35 |

2.2 主要财务指标

单位:元

| 项　目 | 2002 年 | 2001 年 | 本年比上年增减(%) | 2000 年 |
|---|---|---|---|---|
| 每股收益 | 0.259 | 0.313 | －17.25 | 0.323 |
| 每股收益 | | | | |
| 净资产收益率% | 7.44% | 9.11% | －18.33 | 9.72% |
| 扣除非经常性损益的净利润为基础计算的净资产收益率(加权) | 6.88% | 9.33% | －26.26 | 8.83% |
| 每股经营活动产生的现金流量净额 | 0.651 | 0.632 | 3.01 | 0.376 |
| | 2002 年末 | 2001 年末 | 本年末比上年末增减(%) | 2000 年末 |
| 每股净资产 | 3.49 | 3.43 | 1.75 | 3.32 |
| 调整后的每股净资产 | 3.46 | 3.38 | 2.37 | 3.26 |

## 600704 浙江中大集团股份有限公司

### 二〇〇二年年度报告摘选

#### 1.上市公司基本情况简介

1.1 基本情况简介
股票简称:中大股份　股票代码:600704　上市交易所:上海证券交易所
注册地址和办公地址:杭州市中大广场 A 座　邮政编码:310003
公司国际互联网网址:http://www.zhongda.com　电子信箱:Zdinc@mail.hz.zj.cn
1.2 联系人和联系方式
董事会秘书:祝卸和　联系地址:杭州市中大广场 A 座
电话:0571－85777007　传真:0571－85777050　电子信箱:Zhuxh@zhongda.com

#### 2.会计数据和财务指标摘要

2.1 主要会计数据　单位:元

| | 2002 年 | 2001 年 | 本年比上年增减(%) | 2000 年 |
|---|---|---|---|---|
| 主营业务收入 | 2,365,794,251.98 | 2,644,169,147.28 | －10.53 | 6,519,892,814.67 |
| 利润总额 | 77,110,276.18 | 84,297,779.26 | －8.53 | 193,811,690.73 |
| 净利润 | 44,456,451.00 | 70,110,554.28 | －36.59 | 72,805,184.57 |
| 扣除非经常性损益的净利润 | 50,334,359.07 | 77,812,080.87 | －35.31 | 64,370,627.85 |
| | 2002 年 | 2001 年 | 本年末比上年末增减(%) | 2000 年 |
| 总资产 | 3,029,759,948.85 | 2,704,229,843.32 | 12.04 | 2,782,914,623.31 |
| 股东权益(不含少数股东权益) | 1,097,885,649.95 | 1,080,194,640.85 | 1.64 | 1,038,629,289.60 |
| 经营活动产生的现金流量净额 | －49,261,294.48 | 192,128,343.23 | －125.64 | －28,659,757.61 |

2.2 主要财务指标　单位:元

| | 2002 年 | 2001 年 | 本年比上年增减(%) | 2000 年 |
|---|---|---|---|---|
| 每股收益 | 0.154 | 0.243 | －36.63 | 0.25 |
| 每股收益(加权) | 0.154 | 0.243 | －36.63 | 0.28 |
| 净资产收益率 | 4.05 | 6.49 | －37.60 | 6.98 |
| 扣除非经常性损益的净利润为基础计算的净资产收益率% | 4.58 | 7.20 | －36.39 | 6.20 |
| 每股经营活动产生的现金流量净额 | －0.17 | 0.67 | －125.37 | －0.10 |
| | 2002 年末 | 2001 年末 | 本年末比上年末增减(%) | 2000 年末 |
| 每股净资产 | 3.81 | 3.75 | 1.60 | 3.58 |
| 调整后的每股净资产 | 3.56 | 3.50 | 1.71 | 3.45 |

## 600712 南宁百货大楼股份有限公司

### 二〇〇二年年度报告摘选

#### 1.上市公司基本情况简介

1.1 基本情况简介
股票简称:南宁百货　股票代码:600712　上市交易所:上海证券交易所
注册地址和办公地址:广西南宁市朝阳路 39－41,45 号　邮政编码:530012
电子信箱:nnbh@13911.com
1.2 联系人和联系方式
董事会秘书:张燕辉　联系地址:广西南宁市朝阳路 39 号
电话:0771－2610906、2828313－6091　传真:0771－2810261
电子信箱:nnbhzq@sohu.com

#### 2.会计数据和财务指标摘要

2.1 主要会计数据　单位:元

| 项目 | 2002 年 | 2001 年 | 本年比上年增减(%) | 2000 年 |
|---|---|---|---|---|
| 主营业务收入 | 596,337,308.99 | 559,459,063.72 | ＋6.59 | 467,886,744.78 |
| 利润总额 | 11,929,640.60 | 14,320,734.51 | －16.70 | 12,486,644.76 |
| 净利润 | 8,764,841.17 | 10,522,143.48 | －16.70 | 10,393,438.91 |
| 扣除非经常性损益的净利润 | 8,764,841.17 | 17,033,803.53 | －48.54 | 12,370,034.56 |
| | 2002 年末 | 2001 年末 | 本年末比上年末增减(%) | 2000 年 |
| 总资产 | 621,339,865.08 | 610,361,591.78 | ＋1.80 | 583,137,677.13 |
| 股东权益(不含少数股东权益) | 262,038,112.76 | 253,713,271.59 | ＋3.28 | 248,616,328.11 |
| 经营活动产生的现金流量净额 | 28,182,045.46 | 68,865,195.11 | －59.08 | 30,810,292.76 |

2.2 主要财务指标　单位:元

| | 2002 年 | 2001 年 | 本年比上年增减(%) | 2000 年 |
|---|---|---|---|---|
| 每股收益 | 0.10 | 0.12 | －16.67% | 0.11 |
| 净资产收益率 | 3.34% | 4.15% | －0.81% | 4.18% |
| 扣除非经常性损益的净利润为基础计算的净资产收益率 | 3.34% | 6.76% | －3.42% | 3.27% |
| 每股经营活动产生的现金流量净额 | 0.31 | 0.76 | －59.21% | 0.34 |
| | 2002 年 | 2001 年 | 本年末比上年末增减(%) | 2000 年 |
| 每股净资产 | 2.90 | 2.81 | ＋3.2% | 2.75 |
| 调整后的每股净资产 | 2.58 | 2.40 | ＋7.5% | 2.67 |

## 600723 北京市西单商场股份有限公司

### 二〇〇二年年度报告摘选

#### 1.上市公司基本情况简介

1.1 基本情况简介
股票简称:西单商场　股票代码:600723　上市交易所:上海证券交易所
注册地址和办公地址:北京市西城区西单北大街 120 号　邮政编码:100031
公司国际互联网网址:http://www.xdsc.com.cn　电子信箱:xdsc600723@sina.com
1.2 联系人和联系方式
董事会秘书:王健　联系地址:北京市西城区西单北大街 120 号
电话:010－66024984　传真:010－66014196　电子信箱:xdsc600723@sina.com

#### 2.会计数据和财务指标摘要

2.1 主要会计数据　单位:人民币元

| | 2002 年 | 2001 年 | 本年比上年增减(%) | 2000 年 |
|---|---|---|---|---|
| 主营业务收入 | 1,489,729,226.17 | 1,575,711,349.73 | －5.46 | 1,646,483,185.33 |
| 利润总额 | 20,143,962.82 | 62,189,710.02 | －67.61 | 71,541,970.32 |
| 净利润 | 17,681,161.85 | 56,483,040.16 | －68.7 | 50,533,478.69 |
| 扣除非经常性损益的净利润 | 7,966,389.91 | 44,067,481.71 | －81.92 | 50,533,478.69 |
| | 2002 年末 | 2001 年末 | 本年末比上年末增减(%) | 2000 年末 |
| 总资产 | 1,869,094,020.98 | 1,765,675,021.87 | 5.86 | 1,389,844,704.49 |
| 股东权益(不含少数股东权益) | 1,290,002,474.20 | 1,272,104,455.38 | 1.41 | 901,374,113.30 |
| 经营活动产生的现金流量净额 | －83,294,714.29 | 100,944,834.14 | －182.52 | 89,879,219.30 |

2.2 主要财务指标

| | 2002 年 | 2001 年 | 本年比上年增减(%) | 2000 年 |
|---|---|---|---|---|
| 每股收益 | 0.04 | 0.14 | －68.7 | 0.14 |
| 每股收益注 2 | 0.04 | 0.14 | －68.7 | 0.14 |
| 净资产收益率 | 1.37 | 4.44 | －69.13 | 5.61 |
| 扣除非经常性损益的净利润为基础计算的净资产收益率 | 0.62 | 3.51 | －82.17 | 5.54 |
| 每股经营活动产生的现金流量净额 | －0.20 | 0.25 | －182.52 | 0.25 |
| | 2002 年末 | 2001 年末 | 本年末比上年末增减(%) | 2000 年末 |
| 每股净资产 | 3.15 | 3.10 | 1.41 | 2.48 |
| 调整后的每股净资产 | 3.08 | 3.05 | 1.05 | 2.40 |

# 600729 重庆百货大楼股份有限公司

## 二〇〇二年年度报告摘选

### 1.上市公司基本情况简介

1.1 基本情况简介

股票简称:重庆百货 股票代码:600729 上市交易所:上海证券交易所

注册地址和办公地址:重庆市渝中区民权路2号 邮政编码:400010

公司国际互联网网址:http://www.cqbhdl.com.cn 电子信箱:cqbhdl@cqbhdl.com.cn

1.2 联系人和联系方式

董事会秘书:张邕 联系地址:重庆市渝中区民权路2号

电话:023－63843197 传真:023－63844212 电子信箱:cbcfo@cqbhdl.com.cn

证券事务代表:赵耀 联系地址:重庆市渝中区民权路2号

电话:023－63822594 传真:023－63822594 电子信箱:600729@cqbhdl.com.cn

### 2.会计数据和财务指标摘要

2.1 主要会计数据 单位:元

| | 2002年度 | 2001年度 | 本年比上年增减(%) | 2000年度 |
|---|---|---|---|---|
| 主营业务收入 | 3,088,862,860.05 | 2,358,293,015.17 | 30.98 | 2,036,090,639.90 |
| 利润总额 | 83,256,900.27 | 70,927,061.99 | 17.38 | 71,555,293.30 |
| 净利润 | 68,612,764.80 | 56,655,327.48 | 21.11 | 58,095,107.18 |
| 扣除非经常性损益的净利润 | 68,188,188.31 | 50,522,329.24 | 34.97 | 57,591,701.43 |
| | 2002年末 | 2001年末 | 本年末比上年末增减(%) | 2000年末 |
| 总资产 | 1,300,507,289.87 | 1,235,916,344.67 | 5.23 | 916,017,864.54 |
| 股东权益(不含少数股东权益) | 456,906,181.02 | 418,845,116.67 | 9.09 | 370,235,819.48 |
| 经营活动产生的现金流量净额 | 199,765,167.48 | 75,861,911.30 | 163.33 | 111,945,561.29 |

2.2 主要财务指标

| | 2002年 | 2001年 | 本年比上年增减(%) | 2000年 |
|---|---|---|---|---|
| 每股收益 | 0.34 | 0.28 | 21.43 | 0.28 |
| 净资产收益率 | 15.02 | 13.53 | 11.01 | 15.69 |
| 扣除非经常性损益的净利润为基础计算的净资产收益率 | 14.92 | 12.06 | 23.71 | 15.56 |
| 每股经营活动产生的现金流量净额 | 0.98 | 0.37 | 164.86 | 0.55 |
| | 2002年末 | 2001年末 | 本年末比上年末增减(%) | 2000年末 |
| 每股净资产 | 2.24 | 2.05 | 9.27 | 1.81 |
| 调整后的每股净资产 | 1.87 | 1.79 | 4.47 | 1.61 |

# 600738 兰州民百(集团)股份有限公司

## 二〇〇二年年度报告摘选

### 1.上市公司基本情况简介

1.1 基本情况简介

股票简称:兰州民百 股票代码:600738 上市交易所:上海证券交易所

注册地址:兰州市中山路368号

办公地址:兰州市中山路368号亚欧商厦8－10层 邮政编码:730030

公司国际互联网网址:http://www.lzminbai.com 电子信箱:mbyolb@public.lz.gs.cn

1.2 联系人和联系方式

董事会秘书:孙志民 联系地址:兰州市中山路368号亚欧商厦9楼

电话:0931－8438318 传真:0931－8473891 电子信箱:zq@lzminbai.com

证券事务代表:李鑫 联系地址:兰州市中山路368号亚欧商厦9楼

电话:0931－8435839 传真:0931－8473891 电子信箱:zq@lzminbai.com

### 2.会计数据和财务指标摘要

2.1 主要会计数据 单位:(人民币)元

| | 2002年 | 2001年 | 本年比上年增减(%) | 2000年 |
|---|---|---|---|---|
| 主营业务收入 | 507,279,280.06 | 649,680,863.10 | | 612,791,930.24 |
| 利润总额 | －63,919,722.98 | －44,458,212.41 | | 61,492,226.70 |
| 净利润 | －63,858,576.86 | －44,310,229.25 | | 52,153,318.71 |
| 扣除非经常性损益的净利润 | －66,551,560.84 | －42,957,734.91 | | 2,497,244.73 |
| | 2002年 | 2001年 | 本年末比上年末增减(%) | 2000年 |
| 总资产 | 926,205,587.19 | 1,066,202,950.39 | －13.13 | 1,079,144,558.68 |
| 股东权益(不含少数股东权益) | 237,322,323.62 | 295,195,584.80 | －19.61 | 371,803,342.00 |
| 经营活动产生的现金流量净额 | 25,134,213.10 | －3,750,423.43 | －770 | 66,490,108.42 |

2.2 主要财务指标 单位:(人民币)元

| | 2002年 | 2001年 | 本年比上年增减(%) | 2000年 |
|---|---|---|---|---|
| 每股收益 | －0.27 | －0.189 | | 0.445 |
| 净资产收益率 | －26.91 | －15.01 | | 14.03 |
| 扣除非经常性损益的净利润为基础计算的净资产收益率 | －28.04 | －14.55 | | 0.67 |
| 每股经营活动产生的现金流量净额 | 0.107 | －0.016 | | 0.57 |
| | 2002年 | 2001年 | 本年末比上年末增减(%) | 2000年 |
| 每股净资产 | 1.01 | 1.26 | －19.84 | 3.17 |
| 调整后的每股净资产 | 1.00 | 1.24 | －19.35 | 3.14 |

# 600739 辽宁成大股份有限公司

## 二〇〇二年年度报告摘选

### 1.上市公司基本情况简介

1.1 基本情况简介

股票简称:辽宁成大 股票代码:600739 上市交易所:上海证券交易所

注册地址和办公地址:大连市人民路71号: 邮政编码:116001

公司国际互联网网址:http://www.chengda.com.cn 电子信箱:Wucs@chengda.com.cn

1.2 联系人和联系方式

董事会秘书:罗启库 联系地址:大连市人民路71号

电话:0411－2803736 传真:0411－2656051 电子信箱:Luoqk@chengda.com.cn

### 2.会计数据和财务指标摘要

2.1 主要会计数据 单位:元

| | 2002年 | 2001年 | 本年比上年增减(%) | 2000年 |
|---|---|---|---|---|
| 主营业务收入 | 2,188,895,239.39 | 1,492,562,908.61 | 46.65 | 1,224,830,569.60 |
| 利润总额 | 69,434,965.13 | 126,492,274.70 | －45.11 | 188,078,424.11 |
| 净利润 | 59,032,752.75 | 112,978,099.10 | －47.75 | 177,688,105.97 |
| 扣除非经常性损益的净利润 | 50,474,202.41 | 104,660,239.21 | －52.20 | 171,606,916.95 |
| | 2002年末 | 2001年末 | 本年末比上年末增减(%) | 2000年末 |
| 总资产 | 1,835,172,601.20 | 1,403,721,152.41 | 30.74 | 1,263,125,656.25 |
| 股东权益(不含少数股东权益) | 871,923,457.96 | 805,984,605.02 | 8.18 | 704,090,598.56 |
| 经营活动产生的现金流量净额 | 109,415,313.61 | －58,096,840.41 | | －6,456,792.69 |

2.2 主要财务指标

| | 2002年 | 2001年 | 本年比上年增减(%) | 2000年 |
|---|---|---|---|---|
| 每股收益 | 0.24 | 0.46 | －47.83 | 0.72 |
| 每股收益注2 | | | | |
| 净资产收益率 | 6.77 | 14.02 | －51.70 | 25.24 |
| 扣除非经常性损益的净利润为基础计算的净资产收益率 | 5.79 | 12.96 | －55.32 | 24.33 |
| 每股经营活动产生的现金流量净额 | 0.44 | －0.23 | 391.30 | －0.03 |
| | 2002年末 | 2001年末 | 本年末比上年末增减(%) | 2000年末 |
| 每股净资产 | 3.52 | 3.26 | 7.98 | 2.84 |
| 调整后的每股净资产 | 3.34 | 3.08 | 8.43 | 2.70 |

# 600755 厦门国贸股份有限公司

## 二〇〇二年年度报告摘选

### 1.上市公司基本情况简介

1.1 基本情况简介

股票简称:厦门国贸 股票代码:600755 上市交易所:上海证券交易所

注册地址和办公地址:厦门市湖滨南路国贸大厦8－18层 邮政编码:361004

公司国际互联网网址:http://www.itg.com.cn 电子信箱:itgchina@itg.com.cn

1.2 联系人和联系方式

董事会秘书:陈晓华 联系地址:厦门市湖滨南路国贸大厦17层

电话:0592－5161888 传真:0592－5160280 电子信箱:cathy@itg.com.cn

证券事务代表:龙泷 联系地址:厦门市湖滨南路国贸大厦17层

电话:0592－5161888 传真:0592－5160280 电子信箱:longlong@itg.com.cn

### 2.会计数据和财务指标摘要

2.1 主要会计数据(万元)

| | 2002年 | 2001年 | 本年比上年增减(%) | 2000年 |
|---|---|---|---|---|
| 主营业务收入 | 341,968.48 | 181,804.82 | 88.10 | 227,455.99 |
| 利润总额 | 3,826.63 | 3,555.61 | 7.62 | 1,489.54 |
| 净利润 | 3,352.87 | 2,732.73 | 22.69 | 797.38 |
| 扣除非经常性损益的净利润 | 2,491.75 | 1,149.54 | 116.76 | 3,870.95 |
| | 2002年末 | 2001年末 | 本年末比上年末增减(%) | 2000年末 |
| 总资产 | 226,949.15 | 166,548.61 | 36.27 | 145,371.58 |
| 股东权益(不含少数股东权益) | 69,856.39 | 68,461.09 | 2.04 | 65,737.37 |
| 经营活动产生的现金流量净额 | 35,975.48 | 8,612.15 | 317.73 | 10,364.83 |

2.2 主要财务指标(元)

| | 2002年 | 2001年 | 本年比上年增减(%) | 2000年 |
|---|---|---|---|---|
| 每股收益 | 0.17 | 0.14 | 22.69 | 0.04 |
| 净资产收益率 | 4.80 | 3.99 | 20.30 | 1.21 |
| 扣除非经常性损益的净利润为基础计算的净资产收益率% | 3.46 | 1.68 | 105.95 | 5.89 |
| 每股经营活动产生的现金流量净额 | 1.82 | 0.43 | 317.73 | 1.21 |
| | 2002年末 | 2001年末 | 本年末比上年末增减(%) | 2000年末 |
| 每股净资产 | 3.53 | 3.46 | 2.02 | 3.32 |
| 调整后的每股净资产 | 3.50 | 3.44 | 1.74 | 3.30 |

## 600766 烟台华联发展集团股份有限公司

# 二〇〇二年年度报告摘选

### 1.上市公司基本情况简介

1.1 基本情况简介

股票简称:烟台发展　股票代码:600766　上市交易所:上海证券交易所

注册地址:山东省烟台市南大街 261 号　办公地址:山东省烟台市北马路 1 号海关大厦 13 楼

邮政编码:264001　电子信箱:dshbgs@yt-public.sd.cninfo.net

1.2 联系人和联系方式

董事会秘书:杨剑波　联系地址:烟台市北马路 1 号海关大厦 13 楼

电话:0535-6626431　传真:0535-6628992　电子信箱:Yjb4836@sohu.com

证券事务代表:张建中　联系地址:烟台市北马路 1 号海关大厦 13 楼

电话:0535-6624347　传真:0535-6628992　电子信箱:Zjz898@263.net

### 2.会计数据和财务指标摘要

2.1 主要会计数据　单位:人民币元

| | 2002 年 | 2001 年 | 本年比上年增减(%) | 2000 年 |
|---|---|---|---|---|
| 主营业务收入 | 161,419,585.00 | 218,272,192.21 | -26.05 | 308,731,893.55 |
| 利润总额 | -162,190,587.06 | -82,701,176.24 | 96.02 | 26,594,572.83 |
| 净利润 | -156,128,785.58 | -76,795,224.40 | 103.30 | 19,872,879.22 |
| 扣除非经常性损益的净利润 | -130,277,431.26 | -31,313,119.45 | 316.05 | 19,200,356.44 |
| | 2002 年末 | 2001 年末 | 本年末比上年末增减(%) | 2000 年末 |
| 总资产 | 734,966,552.00 | 843,334,904.94 | -12.85 | 724,121,563.47 |
| 股东权益(不含少数股东权益) | 100,635,637.34 | 258,017,586.41 | -60.99 | 217,403,123.98 |
| 经营活动产生的现金流量净额 | -60,374,536.09 | -89,979,370.44 | -32.90 | -2,412,361.83 |

2.2 主要财务指标　单位:人民币元

| | 2002 年 | 2001 年 | 本年比上年增减(%) | 2000 年 |
|---|---|---|---|---|
| 每股收益 | -0.9122 | -0.4487 | 103.30 | 0.1161 |
| 净资产收益率(%) | -155.14 | -29.76 | 421.30 | 9.14 |
| 扣除非经常性损益的净利润为基础计算的净资产收益率(%) | -129.45 | -12.06 | 973.38 | 8.67 |
| 每股经营活动产生的现金流量净额 | -0.3527 | -0.5251 | -32.83 | -0.0151 |
| | 2002 年末 | 2001 年末 | 本年末比上年末增减(%) | 2000 年末 |
| 每股净资产 | 0.5879 | 1.5074 | -61.00 | 1.3595 |
| 调整后的每股净资产 | 0.4191 | 1.4117 | -70.31 | 1.1941 |

## 600773 西藏金珠股份有限公司

# 二〇〇二年年度报告摘选

### 1.上市公司基本情况简介

1.1 基本情况简介

股票简称:西藏金珠　股票代码:600773　上市交易所:上海证券交易所

注册地址:西藏拉萨市北京中路 182 号

办公地址:西藏拉萨市北京中路 182 号

四川省成都市鼓楼南街 117 号世界贸易中心 A 座 20 层 2002 室

邮政编码:850000、610015

电子信箱:jinzhu@public.ls.xz.cn

1.2 联系人和联系方式

董事会秘书:次仁多吉　联系地址:西藏拉萨市北京中路 182 号

电话:0891-6832913　传真:0891-6824804　电子信箱:cdxhsbj@163.com

证券事务代表:西虹、邵滨江　联系地址:西藏拉萨市北京中路 182 号

电话:0891-6832913　传真:0891-6824804　电子信箱:cdxhsbj@163.com

### 2.会计数据和业务数据摘要

2.1 主要会计数据　单位:人民币元

| | 2002 年(本年) | 2001 年(上年) | 本年比上年增减(%) | 2000 年 |
|---|---|---|---|---|
| 主营业务收入 | 207,738,765.04 | 181,131,119.60 | 14.69 | 111,351,020.74 |
| 利润总额 | 7,632,652.68 | 28,746,045.21 | -73.44 | 23,792,831.70 |
| 净利润 | 4,524,726.86 | 24,145,503.92 | -81.26 | 20,781,986.15 |
| 扣除非经常性损益的净利润 | 2,822,971.70 | 12,222,977.55 | -76.90 | 21,284,350.74 |
| | 2002 年末 | 2001 年末 | 本年末比上年末增减(%) | 2000 年末 |
| 总资产 | 578,057,748.91 | 522,116,526.02 | 10.71 | 377,011,804.63 |
| 股东权益(不含少数股东权益) | 342,139,082.85 | 337,638,604.95 | 1.33 | 314,954,140.30 |
| 经营活动产生的现金流量净额 | 30,766,046.86 | -72,555,990.80 | - | 15,571,031.31 |

2.2 主要财务指标　单位:元

| | 2002 年 | 2001 年 | 2000 年 |
|---|---|---|---|
| 每股收益(摊薄) | 0.0251 | 0.21 | 0.21 |
| 每股收益(加权) | 0.0304 | 0.21 | 0.23 |
| 净资产收益率%(摊薄) | 1.32 | 7.34 | 6.60 |
| 净资产收益率%(加权) | 1.33 | 7.59 | 9.15 |
| 扣除非经常性损益后的净资产收益率%(摊薄) | 0.83 | 3.61 | 5.68 |
| 扣除非经常性损益后的净资产收益率%(加权) | 0.83 | 3.73 | 7.88 |
| 每股净资产 | 1.89 | 2.89 | 3.23 |
| 调整后的每股净资产 | 1.73 | 2.73 | 3.15 |

## 600774 武汉市汉商集团股份有限公司

# 二〇〇二年年度报告摘选

### 1.上市公司基本情况简介

1.1 基本情况简介

股票简称:汉商集团　股票代码:600774　上市交易所:上海证券交易所

注册地址和办公地址:湖北省武汉市汉阳大道 134 号　邮政编码:430050

公司国际互联网网址:http://www.hs600774.com　电子信箱:hsjt@public.wh.hb.cn

1.2 联系人和联系方式

董事会秘书:张晴　联系地址:湖北省武汉市汉阳大道 134 号

电话:027-84843197　传真:027-84842384　电子信箱:hssd@public.wh.hb.cn

### 2.会计数据和财务指标摘要

2.1 主要会计数据

| 项目 | 2002 年 | 2001 年 | 本年比上年±(%) | 2000 年 |
|---|---|---|---|---|
| 主营业务收入 | 493,317,721.77 | 548,776,412.66 | -10.11 | 622,697,560.37 |
| 利润总额 | 930,714.58 | 4,034,236.41 | -76.93 | 28,410,256.57 |
| 净利润 | 3,115,285.00 | 3,093,420.11 | 0.71 | 22,169,512.05 |
| 扣除非经常性损益的净利润 | -7,333,805.69 | 5,017,213.63 | | 21,408,062.05 |
| 项目 | 2002 年末 | 2001 年末 | 本年末比上年末±(%) | 2000 年末 |
| 总资产 | 1,503,907,828.50 | 1,560,605,761.71 | -3.63 | 667,857,843.94 |
| 股东权益(不含少数股东权益) | 448,491,641.33 | 446,563,593.77 | 0.44 | 360,920,433.86 |
| 经营活动产生的现金流量净额 | 16,132,893.52 | -21,764,008.93 | | 50,294,142.16 |

2.2 主要财务指标

| 项　目 | 2002 年 | 2001 年 | 本年比上年±(%) | 2000 年 |
|---|---|---|---|---|
| 每股收益 | 0.031 | 0.033 | -6.06 | 0.256 |
| 每股收益(报告期末至报告披露日股本发生变化后) | | | | |
| 净资产收益率(%) | 0.69 | 0.69 | | 6.14 |
| 扣除非经常性损益的净利润为基础计算的净资产收益率(%) | -1.64 | 1.12 | | 5.93 |
| 每股经营活动产生的现金流量净额 | 0.16 | -0.23 | | 0.58 |
| 项　目 | 2002 年末 | 2001 年末 | 本年末比上年末±(%) | 2000 年末 |
| 每股净资产 | 4.52 | 4.73 | -4.44 | 4.17 |
| 调整后的每股净资产 | 4.49 | 4.70 | -4.47 | 4.00 |

## 600778 新疆友好(集团)股份有限公司

# 二〇〇二年年度报告摘选

### 1.上市公司基本情况简介

1.1 基本情况简介

股票简称:友好集团　股票代码:600778　上市交易所:上海证券交易所

注册地址:乌鲁木齐市友好北路 14 号　办公地址:乌鲁木齐市友好南路 30 号

邮政编码:830000　公司国际互联网网址:http://www.xjyh.com.cn

电子信箱:xjyhjt@mail.xj.cninfo.net

1.2 联系人和联系方式

董事会秘书:王建平　联系地址:乌鲁木齐市友好南路 30 号

电话:0991-4541008 或 4553700　传真:0991-4815090　电子信箱:yhzqb@mail.xj.cninfo.net

### 2.会计数据和财务指标摘要

2.1 主要会计数据　单位:元

| | 2002 年 | 2001 年 | 本年比上年增减(%) | 2000 年 |
|---|---|---|---|---|
| 主营业务收入 | 1,094,697,170 | 1,068,834,193 | 2.36 | 982,893,671 |
| 利润总额 | 77,417,171.85 | 49,375,386.77 | 56.79 | 34,338,922.78 |
| 净利润 | 48,550,833 | 32,814,811 | 47.95 | 29,245,938 |
| 扣除非经常性损益的净利润 | 46,100,719.80 | 25,546,834.78 | 80.45 | 28,689,586.25 |
| | 2002 年末 | 2001 年末 | 本年末比上年末增减(%) | 2000 年末 |
| 总资产 | 2,000,687,027 | 1,916,039,727 | 4.42 | 1,323,465,053 |
| 股东权益(不含少数股东权益) | 769,190,981 | 751,771,312 | 2.31 | 453,378,680 |
| 经营活动产生的现金流量净额 | 49,385,803.82 | 49,944,398.31 | 1.12 | 58,390,186.20 |

2.2 主要财务指标　单位:元

| | 2002 年 | 2001 年 | 本年比上年增减(%) | 2000 年 |
|---|---|---|---|---|
| 每股收益 | 0.156 | 0.1053 | 48.14 | 0.12 |
| 每股收益(加权) | 0.156 | 0.1069 | 45.93 | 0.12 |
| 净资产收益率(%) | 6.31 | 4.36 | 44.72 | 6.45 |
| 扣除非经常性损益的净利润为基础计算的净资产收益率(%) | 5.99 | 3.36 | 78.27 | 6.54 |
| 每股经营活动产生的现金流量净额 | 0.16 | 0.16 | - | 0.23 |
| | 2002 年末 | 2001 年末 | 本年末比上年末增减(%) | 2000 年末 |
| 每股净资产 | 2.47 | 2.41 | 2.49 | 1.77 |
| 调整后的每股净资产 | 2.35 | 2.38 | -1.26 | 1.67 |

## 600785 银川新华百货商店股份有限公司

### 二〇〇二年年度报告摘选

#### 1.上市公司基本情况简介

1.1 基本情况简介

股票简称:新华百货　股票代码:600785　上市交易所:上海证券交易所

注册地址和办公地址:银川市新华东街29号　邮政编码:750004

电子信箱:XHBH@163.net

1.2 联系人和联系方式

董事会秘书:马卫红　联系地址:银川市新华东街29号

电话:0951-4010058　传真:0951-6041983　电子信箱:XHBH@163.net

证券事务代表:张凤琴　联系地址:银川市新华东街29号

电话:0951-6022866　传真:0951-6041983　电子信箱:XHBH@163.net

#### 2.会计数据和财务指标摘要

2.1 主要会计数据　单位:人民币元

| | 2002年 | 2001年 | 本年比上年增长(%) | 2000年 |
|---|---|---|---|---|
| 主营业务收入 | 904,303,809.57 | 618,233,706.87 | 46.27 | 506,361,364.96 |
| 利润总额 | 51,752,938.79 | 41,934,968.05 | 23.41 | 38,041,013.21 |
| 净利润 | 36,434,811.73 | 35,714,937.74 | 2.02 | 31,071,182.82 |
| 扣除非经常性损益的净利润 | 37,216,833.86 | 35,418,319.65 | 5.08 | 31,893,952.21 |
| | 2002年末 | 2001年末 | 本年末比上年末增长(%) | 2000年末 |
| 总资产 | 986,460,473.64 | 781,501,411.97 | 26.23 | 592,454,399.34 |
| 股东权益(不含少数股东权益) | 479,796,766.61 | 454,981,951.06 | 5.45 | 270,399,489.62 |
| 经营活动产生的现金流量净额 | 88,883,232.99 | 57,966,107.04 | 53.34 | 4,496,318.74 |

2.2 主要财务指标　单位:人民币元

| | 2002年 | 2001年 | 本年比上年增减(%) | 2000年 |
|---|---|---|---|---|
| 每股收益 | 0.354 | 0.35 | 1.14 | 0.395 |
| 净资产收益率 | 7.59 | 7.85 | -3.31 | 12.62 |
| 扣除非经常性损益的净利润为基础计算的净资产收益率 | 7.76 | 6.11 | 27.00 | 11.80 |
| 每股经营活动产生的现金流量净额 | 0.86 | 0.56 | 53.57 | 0.051 |
| | 2002年末 | 2001年末 | 本年末比上年末增减(%) | 2000年末 |
| 每股净资产 | 4.663 | 4.422 | 5.45 | 3.133 |
| 调整后的每股净资产 | 4.632 | 4.411 | 5.01 | 3.112 |

## 600791 天创置业股份有限公司

### 二〇〇二年年度报告摘选

#### 1.上市公司基本情况简介

1.1 基本情况简介

股票简称:天创置业　股票代码:600791　上市交易所:上海证券交易所

注册地址:贵州省贵阳市中华中路137号

办公地址:北京市西城区复兴门南大街2号甲天银大厦A西八层

邮政编码:100031　电子信箱:hualian@public1 gy.gz.cn

1.1 联系人和联系方式

董事会秘书:江　帆　联系地址:北京市西城区复兴门南大街2号甲天银大厦A西八层

电话:010-66413762　传真:010-66413715　电子信箱:jiangfan@tian-chuang.com

#### 2.会计数据和财务指标摘要

2.1 主要会计数据

| | 2002年 | 2001年 | 本年比上年增减(%) | 2000年 |
|---|---|---|---|---|
| 主营业务收入 | 349,004,811.28 | 305,409,390.30 | 14.27 | 57,967,949.60 |
| 利润总额 | 94,521,984.75 | 16,674,990.84 | 466.85 | -45,824,801.16 |
| 净利润 | 51,464,329.53 | 8,681,270.71 | 492.82 | -45,948,014.78 |
| 扣除非经常性损益的净利润 | 49,166,272.87 | 3,379,169.48 | 1,354.98 | -46,802,063.75 |
| | 2002年末 | 2001年末 | 本年末比上年末增减(%) | 2000年末 |
| 总资产 | 410,822,109.86 | 582,811,176.58 | -29.51 | 239,233,249.54 |
| 股东权益(不含少数股东权益) | 169,457,149.19 | 121,807,779.79 | 39.12 | 113,126,509.08 |
| 经营活动产生的现金流量净额 | 199,517,678.43 | 23,524,176.97 | 748.14 | -8,629,671.94 |

2.2 主要财务指标

| | 2002年 | 2001年 | 本年比上年增减(%) | 2000年 |
|---|---|---|---|---|
| 每股收益 | 0.5198 | 0.088 | 490.68 | -0.46 |
| 净资产收益率 | 30.37% | 7.13% | 325.95 | -40.62% |
| 扣除非经常性损益的净利润为基础计算的净资产收益率 | 29.01% | 2.77% | 947.29 | -41.72% |
| 每股经营活动产生的现金流量净额 | 2.02 | 0.23 | 778.26 | -0.09 |
| | 2002年末 | 2001年末 | 本年末比上年末增减(%) | 2000年末 |
| 每股净资产 | 1.71 | 1.23 | 39.02 | 1.14 |
| 调整后的每股净资产 | 1.70 | 1.22 | 39.34 | 0.99 |

## 600807 山东济南百货大楼(集团)股份有限公司

### 二〇〇二年年度报告摘选

#### 1.上市公司基本情况简介

1.1 基本情况简介

股票简称:济南百货　股票代码:600807　上市交易所:上海证券交易所

注册地址:中国山东济南市泉城路264号　办公地址:中国山东济南市泉城路264号

邮政编码:250011　公司国际互联网网址:http://WWW.JNBH.com.cn

1.2 联系人和联系方式

董事会秘书:王胜文　联系地址:山东省济南市泉城路264号

电话:0531-6030094　传真:0531-6030094　电子信箱:Wangshengwen807@163.com

#### 2.会计数据和财务指标摘要

2.1 主要会计数据

| | 2002年 | 2001年 | 本年比上年增减(%) | 2000年 |
|---|---|---|---|---|
| 主营业务收入 | 26,360,698.49 | 41,822,074.43 | -36.97 | 159,696,903.25 |
| 利润总额 | -57,077,957.75 | -95,266,780.07 | 40.09 | 402,315.91 |
| 净利润 | -55,437,703.13 | -92,088,995.29 | 39.80 | 158,839.76 |
| 扣除非经常性损益的净利润 | -57,601,676.34 | -70,987,482.01 | 18.86 | 229,109.65 |
| | 2002年末 | 2001年末 | 本年末比上年末增减(%) | 2000年末 |
| 总资产 | 365,492,792.11 | 407,815,257.19 | -10.38 | 506,419,539.83 |
| 股东权益(不含少数股东权益) | 82,061,047.57 | 137,640,585.06 | -40.38 | 229,465,146.26 |
| 经营活动产生的现金流量净额 | 1,279,009.47 | -8,373,560.87 | -84.73 | -39,361,990.68 |

2.2 主要财务指标

| | 2002年 | 2001年 | 本年比上年增减(%) | 2000年 |
|---|---|---|---|---|
| 每股收益 | -0.51 | -0.85 | 40 | 0.002 |
| 净资产收益率 | -67.56% | -66.91% | -0.97 | 0.07% |
| 扣除非经常性损益的净利润为基础计算的净资产收益率 | -70.19% | -51.57% | -36.11 | 0.10% |
| 每股经营活动产生的现金流量净额 | 0.01 | -0.08 | 112.5 | -0.37 |
| | 2002年末 | 2001年末 | 本年末比上年末增减(%) | 2000年末 |
| 每股净资产 | 0.76 | 1.28 | -40.63 | 2.13 |
| 调整后的每股净资产 | 0.39 | 1.14 | -65.79 | 2.10 |

## 600814 杭州解百集团股份有限公司

### 二〇〇二年年度报告摘选

#### 1.上市公司基本情况简介

1.1 基本情况简介

股票简称:杭州解百　股票代码:600814　上市交易所:上海证券交易所

注册地址和办公地址:杭州市上城区解放路251号　邮政编码:310001

公司国际互联网网址:http://www.jiebaigroup.com.cn　电子信箱:hjbg@jiebai.com

1.2 联系人和联系方式

董事会秘书:诸雪强　联系地址:杭州市上城区解放路251号

电话:0571-87016888转5015　传真:0571-87012247　电子信箱:Zxq600814@vip.sina.com

证券事务代表:沈瑾　联系地址:杭州市上城区解放路251号

电话:0571-87016888转5015　传真:0571-87012247　电子信箱:jshen600814@sina.com

#### 2.会计数据和财务指标摘要注1

2.1 主要会计数据

| | 2002年 | 2001年 | 本年比上年增减(%) | 2000年 | |
|---|---|---|---|---|---|
| | | | | 调整后 | 调整前 |
| 主营业务收入 | 966,143,809.40 | 990,095,254.64 | -2.42 | 858,837,770.28 | 858,837,770.28 |
| 利润总额 | 12,420,075.89 | -3,376,886.14 | +467.80 | 37,706,155.80 | 39,531,742.12 |
| 净利润 | 2,122,928.17 | -5,994,897.89 | +135.41 | 31,088,835.37 | 32,914,421.69 |
| 扣除非经常性损益的净利润 | 1,249,520.96 | -4,082,462.01 | +130.61 | 23,455,876.98 | 25,281,463.30 |
| | 2002年末 | 2001年末 | 本年末比上年末增减(%) | 2000年末 | |
| | | | | 调整后 | 调整前 |
| 总资产 | 804,402,411.57 | 795,515,603.65 | +1.12 | 748,889,150.76 | 791,378,713.67 |
| 股东权益(不含少数股东权益) | 388,613,584.74 | 386,444,859.76 | +0.56 | 392,369,004.75 | 408,292,852.11 |
| 经营活动产生的现金流量净额 | 51,443,889.89 | 42,302,583.13 | +21.61 | 69,795,770.34 | 69,795,770.34 |

2.2 主要财务指标

| | 2002年 | 2001年 | 本年比上年增减(%) | 2000年 | |
|---|---|---|---|---|---|
| | | | | 调整后 | 调整前 |
| 每股收益 | 0.009 | -0.0253 | +135.57% | 0.131 | 0.139 |
| 每股收益注2 | | | | | |
| 净资产收益率 | 0.55% | -1.55% | +135.48 | 7.92 | 8.061 |
| 扣除非经常性损益的净利润为基础计算的净资产收益率 | 0.32 | -1.06 | +130.19 | 5.98 | 6.19 |
| 每股经营活动产生的现金流量净额 | 0.22 | 0.178 | +23.60 | 0.294 | 0.294 |
| | 2002年末 | 2001年末 | 本年末比上年末增减(%) | 2000年末 | |
| | | | | 调整后 | 调整前 |
| 每股净资产 | 1.64 | 1.63 | +0.61 | 1.65 | 1.72 |
| 调整后的每股净资产 | 1.48 | 1.47 | +0.68 | 1.49 | 1.61 |

# 600821 天津劝业场(集团)股份有限公司

## 二〇〇二年年度报告摘选

### 1.上市公司基本情况简介

1.1 基本情况简介

股票简称:津劝业　股票代码:600821　上市交易所:上海证券交易所

注册地址和办公地址:天津市和平区和平路 290 号　邮政编码:300022

公司国际互联网网址:http://www.tjqy.com.cn　电子信箱:tjqy600821@sina.com

1.2 联系人和联系方式

董事会秘书:王茜　联系地址:天津市和平区和平路 290 号

电话:022-27307227　传真:022-27304989　电子信箱:tjqy600821@sina.com

证券事务代表:张立津　联系地址:天津市和平区和平路 290 号

电话:022-27304989　传真:022-27304989　电子信箱:tjqy600821@sina.com

### 2.会计数据和财务指标摘要

2.1 主要会计数据　单位:元

| | 2002 年(T 年,即本年) | 2001 年(T-1 年) | 本年比上年增减(%) | 2000 年(T-2 年) |
|---|---|---|---|---|
| 主营业务收入 | 1316172712.08 | 1539951869.87 | -14.53 | 1773016411.98 |
| 利润总额 | -57004767.19 | 1427753.03 | | 34900822.58 |
| 净利润 | -48884976.18 | 3783220.13 | | 30897387.87 |
| 扣除非经常性损益的净利润 | -43121650.97 | 3164808.17 | | 28817490.20 |
| | 2002 年末(T 年,即本年末) | 2001 年末(T-1 年末) | 本年末比上年末增减(%) | 2000 年末(T-2 年末) |
| 总资产 | 1271569758.55 | 1382745497.43 | -8.04 | 1307620382.55 |
| 股东权益(不含少数股东权益) | 602686684.01 | 659651276.43 | -8.64 | 664337019.97 |
| 经营活动产生的现金流量净额 | -10573070.83 | 74682294.74 | | 8612192.80 |

2.2 主要财务指标

| | 2002 年(T 年,即本年) | 2001 年(T-1 年) | 本年比上年增减(%) | 2000 年(T-2 年) |
|---|---|---|---|---|
| 每股收益 | -0.17 | 0.01 | | 0.11 |
| 净资产收益率% | -8.11 | 0.57 | | 4.65 |
| 扣除非经常性损益的净利润为基础计算的净资产收益率% | -7.15 | 0.48 | | |
| 每股经营活动产生的现金流量净额 | -0.04 | 0.26 | | 0.03 |
| | 2002 年末(T 年,即本年末) | 2001 年末(T-1 年末) | 本年末比上年末增减(%) | 2000 年末(T-2 年末) |
| 每股净资产 | 2.06 | 2.26 | -10.04 | 2.27 |
| 调整后的每股净资产 | 1.72 | 1.94 | -11.34 | 2.06 |

# 600822 上海物资贸易中心股份有限公司

## 二〇〇二年年度报告摘选

### 1.上市公司基本情况简介

1.1 基本情况简介

股票简称:物贸中心　股票代码:600822　上市交易所:上海证券交易所

注册地址:上海市浦东新区陆家嘴东昌路东园一村 139 号 201 室

办公地址:上海市中山北路 2550 号　邮政编码:200063

公司国际互联网网址:http://www.shwmzx.com　电子信箱:smtc@shwmzx.com

1.2 联系人和联系方式

董事会秘书:蔡嘉德　联系地址:上海市中山北路 2550 号 522 室

电话:021-62570000-8522　传真:021-62572959　电子信箱:caijd@shwmzx.com

### 2.会计数据和财务指标摘要

2.1 主要会计数据　单位:元

| | 2002 年 | 2001 年 | 本年比上年增减(%) | 2000 年 |
|---|---|---|---|---|
| 主营业务收入 | 4,477,050,796.35 | 3,184,316,798.50 | 40.60% | 1,266,320,252.05 |
| 利润总额 | 5,604,372.13 | 32,435,689.77 | -82.72% | -22,579,970.32 |
| 净利润 | 2,646,323.21 | 27,511,383.31 | -90.38% | -22,804,675.76 |
| 扣除非经常性损益的净利润 | 2,927,707.81 | 23,010,344.36 | -87.28% | -16,943,925.22 |
| | 2002 年末 | 2001 年末 | 本年末比上年末增减(%) | 2000 年末 |
| 总资产 | 911,956,105.70 | 695,622,129.97 | 31.10% | 784,941,010.72 |
| 股东权益(不含少数股东权益) | 302,559,986.56 | 299,559,532.54 | 1.00% | 277,102,555.19 |
| 经营活动产生的现金流量净额 | 84,766,559.31 | 24,211,184.32 | 250.11% | -11,064,279.84 |

2.2 主要财务指标　单位:元

| | 2002 年 | 2001 年 | 本年比上年增减(%) | 2000 年 |
|---|---|---|---|---|
| 每股收益 | 0.0105(摊薄) | 0.109(摊薄) | -90.37% | -0.0902(摊薄) |
| 净资产收益率 | 0.8746%(摊薄) | 9.184%(摊薄) | -90.48% | -8.2297%(摊薄) |
| 扣除非经常性损益的净利润为基础计算的净资产收益率 | 0.9730%(加权) | 7.911%(加权) | -87.70% | -5.6948%(加权) |
| 每股经营活动产生的现金流量净额 | 0.3354 | 0.0958 | 250.10% | -0.044 |
| | 2002 年末 | 2001 年末 | 本年末比上年末增减(%) | 2000 年末 |
| 每股净资产 | 1.1972 | 1.185 | 1.03% | 1.0965 |
| 调整后的每股净资产 | 1.1349 | 1.085 | 4.60% | 0.9859 |

# 600823 上海世茂股份有限公司

## 二〇〇二年年度报告摘选

### 1.上市公司基本情况简介

1.1 基本情况简介

股票简称:世茂股份　股票代码:600823　上市交易所:上海证券交易所

注册地址和办公地址:上海市广东路 500 号世界贸易大厦 3008 室　邮政编码:200001

公司国际互联网网址:http://www.shimao.com.cn　电子信箱:600823@saimau.com

1.2 联系人和联系方式

董事会秘书:葛卫东　联系地址:上海市广东路 500 号世界贸易大厦 3008 号

电话:021-63620099　传真:021-63620999　电子信箱:shgwd@yahoo.com.cn

证券事务代表:俞峰　联系地址:上海市广东路 500 号世界贸易大厦 3008 号

电话:021-63620099　传真:021-63620999　电子信箱:Fengyu@saimau.com

### 2.会计数据和财务指标摘要

2.1 主要会计数据

| | 2002 年 | 2001 年 | 本年比上年增减(%) | 2000 年 |
|---|---|---|---|---|
| 主营业务收入 | 2,859,185.17 | 50,927,621.46 | -94.39% | 99,531,545.56 |
| 利润总额 | 4,652,832.68 | 46,503,518.17 | -89.99% | -31,547,531.97 |
| 净利润 | 4,652,832.68 | 43,051,235.00 | -89.19% | -85,193,006.96 |
| 扣除非经常性损益的净利润 | 1,545,371.28 | 339,401.85 | 355.32% | -5,127,053.71 |
| | 2002 年末 | 2001 年末 | 本年末比上年末增减(%) | 2000 年末 |
| 总资产 | 681,682,146.32 | 827,055,212.51 | -17.58% | 590,908,216.15 |
| 股东权益(不含少数股东权益) | 473,576,319.91 | 468,923,487.23 | 0.99% | 443,100,529.04 |
| 经营活动产生的现金流量净额 | 118,670,825.71 | 33,231,041.23 | 257.11% | 63,531,286.80 |

注:报告期末,公司参与开发建设的"世茂湖滨花园项目"完成商品房预售额 8 亿元,但按现行会计制度尚无法体现为收益。

2.2 主要财务指标

| | 2002 年 | 2001 年 | 本年比上年增减(%) | 2000 年 |
|---|---|---|---|---|
| 每股收益 | 0.0197 | 0.1821 | -89.19% | -0.3603 |
| 每股收益 | 0.0197 | 0.1821 | -89.19% | -0.3603 |
| 净资产收益率 | 0.98% | 9.18% | -89.30% | -19.23% |
| 扣除非经常性损益的净利润为基础计算的净资产收益率 | 0.33% | 0.07% | 368.47% | -1.04% |
| 每股经营活动产生的现金流量净额 | 0.5019 | 0.1405 | 257.22% | 0.2687 |
| | 2002 年末 | 2001 年末 | 本年末比上年末增减(%) | 2000 年末 |
| 每股净资产 | 2.00 | 1.98 | 1.01% | 1.87 |
| 调整后的每股净资产 | 2.00 | 1.91 | 4.71% | 1.84 |

# 600824 上海益民百货股份有限公司

## 二〇〇二年年度报告摘选

### 1.上市公司基本情况简介

1.1 基本情况简介

股票简称:益民百货　股票代码:600824　上市交易所:上海证券交易所

注册地址:上海市淮海中路 645-659 号六楼　办公地址:上海市南昌路 57 号甲

邮政编码:200020　公司国际互联网网址:http://www.yimin-stores.com.cn/

电子信箱:ymdept@online.sh.cn

1.2 联系人和联系方式

董事会秘书:邵振耀　联系地址:上海市南昌路 57 号甲

电话:021-53067597　传真:021-53066576

证券事务代表:钱国富　联系地址:上海市南昌路 57 号甲

电话:021-53067597　传真:021-53066576

### 2.会计数据和财务指标摘要

2.1 主要会计数据

| | 2002 年 | 2001 年 | 本年比上年增减(%) | 2000 年 |
|---|---|---|---|---|
| 主营业务收入 | 459,772,550.21 | 731,835,064.68 | -37.18 | 601,996,131.60 |
| 利润总额 | 68,014,172.20 | 62,324,371.38 | 9.13 | 54,341,819.25 |
| 净利润 | 44,470,833.81 | 48,899,926.59 | -9.06 | 44,478,382.90 |
| 扣除非经常性损益的净利润 | 46,371,575.01 | 53,006,566.99 | -12.52 | 44,425,812.26 |
| | 2002 年末 | 2001 年末 | 本年末比上年末增减(%) | 2000 年末 |
| 总资产 | 1,015,600,586.76 | 1,051,205,254.91 | -3.39 | 955,623,141.61 |
| 股东权益(不含少数股东权益) | 674,441,011.78 | 658,917,747.73 | 2.36 | 480,252,479.36 |
| 经营活动产生的现金流量净额 | 81,529,926.00 | 4,572,670.96 | 1,682.98 | 77,790,186.24 |

2.2 主要财务指标

| | 2002 年 | 2001 年 | 本年比上年增减(%) | 2000 年 |
|---|---|---|---|---|
| 每股收益 | 0.230 | 0.253 | -9.09 | 0.262 |
| 每股收益 | | | | |
| 净资产收益率 | 6.59 | 7.42 | -11.19 | 9.26 |
| 扣除非经常性损益的净利润为基础计算的净资产收益率 | 6.81 | 8.50 | -19.88 | 9.15 |
| 每股经营活动产生的现金流量净额 | 0.421 | 0.024 | 1,654.17 | 0.458 |
| | 2002 年末 | 2001 年末 | 本年末比上年末增减(%) | 2000 年末 |
| 每股净资产 | 3.48 | 3.40 | 2.35 | 2.83 |
| 调整后的每股净资产 | 3.42 | 3.36 | 1.79 | 2.77 |

# 600825 华联超市股份有限公司

## 二〇〇二年年度报告摘选

### 1.上市公司基本情况简介

1.1 基本情况简

股票简称:华联超市　股票代码:600825　上市交易所:上海证券交易所

注册地址:上海市张杨路 655 号　办公地址:上海市隆昌路 609 号　邮政编码:200090

公司国际互联网网址:http://www.hualian－－supermarket.com　电子信箱:hlscoltd@online.sh.cn

1.2 联系人和联系方式

董事会秘书:董小春　联系地址:上海市隆昌路 609 号

电话:021－65201818　传真:65432001　电子信箱:hlscoltd@online.sh.cn

证券事务代表:王东亮　联系地址:上海市隆昌路 609 号

电话:021－65201818　传真:65432001　电子信箱:hlscoltd@online.sh.cn

### 2.会计数据和财务指标摘要

2.1 主要会计数据

| | 2002 年 | 2001 年 | 本年比上年增减(%) | 2000 年 |
|---|---|---|---|---|
| 主营业务收入 | 3,666,443,133.78 | 3,247,882,437.11 | 12.89 | 1,444,530,218.69 |
| 利润总额 | 80,606,771.66 | 60,527,473.87 | 33.17 | 24,500,565.97 |
| 净利润 | 66,925,122.63 | 50,070,042.75 | 33.66 | 20,252,927.07 |
| 扣除非经常性损益的净利润 | 68,041,237.90 | 51,290,204.49 | 32.66 | 20,252,927.07 |
| | 2002 年 12 月 31 日 | 2001 年 12 月 31 日 | 本年末比上年末增减(%) | 2000 年 12 月 31 日 |
| 总资产 | 1,239,715,404.88 | 1,136,396,053.74 | 9.09 | 1,139,771,597.99 |
| 股东权益(不含少数股东权益) | 311,421,437.68 | 244,339,457.08 | 27.45 | 198,311,657.72 |
| 经营活动产生的现金流量净额 | 249,442,975.85 | －62,191,901.69 | － | 157,664,660.35 |

2.2 主要财务指标

| | 2002 年 | 2001 年 | 本年比上年增减(%) | 2000 年 |
|---|---|---|---|---|
| 每股收益 | 0.434 | 0.325 | 33.54 | 0.20 |
| 每股收益 | 0.434 | 0.325 | 33.54 | 0.20 |
| 净资产收益率 | 21.49 | 20.49 | 4.88 | 10.21 |
| 扣除非经常性损益的净利润为基础计算的净资产收益率 | 24.48 | 22.96 | 6.62 | 10.21 |
| 每股经营活动产生的现金流量净额 | 1.617 | －0.403 | － | 1.53 |
| | 2002 年 12 月 31 日 | 2001 年 12 月 31 日 | 本年末比上年末增减(%) | 2000 年 12 月 31 日 |
| 每股净资产 | 2.019 | 1.584 | 27.46 | 1.93 |
| 调整后的每股净资产 | 1.193 | 1.012 | 17.89 | 1.06 |

# 600826 上海兰生股份有限公司

## 二〇〇二年年度报告摘选

### 1.上市公司基本情况简介

1.1 基本情况简介

股票简称:兰生股份　股票代码:600826　上市交易所:上海证券交易所

注册地址:上海市浦东三林路 95 号　办公地址:上海市中山北一路 1230 号　邮政编码:200437

公司国际互联网网址:http://www.lanshengcorp.com　电子信箱:lllsss@public.sta.net.cn

1.2 联系人和联系方式

董事会秘书:张铸　联系地址:上海市中山北一路 1230 号

电话:65446501　传真:65446501　电子信箱:lllsss@public.sta.net.cn

证券事务代表:杨敏　联系地址:上海市中山北一路 1230 号

电话:65446061　传真:65446061　电子信箱:lllsss@public.sta.net.cn

### 2.会计数据和财务指标摘要

2.1 主要会计数据

| | 2002 年 | 2001 年 | 本年比上年增减(%) | 2000 年 |
|---|---|---|---|---|
| 主营业务收入 | 1,784,303,874.80 | 1,718,912,650.47 | 3.80 | 1,715,761,906.82 |
| 利润总额 | 38,505,781.69 | 52,634,188.63 | －26.84 | 67,848,781.71 |
| 净利润 | 35,144,461.62 | 39,688,566.44 | －11.45 | 58,674,229.23 |
| 扣除非经常性损益的净利润 | 33,276,334.75 | 19,348,229.20 | 71.99 | 50,167,709.21 |
| | 2002 年末 | 2001 年末 | 本年末比上年末增减(%) | 2000 年末 |
| 总资产 | 1,444,485,739.84 | 1,344,997,075.28 | 7.40 | 1,370,324,766.39 |
| 股东权益(不含少数股东权益) | 823,503,304.70 | 789,106,613.64 | 4.36 | 777,962,394.39 |
| 经营活动产生的现金流量净额 | 54,487,600.33 | 89,875,459.35 | －39.37 | 257,076,546.06 |

2.2 主要财务指标

| | 2002 年 | 2001 年 | 本年比上年增减(%) | 2000 年 |
|---|---|---|---|---|
| 每股收益 | 0.13 | 0.14 | －7.14 | 0.21 |
| 净资产收益率 | 4.27 | 5.03 | －15.11 | 7.54 |
| 扣除非经常性损益的净利润为基础计算的净资产收益率 | 4.13 | 2.43 | 69.96 | 6.95 |
| 每股经营活动产生的现金流量净额 | 0.19 | 0.32 | －40.63 | 0.92 |
| | 2002 年末 | 2001 年末 | 本年末比上年末增减(%) | 2000 年末 |
| 每股净资产 | 2.94 | 2.81 | 4.63 | 2.77 |
| 调整后的每股净资产 | 2.62 | 2.58 | 1.55 | 2.59 |

# 600827 上海友谊集团股份有限公司

## 二〇〇二年年度报告摘选

### 1.上市公司基本情况简介

1.1 基本情况简介

股票简称:友谊股份、友谊 B 股　股票代码:600827、900923

上市交易所:上海证券交易所　注册地址和办公地址:上海市浦东新区商城路 518 号 10 楼

邮政编码:200120　公司国际互联网网址:http://www.shfriendship.com.cn

电子信箱:sfic@sh.cnuninet.net

1.2 联系人和联系方式

董事会秘书:汪龙生　联系地址:上海市浦东新区商城路 518 号 10 楼

电话:58792123　传真:58883303　电子信箱:sfic@sh.cnuninet.net

证券事务代表:屠晓民、鲁洁颖　联系地址:上海市浦东新区商城路 518 号 10 楼

电话:58799358　传真:58883303　电子信箱:sfic@sh.cnuninet.net

### 2.会计数据和财务指标摘要

2.1 主要会计数据　单位:人民币元

| | 2002 年 | 2001 年 | 本年比上年增减(%) | 2000 年 |
|---|---|---|---|---|
| 主营业务收入 | 7,584,635,050.27 | 5,773,095,239.44 | 31.38 | 2,468,244,674.14 |
| 利润总额 | 191,241,139.94 | 122,378,244.25 | 56.27 | 46,820,524.82 |
| 净利润 | 82,515,350.46 | 70,052,811.75 | 17.79 | 41,588,813.33 |
| 扣除非经常性损益的净利润 | 71,802,080.28 | 55,809,550.64 | 28.66 | 40,792,072.70 |
| | 2002 年末 | 2001 年末 | 本年末比上年末增减(%) | 2000 年末 |
| 总资产 | 4,794,806,360.54 | 3,457,442,654.58 | 38.68 | 3,193,390,016.34 |
| 股东权益(不含少数股东权益) | 1,110,631,888.68 | 564,771,493.26 | 96.65 | 494,966,166.25 |
| 经营活动产生的现金流量净额 | 376,029,520.90 | 97,675,678.63 | 284.98 | 242,775,453.44 |

2.2 主要财务指标　单位:人民币元

| | 2002 年 | 2001 年 | 本年比上年增减(%) | 2000 年 |
|---|---|---|---|---|
| 全面摊薄每股收益 | 0.250 | 0.287 | －12.89 | 0.170 |
| 加权平均每股收益 | 0.262 | 0.287 | －8.71 | 0.173 |
| 全面摊薄净资产收益率 | 7.430 | 12.404 | －40.10 | 8.402 |
| 加权平均净资产收益率 | 9.125% | 13.218 | －30.97 | 8.800 |
| 扣除非经常性损益的净利润为基础计算的净资产收益率 | 7.94% | 10.53 | －24.60 | 7.791 |
| 每股经营活动产生的现金流量净额 | 1.139 | 0.400 | 184.75 | 0.994 |
| | 2002 年末 | 2001 年末 | 本年末比上年末增减(%) | 2000 年末 |
| 每股净资产 | 3.364 | 2.312 | 45.50 | 2.026 |
| 调整后的每股净资产 | 1.970 | 1.147 | 71.75 | 1.053 |

# 600828 成都人民商场(集团)股份有限公司

## 二〇〇二年年度报告摘选

### 1.上市公司基本情况简介

1.1 基本情况简介

股票简称:成商集团　股票代码:600828　上市交易所:上海证券交易所

注册地址和办公地址:四川省成都市东御街 19 号　邮政编码:610011

公司国际互联网网址:http://www.cpdsg.com　电子信箱:csgsb@cpdsg.com

1.2 联系人和联系方式

董事会秘书:张学勤　联系地址:四川省成都市东御街 19 号

电话:028－86665088　传真:028－86651176　电子信箱:csdsb@cpdsg.com

### 2.会计数据和财务指标摘要

2.1 主要会计数据　单位:元

| | 2002 年 | 2001 年 | 本年比上年增减(%) | 2000 年 |
|---|---|---|---|---|
| 主营业务收入 | 1,438,386,091.90 | 1,413,073,399.44 | 1.79 | 1,439,517,540.81 |
| 利润总额 | 18,329,870.75 | 26,565,037.02 | －31.00 | 28,877,400.46 |
| 净利润 | 10,616,465.66 | 20,399,187.68 | －47.96 | 23,454,912.81 |
| 扣除非经常性损益的净利润 | 12,030,640.56 | 18,955,674.85 | －36.53 | 20,986,178.89 |
| | 2002 年末 | 2001 年末 | 本年末比上年末增减(%) | 2000 年末 |
| 总资产 | 944,168,270.17 | 963,942,578.64 | －2.05 | 976,118,362.18 |
| 股东权益(不含少数股东权益) | 438,230,807.13 | 436,100,598.27 | 0.49 | 425,690,686.04 |
| 经营活动产生的现金流量净额 | －1,711,434.05 | 41,265,698.17 | －104.15 | 23,082,028.28 |

2.2 主要财务指标　单位:元

| | 2002 年 | 2001 年 | 本年比上年增减(%) | 2000 年 |
|---|---|---|---|---|
| 每股收益 | 0.052 | 0.12 | －56.67 | 0.14 |
| 净资产收益率 | 2.42 | 4.68 | －48.29 | 5.51 |
| 扣除非经常性损益的净利润为基础计算的净资产收益率 | 2.72 | 4.37 | －37.75 | 4.93 |
| 每股经营活动产生的现金流量净额 | －0.01 | 0.24 | －103.46 | 0.14 |
| | 2002 年末 | 2001 年末 | 本年末比上年末增减(%) | 2000 年末 |
| 每股净资产 | 2.16 | 2.58 | －16.28 | 2.51 |
| 调整后的每股净资产 | 1.76 | 2.52 | －30.16 | 2.28 |

# 600830 宁波大红鹰实业投资股份有限公司

## 二〇〇二年年度报告摘选

### 1.上市公司基本情况简介

1.1 基本情况简介

股票简称:大红鹰 股票代码:600830 上市交易所:上海证券交易所

注册地址和办公地址:宁波市开明街130弄48号 邮政编码:315000

电子信箱:dhy@dhyinvest.com

1.2 联系人和联系方式

董事会秘书:林蔚晴 联系地址:宁波市开明街130弄48号

电话:0574－87315310 传真:0574－87294676 电子信箱:dhy@dhyinvst.com

### 2.会计数据和财务指标摘要

2.1 主要会计数据 单位:元

| | 2002年 | 2001年 | 本年比上年增减(%) | 2000年(调整后) |
|---|---|---|---|---|
| 主营业务收入 | 766,636,802.92 | 723,014,134.86 | 6.033 | 442,655,000.10 |
| 利润总额 | 40,575,768.57 | 33,292,077.93 | 21.878 | 44,479,720.90 |
| 净利润 | 23,005,071.11 | 19,296,759.32 | 19.217 | 23,505,460.03 |
| 扣除非经常性损益的净利润 | 6,153,185.68 | 5,583,307.24 | 10.207 | 8,691,768.20 |
| | 2002年末 | 2001年末 | 本年比上年末增减(%) | 2000年末(调整后) |
| 总资产 | 904,621,361.71 | 812,856,492.00 | 11.289 | 568,857,178.94 |
| 股东权益(不含少数股东权益) | 501,092,479.16 | 478,719,316.94 | 4.674 | 332,551,112.45 |
| 经营活动产生的现金流量净额 | －22,180,326.29 | －47,238,085.06 | 53.046 | 16,478,296.77 |

2.2 主要财务指标 单位:元

| | 2002年 | 2001年 | 本年比上年增减(%) | 2000年(调整后) |
|---|---|---|---|---|
| 每股收益 | 0.131 | 0.110 | 19.091 | 0.149 |
| 净资产收益率 | 4.591 | 4.031 | 13.892 | 7.068 |
| 扣除非经常性损益的净利润为基础计算的净资产收益率 | 1.228 | 1.166 | 5.317 | －1.510 |
| 每股经营活动产生的现金流量净额 | －0.127 | －0.270 | 52.963 | 0.104 |
| | 2002年末 | 2001年末 | 本年末比上年末增减(%) | 2000年末(调整后) |
| 每股净资产 | 2.861 | 2.733 | 4.683 | 2.104 |
| 调整后的每股净资产 | 2.788 | 2.639 | 5.646 | 1.951 |

# 600833 上海第一医药股份有限公司

## 二〇〇二年年度报告摘选

### 1.上市公司基本情况简介

1.1 基本情况简介

股票简称:第一医药 股票代码:600833 上市交易所:上海证券交易所

注册地址:上海市黄浦区南京东路616号

办公地址:上海黄浦区浙江中路400号15楼 邮政编码:200001

公司国际互联网网址:http://www.dyyy.com.cn 电子信箱:Shcred@online.sh.cn

1.2 联系人和联系方式

董事会秘书:林安康 联系地址:上海黄浦区浙江中路400号15楼

电话:021－63519121 传真:021－63519122 电子信箱:Shcred@online.sh.cn

### 2.会计数据和财务指标摘要

2.1 主要会计数据

| | 2002年 | 2001年 | 本年比上年增减(%) | 2000年 |
|---|---|---|---|---|
| 主营业务收入 | 476,518,261.44 | 263,233,128.32 | 81.03 | 4,190,595.72 |
| 利润总额 | 15,460,980.17 | 26,347,674.06 | －41.32 | －129,582,011.90 |
| 净利润 | 12,689,903.84 | 22,278,905.93 | －43.04 | －129,582,011.90 |
| 扣除非经常性损益的净利润 | 11,723,602.52 | 12,941,919.31 | －9.41 | －115,577,376.45 |
| | 2002年末 | 2001年末 | 本年末比上年末增减(%) | 2000年末 |
| 总资产 | 478,386,081.82 | 482,760,968.44 | －9.06 | 476,059,583.71 |
| 股东权益(不含少数股东权益) | 176,308,150.62 | 163,569,062.78 | 7.79 | －401,388,272.35 |
| 经营活动产生的现金流量净额 | 25,086,342.78 | 56,493,085.29 | －55.59 | 2,008,680.73 |

2.2 主要财务指标

| | 2002年 | 2001年 | 本年比上年增减(%) | 2000年 |
|---|---|---|---|---|
| 每股收益 | 0.08 | 0.140 | －42.86 | －0.813 |
| 每股收益 | 0.08 | 0.140 | －42.86 | －0.813 |
| 净资产收益率 | 7.20 | 13.62 | －47.14 | －－ |
| 扣除非经常性损益的净利润为基础计算的净资产收益率 | 6.90 | 8.49 | －18.73 | －－ |
| 每股经营活动产生的现金流量净额 | 0.157 | 0.355 | －55.77 | 0.013 |
| | 2002年末 | 2001年末 | 本年末比上年末增减(%) | 2000年末 |
| 每股净资产 | 1.106 | 1.026 | 7.80 | －2.519 |
| 调整后的每股净资产 | 0.998 | 0.970 | 2.89 | －2.562 |

# 600837 上海市都市农商社股份有限公司

## 二〇〇二年年度报告摘选

### 1.上市公司基本情况简介

1.1 基本情况简介

股票简称:都市股份 股票代码:600837 上市交易所:上海证券交易所

注册地址:上海市浦东新区张杨路838号 办公地址:上海市西藏南路765号永惠大厦8楼

邮政编码:200011 电子信箱:suabc@online.sh.cn

1.2 联系人和联系方式

董事会秘书:汪培毅 联系地址:上海市西藏南路765号永惠大厦8楼

电话:63787858 传真:63788881 电子信箱:wangpeiyi@online.sh.cn

### 2.会计数据和财务指标摘要

2.1 主要会计数据

| | 2002年 | 2001年 | 本年比上年增减(%) | 2000年 |
|---|---|---|---|---|
| 主营业务收入 | 135,529,114.72 | 215,386,597.45 | －37.08 | 287,021,907.15 |
| 利润总额 | 27,170,985.31 | 28,984,493.83 | －6.26 | －67,235,870.07 |
| 净利润 | 24,383,588.69 | 26,540,039.84 | －8.13 | －68,897,581.13 |
| 扣除非经常性损益的净利润 | 20,145,009.81 | 19,420,577.32 | 3.73 | －68,897,581.13 |
| | 2002年末 | 2001年末 | 本年末比上年末增减(%) | 2000年末 |
| 总资产 | 485,787,960.92 | 475,575,362.18 | 2.15 | 569,106,208.46 |
| 股东权益(不含少数股东权益) | 260,565,598.48 | 234,623,832.79 | 11.06 | －573,213,502.18 |
| 经营活动产生的现金流量净额 | 15,570,188.60 | 11,702,776.81 | 33.05 | －17,729,797.86 |

2.2 主要财务指标

| | 2002年 | 2001年 | 本年比上年增减(%) | 2000年 |
|---|---|---|---|---|
| 每股收益(全面摊薄) | 0.3114 | 0.4068 | －23.45 | －1.06 |
| 每股收益(加权平均) | 0.3397 | 0.4068 | －16.49 | －1.06 |
| 净资产收益率(全面摊薄) | 9.36% | 11.31% | －17.24 | －－ |
| 净资产收益率(加权平均) | 9.85% | 11.85% | －16.88 | －－ |
| 扣除非经常性损益的净利润为基础计算的净资产收益率 | 8.14% | 8.67% | －6.11 | －－ |
| 每股经营活动产生的现金流量净额 | 0.1989 | 0.1794 | 10.87 | －0.27 |
| | 2002年末 | 2001年末 | 本年末比上年末增减(%) | 2000年末 |
| 每股净资产 | 3.3280 | 3.5960 | －7.45 | －8.97 |
| 调整后的每股净资产 | 3.2739 | 3.5047 | －6.59 | －8.93 |

# 600838 上海九百股份有限公司

## 二〇〇二年年度报告摘选

### 1.上市公司基本情况简介

1.1 基本情况简介

股票简称:上海九百 股票代码:600838 上市交易所:上海证券交易所

注册地址:上海市万航渡路50号

办公地址:上海市南京西路873－881号上海静安新时代大厦9楼

邮政编码:200041 公司国际互联网网址:http://www.sh9buy.com

电子信箱:shanghaijiubai@163.net

1.2 联系人和联系方式

董事会秘书:冯幼苏 联系地址:上海市南京西路873－881号上海静安新时代大厦9楼

电话:021－32100758、021－62729898－838 传真:021－62175212

电子信箱:shanghaijiubai@163.net

证券事务代表:鲍培年 联系地址:上海市南京西路873－881号上海静安新时代大厦9楼

电话:021－62170663、021－62729898－838 传真:021－62175212

电子信箱:shanghaijiubai@163.net

### 2.会计数据和财务指标摘要

2.1 主要会计数据

| | 2002年 | 2001年(调整后) | 比上年增减(%) | 2000年 |
|---|---|---|---|---|
| 主营业务收入 | 515,280,716.97 | 494,617,297.85 | 4.18% | 776,112,985.27 |
| 利润总额 | 13,739,502.00 | －79,396,141.68 | | 15,255,184.50 |
| 净利润 | 3,639,410.02 | －82,196,942.83 | | 4,258,093.88 |
| 扣除非经常性损益的净利润 | －8,522,212.41 | 20,773,452.31 | | －659,299.28 |
| | 2002年末 | 2001年末 | 比上年末增减(%) | 2000年末 |
| 总资产 | 1,477,896,624.28 | 1,416,862,723.79 | 4.31% | 988,767,382.27 |
| 股东权益(不含少数股东权益) | 596,641,859.39 | 593,002,449.37 | 0.61% | 414,480,035.83 |
| 经营活动产生的现金流量净额 | 48,170,335.47 | 112,819,060.31 | －57.30% | 147,832,976.70 |

2.2 主要财务指标

| | 2002年 | 2001年(调整后) | 比上年增减(%) | 2000年 |
|---|---|---|---|---|
| 每股收益 | 0.0091 | －0.2050 | | 0.0180 |
| 净资产收益率 | 0.61% | －13.86% | | 1.03% |
| 扣除非经常性损益的净利润为基础计算的净资产收益率 | －1.43% | 3.50% | | －0.16% |
| 每股经营活动产生的现金流量净额 | 0.1202 | 0.2814 | －57.29% | 0.624 |
| | 2002年末 | 2001年末 | 比上年末增减(%) | 2000年末 |
| 每股净资产 | 1.4883 | 1.4792 | 0.62% | 1.7494 |
| 调整后的每股净资产 | 1.4355 | 1.4208 | 1.03% | 1.5897 |

## 600840 浙江安平创业投资股份有限公司

# 二〇〇二年年度报告摘选

### 1.上市公司基本情况简介

1.1 基本情况简介

股票简称:浙江创业　股票代码:600840　上市交易所:上海证券交易所

注册地址和办公地址:杭州市体育场路 479 号 7 楼　邮政编码:310007

公司国际互联网网址:http://www.600840.com.cn　电子信箱:mail@600840.com.cn

1.2 联系人和联系方式

董事会秘书:林俊波　联系地址:杭州市体育场路 479 号 7 楼

电话:0571－87055977　传真:0571－87055977　电子信箱:mail@600840.com.cn

证券事务代表:王微　联系地址:杭州市体育场路 479 号 7 楼

电话:0571－87055979　传真:0571－87055978　电子信箱:mail@600840.com.cn

### 2.会计数据和财务指标摘要

2.1 主要会计数据　单位:元

| | 2002 年 | 2001 年 | 本年比上年增减(%) | 2000 年 |
|---|---|---|---|---|
| 主营业务收入 | 100,994,350.17 | 154,238,737.64 | －34.52 | 116,868,668.04 |
| 利润总额 | 2,146,936.09 | －5,726,809.73 | －137.49 | 20,119,870.17 |
| 净利润 | 2,764,246.09 | －5,160,088.54 | －153.57 | 17,132,648.24 |
| 扣除非经常性损益的净利润 | －14,842,735.06 | －4,852,491.55 | 205.88 | |
| | 2002 年末 | 2001 年末 | 本年末比上年末增减(%) | 2000 年末 |
| 总资产 | 1,331,399,881.07 | 823,921,367.62 | 61.59 | 321,678,769.51 |
| 股东权益(不含少数股东权益) | 162,112,178.10 | 159,166,192.01 | 1.85 | 161,296,816.84 |
| 经营活动产生的现金流量净额 | －341,404,006.21 | －293,380,541.23 | 16.37 | 38,236,317.31 |

2.2 主要财务指标　单位:元

| | 2002 年 | 2001 年 | 本年比上年增减(%) | 2000 年 |
|---|---|---|---|---|
| 每股收益 | 0.020 | －0.037 | 154.05 | 0.123 |
| 净资产收益率(%) | 1.705 | －3.242 | －152.59 | 10.62 |
| 扣除非经常性损益后的加权平均净资产收益率(%) | －9.245 | －3.049 | －203.21 | |
| 每股经营活动产生的现金流量净额 | －2.443 | －2.099 | 16.39 | 0.274 |
| | 2002 年末 | 2001 年末 | 本年末比上年末增减(%) | 2000 年末(调整后) |
| 每股净资产 | 1.160 | 1.139 | 1.84 | 1.15 |
| 调整后每股净资产 | 1.120 | 1.091 | 2.66 | 1.10 |

## 600856 长春百货大楼集团股份有限公司

# 二〇〇二年年度报告摘选

### 1.上市公司基本情况简介

1.1 基本情况简介

股票简称:长百集团　股票代码:600856　上市交易所:上海证券交易所

注册地址和办公地址:长春市人民大街 77 号　邮政编码:130061

公司国际互联网网址:http://www.600856.com　电子信箱:cbjt@public.cc.jl.cn

1.2 联系人和联系方式

董事会秘书:耿文喜　联系地址:长春市人民大街 77 号

电话:0431－8965414　传真:0431－8920704　电子信箱:cbjt@public.cc.jl.cn

证券事务代表:孙永成　联系地址:长春市人民大街 77 号

电话:0431－8965414　传真:0431－8920704　电子信箱:cbjt@public.cc.jl.cn

### 2.会计数据和财务指标摘要

2.1 主要会计数据

| | 2002 年 | 2001 年 | 本年比上年增减(%) | 2000 年 |
|---|---|---|---|---|
| 主营业务收入 | 343,602,953.08 | 380,578,755.92 | －9.72 | 337,191,429.97 |
| 利润总额 | 2,091,561.11 | 5,525,991.12 | －62.15 | 27,991,479.57 |
| 净利润 | 919,714.40 | 3,784,385.70 | －75.70 | 22,467,800.56 |
| 扣除非经常性损益的净利润 | 2,001,646.80 | 3,088,944.72 | －35.20 | 22,330,776.75 |
| | 2002 年末 | 2001 年末 | 本年末比上年末增减(%) | 2000 年末 |
| 总资产 | 726,397,463.42 | 678,847,569.62 | 7.00 | 707,670,629.06 |
| 股东权益(不含少数股东权益) | 357,163,801.52 | 356,691,851.33 | 0.13 | 353,436,505.86 |
| 经营活动产生的现金流量净额 | 17,857,878.51 | －1,075,576.58 | | 70,364,491.09 |

2.2 主要财务指标

| | 2002 年 | 2001 年 | 本年比上年增减(%) | 2000 年 |
|---|---|---|---|---|
| 每股收益 | 0.005 | 0.021 | －76.19 | 0.123 |
| 净资产收益率 | 0.26 | 1.06 | －75.47 | 6.36 |
| 扣除非经常性损益的净利润为基础计算的净资产收益率 | 0.56 | 0.87 | －35.63 | 6.32 |
| 每股经营活动产生的现金流量净额 | 0.10 | －0.01 | | 0.39 |
| | 2002 年末 | 2001 年末 | 本年末比上年末增减(%) | 2000 年末 |
| 每股净资产 | 1.95 | 1.95 | 0 | 1.93 |
| 调整后的每股净资产 | 1.60 | 1.63 | －1.84 | 1.64 |

## 600857 哈工大首创科技股份有限公司

# 二〇〇二年年度报告摘选

### 1.上市公司基本情况简介

1.1 基本情况简介

股票简称:工大首创　股票代码:600857　上市交易所:上海证券交易所

注册地址和办公地址:宁波市和义路 45 号　邮政编码:315000

公司国际互联网网址:http://www.hitsc.com　电子信箱:dongmi@hitsc.com

1.2 联系人和联系方式

董事会秘书:哈宁　联系地址:宁波市和义路 45 号

电话:(0574)87347621　传真:(0574)87367996　电子信箱:dongmi@hitsc.com

证券事务代表:黄海峰　联系地址:宁波市和义路 45 号

电话:(0574)87347621　传真:(0574)87367996　电子信箱:hhf@hitsc.com

### 2.会计数据和财务指标摘要

2.1 主要会计数据

| | 2002 年 | 2001 年 | 本年比上年增减(%) | 2000 年 |
|---|---|---|---|---|
| 主营业务收入 | 614,938,830.77 | 595,723,144.21 | ＋3.23 | 661,417,368.57 |
| 利润总额 | 24,409,662.11 | 25,999,036.43 | －6.11 | 36,748,789.54 |
| 净利润 | 21,416,812.68 | 23,433,997.01 | －8.61 | 33,120,223.61 |
| 扣除非经常性损益的净利润 | 20,400,037.48 | 20,902,449.16 | －2.40 | 21,581,601.95 |
| | 2002 年 12 月 31 日 | 2001 年 12 月 31 日 | 本年末比上年末增减(%) | 2000 年 12 月 31 日 |
| 总资产 | 571,678,181.31 | 462,393,430.59 | ＋23.63 | 426,140,742.76 |
| 股东权益(不含少数股东权益) | 334,877,582.35 | 323,067,991.47 | ＋3.66 | 309,081,395.22 |
| 经营活动产生的现金流量净额 | 14,267,682.62 | 54,005,290.89 | －73.58 | 25,435,331.77 |

2.2 主要财务指标

| | 2002 年 | 2001 年 | 本年比上年增减(%) | 2000 年 |
|---|---|---|---|---|
| 每股收益 | 0.11 | 0.12 | －8.33 | 0.17 |
| 净资产收益率 | 6.40 | 7.25 | －11.72 | 10.72 |
| 扣除非经常性损益的净利润为基础计算的净资产收益率 | 6.09 | 6.47 | －5.87 | 6.34 |
| 每股经营活动产生的现金流量净额 | 0.07 | 0.28 | －75 | 0.13 |
| | 2002 年末 | 2001 年末 | 本年末比上年末增减(%) | 2000 年末 |
| 每股净资产 | 1.74 | 1.68 | ＋3.57 | 1.61 |
| 调整后的每股净资产 | 1.738 | 1.67 | ＋4.07 | 1.60 |

## 600859 北京王府井百货(集团)股份有限公司

# 二〇〇二年年度报告摘选

### 1.上市公司基本情况简介

1.1 基本情况简介

股票简称:王府井　股票代码:600859　上市交易所:上海证券交易所

注册地址和办公地址:中国北京王府井大街 255 号　邮政编码:100006

公司国际互联网网址:http://www.wfj.com.cn　电子信箱:wfjcc@wfj.com.cn

1.2 联系人和联系方式

董事会秘书:刘冰　联系地址:中国北京王府井大街 255 号

电话:010－65125960　传真:010－65133133　电子信箱:wfjcc@wfj.com.cn

### 2.会计数据和财务指标摘要

2.1 主要会计数据

| | 2002 年 | 2001 年 | 本年比上年增减(%) | 2000 年 |
|---|---|---|---|---|
| 主营业务收入 | 3,325,640,213.34 | 3,104,594,642.71 | 7.12 | 2,267,590,152.46 |
| 利润总额 | 58,338,920.70 | 60,961,717.66 | －4.30 | 23,439,378.38 |
| 净利润 | 24,755,518.64 | 24,414,167.47 | 1.40 | 28,405,772.95 |
| 扣除非经常性损益的净利润 | 26,285,539.03 | 26,200,751.77 | 0.32 | 22,808,405.07 |
| | 2002 年末 | 2001 年末 | 本年末比上年末增减(%) | 2000 年末 |
| 总资产 | 3,049,458,062.37 | 2,999,401,364.12 | 1.67 | 2,885,621,724.06 |
| 股东权益(不含少数股东权益) | 1,531,371,972.95 | 1,525,462,425.61 | 0.39 | 1,519,473,710.49 |
| 经营活动产生的现金流量净额 | 304,629,524.21 | 82,321,729.18 | 270.05 | 185,081,747.94 |

2.2 主要财务指标

| | 2002 年 | 2001 年 | 本年比上年增减(%) | 2000 年 |
|---|---|---|---|---|
| 每股收益 | 0.063 | 0.062 | 1.61 | 0.072 |
| 净资产收益率 | 1.62 | 1.60 | 1.25 | 1.87 |
| 扣除非经常性损益的净利润为基础计算的净资产收益率 | 1.72 | 1.72 | | 1.64 |
| 每股经营活动产生的现金流量净额 | 0.78 | 0.21 | 271.43 | 0.47 |
| | 2002 年 | 2001 年 | 本年末比上年末增减(%) | 2000 年 |
| 每股净资产 | 3.897 | 3.882 | 0.39 | 3.867 |
| 调整后的每股净资产 | 3.499 | 3.484 | 0.43 | 3.389 |

# I.金融、保险业(4家)

## 600000 上海浦东发展银行股份有限公司

### 二〇〇二年年度报告摘选

#### 1.上市公司基本情况简介

1.1 基本情况简介

股票简称:浦发银行 股票代码:600000 上市交易所:上海证券交易所

注册地址:中国·上海市浦东新区浦东南路500号 办公地址:中国·上海市中山东一路12号

邮政编码:200002 公司国际互联网网址:http://www.spdb.com.cn 电子信箱:bdo@spdb.com.cn

1.2 联系人和联系方式

董事会秘书:沈思 联系地址:上海市中山东一路12号

电话:021-63611226 传真:021-63230807 电子信箱:shens2@spdb.com.cn

证券事务代表:杨国平、王景斌 联系地址:上海市中山东一路12号

电话:021-63611226 传真:021-63230807 电子信箱:yanggp@spdb.com.cn、wangjb@spdb.com.cn

#### 2.会计数据和财务指标摘要

2.1 主要会计数据 单位:人民币千元

| | 2002年境内审计数 | 2001年境内审计数 | 本年比上年增减(%) | 2000年境内审计数 调整后 | 调整前 |
|---|---|---|---|---|---|
| 主营业务收入 | 8,156,459 | 6,092,818 | 13.52 | 4,574,130 | 5,710,414 |
| 利润总额 | 1,866,753 | 1,440,712 | 29.56 | 991,120 | 1,231,227 |
| 净利润 | 1,285,309 | 1,061,878 | 21.04 | 797,033 | 957,905 |
| 扣除非经常性损益的净利润 | 1,280,261 | 1,066,154 | 20.08 | 795,607 | 957,540 |
| | 2002年末境内审计数 | 2001年末境内审计数 | 本年末比上年末增减(%) | 2000年末境内审计数 调整后 | 调整前 |
| 总资产 | 279,300,719 | 173,690,683 | 60.80 | 129,740,691 | 130,722,432 |
| 股东权益(不含少数股东权益) | 7,960,476 | 7,066,668 | 12.65 | 6,486,789 | 7,444,769 |
| 经营活动产生的现金流量净额 | 3,102,510 | 1,867,014 | 66.17 | 1,692,157 | 1,692,157 |

2.2 主要财务指标

| | 2002年境内审计数 | 2001年境内审计数 | 本年比上年增减(%) | 2000年境内审计数 调整后 | 调整前 |
|---|---|---|---|---|---|
| 每股收益 | 0.356 | 0.441 | -19.27 | 0.331 | 0.397 |
| 每股收益注2 | 0.328 | | | | |
| 净资产收益率 | 16.15 | 15.03 | 7.45 | 12.29 | 12.87 |
| 扣除非经常性损益的净利润为基础加权计算的净资产收益率 | 16.61 | 15.19 | 9.35 | 13.06 | 13.30 |
| 每股经营活动产生的现金流量净额 | 0.858 | 0.775 | 10.71 | 0.702 | 0.702 |
| | 2002年末境内审计数 | 2001年末境内审计数 | 本年末比上年末增减(%) | 2000年末境内审计数 调整后 | 调整前 |
| 每股净资产 | 2.202 | 2.932 | -24.90 | 2.692 | 3.089 |
| 调整后的每股净资产 | 2.199 | 2.925 | -24.82 | 2.685 | 2.878 |

## 600016 中国民生银行股份有限公司

### 二〇〇二年年度报告摘选

#### 1.上市公司基本情况简介

1.1 基本情况简介

股票简称:民生银行 股票代码:600016 上市交易所:上海证券交易所

注册地址和办公地址:北京市东城区正义路4号 邮政编码:100006

公司国际互联网网址:www.cmbc.com.cn 电子信箱:Cmbc@public.bta.net.cn

1.2 联系人和联系方式

董事会秘书:高 峰 联系地址:北京市东城区正义路4号

电话:010-65269592 传真:010-65229104 电子信箱:cmbc@public.bta.net.cn

证券事务代表:陈崇龙 联系地址:北京市东城区正义路4号

电话:010-65269592 传真:010-65229104 电子信箱:cmbc@public.bta.net.cn

#### 2.会计数据和业务数据摘要

2.1 主要会计数据

(单位:人民币千元)

| | 2002年境内审计数 | 2001年境内审计数 | 本年比上年增减 | 2000年境内审计数 调整后 | 调整前 |
|---|---|---|---|---|---|
| 主营业务收入 | 7,213,677 | 5,119,828 | 2,093,849 | 2,710,108 | 2,710,108 |
| 利润总额 | 1,219,028 | 900,346 | 318,682 | 368,611 | 559,195 |
| 净利润 | 891,540 | 646,370 | 245,170 | 238,615 | 429,166 |
| 扣除非经常性损益的净利润 | 889,109 | 633,263 | 255,846 | 218,036 | 408,587 |
| | 2002年末境内审计数 | 2001年末境内审计数 | 本年末比上年末增减 | 2000年境内审计数 调整后 | 调整前 |
| 总资产 | 246,280,853 | 138,898,420 | 107,382,433 | 69,715,176 | 68,058,215 |
| 总负债 | 240,277,043 | 235,237,012 | 133,473,517 | 64,587,925 | 62,062,477 |
| 股东权益(不含少数股东权益) | 6,003,810 | 5,424,903 | 578,907 | 5,127,251 | 5,995,738 |
| 经营活动产生的现金流量净额 | 35,379,783 | 15,781,251 | 19,598,532 | 1,820,046 | 1,820,046 |

2.2 主要财务指标

| | 2002年境内审计数 | 2001年境内审计数 | 本年比上年增减 | 2000年境内审计数 调整后 | 调整前 |
|---|---|---|---|---|---|
| 每股收益 | 0.34元 | 0.29元 | 0.05元 | 0.14元 | 0.25元 |
| 净资产收益率 | 14.85% | 11.91% | 提高2.94个百分点 | 4.65% | 7.16% |
| 扣除非经常性损益的净利润为基础计算的净资产收益率 | 14.81% | 11.67% | 提高3.14个百分点 | 4.25% | 6.81% |
| 每股经营活动产生的现金流量净额 | 13.68元 | 7.02元 | 6.66元 | 1.05元 | 1.05元 |
| | 2002年末境内审计数 | 2001年末境内审计数 | 本年末比上年末增减 | 2000年末 调整后 | 调整前 |
| 每股净资产 | 2.32元 | 2.41元 | -0.09元 | 2.96元 | 3.47元 |
| 调整后每股净资产 | 2.22元 | 2.31元 | -0.09元 | 2.89元 | 3.33元 |

## 600030 中信证券股份有限公司

### 二〇〇二年年度报告摘选

#### 1.上市公司基本情况简介

1.1 基本情况简介

股票简称:中信证券 股票代码:600030 上市交易所:上海证券交易所

注册地址:深圳市罗湖区湖贝路1030号海龙王大厦(邮政编码:518001)

办公地址:北京市朝阳区新源南路6号京城大厦 邮政编码:100004

办公地址:深圳市罗湖区笋岗路12号中民时代广场B座32-33层 邮政编码:518029

公司国际互联网网址:http://www.ecitic.com http://www.citics.com 电子信箱:zxzq@citics.com

1.2 联系人和联系方式

董事会秘书:吕哲权、关梦珠 联系地址:北京市朝阳区新源南路6号京城大厦三层

电话:010-84864818-61100、63061 传真:010-84868301

电子信箱:luzq@citics.com、gmz@citics.com

证券事务代表:郑京 联系地址:北京市朝阳区新源南路6号京城大厦三层

电话:010-84864818-61103 传真:010-84865567 电子信箱:zj@citics.com

#### 2.会计数据和财务指标摘要

2.1 主要会计数据(单位:人民币元)

| | 2002年度 | 2001年度 | 本年比上年增减(%) | 2000年度 |
|---|---|---|---|---|
| 主营业务收入 | 826,381,608.02 | 1,900,943,824.25 | -56.53 | 2,278,325,907.76 |
| 利润总额 | 144,527,652.58 | 832,344,580.36 | -82.64 | 1,419,007,572.33 |
| 净利润 | 110,075,821.61 | 629,669,289.52 | -82.52 | 1,129,498,850.08 |
| 扣除非经常性损益的净利润 | 112,532,650.51 | 643,606,152.91 | -82.52 | 1,189,127,777.20 |
| | 2002年末 | 2001年末 | 本年末比上年末增减(%) | 2000年末 |
| 总资产 | 18,639,852,039.07 | 18,666,972,646.16 | -0.15 | 23,566,290,308.08 |
| 股东权益(不含少数股东权益) | 5,115,728,759.21 | 3,324,919,545.67 | 53.86 | 4,017,500,282.72 |
| 经营活动产生的现金流量净额 | -6,626,278,129.17 | -3,568,509,274.08 | -85.69 | 12,341,580,869.39 |

2.2 主要财务指标(单位:人民币元)

| | 2002年度 | 2001年度 | 本年比上年增减(%) | 2000年度 |
|---|---|---|---|---|
| 每股收益 | 0.04 | 0.30 | -86.67 | 0.54 |
| 净资产收益率 | 2.15% | 18.94% | -88.65 | 28.11% |
| 扣除非经常性损益的净利润为基础计算的净资产收益率 | 3.33% | 16.74% | -80.11 | 32.94% |
| 每股经营活动产生的现金流量净额 | -2.67 | -1.71 | -56.14 | 5.93 |
| | 2002年末 | 2001年末 | 本年末比上年末增减(%) | 2000年末 |
| 每股净资产 | 2.06 | 1.60 | 28.75 | 1.93 |
| 调整后的每股净资产 | 2.01 | 1.53 | 31.37 | 1.88 |

## 600036 招商银行股份有限公司

### 二〇〇二年年度报告摘选

#### 1.上市公司基本情况简介

1.1 基本情况简介

股票简称:招商银行 股票代码:600036 上市交易所:上海证券交易所

注册地址和办公地址:深圳市福田区深南大道7088号 邮政编码:518040

公司国际互联网网址:http://www.cmbchina.com 电子信箱:szs@oa.cmbchina.com

1.2 联系人和联系方式

董事会秘书:邵作生 联系地址:深圳市福田区深南大道7088号

电话:0755-83198888 传真:0755-83195200 电子信箱:szs@oa.cmbchina.com

#### 2.会计数据和财务指标摘要

2.1 主要会计数据(境内审计数) (单位:人民币千元)

| | 2002年 | 2001年(调整后) | 本年比上年增减% | 2000年(调整后) |
|---|---|---|---|---|
| 主营业务收入 | 11,796,140 | 10,473,866 | 12.62% | 8,607,246 |
| 利润总额 | 2,570,270 | 2,054,310 | 25.12% | 1,104,712 |
| 净利润 | 1,734,270 | 1,375,310 | 26.10% | 711,365 |
| 扣除非经常性损益的净利润 | 1,712,386 | 1,321,409 | 29.59% | 571,335 |
| | 2002年 | 2001年(调整后) | 本年末比上年末增减% | 2000年(调整后) |
| 总资产 | 371,659,912 | 266,331,405 | 39.55% | 219,560,696 |
| 总负债 | 355,628,091 | 261,419,306 | 36.04% | 216,023,901 |
| 股东权益(不含少数股东权益) | 16,031,821 | 4,912,099 | 226.37% | 3,536,795 |
| 经营活动产生的现金流量净额 | 33,996,272 | 21,910,949 | 55.16% | 7,585,553 |

2.2 主要财务指标(境内审计数)

| | 2002年 | 2001年(调整后) | 本年比上年增减% | 2000年(调整后) |
|---|---|---|---|---|
| 每股收益 | 0.30元 | 0.33元 | -9.09% | 0.17元 |
| 净资产收益率 | 10.82% | 28.00% | -61.36% | 20.11% |
| 扣除非经常性损益的净利润为基础计算的净资产收益率 | 10.68% | 26.90% | -60.30% | 16.15% |
| 每股经营活动产生的现金流量净额 | 5.96元 | 5.21元 | 14.2% | 1.80元 |
| | 2002/12/31 | 2001/12/31 | 本年末比上年末增减% | 2000/12/31 |
| 每股净资产 | 2.81元 | 1.17元 | 140.17% | 0.84元 |
| 调整后的每股净资产 | 2.70元 | 0.99元 | 172.73% | 0.66元 |

# J.房地产业(16家)

## 600064 南京新港高科技股份有限公司

### 二〇〇二年年度报告摘选

#### 1.上市公司基本情况简介

1.1 基本情况简介

股票简称:南京高科 股票代码:600064 上市交易所:上海证券交易所
注册地址:南京经济技术开发区内 办公地址:南京经济技术开发区新港大道100号5楼
邮政编码:210038
公司国际互联网网址:http://www.njgaoke.com 电子信箱:600064@secure.sse.com.cn

1.2 联系人和联系方式

董事会秘书:何金耿 联系地址:南京经济技术开发区新港大道100号5楼
电话:025-5800946 传真:025-5800941 电子信箱:tianzi_xie@163.net
证券事务代表:谢建晖 联系地址:南京经济技术开发区新港大道100号5楼
电话:025-5800946 传真:025-5800941 电子信箱:tianzi_xie@163.net

#### 2.会计数据和财务指标摘要

2.1 主要会计数据

| | 2002年 | 2001年 | 本年比上年增减(%) | 2000年 |
|---|---|---|---|---|
| 主营业务收入 | 840,238,825.70 | 512,912,383.96 | 63.82% | 881,016,310.12 |
| 利润总额 | 79,375,601.72 | 83,798,886.00 | -5.28 | 131,875,892.15 |
| 净利润 | 82,142,356.72 | 70,772,495.44 | 16.07 | 112,603,959.96 |
| 扣除非经常性损益的净利润 | 77,838,672.39 | 74,023,173.48 | 5.15 | 112,603,959.96 |
| | 2002年末 | 2001年末 | 本年末比上年末增减(%) | 2000年末 |
| 总资产 | 2,893,535,186.98 | 2,462,232,556.79 | 17.52 | 2,132,310,720.11 |
| 股东权益(不含少数股东权益) | 1,222,111,240.71 | 1,162,577,412.05 | 5.12 | 1,092,342,588.21 |
| 经营活动产生的现金流量净额 | -11,697,209.77 | -64,305,120.07 | 81.82 | 210,781,814.66 |

2.2 主要财务指标

| | 2002年 | 2001年 | 本年比上年增减(%) | 2000年 |
|---|---|---|---|---|
| 每股收益 | 0.239 | 0.206 | 16.02 | 0.327 |
| 净资产收益率 | 6.72 | 6.087 | 10.4 | 10.30 |
| 扣除非经常性损益的净利润为基础计算的净资产收益率 | 6.37 | 6.37 | 0 | 10.30 |
| 每股经营活动产生的现金流量净额 | -0.034 | -0.187 | 81.82 | 0.612 |
| | 2002年末 | 2001年末 | 本年末比上年末增减(%) | 2000年末 |
| 每股净资产 | 3.55 | 3.38 | 5.03 | 3.174 |
| 调整后的每股净资产 | 3.52 | 3.356 | 4.89 | 3.15 |

## 600215 长春经济技术开发区开发建设(集团)股份有限公司

### 二〇〇二年年度报告摘选

#### 1.上市公司基本情况简介

1.1 基本情况简介

股票简称:长春经开 股票代码:600215 上市交易所:上海证券交易所
注册地址:长春市自由大路118号 办公地址:长春市自由大路118号 邮政编码:130031
电子信箱:ccjk8508@mail.cetdz.com.cn

1.2 联系人和联系方式

董事会秘书:杨永学 联系地址:吉林省长春市自由大路118号
电话:0431-4644225 传真:0431-4630035 电子信箱:ccjk8508@mail.cetdz.com.cn
证券事务代表:卢春 联系地址:吉林省长春市自由大路118号
电话:0431-4644225 传真:0431-4630035

#### 2.会计数据和财务指标摘要

2.1 主要会计数据

单位:人民币元

| | 2002年 | 2001年 | 本年比上年增减(%) | 2000年 |
|---|---|---|---|---|
| 主营业务收入 | 1,059,472,731.80 | 782,679,711.55 | 35.36 | 677,105,635.34 |
| 利润总额 | 223,094,988.89 | 195,150,316.98 | 14.32 | 195,515,542.99 |
| 净利润 | 140,063,866.84 | 142,846,214.60 | -1.95 | 142,617,629.66 |
| 扣除非经常性损益的净利润 | 140,123,720.32 | 123,888,638.54 | 13.10 | 139,640,599.47 |
| | 2002年末 | 2001年末 | 本年末比上年末增减(%) | 2000年末 |
| 总资产 | 3,436,795,130.53 | 2,693,734,441.38 | 27.58 | 2,156,444,691.61 |
| 股东权益(不含少数股东权益) | 1,696,515,521.56 | 1,585,688,349.69 | 6.99 | 1,482,975,572.20 |
| 经营活动产生的现金流量净额 | 70,527,411.29 | 108,577,571.78 | -35.04 | -199,000,978.30 |

2.2 主要财务指标

单位:人民币元

| | 2002年 | 2001年 | 本年比上年增减(%) | 2000年 |
|---|---|---|---|---|
| 每股收益 | 0.4577 | 0.4668 | -1.95 | 0.47 |
| 每股收益注2 | 0.4577 | 0.4668 | -1.95 | 0.47 |
| 净资产收益率 | 8.26 | 9.01 | -6.10 | 9.62 |
| 扣除非经常性损益的净利润为基础计算的净资产收益率 | 8.46 | 8.24 | 2.67 | 8.90 |
| 每股经营活动产生的现金流量净额 | 0.2305 | 0.3548 | -35.03 | -0.6503 |
| | 2002年末 | 2001年末 | 本年末比上年末增减(%) | 2000年末 |
| 每股净资产 | 5.54 | 5.18 | 6.95 | 4.85 |
| 调整后的每股净资产 | 5.52 | 5.10 | 8.24 | 4.81 |

## 600246 北京先锋置业股份有限公司

### 二〇〇二年年度报告摘选

#### 1.上市公司基本情况简介

1.1 基本情况简介

股票简称:先锋股份 股票代码:600246 上市交易所:上海证券交易所
注册地址:北京市海淀区苏州街29号
办公地址:北京市西城区赵登禹路277号先锋商务楼 邮政编码:100034
电子信箱:webmaster@pioneer-bj.com.cn

1.2 联系人和联系方式

董事会秘书:程晓晞 联系地址:北京市西城区赵登禹路277号先锋商务楼
电话:010-66128936 传真:010-66128935 电子信箱:Chengxiaoxi@pioneer-bj.com.cn
证券事务代表:于琛 联系地址:北京市西城区赵登禹路277号先锋商务楼
电话:010-66517537 传真:010-66128935 电子信箱:Yuchen@pioneer-bj.com.cn

#### 2.会计数据和财务指标摘要

2.1 主要会计数据

| | 2002年 | 2001年 | 本年比上年增减(%) | 2000年 |
|---|---|---|---|---|
| 主营业务收入 | 493,156,836.00 | 141,970,446.03 | 247.37 | 189,469,844.47 |
| 利润总额 | 27,681,841.47 | 19,551,965.14 | 41.58 | 23,640,435.40 |
| 净利润 | 30,348,435.94 | 15,904,210.67 | 90.82 | 18,779,210.18 |
| 扣除非经常性损益的净利润 | 32,912,993.95 | 1,238,161.50 | 2558.21 | 19,233,224.94 |
| | 2002年 | 2001年 | 本年末比上年末增减(%) | 2000年 |
| 总资产 | 1,629,437,192.94 | 693,313,725.23 | 135.02 | 417,171,490.14 |
| 股东权益(不含少数股东权益) | 318,584,501.58 | 297,436,065.64 | 7.11 | 283,709,262.60 |
| 经营活动产生的现金流量净额 | -148,497,677.04 | -128,543,990.28 | 15.52 | 13,514,800.00 |

2.2 主要财务指标

| | 2002年 | 2001年 | 本年比上年增减(%) | 2000年 |
|---|---|---|---|---|
| 每股收益 | 0.3299 | 0.1729 | 90.80 | 0.2041 |
| 净资产收益率 | 9.53% | 5.35% | 78.13 | 6.62% |
| 扣除非经常性损益的净利润为基础计算的净资产收益率 | 10.33% | 0.42% | 2359.52 | 6.78% |
| 每股经营活动产生的现金流量净额 | -1.6141 | -1.3972 | 15.52 | 0.1469 |
| | 2002年 | 2001年 | 本年末比上年末增减(%) | 2000年 |
| 每股净资产 | 3.4269 | 3.233 | 6.00 | 3.0838 |
| 调整后的每股净资产 | 3.4263 | 3.2307 | 6.05 | 3.1521 |

## 600322 天津市房地产发展(集团)股份有限公司

### 二〇〇二年年度报告摘选

#### 1.上市公司基本情况简介

1.1 基本情况简介

股票简称:天房发展 股票代码:600322 上市交易所:上海证券交易所
注册地址和办公地址:天津市和平区常德道80号 邮政编码:300050
公司国际互联网网址:http://www.tfgroup.com.cn 电子信箱:fdcdkf@eyou.com

1.2 联系人和联系方式

董事会秘书:陈长来 联系地址:天津市和平区常德道80号
电话:02223122254 传真:02223122254 电子信箱:ccl1127@eyou.com

#### 2.会计数据和财务指标摘要

2.1 主要会计数据

| | 2002年 | 2001年 | 本年比上年增减(%) | 2000年 |
|---|---|---|---|---|
| 主营业务收入 | 515,541,703.05 | 608,679,018.01 | -15.30 | 586,872,370.05 |
| 利润总额 | 46,764,098.21 | 92,936,484.09 | -49.68 | 97,611,169.06 |
| 净利润 | 34,294,261.83 | 66,301,936.10 | -48.28 | 66,903,564.57 |
| 扣除非经常性损益的净利润 | 27,548,053.18 | 68,312,801.47 | -59.67 | |
| | 2002年末 | 2001年末 | 本年末比上年末增减(%) | 2000年末 |
| 总资产 | 2,959,599,776.34 | 3,059,129,286.02 | -3.25 | 2,560,248,251.33 |
| 股东权益(不含少数股东权益) | 1,656,038,843.49 | 1,637,303,329.51 | 1.14 | 1,041,687,358.45 |
| 经营活动产生的现金流量净额 | -158,049,631.13 | -211,180,031.92 | 25.16 | |

2.2 主要财务指标

| | 2002年 | 2001年 | 本年比上年增减(%) | 2000年 |
|---|---|---|---|---|
| 每股收益 | 0.0809 | 0.1565 | -48.31 | 0.2133 |
| 净资产收益率% | 2.0709 | 4.0495 | -48.86 | 6.4226 |
| 扣除非经常性损益的净利润为基础计算的净资产收益率% | 1.6635 | 5.4323 | -69.38 | |
| 每股经营活动产生的现金流量净额 | -0.3730 | -0.4984 | 25.16 | 0.2625 |
| | 2002年末 | 2001年末 | 本年末比上年末增减(%) | 2000年末 |
| 每股净资产 | 3.9084 | 3.8642 | 1.14 | 3.3206 |
| 调整后的每股净资产 | 3.7440 | 3.8210 | -2.02 | 3.2864 |

## 600376 北京天鸿宝业房地产股份有限公司

### 二〇〇二年年度报告摘选

#### 1.上市公司基本情况简介

1.1 基本情况简介

股票简称:天鸿宝业 股票代码:600376 上市交易所:上海证券交易所

注册地址和办公地址:北京市安定门外大街 183 号京宝花园二层 M207 邮政编码:100011

公司国际互联网网址:http://www.tianhong-baoye.com.cn

电子信箱:Gqw@tianhong-baoye.com.cn

1.2 联系人和联系方式

董事会秘书:龚谦炜 联系地址:北京市安定门外大街 183 号京宝花园二层 M207

电话:010-64256268 传真:010-64256258 电子信箱:Gqw@tianhong-baoye.com.cn

证券事务代表:钟宁 联系地址:北京市安定门外大街 183 号京宝花园二层 M207

电话:010-64256117 传真:010-64256258 电子信箱:z-n@tianhong-baoye.com.cn

#### 2.会计数据和财务指标摘要

2.1 主要会计数据 单位:元

| | 2002 年 | 2001 年 | 本年比上年增减(%) | 2000 年 |
|---|---|---|---|---|
| 主营业务收入 | 1,237,222,645.72 | 273,662,875.06 | 352.1 | 350,962,221.13 |
| 利润总额 | 110,837,351.62 | 47,709,752.24 | 132.4 | 95,012,115.31 |
| 净利润 | 66,486,273.57 | 47,709,752.24 | 39.4 | 72,751,614.31 |
| 扣除非经常性损益的净利润 | 63,205,085.24 | 32,343,833.38 | 95.4 | 27,036,052.93 |
| | 2002 年末 | 2001 年末 | 本年末比上年末增减(%) | 2000 年末 |
| 总资产 | 1,354,208,131.74 | 1,033,594,129.60 | 31 | 537,420,111.88 |
| 股东权益(不含少数股东权益) | 681,524,223.04 | 649,677,949.47 | 4.9 | 220,714,502.08 |
| 经营活动产生的现金流量净额 | 294,193,183.13 | -110,633,023.18 | 365.9 | 19,543,694.72 |

2.2 主要财务指标

| | 2002 年 | 2001 年 | 本年比上年增减(%) | 2000 年 |
|---|---|---|---|---|
| 每股收益 | 0.38 | 0.44 | -13.24 | 1.07 |
| 净资产收益率 | 9.76% | 7.34% | 32.97 | 32.96% |
| 扣除非经常性损益的净利润为基础计算的净资产收益率 | 9.27% | 4.98% | 86.14 | 12.26% |
| 每股经营活动产生的现金流量净额 | 1.70 | -1.02 | 266.67 | 0.29 |
| | 2002 年末 | 2001 年末 | 本年末比上年末增减(%) | 2000 年末 |
| 每股净资产 | 3.93 | 6.00 | -34.5 | 3.23 |
| 调整后的每股净资产 | 3.93 | 6.00 | -34.5 | 3.23 |

## 600383 金地(集团)股份有限公司

### 二〇〇二年年度报告摘选

#### 1.上市公司基本情况简介

1.1 基本情况简介

股票简称:金地集团 股票代码:600383 上市交易所:上海证券交易所

注册地址和办公地址:深圳市福田区福强路金地商业大楼 邮政编码:518048

公司国际互联网网址:http://www.goldenfield.com 电子信箱:zxy@goldenfield.com

1.2 联系人和联系方式

董事会秘书:郭国强 联系地址:深圳市福田区福强路金地商业大楼

电话:0755-83303333 传真:0755-83844555 电子信箱:ggq@goldenfield.com

证券事务代表:张晓瑜 联系地址:深圳市福田区福强路金地商业大楼

电话:0755-83844446 传真:0755-83844555 电子信箱:zxy@goldenfield.com

#### 2.会计数据和财务指标摘要

2.1 主要会计数据

| | 2002 年 | 2001 年 | 本年比上年增减(%) | 2000 年 |
|---|---|---|---|---|
| 主营业务收入 | 970,038,396.36 | 662,936,120.72 | 46.32% | 578,997,717.52 |
| 利润总额 | 173,265,784.75 | 141,146,722.87 | 22.76% | 99,092,442.33 |
| 净利润 | 138,146,018.80 | 120,277,004.32 | 14.86% | 84,163,013.70 |
| 扣除非经常性损益的净利润 | 135,780,562.60 | 120,738,752.97 | 12.46% | 85,141,173.52 |
| | 2002 年末 | 2001 年末 | 本年末比上年末增减(%) | 2000 年末 |
| 总资产 | 3,075,772,724.68 | 2,269,934,364.28 | 35.50% | 1,132,508,511.25 |
| 股东权益(不含少数股东权益) | 1,345,599,956.20 | 1,274,953,937.40 | 5.54% | 370,660,929.76 |
| 经营活动产生的现金流量净额 | -264,274,286.32 | -349,226,933.02 | 24.33% | 372,450,448.41 |

2.2 主要财务指标

| | 2002 年 | 2001 年 | 本年比上年增减(%) | 2000 年 |
|---|---|---|---|---|
| 每股收益 | 0.512 | 0.445 | 14.86% | 0.468 |
| 净资产收益率 | 10.27% | 9.43% | 8.91% | 22.71% |
| 扣除非经常性损益的净利润为基础计算的净资产收益率 | 10.10% | 10.12% | -0.20% | 22.46% |
| 每股经营活动产生的现金流量净额 | -0.979 | -1.293 | 24.33% | 2.069 |
| | 2002 年末 | 2001 年末 | 本年末比上年末增减(%) | 2000 年末 |
| 每股净资产 | 4.984 | 4.722 | 5.54% | 2.059 |
| 调整后的每股净资产 | 4.974 | 4.718 | 5.43% | 1.929 |

## 600393 广州东华实业股份有限公司

### 二〇〇二年年度报告摘选

#### 1.上市公司基本情况简介

1.1 基本情况简介

股票简称:东华实业 股票代码:600393 上市交易所:上海证券交易所

注册地址和办公地址:广州市寺右新马路 111-115 号五羊新城广场三十楼 邮政编码:510600

公司国际互联网网址:http://www.gzdh.com.cn 电子信箱:gzdhsy@163.com

1.2 联系人和联系方式

董事会秘书:蔡锦鹭 联系地址:广州市寺右新马路 111-115 号五羊新城广场三十楼

电话:020-87393888-8339 传真:020-87386297 电子信箱:caijinlu@163.net

证券事务代表:王德涛 联系地址:广州市寺右新马路 111-115 号五羊新城广场三十楼

电话:020-87393888-8383 传真:020-87386297 电子信箱:Mr.Wangdetao@163.net

#### 2.会计数据和财务指标摘要

2.1 主要会计数据

| | 2002 年 | 2001 年 2001 年调整后 | 2001 年调整前 | 本年比上年增减(%) | 2000 年 |
|---|---|---|---|---|---|
| 主营业务收入 | 137,280,820.79 | 217,242,317.81 | 217,242,317.81 | -36.81 | 243,003,847.68 |
| 利润总额 | 61,093,571.98 | 70,813,615.28 | 71,193,067.84 | -13.73 | 71,689,310.56 |
| 净利润 | 35,689,162.64 | 48,168,791.08 | 47,033,493.21 | -25.91 | 53,072,653.96 |
| 扣除非经常性损益的净利润 | 13,762,701.27 | 16,874,482.44 | 15,448,758.50 | -18.44 | 53,685,070.96 |
| | 2002 年末 | 2001 年末 | | 本年末比上年末增减(%) | 2000 年末 |
| 总资产 | 838,967,631.26 | 785,969,569.07 | | 6.74 | 708,653,869.98 |
| 股东权益(不含少数股东权益) | 456,810,244.16 | 421,754,513.38 | | 8.31 | 385,926,616.54 |
| 经营活动产生的现金流量净额 | 14,986,664.44 | -97,083,733.48 | | 115.44 | 40,860,456.08 |

2.2 主要财务指标

| | 2002 年 | 2001 年 2001 年调整后 | 2001 年调整前 | 本年比上年增减(%) | 2000 年 |
|---|---|---|---|---|---|
| 每股收益 | 0.1784 元/股 | 0.2408 元/股 | 0.2352 元/股 | -25.91 | 0.5307 元 |
| 净资产收益率 | 7.81% | 11.42% | 11.16% | -31.52 | 13.75% |
| 扣除非经常性损益的净利润为基础计算的净资产收益率 | 3.01% | 4.00% | 3.66% | -24.50 | 13.91% |
| 每股经营活动产生的现金流量净额 | 0.075 元/股 | -0.49 元/股 | -0.49 元/股 | 114.29 | 0.41 元/股 |
| | 2002 年末 | 2001 年末 | | 本年末比上年末增减(%) | 2000 年末 |
| 每股净资产(元) | 2.28 | 2.11 | | 8.06 | 3.86 |
| 调整后的每股净资产(元) | 2.28 | 1.94 | | 17.53 | 3.78 |

## 600533 南京栖霞建设股份有限公司

### 二〇〇二年年度报告摘选

#### 1.上市公司基本情况简介

1.1 基本情况简介

股票简称:栖霞建设 股票代码:600533 上市交易所:上海证券交易所

注册地址:南京市栖霞区和燕路 251 号

办公地址:南京市玄武区龙蟠路 218 号 邮政编码:210037

公司国际互联网网址:http://www.chixia.com 电子信箱:600533@chixia.com

1.2 联系人和联系方式

董事会秘书:王建优 联系地址:南京市龙蟠路 218 号兴隆大厦 2107 室

电话:025-5600533 传真:025-5502482 电子信箱:600533@chixia.com

证券事务代表:周文龙 联系地址:南京市龙蟠路 218 号兴隆大厦 2107 室

电话:025-5600533 传真:025-5502482 电子信箱:600533@chixia.com

#### 2.会计数据和财务指标摘要

2.1 主要会计数据

| | 2002 年(本年) | 2001 年(上年) | 本年比上年增减(%) | 2000 年 |
|---|---|---|---|---|
| 主营业务收入 | 366,086,606.85 | 324,073,503.78 | 12.96 | 232,601,651.59 |
| 利润总额 | 72,353,993.57 | 78,094,323.28 | -7.35 | 44,659,788.31 |
| 净利润 | 42,304,942.58 | 41,525,512.28 | 1.88 | 28,120,548.42 |
| 扣除非经常性损益的净利润 | 42,713,357.48 | 41,768,287.75 | 2.26 | 28,371,325.67 |
| | 2002 年末(本年末) | 2001 年末(上年末) | 本年末比上年末增减(%) | 2000 年末 |
| 总资产 | 852,501,656.13 | 558,968,381.44 | 52.51 | 476,059,932.99 |
| 股东权益(不含少数股东权益) | 490,015,983.75 | 154,140,500.62 | 217.90 | 147,933,756.33 |
| 经营活动产生的现金流量净额 | -110,587,582.87 | -111,807,079.27 | 1.09 | -41,326,330.90 |

2.2 主要财务指标

| | 2002 年(本年) | 2001 年(上年) | 本年比上年增减(%) | 2000 年 |
|---|---|---|---|---|
| 每股收益 | 0.30 | 0.42 | -28.57 | 0.28 |
| 净资产收益率 | 8.63% | 26.94% | -67.97 | 19.01% |
| 扣除非经常性损益的净利润为基础计算的净资产收益率 | 8.72% | 27.09% | -67.81 | 19.19% |
| 每股经营活动产生的现金流量净额 | -0.79 | -1.12 | 29.46 | -0.41 |
| | 2002 年末(本年末) | 2001 年末(上年末) | 本年末比上年末增减(%) | 2000 年末 |
| 每股净资产 | 3.50 | 1.54 | 127.27 | 1.48 |
| 调整后的每股净资产 | 3.48 | 1.53 | 127.45 | 1.47 |

## 600603 上海兴业房产股份有限公司

### 二〇〇二年年度报告摘选

#### 1.上市公司基本情况简介

1.1 基本情况简介

股票简称:ST兴业 股票代码:600603 上市交易所:上海证券交易所

注册地址:上海市四川南路38号 办公地址:上海市长乐路333号 邮政编码:200031

电子信箱:Xingyeb@online.sh.cn

1.2 联系人和联系方式

董事会秘书:祁勇 联系地址:上海市长乐路333号

电话:021-54042455 传真:021-54045488 电子信箱:Xingyeb@online.sh.cn

#### 2.会计数据和财务指标摘要

2.1 主要会计数据

| | 2002年 | 2001年 | 本年比上年增减(%) | 2000年 |
|---|---|---|---|---|
| 主营业务收入 | 33,367,496.19 | 72,571,057.81 | -54.02 | 225,969,883.19 |
| 利润总额 | -654,427,697.14 | -360,159,411.52 | -81.71 | 5,624,184.13 |
| 净利润 | -654,402,085.65 | -360,257,085.70 | -81.65 | 4,035,603.26 |
| 扣除非经常性损益的净利润 | -654,402,085.65 | -360,257,085.70 | | 4,035,603.26 |
| | 2002年末 | 2001年末 | 本年末比上年末增减(%) | 2000年末 |
| 总资产 | 173,799,070.15 | 706,071,294.36 | -75.39 | 1,146,184,190.85 |
| 股东权益(不含少数股东权益) | -626,915,379.10 | 16,959,158.70 | -3,796.62 | 378,568,832.95 |
| 经营活动产生的现金流量净额 | -1,455,428.83 | 43,897,729.99 | -103.32 | -191,012,497.32 |

2.2 主要财务指标

| | 2002年 | 2001年 | 本年比上年增减(%) | 2000年 |
|---|---|---|---|---|
| 每股收益(元)摊薄 | -3.3621 | -1.8509 | -81.65 | 0.02 |
| 扣除非经营性损益后的每股收益(元) | -3.3621 | -1.8509 | -81.65 | 0.02 |
| 净资产收益率 | -- | -2,124.26 | | 1.07 |
| 扣除非经常性损益的净利润为基础计算的净资产收益率 | -- | -2,124.26 | | 1.07 |
| 每股经营活动产生的现金流量净额 | -0.0075 | 0.2255 | -103.33 | -0.98 |
| | 2002年末 | 2001年末 | 本年末比上年末增减(%) | 2000年末 |
| 每股净资产 | -3.2209 | 0.0871 | -3,797.93 | 1.94 |
| 调整后的每股净资产 | -3.2209 | 0.0871 | -3,799.93 | 1.94 |

## 600634 上海海鸟企业发展股份有限公司

### 二〇〇二年年度报告摘选

#### 1.上市公司基本情况简介

1.1 基本情况简介

股票简称:海鸟发展 股票代码:600634 上市交易所:上海深圳证券交易所

注册地址:上海市余姚路317号 办公地址:上海市江宁路188号13楼

邮政编码:200041 电子信箱:albatrob@online.sh.cn

1.2 联系人和联系方式

董事会秘书:吴裕芹 联系地址:上海市江宁路188号13楼

电话:(021)62678574 传真:(021)32181400

电子信箱:albatrob@online.sh.cn

#### 2.会计数据和财务指标摘要

2.1 主要会计数据

| | 2002年 | 2001年 | 本年比上年增减(%) | 2000年 |
|---|---|---|---|---|
| 主营业务收入 | 392,657,140.94 | 182,581,517.01 | 115 | 181,350,068.98 |
| 利润总额 | 51,889,650.64 | 40,201,717.45 | 29.07 | 4,742,783.76 |
| 净利润 | 25,705,160.04 | 27,935,908.78 | -7.99 | 4,185,575.64 |
| 扣除非经常性损益的净利润 | 25,694,615.85 | 28,597,031.27 | -10.15 | 3,406,255.73 |
| | 2002年末 | 2001年末 | 本年末比上年末增减(%) | 2000年末 |
| 总资产 | 975,117,332.28 | 913,822,448.60 | 6.71 | 276,460,114.94 |
| 股东权益(不含少数股东权益) | 236,429,823.17 | 210,724,663.13 | 12.20 | 184,532,900.69 |
| 经营活动产生的现金流量净额 | -217,012,538.71 | -195,241,924.45 | -11.15 | -4,263,969.92 |

2.2 主要财务指标

| | 2002年 | 2001年 | 本年比上年增减(%) | 2000年 |
|---|---|---|---|---|
| 每股收益(摊薄) | 0.29 | 0.32 | -9.38 | 0.05 |
| 净资产收益率(摊薄) | 10.87 | 13.26 | -18.02 | 2.27 |
| 扣除非经常性损益的净利润为基础计算的净资产收益率(加权) | 11.49 | 14.47 | -20.59 | 1.87 |
| 每股经营活动产生的现金流量净额 | -2.49 | -2.24 | -11.16 | -0.05 |
| | 2002年末 | 2001年末 | 本年末比上年末增减(%) | 2000年末 |
| 每股净资产 | 2.71 | 2.42 | 11.98 | 2.12 |
| 调整后的每股净资产 | 2.69 | 2.42 | 11.16 | 2.11 |

## 600638 上海新黄浦置业股份有限公司

### 二〇〇二年年度报告摘选

#### 1.上市公司基本情况简介

1.1 基本情况简介

股票简称:新黄浦 股票代码:600638 上市交易所:上海证券交易所

注册地址:上海市延安东路110号7楼

办公地址:上海市北京东路668号西楼32、33层 邮政编码:200001

公司国际互联网网址:http://www.600638.com 电子信箱:600638@600638.com

1.2 联系人和联系方式

董事会秘书:李薇洁 联系地址:上海市北京东路668号西楼32层

电话:021-63238888 传真:021-63237777 电子信箱:stock@600638.com

#### 2.会计数据和财务指标摘要

2.1 主要会计数据

| | 2002年 | 2001年 | 本年比上年增减(%) | 2000年 |
|---|---|---|---|---|
| 主营业务收入 | 657,569,193.91 | 347,000,543.31 | 89.50 | 379,615,699.39 |
| 利润总额 | 89,974,133.04 | 71,528,899.98 | 25.79 | 140,857,979.06 |
| 净利润 | 54,172,293.14 | 55,100,789.65 | -1.69 | 122,181,695.17 |
| 扣除非经常性损益的净利润 | 52,514,951.70 | 50,923,788.51 | 3.12 | 115,523,636.27 |
| | 2002年末 | 2001年末 | 本年末比上年末增减(%) | 2000年末 |
| 总资产 | 2,837,365,149.22 | 3,132,108,458.67 | -9.41 | 2,705,805,017.95 |
| 股东权益(不含少数股东权益) | 2,137,569,897.16 | 2,083,397,604.02 | 2.60 | 1,659,974,022.26 |
| 经营活动产生的现金流量净额 | 239,563,734.99 | -271,607,703.81 | 188.20 | 219,239,363.43 |

2.2 主要财务指标

| | 2002年 | 2001年 | 本年比上年增减(%) | 2000年 |
|---|---|---|---|---|
| 每股收益 | 0.0965 | 0.0982 | -1.73 | 0.2357 |
| 净资产收益率 | 2.53% | 2.64% | -4.17 | 0.0736 |
| 扣除非经常性损益的净利润为基础计算的净资产收益率 | 2.46% | 2.44% | 0.82 | 6.96% |
| 每股经营活动产生的现金流量净额 | 0.4269 | -0.4840 | 188.20 | 0.4230 |
| | 2002年末 | 2001年末 | 本年末比上年末增减(%) | 2000年末 |
| 每股净资产 | 3.8092 | 3.7126 | 2.60 | 3.2027 |
| 调整后的每股净资产 | 3.7747 | 3.7054 | 1.87 | 3.1484 |

## 600639 上海金桥出口加工区开发股份有限公司

### 二〇〇二年年度报告摘选

#### 1.上市公司基本情况简介

1.1 基本情况简介

股票简称:浦东金桥、金桥B股 股票代码:600639、900911 上市交易所:上海证券交易所

注册地址和办公地址:上海浦东新金桥路28号 邮政编码:201206

公司国际互联网网址:http://www.goldenbridge.sh.cn 电子信箱:jqepz@publicl.sta.net.cn

1.2 联系人和联系方式

董事会秘书:陈恩华 联系地址:上海浦东新金桥路28号

电话:58991818 传真:58991533 电子信箱:jqepz@publicl.sta.net.cn

证券事务代表:吴海燕 联系地址:上海浦东新金桥路28号

电话:58991818 传真:58991533 电子信箱:jqepz@publicl.sta.net.cn

#### 2.会计数据和财务指标摘要

2.1 主要会计数据 单位:元

| | 2002年 | 2001年 | 本年比上年增减(%) | 2000年(调整后) |
|---|---|---|---|---|
| 主营业务收入 | 678,222,499.06 | 397,290,031.92 | 70.71 | 569,822,694.13 |
| 利润总额 | 127,442,347.34 | 119,817,147.40 | 6.36 | 85,482,387.26 |
| 净利润 | 107,892,721.01 | 97,430,566.67 | 10.74 | 70,250,375.89 |
| 扣除非经常性损益的净利润 | 107,636,878.64 | 92,448,478.38 | 16.43 | 69,219,900.96 |
| | 2002年末 | 2001年末 | 本年末比上年末增减(%) | 2000年末(调整后) |
| 总资产 | 3,223,565,371.99 | 3,034,338,067.41 | 6.24 | 2,588,862,308.00 |
| 股东权益(不含少数股东权益) | 1,746,652,268.25 | 1,638,759,547.24 | 6.58 | 1,543,878,028.82 |
| 经营活动产生的现金流量净额 | 24,754,354.98 | -223,083,778.30 | - | -149,963,544.06 |

2.2 主要财务指标 单位:元

| | 2002年 | 2001年 | 本年比上年增减(%) | 2000年(调整后) |
|---|---|---|---|---|
| 每股收益 | 0.141 | 0.14 | 0.71 | 0.101 |
| 每股收益 | 0.141 | 0.14 | 0.71 | 0.101 |
| 净资产收益率 | 6.18% | 5.95% | 3.87 | 4.55% |
| 扣除非经常性损益的净利润为基础计算的净资产收益率 | 6.36% | 5.81% | 9.47 | 4.61% |
| 每股经营活动产生的现金流量净额 | 0.032 | -0.32 | - | -0.215 |
| | 2002年末 | 2001年末 | 本年末比上年末增减(%) | 2000年末(调整后) |
| 每股净资产 | 2.275 | 2.35 | -3.19 | 2.21 |
| 调整后的每股净资产 | 2.255 | 2.26 | -0.22 | 2.06 |

## 600641 中远发展股份有限公司

### 二〇〇二年年度报告摘选

#### 1.上市公司基本情况简介

1.1 基本情况简介

股票简称:中远发展 股票代码:600641 上市交易所:上海证券交易所

注册地址:上海市浦东南路 2161 号 办公地址:上海市浦东大道 720 号 邮政编码:200120

电子信箱:zhyfzh@online.sh.cn

1.2 联系人和联系方式

董事会秘书:李澜 联系地址:上海市浦东大道 720 号

电话:021－50367878＊6805 传真:021－50366858 电子信箱:zhyfzh@online.sh.cn

证券事务代表:曹曼华 联系地址:上海市浦东大道 720 号

电话:021－50367878＊6805 传真:021－50366858 电子信箱:zhyfzh@online.sh.cn

#### 2.会计数据和财务指标摘要

2.1 主要会计数据 单位:元

| | 2002 年 | 2001 年 | 本年比上年增减(%) | 2000 年 |
|---|---|---|---|---|
| 主营业务收入 | 771,713,792.64 | 761,546,076.85 | 1.34 | 292,491,363.50 |
| 利润总额 | 193,717,734.84 | 264,906,521.82 | －26.87 | 324,224,606.48 |
| 净利润 | 182,836,609.69 | 225,649,128.94 | －18.97 | 280,229,909.13 |
| 扣除非经常性损益的净利润 | 172,589,603.76 | 225,188,504.86 | －23.36 | 178,996,929.05 |
| | 2002 年末 | 2001 年末 | 本年末比上年末增减(%) | 2000 年末 |
| 总资产 | 4,075,628,993.47 | 2,737,539,333.89 | 48.88 | 2,409,572,546.47 |
| 股东权益(不含少数股东权益) | 1,975,130,189.54 | 1,156,035,100.36 | 70.85 | 1,007,047,304.47 |
| 经营活动产生的现金流量净额 | －643,831,388.34 | －153,299,939.41 | －319.98 | －253,997,628.77 |

2.2 主要财务指标

| | 2002 年 | 2001 年 | 本年比上年增减(%) | 2000 年 |
|---|---|---|---|---|
| 每股收益(元) | 0.408 | 0.613 | －21.70 | 0.762 |
| 净资产收益率(%) | 9.26 | 19.52 | －53.64 | 27.83 |
| 扣除非经常性损益的净利润为基础计算的净资产收益率(%) | 8.74 | 19.48 | －56.16 | 17.77 |
| 每股经营活动产生的现金流量净额(元) | －1.44 | －0.417 | －242.86 | －0.69 |
| | 2002 年末 | 2001 年末 | 本年末比上年末增减(%) | 2000 年末 |
| 每股净资产(元) | 4.41 | 3.143 | 40.31 | 2.74 |
| 调整后的每股净资产(元) | 4.41 | 3.142 | 40.36 | 2.73 |

## 600648 上海外高桥保税区开发股份有限公司

### 二〇〇二年年度报告摘选

#### 1.上市公司基本情况简介

1.1 基本情况简介

股票简称:外高桥、外高 B 股 股票代码:600648 900912 上市交易所:上海证券交易所

注册地址:中国上海浦东杨高北路 889 号 邮编:200131

办公地址:中国上海浦东东方路 873 弄 51 号 邮政编码:200120

公司国际互联网网址:http://www.shwgq.com 电子信箱:gudong@shwgq.com

1.2 联系人和联系方式

董事会秘书:王勋 联系地址:中国上海浦东东方路 873 弄 51 号 邮编:200120

电话:021－50580088－2502 传真:021－50581138 电子信箱:gudong@shwgq.com

证券事务代表:郁春豪 联系地址:中国上海浦东东方路 873 弄 51 号 邮编:200120

电话:021－50580088－2502 传真:021－50581138 电子信箱:gudong@shwgq.com

#### 2.会计数据和财务指标摘要

2.1 主要会计数据

| | 2002 年(元) | 2001 年调整后(元) | 本年比上年增减(%) | 2000 年调整后(元) |
|---|---|---|---|---|
| 主营业务收入 | 180,927,147.96 | 203,123,425.27 | －10.93 | 9,249,111.19 |
| 利润总额 | －120,543,425.10 | －10,868,977.82 | 1,009.06 | －7,349,492.87 |
| 净利润 | －123,840,197.27 | 9,170,213.67 | －1,450.46 | 13,918,105.21 |
| 扣除非经常性损益的净利润 | －180,379,516.92 | －31,617,131.35 | 470.51 | －1,295,257.71 |
| | 2002 年末(元) | 2001 年末(元) | 本年末比上年末增减(%) | 2000 年末(元) |
| 总资产 | 3,004,871,274.69 | 2,890,549,463.70 | 3.96 | 2,752,175,661.07 |
| 股东权益(不含少数股东权益) | 1,285,696,033.87 | 1,359,013,692.26 | －5.39 | 1,367,491,792.26 |
| 经营活动产生的现金流量净额 | 25,836,368.28 | 77,603,712.72 | －66.71 | 22,913,329.42 |

2.2 主要财务指标

| | 2002 年 | 2001 年 | 本年比上年增减(%) | 2000 年 |
|---|---|---|---|---|
| 每股收益(元) | －0.1662 | 0.0123 | －1,450.46 | 0.0205 |
| 净资产收益率(%) | －9.63 | 0.67 | －1,537.31 | 1.02 |
| 扣除非经常性损益后的加权平均的净资产收益率(%) | －14.03 | －2.30 | －510 | －0.09 |
| 每股经营活动产生的现金流量净额(元) | 0.0347 | 0.1042 | －66.71 | 0.0338 |
| | 2002 年末 | 2001 年末 | 本年末比上年末增减(%) | 2000 年末 |
| 每股净资产(元) | 1.7256 | 1.8240 | －5.39 | 2.0190 |
| 调整后的每股净资产(元) | 1.5847 | 1.7608 | －10.00 | 1.9567 |

## 600663 上海陆家嘴金融贸易区开发股份有限公司

### 二〇〇二年年度报告摘选

#### 1.上市公司基本情况简介

1.1 基本情况简介

股票简称:陆家嘴、陆家 B 股 股票代码:600663、900932 上市交易所:上海证券交易所

注册地址和办公地址:上海市浦东大道 981 号 邮政编码:200135

公司国际互联网网址:http://www.shld.com 电子信箱:invest@ljz.com.cn

1.2 联系人和联系方式

董事会秘书:张日法 联系地址:浦东大道 981 号

电话:021－58878888－529 传真:021－58873688 电子信箱:rfzhang@ljz.com.cn

#### 2.会计数据和财务指标摘要

2.1 主要会计数据(单位:万元)

| | 2002 年 | 2001 年 | 本年比上年增减(%) | 2000 年 |
|---|---|---|---|---|
| 主营业务收入 | 215,347.65 | 99,901.14 | 115.56% | 66,331.75 |
| 利润总额 | 60,289.83 | 16,855.81 | 257.68% | 42,052.13 |
| 净利润 | 51,223.61 | 11,751.68 | 335.88% | 35,001.25 |
| 扣除非经常性损益的净利润 | 48,004.24 | 10,730.84 | 347.35% | 29,024.92 |
| | 2002 年末 | 2001 年末 | 本年比上年增减(%) | 2000 年末 |
| 总资产 | 770,758.99 | 752,830.24 | 2.38% | 738,460.17 |
| 股东权益(不含少数股东权益) | 484,391.18 | 442,064.61 | 9.57% | 430,798.03 |
| 经营活动产生的现金流量净额 | 182,996.52 | 41,264.85 | 343.47% | 28,653.28 |

2.2 主要财务指标 单位:元

| | 2002 年 | 2001 年 | 本年比上年增减(%) | 2000 年 |
|---|---|---|---|---|
| 每股收益 | 0.27 | 0.063 | 335.88% | 0.19 |
| 净资产收益率 | 10.57% | 2.66% | 297.80% | 8.12% |
| 扣除非经常性损益的净利润为基础计算的净资产收益率 | 10.26% | 2.46% | 317.61% | 6.72% |
| 每股经营活动产生的现金流量净额 | 0.98 | 0.22 | 343.47% | 0.15 |
| | 2002 年末 | 2001 年末 | 本年比上年增减(%) | 2000 年末 |
| 每股净资产 | 2.59 | 2.37 | 9.57% | 2.31 |
| 调整后的每股净资产 | 2.56 | 2.27 | 12.76% | 2.30 |

## 600675 中华企业股份有限公司

### 二〇〇二年年度报告摘选

#### 1.上市公司基本情况简介

1.1 基本情况简介

股票简称:中华企业 股票代码:600675 上市交易所:上海证券交易所

注册地址:上海市浦东大道 1700 弄 17 号

办公地址:上海市华山路 2 号中华企业大厦 邮政编码:200040

公司国际互联网网址:http://www.cecl.com.cn 电子信箱:zhqy@cecl.com.cn

1.2 联系人和联系方式

董事会秘书:印学青 联系地址:上海市华山路 2 号中华企业大厦

电话:021－62170088 传真:021－62179197 电子信箱:zhqydm@cecl.com.cn

#### 2.会计数据和财务指标摘要

2.1 主要会计数据

| | 2002 年 | 2001 年 | 本年比上年增减(%) | 2000 年 |
|---|---|---|---|---|
| 主营业务收入 | 2,072,065,297.68 | 1,595,508,414.36 | 29.87% | 662,151,362.26 |
| 利润总额 | 351,495,860.54 | 313,890,987.57 | 11.98% | 104,652,385.76 |
| 净利润 | 161,197,547.46 | 161,385,239.70 | －0.12% | 84,862,794.45 |
| 扣除非经常性损益的净利润 | 117,504,348.31 | 152,480,690.90 | －22.94% | 13,360,497.08 |
| | 2002 年末 | 2001 年末 | 本年比上年增减(%) | 2000 年末 |
| 总资产 | 5,159,178,079.90 | 5,194,228,014.96 | －0.67% | 3,734,994,633.49 |
| 股东权益(不含少数股东权益) | 1,373,926,661.64 | 1,320,180,352.21 | 4.07% | 1,169,965,877.80 |
| 经营活动产生的现金流量净额 | 123,049,994.58 | 854,015,836.87 | －85.59% | －6,490,867.72 |

2.2 主要财务指标

| | 2002 年 | 2001 年 | 本年比上年增减(%) | 2000 年 |
|---|---|---|---|---|
| 每股收益 | 0.23 | 0.28 | －17.86% | 0.15 |
| 净资产收益率 | 11.73% | 12.22% | －4.01% | 7.25% |
| 扣除非经常性损益的净利润为基础计算的净资产收益率 | 8.39% | 11.79% | －28.84% | 1.09% |
| 每股经营活动产生的现金流量净额 | 0.18 | 1.47 | －87.76% | －0.01 |
| | 2002 年末 | 2001 年末 | 本年比上年增减(%) | 2000 年末 |
| 每股净资产 | 1.97 | 2.27 | －13.22% | 2.01 |
| 调整后的每股净资产 | 1.95 | 2.03 | －3.94% | 1.96 |

# K.社会服务业(20 家)

## 600007 中国国际贸易中心股份有限公司

### 二〇〇二年年度报告摘选

#### 1.上市公司基本情况简介

1.1 基本情况简介

股票简称:中国国贸　股票代码:600007　上市交易所:上海证券交易所

注册地址:北京建国门外大街一号　办公地址:北京建国门外大街一号国贸行政楼

邮政编码:100004　公司国际互联网网址:http://www.cwtc.com.cn　电子信箱:cwtc@cwtc.con.cn

1.2 联系人和联系方式

董事会秘书:吴荣柯　联系地址:北京建国门外大街一号

电话:010-65052288　传真:010-65053862　电子信箱:dongmi@cwtc.com.cn

证券事务代表:常虹　联系地址:北京建国门外大街一号

电话:010-65052288　传真:010-65053862　电子信箱:dongmi@cwtc.com.cn

#### 2.会计数据和财务指标摘要

2.1 主要会计数据　单位:人民币千元

| | 2002 年(本年) | 2001 年(上年) | 本年比上年增减(%) | 2000 年 |
|---|---|---|---|---|
| 主营业务收入 | 651,988 | 597,067 | 9.20 | 542,814 |
| 利润总额 | 267,204 | 266,713 | 0.18 | 216,567 |
| 净利润 | 175,041 | 178,518 | -1.95 | 145,998 |
| 扣除非经常性损益的净利润 | 195,953 | 179,812 | 8.98 | 132,284 |
| | 2002 年末(本年末) | 2001 年末(上年末) | 本年末比上年末增减(%) | 2000 年末 |
| 总资产 | 3,802,458 | 3,715,014 | 2.35 | 3,664,291 |
| 股东权益(不含少数股东权益) | 2,238,897 | 2,143,301 | 4.46 | 2,048,399 |
| 经营活动产生的现金流量净额 | 372,594 | 324,322 | 14.88 | 314,440 |

2.2 主要财务指标　单位:人民币元

| | 2002 年(本年) | 2001 年(上年) | 本年比上年增减(%) | 2000 年 |
|---|---|---|---|---|
| 每股收益 | 0.22 | 0.22 | 0 | 0.18 |
| 净资产收益率 | 7.82% | 8.33% | -6.12 | 7.13% |
| 扣除非经常性损益的净利润为基础计算的净资产收益率 | 8.78% | 8.41% | 4.40 | 6.42% |
| 每股经营活动产生的现金流量净额 | 0.47 | 0.41 | 14.63 | 0.39 |
| | 2002 年末(本年末) | 2001 年末(上年末) | 本年末比上年末增减(%) | 2000 年末 |
| 每股净资产 | 2.80 | 2.68 | 4.48 | 2.56 |
| 调整后的每股净资产 | 2.49 | 2.37 | 5.06 | 2.54 |

## 600008 北京首创股份有限公司

### 二〇〇二年年度报告摘选

#### 1.上市公司基本情况简介

1.1 基本情况简介

股票简称:首创股份　股票代码:600008　上市交易所:上海证券交易所

注册地址:北京市海淀区双榆树知春路 76 号翠宫饭店写字楼 15 层

办公地址:北京市朝阳区北三环东路 8 号静安中心七层　邮政编码:100028

公司国际互联网网址:http://www.beijingcapital.com.cn　电子信箱:bjcapital@beijingcapital.com.cn

1.2 联系人和联系方式

董事会秘书:郭鹏　联系地址:北京市朝阳区北三环东路 8 号静安中心七层

电话:010-64689035　传真:010-64689030　电子信箱:securities@beijingcapital.com.cn

证券事务代表:顾公　联系地址:北京市朝阳区北三环东路 8 号静安中心七层

电话:010-64689035　传真:010-64689030　电子信箱:securities@beijingcapital.com.cn

#### 2.会计数据和财务指标摘要

2.1 主要会计数据

| | 2002 年度 | 2001 年度 | 本年比上年增减(%) | 2000 年度 |
|---|---|---|---|---|
| 主营业务收入 | 203,190,368.40 | 177,748,031.04 | 14.31% | 166,320,964.00 |
| 利润总额 | 465,138,619.97 | 485,614,802.20 | -4.22% | 447,549,074.08 |
| 净利润 | 460,517,094.31 | 482,015,769.39 | -4.46% | 418,625,220.97 |
| 扣除非经常性损益的净利润 | 446,716,458.01 | 437,763,077.88 | 2.05% | 416,960,205.93 |
| | 2002 年末 | 2001 年末 | 本年末比上年末增减(%) | 2000 年末 |
| 总资产 | 5,981,945,844.66 | 5,133,953,342.36 | 16.52% | 4,996,908,292.75 |
| 股东权益(不含少数股东权益) | 4,011,487,890.33 | 3,939,903,609.53 | 1.82% | 3,849,673,469.23 |
| 经营活动产生的现金流量净额 | 517,699,391.70 | 490,084,887.86 | 5.63% | 414,082,568.38 |

2.2 主要财务指标

| | 2002 年 | 2001 年 | 本年比上年增减(%) | 2000 年 |
|---|---|---|---|---|
| 每股收益 | 0.4187 | 0.4382 | -4.45% | 0.3806 |
| 每股收益 | 0.4187 | 0.4382 | -4.45% | 0.4186 |
| 净资产收益率 | 11.48% | 12.23% | -6.13% | 10.87% |
| 扣除非经常性损益的净利润为基础计算的净资产收益率 | 11.14% | 11.11% | 0.27% | 10.83% |
| 每股经营活动产生的现金流量净额 | 0.4706 | 0.4455 | 5.63% | 0.3764 |
| | 2002 年末 | 2001 年末 | 本年末比上年末增减(%) | 2000 年末 |
| 每股净资产 | 3.6468 | 3.5817 | 1.82% | 3.4997 |
| 调整后的每股净资产 | 3.6450 | 3.5800 | 1.82% | 3.4953 |

## 600054 黄山旅游发展股份有限公司

### 二〇〇二年年度报告摘选

#### 1.上市公司基本情况简介

1.1 基本情况简介

股票简称:黄山旅游、黄山 B 股　股票代码:600054、900942　上市交易所:上海证券交易所

注册地址和办公地址:安徽省黄山市黄山风景区温泉　邮政编码:242709

公司国际互联网网址:http://www.huangshan.cc　电子信箱:hsly@vip.163.com

1.2 联系人和联系方式

董事会秘书:何杰　联系地址:安徽省黄山市黄山风景区温泉

电话:0559-5561113　传真:0559-5561110　电子信箱:hsly@vip.163.com

证券事务代表:黄嘉平　联系地址:安徽省黄山市黄山风景区温泉

电话:0559-5561756　传真:0559-5561110　电子信箱:charleshjp@21cn.com

#### 2.会计数据和财务指标摘要

2.1 主要会计数据　单位:人民币元

| | 2002 年 | 2001 年 | 本年比上年增减(%) | 2000 年(调整后) |
|---|---|---|---|---|
| 主营业务收入 | 456,801,571 | 398,744,553 | 14.56% | 286,030,222 |
| 利润总额 | 56,488,611 | 75,312,842 | -24.99% | 61,687,987 |
| 净利润 | 25,507,902 | 45,812,050 | -44.32% | 45,735,199 |
| 扣除非经常性损益的净利润 | 29,729,560 | 54,870,296 | -45.82% | 45,502,991 |
| | 2002 年末 | 2001 年末 | 本年末比上年末增减(%) | 2000 年末 |
| 总资产 | 995,871,985 | 1,059,890,676 | -6.04% | 956067257 |
| 股东权益(不含少数股东权益) | 750,366,863 | 730,916,961 | 2.66% | 714,482,898 |
| 经营活动产生的现金流量净额 | 124,349,971 | 134,863,719 | -7.80% | 46,258,789 |

2.2 主要财务指标

| | 2002 年 | 2001 年(调整后) | 本年比上年增减(%) | 2000 年(调整后) |
|---|---|---|---|---|
| 每股收益 | 0.08 | 0.15 | -46.67% | 0.15 |
| 净资产收益率(%) | 3.4 | 6.3 | -46.03% | 6.3 |
| 扣除非经常性损益的净利润为基础计算的净资产收益率(%) | 4.0 | 7.5 | -46.67% | 6.3 |
| 每股经营活动产生的现金流量净额 | 0.41 | 0.445 | -7.87% | 0.155 |
| | 2002 年末 | 2001 年末 | 本年末比上年末增减(%) | 2000 年末 |
| 每股净资产 | 2.48 | 2.41 | 2.90% | 2.37 |
| 调整后的每股净资产 | 2.32 | 2.36 | -1.7% | 2.21 |

## 600118 中国天地卫星股份有限公司

### 二〇〇二年年度报告摘选

#### 1.上市公司基本情况简介

1.1 基本情况简介

股票简称:中国卫星　股票代码:600118　上市交易所:上海证券交易所

注册地址和办公地址:北京市海淀区阜成路 16 号航天科技大厦 15 楼　邮政编码:100037

公司国际互联网网址:http://www.spacesat.com.cn　电子信箱:600118@spacesat.com.cn

1.2 联系人和联系方式

董事会秘书:李世锋　联系地址:北京市海淀区阜成路 16 号航天科技大厦 15 楼

电话:010-68768890,010-68371188 转 890　传真:010-68768891

电子信箱:600118@spacesat.com.cn

#### 2.会计数据和财务指标摘要

2.1 主要会计数据　单位:元

| | 2002 年 | 2001 年 | 本年比上年增减(%) | 2000 年 |
|---|---|---|---|---|
| 主营业务收入 | 346,190,720.97 | 280,738,271.62 | 23.31 | 293,921,950.78 |
| 利润总额 | 42,666,573.93 | 16,751,986.19 | 154.70 | 24,382,290.50 |
| 净利润 | 25,080,050.10 | 10,312,489.17 | 143.20 | 16,166,989.44 |
| 扣除非经常性损益的净利润 | 25,510,858.75 | 9,928,559.33 | 156.94 | 19,043,562.72 |
| | 2002 年 12 月 31 日 | 2001 年 12 月 31 日 | 本年末比上年末增减(%) | 2000 年 12 月 31 日 |
| 总资产 | 622,750,145.69 | 351,180,942.94 | 77.33 | 347,677,437.52 |
| 股东权益(不含少数股东权益) | 303,039,102.42 | 277,828,395.36 | 9.07 | 266,431,667.39 |
| 经营活动产生的现金流量净额 | 186,589.55 | 13,272,193.27 | -98.59 | 77,495,409.89 |

2.2 主要财务指标　单位:元

| | 2002 年 | 2001 年 | 本年比上年增减(%) | 2000 年 |
|---|---|---|---|---|
| 每股收益 | 0.13 | 0.05 | 160 | 0.09 |
| 每股收益(加权) | 0.13 | 0.05 | 160 | 0.09 |
| 净资产收益率% | 8.28 | 3.71 | 123.18 | 6.07 |
| 扣除非经常性损益的净利润为基础计算的净资产收益率% | 8.42 | 3.57 | 135.85 | 7.15 |
| 每股经营活动产生的现金流量净额 | 0.001 | 0.070 | -98.57 | 0.409 |
| | 2002 年 12 月 31 日 | 2001 年 12 月 31 日 | 本年末比上年末增减(%) | 2000 年 12 月 31 日 |
| 每股净资产 | 1.60 | 1.47 | 8.84 | 1.41 |
| 调整后的每股净资产 | 1.57 | 1.44 | 9.03 | 1.40 |

## 600138 中青旅控股股份有限公司

### 二〇〇二年年度报告摘选

#### 1.上市公司基本情况简介

1.1 基本情况简介

股票简称:青旅控股 股票代码:600138 上市交易所:上海证券交易所

注册地址:北京市海淀区知春路128号泛亚大厦八层

办公地址:北京市朝阳区东环南路2号艾维克大厦 邮政编码:100022

公司国际互联网网址:http://www.sse.com.cn 电子信箱:zhqb@cyts.com.cn

1.2 联系人和联系方式

董事会秘书:张立军 联系地址:北京市朝阳区东环南路2号艾维克大厦

电话:010－65679900－7720、7721 传真:010－65676317

电子信箱:zhqb@cyts.com.cn

证券事务代表:丁重阳 联系地址:北京市朝阳区东环南路2号艾维克大厦

电话:010－65679900－7720、7721 传真:010－65676317

电子信箱:zhqb@cyts.com.cn

#### 2.会计数据和财务指标摘要

2.1 主要会计数据

| | 2002年 | 2001年 | 本年比上年增减(%) | 2000年 |
|---|---|---|---|---|
| 主营业务收入 | 1,699,377,622.94 | 1,308,568,835.55 | 29.87% | 1,026,583,643.98 |
| 利润总额 | 97,233,838.38 | 119,596,178.70 | －18.70% | 141,337,666.33 |
| 净利润 | 83,185,866.28 | 102,706,856.07 | －19.01% | 118,244,386.05 |
| 扣除非经常性损益的净利润 | 62,296,549.87 | 82,827,590.47 | －24.79% | 95,072,933.27 |
| | 2002年末 | 2001年末 | 本年末比上年末增减(%) | 2000年末 |
| 总资产 | 1,827,961,960.75 | 1,740,785,901.84 | 5.01% | 1,660,852,869.15 |
| 股东权益(不含少数股东权益) | 1,135,655,515.36 | 1,084,858,179.11 | 4.68% | 1,013,447,747.57 |
| 经营活动产生的现金流量净额 | 80,330,422.66 | 66,662,056.26 | 20.50% | 34,938,365.69 |

2.2 主要财务指标

| | 2002年 | 2001年 | 本年比上年增减(%) | 2000年 |
|---|---|---|---|---|
| 每股收益 | 0.312 | 0.386 | －19.01% | 0.44 |
| 净资产收益率 | 7.32% | 9.49% | －22.87% | 11.67% |
| 扣除非经常性损益的净利润为基础计算的净资产收益率 | 5.49% | 7.63% | －28.09% | 9.38% |
| 每股经营活动产生的现金流量净额 | 0.30 | 0.25 | 20.00% | 0.13 |
| | 2002年末 | 2001年末 | 本年末比上年末增减(%) | 2000年末 |
| 每股净资产 | 4.25 | 4.06 | 4.68% | 3.80 |
| 调整后的每股净资产 | 4.17 | 3.88 | 7.39% | 3.65 |

## 600158 中体产业股份有限公司

### 二〇〇二年年度报告摘选

#### 1.公司基本情况简介

1.1 基本情况简介

股票简称:中体产业 股票代码:600158 上市交易所:上海证券交易所

注册地址:天津市新技术产业园区武清开发区三号路

办公地址:北京市朝阳区朝外大街225号 邮政编码:100020

公司国际互联网网址:http://www.sport158.com 电子信箱:csic@sport158.com

1.2 联系人和联系方式

董事会秘书:王戊一 联系地址:北京市朝阳区朝外大街225号

电话:010－65536158 传真:010－65515338 电子信箱:wangwuyi@sport158.com

#### 2.会计数据和财务指标摘要

2.1 主要会计数据 单位:人民币元

| | 2002年 | 2001年 | 本年比上年增减(%) | 2000年 |
|---|---|---|---|---|
| 主营业务收入 | 228,844,542.31 | 206,905,525.18 | 10.60 | 205,108,500.82 |
| 利润总额 | 10,393,557.45 | 20,519,868.86 | －49.35 | 43,783,786.74 |
| 净利润 | 14,084,457.20 | 14,218,704.52 | －0.94 | 48,692,504.21 |
| 扣除非经常性损益的净利润 | 11,349,910.65 | 12,655,929.85 | －10.32 | 56,351,817.64 |
| | 2002年末 | 2001年末 | 本年末比上年末增减(%) | 2000年末 |
| 总资产 | 1,608,830,842.60 | 1,059,355,501.26 | 51.87 | 1,062,122,558.85 |
| 股东权益(不含少数股东权益) | 784,835,430.46 | 776,896,960.02 | 1.02 | 765,044,731.57 |
| 经营活动产生的现金流量净额 | 73,499,444.07 | 73,583,377.81 | －0.11 | 73,264,639.19 |

2.2 主要财务指标

| | 2002年 | 2001年 | 本年比上年增减(%) | 2000年 |
|---|---|---|---|---|
| 每股收益(元) | 0.056 | 0.056 | 0 | 0.2496 |
| 净资产收益率% | 1.79 | 1.83 | －2.19 | 6.36 |
| 扣除非经常性损益的净利润为基础计算的净资产收益率% | 1.45 | 1.63 | －11.04 | 7.37 |
| 每股经营活动产生的现金流量净额(元) | 0.2898 | 0.2901 | | 0.376 |
| | 2002年末 | 2001年末 | 本年末比上年末增减(%) | 2000年末 |
| 每股净资产(元) | 3.094 | 3.063 | 1.01 | 3.921 |
| 调整后的每股净资产(元) | 2.990 | 2.994 | －0.13 | 3.850 |

## 600175 美都控股股份有限公司

### 二〇〇二年年度报告摘选

#### 1.上市公司基本情况简介

1.1 基本情况简介

股票简称:美都控股 股票代码:600175 上市交易所:上海证券交易所

注册地址:杭州市湖墅南路古河巷56号

办公地址:杭州市中山北路中大广场1号楼28层 邮政编码:310003

公司国际互联网网址:建设中 电子信箱:建设中

1.2 联系人和联系方式

董事会秘书:周冀 联系地址:杭州市中山北路中大广场1号楼28层

电话:0571－85777910 传真:0571－85777917 电子信箱:Zhouji70@163.com

证券事务代表:王爱明 联系地址:杭州市中山北路中大广场1号楼28层

电话:0571－85777910 传真:0571－85777917 电子信箱:wam53158@sina.com

#### 2.会计数据和财务指标摘要

2.1 主要会计数据 单位:元

| | 2002年 | 2001年 | 本年比上年增减(%) | 2000年 |
|---|---|---|---|---|
| 主营业务收入 | 49,793,390.08 | 71,213,251.91 | －30.08 | 70,779,424.96 |
| 利润总额 | 75,596.69 | －18,479,810.20 | | 22,120,074.52 |
| 净利润 | 4,040,421.46 | －4,934,017.32 | | 19,403,503.52 |
| 扣除非经常性损益的净利润 | 3,554,373.52 | －17,807,782.33 | | 17,225,304.66 |
| | 2002年末 | 2001年末 | 本年末比上年末增减(%) | 2000年末 |
| 总资产 | 723,185,752.51 | 843,210,192.57 | －14.24 | 651,354,638.11 |
| 股东权益(不含少数股东权益) | 459,178,025.87 | 455,137,604.41 | 0.89 | 414,134,860.49 |
| 经营活动产生的现金流量净额 | －22,416,458.02 | 136,259,662.17 | | 23,035,733.98 |

2.2 主要财务指标 单位:元

| | 2002年 | 2001年 | 本年比上年增减(%) | 2000年 |
|---|---|---|---|---|
| 每股收益 | 0.04 | －0.13 | | 0.18 |
| 净资产收益率 | 0.88 | －3.09 | | 4.68 |
| 扣除非经常性损益的净利润为基础计算的净资产收益率 | 0.03 | －0.17 | | 0.18 |
| 每股经营活动产生的现金流量净额 | －0.21 | 1.28 | | 0.22 |
| | 2002年末 | 2001年末 | 本年末比上年末增减(%) | 2000年末 |
| 每股净资产 | 4.31 | 4.27 | 0.70 | 3.89 |
| 调整后的每股净资产 | 4.22 | 4.17 | 1.20 | 3.76 |

## 600185 西安海星现代科技股份有限公司

### 二〇〇二年年度报告摘选

#### 1.上市公司基本情况简介

1.1 基本情况简介

股票简称:海星科技 股票代码:600185 上市交易所:上海证券交易所

注册地址:陕西省西安市高新技术产业开发区

办公地址:西安高新技术产业开发区科技二路62号

邮政编码:710075 公司国际互联网网址:http://www.seastar.net.cn

电子信箱:ZQB@mail.seastar.com.cn

1.2 联系人和联系方式

董事会秘书:于晓东 联系地址:西安高新技术产业开发区科技二路62号

电话:029－2307606、2307605 传真:029－2307607 电子信箱:yxd@mail.seastar.com.cn

#### 2.会计数据和财务指标摘要

2.1 主要会计数据

| | 2002年(本年) | 2001年(上年) | 本年比上年增减(%) | 2000年 |
|---|---|---|---|---|
| 主营业务收入 | 291,888,190.24 | 307,288,864.91 | －5.01% | 321,960,807.83 |
| 利润总额 | 12,822,662.96 | 12,600,941.15 | 1.76% | 21,680,833.79 |
| 净利润 | 8,562,088.22 | 11,064,274.44 | －22.62% | 19,873,083.35 |
| 扣除非经常性损益的净利润 | 9,713,536.65 | 14,133,919.16 | －31.27% | 20,156,400.00 |
| | 2002年末(本年末) | 2001年末(上年末) | 本年末比上年末增减(%) | 2000年末 |
| 总资产 | 982,559,915.12 | 800,215,149.87 | 22.79% | 780,626,575.89 |
| 股东权益(不含少数股东权益) | 511,934,113.61 | 503,372,025.39 | 1.70% | 492,307,750.95 |
| 经营活动产生的现金流量净额 | 26,668,992.63 | 117,267,541.11 | －77.26% | 23,920,050.68 |

2.2 主要财务指标

| | 2002年(本年) | 2001年(上年) | 本年比上年增减(%) | 2000年 |
|---|---|---|---|---|
| 每股收益 | 0.0393 | 0.0559 | －29.70% | 0.1004 |
| 净资产收益率 | 1.67% | 2.20% | －24.09% | 4.04% |
| 扣除非经常性损益的净利润为基础计算的净资产收益率 | 1.91% | 2.84% | －32.75% | 4.27% |
| 每股经营活动产生的现金流量净额 | 0.1224 | 0.5923 | －79.33% | 0.1208 |
| | 2002年末(本年末) | 2001年末(上年末) | 本年末比上年末增减(%) | 2000年末 |
| 每股净资产 | 2.3505 | 2.5423 | －7.54% | 2.4864 |
| 调整后的每股净资产 | 2.2930 | 2.5301 | －9.37% | 2.4687 |

## 600236 广西桂冠电力股份有限公司

### 二〇〇二年年度报告摘选

#### 1.上市公司基本情况简介

1.1 基本情况简介

股票简称:桂冠电力 股票代码:600236 上市交易所:上海证券交易所

注册地址和办公地址:广西南宁市民主路北四里 6 号 邮政编码:530023

公司国际互联网网址:http://www.ggep.com.cn 电子信箱:ggep@ggep.com.cn

1.2 联系人和联系方式

董事会秘书:张云 联系地址:广西南宁市民主路北四里 6 号

电话:0771-5636271 传真:0771-5620664 电子信箱:zhangyun@ggep.com.cn

#### 2.会计数据和财务指标摘要

2.1 主要会计数据

| | 2002 年 | 2001 年 | 本年比上年增减(%) | 2000 年 |
|---|---|---|---|---|
| 主营业务收入 | 634,761,775.18 | 639,648,361.60 | -0.76 | 647,183,609.19 |
| 利润总额 | 306,207,824.05 | 297,651,997.31 | 2.87 | 351,391,760.82 |
| 净利润 | 258,716,613.27 | 251,139,876.36 | 3.02 | 235,626,507.50 |
| 扣除非经常性损益的净利润 | 253,215,153.14 | 252,001,247.45 | 0.48 | 232,973,707.50 |
| | 2002 年末 | 2001 年末 | 本年末比上年末增减(%) | 2000 年末 |
| 总资产 | 3,859,306,291.59 | 3,089,803,912.43 | 24.90 | 2,946,224,991.71 |
| 股东权益(不含少数股东权益) | 2,618,746,905.46 | 2,501,277,831.41 | 4.70 | 2,358,195,223.66 |
| 经营活动产生的现金流量净额 | 401,248,152.96 | 456,860,934.98 | -12.17 | 354,374,150.92 |

2.2 主要财务指标

| | 2002 年 | 2001 年 | 本年比上年增减(%) | 2000 年 |
|---|---|---|---|---|
| 每股收益 | 0.383 | 0.372 | 2.96 | 0.348 |
| 净资产收益率 | 9.88 | 10.04 | -1.59 | 9.99 |
| 扣除非经常性损益的净利润为基础计算的净资产收益率 | 9.67 | 10.07 | -3.97 | 9.88 |
| 每股经营活动产生的现金流量净额 | 0.59 | 0.68 | -13.24 | 0.53 |
| | 2002 年末 | 2001 年末 | 本年末比上年末增减(%) | 2000 年末 |
| 每股净资产 | 3.88 | 3.70 | 4.86 | 3.49 |
| 调整后的每股净资产 | 3.86 | 3.69 | 4.67 | 3.48 |

## 600258 北京首都旅游股份有限公司

### 二〇〇二年年度报告摘选

#### 1.上市公司基本情况简介

1.1 基本情况简介

股票简称:首旅股份 股票代码:600258 上市交易所:上海证券交易所

注册地址和办公地址:北京西城区复兴门内大街 51 号民族饭店四层 邮政编码:100031

公司国际互联网网址:www.bct2000.com 电子信箱:stock@bct2000.com

1.2 联系人和联系方式

董事会秘书:王志强 联系地址:北京市西城区复兴门内大街 51 号民族饭店 451 房间

电话:010-66014466-451 传真:010-66019471 电子信箱:wzhq@bct2000.com

证券事务代表:段中鹏 联系地址:北京市西城区复兴门内大街 51 号民族饭店 446 房间

电话:010-66014466-446 传真:010-66019471 电子信箱:dzpxx@sohu.com

#### 2.会计数据和财务指标摘要

2.1 主要会计数据

| | 2002 年 | 2001 年 | 本年比上年增减(%) | 2000 年 |
|---|---|---|---|---|
| 主营业务收入 | 1,059,973,763.00 | 1,209,063,699.54 | -12.33% | 749,706,594.11 |
| 利润总额 | 78,170,348.45 | 100,504,144.85 | -22.22% | 85,931,689.10 |
| 净利润 | 66,613,870.61 | 77,328,536.07 | -13.86% | 53,858,217.03 |
| 扣除非经常性损益的净利润 | 49,497,482.49 | 46,285,827.22 | 6.94% | 46,455,904.05 |
| | 2002 年末 | 2001 年末 | 本年末比上年末增减(%) | 2000 年末 |
| 总资产 | 1,615,351,035.56 | 1,108,321,593.39 | 45.75% | 1,098,155,513.38 |
| 股东权益(不含少数股东权益) | 728,796,759.23 | 698,330,364.26 | 4.36% | 667,190,232.08 |
| 经营活动产生的现金流量净额 | 119,602,807.88 | 85,387,163.15 | 40.07% | 53,102,840.67 |

2.2 主要财务指标

| | 2002 年 | 2001 年 | 本年比上年增减(%) | 2000 年 |
|---|---|---|---|---|
| 每股收益(摊薄) | 0.288 | 0.334 | -13.77% | 0.23 |
| 每股收益(加权) | 0.288 | 0.334 | -13.77% | 0.25 |
| 净资产收益率 | 9.14% | 11.07% | -17.44% | 8.07% |
| 扣除非经常性损益的净利润为基础计算的净资产收益率 | 6.79% | 6.63% | 2.41% | 6.96% |
| 每股经营活动产生的现金流量净额 | 0.52 | 0.37 | 40.54% | 0.23 |
| | 2002 年末 | 2001 年末 | 本年末比上年末增减(%) | 2000 年末 |
| 每股净资产 | 3.15 | 3.02 | 4.31% | 2.88 |
| 调整后的每股净资产 | 3.11 | 2.94 | 5.78% | 2.79 |

## 600350 山东基建股份有限公司

### 二〇〇二年年度报告摘选

#### 1.上市公司基本情况简介

1.1 基本情况简介

股票简称:山东基建 股票代码:600350 上市交易所:上海证券交易所

注册地址和办公地址:山东省济南市经十路 71 号山东大学科技园创业中心 邮政编码:250061

公司国际互联网网址:http://www.sdic1.com 电子信箱:600350@secure.sse.com.cn

1.2 联系人和联系方式

董事会秘书:王大为 联系地址:山东省济南市经十路 71 号山东大学科技园创业中心

电话:0531-2662952 传真:0531-2662950 电子信箱:wdw@sdic1.com

证券事务代表:赵晓玲、马宁 联系地址:山东省济南市经十路 71 号山东大学科技园创业中心

电话:0531-2662952 传真:0531-2662950 电子信箱:myning0612@sohu.com

#### 2.会计数据和财务指标摘要

2.1 主要会计数据 单位:元

| | 2002 年 | 2001 年 | 本年比上年增减(%) | 2000 年 |
|---|---|---|---|---|
| 主营业务收入 | 1,401,352,235 | 792,574,490 | 76.81 | 741,302,571 |
| 利润总额 | 675,890,289 | 446,759,203 | 51.29 | 375,196,775 |
| 净利润 | 475,309,804 | 391,369,977 | 21.45 | 375,196,775 |
| 扣除非经常性损益的净利润 | 470,988,261 | 370,103,947 | 27.26 | 365,325,433 |
| | 2002 年末 | 2001 年末 | 本年末比上年末增减(%) | 2000 年末 |
| 总资产 | 7,282,971,189 | 6,272,817,073 | 16.10 | 6,282,439,195 |
| 股东权益(不含少数股东权益) | 5,910,070,450 | 4,515,046,269 | 30.90 | 4,456,265,606 |
| 经营活动产生的现金流量净额 | 715,402,989 | 581,007,421 | 23.13 | 595,742,913 |

2.2 主要财务指标

| | 2002 年 | 2001 年 | 本年比上年增减(%) | 2000 年 |
|---|---|---|---|---|
| 每股收益 | 0.141 | 0.137 | 2.92 | 0.131 |
| 净资产收益率 | 8.04% | 8.70% | -7.27 | 8.42% |
| 扣除非经常性损益的净利润为基础计算的净资产收益率 | 8.23% | 8.00% | -2.88 | 7.90% |
| 每股经营活动产生的现金流量净额 | 0.21 | 0.20 | 5.00 | 0.21 |
| | 2002 年末 | 2001 年末 | 本年末比上年末增减(%) | 2000 年末 |
| 每股净资产 | 1.76 | 1.58 | 11.39 | 1.56 |
| 调整后的每股净资产 | 1.76 | 1.58 | 11.39 | 1.56 |

## 600358 国旅联合股份有限公司

### 二〇〇二年年度报告摘选

#### 1.上市公司基本情况简介

1.1 基本情况简介

股票简称:国旅联合 股票代码:600358 上市交易所:上海证券交易所

注册地址和办公地址:南京市汉中路 89 号金鹰国际商城 18-A 邮政编码:210029

公司国际互联网网址:http://www.cutc.com.cn 电子信箱:webmastber@cutc.com.cn

1.2 联系人和联系方式

董事会秘书:程晓 联系地址:南京市汉中路 89 号金鹰国际商城 18-A

电话:13705162219,0254711172 传真:0254711192

电子信箱:chengxiao@cutc.com.cn

证券事务代表:阎晨光 联系地址:南京市汉中路 89 号金鹰国际商城 18-A

电话:13705162302,0254700026 传真:0254702099

电子信箱:yanchenguang@cutc.com.cn

#### 2.会计数据和财务指标摘要

2.1 主要会计数据

| | 2002 年 | 2001 年 | 本年比上年增减(%) | 2000 年 |
|---|---|---|---|---|
| 主营业务收入 | 75,300,423.47 | 108,374,975.88 | -30.52 | 87,471,836.50 |
| 利润总额 | 15,552,525.60 | 13,571,291.37 | 14.60 | 23,649,254.72 |
| 净利润 | 11,238,107.75 | 10,480,829.09 | 7.23 | 17,186,216.64 |
| 扣除非经常性损益的净利润 | 633,006.95 | 834,915.90 | -24.18 | 13,710,254.28 |
| | 2002 年末 | 2001 年末 | 本年末比上年末增减(%) | 2000 年末 |
| 总资产 | 576,426,031.60 | 571,533,973.62 | 0.86 | 521,378,961.37 |
| 股东权益(不含少数股东权益) | 418,278,514.97 | 409,465,094.30 | 2.15 | 401,597,807.72 |
| 经营活动产生的现金流量净额 | -32,873,049.79 | 17,587,468.16 | -286.91 | 10,334,498.71 |

2.2 主要财务指标

| | 2002 年 | 2001 年 | 本年比上年增减(%) | 2000 年 |
|---|---|---|---|---|
| 每股收益 | 0.05 | 0.08 | -37.50 | 0.12 |
| 净资产收益率 | 2.69% | 2.56% | 5.08 | 4.28% |
| 扣除非经常性损益的净利润为基础计算的净资产收益率 | 0.15% | 0.20% | -25.00 | 3.40% |
| 每股经营活动产生的现金流量净额 | -0.16 | 0.13 | -223.08 | 0.07 |
| | 2002 年末 | 2001 年末 | 本年末比上年末增减(%) | 2000 年末 |
| 每股净资产 | 1.99 | 2.92 | -31.85 | 2.87 |
| 调整后的每股净资产 | 1.94 | 2.82 | -31.21 | 2.80 |

## 600593 大连圣亚海洋世界股份有限公司

### 二〇〇二年年度报告摘选

#### 1.上市公司基本情况简介

1.1 基本情况简介

股票简称:大连圣亚　股票代码:600593　上市交易所:上海证券交易所

注册地址和办公地址:大连市沙河口区中山路 608－6 号　邮政编码:116023

公司国际互联网网址:http://www.sunasia.com　电子信箱:tzb@sunasia.com

1.2 联系人和联系方式

董事会秘书:肖　峰　联系地址:大连市沙河口区中山路 608－6 号

电话:0411－4685225　传真:0411－4685217　电子信箱:tzb@sunasia.com

#### 2.会计数据和财务指标摘要

2.1 主要会计数据

| | 2002 年 | 2001 年 | 本年比上年增减(%) | 2000 年 |
|---|---|---|---|---|
| 主营业务收入 | 69,012,065.96 | 68,024,295.00 | 1.45 | 65,317,008.50 |
| 利润总额 | 31,502,837.85 | 33,760,408.61 | －6.68 | 32,778,191.45 |
| 净利润 | 22,063,122.57 | 23,132,924.45 | －4.62 | 22,604,445.03 |
| 扣除非经常性损益的净利润 | 22,056,499.25 | 23,275,745.45 | －5.24 | 22,674,445.03 |
| | 2002 年末 | 2001 年末 | 本年末比上年末增减(%) | 2000 年末 |
| 总资产 | 382,625,319.88 | 122,372,627.40 | 212.67 | 121,775,895.03 |
| 股东权益(不含少数股东权益) | 325,615,278.01 | 70,019,655.44 | 365.03 | 66,549,716.78 |
| 经营活动产生的现金流量净额 | 33,550,502.64 | 30,388,365.76 | 10.41 | 29,544,078.04 |

2.2 主要财务指标

| | 2002 年 | 2001 年 | 本年比上年增减(%) | 2000 年 |
|---|---|---|---|---|
| 每股收益 | 0.24 | 0.39 | －38.46 | 0.38 |
| 净资产收益率(%) | 6.78 | 33.04 | －79.48 | 33.97 |
| 扣除非经常性损益的净利润为基础计算的净资产收益率(%) | 6.77 | 33.24 | －79.63 | 34.07 |
| 每股经营活动产生的现金流量净额 | 0.37 | 0.51 | －27.45 | 0.49 |
| | 2002 年末 | 2001 年末 | 本年末比上年末增减(%) | 2000 年末 |
| 每股净资产 | 3.54 | 1.17 | 202.56 | 1.11 |
| 调整后的每股净资产 | 3.53 | 1.13 | 212.39 | 1.06 |

## 600611 大众交通(集团)股份有限公司

### 二〇〇二年年度报告摘选

#### 1.上市公司基本情况简介

1.1 基本情况简介

股票简称:大众交通、大众 B 股　股票代码:600611、900903　上市交易所:上海证券交易所

注册地址:上海市浦东新区龙阳路 100 号　办公地址:上海中山西路 1515 号大众大厦

邮政编码:200235　公司国际互联网网址:http://WWW.DZCGROUP.COM

电子信箱:DZJT@82222.COM

1.2 联系人和联系方式

董事会秘书:顾华　联系地址:上海中山西路 1515 号大众大厦 12 楼

电话:64289129　传真:64288660　电子信箱:Guhua@82222.com

证券事务代表:毛雪莹　联系地址:上海中山西路 1515 号大众大厦 11 楼

电话:64289122　传真:64289133　电子信箱:annymao@sohu.com

#### 2.会计数据和财务指标摘要

2.1 主要会计数据　单位:元

| | 2002 年 | 2001 年(调整后) | 本年比上年增减(%) | 2000 年(调整后) |
|---|---|---|---|---|
| 主营业务收入 | 1,955,532,983.99 | 1,659,108,444.89 | 17.87 | 1,355,659,333.58 |
| 利润总额 | 260,322,379.15 | 203,056,972.73 | 28.20 | 204,519,024.25 |
| 净利润 | 221,359,056.56 | 187,580,247.26 | 18.01 | 194,895,626.45 |
| 扣除非经常性损益的净利润 | 213,900,021.11 | 146,999,734.26 | 45.51 | 199,070,910.19 |
| | 2002 年末 | 2001 年末(调整后) | 本年末比上年末增减(%) | 2000 年末(调整后) |
| 总资产 | 4,764,510,442.13 | 4,493,211,167.59 | 6.04 | 3,897,583,851.58 |
| 股东权益(不含少数股东权益) | 2,193,421,329.61 | 2,076,837,822.38 | 5.61 | 1,862,127,982.45 |
| 经营活动产生的现金流量净额 | 410,912,436.83 | 798,674,736.76 | －48.55 | 361,656,414.15 |

2.2 主要财务指标　单位:元

| | 2002 年 | 2001 年(调整后) | 本年比上年增减(%) | 2000 年(调整后) |
|---|---|---|---|---|
| 每股收益 | 0.37 | 0.31 | 19.35 | 0.34 |
| 净资产收益率 | 10.09 | 9.03 | 11.74 | 10.47 |
| 扣除非经常性损益的净利润为基础计算的净资产收益率 | 9.75 | 7.08 | 37.71 | 10.69 |
| 每股经营活动产生的现金流量净额 | 0.686 | 1.33 | －48.42 | 0.64 |
| | 2002 年末 | 2001 年末(调整后) | 本年末比上年末增减(%) | 2000 年末(调整后) |
| 每股净资产 | 3.66 | 3.47 | 5.48 | 3.29 |
| 调整后的每股净资产 | 3.50 | 3.32 | 5.42 | 3.20 |

## 600650 上海新锦江股份有限公司

### 二〇〇二年年度报告摘选

#### 1.上市公司基本情况简介

1.1 基本情况简介

股票简称:新锦江、新锦 B 股　股票代码:600650、900914　上市交易所:上海证券交易所

注册地址:上海市浦东大道 1 号(邮编:200120)

办公地址:上海市长乐路 161 号(邮编:200020)

公司国际互联网网址:http://www.jjtcn.com　电子信箱:jjtco@jjtcn.com

1.2 联系人和联系方式

董事会秘书:王均行先生　联系地址:上海市长乐路 161 号 819 室

电话:021－64151188　传真:021－64726815　电子信箱:jjtco@jjtcn.com

证券事务代表:胡韵先生　联系地址:上海市长乐路 161 号 819 室

电话:021－64151188　传真:021－64726815　电子信箱:jjtco@jjtcn.com

#### 2.会计数据和财务指标摘要

2.1 主要会计数据　单位:人民币元

| | 2002 年 | 2001 年 | 本年比上年增减(%) | 2000 年 |
|---|---|---|---|---|
| 主营业务收入 | 313,427,314 | 251,161,693 | 24.79 | 217,602,519 |
| 利润总额 | 33,896,384 | 14,275,250 | 137.45 | 4,137,972 |
| 净利润 | 15,323,189 | 9,520,332 | 60.95 | 2,388,954 |
| 扣除非经常性损益的净利润 | 13,384,345 | 11,437,156 | 17.03 | 2,670,940 |
| | 2002 年末 | 2001 年末 | 本年末比上年末增减(%) | 2000 年末 |
| 总资产 | 1,941,840,234 | 1,906,135,158 | 1.87 | 1,864,423,843 |
| 股东权益(不含少数股东权益) | 1,534,007,657 | 1,513,183,506 | 1.38 | 1,503,663,174 |
| 经营活动产生的现金流量净额 | 106,360,830 | 82,102,639 | 34.69 | 53,888,682 |

2.2 主要财务指标　单位:人民币元

| | 2002 年 | 2001 年 | 本年比上年增减(%) | 2000 年 |
|---|---|---|---|---|
| 每股收益 | 0.028 | 0.019 | 47.37 | 0.005 |
| 净资产收益率 | 1.00% | 0.63% | 58.73 | 0.16% |
| 扣除非经常性损益的净利润为基础计算的净资产收益率 | 0.88% | 0.76% | 14.47 | 0.18% |
| 每股经营活动产生的现金流量净额 | 0.193 | 0.164 | 21.95 | 0.107 |
| | 2002 年末 | 2001 年末 | 本年末比上年末增减(%) | 2000 年末 |
| 每股净资产 | 2.78 | 3.02 | －7.95 | 3.00 |
| 调整后的每股净资产 | 2.62 | 2.81 | －6.76 | 2.77 |

## 600662 上海强生控股股份有限公司

### 二〇〇二年年度报告摘选

#### 1.上市公司基本情况简介

1.1 基本情况简介

股票简称:强生控股　股票代码:600662　上市交易所:上海证券交易所

注册地址:上海市浦东新区浦建路 145 号

办公地址:上海市南京西路 920 号 18 楼　邮政编码:200041

公司国际互联网网址:http://www.qiangsheng－taxi.com.cn

电子信箱:qiangshenggufen@qiangsheng－taxi.com.cn

1.2 联系人和联系方式

董事会秘书:吴本初　联系地址:上海市南京西路 920 号 18 楼

电话:021－62151181　传真:021－62538782

电子信箱:qiangshenggufen@qiangsheng－taxi.com.cn

#### 2.会计数据和财务指标摘要

2.1 主要会计数据　单位:元

| | 2002 年 | 2001 年 调整后 | 2001 年 调整前 | 本年比上年增减(%) | 2000 年 |
|---|---|---|---|---|---|
| 主营业务收入 | 1,008,576,619.02 | 843,572,427.46 | 843,572,427.46 | 19.56 | 654,389,105.86 |
| 利润总额 | 170,190,198.55 | 136,017,529.11 | 129,714,429.11 | 25.12 | 104,685,071.54 |
| 净利润 | 111,825,619.12 | 97,230,503.75 | 103,533,599.78 | 15.01 | 89,128,214.56 |
| 扣除非经常性损益的净利润 | 87,547,297.41 | 66,177,231.05 | 77,471,964.07 | 32.29 | 81,489,757.25 |
| | 2002 年末 | 2001 年末 调整后 | 2001 年末 调整前 | 本年末比上年末增减(%) | 2000 年末 |
| 总资产 | 1,800,168,287.03 | 1,734,693,052.01 | 1,734,693,052.01 | 3.77 | 1,441,877,648.94 |
| 股东权益 | 1,004,823,515.94 | 930,082,029.62 | 936,385,125.65 | 8.04 | 849,368,579.52 |
| 经营活动产生的现金流量净额 | 285,374,063.11 | 273,668,382.24 | 27,3668,382.24 | 4.28 | 249,395,194.33 |

2.2 主要财务指标　单位:元

| | 2002 年 | 2001 年 调整后 | 2001 年 调整前 | 本年比上年增减(%) | 2000 年 |
|---|---|---|---|---|---|
| 每股收益 | 0.36 | 0.31 | 0.34 | 16.13 | 0.32 |
| 净资产收益率(%) | 11.13 | 10.45 | 11.06 | 6.51 | 10.49 |
| 扣除非经常性损益的净利润为基础计算的净资产收益率 | 8.99 | 7.50 | 8.87 | 19.87 | 10.35 |
| 每股经营活动产生的现金流量净额 | 0.92 | 0.89 | 0.89 | 3.37 | 0.89 |
| | 2002 年末 | 2001 年末 调整后 | 2001 年末 调整前 | 本年末比上年末增减(%) | 2000 年末 |
| 每股净资产 | 3.25 | 3.01 | 3.03 | 7.97 | 3.02 |
| 调整后的每股净资产 | 3.18 | 2.92 | 2.94 | 8.90 | 2.91 |

## 600741 上海巴士实业(集团)股份有限公司

### 二〇〇二年年度报告摘选

#### 1.上市公司基本情况简介

1.1 基本情况简介

股票简称:巴士股份 股票代码:600741 上市交易所:上海证券交易所
注册地址:上海市浦东南路 500 号 办公地址:上海市建国东路 525 号巴士大厦
邮政编码:200025 公司国际互联网网址:http://www.84000.com.cn
电子信箱:office@84000.com.cn

1.2 联系人和联系方式

董事会秘书:王国军 联系地址:上海市建国东路 525 号巴士大厦 18 楼
电话:021－63848484 传真:021－63863118 电子信箱:dm@84000.com.cn
证券事务代表:周沧桑 联系地址:上海市建国东路 525 号巴士大厦 18 楼
电话:021－63848484 传真:021－63863118 电子信箱:dm@84000.com.cn

#### 2.会计数据和财务指标摘要

2.1 主要会计数据 单位:人民币元

| | 2002 年 | 2001 年 | 本年比上年增减(%) | 2000 年 |
|---|---|---|---|---|
| 主营业务收入 | 2,947,219,332.66 | 2,390,322,740.39 | 23.30 | 2,181,409,934.11 |
| 利润总额 | 258,482,216.28 | 220,423,452.43 | 17.27 | 200,564,499.24 |
| 净利润 | 176,877,019.35 | 172,006,581.54 | 2.83 | 149,425,296.68 |
| 扣除非经常性损益的净利润 | 165,428,999.46 | 185,847,798.29 | －10.99 | 153,203,989.52 |
| | 2002 年末 | 2001 年末 | 本年末比上年末增减(%) | 2000 年末 |
| 总资产 | 4,484,785,724.96 | 4,390,989,718.14 | 2.14 | 4,053,270,511.56 |
| 股东权益(不含少数股东权益) | 1,533,952,030.52 | 1,429,127,969.20 | 7.33 | 1,308,074,306.27 |
| 经营活动产生的现金流量净额 | 684,631,209.42 | 526,768,750.16 | 29.97 | 466,352,545.31 |

2.2 主要财务指标 单位:人民币元

| | 2002 年 | 2001 年 | 本年比上年增减(%) | 2000 年 |
|---|---|---|---|---|
| 每股收益 | 0.24 | 0.33 | －27.27 | 0.29 |
| 净资产收益率 | 11.53 | 12.04 | －4.24 | 11.42 |
| 扣除非经常性损益的净利润为基础计算的净资产收益率 | 10.78 | 13.00 | －17.08 | 11.71 |
| 每股经营活动产生的现金流量净额 | 0.94 | 1.02 | －7.84 | 0.90 |
| | 2002 年末 | 2001 年末 | 本年末比上年末增减(%) | 2000 年末 |
| 每股净资产 | 2.11 | 2.76 | －23.55 | 2.52 |
| 调整后的每股净资产 | 1.96 | 2.55 | －23.14 | 2.38 |

## 600749 西藏圣地股份有限公司

### 二〇〇二年年度报告摘选

#### 1.上市公司基本情况简介

1.1 基本情况简介

股票简称:西藏圣地 股票代码:600749 上市交易所:上海证券交易所
注册地址和办公地址:西藏自治区拉萨市林廓东路 6 号 邮政编码:850000
电子信箱:tsdc@hotmail.com

1.2 联系人和联系方式

董事会秘书:霍全生 联系地址:西藏自治区拉萨市林廓东路 6 号
电话:0891－6339150 传真:0891－6339041 电子信箱:tsdc@hotmail.com
证券事务代表:谢勍 联系地址:西藏自治区拉萨市林廓东路 6 号
电话:0891－6339150 传真:0891－6339041 电子信箱:tsdc@hotmail.com

#### 2.会计数据和财务指标摘要

2.1 主要会计数据

| | 2002 年 | 2001 年 | 本年比上年增减(%) | 2000 年 调整后 | 2000 年 调整前 |
|---|---|---|---|---|---|
| 主营业务收入 | 27,642,685.25 | 30,733,718.75 | －10.06 | 38,182,824.94 | 38,182,824.94 |
| 利润总额 | －12,092,341.23 | －27,086,362.27 | －55.36 | 7,791,015.53 | 7,791,015.53 |
| 净利润 | －11,819,343.26 | －26,837,744.20 | 55.96 | 6,672,902.04 | 6,120,314.97 |
| 扣除非经常性损益的净利润 | －11,740,447.66 | －565,532.56 | －1976 | 4,417,204.51 | 3,864,617.44 |
| | 2002 年末 | 2001 年末 | 本年末比上年末增减(%) | 2000 年末 调整后 | 2000 年末 调整前 |
| 总资产 | 164,471,567.29 | 193,788,226.46 | －15.13 | 204,093,362.62 | 204,093,362.62 |
| 股东权益(不含少数股东权益) | 72,690,440.96 | 83,463,054.09 | －12.91 | 110,853,385.46 | 110,300,798.39 |
| 经营活动产生的现金流量净额 | －7,352,927.63 | 14,539,851.73 | －150.57 | 674,939.20 | 674,939.20 |

2.2 主要财务指标

| | 2002 年 | 2001 年 | 本年比上年增减(%) | 2000 年 调整后 | 2000 年 调整前 |
|---|---|---|---|---|---|
| 每股收益 | －0.1477 | －0.3355 | －55.98 | 0.083 | 0.08 |
| 净资产收益率 | －14.77 | －32.16 | －54.07 | 6.02 | 5.55 |
| 扣除非经常性损益的净利润为基础计算的净资产收益率 | －16.15 | －0.68 | －2275.00 | 3.98 | 3.98 |
| 每股经营活动产生的现金流量净额 | －0.09 | 0.18 | －150.00 | 0.008 | 0.008 |
| | 2002 年末 | 2001 年末 | 本年末比上年末增减(%) | 2000 年末 调整后 | 2000 年末 调整前 |
| 每股净资产 | 0.91 | 1.04 | －12.5 | 1.39 | 1.38 |
| 调整后的每股净资产 | 0.91 | 1.03 | －11.65 | 1.20 | 1.19 |

## 600754 上海新亚(集团)股份有限公司

### 二〇〇二年年度报告摘选

#### 1.上市公司基本情况简介

1.1 基本情况简介

股票简称:新亚股份、新亚 B 股 股票代码:600754、900934 上市交易所:上海证券交易所
注册地址:上海市浦东新区浦电路 389 号 12 楼
办公地址:上海市天目西路 285 号 4 楼 邮政编码:200070
公司国际互联网网址:http://www.newasia.sh.cn

1.2 联系人和联系方式

董事会秘书:康鸣 联系地址:上海市天目西路 285 号 4 楼
电话:021－63538008－2404、021－63536304
传真:021－63533021 电子信箱:KM@mail.siyaonline.com

#### 2.会计数据和财务指标摘要

2.1 主要会计数据 金额单位:元

| | 2002 年 | 2001 年(调整后) | 本年比上年增减(%) | 2000 年 |
|---|---|---|---|---|
| 主营业务收入 | 834,198,862 | 793,461,751 | 5.13 | 696,376,729 |
| 利润总额 | 77,771,117 | 58,699,627 | 32.49 | 140,606,532 |
| 净利润 | 61,007,103 | 54,282,264 | 12.39 | 115,843,767 |
| 扣除非经常性损益的净利润 | 21,543,864 | 28,180,000 | －23.55 | 13,911,872 |
| | 2002 年末 | 2001 年末(调整后) | 本年末比上年末增减(%) | 2000 年末 |
| 总资产 | 2,576,337,953 | 2,488,150,786 | 3.54 | 1,889,609,922 |
| 股东权益(不含少数股东权益) | 1,722,265,004 | 1,716,962,169 | 0.31 | 1,207,052,928 |
| 经营活动产生的现金流量净额 | 164,922,778 | 78,531,600 | 110.01 | 478,283,478 |

2.2 主要财务指标 金额单位:元

| | 2002 年 | 2001 年(调整后) | 本年比上年增减(%) | 2000 年 |
|---|---|---|---|---|
| 每股收益 | 0.101 | 0.090 | 12.22 | 0.209 |
| 净资产收益率 | 3.54 | 3.16 | 12.03 | 9.6 |
| 扣除非经常性损益的净利润为基础计算的净资产收益率 | 1.25 | 1.64 | －23.78 | 1.14 |
| 每股经营活动产生的现金流量净额 | 0.273 | 0.130 | 110.00 | 0.86 |
| | 2002 年末 | 2001 年末(调整后) | 本年末比上年末增减(%) | 2000 年末 |
| 每股净资产 | 2.86 | 2.85 | 0.35 | 2.18 |
| 调整后的每股净资产 | 2.61 | 2.62 | －0.38 | 1.97 |

## 600873 西藏明珠股份有限公司

### 二〇〇二年年度报告摘选

#### 1.上市公司基本情况简介

1.1 基本情况简介

股票简称:西藏明珠 股票代码:600873 上市交易所:上海证券交易所
注册地址和办公地址:西藏自治区拉萨市北京西路 224 号 四川省成都市长顺中街 88 号
邮政编码:610031
公司国际互联网网址:http://www.e－tibet.com 电子信箱:pearstar@mail.e－tibet.com

1.2 联系人和联系方式

董事会秘书:陈爱东 联系地址:四川省成都市长顺中街 88 号
电话:028－86600798 传真:028－86600928 电子信箱:xfcad@msn.com

#### 2.会计数据和财务指标摘要

2.1 主要会计数据

单位:人民币元

| 项目 | 2002 年 | 2001 年 | 本年比去年增减(%) | 2000 年(调整后) |
|---|---|---|---|---|
| 主营业务收入 | 34,964,098.43 | 50,438,007.14 | －30.68 | 50,973,813.67 |
| 利润总额 | －18,483,255.89 | －35,474,567.86 | 47.90 | 5,204,605.17 |
| 净利润 | －18,483,255.89 | －35,474,567.86 | 47.90 | 5,204,605.17 |
| 扣除非经常性损益的净利润 | －21,674,969.26 | －15,437,160.98 | －40.41 | 4,931,668.86 |
| | 2002.12.31 | 2001.12.31 | 本年末比去年末增减(%) | 2000.12.31 |
| 总资产 | 433,502,179.75 | 415,014,026.40 | 4.46 | 437,945,465.17 |
| 股东权益(不含少数股东权益) | 196,021,361.77 | 214,504,617.66 | －8.62 | 249,575,959.22 |
| 经营活动产生的现金流量净额 | 14,673,920.04 | 7,492,309.45 | 95.86 | 13,555,986.14 |

2.2 主要财务指标

单位:人民币元

| 项目 | 2002 年 | 2001 年 | 本年比去年增减(%) | 2000 年 |
|---|---|---|---|---|
| 每股收益 | －0.171 | －0.328 | 47.87 | 0.047 |
| 净资产收益率(全面摊薄%) | －9.43 | －16.54 | 42.99 | 2.10 |
| 扣除非经常性损益的净利润为基础计算的净资产收益率% | －11.06 | －7.20 | －53.62 | 1.98 |
| 每股经营活动产生的现金流量净额 | 0.136 | 0.069 | 97.11 | 0.125 |
| | 2002.12.31 | 2001.12.31 | 本年末比去年末增减(%) | 2000.12.31 |
| 每股净资产 | 1.811 | 1.980 | －8.54 | 2.293 |
| 调整后每股净资产 | 1.620 | 1.950 | －16.93 | 2.252 |

# L.传播与文化产业(8家)

## 600037 北京歌华有线电视网络股份有限公司

### 二○○二年年度报告摘选

#### 1.上市公司基本情况简介

1.1 基本情况简介

股票简称:歌华有线 股票代码:600037 上市交易所:上海证券交易所
注册地址:北京市海淀区皂君庙甲2号 办公地址:北京市海淀区花园北路35号东门
邮政编码:100083 公司国际互联网网址:http://www.bgctv.com.cn
电子信箱:bgctv@bgctv.com.cn

1.2 联系人和联系方式

董事会秘书:廖莹 联系地址:北京市海淀区花园北路35号东门
电话:010－62035573 传真:010－62035573 电子信箱:liaoying@bgctv.com.cn

#### 2.会计数据和财务指标摘要

2.1 主要会计数据

| | 2002年 | 2001年 | 本年比上年增减(%) | 2000年 |
|---|---|---|---|---|
| 主营业务收入 | 469,276,936.28 | 328,643,006.49 | 42.79 | 231,726,197.86 |
| 利润总额 | 164,907,513.15 | 154,830,535.83 | 6.51 | 118,919,974.40 |
| 净利润 | 149,636,569.28 | 142,347,206.39 | 5.12 | 108,971,474.50 |
| 扣除非经常性损益的净利润 | 153,781,474.00 | 127,022,866.87 | 21.07 | 109,315,401.66 |
| | 2002年 | 2001年 | 本年比上年增减(%) | 2000年 |
| 总资产 | 2,134,323,579.18 | 1,925,527,358.86 | 10.84 | 604,347,731.41 |
| 股东权益(不含少数股东权益) | 1,726,870,104.72 | 1,629,883,535.44 | 5.95 | 328,317,483.81 |
| 经营活动产生的现金流量净额 | 283,494,772.35 | 171,621,633.84 | 65.19 | 125,256,243.47 |

2.2 主要财务指标

| | 2002年 | 2001年 | 本年比上年增减(%) | 2000年 |
|---|---|---|---|---|
| 每股收益 | 0.43 | 0.53 | －18.87 | 0.57 |
| 净资产收益率 | 8.67 | 8.73 | －0.69 | 33.19 |
| 扣除非经常性损益的净利润为基础计算的加权平均净资产收益率 | 9.02 | 8.76 | 2.97 | 31.34 |
| 每股经营活动产生的现金流量净额 | 0.81 | 0.64 | 26.56 | 0.66 |
| | 2002年 | 2001年 | 本年比上年增减(%) | 2000年 |
| 每股净资产(全面摊薄) | 4.92 | 6.04 | －18.54 | 1.73 |
| 调整后的每股净资产 | 4.89 | 5.99 | －18.36 | 1.70 |

## 600088 中视传媒股份有限公司

### 二○○二年年度报告摘选

#### 1.上市公司基本情况简介

1.1 基本情况简介

股票简称:中视传媒 股票代码:600088 上市交易所:上海证券交易所
注册地址和办公地址:上海市浦东新区福山路新天国际大厦17层A座 邮政编码:200122
公司国际互联网网址:http://www.ctv－media.com.cn 电子信箱:ctvoffice@ctv－media.com.cn

1.2 联系人和联系方式

董事会秘书:卢芳 联系地址:上海市浦东新区福山路新天国际大厦17层A座
电话:021－68765168 传真:021－68763868 电子信箱:Wuxicctv@public1.wx.js.cn
证券事务代表:刘锋 联系地址:上海市浦东新区福山路新天国际大厦17层A座
电话:021－68765168 传真: 021－68763868 电子信箱:wuxicctv@public1.wx.js.cn

#### 2.会计数据和财务指标摘要

2.1 主要会计数据

| | 2002年(T年,即本年) | 2001年(T－1年) | 本年比上年增减(%) | 2000年(T－2年) |
|---|---|---|---|---|
| 主营业务收入 | 312,377,217.73 | 360,048,073.09 | －13.24 | 204,681,114.81 |
| 利润总额 | 6,816,482.40 | 37,457,594.42 | －81.80 | 29,623,173.71 |
| 净利润 | 2,253,777.58 | 26,822,116.43 | －91.60 | 23,270,431.13 |
| 扣除非经常性损益的净利润 | 23,684,042.00 | 29,963,396.50 | －20.96 | 23,595,633.35 |
| | 2002年末(T年,即本年末) | 2001年末(T－1年末) | 本年末比上年末增减(%) | 2000年末(T－2年末) |
| 总资产 | 910,149,554.20 | 969,070,737.52 | －6.08 | 805,666,441.52 |
| 股东权益(不含少数股东权益) | 725,279,770.92 | 720,312,039.52 | 0.69 | 710,061,023.09 |
| 经营活动产生的现金流量净额 | 72,341,849.96 | 62,680,087.36 | 15.41 | 76,549,625.92 |

2.2 主要财务指标

| | 2002年(T年,即本年) | 2001年(T－1年) | 本年比上年增减(%) | 2000年(T－2年) |
|---|---|---|---|---|
| 每股收益 | 0.010 | 0.113 | －91.15 | 0.128 |
| 净资产收益率 | 0.31 | 3.72 | －91.67 | 3.28 |
| 扣除非经常性损益的净利润为基础计算的加权净资产收益率 | 3.28 | 4.14 | －20.77 | 3.29 |
| 每股经营活动产生的现金流量净额 | 0.31 | 0.26 | 19.23 | 0.42 |
| | 2002年末(T年,即本年末) | 2001年末(T－1年末) | 本年末比上年末增减(%) | 2000年末(T－2年末) |
| 每股净资产 | 3.06 | 3.04 | 0.66 | 3.90 |
| 调整后的每股净资产 | 3.03 | 2.99 | 1.34 | 3.86 |

## 600613 上海永生数据科技股份有限公司

### 二○○二年年度报告摘选

#### 1.上市公司基本情况简介

1.1 基本情况简介

股票简称:永生数据、永生B股 股票代码:600613、900904 上市交易所:上海证券交易所
注册地址:上海市浦东新区上川路995号
办公地址:上海市斜土路2669号英雄大厦11楼 邮政编码:200030
公司国际互联网网址:HTTP://WWW.WINGSUNG.COM.CN
电子信箱:WINGSUNG@ONLINE.SH.CN

1.2 联系人和联系方式

董事会秘书:李斌 联系地址:上海市斜土路2669号英雄大厦11楼
电话:64399900 传真:54590737 电子信箱:WINGSUNG@ONLINE.SH.CN
证券事务代表:成挚勇 联系地址:上海市斜土路2669号英雄大厦11楼
电话:64399900 传真:54590737 电子信箱:WINGSUNG@ONLINE.SH.CN

#### 2.会计数据和财务指标摘要

2.1 主要会计数据

| | 2002年(T年,即本年) | 2001年(T－1年) | 本年比上年增减(%) | 2000年(T－2年) |
|---|---|---|---|---|
| 主营业务收入 | 12,654,517.03 | 36,764,042.48 | －65.579 | 36,001,105.46 |
| 利润总额 | －104,156,350.85 | －42,801,828.46 | | 11,953,170.16 |
| 净利润 | －102,914,349.91 | －43,673,476.05 | | 2,901,197.00 |
| 扣除非经常性损益的净利润 | －48,710,175.60 | －43,673,476.05 | | －6,546,945.54 |
| | 2002年末(T年,即本年末) | 2001年末(T－1年末) | 本年末比上年末增减(%) | 2000年末(T－2年末) |
| 总资产 | 289,514,770.87 | 408,987,579.52 | －29.211 | 470,143,382.42 |
| 股东权益(不含少数股东权益) | 135,870,459.07 | 242,047,667.28 | －43.866 | 285,721,143.33 |
| 经营活动产生的现金流量净额 | 16,021,478.12 | －20,514,083.34 | 228.041 | 26,851,635.52 |

2.2 主要财务指标

| | 2002年(T年,即本年) | 2001年(T－1年) | 本年比上年增减(%) | 2000年(T－2年) |
|---|---|---|---|---|
| 每股收益 | －0.6958 | －0.2952 | | 0.0196 |
| 净资产收益率 | －75.744% | －18.043% | －57.701% | 1.015% |
| 扣除非经常性损益的净利润为基础计算的净资产收益率 | －35.85 | －18.043% | －17.807 | －2.291 |
| 每股经营活动产生的现金流量净额 | 0.1083 | －0.1387 | 228.07 | 0.1815 |
| | 2002年末(T年,即本年末) | 2001年末(T－1年末) | 本年末比上年末增减(%) | 2000年末(T－2年末) |
| 每股净资产 | 0.9186 | 1.6365 | －78.15 | 1.932 |
| 调整后的每股净资产 | 0.9058 | 1.6365 | －80.669 | 1.911 |

## 600640 联通国脉通信股份有限公司

### 二○○二年年度报告摘选

#### 1.上市公司基本情况简介

1.1 基本情况简介

股票简称:联通国脉 股票代码:600640 上市交易所:上海证券交易所
注册地址:上海市浦东新区川北公路2626号 办公地址:上海市江宁路1207号国脉大厦
邮政编码:200060 公司国际互联网网址:www.unicomgm.com 电子信箱:sgm@guomai.sh.cn

1.2 联系人和联系方式

董事会秘书:蒋文民 联系地址:上海市江宁路1207号国脉大厦1301室
电话:62762171,62763321 传真:62763321 电子信箱:wenming@sh.cnuninet.net
证券事务代表:李培忠 联系地址:上海市江宁路1207号国脉大厦1301室
电话:62762171,62763321 传真:62763321 电子信箱:Lpz@sh.cnuninet.net

#### 2.会计数据和财务指标摘要

2.1 主要会计数据

单位:人民币元

| | 2002年 | 2001年 | 本年比上年增减(%) | 2000年(调整后) |
|---|---|---|---|---|
| 主营业务收入 | 1,680,915,336 | 264,437,267 | 535.66 | 385,764,779 |
| 利润总额 | 40,072,698 | 43,065,580 | －6.95 | 80,252,756 |
| 净利润 | 20,934,368 | 38,043,300 | －44.97 | 68,273,619 |
| 扣除非经常性损益的净利润 | 44,944,307 | 37,568,299 | 19.63 | 68,748,620 |
| | 2002年末 | 2001年末 | 本年比上年增减(%) | 2000年末(调整后) |
| 总资产 | 1,258,544,222 | 1,275,854,947 | －1.36 | 1,323,692,970 |
| 股东权益(不含少数股东权益) | 1,129,076,507 | 1,121,340,491 | 0.69 | 1,115,570,854 |
| 经营活动产生的现金流量净额 | －203,893,279 | 18,470,496 | －1,203.89 | 75,429,352 |

2.2 主要财务指标

| | 2002年 | 2001年 | 本年比上年末增减(%) | 2000年(调整后) |
|---|---|---|---|---|
| 每股收益 | 0.06 | 0.10 | －40.00 | 0.19 |
| 净资产收益率 | 1.85 | 3.39 | －45.43 | 6.12 |
| 扣除非经常性损益的净利润为基础计算的加权平均净资产收益率 | 3.95 | 3.31 | 19.34 | 6.10 |
| 每股经营活动产生的现金流量净额 | －0.56 | 0.05 | －1,220.00 | 0.21 |
| | 2002年末 | 2001年末 | 本年比上年末增减(%) | 2000年末(调整后) |
| 每股净资产 | 3.09 | 3.07 | 0.65 | 3.06 |
| 调整后的每股净资产 | 3.08 | 3.05 | 0.98 | 3.03 |

# 600646 上海国嘉实业股份有限公司

## 二〇〇二年年度报告摘选

### 1.上市公司基本情况简介

1.1 基本情况简介

股票简称:ST国嘉 股票代码:600646 上市交易所:上海证券交易所

注册地址:上海余庆路134弄3号 办公地址:上海市徐汇区中漕路94号化工招待所E座二楼

邮政编码:200030 电子信箱:Gjsy600646@sina.com

1.2 联系人和联系方式

董事会秘书联系地址:上海市徐汇区中漕路94号化工招待所E座二楼

电话:021-54246105 传真:021-54246135 电子信箱:gjsy600646@sina.com

证券事务代表联系地址:上海市徐汇区中漕路94号化工招待所E座二楼

电话:021-54246105 传真:021-54246135 电子信箱:gjsy600646@sina.com

### 2.会计数据和财务指标摘要

2.1 主要会计数据

单位:元

| | 2002年 | 2001年 | 本年比上年增减(%) | 2000年 |
|---|---|---|---|---|
| 主营业务收入 | 7,447,267.58 | 6,924,218.05 | 7.554 | 211,668,693.05 |
| 利润总额 | -624,426,904.73 | -173,715,966.46 | 259.453 | -31,276,653.28 |
| 净利润 | -619,748,351.16 | -174,064,121.57 | 256.046 | -32,385,995.73 |
| 扣除非经常性损益的净利润 | -305,001,021.08 | -122,127,982.43 | 149.739 | -32,188,310.93 |
| | 2002年末 | 2001年末 | 本年末比上年末增减(%) | 2000年末 |
| 总资产 | 96,061,999.78 | 782,128,371.73 | -87.718 | 945,191,912.05 |
| 股东权益(不含少数股东权益) | -505,784,181.26 | 115,383,853.53 | -538.349 | 269,912,536.99 |
| 经营活动产生的现金流量净额 | -11,830,955.07 | -101,317,405.47 | -88.323 | -4,873,575.63 |

2.2 主要财务指标

单位:元

| | 2002年 | 2001年 | 本年比上年增减(%) | 2000年 |
|---|---|---|---|---|
| 每股收益 | -3.449 | -0.969 | 255.934 | -0.18 |
| 净资产收益率 | 122.53% | -150.86% | -181.221 | -12% |
| 扣除非经常性损益的净利润为基础计算的净资产收益率 | 60.303% | -110.98% | -150.253 | -11.92% |
| 每股经营活动产生的现金流量净额 | -0.066 | -0.564 | -88.298 | -0.027 |
| | 2002年末 | 2001年末 | 本年末比上年末增减(%) | 2000年末 |
| 每股净资产 | -2.814 | 0.642 | -538.318 | 1.50 |
| 调整后的每股净资产 | -4.207 | 0.083 | -5168.675 | 1.46 |

# 600880 成都博瑞传播股份有限公司

## 二〇〇二年年度报告摘选

### 1.上市公司基本情况简介

1.1 基本情况简介

股票简称:博瑞传播 股票代码:600880 上市交易所:上海证券交易所

注册地址:成都市郫县唐昌镇南外街2号 办公地址:成都市花牌坊街185号

邮政编码:610031

1.2 联系人和联系方式

董事会秘书:张跃铭 联系地址:成都市花牌坊街185号

电话:028-87651183 传真:028-87651183 电子信箱:zhangyueming@b-ray.com.cn

证券事务代表:李良 联系地址:成都市花牌坊街185号

电话:028-87688313 传真:028-87688427 电子信箱:liliang@b-ray.com.cn

### 2.会计数据和财务指标摘要

2.1 主要会计数据

单位:元

| | 2002年 | 2001年 | 本年比上年增减(%) | 2000年 |
|---|---|---|---|---|
| 主营业务收入 | 266,527,193.76 | 277,902,609.64 | -4.09% | 244,757,988.46 |
| 利润总额 | 93,128,217.54 | 31,084,696.34 | 199.60% | 28,158,993.70 |
| 净利润 | 48,060,425.31 | 29,598,722.63 | 62.37% | 25,463,456.43 |
| 扣除非经常性损益后的净利润 | 50,418,729.17 | 29,809,069.80 | 69.14% | 24,678,195.08 |
| | 2002年末 | 2001年末 | 本年末比上年末增减(%) | 2000年末 |
| 总资产 | 412,704,930.96 | 374,105,275.62 | 10.32% | 396,637,296.58 |
| 股东权益(不含少数股东权益) | 259,299,014.76 | 224,256,594.45 | 15.63% | 207,128,128.23 |
| 经营活动产生的现金流量净额 | 77,665,657.17 | 110,250,352.63 | -29.56% | 41,295,643.22 |

2.2 主要财务指标

单位:元

| | 2002年 | 2001年 | 本年比上年增减(%) | 2000年 |
|---|---|---|---|---|
| 每股收益 | 0.37 | 0.23 | 60.87% | 0.20 |
| 净资产收益率 | 18.53 | 13.20 | 40.38% | 12.29 |
| 扣除非经常性损益后的净资产收益率(%) | 19.34 | 13.29 | 45.52% | 12.70 |
| 每股经营活动产生的现金流量净额 | 0.60 | 0.85 | -29.41% | 0.32 |
| | 2002年末 | 2001年末 | 本年末比上年末增减(%) | 2000年末 |
| 每股净资产 | 1.99 | 1.72 | 15.70% | 1.61 |
| 调整后的每股净资产 | 1.98 | 1.71 | 15.79% | 1.38 |

# 600681 武汉诚成文化投资集团股份有限公司

## 二〇〇二年年度报告摘选

### 1.上市公司基本情况简介

1.1 基本情况简介

股票简称:诚成文化 股票代码:600681 上市交易所:上海证券交易所

注册地址和办公地址:武汉市汉口民意四路55号 邮政编码:430022

公司国际互联网网址:http://www.whccic.com 电子信箱:stock@whccic.com

1.2 联系人和联系方式

董事会秘书:邹毅生 联系地址:武汉市汉口民意四路55号

电话:027-85426963 传真:027-85863470 电子信箱:stock@whccic.com

证券事务代表:黄博 联系地址:武汉市汉口民意四路55号

电话:027-85426963 传真:027-85863470 电子信箱:stock@whccic.com

### 2.会计数据和财务指标摘要

2.1 主要会计数据

| | 2002年(本年) | 2001年(上年) | 本年比上年增减(%) | 2000年 |
|---|---|---|---|---|
| 主营业务收入 | 229,937,946.92 | 237,181,746.49 | -3.05 | 235,747,591.97 |
| 利润总额 | -52,435,063.30 | 22,760,416.40 | -330.38 | 49,713,136.98 |
| 净利润 | -51,094,634.59 | 16,851,072.52 | -403.21 | 28,895,716.68 |
| 扣除非经常性损益的净利润 | -40,000,659.53 | 9,962,649.42 | -501.51 | 27,278,182.45 |
| | 2002年末(本年末) | 2001年末(上年末) | 本年末比上年末增减(%) | 2000年末 |
| 总资产 | 833,183,112.59 | 825,208,757.85 | 0.97 | 683,999,442.60 |
| 股东权益(不含少数股东权益) | 321,994,305.00 | 374,055,474.83 | -13.92 | 357,459,933.16 |
| 经营活动产生的现金流量净额 | -42,013,357.28 | 9,390,018.10 | -547.43 | 17,126,086.82 |

2.2 主要财务指标

| | 2002年(本年) | 2001年(上年) | 本年比上年增减(%) | 2000年 |
|---|---|---|---|---|
| 每股收益(加权) | -0.246 | 0.081 | -403.7 | 0.14 |
| 每股收益(摊薄) | -0.246 | 0.081 | -403.7 | 0.14 |
| 净资产收益率(%) | -15.87 | 4.5 | -452.67 | 8.08 |
| 扣除非经常性损益的净利润为基础计算的净资产收益率 | -12.42 | 2.66 | 566.92 | 7.63 |
| 每股经营活动产生的现金流量净额 | -0.202 | 0.045 | 548.89 | 0.082 |
| | 2002年末(本年末) | 2001年末(上年末) | 本年末比上年末增减(%) | 2000年末 |
| 每股净资产 | 1.55 | 1.80 | -13.89 | 1.72 |
| 调整后的每股净资产 | 1.49 | 1.68 | -11.83 | 1.65 |

# 600899 浙江信联股份有限公司

## 二〇〇二年年度报告摘选

### 1.上市公司基本情况简介

1.1 基本情况简介

股票简称:信联股份 股票代码:600899 上市交易所:上海证券交易所

注册地址:杭州市上塘路68号 办公地址:杭州市上塘路86号 邮政编码:310014

电子信箱:zjxl600899@163.com

1.2 联系人和联系方式

董事会秘书:丁渭文 联系地址:杭州市上塘路86号

电话:0571-85450093 传真:0571-85459336 电子信箱:zjxl600899@163.com

证券事务代表:张旭颖 联系地址:杭州市上塘路86号

电话:0571-85463080 传真:0571-85459336 电子信箱:zjxl600899@163.com

### 2.会计数据和财务指标摘要

2.1 主要会计数据

| | 2002年 | 2001年 | 本年比上年增减(%) | 2000年 |
|---|---|---|---|---|
| 主营业务收入 | 56,157,876.46 | 167,231,661.36 | -66.42 | 155,107,328.31 |
| 利润总额 | -75,929,935.09 | 14,137,836.84 | -637.07 | 62,713,957.01 |
| 净利润 | -75,131,664.36 | 15,881,005.22 | -573.09 | 31,429,134.83 |
| 扣除非经常性损益的净利润 | -81,231,901.93 | 21,076,961.10 | -485.41 | 17,241,984.44 |
| | 2002年12月31日 | 2001年12月31日 | 本年末比上年末增减(%) | 2000年12月31日 |
| 总资产 | 745,260,271.45 | 1,100,274,472.87 | -32.27 | 753,222,208.19 |
| 股东权益(不含少数股东权益) | 386,634,023.72 | 461,575,860.04 | -16.24 | 454,294,601.41 |
| 经营活动产生的现金流量净额 | -148,115,435.73 | -147,783,861.48 | -0.22 | 9,727,891.18 |

2.2 主要财务指标

| | 2002年 | 2001年 | 本年比上年增减(%) | 2000年 |
|---|---|---|---|---|
| 每股收益 | -0.42 | 0.089 | -571.91 | 0.177 |
| 净资产收益率 | -19.43 | 3.44 | -664.83 | 6.92 |
| 扣除非经常性损益的净利润为基础计算的净资产收益率 | -21.01 | 4.56 | -560.75 | 3.79 |
| 每股经营活动产生的现金流量净额 | -0.83 | -0.83 | 0 | 0.055 |
| | 2002年末 | 2001年末 | 本年末比上年末增减(%) | 2000年末 |
| 每股净资产 | 2.18 | 2.60 | -16.15 | 2.56 |
| 调整后的每股净资产 | 2.18 | 2.56 | -14.84 | 2.54 |

# M.综合类(45家)

# 600635 上海大众科技创业(集团)股份有限公司

## 二○○二年年度报告摘要

### 1.重要提示

本公司董事会及其董事保证本报告所载资料不存在任何虚假记载、误导性陈述或者重大遗漏,并对其内容的真实性、准确性和完整性负个别及连带责任。本年度报告摘要摘自2002年度报告全文,投资者欲了解详细内容,应阅读年度报告全文。

本公司董事韩娟芳因公未出席董事会,故委托钟晋倖董事代行表决权。

本公司董事长杨国平、财务总监钟晋倖及会计主管人员陈纯华保证本报告中财务会计报告的真实、完整。

本公司年度财务会计报告已经上海立信长江会计师事务所有限公司审计并出具标准无保留意见的审计报告。

### 2.公司基本情况简介

2.1 基本情况简介

| | |
|---|---|
| 股票简称 | 大众科创 |
| 股票代码 | 600635 |
| 上市交易所 | 上海证券交易所 |
| 注册地址 | 上海浦东商城路518号24楼 |
| 办公地址 | 上海中山西路1515号8楼 |
| 邮政编码 | 200235 |
| 公司国际互联网网址 | http://www.dzkcgroup.com.cn |
| 电子信箱 | dzkc@82222.com |

2.2 联系人和联系方式

| | 董事会秘书 | 证券事务代表 |
|---|---|---|
| 姓名 | 钟晋倖 | 梁嘉玮 |
| 联系地址 | 上海中山西路1515号大众大厦807室 | 上海中山西路1515号大众大厦807室 |
| 电话 | 021－64288888×5609 | 021－64288888×5609 |
| 传真 | 021－64288727 | 021－64288727 |
| 电子信箱 | dzkc@82222.com | dzkc@82222.com |

### 3.会计数据和财务指标摘要

3.1 主要会计数据

| | 2002年 | 2001年 | 本年比上年增减(%) | 2000年 |
|---|---|---|---|---|
| 主营业务收入 | 1,286,828,466.06 | 425,339,021.02 | 202.54% | 231,174,641.29 |
| 利润总额 | 178,525,832.39 | 151,301,868.72 | 17.99% | 144,782,294.52 |
| 净利润 | 131,136,635.53 | 125,472,885.53 | 4.51% | 123,269,286.56 |
| 扣除非经常性损益的净利润 | 101,769,156.84 | 93,366,430.19 | 9.00% | 95,301,664.82 |
| | 2002年末 | 2001年末 | 本年末比上年末增减(%) | 2000年末 |
| 总资产 | 3,623,769,370.47 | 3,097,562,804.60 | 16.99% | 1,749,393,477.05 |
| 股东权益(不含少数股东权益) | 1,599,659,456.08 | 1,153,461,903.18 | 38.68% | 1,113,678,138.38 |
| 经营活动产生的现金流量净额 | 163,238,263.86 | 320,514,477.75 | －49.07% | 69,246,516.24 |

3.2 主要财务指标

| | 2002年 | 2001年 | 本年比上年增减(%) | 2000年 |
|---|---|---|---|---|
| 每股收益 | 0.2401 | 0.2635 | －8.88% | 0.2589 |
| 每股收益注2 | 0.2721 | 0.2635 | 3.26% | 0.2589 |
| 净资产收益率 | 8.20% | 10.88% | －24.63% | 10.60% |
| 扣除非经常性损益的净利润为基础计算的净资产收益率 | 8.12% | 7.94% | 2.27% | 7.28% |
| 每股经营活动产生的现金流量净额 | 0.2989 | 0.6731 | －55.59% | 0.1454 |
| | 2002年末 | 2001年 | 本年末比上年末增减(%) | 2000年 |
| 每股净资产 | 2.93 | 2.42 | 21.07% | 2.34 |
| 调整后的每股净资产 | 2.91 | 2.39 | 21.76% | 2.32 |

3.3 国内外会计准则差异

□适用 √不适用

### 4.股本变动及股东情况

4.1 股份变动情况表

公司股份变动情况表

数量单位:股

| | 本次变动前 | 本次变动增减(+,-) | | | | | | 本次变动后 |
|---|---|---|---|---|---|---|---|---|
| | | 配股 | 送股 | 公积金转股 | 增发 | 其他 | 小计 | |
| 一、尚未流通股份 | | | | | | | | |
| 1.发起人股份 | 64,873,750 | | | | | | | 64,873,750 |
| 其中:国家持有股份 | | | | | | | | |
| 境内法人持有股份 | 64,873,750 | | | | | | | 64,873,750 |
| 境外法人持有股份 | | | | | | | | |
| 其他 | | | | | | | | |
| 2.募集法人股份 | 151,608,750 | 400,624 | | | | | 400,624 | 152,009,374 |
| 3.内部职工股份 | 2,400,000 | 643,200 | | | | | 643,200 | 3,043,200 |
| 4.优先股或其他 | | | | | | | | |
| 未上市流通股份合计 | 218,882,500 | 1,043,824 | | | | | 1,043,824 | 219,926,324 |
| 二、已上市流通股份 | | | | | | | | |
| 1.人民币普通股 | 257,299,166 | 68,956,176 | | | | | 68,956,176 | 326,255,342 |
| 2.境内上市的外资股 | | | | | | | | |
| 3.境外上市的外资股 | | | | | | | | |
| 4.其他 | | | | | | | | |
| 已上市流通股份合计 | 257,299,166 | 68,956,176 | | | | | 68,956,176 | 326,255,342 |
| 三、股份总数 | 476,181,666 | 70,000,000 | | | | | 70,000,000 | 546,181,666 |

股份变动原因:经2002年第一次临时股东大会通过,中国证监会(证监发行字[2002]113号文)批准,公司实施了2002年度配股方案:以2001年12月31日股本总数476,181,666股为基数,每10股配售2.68股。实际配售数量为70,000,000股,其中,向法人股东配售400,624股,已流通社会公众股部分配售54,868,164股,内部职工股配售536,397股,逾期未被认购的股份14,194,815股由承销团包销。配股价格6.18元/股。股权登记日为2002年10月25日,除权基准日2002年10月28日,配股交款起始日为2002年10月28日,配股交款截止日期为2002年11月8日,实际募集资金411,490,678.04元。本次获配新增的社会公众股68,956,176股已于2002年11月25日在上海证券交易所上市流通。

根据证监会有关向场外非经批准股票交易场所挂牌交易的个人股东定向发行的股票流通之规定和上海证券交易所的安排,本公司3,043,200股因吸收合并形成的内部职工股定于2003年1月2日上市流通。公司股本总额为546,181,666股,其中尚未流通股份为216,883,124股,流通股为329,298,542股。

4.2 前十名股东持股表

| 报告期末股东总数 | 144461户 | | | | | |
|---|---|---|---|---|---|---|
| 前十名股东持股情况 | | | | | | |
| 股东名称(全称) | 年度内增减 | 年末持股数量 | 比例(%) | 股份类别(已流通或未流通) | 质押或冻结的股份数量 | 股东性质(国有股东或外资股东) |
| 上海大众企业管理有限公司 | 5,475,158 | 139,491,370 | 25.54 | 未流通/已流通 | 0 | 法人股 |
| 上海煤气销售(集团)有限公司 | 0 | 57,861,250 | 10.59 | 未流通 | 0 | 法人股 |
| 海通证券有限公司 | 13,135,495 | 13,135,495 | 2.40 | 已流通 | 0 | 社会公众股 |
| 交通银行上海浦东分行 | 0 | 7,012,500 | 1.28 | 未流通 | 0 | 法人股 |
| 上海大众万祥汽车修理公司 | 0 | 5,184,830 | 0.95 | 未流通 | 0 | 法人股 |
| 无锡客运总公司 | 0 | 4,800,000 | 0.88 | 未流通 | 0 | 法人股 |
| 上海双发投资有限公司 | 0 | 4,600,000 | 0.84 | 未流通 | 0 | 法人股 |
| 银丰证券投资基金 | 3,750,000 | 3,750,000 | 0.69 | 流通 | 0 | 社会公众股 |
| 中保财产保险无锡分公司离退休职工服务部 | 0 | 2,400,000 | 0.44 | 未流通 | 0 | 法人股 |
| 无锡中联实业公司 | 0 | 1,800,000 | 0.33 | 未流通 | 0 | 法人股 |
| 前十名股东关联关系或一致行动的说明 | 上海大众企业管理有限公司系本公司的第一大股东,为控制本公司的关联方,分别持有法人股股份133224544股,流通股股份6266826股。第三、第八大股东为流通股股东,本公司未知其他控股股东之间是否存在关联关系、质押、冻结、托管情况或一致行动人的情况。 | | | | | |

4.3 控股股东及实际控制人情况介绍

4.3.1 控股股东及实际控制人变更情况

□适用 √不适用

4.3.2 控股股东和其他实际控制人具体情况介绍

持股比例10%(含10%以上)股东的介绍:

1.上海大众企业管理有限公司,总经理顾倚涛,成立于1995年3月10日,注册资本为15900万元。该公司主要从事出租汽车企业及相关企业的经营管理和企业管理、投资、技术的咨询、代理、服务和人才培训、商品汽车的转运、汽车配件零售、客运出租汽车、汽车维修等业务。该公司股东上海大众企业管理有限公司职工持股会占90%股权。

2.上海煤气销售(集团)有限公司为本公司第二大股东。成立于1997年7月5日,注册资本为324518万元。经营范围为:煤气、天然气、液化气、燃气表灶、燃气输配、燃气设备用具、厨房设备、燃气工程设计规划。

# 5.董事、监事和高级管理人员

5.1 董事、监事和高级管理人员持股变动

| 姓名 | 职务 | 性别 | 年龄 | 任期起止日期 | 年初持股数 | 年末持股数 | 变动原因 |
|---|---|---|---|---|---|---|---|
| 杨国平 | 董事长 | 男 | 46 | 2002.5-2005.5 | 85766 | 108751 | 配股 |
| 孔 炜 | 副董事长 | 男 | 48 | 2002.5-2005.5 | 36000 | 45648 | 配股 |
| 陈靖丰 | 董事、总经理 | 男 | 34 | 2002.5-2005.5 | 0 | 0 | |
| 庄建浩 | 董事、副总经理 | 男 | 41 | 2002.5-2005.5 | 0 | 0 | |
| 钟晋倖 | 董事、董事会秘书、财务总监 | 男 | 48 | 2002.5-2005.5 | 10000 | 12680 | 配股 |
| 张锡麟 | 董事 | 男 | 55 | 2002.5-2005.5 | 65974 | 83655 | 配股 |
| 杨德红 | 董事 | 男 | 35 | 2002.5-2005.5 | 0 | 0 | |
| 金盛利 | 董事 | 男 | 52 | 2002.5-2005.5 | 53122 | 62000 | 配股 |
| 韩娟芳 | 董事 | 女 | 49 | 2002.5-2005.5 | 0 | 0 | |
| 顾功耘 | 独立董事 | 男 | 45 | 2002.5-2005.5 | 0 | 0 | |
| 蒋铁柱 | 独立董事 | 男 | 60 | 2002.5-2005.5 | 0 | 0 | |
| 曹永勤 | 监事长 | 女 | 45 | 2002.5-2005.5 | 0 | 0 | |
| 顾倚涛 | 监事 | 男 | 52 | 2002.5-2005.5 | 0 | 0 | |
| 俞 敏 | 监事 | 女 | 42 | 2002.5-2005.5 | 3900 | 4945 | 配股 |
| 庄自国 | 总经济师 | 男 | 52 | 2002.5-2005.5 | 0 | 0 | |

5.2 在股东单位任职的董事监事情况

√适用 □不适用

| 姓名 | 任职的股东名称 | 在股东单位担任的职务 | 任职期间 | 是否领取报酬、津贴(是或否) |
|---|---|---|---|---|
| 张锡麟 | 上海大众企业管理有限公司 | 董事长 | 2001.7-2004.6 | 否 |
| 顾倚涛 | 上海大众企业管理有限公司 | 总经理 | 2001.7-2004.6 | 是 |
| 韩娟芳 | 交通银行上海浦东分行 | 新区支行行长 | 2001.2-至今 | 是 |

5.3 董事、监事和高级管理人员年度报酬情况

| | |
|---|---|
| 年度报酬总额 | 158万元 |
| 金额最高的前三名董事的报酬总额 | 88万元 |
| 金额最高的前三名高级管理人员的报酬总额 | 88万元 |
| 独立董事津贴 | 3万元 |
| 独立董事其他待遇 | 无 |
| 不在公司领取报酬、津贴的董事、监事姓名 | 董事:杨国平、张锡麟、韩娟芳、杨德红、金盛利<br>监事:曹永勤、顾倚涛 |
| 报酬区间 | 30万元2人<br>19.6-28万元4人 |

# 6.董事会报告

6.1 报告期内整体经营情况的讨论与分析

2002年度,公司董事会根据股东大会确定的各项目标,勤勉尽责,顺利完成了全年的经营计划,并已成功转型成为领先的以城市公用事业产业为主,以高新技术产业为辅的投资控股型集团。公司在对公用事业产业(城市交通、城市燃气)、高新技术产业两大领域的投资、管理、资源整合等方面得到了进一步的提升,核心竞争能力得到了明显的加强。公司分行业数据中:工业类主营业务收入为3449万元,主营业务利润为209万元;商业类主营业务收入为103531万元,主营业务利润为8298万元;服务类主营业务收入为21852万元,主营业务利润为7406万元。

公司在交通运输领域投资的主要企业——大众交通(集团)股份有限公司(600611),该公司系在上海证券交易所挂牌的上市公司,其核心主业为客运服务和现代物流。其业务规模、市场占有率、经营效益处于行业的领先地位。截止2002年底,该公司主营业务收入195553万元;主营业务成本为142799万元;毛利率为26.98%。

上海虹口大众出租汽车有限公司为公司在交通运输业中投资的另一家骨干企业,主要从事出租汽车客运业务。截止2002年底,该公司主营业务收入8287万元;主营业务成本为4529万元;毛利率为45.35%。

公司在环保燃气领域投资的主要企业——上海大众燃气有限公司。该公司系上海首家投资多元化的燃气销售特大型骨干企业,核心业务为燃气输配供应与销售服务。截止2002年底,该公司主营业务收入10亿元;主营业务成本为9.27亿元;毛利率为8.00%。

随着公司的成功转型,公司加强了在公用事业产业(城市交通、城市燃气)、高新技术产业两大投资板块的核心竞争能力。在巩固加强交通运输投资管理的基础上,着重对上海大众燃气有限公司在体制、机制、人员、市场、管理等方面进行了改革,从而为更好地适应上海燃气行业的体制变革,迎接日益激烈的市场竞争打下了坚实的基础,取得了突出的业绩。同时受公司产业整合和投资控股型集团形成的影响,公司的主营业务收入、主营业务利润和营业利润与去年同期相比均发生了大幅变动。

6.2 主营业务分行业、产品情况表

| 分行业或分产品 | 主营业务收入 | 主营业务成本 | 毛利率(%) | 主营业务收入比上年增减(%) | 主营业务成本比上年增减(%) | 毛利率比上年增减(%) |
|---|---|---|---|---|---|---|
| 1.工业 | 34,491,143.99 | 32,401,701.97 | 6.06% | -35.52% | -17.57% | -77.16% |
| 2.商业 | 1,035,302,260.08 | 952,326,388.07 | 8.01% | 336.34% | 323.40% | 54.04% |
| 3.服务业 | 218,517,540.63 | 144,457,350.98 | 33.89% | 53.10% | 102.14% | -32.12% |
| 其中:关联交易 | 1,482,478.64 | 1,482,478.64 | | | | |
| 合计: | 1,286,828,466.06 | 1,127,702,962.38 | 12.37% | 202.54% | 244.29% | -46.22% |
| 产品1 | | | | | | |
| 产品2 | | | | | | |
| … | | | | | | |
| 其中:关联交易 | | | | | | |
| 关联交易的定价原则 | | | | | | |
| 关联交易必要性、持续性的说明 | | | | | | |

6.3 主营业务分地区情况

| 地区 | 主营业务收入 | 主营业务收入比上年增减(%) |
|---|---|---|
| 上海地区 | 1,264,702,612.86 | 223.44% |
| 非上海地区 | 22,125,853.20 | -35.54% |

6.4 采购和销售客户情况

| | | | |
|---|---|---|---|
| 前五名供应商采购金额合计 | 807,724,616.99 | 占采购总额比重 | 74.40% |
| 前五名销售客户销售金额合计 | 108,072,845.72 | 占销售总额比重 | 8.40% |

6.5 参股公司经营情况(适用投资收益占净利润10%以上的情况)(万元)

√适用 □不适用

| 参股公司名称 | 本期贡献的投资收益 | 占上市公司净利润的比重 | 参股公司 | |
|---|---|---|---|---|
| | | | 经营范围 | 净利润 |
| 大众交通(集团)股份有限公司 | 5,306 | 41.24% | 主业为客运服务和现代物流 | 22,136 |
| 上海虹口大众出租汽车有限公司 | 2,969 | 23.08% | 出租汽车客运业务 | 3,192 |
| 上海大众燃气有限公司 | 5,568 | 19.96% | 燃气输配供应与销售服务 | 5,362 |

6.6 主营业务及其结构发生重大变化的原因说明

√适用 □不适用

主营业务收入本年发生数比上年发生数增加861,489,445.04元,增加比例为202.54%,增加原因主要为上年度合并上海大众燃气有限公司10-12月利润及利润分配表,本年度合并其全年利润及利润分配表,以及增加合并报表单位而相应增加主营业务收入。

主营业务成本本年发生数比上年发生数增加800,157,555.61元,增加比例为244.29%,增加主要原因同主营业务收入。

6.7 主营业务盈利能力(毛利率)与上年相比发生重大变化的原因说明

√适用 □不适用

商业的利率变动是由于上年度合并上海大众燃气有限公司10-12月利润及利润分配表,相关指标不具有可比性。

服务业的毛利率下降是由于上年度合并上海大众燃气有限公司10-12月利润及利润分配表,相关指标不具有可比性。

6.8 经营成果和利润构成与上年度相比发生重大变化的原因分析

√适用 □不适用

2002年度,公司已成功转型成为领先的以城市公用事业产业为主,以高新技术产业为辅的投资控股型集团,主要投资公用事业产业(城市交通、城市燃气)、高新技术产业等具有核心竞争力的产业。特别是本报告期内合并了全年的上海大众燃气有限公司的财务报表,及增持了深圳市创新投资集团有限公司的股份,故经营成果和利润构成与上年相比发生重大变化。

整体财务状况与上年相比发生重大变化的原因分析

√适用 □不适用

报告期内,公司财务状况良好,财务结构合理。总资产达到3,623,769,370.47元,股东权益达到1,599,659,456.08元。实现净利润131,136,635.53。总资产同比增加16.99%、股东权益同比增加38.68%是由于报告期内,公司新发行股票7000万股配股资金及公司本年利润增加所致。

6.9 对生产经营环境以及宏观政策、法规产生重大变化已经、正在或将要对公司的财务状况和经营成果产生重要影响的说明

□适用 √不适用

6.10 完成盈利预测的情况

√适用 □不适用

单位:(万元)

| | 盈利预测(本年度) | 本年度实际数 |
|---|---|---|
| 主营收入 | 100,000 | 128,683 |
| 利润总额 | - | - |
| 净利润 | - | - |
| 差异说明 | | |
| 主要原因是:燃气行业新增用户数,燃气销量上升。 | | |

6.11 完成经营计划情况

□适用　√不适用

6.12 募集资金使用情况

√适用　□不适用

| 募集资金总额 | 41149.0678 万元 | 本年度已使用募集资金总额 | | | 40000 万元 |
|---|---|---|---|---|---|
| | | 已累计使用募集资金总额 | | | 40000 万元 |
| 承诺项目 | 拟投入金额 | 是否变更项目 | 实际投入金额 | 产生收益金额 | 是否符合计划进度和预计收益 |
| 1.投资城市环保燃气 | | | | - | |
| (1)受让市南公司 50%的权益 | 40000 万元 | 否 | 40000 万元 | 2568 万元 | 是 |
| (2)增资天然气管网的改造和建设 | 30000 万元 | - | 未投 | | - |
| 2.投资高新技术 | | | | | |
| (1)对上海中医大药业股份有限公司实施增资扩股 | 5000 万元 | - | 未投 | | - |
| (2)发起设立上海大众植物胶囊有限公司(暂定名) | 10000 万元 | - | 未投 | | - |
| (3)麒麟菜养殖及卡拉胶加工技术改造项目 | 8780 万元 | - | 未投 | | - |

变更项目情况

□适用　√不适用

6.13 非募集资金项目情况

√适用　□不适用

| 项目名称 | 项目金额 | 项目进度 | 项目收益情况 |
|---|---|---|---|
| 增持深圳市创新投资集团有限公司 24238 万股；同时受让隆鑫集团有限公司所持有的深圳市创新投资集团有限公司 5000 万股 | 30700 万元 | 已实施完毕 | 本期投资收益 1018 万元 |
| 合计 | 30700 万元 | 已实施完毕 | 1018 万元 |

6.14 董事会对会计师事务所"非标意见"的说明

□适用　√不适用

6.15 董事会新年度的经营计划(如有)

□适用　√不适用

新年度盈利预测(如有)

□适用　√不适用

6.16 董事会本次利润分配或资本公积金转增预案

经上海立信长江会计师事务所有限公司中国注册会计师审计 2002 年公司实现税后利润 13113.66 万元,比上年增长 4.51%。公司董事会依照国家有关法律、法规和公司《章程》的有关规定,提出如下分配预案:

一、按照国家有关法律、法规和公司《章程》的有关规定,提取两金;

1.提取法定公积金 2212.42 万元(含子公司提取数),占税后利润的 16.87%。

2.提取法定公益金 1986.55 万元(含子公司提取数),占税后利润的 15.15%。

二、提取两金后,2002 年公司可供股东分配的利润为 8914.69 万元,加上上年未分配利润 5685.18 万元,加上其他转入数 1948.34 万元,本次可供分配的利润为 16548.21 万元。拟提议本次分配方案为:每股派发现金红利 0.18 元(含税),共派发现金红利 9831.27 万元,剩余可分配利润 6716.94 万元结转 2003 年度使用。本年度不进行公积金转增股本。

上述利润分配预案尚须经公司 2002 年度股东大会表决通过后才能实施,股利发放的办法与时间,公司另行公告。

## 7.重要事项

7.1 收购资产

√适用　□不适用

| 交易对方及被收购资产 | 购买日 | 收购价格 | 自购买日起至本年末为上市公司贡献的净利润 | 是否为关联交易 | 定价原则 |
|---|---|---|---|---|---|
| 增持深圳市创新投资集团有限公司 24238 万股;同时受让隆鑫集团有限公司所持有的深圳市创新投资集团有限公司 5000 万股 | 2002 年 11 月 | 30700 万元 | 1018 万元 | 否 | 双方一致同意并经会计事务所审计后的资产价值作为本次交易依据 |

7.2 出售资产

√适用　□不适用

| 交易对方及被出售资产 | 出售日 | 出售价格 | 本年初起至出售日该出售资产为上市公司贡献的净利润 | 出售产生的损益 | 是否为关联交易 | 定价原则 |
|---|---|---|---|---|---|---|
| 与上海市北新技术投资发展有限公司签订股权转让协议,出售上海虹口大众出租汽车有限公司 9.57%股权 | 2002 年 6 月 | 2946.94 万元 | 223.49 万元 | 988.06 万元 | 否 | 双方一致同意经评估并确认后的资产价值作为本次交易依据 |
| 与上海广年实业有限公司签订股权转让协议,出售上海大众科技研究发展有限公司 82.50%股份 | 2002 年 12 月 | 2087.07 万元 | -29.14 万元 | 218.88 万元 | 否 | 双方一致同意经评估并确认后的资产价值作为本次交易依据 |
| 与上海广年实业有限公司、上海大众万祥汽车修理公司、上海大众科技研究发展有限公司签订股权转让协议,出售上海大众凌伟生化股份有限公司 71%股份 | 2002 年 12 月 | 6172.74 万元 | 393.82 万元 | 1289.02 万元 | 否 | 双方一致同意经评估并确认后的资产价值作为本次交易依据 |
| 与上海市北新技术投资发展有限公司、上海大众科技研究发展有限公司签订股权转让协议,出售上海浦大房地产发展有限公司 100%股份 | 2002 年 9 月 | 1128.12 万元 | -30.89 万元 | 30.87 万元 | 否 | 双方一致同意经评估并确认后的资产价值作为本次交易依据 |
| 与上海广年实业有限公司、上海大众凌伟生化股份有限公司签订股权转让协议,出售上海久企贸易实业有限公司 100%股份 | 2002 年 12 月 | 1393.79 万元 | -7.74 万元 | 134.45 万元 | 否 | 双方一致同意经评估并确认后的资产价值作为本次交易依据 |

7.3 重大担保

√适用　□不适用

| 担保对象名称 | 发生日期 | 担保金额(万元) | 担保类型 | 担保期 | 是否履行完毕 | 是否为关联方担保 |
|---|---|---|---|---|---|---|
| 大众交通(集团)股份有限公司 | 2001.8.14 | 8000 | 连带责任 | 2001.8.14-2002.1.14 | 是 | 是 |
| | 2001.8.15 | 9000 | 连带责任 | 2001.8.15-2002.1.15 | 是 | 是 |
| | 2001.8.16 | 9800 | 连带责任 | 2001.8.16-2002.1.16 | 是 | 是 |
| | 2001.9.20 | 2500 | 连带责任 | 2001.9.20-2002.3.8 | 是 | 是 |
| | 2001.10.15 | 5000 | 连带责任 | 2001.10.15-2002.3.25 | 是 | 是 |
| | 2001.11.16 | 6000 | 连带责任 | 2001.11.16-2002.4.16 | 是 | 是 |
| | 2001.12.4 | 8000 | 连带责任 | 2001.12.4-2002.5.24 | 是 | 是 |
| | 2001.6.25 | 5000 | 连带责任 | 2001.6.25-2002.5.20 | 是 | 是 |
| | 2001.12.29 | 1500 | 连带责任 | 2001.12.29-2002.6.28 | 是 | 是 |
| | 2002.9.10 | 9000 | 连带责任 | 2002.9.10-2003.3.5 | 否 | 是 |
| | 2002.9.13 | 5000 | 连带责任 | 2002.9.13-2003.3.10 | 否 | 是 |
| | 2002.9.20 | 6000 | 连带责任 | 2002.9.20-2003.3.17 | 否 | 是 |
| | 2002.9.18 | 1500 | 连带责任 | 2002.9.18-2003.3.17 | 否 | 是 |
| | 2002.9.25 | 5000 | 连带责任 | 2002.9.25-2003.3.20 | 否 | 是 |
| | 2002.12.16 | 5000 | 连带责任 | 2002.12.16-2003.6.15 | 否 | 是 |
| | 2002.12.25 | 4000 | 连带责任 | 2002.12.25-2003.6.23 | 否 | 是 |
| 海南大众海洋产业有限公司 | 2001.6.19 | 6000 | 连带责任 | 2001.6.19-2006.6.18 | 是 | 是 |
| | 2000.9.22 | 1000 | 连带责任 | 2000.9.22-2006.9.22 | 否 | 是 |
| 上海虹口大众出租汽车有限公司 | 2001.12.20 | 5000 | 连带责任 | 2001.12.20-2002.6.18 | 是 | 是 |
| 上海中医大药业股份有限公司 | 2001.6.8 | 1500 | 连带责任 | 2001.6.08-2002.6.6 | 是 | 是 |
| | 2002.6.26 | 1500 | 连带责任 | 2002.6.26-2003.6.25 | 否 | 是 |
| | 2002.3.29 | 1000 | 连带责任 | 2002.3.29-2003.3.28 | 否 | 是 |
| 上海松江管道煤气有限公司 | 2001.8.11 | 400 | 连带责任 | 2001.8.11-2002.8.10 | 是 | 是 |
| | 2001.9.6 | 400 | 连带责任 | 2001.9.6-2002.9.5 | 是 | 是 |
| 上海奉贤建设投资有限公司 | 2002.7.1 | 800 | 连带责任 | 2002.7.1-2003.6.30 | 否 | 否 |
| 担保发生额合计 | | | 107900 | | | |
| 担保余额合计 | | | 39800 | | | |
| 其中:关联担保余额合计: | | | 39000 | | | |

7.4 关联债权债务往来

√适用　□不适用

单位:万元

| 关联方 | 向关联方提供资金 | | 关联方向上市公司提供资金 | |
|---|---|---|---|---|
| | 发生额 | 余额 | 发生额 | 余额 |
| 上海市政资产经营发展有限公司 | | | 6972 | 6972 |
| 合计 | | | 6972 | 6972 |

注:该金额系上海大众燃气有限公司对上海市政资产经营发展有限公司的应付款项。

7.5 委托理财

□适用　√不适用

7.6 承诺事项履行情况

√适用　□不适用

陈述公司或持股 5%以上股东在报告期内或持续到报告期内的承诺事项,公司董事会应说明承诺事项在报告期内的履行情况。

①公司大股东大众保险股份有限公司原持有本公司 375 万股法人股(占总股本 0.69%),根

据《中华人民共和国保险法》的要求,保险公司不得对企业投资。公司于 2002 年 4 月承诺将敦促其在一年内将所持有的股份转让。经协商,大众保险股份有限公司于 2002 年 11 月协议出让该部分股份。受让方为上海大众企业管理公司,并于 2002 年 11 月 25 日在中央登记结算公司上海分公司正式办理过户手续。大众保险股份有限公司不再持有本公司股份。

②公司第一大股东上海大众企业管理有限公司及其股东——职工持股会承诺将在相关政府部门的支持下,按国家现行有效的文件对其职工持股会进行进一步规范。鉴于职工持股会属于历史遗漏问题,涉及面较为广泛,解决过程中存在诸多复杂的程序,目前该项工作正在进行之中。

7.7 重大诉讼仲裁事项

□适用　√不适用

7.8 独立董事履行职责的情况

2002 年 5 月 10 日,经公司董事会提名、公司 2001 年度股东大会通过,公司聘任了顾功耘、蒋铁柱两位独立董事,并按照相关法律法规、中国证监会发布的《关于在上市公司建立独立董事制度的指导意见》和《公司章程》的要求,诚信勤勉地履行自己的职责,公司并在《独立董事制度》中规定了为保证独立董事有效行使职权,公司为独立董事提供的工作条件。

截止 2002 年 12 月 31 日,上述两位独立董事分别参加了公司第五届第一至六次董事会和二次股东大会,独立审查公司的关联交易和重要合同等,为公司重大决策提供专业及建设性意见,并认真监督管理层的工作,促进了公司治理结构的完善。维护了公司和全体股东的合法权益。

7.9 公司于 2003 年 4 月 3 日接第二大股东上海煤气销售(集团)有限公司(简称“煤气公司”)通知,煤气公司与上海市政资产经营发展有限公司(简称“上海市政发展”)签署了《股权划转协议书》、《股权划转协议之补充协议》。协议约定将煤气公司原持有的 5786.125 万股(占本公司总股本的 10.59%)大众科创国有法人股划转给上海市政发展。本次股份转让手续完成后,上海市政发展持有本公司国有法人股 5786.125 万股,是本公司的第二大股东。本次公告及双方的《股东持股变动报告书》刊登于 2003 年 4 月 5 日的《上海证券报》、《中国证券报》和《证券时报》。

## 8.监事会报告

监事会认为公司依法运作、公司财务情况、公司募集资金使用、公司收购、出售资产交易和关联交易不存在问题。

## 9.财务报告

9.1 审计意见

本公司 2002 年财务报告经上海立信长江会计师事务所有限公司中国注册会计师王德霞、潘莉华审计,出具信长会师报字(2003)第 10748 号标准无保留审计报告。

9.2 披露比较式合并及母公司的资产负债表、利润表和当年的现金流量表(见附表)

9.3 本年度主要会计政策、会计估计变更和会计差错更正及影响:

1.根据《企业会计制度》及有关规定,公司对深圳创新投资集团有限公司因增加投资比例由成本法核算改为权益法核算,进行追溯调整。

2.公司进行权益法核算的大众交通(集团)股份有限公司因会计政策、会计估计、会计差错的变更采用追溯调整,公司按照财政部财会(2002)18 号文的规定相应进行了追溯调整。

3.2002 年税务部门对公司 2001 年度所得税进行汇算清缴,公司对差异数进行了相应的追溯调整。

4.公司控股子公司上海虹口大众出租汽车有限公司 2002 年对营运车辆计提折旧由 8 年变更为 5 年,并采用未来适用法进行会计处理,调整当年折旧计提数。

5.上述各项对会计报表的影响数如下:

| 项目 | 成本法改权益法追溯调整 | 大众交通追溯调整 | 所得税 | 折旧年限调整 | 合计 |
|---|---|---|---|---|---|
| 对 2001 年初留存收益影响 | - - - | - 6,885,948.84 | 1,604,722.16 | - - - | - 5,281,226.68 |
| 其中:对 2001 年初未分配利润影响 | - - - | - 5,508,759.08 | 1,283,777.72 | - - - | - 4,224,981.36 |
| 对 2001 年净利润影响 | 1,700,138.84 | - 5,628,632.34 | 1,071,718.62 | - - - | - 2,856,774.88 |
| 对 2002 年初资本公积影响 | - - - | 686,659.27 | - - - | - - - | 686,659.27 |
| 对 2002 年初留存收益影响 | 1,700,138.84 | - 12,514,581.18 | 2,676,440.78 | - - - | - 8,138,001.56 |
| 其中:对 2002 年初未分配利润影响 | 1,360,111.08 | - 10,011,664.96 | 2,141,152.62 | - - - | - 6,510,401.26 |
| 对 2002 年净利润影响 | - - - | - - - | - - - | - 9,427,660.45 | - 9,427,660.45 |

9.4 本年度合并报表范围的变更情况:

1.与上年相比本年新增合并单位 3 家,原因为:

(1)上海缘起置业发展有限公司。2002 年公司和上海久企贸易实业有限公司共同出资 1,000 万元组建上海缘起置业发展有限公司,其中公司投资比例为 90%,故将其纳入合并报表范围。

(2)上海煤气物资供销公司。2002 年公司的子公司上海大众燃气有限公司受让上海煤气实业总公司持有的上海煤气物资供销公司 100% 的股权。股权转让交割手续完成之后,上海大众燃气有限公司对上海煤气物资供销公司的投资比例为 100%,故将其纳入合并报表范围。

(3)上海市南燃气发展有限公司。2002 年度公司的子公司上海大众燃气有限公司和上海煤气物资供销公司共同出资受让上海煤气发展有限公司、上海煤气燃具配套有限公司、上海煤气实业工程有限公司分别持有的上海市南燃气发展有限公司 70%、15%、15% 的股权。股权转让交割手续完成后,投资比例变更为:上海大众燃气有限公司投资比例为 85%,上海煤气物资供销公司投资比例为 15%,故将其纳入合并报表范围。

2.与上年相比本年减少合并单位 6 家,原因为:

(1)上海浦西工业煤气营销有限公司、上海华焰燃气管道工程技术发展有限公司 2002 年 11 月起进入清算期,故未纳入合并会计报表。

(2)2002 年公司将原持有的上海大众科技研究发展有限公司、上海浦大房地产发展有限公司、上海大众凌伟生化股份有限公司、上海久企贸易实业有限公司的全部股权转让,根据财政部财会[2002]18 号文的规定将其年初至出售日止的利润及利润分配表、现金流量表纳入合并报表范围。

上海大众科技创业(集团)股份有限公司

2003 年 4 月 11 日

### 利润及利润分配表

单位:元

| 项　目 | 本期数 | | 上期数 | |
|---|---|---|---|---|
| | 合并 | 母公司 | 合并 | 母公司 |
| 一、主营业务收入 | 1,286,828,466.06 | | 425,339,021.02 | |
| 减:主营业务成本 | 1,127,702,962.38 | | 327,545,406.77 | |
| 主营业务税金及附加 | 9,320,040.54 | | 7,379,138.55 | |
| 二、主营业务利润(亏损以“-”号填列) | 149,805,463.14 | | 90,414,475.70 | |
| 加:其他业务利润(亏损以“-”号填列) | 20,933,323.99 | 245,728.87 | 4,059,773.91 | |
| 减:营业费用 | 36,515,716.31 | | 10,650,817.51 | |
| 管理费用 | 58,823,083.13 | 10,443,125.10 | 39,155,441.48 | 15,506,976.64 |
| 财务费用 | 16,767,726.60 | 16,808,483.39 | 17,937,046.95 | 13,734,888.35 |
| 三、营业利润(亏损以“-”号填列) | 58,632,261.09 | - 27,005,879.62 | 26,730,943.67 | - 29,241,864.99 |
| 加:投资收益(损失以“-”号填列) | 113,818,985.14 | 155,395,308.35 | 100,979,334.07 | 156,261,222.26 |
| 补贴收入 | 15,529,687.75 | | 14,649,400.15 | |
| 营业外收入 | 57,958.95 | | 10,387,853.20 | |
| 减:营业外支出 | 9,513,060.54 | - 1,430,000.00 | 1,445,662.37 | |
| 四、利润总额(亏损总额以“-”号填列) | 178,525,832.39 | 129,819,428.73 | 151,301,868.72 | 127,019,357.27 |
| 减:所得税 | 18,057,610.79 | 1,153,791.21 | 23,741,495.11 | 654,715.18 |
| 减:少数股东损益 | 29,331,586.07 | | 2,087,488.08 | |
| 五、净利润(亏损以“-”号填列) | 131,136,635.53 | 128,665,637.52 | 125,472,885.53 | 126,364,642.09 |
| 加:年初未分配利润 | 56,851,774.15 | 105,016,565.95 | 70,460,835.79 | 103,923,002.14 |
| 其他转入 | 19,483,441.19 | | - 2,948,636.82 | |
| 六、可供分配的利润 | 207,471,850.87 | 233,682,203.47 | 192,985,084.50 | 230,287,644.23 |
| 减:提取法定盈余公积 | 22,124,213.03 | 12,866,563.75 | 19,689,180.32 | 12,636,464.21 |
| 提取法定公益金 | 19,865,512.43 | 12,866,563.75 | 16,445,980.17 | 12,636,464.21 |
| 提取职工奖励及福利基金 | | | | |
| 提取储备基金 | | | | |
| 提取企业发展基金 | | | | |
| 利润归还投资 | | | | |
| 七、可供投资者分配的利润 | 165,482,125.41 | 207,949,075.97 | 156,849,924.01 | 205,014,715.81 |
| 减:应付优先股股利 | | | | |
| 提取任意盈余公积 | | | | |
| 应付普通股股利 | 98,312,699.88 | 98,312,699.88 | 99,998,149.86 | 99,998,149.86 |
| 转作资本(或股本)的普通股股利 | | | | |
| 八、未分配利润 | 67,169,425.53 | 109,636,376.09 | 56,851,774.15 | 105,016,565.95 |
| 补充材料: | | | | |
| 出售、处置部门或被投资单位所得收益 | 26,992,797.51 | | 8,973,344.78 | |
| 自然灾害发生的损失 | | | | |
| 会计政策变更增加(或减少)利润总额 | | | | |
| 会计估计变更增加(或减少)利润总额 | - 9,427,660.45 | | | |
| 债务重组损失 | | | | |
| 其它 | | | | |

## 资 产 负 债 表

单位:元

| 项　　目 | 期末数 | | 期初数 | |
|---|---|---|---|---|
| | 合并 | 母公司 | 合并 | 母公司 |
| 流动资产: | | | | |
| 货币资金 | 1,070,044,307.95 | 255,149,952.53 | 720,402,959.63 | 128,143,076.59 |
| 短期投资 | 58,193,930.67 | 41,979,469.40 | 69,572,602.95 | 67,600,000.00 |
| 应收票据 | | | 80,000.00 | |
| 应收股利 | 27,385,418.59 | 51,611,735.65 | | |
| 应收利息 | | | | |
| 应收帐款 | 89,359,225.28 | | 58,704,865.02 | |
| 其他应收款 | 17,884,442.43 | 32,497,104.45 | 82,275,133.41 | 32,048,786.58 |
| 预付帐款 | 21,513,613.24 | | 26,923,658.72 | |
| 应收补贴款 | | | | |
| 存货 | 196,849,964.68 | | 172,425,790.67 | |
| 待摊费用 | 460,607.01 | | 250,524.65 | |
| 一年内到期的长期债权投资 | | | | |
| 其他流动资产 | | | | |
| 流动资产合计 | 1,481,691,509.85 | 381,238,262.03 | 1,130,635,535.05 | 227,791,863.17 |
| 长期投资: | | | | |
| 长期股权投资 | 947,711,607.41 | 1,568,471,410.06 | 712,223,226.60 | 1,384,442,395.66 |
| 长期债权投资 | | | | |
| 长期投资合计 | 947,711,607.41 | 1,568,471,410.06 | 712,223,226.60 | 1,384,442,395.66 |
| 其中:合并价差 | -61,141,965.81 | | -3,267,972.44 | |
| 固定资产: | | | | |
| 固定资产原价 | 1,565,871,150.37 | 15,938,461.08 | 1,518,011,585.47 | 13,406,842.97 |
| 减:累计折旧 | 523,016,864.71 | 3,256,913.42 | 437,098,965.06 | 2,385,809.34 |
| 固定资产净值 | 1,042,854,285.66 | 12,681,547.66 | 1,080,912,620.41 | 11,021,033.63 |
| 减:固定资产减值准备 | 60,698,783.39 | | 60,698,783.39 | |
| 固定资产净额 | 982,155,502.27 | 12,681,547.66 | 1,020,213,837.02 | 11,021,033.63 |
| 工程物资 | | | | |
| 在建工程 | 149,264,039.00 | 42,380,000.00 | 165,982,677.72 | 40,850,000.00 |
| 固定资产清理 | | | | |
| 固定资产合计 | 1,131,419,541.27 | 55,061,547.66 | 1,186,196,514.74 | 51,871,033.63 |
| 无形资产及其他资产: | | | | |
| 无形资产 | 57,516,389.73 | 3,831,770.19 | 58,843,087.35 | 3,911,225.43 |
| 长期待摊费用 | 5,430,322.21 | | 9,664,440.86 | 398,796.70 |
| 其他长期资产 | | | | |
| 无形资产及其他资产合计 | 62,946,711.94 | 3,831,770.19 | 68,507,528.21 | 4,310,022.13 |
| 递延税项: | | | | |
| 递延税款借项 | | | | |
| 资产总计 | 3,623,769,370.47 | 2,008,602,989.94 | 3,097,562,804.60 | 1,668,415,314.59 |
| 流动负债: | | | | |
| 短期借款 | 380,000,000.00 | 300,000,000.00 | 500,000,000.00 | 400,000,000.00 |
| 应付票据 | 3,894,000.00 | | | |
| 应付帐款 | 91,898,280.49 | | 81,773,208.67 | |
| 预收帐款 | 686,126,401.48 | | 450,200,997.56 | |
| 应付工资 | 54,394,167.86 | | 59,800,138.14 | |
| 应付福利费 | 1,455,079.82 | 107,093.19 | 2,036,344.85 | 19,166.57 |
| 应付股利 | 103,606,734.05 | 100,696,703.15 | 103,603,576.31 | 102,866,493.86 |
| 应交税金 | -2,439,583.75 | 1,198,450.34 | 31,176,923.84 | -740,588.47 |
| 其他应交款 | -154,669.99 | 275.00 | 480,331.01 | 5,994.43 |
| 其他应付款 | 121,142,932.90 | 5,571,616.81 | 122,164,557.22 | 8,961,951.64 |
| 预提费用 | 18,232,780.27 | | 17,738,851.81 | |
| 预计负债 | | | | |
| 一年内到期的长期负债 | | | | |
| 其他流动负债 | | | | |
| 流动负债合计 | 1,458,156,123.13 | 407,574,138.49 | 1,368,974,929.41 | 511,113,018.03 |
| 长期负债: | | | | |
| 长期借款 | 10,000,000.00 | | 60,000,000.00 | |
| 应付债券 | | | | |
| 长期应付款 | 37,310,483.93 | | 79,840,883.93 | |
| 专项应付款 | 48,416,608.65 | | | |
| 其他长期负债 | | | | |
| 长期负债合计 | 95,727,092.58 | | 139,840,883.93 | |
| 递延税项: | | | | |
| 递延税款贷项 | | | | |
| 负债合计 | 1,553,883,215.71 | 407,574,138.49 | 1,508,815,813.34 | 511,113,018.03 |
| 少数股东权益 | 470,226,698.68 | | 435,285,088.08 | |
| 所有者权益(或股东权益): | | | | |
| 实收资本(或股本) | 546,181,666.00 | 546,181,666.00 | 46,181,666.00 | 476,181,666.00 |
| 减:已归还投资 | | | | |
| 实收资本(或股本)净额 | 546,181,666.00 | 546,181,666.00 | 476,181,666.00 | 476,181,666.00 |
| 资本公积 | 783,859,295.66 | 783,859,295.66 | 440,485,678.41 | 440,485,678.41 |
| 盈余公积 | 202,449,068.89 | 161,351,513.70 | 179,942,784.62 | 135,618,386.20 |
| 其中:法定公益金 | 73,328,759.96 | 54,651,077.17 | 64,125,240.83 | 41,784,513.42 |
| 未分配利润 | 67,169,425.53 | 109,636,376.09 | 56,851,774.15 | 105,016,565.95 |
| 外币报表折算差额 | | | | |
| 所有者权益(或股东权益)合计 | 1,599,659,456.08 | 1,601,028,851.45 | 1,153,461,903.18 | 1,157,302,296.56 |
| 负债和所有者权益(或股东权益)总计 | 3,623,769,370.47 | 2,008,602,989.94 | 3,097,562,804.60 | 1,668,415,314.59 |

## 现 金 流 量 表

单位:元

| 项　　目 | 合并 | 母公司 |
|---|---|---|
| 一、经营活动产生的现金流量: | | |
| 销售商品、提供劳务收到的现金 | 1,486,605,720.43 | 2,837,942.48 |
| 收到的税费返还 | 15,813,937.20 | 950,006.98 |
| 收到的其他与经营活动有关的现金 | 104,440,242.16 | 14,078,792.68 |
| 现金流入小计 | 1,606,859,899.79 | 17,866,742.14 |
| 购买商品、接受劳务支付的现金 | 1,201,539,381.66 | |
| 支付给职工以及为职工支付的现金 | 72,692,304.42 | 4,751,069.28 |
| 支付的各项税费 | 84,108,300.97 | 622,517.54 |
| 支付的其他与经营活动有关的现金 | 85,281,648.88 | 23,618,799.58 |
| 现金流出小计 | 1,443,621,635.93 | 28,992,386.40 |
| 经营活动产生的现金流量净额 | 163,238,263.86 | -11,125,644.26 |
| 二、投资活动产生的现金流量: | | |
| 收回投资所收到的现金 | 281,983,461.06 | 286,891,019.02 |
| 取得投资收益所收到的现金 | 528,455.91 | 153,437.49 |
| 处置固定资产、无形资产和其他长期资产所收回的现金净额 | 959,062.10 | |
| 收到的其他与投资活动有关的现金 | 182,142,697.16 | |
| 现金流入小计 | 465,613,676.23 | 287,044,456.51 |
| 购建固定资产、无形资产和其他长期资产所支付的现金 | 25,582,548.48 | 2,631,617.86 |
| 投资所支付的现金 | 391,722,068.70 | 339,786,428.40 |
| 支付的其他与投资活动有关的现金 | 13,819,592.91 | |
| 现金流出小计 | 431,124,210.09 | 342,418,046.26 |
| 投资活动产生的现金流量净额 | 34,489,466.14 | -55,373,589.75 |
| 三、筹资活动产生的现金流量: | | |
| 吸收投资所收到的现金 | 413,990,678.04 | 411,490,678.04 |
| 借款所收到的现金 | 2,500,000,000.00 | 2,320,000,000.00 |
| 收到的其他与筹资活动有关的现金 | 31,815,872.82 | |
| 现金流入小计 | 2,945,806,550.86 | 2,731,490,678.04 |
| 偿还债务所支付的现金 | 2,670,000,000.00 | 2,420,000,000.00 |
| 分配股利、利润或偿付利息所支付的现金 | 123,892,940.14 | 117,984,568.09 |
| 支付的其他与筹资活动有关的现金 | 3,894,000.00 | |
| 现金流出小计 | 2,797,786,940.14 | 2,537,984,568.09 |
| 筹资活动产生的现金流量净额 | 148,019,610.72 | 193,506,109.95 |
| 四、汇率变动对现金的影响 | 7.60 | |
| 五、现金及现金等价物净增加额 | 345,747,348.32 | 127,006,875.94 |
| 补充材料 | | |
| 1.将净利润调节为经营活动现金流量: | | |
| 净利润 | 131,136,635.53 | 128,665,637.52 |
| 加:计提的资产减值准备 | 8,828,111.66 | -3,099,023.09 |
| 固定资产折旧 | 102,697,256.03 | 871,104.08 |
| 无形资产摊销 | 1,274,608.56 | 79,455.24 |
| 长期待摊费用摊销 | 4,428,543.10 | 398,796.70 |
| 待摊费用减少(减:增加) | -209,009.36 | |
| 预提费用增加(减:减少) | 607,778.46 | |
| 处置固定资产、无形资产和其他长期资产的损失(减:收益) | 2,903,549.74 | |
| 固定资产报废损失 | 618,484.03 | |
| 财务费用 | 22,596,591.95 | 17,502,077.50 |
| 投资损失(减:收益) | -113,818,985.14 | -155,395,308.35 |
| 递延税款贷项(减:借项) | | |
| 存货的减少(减:增加) | -33,333,241.97 | |
| 经营性应收项目的减少(减:增加) | 6,221,630.61 | 1,220,704.97 |
| 经营性应付项目的增加(减:减少) | -45,275.41 | -1,369,088.83 |
| 其他 | | |
| 少数股东本期收益 | 29,331,586.07 | |
| 经营活动产生的现金流量净额 | 163,238,263.86 | -11,125,644.26 |
| 2.不涉及现金收支的投资和筹资活动: | | |
| 债务转为资本 | | |
| 一年内到期的可转换公司债券 | | |
| 融资租入固定资产 | | |
| 3.现金及现金等价物净增加情况: | | |
| 现金的期末余额 | 1,066,150,307.95 | 255,149,952.53 |
| 减:现金的期初余额 | 720,402,959.63 | 128,143,076.59 |
| 加:现金等价物的期末余额 | | |
| 减:现金等价物的期初余额 | | |
| 现金及现金等价物净增加额 | 345,747,348.32 | 127,006,875.94 |

## 600051 宁波联合集团股份有限公司

### 二〇〇二年年度报告摘选

#### 1.上市公司基本情况简介

1.1 基本情况简介

股票简称:宁波联合 股票代码:600051 上市交易所:上海证券交易所

注册地址和办公地址:宁波开发区东海路 1 号联合大厦 邮政编码:315803

公司国际互联网网址:http://www.nug.com.cn 电子信箱:info@nug.com.cn

1.2 联系人和联系方式

董事会秘书:何彼禄 联系地址:宁波开发区东海路 1 号联合大厦八楼

电话:0574-86221609 传真:0574-86221320 电子信箱:hxl@nug.com.cn

证券事务代表:朱德昌 联系地址:宁波开发区东海路 1 号联合大厦八楼

电话:0574-86222320 传真:0574-86221320 电子信箱:zdc@nug.com.cn

#### 2.会计数据和财务指标摘要

2.1 主要会计数据

| | 2002 年 | 2001 年 | 本年比上年增减(%) | 2000 年 |
|---|---|---|---|---|
| 主营业务收入 | 3,987,828,454.97 | 3,642,285,556.35 | 9.49 | 2,957,317,046.97 |
| 利润总额 | 86,217,692.54 | 72,795,907.15 | 18.44 | 69,121,434.47 |
| 净利润 | 43,750,730.04 | 54,302,123.09 | -19.43 | 50,177,607.87 |
| 扣除非经常性损益的净利润 | 41,807,702.96 | 40,341,811.82 | 3.63 | 44,808,060.12 |
| | 2002 年末 | 2001 年末 | 本年末比上年末增减(%) | 2000 年末 |
| 总资产 | 2,728,748,823.34 | 2,284,210,645.45 | 19.46 | 1,840,888,485.20 |
| 股东权益(不含少数股东权益) | 839,253,767.33 | 822,304,821.70 | 2.06 | 798,419,103.05 |
| 经营活动产生的现金流量净额 | -181,216,449.06 | -77,572,547.63 | 133.61 | 74,308,928.18 |

2.2 主要财务指标

| | 2002 年 | 2001 年 | 本年比上年增减(%) | 2000 年 |
|---|---|---|---|---|
| 每股收益 | 0.14 | 0.18 | -22.22 | 0.17 |
| 每股收益(加权) | 0.14 | 0.18 | -22.22 | 0.17 |
| 净资产收益率 | 5.21% | 6.60% | -21.06 | 6.28% |
| 扣除非经常性损益的净利润为基础计算的净资产收益率 | 4.98% | 4.91% | 1.43 | 5.61% |
| 每股经营活动产生的现金流量净额 | -0.60 | -0.26 | 130.77 | 0.25 |
| | 2002 年末 | 2001 年末 | 本年末比上年末增减(%) | 2000 年末 |
| 每股净资产 | 2.78 | 2.72 | 2.21 | 2.64 |
| 调整后的每股净资产 | 2.65 | 2.57 | 3.11 | 2.57 |

## 600079 武汉人福高科技产业股份有限公司

### 二〇〇二年年度报告摘选

#### 1.上市公司基本情况简介

1.1 基本情况简介

股票简称:人福科技 股票代码:600079 上市交易所:上海证券交易所

注册地址和办公地址:武汉市关山街鲁磨路 369 号 邮政编码:430074

公司国际互联网网址:http://www.humanwell.com.cn 电子信箱:humanwell@humanwell.com.cn

1.2 联系人和联系方式

董事会秘书:傅延华 联系地址:武汉市关山街鲁磨路 369 号

电话:027-87597232 传真:027-87597232 电子信箱:humanwell@humanwell.com.cn

#### 2.会计数据和财务指标摘要

2.1 主要会计数据

| | 2002 年 | 2001 年 | 本年比上年增减(%) | 2000 年 |
|---|---|---|---|---|
| 主营业务收入 | 558,801,672.06 | 266,765,791.91 | 109.47 | 188,499,098.47 |
| 利润总额 | 54,890,112.29 | 51,177,531.38 | 7.25 | 49,990,759.68 |
| 净利润 | 19,261,947.42 | 28,054,901.64 | -31.34 | 35,279,945.35 |
| 扣除非经常性损益的净利润 | 19,748,133.07 | 21,678,071.39 | -8.90 | 29,898,970.86 |
| | 2002 年末 | 2001 年末 | 本年末比上年末增减(%) | 2000 年末 |
| 总资产 | 1,426,980,479.28 | 1,120,497,361.91 | 27.35 | 513,279,844.06 |
| 股东权益(不含少数股东权益) | 477,823,208.67 | 294,971,790.52 | 61.99 | 279,513,888.32 |
| 经营活动产生的现金流量净额 | -69,765,554.48 | 16,876,533.00 | -513.39 | 26,203,782.64 |

2.2 主要财务指标

| | 2002 年 | 2001 年 | 本年比上年增减(%) | 2000 年 |
|---|---|---|---|---|
| 每股收益 | 0.14 | 0.22 | -36.36 | 0.28 |
| 净资产收益率 | 5.09 | 9.56 | -46.76 | 13.00 |
| 扣除非经常性损益的净利润为基础计算的净资产收益率 | 5.22 | 7.39 | -29.36 | 11.02 |
| 每股经营活动产生的现金流量净额 | -0.48 | 0.134 | 458.21 | 0.208 |
| | 2002 年末 | 2001 年末 | 本年末比上年末增减(%) | 2000 年末 |
| 每股净资产 | 3.29 | 2.34 | 40.60 | 2.22 |
| 调整后的每股净资产 | 3.26 | 2.32 | 40.52 | 2.18 |

## 600119 长发集团长江投资实业股份有限公司

### 二〇〇二年年度报告摘选

#### 1.上市公司基本情况简介

1.1 基本情况简介

股票简称:长江投资 股票代码:600119 上市交易所:上海证券交易所

注册地址和办公地址:上海浦东世纪大道 1500 号 邮政编码:200122

公司国际互联网网址:www.sse.com.cn 电子信箱:Zhulian01@online.sh.cn

1.2 联系人和联系方式

董事会秘书:朱联 联系地址:上海浦东世纪大道 1500 号

电话:68407009 传真:68407009 电子信箱:Zhulian01@online.sh.cn

证券事务代表:韩家红 联系地址:上海浦东世纪大道 1500 号

电话:68407032 传真:68407010 电子信箱:hanjhd@online.sh.cn

#### 2.会计数据和财务指标摘要

2.1 主要会计数据

| | 2002 年 | 2001 年 | 本年比上年增减(%) | 2000 年 |
|---|---|---|---|---|
| 主营业务收入 | 570,631,354.24 | 471,998,493.73 | 20.90 | 508,289,883.92 |
| 利润总额 | 35,107,671.36 | 32,065,837.41 | 9.49 | 25,700,890.73 |
| 净利润 | 24,109,108.56 | 22,762,204.62 | 5.92 | 17,601,209.98 |
| 扣除非经常性损益的净利润 | 22,987,528.06 | 17,635,257.93 | 30.35 | 11,766,811.47 |
| | 2002 年 | 2001 年 | 本年末比上年末增减(%) | 2000 年 |
| 总资产 | 853,840,360.76 | 806,920,320.51 | 5.81 | 699,570,882.08 |
| 股东权益(不含少数股东权益) | 400,040,218.15 | 375,931,109.59 | 6.41 | 352,763,515.66 |
| 经营活动产生的现金流量净额 | 32,836,356.95 | -21,295,723.62 | 254.19 | -1,710,950.78 |

2.2 主要财务指标

| | 2002 年 | 2001 年 | 本年比上年增减(%) | 2000 年 |
|---|---|---|---|---|
| 每股收益 | 0.0937 | 0.1380 | -32.10 | 0.1173 |
| 加权平均每股收益 | 0.0960 | 0.1320 | -27.23 | 0.1173 |
| 净资产收益率 | 6.0267% | 6.0549% | -0.47 | 4.9895% |
| 扣除非经常性损益的净资产收益率 | 5.9248% | 4.8429% | 22.34% | 3.4170% |
| 每股经营活动产生的现金流量净额 | 0.1276 | -0.1291 | 198.84 | -0.0114 |
| | 2002 年末 | 2001 年末 | 本年末比上年末增减(%) | 2000 年末 |
| 每股净资产 | 1.5542 | 2.2784 | -31.79 | 2.3518 |
| 调整后的每股净资产 | 1.4260 | 2.1724 | -34.36 | 2.2816 |

## 600133 武汉东湖高新集团股份有限公司

### 二〇〇二年年度报告摘选

#### 1.上市公司基本情况简介

1.1 基本情况简介

证券简称:东湖高新 证券代码:600133 上市交易所:上海证券交易所

注册地址:武汉市洪山区华光大道 1 号

办公地址:武汉市洪山区华光大道 1 号东湖高新大楼 邮政编码:430074

公司国际互联网网址:www.elht.com.cn 电子信箱:dhgx@public.wh.hb.cn

1.2 联系人和联系方式

董事会秘书:舒春萍 联系地址:武汉市关东科技工业园华光大道 1 号

电话:027-87561686 传真:027-87561866 电子信箱:dhgx@hotmail.com

证券事务代表:李雪梅 联系地址:武汉市关东科技工业园华光大道 1 号

电话:027-87561866 传真:027-87561866 电子信箱:dhgx@hotmail.com

#### 2.会计数据和业务数据摘要

2.1 主要业务数据

| | 2002 年 | 2001 年(上年) | 本年比上年增减(%) | 2000 年 |
|---|---|---|---|---|
| 主营业务收入 | 390,905,934.31 | 467,705,812.86 | -16.42 | 307,479,313.39 |
| 利润总额 | 50,281,724.09 | 59,907,716.16 | -16.07 | 55,384,120.11 |
| 净利润 | 41,291,249.61 | 49,167,278.63 | -16.02 | 44,662,137.02 |
| 扣除非经常性损益后的净利润 | 40,790,217.49 | 38,616,614.28 | 5.63 | 42,574,825.64 |
| | 2002 年末 | 2001 年末 | 本年末比上年末增减(%) | 2000 年末 |
| 总资产 | 1,352,077,126.60 | 1,160,069,293.08 | 16.55 | 1,077,036,109.29 |
| 股东权益(不含少数股东权益) | 676,657,122.42 | 635,365,872.81 | 6.50 | 608,109,556.35 |
| 经营活动产生的现金流量净额 | -31,341,498.92 | 10,357,158.43 | - | -211,912,161.33 |

2.2 主要财务指标

| | 2002 年 | 2001 年 | 本年比上年增减(%) | 2000 年 |
|---|---|---|---|---|
| 每股收益(摊薄) | 0.1498 | 0.1784 | -16.03 | 0.1621 |
| 每股收益(加权) | 0.1498 | 0.1784 | -16.03 | 0.1712 |
| 净资产收益率 | 6.10% | 7.74% | -21.19 | 7.34% |
| 扣除非经常性损益的净利润为基础计算的净资产收益率 | 6.03% | 6.08% | -0.80 | 7.00% |
| 每股经营活动产生的现金流量净额 | -0.1137 | 0.0337 | - | -0.7689 |
| | 2002 年末 | 2001 年末 | 本年末比上年末增减(%) | 2000 年末 |
| 每股净资产 | 2.4553 | 2.3055 | 6.50 | 2.2066 |
| 调整后的每股净资产 | 2.3231 | 2.2918 | 1.37 | 2.1524 |

# 600136 武汉道博股份有限公司

## 二○○二年年度报告摘选

### 1.上市公司基本情况简介

1.1 基本情况简介

股票简称:道博股份 股票代码:600136 上市交易所:上海证券交易所

注册地址:湖北省武汉经济技术开发区Ⅲ－5号地块

办公地址:湖北省武汉市汉口中山大道818号佳丽广场45层 邮政编码:430020

公司国际互联网网址:http://www.china－double.com 电子信箱:double@public.wh.hb.cn

1.2 联系人和联系方式

董事会秘书:吴小林先生 联系地址:湖北省武汉市汉口中山大道818号佳丽广场45层

电话:027－82702848 传真:027－82702818 电子信箱:wuxl@china－double.com

### 2.会计数据和财务指标摘要

2.1 主要会计数据 单位:(人民币)元

| | 2002年 | 2001年 | 本年比上年增减(%) | 2000年 |
|---|---|---|---|---|
| 主营业务收入 | 110,443,781.45 | 175,667,548.93 | －37.13 | 192,367,648.71 |
| 利润总额 | －155,178,694.04 | 39,007,319.84 | －497.82 | 24,390,475.34 |
| 净利润 | －152,333,583.12 | 23,202,497.47 | －756.54 | 20,277,516.01 |
| 扣除非经常性损益的净利润 | －143,838,630.10 | 9,215,125.21 | －1660.90 | 15,117,516.01 |
| | 2002年末 | 2001年末 | 本年末比上年末增减(%) | 2000年末 |
| 总资产 | 767,917,500.06 | 862,604,992.21 | －10.89 | 704,353,585.00 |
| 股东权益(不含少数股东权益) | 265,920,356.28 | 418,240,746.40 | －36.42 | 397,649,953.98 |
| 经营活动产生的现金流量净额 | －57,290,437.84 | 5,174,663.17 | －1207.13 | 38,425,312.38 |

2.2 主要财务指标

| | 2002年 | 2001年 | 本年比上年增减(%) | 2000年 |
|---|---|---|---|---|
| 每股收益(加权) | －1.46 | 0.2 | 830 | 0.21 |
| 每股收益(摊薄) | －1.46 | 0.22 | －763.64 | 0.19 |
| 净资产收益率 | －44.53% | 5.68% | －839.98 | 6.90% |
| 扣除非经常性损益的净利润为基础计算的净资产收益率 | －42.05% | 2.26% | －1960.62 | 5.15% |
| 每股经营活动产生的现金流量净额 | －0.55 | 0.05 | －1200 | 0.41 |
| | 2002年末 | 2001年末 | 本年末比上年末增减(%) | 2000年末 |
| 每股净资产 | 2.55 | 4.00 | －36.25 | 3.81 |
| 调整后的每股净资产 | 2.46 | 3.86 | －33.15 | 3.73 |

# 600157 泰安鲁润股份有限公司

## 二○○二年年度报告摘选

### 1.上市公司基本情况简介

1.1 基本情况简介

股票简称:鲁润股份 股票代码:600157 上市交易所:上海证券交易所

注册地址和办公地址:山东省泰安市青年路111号 邮政编码:271000

公司国际互联网网址:http://www.china－lurun.com 电子信箱:lrgf@public.taptt.sd.cn

1.2 联系人和联系方式

董事会秘书:尚福平 联系地址:山东省泰安市青年路111号泰安鲁润股份公司董事会办公室

电话:0538－8201817 传真:0538－8226885 电子信箱:lrgfdb@public.taptt.sd.cn

证券事务代表:李军 联系地址:山东省泰安市青年路111号泰安鲁润股份公司董事会办公室

电话:0538－8201817 传真:0538－8226885 电子信箱:lrgfdb@public.taptt.sd.cn

### 2.会计数据和财务指标摘要

2.1 主要会计数据 单位:人民币元

| | 2002年 | 2001年 | 本年比上年增减(%) | 2000年 |
|---|---|---|---|---|
| 主营业务收入 | 649,004,210.65 | 493,633,349.79 | ＋31.47 | 411,315,387.53 |
| 利润总额 | 18,281,483.80 | 15,610,955.53 | ＋17.11 | 39,805,632.08 |
| 净利润 | 11,252,753.09 | 13,319,645.56 | －15.52 | 32,774,456.08 |
| 扣除非经常性损益的净利润 | 11,151,975.78 | 13,075,777.43 | －14.71 | 32,774,456.08 |
| | 2002年末 | 2001年末 | 本年末比上年末增减(%) | 2000年末 |
| 总资产 | 919,055,553.95 | 782,378,313.91 | ＋17.47 | 737,502,744.01 |
| 股东权益(不含少数股东权益) | 295,116,507.06 | 283,863,753.97 | ＋3.96 | 270,947,566.04 |
| 经营活动产生的现金流量净额 | 87,655,654.40 | 113,141,262.48 | －64.65 | 24,695,039.40 |

2.2 主要财务指标 单位:人民币元

| | 2002年 | 2001年 | 本年比上年增减(%) | 2000年 |
|---|---|---|---|---|
| 每股收益 | 0.066 | 0.078 | －15.38 | 0.1923 |
| 净资产收益率(%) | 3.81 | 4.69 | －18.76 | 12.10 |
| 扣除非经常性损益的净利润为基础计算的净资产收益率 | 3.78 | 4.61 | －18.00 | 12.10 |
| 每股经营活动产生的现金流量净额 | 0.98 | 0.66 | ＋48.48 | 0.145 |
| | 2002年末 | 2001年末 | 本年末比上年末增减(%) | 2000年末 |
| 每股净资产 | 1.731 | 1.696 | ＋6.33 | 1.59 |
| 调整后的每股净资产 | 1.665 | 1.684 | －1.13 | 1.56 |

# 600193 厦门创兴科技股份有限公司

## 二○○二年年度报告摘选

### 1.上市公司基本情况简介

1.1 基本情况简介

股票简称:创兴科技 股票代码:600193 上市交易所:上海证券交易所

注册地址和办公地址:厦门市建业路18号9层 邮政编码:361012

电子信箱:dayang@public.xm.fj.cn

1.2 联系人和联系方式

董事会秘书:李晓玲 联系地址:厦门市建业路18号9层

电话:0592－5311857 传真:0592－5311821 电子信箱:dayang.lee@sina.com

证券事务代表:吴振忠 联系地址:厦门市建业路18号9层

电话:0592－5311831 传真:0592－5311955 电子信箱:cxwzz@163.com

### 2.会计数据和财务指标摘要

2.1 主要会计数据

| | 2002年 | 2001年 | 比上年增减(%) | 2000年 |
|---|---|---|---|---|
| 主营业务收入 | 183,338,919.95 | 115,139,550.04 | 59.23 | 78,337,529.71 |
| 利润总额 | 24,856,376.34 | 24,607,543.77 | 1.01 | 25,038,877.46 |
| 净利润 | 16,599,454.72 | 16,352,031.22 | 1.51 | 17,819,158.73 |
| 扣除非经常性损益的净利润 | 20,143,505.76 | 19,742,445.19 | 2.03 | 16,561,360.41 |
| | 2002年末 | 2001年末 | 比上年末增减(%) | 2000年末 |
| 总资产 | 726,294,678.62 | 494,097,868.51 | 46.99 | 482,461,994.38 |
| 股东权益(不含少数股东权益) | 275,671,684.37 | 259,072,229.66 | 6.41 | 242,720,198.43 |
| 经营活动产生的现金流量净额 | 24,408,526.86 | 87,119,954.38 | －71.98 | 22,480,867.03 |

2.2 主要财务指标

| | 2002年 | 2001年 | 比上年增减(%) | 2000年 |
|---|---|---|---|---|
| 每股收益 | 0.099 | 0.097 | 2.06 | 0.106 |
| 净资产收益率 | 6.02 | 6.31 | －0.29 | 7.34 |
| 扣除非经常性损益的净利润为基础计算的净资产收益率 | 7.31 | 7.64 | －0.33 | 6.82 |
| 每股经营活动产生的现金流量净额 | 0.145 | 0.519 | －72.06 | 0.134 |
| | 2002年末 | 2001年末 | 比上年末增减(%) | 2000年末 |
| 每股净资产 | 1.643 | 1.544 | 6.41 | 1.446 |
| 调整后的每股净资产 | 1.639 | 1.540 | 6.43 | 1.423 |

# 600200 江苏吴中实业股份有限公司

## 二○○二年年度报告摘选

### 1.上市公司基本情况简介

1.1 基本情况简介

股票简称:江苏吴中 股票代码:600200 上市交易所:上海证券交易所

注册地址:江苏省苏州市吴中区宝带东路388号 电子信箱:info@wuzhong.com

办公地址:江苏省苏州市吴中区宝带东路388号 邮政编码:215128

1.2 联系人和联系方式

董事会秘书:金建平 联系地址:江苏省苏州市吴中区宝带东路388号 电话:0512－65618665

传真:0512－65270086 电子信箱:600200@wuzhong.com jswz@wuzhong.com

证券事务代表:朱菊芳 联系地址:江苏省苏州市吴中区宝带东路388号

电话:0512－65272131 传真:0512－65270086

电子信箱:600200@wuzhong.com jswz@wuzhong.com

### 2.会计数据和财务指标摘要

2.1 主要会计数据(单位:元)

| | 2002年 | 2001年 | 本年比上年增减(%) | 2000年 |
|---|---|---|---|---|
| 主营业务收入 | 666234476.68 | 668554095.40 | －0.35 | 414244143.09 |
| 利润总额 | 84061374.34 | 96639037.07 | －13.02 | 48840047.46 |
| 净利润 | 60177053.15 | 83195604.04 | －27.67 | 41043207.48 |
| 扣除非经常性损益的净利润 | 54576608.73 | 80578223.01 | －32.27 | 32538013.35 |
| | 2002年末 | 2001年末 | 本年末比上年末增减(%) | 2000年末 |
| 总资产 | 1228515760.03 | 1105587920.22 | 11.12 | 680995064.49 |
| 股东权益(不含少数股东权益) | 791632954.24 | 750190729.68 | 5.52 | 422184414.79 |
| 经营活动产生的现金流量净额 | 22909564.58 | －34735445.27 | －－ | 78786379.28 |

2.2 主要财务指标

| | 2002年 | 2001年 | 本年比上年增减(%) | 2000年 |
|---|---|---|---|---|
| 每股收益 | 0.217 | 0.3001 | －27.67 | 0.307 |
| 净资产收益率 | 7.60% | 11.09% | －31.47 | 9.72% |
| 扣除非经常性损益的净利润为基础计算的净资产收益率 | 6.99% | 15.91% | －56.07 | 7.92% |
| 每股经营活动产生的现金流量净额 | 0.083 | －0.125 | －－ | 0.590 |
| | 2002年末 | 2001年末 | 本年末比上年末增减(%) | 2000年末 |
| 每股净资产 | 2.856 | 2.706 | 5.54 | 3.16 |
| 调整后的每股净资产 | 2.811 | 2.67 | 5.28 | 3.096 |

## 600209 罗顿发展股份有限公司

### 二〇〇二年年度报告摘选

#### 1.上市公司基本情况简介

1.1 基本情况简介

股票简称:罗顿发展 股票代码:600209 上市交易所:上海证券交易所

注册地址和办公地址:海南省海口市人民大道68号 邮政编码:570208

公司国际互联网网址:http://www.lawtonfz.com.cn 电子信箱:golden@public.hk.hi.cn

1.2 联系人和联系方式

董事会秘书:韦胜杭 联系地址:海南省海口市人民大道68号

电话:0898－66258868 传真:0898－66254868 电子信箱:golden@public.hk.hi.cn

证券事务代表:韦钟 联系地址:海南省海口市人民大道68号

电话:0898－66258868 传真:0898－66254868 电子信箱:golden@public.hk.hi.cn

#### 2.会计数据和财务指标摘要

2.1 主要会计数据 (单位:人民币元)

| | 2002年 | 2001年 | 本年比上年增减(%) | 2000年 |
|---|---|---|---|---|
| 主营业务收入 | 379,596,355.88 | 532,752,166.28 | －28.75 | 343,665,907.52 |
| 利润总额 | 53,459,414.30 | 72,812,001.11 | －26.58 | 75,849,265.69 |
| 净利润 | 43,286,222.39 | 55,817,361.42 | －22.45 | 59,747,214.98 |
| 扣除非经常性损益的净利润 | 20,476,039.63 | 54,663,088.73 | －62.54 | 59,479,069.96 |
| | 2002年末 | 2001年末 | 本年末比上年末增减(%) | 2000年末 |
| 总资产 | 1,102,996,480.29 | 1,008,064,084.79 | 9.42 | 915,402,978.92 |
| 股东权益(不含少数股东权益) | 607,011,966.00 | 567,148,969.76 | 7.03 | 530,190,957.46 |
| 经营活动产生的现金流量净额 | 189,891,228.82 | 33,965,780.01 | 459.07 | 31,993,969.71 |

2.2 主要财务指标 (单位:人民币元)

| | 2002年 | 2001年 | 本年比上年增减(%) | 2000年 |
|---|---|---|---|---|
| 每股收益 | 0.1836 | 0.2368 | －22.47 | 0.2534 |
| 每股收益(按新股本) | 0.168 | | | |
| 净资产收益率(%) | 7.13 | 9.84 | －27.54 | 11.27 |
| 扣除非经常性损益的净利润为基础计算的净资产收益率(%) | 3.48 | 9.79 | －64.45 | 11.52 |
| 每股经营活动产生的现金流量净额 | 0.8055 | 0.1441 | 458.99 | 0.1357 |
| | 2002年末 | 2001年末 | 本年末比上年末增减(%) | 2000年末 |
| 每股净资产 | 2.5749 | 2.4058 | 7.03 | 2.2490 |
| 调整后的每股净资产 | 2.2789 | 2.2043 | 3.38 | 2.2421 |

## 600223 山东万杰高科技股份有限公司

### 二〇〇二年年度报告摘选

#### 1.上市公司基本情况简介

1.1 基本情况简介

股票简称:万杰高科 股票代码:600223 上市交易所:上海证券交易所

注册地址和办公地址:山东省淄博高新技术产业开发区 邮政编码:255086

公司国际互联网网址:http://www.wanjie.com 电子信箱:wanjie@wanjie.com

1.2 联系人和联系方式

董事会秘书:孙峰 联系地址:山东省淄博高新技术产业开发区

电话:0533－3585809 传真:0533－3585836 电子信箱:wanjie@wanjie.com

证券事务代表:吕春艳、孙国庆 联系地址:山东省淄博高新技术产业开发区

电话:0533－3585809 传真:0533－3585836 电子信箱:wanjie@wanjie.com

#### 2.会计数据和财务指标摘要

2.1 主要会计数据

| | 2002年 | 2001年 | 本年比上年增减(%) | 2000年 |
|---|---|---|---|---|
| 主营业务收入 | 1,132,521,972.13 | 1,002,739,562.61 | 12.94 | 761,963,023.11 |
| 利润总额 | 123,207,481.34 | 149,212,556.29 | －17.43 | 173,241,927.89 |
| 净利润 | 102,223,946.96 | 139,727,108.56 | －26.84 | 145,324,450.93 |
| 扣除非经常性损益的净利润 | 101,439,933.79 | 139,135,836.20 | －27.09 | 145,140,096.47 |
| | 2002年末 | 2001年末 | 本年末比上年末增减(%) | 2000年末 |
| 总资产 | 2,902,055,948.96 | 2,531,082,903.12 | 14.66 | 2,167,466,819.40 |
| 股东权益(不含少数股东权益) | 1,560,728,734.55 | 1,726,629,787.59 | －9.61 | 1,586,902,679.03 |
| 经营活动产生的现金流量净额 | 165,204,558.02 | 331,741,123.09 | －50.20 | 166,445,340.61 |

2.2 主要财务指标

| | 2002年 | 2001年 | 本年比上年增减(%) | 2000年 |
|---|---|---|---|---|
| 每股收益 | 0.19 | 0.26 | －26.92 | 0.27 |
| 净资产收益率 | 6.55% | 8.09% | －19.04 | 9.16% |
| 扣除非经常性损益的净利润为基础计算的净资产收益率 | 5.71% | 8.40% | －32.02 | 8.67% |
| 每股经营活动产生的现金流量净额 | 0.31 | 0.62 | －50 | 0.31 |
| | 2002年末 | 2001年末 | 本年末比上年末增减(%) | 2000年末 |
| 每股净资产 | 2.91 | 3.22 | －9.63 | 2.96 |
| 调整后的每股净资产 | 2.90 | 3.21 | －9.66 | 2.95 |

## 600252 广西梧州中恒集团股份有限公司

### 二〇〇二年年度报告摘选

#### 1.上市公司基本情况简介

1.1 基本情况简介

股票简称:梧州中恒 股票代码:600252 上市交易所:上海证券交易所

注册地址和办公地址:广西梧州市蝶山一路3号 邮政编码:543002

公司国际互联网网址:http://www.wz-zhongheng.com

电子信箱:zhongheng@wz-zhongheng.com

1.2 联系人和联系方式

董事会秘书:彭伟民 联系地址:广西梧州市蝶山一路3号

电话:0774－5830828 传真:0774－5830900 电子信箱:pwm680@163.net

#### 2.会计数据和财务指标摘要

2.1 主要会计数据 单位:元

| | 2002年 | 2001年 | 本年比上年增减(%) | 2000年 |
|---|---|---|---|---|
| 主营业务收入 | 284,870,711.51 | 189,873,619.75 | 50.03% | 153,928,063.54 |
| 利润总额 | 50,487,663.60 | 30,992,350.13 | 62.90% | 30,373,672.52 |
| 净利润 | 27,169,553.96 | 29,071,590.05 | －6.54% | 26,179,609.10 |
| 扣除非经常性损益的净利润 | 27,826,310.18 | 29,112,800.63 | －4.42% | 22,040,527.67 |
| | 2002年末 | 2001年末 | 本年末比上年末增减(%) | 2000年末 |
| 总资产 | 784,057,861.58 | 686,242,226.66 | 14.25% | 577,187,717.46 |
| 股东权益(不含少数股东权益) | 410,893,332.53 | 390,695,591.41 | 5.17% | 361,656,703.02 |
| 经营活动产生的现金流量净额 | －67,535,703.94 | －11,737,339.47 | 475.39% | －17,438,018.77 |

2.2 主要财务指标 单位:元

| | 2002年 | 2001年 | 本年比上年增减(%) | 2000年 |
|---|---|---|---|---|
| 每股收益1 | 0.19 | 0.23 | －17.39% | 0.21 |
| 每股收益2 | 报告期末至披露日股本无变化 | 报告期末至披露日股本无变化 | | 报告期末至披露日股本无变化 |
| 净资产收益率 | 6.61% | 7.44% | －11.16% | 7.24% |
| 扣除非经常性损益的净利润为基础计算的净资产收益率 | 6.77% | 7.45% | －9.13% | 6.09% |
| 每股经营活动产生的现金流量净额 | －0.48 | －0.09 | 433.33% | －0.14 |
| | 2002年末 | 2001年末 | 本年末比上年末增减(%) | 2000年末 |
| 每股净资产 | 2.95 | 3.08 | －4.22% | 2.85 |
| 调整后的每股净资产 | 2.93 | 3.07 | －4.56% | 2.84 |

## 600606 上海金丰投资股份有限公司

### 二〇〇二年年度报告摘选

#### 1.上市公司基本情况简介

1.1 基本情况简介

股票简称:金丰投资 股票代码:600606 上市交易所:上海证券交易所

注册地址:上海市浦东新区松林路111号

办公地址:上海市延安西路129号华侨大厦17楼 邮政编码:200040

公司国际互联网网址:http://www.ebousee.com 电子信箱:Jftz@vip.sina.com

1.2 联系人和联系方式

证券事务代表:李雪琳 联系地址:上海市延安西路129号华侨大厦17楼

电话:021－62496858 传真:021－62496860 电子信箱:Jftz@vip.sina.com

#### 2.会计数据和财务指标摘要

2.1 主要会计数据 单位:元

| | 2002年 | 2001年 | 本年比上年增减(%) | 2000年 |
|---|---|---|---|---|
| 主营业务收入 | 1,083,813,001.32 | 640,566,916.05 | 69.20 | 240,205,482.12 |
| 利润总额 | 92,582,484.85 | 94,848,229.10 | －2.39 | 39,841,346.54 |
| 净利润 | 60,730,041.98 | 75,615,913.53 | －19.69 | 33,950.360.12 |
| 扣除非经常性损益的净利润 | 59,005,223.61 | 42,081,941.66 | 40.22 | 3,058,634.38 |
| | 2002年末 | 2001年末 | 本年末比上年末增减(%) | 2000年末 |
| 总资产 | 2,192,559,686.16 | 1,450,902,957.24 | 51.12 | 1,074,244,525.51 |
| 股东权益(不含少数股东权益) | 959,901,385.32 | 292,349,765.37 | 228.34 | 216,783,664.32 |
| 经营活动产生的现金流量净额 | 275,998,773.75 | －114,880,180.79 | － | 20,932,102.95 |

2.2 主要财务指标 单位:元

| | 2002年 | 2001年 | 本年比上年增减(%) | 2000年 |
|---|---|---|---|---|
| 每股收益(摊薄) | 0.238 | 0.459 | －48.15 | 0.206 |
| 每股收益(加权) | 0.257 | 0.459 | －44.01 | 0.206 |
| 净资产收益率(%) | 6.33 | 25.87 | －75.53 | 15.66 |
| 扣除非经常性损益的净利润为基础计算的净资产收益率 | 6.15 | 14.39 | －57.26 | 1.41 |
| 每股经营活动产生的现金流量净额 | 1.083 | －0.697 | － | 0.127 |
| | 2002年末 | 2001年末 | 本年末比上年末增减(%) | 2000年末 |
| 每股净资产 | 3.765 | 1.774 | 112.23 | 1.315 |
| 调整后的每股净资产 | 3.688 | 1.578 | 133.71 | 1.140 |

# 600607 上海实业联合集团股份有限公司

## 二〇〇二年年度报告摘选

### 1.上市公司基本情况简介

1.1 基本情况简介

股票简称:上实联合 股票代码:600607 上市交易所:上海证券交易所

注册地址:上海市浦东新区郭守敬路351号海泰楼2号628室

办公地址:上海市桃江路8号宝轻大厦5楼 邮政编码:200031

公司国际互联网网址:http://www.siuc.com.cn 电子信箱:Suiljim@public3.sta.net.cn

1.2 联系人和联系方式

董事会秘书:施祖琪 联系地址:上海市桃江路8号宝轻大厦5楼

电话:021-64331098 传真:021-64337533 电子信箱:Suiljim@public3.sta.net.cn

证券事务代表:李德芳 联系地址:上海市桃江路8号宝轻大厦5楼

电话:021-64331098 传真:021-64337533 电子信箱:Suiljim@public3.sta.net.cn

### 2.会计数据和财务指标摘要

2.1 主要会计数据 单位:元

| | 2002年 | 2001年 | 本年比上年增减(%) | 2000年 |
|---|---|---|---|---|
| 主营业务收入 | 1,613,338,821.16 | 1,375,417,608.08 | 17.30 | 918,240,826.84 |
| 利润总额 | 145,800,772.30 | 152,437,618.70 | -4.35 | 119,109,009.39 |
| 净利润 | 92,687,776.10 | 100,876,015.83 | -8.12 | 85,598,862.66 |
| 扣除非经常性损益的净利润 | 93,627,078.75 | 98,110,422.24 | -4.57 | 84,897,249.91 |
| | 2002年末 | 2001年末 | 本年末比上年末增减(%) | 2000年末 |
| 总资产 | 2,475,430,986.06 | 2,418,280,404.08 | 2.36 | 2,339,668,827.93 |
| 股东权益(不含少数股东权益) | 1,435,945,713.77 | 1,379,967,315.55 | 4.06 | 1,334,092,984.46 |
| 经营活动产生的现金流量净额 | 77,218,170.00 | 106,565,568.93 | -27.54 | 64,834,039.32 |

2.2 主要财务指标 单位:元

| | 2002年 | 2001年 | 本年比上年增减(%) | 2000年 |
|---|---|---|---|---|
| 每股收益 | 0.3024 | 0.3291 | -8.11 | 0.4189 |
| 每股收益 | 0.3024 | 0.3291 | -8.11 | 0.4189 |
| 净资产收益率 | 6.45% | 7.31% | -11.76 | 6.42% |
| 扣除非经常性损益的净利润为基础计算的净资产收益率 | 6.56% | 7.09% | -7.48 | 9.47% |
| 每股经营活动产生的现金流量净额 | 0.2519 | 0.3477 | -27.55 | 0.3173 |
| | 2002年末 | 2001年末 | 本年末比上年末增减(%) | 2000年末 |
| 每股净资产 | 4.6848 | 4.5022 | 4.06 | 6.5287 |
| 调整后的每股净资产 | 4.5379 | 4.3705 | 3.83 | 6.3696 |

# 600620 上海市天宸股份有限公司

## 二〇〇二年年度报告摘选

### 1.上市公司基本情况简介

1.1 基本情况简介

股票简称:天宸股份 股票代码:600620 上市交易所:上海证券交易所

注册地址和办公地址:上海市徐家汇路550号15楼 邮政编码:200025

公司国际互联网网址:http://www.shstc.com 电子信箱:shstc@online.sh.cn

1.2 联系人和联系方式

董事会秘书:陶琴 联系地址:上海市徐家汇路550号15楼

电话:021-64458781 传真:021-64456910 电子信箱:taoqin@shstc.com

### 2.会计数据和财务指标摘要

2.1 主要会计数据 单位(人民币元)

| | 2002年 | 2001年 | 本年比上年增减(%) | 2000年调整后 |
|---|---|---|---|---|
| 主营业务收入 | 470,062,621.85 | 195,689,438.35 | 140.21 | 274,648,754.60 |
| 利润总额 | 103,729,662.41 | 38,457,960.03 | 169.72 | 22,995,747.36 |
| 净利润 | 80,624,487.68 | 34,132,139.97 | 136.21 | 3,655,573.34 |
| 扣除非经常性损益的净利润 | 59,798,884.94 | 20,574,706.27 | 190.64 | -3,163,832.76 |
| | 2002年末 | 2001年末 | 本年末比上年末增减(%) | 2000年调整后 |
| 总资产 | 1,601,151,623.34 | 1,293,692,948.00 | 23.76 | 1,004,734,195.49 |
| 股东权益(不含少数股东权益) | 452,765,748.87 | 382,812,234.19 | 18.27 | 335,531,458.97 |
| 经营活动产生的现金流量净额 | 255,367,177.85 | 16,981,694.74 | 1,403.78 | 121,382,317.87 |

2.2 主要财务指标 单位(人民币元)

| | 2002年 | 2001年 | 本年比上年增减(%) | 2000年调整后 |
|---|---|---|---|---|
| 每股收益 | 0.302 | 0.128 | 135.93 | 0.014 |
| 净资产收益率% | 17.81 | 8.92 | 99.66 | 1.09 |
| 扣除非经常性损益的净利润为基础计算的加权平均净资产收益率% | 13.21 | 5.37 | 145.99 | -0.94 |
| 每股经营活动产生的现金流量净额 | 0.96 | 0.064 | 1400 | 0.455 |
| | 2002年末 | 2001年末 | 本年末比上年末增减(%) | 2000年调整后 |
| 每股净资产 | 1.70 | 1.43 | 18.88 | 1.26 |
| 调整后的每股净资产 | 1.547 | 1.235 | 25.26 | 1.039 |

# 600622 上海嘉宝实业(集团)股份有限公司

## 二〇〇二年年度报告摘选

### 1.上市公司基本情况简介

1.1 基本情况简介

股票简称:ST嘉宝 股票代码:600622 上市交易所:上海证券交易所

注册地址和办公地址:上海市嘉定区清河路55号6-7F 邮政编码:201800

公司国际互联网网址:http://www.jbjt.com 电子信箱:jbdm@jbjt.com

1.2 联系人和联系方式

董事会秘书:孙红良 联系地址:上海市嘉定区清河路55号7F

电话:021-59529711 传真:021-59536931 电子信箱:jbdm@jbjt.com

证券事务代表:颜华 联系地址:上海市嘉定区清河路55号7F

电话:021-59529711 传真:021-59536931 电子信箱:jbdm@jbjt.com

### 2.会计数据和财务指标摘要

2.1 主要会计数据

| | 2002年(元) | 2001年(元) | 本年比上年增减(%) | 2000年(元) |
|---|---|---|---|---|
| 主营业务收入 | 257,083,897.26 | 190,805,857.20 | 34.74 | 148,395,025.17 |
| 利润总额 | 20,491,226.98 | -146,548,437.57 | -113.98 | -86,705,202.64 |
| 净利润 | 13,020,303.26 | -149,296,235.80 | -108.72 | -86,481,836.71 |
| 扣除非经常性损益的净利润 | 155,717.94 | -138,903,126.99 | -100.11 | -91,764,284.98 |
| | 2002年末(元) | 2001年末(元) | 本年末比上年末增减(%) | 2000年末(元) |
| 总资产 | 878,156,231.02 | 744,747,981.82 | 17.91 | 1,046,605,774.50 |
| 股东权益(不含少数股东权益) | 456,020,136.65 | 445,096,003.98 | 2.45 | 655,605,068.11 |
| 经营活动产生的现金流量净额 | 111,936,722.79 | 13,643,214.14 | 720.46 | 151,160,803.98 |

2.2 主要财务指标

| | 2002年(元) | 2001年(元) | 本年比上年增减(%) | 2000年(元) |
|---|---|---|---|---|
| 每股收益 | 0.039 | -0.447 | -108.72 | -0.259 |
| 每股收益 | 0.039 | -0.447 | -108.72 | -0.259 |
| 净资产收益率 | 2.86% | -33.55% | -108.52 | -13.19% |
| 扣除非经常性损益的净利润为基础计算的净资产收益率 | 0.03% | -23.93% | -100.13 | -13.15% |
| 每股经营活动产生的现金流量净额 | 0.335 | 0.041 | 717.07 | 0.453 |
| | 2002年末(元) | 2001年末(元) | 本年末比上年末增减(%) | 2000年末(元) |
| 每股净资产 | 1.367 | 1.334 | 2.47 | 1.965 |
| 调整后的每股净资产 | 1.280 | 1.251 | 2.32 | 1.936 |

# 600624 上海复旦复华科技股份有限公司

## 二〇〇二年年度报告摘选

### 1.上市公司基本情况简介

1.1 基本情况简介

股票简称:复旦复华 股票代码:600624 上市交易所:上海证券交易所

注册地址:上海市浦东金张路1167号 办公地址:上海市国权路525号 邮政编码:200433

公司国际互联网网址:http://www.forwardgroup.com 电子信箱:forward@forwardgroup.com

1.2 联系人和联系方式

董事会秘书:任琳芳 联系地址:上海市国权路525号复华科技楼十楼

电话:65103021 63872288 传真:65107402 63869700

电子信箱:shareholder@forwardgroup.com

证券事务代表:李小苏 联系地址:上海市国权路525号复华科技楼十楼

电话:65103021 63872288 传真:65107402 63869700

电子信箱:shareholder@forwardgroup.com

### 2.会计数据和财务指标摘要

2.1 主要会计数据(单位:人民币元)

| | 2002年 | 2001年 | 本年比上年增减(%) | 2000年 |
|---|---|---|---|---|
| 主营业务收入 | 260,743,560.82 | 302,131,899.89 | -13.70 | 252,515,085.30 |
| 利润总额 | 1,262,237.43 | 1,065,479.34 | 18.47 | 27,140,316.59 |
| 净利润 | 6,226,679.32 | 3,166,380.14 | 96.65 | 28,416,324.93 |
| 扣除非经常性损益的净利润 | 2,275,002.22 | 1,485,940.75 | 53.10 | 22,137,495.88 |
| | 2002年末 | 2001年末 | 本年末比上年末增减(%) | 2000年末 |
| 总资产 | 1,002,662,218.09 | 1,060,929,162.62 | -5.49 | 953,218,187.15 |
| 股东权益(不含少数股东权益) | 426,752,196.15 | 425,277,807.09 | 0.35 | 506,304,102.90 |
| 经营活动产生的现金流量净额 | 36,207,682.14 | -10,713,157.01 | 437.97 | -12,129,937.82 |

2.2 主要财务指标

| | 2002年 | 2001年 | 本年比上年增减(%) | 2000年 |
|---|---|---|---|---|
| 每股收益 | 0.0236 | 0.0120 | 96.67 | 0.1078 |
| 每股收益注2 | 0.0236 | 0.0120 | 96.67 | 0.1078 |
| 净资产收益率 | 1.46 | 0.74 | 97.29 | 5.61 |
| 扣除非经常性损益的净利润为基础计算的净资产收益率 | 0.53 | 0.35 | 51.43 | 4.37 |
| 每股经营活动产生的现金流量净额 | 0.1374 | -0.0407 | 437.97 | -0.05 |
| | 2002年末 | 2001年末 | 本年末比上年末增减(%) | 2000年末 |
| 每股净资产 | 1.62 | 1.61 | 0.62 | 1.92 |
| 调整后的每股净资产 | 1.53 | 1.47 | 4.08 | 1.69 |

# 600647 上海同达创业投资股份有限公司

## 二〇〇二年年度报告摘选

### 1.上市公司基本情况简介

1.1 基本情况简介

股票简称:ST同达 股票代码:600647 上市交易所:上海证券交易所

注册地址和办公地址:上海市浦东新区金新路60号银桥大厦25楼 邮政编码:201206

电子信箱:gd600647@online.sh.cn

1.2 联系人和联系方式

董事会秘书:胡嘉捷 联系地址:上海市浦东新区金新路58号银桥大厦25楼

电话:(021)58545898 传真:(021)58541001 电子信箱:jack02hu@yahoo.com.cn

### 2.会计数据和财务指标摘要

2.1 主要会计数据

| | 2002年 | 2001年 | 本年比上年增减(%) | 2000年 |
|---|---|---|---|---|
| 主营业务收入 | 34,728,485.55 | 27,002,148.35 | 28.61 | 27,489,164.65 |
| 利润总额 | 1,802,337.84 | -22,389,679.74 | 108.05 | -17,591,328.46 |
| 净利润 | 1,657,435.80 | -22,091,658.32 | 107.50 | -17,563,194.96 |
| 扣除非经常性损益的净利润 | -13,350,672.61 | -22,071,399.74 | 39.51 | 17,577,916.17 |
| | 2002年末 | 2001年末 | 本年末比上年末增减(%) | 2000年末 |
| 总资产 | 88,621,808.97 | 73,332,759.47 | 20.85 | 151,852,046.17 |
| 股东权益(不含少数股东权益) | -17,456,042.32 | -28,548,054.97 | 38.85 | -4,599,927.33 |
| 经营活动产生的现金流量净额 | 17,437,820.75 | 1,525,221.70 | 1,043.30 | 915,764.38 |

2.2 主要财务指标

| | 2002年 | 2001年 | 本年比上年增减(%) | 2000年 |
|---|---|---|---|---|
| 每股收益 | 0.0310 | -0.4128 | 107.51 | -0.3282 |
| 净资产收益率 | -9.49% | | | |
| 扣除非经常性损益的净利润为基础计算的净资产收益率 | | | | |
| 每股经营活动产生的现金流量净额 | 0.3258 | 0.0285 | 1,043.16 | 0.0171 |
| | 2002年末 | 2001年末 | 本年末比上年末增减(%) | 2000年末 |
| 每股净资产 | -0.3262 | -0.5334 | 38.85 | -0.1163 |
| 调整后的每股净资产 | -0.3782 | -0.8987 | 57.92 | -0.1716 |

# 600651 上海飞乐音响股份有限公司

## 二〇〇二年年度报告摘选

### 1.上市公司基本情况简介

1.1 基本情况简介

股票简称:飞乐音响 股票代码:600651 上市交易所:上海证券交易所

注册地址:上海市江苏路61号

办公地址:上海市长寿路468号中环商务大楼A幢9楼 邮政编码:200060

公司国际互联网网址:http://www.facs.com.cn 电子信箱:feileyinxiang@sh_ed.com

1.2 联系人和联系方式

董事会秘书:施正明 联系地址:上海市长寿路468号中环商务大楼A幢9楼

电话:021-62770068*1833 传真:021-62982217 电子信箱:szm117@sina.com

### 2.会计数据和财务指标摘要

2.1 主要会计数据 单位:(人民币)元

| | 2002年 | 2001年 | 本年比上年增减(%) | 2000年 |
|---|---|---|---|---|
| 主营业务收入 | 856,904,841.37 | 599,645,542.08 | +42.90 | 275,715,715.19 |
| 利润总额 | 54,332,265.95 | 123,319,996.73 | -55.94 | 74,294,290.74 |
| 净利润 | 40,969,493.63 | 102,722,237.53 | -60.12 | 64,378,148.92 |
| 扣除非经常性损益的净利润 | 37,902,301.14 | 58,937,033.74 | -35.69 | 32,976,508.37 |
| | 2002年末 | 2001年末 | 本年末比上年末增减(%) | 2000年末 |
| 总资产 | 1,479,088,683.28 | 1,499,029,317.52 | +1.33 | 799,311,495.10 |
| 股东权益(不含少数股东权益) | 674,392,314.28 | 635,900,148.60 | +6.05 | 229,787,713.11 |
| 经营活动产生的现金流量净额 | 113,138,449.22 | 18,925,006.97 | +497.83 | 90,691,726.05 |

2.2 主要财务指标 单位:(人民币)元

| | 2002年 | 2001年 | 本年比上年增减(%) | 2000年 |
|---|---|---|---|---|
| 每股收益 | 0.097 | 0.242 | -60.12 | 0.436 |
| 净资产收益率(%) | 6.08 | 16.15 | -62.35 | 28.02 |
| 扣除非经常性损益的净利润为基础计算的净资产收益率(%) | 5.79 | 10.21 | -43.29 | 16.66 |
| 每股经营活动产生的现金流量净额 | 0.267 | 0.045 | +497.83 | 0.61 |
| | 2002年末 | 2001年末 | 本年末比上年末增减(%) | 2000年末 |
| 每股净资产 | 1.59 | 1.50 | +6.05 | 1.56 |
| 调整后的每股净资产 | 1.47 | 1.47 | - | 1.51 |

# 600652 上海爱使股份有限公司

## 二〇〇二年年度报告摘选

### 1.上市公司基本情况简介

1.1 基本情况简介

股票简称:爱使股份 股票代码:600652 上市交易所:上海证券交易所

注册地址:上海市石门二路333弄3号 办公地址:上海市肇嘉浜路666号 邮政编码:200031

公司国际互联网网址:http://www.sh-ace.com 电子信箱:lupeihua@sh-ace.com

1.2 联系人和联系方式

董事会秘书:许汉章 联系地址:上海市肇嘉浜路666号

电话:021-64710022-8818 传真:021-64711120 电子信箱:xuhanzhang@sh-ace.com

证券事务代表:陆佩华 联系地址:上海市肇嘉浜路666号

电话:021-64710022-8105 传真:021-64711120 电子信箱:lupeihua@sh-ace.com

### 2.会计数据和财务指标摘要

2.1 主要会计数据 单位:元

| | 2002年 | 2001年 | 本年比上年增减(%) | 2000年 |
|---|---|---|---|---|
| 主营业务收入 | 479,360,738.72 | 282,290,982.06 | 69.81 | 89,758,161.67 |
| 利润总额 | 47,117,866.38 | 32,374,768.18 | 45.54 | 64,224,479.57 |
| 净利润 | 38,636,772.70 | 25,668,911.11 | 50.52 | 62,879,953.80 |
| 扣除非经常性损益的净利润 | 41,931,466.00 | 29,942,173.38 | 40.04 | 52,454,233.80 |
| | 2002年末 | 2001年末 | 本年末比上年末增减(%) | 2000年末 |
| 总资产 | 1,598,111,524.42 | 1,633,676,506.88 | -2.18 | 913,525,712.18 |
| 股东权益(不含少数股东权益) | 633,936,618.10 | 605,553,323.66 | 4.69 | 584,216,920.27 |
| 经营活动产生的现金流量净额 | 246,593,848.38 | 50,161,115.23 | 391.60 | -30,255,662.04 |

2.2 主要财务指标 单位:元

| | 2002年 | 2001年 | 本年比上年增减(%) | 2000年 |
|---|---|---|---|---|
| 每股收益 | 0.13 | 0.09 | 44.44 | 0.21 |
| 每股收益* | 0.10 | | | |
| 净资产收益率 | 6.09% | 4.24% | 43.63 | 10.76 |
| 扣除非经常性损益的净利润为基础计算的净资产收益率 | 6.71% | 5.02% | 33.67 | 10.64 |
| 每股经营活动产生的现金流量净额 | 0.82 | 0.17 | 382.35 | -0.18 |
| | 2002年末 | 2001年末 | 本年末比上年末增减(%) | 2000年末 |
| 每股净资产 | 2.12 | 2.02 | 4.95 | 1.95 |
| 调整后的每股净资产 | 2.11 | 2.01 | 4.98 | 1.94 |

# 600653 上海申华控股股份有限公司

## 二〇〇二年年度报告摘选

### 1.上市公司基本情况简介

1.1 基本情况简介

股票简称:申华控股 股票代码:600653 上市交易所:上海证券交易所

注册地址和办公地址:上海市宁波路1号 邮政编码:200002

公司国际互联网网址:http://www.600653.com.cn 或 http://www.shkg.com.cn

电子信箱:stock@bgh.com.cn

1.2 联系人和联系方式

董事会秘书:柳东雳 联系地址:上海市宁波路1号

电话:021-63372010、63372011 传真:021-63372000 电子信箱:stock@bgh.com.cn

证券事务代表:姚云 联系地址:上海市宁波路1号

电话:021-63372010、63372011 传真:021-63372000 电子信箱:stock@bgh.com.cn

### 2.会计数据和财务指标摘要

2.1 主要会计数据 单位:元

| | 2002年 | 2001年 | 本年比上年增减(%) | 2000年 |
|---|---|---|---|---|
| 主营业务收入 | 3,011,914,040.23 | 3,850,372,273.77 | -21.78 | 5,511,310,733.23 |
| 利润总额 | -327,373,848.54 | 236,730,153.48 | -238.29 | 367,947,721.46 |
| 净利润 | -411,718,593.31 | 135,516,812.26 | -403.81 | 215,763,836.63 |
| 扣除非经常性损益的净利润 | -86,947,371.47 | -28,865,719.42 | 201.21 | 120,850,627.27 |
| | 2002年末 | 2001年末 | 本年末比上年末增减(%) | 2000年末 |
| 总资产 | 4,426,325,247.95 | 4,840,383,477.77 | -8.55 | 3,376,170,742.65 |
| 股东权益(不含少数股东权益) | 1,607,050,919.11 | 2,017,489,029.66 | -20.34 | 861,508,445.13 |
| 经营活动产生的现金流量净额 | 209,754,249.97 | -188,554,744.87 | -211.24 | 102,576,531.60 |

2.2 主要财务指标 单位:元

| | 2002年 | 2001年 | 本年比上年增减(%) | 2000年 |
|---|---|---|---|---|
| 每股收益(加权) | -0.283 | 0.210 | -234.72 | 0.430 |
| 每股收益(摊薄) | -0.283 | 0.168 | -268.79 | 0.394 |
| 净资产收益率(%) | -25.620 | 6.717 | -481.41 | 25.045 |
| 扣除非经常性损益的净利润为基础计算的净资产收益率(%) | -4.799 | -1.795 | 167.38 | 13.089 |
| 每股经营活动产生的现金流量净额 | 0.144 | -0.233 | -161.80 | 0.187 |
| | 2002年末 | 2001年末 | 本年末比上年末增减(%) | 2000年末 |
| 每股净资产 | 1.104 | 2.495 | -55.75 | 1.573 |
| 调整后的每股净资产 | 1.0945 | 2.414 | -54.66 | 1.456 |

## 600659 福建省神龙发展股份有限公司

## 二〇〇二年年度报告摘选

### 1.上市公司基本情况简介

1.1 基本情况简介

股票简称:神龙发展 股票代码:600659 上市交易所:上海证券交易所

注册地址和办公地址:福州市省府路一号金皇大厦十七层 邮政编码:350001

电子信箱:fjfl_659@sina.com

1.2 联系人和联系方式

证券事务代表:吴兴科 联系地址:福建省福州市省府路一号金皇大厦十七层

电话:0591－7503366 传真:0591－7503068 电子信箱:fjfl_659@sina.com

### 2.会计数据和财务指标摘要

2.1 主要会计数据

| | 2002 年 | 2001 年 | 本年比上年增减(%) | 2000 年 |
|---|---|---|---|---|
| 主营业务收入 | 250060901.51 | 393870771.99 | －36.5 | 312995006.12 |
| 利润总额 | 22624904.27 | 42789921.46 | －47.2 | 47627543.09 |
| 净利润 | 13927539.99 | 24929355.67 | －44.1 | 22950371.53 |
| 扣除非经常性损益的净利润 | 6781702.18 | 21422949.63 | －68.3 | 22780275.78 |
| | 2002 年末 | 2001 年末 | 本年末比上年末增减(%) | 2000 年末 |
| 总资产 | 822511961.35 | 942557551.66 | －12.7 | 920559823.43 |
| 股东权益(不含少数股东权益) | 272033185.53 | 258105645.53 | ＋5.4 | 233176289.86 |
| 经营活动产生的现金流量净额 | －58188621.96 | 97103873.02 | | －110222819.29 |

2.2 主要财务指标

| | 2002 年 | 2001 年 | 本年比上年增减(%) | 2000 年 |
|---|---|---|---|---|
| 每股收益(元/股) | 0.08 | 0.144 | －44.4 | 0.19 |
| 净资产收益率% | 5.12 | 9.66 | －47 | 9.84 |
| 扣除非经常性损益的净利润为基础计算的净资产收益率% | 2.56 | 6.10 | －58 | 9.77 |
| 每股经营活动产生的现金流量净额(元/股) | －0.34 | 0.56 | | －0.88 |
| | 2002 年末 | 2001 年末 | 本年末比上年末增减(%) | 2000 年末 |
| 每股净资产 | 1.57 | 1.49 | ＋5.37 | 1.88 |
| 调整后的每股净资产 | 1.46 | 1.40 | ＋4.29 | 1.71 |

## 600670 长春高斯达生物科技集团股份有限公司

## 二〇〇二年年度报告摘选

### 1.上市公司基本情况简介

1.1 基本情况简介

股票简称:ST 高斯达 股票代码:600670 上市交易所:上海证券交易所

注册地址:长春市大经路 54 号 办公地址:长春市高新区震宇街 36 号 5 楼

邮政编码:130012 电子信箱:600670@secure.sse.com.cn

1.2 联系人和联系方式

董事会秘书:王巍巍 联系地址:长春市高新区震宇街 36 号 5 楼

电话:0431－5179222 传真:0431－5191670 电子信箱:600670@secure.sse.com.cn

### 2.会计数据和财务指标摘要

2.1 主要会计数据

| | 2002 年 | 2001 年 | 本年比上年增减(%) | 2000 年 |
|---|---|---|---|---|
| 主营业务收入 | 4,131,840.41 | 4,179,722.73 | －1.145 | 36,220,791.63 |
| 利润总额 | －25,516,213.31 | －78,812,350.47 | 67.629 | 18,764,588.53 |
| 净利润 | －25,516,213.31 | －78,812,350.47 | 67.62 | 18,764,588.53 |
| 扣除非经常性损益的净利润 | －27,065,004.23 | －82,686,526.33 | 67.27 | 14,943,685.14 |
| | 2002 年末 | 2001 年末 | 本年末比上年末增减(%) | 2000 年末 |
| 总资产 | 199,938,710.95 | 215,231,749.77 | －7.119 | 294,266,910.77 |
| 股东权益(不含少数股东权益) | 39,263,562.82 | 64,779,776.13 | －39.39 | 142,588,161.45 |
| 经营活动产生的现金流量净额 | －3,894,266.42 | 298,213.26 | －1,405.87 | －24,622,495.35 |

2.2 主要财务指标

| | 2002 年 | 2001 年 | 本年比上年增减(%) | 2000 年 |
|---|---|---|---|---|
| 每股收益 | －0.182 | －0.562 | －67.62 | 0.134 |
| 净资产收益率 | －64.99 | －121.67 | 46.58 | 13.16 |
| 扣除非经常性损益的净利润为基础计算的净资产收益率 | －68.93 | －113.19 | 39.10 | 0.11 |
| 每股经营活动产生的现金流量净额 | －0.028 | 0.002 | －1500 | －0.18 |
| | 2002 年末 | 2001 年末 | 本年末比上年末增减(%) | 2000 年末 |
| 每股净资产 | 0.28 | 0.458 | －39.39 | 1.016 |
| 调整后的每股净资产 | －0.066 | －0.14 | | 0.76 |

## 600700 陕西煤航数码测绘(集团)股份有限公司

## 二〇〇二年年度报告摘选

### 1.上市公司基本情况简介

1.1 基本情况简介

股票简称:数码测绘 股票代码:600700 上市交易所:上海证券交易所

注册地址和办公地址:西安市南新街 28 号 邮政编码:710004

公司国际互联网网址:http://www.mhsmch.com.cn 电子信箱:sbl@public.xa.sn.cn

1.2 联系人和联系方式

董事会秘书:穆耀 联系地址:西安市南新街 28 号

电话:029－7216331－2020 传真:029－7218622 电子信箱:Greenmu@public.xa.sn.cn

证券事务代表:田昆仑 联系地址:西安市南新街 28 号

电话:029－7216331－2020 传真:029－7218622 电子信箱:Tiankunlun@163.com

### 2.会计数据和财务指标摘要

2.1 主要会计数据

| | 2002 年 | 2001 年 | 本年比上年增减(%) | 2000 年 |
|---|---|---|---|---|
| 主营业务收入 | 543,514,513.33 | 517,940,237.03 | 4.94 | 522,540,140.17 |
| 利润总额 | －69,043,788.88 | 7,732,588.13 | －992.89 | 60,237,869.22 |
| 净利润 | －70,187,932.38 | 4,058,203.76 | | 57,681,247.63 |
| 扣除非经常性损益的净利润 | －59,748,735.48 | 4,497,380.23 | －1428.52 | 58,008,771.67 |
| | 2002 年末 | 2001 年末 | 本年末比上年末增减(%) | 2000 年末 |
| 总资产 | 1,051,194,774.77 | 1,100,955,644.39 | －4.52 | 943,241,637.41 |
| 股东权益(不含少数股东权益) | 299,255,295.53 | 367,008,128.31 | －18.46 | 364,858,902.04 |
| 经营活动产生的现金流量净额 | －31,472,112.88 | 24,351,620.79 | －229.24 | －49,042,477.05 |

2.2 主要财务指标

| | 2002 年 | 2001 年 | 本年比上年增减(%) | 2000 年 |
|---|---|---|---|---|
| 每股收益(摊薄) | －0.24 | 0.01 | －2500 | 0.40 |
| 每股收益(加权) | －0.24 | 0.01 | －2500 | 0.44 |
| 净资产收益率(%) | －23.45 | 1.11 | －2212.61 | 15.81 |
| 扣除非经常性损益的净利润为基础计算的净资产收益率(%) | －19.97 | 1.23 | －1723.58 | 15.91 |
| 每股经营活动产生的现金流量净额 | －0.11 | 0.08 | －237.50 | －0.33 |
| | 2002 年末 | 2001 年末 | 本年末比上年末增减(%) | 2000 年末 |
| 每股净资产 | 1.03 | 1.26 | －18.25 | 2.51 |
| 调整后的每股净资产 | 1.01 | 1.10 | －8.18 | 2.37 |

## 600701 哈尔滨工大高新技术产业开发股份有限公司

## 二〇〇二年年度报告摘选

### 1.上市公司基本情况简介

1.1 基本情况简介

股票简称:工大高新 股票代码:600701 上市交易所:上海证券交易所

注册地址:哈尔滨市南岗区护军街 40 号

办公地址:哈尔滨市南岗区西大直街 118 号 邮政编码:150001

公司国际互联网网址:http://www.sse.com.cn 电子信箱:hita@263.net

1.2 联系人和联系方式

董事会秘书:张海英 联系地址:哈尔滨市南岗区西大直街 118 号

电话:0451－6219247 传真:0451－6253555 电子信箱:hita@263.net

### 2.会计数据和财务指标摘要

2.1 主要会计数据

| | 2002 年 | 2001 年 | 本年比上年增减(%) | 2000 年 |
|---|---|---|---|---|
| 主营业务收入 | 702,459,835.49 | 633,063,809.41 | 10.96 | 557,930,557.50 |
| 利润总额 | 27,527,729.28 | 44,621,305.75 | －38.31 | 69,909,333.98 |
| 净利润 | 25,218,782.69 | 34,536,369.76 | －26.98 | 54,040,607.72 |
| 扣除非经常性损益的净利润 | 19,704,971.74 | 35,242,425.81 | －44.09 | 54,597,195.14 |
| | 2002.12.31 | 2001.12.31 | 本年末比上年末增减(%) | 2000.12.31 |
| 总资产 | 1,365,855,116.99 | 1,525,490,265.42 | －10.46 | 1,562,137,944.98 |
| 股东权益(不含少数股东权益) | 822,282,642.74 | 796,730,414.38 | 3.21 | 761,990,677.65 |
| 经营活动产生的现金流量净额 | －77,642,410.81 | 48,129,894.73 | －261.07 | 74,812,811.90 |

2.2 主要财务指标

| | 2002 年 | 2001 年 | 本年比上年增减(%) | 2000 年 |
|---|---|---|---|---|
| 每股收益 | 0.078 | 0.107 | －27.10 | 0.167 |
| 每股收益注 2 | 0.078 | 0.107 | －27.10 | 0.167 |
| 净资产收益率 | 3.07% | 4.33% | －29.10 | 7.09% |
| 扣除非经常性损益的净利润为基础计算的净资产收益率 | 2.40% | 4.42% | －45.70 | 7.17% |
| 每股经营活动产生的现金流量净额 | －0.24 | 0.149 | －261.07 | 0.23 |
| | 2002.12.31 | 2001.12.31 | 本年末比上年末增减(%) | 2000.12.31 |
| 每股净资产 | 2.54 | 2.46 | 3.25 | 2.35 |
| 调整后的每股净资产 | 2.52 | 2.43 | 3.70 | 2.31 |

# 600705 北亚实业(集团)股份有限公司

## 二〇〇二年年度报告摘选

### 1.上市公司基本情况简介

1.1 基本情况简介

股票简称:北亚集团 股票代码:600705 上市交易所:上海证券交易所

注册地址:哈尔滨市南岗区衡山路12号 办公地址:哈尔滨市南岗区红军街26号

邮政编码:150001

公司国际互联网网址:http://www.beiya.com.cn 电子信箱:beiya@beiya.com.cn

1.2 联系人和联系方式

董事会秘书:陈东 联系地址:黑龙江省哈尔滨市南岗区红军街26号北亚大厦

电话:(0451)3600764 传真:(0451)3600770 电子信箱:mr.chendong@263.net

### 2.会计数据和财务指标摘要

2.1 主要会计数据

单位:人民币元

| | 2002年 | 2001年 | 本年比上年增减(%) | 2000年 |
|---|---|---|---|---|
| 主营业务收入 | 2,247,719,644.71 | 528,022,974.66 | 326 | 313,696,046.44 |
| 利润总额 | 136,296,165.96 | 89,734,576.52 | 52 | 96,568,815.21 |
| 净利润 | 107,494,490.70 | 75,390,439.96 | 43 | 87,382,156.83 |
| 扣除非经常性损益的净利润 | 98,923,516.73 | 80,108,001.32 | 23 | 82,424,939.72 |
| | 2002年末 | 2001年末 | 本年末比上年末增减(%) | 2000年末 |
| 总资产 | 3,699,401,970.20 | 2,414,184,288.75 | 53 | 1,452,922,068.79 |
| 股东权益(不含少数股东权益) | 1,780,030,607.87 | 1,705,192,989.17 | 4 | 790,471,695.92 |
| 经营活动产生的现金流量净额 | 97,794,372.59 | 51,133,035.86 | 91 | 83,182,695.01 |

2.2 主要财务指标

单位:人民币元

| | 2002年 | 2001年 | 本年比上年增减(%) | 2000年 |
|---|---|---|---|---|
| 每股收益 | 0.165 | 0.115 | 43 | 0.174 |
| 每股收益 | 0.165 | 0.115 | 43 | 0.174 |
| 净资产收益率 | 6.04% | 4.42% | 37 | 11.05% |
| 扣除非经常性损益的净利润为基础计算的净资产收益率 | 5.56% | 4.70% | 23 | 10.43% |
| 每股经营活动产生的现金流量净额 | 0.15 | 0.08 | 87 | 0.165 |
| | 2002年末 | 2001年末 | 本年末比上年末增减(%) | 2000年末 |
| 每股净资产 | 2.725 | 2.611 | 4 | 1.57 |
| 调整后的每股净资产 | 2.699 | 2.545 | 6 | 1.47 |

# 600708 上海东海股份有限公司

## 二〇〇二年年度报告摘选

### 1.上市公司基本情况简介

1.1 基本情况简介

股票简称:东海股份 股票代码:600708 上市交易所:上海证券交易所

注册地址:上海浦东北艾路1638号 办公地址:上海市定西路1016号银统北楼11楼

邮政编码:200050

1.2 联系人和联系方式

董事会秘书:熊波 联系地址:上海市定西路1016号银统北楼11楼

电话:021-52551620 传真:021-62526043 电子信箱:xiongbo-sh@sohu.com

证券事务代表:沈滨 联系地址:上海市定西路1016号银统北楼11楼

电话:021-52551620 传真:021-62526043 电子信箱:shenbin7198@yahoo.com.cn

### 2.会计数据和财务指标摘要

2.1 主要会计数据

| | 2002年 | 2001年 | 本年比上年增减(%) | 2000年 |
|---|---|---|---|---|
| 主营业务收入 | 514,728,325.73 | 199,367,850.48 | 158.18 | 172,730,328.25 |
| 利润总额 | 62,891,572.03 | 37,850,007.83 | 66.16 | 12,334,695.74 |
| 净利润 | 47,646,489.66 | 30,189,794.97 | 57.82 | 5,521,859.77 |
| 扣除非经常性损益的净利润 | 56,221,213.04 | -5,901,919.37 | | 4,366,485.35 |
| | 2002年末 | 2001年末 | 本年末比上年末增减(%) | 2000年末 |
| 总资产 | 1,296,278,054.08 | 1,241,634,669.59 | 4.40 | 1,321,114,025.11 |
| 股东权益(不含少数股东权益) | 405,311,265.33 | 366,012,492.93 | 10.74 | 254,909,306.03 |
| 经营活动产生的现金流量净额 | 227,733,311.19 | 67,671,128.32 | 236.53 | 29,414,639.50 |

2.2 主要财务指标

| | 2002年 | 2001年 | 本年比上年增减(%) | 2000年 |
|---|---|---|---|---|
| 每股收益 | 0.2003 | 0.1269 | 57.84 | 0.0232 |
| 每股收益 | 无 | 无 | 无 | 无 |
| 净资产收益率 | 11.36 | 8.25 | 37.70 | 2.16 |
| 扣除非经常性损益的净利润为基础计算的净资产收益率 | 13.88 | -2.19 | | 1.71 |
| 每股经营活动产生的现金流量净额 | 0.9572 | 0.2844 | 236.57 | 0.1236 |
| | 2002年末 | 2001年末 | 本年末比上年末增减(%) | 2000年末 |
| 每股净资产 | 1.7035 | 1.538 | 10.76 | 1.0713 |
| 调整后的每股净资产 | 1.5727 | 1.3692 | 14.86 | 1.0354 |

# 600711 厦门雄震集团股份有限公司

## 二〇〇二年年度报告摘选

### 1.上市公司基本情况简介

1.1 基本情况简介

股票简称:雄震集团 股票代码:600711 上市交易所:上海证券交易所

注册地址和办公地址:厦门市厦禾路189号银行中心17楼6-8单元 邮政编码:361003

公司国际互联网网址:http://www.600711.com 电子信箱:600711@600711.com

1.2 联系人和联系方式

董事会秘书:丁 笑 联系地址:厦门市厦禾路189号银行中心17楼6-8单元

电话:0592-2394735 传真:0592-2394706 电子信箱:600711@600711.com

证券事务代表:杨小亮 联系地址:厦门市厦禾路189号银行中心17楼6-8单元

电话:0592-2394735 传真:0592-2394706 电子信箱:600711@600711.com

### 2.会计数据和财务指标摘要

2.1 主要会计数据

单位:万元

| | 2002年 | 2001年 | 本年比上年增减(%) | 2000年 |
|---|---|---|---|---|
| 主营业务收入 | 12,157,000 | 6,613.24 | 83.83% | 3,240.00 |
| 利润总额 | 2,333.02 | 1933.21 | 20.68% | 428.44 |
| 净利润 | 2,031.92 | 1660.05 | 22.40% | 58.83 |
| 扣除非经常性损益的净利润 | 1,922.63 | 1648.79 | 16.61% | -483.61 |
| | 2002年末 | 2001年末 | 本年末比上年末增减(%) | 2000年末 |
| 总资产 | 22,387.74 | 19,501.23 | 14.80% | 14,714.35 |
| 股东权益(不含少数股东权益) | 9,699.68 | 7,759.21 | 25.01% | 6,408.39 |
| 经营活动产生的现金流量净额 | 1,256.11 | 2168.99 | -42.09% | 465.62 |

2.2 主要财务指标

| | 2002年 | 2001年 | 本年比上年增减(%) | 2000年 |
|---|---|---|---|---|
| 每股收益 | 0.32 | 0.28 | 14.29% | 0.009 |
| 净资产收益率% | 23.16 | 22.96 | 0.87% | 0.92 |
| 扣除非经常性损益的净利润为基础计算的净资产收益率% | 21.59 | 22.80 | -5.31% | -7.58 |
| 每股经营活动产生的现金流量净额 | 0.208 | 0.359 | -42.06% | 0.077 |
| | 2002年末 | 2001年末 | 本年末比上年末增减(%) | 2000年末 |
| 每股净资产 | 1.607 | 1.285 | 25.05 | 1.06 |
| 调整后的每股净资产 | 1.549 | 1.275 | 21.49 | 0.87 |

# 600730 中国高科集团股份有限公司

## 二〇〇二年年度报告摘选

### 1.上市公司基本情况简介

1.1 基本情况简介

股票简称:中国高科 股票代码:600730 上市交易所:上海证券交易所

注册地址:上海市浦东新区金港路501号

办公地址:上海市成都北路333号南楼17层 邮政编码:200041

公司国际互联网网址:www.chinahitech.com.cn 电子信箱:hi-tech@chinahitech.com.cn

1.2 联系人和联系方式

董事会秘书:曹琦 联系地址:上海市成都北路333号南楼17层

电话:021-52980008 传真:021-52980816 电子信箱:hi-tech@chinahitech.com.cn

证券事务代表:高上 联系地址:上海市成都北路333号南楼17层

电话:021-52980008 传真:021-52980816 电子信箱:hi-tech@chinahitech.com.cn

### 2.会计数据和财务指标摘要

2.1 主要会计数据(单位:元)

| | 2002年 | 2001年 | 本年比上年增减(%) | 2000年 |
|---|---|---|---|---|
| 主营业务收入 | 2,024,384,134.30 | 1,505,759,098.31 | 34.44 | 865,613,182.74 |
| 利润总额 | 42,527,336.95 | 72,791,642.18 | -41.58 | 37,891,334.70 |
| 净利润 | 30,486,776.71 | 45,289,502.26 | -32.68 | 29,394,468.00 |
| 扣除非经常性损益的净利润 | 24,166,426.70 | 33,342,234.87 | -27.52 | 28,294,240.94 |
| | 2002年末 | 2001年末 | 本年末比上年末增减(%) | 2000年末 |
| 总资产 | 1,021,407,641.41 | 1,355,539,521.53 | -24.65 | 1,580,076,867.70 |
| 股东权益(不含少数股东权益) | 392,017,634.91 | 370,149,037.19 | 5.90 | 324,782,854.93 |
| 经营活动产生的现金流量净额 | 79,763,027.97 | 102,037,820.48 | -21.83 | 458,780,782.46 |

2.2 主要财务指标

| | 2002年 | 2001年 | 本年比上年增减(%) | 2000年 |
|---|---|---|---|---|
| 每股收益(元) | 0.17 | 0.26 | -34.61 | 0.17 |
| 净资产收益率(%) | 7.78 | 12.24 | -36.43 | 9.05 |
| 扣除非经常性损益的净利润为基础计算的净资产收益率(%) | 6.29 | 9.60 | -34.48 | 10.94 |
| 每股经营活动产生的现金流量净额(元) | 0.46 | 0.58 | -20.69 | 2.63 |
| | 2002年末 | 2001年末 | 本年末比上年末增减(%) | 2000年末 |
| 每股净资产(元) | 2.25 | 2.12 | 6.13 | 1.86 |
| 调整后的每股净资产(元) | 2.23 | 2.08 | 7.21 | 1.83 |

## 600743 湖北幸福实业股份有限公司

### 二〇〇二年年度报告摘选

#### 1.上市公司基本情况简介

1.1 基本情况简介

股票简称:ST 幸福 股票代码:600743 上市交易所:上海证券交易所

注册地址和办公地址:湖北省潜江市张金镇幸福北路 1 号 邮政编码:400140

电子信箱:Xfsy0230@sina.com

1.2 联系人和联系方式

董事会秘书:李军 联系地址:湖北省潜江市张金镇幸福北路 1 号

电话:0728－6641566 传真:0728－6641566 电子信箱:Xfsy0230@sina.com

#### 2.会计数据和财务指标摘要

2.1 主要会计数据

| 项目 | 2002 年(T 年,即本年) | 2001 年(T－1 年) | 本年比上年增减(%) | 2000 年(T－2 年) |
|---|---|---|---|---|
| 主营业务收入 | 279,473,494.34 | 287,408,661.51 | －2.76% | 295,577,882.15 |
| 利润总额 | 1,348,405.85 | －132,227,625.88 | 不可比 | －306,013,278.53 |
| 净利润 | 500,688.46 | －104,149,210.86 | 不可比 | －306,013,278.53 |
| 扣除非经常性损益的净利润 | 500,688.46 | －8,333,510.48 | 不可比 | －26,994,641.20 |
| 项目 | 2002 年末(T 年,即本年末) | 2001 年末(T－1 年末) | 本年末比上年末增减(%) | 2000 年末(T－2 年末) |
| 总资产 | 234,550,952.22 | 252,753,266.10 | －7% | 286,279,655.51 |
| 股东权益(不含少数股东权益) | －4,286,194.59 | －5,674,973.91 | 24% | 149,132,439.29 |
| 经营活动产生的现金流量净额 | 1,206,347.05 | 19,422,573.65 | －94% | 2,960,013.02 |

2.2 主要财务指标

| 项目 | 2002 年(T 年,即本年) | 2001 年(T－1 年) | 本年比上年增减(%) | 2000 年(T－2 年) |
|---|---|---|---|---|
| 每股收益 | 0.0016 | －0.3329 | 不可比 | －0.9783 |
| 净资产收益率 | －11.68% | | 不可比 | －205.2% |
| 扣除非经常性损益的净利润为基础计算的净资产收益率 | －11.68% | | | －18.10% |
| 每股经营活动产生的现金流量净额 | 0.0039 | 0.0668 | | 0.009 |
| | 2002 年末(T 年,即本年末) | 2001 年末(T－1 年末) | 本年末比上年末增减(%) | 2000 年末(T－2 年末) |
| 每股净资产 | －0.0137 | －0.0181 | | 0.3807 |
| 调整后的每股净资产 | －0.015 | －0.0181 | | 0.3807 |

## 600759 海南华侨投资股份有限公司

### 二〇〇二年年度报告摘选

#### 1.上市公司基本情况简介

1.1 基本情况简介

股票简称:ST 琼华侨 股票代码:600759 上市交易所:上海证券交易所

注册地址:海南省海口市西沙路 28 号侨企大楼 B 座 8 楼

办公地址:海南省海口市西沙东路 28 号侨企大楼 B 座 8 楼 邮政编码:570206

公司国际互联网网址:http://www.sse.com.cn 电子信箱:hqtz@263.net

1.2 联系人和联系方式

董事会秘书:宋扬 联系地址:海南省海口市西少路 28 号侨企大楼 B 座 8 楼

电话:0898－66787220 传真:0898－66787220 电子信箱:Songy69@tom.com

#### 2.会计数据和财务指标摘要

2.1 主要会计数据 单位:元

| | 2002 年 | 2001 年 | 本年比上年增减金额(%) | 2000 年 |
|---|---|---|---|---|
| 主营业务收入 | 13,590,767.75 | 572,642.78 | 2273.34% | 434,108.48 |
| 利润总额 | －102,058,479.92 | 533,999.40 | － | －95,872,246.60 |
| 净利润 | －102,058,479.92 | 1,144,402.18 | － | －72,954,017.41 |
| 扣除非经常性损益的净利润 | －36,425,787.25 | －12,725,456.93 | －186.24% | －69,717,581.86 |
| | 2002 年末 | 2001 年末 | 本年比上年增减(%) | 2000 年末 |
| 总资产 | 144,241,676.68 | 58,509,833.08 | 146.53 | 243,612,593.81 |
| 股东权益(不含少数股东权益) | －99,160,593.48 | －359,941,160.02 | 72.45 | －490,833,069.75 |
| 经营活动产生的现金流量净额 | 6,504,099.26 | 13,499,185.93 | －51.82 | －3,109,405.06 |

2.2 主要财务指标 单位:元

| | 2002 年 | 2001 年 | 本年比上年增减(%) | 2000 年 |
|---|---|---|---|---|
| 每股收益 | －0.489 | 0.006 | －0.495 | －0.350 |
| 净资产收益率 | － | － | － | － |
| 扣除非经常性损益的净利润为基础计算的净资产收益率 | － | － | － | － |
| 每股经营活动产生的现金流量净额 | 0.031 | 0.065 | －0.034 | －0.015 |
| | 2002 年 | 2001 年 | 本年比上年增减(%) | 2000 年 |
| 每股净资产 | －0.476 | －1.726 | 72.45 | －2.354 |
| 调整后的每股净资产 | －0.488 | －1.787 | 72.69 | －2.834 |

## 600770 江苏综艺股份有限公司

### 二〇〇二年年度报告摘选

#### 1.上市公司基本情况简介

1.1 基本情况简介

股票简称:综艺股份 股票代码:600770 上市交易所:上海证券交易所

注册地址和办公地址:江苏省通州市兴东镇黄金村 邮政编码:226376

公司国际互联网网址:http://www.600770.com.cn 电子信箱:zy600770@public.nt.js.cn

1.2 联系人和联系方式

董事会秘书:季风华 联系地址:江苏省通州市兴东镇黄金村

电话:0513－6639999 传真:0513－6563501 电子信箱:zyjs.n@public.nt.js.cn

证券事务代表:顾政巍 联系地址:江苏省通州市兴东镇黄金村

电话:0513－6563932 传真:0513－6563502 电子信箱:imvv@600770.com

#### 2.会计数据和财务指标摘要

2.1 主要会计数据 单位:元

| | 2002 年 | 2001 年 | 本年比上年增减(%) | 2000 年 |
|---|---|---|---|---|
| 主营业务收入 | 272,783,658.93 | 297,125,088.30 | －8.19 | 37,368,4085.33 |
| 利润总额 | 36,765,001.76 | 63,399,272.04 | －42.01 | 139,412,964.33 |
| 净利润 | 22,426,333.02 | 33,757,409.69 | －33.57 | 83,676,265.43 |
| 扣除非经常性损益的净利润 | 6,032,284.55 | 15,031,803.23 | －59.87 | 29,490,833.74 |
| | 2002 年末 | 2001 年末 | 本年末比上年末增减(%) | 2000 年末 |
| 总资产 | 1,181,011,912.89 | 1,001,003,351.95 | 17.98 | 958,788,339.78 |
| 股东权益(不含少数股东权益) | 583,338,815.08 | 560,944,569.45 | 4.0 | 550,850,096.18 |
| 经营活动产生的现金流量净额 | 46,373,636.28 | －53,452,408.14 | －－ | 21,572,073.10 |

2.2 主要财务指标

| | 2002 年 | 2001 年 | 本年比上年增减(%) | 2000 年 |
|---|---|---|---|---|
| 每股收益 | 0.083 | 0.125 | －33.6 | 0.31 |
| 净资产收益率(%) | 3.84 | 6.02 | 36.21 | 15.19 |
| 扣除非经常性损益的净利润为基础计算的净资产收益率(%) | 1.03 | 2.68 | 61.57 | 5.25 |
| 每股经营活动产生的现金流量净额 | 0.172 | －0.198 | －－ | 0.08 |
| | 2002 年末 | 2001 年末 | 本年末比上年末增减(%) | 2000 年末 |
| 每股净资产 | 2.161 | 2.078 | 39.94 | 2.040 |
| 调整后的每股净资产 | 2.13 | 2.024 | 5.24 | 1.953 |

## 600784 鲁银投资集团股份有限公司

### 二〇〇二年年度报告摘选

#### 1.上市公司基本情况简介

1.1 基本情况简介

股票简称:鲁银投资 股票代码:600784 上市交易所:上海证券交易所

注册地址:济南市经十路 128 号 办公地址:济南市经十路 128 号 邮政编码:250001

电子信箱:600784@secure.sse.com.cn

1.2 联系人和联系方式

董事会秘书:吕祥友 联系地址:济南市经十路 128 号

电话:0531－2024156 传真:0531－2024179 电子信箱:Luyin784@163.com

#### 2.会计数据和财务指标摘要

2.1 主要会计数据 单位:元

| | 2002 年 | 2001 年 | 本年比上年增减(%) | 2000 年 |
|---|---|---|---|---|
| 主营业务收入 | 110,252,957.15 | 89,220,332.79 | 23.57 | 99,672,697.54 |
| 利润总额 | －271,451,142.14 | －21,835,123.09 | 1143.19 | 51,729,822.07 |
| 净利润 | －265,189,343.04 | －24,903,573.59 | 964.86 | 40,258,149.16 |
| 扣除非经常性损益的净利润 | －220,790,341.39 | －41,674,166.51 | 536.34 | 40,753,442.50 |
| | 2002 年末 | 2001 年末 | 本年末比上年末增减(%) | 2000 年末 |
| 总资产 | 1,306,522,158.85 | 1,380,299,165.83 | －5.35 | 1,228,975,867.07 |
| 股东权益(不含少数股东权益) | 223,291,309.55 | 488,419,652.48 | －54.28 | 513,262,226.18 |
| 经营活动产生的现金流量净额 | 65,507,894.18 | 27,126,220.61 | 141.49 | －45,002,485.61 |

2.2 主要财务指标 单位:元

| | 2002 年 | 2001 年 | 本年比上年增减(%) | 2000 年 |
|---|---|---|---|---|
| 每股收益 | －1.07 | －0.11 | 872.73 | 0.18 |
| 每股收益 | －1.07 | －0.11 | 872.73 | 0.18 |
| 净资产收益率 | －118.76 | －5.10 | 2228.63 | 7.84 |
| 扣除非经常性损益的净利润为基础计算的净资产收益率 | －98.88 | －8.53 | 1059.20 | 7.94 |
| 每股经营活动产生的现金流量净额 | 0.26 | 0.12 | 116.67 | －0.19 |
| | 2002 年末 | 2001 年末 | 本年末比上年末增减(%) | 2000 年末 |
| 每股净资产 | 0.90 | 2.16 | －58.33 | 2.27 |
| 调整后的每股净资产 | 0.47 | 2.15 | －78.14 | 2.27 |

## 600790 浙江中国轻纺城集团股份有限公司

### 二〇〇二年年度报告摘选

#### 1.上市公司基本情况简介

1.1 基本情况简介

股票简称:轻纺城 股票代码:600790 上市交易所:上海证券交易所

注册地址和办公地址:浙江省绍兴县柯桥镇鉴湖路 1 号中轻大厦 邮政编码:312030

公司国际互联网网址:http://www.zjctc.com.cn 电子信箱:qfcjt@mail.sxptt.zj.cn

1.2 联系人和联系方式

董事会秘书:俞吉伟 联系地址:浙江省绍兴县柯桥镇鉴湖路 1 号中轻大厦

电话:0575-4116158 传真:0575-4116045 电子信箱:qfcjt@mail.sxptt.zj.cn

证券事务代表:张伟夫 联系地址:浙江省绍兴县柯桥镇鉴湖路 1 号中轻大厦

电话:0575-4116158 传真:0575-4116045 电子信箱:qfcjt@mail.sxptt.zj.cn

#### 2.会计数据和财务指标摘要

2.1 主要会计数据 单位:元

| | 2002 年 | 2001 年 | 本年比上年增减(%) | 2000 年 |
|---|---|---|---|---|
| 主营业务收入 | 1,384,761,083.78 | 1,040,709,717.56 | 33.06 | 984,676,067.96 |
| 利润总额 | 54,971,406.68 | -29,804,253.46 | | 106,173,251.29 |
| 净利润 | 8,590,083.94 | -47,160,621.17 | | 79,957,313.27 |
| 扣除非经常性损益的净利润 | 8,343,004.22 | -58,992,013.60 | | 73,411,181.70 |
| | 2002 年末 | 2001 年末 | 本年末比上年末增减(%) | 2000 年末 |
| 总资产 | 2,792,775,553.13 | 2,707,972,480.44 | 3.13 | 2,646,020,513.52 |
| 股东权益(不含少数股东权益) | 969,738,028.98 | 961,794,019.88 | 0.83 | 1,013,131,260.66 |
| 经营活动产生的现金流量净额 | 105,914,648.94 | 203,107,982.18 | -47.85 | 65,484,521.11 |

2.2 主要财务指标 单位:元

| | 2002 年 | 2001 年 | 本年比上年增减(%) | 2000 年 |
|---|---|---|---|---|
| 每股收益 | 0.023 | -0.127 | | 0.344 |
| 净资产收益率 | 0.89% | -4.86% | | 7.89% |
| 扣除非经常性损益的净利润为基础计算的净资产收益率 | 0.85% | -6.13% | | 7.72% |
| 每股经营活动产生的现金流量净额 | 0.285 | 0.546 | -47.85 | 0.282 |
| | 2002 年末 | 2001 年末 | 本年末比上年末增减(%) | 2000 年末 |
| 每股净资产 | 2.608 | 2.586 | 0.85 | 4.36 |
| 调整后的每股净资产 | 2.383 | 2.483 | -4.03 | 4.10 |

## 600805 江苏悦达投资股份有限公司

### 二〇〇二年年度报告摘选

#### 1.上市公司基本情况简介

1.1 基本情况简介

股票简称:悦达投资 股票代码:600805 上市交易所:上海证券交易所

注册地址和办公地址:江苏省盐城市通榆中路 36 号 邮政编码:224002

公司国际互联网网址:http://www.yueda.com 电子信箱:yueda@public.yc.js.cn

1.2 联系人和联系方式

董事会秘书:高一山 联系地址:江苏省盐城市通榆中路 36 号

电话:0515-8202599 传真:0515-8334601 电子信箱:gao_yishan@163.net

证券事务代表:董广勇 联系地址:江苏省盐城市通榆中路 36 号

电话:0515-8202863 传真:0515-8334601 电子信箱:jsyd@public.yc.js.cn

#### 2.会计数据和财务指标摘要

2.1 主要会计数据

| | 2002 年 | 2001 年 | 本年比上年增减(%) | 2000 年 |
|---|---|---|---|---|
| 主营业务收入 | 1,513,815,720.49 | 1,264,010,207.94 | 19.76 | 1,037,094,863.66 |
| 利润总额 | -166,536,393.21 | -16,925,745.22 | 883.92 | 140,184,795.12 |
| 净利润 | -182,482,889.00 | 10,759,605.77 | -1,796.00 | 132,934,584.51 |
| 扣除非经常性损益的净利润 | -99,270,289.00 | -38,389,147.55 | 158.59 | 120,312,103.6 |
| | 2002 年末 | 2001 年末 | 本年末比上年末增减(%) | 2000 年末 |
| 总资产 | 5,348,388,888.90 | 5,343,595,428.94 | 0.09 | 3,666,360,613.40 |
| 股东权益(不含少数股东权益) | 1,504,917,936.99 | 1,684,521,226.52 | -10.66 | 1,673,761,620.75 |
| 经营活动产生的现金流量净额 | 292,110,565.12 | 446,686,920.87 | -34.61 | 500,722,816.12 |

2.2 主要财务指标

| | 2002 年 | 2001 年 | 本年比上年增减(%) | 2000 年 |
|---|---|---|---|---|
| 每股收益 | -0.33 | 0.02 | -1,750.00 | 0.234 |
| 净资产收益率 | -12.13 | 0.64 | -1,995.31 | 7.6 |
| 扣除非经常性损益的净利润为基础计算的净资产收益率 | -6.30 | -2.29 | 175.11 | 3.52 |
| 每股经营活动产生的现金流量净额 | 0.54 | 0.82 | -34.15 | 0.92 |
| | 2002 年末 | 2001 年末 | 本年末比上年末增减(%) | 2000 年末 |
| 每股净资产 | 2.76 | 3.09 | -10.68 | 3.07 |
| 调整后的每股净资产 | 2.72 | 3.07 | -11.40 | 3.05 |

## 600811 东方集团股份有限公司

### 二〇〇二年年度报告摘选

#### 1.上市公司基本情况简介

1.1 基本情况简介

股票简称:东方集团 股票代码:600811 上市交易所:上海证券交易所

注册地址:哈尔滨市南岗区红旗大街 240 号 办公地址:哈尔滨市南岗区花园街 235 号

邮政编码:150001 公司国际互联网网址:http://www.china-orient.com

电子信箱:dflfh@mail.hl.cn

1.2 联系人和联系方式

董事会秘书:刘繁宏 联系地址:哈尔滨市南岗区花园街 235 号

电话:0451-3666028 传真:0451-3666030 0451-3643214 电子信箱:dflfh@mail.hl.cn

证券事务代表:金波 联系地址:哈尔滨市南岗区花园街 235 号

电话:0451-3666028 传真:0451-3666030 0451-3643214 电子信箱:dflfh@mail.hl.cn

#### 2.会计数据和财务指标摘要

2.1 主要会计数据

| | 2002 年(本年) | 2001 年(上年) | 本年比上年增减(%) | 2000 年 |
|---|---|---|---|---|
| 主营业务收入 | 1,522,136,219.49 | 1,424,502,373.34 | 6.85 | 672,793,629.40 |
| 利润总额 | 150,286,933.12 | 173,719,503.11 | -13.49 | 190,492,349.86 |
| 净利润 | 119,093,779.10 | 139,265,750.70 | -14.48 | 155,637,837.45 |
| 扣除非经常性损益的净利润 | 89,160,346.64 | 120,651,015.41 | -26.10 | 142,576,720.72 |
| | 2002 年末(本年末) | 2001 年末(上年末) | 本年末比上年末增减(%) | 2000 年末 |
| 总资产 | 4,820,385,048.61 | 4,388,622,902.87 | 9.84 | 3,382,157,443.18 |
| 股东权益(不含少数股东权益) | 2,627,465,654.61 | 2,504,250,648.32 | 4.92 | 2,459,979,302.76 |
| 经营活动产生的现金流量净额 | 122,686,568.05 | 308,251,431.49 | 60.20 | 335,092,937.91 |

2.2 主要财务指标

| | 2002 年(本年) | 2001 年(上年) | 本年比上年增减(%) | 2000 年 |
|---|---|---|---|---|
| 每股收益 | 0.189 | 0.243 | -22.22 | 0.298 |
| 净资产收益率 | 4.54% | 5.57% | -18.49 | 6.33% |
| 扣除非经常性损益的净利润为基础计算的净资产收益率 | 3.49% | 4.80% | -27.29 | 8.63% |
| 每股经营活动产生的现金流量净额 | 0.19 | 0.54 | -64.81 | 0.64 |
| | 2002 年末(本年末) | 2001 年末(上年末) | 本年末比上年末增减(%) | 2000 年末 |
| 每股净资产 | 4.16 | 4.36 | -4.59 | 4.71 |
| 调整后的每股净资产 | 3.94 | 4.29 | -8.16 | 4.61 |

## 600817 上海宏盛科技发展股份有限公司

### 二〇〇二年年度报告摘选

#### 1.上市公司基本情况简介

1.1 基本情况简介

股票简称:宏盛科技 股票代码:600817 上市交易所:上海证券交易所

注册地址和办公地址:上海市浦东新区商城路 618 号 邮政编码:200120

公司国际互联网网址:http://www.Norcent.com.cn 电子信箱:Norcent@Norcent.com

1.2 联系人和联系方式

董事会秘书:李树郁 联系地址:上海市浦东新区商城路 618 号

电话:021-58765800 传真:021-58870670 电子信箱:Norcent@Norcent.com

#### 2.会计数据和财务指标摘要

2.1 主要会计数据 单位:元

| | 2002 年 | 2001 年 | 本年比上年增减(%) | 2000 年 |
|---|---|---|---|---|
| 主营业务收入 | 2,138,180,565.27 | 795,307,582.22 | 168.85 | 678,665,465.67 |
| 利润总额 | 37,258,154.96 | 8,605,394.44 | 332.96 | 28,362,953.90 |
| 净利润 | 19,828,914.58 | 1,078,895.25 | 1737.89 | 23,224,536.89 |
| 扣除非经常性损益的净利润 | 24,221,584.80 | 438,947.92 | 5418.10% | 22,937,512.89 |
| | 2002 年末 | 2001 年末 | 本年比上年末增减(%) | 2000 年末 |
| 总资产 | 821,112,361.19 | 603,439,293.88 | 36.07 | 392,232,275.49 |
| 股东权益(不含少数股东权益) | 121,451,204.63 | 101,622,290.05 | 19.51 | 92,193,434.80 |
| 经营活动产生的现金流量净额 | 184,419,545.71 | -45,515,016.66 | 505.18% | -46,201,207.50 |

2.2 主要财务指标 单位:元

| | 2002 年 | 2001 年 | 本年比上年增减(%) | 2000 年 |
|---|---|---|---|---|
| 每股收益 | 0.24 | 0.01 | 2.300% | 0.28 |
| 净资产收益率 | 16.33% | 1.06% | 1,440.57% | 25.19% |
| 扣除非经常性损益的净利润为基础计算的净资产收益率 | 21.72% | 0.45% | 4,724.44% | |
| 每股经营活动产生的现金流量净额 | 2.23 | -0.55 | 505.45% | -0.56 |
| | 2002 年末 | 2001 年末 | 本年末比上年末增减(%) | 2000 年末 |
| 每股净资产 | 1.47 | 1.23 | 19.51% | 1.12 |
| 调整后的每股净资产 | 1.35 | 1.21 | 11.57% | 1.03 |

## 600832 上海东方明珠股份有限公司

### 二○○二年年度报告摘选

#### 1.上市公司基本情况简介

1.1 基本情况简介

股票简称:东方明珠 股票代码:600832 上市交易所:上海证券交易所

注册地址和办公地址:上海浦东世纪大道 1 号 邮政编码:200120

公司国际互联网网址:http://www.shpearl.com 电子信箱:shpearl@online.sh.cn

1.2 联系人和联系方式

董事会秘书:杨明秋 联系地址:上海浦东世纪大道 1 号

电话:021－58791888 传真:021－58828222 电子信箱:shpearl@online.sh.cn

证券事务代表:郭明明 联系地址:上海浦东世纪大道 1 号

电话:021－58791888 传真:021－58828222 电子信箱:shpearl@online.sh.cn

#### 2.会计数据和财务指标摘要

2.1 主要会计数据 单位:元

| | 2002 年 | 2001 年 | 本年比上年增减(%) | 2000 年 |
|---|---|---|---|---|
| 主营业务收入 | 853,245,634.78 | 615,867,324.30 | 38.5 | 716,805,254.04 |
| 利润总额 | 293,815,273.58 | 263,086,296.93 | 11.7 | 218,217,883.66 |
| 净利润 | 229,520,340.03 | 229,298,765.57 | 0.1 | 193,535,674.87 |
| 扣除非经常性损益的净利润 | 246,227,377.48 | 229,433,118.46 | 7 | 193,535,674.87 |
| | 2002 年末 | 2001 年末 | 本年末比上年末增减(%) | 2000 年末 |
| 总资产 | 4,020,947,756.51 | 3,921,194,409.68 | 2.5 | 3,787,102,948.47 |
| 股东权益(不含少数股东权益) | 2,875,766,285.3 | 2,714,429,530.38 | 5.9 | 1,623,478,513.28 |
| 经营活动产生的现金流量净额 | 483,401,643.28 | 480,143,376.27 | 0.7 | －48,405,227.31 |

2.2 主要财务指标 单位:元

| | 2002 年 | 2001 年 | 本年比上年增减(%) | 2000 年 |
|---|---|---|---|---|
| 每股收益(摊薄) | 0.334 | 0.333 | 0.3 | 0.299 |
| 每股收益(加权) | 0.334 | 0.338 | －1 | 0.299 |
| 净资产收益率(%) | 8 | 8.4 | －4.7 | 11.92 |
| 扣除非经常性损益的净利润为基础计算的净资产收益率(%) | 8.5 | 8.4 | －12 | 11.13 |
| 每股经营活动产生的现金流量净额 | 0.70 | 0.70 | 0 | －0.07 |
| | 2002 年末 | 2001 年末 | 本年末比上年末增减(%) | 2000 年末 |
| 每股净资产 | 4.18 | 3.95 | 5.8 | 2.51 |
| 调整后的每股净资产 | 4.10 | 3.88 | 5.7 | 2.34 |

## 600846 上海同济科技实业股份有限公司

### 二○○二年年度报告摘选

#### 1.上市公司基本情况简介

1.1 基本情况简介

股票简称:同济科技 股票代码:600846 上市交易所:上海证券交易所

注册地址:上海市浦东新区栖山路 33 号 办公地址:上海市赤峰路 83 号 邮政编码:200092

公司国际互联网网址:http://www.tjkjsy.com 电子信箱:tjkjsy@online.sh.cn

1.2 联系人和联系方式

董事会秘书:林学言 联系地址:上海市赤峰路 83 号

电话:021－65985860 传真:021－65984903 电子信箱:dms@tjkjsy.com

证券事务代表:柴育筑 联系地址:上海市赤峰路 83 号

电话:021－65985860 传真:021－65984903 电子信箱:dms@tjkjsy.com

#### 2.会计数据和财务指标摘要

2.1 主要会计数据

| | 2002 年 | 2001 年 | 本年比上年增减(%) | 2000 年 |
|---|---|---|---|---|
| 主营业务收入 | 1,343,975,310.63 | 652,036,044.82 | 106.12% | 631,379,230.67 |
| 利润总额 | 56,527,339.02 | 26,272,777.70 | 115.16% | 41,959,316.16 |
| 净利润 | 20,480,876.81 | 15,002,725.41 | 36.51% | 33,427,521.50 |
| 扣除非经常性损益的净利润 | 17,769,522.27 | 10,434,332.78 | 70.30% | 33,427,521.50 |
| | 2002 年末 | 2001 年末 | 本年末比上年末增减(%) | 2000 年末 |
| 总资产 | 1,626,424,944.19 | 1,629,813,324.64 | －0.21% | 1,022,738,638.89 |
| 股东权益(不含少数股东权益) | 423,623,304.30 | 425,726,734.83 | －0.49% | 344,504,694.55 |
| 经营活动产生的现金流量净额 | 77,180,657.95 | 21,842,339.81 | 253.35% | 49,962,445.54 |

2.2 主要财务指标

| | 2002 年 | 2001 年 | 本年比上年增减(%) | 2000 年 |
|---|---|---|---|---|
| 每股收益 | 0.0736 | 0.0539 | 36.55% | 0.1368 |
| 每股收益 | | | | |
| 净资产收益率 | 4.83% | 3.52% | 37.22% | 9.70% |
| 扣除非经常性损益的净利润为基础计算的净资产收益率 | 4.08% | 2.96% | 37.84% | 9.16% |
| 每股经营活动产生的现金流量净额 | 0.2775 | 0.0785 | 253.50% | 0.2045 |
| | 2002 年末 | 2001 年末 | 本年末比上年末增减(%) | 2000 年末 |
| 每股净资产 | 1.5233 | 1.5309 | －0.50% | 1.4101 |
| 调整后的每股净资产 | 1.4402 | 1.4565 | －1.12% | 1.3580 |

## 600858 渤海集团股份有限公司

### 二○○二年年度报告摘选

#### 1.上市公司基本情况简介

1.1 基本情况简介

股票简称:ST 渤海 股票代码:600858 上市交易所:上海证券交易所

注册地址:山东省济南市泺源大街中段

办公地址:山东省济南市泺源大街 22 号 20 层 邮政编码:250063

公司国际互联网网址:http://www.bohai.com 电子信箱:bohai@jn－public.sd.cninfo.net

1.2 联系人和联系方式

董事会秘书:李璐 联系地址:山东省济南市泺源大街 22 号 20 层

电话:0531－6960688 传真:0531－6960688 电子信箱:bohai@jn－public.sd.cninfo.net

#### 2.会计数据和财务指标摘要

2.1 主要会计数据(单位:人民币元)

| | 2002 年 | 2001 年 | 本年比上年增减(%) | 2000 年 |
|---|---|---|---|---|
| 主营业务收入 | 28,089,455.62 | 27,752,937.85 | 1.21 | 24,036,563.09 |
| 利润总额 | －36,840,672.14 | －35,202,826.66 | 4.65 | －28,293,907.77 |
| 净利润 | －35,198,135.45 | －34,719,787.99 | 1.38 | －28,433,744.69 |
| 扣除非经常性损益的净利润 | －34,379,972.66 | －23,938,369.16 | 43.62 | －19,611,470.94 |
| | 2002 年末 | 2001 年末 | 本年末比上年末增减(%) | 2000 年末 |
| 总资产 | 200,368,422.42 | 220,498,849.67 | －9.13 | 237,526,679.17 |
| 股东权益(不含少数股东权益) | 69,097,370.19 | 104,237,021.89 | －33.71 | 138,854,812.26 |
| 经营活动产生的现金流量净额 | －9,942,380.35 | －6,035,080.99 | 64.74 | －2,646,674.28 |

2.2 主要财务指标 (单位:人民币元)

| | 2002 年 | 2001 年 | 本年比上年增减(%) | 2000 年 |
|---|---|---|---|---|
| 每股收益 | －0.2901 | －0.2861 | 1.40 | －0.2343 |
| 净资产收益率 | －50.9399 | －33.3085 | 52.93 | －20.4773 |
| 扣除非经常性损益的净利润为基础计算的净资产收益率 | －49.7558 | －22.9653 | 116.66 | －14.1237 |
| 每股经营活动产生的现金流量净额 | －0.0819 | －0.0497 | 64.79 | －0.0218 |
| | 2002 年末 | 2001 年末 | 本年末比上年末增减(%) | 2000 年末 |
| 每股净资产 | 0.5694 | 0.8590 | －33.71 | 1.1443 |
| 调整后的每股净资产 | 0.3996 | 0.8499 | －52.98 | 1.1134 |

## 600868 广东梅雁企业(集团)股份有限公司

### 二○○二年年度报告摘选

#### 1.上市公司基本情况简介

1.1 基本情况简介

股票简称:梅雁股份 股票代码:600868 上市交易所:上海证券交易所

注册地址:广东省梅州市梅县 办公地址:广东省梅州市湾水塘 邮政编码:514011

公司国际互联网网址:http://www.chinameiyan.com 电子信箱:mzmygf@pub.meizhou.gd.cn

1.2 联系人和联系方式

董事会秘书:李海明 联系地址:广东省梅州市湾水塘

电话:(0753)2218286 传真:(0753)2232983 电子信箱:LI－HAIMING@21CN.COM

#### 2.会计数据和财务指标摘要

2.1 主要会计数据

| | 2002 年 | 2001 年 | 本年比上年增减(%) | 2000 年 |
|---|---|---|---|---|
| 主营业务收入 | 983,881,494.40 | 663,997,470.29 | +48.18 | 515,212,972.96 |
| 利润总额 | 232,377,569.26 | 182,405,708.61 | +27.40 | 168,636,031.28 |
| 净利润 | 174,564,560.70 | 166,895,062.03 | +4.60 | 167,211,847.76 |
| 扣除非经常性损益的净利润 | 134,185,462.81 | 95,103,140.88 | +41.09 | 165,037,779.08 |
| | 2002 年 | 2001 年 | 本年末比上年末增减(%) | 2000 年 |
| 总资产 | 4,446,391,325.74 | 3,784,758,353.21 | +17.48 | 2,476,566,600.50 |
| 股东权益(不含少数股东权益) | 2,577,561,226.66 | 2,517,613,299.00 | +2.38 | 1,581,160,089.43 |
| 经营活动产生的现金流量净额 | 118,734,181.64 | 105,028,013.96 | +13.05 | 226,493,449.16 |

2.2 主要财务指标

| | 2002 年 | 2001 年 | 本年比上年增减(%) | 2000 年 |
|---|---|---|---|---|
| 每股收益 | 0.16 | 0.16 | 0 | 0.24 |
| 净资产收益率 | 6.77% | 6.63% | +2.11 | 10.58% |
| 扣除非经常性损益的净利润为基础计算的净资产收益率 | 5.21% | 3.77% | +38.20 | 10.44% |
| 每股经营活动产生的现金流量净额 | 0.11 | 0.10 | +10 | 0.326 |
| | 2002 年末 | 2001 年末 | 本年末比上年末增减(%) | 2000 年末 |
| 每股净资产 | 2.31 | 2.49 | －7.23 | 2.28 |
| 调整后的每股净资产 | 2.29 | 2.48 | －7.66 | 2.27 |

债市
股市
基金
期货

# 深圳证券通信有限公司
# SHENZHEN SECURITIES COMMUNICATION CO., LTD.

深圳证券通信有限公司（原深圳证券卫星通信有限公司）成立于一九九三年八月，现股东单位包括深圳证券交易所、中国空间技术研究院和中国卫星通信集团公司，是一家为证券市场提供数据通信服务的专业通信公司，承担着深圳证券交易所、中国结算深圳分公司和全国所有的证券公司、基金管理公司、商业银行及证券信息公司之间全部的证券信息传输任务。王侯先生为现任董事长，孙辰健先生为现任董事、总经理。

深圳证券通信有限公司成立以来，一直以为证券市场提供优质的通信服务为己任，努力吸收先进的卫星通信技术和地面通信技术，力争建设一流的证券通信网络，为确保证券市场信息的安全传输做出了重要的贡献。

公司分别于1993年和1994年在全国率先推出了证券卫星单向通信网和证券卫星双向通信网，为解决深圳证券市场通信瓶颈问题和推动交易自动化进程做出了突出的贡献。2001年公司建成了覆盖全国的证券地面通信网，并于2002年底完成了90%以上报盘证券营业部的接入工作。地面网的建成投用标志着深圳证券通信天地自动实时互备的通信格局正式形成，证券通信安全性得到进一步加强。

为了满足证券市场发展需要，公司先后对单、双向卫星通信系统进行了多次升级、扩容，目前正在建设新一代多媒体单向卫星广播系统。该系统除能提供传统的行情、信息发布等通信服务外，还可提供证券信息资讯、语音广播、视频广播等增值通信服务，并可与卫星双向网和地面网相配合，实现办公自动化系统、远程教育、远程会议等多种功能。截止2003年6月底，深圳证券通信有限公司的卫星和地面网用户已遍布全国所有的省、直辖市、自治区，其中双向卫星网开通用户小站2076家，单向卫星网开通小站3082家，地面网用户2182家。

深圳证券通信网除提供证券发行、交易、开户、结算、信息发布等传统证券市场通信服务外，还提供银证联网、网上证券交易、灾难备份机房托管、开放式基金交易、证券公司内部联网等各种证券增值业务通信服务。用户只需一点接入，就可在统一的物理网络平台之上实现证券交易及各种增值业务的综合应用，并可按业务重要程度分配资源，大大降低了通信成本，提高了通信效率。

公司拥有一支高学历、高素质、技术全面的计算机、通信专业人才队伍，技术实力十分雄厚，多年来自主研究开发了一系列先进的证券通信专用软件，为保障证券通信的安全、高效、实时、畅通提供了可靠的技术支持。

**安全 高效 实时 畅通** 是公司服务证券市场永远不变的理念。近年来，为了进一步确保证券通信安全，更好地向客户提供专业化和标准化的服务，公司采取了一系列的服务措施，坚持把“服务为本，用户至上”作为公司用户服务工作的宗旨，确保用户小站通信安全。公司通过36小时内排障、定期用户培训、加强小站巡检、网上远程服务等措施，使得用户服务工作走上了规范化、制度化的轨道，用户小站的故障率逐年降低，赢得了用户的广泛赞誉。

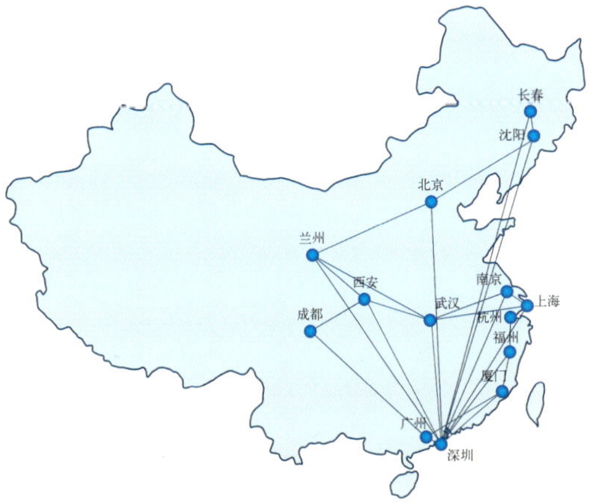


用户服务点全国分布图

**http://www.ssscc.com.cn**

地　　址：深圳市福田区滨海大道1002号

邮　　编：518040

总　　机：(0755)　83183333

运行热线：(0755)　83182222

传　　真：(0755)　83851029

GUOSEN

# 国信证券

地址：深圳市红岭中路1012号国信证券大厦

邮编：518001

电话：0755-2130833

传真：0755-2130570

电子信箱：pre-office@guosen.com.cn

**国信证券有限责任公司**是中国证券市场拓荒者之一。公司前身为1989年9月成立的深圳国际信托投资公司深圳证券业务部，为深圳证券市场创设之初最早的三家证券业务部之一，也是改革开放以来国内最早产生的证券机构之一，承担了深发展等第一批上市公司的股票发行、交易业务。

1994年10月，根据信托业与证券业分业经营的要求和业务发展的需要，在原有证券业务部的基础上改组成立了专业证券公司，成为全国首家从信托投资公司中分业设立的专业证券公司。公司改称为“深圳国投证券有限公司”，注册资金为人民币1亿元。1997年7月，公司完成第一次增资扩股，注册资本增至人民币8亿元，并于同年12月正式更名为“国信证券有限公司”，开始从原先的地方性证券公司上升成为在全国具有影响力的大型证券公司。 1999年11月，公司完成第二次增资扩股，注册资本为人民币20亿元，公司全称改为“国信证券有限责任公司”，成为注册地在深圳的全国性大型综合类证券公司。

截止2002年底，公司总资产87亿元，净资产31亿元。公司现有员工800多人，本科以上学历人员占71%，硕士以上学历人员占23%，其中公司本部员工300多人，本科以上学历人员占85%，硕士、博士学历人员占41%。现有营业部25家，遍及全国大中城市。 2002年，在严峻的市场背景下，公司继续保持行业领先的市场地位。根据中国证券业协会统计，在2002年度证券公司的七项业绩指标中，国信证券全部进入前10名，也是全国120家参加排名的证券公司中惟一的一家。具体排名情况是：股票主承销家数排名第四，股票主承销金额排名第八，股票基金交易总金额排名第八，净资产排名第七，净资本排名第四，利润总额排名第七，人均利润总额排名第九。其中，公司在一、二级市场上的成绩尤为突出。全年完成股票主承销6家，股票主承销金额达28.08亿元；股票基金交易总额达1154.65亿元。

2003年，根据五年发展目标和市场形势，公司提出了“二次创业”的口号，并明确提出了任期内的发展目标，这就是“创立数一数二的市场品牌，形成数一数二的赢利能力”。根据这一目标，公司确定“两个提升，一个壮大”为2003年的经营管理思路：即采取“快半拍”的策略，加强业务创新，提升公司的赢利水平；采取“一步与国际接轨”的策略，全力推进绩效评估与流程优化，提升公司的管理水平；抓住机会，扩大资本规模，壮大公司实力，为公司“二次创业”开好头，起好步。2003年上半年，公司继续保持稳步发展的态势。上半年投行业行完成股票主承销6家，融资金额28.8亿，全国排名分别为第一和第二；股票基金交易总额为879.08亿元，全国排名第八。

世纪证券
CENTURY
诚信服务客户/专业实现价值/创新塑造品牌
http://www.csco.com.cn

大阳网站：http://www.bigsun.com.cn
金通证券股份有限公司
GOLD STONE SECURITIES CO.,LTD

# 長城證券有限責任公司

## GREAT WALL SECURITIES CO.,LTD.

http://www.cc168.com.cn

长城证券董事长：魏云鹏 先生

■ 长城证券有限责任公司成立于1995年11月，是经中国人民银行总行批准，在海南汇通国际信托投资公司所属证券机构与原深圳长城证券部合并基础上经过增资扩股设立的一家全国性专业证券公司。2000年3月，经中国证券监督管理委员会批准，长城证券有限责任公司注册资本由1.57亿元增至8.25亿元，并被中国证券监督管理委员会批准成综合类券商。目前，长城证券有限责任公司以承销、经纪与自营业务为主，兼顾财务顾问、资产管理、综合研究等，在深圳、北京、上海等东部沿海城市和西部中心城市设有24家证券营业部，并在北京设有地区管理总部。截至2002年年底共有员工859人，其中总部员工255人，营业部员工604人。

■ 长城证券以其稳健经营和优质服务赢得了广大客户的长期信赖。十年来，公司各项业务取得了长足的发展。自1996年至2002年，公司累计代理A股与基金交易量4932亿元，累计承销股票152亿元、国债55亿元、企业债券20亿元，公司总资产规模为54.73亿元，净资产规模为9.28亿元。近年来，长城证券始终占有证券一、二级市场1%以上的市场份额。

■ 2002年公司完成新股发行主承销项目3家。基金主承销项目2家，股票承销家数市场份额为2.6%，筹资金额份额为1.2%；基金分仓数由2001年的7支增加到18支，交易量65亿元，是2001年的2.95倍；全年承销国债5期，承销金额2609亿元，比上年增加8.8亿元，在交易所市场排名第13位（券商同业第12名），比2001年上升了3位；经纪业务共完成A股与基金的交易量660.2亿元，市场份额创出公司历史新高，达到1.166%，比去年的0.99%提高了17.7%。

■ 根据《长城证券有限责任公司中长期战略发展纲要》，公司提出了“以专业特色化带动公司规模化”的发展方向，力争通过五到十年的艰苦努力，把长城证券建设成为实力雄厚、管理一流、特色鲜明、效益卓著的国际性集团化上市证券公司。

长城证券总裁：曹大宽 先生

长城证券高管人员：曹大宽　总裁（中），徐平　常务副总裁（右一），竺亚　副总裁（右二），杨俊远　副总裁（左二），张建海　总裁助理（左一）

地　址 深圳市深南大道6008号特区报业大厦14/16/17楼
邮　编 518034
电　话 0755-83516141
传　真 0755-83516200

華龍証券

CHINA DRAGON SECURITIES

**为客户提供多元化、个性化、系统化的金融增值服务，努力把华龙证券发展成为国内一流、国际知名的大型证券公司，真正走上一条开拓进取、追求卓越的成功之路！**

CHINA DRAGON SECURITIES CO., LTD.

# 华龙证券有限责任公司

公司成立于2001年5月，是由甘肃省人民政府组织筹建，经中国证券监督管理委员会批准，通过合并重组甘肃省内原四家信托投资公司的证券业务和证券资产并增资扩股而组建的证券经营机构，是全国性综合类证券公司。目前注册资本53589.48万元人民币，在公司的股东中，甘肃省电力建设投资公司、酒泉钢铁（集团）有限责任公司、甘肃祁连山建材控股有限公司等股东都是具有实力雄厚的上市公司和集团公司，同时分散化的股权结构为华龙证券公司的长期稳定发展打下了坚实的基础。公司不断完善法人治理结构，实行股东会、董事会、总裁办公会议三层决策机制，在董事会下设有战略规划委员会和风险控制委员会。公司总部设于兰州，同时设立了北京、上海、深圳三个地区业务管理部，在地域上已经形成了以兰州为中心，以北京、上海为两翼的业务开拓基地。以华龙证券公司为主发起人联合长源电力公司、济南钢铁公司等企业法人筹备设立的华商基金管理有限公司已通过中国证监会的批准，准备发行开放式证券投资基金。公司目前在全国各大中城市设有24家证券营业部。

华龙证券公司成立以来，坚持规范管理，守法经营，累计完成主承销与上市推荐项目9家，累计承销股数近4.33亿股，累计承销金额约27亿元，其中2002年主承销筹集资金10亿元；经纪业务方面，公司累计完成各类有价证券交易量554亿元。

华龙证券公司作为进入全国跨市场国债承销团的10家券商之一，2001年、2002年分别承销国债50亿元和63.1亿元，在全国券商中名列前茅。

2002年初华龙证券公司获得了中国证监会和中国证券业协会核定的可同时报送4家企业发行股票的资格，在全国券商中处于中上水平，在西北五省区券商中名列第一。公司取得主承销商资格后，以主承销身份承销的4只股票全部通过发审会，其中已有3家发行上市。2003年上半年股票承销业务获全国承销业务第五位。

华龙证券公司和海通证券公司、华夏证券公司于2002年9月同时获得国家人事部批准设立博士后科研工作站，成为证券业中仅有的几家可设博士后科研工作站的证券机构之一。

面对日益激烈的竞争环境，面对入世后的机遇与挑战，华龙证券公司新一届领导班子审时度势，大刀阔斧，锐意改革，带领全体华龙人努力拼搏，决心以逆水行舟的勇气与毅力和海纳百川的宽阔胸怀迎接一切困难和挑战。2003年公司将重新构造发展战略规划，调整组织结构管理框架，全力打造公司核心竞争力，加快与国际国内资本的融合。为了抵御市场的系统性风险和适应金融混业经营的趋势，公司将重点调整业务发展方面和战略目标，做到有所作为、有所不为。经纪业务将实行战略转型，资产管理业务和投行业务将按照专业化、职业化、市场化的原则进行运作。在完成上述战略转型后，华龙证券公司将尽量压缩各项管理费用，所有资源向业务倾斜，尽快形成新的盈利模式，在新一轮资本市场上的较量中脱颖而出。

展望未来，呈现在华龙证券面前的不仅是广阔的发展前景，更多的是充满坎坷的残酷竞争之路，华龙证券将以全方位、多层次的体制创新、机制创新和业务创新不断赢得发展的先机，勇往直前。全体华龙人也将继续秉承“以人为本、诚信务实、规范经营、服务第一、利润第二”的经营理念，为客户提供多元化、个性化、系统化的金融增值服务，努力把华龙证券发展成为国内一流、国际知名的大型证券公司，真正走上一条开拓进取、追求卓越的成功之路！

地址：甘肃省兰州市静宁路138号东四楼　邮编：730030　电话：(0931)8888088　传真：(0931)4890515　E-mail:Hualongzq@public.lz.gs.cn

德，升也，恒之本
恒，久也，德之固

## 壹 公司简介

德恒证券有限责任公司于贰零零贰年叁月经中国证监会批准，由重庆证券经纪责任有限公司吸收金新信托投资股份有限公司证券资产并增资扩股而更名成立。

金新信托成立于壹玖玖叁年陆月。壹玖玖肆年肆月上海周家嘴路证券营业部设立，开始从事证券业务。壹玖玖柒年成立证券管理总部，证券营业部逐渐增加至玖家，证券业务规模大幅度拓展。贰零零壹年元月，作为信、证分业的准备，证券分公司成立并模拟法人运作，汇集并锻炼了公司的管理团队。重庆证券是在重庆商品期货交易所改制基础上于贰零零零年陆月正式成立的，注册资本金壹亿元，下辖重庆一家证券营业部。贰零零贰年叁月，重庆证券与金新证券分公司重组并增资扩股至柒点陆陆亿，更名为德恒证券有限责任公司，注册地为重庆市。

德恒证券目前设有战略购并部、承销代理部、投资管理部、资产管理部、经纪业务部、债券交易管理部、重点客户服务部等业务部门和电脑管理中心、财务管理部、稽核管理部、计划管理部、人事行政部、总裁办公室和期刊编委等职能部门，下辖上海、重庆、深圳等全国拾五个城市拾柒家证券营业部。公司证券承销、证券经纪、收购兼并、国际业务以及资产管理代理等业务板块，分别涵盖了极为广泛的业务内容。客户的任何金融需求，均可在德恒证券及其战略联盟的业务平台上得到满足。

## 贰 经营理念

“以德做人，以恒做事”是德恒的司训。德恒人一贯从这样三个方面要求自己：首先是先做人后做事。其次是以德为本，以德为略，以法为术，德化人心。再次着眼长远、持之以恒、持续发展。德恒之德首推“诚信”，这包括对外的以德为本、以信为要和对内的诚实正直、前后一致和相互信任。德恒之恒意指着眼长远、持之以恒、持续发展。其中着眼长远是战略，持之以恒是执行，持续发展是追求。

“经营关系企业的生死存亡，管理关系企业的得失多少”是德恒的理念。“客户的成功是德恒的使命”，在经营方面，以客户为中心是我们的行为准则，企业的持续成长是我们的目的。关注客户的需求和他们所关心的问题，通过不断地创新为他们提供“一站式”的综合金融服务，与客户共同实现可持续成长，是德恒始终如一的追求。

## 叁 品牌战略及发展前景

经过未来五年的努力，借助于购并、联盟等手段，将德恒证券发展成为具有先进的管理队伍、优秀的业务团队、良好的盈利能力、有效的风控体系、鲜明的业务特色、较强的核心竞争力、优质的客户资源和较高的投资回报的业内知名综合性大券商。届时，公司综合实力进入行业前列。

## 肆 成功管理模式

德恒证券实行“规范化、轻型化、精细化”的管理模式，为公司的发展奠定了坚实的基础。规范化是指在中国证监会政令的指导下，加强对下属证券营业部和其他分支机构的集中管理，建立健全各种风险控制体系和制度，防患于未然。轻型化包括两层含义：一是指固定资产的轻型化，二是指人员的轻型化。证券公司是人才密集、资金密集型的金融机构，固定资产不应该占太大的比重，所以，德恒证券尽力通过各种手段减少固定资产，如通过金融租赁的方式实现公司的业务用车和其他一些固定资产的购置，这样可以间接提高股东的投资回报率。人员的轻型化是指不着意扩大员工数量，而是尽量使用精干人员，招一个人就用好一个人，对每个员工的发展负责。人员的轻型化可使公司员工充分发挥潜能，提高工作效率，从而提高员工的各种福利待遇。精细化是指加强核算，对成本、费用和实现的收益进行精确配比，以降低运营成本。“规范化、轻型化、精细化”的管理模式为德恒证券实现未来的发展愿景提供了有力的管理保证。

长财证券总经理：李延安 先生

# 長財證券

CHANGCAI SECURITIES

**诚信·稳健·求实·创新**

长财证券经纪有限责任公司成立于2001年12月，在原长春市财政证券公司和长春信托投资公司证券部合并重组的基础上，经过增资扩股和更名而设立的。公司的前身长春市财政证券公司和长春信托投资公司证券部分别成立于1988年和1992年。

公司成立以来伴随着中国证券市场风云际会、跌宕起伏、迅速发展。在长春市政府、各级证券监管部门、业内同仁的大力支持下，公司秉承“诚信、稳健、求实、创新”的经营理念，在充满风险和激烈竞争的证券市场中，抓住机遇、稳健经营、积极开拓进取、不断发展壮大，逐步发展成为颇具实力的中型券商。

公司现为上海证券交易所、深圳证券交易所、中国证券业协会会员、中国国债协会会员，在沪、深证券交易所共拥有17个独立的交易席位。

公司领导层为董事长：王为民；董事会秘书：卢丹妮；副董事长：祝延存；总经理：李延安；副总经理：奚星华、王海兵、单云、吕刚正、李永杰；监事长：华英。

公司内设7个职能部门，下辖10个证券营业部，营业总面积达28,248平方米，开立交易帐户的客户数近10万户。

在二级市场上，公司采用最先进的交易方式，努力为客户提供完善的证券经纪及投资咨询服务，各项业务的迅猛发展，使公司取得了良好的经营业绩，为证券市场建设和地方经济发展做出了贡献。

同时公司将随着证券市场的发展，不断发展壮大，逐步增强自身的竞争实力。公司近3年目标是成为全国性综合类券商。

长风破浪会有时，直挂云帆济沧海。回顾过去我们倍感自豪，展望未来我们深知责任重大，今后公司将不断超越自我，追求卓越，再创辉煌。

长财证券领导层与市长祝业精等市里领导合影

长财证券2001年12月27日开业典礼

长春市市长祝业精到公司视察工作

市长祝业精等与公司领导层进行工作座谈会

市里领导与公司领导一同视察公司下属营业部

## 公司下辖10个营业部：

**长春北京大街证券营业部**
经理：姚国东
地址：长春市宽城区北京大街37号
电话：0431－2713975
0431－2713791

**长春乐园路证券营业部**
经理：刘广森
地址：长春市绿园区乐园路15号
电话：0431－7986221
0431－7986700

**长春工农大路证券营业部**
经理：赵春瑞
地址：长春市朝阳区工农大路16号
电话：0431－5675922
0431－5647672

**长春迎春南路证券营业部**
经理：顾晓彤
地址：长春市绿园区迎春南路36号
电话：0431－7626351
0431－7697822

**长春珠江路证券营业部**
经理：崔春雨
地址：长春市宽城区珠江路35号
电话：0431－2951662
0431－2951330

**长春吉林大路证券营业部**
经理：蒋艾蓉
地址：长春市二道区吉林大路188－2号
电话：0431－4948948
0431－4948946

**长春平阳街证券营业部**
经理：孟繁君
地址：长春市南关区平阳街32号
电话：0431－8691808
0431－8610089

**上海凉城路证券营业部**
经理：连万鹏
地址：上海市凉城路555号
电话：021－65266943
021－65262299

**长春重庆路证券营业部**
经理：于海恒
地址：长春市南关区重庆路46号
电话：0431－8951447
0431－8931772－1958

**吉林中兴街证券营业部**
经理：权生平
地址：吉林市昌邑区中兴街105号
电话：0432－2781555
0432－2790061

邮箱地址:changcai@vip.sina.com

公司总部各部门联系电话：

办公室/2951762 行政部/2942266 业务管理部/2946531 稽核部/2941199 财务部/2942255 电脑部/2942299 人力资源部/2951775

2003～2004

# 中国证券大全

A COMPREHENSIVE HANDBOOK OF CHINESE SECURITIES

## 第三册

总编辑：陈乃进　朱从玖　张育军
主　编：宁晨新　陈京华

上海證券交易所
深圳证券交易所
协办

中国证券大全编辑委员会 编

经济科学出版社

诚实信用 勤勉尽责
中国工商银行
INDUSTRIAL AND COMMERCIAL BANK OF CHINA

# 中国工商银行

INDUSTRIAL AND COMMERCIAL BANK OF CHINA

自1998年2月，经中国证监会、中国人民银行核准，中国工商银行成为国内第一家证券投资基金托管银行以来，该行本着“诚实信用、勤勉尽责”的行业精神，始终遵循“安全保管基金资产，提供优质托管服务”的原则，严格履行法律、基金契约、托管协议所规定的各项义务。不仅至今保持着零差错记录，而且在人民银行和中国证监会组织的对托管人综合考评中，该行始终保持同业领先地位。

截止2003年12月31日，该行共托管证券投资基金28只，其中封闭式基金16只，开放式基金12只。托管基金总资产超过500亿元，年均增长率达50%以上；托管委托资产投资组合若干，托管社会保障基金、企业年金、委托资产等各类资产近100亿元；基金托管业务市场份额连续6年保持行业领先地位；作为国内为数不多的QFII托管银行，该行是目前仅有的获得两家QFII托管业务的中资托管银行。

伴随中国投资基金业的发展壮大，中国工商银行的托管业务不断拓展，形成了包括社会保障、证券、信托、保险、产业基金、境外机构资产六大类11项托管产品的资产托管业务体系。同时，借鉴国外先进经验，不断创新托管产品，对货币市场基金、产业基金、住房基金、信托资产、投资连接产品和个人集合理财产品托管进行了深入研究，提出托管方案，不仅及时满足了业务发展的客观要求，而且对增强该行托管业务持续竞争力提供了有力保障。

在开展资产托管业务过程中，工商银行始终将维护投资人利益放在最重要位置，真正做到为投资人利益撑起保护伞。在内部机构设置上，2003年10月，中国工商银行进行了托管部成立以来的第二次更名，将“基金托管部”更名为“资产托管部”，下设7个职能处室，其中，内部风险控制机构专司业务运作中的风险管理，保障国家金融方针政策及相关法律法规贯彻执行，保证自觉依法合规经营，形成了运作规范化、管理科学化、监控制度化的内控体系，保障业务正常运行，维护投资者及基金代销人的合法权益。在规章制度上，资产托管部建立健全了各项规章制度，完善了各岗位职责、操作规则与程序，形成了一套责权分明 、平衡制约、规章健全、运作有序的内部控制机制；建立了“自控防线”、“互控防线”、“监控防线”三道控制防线，实行岗位分离制度；对各类突发事件或故障建立完备有效的应急应变计划，对重要及关键岗位具备适当的人员备份。

中国工商银行把维护投资人的利益始终贯穿在日常工作中，为投资人、基金管理公司、资产管理机构及其它市场参与机构提供专业化金融服务。该行已经逐步建立和完善了资产托管业务系统，包括高效的资金清算系统，深、沪数据接收系统（异地备份），准确的资产估值系统，全面的信息资讯系统，资产投资状况监督系统，独立的会计核算系统和严密的计算机管理系统等七大业务系统。这些业务系统的建立，为他们依法履行资产托管人职责、提供优质托管服务提供了有力保障。

会计核算、资产估值和投资监督是托管业务的核心工作。该行的托管业务会计系统采用了国际领先技术，始终居于国内领先水平。2003年6月，经过近一年设计、开发，第三代托管业务综合系统(AAS)率先在工行托管部和全国部分分行正式投入使用。该系统可用于开放式基金、封闭式基金、社保基金、委托资产、企业年金等多种资产组合的会计核算与资产估值，是国内托管银行中首个采用全国集中模式的托管业务系统，具有良好的安全性、稳定性、开放性和可扩展性，使用户工作更安全、可靠、高效。新系统的投产，为今后该行托管业务拓展奠定了坚实基础。它的成功投产，是该行托管业务的第三代技术系统启动的重要标志。

作为大陆最具实力的托管银行，该行不断提高服务质量，丰富服务内容，为QFII客户提供的基本服务包括：代理QFII申请资格与投资额度、代理开立QFII资产账户、保管托管资产、资金清算、办理外汇及结算业务、代理QFII提出资金进出申请及备案、运作监督、定期报告和保存资金往来记录。同时，提供以下增值服务：提供总分账户、买空卖空防止、上市公司重大信息处理和证券市场、多币种及远期结售汇、会计核算、随时准确地对基金进行估值，为QFII、投资管理人提供准确的资产价值信息、绩效评估与风险控制资产估值、代理投票、税务代理、电子银行服务、报表定制等。

作为国内最大的商业银行，工商银行将以规范的业务管理模式、门类齐全的托管业务种类、健全的托管业务系统、强大的市场营销能力，为国内外的资产管理机构提供优质的专业托管服务，力争为各类投资者提供一流的专业化托管服务。

## 中国工商银行基金托管部

地址：北京市复兴门内大街55号　邮编：100032　电话：010-66106878　传真：010-66106904

网址：http://www.icbc.com.cn　E-mail:jiangke@icbc.com.cn

# 交通银行
BANK OF COMMUNICATIONS

# 证券投资基金托管部

交通银行于1987年重新组建，是我国首家全国性的股份制商业银行，2002年英国《银行家》杂志公布的全世界1000家大银行中，列94位。

1998年7月，经中国证监会和中国人民银行批准，交通银行获得开展基金托管业务资格，并同时成立了专门的业务部门——证券投资基金托管部。证券投资基金托管部现有员工47名，其中拥有博士、硕士学位多名，员工的学历层次较高，具有多年基金、证券和银行的从业经验。

2001年7月，经中国人民银行和中国证监会批准，获得开放式基金认购、申购、赎回和注册登记代理业务资格，是我国第一家获得开放式基金代理业务资格的商业银行。

2001年9月，交通银行代理发行和托管了我国第一只开放式基金——华安创新基金；2002年4月，交通银行代理发行和托管了本年的第一只开放式基金——国泰金鹰增长基金；2002年10月，交通银行代理发行和托管了国内首只纯债券基金——华夏债券基金，该基金发行规模达51亿元，创造了国内基金首次发行规模最大的记录。2002年交通银行率先在业内推出了“定期定额”投资服务，为广大基金投资者提供更加丰富的理财手段。2002年底，交通银行在全国社保理事会招标中胜出，成为首批全国社保基金托管人之一。2003年4月，交通银行成功代理发行和托管国内第一只伞型基金——湘财合丰行业系列基金，创国内开放式基金开户数第一的记录。

截至2003年11月31日，交通银行已托管了普惠、安顺、汉兴、兴科、裕华、安久、科讯、科汇、华安创新、久富、科瑞、国泰金鹰增长、华夏债券、湘财合丰成长、湘财合丰稳定、湘财合丰周期、鹏华普天收益、鹏华普天债券、海富通精选等十九只公募基金以及全国社保基金委托资产的十二个组合，市场份额在五大托管银行中名列前茅。

在业务管理上，交通银行十分注重加强制度建设，提高管理水平，把业务发展与规范管理有机地结合在一起，确保了基金托管业务安全、规范、高效、优质地运行。多年来，在基金的资金清算上，保持了零差错。

交通银行证券投资基金托管部总经理：谢红兵 先生

交通银行坚持以“一流的服务质量、一流的工作效率、一流的银行信誉”为宗旨，坚持人才、科技、制度和管理先行的原则，不断加强人才培养，提高基金托管业务的科技含量，不断进行产品创新和开发。交通银行拥有一支强大的研究开发队伍，研究开发工作以市场化为导向，以国际化为标准，以规范化为要求，多次在基金业率先开展新业务。

交通银行已就基金托管业务制定了一系列管理、控制制度，对业务全程运作进行完善可靠的制度控制。相关制度涵盖了基金托管业务的资金清算、会计核算、投资监管、信息披露、保密制度、系统保障、内部风险控制等各个环节，从制度上对业务风险进行了完整的控制。

地址：上海市浦东新区银城中路188号 电话：021-58781234 传真：021-58408836

中国农业银行
AGRICULTURAL BANK OF CHINA

# 证券投资基金托管部

● 中国农业银行是我国最大的商业银行之一，实收资本1292.52亿元人民币；法定代表人：杨明生；注册地址：北京市复兴路甲23号。目前在国内设有37家分行，39286个分支机构和储蓄网点，机构客户资源丰富。截至2002年，农行有46万机构客户，大、中型大客户占很大部分，其中拥有一批集团客户和上市公司客户。这些客户通过长期合作，双方建立了紧密的合作关系。中国农业银行在香港、新加坡设有分行，在纽约、东京、伦敦设有代表处，在香港设有财务公司、证券公司和保险公司等。中国农业银行是我国营业网点最多、机构覆盖面最广的金融机构。开通了全国专用数据通信网，拥有先进的银行清算系统和安全、高效的清算、交割能力。已实现先进的电子联行、资金汇划的实时清算和汇划、对帐、清算三位一体，能保证客户资金在同城或异地的安全、高效的清算、交割。2002年底，中国农业银行资产总额29765.66亿元，各项存、贷款余额分别为24796.18亿元和19129.60亿元。

● 1998年6月，中国农业银行证券投资基金托管部经中国证券监督管理委员会和中国人民银行批准成立，主要从事证券投资基金托管业务。目前，经中国人民银行和中国证券监督委员会批准，我行又先后获得了受托投资资产托管、企业年金托管、社保基金托管、QFII托管业务资格。

● 基金托管部在农业银行内部管理上属于总行的职能部门，部门内设综合管理处、核算管理处、监督处、市场开发处、客户服务处和运行处，并在北京、上海、深圳设有托管分部。基金托管部成立以来，先后制定和完善了一套完整的规章制度和严格的风险防范措施，建立了先进完善的技术体系和基金清算、核算、交易监督快捷处理系统，并形成一套农业银行独特的基金业务市场营销体系，为客户提供一站式综合服务。这些规章制度、业务体系和技术系统的建立，为开展基金托管业务提供了有利保障，中国农业银行的基金托管业务已走上了规范化、制度化、科学化的发展轨道。

地址：北京市海淀区西三环北路100号金玉大厦
邮编：100037
电话：010-68435588
传真：010-68424181
网址：www.jjtg.abocn.com

南方基金
SOUTHERN FUND
选择南方
选择稳健成长未来
南方基金管理有限公司
CHINA SOUTHERN FUND MANAGEMENT CO.,LTD.
地址：深圳市福田区深南大道4009号投资大厦七楼
电话：0755-82912000
传真：0755-82912948
邮编：518026
网址：http://www.southernfund.com

增长率达61.65%，累计向投资者分红每10份基金单位8.49元，共16.98亿元；2003年基金行业的平均收益率超越股市大盘收益率4.4 %，南方稳健成长基金收益率为26.5%，高于行业平均水平10.4%。在所有开放式基金中排名第二。以长线投资而论，南方稳健成长基金的表现也堪称最优。基金成立两年多来，在股市大盘下跌8.34%的大熊市中，基金的累计收益率达17.81%，年均收益率为7.92%，在同期成立的基金中名列第一。成立仅半年的南方避险增值基金，净值增长率已超过4%，充分显示了基金管理人卓越的投资管理能力。

南方基金管理公司在长期的投资实践中，南方基金管理公司建立了一套与成熟、高效的投资决策、风险控制、研究支持、运作保障和市场拓展体系，为公司投资管理运作提供了强大的支持。同时，南方基金管理有限公司吸收、培养了一支高度专业化的人才队伍。公司现有员工118人，其中硕士以上学历占60%，有近70%的员工有5年以上的证券从业经验，20%的员工有在欧美、日本等国家学习和工作的经验。公司还特别招聘了多位拥有多年华尔街工作经验的高级证券从业人员，为公司的发展和规范运作带来了先进的经验和观念。

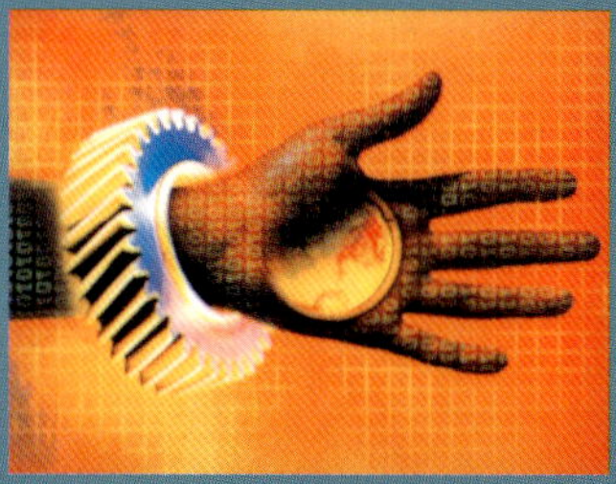

作为在产品创新和管理资产规模方面步步领先的基金管理公司，南方基金管理公司正以积极创新的精神，加强与国际同行的交流和合作，全力迎接中国基金业的大发展和对外开放。

南方基金管理有限公司
CHINA SOUTHERN FUND MANAGEMENT CO.,LTD.

地址：深圳市福田区深南大道4009号投资大厦七楼
电话：0755-82912000
传真：0755-82912948
邮编：518026
网址：http://www.southernfund.com

# 累累硕果
## 奉献给我们的投资者

董事长：柳亚男 先生

总经理：马志刚 先生

天同基金管理有限公司是经中国证监会证监基金字(2002)44号文批准，于2002年8月23日正式成立的国内首家旨从事专业指数化投资的基金管理公司。

天同基金管理有限公司是在实施“好人举手”制度后，首批经中国证监会批准成立的基金管理公司之一。公司由天同证券有限责任公司为主发起人，联合上海久事公司和湖南湘泉集团有限公司等两家大型国有企业共同组建。公司办公地址位于上海浦东新区，注册资本金为1亿人民币，经营范围包括设立基金、基金管理及中国证监会批准的其他业务。

公司实行董事会领导下的总经理负责制，现设置了投资管理部、研究发展部、金融工程部、市场拓展部、会计清算部、信息技术部、监察稽核部、综合管理部等八个部门，同时设有合规控制委员会、资格审查委员会、薪酬委员会、投资决策委员会等专业委员会。为了完善公司治理结构，设立了监事会和独立的督察员，以保证公司高效、透明、规范的运作及资产的长期安全与增值。

公司在2001年底筹备初期就确立了以指数化投资为主的经营战略，借鉴国际指数化投资成功的经验，立志成为中国具有代表性的从事专业指数化投资的基金管理公司，使指数化投资这一重要的投资模式在中国发扬光大。为此，公司招募了一批国内外优秀的、勇于创新的、经验丰富的业内精英良才和数量统计、金融工程方面具有良好造诣的研究分析人员，建立了具有国际水准的投资组合信息系统和科学的风险控制体系。

公司旗下首只开放式基金——天同180指数证券投资基金于2003年3月15日正式成立，该基金也是国内第一只标准指数基金。

我们殷切地期待，伴随着中国经济的成长，天同基金管理有限公司秉承的指数化投资理念结出累累硕果，奉献给我们的投资者。

**天同基金管理有限公司**

地址：上海市浦东源深路273号 邮编：200135 电话：021－68644577 邮箱：service@ttasset.com 网址：http://www.ttasset.com

# 目　录

## 第五卷　证券市场的退市机制建设



## 第六卷　上市公司经营管理谋略

## 第七卷 证券公司的运营管理

## 第八卷 证券中介与资信评级



## 第九卷 证券市场投资者权益保护



## 第十卷 中小企业资本市场的运作之路

## 第十一卷 2003~2004年证券法律法规汇编

## 第十二卷　2003 年度中国八大重点行业景气分析报告



## 第十三卷　2002 年度中国上市公司年报大全

**C5.电子(21家)**



**C6.金属、非金属矿物(69家)**

**C7.机械、设备、仪表(104 家)**

**C8.医药、生物制品(42家)**

**F. 交通运输、仓储业(16家)**



**G. 信息技术业(28家)**



**H. 批发和零售贸易(36家)**



**J. 房地产业(13家)**

## 第十四卷 2002 年度中国上市公司经营评价



## 第十五卷 2003 年度部分中国上市公司年报

**(截至 2004 年 3 月 31 日按年报披露日期先后排列)**

3 月 18 日



3 月 19 日



3 月 20 日

## 附　卷



# 彩　页　索　引

600487 江苏亨通光电股份有限公司
600553 河北太行水泥股份有限公司
600559 河北裕丰实业股份有限公司
600573 福建省惠泉啤酒集团股份有限公司
600722 沧州化学工业股份有限公司
600635 上海大众公用事业(集团)股份有限公司
600747 大连大显股份有限公司
600789 山东鲁抗医药股份有限公司
600802 福建水泥股份有限公司

**第二册目录前**

000402 金融街控股股份有限公司
000680 山推工程机械股份有限公司
000726 鲁泰纺织股份有限公司
000780 内蒙古草原兴发股份有限公司
000859 安徽国风塑业股份有限公司
000817 辽河金马油田股份有限公司
000887 安徽飞彩车辆股份有限公司
000959 北京首钢股份有限公司
000983 山西西山煤电股份有限公司
重庆天健会计师事务所有限责任公司
北京京都会计师事务所有限责任公司

**第二册 916 页后**

深圳证券通信有限公司
申银万国证券股份有限公司
国信证券股份有限公司
中关村证券股份有限公司
中原证券股份有限公司
世纪证券有限责任公司
金通证券股份有限公司
长城证券有限责任公司
华龙证券有限责任公司
方正证券有限责任公司
德恒证券有限责任公司
长财证券经纪有限责任公司

**第三册目录前**

中国银行基金托管部
中国工商银行基金托管部
招商银行基金托管部
交通银行证券投资基金托管部
中国农业银行证券投资基金托管部
南方基金管理有限公司
招商基金管理有限公司
天同基金管理有限公司
长城基金管理有限公司

**第三册 1368 页后**

000078 深圳海王生物工程股份有限公司
000825 山西太钢不锈钢股份有限公司
000983 山西西山煤电股份有限公司
600532 山东华阳科技股份有限公司
600573 福建省惠泉啤酒集团股份有限公司
600595 河南中孚实业股份有限公司
600789 山东鲁抗医药股份有限公司
000889 秦皇岛渤海物流控股股份有限公司
中国银行
鹏华基金管理有限公司
汉唐证券有限责任公司
华夏证券有限公司北京东直门南大街证券营业部
海通证券股份有限公司上海新沪路证券营业部

---

## 600872 中炬高新技术实业(集团)股份有限公司

### 二〇〇二年年度报告摘选

#### 1.上市公司基本情况简介

1.1 基本情况简介

股票简称:中炬高新 股票代码:600872 上市交易所:上海证券交易所

注册地址:广东省中山市中山火炬高技术产业开发区

办公地址:广东省中山市中山火炬高技术产业开发区火炬大厦 邮政编码:528437

公司国际互联网网址:http://www.jonjee.com 电子信箱:jonjee@jonjee.com

1.2 联系人和联系方式

董事会秘书:彭海泓 联系地址:广东省中山市中山火炬高技术产业开发区火炬大厦

电话:0760-5596818-2033 传真:0760-5596877 电子信箱:penghaihong@jonjee.com

证券事务代表:熊炜 联系地址:广东省中山市中山火炬高技术产业开发区火炬大厦

电话:0760-5596818-2033 传真:0760-5596877 电子信箱:xiong@jonjee.com

#### 2.会计数据和财务指标摘要

2.1 主要会计数据

| | 2002年 | 2001年 | 本年比上年增减(%) | 2000年 |
|---|---|---|---|---|
| 主营业务收入 | 821,916,246.50 | 836,309,507.05 | -1.72 | 750,975,578.77 |
| 利润总额 | 14,527,520.60 | 84,380,718.86 | -82.78 | 93,056,989.60 |
| 净利润 | 10,989,358.18 | 64,836,418.28 | -83.05 | 72,099,357.07 |
| 扣除非经常性损益的净利润 | 12,546,504.67 | 64,752,327.01 | -80.62 | 39,156,232.90 |
| | 2002年末 | 2001年末 | 本年末比上年末增减(%) | 2000年末 |
| 总资产 | 2,432,366,056.58 | 2,394,944,688.76 | 1.56 | 2,387,871,562.59 |
| 股东权益(不含少数股东权益) | 1,251,871,549.14 | 1,223,021,293.06 | 2.36 | 1,156,039,733.07 |
| 经营活动产生的现金流量净额 | 273,129,066.46 | 43,254,154.69 | 531 | 266,601,575.82 |

2.2 主要财务指标

| | 2002年 | 2001年 | 本年比上年增减(%) | 2000年 |
|---|---|---|---|---|
| 每股收益 | 0.0244 | 0.144 | -83.06 | 0.160 |
| 每股收益注2 | 0.0244 | 0.144 | -83.06 | 0.160 |
| 净资产收益率 | 0.88% | 5.30% | -83.40 | 6.24% |
| 扣除非经常性损益的净利润为基础计算的净资产收益率 | 1.00% | 5.30% | -81.13 | 7.44% |
| 每股经营活动产生的现金流量净额 | 0.607 | 0.096 | 531 | 0.592 |
| | 2002年末 | 2001年末 | 本年末比上年末增减(%) | 2000年末 |
| 每股净资产 | 2.782 | 2.717 | 2.38 | 2.569 |
| 调整后的每股净资产 | 2.735 | 2.586 | 5.75 | 2.410 |

## 600878 大连北大科技(集团)股份有限公司

### 二〇〇二年年度报告摘选

#### 1.上市公司基本情况简介

1.1 基本情况简介

股票简称:北大科技 股票代码:600878 上市交易所:上海证券交易所

注册地址:大连市甘井子区凌南路58号

办公地址:大连市中山区民寿街4号银河公寓写字间19F 邮政编码:116001

电子信箱:fq1137@sina.com

1.2 联系人和联系方式

董事会秘书:方强 联系地址:大连市中山区民寿街4号银河公寓写字间19F

电话:0411-2643146 传真:0411-2647961 电子信箱:fq1137@sina.com

#### 2.会计数据和财务指标摘要

2.1 主要会计数据(单位:人民币元)

| | 2002年 | 2001年 | 本年比上年增减(%) | 2000年 |
|---|---|---|---|---|
| 主营业务收入 | 21,460,984.00 | 9,281,627.18 | 132.22 | 235,559,248.98 |
| 利润总额 | -419,326,591.65 | -309,153,319.60 | -- | 15,220,662.38 |
| 净利润 | -419,326,591.65 | -309,153,319.60 | -- | 12,252,477.60 |
| 扣除非经常性损益的净利润 | -240,649,592.30 | -75,085,988.60 | -- | 13,440,909.90 |
| | 2002年末 | 2001年末 | 本年末比上年末增减(%) | 2000年末 |
| 总资产 | 42,008,521.34 | 340,112,717.04 | -87.65 | 681,313,096.38 |
| 股东权益(不含少数股东权益) | -393,837,719.59 | 21,675,598.50 | -1911.37 | 349,816,923.84 |
| 经营活动产生的现金流量净额 | -57,349,228.45 | 2,228,520.42 | -2673.42 | -37,508,947.34 |

2.2 主要财务指标(单位:人民币元)

| | 2002年 | 2001年 | 本年比上年增减(%) | 2000年 |
|---|---|---|---|---|
| 每股收益 | -1.474 | -1.087 | - | 0.043 |
| 净资产收益率 | - | - | - | 3.5% |
| 扣除非经常性损益的净利润为基础计算的净资产收益率 | - | - | - | 3.8% |
| 每股经营活动产生的现金流量净额 | -0.202 | 0.008 | -2625 | -0.132 |
| | 2002年末 | 2001年末 | 本年末比上年末增减(%) | 2000年末 |
| 每股净资产 | -1.385 | 0.076 | -1915.79 | 1.230 |
| 调整后的每股净资产 | -1.423 | 0.071 | -2043.66 | 1.199 |

## 600881 吉林亚泰(集团)股份有限公司

### 二〇〇二年年度报告摘选

#### 1.上市公司基本情况简介

1.1 基本情况简介

股票简称:亚泰集团 股票代码:600881 上市交易所:上海证券交易所

注册地址和办公地址:长春市吉林大路281号 邮政编码:130031

公司国际互联网网址:http://www.yatai.com 电子信箱:info@yatai.com

1.2 联系人和联系方式

董事会秘书:孙晓峰 联系地址:长春市吉林大路281号

电话:0431-4956688 传真:0431-4951400 电子信箱:sunxf@yatai.com

证券事务代表:秦音 联系地址:长春市吉林大路281号

电话:0431-4956688 传真:0431-4951400 电子信箱:qinyin@yatai.com

#### 2.会计数据和财务指标摘要

2.1 主要会计数据

| | 2002年 | 2001年 | 本年比上年增减(%) | 2000年 |
|---|---|---|---|---|
| 主营业务收入 | 1,482,065,519.29 | 1,087,410,062.24 | 36.29 | 1,044,837,530.51 |
| 利润总额 | 179,911,522.12 | 140,933,303.88 | 27.66 | 195,003,498.94 |
| 净利润 | 122,643,095.27 | 111,168,789.50 | 10.32 | 168,901,304.23 |
| 扣除非经常性损益的净利润 | 110,563,540.98 | 108,112,834.59 | 2.27 | 121,117,054.34 |
| | 2002年末 | 2001年末 | 本年末比上年末增减(%) | 2000年末 |
| 总资产 | 5,191,797,418.79 | 4,746,600,501.96 | 9.38 | 3,947,061,181.20 |
| 股东权益(不含少数股东权益) | 1,831,904,788.61 | 1,733,260,698.20 | 5.69 | 1,646,008,461.30 |
| 经营活动产生的现金流量净额 | 111,547,875.70 | -117,755,305.76 | / | 3,515,801.41 |

2.2 主要财务指标

| | 2002年 | 2001年 | 本年比上年增减(%) | 2000年 |
|---|---|---|---|---|
| 每股收益(摊薄) | 0.26 | 0.23 | 13.04 | 0.36 |
| 每股收益(加权) | 0.26 | 0.23 | 13.04 | 0.40 |
| 净资产收益率 | 6.69 | 6.41 | 4.37 | 10.26 |
| 扣除非经常性损益的净利润为基础计算的净资产收益率 | 6.16 | 6.35 | -2.99 | 8.29 |
| 每股经营活动产生的现金流量净额 | 0.23 | -0.25 | / | 0.01 |
| | 2002年末 | 2001年末 | 本年末比上年末增减(%) | 2000年末 |
| 每股净资产 | 3.86 | 3.65 | 5.75 | 3.46 |
| 调整后的每股净资产 | 3.73 | 3.51 | 6.27 | 3.36 |

## 600883 云南富邦科技实业股份有限公司

### 二〇〇二年年度报告摘选

#### 1.上市公司基本情况简介

1.1 基本情况简介

股票简称:富邦科技 股票代码:600883 上市交易所:上海证券交易所

注册地址:云南省保山市汉庄镇黑石头

办公地址:云南省保山市隆阳区人民路78号 邮政编码:678000

电子信箱:yf883@163.com

1.2 联系人和联系方式

董事会秘书:赵建军 联系地址:云南省保山市隆阳区人民路78号

电话:0875-2218496 传真:0875-2218498 电子信箱:yf883@163.com

证券事务代表:吴佩群 联系地址:昆明市国际贸易中心西区218室

电话:0871-7197370 传真:0871-7197694 电子信箱:yf883@163.com

#### 2.会计数据和财务指标摘要

2.1 主要会计数据(单位:人民币元)

| | 2002年 | 2001年 | 本年比上年增减(%) | 2000年 |
|---|---|---|---|---|
| 主营业务收入 | 70,715,499.71 | 71,184,128.72 | -0.66 | 61,699,139.10 |
| 利润总额 | 7,213,252.81 | 10,832,945.07 | -33.41 | 11,856,603.73 |
| 净利润 | 5,321,562.94 | 9,525,485.26 | -44.13 | 10,365,164.06 |
| 扣除非经常性损益的净利润 | 5,073,254.20 | 9,286,987.44 | -45.37 | 10,878,165.10 |
| | 2002年末 | 2001年末 | 本年末比上年末增减(%) | 2000年末 |
| 总资产 | 469,652,664.50 | 321,813,811.31 | 45.94 | 201,171,817.92 |
| 股东权益(不含少数股东权益) | 254,376,049.01 | 252,869,105.88 | 0.60 | 137,592,027.48 |
| 经营活动产生的现金流量净额 | -110,201,032.35 | 31,237,928.04 | -252.78 | 3,621,043.42 |

2.2 主要财务指标

| | 2002年 | 2001年 | 本年比上年增减(%) | 2000年 |
|---|---|---|---|---|
| 每股收益 | 0.027 | 0.089 | -69.66 | 0.102 |
| 净资产收益率 | 2.09 | 3.85 | -45.71 | 7.53 |
| 扣除非经常性损益的净利润为基础计算的净资产收益率 | 2.08 | 6.45 | -67.75 | 7.47 |
| 每股经营活动产生的现金流量净额 | -0.46 | 0.284 | -261.97 | 0.036 |
| | 2002年末 | 2001年末 | 本年末比上年末增减(%) | 2000年末 |
| 每股净资产 | 1.284 | 2.307 | -44.34 | 1.349 |
| 调整后的每股净资产 | 1.272 | 2.298 | -44.65 | 1.336 |

# 年报概览(深交所上市公司)

## A.农、林、牧、渔业(12家)

### 000509 四川天歌科技集团股份有限公司

#### 二〇〇二年年度报告摘选

##### 1.上市公司基本情况简介

1.1 基本情况简介
证券简称:天歌科技 证券代码:000509 上市交易所:深圳证券交易所
注册地址:南充市涪江路117号
办公地址:成都市一环路南二段天歌科技大厦9楼 邮政编码:610041
公司国际互联网网址:http://www.cyj.com.cn 电子信箱:tgimc01@mail.sc.cninfo.net
1.2 联系人和联系方式
董事会秘书:王之钧 联系地址:成都市一环路南二段天歌科技大厦9楼
电话:028－85435719 传真:028－85445907 电子信箱:tgimc01@mail.sc.cninfo.net
证券事务代表:王磊 联系地址:成都市一环路南二段天歌科技大厦9楼
电话:028－85445907 传真:028－85445907 电子信箱:wl－0509@tom.com

##### 2.会计数据和财务指标摘要

2.1 主要会计数据 单位:(人民币)元

| | 2002年(本年) | 2001年(上年) | 本年比上年增减(%) | 2000年 |
|---|---|---|---|---|
| 主营业务收入 | 141,165,129.44 | 311,385,418.28 | －54.67% | 288,321,600.69 |
| 利润总额 | －269,353,012.36 | 31,744,184.55 | －948.51% | 38,818,882.84 |
| 净利润 | －256,378,988.16 | 20,157,005.17 | －1371.91% | 30,083,067.21 |
| 扣除非经常性损益的净利润 | －115,841,514.56 | 25,610,000.00 | －552.33% | 26,465,579.50 |
| | 2002年末(本年末) | 2001年末(上年末) | 本年末比上年末增减(%) | 2000年末 |
| 总资产 | 836,129,390.70 | 1,139,047,076.91 | －26.59% | 686,734,973.65 |
| 股东权益(不含少数股东权益) | 441,223,670.55 | 697,597,563.21 | －36.75% | 337,457,216.50 |
| 经营活动产生的现金流量净额 | －262,624,137.97 | 56,422,471.97 | －565.46% | 55,318,638.94 |

2.2 主要财务指标 单位:(人民币)元

| | 2002年(本年) | 2001年(上年) | 本年比上年增减(%) | 2000年 |
|---|---|---|---|---|
| 每股收益 | －1.0255 | 0.0806 | －1372.33% | 0.1398 |
| 净资产收益率 | －58.11% | 2.89% | －2110.73% | 8.42% |
| 扣除非经常性损益的净利润为基础计算的净资产收益率 | －26.25% | 3.56% | －837.36% | 7.41% |
| 每股经营活动产生的现金流量净额 | －1.0500 | 0.2260 | －564.60% | 0.2600 |
| | 2002年末(本年末) | 2001年末(上年末) | 本年末比上年末增减(%) | 2000年末 |
| 每股净资产 | 1.7648 | 2.7900 | －36.75% | 1.6600 |
| 调整后的每股净资产 | 1.5820 | 2.7800 | －43.09% | 1.3900 |

### 000626 连云港如意集团股份有限公司

#### 二〇〇二年年度报告摘选

##### 1.上市公司基本情况简介

1.1 基本情况简介
证券简称:如意集团 证券代码:000626 上市交易所:深圳证券交易所
注册地址和办公地址:连云港市新浦北郊路6号 邮政编码:222006
公司国际互联网网址:http://www.ideal.com.cn 电子信箱:rydshmsc@pub.lyg.jsinfo.net
1.2 联系人和联系方式
董事会秘书:谭卫 联系地址:连云港市新浦北郊路6号
电话:0518－5153595 传真:0518－5150105 电子信箱:rydshmsc@pub.lyg.jsinfo.net
证券事务代表:张勉 联系地址:连云港市新浦北郊路6号
电话:0518－5153595 传真:0518－5150105 电子信箱:rydshmsc@pub.lyg.jsinfo.net

##### 2.会计数据和财务指标摘要

2.1 主要会计数据 单位:(人民币)元

| | 2002年(本年) | 2001年(上年) | 本年比上年增减(%) | 2000年 |
|---|---|---|---|---|
| 主营业务收入 | 4,568,072,450.76 | 3,396,217,551.67 | 34.50% | 2,658,955,063.82 |
| 利润总额 | 88,485,657.74 | 64,020,287.33 | 38.22% | 19,333,326.75 |
| 净利润 | 30,762,486.13 | 26,380,488.44 | 16.61% | 3,781,235.21 |
| 扣除非经常性损益的净利润 | 25,264,422.00 | 27,901,775.99 | －9.45% | 3,670,843.90 |
| | 2002年末(本年末) | 2001年末(上年末) | 本年末比上年末增减(%) | 2000年末 |
| 总资产 | 1,347,746,417.68 | 848,553,433.70 | 58.83% | 653,988,680.66 |
| 股东权益(不含少数股东权益) | 210,695,252.40 | 180,233,656.88 | 16.90% | 154,867,037.35 |
| 经营活动产生的现金流量净额 | －186,537,843.16 | －69,411,394.36 | －－ | －41,397,434.02 |

2.2 主要财务指标 单位:(人民币)元

| | 2002年(本年) | 2001年(上年) | 本年比上年增减(%) | 2000年 |
|---|---|---|---|---|
| 每股收益 | 0.23 | 0.20 | 16.82% | 0.02 |
| 每股收益* | 0.23 | －－ | －－ | －－ |
| 净资产收益率 | 14.60% | 14.66% | －0.41% | 1.39% |
| 扣除非经常性损益的净利润为基础计算的净资产收益率 | 11.99% | 15.45% | －22.39% | 1.39% |
| 每股经营活动产生的现金流量净额 | －1.38 | －0.51 | －－ | －0.31 |
| | 2002年末(本年末) | 2001年末(上年末) | 本年末比上年末增减(%) | 2000年末 |
| 每股净资产 | 1.56 | 1.34 | 16.91% | 1.13 |
| 调整后的每股净资产 | 1.50 | 1.27 | 18.44% | 1.02 |

### 000663 福建省永安林业(集团)股份有限公司

#### 二〇〇二年年度报告摘选

##### 1.上市公司基本情况简介

1.1 基本情况简介
股票简称:永安林业 股票代码:000663 上市交易所:深圳证券交易所
注册地址和办公地址:福建省永安市燕江东路12号 邮政编码:366000
公司国际互联网网址:http://www.yonglin.com 电子信箱:info@yonglin.com
1.2 联系人和联系方式
董事会秘书:黄忠明 联系地址:福建省永安市燕江东路12号
电话:0598－3614875 传真:0598－3633415 电子信箱:stock@yonglin.com
证券事务代表:黄荣 联系地址:福建省永安市燕江东路12号
电话:0598－3614875 传真:0598－3633415 电子信箱:stock@yonglin.com

##### 2.会计数据和财务指标摘要

2.1 主要会计数据 单位:元

| | 2002年 | 2001年 | 本年比上年增减(%) | 2000年 |
|---|---|---|---|---|
| 主营业务收入 | 288609020.98 | 307164262.76 | －6.04 | 357773544.17 |
| 利润总额 | 12653757.03 | 10175237.84 | 24.36 | 17258862.23 |
| 净利润 | 12108690.92 | 9038017.68 | 33.98 | 12442726.99 |
| 扣除非经常性损益的净利润 | 8264289.45 | 2311165.70 | 257.58 | 12070200.46 |
| | 2002年末 | 2001年末 | 本年末比上年末增减(%) | 2000年末 |
| 总资产 | 773405168.53 | 857282903.32 | －9.78 | 813910666.61 |
| 股东权益(不含少数股东权益) | 317380799.71 | 305272108.79 | 3.97 | 277121115.53 |
| 经营活动产生的现金流量净额 | 77779654.64 | 46373663.46 | 67.72 | 57408467.67 |

2.2 主要财务指标 单位:元

| | 2002年 | 2001年 | 本年比上年增减(%) | 2000年 |
|---|---|---|---|---|
| 每股收益 | 0.0724 | 0.054 | 34.07 | 0.074 |
| 净资产收益率 | 3.815% | 2.96% | 28.72 | 4.29% |
| 扣除非经常性损益的净利润为基础计算的净资产收益率 | 2.6545% | 2.64% | 0.38 | 4.05% |
| 每股经营活动产生的现金流量净额 | 0.4651 | 0.2773 | 67.72 | 0.34 |
| | 2002年末 | 2001年末 | 本年末比上年末增减(%) | 2000年末 |
| 每股净资产 | 1.8978 | 1.8254 | 3.97 | 1.77 |
| 调整后的每股净资产 | 1.8076 | 1.763 | 2.53 | 1.64 |

### 000713 合肥丰乐种业股份有限公司

#### 二〇〇二年年度报告摘选

##### 1.上市公司基本情况简介

1.1 基本情况简介
证券简称:丰乐种业 证券代码:000713 上市交易所:深圳证券交易所
注册地址:安徽省合肥市长江西路727号
办公地址:安徽省合肥市蜀山经济开发区创业大道4号 邮政编码:230088
公司国际互联网网址:http://www.fehgle.com.cn 电子信箱:hflsc@mail.hf.ah.cn
1.2 联系人和联系方式
董事会秘书:颜炜 联系地址:安徽省合肥市蜀山经济开发区创业大道4号
电话:0551－5326607、5326606 传真:0551－5310401、5326607 电子信箱:ywei0713@sohu.com
证券事务代表:马贤 联系地址:安徽省合肥市蜀山经济开发区创业大道4号
电话:0551－5326607、5326606 传真:0551－5310401、5326607
电子信箱:maxian74@vip.sina.com

##### 2.会计数据和财务指标摘要

2.1 主要会计数据 单位:(人民币)元

| | 2002年(本年) | 2001年(上年) | 本年比上年增减(%) | 2000年 |
|---|---|---|---|---|
| 主营业务收入 | 364,674,655.13 | 392,627,486.99 | －7.12% | 416,784,712.64 |
| 利润总额 | －185,273,560.40 | 4,807,590.20 | －3953.77% | 65,518,096.21 |
| 净利润 | －181,988,579.48 | 1,714,510.07 | －10714.61% | 62,013,209.21 |
| 扣除非经常性损益的净利润 | －150,807,203.29 | 3,014,562.12 | －5102.62% | 62,614,573.06 |
| | 2002年末(本年末) | 2001年末(上年末) | 本年末比上年末增减(%) | 2000年末 |
| 总资产 | 898,850,388.97 | 950,958,647.40 | －5.48% | 973,189,234.77 |
| 股东权益(不含少数股东权益) | 389,734,125.52 | 571,722,705.00 | －31.83% | 569,968,669.93 |
| 经营活动产生的现金流量净额 | 60,903,030.59 | 23,261,643.43 | 161.82% | －5,590,054.10 |

2.2 主要财务指标 单位:(人民币)元

| | 2002年(本年) | 2001年(上年) | 本年比上年增减(%) | 2000年 |
|---|---|---|---|---|
| 每股收益 | －0.81 | 0.01 | －10212.50% | 0.03 |
| 每股收益* | －0.81 | －－ | －－ | －－ |
| 净资产收益率 | －46.70% | 0.30% | －15666.67% | 10.90% |
| 扣除非经常性损益的净利润为基础计算的净资产收益率 | －38.69% | 0.56% | －7008.93% | 10.99% |
| 每股经营活动产生的现金流量净额 | 0.27 | 0.10 | 163.11% | －0.03 |
| | 2002年末(本年末) | 2001年末(上年末) | 本年末比上年末增减(%) | 2000年末 |
| 每股净资产 | 1.73 | 2.54 | －31.84% | 2.53 |
| 调整后的每股净资产 | 1.46 | 2.33 | －37.34% | 2.50 |

## 000735 海口农工贸(罗牛山)股份有限公司

### 二〇〇二年年度报告摘选

### 1.上市公司基本情况简介

1.1 基本情况简介
证券简称:罗牛山 证券代码:000735 上市交易所:深圳证券交易所
注册地址:海口市人民大道50号 办公地址:海口市珠江广场帝豪大厦9楼 邮政编码:570125
公司国际互联网网址:http://www.luoniushan.com 电子信箱:lns@luoniushan.com
1.2 联系人和联系方式
董事会秘书:张小林 联系地址:海口市珠江广场帝豪大厦9楼
电话:0898-68585243 传真:0898-68581826 电子信箱:zxl@luoniushan.com
证券事务代表:吴从锋 联系地址:海口市珠江广场帝豪大厦9楼
电话:0898-68581213 传真:0898-68581826 电子信箱:wcf@luoniushan.com

### 2.会计数据和财务指标摘要

2.1 主要会计数据 单位:(人民币)元

| | 2002年(本年) | 2001年(上年) | 本年比上年增减(%) | 2000年 |
|---|---|---|---|---|
| 主营业务收入 | 291,150,437.47 | 228,620,287.37 | 27.35 | 226,226,697.24 |
| 利润总额 | 38,561,909.77 | 70,010,117.97 | -44.92 | 83,167,245.59 |
| 净利润 | 37,386,159.36 | 63,708,154.72 | -41.32 | 76,177,079.91 |
| 扣除非经常性损益的净利润 | 19,691,108.19 | 46,521,443.15 | -61.16 | 59,437,079.91 |
| | 2002年末(本年末) | 2001年末(上年末) | 本年末比上年末增减(%) | 2000年末 |
| 总资产 | 2,141,410,357.45 | 1,427,790,601.18 | 49.98 | 1,208,055,017.43 |
| 股东权益(不含少数股东权益) | 1,283,430,160.22 | 767,290,954.51 | 67.27 | 712,793,320.62 |
| 经营活动产生的现金流量净额 | 11,097,831.69 | 26,826,574.06 | -58.63 | -598,530.33 |

2.2 主要财务指标 单位:(人民币)元

| | 2002年(本年) | 2001年(上年) | 本年比上年增减(%) | 2000年 |
|---|---|---|---|---|
| 每股收益 | 0.064 | 0.13 | -50.77% | 0.156 |
| 加权每股收益 | 0.0646 | -- | -- | -- |
| 净资产收益率(%) | 2.91 | 8.26 | -64.77 | 10.69 |
| 扣除非经常性损益的净利润为基础计算的净资产收益率(%) | 1.54 | 5.98 | -74.25 | 8.34 |
| 每股经营活动产生的现金流量净额 | 0.0189 | 0.055 | -65.64 | -0.00 |
| | 2002年末(本年末) | 2001年末(上年末) | 本年末比上年末增减(%) | 2000年末 |
| 每股净资产 | 2.1855 | 1.5747 | 37.45 | 1.46 |
| 调整后的每股净资产 | 2.1749 | 1.5619 | 39.25 | 1.38 |

## 000798 中水集团远洋股份有限公司

### 二〇〇二年年度报告摘选

### 1.上市公司基本情况简介

1.1 基本情况简介
证券简称:中水渔业 证券代码:000798 上市交易所:深圳证券交易所
注册地址:北京市西城区金融街23号
办公地址:北京市西单民丰胡同31号 邮政编码:100032
公司国际互联网网址:http://www.cnfc.com 电子信箱:cofc@263.net
1.2 联系人和联系方式
董事会秘书:陈明 联系地址:北京市西单民丰胡同31号中水大厦613室
电话:010-88067461 传真:010-88067463 电子信箱:cofc@263.net
证券事务代表:吕慧玲 联系地址:北京市西单民丰胡同31号中水大厦613室
电话:010-88067461 传真:010-88067463

### 2.会计数据和财务指标摘要

2.1 主要会计数据 单位:(人民币)元

| | 2002年(本年) | 2001年(上年) | 本年比上年增减(%) | 2000年 |
|---|---|---|---|---|
| 主营业务收入 | 203,691,883.76 | 303,215,263.17 | -32.82% | 315,293,609.00 |
| 利润总额 | 25,345,080.49 | 33,194,539.23 | -23.65% | 4,308,103.64 |
| 净利润 | 26,471,248.89 | 33,895,159.23 | -21.90% | 5,462,325.64 |
| 扣除非经常性损益的净利润 | 17,551,650.00 | 37,012,298.00 | -52.58% | 882,826,339.00 |
| | 2002年末(本年末) | 2001年末(上年末) | 本年末比上年末增减(%) | 2000年末 |
| 总资产 | 1,215,079,144.05 | 896,394,926.71 | 35.55% | 888,185,837.00 |
| 股东权益(不含少数股东权益) | 748,020,831.35 | 728,813,006.22 | 2.64% | 739,082,087.00 |
| 经营活动产生的现金流量净额 | 46,140,326.55 | 72,116,045.19 | -36.02% | 130,264,827.00 |

2.2 主要财务指标 单位:(人民币)元

| | 2002年(本年) | 2001年(上年) | 本年比上年增减(%) | 2000年 |
|---|---|---|---|---|
| 每股收益 | 0.11 | 0.14 | -22.22% | 0.02 |
| 每股收益 | 0.11 | -- | -- | -- |
| 净资产收益率 | 3.54% | 4.65% | -23.87% | 1.74% |
| 扣除非经常性损益的净利润为基础计算的净资产收益率 | 2.35% | 5.08% | -53.74% | 5.25% |
| 每股经营活动产生的现金流量净额 | 0.18 | 0.00 | -- | 0.24 |
| | 2002年末(本年末) | 2001年末(上年末) | 本年末比上年末增减(%) | 2000年末 |
| 每股净资产 | 2.97 | 2.89 | 2.63% | 2.93 |
| 调整后的每股净资产 | 2.78 | 2.84 | -2.11% | 2.90 |

## 000829 江西赣南果业股份有限公司

### 二〇〇二年年度报告摘选

### 1.上市公司基本情况简介

1.1 基本情况简介
股票简称:赣南果业 股票代码:000829 上市交易所:深圳证券交易所
注册地址和办公地址:江西省赣州市红旗大道20号奥林神大厦 邮政编码:341000
电子信箱:gyzmc@mail.china.com
1.2 联系人和联系方式
董事会秘书:郭惠浒 联系地址:江西省赣州市红旗大道20号奥林神大厦九楼
电话:0797-8117151 传真:0797-8117151 电子信箱:gyzmc@mail.china.com
证券事务代表:朱闽翀 联系地址:江西省赣州市红旗大道20号奥林神大厦八楼
电话:0797-8117002 传真:0797-8117152 电子信箱:gyzmc@mail.china.com

### 2.会计数据和财务指标摘要

2.1 主要会计数据

| | 2002年 | 2001年 | 本年比上年增减(%) | 2000年 |
|---|---|---|---|---|
| 主营业务收入 | 98,394,803.58 | 125,649,715.02 | -21.69% | 123,656,638.53 |
| 利润总额 | 9,662,989.68 | -4,963,412.42 | | -1,143,265.03 |
| 净利润 | 2,588,260.56 | -11,301,705.49 | | 7,437,276.84 |
| 扣除非经常性损益的净利润 | -7,577,539.19 | -13,070,192.30 | 42.02% | -8,428,090.61 |
| | 2002年末 | 2001年末 | 本年末比上年末增减(%) | 2000年末 |
| 总资产 | 345,084,881.84 | 421,531,555.25 | -18.14% | 452,258,967.95 |
| 股东权益(不含少数股东权益) | 272,352,724.00 | 269,680,087.71 | 0.99% | 298,867,700.72 |
| 经营活动产生的现金流量净额 | 57,298,170.87 | -13,938,184.79 | | 13,899,431.40 |

2.2 主要财务指标

| | 2002年 | 2001年 | 本年比上年增减(%) | 2000年 |
|---|---|---|---|---|
| 每股收益 | 0.0164 | -0.0718 | | 0.0472 |
| 净资产收益率 | 0.95% | -4.19% | | 2.49% |
| 扣除非经常性损益的净利润为基础计算的净资产收益率 | -2.55% | -5.29% | | 2.82% |
| 每股经营活动产生的现金流量净额 | 0.3638 | -0.0885 | | 0.0883 |
| | 2002年末 | 2001年末 | 本年末比上年末增减(%) | 2000年末 |
| 每股净资产 | 1.7292 | 1.7123 | 0.99% | 1.8976 |
| 调整后的每股净资产 | 1.5900 | 1.3950 | 13.98% | 1.9160 |

## 000860 北京顺鑫农业股份有限公司

### 二〇〇二年年度报告摘选

### 1.上市公司基本情况简介

1.1 基本情况简介
股票简称:顺鑫农业 股票代码:000860 上市交易所:深圳证券交易所
注册地址和办公地址:北京市顺义区站前街南侧 邮政编码:101300
公司国际互联网网址:http://www.0860.com.cn 电子信箱:sxnygf@public.bta.net.cn
1.2 联系人和联系方式
董事会秘书:田建国 联系地址:北京市顺义区站前街南侧
电话:010-69428900 传真:010-81499846 电子信箱:tjg396@sohu.com
证券事务代表:刘彦明 联系地址:北京市顺义区站前街南侧
电话:010-69420860 传真:010-81499846

### 2.会计数据和财务指标摘要

2.1 主要会计数据

| | 2002年 | 2001年 | 本年比上年增减(%) | 2000年 |
|---|---|---|---|---|
| 主营业务收入 | 1,037,688,752.33 | 774,081,629.25 | 34.05 | 677,131,956.40 |
| 利润总额 | 79,448,039.84 | 78,004,602.66 | 1.85 | 85,165,386.69 |
| 净利润 | 74,161,739.73 | 73,399,357.39 | 1.04 | 51,255,115.30 |
| 扣除非经常性损益的净利润 | 67,625,895.95 | 70,338,501.48 | -3.86 | 77,035,619.94 |
| | 2002年 | 2001年 | 本年比上年增减(%) | 2000年 |
| 总资产 | 1,613,307,003.95 | 1,415,453,422.54 | 13.97 | 1,037,608,585.87 |
| 股东权益(不含少数股东权益) | 1,079,934,361.14 | 1,051,395,121.41 | 2.71 | 824,835,764.02 |
| 经营活动产生的现金流量净额 | 12,002,100.99 | 11,057,119.00 | 8.55 | 49,177,853.29 |

2.2 主要财务指标

| | 2002年 | 2001年 | 本年比上年增减(%) | 2000年 |
|---|---|---|---|---|
| 每股收益 | 0.244 | 0.241 | 1.24 | 0.18 |
| 加权平均每股收益 | 0.244 | 0.245 | -0.41 | 0.18 |
| 净资产收益率 | 6.87 | 6.98 | -1.58 | 6.21 |
| 扣除非经常性损益的净利润为基础计算的净资产收益率 | 6.21 | 6.85 | -9.34 | 6.19 |
| 每股经营活动产生的现金流量净额 | 0.04 | 0.04 | -- | 0.18 |
| | 2002年 | 2001年 | 本年比上年增减(%) | 2000年 |
| 每股净资产 | 3.55 | 3.46 | 2.60 | 2.95 |
| 调整后的每股净资产 | 3.35 | 3.32 | 0.90 | 2.87 |

## 000918 湖南亚华种业股份有限公司

### 二〇〇二年年度报告摘选

#### 1.上市公司基本情况简介

1.1 基本情况简介

股票简称:亚华种业　股票代码:000918　上市交易所:深圳证券交易所
注册地址:湖南省长沙市岳麓区银盆南路289号万利大厦五楼　邮政编码:410013
办公地址:湖南省长沙市八一路509号亚华大厦十八、十九楼　邮政编码:410011
公司国际互联网网址:www.yahuaseeds.com　电子信箱:yahua@yahuaseeds.com

1.2 联系人和联系方式

董事会秘书:徐远忠先生　联系地址:湖南省长沙市八一路509号亚华大厦十八楼
电话:0731－2565818　传真:0731－2566602　电子信箱:xuyz@public.cs.hn.cn
证券事务代表:瞿维　联系地址:湖南省长沙市八一路509号亚华大厦十九楼
电话:0731－2565572　传真:0731－2566602　电子信箱:chooseway@yahuaseeds.com

#### 2.会计数据和财务指标摘要

2.1 主要会计数据

| | 2002年 | 2001年 | 本年比上年增减(%) | 2000年 |
|---|---|---|---|---|
| 主营业务收入 | 722,140,408.44 | 420,075,649.40 | 71.91 | 338,286,665.15 |
| 利润总额 | 18,854,471.36 | 28,479,648.72 | －33.8 | 50,810,481.95 |
| 净利润 | 16,010,061.24 | 30,252,737.99 | －47.08 | 48,104,718.08 |
| 扣除非经常性损益的净利润 | 19,614,686.43 | 28,668,461.79 | －31.58 | 59,948,155.15 |
| | 2002年末 | 2001年末 | 本年末比上年末增减(%) | 2000年末 |
| 总资产 | 2,200,404,576.01 | 1,646,323,650.55 | 33.66 | 1,446,590,293.90 |
| 股东权益(不含少数股东权益) | 662,264,101.15 | 646,254,039.91 | 2.48 | 631,574,559.50 |
| 经营活动产生的现金流量净额 | 20,665,455.01 | 12,360,515.73 | 67.19 | 56,317,219.75 |

2.2 主要财务指标

| | 2002年 | 2001年 | 本年比上年增减(%) | 2000年 |
|---|---|---|---|---|
| 每股收益(摊薄) | 0.094 | 0.178 | －47.19 | 0.283 |
| 每股收益(加权) | 0.094 | 0.178 | －47.19 | 0.283 |
| 净资产收益率 | 2.417 | 4.68 | | 7.62 |
| 扣除非经常性损益的净利润为基础计算的净资产收益率 | 2.96 | 4.43 | －33.18 | 6.83 |
| 每股经营活动产生的现金流量净额 | 0.122 | 0.073 | 67.12 | 0.331 |
| | 2002年末 | 2001年末 | 本年末比上年末增减(%) | 2000年末 |
| 每股净资产 | 3.896 | 3.801 | 2.5 | 3.715 |
| 调整后的每股净资产 | 3.711 | 3.646 | 1.78 | 3.634 |

## 000972 新疆中基实业股份有限公司

### 二〇〇二年年度报告摘选

#### 1.上市公司基本情况简介

1.1 基本情况简介

股票简称:新中基　股票代码:000972　上市交易所:深圳证券交易所
注册地址和办公地址:乌鲁木齐市青年路17号阳光花苑中基大厦　邮政编码:830002
公司国际互联网网址:http://www.chalkistomato.com　电子信箱:chalkis@xj.cninfo.net

1.2 联系人和联系方式

董事会秘书:成屹　联系地址:乌鲁木齐市青年路17号
电话:0991－8852972　传真:0991－8852972　电子信箱:xzj000972@vip.163.com
证券事务代表:徐振华　联系地址:乌鲁木齐市青年路17号
电话:0991－8852079　传真:0991－8816688　电子信箱:000972@sohu.com

#### 2.会计数据和财务指标摘要

2.1 主要会计数据

| | 2002年 | 2001年 | 本年比上年增减(%) | 2000年 |
|---|---|---|---|---|
| 主营业务收入 | 676,764,818.74 | 549,272,557.97 | 23.21 | 467,575,925.95 |
| 利润总额 | 46,334,796.45 | 20,878,798.82 | 121.92 | 29,051,322.19 |
| 净利润 | 37,561,489.18 | 19,692,885.41 | 90.74 | 26,113,899.75 |
| 扣除非经常性损益的净利润 | 35,684,425.31 | 16,060,791.21 | 122.18 | 24,753,297.37 |
| | 2002年末 | 2001年末 | 本年末比上年末增减(%) | 2000年末 |
| 总资产 | 1,410,361,748.47 | 1,229,122,436.59 | 14.75 | 1,020,139,671.26 |
| 股东权益(不含少数股东权益) | 426,765,236.30 | 401,981,205.19 | 6.17 | 382,468,306.77 |
| 经营活动产生的现金流量净额 | 5,285,186.86 | －35,776,913.22 | | －159,486,918.60 |

2.2 主要财务指标

| | 2002年 | 2001年 | 本年比上年增减(%) | 2000年 |
|---|---|---|---|---|
| 每股收益 | 0.30 | 0.16 | 87.50 | 0.21 |
| 净资产收益率 | 8.80 | 4.93 | 78.50 | 6.83 |
| 扣除非经常性损益的净利润为基础计算的净资产收益率 | 8.36 | 4.00 | 109.00 | 6.22 |
| 每股经营活动产生的现金流量净额 | 0.04 | －0.29 | | －1.28 |
| | 2002年末 | 2001年末 | 本年末比上年末增减(%) | 2000年末 |
| 每股净资产 | 3.43 | 3.23 | 6.19 | 3.07 |
| 调整后的每股净资产 | 3.31 | 3.12 | 8.33 | 2.74 |

## 000998 袁隆平农业高科技股份有限公司

### 二〇〇二年年度报告摘选

#### 1.上市公司基本情况简介

1.1 基本情况简介

股票简称:隆平高科　股票代码:000998　上市交易所:深圳证券交易所
注册地址:湖南省长沙市芙蓉区远大二路马坡岭农业高科技园内
办公地址:湖南省长沙市车站北路329号证券大厦　邮政编码:410001
公司国际互联网网址:http://www.lpht.com.cn　电子信箱:lpht@public.cs.hn.cn

1.2 联系人和联系方式

董事会秘书:彭光剑　联系地址:湖南省长沙市车站北路329号
电话:0731－2183880,2183865　传真:0731－2183859,2181758
电子信箱:lphtsd@public.cs.hn.cn
证券事务代表:何久春　联系地址:湖南省长沙市车站北路329号
电话:0731－2183880,2183865　传真:0731－2183859,2181758
电子信箱:lphtsd@public.cs.hn.cn

#### 2.会计数据和财务指标摘要

2.1 主要会计数据

| | 2002年(本年) | 2001年(上年) | 本年比上年增减(%) | 2000年 |
|---|---|---|---|---|
| 主营业务收入 | 374,590,622.61 | 267,908,178.21 | ＋39.82 | 162,544,558.57 |
| 利润总额 | 21,728,460.30 | 46,427,934.69 | －53.20 | 37,929,183.42 |
| 净利润 | 10,061,156.09 | 40,332,259.25 | －75.05 | 37,503,574.98 |
| 扣除非经常性损益的净利润 | 11,978,681.17 | 38,307,347.11 | －68.73 | 36,601,348.07 |
| | 2002年末(本年末) | 2001年末(上年末) | 本年末比上年末增减(%) | 2000年末 |
| 总资产 | 1,032,352,297.38 | 984,901,273.75 | ＋4.82 | 925,957,146.74 |
| 股东权益(不含少数股东权益) | 795,526,434.51 | 786,138,624.53 | ＋1.19 | 777,267,865.28 |
| 经营活动产生的现金流量净额 | －32,194,323.76 | －78,550,290.93 | 59.01 | 106,645,309.80 |

2.2 主要财务指标

| | 2002年(本年) | 2001年(上年) | 本年比上年增减(%) | 2000年 |
|---|---|---|---|---|
| 每股收益 | 0.096 | 0.384 | －75 | 0.357 |
| 净资产收益率 | 1.265 | 5.130 | －75.34 | 4.825 |
| 扣除非经常性损益的净利润为基础计算的净资产收益率 | 1.506 | 4.873 | －69.10 | 4.709 |
| 每股经营活动产生的现金流量净额 | －0.307 | －0.748 | 58.96 | 1.016 |
| | 2002年末(本年末) | 2001年末(上年末) | 本年末比上年末增减(%) | 2000年末 |
| 每股净资产 | 7.576 | 7.487 | ＋1.09 | 7.403 |
| 调整后的每股净资产 | 7.563 | 7.484 | ＋1.06 | 7.401 |

## 200992 山东省中鲁远洋渔业股份有限公司

### 二〇〇二年年度报告摘选

#### 1.上市公司基本情况简介

1.1 基本情况简介

证券简称:中鲁B　证券代码:200992　上市交易所:深圳证券交易所
注册地址和办公地址:济南市和平路43号　邮政编码:250014
电子信箱:zlzqb@163.com

1.2 联系人和联系方式

董事会秘书:周烽　联系地址:济南市和平路43号
电话:0531－6416949　传真:0531－6943084　电子信箱:zwhl@jn－public.sd.cninfo.net
证券事务代表:姜澎　联系地址:济南市和平路43号
电话:0531－6553276　传真:0531－6943084　电子信箱:zlzqb@163.com

#### 2.会计数据和财务指标摘要

2.1 主要会计数据　单位:(人民币)元

| | 2002年(本年) | 2001年(上年) | 本年比上年增减(%) | 2000年 |
|---|---|---|---|---|
| 主营业务收入 | 310,982,756.00 | 332,560,732.00 | －6.49% | 592,182,400.00 |
| 利润总额 | －231,014,940.00 | 7,302,234.00 | －3263.62% | 82,686,601.00 |
| 净利润 | －229,808,572.00 | 5,507,444.00 | －4272.69% | 72,418,801.00 |
| 扣除非经常性损益的净利润 | －187,139,612.00 | 11,525,978.00 | －1723.63% | 72,418,801.00 |
| | 2002年末(本年末) | 2001年末(上年末) | 本年末比上年末增减(%) | 2000年末 |
| 总资产 | 804,177,030.00 | 1,020,809,474.00 | －21.22% | 957,070,574.00 |
| 股东权益(不含少数股东权益) | 277,032,440.00 | 496,028,469.00 | －44.15% | 503,813,295.00 |
| 经营活动产生的现金流量净额 | 47,911,169.00 | 88,595,922.00 | －45.92% | －31,543,423.00 |

2.2 主要财务指标　单位:(人民币)元

| | 2002年(本年) | 2001年(上年) | 本年比上年增减(%) | 2000年 |
|---|---|---|---|---|
| 每股收益 | －0.86 | 0.02 | －4214.29% | 0.27 |
| 每股收益* | －0.86 | －－ | －－ | －－ |
| 净资产收益率 | －82.95% | 1.11% | －7572.97% | 14.40% |
| 扣除非经常性损益的净利润为基础计算的净资产收益率 | －67.55% | 2.32% | －3011.64% | 14.40% |
| 每股经营活动产生的现金流量净额 | 0.18 | 0.00 | －－ | －0.12 |
| | 2002年末(本年末) | 2001年末(上年末) | 本年末比上年末增减(%) | 2000年末 |
| 每股净资产 | 1.04 | 1.86 | －44.15% | 1.89 |
| 调整后的每股净资产 | 1.02 | 1.86 | －45.29% | 1.89 |

# B.采掘业(10 家)

# 000817 辽河金马油田股份有限公司

## 二○○二年年度报告摘要

## 1.重要提示

1.1 本公司董事会及其董事保证本报告所载资料不存在任何虚假记载、误导性陈述或者重大遗漏,并对其内容的真实性、准确性和完整性负个别及连带责任。本年度报告摘要摘自年度报告全文,投资者欲了解详细内容,应阅读年度报告全文。

1.2 无董事声明对年度报告内容的真实性、准确性、完整性无法保证或存在异议。

1.3 公司董事孙崇仁、贾忆民、谢文彦、梁作利、侯永久先生因工作、出差等原因未能出席本次会议,分别授权王春鹏、李晶、于洪坤、周国华、吴彤董事代行表决权。

1.4 中兴宇会计师事务所为本公司出具了无保留意见、无解释性说明的审计报告。

1.5 公司董事长王春鹏先生、财务总监赵成斌先生、财务负责人关雨伟先生声明:保证本年度报告中的财务报告真实、完整。

## 2.公司基本情况简介

2.1 基本情况简介

| | |
|---|---|
| 证券简称 | 辽河油田 |
| 证券代码 | 000817 |
| 上市交易所 | 深圳证券交易所 |
| 注册地址和办公地址 | 辽宁省盘锦市兴隆台区振兴街<br>辽宁省盘锦市兴隆台区振兴街迎宾路 13 号 |
| 邮政编码 | 124010 |
| 公司国际互联网网址 | www.lhjm.com |
| 电子信箱 | lhyt@vip.163.com |

2.2 联系人和联系方式

| | 董事会秘书 | 证券事务代表 |
|---|---|---|
| 姓名 | 李忠涛 | 战丽 |
| 联系地址 | 辽宁省盘锦市兴隆台区振兴街 | 辽宁省盘锦市兴隆台区振兴街 |
| 电话 | 0427-7823657 | 0427-7807584 |
| 传真 | 0427-7823657 | 0427-7823657 |
| 电子信箱 | lhyt0817@sohu.com | lhyt@vip.163.com |

## 3.会计数据和财务指标摘要

3.1 主要会计数据

| | 2002 年 | 2001 年 | 本年比上年增减(%) | 2000 年 |
|---|---|---|---|---|
| 主营业务收入 | 1,205,891,777.40 | 1,100,340,784.00 | 9.59 | 1,173,294,426.00 |
| 利润总额 | 606,689,075.68 | 536,041,975.05 | 13.18 | 665,105,156.41 |
| 净利润 | 397,864,408.74 | 364,192,233.56 | 9.25 | 438,013,105.32 |
| 扣除非经常性损益的净利润 | 430,652,159.89 | 385,584,665.86 | 9.18 | 466,483,656.04 |
| | 2002 年 12 月 31 日 | 2001 年 12 月 31 日 | 本年末比上年末增减(%) | 2000 年 12 月 31 日 |
| 总资产 | 2,938,754,016.74 | 2,746,629,149.80 | 6.99 | 2,770,969,219.01 |
| 股东权益(不含少数股东权益) | 2,519,741,838.58 | 2,341,865,855.59 | 7.60 | 2,353,873,617.00 |
| 经营活动产生的现金流量净额 | 677,264,124.10 | 578,245,700.87 | 17.12 | 452,105,574.35 |

3.2 主要财务指标

| | 2002 年 | 2001 年 | 本年比上年增减(%) | 2000 年 |
|---|---|---|---|---|
| 每股收益 | 0.36 | 0.32 | 9.37 | 0.40 |
| 净资产收益率 | 15.79% | 15.55% | 1.54% | 20.47% |
| 扣除非经常性损益的净利润为基础计算的净资产收益率 | 17.09% | 17.19% | -0.58% | 21.23 |
| | 2002 年 12 月 31 日 | 2001 年 12 月 31 日 | 本年末比上年末增减(%) | 2000 年 12 月 31 日 |
| 每股净资产 | 2.29 | 2.13 | 7.56 | 2.00 |
| 调整后的每股净资产 | 2.29 | 2.13 | 7.56 | 2.00 |

3.3 国内外会计准则差异

□适用 √不适用

## 4.股本变动及股东情况

4.1 股份变动情况表

单位:股

| | 本次变动前 | 本次变动增减(+,-) | | | | | | 本次变动后 |
|---|---|---|---|---|---|---|---|---|
| | | 配股 | 送股 | 公积金转股 | 增发 | 其他 | 小计 | |
| 一、未上市流通股份 | | | | | | | | |
| 1.发起人股份 | 900,000,000 | | | | | | | 900,000,000 |
| 其中: | | | | | | | | |
| 国家持有股份 | 900,000,000 | | | | | | | 900,000,000 |
| 境内法人持有股份 | | | | | | | | |
| 境外法人持有股份 | | | | | | | | |
| 其他 | | | | | | | | |
| 2.募集法人股份 | | | | | | | | |
| 3.内部职工股 | | | | | | | | |
| 4.优先股或其他 | | | | | | | | |
| 其中:转配股 | | | | | | | | |
| 未上市流通股份合计 | 90,000,000 | | | | | | | 900,000,000 |
| 二、已上市流通股份 | | | | | | | | |
| 1.人民币普通股 | 200,000,000 | | | | | | | 200,000,000 |
| 2.境内上市的外资股 | | | | | | | | |
| 3.境外上市的外资股 | | | | | | | | |
| 4.其他 | | | | | | | | |
| 已上市流通股份合计 | 200,000,000 | | | | | | | 200,000,000 |
| 三、股份总数 | 1,100,000,000 | | | | | | | 1,100,000,000 |

4.2 前十名股东持股表

| 报告期末股东总数:97129 户 | | | | | | |
|---|---|---|---|---|---|---|
| 前十名股东持股情况 | | | | | | |
| 股东名称(全称) | 年度内增减(股) | 年末持股数量(股) | 比例(%) | 股份类别 | 质押或冻结的股份数量(股) | 股东性质 |
| 1.中国石油天然气股份有限公司 | 0 | 900,000,000 | 81.82 | 未流通 | 无 | 国有法人 |
| 2.华安创新证券投资基金 | 6,300,967 | 6,300,967 | 0.57 | 已流通 | 未知 | |
| 3.开元证券投资基金 | 3,464,852 | 3,464,852 | 0.32 | 已流通 | 未知 | |
| 4.安顺证券投资基金 | 2,994,698 | 2,994,698 | 0.27 | 已流通 | 未知 | |
| 5.银丰证券投资基金 | 1,682,574 | 1,682,574 | 0.15 | 已流通 | 未知 | |
| 6.嘉实成长收益型证券投资基金 | 1,561,612 | 1,561,612 | 0.14 | 已流通 | 未知 | |
| 7、安信证券投资基金 | 1,200,972 | 1,200,972 | 0.11 | 已流通 | 未知 | |
| 8、普丰证券投资基金 | 6,931 | 780,895 | 0.07 | 已流通 | 未知 | |
| 9、富国动态平衡证券投资基金 | 711,493 | 711,493 | 0.06 | 已流通 | 未知 | |
| 10、黄钰云 | 615,464 | 615,464 | 0.06 | 已流通 | 未知 | |
| 前 10 名股东关联关系或一致行动人的说明 | 前 10 名股东中国有法人股股东--中国石油天然气股份有限公司与其它股东之间不存在关联关系,也不属于《上市公司持股变动变动信息披露管理办法》中规定的一致行动人;未知其他流通股股东之间是否存在关联关系,也未知其一致行动人情况。 | | | | | |

4.3 控股股东及实际控制人情况介绍

4.3.1 控股股东及实际控制人变更情况

□适用 √不适用

4.3.2 控股股东和其他实际控制人具体情况介绍

控股股东名称:中国石油天然气股份有限公司

持有本公司股份:81.82%

该公司法定代表人:马富才

成立日期:1999 年 11 月 5 日

注册资本:175,824,176,000 元

经营范围:陆上石油、天然勘查、生产、销售;炼油、石油化工、化工产品的生产、销售;石油天然气管道运营等。

中国石油天然气股份有限公司辽河油田分公司受托代理行使该等股权。

注:报告期内公司控股股东未发生变更。

## 5.董事、监事和高级管理人员情况

5.1 董事、监事和高级管理人员持股变动

| 姓名 | 职务 | 性别 | 年龄 | 任期起止日期 | 期初持股数 | 期末持股数 | 变动原因 |
|---|---|---|---|---|---|---|---|
| 王春鹏 | 董事长 | 男 | 57 | 2001.4－2004.4 | 0 | 0 | |
| 贾忆民 | 副董事长 | 男 | 42 | 2001.5－2004.4 | 0 | 0 | |
| 付从飞 | 副董事长 | 男 | 55 | 2001.4－2004.4 | 0 | 0 | |
| 于洪坤 | 董事、总经理 | 男 | 53 | 2001.4－2004.4 | 3000 | 3000 | |
| 孙崇仁 | 董事 | 男 | 53 | 2001.4－2004.4 | 5000 | 5000 | |
| 刘俊荣 | 董事 | 男 | 57 | 2001.4－2004.4 | 3000 | 3000 | |
| 王正江 | 董事 | 男 | 57 | 2001.4－2004.4 | 0 | 0 | |
| 谢文彦 | 董事 | 男 | 39 | 2001.4－2004.4 | 0 | 0 | |
| 梁作利 | 董事 | 男 | 46 | 2001.4－2004.4 | 0 | 0 | |
| 李　晶 | 董事 | 女 | 45 | 2001.4－2004.4 | 0 | 0 | |
| 周国华 | 董事 | 男 | 55 | 2001.4－2004.4 | 0 | 0 | |
| 吴　彤 | 董事 | 男 | 54 | 2001.4－2004.4 | 3000 | 3000 | |
| 侯永久 | 董事 | 男 | 51 | 2001.4－2004.4 | 0 | 0 | |
| 武春友 | 独立董事 | 男 | 58 | 2002.5－2004.4 | 0 | 0 | |
| 赵选民 | 独立董事 | 男 | 47 | 2002.5－2004.4 | 0 | 0 | |
| 佟维礼 | 监事会主席 | 男 | 55 | 2001.4－2004.4 | 3000 | 3000 | |
| 麻万林 | 监事 | 男 | 51 | 2001.4－2004.4 | 0 | 0 | |
| 孙　平 | 监事 | 男 | 49 | 2001.4－2004.4 | 0 | 0 | |
| 史振祥 | 监事 | 男 | 38 | 2001.4－2004.4 | 0 | 0 | |
| 赵建新 | 监事 | 男 | 37 | 2001.4－2004.4 | 0 | 0 | |
| 吴宝华 | 副总经理 | 男 | 40 | 2001.4－2004.4 | 2000 | 2000 | |
| 赵　刚 | 副总经理 | 男 | 49 | 2001.4－2004.4 | 2000 | 2000 | |
| 迟殿双 | 副总经理 | 男 | 55 | 2001.4－2004.4 | 0 | 0 | |
| 蓝子天 | 副总经理 | 男 | 41 | 2001.4－2004.4 | 2000 | 2000 | |
| 赵成斌 | 财务总监 | 男 | 36 | 2001.4－2004.4 | 0 | 0 | |
| 李忠涛 | 董事会秘书 | 男 | 42 | 2001.4－2004.4 | 3000 | 3000 | |

5.2 在股东单位任职的董事监事情况

√适用　□不适用

| 姓名 | 任职的股东名称 | 在股东单位担任的职务 | 任职期间 | 是否领取报酬、津贴(是或否) |
|---|---|---|---|---|
| 王春鹏 | 中国石油天然气股份有限公司辽河油田分公司 | 总经理 | 2000.7－－ | 是 |
| 孙崇仁 | 中国石油天然气股份有限公司辽河油田分公司 | 党委书记兼工会主席、纪委书记 | 2001.12－－ | 是 |
| 贾忆民 | 中国石油天然气股份有限公司 | 财务部副总经理 | 2000.2－－ | 是 |
| 刘俊荣 | 中国石油天然气股份有限公司辽河油田分公司 | 常务副总经理 | 2001.12－－ | 是 |
| 王正江 | 中国石油天然气股份有限公司辽河油田分公司 | 副总经理 | 1999.9－－ | 是 |
| 付从飞 | 中国石油天然气股份有限公司辽河油田分公司 | 副总经理 | 2000.7－－ | 是 |
| 谢文彦 | 中国石油天然气股份有限公司辽河油田分公司 | 副总经理 | 2000.7－－ | 是 |
| 梁作利 | 中国石油天然气股份有限公司辽河油田分公司 | 副总经理 | 2000.7－－ | 是 |
| 李　晶 | 中国石油天然气股份有限公司辽河油田分公司 | 副总会计师兼财务资产处处长 | 2001.1－－ | 是 |
| 周国华 | 中国石油天然气股份有限公司辽河油田分公司 | 人事处处长 | 2001.11－－ | 是 |
| 吴　彤 | 中国石油天然气股份有限公司辽河油田分公司 | 企业管理研究室主任 | 1999.8－－ | 是 |
| 侯永久 | 中国石油天然气股份有限公司辽河油田分公司 | 计划经营处处长 | 1999.8－－ | 是 |
| 佟维礼 | 中国石油天然气股份有限公司辽河油田分公司 | 副总审计师兼审计处处长 | 1999.8－－ | 是 |
| 史振祥 | 中国石油天然气股份有限公司辽河油田分公司 | 财务处处长 | 2000.1－－ | 是 |
| 麻万林 | 中国石油天然气股份有限公司辽河油田分公司 | 纪委副书记兼监察处处长 | 2001.7－－ | 是 |
| 孙　平 | 中国石油天然气股份有限公司辽河油田分公司 | 工会副主席 | 2002.3－－ | 是 |

5.3 董事、监事和高级管理人员年度报酬情况

| | |
|---|---|
| 年度报酬总额 | 458202 元 |
| 金额最高的前三名董事的报酬总额 | 除独立董事外，董事不在本公司领取报酬，董事、监事兼任公司高级管理人员的，年度报酬按高级管理人员报酬标准领取。 |
| 金额最高的前三名高级管理人员的报酬总额 | 189190 元 |
| 独立董事津贴 | 每人每年 2 万元 |
| 独立董事其他待遇 | 除独立董事津贴外，公司不再给予独立董事其他的利益，独立董事出席董事会、股东大会以及按有关规定行使职权所需费用由公司据实报销。 |
| 不在公司领取报酬、津贴的董事、监事姓名 | 王春鹏、孙崇仁、贾忆民、刘俊荣、王正江、付从飞、谢文彦、梁作利、李静、周国华、吴彤、侯永久、佟维礼、史振祥、麻万林、孙平 |
| 报酬区间 | 人数 |
| 6 万元以上 | 3 |
| 5－－6 万元 | 4 |
| 3－－4 万元 | 1 |

## 6.董事会报告

6.1 报告期内整体经营情况的讨论与分析

报告期内，公司以"基础管理创新，增储降本创效"为主线，以增加效益产量为目标，以控制变动成本为重点，以新技术突破为效益增长点，通过加强内部管理，严格控制费用，扭转了年初不利的生产局面，全面超额实现了年初董事会制定的各项生产经营目标，取得了良好的经营业绩。

全年实现油气综合商品量 97.52 万吨，主营业务收入 120,589 万元，主营业务利润 67,019 万元，净利润 39,786 万元，加权平均净资产收益率 16.37%，分别比 2001 年增长 10.44%、9.59%、10.36%、9.25%、3.35%。报告期内，公司主营业务收入较上年增长 10555 万元的主要原因是公司原油、天然气产量增加和油价上涨，原油产量与去年同比增长 5.1742 万吨，天然气增加 4025 万方，导致主营业务收入增加了 8797 万元；2002 年公司原油年平均售价同比增长了 18.98 元/吨(2001 年平均售价:1251.82 元/吨，2002 年平均售价 1270.8 元/吨)，增加主营业务收入 1758 万元。

6.2 主营业务分行业、产品情况　　单位:人民币(万元)

| 分行业或分产品 | 主营业务收入 | 主营业务成本 | 毛利率(%) | 主营业务收入比上年增减(%) | 主营业务成本比上年增减(%) | 毛利率比上年增减(%) |
|---|---|---|---|---|---|---|
| 石油天然气 | 120,589.00 | 51,229.00 | 57.52 | 9.59 | 7.28 | －2.12 |
| 其中:关联交易 | 120,589.00 | 38,039.00 | 68.46 | 9.59 | 8.08 | 0.45 |
| 原油 | 117,770.00 | 50,435.00 | 57.18 | 7.52 | 6.09 | 0.58 |
| 天然气 | 2,819.00 | 794.00 | 71.83 | 464.93 | 269.30 | 14.93 |
| 其中:关联交易 | 120,589.00 | 38,039.00 | 68.46 | 9.59 | 8.08 | 0.45 |
| 关联交易的定价原则 | ①材料采购、接受劳务:执行辽河石油勘探局与中国石油天然气股份有限公司辽河油田分公司签订的关联交易协议价格。<br>②房屋租赁:按照本公司与关联交易单位签订的租赁合同结算。<br>③销售产成品:本公司原油全部销售给中国石油天然气股份有限公司辽河油田分公司，自 2000 年以来均执行国家计委公布的国际原油接转价格，天然气按市场价格销售。 | | | | | |
| 关联交易必要性、持续性的说明 | 本公司成立之初，本着精干主业，分离辅业的原则，将钻井、测井、录井、建筑安装、供水、供电、供暖、通信、物业管理等辅助行业剥离，原油销售由于公司没有自己的输油管道，现按照国家计委接轨价销售给中国石油天然气股份有限公司下属的辽河油田分公司，此举省去了销售环节，使本公司节省了销售费用的支出。本公司接受劳务执行市场价格，对公司利益没有损害。本公司与辽河石油勘探局、辽河油田分公司存在关联交易是必要的，且在一段时间内仍将持续，这有助于降低本公司的生产经营成本，确保投资者效益最大化。 | | | | | |

6.3 主营业务分地区情况　　单位:(人民币)万元

| 地区 | 主营业务收入 | 主营业务收入比上年增减(%) |
|---|---|---|
| 地区 1 | 120,589.00 | 9.59 |
| 地区 2 | | |

6.4 采购和销售客户情况　　单位:(人民币)万元

| | | | |
|---|---|---|---|
| 前五名供应商采购金额合计 | 2,137.00 | 占采购总额比重 | 28.87% |
| 前五名销售客户销售金额合计 | 120,589.00 | 占销售总额比重 | 100% |

6.5 参股公司经营情况(适用投资收益占净利润 10%以上的情况)

□适用　√不适用

6.6 主营业务及其结构发生重大变化的原因说明

□适用　√不适用

6.7 主营业务盈利能力(毛利率)与上年相比发生重大变化的原因说明

□适用　√不适用

6.8 经营成果和利润构成与上年度相比发生重大变化的原因分析

□适用　√不适用

整体财务状况与上年度相比发生重大变化的原因分析

□适用　√不适用

6.9 对生产经营环境以及宏观政策、法规产生重大变化已经、正在或将要对公司的财务状况和经营成果产生重要影响的说明

□适用　√不适用

1.根据财政部财会[2002]18 号文和《企业会计准则－－固定资产》的规定，企业应对所有固定资产计提折旧，包括未使用、不需用的固定资产。对未使用、不需用固定资产由原不计提折旧改为计提折旧，此项会计政策变更应当采用追溯调整法。

本公司自 2002 年 1 月 1 日起，对 1999 年、2000 年、2001 年未使用、不需用固定资产补提折旧，累计补提固定资产折旧 86,756,738.55 元，调减相应已提减值准备 46,082,905.23 元，调减提取两金 6,101,075.38 元，共计减少 2002 年期初留存收益 34,572,758.32 元。

董事会认为，此项会计政策变更符合财政部《企业会计制度》的要求，更加体现了会计政策谨慎性原则，对公司的财务状况影响不大，有利于公司长远发展。

2.进入 2003 年，国际石油市场动荡起伏，受海湾地区紧张局势和世界第五大产油国委内瑞拉石油工人罢工的影响，世界石油供应量大幅减少。尽管欧佩克决定从 2 月 1 日起，其成员国将每天增产原油 150 万桶，但仍难以抑制世界石油价格的上涨，国际市场原油期货价格已突破每桶 35 美元大关。据一些经济学家预测，2003 年国际油价将居高不下，可能会维持在 30 美元一桶的水平。由此分析估计，公司 2003 年经营业绩将会继续保持良好水平。

6.10 完成盈利预测的情况

□适用　√不适用

6.11 完成经营计划预测

□适用　√不适用

6.12 募集资金使用情况(报告期之前募集资金的使用延续到报告期内的情况)

□适用　√不适用

变更项目情况

□适用　√不适用

6.13 非募集资金项目情况

√适用　□不适用

报告期内,公司利用自有资金完成资本性支出 29080 万元,其中:勘探支出 2457 万元;产能建设支出 21710 万元;老区调整改造等支出 4913 万元。

6.14 董事会对会计师事务所"非标意见"的说明

□适用　√不适用

6.15 董事会新年度经营计划

□适用　√不适用

新年度盈利预测

□适用　√不适用

6.16 董事会本次利润分配或资本公积金转增预案

公司年度共实现净利润总额 636,923,265.17 元。

税后利润分配如下:

(1)提取 10%法定盈余公积金计 39,786,440.874 元;

(2)提取 5%法定公益金计 19,893,220.439 元。

本年度实现未分配利润 338,184,747.43 元,加期初未分配利润 239,058,856.43 元,扣除"两金"后本次实际可供股东分配的利润为 577,243,603.86 元。根据 2001 年股东年会通过的 2002 年利润分配政策,董事会提议:以报告期末总股本 110000 万股为基数,向全体股东每 10 股派现金红利 2 元(含税)。共计派发现金 220,000,000.00 元,尚余 357,243,603.86 元结转下年度分配。此预案尚须提交本公司 2002 年度股东大会审议。

## 7.重要事项

7.1 收购资产

□适用　√不适用

7.2 出售资产

□适用　√不适用

7.3 重大担保

□适用　√不适用

7.4 关联债权债务往来

√适用　□不适用

7.5 委托理财

√适用　□不适用

| 受托人 | 委托金额 | 委托期限 | 约定收益 | 实际收益 | 实际收回金额 |
|---|---|---|---|---|---|
| 中油财务有限责任公司 | 80000 万元 | 一年 | 4.779% | 2070 万元 | 2070 万元 |

7.6 承诺事项履行情况

√适用　□不适用

根据 2002 年 5 月 16 日召开的 2001 年度股东年会审议通过的 2001 年度利润分配方案,公司董事会以 2001 年末股份总数 11 亿股为基数,向全体股东每 10 股派发现金 2 元(含税),该承诺事项已于 2003 年 6 月 14 日实施了分红派息方案。

7.7 重大诉讼仲裁事项

□适用　√不适用

7.8 独立董事履行职责的情况

根据中国证监会发布的《关于在上市公司建立独立董事制度的指导意见》的要求,本公司在报告年度制定了《独立董事制度》,选举了武春友、赵选民 2 名独立董事。自任职以来,两位独立董事能够认真履行董事职责,参加报告期内的董事会,对董事会审议的重大事项能够认真审核,并发表专业性意见,对董事会科学、客观决策,对公司的良性发展都起到了积极的作用,切实维护了公司及广大中小股东的利益。

## 8.监事会报告

监事会认为公司依法运作、公司财务情况、公司关联交易情况不存在问题。中兴宇会计师事务所出具的辽河金马油田股份有限公司(2003)审字 3026 号审计报告是客观公正的。公司 2002 年度财务报告真实反映了公司的财务状况和经营成果。

## 9.财务报告

9.1 审计意见

**中兴宇(2003)审字 3026 号**

**辽河金马油田股份有限公司全体股东:**

我们接受委托,审计了贵公司 2002 年 12 月 31 日的资产负债表,2002 年度的利润及利润分配表和 2002 年度的现金流量表。这些会计报表由贵公司负责,我们的责任是对这些会计报表发表审计意见。我们的审计是依据《中国注册会计师独立审计准则》进行的。在审计过程中,我们结合贵公司的实际情况,实施了包括抽查会计记录等我们认为必要的审计程序。

我们认为,上述会计报表符合《企业会计准则》和《企业会计制度》及其有关规定,在所有重大方面公允地反映了贵公司 2002 年 12 月 31 日的财务状况、2002 年度的经营成果以及 2002 年度现金流量情况,会计处理方法的选用遵循了一贯性原则。

**北京中兴宇会计师事务所有限责任公司**　　**中国注册会计师　李少秦**

**北京西长安街 88 号**　　**中国注册会计师　李　国**

2003 年 3 月 20 日

**9.2 财务报表**

## 资　产　负　债　表

2002 年 12 月 31 日

编制单位:辽河金马油田股份有限公司　　单位:人民币元

| 资　产 | 注释号 | 年末数 | 年初数 | 负债和股东权益 | 年末数 | 年初数 |
|---|---|---|---|---|---|---|
| 流动资产: | | | | 流动负债: | | |
| 货币资金 | 1 | 660,919,173.21 | 1,272,141,180.86 | 短期借款 | | |
| 短期投资 | 2 | 800,000,000.00 | | 应付票据 | | |
| 应收票据 | | | | 应付帐款 | 34,017,540.32 | 32,159,829.61 |
| 应收股利 | | | | 预收帐款 | | |
| 应收利息 | | | | 应付工资 | 840,667.19 | 3,295,029.59 |
| 应收帐款 | 3 | 123,624,383.59 | 143,842,386.16 | 应付福利费 | 3,908,070.74 | 3,824,758.88 |
| 其他应收款 | | | 5,000.00 | 应付股利 | 220,000,000.00 | 220,000,000.00 |
| 预付帐款 | | | 1,680,000.00 | 应交税金 | 66,761,661.67 | 39,862,852.62 |
| 应收补贴款 | | | | 其他应交款 | 4,671,190.34 | 2,737,212.74 |
| 存货 | 4 | 8,308,445.70 | 19,901,107.63 | 其他应付款 | 7,247,048.77 | 5,004,411.81 |
| 待摊费用 | | | | 预提费用 | | |
| 一年内到期的长期债权投资 | | | | 预计负债 | | |
| 其他流动资产 | | | | 一年内到期的长期负债 | | |
| 流动资产合计 | | 1,592,852,002.50 | 1,437,569,674.65 | 其他流动负债 | | |
| 长期投资: | | | | 流动负债合计 | 337,446,179.03 | 306,884,095.25 |
| 长期股权投资 | | | | | | |
| 长期债权投资 | | | | 长期负债: | | |
| 长期投资合计 | | | | 长期借款 | | |
| | | | | 应付债券 | | |
| 固定资产: | | | | 长期应付款 | | |
| 固定资产原价 | 5 | 3,424,993,014.26 | 3,158,970,989.15 | 专项应付款 | | |
| 减:累计折旧 | 5 | 2,126,898,215.22 | 1,937,134,019.22 | 其他长期负债 | | |
| 固定资产净值 | | 1,298,094,799.04 | 1,221,836,969.93 | 长期负债合计 | | |
| 减:固定资产减值准备 | 5 | 71,190,662.75 | 52,462,171.93 | | | |
| 固定资产净额 | | 1,226,904,136.29 | 1,169,374,798.00 | 递延税项: | | |
| 工程物资 | | | | 递延税款贷项 | 81,565,999.13 | 97,879,198.96 |
| 在建工程 | 6 | 28,869,286.16 | 40,087,477.11 | | | |
| 固定资产清理 | | | | 负债合计 | 419,012,178.16 | 404,763,294.21 |
| 固定资产合计 | | 1,255,773,422.45 | 1,209,462,275.11 | | | |
| | | | | 股东权益: | | |
| 无形资产及其他资产: | | | | 股本 | 1,100,000,000.00 | 1,100,000,000.00 |
| 无形资产 | 7 | 90,128,591.79 | 99,597,200.04 | 减:已归还投资 | | |
| 长期待摊费用 | | | | 股本净额 | 1,100,000,000.00 | 1,100,000,000.00 |
| 其他长期资产 | | | | 资本公积 | 844,092,717.77 | 844,081,143.52 |
| 无形资产及其他资产合计 | | 90,128,591.79 | 99,597,200.04 | 盈余公积 | 218,405,516.95 | 158,725,855.64 |
| | | | | 其中:公益金 | 72,801,838.98 | 52,908,618.55 |
| 递延税项 | | | | 未分配利润 | 357,243,603.86 | 239,058,856.43 |
| 递延税款借项 | | | | 股东权益合计 | 2,519,741,838.58 | 2,341,865,855.59 |
| 资产合计 | | 2,938,754,016.74 | 2,746,629,149.80 | 负债及股东权益总计 | 2,938,754,016.74 | 2,746,629,149.80 |

## 利润及利润分配表

2002 年 12 月

编制单位:辽河金马油田股份有限公司　　　　单位:人民币元

| 项　目 | 2002 年度 | 2001 年度 | 项　目 | 2002 年度 | 2001 年度 |
|---|---|---|---|---|---|
| 一、主营业务收入 | 1,205,891,777.40 | 1,100,340,784.00 | 加:年初未分配利润 | 239,058,856.43 | 149,495,457.90 |
| 减:主营业务成本 | 512,290,410.18 | 477,531,002.10 | 其他转入 | | |
| 主营业务税金及附加 | 23,414,852.02 | 15,517,390.91 | 六、可供分配的利润 | 636,923,265.17 | 513,687,691.46 |
| 二、主营业务利润 | 670,186,515.20 | 607,292,390.99 | 减:提取法定盈余公积 | 39,786,440.88 | 36,419,223.36 |
| 加:其他业务利润 | | | 提取法定公益金 | 19,983,220.43 | 18,209,611.67 |
| 减:营业费用 | 55,000.00 | 299,000.00 | 提取职工奖励及福利基金 | | |
| 管理费用 | 36,090,900.99 | 36,834,503.82 | 提取储备基金 | | |
| 财务费用 | -5,436,212.62 | -4,256,604.67 | 提取企业发展基金 | | |
| 三、营业利润 | 639,476,826.83 | 574,415,491.84 | 利润归还投资 | | |
| 加:投资收益 | 20,704,019.53 | 23,496,804.42 | 七、可供股东分配的利润 | 577,243,603.86 | 459,058,856.43 |
| 补贴收入 | | | 减:应付优先股股利 | | |
| 营业外收入 | 213,920.00 | | 提取任意盈余公积 | | |
| 减:营业外支出 | 53,705,690.68 | 61,870,321.21 | 应付普通股股利 | 220,000,000.00 | 220,000,000.00 |
| 四、利润总额 | 606,689,075.68 | 536,041,975.05 | 转作股本的普通股股利 | | |
| 减:所得税 | 208,824,666.94 | 171,849,741.49 | 八、未分配利润 | 357,243,603.86 | 239,058,856.43 |
| 五、净利润 | 397,864,408.74 | 364,192,233.56 | | | |

## 现　金　流　量　表

2002 年 12 月

编制单位:辽河金马油田股份有限公司　　　　单位:人民币元

| 项　目 | 2002 年度 | 项　目 | 2002 年度 |
|---|---|---|---|
| 一、经营活动产生的现金流量: | | 1.将净利润调节为经营活动的现金流量 | |
| 销售商品、提供劳务收到的现金 | 1,429,983,860.49 | 净利润 | 397,864,408.74 |
| 收到的税费返还 | | 加:计提的资产减值准备 | 26,106,390.46 |
| 收到的其他与经营活动有关的现金 | 5,436,212.62 | 固定资产折旧 | 198,445,118.38 |
| 现金流入小计 | 1,435,420,073.11 | 无形资产摊销 | 2,149,579.80 |
| 购买商品、接受劳务支付的现金 | 303,565,226.77 | 长期待摊费用摊销 | |
| 支付给职工以及为职工支付的现金 | 65,347,777.84 | 待摊费用减少(减:增加) | |
| 支付的各项税费 | 374,376,033.14 | 予提费用增加(减:减少) | |
| 支付的其他与经营活动有关的现金 | 14,866,911.26 | 处置固定资产、无形资产和其他长期资产的损失(减:收益) | -213,920.00 |
| 现金流出小计 | 758,155,949.01 | 固定资产报废损失 | 27,557,718.55 |
| 经营活动产生的现金流量净额 | 677,264,124.10 | 财务费用 | |
| 二、投资活动产生的现金流量: | | 投资损失(减:收益) | -20,704,019.53 |
| 收回投资所收到的现金 | | 递延税款贷项(减:借项) | -16,313,199.83 |
| 取得投资收益所收到的现金 | | 存货的减少(减:增加) | 11,592,661.93 |
| 处置固定资产、无形资产和其他长期资产 | | 经营性应收项目的减少(减:增加) | 20,223,002.57 |
| 所收回的现金净额 | | 经营性应付项目的增加(减:减少) | 30,556,383.03 |
| 收到的其他与投资活动有关的现金 | 20,704,019.53 | 其他 | |
| 现金流入小计 | 20,704,019.53 | 经营活动产生的现金流量金额 | 677,264,124.10 |
| 购建固定资产、无形资产和其他长期资产而支付的现金 | 289,204,551.28 | 2.不涉及现金收支的投资和筹资活动: | |
| 投资所支付的现金 | | 债务转为资本 | |
| 支付的其他与投资活动有关的现金 | 800,000,000.00 | 一年内到期的可转换公司债券 | |
| 现金流出小计 | 1,089,204,551.28 | 融资租入固定资产 | |
| 投资活动产生的现金流量净额 | -1,068,500,531.75 | 3.现金及现金等价物净增加情况: | |
| 三、筹资活动产生的现金流量: | | 现金的期末余额 | 660,919,173.21 |
| 吸收投资所收到的现金 | | 减:现金的期初余额 | 1,272,141,180.86 |
| 借款所收到的现金 | | 加:现金等价物的期末余额 | |
| 收到的其他与筹资活动有关的现金 | | 减:现金等价物的期初余额 | |
| 现金流入小计 | | | |
| 偿还债务所支付的现金 | | | |
| 分配股利、利润或偿付利息所支付的现金 | 219,985,600.00 | | |
| 支付的其他与筹资活动有关的现金 | | | |
| 现金流出小计 | 219,985,600.00 | | |
| 筹资活动产生的现金流量净额 | -219,985,600.00 | | |
| 四、汇率变动对现金的影响额 | | | |
| 五、现金及现金等价物净增加额 | -611,222,007.65 | 现金及现金等价物净增加额 | -611,222,007.65 |

9.3 与 2001 年年度报告相比,公司会计政策、会计估计和核算方法发生变化的说明。

1.会计政策发生变更的具体说明

根据财政部财会[2002]18 号文和《企业会计准则－－固定资产》的规定,对未使用、不需用固定资产由原不计提折旧改为计提折旧,此项会计政策变更应当采用追溯调整法,调整期初留存收益和其他相关项目。本公司未使用、不需用固定资产曾在 1999 年、2000 年停提折旧,并在 2000 年调整折旧政策,根据文件精神对此部分固定资产进行了追溯调整,2002 年因上述会计政策变更对期初留存收益及其他相关项目的影响数为:

补提 2001 年以前累计折旧 103,737,823.04 元,调减相应资产已提固定资产减值准备 46,082,905.23 元,相应调减提取两金 8,648,237.67 元,以上共减少 2001 年年初留存收益 49,006,680.14 元。2001 年冲减已提折旧 16,981,084.49 元,相应调增提取两金 2,547,162.67 元,以上合计共影响 2002 年期初留存收益 34,572,758.32 元。

2.与 2001 年年度报告相比,公司会计估计和核算方法未发生变化。

9.4 与 2001 年年度报告相比,本报告期合并范围未发生变化。

辽河金马油田股份有限公司

董事会

二〇〇三年三月二十六日

# 000983　山西西山煤电股份有限公司

## 二○○二年年度报告摘要

### 1.重要提示

1.1 本公司董事会及其董事保证本报告所载资料不存在任何虚假记载、误导性陈述或者重大遗漏，并对其内容的真实性、准确性和完整性负个别及连带责任。本年度报告摘要摘自年度报告全文，投资者欲了解详细内容，应阅读年度报告全文。

公司第二届董事会第七次会议审议并通过 2002 年年度报告，独立董事冯立新以书面传真形式审核年度报告并签署决议。

1.2 没有董事声明对年度报告内容的真实性、准确性、完整性无法保证或存在异议。

1.3 山西天元会计师事务所为本公司出具了有无保留意见无解释性说明的审计报告。

1.4 本公司董事长李仪先生、主管会计工作负责人车树春先生、会计机构负责人李群先生声明：保证年度报告中财务报告的真实、完整。

### 2.上市公司基本情况简介

2.1　基本情况简介

| | |
|---|---|
| 证券简称 | 西山煤电 |
| 证券代码 | 000983 |
| 上市交易所 | 深圳证券交易所 |
| 注册地址和办公地址 | 山西省太原市西矿街 319 号<br>山西省太原市西矿街 319 号 |
| 邮政编码 | 030053 |
| 电子信箱 | xsstock@public.ty.sx.cn |

2.2　联系人和联系方式

| | 董事会秘书 | 证券事务代表 |
|---|---|---|
| 姓名 | 宁志华 | 王晶莹 |
| 联系地址 | 山西省太原市西矿街 319 号山西西山煤电股份有限公司 | 山西省太原市西矿街 319 号山西西山煤电股份有限公司证券部 |
| 电话 | 0351－6137052 | 0351－6217282 |
| 传真 | 0351－6127434 | 0351－6127434 |
| 电子信箱 | 0351－6127434 | pawangjy@163.net |

### 3.会计数据和财务指标摘要

3.1　主要会计数据　　单位：(人民币)元

| | 2002 年(本年) | 2001 年(上年) | 本年比上年增减(%) | 2000 年 |
|---|---|---|---|---|
| 主营业务收入 | 2,097,067,772.52 | 1,960,059,127.06 | 6.99% | 1,256,587,725.30 |
| 利润总额 | 300,215,734.43 | 271,328,455.52 | 10.65% | 255,095,319.82 |
| 净利润 | 204,332,664.54 | 247,512,979.55 | －17.45% | 193,677,549.46 |
| 扣除非经常性损益的净利润 | 204,023,941.10 | 239,545,253.67 | －14.83% | 190,174,389.90 |
| | 2002 年末(本年末) | 2001 年末(上年末) | 本年末比上年末增减(%) | 2000 年末 |
| 总资产 | 4,514,110,709.51 | 4,149,118,248.89 | 8.80% | 3,804,018,262.69 |
| 股东权益(不含少数股东权益) | 3,014,097,023.42 | 2,965,362,136.38 | 1.64% | 2,795,546,519.23 |
| 经营活动产生的现金流量净额 | 313,698,855.64 | 280,000,107.06 | 12.04% | 316,003,365.11 |

3.2　主要财务指标　　单位：(人民币)元

| | 2002 年(本年) | 2001 年(上年) | 本年比上年增减(%) | 2000 年 |
|---|---|---|---|---|
| 每股收益 | 0.25 | 0.31 | －17.32% | 0.24 |
| 每股收益* | 0.25 | －－ | －－ | －－ |
| 净资产收益率 | 6.78% | 8.37% | －19.00% | 6.93% |
| 扣除非经常性损益的净利润为基础计算的净资产收益率 | 6.77% | 8.09% | －16.32% | 6.80% |
| 每股经营活动产生的现金流量净额 | 0.39 | 0.35 | 11.82% | 0.39 |
| | 2002 年末(本年末) | 2001 年末(上年末) | 本年末比上年末增减(%) | 2000 年末 |
| 每股净资产 | 3.73 | 3.67 | 1.64% | 3.46 |
| 调整后的每股净资产 | 3.72 | 3.66 | 1.64% | 3.37 |

3.3 国内外会计准则差异

□适用　　√不适用

### 4.股本变动及股东情况

4.1 股份变动表

单位：股

| | 本次变动前 | 本次变动增减(＋,－) | | 本次变动后 |
|---|---|---|---|---|
| | | 其他 | 小计 | |
| 一、未上市流通股份 | | | | |
| 1.发起人股份 | 520,000,000 | 0 | 0 | 520,000,000 |
| 其中：国家持有股份 | | | 0 | 0 |
| 境内法人持有股份 | 520,000,000 | | 0 | 520,000,000 |
| 境外法人持有股份 | | | 0 | 0 |
| 其他 | | | 0 | 0 |
| 2.募集法人股份 | | | 0 | 0 |
| 3.内部职工股 | | | 0 | 0 |
| 4.优先股或其他 | 1,691,425 | －1,691,425 | －1,691,425 | 0 |
| 未上市流通股份合计 | 521,691,425 | －1,691,425 | －1,691,425 | 520,000,000 |
| 二、已上市流通股份 | | | | |
| 1.人民币普通股 | 286,308,575 | 1,691,425 | 1,691,425 | 288,000,000 |
| 2.境内上市的外资股 | | | 0 | 0 |
| 3.境外上市的外资股 | | | 0 | 0 |
| 4.其他 | | | 0 | 0 |
| 已上市流通股份合计 | 286,308,575 | 1,691,425 | 1,691,425 | 288,000,000 |
| 三、股份总数 | 808,000,000 | 0 | 0 | 808,000,000 |

4.2 前十名股东持股表

| 报告期末股东总数 | 139,405 | | | | | |
|---|---|---|---|---|---|---|
| 前十名股东持股情况 | | | | | | |
| 股东名称(全称) | 年度内增减(股) | 年末持股数量(股) | 比例(%) | 股份类别(已流通或未流通) | 质押或冻结的股份数量(股) | 股东性质(国有股东或外资股东) |
| 山西焦煤集团有限责任公司 | 0 | 509,530,000 | 63.06 | 未流通 | 未知 | 国有股东 |
| 北京首钢股份有限公司 | 0 | 5,634,750 | 0.70 | 已流通 | 未知 | 国有股东 |
| 太原市杰森实业有限公司 | 0 | 4,660,000 | 0.58 | 未流通 | 未知 | 国有股东 |
| 太原西山劳动服务总公司 | 0 | 3,420,000 | 0.42 | 未流通 | 未知 | 国有股东 |
| 兴华证券投资基金 | －2,480,000 | 3,020,000 | 0.37 | 已流通 | 未知 | 国有股东 |
| 金鑫证券投资基金 | 0 | 3,005,200 | 0.37 | 已流通 | 未知 | 国有股东 |
| 山西漳泽电力股份有限公司 | －190,000 | 2,530,000 | 0.31 | 已流通 | 未知 | 国有股东 |
| 山西庆恒建筑(集团)有限公司 | 0 | 2,050,000 | 0.25 | 未流通 | 未知 | 国有股东 |
| 景福证券投资基金 | 779,097 | 1,868,907 | 0.23 | 已流通 | 未知 | 国有股东 |
| 广州科技风险投资有限公司 | －1,556,348 | 1,830,000 | 0.23 | 已流通 | 未知 | 国有股东 |
| 前十名股东关联关系或一致行动的说明 | 前十名股东中，除山西焦煤集团有限责任公司、太原市杰森实业有限公司、太原西山劳动服务总公司、山西庆恒建筑(集团)有限公司为本公司的发起人股东，股份尚未流通外，公司未知其余 6 名社会公众股股东之间有无关联关系，也未知其余流通股股东是否属于《上市公司持股变动信息披露管理办法》中规定的一致行动人。 | | | | | |

4.3 控股股东及实际控制人情况介绍

4.3.1 控股股东及实际控制人变更情况

□适用　　√不适用

4.3.2 控股股东和其他实际控制人具体情况介绍

控股股东名称：山西焦煤集团有限责任公司

法定代表人：杜复新

成立日期：2001 年 10 月 12 日

注册资本：397172 万元

公司类别：国有独资公司

经营范围：煤炭开采、煤炭加工、煤炭销售、机械修造、批发零售钢材、轧制和锻造产品、化工(易燃、易爆、易腐蚀除外)、建材、公路货运、汽车修理、种植业、养殖业、煤炭技术开发与服务。

## 5.董事、监事和高级管理人员

5.1 董事、监事和高级管理人员持股变动

| 姓名 | 职务 | 性别 | 年龄 | 任期起止日期 | 年初持股数(股) | 年末持股数(股) | 变动原因 |
|---|---|---|---|---|---|---|---|
| 李仪 | 董事长 | 男 | 54 | 2002.4－2005.4 | 0 | 0 | － |
| 薛山 | 副董事长 | 男 | 55 | 2002.4－2005.4 | 0 | 0 | － |
| 车树春 | 副董事长、总经理 | 男 | 52 | 2002.4－2005.4 | 0 | 0 | － |
| 刘瑞林 | 董事 | 男 | 56 | 2002.4－2005.4 | 0 | 0 | － |
| 杨茂林 | 董事 | 男 | 45 | 2002.4－2005.4 | 0 | 0 | － |
| 李建胜 | 董事 | 男 | 42 | 2002.4－2005.4 | 0 | 0 | － |
| 张树茂 | 董事 | 男 | 47 | 2002.4－2005.4 | 0 | 0 | － |
| 张惠钧 | 董事、副总经理 | 男 | 59 | 2002.4－2005.4 | 0 | 0 | － |
| 宁志华 | 董事、董秘 | 男 | 49 | 2002.4－2005.4 | 0 | 0 | － |
| 王森 | 独立董事 | 男 | 43 | 2002.4－2005.4 | 0 | 0 | － |
| 冯立新 | 独立董事 | 男 | 39 | 2002.4－2005.4 | 0 | 0 | － |
| 段锡三 | 监事、监事会主席 | 男 | 56 | 2002.4－2005.4 | 0 | 0 | － |
| 姜贵良 | 监事 | 男 | 50 | 2002.4－2005.4 | 0 | 0 | － |
| 夏苏萍 | 监事 | 女 | 40 | 2002.4－2005.4 | 0 | 0 | － |
| 李小彦 | 监事 | 男 | 42 | 2002.4－2005.4 | 0 | 0 | － |
| 王建祥 | 监事 | 男 | 55 | 2002.4－2005.4 | 0 | 0 | － |
| 张进明 | 监事 | 男 | 52 | 2002.4－2005.4 | 0 | 0 | － |
| 亢龙田 | 监事 | 男 | 48 | 2002.4－2005.4 | 0 | 0 | － |
| 张能虎 | 副总经理 | 男 | 41 | 2002.12－2005.4 | 0 | 0 | － |
| 汪潜峰 | 副总经理 | 男 | 45 | 2002.4－2005.4 | 0 | 0 | － |
| 胡文强 | 副总经理 | 男 | 34 | 2002.4－2005.4 | 0 | 0 | － |
| 闫福元 | 副总经理 | 男 | 45 | 2002.6－2005.4 | 0 | 0 | － |
| 李群 | 财务负责人 | 男 | 46 | 2002.4－2005.4 | 0 | 0 | － |

5.2 在股东单位任职的董事监事情况

√适用　　□不适用

| 姓名 | 任职的股东名称 | 在股东单位担任的职务 | 任职期间 | 是否领取报酬、津贴 |
|---|---|---|---|---|
| 李仪 | 山西焦煤集团有限责任公司 | 副董事长 | 2001年11月至今 | 否 |
| 薛山 | 山西焦煤集团有限责任公司 | 副董事长 | 2001年11月至今 | 是 |
| 车树春 | 山西焦煤集团有限责任公司 | 董事 | 2001年11月至今 | 否 |
| 刘瑞林 | 山西焦煤集团有限责任公司 | 董事 | 2001年11月至今 | 是 |
| 杨茂林 | 山西焦煤集团有限责任公司 | 董事 | 2001年11月至今 | 是 |
| 李建胜 | 山西焦煤集团有限责任公司 | 董事 | 2001年11月至今 | 是 |
| 张树茂 | 山西焦煤集团有限责任公司 | 董事 | 2001年11月至今 | 是 |
| 段锡三 | 山西焦煤集团有限责任公司 | 纪委书记 | 2001年11月至今 | 是 |
| 夏苏萍 | 山西焦煤集团有限责任公司 | 财务部部长 | 2001年11月至今 | 是 |
| 李小彦 | 山西焦煤集团有限责任公司 | 审计部部长 | 2001年11月至今 | 是 |

5.3 董事、监事和高级管理人员年度报酬情况

单位:(人民币)万元

| | |
|---|---|
| 年度报酬总额 | 63.86 |
| 金额最高的前三名董事的报酬总额 | 23.33 |
| 金额最高的前三名高级管理人员的报酬总额 | 21.73 |
| 独立董事津贴 | 3.00万元/人(年) |
| 独立董事其他待遇 | 独立董事出席公司董事会、股东大会以及按《公司法》、《公司章程》相关规定行使职权所需的合理费用可在公司据实报销。 |
| 不在公司领取报酬、津贴的董事、监事姓名 | 下列人员在山西焦煤集团有限责任公司领取报酬:薛山、刘瑞林、杨茂林、李建胜、张树茂、段锡三、夏苏萍、李小彦、姜贵良、王建祥、张能虎。 |
| 报酬区间 | 人数 |
| 3万－5万 | 6 |
| 5－9万 | 6 |

## 6.董事会报告

6.1 报告期内整体经营情况的讨论与分析

2002年,国民经济良好的发展势头和主要用煤行业生产的快速增长,为煤炭市场的进一步好转和市场的平稳发展提供了良好的环境,国内煤炭市场总体供需平衡、局部偏紧,煤炭产运销增长,价格总体水平上扬。公司抓住煤炭市场交易条件改善,公司铁路运力增加的时机,适应市场需求,优化产销结构,保证了产品销售的稳定增长和效益的提高。2002年,公司全面完成了各项生产经营目标,煤炭销售量1012万吨,较上年增长7.43%,其中洗精煤668万吨,较上年下降3.33%;煤炭出口量130万吨,比上年增长19%;实现销售收入209,707万元,较上年增长6.99%;利润总额30,022万元,较上年增长10.65%。

6.2 主营业务分行业或产品情况表

单位:(人民币)万元

| 分行业或分产品 | 主营业务收入 | 主营业务成本 | 毛利率(%) | 主营业务收入比上年增减(%) | 主营业务成本比上年增减(%) | 毛利率比上年增减(%) |
|---|---|---|---|---|---|---|
| 煤炭 | 207,729.86 | 129,118.13 | 37.84 | 7.15 | 4.42 | 11.94 |
| 电力 | 1,976.91 | 1,699.61 | 14.03 | －7.13 | 1.60 | －39.16 |
| 其中:关联交易金额 | 3,912.12 | 2,797.85 | 28.48 | －30.47 | 30.96 | 1.82 |
| 洗精煤 | 170,949.47 | 106,777.96 | 37.54 | －37.16 | －1.76 | 4.79 |
| 洗混煤 | 7,900.64 | 6,638.20 | 15.98 | 31.23 | 49.28 | －19.76 |
| 原煤 | 27,957.95 | 15,071.21 | 46.09 | 55.29 | 43.36 | 73.73 |
| 煤泥 | 921.79 | 630.76 | 31.57 | －7.13 | 1.60 | －39.16 |
| 电力 | 1,976.92 | 1,699.61 | 14.03 | 6.99 | 4.38 | 11.61 |
| 其中:关联交易金额 | 3,912.12 | 2,797.86 | 28.48 | －30.47 | －30.96 | 1.82 |
| 关联交易的定价原则 | 根据本公司与山西焦煤集团有限责任公司签订的《综合服务协议》规定:除有关法律、法规和政府政策要求采用政府定价外,甲方和乙方之间的各项服务费用标准依提供服务的市场价格或成本价予以确定,由双方在每一会计年度的前三个月重新协商核定当年的收费价格标准;遇有政府定价调整时,可不受年度调整的限制。 | | | | | |
| 关联交易必要性、持续性的说明 | 由于地理环境、历史渊源关系等客观因素的存在,乙方仍需要甲方提供某些生活、生产辅助方面的服务,而这些服务是保证乙方正常生产经营不可缺少的。 | | | | | |

6.3 主营业务分地区情况

单位:(人民币)万元

| 地区 | 主营业务收入 | 主营业务收入比上年增减(%) |
|---|---|---|
| | | |

6.4 采购和销售客户情况

单位:(人民币)万元

| | | | |
|---|---|---|---|
| 前五名供应商采购金额合计 | 10,277.00 | 占采购总额比重 | 55.00% |
| 前五名销售客户销售金额合计 | 97,311.16 | 占销售总额比重 | 46.40% |

6.5 参股公司经营情况(适用投资收益占净利润10%以上的情况)

□适用　　√不适用

6.6 主营业务及其结构发生重大变化的原因说明

□适用　　√不适用

6.7 主营业务盈利能力(毛利率)与上年相比发生重大变化的原因说明

□适用　　√不适用

6.8 经营成果和利润构成与上年度相比发生重大变化的原因分析

□适用　　√不适用

整体财务状况与上年度相比发生重大变化的原因分析

□适用　　√不适用

6.9 对生产经营环境以及宏观政策、法规产生重大变化已经、正在或将要对公司的财务状况和经营成果产生重要影响的说明

6.10 完成盈利预测的情况

□适用　　√不适用

6.11 完成经营计划情况

□适用　　√不适用

6.12 募集资金使用情况

√适用　　□不适用

单位:(人民币)万元

| 募集资金总额 | 182,766.42 | 本年度已使用募集资金总额 | 8,353.00 | 已累计使用募集资金总额 | 89,623.00 |
|---|---|---|---|---|---|
| 承诺项目 | 拟投入金额 | 是否变更项目 | 实际投入金额 | 产生收益金额 | 是否符合计划进度和预计收益 |
| 山西古交电厂一期工程 | 127,962.87 | 是 | 18,119.33 | 0.00 | 否 |
| 马兰矿采掘能力补套项目 | 14,000.00 | 否 | 13,600.00 | 1,833.00 | 是 |
| 合计 | 141,962.87 | － | 31,719.33 | 1,833.00 | － |
| 未达到计划进度和收益的说明(分具体项目) | 1.山西古交电厂一期工程:为减少电厂项目新占用土地,节省项目初期投资,2000年11月,经与山西省电力设计院多次论证,将电厂厂址改在西山煤电集团公司闲置的总仓库场地。厂址改移后,项目相关内容需重新进行报审,原预计开工时间(2001年6月)相应推迟,导致电厂项目资金投入比原计划滞后。 | | | | |
| 变更原因及变更程序说明(分具体项目) | 由于古交电厂厂址变更,相关项目内容需要重新报审,原资金投入计划相应滞后,为避免募集资金的闲置,公司对电厂项目的部分资金进行了两次调整,以上变更分别经两次临时股东大会审议通过。<br>A、太原洗煤厂技术改造、西铭矿洗选系统改造项目。为适应煤质变化和市场需求,生产多品种、高质量的煤炭产品,并结合公司所属西铭矿煤层赋存情况、太原选煤厂入洗原料煤煤质变化和现有工艺及设备使用情况,从电厂项目资金中拿出8449.19万元对西铭矿、太原选煤厂生产系统进行必要的技术改造。该议案经公司2001年9月10日召开的2001年度第一次临时股东大会审议通过。<br>B、收购焦煤集团采掘及配套设备资产项目:为减少与控股股东山西焦煤集团的关联交易,从电厂项目中拿出15795万元的资金,改投收购本公司租赁焦煤集团的采掘及配套设备资产。该议案经公司2001年12月30日召开的2001年度第二次临时股东大会审议通过。 | | | | |

变更项目情况

√适用　　□不适用

单位:(人民币)万元

| 变更投资项目的资金总额 | 8,449.19 | | | | |
|---|---|---|---|---|---|
| 变更后的项目 | 对应的原承诺项目 | 变更项目拟投入金额 | 实际投入金额 | 产生收益金额 | 是否符合计划进度和预计收益 |
| 太原选煤厂技改 | 山西古交电厂一期工程 | 3,486.19 | 1,898.00 | 0.00 | 是 |
| 西铭洗选系统改造 | 山西古交电厂一期工程 | 4,963.00 | 0.00 | 0.00 | 否 |
| 合计 | -- | 8,449.19 | 1,898.00 | 0.00 | -- |
| 未达到计划进度和收益的说明(分具体项目) | 公司根据煤炭市场和资源状况,对洗煤系统进行通盘考虑,结合太原选煤厂技改对西铭技改项目进行重新论证。 | | | | |

6.13 非募集资金项目情况

□适用　√不适用

6.14 董事会对会计师事务所"非标意见"的说明

□适用　√不适用

6.15 董事会新年度的经营计划

√适用　□不适用

新年度的生产经营目标是原煤产量1065万吨,洗精煤产量629万吨,商品煤销量974万吨(动力煤345万吨,洗精煤629万吨),力争销售收入在2002年基础上有所增长。并做好以下主要工作:

1.全面落实整改报告的要求。按照《上市公司治理准则》的要求,正确处理与控股在日常生产经营中的关系,规范关联交易。完善公司治理结构,做好独立董事的聘任和董事会专门委员会的组建运行工作。

2.抓好重大资本性投入重点工作。尽快完成项目公司组建,督促古交电厂一期工程项目建设;做好新建矸石电厂的立项审批、开工建设工作;加快选煤厂技术改造,全面提高公司洗选效率。

3.优化营销网络,与国内外大用户建立更加广泛的中长期战略合作伙伴关系。

新年度盈利预测

□适用　√不适用

6.16 董事会本次利润分配或资本公积金转增预案

经山西天元会计师事务所审计,期初未分配利润296,549,483.75元,中期已分配股利80,800,000元,公司2002年度实现净利润204,332,664.54元,提取10%的法定盈余公积金和5%的法定公益金共计30,649,899.68元,本次拟分配股利80,800,000元,期末留存可供分配的利润为308,632,248.61元。

董事会拟以2002年12月31日的总股本80800万股为基数,向全体股东每10股派现金股利人民币1元(含税),共计8080万元,2002年无资本公积金转增股本预案。

## 7.重要事项

7.1 收购资产

□适用　√不适用

7.2 出售资产

□适用　√不适用

7.3 重大担保

□适用　√不适用

7.4 关联债权债务往来

√适用　□不适用

单位:(人民币)万元

| 关联方 | 向关联方提供资金 | | 关联方向上市公司提供资金 | |
|---|---|---|---|---|
| | 发生额 | 余额 | 发生额 | 余额 |
| 山西焦煤集团有限责任公司 | 14,675.60 | -342.00 | 0.00 | 0.00 |
| 合计 | 14,675.60 | -342.00 | 0.00 | 0.00 |

7.5 委托理财

√适用　□不适用

单位:(人民币)万元

| 受托人 | 委托金额 | 委托期限 | 约定收益 | 实际收益 | 实际收回金额 |
|---|---|---|---|---|---|
| 中诚资产管理有限公司 | 5,000.00 | 2000年10月23日-2003年6月23日 | 10.00 | 0.00 | 0.00 |
| 合计 | 5,000.00 | -- | 10.00 | 0.00 | 0.00 |

7.6 承诺事项履行情况

√适用　□不适用

对中国证监会自查报告要求,本公司于五月份进行了自查并于六月份召开了董事会。针对控股股东山西焦煤集团有限责任公司占用股份公司资金情况,山西焦煤集团提出了还款措施,同时承诺:2002年中期将资金占用额降到1亿元以下,年末降到5000万元(每月还款不少于800万元),2003年末不再占用上市公司资金。

履行情况:2002年6月30日,公司与控股股东的关联往来金额9008万元,2002年12月31日,控股股东不再占用公司资金。

7.7 重大诉讼仲裁事项

□适用　√不适用

7.8 独立董事履行职责的情况

公司现有两名独立董事,任职以来,认真履行法律、法规和《公司章程》赋予的职责,参加了2002年度本公司召开的董事会和股东大会,参与并对重大关联交易、聘任高级管理人员及其他议案发表了独立意见,在董事会日常工作及重要决策中尽职尽责,维护了公司及全体股东的利益,做到了勤勉尽责。

## 8.监事会报告

监事会认为,报告期内董事会、经理班子能够依法运作、财务情况、募集资金使用和关联交易不存在问题,没有损害公司利益的情况。报告期内,公司无收购、出售资产行为。

## 9.财务报告

9.1 审计意见

9.2 资产负债表

利润及利润分配表

现金流量表

9.3 与最近一期年度报告相比,本报告期会计政策、会计估计和核算方法发生变化的说明。

1.会计政策发生变更的具体说明。

根据财政部《关于执行〈企业会计制度〉和相关会计准则有关问题解答》的通知,对未使用、不需用固定资产计提折旧,并按规定进行了追溯调整,调减期初未分配利润154.57万元,调减盈余公积金27.28万元。

2.会计估计未发生变更。

3.具体说明核算方法未发生变更。

9.4 与最近一期年度报告相比,本报告期合并范围未发生变化。

### 利润及利润分配表

编制单位:山西西山煤电股份有限公司　　　　单位:(人民币)元

| 项　目 | 2002年度 | | 2001年度 | |
|---|---|---|---|---|
| | 合并 | 母公司 | 合并 | 母公司 |
| 一、主营业务收入 | 2,097,067,772.52 | 2,097,067,772.52 | 1,960,059,127.06 | 1,960,059,127.06 |
| 减:主营业务成本 | 1,308,177,407.36 | 1,308,177,407.36 | 1,253,230,363.32 | 1,253,230,363.32 |
| 主营业务税金及附加 | 12,684,148.55 | 12,684,148.55 | 15,410,369.37 | 15,410,369.37 |
| 二、主营业务利润(亏损以"-"号填列) | 776,206,216.61 | 776,206,216.61 | 691,418,394.37 | 691,418,394.37 |
| 加:其他业务利润(亏损以"-"号填列) | 21,041,751.02 | 21,041,751.02 | 33,585,401.37 | 33,585,401.37 |
| 减:营业费用 | 290,267,427.58 | 290,267,427.58 | 288,768,078.17 | 288,768,078.17 |
| 管理费用 | 179,884,905.69 | 179,884,905.69 | 136,776,721.80 | 136,776,721.80 |
| 财务费用 | 27,340,681.18 | 27,340,681.18 | 36,518,238.56 | 36,518,238.56 |
| 三、营业利润(亏损以"-"号填列) | 299,754,953.18 | 299,754,953.18 | 262,940,757.21 | 262,940,757.21 |
| 加:投资收益(损失以"-"号填列) | | | 9,364,394.75 | 9,364,394.75 |
| 补贴收入 | 628,682.01 | 628,682.01 | | |
| 营业外收入 | 571,578.62 | 571,578.62 | 32,861.50 | 32,861.50 |
| 减:营业外支出 | 739,479.38 | 739,479.38 | 1,009,557.94 | 1,009,557.94 |
| 四、利润总额(亏损总额以"-"号填列) | 300,215,734.43 | 300,215,734.43 | 271,328,455.52 | 271,328,455.52 |
| 减:所得税 | 95,883,069.89 | 95,883,069.89 | 23,815,475.97 | 23,815,475.97 |
| 减:少数股东损益 | | | | |
| 五、净利润(净亏损以"-"号填列) | 204,332,664.54 | 204,332,664.54 | 247,512,979.55 | 247,512,979.55 |
| 加:年初未分配利润 | 296,549,483.75 | 296,549,483.75 | 166,963,451.14 | 166,963,451.14 |
| 其他转入 | | | | |
| 六、可供分配的利润 | 500,882,148.29 | 500,882,148.29 | 414,476,430.69 | 414,476,430.69 |
| 减:提取法定盈余公积 | 20,433,266.45 | 20,433,266.45 | 24,751,297.96 | 24,751,297.96 |
| 提取法定公益金 | 10,216,633.23 | 10,216,633.23 | 12,375,648.98 | 12,375,648.98 |
| 提取职工奖励及福利基金 | | | | |
| 提取储备基金 | | | | |
| 提取企业发展基金 | | | | |
| 利润归还投资 | | | | |
| 七、可供投资者分配的利润 | 470,232,248.61 | 470,232,248.61 | 377,349,483.75 | 377,349,483.75 |
| 减:应付优先股股利 | | | | |
| 提取任意盈余公积 | | | | |
| 应付普通股股利 | 161,600,000.00 | 161,600,000.00 | 80,800,000.00 | 80,800,000.00 |
| 转作资本(或股本)的普通股股利 | | | | |
| 八、未分配利润 | 308,632,248.61 | 308,632,248.61 | 296,549,483.75 | 296,549,483.75 |
| 补充资料: | | | | |
| 1.出售、处置部门或被投资单位所得收益 | | | | |
| 2.自然灾害发生的损失 | | | | |
| 3.会计政策变更增加(或减少)利润总额 | -1,043,762.05 | -1,043,762.05 | -1,043,762.05 | -1,043,762.05 |
| 4.会计估计变更增加(或减少)利润总额 | | | | |
| 5.债务重组损失 | | | | |
| 6.其他 | 2,165,492.80 | 2,165,492.80 | 2,165,492.80 | 2,165,492.80 |

## 资 产 负 债 表

编制单位:山西西山煤电股份有限公司　　单位:(人民币)元

| 项　目 | 2002.12.31 | | 2001.12.31 | |
|---|---|---|---|---|
| | 合并 | 母公司 | 合并 | 母公司 |
| 流动资产: | | | | |
| 货币资金 | 1,026,167,534.84 | 1,023,142,792.15 | 1,339,069,494.16 | 1,131,401,893.64 |
| 短期投资 | 400,000,000.00 | 400,000,000.00 | 70,000,000.00 | |
| 应收票据 | 333,708,793.01 | 333,708,793.01 | 89,087,814.71 | 89,087,814.71 |
| 应收股利 | | | | |
| 应收利息 | | | | |
| 应收账款 | 565,896,698.08 | 565,896,698.08 | 574,974,320.36 | 574,974,320.36 |
| 其他应收款 | 43,025,621.83 | 43,025,621.83 | 67,433,004.78 | 65,203,531.90 |
| 预付账款 | 78,127,982.57 | 77,741,206.78 | 84,399,602.86 | 76,769,312.86 |
| 应收补贴款 | 31,015,187.92 | 31,015,187.92 | 30,801,816.67 | 30,801,816.67 |
| 存货 | 222,828,828.04 | 222,828,828.04 | 191,601,393.79 | 191,601,393.79 |
| 待摊费用 | | | | |
| 一年内到期的长期债权投资 | | | | |
| 其他流动资产 | | | | |
| 流动资产合计 | 2,700,770,646.29 | 2,697,359,127.81 | 2,447,367,447.33 | 2,159,840,083.93 |
| 长期投资: | | | | |
| 长期股权投资 | 30,000,000.00 | 34,928,242.50 | 30,000,000.00 | 34,852,597.50 |
| 长期债权投资 | | | | |
| 长期投资合计 | 30,000,000.00 | 34,928,242.50 | 30,000,000.00 | 34,852,597.50 |
| 其中:合并价差 | | | 0.00 | |
| 固定资产: | | | | |
| 固定资产原价 | 3,075,404,612.52 | 3,073,753,598.52 | 2,918,140,328.82 | 2,916,684,834.82 |
| 减:累计折旧 | 1,591,115,133.69 | 1,590,558,573.61 | 1,454,778,492.55 | 1,454,348,389.17 |
| 固定资产净值 | 1,484,289,478.83 | 1,483,195,024.91 | 1,463,361,836.27 | 1,462,336,445.65 |
| 减:固定资产减值准备 | | | | |
| 固定资产净额 | 1,484,289,478.83 | 1,483,195,024.91 | 1,463,361,836.27 | 1,462,336,445.65 |
| 工程物资 | 87,600,867.54 | 87,600,867.54 | | 339,744,057.40 |
| 在建工程 | 136,453,595.26 | 42,861,114.67 | 133,819,911.90 | 11,436,708.38 |
| 固定资产清理 | | | | |
| 固定资产合计 | 1,708,343,941.63 | 1,613,657,007.12 | 1,597,181,748.17 | 1,813,517,211.43 |
| 无形资产及其他资产: | | | | |
| 无形资产 | 66,334,150.39 | 66,334,150.39 | 68,072,574.99 | 68,072,574.99 |
| 长期待摊费用 | 8,661,971.20 | 8,661,971.20 | 6,496,478.40 | 6,496,478.40 |
| 其他长期资产 | | | | |
| 无形资产及其他资产合计 | 74,996,121.59 | 74,996,121.59 | 74,569,053.39 | 74,569,053.39 |
| 递延税项: | | | | |
| 递延税款借项 | | | | |
| 资产总计 | 4,514,110,709.51 | 4,420,940,499.02 | 4,149,118,248.89 | 4,082,778,946.25 |
| 流动负债: | | | | |
| 短期借款 | 383,030,000.00 | 333,030,000.00 | 231,230,000.00 | 231,230,000.00 |
| 应付票据 | | | 2,043,117.09 | 2,043,117.09 |
| 应付账款 | 108,571,004.15 | 103,555,709.15 | 74,935,365.54 | 74,935,365.54 |
| 预收账款 | 262,105,822.91 | 262,105,822.91 | 185,360,263.23 | 185,360,263.23 |
| 应付工资 | 44,793,924.68 | 44,793,924.68 | 30,610,687.86 | 30,590,277.13 |
| 应付福利费 | 29,077,923.68 | 29,026,015.37 | 34,840,429.00 | 34,815,244.14 |
| 应付股利 | 80,800,000.00 | 80,800,000.00 | 342,000.00 | 342,000.00 |
| 应交税金 | 28,100,685.14 | 28,100,685.14 | 12,194,131.00 | 12,194,131.00 |
| 其他应交款 | 4,085,717.09 | 4,085,717.09 | 4,553,659.78 | 4,553,659.78 |
| 其他应付款 | 208,736,568.46 | 171,181,143.78 | 195,997,314.36 | 130,242,784.81 |
| 预提费用 | | | | |
| 预计负债 | | | | |
| 一年内到期的长期负债 | 75,090,000.00 | 75,090,000.00 | 106,800,000.00 | 106,800,000.00 |
| 其他流动负债 | 1,674,457.48 | 1,674,457.48 | 119,967.15 | 119,967.15 |
| 流动负债合计 | 1,226,066,103.59 | 1,133,443,475.60 | 879,026,935.01 | 813,226,809.87 |
| 长期负债: | | | | |
| 长期借款 | 273,400,000.00 | 273,400,000.00 | 304,190,000.00 | 304,190,000.00 |
| 应付债券 | | | | |
| 长期应付款 | | | | |
| 专项应付款 | | | | |
| 其他长期负债 | | | | |
| 长期负债合计 | 273,400,000.00 | 273,400,000.00 | 304,190,000.00 | 304,190,000.00 |
| 递延税项: | | | | |
| 递延税款贷项 | | | | |
| 负债合计 | 1,499,466,103.59 | 1,406,843,475.60 | 1,183,216,935.01 | 1,117,416,809.87 |
| 少数股东权益 | 547,582.50 | 0.00 | 539,177.50 | 0.00 |
| 所有者权益(或股东权益): | | | | |
| 实收资本(或股本) | 808,000,000.00 | 808,000,000.00 | 808,000,000.00 | 808,000,000.00 |
| 减:已归还投资 | | | | |
| 实收资本(或股本)净额 | 808,000,000.00 | 808,000,000.00 | 808,000,000.00 | 808,000,000.00 |
| 资本公积 | 1,779,507,396.03 | 1,779,507,396.03 | 1,773,505,173.53 | 1,773,505,173.53 |
| 盈余公积 | 117,957,378.78 | 117,957,378.78 | 87,307,479.10 | 87,307,479.10 |
| 其中:法定公益金 | 39,319,126.26 | 39,319,126.26 | 29,102,493.03 | 29,102,493.03 |
| 未分配利润 | 308,632,248.61 | 308,632,248.61 | 296,549,483.75 | 296,549,483.75 |
| 外币报表折算差额 | | | | |
| 所有者权益(或股东权益)合计 | 3,014,097,023.42 | 3,014,097,023.42 | 2,965,362,136.38 | 2,965,362,136.38 |
| 负债和所有者权益(或股东权益)总计 | 4,514,110,709.51 | 4,420,940,499.02 | 4,149,118,248.89 | 4,082,778,946.25 |

## 现 金 流 量 表

编制单位:山西西山煤电股份有限公司　　单位:(人民币)元

| 项　目 | 2002年度 | |
|---|---|---|
| | 合并 | 母公司 |
| 一、经营活动产生的现金流量: | | |
| 销售商品、提供劳务收到的现金 | 2,351,545,887.40 | 2,351,545,887.40 |
| 收到的税费返还 | 26,912,970.55 | 26,912,970.55 |
| 收到的其他与经营活动有关的现金 | 315,332,706.72 | 315,332,706.72 |
| 经营活动产生的现金流入小计 | 2,693,791,564.67 | 2,693,791,564.67 |
| 购买商品、接受劳务支付的现金 | 825,104,895.74 | 825,104,895.74 |
| 支付给职工以及为职工支付的现金 | 278,123,369.82 | 278,123,369.82 |
| 支付的各项税费 | 257,497,538.52 | 257,497,538.52 |
| 支付的其他与经营活动有关的现金 | 1,019,366,904.95 | 796,868,215.12 |
| 经营活动产生的现金流出小计 | 2,380,092,709.03 | 2,157,594,019.20 |
| 经营活动产生的现金流量净额 | 313,698,855.64 | 536,197,545.47 |
| 二、投资活动产生的现金流量: | | |
| 收回投资所收到的现金 | 20,000,000.00 | 0.00 |
| 取得投资收益所收到的现金 | | |
| 处置固定资产、无形资产和其他长期资产所收回的现金净额 | 1,155,000.00 | 1,155,000.00 |
| 收到的其他与投资活动有关的现金 | | |
| 投资活动产生的现金流入小计 | 21,155,000.00 | 1,155,000.00 |
| 购建固定资产、无形资产和其他长期资产所支付的现金 | 266,531,465.53 | 214,387,297.53 |
| 投资所支付的现金 | 350,000,000.00 | 350,000,000.00 |
| 支付的其他与投资活动有关的现金 | | |
| 投资活动产生的现金流出小计 | 616,531,465.53 | 564,387,297.53 |
| 投资活动产生的现金流量净额 | -595,376,465.53 | -563,232,297.53 |
| 三、筹资活动产生的现金流量: | | |
| 吸收投资所收到的现金 | | |
| 借款所收到的现金 | 457,330,000.00 | 407,330,000.00 |
| 收到的其他与筹资活动有关的现金 | | |
| 筹资活动产生的现金流入小计 | 457,330,000.00 | 407,330,000.00 |
| 偿还债务所支付的现金 | 368,030,000.00 | 368,030,000.00 |
| 分配股利、利润或偿付利息所支付的现金 | 120,524,349.43 | 120,524,349.43 |
| 支付的其他与筹资活动有关的现金 | | |
| 筹资活动产生的现金流出小计 | 488,554,349.43 | 488,554,349.43 |
| 筹资活动产生的现金流量净额 | -31,224,349.43 | -81,224,349.43 |
| 四、汇率变动对现金的影响 | | |
| 五、现金及现金等价物净增加额 | -312,901,959.32 | -108,259,101.49 |
| 补充资料: | | |
| 1.将净利润调节为经营活动现金流量: | | |
| 净利润 | 204,332,664.54 | 204,332,664.54 |
| 加:计提的资产减值准备 | 441,757.66 | 441,757.66 |
| 固定资产折旧 | 144,925,222.02 | 144,925,222.02 |
| 无形资产摊销 | 1,738,424.60 | 1,738,424.60 |
| 长期待摊费用摊销 | 234,507.20 | 234,507.20 |
| 待摊费用减少(减:增加) | | |
| 预提费用增加(减:减少) | | |
| 处置固定资产、无形资产和其他长期资产的损失(减:收益) | -111,997.51 | -111,997.51 |
| 固定资产报废损失 | | |
| 财务费用 | 40,108,120.04 | 40,108,120.04 |
| 投资损失(减:收益) | | |
| 递延税款贷项(减:借项) | | |
| 存货的减少(减:增加) | -32,117,983.24 | -32,117,983.24 |
| 经营性应收项目的减少(减:增加) | -206,441,762.49 | -206,441,762.49 |
| 经营性应付项目的增加(减:减少) | 160,589,902.82 | 383,088,592.65 |
| 其他 | | |
| 少数股东本期收益 | | |
| 经营活动产生的现金流量净额 | 313,698,855.64 | 536,197,545.47 |
| 2.不涉及现金收支的投资和筹资活动 | | |
| 债务转为资本 | | |
| 一年内到期的可转换公司债券 | | |
| 融资租入固定资产 | | |
| 3.现金及现金等价物净增加情况: | | |
| 现金的期末余额 | 1,026,167,534.84 | 1,023,142,792.15 |
| 减:现金的期初余额 | 1,339,069,494.16 | 1,131,401,893.64 |
| 加:现金等价物的期末余额 | | |
| 减:现金等价物的期初余额 | | |
| 现金及现金等价物净增加额 | -312,901,959.32 | -108,259,101.49 |

## 000406 中国石化胜利油田大明(集团)股份有限公司

### 二〇〇二年年度报告摘选

#### 1.上市公司基本情况简介

1.1 基本情况简介

证券简称:石油大明 证券代码:000406 上市交易所:深圳证券交易所

注册地址和办公地址:山东省东营市济南路228号大明大厦 邮政编码:257000

公司国际互联网网址:http://www.sydm.com.cn 电子信箱:zqyw@sydm.com.cn

1.2 联系人和联系方式

董事会秘书:张荣山 联系地址:山东省东营市济南路228号大明大厦

电话:0546－8556533 传真:0546－8556533 电子信箱:zqyw@sydm.com.cn

证券事务代表:王进洲 联系地址:山东省东营市济南路228号大明大厦

电话:0546－8556533 传真:0546－8556533 电子信箱:zqyw@sydm.com.cn

#### 2.会计数据和财务指标摘要

2.1 主要会计数据 单位:(人民币)元

| | 2002年(本年) | 2001年(上年) | 本年比上年增减(%) | 2000年 |
|---|---|---|---|---|
| 主营业务收入 | 781,960,764.45 | 761,693,708.40 | 2.66% | 837,809,499.91 |
| 利润总额 | 261,203,965.77 | 248,751,890.32 | 5.01% | 330,459,335.52 |
| 净利润 | 150,838,676.96 | 200,153,990.16 | －24.64% | 275,061,114.92 |
| 扣除非经常性损益的净利润 | 157,904,864.61 | 217,623,495.26 | －27.44% | 275,061,114.92 |
| | 2002年末(本年末) | 2001年末(上年末) | 本年末比上年末增减(%) | 2000年末 |
| 总资产 | 2,174,601,586.03 | 2,031,719,441.84 | 7.03% | 1,804,069,489.54 |
| 股东权益(不含少数股东权益) | 1,487,731,498.79 | 1,446,047,653.19 | 2.88% | 1,276,219,175.96 |
| 经营活动产生的现金流量净额 | 258,501,655.73 | 316,772,024.16 | －18.40% | 281,566,486.34 |

2.2 主要财务指标 单位:(人民币)元

| | 2002年(本年) | 2001年(上年) | 本年比上年增减(%) | 2000年 |
|---|---|---|---|---|
| 每股收益 | 0.41 | 0.66 | －37.21% | 0.91 |
| 每股收益* | 0.46 | －－ | －－ | －－ |
| 净资产收益率 | 10.14% | 13.84% | －26.73% | 21.55% |
| 扣除非经常性损益的净利润为基础计算的净资产收益率 | 10.61% | 15.03% | －29.41% | 21.55% |
| 每股经营活动产生的现金流量净额 | 0.71 | 1.04 | －32.01% | 0.93 |
| | 2002年末(本年末) | 2001年末(上年末) | 本年末比上年末增减(%) | 2000年末 |
| 每股净资产 | 4.09 | 4.77 | －14.26% | 4.21 |
| 调整后的每股净资产 | 3.77 | 4.47 | －15.74% | 3.91 |

## 000594 内蒙古宏峰实业股份有限公司

### 二〇〇二年年度报告摘选

#### 1.上市公司基本情况简介

1.1 基本情况简介

股票简称:ST宏峰 股票代码:000594 上市交易所:深圳证券交易所

注册地址:内蒙古赤峰市松山区建设街一号四层

办公地址:北京市海淀区清华科技园创新大厦B座9层 邮政编码:100084

公司国际互联网网址:无 电子信箱:Syq177@163.com

1.2 联系人和联系方式

董事会秘书:路春祥 联系地址:北京清华科技园创新大厦B座9层

电话:(010)62795080 传真:(010)62795077 电子信箱:Syq177@163.com

证券事务代表:李枫 联系地址:北京清华科技园创新大厦B座9层

电话:(010)62795080 传真:(010)62795077 电子信箱:无

#### 2.会计数据和财务指标摘要

2.1 主要会计数据

| | 2002年 | 2001年 | 本年比上年增减(%) | 2000年 |
|---|---|---|---|---|
| 主营业务收入 | 242,543,345.86 | 212,165,491.93 | 14.32 | 289,926,449.99 |
| 利润总额 | 23,453,607.21 | 73,949,590.76 | －68.28 | 84,041,848.87 |
| 净利润 | 15,713,916.83 | 62,655,038.89 | －74.92 | 71,515,695.56 |
| 扣除非经常性损益的净利润 | 15,778,833.02 | 35,395,467.36 | －55.42 | 41,214,222.47 |
| | 2002年末 | 2001年末 | 本年末比上年末增减(%) | 2000年末 |
| 总资产 | 1,021,299,388.96 | 1,082,174,724.07 | －5.63 | 909,374,196.43 |
| 股东权益(不含少数股东权益) | 761,772,987.75 | 745,392,729.07 | 2.20 | 680,191,932.48 |
| 经营活动产生的现金流量净额 | 27,637,642.13 | 143,585,704.35 | －80.75 | 8,940,431.98 |

2.2 主要财务指标

| | 2002年 | 2001年 | 本年比上年增减(%) | 2000年 |
|---|---|---|---|---|
| 每股收益 | 0.028 | 0.112 | －75.00 | 0.19 |
| 每股收益 | 0.028 | 0.112 | －75.00 | 0.19 |
| 净资产收益率 | 2.06 | 8.41 | －75.51 | 10.51 |
| 扣除非经常性损益的净利润为基础计算的净资产收益率 | 2.07 | 4.75 | －56.42 | 6.06 |
| 每股经营活动产生的现金流量净额 | 0.05 | 0.26 | －80.77 | 0.02 |
| | 2002年末 | 2001年末 | 本年末比上年末增减(%) | 2000年末 |
| 每股净资产 | 1.36 | 1.33 | 2.26 | 1.82 |
| 调整后的每股净资产 | 1.32 | 1.30 | 1.54 | 1.77 |

## 000762 西藏矿业发展股份有限公司

### 二〇〇二年年度报告摘选

#### 1.上市公司基本情况简介

1.1 基本情况简介

证券简称:西藏矿业 证券代码:000762 上市交易所:深圳证券交易所

注册地址和办公地址:西藏自治区拉萨市扎基路14号 邮政编码:850000

电子信箱:adslxzkycd@mail.sc.cninfo.net

1.2 联系人和联系方式

董事会秘书:刘晓江 联系地址:西藏自治区拉萨市扎基路14号

电话:0891－6324952 传真:0891－6336738、028－84446041

电子信箱:xzkyxx@mail.sc.cninfo.net

证券事务代表:王迎春 联系地址:西藏自治区拉萨市扎基路14号

电话:028－85252381 传真:028－84446041 电子信箱:xzkyxx@mail.sc.cninfo.net

#### 2.会计数据和财务指标摘要

2.1 主要会计数据 单位:(人民币)元

| | 2002年(本年) | 2001年(上年) | 本年比上年增减(%) | 2000年 |
|---|---|---|---|---|
| 主营业务收入 | 159,245,924.61 | 183,016,409.75 | －12.99% | 181,236,088.15 |
| 利润总额 | －73,022,574.25 | 2,080,538.18 | －3609.79% | 3,212,620.00 |
| 净利润 | －58,888,709.77 | 5,177,145.20 | －1237.47% | －414,476.86 |
| 扣除非经常性损益的净利润 | －47,801,180.90 | 7,994,190.92 | －697.95% | －3,821,264.09 |
| | 2002年末(本年末) | 2001年末(上年末) | 本年末比上年末增减(%) | 2000年末 |
| 总资产 | 652,343,911.53 | 723,057,252.67 | －9.78% | 743,727,241.86 |
| 股东权益(不含少数股东权益) | 419,698,513.46 | 482,466,065.36 | －13.01% | 479,812,378.35 |
| 经营活动产生的现金流量净额 | 4,254,316.61 | －10,099,152.99 | －－ | 44,503,366.77 |

2.2 主要财务指标 单位:(人民币)元

| | 2002年(本年) | 2001年(上年) | 本年比上年增减(%) | 2000年 |
|---|---|---|---|---|
| 每股收益 | －0.29 | 0.03 | －1238.37% | －0.00 |
| 每股收益* | －0.29 | －－ | －－ | －－ |
| 净资产收益率 | －14.03% | 1.07% | －1411.21% | －0.09% |
| 扣除非经常性损益的净利润为基础计算的净资产收益率 | 13.00% | 1.08% | 1103.70% | －0.09% |
| 每股经营活动产生的现金流量净额 | 0.02 | －0.05 | －－ | －0.24 |
| | 2002年末(本年末) | 2001年末(上年末) | 本年末比上年末增减(%) | 2000年末 |
| 每股净资产 | 2.09 | 2.41 | －13.01% | 2.39 |
| 调整后的每股净资产 | 1.82 | 2.34 | －22.09% | 2.33 |

## 000933 河南神火煤电股份有限公司

### 二〇〇二年年度报告摘选

#### 1.上市公司基本情况简介

1.1 基本情况简介

证券简称:神火股份 证券代码:000933 上市交易所:深圳证券交易所

注册地址和办公地址:河南省永城市新城区光明路 邮政编码:476600

电子信箱:shenhuogufen@371.net

1.2 联系人和联系方式

董事会秘书:王培顺 联系地址:河南省永城市新城区光明路

电话:0370－5114055 传真:0370－5114822 电子信箱:shenhuogufen@371.net

证券事务代表:潘宗群 联系地址:河南省永城市新城区光明路

电话:0370－5982722 传真:0370－5114822 电子信箱:shenhuogufen@371.net

#### 2.会计数据和财务指标摘要

2.1 主要会计数据 单位:(人民币)元

| | 2002年(本年) | 2001年(上年) | 本年比上年增减(%) | 2000年 |
|---|---|---|---|---|
| 主营业务收入 | 716,709,189.47 | 639,207,251.25 | 12.12% | 538,857,119.66 |
| 利润总额 | 158,577,739.38 | 136,643,419.59 | 16.05% | 118,274,041.75 |
| 净利润 | 112,321,473.35 | 98,986,926.25 | 13.47% | 79,209,297.87 |
| 扣除非经常性损益的净利润 | 121,534,971.58 | 94,917,453.90 | 28.04% | 87,634,858.57 |
| | 2002年末(本年末) | 2001年末(上年末) | 本年末比上年末增减(%) | 2000年末 |
| 总资产 | 1,370,228,470.17 | 1,015,324,252.91 | 34.95% | 1,089,817,169.16 |
| 股东权益(不含少数股东权益) | 1,068,159,570.41 | 767,485,994.51 | 39.18% | 795,260,642.92 |
| 经营活动产生的现金流量净额 | 251,061,166.74 | 161,939,896.09 | 55.03% | 96,443,554.87 |

2.2 主要财务指标 单位:(人民币)元

| | 2002年(本年) | 2001年(上年) | 本年比上年增减(%) | 2000年 |
|---|---|---|---|---|
| 每股收益 | 0.449 | 0.433 | 3.79% | 0.332 |
| 净资产收益率 | 10.52% | 12.90% | －18.45% | 12.03% |
| 扣除非经常性损益的净利润为基础计算的净资产收益率 | 11.38% | 12.37% | －8.00% | 11.02% |
| 每股经营活动产生的现金流量净额 | 1.004 | 0.708 | 41.79% | 0.422 |
| | 2002年末(本年末) | 2001年末(上年末) | 本年末比上年末增减(%) | 2000年末 |
| 每股净资产 | 4.273 | 3.356 | 27.32% | 3.478 |
| 调整后的每股净资产 | 4.241 | 3.348 | 26.60% | 3.474 |

## 000937 河北金牛能源股份有限公司

### 二〇〇二年年度报告摘选

#### 1.上市公司基本情况简介

1.1 基本情况简介

证券简称:金牛能源 证券代码:000937 上市交易所:深圳证券交易所

注册地址和办公地址:河北省邢台市中兴西大街 191 号 邮政编码:054021

公司国际互联网网址:http://www.goldbullenergy.com 电子信箱:master@goldbullenergy.com

1.2 联系人和联系方式

董事会秘书:刘彦春 联系地址:河北省邢台市中兴西大街 191 号

电话:0319－2068242 传真:0319－2068888 电子信箱:liuyanc@xt－user.he.cninfo.net

证券事务代表:邱玲 联系地址:河北省邢台市中兴西大街 191 号

电话:0319－2068312 传真:0319－2068666 电子信箱:qiuling66@vip.163.com

#### 2.会计数据和财务指标摘要

2.1 主要会计数据 单位:(人民币)元

| | 2002 年(本年) | 2001 年(上年) | 本年比上年增减(%) | 2000 年 |
|---|---|---|---|---|
| 主营业务收入 | 1,399,162,715.36 | 1,164,513,657.12 | 20.15% | 89,109,832.25 |
| 利润总额 | 271,348,654.18 | 249,960,556.64 | 8.56% | 217,376,508.12 |
| 净利润 | 188,415,605.36 | 253,137,252.57 | －25.57% | 148,542,595.53 |
| 扣除非经常性损益的净利润 | 0.44 | 0.60 | －26.67% | 148,388,842.76 |
| | 2002 年末(本年末) | 2001 年末(上年末) | 本年末比上年末增减(%) | 2000 年末 |
| 总资产 | 2,420,378,622.50 | 2,393,067,461.09 | 1.14% | 2,092,634,258.99 |
| 股东权益(不含少数股东权益) | 1,670,236,269.07 | 1,622,764,769.03 | 2.93% | 1,490,594,014.50 |
| 经营活动产生的现金流量净额 | 369,883,697.52 | 369,021,622.36 | 0.23% | 114,197,848.63 |

2.2 主要财务指标 单位:(人民币元)

| | 2002 年(本年) | 2001 年(上年) | 本年比上年增减(%) | 2000 年 |
|---|---|---|---|---|
| 每股收益 | 0.44 | 0.60 | －25.67% | 0.35 |
| 每股收益 * | 0.44 | －－ | －－ | －－ |
| 净资产收益率 | 11.30% | 15.60% | －27.56% | 10.08% |
| 扣除非经常性损益的净利润为基础计算的净资产收益率 | 0.00% | 0.00% | －－ | 10.07% |
| 每股经营活动产生的现金流量净额 | 0.87 | 0.00 | －－ | 0.27 |
| | 2002 年末(本年末) | 2001 年末(上年末) | 本年末比上年末增减(%) | 2000 年末 |
| 每股净资产 | 3.93 | 3.82 | 2.93% | 3.51 |
| 调整后的每股净资产 | 3.92 | 3.81 | 2.89% | 3.51 |

## 000956 中国石化中原油气高新股份有限公司

### 二〇〇二年年度报告摘选

#### 1.上市公司基本情况简介

1.1 基本情况简介

证券简称:中原油气 证券代码:000956 上市交易所:深圳证券交易所

注册地址和办公地址:郑州高新技术产业开发区郑州高新技术产业开发区

邮政编码:450001 公司国际互联网网址:http://www.zyyq.com 电子信箱:info@zyyq.com

1.2 联系人和联系方式

董事会秘书:李洪海 联系地址:河南省郑州市高新技术产业开发区瑞达路 87 号

电话:0371－7981018 0393－4893830 传真:0371－7984573 0393－4893831

电子信箱:info@zyyq.com

证券事务代表:张东方 联系地址:河南省郑州市高新技术产业开发区瑞达路 87 号

电话:0371－7981018 0393－4893830 传真:0371－7984573 0393－4893831

电子信箱:info@zyyq.com

#### 2.会计数据和财务指标摘要

2.1 主要会计数据

单位:(人民币)元

| | 2002 年(本年) | 2001 年(上年) | 本年比上年增减(%) | 2000 年 |
|---|---|---|---|---|
| 主营业务收入 | 1,794,238,510.71 | 1,740,257,613.18 | 3.10% | 1,912,336,544.76 |
| 利润总额 | 555,601,344.45 | 597,491,009.87 | －7.01% | 798,056,027.33 |
| 净利润 | 468,328,495.45 | 508,988,856.67 | －7.99% | 798,056,027.33 |
| 扣除非经常性损益的净利润 | 489,799,541.25 | 520,993,634.00 | －5.99% | 827,442,324.62 |
| | 2002 年末(本年末) | 2001 年末(上年末) | 本年末比上年末增减(%) | 2000 年末 |
| 总资产 | 4,016,133,126.99 | 3,674,005,949.80 | 9.31% | 3,144,785,717.21 |
| 股东权益(不含少数股东权益) | 3,253,587,653.60 | 2,866,859,158.15 | 13.49% | 2,657,070,301.48 |
| 经营活动产生的现金流量净额 | 384,071,556.63 | 739,979,677.84 | －48.10% | 142,636,250.81 |

2.2 主要财务指标

单位:(人民币)元

| | 2002 年(本年) | 2001 年(上年) | 本年比上年增减(%) | 2000 年 |
|---|---|---|---|---|
| 每股收益 | 0.57 | 0.62 | －8.00% | 1.17 |
| 净资产收益率 | 14.39% | 17.75% | －18.93% | 31.65% |
| 扣除非经常性损益的净利润为基础计算的净资产收益率 | 15.05% | 18.17% | －17.17% | 32.82% |
| 每股经营活动产生的现金流量净额 | 0.47 | 0.91 | －48.09% | 2.09 |
| | 2002 年末(本年末) | 2001 年末(上年末) | 本年末比上年末增减(%) | 2000 年末 |
| 每股净资产 | 3.99 | 3.51 | 13.49% | 3.71 |
| 调整后的每股净资产 | 3.99 | 3.51 | 13.49% | 3.71 |

## 000968 山西神州煤电焦化股份有限公司

### 二〇〇二年年度报告摘选

#### 1.上市公司基本情况简介

1.1 基本情况简介

股票简称:神州股份 股票代码:000968 上市交易所:深圳证券交易所

注册地址和办公地址:山西省太原市和平南路 83 号 邮政编码:030024

电子信箱:shenzhou0968@sina.com

1.2 联系人和联系方式

董事会秘书:刘恩孝 联系地址:山西省太原市和平南路 83 号

电话:0351－6019365 传真:0351－6199887 电子信箱:shenzhou0968@sina.com

#### 2.会计数据和财务指标摘要

2.1 主要会计数据

| 项目 | 2002 年 | 2001 年 | 本年比上年增减(%) | 2000 年 调整后 | 2000 年 调整前 |
|---|---|---|---|---|---|
| 主营业务收入 | 805,363,686.02 | 662,496,238.44 | 21.57% | 594,446,825.89 | 594,446,825.89 |
| 利润总额 | 61,291,152.78 | 63,093,642.24 | －2.86% | 38,760,253.61 | 41,229,953.61 |
| 净利润 | 49,213,317.67 | 53,927,727.46 | －8.74% | 31,560,777.41 | 34,030,477.41 |
| 扣除非经常性损益的净利润 | 32,897,384.95 | 41,463,139.61 | －20.66% | 38,993,439.61 | 41,463,139.61 |
| 项目 | 2002 年 | 2001 年 | 本年比上年增减(%) | 2000 年 调整后 | 2000 年 调整前 |
| 总资产 | 2,096,181,591.08 | 1,849,313,889.08 | 13.35% | 1,688,713,101.55 | 1,688,713,101.55 |
| 股东权益(不含少数股东权益 | 1,183,434,609.39 | 1,136,281,890.09 | 4.15% | 1,087,096,442.63 | 1,089,566,142.63 |
| 经营活动产生的现金流量净额 | 7,303,637.36 | 32,302,184.66 | －77.39% | －40,880,925.53 | －40,880,925.53 |

2.2 主要财务指标

| 项目 | 2002 年 | 2001 年 | 本年比上年增减(%) | 2000 年 调整后 | 2000 年 调整前 |
|---|---|---|---|---|---|
| 每股收益(全面摊薄) | 0.1245 | 0.1365 | －8.79% | 0.08 | 0.0861 |
| 净资产收益率(全面摊薄) | 4.16% | 4.74% | －12.24% | 2.91% | 3.12% |
| 扣除非经常性损益的净利润为基础计算的净资产收益率(全面摊薄) | 2.78% | 3.65% | －23.72% | 3.83% | 4.01% |
| 每股经营活动产生的现金流量净额 | 0.0185 | 0.0817 | －77.36% | 0.1034 | 0.1034 |
| 项目 | 2002 年末 | 2001 年末 | 本年末比上年末增减(%) | 2000 年末 调整后 | 2000 年末 调整前 |
| 每股净资产 | 2.9946 | 2.8815 | 3.93% | 2.7509 | 2.7571 |
| 调整后的每股净资产 | 2.5993 | 2.5227 | 3.04% | 2.6834 | 2.6896 |

## 200053 深圳赤湾石油基地股份有限公司

### 二〇〇二年年度报告摘选

#### 1.上市公司基本情况简介

1.1 基本情况简介

股票简称:深基地 B 股票代码:200053 上市交易所:深圳证券交易所

注册地址和办公地址:深圳市南山区赤湾基地楼 邮政编码:518068

公司国际互联网网址:http://www.cninfo.com.cn 电子信箱:szcpsb@szonline.net

1.2 联系人和联系方式

董事会秘书:傅加林 联系地址:深圳市南山区赤湾基地楼

电话:0755－26694211 传真:0755－26694227 电子信箱:jialinfu@163.net

证券事务代表:于忠侠 联系地址:深圳市南山区赤湾基地楼

电话:0755－26694211 传真:0755－26694227

#### 2.会计数据及业务数据摘要

2.1 主要会计数据和财务指标 (单位:人民币元)

| 项目 | 2002 年度 | 2001 年度 | 本年比上年增减(%) | 2000 年度 |
|---|---|---|---|---|
| 主营业务收入 | 95,473,649.27 | 102,797,604.04 | －7.1 | 96,677,413.47 |
| 净利润 | 62,939,454.06 | 60,180,567.41 | 4.6 | 44,853,177.97 |
| 总资产 | 638,718,242.00 | 616,844,732.09 | 3.5 | 573,774,955.50 |
| 股东权益 | 556,749,831.55 | 525,280,104.52 | 6.0 | 504,792,320.76 |
| 全面摊薄每股收益 | 0.273 | 0.261 | 4.6 | 0.195 |
| 加权平均每股收益 | 0.273 | 0.261 | 4.6 | 0.195 |
| 扣除非经常性损益后的全面摊薄每股收益 | 0.274 | 0.262 | 4.6 | 0.196 |
| 扣除非经常性损益后的加权平均每股收益 | 0.274 | 0.262 | 4.6 | 0.196 |
| 每股净资产 | 2.414 | 2.267 | 6.5 | 2.189 |
| 调整后的每股净资产 | 2.366 | 2.220 | 6.6 | 2.143 |
| 项目 | 2002 年度 | 2001 年度 | 本年比上年增减(%) | 2000 年度 |
| 每股经营活动产生的现金流量净额 | 0.316 | 0.367 | －13.9 | 0.319 |
| 全面摊薄净资产收益率(%) | 11.305 | 11.457 | －1.3 | 8.885 |
| 加权平均净资产收益率(%) | 11.305 | 11.457 | －1.3 | 8.885 |
| 扣除非经常性损益后的全面摊薄净资产收益率(%) | 11.336 | 11.485 | －1.3 | 8.936 |
| 扣除非经常性损益后的加权平均净资产收益率(%) | 11.336 | 11.485 | －1.3 | 8.936 |

# C. 制造业

## C0. 食品、饮料(21 家)

# 000780 内蒙古草原兴发股份有限公司

## 二〇〇二年年度报告摘要

### 1. 重要提示

1.1 本公司董事会及其董事保证本报告所载资料不存在任何虚假记载、误导性陈述或者重大遗漏,并对其内容的真实性、准确性和完整性负个别及连带责任。本年度报告摘要摘自年度报告全文,投资者欲了解详细内容,应阅读年度报告全文。

1.2 没有董事声明对年度报告内容的真实性、准确性、完整性无法保证或存在异议。

1.3 所有董事均出席董事会。

1.4 北京中天华正会计师事务所有限公司为本公司出具了有无保留意见无解释性说明的审计报告。

1.5 本公司董事长张振武先生、总经理方武先生、财务总监张金峰先生声明:保证年度报告中财务报告的真实、完整。

### 2. 上市公司基本情况简介

2.1 基本情况简介

| | |
|---|---|
| 证券简称 | 草原兴发 |
| 证券代码 | 000780 |
| 上市交易所 | 深圳证券交易所 |
| 注册地址和办公地址 | 内蒙古·赤峰市·元宝山区·平庄镇<br>内蒙古自治区赤峰市平庄镇兴发大厦 |
| 邮政编码 | 024076 |
| 电子信箱 | nmxflx@public.hh.nm.cn |

2.2 联系人和联系方式

| | 董事会秘书 | 证券事务代表 |
|---|---|---|
| 姓名 | 齐向前 | 孙凯 |
| 联系地址 | 内蒙古自治区赤峰市平庄镇内蒙古草原兴发股份有限公司 | 内蒙古自治区赤峰市平庄镇内蒙古草原兴发股份有限公司证券部 |
| 电话 | 0476-3514285 | 0476-3514285 |
| 传真 | 0476-3510053 | 0476-3510053 |
| 电子信箱 | qixqian@public.hh.nm.cn | sunkai5611@public.hh.nm.cn |

### 3. 会计数据和财务指标摘要

3.1 主要会计数据　　单位:(人民币)元

| | 2002 年(本年) | 2001 年(上年) | 本年比上年增减(%) | 2000 年 |
|---|---|---|---|---|
| 主营业务收入 | 1,618,091,382.68 | 1,192,567,188.13 | 35.68% | 994,328,492.36 |
| 利润总额 | 70,453,312.12 | 79,667,619.52 | -11.57% | 63,809,317.63 |
| 净利润 | 70,902,962.12 | 79,405,014.47 | -10.71% | 63,809,317.63 |
| 扣除非经常性损益的净利润 | 65,220,592.01 | 90,117,569.56 | -27.63% | 63,809,317.63 |
| | 2002 年末(本年末) | 2001 年末(上年末) | 本年末比上年末增减(%) | 2000 年末 |
| 总资产 | 2,552,206,389.34 | 2,115,613,931.62 | 20.64% | 1,593,544,911.86 |
| 股东权益(不含少数股东权益) | 1,053,104,018.70 | 982,201,056.58 | 7.22% | 931,123,242.11 |
| 经营活动产生的现金流量净额 | 115,281,973.12 | 225,081,380.59 | -48.78% | -12,568,361.17 |

3.2 主要财务指标　　单位:(人民币)元

| | 2002 年(本年) | 2001 年(上年) | 本年比上年增减(%) | 2000 年 |
|---|---|---|---|---|
| 每股收益 | 0.25 | 0.28 | -10.71% | 0.23 |
| 每股收益* | 0.25 | - | - | - |
| 净资产收益率 | 6.73% | 8.08% | -16.71% | 6.85% |
| 扣除非经常性损益的净利润为基础计算的净资产收益率 | 6.19% | 9.18% | -32.57% | 6.88% |
| 每股经营活动产生的现金流量净额 | 0.41 | 0.80 | -48.81% | -0.05 |
| | 2002 年末(本年末) | 2001 年末(上年末) | 本年末比上年末增减(%) | 2000 年末 |
| 每股净资产 | 3.72 | 3.47 | 7.24% | 3.29 |
| 调整后的每股净资产 | 3.65 | 3.42 | 6.73% | 3.27 |

3.3 国内外会计准则差异

□适用　　√不适用

### 4. 股本变动及股东情况

4.1 股份变动表　　单位:股

| | 本次变动前 | 本次变动增减(+,-) | 本次变动后 |
|---|---|---|---|
| 一、未上市流通股份 | | | |
| 1.发起人股份 | 54,876,480 | 0 | 54,876,480 |
| 其中:国家持有股份 | 54,876,480 | 0 | 54,876,480 |
| 境内法人持有股份 | | 0 | 0 |
| 境外法人持有股份 | | 0 | 0 |
| 其他 | | 0 | 0 |
| 2.募集法人股份 | 118,883,520 | 0 | 118,883,520 |
| 3.内部职工股 | | 0 | 0 |
| 4.优先股或其他 | | 0 | 0 |
| 未上市流通股份合计 | 173,760,000 | 0 | 173,760,000 |
| 二、已上市流通股份 | | | |
| 1.人民币普通股 | 109,512,000 | 0 | 109,512,000 |
| 2.境内上市的外资股 | | 0 | 0 |
| 3.境外上市的外资股 | | 0 | 0 |
| 4.其他 | | 0 | 0 |
| 已上市流通股份合计 | 109,512,000 | 0 | 109,512,000 |
| 三、股份总数 | 283,272,000 | 0 | 283,272,000 |

4.2 前十名股东持股表

| 报告期末股东总数 | 64,529 | | | | | |
|---|---|---|---|---|---|---|
| 前十名股东持股情况 | | | | | | |
| 股东名称(全称) | 年度内增减(股) | 年末持股数量(股) | 比例(%) | 股份类别(已流通或未流通) | 质押或冻结的股份数量(股) | 股东性质(国有股东或外资股东) |
| 赤峰市银联投资有限责任公司 | 0 | 70,267,533 | 24.81 | 未流通 | 32,300,000 | 国有股东 |
| 赤峰大兴公司 | 0 | 54,876,480 | 19.37 | 未流通 | 27,400,000 | 国有股东 |
| 赤峰万顺食品厂 | 0 | 48,615,967 | 17.16 | 未流通 | 28,400,000 | 国有股东 |
| 开元证券投资基金 | 367,170 | 1,059,692 | 0.37 | 已流通 | 未知 | |
| 天元证券投资基金 | 859,700 | 859,700 | 0.30 | 已流通 | 未知 | |
| 内蒙古日信投资(集团)有限责任公司 | -848,000 | 750,000 | 0.26 | 已流通 | 未知 | |
| 南方稳健成长证券投资基金 | 651,571 | 651,571 | 0.23 | 已流通 | 未知 | |
| 华安创新证券投资基金 | -1,527,346 | 447,626 | 0.16 | 已流通 | 未知 | |
| 宝盈鸿利收益证券投资基金 | 373,100 | 373,100 | 0.13 | 已流通 | 未知 | |
| 国都证券投资有限责任公司 | 350,072 | 350,072 | 0.12 | 已流通 | 未知 | |
| 前十名股东关联关系或一致行动的说明 | | 公司前十名股东中,法人股股东之间及法人股股东与其他流通股股东之间无关联关系,不属于《上市公司股东持股变动信息披露管理办法》规定的一致行动人;开元证券投资基金、天元证券投资基金及南方稳健成长证券投资基金同属南方基金管理有限公司管理,其他流通股股东之间是否存在关联关系,或其是否为一致行动人未知。 | | | | |

4.3 控股股东及实际控制人情况介绍

4.3.1 控股股东及实际控制人变更情况

□适用　　√不适用

4.3.2 控股股东和其他实际控制人具体情况介绍

赤峰市世博投资有限责任公司,法定代表人:唐晓秋,成立于 2001 年 5 月 11 日,注册资本 4,000 万元,经营范围:投资、资产托管、投资管理、咨询、顾问,所持银联投资股份占其股本总额的 89%。

赤峰市世博投资有限责任公司的股东为唐晓秋、刘兆华、董士花、王志杰及陈广儒五个自然人,其持股比例依次为:25%、25%、25%、12.5%及 12.5%,上述五个自然人与本公司无任何关联关系。

### 5. 董事、监事和高级管理人员

5.1 董事、监事和高级管理人员持股变动

| 姓名 | 职务 | 性别 | 年龄 | 任期起止日期 | 年初持股数(股) | 年末持股数(股) | 变动原因 |
|---|---|---|---|---|---|---|---|
| 张振武 | 董事长 | 男 | 48 | 2001 年 8 月 - 2004 年 8 月 | 7,020 | 7,020 | |
| 金现龙 | 董事 | 男 | 40 | 2001 年 8 月 - 2004 年 8 月 | 7,020 | 7,020 | |
| 方武 | 总经理 | 男 | 40 | 2001 年 8 月 - 2004 年 8 月 | 4,680 | 4,680 | |
| 郭瑞金 | 董事 | 男 | 34 | 2002 年 2 月 - 2004 年 8 月 | 0 | 0 | |
| 张金峰 | 董事 | 男 | 34 | 2001 年 8 月 - 2004 年 8 月 | 4,680 | 4,680 | |
| 齐向前 | 董事 | 男 | 34 | 2001 年 8 月 - 2004 年 8 月 | 4,680 | 4,680 | |
| 徐小青 | 独立董事 | 男 | 50 | 2001 年 8 月 - 2004 年 8 月 | 0 | 0 | |
| 张立中 | 独立董事 | 男 | 40 | 2001 年 8 月 - 2004 年 8 月 | 0 | 0 | |
| 孙国庆 | 独立董事 | 男 | 48 | 2002 年 8 月 - 2004 年 8 月 | 0 | 50,000 | 二级市场买入 |
| 张海儒 | 监事 | 男 | 43 | 2002 年 8 月 - 2004 年 8 月 | 4,680 | 4,680 | |
| 徐国庆 | 监事 | 男 | 34 | 2001 年 8 月 - 2004 年 8 月 | 0 | 0 | |
| 张连奎 | 监事 | 男 | 32 | 2001 年 8 月 - 2004 年 8 月 | 0 | 0 | |
| 何学功 | 副总经理 | 男 | 36 | 2002 年 2 月 - 2004 年 8 月 | 0 | 0 | |
| 吴忠悦 | 副总经理 | 男 | 31 | 2002 年 2 月 - 2004 年 8 月 | 0 | 0 | |

| | | | | | | |
|---|---|---|---|---|---|---|
| 周学军 | 副总经理 | 男 | 34 | 2002年2月－2004年8月 | 0 | 0 | |
| 孙永利 | 副总经理 | 男 | 32 | 2002年12月－2004年8月 | 0 | 0 | |
| 张玉玺 | 副总经理 | 男 | 29 | 2002年12月－2004年8月 | 0 | 0 | |

5.2 在股东单位任职的董事监事情况

□适用 √不适用

5.3 董事、监事和高级管理人员年度报酬情况

单位：(人民币)万元

| | |
|---|---|
| 年度报酬总额 | 42.44 |
| 金额最高的前三名董事的报酬总额 | 10.80 |
| 金额最高的前三名高级管理人员的报酬总额 | 7.82 |
| 独立董事津贴 | 3.60万元/人(年) |
| 独立董事其他待遇 | 独立董事出席公司董事会会议、股东大会的差旅费及按《公司法》、《公司章程》等有关规定行使职权的合理费用可以在公司据实报销。 |
| 不在公司领取报酬、津贴的董事、监事姓名 | 无 |
| 报酬区间 | 人数 |
| 3.6 | 4 |
| 2.46 | 3 |
| 2.11 | 8 |
| 1.88 | 2 |

# 6.董事会报告

6.1 报告期内整体经营情况的讨论与分析

2002年，全体草原兴发人在董事会的领导下，以市场为龙头，以产品为基础，以科技为动力，以效益为中心，强化内部管理，完善运行机制，统一思想、统一步调，努力完成了本年度的各项任务，并在资本运作、绿食店建设、涮园建设、产品研发、产品出口、产业化等领域取得了一系列突破性的进展。报告期末，草原兴发被中国肉类协会评为国内肉羊生产企业第一名，禽类生产企业第八名，冷藏库容量第六名，肉制品加工企业第八名，在中国肉类食品行业50强企业中排名第十三位，在行业内的影响力进一步提升。

2002年，公司完成主营业务收入1,618,091,382.68元，较去年同期增长35.68%，实现净利润70,902,962.12元，同比下降10.71%。

经营中的主要对策和举措

①为战略优势注入技术内涵，全方位提升根基产能。

近年来，草原兴发采取以"购并"为主的进入方式，先后在内蒙古大草原、青藏高原、甘肃草原三大区域内购并整合了41家大型肉羊屠宰加工企业，形成了对中国北方草原肉羊资源的战略控制之势，取得了行业龙头地位，从而基本完成肉羊产业的"外延式"扩张的战略部署。

2002年，公司提出在"外延式"扩张基础上采取"内涵式"技术发展的新一轮战略举措，以期尽快完成肉羊产业控制资源、盘活资产、注入内涵的总体规划。报告期内，公司逐步对部分工厂进行重点技术改造，在"外延式"扩张的基础上发展"内涵式"扩大再生产，以提高现有工厂的速冻、冷冻生产技能为核心，全面提高企业素质，扩大羔羊肉产量，并进而提高产品品质。

②为"源头"注"源泉"，变天然草原为人工"聚宝盆"。

为确保肉羊产业健康、持续发展，2002年，草原兴发决定在不改变整个草原大气候即其天然洁净属性的前提下，有针对性地发展高产人工牧草，通过专业化、高效率的草业建设，饲草料加工和牧草供应，重点解决牧区冬季的牧草供应难题，逐年减小因白灾、黑灾等自然灾害而导致的产业经营风险，同步带动饲料产业的发展，使企业的主业经营更加稳健成熟。报告期内，公司已在锡林郭勒、科尔沁、呼伦贝尔三大草原，有选择地启动了旱作人工草地、节水灌溉人工草地和饲料作物基地的开发与推广项目，并取得了良好的社会及经济效益。

③市场网络优势凸现

2002年度，草原兴发在现有营销网络的基础上，紧紧把握住当今休闲经济、体验经济、娱乐经济发展的潮流，结合商业业态发展的最新趋势和产品纯天然无污染的特色品质，进一步完善了以草原兴发涮园、烧烤乐园、超市店中店、社区绿食店和休闲烧烤店为主体的"两园三店"的市场营销网络体系。目前公司已拥有近4,000家终端网络，分别在高档餐饮、超市大卖场、社区消费、休闲烧烤等几大关键消费领域占据了一席之地，形成了产品深入市场的5条绿色通路，拉动了"肉羊"、"肉鸡"两大特色产业体系的强劲发展。

国际业务方面，公司抓住中国入世后的国际市场准入机遇，在香港、日本、俄罗斯、阿联酋、阿曼等7个国家和地区形成了稳定的海外客户群体，产品出口保持了良好的发展态势，鸡肉出口同比增长10%，羊肉同比增长90%，并于2002年6月，在俄罗斯开设了第一家中国菜全球连锁分店，为抓住机遇扩大出口闯出了一条新路。

④质量体系日趋完善

报告期内，公司充分借鉴发达国家在动物防疫方面的先进作法和成功经验，把严密的管理制度与自然纯净的生产环境结合起来，进一步完善了产品质量与安全体系。2002年4月，肉鸡产业顺利通过由国家质量检验检疫总局负责检测的HACCP(危害分析与关键控制点)验证；5月，四野事业部、西部事业部一次性通过ISO9001质量体系认证；9月，霍林河、正蓝等8家基地工厂通过出口卫生注册；12月，又顺利通过草原兴发牌赤峰羔羊肉的地理标志注册。一系列认证的实施，极大地增加了草原兴发系列产品在国际市场的准入机会，并进一步推动了公司主导产业与国际市场的全面接轨。

⑤产品研发成绩斐然

2002年，公司提出了"由原料生产向工业化终端产品生产转变"等"三个转变"的战略指导思想。在产品开发方面，本着满足个性化的市场消费需求的原则，突出了现场制作，突出了成品，突出了附加值，在"羊肉嫩化技术"、"带骨肉制品开发"等项目攻关方面取得了一系列突破性的进展，以绿食店、超市店中店等营销网络为平台，相继推出了"羔羊180"、"羔羊伴侣"、"烤羔羊腿"等800多个品种的新产品，进一步提高了草原兴发几大优势产品系列的竞争力和市场占有率。

6.2 主营业务分行业或产品情况表

单位：(人民币)万元

| 分行业或分产品 | 主营业务收入 | 主营业务成本 | 毛利率(%) | 主营业务收入比上年增减(%) | 主营业务成本比上年增减(%) | 毛利率比上年增减(%) |
|---|---|---|---|---|---|---|
| 食品加工制造业 | 148,730.33 | 114,509.07 | 23.01 | 24.71 | 19.56 | 10.83 |
| 畜牧业 | 13,078.81 | 12,250.34 | 6.33 | 7.93 | 57.30 | -67.42 |
| 其中：关联交易金额 | 0.00 | 0.00 | -- | 0.00 | 0.00 | 0.00 |
| 鸡类产品 | 46,448.20 | 43,015.48 | 7.39 | 36.39 | 27.78 | 6.24 |
| 鸡雏 | 10,585.60 | 3,347.05 | 68.38 | 4.71 | 66.62 | -11.75 |
| 饲料产品 | 39,626.17 | 25,002.54 | 36.90 | 81.32 | 66.16 | 5.75 |
| 羊肉产品 | 51,411.81 | 43,349.36 | 15.68 | 23.79 | 26.72 | -1.95 |
| 熟食品 | 3,149.91 | 3,126.61 | 0.74 | -10.01 | -20.50 | 13.10 |
| 牛肉产品 | 4,821.59 | 4,184.79 | 13.21 | 60.18 | 61.06 | -0.47 |
| 兽药 | 1,541.11 | 1,100.45 | 28.59 | 25.53 | 26.16 | -0.36 |
| 有机食品 | 1,236.40 | 1,197.15 | 3.17 | 78.53 | 114.60 | -16.28 |
| 猪肉产品 | 937.22 | 879.04 | 6.21 | 258.05 | 286.05 | -6.80 |
| 马肉产品 | 68.89 | 64.36 | 6.58 | -83.59 | -83.75 | 0.94 |
| 四野食品 | 286.36 | 104.61 | 63.47 | -79.53 | -81.64 | 4.20 |
| 其他 | 1,695.90 | 1,449.82 | 11.56 | 41.77 | -11.40 | 53.07 |
| 其中：关联交易金额 | 0.00 | 0.00 | -- | 0.00 | 0.00 | 0.00 |
| 关联交易的定价原则 | | 不适用 | | | | |
| 关联交易必要性、持续性的说明 | | 不适用 | | | | |

6.3 主营业务分地区情况

单位：(人民币)万元

| 地区 | 主营业务收入 | 主营业务收入比上年增减(%) |
|---|---|---|
| 东部区 | 206,021.54 | 24.71 |
| 西部区 | 15,703.54 | 100.00 |

6.4 采购和销售客户情况

单位：(人民币)万元

| | | | |
|---|---|---|---|
| 前五名供应商采购金额合计 | 62,299,782.42 | 占采购总额比重 | 5.67% |
| 前五名销售客户销售金额合计 | 12,922,440.30 | 占销售总额比重 | 0.80% |

6.5 参股公司经营情况(适用投资收益占净利润10%以上的情况)

□适用 √不适用

6.6 主营业务及其结构发生重大变化的原因说明

□适用 √不适用

6.7 主营业务盈利能力(毛利率)与上年相比发生重大变化的原因说明

□适用 √不适用

6.8 经营成果和利润构成与上年度相比发生重大变化的原因分析

□适用 √不适用

整体财务状况与上年度相比发生重大变化的原因分析

□适用 √不适用

6.9 对生产经营环境以及宏观政策、法规产生重大变化已经、正在或将要对公司的财务状况和经营成果产生重要影响的说明

□适用 √不适用

6.10 完成盈利预测的情况

□适用 √不适用

6.11 完成经营计划情况

□适用 √不适用

6.12 募集资金使用情况

□适用 √不适用

变更项目情况

□适用 √不适用

6.13 非募集资金项目情况

√适用 □不适用

| 项目名称 | 项目金额 | 项目进度 | 项目收益情况 |
|---|---|---|---|
| 投资设立兴安盟兴安兴发食品有限责任公司 | 5,725.45 | 100% | 25.90 |
| 投资设立青海草原兴发清真食品有限公司 | 9,900.00 | 100% | -0.19 |
| 投资设立草原兴发西部食品有限公司 | 4,800.00 | 100% | -18.17 |
| 合计 | 20,425.45 | -- | -- |

6.14 董事会对会计师事务所"非标意见"的说明

□适用 √不适用

6.15 董事会新年度的经营计划

□适用 √不适用

新年度盈利预测

□适用 √不适用

6.16 董事会本次利润分配或资本公积金转增预案

2002年度公司实现净利润70,902,962.12元。根据《公司章程》的规定，提取法定盈余公积金7,096,619.05元，提取法定公益金3,561,260.81元，加年初未分配利润231,410,897.51元，本年度可分配利润为291,655,979.77元。

鉴于2003年度公司全面启动募集资金投资项目后，需补充大量流动资金，为了确保上述项目的顺利实施，以期实现公司的持续稳健发展，从而给广大股东以更大的利润回报，经公司董事会研究决定，本年度不进行利润分配，也不进行资本公积金转增股本；该预案需经公司股东大会审议通过后实施。

# 7.重要事项

7.1 收购资产

□适用 √不适用

7.2 出售资产

□适用 √不适用

7.3 重大担保

□适用 √不适用

7.4 关联债权债务往来

□适用 √不适用

7.5 委托理财

□适用 √不适用

7.6 承诺事项履行情况

√适用 □不适用

赤峰市银联投资有限责任公司于《合资组建锡林兴发食品有限责任公司协议》中承诺经营期二十年后，锡盟出资方以初始出资额的价格依法转让该部分股权。根据二〇〇〇年十月三十日本公司与"银联投资"签订的《股权转让协议》，本公司将承接上述承诺资产。

7.7 重大诉讼仲裁事项

□适用 √不适用

7.8 独立董事履行职责的情况

报告期内，本公司按照《上市公司治理准则》的要求，进一步完善了《董事会议事规则》及《独立董事制度》，并于2001年7月及2002年8月先后选聘了3名独立董事，使独立董事人数已达到董事总人数的1/3；报告期内，公司独立董事按照《公司章程》的要求，认真独立履行职责，维护公司整体利益并关注中小股东的合法权益不受损害，出席了公司2002年度的董事会和股东大会，对会议各项议题进行了认真审议并发表了独立意见，切实履行了诚信与勤勉尽责义务，使公司的决策更加科学和公正。

# 8.监事会报告

监事会认为公司依法运作、公司财务情况、公司收购、出售资产交易和关联交易不存在问题。

# 9.财务报告

9.1 审计意见

本公司2002年财务报告经北京中天华正会计师事务所有限公司审计，副主任会计师邢蒙、注册会计师张文荣签字，出具了中天华正(京)审[2003]052号标准无保留意见的审计报告。

9.2 财务会计报表(附后)

9.3 与最近一期年度报告相比,本报告期会计政策、会计估计和核算方法均未发生变化。

9.4 与最近一期年度报告相比,本报告期合并范围发生变化的说明。

与最近一期年度报告相比,合并范围增加如下子公司:

1.内蒙古草原兴发进出口有限责任公司,系公司投资 900 万元与赤峰市银联投资有限责任公司共同投资组建的公司,该公司 2002 年 3 月正式成立。

2.兴安盟兴安兴发食品有限责任公司,系公司投资 5,725.45 万元与锡林郭勒盟锡林兴发食品有限责任公司共同投资组建的公司,该公司于 2002 年 5 月正式成立。

3.青海草原兴发清真食品有限公司,系公司投资 9900 万元与张立生共同投资组建的公司,该公司成立于 2002 年 7 月。

4.草原兴发西部食品有限公司,系公司投资 4800 万元与张朝江共同投资组建的公司,该公司成立于 2002 年 7 月。

## 资 产 负 债 表

编制单位:内蒙古草原兴发股份有限公司　　　　单位:(人民币)元

| 项　目 | 2002.12.31 | | 2001.12.31 | |
|---|---|---|---|---|
| | 合并 | 母公司 | 合并 | 母公司 |
| 流动资产: | | | | |
| 货币资金 | 439,406,918.19 | 427,822,843.68 | 411,916,572.75 | 386,105,538.04 |
| 短期投资 | 1,096,286.40 | 1,096,286.40 | | |
| 应收票据 | | | | |
| 应收股利 | | | | |
| 应收利息 | | | | |
| 应收账款 | 112,718,415.94 | 110,786,244.82 | 179,772,612.50 | 173,373,819.12 |
| 其他应收款 | 74,463,593.05 | 124,916,479.70 | 64,608,059.39 | 55,598,584.48 |
| 预付账款 | 19,613,709.60 | 14,302,525.74 | 15,429,611.41 | 14,948,482.17 |
| 应收补贴款 | | | 0.00 | |
| 存货 | 486,405,225.92 | 405,143,011.60 | 416,470,961.73 | 392,429,417.37 |
| 待摊费用 | 9,485,194.52 | 9,351,514.12 | 8,599,549.08 | 8,388,918.50 |
| 一年内到期的长期债权投资 | | | | |
| 其他流动资产 | | | | |
| 流动资产合计 | 1,143,189,343.62 | 1,093,418,906.06 | 1,096,797,366.86 | 1,030,844,759.68 |
| 长期投资: | | | | |
| 长期股权投资 | 1,265,460.79 | 296,935,310.11 | 42,909,874.81 | 123,588,881.37 |
| 长期债权投资 | 760,000.00 | 760,000.00 | | |
| 长期投资合计 | 2,025,460.79 | 297,695,310.11 | 42,909,874.81 | 123,588,881.37 |
| 其中:合并价差 | | | | |
| 固定资产: | | | | |
| 固定资产原价 | 1,016,759,780.24 | 778,153,653.41 | 798,789,512.11 | 726,539,018.42 |
| 减:累计折旧 | 239,661,984.22 | 152,578,147.94 | 203,118,576.01 | 169,832,026.71 |
| 固定资产净值 | 777,097,796.02 | 625,575,505.47 | 595,670,936.10 | 556,706,991.71 |
| 减:固定资产减值准备 | 3,308,106.69 | 3,308,106.69 | | |
| 固定资产净额 | 773,789,689.33 | 622,267,398.78 | 595,670,936.10 | 556,706,991.71 |
| 工程物资 | 303,536.95 | | 11,563.68 | 11,563.68 |
| 在建工程 | 24,259,607.75 | 23,682,872.07 | 44,580,556.19 | 44,274,791.57 |
| 固定资产清理 | | | | |
| 固定资产合计 | 798,352,834.03 | 645,950,270.85 | 640,263,055.97 | 600,993,346.96 |
| 无形资产及其他资产: | | | | |
| 无形资产 | 606,843,063.03 | 490,843,283.76 | 333,665,340.63 | 297,634,230.50 |
| 长期待摊费用 | 1,795,687.87 | 1,515,783.33 | 1,978,293.35 | 1,794,234.44 |
| 其他长期资产 | | | | |
| 无形资产及其他资产合计 | 608,638,750.90 | 492,359,067.09 | 335,643,633.98 | 299,428,464.94 |
| 递延税项: | | | | |
| 递延税款借项 | | | | |
| 资产总计 | 2,552,206,389.34 | 2,529,423,554.11 | 2,115,613,931.62 | 2,054,855,452.95 |
| 流动负债: | | | | |
| 短期借款 | 981,566,000.00 | 913,566,000.00 | 519,000,000.00 | 519,000,000.00 |
| 应付票据 | | | | |
| 应付账款 | 82,034,299.78 | 78,678,173.98 | 101,962,237.05 | 98,406,932.22 |
| 预收账款 | 19,427,124.59 | 22,747,634.35 | 11,061,791.53 | 11,010,491.53 |
| 应付工资 | 12,348,673.00 | 11,631,971.84 | 12,818,921.78 | 11,998,854.19 |
| 应付福利费 | 10,052,041.67 | 8,963,881.18 | 9,670,721.83 | 9,152,665.79 |
| 应付股利 | | | 26,136,960.00 | 26,136,960.00 |
| 应交税金 | －16,072,794.79 | －7,795,687.51 | 36,216,327.12 | 36,738,531.64 |
| 其他应交款 | 1,591,476.97 | 1,588,353.02 | 502,476.83 | 494,976.83 |
| 其他应付款 | 68,469,182.09 | 171,278,554.43 | 56,234,353.30 | 59,152,429.51 |
| 预提费用 | 5,102,572.76 | 5,071,032.97 | 4,548,095.73 | 4,407,136.33 |
| 预计负债 | | | | |
| 一年内到期的长期负债 | 12,000,000.00 | 12,000,000.00 | 152,490,000.00 | 152,490,000.00 |
| 其他流动负债 | | | 880,000.00 | 880,000.00 |
| 流动负债合计 | 1,176,518,576.07 | 1,217,729,914.26 | 931,521,885.17 | 929,868,978.04 |
| 长期负债: | | | | |
| 长期借款 | 259,000,000.00 | 259,000,000.00 | 143,000,000.00 | 143,000,000.00 |
| 应付债券 | | | | |
| 长期应付款 | 97,678.09 | 97,678.09 | 97,678.09 | 97,678.09 |
| 专项应付款 | | | | |
| 其他长期负债 | | | | |
| 长期负债合计 | 259,097,678.09 | 259,097,678.09 | 143,097,678.09 | 143,097,678.09 |
| 递延税项: | | | | |
| 递延税款贷项 | | | | |
| 负债合计 | 1,435,616,254.16 | 1,476,827,592.35 | 1,074,619,563.26 | 1,072,966,656.13 |
| 少数股东权益 | 63,486,116.48 | | 58,793,311.78 | |
| 所有者权益(或股东权益): | | | | |
| 实收资本(或股本) | 283,272,000.00 | 283,272,000.00 | 283,272,000.00 | 283,272,000.00 |
| 减:已归还投资 | | | | |
| 实收资本(或股本)净额 | 283,272,000.00 | 283,272,000.00 | 283,272,000.00 | 283,272,000.00 |
| 资本公积 | 356,976,377.88 | 356,976,377.88 | 356,976,377.88 | 356,976,377.88 |
| 盈余公积 | 121,199,661.05 | 121,147,855.93 | 110,541,781.19 | 110,541,781.19 |
| 其中:法定公益金 | 24,389,811.67 | 24,363,909.11 | 20,828,550.86 | 20,828,550.86 |
| 未分配利润 | 291,655,979.77 | 291,199,727.95 | 231,410,897.51 | 231,098,637.75 |
| 外币报表折算差额 | | | | |
| 所有者权益(或股东权益)合计 | 1,053,104,018.70 | 1,052,595,961.76 | 982,201,056.58 | 981,888,796.82 |
| 负债和所有者权益(或股东权益)总计 | 2,552,206,389.34 | 2,529,423,554.11 | 2,115,613,931.62 | 2,054,855,452.95 |

## 利润及利润分配表

编制单位:内蒙古草原兴发股份有限公司　　　　单位:(人民币)元

| 项　目 | 2002 年度 | | 2001 年度 | |
|---|---|---|---|---|
| | 合并 | 母公司 | 合并 | 母公司 |
| 一、主营业务收入 | 1,618,091,382.68 | 1,539,870,650.74 | 1,192,567,188.13 | 1,133,233,451.14 |
| 减:主营业务成本 | 1,267,594,170.32 | 1,205,637,653.74 | 957,757,293.68 | 902,241,083.65 |
| 主营业务税金及附加 | 5,198,998.41 | 5,122,555.48 | 1,411,974.84 | 1,411,974.84 |
| 二、主营业务利润(亏损以"－"号填列) | 345,298,213.95 | 329,110,441.52 | 233,397,919.61 | 229,580,392.65 |
| 加:其他业务利润(亏损以"－"号填列) | 3,654,143.11 | 3,203,861.87 | －1,363,409.52 | －1,483,293.27 |
| 减:营业费用 | 117,923,464.84 | 109,390,359.27 | 77,665,672.05 | 76,083,731.65 |
| 管理费用 | 96,774,050.63 | 92,492,898.02 | 73,245,776.19 | 64,625,868.35 |
| 财务费用 | 58,665,431.80 | 57,660,156.80 | 27,248,087.60 | 27,060,987.24 |
| 三、营业利润(亏损以"－"号填列) | 75,589,409.79 | 72,770,889.30 | 53,874,974.25 | 60,326,512.14 |
| 加:投资收益(损失以"－"号填列) | －1,843,428.35 | 1,061,370.97 | －3,090,125.19 | －9,859,421.87 |
| 补贴收入 | 681,413.94 | 629,993.58 | 30,623,645.36 | 30,623,645.36 |
| 营业外收入 | 1,041,564.96 | 1,015,235.59 | 653,526.19 | 640,134.56 |
| 减:营业外支出 | 5,015,648.22 | 4,744,318.41 | 2,394,401.09 | 2,375,510.43 |
| 四、利润总额(亏损总额以"－"号填列) | 70,453,312.12 | 70,733,171.03 | 79,667,619.52 | 79,355,359.76 |
| 减:所得税 | 26,006.09 | 26,006.09 | 262,605.05 | 262,605.05 |
| 减:少数股东损益 | －475,656.09 | | | |
| 五、净利润(净亏损以"－"号填列) | 70,902,962.12 | 70,707,164.94 | 79,405,014.47 | 79,092,754.71 |
| 加:年初未分配利润 | 231,410,897.51 | 231,098,637.75 | 192,196,996.25 | 192,196,996.25 |
| 其他转入 | | | | |
| 六、可供分配的利润 | 302,313,859.63 | 301,805,802.69 | 271,602,010.72 | 271,289,750.96 |
| 减:提取法定盈余公积 | 7,096,619.05 | 7,070,716.49 | 7,909,275.47 | 7,909,275.47 |
| 提取法定公益金 | 3,561,260.81 | 3,535,358.25 | 3,954,637.74 | 3,954,637.74 |
| 提取职工奖励及福利基金 | | | | |
| 提取储备基金 | | | | |
| 提取企业发展基金 | | | | |
| 利润归还投资 | | | | |
| 七、可供投资者分配的利润 | 291,655,979.77 | 291,199,727.95 | 259,738,097.51 | 259,425,837.75 |
| 减:应付优先股股利 | | | | |
| 提取任意盈余公积 | | | | |
| 应付普通股股利 | | | 28,327,200.00 | 28,327,200.00 |
| 转作资本(或股本)的普通股股利 | | | | |
| 八、未分配利润 | 291,655,979.77 | 291,199,727.95 | 231,410,897.51 | 231,098,637.75 |
| 补充资料: | | | | |
| 1.出售、处置部门或被投资单位所得收益 | | | | |
| 2.自然灾害发生的损失 | | | | |
| 3.会计政策变更增加(或减少)利润总额 | | | | |
| 4.会计估计变更增加(或减少)利润总额 | | | | |
| 5.债务重组损失 | | | | |
| 6.其他 | | | | |

## 现 金 流 量 表

编制单位:内蒙古草原兴发股份有限公司　　　　单位:(人民币)元

| 项　目 | 2002 年度 | |
|---|---|---|
| | 合并 | 母公司 |
| 一、经营活动产生的现金流量: | | |
| 销售商品、提供劳务收到的现金 | 1,799,960,759.70 | 1,708,912,836.05 |
| 收到的税费返还 | 2,969,074.38 | 2,575,520.27 |
| 收到的其他与经营活动有关的现金 | 86,409,515.99 | 83,410,496.95 |
| 经营活动产生的现金流入小计 | 1,889,339,350.07 | 1,794,898,853.27 |
| 购买商品、接受劳务支付的现金 | 1,490,498,147.47 | 1,385,167,058.62 |
| 支付给职工以及为职工支付的现金 | 87,162,983.17 | 79,340,865.99 |
| 支付的各项税费 | 49,099,617.59 | 43,499,356.94 |
| 支付的其他与经营活动有关的现金 | 147,296,628.72 | 91,706,249.23 |
| 经营活动产生的现金流出小计 | 1,774,057,376.95 | 1,599,713,530.78 |
| 经营活动产生的现金流量净额 | 115,281,973.12 | 195,185,322.49 |
| 二、投资活动产生的现金流量: | | |
| 收回投资所收到的现金 | | |
| 取得投资收益所收到的现金 | | |
| 处置固定资产、无形资产和其他长期资产所收回的现金净额 | 28,061,091.77 | 164,435.87 |
| 收到的其他与投资活动有关的现金 | | |
| 投资活动产生的现金流入小计 | 28,061,091.77 | 164,435.87 |
| 购建固定资产、无形资产和其他长期资产所支付的现金 | 448,985,003.08 | 417,122,897.65 |
| 投资所支付的现金 | 1,960,000.00 | 1,960,000.00 |
| 支付的其他与投资活动有关的现金 | | 0.00 |
| 投资活动产生的现金流出小计 | 450,945,003.08 | 419,082,897.65 |
| 投资活动产生的现金流量净额 | －422,883,911.31 | －418,918,461.78 |
| 三、筹资活动产生的现金流量: | | |
| 吸收投资所收到的现金 | 3,000,000.00 | |
| 借款所收到的现金 | 1,227,566,000.00 | 1,154,566,000.00 |
| 收到的其他与筹资活动有关的现金 | | |
| 筹资活动产生的现金流入小计 | 1,230,566,000.00 | 1,154,566,000.00 |
| 偿还债务所支付的现金 | 789,305,602.00 | 783,800,000.00 |
| 分配股利、利润或偿付利息所支付的现金 | 106,168,114.37 | 105,315,555.07 |
| 支付的其他与筹资活动有关的现金 | | |
| 筹资活动产生的现金流出小计 | 895,473,716.37 | 889,115,555.07 |
| 筹资活动产生的现金流量净额 | 335,092,283.63 | 265,450,444.93 |
| 四、汇率变动对现金的影响 | | |
| 五、现金及现金等价物净增加额 | 27,490,345.44 | 41,717,305.64 |
| 补充资料: | | |
| 1.将净利润调节为经营活动现金流量: | | |
| 净利润 | 70,902,962.12 | 70,707,164.94 |
| 加:计提的资产减值准备 | 1,182,972.39 | 633,019.78 |
| 固定资产折旧 | 38,466,214.72 | 27,960,151.55 |
| 无形资产摊销 | 15,355,259.43 | 10,994,358.51 |
| 长期待摊费用摊销 | 1,875,453.18 | 1,635,210.89 |
| 待摊费用减少(减:增加) | －885,645.44 | －962,595.62 |
| 预提费用增加(减:减少) | 882,548.25 | 663,896.64 |
| 处置固定资产、无形资产和其他长期资产的损失(减:收益) | 7,127,193.06 | 342,973.32 |
| 固定资产报废损失 | | |
| 财务费用 | 61,772,043.84 | 61,447,270.73 |
| 投资损失(减:收益) | 1,739,714.75 | －1,165,084.57 |
| 递延税款贷项(减:借项) | | |
| 存货的减少(减:增加) | －61,187,967.89 | －15,957,187.13 |
| 经营性应收项目的减少(减:增加) | －41,445,747.78 | －22,060,658.58 |
| 经营性应付项目的增加(减:减少) | 19,565,916.96 | 60,138,000.19 |
| 其他 | 406,711.62 | 808,801.84 |
| 少数股东本期收益 | －475,656.09 | |
| 经营活动产生的现金流量净额 | 115,281,973.12 | 195,185,322.49 |
| 2.不涉及现金收支的投资和筹资活动: | | |
| 债务转为资本 | | |
| 一年内到期的可转换公司债券 | | |
| 融资租入固定资产 | | |
| 3.现金及现金等价物净增加情况: | | |
| 现金的期末余额 | 439,406,918.19 | 427,822,843.68 |
| 减:现金的期初余额 | 411,916,572.75 | 386,105,538.04 |
| 加:现金等价物的期末余额 | | |
| 减:现金等价物的期初余额 | | |
| 现金及现金等价物净增加额 | 27,490,345.44 | 41,717,305.64 |

## 000019 深圳市深宝实业股份有限公司

### 二〇〇二年年度报告摘选

#### 1.上市公司基本情况简介

1.1 基本情况简介

股票简称:深深宝 A、深深宝 B 股票代码:000019、200019 上市交易所:深圳证券交易所

注册地址和办公地址:深圳市笋岗路 1002 号宝安广场 B、C 座 28 层 邮政编码:518020

公司国际互联网网址:http://www.sbsy.com.cn 电子信箱:sbsy@sbsy.com.cn

1.2 联系人和联系方式

董事会秘书:刘雄佳先生 联系地址:深圳市笋岗东路 1002 号宝安广场 BC 座 28 楼

电话:0755-25507480 传真:0755-25507480 电子信箱:a0019@21cn.com

#### 2.会计数据和财务指标摘要

2.1 主要会计数据 单位:人民币元

| —— | 2002 年 | 2001 年 调整前 | 2001 年 调整后 | 本年比上年增减(%) | 2000 年 调整前 | 2000 年 调整后 |
|---|---|---|---|---|---|---|
| 主营业务收入 | 77,369,354.75 | 61,185,232.89 | 61,185,232.89 | 26.45 | 70,239,790.88 | 70,239,790.88 |
| 利润总额 | 11,405,633.91 | 13,292,934.36 | 12,371,999.36 | (7.81) | 4,971,228.80 | (45,763,926.17) |
| 净利润 | 10,799,910.24 | 11,381,893.34 | 10,460,958.34 | 3.24 | 2,817,723.44 | (47,917,431.53) |
| 扣除非经常性损益的净利润 | (7,621,492.25) | (18,778,289.40) | (19,117,275.40) | 60.13 | (5,411,258.96) | (5,750,244.96) |
| | 2002 年末 | 2001 年末 调整前 | 2001 年末 调整后 | 本年末比上年末增减(%) | 2000 年末 调整前 | 2000 年末 调整后 |
| 总资产 | 452,696,870.02 | 400,884,004.09 | 395,473,719.90 | 14.47 | 410,142,072.22 | 409,834,958.61 |
| 股东权益(不含少数股东权益) | 274,202,164.73 | 327,805,905.07 | 263,402,254.49 | 4.10 | 252,824,362.08 | 189,341,646.50 |
| 经营活动产生的现金流量净额 | (37,654,820.01) | (12,061,309.48) | (12,061,309.48) | (212.20) | 26,581,652.52 | 26,581,652.52 |

2.2 主要财务指标

| | 2002 年 | 2001 年 调整前 | 2001 年 调整后 | 本年比上年增减(%) | 2000 年 调整前 | 2000 年 调整后 |
|---|---|---|---|---|---|---|
| 每股收益(摊薄)(元/股) | 0.059 | 0.063 | 0.058 | 1.72 | 0.017 | (0.287) |
| 每股收益(加权)(元/股) | 0.059 | 0.063 | 0.058 | 1.72 | 0.017 | (0.287) |
| 净资产收益率(%) | 3.94 | 3.47 | 3.97 | (0.76) | 1.11 | (25.31) |
| 扣除非经常性损益的净利润为基础计算的净资产收益率(%) | (2.78) | (5.73) | (7.26) | 61.71 | (2.14) | (3.04) |
| 每股经营活动产生的现金流量净额(元/股) | (0.207) | (0.066) | (0.066) | (213.64) | 0.159 | 0.159 |
| | 2002 年末 | 2001 年末 调整前 | 2001 年末 调整后 | 本年末比上年末增减(%) | 2000 年末 调整前 | 2000 年末 调整后 |
| 每股净资产(元/股) | 1.507 | 1.802 | 1.448 | 4.07 | 1.517 | 1.136 |
| 调整后的每股净资产(元/股) | 1.318 | 1.743 | 1.389 | (5.11) | 1.188 | 0.807 |

## 000028 深圳一致药业股份有限公司

### 二〇〇二年年度报告摘选

#### 1.上市公司基本情况简介

1.1 基本情况简介

证券简称:一致药业、一致 B 证券代码:000028、200028 上市交易所:深圳证券交易所

注册地址和办公地址:广东省深圳市福田区八卦四路 15 号一致药业大厦 邮政编码:518029

公司国际互联网网址:http://www.szaccord.com.cn 电子信箱:0028@szaccord.com.cn

1.2 联系人和联系方式

董事会秘书:陈常兵 联系地址:广东省深圳市福田区八卦四路 15 号一致药业大厦

电话:0755-25875195,25875140 传真:0755-25875166 电子信箱:champion@szaccord.com.cn

#### 2.会计数据和财务指标摘要

2.1 主要会计数据 单位:(人民币)元

| | 2002 年(本年) | 2001 年(上年) | 本年比上年增减(%) | 2000 年 |
|---|---|---|---|---|
| 主营业务收入 | 1,869,937,562.72 | 1,668,674,966.40 | 12.06% | 107,898,952.24 |
| 利润总额 | 2,077,597.65 | 31,599,664.99 | -93.43% | -8,979,620.78 |
| 净利润 | 4,922,754.72 | 21,104,720.94 | -76.67% | -7,788,340.01 |
| 扣除非经常性损益的净利润 | -4,919,633.37 | 16,713,293.77 | -129.44% | -26,298,909.85 |
| | 2002 年末(本年末) | 2001 年末(上年末) | 本年末比上年末增减(%) | 2000 年末 |
| 总资产 | 1,052,596,979.41 | 1,116,129,041.61 | -5.69% | 484,883,064.84 |
| 股东权益(不含少数股东权益) | 333,335,056.95 | 338,200,838.72 | -1.44% | 316,989,926.64 |
| 经营活动产生的现金流量净额 | 28,764,746.58 | 71,156,540.78 | -59.58% | 8,518,754.78 |

2.2 主要财务指标 单位:(人民币)元

| | 2002 年(本年) | 2001 年(上年) | 本年比上年增减(%) | 2000 年 |
|---|---|---|---|---|
| 每股收益 | 0.017 | 0.073 | -76.71% | -0.027 |
| 净资产收益率 | 1.48% | 6.24% | -76.28% | -2.46% |
| 扣除非经常性损益的净利润为基础计算的净资产收益率 | -1.48% | 4.94% | -129.96% | -8.30% |
| 每股经营活动产生的现金流量净额 | 0.100 | 0.247 | -59.35% | 0.030 |
| | 2002 年末(本年末) | 2001 年末(上年末) | 本年末比上年末增减(%) | 2000 年末 |
| 每股净资产 | 1.157 | 1.174 | -1.45% | 1.100 |
| 调整后的每股净资产 | 0.997 | 0.920 | 8.37% | 1.056 |

## 000048 深圳市康达尔(集团)股份有限公司

### 二〇〇二年年度报告摘选

#### 1.上市公司基本情况简介

1.1 基本情况简介

证券简称:ST 康达尔 证券代码:000048 上市交易所:深圳证券交易所

注册地址和办公地址:深圳市罗湖区深南东路 1086 号集浩大厦二、三楼 邮政编码:518003

公司国际互联网网址:http://www.china0048.com 电子信箱:zk0048@163.net

1.2 联系人和联系方式

董事会秘书:祝去修 联系地址:深圳市罗湖区深南东路 1086 号集浩大厦三楼

电话:0755-25425020-288 传真:0755-25420155 电子信箱:zk0048@163.net

证券事务代表:张明华 联系地址:深圳市罗湖区深南东路 1086 号集浩大厦三楼

电话:0755-25425020-359 传真:0755-25420155 电子信箱:zk0048@163.net

#### 2.会计数据和财务指标摘要

2.1 主要会计数据 单位:(人民币)元

| | 2002 年(本年) | 2001 年(上年) | 本年比上年增减(%) | 2000 年 |
|---|---|---|---|---|
| 主营业务收入 | 889,413,377.00 | 814,193,974.00 | 9.24% | 937,695,288.00 |
| 利润总额 | 16,757,559.18 | -104,896,886.00 | -- | -359,109,380.00 |
| 净利润 | 9,963,135.47 | -89,539,024.00 | -- | -352,787,117.00 |
| 扣除非经常性损益的净利润 | -2,420,552.63 | -105,507,541.10 | -- | -74,246,047.49 |
| | 2002 年末(本年末) | 2001 年末(上年末) | 本年末比上年末增减(%) | 2000 年末 |
| 总资产 | 1,252,173,486.49 | 1,348,377,457.44 | -7.13% | 1,767,739,668.00 |
| 股东权益(不含少数股东权益) | 42,814,393.51 | 34,991,924.44 | 22.36% | 141,441,117.00 |
| 经营活动产生的现金流量净额 | 122,081,754.98 | 271,211,557 | -54.48% | 104,893,711 |

2.2 主要财务指标 单位:(人民币)元

| | 2002 年(本年) | 2001 年(上年) | 本年比上年增减(%) | 2000 年 |
|---|---|---|---|---|
| 每股收益 | 0.025 | -0.23 | -- | -0.90 |
| 每股收益* | 0.025 | -- | -- | -- |
| 净资产收益率 | 23.27% | -255.88% | -- | -249.42% |
| 扣除非经常性损益的净利润为基础计算的净资产收益率 | -5.65% | -344.74% | -- | -34.94% |
| 每股经营活动产生的现金流量净额 | 0.31 | 0.69 | -54.78% | 0.27 |
| | 2002 年末(本年末) | 2001 年末(上年末) | 本年末比上年末增减(%) | 2000 年末 |
| 每股净资产 | 0.11 | 0.09 | 22.22% | 0.36 |
| 调整后的每股净资产 | 0.08 | 0.05 | 64.00% | 0.29 |

## 000568 泸州老窖股份有限公司

### 二〇〇二年年度报告摘选

#### 1.上市公司基本情况简介

1.1 基本情况简介

证券简称:泸州老窖 证券代码:000568 上市交易所:深圳证券交易所

注册地址:四川省泸州市国窖广场 办公地址:四川省泸州市桂花街 46 号 邮政编码:646000

公司国际互联网网址:http://www.lzlj.com.cn 电子信箱:lzlj@lz-public.sc.cninfo.net

1.2 联系人和联系方式

董事会秘书:蔡秋全 联系地址:四川省泸州市桂花街 46 号

电话:0830-2292023 传真:0830-2391774 电子信箱:lzljdsb@lz-public.sc.cninfo.net

证券事务代表:黄庆 联系地址:四川省泸州市桂花街 46 号

电话:0830-2292023 传真:0830-2391774 电子信箱:lzljdsb@lz-public.sc.cninfo.net

#### 2.会计数据和财务指标摘要

2.1 主要会计数据 单位:(人民币)元

| | 2002 年(本年) | 2001 年(上年) | 本年比上年增减(%) | 2000 年 |
|---|---|---|---|---|
| 主营业务收入 | 1,044,804,516.22 | 996,675,472.04 | 4.83% | 944,976,323.53 |
| 利润总额 | 97,021,729.18 | 103,320,888.70 | -6.10% | 221,420,449.79 |
| 净利润 | 51,424,620.73 | 73,130,189.02 | -29.68% | 166,829,154.11 |
| 扣除非经常性损益的净利润 | 51,751,281.15 | 85,365,700.00 | -39.38% | 165,078,131.53 |
| | 2002 年末(本年末) | 2001 年末(上年末) | 本年末比上年末增减(%) | 2000 年末 |
| 总资产 | 2,466,806,230.09 | 2,153,779,462.78 | 14.53% | 2,027,448,135.07 |
| 股东权益(不含少数股东权益) | 1,487,569,731.88 | 1,255,466,704.02 | 18.49% | 1,306,388,652.07 |
| 经营活动产生的现金流量净额 | -27,199,629.52 | 173,878,820.47 | -115.64% | 30,654,918.15 |

2.2 主要财务指标 单位:(人民币)元

| | 2002 年(本年) | 2001 年(上年) | 本年比上年增减(%) | 2000 年 |
|---|---|---|---|---|
| 每股收益 | 0.10 | 0.15 | -34.67% | 0.03 |
| 每股收益* | 0.10 | -- | -- | -- |
| 净资产收益率 | 3.47% | 5.81% | -40.28% | 12.68% |
| 扣除非经常性损益的净利润为基础计算的净资产收益率 | 3.46% | 6.82% | -49.27% | 12.63% |
| 每股经营活动产生的现金流量净额 | -0.05 | 0.00 | -- | 0.06 |
| | 2002 年末(本年末) | 2001 年末(上年末) | 本年末比上年末增减(%) | 2000 年末 |
| 每股净资产 | 2.83 | 2.57 | 10.16% | 2.67 |
| 调整后的每股净资产 | 2.80 | 2.54 | 10.24% | 2.63 |

# 000576 江门甘蔗化工厂(集团)股份有限公司

## 二〇〇二年年度报告摘选

### 1.上市公司基本情况简介

1.1 基本情况简介

证券简称:广东甘化 证券代码:000576 上市交易所:深圳证券交易所

注册地址:广东省江门市甘化路1号 办公地址:广东省江门市甘化路62号 邮政编码:529030

公司国际互联网网址:http://www.jghg.com.cn 电子信箱:jmganhua@pub.jiangmen.gd.cn

1.2 联系人和联系方式

董事会秘书:沙伟 联系地址:广东省江门甘化路62号

电话:0750-3365000 传真:0750-3361973 电子信箱:jmganhua@pub.jiangmen.gd.cn

### 2.会计数据和财务指标摘要

2.1 主要会计数据 单位:(人民币)元

| | 2002年(本年) | 2001年(上年) | 本年比上年增减(%) | 2000年 |
|---|---|---|---|---|
| 主营业务收入 | 938,169,378.22 | 856,133,918.12 | 9.58% | 769,542,595.54 |
| 利润总额 | -247,889,523.57 | 23,657,777.76 | -1147.81% | 16,974,954.68 |
| 净利润 | -246,031,129.75 | 23,900,371.71 | -1129.40% | 11,924,172.31 |
| 扣除非经常性损益的净利润 | -130,902,043.65 | 22,075,362.71 | -692.98% | 24,546,719.24 |
| | 2002年末(本年末) | 2001年末(上年末) | 本年末比上年末增减(%) | 2000年末 |
| 总资产 | 1,580,483,244.00 | 1,966,041,058.45 | -19.61% | 1,633,087,313.53 |
| 股东权益(不含少数股东权益) | 723,357,224.79 | 962,448,049.23 | -24.84% | 946,254,570.07 |
| 经营活动产生的现金流量净额 | 103,006,767.80 | -74,375,653.01 | -- | 59,330,465.18 |

2.2 主要财务指标 单位:(人民币)元

| | 2002年(本年) | 2001年(上年) | 本年比上年增减(%) | 2000年 |
|---|---|---|---|---|
| 每股收益 | -0.99 | 0.10 | -1124.74% | 0.05 |
| 每股收益* | -0.99 | -- | -- | -- |
| 净资产收益率 | -34.01% | 2.47% | -1476.92% | 1.26% |
| 扣除非经常性损益的净利润为基础计算的净资产收益率 | -18.10% | 0.58% | -3220.69% | 2.59% |
| 每股经营活动产生的现金流量净额 | 0.42 | -0.30 | -- | 0.24 |
| | 2002年末(本年末) | 2001年末(上年末) | 本年末比上年末增减(%) | 2000年末 |
| 每股净资产 | 2.92 | 3.89 | -24.85% | 3.82 |
| 调整后的每股净资产 | 2.81 | 3.61 | -22.16% | 3.64 |

# 000596 安徽古井贡酒股份有限公司

## 二〇〇二年年度报告摘选

### 1.上市公司基本情况简介

1.1 基本情况简介

证券简称:古井贡A、古井贡B 证券代码:000596、200596 上市交易所:深圳证券交易所

注册地址和办公地址:安徽省亳州市古井镇 邮政编码:236820

公司国际互联网网址:http://www.gujing.com 电子信箱:gujing@ahbbptt.com.cn

1.2 联系人和联系方式

董事会秘书:王锋 联系地址:安徽省亳州市古井镇安徽古井贡酒股份有限公司董事会秘书室

电话:0558-5710085 传真:0558-5710006 电子信箱:wfeng65@sina.com

证券事务代表:陈平 联系地址:安徽省亳州市古井镇安徽古井贡酒股份有限公司董事会秘书室

电话:0558-5710057 传真:0558-5710006 电子信箱:cp01@yeah.net

### 2.会计数据和财务指标摘要

2.1 主要会计数据 单位:(人民币)元

| | 2002年(本年) | 2001年(上年) | 本年比上年增减(%) | 2000年 |
|---|---|---|---|---|
| 主营业务收入 | 526,034,537.00 | 807,392,876.00 | -34.85% | 915,757,023.99 |
| 利润总额 | 87,416,267.00 | 104,606,398.00 | -16.43% | 220,688,152.94 |
| 净利润 | 47,044,606.00 | 67,046,748.00 | -29.83% | 147,148,358.35 |
| 扣除非经常性损益的净利润 | 31,821,647.00 | 27,611,721.00 | 15.25% | 147,148,358.35 |
| | 2002年末(本年末) | 2001年末(上年末) | 本年末比上年末增减(%) | 2000年末 |
| 总资产 | 1,566,840,006.00 | 1,521,970,791.00 | 2.95% | 1,588,091,484.31 |
| 股东权益(不含少数股东权益) | 1,161,410,012.00 | 1,137,261,281.00 | 2.12% | 1,117,214,531.75 |
| 经营活动产生的现金流量净额 | 31,876,520.00 | 58,658,320.00 | -45.66% | 80,959,915.21 |

2.2 主要财务指标 单位:(人民币)元

| | 2002年(本年) | 2001年(上年) | 本年比上年增减(%) | 2000年 |
|---|---|---|---|---|
| 每股收益 | 0.20 | 0.28 | -29.82% | 0.63 |
| 净资产收益率 | 4.05% | 5.90% | -31.36% | 13.20% |
| 扣除非经常性损益的净利润为基础计算的净资产收益率 | 2.74% | 2.43% | 12.76% | 10.20% |
| 每股经营活动产生的现金流量净额 | 0.14 | 0.25 | -45.67% | 0.34 |
| | 2002年末(本年末) | 2001年末(上年末) | 本年末比上年末增减(%) | 2000年末 |
| 每股净资产 | 4.94 | 4.84 | 2.12% | 4.75 |
| 调整后的每股净资产 | 4.92 | 4.83 | 1.86% | 4.74 |

# 000686 锦州经济技术开发区六陆实业股份有限公司

## 二〇〇二年年度报告摘选

### 1.上市公司基本情况简介

1.1 基本情况简介

股票简称:锦州六陆 股票代码:000686 上市交易所:深圳证券交易所

注册地址和办公地址:锦州经济技术开发区锦州市古塔区红星里9号 邮政编码:121001

公司国际互联网网址:http://www.liulu.com 电子信箱:info@liulu.com

1.2 联系人和联系方式

董事会秘书:肖爱东 联系地址:锦州市古塔区红星里9号

电话:0416-4560274 传真:0416-4561377 电子信箱:xadll@sina.com

证券事务代表:王新华、吴喜梅 联系地址:锦州市古塔区红星里9号

电话:0416-4561247 传真:0416-4561377 电子信箱:swsll@sina.com

### 2.会计数据和财务指标摘要

2.1 主要会计数据

单位:(人民币)元

| | 2002年(本年) | 2001年(上年) | 本年比上年增减(%) | 2000年 |
|---|---|---|---|---|
| 主营业务收入 | 206,904,402.71 | 155,335,540.60 | 33.20% | 294,950,965.65 |
| 利润总额 | -11,271,754.34 | -10,822,086.03 | -- | 26,186,729.70 |
| 净利润 | 9,427,037.15 | 11,939,550.82 | -21.04% | 24,396,729.27 |
| 扣除非经常性损益的净利润 | 10,492,075.68 | -21,752,078.63 | -- | 2,490,224.66 |
| | 2002年末(本年末) | 2001年末(上年末) | 本年末比上年末增减(%) | 2000年末 |
| 总资产 | 559,434,351.66 | 556,959,271.60 | 0.44% | 505,728,022.57 |
| 股东权益(不含少数股东权益) | 445,634,824.64 | 461,671,146.60 | -3.47% | 352,871,513.56 |
| 经营活动产生的现金流量净额 | 56,716,560.23 | 34,440,492.70 | 64.68% | 10,830,236.83 |

2.2 主要财务指标

单位:(人民币)元

| | 2002年(本年) | 2001年(上年) | 本年比上年增减(%) | 2000年 |
|---|---|---|---|---|
| 每股收益 | 0.06 | 0.08 | -28.40% | 0.22 |
| 每股收益* | 0.06 | -- | -- | -- |
| 净资产收益率 | 2.12% | 2.59% | -18.15% | 6.91% |
| 扣除非经常性损益的净利润为基础计算的净资产收益率 | 2.35% | -4.70% | -- | 6.96% |
| 每股经营活动产生的现金流量净额 | 0.35 | 0.23 | 49.57% | 0.10 |
| | 2002年末(本年末) | 2001年末(上年末) | 本年末比上年末增减(%) | 2000年末 |
| 每股净资产 | 2.75 | 3.13 | -12.23% | 3.20 |
| 调整后的每股净资产 | 2.67 | 2.99 | -10.70% | 3.10 |

# 000702 湖南正虹科技发展股份有限公司

## 二〇〇二年年度报告摘选

### 1.上市公司基本情况简介

1.1 基本情况简介

证券简称:正虹科技 证券代码:000702 上市交易所:深圳证券交易所

注册地址和办公地址:湖南省岳阳市屈原管理区营田镇 邮政编码:414418

公司国际互联网网址:http://www.hunan-zhenghong.com.cn 电子信箱:hnzhsl@mail.yy.hn.cn

1.2 联系人和联系方式

董事会秘书:曹国庆 联系地址:湖南省岳阳市屈原管理区营田镇

电话:0730-5728010 传真:0730-5728011 电子信箱:dmb011@mail.yy.hn.cn

证券事务代表:潘洁琼、魏茂芝 联系地址:湖南省岳阳市屈原管理区营田镇

电话:0730-5728010 传真:0730-5728011 电子信箱:dmb011@mail.yy.hn.cn

### 2.会计数据和财务指标摘要

2.1 主要会计数据 单位:(人民币)元

| | 2002年(本年) | 2001年(上年) | 本年比上年增减(%) | 2000年 |
|---|---|---|---|---|
| 主营业务收入 | 1,091,808,742.82 | 1,114,592,766.67 | -2.04% | 1,002,701,402.70 |
| 利润总额 | 44,099,608.46 | 74,477,787.13 | -40.79% | 112,042,004.07 |
| 净利润 | 29,128,585.87 | 58,680,089.81 | -50.36% | 81,290,195.15 |
| 扣除非经常性损益的净利润 | 23,283,650.54 | 50,661,800.68 | -54.04% | 71,750,216.21 |
| | 2002年末(本年末) | 2001年末(上年末) | 本年末比上年末增减(%) | 2000年末 |
| 总资产 | 1,296,045,230.45 | 1,393,869,087.92 | -7.02% | 1,265,929,819.78 |
| 股东权益(不含少数股东权益) | 815,417,614.55 | 814,545,777.86 | 0.11% | 798,286,374.45 |
| 经营活动产生的现金流量净额 | 8,883,060.10 | 73,263,646.88 | -87.88% | 54,276,178.01 |

2.2 主要财务指标 单位:(人民币)元

| | 2002年(本年) | 2001年(上年) | 本年比上年增减(%) | 2000年 |
|---|---|---|---|---|
| 每股收益 | 0.10 | 0.21 | -50.24% | 0.52 |
| 每股收益* | 0.10 | -- | -- | -- |
| 净资产收益率 | 3.57% | 7.20% | -50.42% | 10.18% |
| 扣除非经常性损益的净利润为基础计算的净资产收益率 | 2.81% | 6.12% | -54.08% | 10.72% |
| 每股经营活动产生的现金流量净额 | 0.03 | 0.26 | -88.03% | 0.35 |
| | 2002年末(本年末) | 2001年末(上年末) | 本年末比上年末增减(%) | 2000年末 |
| 每股净资产 | 2.88 | 2.88 | 0.10% | 5.08 |
| 调整后的每股净资产 | 2.84 | 2.85 | -0.35% | 5.04 |

## 000729 北京燕京啤酒股份有限公司

### 二○○二年年度报告摘选

#### 1.上市公司基本情况简介

1.1 基本情况简介

股票简称:燕京啤酒 股票代码:000729 上市交易所:深圳证券交易所

注册地址和办公地址:北京市顺义区双河路 9 号 邮政编码:101300

公司国际互联网网址:http://www.yanjing.com.cn 电子信箱:securities@yanjing.com.cn

1.2 联系人和联系方式

董事会秘书:李颖娟 联系地址:北京市顺义区双河路 9 号

电话:010－89490729 传真:010－89495569 电子信箱:Lyj@yanjing.com.cn

证券事务代表:刘翔宇 联系地址:北京市顺义区双河路 9 号

电话:010－89490729 传真:010－89495569 电子信箱:securities@yanjing.com.cn

#### 2.会计数据和财务指标摘要

2.1 主要会计数据

| 指标项目 | 2002 年度 | 2001 年度 | 本年比上年增减(%) | 2000 年度 |
|---|---|---|---|---|
| 主营业务收入(元) | 2767375901.47 | 2287881488.37 | 20.96 | 1744995822.91 |
| 利润总额(元) | 235400515.22 | 318023710.36 | －25.98 | 308855045.59 |
| 净利润(元) | 201178466.09 | 285693547.42 | －29.58 | 262023254.04 |
| 扣除非经常性损益的净利润(元) | 209034029.61 | 277747259.50 | －24.74 | 266283761.77 |
| | 2002 年年末 | 2001 年年末 | 本年末比上年末增减(%) | 2000 年年末 |
| 总资产(元) | 5512741864.96 | 4396862671.86 | 25.38 | 4033902552.13 |
| 股东权益(不含少数股东权益)(元) | 3709883829.03 | 3587796302.94 | 3.40 | 3435587655.52 |
| 经营活动产生的现金流量净额(元) | 431055572.13 | 132947032.49 | 224.23 | 313044229.86 |

2.2 主要财务指标

| | 2002 年度 | 2001 年度 | 本年比上年增减(%) | 2000 年度 |
|---|---|---|---|---|
| 每股收益(元) | 0.301 摊薄 | 0.428 摊薄 | －29.67 | 0.393 摊薄 |
| 每股收益(元) | 0.301 加权 | 0.428 加权 | －29.67 | 0.429 加权 |
| 净资产收益率(%) | 5.42 摊薄 | 7.96 摊薄 | －31.91 | 7.63 摊薄 |
| 净资产收益率(%) | 5.45 加权 | 7.98 加权 | －31.70 | 9.34 加权 |
| 扣除非经常性损益的净利润为基础计算的净资产收益率(%) | 5.63 摊薄 | 7.74 摊薄 | －27.26 | 7.75 摊薄 |
| 扣除非经常性损益的净利润为基础计算的净资产收益率(%) | 5.67 加权 | 7.76 加权 | －26.93 | 9.27 加权 |
| 每股经营活动产生的现金流量净额(元) | 0.65 | 0.20 | 225.00 | 0.47 |
| | 2002 年年末 | 2001 年年末 | 本年末比上年末增减(%) | 2000 年年末 |
| 每股净资产(元) | 5.56 | 5.38 | 3.35 | 5.15 |
| 调整后的每股净资产(元) | 5.51 | 5.32 | 3.57 | 5.10 |

## 000752 西藏银河科技股份有限公司

### 二○○二年年度报告摘选

#### 1.上市公司基本情况简介

1.1 基本情况简介

股票简称:西藏发展 股票代码:000752 上市交易所:深圳证券交易所

注册地址和办公地址:西藏自治区拉萨市色拉路 36 号 邮政编码:850001

电子信箱:lhasbre@mail.sc.cninfo.net

1.2 联系人和联系方式

董事会秘书:牟春华 联系地址:成都市羊市街西延线三洞桥 1 号现代大厦 4F

电话:0891－6329377,028－87793136 传真:0891－6329377,028－87793136

电子信箱:mch9923@vip.163.com

证券事务代表:陈红兵 联系地址:成都市羊市街西延线三洞桥 1 号现代大厦 4F

电话:0891－6329377,028－87793136 传真:0891－6329377,028－87793136

#### 2.会计数据和财务指标摘要

2.1 主要会计数据

| | 2002 年 | 2001 年 | 本年比上年增减(%) | 2000 年 |
|---|---|---|---|---|
| 主营业务收入 | 160,062,345.34 | 134,521,069.07 | 18.99 | 110,095,325.41 |
| 利润总额 | 41,040,089.29 | 33,172,364.18 | 23.72 | 32,354,970.46 |
| 净利润 | 36,552,571.85 | 30,109,900.08 | 21.40 | 26,154,012.22 |
| 扣除非经常性损益的净利润 | 36,146,339.23 | 28,302,514.02 | 18.99 | 18,518,889.55 |
| | 2002 年末 | 2001 年末 | 本年末比上年末增减(%) | 2000 年末 |
| 总资产 | 658,321,272.55 | 752,665,030.95 | －12.53 | 489,117,768.63 |
| 股东权益(不含少数股东权益) | 381,979,219.51 | 348,719,598.66 | 9.54 | 318,609,698.58 |
| 经营活动产生的现金流量净额 | 75,082,251.58 | 24,722,453.27 | 203.70 | －12,925,480.28 |

2.2 主要财务指标

| | 2002 年 | 2001 年 | 本年比上年增减(%) | 2000 年 |
|---|---|---|---|---|
| 每股收益 | 0.21 | 0.17 | 23.53 | 0.15 |
| 净资产收益率% | 9.57 | 8.66 | 11.80 | 8.21 |
| 扣除非经常性损益的净利润为基础计算的净资产收益率 | 9.49 | 8.12 | 16.87 | 6.43 |
| 每股经营活动产生的现金流量净额 | 0.43 | 0.14 | 207.14 | －0.07 |
| | 2002 年末 | 2001 年末 | 本年末比上年末增减(%) | 2000 年末 |
| 每股净资产 | 2.17 | 1.98 | 9.60 | 1.85 |
| 调整后的每股净资产 | 2.15 | 1.95 | 10.26 | 1.81 |

## 000799 湖南酒鬼酒股份有限公司

### 二○○二年年度报告摘选

#### 1.上市公司基本情况简介

1.1 基本情况简介

股票简称:湘酒鬼 股票代码:000799 上市交易所:深圳证券交易所

注册地址:湖南省吉首市振武营 办公地址:湖南省吉首市振武营湘泉城

邮政编码:416000 公司国际互联网网址:http://www.cninfo.com.cn

电子信箱:xjgzj@xjg.sina.net

1.2 联系人和联系方式

董事会秘书:王本刁 联系地址:湖南省吉首市振武营湘泉城

电话:0743－8312079、8312148 传真:0743－8312178 电子信箱:xjgzj@xjg.sina.net

证券事务代表:李文生 联系地址:湖南省吉首市振武营湘泉城

电话:0743－8312079、8312148 传真:0743－8312178

#### 2.会计数据和财务指标摘要

2.1 主要会计数据

| 项目 | 2002 年度主要会计数据 |
|---|---|
| 利润总额(元) | －143,325,013.26 |
| 净利润(元) | －144,715,002.48 |
| 扣除非经常性损益后的净利润(元) | －145,878,741.77 |
| 主营业务利润 | 164,665,027.22 |
| 其他业务利润 | 2,286,102.06 |
| 营业利润 | －140,367,796.66 |
| 投资收益 | 2,935,731.49 |
| 补贴收入 | 308,419.48 |
| 营业外收支净额 | －6,201,367.57 |
| 经营活动产生的现金流量净额 | 5,304,046.34 |
| 现金及现金等价物净增减额 | 224,779,888.79 |
| 备注:扣除的非经常性损益项目为(元) | 1,163,739.29 |
| 其中:营业外收入(元) | 2,117,640.30 |
| 营业外支出(元) | 8,319,007.87 |
| 投资收益(元) | 2,935,731.49 |
| 收取资金占用费(元) | 4,429,375.37 |

2.2 前三年主要会计数据和财务指标

| 项目 | 2002 年12 月 30 日 | 2001 年 12 月 30 日 调整后 | 2001 年 12 月 30 日 调整前 | 2000 年 12 月 30 日 调整后 | 2000 年 12 月 30 日 调整前 |
|---|---|---|---|---|---|
| 主营业务收入 | 383,447,838.90 | 493,772,136.09 | 518,069,571.99 | 371,949,504.00 | 371,949,504.00 |
| 净利润 | －144,715,002.48 | 85,530,847.71 | 101,874,657.20 | 51,354,978.39 | 58,378,670.18 |
| 总资产 | 2,278,762,297.70 | 2,156,692,461.98 | 2,173,037,590.42 | 1,798,376,808.59 | 1,798,376,808.59 |
| 股东权益(不含少数股东权益) | 1,116,221,506.06 | 1,260,670,967.37 | 1,282,815,162.85 | 1,264,188,042.49 | 1,271,211,784.28 |
| 每股收益 | －0.48 | 0.28 | 0.34 | 0.17 | 0.19 |
| 每股净资产 | 3.683 | 4.16 | 4.23 | 4.17 | 4.19 |
| 调整后每股净资产 | 3.03 | 3.95 | 4.01 | 4.14 | 4.16 |
| 每股经营活动产生的现金流量净额 | 0.02 | 0.65 | 0.80 | 0.09 | －0.34 |
| 净资产收益率 | －12.96 | 6.78 | 7.94 | 4.06 | 4.59 |

## 000827 大连长兴实业股份有限公司

### 二○○二年年度报告摘选

#### 1.上市公司基本情况简介

1.1 基本情况简介

证券简称:长兴实业 证券代码:000827 上市交易所:深圳证券交易所

注册地址:大连市瓦房店市长兴岛镇

办公地址:大连市中山区同兴街 67 号邮电万科大厦 21 层 邮政编码:116001

公司国际互联网网址:http://www.cninfo.com.cn 电子信箱:dlq0827@online.ln.cn

1.2 联系人和联系方式

董事会秘书:宋连通 联系地址:大连市中山区同兴街 67 号邮电万科大厦 21 层

电话:0411－2654998－8555 传真:0411－2817598 电子信箱:dlq0827@online.ln.cn

证券事务代表:姜正民 联系地址:大连市中山区同兴街 67 号邮电万科大厦 21 层

电话:0411－2654998－8002 传真:0411－2817598 电子信箱:dlq0827@online.ln.cn

#### 2.会计数据和财务指标摘要

2.1 主要会计数据 单位:(人民币)元

| | 2002 年(本年) | 2001 年(上年) | 本年比上年增减(%) | 2000 年 |
|---|---|---|---|---|
| 主营业务收入 | 110,359,902.97 | 121,833,072.22 | －9.42% | 115,981,347.27 |
| 利润总额 | 2,379,941.37 | －12,518,839.79 | －－ | 5,669,905.47 |
| 净利润 | 1,382,900.31 | －15,477,939.38 | －－ | 1,654,490.41 |
| 扣除非经常性损益的净利润 | －11,134,760.75 | －25,384,568.54 | －－ | －115,634.59 |
| | 2002 年末(本年末) | 2001 年末(上年末) | 本年末比上年末增减(%) | 2000 年末 |
| 总资产 | 526,899,403.73 | 562,827,105.28 | －6.38% | 357,185,118.14 |
| 股东权益(不含少数股东权益) | 253,221,716.61 | 251,838,816.30 | 0.55% | 150,379,136.38 |
| 经营活动产生的现金流量净额 | 33,750,977.91 | －63,603,957.88 | －－ | 62,010,031.59 |

2.2 主要财务指标 单位:(人民币)元

| | 2002 年(本年) | 2001 年(上年) | 本年比上年增减(%) | 2000 年 |
|---|---|---|---|---|
| 每股收益 | 0.02 | －0.23 | －－ | 0.03 |
| 净资产收益率 | 0.55% | －6.15% | －－ | 1.10% |
| 扣除非经常性损益的净利润为基础计算的净资产收益率 | －4.40% | －10.08% | －－ | －0.08% |
| 每股经营活动产生的现金流量净额 | 0.51 | －0.95 | －－ | 1.03 |
| | 2002 年末(本年末) | 2001 年末(上年末) | 本年末比上年末增减(%) | 2000 年末 |
| 每股净资产 | 3.79 | 3.77 | 0.56% | 2.51 |
| 调整后的每股净资产 | 3.55 | 3.62 | －2.04% | 2.34 |

# 000833 广西贵糖(集团)股份有限公司

## 二〇〇二年年度报告摘选

### 1.上市公司基本情况简介

1.1 基本情况简介

证券简称:贵糖股份 证券代码:000833 上市交易所:深圳证券交易所

注册地址:广西贵港市幸福路 100 号

办公地址:广西贵糖(集团)股份有限公司办公大楼 邮政编码:537102

公司国际互联网网址:http://www.Guitang.com 电子信箱:gtgfgs@ppp.nn.gx.cn

1.2 联系人和联系方式

董事会秘书:杨正 联系地址:广西贵港市广西贵糖(集团)股份有限公司

电话:0775－4262888 转 22318 传真:0775－4260088 电子信箱:gtgfgs@ppp.nn.gx.cn

### 2.会计数据和财务指标摘要

2.1 主要会计数据 单位:(人民币)元

| | 2002 年(本年) | 2001 年(上年) | 本年比上年增减(%) | 2000 年 |
|---|---|---|---|---|
| 主营业务收入 | 840,110,464.16 | 800,579,874.81 | 4.94% | 647,170,730.81 |
| 利润总额 | 10,088,427.91 | 34,001,377.95 | －70.33% | 56,862,892.87 |
| 净利润 | 7,812,174.86 | 41,607,749.59 | －81.22% | 37,187,755.91 |
| 扣除非经常性损益的净利润 | 9,117,519.68 | 43,390,660.09 | －78.99% | 36,793,573.91 |
| | 2002 年末(本年末) | 2001 年末(上年末) | 本年末比上年末增减(%) | 2000 年末 |
| 总资产 | 1,306,950,072.03 | 1,277,244,194.62 | 2.33% | 1,175,878,796.54 |
| 股东权益(不含少数股东权益) | 617,940,175.71 | 610,128,000.85 | 1.28% | 598,842,871.26 |
| 经营活动产生的现金流量净额 | 143,367,986.29 | 50,510,759.37 | 183.84% | 212,288,264.35 |

2.2 主要财务指标 单位:(人民币)元

| | 2002 年(本年) | 2001 年(上年) | 本年比上年增减(%) | 2000 年 |
|---|---|---|---|---|
| 每股收益 | 0.03 | 0.17 | －81.27% | 0.15 |
| 每股收益* | 0.03 | －－ | －－ | －－ |
| 净资产收益率 | 1.26% | 6.82% | －81.52% | 6.21% |
| 扣除非经常性损益的净利润为基础计算的净资产收益率 | 1.48% | 7.11% | －79.18% | 6.14% |
| 每股经营活动产生的现金流量净额 | 0.57 | 0.20 | 183.70% | 0.84 |
| | 2002 年末(本年末) | 2001 年末(上年末) | 本年末比上年末增减(%) | 2000 年末 |
| 每股净资产 | 2.45 | 2.41 | 1.28% | 2.37 |
| 调整后的每股净资产 | 2.30 | 2.24 | 2.69% | 2.28 |

# 000848 河北承德露露股份有限公司

## 二〇〇二年年度报告摘选

### 1.上市公司基本情况简介

1.1 基本情况简介

证券简称:承德露露 证券代码:000848 上市交易所:深圳证券交易所

注册地址和办公地址:河北省承德市高新技术产业开发区(西区 8 号) 邮政编码:067000

公司国际互联网网址:http://www.lolo.com.cn 电子信箱:lolozq@heinfo.net

1.2 联系人和联系方式

董事会秘书:李文生 联系地址:河北省承德市双桥区翠桥路南 6 号

电话:0314－2066791 转 3088 传真:0314－2063525 电子信箱:lolozq@heinfo.net

证券事务代表:王洪 联系地址:河北省承德市双桥区翠桥路南 6 号

电话:0314－2061585 2066791 转 3061 传真:0314－2063525

电子信箱:lolozq@heinfo.net

### 2.会计数据和财务指标摘要

2.1 主要会计数据 单位:(人民币)元

| | 2002 年(本年) | 2001 年(上年) | 本年比上年增减(%) | 2000 年 |
|---|---|---|---|---|
| 主营业务收入 | 1,075,392,412.14 | 998,311,149.94 | 7.72% | 821,111,533.74 |
| 利润总额 | 69,955,862.54 | 110,678,451.90 | －36.79% | 70,693,704.27 |
| 净利润 | 51,571,623.67 | 97,826,993.46 | －47.28% | 53,402,228.49 |
| 扣除非经常性损益的净利润 | 63,706,867.14 | 87,960,653.22 | －27.57% | 55,122,530.22 |
| | 2002 年末(本年末) | 2001 年末(上年末) | 本年末比上年末增减(%) | 2000 年末 |
| 总资产 | 1,112,228,813.36 | 1,160,291,171.55 | －4.14% | 872,349,201.37 |
| 股东权益(不含少数股东权益) | 714,221,036.97 | 662,649,413.30 | 7.78% | 735,927,419.84 |
| 经营活动产生的现金流量净额 | 154,382,842.30 | 140,699,728.43 | 9.73% | 52,484,628.97 |

2.2 主要财务指标 单位:(人民币)元

| | 2002 年(本年) | 2001 年(上年) | 本年比上年增减(%) | 2000 年 |
|---|---|---|---|---|
| 每股收益 | 0.20 | 0.38 | －47.21% | 0.21 |
| 每股收益* | 0.20 | －－ | －－ | －－ |
| 净资产收益率 | 7.22% | 14.76% | －51.08% | 8.96% |
| 扣除非经常性损益的净利润为基础计算的净资产收益率 | 8.92% | 13.28% | －32.83% | 7.49% |
| 每股经营活动产生的现金流量净额 | 0.60 | 0.54 | 9.76% | 0.20 |
| | 2002 年末(本年末) | 2001 年末(上年末) | 本年末比上年末增减(%) | 2000 年末 |
| 每股净资产 | 2.76 | 2.56 | 7.79% | 2.84 |
| 调整后的每股净资产 | 2.76 | 2.56 | 7.79% | 2.84 |

# 000858 宜宾五粮液股份有限公司

## 二〇〇二年年度报告摘选

### 1.上市公司基本情况简介

1.1 基本情况简介

证券简称:五粮液 证券代码:000858 上市交易所:深圳证券交易所

注册地址和办公地址:四川省宜宾市翠屏区岷江西路 150 号 邮政编码:644007

公司国际互联网网址:http://www.wuliangye.com.cn 电子信箱:dshb－wly@163.net

1.2 联系人和联系方式

董事会秘书:彭智辅 联系地址:四川省宜宾市翠屏区岷江西路 150 号

电话:0831－3553988 转 5878 传真:0831－3555958 电子信箱:dshb－wly@163.net

证券事务代表联系地址:四川省宜宾市翠屏区岷江西路 150 号

电话:0831－3553988 转 6858 传真:0831－3555958 电子信箱:dshb－wly@163.net

### 2.会计数据和财务指标摘要

2.1 主要会计数据 单位:(人民币)元

| | 2002 年(本年) | 2001 年(上年) | 本年比上年增减(%) | 2000 年 |
|---|---|---|---|---|
| 主营业务收入 | 5,706,517,438.45 | 4,742,095,340.65 | 20.34% | 3,953,640,138.96 |
| 利润总额 | 869,070,350.39 | 933,092,174.58 | －6.86% | 1,007,096,192.78 |
| 净利润 | 613,234,637.84 | 811,407,817.88 | －24.42% | 768,112,120.07 |
| 扣除非经常性损益的净利润 | 578,637,973.94 | 592,776,828.40 | －2.39% | 633,221,866.48 |
| | 2002 年末(本年末) | 2001 年末(上年末) | 本年末比上年末增减(%) | 2000 年末 |
| 总资产 | 7,261,734,980.75 | 6,687,868,171.49 | 8.58% | 4,600,917,198.25 |
| 股东权益(不含少数股东权益) | 5,307,055,453.68 | 4,693,749,721.52 | 13.07% | 8,493,411.28 |
| 经营活动产生的现金流量净额 | 1,053,290,717.92 | 1,073,187,941.83 | －1.85% | 1,294,995,783.27 |

2.2 主要财务指标 单位:(人民币)元

| | 2002 年(本年) | 2001 年(上年) | 本年比上年增减(%) | 2000 年 |
|---|---|---|---|---|
| 每股收益 | 0.54 | 0.93 | －41.80% | 1.60 |
| 每股收益* | 0.54 | －－ | －－ | －－ |
| 净资产收益率 | 11.56% | 17.29% | －33.14% | 24.09% |
| 扣除非经常性损益的净利润为基础计算的净资产收益率 | 10.90% | 12.63% | －13.70% | 22.58% |
| 每股经营活动产生的现金流量净额 | 0.93 | 1.23 | －24.47% | 2.70 |
| | 2002 年末(本年末) | 2001 年末(上年末) | 本年末比上年末增减(%) | 2000 年末 |
| 每股净资产 | 4.70 | 5.40 | －13.03% | 6.64 |
| 调整后的每股净资产 | 4.70 | 5.39 | －12.96% | 6.62 |

# 000869 烟台张裕葡萄酿酒股份有限公司

## 二〇〇二年年度报告摘选

### 1.上市公司基本情况简介

1.1 基本情况简介

股票简称:张裕 A、张裕 B 股票代码:000869、200869

公司股票上市交易所:深圳证券交易所

公司注册地址:山东省烟台市大马路 56 号

公司办公地址:山东省烟台市世回尧路 174 号 邮政编码:264001

公司国际互联网网址:http://www.changyu.com.cn 电子信箱:webmaster@changyu.com.cn

1.2 联系人和联系方式

董事会秘书:曲为民 联系地址:山东省烟台市世回尧路 174 号

电话:0086－535－6691268 传真:0086－535－6691268 电子信箱:quwm@changyu.com.cn

证券事务代表:李廷国 联系地址:山东省烟台市世回尧路 174 号

电话:0086－535－6647864 传真:0086－535－6691266 电子信箱:stock@changyu.com.cn

### 2.会计数据和财务指标摘要

2.1 主要会计数据

| | 2002 年 | 2001 年 | 本年比上年增减(%) | 2000 年 |
|---|---|---|---|---|
| 主营业务收入 | 928,218,999 | 885,980,527 | 4.77% | 873,617,952 |
| 利润总额 | 180,861,418 | 177,848,348 | 1.69% | 172,479,707 |
| 净利润 | 111,240,563 | 171,656,461 | －35.20% | 127,480,258 |
| 扣除非经常性损益后的净利润 | 113,168,953 | 123,014,366 | －8.00% | 127,480,258 |
| | 2002 年末 | 2001 年末 | 本年末比上年末增减(%) | 2000 年 |
| 总资产 | 1,829,878,271 | 1,663,387,875 | 10.01% | 1,610,758,121 |
| 股东权益(不含少数股东权益) | 1,416,018,649 | 1,356,778,086 | 4.37% | 1,250,121,625 |
| 经营活动产生的现金流量净额 | 90,600,388 | 55,274,823 | 63.91% | 177,882,620 |

2.2 主要财务指标

| | 2002 年 | 2001 年 | 本年比上年增减(%) | 2000 年 |
|---|---|---|---|---|
| 每股收益 | 0.43 | 0.66 | －35.20% | 0.49 |
| 净资产收益率 | 7.86% | 12.65% | －37.87% | 10.2% |
| | 2002 年末 | 2001 年末 | 本年末比上年末增减(%) | 2000 年 |
| 每股净资产 | 5.45 | 5.22 | 4.41% | 4.81 |
| 调整后每股净资产 | 5.44 | 5.21 | 4.41% | 4.67 |

## 000876 四川新希望农业股份有限公司

### 二〇〇二年年度报告摘选

#### 1.上市公司基本情况简介

1.1 基本情况简介

股票简称:新希望　股票代码:000876　上市交易所:深圳证券交易所

注册地址:四川省绵阳市国家高新技术产业开发区

办公地址:成都市新开街1号金竹大厦四楼　邮政编码:610016

公司国际互联网网址:http://www.newhopegroup.com　电子信箱:zongjingban@newhope.sina.net

1.2 联系人和联系方式

董事会秘书:曾勇　联系地址:成都市新开街1号金竹大厦四楼

电话:028－86666298　传真:028－86673344　电子信箱:zengyong@newhope.sina.net

证券事务代表:王世熔　联系地址:成都市新开街1号金竹大厦四楼

电话:028－86675544　传真:028－86675544　电子信箱:wangshirong@newhope.sina.net

#### 2.会计数据和财务指标摘要

2.1 主要会计数据

单位:(人民币)元

| | 2002年(本年) | 2001年(上年) | 本年比上年增减(%) | 2000年 |
|---|---|---|---|---|
| 主营业务收入 | 1,140,789,790.41 | 755,304,496.81 | 51.04% | 593,408,072.53 |
| 利润总额 | 137,548,071.86 | 96,814,187.17 | 42.07% | 60,659,679.79 |
| 净利润 | 121,327,786.17 | 84,303,073.82 | 43.92% | 55,002,216.63 |
| 扣除非经常性损益的净利润 | 120,732,070.57 | 77,835,361.97 | 55.11% | 54,497,917.49 |
| | 2002年末(本年末) | 2001年末(上年末) | 本年末比上年末增减(%) | 2000年末 |
| 总资产 | 2,292,257,814.54 | 1,453,675,868.50 | 57.69% | 1,076,049,572.05 |
| 股东权益(不含少数股东权益) | 1,146,406,133.27 | 1,030,501,436.54 | 11.25% | 856,665,373.09 |
| 经营活动产生的现金流量净额 | 146,775,628.53 | 124,112,883.52 | 18.26% | 1,031,975.78 |

2.2 主要财务指标

单位:(人民币)元

| | 2002年(本年) | 2001年(上年) | 本年比上年增减(%) | 2000年 |
|---|---|---|---|---|
| 每股收益 | 0.385 | 0.434 | －11.29% | 0.302 |
| 净资产收益率 | 10.58% | 8.18% | 29.34% | 6.42% |
| 扣除非经常性损益的净利润为基础计算的净资产收益率 | 10.50% | 7.55% | 39.07% | 10.27% |
| 每股经营活动产生的现金流量净额 | 0.466 | 0.640 | －27.19% | 0.006 |
| | 2002年末(本年末) | 2001年末(上年末) | 本年末比上年末增减(%) | 2000年末 |
| 每股净资产 | 3.636 | 5.311 | －31.54% | 4.706 |
| 调整后的每股净资产 | 3.577 | 5.279 | －32.24% | 4.657 |

## 000885 洛阳春都食品股份有限公司

### 二〇〇二年年度报告摘选

#### 1.上市公司基本情况简介

1.1 基本情况简介

证券简称:ST春都　证券代码:000885　上市交易所:深圳证券交易所

注册地址:河南省洛阳市西工区春都路126号　邮政编码:471000

1.2 联系人和联系方式

董事会秘书:刘亮　联系地址:河南省洛阳市西工区春都路126号

电话:0379－2312922　传真:0379－2312922　电子信箱:CHUNDU－A@SOHU.COM

证券事务代表:谢昊　联系地址:河南省洛阳市西工区春都路126号

电话:0379－2312922　传真:0379－2312922　电子信箱:CHUNDUA@SINA.COM

#### 2.会计数据和财务指标摘要

2.1 主要财务数据

| | 2002年度 | 2001年度 | 本年比上年增减(%) | 2000年度 |
|---|---|---|---|---|
| 主营业务收入 | 61,641,666.64 | 100,192,139.99 | －38.48% | 294,841,683.69 |
| 利润总额 | －79,005,702.41 | －299,589,616.07 | 73.63% | －83,395,209.41 |
| 净利润 | －78,981,359.00 | －299,589,616.07 | 73.64% | －83,395,209.41 |
| 扣除非经常性损益后的净利润 | －77,801,651.14 | －265,747,401.63 | 70.72% | －83,601,679.04 |
| | 2002年末(本年末) | 2001年末(上年末) | 本年末比上年末增减(%) | 2000年末 |
| 总资产 | 452,691,996.60 | 457,735,110.72 | －1.11% | 824,636,544.71 |
| 股东权益(不含少数股东权益) | 101,922,589.34 | 180,903,948.34 | －43.66% | 635,039,465.85 |
| 经营活动产生的现金流量净额 | 13,495,876.80 | －2,010,470.10 | 771.28% | －39,603,721.75 |

2.2 主要财务指标

| | 2002年度 | 2001年度 | 本年比上年增减(%) | 2000年度 |
|---|---|---|---|---|
| 每股收益 | －0.4936 | －1.872 | 73.63% | －0.521 |
| 净资产收益率 | －77.49% | －165.61% | 53.21% | －15.46% |
| 扣除非经常性损益的净利润为基础计算的净资产收益率 | －76.33% | －146.90% | －48.04% | －13.70% |
| 每股经营活动产生的现金流量净额 | 0.0843 | －0.0125 | 774.4% | －0.247 |
| | 2002年末(本年末) | 2001年末(上年末) | 本年末比上年末增减(%) | 2000年末 |
| 每股净资产 | 0.637 | 1.1306 | －43.66 | 3.37 |
| 调整后的每股净资产 | 0.614 | 1.1227 | －45.31% | 3.72 |

## 000895 河南双汇投资发展股份有限公司

### 二〇〇二年年度报告摘选

#### 1.上市公司基本情况简介

1.1 基本情况简介

证券简称:双汇发展　证券代码:000895　上市交易所:深圳证券交易所

注册地址和办公地址:河南省漯河市双汇路1号双汇大厦　邮政编码:462000

公司国际互联网网址:http://www.shuanghui.com.cn　电子信箱:sh0895@163.com

1.2 联系人和联系方式

董事会秘书:易激阳　联系地址:河南省漯河市双汇路1号双汇大厦3层

电话:0395－2622616－6158　传真:0395－2693259　电子信箱:sh0895@163.com

证券事务代表:祁勇耀　联系地址:河南省漯河市双汇路1号双汇大厦3层

电话:0395－2622616－6530　传真:0395－2693259　电子信箱:sh0895@163.com

#### 2.会计数据和财务指标摘要

2.1 主要会计数据　单位:(人民币)元

| | 2002年(本年) | 2001年(上年) | 本年比上年增减(%) | 2000年 |
|---|---|---|---|---|
| 主营业务收入 | 4,759,703,846.08 | 3,367,966,075.45 | 41.32% | 3,107,212,246.58 |
| 利润总额 | 347,562,657.52 | 242,495,715.99 | 43.33% | 226,899,377.47 |
| 净利润 | 200,616,278.78 | 170,501,788.08 | 17.66% | 150,652,029.45 |
| 扣除非经常性损益的净利润 | 207,684,676.02 | 142,293,802.19 | 45.95% | 138,247,581.64 |
| | 2002年末(本年末) | 2001年末(上年末) | 本年末比上年末增减(%) | 2000年末 |
| 总资产 | 2,621,588,574.76 | 1,617,014,073.70 | 62.13% | 1,552,287,173.07 |
| 股东权益(不含少数股东权益) | 1,416,258,762.61 | 801,066,894.89 | 76.80% | 674,345,043.01 |
| 经营活动产生的现金流量净额 | 180,519,905.66 | 211,153,569.41 | －14.51% | 248,899,238.61 |

2.2 主要财务指标　单位:(人民币)元

| | 2002年(本年) | 2001年(上年) | 本年比上年增减(%) | 2000年 |
|---|---|---|---|---|
| 每股收益 | 0.59 | 0.58 | 0.51% | 0.52 |
| 每股收益* | 0.59 | －－ | －－ | －－ |
| 净资产收益率 | 14.17% | 21.29% | －33.44% | 22.34% |
| 扣除非经常性损益的净利润为基础计算的净资产收益率 | 14.66% | 20.97% | －30.09% | 20.98% |
| 每股经营活动产生的现金流量净额 | 0.53 | 0.72 | －26.39% | 0.85 |
| | 2002年末(本年末) | 2001年末(上年末) | 本年末比上年末增减(%) | 2000年末 |
| 每股净资产 | 4.14 | 2.74 | 50.97% | 2.31 |
| 调整后的每股净资产 | 4.06 | 2.72 | 49.26% | 2.28 |

## 000911 南宁糖业股份有限公司

### 二〇〇二年年度报告摘选

#### 1.上市公司基本情况简介

1.1 基本情况简介

证券简称:南宁糖业　证券代码:000911　上市交易所:深圳证券交易所

注册地址和办公地址:广西壮族自治区南宁市亭洪路48号　邮政编码:530031

公司国际互联网网址:http://www.nnsugar.com.cn　电子信箱:nnty@nnsugar.com

1.2 联系人和联系方式

董事会秘书:王国庆　联系地址:广西壮族自治区南宁市亭洪路48号

电话:0771－4914317　传真:0771－4910755　电子信箱:gnusic@public.nn.gx.cn

证券事务代表:李静　联系地址:广西壮族自治区南宁市亭洪路48号

电话:0771－4914317　传真:0771－4910755　电子信箱:gnusic@public.nn.gx.cn

#### 2.会计数据和财务指标摘要

2.1 主要会计数据　单位:(人民币)元

| | 2002年(本年) | 2001年(上年) | 本年比上年增减(%) | 2000年 |
|---|---|---|---|---|
| 主营业务收入 | 1,420,106,208.58 | 957,320,894.50 | 48.34% | 938,049,949.58 |
| 利润总额 | 110,156,968.65 | 53,370,198.13 | 106.40% | 67,407,290.83 |
| 净利润 | 58,552,154.19 | 45,903,025.08 | 27.56% | 51,962,210.94 |
| 扣除非经常性损益的净利润 | 59,867,120.91 | 49,106,266.48 | 21.91% | 57,144,002.99 |
| | 2002年末(本年末) | 2001年末(上年末) | 本年末比上年末增减(%) | 2000年末 |
| 总资产 | 1,471,791,213.43 | 1,206,705,170.99 | 21.97% | 1,338,994,558.22 |
| 股东权益(不含少数股东权益) | 686,101,095.46 | 669,153,823.41 | 2.53% | 537,865,586.03 |
| 经营活动产生的现金流量净额 | 176,911,747.34 | 21,616,194.83 | 718.42% | 147,790,240.84 |

2.2 主要财务指标　单位:(人民币)元

| | 2002年(本年) | 2001年(上年) | 本年比上年增减(%) | 2000年 |
|---|---|---|---|---|
| 每股收益 | 0.24 | 0.19 | 27.23% | 0.23 |
| 净资产收益率 | 8.53% | 6.86% | 24.34% | 9.66% |
| 扣除非经常性损益的净利润为基础计算的净资产收益率 | 8.73% | 7.33% | 19.10% | 9.98% |
| 每股经营活动产生的现金流量净额 | 0.74 | 0.09 | 716.67% | 0.66 |
| | 2002年末(本年末) | 2001年末(上年末) | 本年末比上年末增减(%) | 2000年末 |
| 每股净资产 | 2.85 | 2.78 | 2.52% | 2.40 |
| 调整后的每股净资产 | 2.72 | 2.65 | 2.64% | 2.35 |

# C1.纺织、服装、皮毛(21家)

# 000726 鲁泰纺织股份有限公司

## 二〇〇二年年度报告摘要

## 1.重要提示

1.1 本公司董事会及其董事保证本报告所载资料不存在任何虚假记载、误导性陈述或者重大遗漏,并对其内容的真实性、准确性和完整性负个别及连带责任。本年度报告摘要摘自年度报告全文,投资者欲了解详细内容,应阅读年度报告全文。

1.2 没有董事声明对年度报告内容的真实性、准确性、完整性无法保证或存在异议。

1.3 在公司三届十六次董事会上,董事陈锐谋先生委托董事长刘石祯先生代为表决,董事陈有汉先生委托董事许植楠先生代为表决,董事李景河先生未出席会议,也未委托他人代为出席。

1.4 山东正源和信有限责任会计师事务所为本公司出具了有无保留意见无解释性说明的审计报告。

1.5 公司董事长刘石祯先生、总会计师苏化生先生及财务负责人曲庆凤女士声明:保证年度报告中财务会计报告的真实、完整。

## 2.上市公司基本情况简介

2.1 基本情况简介

| | |
|---|---|
| 证券简称 | 鲁泰A、鲁泰B |
| 证券代码 | 000726、200726 |
| 上市交易所 | 深圳证券交易所 |
| 注册地址和办公地址 | 淄博市高新技术开发区铭波路11号<br>淄博市淄川区松龄东路81号 |
| 邮政编码 | 255100 |
| 公司国际互联网网址 | www.lttc.com.cn |
| 电子信箱 | lttc@public.zbptt.sd.cn |

2.2 联系人和联系方式

| | 董事会秘书 | 证券事务代表 |
|---|---|---|
| 姓名 | 秦桂玲 | 郑卫印 |
| 联系地址 | 淄博市淄川区松龄东路81号 | 淄博市高新区铭波路11号 |
| 电话 | 0533-5285166 | 0533-3586827 |
| 传真 | 0533-5282188 | 0533-5182188 |
| 电子信箱 | qinguiling@lttc.com.cn | wyzheng@lttc.com.cn |

## 3.会计数据和财务指标摘要

3.1 主要会计数据 单位:(人民币)元

| | 2002年(本年) | 2001年(上年) | 本年比上年增减(%) | 2000年 |
|---|---|---|---|---|
| 主营业务收入 | 950,880,441.60 | 785,693,831.68 | 21.02% | 485,928,527.85 |
| 利润总额 | 149,995,216.36 | 132,967,382.20 | 12.81% | 98,279,134.76 |
| 净利润 | 125,549,895.66 | 114,127,427.79 | 10.01% | 86,511,010.18 |
| 扣除非经常性损益的净利润 | 126,268,667.82 | 119,574,208.17 | 5.60% | 85,304,019.50 |
| | 2002年末(本年末) | 2001年末(上年末) | 本年末比上年末增减(%) | 2000年末 |
| 总资产 | 1,794,493,875.10 | 1,489,356,674.15 | 20.49% | 1,418,552,507.87 |
| 股东权益(不含少数股东权益) | 1,259,945,820.56 | 1,240,012,124.65 | 1.61% | 1,211,056,058.77 |
| 经营活动产生的现金流量净额 | 280,317,571.40 | 7,652,356.32 | 3563.15% | 86,456,229.81 |

3.2 主要财务指标 单位:(人民币)元

| | 2002年(本年) | 2001年(上年) | 本年比上年增减(%) | 2000年 |
|---|---|---|---|---|
| 每股收益 | 0.36 | 0.42 | -15.30% | 0.42 |
| 每股收益* | 0.36 | - | - | - |
| 净资产收益率 | 9.96% | 9.20% | 8.26% | 7.14% |
| 扣除非经常性损益的净利润为基础计算的净资产收益率 | 10.20% | 9.64% | 5.81% | 7.04% |
| 每股经营活动产生的现金流量净额 | 0.80 | 0.03 | 2713.43% | 0.42 |
| | 2002年末(本年末) | 2001年末(上年末) | 本年末比上年末增减(%) | 2000年末 |
| 每股净资产 | 3.58 | 4.58 | -21.83% | 5.81 |
| 调整后的每股净资产 | 3.56 | 4.57 | -22.10% | 5.79 |

3.3 国内外会计准则差异

√适用 □不适用

单位:(人民币)万元

| | 国内会计准则 | 境外会计准则 |
|---|---|---|
| 净利润 | 12,554.99 | 12,854.19 |
| 差异说明 | 调整项目为折旧-300.00万元,管理费用为0.8万元。 | |

## 4.股本变动及股东情况

4.1 股份变动表

单位:股

| | 本次变动前 | 本次变动增减(+,-) | | 本次变动后 |
|---|---|---|---|---|
| | | 公积金转股 | 小计 | |
| 一、未上市流通股份 | | | | |
| 1.发起人股份 | 75,790,000 | 22,737,000 | 22,737,000 | 98,527,000 |
| 其中:国家持有股份 | | | 0 | 0 |
| 境内法人持有股份 | 37,895,000 | 11,368,500 | 11,368,500 | 49,263,500 |
| 境外法人持有股份 | 37,895,000 | 11,368,500 | 11,368,500 | 49,263,500 |
| 其他 | | | 0 | 0 |
| 2.募集法人股份 | | | 0 | 0 |
| 3.内部职工股 | 26,000,000 | 7,800,000 | 7,800,000 | 33,800,000 |
| 4.优先股或其他 | | | 0 | 0 |
| 未上市流通股份合计 | 101,790,000 | 30,537,000 | 30,537,000 | 132,327,000 |
| 二、已上市流通股份 | | | | |
| 1.人民币普通股 | 65,000,000 | 19,500,000 | 19,500,000 | 84,500,000 |
| 2.境内上市的外资股 | 104,000,000 | 31,200,000 | 31,200,000 | 135,200,000 |
| 3.境外上市的外资股 | | | 0 | 0 |
| 4.其他 | | | 0 | 0 |
| 已上市流通股份合计 | 169,000,000 | 50,700,000 | 50,700,000 | 219,700,000 |
| 三、股份总数 | 270,790,000 | 81,237,000 | 81,237,000 | 352,027,000 |

4.2 前十名股东持股表

| 报告期末股东总数 | 41,784户 | | | | | |
|---|---|---|---|---|---|---|
| 前十名股东持股情况 | | | | | | |
| 股东名称(全称) | 年度内增减(股) | 年末持股数量(股) | 比例(%) | 股份类别(已流通或未流通) | 质押或冻结的股份数量(股) | 股东性质(国有股东或外资股东) |
| 淄博鲁诚纺织有限公司 | 11,368,500 | 49,263,500 | 13.99 | 未流通 | 0 | 国有股东 |
| 泰纶纺织有限公司 | 11,368,500 | 49,263,500 | 13.99 | 未流通 | 0 | 外资股东 |
| SOUTH CAPITAL NOMINEES LIMTED | 627,900 | 4,160,000 | 1.18 | 已流通 | 0 | 外资股东 |
| DAIWA SECS EMBC AC ITOCHU HONG KONG.LTD | 664,650 | 3,900,000 | 1.11 | 已流通 | 0 | 外资股东 |
| 华安创新证券投资基金 | 791,493 | 3,154,887 | 0.90 | 已流通 | 0 | 国有股东 |
| 汉盛证券投资基金 | 1,752,896 | 3,139,132 | 0.89 | 已流通 | 0 | 国有股东 |
| CBNY S/A PNC/SKANDIA SELECT FUND/CHINA EQUITY AC | -173,819 | 2,737,472 | 0.78 | 已流通 | 0 | 外资股东 |
| RIPPERTON ASSETS LIMITED | 599,800 | 2,600,000 | 0.74 | 已流通 | 0 | 外资股东 |
| SSBT/THE CHINA FUND - UH1 UH01 | 609,829 | 2,599,829 | 0.74 | 已流通 | 0 | 外资股东 |
| PERFECT SPACE INVESTMENTS | 597,000 | 2,587,000 | 0.73 | 已流通 | 0 | 外资股东 |
| 前十名股东关联关系或一致行动的说明 | 第一、二名股东为发起人股东,无关联关系,两支基金无关联关系,其他6家B股股东是否有关联关系或一致行动人,公司不了解。 | | | | | |

4.3 控股股东及实际控制人情况介绍

4.3.1 控股股东及实际控制人变更情况

□适用 √不适用

4.3.2 控股股东和其他实际控制人具体情况介绍

淄博鲁诚纺织有限公司，法定代表人：刘子斌，注册资本867万元，主要从事纺织品、针织品、服装厂及其他缝纫制品的生产销售。鲁诚公司为公司第一大股东，亦为公司实际控股股东。该公司成立于1998年9月，是在原公司发起人淄博第七棉纺厂的基础上改制而成的，为有自然人持股的有限责任公司，其中刘石祯先生持有21%的股份，为该公司的第一大股东。报告期末鲁诚公司持有本公司股份4926.35万股，占公司股本总额的14%，系发起人股，尚未上市流通，亦无股份冻结和质押情况。

泰纶（泰国）纺织有限公司，法定代表人：许植楠先生，经营范围：纺纱。该公司为本公司并列第一大股东，报告期末持有本公司股份4926.35万股，占公司股本总额的14%，系外资发起人股，未上市流通，亦无股份冻结和质押情况。

## 5.董事、监事和高级管理人员

5.1 董事、监事和高级管理人员持股变动

| 姓名 | 职务 | 性别 | 年龄 | 任期起止日期 | 年初持股数(股) | 年末持股数(股) | 变动原因 |
|---|---|---|---|---|---|---|---|
| 刘石祯 | 董事长 | 男 | 63 | 2001.5.7－2004.5.7 | 110,240 | 143,312 | 公积金转增 |
| 陈有汉 | 董事 | 男 | 70 | 2001.5.7－2004.5.7 | 0 | 0 | |
| 许植楠 | 董事 | 男 | 73 | 2001.5.7－2004.5.7 | 0 | 0 | |
| 刘子斌 | 董事 | 男 | 38 | 2001.5.7－2004.5.7 | 0 | 0 | |
| 藤原英利 | 董事 | 男 | 63 | 2001.5.7－2004.5.7 | 0 | 0 | |
| 陈锐谋 | 董事 | 男 | 59 | 2001.5.7－2004.5.7 | 0 | 0 | |
| 李景河 | 董事 | 男 | 78 | 2001.5.7－2004.5.7 | 0 | 0 | |
| 苏化生 | 董事 | 男 | 59 | 2001.5.7－2004.5.7 | 25,480 | 33,124 | 公积金转增 |
| 王方水 | 董事 | 男 | 42 | 2001.5.7－2004.5.7 | 13,000 | 16,900 | 公积金转增 |
| 孙志刚 | 董事 | 男 | 41 | 2001.5.7－2004.5.7 | 15,340 | 19,942 | 公积金转增 |
| 秦桂玲 | 董事 | 女 | 37 | 2001.5.7－2004.5.7 | 15,600 | 20,280 | 公积金转增 |
| 李同民 | 监事 | 男 | 47 | 2001.5.7－2004.5.7 | 17,160 | 22,308 | 公积金转增 |
| 赵可桂 | 监事 | 男 | 56 | 2001.5.7－2004.5.7 | 26,000 | 33,800 | 公积金转增 |
| 朱令文 | 监事 | 男 | 49 | 2001.5.7－2004.5.7 | 36,400 | 47,320 | 公积金转增 |
| 吴玉华 | 独立董事 | 男 | 59 | 2002.6.26－2004.5.7 | 0 | 0 | |
| 周志济 | 独立董事 | 男 | 40 | 2002.6.26－2004.5.7 | 0 | 0 | |

5.2 在股东单位任职的董事监事情况

√适用　　□不适用

| 姓名 | 任职的股东名称 | 在股东单位担任的职务 | 任职期间 | 是否领取报酬、津贴 |
|---|---|---|---|---|
| 刘子斌 | 淄博鲁诚纺织有限公司 | 董事长、总经理 | 2001.5.7－2004.5.7 | 是 |
| 许植楠 | 泰纶纺织有限公司 | 董事长 | 2001.5.7－2004.5.7 | 是 |

5.3 董事、监事和高级管理人员年度报酬情况

单位：(人民币)万元

| | |
|---|---|
| 年度报酬总额 | 629.25 |
| 金额最高的前三名董事的报酬总额 | 274.00 |
| 金额最高的前三名高级管理人员的报酬总额 | 274.00 |
| 独立董事津贴 | 2.40万元/人·年 |
| 独立董事其他待遇 | 报销为公司服务时相关费用 |
| 不在公司领取报酬、津贴的董事、监事姓名 | 陈有汉、李景河 |
| 报酬区间 | 人数 |
| 100万元以上 | 1 |
| 30－55万元 | 9 |
| 5万元以下 | 2 |

## 6.董事会报告

6.1 报告期内整体经营情况的讨论与分析

报告期内，公司整体经营情况如下：全年实现销售收入95,088.04万元，出口创汇9,626.17万美元，主营业务利润27,151.77万元，分别比上一年提高21.02%、11.40%、18.52%。

报告期内，公司20000锭COM纺纱项目、液氨整理一期工程、150万件衬衣生产线分别于二季度、三季度正式投入生产，顺利完成织布工厂、漂染工厂的技术改造，为进一步提高公司色织布产品的附加值，增强市场适应能力奠定了基础。

报告期内，公司生产色织布6049万米，衬衣428万件，分别比2001年提高26.3%、26%，达到历史最高水平。面对产品产量的提高，公司强化国内外市场开拓，提高工作质量，优化售前售后服务，在稳定老客户的同时大力发展新客户。2002年色织布出口和内销量分别比2001年提高20.17%、222%，衬衣出口和内销量分别比2001年提高16.11%、200%。

报告期内，公司深化成本管理，将成本管理列为本年度工作的重点，各生产工序的成本都有不同程度的下降，使原棉涨价给公司经营造成的不利影响降到最低。新一年度棉花涨价的因素依然存在，对公司的生产经营造成了一定的压力，公司董事会将一如既往地狠抓成本管理，以积极的姿态迎接新的挑战。

报告期内，公司不断加大技术创新力度，更加突出品质管理：在公司科学技术委员会的领导下，开发新产品8种，其中液氨超交联免烫面料在2002年全国纺织、色织、印染产品开发年会上荣获优秀创新产品奖，国家知识产权专利局已受理了公司提出的专利申请。

报告期内，公司有效实施ISO9000和ISO140000国际标准化管理，并顺利实现了ISO9000文件由1994版向2000版的过渡，现正在实施OHSMS18000职业健康安全管理体系的认证，以应对国际市场的非贸易壁垒。

6.2 主营业务分行业或产品情况表

单位：(人民币)万元

| 分行业或分产品 | 主营业务收入 | 主营业务成本 | 毛利率(%) | 主营业务收入比上年增减(%) | 主营业务成本比上年增减(%) | 毛利率比上年增减(%) |
|---|---|---|---|---|---|---|
| 纺织业 | 95,088.04 | 67,860.30 | 28.63 | 21.02 | 21.95 | －1.88 |
| 其中：关联交易金额 | 0.00 | 0.00 | － | 0.00 | 0.00 | 0.00 |
| 纺纱产品 | 1,488.99 | 981.04 | 34.11 | －57.99 | －72.54 | 0.00 |
| 坯布产品 | 19.36 | 55.14 | －184.81 | －95.15 | －87.14 | 0.00 |
| 色织布产品 | 77,265.09 | 55,983.67 | 27.54 | 23.93 | 25.89 | －3.94 |
| 衬衣产品 | 14,930.42 | 9,842.25 | 34.08 | 30.94 | 50.44 | －20.04 |
| 其他产品 | 1,384.18 | 998.21 | 27.88 | 57.73 | 58.04 | －0.53 |
| 其中：关联交易金额 | 0.00 | 0.00 | － | 0.00 | 0.00 | 0.00 |
| 关联交易的定价原则 | 采用市场价格交易原则 | | | | | |
| 关联交易必要性、持续性的说明 | 主营业务中的关联交易量很少，只是随机产生，没有一定的必要性和持续性。 | | | | | |

6.3 主营业务分地区情况

单位：(人民币)万元

| 地区 | 主营业务收入 | 主营业务收入比上年增减(%) |
|---|---|---|
| 日韩 | 23,741.90 | 60.96 |
| 香港 | 25,706.10 | －5.14 |
| 东南亚 | 19,196.60 | 18.01 |
| 欧美 | 10,445.80 | 25.52 |
| 其他 | 518.00 | －40.28 |
| 国内 | 15,479.60 | 37.44 |
| 合计 | 95,088.00 | 21.03 |

6.4 采购和销售客户情况

单位：(人民币)万元

| | | | |
|---|---|---|---|
| 前五名供应商采购金额合计 | 34,538.00 | 占采购总额比重 | 45.15% |
| 前五名销售客户销售金额合计 | 32,638.71 | 占销售总额比重 | 34.32% |

6.5 参股公司经营情况(适用投资收益占净利润10%以上的情况)

□适用　　√不适用

6.6 主营业务及其结构发生重大变化的原因说明

□适用　　√不适用

6.7 主营业务盈利能力(毛利率)与上年相比发生重大变化的原因说明

□适用　　√不适用

6.8 经营成果和利润构成与上年度相比发生重大变化的原因分析

□适用　　√不适用

整体财务状况与上年度相比发生重大变化的原因分析

□适用　　√不适用

6.9 对生产经营环境以及宏观政策、法规产生重大变化已经、正在或将要对公司的财务状况和经营成果产生重要影响的说明

□适用　　√不适用

6.10 完成盈利预测的情况

□适用　　√不适用

6.11 完成经营计划情况

□适用　　√不适用

6.12 募集资金使用情况

√适用　　□不适用

单位：(人民币)万元

| 募集资金总额 | 86,770.00 | 本年度已使用募集资金总额 | 20,117.72 | 已累计使用募集资金总额 | 76,612.38 |
|---|---|---|---|---|---|
| 承诺项目 | 拟投入金额 | 是否变更项目 | 实际投入金额 | 产生收益金额 | 是否符合计划进度和预计收益 |
| 高档色织面料技改项目 | 26,731.00 | 否 | 27,849.00 | 36,913.00 | 是 |
| 高档面料后整理技改项目 | 10,004.14 | 是 | 9,527.55 | 0.00 | 是 |
| 液氨整理项目 | 5,000.00 | 否 | 2,675.30 | 0.00 | 是 |
| 2万锭COM纺纱项目 | 13,500.00 | 否 | 14,263.40 | 0.00 | 是 |
| 东营天信合资项目 | 6,500.00 | 否 | 6,500.00 | 7,896.00 | 是 |
| 补充流动资金 | 7,000.00 | 否 | 7,000.00 | 0.00 | 是 |
| 纺纱技术改造项目 | 3,027.00 | 否 | 3,170.59 | 0.00 | 是 |
| 漂染设备改造项目 | 3,192.00 | 否 | 3,305.40 | 0.00 | 是 |
| 成立香港分公司 | 636.00 | 否 | 636.66 | 0.00 | 是 |
| 2万锭COM纺纱扩建项目 | 12,000.00 | 否 | 1,684.19 | 0.00 | 是 |
| 合计 | 87,590.14 | | 76,612.09 | 44,809.00 | |

| | |
|---|---|
| 未达到计划进度和收益的说明(分具体项目) | 1.液氨整理项目分两期工程,一期工程已于2002年第二季度投入生产,二期工程现正在实施。<br>2.2万锭COM纺纱扩建项目现正在实施,计划2003年四季度投产。<br>3.由于公司为纺、织、染、整一条龙生产企业,其中高档面料后整理技改项目、液氨整理项目为色织布的后整理工作,2万锭COM纺纱项目、纺纱技术改造项目、漂染设备改造项目是为色织布生产提供原材料和前期准备工作,各工序之间的半成品采用成本转移法,没有独立核算,因此前述项目均按进度计划实施并投产,但无法单独核算收入情况,其收入情况最终体现在色织布成品的销售收入中。 |
| 变更原因及变更程序说明(分具体项目) | 高档后整理技改项目变更原因,通过招标采购使设备价格较预算下降,节余资金5625万元,经公司2001年度股东大会审议批准,将该项目计划投资15630万元变更为10004.14万元,将节余资金5625万元投入到2万锭COM纺纱扩建项目。 |

变更项目情况

√适用　　□不适用

单位:(人民币)万元

| 变更投资项目的资金总额 | 15,630.00 | | | | |
|---|---|---|---|---|---|
| 变更后的项目 | 对应的原承诺项目 | 变更项目拟投入金额 | 实际投入金额 | 产生收益金额 | 是否符合计划进度和预计收益 |
| 高档面料后整理技改项目 | 高档面料后整理技改项目 | 15,630.00 | 9,527.55 | 0.00 | 是 |
| 合计 | | 15,630.00 | 9,527.55 | 0.00 | |
| 未达到计划进度和收益的说明(分具体项目) | 档面料后整理技改项目原计划投资15630万元,通过进行工艺改造和招标采购,使设备价格较预算下降,节余资金5625万元。经公司2001年度股东大会审议批准,将该项目计划投资15630万元变更为10004.14万元,将节余资金5625万元投入到2万锭COM纺纱扩建项目。现在高档面料后整理项目已投产,2万锭COM纺纱扩建项目正在实施,预计将于2003年第四季度投产。<br>该项目只是整个色织布生产中的一个环节,其收益是通过色织布的收益体现的,因此该项目的收益无法单独列示。 | | | | |

6.13 非募集资金项目情况

√适用　　□不适用

| 项目名称 | 项目金额 | 项目进度 | 项目收益情况 |
|---|---|---|---|
| 150万件衬衣扩建项目 | 2,300.00 | 报告期第三季度已完成 | 运行良好 |
| 织布工厂技术改造项目 | 510.00 | 报告期第二季度投产 | 体现在色织布效益提高中 |
| 漂染工厂技术改造 | 900.00 | 报告期第二季度投产 | 体现在色织布效益提高中 |
| 色织布技术改造项目 | 4,800.00 | 报告期第四季度投产 | 体现在色织布产量增加中 |
| 捻线技术改造项目 | 4,949.00 | 报告期第四季度投产 | 使色织布附加值提高 |
| 合计 | 13,459.00 | - | - |

6.14 董事会对会计师事务所"非标意见"的说明

□适用　　√不适用

6.15 董事会新年度的经营计划

□适用　　√不适用

新年度盈利预测

□适用　　√不适用

6.16 董事会本次利润分配或资本公积金转增预案

经山东正源和信会计师事务所有限公司审计,公司2002年实现利润总额145,745,316.67元人民币;净利润为128,107,696.22元,提取10%法定公积金12,810,769.61元人民币;提取5%法定公益金,计6,405,384.81元人民币;可供分配利润为108,891,541.80元人民币。加上年度未分配利润11,162,523.50元,本年度可供分配利润为:120,054,065.30元。

董事会建议本年度分配方案为:1.以2002年底股本总额35202.7万股为基数,每10股分配现金3.00元人民币(含税),其中B股按召开股东会第二天中国人民银行基准汇率中间价折合港币兑付(按国税发(1993)45号规定免税)。

2.以2002年底的股本总额35202.7万股为基数,对全体股东用资本公积金每10股转增2股。实施该转增方案后,公司股本总额由35202.7万股增加到42243.24万股。

该分配预案提交股东大会批准后实施。

## 7.重要事项

7.1 收购资产

□适用　　√不适用

7.2 出售资产

□适用　　√不适用

7.3 重大担保

□适用　　√不适用

7.4 关联债权债务往来

□适用　　√不适用

7.5 委托理财

□适用　　√不适用

7.6 承诺事项履行情况

√适用　　□不适用

本年度公司承诺的2001年度利润分配方案已于2002年7月履行完毕,承诺的2002年利润分配政策为"利润分配至少一次,实际分配数不低于可供分配利润的50%,资本公积金转增股本的次数不低于一次,比例不超过10股转增3股"。董事会已按此项承诺提出2002年度分配预案,提交2002年度股东大会批准后实施。

7.7 重大诉讼仲裁事项

□适用　　√不适用

7.8 独立董事履行职责的情况

本公司两名独立董事是经2001年度股东大会增选的,在过去的一年中,独立董事积极认真的履行了其自身的职责,并对公司投资决策和经营管理提出了一些合理化建议,促进了公司的法人治理结构的建设。

## 8.监事会报告

1.本报告期内,公司监事会列席了公司全部董事会会议,召开了4次监事会会议,对公司董事会的决策和经营管理层的日常运作进行了监督。

2.公司监事会认为:公司决策程序合法,公司董事、经理执行职务时无违反法律、法规、公司章程或损害公司利益的行为。

3.监事会审核了由山东正源和信有限责任会计师事务所和普华永道中国有限公司为公司出具的2002年度财务报告,认为财务报告真实地反映了公司的财务状况和经营成果。

4.公司前次募集资金的实际投入项目与承诺投入项目一致,关于高档面料后整理投资额的变更理由充分合理,变更程序合法。

5.本报告期内公司未发生收购、出售资产的情况。

6.监事会认为公司的关联交易公平,没有损害上市公司及股东的利益。

7.山东正源和信有限责任会计师事务所和普华永道中国有限公司为公司出具了无保留意见的境内外审计报告。

## 9.财务报告

9.1 审计意见

9.2 资产负债表、利润及利润分配表、现金流量表(见附表)

9.3 与最近一期年度报告相比,本报告期会计政策、会计估计和核算方法均未发生变化。

9.4 与最近一期年度报告相比,本报告期合并范围未发生变化。

### 利润及利润分配表

编制单位:鲁泰纺织股份有限公司　　　　单位:(人民币)元

| 项　　目 | 2002年度 | | 2001年度 | |
|---|---|---|---|---|
| | 合　并 | 母公司 | 合　并 | 母公司 |
| 一、主营业务收入 | 950,880,441.60 | 916,687,701.52 | 785,693,831.68 | 743,642,816.98 |
| 减:主营业务成本 | 678,603,008.42 | 667,474,163.40 | 556,437,866.83 | 526,262,302.07 |
| 主营业务税金及附加 | 759,706.87 | | 164,400.23 | |
| 二、主营业务利润(亏损以"-"号填列) | 271,517,726.31 | 249,213,538.12 | 229,091,564.62 | 217,380,514.91 |
| 加:其他业务利润(亏损以"-"号填列) | 4,602,822.45 | 2,951,643.37 | 3,051,741.45 | 1,780,134.69 |
| 减:营业费用 | 38,383,146.75 | 31,693,173.59 | 32,691,455.26 | 26,905,482.89 |
| 管理费用 | 82,073,769.82 | 73,990,148.82 | 66,173,369.89 | 59,699,003.79 |
| 财务费用 | 4,924,534.19 | 5,013,839.71 | -4,138,919.15 | -4,034,775.58 |
| 三、营业利润(亏损以"-"号填列) | 150,739,098.00 | 141,468,019.37 | 137,417,400.07 | 136,590,938.50 |
| 加:投资收益(损失以"-"号填列) | 403,080.68 | 5,449,874.37 | 1,610,772.25 | 1,465,733.40 |
| 补贴收入 | | | | |
| 营业外收入 | 1,355,489.05 | 1,118,772.92 | 578,561.31 | 552,083.60 |
| 减:营业外支出 | 2,502,451.37 | 2,291,349.99 | 6,639,351.43 | 6,596,904.35 |
| 四、利润总额(亏损总额以"-"号填列) | 149,995,216.36 | 145,745,316.67 | 132,967,382.20 | 132,011,851.15 |
| 减:所得税 | 21,692,118.77 | 17,637,620.45 | 19,002,020.37 | 17,572,152.92 |
| 减:少数股东损益 | 2,753,201.93 | | -162,065.96 | |
| 五、净利润(净亏损以"-"号填列) | 125,549,895.66 | 128,107,696.22 | 114,127,427.79 | 114,439,698.23 |
| 加:年初未分配利润 | 10,940,748.15 | 11,162,523.50 | 280,875.69 | |
| 其他转入 | | | | |
| 六、可供分配的利润 | 136,490,643.81 | 139,270,219.72 | 114,408,303.48 | 114,439,698.23 |
| 减:提取法定盈余公积 | 13,327,585.07 | 12,810,769.61 | 11,570,890.22 | 11,443,969.82 |
| 提取法定公益金 | 6,663,792.54 | 6,405,384.81 | 5,785,445.11 | 5,721,984.91 |
| 提取职工奖励及福利基金 | | | | |
| 提取储备基金 | | | | |
| 提取企业发展基金 | | | | |
| 利润归还投资 | | | | |
| 七、可供投资者分配的利润 | 116,499,266.20 | 120,054,065.30 | 97,051,968.15 | 97,273,743.50 |
| 减:应付优先股股利 | | | | |
| 提取任意盈余公积 | | | | |
| 应付普通股股利 | 105,608,100.00 | 105,608,100.00 | 86,111,220.00 | 86,111,220.00 |
| 转作资本(或股本)的普通股股利 | | | | |
| 八、未分配利润 | 10,891,166.20 | 14,445,965.30 | 10,940,748.15 | 11,162,523.50 |
| 补充资料: | | | | |
| 1.出售、处置部门或被投资单位所得收益 | | | | |
| 2.自然灾害发生的损失 | | | | |
| 3.会计政策变更增加(或减少)利润总额 | | | -4,752,430.97 | |
| 4.会计估计变更增加(或减少)利润总额 | | | | |
| 5.债务重组损失 | | | | |
| 6.其他 | | | | |

## 资 产 负 债 表

编制单位：鲁泰纺织股份有限公司　　　　单位：(人民币)元

| 项　目 | 2002.12.31 | | 2001.12.31 | |
|---|---|---|---|---|
| | 合　并 | 母公司 | 合　并 | 母公司 |
| 流动资产： | | | | |
| 货币资金 | 170,906,552.98 | 144,366,163.06 | 172,277,935.43 | 164,304,166.11 |
| 短期投资 | | | 40,000,000.00 | 40,000,000.00 |
| 应收票据 | 76,263,329.07 | 78,663,329.07 | 63,832,065.87 | 63,732,065.87 |
| 应收股利 | | 4,392,931.51 | | 1,078,823.40 |
| 应收利息 | | | | |
| 应收账款 | 21,324,745.04 | 24,429,459.46 | 16,727,043.16 | 14,957,824.83 |
| 其他应收款 | 9,012,544.51 | 7,862,092.28 | 17,764,638.76 | 22,429,090.48 |
| 预付账款 | 50,037,685.47 | 36,652,270.50 | 55,773,394.71 | 46,075,396.00 |
| 应收补贴款 | 80,409,603.82 | 80,409,603.82 | 58,737,376.19 | 58,737,376.19 |
| 存货 | 283,763,579.70 | 245,937,155.13 | 261,140,707.38 | 222,392,336.74 |
| 待摊费用 | 2,523,890.50 | 2,124,121.80 | 1,480,028.71 | 843,028.94 |
| 一年内到期的长期债权投资 | | | | |
| 其他流动资产 | | | | |
| 流动资产合计 | 694,241,931.09 | 624,837,126.63 | 687,733,190.21 | 634,550,108.56 |
| 长期投资： | | | | |
| 长期股权投资 | 7,023,691.32 | 85,320,768.42 | 7,866,339.97 | 79,790,065.91 |
| 长期债权投资 | | | | |
| 长期投资合计 | 7,023,691.32 | 85,320,768.42 | 7,866,339.97 | 79,790,065.91 |
| 其中：合并价差 | | | | |
| 固定资产： | | | | |
| 固定资产原价 | 1,261,038,339.25 | 1,166,276,182.25 | 931,514,832.72 | 845,614,340.56 |
| 减：累计折旧 | 301,141,903.93 | 275,567,934.71 | 232,648,003.16 | 213,356,916.96 |
| 固定资产净值 | 959,896,435.32 | 890,708,247.54 | 698,866,830.56 | 632,257,423.60 |
| 减：固定资产减值准备 | 1,258,293.14 | 1,258,293.14 | 1,258,293.14 | 1,258,293.14 |
| 固定资产净额 | 958,638,142.18 | 889,449,954.40 | 697,608,537.42 | 630,999,130.46 |
| 工程物资 | 44,920,341.23 | 44,920,341.23 | 44,419,314.26 | 44,419,314.26 |
| 在建工程 | 43,856,478.83 | 43,856,478.83 | 26,741,067.34 | 26,647,067.34 |
| 固定资产清理 | | | | |
| 固定资产合计 | 1,047,414,962.24 | 978,226,774.46 | 768,768,919.02 | 702,065,512.06 |
| 无形资产及其他资产： | | | | |
| 无形资产 | 43,520,425.19 | 41,039,910.99 | 24,332,511.19 | 21,584,788.19 |
| 长期待摊费用 | 2,292,865.26 | | 655,713.76 | |
| 其他长期资产 | | | | |
| 无形资产及其他资产合计 | 45,813,290.45 | 41,039,910.99 | 24,988,224.95 | 21,584,788.19 |
| 递延税项： | | | | |
| 递延税款借项 | | | | |
| 资产总计 | 1,794,493,875.10 | 1,729,424,580.50 | 1,489,356,674.15 | 1,437,990,474.72 |
| 流动负债： | | | | |
| 短期借款 | 90,000,000.00 | 90,000,000.00 | | |
| 应付票据 | 182,174,387.75 | 172,174,387.75 | 500,000.00 | 500,000.00 |
| 应付账款 | 38,869,878.32 | 33,773,767.33 | 47,984,465.44 | 42,430,082.18 |
| 预收账款 | 8,796,451.12 | 7,083,034.35 | 5,042,567.10 | 4,868,626.05 |
| 应付工资 | 23,173,146.51 | 22,423,146.51 | 8,193,735.28 | 7,873,735.28 |
| 应付福利费 | 736,666.16 | | 234,797.60 | |
| 应付股利 | 109,072,094.10 | 106,125,764.54 | 87,226,381.70 | 86,645,476.80 |
| 应交税金 | 3,589,149.94 | 3,553,629.17 | 41,515,252.46 | 40,531,571.55 |
| 其他应交款 | -40,780.46 | | 20,026.17 | |
| 其他应付款 | 12,217,596.23 | 9,727,114.35 | 14,497,824.61 | 11,435,849.14 |
| 预提费用 | 8,703,529.88 | 7,028,720.63 | 4,813,612.44 | 3,661,614.32 |
| 预计负债 | | | | |
| 一年内到期的长期负债 | | | | |
| 其他流动负债 | | | | |
| 流动负债合计 | 477,292,119.55 | 451,889,564.63 | 210,028,662.80 | 197,946,955.32 |
| 长期负债： | | | | |
| 长期借款 | 15,000,000.00 | 15,000,000.00 | | |
| 应付债券 | | | | |
| 长期应付款 | | | | |
| 专项应付款 | | | | |
| 其他长期负债 | | | | |
| 长期负债合计 | 15,000,000.00 | 15,000,000.00 | | |
| 递延税项： | | | | |
| 递延税款贷项 | | | | |
| 负债合计 | 492,292,119.55 | 466,889,564.63 | 210,028,662.80 | 197,946,955.32 |
| 少数股东权益 | 42,255,934.99 | | 39,315,886.70 | |
| 所有者权益(或股东权益)： | | | | |
| 实收资本(或股本) | 352,027,000.00 | 352,027,000.00 | 270,790,000.00 | 270,900,000.00 |
| 减：已归还投资 | | | | |
| 实收资本(或股本)净额 | 352,027,000.00 | 352,027,000.00 | 270,790,000.00 | 270,700,000.00 |
| 资本公积 | 810,150,001.42 | 810,150,001.42 | 891,395,101.17 | 891,395,101.17 |
| 盈余公积 | 86,877,652.94 | 85,912,049.15 | 66,886,275.33 | 66,695,894.73 |
| 其中：法定公益金 | 27,632,277.79 | 27,310,408.86 | 20,968,485.25 | 20,905,025.06 |
| 未分配利润 | 10,891,166.20 | 14,445,965.30 | 10,940,748.15 | 11,162,523.50 |
| 外币报表折算差额 | | 0.00 | | |
| 所有者权益(或股东权益)合计 | 1,259,945,820.56 | 1,262,535,015.87 | 1,240,012,124.65 | 1,240,043,519.40 |
| 负债和所有者权益(或股东权益)总计 | 1,794,493,875.10 | 1,729,424,580.50 | 1,489,356,674.15 | 1,437,990,474.72 |

## 现 金 流 量 表

编制单位：鲁泰纺织股份有限公司　　　　单位：(人民币)元

| 项　目 | 2002年度 | |
|---|---|---|
| | 合　并 | 母公司 |
| 一、经营活动产生的现金流量： | | |
| 销售商品、提供劳务收到的现金 | 997,245,549.61 | 945,237,486.41 |
| 收到的税费返还 | 19,285,101.47 | 19,285,101.47 |
| 收到的其他与经营活动有关的现金 | 11,490,154.34 | 9,392,550.96 |
| 经营活动产生的现金流入小计 | 1,028,020,805.42 | 973,915,138.84 |
| 购买商品、接受劳务支付的现金 | 499,623,195.80 | 516,236,505.43 |
| 支付给职工以及为职工支付的现金 | 87,575,774.04 | 74,195,608.44 |
| 支付的各项税费 | 74,086,345.98 | 60,014,722.45 |
| 支付的其他与经营活动有关的现金 | 86,417,918.20 | 68,684,845.54 |
| 经营活动产生的现金流出小计 | 747,703,234.02 | 719,131,681.86 |
| 经营活动产生的现金流量净额 | 280,317,571.40 | 254,783,456.98 |
| 二、投资活动产生的现金流量： | | |
| 收回投资所收到的现金 | 47,200,000.00 | 47,200,000.00 |
| 取得投资收益所收到的现金 | 486,600.35 | 1,565,423.75 |
| 处置固定资产、无形资产和其他长期资产所收回的现金净额 | 362,170.00 | 362,170.00 |
| 收到的其他与投资活动有关的现金 | | |
| 投资活动产生的现金流入小计 | 48,048,770.35 | 49,127,593.75 |
| 购建固定资产、无形资产和其他长期资产所支付的现金 | 338,159,693.61 | 330,721,569.74 |
| 投资所支付的现金 | 6,366,600.00 | 6,366,600.00 |
| 支付的其他与投资活动有关的现金 | | |
| 现金流出小计 | | |
| 投资活动产生的现金流出小计 | 344,526,293.61 | 337,088,169.74 |
| 投资活动产生的现金流量净额 | -296,477,523.26 | -287,960,575.99 |
| 三、筹资活动产生的现金流量： | | |
| 吸收投资所收到的现金 | 1,651,259.41 | 105,000,000.00 |
| 借款所收到的现金 | 105,000,000.00 | 0.00 |
| 收到的其他与筹资活动有关的现金 | | |
| 筹资活动产生的现金流入小计 | 106,651,259.41 | 105,000,000.00 |
| 偿还债务所支付的现金 | 79,254.99 | |
| 分配股利、利润或偿付利息所支付的现金 | 90,371,987.06 | 90,349,436.09 |
| 支付的其他与筹资活动有关的现金 | | |
| 筹资活动产生的现金流出小计 | 90,451,242.05 | 90,349,436.09 |
| 筹资活动产生的现金流量净额 | 16,200,017.36 | 14,650,563.91 |
| 四、汇率变动对现金的影响 | -1,411,447.95 | -1,411,447.95 |
| 五、现金及现金等价物净增加额 | -1,371,382.45 | -19,938,003.05 |
| 补充资料 | | |
| 1.将净利润调节为经营活动现金流量： | | |
| 净利润 | 125,549,895.66 | 128,107,696.22 |
| 加：计提的资产减值准备 | 6,720,078.48 | 6,731,797.99 |
| 固定资产折旧 | 68,824,531.23 | 62,478,294.13 |
| 无形资产摊销 | 5,860,625.89 | 5,552,803.09 |
| 长期待摊费用摊销 | 584,239.88 | |
| 待摊费用的减少(减：增加) | -1,043,861.79 | -1,281,092.86 |
| 预提费用增加(减：减少) | 3,889,917.44 | 3,367,106.31 |
| 处置固定资产、无形资产和其他长期资产的损失(减：收益) | 142,536.77 | 32,620.73 |
| 固定资产报废损失 | -59,981.55 | |
| 财务费用 | 4,244,644.13 | 4,244,644.13 |
| 投资损失(减：收益) | -403,080.68 | -5,449,874.37 |
| 递延税款贷项(减：借项) | 0.00 | |
| 存货的减少(减：增加) | -29,451,088.65 | -30,523,246.92 |
| 经营性应收项目的减少(减：增加) | -29,727,682.56 | -32,466,086.54 |
| 经营性应付项目的增加(减：减少) | 122,484,595.22 | 114,039,795.07 |
| 其他 | 2,702,201.93 | -51,000.00 |
| 少数股东本期收益 | | 0.00 |
| 经营活动产生的现金流量净额 | 280,317,571.40 | 254,783,456.98 |
| 2.不涉及现金收支的投资和筹资活动： | | |
| 债务转为资本 | | |
| 一年内到期的可转换公司债券 | | |
| 融资租入固定资产 | | |
| 3.现金及现金等价物净增加情况： | | |
| 现金的期末余额 | 170,906,552.98 | 144,366,163.06 |
| 减：现金的期初余额 | 172,277,935.43 | 164,304,166.11 |
| 加：现金等价物的期末余额 | | |
| 减：现金等价物的期初余额 | | |
| 现金及现金等价物净增加额 | -1,371,382.45 | -19,938,003.05 |

# 000036 深圳市华联控股股份有限公司

## 二〇〇二年年度报告摘选

### 1.上市公司基本情况简介

1.1 基本情况简介

证券简称:华联控股 证券代码:000036 上市交易所:深圳证券交易所

注册地址和办公地址:深圳市深南中路2008号华联大厦17层 邮政编码:518031

公司国际互联网网址:http://www.udcgroup.com 电子信箱:szhzhqgs@public.szptt.net.cn

1.2 联系人和联系方式

董事会秘书:孔庆富 联系地址:深圳市深南中路2008号华联大厦1716室

电话:0755-83667257 传真:0755-83667583 电子信箱:kqf@udcgroup.com

### 2.会计数据和财务指标摘要

2.1 主要会计数据 单位:(人民币)元

| | 2002年(本年) | 2001年(上年) | 本年比上年增减(%) | 2000年 |
|---|---|---|---|---|
| 主营业务收入 | 3,740,737,293.46 | 3,162,134,798.82 | 18.30% | 2,438,828,972.33 |
| 利润总额 | 362,362,761.67 | 363,789,840.14 | -0.39% | 200,224,328.58 |
| 净利润 | 134,857,247.00 | 125,034,108.26 | 7.86% | 94,738,455.02 |
| 扣除非经常性损益的净利润 | 111,811,349.87 | 114,717,886.92 | -2.53% | 90,690,738.95 |
| | 2002年末(本年末) | 2001年末(上年末) | 本年末比上年末增减(%) | 2000年末 |
| 总资产 | 4,015,149,486.49 | 4,096,488,091.73 | -1.99% | 2,629,279,494.88 |
| 股东权益(不含少数股东权益) | 1,120,255,927.34 | 984,838,088.22 | 13.75% | 860,057,911.95 |
| 经营活动产生的现金流量净额 | 233,147,677.00 | 416,526,343.75 | -44.03% | 302,541,727.60 |

2.2 主要财务指标 单位:(人民币)元

| | 2002年(本年) | 2001年(上年) | 本年比上年增减(%) | 2000年 |
|---|---|---|---|---|
| 每股收益 | 0.38 | 0.35 | 8.57% | 0.26 |
| 每股收益* | 0.38 | -- | -- | -- |
| 净资产收益率 | 12.04% | 12.70% | -5.20% | 11.02% |
| 扣除非经常性损益的净利润为基础计算的净资产收益率 | 9.98% | 11.65% | -14.33% | 10.54% |
| 每股经营活动产生的现金流量净额 | 0.65 | 1.16 | -44.16% | 0.84 |
| | 2002年末(本年末) | 2001年末(上年末) | 本年末比上年末增减(%) | 2000年末 |
| 每股净资产 | 3.12 | 2.74 | 13.87% | 2.39 |
| 调整后的每股净资产 | 3.08 | 2.69 | 14.50% | 2.31 |

# 000045 深圳市纺织(集团)股份有限公司

## 二〇〇二年年度报告摘选

### 1.上市公司基本情况简介

1.1 基本情况简介

证券简称:深纺织A、深纺织B 证券代码:000045、200045 上市交易所:深圳证券交易所

注册地址和办公地址:深圳市福田区华强北路三号深纺大厦六楼 邮政编码:518031

公司国际互联网网址:http://www.chinasthc.com 电子信箱:sztext@szonline.net

1.2 联系人和联系方式

董事会秘书:晁晋 联系地址:深圳市福田区华强北路三号深纺大厦六楼

电话:0755-83776043 传真:0755-83776139 电子信箱:cjane@mail.china.com

### 2.会计数据和财务指标摘要

2.1 主要会计数据 单位:(人民币)元

| | 2002年(本年) | 2001年(上年) | 本年比上年增减(%) | 2000年 |
|---|---|---|---|---|
| 主营业务收入 | 457,479,654.47 | 343,884,245.87 | 33.03% | 381,006,058.11 |
| 利润总额 | 3,586,741.58 | 27,167,036.51 | -86.80% | 28,267,685.05 |
| 净利润 | 1,179,932.00 | 25,201,666.88 | -95.32% | 22,830,952.16 |
| 扣除非经常性损益的净利润 | 22,506,567.86 | 23,225,425.34 | -3.10% | 22,878,240.00 |
| | 2002年末(本年末) | 2001年末(上年末) | 本年末比上年末增减(%) | 2000年末 |
| 总资产 | 746,968,561.67 | 735,019,073.11 | 1.63% | 725,024,562.57 |
| 股东权益(不含少数股东权益) | 304,746,621.80 | 303,643,973.41 | 0.36% | 278,438,053.81 |
| 经营活动产生的现金流量净额 | 39,645,514.09 | 28,809,368.92 | 37.61% | 71,598,546.97 |

2.2 主要财务指标 单位:(人民币)元

| | 2002年(本年) | 2001年(上年) | 本年比上年增减(%) | 2000年 |
|---|---|---|---|---|
| 每股收益 | 0.01 | 0.15 | -95.45% | 0.14 |
| 每股收益* | 0.01 | -- | -- | -- |
| 净资产收益率 | 0.39% | 8.30% | -95.30% | 8.20% |
| 扣除非经常性损益的净利润为基础计算的净资产收益率 | 7.04% | 7.98% | -11.78% | 7.85% |
| 每股经营活动产生的现金流量净额 | 0.24 | 0.18 | 38.07% | 0.44 |
| | 2002年末(本年末) | 2001年末(上年末) | 本年末比上年末增减(%) | 2000年末 |
| 每股净资产 | 1.87 | 1.86 | 0.38% | 1.70 |
| 调整后的每股净资产 | 1.81 | 1.79 | 1.12% | 1.61 |

# 000158 石家庄常山纺织股份有限公司

## 二〇〇二年年度报告摘选

### 1.上市公司基本情况简介

1.1 基本情况简介

证券简称:常山股份 证券代码:000158 上市交易所:深圳证券交易所

注册地址和办公地址:河北省石家庄市和平东路183号 邮政编码:050011

公司国际互联网网址:http://www.changshantex.com/ 电子信箱:chshgf@heinfo.net

1.2 联系人和联系方式

董事会秘书:李京朝 联系地址:河北省石家庄市和平东路183号

电话:(0311)6673856 传真:(0311)6673929 电子信箱:chshgf@heinfo.net

证券事务代表:肖荣智 联系地址:河北省石家庄市和平东路183号

电话:(0311)6673822 传真:(0311)6673929 电子信箱:chshgf@heinfo.net

### 2.会计数据和财务指标摘要

2.1 主要会计数据

单位:(人民币)元

| | 2002年(本年) | 2001年(上年) | 本年比上年增减(%) | 2000年 |
|---|---|---|---|---|
| 主营业务收入 | 1,897,243,038.34 | 1,725,160,945.83 | 9.97% | 1,832,128,986.45 |
| 利润总额 | 134,572,415.31 | 77,278,570.71 | 74.14% | 131,608,049.19 |
| 净利润 | 82,713,497.19 | 77,935,384.29 | 6.13% | 91,593,803.24 |
| 扣除非经常性损益的净利润 | 82,988,526.08 | 80,141,465.65 | 3.55% | 99,439,807.21 |
| | 2002年 | 2001年末 | 本年比上年增减(%) | 2000年 |
| 总资产 | 2,092,744,391.36 | 2,054,332,820.33 | 1.87% | 1,883,142,628.30 |
| 股东权益(不含少数股东权益) | 1,232,616,450.46 | 1,188,602,593.90 | 3.70% | 1,136,135,754.08 |
| 经营活动产生的现金流量净额 | 90,038,650.33 | 37,741,758.65 | 138.57% | 590,729.80 |

2.2 主要财务指标

单位:(人民币)元

| | 2002年 | 2001年 | 本年比上年增减(%) | 2000年 |
|---|---|---|---|---|
| 每股收益 | 0.21 | 0.20 | 6.15% | 0.23 |
| 净资产收益率 | 6.71% | 6.56% | 2.29% | 8.06% |
| 扣除非经常性损益的净利润为基础计算的净资产收益率 | 6.73% | 6.74% | -0.15% | 8.75% |
| 每股经营活动产生的现金流量净额 | 0.23 | 0.09 | 139.36% | 0.00 |
| | 2002年末 | 2001年末 | 本年比上年增减(%) | 2000年末 |
| 每股净资产 | 3.08 | 2.97 | 3.70% | 2.84 |
| 调整后的每股净资产 | 3.05 | 2.96 | 3.25% | 2.82 |

# 000411 浙江英特集团股份有限公司

## 二〇〇二年年度报告摘选

### 1.上市公司基本情况简介

1.1 基本情况简介

股票简称:ST英特 股票代码:000411 上市交易所:深圳证券交易所

注册地址和办公地址:杭州市延安路508号 邮政编码:310006

电子信箱:kdbgs@mail.hz.zj.cn

1.2 联系人和联系方式

董事会秘书:包志虎 联系地址:杭州市延安路508号

电话:0571-85068752 传真:0571-85068752 电子信箱:kdbgs@mail.hz.zj.cn

证券事务代表:邹瑜 联系地址:杭州市延安路508号

电话:0571-85068752 传真:0571-85068752 电子信箱:kdbgs@mail.hz.zj.cn

### 2.会计数据和财务指标摘要

2.1 主要会计数据

| | 2002年 | 2001年 | 2002年比2001年增减(%) | 2000年 |
|---|---|---|---|---|
| 主营业务收入 | 1,382,317,961 | 24,025,262 | 5653.60 | 88,702,519 |
| 利润总额 | 6,840,068 | 9,463,621 | -27.72 | -70,910,303 |
| 净利润 | 1,031,221 | 9,458,478 | -89.10 | -71,666,302 |
| 扣除非经常性损益的净利润 | 2,970,376 | -17,385,873 | -- | -50,074,586 |
| | 2002年末 | 2001年末 | 2002年末比2001年末增减(%) | 2000年末 |
| 总资产 | 694,369,493 | 599,403,730 | 15.84 | 291,656,689 |
| 股东权益(不含少数股东权益) | 77,109,242 | 74,036,867 | 4.15 | 45,938,828 |
| 经营活动产生的现金流量净额 | 44,951,746 | 4,227,460 | 963.33 | -7,032,721 |

2.2 主要财务指标

| | 2002年 | 2001年 | 2002年比2001年增减(%) | 2000年 |
|---|---|---|---|---|
| 每股收益 | 0.009 | 0.082 | -89.02 | -0.622 |
| 净资产收益率 | 1.34% | 12.78% | -89.51 | -156% |
| 扣除非经常性损益的净利润为基础计算的净资产收益率 | 3.85% | -23.48% | -- | -109% |
| 每股经营活动产生的现金流量净额 | 0.39 | 0.037 | 954.05 | -0.061 |
| | 2002年末 | 2001年末 | 2002年末比2001年末增减(%) | 2000年末 |
| 每股净资产 | 0.669 | 0.642 | 4.21 | 0.399 |
| 调整后的每股净资产 | 0.565 | 0.588 | -3.91 | 0.291 |

# 000518 江苏四环生物股份有限公司

## 二〇〇二年年度报告摘选

### 1.上市公司基本情况简介

1.1 基本情况简介

股票简称:四环生物 股票代码:000518 上市交易所:深圳证券交易所

注册地址:江苏省江阴市滨江开发区 办公地址:江苏省江阴市新桥镇

邮政编码:214431、214426

公司国际互联网网址:http://www.shsw.com.cn 电子信箱:Zx0518@163.net

1.2 联系人和联系方式

董事会秘书:高立新 联系地址:江苏省江阴市新桥镇

电话:0510－6121071 传真:0510－6121071 电子信箱:Zx0518@163.net

### 2.会计数据和财务指标摘要

2.1 主要会计数据

| | 2002年(元) | 2001年(元) | 本年比上年增减(%) | 2000年(元) |
|---|---|---|---|---|
| 主营业务收入 | 470,077,205.99 | 295,425,678.52 | 59.12% | 187,246,758.48 |
| 利润总额 | 113,119,545.28 | 96,031,687.68 | 17.79% | 55,496,004.76 |
| 净利润 | 85,685,933.87 | 76,379,603.89 | 12.18% | 51,728,232.06 |
| 扣除非经常性损益的净利润 | 81,309,326.09 | 76,149,936.89 | 6.78% | 51,039,662.73 |
| | 2002年末 | 2001年末 | 本年末比上年末增减(%) | 2000年末 |
| 总资产 | 1,144,995,859.06 | 1,081,943,703.24 | 5.83 | 274,672,391.51 |
| 股东权益(不含少数股东权益) | 1,059,000,119.02 | 980,006,300.59 | 8.06 | 204,833,502.14 |
| 经营活动产生的现金流量净额 | 171,918,968.23 | 29,398,832.90 | 484.78 | 23,560,514.45 |

2.2 主要财务指标

| | 2002年 | 2001年 | 本年比上年增减(%) | 2000年 |
|---|---|---|---|---|
| 每股收益 | 0.17 | 0.43 | －60.47 | 0.40 |
| 净资产收益率 | 8.09% | 7.79% | 3.85 | 25.88% |
| 扣除非经常性损益的净利润为基础计算的净资产收益率 | 7.67% | 7.77% | －1.29 | 24.29% |
| 每股经营活动产生的现金流量净额 | 0.33 | 0.16 | 106.25 | 0.18 |
| | 2002年末 | 2001年末 | 本年末比上年末增减(%) | 2000年末 |
| 每股净资产 | 2.06 | 5.48 | －62.41 | 1.53 |
| 调整后的每股净资产 | 2.06 | 5.45 | －62.20 | 1.44 |

# 000529 广东美雅集团股份有限公司

## 二〇〇二年年度报告摘选

### 1.上市公司基本情况简介

1.1 基本情况简介

证券简称:粤美雅A 证券代码:000529 上市交易所:深圳证券交易所

注册地址和办公地址:广东省鹤山市人民西路40号 邮政编码:529700

公司国际互联网网址:http://www.meiya.com.cn 电子信箱:meiya@pub.jiangmen.gd.cn

1.2 联系人和联系方式

董事会秘书:冯伟 联系地址:广东省鹤山市人民西路40号

电话:0750－8888888 传真:0750－8889673 电子信箱:myoffice@meiya.com.cn

证券事务代表:林坚铁 联系地址:广东省鹤山市人民西路40号

电话:0750－8888888 传真:0750－8889673 电子信箱:myoffice@meiya.com.cn

### 2.会计数据和财务指标摘要

2.1 主要会计数据 单位:(人民币)元

| | 2002年(本年) | 2001年(上年) | 本年比上年增减(%) | 2000年 |
|---|---|---|---|---|
| 主营业务收入 | 457,512,259.93 | 508,008,002.77 | －9.94% | 704,060,791.37 |
| 利润总额 | －848,210,038.80 | －320,837,560.25 | －－ | 5,442,672.75 |
| 净利润 | －848,210,038.80 | －320,837,560.25 | －－ | 5,202,301.74 |
| 扣除非经常性损益的净利润 | －821,110,961.55 | －332,854,607.27 | － | 4,178,864.01 |
| | 2002年末(本年末) | 2001年末(上年末) | 本年末比上年末增减(%) | 2000年末 |
| 总资产 | 1,515,275,608.33 | 2,336,168,163.39 | －35.14% | 2,688,161,413.67 |
| 股东权益(不含少数股东权益) | 396,794,173.05 | 1,251,150,929.62 | －68.29% | 1,578,106,289.79 |
| 经营活动产生的现金流量净额 | －11,923,134.42 | 137,801,207.13 | －108.65% | －122,050,844.06 |

2.2 主要财务指标 单位:(人民币)元

| | 2002年(本年) | 2001年(上年) | 本年比上年增减(%) | 2000年 |
|---|---|---|---|---|
| 每股收益 | －2.14 | －0.81 | －－ | 0.01 |
| 每股收益* | －2.14 | －－ | －－ | －－ |
| 净资产收益率 | －213.77% | －25.63% | － | 0.33% |
| 扣除非经常性损益的净利润为基础计算的净资产收益率 | －206.94% | －26.61% | － | 0.25% |
| 每股经营活动产生的现金流量净额 | －0.03 | 0.34 | －108.82% | －0.31 |
| | 2002年末(本年末) | 2001年末(上年末) | 本年末比上年末增减(%) | 2000年末 |
| 每股净资产 | 1.00 | 3.16 | －68.27% | 3.98 |
| 调整后的每股净资产 | 0.83 | 3.13 | －73.48% | 3.98 |

# 000599 青岛双星股份有限公司

## 二〇〇二年年度报告摘选

### 1.上市公司基本情况简介

1.1 基本情况简介

证券简称:青岛双星 证券代码:000599 上市交易所:深圳证券交易所

注册地址:青岛经济技术开发区新街口工业区

办公地址:青岛市双星工业园(即墨市大信镇) 邮政编码:266229

公司国际互联网网址:http://www.doublstar.com.cn 电子信箱:ZHLQ@doublestar.com.cn

1.2 联系人和联系方式

董事会秘书:郭维顺 联系地址:青岛市贵州路5号海富楼

电话:0532－2657986 传真:0532－2657986 电子信箱:gqb@doublstar.com.cn

证券事务代表:戚兴 联系地址:青岛市贵州路5号海富楼

电话:0532－2657986 传真:0532－2657986 电子信箱:gqb@doublstar.com.cn

### 2.会计数据和财务指标摘要

2.1 主要会计数据 单位:(人民币)元

| | 2002年(本年) | 2001年(上年) | 本年比上年增减(%) | 2000年 |
|---|---|---|---|---|
| 主营业务收入 | 1,358,727,592.51 | 1,147,047,664.86 | 18.45% | 553,134,417.58 |
| 利润总额 | 86,827,544.29 | 91,217,156.32 | －4.81% | 29,187,605.29 |
| 净利润 | 54,415,982.50 | 53,790,246.63 | 1.16% | 17,324,656.30 |
| 扣除非经常性损益的净利润 | 52,502,038.80 | 49,729,113.37 | 5.58% | 27,998,302.95 |
| | 2002年末(本年末) | 2001年末(上年末) | 本年末比上年末增减(%) | 2000年末 |
| 总资产 | 1,581,952,558.38 | 1,636,621,391.07 | －3.34% | 940,174,328.64 |
| 股东权益(不含少数股东权益) | 698,246,054.26 | 643,966,859.10 | 8.43% | 417,793,873.92 |
| 经营活动产生的现金流量净额 | 647,974.02 | 107,373,842.32 | －99.40% | 52,890,867.21 |

2.2 主要财务指标 单位:(人民币)元

| | 2002年(本年) | 2001年(上年) | 本年比上年增减(%) | 2000年 |
|---|---|---|---|---|
| 每股收益 | 0.29 | 0.315 | －7.94% | 0.131 |
| 净资产收益率 | 7.79% | 8.35% | －6.71% | 4.15% |
| 扣除非经常性损益的净利润为基础计算的净资产收益率 | 8.26% | 7.71% | 7.13% | 6.70% |
| 每股经营活动产生的现金流量净额 | 0.0035 | 0.63 | －99.44% | 0.40 |
| | 2002年末(本年末) | 2001年末(上年末) | 本年末比上年末增减(%) | 2000年末 |
| 每股净资产 | 3.723 | 3.777 | －1.43% | 3.164 |
| 调整后的每股净资产 | 3.608 | 3.725 | －3.14% | 3.049 |

# 000681 远东实业股份有限公司

## 二〇〇二年年度报告摘选

### 1.上市公司基本情况简介

1.1 基本情况简介

证券简称:远东股份 证券代码:000681 上市交易所:深圳证券交易所

注册地址:江苏省常州市清潭荆川南路

办公地址:江苏省常州市新北区岷江路1号 邮政编码:213022

公司国际互联网网址:http://www.chinafareast.com 电子信箱:ydgf@pub.cz.jsinfo.net

1.2 联系人和联系方式

董事会秘书和证券事务代表:蒋顺生 联系地址:江苏省常州市新北区岷江路1号

电话:0519－5131666 传真:0519－5132666 电子信箱:ydgf@pub.cz.jsinfo.net

### 2.会计数据和财务指标摘要

2.1 主要会计数据 单位:(人民币)元

| | 2002年(本年) | 2001年(上年) | 本年比上年增减(%) | 2000年 |
|---|---|---|---|---|
| 主营业务收入 | 329,031,468.67 | 333,991,808.64 | －1.49% | 315,910,385.16 |
| 利润总额 | 1,072,160.93 | 18,609,946.85 | －94.24% | 35,499,558.86 |
| 净利润 | 811,818.52 | 16,170,946.48 | －94.98% | 29,170,257.33 |
| 扣除非经常性损益的净利润 | 229,661.86 | 15,960,592.48 | －98.56% | 27,007,351.87 |
| | 2002年末(本年末) | 2001年末(上年末) | 本年末比上年末增减(%) | 2000年末 |
| 总资产 | 391,781,248.40 | 433,076,767.39 | －9.54% | 445,970,510.21 |
| 股东权益(不含少数股东权益) | 334,969,946.02 | 334,158,127.50 | 0.24% | 325,023,813.22 |
| 经营活动产生的现金流量净额 | －7,034,097.75 | －45,975,238.16 | －－ | 21,450,081.38 |

2.2 主要财务指标 单位:(人民币)元

| | 2002年(本年) | 2001年(上年) | 本年比上年增减(%) | 2000年 |
|---|---|---|---|---|
| 每股收益 | 0.00 | 0.08 | －94.96% | 0.22 |
| 净资产收益率 | 0.24% | 4.84% | －95.04% | 8.97% |
| 扣除非经常性损益的净利润为基础计算的净资产收益率 | 0.06% | 4.74% | －98.73% | 13.59% |
| 每股经营活动产生的现金流量净额 | －0.04 | －0.23 | －－ | 0.16 |
| | 2002年末(本年末) | 2001年末(上年末) | 本年末比上年末增减(%) | 2000年末 |
| 每股净资产 | 1.69 | 1.68 | 0.24% | 2.45 |
| 调整后的每股净资产 | 1.67 | 1.66 | 0.60% | 2.43 |

## 000712 广东锦龙发展股份有限公司

### 二〇〇二年年度报告摘选

#### 1.上市公司基本情况简介

1.1 基本情况简介
股票简称:锦龙股份　股票代码:000712　上市交易所:深圳证券交易所
注册地址:广东省清远市经济开发试验区2号区内
办公地址:广东省清远市方正二街锦龙大厦　邮政编码:511518
公司国际互联网网址:http://www.jlgf.com　电子信箱:jlgf@163.net
1.2 联系人和联系方式
董事会秘书:刘光芒　联系地址:广东省清远市方正二街锦龙大厦
电话:0763－3369393　传真:0763－3362693　电子信箱:jlgf@163.net
证券事务代表:王子刚　联系地址:广东省清远市方正二街锦龙大厦
电话:0763－3369393　传真:0763－3362693　电子信箱:jlgf@163.net

#### 2.会计数据和财务指标摘要

2.1 主要会计数据　(单位:元)

| | 2002年 | 2001年 | 本年比上年增减(%) | 2000年 |
|---|---|---|---|---|
| 主营业务收入 | 223,804,139 | 229,974,835 | －2.68 | 163,011,703 |
| 利润总额 | 23,197,860 | 29,152,654 | －20.43 | 66,660,169 |
| 净利润 | 12,348,459 | 23,572,599 | －47.62 | 56,540,711 |
| 扣除非经常性损益的净利润 | 9,795,330 | 25,469,700 | －61.54 | 4,099,486 |
| | 2002年 | 2001年 | 本年比上年增减(%) | 2000年 |
| 总资产 | 1,279,761,146 | 718,689,885 | 78.07 | 649,338,100 |
| 股东权益(不含少数股东权益) | 428,950,953 | 427,264,301 | 0.39 | 413,873,509 |
| 经营活动产生的现金流量净额 | －182,592,694 | －16,231,745 | 1,024.91 | －51,121,642 |

2.2 主要财务指标

| | 2002年 | 2001年 | 本年比上年增减(%) | 2000年 |
|---|---|---|---|---|
| 每股收益 | 0.08 | 0.155 | －48.39 | 0.37 |
| 净资产收益率 | 2.88 | 5.52 | －47.83 | 13.66 |
| 扣除非经常性损益的净利润为基础计算的净资产收益率 | 2.29 | 5.98 | －61.71 | 1.06 |
| 每股经营活动产生的现金流量净额 | －1.199 | －0.107 | 1020.56 | －0.34 |
| | 2002年末 | 2001年末 | 本年末比上年末增减(%) | 2000年末 |
| 每股净资产 | 2.82 | 2.81 | 0.53 | 2.72 |
| 调整后的每股净资产 | 2.74 | 2.77 | －1.08 | 2.71 |

## 000779 兰州三毛实业股份有限公司

### 二〇〇二年年度报告摘选

#### 1.上市公司基本情况简介

1.1 基本情况简介
证券简称:三毛派神　证券代码:000779　上市交易所:深圳证券交易所
注册地址和办公地址:甘肃省兰州市西固区玉门街82号　邮政编码:730060
公司国际互联网网址:http://www.cninfo.com.cn　电子信箱:pss@mail.chinapaishen.com
1.2 联系人和联系方式
董事会秘书:宋晓梅
联系地址:甘肃省兰州市西固区玉门街82号兰州三毛实业股份有限公司证券部
电话:0931－7551627　传真:0931－7555200　电子信箱:pss@mail.chinapaishen.com
证券事务代表:王光敏
联系地址:甘肃省兰州市西固区玉门街82号兰州三毛实业股份有限公司证券部
电话:0931－7551627　传真:0931－7555200　电子信箱:pss@mail.chinapaishen.com

#### 2.会计数据和财务指标摘要

2.1 主要会计数据　单位:(人民币)元

| | 2002年(本年) | 2001年(上年) | 本年比上年增减(%) | 2000年 |
|---|---|---|---|---|
| 主营业务收入 | 214,210,311.80 | 155,819,240.36 | 37.47% | 287,473,398.24 |
| 利润总额 | 24,213,554.98 | 23,219,519.06 | 4.28% | 69,521,972.61 |
| 净利润 | 20,202,872.25 | 18,675,062.73 | 8.18% | 57,103,248.91 |
| 扣除非经常性损益的净利润 | 31,078,162.11 | 15,674,390.95 | 98.27% | 56,436,129.00 |
| | 2002年末(本年末) | 2001年末(上年末) | 本年末比上年末增减(%) | 2000年末 |
| 总资产 | 902,875,132.21 | 872,840,712.92 | 3.44% | 868,850,849.97 |
| 股东权益(不含少数股东权益) | 755,127,679.19 | 738,395,347.08 | 2.27% | 732,534,758.27 |
| 经营活动产生的现金流量净额 | 40,530,741.56 | －67,524,688.90 | －－ | 20,956,218.66 |

2.2 主要财务指标　单位:(人民币)元

| | 2002年(本年) | 2001年(上年) | 本年比上年增减(%) | 2000年 |
|---|---|---|---|---|
| 每股收益 | 0.11 | 0.10 | 7.84% | 0.31 |
| 每股收益* | 0.11 | －－ | －－ | －－ |
| 净资产收益率 | 2.66% | 2.53% | 5.14% | 7.80% |
| 扣除非经常性损益的净利润为基础计算的净资产收益率 | 4.10% | 2.12% | 93.40% | 9.48% |
| 每股经营活动产生的现金流量净额 | 0.22 | －0.37 | －－ | 0.11 |
| | 2002年末(本年末) | 2001年末(上年末) | 本年末比上年末增减(%) | 2000年末 |
| 每股净资产 | 4.12 | 4.03 | 2.26% | 3.99 |
| 调整后的每股净资产 | 4.11 | 4.03 | 1.91% | 3.98 |

## 000803 四川美亚丝绸(集团)股份有限公司

### 二〇〇二年年度报告摘选

#### 1.上市公司基本情况简介

1.1 基本情况简介
证券简称:美亚股份　证券代码:000803　上市交易所:深圳证券交易所
注册地址:四川省南充市顺庆区延安路380号　邮政编码:637000
1.2 联系人和联系方式
董事会秘书:罗雄飞　联系地址:四川省南充市顺庆区延安路380号
电话:(0817)2198989　传真:(0817)2602653　电子信箱:scjymy@vip.sina.com
证券事务代表:陈玉春　联系地址:四川省南充市顺庆区延安路380号
电话:(0817)2600868　传真:(0817)2602653　电子信箱:scjymy@vip.sina.com

#### 2.会计数据和业务数据摘要

2.1 主要财务数据

| | 2002年 | 2001年(调整后) | 本年比上年增减(%) | 2000年 |
|---|---|---|---|---|
| 主营业务收入 | 77,808,819.39 | 101,795,490.32 | －23.56 | 88,623,346.67 |
| 净利润 | 3,150,354.58 | 2,892,142.81 | ＋8.93 | 4,722,862.89 |
| 扣除非经常性损益的净利润 | 2,921,134.99 | 3,871,479.17 | －24.54 | －9,723,484.65 |
| | 2002年末(本年末) | 2001年末(上年末) | 本年末比上年末增减(%) | 2000年末 |
| 总资产 | 275,624,940.09 | 280,935,146.07 | －1.89 | 277,185,940.67 |
| 股东权益(不含少数股东权益) | 152,728,570.50 | 147,580,662.18 | ＋3.49 | 144,627,359.37 |

2.2 主要财务指标

| | 2002年 | 2001年 | 本年比上年增减(%) | 2000年 |
|---|---|---|---|---|
| 每股收益 | 0.03 | 0.03 | 0 | 0.06 |
| 每股收益 | 0.03 | 0.03 | 0 | 0.06 |
| 净资产收益率 | 2.06 | 1.96 | 5.10 | 3.27 |
| 调整后的每股净资产 | 1.48 | 1.41 | ＋4.96 | 1.81 |
| 每股经营活动产生的现金流量净额 | 0.02 | 0.20 | －90.00 | 0.08 |
| | 2002年末 | 2001年末 | 本年末比上年末增减(%) | 2000年末 |
| 每股净资产 | 1.51 | 1.46 | 3.42 | 1.85 |
| 扣除非经常性损益的净利润为基础计算的净资产收益 | 1.91 | 2.49 | －23.29 | －6.70 |

## 000809 四川第一纺织股份有限公司

### 二〇〇二年年度报告摘选

#### 1.上市公司基本情况简介

1.1 基本情况简介
股票简称:第一纺织　股票代码:000809　上市交易所:深圳证券交易所
注册地址和办公地址:成都市二环路东三段8号　邮政编码:610053
电子信箱:dyfz@mail.sc.cninfo.net
1.2 联系人和联系方式
董事会秘书:余武柏　联系地址:成都市二环路东三段8号
电话:(028)84339912－2388　传真:(028)84317555　电子信箱:dyfz@mail.sc.cninfo.net
证券事务代表:张宏　联系地址:成都市二环路东三段8号
电话:(028)84339912－2583　传真:(028)84337104　电子信箱:dyfz@mail.sc.cninfo.net

#### 2.会计数据和业务数据摘要

2.1 主要财务数据

| | 2002年 | 2001年 | 本年比上年增减(%) | 2000年 |
|---|---|---|---|---|
| 主营业务收入 | 316,489,250.81 | 367,331,275.95 | －13.84 | 395,424,373.71 |
| 利润总额 | －57,633,488.95 | －62,964,593.61 | －8.47 | 27,056,113.37 |
| 净利润 | －56,229,511.97 | －62,655,891.20 | －10.26 | 22,741,338.62 |
| 扣除非经常性损益的净利润 | －56,123,459.88 | －62,682,999.17 | －10.46 | 20,404,425.85 |
| | 2002年末 | 2001年末 | 本年末比上年末增减(%) | 2000年末 |
| 总资产 | 386,389,143.57 | 451,256,358.83 | －14.37 | 496,242,774.99 |
| 股东权益(不含少数股东权益) | 104,131,027.04 | 160,360,539.01 | －35.06 | 222,830,954.12 |
| 经营活动产生的现金流量净额 | 17,709,697.65 | －3,820,515.62 | 563.54 | 752,790.75 |

2.2 主要财务指标

| | 2002年 | 2001年 | 本年比上年增减(%) | 2000年 |
|---|---|---|---|---|
| 每股收益 | －0.49 | －0.55 | －10.91 | 0.20 |
| 净资产收益率 | －54.00 | －39.07 | 38.21 | 10.21 |
| 扣除非经常性损益的净利润为基础计算的净资产收益率 | －53.90 | －39.07 | 37.96 | 10.20 |
| 每股经营活动产生的现金流量净额 | 0.15 | －0.03 | 600.00 | 0.01 |
| | 2002年末 | 2001年末 | 本年末比上年末增减(%) | 2000年末 |
| 每股净资产 | 0.91 | 1.40 | －35.00 | 2.12 |
| 调整后的每股净资产 | 0.79 | 1.33 | －40.60 | 1.94 |

# 000810 华润锦华股份有限公司

## 二〇〇二年年度报告摘选

### 1.上市公司基本情况简介

1.1 基本情况简介

股票简称:华润锦华 股票代码:000810 上市交易所:深圳证券交易所

注册地址和办公地址:四川省遂宁市遂州中路 309 号 邮政编码:629000

公司国际互联网网址:http://www.crcjh.com 电子信箱:crcjh@crcjh.com

1.2 联系人和联系方式

董事会秘书:张正斌 联系地址:四川省遂宁市遂州中路 309 号

电话:0825－2226774－2225 传真:0825－2283399 电子信箱:zhangzb@crcjh.com

### 2.会计数据和财务指标摘要

2.1 主要会计数据

单位:(人民币)元

| | 2002 年 | 2001 年 | 本年比上年增减(%) | 2000 年 |
|---|---|---|---|---|
| 主营业务收入 | 442,641,151.22 | 235,168,430.93 | 88.22% | 241,234,471.35 |
| 利润总额 | 24,695,993.78 | 9,850,432.51 | 150.71% | 20,199,802.67 |
| 净利润 | 13,153,201.97 | 11,568,759.32 | 13.70% | 18,263,307.21 |
| 扣除非经常性损益的净利润 | 13,213,785.94 | 10,978,392.77 | 21.08% | 10,835,133.53 |
| | 2002 年末 | 2001 年末 | 本年末比上年末增减(%) | 2000 年末 |
| 总资产 | 590,286,370.77 | 418,114,889.16 | 41.18% | 322,503,182.78 |
| 股东权益(不含少数股东权益) | 182,528,883.58 | 169,281,872.28 | 7.83% | 163,254,382.96 |
| 经营活动产生的现金流量净额 | 14,956,621.43 | －1,563,916.92 | 1058.97% | 1,732,553.50 |

2.2 主要财务指标

单位:(人民币)元

| | 2002 年 | 2001 年 | 本年比上年增减(%) | 2000 年 |
|---|---|---|---|---|
| 每股收益 | 0.10 | 0.12 | －15.50% | 0.25 |
| 净资产收益率 | 7.21% | 6.84% | 5.41% | 11.19% |
| 扣除非经常性损益的净利润为基础计算的净资产收益率 | 7.24% | 6.49% | 11.56% | 12.12% |
| 每股经营活动产生的现金流量净额 | 0.12 | －0.02 | －－ | 0.03 |
| | 2002 年末 | 2001 年末 | 本年末比上年末增减(%) | 2000 年末 |
| 每股净资产 | 1.41 | 1.76 | －20.13% | 2.21 |
| 调整后的每股净资产 | 1.31 | 1.67 | －21.56% | 2.15 |

# 000813 新疆天山毛纺织股份有限公司

## 二〇〇二年年度报告摘选

### 1.上市公司基本情况简介

1.1 基本情况简介

股票简称:天山纺织 股票代码:000813 上市交易所:深圳证券交易所

注册地址和办公地址:新疆乌鲁木齐市银川路 1 号 邮政编码:830054

公司国际互联网网址:www.chinatianshan.com 电子信箱:Tsjszx@xj.cninfo.net

1.2 联系人和联系方式

董事会秘书:王为民 联系地址:新疆乌鲁木齐市银川路 1 号

电话:0991－4311866－6849 传真:0991－4310456 电子信箱:wwm@chinatianshan.com

### 2.会计数据和财务指标摘要

2.1 主要会计数据

| | 2002 年 | 2001 年 | 本年比上年增减(%) | 2000 年 |
|---|---|---|---|---|
| 主营业务收入 | 372,096,334.34 | 292,037,909.32 | 27.41% | 456,113,500.39 |
| 利润总额 | 4,603,197.98 | －146,185,763.13 | 103.15% | 12,233,820.89 |
| 净利润 | 5,515,169.28 | －145,695,782.91 | 103.8% | 10,845,460.27 |
| 扣除非经常性损益的净利润 | －8,117,883.14 | －160,035,492.12 | 94.93% | －5,400,754.78 |
| | 2002 年末 | 2001 年末 | 本年末比上年末增减(%) | 2000 年末 |
| 总资产 | 1,224,189,339.70 | 1,213,062,655.00 | 0.9% | 1,327,545,766.83 |
| 股东权益(不含少数股东权益) | 649,466,769.20 | 643,587,737.22 | 0.9% | 590,985,577.16 |
| 经营活动产生的现金流量净额 | 31,981,690.75 | －67,964,219.15 | 147.06% | －41,157,758.30 |

2.2 主要财务指标

| | 2002 年 | 2001 年 | 本年比上年增减(%) | 2000 年 |
|---|---|---|---|---|
| 每股收益 | 0.0152 | －0.401 | 103.79% | 0.057 |
| 净资产收益率 | 0.85% | －22.64% | 23.49% | 2.96% |
| 扣除非经常性损益的净利润为基础计算的净资产收益率 | －1.26% | －23.58% | 22.32% | －0.91% |
| 每股经营活动产生的现金流量净额 | 0.088 | －0.187 | 147.06% | －0.12 |
| | 2002 年末 | 2001 年末 | 本年末比上年末增减(%) | 2000 年末 |
| 每股净资产 | 1.786 | 1.771 | 0.85% | 1.91 |
| 调整后的每股净资产 | 1.691 | 1.69 | 0.1% | 1.80 |

# 000850 安徽华茂纺织股份有限公司

## 二〇〇二年年度报告摘选

### 1.上市公司基本情况简介

1.1 基本情况简介

股票简称:华茂股份 股票代码:000850 上市交易所:深圳证券交易所

注册地址:安徽省安庆市纺织南路 80 号

办公地址:安徽省安庆市纺织南路 80 号 邮政编码:246018

公司国际互联网网址:http://www.huamao.com.cn 电子信箱:aqfz@mail.hf.ah.cn

1.2 联系人和联系方式

董事会秘书:王功著 联系地址:安徽省安庆市纺织南路 80 号

电话:(0556)5516615 传真:(0556)5516615 电子信箱:aqfz@mail.hf.ah.cn

证券事务代表:袁琥 联系地址:安徽省安庆市纺织南路 80 号

电话:(0556)5510810 转 245 传真:(0556)5510166 电子信箱:aqfz@mail.hf.ah.cn

### 2.会计数据和财务指标摘要

2.1 主要会计数据 单位:元

| | 2002 年 | 2001 年 | 本年比上年增减(%) | 2000 年 |
|---|---|---|---|---|
| 主营业务收入 | 667,111,535.37 | 607,427,148.11 | 9.83 | 589,706,513.85 |
| 利润总额 | 101,456,368.35 | 104,931,090.62 | －3.31 | 127,903,838.24 |
| 净利润 | 71,928,066.22 | 95,409,353.66 | －24.61 | 101,119,995.71 |
| 扣除非经常性损益的净利润 | 66,323,556.24 | 87,452,636.83 | －24.16 | 102,826,175.48 |
| | 2002 年末 | 2001 年末 | 本年末比上年末增减(%) | 2000 年末 |
| 总资产 | 1,182,476,028.04 | 1,099,905,395.81 | 7.51 | 622,039,730.17 |
| 股东权益(不含少数股东权益) | 765,719,355.66 | 746,235,101.06 | 2.61 | 531,951,752.35 |
| 经营活动产生的现金流量净额 | 41,526,479.25 | 95,968,886.25 | －56.73 | 81,384,296.67 |

2.2 主要财务指标 单位:元

| | 2002 年 | 2001 年 | 本年比上年增减(%) | 2000 年 |
|---|---|---|---|---|
| 每股收益 | 0.21 | 0.44 | －52.27 | 0.59 |
| 净资产收益率% | 9.39 | 12.79 | －26.58 | 19.16 |
| 扣除非经常性损益的净利润为基础计算的净资产收益率% | 8.66 | 11.72 | －3.06 | 18.40 |
| 每股经营活动产生的现金流量净额 | 0.12 | 0.44 | －72.73 | 0.48 |
| | 2002 年末 | 2001 年末 | 本年末比上年末增减(%) | 2000 年末 |
| 每股净资产 | 2.19 | 3.41 | －35.78 | 3.10 |
| 调整后的每股净资产 | 2.18 | 3.40 | －35.88 | 3.10 |

# 000902 中国服装股份有限公司

## 二〇〇二年年度报告摘选

### 1.上市公司基本情况简介

1.1 基本情况简介

股票简称:中国服装 股票代码:000902 上市交易所:深圳证券交易所

注册地址:北京市新技术产业开发试验区丰台科技园区

办公地址:北京市建国路 99 号中服大厦 27 层 邮政编码:100020

公司国际互联网网址:无 电子信箱:cgcom@public.bta.net.cn

1.2 联系人和联系方式

董事会秘书:郭恒 联系地址:北京市建国路 99 号中服大厦 27 层

电话:010－65817498 传真:010－65812147 电子信箱:cgcom@public.bta.net.cn

证券事务代表:刘定国 联系地址:北京市建国路 99 号中服大厦 27 层

电话:010－65817498 传真:010－65812147 电子信箱:cgcom@public.bta.net.cn

### 2.会计数据和财务指标摘要

2.1 主要会计数据

| | 2002 年 | 2001 年 | 本年比上年增减(%) | 2000 年 |
|---|---|---|---|---|
| 主营业务收入 | 515,291,471.52 | 450,923,916.53 | 14.27% | 521,246,934.60 |
| 利润总额 | 8,361,008.22 | －20,056,504.99 | － | 34,195,202.72 |
| 净利润 | 2,164,872.88 | －20,596,031.05 | － | 26,943,913.40 |
| 扣除非经常性损益的净利润 | －438,922.62 | －22,058,308.40 | 98.01% | 22,780,757.12 |
| | 2002 年末 | 2001 年末 | 本年末比上年末增减(%) | 2000 年末 |
| 总资产 | 984,294,212.13 | 1,083,800,869.55 | －9.30% | 998,958,902.70 |
| 股东权益(不含少数股东权益) | 469,023,545.87 | 468,591,869.32 | 0.09% | 491,822,067.44 |
| 经营活动产生的现金流量净额 | 13,479,924.44 | －63,746,356.64 | － | 36,867,701.59 |

2.2 主要财务指标

| | 2002 年 | 2001 年 | 本年比上年增减(%) | 2000 年 |
|---|---|---|---|---|
| 每股收益 | 0.01 | －0.096 | － | 0.11 |
| 净资产收益率 | 0.46 | －4.40 | － | 5.48 |
| 扣除非经常性损益的净利润为基础计算的净资产收益率 | －0.09 | －4.56 | 98.03 | 4.63 |
| 每股经营活动产生的现金流量净额 | 0.063 | －0.296 | 70.00 | 0.17 |
| | 2002 年末 | 2001 年末 | 本年末比上年末增减(%) | 2000 年末 |
| 每股净资产 | 2.182 | 2.18 | 0.09 | 2.28 |
| 调整后的每股净资产 | 2.12 | 2.12 | 0 | 2.25 |

# 000915 山东山大华特科技股份有限公司

## 二〇〇二年年度报告摘选

### 1.上市公司基本情况简介

1.1 基本情况简介

证券简称:山大华特 证券代码:000915 上市交易所:深圳证券交易所

注册地址:山东省沂南县县城振兴路 6 号

办公地址:济南市经十路 71 号山东大学科技园创业中心 邮政编码:250061

公司国际互联网网址:http://www.sd-wit.com 电子信箱:wit@sd-wit.com

1.2 联系人和联系方式

董事会秘书:刘洪渭 联系地址:济南市经十路 71 号山东大学科技园创业中心

电话:0531-5198006 传真:0531-2666189 电子信箱:lhw@sd-wit.com

证券事务代表:田波 联系地址:济南市经十路 71 号山东大学科技园创业中心

电话:0531-5198606 传真:0531-2666189 电子信箱:tb@sd-wit.com

### 2.会计数据和财务指标摘要

2.1 主要会计数据 单位:(人民币)元

| | 2002 年(本年) | 2001 年(上年) | 本年比上年增减(%) | 2000 年 |
|---|---|---|---|---|
| 主营业务收入 | 99,736,675.10 | 42,025,997.26 | 137.32% | 40,032,900.29 |
| 利润总额 | 7,271,819.67 | 1,453,165.90 | 400.41% | -1,789,457.27 |
| 净利润 | 5,328,675.82 | 1,453,165.90 | 266.69% | -2,802,713.08 |
| 扣除非经常性损益的净利润 | -3,179,871.70 | -11,410,354.47 | -- | -5,857,150.44 |
| | 2002 年末(本年末) | 2001 年末(上年末) | 本年末比上年末增减(%) | 2000 年末 |
| 总资产 | 561,430,949.54 | 484,246,076.25 | 15.94% | 384,329,719.85 |
| 股东权益(不含少数股东权益) | 251,892,497.65 | 245,487,456.27 | 2.61% | 243,694,663.19 |
| 经营活动产生的现金流量净额 | -16,527,715.47 | -133,157.36 | -- | -90,483,621.03 |

2.2 主要财务指标 单位:(人民币)元

| | 2002 年(本年) | 2001 年(上年) | 本年比上年增减(%) | 2000 年 |
|---|---|---|---|---|
| 每股收益 | 0.03 | 0.02 | 115.53% | -0.03 |
| 每股收益 * | 0.03 | - | - | - |
| 净资产收益率 | 2.12% | 0.59% | 259.32% | -1.15% |
| 扣除非经常性损益的净利润为基础计算的净资产收益率 | -1.26% | -4.67% | -- | -0.02% |
| 每股经营活动产生的现金流量净额 | -0.11 | -0.00 | -- | -1.00 |
| | 2002 年末(本年末) | 2001 年末(上年末) | 本年末比上年末增减(%) | 2000 年末 |
| 每股净资产 | 1.64 | 2.72 | -39.63% | 2.70 |
| 调整后的每股净资产 | 1.63 | 2.69 | -39.25% | 2.68 |

# 000955 海南欣龙无纺股份有限公司

## 二〇〇二年年度报告摘选

### 1.上市公司基本情况简介

1.1 基本情况简介

证券简称:欣龙无纺 证券代码:000955 上市交易所:深圳证券交易所

注册地址:海南省澄迈县老城工业开发区 邮政编码:570125

公司国际互联网网址:http://www.xinlong-nonwovens.com

电子信箱:xlwf@xinlong-nonwovens.com

1.2 联系人和联系方式

董事会秘书:魏毅 联系地址:海南省海口市龙昆北路 2 号珠江广场帝豪大厦 17 层

电话:0898-68581055 传真:0898-68583136 电子信箱:xlwf@xinlong-nonwovens.com

证券事务代表:徐继光 联系地址:海南省海口市龙昆北路 2 号珠江广场帝豪大厦 17 层

电话:0898-68581769 传真:0898-68583136 电子信箱:xlwf@xinlong-nonwovens.com

### 2.会计数据和业务数据摘要

2.1 主要会计数据 单位:人民币元

| | 2002 年(本年) | 2001 年(上年) | 本年比上年增减(%) | 2000 年 |
|---|---|---|---|---|
| 主营业务收入 | 150,811,274.18 | 160,457,691.07 | -6.01% | 133,893,689.12 |
| 净利润 | 8,652,117.39 | 16,272,812.27 | -46.83% | 15,323,094.83 |
| 扣除非经常性损益的净利润 | 8,424,776.15 | 11,981,642.34 | -29.69% | 14,647,418.31 |
| | 2002 年末(本年末) | 2001 年末(上年末) | 本年末比上年末增减(%) | 2000 年末 |
| 总资产 | 801,597,390.26 | 807,180,267.92 | -0.69% | 743,118,941.76 |
| 股东权益(不含少数股东权益) | 491,624,545.44 | 482,972,428.05 | 1.79% | 472,849,615.78 |

2.2 主要财务指标 单位:人民币元

| | 2002 年(本年) | 2001 年(上年) | 本年比上年增减(%) | 2000 年 |
|---|---|---|---|---|
| 每股收益 | 0.0384 | 0.0793 | -51.58% | 0.0747 |
| 每股收益 | 0.0384 | 0.0793 | -51.58% | 0.0747 |
| 净资产收益率 | 1.76% | 3.37% | -47.77% | 3.24% |
| 扣除非经常性损益的净利润为基础计算的净资产收益率 | 1.71% | 2.48% | -31.05% | 3.10% |
| 每股经营活动产生的现金流量净额 | 0.167 | 0.0963 | 73.42% | -0.034 |
| | 2002 年末(本年末) | 2001 年末(上年末) | 本年末比上年末增减(%) | 2000 年末 |
| 每股净资产 | 2.18 | 2.356 | -7.47% | 2.307 |
| 调整后的每股净资产 | 2.07 | 2.322 | -10.855 | 2.277 |

# 000971 湖北迈亚股份有限公司

## 二〇〇二年年度报告摘选

### 1.上市公司基本情况简介

1.1 基本情况简介

股票简称:湖北迈亚 股票代码:000971 上市交易所:深圳证券交易所

注册地址和办公地址:湖北省仙桃市勉阳大道 131 号 邮政编码:433000

公司国际互联网网址:http://www.hbmy.com 电子信箱:pengxinbo@163.net

1.2 联系人和联系方式

董事会秘书:彭新波 联系地址:湖北省仙桃市勉阳大道 131 号

电话:0728-3275828 传真:0728-3275829 电子信箱:pengxinbo@163.net

### 2.会计数据和财务指标摘要

2.1 主要会计数据

| | 2002 年 | 2001 年 | 本年比上年增减(%) | 2000 年 |
|---|---|---|---|---|
| 主营业务收入 | 253,282,607.64 | 270,710,606.84 | -6.44 | 242,741,759.70 |
| 利润总额 | 38,685,854.68 | 39,404,798.60 | -1.82 | 46,474,734.77 |
| 净利润 | 26,487,821.68 | 33,966,667.33 | -22.02 | 35,354,206.09 |
| 扣除非经常性损益的净利润 | 23,650,080.12 | 27,970,406.89 | -15.45 | 29,992,912.30 |
| | 2002 年末 | 2001 年末 | 本年末比上年末增减(%) | 2000 年末 |
| 总资产 | 945,431,109.07 | 966,222,327.20 | -2.15 | 909,231,804.64 |
| 股东权益(不含少数股东权益) | 422,037,043.51 | 418,824,221.83 | 0.74 | 413,007,554.50 |
| 经营活动产生的现金流量净额 | 70,787,524.70 | 43,947,836.66 | 61.07 | 42,850,757.36 |

2.2 主要财务指标

| | 2002 年 | 2001 年 | 本年比上年增减(%) | 2000 年 |
|---|---|---|---|---|
| 每股收益 | 0.14 | 0.18 | -22.22 | 0.19 |
| 净资产收益率 | 6.28 | 8.11 | -22.56 | 8.56 |
| 扣除非经常性损益的净利润为基础计算的净资产收益率 | 5.60 | 6.68 | -16.17 | 7.43 |
| 每股经营活动产生的现金流量净额 | 0.38 | 0.235 | 61.70 | 0.23 |
| | 2002 年末 | 2001 年末 | 本年末比上年末增减(%) | 2000 年末 |
| 每股净资产 | 2.26 | 2.24 | 0.89 | 2.23 |
| 调整后的每股净资产 | 2.25 | 2.23 | 0.90 | 2.21 |

# 000976 广东开平春晖股份有限公司

## 二〇〇二年年度报告摘选

### 1.上市公司基本情况简介

1.1 基本情况简介

股票简称:春晖股份 股票代码:000976 上市交易所:深圳证券交易所

注册地址和办公地址:中国广东省开平市长沙港口路 10 号 邮政编码:529300

电子信箱:jmkpd12@pub.jiangmen.gd.cn

1.2 联系人和联系方式

董事会秘书:陈伟奇 联系地址:中国广东省开平市长沙港口路 10 号

电话:0750-2276949 传真:0750-2276959 电子信箱:Cwq0976@21cn.com

证券事务代表:余志新 联系地址:中国广东省开平市长沙港口路 10 号

电话:0750-2228111 转 287 传真:0750-2276959 电子信箱:yzxing@pub.jiangmen.gd.cn

### 2.会计数据和财务指标摘要

2.1 主要会计数据

| | ××××年(T 年,即本年) | ××××年(T-1 年) | 本年比上年增减(%) | ××××年(T-2 年) |
|---|---|---|---|---|
| 主营业务收入 | 1,339,147,792.49 | 115,296,3060.58 | 16.15 | 957,524,364.79 |
| 利润总额 | 59,689,176.48 | 60,775,082.70 | -1.79 | 113,925,920.53 |
| 净利润 | 59,689,176.48 | 57,700,567.29 | 3.45 | 76,407,948.77 |
| 扣除非经常性损益的净利润 | 52,494,377.45 | 42,198,519.56 | 24.40 | 76,407,948.77 |
| | ××××年末(T 年,即本年末) | ××××年末(T-1 年末) | 本年末比上年末增减(%) | ××××年末(T-2 年末) |
| 总资产 | 1,982,198,889.74 | 1,969,320,294.27 | 0.65 | 1,524,773,119.43 |
| 股东权益(不含少数股东权益) | 1,032,995,666.14 | 1,078,592,989.66 | -4.23 | 1,033,526,802.37 |
| 经营活动产生的现金流量净额 | 314,912,334.51 | 154,608,752.10 | 103.68 | 154,608,752.10 |

2.2 主要财务指标

| | ××××年(T 年,即本年) | ××××年(T-1 年) | 本年比上年增减(%) | ××××年(T-2 年) |
|---|---|---|---|---|
| 每股收益 | 0.1417 | 0.1370 | 3.65 | 0.18 |
| 净资产收益率 | 5.78 | 5.35 | -2.24 | 6.48 |
| 扣除非经常性损益的净利润为基础计算的净资产收益率 | 5.08 | 3.91 | 17.90 | 6.48 |
| 每股经营活动产生的现金流量净额 | 0.7478 | 0.3671 | 102.70 | -0.03 |
| | ××××年末(T 年,即本年末) | ××××年末(T-1 年末) | 本年末比上年末增减(%) | ××××年末(T-2 年末) |
| 每股净资产 | 2.4528 | 2.5611 | -4.29 | 2.45 |
| 调整后的每股净资产 | 2.4523 | 2.5548 | -3.92 | 2.45 |

# C3.造纸、印刷(8家)

## 000488 山东晨鸣纸业集团股份有限公司

### 二〇〇二年年度报告摘选

#### 1.上市公司基本情况简介

1.1 基本情况简介
证券简称:晨鸣纸业、晨鸣 B 证券代码:000488、200488 上市交易所:深圳证券交易所
注册地址和办公地址:山东省寿光市圣城街 595 号 邮政编码:262700
公司国际互联网网址:http://www.chenmingpaper.com 电子信箱:cmzqb@public.wfptt.sd.cn
1.2 联系人和联系方式
董事会秘书:郝筠 联系地址:山东省寿光市圣城街 595 号证券部
电话:0536-5280011 传真:0536-5228900 电子信箱:cmzqb@public.wfptt.sd.cn
证券事务代表:王伟 联系地址:山东省寿光市圣城街 595 号证券部
电话:0536-5280011 传真:0536-5228900 电子信箱:cmzqb@public.wfptt.sd.cn

#### 2.会计数据和财务指标摘要

2.1 主要会计数据　　单位:(人民币)元

| | 2002年(本年) | 2001年(上年) | 本年比上年增减(%) | 2000年 |
|---|---|---|---|---|
| 主营业务收入 | 4,454,775,147.87 | 2,405,533,667.40 | 85.19% | 2,411,474,316.81 |
| 利润总额 | 621,209,082.67 | 248,088,023.53 | 150.40% | 421,819,509.21 |
| 净利润 | 380,660,696.72 | 141,999,714.53 | 168.07% | 231,326,965.35 |
| 扣除非经常性损益的净利润 | 338,797,329.34 | 132,240,356.43 | 156.20% | 176,916,948.61 |
| | 2002年末(本年末) | 2001年末(上年末) | 本年末比上年末增减(%) | 2000年末 |
| 总资产 | 8,689,918,637.96 | 7,392,134,448.98 | 17.56% | 5,384,263,585.32 |
| 股东权益(不含少数股东权益) | 3,535,287,468.37 | 3,176,669,565.23 | 11.29% | 2,863,730,747.28 |
| 经营活动产生的现金流量净额 | 1,034,441,447.45 | 145,497,415.40 | 610.97% | 146,105,026.20 |

2.2 主要财务指标　　单位:(人民币)元

| | 2002年(本年) | 2001年(上年) | 本年比上年增减(%) | 2000年 |
|---|---|---|---|---|
| 每股收益 | 0.76 | 0.28 | 168.07% | 0.51 |
| 每股收益* | 0.76 | -- | -- | -- |
| 净资产收益率 | 10.77% | 4.47% | 140.94% | 8.08% |
| 扣除非经常性损益的净利润为基础计算的净资产收益率 | 9.58% | 4.16% | 130.29% | 6.18% |
| 每股经营活动产生的现金流量净额 | 2.07 | 0.29 | 611.04% | 0.32 |
| | 2002年末(本年末) | 2001年末(上年末) | 本年末比上年末增减(%) | 2000年末 |
| 每股净资产 | 7.09 | 6.37 | 11.29% | 6.32 |
| 调整后的每股净资产 | 6.92 | 6.31 | 9.73% | 6.18 |

## 000506 四川东泰产业(控股)股份有限公司

### 二〇〇二年年度报告摘选

#### 1.上市公司基本情况简介

1.1 基本情况简介
证券简称:东泰控股 证券代码:000506 上市交易所:深圳证券交易所
注册地址和办公地址:四川省乐山市五通桥区竹根镇涌江路 邮政编码:614800
电子信箱:dongtaikonggu@yahoo.com.cn
1.2 联系人和联系方式
董事会秘书:阎蜀 联系地址:四川省乐山市五通桥区竹根镇涌江路
电话:0833-3300616 传真:0833-3300798 电子信箱:dongtaikonggu@yahoo.com.cn

#### 2.会计数据和财务指标摘要

2.1 主要会计数据　　单位:(人民币)元

| | 2002年(本年) | 2001年(上年) | 本年比上年增减(%) | 2000年 |
|---|---|---|---|---|
| 主营业务收入 | 370,551,157.58 | 344,109,463.94 | 7.68% | 270,308,443.26 |
| 利润总额 | 28,367,482.28 | 43,365,074.16 | -34.58% | 26,387,794.72 |
| 净利润 | 17,967,892.36 | 29,465,366.06 | -39.02% | 20,706,684.80 |
| 扣除非经常性损益的净利润 | 18,625,459.59 | 17,380,166.70 | 7.17% | 16,707,055.21 |
| | 2002年末(本年末) | 2001年末(上年末) | 本年末比上年末增减(%) | 2000年末 |
| 总资产 | 682,986,065.95 | 678,354,385.65 | 0.68% | 729,646,631.65 |
| 股东权益(不含少数股东权益) | 304,673,330.48 | 286,695,451.71 | 6.27% | 271,753,345.55 |
| 经营活动产生的现金流量净额 | -10,371,310.41 | 25,886,338.96 | -140.06% | 18,547,761.49 |

2.2 主要财务指标　　单位:(人民币)元

| | 2002年(本年) | 2001年(上年) | 本年比上年增减(%) | 2000年 |
|---|---|---|---|---|
| 每股收益 | 0.07 | 0.12 | -38.98% | 0.08 |
| 净资产收益率 | 5.90% | 10.28% | -42.61% | 8.09% |
| 扣除非经常性损益的净利润为基础计算的净资产收益率 | 6.11% | 6.06% | 0.83% | 6.46% |
| 每股经营活动产生的现金流量净额 | -0.04 | 0.10 | -139.42% | 0.07 |
| | 2002年末(本年末) | 2001年末(上年末) | 本年末比上年末增减(%) | 2000年末 |
| 每股净资产 | 1.22 | 1.15 | 6.35% | 1.04 |
| 调整后的每股净资产 | 1.17 | 1.15 | 1.74% | 1.01 |

## 000619 芜湖海螺型材科技股份有限公司

### 二〇〇二年年度报告摘选

#### 1.上市公司基本情况简介

1.1 基本情况简介
证券简称:海螺型材 证券代码:000619 上市交易所:深圳证券交易所
注册地址和办公地址:安徽省芜湖市经济技术开发区港湾路 邮政编码:241009
公司国际互联网网址:http://www.cninfo.com.cn 电子信箱:conch_xc@mail.ahwhptt.net.cn
1.2 联系人和联系方式
董事会秘书:明章春 联系地址:芜湖市经济技术开发区港湾路
电话:0553-5840158 传真:0553-5840118 电子信箱:conch_xc@mail.ahwuptt.net.cn
证券事务代表:周小川 联系地址:安徽省芜湖市经济技术开发区港湾路
电话:0553-5840151 传真:0553-5840118 电子信箱:conch_xc@mail.ahwuptt.net.cn

#### 2.会计数据和财务指标摘要

2.1 主要会计数据　　单位:(人民币)元

| | 2002年(本年) | 2001年(上年) | 本年比上年增减(%) | 2000年 |
|---|---|---|---|---|
| 主营业务收入 | 1,526,953,627.33 | 1,077,752,396.73 | 41.68% | 507,834,166.93 |
| 利润总额 | 246,797,931.88 | 184,819,105.71 | 33.53% | 88,854,984.92 |
| 净利润 | 188,630,646.36 | 188,436,608.55 | 0.10% | 56,201,913.90 |
| 扣除非经常性损益的净利润 | 187,915,124.01 | 189,784,302.88 | -0.98% | 39,779,422.52 |
| | 2002年末(本年末) | 2001年末(上年末) | 本年末比上年末增减(%) | 2000年末 |
| 总资产 | 1,498,425,704.60 | 1,000,027,130.62 | 49.84% | 714,184,660.34 |
| 股东权益(不含少数股东权益) | 1,172,749,103.61 | 386,424,604.03 | 203.49% | 224,987,395.48 |
| 经营活动产生的现金流量净额 | 117,427,608.29 | 224,237,233.72 | -47.63% | 53,552,372.37 |

2.2 主要财务指标　　单位:(人民币)元

| | 2002年(本年) | 2001年(上年) | 本年比上年增减(%) | 2000年 |
|---|---|---|---|---|
| 每股收益 | 0.52 | 1.26 | -58.29% | 0.37 |
| 每股收益* | 0.52 | -- | -- | -- |
| 净资产收益率 | 16.09% | 48.76% | -67.00% | 24.98% |
| 扣除非经常性损益的净利润为基础计算的净资产收益率 | 16.02% | 49.11% | -67.38% | 24.16% |
| 每股经营活动产生的现金流量净额 | 0.33 | 1.49 | -78.18% | 0.36 |
| | 2002年末(本年末) | 2001年末(上年末) | 本年末比上年末增减(%) | 2000年末 |
| 每股净资产 | 3.26 | 2.58 | 26.45% | 1.50 |
| 调整后的每股净资产 | 3.26 | 2.58 | 26.45% | 1.50 |

## 000699 佳木斯造纸股份有限公司

### 二〇〇二年年度报告摘选

#### 1.上市公司基本情况简介

1.1 基本情况简介
证券简称:ST佳纸 证券代码:000699 上市交易所:深圳证券交易所
注册地址和办公地址:佳木斯市光复路 306 号 邮政编码:154005
公司国际互联网网址:http://www.jmspaper.com 电子信箱:jzgfgs@mail.hl.cn
1.2 联系人和联系方式
董事会秘书:罗陈 联系地址:佳木斯市光复路 306 号佳木斯造纸股份有限公司
电话:0454-8377217 传真:0454-8376062 电子信箱:jzgfgs@mail.hl.cn
证券事务代表:孟宪有 联系地址:佳木斯市光复路 306 号佳木斯造纸股份有限公司
电话:0454-8375070 传真:0454-8376062 电子信箱:jzgfgs@mail.hl.cn

#### 2.会计数据和财务指标摘要

2.1 主要会计数据　　单位:(人民币)元

| | 2002年(本年) | 2001年(上年) | 本年比上年增减(%) | 2000年 |
|---|---|---|---|---|
| 主营业务收入 | 346,452,738.91 | 290,504,600.90 | 19.26% | 57,393,916.01 |
| 利润总额 | 16,881,488.25 | -25,472,899.22 | -- | -30,680,284.86 |
| 净利润 | 5,259,835.46 | -25,472,899.22 | -- | -43,611,813.91 |
| 扣除非经常性损益的净利润 | 5,186,046.10 | -26,731,125.79 | -- | -45,768,376.25 |
| | 2002年末(本年末) | 2001年末(上年末) | 本年末比上年末增减(%) | 2000年末 |
| 总资产 | 1,512,731,218.95 | 1,508,003,532.29 | 0.31% | 1,662,388,639.36 |
| 股东权益(不含少数股东权益) | 450,844,316.67 | 445,584,481.21 | 1.18% | 523,469,217.75 |
| 经营活动产生的现金流量净额 | 28,053,351.87 | -298,219,071.07 | -- | 20,820,058.14 |

2.2 主要财务指标　　单位:(人民币)元

| | 2002年(本年) | 2001年(上年) | 本年比上年增减(%) | 2000年 |
|---|---|---|---|---|
| 每股收益 | 0.02 | -0.11 | -- | -0.19 |
| 每股收益* | 0.02 | -- | -- | -- |
| 净资产收益率 | 1.17% | -5.72% | -- | -8.38% |
| 扣除非经常性损益的净利润为基础计算的净资产收益率 | 1.17% | -6.01% | -- | -8.74% |
| 每股经营活动产生的现金流量净额 | 0.12 | -1.31 | -- | 0.09 |
| | 2002年末(本年末) | 2001年末(上年末) | 本年末比上年末增减(%) | 2000年末 |
| 每股净资产 | 1.98 | 1.96 | 1.17% | 2.30 |
| 调整后的每股净资产 | 0.87 | 0.97 | -9.96% | 1.92 |

# 000718 吉林纸业股份有限公司

## 二〇〇二年年度报告摘选

### 1.上市公司基本情况简介

1.1 基本情况简介

证券简称:吉林纸业 证券代码:000718 上市交易所:深圳证券交易所

注册地址和办公地址:吉林省吉林市林荫路九号 邮政编码:132002

公司国际互联网网址:http://www.jlzy.rime.com.cn 电子信箱:jlzhy@public.jl.jl.cn

1.2 联系人和联系方式

董事会秘书:董琨 联系地址:吉林省吉林市林荫路九号

电话:0432-2703225 传真:0432-2772883 电子信箱:jlzhy@public.jl.jl.cn

证券事务代表:邱洪涛 联系地址:吉林省吉林市林荫路九号

电话:0432-2703225 传真:0432-2772883 电子信箱:jlzhy@public.jl.jl.cn

### 2.会计数据和财务指标摘要

2.1 主要会计数据 单位:(人民币)元

| | 2002年(本年) | 2001年(上年) | 本年比上年增减(%) | 2000年 |
|---|---|---|---|---|
| 主营业务收入 | 103,483,150.83 | 861,184,844.52 | -87.98% | 1,117,323,154.28 |
| 利润总额 | -228,170,319.88 | 26,001,296.79 | -977.53% | 5,406,674.81 |
| 净利润 | -228,170,319.88 | 11,834,395.69 | -2028.03% | 7,246,227.09 |
| 扣除非经常性损益的净利润 | -113,236,760.44 | 547,050.18 | -20799.52% | 77,305,188.97 |
| | 2002年末(本年末) | 2001年末(上年末) | 本年末比上年末增减(%) | 2000年末 |
| 总资产 | 2,801,070,113.43 | 2,771,204,342.17 | 1.08% | 2,668,514,964.38 |
| 股东权益(不含少数股东权益) | 952,389,633.48 | 1,166,632,422.15 | -18.36% | 1,212,025,926.71 |
| 经营活动产生的现金流量净额 | -101,743,599.09 | 44,625,323.24 | -328.00% | 35,546,815.04 |

2.2 主要财务指标 单位:(人民币)元

| | 2002年(本年) | 2001年(上年) | 本年比上年增减(%) | 2000年 |
|---|---|---|---|---|
| 每股收益 | -0.57 | 0.03 | -2003.33% | 0.02 |
| 每股收益* | -0.57 | -- | -- | -- |
| 净资产收益率 | -23.96% | 1.01% | -2472.28% | 0.60% |
| 扣除非经常性损益的净利润为基础计算的净资产收益率 | -10.76% | 0.05% | -21620.00% | 7.19% |
| 每股经营活动产生的现金流量净额 | -0.26 | 0.11 | -327.68% | 0.09 |
| | 2002年末(本年末) | 2001年末(上年末) | 本年末比上年末增减(%) | 2000年末 |
| 每股净资产 | 2.38 | 2.92 | -18.33% | 3.03 |
| 调整后的每股净资产 | 2.37 | 2.89 | -18.09% | 3.01 |

# 000812 陕西金叶科教集团股份有限公司

## 二〇〇二年年度报告摘选

### 1.上市公司基本情况简介

1.1 基本情况简介

股票简称:陕西金叶 股票代码:000812 上市交易所:深圳证券交易所

注册地址:西安市高新技术开发区(西区)高新三路9号

办公地址:西安市南二环西段100号金叶大厦五层 邮政编码:710065

公司国际互联网网址:http://www.cninfo.com.cn 电子信箱:JYDMWJC@PUBLIC.XA.SN.CN

1.2 联系人和联系方式

董事会秘书:王进春 联系地址:西安市南二环西段100号金叶大厦五层

电话:029-8376913 传真:029-8376915 电子信箱:WANGJINCHUN888@163.com

证券事务代表:闫凯 联系地址:西安市南二环西段100号金叶大厦五层

电话:029-8376960转2865 传真:029-8376915 电子信箱:WANGJINCHUN888@163.com

### 2.会计数据和财务指标摘要

2.1 主要会计数据

| | 2002年 | 2001年 | 本年比上年增减(%) | 2000年 |
|---|---|---|---|---|
| 主营业务收入 | 297,443,674.78 | 183,594,901.68 | 62.01 | 193,920,391.25 |
| 利润总额 | 37,138,083.47 | 33,019,833.03 | 12.47 | 42,043,010.99 |
| 净利润 | 27,167,923.13 | 26,652,731.01 | 1.93 | 32,675,809.19 |
| 扣除非经常性损益的净利润 | 22,847,274.40 | 22,790,263.00 | 0.25 | 28,978,246.38 |
| | 2002年末 | 2001年末 | 本年末比上年末增减(%) | 2000年末 |
| 总资产 | 918,190,691.49 | 696,219,833.57 | 31.88 | 663,510,904.93 |
| 股东权益(不含少数股东权益) | 388,535,272.00 | 380,411,659.88 | 2.14 | 353,758,928.87 |
| 经营活动产生的现金流量净额 | 19,083,266.28 | 68,201,701.15 | -72.02 | 20,401,045.90 |

2.2 主要财务指标

| | 2002年 | 2001年 | 本年比上年增减(%) | 2000年 |
|---|---|---|---|---|
| 每股收益(摊薄) | 0.143 | 0.168 | -14.88 | 0.206 |
| 每股收益(加权) | 0.143 | 0.168 | -14.88 | 0.206 |
| 净资产收益率 | 6.99% | 7.01% | -0.29 | 9.24% |
| 扣除非经常性损益的净利润为基础计算的净资产收益率 | 5.88% | 5.99% | -1.84 | 6.81% |
| 每股经营活动产生的现金流量净额 | 0.10 | 0.43 | -76.74 | 0.13 |
| | 2002年末 | 2001年末 | 本年末比上年末增减(%) | 2000年末 |
| 每股净资产 | 2.04 | 2.40 | -15 | 2.23 |
| 调整后的每股净资产 | 1.94 | 2.33 | -16.74 | 2.20 |

# 000815 宁夏美利纸业股份有限公司

## 二〇〇二年年度报告摘选

### 1.上市公司基本情况简介

1.1 基本情况简介

股票简称:美利纸业 股票代码:000815 上市交易所:深圳证券交易所

注册地址:宁夏回族自治区银川市

办公地址:宁夏回族自治区中卫县柔远镇 邮政编码:751700

公司国际互联网网址:http://china-meili.com 电子信箱:mlzy@china-meili.com

1.2 联系人和联系方式

董事会秘书:闫学廷 联系地址:宁夏回族自治区中卫县柔远镇

电话:0953-7679339 传真:0953-7679216 7679339 电子信箱:yxt@china-meili.com

证券事务代表:周立东 杨奎毅 联系地址:宁夏回族自治区中卫县柔远镇

电话:0953-7679334 7679339 传真:0953-7679216 7679223 电子信箱:yxt@china-meili.com

### 2.会计数据和财务指标摘要

2.1 主要会计数据 单位:元

| | 2002年 | 2001年 | 本年比上年增减(%) | 2000年 |
|---|---|---|---|---|
| 主营业务收入 | 474,635,814.84 | 414,401,242.27 | 14.54 | 286,960,011.78 |
| 利润总额 | 43,303,736.86 | 41,554,831.60 | 4.21 | 42,616,861.30 |
| 净利润 | 43,270,738.80 | 41,542,678.39 | 4.16 | 42,616,861.30 |
| 扣除非经常性损益的净利润 | 42,721,134.72 | 41,078,572.42 | 4.00 | 42,384,046.50 |
| | 2002年末 | 2001年末 | 本年末比上年末增减(%) | 2000年末 |
| 总资产 | 1,933,681,177.26 | 1,540,919,096.34 | 25.49 | 1,072,371,368.78 |
| 股东权益(不含少数股东权益) | 619,482,016.19 | 581,491,277.39 | 6.53 | 553,087,703.51 |
| 经营活动产生的现金流量净额 | 55,014,023.17 | 65,918,482.04 | -16.5 | 7,484,648.25 |

2.2 主要财务指标

| | 2002年 | 2001年 | 本年比上年增减(%) | 2000年 |
|---|---|---|---|---|
| 每股收益 | 0.3278 | 0.3147 | 4.16 | 0.37 |
| 每股收益 | 0.3278 | 0.3147 | 4.16 | 0.37 |
| 净资产收益率 | 6.9849 | 7.1442 | -2.30 | 10.91 |
| 扣除非经常性损益的净利润为基础计算的净资产收益率 | 7.08 | 7.16 | -1.11 | |
| 每股经营活动产生的现金流量净额 | 0.4168 | 0.4994 | -16.54 | 0.0567 |
| | 2002年末 | 2001年末 | 本年末比上年末增减(%) | 2000年末 |
| 每股净资产 | 4.6930 | 4.4052 | 6.53 | 4.1901 |
| 调整后的每股净资产 | 4.6922 | 4.3928 | 6.82 | 4.1857 |

# 000820 金城造纸股份有限公司

## 二〇〇二年年度报告摘选

### 1.上市公司基本情况简介

1.1 基本情况简介

股票简称:金城股份 股票代码:000820 上市交易所:深圳证券交易所

注册地址:辽宁省凌海市金城街 办公地址:辽宁省凌海市金城街金城造纸股份有限公司办公楼

邮政编码:121203 公司国际互联网网址:http://www.jinchengpaper.com.cn

电子信箱:lvli0416@sina.com

1.2 联系人和联系方式

董事会秘书:吕丽 联系地址:辽宁省凌海市金城街金城造纸股份有限公司办公室

电话:0416-8285045 传真:0416-8282642 电子信箱:lvli0416@sina.com

证券事务代表:王敏 联系地址:辽宁省凌海市金城街金城造纸股份有限公司办公室

电话:0416-8285085 传真:0416-8282642 电子信箱:lvli0416@sina.com

### 2.会计数据和财务指标摘要

2.1 主要会计数据 单位:元

| | 2002年 | 2001年 | 本年比上年增减(%) | 2000年 |
|---|---|---|---|---|
| 主营业务收入 | 519678982.80 | 523268903.90 | -0.69 | 444653835.94 |
| 利润总额 | 11937808.12 | 57265571.67 | -79.15 | 29425896.62 |
| 净利润 | 7843793.42 | 45902228.85 | -82.91 | 27440895.81 |
| 扣除非经常性损益的净利润 | 9322545.19 | 46295132.46 | -79.86 | 21586260.80 |
| | 2002年末 | 2001年末 | 本年末比上年末增减(%) | 2000年末 |
| 总资产 | 1523977902.33 | 1354597748.02 | 12.50 | 1116471141.38 |
| 股东权益(不含少数股东权益) | 541618075.06 | 534836513.25 | 1.27 | 495443548.40 |
| 经营活动产生的现金流量净额 | 1244084.36 | 57265571.67 | -97.83 | 305216955.31 |

2.2 主要财务指标

| | 2002年 | 2001年 | 本年比上年增减(%) | 2000年 |
|---|---|---|---|---|
| 每股收益 | 0.037 | 0.2171 | -82.96 | 0.1290 |
| 净资产收益率(%) | 1.45 | 8.59 | -83.12 | 5.54 |
| 扣除非经常性损益的净利润为基础计算的净资产收益率(%) | 1.63 | 8.66 | -81.18 | 4.36 |
| 每股经营活动产生的现金流量净额 | 0.006 | 0.2327 | -97.42 | 1.4440 |
| | 2002年末 | 2001年末 | 本年末比上年末增减(%) | 2000年末 |
| 每股净资产 | 2.5618 | 2.5298 | 1.26 | 2.3430 |
| 调整后的每股净资产 | 2.5175 | 2.4214 | 3.97 | 2.2470 |

# C4.石油、化学、塑料、塑胶(61家)

# 000859 安徽国风塑业股份有限公司

## 二○○二年年度报告摘要

### 1.重要提示

1.1 本公司董事会及董事保证本报告所载资料不存在任何虚假记载、误导性陈述或者重大遗漏,并对其内容的真实性、准确性和完整性负个别及连带责任。

1.2 没有董事声明对年度报告内容的真实性、准确性、完整性无法保证或存在异议。

1.3 所有董事均出席董事会。

1.4 安徽华普会计师事务所为本公司出具了无保留意见无解释性说明的审计报告。

1.5 董事长郑忠勋先生、总经理黄言勇先生、财务总监张淼女士声明:保证本年度报告中财务报告的真实、完整。

### 2.上市公司基本情况简介

2.1 基本情况简介

| | |
|---|---|
| 证券简称 | 国风塑业 |
| 证券代码 | 000859 |
| 上市交易所 | 深圳证券交易所 |
| 注册地址和办公地址 | 合肥国家高新技术产业开发区天智路<br>安徽省合肥市马鞍山路1号 |
| 邮政编码 | 230001 |
| 公司国际互联网网址 | http://www.gfsy.com.cn |
| 电子信箱 | guofeng@mail.hf.ah.cn |

2.2 联系人和联系方式

| | 董事会秘书 | 证券事务代表 |
|---|---|---|
| 姓名 | 吴亚 | 张华 |
| 联系地址 | 合肥市马鞍山路1号 | 合肥市马鞍山路1号 |
| 电话 | 0551－2885333－3166 | 0551－2885333－3166 |
| 传真 | 0551－2888835 | 0551－2888835 |
| 电子信箱 | wuyar@sina.com | |

### 3.会计数据和财务指标摘要

3.1 主要会计数据　　单位:(人民币)元

| | 2002年(本年) | 2001年(上年) | 本年比上年增减(%) | 2000年 |
|---|---|---|---|---|
| 主营业务收入 | 759,045,740.38 | 614,394,852.06 | 23.54% | 476,827,869.08 |
| 利润总额 | 82,764,980.06 | 81,404,867.50 | 1.67% | 59,348,667.62 |
| 净利润 | 52,153,091.65 | 52,801,144.23 | －1.23% | 49,501,906.39 |
| 扣除非经常性损益的净利润 | 51,967,933.60 | 49,171,526.37 | 5.69% | 45,521,876.07 |
| | 2002年末(本年末) | 2001年末(上年末) | 本年末比上年末增减(%) | 2000年末 |
| 总资产 | 1,901,216,546.99 | 1,634,089,984.79 | 16.35% | 1,146,465,522.74 |
| 股东权益(不含少数股东权益) | 988,568,929.28 | 747,925,039.89 | 32.17% | 754,035,529.21 |
| 经营活动产生的现金流量净额 | 99,409,898.30 | 127,730,065.48 | －22.17% | 20,604,219.51 |

3.2 主要财务指标　　单位:(人民币)元

| | 2002年(本年) | 2001年(上年) | 本年比上年增减(%) | 2000年 |
|---|---|---|---|---|
| 每股收益 | 0.20 | 0.22 | －11.45% | 0.22 |
| 每股收益* | 0.20 | －－ | －－ | －－ |
| 净资产收益率 | 5.28% | 7.03% | －24.89% | 7.66% |
| 扣除非经常性损益的净利润为基础计算的净资产收益率 | 5.26% | 6.55% | －19.69% | 7.04% |
| 每股经营活动产生的现金流量净额 | 0.38 | 0.54 | －30.20% | 0.08 |
| | 2002年末(本年末) | 2001年末(上年末) | 本年末比上年末增减(%) | 2000年末 |
| 每股净资产 | 3.76 | 3.17 | 18.60% | 3.20 |
| 调整后的每股净资产 | 3.75 | 3.16 | 18.67% | 3.09 |

3.3 国内外会计准则差异

□适用　√不适用

### 4.股本变动及股东情况

4.1 股份变动表

单位:股

| | 本次变动前 | 本次变动增减(+,-) | | 本次变动后 |
|---|---|---|---|---|
| | | 配股 | 小计 | |
| 一、未上市流通股份 | | | | |
| 1.发起人股份 | 145,800,000 | 0 | 0 | 145,800,000 |
| 其中:国家持有股份 | 145,800,000 | | 0 | 145,800,000 |
| 境内法人持有股份 | | | 0 | 0 |
| 境外法人持有股份 | | | 0 | 0 |
| 其他 | | | 0 | 0 |
| 2.募集法人股份 | | | 0 | 0 |
| 3.内部职工股 | | | 0 | 0 |
| 4.优先股或其他 | | | 0 | 0 |
| 未上市流通股份合计 | 145,800,000 | 0 | 0 | 145,800,000 |
| 二、已上市流通股份 | | | | |
| 1.人民币普通股 | 90,000,000 | 27,000,000 | 27,000,000 | 117,000,000 |
| 2.境内上市的外资股 | | | 0 | 0 |
| 3.境外上市的外资股 | | | 0 | 0 |
| 4.其他 | | | 0 | 0 |
| 已上市流通股份合计 | 90,000,000 | 27,000,000 | 27,000,000 | 117,000,000 |
| 三、股份总数 | 235,800,000 | 27,000,000 | 27,000,000 | 262,800,000 |

4.2 前十名股东持股表

| 报告期末股东总数 | 39,738 | | | | | |
|---|---|---|---|---|---|---|
| 前十名股东持股情况 | | | | | | |
| 股东名称(全称) | 年度内增减(股) | 年末持股数量(股) | 比例(%) | 股份类别(已流通或未流通) | 质押或冻结的股份数量(股) | 股东性质(国有股东或外资股东) |
| 安徽国风集团有限公司 | 0 | 145,800,000 | 55.48 | 未流通 | 0 | 国有股东 |
| 兴业证券股份有限公司 | 14,946,648 | 19,966,147 | 7.60 | 已流通 | 0 | |
| 国泰金鹰增长证券投资基金 | 940,159 | 940,159 | 0.36 | 已流通 | 0 | |
| 上海建国创业投资有限公司 | 12,000 | 506,323 | 0.19 | 已流通 | 0 | |
| 上海华东实业有限公司 | 0 | 474,945 | 0.18 | 已流通 | 0 | |
| 李谊君 | 348,067 | 348,067 | 0.13 | 已流通 | 0 | |
| 银丰证券投资基金 | 301,969 | 301,969 | 0.11 | 已流通 | 0 | |
| 普丰证券投资基金 | 245,863 | 245,863 | 0.09 | 已流通 | 0 | |
| 蹇宏新 | 222,400 | 222,400 | 0.08 | 已流通 | 0 | |
| 忻丹佩 | 200,000 | 200,000 | 0.08 | 已流通 | 0 | |
| 前十名股东关联关系或一致行动的说明 | 前十名股东中,本公司控股股东与其他股东之间不存在关联关系,也不属于《上市公司股东持股变动信息披露管理办法》中规定的一致行动人。未知其他股东之间是否存在公司国家股股东与其他九名股东之间不存在关联关系和是否属于《上市公司股东持股变动信息披露管理办法》中规定的一致行动人。 | | | | | |

4.3 控股股东及实际控制人情况介绍

4.3.1 控股股东及实际控制人变更情况

□适用　√不适用

4.3.2 控股股东和其他实际控制人具体情况介绍

安徽国风集团有限公司成立于1994年11月,注册资本28000万元,法定代表人为郑忠勋先生。国风集团经营范围包括:资产经营,对塑胶建材、塑胶门窗及配件、塑料薄膜、塑胶管材及板材项目投资,新墙体、注塑制品、各类家用电器配套件、PVC高阻燃粒子、吸塑制品、金属制品、广告材料,商务贸易,经营本企业和成员企业自产产品的出口业务,经营本成员企业生产所需的机械设备、零配件、原辅材料的进口业务,加工贸易和补偿贸易业务。

报告期内,国风集团所持股份没有发生变化;但因全额放弃2002年配股权,其所持本公司股份比例由期初的61.83%降至期末的55.48%。

### 5.董事、监事和高级管理人员

5.1 董事、监事和高级管理人员持股变动

| 姓名 | 职务 | 性别 | 年龄 | 任期起止日期 | 年初持股数(股) | 年末持股数(股) | 变动原因 |
|---|---|---|---|---|---|---|---|
| 郑忠勋 | 董事长 | 男 | 52 | 2001.12.29－2004.12.28 | 7,500 | 9,750 | 参与本公司2002年度配股 |
| 陆　红 | 董事 | 女 | 50 | 2001.12.29－2004.12.28 | 7,500 | 9,750 | 参与本公司2002年度配股 |
| 杨志远 | 董事 | 男 | 46 | 2001.12.29－2004.12.28 | 7,500 | 9,750 | 参与本公司2002年度配股 |
| 张继凤 | 董事 | 女 | 43 | 2001.12.29－2004.12.28 | 7,500 | 9,750 | 参与本公司2002年度配股 |

| | | | | | | | |
|---|---|---|---|---|---|---|---|
| 夏守豪 | 监事临时召集人 | 男 | 56 | 2001.12.29－2004.12.28 | 7,500 | 9,750 | 参与本公司2002年度配股 |
| 杜叔华 | 监事 | 女 | 54 | 2001.12.29－2004.12.28 | 7,500 | 9,750 | 参与本公司2002年度配股 |
| 杨明胜 | 监事 | 男 | 35 | 2001.12.29－2004.12.28 | 5,925 | 7,702 | 参与本公司2002年度配股 |
| 甄茂发 | 监事 | 男 | 55 | 2001.12.29－2004.12.28 | 5,925 | 7,702 | 参与本公司2002年度配股 |
| 黄言勇 | 总经理 | 男 | 36 | 2001.12.29－2004.12.28 | 7,500 | 9,750 | 参与本公司2002年度配股 |
| 刘建华 | 独立董事 | 男 | 51 | 2001.12.29－2004.12.28 | 0 | 0 | |
| 陈余有 | 独立董事 | 男 | 62 | 2001.12.29－2004.12.28 | 0 | 0 | |
| 张五一 | 董事 | 男 | 52 | 2001.12.29－2004.12.28 | 0 | 0 | |
| 刘　泳 | 董事 | 男 | 40 | 2001.12.29－2004.12.28 | 0 | 0 | |
| 张　淼 | 财务总监 | 女 | 36 | 2001.12.29－2004.12.28 | 0 | 0 | |

5.2 在股东单位任职的董事监事情况

√适用　□不适用

| 姓名 | 任职的股东名称 | 在股东单位担任的职务 | 任职期间 | 是否领取报酬、津贴 |
|---|---|---|---|---|
| 郑忠勋 | 安徽国风集团有限公司 | 董事长 | 2000.6.12－2003.6.12 | 是 |
| 陆　红 | 安徽国风集团有限公司 | 董事 | 2000.6.12－2003.6.12 | 是 |
| 张五一 | 安徽国风集团有限公司 | 副总 | 2002.9.20－2003.6.12 | 是 |
| 杨志远 | 安徽国风集团有限公司 | 董事、副总 | 2000.6.12－2003.6.12 | 是 |
| 张继凤 | 安徽国风集团有限公司 | 董事、副总 | 2000.6.12－2003.6.12 | 是 |
| 杜叔华 | 安徽国风集团有限公司 | 总经济师 | 2000.6.12－2003.6.12 | 是 |

5.3 董事、监事和高级管理人员年度报酬情况

单位:(人民币)万元

| | |
|---|---|
| 年度报酬总额 | 63.00 |
| 金额最高的前三名董事的报酬总额 | 17.00 |
| 金额最高的前三名高级管理人员的报酬总额 | 24.00 |
| 独立董事津贴 | 1.50万元/人·年 |
| 独立董事其他待遇 | 无 |
| 不在公司领取报酬、津贴的董事、监事姓名 | 郑忠勋、陆红、张继凤、杨志远、张五一(因职务变更,本年度在本公司领取3万元工资报酬)、杜叔华 |
| 报酬区间 | 人数 |
| 8－10 | 1 |
| 4－8 | 10 |
| 1－3 | 2 |
| 0－1 | 0 |

## 6.董事会报告

6.1 报告期内整体经营情况的讨论与分析

报告期内,由于国际局势的影响等原因,石油价格不断攀升,导致塑料原材料价格不断上升;而公司主要产品受市场供求关系的影响,价格不升反跌。面对激烈的市场竞争,公司全体员工在董事会的领导下统一认识,本着"诚义为本,积极拼搏"的精神,以市场为导向,以产品质量为根本,节能降耗,挖潜增效,在报告期内取得了突出成绩。报告期内,公司实现主营业务收入75,904万元,净利润5,215万元,主营业务收入同比增长23.5%。

6.2 主营业务分行业或产品情况表

单位:(人民币)万元

| 分行业或分产品 | 主营业务收入 | 主营业务成本 | 毛利率(%) | 主营业务收入比上年增减(%) | 主营业务成本比上年增减(%) | 毛利率比上年增减(%) |
|---|---|---|---|---|---|---|
| 塑料薄膜 | 42,406.17 | 29,729.82 | 29.89 | 35.71 | 28.30 | 3.76 |
| 塑胶建材 | 20,500.05 | 16,542.71 | 19.30 | －9.05 | －3.63 | －4.54 |
| 化工原料 | 8,412.99 | 7,538.66 | 10.39 | 0.00 | 0.00 | 0.00 |
| 工程塑料 | 4,585.35 | 4,295.77 | 6.32 | 340.01 | 310.50 | 10.47 |
| 其中:关联交易金额 | 1,550.98 | 1,332.96 | 14.06 | 40.76 | 42.32 | －13.88 |
| 关联交易的定价原则 | 1.销售货物　定价政策:采用市场统一价格<br>2.采购货物　定价政策:采用市场统一价格<br>3.股权收购　定价政策:以评估值作为定价依据 | | | | | |
| 关联交易必要性、持续性的说明 | 报告期内,公司因采购、销售发生的关联交易,是关联公司之间因正常经营而常年发生的小额交易,促进了各公司之间资源的充分利用。<br>报告期内,本公司以现金4780.99万元收购控股股东安徽国风集团有限公司持有的合肥金菱里克塑料有限公司27.78%股权。本次资产收购属关联交易,已经公司2001年年度股东大会批准,并于2002年3月底执行完毕。<br>资产收购完成后,国风塑业已持有金菱里克72.22%的股权,并进一步改善了主营业务的资产质量,提升公司塑料薄膜产品的核心竞争力和盈利能力。 | | | | | |

6.3 主营业务分地区情况

单位:(人民币)万元

| 地区 | 主营业务收入 | 主营业务收入比上年增减(%) |
|---|---|---|
| 华东地区 | 55,989.08 | 24.23 |
| 华北地区 | 8,294.13 | 72.40 |
| 其他地区 | 11,621.36 | 0.52 |

6.4 采购和销售客户情况

单位:(人民币)万元

| | | | |
|---|---|---|---|
| 前五名供应商采购金额合计 | 14,398.91 | 占销售总额比重 | 24.78% |
| 前五名销售客户销售金额合计 | 19,113.68 | 占销售总额比重 | 25.18% |

6.5 参股公司经营情况(适用投资收益占净利润10%以上的情况)

□适用　√不适用

6.6 主营业务及其结构发生重大变化的原因说明

□适用　√不适用

6.7 主营业务盈利能力(毛利率)与上年相比发生重大变化的原因说明

□适用　√不适用

6.8 经营成果和利润构成与上年度相比发生重大变化的原因分析

□适用　√不适用

整体财务状况与上年度相比发生重大变化的原因分析

□适用　√不适用

6.9 对生产经营环境以及宏观政策、法规产生重大变化已经、正在或将要对公司的财务状况和经营成果产生重要影响的说明

□适用　√不适用

6.10 完成盈利预测的情况

□适用　√不适用

6.11 完成经营计划情况

□适用　√不适用

6.12 募集资金使用情况

√适用　□不适用

单位:(人民币)万元

| 募集资金总额 | 19,375.00 | 本年度已使用募集资金总额 | 21,886.00 | 已累计使用募集资金总额 | 21,886.00 |
|---|---|---|---|---|---|
| 承诺项目 | 拟投入金额 | 是否变更项目 | 实际投入金额 | 产生收益金额 | 是否符合计划进度和预计收益 |
| 年产2万吨BOPET项目 | 19,930.00 | 否 | 21,886.00 | 4,798.00 | 是 |
| 年产300万套门窗五金件项目 | 18,087.00 | 否 | 0.00 | 0.00 | 否 |
| 合计 | 38,017.00 | — | 21,886.00 | 4,798.00 | — |
| 未达到计划进度和收益的说明(分具体项目) | 年产300万套门窗五金件项目。根据配股募集资金投向的轻重缓急,结合当前高档门窗五金件市场情况和公司主导产品生产、销售情况,决定优先保证年产2万吨BOPET项目的顺利实施。公司拟对门窗配件市场作进一步调查后,再决定该项目的实施进度。 | | | | |
| 变更原因及变更程序说明(分具体项目) | 本年度无变更募集资金使用情况。 | | | | |

变更项目情况

□适用　√不适用

6.13 非募集资金项目情况

√适用　□不适用

| 项目名称 | 项目金额 | 项目进度 | 项目收益情况 |
|---|---|---|---|
| 多功能宽幅塑料薄膜 | 3,430.00 | 72% | 0.00 |
| 注塑类汽车配件项目 | 1,877.00 | 70% | 0.00 |
| 彩色型材生产线项目 | 1,467.00 | 70% | 0.00 |
| 收购合肥金菱里克塑料有限公司27.78股权的项目 | 4,780.99 | 100% | 1331.47 |
| 合计 | 11,554.99 | －－ | －－ |

6.14 董事会对会计师事务所"非标意见"的说明

□适用　√不适用

6.15 董事会新年度的经营计划

√适用　□不适用

1.加大产品结构调整的力度,增强塑料薄膜的市场竞争力。公司拟向控股股东国风集团出让持有的塑胶型材的生产经营性资产、存货、应收帐款及相关的负债,简化公司主导产品线条,集中资源做大做强塑料薄膜。

2.实施年产3.5万吨BOPP项目,扩大塑料包装膜产品的市场份额,增强公司对包装膜产品市场的细分能力,及时为客户提供齐全的产品品种及完善的服务。

3.拟扩大公司农膜的年生产能力至5万吨,成为生产农膜产品的龙头企业,产品销售将覆盖整个安徽市场及周边农业发达地区。

4.拟对原年产3000吨BOPP生产线进行技术改造,提高薄膜老线的盈利水平。

5.依托于安徽省独特的非金属矿自然资源,投资兴建非金属矿的深加工基地,将公司塑料加工产品向上游产业延伸,形成公司新的利润增长点。

6.利用现有注塑设备,投资建设注塑类汽车配件项目,为江淮汽车、奇瑞汽车等厂商提供汽车保险杠等注塑类汽车配件产品,提高注塑产品的档次和规模,提升注塑类资产的盈利能力。

7.创建国风科技型企业,完善技术中心改造工作,建立具有国风特色的技术创新体系。

新年度盈利预测

□适用　√不适用

6.16 董事会本次利润分配或资本公积金转增预案

经安徽华普会计事务所审计,公司2002年度实现利润总额85,730,892.98元,税后利润52,153,091.65元,扣除两外中外合资的子公司合肥金菱里克塑料有限公司、合肥华聚塑胶有限公司应提取的职工奖励及福利基金5,256,112.12元后为45,261,056.27元,分别提取10%法定盈余公积金4,689,903.27元,提取5%法定公益金2,344,848.98元,加上年初未分配利润73,660,811.62元,本年度可供股东分配的利润为113,523,244.12元。

董事会提议以2002年末总股本26280万股为基数,用资本公积金向全体股东每10股转增6股,总计转增股本157,680,000股。转增后,公司总股本为42048万股。转增股本时间预计在本次股利分配预案获股东大会批准后两个月内。

## 7.重要事项

7.1 收购资产

√适用　□不适用

单位:(人民币)万元

| 交易对方及被收购资产 | 收购日 | 收购价格 | 自收购日起至本年末为上市公司贡献的净利润 | 是否为关联交易 |
|---|---|---|---|---|
| 国风集团持有的合肥金菱里克塑料有限公司 27.78%的股权 | 2002 年 02 月 23 日 | 4,780.99 | 1,331.47 | 是,以资产评估值为定价依据 |

7.2 出售资产

□适用　√不适用

说明 7.1,7.2 所涉及事项对公司业务连续性、管理层稳定性的影响

本公司于 2002 年 2 月 23 日与国风集团(控股股东)签署了资产收购协议,向国风集团收购其持有的合肥金菱里克塑料有限公司 27.78%的股权,评估值计 4780.99 万元,置换基准日为 2001 年 12 月 31 日。本次资产收购所涉及的交易金额为 4780.99 万元,本公司以现金同国风集团结清。

此次资产收购,已经 2002 年 3 月 29 日召开的 2001 年度股东大会到会的非关联交易方股东以全票表决通过,并于 2002 年 3 月 30 日分别在《证券时报》和《中国证券报》上予以公告。交易完成后,本公司持有合肥金菱里克塑料有限公司 72.22%的股权,为该公司的实质控制人。

此次资产收购是国风集团对本公司承诺的兑现,即"为最大限度的减少和避免与国风塑业的同业竞争,国风集团在国风塑业和金菱里克公司以外不再进行与国风塑业和金菱里克公司生产的相同或相近产品方面的投资,并在 2002 年上半年,将其持有金菱里克公司 27.78%股权转让给同风塑业"。国风塑业此次收购的资产,成长性好、盈利能力高。收购完成后,进一步提高了公司的资产质量,突出了公司在薄膜方面的竞争优势和盈利能力,完成了公司产品结构的调整,同时避免了与控股股东之间的同业竞争。

7.3 重大担保

√适用　□不适用

单位:(人民币)万元

| 担保对象名称 | 发生日期 | 担保金额 | 担保类型 | 担保期 | 是否履行完毕 | 是否为关联方担保 |
|---|---|---|---|---|---|---|
| 安徽巢东水泥股份有限公司 | 2001 年 09 月 16 日 | 25,000.00 | 一般担保 | 2001 年 9 月 16 日 - 2007 年 6 月 30 日 | 否 | 否 |
| 担保发生额合计 | | | | | | 25,000.00 |
| 担保余额合计 | | | | | | 25,000.00 |
| 其中:关联担保余额合计 | | | | | | 0.00 |

7.4 关联债权债务往来

□适用　√不适用

7.5 委托理财

□适用　√不适用

7.6 承诺事项履行情况

□适用　√不适用

7.7 重大诉讼仲裁事项

□适用　√不适用

7.8 独立董事履行职责的情况

公司根据中国证监会《关于在上市公司建立独立董事制度的指导意见》的文件要求,聘用了 2 名外部独立董事,建立了独立董事制度,并相应修改了《公司章程》,增设了有关独立董事内容的章节;报告期内,独立董事按要求出席董事会会议和股东大会会议,参与审议会议的各项议案;独立董事对公司财务、关联交易、日常的经营管理发表了自己的独立意见,认真履行了职责,不受控股股东以及其他单位或个人的影响,从而维护了股东的合法权益。

## 8.监事会报告

监事会报告

(一)本报告期内监事会的工作情况

在全体股东的大会支持下,在董事会和经理层的大力配合下,监事会本着对全体股东负责的原则,依据《公司法》、《证券法》及《公司章程》,认真履行职权,参加董事会会议和总经理办公会议,参与公司重大决策的讨论,列席审议和监督各次董事会议和股东大会的议案和程序,勤勉尽职,为公司的规范运作和健康发展提供了有力保障。

本报告期内,监事会共召开三次会议,具体工作情况如下:

1.公司第二届监事会第二次会议于 2002 年 2 月 23 日召开,会议审议通过了(1)《公司 2001 年度监事会工作报告》;(2)《公司 2000 年度报告及摘要》;(3)《公司 2001 年度利润分配预案及 2002 年度利润分配预计》。本次会议的决议公告刊登于 2002 年 2 月 23 日的《证券时报》。

2.公司第二届监事会第三次会议于 2002 年 6 月 30 日召开,会议审议通过了:(1)《公司现代企业制度自查报告》;(2)《关于黄言勇先生辞去公司监事会监事的请求》;(3)《关于公司监事夏守豪先生为监事会临时召集人的议案》。本次会议的决议公告刊登于 2002 年 7 月 2 日的《证券时报》。

3.公司第二届监事会第四次会议于 2002 年 8 月 7 日召开,会议审议通过了:(1)《公司 2002 年半年度报告及摘要》;(2)监事会对公司 2002 年上半年的生产经营情况和管理决策履行了监督检查的职责,形成如下独立意见:公司监事会按照《公司法》和《公司章程》的有关规定,对公司股东大会、董事会的召开程序、议事规则、决议执行情况等进行了监督,认为公司在管理、决策方面遵守了《公司法》、《公司章程》和国家有关规定,并认真履行了信息披露义务;公司董事、经理及其他高级管理人员在履行职务时均没有发现违反法律、法规、公司章程或损害公司利益以及股东权益的行为;公司已建立了较为完善的内部管理控制制度、财务审计制度和投资决策制度,有关会计准则和会计制度已得到执行;公司关联交易公平,价格合理,程序合法,没有损害股东权益。以上决议公告刊登于 2002 年 8 月 9 日的《证券时报》。

(二)监事会的独立工作报告

1.报告期内,公司董事会按照股东大会的决议要求,规范运作,执行了股东大会各项决议。监事会未发现公司董事、高级管理人员在履行其职责时有违反纪律法规、公司章程或损害公司利益的行为。

2.安徽华普会计师事务所出具的无保留审计报告真实地反映了本公司的财务状况和经营情况。

3.报告期内,本公司无内幕交易,没有损害股东权益,没有造成公司财产流失。

4.报告期内,公司收购控股股东国风集团持有的合肥金菱里克塑料有限公司 27.78%股权的交易程序合法,交易价格合理,没有发现内幕交易和损害部分股东的权益或造成公司资产流失的行为。

5.报告期内,公司其他关联交易公平,没有损害公司及股东利益。

## 9.财务报告

9.1 审计意见

安徽国风塑业股份有限公司全体股东:

安徽华普会计师事务所(以下简称"我们")接受委托,审计了安徽国风塑业股份有限公司(以下简称"贵公司")及其子公司(以下总称为"贵集团")2002 年 12 月 31 日资产负债表和 2002 年度利润表及利润分配表和 2002 年度现金流量表,以及贵公司 2002 年 12 月 31 日资产负债表和 2002 年度利润表和利润分配表和 2002 年度现金流量表。编列会计报表是贵集团及贵公司管理当局的责任,我们的责任是依据我们的审计对此等会计报表发表审计意见。我们的审计是依据《中国注册会计师独立审计准则》进行的。在审计过程中我们结合贵公司及贵集团的实际情况,实施了包括抽查会计记录等我们认为必要的审计程序。

我们认为,上述会计报表符合《企业会计准则》、《企业会计制度》、《合并会计报表暂行规定》及其他有关的规定,在所有重大方面公允地反映了贵公司及贵集团 2002 年 12 月 31 日的财务状况和 2002 年度的经营成果及现金流量情况,会计处理方法的选用遵循了一贯性原则。

**安徽华普会计师事务所　　　　中国注册会计师:肖厚发**

**中国·合肥　　　　中国注册会计师:朱宗瑞**

**中国注册会计师:张居忠**

9.2 会计报表(附后)

9.3 与最近一期年度报告相比,本报告期会计政策、会计估计和核算方法均未发生变化。

9.4 与最近一期年度报告相比,本报告期合并范围发生变化的说明。

1.本公司持有安徽时代贸易有限公司的股权由 55%减少至 49%,本公司仍是该公司最大股东,并且本公司继续控制该公司的财务和经营政策,并从其活动中获得利益或承担风险,故安徽时代贸易有限公司属本公司合并会计报表范围内的子公司。

2.本公司原持有合肥金菱里克塑料有限公司 44.44%的股权,2002 年 3 月,本公司以现金收购方式向本公司控股股东安徽国风集团有限公司收购其持有的合肥金菱里克塑料有限公司 27.78%的股权,本次收购后,本公司持有合肥金菱里克塑料有限公司的股权比例为 72.22%。根据财政部财会字(1998)66 号文的规定,本公司以 2002 年 3 月 31 日为购并日,确定该购并日的原因系该购并日符合如下条件:

(1)股权转让协议已获 2001 年度股东大会通过,通过日期为 2002 年 3 月 29 日,并已获合肥市国有资产管理委员会合国办[2002]2 号文批准。

(2)本公司已办理了该部分股权的变更手续。

(3)截止 2002 年 3 月 31 日,本公司已支付购买股权的全部价款 4781 万元。

(4)本公司实际上已经控制合肥金菱里克塑料有限公司的财务和经营政策,并从其活动中获得利益或承担风险。

### 利润及利润分配表

编制单位:安徽国风塑业股份有限公司　　　　单位:(人民币)元

| 项　目 | 2002 年度 | | 2001 年度 | |
|---|---|---|---|---|
| | 合并 | 母公司 | 合并 | 母公司 |
| 一、主营业务收入 | 759,045,740.38 | 458,555,967.65 | 614,394,852.06 | 425,459,053.55 |
| 减:主营业务成本 | 581,069,707.19 | 370,918,045.49 | 466,272,763.06 | 331,690,916.87 |
| 主营业务税金及附加 | 1,339,483.07 | 1,088,937.43 | 2,047,316.14 | 2,022,307.13 |
| 二、主营业务利润(亏损以"-"号填列) | 176,636,550.12 | 86,548,984.73 | 146,074,772.86 | 91,745,829.55 |
| 加:其他业务利润(亏损以"-"号填列) | 807,447.32 | 329,637.54 | 3,879,200.52 | 4,195,398.38 |
| 减:营业费用 | 28,921,709.07 | 16,862,552.45 | 23,044,124.97 | 14,581,676.24 |
| 管理费用 | 32,180,024.47 | 27,943,015.55 | 26,916,115.07 | 23,488,687.74 |
| 财务费用 | 30,611,370.92 | 25,784,841.99 | 25,189,498.98 | 22,079,723.12 |
| 三、营业利润(亏损以"-"号填列) | 85,730,892.98 | 16,288,212.28 | 74,804,234.36 | 35,791,140.83 |
| 加:投资收益(损失以"-"号填列) | -1,600,957.22 | 40,306,176.11 | 1,555,252.14 | 17,904,631.30 |
| 补贴收入 | 3,806,000.00 | | 3,861,000.00 | 2,598,000.00 |
| 营业外收入 | 2,111,970.28 | 2,073,683.37 | 1,245,216.11 | 1,186,602.30 |
| 减:营业外支出 | 7,282,925.98 | 7,237,586.19 | 60,835.11 | 21,693.17 |
| 四、利润总额(亏损总以"-"号填列) | 82,764,980.06 | 51,430,485.57 | 81,404,867.50 | 57,458,681.26 |
| 减:所得税 | 9,701,681.81 | 4,533,506.04 | 7,976,983.50 | 4,657,537.03 |
| 减:少数股东损益 | 20,910,206.60 | | 20,626,739.77 | |
| 五、净利润(净亏损以"-"号填列) | 52,153,091.65 | 46,896,979.53 | 52,801,144.23 | 52,801,144.23 |
| 加:年初未分配利润 | 73,660,811.62 | 76,204,333.12 | 90,273,360.52 | 90,273,360.52 |
| 其他转入 | | | | |
| 六、可供分配的利润 | 125,813,903.27 | 123,101,312.65 | 143,074,504.75 | 143,074,504.75 |
| 减:提取法定盈余公积 | 4,689,697.95 | 4,689,697.95 | 6,975,795.42 | 5,280,114.42 |
| 提取法定公益金 | 2,344,848.98 | 2,344,848.98 | 3,487,897.71 | 2,640,057.21 |
| 提取职工奖励及福利基金 | 5,256,112.12 | | | |
| 提取储备基金 | | | | |
| 提取企业发展基金 | | | | |
| 利润归还投资 | | | | |
| 七、可供投资者分配的利润 | 113,523,244.22 | 116,066,765.72 | 132,610,811.62 | 135,154,333.12 |
| 减:应付优先股股利 | | | | |
| 提取任意盈余公积 | | | | |
| 应付普通股股利 | | | 58,950,000.00 | 58,950,000.00 |
| 转作资本(或股本)的普通股股利 | | | | |
| 八、未分配利润 | 113,523,244.22 | 116,066,765.72 | 73,660,811.62 | 76,204,333.12 |
| 补充资料: | | | | |
| 1.出售、处置部门或被投资单位所得收益 | 72,988.56 | | 2,560,532.94 | |
| 2.自然灾害发生的损失 | | | | |
| 3.会计政策变更增加(或减少)利润总额 | | | | |
| 4.会计估计变更增加(或减少)利润总额 | | | | |
| 5.债务重组损失 | | | | |
| 6.其他 | | | | |

## 资 产 负 债 表

编制单位:安徽国风塑业股份有限公司　　　　单位:(人民币)元

| 项　目 | 2002.12.31 | | 2001.12.31 | |
|---|---|---|---|---|
| | 合并 | 母公司 | 合并 | 母公司 |
| 流动资产: | | | | |
| 货币资金 | 438,189,969.67 | 225,450,490.37 | 342,664,274.73 | 263,719,526.58 |
| 短期投资 | 50,000.00 | | | |
| 应收票据 | 36,453,759.60 | 31,296,800.00 | | |
| 应收股利 | | 36,881,939.58 | | |
| 应收利息 | | | | |
| 应收帐款 | 176,235,458.45 | 140,093,543.60 | 172,431,979.57 | 136,089,352.35 |
| 其他应收款 | 79,042,951.41 | 84,907,951.71 | 62,287,809.89 | 67,752,737.84 |
| 预付帐款 | 27,443,193.68 | 11,353,242.72 | 60,533,602.28 | 55,287,860.09 |
| 应收补贴款 | | | | |
| 存货 | 124,373,999.46 | 82,816,604.87 | 118,468,389.79 | 70,339,481.60 |
| 待摊费用 | 418,107.54 | 418,107.54 | 353,502.24 | 353,502.24 |
| 一年内到期的长期债权投资 | | | 1,174,000.00 | |
| 其他流动资产 | | | 0.00 | |
| 流动资产合计 | 882,207,439.81 | 613,218,680.39 | 757,913,558.50 | 593,542,460.70 |
| 长期投资: | | | | |
| 长期股权投资 | 27,000,000.00 | 205,853,696.23 | 27,000,000.00 | 176,897,549.31 |
| 长期债权投资 | | | | |
| 合并价差 | 13,949,548.20 | | 14,885,931.17 | |
| 长期投资合计 | 40,949,548.20 | 205,853,696.23 | 41,885,931.17 | 176,897,549.31 |
| 固定资产: | | | | |
| 固定资产原价 | 1,081,675,413.24 | 882,772,396.67 | 808,012,058.60 | 613,266,504.53 |
| 减:累计折旧 | 237,942,039.96 | 165,407,802.97 | 176,519,750.16 | 119,825,512.56 |
| 固定资产净值 | 843,733,373.28 | 717,364,593.70 | 631,492,308.44 | 493,440,991.97 |
| 减:固定资产减值准备 | 7,237,124.19 | 7,237,124.19 | | |
| 固定资产净额 | 836,496,249.09 | 710,127,469.51 | 631,492,308.44 | 493,440,991.97 |
| 工程物资 | | | | |
| 在建工程 | 114,851,070.26 | 114,851,070.26 | 183,967,272.80 | 183,727,272.80 |
| 固定资产清理 | | | | |
| 固定资产合计 | 951,347,319.35 | 824,978,539.77 | 815,459,581.24 | 677,168,264.77 |
| 无形资产及其他资产: | | | | |
| 无形资产 | 14,629,986.09 | 10,363,050.45 | 5,054,677.56 | |
| 长期待摊费用 | 2,082,253.54 | 628,622.22 | 1,776,236.32 | |
| 其他长期资产 | 10,000,000.00 | 10,000,000.00 | 12,000,000.00 | 12,000,000.00 |
| 无形资产及其他资产合计 | 26,712,239.63 | 20,991,672.67 | 18,830,913.88 | 12,000,000.00 |
| 递延税项: | | | | |
| 递延税款借项 | | | | |
| 资产总计 | 1,901,216,546.99 | 1,665,042,589.06 | 1,634,089,984.79 | 1,459,608,274.78 |
| 流动负债: | | | | |
| 短期借款 | 549,450,000.00 | 431,650,000.00 | 275,150,000.00 | 269,150,000.00 |
| 应付票据 | 20,570,000.00 | | 130,500,000.00 | 121,500,000.00 |
| 应付帐款 | 42,376,850.76 | 58,079,543.39 | 40,627,840.11 | 32,701,855.93 |
| 预收帐款 | 38,564,623.23 | 24,233,051.77 | 8,186,166.35 | 6,169,455.74 |
| 应付工资 | | | 2,172,068.25 | |
| 应付福利费 | 4,322,509.33 | 2,057,525.80 | 2,383,664.64 | 2,669,325.52 |
| 应付股利 | 14,186,932.72 | | 58,950,000.00 | 58,950,000.00 |
| 应交税金 | 9,455,825.86 | 4,003,801.58 | 99,550.55 | -5,099,494.68 |
| 其他应交款 | -1,504.44 | -13,492.48 | 205,297.50 | 163,239.34 |
| 其他应付款 | 44,051,871.11 | 39,128,056.62 | 7,133,068.27 | 3,270,803.31 |
| 预提费用 | 3,702,004.33 | 2,335,173.10 | 4,206,409.07 | 2,021,447.43 |
| 预计负债 | | | | |
| 一年内到期的长期负债 | | | | |
| 其他流动负债 | | | | |
| 流动负债合计 | 726,679,112.90 | 561,473,659.78 | 529,614,064.74 | 491,496,632.59 |
| 长期负债: | | | | |
| 长期借款 | 115,000,000.00 | 115,000,000.00 | 219,000,000.00 | 219,000,000.00 |
| 应付债券 | | | | |
| 长期应付款 | | | | |
| 专项应付款 | | | | |
| 其他长期负债 | | | 1,186,602.30 | 1,186,602.30 |
| 长期负债合计 | 115,000,000.00 | 115,000,000.00 | 220,186,602.30 | 220,186,602.30 |
| 递延税项: | | | | |
| 递延税款贷项 | | | | |
| 负债合计 | 841,679,112.90 | 676,473,659.78 | 749,800,667.04 | 711,683,234.89 |
| 少数股东权益 | 70,968,504.81 | | 136,364,277.86 | |
| 所有者权益(或股东权益) | | | | |
| 实收资本(或股本) | 262,800,000.00 | 262,800,000.00 | 235,800,000.00 | 235,800,000.00 |
| 减:已归还投资 | | | | |
| 实收资本(或股本)净额 | 262,800,000.00 | 262,800,000.00 | 235,800,000.00 | 235,800,000.00 |
| 资本公积 | 574,655,675.53 | 574,655,675.53 | 407,908,765.67 | 407,908,765.67 |
| 盈余公积 | 37,590,009.53 | 35,046,488.03 | 30,555,462.60 | 28,011,941.10 |
| 其中:法定公益金 | 12,530,003.18 | 11,682,162.68 | 10,185,154.20 | 9,337,313.70 |
| 未分配利润 | 113,523,244.22 | 116,066,765.72 | 73,660,811.62 | 76,204,333.12 |
| 外币报表折算差额 | | | 0.00 | 0.00 |
| 所有者权益(或股东权益)合计 | 988,568,929.28 | 988,568,929.28 | 747,925,039.89 | 747,925,039.89 |
| 负债和所有者权益(或股东权益)总计 | 1,901,216,546.99 | 1,665,042,589.06 | 1,634,089,984.79 | 1,459,608,274.78 |

## 现 金 流 量 表

编制单位:安徽国风塑业股份有限公司　　　　单位:(人民币)元

| 项　目 | 2002 年度 | |
|---|---|---|
| | 合并 | 母公司 |
| 一、经营活动产生的现金流量: | | |
| 销售商品、提供劳务收到的现金 | 680,602,229.73 | 438,842,530.76 |
| 收到的税费返还 | 3,806,000.00 | |
| 收到的其他与经营活动有关的现金 | 1,903,395.76 | 857,482.91 |
| 经营活动产生的现金流入小计 | 686,311,625.49 | 439,700,013.67 |
| 购买商品、接受劳务支付的现金 | 497,042,961.52 | 366,037,801.70 |
| 支付给职工以及为职工支付的现金 | 23,618,399.56 | 15,424,570.27 |
| 支付的各项税费 | 42,632,329.01 | 17,362,409.63 |
| 支付的其他与经营活动有关的现金 | 23,608,037.10 | 18,042,377.02 |
| 经营活动产生的现金流出小计 | 586,901,727.19 | 416,867,158.62 |
| 经营活动产生的现金流量净额 | 99,409,898.30 | 22,832,855.05 |
| 二、投资活动产生的现金流量: | | |
| 收回投资所收到的现金 | 2,279,292.21 | 1,279,292.21 |
| 取得投资收益所收到的现金 | 21,172,660.27 | 20,998,660.27 |
| 处置固定资产、无形资产和其他长期资产所收回的的现金净额 | 5,680,482.08 | 5,680,482.08 |
| 收到的其他与投资活动有关的现金 | | |
| 投资活动产生的现金流入小计 | 29,132,434.56 | 27,958,434.56 |
| 购建固定资产、无形资产和其他长期资产所支付的现金 | 205,624,418.45 | 202,200,120.38 |
| 投资所支付的现金 | 47,859,862.87 | 47,809,862.87 |
| 支付的其他与投资活动有关的现金 | 20,500,000.00 | 20,500,000.00 |
| 投资活动产生的现金流出小计 | 273,984,281.32 | 270,509,983.25 |
| 投资活动产生的现金流量净额 | -244,851,846.76 | -242,551,548.69 |
| 三、筹资活动产生的现金流量: | | |
| 吸收投资所收到的现金 | 193,746,909.86 | 193,746,909.86 |
| 借款所收到的现金 | 881,450,000.00 | 470,650,000.00 |
| 收到的其他与筹资活动有关的现金 | 13,639,198.97 | 13,639,198.97 |
| 筹资活动产生的现金流入小计 | 1,088,836,108.83 | 678,036,108.83 |
| 偿还债务所支付的现金 | 711,150,000.00 | 412,150,000.00 |
| 分配股利、利润或偿还利息所支付的现金 | 136,718,465.43 | 84,436,451.40 |
| 支付的其他与筹资活动有关的现金 | | |
| 筹资活动产生的现金流出小计 | 847,868,465.43 | 496,586,451.40 |
| 筹资活动产生的现金流量净额 | 240,967,643.40 | 181,449,657.43 |
| 四、汇率变动对现金的影响 | | |
| 五、现金及现金等价物净增加额 | 95,525,694.94 | 38,269,036.21 |
| 补充资料: | | |
| 1.将净利润调节为经营活动现金流量: | | |
| 净利润 | 52,153,091.65 | 46,896,979.53 |
| 加:计提的资产减值准备 | 11,357,753.56 | 12,065,429.05 |
| 固定资产折旧 | 64,126,277.16 | 48,266,234.36 |
| 无形资产摊销 | 853,732.11 | 65,990.19 |
| 长期待摊费用摊销 | 359,582.78 | 36,977.78 |
| 待摊费用减少(减:增加) | -64,605.30 | -64,605.30 |
| 预提费用增加(减:减少) | -435,574.12 | 62,346.29 |
| 处置固定资产、无形资产和其他长期资产的损失(减:收益) | -41,697.74 | -40,081.07 |
| 固定资产报废损失 | 16,100.00 | |
| 财务费用 | 30,589,401.76 | 25,778,998.13 |
| 投资损失(减:收益) | 1,600,957.22 | -40,306,176.11 |
| 递延税款贷项(减:借项) | | |
| 存货的减少(减:增加) | 2,162,749.52 | -8,050,373.56 |
| 经营性应收项目的减少(减:增加) | -39,101,082.01 | 4,628,672.04 |
| 经营性应付项目的增加(减:减少) | -43,890,392.59 | -65,320,933.98 |
| 其他 | -1,186,602.30 | -1,186,602.30 |
| 少数股东本期收益 | 20,910,206.60 | 0.00 |
| 经营活动产生的现金流量净额 | 99,409,898.30 | 22,832,855.05 |
| 2.不涉及现金收支的投资和筹资活动: | | |
| 债务转为资本 | | |
| 一年内到期的可转换公司债券 | | |
| 融资租入固定资产 | | |
| 3.现金及现金等价物净增加情况: | | |
| 现金的期末余额 | 438,189,969.67 | 225,450,490.37 |
| 减:现金的期初余额 | 342,664,274.73 | 263,719,526.58 |
| 加:现金等价物的期末余额 | | |
| 减:现金等价物的期初余额 | | |
| 现金及现金等价物净增加额 | 95,525,694.94 | -38,269,036.21 |

## 000059 辽宁华锦通达化工股份有限公司

### 二〇〇二年年度报告摘选

#### 1.上市公司基本情况简介

1.1 基本情况简介

证券简称:辽通化工　证券代码:000059　上市交易所:深圳证券交易所

注册地址和办公地址:辽宁省沈阳市、辽宁省盘锦市双台子区化工街　邮政编码:124021

公司国际互联网网址:WWW.LTHG.COM　电子信箱:ltdm@mail.pjptt.ln.cn

1.2 联系人和联系方式

董事会秘书:陆峰　联系地址:深圳新城大厦西座 11 楼

电话:0755－25985565　传真:0755－25985575　电子信箱:ltdm@mail.pjptt.ln.cn

证券事务代表:徐力军　联系地址:辽宁省盘锦市双台子区化工街

电话:0427－5855742　传真:0427－5855742

#### 2.会计数据和财务指标摘要

2.1 主要会计数据　单位:(人民币)元

| | 2002 年(本年) | 2001 年(上年) | 本年比上年增减(%) | 2000 年 |
|---|---|---|---|---|
| 主营业务收入 | 1,361,209,655.56 | 1,067,034,365.57 | 27.57% | 1,120,968,649.30 |
| 利润总额 | －50,274,033.99 | 18,545,429.57 | －371.09% | 13,749,189.56 |
| 净利润 | －58,755,500.29 | 31,099.12 | －189029.78% | 2,465,622.70 |
| 扣除非经常性损益的净利润 | －36,440,631.03 | 40,987,318.23 | －188.91% | －33,161,260.70 |
| | 2002 年末(本年末) | 2001 年末 | 本年末比上年末增减(%) | 2000 年末 |
| 总资产 | 2,499,169,108.30 | 2,438,032,651.11 | 2.51% | 2,424,005,473.61 |
| 股东权益(不含少数股东权益) | 1,266,386,965.03 | 1,325,142,465.32 | －4.43% | 1,338,033,583.15 |
| 经营活动产生的现金流量净额 | 448,546,079.40 | 188,502,369.76 | 137.95% | 203,306,964.32 |

2.2 主要财务指标　单位:(人民币)元

| | 2002 年(本年) | 2001 年(上年) | 本年比上年增减(%) | 2000 年 |
|---|---|---|---|---|
| 每股收益 | 0.09 | 0.00 | －－ | 0.00 |
| 净资产收益率 | －4.44% | 0.00% | －－ | 0.18% |
| 扣除非经常性损益的净利润为基础计算的净资产收益率 | －2.87% | 0.00% | －－ | －2.48% |
| 每股经营活动产生的现金流量净额 | 0.68 | 0.28 | 138.03% | 0.35 |
| | 2002 年末(本年末) | 2001 年末(上年末) | 本年末比上年末增减(%) | 2000 年末 |
| 每股净资产 | 1.91 | 2.00 | －4.45% | 2.02 |
| 调整后的每股净资产 | 1.84 | 1.93 | －4.51% | 2.01 |

## 000155 川化股份有限公司

### 二〇〇二年年度报告摘选

#### 1.上市公司基本情况简介

1.1 基本情况简介

证券简称:川化股份　证券代码:000155　上市交易所:深圳证券交易所

注册地址和办公地址:成都市青白江区团结路 311 号　邮政编码:610301

公司国际互联网网址:www.scwltd.com　电子信箱:scc33@mail.sc.cninfo.net

1.2 联系人和联系方式

董事会秘书:易千里　联系地址:成都市川化股份有限公司董事会秘书室

电话:(028)83308291　传真:(028)83308290　电子信箱:scc33@mail.sc.cninfo.net

证券事务代表:武金波　联系地址:成都市川化股份有限公司证券部

电话:(028)83302000－3838　传真:(028)83308290　电子信箱:scc33@mail.sc.cninfo.net

#### 2.会计数据和财务指标摘要

2.1 主要会计数据

单位:(人民币)元

| | 2002 年(本年) | 2001 年(上年) | 本年比上年增减(%) | 2000 年 |
|---|---|---|---|---|
| 主营业务收入 | 1,004,155,728.15 | 949,947,308.85 | 5.71% | 1,042,511,038.28 |
| 利润总额 | 71,343,561.14 | 78,288,751.97 | －8.87% | 129,977,317.85 |
| 净利润 | 60,196,546.36 | 58,059,880.94 | 3.68% | 93,250,291.44 |
| 扣除非经常性损益的净利润 | 48,260,724.71 | 63,872,418.19 | －24.44% | 86,419,487.24 |
| | 2002 年末(本年末) | 2001 年末(上年末) | 本年末比上年末增减(%) | 2000 年末 |
| 总资产 | 1,834,915,784.37 | 1,973,989,774.29 | －7.05% | 1,773,219,082.68 |
| 股东权益(不含少数股东权益) | 1,412,653,946.01 | 1,403,217,399.65 | 0.67% | 1,364,014,762.97 |
| 经营活动产生的现金流量净额 | 49,608,840.06 | 289,252,084.03 | －82.85% | 74,808,815.38 |

2.2 主要财务指标

单位:(人民币)元

| | 2002 年(本年) | 2001 年(上年) | 本年比上年增减(%) | 2000 年 |
|---|---|---|---|---|
| 每股收益 | 0.13 | 0.12 | 3.72% | 0.20 |
| 每股收益 * | 0.13 | － | － | － |
| 净资产收益率 | 4.26% | 4.14% | 2.90% | 6.84% |
| 扣除非经常性损益的净利润为基础计算的净资产收益率 | 3.42% | 4.55% | －24.84% | 6.33% |
| 每股经营活动产生的现金流量净额 | 0.11 | 0.62 | －82.78% | 0.16 |
| | 2002 年末(本年末) | 2001 年末(上年末) | 本年末比上年末增减(%) | 2000 年末 |
| 每股净资产 | 3.01 | 2.99 | 0.67% | 2.90 |
| 调整后的每股净资产 | 2.90 | 2.85 | 1.57% | 2.79 |

## 000156 湖南安塑股份有限公司

### 二〇〇二年年度报告摘选

#### 1.上市公司基本情况简介

1.1 基本情况简介

证券代码:000156　证券简称:安塑股份　上市交易所:深圳证券交易所

注册地址:洪江市安江镇大沙坪　办公地址:长沙市芙蓉中路海东青大厦 16 楼

邮政编码:410011　公司国际互联网网址:http://www.chnanplas.com

电子信箱:000156@chnanplas.com

1.2 联系人和联系方式

董事会秘书:陈付华　联系地址:湖南长沙芙蓉中路海东青大厦 16 楼

电话:4318808－776　传真:4315978　电子信箱:000156@chnanplas.com

证券事务代表:肖伟　联系地址:湖南长沙芙蓉中路海东青大厦 16 楼

电话:4318808－776　传真:4315978　电子信箱:000156@chnanplas.com

#### 2.会计数据和财务指标摘要

2.1 主要会计数据　单位:(人民币)元

| | 2002 年(本年) | 2001 年(上年) | 本年比上年增减(%) | 2000 年 |
|---|---|---|---|---|
| 主营业务收入 | 246,507,976.56 | 132,611,505.98 | 85.89% | 133,875,279.51 |
| 利润总额 | 34,234,443.69 | 17,154,180.85 | 99.57% | 22,666,383.59 |
| 净利润 | 28,428,390.30 | 14,488,964.59 | 96.21% | 22,487,079.12 |
| 扣除非经常性损益的净利润 | 26,390,423.51 | 13,087,158.22 | 101.65% | 20,072,955.70 |
| | 2002 年末(本年末) | 2001 年末(上年末) | 本年末比上年末增减(%) | 2000 年末 |
| 总资产 | 756,378,980.17 | 671,315,200.37 | 12.67% | 635,404,957.62 |
| 股东权益(不含少数股东权益) | 507,238,079.27 | 478,527,043.79 | 6.00% | 454,206,371.40 |
| 经营活动产生的现金流量净额 | 27,286,017.38 | 19,914,777.98 | 37.01% | 15,152,153.02 |

2.2 主要财务指标　单位:(人民币)元

| | 2002 年(本年) | 2001 年(上年) | 本年比上年增减(%) | 2000 年 |
|---|---|---|---|---|
| 每股收益 | 0.29 | 0.15 | 96.27% | 0.23 |
| 净资产收益率 | 5.60% | 3.03% | 84.82% | 4.79% |
| 扣除非经常性损益的净利润为基础计算的净资产收益率 | 5.20% | 2.73% | 90.48% | 9.02% |
| 每股经营活动产生的现金流量净额 | 0.28 | 0.21 | 36.97% | 0.02 |
| | 2002 年末(本年末) | 2001 年末(上年末) | 本年末比上年末增减(%) | 2000 年末 |
| 每股净资产 | 5.26 | 4.96 | 6.00% | 4.71 |
| 调整后的每股净资产 | 5.17 | 4.90 | 5.51% | 4.58 |

## 000403 三九宜工生化股份有限公司

### 二〇〇二年年度报告摘选

#### 1.上市公司基本情况简介

1.1 基本情况简介

证券简称:三九生化　证券代码:000403　上市交易所:深圳证券交易所

注册地址:江西省宜春市环城西路 1 号　办公地址:深圳市福田区联合广场 A 座 35 楼

邮政编码:518026　公司国际互联网网址:http://www.999yichun.com.cn

电子信箱:board@39.net

1.2 联系人和联系方式

董事会秘书:谭少军　联系地址:深圳市福田区联合广场 A 座 35 楼

电话:0755－82911999－3909　传真:0755－82910777　电子信箱:tanshjun@163.net

证券事务代表:黄少林　联系地址:深圳市福田区联合广场 A 座 35 楼

电话:0755－82911999－3912　传真:0755－82910777　电子信箱:huangssll@sina.com

#### 2.会计数据和财务指标摘要

2.1 主要会计数据　单位:(人民币)元

| | 2002 年(本年) | 2001 年(上年) | 本年比上年增减(%) | 2000 年 |
|---|---|---|---|---|
| 主营业务收入 | 467,956,135.14 | 422,250,433.70 | 10.82% | 381,184,359.86 |
| 利润总额 | 50,121,679.18 | 102,172,030.52 | －50.94% | 144,892,417.30 |
| 净利润 | 44,917,402.78 | 78,909,907.81 | －43.08% | 119,071,954.21 |
| 扣除非经常性损益的净利润 | 44,789,603.51 | 80,255,148.04 | －44.19% | 110,405,741.66 |
| | 2002 年末(本年末) | 2001 年末(上年末) | 本年末比上年末增减(%) | 2000 年末 |
| 总资产 | 1,544,547,579.28 | 1,378,647,164.74 | 12.03% | 1,178,575,293.78 |
| 股东权益(不含少数股东权益) | 706,728,897.76 | 620,447,449.61 | 13.91% | 551,465,155.66 |
| 经营活动产生的现金流量净额 | 159,179,278.54 | 111,279,940.56 | 43.04% | 27,363,225.65 |

2.2 主要财务指标　单位:(人民币)元

| | 2002 年(本年) | 2001 年(上年) | 本年比上年增减(%) | 2000 年 |
|---|---|---|---|---|
| 每股收益 | 0.21 | 0.40 | －47.13% | 0.55 |
| 每股收益 * | 0.21 | －－ | －－ | －－ |
| 净资产收益率 | 6.36% | 12.72% | －50.00% | 20.15% |
| 扣除非经常性损益的净利润为基础计算的净资产收益率 | 6.34% | 12.94% | －51.00% | 20.64% |
| 每股经营活动产生的现金流量净额 | 0.75 | 0.57 | 32.86% | 0.14 |
| | 2002 年末(本年末) | 2001 年末(上年末) | 本年末比上年末增减(%) | 2000 年末 |
| 每股净资产 | 3.34 | 3.16 | 5.83% | 2.75 |
| 调整后的每股净资产 | 3.33 | 3.13 | 6.39% | 2.74 |

# 000407 山东胜利股份有限公司

## 二〇〇二年年度报告摘选

### 1.上市公司基本情况简介

1.1 基本情况简介

证券简称:胜利股份 证券代码:000407 上市交易所:深圳证券交易所

注册地址和办公地址:山东省济南市黑虎泉西路139号胜利大厦 邮政编码:250011

公司国际互联网网址:http://www.vicome.com 电子信箱:sd000407@yahoo.com.cn

1.2 联系人和联系方式

董事会秘书:于晓峰 联系地址:山东省济南市黑虎泉西路139号胜利大厦

电话:0531－6078888 传真:0531－6018518 电子信箱:yuxf@vicome.com

证券事务代表:刘志强 联系地址:山东省济南市黑虎泉西路139号胜利大厦

电话:0531－6078888 传真:0531－6018518 电子信箱:liuzq@vicome.com

### 2.会计数据和财务指标摘要

2.1 主要会计数据 单位:(人民币)元

| | 2002年(本年) | 2001年(上年) | 本年比上年增减(%) | 2000年 |
|---|---|---|---|---|
| 主营业务收入 | 702,860,446.94 | 825,239,115.18 | －14.83% | 955,042,489.25 |
| 利润总额 | 30,204,221.90 | 34,234,802.76 | －11.77% | 57,695,433.36 |
| 净利润 | 18,369,304.54 | 34,192,535.94 | －46.28% | 41,532,255.13 |
| 扣除非经常性损益的净利润 | 18,573,230.79 | 34,601,213.87 | －46.32% | 42,445,770.26 |
| | 2002年末(本年末) | 2001年末(上年末) | 本年末比上年末增减(%) | 2000年末 |
| 总资产 | 1,140,257,173.56 | 1,091,430,473.30 | 4.47% | 1,034,388,362.68 |
| 股东权益(不含少数股东权益) | 525,705,209.81 | 531,883,214.67 | －1.16% | 576,216,244.24 |
| 经营活动产生的现金流量净额 | 82,951,405.16 | 75,677,359.91 | 9.61% | －15,412,183.53 |

2.2 主要财务指标 单位:(人民币)元

| | 2002年(本年) | 2001年(上年) | 本年比上年增减(%) | 2000年 |
|---|---|---|---|---|
| 每股收益 | 0.08 | 0.14 | －46.25% | 0.17 |
| *每股收益 | 0.08 | 0.14 | －46.25% | 0.17 |
| 净资产收益率 | 3.49% | 6.44% | －45.81% | 7.21% |
| 扣除非经常性损益的净利润为基础计算的净资产收益率 | 3.53% | 6.52% | －45.86% | 7.34% |
| 每股经营活动产生的现金流量净额 | 0.35 | 0.32 | 9.59% | 0.29 |
| | 2002年末(本年末) | 2001年末(上年末) | 本年末比上年末增减(%) | 2000年末 |
| 每股净资产 | 2.19 | 2.22 | －1.16% | 2.41 |
| 调整后的每股净资产 | 2.10 | 2.16 | －2.78% | 2.22 |

# 000420 吉林化纤股份有限公司

## 二〇〇二年年度报告摘选

### 1.上市公司基本情况简介

1.1 基本情况简介

证券简称:吉林化纤 证券代码:000420 上市交易所:深圳证券交易所

注册地址和办公地址:吉林省吉林市九站街516－1号 邮政编码:132101

公司国际互联网网址:http://www.jlhxjt.com 电子信箱:office@jlhxjt.com

1.2 联系人和联系方式

董事会秘书:唐家维 联系地址:吉林市九站街516－1号

电话:0432－3502331 传真:0432－3502329 电子信箱:jlhxjtdm@jlhxjt.com

证券事务代表:王晨光 联系地址:吉林市九站街516－1号

电话:0432－3502331 传真:0432－3502329 电子信箱:jlhxzqb@163.com

### 2.会计数据和财务指标摘要

2.1 主要会计数据 单位:(人民币)元

| | 2002年(本年) | 2001年(上年) | 本年比上年增减(%) | 2000年 |
|---|---|---|---|---|
| 主营业务收入 | 1,004,520,235.31 | 1,020,935,711.39 | －1.61% | 865,397,210.27 |
| 利润总额 | 7,927,227.17 | －114,593,899.85 | －－ | 46,899,528.08 |
| 净利润 | 8,270,826.91 | －114,395,599.73 | －－ | 38,246,394.17 |
| 扣除非经常性损益的净利润 | 9,591,163.59 | 117,394,992.99 | －91.83% | 37,908,687.96 |
| | 2002年末(本年末) | 2001年末(上年末) | 本年末比上年末增减(%) | 2000年末 |
| 总资产 | 1,981,223,323.37 | 2,048,579,467.31 | －3.29% | 2,111,416,956.08 |
| 股东权益(不含少数股东权益) | 1,066,099,212.58 | 1,057,182,496.67 | 0.84% | 1,171,578,096.40 |
| 经营活动产生的现金流量净额 | 93,800,411.54 | 80,757,957.78 | 16.15% | 80,757,957.78 |

2.2 主要财务指标 单位:(人民币)元

| | 2002年(本年) | 2001年(上年) | 本年比上年增减(%) | 2000年 |
|---|---|---|---|---|
| 每股收益 | 0.02 | －0.30 | －－ | 0.10 |
| 每股收益* | 0.02 | －－ | －－ | －－ |
| 净资产收益率 | 0.77% | －10.82% | －－ | 3.26% |
| 扣除非经常性损益的净利润为基础计算的净资产收益率 | 0.90% | －11.08% | －－ | 3.29% |
| 每股经营活动产生的现金流量净额 | 0.25 | 0.21 | 16.16% | 0.74 |
| | 2002年末(本年末) | 2001年末(上年末) | 本年末比上年末增减(%) | 2000年末 |
| 每股净资产 | 2.82 | 2.80 | 0.84% | 3.10 |
| 调整后的每股净资产 | 2.77 | 2.74 | 1.09% | 3.05 |

# 000422 湖北宜化化工股份有限公司

## 二〇〇二年年度报告摘选

### 1.上市公司基本情况简介

1.1 基本情况简介

股票简称:湖北宜化 股票代码:000422 上市交易所:深圳证券交易所

注册地址:湖北省宜昌市猇亭大道399号 办公地址:湖北省宜昌市东山大道102号

邮政编码:443000 电子信箱:hbyhwxha@yc.hb.cninfo.net

1.2 联系人和联系方式

董事会秘书:余晨扬 联系地址:湖北省宜昌市东山大道102号

电话:0717－6444588 传真:0717－6448689 电子信箱:hbyhwxha@yc.hb.cninfo.net

证券事务代表:张拥军 联系地址:湖北省宜昌市东山大道102号

电话:0717－6442268 传真:0717－6448689 电子信箱:hbyhwxha@yc.hb.cninfo.net

### 2.会计数据和财务指标摘要

2.1 主要会计数据 单位:(人民币)元

| | 2002年(本年) | 2001年(上年) | 本年比上年增减(%) | 2000年 |
|---|---|---|---|---|
| 主营业务收入 | 790,217,756.64 | 574,047,002.22 | 37.66% | 393,767,104.21 |
| 利润总额 | 71,725,328.88 | 54,053,115.75 | 32.69% | 46,027,846.90 |
| 净利润 | 50,836,642.72 | 40,508,238.15 | 25.50% | 39,441,996.87 |
| 扣除非经常性损益的净利润 | 50,911,053.53 | 47,326,730.82 | 7.57% | 38,242,506.88 |
| | 2002年末(本年末) | 2001年末(上年末) | 本年末比上年末增减(%) | 2000年末 |
| 总资产 | 1,642,539,435.39 | 1,451,693,245.34 | 13.15% | 896,015,461.55 |
| 股东权益(不含少数股东权益) | 781,158,669.15 | 751,710,063.43 | 3.92% | 492,291,718.33 |
| 经营活动产生的现金流量净额 | 175,756,941.38 | 169,815,728.22 | 3.50% | 94,313,594.86 |

2.2 主要财务指标 单位:(人民币)元

| | 2002年(本年) | 2001年(上年) | 本年比上年增减(%) | 2000年 |
|---|---|---|---|---|
| 每股收益 | 0.24 | 0.19 | 25.77% | 0.20 |
| 净资产收益率 | 6.51% | 5.35% | 21.68% | 7.61% |
| 扣除非经常性损益的净利润为基础计算的净资产收益率 | 6.54% | 6.34% | 3.15% | 7.77% |
| 每股经营活动产生的现金流量净额 | 0.82 | 0.79 | 3.50% | 0.50 |
| | 2002年末(本年末) | 2001年末(上年末) | 本年末比上年末增减(%) | 2000年末 |
| 每股净资产 | 3.65 | 3.51 | 3.92% | 2.63 |
| 调整后的每股净资产 | 3.65 | 3.50 | 4.20% | 2.60 |

# 000498 丹东化学纤维股份有限公司

## 二〇〇二年年度报告摘选

### 1.上市公司基本情况简介

1.1 基本情况简介

证券简称:丹东化纤 证券代码:000498 上市交易所:深圳证券交易所

注册地址和办公地址:丹东市振兴区纤维街58号 邮政编码:118002

公司国际互联网网址:http://www.cninfo.com.cn 电子信箱:pyd@dcfic.com

1.2 联系人和联系方式

董事会秘书:潘跃东 联系地址:辽宁省丹东市振兴区纤维街58号

电话:0415－6193718 传真:0415－6191684 电子信箱:pyd@dcfic.com

### 2.会计数据和财务指标摘要

2.1 主要会计数据 单位:(人民币)元

| | 2002年(本年) | 2001年(上年) | 本年比上年增减(%) | 2000年 |
|---|---|---|---|---|
| 主营业务收入 | 720,473,010.12 | 814,711,772.41 | －11.57% | 839,425,650.68 |
| 利润总额 | －98,852,382.72 | －109,039,736.42 | －－ | －20,425,804.41 |
| 净利润 | －98,852,382.72 | －109,039,736.42 | －－ | －20,425,804.41 |
| 扣除非经常性损益的净利润 | －97,667,161.63 | －96,007,351.06 | －－ | －20,425,804.41 |
| | 2002年末(本年末) | 2001年末(上年末) | 本年末比上年末增减(%) | 2000年末 |
| 总资产 | 1,683,881,866.31 | 1,603,858,010.15 | 4.99% | 1,417,354,448.95 |
| 股东权益(不含少数股东权益) | 417,336,212.34 | 516,188,595.06 | －19.15% | 600,028,331.48 |
| 经营活动产生的现金流量净额 | 31,482,575.60 | 135,024,172.41 | －76.68% | －22,188,564.41 |

2.2 主要财务指标 单位:(人民币)元

| | 2002年(本年) | 2001年(上年) | 本年比上年增减(%) | 2000年 |
|---|---|---|---|---|
| 每股收益 | －0.25 | －0.28 | －－ | －0.05 |
| 每股收益* | －0.25 | －－ | －－ | －－ |
| 净资产收益率 | －23.69% | －21.12% | －－ | －3.40% |
| 扣除非经常性损益的净利润为基础计算的净资产收益率 | －23.40% | －18.60% | －－ | －3.40% |
| 每股经营活动产生的现金流量净额 | 0.08 | 0.35 | －76.88% | －0.06 |
| | 2002年末(本年末) | 2001年末(上年末) | 本年末比上年末增减(%) | 2000年末 |
| 每股净资产 | 1.07 | 1.32 | －19.18% | 1.54 |
| 调整后的每股净资产 | 1.05 | 1.31 | －19.85% | 1.52 |

## 000510 四川金路集团股份有限公司

### 二〇〇二年年度报告摘选

#### 1.上市公司基本情况简介

1.1 基本情况简介

证券简称:金路集团　证券代码:000510　上市交易所:深圳证券交易所

注册地址和办公地址:四川省德阳市岷江西路二段 57 号金路大厦　邮政编码:618000

公司国际互联网网址:http://www.jinlu.net　电子信箱:jlwjglzx@dy-public.sc.cninfo.net

1.2 联系人和联系方式

董事会秘书:彭朗　联系地址:四川金路集团股份有限公司董事局办公室

电话:0838-2207936　传真:0838-2207936　电子信箱:penlan26@hotmail.com

#### 2.会计数据和财务指标摘要

2.1 主要会计数据　单位:(人民币)元

| | 2002 年(本年) | 2001 年(上年) | 本年比上年增减(%) | 2000 年 |
|---|---|---|---|---|
| 主营业务收入 | 941,090,202.57 | 633,962,961.20 | 48.45% | 511,002,929.41 |
| 利润总额 | 119,183,465.91 | 92,735,866.78 | 28.52% | 82,076,092.51 |
| 净利润 | 100,114,676.17 | 94,053,947.52 | 6.44% | 82,070,429.03 |
| 扣除非经常性损益的净利润 | 93,570,372.31 | 62,344,519.89 | 50.09% | 83,014,441.45 |
| | 2002 年末(本年末) | 2001 年末(上年末) | 本年末比上年末增减(%) | 2000 年末 |
| 总资产 | 2,363,453,425.11 | 1,727,273,646.42 | 36.83% | 960,458,024.28 |
| 股东权益(不含少数股东权益) | 774,302,036.41 | 687,174,878.17 | 12.68% | 543,510,644.42 |
| 经营活动产生的现金流量净额 | 82,633,686.47 | 57,708,198.40 | 43.19% | 70,846,062.34 |

2.2 主要财务指标　单位:(人民币)元

| | 2002 年(本年) | 2001 年(上年) | 本年比上年增减(%) | 2000 年 |
|---|---|---|---|---|
| 每股收益 | 0.21 | 0.20 | 7.00% | 0.28 |
| 每股收益 * | 0.21 | -- | -- | -- |
| 净资产收益率 | 12.93% | 13.69% | -5.55% | 16.07% |
| 扣除非经常性损益的净利润为基础计算的净资产收益率 | 12.69% | 10.79% | 17.61% | 16.25% |
| 每股经营活动产生的现金流量净额 | 0.18 | 0.12 | 43.09% | 0.24 |
| | 2002 年末(本年末) | 2001 年末(上年末) | 本年末比上年末增减(%) | 2000 年末 |
| 每股净资产 | 1.65 | 1.47 | 12.69% | 1.81 |
| 调整后的每股净资产 | 1.59 | 1.42 | 12.13% | 1.71 |

## 000515 重庆渝港钛白粉股份有限公司

### 二〇〇二年年度报告摘选

#### 1.上市公司基本情况简介

1.1 基本情况简介

证券简称:渝钛白　证券代码:000515　上市交易所:深圳证券交易所

注册地址和办公地址:重庆市巴南区走马二村 51 号　邮政编码:400055

1.2 联系人和联系方式

董事会秘书:向远平　联系地址:重庆市巴南区走马二村 51 号

电话:023-62551281-388　传真:023-62551279　电子信箱:XYP909@sohu.com.cn

证券事务代表:黄春熙　联系地址:重庆市巴南区走马二村 51 号

电话:023-62551281-388　传真:023-62551279　电子信箱:xyp909@sina.com.cn

#### 2.会计数据和财务指标摘要

2.1 主要会计数据　单位:(人民币)元

| | 2002 年(本年) | 2001 年(上年) | 本年比上年增减(%) | 2000 年 |
|---|---|---|---|---|
| 主营业务收入 | 236,246,342.28 | 215,469,265.85 | 9.64% | 214,031,916.52 |
| 利润总额 | 25,359,818.99 | 11,284,617.60 | 124.73% | 4,285,135.44 |
| 净利润 | 21,555,846.14 | 9,591,924.96 | 124.73% | 4,285,135.44 |
| 扣除非经常性损益的净利润 | 23,061,754.21 | 10,522,612.37 | 119.16% | 5,033,457.69 |
| | 2002 年末(本年末) | 2001 年末(上年末) | 本年末比上年末增减(%) | 2000 年末 |
| 总资产 | 641,536,522.95 | 663,636,447.54 | -3.33% | 663,217,854.05 |
| 股东权益(不含少数股东权益) | 211,397,939.38 | 178,498,668.06 | 18.43% | 166,964,859.30 |
| 经营活动产生的现金流量净额 | 53,685,741.32 | 46,157,720.47 | 16.31% | 66,071,073.32 |

2.2 主要财务指标　单位:(人民币)元

| | 2002 年(本年) | 2001 年(上年) | 本年比上年增减(%) | 2000 年 |
|---|---|---|---|---|
| 每股收益 | 0.14 | 0.06 | 126.23% | 0.03 |
| 每股收益 * | 0.14 | -- | -- | -- |
| 净资产收益率 | 10.20% | 5.37% | 89.94% | 2.57% |
| 扣除非经常性损益的净利润为基础计算的净资产收益率 | 10.91% | 5.90% | 84.92% | 3.01% |
| 每股经营活动产生的现金流量净额 | 0.34 | 0.30 | 16.22% | 0.51 |
| | 2002 年末(本年末) | 2001 年末(上年末) | 本年末比上年末增减(%) | 2000 年末 |
| 每股净资产 | 1.36 | 1.14 | 18.44% | 1.28 |
| 调整后的每股净资产 | 1.27 | 1.05 | 20.95% | 1.17 |

## 000520 中国石化武汉凤凰股份有限公司

### 二〇〇二年年度报告摘选

#### 1.上市公司基本情况简介

1.1 基本情况简介

证券简称:中国凤凰　证券代码:000520　上市交易所:深圳证券交易所

注册地址和办公地址:武汉市青山区长青路　邮政编码:430082

公司国际互联网网址:无　电子信箱:fengh001@public.wh.hb.cn

1.2 联系人和联系方式

董事会秘书:熊克金、宫薇薇　联系地址:武汉市青山区长青路

电话:027-86516722　传真:027-86515968　电子信箱:fengh001@public.wh.hb.cn

#### 2.会计数据和财务指标摘要

2.1 主要会计数据　单位:(人民币)元

| | 2002 年(本年) | 2001 年(上年) | 本年比上年增减(%) | 2000 年 |
|---|---|---|---|---|
| 主营业务收入 | 906,421,636.70 | 903,780,996.88 | 0.29% | 801,064,072.08 |
| 利润总额 | 88,994,539.43 | 74,356,170.96 | 19.69% | 107,838,414.60 |
| 净利润 | 50,158,691.08 | 45,078,722.09 | 11.27% | 68,532,177.21 |
| 扣除非经常性损益的净利润 | 58,598,495.80 | 48,834,549.20 | 19.99% | 64,532,922.73 |
| | 2002 年末(本年末) | 2001 年末(上年末) | 本年末比上年末增减(%) | 2000 年末 |
| 总资产 | 1,466,453,605.35 | 1,482,710,345.79 | -1.10% | 1,386,633,792.81 |
| 股东权益(不含少数股东权益) | 1,273,356,550.69 | 1,264,731,360.57 | 0.68% | 1,261,186,139.44 |
| 经营活动产生的现金流量净额 | 150,787,912.64 | 259,710,720.45 | -41.94% | -116,576,854.18 |

2.2 主要财务指标　单位:(人民币)元

| | 2002 年(本年) | 2001 年(上年) | 本年比上年增减(%) | 2000 年 |
|---|---|---|---|---|
| 每股收益 | 0.10 | 0.09 | 11.29% | 0.13 |
| 每股收益 * | 0.10 | -- | -- | -- |
| 净资产收益率 | 3.94% | 3.56% | 10.67% | 5.43% |
| 扣除非经常性损益的净利润为基础计算的净资产收益率 | 4.60% | 3.86% | 19.17% | 5.13% |
| 每股经营活动产生的现金流量净额 | 0.29 | 0.50 | -41.90% | -0.22 |
| | 2002 年末(本年末) | 2001 年末(上年末) | 本年末比上年末增减(%) | 2000 年末 |
| 每股净资产 | 2.45 | 2.44 | 0.68% | 2.43 |
| 调整后的每股净资产 | 2.45 | 2.44 | 0.68% | 2.43 |

## 000523 广州市浪奇实业股份有限公司

### 二〇〇二年年度报告摘选

#### 1.上市公司基本情况简介

1.1 基本情况简介

证券简称:广州浪奇　证券代码:000523　上市交易所:深圳证券交易所

注册地址和办公地址:广州市天河区黄埔大道东 128 号　邮政编码:510660

公司国际互联网网址:http://www.lonkey.com.cn

电子信箱:lonkeyok@public.guangzhou.gd.cn

1.2 联系人和联系方式

董事会秘书:陈建斌　电话:020-82305933　传真:020-82305104

联系地址:广州市天河区黄埔大道东 128 号广州市浪奇实业股份有限公司董事会秘书处

电子信箱:lonkeydm@public.guangzhou.gd.cn

#### 2.会计数据和财务指标摘要

2.1 主要会计数据　单位:(人民币)元

| | 2002 年(本年) | 2001 年(上年) | 本年比上年增减(%) | 2000 年 |
|---|---|---|---|---|
| 主营业务收入 | 597,439,878.67 | 584,419,379.65 | 2.23% | 448,986,320.35 |
| 利润总额 | -116,573,612.38 | 8,235,964.19 | -1515.42% | 4,640,034.22 |
| 净利润 | -115,751,050.45 | 4,094,852.56 | -2926.75% | 2,432,487.69 |
| 扣除非经常性损益的净利润 | -42,985,266.91 | 4,380,535.62 | -1081.28% | 2,209,995.28 |
| | 2002 年末(本年末) | 2001 年末(上年末) | 本年末比上年末增减(%) | 2000 年末 |
| 总资产 | 551,334,947.78 | 747,818,045.00 | -26.27% | 640,779,959.65 |
| 股东权益(不含少数股东权益) | 388,428,662.74 | 504,179,713.19 | -22.96% | 499,268,475.91 |
| 经营活动产生的现金流量净额 | 24,152,140.81 | 80,624,611.64 | -70.04% | 11,227,115.21 |

2.2 主要财务指标　单位:(人民币)元

| | 2002 年(本年) | 2001 年(上年) | 本年比上年增减(%) | 2000 年 |
|---|---|---|---|---|
| 每股收益 | -0.50 | 0.02 | -2919.55% | 0.01 |
| 每股收益 * | -0.50 | - | - | - |
| 净资产收益率 | -29.80% | 0.90% | -3411.11% | 0.49% |
| 扣除非经常性损益的净利润为基础计算的净资产收益率 | -9.63% | 0.87% | -1206.90% | 0.39% |
| 每股经营活动产生的现金流量净额 | 0.11 | 0.35 | -70.04% | 0.05 |
| | 2002 年末(本年末) | 2001 年末(上年末) | 本年末比上年末增减(%) | 2000 年末 |
| 每股净资产 | 1.69 | 2.20 | -22.96% | 2.18 |
| 调整后的每股净资产 | 1.54 | 2.01 | -23.38% | 2.15 |

# 000525 南京红太阳股份有限公司

## 二〇〇二年年度报告摘选

### 1.上市公司基本情况简介

1.1 基本情况简介

证券简称:红太阳 证券代码:000525 上市交易所:深圳证券交易所
注册地址:南京市高淳县淳溪镇宝塔路 269 号
办公地址:南京市汉中路 89 号金鹰国际商城 19 层 C 座 邮政编码:210029
公司国际互联网网址:http://www.china-redsun.com 电子信箱:redsunzqb@sina.com

1.2 联系人和联系方式

董事会秘书:邹峰先生 联系地址:南京市汉中路 89 号金鹰国际商城 19 层 C 座
电话:025-4785866 传真:025-4785828 电子信箱:redsunzqb@sina.com
证券事务代表:梁璐女士 联系地址:南京市汉中路 89 号金鹰国际商城 19 层 C 座
电话:025-4785833 传真:025-4785828 电子信箱:redsunzqb@sina.com

### 2.会计数据和财务指标摘要

2.1 主要会计数据 单位:(人民币)元

| | 2002 年(本年) | 2001 年(上年) | 本年比上年增减(%) | 2000 年 |
|---|---|---|---|---|
| 主营业务收入 | 565,242,046.97 | 299,968,735.30 | 88.43% | 224,054,591.03 |
| 利润总额 | 67,165,209.20 | 80,899,744.87 | -16.98% | 48,119,164.57 |
| 净利润 | 44,829,965.11 | 66,376,080.30 | -32.46% | 39,728,974.20 |
| 扣除非经常性损益的净利润 | 45,608,697.71 | 66,571,033.23 | -31.49% | 40,523,523.16 |
| | 2002 年末(本年末) | 2001 年末(上年末) | 本年末比上年末增减(%) | 2000 年末 |
| 总资产 | 836,088,296.24 | 844,990,987.53 | -1.05% | 634,243,862.68 |
| 股东权益(不含少数股东权益) | 509,457,045.48 | 483,289,086.13 | 5.41% | 439,317,362.35 |
| 经营活动产生的现金流量净额 | 50,660,261.69 | 19,858,216.94 | 155.11% | 79,960,554.41 |

2.2 主要财务指标 单位:(人民币)元

| | 2002 年(本年) | 2001 年(上年) | 本年比上年增减(%) | 2000 年 |
|---|---|---|---|---|
| 每股收益 | 0.16 | 0.24 | -32.46% | 0.24 |
| 每股收益* | 0.16 | -- | -- | -- |
| 净资产收益率 | 8.80% | 13.73% | -35.91% | 9.04% |
| 扣除非经常性损益的净利润为基础计算的净资产收益率 | 8.95% | 13.77% | -35.00% | 9.22% |
| 每股经营活动产生的现金流量净额 | 0.18 | 0.07 | 155.01% | 0.49 |
| | 2002 年末(本年末) | 2001 年末(上年末) | 本年末比上年末增减(%) | 2000 年末 |
| 每股净资产 | 1.82 | 1.72 | 5.41% | 2.67 |
| 调整后的每股净资产 | 1.75 | 1.64 | 6.81% | 2.47 |

# 000553 湖北沙隆达股份有限公司

## 二〇〇二年年度报告摘选

### 1.上市公司基本情况简介

1.1 基本情况简介

股票简称:沙隆达 A(B) 股票代码:000553(200553) 上市交易所:深圳证券交易所
注册地址和办公地址:湖北省荆州市北京东路 93 号 邮政编码:434001
公司国际互联网网址:http://www.sanonda.com 电子信箱:sanondas@public.jz.hb.cn

1.2 联系人和联系方式

董事会秘书:李忠禧 联系地址:湖北省荆州市北京东路 93 号
电话:0716-8208632 传真:0716-8208899 电子信箱:snd00001@public.js.hb.cn
证券事务代表:吴蒙 联系地址:湖北省荆州市北京路 172 号
电话:0716-8114595 传真:0716-8110066

### 2.会计数据和财务指标摘要

2.1 主要会计数据 单位:人民币元

| 项目 | 2002 年 | 2001 年 | 本年比上年增减(%) | 2000 年 |
|---|---|---|---|---|
| 主营业务收入 | 612,317,323.18 | 963,788,396.61 | -36.47% | 913,091,597.08 |
| 利润总额 | -110,833,827.77 | 16,699,339.40 | -763.70% | 5,773,526.69 |
| 净利润 | -110,791,408.81 | 10,496,755.08 | -1155.48% | 647,227.04 |
| 扣除非经常性损益的净利润 | -97,077,183.97 | 9,773,983.79 | -1093.22% | 9,205,809.91 |
| 项目 | 2002 年 12 月 31 日 | 2001 年 12 月 31 日 | 本年末比上年末增减(%) | 2000 年 12 月 31 日 |
| 总资产 | 1,599,615,266.57 | 1,642,777,754.18 | -2.63% | 1,846,344,324.13 |
| 股东权益(不含少数股东权益) | 866,510,142.76 | 973,700,189.12 | -11.01% | 963,203,434.04 |
| 经营活动产生的现金流量净额 | 62,474,774.82 | 113,730,778.90 | -45.07% | 103,936,563.50 |

2.2 主要财务指标

| | 2002 年 | 2001 年 | 本年比上年增减(%) | 2000 年 |
|---|---|---|---|---|
| 每股收益(元/股) | -0.3731 | 0.0353 | -1155.48% | 0.0022 |
| 每股收益(元/股)(不含少数股东权益) | -0.3731 | 0.0353 | -1155.48% | 0.0022 |
| 净资产收益率(%) | -12.79% | 1.08% | -13.86% | 0.07% |
| 扣除非经常性损益的净利润为基础计算的净资产收益率(%) | -11.20% | 1.00% | -12.20% | 0.04% |
| 每股经营活动产生的现金流量净额(元) | 0.21 | 0.38 | -45.07% | 0.35 |
| | 2002 年 12 月 31 日 | 2001 年 12 月 31 日 | 本年末比上年末增减(%) | 2000 年 12 月 31 日 |
| 每股净资产(元) | 2.92 | 3.28 | -11.01% | 3.24 |
| 调整后的每股净资产(元) | 2.77 | 3.10 | -10.65% | 3.10 |

# 000555 深圳市太光电信股份有限公司

## 二〇〇二年年度报告摘选

### 1.上市公司基本情况简介

1.1 基本情况简介

股票简称:太光电信 股票代码:000555 上市交易所:深圳证券交易所
注册地址和办公地址:深圳市福田区泰然工业区 201 栋 2 楼 邮政编码:518040
公司国际互联网网址:www.sztecho.com 电子信箱:klxl@vip.sina.com

1.2 联系人和联系方式

董事会秘书:翟向伟 联系地址:深圳市福田区泰然工业区 201 栋 2 楼
电话:0755-83892829 传真:0755-83892839 电子信箱:klxl@vip.sina.com
证券事务代表:岑彪 联系地址:深圳市福田区泰然工业区 201 栋 2 楼
电话:0755-83892829 传真:0755-83892839 电子信箱:klxl@vip.sina.com

### 2.会计数据和财务指标摘要

2.1 主要会计数据

| | 2002 年 | 2001 年 | 比上年增减(%) | 2000 年 | |
|---|---|---|---|---|---|
| | | | | 调整前 | 调整后 |
| 主营业务收入 | 12,350,672.63 | 106,994,570.05 | -88.5% | 734,230.03 | 734,230.03 |
| 利润总额 | -43,593,711.18 | 3,817,938.11 | -1241.8% | 479,982.98 | 479,982.98 |
| 净利润 | -42,838,789.62 | 3,795,317.54 | -1228.3% | 493,945.71 | 493,945.71 |
| 扣除非经常性损益的净利润 | -41,167,551.83 | 1,712,701.31 | -2503.7% | -3,881,472.11 | -3,881,472.11 |
| | 200.12.31 | 2001.12.31 | 比上年末增减(%) | 2000.12.31 | |
| | | | | 调整前 | 调整后 |
| 总资产 | 225,942,948.07 | 296,300,838.85 | -23.7% | 114,498,048.89 | 107,168,060.47 |
| 股东权益(不含少数股东权益) | 54,289,193.15 | 97,724,527.59 | -44.4% | 101,259,198.47 | 93,929,210.05 |
| 经营活动产生的现金流量净额 | -40,959,024.83 | -33,567,689.48 | -22% | 4,303,775.76 | 4,303,775.76 |

2.2 主要财务指标

| | 2002 年 | 2001 年 | 比上年增减(%) | 2000 年 | |
|---|---|---|---|---|---|
| | | | | 调整前 | 调整后 |
| 每股收益(加权平均) | -0.524 | 0.05 | -1148% | 0.006 | 0.006 |
| 每股收益(全面摊薄) | -0.524 | 0.05 | -1148% | 0.006 | 0.006 |
| 净资产收益率 | -78.9% | 3.88% | -2133.5% | 0.49% | 0.5% |
| 扣除非经常性损益后的净利润为基础计算的净资产收益率(全面摊薄) | -75.83% | 1.75% | -4500.6% | -3.8% | -4.1% |
| 扣除非经常性损益后的净利润为基础计算的净资产收益率(加权平均) | -53.37% | 1.79% | -1575.5% | -5.78% | -6.08% |
| 每股经营活动产生的现金流量净额 | -0.501 | -0.41 | -22% | 0.09 | 0.09 |
| | 2002.12.31 | 2001.12.31 | 比上年末增减(%) | 2000.12.31 | |
| | | | | 调整前 | 调整后 |
| 每股净资产 | 0.663 | 1.19 | -44.29% | 1.24 | 1.15 |
| 调整后的每股净资产 | 0.659 | 1.19 | -44.29% | 1.01 | 0.92 |

# 000565 重庆三峡油漆股份有限公司

## 二〇〇二年年度报告摘选

### 1.上市公司基本情况简介

1.1 基本情况简介

证券简称:渝三峡 A 证券代码:000565 上市交易所:深圳证券交易所
注册地址和办公地址:重庆市九龙坡石坪桥正街 121 号 邮政编码:400051
电子信箱:zqb0565@163.net

1.2 联系人和联系方式

董事会秘书:戎路明 联系地址:重庆市九龙坡石坪桥正街 121 号
电话:023-68823076 传真:023-68824806 电子信箱:zqb0565@163.net
证券事务代表:徐厚梁 联系地址:重庆市九龙坡石坪桥正街 121 号
电话:023-68824806 传真:023-68824806 电子信箱:zqb0565@163.net

### 2.会计数据和财务指标摘要

2.1 主要会计数据 单位:(人民币)元

| | 2002 年(本年) | 2001 年(上年) | 本年比上年增减(%) | 2000 年 |
|---|---|---|---|---|
| 主营业务收入 | 275,738,537.24 | 269,704,975.54 | 2.24% | 294,681,218.39 |
| 利润总额 | 10,434,102.30 | 1,375,589.16 | 658.52% | 2,738,996.97 |
| 净利润 | 7,731,760.93 | 1,280,221.10 | 503.94% | 2,434,551.64 |
| 扣除非经常性损益的净利润 | 7,474,678.43 | 1,223,829.19 | 510.76% | 249,849.32 |
| | 2002 年末(本年末) | 2001 年末(上年末) | 本年末比上年末增减(%) | 2000 年末 |
| 总资产 | 484,888,173.76 | 477,957,130.59 | 1.45% | 467,828,245.08 |
| 股东权益(不含少数股东权益) | 357,687,720.68 | 349,955,959.75 | 2.21% | 348,896,543.43 |
| 经营活动产生的现金流量净额 | 19,449,475.08 | 2,186,519.86 | 789.52% | 12,380,732.74 |

2.2 主要财务指标 单位:(人民币)元

| | 2002 年(本年) | 2001 年(上年) | 本年比上年增减(%) | 2000 年 |
|---|---|---|---|---|
| 每股收益 | 0.05 | 0.01 | 542.86% | 0.02 |
| 每股收益* | 0.05 | -- | -- | -- |
| 净资产收益率 | 2.16% | 0.37% | 483.78% | 0.70% |
| 扣除非经常性损益的净利润为基础计算的净资产收益率 | 2.09% | 0.35% | 497.14% | 0.74% |
| 每股经营活动产生的现金流量净额 | 0.11 | 0.01 | 789.68% | 0.07 |
| | 2002 年末(本年末) | 2001 年末(上年末) | 本年末比上年末增减(%) | 2000 年末 |
| 每股净资产 | 2.06 | 2.02 | 2.18% | 2.01 |
| 调整后的每股净资产 | 1.99 | 1.96 | 1.53% | 1.99 |

## 000589 贵州轮胎股份有限公司

### 二〇〇二年年度报告摘选

#### 1.上市公司基本情况简介

1.1 基本情况简介

证券简称：黔轮胎A　证券代码：000589　上市交易所：深圳证券交易所

注册地址和办公地址：贵州省贵阳市百花大道41号　邮政编码：550008

公司国际互联网网址：http://www.guizhoutyre.com　电子信箱：qtyre@public.gz.cn

1.2 联系人和联系方式

董事会秘书：李尚武　联系地址：贵州省贵阳市百花大道41号

电话：0851－4763651　传真：0851－4763651　电子信箱：qtyre@public.gz.cn

证券事务代表：叶晓燕　联系地址：贵州省贵阳市百花大道41号

电话：0851－4763651　传真：0851－4763651　电子信箱：qtyre@public.gz.cn

#### 2.会计数据和财务指标摘要

2.1 主要会计数据　单位：(人民币)元

| | 2002年(本年) | 2001年(上年) | 本年比上年增减(%) | 2000年 |
|---|---|---|---|---|
| 主营业务收入 | 1,546,606,496.00 | 1,300,302,776.00 | 18.94% | 1,116,136,079.00 |
| 利润总额 | 38,862,607.00 | －78,611,115.00 | －－ | 18,597,920.00 |
| 净利润 | 24,030,849.00 | －76,812,671.00 | －－ | 11,000,869.00 |
| 扣除非经常性损益的净利润 | 25,717,329.00 | －95,348,835.00 | －－ | 5,340,347.00 |
| | 2002年末(本年末) | 2001年末(上年末) | 本年末比上年末增减(%) | 2000年末 |
| 总资产 | 2,395,491,475.00 | 2,407,361,669.00 | －0.49% | 2,362,564,572.00 |
| 股东权益(不含少数股东权益) | 837,011,105.00 | 810,100,556.00 | 3.32% | 865,867,249.00 |
| 经营活动产生的现金流量净额 | 57,565,360.00 | 54,979,201.00 | 4.70% | －59,147,240.00 |

2.2 主要财务指标　单位：(人民币)元

| | 2002年(本年) | 2001年(上年) | 本年比上年增减(%) | 2000年 |
|---|---|---|---|---|
| 每股收益 | 0.09 | －0.30 | －－ | 0.04 |
| 每股收益* | 0.09 | －－ | －－ | －－ |
| 净资产收益率 | 2.87% | －9.48% | －－ | 1.27% |
| 扣除非经常性损益的净利润为基础计算的净资产收益率 | 3.07% | －11.77% | －－ | 0.87% |
| 每股经营活动产生的现金流量净额 | 0.23 | 0.22 | 4.63% | －0.23 |
| | 2002年末(本年末) | 2001年末(上年末) | 本年末比上年末增减(%) | 2000年末 |
| 每股净资产 | 3.29 | 3.19 | 3.33% | 3.41 |
| 调整后的每股净资产 | 2.86 | 2.87 | －0.31% | 3.19 |

## 000598 蓝星清洗股份有限公司

### 二〇〇二年年度报告摘选

#### 1.上市公司基本情况简介

1.1 基本情况简介

股票简称：蓝星清洗　股票代码：000598　上市交易所：深圳证券交易所

注册地址：甘肃省兰州市西固中路196号　邮政编码：730060

办公地址：北京市顺义区空港工业开发区B区　邮政编码：101300

公司国际互联网网址：http://www.bluestarcleaning.com　电子信箱：lxqx@public.bta.net.cn

1.2 联系人和联系方式

董事会秘书：赵月珑　联系地址：北京市顺义区空港工业开发区B区

电话：010－80483904　传真：010－80483904　电子信箱：zhaoyuelong@vip.sina.com

证券事务代表：曾朝菊　联系地址：北京市顺义区空港工业开发区B区

电话：010－80483904　传真：010－80483904　电子信箱：chaoju@sina.com

#### 2.会计数据和财务指标摘要

2.1 主要会计数据

| | 2002年(本年) | 2001年(上年) | 本年比上年增减(%) | 2000年 |
|---|---|---|---|---|
| 主营业务收入 | 285020706.88 | 282899002.10 | 0.75 | 246807069.11 |
| 利润总额 | 40371634.72 | 68470168.37 | －41.04 | 76311674.89 |
| 净利润 | 33433902.47 | 57903147.61 | －42.26 | 64281897.11 |
| 扣除非经常性损益的净利润 | 33418340.53 | 57961272.56 | －42.34 | 63632597.52 |
| | 2002年末(本年末) | 2001年末(上年末) | 本年末比上年末增减(%) | 2000年末 |
| 总资产 | 1213762059.40 | 1052912178.47 | 15.27 | 707511469.26 |
| 股东权益(不含少数股东权益) | 812143308.23 | 788290668.12 | 3.03 | 568460895.51 |
| 经营活动产生的现金流量净额 | 59282188.93 | 32970165.15 | 79.80 | 56291691.99 |

2.2 主要财务指标

| | 2002年(本年) | 2001年(上年) | 本年比上年增减(%) | 2000年 |
|---|---|---|---|---|
| 每股收益 | 0.17 | 0.33 | －42.42 | 0.42 |
| 净资产收益率 | 4.12 | 7.35 | －43.95 | 11.31 |
| 扣除非经常性损益的净利润为基础计算的净资产收益率 | 4.12 | 7.35 | －43.95 | 11.25 |
| 每股经营活动产生的现金流量净额 | 0.31 | 0.19 | 63.16 | 0.37 |
| | 2002年末(本年末) | 2001年末(上年末) | 本年末比上年末增减(%) | 2000年末 |
| 每股净资产 | 4.19 | 4.47 | －6.26 | 3.72 |
| 调整后的每股净资产 | 4.19 | 4.59 | －8.71 | 3.70 |

## 000606 青海明胶股份有限公司

### 二〇〇二年年度报告摘选

#### 1.上市公司基本情况简介

1.1 基本情况简介

证券简称：青海明胶　证券代码：000606　上市交易所：深圳证券交易所

注册地址和办公地址：青海省工商行政管理局西宁市付东路13号　邮政编码：810015

公司国际互联网网址：Http://www.my0606.com.cn　电子信箱：qhmj@public.xn.qh.cn

1.2 联系人和联系方式

董事会秘书：张海仓　联系地址：青海省西宁市付东路13号

电话：0971－8013495　传真：0971－8012106　电子信箱：mjzqb@my0606.com.cn

证券事务代表：刘桂英　联系地址：青海省西宁市付东路13号

电话：0971－8013495　传真：0971－8012106　电子信箱：lgy@my0606.com.cn

#### 2.会计数据和财务指标摘要

2.1 主要会计数据　单位：(人民币)元

| | 2002年(本年) | 2001年(上年) | 本年比上年增减(%) | 2000年 |
|---|---|---|---|---|
| 主营业务收入 | 119,256,931.10 | 118,584,666.03 | 0.57% | 87,221,922.56 |
| 利润总额 | 10,980,659.70 | 17,609,084.84 | －37.64% | 21,708,271.81 |
| 净利润 | 8,479,552.98 | 14,366,974.84 | －40.98% | 17,995,120.98 |
| 扣除非经常性损益的净利润 | 6,058,943.82 | 14,538,386.39 | －58.32% | 17,995,120.98 |
| | 2002年末(本年末) | 2001年末(上年末) | 本年末比上年末增减(%) | 2000年末 |
| 总资产 | 590,327,508.62 | 438,917,973.96 | 34.50% | 351,149,530.17 |
| 股东权益(不含少数股东权益) | 282,870,108.79 | 274,390,555.81 | 3.09% | 260,023,580.97 |
| 经营活动产生的现金流量净额 | －26,145,354.10 | 69,452,780.18 | －137.64% | －19,075,681.60 |

2.2 主要财务指标　单位：(人民币)元

| | 2002年(本年) | 2001年(上年) | 本年比上年增减(%) | 2000年 |
|---|---|---|---|---|
| 每股收益 | 0.06 | 0.09 | －40.97% | 0.22 |
| 每股收益* | 0.06 | －－ | －－ | －－ |
| 净资产收益率 | 3.00% | 5.24% | －42.75% | 6.76% |
| 扣除非经常性损益的净利润为基础计算的净资产收益率 | 2.14% | 5.29% | －59.55% | 6.76% |
| 每股经营活动产生的现金流量净额 | －0.17 | 0.46 | －137.55% | －0.25 |
| | 2002年末(本年末) | 2001年末(上年末) | 本年末比上年末增减(%) | 2000年末 |
| 每股净资产 | 1.87 | 1.81 | 3.10% | 3.43 |
| 调整后的每股净资产 | 1.87 | 1.81 | 3.10% | 3.43 |

## 000609 北京燕化高新技术股份有限公司

### 二〇〇二年年度报告摘选

#### 1.上市公司基本情况简介

1.1 基本情况简介

证券简称：燕化高新　证券代码：000609　上市交易所：深圳证券交易所

注册地址和办公地址：北京市丰台区科学城海鹰路3号、北京市房山区燕山迎风二里八号

邮政编码：102500　电子信箱：gaoxin@mail.bypc.com.cn

1.2 联系人和联系方式

董事会秘书：沈文辉　联系地址：北京市房山区燕山迎风二里八号

电话：69347433　传真：69345895　电子信箱：gaoxin@mail.bypc.com.cn

证券事务代表：宋莹　联系地址：北京市房山区燕山迎风二里八号

电话：69346820　传真：69345895　电子信箱：songying17@hotmail.com

#### 2.会计数据和财务指标摘要

2.1 主要会计数据　单位：(人民币)元

| | 2002年(本年) | 2001年(上年) | 本年比上年增减(%) | 2000年 |
|---|---|---|---|---|
| 主营业务收入 | 160,498,319.56 | 227,774,009.66 | －29.54% | 186,705,080.30 |
| 利润总额 | 30,929,172.48 | 27,112,651.45 | 14.08% | 27,766,621.24 |
| 净利润 | 25,683,068.42 | 22,610,524.30 | 13.59% | 22,286,065.60 |
| 扣除非经常性损益的净利润 | 28,089,376.91 | 22,062,658.05 | 27.32% | 19,897,334.62 |
| | 2002年末(本年末) | 2001年末(上年末) | 本年末比上年末增减(%) | 2000年末 |
| 总资产 | 443,490,722.01 | 420,806,411.77 | 5.39% | 421,291,317.97 |
| 股东权益(不含少数股东权益) | 405,924,045.28 | 380,565,784.60 | 6.66% | 363,909,825.53 |
| 经营活动产生的现金流量净额 | 77,952,475.52 | 154,335.53 | 50408.44% | 40,050,764.52 |

2.2 主要财务指标　单位：(人民币)元

| | 2002年(本年) | 2001年(上年) | 本年比上年增减(%) | 2000年 |
|---|---|---|---|---|
| 每股收益 | 0.20 | 0.17 | 13.91% | 0.17 |
| 每股收益* | 0.20 | －－ | －－ | －－ |
| 净资产收益率 | 6.33% | 5.94% | 6.57% | 6.12% |
| 扣除非经常性损益的净利润为基础计算的净资产收益率 | 6.92% | 5.80% | 19.31% | 5.47% |
| 每股经营活动产生的现金流量净额 | 0.60 | 0.00 | 60050.00% | 0.31 |
| | 2002年末(本年末) | 2001年末(上年末) | 本年末比上年末增减(%) | 2000年末 |
| 每股净资产 | 3.13 | 2.94 | 6.68% | 2.81 |
| 调整后的每股净资产 | 3.00 | 2.81 | 6.76% | 2.65 |

## 000615 湖北金环股份有限公司

### 二〇〇二年年度报告摘选

#### 1.上市公司基本情况简介

1.1 基本情况简介

证券简称:湖北金环 证券代码:000615 上市交易所:深圳证券交易所

注册地址和办公地址:湖北省襄樊市樊城区陈家湖 邮政编码:441133

公司国际互联网网址:http://www.golden-ring.com 电子信箱:2108233@sina.com

1.2 联系人和联系方式

董事会秘书:郑小华 联系地址:湖北省襄樊市湖北金环股份有限公司

电话:0710-2105329 传真:0710-2108233 电子信箱:2108233@sina.com

证券事务代表:陈诗武、陈金先 联系地址:湖北省襄樊市湖北金环股份有限公司

电话:0710-2108234 传真:0710-2108233 电子信箱:2108233@sina.com

#### 2.会计数据和财务指标摘要

2.1 主要会计数据 单位:(人民币)元

| | 2002 年(本年) | 2001 年(上年) | 本年比上年增减(%) | 2000 年 |
|---|---|---|---|---|
| 主营业务收入 | 1,849,612,406.68 | 798,523,968.16 | 131.63% | 313,778,694.25 |
| 利润总额 | 84,962,385.85 | 43,876,752.68 | 93.64% | 38,208,108.13 |
| 净利润 | 58,009,763.50 | 26,220,095.45 | 121.24% | 31,807,940.19 |
| 扣除非经常性损益的净利润 | 48,170,337.86 | 25,979,515.97 | 85.42% | 31,807,940.19 |
| | 2002 年末(本年末) | 2001 年末(上年末) | 本年末比上年末增减(%) | 2000 年末 |
| 总资产 | 1,290,999,832.19 | 997,924,678.39 | 29.37% | 720,952,944.78 |
| 股东权益(不含少数股东权益) | 614,228,423.89 | 549,794,083.39 | 11.72% | 523,567,987.94 |
| 经营活动产生的现金流量净额 | 158,332,680.59 | -84,604,298.97 | -- | 25,794,394.24 |

2.2 主要财务指标 单位:(人民币)元

| | 2002 年(本年) | 2001 年(上年) | 本年比上年增减(%) | 2000 年 |
|---|---|---|---|---|
| 每股收益 | 0.37 | 0.17 | 121.60% | 0.21 |
| 每股收益 * | 0.37 | -- | -- | -- |
| 净资产收益率 | 9.44% | 4.77% | 97.90% | 6.08% |
| 扣除非经常性损益的净利润为基础计算的净资产收益率 | 7.84% | 4.73% | 65.75% | 6.08% |
| 每股经营活动产生的现金流量净额 | 1.02 | -0.55 | 285.45% | 0.17 |
| | 2002 年末(本年末) | 2001 年末(上年末) | 本年末比上年末增减(%) | 2000 年末 |
| 每股净资产 | 3.97 | 3.55 | 11.72% | 3.38 |
| 调整后的每股净资产 | 3.96 | 3.54 | 11.86% | 3.38 |

## 000618 吉林化学工业股份有限公司

### 二〇〇二年年度报告摘选

#### 1.上市公司基本情况简介

1.1 基本情况简介

证券简称:A 股:ST 吉化、H 股:吉林化工 证券代码:000618、0368、JCC

上市交易所:深圳证券交易所、香港联交所、纽约证券交易所

注册地址和办公地址:中国吉林省吉林市龙潭区龙潭大街 9 号 邮政编码:132021

公司国际互联网网址:http://www.cninfo.com.cn 电子信箱:jcic@jcic.com.cn

1.2 联系人和联系方式

董事会秘书:张丽燕 联系地址:中国吉林省吉林市龙潭区龙潭大街 9 号

电话:0432-3903651 传真:0432-3028126 电子信箱:zly@jcic.com.cn

#### 2.会计数据和财务指标摘要

2.1 主要会计数据 单位:(人民币)元

| | 2002 年(本年) | 2001 年(上年) | 本年比上年增减(%) | 2000 年 |
|---|---|---|---|---|
| 主营业务收入 | 12,319,139,488.00 | 11,914,082,480.00 | 3.40% | 13,846,722,322.00 |
| 利润总额 | -1,031,036,029.00 | -1,797,401,086.00 | -42.64% | -863,014,855.00 |
| 净利润 | -1,025,732,561.00 | -1,803,021,557.00 | -43.11% | -878,766,153.00 |
| 扣除非经常性损益的净利润 | -245,365,638.00 | -1,706,011,547.00 | -85.62% | 21,762,461.00 |
| | 2002 年末(本年末) | 2001 年末(上年末) | 本年末比上年末增减(%) | 2000 年末 |
| 总资产 | 14,336,230,911.00 | 14,531,951,470.00 | 1.35% | 17,710,708,378.00 |
| 股东权益(不含少数股东权益) | 2,855,869,226.00 | 3,881,744,626.00 | -26.43% | 5,687,245,224.00 |
| 经营活动产生的现金流量净额 | 1,859,946,367.00 | 2,379,158,097.00 | -21.82% | 137,380,389.00 |

2.2 主要财务指标 单位:(人民币)元

| | 2002 年(本年) | 2001 年(上年) | 本年比上年增减(%) | 2000 年 |
|---|---|---|---|---|
| 每股收益(人民币元) | -0.29 | -0.51 | -60.78% | -0.25 |
| 净资产收益率(人民币元) | -35.92% | -46.45% | -52.34% | -15.45% |
| 扣除非经常性损益的净利润为基础计算的净资产收益率 | -8.54% | -43.95% | -82.43% | 0.38% |
| 每股经营活动产生的现金流量净额 | 0.52 | 0.67 | -22.39% | 0.04 |
| | 2002 年末(本年末) | 2001 年末(上年末) | 本年末比上年末增减(%) | 2000 年末 |
| 每股净资产 | 0.80 | 1.09 | -18.12% | 1.60 |
| 调整后的每股净资产 | 0.76 | 1.04 | -14.18% | 1.50 |

## 000620 黑龙江圣方科技股份有限公司

### 二〇〇二年年度报告摘选

#### 1.上市公司基本情况简介

1.1 基本情况简介

股票简称:ST 圣方科 股票代码:000620 上市交易所:深圳证券交易所

注册地址:黑龙江省牡丹江市东三条路 98 号

办公地址:西安市高新技术产业开发区高新一路 15 号中航大厦 8 层 邮政编码:710075

电子信箱:sftxian@163.com

1.2 联系人和联系方式

董事会秘书:贺立辉 联系地址:西安市高新技术产业开发区高新一路 15 号中航大厦 8 层

电话:029-8233538 传真:029-8233538 电子信箱:sftxian@163.com

证券事务代表:于海君 联系地址:西安市高新技术产业开发区高新一路 15 号中航大厦 8 层

电话:029-8223129 传真:029-8233538 电子信箱:sftxian@163.com

#### 2.会计数据和财务指标摘要

2.1 主要会计数据 单位:(人民币)元

| | 2002 年 | 2001 年 | 本年比上年增减(%) | 2000 年 |
|---|---|---|---|---|
| 主营业务收入 | 615,075,343.87 | 623,451,830.79 | -1.34 | 137,911,887.59 |
| 利润总额 | -37,426,669.39 | -439,977,548.27 | 91.49 | 52,512,345.97 |
| 净利润 | -40,669,081.89 | -445,544,085.33 | 90.87 | 48,843,199.40 |
| 扣除非经常性损益的净利润 | -38,410,564.10 | -76,173,802.34 | 49.58 | 36,560,161.45 |
| | 2002 年末 | 2001 年末 | 本年末比上年末增减(%) | 2000 年末 |
| 总资产 | 648,507,010.58 | 662,497,665.03 | -2.11 | 1,170,402,813.27 |
| 股东权益(不含少数股东权益) | 255,800,143.01 | 300,219,443.76 | -14.80 | 752,008,426.48 |
| 经营活动产生的现金流量净额 | -23,711,043.22 | -117,400,851.32 | 79.80 | -64,955,696.86 |

2.2 主要财务指标 单位:(人民币)元

| | 2002 年 | 2001 年 | 本年比上年增减(%) | 2000 年 |
|---|---|---|---|---|
| 每股收益 | -0.13 | -1.43 | 90.91 | 0.16 |
| 每股收益 | -0.12 | -0.26 | 53.85 | 0.16 |
| 净资产收益率 | -15.90 | -148.41 | 89.29 | 6.50 |
| 扣除非经常性损益的净利润为基础计算的净资产收益率 | -15.02 | -139.40 | 89.23 | 5.21 |
| 每股经营活动产生的现金流量净额 | -0.08 | -0.38 | 78.95 | -0.21 |
| | 2002 年末 | 2001 年末 | 本年末比上年末增减(%) | 2000 年末 |
| 每股净资产 | 0.82 | 2.16 | -62.04 | 2.41 |
| 调整后的每股净资产 | | 2.16 | | 2.41 |

## 000627 湖北百科药业股份有限公司

### 二〇〇二年年度报告摘选

#### 1.上市公司基本情况简介

1.1 基本情况简介

证券简称:百科药业 证券代码:000627 上市交易所:深圳证券交易所

注册地址和办公地址:湖北省荆门市杨湾路 132 号 邮政编码:448000

公司国际互联网网址:http://www.biocause.com 电子信箱:stock@biocause.com

1.2 联系人和联系方式

董事会秘书:丁振荣 联系地址:湖北省荆门市杨湾路 132 号

电话:0724-2211003-6218 传真:0724-2217652 电子信箱:stock@biocause.com

证券事务代表:龙飞 联系地址:湖北省荆门市杨湾路 132 号

电话:0724-2211003-6218 传真:0724-2217652 电子信箱:stock@biocause.com

#### 2.会计数据和财务指标摘要

2.1 主要会计数据 单位:(人民币)元

| | 2002 年(本年) | 2001 年(上年) | 本年比上年增减(%) | 2000 年 |
|---|---|---|---|---|
| 主营业务收入 | 348,610,268.02 | 356,012,078.42 | -2.08% | 321,963,396.98 |
| 利润总额 | 16,162,001.15 | 57,701,977.08 | -71.99% | 48,859,992.87 |
| 净利润 | 5,260,847.93 | 37,227,099.08 | -85.87% | 35,921,300.84 |
| 扣除非经常性损益的净利润 | 5,430,701.19 | 34,853,027.35 | -84.42% | 34,116,993.59 |
| | 2002 年末(本年末) | 2001 年末(上年末) | 本年末比上年末增减(%) | 2000 年末 |
| 总资产 | 1,090,403,517.26 | 989,087,740.51 | 10.24% | 869,736,519.58 |
| 股东权益(不含少数股东权益) | 693,958,103.05 | 688,697,255.12 | 0.76% | 514,150,465.42 |
| 经营活动产生的现金流量净额 | -69,624,974.75 | 37,302,900.06 | -286.65% | -4,606,871.51 |

2.2 主要财务指标 单位:(人民币)元

| | 2002 年(本年) | 2001 年(上年) | 本年比上年增减(%) | 2000 年 |
|---|---|---|---|---|
| 每股收益 | 0.01 | 0.07 | -88.89% | 0.12 |
| 每股收益 * | 0.01 | -- | -- | -- |
| 净资产收益率 | 0.76% | 5.41% | -85.95% | 7.04% |
| 扣除非经常性损益的净利润为基础计算的净资产收益率 | 0.79% | 5.17% | -84.72% | 6.70% |
| 每股经营活动产生的现金流量净额 | -0.12 | 0.07 | -262.50% | 0.02 |
| | 2002 年末(本年末) | 2001 年末(上年末) | 本年末比上年末增减(%) | 2000 年末 |
| 每股净资产 | 1.17 | 1.33 | -12.39% | 1.84 |
| 调整后的每股净资产 | 1.15 | 1.30 | -11.54% | 1.80 |

## 000635 宁夏宁河民族化工股份有限公司

### 二〇〇二年年度报告摘选

#### 1.上市公司基本情况简介

1.1 基本情况简介

股票简称:民族化工 股票代码:000635 上市交易所:深圳证券交易所

注册地址和办公地址:宁夏石嘴山市石嘴山区康乐路257号 邮政编码:753200

公司国际互联网网址:http://www.mzhg.com.cn 电子信箱:mzhg@public.yc.nx.cn

1.2 联系人和联系方式

董事会秘书:刘亚鹏 联系地址:宁夏石嘴山市石嘴山区康乐路257号

电话:0952－3310308 传真:0952－3312333 电子信箱:mzhg@public.yc.nx.cn

证券事务代表:张继红 联系地址:宁夏石嘴山市石嘴山区康乐路257号

电话:0952－3312333 传真:0952－3312333 电子信箱:mzhg@public.yc.nx.cn

#### 2.会计数据和财务指标摘要

2.1 主要会计数据

| | 2002年 | 2001年 | 本年比上年增减(%) | 2000年 |
|---|---|---|---|---|
| 主营业务收入 | 81,005,217.88 | 139,971,545.55 | －42.13 | 194,367,039.80 |
| 利润总额 | －85,209,092.60 | －196,954,258.72 | 56.74 | 18,315,393.86 |
| 净利润 | －85,209,092.60 | －196,954,258.72 | 56.74 | 18,315,393.86 |
| 扣除非经常性损益的净利润 | －52,764,174.12 | －94,114,330.90 | 43.94 | 18,315,393.86 |
| | 2002年末 | 2001年末 | 本年末比上年末增减(%) | 2000年末 |
| 总资产 | 540,265,506.92 | 549,015,427.53 | －1.59 | 617,056,861.97 |
| 股东权益(不含少数股东权益) | 99,033,185.60 | 183,231,160.73 | －99.46 | 377,531,945.27 |
| 经营活动产生的现金流量净额 | 22,250,735.87 | －121,798,332.01 | 118.27 | －24,091,575.66 |

2.2 主要财务指标

| | 2002年 | 2001年 | 本年比上年增减(%) | 2000年 |
|---|---|---|---|---|
| 每股收益 | －0.74 | －1.72 | 56.98 | 0.16 |
| 每股收益 | －0.74 | －1.72 | 56.98 | 0.16 |
| 净资产收益率 | －86.04 | －107.49 | 19.96 | 4.85 |
| 扣除非经常性损益的净利润为基础计算的净资产收益率 | －53.28 | －51.36 | －3.74 | 4.85 |
| 每股经营活动产生的现金流量净额 | 0.19 | －1.06 | 117.92 | －0.21 |
| | 2002年末 | 2001年末 | 本年末比上年末增减(%) | 2000年末 |
| 每股净资产 | 0.86 | 1.60 | 46.25 | 3.30 |
| 调整后的每股净资产 | 0.86 | 1.60 | 46.25 | 3.30 |

## 000650 九江化纤股份有限公司

### 二〇〇二年年度报告摘选

#### 1.上市公司基本情况简介

1.1 基本情况简介

股票简称:九江化纤 股票代码:000650 上市交易所:深圳证券交易所

注册地址和办公地址:江西省九江市庐山区哈蟆石 邮政编码:332017

公司国际互联网网址:http://www.jjhx.com 电子信箱:jjyqh@sina.com

1.2 联系人和联系方式

董事会秘书:喻铨衡 联系地址:江西省九江市庐山区哈蟆石

电话:0792－8315675 传真:0792－8316565 电子信箱:jjyqh@sina.com

证券事务代表:叶玉玲 联系地址:江西省九江市庐山区哈蟆石

电话:0792－8315675 传真:0792－8316565 电子信箱:yyl68170@sohu.com

#### 2.会计数据和财务指标摘要

2.1 主要会计数据(单位:元)

| | 2002年(本年) | 2001年(上年) 调整后 | 2001年(上年) 调整前 | 本年比上年增减(%) | 2000年 调整后 | 2000年 调整前 |
|---|---|---|---|---|---|---|
| 主营业务收入 | 220813281.95 | 225103800.51 | 225103800.51 | －1.91 | 236128941.51 | 236128941.51 |
| 利润总额 | 8839478.76 | －15228603.75 | －13461639.99 | 158.05 | 25417140.75 | 25417140.75 |
| 净利润 | 8839478.76 | －14480147.25 | －12713183.49 | 161.05 | 21787844.76 | 21787844.76 |
| 扣除非经常性损益的净利润 | 8814315.96 | －14480147.25 | －12713183.49 | 160.87 | 21710844.76 | 21710844.76 |
| | 2002年末(本年末) | 2001年末(上年末) 调整后 | 2001年末(上年末) 调整前 | 本年末比上年末增减(%) | 2000年末 调整后 | 2000年末 调整前 |
| 总资产 | 759663704.52 | 716810679.74 | 711942334.57 | 5.98 | 649496225.14 | 651614225.14 |
| 股东权益(不含少数股东权益) | 338738220.18 | 329816021.11 | 331582984.87 | 2.71 | 343205268.72 | 345323268.72 |
| 经营活动产生的现金流量净额 | 27992694.57 | 3416243.86 | 3416243.86 | 719.40 | －37079123.81 | －37079123.81 |

2.2 主要财务指标

| | 2002年(本年) | 2001年(上年) | 本年比上年增减(%) | 2000年 |
|---|---|---|---|---|
| 每股收益 | 0.0442 | －0.07 | 163.14 | 0.20 |
| 每股收益 | 0.0442 | －0.07 | 163.14 | 0.21 |
| 净资产收益率 | 2.60 | －4.39 | 159.23 | 6.35 |
| 扣除非经常性损益的净利润为基础计算的净资产收益率 | 2.60 | －4.39 | 159.23 | 6.33 |
| 每股经营活动产生的现金流量净额 | 0.14 | 0.02 | 600 | －0.33 |
| | 2002年末(本年末) | 2001年末(上年末) | 本年末比上年末增减(%) | 2000年末 |
| 每股净资产 | 1.69 | 1.65 | 2.42 | 3.09 |
| 调整后的每股净资产 | 1.69 | 1.65 | 2.42 | 3.09 |

## 000637 茂名石化实华股份有限公司

### 二〇〇二年年度报告摘选

#### 1.上市公司基本情况简介

1.1 基本情况简介

股票简称:茂化实华 股票代码:000637 上市交易所:深圳证券交易所

注册地址和办公地址:广东省茂名市官渡路162号 邮政编码:525000

电子信箱:mhsh@21cn.com

1.2 联系人和联系方式

董事会秘书和证券事务代表:梁杰 联系地址:广东省茂名市官渡路162号

电话:0668－2276176或0668－2246332 传真:0668－2281965或0668－2276176

电子信箱:mhsh@21cn.com

#### 2.会计数据和财务指标摘要

2.1 主要会计数据 单位:(人民币)元

| | 2002年(本年) | 2001年(上年) | 本年比上年增减(%) | 2000年 |
|---|---|---|---|---|
| 主营业务收入 | 1,436,050,146.92 | 1,281,525,732.10 | 12.06% | 1,402,906,594.22 |
| 利润总额 | 92,821,624.31 | 81,242,149.50 | 14.25% | 80,783,852.54 |
| 净利润 | 63,391,802.10 | 61,361,343.39 | 3.31% | 48,958,326.56 |
| 扣除非经常性损益的净利润 | 57,843,541.88 | 60,687,108.28 | －4.69% | 52,593,151.14 |
| | 2002年末(本年末) | 2001年末(上年末) | 本年末比上年末增减(%) | 2000年末 |
| 总资产 | 696,927,788.66 | 590,510,340.41 | 18.02% | 562,393,768.24 |
| 股东权益(不含少数股东权益) | 557,348,920.91 | 528,613,152.88 | 5.44% | 490,696,254.25 |
| 经营活动产生的现金流量净额 | 218,349,259.71 | 39,058,458.09 | 459.03% | 39,915,216.36 |

2.2 主要财务指标 单位:(人民币)元

| | 2002年(本年) | 2001年(上年) | 本年比上年增减(%) | 2000年 |
|---|---|---|---|---|
| 每股收益 | 0.22 | 0.25 | －13.78% | 0.30 |
| 每股收益* | 0.22 | －－ | －－ | －－ |
| 净资产收益率 | 11.37% | 11.61% | －2.07% | 9.98% |
| 扣除非经常性损益的净利润为基础计算的净资产收益率 | 10.32% | 12.61% | －18.16% | 11.09% |
| 每股经营活动产生的现金流量净额 | 0.75 | 0.16 | 364.81% | 0.25 |
| | 2002年末(本年末) | 2001年末(上年末) | 本年末比上年末增减(%) | 2000年末 |
| 每股净资产 | 1.92 | 2.19 | －12.15% | 3.05 |
| 调整后的每股净资产 | 1.92 | 2.06 | －6.80% | 2.89 |

## 000659 珠海中富实业股份有限公司

### 二〇〇二年年度报告摘选

#### 1.上市公司基本情况简介

1.1 基本情况简介

证券简称:珠海中富 证券代码:000659 上市交易所:深圳证券交易所

注册地址和办公地址:广东省珠海市湾仔镇第一工业区 邮政编码:519030

公司国际互联网网址:http://www.zhongfu.com.cn 电子信箱:ZFZJB@zhongfu.com

1.2 联系人和联系方式

董事会秘书:陈立上 联系地址:广东省珠海市湾仔镇第一工业区

电话:(0756)8821350 传真:(0756)8812870 8821103 电子信箱:ZFZJB@zhongfu.com

证券事务代表:周毛仔 联系地址:广东省珠海市湾仔镇第一工业区

电话:(0756)8821350 传真:(0756)8821103 电子信箱:ZFZJB@zhongfu.com

#### 2.会计数据和财务指标摘要

2.1 主要会计数据 单位:(人民币)元

| | 2002年(本年) | 2001年(上年) | 本年比上年增减(%) | 2000年 |
|---|---|---|---|---|
| 主营业务收入 | 1,197,178,915.70 | 851,036,539.70 | 40.67% | 731,233,347.04 |
| 利润总额 | 176,721,987.22 | 109,713,252.71 | 61.08% | 112,401,713.48 |
| 净利润 | 132,462,326.34 | 86,020,633.08 | 53.99% | 89,908,436.29 |
| 扣除非经常性损益的净利润 | 132,402,232.71 | 85,589,108.30 | 54.70% | 88,821,262.85 |
| | 2002年末(本年末) | 2001年末(上年末) | 本年末比上年末增减(%) | 2000年末 |
| 总资产 | 3,276,603,366.43 | 2,491,020,509.65 | 31.54% | 2,092,399,621.77 |
| 股东权益(不含少数股东权益) | 1,309,911,222.33 | 1,219,313,181.24 | 7.43% | 1,171,170,813.16 |
| 经营活动产生的现金流量净额 | 526,050,130.32 | 76,684,981.67 | 585.99% | 140,994,396.09 |

2.2 主要财务指标 单位:(人民币)元

| | 2002年(本年) | 2001年(上年) | 本年比上年增减(%) | 2000年 |
|---|---|---|---|---|
| 每股收益 | 0.35 | 0.23 | 54.19% | 0.24 |
| 每股收益* | 0.35 | －－ | －－ | －－ |
| 净资产收益率 | 10.11% | 7.05% | 43.40% | 7.68% |
| 扣除非经常性损益的净利润为基础计算的净资产收益率 | 10.11% | 7.04% | 43.61% | 7.63% |
| 每股经营活动产生的现金流量净额 | 1.39 | 0.20 | 587.62% | 0.37 |
| | 2002年末(本年末) | 2001年末(上年末) | 本年末比上年末增减(%) | 2000年末 |
| 每股净资产 | 3.46 | 3.22 | 7.42% | 3.09 |
| 调整后的每股净资产 | 3.36 | 3.16 | 6.33% | 3.05 |

## 000661 长春高新技术产业(集团)股份有限公司

### 二〇〇二年年度报告摘选

#### 1.上市公司基本情况简介

1.1 基本情况简介
证券简称:长春高新 证券代码:000661 上市交易所:深圳证券交易所
注册地址:长春市同志街 64 号 办公地址:长春市同志街 64 号火炬大厦 5 层 邮政编码:130021
公司国际互联网网址:http://www.cchn.com.cn 电子信箱:cchn@public.cc.jl.cn
1.2 联系人和联系方式
董事会秘书:周伟群 联系地址:吉林省同志街 64 号火炬大厦 5 层
电话:0431 - 5666367 传真:0431 - 5675390 电子信箱:cchn@public.jl.cn
证券事务代表:焦敏、刘思 联系地址:吉林省同志街 64 号火炬大厦 5 层
电话:0431 - 5666367 传真:0431 - 5675390 电子信箱:sillver_liu@hotmail.com

#### 2.会计数据和财务指标摘要

2.1 主要会计数据 单位:(人民币)元

| | 2002 年(本年) | 2001 年(上年) | 本年比上年增减(%) | 2000 年 |
|---|---|---|---|---|
| 主营业务收入 | 461,788,402.88 | 406,812,622.16 | 13.51% | 314,771,794.96 |
| 利润总额 | 30,279,408.65 | 23,765,322.80 | 27.41% | 27,362,573.03 |
| 净利润 | 7,379,669.61 | 4,352,968.06 | 69.53% | 16,295,774.20 |
| 扣除非经常性损益的净利润 | 6,597,069.75 | 4,472,237.01 | 47.51% | 22,704,189.20 |
| | 2002 年末(本年末) | 2001 年末(上年末) | 本年末比上年末增减(%) | 2000 年末 |
| 总资产 | 1,236,384,938.98 | 1,259,907,493.84 | -1.87% | 1,156,094,157.23 |
| 股东权益(不含少数股东权益) | 460,420,724.12 | 451,443,819.71 | 1.99% | 0.12 |
| 经营活动产生的现金流量净额 | 14,822,052.77 | 25,740,007.72 | -42.42% | 207,977,362.08 |

2.2 主要财务指标 单位:(人民币)元

| | 2002 年(本年) | 2001 年(上年) | 本年比上年增减(%) | 2000 年 |
|---|---|---|---|---|
| 每股收益 | 0.06 | 0.03 | 69.49% | 0.12 |
| 每股收益 * | 0.06 | -- | -- | -- |
| 净资产收益率 | 1.60% | 0.96% | 66.67% | 3.65% |
| 扣除非经常性损益的净利润为基础计算的净资产收益率 | 1.43% | 0.99% | 44.44% | 5.08% |
| 每股经营活动产生的现金流量净额 | 0.11 | 0.20 | -42.40% | 1.58 |
| | 2002 年末(本年末) | 2001 年末(上年末) | 本年末比上年末增减(%) | 2000 年末 |
| 每股净资产 | 3.51 | 3.44 | 1.99% | 3.40 |
| 调整后的每股净资产 | 3.30 | 3.26 | 1.23% | 3.13 |

## 000665 武汉塑料工业集团股份有限公司

### 二〇〇二年年度报告摘选

#### 1.上市公司基本情况简介

1.1 基本情况简介
证券简称:武汉塑料 证券代码:000665 上市交易所:深圳证券交易所
注册地址:武汉经济技术开发区工业区
办公地址:武汉市解放大道单洞路特 1 号武汉国际大厦 A 座 11 - 12 楼 邮政编码:430022
公司国际互联网网址:http://www.wuhanplas.com 电子信箱:wushuoxx@public.wh.hb.cn
1.2 联系人和联系方式
董事会秘书:詹大虎 联系地址:武汉市解放大道单洞路特 1 号武汉国际大厦 A 座 12 楼
电话:027 - 85425727 传真:027 - 85891746,027 - 85425727 电子信箱:james.tiger@163.net
证券事务代表:王琳 联系地址:武汉市解放大道单洞路特 1 号武汉国际大厦 A 座 12 楼
电话:027 - 85425727 传真:027 - 85891746,027 - 85425727 电子信箱:ws_wanglin@163.net

#### 2.会计数据和财务指标摘要

2.1 主要会计数据 单位:(人民币)元

| | 2002 年(本年) | 2001 年(上年) | 本年比上年增减(%) | 2000 年 |
|---|---|---|---|---|
| 主营业务收入 | 473,208,255.94 | 480,192,542.73 | -1.45% | 443,110,560.02 |
| 利润总额 | 14,695,462.32 | 31,541,752.96 | -53.41% | 33,879,718.82 |
| 净利润 | 1,514,517.72 | 19,788,574.43 | -92.35% | 20,803,936.16 |
| 扣除非经常性损益的净利润 | 1,869,122.23 | 16,348,974.83 | -88.57% | 19,237,753.57 |
| | 2002 年末(本年末) | 2001 年末(上年末) | 本年末比上年末增减(%) | 2000 年末 |
| 总资产 | 785,872,492.93 | 737,737,012.27 | 6.52% | 712,981,548.21 |
| 股东权益(不含少数股东权益) | 398,500,263.29 | 396,985,745.57 | 0.38% | 386,924,065.81 |
| 经营活动产生的现金流量净额 | 28,297,212.67 | 45,578,702.13 | -37.92% | 43,051,540.82 |

2.2 主要财务指标 单位:(人民币)元

| | 2002 年(本年) | 2001 年(上年) | 本年比上年增减(%) | 2000 年 |
|---|---|---|---|---|
| 每股收益 | 0.01 | 0.14 | -92.86% | 0.15 |
| 每股收益 * | 0.01 | -- | -- | -- |
| 净资产收益率 | 0.38% | 4.98% | -92.37% | 5.38% |
| 扣除非经常性损益的净利润为基础计算的净资产收益率 | 0.47% | 4.12% | -88.59% | 6.77% |
| 每股经营活动产生的现金流量净额 | 0.20 | 0.32 | -38.08% | 0.31 |
| | 2002 年末(本年末) | 2001 年末(上年末) | 本年末比上年末增减(%) | 2000 年末 |
| 每股净资产 | 2.83 | 2.82 | 0.39% | 2.74 |
| 调整后的每股净资产 | 2.81 | 2.79 | 0.72% | 2.72 |

## 000677 山东潍坊海龙股份有限公司

### 二〇〇二年年度报告摘选

#### 1.上市公司基本情况简介

1.1 基本情况简介
股票简称:山东海龙 股票代码:000677 上市交易所:深圳证券交易所
注册地址和办公地址:山东省潍坊市寒亭区潍县北路 555 号 邮政编码:261100
公司国际互联网网址:http://www.seadragon.com.cn 电子信箱:xxwjlxx@public.wfptt.sd.cn
1.2 联系人和联系方式
董事会秘书:牛海平 联系地址:山东省潍坊市寒亭区潍县北路 555 号
电话:0536 - 7275007 传真:0536 - 7252140 电子信箱:hlnhp@163.net
证券事务代表:陈树广 联系地址:山东省潍坊市寒亭区潍县北路 555 号
电话:0536 - 7275007 传真:0536 - 7252140 电子信箱:Zqb880 - wf@wf - public.sd.cninfo.net

#### 2.会计数据和财务指标摘要

2.1 主要会计数据 单位:人民币元

| | 2002 年 | 2001 年 | 本年比上年增减(%) | 2000 年 |
|---|---|---|---|---|
| 主营业务收入 | 582,142,120.41 | 546,362,455.74 | 6.55 | 568,597,433.05 |
| 利润总额 | 33,084,841.48 | 36,119,077.25 | -8.40 | 46,637,206.84 |
| 净利润 | 21,337,405.59 | 32,138,661.96 | -33.61 | 35,739,068.51 |
| 扣除非经常性损益的净利润 | 21,337,405.59 | 29,291,523.57 | -27.02 | 35,739,068.51 |
| | 2002 年末 | 2001 年末 | 本年末比上年末增减(%) | 2000 年末 |
| 总资产 | 1,491,859,730.82 | 1,053,834,142.69 | 41.56 | 655,243,172.39 |
| 股东权益(不含少数股东权益) | 529,215,667.13 | 317,869,484.18 | 66.49 | 285,730,822.22 |
| 经营活动产生的现金流量净额 | 60,197,333.92 | 49,294,146.46 | 22.12 | 1,013,366.43 |

2.2 主要财务指标 单位:人民币元

| | 2002 年 | 2001 年 | 本年比上年增减(%) | 2000 年 |
|---|---|---|---|---|
| 每股收益 | 0.1037 | 0.1940 | -46.55 | 0.22 |
| 每股收益 | 0.1039 | | | |
| 净资产收益率 | 4.03 | 10.11 | -60.14 | 12.51 |
| 扣除非经常性损益的净利润为基础计算的净资产收益率 | 4.04 | 9.21 | -54.40 | 13.62 |
| 每股经营活动产生的现金流量净额 | 0.2927 | | | 0.0060 |
| | 2002 年末 | 2001 年末 | 本年末比上年末增减(%) | 2000 年末 |
| 每股净资产 | 2.5730 | 1.919 | 34.08 | 1.72 |
| 调整后的每股净资产 | 2.5630 | 1.8900 | 35.61 | 1.71 |

## 000683 内蒙古远兴天然碱股份有限公司

### 二〇〇二年年度报告摘选

#### 1.上市公司基本情况简介

1.1 基本情况简介
股票简称:天然碱 股票代码:000683 上市交易所:深圳证券交易所
注册地址:内蒙古鄂尔多斯市
办公地址:内蒙古鄂尔多斯市东胜区鄂尔多斯西街 6 号 邮政编码:017000
公司国际互联网网址:http://www.yuanxing.com 电子信箱:yxtrj@yh - group.com.cn
1.2 联系人和联系方式
董事会秘书:黄江 联系地址:内蒙古鄂尔多斯市东胜区鄂尔多斯西街 6 号
电话:0477 - 8539874 传真:0477 - 8521747 电子信箱:yxtrj@yh - group.com.cn
证券事务代表:纪玉虎 联系地址:内蒙古鄂尔多斯市东胜区鄂尔多斯西街 6 号
电话:0477 - 8539874 传真:0477 - 8521747 电子信箱:yxtrj@yh - group.com.cn

#### 2.会计数据和财务指标摘要

2.1 主要会计数据

| | 2002 年 | 2001 年 | 本年比上年增减(%) | 2000 年 |
|---|---|---|---|---|
| 主营业务收入 | 937,911,452.58 | 692,137,261.40 | 35.51 | 505,767,340.21 |
| 利润总额 | 40,884,439.66 | -158,116,534.54 | -- | 8,387,209.28 |
| 净利润 | 7,095,437.94 | -161,155,207.16 | -- | 1,977,580.87 |
| 扣除非经常性损益的净利润 | 11,139,561.44 | -117,447,963.69 | -- | 20,304,955.21 |
| | 2002 年末 | 2001 年末 | 本年末比上年末增减(%) | 2000 年末 |
| 总资产 | 2,510,715,283.15 | 2,425,995,699.36 | 3.49 | 2,234,693,507.70 |
| 股东权益(不含少数股东权益) | 523,957,712.95 | 516,862,275.01 | 1.37 | 934,950,678.35 |
| 经营活动产生的现金流量净额 | 164,955,644.86 | 102,231,721.35 | 61.35 | 24,285,692.89 |

2.2 主要财务指标

| | 2002 年 | 2001 年 | 本年比上年增减(%) | 2000 年 |
|---|---|---|---|---|
| 每股收益 | 0.0151 | -0.3436 | -- | 0.0042 |
| 净资产收益率 | 1.3542 | -31.1795 | -- | 0.2917 |
| 扣除非经常性损益的净利润为基础计算的净资产收益率 | 2.13 | -30.47 | -- | 0.28 |
| 每股经营活动产生的现金流量净额 | 0.35 | 0.22 | 59.09 | 0.05 |
| | 2002 年末 | 2001 年末 | 本年末比上年末增减(%) | 2000 年末 |
| 每股净资产 | 1.12 | 1.10 | 1.82 | 1.45 |
| 调整后的每股净资产 | 1.07 | 1.05 | 1.90 | 1.42 |

## 000687 保定天鹅股份有限公司

### 二〇〇二年年度报告摘选

#### 1.上市公司基本情况简介

1.1 基本情况简介

证券简称:保定天鹅　证券代码:000687　上市交易所:深圳证券交易所

注册地址和办公地址:河北省保定市高开区金迪路 59 号　河北省保定市纸厂路 1 号

邮政编码:071055

1.2 联系人和联系方式

董事会秘书:王刚　联系地址:河北省保定市纸厂路 1 号

电话:0312－3137941－2261　传真:0312－3131755　电子信箱:SWANZJB@heinfo.net

证券事务代表:刘晓民　张春岭　联系地址:河北省保定市纸厂路 1 号

电话:0312－3137941－2326　传真:0312－3159881

#### 2.会计数据和财务指标摘要

2.1 主要会计数据　　单位:(人民币)元

| | 2002 年(本年) | 2001 年(上年) | 本年比上年增减(%) | 2000 年 |
|---|---|---|---|---|
| 主营业务收入 | 558,331,063.09 | 510,391,637.65 | 9.39% | 573,759,238.90 |
| 利润总额 | 39,406,114.00 | 18,593,365.23 | 111.94% | 29,421,870.35 |
| 净利润 | 29,561,295.07 | 24,112,069.53 | 22.60% | 1,322,819,098.61 |
| 扣除非经常性损益的净利润 | 30,718,043.41 | 14,854,950.05 | 106.79% | 30,526,036.09 |
| | 2002 年末(本年末) | 2001 年末(上年末) | 本年末比上年末增减(%) | 2000 年末 |
| 总资产 | 1,329,848,455.11 | 1,304,730,800.22 | 1.93% | 1,322,819,098.61 |
| 股东权益(不含少数股东权益) | 1,012,080,526.20 | 981,719,231.13 | 3.09% | 969,839,161.60 |
| 经营活动产生的现金流量净额 | 102,223,660.69 | 41,462,555.11 | 146.54% | －108,038,793.07 |

2.2 主要财务指标　　单位:(人民币)元

| | 2002 年(本年) | 2001 年(上年) | 本年比上年增减(%) | 2000 年 |
|---|---|---|---|---|
| 每股收益 | 0.09 | 0.08 | 22.67% | 0.09 |
| 每股收益＊ | 0.09 | －－ | －－ | －－ |
| 净资产收益率 | 2.92% | 2.46% | 18.70% | 3.03% |
| 扣除非经常性损益的净利润为基础计算的净资产收益率 | 3.04% | 1.51% | 101.32% | 3.15% |
| 每股经营活动产生的现金流量净额 | 0.32 | 0.13 | 145.38% | －0.34 |
| | 2002 年末(本年末) | 2001 年末(上年末) | 本年末比上年末增减(%) | 2000 年末 |
| 每股净资产 | 3.16 | 3.06 | 3.10% | 3.02 |
| 调整后的每股净资产 | 3.08 | 3.00 | 2.67% | 2.99 |

## 000695 天津灯塔涂料股份有限公司

### 二〇〇二年年度报告摘选

#### 1.上市公司基本情况简介

1.1 基本情况简介

证券简称:灯塔油漆　证券代码:000695　上市交易所:深圳证券交易所

注册地址和办公地址:天津市北辰区南仓道　邮政编码:300400

公司国际互联网网址:http://www.beacon-paint.com　电子信箱:E-mail:beacon@mail.zlnet.com.cn

1.2 联系人和联系方式

董事会秘书:郭　健　联系地址:天津市北辰区南仓道

电话:022－26610193　传真:022－26340776　电子信箱:guo@coatinginfo.com

#### 2.会计数据和财务指标摘要

2.1 主要会计数据　　单位:(人民币)元

| | 2002 年(本年) | 2001 年(上年) | 本年比上年增减(%) | 2000 年 |
|---|---|---|---|---|
| 主营业务收入 | 167,149,942.98 | 202,517,024.57 | －17.46% | 250,083,184.75 |
| 利润总额 | －74,438,712.40 | －29,111,886.31 | －－ | 27,164,422.94 |
| 净利润 | －74,272,947.71 | －28,936,109.25 | －－ | 24,089,291.39 |
| 扣除非经常性损益的净利润 | －74,024,543.65 | －46,732,357.08 | －－ | －8,416,057.06 |
| | 2002 年末(本年末) | 2001 年末(上年末) | 本年末比上年末增减(%) | 2000 年末 |
| 总资产 | 784,724,764.96 | 894,091,625.55 | －12.23% | 916,399,504.63 |
| 股东权益(不含少数股东权益) | 294,077,645.99 | 368,377,593.70 | －20.17% | 397,313,702.95 |
| 经营活动产生的现金流量净额 | －44,132,611.63 | －62,643,567.27 | －－ | 48,798,297.59 |

2.2 主要财务指标

单位:(人民币)元

| | 2002 年(本年) | 2001 年(上年) | 本年比上年增减(%) | 2000 年 |
|---|---|---|---|---|
| 每股收益 | －0.33 | －0.13 | －－ | 0.14 |
| 每股收益＊ | －0.32 | －－ | －－ | －－ |
| 净资产收益率 | －25.26% | －7.86% | －－ | 6.06% |
| 扣除非经常性损益的净利润为基础计算的净资产收益率 | －25.17% | －12.69% | －－ | 2.12% |
| 每股经营活动产生的现金流量净额 | －0.20 | 0.00 | －－ | 0.00 |
| | 2002 年末(本年末) | 2001 年末(上年末) | 本年末比上年末增减(%) | 2000 年末 |
| 每股净资产 | 1.32 | 1.66 | －20.14% | 2.33 |
| 调整后的每股净资产 | 0.95 | 1.54 | －38.31% | 2.28 |

## 000698 沈阳化工股份有限公司

### 二〇〇二年年度报告摘选

#### 1.上市公司基本情况简介

1.1 基本情况简介

证券简称:沈阳化工　证券代码:000698　上市交易所:深圳证券交易所

注册地址:辽宁省沈阳市经济技术开发区沈大路 888 号(110141)

办公地址:辽宁省沈阳市铁西区卫工北街 46 号(110026)

电子信箱:syhgzqb@mail.sy.ln.cn

1.2 联系人和联系方式

董事会秘书:杨志国　联系地址:沈阳市铁西区卫工北街 46 号(110026)

电话:024－25524835　传真:024－25524836　电子信箱:syhgzqb@mail.sy.ln.cn

证券事务代表:胡显铎　联系地址:沈阳市铁西区卫工北街 46 号(110026)

电话:024－25524835　传真:024－25524836　电子信箱:syhgzqb@mail.sy.ln.cn

#### 2.会计数据和财务指标摘要

2.1 主要会计数据　　单位:(人民币)元

| | 2002 年(本年) | 2001 年(上年) | 本年比上年增减(%) | 2000 年 |
|---|---|---|---|---|
| 主营业务收入 | 1,890,323,807.45 | 1,804,660,105.66 | 4.75% | 2,062,950,513.53 |
| 利润总额 | 1,400,772.99 | 54,810,670.23 | －97.44% | 232,523,029.31 |
| 净利润 | －13,917,482.84 | 38,221,511.87 | －136.41% | 174,481,002.12 |
| 扣除非经常性损益的净利润 | 21,664.28 | 42,184,815.62 | －99.95% | 123,602,705.87 |
| | 2002 年末(本年末) | 2001 年末(上年末) | 本年末比上年末增减(%) | 2000 年末 |
| 总资产 | 2,763,151,285.17 | 3,147,501,510.02 | －12.21% | 3,080,938,355.18 |
| 股东权益(不含少数股东权益) | 1,406,718,252.85 | 1,418,262,191.30 | －0.81% | 1,402,652,461.77 |
| 经营活动产生的现金流量净额 | 115,899,099.69 | 78,141,811.50 | 48.32% | 247,650,327.23 |

2.2 主要财务指标　　单位:(人民币)元

| | 2002 年(本年) | 2001 年(上年) | 本年比上年增减(%) | 2000 年 |
|---|---|---|---|---|
| 每股收益 | －0.03 | 0.09 | －136.46% | 0.41 |
| 每股收益＊ | －0.03 | －－ | －－ | －－ |
| 净资产收益率 | －0.99% | 2.69% | －136.80% | 12.44% |
| 扣除非经常性损益的净利润为基础计算的净资产收益率 | 0.00% | 0.00% | －－ | 0.00% |
| 每股经营活动产生的现金流量净额 | 0.27 | 0.19 | 48.32% | 0.59 |
| | 2002 年末(本年末) | 2001 年末(上年末) | 本年末比上年末增减(%) | 2000 年末 |
| 每股净资产 | 3.33 | 3.36 | －0.83% | 3.32 |
| 调整后的每股净资产 | 3.19 | 3.17 | 0.63% | 3.19 |

## 000700 江南模塑科技股份有限公司

### 二〇〇二年年度报告摘选

#### 1.上市公司基本情况简介

1.1 基本情况简介

股票简称:模塑科技　股票代码:000700　上市交易所:深圳证券交易所

注册地址和办公地址:江苏省江阴市周庄镇长青路 8 号　邮政编码:214423

公司国际互联网网址:http://www.000700.com.cn　电子信箱:jnms@public1.wx.js.cn

1.2 联系人和联系方式

董事会秘书:许剑　联系地址:江苏省江阴市周庄镇长青路 8 号

电话:0510－6242802　传真:0510－6242818　电子信箱:jnms@public1.wx.js.cn

#### 2.会计数据和业务数据摘要

2.1 截止报告期末公司前三年调整后的主要会计数据

单位:元

| | 2002 年 | 2001 年 | 2002 年比 2001 年增减(%) | 2000 年 |
|---|---|---|---|---|
| 主营业务收入 | 374798441.66 | 264575446.67 | 41.66 | 258,094,471.11 |
| 利润总额 | 90086454.13 | 66669696.17 | 35.12 | 71,914,196.84 |
| 净利润 | 61207803.39 | 59776512.88 | 2.39 | 52,306,330.51 |
| 扣除非经常性损益的净利润 | 57592170.61 | 58540692.75 | －1.62 | 48,823,579.05 |
| | 2002 年末 | 2001 年末 | 2002 年末比 2001 年末增减(%) | 2000 年末 |
| 总资产 | 1218911579.07 | 756517820.12 | 61.12 | 646,859,793.47 |
| 股东权益(不含少数股东权益) | 831345247.02 | 424096786.21 | 96.03 | 405,542,071.30 |
| 经营活动产生的现金流量净额 | 144559268.14 | 155629624.10 | －7.11 | 142,388,330.31 |

2.2 截止报告期末公司前三年调整后的主要财务指标

| | 2002 年 | 2001 年 | 2002 比 2001 增减(%) | 2000 年 |
|---|---|---|---|---|
| 每股收益 | 0.40 | 0.48 | －16.67 | 0.42 |
| 每股收益(加权) | 0.46 | 0.48 | －4.17 | 0.42 |
| 净资产收益率 | 7.36% | 14.05% | －47.62 | 12.89 |
| 扣除非经常性损益的净利润为基础计算的净资产收益率 | 6.93% | 13.76% | －49.64 | 11 |
| 每股经营活动产生的现金流量净额 | 0.94 | 1.25 | －24.80 | 1.143 |
| | 2002 年末 | 2001 年末 | 2002 比 2001 增减(%) | 2000 年末 |
| 每股净资产 | 5.38 | 3.42 | 57.31 | 3.257 |
| 调整后的每股净资产 | 5.38 | 3.41 | 57.77 | 3.253 |

# 000707 湖北双环科技股份有限公司

## 二〇〇二年年度报告摘选

### 1.上市公司基本情况简介

1.1 基本情况简介

证券简称:双环科技 证券代码:000707 上市交易所:深圳证券交易所

注册地址和办公地址:湖北省应城市东马坊团结大道 26 号 邮政编码:432407

公司国际互联网网址:http://www.cninfo.com.cn 电子信箱:info@hbsh.com

1.2 联系人和联系方式

董事会秘书:陈卓平 联系地址:湖北省应城市东马坊团结大道 26 号公司证券办公室

电话:0712-3591099 传真:0712-3591099 电子信箱:info@hbsh.com

### 2.会计数据和财务指标摘要

2.1 主要会计数据 单位:(人民币)元

| | 2002 年(本年) | 2001 年(上年) | 本年比上年增减(%) | 2000 年 |
|---|---|---|---|---|
| 主营业务收入 | 893,962,656.74 | 780,952,192.48 | 14.47% | 753,470,280.09 |
| 利润总额 | 38,678,974.25 | 50,894,813.36 | -24.00% | 93,870,162.33 |
| 净利润 | 36,179,404.98 | 33,965,146.42 | 6.52% | 79,614,736.69 |
| 扣除非经常性损益的净利润 | 36,454,856.03 | 33,239,746.12 | 9.67% | 79,313,233.46 |
| | 2002 年末(本年末) | 2001 年末(上年末) | 本年末比上年末增减(%) | 2000 年末 |
| 总资产 | 2,028,311,566.00 | 1,916,726,751.45 | 5.82% | 1,583,664,462.21 |
| 股东权益(不含少数股东权益) | 1,613,242,632.68 | 1,576,669,022.79 | 2.32% | 1,215,464,444.02 |
| 经营活动产生的现金流量净额 | 167,692,434.57 | 74,969,851.48 | 123.68% | 305,585,912.45 |

2.2 主要财务指标 单位:(人民币)元

| | 2002 年(本年) | 2001 年(上年) | 本年比上年增减(%) | 2000 年 |
|---|---|---|---|---|
| 每股收益 | 0.08 | 0.07 | 6.42% | 0.30 |
| 每股收益* | 0.08 | -- | -- | -- |
| 净资产收益率 | 2.24% | 2.15% | 4.19% | 6.55% |
| 扣除非经常性损益的净利润为基础计算的净资产收益率 | 2.26% | 2.11% | 7.11% | 6.53% |
| 每股经营活动产生的现金流量净额 | 0.36 | 0.16 | 123.72% | 1.15 |
| | 2002 年末(本年末) | 2001 年末(上年末) | 本年末比上年末增减(%) | 2000 年末 |
| 每股净资产 | 3.48 | 3.40 | 2.32% | 4.59 |
| 调整后的每股净资产 | 3.45 | 3.37 | 2.49% | 4.25 |

# 000719 焦作鑫安科技股份有限公司

## 二〇〇二年年度报告摘选

### 1.上市公司基本情况简介

1.1 基本情况简介

证券简称:焦作鑫安 证券代码:000719 上市交易所:深圳证券交易所

注册地址:河南省焦作市民主北路 15 号

办公地址:河南省焦作市环城北路 28 号 邮政编码:454000

电子信箱:JZXA@JZXAJT.COM

1.2 联系人和联系方式

董事会秘书:秦海员 联系地址:河南省焦作市环城北路 28 号

电话:0391-2925951-288 传真:0391-2919211 电子信箱:QINHAIYUAN@JZXAJT.COM

证券事务代表:韩景利 联系地址:河南省焦作市环城北路 28 号

电话:0391-2925951-256 传真:0391-2919211 电子信箱:JZXA@JZXAJT.COM

### 2.会计数据和财务指标摘要

2.1 主要会计数据 单位:(人民币)元

| | 2002 年(本年) | 2001 年(上年) | 本年比上年增减(%) | 2000 年 |
|---|---|---|---|---|
| 主营业务收入 | 325,149,082.00 | 273,049,685.46 | 19.08% | 256,560,484.71 |
| 利润总额 | 27,508,581.89 | 25,154,813.62 | 9.36% | 25,824,753.17 |
| 净利润 | 18,192,029.90 | 20,172,646.76 | -9.82% | 20,864,929.21 |
| 扣除非经常性损益的净利润 | 17,907,513.70 | 18,725,724.36 | -4.37% | 21,159,562.89 |
| | 2002 年末(本年末) | 2001 年末(上年末) | 本年末比上年末增减(%) | 2000 年末 |
| 总资产 | 806,343,369.35 | 706,002,065.84 | 14.21% | 568,691,300.90 |
| 股东权益(不含少数股东权益) | 281,542,296.63 | 263,205,016.65 | 6.97% | 244,681,778.90 |
| 经营活动产生的现金流量净额 | 38,959,566.35 | -20,150,206.96 | -- | 95,977,962.40 |

2.2 主要财务指标 单位:(人民币)元

| | 2002 年(本年) | 2001 年(上年) | 本年比上年增减(%) | 2000 年 |
|---|---|---|---|---|
| 每股收益 | 0.14 | 0.16 | -9.81% | 0.26 |
| 净资产收益率 | 6.46% | 7.66% | -15.67% | 8.53% |
| 扣除非经常性损益的净利润为基础计算的净资产收益率 | 6.36% | 7.11% | -10.55% | 8.65% |
| 每股经营活动产生的现金流量净额 | 0.30 | 0.00 | -- | 1.19 |
| | 2002 年末(本年末) | 2001 年末(上年末) | 本年末比上年末增减(%) | 2000 年末 |
| 每股净资产 | 2.18 | 2.03 | 6.96% | 3.03 |
| 调整后的每股净资产 | 2.12 | 1.97 | 7.46% | 2.94 |

# 000728 北京化二股份有限公司

## 二〇〇二年年度报告摘选

### 1.上市公司基本情况简介

1.1 基本情况简介

股票简称:北京化二 股票代码:000728 上市交易所:深圳证券交易所

注册地址:北京市朝阳区酒仙桥路乙 21 号 邮政编码:100016

办公地址:北京市朝阳区大郊亭 邮政编码:100022

电子信箱:Huaer@Public3.bta.net.cn

1.2 联系人和联系方式

董事会秘书:李崇华 联系地址:北京市朝阳区大郊亭

电话:010-67758106 传真:010-67781459 电子信箱:lichongh@263.net

### 2.会计数据和财务指标摘要

2.1 主要会计数据

| | 2002 年 | 2001 年 | 本年比上年增减(%) | 2000 年 |
|---|---|---|---|---|
| 主营业务收入 | 816,994,822 | 753,404,229 | 8.44 | 1,141,572,047 |
| 利润总额 | 3,236,790 | -167,217,341 | 101.93 | 78,648,331 |
| 净利润 | 3,236,790 | -167,217,341 | 101.93 | 65,351,962 |
| 扣除非经常性损益的净利润 | 3,074,130 | -168,635,761 | 101.82 | 64,787,686 |
| | 2002 年 | 2001 年 | 本年比上年增减(%) | 2000 年 |
| 总资产 | 1,527,083,146 | 1,658,518,505 | -7.92 | 1,778,086,932 |
| 股东权益(不含少数股东权益) | 918,656,997 | 915,128,132 | 0.38 | 1,087,147,045 |
| 经营活动产生的现金流量净额 | 104,256,668 | 85,303,342 | 22.22 | 214,726,125 |

2.2 主要财务指标

| | 2002 年 | 2001 年 | 本年比上年增减(%) | 2000 年 |
|---|---|---|---|---|
| 每股收益(摊薄) | 0.009 | -0.484 | 101.94 | 0.189 |
| 每股收益(加权) | 0.009 | -0.484 | 101.94 | 0.189 |
| 净资产收益率 | 0.35 | -18.27 | 101.91 | 6.01 |
| 扣除非经常性损益的净利润为基础计算的净资产收益率 | 0.33 | -18.43 | 101.79 | 5.96 |
| 每股经营活动产生的现金流量净额 | 0.302 | 0.25 | 20.8 | 0.62 |
| | 2002 年 | 2001 年 | 本年比上年增减(%) | 2000 年 |
| 每股净资产 | 2.66 | 2.65 | 0.38 | 3.15 |
| 调整后的每股净资产 | 2.64 | 2.62 | 0.76 | 3.09 |

# 000731 四川美丰化工股份有限公司

## 二〇〇二年年度报告摘选

### 1.上市公司基本情况简介

1.1 基本情况简介

证券简称:四川美丰 证券代码:000731 上市交易所:深圳证券交易所

注册地址:四川省射洪县太和镇新阳街 87 号

办公地址:四川省德阳市莹华南路 10 号秀水宾馆北楼 邮政编码:618000

公司国际互联网网址:http://www.scmeif.com 电子信箱:gsb@scmeif.com

1.2 联系人和联系方式

董事会秘书:袁开放 联系地址:四川省德阳市莹华南路 10 号秀水宾馆北楼

电话:0838-2304235 传真:0838-2304228 电子信箱:findgold@163.net

证券事务代表:宋仕全 联系地址:四川省德阳市莹华南路 10 号秀水宾馆北楼

电话:0838-2300044 传真:0838-2304222 电子信箱:meifenga@dy-pbulic.sc.cninfo.net

### 2.会计数据和财务指标摘要

2.1 主要会计数据 单位:(人民币)元

| | 2002 年(本年) | 2001 年(上年) | 本年比上年增减(%) | 2000 年 |
|---|---|---|---|---|
| 主营业务收入 | 514,236,606.83 | 375,465,089.54 | 36.96% | 319,855,526.52 |
| 利润总额 | 94,472,800.36 | 69,254,497.61 | 36.41% | 64,580,828.70 |
| 净利润 | 79,963,839.48 | 58,962,131.00 | 35.62% | 54,647,141.46 |
| 扣除非经常性损益的净利润 | 68,483,279.43 | 52,858,203.70 | 29.56% | 61,100,473.43 |
| | 2002 年末(本年末) | 2001 年末(上年末) | 本年末比上年末增减(%) | 2000 年末 |
| 总资产 | 1,310,946,812.27 | 792,175,222.84 | 65.49% | 764,275,790.95 |
| 股东权益(不含少数股东权益) | 790,664,627.93 | 623,569,200.51 | 26.80% | 613,255,054.94 |
| 经营活动产生的现金流量净额 | 130,361,221.15 | 117,108,542.72 | 11.32% | 48,568,579.31 |

2.2 主要财务指标 单位:(人民币)元

| | 2002 年(本年) | 2001 年(上年) | 本年比上年增减(%) | 2000 年 |
|---|---|---|---|---|
| 每股收益 | 0.33 | 0.27 | 22.64% | 0.25 |
| 每股收益* | 0.33 | -- | -- | -- |
| 净资产收益率 | 10.11% | 9.46% | 6.87% | 8.91% |
| 扣除非经常性损益的净利润为基础计算的净资产收益率 | 8.66% | 8.48% | 2.12% | 8.52% |
| 每股经营活动产生的现金流量净额 | 0.53 | 0.53 | 0.74% | 0.21 |
| | 2002 年末(本年末) | 2001 年末(上年末) | 本年末比上年末增减(%) | 2000 年末 |
| 每股净资产 | 3.22 | 2.80 | 14.75% | 2.76 |
| 调整后的每股净资产 | 3.22 | 2.80 | 14.76% | 2.76 |

## 000732 福建三农集团股份有限公司

### 二〇〇二年年度报告摘选

#### 1.上市公司基本情况简介

1.1 基本情况简介

股票简称:福建三农 股票代码:000732 上市交易所:深圳证券交易所

注册地址和办公地址:福建省三明市梅列区徐碧 邮政编码:365000

公司国际互联网网址:http://www.sannong.com 电子信箱:fjsnB@sannong.com

1.2 联系人和联系方式

董事会秘书:姜炳华 联系地址:福州市湖东路298号伊法达大厦五楼B座

电话:0591-7800884 传真:0591-7810369 电子信箱:fjsndm@publ.fz.fj.cn

证券事务代表:丁艳 联系地址:福州市湖东路298号伊法达大厦五楼A座

电话:0591-7840852 传真:0591-7810369 电子信箱:dingyan1994@sohu.com

#### 2.会计数据和财务指标摘要

2.1 主要会计数据 单位:人民币元

| 项目 | 2002年 | 2001年 | 本年比上年增减(%) | 2000年(调整后) |
|---|---|---|---|---|
| 主营业务收入 | 489,574,928.06 | 454,705,015.12 | 7.67 | 404,987,374.55 |
| 利润总额 | 15,344,371.97 | 35,396,964.03 | -56.65 | 6,280,455.54 |
| 净利润 | 15,469,241.64 | 2,786,722.32 | -44.48 | 4,417,807.86 |
| 扣除非经常性损益的净利润 | 3,364,854.45 | 5,400,753.45 | -37.69 | 1,221,350.40 |
| 项目 | 2002年末 | 2001年末 | 本年末比上年末增减(%) | 2000年末(调整后) |
| 总资产 | 1,236,353,766.01 | 1,089,298,716.75 | 13.50 | 969,436,534.10 |
| 股东权益(不含少数股东权益) | 496,233,313.60 | 479,864,071.96 | 3.41 | 467,269,229.64 |
| 经营活动产生的现金流量净额 | 43,509,160.30 | -3,272,293.96 | -- | 77,539,433.83 |

2.2 主要财务指标 单位:人民币元

| 项目 | 2002年 | 2001年 | 本年比上年增减(%) | 2000年(调整后) |
|---|---|---|---|---|
| 每股收益(摊薄) | 0.1013 | 0.1825 | -44.49 | 0.0289 |
| 每股收益(加权) | 0.1013 | 0.1825 | -44.49 | 0.0303 |
| 净资产收益率% | 3.12 | 5.75 | -45.74 | 0.95 |
| 扣除非经常性损益的净利润为基础计算的净资产收益率% | 0.68 | 1.11 | -38.74 | 0.26 |
| 每股经营活动产生的现金流量净额 | 0.2850 | -0.0214 | -- | 0.53 |
| 项目 | 2002年末 | 2001年末 | 本年末比上年末增减(%) | 2000年末(调整后) |
| 每股净资产 | 3.2504 | 3.1429 | 3.42 | 3.0607 |
| 调整后的每股净资产 | 3.0937 | 3.0699 | 0.78 | 2.9891 |

## 000737 南风化工集团股份有限公司

### 二〇〇二年年度报告摘选

#### 1.上市公司基本情况简介

1.1 基本情况简介

股票简称:南风化工 股票代码:000737 上市交易所:深圳证券交易所

注册地址和办公地址:山西省运城市解放路294号 邮政编码:044000

公司国际互联网网址:http://www.nafine.com 电子信箱:nafine@nafine.com

1.2 联系人和联系方式

董事会秘书:朱奇立 联系地址:山西省运城市解放路294号

电话:0359-8967035 传真:0359-2023302 电子信箱:nfhgzql@public.yc.sx.cn

证券事务代表:董云琪 联系地址:山西省运城市解放路294号

电话:0359-8967035 传真:0359-2023302 电子信箱:nfjtzq@nafine.com

#### 2.会计数据和财务指标摘要

2.1 主要会计数据 单位:(人民币)元

| | 2002年(本年) | 2001年(上年) | 本年比上年末增减(%) | 2000年 |
|---|---|---|---|---|
| 主营业务收入 | 2,481,720,357.83 | 2,152,013,728.90 | 15.32 | 2,403,431,115.13 |
| 利润总额 | 72,239,886.13 | 92,164,239.81 | -21.62 | 118,451,069.07 |
| 净利润 | 35,218,166.35 | 66,612,031.00 | -47.13 | 80,917,939.10 |
| 扣除非经常性损益的净利润 | 50,089,390.57 | 60,399,833.97 | -17.07 | 85,869,239.57 |
| | 2002年末(本年末) | 2001年末(上年末) | 本年末比上年末增减(%) | 2000年末 |
| 总资产 | 3,231,696,087.95 | 3,284,758,708.50 | -1.62 | 3,001,136,649.64 |
| 股东权益(不含少数股东权益) | 1,355,456,482.76 | 1,318,644,143.05 | 2.79 | 1,308,768,983.67 |
| 经营活动产生的现金流量净额 | 214,617,576.10 | 53,205,506.73 | 303.37 | 73,809,407.80 |

2.2 主要财务指标 单位:(人民币)元

| | 2002年(本年) | 2001年(上年) | 本年比上年增减(%) | 2000年(本年) |
|---|---|---|---|---|
| 每股收益 | 0.08 | 0.15 | -46.67 | 0.18 |
| 净资产收益率 | 2.60 | 5.05 | -2.58 | 6.18 |
| 扣除非经常性损益的净利润为基础计算的净资产收益率 | 3.70 | 4.71 | -1.01 | 6.28 |
| 每股经营活动产生的现金流量净额 | 0.47 | 0.12 | 291.67 | 0.16 |
| | 2002年末 | 2001年末 | 本年末比上年末增减(%) | 2000年末 |
| 每股净资产 | 2.96 | 2.88 | 2.42 | 2.86 |
| 调整后的每股净资产 | 2.92 | 2.86 | 2.10 | 2.83 |

## 000755 山西三维集团股份有限公司

### 二〇〇二年年度报告摘选

#### 1.上市公司基本情况简介

1.1 基本情况简介

股票简称:山西三维 股票代码:000755 上市交易所:深圳证券交易所

注册地址:太原市高新技术产业开发区VI-4区

办公地址:山西省洪洞县赵城山西三维公司 邮政编码:041603

公司国际互联网网址:http://www.sxsanwei.com 电子信箱:sxsw@sxsanwei.com

1.2 联系人和联系方式

董事会秘书:张亚平 联系地址:山西三维集团股份有限公司

电话:0357-6662666 传真:0357-6663566 电子信箱:swzhyp@sxsanwei.com

证券事务代表:梁国胜 联系地址:山西三维集团股份有限公司证券办

电话:0357-6663123 传真:0357-6663566 电子信箱:swzqb@sxsanwei.com

#### 2.会计数据和财务指标摘要

2.1 主要会计数据 单位:元

| | 2002年 | 2001年 | 本年比上年增减(%) | 2000年 |
|---|---|---|---|---|
| 主营业务收入 | 587,179,589.64 | 421,683,698.28 | 39.25 | 368,822,570.89 |
| 利润总额 | 84,130,949.02 | 65,119,992.83 | 29.19 | 61,900,811.15 |
| 净利润 | 57,043,769.10 | 56,043,561.25 | 1.78 | 51,442,674.39 |
| 扣除非经常性损益的净利润 | 55,027,086.90 | 55,949,907.24 | -1.65 | 51,442,674.39 |
| | 2002年末 | 2001年末 | 本年末比上年末增减(%) | 2000年末 |
| 总资产 | 1,595,781,681.56 | 1,408,462,795.52 | 13.30 | 1,303,902,293.97 |
| 股东权益(不含少数股东权益) | 873,683,886.31 | 850,854,348.59 | 2.68 | 829,529,891.78 |
| 经营活动产生的现金流量净额 | 66,001,391.22 | 188,804,116.99 | -65.04 | 110,596,746.10 |

2.2 主要财务指标 单位:元

| | 2002年 | 2001年 | 本年比上年增减(%) | 2000年 |
|---|---|---|---|---|
| 每股收益(加权) | 0.205 | 0.2018 | 1.59 | 0.1896 |
| 每股收益(摊薄) | 0.205 | 0.2018 | 1.59 | 0.1852 |
| 净资产收益率 | 6.53% | 6.59% | -0.91 | 6.20% |
| 扣除非经常性损益的净利润为基础计算的净资产收益率 | 6.30% | 6.58% | -4.26 | 6.20% |
| 每股经营活动产生的现金流量净额 | 0.238 | 0.68 | -65.00 | 0.398 |
| | 2002年末 | 2001年末 | 本年末比上年末增减(%) | 2000年末 |
| 每股净资产 | 3.146 | 3.0638 | 2.68 | 2.987 |
| 调整后的每股净资产 | 3.01 | 2.945 | 2.21 | 2.926 |

## 000763 锦州石化股份有限公司

### 二〇〇二年年度报告摘选

#### 1.上市公司基本情况简介

1.1 基本情况简介

证券简称:锦州石化 证券代码:000763 上市交易所:深圳证券交易所

注册地址和办公地址:辽宁省锦州市古塔区重庆路2号 邮政编码:121001

公司国际互联网网址:http://www.jzpc.com.cn 电子信箱:000763@163.com

1.2 联系人和联系方式

董事会秘书:陈建军 联系地址:辽宁省锦州市古塔区重庆路2号

电话:0416-4154721 传真:0416-4159024 电子信箱:000763@163.com

#### 2.会计数据和财务指标摘要

2.1 主要会计数据 单位:(人民币)元

| | 2002年(本年) | 2001年(上年) | 本年比上年增减(%) | 2000年 |
|---|---|---|---|---|
| 主营业务收入 | 9,031,262,868.00 | 8,638,731,987.00 | 4.54% | 9,063,535,101.00 |
| 利润总额 | 12,610,250.00 | 152,896,523.00 | -91.75% | 20,980,187.00 |
| 净利润 | 12,610,250.00 | 111,430,612.00 | -88.68% | -10,639,116.00 |
| 扣除非经常性损益的净利润 | 19,076,450.00 | 112,901,053.00 | -83.10% | 84,314,456.00 |
| | 2002年末(本年末) | 2001年末(上年末) | 本年末比上年末增减(%) | 2000年末 |
| 总资产 | 2,356,870,897.00 | 2,172,208,716.00 | 8.50% | 2,211,237,658.00 |
| 股东权益(不含少数股东权益) | 1,542,335,878.00 | 1,529,725,628.00 | 0.82% | 1,457,670,016.00 |
| 经营活动产生的现金流量净额 | 425,636,978.00 | 319,767,077.00 | 33.11% | 430,050,140.00 |

2.2 主要财务指标 单位:(人民币)元

| | 2002年(本年) | 2001年(上年) | 本年比上年增减(%) | 2000年 |
|---|---|---|---|---|
| 每股收益 | 0.02 | 0.14 | -88.65% | -0.01 |
| 每股收益* | 0.02 | -- | -- | -- |
| 净资产收益率 | 0.82% | 7.28% | -88.74% | -0.73% |
| 扣除非经常性损益的净利润为基础计算的净资产收益率 | 1.24% | 7.38% | -83.20% | 5.50% |
| 每股经营活动产生的现金流量净额 | 0.54 | 0.41 | 33.00% | 0.55 |
| | 2002年末(本年末) | 2001年末(上年末) | 本年末比上年末增减(%) | 2000年末 |
| 每股净资产 | 1.96 | 1.94 | 0.82% | 1.85 |
| 调整后的每股净资产 | 1.95 | 1.86 | 4.90% | 1.83 |

## 000782 广东新会美达锦纶股份有限公司

### 二〇〇二年年度报告摘选

#### 1.上市公司基本情况简介

1.1 基本情况简介

证券简称:美达股份 证券代码:000782 上市交易所:深圳证券交易所

注册地址和办公地址:广东省江门市新会区江会路上浅口 邮政编码:529100

公司国际互联网网址:http://www.meidanylon.com 电子信箱:meida@meidanylon.com

1.2 联系人和联系方式

董事会秘书:胡振华 联系地址:广东新会江会路上浅口

电话:07506107981 传真:07506107975 电子信箱:meida@meidanylon.com

#### 2.会计数据和财务指标摘要

2.1 主要会计数据 单位:(人民币)元

| | 2002年(本年) | 2001年(上年) 调整后 | 2001年(上年) 调整前 | 本年比上年增减(%) | 2000年 |
|---|---|---|---|---|---|
| 主营业务收入 | 1,183,001,092.44 | 991,556,656.09 | 991,556,656.09 | 19.31% | 853,888,015.36 |
| 利润总额 | 61,564,756.77 | 22,864,831.16 | 25,287,873.36 | 169.26% | 16,795,164.80 |
| 净利润 | 36,162,132.57 | 15,164,509.93 | 17,587,552.13 | 138.47% | 5,779,718.81 |
| 扣除非经常性损益的净利润 | 34,192,510.51 | 15,637,456.02 | 18,060,498.22 | 118.66% | 30,097,375.86 |
| | 2002年末(本年末) | 2001年末(上年末) 调整后 | 2001年末(上年末) 调整前 | 本年末比上年增减(%) | 2000年末 |
| 总资产 | 1,829,707,227.75 | 1,435,446,938.44 | 1,436,660,916.84 | 27.47% | 1,437,869,980.64 |
| 股东权益(不含少数股东权益) | 802,909,909.69 | 774,327,777.12 | 785,804,034.85 | 3.69% | 778,478,482.73 |
| 经营活动产生的现金流量净额 | 156,502,140.35 | 188,912,877.35 | 188,912,877.35 | -17.16% | 120,595,850.88 |

2.2 主要财务指标 单位:(人民币)元

| | 2002年(本年) | 2001年(上年) 调整后 | 2001年(上年) 调整前 | 本年比上年增减(%) | 2000年 |
|---|---|---|---|---|---|
| 每股收益 | 0.11 | 0.04 | 0.05 | 140.91% | 0.02 |
| 净资产收益率 | 4.50% | 1.96% | 2.24% | 129.59% | 1.74% |
| 扣除非经常性损益的净利润为基础计算的净资产收益率 | 4.26% | 2.02% | 2.31% | 110.89% | 3.87% |
| 每股经营活动产生的现金流量净额 | 0.46 | 0.55 | 0.55 | -17.03% | 0.35 |
| | 2002年末(本年末) | 2001年末(上年末) 调整后 | 2001年末(上年末) 调整前 | 本年末比上年末增减(%) | 2000年末 |
| 每股净资产 | 2.35 | 2.26 | 2.30 | 3.71% | 2.28 |
| 调整后的每股净资产 | 2.34 | 2.26 | 2.29 | 3.54% | 2.16 |

## 000783 石家庄炼油化工股份有限公司

### 二〇〇二年年度报告摘选

#### 1.上市公司基本情况简介

1.1 基本情况简介

证券简称:石炼化 证券代码:000783 上市交易所:深圳证券交易所

注册地址和办公地址:河北省石家庄市高新技术产业开发区黄河大道151号石家庄炼油化工股份有限公司

邮政编码:050032

公司国际互联网网址:http://www.cninfo.com.cn 电子信箱:tfge0178@sina.com

1.2 联系人和联系方式

董事会秘书:滕峰阁 联系地址:石家庄炼油化工股份有限公司证券部

电话:0311-5161160 传真:0311-5161138 电子信箱:tfge0178@sina.com

证券事务代表:李金瑞 联系地址:石家庄炼油化工股份有限公司证券部

电话:0311-5161160 传真:0311-5161138

#### 2.会计数据和财务指标摘要

2.1 主要会计数据 单位:(人民币)元

| | 2002年(本年) | 2001年(上年) | 本年比上年增减(%) | 2000年 |
|---|---|---|---|---|
| 主营业务收入 | 4,774,116,862.93 | 5,192,302,003.80 | -8.05% | 5,766,362,364.35 |
| 利润总额 | 19,704,957.37 | 9,707,447.99 | 102.99% | -180,662,681.00 |
| 净利润 | 7,742,810.11 | -5,923,217.39 | -- | -207,736,372.48 |
| 扣除非经常性损益的净利润 | 1,246,390.88 | 20,305,077.92 | -93.86% | -209,622,306.17 |
| | 2002年末(本年末) | 2001年末(上年末) | 本年末比上年末增减(%) | 2000年末 |
| 总资产 | 2,735,944,952.95 | 2,826,621,012.46 | -3.21% | 3,111,010,562.40 |
| 股东权益(不含少数股东权益) | 1,730,087,493.75 | 1,716,925,910.03 | 0.77% | 1,827,259,743.86 |
| 经营活动产生的现金流量净额 | 164,084,304.03 | 235,526,728.67 | -30.33% | 88,999,867.47 |

2.2 主要财务指标 单位:(人民币)元

| | 2002年(本年) | 2001年(上年) | 本年比上年增减(%) | 2000年 |
|---|---|---|---|---|
| 每股收益 | 0.01 | -0.01 | -- | 0.18 |
| 每股收益* | 0.01 | -- | -- | -- |
| 净资产收益率 | 0.45% | -0.34% | -- | -11.37% |
| 扣除非经常性损益的净利润为基础计算的净资产收益率 | 0.07% | 1.18% | -94.07% | -11.47% |
| 每股经营活动产生的现金流量净额 | 0.14 | 0.00 | -- | 0.08 |
| | 2002年末(本年末) | 2001年末(上年末) | 本年末比上年末增减(%) | 2000年末 |
| 每股净资产 | 1.50 | 1.49 | 0.77% | 1.58 |
| 调整后的每股净资产 | 1.48 | 1.48 | -0.15% | 1.47 |

## 000791 西北永新化工股份有限公司

### 二〇〇二年年度报告摘选

#### 1.上市公司基本情况简介

1.1 基本情况简介

证券简称:西北化工 证券代码:000791 上市交易所:深圳证券交易所

注册地址和办公地址:兰州市东岗东路1205号 邮政编码:730020

公司国际互联网网址:http://www.yongxinchem.com 电子信箱:yongxin@public.lz.gs.cn

1.2 联系人和联系方式

董事会秘书:曹忆峰 联系地址:兰州市东岗东路1205号

电话:0931-4862482 传真:0931-8497112 电子信箱:cyf1000@263.net

证券事务代表:王志哲 联系地址:兰州市东岗东路1205号

电话:0931-4862482 传真:0931-8497112 电子信箱:xbhgwzz@sina.com

#### 2.会计数据和财务指标摘要

2.1 主要会计数据 单位:(人民币)元

| | 2002年(本年) | 2001年(上年) | 本年比上年增减(%) | 2000年 |
|---|---|---|---|---|
| 主营业务收入 | 80,124,790.28 | 88,553,828.28 | -9.52% | 100,030,245.73 |
| 利润总额 | 1,880,335.22 | 158,332.00 | 1087.59% | 31,137,127.53 |
| 净利润 | 1,158,560.48 | 108,557.44 | 967.23% | 25,722,789.83 |
| 扣除非经常性损益的净利润 | -18,324,530.48 | 298,959.06 | -6229.44% | 25,492,920.86 |
| | 2002年末(本年末) | 2001年末(上年末) | 本年末比上年末增减(%) | 2000年末 |
| 总资产 | 609,898,341.17 | 625,671,892.32 | -2.52% | 542,242,905.51 |
| 股东权益(不含少数股东权益) | 360,085,538.81 | 358,926,978.33 | 0.32% | 358,818,420.89 |
| 经营活动产生的现金流量净额 | -15,754,392.84 | -38,878,440.62 | -- | 44,122,815.34 |

2.2 主要财务指标 单位:(人民币)元

| | 2002年(本年) | 2001年(上年) | 本年比上年增减(%) | 2000年 |
|---|---|---|---|---|
| 每股收益 | 0.0061 | 0.0006 | 916.67% | 0.14 |
| 每股收益* | 0.01 | -- | -- | -- |
| 净资产收益率 | 0.32% | 0.03% | 966.67% | 7.36% |
| 扣除非经常性损益的净利润为基础计算的净资产收益率 | -5.09% | 0.08% | -6462.50% | 7.57% |
| 每股经营活动产生的现金流量净额 | -0.08 | -0.21 | -- | 0.23 |
| | 2002年末(本年末) | 2001年末(上年末) | 本年末比上年末增减(%) | 2000年末 |
| 每股净资产 | 1.91 | 1.90 | 0.32% | 1.90 |
| 调整后的每股净资产 | 1.90 | 1.90 | 0.25% | 1.90 |

## 000792 青海盐湖钾肥股份有限公司

### 二〇〇二年年度报告摘选

#### 1.上市公司基本情况简介

1.1 基本情况简介

证券简称:盐湖钾肥 证券代码:000792 上市交易所:深圳证券交易所

注册地址和办公地址:青海省格尔木市察尔汗 邮政编码:816005

电子信箱:yhjf0792@sina.com

1.2 联系人和联系方式

董事会秘书:吴文好 联系地址:青海省格尔木市黄河路1号

电话:0979-8448121 传真:0979-8417445 电子信箱:yhjf0792@sina.com

证券事务代表:张继文 联系地址:青海省格尔木市黄河路1号

电话:0979-8448121 传真:0979-8417445 电子信箱:yhjf0792@sina.com

#### 2.会计数据和财务指标摘要

2.1 主要会计数据 单位:(人民币)元

| | 2002年(本年) | 2001年(上年) | 本年比上年增减(%) | 2000年 |
|---|---|---|---|---|
| 主营业务收入 | 436,443,208.72 | 293,366,217.13 | 48.77% | 229,127,741.59 |
| 利润总额 | 116,361,461.81 | 98,233,739.28 | 18.45% | 79,080,429.06 |
| 净利润 | 92,144,781.34 | 81,018,622.94 | 13.73% | 68,799,973.28 |
| 扣除非经常性损益的净利润 | 91,794,244.14 | 81,113,890.52 | 13.17% | 68,876,482.66 |
| | 2002年末(本年末) | 2001年末(上年末) | 本年末比上年末增减(%) | 2000年末 |
| 总资产 | 1,426,062,260.18 | 1,021,329,068.20 | 39.63% | 882,064,499.94 |
| 股东权益(不含少数股东权益) | 1,073,063,976.29 | 664,273,817.21 | 61.54% | 634,843,159.20 |
| 经营活动产生的现金流量净额 | 82,446,173.69 | 76,293,799.72 | 8.06% | -548,973.22 |

2.2 主要财务指标 单位:(人民币)元

| | 2002年(本年) | 2001年(上年) | 本年比上年增减(%) | 2000年 |
|---|---|---|---|---|
| 每股收益 | 0.36 | 0.37 | -1.91% | 0.31 |
| 每股收益* | 0.36 | -- | -- | -- |
| 净资产收益率 | 8.55% | 12.15% | -29.63% | 10.70% |
| 扣除非经常性损益的净利润为基础计算的净资产收益率 | 13.20% | 12.19% | 8.29% | 10.99% |
| 每股经营活动产生的现金流量净额 | 0.32 | 0.35 | -6.72% | -0.00 |
| | 2002年末(本年末) | 2001年末(上年末) | 本年末比上年末增减(%) | 2000年末 |
| 每股净资产 | 4.19 | 3.01 | 39.44% | 2.87 |
| 调整后的每股净资产 | 4.15 | 2.98 | 39.48% | 2.82 |

## 000818 锦化化工集团氯碱股份有限公司

### 二○○二年年度报告摘选

#### 1.上市公司基本情况简介

1.1 基本情况简介

证券简称:锦化氯碱 证券代码:000818 上市交易所:深圳证券交易所

注册地址和办公地址:辽宁省葫芦岛市连山区化工街 邮政编码:125001

公司国际互联网网址:http://www.cninfo.com.cn 电子信箱:jhca@jinhuagroup.com

1.2 联系人和联系方式

董事会秘书:赵志鹏 联系地址:辽宁省葫芦岛市连山区化工街公司证券部

电话:0429－2709065 传真:0429－2901152 电子信箱:jhca@jinhuagroup.com

证券事务代表:毛万良 联系地址:辽宁省葫芦岛市连山区化工街公司证券部

电话:0429－2709065 传真:0429－2901152 电子信箱:jhca@jinhuagroup.com

#### 2.会计数据和财务指标摘要

2.1 主要会计数据 单位:(人民币)元

| | 2002 年(本年) | 2001 年(上年) | 本年比上年增减(%) | 2000 年 |
|---|---|---|---|---|
| 主营业务收入 | 1,390,407,999.75 | 1,125,433,828.52 | 23.54% | 743,437,866.78 |
| 利润总额 | 2,752,357.13 | －30,544,691.67 | －－ | 42,809,815.02 |
| 净利润 | 2,752,357.13 | －20,808,472.51 | －－ | 27,580,319.48 |
| 扣除非经常性损益的净利润 | －110,580,503.10 | －10,665,333.42 | －－ | 24,459,196.31 |
| | 2002 年末(本年末) | 2001 年末(上年末) | 本年末比上年末增减(%) | 2000 年末 |
| 总资产 | 3,100,082,701.81 | 3,019,806,523.11 | 2.66% | 2,535,236,695.97 |
| 股东权益(不含少数股东权益) | 1,146,736,264.75 | 1,141,266,440.25 | 0.48% | 975,950,106.58 |
| 经营活动产生的现金流量净额 | 218,303,273.21 | 170,939,432.99 | 27.71% | －3,308,919.08 |

2.2 主要财务指标 单位:(人民币)元

| | 2002 年(本年) | 2001 年(上年) | 本年比上年增减(%) | 2000 年 |
|---|---|---|---|---|
| 每股收益 | 0.01 | －0.06 | －－ | 0.08 |
| 每股收益 * | 0.01 | －－ | －－ | －－ |
| 净资产收益率 | 0.24% | －1.82% | －－ | 2.83% |
| 扣除非经常性损益的净利润为基础计算的净资产收益率 | －9.64% | －1.10% | －－ | 1.09% |
| 每股经营活动产生的现金流量净额 | 0.64 | 0.50 | 27.65% | －0.01 |
| | 2002 年末(本年末) | 2001 年末(上年末) | 本年末比上年末增减(%) | 2000 年末 |
| 每股净资产 | 3.37 | 3.36 | 0.49% | 2.87 |
| 调整后的每股净资产 | 3.24 | 3.24 | 0.00% | 2.78 |

## 000819 岳阳兴长石化股份有限公司

### 二○○二年年度报告摘选

#### 1.上市公司基本情况简介

1.1 基本情况简介

股票简称:岳阳兴长 股票代码:000819 上市交易所:深圳证券交易所

注册地址和办公地址:湖南省岳阳市云溪区 邮政编码:414012

公司国际互联网网址:http://www.yyxc0819.com 电子信箱:Zqbu@clpec.com.cn

1.2 联系人和联系方式

董事会秘书:彭东升 联系电话:0730－8843910/8452594 传真:0730－8843910/8439202

联系地址:公司证券部(岳阳市金鹗中路康特大厦十楼) 电子信箱:Pdsen@clpec.com.cn

证券事务代表:谭人杰 联系地址:公司证券部(岳阳市金鹗中路康特大厦十楼)

电话:0730－8844021/8452837 传真:0730－8844930/8439102 电子信箱:Zqbu@clpec.com.cn

#### 2.会计数据和财务指标摘要

2.1 主要会计数据 单位:元

| 项目 | 2002 年 | 2001 年 | 本年比上年增减(%) | 2000 年 |
|---|---|---|---|---|
| 主营业务收入 | 814,412,490.50 | 691,433,345.33 | 17.79 | 697,106,908.22 |
| 利润总额 | 30,117,254.64 | 34,452,214.55 | －12.58 | 48,811,883.73 |
| 净利润 | 23,602,076.13 | 32,520,082.12 | －27.42 | 37,241,558.90 |
| 扣除非经常性损益的净利润 | 23,732,460.21 | 32,464,287.81 | －26.90 | 37,241,558.90 |
| 项目 | 2002 年末 | 2001 年末 | 增减(%) | 2000 年末 |
| 总资产 | 608,693,906.73 | 540,672,833.80 | 12.58 | 384,375,898.81 |
| 股东权益 | 367,290,554.28 | 351,944,368.27 | 4.36 | 340,066,018.65 |
| 经营活动产生的现金流量净额 | 42,362,377.82 | 14,928,231.77 | 183.77 | 46,402,614.66 |

2.2 主要财务指标 单位:元

| 项目 | 2002 年 | 2001 年 | 本年比上年增减(%) | 2000 年 |
|---|---|---|---|---|
| 每股收益 | 0.143 | 0.197 | －27.41 | 0.226 |
| 每股收益 | 0.144 | 0.197 | －26.90 | 0.226 |
| 净资产收益率 | 6.426 | 9.24 | －30.46 | 11.0 |
| 扣除非经常性损益的净利润为基础计算的净资产收益率 | 6.461 | 9.23 | －30.00 | 11.0 |
| 每股经营活动产生的现金流量净额 | 0.257 | 0.090 | 192.22 | 0.281 |
| 项目 | 2002 年末 | 2001 年末 | 增减(%) | 2000 年末 |
| 每股净资产 | 2.224 | 2.131 | 4.36 | 2.059 |
| 调整后的每股净资产 | 2.198 | 2.106 | 4.37 | 2.046 |

## 000822 山东海化股份有限公司

### 二○○二年年度报告摘选

#### 1.上市公司基本情况简介

1.1 基本情况简介

证券简称:山东海化 证券代码:000822 上市交易所:深圳证券交易所

注册地址和办公地址:山东省潍坊海洋化工高新技术产业开发区 邮政编码:262737

公司国际互联网网址:http://www.sd－haihua.com 电子信箱:hhgf@haihua.chem.com.cn

1.2 联系人和联系方式

董事会秘书:吴炳顺 联系地址:山东省潍坊海洋化工高新技术产业开发区

电话:0536－5329379 传真:0536－5329879 电子信箱:wfzqb@wf－public.sd.cninfo.net

证券事务代表:李光强 联系地址:山东省潍坊海洋化工高新技术产业开发区

电话:0536－5329931 传真:0536－5329879 电子信箱:wfzqb@wf－public.sd.cninfo.net

#### 2.会计数据和财务指标摘要

2.1 主要会计数据 单位:(人民币)元

| | 2002 年(本年) | 2001 年(上年) | 本年比上年增减(%) | 2000 年 |
|---|---|---|---|---|
| 主营业务收入 | 1,882,302,813.60 | 1,439,028,480.19 | 30.80% | 1,168,186,978.10 |
| 利润总额 | 195,977,864.08 | 210,765,142.15 | －7.02% | 185,731,232.88 |
| 净利润 | 135,683,167.12 | 182,017,028.58 | －25.46% | 155,083,602.88 |
| 扣除非经常性损益的净利润 | 133,354,428.22 | 137,379,423.34 | －2.93% | 124,104,220.85 |
| | 2002 年末(本年末) | 2001 年末(上年末) | 本年末比上年末增减(%) | 2000 年末 |
| 总资产 | 2,997,991,005.27 | 3,037,381,205.40 | －1.30% | 2,312,710,409.35 |
| 股东权益(不含少数股东权益) | 1,741,491,187.32 | 1,651,452,947.42 | 5.45% | 1,182,857,300.29 |
| 经营活动产生的现金流量净额 | 360,964,448.27 | 252,938,415.50 | 42.71% | 445,421,876.84 |

2.2 主要财务指标 单位:(人民币)元

| | 2002 年(本年) | 2001 年(上年) | 本年比上年增减(%) | 2000 年 |
|---|---|---|---|---|
| 每股收益 | 0.30 | 0.40 | －25.59% | 0.37 |
| 净资产收益率 | 7.79% | 11.02% | －29.31% | 13.25% |
| 扣除非经常性损益的净利润为基础计算的净资产收益率 | 7.66% | 8.32% | －7.93% | 10.49% |
| 每股经营活动产生的现金流量净额 | 0.79 | 0.55 | 42.76% | 1.06 |
| | 2002 年末(本年末) | 2001 年末(上年末) | 本年末比上年末增减(%) | 2000 年末 |
| 每股净资产 | 3.80 | 3.60 | 5.47% | 2.81 |
| 调整后的每股净资产 | 3.72 | 3.43 | 8.45% | 2.72 |

## 000826 国投原宜实业股份有限公司

### 二○○二年年度报告摘选

#### 1.上市公司基本情况简介

1.1 基本情况简介

证券简称:ST 原宜 证券代码:000826 上市交易所:深圳证券交易所

注册地址和办公地址:湖北省宜昌市沿江大道 114 号 邮政编码:443000

公司国际互联网网址:http://www.gtyy.com 电子信箱:gtyy@hotmail.com

1.2 联系人和联系方式

董事会秘书:吴晓东 联系地址:湖北省宜昌市沿江大道 114 号国投原宜大楼

电话:0717－6236206 传真:0717－6233167 电子信箱:gtyy@hotmail.com

证券事务代表:张维娅 联系地址:湖北省宜昌市沿江大道 114 号国投原宜大楼

电话:0717－6236206 传真:0717－6233167 电子信箱:gtyy@hotmail.com

#### 2.会计数据和财务指标摘要

2.1 主要会计数据 单位:(人民币)元

| | 2002 年(本年) | 2001 年(上年) | 本年比上年增减(%) | 2000 年 |
|---|---|---|---|---|
| 主营业务收入 | 49,029,156.91 | 123,184,682.90 | －60.20% | 162,252,466.71 |
| 利润总额 | －107,045,712.00 | －62,037,650.22 | －－ | 0.00 |
| 净利润 | －107,045,712.00 | －62,037,650.22 | －－ | －31,551,357.86 |
| 扣除非经常性损益的净利润 | －65,855,944.85 | －64,756,671.73 | －－ | －30,853,810.00 |
| | 2002 年末(本年末) | 2001 年末(上年末) | 本年末比上年末增减(%) | 2000 年末 |
| 总资产 | 365,124,177.39 | 547,555,300.66 | －33.32% | 577,071,958.24 |
| 股东权益(不含少数股东权益) | 194,972,032.91 | 298,847,952.41 | －34.76% | 360,238,914.72 |
| 经营活动产生的现金流量净额 | －14,455,611.27 | 13,718,464.71 | －205.37% | －17,604,821.00 |

2.2 主要财务指标

单位:(人民币)元

| | 2002 年(本年) | 2001 年(上年) | 本年比上年增减(%) | 2000 年 |
|---|---|---|---|---|
| 每股收益 | －0.59 | －0.34 | － | －0.11 |
| 每股收益 * | －0.59 | －－ | －－ | －－ |
| 净资产收益率 | －54.90% | －20.76% | －－ | －9.80% |
| 扣除非经常性损益的净利润为基础计算的净资产收益率 | －26.84% | －21.67% | －－ | －10.00% |
| 每股经营活动产生的现金流量净额 | －0.08 | 0.08 | －205.26% | 0.10 |
| | 2002 年末(本年末) | 2001 年末(上年末) | 本年末比上年末增减(%) | 2000 年末 |
| 每股净资产 | 1.07 | 1.65 | －34.79% | 2.19 |
| 调整后的每股净资产 | 1.07 | 1.64 | －34.76% | 2.17 |

## 000830 山东鲁西化工股份有限公司

### 二〇〇二年年度报告摘选

#### 1.上市公司基本情况简介

1.1 基本情况简介

证券简称:鲁西化工 证券代码:000830 上市交易所:深圳证券交易所 邮政编码:252000
注册地址:山东省聊城市鲁化路 68 号 办公地址:山东省聊城市鲁化路 68 号
公司国际互联网网址:http://www.luxichemical.com 电子信箱:lclxhg@public.lcptt.sd.cn

1.2 联系人和联系方式

董事会秘书:梁和军 联系地址:山东省聊城市鲁化路 68 号
电话:0635-8332286 传真:0635-8332286 电子信箱:lxhg@lc-public.cninfo.sd.net
证券事务代表:陶广强 联系地址:山东省聊城市鲁化路 68 号
电话:0635-8332286 传真:0635-8334366 电子信箱:taodu@public.lcptt.sd.cn

#### 2.会计数据和财务指标摘要

2.1 主要会计数据 单位:(人民币)元

| | 2002 年(本年) | 2001 年(上年) | 本年比上年增减(%) | 2000 年 |
|---|---|---|---|---|
| 主营业务收入 | 1,246,607,733.05 | 973,882,109.44 | 28.00% | 958,831,094.05 |
| 利润总额 | 106,250,981.98 | 73,659,644.26 | 44.25% | 59,034,947.76 |
| 净利润 | 71,155,754.12 | 59,555,922.01 | 19.48% | 47,526,030.78 |
| 扣除非经常性损益的净利润 | 61,058,975.86 | 36,207,336.78 | 68.64% | 57,810,963.35 |
| | 2002 年末(本年末) | 2001 年末(上年末) | 本年末比上年末增减(%) | 2000 年末 |
| 总资产 | 2,083,326,678.48 | 1,903,477,610.61 | 9.45% | 1,859,881,598.66 |
| 股东权益(不含少数股东权益) | 979,588,767.89 | 907,973,668.09 | 7.89% | 898,240,816.08 |
| 经营活动产生的现金流量净额 | 143,388,149.45 | 147,815,084.42 | -2.99% | 86,999,676.77 |

2.2 主要财务指标 单位:(人民币)元

| | 2002 年(本年) | 2001 年(上年) | 本年比上年增减(%) | 2000 年 |
|---|---|---|---|---|
| 每股收益 | 0.29 | 0.24 | 19.67% | 0.19 |
| 每股收益* | 0.27 | - | - | - |
| 净资产收益率 | 7.26% | 6.56% | 10.67% | 5.29% |
| 扣除非经常性损益的净利润为基础计算的净资产收益率 | 6.47% | 3.90% | 65.90% | 6.86% |
| 每股经营活动产生的现金流量净额 | 0.58 | 0.59 | -2.87% | 0.35 |
| | 2002 年末(本年末) | 2001 年末(上年末) | 本年末比上年末增减(%) | 2000 年末 |
| 每股净资产 | 3.93 | 3.65 | 7.87% | 3.61 |
| 调整后的每股净资产 | 3.92 | 3.64 | 7.58% | 3.60 |

## 000866 中国石化扬子石油化工股份有限公司

### 二〇〇二年年度报告摘选

#### 1.上市公司基本情况简介

1.1 基本情况简介

股票简称:扬子石化 股票代码:000866 上市交易所:深圳证券交易所
注册地址:南京高新技术产业开发区学府路 1 号
办公地址:南京市六合区沿江开发区新华路 777 号 邮政编码:210048
公司国际互联网网址:http://www.ypc.com.cn 电子信箱:dms@ypc.com.cn

1.2 联系人和联系方式

董事会秘书:吴鹏鸣 联系地址:南京市六合区沿江开发区新华路 777 号
电话:(025)7787735、7787739 传真:(025)7787755 电子信箱:dms@ypc.com.cn

#### 2.会计数据和财务指标摘要

2.1 主要会计数据 单位:人民币元

| | 2002 年(本年) | 2001 年(上年) | 本年比上年增减(%) | 2000 年 调整前 | 2000 年 调整后 |
|---|---|---|---|---|---|
| 主营业务收入 | 15,149,224,272.40 | 12,812,295,143.72 | 18.24 | 15,378,499,163.29 | 15,378,499,163.29 |
| 利润总额 | 714,800,805.53 | 35,040,087.57 | 1,939.95 | 737,005,494.61 | 737,005,494.61 |
| 净利润 | 625,149,166.82 | 35,040,087.57 | 1,684.10 | 650,919,944.36 | 650,919,944.36 |
| 扣除非经常性损益的净利润 | 649,802,804.49 | -4,369,960.89 | -14,969.76 | 658,085,122.35 | 658,085,122.35 |
| | 2002 年(本年末) | 2001 年(上年末) | 本年末比上年末增减(%) | 2000 年末 | |
| 总资产 | 13,473,506,901.44 | 11,790,102,040.72 | 14.28 | 10,602,231,855.02 | 10,602,231,855.02 |
| 股东权益(不含少数股东权益) | 5,843,490,400.93 | 5,216,644,732.06 | 12.02 | 5,181,402,725.52 | 5,181,402,725.52 |
| 经营活动产生的现金流量净额 | 1,140,872,112.18 | 1,029,432,651.06 | 10.83 | 1,195,726,961.72 | 1,195,726,961.72 |

2.2 主要财务指标 单位:人民币元

| | 2002 年 | 2001 年 | 本年比上年增减(%) | 2000 年 调整前 | 2000 年 调整后 |
|---|---|---|---|---|---|
| 每股收益 | 0.27 | 0.02 | 1,684.10 | 0.28 | 0.28 |
| 每股收益* | 0.27 | 0.02 | 1,684.10 | 0.28 | 028 |
| 净资产收益率 | 10.70 | 0.67 | 1,492.71 | 12.51 | 12.56 |
| 扣除非经常性损益的净利润为基础计算的净资产收益率 | 11.12 | -0.08 | -13,374.65 | 0.28 | 0.28 |
| 每股经营活动产生的现金流量净额 | 0.49 | 0.44 | 10.83 | 0.51 | 0.51 |
| | 2002 年末 | 2001 年末 | 本年末比上年末增减(%) | 2000 年末 | |
| 每股净资产 | 2.51 | 2.24 | 11.96 | 2.22 | 2.22 |
| 调整后的每股净资产 | 2.48 | 2.19 | 13.24 | 2.17 | 2.18 |

## 000832 黑龙江龙涤股份有限公司

### 二〇〇二年年度报告摘选

#### 1.上市公司基本情况简介

1.1 基本情况简介

证券简称:龙涤股份 证券代码:000832 上市交易所:深圳证券交易所
注册地址和办公地址:黑龙江省阿城市和平街 邮政编码:150316
公司国际互联网网址:http://www.longdi-group.Com.Cn
电子信箱:S630211@public.hr.hl.cn

1.2 联系人和联系方式

董事会秘书:刘克奇 联系地址:黑龙江省阿城市和平街
电话:0451-3717068 传真:0451-3717473 电子信箱:liukeqi0832@sina.com
证券事务代表:宋士龙 联系地址:黑龙江省阿城市和平街
电话:0451-3715276 传真:0451-3717473 电子信箱:songshilong0832@sina.com

#### 2.会计数据和财务指标摘要

2.1 主要会计数据 单位:(人民币)元

| | 2002 年(本年) | 2001 年(上年) | 本年比上年增减(%) | 2000 年 |
|---|---|---|---|---|
| 主营业务收入 | 1,252,584,436.09 | 1,043,347,402.89 | 20.05% | 1,170,335,246.51 |
| 利润总额 | 56,235,752.92 | 65,716,035.80 | -14.43% | 126,401,401.39 |
| 净利润 | 34,868,802.97 | 47,823,671.60 | -27.09% | 95,127,034.69 |
| 扣除非经常性损益的净利润 | 34,868,802.97 | 36,419,887.66 | -4.26% | 95,127,034.69 |
| | 2002 年末(本年末) | 2001 年末(上年末) | 本年末比上年末增减(%) | 2000 年末 |
| 总资产 | 1,853,084,351.56 | 1,548,410,643.26 | 19.68% | 1,480,567,798.80 |
| 股东权益(不含少数股东权益) | 1,278,841,562.14 | 1,243,972,759.17 | 2.80% | 1,230,754,884.79 |
| 经营活动产生的现金流量净额 | 155,092,266.80 | -96,887,624.88 | - | 107,211,266.20 |

2.2 主要财务指标 单位:(人民币)元

| | 2002 年(本年) | 2001 年(上年) | 本年比上年增减(%) | 2000 年 |
|---|---|---|---|---|
| 每股收益 | 0.10 | 0.14 | -27.10% | 0.27 |
| 每股收益* | 0.10 | -- | -- | -- |
| 净资产收益率 | 2.73% | 3.84% | -28.91% | 7.69% |
| 扣除非经常性损益的净利润为基础计算的净资产收益率 | 2.73% | 2.93% | -6.83% | 7.69% |
| 每股经营活动产生的现金流量净额 | 0.44 | -0.28 | -- | 0.31 |
| | 2002 年末(本年末) | 2001 年末(上年末) | 本年末比上年末增减(%) | 2000 年末 |
| 每股净资产 | 3.63 | 3.53 | 2.80% | 3.52 |
| 调整后的每股净资产 | 3.62 | 3.51 | 3.13% | 3.49 |

## 000912 四川泸天化股份有限公司

### 二〇〇二年年度报告摘选

#### 1.上市公司基本情况简介

1.1 基本情况简介

证券简称:泸天化 证券代码:000912 上市交易所:深圳证券交易所
注册地址:四川省成都市 办公地址:四川省泸州市纳溪区 邮政编码:646300
公司国际互联网网址:http://www.lth-inc.com.cn
电子信箱:LTHoffice@lz-public.sc.cninfo.net

1.2 联系人和联系方式

董事会秘书:索隆敏 联系地址:四川省泸州市四川泸天化股份有限公司
电话:0830-4122370 传真:0830-4125103 电子信箱:S0531224@sina.com
证券事务代表:张斌 联系地址:四川省泸州市四川泸天化股份有限公司财务部
电话:0830-4125103 传真:0830-4125103 电子信箱:Zbb911@vip.163.com

#### 2.会计数据和财务指标摘要

2.1 主要会计数据

| | 2002 年 | 2001 年 | 本年比上年增减(%) | 2000 年 |
|---|---|---|---|---|
| 主营业务收入 | 1,694,175,491.73 | 1,540,703,674.31 | 9.96 | 1,375,511,639.10 |
| 利润总额 | 151,858,669.95 | 129,776,151.75 | 17.02 | 175,711,122.86 |
| 净利润 | 114,165,466.84 | 103,930,604.03 | 9.85 | 123,408,834.70 |
| 扣除非经常性损益的净利润 | 101,999,745.38 | 81,423,122.75 | 25.27 | 94,044,800.10 |
| | 2002 年末 | 2001 年末 | 本年末比上年末增减(%) | 2000 年末 |
| 总资产 | 3,662,383,540.54 | 3,409,283,186.43 | 7.42 | 3,575,049,572.96 |
| 股东权益(不含少数股东权益) | 1,527,854,611.23 | 1,501,106,413.08 | 1.78 | 1,442,105,809.05 |
| 经营活动产生的现金流量净额 | 288,887,240.82 | 315,089,875.91 | -8.32 | 389,116,451.05 |

2.2 主要财务指标

| | 2002 年 | 2001 年 | 本年比上年增减(%) | 2000 年 |
|---|---|---|---|---|
| 每股收益 | 0.254 | 0.231 | 9.96 | 0.274 |
| 净资产收益率 | 7.47 | 6.92 | 7.95 | 8.56 |
| 扣除非经常性损益的净利润为基础计算的净资产收益率 | 6.55 | 5.52 | 17.93 | 6.79 |
| 每股经营活动产生的现金流量净额 | 0.64 | 0.70 | -8.57 | 0.86 |
| | 2002 年末 | 2001 年末 | 本年末比上年末增减(%) | 2000 年末 |
| 每股净资产 | 3.395 | 3.336 | 1.77 | 3.205 |
| 调整后的每股净资产 | 3.278 | 3.175 | 3.24 | 3.032 |

## 000949 新乡化纤股份有限公司

### 二〇〇二年年度报告摘选

#### 1.上市公司基本情况简介

1.1 基本情况简介

证券简称:新乡化纤 证券代码:000949 上市交易所:深圳证券交易所

注册地址和办公地址:河南省新乡市北站区锦园路 1 号 邮政编码:453011

公司国际互联网网址:http://www.bailu.com 电子信箱:Bailu@public.xxptt.ha.cn

1.2 联系人和联系方式

董事会秘书:王文新 联系地址:河南省新乡市北站区锦园路 1 号

电话:0373－3978813 传真:0373－3911359 电子信箱:xxbailu@263.net

证券事务代表:肖树彬 联系地址:河南省新乡市北站区锦园路 1 号

电话:0373－3978966 传真:0373－3911359 电子信箱:Xiaoqj2333@163.com

#### 2.会计数据和财务指标摘要

2.1 主要会计数据 单位:(人民币)元

| | 2002 年(本年) | 2001 年(上年) | 本年比上年增减(%) | 2000 年 |
|---|---|---|---|---|
| 主营业务收入 | 803,955,348.48 | 731,467,422.97 | 9.91 | 635,949,635.40 |
| 利润总额 | 100,396,291.11 | 31,822,164.30 | 215.49 | 122,906,227.77 |
| 净利润 | 74,305,562.81 | 32,295,386.55 | 130.08 | 100,696,385.37 |
| 扣除非经常性损益的净利润 | 70,643,978.31 | 24,734,731.98 | 185.61 | 94,241,057.73 |
| | 2002 年末(本年末) | 2001 年末(上年末) | 本年末比上年末增减(%) | 2000 年末 |
| 总资产 | 1,595,204,083.29 | 1,281,617,933.48 | 24.47 | 1,209,222,513.51 |
| 股东权益(不含少数股东权益) | 1,052,170,644.54 | 1,000,893,652.33 | 5.12 | 952,326,836.38 |
| 经营活动产生的现金流量净额 | 234,725,365.05 | 2,691,129.47 | 8622.19 | 103,943,673.02 |

2.2 主要财务指标 单位:(人民币)元

| | 2002 年(本年) | 2001 年(上年) | 本年比上年增减(%) | 2000 年 |
|---|---|---|---|---|
| 每股收益 | 0.15 | 0.07 | 128.79 | 0.41 |
| 每股收益 * | 0.15 | －－ | －－ | －－ |
| 净资产收益率 | 7.06% | 3.23% | 118.58 | 10.57% |
| 扣除非经常性损益的净利润为基础计算的净资产收益率 | 6.71% | 2.47% | 171.66 | 9.90% |
| 每股经营活动产生的现金流量净额 | 0.48 | 0.005 | 9500 | 0.42 |
| | 2002 年末(本年末) | 2001 年末(上年末) | 本年末比上年末增减(%) | 2000 年末 |
| 每股净资产 | 2.15 | 2.04 | 5.15 | 3.88 |
| 调整后的每股净资产 | 2.14 | 2.03 | 5.42 | 3.86 |

## 000950 重庆民丰农化股份有限公司

### 二〇〇二年年度报告摘选

#### 1.上市公司基本情况简介

1.1 基本情况简介

股票简称:民丰农化 股票代码:000950 上市交易所:深圳证券交易所

注册地址和办公地址:重庆市沙坪坝区井口经济桥 30 号 邮政编码:400033

公司国际互联网网址:http://www.min－fengchemincal.com

电子信箱:Minfeng@public.cta.cq.cn

1.2 联系人和联系方式

董事会秘书:曹若瑜 联系地址:重庆沙坪坝区井口经济桥 30 号

电话:(023)65180743 传真:(023)65180666 电子信箱:Meinfengzhengquan@163.net

证券事务代表:冉亮 联系地址:重庆沙坪坝区井口经济桥 30 号

电话:(023)65180666 传真:(023)65180666 电子信箱:Meinfengzhengquan@163.net

#### 2.会计数据和财务指标摘要

2.1 主要会计数据 单位:元

| | 2002 年 | 2001 年 | 本年比上年增减(%) | 2000 年 调整前 | 2000 年 调整后 |
|---|---|---|---|---|---|
| 主营业务收入 | 334,290,767.22 | 472,620,629.75 | －29.27 | 386,743,245.39 | 386,743,245.39 |
| 利润总额 | －98,435,847.15 | 5,416,838.30 | －1,917.22 | 43,902,740.31 | 42,028,123.98 |
| 净利润 | －98,435,847.15 | 4,351,390.68 | －2,362.17 | 37,236,139.99 | 35,361,523.66 |
| 扣除非经常性损益的净利润 | －86,331,102.75 | 2,958,529.70 | －3,018.04 | 36,911,481.07 | 35,686,182.58 |
| | 2002 年末 | 2001 年末 | 本年末比上年末增减(%) | 2000 年末 调整前 | 2000 年末 调整后 |
| 总资产 | 905,674,641.51 | 996,867,796.45 | －9.15 | 832,111,795.16 | 825,379,677.16 |
| 股东权益(不含少数股东权益) | 329,078,737.34 | 425,746,980.73 | －22.71 | 428,107,015.25 | 421,374,897.25 |
| 经营活动产生的现金流量净额 | 40,430,432.90 | 11,658,992.25 | 246.77 | 88,939,087.84 | 88,939,087.84 |

2.2 主要财务指标 单位:元

| | 2002 年 | 2001 年 | 本年比上年增减(%) | 2000 年 调整前 | 2000 年 调整后 |
|---|---|---|---|---|---|
| 每股收益 | －0.6351 | 0.0281 | －2,360.14 | 0.2402 | 0.2281 |
| 净资产收益率 | －0.2991 | 0.0102 | －3,032.35 | 0.0836 | 0.0869 |
| 扣除非经常性损益的净利润为基础计算的净资产收益率 | －0.2623 | 0.007 | －3.847.14 | 0.088 | 0.0861 |
| 每股经营活动产生的现金流量净额 | 0.2608 | 0.0750 | 247.73 | 0.5738 | 0.5738 |
| | 2002 年末 | 2001 年末 | 本年末比上年末增减(%) | 2000 年末 调整前 | 2000 年末 调整后 |
| 每股净资产 | 2.1231 | 2.7470 | －22.71 | 2.7620 | 2.7185 |
| 调整后的每股净资产 | 2.0624 | 2.7330 | －24.54 | 2.759 | 2.7158 |

## 000953 广西河池化工股份有限公司

### 二〇〇二年年度报告摘选

#### 1.上市公司基本情况简介

1.1 基本情况简介

证券简称:河池化工 证券代码:000953 上市交易所:深圳证券交易所

注册地址和办公地址:广西河池市 邮政编码:547007

公司国际互联网网址:http://www.hechihuagong.com.cn

电子信箱:hgwenfu@hc.gx.cninfo.net

1.2 联系人和联系方式

董事会秘书:韦文甫 联系地址:广西河池化工股份有限公司

电话:0778－2266867 传真:0778－2266882 电子信箱:hgwenfu@hc.gx.cninfo.net

证券事务代表:韩德穆 联系地址:广西河池化工股份有限公司

电话:0778－2266832 传真:0778－2266882 电子信箱:hdemu@163.com

#### 2.会计数据和财务指标摘要

2.1 主要会计数据 单位:(人民币)元

| | 2002 年(本年) | 2001 年(上年) | 本年比上年增减(%) | 2000 年 |
|---|---|---|---|---|
| 主营业务收入 | 363,609,580.43 | 353,845,389.57 | 2.76% | 317,828,400.47 |
| 利润总额 | 14,826,313.35 | 26,812,674.04 | －44.70% | 42,061,824.90 |
| 净利润 | 12,896,108.92 | 20,163,043.19 | －36.04% | 33,431,169.29 |
| 扣除非经常性损益的净利润 | 1,157,794.26 | 10,809,110.51 | －89.29% | 28,460,420.71 |
| | 2002 年末(本年末) | 2001 年末(上年末) | 本年末比上年末增减(%) | 2000 年末 |
| 总资产 | 1,088,425,746.26 | 1,218,904,620.72 | －10.70% | 1,005,804,053.64 |
| 股东权益(不含少数股东权益) | 414,536,473.40 | 406,095,810.51 | 2.08% | 387,002,536.40 |
| 经营活动产生的现金流量净额 | 40,190,489.49 | －29,799,889.79 | －－ | 49,332,639.35 |

2.2 主要财务指标 单位:(人民币)元

| | 2002 年(本年) | 2001 年(上年) | 本年比上年增减(%) | 2000 年 |
|---|---|---|---|---|
| 每股收益 | 0.07 | 0.11 | －41.82% | 0.19 |
| 每股收益 * | 0.07 | －－ | －－ | －－ |
| 净资产收益率 | 3.11% | 4.97% | －37.42% | 8.64% |
| 扣除非经常性损益的净利润为基础计算的净资产收益率 | 0.75% | 2.66% | －71.80% | 3.35% |
| 每股经营活动产生的现金流量净额 | 0.21 | －0.17 | －－ | 0.59 |
| | 2002 年末(本年末) | 2001 年末(上年末) | 本年末比上年末增减(%) | 2000 年末 |
| 每股净资产 | 2.11 | 2.28 | －7.20% | 2.17 |
| 调整后的每股净资产 | 2.06 | 2.23 | －7.71% | 2.10 |

## 000973 佛山塑料集团股份有限公司

### 二〇〇二年年度报告摘选

#### 1.上市公司基本情况简介

1.1 基本情况简介

股票简称:佛塑股份 股票代码:000973 上市交易所:深圳证券交易所

注册地址和办公地址:广东省佛山市汾江中路 82 号 邮政编码:528000

公司国际互联网网址:www.foshan－plastic.com 电子信箱:dmb@fspg.com.cn

1.2 联系人和联系方式

董事会秘书:罗汉均 联系地址:广东省佛山市汾江中路 82 号

电话:0757－3988189 传真:0757－3988186 电子信箱:luohj@fspg.com.cn

证券事务代表:何水秀 联系地址:广东省佛山市汾江中路 82 号

电话:0757－3988189 传真:0757－3988186 电子信箱:hesx@fspg.com.cn

#### 2.会计数据和财务指标摘要

2.1 主要会计数据

| | 2002 年(本年) | 2001 年(上年) | 本年比上年增减(%) | 2000 年 |
|---|---|---|---|---|
| 主营业务收入 | 1,741,253,957.72 | 1,669,698,758.29 | 4.29 | 1,464,829,848.46 |
| 利润总额 | 133,402,590.94 | 114,029,641.85 | 16.99 | 90,055,448.43 |
| 净利润 | 116,427,735.62 | 99,614,833.82 | 16.88 | 76,223,529.43 |
| 扣除非经常性损益的净利润 | 116,696,100.81 | 98,539,769.86 | 18.43 | 69,093,854.49 |
| | 2002 年(本年末) | 2001 年(上年末) | 本年末比上年末增减(%) | 2000 年末 |
| 总资产 | 2,497,544,011.48 | 2,150,634,769.89 | 16.13 | 2,045,386,789.72 |
| 股东权益(不包含少数股东权益) | 1,159,930,544.23 | 1,121,927,434.61 | 3.39 | 1,089,533,709.79 |
| 经营活动产生的现金流量净额 | 230,747,033.65 | 216,864,810.17 | 6.40 | －162,102,899.18 |

2.2 主要财务指标

| | 2002 年(本年) | 2001 年(上年) | 本年比上年增减(%) | 2000 年 |
|---|---|---|---|---|
| 每股收益 | 0.312 | 0.267 | 16.85 | 0.204 |
| 净资产收益率 | 10.04 | 8.88 | 13.06 | 7.00 |
| 扣除非经常性损益的净利润为基础计算的净资产收益率 | 10.06 | 8.78 | 14.58 | 7.53 |
| 每股经营活动产生的现金流量净额 | 0.62 | 0.58 | 6.37 | －0.43 |
| | 2002 年末(本年末) | 2001 年末(上年末) | 本年末比上年末增减(%) | 2000 年末 |
| 每股净资产 | 3.106 | 3.004 | 3.395 | 2.92 |
| 调整后每股净资产 | 3.055 | 2.951 | 3.508 | 2.87 |

# C5.电子(17 家)

# 000733 中国振华(集团)科技股份有限公司

## 二〇〇二年年度报告摘要

### 1.重要提示

1.1 公司董事会及董事保证本报告所载资料不存在虚假记载、误导性陈述或者重大遗漏,并对其内容的真实性、准确性和完整性承担个别及连带责任。本年度报告摘要摘自年度报告正文,投资者欲了解详细内容,应阅读年度报告正文。

1.2 没有董事声明对年度报告内容的真实性、准确性、完整性无法保证或存在异议。

1.3 全体董事出席董事会。

1.4 天一会计师事务所有限责任公司为本公司出具了无保留意见无解释性说明的审计报告。

1.5 公司董事长陈清洁先生、总经理史汉兴先生、财务总监车文申先生、总会计师黄富英女士声明:保证本年度报告中的财务报告真实、完整。

### 2.公司基本情况简介

2.1 基本情况简介

| | |
|---|---|
| 股票简称 | 振华科技 |
| 股票代码 | 000733 |
| 上市交易所 | 深圳证券交易所 |
| 注册地址和办公地址 | 贵州省贵阳国家高新技术产业开发区新天大道 150 号 |
| 邮政编码 | 550018 |
| 公司国际互联网网址 | WWW.CZELEC.COM.CN |
| 电子信箱 | zhkj9@mail.guz.cei.gov.cn |

2.2 联系人和联系方式

| | 董事会秘书 | 证券事务代表 | |
|---|---|---|---|
| 姓名 | 杨学政 | 唐林 | 杨增实 |
| 联系地址 | 贵州省贵阳国家高新技术产业开发区新天大道 150 号 | 贵州省贵阳国家高新技术产业开发区新天大道 150 号 | 贵州省贵阳国家高新技术产业开发区新天大道 150 号 |
| 电话 | (0851)6301078 | (0851)6302675 | (0851)6302675 |
| 传真 | (0851)6302674 | (0851)6302674 | (0851)6302674 |
| 电子信箱 | zhkj9@mail.guz.cei.gov.cn | zhkj9@mail.guz.cei.gov.cn | zhkj9@mail.guz.cei.gov.cn |

### 3.会计数据和财务指标摘要

3.1 主要会计数据　　金额单位:元

| 项目 | 2002 年 | 2001 年 | 本年比上年增减(%) | 2000 年 |
|---|---|---|---|---|
| 主营业务收入 | 706,386,389.55 | 624,898,060.40 | 13.04 | 665,333,932.53 |
| 利润总额 | 42,605,458.30 | 78,046,779.39 | -45.41 | 59,967,412.58 |
| 净利润 | 37,733,468.93 | 66,152,209.65 | -42.96 | 53,249,043.32 |
| 扣除非经常性损益的净利润 | 35,303,268.93 | 57,050,426.37 | -38.12 | 35,004,458.25 |
| | 2002 年末 | 2001 年末 | 本年末比上年末增减(%) | 2000 年末 |
| 总资产 | 2,366,161,642.45 | 2,392,756,234.89 | -1.11 | 1,739,068,006.38 |
| 股东权益 | 1,788,888,241.87 | 1,761,271,153.00 | 1.57 | 1,086,473,616.07 |
| 经营活动产生的现金流量净额 | 88,863,051.88 | 73,584,623.90 | 20.76 | 80,132,867.40 |

3.2 主要财务指标

| 项目 | 2002 年 | 2001 年 | 本年比上年增减(%) | 2000 年 |
|---|---|---|---|---|
| 每股收益 | 0.11 | 0.19 | -42.11 | 0.17 |
| 净资产收益率 | 2.11 | 3.76 | -43.88 | 4.51 |
| 扣除非经常性损益的净利润为基础计算的净资产收益率 | 1.97 | 3.24 | -39.20 | 3.22 |
| 每股经营活动产生的现金流量净额 | 0.25 | 0.21 | 19.05 | 0.26 |
| 项目 | 2002 年末 | 2001 年末 | 本年末比上年末增减(%) | 2000 年末 |
| 每股净资产 | 5.00 | 4.92 | 1.63 | 3.77 |
| 调整后的每股净资产 | 4.89 | 4.88 | 0.20 | 3.69 |

3.3 国内外会计准则差异

□适用　　√不适用

### 4.股本变动及股东情况

4.1 股份变动情况表　　数量单位:股

| 项目 | 本次变动前 | 本次变动增减(+,-) | | | 本次变动后 |
|---|---|---|---|---|---|
| | | 配股 | 其他 | 小计 | |
| 一、未上市流通股份 | | | | | |
| 1.发起人股份 | 180,120,000 | | | | 180,120,000 |
| 其中: | | | | | |
| ①国家持有股份 | | | | | |
| ②境内法人持有股份 | 180,120,000 | | | | 180,120,000 |
| ③境外法人持有股份 | | | | | |
| ④其他 | | | | | |
| 2.募集法人股份 | | | | | |
| 3.内部职工股 | | | | | |
| 4.优先股或其他 | | | | | |
| 未上市流通股份合计 | 180,120,000 | | | | 180,120,000 |
| 二、已上市流通股份 | | | | | |
| 1.人民币普通股 | 178,000,000 | | | | 178,000,000 |
| 2.境内上市的外资股 | | | | | |
| 3.境外上市的外资股 | | | | | |
| 4.其他 | | | | | |
| 已上市流通股份合计 | 178,000,000 | | | | 178,000,000 |
| 三、股份总计 | 358,120,000 | | | | 358,120,000 |

4.2 前十名股东持股表

| 报告期末股东总数 | 94,201 | | | | | |
|---|---|---|---|---|---|---|
| 前十名股东持股情况 | | | | | | |
| 股东名称 | 年度内增减 | 年末持股数量 | 比例(%) | 股份类别(已流通或未流通) | 股份状态(质押或冻结) | 股东性质(国有股东或外资股东) |
| 中国振华电子集团有限公司 | | 180,120,000 | 50.30 | 未流通 | 无质押或冻结 | 国有法人股东 |
| 国航集团财务有限公司 | -2,000,000 | 6,144,927 | 1.72 | 已流通 | 未知 | 社会公众股东 |
| 长江证券有限责任公司 | 2,132,337 | 2,132,337 | 0.60 | 已流通 | 未知 | 社会公众股东 |
| 金鑫证券投资基金 | -557,012 | 1,447,032 | 0.40 | 已流通 | 未知 | 社会公众股东 |
| 上海联合石油液化气发展有限公司 | -169,700 | 1,424,503 | 0.40 | 已流通 | 未知 | 社会公众股东 |
| 中国纺织品进出口总公司 | -59,727 | 1,389,548 | 0.39 | 已流通 | 未知 | 社会公众股东 |
| 景福证券投资基金 | 673,324 | 1,361,012 | 0.38 | 已流通 | 未知 | 社会公众股东 |
| 富国动态平衡证券投资基金 | 947,604 | 947,604 | 0.26 | 已流通 | 未知 | 社会公众股东 |
| 汉鼎证券投资基金 | 875,897 | 875,897 | 0.25 | 已流通 | 未知 | 社会公众股东 |
| 裕元证券投资基金 | 679,751 | 679,751 | 0.19 | 已流通 | 未知 | 社会公众股东 |
| 前十名股东关联关系或一致行动的说明 | 本公司前十名股东中 2-10 名为社会公众股东。前十大股东中,中国振华电子集团有限公司与其他股东之间不存在关联交易,也不属于《上市公司股东信息披露管理办法》规定的一致行动人;未知其它股东之间是否存在关联关系,也未知其它股东是否属于《上市公司股东信息披露管理办法》规定的一致行动人。 | | | | | |

4.3 控股股东及实际控制人情况介绍

4.3.1 控股股东及实际控制人变更情况

□适用　　√不适用

4.3.2 控股股东和其他实际控制人具体情况介绍

国有法人股股东:中国振华电子集团有限公司,持有本公司 50.30% 的股份,计 180,120,000 股,为本公司控股股东,于 1984 年 9 月成立。

法定代表人:陈清洁

注册资本:28,852 万元

经营范围:电子信息产品及服务;电子、机械产品及技术咨询、商贸。

中国振华电子集团有限公司是贵州省人民政府的独资公司。

### 5.董事、监事和高级管理人员

5.1 董事、监事和高级管理人员持股情况

| 姓名 | 性别 | 年龄 | 职务 | 任职起止日期 | 年初持股数(股) | 年末持股数(股) |
|---|---|---|---|---|---|---|
| 陈清洁 | 男 | 58 | 董事长 | 2000.5-2003.5 | 15200 | 15200 |
| 史汉兴 | 男 | 60 | 副董事长、总经理 | 2000.5-2003.5 | 15200 | 15200 |
| 吴德华 | 男 | 57 | 董事 | 2000.5-2003.5 | 0 | 0 |
| 傅荣德 | 男 | 60 | 董事、常务副总经理 | 2000.5-2003.5 | 15200 | 15200 |
| 朱亨林 | 男 | 59 | 董事 | 2000.5-2003.5 | 15200 | 15200 |
| 杨学政 | 男 | 59 | 董事、董事会秘书 | 2000.5-2003.5 | 7600 | 7600 |
| 车文申 | 男 | 53 | 董事、财务总监 | 2000.5-2003.5 | 0 | 0 |
| 孙德生 | 男 | 63 | 独立董事 | 2002.5-2003.5 | 0 | 0 |

| | | | | | | |
|---|---|---|---|---|---|---|
| 罗继荣 | 男 | 30 | 独立董事 | 2002.5－2003.5 | 0 | 0 |
| 向性双 | 男 | 59 | 监事会主席 | 2000.5－2003.5 | 15200 | 15200 |
| 杨立棠 | 男 | 56 | 监事、监事会秘书 | 2000.5－2003.5 | 0 | 0 |
| 吴克发 | 男 | 55 | 监事 | 2000.5－2003.5 | 9500 | 9500 |
| 钱克云 | 男 | 56 | 监事 | 2000.5－2003.5 | 10458 | 10458 |
| 汪祥华 | 男 | 56 | 监事 | 2000.5－2003.5 | 7600 | 7600 |
| 刘一凡 | 男 | 40 | 总工程师 | 2000.5－2003.5 | 0 | 0 |
| 彭相禹 | 男 | 57 | 总经济师 | 2000.5－2003.5 | 0 | 0 |
| 黄富英 | 女 | 53 | 总会计师 | 2000.5－2003.5 | 0 | 0 |

5.2 董事、监事在股东单位任职的情况

√适用　□不适用

| 姓名 | 任职的股东名称 | 在股东单位担任的职务 |
|---|---|---|
| 陈清洁 | 中国振华电子集团有限公司 | 法定代表人、董事局主席、总裁 |
| 向性双 | 中国振华电子集团有限公司 | 党委书记、董事局副主席、副总裁 |
| 车文申 | 中国振华电子集团有限公司 | 总会计师 |
| 吴德华 | 中国振华电子集团有限公司 | 董事 |
| 朱亨林 | 中国振华电子集团有限公司 | 董事 |

5.3 董事、监事和高级管理人员年度报酬情况　　金额单位:元.人

| | |
|---|---|
| 年度报酬总额 | 611,273.00 |
| 金额最高的前三名董事的报酬总额 | 250,357.00 |
| 金额最高的前三名高级管理人员的报酬总额 | 192,365.00 |
| 独立董事津贴 | 28,000.00 |
| 独立董事其他待遇 | 出席公司董事会和股东大会以及按《公司法》和相关规定行使职权所需的合理费用在公司据实报销 |
| 不在公司领取薪酬的董事、监事姓名 | 陈清洁、向性双、车文申、吴德华、朱亨林、孙德生、罗继荣 |
| 报酬区间 | 人数 |
| 3万－5万 | 3 |
| 5万－10万 | 6 |
| ≥10万 | 1 |

## 6.董事会报告

6.1 报告期内整体经营情况的讨论与分析

| 序号 | 项目 | 2002年末 | 2001年末 | 增长率% |
|---|---|---|---|---|
| 1 | 流动资产 | 148,262.16 | 150,449.06 | －1.45 |
| | 其中:应收帐款 | 33,301.34 | 32,735.78 | 1.73 |
| | 其他应收款 | 17,760.86 | 22,009.87 | －19.31 |
| | 存货 | 36,429.94 | 31,732.03 | 14.81 |
| 2 | 固定资产 | 62,305.79 | 59,226.30 | 5.20 |
| 3 | 总资产 | 236,616.16 | 239,275.62 | －1.11 |
| 4 | 总负债 | 49,303.91 | 53,350.46 | －7.59 |
| | 其中:银行借款 | 25,269.82 | 30,788.11 | －17.92 |
| 5 | 净资产 | 178,888.82 | 176,127.12 | 1.57 |
| 6 | 经营活动产生的现金流量净额 | 8,886.31 | 7,358.46 | 20.76 |

总资产减少的原因为:偿还银行贷款;分配现金红利;中外合资企业按规定计提减值准备所致。

流动资产占用下降的主要原因是:偿还银行贷款;公募增发募集资金技改投入增加。

应收帐款同比上升1.73%的主要原因是:本报告期内公募增发投资项目片式电阻器生产线、片式电感器生产线、CDMA手机生产线相继投产,使公司经营范围和生产规模扩大。

其他应收款同比下降19.31%,但占用额较大,其主要原因是:公募增发承诺技改项目还有两项正在实施之中,采购设备预付保证金及工程借款挂帐较多。

存货占用同比上升14.81%,主要原因是:公司经营范围和生产规模扩大;另外,贵州振华新天房开公司承建的振华科技大厦和经济适用房的未完工程,因建设周期较长,存货占用增加3071.60万元;

总负债同比下降7.59%,主要是银行借款减少所致。

经营活动产生的现金流量净额较上年同期增长了20.76%,说明本公司生产经营正常。

(2)盈利情况分析　　单位:万元

| 序号 | 项目 | 2002年 | 2001年 | 增长率% |
|---|---|---|---|---|
| 1 | 主营业务收入 | 70,638.64 | 62,489.81 | 13.04 |
| 2 | 主营业务利润 | 17,036.79 | 17,871.55 | －4.67 |
| 3 | 利润总额 | 4,260.55 | 7,804.68 | －45.41 |
| 4 | 净利润 | 3,773.35 | 6,615.22 | －42.96 |

本公司报告期主营业务收入较上年同期增长而主营业务利润、利润总额、净利润指标较上年同期下降,主要原因是:报告期元器件市场需求不旺,本公司经过产品结构调整,采取让利不让市场,实现了销售收入的增长,但产品价格下降幅度较大,这是导致利润指标下降的主要因素;另外,新建的片式电阻、片式电感、CDMA手机生产线仍需时间对所用原材料进行筛选,工艺也存在不断调整和完善的过程,导致效益不能完全发挥;同时按新会计制度要求,新建项目的开办费要一次性计入当期费用,导致期间费用上升,也影响了利润的实现。

6.2 主营业务分行业或产品情况表　　金额单位:万元

| 分行业或分产品 | 主营业务收入 | 主营业务收入比上年增减(%) | 毛利率比上年增减(%) |
|---|---|---|---|
| 1)新型电子元器件 | 38,886.13 | 1.35 | －8.23 |
| 2)通信整机产品 | 25,452.46 | 152.88 | －29.85 |
| 3)机电一体化产品 | 2,488.30 | －46.41 | －23.26 |
| 4)电力自动化控制 | 3,271.52 | 2.14 | 0.52 |
| 5)其他 | 540.23 | －84.39 | 107.51 |
| 合计 | 70,638.64 | 13.04 | －16.49 |

6.3 主营业务分地区情况　　金额单位:万元

| 地区 | 主营业务收入 | 主营业务收入比上年增减(%) | 毛利率比上年增减(%) |
|---|---|---|---|
| 一、国内 | | | |
| 华东地区 | 16,659.65 | 123.08 | －36.21 |
| 西北地区 | 4,729.67 | 27.34 | －7.57 |
| 华南地区 | 30,168.29 | 6.90 | －23.33 |
| 华北地区 | 4,891.13 | 47.64 | －11.13 |
| 西南地区 | 9,959.83 | －45.33 | 30.17 |
| 华中地区 | 2,726.54 | 75.08 | －63.45 |
| 小计 | 69,135.11 | 11.32 | －15.12 |
| 二、国外 | 1,503.53 | 新增不可比 | 新增不可比 |
| 小计 | 1,503.53 | | |
| 总计 | 70,638.64 | 13.04 | －16.49 |

6.4 采购和销售客户情况　　金额单位:万元

| | | | |
|---|---|---|---|
| 前五名供应商采购金额合计 | 15,939.02 | 占采购总额比重 | 28% |
| 前五名销售客户销售金额合计 | 16,565.91 | 占销售总额比重 | 23% |

6.5 参股公司经营情况(适用投资收益占净利润10%)

□适用　√不适用

6.6 主营业务及结构发生重大变化的原因说明

□适用　√不适用

6.7 主营业务盈利能力(毛利率)与上年相比发生重大变化的原因说明

□适用　√不适用

6.8 经营成果和利润构成与上年度相比发生重大变化的原因分析

□适用　√不适用

对整体财务状况与上年度相比发生重大变化的原因分析

□适用　√不适用

6.9 对生产经营环境以及宏观政策、法规产生重大变化已经、正在或将要对公司的财务状况和经营成果产生重要影响的说明

√适用　□不适用

2003年本公司部分生产线调迁,可能给本公司的生产经营将带来一定影响。同时从2003年起深圳市取消"地产地销"增值税返还优惠政策,也将使本公司收益受到一定程度的影响。

6.10 完成盈利预测的情况

□适用　√不适用

6.11 完成经营计划情况

□适用　√不适用

6.12 募集资金使用情况

√适用　□不适用

金额单位:万元

| 募集资金总额 | 67,992.75 | 本年度已使用募集资金总额 | | 12,501.79 | |
|---|---|---|---|---|---|
| | | 已累计使用募集资金总额 | | 44,638.71 | |
| 承诺项目 | 拟投入金额 | 是否变更项目 | 实际投入金融 | 产生收益金额 | 是否符合计划进度和预计收益 |
| 片式钽电解电容器建设项目 | 19,991.00 | 未变更 | 6,022.34 | | 实施过程中 |
| 表面贴装分立器件(SMD)后封装生产线技术改造 | 19,000.00 | 未变更 | 12,519.37 | | 实施过程中 |
| 片式电阻器生产线技术改造 | 12,000.00 | 未变更 | 11,452.00 | 28.87 | 符合计划进度,未达到预期收益 |
| 叠层式片式电感器生产线技术改造 | 4,900.00 | 未变更 | 5,375.00 | －292.28 | 符合计划进度,未达到预期收益 |
| 片式铝电解电容器技术改造 | 12,722.00 | 已变更 | 9,270.00 | | 符合计划进度,未达到预期收益 |
| 合计 | 68,613.00 | | 44,638.71 | －263.41 | |
| 未达到计划进度和收益的说明(分具体项目) | 主要原因一是报告期元器件市场供求不旺,产品价格下降幅度较大;二是新建的片式电阻、片式电感、CDMA手机生产线仍需时间对所用原材料进行筛选,工艺也存在不断调整和完善的过程,导致效益不能完全发挥;三是按新会计制度要求,新建项目的开办费要一次性计入当前费用,导致期间费用上升,也影响了利润的实现。 | | | | |
| 变更原因及变更程序说明(分具体项目) | 投入"片式铝电解电容器生产线技术改造"项目的12,722.00万元调整为本公司与日本京瓷株式会社合资研发、生产、销售CDMA移动通信手机。变更原因是为了更合理的利用公募增发资金,提高资金的使用效率。该项目投资9270万元,余3452万元另寻其它项目。该项目经国家计委批准可行性研究报告,外经贸部批准成立京瓷振华通信设备有限公司。改变募集资金投向已经本公司2001年度(第八次)股东大会审议通过,决议刊登在2002年5月21日的《证券时报》、《上海证券报》上。 | | | | |

变更项目情况

√适用　□不适用　　金额单位:万元

| 变更投资项目的资金总额 | 12,722.00 | | | | |
|---|---|---|---|---|---|
| 变更后的项目 | 对应的原承诺项目 | 变更项目拟投入金额 | 实际投入金额 | 产生收益金额 | 是否符合计划进度和预计收益 |
| 合资研发、生产CDMA手机 | 片式铝电解电容器技术改造 | 9,270.00 | 9,270.00 | 7.72 | 符合计划进度,未达到预期收益 |
| 合计 | | 9,270.00 | 9,270.00 | 7.72 | |
| 未达到计划进度和收益的说明(分具体项目) | 该项目未达到预计收益的主要原因为:市场竞争激烈,CDMA手机价格大幅下调,由于前期开办费和大量宣传广告费的摊销,影响了利润的实现。 | | | | |

6.13 非募集资金项目情况

√适用　□不适用

| 项目名称 | 项目金额 | 项目进度 | 项目收益情况 |
|---|---|---|---|
| 增加对振华集团深圳电子有限公司的投资 | 3,264.40万元 | 经本公司2002年4月17日二届八次董事会审议通过，增加对振华集团深圳电子有限公司的投资，增资金额3264.4万元，增资后本公司占该公司的股份由原来的35%提高到49%，该决议刊登在2002年4月19日的《证券时报》、《上海证券报》上。该投资已经完成。 | 投资收益54万元 |
| 关于对深圳市振华重大新电气有限公司增加注册资本金 | 1,000.00万元 | 经本公司2002年6月26日二届九次董事会审议通过，对深圳市振华重大新电气有限公司增加注册资本金，增资金额1000万元，增资后本公司由占总股本的60%提高到80%。该投资已完成。 | 2002年该公司实现销售收入3271万元，利润总额102.74万元。 |
| 增加对振华集团财务有限责任公司的投资 | 5,000.00万元 | 经2002年12月12日本公司二届十二次董事会审议通过，在振华财务公司现注册资本人民币10,000万元的基础上由原股东振华集团公司和本公司增加投资人民币20,000万元。其中本公司以自有资金投入人民币5,000万元，振华集团公司投入15,000万元人民币。振华财务公司增资扩股后，总股本为30,000万元，本公司占总股本的比例由50%变为33.33%，振华集团公司占总股本的比例由50%变为66.67%。2002年12月24日经中国人民银行成都分行成银复(2002)873号文批复，核准股本变动事宜。2002年12月31日工商注册变更办理完毕。 | |
| 投资组建贵州振华信息技术有限公司 | 385.00万元 | 在董事会授权范围内，经公司经理班子讨论通过，投资组建贵州振华信息技术有限公司，该公司总投资500万元人民币，其中本公司投资385万元，占该公司注册资本的77%；深圳市振华通信设备有限公司出资50万元，占该公司注册资本的10%；贵州同创振华信息产业有限公司出资50万元，占该公司注册资本的10%；贵阳高新富通科技发展有限公司出资15万元，占该公司注册资本的3%。经营范围：计算机系统集成(含安全防范系统、计算机网络信息系统、企业信息化及生产自动化控制系统)、相关软硬件、IP宽带应用产品的开发生产、销售及技术咨询与服务。<br>该投资已完成并获信息产业部颁发的计算机系统集成二级资质证书。 | |
| 投资建设振华科技大厦 | 6746.91万元 | 经2002年12月12日本公司二届十二次董事会审议通过，关于对"振华科技大厦"投资的议案，本公司以自有资金投资，建设振华科技大厦，拟分配面积共计9873.46平方米，其中商场部分为8061.48平方米。 | |
| 合计 | 16,511.31万元 | | 156.74万元 |

6.14 董事会对会计师事务所非标意见的说明

□适用　　√不适用

6.15 董事会新年度经营计划(如有)

√适用　　□不适用

2003年的工作思路：认真贯彻落实党的十六大精神，努力实践"三个代表"的重要思想，坚持与时俱进、开拓创新，进一步做强做大主产品，积极推进资产重组，围绕一个中心(以提高经济效益为中心)，着力抓好两个开发(技术开发和市场开发)，积极推进三个创新(技术创新、机制创新、管理创新)，实现公司健康发展，努力提高企业的核心竞争力。重点抓好如下工作：

1.进行资产重组，调整产品结构和企业组织结构，加强对分公司和子公司的管理，进一步健全运行机制，规范运作。

2.依托博士后科研工作站和技术中心企业为主体，加大投入，推进技术创新，年内争取开发新产品上市。加快三个国家级技术改造项目实施进度，明确责任，尽快达产达效。

3.加强"三本"管理(人本、成本、资本)，努力提高管理水平。试行主要经营者激励机制，实行任期经营目标责任制。继续开展创造低成本活动，向管理要效益。努力推进企业信息化管理，建立和健全本部OA系统，积极抓好ERP建设的试点。

4.强化市场网络建设，以公司信息化建设为契机，努力搭建振华电子商务平台。有效整合市场资源，发挥"中国振华"的品牌效应，开拓市场，不断提高产品的市场占有率。

6.16 董事会本次利润分配或资本公积金转增预案

经天一会计师事务所有限责任公司审计，本公司2002年度实现净利润37,733,468.93元。根据本公司章程规定，税后利润提取法定盈余公积金和法定公益金各10%，各提3,773,315.99元，提取职工奖励及福利基金309.00元，净利润减去以上三项再加上2001年末分配利润41,761,055.59元，减去分配2001年度红利35,812,000.00元，2002年末可供股东分配的利润为36,135,583.54元。鉴于目前本公司增发新股投资项目正逐项建成投产，流动资金需求增加，故2002年不派发现金红利，也不进行资本公积转增。

## 7.重要事项

7.1 收购资产

√适用　　□不适用

| 交易对方及被收购资产 | 购买日 | 收购价格 | 自购买日起至本年末为上市公司贡献的净利润 | 是否为关联交易(如是，说明定价原则) |
|---|---|---|---|---|
| 收购深圳市清湖经济发展有限公司持有的深圳市宝安华匀电子实业有限公司44.91%的股权 | 2002年1月1日 | 300万元 | 0.99万元 | 否 |

7.2 出售资产

√适用　　□不适用

| 交易对方及被出售资产 | 出售日 | 出售价格 | 本年初起至出售日该资产为上市公司贡献的净利润 | 是否为关联交易(如是，说明定价原则) |
|---|---|---|---|---|
| 深圳市全景网络有限公司23%的股份 | 2002年2月26日 | 1,421.40万元 | | 否 |

7.3 担保

√适用　　□不适用

| 担保对象名称 | 与公司的关联关系 | 发生日期 | 担保金额 | 担保类型 | 担保期 | 是否履行完毕 | 担保决策等程序和披露程序 |
|---|---|---|---|---|---|---|---|
| 深圳市振华微电子有限公司 | 控股子公司 | 2002年6月26日 | 2,000万元人民币 | 流动资金借款 | 一年 | 未到期 | 2002年6月26日本公司二届九次董事会审议通过，并在2002年半年报中披露 |
| 深圳市振华重大新电器有限公司 | 控股子公司 | 2002年6月26日 | 1,000万元人民币 | 流动资金借款 | 一年 | 未到期 | 2002年6月26日本公司二届九次董事会审议通过，并在2002年半年报中披露 |
| 振华集团深圳电子有限公司 | 参股公司 | 2002年5月18日 | 3,000万元人民币 | 银行综合授信额度 | 一年 | 未到期 | 2002年5月18日本公司临时董事会审议通过，并在2002年半年报中披露 |
| 深圳市振华微电子有限公司 | 控股子公司 | 2002年4月2日 | 9,500万元人民币 | 银行综合授信额度 | 半年 | 履行完毕 | 2002年4月2日本公司临时董事会审议通过并在2002年定期报告中披露 |

7.4 关联债权债务往来

□适用　　√不适用

7.5 委托理财

√适用　　□不适用

| 受托方 | 委托金额 | 委托期限 | 实际收益 | 实际收回金额 |
|---|---|---|---|---|
| 国海证券有限责任公司 | 5,000万元 | 2002年7月20日至2003年7月20日 | 未到期 | 未到期 |
| 约定收益 | 受托方向本公司收取管理费，当委托管理资产年收益率小于7%，受托方不收管理费；当委托管理资产年收益率大于7%时，受托方收取年收益率超过7%以上部分收益的80%作为管理费。 | | | |
| 大鹏证券有限责任公司 | 4,000万元 | 2002年7月18日至2003年7月18日 | 未到期 | 未到期 |
| 约定收益 | 受托方按委托管理资产的1.5%收取管理费 | | | |
| 合计 | 9,000万元 | | 未到期 | 未到期 |

7.6 承诺事项履行情况

□适用　　√不适用

7.7 重大诉讼仲裁事项

□适用　　√不适用

7.8 独立董事履行职责的情况

公司根据中国证监会发布的《关于在上市公司建立独立董事制度的指导意见》的规定要求，聘任了2名独立董事，建立了独立董事制度。独立董事参加了2002年度公司召开的董事会和股东大会，能够按照有关法律法规的要求履行自己的职责，以认真负责的态度积极参与公司的经营决策，对公司重大事项发表独立意见，维护了公司及中小股东的利益。

## 8.监事会报告

8.1 全体监事认为，公司依法运作，财务状况、募集资金使用、投资、出售和收购资产交易与关联交易均不存在问题。

8.2 对公司财务情况的意见

公司2002年度财务报告且经天一会计师事务所有限责任公司完成审计，并出具了标准无保留意见审计报告，客观、真实地反映了公司的2002年12月31日财务状况和2002年1月至12月份的经营成果。

## 9.财务报告

9.1 审计报告

审计报告

天一审字(2003)第4—100号

中国振华(集团)科技股份有限公司全体股东：

我们接受委托，审计了贵公司2002年12月31日的母公司及合并资产负债表、2002年度的母公司及合并利润及利润分配表和母公司及合并现金流量表。这些会计报表由贵公司负责，我们的责任是对这些会计报表发表审计意见。我们的审计是依据《中国注册会计师独立审计准则》进行的。在审计过程中，我们结合贵公司实际情况，实施了包括抽查会计记录等我们认为必要的审计程序。

我们认为，贵公司上述会计报表符合《企业会计准则》和《企业会计制度》的有关规定，在所有重大方面公允地反映了贵公司2002年12月31日的财务状况及2002年度的经营成果和现金流量情况，会计处理方法的选用遵循一贯性原则。

天一会计师事务所有限责任公司　　　　中国注册会计师：杨　雄

地址：　　中国.北京　　　　中国注册会计师：张再鸿

2003年3月19日

9.2 比较式合并及母公司的资产负债表、利润表和现金流量表(附后)

9.3 会计政策变化

根据财政部财会(2001)62号《外商投资企业执行〈企业会计制度〉有关问题的规定》，中外合资企业从2002年1月1日起执行财政部制定的《企业会计制度》，按规定计提短期投资、长期投资、固定资产、无形资产、在建工程、应收款项、存货等项资产的减值准备，尚未摊销完的开办费、筹建期间的汇兑损失、长期待摊费用进行一次性摊销。

经会计师事务所审计，经理班子讨论提出，报本公司董事会审议通过：本公司下属的中外合资企业拟按照振华科技财(1999)099号、振华科技财(2001)114号、振华科技财(2001)188号等文件规定的计提标准和审批程序计提各项资产减值准备。对2001年以前产生的减值准备追溯调整以前年度未分配利润，今后产生的减值准备计入当期损益。尚未摊销完的开办费、筹建期间的汇兑损失、长期待摊费用进行一次性摊销，并追溯调整以前年度利润。

各合资企业共计提各项减值准备40,391,664.78元，一次摊销尚未摊销完的开办费500,811.32元。报表合并后，对本公司净资产年初数的影响合计为31,972,071.94元，其中：减少未分配利润25,577,655.58元，减少盈余公积6,394,416.36元。

合资企业计提各项减值准备情况表　　　　单位：万元

| 单位 | 计提情况 | | | |
|---|---|---|---|---|
| | 应收款项坏帐准备 | 存货跌价准备 | 开办费摊销 | 合计 |
| 同创振华公司 | 1941.77 | 1104.65 | | 3046.42 |
| 云利公司 | 368.04 | 576.42 | 50.08 | 994.54 |
| 怡新公司 | | 19.17 | | 19.17 |
| 新裕公司 | | 29.12 | | 29.12 |
| 合计 | 2309.81 | 1729.36 | 50.08 | 4089.25 |

9.4 合并报表的编制方法及合并范围

(1)根据企业会计制度"重要性"原则，按本公司应享有的权益比例合并京瓷振华通信设备有限公司全部财务报表的各项数据。其他合并报表的编制方法没有变化。

(2)合并范围较上年度减少二户，为报告期本公司对控股公司贵州爱普振华视讯科技有限公司、贵州剑江电力电源有限责任公司撤销投资，按《企业会计制度》的有关规定，不予合并。以上事项经本公司二届八次董事会审议通过，公告刊登在 2002 年 4 月 19 日《证券时报》、《上海证券报》上。

(3)合并范围较上年度增加四户即中国振华(集团)科技股份有限公司云科分公司、京瓷振华通信设备有限公司、深圳市振华富莱得电子有限公司、贵州振华信息技术有限公司。

**董事长签名：**

**二〇〇三年三月二十四日**

## 合并资产负债表

2002 年 12 月 31 日

编制单位：中国振华(集团)科技股份有限公司　　单位：元

| 资　　产 | 期末数 | 年初数 |
|---|---|---|
| 流动资产： | | |
| 货币资金 | 480,764,100.45 | 604,374,716.80 |
| 短期投资 | 91,683,830.52 | 3,405,037.80 |
| 应收票据 | 28,041,938.04 | 23,537,417.26 |
| 应收股利 | | |
| 应收利息 | | |
| 应收帐款 | 333,013,352.99 | 327,357,816.93 |
| 其他应收款 | 177,608,576.58 | 220,098,676.76 |
| 预付帐款 | 7,012,038.40 | 8,215,033.52 |
| 应收补贴款 | 60,999.24 | 81,072.70 |
| 存货 | 364,299,430.14 | 317,320,329.67 |
| 待摊费用 | 137,346.20 | 100,504.64 |
| 一年内到期长期债权投资 | | |
| 其他流动资产 | | |
| 流动资产合计 | 1,482,621,612.56 | 1,504,490,606.08 |
| 长期投资： | | |
| 长期股权投资 | 237,325,466.39 | 206,558,266.49 |
| 长期债权投资 | 734,554.77 | 10,852,018.87 |
| 长期投资合计 | 238,060,021.16 | 217,410,285.36 |
| 固定资产： | | |
| 固定资产原价 | 751,520,626.08 | 653,333,652.25 |
| 减：累计折旧 | 234,250,532.89 | 206,257,631.35 |
| 固定资产净值 | 517,270,093.19 | 447,076,020.90 |
| 减：固定资产减值准备 | 24,421,986.76 | 27,219,188.40 |
| 固定资产净额 | 492,848,106.43 | 419,856,832.50 |
| 工程物资 | | 755,751.00 |
| 在建工程 | 130,209,790.42 | 171,650,469.18 |
| 固定资产清理 | | |
| 固定资产合计 | 623,057,896.85 | 592,263,052.68 |
| 无形资产及其他无形资产： | | |
| 无形资产 | 17,018,298.45 | 15,534,056.50 |
| 长期待摊费用 | 5,403,813.43 | 7,334,225.98 |
| 其他长期资产 | | 55,724,008.29 |
| 无形资产及其他资产合计 | 22,422,111.88 | 78,592,290.77 |
| 递延税项： | | |
| 递延税款借项 | | |
| 资产总计 | 2,366,161,642.45 | 2,392,756,234.89 |
| 负债和股东权益 | 期末数 | 年初数 |
| 流动负债： | | |
| 短期借款 | 167,710,000.00 | 222,800,000.00 |
| 应付票据 | 10,123,950.50 | 11,381,378.31 |
| 应付帐款 | 110,151,475.72 | 66,658,418.15 |
| 预收帐款 | 22,910,985.07 | 21,882,304.26 |
| 应付工资 | 2,368,332.19 | 2,731,889.43 |
| 应付福利费 | 23,984,075.28 | 21,291,530.81 |
| 应付股利 | 5,824,106.48 | 3,971,342.29 |
| 应交税金 | 9,443,827.94 | 13,889,940.83 |
| 其他应交款 | 1,329,446.32 | 1,123,110.94 |
| 其他应付款 | 49,279,502.15 | 51,978,933.48 |
| 预提费用 | 51,000.00 | 1,589,947.12 |
| 预计负债 | | |
| 一年内到期长期负债 | | |
| 其他流动负债 | | |
| 流动负债合计 | 403,176,701.65 | 419,298,795.62 |
| 长期负债： | | |
| 长期借款 | 84,988,168.00 | 85,081,134.00 |
| 应付债券 | | |
| 长期应付款 | 66,666.67 | 156,666.67 |
| 专项应付款 | 4,807,646.93 | 28,967,948.72 |
| 其他长期负债 | | |
| 长期负债合计 | 89,862,481.60 | 114,205,749.39 |
| 递延税项： | | |
| 递延税款贷项 | | |
| 负债合计 | 493,039,183.25 | 533,504,545.01 |
| 少数股东权益 | 84,234,217.33 | 97,980,536.88 |
| 股东权益： | | |
| 股本 | 358,120,000.00 | 358,120,000.00 |
| 减：已归还投资 | | |
| 股本净额 | 358,120,000.00 | 358,120,000.00 |
| 资本公积 | 1,342,402,873.41 | 1,316,706,944.47 |
| 盈余公积 | 52,229,784.92 | 44,683,152.94 |
| 其中：公益金 | 26,114,892.46 | 22,341,576.47 |
| 未分配利润 | 36,135,583.54 | 41,761,055.59 |
| 股东权益合计 | 1,788,888,241.87 | 1,761,271,153.00 |
| 负债和股东权益总计 | 2,366,161,642.45 | 2,392,756,234.89 |

## 母公司资产负债表

2002 年 12 月 31 日

编制单位：中国振华(集团)科技股份有限公司　　单位：元

| 资　　产 | 期末数 | 年初数 |
|---|---|---|
| 流动资产： | | |
| 货币资金 | 278,751,145.60 | 510,042,768.23 |
| 短期投资 | 90,000,000.00 | |
| 应收票据 | 15,541,242.92 | 11,437,676.00 |
| 应收股利 | | |
| 应收利息 | | |
| 应收帐款 | 129,682,369.06 | 128,478,880.13 |
| 其他应收款 | 280,535,879.90 | 206,347,537.22 |
| 预付帐款 | 977,295.56 | 2,849,604.02 |
| 应收补贴款 | 60,999.24 | 81,072.70 |
| 存货 | 134,178,319.53 | 133,443,065.82 |
| 待摊费用 | 20,600.50 | 23,510.43 |
| 一年内到期的长期债权投资 | | |
| 其他流动资产 | | |
| 流动资产合计 | 929,747,852.31 | 992,704,114.55 |
| 长期投资： | | |
| 长期股权投资 | 606,444,306.92 | 531,073,372.91 |
| 长期债权投资 | 73,898,416.90 | 96,629,420.37 |
| 长期投资合计 | 680,342,723.82 | 627,702,793.28 |
| 固定资产： | | |
| 固定资产原价 | 384,188,293.13 | 330,939,808.48 |
| 减：累计折旧 | 119,204,140.41 | 108,092,465.50 |
| 固定资产净值 | 264,984,152.72 | 222,847,342.98 |
| 减：固定资产减值准备 | 9,522,647.49 | 12,011,233.78 |
| 固定资产净额 | 255,461,505.23 | 210,836,109.20 |
| 工程物资 | | |
| 在建工程 | 111,672,107.70 | 133,375,104.13 |
| 固定资产清理 | | |
| 固定资产合计 | 367,133,612.93 | 344,211,213.33 |
| 无形资产及其他无形资产： | | |
| 无形资产 | 1,534,052.01 | 1,577,620.17 |
| 长期待摊费用 | 821,460.95 | 1,123,715.74 |
| 其他长期资产 | 114,003,324.99 | 205,465,028.33 |
| 无形资产及其他资产合计 | 116,358,837.95 | 208,166,364.24 |
| 递延税项： | | |
| 递延税款借项 | | |
| 资产总计 | 2,093,583,027.01 | 2,172,784,485.40 |
| 负债和股东权益 | 期末数 | 年初数 |
| 流动负债： | | |
| 短期借款 | 93,910,000.00 | 112,010,000.00 |
| 应付票据 | | 1,430,000.00 |
| 应付帐款 | 26,788,850.02 | 16,887,615.38 |
| 预收帐款 | 15,232,084.87 | 14,368,574.17 |
| 应付工资 | 2,204,986.34 | 2,309,866.34 |
| 应付福利费 | 12,265,122.69 | 10,425,414.78 |
| 应付股利 | | |
| 应交税金 | 8,180,940.84 | 9,663,711.71 |
| 其他应交款 | 1,230,380.09 | 1,029,454.09 |
| 其他应付款 | 46,095,533.34 | 70,596,948.81 |
| 预提费用 | | |
| 预计负债 | | |
| 一年内到期的长期负债 | | |
| 其他流动负债 | | |
| 流动负债合计 | 205,907,898.19 | 238,721,585.28 |
| 长期负债： | | |
| 长期借款 | 84,988,168.00 | 84,985,088.00 |
| 应付债券 | | |
| 长期应付款 | 11,838,710.40 | 58,838,710.40 |
| 专项应付款 | 1,960,008.55 | 28,967,948.72 |
| 其他长期负债 | | |
| 长期负债合计 | 98,786,886.95 | 172,791,747.12 |
| 递延税项： | | |
| 递延税款贷项 | | |
| 负债合计 | 304,694,785.14 | 411,513,332.40 |
| 少数股东权益 | | |
| 股东权益： | | |
| 股本 | 358,120,000.00 | 358,120,000.00 |
| 减：已归还投资 | | |
| 股本净额 | 358,120,000.00 | 358,120,000.00 |
| 资本公积 | 1,342,402,873.41 | 1,316,706,944.47 |
| 盈余公积 | 52,229,784.92 | 44,683,152.94 |
| 其中：公益金 | 26,114,892.46 | 22,341,576.47 |
| 未分配利润 | 36,135,583.54 | 41,761,055.59 |
| 股东权益合计 | 1,788,888,241.87 | 1,761,271,153.00 |
| 负债和股东权益总计 | 2,093,583,027.01 | 2,172,784,485.40 |

## 合并利润及利润分配表

2002 年 12 月

编制单位：中国振华(集团)科技股份有限公司　　单位：元

| 项目 | 本年实际 | 上年实际 |
|---|---|---|
| 一、主营业务收入 | 706,386,389.55 | 624,898,060.40 |
| 减：主营业务成本 | 533,607,003.52 | 441,400,691.29 |
| 主营业务税金及附加 | 2,411,509.75 | 4,781,843.07 |
| 二、主营业务利润(亏损以"-"号填列) | 170,367,876.28 | 178,715,526.04 |
| 加：其他业务利润(损失以"-"号填列) | 4,991,705.79 | 5,120,587.60 |
| 减：营业费用 | 50,626,027.04 | 37,531,493.07 |
| 管理费用 | 97,630,976.77 | 93,146,752.45 |
| 财务费用 | -4,531,925.21 | -3,807,122.00 |
| 三、营业利润(亏损以"-"号填列) | 31,634,503.47 | 56,964,990.12 |
| 加：投资收益(损失以"-"号填列) | 2,096,278.45 | 14,686,352.88 |
| 补贴收入 | 3,869,955.00 | 134,198.43 |
| 营业外收入 | 10,402,425.75 | 17,945,087.65 |
| 减：营业外支出 | 5,397,704.34 | 11,683,849.69 |
| 四：利润总额(亏损以"-"号填列) | 42,605,458.30 | 78,046,779.39 |
| 减：所得税 | 5,959,736.33 | 11,206,877.43 |
| 少数股东权益 | -1,087,746.96 | 687,692.31 |
| 五、净利润(净亏损以"-"号填列) | 37,733,468.93 | 66,152,209.65 |
| 加：年初未分配利润 | 41,761,055.59 | 60,467,207.14 |
| 其他转入 | | |
| 六、可供分配的利润 | 79,494,524.52 | 126,619,416.79 |
| 减：提取法定盈余公积 | 3,773,315.99 | 6,614,731.05 |
| 提取法定公益金 | 3,773,315.99 | 6,614,731.05 |
| 合资企业提取职工福利及奖励基金 | 309.00 | 4,899.10 |
| 七、可供股东分配的利润 | 71,947,583.54 | 113,385,055.59 |
| 减：应付优先股股利 | | |
| 提取任意盈余公积 | | |
| 应付普通股股利 | 35,812,000.00 | 71,624,000.00 |
| 转作股本的普通股股利 | | |
| 八、未分配利润 | 36,135,583.54 | 41,761,055.59 |

## 母公司利润及利润分配表

2002 年 12 月

编制单位：中国振华(集团)科技股份有限公司　　单位：元

| 项目 | 本年实际 | 上年实际 |
|---|---|---|
| 一、主营业务收入 | 301,104,955.48 | 329,237,913.71 |
| 减：主营业务成本 | 189,180,609.50 | 203,413,856.24 |
| 主营业务税金及附加 | 1,646,428.16 | 1,885,486.70 |
| 二、主营业务利润(亏损以"-"号填列) | 110,277,917.82 | 123,938,570.77 |
| 加：其他业务利润(损失以"-"号填列) | 3,253,635.53 | 3,989,626.28 |
| 减：营业费用 | 24,750,051.88 | 25,399,981.68 |
| 管理费用 | 57,695,800.60 | 51,780,439.25 |
| 财务费用 | -7,217,879.42 | -12,486,762.17 |
| 三、营业利润(亏损以"-"号填列) | 38,303,580.29 | 63,234,538.29 |
| 加：投资收益(损失以"-"号填列) | 2,846,368.83 | 12,489,361.10 |
| 补贴收入 | 3,534,655.00 | 134,198.43 |
| 营业外收入 | 949,458.44 | 2,419,515.05 |
| 减：营业外支出 | 1,076,683.89 | 2,501,012.84 |
| 四：利润总额(亏损以"-"号填列) | 44,557,378.67 | 75,776,600.03 |
| 减：所得税 | 5,645,559.31 | 9,628,265.03 |
| 少数股东权益 | 1,178,659.43 | 1,024.45 |
| 五、净利润(净亏损以"-"号填列) | 37,733,159.93 | 66,147,310.55 |
| 加：年初未分配利润 | 41,761,055.59 | 60,467,207.14 |
| 其他转入 | | |
| 六、可供分配的利润 | 79,494,215.52 | 126,614,517.69 |
| 减：提取法定盈余公积 | 3,773,315.99 | 6,614,731.05 |
| 提取法定公益金 | 3,773,315.99 | 6,614,731.05 |
| 合资企业提取职工福利及奖励基金 | | |
| 七、可供股东分配的利润 | 71,947,583.54 | 113,385,055.59 |
| 减：应付优先股股利 | | |
| 提取任意盈余公积 | | |
| 应付普通股股利 | 35,812,000.00 | 71,624,000.00 |
| 转作股本的普通股股利 | | |
| 八、未分配利润 | 36,135,583.54 | 41,761,055.59 |

## 现　金　流　量　表

2002 年 12 月

编制单位：中国振华(集团)科技股份有限公司　　单位：元

| 项　目 | 行次 | 合并 | 母公司 |
|---|---|---|---|
| 一、经营活动产生的现金流量： | 0 | | |
| 销售商品、提供劳务收到的现金 | 1 | 801,522,609.25 | 337,179,791.04 |
| 收到的税费返还 | 3 | 2,520,681.56 | 1,232,580.87 |
| 收到的其他与经营活动有关的现金 | 8 | 136,818,408.84 | 116,739,495.83 |
| 现金流入小计 | 9 | 940,861,699.65 | 455,151,867.74 |
| 购买商品、接受劳务支付的现金 | 10 | 560,724,205.75 | 203,763,200.75 |
| 支付给职工以及为职工支付的现金 | 12 | 78,414,392.53 | 36,056,505.05 |
| 支付的各项税费 | 13 | 45,742,939.92 | 24,425,147.77 |
| 支付的其他与经营活动有关的现金 | 18 | 167,117,109.57 | 179,326,727.12 |
| 现金流出小计 | 20 | 851,998,647.77 | 443,571,580.69 |
| 经营活动产生的现金流量净额 | 21 | 88,863,051.88 | 11,580,287.05 |
| 二、投资活动产生的现金流量： | 0 | | |
| 收回投资所收到的现金 | 22 | 212,117,917.00 | 161,144,114.88 |
| 取得投资收益所收到的现金 | 23 | 10,772,585.12 | 26,338,238.35 |
| 处置固定资产、无形资产和其他长期资产所收回的现金净额 | 25 | 444,230.00 | 279,936.00 |
| 收到的其他与投资活动有关的现金 | 28 | | 54,331,557.00 |
| 现金流入小计 | 29 | 223,334,732.12 | 242,093,846.23 |
| 购建固定资产、无形资产和其他长期资产所支付的现金 | 30 | 102,669,691.62 | 70,446,614.82 |
| 投资所支付的现金 | 31 | 226,506,257.95 | 289,929,729.54 |
| 支付的其他与投资活动有关的现金 | 35 | | 2,731,557.00 |
| 现金流出小计 | 36 | 329,175,949.57 | 363,107,901.36 |
| 投资活动产生的现金流量净额 | 37 | -105,841,217.45 | -121,014,055.13 |
| 三、筹资活动产生的现金流量： | 0 | | |
| 吸收投资所收到的现金 | 38 | 150,000.00 | |
| 借款所收到的现金 | 40 | 173,013,080.00 | 94,283,080.00 |
| 收到的其他与筹资活动有关的现金 | 43 | | 1,243,439.75 |
| 现金流入小计 | 44 | 173,163,080.00 | 95,526,519.75 |
| 偿还债务所支付的现金 | 45 | 228,196,046.00 | 112,380,000.00 |
| 分配股利、利润或偿付利息所支付的现金 | 46 | 51,586,043.29 | 58,002,113.70 |
| 支付的其他与筹资活动有关的现金 | 52 | | 47,000,000.00 |
| 现金流出小计 | 53 | 279,782,089.29 | 217,382,113.70 |
| 筹资活动产生的现金流量净额 | 54 | -106,619,009.29 | -121,855,593.95 |
| 四、汇率变动对现金的影响 | 55 | -13,441.49 | -2,260.60 |
| 五、现金及现金等价物净增加额 | 56 | -123,610,616.35 | -231,291,622.63 |
| 补充资料 | 行次 | 合并 | 母公司 |
| 1.将净利润调节为经营活动现金流量： | 0 | | |
| 净利润 | 57 | 37,733,468.93 | 37,733,159.93 |
| 加：计提的资产减值准备 | 58 | 6,127,453.17 | 4,716,323.60 |
| 固定资产折旧 | 59 | 36,870,306.73 | 17,528,450.75 |
| 无形资产摊销 | 60 | 1,421,168.25 | 61,148.16 |
| 长期待摊费用摊销 | 61 | 4,201,348.01 | 205,365.24 |
| 待摊费用减少(减：增加) | 64 | -36,841.56 | 2,909.93 |
| 预提费用增加(减：减少) | 65 | -1,538,947.12 | |
| 处置固定资产、无形资产和其他长期资产的损失(减：收益) | 66 | -109,370.10 | -171,997.85 |
| 固定资产报废损失 | 67 | 3,180,597.88 | 3,078,154.15 |
| 财务费用 | 68 | -4,332,098.16 | -10,615,864.92 |
| 投资损失(减：收益) | 69 | -2,096,278.45 | -2,846,368.83 |
| 递延税款贷项(减：借项) | 70 | | |
| 存货的减少(减：增加) | 71 | -47,556,862.07 | -735,253.71 |
| 经营性应收项目的减少(减：增加) | 72 | 18,277,428.96 | -4,016,539.59 |
| 经营性应付项目的增加(减：减少) | 73 | 36,721,677.41 | -33,359,199.81 |
| 其他 | 74 | | |
| 经营活动产生的现金流量净额 | 75 | 88,863,051.88 | 11,580,287.05 |
| 2.不涉及现金收支的投资和筹资活动： | | | |
| 债务转为资本 | 76 | | |
| 一年内到期的可转换公司债券 | 77 | | |
| 融资租入固定资产 | 78 | 186,666.67 | |
| 3.现金及现金等价物净增加情况 | | | |
| 现金的期末余额 | 79 | 480,764,100.45 | 278,751,145.60 |
| 减：现金的期初余额 | 80 | 604,374,716.80 | 510,042,768.23 |
| 加：现金等价物的期末余额 | 81 | | |
| 减：现金等价物的期初余额 | 82 | | |
| 现金及现金等价物净增加额 | 83 | -123,610,616.35 | -231,291,622.63 |

## 000007 深圳市赛格达声股份有限公司

### 二〇〇二年年度报告摘选

#### 1.上市公司基本情况简介

1.1 基本情况简介

股票简称:深达声 A　股票代码:000007　上市交易所:深圳证券交易所
注册地址:深圳市华强北路赛格工业大厦五楼　办公地址:深圳市华强北路现代之窗大厦 23 楼
邮政编码:518031　公司国际互联网网址:无　电子信箱:szsegds@public.szptt.net.cn

1.2 联系人和联系方式

董事会秘书:陈仕彬先生　联系地址:深圳市华强北路现代之窗大厦 23 楼董事会秘书处
电话:0755－83280053　传真:0755－83280089　电子信箱:szsegds@public.szptt.net.cn
证券事务代表:龚欣先生　联系地址:深圳市华强北路现代之窗大厦 23 楼董事会秘书处
电话:0755－83280053　传真:0755－83280089　电子信箱:szsegds@public.szptt.net.cn

#### 2.会计数据和财务指标摘要

2.1 主要会计数据

| | 2002 年 | 2001 年 | 本年比上年增减(%) | 2000 年 |
|---|---|---|---|---|
| 主营业务收入 | 227,319,830.34 | 339,715,057.69 | (33.09) | 9,492,068.42 |
| 利润总额 | 20,487,212.02 | 44,282,739.43 | (53.74) | (187,575,178.45) |
| 净利润 | 21,951,951.34 | 35,010,762.77 | (37.30) | (183,677,687.35) |
| 扣除非经常性损益的净利润 | 31,868,838.29 | 38,020,557.82 | (16.18) | (178,440,633.88) |
| | 2002 年末 | 2001 年末 | 本年末比上年末增减(%) | 2000 年末 |
| 总资产 | 1,150,916,322.07 | 1,094,609,622.19 | 5.14 | 845,712,873.41 |
| 股东权益(不含少数股东权益) | 198,929,977.12 | 156,189,686.78 | 27.36 | 28,531,963.13 |
| 经营活动产生的现金流量净额 | 24,174,242.82 | 31,439,450.28 | (23.11) | (21,810,835.83) |

2.2 主要财务指标

| | 2002 年 | 2001 年 | 本年比上年增减(%) | 2000 年 |
|---|---|---|---|---|
| 每股收益 | 0.15 | 0.24 | (37.50) | (1.28) |
| 净资产收益率(%) | 11.04 | 22.42 | (50.76) | (643.76) |
| 扣除非经常性损益的净利润为基础计算的净资产收益率(%) | 16.49 | 19.11 | (13.71) | (625.41) |
| 每股经营活动产生的现金流量净额 | 0.17 | 0.22 | (22.73) | (0.15) |
| | 2002 年末 | 2001 年末 | 本年末比上年末增减(%) | 2000 年末 |
| 每股净资产 | 1.39 | 1.09 | 27.52 | 0.20 |
| 调整后的每股净资产 | 1.13 | 0.73 | 54.79 | (0.13) |

## 000016 康佳集团股份有限公司

### 二〇〇二年年度报告摘选

#### 1.上市公司基本情况简介

1.1 基本情况简介

股票简称:深康佳 A、深康佳 B　股票代码:000016、200016　上市交易所:深圳证券交易所
注册地址和办公地址:深圳市南山区华侨城　邮政编码:518053
公司国际互联网网址:http://www.konka.com
电子信箱:szkonka@konka.com 或 szkonkas@sz.gd.cninfo.net

1.2 联系人和联系方式

董事会秘书:陈旭日　联系地址:深圳华侨城康佳集团股份有限公司
电话:0755－26608866　传真:0755－26600082　电子信箱:chenxuri@konka.com
证券事务代表:陈旭日、杨国彬　联系地址:深圳华侨城康佳集团股份有限公司
电话:0755－26608866　传真:0755－26600082　电子信箱:yangguobin@konka.com

#### 2.会计数据和财务指标摘要

2.1 主要会计数据　　单位:人民币万元

| 项目 | 2002 年(本年) | 2001 年(调整后)(上年) | 2001 年(调整前)(上年) | 本年比上年增减(%) | 2000 年 |
|---|---|---|---|---|---|
| 主营业务收入 | 804,165.28 | 674,812.20 | 674,812.20 | 19.17 | 895,378.10 |
| 利润总额 | 5,443.36 | －68,725.42 | －68,725.42 | － | 28,658.47 |
| 净利润 | 3,559.04 | －69,476.43 | －69,979.15 | － | 21,439.23 |
| 扣除非经常性损益的净利润 | 2,865.34 | －71,486.72 | －71,989.44 | － | 21,515.41 |
| 项目 | 2002 年末(本年末) | 2001 年末(调整后)(上年末) | 2001 年末(调整前)(上年末) | 本年末比上年末增减(%) | 2000 年末 |
| 总资产 | 700,597.42 | 722,095.88 | 721,173.68 | －2.98% | 998,041.80 |
| 股东权益(不含少数股东权益) | 295,350.88 | 289,844.74 | 289,391.30 | 1.90 | 358,306.64 |
| 经营活动产生的现金流量净额 | 65,372.34 | 72,322.57 | 72,322.57 | －9.61 | －1,344.72 |

2.2 主要财务指标

| 项目 | 2002 年(本年) | 2001 年(调整后)(上年) | 2001 年(调整前)(上年) | 本年比上年增减(%) | 2000 年 |
|---|---|---|---|---|---|
| 每股收益(元) | 0.06 | －1.15 | －1.16 | － | 0.36 |
| 净资产收益率(%) | 1.21 | －23.97 | －24.18 | － | 5.98 |
| 扣除非经常性损益的净利润为基础计算的净资产收益率(%) | 0.97 | －24.66 | －24.88 | － | 6.24 |
| 每股经营活动产生的现金流量净额(元) | 1.09 | 1.20 | 1.20 | －0.10 | －0.02 |
| 项目 | 2002 年末(本年末) | 2001 年末(调整后)(上年末) | 2001 年末(调整前)(上年末) | 本年末比上年末增减(%) | 2000 年末 |
| 每股净资产(元) | 4.91 | 4.82 | 4.81 | 1.90 | 5.96 |
| 调整后的每股净资产(元) | 4.79 | 4.57 | 4.59 | 4.74 | 5.65 |

## 000020 深圳华发电子股份有限公司

### 二〇〇二年年度报告摘选

#### 1.上市公司基本情况简介

1.1 基本情况简介

股票简称:深华发 A、深华发 B　股票代码:000020、200020　上市交易所:深圳证券交易所
注册地址和办公地址:深圳市福田区华发北路 411 栋　邮政编码:518031
公司国际互联网网址:http://www.hwafa.com　电子信箱:szhf@hwafa.com

1.2 联系人和联系方式

董事会秘书:胡建平　联系地址:深圳市福田区华发北路 411 栋六层
电话:0755－83352207　传真:0755－83352207　电子信箱:jphu@hwafa.com
证券事务代表:刘阳　联系地址:深圳市福田区华发北路 411 栋六层
电话:0755－83352207　传真:0755－83352207　电子信箱:lyang@hwafa.com

#### 2.会计数据和财务指标摘要

2.1 主要会计数据　　单位:人民币元

| | 2002 年 | 2001 年 | 本年比上年增减(%) | 2000 年 |
|---|---|---|---|---|
| 主营业务收入 | 128,961,237 | 82,861,879 | 55.63% | 118,411,642 |
| 利润总额 | 5,360,059 | 1,729,925 | 209.84% | 2,042,404 |
| 净利润 | 5,360,059 | 1,729,925 | 209.84% | 2,092,799 |
| 扣除非经常性损益的净利润 | 4,250,974 | －3,279,172 | －－ | 2,092,799 |
| | 2002 年末 | 2001 年末 | 本年比上年增减(%) | 2000 年末 |
| 总资产 | 479,016,731 | 448,074,110 | 6.91% | 454,531,281 |
| 股东权益(不含少数股东权益) | 293,985,238 | 288,625,179 | 1.86 | 286,895,254 |
| 经营活动产生的现金流量净额 | 6,855,825 | 39,994,527 | －82.86% | 4,519,876 |

2.2 主要财务指标　　单位:人民币元

| | 2002 年 | 2001 年 | 本年比上年增减(%) | 2000 年 |
|---|---|---|---|---|
| 每股收益 | 0.02 | 0.006 | 233.33% | 0.007 |
| 净资产收益率 | 1.82% | 0.60% | 1.22% | 0.73% |
| 扣除非经常性损益的净利润为基础计算的净资产收益率 | 1.45% | －1.14% | 2.59% | 0.73% |
| 每股经营活动产生的现金流量净额 | 0.024 | 0.14 | －82.86% | 0.016 |
| | 2002 年末 | 2001 年末 | 本年比上年增减(%) | 2000 年末 |
| 每股净资产 | 1.04 | 1.02 | 1.96% | 1.013 |
| 调整后的每股净资产 | 0.97 | 1.00 | －3.00% | 0.94 |

## 000038 深圳大通实业股份有限公司

### 二〇〇二年年度报告摘选

#### 1.上市公司基本情况简介

1.1 基本情况简介

证券简称:深大通 A　证券代码:000038　上市交易所:深圳证券交易所
注册地址和办公地址:深圳市华侨城东部工业区
深圳市深南中路中航苑航都大厦 26 楼　邮政编码:518041
公司国际互联网网址:无　电子信箱:sz000038@mailcenter.com.cn

1.2 联系人和联系方式

董事会秘书:郭旭光　联系地址:深圳市深南中路中航苑航都大厦 26 楼
电话:0755－83793793　传真:0755－83790776　电子信箱:sz000038@mailcenter.com.cn
证券事务代表:杨枫　联系地址:深圳市深南中路中航苑航都大厦 26 楼
电话:0755－83793793　传真:0755－83790776　电子信箱:sz000038@mailcenter.com.cn

#### 2.会计数据和财务指标摘要

2.1 主要会计数据　　单位:(人民币)元

| | 2002 年(本年) | 2001 年(上年) | 本年比上年增减(%) | 2000 年 |
|---|---|---|---|---|
| 主营业务收入 | 161,031,081.21 | 32,800,856.68 | 390.94% | 58,655,372.31 |
| 利润总额 | 11,111,368.80 | 2,040,350.02 | 444.58% | －1,901,834.74 |
| 净利润 | 11,461,082.26 | 6,123,621.70 | 87.16% | 2,200,987.36 |
| 扣除非经常性损益的净利润 | 11,421,731.69 | 4,747,935.24 | 140.56% | 603,776.36 |
| | 2002 年末(本年末) | 2001 年末(上年末) | 本年末比上年末增减(%) | 2000 年末 |
| 总资产 | 211,153,816.62 | 168,053,250.99 | 25.65% | 173,699,196.86 |
| 股东权益(不含少数股东权益) | 121,689,191.81 | 110,189,403.85 | 10.44% | 104,065,782.15 |
| 经营活动产生的现金流量净额 | 70,384,599.31 | 13,030,759.02 | 440.14% | －375,376.10 |

2.2 主要财务指标　　单位:(人民币)元

| | 2002 年(本年) | 2001 年(上年) | 本年比上年增减(%) | 2000 年 |
|---|---|---|---|---|
| 每股收益 | 0.13 | 0.07 | 87.59% | 0.02 |
| 每股收益 * | 0.13 | －－ | －－ | －－ |
| 净资产收益率 | 9.42% | 5.56% | 69.42% | 2.11% |
| 扣除非经常性损益的净利润为基础计算的净资产收益率 | 9.39% | 4.31% | 117.87% | 0.58% |
| 每股经营活动产生的现金流量净额 | 0.78 | 0.14 | 440.21% | －0.00 |
| | 2002 年末(本年末) | 2001 年末(上年末) | 本年末比上年末增减(%) | 2000 年末 |
| 每股净资产 | 1.34 | 1.22 | 10.43% | 1.15 |
| 调整后的每股净资产 | 1.31 | 1.18 | 10.82% | 1.10 |

# 000050 深圳天马微电子股份有限公司

## 二〇〇二年年度报告摘选

### 1.上市公司基本情况简介

1.1 基本情况简介

股票简称:深天马A 股票代码:000050 上市交易所:深圳证券交易所

注册地址和办公地址:深圳市深南中路中航苑航都大厦22层 邮政编码:518031

公司国际互联网网址:http://www.tianma.com.cn 电子信箱:admin@tianma.com.cn

1.2 联系人和联系方式

董事会秘书:刘长清 联系地址:深圳市深南中路中航苑航都大厦22层

电话:0755-83793863 传真:0755-83790431 电子信箱:Changqing_liu@tianma.com.cn

证券事务代表:王红 联系地址:深圳市深南中路中航苑航都大厦22层

电话:0755-83790775 传真:0755-83790431 电子信箱:Laura_Wang@tianma.com.cn

### 2.会计数据和财务指标摘要

2.1 主要会计数据 单位:(人民币)元

| | 2002年(本年) | 2001年(上年) | 本年比上年增减(%) | 2000年 |
|---|---|---|---|---|
| 主营业务收入 | 325,573,860.41 | 278,936,200.85 | 16.72 | 317,613,770.90 |
| 利润总额 | -31,125,114.19 | 17,040,662.23 | | 36,143,412.94 |
| 净利润 | -34,854,045.12 | 16,680,296.01 | | 31,009,525.86 |
| 扣除非经常性损益的净利润 | -38,348,010.64 | 11,936,728.03 | | 24,528,732.75 |
| | 2002年末(本年末) | 2001年末(上年末) | 本年末比上年末增减(%) | 2000年末 |
| 总资产 | 1,023,249,108.30 | 849,066,286.43 | 20.51 | 601,266,890.57 |
| 股东权益(不含少数股东权益) | 654,279,955.99 | 689,134,001.11 | -5.06 | 340,146,053.29 |
| 经营活动产生的现金流量净额 | 47,598,866.02 | 79,034,723.51 | -39.77 | 9,323,546.54 |

2.2 主要财务指标 单位:(人民币)元

| | 2002年(本年) | 2001年(上年) | 本年比上年增减(%) | 2000年 |
|---|---|---|---|---|
| 每股收益 | -0.263 | 0.126 | | 0.267 |
| 净资产收益率 | -5.33% | 2.42% | | 9.12% |
| 扣除非经常性损益的净利润为基础计算的净资产收益率 | -5.86% | 1.73% | | 7.21% |
| 每股经营活动产生的现金流量净额 | 0.359 | 0.595 | -39.77 | 0.080 |
| | 2002年末(本年末) | 2001年末(上年末) | 本年末比上年末增减(%) | 2000年末 |
| 每股净资产 | 4.93 | 5.19 | -5.06 | 2.93 |
| 调整后的每股净资产 | 4.86 | 5.17 | -6.00 | 2.88 |

# 000058 深圳赛格股份有限公司

## 二〇〇二年年度报告摘选

### 1.上市公司基本情况简介

1.1 基本情况简介

股票简称:深赛格、深赛格B 股票代码:000058、200058 上市交易所:深圳证券交易所

注册地址:深圳市福田区华强北路宝华科技大厦16楼

办公地址:深圳市福田区红荔路38号群星广场A座31楼 邮政编码:518028

公司国际互联网网址:http://www.segcl.com.cn 电子信箱:segcl@baohua.com.cn

1.2 联系人和联系方式

董事会秘书:郑丹 联系地址:深圳市福田区红荔路38号群星广场A座31楼

电话:0755-83747939 传真:0755-83975237 电子信箱:segcl1@baohua.com.cn

### 2.会计数据和财务指标摘要

2.1 主要会计数据 单位:(人民币)元

| | 2002年(本年) | 2001年(上年) | 本年比上年增减(%) | 2000年 |
|---|---|---|---|---|
| 主营业务收入 | 2,206,470,817.69 | 1,922,248,352.90 | 14.79% | 2,274,449,554.40 |
| 利润总额 | 178,657,224.05 | -395,706,145.75 | -- | -158,193,429.48 |
| 净利润 | 100,817,981.43 | -338,760,825.56 | -- | -158,193,429.48 |
| 扣除非经常性损益的净利润 | 91,664,149.00 | -127,966,929.15 | -- | 264,426.75 |
| | 2002年末(本年末) | 2001年末(上年末) | 本年末比上年末增减(%) | 2000年末 |
| 总资产 | 3,722,484,305.83 | 3,463,241,817.33 | 7.49% | 3,776,253,257.96 |
| 股东权益(不含少数股东权益) | 1,257,086,782.47 | 1,124,261,479.32 | 11.81% | 1,500,562,425.42 |
| 经营活动产生的现金流量净额 | 651,830,661.71 | 288,444,954.47 | 125.98% | -50,273,024.85 |

2.2 主要财务指标 单位:(人民币)元

| | 2002年(本年) | 2001年(上年) | 本年比上年增减(%) | 2000年 |
|---|---|---|---|---|
| 每股收益 | 0.14 | -0.467 | -- | -0.22 |
| 每股收益* | 0.14 | -- | -- | -- |
| 净资产收益率 | 8.02% | -30.13% | -- | -10.54% |
| 扣除非经常性损益的净利润为基础计算的净资产收益率 | 7.80% | -9.32% | -- | 0.02% |
| 每股经营活动产生的现金流量净额 | 0.90 | 0.40 | 126.20% | -0.07 |
| | 2002年末(本年末) | 2001年末(上年末) | 本年末比上年末增减(%) | 2000年末 |
| 每股净资产 | 1.73 | 1.55 | 11.82% | 2.07 |
| 调整后的每股净资产 | 1.66 | 1.47 | 12.76% | 1.91 |

# 000068 深圳市赛格三星股份有限公司

## 二〇〇二年年度报告摘选

### 1.上市公司基本情况简介

1.1 基本情况简介

证券简称:赛格三星 证券代码:000068 上市交易所:深圳证券交易所

注册地址和办公地址:深圳市福田区梅林工业区101厂房 邮政编码:518049

公司国际互联网网址:无 电子信箱:szsgsx@163.net

1.2 联系人和联系方式

董事会秘书:王科夫 联系地址:深圳市福田区上梅林26-811信箱

电话:0755-83311988-1810 传真:0755-83112656 电子信箱:szsgsx@163.net

### 2.会计数据和财务指标摘要

2.1 主要会计数据 单位:(人民币)元

| | 2002年(本年) | 2001年(上年) | 本年比上年增减(%) | 2000年 |
|---|---|---|---|---|
| 主营业务收入 | 1,065,626,951.91 | 977,507,548.75 | 9.01% | 1,129,780,220.72 |
| 利润总额 | 134,287,707.16 | 102,424,568.81 | 31.11% | 151,611,029.11 |
| 净利润 | 121,056,404.11 | 93,490,978.38 | 29.48% | 146,412,532.31 |
| 扣除非经常性损益的净利润 | 75,784,179.64 | 86,699,466.20 | -12.59% | 186,941,971.06 |
| | 2002年末(本年末) | 2001年末(上年末) | 本年末比上年末增减(%) | 2000年末 |
| 总资产 | 2,415,626,242.78 | 2,784,401,557.18 | -13.24% | 2,973,353,161.49 |
| 股东权益(不含少数股东权益) | 1,597,158,218.69 | 1,495,999,930.51 | 6.76% | 1,402,317,998.26 |
| 经营活动产生的现金流量净额 | 437,259,567.33 | 389,071,944.58 | 12.39% | 176,351,352.89 |

2.2 主要财务指标 单位:(人民币)元

| | 2002年(本年) | 2001年(上年) | 本年比上年增减(%) | 2000年 |
|---|---|---|---|---|
| 每股收益 | 0.15 | 0.12 | 29.41% | 0.19 |
| 每股收益* | 0.15 | - | - | - |
| 净资产收益率 | 7.58% | 6.33% | 19.75% | 10.45% |
| 扣除非经常性损益的净利润为基础计算的净资产收益率 | 4.74% | 5.80% | -18.28% | 13.33% |
| 每股经营活动产生的现金流量净额 | 0.56 | 0.50 | 12.32% | 0.51 |
| | 2002年末(本年末) | 2001年末(上年末) | 本年末比上年末增减(%) | 2000年末 |
| 每股净资产 | 2.03 | 1.90 | 6.78% | 1.78 |
| 调整后的每股净资产 | 1.76 | 1.81 | -2.76% | 1.71 |

# 000070 深圳市特发信息股份有限公司

## 二〇〇二年年度报告摘选

### 1.上市公司基本情况简介

1.1 基本情况简介

股票简称:特发信息 股票代码:000070 上市交易所:深圳证券交易所

注册地址和办公地址:深圳市南山区科技工业园科丰路2号通讯大厦 邮政编码:518057

公司国际互联网网址:http://www.sdgi0070.com

1.2 联系人和联系方式

董事会秘书:张大军 联系地址:深圳市南山区科技工业园科丰路2号通讯大厦6楼

电话:0755-26506648 传真:0755-26506803

证券事务代表:伍历文 联系地址:深圳市南山区科技工业园科丰路2号通讯大厦6楼

电话:0755-26506649 传真:0755-26506803

### 2.会计数据和财务指标摘要

2.1 主要会计数据

| | 2002年 | 2001年 | 本年比上年增减(%) | 2000年 |
|---|---|---|---|---|
| 主营业务收入 | 493,245,928.93 | 659,157,655.52 | -25.17 | 570,806,070.84 |
| 利润总额 | 2,677,382.40 | 38,025,770.86 | -92.95 | 44,877,491.89 |
| 净利润 | 1,925,427.01 | 40,182,661.43 | -95.20 | 42,499,621.88 |
| 扣除非经常性损益的净利润 | -8,277,569.22 | 22,843,008.30 | -136.24 | 25,843,030.90 |
| | 2002年末 | 2001年末 | 本年末比上年末增减(%) | 2000年末 |
| 总资产 | 1,271,547,771.90 | 1,346,840,131.68 | -75,292,359.78 | 1,335,750,014.84 |
| 股东权益(不含少数股东权益) | 777,590,830.73 | 773,623,048.76 | 3,967,781.97 | 745,930,387.33 |
| 经营活动产生的现金流量净额 | 116,678,268.36 | 27,734,620.68 | 88,943,647.68 | 148,102,039.00 |

2.2 主要财务指标

| | 2002年 | 2001年 | 本年比上年增减(%) | 2000年 |
|---|---|---|---|---|
| 每股收益 | 0.0077 | 0.1608 | -95.21 | 0.1700 |
| 每股收益 | 0.0077 | 0.1608 | -95.21 | 0.1828 |
| 净资产收益率 | 0.0025 | 0.0519 | -95.18 | 0.0570 |
| 扣除非经常性损益的净利润为基础计算的净资产收益率 | -0.0106 | 0.0295 | -135.93 | 0.0346 |
| 每股经营活动产生的现金流量净额 | 0.4667 | 0.111 | 320.83 | -0.5924 |
| | 2002年末 | 2001年末 | 本年末比上年末增减(%) | 2000年末 |
| 每股净资产 | 3.1104 | 3.095 | 0.5148 | 2.984 |
| 调整后的每股净资产 | 2.9846 | 3.007 | 0.7449 | 2.850 |

## 000413 石家庄宝石电子玻璃股份有限公司

### 二〇〇二年年度报告摘选

#### 1.上市公司基本情况简介

1.1 基本情况简介

证券简称：宝石 A、宝石 B 证券代码：000413、200413 上市交易所：深圳证券交易所

注册地址和办公地址：河北省石家庄市高新技术产业开发区黄河大道 9 号 邮政编码：050035

公司国际互联网网址：无 电子信箱：baoshi@mx.hebei.net.cn

1.2 联系人和联系方式

董事会秘书：罗丽娜 联系地址：河北省石家庄市中山东路华清街 2 号(公司证券部)

电话：0311－6044705 传真：0311－6041503 电子信箱：bsdz@heinfo.net

证券事务代表：王华 联系地址：河北省石家庄市中山东路华清街 2 号(公司证券部)

电话：0311－6044705 传真：0311－6041503 电子信箱：bsdz@heinfo.net

#### 2.会计数据和财务指标摘要

2.1 主要会计数据 单位：(人民币)元

| | 2002 年(本年) | 2001 年(上年) | 本年比上年增减(%) | 2000 年 |
|---|---|---|---|---|
| 主营业务收入 | 53,621,716.00 | 62,388,165.00 | －14.05% | 44,918,932.00 |
| 利润总额 | 35,201,642.00 | 51,326,150.00 | －31.42% | 100,048,288.00 |
| 净利润 | 29,198,154.00 | 39,390,980.00 | －25.88% | 83,961,160.00 |
| 扣除非经常性损益的净利润 | 31,225,881.00 | 41,703,438.00 | －25.12% | 82,939,786.00 |
| | 2002 年末(本年末) | 2001 年末(上年末) | 本年末比上年末增减(%) | 2000 年末 |
| 总资产 | 1,505,567,156.00 | 1,538,478,066.00 | －2.14% | 1,616,898,335.00 |
| 股东权益(不含少数股东权益) | 577,455,420.00 | 547,155,173.00 | 5.54% | 542,682,303.00 |
| 经营活动产生的现金流量净额 | －22,862,978.00 | －83,467,597.00 | －－ | －190,283,403.00 |

2.2 主要财务指标 单位：(人民币)元

| | 2002 年(本年) | 2001 年(上年) | 本年比上年增减(%) | 2000 年 |
|---|---|---|---|---|
| 每股收益 | 0.08 | 0.10 | －26.21% | 0.22 |
| 每股收益 * | 0.08 | －－ | －－ | －－ |
| 净资产收益率 | 5.06% | 7.20% | －29.72% | 15.47% |
| 扣除非经常性损益的净利润为基础计算的净资产收益率 | 5.41% | 7.62% | －29.00% | 15.28% |
| 每股经营活动产生的现金流量净额 | －0.06 | －0.22 | －－ | －0.50 |
| | 2002 年末(本年末) | 2001 年末(上年末) | 本年末比上年末增减(%) | 2000 年末 |
| 每股净资产 | 1.51 | 1.43 | 5.51% | 1.42 |
| 调整后的每股净资产 | 1.49 | 1.41 | 5.67% | 1.40 |

## 000636 广东风华高新科技股份有限公司

### 二〇〇二年年度报告摘选

#### 1.上市公司基本情况简介

1.1 基本情况简介

证券简称：风华高科 证券代码：000636 上市交易所：深圳证券交易所

注册地址和办公地址：广东省肇庆市风华路 18 号风华电子工业城 邮政编码：526020

公司国际互联网网址：http://www.fenghua－advanced.com

电子信箱：000636@china－fenghua.com

1.2 联系人和联系方式

董事会秘书：廖永忠 联系地址：广东省肇庆市风华路 18 号风华电子工业城

电话：0758－2844724 传真：0758－2849045 电子信箱：000636@china－fenghua.com

证券事务代表：钟建薇 联系地址：广东省肇庆市风华路 18 号风华电子工业城

电话：0758－2844724 传真：0758－2849045 电子信箱：000636@china－fenghua.com

#### 2.会计数据和财务指标摘要

2.1 主要会计数据 单位：(人民币)元

| | 2002 年 | 2001 年 | 本年比上年增减(%) | 2000 年 |
|---|---|---|---|---|
| 主营业务收入 | 1,018,165,554.75 | 963,346,395.69 | 5.69% | 1,369,454,671.90 |
| 利润总额 | 27,201,416.34 | 31,871,699.10 | －14.65% | 375,962,755.42 |
| 净利润 | 22,366,988.71 | 32,356,830.72 | －30.87% | 359,156,280.53 |
| 扣除非经常性损益的净利润 | 28,815,526.54 | 34,371,354.44 | －16.16% | 361,138,870.28 |
| | 2002 年末 | 2001 年末 | 本年末比上年末增减(%) | 2000 年末 |
| 总资产 | 3,123,162,679.94 | 2,856,942,137.56 | 9.32% | 2,482,789,557.17 |
| 股东权益(不含少数股东权益) | 2,062,023,464.28 | 2,047,676,082.43 | 0.70% | 2,040,703,298.20 |
| 经营活动产生的现金流量净额 | 176,789,744.66 | 26,287,286.43 | 572.53% | 218,453,742.79 |

2.2 主要财务指标 单位：(人民币)元

| | 2002 年 | 2001 年 | 本年比上年增减(%) | 2000 年 |
|---|---|---|---|---|
| 每股收益 | 0.04 | 0.06 | －31.15% | 0.07 |
| 净资产收益率 | 1.08% | 1.58% | －31.65% | 17.60% |
| 扣除非经常性损益的净利润为基础计算的净资产收益率 | 1.35% | 1.68% | －19.64% | 17.70% |
| 每股经营活动产生的现金流量净额 | 0.33 | 0.05 | 571.37% | 0.41 |
| | 2002 年末 | 2001 年末 | 本年末比上年末增减(%) | 2000 年末 |
| 每股净资产 | 3.89 | 3.86 | 0.70% | 3.85 |
| 调整后的每股净资产 | 3.83 | 3.80 | 0.67% | 3.82 |

## 000697 咸阳偏转股份有限公司

### 二〇〇二年年度报告摘选

#### 1.上市公司基本情况简介

1.1 基本情况简介

证券简称：咸阳偏转 证券代码：000697 上市交易所：深圳证券交易所

注册地址和办公地址：咸阳市渭阳西路 70 号 邮政编码：712021

公司国际互联网网址：http://www.pianzhuan.com.cn 电子信箱：gzk@ns1.pianzhuan.com.cn

1.2 联系人和联系方式

董事会秘书：赵卫军 联系地址：陕西省咸阳市渭阳西路 70 号

电话：0910－3320567 传真：0910－3320666 电子信箱：wjzhao@ns1.pianzhuan.com.cn

证券事务代表：赵兵 联系地址：陕西省咸阳市渭阳西路 70 号

电话：0910－3320567 传真：0910－3320666 电子信箱：gzk@ns1.pianzhuan.com.cn

#### 2.会计数据和财务指标摘要

2.1 主要会计数据 单位：(人民币)千元

| | 2002 年 | 2001 年 | | 本年比上年增减(%) | 2000 年 | |
|---|---|---|---|---|---|---|
| | | 调整后 | 调整前 | | 调整后 | 调整前 |
| 主营业务收入 | 521,679.54 | 475,910.71 | 475,910.71 | 9.62% | 412,022.11 | 412,022.11 |
| 利润总额 | 8,557.06 | 6,189.73 | 9,908.45 | 38.25% | 78,261.27 | 77,837.63 |
| 净利润 | 9,059.04 | 8,263.50 | 11,982.23 | 9.63% | 68,958.06 | 68,534.41 |
| 扣除非经常性损益的净利润 | 9,661.56 | 7,966.79 | 11,685.52 | 21.27% | 60,038.55 | 59,614.90 |
| | 2002 年末 | 2001 年末 | | 本年末比上年末增减(%) | 2000 年末 | |
| | | 调整后 | 调整前 | | 调整后 | 调整前 |
| 总资产 | 1,150,247.83 | 1,052,196.01 | 1,055,491.09 | 9.32% | 1,149,767.20 | 1,149,343.56 |
| 股东权益(不含少数股东权益) | 753,813.58 | 741,330.46 | 744,625.54 | 1.68% | 732,805.01 | 732,381.36 |
| 经营活动产生的现金流量净额 | 162,868.84 | 91,812.96 | 91,812.96 | 77.39% | －26,911.08 | －26,911.08 |

2.2 主要财务指标 单位：(人民币)元

| | 2002 年 | 2001 年 | | 本年比上年增减(%) | 2000 年 | |
|---|---|---|---|---|---|---|
| | | 调整后 | 调整前 | | 调整后 | 调整前 |
| 每股收益(摊薄) | 0.042 | 0.038 | 0.055 | 10.53% | 0.32 | 0.32 |
| 每股收益(加权) | 0.042 | 0.038 | 0.055 | 10.53% | 0.32 | 0.32 |
| 净资产收益率 | 1.20% | 1.11% | 1.61% | 11.71% | 9.41% | 9.36% |
| 扣除非经常性损益的净利润为基础计算的净资产收益率 | 1.28% | 1.07% | 1.57% | 23.36% | 9.30% | 8.14% |
| 每股经营活动产生的现金流量净额 | 0.75 | 0.42 | 0.42 | 77.40% | －0.12 | －0.12 |
| | 2002 年末 | 2001 年末 | | 本年末比上年末增减(%) | 2000 年末 | |
| | | 调整后 | 调整前 | | 调整后 | 调整前 |
| 每股净资产 | 3.47 | 3.41 | 3.42 | －1.26% | 3.37 | 3.37 |
| 调整后的每股净资产 | 3.33 | 3.39 | 3.41 | －4.72% | 3.36 | 3.37 |

## 000725 京东方科技集团股份有限公司

### 二〇〇二年年度报告摘选

#### 1.上市公司基本情况简介

1.1 基本情况简介

证券简称：京东方 A、京东方 B 证券代码：000725、200725 上市交易所：深圳证券交易所

注册地址和办公地址：北京市朝阳区酒仙桥路 10 号 邮政编码：100016

公司国际互联网网址：http://www.boe.com.cn 电子信箱：web.master@boe.com.cn

1.2 联系人和联系方式

董事会秘书：仲慧峰 联系地址：北京市朝阳区酒仙桥路 10 号

电话：010－64366264 传真：010－64366264 电子信箱：hfzhong@boe.com.cn

#### 2.会计数据和财务指标摘要

2.1 主要会计数据 单位：(人民币)元

| | 2002 年(本年) | 2001 年(上年) | 本年比上年增减(%) | 2000 年 |
|---|---|---|---|---|
| 主营业务收入 | 4,782,587,489.00 | 2,669,543,128.00 | 79.15% | 2,234,822,478.00 |
| 利润总额 | 216,222,050.00 | 124,520,025.00 | 73.64% | 139,650,188.00 |
| 净利润 | 82,836,595.00 | 60,250,853.00 | 37.49% | 98,802,093.00 |
| 扣除非经常性损益的净利润 | 76,567,046.00 | 49,842,722.00 | 53.62% | 98,673,842.00 |
| | 2002 年末(本年末) | 2001 年末(上年末) | 本年末比上年末增减(%) | 2000 年末 |
| 总资产 | 6,782,182,053.00 | 4,032,817,319.00 | 68.17% | 3,935,853,051.00 |
| 股东权益(不含少数股东权益) | 2,183,379,141.00 | 2,083,538,063.00 | 4.79% | 2,052,020,198.00 |
| 经营活动产生的现金流量净额 | 217,680,290.00 | 396,715,256.00 | －45.13% | －176,842,472.00 |

2.2 主要财务指标 单位：(人民币)元

| | 2002 年(本年) | 2001 年(上年) | 本年比上年增减(%) | 2000 年 |
|---|---|---|---|---|
| 每股收益 | 0.15 | 0.11 | 36.36% | 0.18 |
| 净资产收益率 | 3.79% | 2.89% | 31.14% | 4.83% |
| 扣除非经常性损益的净利润为基础计算的净资产收益率 | 3.51% | 2.39% | 46.86% | 4.81% |
| 每股经营活动产生的现金流量净额 | 0.40 | 0.72 | －45.15% | －0.09 |
| | 2002 年末(本年末) | 2001 年末(上年末) | 本年末比上年末增减(%) | 2000 年末 |
| 每股净资产 | 3.97 | 3.79 | 4.80% | 3.73 |
| 调整后的每股净资产 | 3.96 | 3.72 | 6.45% | 3.71 |

# 000801 四川湖山电子股份有限公司

## 二〇〇二年年度报告摘选

### 1.上市公司基本情况简介

1.1 基本情况简介

股票简称:四川湖山 股票代码:000801 上市交易所:深圳证券交易所

注册地址:绵阳市华兴西路1号 办公地址:绵阳市长虹大道中段53号 邮政编码:621000

公司国际互联网网址:www.hushan-sc.com.cn 电子信箱:cy.rain@163.net

1.2 联系人和联系方式

董事会秘书:陈禹

联系地址:绵阳市长虹大道中段53号四川湖山电子股份有限公司董事会办公室 电话:0816-2312421 传真:0816-2336335 电子信箱:cy.rain@163.net

证券事务代表:王祺

联系地址:绵阳市长虹大道中段53号四川湖山电子股份有限公司董事会办公室

电话:0816-2336342 传真:0816-2336335 电子信箱:hushanwq@163.net

### 2.会计数据和财务指标摘要

2.1 主要会计数据 单位:元

| | 2002年 | 2001年 | 本年比上年增减(%) | 2000年 |
|---|---|---|---|---|
| 主营业务收入 | 41,308,258.88 | 41,573,809.41 | -0.64 | 74,479,907.98 |
| 利润总额 | -24,520,750.81 | -34,458,946.49 | -28.84 | 10,775,971.07 |
| 净利润 | -24,329,822.25 | -34,109,880.42 | -28.67 | 10,793,124.98 |
| 扣除非经常性损益的净利润 | -23,699,221.85 | -30,468,374.77 | -21.27 | -5,837,640.45 |
| | 2002年 | 2001年 | 本年末比上年末增减(%) | 2000年 |
| 总资产 | 192,505,183.18 | 211,758,750.60 | -9.09 | 245,650,394.75 |
| 股东权益(不含少数股东权益) | 110,068,636.78 | 133,054,974.73 | -17.28 | 167,069,417.18 |
| 经营活动产生的现金流量净额 | -3,356,136.36 | 1,255,139.04 | -367.39 | -15,110,815.17 |

2.2 主要财务指标

| | 2002年 | 2001年 | 本年比上年增减(%) | 2000年 |
|---|---|---|---|---|
| 每股收益 | -0.184 | -0.258 | -28.68 | 0.106 |
| 净资产收益率 | -22.10 | -25.64 | -13.81 | 6.46 |
| 扣除非经常性损益的净利润为基础计算的净资产收益率 | -21.53 | -22.90 | -5.98 | -3.49 |
| 每股经营活动产生的现金流量净额 | -0.025 | 0.009 | -377.78 | -0.15 |
| | 2002年 | 2001年 | 本年末比上年末增减(%) | 2000年末 |
| 每股净资产 | 0.83 | 1.01 | -17.82 | 1.64 |
| 调整后的每股净资产 | 0.74 | 0.95 | -22.11 | 1.52 |

# 000806 北海银河高科技产业股份有限公司

## 二〇〇二年年度报告摘选

### 1.上市公司基本情况简介

1.1 基本情况简介

股票简称:银河科技 股票代码:000806 上市交易所:深圳证券交易所

注册地址:广西北海市广东南路银河科技大厦八楼

办公地址:广西北海市广东南路银河科技大厦 邮政编码:536000

公司国际互联网网址:http://www.yinhetech.com 电子信箱:yinhe@yinhetech.com

1.2 联系人和联系方式

董事会秘书:徐宏军 联系地址:广西北海市广东南路银河科技大厦

电话:0779-3202636 传真:0779-3201888 电子信箱:xhj@yinhetech.com

证券事务代表:温杰 联系地址:广西北海市广东南路银河科技大厦

电话:0779-3202636 传真:0779-3201888 电子信箱:wj@yinhetech.com

### 2.会计数据和财务指标摘要

2.1 主要会计数据 金额单位:人民币元

| | 2002年 | 2001年 | 本年比上年增减(%) | 2000年 |
|---|---|---|---|---|
| 主营业务收入 | 681,679,500.38 | 401,091,410.44 | +69.96 | 283,840,334.19 |
| 利润总额 | 91,908,539.74 | 100,670,823.66 | -8.70 | 91,841,834.43 |
| 净利润 | 76,932,901.48 | 92,483,542.90 | -16.81 | 85,605,599.27 |
| 扣除非经常性损益的净利润 | 67,199,235.08 | 89,882,655.59 | -25.24 | 82,801,448.55 |
| | 2002年末 | 2001年末 | 本年末比上年末增减(%) | 2000年末 |
| 总资产 | 2,182,179,891.49 | 1,212,935,955.72 | +79.91 | 880,076,283.26 |
| 股东权益(不含少数股东权益) | 1,079,843,790.45 | 444,585,174.77 | +142.89 | 369,605,589.41 |
| 经营活动产生的现金流量净额 | 63,647,749.26 | 62,845,064.75 | +1.28 | 32,950,536.08 |

2.2 主要财务指标 金额单位:人民币元

| | 2002年 | 2001年 | 本年比上年增减(%) | 2000年 |
|---|---|---|---|---|
| 每股收益 | 0.25 | 0.44 | -43.18 | 0.40 |
| 净资产收益率 | 7.12 | 20.81 | -65.79 | 23.16 |
| 扣除非经常性损益的净利润为基础计算的净资产收益率 | 6.22 | 20.22 | -69.24 | 22.40 |
| 每股经营活动产生的现金流量净额 | 0.21 | 0.30 | -30.00 | 0.16 |
| | 2002年末 | 2001年末 | 本年末比上年末增减(%) | 2000年末 |
| 每股净资产 | 3.56 | 2.10 | 69.52 | 1.75 |
| 调整后的每股净资产 | 3.53 | 2.04 | +73.04 | 1.72 |

# 000823 广东汕头超声电子股份有限公司

## 二〇〇二年年度报告摘选

### 1.上市公司基本情况简介

1.1 基本情况简介

证券简称:超声电子 证券代码:000823 上市交易所:深圳证券交易所

注册地址和办公地址:广东省汕头市兴业路21号 邮政编码:515041

公司国际互联网网址:http://www.gd-goworld.com 电子信箱:goworld@pub.shantou.gd.cn

1.2 联系人和联系方式

董事会秘书:陈东屏 联系地址:广东省汕头市兴业路21号

电话:0754-8245666-4379 证券部联系电话:0754-8610992

传真:0754-8628027 电子信箱:goworld@pub.shantou.gd.cn

### 2.会计数据和财务指标摘要

2.1 主要会计数据 单位:(人民币)元

| | 2002年(本年) | 2001年(上年) | 本年比上年增减(%) | 2000年 |
|---|---|---|---|---|
| 主营业务收入 | 568,578,010.05 | 642,824,521.62 | -11.55% | 625,156,028.05 |
| 利润总额 | 23,219,236.82 | 71,134,911.65 | -67.36% | 117,584,139.55 |
| 净利润 | 9,806,935.01 | 41,207,785.62 | -76.20% | 73,338,525.19 |
| 扣除非经常性损益的净利润 | 11,611,915.31 | 43,074,543.09 | -73.04% | 44,613,821.10 |
| | 2002年末(本年末) | 2001年末(上年末) | 本年末比上年末增减(%) | 2000年末 |
| 总资产 | 1,655,267,679.24 | 1,572,203,242.45 | 5.28% | 1,400,372,186.41 |
| 股东权益(不含少数股东权益) | 868,019,092.00 | 872,835,137.00 | -0.55% | 873,835,645.15 |
| 经营活动产生的现金流量净额 | 92,337,990.86 | 127,057,393.12 | -27.33% | 6,770,318.20 |

2.2 主要财务指标 单位:(人民币)元

| | 2002年(本年) | 2001年(上年) | 本年比上年增减(%) | 2000年 |
|---|---|---|---|---|
| 每股收益 | 0.03 | 0.12 | -76.52% | 0.21 |
| 净资产收益率 | 1.13% | 4.72% | -76.06% | 8.76% |
| 扣除非经常性损益的净利润为基础计算的净资产收益率 | 1.33% | 4.94% | -73.08% | 5.10% |
| 每股经营活动产生的现金流量净额 | 0.26 | 0.35 | -27.40% | 0.02 |
| | 2002年末(本年末) | 2001年末(上年末) | 本年末比上年末增减(%) | 2000年末 |
| 每股净资产 | 2.42 | 2.43 | -0.53% | 2.44 |
| 调整后的每股净资产 | 2.32 | 2.38 | -2.69% | 2.38 |

# 000828 广东福地科技股份有限公司

## 二〇〇二年年度报告摘选

### 1.上市公司基本情况简介

1.1 基本情况简介

证券简称:福地科技 证券代码:000828 上市交易所:深圳证券交易所

注册地址和办公地址:广东省东莞市南城区科技工业园科技路39号 邮政编码:523077

公司国际互联网网址:http://www.gdfortune.com 电子信箱:gdfd@pub.dgnet.gd.cn

1.2 联系人和联系方式

董事会秘书:张庆文 联系地址:广东省东莞市南城区科技工业园科技路39号

电话:0769-2402236 传真:0769-2402525 电子信箱:gdfddm@pub.dgnet.gd.cn

### 2.会计数据和财务指标摘要

2.1 主要会计数据 单位:(人民币)元

| | 2002年(本年) | 2001年(上年) | 本年比上年增减(%) | 2000年 |
|---|---|---|---|---|
| 主营业务收入 | 2,061,759,752.40 | 1,793,705,343.88 | 14.94% | 2,908,375,033.19 |
| 利润总额 | 60,675,477.47 | -438,691,526.22 | -- | 177,111,481.72 |
| 净利润 | 60,675,477.47 | -438,691,526.22 | -- | 159,400,333.55 |
| 扣除非经常性损益的净利润 | 148,939,894.97 | -379,748,079.71 | -- | 132,773,921.28 |
| | 2002年末(本年末) | 2001年末(上年末) | 本年末比上年末增减(%) | 2000年末 |
| 总资产 | 2,985,681,276.07 | 3,337,213,378.41 | -10.53% | 4,212,713,843.49 |
| 股东权益(不含少数股东权益) | 2,161,737,970.43 | 2,096,239,361.78 | 3.12% | 2,531,395,669.22 |
| 经营活动产生的现金流量净额 | 272,709,564.68 | 181,020,753.29 | 50.65% | -349,111,753.77 |

2.2 主要财务指标 单位:(人民币)元

| | 2002年(本年) | 2001年(上年) | 本年比上年增减(%) | 2000年 |
|---|---|---|---|---|
| 每股收益 | 0.05 | -0.38 | - | 0.137 |
| 每股收益* | 0.05 | - | - | - |
| 净资产收益率 | 2.81% | -20.93% | - | 6.30% |
| 扣除非经常性损益的净利润为基础计算的净资产收益率 | 7.00% | -16.42% | - | 5.20% |
| 每股经营活动产生的现金流量净额 | 0.23 | 0.16 | 43.75% | -0.30 |
| | 2002年末(本年末) | 2001年末(上年末) | 本年末比上年末增减(%) | 2000年末 |
| 每股净资产 | 1.86 | 1.80 | 3.11% | 2.17 |
| 调整后的每股净资产 | 1.83 | 1.77 | 3.22% | 2.15 |

# C6.金属、非金属矿物(49 家)

# 000959 北京首钢股份有限公司

## 二○○二年年度报告摘要

## 1.重要提示

1.1 本公司董事会及其董事保证本报告所载资料不存在任何虚假记载、误导性陈述或者重大遗漏,并对其内容的真实性、准确性和完整性负个别及连带责任。本年度报告摘要摘自年度报告全文,投资者欲了解详细内容,应阅读年度报告全文。

1.2 王毅董事因公出差未出席董事会,委托霍光来董事代为出席并行使表决权。

1.3 公司董事长、总经理、总会计师及会计机构负责人保证年度报告中财务报告的真实、完整。

## 2.上市公司基本情况简介

2.1 基本情况简介

| | |
|---|---|
| 证券简称 | 首钢股份 |
| 证券代码 | 000959 |
| 上市交易所 | 深圳证券交易所 |
| 注册地址和办公地址 | 北京市石景山区石景山路 |
| 邮政编码 | 100041 |
| 公司国际互联网网址 | http://www.sggf.com.cn |
| 电子信箱 | office@sggf.com.cn |

2.2 联系人和联系方式

| | 董事会秘书 | 证券事务代表 |
|---|---|---|
| 姓名 | 章 雁 | |
| 联系地址 | 北京市石景山区石景山路北京首钢股份有限公司 | |
| 电话 | 010－88293727 | |
| 传真 | 010－68873028 | |
| 电子信箱 | best1912650@ucinfo.com | |

## 3.会计数据和财务指标摘要

3.1 主要会计数据

单位:(人民币)元

| | 2002 年(本年) | 2001 年(上年) | 本年比上年增减(%) | 2000 年 |
|---|---|---|---|---|
| 主营业务收入 | 12,580,598,853.27 | 12,016,585,866.48 | 4.69% | 11,916,583,813.37 |
| 利润总额 | 817,696,729.17 | 815,251,108.64 | 0.30% | 898,671,424.53 |
| 净利润 | 682,578,460.92 | 709,339,169.46 | －3.77% | 588,090,089.22 |
| 扣除非经常性损益的净利润 | 561,781,313.98 | 508,070,973.77 | 10.57% | 588,863,193.82 |
| | 2002 年末(本年末) | 2001 年末(上年末) | 本年末比上年末增减(%) | 2000 年末 |
| 总资产 | 10,013,587,324.64 | 9,714,396,073.72 | 3.08% | 9,626,463,857.35 |
| 股东权益(不含少数股东权益) | 5,097,727,052.92 | 4,990,488,147.48 | 2.15% | 4,856,488,533.50 |
| 经营活动产生的现金流量净额 | 874,118,697.11 | 906,421,985.46 | －3.56% | 1,009,284,173.71 |

3.2 主要财务指标

单位:(人民币)元

| | 2002 年(本年) | 2001 年(上年) | 本年比上年增减(%) | 2000 年 |
|---|---|---|---|---|
| 每股收益 | 0.30 | 0.31 | －3.78% | 0.25 |
| 净资产收益率 | 13.39% | 14.21% | －5.77% | 12.11% |
| 扣除非经常性损益的净利润为基础计算的净资产收益率 | 11.02% | 10.18% | 8.25% | 12.13% |
| 每股经营活动产生的现金流量净额 | 0.38 | 0.39 | －－ | 0.44 |
| | 2002 年末(本年末) | 2001 年末(上年末) | 本年末比上年末增减(%) | 2000 年末 |
| 每股净资产 | 2.21 | 2.16 | 2.15% | 2.10 |
| 调整后的每股净资产 | 2.09 | 2.11 | －0.95% | 2.09 |

3.3 国内外会计准则差异

□ 适用　√不适用

## 4.股本变动及股东情况

4.1 股份变动表

单位:股

| | 本次变动前 | 本次变动增减(＋,－) | 本次变动后 |
|---|---|---|---|
| 一、未上市流通股份 | | | |
| 1.发起人股份 | 1,960,000,000 | 0 | 1,960,000,000 |
| 其中:国家持有股份 | 1,960,000,000 | 0 | 1,960,000,000 |
| 境内法人持有股份 | | 0 | 0 |
| 境外法人持有股份 | | 0 | 0 |
| 其他 | | 0 | 0 |
| 2.募集法人股份 | | 0 | 0 |
| 3.内部职工股 | | 0 | 0 |
| 4.优先股或其他 | | 0 | 0 |
| 未上市流通股份合计 | 1,960,000,000 | 0 | 1,960,000,000 |
| 二、已上市流通股份 | | | |
| 1.人民币普通股 | 350,000,000 | 0 | 350,000,000 |
| 2.境内上市的外资股 | | 0 | 0 |
| 3.境外上市的外资股 | | 0 | 0 |
| 4.其他 | | 0 | 0 |
| 已上市流通股份合计 | 350,000,000 | 0 | 350,000,000 |
| 三、股份总数 | 2,310,000,000 | 0 | 2,310,000,000 |

4.2 前十名股东持股表

| | | | | | | |
|---|---|---|---|---|---|---|
| 报告期末股东总数 | 185,700 | | | | | |
| 前十名股东持股情况 | | | | | | |
| 股东名称(全称) | 年度内增减(股) | 年末持股数量(股) | 比例(%) | 股份类别(已流通或未流通) | 质押或冻结的股份数量(股) | 股东性质(国有股东或外资股东) |
| 首钢总公司 | 0 | 1,960,000,000 | 84.85 | 未流通 | 0 | 国有股东 |
| 开元证券投资基金 | 3,032,441 | 3,032,441 | 0.13 | 已流通 | 未知 | |
| 昆明云内动力股份有限公司 | 0 | 2,870,000 | 0.12 | 已流通 | 未知 | |
| 中远财务有限责任公司 | 0 | 2,393,018 | 0.10 | 已流通 | 未知 | |
| 普丰证券投资基金 | 1,985,571 | 1,985,571 | 0.09 | 已流通 | 未知 | |
| 青岛国信实业公司(有限) | 0 | 1,665,450 | 0.07 | 已流通 | 未知 | |
| 汉兴证券投资基金 | 1,102,814 | 1,102,814 | 0.05 | 已流通 | 未知 | |
| 华宝信托投资有限责任公司 | 974,090 | 974,090 | 0.04 | 已流通 | 未知 | |
| 久嘉证券投资基金 | 912,193 | 912,193 | 0.04 | 已流通 | 未知 | |
| 天元证券投资基金 | 909,266 | 909,266 | 0.04 | 已流通 | 未知 | |
| 前十名股东关联关系或一致行动的说明 | (1)持有本公司 5%以上股份的股东为首钢总公司,报告期内股份无变动,年末持股数量为 196000 万股,无质押或冻结的情况;(2)开元证券投资基金和天元证券投资基金均系南方基金管理有限公司管理的两只基金。除此之外,其他股东之间无关联关系,也不属于《上市公司股东持股变动信息披露管理办法》规定的一致行动人。 | | | | | |

4.3 控股股东及实际控制人情况介绍

4.3.1 控股股东及实际控制人变更情况

□适用　√不适用

4.3.2 控股股东和其他实际控制人具体情况介绍

名称:首钢总公司(系全民所有制企业)。

法人代表:朱继民。

成立日期:1981 年 5 月 13 日

注册资本:7263.94 百万元。

经营范围:工业、建筑、地质勘探、交通运输、对外贸易、邮电通讯、金融保险、科学研究和综合技术服务业、国内商业、公共饮食、物资供销、仓储、房地产、居民服务、咨询服务、租赁、农、林、牧、渔业(未经专项许可的项目除外);授权经营管理国有资产。

## 5.董事、监事和高级管理人员

5.1 董事、监事和高级管理人员持股变动

| 姓名 | 职务 | 性别 | 年龄 | 任期起止日期 | 年初持股数(股) | 年末持股数(股) | 变动原因 |
|---|---|---|---|---|---|---|---|
| 罗冰生 | 董事长 | 男 | 62 | 1999.10.12－2002.10.12 | 0 | 0 | |
| 朱继民 | 副董事长 | 男 | 57 | 2001.01.09－2002.10.12 | 0 | 0 | |
| 霍光来 | 董事 | 男 | 52 | 1999.10.12－2002.10.12 | 0 | 0 | |
| 徐 凝 | 董事 | 男 | 48 | 1999.10.12－2002.10.12 | 0 | 0 | |
| 王 毅 | 董事 | 男 | 49 | 1999.10.12－2002.10.12 | 0 | 0 | |
| 方建一 | 董事 | 男 | 49 | 1999.10.12－2002.10.12 | 0 | 0 | |
| 刘水洋 | 董事 | 男 | 40 | 1999.10.12－2002.10.12 | 0 | 0 | |

| 姓名 | 职务 | 性别 | 年龄 | 任期起止日期 | 年初持股数(股) | 年末持股数(股) | 变动原因 |
|---|---|---|---|---|---|---|---|
| 张功焰 | 董事 | 男 | 41 | 2001.01.09 - 2002.10.12 | 0 | 0 | |
| 吴明瑜 | 独立董事 | 男 | 71 | 1999.10.12 - 2002.10.12 | 0 | 0 | |
| 李京文 | 独立董事 | 男 | 69 | 2002.06.03 - 2002.10.12 | 0 | 0 | |
| 李泊溪 | 独立董事 | 女 | 66 | 2002.06.03 - 2002.10.12 | 0 | 0 | |
| 刘京育 | 监事 | 男 | 53 | 1999.10.12 - 2002.10.12 | 0 | 0 | |
| 沈安东 | 董事 | 男 | 45 | 2001.01.09 - 2002.10.12 | 0 | 0 | |
| 张宗奎 | 监事 | 男 | 59 | 1999.10.12 - 2002.10.12 | 0 | 0 | |
| 孙　铁 | 监事 | 男 | 46 | 1999.10.12 - 2002.10.12 | 0 | 0 | |
| 刘力军 | 副总经理 | 男 | 44 | 1999.10.12 - 2002.10.12 | 0 | 0 | |
| 王　敏 | 总会计师 | 男 | 37 | 1999.10.12 - 2002.10.12 | 0 | 0 | |
| 章　雁 | 董事会秘书 | 男 | 47 | 1999.10.12 - 2002.10.12 | 0 | 0 | |
| 杜如明 | 副董事长 | 男 | 62 | 1999.10.12 - 2002.03.28 | 0 | 0 | |

5.2 在股东单位任职的董事监事情况

√ 适用　　□ 不适用

| 姓名 | 任职的股东名称 | 在股东单位担任的职务 | 任职期间 | 是否领取报酬、津贴 |
|---|---|---|---|---|
| 朱继民 | 首钢总公司 | 董事长、党委书记、总经理 | 2002.12 | 是 |
| 霍光来 | 首钢总公司 | 董事、党委副书记、纪委书记 | 1998.06 | 是 |
| 徐　凝 | 首钢总公司 | 董事、副总经理 | 1998.06 | 是 |
| 王　毅 | 首钢总公司 | 董事、副总经理 | 1997.10 | 是 |
| 方建一 | 首钢总公司 | 总会计师 | 1998.06 | 是 |
| 张功焰 | 首钢总公司 | 总经理助理、副总工程师 | 2000.08 | 是 |
| 沈安东 | 首钢总公司 | 总经理助理 | 2000.08 - 2002.03 | 是 |
| 刘京育 | 首钢总公司 | 纪(监)委案件检查处处长 | 2001.06 | 否 |
| 罗冰生 | 首钢总公司 | 原董事长、党委书记 | 2000.06 - 2002.12 | 是 |
| 杜如明 | 首钢总公司 | 已退休 | 2002.03.28 辞退 | 是 |

5.3 董事、监事和高级管理人员年度报酬情况

单位:(人民币)万元

| | |
|---|---|
| 年度报酬总额 | 55.90 |
| 金额最高的前三名董事的报酬总额 | 13.50 |
| 金额最高的前三名高级管理人员的报酬总额 | 36.30 |
| 独立董事津贴 | 6.00 万元/人·年 |
| 独立董事其他待遇 | 无 |
| 不在公司领取报酬、津贴的董事、监事姓名 | 朱继民、罗冰生、霍光来、徐凝、王毅、方建一、张功焰、沈安东、刘京育、张宗奎、杜如明 |
| 报酬区间 | 人数 |
| 10 - 15 万元 | 4 |
| 8 - 10 万元 | 1 |

## 6.董事会报告

6.1 报告期内整体经营情况的讨论与分析

2002年,公司主要产品线材的国内资源大幅增长,长线产品供大于求局面仍然十分严重,市场竞争激烈,上游产品涨价对公司经营产生影响较大。报告期内,公司通过深入开展行业对标挖潜活动,加大增收节支降成本力度,可比成本降低率完成2.62%,比上年度同口径多降了0.62个百分点。进一步加大增产增效工作步伐,开拓市场,全年主营业务收入增长4.53%。其中高附加值、高技术含量产品比计划产量提高22.67%。主要产品钢材市场占有率达到10.2%,公司全年生产经营安全、稳定、高效运行。上述措施的实施,不仅弥补了各种减利因素造成的利润缺口,而且实现了主营业务利润稳步增长。

报告期内,公司进一步加强对非钢高科技项目的管理,部分企业顺利进入经营期,产生了经济效益,但与公司投资回报预期比尚有差距。

6.2 主营业务分行业或产品情况表

单位:(人民币)万元

| 分行业或分产品 | 主营业务收入 | 主营业务成本 | 毛利率(%) | 主营业务收入比上年增减(%) | 主营业务成本比上年增减(%) | 毛利率比上年增减(%) |
|---|---|---|---|---|---|---|
| 冶金 | 1,218,723.59 | 1,083,728.80 | 11.08 | 4.85 | 3.79 | 0.91 |
| 其中:关联交易金额 | 572,252.75 | 488,565.96 | 14.62 | -2.03 | -3.49 | 1.29 |
| 钢材 | 674,732.49 | 617,006.77 | 8.56 | 7.24 | 6.06 | 1.02 |
| 钢坯 | 535,762.52 | 460,183.02 | 14.11 | 3.18 | 2.27 | 0.77 |
| 其中:关联交易金额 | 565,281.17 | 482,992.86 | 14.56 | -1.24 | -2.63 | 1.23 |
| 关联交易的定价原则 | 根据本公司与首钢总公司、北京首钢新钢有限责任公司分别签订的《综合服务合同》、《生产服务合同》规定:服务价格依顺序适用国家定价、市场价格或由双方协商定价;即有国家定价或适用国家定价的,依国家定价或执行国家规定;如无国家价格,则适用市场价格;如无市场价格,由双方协商确定价格。 | | | | | |

| | |
|---|---|
| 关联交易必要性、持续性的说明 | 本公司与首钢总公司及其控股子公司之间存在的关联交易主要产生于本公司改制方式与行业特性综合影响。<br>1.由于近几年国家加大对基础设施的投资力度,市场发生了很大变化。特别是对炭结线材的需求和低合金型材的需求增大,加上本公司钢坯规格配套能力不足,本公司对炭结坯的需求已不能完全由自身供给,从原来首钢钢铁业整体配套能力中解决是最经济可行的办法。因此本公司从关联企业(先是首钢总公司,后是新钢公司)购入炭结钢坯,用于生产线材;同时,新钢公司从本公司购入低合金钢坯,用于生产低合金型材,形成了交叉互供的关联交易。而且多数情况下,这种钢坯互供是在1000℃左右的高温状态下进行的。<br>2.原首钢钢铁生产的配套能力不仅表现在前后工序上,而且需要大量的辅助生产系统,因此本公司成立后,还必须从关联企业获得辅助生产方面的服务。 |

6.3 主营业务分地区情况

单位:(人民币)万元

| 地区 | 主营业务收入 | 主营业务收入比上年增减(%) |
|---|---|---|
| 华北地区 | 948,475.06 | 4.04 |
| 东北地区 | 5,677.48 | -37.73 |
| 华东地区 | 140,128.87 | 31.85 |
| 中南地区 | 18,077.66 | -29.84 |
| 华南地区 | 99,104.73 | 12.36 |
| 西南地区 | 2,256.49 | -61.72 |
| 西北地区 | 10,817.37 | 0.96 |
| 出口 | 33,522.24 | -23.91 |

6.4 采购和销售客户情况

单位:(人民币)万元

| | | | |
|---|---|---|---|
| 前五名供应商采购金额合计 | 788,160.03 | 占采购总额比重 | 81.01% |
| 前五名销售客户销售金额合计 | 792,769.85 | 占销售总额比重 | 63.02% |

6.5 参股公司经营情况(适用投资收益占净利润10%以上的情况)

□ 适用　　√ 不适用

6.6 主营业务及其结构发生重大变化的原因说明

□ 适用　　√ 不适用

6.7 主营业务盈利能力(毛利率)与上年相比发生重大变化的原因说明

□ 适用　　√ 不适用

6.8 经营成果和利润构成与上年相比发生重大变化的原因分析

□ 适用　　√ 不适用

整体财务状况与上年度相比发生重大变化的原因分析

□ 适用　　√ 不适用

6.9 对生产经营环境以及宏观政策、法规产生重大变化已经、正在或将要对公司的财务状况和经营成果产生重要影响的说明

□ 适用　　√ 不适用

6.10 完成盈利预测的情况

□ 适用　　√ 不适用

6.11 完成经营计划情况

| | 原拟订的本年度指标 | 本年度实际完成数 |
|---|---|---|
| 主营业务收入(单位:万元) | 1175000 | 1253048 |
| 主要产品产量(单位:万吨) | | |
| 铁 | 422 | 427.7 |
| 钢 | 452 | 489.2 |
| 钢材 | 345 | 361.7 |
| 其中:高附加值、高技术含量产品 | 90 | 110.4 |
| 其中:新产品 | 32 | 44.3 |

本年度高附加值、高技术含量产品产量比计划增产20.4万吨,提高22.67%,其中开发新产品44.3万吨,比计划增加12.3万吨,提高38.44%,主要是按照公司发展的指导思想,加大新产品开发力度,增加市场畅销的新品种,使高附加值、高技术含量产品及新产品比计划大幅提高。

6.12 募集资金使用情况

√ 适用　　□ 不适用

单位:(人民币)万元

| 募集资金总额 | 176,946.56 | 本年度已使用募集资金总额 | 4,561.00 | 已累计使用募集资金总额 | 151,946.91 |
|---|---|---|---|---|---|
| 承诺项目 | 拟投入金额 | 是否变更项目 | 实际投入金额 | 产生收益金额 | 是否符合计划进度和预计收益 |
| 炼铁厂提高制粉能力技改项目 | 10,509.00 | 否 | 10,970.71 | 3,080.00 | 是 |
| 炼铁厂220KV变电站技改项目 | 14,713.00 | 否 | 16,622.11 | 0.00 | 是 |
| 炼铁厂7000风机技改项目 | 11,381.00 | 否 | 9,180.36 | 0.00 | 是 |
| 二烧车间4#烧结机大修改造技改项目 | 2,156.00 | 否 | 2,156.00 | 2,803.00 | 是 |
| 焦化厂1#焦炉干法熄焦国内配套项目 | 7,678.00 | 否 | 10,685.76 | 1,198.00 | 是 |
| 焦化厂二回收系统大修改造项目 | 21,397.00 | 是 | 708.52 | 0.00 | 否 |
| 炼钢厂板坯连铸及钢水真空处理技改项目 | 68,863.00 | 是 | 5,020.44 | 0.00 | 否 |
| 冷轧带肋钢筋技改 | 6,089.00 | 是 | 0.00 | 0.00 | 否 |
| 补充流动资金 | 41,442.00 | 是 | 41,442.00 | 2,200.00 | 是 |
| 合计 | 184,228.00 | -- | 96,785.90 | 9,281.00 | -- |
| 未达到计划进度和收益的说明(分具体项目) | 6个项目按计划进度和收益目标完成,3个项目经股东大会批准变更募集资金使用。其中两个项目继续用自有资金投入,报告期进展顺利,部分已在生产中发挥作用。 | | | | |

| | |
|---|---|
| 变更原因及变更程序说明(分具体项目) | 变更原因:<br>根据国家对钢铁行业实行结构调整和总量控制以及产品升级换代的要求,结合首都经济重点发展高新技术产业的特点,为维护广大投资者特别是中小投资者的利益,培育新的经济增长点,保证公司经济效益稳定和持续增长,公司决定调整原募集资金投资项目。将原募集资金使用后结余的资金,投向已经充分论证、具有较好投资价值并符合国家产业政策的8英寸芯片、中关村高科技软件园、清华科技创投公司、清华阳光、生物芯片5个高新技术项目和生命人寿保险股份有限公司。<br>变更程序:<br>2000年11月29日,公司一届五次董事会审议通过了《北京首钢股份有限公司关于变更募集资金投向的议案》,并经2001年第一次临时股东大会批准。变更募集资金使用的公告刊登于2001年1月10日《中国证券报》等指定报刊上。 |

变更项目情况

√ 适用 □ 不适用

单位:(人民币)万元

| 变更投资项目的资金总额 | 80,161.00 | | | | |
|---|---|---|---|---|---|
| 变更后的项目 | 对应的原承诺项目 | 变更项目拟投入金额 | 实际投入金额 | 产生收益金额 | 是否符合计划进度和预计收益 |
| 8英寸芯片项目 | 焦化厂二回收系统大修改造项目;炼钢厂板坯连铸及钢水真空处理技改项目;冷轧带肋钢筋技改项目。 | 25,000.00 | 0.00 | 0.00 | 否 |
| 北京中关村软件园发展有限责任公司 | 同上 | 23,000.00 | 23,000.00 | 1,058.00 | 否 |
| 北京清华科技创业投资有限公司 | 同上 | 2,400.00 | 2,400.00 | 0.00 | 否 |
| 北京清华阳光能源开发有限责任公司 | 同上 | 9,261.00 | 9,261.00 | 0.00 | 否 |
| 北京博奥生物芯片有限责任公司 | 同上 | 2,500.00 | 2,500.00 | 0.00 | 否 |
| 生命人寿保险股份有限公司 | 同上 | 18,000.00 | 18,000.00 | 0.00 | 否 |
| 合计 | －－ | 80,161.00 | 55,161.00 | 1,058.00 | －－ |
| 未达到计划进度和收益的说明(分具体项目) | 1.8英寸项目对外合作取得一定进展,正在积极推进之中。<br>2.北京中关村软件园发展有限责任公司,2002年实现利润3177万元,待董事会决定如何分配。<br>3.北京清华科技创业投资有限公司,2002年实现利润58万元,待董事会决定是否分配。<br>4.北京清华阳光能源开发有限责任公司,2002年3月8日完成注册,当年实现利润2833万元,待董事会决定如何分配。<br>5.北京博澳生物芯片有限责任公司,2002年实现利润70万元,待董事会决定如何分配。<br>6.生命人寿保险股份有限公司,2002年3月4日注册成立,目前正在积极引进外资,准备组建合资寿险公司。 | | | | |

6.13 非募集资金项目情况

√ 适用 □ 不适用

单位:(人民币)万元

| 项目名称 | 项目金额 | 项目进度 | 项目收益情况 |
|---|---|---|---|
| 一、对外投资 | 0.00 | － | － |
| 北京首科微电子工业研发中心有限公司 | 285.00 | － | － |
| 北京首钢凯思软件技术有限公司 | 1,425.00 | － | － |
| 烟台首钢磁性材料股份有限公司 | 290.00 | － | － |
| 二、技术改造 | 0.00 | － | － |
| (一)在建项目情况 | 0.00 | － | － |
| 炼铁厂高炉压差发电 | 4,921.10 | 77% | － |
| 炼铁厂干法除尘 | 598.45 | 29% | － |
| 焦化厂干熄焦技术改造 | 13,384.69 | 57% | － |
| 焦化厂二回收焦炉煤气脱硫 | 5,027.79 | 79% | － |
| 炼钢厂大板坯连铸机改造 | 7,294.15 | 85% | － |
| 炼钢厂 LF 精炼炉 | 2,130.06 | 88% | － |
| 炼钢厂 110KV 变电站 | 2,475.04 | 81% | － |
| 信息化系统 | 626.00 | 99% | － |
| 其他 | 1,857.53 | － | － |
| (二)竣工项目情况 | 0.00 | － | － |
| 炼铁厂三高炉水渣处理 | 966.00 | 100% | 尚未产生效益 |
| 焦化厂4#、5#焦炉焦侧除尘 | 177.89 | 100% | 减少粉尘排放400吨 |
| 焦化厂4#、5#焦炉装煤除尘 | 147.58 | 100% | 减少粉尘排放820吨 |
| 焦化厂污水治理 | 243.00 | 100% | 尚未产生效益 |
| 炼钢厂铁水脱硫扒渣 | 907.40 | 100% | 尚未产生效益 |
| 炼钢厂二次除尘 | 500.00 | 100% | 尚未产生效益 |
| 炼钢厂8万立煤气柜 | 1,046.78 | 100% | 尚未产生效益 |
| 其他 | 2,922.31 | 100% | －－ |
| 合计 | 47,225.77 | －－ | －－ |

6.14 董事会对会计师事务所"非标意见"的说明

□ 适用 √ 不适用

6.15 董事会新年度的经营计划

□ 适用 √ 不适用

新年度盈利预测

□ 适用 √ 不适用

6.16 董事会本次利润分配或资本公积金转增预案

经北京京都会计师事务所审计,公司2002年度实现净利润682,578,460.92元,提取10%的法定盈余公积金68,257,846.09元,提取5%的法定公益金34,128,923.05元,结转2001年度未分配利润6,645,116.33元,本年度实际可供股东分配的利润为586,836,808.11元。公司拟以2002年度末股本总数2,310,000,000股为基数,向全体股东每10股派现金红利2.3元(含税),合计分配现金531,300,000元,未分配利润余额55,536,808.11元结转下年度。

本年度不实行资本公积金转增股本。

该预案董事会通过后需提交股东大会批准。

## 7.重要事项

7.1 收购资产

□ 适用 √ 不适用

7.2 出售资产

□ 适用 √ 不适用

7.3 重大担保

□ 适用 √ 不适用

7.4 关联债权债务往来

□ 适用 √ 不适用

7.5 委托理财

□ 适用 √ 不适用

7.6 承诺事项履行情况

√ 适用 □ 不适用

7.6.1 根据董事会对关联单位应收款较大情况的公告,公司努力将关联应收款降至符合当前生产经营实际的合理水平。报告期末关联应收款为16.09亿元,同比降低0.7亿元。同时公司将研究制订进一步降低关联应收款的措施。

7.6.2 公司控股股东－－首钢总公司于2002年12月20日承诺其所属北京首钢特殊钢有限公司不能履行还款承诺时,将代为履行还款责任。

7.6.3 公司根据临时股东大会决议变更募集资金投向的8英寸芯片项目,由于市场等方面原因尚在积极推进之中。

7.6.4 公司履行了2001年年度报告中披露的"2002年利润分配政策"的承诺。

7.7 重大诉讼仲裁事项

□ 适用 √ 不适用

7.8 独立董事履行职责的情况

独立董事任职以来,认真履行法律、法规和《公司章程》赋予的职责,参加报告期内的董事会和股东大会,检查和指导公司生产经营工作,对关联交易、董事人选以及其他议案发表独立意见,在董事会日常工作及重要决策中尽职尽责,维护了公司及全体股东的利益,做到了勤勉尽责。

## 8.监事会报告

监事会认为,报告期内公司、董事会、经理班子能够依法运作,财务状况、募集资金使用、关联交易符合各项规定,没有损害公司利益的情况。报告期内,公司无收购、出售资产行为。

## 9.财务报告

9.1 审计意见

北京京都会计师事务所有限责任公司为本公司出具了标准无保留意见的审计报告。

9.2

### 利润及利润分配表

编制单位:北京首钢股份有限公司　　单位:(人民币)元

| 项目 | 2002年度 | | 2001年度 | |
|---|---|---|---|---|
| | 合并 | 母公司 | 合并 | 母公司 |
| 一、主营业务收入 | 12,580,598,853.27 | 12,530,483,711.65 | 12,016,585,866.48 | 11,987,411,854.76 |
| 减:主营业务成本 | 11,228,173,754.94 | 11,187,594,837.09 | 10,811,978,792.49 | 10,783,036,422.81 |
| 主营业务税金及附加 | 45,032,293.26 | 45,027,888.08 | 41,142,898.48 | 41,137,072.96 |
| 二、主营业务利润(亏损以"－"号填列) | 1,307,392,805.07 | 1,297,860,986.48 | 1,163,464,175.51 | 1,163,238,358.99 |
| 加:其他业务利润(亏损以"－"号填列) | 3,152,569.03 | 2,845,543.71 | 48,858,516.95 | 48,707,384.99 |
| 减:营业费用 | 48,973,844.06 | 46,489,088.16 | 52,496,454.35 | 50,869,568.33 |
| 管理费用 | 237,204,761.42 | 231,524,362.75 | 199,613,845.34 | 196,283,616.13 |
| 财务费用 | 185,448,075.68 | 184,872,803.97 | 200,485,150.24 | 199,999,251.71 |
| 三、营业利润(亏损以"－"号填列) | 838,918,692.94 | 837,820,275.31 | 759,727,242.53 | 764,793,307.81 |
| 加:投资收益(损失以"－"号填列) | 10,099,597.35 | 10,441,204.90 | 74,689,023.98 | 71,507,927.79 |
| 补贴收入 | 776,924.54 | | 946,531.63 | |
| 营业外收入 | 3,091,291.48 | 3,091,291.48 | 445,757.26 | 443,654.66 |
| 减:营业外支出 | 35,189,777.14 | 35,184,882.14 | 20,557,446.76 | 20,556,293.76 |
| 四、利润总额(亏损总额以"－"号填列) | 817,696,729.17 | 816,167,889.55 | 815,251,108.64 | 816,188,596.50 |
| 减:所得税 | 133,589,428.63 | 133,589,428.63 | 106,849,427.04 | 106,849,427.04 |
| 减:少数股东损益 | 1,528,839.62 | | －937,487.86 | |
| 五、净利润(净亏损以"－"号填列) | 682,578,460.92 | 682,578,460.92 | 709,339,169.46 | 709,339,169.46 |
| 加:年初未分配利润 | 6,645,116.33 | 6,645,116.33 | －64,993,177.71 | －64,993,177.71 |
| 其他转入 | | | | |
| 六、可供分配的利润 | 689,223,577.25 | 689,223,577.25 | 644,345,991.75 | 644,345,991.75 |
| 减:提取法定盈余公积 | 68,257,846.09 | 68,257,846.09 | 70,933,916.95 | 70,933,916.95 |
| 提取法定公益金 | 34,128,923.05 | 34,128,923.05 | 35,466,958.47 | 35,466,958.47 |
| 提取职工奖励及福利基金 | | | | |
| 提取储备基金 | | | | |
| 提取企业发展基金 | | | | |
| 利润归还投资 | | | | |
| 七、可供投资者分配的利润 | 586,836,808.11 | 586,836,808.11 | 537,945,116.33 | 537,945,116.33 |
| 减:应付优先股股利 | | | | |
| 提取任意盈余公积 | | | | |
| 应付普通股股利 | 531,300,000.00 | 531,300,000.00 | 531,300,000.00 | 531,300,000.00 |
| 转作资本(或股本)的普通股股利 | | | | |
| 八、未分配利润 | 55,536,808.11 | 55,536,808.11 | 6,645,116.33 | 6,645,116.33 |
| 补充资料: | | | | |
| 1.出售、处置部门或被投资单位所得收益 | | | | |
| 2.自然灾害发生的损失 | | | | |
| 3.会计政策变更增加(或减少)利润总额 | | | | |
| 4.会计估计变更增加(或减少)利润总额 | | | | |
| 5.债务重组损失 | | | | |
| 6.其他 | | | | |

## 资 产 负 债 表

编制单位:北京首钢股份有限公司　　　　单位:(人民币)元

| 项目 | 2002.12.31 | | 2001.12.31 | |
|---|---|---|---|---|
| | 合并 | 母公司 | 合并 | 母公司 |
| 流动资产: | | | | |
| 货币资金 | 1,314,814,921.39 | 1,277,152,649.30 | 1,208,957,864.18 | 1,170,765,813.10 |
| 短期投资 | 34,428,322.50 | 34,428,322.50 | 36,019,652.50 | 36,006,052.50 |
| 应收票据 | 263,933,244.36 | 263,933,244.36 | 40,390,000.00 | 40,390,000.00 |
| 应收股利 | | | | |
| 应收利息 | | | | |
| 应收账款 | 1,709,376,605.61 | 1,699,450,888.69 | 1,663,190,510.63 | 1,655,819,702.44 |
| 其他应收款 | 15,557,464.23 | 3,087,708.03 | 19,612,767.99 | 12,292,868.02 |
| 预付账款 | 94,977,816.99 | 93,936,420.09 | 73,276,585.33 | 73,189,665.19 |
| 应收补贴款 | | | | |
| 存货 | 622,718,891.91 | 608,021,188.65 | 667,052,406.28 | 661,109,126.15 |
| 待摊费用 | 261,554.62 | | 197,537.06 | |
| 一年内到期的长期债权投资 | | | | |
| 其他流动资产 | | | | |
| 流动资产合计 | 4,056,068,821.61 | 3,980,010,421.62 | 3,708,697,323.97 | 3,649,573,227.40 |
| 长期投资: | | | | |
| 长期股权投资 | 572,320,631.46 | 639,347,057.89 | 522,609,981.00 | 571,471,597.99 |
| 长期债权投资 | | | | |
| 长期投资合计 | 572,320,631.46 | 639,347,057.89 | 522,609,981.00 | 571,471,597.99 |
| 其中:合并价差 | 1,420,631.46 | | 1,609,981.00 | |
| 固定资产: | | | | |
| 固定资产原价 | 10,398,089,719.87 | 10,294,179,310.12 | 9,906,354,450.44 | 9,834,174,751.37 |
| 减:累计折旧 | 5,472,000,335.55 | 5,444,419,293.99 | 4,987,368,839.13 | 4,966,876,731.60 |
| 固定资产净值 | 4,926,089,384.32 | 4,849,760,016.13 | 4,918,985,611.31 | 4,867,298,019.77 |
| 减:固定资产减值准备 | 44,652,347.99 | 44,652,347.99 | 17,294,162.05 | 17,294,162.05 |
| 固定资产净额 | 4,881,437,036.33 | 4,805,107,668.14 | 4,901,691,449.26 | 4,850,003,857.72 |
| 工程物资 | | | | |
| 在建工程 | 501,105,467.15 | 501,105,467.15 | 578,395,873.34 | 577,625,503.38 |
| 固定资产清理 | | | | |
| 固定资产合计 | 5,382,542,503.48 | 5,306,213,135.29 | 5,480,087,322.60 | 5,427,629,361.10 |
| 无形资产及其他资产: | | | | |
| 无形资产 | 2,638,271.55 | | 3,001,446.15 | |
| 长期待摊费用 | 17,096.54 | | | |
| 其他长期资产 | | | | |
| 无形资产及其他资产合计 | 2,655,368.09 | | 3,001,446.15 | |
| 递延税项: | | | | |
| 递延税款借项 | | | | |
| 资产总计 | 10,013,587,324.64 | 9,925,570,614.80 | 9,714,396,073.72 | 9,648,674,186.49 |
| 流动负债: | | | | |
| 短期借款 | 999,710,000.00 | 988,710,000.00 | 993,201,000.00 | 982,201,000.00 |
| 应付票据 | | | | |
| 应付账款 | 442,477,147.48 | 433,848,188.46 | 412,560,350.86 | 411,919,260.75 |
| 预收账款 | 155,602,516.10 | 154,681,910.47 | 201,723,950.96 | 201,310,529.08 |
| 应付工资 | 9,639,455.64 | 9,010,795.00 | 10,261,944.00 | 10,015,000.00 |
| 应付福利费 | 13,756,040.75 | 13,733,272.91 | 5,443,741.47 | 5,443,763.47 |
| 应付股利 | 536,040,368.17 | 536,040,368.17 | 549,040,368.17 | 549,040,368.17 |
| 应交税金 | 230,859,779.54 | 230,976,977.93 | 53,557,260.86 | 53,394,630.84 |
| 其他应交款 | 3,987,134.93 | 3,986,796.77 | -2,989,592.16 | -2,989,592.16 |
| 其他应付款 | 79,194,444.91 | 73,678,608.78 | 67,530,038.99 | 63,673,849.85 |
| 预提费用 | 11,109,069.42 | 9,066,643.39 | 6,014,365.93 | 3,652,000.00 |
| 预计负债 | | | | |
| 一年内到期的长期负债 | 419,201,000.00 | 419,201,000.00 | | |
| 其他流动负债 | | | | |
| 流动负债合计 | 2,901,576,956.94 | 2,872,934,561.88 | 2,296,343,451.08 | 2,277,567,039.01 |
| 长期负债: | | | | |
| 长期借款 | 1,954,909,000.00 | 1,954,909,000.00 | 2,380,619,000.00 | 2,380,619,000.00 |
| 应付债券 | | | | |
| 长期应付款 | | | | |
| 专项应付款 | 3,000,000.00 | | | |
| 其他长期负债 | 0.00 | | | |
| 长期负债合计 | 1,957,909,000.00 | 1,954,909,000.00 | 2,380,619,000.00 | 2,380,619,000.00 |
| 递延税项: | | | | |
| 递延税款贷项 | | | | |
| 负债合计 | 4,859,485,956.94 | 4,827,843,561.88 | 4,676,962,451.08 | 4,658,186,039.01 |
| 少数股东权益 | 56,374,314.78 | | 46,945,475.16 | |
| 所有者权益(或股东权益): | | | | |
| 实收资本(或股本) | 2,310,000,000.00 | 2,310,000,000.00 | 2,310,000,000.00 | 2,310,000,000.00 |
| 减:已归还投资 | | | | |
| 实收资本(或股本)净额 | 2,310,000,000.00 | 2,310,000,000.00 | 2,310,000,000.00 | 2,310,000,000.00 |
| 资本公积 | 2,328,184,970.06 | 2,328,184,970.06 | 2,372,224,525.54 | 2,372,224,525.54 |
| 盈余公积 | 404,005,274.75 | 404,005,274.75 | 301,618,505.61 | 301,618,505.61 |
| 其中:法定公益金 | 134,668,424.92 | 134,668,424.92 | 100,539,501.87 | 100,539,501.87 |
| 未分配利润 | 55,536,808.11 | 55,536,808.11 | 6,645,116.33 | 6,645,116.33 |
| 外币报表折算差额 | | | | |
| 所有者权益(或股东权益)合计 | 5,097,727,052.92 | 5,097,727,052.92 | 4,990,488,147.48 | 4,990,488,147.48 |
| 负债和所有者权益(或股东权益)总计 | 10,013,587,324.64 | 9,925,570,614.80 | 9,714,396,073.72 | 9,648,674,186.49 |

## 现 金 流 量 表

编制单位:北京首钢股份有限公司　　　　单位:(人民币)元

| 项目 | 2002年度 | |
|---|---|---|
| | 合并 | 母公司 |
| 一、经营活动产生的现金流量: | | |
| 销售商品、提供劳务收到的现金 | 16,502,019,194.14 | 16,449,826,679.93 |
| 收到的税费返还 | 151,183,000.00 | 151,183,000.00 |
| 收到的其他与经营活动有关的现金 | 3,137,775.61 | 48,851.34 |
| 经营活动产生的现金流入小计 | 16,656,339,969.75 | 16,601,058,531.27 |
| 购买商品、接受劳务支付的现金 | 14,502,103,665.37 | 14,464,189,993.74 |
| 支付给职工以及为职工支付的现金 | 443,113,329.71 | 439,964,596.85 |
| 支付的各项税费 | 731,770,527.65 | 731,281,489.86 |
| 支付的其他与经营活动有关的现金 | 105,233,749.91 | 93,789,918.68 |
| 经营活动产生的现金流出小计 | 15,782,221,272.64 | 15,729,225,999.13 |
| 经营活动产生的现金流量净额 | 874,118,697.11 | 871,832,532.14 |
| 二、投资活动产生的现金流量: | | |
| 收回投资所收到的现金 | 577,075.00 | 563,475.00 |
| 取得投资收益所收到的现金 | 11,303,201.89 | 10,580,000.00 |
| 处置固定资产、无形资产和其他长期资产所收回的现金净额 | 1,578,119.57 | 1,578,119.57 |
| 收到的其他与投资活动有关的现金 | 7,337,460.11 | 7,211,005.26 |
| 投资活动产生的现金流入小计 | 20,795,856.57 | 19,932,599.83 |
| 购建固定资产、无形资产和其他长期资产所支付的现金 | 479,035,752.87 | 448,058,315.61 |
| 投资所支付的现金 | 49,900,000.00 | 67,000,000.00 |
| 支付的其他与投资活动有关的现金 | | |
| 投资活动产生的现金流出小计 | 528,935,752.87 | 515,058,315.61 |
| 投资活动产生的现金流量净额 | -508,139,896.30 | -495,125,715.78 |
| 三、筹资活动产生的现金流量: | | |
| 吸收投资所收到的现金 | 7,900,000.00 | |
| 借款所收到的现金 | 3,443,210,000.00 | 3,421,710,000.00 |
| 收到的其他与筹资活动有关的现金 | | |
| 筹资活动产生的现金流入小计 | 3,451,110,000.00 | 3,421,710,000.00 |
| 偿还债务所支付的现金 | 3,440,210,000.00 | 3,421,710,000.00 |
| 分配股利、利润或偿付利息所支付的现金 | 270,900,543.91 | 270,319,980.16 |
| 支付的其他与筹资活动有关的现金 | 149,289.18 | |
| 筹资活动产生的现金流出小计 | 3,711,259,833.09 | 3,692,029,980.16 |
| 筹资活动产生的现金流量净额 | -260,149,833.09 | -270,319,980.16 |
| 四、汇率变动对现金的影响 | 28,089.49 | |
| 五、现金及现金等价物净增加额 | 105,857,057.21 | 106,386,836.20 |
| 补充资料: | | |
| 1.将净利润调节为经营活动现金流量: | | |
| 净利润 | 682,578,460.92 | 682,578,460.92 |
| 加:计提的资产减值准备 | 78,869,511.57 | 78,266,739.14 |
| 固定资产折旧 | 498,432,687.71 | 491,343,753.68 |
| 无形资产摊销 | 363,174.60 | |
| 长期待摊费用摊销 | 0.00 | |
| 待摊费用减少(减:增加) | -64,017.56 | |
| 预提费用增加(减:减少) | 5,094,703.49 | 5,414,643.39 |
| 处置固定资产、无形资产和其他长期资产的损失(减:收益) | -3,005,280.14 | -3,005,280.14 |
| 固定资产报废损失 | | |
| 财务费用 | 185,448,075.68 | 184,872,803.97 |
| 投资损失(减:收益) | -11,113,852.35 | -11,455,459.90 |
| 递延税款贷项(减:借项) | | |
| 存货的减少(减:增加) | 41,075,590.14 | 49,830,013.27 |
| 经营性应收项目的减少(减:增加) | -777,624,840.56 | -768,362,863.29 |
| 经营性应付项目的增加(减:减少) | 172,535,643.99 | 162,349,721.10 |
| 其他 | | |
| 少数股东本期收益 | 1,528,839.62 | |
| 经营活动产生的现金流量净额 | 874,118,697.11 | 871,832,532.14 |
| 2.不涉及现金收支的投资和筹资活动: | | |
| 债务转为资本 | | |
| 一年内到期的可转换公司债券 | | |
| 融资租入固定资产 | | |
| 3.现金及现金等价物净增加情况: | | |
| 现金的期末余额 | 1,314,814,921.39 | 1,277,152,649.30 |
| 减:现金的期初余额 | 1,208,957,864.18 | 1,170,765,813.10 |
| 加:现金等价物的期末余额 | | |
| 减:现金等价物的期初余额 | | |
| 现金及现金等价物净增加额 | 105,857,057.21 | 106,386,836.20 |

9.3 与最近一期年度报告相比,本报告期会计政策、会计估计和核算方法均未发生变化。

9.4 与最近一期年度报告相比,本报告期合并会计报表范围变更,新增两个控股子公司,分别为本期投资设立的北京首钢凯思软件技术有限公司和北京首科微电子工业研发中心有限公司。

北京首钢股份有限公司董事会

二〇〇三年一月二十八日

## 000012 中国南玻科技控股(集团)股份有限公司

# 二〇〇二年年度报告摘选

### 1.上市公司基本情况简介

1.1 基本情况简介

股票简称:南玻科控、深南玻 B 股票代码:000012、200012
上市交易所:深圳证券交易所
注册地址和办公地址:中国深圳蛇口工业六路一号南玻大厦 邮政编码:518067
公司国际互联网网址:http://www.csgholding.com 电子信箱:nbdnb@public.szptt.net.cn

1.2 联系人和联系方式

董事会秘书:吴国斌 联系地址:中国深圳蛇口工业六路一号南玻大厦
电话:0755-26860666 传真:0755-26692755 电子信箱:szcsgcsg@public.szptt.net.cn
证券事务代表:张志平 联系地址:中国深圳蛇口工业六路一号南玻大厦
电话:0755-26860666 传真:0755-26692755 电子信箱:szcsgcsg@public.szptt.net.cn

### 2.会计数据和财务指标摘要

2.1 主要会计数据

| | 2002 年 | 2001 年 | 本年比上年增减(%) | 2000 年 |
|---|---|---|---|---|
| 主营业务收入 | 1,055,401,736 | 1,039,901,119 | 1.49 | 1,116,434,358 |
| 利润总额 | 190,201,564 | 153,073,875 | 24.25 | 198,696,873 |
| 净利润 | 163,311,160 | 151,297,232 | 7.94 | 184,998,326 |
| 扣除非经常性损益的净利润 | 152,895,947 | 152,413,313 | 0.32 | 154,078,328 |
| | 2002 年末 | 2001 年末 | 本年末比上年末增减(%) | 2000 年末 |
| 总资产 | 2,985,326,851 | 2,698,960,790 | 10.61 | 2,775,982,978 |
| 股东权益(不含少数股东权益) | 1,907,825,545 | 1,846,507,758 | 3.32 | 1,782,946,208 |
| 经营活动产生的现金流量净额 | 326,180,636 | 364,580,339 | -10.53 | 323,291,104 |

2.2 主要财务指标

| | 2002 年 | 2001 年 | 本年比上年增减(%) | 2000 年 |
|---|---|---|---|---|
| 每股收益(摊薄) | 0.24 | 0.22 | 9.09 | 0.27 |
| 每股收益(加权) | 0.24 | 0.22 | 9.09 | 0.27 |
| 净资产收益率 | 8.56 | 8.19 | 4.52 | 10.38 |
| 扣除非经常性损益的净利润为基础计算的净资产收益率 | 8.01 | 8.25 | -2.91 | 8.64 |
| 每股经营活动产生的现金流量净额 | 0.48 | 0.54 | -11.11 | 0.48 |
| | 2002 年末 | 2001 年末 | 本年末比上年末增减(%) | 2000 年末 |
| 每股净资产 | 2.82 | 2.73 | 3.30 | 2.63 |
| 调整后的每股净资产 | 2.81 | 2.72 | 3.31 | 2.62 |

## 000039 中国国际海运集装箱(集团)股份有限公司

# 二〇〇二年年度报告摘选

### 1.上市公司基本情况简介

1.1 基本情况简介

股票简称:中集集团 股票代码:000039、200039 上市交易所:深圳证券交易所
注册地址:广东省深圳市蛇口工业区金融中心 5 字楼
办公地址:广东省深圳市蛇口工业区港湾大道 2 号中集集团研发中心 邮政编码:518067
公司国际互联网网址:http://www.cimc.com 公司电子信箱:shareholder@cimc.com

1.2 联系人和联系方式

董事会秘书:吴发沛 联系地址:广东省深圳市蛇口工业区港湾大道 2 号中集集团研发中心
电话:(0755)26691130 传真:(0755)26826579 电子信箱:shareholder@cimc.com

### 2.会计数据和财务指标摘要

2.1 主要会计数据 单位:(人民币)元

| 项 目 | 2002 年 | 2001 年 | 本年比上年增长(%) | 2000 年(调整后) |
|---|---|---|---|---|
| 主营业务收入 | 9,078,671,999.96 | 6,765,506,831.37 | 34.19 | 8,949,840,612.52 |
| 利润总额 | 620,828,357.24 | 694,743,537.79 | -10.64 | 631,860,602.59 |
| 净利润 | 464,854,557.40 | 543,006,715.99 | -14.36 | 457,490,434.61 |
| 扣除非经常性损益后的净利润 | 515,764,744.49 | 575,076,243.84 | -10.31 | 345,420,668.82 |
| | 2002 年 12 月 31 日 | 2001 年 12 月 31 日 | 本年末比上年末增长(%) | 2000 年 12 月 31 日 |
| 总资产 | 7,737,227,791.01 | 5,936,780,254.23 | 30.33 | 6,570,691,514.31 |
| 股东权益(不含少数股东权益) | 2,853,729,296.77 | 2,396,052,166.72 | 19.10 | 2,023,362,811.92 |
| 经营活动产生的现金流量净额 | -302,626,918.62 | 1,590,751,906.73 | -119.02 | 194,397,349.92 |

2.2 主要财务指标 单位:(人民币)元

| 项 目 | 2002 年 | 2001 年 | 本年比上年增长(%) | 2000 年 |
|---|---|---|---|---|
| 每股收益 | 0.9109 | 1.5961 | -42.93 | 1.34 |
| 净资产收益率(%) | 16.29 | 22.66 | -28.11 | 22.61 |
| 扣除非经常性损益的净利润为基础计算的净资产收益率(%) | 18.07 | 24.05 | -24.86 | 23.81 |
| 每股经营活动产生的现金流量净额 | -0.5930 | 4.676 | -112.68 | 0.571 |
| | 2002 年 12 月 31 日 | 2001 年 12 月 31 日 | 本年末比上年末增长(%) | 2000 年 12 月 31 日 |
| 每股净资产 | 5.59 | 7.04 | -20.60 | 5.95 |
| 调整后的每股净资产 | 5.52 | 6.90 | -20.00 | 5.76 |

## 000055 方大集团股份有限公司

# 二〇〇二年年度报告摘选

### 1.上市公司基本情况简介

1.1 基本情况简介

股票简称:方大 A、方大 B 股票代码:000055、200055 上市交易所:深圳证券交易所
注册地址:中华人民共和国深圳市南山区西丽龙井方大城
办公地址:中华人民共和国深圳市南山区西丽龙井方大城科技大楼
邮政编码:518055 公司国际互联网网址:http://www.fangda.com 电子信箱:fd@fangda.com

1.2 联系人和联系方式

董事会秘书:卢卫卫 联系地址:中华人民共和国深圳市南山区西丽龙井方大城科技大楼
电话:0755-26788571-6622 传真:0755-26788353 电子信箱:zqb@fangda.com
证券事务代表:曹乃斯 联系地址:中华人民共和国深圳市南山区西丽龙井方大城科技大楼
电话:0755-26788571-6622 传真:0755-26788353 电子信箱:zqb@fangda.com

### 2.会计数据和财务指标摘要

2.1 主要会计数据 单位:人民币元

| | 2002 年 | 2001 年(调整后) | 2001 年(调整前) | 本年比上年增减(%) | 2000 年(调整后) | 2000 年(调整前) |
|---|---|---|---|---|---|---|
| 主营业务收入 | 437,473,890 | 406,956,626 | 406,956,626 | 7.50 | 431,492,778 | 431,492,778 |
| 利润总额 | -177,177,414 | 47,830,171 | 48,632,512 | -470.43 | 82,071,990 | 80,496,240 |
| 净利润 | -173,382,666 | 35,939,821 | 36,147,639 | -582.42 | 70,875,638 | 69,299,888 |
| 扣除非经常性损益的净利润 | -173,510,627 | 36,074,981 | 36,282,799 | -580.97 | 70,875,638 | 69,299,888 |
| | 2002 年 12 月 31 日 | 2001 年 12 月 31 日(调整后) | 2001 年 12 月 31 日(调整前) | 本年末比上年末增减(%) | 2000 年 12 月 31 日(调整后) | 2000 年 12 月 31 日(调整前) |
| 总资产 | 1,286,478,610 | 1,385,678,719 | 1,393,918,123 | -7.16 | 1,273,431,404 | 1,280,868,467 |
| 股东权益(不含少数股东权益) | 823,639,835 | 1,017,770,501 | 1,029,023,539 | -19.07 | 1,011,470,680 | 1,022,515,900 |
| 经营活动产生的现金流量净额 | -37,553,669 | 143,438,700 | 143,438,700 | -126.18 | 31,810,386 | 31,810,386 |

2.2 主要财务指标

| | 2002 年 | 2001 年(调整后) | 2001 年(调整前) | 本年比上年增减(%) | 2000 年(调整后) | 2000 年(调整前) |
|---|---|---|---|---|---|---|
| 每股收益(元) | -0.58 | 0.12 | 0.12 | -583.47 | 0.24 | 0.23 |
| 净资产收益率 | -21.05% | 3.53% | 3.51% | -696.32 | 7.01% | 6.78% |
| 扣除非经常性损益的净利润为基础计算的净资产收益率 | -21.07% | 3.54% | 3.53% | -695.20 | 7.01% | 6.78% |
| 每股经营活动产生的现金流量净额(元) | -0.127 | 0.484 | 0.484 | -126.24 | 0.107 | 0.107 |
| | 2002 年 12 月 31 日 | 2001 年 12 月 31 日(调整后) | 2001 年 12 月 31 日(调整前) | 本年末比上年末增减(%) | 2000 年 12 月 31 日(调整后) | 2000 年 12 月 31 日(调整前) |
| 每股净资产(元) | 2.78 | 3.43 | 3.47 | -19.07 | 3.41 | 3.45 |
| 调整后的每股净资产(元) | 2.74 | 3.42 | 3.45 | -19.88 | 3.39 | 3.43 |

## 000060 深圳市中金岭南有色金属股份有限公司

# 二〇〇二年年度报告摘选

### 1.上市公司基本情况简介

1.1 基本情况简介

证券简称:中金岭南 证券代码:000060 上市交易所:深圳证券交易所
注册地址和办公地址:深圳市嘉宾路 4028 号太平洋商贸大厦 12 楼 邮政编码:518001
公司国际互联网网址:http://www.nonfemet.com 电子信箱:zjln@nonfemet.com.cn

1.2 联系人和联系方式

董事会秘书:彭玲 联系地址:深圳市嘉宾路 4028 号太平洋商贸大厦 12 楼
电话:0755-82138688 传真:0755-82138929 电子信箱:dsh@nonfemet.com.cn
证券事务代表:黄建民 联系地址:深圳市嘉宾路 4028 号太平洋商贸大厦 12 楼
电话:0755-82138819 传真:0755-82138929 电子信箱:dsh@nonfemet.com.cn

### 2.会计数据和财务指标摘要

2.1 主要会计数据 单位:(人民币)元

| | 2002 年 | 2001 年 | 本年比上年增减(%) | 2000 年 |
|---|---|---|---|---|
| 主营业务收入 | 2,684,977,297.09 | 2,789,152,268.38 | -3.74 | 2,850,309,697.59 |
| 利润总额 | 63,648,712.04 | 50,126,447.62 | 26.98 | 140,554,708.97 |
| 净利润 | 45,612,882.93 | 33,059,466.99 | 37.97 | 122,072,752.88 |
| 扣除非经常性损益的净利润 | 39,524,517.24 | 26,064,405.99 | 51.64 | 129,849,899.67 |
| | 2002 年末 | 2001 年末 | 本年末比上年末增减(%) | 2000 年末 |
| 总资产 | 4,631,882,210.00 | 4,662,298,088.72 | -0.65 | 4,629,238,621.7 |
| 股东权益(不含少数股东权益) | 1,058,487,253.63 | 1,038,782,715.57 | 1.90 | 1,005,723,248.58 |
| 经营活动产生的现金流量净额 | 388,941,133.83 | 480,420,764.44 | -19.04 | -28,540,922.36 |

2.2 主要财务指标 单位:(人民币)元

| | 2002 年 | 2001 年 | 本年比上年增减(%) | 2000 年 |
|---|---|---|---|---|
| 每股收益 | 0.11 | 0.08 | 37.50 | 0.29 |
| 每股收益* | 0.11 | 0.08 | 37.50 | 0.29 |
| 净资产收益率 | 4.30% | 3.23% | 33.13 | 12.92% |
| 扣除非经常性损益的净利润为基础计算的净资产收益率 | 3.72% | 2.51% | 48.21 | 12.91% |
| 每股经营活动产生的现金流量净额 | 0.90 | 1.11 | -0.19 | -0.07 |
| | 2002 年末 | 2001 年末 | 本年末比上年末增减(%) | 2000 年末 |
| 每股净资产 | 2.45 | 2.40 | 2.08 | 2.33 |
| 调整后的每股净资产 | 2.17 | 2.11 | 2.84 | 2.05 |

## 000401 唐山冀东水泥股份有限公司

### 二〇〇二年年度报告摘选

#### 1.上市公司基本情况简介

1.1 基本情况简介

证券简称:冀东水泥　证券代码:000401　上市交易所:深圳证券交易所

注册地址和办公地址:唐山市新区林荫路　邮政编码 063031

公司国际互联网网址:http://www.jdsn.com.cn　电子信箱 zqb@jdsn.com.cn

1.2 联系人和联系方式

董事会秘书:张士江　联系地址:唐山市新区林荫路

电话:0315-3244005　传真:0315-3244005　电子信箱:zqb@jdsn.com.cn

#### 2.会计数据和财务指标摘要

2.1 主要会计数据

单位:(人民币)元

| | 2002年(本年) | 2001年(上年) | 本年比上年增减(%) | 2000年 |
|---|---|---|---|---|
| 主营业务收入 | 1,111,906,542.57 | 1,002,489,602.27 | 10.91% | 654,857,386.91 |
| 利润总额 | 148,322,641.87 | 136,694,293.23 | 8.51% | 111,393,498.50 |
| 净利润 | 105,778,230.18 | 114,940,029.81 | -7.97% | 93,150,492.97 |
| 扣除非经常性损益的净利润 | 106,572,715.30 | 112,820,446.10 | -5.54% | 93,150,492.97 |
| | 2002年末(本年末) | 2001年末(上年末) | 本年末比上年末增减(%) | 2000年末 |
| 总资产 | 3,337,154,729.49 | 2,845,037,517.93 | 17.30% | 2,223,284,665.44 |
| 股东权益(不含少数股东权益) | 1,572,861,414.90 | 1,555,009,619.63 | 1.15% | 1,528,248,144.82 |
| 经营活动产生的现金流量净额 | 176,173,688.88 | 424,747,700.21 | -58.52% | 88,476,300.20 |

2.2 主要财务指标

单位:(人民币)元

| | 2002年(本年) | 2001年(上年) | 本年比上年增减(%) | 2000年 |
|---|---|---|---|---|
| 每股收益 | 0.12 | 0.13 | -7.69% | 0.11 |
| 每股收益* | 0.12 | - | - | - |
| 净资产收益率 | 6.73% | 7.39% | -8.93% | 6.10% |
| 扣除非经常性损益的净利润为基础计算的净资产收益率 | 6.78% | 7.23% | -6.22% | 6.52% |
| 每股经营活动产生的现金流量净额 | 0.20 | 0.48 | -58.33% | 0.10 |
| | 2002年末(本年末) | 2001年末(上年末) | 本年末比上年末增减(%) | 2000年末 |
| 每股净资产 | 1.78 | 1.76 | 1.14% | 1.73 |
| 调整后的每股净资产 | 1.69 | 1.67 | 1.20% | 1.64 |

## 000405 珠海鑫光集团股份有限公司

### 二〇〇二年年度报告摘选

#### 1.上市公司基本情况简介

1.1 基本情况简介

证券简称:ST鑫光　证券代码:000405　上市交易所:深圳证券交易所

注册地址:珠海市吉大海洲路金苑大厦　办公地址:珠海市拱北发展大厦12楼

邮政编码:509015　公司国际互联网网址:http://www.zhxgzq@pub.zhuhai.gd.cn

电子信箱:zhxgzq@pub.zhuhai.gd.cn

1.2 联系人和联系方式

董事会秘书:夏文树　联系地址:广东省珠海市拱北发展大厦12楼

电话:0756-8887666　传真:0756-8887666　电子信箱:zhxgzq@pub.zhuhai.gd.cn

#### 2.会计数据和财务指标摘要

2.1 主要会计数据　单位:(人民币)元

| | 2002年(本年) | 2001年(上年) | 本年比上年增减(%) | 2000年 |
|---|---|---|---|---|
| 主营业务收入 | 16,946,829.96 | 20,117,185.24 | -15.76% | 43,119,596.11 |
| 利润总额 | -176,471,808.58 | -424,536,494.07 | 58.43 | -143,192,531.60 |
| 净利润 | -176,471,808.58 | -424,536,494.07 | 58.43 | -156,061,637.25 |
| 扣除非经常性损益的净利润 | -72,658,953.62 | -370,495,915.00 | 80.39 | -140,410,185.75 |
| | 2002年末(本年末) | 2001年末(上年末) | 本年末比上年末增减(%) | 2000年末 |
| 总资产 | 382,521,491.33 | 485,451,930.33 | -21.20% | 905,183,732.26 |
| 股东权益(不含少数股东权益) | -115,429,227.85 | 61,042,580.73 | -289.10% | 475,800,060.52 |
| 经营活动产生的现金流量净额 | 6,588,794.10 | -954,956.79 | -789.96 | -17,903,496.06 |

2.2 主要财务指标　单位:(人民币)元

| | 2002年(本年) | 2001年(上年) | 本年比上年增减(%) | 2000年 |
|---|---|---|---|---|
| 每股收益 | -0.46 | -1.11 | -58.56 | -0.41 |
| 净资产收益率 | 152.88% | -695.48% | -121.98 | -32.80% |
| 扣除非经常性损益的净利润为基础计算的净资产收益率 | -17.99% | -771.03% | -97.67 | -30.55% |
| 每股经营活动产生的现金流量净额 | 0.02 | -0.00 | -- | -0.05 |
| | 2002年末(本年末) | 2001年末(上年末) | 本年末比上年末增减(%) | 2000年末 |
| 每股净资产 | -0.30 | 0.16 | -289.38% | 1.25 |
| 调整后的每股净资产 | -0.46 | -0.03 | 1446.67 | 0.97 |

## 000408 河北华玉股份有限公司

### 二〇〇二年年度报告摘选

#### 1.上市公司基本情况简介

1.1 基本情况简介

股票简称:河北华玉　股票代码:000408　上市交易所:深圳证券交易所

注册地址:河北省邯郸市峰峰矿区彭新路21号

办公地址:北京市西城区德外黄寺大街24号甲24号楼B栋二层　邮政编码:100011

公司国际互联网网址:http://www.cninfo.com.cn

电子信箱:hbhy@mx.hd.hebei.net.cn　hebeihuayu@163.com

1.2 联系人和联系方式

董事会秘书:郭宝贵　联系地址:北京市西城区德外黄寺大街24号甲24号楼B栋二层

电话:010-82284579　传真:010-82284580　电子信箱:hebeihuayu@163.com

#### 2.会计数据和财务指标摘要

2.1 主要会计数据　单位:(人民币)元

| | 2002年(本年) | 2001年(上年) | 本年比上年增减(%) | 2000年 |
|---|---|---|---|---|
| 主营业务收入 | 378,156,221.01 | 329,058,069.19 | +14.92 | 447,090,517.99 |
| 利润总额 | 18,539,417.07 | 21,431,676.35 | -13.50 | 41,487,361.34 |
| 净利润 | 10,322,332.81 | 15,207,967.49 | -32.13 | 19,084,828.57 |
| 扣除非经常性损益的净利润 | 9,754,514.60 | 8,205,917.46 | +18.87 | 18,842,005.85 |
| | 2002年末(本年末) | 2001年末(上年末) | 本年末比上年末增减(%) | 2000年末 |
| 总资产 | 960,379,954.13 | 877,300,447.52 | +9.47 | 731,110,664.27 |
| 股东权益(不含少数股东权益) | 445,104,373.64 | 434,410,040.83 | +2.46 | 295,277,050.89 |
| 经营活动产生的现金流量净额 | 27,735,363.72 | 45,510,127.69 | -39.06 | 10,396,159.85 |

2.2 主要财务指标　单位:(人民币)元

| | 2002年(本年) | 2001年(上年) | 本年比上年增减(%) | 2000年 |
|---|---|---|---|---|
| 每股收益 | 0.09 | 0.133 | -32.33 | 0.184 |
| 每股收益* | 0.09 | 0.136 | -33.82 | 0.184 |
| 净资产收益率(%) | 2.32 | 3.50 | -33.71 | 6.46 |
| 扣除非经常性损益的净利润为基础计算的净资产收益率(%) | 2.19 | 1.89 | +15.87 | 6.60 |
| 每股经营活动产生的现金流量净额 | 0.24 | 0.40 | -40.00 | 0.10 |
| | 2002年末(本年末) | 2001年末(上年末) | 本年末比上年末增减(%) | 2000年末 |
| 每股净资产 | 3.88 | 3.79 | +2.37 | 2.84 |
| 调整后的每股净资产 | 3.78 | 3.66 | +3.28 | 2.82 |

## 000535 猴王股份有限公司

### 二〇〇二年年度报告摘选

#### 1.上市公司基本情况简介

1.1 基本情况简介

证券简称:ST猴王　证券代码:000535　上市交易所:深圳证券交易所

注册地址:湖北省宜昌市　办公地址:湖北省宜昌市夷陵路304号　邮政编码:443003

1.2 联系人和联系方式

董事会秘书:黄昌龄　联系地址:湖北省宜昌市夷陵路304号

电话:0717-6352517　传真:0717-6351835　电子信箱:hcl0209@sohu.com

证券事务代表:张德胜　联系地址:湖北省宜昌市夷陵路304号

电话:0717-6352517　传真:0717-6351835

#### 2.会计数据和财务指标摘要

2.1 主要会计数据　单位:(人民币)元

| | 2002年(本年) | 2001年(上年) | 本年比上年增减(%) | 2000年 |
|---|---|---|---|---|
| 主营业务收入 | 27,166,920.55 | 28,556,038.13 | -4.86% | 42,296,101.74 |
| 利润总额 | -178,166,530.06 | 4,860,822.03 | -3765.36% | -730,026,285.94 |
| 净利润 | -179,263,617.87 | 4,860,822.03 | -3787.93% | -672,171,890.35 |
| 扣除非经常性损益的净利润 | -45,636,480.27 | -43,057,874.18 | -- | -627,185,116.98 |
| | 2002年末(本年末) | 2001年末(上年末) | 本年末比上年末增减(%) | 2000年末 |
| 总资产 | 340,002,803.48 | 397,683,468.75 | -14.50% | 458,406,666.49 |
| 股东权益(不含少数股东权益) | -439,488,271.82 | -301,736,292.77 | -- | -411,827,682.87 |
| 经营活动产生的现金流量净额 | -186,526.06 | -4,072,958.46 | -- | -3,356,553.98 |

2.2 主要财务指标　单位:(人民币)元

| | 2002年(本年) | 2001年(上年) | 本年比上年增减(%) | 2000年 |
|---|---|---|---|---|
| 每股收益 | -0.59 | 0.02 | -3800.00% | -2.22 |
| 每股收益* | -0.59 | | | |
| 净资产收益率 | -- | -- | -- | -- |
| 扣除非经常性损益的净利润为基础计算的净资产收益率 | -- | -- | -- | -- |
| 每股经营活动产生的现金流量净额 | -0.001 | -0.01 | -- | -0.01 |
| | 2002年末(本年末) | 2001年末(上年末) | 本年末比上年末增减(%) | 2000年末 |
| 每股净资产 | -1.45 | -1.00 | -- | -1.36 |
| 调整后的每股净资产 | -1.51 | -1.01 | -- | -1.38 |

## 000544 白鸽(集团)股份有限公司

### 二〇〇二年年度报告摘选

#### 1.上市公司基本情况简介

1.1 基本情况简介

证券简称:ST白鸽 证券代码:000544 上市交易所:深圳证券交易所

注册地址和办公地址:河南省郑州市华山路78号 邮政编码:450007

公司国际互联网网址:http://www.whitedove.com.cn/ 电子信箱:board@whitedove.com.cn

1.2 联系人和联系方式

董事会秘书:曹长岭 联系地址:河南省郑州市华山路78号

电话:0371－7198530 传真:0371－7196077 电子信箱:ccll@zy165.com

证券事务代表:马学锋 联系地址:河南省郑州市华山路78号

电话:0371－7198762 传真:0371－7628013

#### 2.会计数据和财务指标摘要

2.1 主要会计数据 单位:(人民币)元

| | 2002年(本年) | 2001年(上年) | 本年比上年增减(%) | 2000年 |
|---|---|---|---|---|
| 主营业务收入 | 507,783,325.35 | 513,335,555.44 | －1.08% | 624,982,500.48 |
| 利润总额 | －60,268,721.53 | －93,929,953.38 | －－ | －1,466,841.49 |
| 净利润 | －60,080,666.22 | －94,233,463.40 | －－ | 2,810,732.08 |
| 扣除非经常性损益的净利润 | －54,649,587.49 | －94,052,680.81 | －－ | 23,152,732.25 |
| | 2002年末(本年末) | 2001年末(上年末) | 本年末比上年末增减(%) | 2000年末 |
| 总资产 | 1,110,106,913.53 | 1,192,117,638.94 | －6.88% | 1,243,823,738.78 |
| 股东权益(不含少数股东权益) | 5,199,128.18 | 55,548,960.54 | －90.64% | 146,070,896.06 |
| 经营活动产生的现金流量净额 | －12,873,867.73 | 95,210,183.11 | －113.52% | 230,525,183.65 |

2.2 主要财务指标 单位:(人民币)元

| | 2002年(本年) | 2001年(上年) | 本年比上年增减(%) | 2000年 |
|---|---|---|---|---|
| 每股收益 | －0.22 | －0.35 | － | 0.01 |
| 每股收益* | －0.22 | － | － | － |
| 净资产收益率 | －1,155.59% | －169.64% | － | 1.92% |
| 扣除非经常性损益的净利润为基础计算的净资产收益率 | －248.43% | －100.56% | － | 8.18% |
| 每股经营活动产生的现金流量净额 | －0.05 | 0.35 | －113.60% | 0.86 |
| | 2002年末(本年末) | 2001年末(上年末) | 本年末比上年末增减(%) | 2000年末 |
| 每股净资产 | 0.02 | 0.21 | －90.29% | 0.50 |
| 调整后的每股净资产 | －0.13 | 0.12 | －208.33% | 0.44 |

## 000612 焦作万方铝业股份有限公司

### 二〇〇二年年度报告摘选

#### 1.上市公司基本情况简介

1.1 基本情况简介

证券简称:焦作万方 证券代码:000612 上市交易所:深圳证券交易所

注册地址和办公地址:河南省焦作市塔南路31号焦作市马村区待王镇

邮政编码:454172 电子信箱:jzwf0612@371.net

1.2 联系人和联系方式

董事会秘书:贾东焰 联系地址:河南省焦作市塔南路31号

电话:0391－3903848 传真:3903796 电子信箱:jzwf0612@371.net

#### 2.会计数据和财务指标摘要

2.1 主要会计数据 单位:(人民币)元

| | 2002年(本年) | 2001年(上年) | 本年比上年增减(%) | 2000年(调整后) |
|---|---|---|---|---|
| 主营业务收入 | 1,215,948,434.91 | 1,291,708,094.19 | －5.87% | 665,292,587.07 |
| 利润总额 | 141,882,894.03 | 50,823,252.31 | 179.17% | 62,693,829.31 |
| 净利润 | 96,850,300.24 | 46,607,642.24 | 107.80% | 48,238,548.16 |
| 扣除非经常性损益的净利润 | 77,637,538.88 | 47,443,638.66 | 63.64% | 43,193,436.31 |
| | 2002年末(本年末) | 2001年末(上年末) | 本年末比上年末增减(%) | 2000年末 |
| 总资产 | 2,098,802,503.70 | 1,725,935,433.01 | 21.60% | 1,581,666,179.63 |
| 股东权益(不含少数股东权益) | 848,505,878.22 | 594,777,009.64 | 42.66% | 547,701,971.71 |
| 经营活动产生的现金流量净额 | 176,904,169.52 | 123,569,407.27 | 43.16% | －86,789,032.03 |

2.2 主要财务指标 单位:(人民币)元

| | 2002年(本年) | 2001年(上年) | 本年比上年增减(%) | 2000年 |
|---|---|---|---|---|
| 每股收益 | 0.32 | 0.17 | 86.71% | 0.18 |
| 净资产收益率 | 11.41% | 7.83% | 45.72% | 8.80% |
| 扣除非经常性损益的净利润为基础计算的净资产收益率 | 9.15% | 7.97% | 14.81% | 8.06% |
| 每股经营活动产生的现金流量净额 | 0.59 | 0.458 | －－ | －0.32 |
| | 2002年末(本年末) | 2001年末(上年末) | 本年末比上年末增减(%) | 2000年末 |
| 每股净资产 | 2.83 | 2.21 | 28.15% | 2.03 |
| 调整后的每股净资产 | 2.70 | 2.01 | 34.68% | 2.02 |

## 000569 四川川投长城特殊钢股份有限公司

### 二〇〇二年年度报告摘选

#### 1.公司基本情况简介

1.1 基本情况简介

股票简称:川投长钢 股票代码:000569 上市交易所:深圳证券交易所

公司注册(办公)地址:四川省江油市江东路195号 邮政编码:621701

公司国际互联网网址:http://www.cssc.com.cn 电子信箱:ctgspub@mail.cssc.com.cn

1.2 联系人和联系方式

董事会秘书:沈青峰 联系地址:四川川投长城特殊钢股份有限公司董事会办公室

联系电话:0816－3650392 传真:0816－3651872 电子信箱:Sqf569@163.net

#### 2.会计数据和业务数据摘要

2.1 主要会计数据

| | 2002年 | 2001年 | 本年比上年增减(%) | 2000年(调整后) | 2000年(调整前) |
|---|---|---|---|---|---|
| 主营业务收入 | 1,539,398,653.90 | 1,615,477,648.67 | －4.71 | 1,478,166,356.03 | 1,478,166,356.03 |
| 利润总额 | 23,084,377.71 | 20,333,567.62 | 13.53 | 59,870,518.60 | 67,045,637.16 |
| 净利润 | 17,516,536.08 | 20,333,567.62 | －13.85 | 59,870,518.60 | 67,045,637.16 |
| 扣除非经常性损益后的净利润 | 16,626,939.02 | 17,045,099.89 | －2.45 | 49,239,865.28 | 56,414,983.64 |
| | 2002年末 | 2001年末 | 本年末比上年末增减(%) | 2000年末(调整后) | 2000年末(调整前) |
| 总资产 | 2,138,911,288.92 | 2,137,453,050.55 | 0.068 | 2,249,682,608.36 | 2,266,219,083.31 |
| 股东权益(不含少数股东权益) | 828,336,766.93 | 806,359,820.66 | 2.73 | 782,497,959.72 | 799,034,424.67 |
| 经营活动产生的现金流量净额 | 23,578,565.11 | 6,229,955.57 | 278.47 | 3,536,508.97 | 3,536,508.97 |

2.2 主要财务指标

| | 2002年 | 2001年 | 本年比上年增减(%) | 2000年(调整后) | 2000年(调整前) |
|---|---|---|---|---|---|
| 每股收益摊薄 | 0.025 | 0.029 | －13.79 | 0.086 | 0.096 |
| 加权 | 0.025 | 0.029 | －13.79 | 0.086 | 0.096 |
| 净资产收益率 | | | | | |
| 摊薄 | 2.11 | 2.52 | －16.27 | 7.65 | 8.39 |
| 加权 | 2.15 | 2.57 | －16.34 | 7.96 | 8.94 |
| 扣除非经常性损益后的净资产收益率 | 2.01 | 2.11 | －4.74 | 6.29 | 7.06 |
| 每股经营活动产生的现金流量净额 | 0.034 | 0.009 | 277.78 | 0.005 | 0.005 |
| | 2002年末 | 2001年末 | 本年末比上年末增减(%) | 2000年末(调整后) | 2000年末(调整前) |
| 每股净资产 | 1.192 | 1.160 | 2.76 | 1.126 | 1.149 |
| 调整后的每股净资产 | 1.044 | 0.9997 | 4.43 | 0.983 | 1.000 |

## 000629 攀枝花新钢钒股份有限公司

### 二〇〇二年年度报告摘选

#### 1.上市公司基本情况简介

1.1 基本情况简介

股票简称:新钢钒 股票代码:000629 上市交易所:深圳证券交易所

注册地址:四川省攀枝花市弄弄坪

办公地址:四川省攀枝花市大渡口街55号 邮政编码:617067

公司国际互联网网址:http://www.pzhsteel.com.cn/psv 电子信箱:PSV－1@public.phpub.sc.cn

1.2 联系人和联系方式

董事会秘书:吉广林 联系地址:四川省攀枝花市大渡口街55号

电话:0812－2236281 2226008 传真:0812－2226014 电子信箱:jgl@pzhsteel.com.cn

证券事务代表:武坚 联系地址:四川省攀枝花市大渡口街55号

电话:0812－2236281 2236282 传真:0812－2226014 电子信箱:wj0618@21cn.com

#### 2.会计数据和财务指标摘要

2.1 主要会计数据 单位:元

| | 2002年 | 2001年 | 本年比上年增减(%) | 2000年 |
|---|---|---|---|---|
| 主营业务收入 | 7,668,002,965 | 7,502,623,237 | 2.20% | 7,587,667,733 |
| 利润总额 | 740,265,017 | 718,442,191 | 3.04% | 723,145,543 |
| 净利润 | 490,432,083 | 481,318,206 | 1.89% | 461,049,299 |
| 扣除非经常性损益的净利润 | 503,309,814 | 568,785,211 | －11.51% | 477,922,349 |
| | 2002年末 | 2001年末 | 本年末比上年末增减(%) | 2000年末 |
| 总资产 | 8,033,117,456 | 7,240,816,792 | 10.94% | 7,074,791,478 |
| 股东权益(不含少数股东权益) | 4,733,414,795 | 4,406,598,023 | 7.42% | 4,129,939,846 |
| 经营活动产生的现金流量净额 | 1,624,151,420 | 1,361,500,291 | 19.29% | 1,765,349,845 |

2.2 主要财务指标 单位:元

| | 2002年 | 2001年 | 本年比上年增减(%) | 2000年 |
|---|---|---|---|---|
| 每股收益 | 0.48 | 0.47 | 2.13% | 0.45 |
| 净资产收益率 | 10.36% | 10.92% | －5.13% | 11.16% |
| 扣除非经常性损益的净利润为基础计算的净资产收益率 | 10.63% | 12.91% | －17.66% | 11.03% |
| 每股经营活动产生的现金流量净额 | 1.59 | 1.33 | 19.55% | 1.73 |
| | 2002年末 | 2001年末 | 本年末比上年末增减(%) | 2000年末 |
| 每股净资产 | 4.63 | 4.31 | 7.43% | 4.04 |
| 调整后的每股净资产 | 4.28 | 3.90 | 9.74% | 3.70 |

# 000630 安徽铜都铜业股份有限公司

## 二〇〇二年年度报告摘选

### 1.上市公司基本情况简介

1.1 基本情况简介

股票简称:铜都铜业　股票代码:000630　上市交易所:深圳证券交易所

注册地址和办公地址:安徽省铜陵市长江西路有色大院西楼　邮政编码:244001

公司国际互联网网址:http://www.tdty.com/　电子信箱:wgz@tdty.com

1.2 联系人和联系方式

董事会秘书:吴国忠　联系地址:安徽省铜陵市长江西路有色大院西楼

电话:0562－2825077　传真:0562－2825082　电子信箱:wgz@tdty.com

### 2.会计数据和财务指标摘要

2.1 主要会计数据　单位:人民币元

| | 2002 年(本年) | 2001 年(上年) | 本年比上年增减(%) | 2000 年 |
|---|---|---|---|---|
| 主营业务收入 | 2,401,454,776.61 | 1,892,612,776.38 | 26.89 | 2,008,034,066.99 |
| 利润总额 | 169,875,640.62 | 123,827,963.79 | 37.19 | 165,727,168.48 |
| 净利润 | 131,347,924.10 | 116,354,494.26 | 12.89 | 137,528,851.31 |
| 扣除非经常性损益的净利润 | 123,796,954.38 | 118,992,022.54 | 4.04 | 137,621,453.19 |
| | 2002 年末(本年末) | 2001 年末(上年末) | 本年末比上年末增减(%) | 2000 年末 |
| 总资产 | 3,472,414,804.87 | 2,997,844,181.87 | 15.83 | 2,698,710,269.35 |
| 股东权益(不含少数股东权益) | 2002,754,179.48 | 1,908,356,611.44 | 4.95 | 1,855,743,056.80 |
| 经营活动产生的现金流量净额 | 546,247,365.94 | 274,590,347.77 | 98.93 | 114,075,015.95 |

2.2 主要财务指标

单位:人民币元

| | 2002 年(本年) | 2001 年(上年) | 本年比上年增减(%) | 2000 年 |
|---|---|---|---|---|
| 每股收益 | 0.28 | 0.25 | 12 | 0.30 |
| 净资产收益率 | 6.56 | 6.10 | 7.54 | 7.23 |
| 扣除非经常性损益的净利润为基础计算的净资产收益率 | 6.27 | 6.31 | －0.63 | |
| 每股经营活动产生的现金流量净额 | 1.17 | 0.59 | 98.31 | 0.25 |
| | 2002 年末(本年末) | 2001 年末(上年末) | 本年末比上年末增减(%) | 2000 年末 |
| 每股净资产 | 4.30 | 4.10 | 4.88 | 4.11 |
| 调整后的每股净资产 | 4.29 | 4.09 | 4.89 | 4.08 |

# 000655 山东淄博华光陶瓷股份有限公司

## 二〇〇二年年度报告摘选

### 1.上市公司基本情况简介

1.1 基本情况简介

证券简称:华光陶瓷　证券代码:000655　上市交易所:深圳证券交易所

注册地址和办公地址:山东淄博市张店区湖田镇湖光路 6 号　邮政编码:255076

公司国际互联网网址:http://www.huaguanggroup.com

电子信箱:hggroup@public.zbptt.sd.cn

1.2 联系人和联系方式

董事会秘书:刘玉光　联系地址:山东淄博市张店区湖田镇湖光路 6 号

电话:0533－2061798　传真:0533－2061404　电子信箱:hglyg@163.com

证券事务代表:郝宇清　联系地址:山东淄博市张店区湖田镇湖光路 6 号

电话:0533－2061798　传真:0533－2061404　电子信箱:hyq669@163.net

### 2.会计数据和财务指标摘要

2.1 主要会计数据　单位:(人民币)元

| | 2002 年(本年) | 2001 年(上年) | 本年比上年增减(%) | 2000 年 |
|---|---|---|---|---|
| 主营业务收入 | 305,808,015.79 | 300,287,919.05 | 1.84% | 324,764,147.92 |
| 利润总额 | 28,699,767.97 | 31,650,930.62 | －9.32% | 26,591,396.22 |
| 净利润 | 18,070,418.08 | 24,826,510.60 | －27.21% | 24,067,613.71 |
| 扣除非经常性损益的净利润 | 16,154,853.60 | 18,726,971.70 | －13.73% | 17,887,889.68 |
| | 2002 年末(本年末) | 2001 年末(上年末) | 本年末比上年末增减(%) | 2000 年末 |
| 总资产 | 1,646,856,217.00 | 1,292,725,431.71 | 27.39% | 1,183,623,591.59 |
| 股东权益(不含少数股东权益) | 537,952,769.50 | 379,591,612.83 | 41.72% | 373,651,274.18 |
| 经营活动产生的现金流量净额 | －25,170,675.05 | 187,685,575.79 | －113.41% | 2,431,845.86 |

2.2 主要财务指标　单位:(人民币)元

| | 2002 年(本年) | 2001 年(上年) | 本年比上年增减(%) | 2000 年 |
|---|---|---|---|---|
| 每股收益 | 0.11 | 0.20 | －43.46% | 0.19 |
| 每股收益* | 0.11 | －－ | －－ | －－ |
| 净资产收益率 | 3.36% | 6.54% | －48.62% | 6.44% |
| 扣除非经常性损益的净利润为基础计算的净资产收益率 | 3.00% | 4.93% | －39.15% | 4.78% |
| 每股经营活动产生的现金流量净额 | －0.16 | 1.49 | －110.42% | 0.19 |
| | 2002 年末(本年末) | 2001 年末(上年末) | 本年末比上年末增减(%) | 2000 年末 |
| 每股净资产 | 3.32 | 3.01 | 10.12% | 2.97 |
| 调整后的每股净资产 | 2.99 | 2.84 | 5.43% | 2.68 |

# 000656 重庆东源钢业股份有限公司

## 二〇〇二年年度报告摘选

### 1.上市公司基本情况简介

1.1 基本情况简介

证券简称:ST 东源　证券代码:000656　上市交易所:深圳证券交易所

注册地址:重庆市渝中区五四路 39 号　办公地址:重庆市江北区建新南路 16 号西普大厦 24 楼

邮政编码:400020　电子信箱:cqdy@21cn.com

1.2 联系人和联系方式

董事会秘书、证券事务代表:陶旭城　联系地址:重庆市江北区建新南路 16 号西普大厦 24 楼

电话:023－69072387　传真:023－69072387　电子信箱:cqdy@21cn.com

### 2.会计数据和财务指标摘要

2.1 主要会计数据　单位:(人民币)元

| | 2002 年(本年) | 2001 年(上年) | 本年比上年增减(%) | 2000 年 |
|---|---|---|---|---|
| 主营业务收入 | 445,473,087.54 | 381,925,614.27 | 16.64% | 472,713,056.76 |
| 利润总额 | 1,576,855.34 | －17,161,900.65 | －－ | 17,207,279.84 |
| 净利润 | 3,416,716.42 | －16,320,132.51 | － | 18,278,036.12 |
| 扣除非经常性损益的净利润 | 790,057.49 | －15,328,557.34 | －－ | 24,103,376.86 |
| | 2002 年末(本年末) | 2001 年末(上年末) | 本年末比上年末增减(%) | 2000 年末 |
| 总资产 | 703,091,345.17 | 705,601,748.89 | －0.36% | 749,986,664.96 |
| 股东权益(不含少数股东权益) | 292,613,884.08 | 290,178,365.57 | 0.84% | 306,678,884.82 |
| 经营活动产生的现金流量净额 | 16,492,586.80 | －14,205,269.58 | －－ | 15,994,008.49 |

2.2 主要财务指标　单位:(人民币)元

| | 2002 年(本年) | 2001 年(上年) | 本年比上年增减(%) | 2000 年 |
|---|---|---|---|---|
| 每股收益 | 0.02 | －0.08 | － | 0.01 |
| 每股收益* | 0.01 | －－ | －－ | －－ |
| 净资产收益率 | 1.17% | －5.62% | － | 0.70% |
| 扣除非经常性损益的净利润为基础计算的净资产收益率 | 0.27% | －2.39% | － | 0.69% |
| 每股经营活动产生的现金流量净额 | 0.08 | －0.07 | －－ | 0.10 |
| | 2002 年末(本年末) | 2001 年末(上年末) | 本年末比上年末增减(%) | 2000 年末 |
| 每股净资产 | 1.42 | 1.41 | 0.83% | 1.41 |
| 调整后的每股净资产 | 1.42 | 1.41 | 0.71% | 1.05 |

# 000657 中钨高新材料股份有限公司

## 二〇〇二年年度报告摘选

### 1.上市公司基本情况简介

1.1 基本情况简介

证券简称:中钨高新　证券代码:000657　上市交易所:深圳证券交易所

注册地址和办公地址:海南省海口市龙昆北路 2 号珠江广场帝都大厦 18 层　邮政编码:570125

电子信箱:jinhaiZQ@public.hk.hi.cn

1.2 联系人和联系方式

董事会秘书:冯晓元　联系地址:海南省海口市龙昆北路 2 号珠江广场帝都大厦 18 层

电话:0898－68581327　传真:0898－68583318　电子信箱:jinhaiZQ@public.hk.hi.cn

证券事务代表:周丽萍　联系地址:海南省海口市龙昆北路 2 号珠江广场帝都大厦 18 层

电话:0898－68581224　传真:0898－68583318　电子信箱:jinhaiZQ@public.hk.hi.cn

### 2.会计数据和财务指标摘要

2.1 主要会计数据　单位:(人民币)元

| | 2002 年(本年) | 2001 年(上年) | 本年比上年增减(%) | 2000 年 |
|---|---|---|---|---|
| 主营业务收入 | 1,217,598,575.68 | 1,168,081,765.19 | 4.24% | 1,002,605,951.88 |
| 利润总额 | 42,000,834.98 | 39,615,458.53 | 6.02% | 42,381,999.71 |
| 净利润 | 34,744,200.77 | 31,826,583.30 | 9.17% | 35,783,784.03 |
| 扣除非经常性损益的净利润 | 35,845,948.28 | 33,825,897.40 | 5.97% | 36,751,348.64 |
| | 2002 年末(本年末) | 2001 年末(上年末) | 本年末比上年末增减(%) | 2000 年末 |
| 总资产 | 995,420,297.84 | 1,016,385,565.61 | －2.06% | 909,557,970.85 |
| 股东权益(不含少数股东权益) | 553,654,501.02 | 518,910,300.25 | 6.70% | 504,065,179.16 |
| 经营活动产生的现金流量净额 | 123,453,391.91 | 10,665,125.53 | 1057.54% | －91,391,216.59 |

2.2 主要财务指标　单位:(人民币)元

| | 2002 年(本年) | 2001 年(上年) | 本年比上年增减(%) | 2000 年 |
|---|---|---|---|---|
| 每股收益 | 0.203 | 0.186 | 9.14% | 0.21 |
| 每股收益* | 0.203 | 0.186 | 9.14 | 0.21 |
| 净资产收益率 | 6.28% | 6.13% | 2.45% | 7.10% |
| 扣除非经常性损益的净利润为基础计算的净资产收益率 | 6.47% | 6.52% | －0.77% | 7.29% |
| 每股经营活动产生的现金流量净额 | 0.722 | 0.062 | 1064.52 | －0.526 |
| | 2002 年末(本年末) | 2001 年末(上年末) | 本年末比上年末增减(%) | 2000 年末 |
| 每股净资产 | 3.24 | 3.03 | 6.69% | 2.95 |
| 调整后的每股净资产 | 3.20 | 3.02 | 5.96% | 2.76 |

# 000673 大同水泥股份有限公司

## 二〇〇二年年度报告摘选

### 1.上市公司基本情况简介

1.1 基本情况简介

股票简称:大同水泥 股票代码:000673 上市交易所:深圳证券交易所

注册地址和办公地址:山西省大同市口泉 邮政编码:037001

电子信箱:dtsnzqb@public.dt.sx.cn

1.2 联系人和联系方式

董事会秘书:刘刚 联系地址:山西省大同市口泉

电话:0352－4062400 传真:0352－4042623 电子信箱:dtsnzqb@public.dt.sx.cn

证券事务代表:陈雁峰 联系地址:山西省大同市口泉

电话:0352－4062400 传真:0352－4042623 电子信箱:dtsnzqb@public.dt.sx.cn

### 2.会计数据和财务指标摘要

2.1 主要会计数据

| | 2002年 | 2001年 | 本年比上年增减(%) | 2000年 |
|---|---|---|---|---|
| 主营业务收入 | 147,153,533.32 | 156,996,004.05 | －6.27 | 148,030,691.49 |
| 利润总额 | 21,435,636.70 | 20,328,741.22 | 5.44 | 40,333,060.13 |
| 净利润 | 13,770,256.48 | 14,735,266.59 | －6.55 | 21,393,610.35 |
| 扣除非经常性损益的净利润 | 13,946,002.08 | 21,924,533.75 | －36.39 | 28,101,273.68 |
| | 2002年末 | 2001年末 | 本年末比上年末增减(%) | 2000年末 |
| 总资产 | 473,138,964.26 | 415,335,602.58 | 13.92 | 396,351,362.06 |
| 股东权益(不含少数股东权益) | 300,688,462.88 | 286,918,206.40 | 4.80 | 272,182,939.81 |
| 经营活动产生的现金流量净额 | －60,233,771.21 | 4,773,393.43 | －1361.86 | 12,936,711.71 |

2.2 主要财务指标

| | 2002年 | 2001年 | 本年比上年增减(%) | 2000年 |
|---|---|---|---|---|
| 每股收益 | 0.079 | 0.085 | －7.059 | 0.123 |
| 每股收益 | 0.079 | 0.085 | －7.059 | 0.123 |
| 净资产收益率 | 4.580% | 5.136% | －10.826 | 7.86% |
| 扣除非经常性损益的净利润为基础计算的净资产收益率 | 4.64 | 7.50 | －38.133 | 11.00 |
| 每股经营活动产生的现金流量净额 | －0.347 | 0.028 | －1339.286 | 0.029 |
| | 2002年末 | 2001年末 | 本年末比上年末增减(%) | 2000年末 |
| 每股净资产 | 1.734 | 1.655 | 4.77 | 1.570 |
| 调整后的每股净资产 | 1.686 | 1.636 | 3.06 | 1.539 |

# 000688 朝华科技(集团)股份有限公司

## 二〇〇二年年度报告摘选

### 1.上市公司基本情况简介

1.1 基本情况简介

证券简称:朝华集团 证券代码:000688 上市交易所:深圳证券交易所

注册地址:重庆市涪陵区江东群沱子街31号 邮政编码:408000

1.2 联系人和联系方式

董事会秘书:张光华 联系地址:重庆市高新区科园一路200号科技发展大厦C座17层

电话:023－68886881－8200 传真:023－68602988 电子信箱:zhangguanghua@zarvagroup.com

证券事务代表:方燕 联系地址:重庆市高新区科园一路200号科技发展大厦C座17层

电话:023－68886881－8266 传真:023－68886881－8023 电子信箱:fangyan@zarvagroup.com

### 2.会计数据和财务指标摘要

2.1 主要会计数据

| | 2002年(本年) | 2001年(上年调整后) | 2001年(上年调整前) | 本年比上年增减(%) | 2000年 |
|---|---|---|---|---|---|
| 主营业务收入 | 1,051,541,173.81 | 219,643,335.07 | 219,643,335.07 | ＋378.75 | 212,505,922.33 |
| 净利润 | 19,625,091.54 | 24,402,310.33 | 28,132,838.39 | －19.58 | 81,962,136.83 |
| 扣除非经常性损益的净利润 | －26,577,742.52 | －22,734,496.54 | －19,003,968.48 | －16.90 | 42,262,123.44 |
| | 2002年末(本年末) | 2001年末(上年末调整后) | 2001年末(上年末调整前) | 本年末比上年末增减(%) | 2000年末 |
| 总资产 | 2,212,791,518.39 | 1,790,825,725.33 | 1,790,825,725.33 | ＋23.56 | 1,472,722,601.45 |
| 股东权益(不含少数股东权益) | 990,486,483.87 | 970,861,392.33 | 974,591,920.39 | ＋2.02 | 463,099,897.99 |

2.2 主要财务指标

| | 2002年(本年) | 2001年(上年调整后) | 2001年(上年调整前) | 本年比上年增减(%) | 2000年 |
|---|---|---|---|---|---|
| 每股收益 | 0.056 | 0.070 | 0.081 | －20.00 | 0.41 |
| 净资产收益率 | 1.980 | 2.513 | 2.886 | －20.32 | 17.70 |
| 调整后的每股净资产 | 2.841 | 2.783 | 2.794 | ＋2.08 | 2.24 |
| 每股经营活动产生的现金流量净额 | 0.005 | －1.677 | －1.677 | ＋100.29 | 0.96 |
| | 2002年末(本年末) | 2001年末(上年末调整后) | 2001年末(上年末调整前) | 本年末比上年末增减(%) | 2000年末 |
| 每股净资产 | 2.845 | 2.788 | 2.799 | ＋2.04 | 2.33 |
| 扣除非经常性损益的净利润为基础计算的净资产收益率 | －2.68 | －2.342 | －1.58 | －14.43 | 7.46 |

# 000708 大冶特殊钢股份有限公司

## 二〇〇二年年度报告摘选

### 1.上市公司基本情况简介

1.1 基本情况简介

股票简称:大冶特钢 股票代码:000708 上市交易所:深圳证券交易所

注册地址和办公地址:湖北省黄石市黄石大道316号 邮政编码:435001

公司国际互联网网址:http://www.daye－sttl.com 电子信箱:hbygzq@public.hs.hb.cn

1.2 联系人和联系方式

董事会秘书:王平国 联系地址:湖北省黄石市黄石大道316号

电话:0714－6293836 传真:0714－6481917 电子信箱:Dytg0708@163.com

### 2.会计数据和财务指标摘要

2.1 主要会计数据

| | 2002年 | 2001年 | 本年比上年增减(%) | 2000年 |
|---|---|---|---|---|
| 主营业务收入 | 1,735,198,045.95 | 1,464,099,579.81 | 18.52 | 1,088,699,822.06 |
| 利润总额 | 62,884,565.02 | 17,484,973.75 | 259.65 | 22,510,169.33 |
| 净利润 | 45,566,386.76 | 15,685,589.80 | 190.50 | 17,677,156.66 |
| 扣除非经常性损益的净利润 | 42,019,565.41 | 9,241,802.79 | 354.67 | －41,885,593.26 |
| | 2002年末 | 2001年末 | 本年末比上年末增减(%) | 2000年末 |
| 总资产 | 3,672,465,294.84 | 3,750,078,953.53 | －2.07 | 3,807,137,527.34 |
| 股东权益(不含少数股东权益) | 1,596,475,284.24 | 1,550,469,041.16 | 2.97 | 1,537,316,879.20 |
| 经营活动产生的现金流量净额 | 260,179,507.79 | 339,017,812.45 | －23.25 | 42,728,043.09 |

2.2 主要财务指标 单位:元

| | 2002年 | 2001年 | 本年比上年增减(%) | 2000年 |
|---|---|---|---|---|
| 每股收益 | 0.1014 | 0.035 | 189.71 | 0.03 |
| 净资产收益率 | 2.85 | 1.01 | 182.18 | 0.88 |
| 扣除非经常性损益的净利润为基础计算的净资产收益率 | 2.63 | 0.6 | 338.33 | －2.6949 |
| 每股经营活动产生的现金流量净额 | 0.579 | 0.754 | －23.21 | 0.095 |
| | 2002年末 | 2001年末 | 本年末比上年末增减(%) | 2000年末 |
| 每股净资产 | 3.552 | 3.45 | 2.96 | 3.46 |
| 调整后的每股净资产 | 3.538 | 3.44 | 2.85 | 3.37 |

# 000709 唐山钢铁股份有限公司

## 二〇〇二年年度报告摘选

### 1.上市公司基本情况简介

1.1 基本情况简介

证券简称:唐钢股份 证券代码:000709 上市交易所:深圳证券交易所

注册地址和办公地址:河北省唐山市滨河路9号唐钢大院综合楼三层 邮政编码:063016

电子信箱:ZHANGXG@HEINFO.NET

1.2 联系人和联系方式

董事会秘书:杨万臣 联系地址:河北省唐山市滨河路9号

电话:0315－2701188 传真:0315－2702198 电子信箱:TGYANG@HEINFO.NET

证券事务代表:郭永 联系地址:河北省唐山市滨河路9号

电话:0315－2701188 传真:0315－2702198 电子信箱:ZHANGXG@HEINFO.NET

### 2.会计数据和财务指标摘要

2.1 主要会计数据 单位:(人民币)元

| | 2002年(本年) | 2001年(上年) | 本年比上年增减(%) | 2000年 |
|---|---|---|---|---|
| 主营业务收入 | 9,221,486,670.29 | 8,083,244,253.56 | 14.08% | 6,934,318,414.41 |
| 利润总额 | 860,414,032.29 | 833,003,889.61 | 3.29% | 585,346,677.60 |
| 净利润 | 582,536,553.30 | 732,812,406.56 | －20.51% | 484,424,007.62 |
| 扣除非经常性损益的净利润 | 623,590,822.93 | 732,788,058.31 | －14.90% | 484,693,734.17 |
| | 2002年末(本年末) | 2001年末(上年末) | 本年末比上年末增减(%) | 2000年末 |
| 总资产 | 12,089,912,259.95 | 11,055,501,301.25 | 9.36% | 10,147,589,293.26 |
| 股东权益(不含少数股东权益) | 6,744,862,258.45 | 5,653,387,042.88 | 19.31% | 5,247,710,227.92 |
| 经营活动产生的现金流量净额 | 1,445,530,738.36 | 1,147,733,728.31 | 25.95% | 1,065,047,071.07 |

2.2 主要财务指标 单位:(人民币)元

| | 2002年(本年) | 2001年(上年) | 本年比上年增减(%) | 2000年 |
|---|---|---|---|---|
| 每股收益 | 0.39 | 0.54 | －28.43% | 0.36 |
| 每股收益* | 0.39 | －－ | －－ | －－ |
| 净资产收益率 | 8.64% | 12.96% | －33.33% | 9.23% |
| 扣除非经常性损益的净利润为基础计算的净资产收益率 | 9.25% | 12.96% | －28.63% | 11.30% |
| 每股经营活动产生的现金流量净额 | 0.96 | 0.85 | 13.38% | 0.79 |
| | 2002年末(本年末) | 2001年末(上年末) | 本年末比上年末增减(%) | 2000年末 |
| 每股净资产 | 4.49 | 4.18 | 7.40% | 3.88 |
| 调整后的每股净资产 | 4.47 | 4.05 | 10.37% | 3.77 |

## 000717 广东韶钢松山股份有限公司

### 二〇〇二年年度报告摘选

#### 1.上市公司基本情况简介

1.1 基本情况简介

股票简称:韶钢松山　股票代码:000717　上市交易所:深圳证券交易所
注册地址和办公地址:广东省韶关市曲江县马坝　邮政编码:512123
公司国际互联网网址:http://www.sgss.com.cn　电子信箱:sgss@sgis.com.cn

1.2 联系人和联系方式

董事会秘书:庞大春　联系地址:广东省韶关市曲江县马坝
电话:0751-8787265　传真:0751-8787676　电子信箱:sgss@sgis.com.cn
证券事务代表:刘二　联系地址:广东省韶关市曲江县马坝
电话:0751-8787265　传真:0751-8787676　电子信箱:sgss@sgis.com.cn

#### 2.会计数据和业务数据摘要

2.1 主要财务数据

| | 2002年(本年) | 2001年(上年) | 本年比上年增减(%) | 2000年 |
|---|---|---|---|---|
| 主营业务收入 | 4,430,833,020.53 | 3,926,230,410.40 | 12.85% | 3,346,434,835.12 |
| 利润总额 | 514,557,028.91 | 284,736,453.20 | 80.71% | 217,580,774.82 |
| 净利润 | 349,079,804.93 | 258,683,423.64 | 34.94% | 204,439,369.48 |
| 扣除非经常性损益的净利润 | 357,885,215.87 | 258,870,301.94 | 38.25% | 212,689,125.25 |
| | 2002年末(本年末) | 2001年末(上年末) | 本年末比上年末增减(%) | 2000年末 |
| 总资产 | 5,273,866,221.90 | 3,887,791,715.67 | 35.65% | 2,966,550,787.98 |
| 股东权益(不含少数股东权益) | 2,728,900,021.29 | 2,379,820,216.36 | 14.67% | 2,249,670,392.72 |
| 经营活动产生的现金流量净额 | 832,417,521.04 | 130,748,381.95 | 536.66% | 557,678,600.69 |

2.2 主要财务指标

| | 2002年(本年) | 2001年(上年) | 本年比上年增减(%) | 2000年 |
|---|---|---|---|---|
| 每股收益 | 0.7806 | 0.5785 | 34.95% | 0.4765 |
| 净资产收益率 | 12.79% | 10.87% | 17.76% | 9.09% |
| 扣除非经常性损益的净利润为基础计算的净资产收益率 | 13.11% | 10.77% | 34.45% | 9.67% |
| 每股经营活动产生的现金流量净额 | 1.8614 | 0.2924 | 527.59% | 1.247 |
| | 2002年末(本年末) | 2001年末(上年末) | 本年末比上年末增减(%) | 2000年末 |
| 每股净资产 | 6.1022 | 5.3216 | 14.67% | 5.0306 |
| 调整后的每股净资产 | 6.0826 | 5.3091 | 14.57% | 5.0231 |

## 000751 葫芦岛锌业股份有限公司

### 二〇〇二年年度报告摘选

#### 1.上市公司基本情况简介

1.1 基本情况简介

证券简称:锌业股份　证券代码:000751　上市交易所:深圳证券交易所
注册地址:辽宁省葫芦岛市　办公地址:辽宁省葫芦岛市龙港区锌厂路24号　邮政编码:125003
公司国际互联网网址:http://www.huludaozinc.com　电子信箱:0751@huludaozinc.com

1.2 联系人和联系方式

董事会秘书:曲路新　联系地址:葫芦岛市龙港区锌厂路24号锌业股份董事会秘书办公室
电话:0429-2024121　传真:0429-2104084　电子信箱:sec@huludaozinc.com
证券事务代表:文刚　联系地址:葫芦岛市龙港区锌厂路24号锌业股份董事会秘书办公室
电话:0429-2024121　传真:0429-2104084　电子信箱:stock@huludaozinc.com

#### 2.会计数据和财务指标摘要

2.1 主要会计数据　单位:(人民币)元

| | 2002年(本年) | 2001年(上年) | 本年比上年增减(%) | 2000年 |
|---|---|---|---|---|
| 主营业务收入 | 1,749,721,697.20 | 2,423,433,109.47 | -27.80% | 2,936,355,900.13 |
| 利润总额 | -26,002,285.82 | 77,052,633.64 | -133.75% | 456,928,992.23 |
| 净利润 | 28,481,381.83 | 97,159,656.54 | -70.69% | 418,356,469.54 |
| 扣除非经常性损益的净利润 | 17,249,515.89 | 60,575,379.35 | -71.52% | 418,356,469.54 |
| | 2002年末(本年末) | 2001年末(上年末) | 本年末比上年末增减(%) | 2000年末 |
| 总资产 | 4,150,203,616.49 | 4,242,053,579.99 | -2.17% | 4,050,437,988.49 |
| 股东权益(不含少数股东权益) | 2,644,536,786.22 | 2,616,055,404.39 | 1.09% | 2,579,325,539.04 |
| 经营活动产生的现金流量净额 | 96,649,772.67 | 30,989,211.71 | 211.88% | -83,742,134.37 |

2.2 主要财务指标　单位:(人民币)元

| | 2002年(本年) | 2001年(上年) | 本年比上年增减(%) | 2000年 |
|---|---|---|---|---|
| 每股收益 | 0.03 | 0.11 | -70.91% | 0.48 |
| 每股收益* | 0.03 | -- | -- | -- |
| 净资产收益率 | 1.08% | 3.71% | -70.89% | 16.22% |
| 扣除非经常性损益的净利润为基础计算的净资产收益率 | 0.65% | 2.32% | -71.98% | 16.22% |
| 每股经营活动产生的现金流量净额 | 0.11 | 0.04 | 214.29% | -0.10 |
| | 2002年末(本年末) | 2001年末(上年末) | 本年末比上年末增减(%) | 2000年末 |
| 每股净资产 | 3.00 | 2.97 | 1.06% | 2.93 |
| 调整后的每股净资产 | 2.99 | 2.96 | 1.01% | 2.85 |

## 000753 福建闽南(漳州)经济发展股份有限公司

### 二〇〇二年年度报告摘选

#### 1.上市公司基本情况简介

1.1 基本情况简介

证券简称:漳州发展　证券代码:000753　上市交易所:深圳证券交易所
注册地址和办公地址:漳州市东环路、漳州市胜利东路漳州发展广场21楼　邮政编码:363000
公司国际互联网网址:www.zzdc.com.cn　电子信箱:zzdc@zzdc.com.cn

1.2 联系人和联系方式

董事会秘书:陈国忠　联系地址:福建省漳州市胜利东路漳州发展广场21楼
电话:0596-2671753　传真:0596-2671876　电子信箱:chengz@zzdc.com.cn
证券事务代表:李勤　联系地址:福建省漳州市胜利东路漳州发展广场21楼
电话:0596-2571753　传真:0596-2671876　电子信箱:stock@zzdc.com.cn

#### 2.会计数据和财务指标摘要

2.1 主要会计数据

单位:(人民币)元

| | 2002年(本年) | 2001年(上年) | 本年比上年增减(%) | 2000年 |
|---|---|---|---|---|
| 主营业务收入 | 214,435,625.19 | 119,046,997.53 | 80.13% | 149,871,410.35 |
| 利润总额 | 94,032,176.48 | 57,462,959.77 | 63.64% | 42,758,889.48 |
| 净利润 | 61,779,801.30 | 51,932,969.09 | 18.96% | 35,826,818.91 |
| 扣除非经常性损益的净利润 | 8,461,489,100.00 | 53,799,652.43 | 15627.78% | 32,235,558.70 |
| | 2002年末(本年末) | 2001年末(上年末) | 本年末比上年末增减(%) | 2000年末 |
| 总资产 | 1,257,863,646.96 | 1,221,418,100.76 | 2.98% | 731,764,046.69 |
| 股东权益(不含少数股东权益) | 881,104,174.71 | 818,656,854.27 | 7.63% | 585,635,799.92 |
| 经营活动产生的现金流量净额 | 194,615,360.60 | -78,635,327.97 | -- | 80,972,260.19 |

2.2 主要财务指标

单位:(人民币)元

| | 2002年(本年) | 2001年(上年) | 本年比上年增减(%) | 2000年 |
|---|---|---|---|---|
| 每股收益 | 0.17 | 0.23 | -25.62% | 0.18 |
| 每股收益* | 0.17 | -- | -- | -- |
| 净资产收益率 | 7.01% | 6.34% | 10.57% | 6.12% |
| 扣除非经常性损益的净利润为基础计算的净资产收益率 | 9.60% | 6.57% | 46.12% | 5.42% |
| 每股经营活动产生的现金流量净额 | 0.54 | -0.35 | -- | 0.40 |
| | 2002年末(本年末) | 2001年末(上年末) | 本年末比上年末增减(%) | 2000年末 |
| 每股净资产 | 2.44 | 3.63 | -32.73% | 2.87 |
| 调整后的每股净资产 | 2.44 | 3.61 | -32.44% | 2.78 |

## 000761 本钢板材股份有限公司

### 二〇〇二年年度报告摘选

#### 1.上市公司基本情况简介

1.1 基本情况简介

股票简称:本钢板材、本钢板B　股票代码:000761、200761　上市交易所:深圳证券交易所
注册地址:辽宁省本溪市平山区钢铁路18号　办公地址:辽宁省本溪市平山区人民路16号
邮政编码:117000　电子信箱:bgbc761@online.ln.cn

1.2 联系人和联系方式

董事会秘书:梁广德　联系地址:辽宁省本溪市平山区人民路16号
电话:0414-7828360　传真:0414-7828360　电子信箱:bgbcgdl@online.ln.cn
证券事务代表:孙忠政　联系地址:辽宁省本溪市平山区人民路16号
电话:0414-7827344　传真:0414-7827004　电子信箱:bgbcszz@online.ln.cn

#### 2.会计数据和财务指标摘要

2.1 主要会计数据　单位:(人民币)元

| | 2002年(本年) | 2001年(上年) | 本年比上年增减(%) | 2000年 |
|---|---|---|---|---|
| 主营业务收入 | 7,750,476,965.00 | 5,242,814,151.00 | 47.83% | 6,993,593,906.00 |
| 利润总额 | 590,077,120.00 | 307,510,758.00 | 91.89% | 417,684,411.00 |
| 净利润 | 384,915,214.00 | 274,844,180.00 | 40.05% | 349,806,924.00 |
| 扣除非经常性损益的净利润 | 406,162,903.00 | 274,844,180.00 | 47.78% | 349,806,924.00 |
| | 2002年末(本年末) | 2001年末(上年末) | 本年末比上年末增减(%) | 2000年末 |
| 总资产 | 6,736,560,090.00 | 5,758,215,702.00 | 16.99% | 4,728,852,728.00 |
| 股东权益(不含少数股东权益) | 3,870,861,650.00 | 3,485,946,436.00 | 11.04% | 3,438,584,306.00 |
| 经营活动产生的现金流量净额 | 836,361,950.00 | 171,478,246.00 | 387.74% | 539,535,701.00 |

2.2 主要财务指标　单位:(人民币)元

| | 2002年(本年) | 2001年(上年) | 本年比上年增减(%) | 2000年 |
|---|---|---|---|---|
| 每股收益 | 0.34 | 0.24 | 40.08% | 0.31 |
| 净资产收益率 | 9.94% | 7.88% | 26.14% | 10.17% |
| 扣除非经常性损益的净利润为基础计算的净资产收益率 | 11.04% | 7.88% | 40.10% | 10.17% |
| 每股经营活动产生的现金流量净额 | 0.74 | 0.15 | 390.67% | 0.47 |
| | 2002年末(本年末) | 2001年末(上年末) | 本年末比上年末增减(%) | 2000年末 |
| 每股净资产 | 3.41 | 3.07 | 11.04% | 3.03 |
| 调整后的每股净资产 | 3.41 | 3.07 | 11.07% | 3.01 |

# 000778 新兴铸管股份有限公司

## 二〇〇二年年度报告摘选

### 1.上市公司基本情况简介

1.1 基本情况简介

证券简称:新兴铸管　证券代码:000778　上市交易所:深圳证券交易所

注册地址和办公地址:河北省武安市上洛阳村北(2672厂区)　邮政编码:056300

公司国际互联网网址:http://www.xinxing-pipes.com　电子信箱:hjhd2672@heinfo.net

1.2 联系人和联系方式

董事会秘书:曾耀赣　联系地址:河北省武安市上洛阳村北(2672厂区)

电话:0310-5792011、5792056　传真:0310-4060214　电子信箱:hjhd2672@heinfo.net

### 2.会计数据和财务指标摘要

2.1 主要会计数据　单位:(人民币)元

| | 2002年(本年) | 2001年(上年) | 本年比上年增减(%) | 2000年 |
|---|---|---|---|---|
| 主营业务收入 | 3,593,781,704.18 | 2,694,368,367.37 | 33.38% | 2,072,381,082.80 |
| 利润总额 | 632,561,645.04 | 551,898,677.06 | 14.62% | 416,457,673.27 |
| 净利润 | 441,395,706.93 | 382,828,107.52 | 15.30% | 281,902,792.81 |
| 扣除非经常性损益的净利润 | 434,381,624.47 | 374,090,856.13 | 16.12% | 264,927,180.49 |
| | 2002年末(本年末) | 2001年末(上年末) | 本年末比上年末增减(%) | 2000年末 |
| 总资产 | 5,297,221,995.99 | 4,288,854,995.58 | 23.51% | 3,063,985,731.36 |
| 股东权益(不含少数股东权益) | 2,138,284,088.88 | 2,013,418,200.48 | 6.20% | 1,659,376,678.10 |
| 经营活动产生的现金流量净额 | 475,273,309.96 | 790,300,478.53 | -39.86% | 413,597,754.60 |

2.2 主要财务指标　单位:(人民币)元

| | 2002年(本年) | 2001年(上年) | 本年比上年增减(%) | 2000年 |
|---|---|---|---|---|
| 每股收益 | 0.71 | 0.80 | -11.31% | 0.63 |
| 每股收益* | 0.71 | -- | -- | -- |
| 净资产收益率 | 20.64% | 19.01% | 8.57% | 16.48% |
| 扣除非经常性损益的净利润为基础计算的净资产收益率 | 20.31% | 18.58% | 9.31% | 15.45% |
| 每股经营活动产生的现金流量净额 | 0.76 | 1.65 | -53.74% | 0.95 |
| | 2002年末(本年末) | 2001年末(上年末) | 本年末比上年年末增减(%) | 2000年末 |
| 每股净资产 | 3.44 | 4.21 | -18.31% | 3.82 |
| 调整后的每股净资产 | 3.25 | 4.08 | -20.38% | 3.65 |

# 000786 北新集团建材股份有限公司

## 二〇〇二年年度报告摘选

### 1.上市公司基本情况简介

1.1 基本情况简介

证券简称:北新建材　证券代码:000786　上市交易所:深圳证券交易所

注册地址:北京市海淀区三里河路甲11号

办公地址:北京市海淀区三里河路甲11号中国建材大厦16层　邮政编码:100037

公司国际互联网网址:http://www.bnbm.com.cn　电子信箱:bnbm@public3.bta.net.cn

1.2 联系人和联系方式

董事会秘书:常张利　联系地址:海淀区三里河路甲11号中国建材大厦16层

电话:010-88082398　传真:010-88082383　电子信箱:czl@bnbm.com.cn

### 2.会计数据和财务指标摘要

2.1 主要会计数据　单位:(人民币)元

| | 2002年(本年) | 2001年(上年) | 本年比上年增减(%) | 2000年 |
|---|---|---|---|---|
| 主营业务收入 | 1,031,476,943.30 | 912,899,968.56 | 12.99% | 559,071,291.11 |
| 利润总额 | 92,431,005.29 | 90,420,237.65 | 2.22% | 64,523,623.58 |
| 净利润 | 90,491,619.15 | 83,735,231.37 | 8.07% | 61,685,353.21 |
| 扣除非经常性损益的净利润 | 76,316,380.96 | 80,236,321.01 | -4.89% | 69,042,580.51 |
| | 2002年末(本年末) | 2001年末(上年末) | 本年末比上年末增减(%) | 2000年末 |
| 总资产 | 2,199,947,421.61 | 2,001,546,451.72 | 9.91% | 1,805,279,899.24 |
| 股东权益(不含少数股东权益) | 1,257,070,027.78 | 1,200,841,000.37 | 4.68% | 1,147,233,631.63 |
| 经营活动产生的现金流量净额 | 143,284,051.58 | 80,653,558.57 | 77.65% | 78,501,966.63 |

2.2 主要财务指标　单位:(人民币)元

| | 2002年(本年) | 2001年(上年) | 本年比上年增减(%) | 2000年 |
|---|---|---|---|---|
| 每股收益 | 0.16 | 0.29 | -46.05% | 0.22 |
| 每股收益* | 0.16 | - | - | - |
| 净资产收益率 | 7.20% | 6.97% | 3.30% | 5.38% |
| 扣除非经常性损益的净利润为基础计算的净资产收益率 | 6.07% | 6.43% | -5.60% | 6.02% |
| 每股经营活动产生的现金流量净额 | 0.25 | 0.28 | -11.04% | 0.27 |
| | 2002年末(本年末) | 2001年末(上年末) | 本年末比上年末增减(%) | 2000年末 |
| 每股净资产 | 2.19 | 4.18 | -47.65% | 3.99 |
| 调整后的每股净资产 | 2.16 | 4.13 | -47.68% | 3.94 |

# 000789 江西万年青水泥股份有限公司

## 二〇〇二年年度报告摘选

### 1.上市公司基本情况简介

1.1 基本情况简介

股票简称:江西水泥　股票代码:000789　上市交易所:深圳证券交易所

注册地址:江西省南昌市

办公地址:南昌市高新开发区京东北大道万年青科技园　邮政编码:330029

公司国际互联网网址:http://www.wannianqingcn.com　电子信箱:srwngs@publi.srptt.jx.cn

1.2 联系人和联系方式

董事会秘书:方真　联系地址:南昌市高新开发区京东北大道万年青科技园

电话:0791-8111786　传真:0791-8111582　电子信箱:Fangzh168@sina.com

证券事务代表:周志承　联系地址:南昌市高新开发区京东北大道万年青科技园

电话:0791-8111786　传真:0791-8111582　电子信箱:Zzc31@sina.com

### 2.会计数据和财务指标摘要

2.1 主要会计数据　单位:元

| | 2002年 | 2001年 | 本年比上年增减(%) | 2000年 |
|---|---|---|---|---|
| 主营业务收入 | 390,743,933.25 | 374,280,586.92 | 4.40 | 289,449,946.10 |
| 利润总额 | 21,961,300.73 | 33,808,172.63 | -35.04 | 50,047,209.62 |
| 净利润 | 15,660,575.48 | 30,849,756.24 | -49.24 | 41,885,248.01 |
| 扣除非经常性损益的净利润 | 18,340,735.37 | 31,452,770.28 | -41.69 | 41885248.01 |
| | 2002年末 | 2001年末 | 本年末比上年末增减(%) | 2000年末 |
| 总资产 | 1,159,555,912.79 | 1,041,214,412.26 | 11.37 | 861,072,406.33 |
| 股东权益(不含少数股东权益) | 720,895,460.33 | 714,920,692.92 | 0.84 | 647,095,936.68 |
| 经营活动产生的现金流量净额 | 17,236,834.55 | 62,017,801.02 | -72.21 | 4,275,280.86 |

2.2 主要财务指标　单位:元

| | 2002年 | 2001年 | 本年比上年增减(%) | 2000年 |
|---|---|---|---|---|
| 每股收益 | 0.046 | 0.091 | -49.45 | 0.123 |
| 每股收益 | 0.046 | 0.091 | -49.45 | 0.123 |
| 净资产收益率 | 2.172 | 4.32 | -49.72 | 6.47 |
| 扣除非经常性损益的净利润为基础计算的净资产收益率 | 2.544 | 4.40 | -42.18 | 6.47 |
| 每股经营活动产生的现金流量净额 | 0.051 | 0.182 | -71.98 | 0.013 |
| | 2002年末 | 2001年末 | 本年末比上年末增减(%) | 2000年末 |
| 每股净资产 | 2.117 | 2.100 | 0.810 | 1.900 |
| 调整后的每股净资产 | 2.010 | 1.957 | 2.708 | 1.841 |

# 000795 太原双塔刚玉股份有限公司

## 二〇〇二年年度报告摘选

### 1.上市公司基本情况简介

1.1 基本情况简介

股票简称:太原刚玉　股票代码:000795　上市交易所:深圳证券交易所

注册地址和办公地址:太原市郝庄正街62号　邮政编码:030045

公司国际互联网网址:http://www.twin-tower.com.cn　电子信箱:tyao@public.ty.sx.cn

1.2 联系人和联系方式

董事会秘书:周玉旺　联系地址:太原市郝庄正街62号

电话:0351-4685208　传真:0351-4685206　电子信箱:tygydmc@public.ty.sx.cn

证券事务代表:黄喜英　联系地址:太原市郝庄正街62号

电话:0351-4685208　传真:0351-4685206　电子信箱:tygydmc@public.ty.sx.cn

### 2.会计数据和财务指标摘要

2.1 主要会计数据　单位:人民币元

| | 2002年 | 2001年 | 本年比上年增减(%) | 2000年 |
|---|---|---|---|---|
| 主营业务收入 | 213,336,192.31 | 202,063,262.60 | 5.58 | 214,789,943.30 |
| 利润总额 | -5,617,504.31 | 12,877,106.07 | -143.62 | 27,821,096.05 |
| 净利润 | -6,482,491.50 | 9,557,558.23 | -167.83 | 23,844,845.88 |
| 扣除非经常性损益的净利润 | -8,352,644.19 | 7,446,454.73 | -212.17 | 21,184,480.66 |
| | 2002年末 | 2001年末 | 本年末比上年末增减(%) | 2000年末 |
| 总资产 | 1,005,714,346.84 | 1,017,792,630.70 | -1.19 | 1,109,956,459.55 |
| 股东权益(不含少数股东权益) | 756,042,607.49 | 762,525,098.99 | -0.85 | 759,887,540.76 |
| 经营活动产生的现金流量净额 | -35,138,943.64 | 9,047,208.81 | -488.40 | -19,902,090.70 |

2.2 主要财务指标　单位:人民币元

| | 2002年 | 2001年 | 本年比上年增减(%) | 2000年 |
|---|---|---|---|---|
| 每股收益 | -0.0234 | 0.0345 | -167.83 | 0.0861 |
| 净资产收益率 | -0.857 | 1.25 | -168.56 | 3.14 |
| 扣除非经常性损益的净利润为基础计算的净资产收益率 | -1.09 | 0.97 | -2.06 | 2.788 |
| 每股经营活动产生的现金流量净额 | -0.1269 | 0.0327 | -488.07 | -0.0719 |
| | 2002年末 | 2001年末 | 本年末比上年末增减(%) | 2000年末 |
| 每股净资产 | 2.731 | 2.755 | -0.87 | 2.745 |
| 调整后的每股净资产 | 2.694 | 2.752 | -2.11 | 2.744 |

## 000807 云南铝业股份有限公司

### 二〇〇二年年度报告摘选

#### 1.上市公司基本情况简介

1.1 基本情况简介

股票简称:云铝股份　股票代码:000807　上市交易所:深圳证券交易所

注册地址和办公地址:云南省昆明市呈贡县　邮政编码:650502

公司国际互联网网址://www.china.ylgf.com　电子信箱:ylgf@public.km.yn

1.2 联系人和联系方式

董事会秘书:张文伟　联系地址:云南铝业股份有限公司证券部

电话:0871－7455858　传真:0871－7455605　电子信箱:stock@ylgf.km

#### 2.会计数据和财务指标摘要

2.1 主要会计数据(单位:人民币元)

| | 2002年 | 2001年 | 本年比上年增减(%) | 2000年 |
|---|---|---|---|---|
| 主营业务收入 | 1,562,796,827.50 | 1,603,742,305.84 | －2.62 | 1,470,275,397.69 |
| 利润总额 | 180,404,621.87 | 177,392,836.72 | 1.67 | 114,649,696.27 |
| 净利润 | 152,342,555.51 | 150,111,809.03 | 1.46 | 97,568,149.96 |
| 扣除非经常性损益的净利润 | 158,658,406.41 | 150,795,403.43 | 4.96 | 85,805,285.09 |
| | 2002年末 | 2001年末 | 本年末比上年末增减(%) | 2000年末 |
| 总资产 | 2,761,535,381.93 | 2,321,605,879.98 | 15.93 | 2,287,439,157.79 |
| 股东权益(不含少数股东权益) | 1,324,572,601.96 | 756,959,658.72 | 42.85 | 715,347,849.69 |
| 经营活动产生的现金流量净额 | 310,316,994.83 | 368,605,291.44 | －18.78 | 198,864,492.88 |

2.2 主要财务指标(单位:人民币元)

| | 2002年 | 2001年 | 本年比上年增减(%) | 2000年 |
|---|---|---|---|---|
| 每股收益 | 0.42 | 0.4842 | －13.26 | 0.3147 |
| 每股收益 | 0.44 | 0.4842 | －10.05 | 0.3147 |
| 净资产收益率 | 11.5 | 19.83 | －8.33 | 13.64 |
| 扣除非经常性损益的净利润为基础计算的净资产收益率 | 11.98 | 19.08 | －7.1 | 10.85 |
| 每股经营活动产生的现金流量净额 | 0.85 | 1.19 | －40 | 0.64 |
| | 2002年末 | 2001年末 | 本年末比上年末增减(%) | 2000年末 |
| 每股净资产 | 3.64 | 2.4418 | 32.92 | 2.231 |
| 调整后的每股净资产 | 3.634 | 2.4348 | 33 | 2.29 |

## 000825 山西太钢不锈钢股份有限公司

### 二〇〇二年年度报告摘选

#### 1.上市公司基本情况简介

1.1　基本情况简介

证券简称:太钢不锈　证券代码:000825　上市交易所:深圳证券交易所

注册地址和办公地址:山西省太原市尖草坪街2号　邮政编码:030003

1.2　联系人和联系方式

董事会秘书:张竹平　联系地址:山西省太原市尖草坪街2号

电话:0351－3017702　传真:0351－3017729　电子信箱:Tgbxzjb@public.ty.sx.cn

证券事务代表:华春雨　联系地址:山西省太原市尖草坪街2号

电话:0351－3017729、3017728　传真:0351－3017729　电子信箱:tgbxzjb@public.ty.sx.cn

#### 2.会计数据和业务数据摘要

2.1　主要财务数据

| 项目 | 2002年 | 2001年 | 本年比上年增减(%) | 2000年 调整后 | 2000年 调整前 |
|---|---|---|---|---|---|
| 主营业务收入(元) | 10,082,643,271.53 | 6,830,299,771.71 | 47.62 | 4,936,818,680.04 | 4,936,818,680.04 |
| 利润总额(元) | 453,689,305.34 | 364,708,651.68 | 24.40 | 354,433,619.85 | 356,071,777.95 |
| 净利润(元) | 283,815,140.77 | 296,829,217.34 | －4.38 | 292,387,330.07 | 291,463,852.16 |
| 扣除非经常性损益后的净利润 | 275,807,219.06 | 268,320,711.81 | 2.79 | 273,334,048.23 | 272,410,570.32 |
| 项目 | 2002年末 | 2001年末 | 本年末比上年末增减(%) | 2000年末 调整后 | 2000年末 调整前 |
| 总资产(元) | 6,136,328,714.55 | 5,702,723,225.52 | 7.60 | 4,726,405,178.80 | 4,742,896,816.70 |
| 股东权益(不含少数股东权益) | 3,373,584,769.27 | 3,141,939,248.82 | 7.37 | 2,165,036,400.75 | 2,184,957,781.07 |
| 经营活动产生的现金流量净额 | 606,560,511.60 | 453,449,726.14 | 33.77 | 336,785,121.07 | 336,785,121.07 |

2.2　主要财务指标

| | 2002年 | 2001年 | 本年比上年增减(%) | 2000年 调整后 | 2000年 调整前 |
|---|---|---|---|---|---|
| 每股收益(元/股) | 0.264 | 0.276 | －4.35 | 0.31 | 0.309 |
| 净资产收益率(%) | 8.413 | 9.447 | －10.95 | 13.505 | 13.34 |
| 扣除非经常性损益的净利润为基础计算的净资产收益率(%) | 8.18 | 8.54 | －3.89 | 12.83 | 12.79 |
| 每股经营活动产生的现金流量净额(元/股) | 0.564 | 0.421 | 33.97 | 0.389 | 0.389 |
| 项目 | 2002年末 | 2001年末 | 本年末比上年末增减(%) | 2000年末 调整后 | 2000年末 调整前 |
| 每股净资产(元/股) | 3.135 | 2.92 | 7.36 | 2.298 | 2.319 |
| 调整后的每股净资产(元/股) | 3.128 | 2.897 | 7.97 | 2.250 | 2.266 |

## 000831 山西关铝股份有限公司

### 二〇〇二年年度报告摘选

#### 1.上市公司基本情况简介

1.1　基本情况简介

证券简称:关铝股份　证券代码:000831　上市交易所:深圳证券交易所

注册地址:山西省运城市解州镇新建路36号　办公地址:山西省运城市解州镇新建路36号

邮政编码:044001　电子信箱:sxglgf@163.net

1.2　联系人和联系方式

董事会秘书:郑启家　联系地址:山西省运城市解州镇新建路36号

电话:0359－2825474、2825490　传真:0359－2800974　电子信箱:sxglgf@163.net

#### 2.会计数据和财务指标摘要

2.1　主要会计数据　单位:(人民币)元

| | 2002年(本年) | 2001年(上年) | 本年比上年增减(%) | 2000年 |
|---|---|---|---|---|
| 主营业务收入 | 1,495,809,048.11 | 1,425,392,402.00 | 4.94% | 693,972,147.20 |
| 利润总额 | 126,014,630.26 | 107,089,165.53 | 17.67% | 69,568,332.36 |
| 净利润 | 108,106,355.58 | 98,682,242.31 | 9.55% | 56,622,397.69 |
| 扣除非经常性损益的净利润 | 107,296,359.35 | 95,097,269.78 | 12.83% | 62,350,013.72 |
| | 2002年末(本年末) | 2001年末(上年末) | 本年末比上年末增减(%) | 2000年末 |
| 总资产 | 2,256,705,239.75 | 1,785,578,460.64 | 26.39% | 1,602,601,926.83 |
| 股东权益(不含少数股东权益) | 961,561,840.99 | 875,235,485.41 | 9.86% | 776,553,243.10 |
| 经营活动产生的现金流量净额 | 185,383,157.51 | 211,921,289.06 | －12.52% | －179,304,433.51 |

2.2　主要财务指标　单位:(人民币)元

| | 2002年(本年) | 2001年(上年) | 本年比上年增减(%) | 2000年 |
|---|---|---|---|---|
| 每股收益 | 0.30 | 0.27 | 9.53% | 0.23 |
| 每股收益* | 0.30 | －－ | －－ | －－ |
| 净资产收益率 | 11.24% | 11.27% | －0.27% | 7.29% |
| 扣除非经常性损益的净利润为基础计算的净资产收益率 | 11.71% | 11.51% | 1.74% | 9.56% |
| 每股经营活动产生的现金流量净额 | 0.51 | 0.58 | －12.64% | －0.74 |
| | 2002年末(本年末) | 2001年末(上年末) | 本年末比上年末增减(%) | 2000年末 |
| 每股净资产 | 2.65 | 2.41 | 9.86% | 3.21 |
| 调整后的每股净资产 | 2.64 | 2.40 | 10.00% | 3.20 |

## 000851 贵州中国第七砂轮股份有限公司

### 二〇〇二年年度报告摘选

#### 1.上市公司基本情况简介

1.1　基本情况简介

证券简称:ST七砂　证券代码:000851　上市交易所:深圳证券交易所

注册地址:贵州省贵阳市　办公地址:贵州.贵阳.清镇　邮政编码:551414

公司国际互联网网址:http://www.cninfo.com.cn　电子信箱:E－mail:gsb@chinaqisha.com

1.2　联系人和联系方式

董事会秘书:任东升　联系地址:贵州.贵阳.清镇

电话:0851－2550469　传真:0851－2550408　电子信箱:E－mail:zqb@chinaqisha.com

#### 2.会计数据和财务指标摘要

2.1　主要会计数据　单位:(人民币)元

| | 2002年(本年) | 2001年(上年) | 本年比上年增减(%) | 2000年 |
|---|---|---|---|---|
| 主营业务收入 | 107,613,151.05 | 107,698,402.08 | －0.08% | 159,293,399.71 |
| 利润总额 | －90,031,031.90 | －105,808,738.79 | －－ | －18,282,852.88 |
| 净利润 | －90,031,031.90 | －105,808,738.79 | －－ | －18,282,852.88 |
| 扣除非经常性损益的净利润 | －77,564,268.23 | －6,142,844,298.00 | －－ | －16,037,888.52 |
| | 2002年末(本年末) | 2001年末(上年末) | 本年末比上年末增减(%) | 2000年末 |
| 总资产 | 288,523,768.90 | 425,060,545.77 | －32.12% | 537,359,361.91 |
| 股东权益(不含少数股东权益) | 190,740,350.92 | 277,849,922.43 | －31.35% | 397,579,019.04 |
| 经营活动产生的现金流量净额 | 17,840,111.37 | －14,011,955.94 | －－ | －673,777.81 |

2.2　主要财务指标　单位:(人民币)元

| | 2002年(本年) | 2001年(上年) | 本年比上年增减(%) | 2000年 |
|---|---|---|---|---|
| 每股收益 | －0.40 | －0.47 | －－ | －0.08 |
| 每股收益* | －0.40 | －－ | －－ | －－ |
| 净资产收益率 | －47.20% | －38.09% | －－ | －4.76% |
| 扣除非经常性损益的净利润为基础计算的净资产收益率 | －40.66% | －38.09% | －－ | －5.27% |
| 每股经营活动产生的现金流量净额 | 0.08 | －0.06 | －－ | －0.00 |
| | 2002年末(本年末) | 2001年末(上年末) | 本年末比上年末增减(%) | 2000年末 |
| 每股净资产 | 0.85 | 1.24 | －31.35% | 1.71 |
| 调整后的每股净资产 | 0.60 | 1.24 | －51.43% | 1.69 |

## 000856 唐山陶瓷股份有限公司

# 二〇〇二年年度报告摘选

### 1.上市公司基本情况简介

1.1 基本情况简介

证券简称:唐山陶瓷　证券代码:000856　上市交易所:深圳证券交易所

注册地址和办公地址:河北省唐山市路北区缸窑路 29 号　邮政编码:063022

电子信箱:sz0856@heinfo.net

1.2 联系人和联系方式

董事会秘书:张树来　联系地址:河北省唐山市路北区缸窑路 29 号

电话:0315－3291354　传真:0315－3291354　电子信箱:sz0856@heinfo.net

证券事务代表:李汶　联系地址:河北省唐山市路北区缸窑路 29 号

电话:0315－3291354　传真:0315－3291354　电子信箱:sz0856@heinfo.net

### 2.会计数据和财务指标摘要

2.1 主要会计数据　单位:(人民币)元

| | 2002 年(本年) | 2001 年(上年) | 本年比上年增减(%) | 2000 年 |
|---|---|---|---|---|
| 主营业务收入 | 451,373,444.50 | 402,581,571.09 | 12.12% | 467,476,489.02 |
| 利润总额 | 5,937,216.08 | －27,026,782.54 | －－ | 39,708,191.41 |
| 净利润 | 2,050,357.04 | －25,873,550.18 | －－ | 32,308,631.86 |
| 扣除非经常性损益的净利润 | 4,954,390.11 | －14,901,467.33 | －－ | 34,302,484.49 |
| | 2002 年末(本年末) | 2001 年末(上年末) | 本年末比上年末增减(%) | 2000 年末 |
| 总资产 | 1,101,384,039.22 | 1,077,526,446.39 | 2.21% | 1,037,235,641.56 |
| 股东权益(不含少数股东权益) | 504,539,175.56 | 503,146,114.27 | 0.28% | 527,042,248.81 |
| 经营活动产生的现金流量净额 | －5,284,061.70 | 59,906,271.14 | －108.82% | －9,270,978.56 |

2.2 主要财务指标　单位:(人民币)元

| | 2002 年(本年) | 2001 年(上年) | 本年比上年增减(%) | 2000 年 |
|---|---|---|---|---|
| 每股收益 | 0.01 | －0.15 | －－ | 0.20 |
| 每股收益 * | 0.01 | －－ | －－ | －－ |
| 净资产收益率 | 0.41% | －5.14% | －－ | 6.54% |
| 扣除非经常性损益的净利润为基础计算的净资产收益率 | 0.98% | －2.96% | －－ | 6.51% |
| 每股经营活动产生的现金流量净额 | －0.03 | 0.34 | －108.82% | －0.20 |
| | 2002 年末(本年末) | 2001 年末(上年末) | 本年末比上年末增减(%) | 2000 年末 |
| 每股净资产 | 2.88 | 2.88 | 0.28% | 3.01 |
| 调整后的每股净资产 | 2.65 | 2.58 | 2.71% | 2.82 |

## 000877 新疆天山水泥股份有限公司

# 二〇〇二年年度报告摘选

### 1.上市公司基本情况简介

1.1 基本情况简介

证券简称:天山股份　证券代码:000877　上市交易所:深圳证券交易所

注册地址:乌鲁木齐市仓房沟东路 55 号附 1 号

办公地址:乌鲁木齐市北京南路钻石城 11 号银通大厦 3 楼　邮政编码:830011

公司国际互联网网址:http://www.tianshan.com.cn　电子信箱:xsnclc@xj.cninfo.net

1.2 联系人和联系方式

董事会秘书:周林英　联系地址:乌鲁木齐市北京南路钻石城 11 号银通大厦三楼

电话:0991－3660418　传真:0991－3663534　电子信箱:63zly@163.com

### 2.会计数据和财务指标摘要

2.1 主要会计数据　单位:(人民币)元

| | 2002 年(本年) | 2001 年(上年) | 本年比上年增减(%) | 2000 年 |
|---|---|---|---|---|
| 主营业务收入 | 886,076,725.77 | 707,619,702.06 | 25.22% | 403,740,444.23 |
| 利润总额 | 146,025,850.01 | 136,520,069.38 | 6.96% | 76,205,819.26 |
| 净利润 | 102,001,044.07 | 94,096,256.10 | 8.40% | 67,827,779.44 |
| 扣除非经常性损益的净利润 | 103,702,444.49 | 97,023,273.07 | 6.88% | 64,869,838.07 |
| | 2002 年末(本年末) | 2001 年末(上年末) | 本年末比上年末增减(%) | 2000 年末 |
| 总资产 | 2,767,586,668.39 | 2,007,951,112.50 | 37.83% | 1,542,258,919.36 |
| 股东权益(不含少数股东权益) | 817,614,679.72 | 735,483,828.10 | 11.17% | 669,621,169.43 |
| 经营活动产生的现金流量净额 | 222,244,076.26 | 176,937,698.57 | 25.61% | 85,621,536.30 |

2.2 主要财务指标　单位:(人民币)元

| | 2002 年(本年) | 2001 年(上年) | 本年比上年增减(%) | 2000 年 |
|---|---|---|---|---|
| 每股收益 | 0.59 | 0.54 | 8.40% | 0.47 |
| 每股收益 * | 0.59 | －－ | －－ | －－ |
| 净资产收益率 | 12.48% | 12.79% | －2.42% | 10.13% |
| 扣除非经常性损益的净利润为基础计算的净资产收益率 | 12.68% | 13.19% | －3.87% | 9.69% |
| 每股经营活动产生的现金流量净额 | 1.28 | 1.02 | 25.60% | 0.59 |
| | 2002 年末(本年末) | 2001 年末(上年末) | 本年末比上年末增减(%) | 2000 年末 |
| 每股净资产 | 4.72 | 4.24 | 11.17% | 4.64 |
| 调整后的每股净资产 | 4.66 | 4.17 | 11.59% | 4.56 |

## 000861 茂名永业(集团)股份有限公司

# 二〇〇二年年度报告摘选

### 1.上市公司基本情况简介

1.1 基本情况简介

证券简称:茂化永业　证券代码:000861　上市交易所:深圳证券交易所

注册地址和办公地址:广东省茂名市环市西路 61 号　邮政编码:525024

电子信箱:dsl2324716_mmb@21cn.net

1.2 联系人和联系方式

董事会秘书:王洪信　联系地址:广东省茂名市环市西路 61 号

电话:0668－2327411－8888　传真:0668－2326412　电子信箱:mmyongye@163.net

证券事务代表:刘云燕　联系地址:广东省茂名市官山二路 21 号

电话:0668－2286717　传真:0668－2326412　电子信箱:无

### 2.会计数据和财务指标摘要

2.1 主要会计数据　单位:(人民币)元

| | 2002 年(本年) | 2001 年(上年) | 本年比上年增减(%) | 2000 年 |
|---|---|---|---|---|
| 主营业务收入 | 176,163,654.10 | 167,697,039.10 | 5.05% | 113,941,627.36 |
| 利润总额 | －19,814,143.59 | 12,003,288.45 | －265.07% | 5,830,375.83 |
| 净利润 | －24,364,866.44 | 8,268,192.90 | －394.68% | 5,830,375.83 |
| 扣除非经常性损益的净利润 | －23,128,410.82 | 8,759,205.63 | －364.05% | 6,564,236.27 |
| | 2002 年末(本年末) | 2001 年末(上年末) | 本年末比上年末增减(%) | 2000 年末 |
| 总资产 | 430,290,382.03 | 462,637,288.28 | －6.99% | 440,916,921.12 |
| 股东权益(不含少数股东权益) | 191,901,179.85 | 216,266,046.29 | －11.27% | 210,502,979.15 |
| 经营活动产生的现金流量净额 | －8,379,601.38 | 23,581,790.22 | －135.53% | 15,127,842.84 |

2.2 主要财务指标　单位:(人民币)元

| | 2002 年(本年) | 2001 年(上年) | 本年比上年增减(%) | 2000 年 |
|---|---|---|---|---|
| 每股收益 | －0.22 | 0.11 | －297.30% | 0.08 |
| 每股收益 * | －0.22 | －－ | －－ | －－ |
| 净资产收益率 | －12.70% | 3.78% | －435.98% | 2.77% |
| 扣除非经常性损益的净利润为基础计算的净资产收益率 | －12.10% | 4.05% | －398.77% | 3.12% |
| 每股经营活动产生的现金流量净额 | －0.08 | 0.00 | － | 0.20 |
| | 2002 年末(本年末) | 2001 年末(上年末) | 本年末比上年末增减(%) | 2000 年末 |
| 每股净资产 | 1.73 | 2.92 | －40.84% | 2.84 |
| 调整后的每股净资产 | 1.63 | 2.84 | －42.43% | 2.77 |

## 000878 云南铜业股份有限公司

# 二〇〇二年年度报告摘选

### 1.上市公司基本情况简介

1.1 基本情况简介

股票简称:云南铜业　股票代码:000878　上市交易所:深圳证券交易所

注册地址:云南省昆明市高新技术开发区　办公地址:云南省昆明市人民东路 111 号

邮政编码:650051

公司国际互联网网址:http://www.yunnan－copper.com　电子信箱:Info@yunnan－copper.com

1.2 联系人和联系方式

董事会秘书:管弘　联系地址:云南省昆明市人民东路 111 号

电话:0871－3126709　传真:0871－3138100　电子信箱:Yt－gh@yunnan－copper.com

### 2.会计数据和财务指标摘要

2.1 主要会计数据(单位:人民币元)

| | 2002 年 | 2001 年 | 本年比上年增减(%) | 2000 年 |
|---|---|---|---|---|
| 主营业务收入 | 3,002,821,521.16 | 2,872,464,194.02 | 4.54 | 2,537,477,322.96 |
| 利润总额 | 55,713,294.56 | 82,533,635.37 | －32.49 | 162,230,000.18 |
| 净利润 | 46,629,068.13 | 82,533,635.37 | －43.50 | 156,223,217.50 |
| 扣除非经常性损益的净利润 | 55,846,414.91 | 80,156,848.66 | －30.33 | 155,066,741.70 |
| | 2002 年末 | 2001 年末 | 本年末比上年末增减(%) | 2000 年末 |
| 总资产 | 4,283,229,531.02 | 4,047,289,201.75 | 5.83 | 3,784,844,307.64 |
| 股东权益(不含少数股东权益) | 1,778,542,457.99 | 1,777,655,485.04 | 0.05 | 1,340,385,094.97 |
| 经营活动产生的现金流量净额 | －276,798,685.41 | 808,935,817.40 | －134.22 | 259,656,331.73 |

2.2 主要财务指标(单位:人民币元)

| | 2002 年 | 2001 年 | 本年比上年增减(%) | 2000 年 |
|---|---|---|---|---|
| 每股收益 | 0.058 | 0.104 | －44.23 | 0.214 |
| 净资产收益率 | 2.62 | 4.68 | －44.02 | 11.66 |
| 扣除非经常性损益的净利润为基础计算的净资产收益率 | 3.17 | 4.60 | －31.09 | 11.32 |
| 每股经营活动产生的现金流量净额 | －0.34 | 1.01 | －133.66 | 0.36 |
| | 2002 年末 | 2001 年末 | 本年末比上年末增减(%) | 2000 年末 |
| 每股净资产 | 2.23 | 2.23 | 0 | 1.83 |
| 调整后的每股净资产 | 2.22 | 2.22 | 0 | 1.78 |

## 000890 江苏法尔胜股份有限公司

### 二〇〇二年年度报告摘选

#### 1.上市公司基本情况简介

1.1 基本情况简介

证券简称:法尔胜 证券代码:000890 上市交易所:深圳证券交易所

注册地址和办公地址:江苏省江阴市通江北路 203 号 邮政编码:214433

公司国际互联网网址:http://www.chinafasten.com 电子信箱:stock@chinafasten.com

1.2 联系人和联系方式

董事会秘书:张越 联系地址:江苏省江阴市通江北路 203 号 214433

电话:0510－6119890 传真:0510－6106634 电子信箱:zhang_yue@chinafasten.com

证券事务代表:张文栋 联系地址:江苏省江阴市通江北路 203 号 214433

电话:0510－6119890 传真:0510－6106634 电子信箱:zhang_wendong@chinafasten.com

#### 2.会计数据和财务指标摘要

2.1 主要会计数据 单位:(人民币)元

| | 2002 年(本年) | 2001 年(上年) | 本年比上年增减(%) | 2000 年 |
|---|---|---|---|---|
| 主营业务收入 | 665,225,913.69 | 353,135,088.62 | 88.38% | 653,795,072.53 |
| 利润总额 | 41,719,149.97 | 61,981,012.04 | －32.69% | 102,386,809.47 |
| 净利润 | 34,197,452.11 | 64,659,944.74 | －47.11% | 63,512,290.79 |
| 扣除非经常性损益的净利润 | 28,883,651.00 | 68,430,747.24 | －57.79% | 50,715,537.48 |
| | 2002 年末(本年末) | 2001 年末(上年末) | 本年末比上年末增减(%) | 2000 年末 |
| 总资产 | 1,976,580,246.06 | 1,592,910,518.17 | 24.09% | 1,340,862,229.62 |
| 股东权益(不含少数股东权益) | 929,542,550.23 | 924,724,075.32 | 0.52% | 579,445,019.31 |
| 经营活动产生的现金流量净额 | －36,546,447.21 | 29,544,305.28 | －223.70% | 181,435,258.39 |

2.2 主要财务指标 单位:(人民币)元

| | 2002 年(本年) | 2001 年(上年) | 本年比上年增减(%) | 2000 年 |
|---|---|---|---|---|
| 每股收益 | 0.12 | 0.22 | －47.06% | 0.32 |
| 每股收益* | 0.12 | －－ | －－ | －－ |
| 净资产收益率 | 3.68% | 6.99% | －47.35% | 10.96% |
| 扣除非经常性损益的净利润为基础计算的净资产收益率 | 3.11% | 7.38% | －57.86% | 8.51% |
| 每股经营活动产生的现金流量净额 | －0.13 | 0.10 | －223.76% | 0.90 |
| | 2002 年末(本年末) | 2001 年末(上年末) | 本年末比上年末增减(%) | 2000 年末 |
| 每股净资产 | 3.18 | 3.17 | 0.51% | 2.87 |
| 调整后的每股净资产 | 3.09 | 3.12 | －0.96% | 2.81 |

## 000898 鞍钢新轧钢股份有限公司

### 二〇〇二年年度报告摘选

#### 1.上市公司基本情况简介

1.1 基本情况简介

证券简称:鞍钢新轧 证券代码:000898 上市交易所:深圳证券交易所

注册地址和办公地址:辽宁省鞍山市铁东区南中华路 396 号 邮政编码:114003

公司国际互联网网址:http://www.ansc.com.cn 电子信箱:info@ansc.com.cn

1.2 联系人和联系方式

董事会秘书:付吉会 联系地址:辽宁省鞍山市铁东区南中华路 396 号

电话:0412－6326603 传真:0412－6727772 电子信箱:info@ansc.com.cn

证券事务代表:靳毅民、陈其爽 联系地址:辽宁省鞍山市铁东区南中华路 396 号

电话:0412－6721346、6334293 传真:0412－6727772 电子信箱:info@ansc.com.cn

#### 2.会计数据和财务指标摘要

2.1 主要会计数据 单位:(人民币)元

| | 2002 年(本年) | 2001 年(上年) | 本年比上年增减(%) | 2000 年 |
|---|---|---|---|---|
| 主营业务收入 | 10,771,077,000.00 | 9,490,523,000.00 | 13.49% | 9,793,150,000.00 |
| 利润总额 | 851,999,000.00 | 698,824,000.00 | 21.92% | 754,877,000.00 |
| 净利润 | 594,588,000.00 | 403,743,000.00 | 47.27% | 492,204,000.00 |
| 扣除非经常性损益的净利润 | 612,937,000.00 | 426,110,000.00 | 43.84% | 495,248,000.00 |
| | 2002 年末(本年末) | 2001 年末(上年末) | 本年末比上年末增减(%) | 2000 年末 |
| 总资产 | 12,425,350,000.00 | 10,237,888,000.00 | 21.37% | 9,452,195,000.00 |
| 股东权益(不含少数股东权益) | 7,509,361,000.00 | 7,201,397,000.00 | 4.28% | 6,904,946,000.00 |
| 经营活动产生的现金流量净额 | 2,098,928,000.00 | －296,362,000.00 | －－ | 890,230,000.00 |

2.2 主要财务指标 单位:(人民币)元

| | 2002 年(本年) | 2001 年(上年) | 本年比上年增减(%) | 2000 年 |
|---|---|---|---|---|
| 每股收益 | 0.20 | 0.14 | 47.79% | 0.17 |
| 每股收益* | 0.20 | －－ | －－ | －－ |
| 净资产收益率 | 7.92% | 5.61% | 41.18% | 8.30% |
| 扣除非经常性损益的净利润为基础计算的净资产收益率 | 8.17% | 5.92% | 38.01% | 8.30% |
| 每股经营活动产生的现金流量净额 | 0.71 | －0.10 | －－ | 0.31 |
| | 2002 年末(本年末) | 2001 年末(上年末) | 本年末比上年末增减(%) | 2000 年末 |
| 每股净资产 | 2.54 | 2.44 | 4.15% | 2.37 |
| 调整后的每股净资产 | 2.53 | 2.43 | 4.12% | 2.37 |

## 000926 湖北福星科技股份有限公司

### 二〇〇二年年度报告摘选

#### 1.上市公司基本情况简介

1.1 基本情况简介

证券简称:福星科技 证券代码:000926 上市交易所:深圳证券交易所

注册地址和办公地址:湖北省汉川市沉湖镇福星街 1 号 邮政编码:431608

公司国际互联网网址:http://www.china－fuxing.com 电子信箱:hchbcs02@public.xg.hb.cn

1.2 联系人和联系方式

董事会秘书:冯东兴 联系地址:湖北省汉川市沉湖镇福星街 1 号

电话:0712－8740018 传真:0712－8740018 电子信箱:fxkj0926@sohu.com

证券事务代表:杨望云 联系地址:湖北省汉川市沉湖镇福星街 1 号

电话:0712－8740018 或 8740047 转 8028 传真:0712－8740018

电子信箱:hcfxkj@public.xg.hb.cn

#### 2.会计数据和财务指标摘要

2.1 主要会计数据 单位:(人民币)元

| | 2002 年(本年) | 2001 年(上年) | 本年比上年增减(%) | 2000 年 |
|---|---|---|---|---|
| 主营业务收入 | 436,138,018.66 | 425,590,394.62 | 2.48% | 389,220,781.33 |
| 利润总额 | 71,474,798.22 | 92,093,362.38 | －22.39% | 94,825,434.73 |
| 净利润 | 45,853,590.36 | 81,127,355.03 | －43.48% | 81,249,603.27 |
| 扣除非经常性损益的净利润 | 48,192,042.77 | 81,127,355.03 | －40.60% | 81,249,603.27 |
| | 2002 年末(本年末) | 2001 年末(上年末) | 本年末比上年末增减(%) | 2000 年末 |
| 总资产 | 1,534,255,613.00 | 1,125,642,251.25 | 36.30% | 863,300,299.80 |
| 股东权益(不含少数股东权益) | 690,560,760.94 | 643,635,438.72 | 7.29% | 597,393,758.69 |
| 经营活动产生的现金流量净额 | －206,400,299.82 | －33,880,181.67 | －－ | 57,598,904.03 |

2.2 主要财务指标 单位:(人民币)元

| | 2002 年(本年) | 2001 年(上年) | 本年比上年增减(%) | 2000 年 |
|---|---|---|---|---|
| 每股收益 | 0.17 | 0.30 | －43.42% | 0.30 |
| 每股收益* | 0.17 | －－ | －－ | －－ |
| 净资产收益率 | 6.64% | 12.60% | －47.30% | 13.60% |
| 扣除非经常性损益的净利润为基础计算的净资产收益率 | 6.98% | 12.60% | －44.60% | 13.05% |
| 每股经营活动产生的现金流量净额 | －0.77 | －0.13 | －－ | 0.22 |
| | 2002 年末(本年末) | 2001 年末(上年末) | 本年末比上年末增减(%) | 2000 年末 |
| 每股净资产 | 2.59 | 2.41 | 7.32% | 2.24 |
| 调整后的每股净资产 | 2.59 | 2.41 | 7.32% | 2.24 |

## 000928 吉林炭素股份有限公司

### 二〇〇二年年度报告摘选

#### 1.上市公司基本情况简介

1.1 基本情况简介

证券简称:吉林炭素 证券代码:000928 上市交易所:深圳证券交易所

注册地址和办公地址:吉林省吉林市和平街九号 邮政编码:132002

公司国际互联网网址:http://www.cninfo.com.cn 电子信箱:jtgs@public.jl.jl.cn

1.2 联系人和联系方式

董事会秘书:王德章 联系地址:吉林省吉林市吉林炭素股份有限公司

电话:0432－2749010 传真:0432－2749375 电子信箱:wdz@sohu.com

证券事务代表:张禹飞 联系地址:吉林省吉林市吉林炭素股份有限公司

电话:0432－2749376 传真:0432－2749375 电子信箱:zyf800@sohu.com

#### 2.会计数据和财务指标摘要

2.1 主要会计数据 单位:(人民币)元

| | 2002 年(本年) | 2001 年(上年) | 本年比上年增减(%) | 2000 年 |
|---|---|---|---|---|
| 主营业务收入 | 785,089,755.07 | 775,976,372.36 | 1.17% | 716,711,056.67 |
| 利润总额 | －25,730,607.44 | 42,300,514.75 | －160.83% | 50,764,512.98 |
| 净利润 | －22,699,347.84 | 36,217,503.65 | －162.68% | 42,068,653.71 |
| 扣除非经常性损益的净利润 | －18,511,272.82 | 38,826,203.28 | －147.68% | 39,068,653.71 |
| | 2002 年末(本年末) | 2001 年末(上年末) | 本年末比上年末增减(%) | 2000 年末 |
| 总资产 | 2,872,358,344.74 | 2,492,185,818.29 | 15.25% | 2,153,964,754.64 |
| 股东权益(不含少数股东权益) | 1,004,246,864.69 | 1,033,671,953.19 | －2.85% | 997,448,463.30 |
| 经营活动产生的现金流量净额 | 100,458,824.95 | －28,801,607.33 | －－ | －38,486,254.03 |

2.2 主要财务指标 单位:(人民币)元

| | 2002 年(本年) | 2001 年(上年) | 本年比上年增减(%) | 2000 年 |
|---|---|---|---|---|
| 每股收益 | －0.08 | 0.13 | －162.50% | 0.15 |
| 每股收益* | －0.08 | －－ | －－ | －－ |
| 净资产收益率 | －2.30% | 3.50% | －165.71% | 4.22% |
| 扣除非经常性损益的净利润为基础计算的净资产收益率 | －1.80% | 3.80% | －147.37% | 3.92% |
| 每股经营活动产生的现金流量净额 | 0.36 | －0.10 | －－ | －0.14 |
| | 2002 年末(本年末) | 2001 年末(上年末) | 本年末比上年末增减(%) | 2000 年末 |
| 每股净资产 | 3.55 | 3.65 | －2.85% | 3.53 |
| 调整后的每股净资产 | 3.00 | 3.38 | －11.24% | 3.26 |

## 000932 湖南华菱管线股份有限公司

### 二〇〇二年年度报告摘选

#### 1.上市公司基本情况简介

1.1 基本情况简介

证券简称:华菱管线　证券代码:000932　上市交易所:深圳证券交易所

注册地址和办公地址:湖南省长沙市芙蓉中路 269 号华菱大厦 20 楼　邮政编码:410011

公司国际互联网网址:http://www.valin.com.cn　电子信箱:hlgx@chinavalin.com

1.2 联系人和联系方式

董事会秘书:汪俊　联系地址:湖南省长沙市芙蓉中路 269 号华菱大厦 20 楼

电话:0731 - 2245196　传真:0731 - 4447112　电子信箱:wangjun@chinavalin.com

证券事务代表:李敏芝　联系地址:湖南省长沙市芙蓉中路 269 号华菱大厦 20 楼

电话:0731 - 2565960　传真:0731 - 4447112　电子信箱:liminzhi@chinavalin.com

#### 2.会计数据和财务指标摘要

2.1 主要会计数据　单位:(人民币)元

| | 2002 年(本年) | 2001 年(上年) | 本年比上年增减(%) | 2000 年 |
|---|---|---|---|---|
| 主营业务收入 | 9,763,977,506.80 | 8,499,551,946.56 | 14.88% | 6,193,375,232.69 |
| 利润总额 | 706,433,738.84 | 622,451,674.83 | 13.49% | 450,308,034.21 |
| 净利润 | 534,636,304.25 | 473,567,538.37 | 12.90% | 364,233,371.87 |
| 扣除非经常性损益的净利润 | 549,755,960.21 | 477,414,379.16 | 15.15% | 388,978,444.88 |
| | 2002 年末(本年末) | 2001 年末(上年末) | 本年末比上年末增减(%) | 2000 年末 |
| 总资产 | 9,227,717,941.32 | 7,971,385,404.94 | 15.76% | 5,308,422,971.46 |
| 股东权益(不含少数股东权益) | 4,991,506,002.05 | 3,558,024,749.91 | 40.29% | 3,240,794,752.52 |
| 经营活动产生的现金流量净额 | 1,565,500,768.36 | 1,353,562,665.96 | 15.66% | 737,740,007.44 |

2.2 主要财务指标

单位:(人民币)元

| | 2002 年(本年) | 2001 年(上年) | 本年比上年增减(%) | 2000 年 |
|---|---|---|---|---|
| 每股收益 | 0.30 | 0.30 | 0.10% | 0.21 |
| 每股收益 * | 0.30 | - - | - - | - - |
| 净资产收益率 | 10.71% | 13.31% | - 19.53% | 10.30% |
| 扣除非经常性损益的净利润为基础计算的净资产收益率 | 11.87% | 13.73% | - 13.55% | 11.76% |
| 每股经营活动产生的现金流量净额 | 0.89 | 0.86 | 2.56% | 0.47 |
| | 2002 年末(本年末) | 2001 年末(上年末) | 本年末比上年末增减(%) | 2000 年末 |
| 每股净资产 | 2.83 | 2.27 | 24.39% | 2.07 |
| 调整后的每股净资产 | 2.74 | 2.16 | 26.85% | 1.97 |

## 000935 四川双马水泥股份有限公司

### 二〇〇二年年度报告摘选

#### 1.上市公司基本情况简介

1.1 基本情况简介

证券简称:四川双马　证券代码:000935　上市交易所:深圳证券交易所

注册地址和办公地址:四川省江油市二郎庙镇　邮政编码:621716

公司国际互联网网址:http://www.cement.com.cn　电子信箱:smsn@ - public.sc.cninfo.net

1.2 联系人和联系方式

董事会秘书:蒲小洪　联系地址:四川省江油市二郎庙镇

电话:08163721498　传真:08163721498　电子信箱:smzq@ - public.sc.cninfo.net

证券事务代表:吴朝辉　联系地址:四川省江油市二郎庙镇

电话:08163724276　传真:08163721498　电子信箱:smzq@ - public.sc.cninfo.net

#### 2.会计数据和财务指标摘要

2.1 主要会计数据　单位:(人民币)元

| | 2002 年(本年) | 2001 年(上年) | 本年比上年增减(%) | 2000 年 |
|---|---|---|---|---|
| 主营业务收入 | 441,423,248.91 | 427,066,370.97 | 3.36% | 445,651,906.50 |
| 利润总额 | 51,349,018.91 | 66,328,829.46 | - 22.58% | 76,046,076.75 |
| 净利润 | 32,784,773.36 | 51,409,260.17 | - 36.23% | 58,044,451.36 |
| 扣除非经常性损益的净利润 | 32,961,280.48 | 52,000,771.26 | - 36.61% | 60,420,378.29 |
| | 2002 年末(本年末) | 2001 年末(上年末) | 本年末比上年末增减(%) | 2000 年末 |
| 总资产 | 886,899,701.28 | 831,036,665.21 | 6.72% | 719,334,418.30 |
| 股东权益(不含少数股东权益) | 537,740,805.30 | 523,061,439.42 | 2.81% | 492,710,879.25 |
| 经营活动产生的现金流量净额 | 82,615,135.49 | 50,081,271.73 | 64.96% | 117,715,531.59 |

2.2 主要财务指标　单位:(人民币)元

| | 2002 年(本年) | 2001 年(上年) | 本年比上年增减(%) | 2000 年 |
|---|---|---|---|---|
| 每股收益 | 0.10 | 0.16 | - 36.27% | 0.33 |
| 净资产收益率 | 6.10% | 9.83% | - 37.95% | 11.78% |
| 扣除非经常性损益的净利润为基础计算的净资产收益率 | 6.13% | 9.94% | - 38.33% | 12.26% |
| 每股经营活动产生的现金流量净额 | 0.26 | 0.16 | 64.92% | 0.66 |
| | 2002 年末(本年末) | 2001 年末(上年末) | 本年末比上年末增减(%) | 2000 年末 |
| 每股净资产 | 1.68 | 1.64 | 2.80% | 2.78 |
| 调整后的每股净资产 | 1.54 | 1.61 | - 4.61% | 2.71 |

## 000960 云南锡业股份有限公司

### 二〇〇二年年度报告摘选

#### 1.上市公司基本情况简介

1.1 基本情况简介

股票简称:锡业股份　股票代码:000960　上市交易所:深圳证券交易所

注册地址和办公地址:昆明高新技术产业开发区　邮政编码:650118

公司国际互联网网址:http://www.ytl.com.cn　电子信箱:GFGS6609@mail.hh.yn.cninfo.net

1.2 联系人和联系方式

董事会秘书:杨奕敏　联系地址:昆明高新技术产业开发区

电话:0873 - 3118667　传真:0873 - 3118308　电子信箱:GFGS6609@mail.hh.yn.cninfo.net

证券事务代表:何锡洪　联系地址:昆明高新技术产业开发区

电话:0873 - 3118606　传真:0873 - 3118622　电子信箱:XYZJ39@mail.hh.yn.cninfo.net

#### 2.会计数据和业务数据摘要

2.1 主要财务数据

| | 2002 年 | 2001 年 | 本年比上年增减(%) | 2000 年 |
|---|---|---|---|---|
| 主营业务收入 | 1,220,442,145.42 | 1,140,927,361.79 | + 6.97 | 1,190,040,648.56 |
| 利润总额 | 1,484,547.76 | 13,048,972.24 | - 88.62 | 97,276,880.20 |
| 净利润 | 1,156,152.15 | 11,470,818.17 | - 89.92 | 97,276,880.20 |
| 扣除非经常性损益的净利润 | 1,115,278.64 | 14,505,516.55 | - 92.31 | 95,454,276.78 |
| | 2002 年 12 月 31 日 | 2001 年 12 月 31 日 | 本年末比上年末增减(%) | 2000 年 12 月 31 日 |
| 总资产 | 2,248,620,516.79 | 2,080,555,178.53 | + 8.08 | 1,930,183,756.50 |
| 股东权益(不含少数股东权益) | 1,155,311,690.85 | 1,158,450,367.42 | - 0.27 | 1,151,854,462.81 |
| 经营活动产生的现金流量净额 | - 89,616,478.48 | - 168,688,281.93 | - 46.87 | 181,678,273.69 |

2.2 主要财务指标

| | 2002 年 | 2001 年 | 本年比上年增减(%) | 2000 年 |
|---|---|---|---|---|
| 每股收益 | 0.0032 | 0.0320 | - 90.00 | 0.2322 |
| 净资产收益率 | 0.10 | 0.99 | - 89.90 | 7.25 |
| 扣除非经常性损益的净利润为基础计算的净资产收益率 | 0.10 | 0.99 | - 89.90 | 8.31 |
| 每股经营活动产生的现金流量净额 | - 0.2504 | - 0.4713 | - 46.89 | 0.5076 |
| | 2002 年 12 月 31 日 | 2001 年 12 月 31 日 | 本年末比上年增减(%) | 2000 年 12 月 31 日 |
| 每股净资产 | 3.2280 | 3.2367 | - 0.27 | 3.2183 |
| 调整后的每股净资产 | 3.2117 | 3.2316 | - 0.62 | 3.2387 |

## 000961 大连金牛股份有限公司

### 二〇〇二年年度报告摘选

#### 1.上市公司基本情况简介

1.1 基本情况简介

股票简称:大连金牛　股票代码:000961　上市交易所:深圳证券交易所

注册地址和办公地址:辽宁省大连市甘井子区工兴路 4 号　邮政编码:116031

公司国际互联网网址:http://www.dljn.com　电子信箱:stock@dljn.com

1.2 联系人和联系方式

董事会秘书:周建平　联系地址:辽宁省大连市甘井子区工兴路 4 号

电话:0411 - 6679594　传真:0411 - 6678899　电子信箱:stock@dljn.com

证券事务代表:王永杰　联系地址:辽宁省大连市甘井子区工兴路 4 号

电话:0411 - 6676868、6672112 - 2198　传真:0411 - 6678899　电子信箱:6678899@sina.com

#### 2.会计数据和财务指标摘要

2.1 主要会计数据　(单位:人民币元)

| | 2002 年 | 2001 年 | 本年比上年增减(%) | 2000 年 |
|---|---|---|---|---|
| 主营业务收入 | 1,198,840,887.57 | 1,141,526,864.38 | 5.02 | 1,174,771,090.70 |
| 利润总额 | 65,473,936.80 | 61,803,508.92 | 5.94 | 87,048,714.04 |
| 净利润 | 43,867,537.66 | 52,532,982.58 | - 16.50 | 73,991,406.93 |
| 扣除非经常性损益后的净利润 | 44,062,432.45 | 52,025,074.75 | - 15.31 | 70,554,189.36 |
| | 2002 年年末 | 2001 年年末 | 本年末比上年末增减(%) | 2000 年年末 |
| 总资产 | 3,006,870,384.33 | 2,404,547,436.44 | 25.05 | 2,131,321,359.53 |
| 股东权益(不含少数股东权益) | 1,037,817,472.61 | 1,002,965,834.95 | 3.47 | 737,539,718.71 |
| 经营活动产生的现金流量净额 | 73,255,599.70 | 90,342,602.02 | - 18.91 | 41,528,288.00 |

2.2 主要财务指标

| | 2002 年 | 2001 年 | 本年比上年增减(%) | 2000 年 |
|---|---|---|---|---|
| 每股收益 | 0.15 | 0.17 | - 11.76 | 0.274 |
| 每股收益(股本发生变化后) | 0.15 | 0.19 | - 21.05 | 0.274 |
| 净资产收益率 | 4.30 | 6.71 | - 35.92 | 10.44 |
| 扣除非经常性损益的净利润为基础计算的净资产收益率 | 4.32 | 6.65 | - 35.04 | 9.96 |
| 每股经营活动产生的现金流量净额 | 0.24 | 0.30 | - 20 | 0.154 |
| | 2002 年年末 | 2001 年年末 | 本年末比上年末增减(%) | 2000 年年末 |
| 每股净资产 | 3.45 | 3.34 | 3.29 | 2.73 |
| 调整后的每股净资产 | 3.36 | 3.24 | 3.70 | 2.40 |

# 000962 宁夏东方钽业股份有限公司

## 二〇〇二年年度报告摘选

### 1.上市公司基本情况简介

1.1 基本情况简介

证券简称:东方钽业 证券代码:000962 上市交易所:深圳证券交易所

注册地址和办公地址:宁夏石嘴山市大武口区冶金路 邮政编码:753000

公司国际互联网网址:http://www.otic.com.cn 电子信箱:otic@public.yc.nx.cn

1.2 联系人和联系方式

董事会秘书:张宗国 联系地址:宁夏石嘴山市大武口区冶金路

电话:0952 - 2012012 - 6003 传真:0952 - 2037628 电子信箱:zhqb@otic.public.yc.nx.cn

证券事务代表:叶照贯 联系地址:宁夏石嘴山市大武口区冶金路

电话:0952 - 2016137 传真:0952 - 2037628 电子信箱:zhqb@otic.public.yc.nx.cn

### 2.会计数据和财务指标摘要

2.1 主要会计数据 单位:(人民币)元

| | 2002 年(本年) | 2001 年(上年) | 本年比上年增减(%) | 2000 年 |
|---|---|---|---|---|
| 主营业务收入 | 419,003,446.52 | 1,225,383,888.31 | -65.81% | 1,063,744,407.59 |
| 利润总额 | 17,571,272.84 | 202,736,791.11 | -91.33% | 183,749,243.95 |
| 净利润 | 15,293,923.94 | 178,397,581.09 | -91.43% | 152,561,097.76 |
| 扣除非经常性损益的净利润 | 12,000,871.95 | 164,099,732.22 | -92.69% | 151,963,560.47 |
| | 2002 年末(本年末) | 2001 年末(上年末) | 本年末比上年末增减(%) | 2000 年末 |
| 总资产 | 1,493,363,484.04 | 1,561,138,531.53 | -4.34% | 1,442,063,284.38 |
| 股东权益(不含少数股东权益) | 1,067,292,148.39 | 1,050,989,965.64 | 1.55% | 887,442,384.55 |
| 经营活动产生的现金流量净额 | 78,267,621.50 | -100,175,831.91 | -- | 94,035,173.13 |

2.2 主要财务指标 单位:(人民币)元

| | 2002 年(本年) | 2001 年(上年) | 本年比上年增减(%) | 2000 年 |
|---|---|---|---|---|
| 每股收益 | 0.04 | 0.50 | -91.43% | 0.51 |
| 每股收益 * | 0.04 | -- | -- | -- |
| 净资产收益率 | 1.43% | 16.97% | -91.57% | 17.19% |
| 扣除非经常性损益的净利润为基础计算的净资产收益率 | 1.12% | 15.61% | -92.83% | 17.12% |
| 每股经营活动产生的现金流量净额 | 0.22 | -0.28 | -- | 0.32 |
| | 2002 年末(本年末) | 2001 年末(上年末) | 本年末比上年末增减(%) | 2000 年末 |
| 每股净资产 | 2.99 | 2.95 | 1.55% | 2.99 |
| 调整后的每股净资产 | 2.99 | 2.95 | 1.51% | 2.98 |

# 000965 天津水泥股份有限公司

## 二〇〇二年年度报告摘选

### 1.上市公司基本情况简介

1.1 基本情况简介

证券简称:天水股份 证券代码:000965 上市交易所:深圳证券交易所

注册地址和办公地址:天津市和平区贵州路 4 号、天津市和平区贵州路 4 号 9 楼

邮政编码:300051 公司国际互联网网址:www.tsgf.com.cn 电子信箱:tsgf@public.tpt.tj.cn

1.2 联系人和联系方式

董事会秘书:王鸿林 联系地址:天津市和平区贵州路 4 号龙通大厦 9 楼

电话:022 - 23046662 传真:022 - 23046081 电子信箱:tsgf@public.tpt.tj.cn

证券事务代表:黄桂喜 联系地址:天津市和平区贵州路 4 号龙通大厦 9 楼

电话:022 - 23046662 传真:022 - 23046081 电子信箱:tsgf@public.tpt.tj.cn

### 2.会计数据和财务指标摘要

2.1 主要会计数据 单位:(人民币)元

| | 2002 年(本年) | 2001 年(上年) | 本年比上年增减(%) | 2000 年 |
|---|---|---|---|---|
| 主营业务收入 | 465,505,831.68 | 377,881,878.53 | 23.19% | 322,442,931.13 |
| 利润总额 | 14,051,273.72 | 24,648,677.95 | -42.99% | 48,979,898.60 |
| 净利润 | 12,382,066.81 | 22,579,860.29 | -45.16% | 41,783,031.90 |
| 扣除非经常性损益的净利润 | 1,490,352.09 | 18,705,454.34 | -92.03% | 28,601,517.47 |
| | 2002 年末(本年末) | 2001 年末(上年末) | 本年末比上年末增减(%) | 2000 年末 |
| 总资产 | 1,165,275,995.72 | 1,094,818,704.28 | 6.44% | 1,017,074,350.64 |
| 股东权益(不含少数股东权益) | 610,353,921.64 | 598,005,613.13 | 2.06% | 578,487,816.05 |
| 经营活动产生的现金流量净额 | -15,075,021.95 | -41,681,269.51 | -- | -33,584,619.69 |

2.2 主要财务指标 单位:(人民币)元

| | 2002 年(本年) | 2001 年(上年) | 本年比上年增减(%) | 2000 年 |
|---|---|---|---|---|
| 每股收益 | 0.05 | 0.10 | -50.00% | 0.19 |
| 每股收益 * | 0.05 | -- | -- | -- |
| 净资产收益率 | 2.03% | 3.78% | -46.30% | 7.22% |
| 扣除非经常性损益的净利润为基础计算的净资产收益率 | 0.24% | 3.13% | -92.33% | 4.92% |
| 每股经营活动产生的现金流量净额 | -0.06 | 0.00 | -- | 0.15 |
| | 2002 年末(本年末) | 2001 年末(上年末) | 本年末比上年末增减(%) | 2000 年末 |
| 每股净资产 | 2.56 | 2.76 | -7.22% | 2.67 |
| 调整后的每股净资产 | 2.33 | 2.65 | -12.08% | 2.47 |

# 000970 北京中科三环高技术股份有限公司

## 二〇〇二年年度报告摘选

### 1.上市公司基本情况简介

1.1 基本情况简介

股票简称:中科三环 股票代码:000970 上市交易所:深圳证券交易所

注册地址:北京市海淀区白石桥路 3 号友谊宾馆迎宾楼 D 座

办公地址:北京中关村南三街 8 号 邮政编码:100080

公司国际互联网网址:http://www.san-huan.com.cn 电子信箱:shhq@san-huan.com.cn

1.2 联系人和联系方式

董事会秘书:王东明 联系地址:北京市海淀区白石桥路 3 号友谊宾馆迎宾楼 D 座

电话:010 - 68945729,010 - 68498888 转 1279 传真:010 - 68712144

电子信箱:WTM@san-huan.com.cn

证券事务代表:田文斌 联系地址:北京市海淀区白石桥路 3 号友谊宾馆迎宾楼 D 座

电话:010 - 68945729,010 - 68498888 转 1279 传真:010 - 68712144

电子信箱:twb@san-huan.com.cn

### 2.会计数据和财务指标摘要

2.1 主要会计数据 单位:(人民币)元

| | 2002 年(本年) | 2001 年(上年) | 本年比上年增减(%) | 2000 年 |
|---|---|---|---|---|
| 主营业务收入 | 463,713,866.31 | 367,134,077.90 | 26.31% | 371,899,953.28 |
| 利润总额 | 54,147,026.47 | 45,278,667.08 | 19.59% | 47,201,083.00 |
| 净利润 | 33,922,478.40 | 30,454,701.68 | 11.39% | 27,325,554.00 |
| 扣除非经常性损益的净利润 | 32,733,567.01 | 25,085,099.70 | 30.49% | 23,817,407.95 |
| | 2002 年末(本年末) | 2001 年末(上年末) | 本年末比上年末增减(%) | 2000 年末 |
| 总资产 | 754,752,920.02 | 623,063,313.31 | 21.14% | 540,182,472.27 |
| 股东权益(不含少数股东权益) | 381,630,638.26 | 371,158,834.78 | 2.82% | 344,864,096.96 |
| 经营活动产生的现金流量净额 | 59,480,343.54 | 13,128,147.25 | 353.07% | -44,207,254.22 |

2.2 主要财务指标 单位:(人民币)元

| | 2002 年(本年) | 2001 年(上年) | 本年比上年增减(%) | 2000 年 |
|---|---|---|---|---|
| 每股收益 | 0.14 | 0.19 | -25.77% | 0.31 |
| 每股收益 * | 0.14 | -- | -- | -- |
| 净资产收益率 | 8.89% | 8.21% | 8.28% | 7.92% |
| 扣除非经常性损益的净利润为基础计算的净资产收益率 | 8.58% | 6.76% | 26.92% | 6.91% |
| 每股经营活动产生的现金流量净额 | 0.25 | 0.084 | -- | -0.51 |
| | 2002 年末(本年末) | 2001 年末(上年末) | 本年末比上年末增减(%) | 2000 年末 |
| 每股净资产 | 1.62 | 2.37 | -31.45% | 3.96 |
| 调整后的每股净资产 | 1.58 | 2.29 | -30.93% | 3.87 |

# 001696 成都宗申联益实业股份有限公司

## 二〇〇二年年度报告摘选

### 1.上市公司基本情况简介

1.1 基本情况简介

股票简称:成都宗申联益实业股份有限公司

股票代码:001696 上市交易所:深圳证券交易所

注册地址和办公地址:四川省双流县东升镇 邮政编码:610200

电子信箱:cdlydm@mail.sc.cninfo.net

1.2 联系人和联系方式

董事会秘书:左毅 联系地址:四川省双流县东升镇

电话:028 - 85804970 传真:028 - 85804420 电子信箱:cdlydm@mail.sc.cninfo.net

证券事务代表:海虹 联系地址:四川省双流县东升镇

电话:028 - 85804970 传真:028 - 85804420 电子信箱:cdlydm@mail.sc.cninfo.net

### 2.会计数据和财务指标摘要

2.1 主要会计数据 单位:人民币元

| | 2002 年度 | 2001 年度 | 本年比上年增减 | 2000 年度 调整前 | 2000 年度 调整后 |
|---|---|---|---|---|---|
| 主营业务收入 | 139,759,676.05 | 150,380,562.97 | -7.06% | 9,664,870.35 | 9,664,870.35 |
| 利润总额 | 15,878,086.51 | 9,157,110.13 | 73.40% | -20,027,395.00 | -11,964,200.24 |
| 净利润 | 7,810,541.49 | 9,303,701.19 | -16.05% | -20,027,395.00 | -11,964,200.24 |
| 扣除非经常性损益后的净利润 | 4,264,696.46 | -7,603,601.91 | 156.15% | -20,068,061.68 | -9,224,633.60 |
| | 2002 年末 | 2001 年末 | 本年末比上年末增减 | 2000 年末 调整前 | 2000 年末 调整后 |
| 总资产 | 389,474,125.48 | 188,574,390.97 | 106.54% | 130,600,401.23 | 118,412,444.58 |
| 股东权益(不含少数股东权益) | 50,927,800.22 | 28,001,785.72 | 81.87% | 22,281,497.80 | 9,492,290.16 |
| 经营活动产生的现金流量净额 | 178,127,438.29 | 40,171,188.53 | 343.42 | 6,427,874.67 | 6,427,874.67 |

2.2 主要财务指标 单位:人民币元

| | 2002 年度 | 2001 年度 | 本年比上年增减 | 2000 年度 调整前 | 2000 年度 调整后 |
|---|---|---|---|---|---|
| 每股收益 | 0.0571 | 0.0679 | -15.91% | -0.146 | -0.0874 |
| 净资产收益率 | 15.34% | 33.23% | -53.84% | -89.88% | 126.04% |
| 扣除非经常性损益的净利润为基础计算的净资产收益率 | 8.37% | -27.15% | 3200% | -90.07% | -97.18% |
| 每股经营活动产生的现金流量净额 | 1.3015 | 0.2935 | 343.44% | 0.047 | 0.047 |
| | 2002 年末 | 2001 年末 | 本年末比上年末增减 | 2000 年末 调整前 | 2000 年末 调整后 |
| 每股净资产 | 0.3721 | 0.2046 | 81.87% | 0.1629 | 0.0694 |
| 调整后的每股净资产 | -0.0476 | -0.0745 | -163.89% | -0.253 | -0.3359 |

# C7.机械、设备、仪表(82家)

# 000680 山推工程机械股份有限公司

## 二○○二年年度报告摘要

### 1.重要提示

本公司董事会及其董事保证本报告所载资料不存在任何虚假记载、误导性陈述或者重大遗漏,并对其内容的真实性、准确性和完整性负个别及连带责任。本年度报告摘要摘自年度报告全文,投资者欲了解详细内容,应阅读年度报告全文。

本公司董事长周庆庭先生、总经理张秀文先生、财务总监王强先生、财务部部长王四荣女士声明:保证年度报告中财务会计报告的真实、完整。

### 2.上市公司基本情况简介

2.1 基本情况简介

| | |
|---|---|
| 证券简称 | 山推股份 |
| 证券代码 | 000680 |
| 上市交易所 | 深圳证券交易所 |
| 注册地址和办公地址 | 山东省济宁市太白楼东路58号 |
| 邮政编码 | 272035 |
| 公司国际互联网网址 | http://www.shantui.com |
| 电子信箱 | shantui@shantui.com |

2.2 联系人和联系方式

| | 董事会秘书 | 证券事务代表 |
|---|---|---|
| 姓名 | 王强 | 毕玉欣 |
| 联系地址 | 山东省济宁市太白楼东路58号 | 山东省济宁市太白楼东路58号 |
| 电话 | 0537－2909616 | 0537－2909532 |
| 传真 | 0537－2340411 | 0537－2340411 |
| 电子信箱 | xsmxcs@ji－public.sd.cninfo.net | xsmxcs@ji－public.sd.cninfo.net |

### 3.会计数据和财务指标摘要

3.1 主要会计数据　　单位:(人民币)元

| | 2002年(本年) | 2001年(上年) | 本年比上年增减(%) | 2000年 |
|---|---|---|---|---|
| 主营业务收入 | 1,908,348,940.55 | 1,484,945,247.84 | 28.51% | 1,096,270,480.27 |
| 利润总额 | 185,230,711.79 | 68,315,824.60 | 171.14% | 26,183,767.44 |
| 净利润 | 148,385,422.24 | 48,437,743.72 | 206.34% | 12,787,611.99 |
| 扣除非经常性损益的净利润 | 134,313,908.93 | 48,707,124.12 | 175.76% | 12,698,462.63 |
| | 2002年末(本年末) | 2001年末(上年末) | 本年末比上年末增减(%) | 2000年末 |
| 总资产 | 1,634,975,268.81 | 1,501,668,919.15 | 8.88% | 1,318,109,854.34 |
| 股东权益(不含少数股东权益) | 757,541,673.47 | 599,262,446.74 | 26.41% | 561,475,494.23 |
| 经营活动产生的现金流量净额 | 164,915,316.59 | 102,207,635.07 | 61.35% | 34,809,817.49 |

3.2 主要财务指标　　单位:(人民币)元

| | 2002年(本年) | 2001年(上年) | 本年比上年增减(%) | 2000年 |
|---|---|---|---|---|
| 每股收益 | 0.52 | 0.17 | 205.88% | 0.045 |
| 净资产收益率 | 19.59% | 8.08% | 142.45% | 2.28% |
| 扣除非经常性损益的净利润为基础计算的净资产收益率 | 17.73% | 8.12% | 118.35% | 2.29% |
| 每股经营活动产生的现金流量净额 | 0.58 | 0.36 | 61.05% | 0.12 |
| | 2002年末(本年末) | 2001年末(上年末) | 本年末比上年末增减(%) | 2000年末 |
| 每股净资产 | 2.68 | 2.12 | 26.37% | 1.99 |
| 调整后的每股净资产 | 2.60 | 1.89 | 37.78% | 1.88 |

3.3 国内外会计准则差异

□适用　　√不适用

### 4.股本变动及股东情况

4.1 股份变动表

单位:股

| | 本次变动前 | 本次变动增减(+,－) | 本次变动后 |
|---|---|---|---|
| 一、未上市流通股份 | | | |
| 1.发起人股份 | 99,000,000 | 0 | 99,000,000 |
| 其中:国家持有股份 | | | |
| 境内法人持有股份 | 99,000,000 | 0 | 99,000,000 |
| 境外法人持有股份 | | 0 | 0 |
| 其他 | | 0 | 0 |
| 2.募集法人股份 | 2,400,000 | 0 | 2,400,000 |
| 3.内部职工股 | | 0 | 0 |
| 4.优先股或其他 | | 0 | 0 |
| 未上市流通股份合计 | 101,400,000 | 0 | 101,400,000 |
| 二、已上市流通股份 | | | |
| 1.人民币普通股 | 181,320,000 | 0 | 181,320,000 |
| 2.境内上市的外资股 | | 0 | 0 |
| 3.境外上市的外资股 | | 0 | 0 |
| 4.其他 | | 0 | 0 |
| 已上市流通股份合计 | 181,320,000 | 0 | 181,320,000 |
| 三、股份总数 | 282,720,000 | 0 | 282,720,000 |

4.2 前十名股东持股表

| 报告期末股东总数 | 69,172 | | | | | |
|---|---|---|---|---|---|---|
| 前十名股东持股情况 | | | | | | |
| 股东名称(全称) | 年度内增减(股) | 年末持股数量(股) | 比例(%) | 股份类别(已流通或未流通) | 质押或冻结的股份数量(股) | 股东性质(国有股东或外资股东) |
| 山东工程机械集团有限公司 | 0 | 99,000,000 | 35.02 | 未流通 | 3,950 | 国有股东 |
| 广发证券股份有限公司 | 8,322,918 | 8,322,918 | 2.94 | 已流通 | 未知 | |
| 裕元证券投资基金 | 2,064,340 | 2,064,340 | 0.73 | 已流通 | 未知 | |
| 科汇证券投资基金 | 2,056,736 | 2,056,736 | 0.73 | 已流通 | 未知 | |
| 景宏证券投资基金 | 1,872,400 | 1,872,400 | 0.66 | 已流通 | 未知 | |
| 王翠华 | 1,790,856 | 1,790,856 | 0.63 | 已流通 | 未知 | |
| 科瑞证券投资基金 | 1,312,990 | 1,312,990 | 0.46 | 已流通 | 未知 | |
| 同益证券投资基金 | 1,000,000 | 1,000,000 | 0.35 | 已流通 | 未知 | |
| 裕阳证券投资基金 | 928,959 | 928,959 | 0.33 | 已流通 | 未知 | |
| 莱芜市军辉塑胶机械有限公司 | 900,000 | 900,000 | 0.32 | 未流通 | 0 | |
| 前十名股东关联关系或一致行动的说明 | 公司前十名股东中,国有法人股股东山东工程机械集团有限公司与其他股东不存在关联关系也不属于《上市公司股东持股变动信息披露管理办法》中规定的一致行动人;裕元证券投资基金和裕阳证券投资基金均为博时基金管理有限公司管理的封闭式证券投资基金,科汇证券投资基金、科瑞证券投资基金均为易方达基金管理有限公司管理的封闭式证券投资基金。公司未知其他流通股股东是否存在关联关系,也未知其他流通股股东是否属于《上市公司股东持股变动信息披露管理办法》中规定的一致行动人。 | | | | | |

4.3 控股股东及实际控制人情况介绍

4.3.1 控股股东及实际控制人变更情况

□适用　　√不适用

4.3.2 控股股东和其他实际控制人具体情况介绍

山东工程机械集团有限公司为公司控股股东,持有公司股份9900万股,占公司总股本的35.02%。

该公司成立于1996年11月18日,注册资本为52980万元,法定代表人为王志中先生,企业类型为国有独资,经营范围为研制、生产、销售工程机械、汽车起重机及其他机械设备、零部件;凭进出口企业资格证书开展进出口经营业务;凭土石方工程资质证书开展土石方工程施工业务;技术咨询、服务。

公司的控股股东山东工程机械集团有限公司是隶属于山东省人民政府的国有独资公司。

## 5.董事、监事和高级管理人员

5.1 董事、监事和高级管理人员持股变动

| 姓名 | 职务 | 性别 | 年龄 | 任期起止日期 | 年初持股数(股) | 年末持股数(股) | 变动原因 |
|---|---|---|---|---|---|---|---|
| 董　平 | 董事 | 男 | 46 | 2002.6-2005.5 | 1,636 | 1,636 | 无变动 |
| 周庆庭 | 董事长 | 男 | 55 | 2002.6-2005.5 | 12,000 | 12,000 | 无变动 |
| 张秀文 | 副董事长、总经理 | 男 | 42 | 2002.6-2005.5 | 720 | 720 | 无变动 |
| 许广谊 | 副董事长 | 男 | 51 | 2002.6-2005.5 | 720 | 720 | 无变动 |
| 江　奎 | 董事、副总经理 | 男 | 38 | 2002.6-2005.5 | 8,640 | 8,640 | 无变动 |
| 王　强 | 财务总监、董秘 | 男 | 47 | 2002.6-2005.5 | 0 | 0 | 无变动 |
| 韩利民 | 董事、副总经理 | 男 | 46 | 2002.6-2005.5 | 720 | 720 | 无变动 |
| 姬广金 | 董事 | 男 | 50 | 2002.6-2005.5 | 12,000 | 12,000 | 无变动 |
| 丁平准 | 独立董事 | 男 | 66 | 2002.6-2005.5 | 0 | 0 | 无变动 |
| 冯宝珊 | 独立董事 | 女 | 51 | 2002.6-2005.5 | 0 | 0 | 无变动 |
| 张源海 | 监事会召集人 | 男 | 50 | 2002.6-2005.5 | 0 | 0 | 无变动 |
| 李同林 | 监事 | 男 | 44 | 2002.6-2005.5 | 1,440 | 1,440 | 无变动 |
| 程则虎 | 监事 | 男 | 35 | 2002.6-2005.5 | 0 | 0 | 无变动 |
| 吴绪亮 | 监事 | 男 | 47 | 2002.6-2005.5 | 0 | 0 | 无变动 |
| 刘洪前 | 监事 | 男 | 39 | 2002.6-2005.5 | 0 | 0 | 无变动 |
| 吴玉忠 | 副总经理 | 男 | 50 | 2002.6-2005.5 | 6,000 | 6,000 | 无变动 |
| 颜开荣 | 副总经理 | 男 | 45 | 2002.6-2005.5 | 9,400 | 9,400 | 无变动 |
| 夏禹武 | 总工程师 | 男 | 38 | 2002.6-2005.5 | 0 | 0 | 无变动 |

5.2 在股东单位任职的董事监事情况

√适用　□不适用

| 姓名 | 任职的股东名称 | 在股东单位担任的职务 | 任职期间 | 是否领取报酬、津贴 |
|---|---|---|---|---|
| 董　平 | 山东工程机械集团有限公司 | 副董事长、总经理 | 2001.5.21-2004.1.3 | 是 |
| 周庆庭 | 山东工程机械集团有限公司 | 董事 | 2001.1.3-2004.1.3 | 否 |
| 程则虎 | 山东工程机械集团有限公司 | 资产财务部副部长 | 2001.12- | 是 |
| 姬广金 | 汶上泉河分厂 | 总经理 | 个人企业 | 是 |

5.3 董事、监事和高级管理人员年度报酬情况

单位:(人民币)万元

| | |
|---|---|
| 年度报酬总额 | 104.90 |
| 金额最高的前三名董事的报酬总额 | 33.60 |
| 金额最高的前三名高级管理人员的报酬总额 | 31.20 |
| 独立董事津贴 | 3.60 万元/人(年) |
| 独立董事其他待遇 | 出席公司董事会、股东大会及按《公司法》、《公司章程》等有关规定行使职权所需的合理费用(包括差旅费、办公费、培训费等)可在公司据实报销。 |
| 不在公司领取报酬、津贴的董事、监事姓名 | 公司现任董事董平先生、周庆庭先生、姬广金先生、监事程则虎先生在公司仅领取津贴而未领取薪酬,他们均在股东单位或公司关联单位领取薪酬 |
| 报酬区间 | 人数 |
| 2-4 万元 | 3 |
| 4-5 万元 | 1 |
| 9-10 万元 | 6 |
| 11-12 万元 | 2 |

## 6.董事会报告

6.1 报告期内整体经营情况的讨论与分析

报告期内,公司以经济效益为中心,紧紧抓住国家继续实施积极财政政策和加快西部大开发启动等有利机遇,着力推进制度创新和技术创新,坚持"人本管理,深化改革;提高质量,降低成本;结构优化,技术升级;强化销售,扩大市场"的工作方针,加快了企业发展步伐,主营业务及经营业绩继续保持强劲的增长势头,全年实现主营业务收入 190,834.89 万元,比上年增长 28.51%,实现主营业务利润 37,177 万元,比上年增长 32.98%,实现净利润 14,839 万元,比上年增长 206.34%。

6.2 主营业务分行业或产品情况表

单位:(人民币)万元

| 分行业或分产品 | 主营业务收入 | 主营业务成本 | 毛利率(%) | 主营业务收入比上年增减(%) | 主营业务成本比上年增减(%) | 毛利率比上年增减(%) |
|---|---|---|---|---|---|---|
| 工业产品销售 | 190,834.89 | 153,284.16 | 19.68 | 28.51 | 27.61 | 0.57 |
| 其中:关联交易金额 | 4,343.96 | 3,549.87 | 18.28 | 192.69 | 189.98 | 0.76 |
| 工业产品销售 | 190,834.89 | 153,284.16 | 19.68 | 28.51 | 27.61 | 0.57 |
| 其中:关联交易金额 | 4,343.96 | 3,549.87 | 18.28 | 192.69 | 189.98 | 0.76 |
| 关联交易的定价原则 | 市场价格 | | | | | |
| 关联交易必要性、持续性的说明 | 股份公司主营工程机械产品,关联交易方为本公司提供本公司产品配套件,所以产生关联交易。但随着公司业务规模的实力的增强,公司将通过多种方式减少关联交易。 | | | | | |

6.3 主营业务分地区情况

单位:(人民币)万元

| 地区 | 主营业务收入 | 主营业务收入比上年增减(%) |
|---|---|---|
| 华北地区 | 25,055.89 | 223.66 |
| 东北地区 | 12,031.17 | 114.31 |
| 华中地区 | 20,462.47 | 4.88 |
| 华南地区 | 20,559.18 | 101.87 |
| 西部地区 | 37,155.35 | 381.95 |
| 华东地区 | 99,853.07 | -22.60 |
| 国外 | 10,127.44 | 121.51 |
| 内部抵销数 | 34,409.68 | -4.02 |

6.4 采购和销售客户情况

单位:(人民币)万元

| | | | |
|---|---|---|---|
| 前五名供应商采购金额合计 | 18,078.00 | 占采购总额比重 | 21.58% |
| 前五名销售客户销售金额合计 | 56,585.00 | 占销售总额比重 | 29.65% |

6.5 参股公司经营情况(适用投资收益占净利润 10%以上的情况)

√适用　□不适用

单位:(人民币)万元

| | | |
|---|---|---|
| 参股公司名称 | 小松山推工程机械有限公司 | |
| 本期贡献的投资收益 | 12,702.60 | |
| 占上市公司净利润的比重 | 85.61% | |
| 参股公司 | 经营范围 | 主营液压挖掘机等工程机械及零部件的生产与销售。 |
| | 净利润 | 28,244.82 |

6.6 主营业务及其结构发生重大变化的原因说明

□适用　√不适用

6.7 主营业务盈利能力(毛利率)与上年相比发生重大变化的原因说明

□适用　√不适用

6.8 经营成果和利润构成与上年度相比发生重大变化的原因分析

□适用　√不适用

整体财务状况与上年度相比发生重大变化的原因分析

√适用　□不适用

1.总资产的增加系因货币资金和无形资产增加所致。

2.股东权益的增加系因本期净利润增加所致。

3.主营业务利润的增加系因本期主营业务收入增加所致。

4.净利润的增加系因主营业务利润及投资收益增加所致。

5.现金及现金等价物净增加额的减少的主要原因是:本期出售合营企业小松山推工程机械有限公司 20%股权,现金及现金等价物期末余额不含小松山推公司的数据,因此现金及现金等价物净增加额比去年同期减少。

6.9 对生产经营环境以及宏观政策、法规产生重大变化已经、正在或将要对公司的财务状况和经营成果产生重要影响的说明

√适用　□不适用

2003 年,公司面临的生产经营形势既有机遇,也有挑战。党的十六大胜利召开,国家继续实施积极的财政政策和西部大开发政策,公司将面临较为有利的生产经营环境。同时,由于入世冲击的滞后效应将逐步体现出来,市场供大于求的格局未变,公司面临价格的挑战和一些不确定因素。但是,从总体上来看,2003 年公司面临的生产经营形势是机遇大于挑战,有利因素大于不利因素。

6.10 完成盈利预测的情况

□适用　√不适用

6.11 完成经营计划情况

√适用　□不适用

单位:万元

| | 原拟定的本年度经营计划 | 本年度实际数 |
|---|---|---|
| 收入 | 144830.00 | 190834.89 |
| 成本及费用 | | |
| 差异说明 | | |
| 报告期内,国家继续实施积极财政政策,行业发展较快。 | | |

6.12 募集资金使用情况

□适用　√不适用

变更项目情况

□适用　√不适用

6.13 非募集资金项目情况

√适用　□不适用

单位:(人民币)万元

| 项目名称 | 项目金额 | 项目进度 | 项目收益情况 |
|---|---|---|---|
| 液力变矩器及传动装置技术改造项目 | 890.29 | 2003 年 1 月项目验收 | 0 |
| 与日本 TOPY 公司技术合作项目 | 730.09 | 已完工,转为合资项目 | 0 |
| 合计 | 1,620.38 | -- | -- |

6.14 董事会对会计师事务所"非标意见"的说明

□适用　√不适用

6.15 董事会新年度的经营计划

√适用　□不适用

公司新年度业务发展计划的指导思想是：以市场需求为导向，全面提高市场营销水平；以技术开发为动力，快速培育新产品；以调整生产组织结构为基础，增强市场应变能力；以管理科学为核心，努力提升产品质量和管理水平；强化主业、开拓新业、提携辅业，全面实现公司二〇〇三年的各项生产经营目标。

1.以财务管理为核心，以预算控制为主线，以降低制造成本为突破口，全面开展降成本工作。加强预算管理，严格控制各种费用支出，严格执行专决书制度；继续完善比质比价活动，加大质量索赔力度，降低采购和协作成本；积极采用新工艺、新材料、新技术，强化质量成本的控制；进一步提高服务效率和服务质量，降低营销和服务费用。

2.组成质量体系宣贯、质量体系管理小组，按照2000版ISO9000标准的要求，提高质量管理体系运行的符合性和有效性；强化单位一把手是第一质量管理者、制造者是第一质量责任者、采购者是第一采购质量责任者的理念；继续推进工序质量审核与改善工作的实施；加强对制造过程的质量监督与质量控制，加大质量考核力度，强化经济杠杆对质量改善的调节作用；控制服务成本，提高顾客满意度。

3.继续完善营销管理办法，调整激励政策，注重发挥办事处和代理公司的积极性，做好市场信用管理，把降欠、收款、降存、控制费用作为工作重点；主机销售是主体，以扩大市场占有率为目的，全力推进TY130B推土机的销售；积极推行配件产品合格证制度和配件代理政策，努力扩大配件供应量，使其真正成为顾客支持系统的有力保障；要千方百计扩大挖掘机的销售量，盈利的同时促进小松山推的进一步发展，以获取丰厚的投资收益；进出口公司仍以销售山推产品为主，兼顾社会盈利项目，选择北非、东非、中东地区、周边国家为主要目标市场，加大其市场开拓力度，规范运作，完善内部激励机制，使山推自营出口水平再上新台阶。

4.进一步提高生产效率和生产管理水平。以市场需要为导向，以均衡生产为主线，以物流顺畅为重点，以安全文明为保障，以满足客户需求为最终目的，将提高生产效率作为突破口来提高生产管理水平；继续用现代化手段，提高物资管理水平，继续推行科学、规范、及时配送，保障生产均衡；加强设备、工具、工装管理，为提高效率和质量创造条件。

5.产品开发要适应市场变化，提高产品的技术含量。继续加大对研发工作的投入，培育有利于技术成果转化的运营机制。设专人跟踪国际先进水平，进行高端开发，对现有产品的不足和用户的要求及时改进，借鉴与创新并举，按新产品开发计划，有条不紊地进行开发设计、试制、样机试验、小批生产等；加强针对设计基础水平提高的培训。

6.各项管理工作要不断完善和创新。企业管理要务求实效，做好企业改革与持续改进工作，以宣贯换版后的程序文件、管理标准、工作标准为突破口，使各项管理工作都能得到巩固、完善、提高；做好公司内部激励与考核管理，完善分配制度的五条线，使业绩、指标、定额等考核方法更科学；做好公司各类物资和工程项目的比质比价招标及工程项目成本费用的审核工作；对公司各事业部、子公司的运作模式，进一步整顿和完善，建立自我约束，自我发展的新机制，改善公司内部经营秩序。

新年度盈利预测

□适用　√不适用

6.16 董事会本次利润分配或资本公积金转增预案

经湖北大信会计师事务有限公司审计确认，公司2002年度实现净利润148,385,422.24元，加上年初未分配利润-23,837,583.13元，加上其他转入26,262,178.05元，提取法定盈余公积金14,732,468.11元，提取法定公益金7,366,234.06元，当年可供股东分配的利润为128,711,314.99元。根据公司生产经营、投资的实际情况，拟定公司本次不进行利润分配，也不进行资本公积金转增股本。

## 7.重要事项

7.1 收购资产

√适用　□不适用

单位:(人民币)万元

| 交易对方及被收购资产 | 收购日 | 收购价格 | 自收购日起至本年末为上市公司贡献的净利润 | 是否为关联交易 |
|---|---|---|---|---|
| 山东工程机械集团有限公司"山推"牌商标 | 2002年06月01日 | 5,700.00 | -332.5 | 是,协议价格 |

7.2 出售资产

√适用　□不适用

单位:(人民币)万元

| 交易对方及被出售资产 | 出售日 | 出售价格 | 本年初起至出售日该出售资产为上市公司贡献的净利润 | 出售产生的损益 | 是否为关联交易 |
|---|---|---|---|---|---|
| 小松山推工程机械有限公司20%股权 | 2002年08月31日 | 14,177.10 | 10,358.99 | 2,096.24 | 否 |

7.1、7.2所涉及事项对公司业务连续性、管理层稳定性的影响

(1)受让山东工程机械集团有限公司"山推"牌商标对公司经营成果、财务状况的影响。

受让"山推"牌商标，可以改变本公司目前商标与产品分离的局面，有助于公司从品牌宣传到产品生产与销售层面进行公司总体发展战略部署，有利于公司全面整合商标资源，借助上市公司的社会影响力，全力提升"山推"品牌在国内外工程机械市场的竞争力，从而加强本公司在国内外市场上的竞争力。此项交易完成后，该笔无形资产的摊销年限为10年，在此项交易完成后的十年内，本公司每年将增加570万元的无形资产摊销，每股收益每年将减少0.02元(在现有股本不变的情况下)。

(2)出让小松山推工程机械有限公司20%股权对公司经营成果、财务状况的影响

本次股权转让完成后，所得资金所投项目产生收益需要一定的时间，短期对公司有一定的负面影响。长期而言，随着双方的进一步合作，本公司的实力将得到壮大，有利于借助小松国际平台，参与较大范围内的国际竞争；小松山推工程机械有限公司将得到长期稳定的发展，本公司将从中获得更大的收益。

7.3 重大担保

□适用　√不适用

7.4 关联债权债务往来

□适用　√不适用

7.5 委托理财

□适用　√不适用

7.6 承诺事项履行情况

□适用　√不适用

7.7 重大诉讼仲裁事项

□适用　√不适用

7.8 独立董事履行职责的情况

根据中国证监会发布的《关于在上市公司建立独立董事制度的指导意见》的要求，本公司已于2002年5月25日召开2001年度股东大会选举了两名独立董事。两名独立董事出席了2002年本公司召开的董事会和股东大会，并对公司高级管理人员的聘任和公司重大关联交易等事项发表了独立意见，在维护公司整体利益和中小股东的合法权益方面发挥了积极的作用。

## 8.监事会报告

监事会认为公司在依法运作、财务情况、收购、出售资产交易和关联交易等方面不存在问题。

## 9.财务报告

9.1 审计意见

公司财务会计报告已经湖北大信会计师事务有限公司审计并出具了标准无保留意见的审计报告。

9.2 资产负债表

利润及利润分配表

现金流量表

9.3 与最近一期年度报告相比，本报告期会计政策、会计估计和核算方法发生变化的说明。

1.会计政策发生变更的具体说明。

根据有关规定，公司自2002年1月1日起，将封存固定资产纳入计提折旧范围并采用追溯调整法进行调整。本项会计政策变更的累积影响数为-833,112.71元，相应调减期初未分配利润708,145.81元，调减期初盈余公积金124,966.90元，其中法定盈余公积金83,311.27元，法定公益金41,655.63元。

2.会计估计未发生变更。

3.核算方法未发生变更。

9.4 与最近一期年度报告相比，本报告期合并范围发生变化的说明。

(1)2002年度公司控股子公司——山东山推工程机械成套设备有限公司出资成立杭州山推工程机械有限公司，注册资本200万元。其中，山东山推工程机械成套设备有限公司出资180万元，占注册资本的90%。经浙江江南会计师事务所浙江南会验字(2002)验字第0362号验资报告审验，截止2002年11月7日山东山推工程机械成套设备有限公司已实际投入人民币1,800,000.00元，占注册资本的90%，该公司目前处于筹建中，尚未正式营业，故本期未将其纳入合并会计报表范围。

(2)经公司第四届第五次董事会决议通过，公司决定与日本国株式会社小松制作所、山东山推机械有限公司合资共同组建山东山推工程机械结构件有限公司。注册资本为人民币42,000,000.00元，其中公司出资比例为60%，日本国株式会社小松制作所出资比例为25%，山东山推机械有限公司出资比例为15%。根据相关协议公司注册资本分期到位。经湖北大信会计师事务有限公司鄂信验字(2002)第048号验资报告审验，截止2002年12月13日合资公司股东首期出资9,999,909.43元，其中公司已投入人民币6,000,000.00元，占注册资本总额的14.28%，该合资公司目前处于筹建中，尚未正式营业，故本期未将其纳入合并会计报表范围；

(3)本期转让部分股权的合营企业

小松山推工程机械有限公司注册资本为17,499万元人民币，经营范围为液压挖掘机生产及销售，公司在股权转让前持有50%的股份，股权转让后持有30%的股份。

根据公司于2002年8月24日召开的2002年第一次临时股东大会审议通过的《关于出让小松山推工程机械有限公司20%股权的议案》，公司与小松(中国)投资有限公司签定协议，转让持有的小松山推工程机械有限公司20%的股权，股权转让价款为141,771,023.00元人民币，上述股权转让行为已经山东省对外贸易经济合作厅鲁外经贸外贸字(2002)790号文批准并于2002年8月31日前办理完毕股权变更手续，根据公司实际情况及有关规定，股权转让日确定为2002年8月31日。根据《企业会计制度》的有关规定本期按照比例合并方法将其2002年1-8月的利润表发生额纳入合并会计报表范围。

**董事长：**

**山推工程机械股份有限公司董事会**

**二〇〇三年三月十五日**

## 资 产 负 债 表

编制单位:山推工程机械股份有限公司　　　　单位:(人民币)元

| 项　目 | 2002.12.31 | | 2001.12.31 | |
|---|---|---|---|---|
| | 合　并 | 母公司 | 合　并 | 母公司 |
| 流动资产: | | | | |
| 货币资金 | 196,040,949.87 | 165,561,277.85 | 178,010,807.72 | 70,154,055.61 |
| 短期投资 | | | | |
| 应收票据 | 89,952,074.16 | 74,693,074.16 | 47,159,953.27 | 37,327,253.27 |
| 应收股利 | | | | |
| 应收利息 | | | | |
| 应收账款 | 282,639,342.48 | 158,861,360.22 | 272,189,756.76 | 182,263,106.18 |
| 其他应收款 | 35,022,335.32 | 46,509,263.15 | 100,262,551.11 | 153,649,787.52 |
| 预付账款 | 70,669,104.56 | 65,573,674.51 | 88,306,068.21 | 84,468,214.63 |
| 应收补贴款 | 10,960,381.55 | | 8,286,127.98 | |
| 存货 | 454,315,597.27 | 399,741,017.22 | 477,245,145.29 | 286,050,582.95 |
| 待摊费用 | | | 87,706.71 | |
| 一年内到期的长期债权投资 | | | | |
| 其他流动资产 | | | | |
| 流动资产合计 | 1,139,599,785.21 | 910,939,667.11 | 1,171,548,117.05 | 813,913,000.16 |
| 长期投资: | | | | |
| 长期股权投资 | 224,710,409.67 | 257,193,054.08 | 55,354,122.86 | 300,060,282.02 |
| 长期债权投资 | 83,000.00 | 83,000.00 | 83,000.00 | 83,000.00 |
| 长期投资合计 | 224,793,409.67 | 257,276,054.08 | 55,437,122.86 | 300,143,282.02 |
| 其中:合并价差 | | | 28,882,598.82 | |
| 固定资产: | | | | |
| 固定资产原价 | 424,014,140.81 | 422,428,177.11 | 480,573,598.46 | 372,378,696.38 |
| 减:累计折旧 | 209,814,089.98 | 209,405,022.24 | 225,878,866.60 | 195,940,300.92 |
| 固定资产净值 | 214,200,050.83 | 213,023,154.87 | 254,694,731.86 | 176,438,395.46 |
| 减:固定资产减值准备 | 38,834,056.25 | 38,834,056.25 | 38,781,408.80 | 38,781,408.80 |
| 固定资产净额 | 175,365,994.58 | 174,189,098.62 | 215,913,323.06 | 137,656,986.66 |
| 工程物资 | | | | |
| 在建工程 | 41,025,363.87 | 41,025,363.87 | 48,616,420.11 | 46,505,796.38 |
| 固定资产清理 | 43,665.42 | 43,665.42 | | |
| 固定资产合计 | 216,435,023.87 | 215,258,127.91 | 264,529,743.17 | 184,162,783.04 |
| 无形资产及其他资产: | | | | |
| 无形资产 | 54,147,050.06 | 54,147,050.06 | 9,607,200.82 | 540,633.66 |
| 长期待摊费用 | | | 546,735.25 | |
| 其他长期资产 | | | | |
| 无形资产及其他资产合计 | 54,147,050.06 | 54,147,050.06 | 10,153,936.07 | 540,633.66 |
| 递延税项 | | | | |
| 递延税款借项 | | | | |
| 资产总计 | 1,634,975,268.81 | 1,437,620,899.16 | 1,501,668,919.15 | 1,298,759,698.88 |
| 流动负债: | | | | |
| 短期借款 | 279,100,000.00 | 212,100,000.00 | 355,110,000.00 | 316,160,000.00 |
| 应付票据 | 77,634,510.06 | 75,773,434.21 | 79,187,427.60 | 75,372,187.60 |
| 应付账款 | 298,389,572.66 | 238,880,602.24 | 236,819,455.67 | 158,672,812.14 |
| 预收账款 | 81,289,110.79 | 50,900,150.73 | 32,994,913.39 | 15,028,954.46 |
| 应付工资 | 3,471,885.76 | 3,471,885.76 | 1,063,457.62 | |
| 应付福利费 | 4,904,732.72 | 4,128,098.59 | 5,941,606.80 | 3,616,708.68 |
| 应付股利 | 175,494.65 | 175,494.65 | 22,480,554.19 | 22,480,554.19 |
| 应交税金 | 19,115,204.12 | 7,991,077.63 | 11,738,518.19 | 5,461,997.52 |
| 其他应交款 | 7,940,574.95 | 7,672,023.98 | 8,902,003.92 | 8,721,296.31 |
| 其他应付款 | 51,822,224.76 | 28,324,241.59 | 45,370,914.56 | 23,881,838.88 |
| 预提费用 | 587,322.00 | 587,322.00 | 17,571,834.88 | 364,320.00 |
| 预计负债 | | | | |
| 一年内到期的长期负债 | | | | |
| 其他流动负债 | | | | |
| 流动负债合计 | 824,430,632.47 | 630,004,331.38 | 817,180,686.82 | 629,760,669.78 |
| 长期负债: | | | | |
| 长期借款 | 45,649,830.72 | 45,649,830.72 | 62,049,830.72 | 62,049,830.72 |
| 应付债券 | | | | |
| 长期应付款 | | | | |
| 专项应付款 | 7,020,701.51 | 7,020,701.51 | 23,198,090.44 | 6,970,701.51 |
| 其他长期负债 | | | | |
| 长期负债合计 | 52,670,532.23 | 52,670,532.23 | 85,247,921.16 | 69,020,532.23 |
| 递延税项: | | | | |
| 递延税款贷项: | | | | |
| 负债合计 | 877,101,164.70 | 682,674,863.61 | 902,428,607.98 | 698,781,202.01 |
| 少数股东权益 | 332,430.64 | | -22,135.57 | |
| 所有者权益(或股东权益): | | | | |
| 实收资本(或股本) | 282,720,000.00 | 282,720,000.00 | 282,720,000.00 | 282,720,000.00 |
| 减:已归还投资 | | | | |
| 实收资本(或股本)净额 | 282,720,000.00 | 282,720,000.00 | 282,720,000.00 | 282,720,000.00 |
| 资本公积 | 314,588,508.00 | 314,507,102.54 | 306,864,244.99 | 306,864,244.99 |
| 盈余公积 | 31,521,850.48 | 31,521,850.48 | 33,715,005.02 | 9,423,148.31 |
| 其中:法定公益金 | 13,650,453.18 | 13,650,453.18 | 6,284,219.12 | 6,284,219.12 |
| 未确认的投资损失 | | | -199,220.14 | |
| 未分配利润 | 128,711,314.99 | 126,197,082.53 | -23,837,583.13 | 971,103.57 |
| 外币报表折算差额 | | | | |
| 所有者权益(或股东权益)合计 | 757,541,673.47 | 754,946,035.55 | 599,262,446.74 | 599,978,496.87 |
| 负债和所有者权益(或股东权益)总计 | 1,634,975,268.81 | 1,437,620,899.16 | 1,501,668,919.15 | 1,298,759,698.88 |

## 利润及利润分配表

编制单位:山推工程机械股份有限公司　　　　单位:(人民币)元

| 项　目 | 2002 年度 | | 2001 年度 | |
|---|---|---|---|---|
| | 合　并 | 母公司 | 合　并 | 母公司 |
| 一、主营业务收入 | 1,908,348,940.55 | 804,232,045.76 | 1,484,945,247.84 | 602,011,775.29 |
| 减:主营业务成本 | 1,532,841,551.84 | 657,216,745.74 | 1,201,148,970.69 | 496,552,953.70 |
| 主营业务税金及附加 | 3,739,247.80 | 3,348,137.94 | 4,229,511.66 | 3,515,370.49 |
| 二、主营业务利润(亏损以"-"号填列) | 371,768,140.91 | 143,667,162.08 | 279,566,765.49 | 101,943,451.10 |
| 加:其他业务利润(亏损以"-"号填列) | 7,091,203.46 | 5,166,213.37 | 4,390,235.07 | 2,563,196.77 |
| 减:营业费用 | 96,950,809.42 | 38,677,481.63 | 70,773,924.65 | 28,168,789.10 |
| 管理费用 | 107,366,020.64 | 82,835,619.12 | 113,452,947.98 | 85,143,679.35 |
| 财务费用 | 33,162,074.59 | 21,881,726.78 | 29,519,433.08 | 22,348,725.18 |
| 三、营业利润(亏损以"-"号填列) | 141,380,439.72 | 5,438,547.92 | 70,210,694.85 | -31,154,545.76 |
| 加:投资收益(损失以"-"号填列) | 45,149,539.58 | 155,173,112.06 | -1,625,489.85 | 78,604,971.98 |
| 补贴收入 | | | 129,635.50 | |
| 营业外收入 | 526,428.76 | 520,635.92 | 437,799.15 | 256,749.15 |
| 减:营业外支出 | 1,825,696.27 | 1,792,536.86 | 836,815.05 | 589,583.88 |
| 四、利润总额(亏损总额以"-"号填列) | 185,230,711.79 | 159,339,759.04 | 68,315,824.60 | 47,117,591.49 |
| 减:所得税 | 36,512,936.17 | 12,015,077.91 | 19,851,572.02 | |
| 减:少数股东损益 | 133,133.24 | | 2,650.89 | |
| 加:未确认的投资损失 | -199,220.14 | | -23,857.97 | |
| 五、净利润(净亏损以"-"号填列) | 148,385,422.24 | 147,324,681.13 | 48,437,743.72 | 47,117,591.49 |
| 加:年初未分配利润 | -23,837,583.13 | 971,103.57 | -47,846,222.30 | -32,670,646.11 |
| 其他转入 | 26,262,178.05 | | | |
| 六、可供分配的利润 | 150,810,017.16 | 148,295,784.70 | 591,521.42 | 14,446,945.38 |
| 减:提取法定盈余公积 | 14,732,468.11 | 14,732,468.11 | 1,444,694.54 | 1,444,694.54 |
| 提取法定公益金 | 7,366,234.06 | 7,366,234.06 | 722,347.22 | 722,347.22 |
| 提取职工奖励及福利基金 | | | 730,217.52 | |
| 提取储备基金 | | | 9,492,827.70 | |
| 提取企业发展基金 | | | 730,217.52 | |
| 利润归还投资 | | | | |
| 七、可供投资者分配的利润 | 128,711,314.99 | 126,197,082.53 | -12,528,783.13 | 12,279,903.57 |
| 减:应付优先股股利 | | | | |
| 提取任意盈余公积 | | | | |
| 应付普通股股利 | | | 11,308,800.00 | 11,308,800.00 |
| 转作资本(或股本)的普通股股利 | | | | |
| 八、未分配利润 | 128,711,314.99 | 126,197,082.53 | -23,837,583.13 | 971,103.57 |
| 补充资料: | | | | |
| 1.出售、处置部门或被投资单位所得收益 | 22,010,953.52 | | | |
| 2.自然灾害发生的损失 | | | | |
| 3.会计政策变更增加(或减少)利润总额 | | | -185,136.16 | -185,136.16 |
| 4.会计估计变更增加(或减少)利润总额 | | | | |
| 5.债务重组损失 | | | | |
| 6.其他 | | | | |

## 现 金 流 量 表

编制单位:山推工程机械股份有限公司　　　　单位:(人民币)元

| 项目 | 2002 年度 | |
|---|---|---|
| | 合　并 | 母公司 |
| 一、经营活动产生的现金流量: | | |
| 销售商品、提供劳务收到的现金 | 2,228,777,142.89 | 995,489,811.55 |
| 收到的税费返还 | 4,944,870.13 | |
| 收到的其他与经营活动有关的现金 | 5,627,026.30 | 53,910,435.58 |
| 经营活动产生的现金流入小计 | 2,239,349,039.32 | 1,049,400,247.13 |
| 购买商品、接受劳务支付的现金 | 1,732,106,981.55 | 771,311,009.24 |
| 支付给职工以及为职工支付的现金 | 81,158,335.80 | 69,893,548.98 |
| 支付的各项税费 | 116,538,860.26 | 50,915,503.07 |
| 支付的其他与经营活动有关的现金 | 144,629,545.12 | 77,127,161.97 |
| 经营活动产生的现金流出小计 | 2,074,433,722.73 | 969,247,223.26 |
| 经营活动产生的现金流量净额 | 164,915,316.59 | 80,153,023.87 |
| 二、投资活动产生的现金流量: | | |
| 收回投资所收到的现金 | 34,290,272.40 | 161,771,023.00 |
| 取得投资收益所收到的现金 | 32,501.60 | 52,176,971.60 |
| 处置固定资产、无形资产和其他长期资产所收回的现金净额 | 163,370.00 | 163,370.00 |
| 收到的其他与投资活动有关的现金 | | |
| 投资活动产生的现金流入小计 | 34,486,144.00 | 214,111,364.60 |
| 购建固定资产、无形资产和其他长期资产所支付的现金 | 27,358,457.98 | 23,076,156.29 |
| 投资所支付的现金 | 10,713,600.00 | 10,513,600.00 |
| 支付的其他与投资活动有关的现金 | | |
| 投资活动产生的现金流出小计 | 38,072,057.98 | 33,589,756.29 |
| 投资活动产生的现金流量净额 | -3,585,913.98 | 180,521,608.31 |
| 三、筹资活动产生的现金流量: | | |
| 吸收投资所收到的现金 | | |
| 借款所收到的现金 | 606,910,000.00 | 514,610,000.00 |
| 收到的其他与筹资活动有关的现金 | 50,000.00 | 50,000.00 |
| 筹资活动产生的现金流入小计 | 606,960,000.00 | 514,660,000.00 |
| 偿还债务所支付的现金 | 699,320,000.00 | 635,070,000.00 |
| 分配股利、利润或偿付利息所支付的现金 | 49,168,593.59 | 44,855,958.57 |
| 支付的其他与筹资活动有关的现金 | | |
| 筹资活动产生的现金流出小计 | 748,488,593.59 | 679,925,958.57 |
| 筹资活动产生的现金流量净额 | -141,528,593.59 | -165,265,958.57 |
| 四、汇率变动对现金的影响 | -1,770,666.87 | -1,451.37 |
| 五、现金及现金等价物净增加额 | 18,030,142.15 | 95,407,222.24 |
| 补充资料: | | |
| 1.将净利润调节为经营活动现金流量: | | |
| 净利润 | 148,385,422.24 | 147,324,681.13 |
| 加:未确认的投资损失 | 199,220.14 | |
| 加:计提的资产减值准备 | 18,827,962.42 | 9,170,090.32 |
| 固定资产折旧 | 22,816,524.85 | 17,394,167.30 |
| 无形资产摊销 | 3,940,624.63 | 3,573,583.60 |
| 长期待摊费用摊销 | 88,563.83 | |
| 待摊费用减少(减:增加) | -612,672.13 | |
| 预提费用增加(减:减少) | -14,031,968.01 | 223,002.00 |
| 处置固定资产、无形资产和其他长期资产的损失(减:收益) | 541,522.25 | |
| 固定资产报废损失 | | |
| 财务费用 | 30,005,258.91 | 24,117,315.00 |
| 投资损失(减:收益) | -45,149,539.58 | -155,173,112.06 |
| 递延税款贷项(减:借项) | | |
| 存货的减少(减:增加) | -50,146,970.84 | -112,145,754.07 |
| 经营性应收项目的减少(减:增加) | -130,861,295.64 | 45,205,847.13 |
| 经营性应付项目的增加(减:减少) | 180,779,530.28 | 100,463,203.52 |
| 其他 | | |
| 少数股东本期收益 | 133,133.24 | |
| 经营活动产生的现金流量净额 | 164,915,316.59 | 80,153,023.87 |
| 2.不涉及现金收支的投资和筹资活动: | | |
| 债务转为资本 | | |
| 一年内到期的可转换公司债券 | | |
| 融资租入固定资产 | | |
| 3.现金及现金等价物净增加情况: | | |
| 现金的期末余额 | 196,040,949.87 | 165,561,277.85 |
| 减:现金的期初余额 | 178,010,807.72 | 70,154,055.61 |
| 加:现金等价物的期末余额 | | |
| 减:现金等价物的期初余额 | | |
| 现金及现金等价物净增加额 | 18,030,142.15 | 95,407,222.24 |

# 000887 安徽飞彩车辆股份有限公司

## 二○○二年年度报告摘要

### 1.重要提示

1.1 本公司董事会及其董事保证本报告所载资料不存在任何虚假记载、误导性陈述或者重大遗漏,并对其内容的真实性、准确性和完整性负个别及连带责任。本年度报告摘要摘自年度报告全文,投资者欲了解详细内容,应阅读该年度报告全文。

1.2 独立董事高元恩先生因公出差,未能参加本次会议,也没有委托其他董事代为行使表决权。

1.3 公司董事长洪理芳先生、总经理袁安之先生、副总经理兼财务负责人彭斌先生及财务部经理陈邦国先生声明:保证年度报告中财务会计报告的真实、完整。

### 2.上市公司基本情况简介

2.1 上市公司基本情况简介

| | |
|---|---|
| 股票简称 | 飞彩股份 |
| 股票代码 | 000887 |
| 上市交易所 | 深圳证券交易所 |
| 注册地址和办公地址 | 安徽省宣城市宣南路口 |
| 邮政编码 | 242000 |
| 公司国际互联网网址 | http://www.chinafeicai.com |
| 电子信箱 | ahfc@mail.ahwhptt.net.cn |

2.2 联系人和联系方式

| | 董事会秘书 | 证券事务代表 |
|---|---|---|
| 姓　名 | 彭　斌 | 李　靖 |
| 联系地址 | 安徽省宣城市宣南路口 | 安徽省宣城市宣南路口 |
| 电　话 | 0563－2612718 | 0563－2612568 |
| 传　真 | 0563－2612568 | 0563－2612568 |
| 电子信箱 | pengbinfc@163.com | lijingfc@163.com |

### 3.会计数据和财务指标摘要

3.1 主要会计数据

| | 2002 年度 | 2001 年度 | 本年比上年增减(%) | 2000 年度 |
|---|---|---|---|---|
| 主营业务收入(元) | 841,693,986.67 | 858,176,057.34 | －1.92 | 847,468,223.23 |
| 利润总额(元) | 30,150,224.57 | 45,681,764.81 | －34.00 | 45,994,614.86 |
| 净利润(元) | 17,442,954.99 | 33,784,697.30 | －48.37 | 39,016,789.46 |
| 扣除非经常性损益的净利润(元) | 16,023,323.64 | 28,921,492.09 | －44.60 | 36,501,193.28 |
| | 2002 年末 | 2001 年末 | 本年末比上年末增减(%) | 2000 年末 |
| 总资产(元) | 1,854,201,622.91 | 1,615,637,640.58 | 14.77 | 1,253,814,606.98 |
| 股东权益(元)(不含少数股东权益) | 770,113,775.73 | 767,643,579.36 | 0.32 | 547,141,433.78 |
| 经营活动产生的现金流量净额(元) | 186,846,066.67 | 110,424,588.34 | 69.21 | 44,772,295.26 |

3.2 主要财务指标

| | 2002 年度 | 2001 年度 | 本年比上年增减(%) | 2000 年度 |
|---|---|---|---|---|
| 每股收益(元/股) | 0.0580 | 0.1122 | －48.31 | 0.1393 |
| 净资产收益率(%) | 2.26 | 4.40 | －48.64 | 7.13 |
| 扣除非经常性损益的净利润为基础计算的净资产收益率(%) | 2.08 | 3.77 | －44.83 | 6.67 |
| 每股经营活动产生的现金流量净额(元/股) | 0.6208 | 0.3669 | 69.20 | 0.1599 |
| | 2002 年末 | 2001 年末 | 本年末比上年末增减(%) | 2000 年末 |
| 每股净资产(元/股) | 2.56 | 2.55 | 0.39 | 1.95 |
| 调整后的每股净资产(元) | 2.53 | 2.52 | 0.40 | 1.93 |

3.3 国内外会计准则差异

□适用　√不适用

### 4.股本变动及股东情况

4.1 股份变动情况表

单位:股

| | 本次变动前 | 本次变动增减(＋,－) | 本次变动后 |
|---|---|---|---|
| 一、未上市流通股份 | | | |
| 1.发起人股份 | 210,000,000 | 0 | 210,000,000 |
| 其中:国家持有股份 | 210,000,000 | 0 | 210,000,000 |
| 境内法人持有股份 | | | |
| 境外法人持有股份 | | | |
| 其他 | | | |
| 2.募集法人股份 | | | |
| 3.内部职工股 | | | |
| 4.优先股或其他 | | | |
| 未上市流通股份合计 | 210,000,000 | 0 | 210,000,000 |
| 二、已上市流通股份 | | | |
| 1.人民币普通股 | 91,000,000 | 0 | 91,000,000 |
| 2.境内上市的外资股 | | | |
| 3.境外上市的外资股 | | | |
| 4.其他 | | | |
| 已上市流通股份合计 | 91,000,000 | 0 | 91,000,000 |
| 三、股份总数 | 301,000,000 | 0 | 301,000,000 |

4.2 前十名股东持股表

| | | | | | | |
|---|---|---|---|---|---|---|
| 报告期末股东总数 | 42710 户 | | | | | |
| 前十名股东持股情况 | | | | | | |
| 股东名称(全称) | 年度内增减 | 年末持股数量 | 比例(%) | 股份类别 | 质押或冻结的股份数量 | 股东性质 |
| 安徽飞彩(集团)有限公司 | 0 | 210000000 | 69.77 | 未流通 | 105000000 | 国有股东 |
| 赵寿金 | 0 | 356480 | 0.12 | 已流通 | 未知 | － |
| 方澄江 | －40000 | 299046 | 0.10 | 已流通 | 未知 | － |
| 黄元英 | 213064 | 213064 | 0.07 | 已流通 | 未知 | － |
| 杨玉清 | －13877 | 196173 | 0.07 | 已流通 | 未知 | － |
| 普丰证券投资基金 | 195985 | 195985 | 0.07 | 已流通 | 未知 | － |
| 陈婕施 | 193013 | 193013 | 0.06 | 已流通 | 未知 | － |
| 吉林高新技术产业开发区风险投资有限公司 | 185496 | 185496 | 0.06 | 已流通 | 未知 | － |
| 谢寿清 | 165935 | 165935 | 0.06 | 已流通 | 未知 | － |
| 金中利 | 160010 | 160010 | 0.05 | 已流通 | 未知 | － |
| 前十名股东关联关系或一致行动的说明 | 前十名股东中安徽飞彩(集团)有限公司与另九位股东不存在关联关系,公司未知其他前十名股东之间是否存在关联关系或一致行动。 | | | | | |

4.3 控股股东及实际控制人情况介绍

4.3.1 控股股东及实际控制人变更情况

□适用　√不适用

4.3.2 控股股东和其他实际控制人具体情况介绍

公司的控股股东:安徽飞彩(集团)有限公司

法定代表人:洪理芳

成立日期:1990 年 2 月 28 日

注册资本:15800 万元

经营范围:农用运输车的制造、销售;汽车、挂车、农机修理;住宿、饮食服务;娱乐服务;农用运输车出口;本企业生产、科研所需要的原辅材料、机械设备、仪器仪表、零配件及相关技术进口。

企业性质:国有独资公司。其实际控制人:安徽省宣城市财政局

### 5.董事、监事和高级管理人员

5.1 董事、监事和高级管理人员持股变动

| 姓名 | 职务 | 性别 | 年龄 | 任期起止日期 | 年初持股数 | 年末持股数 | 变动原因 |
|---|---|---|---|---|---|---|---|
| 洪理芳 | 董事长 | 男 | 62 | 2001.12.12－2004.12.12 | 9100 | 9100 | － |
| 曹明生 | 副董事长 | 男 | 51 | 2001.12.12－2004.12.12 | 6825 | 6825 | － |
| 陈　晖 | 董事 | 男 | 38 | 2001.12.12－2004.12.12 | 6825 | 6825 | － |
| 袁安之 | 董事、总经理 | 男 | 40 | 2001.12.12－2004.12.12 | 6825 | 6825 | － |
| 彭　斌 | 董事、副总经理、董秘、财务负责人 | 男 | 37 | 2001.12.12－2004.12.12 | 6825 | 6825 | － |
| 李光伟 | 董事 | 男 | 39 | 2001.12.12－2004.12.12 | 6825 | 6825 | － |
| 高元恩 | 独立董事 | 男 | 61 | 2001.12.12－2004.12.12 | 0 | 0 | － |
| 潘　平 | 独立董事 | 男 | 40 | 2001.12.12－2004.12.12 | 0 | 0 | － |
| 田家刚 | 独立董事 | 男 | 33 | 2001.12.12－2004.12.12 | 0 | 0 | － |
| 邵信仰 | 监事会主席 | 男 | 47 | 2001.12.12－2004.12.12 | 0 | 0 | － |
| 吴守富 | 监事 | 男 | 36 | 2001.12.12－2004.12.12 | 0 | 0 | － |
| 江东流 | 监事 | 男 | 35 | 2001.12.12－2004.12.12 | 0 | 0 | － |
| 熊集宁 | 副总经理 | 男 | 40 | 2001.12.12－2004.12.12 | 0 | 0 | － |
| 马斌武 | 副总经理 | 男 | 35 | 2001.12.12－2004.12.12 | 0 | 0 | － |

5.2 在股东单位任职的董事监事情况

√适用 □不适用

| 姓名 | 任职的股东名称 | 在股东单位担任的职务 | 任职期间 | 是否领取报酬、津贴 |
|---|---|---|---|---|
| 洪理芳 | 安徽飞彩(集团)有限公司 | 董事长 | 2001.11－2004.11 | 否 |
| 陈　晖 | 安徽飞彩(集团)有限公司 | 总经理 | 2001.11－2004.11 | 是 |
| 曹明生 | 安徽飞彩(集团)有限公司 | 副总经理 | 2001.11－2004.11 | 是 |
| 李光伟 | 安徽飞彩(集团)有限公司 | 总工程师 | 2001.11－2004.11 | 是 |
| 邵信仰 | 安徽飞彩(集团)有限公司 | 工会主席 | 2001.11－2004.11 | 是 |
| 吴守富 | 安徽飞彩(集团)有限公司 | 审计部经理 | 2001.11－2004.11 | 是 |

5.3 董事、监事和高级管理人员年度报酬情况

| | |
|---|---|
| 年度报酬总额 | 353,738.60元 |
| 金额最高的前三名董事的报酬总额 | 153,858.36元 |
| 金额最高的前三名高级管理人员的报酬总额 | 178,256.79元 |
| 独立董事津贴 | 108,000.00元 |
| 独立董事其他待遇 | 无 |
| 不在公司领取报酬、津贴的董事、监事姓名 | 陈晖、曹明生、李光伟、邵信仰、吴守富 |
| 报酬区间 | 人数 |
| 1－2万元 | 1 |
| 2－5万元 | 5 |
| 5－8万元 | 3 |

## 6.董事会报告

6.1 报告期内整体经营情况的讨论与分析

报告期内，由于农民收入增幅不大，农用运输车使用环境和用途有所变化，造成全行业农用运输车产销量再次下滑，降幅接近10%。激烈的市场竞争又造成农用运输车的市场价格下降，加上所得税实际税负上升等因素的影响，公司经营业绩较上年同期下降幅度较大。面对整个行业的市场疲软，公司管理层对内加大改革力度，挖潜革新，降低成本，调整产品结构，对外通过调整产业结构，向相关产业扩展，实行多元化经营。全体员工同心协力，锐意进取，克服了上述不利因素，整体经营状况继续保持健康、稳定的发展态势。

6.2 主营业务分行业、产品情况表

金额单位：元

| 分行业或分产品 | 主营业务收入 | 主营业务成本 | 毛利率(%) | 主营业务收入比上年增减(%) | 主营业务成本比上年增减(%) | 毛利率比上年增减(%) |
|---|---|---|---|---|---|---|
| 农用车 | 775,954,258.26 | 692,317,321.20 | 10.78 | －0.96 | －0.84 | －1.01 |
| 净化设备 | 16,543,618.30 | 5,474,479.48 | 66.91 | －24.90 | －31.29 | 4.83 |
| 房地产 | 1,710,304.00 | 1,126,333.35 | 34.14 | － | － | － |
| 链条 | 47,485,806.11 | 39,030,797.87 | 17.81 | －9.80 | －10.84 | 5.70 |

6.3 主营业务分地区情况

金额单位：元

| 地区 | 主营业务收入 | 主营业务收入比上年增减(%) |
|---|---|---|
| 华东地区 | 164,887,851.99 | 1.62 |
| 华北地区 | 213,285,256.22 | －0.95 |
| 其他 | 463,520,878.46 | －3.96 |
| 合计 | 841,693,986.67 | －1.92 |

6.4 采购和销售客户情况

金额单位：元

| | | | |
|---|---|---|---|
| 前五名供应商采购金额合计 | 285,189,968.46 | 占采购总额比重 | 43.06% |
| 前五名销售客户销售金额合计 | 128,539,643.63 | 占销售总额比重 | 15.27% |

6.5 参股公司经营情况(适用投资收益占净利润10%以上的情况)

□适用 √不适用

6.6 主营业务及其结构发生重大变化的原因说明

□适用 √不适用

6.7 主营业务盈利能力(毛利率)与上年相比发生重大变化的原因说明

□适用 √不适用

6.8 经营成果和利润构成与上年度相比发生重大变化的原因分析

√适用 □不适用

主营业务收入较上年同期下降1.92%，主要原因系产品降价及销售量下降所致；

主营业务利润较上年同期下降2.99%，主要原因系主营业务收入减少及原材料价格上涨所致；

净利润较上年同期下降48.37%，主要原因系所得税政策调整及上年同期存在对外投资收益407万元而本期没有所致；

现金及现金等价物净增加额较上年同期下降85.73%，主要原因系上年同期配股募集资金到位所致。

整体财务状况与上年度相比发生重大变化的原因分析

□适用 √不适用

6.9 对生产经营环境以及宏观政策、法规产生重大变化已经、正在或将要对公司的财务状况和经营成果产生重要影响的说明

√适用 □不适用

根据《国务院关于纠正地方自行制定税收先征后返政策的通知》(国发[2000]2号)及《中华人民共和国财政部关于进一步认真贯彻落实国务院关于纠正地方自行制定税收先征后返政策的通知》(财税[2000]99号)要求，从2002年1月1日起，母公司的企业所得税由原来的15%实际税负水平增加到按33%的税率征收。2002年度所得税额为936.68万元，如按上年同期的税负水平计算，所得税增加约510万元。

6.10 完成盈利预测的情况

□适用 √不适用

6.11 完成经营计划情况

□适用 √不适用

6.12 募集资金使用情况

√适用 □不适用

| 募集资金总额 | 20150万元 | 本年度已使用募集资金总额 | | 12020万元 | |
|---|---|---|---|---|---|
| | | 已累计使用募集资金总额 | | 13369万元 | |
| 承诺项目 | 拟投入金额 | 是否变更项目 | 实际投入金额 | 产生收益金额 | 是否符合计划进度和预计收益 |
| 年产6万台剪草机项目 | 9306万元 | 否 | 11680万元 | 12万元 | 是 |
| 常温超细粉碎法制取精细硫化胶粉项目 | 7934万元 | 是 | 0 | 无 | 否 |
| 科技开发中心项目 | 2960万元 | 否 | 1689万元 | 无 | 是 |
| 合计 | 21000万元 | － | 13369万元 | 12万元 | － |
| 未达到计划进度和收益的说明 | 常温超细粉碎法制取细硫化胶粉项目经安徽省经贸委皖经贸技(2000)130号文批准立项。总投资7934万元，其中固定资产投资4980万元，铺底流动资金2954万元。主要用于专有技术研究、开发和生产线及其配套设施的采购和安装，建设期2年。由于该项目关键技术并不是我公司所有，在配股募集资金到位后，公司与合作方进行了多次磋商，但在技术和关键设备的引进方面迟迟未能与合作方达成一致。二00二年以来，公司主动与合作方进行了多次接触，以求在《合作意向书》的基础上尽快就技术引进等方面达成正式协议，但对《合作意向书》的主要内容合作方不能落实，既不能保证该项技术和关键设备我方能独家享有，增加了该项目的实施难度，加大了该项目的投资风险，该项目至今仍未开始投资。 | | | | |
| 变更原因及变更程序说明 | 鉴于配股募集资金投入项目－常温超细粉碎法制取精细硫化胶粉项目无法实施，且目前尚未发现具有良好投资价值的项目。本着对股东负责，增强实力，提高竞争力的投资理念，为了使配股募集资金尽快产生效益，由公司二00二年十月二十七日召开的第二届董事会第七次会议提议，经公司二00二年十一月三十日召开的二00二年第一次临时股东大会审议通过，决定终止对该项目的投资，将原定用于该项目的配股募集资金改投到同是配股募集资金投入项目的年产6万台剪草机项目，用于弥补该项目投入资金不足部分。 | | | | |

变更项目情况

√适用 □不适用

| 变更投资项目的资金总额 | 7934万元 | | | | |
|---|---|---|---|---|---|
| 变更后的项目 | 对应的原承诺项目 | 变更项目拟投入金额 | 实际投入金额 | 产生收益金额 | 是否符合计划进度和预计收益 |
| 年产6万台剪草机项目 | 常温超细粉碎法制取精细硫化胶粉项目 | 7100万元 | 11680万元 | 12万元 | 是 |

6.13 非募集资金项目情况

□适用 √不适用

6.14 董事会对会计师事务所"非标意见"的说明

□适用 √不适用

6.15 董事会新年度的经营计划(如有)

□适用 √不适用

新年度盈利预测(如有)

□适用 √不适用

6.16 董事会本次利润分配或资本公积金转增预案

经安徽华普会计师事务所审计，2002年度公司净利润17,442,954.99元。在提取法定盈余公积金1,860,213.30元，提取法定公益金1,860,213.30元后，加上年初未分配利润67,006,382.91元，可供股东分配的利润为80,728,911.30元。董事会建议，分配方式为派发现金股利，以公司2002年末总股本30100万股为基数，每10股派发现金股利0.50元(含税)。

## 7.重要事项

7.1 收购资产

√适用 □不适用

| 交易对方及被收购资产 | 购买日 | 收购价格 | 自购买日起至本年末为上市公司贡献的净利润 | 是否为关联交易 |
|---|---|---|---|---|
| 安徽飞彩(集团)有限公司持有的宣城万宇房地产发展有限公司98.52%股权 | 2002年11月30日 | 2390.13万元 | 320825.71元 | 是,以经审计的净资产为定价依据 |

7.2 出售资产

√适用　□不适用

| 交易对方及被出售资产 | 出售日 | 出售价格 | 本年初起至出售日该出售资产为上市公司贡献的净利润 | 出售产生的损益 | 是否为关联交易(如是,说明定价原则) |
|---|---|---|---|---|---|
| 出售给安徽飞彩(集团)有限公司安徽飞彩黄山链传动有限公司96.55%股权 | 2002年11月30日 | 2800.41万元 | 213767.49元 | -128200.00元 | 是,以经审计的净资产为定价依据 |

上述收购、出售资产事项不会影响公司业务的连续性和管理层的稳定性。

7.3 重大担保

□适用　√不适用

7.4 关联债权债务往来

√适用　□不适用

单位:万元

| 关联方 | 向关联方提供资金 | | 关联方向上市公司提供资金 | |
|---|---|---|---|---|
| | 发生额 | 余额 | 发生额 | 余额 |
| 安徽飞彩(集团)有限公司 | 105,943,214.22 | 1,780,224.53 | 122,677,891.04 | 17,374,671.71 |
| 安徽飞彩集团安吉车辆有限公司 | 3,898,664.85 | 408,582.00 | 11,162,961.54 | 822,834.41 |
| 安徽飞彩黄山链传动有限公司 | 10,244,752.64 | 10,244,752.64 | 1,069,025.47 | 289,913.37 |
| 宣城飞彩拖拉机厂 | 5,032,357.80 | 4,147,866.81 | 10,433,719.62 | 0 |
| 皖南机动车辆厂配件厂 | 29,720,144.95 | 1,097,859.38 | 29,012,621.25 | 0 |
| 合计 | 154,839,134.46 | 17,679,285.36 | 174,356,218.92 | 18,487,419.49 |

7.5 委托理财

□适用　√不适用

7.6 承诺事项履行情况

√适用　□不适用

公司二00一年度股东大会审议通过了预计二00二年度的利润分配政策,公司将在二00二年度股东大会上履行这项承诺。

公司在《配股说明书》上列明了募集资金的使用计划,公司的履行情况参见董事会报告中有关募集资金使用部分。

7.7 重大诉讼仲裁事项

□适用　√不适用

7.8 独立董事履行职责的情况

二00一年十二月十二日,公司二00一年度第二次临时股东大会选举了高元恩先生、潘平先生、田家刚先生担任本公司独立董事。自任职以来,独立董事均能按照《关于在上市公司建立独立董事制度的指导意见》、《上市公司治理准则》和《公司章程》及相关法律法规的要求,本着诚信与勤勉的工作态度,保证足够的时间和精力,有效地履行了独立董事的职责,对公司的收购、出售资产和关联交易及其他重大事项提供了客观、公正、科学的独立意见,维护了公司及中小股东的权益。

## 8.监事会报告

监事会认为公司依法运作、公司财务情况、公司募集资金使用、收购、出售资产和关联交易不存在问题。

## 9.财务报告

9.1 审计意见

安徽飞彩车辆股份有限公司全体股东:

我们接受委托,对贵公司2002年12月31日合并资产负债表及资产负债表、2002年度合并利润表及利润表、2002年度合并利润分配表及利润分配表以及2002年度合并现金流量表及现金流量表进行了审计。这些会计报表由贵公司负责,我们的责任是对这些会计报表发表审计意见。我们的审计是依据《中国注册会计师独立审计准则》进行的。在审计过程中,我们结合贵公司的实际情况,实施了包括抽查会计记录等我们认为必要的审计程序。

我们认为,上述会计报表符合《企业会计准则》和《企业会计制度》的有关规定,在所有重大方面公允地反映了贵公司2002年12月31日合并财务状况与财务状况、2002年度合并经营成果与经营成果以及2002年度合并现金流量与现金流量情况,会计处理方法的选用遵循了一贯性原则。

安徽华普会计师事务所　　　　中国注册会计师　潘　峰

中国注册会计师　何本英

中国注册会计师　占铁华

9.2 财务报表(附后)

9.3 报告期公司与安徽飞彩(集团)有限公司进行股权置换,置出了安徽飞彩黄山链传动有限公司的股权,置入了宣城万宇房地产发展有限公司的股权。股权置换日根据《股权置换协议》生效日期确定为2002年11月30日,本财务报告将安徽飞彩黄山链传动有限公司2002年1-11月利润表及宣城万宇房地产发展有限公司12月利润表纳入了合并范围内。

**安徽飞彩车辆股份有限公司**

**董事会**

**二00三年三月二十五日**

## 利润及利润分配表

金额单位:人民币元

| 项　目 | 2002年度 | | 2001年度 | |
|---|---|---|---|---|
| | 合　并 | 母公司 | 合并 | 母公司 |
| 一、主营业务收入 | 841,693,986.67 | 775,954,258.26 | 858,176,057.34 | 783,499,061.08 |
| 减:主营业务成本 | 737,948,931.90 | 692,317,321.20 | 749,933,452.96 | 698,187,673.74 |
| 主营业务税金及附加 | 567,035.42 | 201,795.65 | 1,884,402.79 | 1,586,278.35 |
| 二、主营业务利润 | 103,178,019.35 | 83,435,141.41 | 106,358,201.59 | 83,725,108.99 |
| 加:其他业务利润 | 3,089,146.10 | 1,364,021.94 | 6,192,599.07 | 4,369,418.63 |
| 减:营业费用 | 31,294,162.08 | 26,339,278.20 | 32,739,434.83 | 28,750,837.86 |
| 管理费用 | 28,903,657.58 | 18,852,144.45 | 32,751,210.82 | 20,112,040.05 |
| 财务费用 | 17,998,914.97 | 16,193,461.78 | 7,105,035.68 | 5,372,983.01 |
| 三、营业利润 | 28,070,430.82 | 23,414,278.92 | 39,955,119.33 | 33,858,666.70 |
| 加:投资收益 | -60,644.25 | 874,676.16 | 4,076,223.15 | 4,119,447.34 |
| 补贴收入 | 40,884.00 | - | 110,952.00 | - |
| 营业外收入 | 2,762,744.59 | 2,761,992.19 | 2,855,734.08 | 2,850,480.08 |
| 减:营业外支出 | 663,190.59 | 241,222.15 | 1,316,263.75 | 407,834.37 |
| 四、利润总额 | 30,150,224.57 | 26,809,725.12 | 45,681,764.81 | 40,420,759.75 |
| 减:所得税 | 12,057,058.23 | 9,366,770.13 | 10,974,726.60 | 6,835,204.94 |
| 少数股东损益 | 650,211.35 | - | 922,340.91 | - |
| 五、净利润 | 17,442,954.99 | 17,442,954.99 | 33,784,697.30 | 33,585,554.81 |
| 加:年初未分配利润 | 67,006,382.91 | 67,935,848.53 | 55,311,669.63 | 56,117,404.68 |
| 其他转入 | - | - | - | - |
| 六、可供分配的利润 | 84,449,337.90 | 85,378,803.52 | 89,096,366.93 | 89,702,959.49 |
| 减:提取法定盈余公积金 | 1,860,213.30 | 1,744,295.50 | 3,519,992.01 | 3,358,555.48 |
| 提取法定公益金 | 1,860,213.30 | 1,744,295.50 | 3,519,992.01 | 3,358,555.48 |
| 提取职工奖励及福利基金 | - | - | - | - |
| 提取储备基金 | - | - | - | - |
| 提取企业发展基金 | - | - | - | - |
| 利润归还投资 | - | - | - | - |
| 七、可供投资者分配的利润 | 80,728,911.30 | 81,890,212.52 | 82,056,382.91 | 82,985,848.53 |
| 减:应付优先股股利 | - | - | - | - |
| 提取任意盈余公积 | - | - | - | - |
| 应付普通股股利 | 15,050,000.00 | 15,050,000.00 | 15,050,000.00 | 15,050,000.00 |
| 转作股本的普通股股利 | - | - | - | - |
| 八、未分配利润 | 65,678,911.30 | 66,840,212.52 | 67,006,382.91 | 67,935,848.53 |
| 补充资料 | | | | |
| 1.出售、处置部门或被投资单位所得收益 | -128,200.00 | -128,200.00 | 2,326,223.15 | 2,326,223.15 |
| 2.自然灾害发生的损失 | - | - | - | - |
| 3.会计政策变更增加(或减少)利润总额 | - | - | - | - |
| 4.会计估计变更增加(或减少)利润总额 | - | - | - | - |
| 5.债务重组损失 | -282,278.99 | - | - | - |
| 6.其他 | 2,510,032.99 | 2,648,970.04 | 3,289,470.33 | 4,192,645.71 |

## 资 产 负 债 表

金额单位：人民币元

| 资　　产 | 2002年12月31日 | | 2001年12月31日 | |
|---|---|---|---|---|
| | 合　　并 | 母公司 | 合并 | 母公司 |
| 流动资产： | | | | |
| 货币资金 | 521,039,843.42 | 517,395,500.38 | 471,257,490.62 | 444,635,066.71 |
| 短期投资 | 258,906.68 | - | - | - |
| 应收票据 | 9,643,008.00 | 9,643,008.00 | 8,294,584.72 | 6,318,484.70 |
| 应收股利 | - | - | - | - |
| 应收利息 | - | - | - | |
| 应收账款 | 303,913,163.56 | 285,986,627.85 | 309,157,195.64 | 290,515,828.27 |
| 其他应收款 | 58,181,195.15 | 27,158,698.70 | 25,383,593.20 | 27,795,220.36 |
| 预付账款 | 84,702,513.43 | 66,030,969.79 | 139,481,600.33 | 136,176,837.30 |
| 应收补贴款 | - | - | 2,047,936.04 | 0.00 |
| 存货 | 387,586,169.05 | 302,971,282.77 | 278,809,353.41 | 255,967,916.91 |
| 待摊费用 | 1,364,761.37 | 1,248,422.48 | 1,299,840.74 | 1,108,793.73 |
| 一年内到期的长期债权投资 | - | - | - | - |
| 其他流动资产 | - | - | - | - |
| 流动资产合计 | 1,366,689,560.66 | 1,210,434,509.97 | 1,235,731,654.70 | 1,162,518,147.98 |
| 长期投资： | | | | |
| 长期股权投资 | 5,285,088.30 | 49,314,093.42 | - | 52,593,175.88 |
| 长期债权投资 | - | - | - | - |
| 长期投资合计 | 5,285,088.30 | 49,314,093.42 | - | 52,593,175.88 |
| 其中：合并价差 | 2,649,275.97 | - | - | - |
| 固定资产： | | | | |
| 固定资产原价 | 389,863,192.72 | 373,415,617.88 | 295,324,173.15 | 230,062,618.85 |
| 减：累计折旧 | 67,126,237.60 | 63,798,583.79 | 78,205,703.68 | 53,404,370.08 |
| 固定资产净值 | 322,736,955.12 | 309,617,034.09 | 217,118,469.47 | 176,658,248.77 |
| 减：固定资产减值准备 | 4,189,694.77 | 4,145,591.12 | 3,046,599.33 | 2,827,086.78 |
| 固定资产净额 | 318,547,260.35 | 305,471,442.97 | 214,071,870.14 | 173,831,161.99 |
| 工程物资 | - | - | - | - |
| 在建工程 | 84,998,499.53 | 84,998,499.53 | 150,501,292.94 | 149,090,537.03 |
| 固定资产清理 | - | - | - | - |
| 固定资产合计 | 403,545,759.88 | 390,469,942.50 | 364,573,163.08 | 322,921,699.02 |
| 无形资产及其他资产： | | | | |
| 无形资产 | 78,681,214.07 | 62,994,416.67 | 15,332,822.80 | - |
| 长期待摊费用 | - | - | - | - |
| 其他长期资产 | - | - | - | - |
| 无形资产及其他资产合计 | 78,681,214.07 | 62,994,416.67 | 15,332,822.80 | - |
| 递延税项： | | | | |
| 递延税款借项 | - | - | - | - |
| 资产总计 | 1,854,201,622.91 | 1,713,212,962.56 | 1,615,637,640.58 | 1,538,033,022.88 |
| 流动负债： | | | | |
| 短期借款 | 77,850,000.00 | 50,000,000.00 | 85,360,000.00 | 80,000,000.00 |
| 应付票据 | 680,313,699.90 | 680,226,699.90 | 531,853,669.49 | 524,853,669.49 |
| 应付账款 | 86,873,711.30 | 82,621,037.86 | 84,873,818.42 | 75,367,081.53 |
| 预收账款 | 55,162,861.90 | 1,900,429.79 | 3,289,156.78 | 1,491,751.72 |
| 应付工资 | - | - | 720,968.82 | - |
| 应付福利费 | 9,988,659.15 | 9,373,587.15 | 8,890,551.12 | 7,651,740.03 |
| 应付股利 | 15,050,000.00 | 15,050,000.00 | 15,050,000.00 | 15,050,000.00 |
| 应交税金 | 9,703,100.90 | 6,188,686.65 | 12,582,167.92 | 11,808,209.53 |
| 其他应交款 | 1,209,144.47 | 1,053,347.54 | 1,242,997.74 | 1,224,031.05 |
| 其他应付款 | 53,033,112.13 | 46,685,397.94 | 24,146,975.10 | 22,942,960.17 |
| 预提费用 | 467,466.74 | - | 298,883.07 | - |
| 预计负债 | - | - | - | - |
| 一年内到期的长期负债 | 45,000,000.00 | 30,000,000.00 | 400,000.00 | - |
| 其他流动负债 | - | - | - | - |
| 流动负债合计 | 1,034,651,756.49 | 923,099,186.83 | 768,709,188.46 | 740,389,443.52 |
| 长期负债： | | | | |
| 长期借款 | 20,000,000.00 | 20,000,000.00 | 49,700,000.00 | 30,000,000.00 |
| 应付债券 | - | - | - | - |
| 长期应付款 | - | - | - | - |
| 专项应付款 | - | - | 100,000.00 | - |
| 其他长期负债 | - | - | - | - |
| 长期负债合计 | 20,000,000.00 | 20,000,000.00 | 49,800,000.00 | 30,000,000.00 |
| 递延税项 | - | - | - | - |
| 递延税款贷项 | - | - | - | - |
| 负债合计 | 1,054,651,756.49 | 943,099,186.83 | 818,509,188.46 | 770,389,443.52 |
| 少数股东权益 | 29,436,090.69 | - | 29,484,872.76 | - |
| 股东权益： | | | | |
| 股本 | 301,000,000.00 | 201,000,000.00 | 301,000,000.00 | 301,000,000.00 |
| 减：已归还投资 | - | - | - | - |
| 股本净额 | 301,000,000.00 | 301,000,000.00 | 301,000,000.00 | 301,000,000.00 |
| 资本公积 | 363,226,591.71 | 363,226,591.71 | 363,149,350.33 | 363,149,350.33 |
| 盈余公积 | 40,208,272.72 | 39,046,971.50 | 36,487,846.12 | 35,558,380.50 |
| 其中：法定公益金 | 20,104,136.36 | 19,523,485.75 | 18,243,923.06 | 17,779,190.25 |
| 未分配利润 | 65,678,911.30 | 66,840,212.52 | 67,006,382.91 | 67,935,848.53 |
| 股东权益合计 | 770,113,775.73 | 770,113,775.73 | 767,643,579.36 | 767,643,579.36 |
| 负债和股东权益合计 | 1,854,201,622.91 | 1,713,212,962.56 | 1,615,637,640.58 | 1,538,033,022.88 |

## 现 金 流 量 表

金额单位：人民币元

| 报表项目 | 2002年度 | |
|---|---|---|
| | 合　　并 | 母公司 |
| 一、经营活动产生的流量： | | |
| 销售商品、提供劳务收到的现金 | 967,654,686.07 | 886,967,339.74 |
| 收到的税费返还 | 1,562,050.31 | - |
| 收到的其他与经营活动有关的现金 | 5,877,077.42 | 5,681,082.22 |
| 现金流入小计 | 975,093,813.80 | 892,648,421.96 |
| 购买商品、接受劳务支付的现金 | 689,630,141.06 | 621,528,262.28 |
| 支付给职工以及为职工支付的现金 | 37,912,207.51 | 26,905,985.45 |
| 支付的各项税费 | 23,560,281.15 | 18,846,902.43 |
| 支付的其他与经营活动有关的现金 | 37,145,117.41 | 30,021,809.21 |
| 现金流出小计 | 788,247,747.13 | 697,302,959.37 |
| 经营活动产生的现金流量净额 | 186,846,066.67 | 195,345,462.59 |
| 二、投资活动产生的现金流量： | | |
| 收回投资所收到的现金 | - | 4,102,800.00 |
| 取得投资收益所收到的现金 | - | - |
| 处置固定资产、无形资产和其他长期资产所收回的现金净额 | 1,330,377.80 | 352,450.00 |
| 收到的其他与投资活动有关的现金 | - | - |
| 现金流入小计 | 1,330,377.80 | 4,455,250.00 |
| 购建固定资产、无形资产和其他长期资产所支付的现金 | 95,326,913.96 | 92,899,828.07 |
| 投资所支付的现金 | 841,483.97 | - |
| 支付的其他与投资活动有关的现金 | - | - |
| 现金流出小计 | 96,168,397.93 | 92,899,828.07 |
| 投资活动产生的现金流量净额 | -94,838,020.13 | -88,444,578.07 |
| 三、筹资活动产生的现金流量： | | |
| 吸收投资所收到的现金 | - | - |
| 借款所收到的现金 | 123,520,000.00 | 100,000,000.00 |
| 收到的其他与筹资活动有关的现金 | 80,000.00 | - |
| 现金流入小计 | 123,600,000.00 | 100,000,000.00 |
| 偿还债务所支付的现金 | 139,492,000.00 | 110,000,000.00 |
| 分配股利、利润或偿付利息所支付的现金 | 26,333,693.74 | 24,140,450.85 |
| 支付的其他与筹资活动有关的现金 | - | - |
| 现金流出小计 | 165,825,693.74 | 134,140,450.85 |
| 筹资活动产生的现金流量净额 | -42,225,693.74 | -34,140,450.85 |
| 四、汇率变动对现金的影响 | - | - |
| 五、现金及现金等价物净增加额 | 49,782,352.80 | 72,760,433.67 |
| 补充资料： | | |
| 1.将净利润调节为经营活动现金流量： | | |
| 净利润 | 17,442,954.99 | 17,442,954.99 |
| 加：少数股东损益 | 650,211.35 | - |
| 加：计提的资产减值准备 | 3,484,984.19 | 2,455,354.69 |
| 固定资产折旧 | 13,607,561.64 | 10,546,591.56 |
| 无形资产摊销 | 2,472,964.23 | 673,783.33 |
| 长期待摊费用摊销 | - | - |
| 待摊费用的减少（减：增加） | -64,920.63 | -139,628.75 |
| 预提费用的增加（减：减少） | 168,583.67 | - |
| 处置固定资产、无形资产和其他长期资产的损失（减：收益） | 233,195.19 | 93,572.15 |
| 固定资产报废损失 | - | - |
| 财务费用 | 23,812,876.98 | 21,874,544.00 |
| 投资损失（减：收益） | -49,550.93 | -874,676.16 |
| 递延税款贷项（减：借项） | - | - |
| 存货的减少（减：增加） | -108,802,104.74 | -47,028,654.96 |
| 经营性应收项目的减少（减：增加） | 25,929,163.16 | 69,557,000.70 |
| 经营性应付项目的增加（减：减少） | 207,960,147.57 | 120,744,621.04 |
| 其他 | - | - |
| 经营活动产生的现金流量净额 | 186,846,066.67 | 195,345,462.59 |
| 2.不涉及现金收支的投资和筹资活动： | | |
| 债务转为资本 | - | - |
| 一年内到期的可转换公司债券 | - | - |
| 融资租入固定资产 | - | - |
| 3.现金及现金等价物净增加情况： | | |
| 现金的期末余额 | 521,039,843.42 | 517,395,500.38 |
| 减：现金的期初余额 | 471,257,490.62 | 444,635,066.71 |
| 加：现金等价物的期末余额 | - | - |
| 减：现金等价物的期初余额 | - | - |
| 现金及现金等价物净增加额 | 49,782,352.80 | 72,760,433.67 |

## 000017 深圳中华自行车(集团)股份有限公司

### 二○○二年年度报告摘选

#### 1.上市公司基本情况简介

1.1 基本情况简介

证券简称:ST 中华 A、ST 中华 B 证券代码:000017、200017 上市交易所:深圳证券交易所

注册地址和办公地址:深圳市布心路 3008 号: 邮政编码:518019

公司国际互联网网址:http://www.china-cbc.com 电子信箱:dmc@china-cbc.com

1.2 联系人和联系方式

董事会秘书:李海 联系地址:深圳市布心路 3008 号中华自行车(集团)股份有限公司

电话:0755-25516998 传真:0755-25516620 电子信箱:dmc@china-cbc.com

#### 2.会计数据和财务指标摘要

2.1 主要会计数据 单位:(人民币)元

| | 2002 年(本年) | 2001 年(上年) | 本年比上年增减(%) | 2000 年 |
|---|---|---|---|---|
| 主营业务收入 | 71,589,597.70 | 51,875,289.37 | 38.00% | 67,973,081.90 |
| 利润总额 | 5,786,943.51 | -2,271,925,142.71 | -- | -180,352,064.92 |
| 净利润 | 6,575,352.43 | -2,257,244,249.73 | -- | -177,951,320.06 |
| 扣除非经常性损益的净利润 | -34,771,726.86 | -2,028,306,600.59 | -- | -183,186,830.17 |
| | 2002 年末(本年末) | 2001 年末(上年末) | 本年末比上年末增减(%) | 2000 年末 |
| 总资产 | 512,976,884.80 | 565,575,098.44 | -9.30% | 2,459,306,434.00 |
| 股东权益(不含少数股东权益) | -1,982,892,317.80 | -1,988,677,836.38 | -- | 45,587,737.85 |
| 经营活动产生的现金流量净额 | 3,901,817.61 | 3,901,817.61 | 0.00% | -6,689,150.56 |

2.2 主要财务指标 单位:(人民币)元

| | 2002 年(本年) | 2001 年(上年) | 本年比上年增减(%) | 2000 年 |
|---|---|---|---|---|
| 每股收益 | 0.01 | -4.71 | -- | -0.35 |
| 净资产收益率 | -0.33% | 113.50% | -100.29% | 550.00% |
| 扣除非经常性损益的净利润为基础计算的净资产收益率 | -0.07% | -4.19% | -- | -0.35% |
| 每股经营活动产生的现金流量净额 | 0.01 | 0.01 | 1.25% | 0.01 |
| | 2002 年末(本年末) | 2001 年末(上年末) | 本年末比上年末增减(%) | 2000 年末 |
| 每股净资产 | -4.14 | -4.15 | -- | 0.06 |
| 调整后的每股净资产 | -4.22 | -4.16 | -- | -1.87 |

## 000026 深圳市飞亚达(集团)股份有限公司

### 二○○二年年度报告摘选

#### 1.上市公司基本情况简介

1.1 基本情况简介

证券简称:飞亚达 A、飞亚达 B 证券代码:000026、200026 上市交易所:深圳证券交易所

注册地址和办公地址:深圳市振华路 163 号飞亚达大厦 邮政编码:518031

公司国际互联网网址:http://www.fiyta.com.cn 电子信箱:szfiyta@public.szptt.net.cn

1.2 联系人和联系方式

董事会秘书:郝惠文先生 联系地址:深圳市振华路 163 号飞亚达大厦

电话:0755-83217888-8218、83259702 传真:0755-83348369 电子信箱:security@fiyta.com.cn

证券事务代表:陈卓先生 联系地址:深圳市振华路 163 号飞亚达大厦

电话:0755-83217888-8218、83259702 传真:0755-83348369 电子信箱:security@fiyta.com.cn

#### 2.会计数据和财务指标摘要

2.1 主要会计数据 单位:(人民币)元

| | 2002 年(本年) | 2001 年(上年) | 本年比上年增减(%) | 2000 年调整后 | 2000 年调整前 |
|---|---|---|---|---|---|
| 主营业务收入 | 206,241,298.00 | 219,813,846.00 | -6.17% | 253,028,149.00 | 253,028,149.00 |
| 利润总额 | -75,424,201.00 | 16,000,180.00 | -571.40% | 21,770,448.00 | 20,751,689.30 |
| 净利润 | -77,434,684.00 | 11,322,807.00 | -783.88% | 15,680,229.00 | 14,665,210.80 |
| 扣除非经常性损益的净利润 | -77,958,917.00 | 3,751,042.00 | -2178.33% | 1,535,029.00 | 14,520,010.80 |
| | 2002 年末(本年末) | 2001 年末(上年末) | 本年末比上年末增减(%) | 2000 年末调整后 | 2000 年末调整前 |
| 总资产 | 566,681,393.00 | 725,845,783.00 | -21.93% | 777,436,334.00 | 781,982,535.21 |
| 股东权益(不含少数股东权益) | 510,368,305.00 | 587,802,989.00 | -13.17% | 588,946,082.00 | 593,228,796.83 |
| 经营活动产生的现金流量净额 | 23,354,487.00 | 64,028,448.00 | -63.52% | -3,890,041.79 | -3,890,041.79 |

2.2 主要财务指标 单位:(人民币)元

| | 2002 年(本年) | 2001 年(上年) | 本年比上年增减(%) | 2000 年调整后 | 2000 年调整前 |
|---|---|---|---|---|---|
| 每股收益 | -0.31 | 0.05 | -791.11% | 0.063 | 0.059 |
| 每股收益* | -0.31 | -- | -- | -- | -- |
| 净资产收益率 | -15.17% | 1.93% | -886.01% | 2.66% | 2.47% |
| 扣除非经常性损益的净利润为基础计算的净资产收益率 | -15.28% | 0.63% | -2,525.40% | 2.48% | 2.45% |
| 每股经营活动产生的现金流量净额 | 0.09 | 0.26 | -63.42% | -0.016 | -0.016 |
| | 2002 年末(本年末) | 2001 年末(上年末) | 本年末比上年末增减(%) | 2000 年末调整后 | 2000 年末调整前 |
| 每股净资产 | 2.05 | 2.36 | -13.19% | 2.36 | 2.38 |
| 调整后的每股净资产 | 1.96 | 2.25 | -12.89% | 2.26 | 2.26 |

## 000150 麦科特光电股份有限公司

### 二○○二年年度报告摘选

#### 1.上市公司基本情况简介

1.1 基本情况简介

证券简称:ST 麦科特 证券代码:000150 上市交易所:深圳证券交易所

注册地址:广东省惠州市麦地路 63 号麦科特中心

办公地址:广东省惠州市麦地路 63 号麦科特中心 15 楼 邮政编码:516001

公司国际互联网网址:http://www.macat.com.cn 电子信箱:macatoe2002@macat.com.cn

1.2 联系人和联系方式

董事会秘书:丁云林 联系地址:广东省惠州市麦地路 63 号麦科特中心 15 楼

电话:0752-2119664 传真:0752-2118071 电子信箱:dingyunlin@vip.sina.com

证券事务代表:舒晓玲 联系地址:广东省惠州市麦地路 63 号麦科特中心 15 楼

电话:0752-2119664 传真:0752-2118071 电子信箱:dingyunlin@macat.com.cn

#### 2.会计数据和财务指标摘要

2.1 主要会计数据 单位:(人民币)元

| | 2002 年(本年) | 2001 年(上年) | 本年比上年增减(%) | 2000 年 |
|---|---|---|---|---|
| 主营业务收入 | 35,794,366.42 | 41,345,540.37 | -13.43% | 23,903,908.57 |
| 利润总额 | -56,770,181.78 | 4,924,331.18 | -1252.85% | 2,926,558.94 |
| 净利润 | -54,985,383.92 | 4,060,965.23 | -1454.00% | 1,238,616.32 |
| 扣除非经常性损益的净利润 | -54,994,851.92 | -2,317,305.60 | -- | -2,748,393.50 |
| | 2002 年末(本年末) | 2001 年末(上年末) | 本年末比上年末增减(%) | 2000 年末 |
| 总资产 | 657,573,833.00 | 710,365,808.84 | -7.43% | 691,740,076.40 |
| 股东权益(不含少数股东权益) | 625,424,166.10 | 680,409,550.02 | -8.08% | 676,348,584.79 |
| 经营活动产生的现金流量净额 | -36,925,753.37 | -47,970,306.07 | -- | -17,732,849.11 |

2.2 主要财务指标 单位:(人民币)元

| | 2002 年(本年) | 2001 年(上年) | 本年比上年增减(%) | 2000 年 |
|---|---|---|---|---|
| 每股收益 | -0.17 | 0.01 | -1457.60% | 0.00 |
| 每股收益* | -0.17 | -- | -- | -- |
| 净资产收益率 | -8.79% | 0.60% | -1565.00% | 0.18% |
| 扣除非经常性损益的净利润为基础计算的净资产收益率 | -8.79% | -0.34% | -- | -0.41% |
| 每股经营活动产生的现金流量净额 | -0.11 | -0.15 | -- | -0.10 |
| | 2002 年末(本年末) | 2001 年末(上年末) | 本年末比上年末增减(%) | 2000 年末 |
| 每股净资产 | 1.93 | 2.10 | -8.08% | 3.76 |
| 调整后的每股净资产 | 1.93 | 2.09 | -7.91% | 3.74 |

## 000157 长沙中联重工科技发展股份有限公司

### 二○○二年年度报告摘选

#### 1.上市公司基本情况简介

1.1 基本情况简介

股票简称:中联重科 股票代码:000157 上市交易所:深圳证券交易所

注册地址和办公地址:湖南省长沙市银盆南路 307 号 邮政编码:410013

公司国际互联网网址:http://www.zljt.com 电子信箱:zljt@public.cs.hn.cn

1.2 联系人和联系方式

董事会秘书:陈旭辉 联系地址:湖南省长沙市银盆南路 307 号

电话:0731-8923779 传真:0731-8923906 电子信箱:000157@zljt.com

证券事务代表:李建达 联系地址:湖南省长沙市银盆南路 307 号

电话:0731-8923908 传真:0731-8923906 电子信箱:000157@zljt.com

#### 2.会计数据和财务指标摘要

2.1 主要会计数据

| | 2002 年 | 2001 年 | 本年比上年增减 | 2000 年 |
|---|---|---|---|---|
| 主营业务收入(元) | 665,441,571.25 | 388,329,050.80 | +71.36% | 244,850,202.70 |
| 利润总额(元) | 156,772,918.83 | 105,619,085.18 | +48.43% | 62,538,660.40 |
| 净利润(元) | 153,708,162.65 | 105,233,405.66 | +46.06% | 53,872,074.73 |
| 扣除非经常性损益的净利润(元) | 153,572,926.68 | 101,320,692.17 | +51.57% | 50,931,661.47 |
| | 2002 年末 | 2001 年末 | 本年末比上年末增减 | 2000 年末 |
| 总资产(元) | 1,472,171,587.77 | 1,059,936,880.73 | +38.69% | 947,182,747.48 |
| 股东权益(元)(不含少数股东权益) | 1,006,103,787.08 | 874,895,624.43 | +15.00% | 807,162,218.77 |
| 经营活动产生的现金流量净额 | 29,143,608.71 | 35,915,789.89 | -18.86% | 4,135,202.33 |

2.2 主要财务指标 单位:元

| | 2002 年 | 2001 年 | 本年比上年增减 | 2000 年 |
|---|---|---|---|---|
| 每股收益(元/股) | 0.3941 | 0.3508 | +12.34% | 0.3591 |
| 净资产收益率(%) | 15.28 | 12.0281 | +27.02% | 6.67 |
| 扣除非经常性损益的净利润为基础计算的净资产收益率(%) | 15.26 | 11.5809 | +31.78% | 6.31 |
| 每股经营活动产生的现金流量净额(元/股) | 0.0747 | 0.1197 | -37.59% | 0.0276 |
| | 2002 年末 | 2001 年末 | 本年末比上年末增减 | 2000 年末 |
| 每股净资产(元/股) | 2.58 | 2.9163 | -11.54% | 5.3811 |
| 调整后的每股净资产(元/股) | 2.57 | 2.8769 | -11.58% | 5.3202 |

# 000400 许继电气股份有限公司

## 二〇〇二年年度报告摘选

### 1.上市公司基本情况简介

1.1 基本情况简介

证券简称:许继电气 证券代码:000400 上市交易所:深圳证券交易所

注册地址和办公地址:河南省许昌市建设路178号 邮政编码:461000

公司国际互联网网址:http://www.xjec.com 电子信箱:chc@xjec.com

1.2 联系人和联系方式

董事会秘书:姚武 联系地址:河南省许昌市建设路178号

电话:0374-3212348 传真:0374-3363549 电子信箱:chc@xjec.com

证券事务代表:李维扬 联系地址:河南省许昌市建设路178号

电话:0374-3212348 传真:0374-3363549 电子信箱:chc@xjec.com

### 2.会计数据和财务指标摘要

2.1 主要会计数据 单位:(人民币)元

| | 2002年(本年) | 2001年(上年) | 本年比上年增减(%) | 2000年 |
|---|---|---|---|---|
| 主营业务收入 | 1,288,057,882.62 | 1,221,712,698.36 | 5.43% | 979,394,800.85 |
| 利润总额 | 175,999,061.67 | 208,449,940.68 | -15.57% | 237,291,857.68 |
| 净利润 | 151,185,469.88 | 170,900,640.57 | -11.54% | 191,748,244.77 |
| 扣除非经常性损益的净利润 | 151,325,099.61 | 169,163,786.67 | -10.55% | 200,932,910.31 |
| | 2002年末(本年末) | 2001年末(上年末) | 本年末比上年末增减(%) | 2000年末 |
| 总资产 | 2,745,723,382.44 | 2,580,409,489.06 | 6.41% | 2,023,121,243.26 |
| 股东权益(不含少数股东权益) | 1,556,882,758.70 | 1,451,371,528.89 | 7.27% | 1,357,331,531.83 |
| 经营活动产生的现金流量净额 | 103,941,658.96 | 102,208,435.74 | 1.70% | 60,834,703.90 |

2.2 主要财务指标 单位:(人民币)元

| | 2002年(本年) | 2001年(上年) | 本年比上年增减(%) | 2000年 |
|---|---|---|---|---|
| 每股收益 | 0.40 | 0.45 | -11.57% | 0.51 |
| 每股收益* | 0.40 | -- | -- | -- |
| 净资产收益率 | 9.71% | 11.78% | -17.57% | 14.13% |
| 扣除非经常性损益的净利润为基础计算的净资产收益率 | 9.72% | 11.66% | -16.64% | 14.80% |
| 每股经营活动产生的现金流量净额 | 0.27 | 0.27 | 1.78% | 0.16 |
| | 2002年末(本年末) | 2001年末(上年末) | 本年末比上年末增减(%) | 2000年末 |
| 每股净资产 | 4.12 | 3.84 | 7.27% | 3.59 |
| 调整后的每股净资产 | 3.70 | 3.82 | -3.03% | 3.57 |

# 000404 华意压缩机股份有限公司

## 二〇〇二年年度报告摘选

### 1.上市公司基本情况简介

1.1 基本情况简介

证券简称:华意压缩 证券代码:000404 上市交易所:深圳证券交易所

注册地址和办公地址:江西省景德镇市新厂东路28号 邮政编码:333001

公司国际互联网网址:http://www.hua-yi.com 电子信箱:hyccglbl@public1.jdptt.jx.cn

1.2 联系人和联系方式

董事会秘书:简家凤 联系地址:景德镇市新厂东路28号

电话:0798-8470237 传真:0798-8470221 电子信箱:hyyszqb@public1.jdptt.jx.cn

### 2.会计数据和财务指标摘要

2.1 主要会计数据 单位:(人民币)元

| | 2002年(本年) | 2001年(上年) | 本年比上年增减(%) | 2000年 |
|---|---|---|---|---|
| 主营业务收入 | 430,688,741.76 | 187,891,131.78 | 129.22% | 198,820,165.87 |
| 利润总额 | 6,315,403.84 | -1,266,101.17 | -- | 11,757,894.03 |
| 净利润 | 1,112,189.34 | -1,011,742.42 | -- | 3,401,586.57 |
| 扣除非经常性损益的净利润 | -13,956,132.58 | -12,164,171.83 | -- | -17,241,986.07 |
| | 2002年末(本年末) | 2001年末(上年末) | 本年末比上年末增减(%) | 2000年末 |
| 总资产 | 1,655,133,995.27 | 1,138,352,526.50 | 45.40% | 880,295,935.52 |
| 股东权益(不含少数股东权益) | 641,528,476.62 | 639,861,222.66 | 0.26% | 458,673,133.30 |
| 经营活动产生的现金流量净额 | 161,806,235.79 | 25,397,157.87 | 537.10% | -9,612,123.23 |

2.2 主要财务指标 单位:(人民币)元

| | 2002年(本年) | 2001年(上年) | 本年比上年增减(%) | 2000年 |
|---|---|---|---|---|
| 每股收益 | 0.0043 | -0.0039 | -- | 0.014 |
| 净资产收益率 | 0.17% | -0.16% | -- | 0.74% |
| 扣除非经常性损益的净利润为基础计算的净资产收益率 | -2.18% | -1.90% | -- | -3.76% |
| 每股经营活动产生的现金流量净额 | 0.62 | 0.097 | 539.18% | -0.04 |
| | 2002年末(本年末) | 2001年末(上年末) | 本年末比上年末增减(%) | 2000年末 |
| 每股净资产 | 2.46 | 2.45 | 0.24% | 1.93 |
| 调整后的每股净资产 | 2.46 | 2.45 | 0.24% | 1.93 |

# 000409 四通集团高科技股份有限公司

## 二〇〇二年年度报告摘选

### 1.上市公司基本情况简介

1.1 基本情况简介

证券简称:四通高科 证券代码:000409 上市交易所:深圳证券交易所

注册地址和办公地址:广东省深圳市福田中心区深南大道4009号投资大厦

邮政编码:518048 电子信箱:stonegrp@vip.sina.com

1.2 联系人和联系方式

董事会秘书:嵇康一 联系地址:广东省深圳市福田中心区深南大道4009号投资大厦

电话:0755-82912233 传真:0755-82912266 电子信箱:stonegrp@vip.sina.com

### 2.会计数据和业务数据摘要

2.1 主要财务数据

| | 2002年 | 2001年 | 本年比上年增减(%) | 2000年 |
|---|---|---|---|---|
| 主营业务收入 | 23,440,808.95 | 67,010,191.36 | -65.02 | 34,535,346.00 |
| 利润总额 | -51,745,791.59 | -20,472,577.36 | -152.76 | 1,072,184.29 |
| 净利润 | -51,816,000.23 | -21,030,836.95 | -146.38 | 1,102,804.21 |
| 扣除非经常性损益的净利润 | -48,088,182.53 | -20,474,865.85 | -134.86 | 259,612.21 |
| | 2002年12月31日 | 2001年12月31日 | 本年末比上年末增减(%) | 2000年12月31日 |
| 总资产 | 223,393,259.96 | 266,295,344.98 | -16.11 | 306,852,996.89 |
| 股东权益(不含少数股东权益) | 164,733,104.27 | 216,549,104.50 | -23.93 | 237,579,941.45 |
| 经营活动产生的现金流量净额 | -886,616.38 | -7,404,641.13 | 88.03 | -839,039.90 |

2.2 主要财务指标

| | 2002年 | 2001年 | 本年比上年增减(%) | 2000年 |
|---|---|---|---|---|
| 每股收益(摊薄) | -0.302 | -0.123 | -145.53 | 0.006 |
| 每股收益(加权) | -0.302 | -0.123 | -145.53 | 0.006 |
| 净资产收益率(%) | -31.45 | -9.71 | -223.89 | 0.46 |
| 扣除非经常性损益的净利润为基础计算的净资产收益率(%) | -29.19 | -9.46 | -208.56 | -- |
| 每股经营活动产生的现金流量净额 | -0.005 | -0.05 | 90 | 0.076 |
| | 2002年末 | 2001年末 | 本年末比上年末增减(%) | 2000年末 |
| 每股净资产 | 0.96 | 1.26 | -23.93 | 1.39 |
| 调整后的每股净资产 | 0.89 | 1.15 | -22.61 | 1.13 |

# 000410 沈阳机床股份有限公司

## 二〇〇二年年度报告摘选

### 1.上市公司基本情况简介

1.1 基本情况简介

证券简称:沈阳机床 证券代码:000410 上市交易所:深圳证券交易所

注册地址和办公地址:沈阳市铁西区北二东路10-1号 邮政编码:110025

公司国际互联网网址:http//www.smtcl.com 电子信箱:smtcl@smtcl.com

1.2 联系人和联系方式

董事会秘书:孙恺 联系地址:沈阳市铁西区北二东路10-1号

电话:(024)25650008 传真:(024)25878762 电子信箱:SMTCL@SMTCL.COM

证券事务代表:石磊 联系地址:沈阳市铁西区北二东路10-1号

电话:(024)25650008 传真:(024)25878762 电子信箱:SMTCL@SMTCL.COM

### 2.会计数据和财务指标摘要

2.1 主要会计数据 单位:(人民币)元

| | 2002年(本年) | 2001年(上年) | 本年比上年增减(%) | 2000年 |
|---|---|---|---|---|
| 主营业务收入 | 1,074,854,525.00 | 741,701,576.24 | 44.92% | 563,167,250.63 |
| 利润总额 | 1,479,197.88 | -53,251,322.68 | -- | 18,698,453.74 |
| 净利润 | 4,575,175.79 | -53,085,608.88 | -- | 16,100,044.09 |
| 扣除非经常性损益的净利润 | -20,799,512.32 | 16,815,423.60 | -223.69% | 9,041,177.08 |
| | 2002年末(本年末) | 2001年末(上年末) | 本年末比上年末增减(%) | 2000年末 |
| 总资产 | 3,971,998,400.59 | 3,710,242,491.23 | 7.05% | 3,527,991,241.13 |
| 股东权益(不含少数股东权益) | 781,026,218.89 | 778,621,219.11 | 0.31% | 935,961,777.60 |
| 经营活动产生的现金流量净额 | 92,846,622.79 | 55,568,205.94 | 67.09% | 4,740,258.23 |

2.2 主要财务指标 单位:(人民币)元

| | 2002年(本年) | 2001年(上年) | 本年比上年增减(%) | 2000年 |
|---|---|---|---|---|
| 每股收益 | 0.01 | -0.16 | -- | 0.05 |
| 每股收益 | 0.01 | -- | -- | -- |
| 净资产收益率 | 0.56% | -6.82% | -- | 1.72% |
| 扣除非经常性损益的净利润为基础计算的净资产收益率 | 0.56% | 0.95% | -41.05% | 1.72% |
| 每股经营活动产生的现金流量净额 | 0.27 | 0.16 | 66.87% | 0.01 |
| | 2002年末(本年末) | 2001年末(上年末) | 本年末比上年末增减(%) | 2000年末 |
| 每股净资产 | 2.29 | 2.28 | 0.26% | 2.75 |
| 调整后的每股净资产 | 2.29 | 2.28 | 0.26% | 2.62 |

# 000418 无锡小天鹅股份有限公司

## 二〇〇二年年度报告摘选

### 1.上市公司基本情况简介

1.1 基本情况简介

股票简称:小天鹅 A、小天鹅 B 股票代码:000418、200418 上市交易所:深圳证券交易所

注册地址:无锡市国家高新技术开发区汉江路 1 号

办公地址:江苏省无锡市惠钱路 67 号 邮政编码:214035

公司国际互联网网址:http://www.littleswan.com 电子信箱:info@littleswan.com.cn

1.2 联系人和联系方式

董事会秘书:乔立 联系地址:江苏省无锡市惠钱路 67 号

电话:0510－3704003－2192 传真:0510－3704031 电子信箱:qiaol@littleswan.com.cn

证券事务代表:陈伟农 联系地址:江苏省无锡市惠钱路 67 号

电话:0510－3720879 传真:0510－3704031 电子信箱:chenwn@littleswan.com.cn

### 2.会计数据和财务指标摘要

2.1 主要会计数据和财务指标

| | 2002 年 | 2001 年调整后 | 2001 年调整前 | 本年比上年增减(%) | 2000 年 |
|---|---|---|---|---|---|
| 主营业务收入 | 2,755,698,641.53 | 1,953,492,571.37 | 2,054,225,057.00 | 41.07 | 2,724,863,451.07 |
| 利润总额 | －868,462,491.42 | －6,698,279.83 | 74,262,001.15 | －12,865.46 | 235,118,841.91 |
| 净利润 | －418,429,593.89 | －57,502,056.93 | 26,830,095.08 | －627.68 | 188,217,652.91 |
| 扣除非经常性损益的净利润 | －419,583,455.05 | －45,865,124.92 | 38,467,027.09 | －814.82 | 177,747,333.53 |
| 总资产 | 3,169,627,550.78 | 3,114,942,374.52 | 3,420,626,023.75 | 1.76 | 3,407,149,351.94 |
| 股东权益(不含少数股东权益) | 1,218,424,807.50 | 1,885,176,795.40 | 1,995,467,682.42 | －35.37 | 1,995,865,758.34 |
| 经营活动产生的现金流量净额 | 86,553,355.26 | 96,441,569.84 | 96,441,569.84 | －10.25 | 195,693,176.85 |
| 每股收益 | －1.1461 | －0.1575 | 0.0735 | －627.68 | 0.5155 |
| 净资产收益率 | －34.34 | －3.05 | 1.34 | －1,025.90 | 9.43 |
| 扣除非经常性损益的净利润为基础计算的净资产收益率 | －34.44 | －2.43 | 1.93 | －1,317.28 | 8.91 |
| 每股经营活动产生的现金流量净额 | 0.2371 | 0.2641 | 0.2641 | －10.22 | 0.536 |
| 每股净资产 | 3.3372 | 5.1634 | 5.47 | －35.37 | 5.47 |
| 调整后的每股净资产 | 3.1976 | 5.0170 | 5.3408 | －36.26 | 5.37 |

# 000425 徐州工程机械科技股份有限公司

## 二〇〇二年年度报告摘选

### 1.上市公司基本情况简介

1.1 基本情况简介

股票简称:徐工科技 股票代码:000425 上市交易所:深圳证券交易所

注册地址和办公地址:江苏省徐州市苏堤北路 5 号 邮政编码:221006

公司国际互联网网址:http://www.xcmg.com 电子信箱:zqb@xcmg.com

1.2 联系人和联系方式

董事会秘书:费广胜 联系地址:江苏省徐州市苏堤北路 5 号

电话:(0516)5756044－2528 传真:(0516)5753151 电子信箱:zqb@xcmg.com

证券事务代表:薛国强 联系地址:江苏省徐州市苏堤北路 5 号

电话:(0516)5756044－2528 传真:(0516)5753151 电子信箱:zqb@xcmg.com

### 2.会计数据和财务指标摘要

2.1 主要会计数据 单位:元

| | 2002 年 | 2001 年 | 本年比上年增减(%) | 2000 年 |
|---|---|---|---|---|
| 主营业务收入 | 2,123,685,253 | 1,510,859,650 | 40.56 | 1,261,644,191 |
| 利润总额 | 127,067,570 | 101,861,051 | 24.75 | 98,860,838 |
| 净利润 | 107,302,311 | 86,097,692 | 24.63 | 75,159,833 |
| 扣除非经常性损益的净利润 | 101,047,895 | 86,193,087 | 17.22 | 73,360,000 |
| | 2002 年末 | 2001 年末 | 本年末比上年末增减(%) | 2000 年末 |
| 总资产 | 2,588,389,404 | 2,156,758,351 | 20.01 | 1,510,767,778 |
| 股东权益(不含少数股东权益) | 1,074,235,785 | 973,421,327 | 10.36 | 637,064,779 |
| 经营活动产生的现金流量净额 | 239,923,859 | 35,763,722 | 570.86 | 53,091,702 |

2.2 主要财务指标

| | 2002 年 | 2001 年 | 本年比上年增减(%) | 2000 年 |
|---|---|---|---|---|
| 每股收益(摊薄) | 0.22 | 0.17 | 29.41 | 0.213 |
| 每股收益(加权) | 0.22 | 0.19 | 15.79 | 0.213 |
| 净资产收益率% | 9.99 | 8.80 | 13.52 | 11.80 |
| 扣除非经常性损益的净利润为基础计算的净资产收益率 | 9.80 | 8.85 | 10.73 | 11.69 |
| 每股经营活动产生的现金流量净额 | 0.48 | 0.072 | 566.67 | 0.15 |
| 每股净资产 | 2.17 | 1.96 | 10.71 | 1.78 |
| 调整后的每股净资产 | 1.91 | 1.76 | 8.52 | 1.57 |

# 000519 成都银河创新科技股份有限公司

## 二〇〇二年年度报告摘选

### 1.上市公司基本情况简介

1.1 基本情况简介

股票简称:银河创新 股票代码:000519 上市交易所:深圳证券交易所

注册地址和办公地址:成都市二环路东三段 40 号 邮政编码:610051

公司国际互联网网址:http://www.cyj.com.cn 电子信箱:cdyhdlgs@mail.sc.cninfo.net

1.2 联系人和联系方式

董事会秘书:高斌 联系地址:成都市二环路东三段 40 号

电话:028－84304159 84333641－242 传真:028－84310296 电子信箱:yhgb@163.com

证券事务代表:王磊 联系地址:成都市二环路东三段 40 号

电话:028－84303941 84333641－268 传真:028－84310296 电子信箱:wlyh－0519@163.com

### 2.会计数据和财务指标摘要

2.1 主要会计数据 单位:元

| | 2002 年 | 2001 年 | 本年比上年增减(%) | 2000 年 |
|---|---|---|---|---|
| 主营业务收入 | 128,520,072.78 | 134,329,505.88 | －4.32 | 124,869,722.82 |
| 利润总额 | 10,137,358.86 | 17,964,035.88 | －43.57 | 28,806,379.57 |
| 净利润 | 7,701,057.33 | 15,367,392.78 | －49.89 | 24,122,814.62 |
| 扣除非经常性损益的净利润 | －8,367,926.10 | 2,012,664.62 | －515.76 | 16,233,724.17 |
| | 2002 年末 | 2001 年末 | 本年末比上年末增减(%) | 2000 年末 |
| 总资产 | 457,717,251.75 | 474,382,493.31 | －3.51 | 377,213,153.00 |
| 股东权益(不含少数股东权益) | 306,725,699.63 | 312,678,470.90 | －1.90 | 195,304,154.92 |
| 经营活动产生的现金流量净额 | 31,170.740.05 | －8,293,616.01 | 475.84 | 25,350,194.64 |

2.2 主要财务指标 单位:元

| | 2002 年 | 2001 年 | 本年比上年增减(%) | 2000 年 |
|---|---|---|---|---|
| 每股收益(摊薄) | 0.0564 | 0.1126 | －49.91 | 0.189 |
| 每股收益(加权) | 0.0564 | 0.1150 | －50.96 | 0.189 |
| 净资产收益率% | 2.51 | 4.91 | －48.88 | 12.35 |
| 扣除非经常性损益的净利润为基础计算的净资产收益率% | －2.73 | 0.64 | －526.56 | 8.31 |
| 每股经营活动产生的现金流量净额 | 0.228 | －0.061 | 473.77 | 0.20 |
| | 2002 年末 | 2001 年末 | 本年末比上年末增减(%) | 2000 年末 |
| 每股净资产 | 2.246 | 2.29 | －1.92 | 1.529 |
| 调整后的每股净资产 | 2.18 | 2.27 | －3.96 | 1.498 |

# 000521 合肥美菱股份有限公司

## 二〇〇二年年度报告摘选

### 1.上市公司基本情况简介

1.1 基本情况简介

证券简称:美菱电器、皖美菱 B 证券代码:000521、200521 上市交易所:深圳证券交易所

注册地址和办公地址:合肥市芜湖路 48 号 邮政编码:230001

公司国际互联网网址:http://www.meiling.com 电子信箱:info@meiling.com

1.2 联系人和联系方式

董事会秘书:薛辉 联系地址:合肥市芜湖路 48 号

电话:0551－2869394 传真:0551－2883122 电子信箱:wyxuehui@163.com

证券事务代表:齐敦卫 联系地址:合肥市芜湖路 48 号

电话:0551－2869394 传真:0551－2883122 电子信箱:secretary@meiling.com

### 2.会计数据和财务指标摘要

2.1 主要会计数据 单位:(人民币)元

| | 2002 年(本年) | 2001 年(上年) | 本年比上年增减(%) | 2000 年 |
|---|---|---|---|---|
| 主营业务收入 | 1,261,882,198.34 | 1,292,676,068.23 | －2.38% | 1,339,023,354.59 |
| 利润总额 | 8,107,604.25 | －349,549,858.61 | －－ | 6,323,310.42 |
| 净利润 | 8,107,604.25 | －349,549,858.61 | －－ | 5,526,274.24 |
| 扣除非经常性损益的净利润 | 6,426,304.50 | －272,329,341.90 | －－ | 5,271,206.86 |
| | 2002 年末(本年末) | 2001 年末(上年末) | 本年末比上年末增减(%) | 2000 年末 |
| 总资产 | 2,300,035,010.32 | 2,257,483,622.77 | 1.88% | 2,526,682,141.54 |
| 股东权益(不含少数股东权益) | 1,035,388,019.73 | 1,027,960,658.86 | 0.72% | 1,377,510,517.47 |
| 经营活动产生的现金流量净额 | 64,391,468.34 | －25,838,200.11 | －－ | 57,908,771.29 |

2.2 主要财务指标 单位:(人民币)元

| | 2002 年(本年) | 2001 年(上年) | 本年比上年增减(%) | 2000 年 |
|---|---|---|---|---|
| 每股收益 | 0.02 | －0.85 | －－ | 0.01 |
| 净资产收益率 | 0.78% | －34.00% | －－ | 0.40% |
| 扣除非经常性损益的净利润为基础计算的净资产收益率 | 0.62% | －29.06% | －－ | 0.40% |
| 每股经营活动产生的现金流量净额 | 0.16 | －0.06 | －－ | 0.14 |
| | 2002 年末(本年末) | 2001 年末(上年末) | 本年末比上年末增减(%) | 2000 年末 |
| 每股净资产 | 2.50 | 2.49 | 0.72% | 3.33 |
| 调整后的每股净资产 | 1.92 | 2.36 | －18.62% | 3.26 |

# 000527 广东美的集团股份有限公司

## 二〇〇二年年度报告摘选

### 1.上市公司基本情况简介

1.1 基本情况简介

证券简称:粤美的A 证券代码:000527 上市交易所:深圳证券交易所

注册地址和办公地址:广东省顺德市北窖镇蓬莱路 邮政编码:528311

公司国际互联网网址:http://www.midea.com.cn 电子信箱:midea@midea.com.cn

1.2 联系人和联系方式

董事会秘书:黄晓明 联系地址:广东省顺德市北窖镇蓬莱路

电话:0765-6338779 传真:0765-6651991 电子信箱:dms@midea.com.cn

证券事务代表:向春江 联系地址:广东省顺德市北窖镇蓬莱路

电话:0765-6338804 传真:0765-6651991 电子信箱:chunjiangx@163.net

### 2.会计数据和财务指标摘要

2.1 主要会计数据 单位:(人民币)元

| | 2002年(本年) | 2001年(上年) | 本年比上年增减(%) | 2000年 |
|---|---|---|---|---|
| 主营业务收入 | 10,867,156,810.40 | 10,525,302,597.87 | 3.25% | 8,805,244,254.67 |
| 利润总额 | 395,755,625.19 | 413,674,697.85 | -4.33% | 474,537,374.16 |
| 净利润 | 154,566,837.84 | 262,831,434.91 | -41.19% | 284,312,444.16 |
| 扣除非经常性损益的净利润 | 131,160,713.59 | 215,017,065.00 | -39.00% | 285,043,862.35 |
| | 2002年末(本年末) | 2001年末(上年末) | 本年末比上年末增减(%) | 2000年末 |
| 总资产 | ·7,986,226,641.30 | 7,742,771,599.28 | 3.14% | 7,147,209,186.03 |
| 股东权益(不含少数股东权益) | 2,195,920,584.68 | 2,086,310,198.54 | 5.25% | 1,933,819,540.50 |
| 经营活动产生的现金流量净额 | 1,897,037,001.89 | 820,709,758.45 | 131.15% | 372,710,857.20 |

2.2 主要财务指标 单位:(人民币)元

| | 2002年(本年) | 2001年(上年) | 本年比上年增减(%) | 2000年 |
|---|---|---|---|---|
| 每股收益 | 0.32 | 0.54 | -41.14% | 0.59 |
| 每股收益* | 0.32 | -- | -- | -- |
| 净资产收益率 | 7.04% | 12.60% | -44.13% | 14.70% |
| 扣除非经常性损益的净利润为基础计算的净资产收益率 | 5.97% | 10.31% | -42.10% | 12.79% |
| 每股经营活动产生的现金流量净额 | 3.91 | 1.69 | 131.07% | 0.77 |
| | 2002年末(本年末) | 2001年末(上年末) | 本年末比上年末增减(%) | 2000年末 |
| 每股净资产 | 4.53 | 4.30 | 5.25% | 3.99 |
| 调整后的每股净资产 | 3.93 | 3.79 | 3.69% | 3.61 |

# 000528 广西柳工机械股份有限公司

## 二〇〇二年年度报告摘选

### 1.上市公司基本情况简介

1.1 基本情况简介

证券简称:桂柳工A 证券代码:000528 上市交易所:深圳证券交易所

注册地址:广西柳州市 办公地址:广西壮族自治区柳州市柳太路1号 邮政编码:545007

公司国际互联网网址:http://www.liugong.com 电子信箱:stock@liugong.com

1.2 联系人和联系方式

董事会秘书:王祖光 联系地址:本公司董事会秘书处

电话:0772-3886509 3886510 传真:0772-3886509 电子信箱:stock@liugong.com

证券事务代表:黄华琳 联系地址:本公司董事会秘书处

电话:0772-3886510 3886509 传真:0772-3886509 电子信箱:stock@liugong.com

### 2.会计数据和财务指标摘要

2.1 主要会计数据 单位:(人民币)元

| | 2002年(本年) | 2001年(上年) | 本年比上年增减(%) | 2000年 |
|---|---|---|---|---|
| 主营业务收入 | 1,701,127,293.94 | 977,178,203.88 | 74.09% | 764,776,379.83 |
| 利润总额 | 150,443,330.62 | 25,531,219.95 | 489.25% | 5,733,446.84 |
| 净利润 | 123,626,531.20 | 20,099,203.76 | 515.08% | 142,739.70 |
| 扣除非经常性损益的净利润 | 121,643,652.92 | 22,466,315.95 | 441.45% | 2,217,200.04 |
| | 2002年末(本年末) | 2001年末(上年末) | 本年末比上年末增减(%) | 2000年末 |
| 总资产 | 1,487,915,740.44 | 1,259,149,728.09 | 18.17% | 1,203,415,182.22 |
| 股东权益(不含少数股东权益) | 761,667,782.90 | 702,818,854.55 | 8.37% | 698,192,464.63 |
| 经营活动产生的现金流量净额 | 98,993,687.19 | 51,125,518.67 | 93.63% | 39,674,750.52 |

2.2 主要财务指标 单位:(人民币)元

| | 2002年(本年) | 2001年(上年) | 本年比上年增减(%) | 2000年 |
|---|---|---|---|---|
| 每股收益 | 0.3774 | 0.0614 | 515.08% | 0.0004 |
| 每股收益* | 0.3774 | -- | -- | -- |
| 净资产收益率 | 16.23% | 2.86% | 467.56% | 0.02% |
| 扣除非经常性损益的净利润为基础计算的净资产收益率 | 15.97% | 3.20% | 399.06% | 0.32% |
| 每股经营活动产生的现金流量净额 | 0.3022 | 0.1561 | 93.63% | 0.1211 |
| | 2002年末(本年末) | 2001年末(上年末) | 本年末比上年末增减(%) | 2000年末 |
| 每股净资产 | 2.33 | 2.15 | 8.37% | 2.13 |
| 调整后的每股净资产 | 2.31 | 2.12 | 8.95% | 2.08 |

# 000530 大连冷冻机股份有限公司

## 二〇〇二年年度报告摘选

### 1.上市公司基本情况简介

1.1 基本情况简介

股票简称:大冷股份;大冷B 股票代码:000530;200530 上市交易所:深圳证券交易所

注册地址和办公地址:大连市沙河口区西南路888号 邮政编码:116033

公司国际互联网网址:www.bingshan.com 电子信箱:dlzj@mail.dlptt.ln.cn

1.2 联系人和联系方式

董事会秘书:吕连珍 联系地址:大连冷冻机股份有限公司办公室

电话:0086-411-6653081-8100 传真:0086-411-6641470

电子信箱:dlzj@mail.dlptt.ln.cn

证券事务代表:葛彦 联系地址:大连冷冻机股份有限公司证券部

电话:0086-411-6653081-8131 传真:0086-411-6654530

电子信箱:dlzj@mail.dlptt.ln.cn

### 2.会计数据和财务指标摘要

2.1 主要会计数据(单位:人民币元)

| | 2002年 | 2001年 | 本年比上年增减(%) | 2000年 |
|---|---|---|---|---|
| 主营业务收入 | 956,363,304.97 | 902,148,243.13 | +6.01 | 800,683,245.80 |
| 利润总额 | 95,250,515.22 | 89,912,754.72 | +5.94 | 87,688,321.22 |
| 净利润 | 88,426,051.73 | 86,181,347.27 | +2.60 | 80,401,064.51 |
| 扣除非经常性损益的净利润 | 88,196,121.51 | 86,137,034.13 | +2.39 | 80,447,165.23 |
| | 2002年末 | 2001年末 | 本年末比上年末增减(%) | 2000年末 |
| 总资产 | 1,877,876,517.14 | 1,850,382,993.53 | +1.49 | 1,748,387,305.67 |
| 股东权益(不含少数股东权益) | 1,189,978,702.33 | 1,134,751,411.10 | +4.87 | 1,083,571,561.33 |
| 经营活动产生的现金流量净额 | 104,017,865.45 | 44,794,359.91 | +132.21 | 40,930,712.90 |

2.2 主要财务指标

| | 2002年 | 2001年 | 本年比上年增减(%) | 2000年 |
|---|---|---|---|---|
| 每股收益 | 0.253 | 0.246 | +2.85 | 0.230 |
| 净资产收益率 | 7.43% | 7.59% | -2.11 | 7.42% |
| 扣除非经常性损益的净利润为基础计算的净资产收益率 | 7.41% | 7.59% | -2.37 | 7.42% |
| 每股经营活动产生的现金流量净额 | 0.297 | 0.128 | +132.03 | 0.117 |
| | 2002年末 | 2001年末 | 本年末比上年末增减(%) | 2000年末 |
| 每股净资产 | 3.40 | 3.24 | +4.94 | 3.10 |
| 调整后的每股净资产 | 3.39 | 3.22 | +5.28 | 3.08 |

# 000533 广东万家乐股份有限公司

## 二〇〇二年年度报告摘选

### 1.上市公司基本情况简介

1.1 基本情况简介

股票简称:ST万家乐 股票代码:000533 上市交易所:深圳证券交易所

注册地址和办公地址:广东省佛山市顺德区大良顺峰山工业区 邮政编码:528333

公司国际互联网网址:http://www.macro.com.cn 电子信箱:macro@macro.com.cn

1.2 联系人和联系方式

董事会秘书:张伟 联系地址:广东省佛山市顺德区大良顺峰山工业区

电话:0765-2321226 传真:0765-2321200 电子信箱:zhangw@macro.com.cn

证券事务代表:张楚珊 联系地址:广东省佛山市顺德区大良顺峰山工业区

电话:0765-2321233 传真:0765-2321200 电子信箱:zhangcs@macro.com.cn

### 2.会计数据和财务指标摘要

2.1 主要会计数据 单位:(人民币)元

| | 2002年 | 2001年 | 本年比上年增减(%) | 2000年 |
|---|---|---|---|---|
| 主营业务收入 | 1,109,203,408.13 | 1,122,820,028.67 | -1.21 | 1,057,534,565.68 |
| 利润总额 | -168,553,036.10 | -1,009,778,429.40 | 83.31 | 12,716,882.08 |
| 净利润 | -100,798,030.44 | -978,556,712.78 | 89.70 | 5,484,502.72 |
| 扣除非经常性损益的净利润 | -97,769,634.09 | -264,568,865.76 | 63.15 | 10,351,849.50 |
| | 2002年末 | 2001年末 | 本年末比上年末增减(%) | 2000年末 |
| 总资产 | 2,951,396,181.61 | 2,708,037,228.80 | 8.99 | 3,488,222,920.59 |
| 股东权益(不含少数股东权益) | 377,837,193.85 | 246,442,608.44 | 53.32 | 1,226,714,343.68 |
| 经营活动产生的现金流量净额 | -94,461,265.96 | -360,120,748.50 | 73.77 | 139,619,626.76 |

2.2 主要财务指标

| | 2002年 | 2001年 | 本年比上年增减(%) | 2000年 |
|---|---|---|---|---|
| 每股收益(元) | -0.1751 | -1.6998 | 89.41 | 0.01 |
| 净资产收益率(%) | -26.68 | -397.07 | 99.93 | 0.45 |
| 扣除非经常性损益的净利润为基础计算的净资产收益率(%) | -25.88 | -107.36 | 75.96 | 0.84 |
| 每股经营活动产生的现金流量净额(元) | -0.1641 | -0.6256 | 73.77 | 0.24 |
| | 2002年末 | 2001年末 | 本年末比上年末增减(%) | 2000年末 |
| 每股净资产(元) | 0.6563 | 0.4281 | 53.31 | 2.13 |
| 调整后的每股净资产(元) | 0.4381 | 0.2730 | 13.36 | 1.97 |

# 000536 闽东电机(集团)股份有限公司

## 二〇〇二年年度报告摘选

### 1.上市公司基本情况简介

1.1 基本情况简介

股票简称:ST 闽闽东　股票代码:000536　上市交易所:深圳证券交易所

注册地址和办公地址:福建省福州市五一中路 88 号平安大厦 19 层　邮政编码:350005

公司国际互联网网址:http://www.mddjg.com　电子信箱:mddjg@public.fz.fj.cn

1.2 联系人和联系方式

董事会秘书:曹建　联系地址:福建福州市五一中路 88 号平安大厦 19 层

电话:0591－3348228　传真:0591－3326201　电子信箱:mddjg@public.fz.fj.cn

证券事务代表:江信建　联系地址:福建福州市五一中路 88 号平安大厦 19 层

电话:0591－3364248　传真:0591－3326201　电子信箱:mddjg@public.fz.fj.cn

### 2.会计数据和财务指标摘要

2.1 主要会计数据(单位:元)

| | 2002 年 | 2001 年 | 本年比上年增减(%) | 2000 年 |
|---|---|---|---|---|
| 主营业务收入 | 52942240.61 | 92567222.58 | －42.81 | 106950563.58 |
| 利润总额 | －35883126.05 | －1905984.14 | 1782.66 | －49276497.92 |
| 净利润 | －32954454.74 | 10429422.30 | －415.98 | －42608065.96 |
| 扣除非经常性损益的净利润 | －16526520.69 | －536177.15 | 2982.29 | －44530877.27 |
| | 2002 年末 | 2001 年末 | 本年末比上年末增减(%) | 2000 年末 |
| 总资产 | 200733521.57 | 293091262.55 | －31.51 | 298514265.84 |
| 股东权益(不含少数股东权益) | 3224968.69 | －18890945.30 | 117.07 | －14024528.35 |
| 经营活动产生的现金流量净额 | 33934847.99 | 52149969.68 | －34.93 | －3618930.47 |

2.2 主要财务指标(单位:元)

| | 2002 年 | 2001 年 | 本年比上年增减(%) | 2000 年 |
|---|---|---|---|---|
| 每股收益 | －0.2703 | 0.0855 | －400 | －0.35 |
| 净资产收益率(%) | －1021.85 | －55.21 | 1750.84 | －303.81 |
| 扣除非经常性损益的净利润为基础计算的净资产收益率(%) | －512.46 | 2.84 | 1708100 | －127.55 |
| 每股经营活动产生的现金流量净额 | 0.2783 | 0.4277 | －34.88 | －0.03 |
| | 2002 年末 | 2001 年末 | 本年末比上年末增减(%) | 2000 年末 |
| 每股净资产 | 0.0264 | －0.1549 | 120 | －0.12 |
| 调整后的每股净资产 | －0.03 | －0.18 | －83.33 | －0.13 |

# 000541 佛山电器照明股份有限公司

## 二〇〇二年年度报告摘选

### 1.上市公司基本情况简介

1.1 基本情况简介

股票简称:佛山照明(A 股)、粤照明(B 股)　股票代码:000541(A 股)、200541(B 股)

上市交易所:深圳证券交易所

注册地址和办公地址:广东省佛山市汾江北路 15 号　邮政编码:528000

公司国际互联网网址:www.chinafsl.com　电子信箱:gzfsligh@pub.foshan.gd.cn

1.2 联系人和联系方式

董事会秘书:林奕辉　联系地址:佛山市汾江北路 15 号

电话:(0757)2813838－298　2810239　传真:(0757)2816276

电子信箱:gzfsligh@pub.foshan.gd.cn

### 2.会计数据和财务指标摘要

2.1 主要会计数据

| | 2002 年(本年) | 2001 年(上年) | 本年比上年增减(%) | 2000 年 |
|---|---|---|---|---|
| 主营业务收入 | 957,501,228.40 | 823,711,732.02 | 16.24 | 687,280,388.24 |
| 利润总额 | 242,998,523.90 | 210,011,358.89 | 15.71 | 189,242,076.55 |
| 净利润 | 204,819,357.27 | 173,348,748.33 | 18.15 | 161,153,528.61 |
| 扣除非经常性损益的净利润 | 207,441,789.01 | 176,950,887.37 | 17.23 | 157,057,195.18 |
| | 2002 年末(本年) | 2001 年末(上年) | 本年比上年增减(%) | 2000 年 |
| 总资产 | 2,347,876,256.03 | 2,242,302,393.20 | 4.71 | 2,171,997,490.15 |
| 股东权益(不含少数股东权益) | 1,961,332,291.31 | 1,906,996,624.70 | 2.85 | 1,876,824,158.35 |
| 经营活动产生的现金流量净额 | 302,700,317.20 | 268,595,877.80 | 12.70 | 172,329,260.79 |

2.2 主要财务指标

| | 2002 年(本年) | 2001 年(上年) | 本年比上年增减(%) | 2000 年 |
|---|---|---|---|---|
| 每股收益 | 0.57 | 0.48 | 18.75 | 0.45 |
| 净资产收益率 | 10.44% | 9.09% | 14.85 | 8.59% |
| 扣除非经常性损益的净利润为基础计算的净资产收益率 | 10.58% | 9.28% | 14.01 | 8.37% |
| 每股经营活动产生的现金流量净额 | 0.84 | 0.75 | 12.00 | 0.48 |
| | 2002 年末(本年末) | 2001 年末(上年末) | 本年比上年增减(%) | 2000 年 |
| 每股净资产 | 5.47 | 5.32 | 2.82 | 5.24 |
| 调整后的每股净资产 | 5.44 | 5.29 | 2.84 | 5.21 |

# 000547 福州学人集团股份有限公司

## 二〇〇二年年度报告摘选

### 1.上市公司基本情况简介

1.1 基本情况简介

股票简称:闽福发 A　股票代码:000547　上市交易所:深圳证券交易所

注册地址:福州市工业路 223 号　办公地址:福建省福州市五一南路 67 号工行五一支行 14 层

邮政编码:350009　公司国际互联网网址:http://www.fufa.com

电子信箱:fufa@pub3.fz.fj.cn

1.2 联系人和联系方式

董事会秘书:林杰　联系地址:福建省福州市五一南路 67 号工行五一支行 14 层

电话:0591－3283128　传真:0591－3296358　电子信箱:fufa@pub3.fz.fj.cn

### 2.会计数据和财务指标摘要

2.1 主要会计数据　单位:元

| | 2002 年(本年) | 2001 年(上年) | 本年比上年增减(%) | 2000 年 |
|---|---|---|---|---|
| 主营业务收入 | 194952707.51 | 251172410.10 | －22.38 | 225282112.98 |
| 利润总额 | 11864621.11 | 34566644.15 | －65.68 | 35706812.98 |
| 净利润 | 2582584.20 | 21850043.05 | －88.18 | 29939931.77 |
| 扣除非经常性损益的净利润 | －17498315.10 | 16292974.15 | －207.39 | 28589120.97 |
| | 2002 年末(本年末) | 2001 年末(上年末) | 本年末比上年末增减(%) | 2000 年末 |
| 总资产 | 1167454850.88 | 1094218557.38 | 6.69 | 988837458.08 |
| 股东权益(不含少数股东权益) | 430891018.66 | 428294684.61 | 0.61 | 406441493.25 |
| 经营活动产生的现金流量净额 | 87460668.92 | 178633065.91 | －51.04 | 69888584.78 |

2.2 主要财务指标

| | 2002 年(本年) | 2001 年(上年) | 本年比上年增减(%) | 2000 年 |
|---|---|---|---|---|
| 每股收益 | 0.021 | 0.18 | －88.33 | 0.25 |
| 净资产收益率 | 0.599% | 5.10% | －88.25 | 7.37% |
| 扣除非经常性损益的净利润为基础计算的净资产收益率 | －4.061% | 3.804% | －206.75% | 7.03% |
| 每股经营活动产生的现金流量净额 | 0.714 | 1.46 | －51.10 | 0.57 |
| | 2002 年末(本年末) | 2001 年末(上年末) | 本年末比上年末增减(%) | 2000 年末 |
| 每股净资产 | 3.519 | 3.50 | 0.54 | 3.32 |
| 调整后的每股净资产 | 3.463 | 3.46 | 0.08 | 3.25 |

# 000549 湘火炬投资股份有限公司

## 二〇〇二年年度报告摘选

### 1.上市公司基本情况简介

1.1 基本情况简介

证券简称:湘火炬 A　证券代码:000549　上市交易所:深圳证券交易所

注册地址:湖南省株洲市河西黄河南路 1 号　办公地址:湖南省株洲市红旗北路 3 号

邮政编码:412001

公司国际互联网网址:http://www.cntorch.com　电子信箱:torchstock@163.net

1.2 联系人和联系方式

董事会秘书:张英姿　联系地址:湖南省株洲市红旗北路 3 号

电话:0733－8450019　传真:0733－8450019　电子信箱:zyz@cntorch.com

证券事务代表:金卓钧　联系地址:湖南省株洲市红旗北路 3 号

电话:0733－8450105　传真:0733－8450019　电子信箱:torchstock@163.net

### 2.会计数据和财务指标摘要

2.1 主要会计数据　单位:(人民币)元

| | 2002 年(本年) | 2001 年(上年) | 本年比上年增减(%) | 2000 年 |
|---|---|---|---|---|
| 主营业务收入 | 3,926,837,292.81 | 2,213,446,791.91 | 77.41% | 1,517,820,812.04 |
| 利润总额 | 373,586,852.06 | 133,560,348.87 | 179.71% | 104,200,464.71 |
| 净利润 | 120,840,939.51 | 63,349,591.10 | 90.75% | 61,144,345.68 |
| 扣除非经常性损益的净利润 | 136,800,944.96 | 48,666,348.91 | 181.10% | 60,486,818.76 |
| | 2002 年末(本年末) | 2001 年末(上年末) | 本年末比上年末增减(%) | 2000 年末 |
| 总资产 | 5,471,103,909.79 | 3,028,388,767.26 | 80.66% | 2,245,811,457.71 |
| 股东权益(不含少数股东权益) | 1,051,356,060.68 | 943,066,438.52 | 11.48% | 902,908,765.32 |
| 经营活动产生的现金流量净额 | 231,644,721.09 | 38,974,048.46 | 494.36% | 14,281,822.14 |

2.2 主要财务指标　单位:(人民币)元

| | 2002 年(本年) | 2001 年(上年) | 本年比上年增减(%) | 2000 年 |
|---|---|---|---|---|
| 每股收益 | 0.19 | 0.15 | 27.20% | 0.24 |
| 每股收益 * | 0.19 | －－ | －－ | －－ |
| 净资产收益率 | 11.49% | 6.72% | 70.98% | 6.77% |
| 扣除非经常性损益的净利润为基础计算的净资产收益率 | 13.01% | 5.16% | 152.13% | 19.79% |
| 每股经营活动产生的现金流量净额 | 0.37 | 0.09 | 296.05% | 0.06 |
| | 2002 年末(本年末) | 2001 年末(上年末) | 本年末比上年末增减(%) | 2000 年末 |
| 每股净资产 | 1.68 | 2.27 | －25.68% | 3.47 |
| 调整后的每股净资产 | 1.54 | 2.16 | －28.74% | 3.35 |

# 000550 江铃汽车股份有限公司

## 二〇〇二年年度报告摘选

### 1.上市公司基本情况简介

1.1 基本情况简介

股票简称:江铃汽车、江铃 B 股票代码:000550、200550 上市交易所:深圳证券交易所

注册地址和办公地址:江西省南昌市迎宾大道 509 号 邮政编码:330001

公司国际互联网网址:http://www.jmc.com.cn 电子信箱:Jmcgh@public.nc.jx.cn

1.2 联系人和联系方式

董事会秘书:熊中平 电话:86－791－5235675

财务信息披露人:王文涛 电话:86－791－5235742

证券事务代表:全实 电话:86－791－5232888－6178

传真:86－791－5232839 电子信箱:jmcgh@public.nc.jx.cn

联系地址:江西省南昌市迎宾大道 509 号

### 2.会计数据和财务指标摘要

2.1 主要会计数据 单位:人民币千元

| | 2002 年 | 2001 年 | 本年比上年增减(%) | 2000 年 |
|---|---|---|---|---|
| 主营业务收入 | 4,270,869 | 3,379,072 | 26.39 | 2,824,840 |
| 利润总额 | 345,919 | 101,157 | 241.96 | 65,989 |
| 净利润 | 286,760 | 100,848 | 184.35 | 55,366 |
| 扣除非经常性损益的净利润 | 288,720 | 163,766 | 76.30 | 39,452 |
| | 2002 年 12 月 31 日 | 2001 年 12 月 31 日 | 本年末比上年末增减(%) | 2000 年 12 月 31 日 |
| 总资产 | 3,581,901 | 3,666,636 | －2.31 | 4,257,278 |
| 股东权益(不含少数股东权益) | 1,818,132 | 1,616,364 | 12.48 | 1,524,418 |
| 经营活动产生的现金流量净额 | 990,401 | 681,185 | 45.39 | 1,046,003 |

2.2 主要财务指标

| | 2002 年 | 2001 年 | 本年比上年增减(%) | 2000 年 |
|---|---|---|---|---|
| 每股收益(人民币元) | 0.33 | 0.12 | 175 | 0.06 |
| 净资产收益率 | 15.77% | 6.24% | 152.72 | 3.63% |
| 扣除非经常性损益的净利润为基础计算的净资产收益率 | 15.88% | 10.13% | 56.76 | 2.10% |
| 每股经营活动产生的现金流量净额(人民币元) | 1.15 | 0.79 | 45.57 | 1.21 |
| | 2002 年末 | 2001 年末 | 本年末比上年末增减(%) | 2000 年末 |
| 每股净资产(人民币元) | 2.11 | 1.87 | 12.83 | 1.77 |
| 调整后的每股净资产(人民币元) | 1.84 | 1.51 | 21.85 | 1.22 |

# 000551 创元科技股份有限公司

## 二〇〇二年年度报告摘选

### 1.上市公司基本情况简介

1.1 基本情况简介

证券简称:创元科技 证券代码:000551 上市交易所:深圳证券交易所

注册地址:江苏苏州市新区淮海街 6 幢 E3 号 办公地址:苏州市南门东二路 4 号

邮政编码:215007 公司国际互联网网址:www.cninfo.com.cn

电子信箱:cts0551@pub.sz.jsinfo.net

1.2 联系人和联系方式

董事会秘书:陈小麟 联系地址:苏州市南门东二路 4 号

电话:0512－65300551 传真:0512－65300551 电子信箱:cts0551@pub.sz.jsinfo.net

### 2.会计数据和财务指标摘要

2.1 主要会计数据 单位:(人民币)元

| | 2002 年 | 2001 年 | 本年比上年增减(%) | 2000 年 |
|---|---|---|---|---|
| 主营业务收入 | 820,145,016.33 | 629,255,923.42 | 30.43% | 339,595,337.68 |
| 利润总额 | 59,104,578.08 | 71,410,325.58 | －17.23% | 39,232,375.20 |
| 净利润 | 40,984,660.75 | 53,002,021.41 | －22.67% | 33,996,765.37 |
| 扣除非经常性损益的净利润 | 40,401,471.86 | 47,309,763.32 | －14.60% | 33,996,765.37 |
| | 2002 年末 | 2001 年末 | 本年末比上年末增减(%) | 2000 年末 |
| 总资产 | 1,037,341,968.73 | 1,041,323,378.40 | －0.38% | 1,186,295,482.78 |
| 股东权益(不含少数股东权益) | 507,698,047.60 | 491,695,638.40 | 3.25% | 479,310,023.98 |
| 经营活动产生的现金流量净额 | 26,662,120.26 | 34,600,332.69 | －22.94% | 246,824,810.54 |

2.2 主要财务指标 单位:(人民币)元

| | 2002 年 | 2001 年 | 本年比上年增减(%) | 2000 年 |
|---|---|---|---|---|
| 每股收益 | 0.17 | 0.22 | －22.71% | 0.14 |
| 净资产收益率 | 8.07% | 10.78% | －25.14% | 7.09% |
| 扣除非经常性损益的净利润为基础计算的净资产收益率 | 7.96% | 9.62% | －17.26% | 9.28% |
| 每股经营活动产生的现金流量净额 | 0.11 | 0.14 | －22.92% | 1.02 |
| | 2002 年末 | 2001 年末 | 本年末比上年末增减(%) | 2000 年末 |
| 每股净资产 | 2.10 | 2.03 | 3.25% | 1.98 |
| 调整后的每股净资产 | 2.08 | 2.00 | 3.92% | 1.91 |

# 000552 甘肃长风特种电子股份有限公司

## 二〇〇二年年度报告摘选

### 1.上市公司基本情况简介

1.1 基本情况简介

股票简称:长风特电 股票代码:000552 上市交易所:深圳证券交易所

注册地址和办公地址:甘肃省兰州市安宁区安宁西路 270 号 邮政编码:730070

公司国际互联网网址:http://www.changfeng.info.com 电子信箱:cfjqc@public.lz.gs.cn

1.2 联系人和联系方式

董事会秘书:胡惠斌 联系地址:甘肃省兰州市安宁区安宁西路 270 号

电话:0931－7993712 7993232 传真:0931－7993172 电子信箱:zqbhhb@public.lz.gs.cn

### 2.会计数据和财务指标

2.1 主要会计数据 单位:元

| | 2002 年 | 2001 年 | 本年比上年增减(%) | 2000 年 |
|---|---|---|---|---|
| 主营业务收入 | 56,775,593.53 | 173,666,514.11 | －67.3 | 198,387,773.28 |
| 利润总额 | －39,285,946.07 | 9,780,741.41 | －501.7 | 29,586,943.67 |
| 净利润 | －39,285,946.07 | 9,780,741.41 | －501.7 | 29,586,943.67 |
| 扣除非经常性损益的净利润 | －47,760,735.92 | 7,458,024.50 | －673.4 | 19,934,584.27 |
| | 2002 年末 | 2001 年末 | 本年末比上年末增减(%) | 2000 年末 |
| 总资产 | 395,566,090.09 | 461,534,421.10 | －14.3 | 463,690,138.17 |
| 股东权益(不含少数股东权益) | 190,493,978.06 | 229,698,827.83 | －17.1 | 206,756,306.57 |
| 经营活动产生的现金流量净额 | －923,442.95 | －2,523,030.86 | 63.4 | －14,953,562.54 |

2.2 主要财务指标 单位:元

| | 2002 年 | 2001 年 | 本年比上年增减(%) | 2000 年 |
|---|---|---|---|---|
| 每股收益(摊薄) | －0.22 | 0.055 | －540 | 0.17 |
| 每股收益(加权) | －0.22 | 0.055 | －540 | 0.17 |
| 净资产收益率% | －20.62 | 4.26 | －584 | 14.31 |
| 扣除非经常性损益的净利润为基础计算的净资产收益率% | －22.47 | 2.41 | －1032.40 | 10.59 |
| 每股经营活动产生的现金流量净额 | －0.005 | －0.014 | 64.3 | －0.084 |
| | 2002 年末 | 2001 年末 | 本年末比上年末增减(%) | 2000 年末 |
| 每股净资产 | 1.07 | 1.29 | －17.1 | 1.314 |
| 调整后的每股净资产 | 1.07 | 1.29 | －17.1 | 1.16 |

# 000559 万向钱潮股份有限公司

## 二〇〇二年年度报告摘选

### 1.上市公司基本情况简介

1.1 基本情况简介

证券简称:万向钱潮 股票代码:000559 上市交易所:深圳证券交易所

注册地址和办公地址:浙江省杭州市萧山区、浙江省杭州市萧山区万向路 邮政编码:311215

公司国际互联网网址:http://www.wanxiang.com.cn 电子信箱:WXQC@xsptt.zjpta.net.cn

1.2 联系人和联系方式

董事会秘书:许小建 联系地址:浙江省杭州市萧山区万向路

电话:0571－82832999 传真:0571－82602132 电子信箱:WXQC@xsptt.zjpta.net.cn

### 2.会计数据和财务指标摘要

2.1 主要会计数据 单位:(人民币)元

| | 2002 年(本年) | 2001 年调整前(上年) | 2001 年调整后(上年) | 本年比上年调整后增减(%) | 2000 年调整前 | 2000 年调整后 |
|---|---|---|---|---|---|---|
| 主营业务收入 | 1,610,057,901.71 | 1,096,841,027.14 | 1,096,841,027.14 | 46.79% | 1,229,999,673.98 | 1,229,999,673.98 |
| 利润总额 | 224,421,235.99 | 191,528,252.96 | 186,483,152.32 | 20.34% | 154,154,071.20 | 151,257,285.59 |
| 净利润 | 133,455,752.65 | 121,183,784.34 | 116,138,683.70 | 14.91% | 146,508,844.23 | 143,612,058.62 |
| 扣除非经常性损益的净利润 | 80,364,138.39 | 69,498,826.51 | 69,498,826.51 | 15.63% | 102,615,940.61 | 102,615,940.61 |
| | 2002 年末(本年末) | 2001 年末调整前(上年末) | 2001 年末调整后(上年末) | 本年末比上年末增减(%) | 2000 年末调整前 | 2000 年末调整后 |
| 总资产 | 2,500,790,456.31 | 2,068,799,765.73 | 2,062,927,984.19 | 21.23% | 1,592,732,879.67 | 1,589,836,094.06 |
| 股东权益(不含少数股东权益) | 1,316,363,485.81 | 1,268,334,598.18 | 1,262,462,816.64 | 4.27% | 927,979,871.16 | 925,083,085.55 |
| 经营活动产生的现金流量净额 | 268,936,608.06 | 251,070,206.28 | 251,070,206.28 | 7.12% | 243,861,303.44 | 243,861,303.44 |

2.2 主要财务指标 单位:(人民币)元

| | 2002 年(本年) | 2001 年调整前(上年) | 2001 年调整后(上年) | 本年比上年调整后增减(%) | 2000 年调整前 | 2000 年调整后 |
|---|---|---|---|---|---|---|
| 每股收益 | 0.36 | 0.33 | 0.32 | 14.83% | 0.52 | 0.51 |
| 加权每股收益 | 0.36 | 0.34 | 0.32 | 7.06% | 0.52 | 0.51 |
| 净资产收益率 | 10.14% | 9.55% | 9.20% | 10.22% | 15.79% | 15.52% |
| 扣除非经常性损益的净利润为基础计算的净资产收益率 | 6.11% | 5.43% | 5.51% | 10.89% | 11.25% | 11.09% |
| 每股经营活动产生的现金流量净额 | 0.73 | 0.69 | 0.69 | 6.38% | 0.86 | 0.86 |
| | 2002 年末(本年末) | 2001 年末调整前(上年末) | 2001 年末调整后(上年末) | 本年末比上年末调整后增减(%) | 2000 年末调整前 | 2000 年末调整后 |
| 每股净资产 | 3.59 | 3.46 | 3.45 | 4.26% | 3.28 | 3.27 |
| 调整后的每股净资产 | 3.59 | 3.45 | 3.43 | 4.37% | 3.23 | 3.22 |

## 000561 长岭(集团)股份有限公司

### 二〇〇二年年度报告摘选

#### 1.上市公司基本情况简介

1.1 基本情况简介

证券简称:陕长岭 A 证券代码:000561 上市交易所:深圳证券交易所

注册地址和办公地址:陕西省宝鸡市清姜路 75 号 邮政编码:721006

公司国际互联网网址:http://www.changling.com.cn 电子信箱:cl@changling.com.cn

1.2 联系人和联系方式

董事会秘书:王亘 联系地址:陕西省宝鸡市长岭公司投资管理部

电话:0917－3624433－5041 传真:0917－3622392 电子信箱:dsh@changling.com.cn

证券事务代表:杨婷婷 联系地址:陕西省宝鸡市长岭公司投资管理部

电话:0917－3624433－5145 传真:0917－3622392 电子信箱:dsh@changling.com.cn

#### 2.会计数据和财务指标摘要

2.1 主要会计数据 单位:(人民币)元

| | 2002 年(本年) | 2001 年(上年) | 本年比上年增减(%) | 2000 年 |
|---|---|---|---|---|
| 主营业务收入 | 354,970,144.43 | 605,366,449.13 | －41.36% | 636,777,403.16 |
| 利润总额 | －350,198,967.42 | －324,039,636.68 | －－ | 13,360,203.03 |
| 净利润 | －296,755,139.00 | －323,543,981.95 | －－ | 13,521,633.31 |
| 扣除非经常性损益的净利润 | －282,913,865.02 | －232,028,790.54 | －－ | －56,478,366.69 |
| | 2002 年末(本年末) | 2001 年末(上年末) | 本年末比上年末增减(%) | 2000 年末 |
| 总资产 | 1,506,206,757.03 | 1,329,920,202.44 | 13.26% | 1,648,605,753.83 |
| 股东权益(不含少数股东权益) | 143,107,979.89 | 486,175,856.88 | －70.56% | 827,705,256.09 |
| 经营活动产生的现金流量净额 | －37,376,645.72 | －74,868,483.97 | －－ | 64,226,094.99 |

2.2 主要财务指标 单位:(人民币)元

| | 2002 年(本年) | 2001 年(上年) | 本年比上年增减(%) | 2000 年 |
|---|---|---|---|---|
| 每股收益 | －0.75 | －0.81 | －－ | 0.03 |
| 每股收益* | －0.75 | －－ | －－ | －－ |
| 净资产收益率 | －207.36% | －66.55% | －－ | 1.63% |
| 扣除非经常性损益的净利润为基础计算的净资产收益率 | －197.69% | －47.73% | －－ | －6.82% |
| 每股经营活动产生的现金流量净额 | －0.09 | －0.19 | －－ | 0.16 |
| | 2002 年末(本年末) | 2001 年末(上年末) | 本年末比上年末增减(%) | 2000 年末 |
| 每股净资产 | 0.36 | 1.22 | －70.56% | 2.09 |
| 调整后的每股净资产 | 0.23 | 1.01 | －71.80% | 1.86 |

## 000570 常柴股份有限公司

### 二〇〇二年年度报告摘选

#### 1.上市公司基本情况简介

1.1 基本情况简介

股票简称:苏常柴 A、苏常柴 B 股票代码:000570、200570

上市交易所:深圳证券交易所

注册地址和办公地址:江苏省常州市怀德中路 123 号 邮政编码:213002

公司国际互联网网址:http://www.changchai.com.cn 电子信箱:cctqm@public.cz.js.cn

1.2 联系人和联系方式

董事会秘书:张建和 联系地址:江苏省常州市怀德中路 123 号

电话:86－519－6600448 传真:86－519－6630954 电子信箱:Zjh000570@163.com

证券事务代表:何建江 联系地址:江苏省常州市怀德中路 123 号

电话:86－519－6603656－3155 传真:86－519－6630954 电子信箱:Hjj000570@163.com

#### 2.会计数据和财务指标摘要

2.1 主要会计数据 (单位:人民币千元)

| | 2002 年 | 2001 年 | 本年比上年增减(%) | 2000 年 |
|---|---|---|---|---|
| 主营业务收入 | 1,579,968.45 | 1,743,487 | －9.38 | 2,240,847 |
| 利润总额 | －577,101.36 | －435,573 | 32.49 | 34,973 |
| 净利润 | －477,475.86 | －381,429 | 25.18 | 34,988 |
| 扣除非经常性损益的净利润 | －465,368.72 | －380,150 | 22.42 | 25,799 |
| | 2002 年 12 月 31 日 | 2001 年 12 月 31 日 | 本年末比上年末增减(%) | 2000 年 12 月 31 日 |
| 总资产 | 2,184,414.07 | 2,926,504 | －25.36 | 3,530,311 |
| 股东权益(不含少数股东权益) | 738,664.38 | 1,239,421 | －40.40 | 1,627,951 |
| 经营活动产生的现金流量净额 | 112,886.33 | 166,168 | －32.06 | －204,134 |

2.2 主要财务指标 (单位:人民币元)

| | 2002 年 | 2001 年 | 本年比上年增减(%) | 2000 年 |
|---|---|---|---|---|
| 每股收益 | －1.28 | －1.02 | 25.49 | 0.11 |
| 净资产收益率(%) | －64.64 | －30.8 | 109.87 | 2.34 |
| 扣除非经常性损益的净利润为基础计算的净资产收益率(%) | －63.00 | －30.9 | 103.88 | 1.5 |
| 每股经营活动产生的现金流量净额 | 0.30 | 0.44 | －31.82 | －0.47 |
| | 2002 年 12 月 31 日 | 2001 年 12 月 31 日 | 本年末比上年末增减(%) | 2000 年 12 月 31 日 |
| 每股净资产 | 1.97 | 3.31 | －40.48 | 4.53 |
| 调整后的每股净资产 | 1.82 | 3.19 | －42.95 | 4.41 |

## 000571 海南新大洲控股股份有限公司

### 二〇〇二年年度报告摘选

#### 1.上市公司基本情况简介

1.1 基本情况简介

股票简称:ST 新大洲 股票代码:000571 上市交易所:深圳证券交易所

注册地址:海南省海口市桂林洋经济开发区

办公地址:海南省海口市珠江广场帝豪大厦二十六层 邮政编码:570125

公司国际互联网网址:www.sundiro.com

1.2 联系人和联系方式

董事会秘书:林帆 联系地址:海口市珠江广场帝豪大厦 26 层

电话:0898－68583966 转 333 传真:0898－68583518 电子信箱:lf－sundiro@163.com

证券事务代表:任春雨 联系地址:海口市珠江广场帝豪大厦 26 层

电话:0898－68583966 转 222 传真:0898－68583518 电子信箱:rcy－sundiro@163.com

#### 2.会计数据和财务指标摘要

2.1 主要会计数据

| | 2002 年 | 2001 年 | 本年比上年增减(%) | 2000 年 |
|---|---|---|---|---|
| 主营业务收入(万元) | 4,258.51 | 14,563.11 | －70.76 | 17,833.17 |
| 利润总额(万元) | 1,357.47 | －15,792.28 | －108.60 | －12,486.20 |
| 净利润(万元) | 1,255.87 | －15,310.65 | －108.20 | －12,409.45 |
| 扣除非经常性损益的净利润(万元) | 44.09 | －16,275.97 | －100.27 | －10,135.85 |
| | 2002 年末 | 2001 年末 | 本年末比上年末增减(%) | 2000 年末 |
| 总资产(万元) | 99,906.33 | 130,461.97 | －23.42 | 160,833.49 |
| 股东权益(万元) | 84,857.47 | 83,482.84 | 1.65 | 98,793.49 |
| 经营活动产生的现金流量净额(万元) | 27,795.67 | 16,922.24 | 64.26 | － |

2.2 主要财务指标

| | 2002 年 | 2001 年 | 本年比上年增减(%) | 2000 年 |
|---|---|---|---|---|
| 每股收益(元) | 0.02 | －0.21 | －109.52 | －0.17 |
| 净资产收益率(%) | 1.48 | －18.34 | －108.07 | －12.56 |
| 扣除非经常性损益后净利润为基础计算的净资产收益率(%) | 0.052 | －19.50 | －100.27 | －10.26 |
| 每股经营活动产生的现金流量净额(元) | 0.38 | 0.27 | 40.74 | － |
| | 2002 年末 | 2001 年末 | 本年末比上年末增减(%) | 2000 年末 |
| 每股净资产(元) | 1.15 | 1.13 | 1.77 | 1.34 |
| 调整后的每股净资产(元) | 1.13 | 1.12 | 0.89 | 1.31 |

## 000581 无锡威孚高科技股份有限公司

### 二〇〇二年年度报告摘选

#### 1.上市公司基本情况简介

1.1 基本情况简介

证券简称:威孚高科、苏威孚 B 证券代码:000581、200581 上市交易所:深圳证券交易所

注册地址:无锡国家高新技术产业开发区 46 号地块

办公地址:无锡市人民西路 107 号 邮政编码:214031

公司国际互联网网址:http://www.china－weifu.com 电子信箱:webmaster@china－weifu.com

1.2 联系人和联系方式

董事会秘书:刘永林 联系地址:无锡市人民西路 107 号

电话:0510－2719579 传真:0510－2751025 电子信箱:wfjt@public1.wx.js.cn

证券事务代表:周卫星 联系地址:无锡市人民西路 107 号

电话:0510－2719579 传真:0510－2751025 电子信箱:wfjt@public1.wx.js.cn

#### 2.会计数据和财务指标摘要

2.1 主要会计数据 单位:(人民币)元

| | 2002 年(本年) | 2001 年(上年) | 本年比上年增减(%) | 2000 年 |
|---|---|---|---|---|
| 主营业务收入 | 1,382,662,085.20 | 983,216,185.66 | 40.63% | 851,207,431.67 |
| 利润总额 | 222,929,369.65 | 169,016,109.53 | 31.90% | 148,526,819.05 |
| 净利润 | 204,034,796.72 | 150,719,450.56 | 35.37% | 132,566,594.62 |
| 扣除非经常性损益的净利润 | 212,729,837.95 | 145,439,265.78 | 46.27% | 134,043,509.31 |
| | 2002 年末(本年末) | 2001 年末(上年末) | 本年末比上年末增减(%) | 2000 年末 |
| 总资产 | 2,506,831,379.70 | 2,170,269,097.73 | 15.51% | 1,992,760,589.74 |
| 股东权益(不含少数股东权益) | 1,804,675,056.44 | 1,685,336,239.72 | 7.08% | 1,621,890,019.16 |
| 经营活动产生的现金流量净额 | 146,643,078.26 | 165,139,528.91 | －11.20% | 27,681,697.36 |

2.2 主要财务指标 单位:(人民币)元

| | 2002 年(本年) | 2001 年(上年) | 本年比上年增减(%) | 2000 年 |
|---|---|---|---|---|
| 每股收益 | 0.47 | 0.35 | 35.50% | 0.30 |
| 每股收益* | 0.47 | －－ | －－ | －－ |
| 净资产收益率 | 11.31% | 8.94% | 26.51% | 8.17% |
| 扣除非经常性损益的净利润为基础计算的净资产收益率 | 11.79% | 8.63% | 36.62% | 7.14% |
| 每股经营活动产生的现金流量净额 | 0.34 | 0.38 | －11.18% | 0.06 |
| | 2002 年末(本年末) | 2001 年末(上年末) | 本年末比上年末增减(%) | 2000 年末 |
| 每股净资产 | 4.14 | 3.86 | 7.08% | 3.72 |
| 调整后的每股净资产 | 4.13 | 3.85 | 7.24% | 3.72 |

## 000585 东北电气股份有限公司

# 二〇〇二年年度报告摘选

### 1.上市公司基本情况简介

1.1 基本情况简介

股票简称:ST 东北电、东北电气　股票代码:000585(A 股)、0042(H 股)

上市交易所:深圳证券交易所、香港联合交易所有限公司

注册地址:中国辽宁省沈阳市浑南高新技术产业开发区 78 号

办公地址:中国辽宁省沈阳市和平区太原南街 189 号金都饭店　邮政编码:110001

公司国际互联网网址:http://www.nee.com.cn　电子信箱:nee@nee.com.cn　nemm585@sina.com

1.2 联系人和联系方式

董事会秘书:罗宏　联系地址:中国辽宁省沈阳和平区太原南街 189 号金都饭店 14 楼

电话:(86)24－23527080　传真:(86)24－23527081　电子信箱:luohong@nee.com.cn

证券事务代表:朱欣光　联系地址:中国辽宁省沈阳和平区太原南街 189 号金都饭店 14 楼

电话:(86)24－23527080　传真:(86)24－23527081　电子信箱:nemm585@sina.com

### 2.会计数据和财务指标摘要

2.1 主要会计资料　单位:人民币元

| | 2002 年 | 2001 年 调整前 | 2001 年 调整后 | 本年比上年增减(%) | 2000 年 |
|---|---|---|---|---|---|
| 主营业务收入 | 951,454,451 | 1,281,941,691 | 1,281,941,691 | －25.78 | 1,320,048,191 |
| 利润总额 | 78,227,987 | －811,041,111 | －825,878,655 | | －365,330,681 |
| 净利润 | 69,002,412 | －803,806,718 | －818,644,262 | | －363,597,324 |
| 扣除非经常性损益的净利润 | 8,655,544 | －436,672,243 | －451,509,787 | | －363,842,000 |
| | 2002 年末 | 2001 年末 调整前 | 2001 年末 调整后 | 本年末比上年末增减(%) | 2000 年末 |
| 总资产 | 1,912,003,964 | 3,884,189,577 | 3,869,352,033 | －50.59 | 4,454,892,244 |
| 股东权益(不含少数股东权益) | 535,417,927 | 333,137,780 | 318,300,235 | 68.21 | 1,125,563,289 |
| 经营活动产生的现金流量净额 | 94,178,103 | 173,602,286 | 173,602,286 | －45.75 | －41,411,461 |

2.2 主要财务指标　单位:人民币元

| | 2002 年 | 2001 年 调整前 | 2001 年 调整后 | 本年比上年增减(%) | 2000 年 |
|---|---|---|---|---|---|
| 每股收益 | 0.08 | －0.920 | －0.937 | | －0.416 |
| 净资产收益率 | 12.89 | －241.28 | －257.19 | | －32.30 |
| 扣除非经常性损益的净利润为基础计算的净资产收益率 | 1.62 | －131.08 | －141.85 | | －32.33 |
| 每股经营活动产生的现金流量净额 | 0.11 | 0.20 | 0.20 | －45.00 | －0.047 |
| | 2002 年末 | 2001 年末 调整前 | 2001 年末 调整后 | 本年末比上年末增减(%) | 2000 年末 |
| 每股净资产 | 0.61 | 0.38 | 0.36 | 69.4 | 1.29 |
| 调整后的每股净资产 | 0.59 | 0.34 | 0.32 | 84.38 | 1.25 |

## 000595 西北轴承股份有限公司

# 二〇〇二年年度报告摘选

### 1.上市公司基本情况简介

1.1 基本情况简介

股票简称:西北轴承　股票代码:000595　上市交易所:深圳证券交易所

注册地址和办公地址:银川市西夏区北京西路 800 号　邮政编码:750021

公司国际互联网网址:http://www.nxz.com.cn　电子信箱:nxz@public.yc.nx.cn

1.2 联系人和联系方式

董事会秘书:聂立卯　联系地址:银川市西夏区北京西路 800 号

电话:0951－2020394　传真:0951－2036747　电子信箱:nxzdmn@public.yc.nx.cn

证券事务代表:马长存　联系地址:银川市西夏区北京西路 800 号

电话:0951－2024242　传真:0951－2036747　电子信箱:machc@sina.com

### 2.会计数据和财务指标摘要

2.1 主要会计数据

| | 2002 年 | 2001 年 | 本年比上年增减(%) | 2000 年 |
|---|---|---|---|---|
| 主营业务收入 | 338,677,925.78 | 384,832,549.72 | －11.99 | 474,127,716.52 |
| 利润总额 | －78,553,485.65 | －6,881,262.74 | －1,041.56 | 4,815,299.55 |
| 净利润 | －78,697,073.65 | 302,739.69 | －26,094.96 | 4,684,569.55 |
| 扣除非经常性损益的净利润 | －74,384,252.06 | －209,843.14 | 35,347.55 | 10,422,304.22 |
| | 2002 年 | 2001 年 | 本年末比上年末增减(%) | 2000 年(T－2 年末) |
| 总资产 | 1,024,256,431.00 | 1,118,885,792.60 | －8.46 | 1,170,208,800.43 |
| 股东权益(不含少数股东权益) | 349,405,882.68 | 418,908,932.08 | －16.59 | 418,180,709.86 |
| 经营活动产生的现金流量净额 | 16,104,264.34 | 24,208,368.06 | －33.48 | －2,939,670.54 |

2.2 主要财务指标

| | 2002 年 | 2001 年 | 本年比上年增减(%) | 2000 年 |
|---|---|---|---|---|
| 每股收益 | －0.45 | 0.00 | | 0.03 |
| 净资产收益率 | －22.52% | 0.07% | －32,271.43 | 1.12% |
| 扣除非经常性损益的净利润为基础计算的净资产收益率 | －21.29% | 0.93% | －2,389.25 | 2.49% |
| 每股经营活动产生的现金流量净额 | 0.09 | 0.14 | －35.71 | －0.02 |
| | 2002 年 | 2001 年 | 本年末比上年末增减(%) | 2000 年 |
| 每股净资产 | 2.00 | 2.39 | －16.32 | 2.41 |
| 调整后的每股净资产 | 1.67 | 2.29 | －27.07 | 2.39 |

## 000603 威达医用科技股份有限公司

# 二〇〇二年年度报告摘选

### 1.上市公司基本情况简介

1.1 基本情况简介

证券简称:ST 威达　证券代码:000603　上市交易所:深圳证券交易所

注册地址:深圳市罗芳南路 38 号

办公地址:广东省揭西县城霖都大道 221 号　邮政编码:515400

公司国际互联网网址:http://www.weida.com　电子信箱:chenhong@pub.jieyang.net.cn

1.2 联系人和联系方式

董事会秘书:陈洪东　联系地址:广东省揭西县城霖都大道 221 号

电话:0663－5583675　传真:0663－5582865　电子信箱:chenhong@pub.jieyang.net.cn

证券事务代表:梁骥　联系地址:广东省揭西县城霖都大道 221 号

电话:0663－5582294　传真:0663－5582865　电子信箱:chenhong@pub.jieyang.net.cn

### 2.会计数据和财务指标摘要

2.1 主要会计数据　单位:(人民币)元

| | 2002 年(本年) | 2001 年(上年) | 本年比上年增减(%) | 2000 年 |
|---|---|---|---|---|
| 主营业务收入 | 25,077,830.52 | 15,680,704.13 | 59.93% | 3,586,333,882.00 |
| 利润总额 | 20,286,291.17 | －83,082,069.18 | －－ | －22,882,783.00 |
| 净利润 | 19,867,601.43 | －76,172,326.27 | －－ | 213,073,447.00 |
| 扣除非经常性损益的净利润 | 66,779.52 | －7,807,301.71 | －－ | 213,073,447.00 |
| | 2002 年末(本年末) | 2001 年末(上年末) | 本年末比上年末增减(%) | 2000 年末 |
| 总资产 | 198,439,606.95 | 173,746,852.39 | 14.21% | 259,167,567.60 |
| 股东权益(不含少数股东权益) | 116,037,359.63 | 52,098,698.79 | 122.73% | 129,068,559.44 |
| 经营活动产生的现金流量净额 | 10,085,699.82 | －304,703.50 | － | 1,526,097.92 |

2.2 主要财务指标　单位:(人民币)元

| | 2002 年(本年) | 2001 年(上年) | 本年比上年增减(%) | 2000 年 |
|---|---|---|---|---|
| 每股收益 | 0.18 | －0.68 | －－ | 0.02 |
| 每股收益 * | 0.18 | －－ | －－ | －－ |
| 净资产收益率 | 17.07% | －146.24% | －－ | 1.65% |
| 扣除非经常性损益的净利润为基础计算的净资产收益率 | 0.06% | －15.02% | － | 0.02% |
| 每股经营活动产生的现金流量净额 | 0.09 | －0.0023 | － | 0.01 |
| | 2002 年末(本年末) | 2001 年末(上年末) | 本年末比上年末增减(%) | 2000 年末 |
| 每股净资产 | 1.04 | 0.47 | 122.60% | 1.15 |
| 调整后的每股净资产 | 1.04 | 0.22 | 371.50% | 1.02 |

## 000605 四环药业股份有限公司

# 二〇〇二年年度报告摘选

### 1.上市公司基本情况简介

1.1 基本情况简介

证券简称:四环药业　证券代码:000605　上市交易所:深圳证券交易所

注册地址:北京市顺义区南法信地区三家店村北

办公地址:北京市西城区阜外大街 3 号东润时代大厦六层　邮政编码:100037

1.2 联系人和联系方式

董事会秘书:李本林　联系地址:北京市西城区阜外大街 3 号东润时代大厦六层

电话:010－68002567　传真:010－68001816

证券事务代表:王天霖　联系地址:北京市西城区阜外大街 3 号东润时代大厦六层

电话:010－68001660　传真:010－68001816　电子信箱:wtl@yeah.net

### 2.会计数据和财务指标摘要

2.1 主要会计数据　单位:(人民币)元

| | 2002 年(本年) | 2001 年(上年) | 本年比上年增减(%) | 2000 年 |
|---|---|---|---|---|
| 主营业务收入 | 72,213,235.56 | 35,827,717.78 | 101.56% | 54,084,370.22 |
| 利润总额 | 21,621,801.42 | 13,329,165.27 | 62.21% | 1,111,476.43 |
| 净利润 | 16,639,106.97 | 8,309,979.21 | 100.23% | 1,111,476.43 |
| 扣除非经常性损益的净利润 | 16,639,106.97 | 8,499,240.80 | 95.77% | －3,746,669.44 |
| | 2002 年末(本年末) | 2001 年末(上年末) | 本年末比上年末增减(%) | 2000 年末 |
| 总资产 | 220,442,693.84 | 210,536,117.87 | 4.71% | 300,938,851.68 |
| 股东权益(不含少数股东权益) | 116,913,730.84 | 101,264,623.87 | 15.45% | 102,038,243.26 |
| 经营活动产生的现金流量净额 | 25,020,605.40 | 22,787,083.01 | 9.80% | 4,124,041.01 |

2.2 主要财务指标　单位:(人民币)元

| | 2002 年(本年) | 2001 年(上年) | 本年比上年增减(%) | 2000 年 |
|---|---|---|---|---|
| 每股收益 | 0.20 | 0.10 | 101.20% | 0.01 |
| 每股收益 * | 0.20 | －－ | －－ | －－ |
| 净资产收益率 | 14.23% | 8.21% | 73.33% | 1.18% |
| 扣除非经常性损益的净利润为基础计算的净资产收益率 | 14.23% | 8.26% | 72.28% | 0.00% |
| 每股经营活动产生的现金流量净额 | 0.30 | 0.28 | 9.89% | 0.05 |
| | 2002 年末(本年末) | 2001 年末(上年末) | 本年末比上年末增减(%) | 2000 年末 |
| 每股净资产 | 1.42 | 1.23 | 15.46% | 1.14 |
| 调整后的每股净资产 | 1.39 | 1.19 | 16.81% | 0.96 |

## 000607 重庆华立控股股份有限公司

### 二〇〇二年年度报告摘选

#### 1.上市公司基本情况简介

1.1 基本情况简介

证券简称:华立控股　证券代码:000607　上市交易所:深圳证券交易所
注册地址:重庆市北碚区龙凤桥 258 号
办公地址:重庆市江北区建新北路 76 号光宇大厦 12 楼　邮政编码:400020
公司国际互联网网址:www.cqhlkg.com　电子信箱:cqhlkg@cta.cq.cn

1.2 联系人和联系方式

董事会秘书:袁子力　联系地址:重庆市江北区建新北路 76 号光宇大厦 12 楼
电话:023－67758090　传真:023－67755788　电子信箱:yzl@holley.com.cn
证券事务代表:熊　波　联系地址:重庆市江北区建新北路 76 号光宇大厦 12 楼
电话:023－67752652　传真:023－67755788
电子信箱:bob@iholley.com

#### 2.会计数据和财务指标摘要

2.1 主要会计数据　单位:(人民币)元

| | 2002 年(本年) | 2001 年(上年) | 本年比上年增减(%) | 2000 年 |
|---|---|---|---|---|
| 主营业务收入 | 1,420,777,335.68 | 1,319,651,093.96 | 7.66% | 1,112,497,578.60 |
| 利润总额 | 124,516,676.44 | 122,637,257.55 | 1.53% | 135,435,001.96 |
| 净利润 | 53,047,837.92 | 61,148,580.30 | －13.25% | 58,791,195.26 |
| 扣除非经常性损益的净利润 | 51,433,185.27 | 63,221,595.68 | －18.65% | 53,684,685.85 |
| | 2002 年末(本年末) | 2001 年末(上年末) | 本年末比上年末增减(%) | 2000 年末 |
| 总资产 | 1,121,004,178.32 | 1,131,902,158.45 | －0.96% | 978,774,412.13 |
| 股东权益(不含少数股东权益) | 339,909,618.78 | 298,281,070.50 | 13.96% | 259,231,177.16 |
| 经营活动产生的现金流量净额 | 142,128,387.05 | 143,016,640.69 | －0.62% | 136,931,714.00 |

2.2 主要财务指标

单位:(人民币)元

| | 2002 年(本年) | 2001 年(上年) | 本年比上年增减(%) | 2000 年 |
|---|---|---|---|---|
| 每股收益 | 0.28 | 0.32 | －13.24% | 0.38 |
| 每股收益* | 0.28 | – | – | – |
| 净资产收益率 | 15.61% | 20.50% | －23.85% | 22.68% |
| 扣除非经常性损益的净利润为基础计算的净资产收益率 | 15.13% | 21.20% | －28.63% | 26.81% |
| 每股经营活动产生的现金流量净额 | 0.74 | 0.75 | －0.64% | 0.90 |
| | 2002 年末(本年末) | 2001 年末(上年末) | 本年末比上年末增减(%) | 2000 年末 |
| 每股净资产 | 1.78 | 1.56 | 13.95% | 1.70 |
| 调整后的每股净资产 | 1.74 | 1.52 | 14.18% | 1.65 |

## 000617 济南柴油机股份有限公司

### 二〇〇二年年度报告摘选

#### 1.上市公司基本情况简介

1.1 基本情况简介

股票简称:石油济柴　股票代码:000617　上市交易所:深圳证券交易所
注册地址和办公地址:山东省济南市文化西路 14 号　邮政编码:250063
公司国际互联网网址:HTTP://WWW.JICHAI.COM　电子信箱:jichai@jn－public.sd.cninfo.net

1.2 联系人和联系方式

董事会秘书:张谦惕　联系地址:山东省济南市文化西路 14 号
电话:0531－2965971－2716　传真:0531－2961241　电子信箱:jichai@jn－public.sd.cninfo.net
证券事务代表:余良刚　联系地址:山东省济南市文化西路 14 号
电话:0531－2965971－3353　传真:0531－2961241　电子信箱:jichai@jn－public.sd.cninfo.net

#### 2.会计数据和财务指标摘要

2.1 主要会计数据　单位:(人民币)元

| | 2002 年(本年) | 2001 年(上年) | 本年比上年增减(%) | 2000 年 |
|---|---|---|---|---|
| 主营业务收入 | 264,902,833.38 | 230,798,513.31 | 14.78% | 227,820,144.23 |
| 利润总额 | 39,482,997.41 | 19,666,440.52 | 100.76% | －2,256,256.32 |
| 净利润 | 34,642,708.70 | 17,122,272.62 | 102.33% | －2,256,256.32 |
| 扣除非经常性损益的净利润 | 29,593,426.62 | 12,196,286.62 | 142.64% | －4,798,858.56 |
| | 2002 年末(本年末) | 2001 年末(上年末) | 本年末比上年末增减(%) | 2000 年末 |
| 总资产 | 581,936,315.73 | 450,238,060.96 | 29.25% | 447,976,825.32 |
| 股东权益(不含少数股东权益) | 193,616,176.96 | 166,763,853.19 | 16.10% | 149,321,580.57 |
| 经营活动产生的现金流量净额 | －2,945,887.96 | －3,255,866.99 | －－ | 8,507,583.00 |

2.2 主要财务指标　单位:(人民币)元

| | 2002 年(本年) | 2001 年(上年) | 本年比上年增减(%) | 2000 年 |
|---|---|---|---|---|
| 每股收益 | 0.33 | 0.16 | 102.37% | －0.02 |
| 每股收益* | 0.33 | －－ | －－ | －－ |
| 净资产收益率 | 17.89% | 10.27% | 74.20% | －1.51% |
| 扣除非经常性损益的净利润为基础计算的净资产收益率 | 15.28% | 7.31% | 109.03% | －3.21% |
| 每股经营活动产生的现金流量净额 | －0.03 | －0.03 | －－ | 0.08 |
| | 2002 年末(本年末) | 2001 年末(上年末) | 本年末比上年末增减(%) | 2000 年末 |
| 每股净资产 | 1.86 | 1.60 | 16.10% | 1.44 |
| 调整后的每股净资产 | 1.83 | 1.56 | 17.09% | 1.41 |

## 000622 岳阳恒立冷气设备股份有限公司

### 二〇〇二年年度报告摘选

#### 1.上市公司基本情况简介

1.1 基本情况简介

证券简称:岳阳恒立　证券代码:000622　上市交易所:深圳证券交易所
注册地址和办公地址:湖南省岳阳市青年中路　邮政编码:414000
公司国际互联网网址:http://www.yyhengli.com　电子信箱:yyhl@public.yy.hn.cn

1.2 联系人和联系方式

董事会秘书:余凤亭　联系地址:岳阳市青年中路
电话:0730－8245198　传真:0730－8221311　电子信箱:yuelitao@21cn.com
证券事务代表:李滔　联系地址:岳阳市青年中路
电话:0730－8245282　传真:0730－8221311　电子信箱:yuelitao@21cn.com

#### 2.会计数据和财务指标摘要

2.1 主要会计数据　单位:(人民币)元

| | 2002 年(本年) | 2001 年(上年) | 本年比上年增减(%) | 2000 年 |
|---|---|---|---|---|
| 主营业务收入 | 198,236,515.55 | 173,068,441.36 | 14.54% | 153,070,952.66 |
| 利润总额 | 8,086,432.01 | 6,206,574.62 | 30.29% | 9,394,271.78 |
| 净利润 | 4,873,787.79 | 3,314,547.80 | 47.04% | 2,671,295.77 |
| 扣除非经常性损益的净利润 | 5,134,878.52 | 5,640,540.45 | －8.96% | 1,604,383.80 |
| | 2002 年末(本年末) | 2001 年末(上年末) | 本年末比上年末增减(%) | 2000 年末 |
| 总资产 | 530,889,526.27 | 454,199,695.65 | 16.88% | 444,374,946.62 |
| 股东权益(不含少数股东权益) | 164,729,866.04 | 159,856,078.25 | 3.05% | 156,541,530.45 |
| 经营活动产生的现金流量净额 | 15,485,072.26 | 1,276,247.93 | 1113.33% | 25,513,560.00 |

2.2 主要财务指标　单位:(人民币)元

| | 2002 年(本年) | 2001 年(上年) | 本年比上年增减(%) | 2000 年 |
|---|---|---|---|---|
| 每股收益 | 0.03 | 0.02 | 47.83% | 0.03 |
| 每股收益* | 0.03 | －－ | －－ | －－ |
| 净资产收益率 | 2.96% | 2.07% | 43.00% | 2.44% |
| 扣除非经常性损益的净利润为基础计算的净资产收益率 | 3.11% | 3.66% | －15.03% | 1.75% |
| 每股经营活动产生的现金流量净额 | 0.11 | 0.01 | 1122.22% | 0.18 |
| | 2002 年末(本年末) | 2001 年末(上年末) | 本年末比上年末增减(%) | 2000 年末 |
| 每股净资产 | 1.16 | 1.13 | 3.01% | 1.07 |
| 调整后的每股净资产 | 1.14 | 1.09 | 4.59% | 1.04 |

## 000625 重庆长安汽车股份有限公司

### 二〇〇二年年度报告摘选

#### 1.上市公司基本情况简介

1.1 基本情况简介

证券简称:长安汽车、长安 B　证券代码:000625、200625　上市交易所:深圳证券交易所
注册地址和办公地址:重庆市江北区建新东路 260 号　邮政编码:400023
公司国际互联网网址:http://www.changan.com.cn　电子信箱:cazqc@mail.changan.com.cn

1.2 联系人和联系方式

董事会秘书:崔云江、马军　联系地址:重庆市江北区建新东路 260 号
电话:023－67591349、023－67591568　传真:023－67866055、67870261
电子信箱:cazqc@mail.changan.com.cn
证券事务代表:黎军　联系地址:重庆市江北区建新东路 260 号
电话:023－67591349　传真:023－67866055　电子信箱:cazqc@mail.changan.com.cn

#### 2.会计数据和财务指标摘要

2.1 主要会计数据　单位:(人民币)元

| | 2002 年(本年) | 2001 年(上年) | 本年比上年增减(%) | 2000 年 |
|---|---|---|---|---|
| 主营业务收入 | 9,884,067,686.00 | 7,331,805,826.00 | 34.81% | 6,703,211,840.00 |
| 利润总额 | 1,122,491,066.00 | 283,942,249.00 | 295.32% | 247,865,215.00 |
| 净利润 | 834,997,465.00 | 160,215,482.00 | 421.17% | 147,654,530.00 |
| 扣除非经常性损益的净利润 | 966,209,348.00 | 155,939,203.00 | 519.61% | 151,735,331.00 |
| | 2002 年末(本年末) | 2001 年末(上年末) | 本年末比上年末增减(%) | 2000 年末 |
| 总资产 | 8,702,730,473.00 | 6,636,749,746.00 | 31.13% | 7,368,097,981.00 |
| 股东权益(不含少数股东权益) | 3,301,363,149.00 | 2,574,310,811.00 | 28.24% | 2,476,161,970.00 |
| 经营活动产生的现金流量净额 | 2,086,355,507.00 | 991,955,298.00 | 110.33% | 878,374,025.00 |

2.2 主要财务指标　单位:(人民币)元

| | 2002 年(本年) | 2001 年(上年) | 本年比上年增减(%) | 2000 年 |
|---|---|---|---|---|
| 每股收益 | 0.68 | 0.13 | 423.08% | 0.12 |
| 净资产收益率 | 25.29% | 6.22% | 306.59% | 6.00% |
| 扣除非经常性损益的净利润为基础计算的净资产收益率 | 29.27% | 6.10% | 379.84% | 6.01% |
| 每股经营活动产生的现金流量净额 | 1.70 | 0.80 | 112.50% | 0.72 |
| | 2002 年末(本年末) | 2001 年末(上年末) | 本年末比上年末增减(%) | 2000 年末 |
| 每股净资产 | 2.69 | 2.10 | 28.10% | 2.01 |
| 调整后的每股净资产 | 2.65 | 2.08 | 27.40% | 1.86 |

## 000631 兰宝科技信息股份有限公司

### 二〇〇二年年度报告摘选

#### 1.上市公司基本情况简介

1.1 基本情况简介

证券简称:兰宝信息 证券代码:000631 上市交易所:深圳证券交易所

注册地址:长春市朝阳区同志街73号

办公地址:长春市高新产业开发区高新路4370号 邮政编码:130012

公司国际互联网网址:http://www.lanbao.com.cn 电子信箱:lanbao@lanbao.com.cn

1.2 联系人和联系方式

董事会秘书:曹志伟 联系地址:长春高新产业开发区高新路4370号

电话:0431-5528286 传真:0431-5528285 电子信箱:caozw@lanbao.com.cn

证券事务代表:徐巍 联系地址:长春高新产业开发区高新路4370号

电话:0431-5528289 传真:0431-5528285 电子信箱:xuwei@lanbao.com.cn

#### 2.会计数据和财务指标摘要

2.1 主要会计数据 单位:(人民币)元

| | 2002年(本年) | 2001年(上年) | 本年比上年增减(%) | 2000年 |
|---|---|---|---|---|
| 主营业务收入 | 490,628,760.08 | 417,517,363.18 | 17.51% | 269,198,267.82 |
| 利润总额 | 63,107,719.06 | 61,372,822.65 | 2.83% | 52,132,364.80 |
| 净利润 | 46,635,412.55 | 43,974,939.06 | 6.05% | 34,319,801.12 |
| 扣除非经常性损益的净利润 | 46,116,405.15 | 43,108,871.48 | 6.98% | 34,806,536.04 |
| | 2002年末(本年末) | 2001年末(上年末) | 本年末比上年末增减(%) | 2000年末 |
| 总资产 | 2,469,592,993.41 | 1,311,521,309.14 | 88.30% | 1,136,498,276.07 |
| 股东权益(不含少数股东权益) | 753,213,571.77 | 710,245,121.57 | 6.05% | 668,028,435.35 |
| 经营活动产生的现金流量净额 | 277,465,919.80 | 23,204,432.34 | 1095.75% | 93,827,543.17 |

2.2 主要财务指标 单位:(人民币)元

| | 2002年(本年) | 2001年(上年) | 本年比上年增减(%) | 2000年 |
|---|---|---|---|---|
| 每股收益 | 0.1940 | 0.1829 | 6.07% | 0.20 |
| 净资产收益率 | 6.19% | 6.19% | 0.00% | 5.14% |
| 扣除非经常性损益的净利润为基础计算的净资产收益率 | 6.12% | 6.21% | -1.45% | 5.21% |
| 每股经营活动产生的现金流量净额 | 1.1543 | 0.0965 | 1096.17% | 0.55 |
| | 2002年末(本年末) | 2001年末(上年末) | 本年末比上年末增减(%) | 2000年末 |
| 每股净资产 | 3.1336 | 2.9548 | 6.05% | 3.89 |
| 调整后的每股净资产 | 3.1190 | 2.9480 | 5.80% | 3.88 |

## 000651 珠海格力电器股份有限公司

### 二〇〇二年年度报告摘选

#### 1.上市公司基本情况简介

1.1 基本情况简介

证券简称:格力电器 证券代码:000651 上市交易所:深圳证券交易所

注册地址和办公地址:珠海市前山金鸡西路6号 邮政编码:519070

公司国际互联网网址:http://www.gree.com.cn 电子信箱:gree@gree.com.cn

1.2 联系人和联系方式

董事会秘书:刘兴浩 联系地址:珠海市前山金鸡西路6号 电话:0756-8614883-2416

传真:0756-8622581,8614998 电子信箱:gree0651@gree.com.cn

#### 2.会计数据和财务指标摘要

2.1 主要会计数据 单位:(人民币)元

| | 2002年(本年) | 2001年(上年) | 本年比上年增减(%) | 2000年 |
|---|---|---|---|---|
| 主营业务收入 | 7,029,690,860.93 | 6,587,976,827.62 | 6.70% | 6,177,717,129.96 |
| 利润总额 | 353,700,652.56 | 323,293,686.06 | 9.41% | 293,966,981.75 |
| 净利润 | 296,809,411.38 | 261,289,686.97 | 13.59% | 249,624,577.90 |
| 扣除非经常性损益的净利润 | 312,426,957.33 | 275,462,619.35 | 13.42% | 265,511,439.62 |
| | 2002年末(本年末) | 2001年末(上年末) | 本年末比上年末增减(%) | 2000年末 |
| 总资产 | 7,144,163,634.25 | 6,940,279,320.47 | 2.94% | 5,780,229,944.54 |
| 股东权益(不含少数股东权益) | 1,835,288,461.56 | 1,710,929,264.37 | 7.27% | 1,612,925,827.42 |
| 经营活动产生的现金流量净额 | 735,899,928.72 | -40,204,311.00 | -- | 865,287,935.53 |

2.2 主要财务指标 单位:(人民币)元

| | 2002年(本年) | 2001年(上年) | 本年比上年增减(%) | 2000年 |
|---|---|---|---|---|
| 每股收益 | 0.55 | 0.49 | 13.67% | 0.71 |
| 净资产收益率 | 16.17% | 15.20% | 6.38% | 15.75% |
| 扣除非经常性损益的净利润为基础计算的净资产收益率 | 17.02% | 15.20% | 11.97% | 16.40% |
| 每股经营活动产生的现金流量净额 | 1.37 | -0.07 | -- | 2.42 |
| | 2002年末(本年末) | 2001年末(上年末) | 本年末比上年末增减(%) | 2000年末 |
| 每股净资产 | 3.42 | 3.19 | 7.27% | 4.52 |
| 调整后的每股净资产 | 3.36 | 3.18 | 5.66% | 4.50 |

## 000666 经纬纺织机械股份有限公司

### 二〇〇二年年度报告摘选

#### 1.上市公司基本情况简介

1.1 基本情况简介

证券简称:经纬纺机 证券代码:000666、0350 上市交易所:深圳证券交易所、香港联合交易所

注册地址:山西省太原市坞城路15号

办公地址:北京市朝阳区亮马桥路39号第一上海中心7层 邮政编码:100016

公司国际互联网网址:http://www.jwgf.com 电子信箱:jwgf@jwgf.com

1.2 联系人和联系方式

董事会秘书:叶雪华 联系地址:北京市朝阳区亮马桥路39号第一上海中心701室

电话:8610 84534078-8188 传真:8610 84534135 电子信箱:yxh@jwgf.com

证券事务代表:裘琳 联系地址:北京市朝阳区亮马桥路39号第一上海中心701室

电话:8610 84534078-8501 传真:8610 84534135 电子信箱:ql@jwgf.com

#### 2.会计数据和财务指标摘要

2.1 主要会计数据 单位:(人民币)千元

| | 2002年 | 2001年 | 本年比上年增减(%) | 2000年 |
|---|---|---|---|---|
| 主营业务收入 | 2,828,438 | 2,215,239 | 27.68 | 1,808,125 |
| 利润总额 | 160,135 | 144,622 | 10.73 | 139,568 |
| 净利润 | 137,685 | 122,888 | 12.04 | 127,341 |
| 扣除非经常性损益的净利润 | 144,070 | 123,063 | 17.07 | 124,387 |
| | 2002年末(本年末) | 2001年末(上年末) | 本年末比上年末增减(%) | 2000年末 |
| 总资产 | 4,774,180 | 4,012,056 | 19.00 | 3,634,027 |
| 股东权益(不含少数股东权益) | 2,271,549 | 2,170,081 | 4.68 | 2,083,366 |
| 经营活动产生的现金流量净额 | 456,836 | 90,971 | 402.18 | 248,769 |

2.2 主要财务指标 单位:(人民币)元

| | 2002年 | 2001年 | 本年比上年增减(%) | 2000年 |
|---|---|---|---|---|
| 每股收益(摊薄) | 0.23 | 0.20 | 15.00 | 0.21 |
| 净资产收益率(摊薄) | 6.06% | 5.66% | 7.07 | 6.11% |
| 扣除非经常性损益的净利润为基础计算的净资产收益率(摊薄) | 6.34% | 5.67% | 11.82 | 5.97% |
| 每股经营活动产生的现金流量净额 | 0.76 | 0.15 | 406.67 | 0.41 |
| | 2002年末 | 2001年末 | 本年末比上年末增减(%) | 2000年末 |
| 每股净资产 | 3.76 | 3.59 | 4.74 | 3.45 |
| 调整后的每股净资产 | 3.71 | 3.50 | 6.00 | 3.39 |

## 000676 河南思达高科技股份有限公司

### 二〇〇二年年度报告摘选

#### 1.上市公司基本情况简介

1.1 公司基本情况简介

股票简称:思达高科 股票代码:000676 上市交易所:深圳证券交易所

注册地址:中国河南郑州高新技术产业开发区金梭路38号

办公地址:郑州市经三路北26号思达数码大厦 邮政编码:450008

公司国际互联网网址:http://www.starhi-tech.com 电子信箱:ZQB@starhi-tech.net

1.2 联系人及联系方式

董事会秘书:王西林 联系地址:郑州市经三路北26号思达数码大厦

电话:0371-5793081 传真:0371-5793089 电子信箱:W000676@starhi-tech.net

证券事务代表:向 桥 联系地址:郑州市经三路北26号思达数码大厦

电话:0371-5793271 传真:0371-5793089 电子信箱:X.QIAO@371.net

#### 2.会计数据和财务指标摘要

2.1 主要会计数据 单位:元

| | 2002年 | 2001年 | 本年比上年同期增减(%) | 2000年 |
|---|---|---|---|---|
| 主营业务收入 | 299,660,000 | 148,338,645 | 102 | 130,305,566 |
| 利润总额 | 51,590,024 | 42,177,511 | 22.3 | 34,603,211 |
| 净利润 | 40,279,843 | 35,090,666 | 14.8 | 29,312,297 |
| 扣除非经常性损益的净利润 | 38,676,087 | 31,408,707 | 20.4 | 29,318,700 |
| | 2002年末 | 2001年末 | 本年比上年同期末增减(%) | |
| 总资产 | 872,452,270 | 630,422,521 | 38.4 | 361,131,263 |
| 股东权益(不含少数股东权益) | 385,223,574 | 363,745,222 | 5.9 | 237,861,063 |
| 经营活动产生的现金流量净额 | 29,903,137 | 5,457,472 | 447.9 | 20,684,267 |

2.2 主要财务指标

| | 2002年 | 2001年 | 本年比上年增减(%) | 2000年 |
|---|---|---|---|---|
| 每股收益(元) | 0.13 | 0.16 | 18.2 | 0.17 |
| 每股收益 | 0.13 | 0.11 | | 0.17 |
| 净资产收益率% | 10.46 | 9.33 | 12.1 | 12.19 |
| 扣除非经常性损益的净利润为基础计算的净资产收益率% | 10.04 | 8.8 | 14.0 | 12.08 |
| 每股经营活动产生的现金流量净额(元) | 0.10 | 0.02 | 400 | 0.12 |
| | 2002年末 | 2001年末 | 本年末比上年末增减(%) | 2000年 |
| 每股净资产 | 1.22 | 1.16 | 5.2 | 1.37 |
| 调整后的每股净资产 | 1.20 | 1.16 | 5.1 | 1.33 |

## 000678 襄阳汽车轴承股份有限公司

# 二〇〇二年年度报告摘选

### 1.上市公司基本情况简介

1.1 基本情况简介

证券简称：ST 襄轴　证券代码：000678　上市交易所：深圳证券交易所

注册地址和办公地址：湖北省襄樊市襄城区轴承路1号　邮政编码：441022

公司国际互联网网址：www.zxy.com.cn　电子信箱：gongsb@zxy.com.cn

1.2 联系人和联系方式

董事会秘书：姜岳生　联系地址：湖北省襄樊市襄城区轴承路1号

电话：0710－3564101 转　传真：0710－3564019　电子信箱：gongsb@zxy.com.cn

证券事务代表：廖永高　联系地址：湖北省襄樊市襄城区轴承路1号

电话：0710－3564101－82427　传真：0710－3560874　电子信箱：zqb@zxy.com.cn

### 2.会计数据和财务指标摘要

2.1 主要会计数据　　单位：(人民币)元

| | 2002年(本年) | 2001年(上年) | 本年比上年增减(%) | 2000年 |
|---|---|---|---|---|
| 主营业务收入 | 241,146,221.56 | 252,450,242.65 | －4.48% | 210,915,711.41 |
| 利润总额 | －83,146,732.71 | －92,091,316.97 | － | －93,942,384.82 |
| 净利润 | －83,146,732.71 | －92,091,316.97 | － | －93,942,384.82 |
| 扣除非经常性损益的净利润 | －53,845,284.69 | －85,485,159.50 | － | －65,682,538.36 |
| | 2002年末(本年末) | 2001年末(上年末) | 本年末比上年末增减(%) | 2000年末 |
| 总资产 | 756,243,864.38 | 811,279,731.88 | －6.78% | 920,832,073.40 |
| 股东权益(不含少数股东权益) | 319,827,482.06 | 399,734,265.99 | －19.99% | 490,168,196.69 |
| 经营活动产生的现金流量净额 | 16,542,784.57 | 58,144,049.98 | －71.55% | －46,566,240.43 |

2.2 主要财务指标　　单位：(人民币)元

| | 2002年(本年) | 2001年(上年) | 本年比上年增减(%) | 2000年 |
|---|---|---|---|---|
| 每股收益 | －0.59 | －0.66 | － | －0.67 |
| 每股收益* | －0.59 | － | － | － |
| 净资产收益率 | －26.00% | －23.04% | － | －19.17% |
| 扣除非经常性损益的净利润为基础计算的净资产收益率 | －16.84% | －21.39% | － | －13.40% |
| 每股经营活动产生的现金流量净额 | 0.12 | 0.41 | －71.50% | －0.33 |
| | 2002年末(本年末) | 2001年末(上年末) | 本年末比上年末增减(%) | 2000年末 |
| 每股净资产 | 2.28 | 2.85 | －19.99% | 3.49 |
| 调整后的每股净资产 | 1.90 | 2.64 | －28.03% | 3.17 |

## 000710 成都天兴仪表股份有限公司

# 二〇〇二年年度报告摘选

### 1.上市公司基本情况简介

1.1 基本情况简介

证券简称：天兴仪表　证券代码：000710　上市交易所：深圳证券交易所

注册地址：成都市高新技术开发区　办公地址：成都市龙泉驿区十陵镇

邮政编码：610106　公司国际互联网网址：http://www.000710.com

电子信箱：china0710@mail.china.com

1.2 联系人和联系方式

董事会秘书：叶秀松　联系地址：成都外东十陵镇天兴仪表股份公司董事会办公室

电话：028－84613721　传真：028－84600581　电子信箱：china0710@mail.china.com

证券事务代表：戴兴斌　联系地址：成都外东十陵镇天兴仪表股份公司董事会办公室

电话：028－84613721　传真：028－84600581　电子信箱：cddaixb@163.com

### 2.会计数据和财务指标摘要

2.1 主要会计数据　　单位：(人民币)元

| | 2002年(本年) | 2001年(上年) | 本年比上年增减(%) | 2000年 |
|---|---|---|---|---|
| 主营业务收入 | 62,619,977.01 | 51,132,768.87 | 22.47% | 79,278,310.53 |
| 利润总额 | －50,809,555.63 | －45,660,542.34 | 11.28% | 2,376,759.27 |
| 净利润 | －50,809,555.63 | －44,340,312.45 | 14.59% | 1,608,935.90 |
| 扣除非经常性损益的净利润 | －26,365,856.75 | －46,400,689.08 | －43.18% | 2,593,962.89 |
| | 2002年末(本年末) | 2001年末(上年末) | 本年末比上年末增减(%) | 2000年末 |
| 总资产 | 242,096,805.71 | 357,290,577.57 | －32.24% | 332,388,165.41 |
| 股东权益(不含少数股东权益) | 108,872,395.65 | 159,251,851.70 | －31.64% | 203,512,431.76 |
| 经营活动产生的现金流量净额 | 14,910,671.15 | －85,388,570.97 | －－ | －8,214,095.63 |

2.2 主要财务指标　　单位：(人民币)元

| | 2002年(本年) | 2001年(上年) | 本年比上年增减(%) | 2000年 |
|---|---|---|---|---|
| 每股收益 | －0.34 | －0.29 | 17.24% | 0.02 |
| 净资产收益率 | －46.67% | －27.84% | 67.64% | 0.79% |
| 扣除非经常性损益的净利润为基础计算的净资产收益率 | －24.22% | －29.14% | －16.88% | 1.27% |
| 每股经营活动产生的现金流量净额 | 0.10 | －0.56 | －－ | －0.08 |
| | 2002年末(本年末) | 2001年末(上年末) | 本年末比上年末增减(%) | 2000年末 |
| 每股净资产 | 0.72 | 1.05 | －31.62% | 1.88 |
| 调整后的每股净资产 | 0.70 | 1.05 | －33.40% | 1.87 |

## 000720 山东鲁能泰山电缆股份有限公司

# 二〇〇二年年度报告摘选

### 1.上市公司基本情况简介

1.1 基本情况简介

证券简称：鲁能泰山　证券代码：000720　上市交易所：深圳证券交易所

注册地址：山东省泰安市文化路62号　办公地址：山东省新泰市金斗路99号

邮政编码：271200　公司国际互联网网址：http://www.shandongcable.com

电子信箱：zqb01@shandongcable.com

1.2 联系人和联系方式

董事会秘书：初军　联系地址：山东省新泰市金斗路99号

电话：0538－7238882　传真：0538－7222439　电子信箱：lsg9577@eyou.com

证券事务代表：刘守功　联系地址：山东省新泰市金斗路99号

电话：0538－7238882　传真：0538－7222439　电子信箱：lsg9577@eyou.com

### 2.会计数据和财务指标摘要

2.1 主要会计数据　　单位：(人民币)元

| | 2002年(本年) | 2001年(上年) | 本年比上年增减(%) | 2000年 |
|---|---|---|---|---|
| 主营业务收入 | 1,755,366,754.18 | 1,832,751,746.90 | －4.22% | 1,458,832,902.57 |
| 利润总额 | 170,227,862.96 | 209,181,292.35 | －18.62% | 213,139,738.96 |
| 净利润 | 78,305,123.32 | 112,672,207.31 | －30.50% | 118,450,608.31 |
| 扣除非经常性损益的净利润 | 88,846,997.22 | 117,259,017.49 | －24.23% | 120,694,606.78 |
| | 2002年末(本年末) | 2001年末(上年末) | 本年末比上年末增减(%) | 2000年末 |
| 总资产 | 2,918,954,539.28 | 2,763,241,259.54 | 5.64% | 2,444,761,315.81 |
| 股东权益(不含少数股东权益) | 1,294,251,043.58 | 1,239,502,307.03 | 4.42% | 1,158,460,667.41 |
| 经营活动产生的现金流量净额 | 171,589,378.17 | 97,617,440.54 | 75.78% | 126,693,771.77 |

2.2 主要财务指标　　单位：(人民币)元

| | 2002年(本年) | 2001年(上年) | 本年比上年增减(%) | 2000年 |
|---|---|---|---|---|
| 每股收益 | 0.16 | 0.35 | －53.69% | 0.37 |
| 净资产收益率 | 6.05% | 9.09% | －33.44% | 10.22% |
| 扣除非经常性损益的净利润为基础计算的净资产收益率 | 6.86% | 9.46% | －27.48% | 10.42% |
| 每股经营活动产生的现金流量净额 | 0.36 | 0.31 | 17.38% | 0.40 |
| | 2002年末(本年末) | 2001年末(上年末) | 本年末比上年末增减(%) | 2000年末 |
| 每股净资产 | 2.70 | 3.88 | －30.39% | 3.62 |
| 调整后的每股净资产 | 2.70 | 3.87 | －30.33% | 3.61 |

## 000723 福州天宇电气股份有限公司

# 二〇〇二年年度报告摘选

### 1.上市公司基本情况简介

1.1 基本情况简介

证券简称：ST 天宇　证券代码：000723　上市交易所：深圳证券交易所

注册地址和办公地址：福州市新店南平路天宇科技大楼　邮政编码：350012

公司国际互联网网址：http://www.xj－ty.com　电子信箱：tydqdm@public.fz.fj.cn

1.2 联系人和联系方式

董事会秘书：朱庆华　联系地址：福州市新店南平路天宇科技大楼

电话：0591－7916429　传真：0591－7916449　电子信箱：tydqdm@public.fz.fj.cn

证券事务代表：李敏　联系地址：福州市新店南平路天宇科技大楼证券投资部

电话：0591－7916470　传真：0591－7916449　电子信箱：liminhb@163.com

### 2.会计数据和财务指标摘要

2.1 主要会计数据　　单位：(人民币)元

| | 2002年(本年) | 2001年(上年) | 本年比上年增减(%) | 2000年 |
|---|---|---|---|---|
| 主营业务收入 | 450,635,177.49 | 349,859,516.53 | 28.80% | 381,030,420.81 |
| 利润总额 | 25,438,637.14 | －186,681,771.98 | －－ | －74,185,318.75 |
| 净利润 | 24,279,677.30 | －188,067,885.81 | －－ | －76,186,896.53 |
| 扣除非经常性损益的净利润 | 24,216,068.27 | －164,496,516.76 | －－ | －37,260,205.99 |
| | 2002年末(本年末) | 2001年末(上年末) | 本年末比上年末增减(%) | 2000年末 |
| 总资产 | 644,457,293.54 | 690,716,166.82 | －6.70% | 873,993,805.32 |
| 股东权益(不含少数股东权益) | 213,463,480.51 | 189,183,803.21 | 12.83% | 377,251,689.02 |
| 经营活动产生的现金流量净额 | 59,547,660.25 | 57,849,876.08 | 2.93% | 2,093,987.93 |

2.2 主要财务指标　　单位：(人民币)元

| | 2002年(本年) | 2001年(上年) | 本年比上年增减(%) | 2000年 |
|---|---|---|---|---|
| 每股收益 | 0.17 | －1.35 | －－ | －0.55 |
| 每股收益* | 0.17 | －－ | －－ | －－ |
| 净资产收益率 | 11.37% | －99.41% | －－ | －20.20% |
| 扣除非经常性损益的净利润为基础计算的净资产收益率 | 11.34% | －86.95% | －－ | －9.87% |
| 每股经营活动产生的现金流量净额 | 0.43 | 0.41 | 3.14% | 0.02 |
| | 2002年末(本年末) | 2001年末(上年末) | 本年末比上年末增减(%) | 2000年末 |
| 每股净资产 | 1.53 | 1.36 | 12.84% | 2.70 |
| 调整后的每股净资产 | 1.39 | 1.26 | 10.32% | 2.44 |

# 000727 南京华东电子信息科技股份有限公司

## 二〇〇二年年度报告摘选

### 1.上市公司基本情况简介

1.1 基本情况简介

股票简称:华东科技 股票代码:000727 上市交易所:深圳证券交易所

注册地址:南京市浦口高新技术产业开发区 D03 栋 电子信箱:hddz@hdeg.com

办公地址:南京市汉中路 89 号金鹰国际商城 26 楼 邮政编码:210029

1.2 联系人和联系方式

董事会秘书:伍华林 联系地址:南京市汉中路 89 号金鹰国际商城 26 楼

电话:025-5311050-2231 传真:025-4702989 025-5319623 电子信箱:hddz@hdeg.com

证券事务代表:董学山 联系地址:南京市汉中路 89 号金鹰国际商城 26 楼

电话:025-470090-568/228 传真:025-4702989 025-5319623 电子信箱:hddz@hdeg.com

### 2.会计数据和财务指标摘要

2.1 主要会计数据 金额单位:人民币元

| | 2002 年 | 2001 年 | 本年比上年增减(%) | 2000 年 |
|---|---|---|---|---|
| 主营业务收入 | 267,238,050.67 | 302,723,233.77 | -11.72 | 276,817,541.89 |
| 利润总额 | 62,495,054.29 | 62,159,478.12 | 0.54 | 107,993,324.65 |
| 净利润 | 58,367,140.76 | 55,256,908.98 | 5.63 | 103,990,782.03 |
| 扣除非经常性损益的净利润 | 54,650,138.37 | 51,655,818.46 | 5.80 | 85,096,271.17 |
| | 2002 年末 | 2001 年末 | 本年末比上年末增减(%) | 2000 年末 |
| 总资产 | 1,882,848,233.53 | 1,363,541,593.06 | 38.09 | 1,120,538,084.58 |
| 股东权益(不含少数股东权益) | 1,096,255,107.16 | 818,502,428.56 | 33.93 | 795,122,537.94 |
| 经营活动产生的现金流量净额 | 85,476,187.22 | -28,152,996.30 | 0 | 197,797,839.57 |

2.2 主要财务指标 金额单位:人民币元

| | 2002 年 | 2001 年 | 本年比上年增减(%) | 2000 年 |
|---|---|---|---|---|
| 每股收益 | 0.1625 | 0.1761 | | 0.331 |
| 每股收益(加权) | 0.1860 | 0.1761 | | 0.331 |
| 净资产收益率 | 5.324 | 6.751 | | 13.08 |
| 扣除非经常性损益的净利润为基础计算的净资产收益率 | 4.99 | 6.31 | | 10.70 |
| 每股经营活动产生的现金流量净额 | 0.238 | -0.0897 | | 0.63 |
| | 2002 年末 | 2001 年末 | 本年末比上年末增减(%) | 2000 年末 |
| 每股净资产 | 3.052 | 2.609 | | 2.534 |
| 调整后的每股净资产 | 2.982 | 2.569 | | 2.514 |

# 000736 重庆国际实业投资股份有限公司

## 二〇〇二年年度报告摘选

### 1.上市公司基本情况简介

1.1 基本情况简介

证券简称:重庆实业 证券代码:000736 上市交易所:深圳证券交易所

注册地址:重庆市江北区建新北路 86 号 邮政编码:401147

办公地址:重庆市渝北区紫荆路 4 号 6 栋 2-1-B(佳华世纪)

电子信箱:tzciei@public.cta.cq.cn

1.2 联系人和联系方式

董事会秘书:徐明华 联系地址:重庆市渝北区紫荆路 4 号 6 栋 2-1-B(佳华世纪)

电话:023-67530016 传真:023-67530017 电子信箱:xmh258@163.com

证券事务代表:刘美芳 联系地址:重庆市渝北区紫荆路 4 号 6 栋 2-1-B(佳华世纪)

电话:023-67530016 传真:023-67530017

### 2.会计数据和财务指标摘要

2.1 主要会计数据 单位:(人民币)元

| | 2002 年(本年) | 2001 年(上年) | 本年比上年增减(%) | 2000 年 |
|---|---|---|---|---|
| 主营业务收入 | 254,447,294.07 | 105,498,293.49 | 141.19% | 33,167,072.23 |
| 利润总额 | 37,515,072.83 | 28,992,891.22 | 29.39% | 21,605,103.97 |
| 净利润 | 18,650,202.25 | 17,686,324.49 | 5.45% | 14,863,659.21 |
| 扣除非经常性损益的净利润 | 21,709,220.41 | 14,411,879.49 | 50.63% | 11,443,805.40 |
| | 2002 年末(本年末) | 2001 年末(上年末) | 本年末比上年末增减(%) | 2000 年末 |
| 总资产 | 812,538,602.84 | 604,393,074.73 | 34.44% | 395,182,160.33 |
| 股东权益(不含少数股东权益) | 258,936,281.14 | 240,286,078.89 | 7.76% | 225,899,754.40 |
| 经营活动产生的现金流量净额 | 1,972,975.42 | 30,046,569.15 | -93.43% | -11,193,073.27 |

2.2 主要财务指标 单位:(人民币)元

| | 2002 年(本年) | 2001 年(上年) | 本年比上年增减(%) | 2000 年 |
|---|---|---|---|---|
| 每股收益 | 0.28 | 0.27 | 5.60% | 0.23 |
| 每股收益* | 0.28 | -- | -- | -- |
| 净资产收益率 | 7.20% | 7.36% | -2.17% | 6.58% |
| 扣除非经常性损益的净利润为基础计算的净资产收益率 | 8.38% | 6.00% | 39.67% | 3.95% |
| 每股经营活动产生的现金流量净额 | 0.03 | 0.46 | -93.41% | 0.15 |
| | 2002 年末(本年末) | 2001 年末(上年末) | 本年末比上年末增减(%) | 2000 年末 |
| 每股净资产 | 3.92 | 3.64 | 7.75% | 3.42 |
| 调整后的每股净资产 | 3.92 | 3.64 | 7.75% | 3.42 |

# 000738 南方摩托股份有限公司

## 二〇〇二年年度报告摘选

### 1.上市公司基本情况简介

1.1 基本情况简介

股票简称:ST 南摩 股票代码:000738 上市交易所:深圳证券交易所

注册地址:湖南省株洲市高新技术产业开发区天台西路 1 号

办公地址:湖南省株洲市董家塅南摩办公大楼 邮政编码:412002

公司国际互联网网址:http://www.nanfangmotor.com.cn 电子信箱:nfmt@mail.zz.hn.cn

1.2 联系人和联系方式

董事会秘书:刘绍雄 联系地址:湖南省株洲市董家塅南摩办公大楼

电话:0733-8559515 传真:0733-8559714 电子信箱:Liushaox@sina.com

### 2.会计数据和财务指标摘要

2.1 主要会计数据 金额单位:元

| | 2002 年度 | 2001 年度 | 本年比上年增减(%) | 2000 年度 |
|---|---|---|---|---|
| 主营业务收入 | 347,523,065.75 | 203,334,583.22 | 94.26 | 440,040,572.14 |
| 利润总额 | 3,162,143.70 | -219,021,222.82 | - | -161,964,561.76 |
| 净利润 | 2,224,856.09 | -219,021,222.82 | - | -161,964,561.76 |
| 扣除非经常性损益的净利润 | 1,015,894.20 | -222,922,368.83 | - | -147,286,796.01 |
| | 2002 年末 | 2001 年末 | 本年末比上年末增减(%) | 2000 年末 |
| 总资产 | 1,109,985,245.79 | 1,350,426,504.91 | -17.77 | 1,649,985,327.26 |
| 股东权益(不含少数股东权益) | 664,126,205.79 | 661,901,349.70 | 0.46 | 880,922,572.52 |
| 经营活动产生的现金流量净额 | 6,113,622.43 | 26,077,778.31 | -76.56 | -31,091,762.85 |

2.2 主要财务指标 金额单位:元

| | 2002 年 | 2001 年 | 本年比上年增减(%) | 2000 年 |
|---|---|---|---|---|
| 每股收益 | 0.0056 | -0.55 | - | -0.41 |
| 净资产收益率 | 0.34% | -33.09% | - | -18.39% |
| 扣除非经常性损益的净利润为基础计算的净资产收益率 | 0.15% | -33.68% | - | -16.72% |
| 每股经营活动产生的现金流量净额 | 0.015 | 0.066 | -77.27 | -0.08 |
| | 2002 年末 | 2001 年末 | 本年末比上年末增减(%) | 2000 年末 |
| 每股净资产 | 1.67 | 1.66 | 0.46 | 2.21 |
| 调整后的每股净资产 | 1.46 | 1.50 | -2.67 | 2.08 |

# 000757 四川方向光电股份有限公司

## 二〇〇二年年度报告摘选

### 1.上市公司基本情况简介

1.1 基本情况简介

证券简称:方向光电 证券代码:000757 上市交易所:深圳证券交易所

注册地址:四川省内江市 邮政编码:641000

办公地址:四川省内江市甜城大道方向光电科技园

公司国际互联网网址:www.direction.com.cn 电子信箱:fxgd@direction.com.cn

1.2 联系人和联系方式

董事会秘书:徐琳 联系地址:四川省内江市甜城大道方向光电科技园董事办

电话:0832-2202757 传真:0832-2202720 电子信箱:xulin@direction.com.cn

证券事务代表:刘本忠 联系地址:四川省内江市甜城大道方向光电科技园董事办

电话:0832-2202757 传真:0832-2202720 电子信箱:xulin@direction.com.cn

### 2.会计数据和财务指标摘要

2.1 主要会计数据 单位:(人民币)元

| | 2002 年(本年) | 2001 年(上年) | 本年比上年增减(%) | 2000 年 |
|---|---|---|---|---|
| 主营业务收入 | 515,072,118.04 | 336,076,671.35 | 53.26% | 232,620,400.24 |
| 利润总额 | 19,258,587.72 | 17,912,511.65 | 7.51% | 31,288,291.94 |
| 净利润 | 11,924,853.23 | 16,005,465.54 | -25.50% | 26,764,532.81 |
| 扣除非经常性损益的净利润 | 12,561,789.74 | 12,432,584.95 | 1.04% | 19,524,420.28 |
| | 2002 年末(本年末) | 2001 年末(上年末) | 本年末比上年末增减(%) | 2000 年末 |
| 总资产 | 1,244,043,851.80 | 1,096,022,090.96 | 13.51% | 706,610,546.95 |
| 股东权益(不含少数股东权益) | 496,582,156.31 | 484,603,625.00 | 2.47% | 473,233,926.31 |
| 经营活动产生的现金流量净额 | 356,584.77 | -13,676,438.68 | -- | 4,495,403.15 |

2.2 主要财务指标 单位:(人民币)元

| | 2002 年(本年) | 2001 年(上年) | 本年比上年增减(%) | 2000 年 |
|---|---|---|---|---|
| 每股收益 | 0.08 | 0.11 | -29.09% | 0.18 |
| *每股收益 | 0.08 | -- | -- | -- |
| 净资产收益率 | 2.40% | 3.30% | -27.27% | 5.73% |
| 扣除非经常性损益的净利润为基础计算的净资产收益率 | 2.53% | 2.57% | -1.56% | 4.25% |
| 每股经营活动产生的现金流量净额 | 0.00 | -0.09 | -- | 0.03 |
| | 2002 年末(本年末) | 2001 年末(上年末) | 本年末比上年末增减(%) | 2000 年末 |
| 每股净资产 | 3.26 | 3.18 | 2.52% | 3.06 |
| 调整后的每股净资产 | 3.11 | 3.02 | 2.98% | 2.99 |

## 000760 湖北车桥股份有限公司

### 二〇〇二年年度报告摘选

#### 1.上市公司基本情况简介

1.1 基本情况简介

证券简称:湖北车桥　证券代码:000760　上市交易:深圳证券交易所

注册地址和办公地址:湖北省公安县斗湖堤镇荆江大道 178 号　邮政编码:434300

公司国际互联网网址:http://www.Chinamep.com　电子信箱:hbaxle@public.js.hb.cn

1.2 联系人和联系方式

董事会秘书:穆校平　联系地址:湖北省公安县斗湖堤镇荆江大道 178 号

电话:0716－5225749　传真:0716－8889165

#### 2.会计数据和财务指标摘要

2.1 主要会计数据　单位:(人民币)元

| | 2002 年(本年) | 2001 年(上年) | 本年比上年增减(%) | 2000 年 |
|---|---|---|---|---|
| 主营业务收入 | 183,428,950.31 | 157,046,360.39 | 16.80 | 167,260,690.82 |
| 利润总额 | 8,830,565.73 | 3,154,189.15 | 179.96 | 37,056,527.98 |
| 净利润 | 5,265,860.38 | 8,598,079.57 | －38.76 | 31,498,048.78 |
| 扣除非经常性损益的净利润 | 2,469,408.33 | 5,243,715.87 | －52.91 | 25,881,970.69 |
| | 2002 年末(本年末) | 2001 年末(上年末) | 本年末比上年末增减(%) | 2000 年末 |
| 总资产 | 528,896,057.44 | 437,261,778.83 | 20.96 | 470,580,783.48 |
| 股东权益(不含少数股东权益) | 357,711,158.15 | 351,922,183.54 | 1.64 | 341,754,140.43 |
| 经营活动产生的现金流量净额 | 669,325.41 | 13,226,828.77 | －94.94 | 45,843,744.64 |

2.2 主要财务指标　单位:(人民币)元

| | 2002 年(本年) | 2001 年(上年) | 本年比上年增减(%) | 2000 年 |
|---|---|---|---|---|
| 每股收益(摊薄) | 0.048 | 0.08 | －40.00 | 0.23 |
| 每股收益(加权) | 0.048 | 0.08 | －40.00 | 0.23 |
| 净资产收益率 | 1.472% | 2.37% | －37.89 | 8.04% |
| 扣除非经常性损益的净利润为基础计算的净资产收益率 | 0.690% | 1.49% | －53.69 | 6.61% |
| 每股经营活动产生的现金流量净额 | 0.006 | 0.12 | －95.00 | 0.42 |
| | 2002 年末(本年末) | 2001 年末(上年末) | 本年末比上年末增减(%) | 2000 年末 |
| 每股净资产 | 3.27 | 3.22 | 1.55 | 3.13 |
| 调整后的每股净资产 | 3.19 | 3.19 | 0.00 | 3.10 |

## 000768 西安飞机国际航空制造股份有限公司

### 二〇〇二年年度报告摘选

#### 1.上市公司基本情况简介

1.1 基本情况简介

股票简称:西飞国际　股票代码:000768　上市交易所:深圳证券交易所

注册地址:西安市高新路国税大厦六楼　邮政编码:710075

办公地址:西安市阎良区西飞大道一号西飞国际　邮政编码:710089

电子信箱:xaic@china.com

1.2 联系人和联系方式

董事会秘书:郝战富　联系地址:西安市阎良区西飞大道一号西飞国际

电话:029－6846638　传真:029－6846031　电子信箱:xaic@public.xa.sn.cn

证券事务代表:姜忠亮　联系地址:西安市阎良区西飞大道一号西飞国际

电话:029－6846021　传真:029－6846031　电子信箱:xaic@public.xa.sn.cn

#### 2.会计数据和财务指标摘要

2.1 主要会计数据

| | 2002 年 | 2001 年 | 本年比上年增减(%) | 2000 年 |
|---|---|---|---|---|
| 主营业务收入 | 1,016,978,955.92 | 919,552,504.55 | 10.59% | 797,159,475.80 |
| 利润总额 | 60,674,839.03 | 57,312,978.75 | 5.87% | 73,013,651.54 |
| 净利润 | 44,448,208.53 | 45,708,146.80 | －2.76% | 68,396,164.72 |
| 扣除非经常性损益的净利润 | 63,989,760.77 | 34,445,275.42 | 85.77% | 70,444,363.41 |
| | 2002 年 12 月 31 日 | 2001 年 12 月 31 日 | 本年末比上年末增减(%) | 2000 年 12 月 31 日 |
| 总资产 | 2,357,995,077.77 | 2,591,473,827.02 | －9.01% | 2,693,569,067.87 |
| 股东权益(不含少数股东权益) | 1,897,313,240.41 | 1,892,015,031.88 | 0.28% | 1,899,159,385.08 |
| 经营活动产生的现金流量净额 | 137,721,388.44 | 57,530,606.62 | 139.39% | －7,689,885.44 |

2.2 主要财务指标

| | 2002 年 | 2001 年 | 本年比上年增减(%) | 2000 年 |
|---|---|---|---|---|
| 每股收益 | 0.11 | 0.12 | －2.83% | 0.17 |
| 净资产收益率 | 2.34% | 2.42% | －3.31% | 3.60% |
| 扣除非经常性损益的净利润为基础计算的净资产收益率 | 3.37% | 1.79% | 88.27% | 5.72% |
| 每股经营活动产生的现金流量净额 | 0.35 | 0.15 | 139.48% | －0.02 |
| | 2002 年 12 月 31 日 | 2001 年 12 月 31 日 | 本年末比上年末增减(%) | 2000 年 12 月 31 日 |
| 每股净资产 | 4.85 | 4.83 | 0.28% | 4.85 |
| 调整后的每股净资产 | 4.84 | 4.82 | 0.41% | 4.84 |

## 000777 中核苏阀科技实业股份有限公司

### 二〇〇二年年度报告摘选

#### 1.上市公司基本情况简介

1.1 基本情况简介

证券简称:中核科技　证券代码:000777　上市交易所:深圳证券交易所

注册地址:苏州新区珠江路 501 号　办公地址:苏州市人民路 679 号　邮政编码:215001

公司国际互联网网址:http://www.chinasufa.com　电子信箱:zhsf@public1.sz.js.cn

1.2 联系人和联系方式

董事会秘书:沈澄　联系地址:中核苏阀科技实业股份有限公司董事会秘书室

电话:0512－67533655－2577　传真:0512－67533655－2577　电子信箱:zhsf@public1.sz.js.cn

#### 2.会计数据和财务指标摘要

2.1 主要会计数据　单位:(人民币)元

| | 2002 年(本年) | 2001 年(上年) | 本年比上年增减(%) | 2000 年 |
|---|---|---|---|---|
| 主营业务收入 | 228,125,974.81 | 254,980,374.49 | －10.53% | 199,533,635.36 |
| 利润总额 | －7,272,759.65 | 12,943,487.24 | －156.19% | 23,242,162.07 |
| 净利润 | －7,350,628.93 | 10,186,115.13 | －172.16% | 18,983,182.64 |
| 扣除非经常性损益的净利润 | －10,684,344.73 | 6,644,311.28 | －260.80% | 16,770,789.92 |
| | 2002 年末(本年末) | 2001 年末(上年末) | 本年末比上年末增减(%) | 2000 年末 |
| 总资产 | 452,980,157.93 | 460,871,141.58 | －1.71% | 438,113,484.63 |
| 股东权益(不含少数股东权益) | 267,026,868.03 | 287,817,496.96 | －7.22% | 284,174,545.15 |
| 经营活动产生的现金流量净额 | 4,326,939.03 | －25,850,101.46 | －－ | 27,021,856.35 |

2.2 主要财务指标　单位:(人民币)元

| | 2002 年(本年) | 2001 年(上年) | 本年比上年增减(%) | 2000 年 |
|---|---|---|---|---|
| 每股收益 | －0.04 | 0.06 | －172.28% | 0.11 |
| 每股收益* | －0.04 | －－ | －－ | －－ |
| 净资产收益率 | －2.75% | 3.54% | －177.68% | 6.68% |
| 扣除非经常性损益的净利润为基础计算的净资产收益率 | －3.76% | 2.30% | －263.48% | 5.79% |
| 每股经营活动产生的现金流量净额 | 0.03 | －0.15 | －－ | 0.16 |
| | 2002 年末(本年末) | 2001 年末(上年末) | 本年末比上年末增减(%) | 2000 年末 |
| 每股净资产 | 1.59 | 1.71 | －7.23% | 1.69 |
| 调整后的每股净资产 | 1.52 | 1.65 | －8.02% | 1.66 |

## 000800 一汽轿车股份有限公司

### 二〇〇二年年度报告摘选

#### 1.上市公司基本情况简介

1.1 基本情况简介

证券简称:一汽轿车　证券代码:000800　上市交易所:深圳证券交易所

注册地址:长春市高新开发区汽车研究开发园区

办公地址:长春市绿园区东风大街二号门院内　邮政编码:130011

电子信箱:fawcar@public.cc.jl.cn

1.2 联系人和联系方式

董事会秘书:王文权　联系地址:长春市绿园区东风大街二号门院内

电话:0431－5976447　传真:0431－5908726　电子信箱:wangwq@fawcar.com.cn

证券事务代表:郑丽兄　联系地址:长春市绿园区东风大街二号门院内

电话:0431－5976447　传真:0431－5908726　电子信箱:wangwq@fawcar.com.cn

#### 2.会计数据和业务数据摘要

2.1 主要财务数据　单位:(人民币)元

| | 2002 年(本年) | 2001 年(上年) | 本年比上年增减(%) | 2000 年 |
|---|---|---|---|---|
| 主营业务收入 | 4,755,581,616.27 | 3,445,269,234.32 | 38.03 | 3,151,756,156.22 |
| 利润总额 | 342,900,519.00 | 77,628,238.24 | 341.72 | 264,938,860.92 |
| 净利润 | 247,169,977.74 | 33,627,657.75 | 635.02 | 274,076,220.46 |
| 扣除非经常性损益的净利润 | 176,939,368.19 | 43,039,203.97 | 311.11 | 269,544,087.76 |
| | 2002 年末(本年末) | 2001 年末(上年末) | 本年末比上年末增减(%) | 2000 年末 |
| 总资产 | 6,667,510,647.83 | 6,111,001,107.50 | 9.11 | 6,488,544,277.75 |
| 股东权益(不含少数股东权益) | 4,461,894,567.90 | 4,526,374,822.77 | －1.42 | 4,573,476,017.61 |
| 经营活动产生的现金流量净额 | 1,035,095,483.93 | 299,229,907.22 | 245.92 | 583,169,387.78 |

2.2 主要财务指标

| | 2002 年 | 2001 年 | 2002 年比 2001 年增减(%) | 2000 年 |
|---|---|---|---|---|
| 每股收益(元/股) | 0.15 | 0.02 | 650 | 0.17 |
| 净资产收益率(%) | 5.54 | 0.74 | 648.65 | 5.99 |
| 调整后的每股净资产(元/股) | 2.62 | 2.71 | －3.32 | 2.70 |
| 每股经营活动产生的现金流量净额(元/股) | 0.64 | 0.18 | 255.56 | 0.36 |
| | 2002 年末 | 2001 年末 | 2002 年末比 2001 年末增减(%) | 2000 年末 |
| 每股净资产(元/股) | 2.74 | 2.78 | －1.44 | 2.81 |
| 扣除非经常性损益的净利润为基础计算的加权净资产收益率(%) | 3.97 | 1.00 | 297.00 | 6.04 |

# 000811 烟台冰轮股份有限公司

## 二〇〇二年年度报告摘选

### 1.上市公司基本情况简介

1.1 基本情况简介

股票简称:烟台冰轮 股票代码:000811 上市交易所:深圳证券交易所

注册地址和办公地址:烟台市芝罘区西山路80号 邮政编码:264000

公司国际互联网网址:http://www.yantaimoon.com 电子信箱:zqb@yantaimoon.com

1.2 联系人和联系方式

董事会秘书:孙秀欣 联系地址:烟台市芝罘区西山路80号

电话:0535-6243451*6503,6243558 传真:0535-6243558 电子信箱:zqb@yantaimoon.com

证券事务代表:刘莉 联系地址:烟台市芝罘区西山路80号

电话:0535-6243451*6503,6243558 传真:0535-6243558 电子信箱:zqb@yantaimoon.com

### 2.会计数据和财务指标摘要

2.1 主要会计数据 单位:元

| | 2002年 | 2001年 | 本年比上年增减(%) | 2000年 |
|---|---|---|---|---|
| 主营业务收入 | 529740451.88 | 450364131.74 | 17.62 | 289617784.04 |
| 利润总额 | 46349180.14 | 45384252.03 | 2.13 | 34172121.15 |
| 净利润 | 35358653.84 | 37726309.25 | -6.28 | 28296826.06 |
| 扣除非经常性损益的净利润 | 34880953.95 | 36597325.00 | -4.69 | 28296826.06 |
| | 2002年末 | 2001年末 | 本年末比上年末增减(%) | 2000年末 |
| 总资产 | 868554160.15 | 754843396.58 | 15.06 | 595090612.37 |
| 股东权益(不含少数股东权益) | 289695963.88 | 266854310.25 | 8.56 | 263168394.25 |
| 经营活动产生的现金流量净额 | 83018102.09 | 56085783.53 | 48.02 | -20317557.95 |

2.2 主要财务指标

| | 2002年 | 2001年 | 本年比上年增减(%) | 2000年 |
|---|---|---|---|---|
| 每股收益 | 0.29 | 0.31 | -6.45 | 0.23 |
| 净资产收益率 | 12.21% | 14.14% | -13.65 | 10.75% |
| 扣除非经常性损益的净利润为基础计算的净资产收益率 | 12.04% | 13.76% | -12.50 | 11.17% |
| 每股经营活动产生的现金流量净额 | 0.67 | 0.45 | 48.89 | 0.16 |
| | 2002年末 | 2001年末 | 本年末比上年末增减(%) | 2000年末 |
| 每股净资产 | 2.34 | 2.16 | 8.33 | 2.13 |
| 调整后的每股净资产 | 2.30 | 2.14 | 7.48 | 2.10 |

# 000816 江苏江淮动力股份有限公司

## 二〇〇二年年度报告摘选

### 1.上市公司基本情况简介

1.1 基本情况简介

证券简称:江淮动力 证券代码:000816 上市交易所:深圳证券交易所

注册地址和办公地址:江苏省盐城市环城西路213号 邮政编码:224001

公司国际互联网网址:http://www.jdchina.com 电子信箱:jhdl@public.yc.js.cn

1.2 联系人和联系方式

董事会秘书:王乃强 联系地址:江苏省盐城市通榆中路46号

电话:0515-8222889 传真:0515-8244908 电子信箱:jhdl@public.yc.js.cn

证券事务代表:徐健峰 联系地址:江苏省盐城市通榆中路46号

电话:0515-8222889 传真:0515-8244908 电子信箱:jhdl@public.yc.js.cn

### 2.会计数据和财务指标摘要

2.1 主要会计数据 单位:(人民币)元

| | 2002年(本年) | 2001年(上年) | 本年比上年增减(%) | 2000年 |
|---|---|---|---|---|
| 主营业务收入 | 1,600,252,177.94 | 1,533,746,992.36 | 4.34% | 1,491,443,401.85 |
| 利润总额 | -128,967,889.09 | 90,849,626.16 | -241.96% | 105,297,694.08 |
| 净利润 | -131,165,551.55 | 80,470,117.99 | -263.00% | 78,876,171.65 |
| 扣除非经常性损益的净利润 | -129,709,423.31 | 77,156,952.43 | -268.11% | 80,288,712.35 |
| | 2002年末(本年末) | 2001年末(上年末) | 本年末比上年末增减(%) | 2000年末 |
| 总资产 | 2,110,742,922.56 | 1,983,759,310.26 | 6.40% | 1,915,610,985.85 |
| 股东权益(不含少数股东权益) | 1,160,833,755.71 | 1,291,209,722.13 | -10.10% | 1,220,636,186.04 |
| 经营活动产生的现金流量净额 | -43,089,056.27 | 62,353,341.43 | -169.10% | -72,090,368.24 |

2.2 主要财务指标 单位:(人民币)元

| | 2002年(本年) | 2001年(上年) | 本年比上年增减(%) | 2000年 |
|---|---|---|---|---|
| 每股收益 | -0.43 | 0.26 | -262.89% | 0.26 |
| 净资产收益率 | -11.30% | 6.23% | -281.38% | 6.46% |
| 扣除非经常性损益的净利润为基础计算的净资产收益率 | -10.58% | 6.12% | -272.88% | 7.33% |
| 每股经营活动产生的现金流量净额 | -0.14 | 0.20 | -169.12% | 0.24 |
| | 2002年末(本年末) | 2001年末(上年末) | 本年末比上年末增减(%) | 2000年末 |
| 每股净资产 | 3.79 | 4.22 | -10.10% | 3.99 |
| 调整后的每股净资产 | 3.79 | 4.14 | -8.57% | 3.92 |

# 000821 湖北京山轻工机械股份有限公司

## 二〇〇二年年度报告摘选

### 1.上市公司基本情况简介

1.1 基本情况简介

证券简称:京山轻机 证券代码:000821 上市交易所:深圳证券交易所

注册地址和办公地址:湖北省京山县新市镇轻机大道78号 邮政编码:431800

公司国际互联网网址:http://www.jspackmach.com 电子信箱:securities@jspackmach.com

1.2 联系人和联系方式

董事会秘书:陈昭俊 联系地址:湖北省京山县新市镇轻机大道78号

电话:(0724)7223388 传真:(0724)7221560 电子信箱:xxp518@sohu.com

证券事务代表:谢杏平 联系地址:湖北省京山县新市镇轻机大道78号

电话:(0724)7221560 传真:(0724)7221560 电子信箱:xxp518@sohu.com

### 2.会计数据和财务指标摘要

2.1 主要会计数据 单位:(人民币)元

| | 2002年(本年) | 2001年(上年) | 本年比上年增减(%) | 2000年 |
|---|---|---|---|---|
| 主营业务收入 | 585,215,825.53 | 590,909,406.14 | -0.96% | 539,286,692.07 |
| 利润总额 | 75,664,607.61 | 113,493,108.54 | -33.33% | 107,014,334.95 |
| 净利润 | 51,116,633.55 | 88,706,801.67 | -42.38% | 93,612,507.03 |
| 扣除非经常性损益的净利润 | 48,230,141.19 | 84,706,801.67 | -43.06% | 81,230,636.59 |
| | 2002年末(本年末) | 2001年末(上年末) | 本年末比上年末增减(%) | 2000年末 |
| 总资产 | 1,496,729,881.27 | 1,401,466,502.29 | 6.80% | 885,689,162.22 |
| 股东权益(不含少数股东权益) | 1,061,209,066.55 | 853,561,403.95 | 24.33% | 773,272,359.70 |
| 经营活动产生的现金流量净额 | 61,485,279.36 | 184,427,731.46 | -66.66% | 69,565,340.95 |

2.2 主要财务指标 单位:(人民币)元

| | 2002年(本年) | 2001年(上年) | 本年比上年增减(%) | 2000年 |
|---|---|---|---|---|
| 每股收益 | 0.15 | 0.29 | -48.43% | 0.29 |
| 每股收益* | 0.15 | - | - | - |
| 净资产收益率 | 4.82% | 10.39% | -53.61% | 11.18% |
| 扣除非经常性损益的净利润为基础计算的净资产收益率 | 4.54% | 10.49% | -56.72% | 10.95% |
| 每股经营活动产生的现金流量净额 | 0.18 | 0.60 | -70.18% | 0.23 |
| | 2002年末(本年末) | 2001年末(上年末) | 本年末比上年末增减(%) | 2000年末 |
| 每股净资产 | 3.07 | 2.76 | 11.22% | 2.59 |
| 调整后的每股净资产 | 3.03 | 2.76 | 9.78% | 2.58 |

# 000837 陕西秦川机械发展股份有限公司

## 二〇〇二年年度报告摘选

### 1.上市公司基本情况简介

1.1 基本情况简介

股票简称:秦川发展 股票代码:000837 上市交易所:深圳证券交易所

注册地址:宝鸡市高新术产业开发区英达路软件园

办公地址:陕西省宝鸡市姜谭路22号 邮政编码:721009

公司国际互联网网址:http://www.qinchuan.com 电子信箱:qinchuan@qinchuan.com

1.2 联系人和联系方式

董事会秘书:吴煜 联系地址:陕西省宝鸡市姜谭路22号

电话:0917-3670606 传真:0917-3390960 电子信箱:qinchuan@qinchuan.com

### 2.会计数据和财务指标摘要

2.1 主要会计数据

| | 2002年 | 2001年 | 本年比上年增减(%) | 2000年 |
|---|---|---|---|---|
| 主营业务收入 | 350,638,964.55 | 354,634,122.14 | -1.13 | 362,421,937.27 |
| 利润总额 | 28,258,922.52 | 37,534,621.33 | -24.71 | 48,587,134.03 |
| 净利润 | 23,626,069.24 | 30,430,100.84 | -22.36 | 38,822,162.25 |
| 扣除非经常性损益的净利润 | 18,574,139.81 | 26,605,438.37 | -30.19 | 36,906,556.49 |
| | 2002年 | 2001年 | 本年比上年增减(%) | 2000年 |
| 总资产 | 938,520,321.69 | 710,843,690.29 | 32.03 | 593,703,505.72 |
| 股东权益(不含少数股东权益) | 535,512,146.32 | 402,042,016.69 | 33.20 | 376,280,763.68 |
| 经营活动产生的现金流量净额 | 68,803,539.16 | -8,756,259.12 | - | 7,681,677.56 |

2.2 主要财务指标

| | 2002年 | 2001年 | 本年比上年增减(%) | 2000年 |
|---|---|---|---|---|
| 每股收益 | 0.10 | 0.14 | 28.57 | 0.29 |
| 净资产收益率 | 4.41 | 7.57 | -42 | 10.32 |
| 扣除非经常性损益的净利润为基础计算的净资产收益率 | 3.47 | 6.06 | -42.74 | 10.32 |
| 每股经营活动产生的现金流量净额 | 0.30 | - | - | - |
| | 2002年 | 2001年 | 本年比上年增减(%) | 2000年 |
| 每股净资产 | 2.30 | 1.89 | 21.69 | 2.83 |
| 调整后的每股净资产 | 2.30 | 1.89 | 21.69 | 2.82 |

# 000838 西南化机股份有限公司

## 二〇〇二年年度报告摘选

### 1.上市公司基本情况简介

1.1 基本情况简介

股票简称:ST西化机　股票代码:000838　上市交易所:深圳证券交易所

注册地址和办公地址:四川省什邡市两路口镇　邮政编码:618407

公司国际互联网网址:Http://www.cninfo.com.cn　电子信箱:SWCM@163.net

1.2 联系人和联系方式

董事会秘书:阎建军　联系地址:四川省什邡市两路口镇

电话:0838－8501521　传真:0838－8204843　电子信箱:scyan@163.net

证券事务代表:段文勇　联系地址:四川省什邡市两路口镇

电话:0838－8501521　传真:0838－8204843　电子信箱:dwy7138@sina.com.cn

### 2.会计数据和财务指标摘要

2.1 主要会计数据　单位:元

| | 2002 年 | 2001 年 | 本年比上年增减(%) | 2000 年 |
|---|---|---|---|---|
| 主营业务收入 | 103,900,110.32 | 59,942,508.16 | 73.33 | 40,363,117.44 |
| 利润总额 | 7,757,482.41 | 1,671,440.28 | 364.12 | －37,342,233.22 |
| 净利润 | 7,757,482.41 | 1,671,440.28 | 364.12 | －37,342,233.22 |
| 扣除非经常性损益的净利润 | 3,013,277.69 | －13,328,559.72 | － | －33,007,231.22 |
| | 2002 年末 | 2001 年末 | 本年末比上年末增减(%) | 2000 年 |
| 总资产 | 168,811,555.56 | 207,686,891.40 | －18.72 | 225,144,137.52 |
| 股东权益(不含少数股东权益) | 43,444,511.56 | 34,490,550.23 | 25.96 | 13,367,058.55 |
| 经营活动产生的现金流量净额 | －8,536,932.24 | 55,147,041.72 | － | －3,102,735.08 |

2.2 主要财务指标　单位:元

| | 2002 年 | 2001 年 | 本年比上年增减(%) | 2000 年 |
|---|---|---|---|---|
| 每股收益 | 0.119 | 0.026 | 357.69 | －0.573 |
| 净资产收益率 | 17.86 | 4.85 | 268.25 | －279.36 |
| 扣除非经常性损益的净利润为基础计算的净资产收益率 | 6.94 | －37.13 | － | －266.49 |
| 每股经营活动产生的现金流量净额 | －0.131 | 4.85 | － | －279.36 |
| | 2002 年末 | 2001 年末 | 本年末比上年末增减(%) | 2000 年末 |
| 每股净资产 | 0.667 | 0.530 | 25.85 | 0.205 |
| 调整后的每股净资产 | 0.584 | 0.470 | 24.26 | 0.158 |

# 000852 江汉石油钻头股份有限公司

## 二〇〇二年年度报告摘选

### 1.上市公司基本情况简介

1.1 基本情况简介

证券简称:江钻股份　证券代码:000852　上市交易所:深圳证券交易所

注册地址:湖北省武汉市洪山区珞瑜路456号

办公地址:湖北省武汉东湖新技术开发区庙山小区　邮政编码:430223

公司国际互联网网址:http://www.kingdream.com.cn　电子信箱:info@kingdream.com

1.2 联系人和联系方式

董事会秘书:赵进斌　联系地址:湖北省潜江市广华前进路江钻股份投资证券部

电话:0728－6518598　传真:0728－6518598　电子信箱:security@kingdream.com

证券事务代表:陈任明　联系地址:湖北省潜江市广华前进路江钻股份投资证券部

电话:0728－6518598　传真:0728－6518598　电子信箱:security@kingdream.com

### 2.会计数据和财务指标摘要

2.1 主要会计数据　单位:(人民币)元

| | 2002 年(本年) | 2001 年(上年) | 本年比上年增减(%) | 2000 年 |
|---|---|---|---|---|
| 主营业务收入 | 411,178,558.31 | 446,835,153.40 | －7.98% | 357,571,004.00 |
| 利润总额 | 80,184,744.49 | 93,991,881.28 | －14.69% | 87,121,731.17 |
| 净利润 | 69,061,746.79 | 81,552,184.04 | －15.32% | 74,683,602.84 |
| 扣除非经常性损益的净利润 | 68,470,005.23 | 74,176,712.34 | －7.69% | 72,796,403.14 |
| | 2002 年末(本年末) | 2001 年末(上年末) | 本年末比上年末增减(%) | 2000 年末 |
| 总资产 | 930,706,968.09 | 1,009,155,741.80 | －7.77% | 867,133,264.10 |
| 股东权益(不含少数股东权益) | 648,958,994.20 | 607,459,593.06 | 6.83% | 578,284,463.53 |
| 经营活动产生的现金流量净额 | 31,053,078.12 | 112,673,686.98 | －72.44% | 72,285,318.56 |

2.2 主要财务指标　单位:(人民币)元

| | 2002 年(本年) | 2001 年(上年) | 本年比上年增减(%) | 2000 年 |
|---|---|---|---|---|
| 每股收益 | 0.25 | 0.29 | －15.35% | 0.37 |
| 净资产收益率 | 10.64% | 13.43% | －20.77% | 12.91% |
| 扣除非经常性损益的净利润为基础计算的净资产收益率 | 10.67% | 11.98% | －10.93% | 13.79% |
| 每股经营活动产生的现金流量净额 | 0.11 | 0.40 | －72.41% | 0.36 |
| | 2002 年末(本年末) | 2001 年末(上年末) | 本年末比上年末增减(%) | 2000 年末 |
| 每股净资产 | 2.32 | 2.17 | 6.81% | 2.89 |
| 调整后的每股净资产 | 2.22 | 2.04 | 8.63% | 2.88 |

# 000862 吴忠仪表股份有限公司

## 二〇〇二年年度报告摘选

### 1.上市公司基本情况简介

1.1 基本情况简介

证券简称:吴忠仪表　证券代码:000862　上市交易所:深圳证券交易所

注册地址和办公地址:宁夏吴忠市利通区朝阳街67号　邮政编码:751100

公司国际互联网网址:http://www.wzyb.com.cn　电子信箱:wzyb@public.yc.nx.cn

1.2 联系人和联系方式

董事会秘书:刘素娟　联系地址:宁夏吴忠市利通区朝阳街67号

电话:0953－3929060　传真:0953－3929057　电子信箱:wylws0862@sina.com

证券事务代表:刘伟盛　联系地址:宁夏吴忠市利通区朝阳街67号

电话:0953－3929057　传真:0953－3929057　电子信箱:wylws0862@sina.com

### 2.会计数据和财务指标摘要

2.1 主要会计数据　单位:(人民币)元

| | 2002 年(本年) | 2001 年(上年) | 本年比上年增减(%) | 2000 年 |
|---|---|---|---|---|
| 主营业务收入 | 375,380,085.93 | 248,276,952.34 | 51.19% | 197,416,358.53 |
| 利润总额 | 14,991,998.34 | 53,421,607.00 | －71.94% | 59,772,144.12 |
| 净利润 | 9,253,053.50 | 45,877,215.56 | －79.83% | 44,116,800.10 |
| 扣除非经常性损益的净利润 | 10,465,271.99 | 44,920,367.29 | －76.70% | 50,019,355.99 |
| | 2002 年末(本年末) | 2001 年末(上年末) | 本年末比上年末增减(%) | 2000 年末 |
| 总资产 | 1,390,260,938.21 | 1,194,928,996.87 | 16.35% | 943,709,283.75 |
| 股东权益(不含少数股东权益) | 741,048,657.19 | 730,493,226.29 | 1.44% | 705,673,126.47 |
| 经营活动产生的现金流量净额 | 9,639,357.49 | 19,428,026.13 | －50.38% | 6,317,265.38 |

2.2 主要财务指标　单位:(人民币)元

| | 2002 年(本年) | 2001 年(上年) | 本年比上年增减(%) | 2000 年 |
|---|---|---|---|---|
| 每股收益 | 0.04 | 0.21 | －79.81% | 0.20 |
| 每股收益* | 0.04 | －－ | －－ | －－ |
| 净资产收益率 | 1.25% | 6.24% | －79.97% | 6.25% |
| 扣除非经常性损益的净利润为基础计算的净资产收益率 | 1.42% | 6.16% | －76.95% | 6.91% |
| 每股经营活动产生的现金流量净额 | 0.04 | 0.09 | －51.00% | 0.03 |
| | 2002 年末(本年末) | 2001 年末(上年末) | 本年末比上年末增减(%) | 2000 年末 |
| 每股净资产 | 3.39 | 3.35 | 1.44% | 3.23 |
| 调整后的每股净资产 | 3.37 | 3.32 | 1.51% | 3.20 |

# 000863 深圳和光现代商务股份有限公司

## 二〇〇二年年度报告摘选

### 1.上市公司基本情况简介

1.1 基本情况简介

证券简称:和光商务　证券代码:000863　上市交易所:深圳证券交易所

注册地址和办公地址:深圳市福田区滨河路北5022号联合广场B座1002、1003　邮政编码:518033

公司国际互联网网址:http://www.000863.com　电子信箱:dawnbsp@dawncom.com.cn

1.2 联系人和联系方式

董事会秘书:周军　联系地址:深圳市福田区滨河路北5022号联合广场B座1002、1003

电话:0755－82900028　传真:0755－82900046　电子信箱:zhoujun@dawncom.com.cn

### 2.会计数据和财务指标摘要

2.1 主要会计数据　单位:(人民币)元

| | 2002 年(本年) | 2001 年(上年) | 本年比上年增减(%) | 2000 年 |
|---|---|---|---|---|
| 主营业务收入 | 996,144,233.25 | 761,826,036.93 | 30.76% | 198,550,035.96 |
| 利润总额 | 20,109,023.14 | 40,741,493.81 | －50.64% | 45,217,868.63 |
| 净利润 | 17,265,311.33 | 31,892,284.41 | －45.86% | 33,557,540.06 |
| 扣除非经常性损益的净利润 | 18,794,365.47 | 21,353,200.08 | －11.98% | 31,979,762.13 |
| | 2002 年末(本年末) | 2001 年末(上年末) | 本年末比上年末增减(%) | 2000 年末 |
| 总资产 | 971,184,663.81 | 875,275,610.30 | 10.96% | 462,225,736.06 |
| 股东权益(不含少数股东权益) | 300,399,683.23 | 283,134,371.90 | 6.10% | 250,489,349.94 |
| 经营活动产生的现金流量净额 | 46,532,285.01 | －99,741,360.41 | －－ | －7,089,081.30 |

2.2 主要财务指标　单位:(人民币)元

| | 2002 年(本年) | 2001 年(上年) | 本年比上年增减(%) | 2000 年 |
|---|---|---|---|---|
| 每股收益 | 0.13 | 0.24 | －45.83% | 0.25 |
| 每股收益* | 0.13 | －－ | －－ | －－ |
| 净资产收益率 | 5.75% | 11.27% | －48.98% | 13.18% |
| 扣除非经常性损益的净利润为基础计算的净资产收益率 | 6.26% | 7.55% | －17.09% | 12.56% |
| 每股经营活动产生的现金流量净额 | 0.34 | －0.74 | －－ | －0.05 |
| | 2002 年末(本年末) | 2001 年末(上年末) | 本年末比上年末增减(%) | 2000 年末 |
| 每股净资产 | 2.21 | 2.09 | 6.08% | 1.85 |
| 调整后的每股净资产 | 1.98 | 1.89 | 4.71% | 1.79 |

# 000868 安徽安凯汽车股份有限公司

## 二〇〇二年年度报告摘选

### 1.上市公司基本情况简介

1.1 基本情况简介

证券简称:安凯客车 证券代码:000868 上市交易所:深圳证券交易所

注册地址和办公地址:安徽省合肥市葛淝路1号 邮政编码:230051

公司国际互联网网址:http://www.ankai.com 电子信箱:ankai@ankai.com

1.2 联系人和联系方式

董事会秘书:王军 联系地址:安徽省合肥市葛淝路1号

电话:0551-4844712 传真:0551-4844710 电子信箱:ankai@ankai.com

证券事务代表:张勇 联系地址:安徽省合肥市葛淝路1号

电话:0551-4844826 传真:0551-4844710 电子信箱:ankai@ankai.com

### 2.会计数据和财务指标摘要

2.1 主要会计数据 单位:(人民币)元

| | 2002年(本年) | 2001年(上年) | 本年比上年增减(%) | 2000年 |
|---|---|---|---|---|
| 主营业务收入 | 487,973,439.57 | 445,895,950.06 | 9.44% | 370,916,108.43 |
| 利润总额 | -40,424,189.30 | 11,389,423.62 | -454.93% | 15,728,515.30 |
| 净利润 | -39,737,189.30 | 10,241,964.22 | -487.98% | 10,167,518.81 |
| 扣除非经常性损益的净利润 | -22,642,655.17 | 10,222,735.22 | -321.49% | 10,167,518.81 |
| | 2002年末(本年末) | 2001年末(上年末) | 本年末比上年末增减(%) | 2000年末 |
| 总资产 | 971,099,438.37 | 1,014,239,296.07 | -4.25% | 1,073,072,516.63 |
| 股东权益(不含少数股东权益) | 618,068,138.14 | 657,805,327.44 | -6.04% | 647,523,163.22 |
| 经营活动产生的现金流量净额 | 34,469,327.94 | 116,517,015.42 | -70.42% | -20,539,311.08 |

2.2 主要财务指标 单位:(人民币)元

| | 2002年(本年) | 2001年(上年) | 本年比上年增减(%) | 2000年 |
|---|---|---|---|---|
| 每股收益 | -0.18 | 0.05 | -491.30% | 0.05 |
| 每股收益* | -0.18 | -- | -- | -- |
| 净资产收益率 | -6.43% | 1.56% | -512.18% | 1.57% |
| 扣除非经常性损益的净利润为基础计算的净资产收益率 | -3.66% | 1.55% | -336.13% | 1.57% |
| 每股经营活动产生的现金流量净额 | 0.16 | 0.53 | -70.40% | -0.09 |
| | 2002年末(本年末) | 2001年末(上年末) | 本年末比上年末增减(%) | 2000年末 |
| 每股净资产 | 2.80 | 2.98 | -6.01% | 2.93 |
| 调整后的每股净资产 | 2.65 | 2.70 | -1.89% | 2.76 |

# 000880 山东巨力股份有限公司

## 二〇〇二年年度报告摘选

### 1.上市公司基本情况简介

1.1 基本情况简介

证券简称:山东巨力 证券代码:000880 上市交易所:深圳证券交易所

注册地址和办公地址:山东省潍坊市长松路69号 邮政编码:261021

电子信箱:webmaster@chinajuli.com

1.2 联系人和联系方式

董事会秘书:郭勇 联系地址:山东省潍坊市长松路69号

电话:0536-8555878-8979 传真:0536-8557207 电子信箱:guoyong@chinajuli.com

证券事务代表:杨正魁 联系地址:山东省潍坊市长松路69号

电话:0536-8555878-8895 传真:0536-8557207 电子信箱:yangzhengkui1000@163.com

### 2.会计数据和财务指标摘要

2.1 主要会计数据 单位:(人民币)元

| | 2002年(本年) | 2001年(上年) | 本年比上年增减(%) | 2000年 |
|---|---|---|---|---|
| 主营业务收入 | 1,856,434,199.48 | 1,660,711,696.52 | 11.79% | 1,697,430,471.37 |
| 利润总额 | 63,802,621.67 | 57,397,200.66 | 11.16% | 57,397,200.66 |
| 净利润 | 42,166,189.77 | 50,717,598.79 | -16.86% | 68,922,639.08 |
| 扣除非经常性损益的净利润 | 42,184,235.76 | 49,944,686.27 | -15.54% | 69,488,598.94 |
| | 2002年末(本年末) | 2001年末(上年末) | 本年末比上年末增减(%) | 2000年末 |
| 总资产 | 1,116,881,255.77 | 1,143,746,448.95 | -2.35% | 1,019,509,003.93 |
| 股东权益(不含少数股东权益) | 684,183,457.17 | 642,017,267.40 | 6.57% | 520,896,796.15 |
| 经营活动产生的现金流量净额 | 170,626,135.90 | 207,137,523.26 | -17.63% | 14,674,917.70 |

2.2 主要财务指标 单位:(人民币)元

| | 2002年(本年) | 2001年(上年) | 本年比上年增减(%) | 2000年 |
|---|---|---|---|---|
| 每股收益 | 0.15 | 0.18 | -16.88% | 0.40 |
| 每股收益* | 0.15 | -- | -- | -- |
| 净资产收益率 | 6.16% | 7.90% | -22.03% | 13.23% |
| 扣除非经常性损益的净利润为基础计算的净资产收益率 | 6.17% | 7.78% | -20.69% | 13.34% |
| 每股经营活动产生的现金流量净额 | 0.62 | 0.75 | -17.62% | 0.09 |
| | 2002年末(本年末) | 2001年末(上年末) | 本年末比上年末增减(%) | 2000年末 |
| 每股净资产 | 2.48 | 2.33 | 6.57% | 3.02 |
| 调整后的每股净资产 | 2.47 | 2.32 | 6.44% | 3.02 |

# 000883 湖北三环股份有限公司

## 二〇〇二年年度报告摘选

### 1.上市公司基本情况简介

1.1 基本情况简介

证券简称:三环股份 证券代码:000883 上市交易所:深圳证券交易所

注册地址和办公地址:湖北省武汉市武珞路356号 邮政编码:430070

公司国际互联网网址:无 电子信箱:TriRing@163.net

1.2 联系人和联系方式

董事会秘书:何一心 联系地址:湖北武汉市武珞路356号

电话:027-87273368 传真:027-87271902 电子信箱:H.HYX@163.net

证券事务代表:熊维祥 联系地址:湖北武汉市武珞路356号

电话:027-87273368 传真:027-87271902 电子信箱:XWX988@163.com

### 2.会计数据和财务指标摘要

2.1 主要会计数据 单位:(人民币)元

| | 2002年(本年) | 2001年(上年) | 本年比上年增减(%) | 2000年 |
|---|---|---|---|---|
| 主营业务收入 | 1,860,278,351.11 | 1,497,970,848.27 | 24.19% | 989,728,637.28 |
| 利润总额 | 49,677,314.83 | 57,457,284.27 | -13.54% | 63,090,094.02 |
| 净利润 | 31,593,324.27 | 48,280,098.30 | -34.56% | 53,428,689.92 |
| 扣除非经常性损益的净利润 | 36,827,421.46 | 47,081,480.49 | -21.78% | 51,714,940.88 |
| | 2002年末(本年末) | 2001年末(上年末) | 本年末比上年末增减(%) | 2000年末 |
| 总资产 | 1,674,564,962.41 | 1,419,189,445.30 | 17.99% | 1,105,917,217.88 |
| 股东权益(不含少数股东权益) | 831,409,544.36 | 799,683,813.52 | 3.97% | 751,403,715.22 |
| 经营活动产生的现金流量净额 | 139,677,496.67 | -84,618,832.91 | - | 6,274,337.09 |

2.2 主要财务指标 单位:(人民币)元

| | 2002年(本年) | 2001年(上年) | 本年比上年增减(%) | 2000年 |
|---|---|---|---|---|
| 每股收益 | 0.12 | 0.19 | -34.41% | 0.23 |
| 每股收益* | 0.12 | - | - | - |
| 净资产收益率 | 3.80% | 6.04% | -37.09% | 7.11% |
| 扣除非经常性损益的净利润为基础计算的净资产收益率 | 4.52% | 6.07% | -25.54% | 7.08% |
| 每股经营活动产生的现金流量净额 | 0.54 | -0.33 | - | 0.03 |
| | 2002年末(本年末) | 2001年末(上年末) | 本年末比上年末增减(%) | 2000年末 |
| 每股净资产 | 3.21 | 3.08 | 3.99% | 3.19 |
| 调整后的每股净资产 | 3.12 | 3.05 | 2.30% | 3.15 |

# 000893 广州冷机股份有限公司

## 二〇〇二年年度报告摘选

### 1.上市公司基本情况简介

1.1 基本情况简介

证券简称:ST冷机 证券代码:000893 上市交易所:深圳证券交易所

注册地址和办公地址:广东省广州市白云区人和镇人和大街12号 邮政编码:510470

公司国际互联网网址:http://www.wanbao-compressor.com.cn

电子信箱:webmaster@wanbao-compressor.com.cn

1.2 联系人和联系方式

董事会秘书:石革燕 联系地址:广东省广州市白云区人和镇人和大街12号

电话:(020)86453838 传真:(020)86450724 电子信箱:stock@wanbao-compressor.com.cn

### 2.会计数据和财务指标摘要

2.1 主要会计数据 单位:(人民币)元

| | 2002年(本年) | 2001年(上年) | 本年比上年增减(%) | 2000年 |
|---|---|---|---|---|
| 主营业务收入 | 355,249,984.71 | 318,956,811.46 | 11.38% | 138,813,125.97 |
| 利润总额 | 6,639,438.19 | -90,525,033.83 | -- | -140,872,504.67 |
| 净利润 | 6,125,299.71 | -89,406,969.11 | -- | -137,049,444.81 |
| 扣除非经常性损益的净利润 | 3,874,790.32 | -92,627,623.25 | -- | -71,556,027.10 |
| | 2002年末(本年末) | 2001年末(上年末) | 本年末比上年末增减(%) | 2000年末 |
| 总资产 | 825,466,635.49 | 798,710,584.99 | 3.35% | 1,028,787,086.43 |
| 股东权益(不含少数股东权益) | 329,851,548.42 | 320,615,400.47 | 2.88% | 409,956,650.78 |
| 经营活动产生的现金流量净额 | 23,166,806.17 | 65,438,914.76 | -64.60% | -35,977,471.45 |

2.2 主要财务指标 单位:(人民币)元

| | 2002年(本年) | 2001年(上年) | 本年比上年增减(%) | 2000年 |
|---|---|---|---|---|
| 每股收益 | 0.03 | -0.40 | -- | -0.62 |
| 每股收益* | 0.03 | -- | -- | - |
| 净资产收益率 | 1.86% | -27.88% | -- | -33.43% |
| 扣除非经常性损益的净利润为基础计算的净资产收益率 | 1.17% | -28.89% | -- | -17.45% |
| 每股经营活动产生的现金流量净额 | 0.10 | 0.30 | -64.75% | -0.18 |
| | 2002年末(本年末) | 2001年末(上年末) | 本年末比上年末增减(%) | 2000年末 |
| 每股净资产 | 1.49 | 1.44 | 2.91% | 1.85 |
| 调整后的每股净资产 | 1.34 | 1.32 | 1.52% | 1.74 |

# 000901 哈尔滨航天风华科技股份公司

## 二〇〇二年年度报告摘选

### 1.上市公司基本情况简介

1.1 基本情况简介

证券简称:航天科技　证券代码:000901　上市交易所:深圳证券交易所

注册地址和办公地址:哈尔滨市高新技术开发区 26 号楼、哈尔滨市中山路 178 号

邮政编码:150040　电子信箱:yuwei0901@163.com

1.2 联系人和联系方式

董事会秘书:王玉伟　联系地址:哈尔滨市中山路 178 号

电话:0451－2624810　传真:0451－2624810　电子信箱:yuwei0901@163.com

### 2.会计数据和财务指标摘要

2.1 主要会计数据　单位:(人民币)元

| | 2002 年(本年) | 2001 年(上年) | 本年比上年增减(%) | 2000 年 |
|---|---|---|---|---|
| 主营业务收入 | 203,484,608.53 | 179,667,438.04 | 13.26% | 107,604,932.97 |
| 利润总额 | 30,689,510.94 | 33,760,865.71 | －9.10% | 19,464,327.08 |
| 净利润 | 23,221,617.08 | 25,566,299.78 | －9.17% | 19,203,660.88 |
| 扣除非经常性损益的净利润 | 21,067,140.69 | 23,293,069.66 | －9.56% | 17,380,686.56 |
| | 2002 年末(本年末) | 2001 年末(上年末) | 本年末比上年末增减(%) | 2000 年末 |
| 总资产 | 556,300,407.21 | 559,352,664.95 | －0.55% | 421,628,351.11 |
| 股东权益(不含少数股东权益) | 351,164,662.45 | 327,938,227.29 | 7.08% | 310,924,625.38 |
| 经营活动产生的现金流量净额 | 18,370,299.34 | 20,074,016.03 | －8.49% | 11,501,696.38 |

2.2 主要财务指标　单位:(人民币)元

| | 2002 年(本年) | 2001 年(上年) | 本年比上年增减(%) | 2000 年 |
|---|---|---|---|---|
| 每股收益 | 0.15 | 0.26 | －43.22% | 0.19 |
| 每股收益＊ | 0.15 | －－ | －－ | －－ |
| 净资产收益率 | 6.61% | 7.80% | －15.26% | 6.18% |
| 扣除非经常性损益的净利润为基础计算的净资产收益率 | 6.00% | 7.10% | －15.49% | 5.59% |
| 每股经营活动产生的现金流量净额 | 0.12 | 0.20 | －42.66% | 0.12 |
| | 2002 年末(本年末) | 2001 年末(上年末) | 本年末比上年末增减(%) | 2000 年末 |
| 每股净资产 | 2.22 | 3.31 | －33.08% | 3.14 |
| 调整后的每股净资产 | 2.21 | 3.30 | －32.97% | 3.13 |

# 000903 昆明云内动力股份有限公司

## 二〇〇二年年度报告摘选

### 1.上市公司基本情况简介

1.1 基本情况简介

股票简称:云内动力　股票代码:000903　上市交易所:深圳证券交易所

注册地址和办公地址:云南省昆明市穿金路 715 号　邮政编码:650224

公司国际互联网网址:http://www.yunneidongli.com　电子信箱:ynassets@public.km.yn.cn

1.2 联系人和联系方式

董事会秘书:雷升逵　联系地址:云南省昆明市穿金路 715 号

电话:(0871)5625802　传真:(0871)5633176　电子信箱:ynassets@public.km.yn.cn

### 2.会计数据和财务指标摘要

2.1 主要会计数据

| | 2002 年 | 2001 年 | 本年比上年增减(%) | 2000 年 |
|---|---|---|---|---|
| 主营业务收入 | 1,090,739,421.66 | 704,400,416.51 | 54.85 | 410,004,504.32 |
| 利润总额 | 120,467,455.43 | 97,579,315.18 | 23.46 | 89,740,488.24 |
| 净利润 | 100,249,951.44 | 80,526,415.28 | 24.49 | 75,354,802.26 |
| 扣除非经常性损益的净利润 | 110,752,023.87 | 73,680,448.20 | 50.31 | 52,697,933.38 |
| | 2002 年末 | 2001 年末 | 本年末比上年末增减(%) | 2000 年末 |
| 总资产 | 1,460,401,419.20 | 1,309,994,313.67 | 11.48 | 824,965,859.02 |
| 股东权益(不含少数股东权益) | 833,499,785.57 | 622,933,988.24 | 33.80 | 6,077,207,572.96 |
| 经营活动产生的现金流量净额 | 251,335,324.76 | 148,467,806.95 | 69.29 | 17,439,214.41 |

2.2 主要财务指标

| | 2002 年 | 2001 年 | 本年比上年增减(%) | 2000 年 |
|---|---|---|---|---|
| 每股收益 | 0.50 | 0.45 | 11.50 | 0.42 |
| 净资产收益率 | 12.03% | 12.93% | －6.96 | 12.41% |
| 扣除非经常性损益后的净资产收益率 | 13.29% | 11.80% | 12.63 | 8.55% |
| 每股经营活动产生的现金流量净额 | 1.26 | 0.82 | 53.66 | 0.10 |
| | 2002 年末 | 2001 年末 | 本年末比上年末增减(%) | 2000 年末 |
| 每股净资产 | 4.17 | 3.46 | 20.52 | 3.37 |
| 调整后的每股净资产 | 4.15 | 3.40 | 22.06 | 3.37 |

# 000908 湖南天一科技股份有限公司

## 二〇〇二年年度报告摘选

### 1.上市公司基本情况简介

1.1 基本情况简介

股票简称:天一科技　股票代码:000908　上市交易所:深圳证券交易所

注册地址:湖南省平江县城关镇南街 339 号

办公地址:湖南省平江县开发区天岳大道　邮政编码:414500

公司国际互联网网址:http://www.china－tianyi－pump.com　电子信箱:typumps@ty666.com

1.2 联系人和联系方式

董事会秘书:郑盈　联系地址:湖南省长沙市国家高新技术产业开发区 M6－2 栋 3 楼

电话:0731－8902528　传真:0731－8902528　电子信箱:Zhengying@ty666.com

### 2.会计数据和财务指标摘要

2.1 主要会计数据　单位:元

| | 2002 年 | 2001 年 | 本年比上年增减(%) | 2000 年 |
|---|---|---|---|---|
| 主营业务收入 | 214,449,668.75 | 171,249,119.68 | 25.23 | 189,272,090.09 |
| 利润总额 | 17,232,864.28 | 11,929,551.80 | 44.46 | 47,753,209.99 |
| 净利润 | 14,018,440.04 | 12,249,304.02 | 14.44 | 39,743,595.67 |
| 扣除非经常性损益的净利润 | 690,375.93 | 6,367,653.12 | －89.16 | 1,160,051.87 |
| | 2002 年末 | 2001 年末 | 本年末比上年末增减(%) | 2000 年末 |
| 总资产 | 866,674,642.21 | 620,882,306.82 | 40 | 697,921,711.38 |
| 股东权益(不含少数股东权益) | 511,177,064.26 | 497,469,502.40 | 3 | 490745721.16 |
| 经营活动产生的现金流量净额 | 0.06 | 0.11 | －45 | －0.089 |

2.2 主要财务指标

| | 2002 年 | 2001 年 | 本年比上年增减 | 2000 年 |
|---|---|---|---|---|
| 每股收益 | 0.0501 | 0.0437 | 14.65% | 0.1419 |
| 净资产收益率 | 2.74% | 2.46% | 11.38% | 8.25% |
| 扣除非经常性损益的净利润为基础计算的净资产收益率 | 2.89% | 1.21% | 138.84% | 8.01% |
| 每股经营活动产生的现金流量净额 | 0.0630 | 0.1089 | －42.15% | －0.0890 |
| | 2002 年末 | 2001 年末 | 本年末比上年末增减 | 2000 年末 |
| 每股净资产 | 1.8256 | 1.7770 | 2.73% | 1.7197 |
| 调整后的每股净资产 | 1.8253 | 1.7770 | 2.72% | 1.7197 |

# 000913 浙江钱江摩托股份有限公司

## 二〇〇二年年度报告摘选

### 1.上市公司基本情况简介

1.1 基本情况简介

证券简称:钱江摩托　证券代码:000913　上市交易所:深圳证券交易所

注册地址和办公地址:浙江省温岭市太平街道万昌路　邮政编码:317500

公司国际互联网网址:http://www.qjmotor.com　电子信箱:qjmt@qjmotor.com

1.2 联系人和联系方式

董事会秘书:林先进　联系地址:浙江省温岭市太平街道万昌路

电话:0576－6192068　传真:0576－6139081　电子信箱:qmsd@qjmotor.com

证券事务代表:颜峰　联系地址:浙江省温岭市太平街道万昌路

电话:0576－6139218　传真:0576－6139081　电子信箱:qmsd@mail.tzptt.zj.cn

### 2.会计数据和财务指标摘要

2.1 主要会计数据　单位:(人民币)元

| | 2002 年(本年) | 2001 年(上年) | 本年比上年增减(%) | 2000 年 |
|---|---|---|---|---|
| 主营业务收入 | 2,700,598,643.71 | 2,718,098,206.53 | －0.64% | 3,748,746,103.49 |
| 利润总额 | 111,074,721.76 | 108,118,054.84 | 2.73% | 209,443,024.05 |
| 净利润 | 72,072,028.31 | 75,615,153.98 | －4.69% | 138,401,568.21 |
| 扣除非经常性损益的净利润 | 66,954,018.11 | 73,439,075.98 | －8.83% | 138,028,223.07 |
| | 2002 年末(本年末) | 2001 年末(上年末) | 本年末比上年末增减(%) | 2000 年末 |
| 总资产 | 1,909,304,153.63 | 1,880,595,119.96 | 1.53% | 1,559,899,364.50 |
| 股东权益(不含少数股东权益) | 1,203,664,861.00 | 1,178,818,546.08 | 2.11% | 839,349,664.44 |
| 经营活动产生的现金流量净额 | －69,139,301.60 | 106,323,747.08 | －165.03% | 240,567,210.26 |

2.2 主要财务指标　单位:(人民币)元

| | 2002 年(本年) | 2001 年(上年) | 本年比上年增减(%) | 2000 年 |
|---|---|---|---|---|
| 每股收益 | 0.16 | 0.27 | －40.49% | 0.53 |
| 每股收益＊ | 0.16 | －－ | －－ | －－ |
| 净资产收益率 | 5.99% | 6.41% | －6.55% | 16.49% |
| 扣除非经常性损益的净利润为基础计算的净资产收益率 | 5.56% | 6.23% | －10.75% | 16.44% |
| 每股经营活动产生的现金流量净额 | －0.15 | 0.38 | －140.64% | 0.93 |
| | 2002 年末(本年末) | 2001 年末(上年末) | 本年末比上年末增减(%) | 2000 年末 |
| 每股净资产 | 2.65 | 4.16 | －36.19% | 3.23 |
| 调整后的每股净资产 | 2.64 | 4.11 | －35.86% | 3.14 |

# 000920 南方汇通股份有限公司

## 二〇〇二年年度报告摘选

### 1.上市公司基本情况简介

1.1 基本情况简介

股票简称:南方汇通　股票代码:000920　上市交易所:深圳证券交易所

注册地址:贵阳国家高新技术产业开发区　办公地址:贵阳市新天大道火炬大厦

邮政编码:550018　公司国际互联网网址:http://www.southhuiton.com

电子信箱:msc@southhuiton.com

1.2 联系人和联系方式

董事会秘书:高锡忠　联系地址:贵阳市新天大道火炬大厦

电话:0851-4470866　传真:0851-4470866　电子信箱:msc@southhuiton.com

### 2.会计数据和财务指标摘要

单位:(人民币)元

2.1 主要会计数据

| | 2002年 | 2001年 | 2002年比2001年增减(%) | 2000年 |
|---|---|---|---|---|
| 主营业务收入 | 542,821,886 | 492,235,991 | 10.28 | 408,799,657 |
| 利润总额 | 104,404,422 | 102,705,735 | 1.65 | 74,123,408 |
| 净利润 | 96,283,076 | 92,535,926 | 4.05 | 74,123,408 |
| 扣除非经常性损益的净利润 | 91,312,898 | 83,362,938 | 9.54 | 55,323,033 |
| | 2002年末 | 2001年末 | 2002年末比2001年末增减(%) | 2000年末 |
| 总资产 | 1,230,880,462 | 878,574,943 | 40.10 | 917,703,906 |
| 股东权益(不含少数股东权益) | 628,775,486 | 603,622,518 | 4.17 | 583,828,136 |
| 经营活动产生的现金流量净额 | 58,205,452 | 66,987,543 | -13.11 | 22,547,809 |

2.2 主要财务指标

单位:(人民币)元

| | 2002年 | 2001年 | 2002年比2001年增减(%) | 2000年 |
|---|---|---|---|---|
| 每股收益 | 0.51 | 0.49 | 4.05 | 0.39 |
| 净资产收益率 | 15.31 | 15.33 | -0.11 | 12.70 |
| 扣除非经常性损益的净利润为基础计算的净资产收益率 | 14.52 | 13.81 | 5.15 | 9.48 |
| 每股经营活动产生的现金流量净额 | 0.31 | 0.35 | -13.11 | 0.12 |
| | 2002年末 | 2001年末 | 2002年末比2001年末增减(%) | 2000年末 |
| 每股净资产 | 3.31 | 3.18 | 4.16 | 3.07 |
| 调整后的每股净资产 | 3.30 | 3.17 | 4.18 | 3.07 |

# 000921 广东科龙电器股份有限公司

## 二〇〇二年年度报告摘选

### 1.上市公司基本情况简介

1.1 基本情况简介

证券简称:ST科龙　证券代码:000921

上市交易所:深圳证券交易所、香港联合交易所有限公司

注册地址和办公地址:广东省顺德市容桂区容港路8号　邮政编码:528303

公司国际互联网网址:http://www.kelon.com　电子信箱:sec@kelon.com

1.2 联系人和联系方式

董事会秘书:刘从梦(兼)、李志成　联系地址:广东省顺德市容桂区容港路8号

电话:0765-8362570　传真:0765-8361055　电子信箱:sec@kelon.com

证券事务代表:钟亮　联系地址:广东省顺德市容桂区容港路8号

电话:0765-8362570　传真:0765-8361055　电子信箱:sec@kelon.com

### 2.会计数据和财务指标摘要

2.1 主要会计数据　单位:(人民币)元

| | 2002年(本年) | 2001年(上年) | 本年比上年增减(%) | 2000年 |
|---|---|---|---|---|
| 主营业务收入 | 4,878,257,017.00 | 4,381,616,368.00 | 11.33% | 4,410,880,037.00 |
| 利润总额 | 203,511,146.00 | -1,489,548,691.00 | -- | 1,007,150,805.00 |
| 净利润 | 200,868,415.00 | -1,475,892,124.00 | -- | 662,677,775.00 |
| 扣除非经常性损益的净利润 | 120,876,415.00 | -1,496,027,378.00 | -- | -662,677,775.00 |
| | 2002年末(本年末) | 2001年末(上年末) | 本年末比上年末增减(%) | 2000年末 |
| 总资产 | 7,767,755,554.00 | 6,509,847,794.00 | 19.32% | 6,893,105,945.00 |
| 股东权益(不含少数股东权益) | 2,686,217,058.00 | 2,470,316,183.00 | 8.74% | 3,957,879,122.00 |
| 经营活动产生的现金流量净额 | 499,784,760.00 | 148,093,735.00 | 237.48% | 1,051,526,957.00 |

2.2 主要财务指标　单位:(人民币)元

| | 2002年(本年) | 2001年(上年) | 本年比上年增减(%) | 2000年 |
|---|---|---|---|---|
| 每股收益 | 0.20 | -1.49 | -- | -0.84 |
| 每股收益* | 0.20 | -- | -- | -- |
| 净资产收益率 | 7.48% | -59.75% | -- | -19.00% |
| 扣除非经常性损益的净利润为基础计算的净资产收益率 | 4.30% | -57.33% | -- | -19.00% |
| 每股经营活动产生的现金流量净额 | 0.50 | 0.15 | 237.44% | 1.06 |
| | 2002年末(本年末) | 2001年末(上年末) | 本年末比上年末增减(%) | 2000年末 |
| 每股净资产 | 2.71 | 2.49 | 8.75% | 3.99 |
| 调整后的每股净资产 | 2.61 | 2.21 | 18.10% | 3.75 |

# 000922 阿城继电器股份有限公司

## 二〇〇二年年度报告摘选

### 1.上市公司基本情况简介

1.1 基本情况简介

证券简称:阿继电器　证券代码:000922　上市交易所:深圳证券交易所

注册地址:哈尔滨市南岗区赣水路高新技术产业开发区15号楼

办公地址:黑龙江省阿城市河东街　邮政编码:150302

公司国际互联网网址:http://www.Achengrelay-china.com

电子信箱:webmaster@achengrelay-china

1.2 联系人和联系方式

董事会秘书:王永利　联系地址:黑龙江省阿城市河东街

电话:0451-5652601　传真:0451-5645213　电子信箱:yongliw@0451.com

证券事务代表:姜义新　联系地址:黑龙江省阿城市河东街

电话:0451-5652601　传真:0451-5645213　电子信箱:acjyx@0451.com

### 2.会计数据和财务指标摘要

2.1 主要会计数据　单位:(人民币)元

| | 2002年(本年) | 2001年(上年) | 本年比上年增减(%) | 2000年 |
|---|---|---|---|---|
| 主营业务收入 | 255,164,980.08 | 247,094,332.49 | 3.27% | 216,221,116.81 |
| 利润总额 | 19,688,119.77 | 34,686,934.19 | -43.24% | 26,487,314.31 |
| 净利润 | 16,421,196.82 | 27,762,508.25 | -40.85% | 19,751,886.24 |
| 扣除非经常性损益的净利润 | 17,735,320.27 | 25,579,100.84 | -30.66% | 13,094,367.40 |
| | 2002年末(本年末) | 2001年末(上年末) | 本年末比上年末增减(%) | 2000年末 |
| 总资产 | 903,992,261.35 | 765,133,452.71 | 18.15% | 723,623,121.47 |
| 股东权益(不含少数股东权益) | 535,741,762.97 | 519,308,538.03 | 3.16% | 501,182,032.34 |
| 经营活动产生的现金流量净额 | 56,853,454.00 | 34,620,802.06 | 64.22% | 66,315,508.77 |

2.2 主要财务指标　单位:(人民币)元

| | 2002年(本年) | 2001年(上年) | 本年比上年增减(%) | 2000年 |
|---|---|---|---|---|
| 每股收益 | 0.09 | 0.16 | -40.86% | 0.11 |
| 净资产收益率 | 3.07% | 5.35% | -42.62% | 3.94% |
| 扣除非经常性损益的净利润为基础计算的净资产收益率 | 3.31% | 4.93% | -32.86% | 2.61% |
| 每股经营活动产生的现金流量净额 | 0.32 | 0.20 | 64.25% | 0.38 |
| | 2002年末(本年末) | 2001年末(上年末) | 本年末比上年末增减(%) | 2000年末 |
| 每股净资产 | 3.05 | 2.96 | 3.16% | 2.85 |
| 调整后的每股净资产 | 3.01 | 2.93 | 2.69% | 2.82 |

# 000923 河北宣化工程机械股份有限公司

## 二〇〇二年年度报告摘选

### 1.上市公司基本情况简介

1.1 基本情况简介

证券简称:河北宣工　证券代码:000923　上市交易所:深圳证券交易所

注册地址:河北省张家口市　办公地址:河北省张家口市宣化区东升路21号

邮政编码:075105　公司国际互联网网址:www.hbxg.com　电子信箱:webmaster@hbxg.com

1.2 联系人和联系方式

董事会秘书:庞廷闻　联系地址:河北省张家口市宣化区东升路21号

电话:03133012255-2248　传真:03133013941　电子信箱:hbxg2@hbxg.com

### 2.会计数据和财务指标摘要

2.1 主要会计数据　单位:(人民币)元

| | 2002年(本年) | 2001年(上年) | 本年比上年增减(%) | 2000年 |
|---|---|---|---|---|
| 主营业务收入 | 407,805,989.38 | 370,097,964.95 | 10.19% | 314,638,314.36 |
| 利润总额 | 10,146,039.03 | 17,346,953.92 | -41.51% | 29,031,150.57 |
| 净利润 | 6,476,091.26 | 14,599,803.37 | -55.64% | 25,310,681.29 |
| 扣除非经常性损益的净利润 | 6,531,213.34 | 11,759,001.01 | -44.46% | 25,423,926.39 |
| | 2002年末(本年末) | 2001年末(上年末) | 本年末比上年末增减(%) | 2000年末 |
| 总资产 | 809,797,755.40 | 705,264,619.12 | 14.82% | 683,037,615.82 |
| 股东权益(不含少数股东权益) | 412,847,438.76 | 405,783,329.14 | 1.74% | 391,168,018.11 |
| 经营活动产生的现金流量净额 | -57,268,377.63 | 49,138,813.39 | -216.54% | -60,952,907.61 |

2.2 主要财务指标　单位:(人民币)元

| | 2002年(本年) | 2001年(上年) | 本年比上年增减(%) | 2000年 |
|---|---|---|---|---|
| 每股收益 | 0.04 | 0.09 | -55.71% | 0.15 |
| 每股收益* | 0.04 | - | - | - |
| 净资产收益率 | 1.57% | 3.60% | -56.39% | 6.47% |
| 扣除非经常性损益的净利润为基础计算的净资产收益率 | 1.58% | 2.90% | -45.52% | 6.50% |
| 每股经营活动产生的现金流量净额 | -0.35 | 0.30 | -216.55% | -0.37 |
| | 2002年末(本年末) | 2001年末(上年末) | 本年末比上年末增减(%) | 2000年末 |
| 每股净资产 | 2.50 | 2.46 | 1.74% | 2.37 |
| 调整后的每股净资产 | 2.49 | 2.44 | 1.74% | 2.35 |

# 000927 天津一汽夏利汽车股份有限公司

## 二〇〇二年年度报告摘选

### 1.上市公司基本情况简介

1.1 基本情况简介

证券简称:一汽夏利 证券代码:000927 上市交易所:深圳证券交易所

注册地址和办公地址:天津市西青区中北斜乡李楼南 邮政编码:300380

公司国际互联网网址:http://www.tjfaw.com.cn 电子信箱:xiali@mail.zlnet.com.cn

1.2 联系人和联系方式

董事会秘书:孟君奎 联系地址:天津市西青区中北斜乡李楼南

电话:022-23056032 传真:022-23056034 电子信箱:xiali@mail.zlnet.com.cn

证券事务代表:张爽 联系地址:天津市西青区中北斜乡李楼南

电话:022-23056032 传真:022-23056034 电子信箱:xiali@mail.zlnet.com.cn

### 2.会计数据和财务指标摘要

2.1 主要会计数据 单位:(人民币)元

| | 2002 年(本年) | 2001 年(上年) | 本年比上年增减(%) | 2000 年 |
|---|---|---|---|---|
| 主营业务收入 | 4,151,287,757.33 | 3,405,941,639.89 | 21.88% | 4,566,071,859.57 |
| 利润总额 | -790,259,052.88 | -96,483,139.00 | -- | 202,323,686.88 |
| 净利润 | -790,365,747.97 | -95,490,204.21 | -- | 158,294,380.88 |
| 扣除非经常性损益的净利润 | -643,138,729.52 | -94,305,159.81 | -- | 292,097,017.84 |
| | 2002 年末(本年末) | 2001 年末(上年末) | 本年末比上年末增减(%) | 2000 年末 |
| 总资产 | 7,592,890,074.77 | 7,348,996,621.82 | 3.32% | 7,058,367,867.01 |
| 股东权益(不含少数股东权益) | 2,375,366,195.93 | 3,165,731,943.90 | -24.97% | 3,442,491,923.11 |
| 经营活动产生的现金流量净额 | 1,241,247,075.05 | 334,097,776.31 | 271.52% | 139,057,673.67 |

2.2 主要财务指标 单位:(人民币)元

| | 2002 年(本年) | 2001 年(上年) | 本年比上年增减(%) | 2000 年 |
|---|---|---|---|---|
| 每股收益 | -0.50 | -0.07 | -- | 0.11 |
| 每股收益 * | -0.50 | -- | -- | -- |
| 净资产收益率 | -33.27% | -3.02% | -- | 4.88% |
| 扣除非经常性损益的净利润为基础计算的净资产收益率 | -27.08% | -2.98% | -- | 8.40% |
| 每股经营活动产生的现金流量净额 | 0.78 | 0.23 | 237.72% | 0.10 |
| | 2002 年末(本年末) | 2001 年末(上年末) | 本年末比上年末增减(%) | 2000 年末 |
| 每股净资产 | 1.49 | 2.18 | -31.79% | 2.37 |
| 调整后的每股净资产 | 1.47 | 2.17 | -32.26% | 2.37 |

# 000951 山东小鸭电器股份有限公司

## 二〇〇二年年度报告摘选

### 1.上市公司基本情况简介

1.1 基本情况简介

股票简称:小鸭电器 股票代码:000951 上市交易所:深圳证券交易所

注册地址和办公地址:济南市工业北路 44 号 邮政编码:250101

公司国际互联网网址:http://www.xiao ya shengji-ao.com

电子信箱:sdxydq@jn-public.sd.cninfo.net

1.2 联系人和联系方式

董事会秘书:张锡顺 联系地址:济南市工业北路 44 号

电话:0531-8696757 传真:0531-8696757

证券事务代表:王敬霞 联系地址:济南市工业北路 44 号

电话:0531-8696757 传真:0531-8696757

### 2.会计数据和财务指标摘要

2.1 主要会计数据

| 项目 | 2002 年 | 2001 年 | | 2000 年 |
|---|---|---|---|---|
| 主营业务收入 | 300,368,451.11 | 480,170,927.95 | 480,170,927.95 | 661,324,771.18 |
| 净利润 | -208,938,976.21 | -75,165,135.41 | -99,226,722.07 | 8,520,585.80 |
| 总资产 | 1,291,660,505.79 | 1,442,118,291.67 | 1,418,056,705.01 | 1,387,921,411.60 |
| 股东权益(不含少数股东权益) | 300,427,187.68 | 531,611,509.02 | 507,549,922.36 | 603,722,232.46 |
| 每股收益 | -0.82 | -0.30 | -0.39 | 0.0335 |
| 每股净资产 | 1.18 | 2.09 | 2.00 | 2.377 |
| 调整后的每股净资产 | 1.08 | 2.01 | 1.92 | 2.357 |
| 每股经营活动产生的现金流量净额 | 0.04 | -0.28 | -0.28 | -0.186 |
| 净资产收益率% | -69.55 | -14.14 | -19.55 | 1.41 |

2.2 主要财务指标

| | 2002 年 | 2001 年 | 本年比上年增减(%) | 2000 年 |
|---|---|---|---|---|
| 每股收益 | -0.82 | -0.30 | -173.33 | 0.0335 |
| 净资产收益率(%) | -69.55 | -14.14 | -391.87 | 1.41 |
| 扣除非经常性损益的净利润为基础计算的净资产收益率 | -62.57 | -14.82 | -322.20 | 1.48 |
| 每股经营活动产生的现金流量净额 | 0.04 | -0.28 | 114.29 | -0.186 |
| | 2002 年末 | 2001 年末 | 本年末比上年末增减(%) | 2000 年末 |
| 每股净资产 | 1.18 | 2.09 | -43.54 | 2.377 |
| 调整后的每股净资产 | 1.08 | 2.01 | 46.27 | 2.357 |

# 000957 中通客车控股股份有限公司

## 二〇〇二年年度报告摘选

### 1.上市公司基本情况简介

1.1 基本情况简介

证券简称:中通客车 证券代码:000957 上市交易所:深圳证券交易所

注册地址和办公地址:山东省聊城市建设东路 10 号 邮政编码:252000

公司国际互联网网址:http://www.zhongtong.com 电子信箱:sdlck@lc-public.sd.cninfo.net

1.2 联系人和联系方式

董事会秘书:姜明珠 联系地址:山东省聊城市建设东路 10 号

电话:0635-8322765 传真:0635-8328905 电子信箱:jmzhu@163.com

证券事务代表:孙国彬 联系地址:山东省聊城市建设东路 10 号

电话:0635-8322611 传真:0635-8328905

### 2.会计数据和财务指标摘要

2.1 主要会计数据 单位:(人民币)元

| | 2002 年(本年) | 2001 年(上年) | 本年比上年增减(%) | 2000 年 |
|---|---|---|---|---|
| 主营业务收入 | 425,694,214.52 | 325,564,845.31 | 30.76% | 261,296,250.26 |
| 利润总额 | 26,821,619.51 | 41,222,245.06 | -34.93% | 51,171,098.36 |
| 净利润 | 16,832,561.78 | 33,509,696.43 | -49.77% | 46,431,136.76 |
| 扣除非经常性损益的净利润 | 9,028,333.84 | 27,263,592.18 | -66.89% | 35,342,929.76 |
| | 2002 年末(本年末) | 2001 年末(上年末) | 本年末比上年末增减(%) | 2000 年末 |
| 总资产 | 877,122,143.69 | 709,135,628.61 | 23.69% | 640,218,211.58 |
| 股东权益(不含少数股东权益) | 463,994,866.43 | 446,773,671.04 | 3.85% | 412,646,703.83 |
| 经营活动产生的现金流量净额 | -8,821,781.84 | 14,531,453.59 | -160.71% | -56,709,365.60 |

2.2 主要财务指标 单位:(人民币)元

| | 2002 年(本年) | 2001 年(上年) | 本年比上年增减(%) | 2000 年 |
|---|---|---|---|---|
| 每股收益 | 0.07 | 0.14 | -49.82% | 0.19 |
| 每股收益 * | 0.07 | -- | -- | -- |
| 净资产收益率 | 3.63% | 7.50% | -51.60% | 11.25% |
| 扣除非经常性损益的净利润为基础计算的净资产收益率 | 1.95% | 6.10% | -68.03% | 6.84% |
| 每股经营活动产生的现金流量净额 | -0.04 | 0.06 | -160.76% | -0.24 |
| | 2002 年末(本年末) | 2001 年末(上年末) | 本年末比上年末增减(%) | 2000 年末 |
| 每股净资产 | 1.95 | 1.87 | 3.84% | 1.73 |
| 调整后的每股净资产 | 1.95 | 1.87 | 3.84% | 1.73 |

# 000967 浙江上风实业股份有限公司

## 二〇〇二年年度报告摘选

### 1.上市公司基本情况简介

1.1 基本情况简介

证券简称:上风高科 证券代码:000967 上市交易所:深圳证券交易所

注册地址和办公地址:浙江省上虞市上浦镇 邮政编码:312375

公司国际互联网网址:http://www.shangfeng.org 电子信箱:sfjt@mail.sxptt.zj.cn

1.2 联系人和联系方式

董事会秘书:竺铭浩 联系地址:浙江省上虞市上浦镇

电话:0575-2366261 传真:0575-2366328 电子信箱:sfjt@mail.sxptt.zj.cn

证券事务代表:陈秀文 联系地址:浙江省上虞市上浦镇

电话:0575-2360869 传真:0575-2366328 电子信箱:sfjt@mail.sxptt.zj.cn

### 2.会计数据和财务指标摘要

2.1 主要会计数据 单位:(人民币)元

| | 2002 年(本年) | 2001 年(上年) | 本年比上年增减(%) | 2000 年 |
|---|---|---|---|---|
| 主营业务收入 | 163179740.05 | 133740346.65 | 22.01 | 139122782.25 |
| 利润总额 | 22278137.27 | 34470352.03 | -35.37 | 48105582.72 |
| 净利润 | 15075312.82 | 27315767.38 | -44.81 | 37644419.81 |
| 扣除非经常性损益的净利润 | 14944314.21 | 26517789.03 | -43.64 | 34066440.09 |
| | 2002 年末(本年末) | 2001 年末(上年末) | 本年末比上年末增减(%) | 2000 年末 |
| 总资产 | 560941522.89 | 521330541.18 | 7.60 | 501844774.08 |
| 股东权益(不含少数股东权益) | 460551485.73 | 453683337.71 | 1.51 | 429808311.22 |
| 经营活动产生的现金流量净额 | -23002104.96 | 19838629.47 | | 16309292.70 |

2.2 主要财务指标 单位:(人民币)元

| | 2002 年(本年) | 2001 年(上年) | 本年比上年增减(%) | 2000 年 |
|---|---|---|---|---|
| 每股收益 | 0.1102 | 0.1997 | -44.82 | 0.2752 |
| 净资产收益率 | 3.27 | 6.02 | -45.68 | 8.76 |
| 扣除非经常性损益的净利润为基础计算的净资产收益率 | 3.27 | 6.00 | -45.50 | 9.57 |
| 每股经营活动产生的现金流量净额 | -0.1682 | 0.1450 | | 0.1192 |
| | 2002 年末(本年末) | 2001 年末(上年末) | 本年末比上年末增减(%) | 2000 年末 |
| 每股净资产 | 3.37 | 3.32 | 1.51 | 3.14 |
| 调整后的每股净资产 | 3.28 | 3.20 | 2.50 | 3.06 |

## 000980 黄山金马股份有限公司

### 二〇〇二年年度报告摘选

#### 1.上市公司基本情况简介

1.1 基本情况简介

证券简称:金马股份 证券代码:000980 上市交易所:深圳证券交易所

注册地址和办公地址:安徽省黄山市歙县壕城路 1 号 邮政编码:245200

公司国际互联网网址:http://www.hsjinma.com 电子信箱:hsjinma@mail.ahwhptt.net.cn

1.2 联系人和联系方式

董事会秘书:高美庆 联系地址:安徽省黄山市歙县壕城路 1 号

电话:0559－6516169 传真:0559－6536668 电子信箱:hsjm@21cn.com

证券事务代表:苏伊薇 联系地址:安徽省黄山市歙县壕城路 1 号

电话:0559－6516169 传真:0559－6536668

#### 2.会计数据和财务指标摘要

2.1 主要会计数据 单位:(人民币)元

| | 2002 年(本年) | 2001 年(上年) | 本年比上年增减(%) | 2000 年 |
|---|---|---|---|---|
| 主营业务收入 | 216,455,699.75 | 204,746,990.25 | 5.72% | 280,270,093.85 |
| 利润总额 | －88,769,618.52 | －15,091,707.07 | －－ | 26,499,581.70 |
| 净利润 | －88,770,323.80 | －19,950,777.42 | －－ | 15,621,224.02 |
| 扣除非经常性损益的净利润 | －96,840,893.44 | －28,401,512.87 | －－ | 32,434,647.29 |
| | 2002 年末(本年末) | 2001 年末(上年末) | 本年末比上年末增减(%) | 2000 年末 |
| 总资产 | 887,951,305.20 | 989,866,590.16 | －10.30% | 703,659,409.85 |
| 股东权益(不含少数股东权益) | 372,938,451.53 | 461,708,775.33 | －19.23% | 474,109,054.17 |
| 经营活动产生的现金流量净额 | 91,853,369.13 | －30,952,001.41 | －－ | －24,439,450.75 |

2.2 主要财务指标 单位:(人民币)元

| | 2002 年(本年) | 2001 年(上年) | 本年比上年增减(%) | 2000 年 |
|---|---|---|---|---|
| 每股收益 | －0.59 | －0.13 | －－ | 0.30 |
| 每股收益* | －0.59 | －－ | －－ | －－ |
| 净资产收益率 | －23.80% | －4.32% | －－ | 7.65% |
| 扣除非经常性损益的净利润为基础计算的净资产收益率 | －25.97% | －8.00% | －－ | 8.65% |
| 每股经营活动产生的现金流量净额 | 0.61 | －0.21 | －－ | 0.16 |
| | 2002 年末(本年末) | 2001 年末(上年末) | 本年末比上年末增减(%) | 2000 年末 |
| 每股净资产 | 2.49 | 3.08 | －19.23% | 3.10 |
| 调整后的每股净资产 | 2.47 | 3.07 | －19.54% | 3.10 |

## 000988 华工科技产业股份有限公司

### 二〇〇二年年度报告摘选

#### 1.上市公司基本情况简介

1.1 基本情况简介

股票简称:华工科技 股票代码:000988 上市交易所:深圳证券交易所

注册地址:湖北省武汉市洪山区珞瑜路 1037 号

办公地址:湖北省武汉市东湖高新技术开发区庙山小区华工科技产业大厦 邮政编码:430223

公司国际互联网网址:http://www.hgtech.com.cn 电子信箱:0988@hgtech.com.cn

1.2 联系人和联系方式

董事会秘书:杨兴国 联系地址:武汉市东湖高新技术开发区庙山小区

电话:(027)87180121 传真:(027)87180126 电子信箱:bds@hgtech.com.cn

证券事务代表:廖瑞琰 联系地址:武汉市东湖高新技术开发区庙山小区

电话:(027)87180126 传真:(027)87180126 电子信箱:bds@hgtech.com.cn

#### 2.会计数据和财务指标摘要

2.1 主要会计数据 单位:元

| | 2002 年 | 2001 年 | | 本年比上年增减(%) | 2000 年 | |
|---|---|---|---|---|---|---|
| | | 调整后 | 调整前 | | 调整后 | 调整前 |
| 主营业务收入 | 347,052,098.24 | 297,017,907.99 | 297,017,907.99 | 16.85 | 180,498,217.24 | 180,498,217.24 |
| 利润总额 | 48,678,941.52 | 57,313,662.45 | 58,686,440.59 | －15.07 | 44,807,451.34 | 52,806,681.22 |
| 净利润 | 40,416,133.69 | 44,112,323.18 | 45,485,101.32 | －8.38 | 42,202,213.80 | 50,201,443.68 |
| 扣除非经常性损益的净利润 | 37,005,675.37 | 19,111,404.54 | 19,226,268.59 | 93.63 | 36,781,659.86 | 44,780,889.74 |
| | 2002 年末 | 2001 年末 | | 本年末比上年末增减(%) | 2000 年末 | |
| | | 调整后 | 调整前 | | 调整后 | 调整前 |
| 总资产 | 1,056,265,556.47 | 821,258,791.85 | 821,470,395.31 | 28.62 | 769,717,317.89 | 792,932,887.14 |
| 股东权益(不含少数股东权益 | 616,923,112.45 | 580,345,392.74 | 576,783,253.91 | 6.30 | 555,022,595.36 | 563,021,825.24 |
| 经营活动产生的现金流量净额 | －51,238,491.60 | －39,451,080.64 | －39,451,080.64 | 29.88 | 12,490,504.18 | 12,490,504.18 |

2.2 主要财务指标 单位:元

| | 2002 年 | 2001 年 | | 本年比上年增减(%) | 2000 年 | |
|---|---|---|---|---|---|---|
| | | 调整后 | 调整前 | | 调整后 | 调整前 |
| 每股收益 | 0.35 | 0.384 | 0.396 | －8.85 | 0.367 | 0.44 |
| 每股收益(加权) | 0.35 | 0.384 | 0.396 | －8.85 | 0.412 | 0.49 |
| 净资产收益率 | 6.55% | 7.60% | 7.89% | －13.82 | 7.60% | 8.92% |
| 扣除非经常性损益的净利润为基础计算的净资产收益率 | 6.00% | 3.29% | 3.33% | 82.37 | 6.63 | 7.95 |
| 每股经营活动产生的现金流量净额 | －0.45 | －0.343 | －0.343 | 31.20 | 0.11 | 0.11 |
| | 2002 年末 | 2001 年末 | | 本年末比上年末增减(%) | 2000 年末 | |
| | | 调整后 | 调整前 | | 调整后 | 调整前 |
| 每股净资产 | 5.36 | 5.05 | 5.016 | 6.14 | 4.83 | 4.90 |
| 调整后的每股净资产 | 5.30 | 5.01 | 4.976 | 5.79 | 4.79 | 4.79 |

## 200054 重庆建设摩托车股份有限公司

### 二〇〇二年年度报告摘选

#### 1.上市公司基本情况简介

1.1 基本情况简介

证券简称:ST 建摩 B 证券代码:200054 上市交易所:深圳证券交易所

注册地址和办公地址:重庆市九龙坡区谢家湾正街 47 号 邮政编码:400050

公司国际互联网网址:http://www.jianshe.com.cn 电子信箱:sznjsmc@public.cta.cq.cn

1.2 联系人和联系方式

董事会秘书:鞠冰 联系地址:重庆市九龙坡区谢家湾正街 47 号

电话:023－68483175 传真:023－68483072 电子信箱:sznjsmc@public.cta.cq.cn

#### 2.会计数据和财务指标摘要

2.1 主要会计数据 单位:(人民币)千元

| | 2002 年(本年) | 2001 年(上年) | 本年比上年增减(%) | 2000 年 |
|---|---|---|---|---|
| 主营业务收入 | 488,950 | 732,682 | －33.27% | 1,064,312 |
| 利润总额 | －151,142 | －198,807 | －－ | 8,957 |
| 净利润 | －151,068 | －192,871 | －－ | 14,222 |
| 扣除非经常性损益的净利润 | －153,305 | －187,827 | －－ | －21,006 |
| | 2002 年末(本年末) | 2001 年末(上年末) | 本年末比上年末增减(%) | 2000 年末 |
| 总资产 | 1,107,598 | 1,552,947 | －28.68% | 1,845,534 |
| 股东权益(不含少数股东权益) | 163,099 | 300,987 | －45.81% | 491,084 |
| 经营活动产生的现金流量净额 | －24,591 | 54,082 | －145.47% | 105,996 |

2.2 主要财务指标 单位:(人民币)元

| | 2002 年(本年) | 2001 年(上年) | 本年比上年增减(%) | 2000 年 |
|---|---|---|---|---|
| 每股收益 | －0.32 | －0.40 | －－ | 0.03 |
| 每股收益* | －0.32 | －－ | －－ | －－ |
| 净资产收益率 | －92.62% | －64.08% | －－ | 2.90% |
| 扣除非经常性损益的净利润为基础计算的净资产收益率 | －68.00% | －47.59% | －－ | 4.25% |
| 每股经营活动产生的现金流量净额 | －0.05 | 0.11 | －146.02% | 0.22 |
| | 2002 年末(本年末) | 2001 年末(上年末) | 本年末比上年末增减(%) | 2000 年末 |
| 每股净资产 | 0.34 | 0.63 | －45.80% | 1.03 |
| 调整后的每股净资产 | 0.33 | 0.18 | 83.33% | 0.50 |

## 200512 厦门灿坤实业股份有限公司

### 二〇〇二年年度报告摘选

#### 1.上市公司基本情况简介

1.1 基本情况简介

股票简称:闽灿坤 B 股票代码:200512 上市交易所:深圳交易所

注册地址和办公地址:中华人民共和国福建省厦门市湖里工业区兴隆路 88 号

邮政编码:361006

公司国际互联网网址:http://www.tsannkuen.com 电子信箱:allenlo@tkc.tsannkuen.com

1.2 联系人和联系方式

董事会秘书:罗青兴 联系地址:厦门市湖里工业区兴隆路 88 号

电话:0592－5600887 传真:0592－5600886 电子信箱:allenlo@tkc.tsannkuen.com

证券事务代表:张蕾 联系地址:厦门市湖里工业区兴隆路 88 号

电话:0592－5681819 传真:0592－5600886 电子信箱:Betty_zhang@tkc.tsannkuen.com

#### 2.会计资料和财务指标摘要

2.1 主要会计资料 单位:人民币千元

| | 2002 年(本年) | 2001 年(上年) | 本年比上年增减(%) | 2000 年 |
|---|---|---|---|---|
| 主营业务收入 | 3,484,815 | 2,798,417 | 24.53 | 2,506,148 |
| 利润总额 | 265,468 | 186,462 | 42.37 | 199,862 |
| 净利润 | 240,293 | 170,408 | 41.01 | 183,990 |
| 扣除非经常性损益的净利润 | 294,892 | 178,646 | 65.07 | 185,877 |
| | 2002 年末 | 2001 年末 | 2002 年末比 2001 年末增减(%) | 2000 年末 |
| 总资产 | 2,648,000 | 2,461,483 | 7.58 | 2,469,473 |
| 股东权益(不含少数股东权益) | 1,260,979 | 1,011,739 | 24.63 | 886,485 |
| 经营活动产生的现金流量净额 | 403,178 | 640,863 | －37.09 | 403,404 |

2.2 主要财务指标 单位:人民币元

| | 2002 年 | 2001 年 | 2002 年比 2001 年增减(%) | 2000 年 |
|---|---|---|---|---|
| 每股收益 | 0.3552 | 0.3779 | －6.01 | 0.4080 |
| 净资产收益率(摊薄) | 19.06% | 16.84% | 13.18 | 20.76% |
| 净资产收益率(加权) | 21.23% | 17.54% | 21.04 | 23.17% |
| 扣除非经常性损益的净利润为基础的净资产收益率(摊薄) | 23.39% | 17.66% | 32.45 | 20.63% |
| 扣除非经常性损益的净利润为基础的净资产收益率(加权) | 26.05% | 18.39% | 41.65 | 22.65% |
| 每股经营活动产生的现金流量净额 | 0.60 | 1.42 | －57.75 | 0.89 |
| | 2002 年末 | 2001 年末 | 2002 年末比 2001 年末增减(%) | 2000 年末 |
| 每股净资产 | 1.86 | 2.24 | －16.96 | 1.97 |
| 调整后的每股净资产 | 1.84 | 2.22 | －17.12 | 1.94 |

# C8．医药、生物制品(20家)

## 000078 深圳市海王生物工程股份有限公司

### 二〇〇二年年度报告摘选

#### 1.上市公司基本情况简介

1.1 基本情况简介

证券简称:海王生物　证券代码:000078　上市交易所:深圳证券交易所

注册地址和办公地址:深圳市南山区南油大道海王大厦26层　邮政编码:518054

公司国际互联网网址:http://www.neptunus.com　电子信箱:sznepsw@public.szptt.net.cn

1.2 联系人和联系方式

董事会秘书:戴奉祥　联系地址:深圳市南山区南油大道海王大厦A座26层

电话:0755－26416065　传真:0755－26416053　电子信箱:sznepsw@public.szptt.net.cn

证券事务代表:沈大凯　联系地址:深圳市南山区南油大道海王大厦A座26层

电话:0755－26416065　传真:0755－26416053　电子信箱:sznepsw@public.szptt.net.cn

#### 2.会计数据和财务指标摘要

2.1 主要会计数据　单位:(人民币)元

| | 2002年(本年) | 2001年(调整后) | 本年比上年增减(%) | 2000年 |
|---|---|---|---|---|
| 主营业务收入 | 829,427,619.18 | 765,051,545.72 | 8.41% | 198,977,073.22 |
| 利润总额 | 62,787,932.85 | 103,173,033.16 | －39.14% | 60,984,897.13 |
| 净利润 | 42,227,035.00 | 69,651,852.82 | －39.37% | 54,345,784.70 |
| 扣除非经常性损益的净利润 | 42,455,263.07 | 74,813,687.63 | －38.52% | 66,795,525.73 |
| | 2002年末(本年末) | 2001年末(调整后) | 本年末比上年末增减(%) | 2000年末 |
| 总资产 | 3,429,311,783.44 | 3,030,241,847.31 | 13.17% | 787,366,067.95 |
| 股东权益(不含少数股东权益) | 1,690,138,123.19 | 1,655,242,665.62 | 2.11% | 162,486,346.37 |
| 经营活动产生的现金流量净额 | －111,825,003.09 | －82,836,672.02 | －－ | －109,251,204.99 |

2.2 主要财务指标　单位:(人民币)元

| | 2002年(本年) | 2001年(调整后) | 本年比上年增减(%) | 2000年 |
|---|---|---|---|---|
| 每股收益 | 0.13 | 0.31 | －59.59% | 0.36 |
| 净资产收益率 | 2.50% | 4.21% | －40.62% | 33.45% |
| 扣除非经常性损益的净利润为基础计算的净资产收益率 | 2.51% | 4.52% | －39.82% | 41.11% |
| 每股经营活动产生的现金流量净额 | －0.34 | －0.37 | －－ | －0.71 |
| | 2002年末(本年末) | 2001年末(调整后) | 本年末比上年末增减(%) | 2000年末 |
| 每股净资产 | 5.08 | 7.46 | －31.93% | 1.06 |
| 调整后的每股净资产 | 4.99 | 7.38 | －32.39% | 1.02 |

## 000153 安徽丰原药业股份有限公司

### 二〇〇二年年度报告摘选

#### 1.上市公司基本情况简介

1.1 基本情况简介

证券简称:丰原药业　证券代码:000153　上市交易所:深圳证券交易所

注册地址:安徽省无为县北门外大街108号

办公地址:安徽省合肥市屯溪路168号－凤和园31#楼　邮政编码:230001

电子信箱:xlyyzj@163.com　或　xlyyzj@sina.com

1.2 联系人和联系方式

董事会秘书:张军　联系地址:安徽省合肥市屯溪路168号－凤和园31#楼

电话:0551－4677550　传真:0551－4677568　电子信箱:xlyyzj@163.com或xlyyzj@sina.com

证券事务代表:常兆春　联系地址:安徽省合肥市屯溪路168号－凤和园31#楼

电话:0551－4677531,13956016803　传真:0551－4677568　电子信箱:xlyyzj@sina.com

#### 2.会计数据和财务指标摘要

2.1 主要会计数据　单位:(人民币)元

| | 2002年(本年) | 2001年(上年) | 本年比上年增减(%) | 2000年 |
|---|---|---|---|---|
| 主营业务收入 | 157,938,066.88 | 159,210,601.97 | －0.80% | 114,146,466.06 |
| 利润总额 | 33,675,602.53 | 31,626,533.08 | 6.48% | 26,485,812.53 |
| 净利润 | 25,823,272.73 | 23,299,070.70 | 10.83% | 21,899,971.61 |
| 扣除非经常性损益的净利润 | 24,412,240.54 | 22,945,100.59 | 6.39% | 24,220,056.53 |
| | 2002年末(本年末) | 2001年末(上年末) | 本年末比上年末增减(%) | 2000年末 |
| 总资产 | 684,422,288.37 | 709,481,579.00 | －3.53% | 637,532,307.18 |
| 股东权益(不含少数股东权益) | 560,873,561.28 | 533,604,156.53 | 5.11% | 535,072,326.62 |
| 经营活动产生的现金流量净额 | 10,475,592.85 | 23,567,558.47 | －55.55% | 25,877,658.51 |

2.2 主要财务指标　单位:(人民币)元

| | 2002年(本年) | 2001年(上年) | 本年比上年增减(%) | 2000年 |
|---|---|---|---|---|
| 每股收益 | 0.40 | 0.36 | 10.85% | 0.34 |
| 每股收益* | 0.40 | － | － | － |
| 净资产收益率 | 4.60% | 4.37% | 5.26% | 4.21% |
| 扣除非经常性损益的净利润为基础计算的净资产收益率 | 4.35% | 4.30% | 1.16% | 4.11% |
| 每股经营活动产生的现金流量净额 | 0.16 | 0.36 | －55.65% | 7.93 |
| | 2002年末(本年末) | 2001年末(上年末) | 本年末比上年末增减(%) | 2000年末 |
| 每股净资产 | 8.63 | 8.21 | 5.11% | 8.00 |
| 调整后的每股净资产 | 8.43 | 8.12 | 3.86% | 7.94 |

## 000423 山东东阿阿胶股份有限公司

### 二〇〇二年年度报告摘选

#### 1.上市公司基本情况简介

1.1 基本情况简介

证券简称:东阿阿胶　证券代码:000423　上市交易所:深圳证券交易所

注册地址和办公地址:山东省东阿县阿胶街78号　邮政编码:252201

公司国际互联网网址:www.dongeejiao.com　电子信箱:webmaster@dongeejiao.com

1.2 联系人和联系方式

董事会秘书:吴怀锋　联系地址:山东省东阿阿胶街78号

电话:0635－3264069　传真:0635－3260786　电子信箱:wuhf@dongeejiao.com

证券事务代表:刘兴国　联系地址:山东省东阿县阿胶街78号

电话:0635－3264069　传真:0635－3260786　电子信箱:liuxg@dongeejiao.com

#### 2.会计数据和财务指标摘要

2.1 主要会计数据　单位:(人民币)元

| | 2002年(本年) | 2001年(上年) | 本年比上年增减(%) | 2000年 |
|---|---|---|---|---|
| 主营业务收入 | 569,924,999.71 | 452,021,137.73 | 26.08% | 405,363,561.42 |
| 利润总额 | 138,489,025.54 | 118,835,845.65 | 16.54% | 103,562,953.39 |
| 净利润 | 86,809,325.24 | 109,668,321.13 | －20.84% | 84,444,995.57 |
| 扣除非经常性损益的净利润 | 87,302,596.74 | 102,928,787.25 | －15.18% | 86,187,490.08 |
| | 2002年末(本年末) | 2001年末(上年末) | 本年末比上年末增减(%) | 2000年末 |
| 总资产 | 982,280,276.85 | 985,912,558.45 | －0.37% | 855,676,989.47 |
| 股东权益(不含少数股东权益) | 785,563,073.62 | 766,872,339.88 | 2.44% | 711,698,891.95 |
| 经营活动产生的现金流量净额 | 97,854,693.91 | 44,893,753.87 | 117.97% | 175,931,023.54 |

2.2 主要财务指标　单位:(人民币)元

| | 2002年(本年) | 2001年(上年) | 本年比上年增减(%) | 2000年 |
|---|---|---|---|---|
| 每股收益 | 0.32 | 0.40 | －20.65% | 0.40 |
| 每股收益* | 0.32 | －－ | －－ | －－ |
| 净资产收益率 | 11.05% | 14.30% | －22.73% | 11.76% |
| 扣除非经常性损益的净利润为基础计算的净资产收益率 | 11.11% | 13.42% | －17.21% | 11.85% |
| 每股经营活动产生的现金流量净额 | 0.36 | 0.17 | 117.64% | 0.84 |
| | 2002年末(本年末) | 2001年末(上年末) | 本年末比上年末增减(%) | 2000年末 |
| 每股净资产 | 2.88 | 2.81 | 2.45% | 3.40 |
| 调整后的每股净资产 | 2.87 | 2.81 | 2.14% | 3.39 |

## 000513 丽珠医药集团股份有限公司

### 二〇〇二年年度报告摘选

#### 1.上市公司基本情况简介

1.1 基本情况简介

股票简称:丽珠集团、丽珠B　股票代码:000513、200513　上市交易所:深圳证券交易所

注册地址:广东省珠海市拱北桂花北路132号

办公地址:广东省珠海市拱北桂花北路丽珠大厦　邮政编码:519020

公司国际互联网网址:http://www.livzon.com　电子信箱:zhlivzon@pub.zhuhai.gd.cn

1.2 联系人和联系方式

董事会秘书:王武平　联系地址:珠海市拱北桂花北路丽珠大厦

电话:(0756)8135888　传真:(0756)8886002　电子信箱:wangwuping@livzon.com.cn

证券事务代表:李皓　联系地址:珠海市拱北桂花北路丽珠大厦

电话:(0756)8135888　传真:(0756)8886002　电子信箱:lihao@livzon.com.cn

#### 2.会计数据和财务指标摘要

2.1 主要会计数据　单位:人民币元

| | 2002年(本年) | 2001年(上年) | | 本年比上年增减(%) | 2000年 | |
|---|---|---|---|---|---|---|
| | | 调整后 | 调整前 | | 调整后 | 调整前 |
| 主营业务收入 | 1,601,205,553.23 | 1,395,791,951.65 | 1,395,791,951.65 | 14.72 | 1,178,553,154.35 | 1,178,553,154.35 |
| 利润总额 | 111,570,917.88 | 100,532,638.03 | 101,887,626.18 | 10.98 | 34,441,664.09 | 35,232,891.15 |
| 净利润 | 61,942,736.50 | 49,416,545.16 | 50,392,136.63 | 25.35 | 9,561,189.94 | 10,352,417.00 |
| 扣除非经常性损益的净利润 | 64,071,959.76 | 48,645,304.10 | 49,620,895.57 | 31.71 | 9,561,189.94 | 10,352,417.00 |
| | 2002年末(本年末) | 2001年末(上年末) | | 本年末比上年末增减(%) | 2000年末 | |
| | | 调整后 | 调整前 | | 调整后 | 调整前 |
| 总资产 | 1,856,439,161.80 | 1,671,908,968.76 | 1,676,191,320.84 | 11.04 | 1,545,355,322.14 | 1,548,282,686.07 |
| 股东权益(不含少数股东权益) | 949,408,695.62 | 915,888,467.32 | 918,971,760.82 | 3.66 | 874,418,957.33 | 876,526,659.36 |
| 经营活动产生现金流量净额 | 213,649,093.27 | 155,147,242.27 | 155,147,242.27 | 37.71 | 38,515,144.41 | 38,515,144.41 |

2.2 主要财务指标

| | 2002年(本年) | 2001年(上年) | | 本年比上年增减(%) | 2000年 | |
|---|---|---|---|---|---|---|
| | | 调整后 | 调整前 | | 调整后 | 调整前 |
| 每股收益 | 0.20 | 0.16 | 0.16 | 25.00 | 0.03 | 0.03 |
| 净资产收益率 | 6.52% | 5.40% | 5.48% | 20.74 | 1.09% | 1.18% |
| 扣除非经常性损益的净利润为基础计算的加权净资产收益率 | 6.77% | 5.41% | 5.50% | 25.14 | 1.06 | 1.13% |
| 每股经营活动产生的现金流量净额 | 0.70 | 0.51 | 0.51 | 37.25 | 0.13 | 0.13 |
| | 2002年末(本年末) | 2001年末(上年末) | | 本年末比上年末增减(%) | 2000年末 | |
| | | 调整后 | 调整前 | | 调整后 | 调整前 |
| 每股净资产 | 3.10 | 2.99 | 3.00 | 3.68 | 2.86 | 2.86 |
| 调整后的每股净资产 | 3.07 | 2.98 | 2.99 | 3.02 | 2.74 | 2.74 |

## 000522 广州白云山制药股份有限公司

## 二〇〇二年年度报告摘选

### 1.上市公司基本情况简介

1.1 基本情况简介

证券简称:白云山 A 证券代码:000522 上市交易所:深圳证券交易所

注册地址和办公地址:广东省广州市白云区同和 邮政编码:510515

公司国际互联网网址:http://www.gzbys.com 电子信箱:bysqy@mxz.gd.cei.gov.cn

1.2 联系人和联系方式

董事会秘书:陈瑛 联系地址:广东省广州市白云区同和

电话:020-87062599 传真:020-87063699 电子信箱:lifeiqing@163.net

### 2.会计数据和财务指标摘要

2.1 主要会计数据

单位:(人民币)元

| | 2002 年(本年) | 2001 年(上年) | 本年比上年增减(%) | 2000 年 |
|---|---|---|---|---|
| 主营业务收入 | 1,957,285,948.81 | 833,363,272.20 | 134.87% | 665,591,178.04 |
| 利润总额 | 85,471,290.57 | 38,309,755.43 | 123.11% | 67,247,678.36 |
| 净利润 | 58,482,084.51 | 38,291,320.13 | 52.73% | 67,247,678.36 |
| 扣除非经常性损益的净利润 | 72,989,189.67 | 47,932,927.64 | 52.27% | 72,260,855.65 |
| | 2002 年末(本年末) | 2001 年末(上年末) | 本年末比上年末增减(%) | 2000 年末 |
| 总资产 | 2,521,578,446.08 | 2,350,709,441.32 | 7.27% | 1,615,339,534.80 |
| 股东权益(不含少数股东权益) | 545,361,992.28 | 399,068,322.22 | 36.66% | 35,255,242.94 |
| 经营活动产生的现金流量净额 | 158,059,598.77 | 108,414,295.24 | 45.79% | 122,075,492.35 |

2.2 主要财务指标

单位:(人民币)元

| | 2002 年(本年) | 2001 年(上年) | 本年比上年增减(%) | 2000 年 |
|---|---|---|---|---|
| 每股收益 | 0.16 | 0.10 | 52.69% | 0.18 |
| 每股收益* | 0.16 | -- | -- | -- |
| 净资产收益率 | 10.72% | 9.60% | 11.67% | 190.75% |
| 扣除非经常性损益的净利润为基础计算的净资产收益率 | 13.38% | 12.01% | 11.41% | 4,935.32% |
| 每股经营活动产生的现金流量净额 | 0.42 | 0.29 | 45.59% | 0.33 |
| | 2002 年末(本年末) | 2001 年末(上年末) | 本年末比上年末增减(%) | 2000 年末 |
| 每股净资产 | 1.46 | 1.07 | 36.66% | 0.09 |
| 调整后的每股净资产 | 1.35 | 0.95 | 42.11% | 0.01 |

## 000545 吉林恒和制药股份有限公司

## 二〇〇二年年度报告摘选

### 1.上市公司基本情况简介

1.1 基本情况简介

证券简称:恒和制药 证券代码:000545 上市交易所:深圳证券交易所

注册地址和办公地址:吉林市长春路 99 号 邮政编码:132012

公司国际互联网网址:http://www.cninfo.com.cn 电子信箱:JLHHZY@public.jl.jl.cn

1.2 联系人和联系方式

董事会秘书:仲玲 联系地址:吉林市长春路 99 号吉林恒和制药股份有限公司

电话:0432-4831982 传真:0432-4841728 电子信箱:jzyd@public.jl.jl.cn

证券事务代表:罗国建 联系地址:吉林市长春路 99 号吉林恒和制药股份有限公司

电话:0432-4831887 传真:0432-4841728 电子信箱:jzyd@public.jl.jl.cn

### 2.会计数据和财务指标摘要

2.1 主要会计数据 单位:(人民币)元

| | 2002 年(本年) | 2001 年(上年) | 本年比上年增减(%) | 2000 年 |
|---|---|---|---|---|
| 主营业务收入 | 140,262,568.84 | 148,220,099.29 | -5.37% | 148,996,882.10 |
| 利润总额 | 3,242,438.98 | -9,994,257.58 | -- | 4,872,220.14 |
| 净利润 | 3,242,438.98 | -9,994,257.58 | -- | 4,872,220.14 |
| 扣除非经常性损益的净利润 | 3,436,892.25 | -7,266,217.58 | -- | 6,878,451.26 |
| | 2002 年末(本年末) | 2001 年末(上年末) | 本年末比上年末增减(%) | 2000 年末 |
| 总资产 | 371,399,885.82 | 329,116,613.65 | 12.85% | 340,642,077.51 |
| 股东权益(不含少数股东权益) | 144,814,767.18 | 141,572,328.20 | 2.29% | 163,065,410.12 |
| 经营活动产生的现金流量净额 | 8,635,919.09 | -7,160,978.93 | -- | 3,380,199.55 |

2.2 主要财务指标 单位:(人民币)元

| | 2002 年(本年) | 2001 年(上年) | 本年比上年增减(%) | 2000 年 |
|---|---|---|---|---|
| 每股收益 | 0.02 | -0.07 | -- | 0.04 |
| 每股收益* | 0.02 | -- | -- | -- |
| 净资产收益率 | 2.24% | -7.06% | -- | 2.99% |
| 扣除非经常性损益的净利润为基础计算的净资产收益率 | 2.40% | -5.13% | -- | 4.22% |
| 每股经营活动产生的现金流量净额 | 0.06 | -0.05 | -- | 0.03 |
| | 2002 年末(本年末) | 2001 年末(上年末) | 本年末比上年末增减(%) | 2000 年末 |
| 每股净资产 | 1.07 | 1.04 | 2.30% | 1.20 |
| 调整后的每股净资产 | 1.01 | 1.01 | -0.10% | 1.14 |

## 000538 云南白药集团股份有限公司

## 二〇〇二年年度报告摘选

### 1.上市公司基本情况简介

1.1 基本情况简介

股票简称:云南白药 股票代码:000538 上市交易所:深圳证券交易所

注册地址和办公地址:昆明国家高新技术产业开发区昆明市二环西路 222 号

邮政编码:650118

公司国际互联网网址:http://www.yunnanbaiyao.com.cn 电子信箱:ynby@yunnanbaiyao.com.cn

1.2 联系人和联系方式

董事会秘书:黄艾农 联系地址:昆明市二环西路 222 号

电话:0871-8324159 传真:0871-8324169 电子信箱:huangainong@yunnanbaiyao.com.cn

证券事务代表:马青 联系地址:昆明市二环西路 222 号

电话:0871-8350538 传真:0871-8324169 电子信箱:maqing@yunnanbaiyao.com.cn

### 2.会计数据和财务指标摘要

2.1 主要会计数据(单位人民币千元)

| | 2002 年 | 2001 年 | 本年比上年增减(%) | 2000 年 |
|---|---|---|---|---|
| 主营业务收入 | 1100942 | 900299 | 22.29 | 795297 |
| 利润总额 | 118209 | 81717 | 44.66 | 59499 |
| 净利润 | 93688 | 75317 | 24.39 | 48400 |
| 扣除非经常性损益的净利润 | 94315 | 73231 | 28.79 | 46200 |
| | 2002 年末 | 2001 年末 | 本年末比上年末增减(%) | 2000 年末 |
| 总资产 | 920651 | 843993 | 9.08 | 771492 |
| 股东权益(不含少数股东权益) | 463748 | 417507 | 11.08 | 378339 |
| 经营活动产生的现金流量净额 | 115400 | 80521 | 43.32 | 105221 |

2.2 主要财务指标

| | 2002 年 | 2001 年 | 本年比上年增减(%) | 2000 年 |
|---|---|---|---|---|
| 每股收益 | 0.504 | 0.404 | 24.75 | 0.260 |
| 每股收益(加权) | 0.504 | 0.404 | 24.75 | 0.260 |
| 净资产收益率 | 20.20 | 18.00 | 12.22 | 12.79 |
| 扣除非经常性损益的净利润为基础计算的净资产收益率 | 20.34 | 17.54 | 15.96 | 12.21 |
| 每股经营活动产生的现金流量净额 | 0.62 | 0.43 | 44.19 | 0.57 |
| | 2002 年末 | 2001 年末 | 本年末比上年末增减(%) | 2000 年末 |
| 每股净资产 | 2.50 | 2.25 | 11.11 | 2.04 |
| 调整后的每股净资产 | 2.43 | 2.20 | 10.70 | 2.01 |

## 000566 海南轻骑海药股份有限公司

## 二〇〇二年年度报告摘选

### 1.上市公司基本情况简介

1.1 基本情况简介

股票简称:ST 海药 股票代码:000566 上市交易所:深圳证券交易所

注册地址:海南省海口市海秀大道 51 号

办公地址:海南省海口市龙昆北路 30 号宏源证券大厦 7 楼 邮政编码:570105

电子信箱:qqhy9298@sina.com

1.2 联系人和联系方式

董事会秘书:李颖 联系地址:海南省海口市龙昆北路 30 号宏源证券大厦 7 楼

电话:0898-66785861 电子信箱:qqhy9298@sina.com

### 2.会计数据和财务指标摘要

2.1 主要会计数据 单位:元

| | 2002 年 | 2001 年 | 本年比上年增减 | 2000 年 |
|---|---|---|---|---|
| 主营业务收入 | 182,466,908.17 | 193,337,985.69 | -5.62% | 175,486,555.28 |
| 利润总额 | 11,280,121.78 | -261,098,833.32 | 104.32% | -62,102,435.56 |
| 净利润 | 11,280,121.78 | -261,098,833.32 | 104.32% | -62,102,435.56 |
| 扣除非经常性损益的净利润 | 4,002,225.63 | -55,754,680.43 | 107.18% | -51,823,769.49 |
| | 2002 年末 | 2001 年末 | 本年末比上年末增减 | 2000 年末 |
| 总资产 | 356,985,457.49 | 404,275,903.33 | -11.70% | 705,747,146.28 |
| 股东权益(不含少数股东权益) | -135,557,337.35 | -245,926,280.61 | 44.88% | 15,017,012.29 |
| 每股经营活动产生的现金流量净额 | 0.19 | 0.07 | 171.43% | 0.04 |

2.2 主要财务指标

| | 2002 年(本年) | 2001 年(上年) | 本年比上年增减 | 2000 年 |
|---|---|---|---|---|
| 每股收益 | 0.06 | -1.29 | 104.65% | -0.31 |
| 净资产收益率(%) | -8.32 | -106.17 | 92.16% | -413.55 |
| 扣除非经常性损益的净利润为基础计算的净资产收益率 | -2.95 | -21.24 | 86.11% | -360.14 |
| 每股经营活动产生的现金流量净额 | 0.19 | 0.07 | 171.43% | 0.04 |
| | 2002 年末 | 2001 年末 | 本年末比上年末增减 | 2000 年末 |
| 每股净资产 | -0.67 | -1.22 | 45.08% | 1.03 |
| 调整后的每股净资产 | -0.77 | -1.34 | 42.54% | 0.07 |

## 000590 清华紫光古汉生物制药股份有限公司

# 二○○二年年度报告摘选

### 1.上市公司基本情况简介

1.1 基本情况简介

证券简称:紫光古汉　证券代码:000590　上市交易所:深圳证券交易所

注册地址和办公地址:湖南省衡阳市先锋路54号　邮政编码:421001

公司国际互联网网址:http://www.guhan.com　电子信箱:Webmaster@guhan.com

1.2 联系人和联系方式

董事会秘书:曹定兴　联系地址:湖南省衡阳市先锋路54号

电话:0734－8239335　传真:0734－8239335　电子信箱:stocks@guhan.com

证券事务代表:周世武　联系地址:北京市海淀区清华大学东门外清华紫光(集团)总公司

电话:010－62780818　传真:010－62780818　电子信箱:zhousw@thunis.com

### 2.会计数据和财务指标摘要

2.1 主要会计数据　单位:(人民币)元

| | 2002年(本年) | 2001年(上年) | 本年比上年增减(%) | 2000年 |
|---|---|---|---|---|
| 主营业务收入 | 296,606,103.97 | 245,678,437.08 | 20.73% | 283,517,578.35 |
| 利润总额 | －2,410,362.66 | －67,217,741.37 | －－ | 22,934,190.56 |
| 净利润 | 4,098,396.94 | －59,670,419.35 | －－ | 14,586,370.06 |
| 扣除非经常性损益的净利润 | 4,519,483.07 | －40,222,106.09 | －－ | 8,359,370.06 |
| | 2002年末(本年末) | 2001年末(上年末) | 本年末比上年末增减(%) | 2000年末 |
| 总资产 | 724,861,291.48 | 695,049,908.18 | 4.29% | 606,128,433.64 |
| 股东权益(不含少数股东权益) | 283,834,231.23 | 279,942,110.64 | 1.39% | 344,065,302.15 |
| 经营活动产生的现金流量净额 | 94,297,140.83 | －50,999,313.68 | －－ | 8,232,240.40 |

2.2 主要财务指标　单位:(人民币)元

| | 2002年(本年) | 2001年(上年) | 本年比上年增减(%) | 2000年 |
|---|---|---|---|---|
| 每股收益 | 0.02 | －0.29 | －－ | 0.07 |
| 每股收益* | 0.02 | －－ | －－ | －－ |
| 净资产收益率 | 1.44% | －21.32% | －－ | 4.24% |
| 扣除非经常性损益的净利润为基础计算的净资产收益率 | 1.60% | －14.37% | －－ | 2.48% |
| 每股经营活动产生的现金流量净额 | 0.46 | －0.25 | －－ | 0.04 |
| | 2002年末(本年末) | 2001年末(上年末) | 本年末比上年末增减(%) | 2000年末 |
| 每股净资产 | 1.40 | 1.38 | 1.39% | 1.69 |
| 调整后的每股净资产 | 1.40 | 1.30 | 7.54% | 1.62 |

## 000591 重庆桐君阁股份有限公司

# 二○○二年年度报告摘选

### 1.上市公司基本情况简介

1.1 基本情况简介

股票简称:桐君阁　股票代码:000591　上市交易所:深圳证券交易所

注册地址和办公地址:重庆市渝中区解放西路120号　邮政编码:400012

公司国际互联网网址:http://www.tjgcq.com　电子信箱:cqtjgco@cta.cq.cn

1.2 联系人和联系方式

董事会秘书:邹莎　联系地址:重庆市渝中区解放西路120号

电话:023－63929398　传真:023－63929398　电子信箱:cqtjgzs@sina.com.cn

证券事务代表:刘川东　联系地址:重庆市渝中区解放西路120号

电话:023－63928728　传真:023－63929398　电子信箱:Lcd0591@sina.com.cn

### 2.会计数据和财务指标摘要

2.1 主要会计数据　单位:人民币元

| | 2002年 | 2001年 | 本年比上年增减(%) | 2000年 |
|---|---|---|---|---|
| 主营业务收入 | 1,564,227,152.17 | 876,182,822.87 | 78.5 | 589,216,300 |
| 利润总额 | 26,269,651.32 | 35,918,582.43 | －26.9 | 30,487,123.78 |
| 净利润 | 21,084,959.70 | 30,774,396.11 | －31.49 | 26,341,200 |
| 扣除非经常性损益的净利润 | 19,269,280.63 | 30,568,039.80 | －36.71 | 23,852,349.51 |
| | 2002年末 | 2001年末 | 本年末比上年末增减(%) | 2000年末 |
| 总资产 | 1,301,052,537.46 | 699,753,711.89 | 85.9 | 490,644,200 |
| 股东权益(不含少数股东权益) | 288,554,979.35 | 267,400,019.65 | 7.9 | 248,349,300 |
| 经营活动产生的现金流量净额 | 34,996,771.98 | 31,081,557.76 | 12.6 | 46,933,988.77 |

2.2 主要财务指标　单位:(人民币)元

| | 2002年 | 2001年 | 本年比上年增减(%) | 2000年 |
|---|---|---|---|---|
| 每股收益 | 0.19 | 0.31 | －38.71 | 0.264 |
| 每股收益(加权) | 0.20 | 0.31 | －35.48 | 0.266 |
| 净资产收益率(%) | 7.31 | 11.51 | －36.49 | 10.61 |
| 扣除非经常性损益的净利润为基础计算的净资产收益率 | 6.68 | 11.35 | －41.15 | 0.239 |
| 每股经营活动产生的现金流量净额 | 0.32 | 0.31 | 3.23 | 0.47 |
| | 2002年末 | 2001年末 | 本年末比上年末增减(%) | 2000年末 |
| 每股净资产 | 2.63 | 2.68 | －1.87 | 2.49 |
| 调整后的每股净资产 | 2.47 | 2.47 | 0 | 2.07 |

## 000597 东北制药集团股份有限公司

# 二○○二年年度报告摘选

### 1.上市公司基本情况简介

1.1 基本情况简介

股票简称:东北药　股票代码:000597　上市交易所:深圳证券交易所

注册地址:沈阳市经济技术开发区昆明湖街　办公地址:沈阳市铁西区重工北街37号

邮政编码:110026　公司国际互联网网址:http://www.cninfo.com.cn

电子信箱:dystock@negpf.com.cn

1.2 联系人和联系方式

董事会秘书:刘亚英　联系地址:沈阳市铁西区重工北街37号

电话:024－25806664　传真:024－25806664　电子信箱:dystock@negpf.com.cn

证券事务代表:吕林全　联系地址:沈阳市铁西区重工北街37号

电话:024－25806664　传真:024－25806664　电子信箱:dystock@negpf.com.cn

### 2.会计数据和业务数据摘要

2.1 主要会计数据　单位:万元

| | 2002年 | 2001年 | 本年比上年增减(%) | 2000年 |
|---|---|---|---|---|
| 主营业务收入 | 139,698 | 144,198 | －3.12 | 119,957 |
| 利润总额 | 589 | 1,731 | －65.97 | 5,611 |
| 净利润 | 1,019 | 383 | 166.06 | 1,947 |
| 扣除非经常性损益的净利润 | 1190 | 207 | 474.87 | －－ |
| | 2002年12月31日 | 2001年12月31日 | 本年末比上年末增减(%) | 2000年12月31日 |
| 总资产(万元) | 268,099 | 274,343 | －2.38 | 256,242 |
| 股东权益(不含少数股东权益)(万元) | 87,325 | 86,153 | 1.36 | 87,201 |
| 经营活动产生的现金流量净额 | 15740 | 7884 | 99.64 | |

2.2 主要财务指标

| | 2002年 | 2001年 | 本年比上年增减(%) | 2000年 |
|---|---|---|---|---|
| 每股收益 | 0.034 | 0.014 | 142.85 | 0.0641 |
| 净资产收益率 | 1.17 | 0.50 | 134 | 2.23 |
| 扣除非经常性损益的净利润为基础计算的净资产收益率 | 1.36 | 0.23 | 491.3 | |
| 每股经营活动产生的现金流量净额 | 0.52 | 0.26 | 100 | 0.12 |
| | 2002年12月31日 | 2001年12月31日 | 本年末比上年末增减(%) | 2000年12月31日 |
| 每股净资产(元) | 2.87 | 2.84 | 1.05 | 2.87 |
| 调整后的每股净资产 | 1.53 | 1.51 | 1.31 | 2.70 |

## 000623 吉林敖东药业集团股份有限公司

# 二○○二年年度报告摘选

### 1.上市公司基本情况简介

1.1 基本情况简介

证券简称:吉林敖东　证券代码:000623　上市交易所:深圳证券交易所

注册地址和办公地址:吉林省敦化市敖东大街88号　邮政编码:133700

公司国际互联网网址:http://www.jlaod.com　电子信箱:dhadmsb4@public.yj.jl.cn

1.2 联系人和联系方式

董事会秘书:陈永丰　联系地址:吉林省敦化市敖东大街88号

电话:0433－6238973　传真:0433－6238973　电子信箱:cyf@jlaod.com

证券事务代表:李利平　联系地址:吉林省敦化市敖东大街88号

电话:0433－6224462　传真:0433－6224462

### 2.会计数据和财务指标摘要

2.1 主要会计数据　单位:(人民币)元

| | 2002年(本年) | 2001年(上年) | 本年比上年增减(%) | 2000年 |
|---|---|---|---|---|
| 主营业务收入 | 573,816,269.74 | 445,762,800.31 | 28.73% | 314,183,034.49 |
| 利润总额 | 104,179,932.53 | 62,068,232.01 | 67.85% | 98,125,755.82 |
| 净利润 | 75,561,985.82 | 32,437,488.27 | 132.95% | 81,070,849.48 |
| 扣除非经常性损益的净利润 | 51,920,221.11 | 16,582,673.52 | 213.10% | 78,892,377.41 |
| | 2002年末(本年末) | 2001年末(上年末) | 本年末比上年末增减(%) | 2000年末 |
| 总资产 | 1,881,530,078.67 | 1,691,887,248.24 | 11.21% | 1,426,072,926.42 |
| 股东权益(不含少数股东权益) | 1,061,011,545.20 | 1,030,814,782.93 | 2.93% | 1,068,108,596.96 |
| 经营活动产生的现金流量净额 | －4,575,831.24 | 138,761,307.59 | －103.30% | 77,036,504.77 |

2.2 主要财务指标　单位:(人民币)元

| | 2002年(本年) | 2001年(上年) | 本年比上年增减(%) | 2000年 |
|---|---|---|---|---|
| 每股收益 | 0.32 | 0.14 | 132.37% | 0.35 |
| 每股收益* | 0.32 | －－ | －－ | －－ |
| 净资产收益率 | 7.12% | 3.15% | 126.03% | 7.59% |
| 扣除非经常性损益的净利润为基础计算的净资产收益率 | 4.86% | 1.61% | 201.86% | 7.34% |
| 每股经营活动产生的现金流量净额 | －0.02 | 0.00 | －－ | 0.33 |
| | 2002年末(本年末) | 2001年末(上年末) | 本年末比上年末增减(%) | 2000年末 |
| 每股净资产 | 4.54 | 4.41 | 2.92% | 4.57 |
| 调整后的每股净资产 | 4.42 | 4.29 | 3.05% | 4.51 |

# 000756 山东新华制药股份有限公司

## 二〇〇二年年度报告摘选

### 1.上市公司基本情况简介

1.1 基本情况简介

证券简称:新华制药 证券代码:000756 上市交易所:深圳证券交易所

注册地址和办公地址:山东省淄博市高新技术产业开发区化工区 邮政编码:255005

公司国际互联网网址:http://www.xhzy.com 电子信箱:xhzy@xhzy.com

1.2 联系人和联系方式

董事会秘书:曹长求 联系地址:山东省淄博市高新技术产业开发区化工区

电话:0533-2184223-60225 传真:0533-2287508 电子信箱:cqcao@xhzy.com

董事会秘书:郭磊 联系地址:山东省淄博市高新技术产业开发区化工区

电话:0533-2184223-60226 传真:0533-2287508 电子信箱:guolei@xhzy.com

### 2.会计数据和财务指标摘要

2.1 主要会计数据 单位:(人民币)元

| | 2002 年 | 2001 年 | 2002 年比 2001 年增减(%) | 2000 年 |
|---|---|---|---|---|
| 主营业务收入 | 1,173,549,986.46 | 1,099,258,491.40 | 6.76% | 1,044,072,798.76 |
| 利润总额 | 81,379,589.07 | 97,258,567.94 | -16.33% | 184,674,943.77 |
| 净利润 | 68,764,260.99 | 80,896,146.32 | -15.00% | 69,119,386.62 |
| 扣除非经常性损益的净利润 | 68,764,260.99 | 80,896,146.32 | -15.00% | 69,119,386.62 |
| | 2002 年末 | 2001 年末 | 2002 年末比 2001 年末增减(%) | 2000 年末 |
| 总资产 | 1,905,456,216.45 | 1,836,720,320.97 | 3.74% | 1,362,726,773.12 |
| 股东权益(不含少数股东权益) | 1,379,669,850.68 | 1,340,523,930.37 | 2.92% | 925,696,191.60 |
| 经营活动产生的现金流量净额 | 42,714,070.69 | -13,715,212.24 | -- | 167,535,324.12 |

2.2 主要财务指标 单位:(人民币)元

| | 2002 年 | 2001 年 | 2002 年比 2001 年增减(%) | 2000 年 |
|---|---|---|---|---|
| 每股收益 | 0.15 | 0.18 | -15.03% | 0.16 |
| 净资产收益率 | 4.98% | 6.03% | -17.41% | 7.47% |
| 扣除非经常性损益的净利润为基础计算的净资产收益率 | 4.98% | 6.03% | -17.41% | 7.47% |
| 每股经营活动产生的现金流量净额 | 0.09 | -0.03 | -- | 0.39 |
| | 2002 年末(本年末) | 2001 年末(上年末) | 本年末比上年末增减(%) | 2000 年末 |
| 每股净资产 | 3.02 | 2.93 | 2.93% | 2.17 |
| 调整后的每股净资产 | 3.02 | 2.93 | 2.93% | 2.17 |

# 000766 通化金马药业集团股份有限公司

## 二〇〇二年年度报告摘选

### 1.上市公司基本情况简介

1.1 基本情况简介

证券简称:通化金马 证券代码:000766 上市交易所:深圳证券交易所

注册地址和办公地址:通化市江南路 100-1 号 邮政编码:134001

电子信箱:THJMJT@163.COM

1.2 联系人和联系方式

董事会秘书:贾伟林 联系地址:通化市江南路 100-1 号

电话:0435-3907298 传真:0435-3907298 电子信箱:THJMJT@163.COM

证券事务代表:王亚男 联系地址:通化市江南路 100-1 号

电话:0435-3910232 传真:0435-3907298 电子信箱:THJMJT@163.COM

### 2.会计数据和财务指标摘要

2.1 主要会计数据 单位:(人民币)元

| | 2002 年(本年) | 2001 年(上年) | 本年比上年增减(%) | 2000 年 |
|---|---|---|---|---|
| 主营业务收入 | 160,995,393.85 | 100,434,798.04 | 60.30% | 504,187,311.57 |
| 利润总额 | 16,664,377.00 | -575,928,056.78 | -- | 317,746,853.77 |
| 净利润 | 16,417,052.16 | -584,124,692.96 | -- | 241,914,921.94 |
| 扣除非经常性损益的净利润 | -49,553,340.92 | -325,159,671.32 | -- | 204,241,293.16 |
| | 2002 年末(本年末) | 2001 年末(上年末) | 本年末比上年末增减(%) | 2000 年末 |
| 总资产 | 1,530,786,036.11 | 1,469,138,110.01 | 4.20% | 2,257,839,315.69 |
| 股东权益(不含少数股东权益) | 488,691,115.77 | 472,274,063.61 | 3.48% | 1,056,398,756.57 |
| 经营活动产生的现金流量净额 | 72,704,529.78 | -740,340,483.90 | -- | 196,153,960.49 |

2.2 主要财务指标 单位:(人民币)元

| | 2002 年(本年) | 2001 年(上年) | 本年比上年增减(%) | 2000 年 |
|---|---|---|---|---|
| 每股收益 | 0.04 | -1.30 | -- | 0.81 |
| 每股收益 * | 0.04 | -- | -- | -- |
| 净资产收益率 | 3.41% | -123.68% | -- | 22.90% |
| 扣除非经常性损益的净利润为基础计算的净资产收益率 | -10.14% | -76.50% | -- | 21.13% |
| 每股经营活动产生的现金流量净额 | 0.16 | -1.65 | -- | 0.66 |
| | 2002 年末(本年末) | 2001 年末(上年末) | 本年末比上年末增减(%) | 2000 年末 |
| 每股净资产 | 1.09 | 1.05 | 3.42% | 3.53 |
| 调整后的每股净资产 | 0.97 | 0.93 | 4.73% | 3.38 |

# 000788 西南合成制药股份有限公司

## 二〇〇二年年度报告摘选

### 1.上市公司基本情况简介

1.1 基本情况简介

证券简称:ST 合成 证券代码:000788 上市交易所:深圳证券交易所

注册地址和办公地址:重庆市江北区寸滩水口 邮政编码:400025

公司国际互联网网址:www.sspgf.com 电子信箱:hczy@sspgf.com

1.2 联系人和联系方式

董事会秘书:靳景玉 联系地址:重庆市江北区寸滩水口西南合成制药股份有限公司证券部

电话:023-67091473-8247 传真:023-67091507 电子信箱:hczyzqb@cta.cq.cn

证券事务代表:杨帆 联系地址:重庆市江北区寸滩水口西南合成制药股份有限公司证券部

电话:023-67091473-8247 传真:023-67091507 电子信箱:hczyzqb@cta.cq.cn

### 2.会计数据和财务指标摘要

2.1 主要会计数据 单位:(人民币)元

| | 2002 年(本年) | 2001 年(上年) | 本年比上年增减(%) | 2000 年 |
|---|---|---|---|---|
| 主营业务收入 | 264,533,849.88 | 271,269,602.57 | -2.48% | 280,841,316.71 |
| 利润总额 | -152,671,340.11 | 2,523,714.61 | -6149.47% | -81,911,047.96 |
| 净利润 | -152,671,340.11 | 2,523,714.61 | -6149.47% | -81,911,047.96 |
| 扣除非经常性损益的净利润 | -120,023,413.39 | -34,403,289.82 | -- | -81,911,047.96 |
| | 2002 年末(本年末) | 2001 年末(上年末) | 本年末比上年末增减(%) | 2000 年末 |
| 总资产 | 785,666,905.61 | 890,494,190.41 | -11.77% | 912,984,953.06 |
| 股东权益(不含少数股东权益) | 124,606,755.98 | 277,178,096.09 | -55.04% | 283,279,033.92 |
| 经营活动产生的现金流量净额 | -41,594,790.60 | 34,510,543.44 | -220.53% | -35,034,081.65 |

2.2 主要财务指标 单位:(人民币)元

| | 2002 年(本年) | 2001 年(上年) | 本年比上年增减(%) | 2000 年 |
|---|---|---|---|---|
| 每股收益 | -0.79 | 0.01 | -6154.20% | 0.43 |
| 每股收益 * | -0.79 | -- | -- | -- |
| 净资产收益率 | -122.52% | 0.91% | -13563.74% | -28.92% |
| 扣除非经常性损益的净利润为基础计算的净资产收益率 | -96.32% | -12.41% | -- | -28.92% |
| 每股经营活动产生的现金流量净额 | -0.22 | 0.18 | -220.52% | 0.18 |
| | 2002 年末(本年末) | 2001 年末(上年末) | 本年末比上年末增减(%) | 2000 年末 |
| 每股净资产 | 0.65 | 1.44 | -55.05% | 1.47 |
| 调整后的每股净资产 | 0.25 | 0.89 | -71.48% | 1.09 |

# 000790 成都华神集团股份有限公司

## 二〇〇二年年度报告摘选

### 1.上市公司基本情况简介

1.1 基本情况简介

股票简称:华神集团 股票代码:000790 上市交易所:中国深圳证券交易所

注册地址和办公地址:四川省成都市十二桥路 37 号新 1 号华神科技大厦 A 座 6 楼

邮政编码:610075 公司国际互联网网址:http://www.hoist.com.cn

电子信箱:info@hoist.com.cn

1.2 联系人和联系方式

董事会秘书:魏依国先生

联系地址:四川省成都市十二桥路 37 号新 1 号华神科技大厦 A 座 6 楼

电话:028-87751070 传真:028-87778104 电子信箱:Info@hoist.com.cn

证券事务代表:周祥先生

联系地址:四川省成都市十二桥路 37 号新 1 号华神科技大厦 A 座 6 楼

电话:028-87739541 传真:028-87778104 电子信箱:info@hoist.com.cn

### 2.会计数据和财务指标摘要

2.1 主要会计数据 (单位:元)

| | 2002 年 | 2001 年 | 本年比上年增减(%) | 2000 年 |
|---|---|---|---|---|
| 主营业务收入 | 188,098,245.61 | 222,967,658.36 | -15.64 | 179,167,351.09 |
| 利润总额 | 22,032,751.15 | 23,766,496.35 | -7.29 | 25,529,316.68 |
| 净利润 | 18,555,957.58 | 22,351,385.21 | -16.98 | 21,271,946.55 |
| 扣除非经常性损益的净利润 | 17,898,616.92 | 22,611,096.45 | -20.84 | 21,305,175.44 |
| | 2002 年末 | 2001 年末 | 本年末比上年末增减(%) | 2000 年末 |
| 总资产 | 573,430,692.50 | 570,447,458.49 | 0.52 | 420,238,942.86 |
| 股东权益(不含少数股东权益) | 391,932,321.36 | 392,564,805.12 | -0.16 | 229,053,491.37 |
| 经营活动产生的现金流量净额 | 8,428,886.00 | 24,271,678.14 | -65.27 | 15,765,842.38 |

2.2 主要财务指标

| | 2002 年 | 2001 年 | 本年比上年增减(%) | 2000 年 |
|---|---|---|---|---|
| 每股收益 | 0.14 | 0.17 | -17.65 | 0.27 |
| 每股收益注 2 | 0.14 | 0.17 | -17.65 | 0.27 |
| 净资产收益率 | 4.73 | 5.69 | -16.87 | 9.29 |
| 扣除非经常性损益的净利润为基础计算的净资产收益率 | 4.57 | 5.76 | -20.66 | 9.30 |
| 每股经营活动产生的现金流量净额 | 0.07 | 0.19 | -63.16 | 0.20 |
| | 2002 年末 | 2001 年末 | 本年末比上年末增减(%) | 2000 年末 |
| 每股净资产 | 3.06 | 3.07 | -0.33 | 2.89 |
| 调整后的每股净资产 | 3.04 | 3.06 | -0.65 | 2.86 |

## 000919 金陵药业股份有限公司

### 二〇〇二年年度报告摘选

#### 1.上市公司基本情况简介

1.1 基本情况简介

证券简称:金陵药业　证券代码:000919　上市交易所:深圳证券交易所

注册地址:南京经济技术开发区(新港大道58号)

办公地址:南京市中央路238号金陵药业大厦　邮政编码:210009

公司国际互联网网址:http://www.jlyy000919.com　电子信箱:info@jlyy000919.com

1.2 联系人和联系方式

董事会秘书:徐俊扬　联系地址:江苏省南京市中央路238号金陵药业大厦

电话:(025)3112999－8513　传真:(025)3112486　电子信箱:info@jlyy000919.com

证券事务代表:朱馨宁　联系地址:江苏省南京市中央路238号金陵药业大厦

电话:(025)3112999－8511　传真:(025)3112486　电子信箱:info@jlyy000919.com

#### 2.会计数据和财务指标摘要

2.1 主要会计数据　单位:(人民币)元

| | 2002年(本年) | 2001年(上年) | 本年比上年增减(%) | 2000年 |
|---|---|---|---|---|
| 主营业务收入 | 629,560,279.01 | 498,665,707.00 | 26.25% | 355,069,059.57 |
| 利润总额 | 176,187,283.39 | 154,195,855.42 | 14.26% | 129,935,059.18 |
| 净利润 | 128,680,756.05 | 108,590,580.94 | 18.50% | 106,110,342.57 |
| 扣除非经常性损益的净利润 | 110,383,609.00 | 61,459,928.67 | 79.60% | 83,292,058.63 |
| | 2002年末(本年末) | 2001年末(上年末) | 本年末比上年末增减(%) | 2000年末 |
| 总资产 | 1,537,690,857.17 | 1,408,514,010.49 | 9.17% | 1,198,882,858.43 |
| 股东权益(不含少数股东权益) | 1,142,621,861.40 | 1,074,421,105.35 | 6.35% | 1,037,194,724.41 |
| 经营活动产生的现金流量净额 | 130,358,248.90 | 92,493,247.14 | 40.94% | 231,306,606.61 |

2.2 主要财务指标　单位:(人民币)元

| | 2002年(本年) | 2001年(上年) | 本年比上年增减(%) | 2000年 |
|---|---|---|---|---|
| 每股收益 | 0.46 | 0.39 | 18.56% | 0.38 |
| 每股收益* | 0.46 | -- | -- | -- |
| 净资产收益率 | 11.26% | 10.11% | 11.37% | 10.23% |
| 扣除非经常性损益的净利润为基础计算的净资产收益率 | 9.66% | 5.73% | 68.59% | 8.03% |
| 每股经营活动产生的现金流量净额 | 0.47 | 0.33 | 41.21% | 0.83 |
| | 2002年末(本年末) | 2001年末(上年末) | 本年末比上年末增减(%) | 2000年末 |
| 每股净资产 | 4.08 | 3.84 | 6.35% | 3.70 |
| 调整后的每股净资产 | 4.08 | 3.84 | 6.31% | 3.66 |

## 000952 湖北广济药业股份有限公司

### 二〇〇二年年度报告摘选

#### 1.上市公司基本情况简介

1.1 基本情况简介

证券简称:广济药业　证券代码:000952　上市交易所:深圳证券交易所

注册地址和办公地址:湖北省武穴市江堤路1号　邮政编码:435400

公司国际互联网网址:http://www.guangjipharm.com　电子信箱:gjyy@hb.cninfo.net

1.2 联系人和联系方式

董事会秘书:汪宏勇　联系地址:湖北省武穴市江堤路1号

电话:0713－6216068　传真:0713－6212108　电子信箱:000952@163.com

#### 2.会计数据和财务指标摘要

2.1 主要会计数据　单位:(人民币)元

| | 2002年(本年) | 2001年(上年) | 本年比上年增减(%) | 2000年 |
|---|---|---|---|---|
| 主营业务收入 | 202,159,636.79 | 186,099,934.26 | 8.63% | 134,145,114.32 |
| 利润总额 | 27,292,688.95 | 32,106,419.75 | －14.99% | 36,759,932.70 |
| 净利润 | 19,867,047.42 | 24,587,286.79 | －19.20% | 30,615,863.66 |
| 扣除非经常性损益的净利润 | 20,082,433.83 | 24,129,057.71 | －16.77% | 30,885,191.27 |
| | 2002年末(本年末) | 2001年末(上年末) | 本年末比上年末增减(%) | 2000年末 |
| 总资产 | 819,906,886.35 | 761,831,529.98 | 7.62% | 676,215,133.25 |
| 股东权益(不含少数股东权益) | 506,857,715.41 | 486,869,491.99 | 4.11% | 481,541,139.96 |
| 经营活动产生的现金流量净额 | 76,199,381.27 | －22,401,042.37 | -- | 48,567,004.26 |

2.2 主要财务指标　单位:(人民币)元

| | 2002年 | 2001年 | 本年比上年增减(%) | 2000年 |
|---|---|---|---|---|
| 每股收益 | 0.12 | 0.14 | －19.44% | 0.18 |
| 净资产收益率 | 3.92% | 5.05% | －22.38% | 6.36% |
| 扣除非经常性损益的净利润为基础计算的净资产收益率 | 3.96% | 4.96% | －20.16% | 6.41% |
| 每股经营活动产生的现金流量净额 | 0.45 | －0.13 | -- | 0.28 |
| | 2002年末(本年末) | 2001年末(上年末) | 本年末比上年末增减(%) | 2000年末 |
| 每股净资产 | 2.96 | 2.84 | 4.12% | 2.81 |
| 调整后的每股净资产 | 2.92 | 2.78 | 5.04% | 2.79 |

## 000963 华东医药股份有限公司

### 二〇〇二年年度报告摘选

#### 1.上市公司基本情况简介

1.1 基本情况简介

证券简称:华东医药　证券代码:000963　上市交易所:深圳证券交易所

注册地址:浙江省杭州市中山北路439号

办公地址:浙江省杭州市莫干山路866号　邮政编码:310011

公司国际互联网网址:http://www.eastchinapharm.com　电子信箱:stock@eastchinapharm.com

1.2 联系人和联系方式

董事会秘书:鲍建平　联系地址:浙江省杭州市莫干山路866号

电话:0571－88172165　传真:0571－88172165　电子信箱:stock@eastchinapharm.com

#### 2.会计数据和财务指标摘要

2.1 主要会计数据　单位:(人民币)元

| | 2002年(本年) | 2001年(上年) | 本年比上年增减(%) | 2000年 |
|---|---|---|---|---|
| 主营业务收入 | 2,065,697,461.56 | 1,886,418,371.57 | 9.50% | 1,617,730,923.06 |
| 利润总额 | 79,595,703.31 | 94,567,313.08 | －15.83% | 68,458,547.23 |
| 净利润 | 46,529,476.52 | 53,942,046.61 | －13.74% | 45,134,416.72 |
| 扣除非经常性损益的净利润 | 48,486,724.26 | 54,220,436.68 | －10.57% | 45,853,020.52 |
| | 2002年末(本年末) | 2001年末(上年末) | 本年末比上年末增减(%) | 2000年末 |
| 总资产 | 1,370,947,228.60 | 1,241,192,823.44 | 10.45% | 1,142,482,909.13 |
| 股东权益(不含少数股东权益) | 551,134,257.89 | 530,037,311.23 | 3.98% | 481,647,338.98 |
| 经营活动产生的现金流量净额 | 23,943,927.94 | 109,668,970.88 | －78.17% | 19,588,672.39 |

2.2 主要财务指标　单位:(人民币)元

| | 2002年(本年) | 2001年(上年) | 本年比上年增减(%) | 2000年 |
|---|---|---|---|---|
| 每股收益 | 0.12 | 0.28 | －57.04% | 0.24 |
| 每股收益* | 0.12 | -- | -- | -- |
| 净资产收益率 | 8.44% | 10.18% | －17.09% | 9.41% |
| 扣除非经常性损益的净利润为基础计算的净资产收益率 | 8.76% | 10.68% | －17.98% | 9.48% |
| 每股经营活动产生的现金流量净额 | 0.06 | 0.58 | －89.08% | 0.10 |
| | 2002年末(本年末) | 2001年末(上年末) | 本年末比上年末增减(%) | 2000年末 |
| 每股净资产 | 1.45 | 2.79 | －48.03% | 2.52 |
| 调整后的每股净资产 | 1.40 | 2.68 | －47.76% | 2.40 |

## 000989 湖南九芝堂股份有限公司

### 二〇〇二年年度报告摘选

#### 1.上市公司基本情况简介

1.1 基本情况简介

股票简称:九芝堂　股票代码:000989　上市交易所:深圳证券交易所

注册地址和办公地址:湖南省长沙市芙蓉北路155号　邮政编码:410008

公司国际互联网网址:http://www.hnjzt.com　电子信箱:hnjzt@hnjzt.com

1.2 联系人和联系方式

董事会秘书:汪崇湘　联系地址:湖南省长沙市芙蓉北路155号

电话:0731－4489905　传真:0731－4489905　电子信箱:wcx@hnjzt.com

证券事务代表:梁建华　联系地址:湖南省长沙市芙蓉北路155号

电话:0731－4363184　传真:0731－4363184　电子信箱:ljh@hnjzt.com

#### 2.会计数据和财务指标摘要

2.1 主要会计数据　单位:(人民币)元

| | 2002年 | 2001年 | 本年比上年增减(%) | 2000年 |
|---|---|---|---|---|
| 主营业务收入 | 905,130,882.62 | 709,687,678.82 | 27.54 | 455,842,102.22 |
| 利润总额 | 70,126,659.74 | 63,584,188.98 | 10.29 | 42,357,555.16 |
| 净利润 | 62,920,901.46 | 52,370,418.82 | 20.15 | 37,915,428.32 |
| 扣除非经常性损益的净利润 | 62,504,715.37 | 49,555,229.17 | 26.13 | 38,948,605.70 |
| | 2002年末 | 2001年末 | 本年末比上年末增减(%) | 2000年末 |
| 总资产 | 1,019,085,828.40 | 871,963,378.29 | 16.87 | 796,869,296.24 |
| 股东权益(不含少数股东权益) | 510,022,186.56 | 501,802,569.33 | 1.64 | 481,587,150.51 |
| 经营活动产生的现金流量净额 | 94,547,840.21 | 81,054,470.69 | 16.65 | 54,866,841.70 |

2.2 主要财务指标

| | 2002年 | 2001年 | 本年比上年增减(%) | 2000年 |
|---|---|---|---|---|
| 每股收益(元/股) | 0.376 | 0.407 | －7.62 | 0.295 |
| 每股收益 | 0.376 | | | |
| 净资产收益率(%) | 12.34 | 10.44 | 18.20 | 7.87 |
| 扣除非经常性损益的净利润为基础计算的净资产收益率(%) | 12.26 | 9.88 | 24.09 | 8.09 |
| 每股经营活动产生的现金流量净额(元) | 0.565 | 0.630 | －10.32 | 0.427 |
| | 2002年末 | 2001年末 | 本年末比上年末增减(%) | 2000年末 |
| 每股净资产(元) | 3.050 | 3.901 | －21.81 | 3.74 |
| 调整后的每股净资产(元) | 2.950 | 3.750 | －21.33 | 3.71 |

# C9.其他制造业(4 家)

## 000030 广东盛润集团股份有限公司

### 二〇〇二年年度报告摘选

#### 1.上市公司基本情况简介

1.1 基本情况简介

证券简称:ST 盛润 A、ST 盛润 B 证券代码:000030、200030 上市交易所:深圳证券交易所

注册地址:中国广东省深圳市华强北路 办公地址:深圳市华强北路嘉华大厦六楼

邮政编码:518031 电子信箱:szlionda@public.szptt.net.cn

1.2 联系人和联系方式

董事会秘书:潘世明 联系地址:深圳市华强北路嘉华大厦六楼董秘室

电话:0755-83361666 传真:0755-83204588 电子信箱:lionda@mailcenter.com.cn

证券事务代表:敖迎春 联系地址:深圳市华强北路嘉华大厦六楼董秘室

电话:0755-83361666 传真:0755-83204588 电子信箱:lionda@mailcenter.com.cn

#### 2.会计数据和财务指标摘要

2.1 主要会计数据 单位:(人民币)元

| | 2002 年(本年) | 2001 年(上年) | 本年比上年增减(%) | 2000 年 |
|---|---|---|---|---|
| 主营业务收入 | 6,711,824.10 | 514,193,221.51 | -98.69% | 739,838,601.55 |
| 利润总额 | -566,485,585.72 | -981,340,933.01 | -- | 39,987,417.92 |
| 净利润 | -566,485,166.06 | -995,379,245.69 | -- | 6,471,504.22 |
| 扣除非经常性损益的净利润 | -272,054,382.58 | -627,122,420.66 | -- | 8,634,978.86 |
| | 2002 年末(本年末) | 2001 年末(上年末) | 本年末比上年末增减(%) | 2000 年末 |
| 总资产 | 203,258,077.52 | 444,493,757.35 | -54.27% | 1,364,961,195.87 |
| 股东权益(不含少数股东权益) | -1,525,165,390.27 | -971,769,207.28 | -- | 3,153,282.33 |
| 经营活动产生的现金流量净额 | -1,944,121.53 | 31,171,906.34 | -106.24% | -29,402,832.41 |

2.2 主要财务指标 单位:(人民币)元

| | 2002 年(本年) | 2001 年(上年) | 本年比上年增减(%) | 2000 年 |
|---|---|---|---|---|
| 每股收益 | -1.96 | -3.45 | -- | 0.02 |
| 净资产收益率 | 0.00% | 0.00% | -- | 6% |
| 扣除非经常性损益的净利润为基础计算的净资产收益率 | % | % | -- | -12.35% |
| 每股经营活动产生的现金流量净额 | -0.01 | 0.11 | -106.20% | 0.10 |
| | 2002 年末(本年末) | 2001 年末(上年末) | 本年末比上年末增减(%) | 2000 年末 |
| 每股净资产 | -5.29 | -3.37 | -- | 0.01 |
| 调整后的每股净资产 | -5.29 | -3.39 | -- | 0.42 |

## 000769 大连菲菲澳家现代农业股份有限公司

### 二〇〇二年年度报告摘选

#### 1.上市公司基本情况简介

1.1 基本情况简介

股票简称:菲菲农业 股票代码:000769 上市交易所:深圳证券交易所

注册地址:大连市中山区捷山街奋斗巷 30 号

办公地址:大连市中山区同兴街 67 号邮电万科大厦 19 层 邮政编码:116001

电子信箱:feifeigufen07690@sina.com

1.2 联系人和联系方式

董事会秘书:高长清 联系地址:大连市中山区同兴街 67 号邮电万科大厦 19 层

电话:0411-2820379 传真:0411-2820510 电子信箱:feifeigufen07690@sina.com

证券事务代表:张利群 联系地址:大连市中山区同兴街 67 号邮电万科大厦 19 层

电话:0411-2820379 传真:0411-2820510 电子信箱:feifeigufen07690@sina.com

#### 2.会计数据和财务指标摘要

2.1 主要会计数据 单位:元

| | 2002 年 | 2001 年 | 本年比上年增减(%) | 2000 年 |
|---|---|---|---|---|
| 主营业务收入 | 5,120,000.00 | 186,008,483.10 | -97.25 | 273,455,333.05 |
| 利润总额 | -17,756,495.46 | 2,803,498.13 | -733.37 | 3,541,193.85 |
| 净利润 | -17,649,420.25 | 2,105,812.33 | -938.13 | 2,195,695.82 |
| 扣除非经常性损益的净利润 | -17,786,429.00 | -24,022,963.92 | -25.96 | 2,195,695.82 |
| | 2002 年末 | 2001 年末 | 本年末比上年末增减(%) | 2000 年末 |
| 总资产 | 585,741,363.58 | 666,047,188.76 | -12.06 | 803,723,960.35 |
| 股东权益(不含少数股东权益) | 445,387,232.99 | 444,706,514.25 | 0.153 | 442,600,701.92 |
| 经营活动产生的现金流量净额 | -9,143,487.50 | 2,614,680.85 | -449.70 | -1,276,786.81 |

2.2 主要财务指标 单位:元

| | 2002 年 | 2001 年 | 本年比上年增减(%) | 2000 年 |
|---|---|---|---|---|
| 每股收益 | -0.095 | 0.01 | -1050 | 0.0118 |
| 净资产收益率(%) | -3.96 | 0.50 | -892 | 0.50 |
| 扣除非经常性损益后的净资产收益率(%) | -3.99 | -5.40 | -26.11 | 0.50 |
| 每股经营活动产生的现金流量净额 | -0.049 | 0.014 | -450 | -0.00689 |
| | 2002 年末 | 2001 年末 | 本年末比上年末增减(%) | 2000 年末 |
| 每股净资产 | 2.40 | 2.40 | 0 | 2.39 |
| 调整后的每股净资产 | 2.33 | 2.22 | 4.95 | 1.78 |

## 000925 浙江浙大海纳科技股份有限公司

### 二〇〇二年年度报告摘选

#### 1.上市公司基本情况简介

1.1 基本情况简介

证券简称:浙大海纳 证券代码:000925 上市交易所:深圳证券交易所

注册地址:杭州高新之江科技工业园 2 号路 6 号楼

办公地址:杭州市浙大路 7-3 号紫兰酒店 6 楼 邮政编码:310013

公司国际互联网网址:http://www.highne.com.cn 电子信箱:highne@mail.hz.zj.cn

1.2 联系人和联系方式

董事会秘书:朱国英 联系地址:杭州市浙大路 7-3 号紫兰酒店 6 楼

电话:0571-87961172 传真:0571-87961172 电子信箱:highne@mail.hz.zj.cn

证券事务代表:宋浩 联系地址:杭州市浙大路 7-3 号紫兰酒店 6 楼

电话:0571-87961070 传真:0571-87961070

#### 2.会计数据和财务指标摘要

2.1 主要会计数据 单位:(人民币)元

| | 2002 年(本年) | 2001 年(上年) | 本年比上年增减(%) | 2000 年 |
|---|---|---|---|---|
| 主营业务收入 | 173,401,974.21 | 170,709,580.75 | 1.58% | 233,542,172.45 |
| 利润总额 | 19,781,363.61 | 27,341,502.01 | -27.65% | 37,008,639.19 |
| 净利润 | 12,654,252.47 | 19,236,959.54 | -34.22% | 28,760,184.62 |
| 扣除非经常性损益的净利润 | 9,908,273.44 | 14,725,884.12 | -32.72% | 22,594,531.59 |
| | 2002 年末(本年末) | 2001 年末(上年末) | 本年末比上年末增减(%) | 2000 年末 |
| 总资产 | 519,167,570.52 | 535,296,673.24 | -3.01% | 537,801,361.04 |
| 股东权益(不含少数股东权益) | 379,139,490.40 | 365,988,778.13 | 3.59% | 359,089,824.50 |
| 经营活动产生的现金流量净额 | 65,264,416.50 | 23,188,133.99 | 181.46% | -25,222,074.09 |

2.2 主要财务指标 单位:(人民币)元

| | 2002 年(本年) | 2001 年(上年) | 本年比上年增减(%) | 2000 年 |
|---|---|---|---|---|
| 每股收益 | 0.14 | 0.21 | -34.21% | 0.32 |
| 每股收益 * | 0.14 | -- | -- | -- |
| 净资产收益率 | 3.34% | 5.26% | -36.50% | 8.01% |
| 扣除非经常性损益的净利润为基础计算的净资产收益率 | 2.61% | 4.02% | -35.07% | 6.29% |
| 每股经营活动产生的现金流量净额 | 0.73 | 0.26 | 181.52% | 0.28 |
| | 2002 年末(本年末) | 2001 年末(上年末) | 本年末比上年末增减(%) | 2000 年末 |
| 每股净资产 | 4.21 | 4.07 | 3.60% | 3.99 |
| 调整后的每股净资产 | 4.20 | 4.05 | 3.68% | 3.97 |

## 000969 安泰科技股份有限公司

### 二〇〇二年年度报告摘选

#### 1.上市公司基本情况简介

1.1 基本情况简介

证券简称:安泰科技 证券代码:000969 上市交易所:深圳证券交易所

注册地址和办公地址:北京市海淀区学院南路 76 号 邮政编码:100081

公司国际互联网网址:http://www.atmcn.com 电子信箱:securities@atmcn.com

1.2 联系人和联系方式

董事会秘书:钱学军 联系地址:北京市海淀区学院南路 76 号安泰科技股份有限公司

电话:86-10-62188403 传真:86-10-62182695 电子信箱:qianxuejun@atmcn.com

证券事务代表:杨春杰 联系地址:北京市海淀区学院南路 76 号安泰科技股份有限公司

电话:86-10-62188403 传真:86-10-62182695 电子信箱:yangchunjie@atmcn.com

#### 2.会计数据和财务指标摘要

2.1 主要会计数据 单位:(人民币)元

| | 2002 年(本年) | 2001 年(上年) | 本年比上年增减(%) | 2000 年 |
|---|---|---|---|---|
| 主营业务收入 | 516,175,584.10 | 435,099,576.69 | 18.63% | 356,623,288.18 |
| 利润总额 | 72,770,921.00 | 72,946,812.78 | -0.24% | 73,288,654.54 |
| 净利润 | 69,383,049.93 | 67,573,671.98 | 2.68% | 64,793,170.32 |
| 扣除非经常性损益的净利润 | 71,034,281.86 | 64,618,221.65 | 9.93% | 39,031,230.36 |
| | 2002 年末(本年末) | 2001 年末(上年末) | 本年末比上年末增减(%) | 2000 年末 |
| 总资产 | 1,348,308,893.70 | 1,248,215,783.94 | 8.02% | 1,478,962,043.95 |
| 股东权益(不含少数股东权益) | 1,093,106,357.34 | 1,057,862,373.37 | 7.02% | 1,024,715,261.39 |
| 经营活动产生的现金流量净额 | 51,882,853.73 | 28,594,078.05 | 81.45% | 27,855,096.84 |

2.2 主要财务指标 单位:(人民币)元

| | 2002 年(本年) | 2001 年(上年) | 本年比上年增减(%) | 2000 年 |
|---|---|---|---|---|
| 每股收益 | 0.2842 | 0.2768 | 2.67% | 0.4246 |
| 每股收益(加权) | 0.2842 | -- | -- | -- |
| 净资产收益率 | 6.35% | 6.39% | -0.63% | 6.32% |
| 扣除非经常性损益的净利润为基础计算的净资产收益率 | 6.47% | 6.10% | 6.07% | 6.60% |
| 每股经营活动产生的现金流量净额 | 0.2124 | 0.1171 | 81.38% | 0.1825 |
| | 2002 年末(本年末) | 2001 年末(上年末) | 本年末比上年末增减(%) | 2000 年末 |
| 每股净资产 | 4.4770 | 4.3327 | 3.33% | 6.7150 |
| 调整后的每股净资产 | 4.4566 | 4.3069 | 3.48% | 6.6927 |

# D.电力、煤气及水的生产和供应业(16家)

## 000027 深圳能源投资股份有限公司

### 二〇〇二年年度报告摘选

#### 1.上市公司基本情况简介

1.1 基本情况简介

证券简称:深能源A 证券代码:000027 上市交易所:深圳证券交易所

注册地址和办公地址:深圳市福田区深南中路2068号华能大厦33层 邮政编码:518031

电子信箱:seic@szonline.net

1.2 联系人和联系方式

董事会秘书:胡坚 证券事务代表: 周朝晖

联系地址:深圳市福田区深南中路2068号华能大厦33层

电话:0755－83684356 传真:0755－83684248 电子信箱:seic@szonline.net

#### 2.会计数据和财务指标摘要

2.1 主要会计数据 单位:(人民币)元

| | 2002年(本年) | 2001年(上年) | 本年比上年增减(%) | 2000年 |
|---|---|---|---|---|
| 主营业务收入 | 3,828,587,948.53 | 3,347,807,762.89 | 14.36% | 2,297,222,927.17 |
| 利润总额 | 1,072,439,507.42 | 857,014,911.94 | 25.14% | 719,528,213.75 |
| 净利润 | 506,869,504.40 | 392,096,792.52 | 29.27% | 391,697,119.23 |
| 扣除非经常性损益的净利润 | 524,624,570.81 | 434,793,502.84 | 20.66% | 436,626,500.80 |
| | 2002年末(本年末) | 2001年末(上年末) | 本年末比上年末增减(%) | 2000年末 |
| 总资产 | 7,994,429,248.12 | 7,762,076,695.22 | 2.99% | 7,554,237,277.45 |
| 股东权益(不含少数股东权益) | 2,891,875,964.69 | 2,598,680,270.25 | 11.28% | 2,529,468,495.97 |
| 经营活动产生的现金流量净额 | 2,324,048,039.30 | 1,956,684,996.59 | 18.77% | 1,240,110,080.40 |

2.2 主要财务指标 单位:(人民币)元

| | 2002年(本年) | 2001年(上年) | 本年比上年增减(%) | 2000年 |
|---|---|---|---|---|
| 每股收益 | 0.42 | 0.39 | 7.72% | 0.39 |
| 每股收益 | 0.42 | - | - | - |
| 净资产收益率 | 17.53% | 15.09% | 16.17% | 15.49% |
| 扣除非经常性损益的净利润为基础计算的净资产收益率 | 18.14% | 16.73% | 8.43% | 17.26% |
| 每股经营活动产生的现金流量净额 | 1.93 | 1.95 | －1.02% | 1.24 |
| | 2002年末(本年末) | 2001年末(上年末) | 本年末比上年末增减(%) | 2000年末 |
| 每股净资产 | 2.40 | 2.59 | －7.26% | 2.52 |
| 调整后的每股净资产 | 2.37 | 2.45 | －3.39% | 2.23 |

## 000037 深圳南山热电股份有限公司

### 二〇〇二年年度报告摘选

#### 1.上市公司基本情况简介

1.1 基本情况简介

证券简称:深南电A、深南电B 证券代码:000037、200037 上市交易所:深圳证券交易所

注册地址和办公地址:广东省深圳市南山区月亮湾大道18号 邮政编码:518052

电子信箱:public@nspower.com.cn

1.2 联系人和联系方式

董事会秘书:傅博 联系地址:深圳市南山区月亮湾大道18号

电话:0755－26072818 传真:0755－26072818 电子信箱:fb@nspower.com.cn

证券事务代表:胡琴 联系地址:深圳市南山区月亮湾大道18号

电话:0755－26650064 传真:0755－26650064 电子信箱:huqin@nspower.com.cn

#### 2.会计数据和财务指标摘要

2.1 主要会计数据 单位:(人民币)万元

| | 2002年(本年) | 2001年(上年) | 本年比上年增减(%) | 2000年 |
|---|---|---|---|---|
| 主营业务收入 | 162,290.50 | 108,409.33 | 49.70% | 88,971.40 |
| 利润总额 | 51,110.16 | 27,075.65 | 88.77% | 16,771.15 |
| 净利润 | 36,578.39 | 20,506.94 | 78.37% | 14,528.82 |
| 扣除非经常性损益的净利润 | 38,453.04 | 18,937.98 | 103.05% | 10,070.30 |
| | 2002年末(本年末) | 2001年末(上年末) | 本年末比上年末增减(%) | 2000年末 |
| 总资产 | 202,916.17 | 155,389.54 | 30.59% | 136,958.31 |
| 股东权益(不含少数股东权益) | 104,429.88 | 91,050.64 | 14.69% | 70,442.93 |
| 经营活动产生的现金流量净额 | 78,202.58 | 38,515.66 | 103.04% | 20,451.01 |

2.2 主要财务指标 单位:(人民币)元

| | 2002年(本年) | 2001年(上年) | 本年比上年增减(%) | 2000年 |
|---|---|---|---|---|
| 每股收益 | 0.67 | 0.37 | 81.08% | 0.41 |
| 净资产收益率 | 35.03% | 22.52% | 55.55% | 20.62% |
| 扣除非经常性损益的净利润为基础计算的净资产收益率 | 35.17% | 20.65% | 70.31% | 15.00% |
| 每股经营活动产生的现金流量净额 | 1.43 | 0.70 | 104.29% | 0.57 |
| | 2002年末(本年末) | 2001年末(上年末) | 本年末比上年末增减(%) | 2000年末 |
| 每股净资产 | 1.91 | 1.66 | 15.06% | 1.98 |
| 调整后的每股净资产 | 1.90 | 1.65 | 15.15% | 1.84 |

## 000426 赤峰富龙热力股份有限公司

### 二〇〇二年年度报告摘选

#### 1.上市公司基本情况简介

1.1 基本情况简介

股票简称:富龙热力 股票代码:000426 上市交易所:深圳证券交易所

注册地址:内蒙古赤峰市红山区北环路南4号

办公地址:内蒙古赤峰市红山区昭乌达路8号富龙大厦 邮政编码:024000

公司国际互联网网址:www.fulongheating.com 电子信箱:flrl@public.hh.nm.cn

1.2 联系人和联系方式

董事会秘书:张春水 联系地址:内蒙古赤峰市红山区昭乌达路8号富龙大厦

电话:0476－8240042 传真:0476－8231734 电子信箱:cfrongbing@public.hh.nm.cn

证券事务代表:张旭东 联系地址:内蒙古赤峰市红山区昭乌达路8号富龙大厦

电话:0476－8239823 传真:0476－8231734 电子信箱:flrl04@public.hh.nm.cn

#### 2.会计数据和财务指标摘要

2.1 主要会计数据 单位:元

| | 2002年(本年) | 2001年(上年) | 本年比上年增减(%) | 2000年 |
|---|---|---|---|---|
| 主营业务收入 | 237,788,860.08 | 198,637,729.84 | 19.71 | 172,732,883.68 |
| 利润总额 | 69,469,642.04 | 62,775,615.89 | 10.66 | 75,857,404.52 |
| 净利润 | 69,678,679.77 | 62,193,441.93 | 12.04 | 65,208,526.14 |
| 扣除非经常性损益的净利润 | 69,790,732.50 | 62,957,477.38 | 10.85 | 65,208,526.14 |
| | 2002年末(本年末) | 2001年末(上年末) | 本年末比上年末增减(%) | 2000年末 |
| 总资产 | 2,143,772,418.34 | 1,660,730,352.95 | 29.09 | 1,069,894,485.28 |
| 股东权益(不含少数股东权益) | 1,081,937,738.81 | 1,009,812,318.90 | 7.14 | 734,000,955.57 |
| 经营活动产生的现金流量净额 | 177,487,494.74 | 18,092,969.48 | 880.97 | 122,598,565.45 |

2.2 主要财务指标 单位:元

| | 2002年(本年) | 2001年(上年) | 本年比上年增减(%) | 2000年 |
|---|---|---|---|---|
| 每股收益 | 0.26 | 0.28 | －7.14 | 0.35 |
| 净资产收益率(%) | 6.44 | 6.16 | 4.55 | 8.88 |
| 扣除非经常性损益的净利润为基础计算的净资产收益率(%) | 6.45 | 6.23 | 3.53 | 8.88 |
| 每股经营活动产生的现金流量净额 | 0.67 | 0.08 | 737.50 | 0.66 |
| | 2002年末(本年末) | 2001年末(上年末) | 本年末比上年末增减(%) | 2000年末 |
| 每股净资产 | 4.06 | 4.55 | －10.77 | 3.98 |
| 调整后的每股净资产 | 3.92 | 4.37 | －10.30 | 3.77 |

## 000531 广州恒运企业集团股份有限公司

### 二〇〇二年年度报告摘选

#### 1.上市公司基本情况简介

1.1 基本情况简介

证券简称:穗恒运A 证券代码:000531 上市交易所:深圳证券交易所

注册地址和办公地址:广东省广州经济技术开发区西基路8号 邮政编码:510730

公司国际互联网网址:http://www.hengyun.com.cn

电子信箱:hengyun@public.guangzhou.gd.cn

1.2 联系人和联系方式

董事会秘书:林国定 联系地址:广州经济技术开发区西基路8号

电话:(020)82098330 传真:(020)82098658 电子信箱:hengyucn0531@21cn.com

证券事务代表:李德鑫 联系地址:广州经济技术开发区西基路8号

电话:(020)82099511 传真:(020)82098658 电子信箱:ldx1972@vip.sina.com

#### 2.会计数据和财务指标摘要

2.1 主要会计数据 单位:(人民币)元

| | 2002年(本年) | 2001年(上年) | 本年比上年增减(%) | 2000年 |
|---|---|---|---|---|
| 主营业务收入 | 860,235,572.40 | 860,874,303.81 | －0.07% | 668,013,045.47 |
| 利润总额 | 197,446,490.79 | 138,961,540.29 | 42.09% | 105,234,815.18 |
| 净利润 | 75,631,365.50 | 64,455,187.22 | 17.34% | 59,025,969.46 |
| 扣除非经常性损益的净利润 | 89,643,685.09 | 76,978,264.42 | 16.45% | 62,539,821.55 |
| | 2002年末(本年末) | 2001年末(上年末) | 本年末比上年末增减(%) | 2000年末 |
| 总资产 | 1,948,562,794.56 | 1,606,788,739.04 | 21.27% | 1,440,525,911.78 |
| 股东权益(不含少数股东权益) | 601,568,317.61 | 579,791,204.11 | 3.76% | 558,294,206.63 |
| 经营活动产生的现金流量净额 | 442,705,357.13 | 260,866,913.84 | 69.71% | 145,624,604.06 |

2.2 主要财务指标 单位:(人民币)元

| | 2002年(本年) | 2001年(上年) | 本年比上年增减(%) | 2000年 |
|---|---|---|---|---|
| 每股收益 | 0.284 | 0.242 | 17.36% | 0.220 |
| 净资产收益率 | 12.57% | 11.12% | 13.04% | 10.57% |
| 扣除非经常性损益的净利润为基础计算的净资产收益率 | 14.51% | 13.04% | 11.27% | 10.82% |
| 每股经营活动产生的现金流量净额 | 1.661 | 0.979 | 69.71% | 0.550 |
| | 2002年末(本年末) | 2001年末(上年末) | 本年末比上年末增减(%) | 2000年末 |
| 每股净资产 | 2.257 | 2.175 | 3.77% | 2.095 |
| 调整后的每股净资产 | 2.245 | 2.159 | 3.98% | 1.998 |

# 000532 珠海华电股份有限公司

## 二〇〇二年年度报告摘选

### 1.上市公司基本情况简介

1.1 基本情况简介

证券简称：粤华电　证券代码：000532　上市交易所：深圳证券交易所

注册地址：珠海市海滨南路光大国际贸易中心三十三楼

办公地址：珠海市唐家大学路101号清华科技园创业大楼东六楼　邮政编码：519080

公司国际互联网网址：http://www.huadian.com　电子信箱：cs@huadian.com

1.2 联系人和联系方式

董事会秘书：曹海霞　联系地址：珠海市唐家大学路101号清华科技园创业大楼东六楼

电话：0756－3612833　传真：0756－3612823　电子信箱：cs@huadian.com

证券事务代表：崔艳　联系地址：珠海市唐家大学路101号清华科技园创业大楼东六楼

电话：0756－3612810　传真：0756－3612823　电子信箱：cs@huadian.com

### 2.会计数据和财务指标摘要

2.1 主要会计数据　单位：(人民币)元

| | 2002年(本年) | 2001年(上年) | 本年比上年增减(%) | 2000年 |
|---|---|---|---|---|
| 主营业务收入 | 95,252,456.31 | 20,047,426.80 | 375.14% | 0.00 |
| 利润总额 | 43,171,326.54 | 25,336,870.07 | 70.39% | －130,429,570.54 |
| 净利润 | 39,861,145.93 | 23,916,188.00 | 66.67% | －156,091,361.44 |
| 扣除非经常性损益的净利润 | 37,662,637.70 | 26,737,322.63 | 40.86% | －25,664,271.70 |
| | 2002年末(本年末) | 2001年末(上年末) | 本年末比上年末增减(%) | 2000年末 |
| 总资产 | 557,449,142.47 | 424,062,543.13 | 31.45% | 440,723,374.69 |
| 股东权益(不含少数股东权益) | 421,950,272.17 | 394,447,456.12 | 6.97% | 381,433,493.12 |
| 经营活动产生的现金流量净额 | 8,844,686.90 | －7,438,587.39 | －－ | 54,760,742.37 |

2.2 主要财务指标　单位：(人民币)元

| | 2002年(本年) | 2001年(上年) | 本年比上年增减(%) | 2000年 |
|---|---|---|---|---|
| 每股收益 | 0.14 | 0.11 | 27.27% | －0.71 |
| 净资产收益率 | 9.45% | 6.06% | 55.94% | －40.92% |
| 扣除非经常性损益的净利润为基础计算的净资产收益率 | 8.93% | 6.78% | 31.71% | －6.73% |
| 每股经营活动产生的现金流量净额 | 0.03 | －0.03 | －－ | 0.25 |
| | 2002年末(本年末) | 2001年末(上年末) | 本年末比上年末增减(%) | 2000年末 |
| 每股净资产 | 1.49 | 1.81 | －17.72% | 1.75 |
| 调整后的每股净资产 | 1.46 | 1.78 | －17.95% | 1.68 |

# 000534 汕头电力发展股份有限公司

## 二〇〇二年年度报告摘选

### 1.上市公司基本情况简介

1.1 基本情况简介

证券简称：汕电力A　证券代码：000534　上市交易所：深圳证券交易所

注册地址和办公地址：广东省汕头市珠池路23号光明大厦B座8楼　邮政编码：515041

公司国际互联网网址：http://www.cninfo.com.cn　电子信箱：sdla@pub.shantou.gd.cn

1.2 联系人和联系方式

董事会秘书：黄曼华　联系地址：汕头市珠池路23号光明大厦B座8楼

电话：(0754)8857191　传真：(0754)8857199　电子信箱：sdla@pub.shantou.gd.cn

证券事务代表：袁克新　联系地址：汕头市珠池路23号光明大厦B座9楼

电话：(0754)8857382　传真：(0754)8857382　电子信箱：ykxinsdl@shinfo.net

### 2.会计数据和财务指标摘要

2.1 主要会计数据　单位：(人民币)元

| | 2002年(本年) | 2001年(上年) | 本年比上年增减(%) | 2000年 |
|---|---|---|---|---|
| 主营业务收入 | 105,722,280.58 | 89,874,044.57 | 17.63% | 86,404,173.10 |
| 利润总额 | 10,170,464.11 | 9,009,247.00 | 12.89% | 15,407,607.24 |
| 净利润 | 7,714,487.00 | 7,194,972.04 | 7.22% | 13,066,163.09 |
| 扣除非经常性损益的净利润 | 8,107,443.06 | 7,701,608.09 | 5.27% | 15,119,772.20 |
| | 2002年末(本年末) | 2001年末(上年末) | 本年末比上年末增减(%) | 2000年末 |
| 总资产 | 558,719,432.58 | 550,458,785.77 | 1.50% | 565,057,078.98 |
| 股东权益(不含少数股东权益) | 551,684,711.30 | 543,970,224.30 | 1.42% | 536,775,252.26 |
| 经营活动产生的现金流量净额 | 2,974,349.50 | 14,524,114.42 | －79.52% | 12,708,234.24 |

2.2 主要财务指标　单位：(人民币)元

| | 2002年(本年) | 2001年(上年) | 本年比上年增减(%) | 2000年 |
|---|---|---|---|---|
| 每股收益 | 0.04 | 0.03 | 7.25% | 0.06 |
| 每股收益* | 0.04 | －－ | －－ | －－ |
| 净资产收益率 | 1.39% | 1.32% | 5.30% | 2.43% |
| 扣除非经常性损益的净利润为基础计算的净资产收益率 | 1.47% | 1.42% | 3.52% | 2.82% |
| 每股经营活动产生的现金流量净额 | 0.01 | 0.07 | －79.48% | 0.06 |
| | 2002年末(本年末) | 2001年末(上年末) | 本年末比上年末增减(%) | 2000年末 |
| 每股净资产 | 2.65 | 2.61 | 1.42% | 2.58 |
| 调整后的每股净资产 | 2.62 | 2.60 | 1.02% | 2.55 |

# 000539 广东电力发展股份有限公司

## 二〇〇二年年度报告摘选

### 1.上市公司基本情况简介

1.1 基本情况简介

证券简称：粤电力A、粤电力B　证券代码：000539、200539　上市交易所：深圳证券交易所

注册地址和办公地址：广州市环市东路498号广发花园柏丽商业中心十楼　邮政编码：510075

公司国际互联网网址：http://www.ged.com.cn　电子信箱：ged@ged.com.cn

1.2 联系人和联系方式

董事会秘书：张德伟　联系地址：广州市环市东路498号广发花园柏丽商业中心九楼

电话：02087609276　传真：02087604922　电子信箱：zhangdw@ged.com.cn

证券事务代表：陈进良　联系地址：广州市环市东路498号广发花园柏丽商业中心九楼

电话：02087604922　传真：02087604922　电子信箱：chenjl@ged.com.cn

### 2.会计数据和财务指标摘要

2.1 主要会计数据　单位：(人民币)元

| | 2002年(本年) | 2001年(上年) | 本年比上年增减(%) | 2000年 |
|---|---|---|---|---|
| 主营业务收入 | 5,619,722,960.25 | 5,440,942,238.69 | 3.29% | 4,288,092,115.21 |
| 利润总额 | 1,990,168,664.34 | 2,123,314,122.48 | －6.27% | 1,931,828,046.85 |
| 净利润 | 1,189,985,008.96 | 1,057,768,824.32 | 12.50% | 970,292,208.75 |
| 扣除非经常性损益的净利润 | 1,200,845,061.80 | 1,067,483,289.41 | 12.49% | 1,002,636,143.90 |
| | 2002年末(本年末) | 2001年末(上年末) | 本年末比上年末增减(%) | 2000年末 |
| 总资产 | 11,729,216,333.02 | 12,193,080,473.37 | －3.80% | 11,299,123,769.90 |
| 股东权益(不含少数股东权益) | 6,630,638,120.98 | 6,052,646,426.67 | 9.55% | 4,735,574,497.92 |
| 经营活动产生的现金流量净额 | 2,642,457,538.31 | 2,019,216,317.62 | 30.87% | 1,692,948,553.32 |

2.2 主要财务指标　单位：(人民币)元

| | 2002年(本年) | 2001年(上年) | 本年比上年增减(%) | 2000年 |
|---|---|---|---|---|
| 每股收益 | 0.45 | 0.40 | 12.31% | 0.38 |
| 净资产收益率 | 17.95% | 17.48% | 2.69% | 20.49% |
| 扣除非经常性损益的净利润为基础计算的净资产收益率 | 18.11% | 17.64% | 2.66% | 21.17% |
| 每股经营活动产生的现金流量净额 | 0.99 | 0.76 | 30.79% | 1.24 |
| | 2002年末(本年末) | 2001年末(上年末) | 本年末比上年末增减(%) | 2000年末 |
| 每股净资产 | 2.49 | 2.28 | 19.64% | 1.84 |
| 调整后的每股净资产 | 2.41 | 2.19 | 20.55% | 1.78 |

# 000543 安徽省皖能股份有限公司

## 二〇〇二年年度报告摘选

### 1.上市公司基本情况简介

1.1 基本情况简介

证券简称：皖能电力　证券代码：000543　上市交易所：深圳证券交易所

注册地址和办公地址：安徽省合肥市马鞍山路99号皖能大厦　邮政编码：230011

公司国际互联网网址：http://www.wenergy.com.cn　电子信箱：group@wenergy.com.cn

1.2 联系人和联系方式

董事会秘书：周庆霞　联系地址：安徽省合肥市马鞍山路99号皖能大厦

电话：0551－4672679　传真：0551－4669573　电子信箱：zqx0543@sina.com

### 2.会计数据和财务指标摘要

2.1 主要会计数据　单位：(人民币)元

| | 2002年(本年) | 2001年(上年) | 本年比上年增减(%) | 2000年 |
|---|---|---|---|---|
| 主营业务收入 | 719,736,256.37 | 671,787,795.03 | 7.14% | 689,614,102.55 |
| 利润总额 | 156,302,623.51 | 187,336,569.27 | －16.57% | 231,516,873.42 |
| 净利润 | 112,537,655.15 | 172,634,841.64 | －34.81% | 190,391,215.73 |
| 扣除非经常性损益的净利润 | 130,681,274.06 | 124,783,579.55 | 4.73% | 129,478,121.03 |
| | 2002年末(本年末) | 2001年末(上年末) | 本年末比上年末增减(%) | 2000年末 |
| 总资产 | 2,644,022,913.46 | 2,720,177,711.95 | －2.80% | 2,750,269,683.32 |
| 股东权益(不含少数股东权益) | 2,345,598,659.21 | 2,326,784,185.41 | 0.81% | 2,250,540,445.77 |
| 经营活动产生的现金流量净额 | 119,220,753.37 | 204,139,131.45 | －41.60% | 174,680,242.69 |

2.2 主要财务指标　单位：(人民币)元

| | 2002年(本年) | 2001年(上年) | 本年比上年增减(%) | 2000年 |
|---|---|---|---|---|
| 每股收益 | 0.15 | 0.22 | －34.80% | 0.25 |
| 每股收益* | 0.15 | －－ | －－ | －－ |
| 净资产收益率 | 4.80% | 7.42% | －35.31% | 8.46% |
| 扣除非经常性损益的净利润为基础计算的净资产收益率 | 5.57% | 5.36% | 3.92% | 5.76% |
| 每股经营活动产生的现金流量净额 | 0.15 | 0.26 | －41.59% | 0.23 |
| | 2002年末(本年末) | 2001年末(上年末) | 本年末比上年末增减(%) | 2000年末 |
| 每股净资产 | 3.03 | 3.01 | 0.81% | 2.91 |
| 调整后的每股净资产 | 3.03 | 3.00 | 1.00% | 2.89 |

# 000601 广东韶能集团股份有限公司

## 二〇〇二年年度报告摘选

### 1.上市公司基本情况简介

1.1 基本情况简介

股票简称:韶能股份　股票代码:000601　上市交易所:深圳证券交易所

注册地址和办公地址:广东省韶关市惠民南路 148 号　邮政编码:512026

公司国际互联网网址:http://www.shaoneng.com.cn 或 www.sn0601.com 或韶能

电子信箱:Sngf@shaoneng.com.cn

1.2 联系人和联系方式

董事会秘书:胡启金　联系地址:广东省韶关市惠民南路 148 号

电话:0751－8153162　传真:0751－8535226　电子信箱:Sngf@shaoneng.com.cn

### 2.会计数据和财务指标摘要

2.1 主要会计数据　　单位:千元

| 项目 | 2002 年 | 2001 年 | 本年比上年增减(%) | 2000 年 |
|---|---|---|---|---|
| 主营业务收入 | 779,557.54 | 613,670.87 | 27.03 | 564,871.17 |
| 利润总额 | 193,087.04 | 173,533.85 | 11.27 | 175,713.25 |
| 净利润 | 119,284.98 | 131,244.09 | －9.11 | 130,970.44 |
| 扣除非经常性损益后的净利润 | 112,047.23 | 121,624.37 | －7.87 | 113,530.44 |
| 项目 | 2002 年末 | 2001 年末 | 本年末比上年末增减(%) | 2000 年末 |
| 总资产 | 3,523,383.61 | 3,019,807.46 | 16.68 | 2,515,581.20 |
| 股东权益(不含少数股东权益) | 1,846,671.52 | 1,765,867.25 | 4.58 | 1,673,661.21 |
| 经营活动产生的现金流量净额 | 178,255.42 | 195,164.42 | －8.66 | 178,993.52 |

2.2 主要财务指标

| 指标 | 2002 年 | 2001 年 | 本年比上年增减 | 2000 年 |
|---|---|---|---|---|
| 每股收益 | 0.31 元/股 | 0.34 元/股 | －8.82% | 0.34 元/股 |
| 净资产收益率 | 6.46% | 7.43% | －0.97% | 7.83% |
| 以扣除非经常性损益后的净利润为基础计算的净资产收益率 | 6.07% | 6.89% | －0.82% | 6.78% |
| 每股经营活动产生的现金流量净额 | 0.46 元/股 | 0.50 元/股 | －8.00% | 0.46 元/股 |
| | 2002 年末 | 2001 年末 | 本年末比上年末增减 | 2000 年末 |
| 每股净资产 | 4.73 元/股 | 4.52 元/股 | 4.65% | 4.29 元/股 |
| 调整后的每股净资产 | 4.68 元/股 | 4.48 元/股 | 4.46% | 4.22 元/股 |

# 000767 山西漳泽电力股份有限公司

## 二〇〇二年年度报告摘选

### 1.上市公司基本情况简介

1.1 基本情况简介

证券简称:漳泽电力　证券代码:000767　上市交易所:深圳证券交易所

注册地址和办公地址:山西省太原市五一路 279 号　邮政编码:030009

公司国际互联网网址:http://www.zhangzepower.com　电子信箱:info@zhangzepower.com

1.2 联系人和联系方式

董事会秘书:王一峰　联系地址:山西省太原市五一路 279 号

电话:0351－3115109　传真:0351－3115168　电子信箱:wangyifeng@zhangzepower.com

证券事务代表:王亮　联系地址:山西省太原市五一路 279 号

电话:0351－3115120　传真:0351－3115168　电子信箱:wangliang@zhangzepower.com

### 2.会计数据和财务指标摘要

2.1 主要会计数据　　单位:(人民币)元

| | 2002 年(本年) | 2001 年(上年) | 本年比上年增减(%) | 2000 年 |
|---|---|---|---|---|
| 主营业务收入 | 1,585,478,315.12 | 1,358,553,034.85 | 16.70% | 936,989,201.25 |
| 利润总额 | 137,833,547.89 | 289,545,108.07 | －52.40% | 198,055,149.70 |
| 净利润 | 95,937,701.96 | 204,195,144.46 | －53.02% | 148,056,450.94 |
| 扣除非经常性损益的净利润 | 167,025,979.38 | 78,840,292.20 | 111.85% | 145,112,218.31 |
| | 2002 年末(本年末) | 2001 年末(上年末) | 本年末比上年末增减(%) | 2000 年末 |
| 总资产 | 4,624,862,740.83 | 4,672,900,338.41 | －1.03% | 4,846,578,160.35 |
| 股东权益(不含少数股东权益) | 1,561,189,841.50 | 1,621,852,139.54 | －3.74% | 1,504,115,345.08 |
| 经营活动产生的现金流量净额 | 554,384,166.91 | 514,403,381.12 | 7.77% | 360,758,368.04 |

2.2 主要财务指标　　单位:(人民币)元

| | 2002 年(本年) | 2001 年(上年) | 本年比上年增减(%) | 2000 年 |
|---|---|---|---|---|
| 每股收益 | 0.22 | 0.47 | －52.88% | 0.34 |
| 净资产收益率 | 6.15% | 12.59% | －51.15% | 9.84% |
| 扣除非经常性损益的净利润为基础计算的净资产收益率 | 10.70% | 4.86% | 120.16% | 6.67% |
| 每股经营活动产生的现金流量净额 | 1.27 | 0.00 | － | 0.83 |
| | 2002 年末(本年末) | 2001 年末(上年末) | 本年末比上年末增减(%) | 2000 年末 |
| 每股净资产 | 3.59 | 3.73 | －3.74% | 3.46 |
| 调整后的每股净资产 | 3.57 | 3.48 | 2.59% | 3.44 |

# 000692 沈阳惠天热电股份有限公司

## 二〇〇二年年度报告摘选

### 1.公司基本情况简介

1.1 基本情况简介

股票简称:惠天热电　股票代码:000692　上市交易所:深圳证券交易所

注册地址和办公地址:沈阳市沈河区热闹路 47 号　邮政编码:110014

电子信箱:htrdcor@mail.sy.ln.cn

1.2 联系人和联系方式

董事会秘书:左小明　证券事务代表:刘斌

联系地址:沈阳市沈河区热闹路 47 号

电话:024－22928062　传真:024－22939480　电子信箱:htrdlb@21cn.com

### 2.会计数据和财务指标摘要

2.1 主要会计数据　　(单位:元)

| | 2002 年 | 2001 年 | 本年比上年增减(%) | 2000 年 调整前 | 2000 年 调整后 |
|---|---|---|---|---|---|
| 主营业务收入 | 557,548,840.58 | 540,801,019.16 | 3.10 | 541,916,558.65 | 541,914,844.65 |
| 利润总额 | 21,007,849.20 | 59,584,774.18 | －64.74 | 109,481,861.31 | 105,362,266.40 |
| 净利润 | 15,209,332.34 | 43,449,391.27 | －64.99 | 93,331,769.86 | 89,212,174.95 |
| 扣除非经常性损益的净利润 | 25,182,292.51 | 55,944,770.21 | －54.98 | 96,303,562.76 | 92,183,967.85 |
| | 2002 年末 | 2001 年末 | 本年比上年增减(%) | 2000 年末 调整前 | 2000 年末 调整后 |
| 总资产 | 1,920,047,442.95 | 2,050,990,262.21 | －6.38 | 1,626,619,767.08 | 1,570,192,474.69 |
| 股东权益(不含少数股东权益) | 1,129,346,410.47 | 1,114,010,954.62 | 1.37 | 824,751,038.86 | 768,323,746.47 |
| 经营活动产生的现金流量净额 | 44,960,735.16 | 131,752,191.56 | －65.87 | 92,965,630.74 | 92,965,630.74 |

2.2 主要财务指标

| | 2002 年 | 2001 年 | 本年比上年增减(%) | 2000 年 调整前 | 2000 年 调整后 |
|---|---|---|---|---|---|
| 每股收益 | 0.057 | 0.163 | －65.03 | 0.399 | 0.381 |
| 净资产收益率 | 1.35 | 3.90 | －65.38 | 11.32 | 11.61 |
| 扣除非经常性损益的净利润为基础计算的净资产收益率 | 2.23 | 5.02 | －55.58 | 11.68 | 11.99 |
| 每股经营活动产生的现金流量净额 | 0.17 | 0.49 | －65.30 | 0.43 | 0.43 |
| | 2002 年末 | 2001 年末 | 本年比上年增减(%) | 2000 年末 调整前 | 2000 年末 调整后 |
| 每股净资产 | 4.24 | 4.18 | 1.43 | 3.52 | 3.28 |
| 调整后的每股净资产 | 4.11 | 4.13 | －0.48 | 3.39 | 3.12 |

# 000875 吉林电力股份有限公司

## 二〇〇二年年度报告摘选

### 1.上市公司基本情况简介

1.1 基本情况简介

股票简称:吉电股份　股票代码:000875　上市交易所:深圳证券交易所

注册地址和办公地址:吉林省长春市工农大路 50 号　邮政编码:130021

电子信箱:JL_DL@163.net

1.2 联系人和联系方式

董事会秘书:宋新阳　联系地址:吉林省长春市工农大路 50 号

电话:0431－5694410　传真:0431－5694410　电子信箱:－

证券事务代表:刘咏坪　联系地址:吉林省长春市工农大路 50 号

电话:0431－5601991　传真:0431－5694410　电子信箱:yongping_liu@sina.com

### 2.会计数据和财务指标摘要

2.1 主要会计数据

| 项目 | 2002 年 | 2001 年 | 本年比上年增减(%) | 2000 年 |
|---|---|---|---|---|
| 主营业务收入 | 951,976,352.96 | 832,502,350.52 | 14.35 | 882,505,846.84 |
| 利润总额 | 123,831,002.69 | 109,599,163.21 | 12.99 | 197,460,720.59 |
| 净利润 | 102,578,578.02 | 73,411,593.60 | 39.73 | 131,273,433.56 |
| 扣除非经常性损益的净利润 | 102,864,011.47 | 73,410,865.18 | 40.12 | 83,598,147.75 |
| 项目 | 2002 年末 | 2001 年末 | 本年末比上年末增减(%) | 2000 年末 |
| 总资产 | 2,793,599,914.43 | 1,763,939,901.05 | 58.37 | 1,766,414,718.90 |
| 股东权益(不含少数股东权益) | 2,336,768,663.21 | 1,380,526,146.09 | 69.27 | 1,370,114,552.49 |
| 经营活动产生的现金流量净额 | 134,942,653.23 | 123,098,437.61 | 9.62 | 97,732,725.49 |

2.2 主要财务指标

| 项目 | 2002 年 | 2001 年 | 本年比上年增减(%) | 2000 年 |
|---|---|---|---|---|
| 每股收益 | 0.1628 | 0.1165 | 39.74 | 0.2084 |
| 调整后每股收益 | 0.1628 | 0.1165 | 39.74 | 0.2084 |
| 净资产收益率(%) | 4.39 | 5.32 | －17.48 | 9.58 |
| 扣除非经常性损益的净利润为基础计算的净资产收益率(%) | 4.40 | 5.32 | －17.11 | 6.10 |
| 每股经营活动产生的现金流量净额 | 0.21 | 0.20 | 5 | 0.16 |
| 项目 | 2002 年末 | 2001 年末 | 本年末比上年末增减(%) | 2000 年末 |
| 每股净资产 | 3.71 | 2.19 | 69.41 | 2.17 |
| 调整后的每股净资产 | 3.68 | 2.17 | 69.59 | 2.16 |

# 000899 江西赣能股份有限公司

## 二〇〇二年年度报告摘选

### 1.上市公司基本情况简介

1.1 基本情况简介

证券简称:赣能股份 证券代码:000899 上市交易所:深圳证券交易所
注册地址:江西省南昌市南京东路443号
办公地址:江西省南昌市高新技术开发区火炬大街199号 邮政编码:330029
公司国际互联网网址:www.000899.com 电子信箱:ganneng@000899.com

1.2 联系人和联系方式

董事会秘书:曾宜勇 联系地址:江西省南昌市高新技术开发区火炬大街199号
电话:0791-8102329 传真:0791-8106119 电子信箱:ganneng@000899.com
证券事务代表:李声意 联系地址:江西省南昌市高新技术开发区火炬大街199号
电话:0791-8109899 传真:0791-8106119 电子信箱:ganneng@000899.com

### 2.会计数据和财务指标摘要

2.1 主要会计数据 单位:(人民币)元

| | 2002年(本年) | 2001年(上年) | 本年比上年增减(%) | 2000年 |
|---|---|---|---|---|
| 主营业务收入 | 515,541,036.63 | 495,371,381.12 | 4.07% | 497,250,269.39 |
| 利润总额 | 46,742,859.51 | 69,827,375.37 | -33.06% | 102,942,376.52 |
| 净利润 | 38,737,258.64 | 60.218.602.13 | -35.67% | 86,156,528.13 |
| 扣除非经常性损益的净利润 | 40,915,551.62 | 71,450,945.47 | -42.74% | 93,411,659.97 |
| | 2002年末(本年末) | 2001年末(上年末) | 本年末比上年末增减(%) | 2000年末 |
| 总资产 | 1,602,781,632.12 | 1,546,732,775.85 | 3.62% | 1,573,256,014.42 |
| 股东权益(不含少数股东权益) | 1,389,036,619.56 | 1,405,041,127.35 | -1.14% | 1,453,608,925.22 |
| 经营活动产生的现金流量净额 | 113,535,952.56 | 119,037,410.41 | -4.62% | 75,611,812.89 |

2.2 主要财务指标 单位:(人民币)元

| | 2002年(本年) | 2001年(上年) | 本年比上年增减(%) | 2000年 |
|---|---|---|---|---|
| 每股收益 | 0.07 | 0.11 | -36.36% | 0.16 |
| 每股收益* | 0.07 | -- | -- | -- |
| 净资产收益率 | 2.79% | 4.29% | -34.97% | 5.93% |
| 扣除非经常性损益的净利润为基础计算的净资产收益率 | 2.95% | 5.09% | -42.04% | 6.43% |
| 每股经营活动产生的现金流量净额 | 0.21 | 0.22 | -4.61% | 0.14 |
| | 2002年末(本年末) | 2001年末(上年末) | 本年末比上年末增减(%) | 2000年末 |
| 每股净资产 | 2.53 | 2.56 | -1.14% | 2.65 |
| 调整后的每股净资产 | 2.52 | 2.54 | -0.79% | 2.65 |

# 000939 武汉凯迪电力股份有限公司

## 二〇〇二年年度报告摘选

### 1.上市公司基本情况简介

1.1 基本情况简介

股票简称:凯迪电力 股票代码:000939 上市交易所:深圳证券交易所
注册地址和办公地址:武汉市武昌区武珞路586号江天大厦22楼 邮政编码:430070
公司国际互联网网址:http://www.china-kaidi.com 电子信箱:kaidi@public.wh.hb.cn

1.2 联系人和联系方式

董事会秘书:曹维垣 联系地址:武汉市武昌区武珞路586号江天大厦22楼
电话:027-87655171/2/3-122 传真:027-87655218 电子信箱:caoweiyuan@china-kaidi.com
证券事务代表:江艳军 联系地址:武汉市武昌区武珞路586号江天大厦22楼
电话:027-87655171/2/3-122 传真:027-87655218 电子信箱:caoweiyuan@china-kaidi.com

### 2.会计数据和财务指标摘要

2.1 主要会计数据

| | 2002年 | 2001年 | 本年比上年增减(%) | 2000年 |
|---|---|---|---|---|
| 主营业务收入 | 552,989,551.29 | 422,994,053.92 | 30.73 | 173,127,604.80 |
| 利润总额 | 105,068,592.99 | 81,735,980.61 | 28.51 | 56,824,079.39 |
| 净利润 | 87,836,036.83 | 63,580,811.06 | 38.50 | 45,105,598.00 |
| 扣除非经常性损益的净利润 | 88,831,594.48 | 65,779,872.66 | 35.20 | 24,004,421.36 |
| | 2002年末 | 2001年末 | 本年末比上年末增减(%) | 2000年末 |
| 总资产 | 1,202,162,269.86 | 903,962,848.28 | 32.54 | 622,701,572.95 |
| 股东权益(不含少数股东权益) | 546,057,907.40 | 479,851,870.57 | 13.79 | 422,675,574.86 |
| 经营活动产生的现金流量净额 | 176,370,597.17 | 161,231,708.94 | 9.39 | -46,380,671.69 |

2.2 主要财务指标

| | 2002年 | 2001年 | 本年比上年增减(%) | 2000年 |
|---|---|---|---|---|
| 每股收益 | 0.4061 | 0.2939 | 38.18 | 0.2085 |
| 净资产收益率 | 16.09 | 13.25 | 21.43 | 10.67 |
| 扣除非经常性损益的净利润为基础计算的净资产收益率 | 16.27 | 13.71 | 18.67 | 5.68 |
| 每股经营活动产生的现金流量净额 | 0.82 | 0.74 | 10.81 | -0.21 |
| | 2002年末 | 2001年末 | 本年末比上年末增减(%) | 2000年末 |
| 每股净资产 | 2.52 | 2.22 | 13.51 | 1.95 |
| 调整后的每股净资产 | 2.44 | 2.16 | 12.96 | 1.87 |

# 000958 石家庄东方热电股份有限公司

## 二〇〇二年年度报告摘选

### 1.上市公司基本情况简介

1.1 基本情况简介

证券简称:东方热电 证券代码:000958 上市交易所:深圳证券交易所
注册地址和办公地址:河北省石家庄市建华南大街161号 邮政编码:050031
公司国际互联网网址:http://www.eastredian.com.cn 电子信箱:dfrezqb@inhe.net

1.2 联系人和联系方式

董事会秘书:胡俊芳 联系地址:河北省石家庄市建华南大街161号
电话:0311-5078768 传真:0311-5087068 电子信箱:hsjddf027@21cn.com
证券事务代表:徐会桥 联系地址:河北省石家庄市建华南大街161号
电话:0311-5053913 传真:0311-5053913 电子信箱:xuhuiqiao@sohu.com

### 2.会计数据和财务指标摘要

2.1 主要会计数据 单位:(人民币)元

| | 2002年(本年) | 2001年(上年) | 本年比上年增减(%) | 2000年 |
|---|---|---|---|---|
| 主营业务收入 | 415,317,307.52 | 461,061,047.23 | -9.92% | 302,648,548.69 |
| 利润总额 | 73,910,393.35 | 90,155,986.18 | -18.02% | 67,142,400.79 |
| 净利润 | 72,064,222.76 | 76,789,369.37 | -6.15% | 48,670,235.85 |
| 扣除非经常性损益的净利润 | 73,592,724.80 | 64,938,521.67 | 15.57% | 50,027,786.12 |
| | 2002年末(本年末) | 2001年末(上年末) | 本年末比上年末增减(%) | 2000年末 |
| 总资产 | 2,082,592,986.69 | 1,464,869,442.89 | 42.17% | 1,265,994,938.10 |
| 股东权益(不含少数股东权益) | 1,190,579,933.28 | 585,794,210.52 | 103.24% | 524,429,154.72 |
| 经营活动产生的现金流量净额 | 66,815,561.97 | 109,303,537.18 | -38.87% | 18,000,000.00 |

2.2 主要财务指标 单位:(人民币)元

| | 2002年(本年) | 2001年(上年) | 本年比上年增减(%) | 2000年 |
|---|---|---|---|---|
| 每股收益 | 0.31 | 0.43 | -26.46% | 0.27 |
| 每股收益* | 0.31 | -- | -- | -- |
| 净资产收益率 | 6.05% | 13.11% | -53.85% | 9.28% |
| 扣除非经常性损益的净利润为基础计算的净资产收益率 | 6.18% | 10.54% | -41.37% | 9.83% |
| 每股经营活动产生的现金流量净额 | 0.29 | 0.61 | -51.89% | 1.00 |
| | 2002年末(本年末) | 2001年末(上年末) | 本年末比上年末增减(%) | 2000年末 |
| 每股净资产 | 5.20 | 3.25 | 59.68% | 2.91 |
| 调整后的每股净资产 | 5.20 | 3.22 | 61.37% | 2.84 |

# 000966 湖北长源电力发展股份有限公司

## 二〇〇二年年度报告摘选

### 1.上市公司基本情况简介

1.1 基本情况简介

证券简称:长源电力 证券代码:000966 上市交易所:深圳证券交易所
注册地址:武汉市武昌区徐东路
办公地址:武汉市武昌区徐东大街351号长源电力商务中心 邮政编码:430077
公司国际互联网网址:http://www.cyep.com.cn 电子信箱:zfhbcydl@public.wh.hb.cn

1.2 联系人和联系方式

董事会秘书:赵虎 联系地址:武汉市武昌区徐东大街351号
电话:027-86778352 传真:027-86786970 电子信箱:zhaohu310@163.net
证券事务代表:胡谦 联系地址:武汉市武昌区徐东大街351号
电话:027-86778357 传真:027-86786970 电子信箱:dd312@sina.com

### 2.会计数据和财务指标摘要

2.1 主要会计数据 单位:(人民币)元

| | 2002年(本年) | 2001年(上年) | 本年比上年增减(%) | 2000年 |
|---|---|---|---|---|
| 主营业务收入 | 918,992,981.85 | 881,003,628.68 | 4.31% | 673,971,333.93 |
| 利润总额 | 74,710,234.16 | 76,943,280.42 | -2.90% | 109,759,202.14 |
| 净利润 | 36,157,746.54 | 46,417,951.87 | -22.10% | 80,791,592.65 |
| 扣除非经常性损益的净利润 | 36,680,562.35 | 43,030,968.61 | -14.76% | 63,983,255.90 |
| | 2002年末(本年末) | 2001年末(上年末) | 本年末比上年末增减(%) | 2000年末 |
| 总资产 | 2,365,654,041.71 | 2,337,413,979.34 | 1.21% | 2,133,123,473.70 |
| 股东权益(不含少数股东权益) | 835,918,055.67 | 836,774,513.13 | -0.10% | 843,680,659.21 |
| 经营活动产生的现金流量净额 | 8,985,655.29 | 94,853,974.54 | -90.53% | 161,375,638.79 |

2.2 主要财务指标 单位:(人民币)元

| | 2002年(本年) | 2001年(上年) | 本年比上年增减(%) | 2000年 |
|---|---|---|---|---|
| 每股收益 | 0.10 | 0.13 | -22.09% | 0.26 |
| 净资产收益率 | 4.33% | 5.55% | -21.98% | 9.58% |
| 扣除非经常性损益的净利润为基础计算的净资产收益率 | 4.40% | 5.26% | -14.73% | 8.41% |
| 每股经营活动产生的现金流量净额 | 0.02 | 0.26 | -92.31% | 0.52 |
| | 2002年末(本年末) | 2001年末(上年末) | 本年末比上年末增减(%) | 2000年末 |
| 每股净资产 | 2.26 | 2.26 | -0.10% | 2.74 |
| 调整后的每股净资产 | 2.22 | 2.22 | 0.05% | 2.72 |

# E.建筑业(8家)

## 000023 深圳市天地(集团)股份有限公司

### 二〇〇二年年度报告摘选

#### 1.上市公司基本情况简介

1.1 基本情况简介

证券简称:深天地A 证券代码:000023 上市交易所:深圳证券交易所

注册地址和办公地址:深圳市宝安南路天地大厦三楼 邮政编码:518008

公司国际互联网网址:http://www.universe-sz.com.cn 电子信箱:szunives@public.topway.net.cn

1.2 联系人和联系方式

董事会秘书:李惟诚 联系地址:深圳市宝安南路天地大厦三楼

电话:0755-25566321 传真:0755-25590169 电子信箱:univese@public.szptt.net.cn

证券事务代表:侯剑 联系地址:深圳市宝安南路天地大厦三楼

电话:0755-25566321 传真:0755-25590169 电子信箱:univese@public.szptt.net.cn

#### 2.会计数据和财务指标摘要

2.1 主要会计数据 单位:(人民币)元

| | 2002年(本年) | 2001年(上年) | 本年比上年增减(%) | 2000年 |
|---|---|---|---|---|
| 主营业务收入 | 336,051,351.20 | 237,376,699.39 | 41.57% | 256,863,445.22 |
| 利润总额 | 8,083,072.21 | -75,453,757.18 | -- | 72,532,481.56 |
| 净利润 | 5,913,540.00 | -44,061,011.74 | -- | 54,960,536.74 |
| 扣除非经常性损益的净利润 | -3,704,319.44 | -42,194,957.81 | -- | -2,600,217.54 |
| | 2002年末(本年末) | 2001年末(上年末) | 本年末比上年末增减(%) | 2000年末 |
| 总资产 | 727,182,775.81 | 864,948,274.63 | -15.93% | 858,930,960.12 |
| 股东权益(不含少数股东权益) | 217,785,909.12 | 185,265,293.44 | 17.55% | 289,188,108.19 |
| 经营活动产生的现金流量净额 | 24,361,129.94 | -22,242,098.94 | -- | 24,458,801.55 |

2.2 主要财务指标 单位:(人民币)元

| | 2002年(本年) | 2001年(上年) | 本年比上年增减(%) | 2000年 |
|---|---|---|---|---|
| 每股收益 | 0.04 | -0.32 | -- | 0.40 |
| 每股收益* | 0.04 | -- | -- | -- |
| 净资产收益率 | 2.72% | -23.78% | -- | 0.40% |
| 扣除非经常性损益的净利润为基础计算的净资产收益率 | -1.71% | 22.78% | -107.51% | 0.89% |
| 每股经营活动产生的现金流量净额 | 0.18 | -0.16 | -- | 0.18 |
| | 2002年末(本年末) | 2001年末(上年末) | 本年末比上年末增减(%) | 2000年末 |
| 每股净资产 | 1.57 | 1.34 | 17.60% | 2.08 |
| 调整后的每股净资产 | 1.49 | 1.24 | 20.16% | 1.84 |

## 000065 北方国际合作股份有限公司

### 二〇〇二年年度报告摘选

#### 1.上市公司基本情况简介

1.1 基本情况简介

证券简称:北方国际 证券代码:000065 上市交易所:深圳证券交易所

注册地址:深圳市深南中路国际科技大厦11层

办公地址:北京广安门南街甲12号北方大厦18-19层(邮编:100053)

深圳市福田区天安数码城创新科技广场

公司国际互联网网址:http://www.norinco-intl.com 电子信箱:szszxldm@public.szptt.net.cn

1.2 联系人和联系方式

董事会秘书:黄茜华 联系地址:深圳市福田区天安数码城创新科技广场B座9层

电话:0755-83433922 传真:0755-83433331 电子信箱:szszxldm@public.szptt.net.cn

证券事务代表:贺黎 联系地址:深圳市福田区天安数码城创新科技广场B座9层

电话:0755-83433922 传真:0755-83433331 电子信箱:szszxldm@public.szptt.net.cn

#### 2.会计数据和财务指标摘要

2.1 主要会计数据 单位:(人民币)元

| | 2002年(本年) | 2001年(上年) | 本年比上年增减(%) | 2000年 |
|---|---|---|---|---|
| 主营业务收入 | 792,297,537.96 | 671,382,559.27 | 18.01% | 21,420,338.66 |
| 利润总额 | 26,420,270.23 | 20,923,442.82 | 26.27% | 18,140,416.92 |
| 净利润 | 25,364,092.29 | 17,237,129.72 | 47.15% | 15,184,149.08 |
| 扣除非经常性损益的净利润 | 25,259,442.99 | 16,635,104.53 | 51.84% | 20,820,338.66 |
| | 2002年末(本年末) | 2001年末(上年末) | 本年末比上年末增减(%) | 2000年末 |
| 总资产 | 958,291,603.33 | 857,197,559.76 | 11.79% | 306,125,469.81 |
| 股东权益(不含少数股东权益) | 356,936,378.05 | 331,572,285.76 | 7.65% | 147,435,299.56 |
| 经营活动产生的现金流量净额 | 2,076,995.92 | -40,218,723.34 | -- | -29,320,000.00 |

2.2 主要财务指标 单位:(人民币)元

| | 2002年(本年) | 2001年(上年) | 本年比上年增减(%) | 2000年 |
|---|---|---|---|---|
| 每股收益 | 0.16 | 0.17 | -8.24% | 0.19 |
| 每股收益* | 0.16 | -- | -- | -- |
| 净资产收益率 | 7.11% | 5.20% | 36.73% | 10.30% |
| 扣除非经常性损益的净利润为基础计算的净资产收益率 | 7.08% | 5.02% | 41.04% | 9.38% |
| 每股经营活动产生的现金流量净额 | 0.01 | -0.39 | -- | -0.37 |
| | 2002年末(本年末) | 2001年末(上年末) | 本年末比上年末增减(%) | 2000年末 |
| 每股净资产 | 2.20 | 3.20 | -31.34% | 1.84 |
| 调整后的每股净资产 | 2.11 | 3.20 | -34.09% | 1.78 |

## 000090 深圳市天健(集团)股份有限公司

### 二〇〇二年年度报告摘选

#### 1.上市公司基本情况简介

1.1 基本情况简介

证券简称:深天健 证券代码:000090 上市交易所:深圳证券交易所

注册地址和办公地址:深圳市福田区红荔西路7058号市政大厦 邮政编码:518034

公司国际互联网网址:http://www.cninfo.com.cn 电子信箱:sztonge@public.szptt.net.cn

1.2 联系人和联系方式

董事会秘书:徐肇松 联系地址:深圳市福田区红荔西路7058号市政大厦八楼810室

电话:0755-83928130 传真:0755-83915736 电子信箱:xuzhaosong@163.net

证券事务代表:陆炜弘 联系地址:深圳市福田区红荔西路7058号市政大厦八楼810室

电话:0755-83928130 传真:0755-83915736 电子信箱:luweih@163.net

#### 2.会计数据和财务指标摘要

2.1 主要会计数据 单位:(人民币)元

| | 2002年(本年) | 2001年(上年) | 本年比上年增减(%) | 2000年 |
|---|---|---|---|---|
| 主营业务收入 | 1,546,124,448.41 | 1,459,511,978.68 | 5.93% | 1,541,583,096.97 |
| 利润总额 | 92,036,523.74 | 120,426,178.46 | -23.57% | 119,108,529.05 |
| 净利润 | 68,665,235.23 | 93,248,432.21 | -26.36% | 97,104,006.26 |
| 扣除非经常性损益的净利润 | 69,299,832.78 | 79,668,355.38 | -13.01% | 97,104,006.26 |
| | 2002年末(本年末) | 2001年末(上年末) | 本年末比上年末增减(%) | 2000年末 |
| 总资产 | 2,744,807,405.17 | 3,111,497,182.61 | -11.78% | 3,007,678,477.90 |
| 股东权益(不含少数股东权益) | 1,069,253,806.09 | 1,024,425,605.16 | 4.38% | 975,829,492.95 |
| 经营活动产生的现金流量净额 | 149,253,727.72 | 359,930,625.95 | -58.53% | -137,491,963.65 |

2.2 主要财务指标 单位:(人民币)元

| | 2002年(本年) | 2001年(上年) | 本年比上年增减(%) | 2000年 |
|---|---|---|---|---|
| 每股收益 | 0.31 | 0.42 | -26.38% | 0.44 |
| 每股收益* | 0.31 | -- | -- | -- |
| 净资产收益率 | 6.42% | 9.10% | -29.45% | 9.95% |
| 扣除非经常性损益的净利润为基础计算的净资产收益率 | 6.45% | 7.78% | -17.10% | 8.79% |
| 每股经营活动产生的现金流量净额 | 0.67 | 1.61 | -58.56% | -0.62 |
| | 2002年末(本年末) | 2001年末(上年末) | 本年末比上年末增减(%) | 2000年末 |
| 每股净资产 | 4.79 | 4.59 | 4.38% | 4.37 |
| 调整后的每股净资产 | 4.51 | 4.42 | 2.15% | 4.10 |

## 000415 新疆汇通(集团)股份有限公司

### 二〇〇二年年度报告摘选

#### 1.上市公司基本情况简介

1.1 基本情况简介

股票简称:汇通水利 股票代码:000415 上市交易所:深圳证券交易所

注册地址和办公地址:新疆乌鲁木齐市黄河路22号汇通大厦 邮政编码:830000

公司国际互联网网址:http://www.huitonggroup.com.cn

电子信箱:000415@huitonggroup.com.cn

1.2 联系人和联系方式

董事会秘书:胡敏辉 联系地址:新疆乌鲁木齐市黄河路22号

电话:(0991)5852082 5835644 传真:(0991)5852082

电子信箱:humh@huitonggroup.com.cn

#### 2.会计数据和财务指标摘要

2.1 主要会计数据 单位:人民币元

| | 2002年 | 2001年 | 本年比上年增减(%) | 2000年 |
|---|---|---|---|---|
| 主营业务收入 | 257,461,253.71 | 210,995,860.15 | 22.02 | 168,065,937.27 |
| 利润总额 | 1,636,709.88 | 33,388,652.97 | -95.10 | 43,945,447.39 |
| 净利润 | 1,441,800.70 | 27,661,537.23 | -94.79 | 39,091,022.85 |
| 扣除非经常性损益的净利润 | -7,507,141.73 | 27,431,053.30 | -127.37 | 38,932,642.05 |
| | 2002年末 | 2001年末 | 本年末比上年末增减% | 2000年末 |
| 总资产 | 1,135,782,866.67 | 928,882,694.80 | 22.27 | 771,209,777.25 |
| 股东权益(不含少数股东权益) | 438,647,544.27 | 437,205,743.57 | 0.33 | 414,207,806.26 |
| 经营活动产生的现金流量净额 | -139,295,673.62 | 77,102,370.56 | -280.66 | -177,910,444.98 |

2.2 主要财务指标

| | 2002年 | 2001年 | 本年比上年增减% | 2000年 |
|---|---|---|---|---|
| 每股收益 | 0.006 | 0.119 | -94.96 | 0.167 |
| 净资产收益率 | 0.33% | 6.33% | -94.79 | 9.44% |
| 扣除非经常性损益的净利润为基础计算的净资产收益率 | -1.71% | 6.27% | -127.27 | 9.40% |
| 每股经营活动产生的现金流量净额 | -0.597 | 0.331 | -280.36 | -0.763 |
| | 2002年末 | 2001年末 | 本年末比上年末增减% | 2000年末 |
| 每股净资产 | 1.881 | 1.875 | 0.32 | 1.776 |
| 调整后的每股净资产 | 1.843 | 1.708 | 7.90 | 1.752 |

## 000730 沈阳特种环保设备制造股份有限公司

### 二〇〇二年年度报告摘选

#### 1.上市公司基本情况简介

1.1 基本情况简介

证券简称:环保股份　证券代码:000730　上市交易所:深圳证券交易所

注册地址和办公地址:沈阳市沈河区热闹路 118 号　邮政编码:110011

公司国际互联网网址:http://www.hbgf.com　电子信箱:000730@vip.163.com

1.2 联系人和联系方式

董事会秘书:佟锰　联系地址:辽宁省沈阳市沈河区热闹路 118 号

电话:024－24811162　传真:024－24811162　电子信箱:000730@vip.163.com

证券事务代表:及兰云　联系地址:辽宁省沈阳市沈河区热闹路 118 号

电话:024－24811162　传真:024－24811162　电子信箱:000730@vip.163.com

#### 2.会计数据和财务指标摘要

2.1 主要会计数据　单位:(人民币)元

| | 2002 年(本年) | 2001 年(上年) | 本年比上年增减(%) | 2000 年 |
|---|---|---|---|---|
| 主营业务收入 | 18,182,744.73 | 184,157,352.94 | －90.13% | 374,309,726.37 |
| 利润总额 | －104,434,592.78 | 3,778,585.66 | －2863.85% | 88,402,417.62 |
| 净利润 | －93,735,431.42 | －6,157,420.53 | －－ | 85,310,537.14 |
| 扣除非经常性损益的净利润 | －148,662,521.39 | －5,809,512.64 | －－ | 85,310,537.14 |
| | 2002 年末(本年末) | 2001 年末(上年末) | 本年末比上年末增减(%) | 2000 年末 |
| 总资产 | 1,300,247,636.96 | 1,384,380,656.85 | －6.08% | 1,358,019,453.77 |
| 股东权益(不含少数股东权益) | 510,564,309.86 | 580,940,837.91 | －12.11% | 587,098,258.44 |
| 经营活动产生的现金流量净额 | 137,950,744.71 | －185,865,643.15 | －－ | －143,317,800.27 |

2.2 主要财务指标　单位:(人民币)元

| | 2002 年(本年) | 2001 年(上年) | 本年比上年增减(%) | 2000 年 |
|---|---|---|---|---|
| 每股收益 | －0.17 | －0.01 | －－ | 0.15 |
| 每股收益 * | －0.17 | －－ | －－ | －－ |
| 净资产收益率 | －18.36% | －1.05% | －－ | 14.53% |
| 扣除非经常性损益的净利润为基础计算的净资产收益率 | －35.73% | －1.05% | －－ | 14.53% |
| 每股经营活动产生的现金流量净额 | 0.24 | －0.33 | －－ | 0.25 |
| | 2002 年末(本年末) | 2001 年末(上年末) | 本年末比上年末增减(%) | 2000 年末 |
| 每股净资产 | 0.90 | 1.03 | －12.11% | 1.04 |
| 调整后的每股净资产 | 0.90 | 1.03 | －12.11% | 1.04 |

## 000758 中国有色金属建设股份有限公司

### 二〇〇二年年度报告摘选

#### 1.上市公司基本情况简介

1.1 基本情况简介

证券简称:中色建设　证券代码:000758　上市交易所:深圳证券交易所

注册地址:北京市丰台区西客站南广场驻京办一号楼 B 座中色建设大厦

办公地址:北京市海淀区复兴路务 12 号恩菲科技大厦 515 室　邮政编码:100038

公司国际互联网网址:http:www.nfc.com.cn　电子信箱:Dubin@nfc.com.cn

1.2 联系人和联系方式

董事会秘书:杜斌　联系地址:北京市海淀区复兴路务 12 号恩菲科技大厦 507 室

电话:010－63951531　传真:010－63965364　电子信箱:Dubin@nfc.com.cn

#### 2.会计数据和财务指标摘要

2.1 主要会计数据　单位:(人民币)元

| | 2002 年(本年) | 2001 年(上年) | 本年比上年增减(%) | 2000 年 |
|---|---|---|---|---|
| 主营业务收入 | 304,300,755.61 | 201,695,618.66 | 50.87% | 223,917,379.64 |
| 利润总额 | 63,410,033.10 | －140,214,558.83 | － | 10,412,464.14 |
| 净利润 | 62,562,743.30 | －140,992,738.89 | － | －5,334,083.68 |
| 扣除非经常性损益的净利润 | －31,729,216.94 | －152,631,801.83 | － | 2,759,462.42 |
| | 2002 年末(本年末) | 2001 年末(上年末) | 本年末比上年末增减(%) | 2000 年末 |
| 总资产 | 1,269,970,220.41 | 1,335,273,728.24 | －4.89% | 1,303,418,395.88 |
| 股东权益(不含少数股东权益) | 921,891,131.02 | 881,516,065.61 | 4.58% | 734,147,933.79 |
| 经营活动产生的现金流量净额 | －26,567,324.16 | 125,282,207.51 | －121.21% | 39,194,401.57 |

2.2 主要财务指标　单位:(人民币)元

| | 2002 年(本年) | 2001 年(上年) | 本年比上年增减(%) | 2000 年 |
|---|---|---|---|---|
| 每股收益 | 0.16 | －0.36 | － | －0.01 |
| 每股收益 * | 0.16 | － | － | － |
| 净资产收益率 | 6.79% | －15.99% | － | －0.73% |
| 扣除非经常性损益的净利润为基础计算的净资产收益率 | －3.44% | －17.31% | － | 6.84% |
| 每股经营活动产生的现金流量净额 | －0.07 | 0.32 | －121.30% | 0.11 |
| | 2002 年末(本年末) | 2001 年末(上年末) | 本年末比上年末增减(%) | 2000 年末 |
| 每股净资产 | 2.38 | 2.28 | 4.52% | 2.05 |
| 调整后的每股净资产 | 2.20 | 2.12 | 3.77% | 1.87 |

## 000793 海南民生燃气(集团)股份有限公司

### 二〇〇二年年度报告摘选

#### 1.公司基本情况简介

1.1 基本情况简介

股票简称:燃气股份　股票代码:000793　上市交易所:深圳证券交易所

注册地址和办公地址:海南省海口市海甸四东路民生大厦　邮政编码:570208

公司国际互联网网址:http://www.ranqigufen.com　电子信箱:rqgf@ranqigufen.com

1.2 联系人和联系方式

董事会秘书:汪方怀　联系地址:海口市海甸四东路民生大厦

电话:0898－66254650　传真:0898－66254650　66255636　电子信箱:board@ranqigufen.com

证券事务代表:金日　联系地址:海口市海甸四东路民生大厦

电话:0898－66254650　传真:0898－66254650　66255636　电子信箱:board@ranqigufen.com

#### 2.会计数据和财务指标摘要

2.1 主要会计数据

| | 2002 年 | 2001 年 | 2002 年比 2001 年增减(%) | 2000 年 |
|---|---|---|---|---|
| 主营业务收入 | 424,099,643.07 | 212,360,834.96 | 99.71 | 81,913,747.39 |
| 利润总额 | 98,424,388.49 | 95,616,949.98 | 2.94 | 100,939,500.61 |
| 净利润 | 96,531,570.18 | 95,174,732.48 | 1.43 | 91,838,175.87 |
| 扣除非经常性损益的净利润 | 96,258,918.42 | 95,524,671.18 | 0.77 | 70,134,985.15 |
| | 2002 年末 | 2001 年末 | 2002 年末比 2001 年末增减(%) | 2000 年末 |
| 总资产 | 2,797,776,292.67 | 1,995,258,697.57 | 40.22 | 1,858,869,881.12 |
| 股东权益(不含少数股东权益) | 1,214,675,350.47 | 1,147,284,931.59 | 5.87 | 1,052,110,199.11 |
| 经营活动产生的现金流量净额 | 178,848,714.25 | 423,466,225.40 | －58.24 | 39,876,829.70 |

2.2 主要财务指标

| | 2002 年 | 2001 年 | 2002 年比 2001 年增减(%) | 2000 年 |
|---|---|---|---|---|
| 每股收益 | 0.33 | 0.33 | 1.22 | 0.32 |
| 净资产收益率 | 7.95% | 8.30% | －4.22 | 8.73% |
| 扣除非经常性损益的净利润为基础计算的净资产收益率 | 7.92% | 8.33% | －4.92 | 6.67% |
| 每股经营活动产生的现金流量净额 | 0.61 | 1.45 | －57.93 | 0.14 |
| | 2002 年末 | 2001 年末 | 2002 年末比 2001 年末增减(%) | 2000 年末 |
| 每股净资产 | 4.17 | 3.94 | 5.84 | 3.61 |
| 调整后的每股净资产 | 4.10 | 3.85 | 6.49 | 3.53 |

## 000797 中国武夷实业股份有限公司

### 二〇〇二年年度报告摘选

#### 1.上市公司基本情况简介

1.1 基本情况简介

证券简称:中国武夷　证券代码:000797　上市交易所:深圳证券交易所

注册地址:福建省福州市北大路 240 号　办公地址:福建省福州市五四路 89 号置地广场 33 层

邮政编码:350003　公司国际互联网网址:http://www.chinawuyi.com.cn

电子信箱:GZB@CHINAWUYI.COM.CN

1.2 联系人和联系方式

董事会秘书:林金铸　联系地址:福建省福州市五四路 89 号置地广场 33 层

电话:0591－3170122　传真:0591－3170222　电子信箱:GZB@CHINAWUYI.COM.CN

证券事务代表:罗东鑫　联系地址:福建省福州市五四路 89 号置地广场 33 层

电话:0591－3170123　传真:0591－3170222　电子信箱:GZB@CHINAWUYI.COM.CN

#### 2.会计数据和财务指标摘要

2.1 主要会计数据　单位:(人民币)元

| | 2002 年(本年) | 2001 年(上年) | 本年比上年增减(%) | 2000 年 |
|---|---|---|---|---|
| 主营业务收入 | 885,301,982.03 | 904,272,447.37 | －2.10% | 829,773,397.15 |
| 利润总额 | 93,245,155.05 | 113,913,787.72 | －18.14% | 123,898,925.40 |
| 净利润 | 36,167,425.19 | 44,355,637.93 | －18.46% | 78,710,101.19 |
| 扣除非经常性损益的净利润 | 42,492,245.44 | 33,997,864.50 | 24.99% | 78,980,380.97 |
| | 2002 年末(本年末) | 2001 年末(上年末) | 本年末比上年末增减(%) | 2000 年末 |
| 总资产 | 3,499,005,316.41 | 3,088,821,097.26 | 13.28% | 3,111,819,804.94 |
| 股东权益(不含少数股东权益) | 1,277,732,227.04 | 1,227,882,807.36 | 4.06% | 1,220,979,910.42 |
| 经营活动产生的现金流量净额 | －80,262,004.63 | －284,825,492.15 | －－ | 61,119,688.54 |

2.2 主要财务指标　单位:(人民币)元

| | 2002 年(本年) | 2001 年(上年) | 本年比上年增减(%) | 2000 年 |
|---|---|---|---|---|
| 每股收益 | 0.09 | 0.11 | －18.51% | 0.20 |
| 每股收益 * | 0.09 | －－ | －－ | －－ |
| 净资产收益率 | 2.83% | 3.61% | －21.61% | 6.45% |
| 扣除非经常性损益的净利润为基础计算的净资产收益率 | 3.33% | 2.77% | 20.22% | 6.45% |
| 每股经营活动产生的现金流量净额 | －0.21 | －0.73 | －－ | 0.15 |
| | 2002 年末(本年末) | 2001 年末(上年末) | 本年末比上年末增减(%) | 2000 年末 |
| 每股净资产 | 3.28 | 3.15 | 4.06% | 3.14 |
| 调整后的每股净资产 | 3.11 | 3.00 | 3.82% | 3.11 |

# F.交通运输、仓储业(16家)

## 000004 深圳市北大高科技股份有限公司

### 二〇〇二年年度报告摘选

#### 1.上市公司基本情况简介

1.1 基本情况简介

证券简称:北大高科　证券代码:000004　上市交易所:深圳证券交易所

注册地址:深圳市蛇口新时代广场27楼A－D　办公地址:深圳市科技园科智西路1号北2楼

邮政编码:518057　公司国际互联网网址:http://www.pku－ht.com

电子信箱:szpkuht@pkuhi－tech.com

1.2 联系人和联系方式

董事会秘书:蒋伟诚　联系地址:深圳市科技园科智西路1号北2楼

电话:0755－26954158　传真:0755－26954157　电子信箱:jwc@pku－ht.com

证券事务代表:朱虎诚　联系地址:深圳市科技园科智西路1号北2楼

电话:0755－26954161　传真:0755－26954171　电子信箱:zhc@pku－ht.com

#### 2.会计数据和财务指标摘要

2.1 主要会计数据　单位:(人民币)元

| | 2002年(本年) | 2001年(上年) | 本年比上年增减(%) | 2000年 |
|---|---|---|---|---|
| 主营业务收入 | 121,225,612.76 | 61,984,462.82 | 95.57% | 131,006,632.91 |
| 利润总额 | 8,592,439.01 | 12,965,947.78 | －33.73% | 23,565,382.73 |
| 净利润 | 5,583,067.67 | 11,095,114.62 | －49.68% | 22,006,373.59 |
| 扣除非经常性损益的净利润 | 5,679,089.17 | 1,198,958.17 | 373.67% | 4,564,586.06 |
| | 2002年末(本年末) | 2001年末(上年末) | 本年末比上年末增减(%) | 2000年末 |
| 总资产 | 263,614,606.25 | 222,008,804.79 | 18.74% | 508,206,707.12 |
| 股东权益(不含少数股东权益) | 97,507,184.15 | 95,841,262.59 | 1.74% | 88,942,337.25 |
| 经营活动产生的现金流量净额 | －42,801,041.35 | 5,223,972.32 | －919.32% | 44,007,718.95 |

2.2 主要财务指标　单位:(人民币)元

| | 2002年(本年) | 2001年(上年) | 本年比上年增减(%) | 2000年 |
|---|---|---|---|---|
| 每股收益 | 0.07 | 0.13 | －49.66% | 0.26 |
| 净资产收益率 | 5.73% | 11.58% | －50.52% | 24.74% |
| 扣除非经常性损益的净利润为基础计算的净资产收益率 | 5.82% | 1.25% | 365.60% | 5.13% |
| 每股经营活动产生的现金流量净额 | －0.51 | 0.06 | －922.58% | 0.52 |
| | 2002年末(本年末) | 2001年末(上年末) | 本年末比上年末增减(%) | 2000年末 |
| 每股净资产 | 1.16 | 1.14 | 1.75% | 1.06 |
| 调整后的每股净资产 | 1.13 | 1.13 | －0.35% | 0.80 |

## 000022 深圳赤湾港航股份有限公司

### 二〇〇二年年度报告摘选

#### 1.上市公司基本情况简介

1.1 基本情况简介

证券简称:深赤湾A、深赤湾B　证券代码:000022、200022　上市交易所:深圳证券交易所

注册地址:深圳市赤湾　办公地址:中国深圳市赤湾港赤湾石油大厦11－12楼

邮政编码:518068　电子信箱:cwh@cndi.com

1.2 联系人和联系方式

董事会秘书:裴姜媛　联系地址:深圳市赤湾港赤湾石油大厦11楼

电话:26817355　传真:26684117　电子信箱:cwh@cndi.com

证券事务代表:何颖班　联系地址:深圳市赤湾港赤湾石油大厦11楼

电话:26694620　传真:26684117　电子信箱:cwh@cndi.com

#### 2.会计数据和财务指标摘要

2.1 主要会计数据　单位:(人民币)元

| | 2002年(本年) | 2001年(上年) | 本年比上年增减(%) | 2000年 |
|---|---|---|---|---|
| 主营业务收入 | 738,687,403.00 | 479,299,825.00 | 54.12% | 432,170,659.00 |
| 利润总额 | 302,590,161.00 | 131,295,739.00 | 130.46% | 110,564,835.00 |
| 净利润 | 183,599,988.00 | 86,829,223.00 | 111.45% | 71,737,831.00 |
| 扣除非经常性损益的净利润 | 187,684,783.00 | 75,650,838.00 | 148.09% | 81,248,658.00 |
| | 2002年末(本年末) | 2001年末(上年末) | 本年末比上年末增减(%) | 2000年末 |
| 总资产 | 2,331,627,234.00 | 2,223,564,238.00 | 4.86% | 2,239,056,600.00 |
| 股东权益(不含少数股东权益) | 1,187,913,933.00 | 1,114,271,657.00 | 6.61% | 1,066,590,311.00 |
| 经营活动产生的现金流量净额 | 417,866,767.00 | 226,743,727.00 | 84.29% | 214,328,310.33 |

2.2 主要财务指标　单位:(人民币)元

| | 2002年(本年) | 2001年(上年) | 本年比上年增减(%) | 2000年 |
|---|---|---|---|---|
| 每股收益 | 0.48 | 0.23 | 110.96% | 0.19 |
| 净资产收益率 | 15.46% | 7.79% | 98.46% | 6.73% |
| 扣除非经常性损益的净利润为基础计算的净资产收益率 | 15.80% | 6.79% | 132.70% | 7.62% |
| 每股经营活动产生的现金流量净额 | 1.10 | 0.59 | 84.34% | 0.56 |
| | 2002年末(本年末) | 2001年末(上年末) | 本年末比上年末增减(%) | 2000年末 |
| 每股净资产 | 3.11 | 2.92 | 6.61% | 2.80 |
| 调整后的每股净资产 | 3.09 | 2.88 | 7.35% | 2.76 |

## 000024 招商局蛇口控股股份有限公司

### 二〇〇二年年度报告摘选

#### 1.上市公司基本情况简介

1.1 基本情况简介

证券简称:招商局A、招商局B　证券代码:000024、200024　上市交易所:深圳证券交易所

注册地址和办公地址:深圳南山区蛇口工业区新时代广场9楼　邮政编码:518067

公司国际互联网网址:www.cmre.com.cn　电子信箱:investor@cmre.com.cn

1.2 联系人和联系方式

董事会秘书:陈宇　联系地址:深圳南山区蛇口工业区新时代广场9楼

电话:(755)26819610　传真:(755)26819680　电子信箱:investor@cmre.com.cn

证券事务代表:刘宁　联系地址:深圳南山区蛇口工业区新时代广场9楼

电话:(755)26819616　传真:(755)26819680　电子信箱:investor@cmre.com.cn

#### 2.会计数据和财务指标摘要

2.1 主要会计数据　单位:(人民币)元

| | 2002年(本年) | 2001年(上年) | 本年比上年增减(%) | 2000年 |
|---|---|---|---|---|
| 主营业务收入 | 3,854,153,934.00 | 3,320,820,664.00 | 16.06% | 2,917,231,110.00 |
| 利润总额 | 335,760,027.00 | 291,435,832.00 | 15.21% | 337,064,901.00 |
| 净利润 | 241,815,815.00 | 174,961,781.00 | 38.21% | 197,927,141.00 |
| 扣除非经常性损益的净利润 | 257,484,344.00 | 189,537,364.00 | 35.85% | 182,850,000.00 |
| | 2002年末(本年末) | 2001年末(上年末) | 本年末比上年末增减(%) | 2000年末 |
| 总资产 | 5,268,964,574.00 | 4,699,053,510.00 | 12.13% | 4,845,844,183.00 |
| 股东权益(不含少数股东权益) | 2,444,370,973.00 | 2,250,277,995.00 | 8.63% | 2,131,455,493.00 |
| 经营活动产生的现金流量净额 | 826,123,694.00 | 27,055,362.00 | 2953% | 225,847,623.00 |

2.2 主要财务指标　单位:(人民币)元

| | 2002年(本年) | 2001年(上年) | 本年比上年增减(%) | 2000年 |
|---|---|---|---|---|
| 每股收益(摊薄) | 0.508 | 0.367 | 38.42% | 0.415 |
| 每股收益(加权) | 0.508 | 0.367 | 38.42% | 0.434 |
| 净资产收益率(加权) | 10.20% | 7.89% | 29.28% | 10.30% |
| 扣除非经常性损益的净利润为基础计算的净资产收益率(加权) | 10.86% | 8.54% | 27.17% | 9.52% |
| 每股经营活动产生的现金流量净额 | 1.734 | 0.057 | 2942% | 0.474 |
| | 2002年末(上年末) | 2001年末(上年末) | 本年末比上年末增减(%) | 2000年末 |
| 每股净资产 | 5.131 | 4.724 | 8.63% | 4.474 |
| 调整后的每股净资产 | 5.059 | 4.656 | 8.66% | 4.411 |

## 000088 深圳市盐田港股份有限公司

### 二〇〇二年年度报告摘选

#### 1.公司基本情况简介

1.1 基本情况简介

股票简称:盐田港A　股票代码:000088　上市交易所:深圳证券交易所

办公地址:深圳市盐田区盐田港海港大厦十七——十九层

注册地址:深圳市盐田区盐田港海港大厦十七——二十层

邮政编码:518081　国际互联网网址:http://www.yantian－port.com

电子信箱:szytphcl@sz.gd.cninfo.net

1.2 联系人和联系方式

董事会秘书:华　翔　联系地址:深圳市盐田区盐田港海港大厦1813室

电话:(0755)25290783　传真:(0755)25290932　电子信箱:huaxiang@yantian－port.com

证券事务代表:李翠云　联系地址:深圳市盐田区盐田港海港大厦1913室

电话:(0755)25290180　传真:(0755)25290932　电子信箱:Licuiyun@cmmail.com

#### 2.会计数据和业务数据摘要

2.1 主要会计数据

单位:人民币元

| 项　目 | 2002年 | 2001年 | 本年比上年增减(%) | 2000年 |
|---|---|---|---|---|
| 主营业务收入 | 507,723,834.29 | 383,405,091.52 | 32.42 | 247,837,342.71 |
| 利润总额 | 669,984,030.98 | 453,739,839.71 | 47.66 | 127,148,439.93 |
| 净利润 | 555,857,354.67 | 376,277,383.42 | 47.73 | 93,453,286.16 |
| 扣除非经常性损益的净利润 | 561,787,508.37 | 377,941,526.81 | 48.64 | 98,736,546.02 |
| | 2002.12.31 | 2001.12.31 | 本年末比上年增减(%) | 2000.12.31 |
| 总资产 | 3,434,817,939.38 | 3,329,204,610.14 | 3.17 | 3,401,705,478.42 |
| 股东权益(不含少数股东权益) | 1,992,675,130.28 | 1,495,317,775.61 | 33.26 | 1,411,540,392.19 |
| 经营活动产生的现金流量净额 | 250,010,328.95 | 203,685,970.99 | 22.74 | 102,365,790.69 |

2.2 主要财务指标

单位:人民币元

| 项目 | 2002年 | 2001年 | 本年末比上年增减(%) | 2000年 |
|---|---|---|---|---|
| 每股收益 | 0.950 | 0.643 | 47.74 | 0.160 |
| 净资产收益率(全面摊薄) | 27.895% | 25.164% | 10.85 | 6.621% |
| 扣除非经常性损益的净利润为基础计算的净资产收益率(全面摊薄) | 28.193% | 25.275% | 11.55 | 6.995% |
| 每股经营活动产生的现金流量净额 | 0.427 | 0.348 | 22.70 | 0.175 |
| | 2002.12.31 | 2001.12.31 | 本年末比上年增减(%) | 2000.12.31 |
| 每股净资产 | 3.406 | 2.556 | 33.26 | 2.413 |
| 调整后的每股净资产 | 3.389 | 2.548 | 33.01 | 2.341 |

## 000089 深圳市机场股份有限公司

### 二〇〇二年年度报告摘选

#### 1.上市公司基本情况简介

1.1 基本情况简介

股票简称:深圳机场　股票代码:000089　上市交易所:深圳证券交易所

注册地址:深圳市宝安区宝安机场第一办公楼三、四层

办公地址:深圳市宝安区宝安国际机场第一办公楼　邮政编码:518128

公司国际互联网网址:http://www.cninfo.com.cn　电子信箱:szsacldd@public.szptt.net.cn

1.2 联系人和联系方式

董事会秘书:周云福　联系地址:深圳市宝安区宝安国际机场第一办公楼209

电话:0755－27776789－2103　传真:0755－27776327　电子信箱:szsacldd@public.szptt.net.cn

证券事务代表:崔增明　联系地址:深圳市宝安区宝安国际机场第一办公楼205

电话:0755－27776331　传真:0755－27776327　电子信箱:szsacldd@public.szptt.net.cn

#### 2.会计数据和财务指标摘要

2.1 主要会计数据

| | 2002年 | 2001年 | 本年比上年增减(%) | 2000年 |
|---|---|---|---|---|
| 主营业务收入 | 711,985,078.34 | 602,979,485.94 | 18.08 | 452,737,139.66 |
| 利润总额 | 350,599,172.49 | 359,726,619.49 | －2.54 | 330,292,597.84 |
| 净利润 | 320,169,894.38 | 335,758,162.29 | －4.64 | 312,037,750.72 |
| 扣除非经常性损益的净利润 | 321,933,177.97 | 333,127,839.32 | －3.36 | 306,281,422.77 |
| | 2002年末 | 2001年末 | 本年末比上年末增减(%) | 2000年末 |
| 总资产 | 2,711,376,450.59 | 2,609,340,155.45 | 3.91 | 2,610,309,193.40 |
| 股东权益(不含少数股东权益) | 2,475,311,830.40 | 2,165,207,306.61 | 14.32 | 1,981,557,868.06 |
| 经营活动产生的现金流量净额 | 364,033,097.44 | 355,551,713.77 | 2.39 | 214,841,707.11 |

2.2 主要财务指标　单位:元

| | 2002年 | 2001年 | 本年比上年增减(%) | 2000年 |
|---|---|---|---|---|
| 每股收益 | 0.4003 | 0.672 | －40.43 | 0.624 |
| 每股收益(加权平均) | 0.4003 | 0.672 | －40.43 | 0.675 |
| 净资产收益率 | 12.93% | 15.51% | －16.63 | 15.75% |
| 扣除非经常性损益的净利润为基础计算的净资产收益率 | 13.01% | 15.39% | －15.46 | 15.46% |
| 每股经营活动产生的现金流量净额 | 0.455 | 0.711 | －36.01 | 0.430 |
| | 2002年 | 2001年 | 本年比上年增减(%) | 2000年 |
| 每股净资产 | 3.095 | 4.331 | －28.54 | 3.964 |
| 调整后的每股净资产 | 3.079 | 4.313 | －28.61 | 3.938 |

## 000099 中信海洋直升机股份有限公司

### 二〇〇二年年度报告摘选

#### 1.上市公司基本情况简介

1.1 基本情况简介

证券简称:中信海直　证券代码:000099　上市交易所:深圳证券交易所

注册地址:深圳市罗湖区解放西路188号农业银行大厦19楼

办公地址:深圳市南山区麒麟路深圳直升机场　邮政编码:518052

公司国际互联网网址:HTTP://WWW.china－cohc.com　电子信箱:cohc@china－cohc.com

1.2 联系人和联系方式

董事会秘书:姚旗　联系地址:深圳市南山区麒麟路深圳直升机场

电话:0755－26723692　传真:0755－26723684　电子信箱:board@china－cohc.com

证券事务代表:苏韶霞　联系地址:深圳市南山区麒麟路深圳直升机场

电话:0755－26971630　传真:0755－26971617　电子信箱:susx@china－cohc.com

#### 2.会计数据和财务指标摘要

2.1 主要会计数据　单位:(人民币)元

| | 2002年(本年) | 2001年(上年) | 本年比上年增减(%) | 2000年 |
|---|---|---|---|---|
| 主营业务收入 | 330,999,932.48 | 315,124,165.08 | 5.04% | 297,263,986.46 |
| 利润总额 | 73,263,021.03 | 70,861,705.98 | 3.39% | 60,302,940.46 |
| 净利润 | 62,000,635.61 | 61,281,686.28 | 1.17% | 51,257,499.39 |
| 扣除非经常性损益的净利润 | 60,292,564.09 | 53,173,114.76 | 13.39% | 57,902,277.71 |
| | 2002年末(本年末) | 2001年末(上年末) | 本年末比上年末增减(%) | 2000年末 |
| 总资产 | 1,387,500,291.25 | 1,079,619,168.08 | 28.52% | 1,094,619,168.08 |
| 股东权益(不含少数股东权益) | 913,504,903.16 | 865,616,267.55 | 5.53% | 825,771,804.46 |
| 经营活动产生的现金流量净额 | 50,653,986.58 | 62,638,906.27 | －19.13% | 57,902,277.71 |

2.2 主要财务指标　单位:(人民币)元

| | 2002年(本年) | 2001年(上年) | 本年比上年增减(%) | 2000年 |
|---|---|---|---|---|
| 每股收益 | 0.26 | 0.31 | －15.70% | 0.26 |
| 每股收益* | 0.26 | －－ | －－ | －－ |
| 净资产收益率 | 6.68% | 7.08% | －5.65% | 6.22% |
| 扣除非经常性损益的净利润为基础计算的净资产收益率 | 6.60% | 6.14% | 7.49% | 5.81% |
| 每股经营活动产生的现金流量净额 | 0.22 | 0.32 | －31.2% | 0.30 |
| | 2002年末(本年末) | 2001年末(上年末) | 本年末比上年末增减(%) | 2000年末 |
| 每股净资产 | 3.88 | 4.42 | －12.06% | 4.21 |
| 调整后的每股净资产 | 3.79 | 4.35 | －12.89% | 4.19 |

## 000429 广东省高速公路发展股份有限公司

### 二〇〇二年年度报告摘选

#### 1.上市公司基本情况简介

1.1 基本情况简介

股票简称:粤高速A、粤高速B　股票代码:000429、200429　上市交易所:深圳证券交易所

注册地址和办公地址:广东省广州市白云路85号　公司国际互联网网址:www.gpedcl.com.cn

邮政编码:510100　电子信箱:gpedcl@21cn.com　gpedcl_gzb@21cn.com

1.2 联系人和联系方式

董事会秘书:霍燕滨　联系地址:广东省广州市白云路85号

电话:(020)83731365　传真:(020)83731384　电子信箱:ybhuou@163.net

证券事务代表:左江　联系地址:广东省广州市白云路85号

电话:(020)83731388－230　传真:(020)83731384　电子信箱:zeozj@163.net

#### 2.会计数据和业务数据摘要

2.1 主要会计数据　单位:人民币元

| | 2002年度 | 2001年度 | 本年比上年增减(%) | 2000年度 |
|---|---|---|---|---|
| 主营业务收入 | 753,156,947.00 | 625,400,744.00 | 20.43% | 251,100,909.99 |
| 利润总额 | 405,976,517.31 | 239,532,613.11 | 69.49% | 23,163,373.14 |
| 净利润 | 171,955,320.42 | 147,973,921.92 | 16.21% | 133,026,565.84 |
| 扣除非经常性损益的净利润 | 191,140,498.94 | 141,297,053.20 | 35.28% | 132,175,625.12 |
| | 2002年末 | 2001年末 | 本年末比上年末增减(%) | 2000年末 |
| 总资产 | 6,140,580,965.34 | 5,775,201,426.79 | 6.33% | 6,177,940,889.87 |
| 股东权益(不含少数股东权益) | 3,366,648,343.28 | 3,320,358,304.42 | 1.39% | 3,298,096,157.30 |
| 经营活动产生的现金流量净额 | 355,915,982.54 | 478,144,530.20 | －25.56% | 156,360,664.19 |

2.2 主要财务指标　单位:人民币元

| | 2002年 | 2001年 | 本年比上年增减(%) | 2000年 |
|---|---|---|---|---|
| 每股收益(摊薄) | 0.14 | 0.12 | 16.67% | 0.16 |
| 每股收益(加权) | 0.14 | 0.12 | 16.67% | 0.17 |
| 净资产收益率 | 5.11% | 4.46% | 14.57% | 4.03% |
| 扣除非经常性损益的净利润为基础计算的净资产收益率 | 5.61% | 4.19% | 33.89% | 4.85% |
| 每股经营活动产生的现金流量净额 | 0.28 | 0.38 | －26.32% | 0.19 |
| | 2002年末 | 2001年末 | 本年末比上年末增减(%) | 2000年末 |
| 每股净资产 | 2.68 | 2.64 | 1.52% | 3.94 |
| 调整后的每股净资产 | 2.65 | 2.62 | 4.96% | 3.91 |

## 000582 北海新力实业股份有限公司

### 二〇〇二年年度报告摘选

#### 1.上市公司基本情况简介

1.1 基本情况简介

证券简称:北海新力　证券代码:000582　上市交易所:深圳证券交易所

注册地址和办公地址:广西北海市海角路145号　邮政编码:536000

公司国际互联网网址:http://www.bhxl.com.cn　电子信箱:bhxlzq@bh.gx.cninfo.com.cn

1.2 联系人和联系方式

董事会秘书:杨延华　联系地址:广西北海市海角路145号　传真:0779－3906393

电话:0779－3922254、13607799877　电子信箱:bhxlzq@bh.gx.cninfo.net

证券事务代表:梁勇　联系地址:广西北海市海角路145号　传真:0779－3906393

电话:0779－3922254、13807895500　电子信箱:bhxlzq@bh.gx.cninfo.net

#### 2.会计数据和财务指标摘要

2.1 主要会计数据　单位:(人民币)元

| | 2002年(本年) | 2001年(上年) | 本年比上年增减(%) | 2000年 |
|---|---|---|---|---|
| 主营业务收入 | 77,290,813.76 | 105,580,090.49 | －26.79% | 102,338,067.30 |
| 利润总额 | －40,555,015.77 | 1,167,326.46 | －3574.18% | 24,381,567.88 |
| 净利润 | －41,413,469.98 | 2,501,430.81 | －1755.59% | 15,456,581.51 |
| 扣除非经常性损益的净利润 | －39,906,306.78 | －4,477,990.24 | －－ | 11,259,203.08 |
| | 2002年末(本年末) | 2001年末(上年末) | 本年末比上年末增减(%) | 2000年末 |
| 总资产 | 851,520,261.89 | 890,893,004.26 | －4.42% | 982,944,680.00 |
| 股东权益(不含少数股东权益) | 469,530,978.21 | 510,944,448.19 | －8.11% | 508,443,020.00 |
| 经营活动产生的现金流量净额 | 11,036,016.40 | 33,142,812.43 | －66.70% | 6,596,177.62 |

2.2 主要财务指标　单位:(人民币)元

| | 2002年(本年) | 2001年(上年) | 本年比上年增减(%) | 2000年 |
|---|---|---|---|---|
| 每股收益 | －0.22 | 0.01 | －1792.31% | 0.08 |
| 净资产收益率 | －8.82% | 0.49% | －1900.00% | 3.04% |
| 扣除非经常性损益的净利润为基础计算的净资产收益率 | －8.50% | 0.88% | －1065.91% | 1.48% |
| 每股经营活动产生的现金流量净额 | 0.06 | 0.18 | －67.05% | 0.04 |
| | 2002年末(本年末) | 2001年末(上年末) | 本年末比上年末增减(%) | 2000年末 |
| 每股净资产 | 2.49 | 2.71 | －8.12% | 2.70 |
| 调整后的每股净资产 | 2.41 | 2.63 | －8.18% | 2.61 |

## 000652 天津泰达股份有限公司

### 二〇〇二年年度报告摘选

#### 1.上市公司基本情况简介

1.1 基本情况简介

证券简称:泰达股份 证券代码:000652 上市交易所:深圳证券交易所

注册地址和办公地址:天津开发区第三大街16号、天津市河东区十一经路81号天星河畔广场15层

邮政编码:300171 公司国际互联网网址:www.tedastock.com.cn

电子信箱:dm@tedastock.com.cn

1.2 联系人和联系方式

董事会秘书:谢剑琳 联系地址:天津市河东区十一经路81号天星河畔广场15层

电话:022-24138796 传真:022-24138796 电子信箱:dm@tedastock.com.cn

证券事务代表:尚志 联系地址:天津市河东区十一经路81号天星河畔广场15层

电话:022-24138115-536 传真:022-24382278 电子信箱:dinochang815@msn.com.cn

#### 2.会计数据和财务指标摘要

2.1 主要会计数据 单位:(人民币)元

| | 2002年(本年) | 2001年(上年) | 本年比上年增减(%) | 2000年 |
|---|---|---|---|---|
| 主营业务收入 | 387,195,040.30 | 374,056,399.85 | 3.51% | 382,207,668.54 |
| 利润总额 | 139,343,599.92 | 132,249,156.54 | 5.36% | 155,712,842.60 |
| 净利润 | 98,488,575.50 | 119,522,241.47 | -17.60% | 140,200,471.12 |
| 扣除非经常性损益的净利润 | 67,432,728.57 | 117,207,996.04 | -42.47% | 140,179,489.93 |
| | 2002年末(本年末) | 2001年末(上年末) | 本年末比上年末增减(%) | 2000年末 |
| 总资产 | 2,595,872,622.76 | 2,568,033,801.31 | 1.08% | 1,284,403,616.27 |
| 股东权益(不含少数股东权益) | 1,381,539,111.06 | 1,296,563,116.63 | 6.55% | 652,367,062.48 |
| 经营活动产生的现金流量净额 | 153,648,849.68 | 156,920,618.54 | -2.08% | 96,967,030.04 |

2.2 主要财务指标 单位:(人民币)元

| | 2002年(本年) | 2001年(上年) | 本年比上年增减(%) | 2000年 |
|---|---|---|---|---|
| 每股收益 | 0.22 | 0.40 | -45.05% | 0.53 |
| 每股收益* | 0.22 | 0.40 | -45.05% | 0.53 |
| 净资产收益率 | 7.13% | 9.22% | -22.67% | 21.49% |
| 扣除非经常性损益的净利润为基础计算的净资产收益率 | 4.88% | 9.04% | -46.02% | 21.55% |
| 每股经营活动产生的现金流量净额 | 0.34 | 0.52 | -34.62% | 0.37 |
| | 2002年末(本年末) | 2001年末(上年末) | 本年末比上年末增减(%) | 2000年末 |
| 每股净资产 | 3.07 | 4.32 | -28.97% | 2.46 |
| 调整后的每股净资产 | 3.05 | 4.29 | -29.02% | 2.45 |

## 000776 延边公路建设股份有限公司

### 二〇〇二年年度报告摘选

#### 1.上市公司基本情况简介

1.1 基本情况简介

股票简称:延边公路 股票代码:000776 上市交易所:深圳证券交易所

注册地址:吉林省延吉市河南街一号 邮政编码:133001

电子信箱:ybglgfgs@public.Yj.jl.cn

1.2 联系人和联系方式

董事会秘书:金美花 联系地址:吉林省延吉市河南街1号

电话:0433-2853913 传真:0433-2853913 电子信箱:ybglgfgs@public.Yj.jl.cn

证券事务代表:张洪军 联系地址:吉林省延吉市河南街1号

电话:0433-2810612 传真:0433-2810612 电子信箱:yjglgfgs@163.com

#### 2.会计数据和财务指标摘要

2.1 主要会计数据

| 项目 | 2002年度 | 2001年度 | 本年比上年增减(%) | 2000年度 |
|---|---|---|---|---|
| 主营业务收入 | 119,764,672.67 | 125,734,776.97 | -4.75 | 125,523,684.99 |
| 利润总额 | -224,713,789.06 | 29,179,322.54 | -870.11 | 34,456,957.52 |
| 净利润 | -213,147,878.88 | 25,927,868.80 | -922.08 | 29,307,612.60 |
| 扣除非经常性损益后的净利润 | -214,831,500.90 | 25,783,692.47 | -933.21 | 29,307,612.60 |
| | 2002年末 | 2001年末 | 本年末比上年末增减(%) | 2000年末 |
| 总资产 | 446,979,579.85 | 699,215,054.79 | -36.07 | 757,506,421.11 |
| 股东权益(不含少数股东权益) | 202,710,826.50 | 427,519,059.00 | -52.58 | 401,591,190.20 |
| 经营活动产生的现金流量净额 | 24,989,157.04 | 75,955,195.34 | -67.10 | 71,091,872.10 |

2.2 主要财务指标

| | 2002年 | 2001年 | 本年比上年增减(%) | 2000年 |
|---|---|---|---|---|
| 每股收益 | -1.158 | 0.141 | -921.28 | 0.159 |
| 净资产收益率 | -105.149 | 6.06% | -1782.40 | 7.30 |
| 扣除非经常性损益后的净利润为基础计算的净资产收益率 | -105.98 | 6.03% | -1857.55 | 6.85 |
| 每股经营活动产生的现金流量净额 | 0.136 | 0.413 | -67.07 | 0.386 |
| | 2002年末 | 2001年末 | 本年末比上年末增减(%) | 2000年末 |
| 每股净资产 | 1.101 | 2.322 | -52.58 | 2.18 |
| 调整后的每股净资产 | 1.099 | 2.319 | -52.61 | 2.18 |

## 000886 海南高速公路股份有限公司

### 二〇〇二年年度报告摘选

#### 1.上市公司基本情况简介

1.1 基本情况简介

股票简称:海南高速 股票代码:000886 上市交易所:深圳证券交易所

注册地址和办公地址:海南省海口市蓝天路16号 邮政编码:570203

公司国际互联网网址:http://www.hi-expressway.com 电子信箱:zks@hi-expressway.com

1.2 联系人和联系方式

董事会秘书:陈求仲 联系地址:海口市蓝天路16号

电话:0898-66701555 传真:0898-66790647 电子信箱:zks@hi-expressway.com

证券事务代表:张堪省 联系地址:海口市蓝天路16号

电话:0898-66768394 传真:0898-66790647 电子信箱:zks@hi-expressway.com

#### 2.会计数据和财务指标摘要

2.1 主要会计数据 单位:人民币千元

| | 2002年 | 2001年 调整前 | 2001年 调整后 | 本年比上年增减(%) | 2000年 调整前 | 2000年 调整后 |
|---|---|---|---|---|---|---|
| 主营业务收入 | 379645 | 287850 | 252448 | 50.38 | 298848 | 259648 |
| 利润总额 | 9944.87 | 7417.23 | -25542.45 | 238.93 | 45449.34 | 8870.14 |
| 净利润 | 23063 | 22897 | -7591 | 503.82 | 51526 | 17690 |
| 扣除非经常性损益的净利润 | 11082.90 | 38060.36 | 7572.66 | 46.35 | 63873.46 | 30037.70 |
| | 2002年末 | 2001年末 | | 本年末比上年末增减(%) | 2000年末 | |
| 总资产 | 5444560 | 5696494 | 5501784 | -1.04 | 5205350 | 5045547 |
| 股东权益(不含少数股东权益) | 2342733 | 2507503 | 2337399 | 0.23 | 2505186 | 2365570 |
| 经营活动产生的现金流量净额 | 71927.85 | 115774 | 115774 | -37.87 | 1044276 | 1044276 |

2.2 主要财务指标

| | 2002年 | 2001年 调整前 | 2001年 调整后 | 本年比上年增减(%) | 2000年 调整前 | 2000年 调整后 |
|---|---|---|---|---|---|---|
| 每股收益(元) | 0.02 | 0.023 | -0.008 | 450 | 0.052 | 0.018 |
| 净资产收益率(%) | 0.98 | 0.91 | -0.33 | 496.97 | 2.06 | 0.75 |
| 扣除非经常性损益的净利润为基础计算的净资产收益率(%) | 0.47 | 1.52 | 0.32 | 46.88 | 2.55 | 1.27 |
| 每股经营活动产生的现金流量净额 | 0.073 | 0.117 | 0.117 | 37.61 | 0.106 | 0.106 |
| | 2002年末 | 2001年末 | | 本年比上年增减(%) | 2000年末 | |
| 每股净资产(元) | 2.37 | 2.54 | 2.36 | 0.42 | 2.53 | 2.39 |
| 调整后的每股净资产(元) | 2.18 | 2.36 | 2.181 | -0.05 | 2.40 | 2.34 |

## 000900 现代投资股份有限公司

### 二〇〇二年年度报告摘选

#### 1.上市公司基本情况简介

1.1 基本情况简介

证券简称:现代投资 证券代码:000900 上市交易所:深圳证券交易所

注册地址和办公地址:长沙市八一路466号湖南省长沙市芙蓉中路465-467号金源大酒店南楼11层

邮政编码:410007 电子信箱:xdtzgf@public.cs.hn.cn

1.2 联系人和联系方式

董事会秘书:陈满林 联系地址:湖南省长沙市芙蓉中路465-467号金源大酒店南楼11层

电话:0731-5558888-1102 传真:0731-5163009 电子信箱:xdtzgf@public.cs.hn.cn

证券事务代表:罗茜萍 联系地址:湖南省长沙市芙蓉中路465-467号金源大酒店南楼11层

电话:0731-5558888-1112 传真:0731-5163009 电子信箱:xdtzgf@public.cs.hn.cn

#### 2.会计数据和财务指标摘要

2.1 主要会计数据

单位:(人民币)元

| | 2002年(本年) | 2001年(上年) | 本年比上年增减(%) | 2000年 |
|---|---|---|---|---|
| 主营业务收入 | 535,175,850.83 | 500,224,881.82 | 6.99% | 286,818,205.23 |
| 利润总额 | 142,301,746.66 | 198,583,964.29 | -28.34% | 172,322,511.83 |
| 净利润 | 89,933,230.78 | 173,407,800.33 | -48.14% | 142,629,641.13 |
| 扣除非经常性损益的净利润 | 91,795,554.27 | 149,231,700.23 | -38.49% | 123,443,341.13 |
| | 2002年末(本年末) | 2001年末(上年末) | 本年末比上年末增减(%) | 2000年末 |
| 总资产 | 4,404,143,028.27 | 4,599,499,645.47 | -4.25% | 4,908,429,316.62 |
| 股东权益(不含少数股东权益) | 2,508,606,400.94 | 2,458,993,129.60 | 2.02% | 2,342,507,505.86 |
| 经营活动产生的现金流量净额 | 378,362,918.57 | 316,359,105.07 | 19.60% | 14,318,522.54 |

2.2 主要财务指标

单位:(人民币)元

| | 2002年(本年) | 2001年(上年) | 本年比上年增减(%) | 2000年 |
|---|---|---|---|---|
| 每股收益 | 0.23 | 0.43 | -48.16% | 0.36 |
| 每股收益* | 0.23 | -- | -- | -- |
| 净资产收益率 | 3.58% | 7.05% | -49.22% | 6.09% |
| 扣除非经常性损益的净利润为基础计算的净资产收益率 | 3.67% | 6.03% | -39.14% | 7.80% |
| 每股经营活动产生的现金流量净额 | 0.95 | 0.79 | 19.55 | 0.04 |
| | 2002年末(本年末) | 2001年末(上年末) | 本年末比上年末增减(%) | 2000年末 |
| 每股净资产 | 6.29 | 6.16 | 2.03% | 5.87 |
| 调整后的每股净资产 | 6.13 | 6.05 | 1.32% | 5.76 |

# 000905 厦门路桥股份有限公司

## 二〇〇二年年度报告摘选

### 1.上市公司基本情况简介

1.1 基本情况简介

股票简称:厦门路桥 股票代码:000905 上市交易所:深圳证券交易所

注册地址和办公地址:厦门市嘉禾路侨星大厦八楼 邮政编码:361009

公司国际互联网网址:http://www.amoy-roadbridge.com 电子信箱:rbcicoxm@public.xm.fj.cn

1.2 联系人和联系方式

董事会秘书:刘翔 联系地址:厦门市嘉禾路侨星大厦八楼

电话:0592-5326897 5049881 传真:0592-5326893 电子信箱:Liuxiang.email@sina.com

证券事务代表:林瑞昭 联系地址:厦门市嘉禾路侨星大厦八楼

电话:0592-5326897 5049881 传真:0592-5326893 电子信箱:lrz311@sina.com.cn

### 2.会计数据和财务指标摘要

2.1 主要会计数据 单位:人民币元

| | 2002 年 | 2001 年 | 本年比上年增减(%) | 2000 年 |
|---|---|---|---|---|
| 主营业务收入 | 330,186,422.17 | 254,416,867.68 | 29.78 | 230,175,573.83 |
| 利润总额 | 96,501,333.17 | 44,979,352.86 | 114.55 | 49,151,299.69 |
| 净利润 | 81,007,733.73 | 37,952,867.58 | 113.44 | 27,277,887.04 |
| 扣除非经营性损益后的净利润 | 71,227,736.53 | 38,751,482.92 | 83.81 | 27,177,845.55 |
| | 2002 年末 | 2001 年末 | 本年末比上年末增减(%) | 2000 年末 |
| 总资产 | 2,838,798,700.28 | 2,805,191,729.26 | 1.18 | 2,761,554,502.82 |
| 股东权益 | 944,860,430.44 | 1,011,350,350.21 | -6.51 | 967,924,552.62 |
| 经营活动产生的现金流量净额 | 166,823,799.81 | 35,725,433.27 | 366.96 | 96,091,602.12 |

2.2 主要财务指标

| | 2002 年 | 2001 年 | 本年比上年增减(%) | 2000 年 |
|---|---|---|---|---|
| 每股收益 | 0.275 | 0.129 | 113.44 | 0.092 |
| 净资产收益率(%) | 8.57 | 3.75 | 128.46 | 2.82 |
| 扣除非经常性损益后的净资产收益率(%) | 7.54 | 3.83 | 96.74 | 2.89 |
| 每股经营活动产生的现金流量净额 | 0.566 | 0.121 | 367.77 | 0.326 |
| | 2002 年末 | 2001 年末 | 本年末比上年末增减(%) | 2000 年末 |
| 每股净资产 | 3.203 | 3.428 | -6.57 | 3.281 |
| 调整后的每股净资产 | 3.112 | 3.364 | -7.49 | 3.274 |

# 000916 华北高速公路股份有限公司

## 二〇〇二年年度报告摘选

### 1.上市公司基本情况简介

1.1 基本情况简介

股票简称:华北高速 股票代码:000916 上市交易所:深圳证券交易所

注册地址:北京市经济技术开发区宏达北路 10 号

办公地址:北京市丰台区方庄芳群园 4 区 22 号金城中心 18 层 邮政编码:100078

公司国际互联网网址:http://www.hbgsgl.com.cn 电子信箱:service@hbgsgl.com.cn

1.2 联系人和联系方式

董事会秘书:周会平 联系地址:北京市丰台区方庄芳群园 4 区 22 号金城中心 18 层

电话:010-67602600 传真:010-67602587 010-67602601

电子信箱:service@hbgsgl.com.cn

### 2.会计数据和财务指标摘要

2.1 主要会计数据

| | 2002 年(本年) | 2001 年(上年) | 本年比上年增减(%) | 2000 年 调整后 | 2000 年 调整前 |
|---|---|---|---|---|---|
| 主营业务收入 | 444,160,957.57 | 395,382,327.68 | 12.34 | 355,767,190.00 | 355,767,190.00 |
| 利润总额 | 249,807,153.44 | 218,959,028.13 | 14.09 | 280,393,522.33 | 280,738,100.66 |
| 净利润 | 173,482,518.44 | 161,323,158.30 | 7.54 | 280,393,522.33 | 280,738,100.66 |
| 扣除非经常性损益的净利润 | 164,339,536.92 | 186,276,359.18 | -11.78 | 227,619,381.27 | 227,964,000.66 |
| | 2002 年末(本年末) | 2001 年末(上年末) | 本年末比上年末增减(%) | 2000 年末 调整后 | 2000 年末 调整前 |
| 总资产 | 2,958,441,682.40 | 3,394,614,591.48 | -12.85 | 3,294,814,265.35 | 3,295,158,843.68 |
| 股东权益(不含少数股东权益) | 2,738,595,700.24 | 2,728,580,860.74 | 0.37 | 2,676,257,702.44 | 2,676,602,280.77 |
| 经营活动产生的现金流量净额 | 267,428,713.57 | 280,562,067.18 | -4.68 | 302,583,695.33 | 302,583,695.33 |

2.2 主要财务指标

| | 2002 年(本年) | 2001 年(上年) | 本年比上年增减(%) | 2000 年 调整后 | 2000 年 调整前 |
|---|---|---|---|---|---|
| 每股收益 | 0.1592 | 0.15 | 6.13 | 0.2572 | 0.2576 |
| 净资产收益率 | 6.33 | 5.91 | 7.11 | 10.48 | 10.49 |
| 扣除非经常性损益的净利润为基础计算的净资产收益率 | 5.84 | 6.76 | -13.61 | 8.60 | 8.62 |
| 每股经营活动产生的现金流量净额 | 0.2453 | 0.26 | -5.65 | 0.2776 | 0.2776 |
| | 2002 年末(本年末) | 2001 年末(上年末) | 本年末比上年末增减(%) | 2000 年末 调整后 | 2000 年末 调整前 |
| 每股净资产 | 2.5125 | 2.50 | 0.50 | 2.4553 | 2.4556 |
| 调整后的每股净资产 | 2.4729 | 2.49 | -0.69 | 2.4530 | 2.4533 |

# 000996 捷利实业股份有限公司

## 二〇〇二年年度报告摘选

### 1.上市公司基本情况简介

1.1 基本情况简介

股票简称:捷利股份 股票代码:000996 上市交易所:深圳证券交易所

注册地址:哈尔滨市南岗区宣义街 1 号 办公地址:哈尔滨市南岗区红军街 20 号金融大厦 9 楼

邮政编码:150001 公司国际互联网网址:www.jielee.com 电子信箱:jielee@jielee.com

1.2 联系人和联系方式

董事会秘书:徐朝武 联系地址:哈尔滨市南岗区红军街 20 号金融大厦 9 楼

电话:3608158 传真:3608944 电子信箱:xcw@jielee.com

### 2.会计数据和财务指标摘要

2.1 主要会计数据 单位:(人民币)元

| | 2002 年 | 2001 年 | 2002 年比 2001 年增减(%) | 2000 年 |
|---|---|---|---|---|
| 主营业务收入 | 138,158,988.45 | 187,993,590.00 | -26.51 | 219,051,533.92 |
| 利润总额 | -24,538,585.98 | 21,378,723.35 | -214.78 | 33,879,646.14 |
| 净利润 | -23,452,453.13 | 13,452,981.07 | -274.33 | 24,633,266.41 |
| 扣除非经常性损益的净利润 | -8,750,241.10 | 9,647,447.94 | -190.70 | 24,155,062.84 |
| | 2002 年末 | 2001 年末 | 2002 年末比 2001 年末增减(%) | 2000 年末 |
| 总资产 | 578,936,529.28 | 545,081,394.35 | 6.21 | 482,516,615.38 |
| 股东权益(不含少数股东权益) | 395,849,749.27 | 418,625,914.02 | -5.44 | 408,413,412.18 |
| 经营活动产生的现金流量净额 | -28,228,533.98 | 4,315,326.37 | -754.15 | -37,970,585.44 |

2.2 主要财务指标 单位:(人民币)元

| | 2002 年 | 2001 年 | 2002 年比 2001 年增减(%) | 2000 年 |
|---|---|---|---|---|
| 每股收益(元) | -0.20 | 0.12 | -266.67 | 0.214 |
| 净资产收益率 | -0.06 | 3.21 | -284.42 | 6.03 |
| 扣除非经常性损益的净利润为基础计算的净资产收益率 | -0.02 | 0 | -261.47 | 5.91 |
| 每股经营活动产生的现金量净额 | -0.25 | 0.04 | -725.00 | -0.33 |
| | 2002 年末 | 2001 年末 | 2002 年末比 2001 年末增减(%) | 2000 年末 |
| 每股净资产 | 3.44 | 3.64 | -5.49 | 3.55 |
| 调整后的每股净资产 | 3.44 | 3.63 | -5.51 | 3.54 |

# 200057 深圳大洋海运股份有限公司

## 二〇〇二年年度报告摘选

### 1.上市公司基本情况简介

1.1 基本情况简介

证券简称:ST 大洋 B 证券代码:200057 上市交易所:深圳证券交易所

注册地址和办公地址:深圳市福田区电子科技大厦 A 座 1805 室 邮政编码:518031

公司国际互联网网址:http://www.cninfo.com.cn 电子信箱:SZDAYANG@EC-H.COM

1.2 联系人和联系方式

董事会秘书:严中宇 联系地址:深圳市福田区电子科技大厦 A 座 1805 室

电话:0755-83780763 传真:0755-83780771 电子信箱:yzy@vip.163.com

### 2.会计数据和财务指标摘要

2.1 主要会计数据 单位:(人民币)元

| | 2002 年(本年) | 2001 年(上年) | 本年比上年增减(%) | 2000 年 |
|---|---|---|---|---|
| 主营业务收入 | | | -- | 0.00 |
| 利润总额 | -30,571,410.77 | 6,831,495.77 | -547.51% | -85,176,127.78 |
| 净利润 | -30,571,410.77 | 6,831,495.77 | -547.51% | -85,176,127.78 |
| 扣除非经常性损益的净利润 | -28,747,251.76 | -20,193,229.02 | -- | -35,695,838.45 |
| | 2002 年末(本年末) | 2001 年末(上年末) | 本年末比上年末增减(%) | 2000 年末 |
| 总资产 | 93,306,051.14 | 115,413,856.14 | -19.16% | 105,075,027.00 |
| 股东权益(不含少数股东权益) | -89,943,972.32 | -59,372,561.55 | -- | -66,204,057.32 |
| 经营活动产生的现金流量净额 | -24,282,471.09 | -5,397,287.23 | -- | -589,988.88 |

2.2 主要财务指标 单位:(人民币)元

| | 2002 年(本年) | 2001 年(上年) | 本年比上年增减(%) | 2000 年 |
|---|---|---|---|---|
| 每股收益 | -0.15 | 0.04 | -540.00% | -0.43 |
| 每股收益 * | -0.15 | -- | -- | -- |
| 净资产收益率 | 33.99% | -11.51% | -- | 128.66% |
| 扣除非经常性损益的净利润为基础计算的净资产收益率 | 32.00% | 34.01% | -5.91% | 53.92% |
| 每股经营活动产生的现金流量净额 | -0.12 | -0.03 | -- | 0.00 |
| | 2002 年末(本年末) | 2001 年末(上年末) | 本年末比上年末增减(%) | 2000 年末 |
| 每股净资产 | -0.45 | -0.30 | -- | -0.33 |
| 调整后的每股净资产 | -0.74 | -0.68 | -- | -0.67 |

# G.信息技术业(28家)

## 000008 广东亿安科技股份有限公司

### 二〇〇二年年度报告摘选

### 1.上市公司基本情况简介

1.1 基本情况简介
股票简称:ST亿安　股票代码:000008　上市交易所:深圳证券交易所
注册地址和办公地址:深圳市南山区内环路5号锦兴工业小区管理楼二楼　邮政编码:518064
电子信箱:szsqdq@public.szptt.net.cn
1.2 联系人和联系方式
董事会秘书:邱大庆　联系地址:深圳市南山区内环路5号锦兴工业小区管理楼二楼
电话:0755－26433212　传真:0755－26433485
证券事务代表:苏炜华　联系地址:深圳市南山区内环路5号锦兴工业小区管理楼二楼
电话:0755－26433212　传真:0755－26433485

### 2.会计数据和业务数据摘要

2.1 主要财务数据　单位:人民币元

| | 2002年(本年) | 2001年(上年) | 本年比上年增减(%) | 2000年 |
|---|---|---|---|---|
| 主营业务收入 | 6,735,232.72 | 24,398,690.27 | －72.40% | 102,721,874.00 |
| 利润总额 | －17,647,443.79 | －162,139,224.04 | －－ | 11,149,463.00 |
| 净利润 | －10,709,520.93 | －124,622,363.99 | －－ | 12,044,970.00 |
| 扣除非经常性损益的净利润 | －9,123,756.00 | －120,960,664.00 | －－ | 1,654,131.00 |
| | 2002年末(本年末) | 2001年末(上年末) | 本年末比上年末增减(%) | 2000年末 |
| 总资产 | 70,616,135.84 | 107,596,720.14 | －34.37% | 288,877,289.00 |
| 股东权益(不含少数股东权益) | －32,685,943.31 | －48,823,969.84 | －－ | 108,280,732.00 |
| 经营活动产生的现金流量净额 | 198,961.86 | －1,044,304.00 | －－ | 9,133,613.00 |

2.2 主要财务指标

| | 2002年(本年) | 2001年(上年) | 本年比上年增减(%) | 2000年 |
|---|---|---|---|---|
| 每股收益 | －0.15 | －1.69 | －－ | 0.16 |
| 净资产收益率 | 32.76% | 255.25% | －87.17% | 11.12% |
| 扣除非经常性损益的净利润为基础计算的净资产收益率 | 0.00% | 0.00% | －－ | 1.53% |
| 每股经营活动产生的现金流量净额 | 0.00 | －0.01 | －－ | 0.12 |
| | 2002年末(本年末) | 2001年末(上年末) | 本年末比上年末增减(%) | 2000年末 |
| 每股净资产 | －0.44 | －0.66 | －－ | 1.47 |
| 调整后的每股净资产 | －0.44 | －0.68 | －－ | 1.32 |

## 000014 沙河实业股份有限公司

### 二〇〇二年年度报告摘选

### 1.上市公司基本情况简介

1.1 基本情况简介
股票简称:沙河股份　股票代码:000014　上市交易所:深圳证券交易所
注册地址和办公地址:深圳市南山区沙河商城七楼　邮政编码:518053
电子信箱:Wf3721@21cn.com
1.2 联系人和联系方式
董事会秘书:王　凡　联系地址:深圳市南山区沙河商城七楼
电话:0755－26900498　传真:0755－26608488　电子信箱:Wf3721@21cn.com
证券事务代表:李　锐　联系地址:深圳市南山区沙河商城七楼
电话:0755－26902222－248　传真:0755－26608488　电子信箱:liruimr@21cn.com

### 2.会计数据和财务指标摘要

2.1 主要会计数据　单位:元

| 项　目 | 2002年 | 2001年 调整前 | 2001年 调整后 | 本年比上年调整后增减(%) | 2000年 |
|---|---|---|---|---|---|
| 主营业务收入 | 475,792,792.26 | 465,637,320.49 | 465,637,320.49 | 2.18 | 78,183,624.50 |
| 利润总额 | 35,910,540.68 | 31,760,027.08 | 37,059,973.83 | －3.10 | －31,386,113.91 |
| 净利润 | 35,910,540.68 | 31,760,027.08 | 37,059,973.83 | －3.10 | －33,425,582.79 |
| 扣除非经常性损益的净利润 | 36,104,608.09 | 31,845,968.91 | 37,145,915.66 | －2.80 | －32,563,930.30 |
| 项　目 | 2002年末 | 2001年末 调整前 | 2001年末 调整后 | 本年末比上年调整后增减(%) | 2000年末 |
| 总资产 | 694,513,618.32 | 693,521,426.70 | 698,821,373.45 | －0.62 | 310,419,895.17 |
| 股东权益(不含少数股东权益) | 230,456,321.03 | 191,935,236.10 | 197,235,182.85 | 16.84 | 190,172.68 |
| 经营活动产生的现金流量净额 | 34,482,054.40 | 70,334,935.51 | 70,334,935.51 | －50.97 | 10,553,988.45 |

2.2 主要财务指标

| | 2002年 | 2001年 调整前 | 2001年 调整后 | 本年比上年调整后增减(%) | 2000年 |
|---|---|---|---|---|---|
| 每股收益(全面摊薄)(元) | 0.40 | 0.35 | 0.41 | －2.44% | －0.37 |
| 每股收益(加权平均)(元) | 0.40 | 0.35 | 0.41 | －2.44% | －0.37 |
| 净资产收益率(全面摊薄)(%) | 15.58 | 16.55 | 18.79 | －17.08% | －17,576.44 |
| 净资产收益率(加权平均)(%) | 16.69 | 22.12 | 25.34 | －34.14% | － |
| 扣除非经常性损益的净利润为基础计算的加权平均净资产收益率(%) | 16.78 | 22.18 | 25.39 | －33.91% | － |
| 每股经营活动产生的现金流量净额(元/股) | 0.38 | 0.78 | 0.78 | －51.28 | 0.12 |
| | 2002年末 | 2001年末 调整前 | 2001年末 调整后 | 本年比上年调整后增减(%) | 2000年末 |
| 每股净资产 | 2.57 | 2.14 | 2.20 | 16.82 | 0.002 |
| 调整后的每股净资产 | 2.53 | 1.82 | 1.88 | 34.57 | －0.201 |

## 000021 深圳开发科技股份有限公司

### 二〇〇二年年度报告摘选

### 1.上市公司基本情况简介

1.1 基本情况简介
证券简称:深科技A　证券代码:000021　上市交易所:深圳证券交易所
注册地址和办公地址:深圳市福田区彩田路(北)开发大厦　邮政编码:518035
公司国际互联网网址:http://www.kaifa.com.cn　电子信箱:jessichen@kaifa.com.hk
1.2 联系人和联系方式
董事会秘书:陈燕明　联系地址:深圳市福田区彩田路7006号
电话:0755－83275000－33187　传真:0755－83275997　电子信箱:jessichen@kaifa.com.hk

### 2.会计数据和财务指标摘要

2.1 主要会计数据　单位:(人民币)元

| | 2002年(本年) | 2001年(上年) | 本年比上年增减(%) | 2000年 |
|---|---|---|---|---|
| 主营业务收入 | 6,178,905,547.76 | 3,918,688,710.56 | 57.68% | 3,871,253,798.93 |
| 利润总额 | 88,802,729.63 | －22,194,591.31 | －－ | 168,795,956.57 |
| 净利润 | 60,729,126.65 | －16,783,131.59 | －－ | 148,176,045.69 |
| 扣除非经常性损益的净利润 | 102,589,132.43 | －23,588,892.14 | －－ | 148,176,045.69 |
| | 2002年末(本年末) | 2001年末(上年末) | 本年末比上年末增减(%) | 2000年末 |
| 总资产 | 5,046,228,087.58 | 4,645,331,162.42 | 8.63% | 3,953,203,765.84 |
| 股东权益(不含少数股东权益) | 2,283,460,794.99 | 2,262,898,812.15 | 0.91% | 2,322,947,224.05 |
| 经营活动产生的现金流量净额 | 255,035,415.98 | 204,958,815.22 | 24.43% | －439,517,222.73 |

2.2 主要财务指标　单位:(人民币)元

| | 2002年(本年) | 2001年(上年) | 本年比上年增减(%) | 2000年 |
|---|---|---|---|---|
| 每股收益 | 0.08 | －0.02 | －－ | 0.20 |
| 净资产收益率 | 2.66% | －0.74% | －－ | 6.38% |
| 扣除非经常性损益的净利润为基础计算的净资产收益率 | 4.49% | －1.04% | －－ | 6.28% |
| 每股经营活动产生的现金流量净额 | 0.35 | 0.28 | 24.29% | －0.60 |
| | 2002年末(本年末) | 2001年末(上年末) | 本年末比上年末增减(%) | 2000年末 |
| 每股净资产 | 3.12 | 3.09 | 0.92% | 3.17 |
| 调整后的每股净资产 | 3.09 | 3.05 | 1.21% | 3.15 |

## 000032 深圳市桑达实业股份有限公司

### 二〇〇二年年度报告摘选

### 1.上市公司基本情况简介

1.1 基本情况简介
证券简称:深桑达A　证券代码:000032　上市交易所:深圳证券交易所
注册地址和办公地址:深圳市福田区振华路78号西二层　邮政编码:518031
公司国际互联网网址:www.sedind.com　电子信箱:sed@sedind.com
1.2 联系人和联系方式
董事会秘书:金涛　联系地址:深圳市福田区振华路78号西二层
电话:83200636　传真:83200639　电子信箱:sed@sedind.com
证券事务代表:李红梅　联系地址:深圳市福田区振华路78号西二层
电话:83200636　传真:83200639　电子信箱:sed@sedind.com

### 2.会计数据和财务指标摘要

2.1 主要会计数据　单位:(人民币)元

| | 2002年(本年) | 2001年(上年) | 本年比上年增减(%) | 2000年 |
|---|---|---|---|---|
| 主营业务收入 | 1,388,354,555.29 | 1,691,814,692.18 | －17.94% | 1,152,602,985.77 |
| 利润总额 | 51,905,263.75 | 46,750,344.70 | 11.03% | 39,607,365.42 |
| 净利润 | 43,138,591.89 | 36,375,973.55 | 18.59% | 30,228,505.46 |
| 扣除非经常性损益的净利润 | 39,688,172.76 | 33,761,495.90 | 17.55% | 29,007,800.00 |
| | 2002年末(本年末) | 2001年末(上年末) | 本年末比上年末增减(%) | 2000年末 |
| 总资产 | 1,075,619,146.75 | 893,896,557.56 | 20.33% | 841,183,733.66 |
| 股东权益(不含少数股东权益) | 526,409,318.33 | 265,526,402.01 | 98.25% | 242,231,628.46 |
| 经营活动产生的现金流量净额 | 65,517,055.78 | 133,992,315.13 | －51.10% | －11,883,978.35 |

2.2 主要财务指标　单位:(人民币)元

| | 2002年(本年) | 2001年(上年) | 本年比上年增减(%) | 2000年 |
|---|---|---|---|---|
| 每股收益 | 0.29 | 0.28 | 3.96% | 0.23 |
| *每股收益 | 0.29 | －－ | －－ | －－ |
| 净资产收益率 | 8.19% | 13.70% | －40.22% | 12.48% |
| 扣除非经常性损益的净利润为基础计算的净资产收益率 | 7.54% | 12.72% | －40.72% | 12.02% |
| 每股经营活动产生的现金流量净额 | 0.44 | 1.02 | －57.14% | 0.09 |
| | 2002年末(本年末) | 2001年末(上年末) | 本年末比上年末增减(%) | 2000年末 |
| 每股净资产 | 3.53 | 2.03 | 73.74% | 1.85 |
| 调整后的每股净资产 | 3.33 | 1.79 | 86.29% | 1.60 |

## 000035 中国科健股份有限公司

# 二〇〇二年年度报告摘选

## 1.上市公司基本情况简介

1.1 基本情况简介

证券简称:中科健 A 证券代码:000035 上市交易所:深圳证券交易所

注册地址:深圳市蛇口工业六路

办公地址:深圳市福田区滨河路 5022 号联合广场 B 座六层 邮政编码:518026

公司国际互联网网址:http://www.chinakejian.net 电子信箱:cnkj@public.szptt.net.cn

1.2 联系人和联系方式

董事会秘书:高文舍 联系地址:深圳福田区滨河路 5022 号联合广场 B 座六层

电话:0755－82940181 传真:0755－82940095 电子信箱:cnkj@public.szptt.net.cn

证券事务代表:费宁萍 联系地址:深圳福田区滨河路 5022 号联合广场 B 座六层

电话:0755－82940282 传真:0755－82940095 电子信箱:cnfnp@chinakejian.net

## 2.会计数据和财务指标摘要

2.1 主要会计数据 单位:(人民币)元

| | 2002 年(本年) | 2001 年(上年) | 本年比上年增减(%) | 2000 年 |
|---|---|---|---|---|
| 主营业务收入 | 3,129,003,072.69 | 1,444,828,860.15 | 116.57% | 86,393.90 |
| 利润总额 | 62,832,180.41 | 36,089,807.33 | 74.10% | 13,432,990.92 |
| 净利润 | 62,490,586.20 | 37,492,633.56 | 66.67% | 1,340.78 |
| 扣除非经常性损益的净利润 | 33.82 | 25.28 | 33.78% | 17.94 |
| | 2002 年末(本年末) | 2001 年末(上年末) | 本年末比上年末增减(%) | 2000 年末 |
| 总资产 | 1,530,492,497.28 | 1,343,467,747.88 | 13.92% | 89,456.61 |
| 股东权益(不含少数股东权益) | 229,925,713.71 | 167,435,127.51 | 37.32% | 13,026.03 |
| 经营活动产生的现金流量净额 | 191,518,295.84 | －203,111,442.38 | －－ | 235,274,834.64 |

2.2 主要财务指标 单位:(人民币)元

| | 2002 年(本年) | 2001 年(上年) | 本年比上年增减(%) | 2000 年 |
|---|---|---|---|---|
| 每股收益 | 0.54 | 0.32 | 66.42% | 0.12 |
| 每股收益 * | 0.54 | －－ | －－ | －－ |
| 净资产收益率 | 27.18% | 22.39% | 21.39% | 10.29% |
| 扣除非经常性损益的净利润为基础计算的净资产收益率 | 33.82% | 25.28% | 33.78% | 17.94% |
| 每股经营活动产生的现金流量净额 | 1.65 | －1.75 | －－ | 2.03 |
| | 2002 年末(本年末) | 2001 年末(上年末) | 本年末比上年末增减(%) | 2000 年末 |
| 每股净资产 | 1.98 | 1.45 | 37.30% | 1.12 |
| 调整后的每股净资产 | 1.95 | 1.32 | 47.73% | 1.36 |

## 000063 深圳市中兴通讯股份有限公司

# 二〇〇二年年度报告摘选

## 1.上市公司基本情况简介

1.1 基本情况简介

股票简称:中兴通讯 股票代码:000063 上市交易所:深圳证券交易所

注册地址和办公地址:深圳市南山区高新技术产业园科技南路中兴通讯大厦

邮政编码:518057 公司国际互联网网址:http://www.zte.com.cn

电子信箱:info@mail.zte.com.cn

1.2 联系人和联系方式

董事会秘书:冯健雄 联系地址:深圳市南山区高新技术产业园科技南路中兴通讯大厦

电话:0755－26770282 传真:0755－26770286 电子信箱:fengjianxiong@mail.zte.com.cn

证券事务代表:李黔、李柳红 联系地址:深圳市南山区高新技术产业园科技南路中兴通讯大厦

电话:0755－26770282 传真:0755－26770286 电子信箱:info@mail.zte.com.cn

## 2.会计数据和财务指标摘要

2.1 主要会计数据 单位:元

| | 2002 年(本年) | 2001 年(上年) 调整前 | 2001 年(上年) 调整后 | 本年比上年(调整后)增减(%) | 2000 年 调整前 | 2000 年 调整后 |
|---|---|---|---|---|---|---|
| 主营业务收入 | 11,009,240,726.22 | 9,332,020,754.14 | 9,332,020,754.14 | 17.97 | 4,523,425,803.08 | 4,523,425,803.08 |
| 利润总额 | 738,195,588.78 | 680,881,137.63 | 680,881,137.63 | 8.42 | 425,180,888.96 | 413,939,697.32 |
| 净利润 | 566,999,941.56 | 570,268,940.62 | 525,854,609.90 | 7.82 | 354,152,434.27 | 342,911,242.63 |
| 扣除非经常性损益的净利润 | 398,103,388.21 | 564,875,219.35 | 520,460,888.63 | －23.51 | 338,478,778.38 | 327,237,586.74 |
| | 2002 年末(本年末) | 2001 年末(上年末) 调整前 | 2001 年末(上年末) 调整后 | 本年末比上年末(调整后)增减(%) | 2000 年末 调整前 | 2000 年末 调整后 |
| 总资产 | 12,405,770,105.82 | 9,054,549,428.98 | 9,054,549,428.98 | 37.01 | 6,321,006,764.04 | 6,286,840,003.37 |
| 股东权益(不含少数股东权益 | 4,276,412,947.72 | 3,863,344,712.83 | 3,818,930,382.11 | 11.98 | 1,885,815,687.98 | 1,851,648,927.31 |
| 经营活动产生的现金流量净额 | 1,418,729,016.33 | 327,689,702.78 | 327,689,702.78 | 332.95 | －70,711,692.08 | －70,711,692.08 |

2.2 主要财务指标 单位:元

| | 2002 年(本年) | 2001 年(上年) 调整前 | 2001 年(上年) 调整后 | 本年比上年(调整后)增减(%) | 2000 年 调整前 | 2000 年 调整后 |
|---|---|---|---|---|---|---|
| 每股收益 | 1.020 | 1.026 | 0.946 | 7.82 | 0.860 | 0.829 |
| 净资产收益率 | 13.26 | 14.76 | 13.77 | －3.71 | 18.78 | 18.52 |
| 扣除非经常性损益的净利润为基础计算的净资产收益率 | 9.31 | 14.62 | 13.63 | －31.69 | 17.95 | 17.67 |
| 每股经营活动产生的现金流量净额 | 2.55 | 0.59 | 0.59 | 332.42 | －0.17 | －0.17 |
| | 2002 年末(本年末) | 2001 年末(上年末) 调整前 | 2001 年末(上年末) 调整后 | 本年末比上年末(调整后)增减(%) | 2000 年末 调整前 | 2000 年末 调整后 |
| 每股净资产 | 7.690 | 6.95 | 6.87 | 11.94 | 4.56 | 4.48 |
| 调整后的每股净资产 | 7.50 | 6.87 | 6.80 | 10.29 | 4.50 | 4.42 |

## 000066 中国长城计算机深圳股份有限公司

# 二〇〇二年年度报告摘选

## 1.上市公司基本情况简介

1.1 基本情况简介

证券简称:长城电脑 证券代码:000066 上市交易所:深圳证券交易所

注册地址和办公地址:中国深圳南山区科技工业园长城计算机大厦 邮政编码:518057

公司国际互联网网址:www.greatwall.com.cn 电子信箱:stock@greatwall.com.cn

1.2 联系人和联系方式

董事会秘书:李田 联系地址:中国深圳南山区科技工业园长城计算机大厦

电话:86－755－26634759 传真:86－755－26631106 电子信箱:stock@greatwall.com.cn

证券事务代表:卢海棠 联系地址:中国深圳南山区科技工业园长城计算机大厦

电话:86－755－26634759 传真:86－755－26631106 电子信箱:stock@greatwall.com.cn

## 2.会计数据和财务指标摘要

2.1 主要会计数据 单位:(人民币)元

| | 2002 年(本年) | 2001 年(上年) | 本年比上年增减(%) | 2000 年 |
|---|---|---|---|---|
| 主营业务收入 | 1,539,661,450.44 | 2,059,163,797.41 | －25.23% | 2,253,158,794.41 |
| 利润总额 | 58,261,420.93 | 70,761,803.90 | －17.67% | 161,018,518.08 |
| 净利润 | 63,966,212.23 | 71,079,242.33 | －10.01% | 161,285,433.84 |
| 扣除非经常性损益的净利润 | 39,882,483.44 | 63,985,765.53 | －37.67% | 161,941,676.48 |
| | 2002 年末(本年末) | 2001 年末(上年末) | 本年末比上年末增减(%) | 2000 年末 |
| 总资产 | 2,050,958,241.69 | 2,267,123,894.11 | －9.53% | 2,221,999,871.89 |
| 股东权益(不含少数股东权益) | 1,153,276,541.19 | 1,181,008,628.96 | －2.35% | 1,201,230,070.00 |
| 经营活动产生的现金流量净额 | －16,401,336.91 | －118,456,372.59 | －－ | －61,057,036.20 |

2.2 主要财务指标 单位:(人民币)元

| | 2002 年(本年) | '2001 年(上年) | 本年比上年增减(%) | 2000 年 |
|---|---|---|---|---|
| 每股收益 | 0.14 | 0.16 | －10.26% | 0.35 |
| 每股收益 * | 0.14 | －－ | －－ | －－ |
| 净资产收益率 | 5.55% | 6.02% | －7.81% | 13.40% |
| 扣除非经常性损益的净利润为基础计算的净资产收益率 | 3.46% | 5.41% | －36.04% | 13.48% |
| 每股经营活动产生的现金流量净额 | －0.04 | －0.26 | －－ | 0.13 |
| | 2002 年末(本年末) | 2001 年末(上年末) | 本年末比上年末增减(%) | 2000 年末 |
| 每股净资产 | 2.52 | 2.58 | －2.36% | 2.62 |
| 调整后的每股净资产 | 2.46 | 2.55 | －3.38% | 2.61 |

## 000517 宁波成功信息产业股份有限公司

# 二〇〇二年年度报告摘选

## 1.上市公司基本情况简介

1.1 基本情况简介

证券简称:甬成功 证券代码:000517 上市交易所:深圳证券交易所

注册地址和办公地址:浙江省宁波市江东北路 138 号金融大厦 12AF 邮政编码:315040

公司国际互联网网址:http://www.successit.com 电子信箱:office@successit.com

1.2 联系人和联系方式

董事会秘书:傅备镖 联系地址:浙江省宁波市江东北路 138 号金融大厦 12AF

电话:0574－87730360 传真:0574－87374078 电子信箱:fbb@successit.com

证券事务代表:胡约翰 联系地址:浙江省宁波市江东北路 138 号金融大厦 12AF

电话:0574－87730353 传真:0574－87374078 电子信箱:john@successit.com

## 2.会计数据和财务指标摘要

2.1 主要会计数据 单位:(人民币)元

| | 2002 年(本年) | 2001 年(上年) | 本年比上年增减(%) | 2000 年 |
|---|---|---|---|---|
| 主营业务收入 | 552,948,773.64 | 494,810,466.24 | 11.75% | 203,651,917.05 |
| 利润总额 | 39,664,054.37 | 58,670,878.94 | －32.40% | 62,159,536.84 |
| 净利润 | 35,683,175.10 | 48,905,984.37 | －27.04% | 54,465,913.46 |
| 扣除非经常性损益的净利润 | 25,514,465.55 | 46,123,241.70 | －44.68% | 54,245,415.45 |
| | 2002 年末(本年末) | 2001 年末(上年末) | 本年末比上年末增减(%) | 2000 年末 |
| 总资产 | 1,224,251,344.44 | 755,738,182.55 | 61.99% | 570,706,203.43 |
| 股东权益(不含少数股东权益) | 781,502,919.01 | 278,609,227.62 | 180.50% | 253,683,489.80 |
| 经营活动产生的现金流量净额 | －64,140,211.90 | 31,089,151.41 | －306.31% | 10,867,196.11 |

2.2 主要财务指标 单位:(人民币)元

| | 2002 年(本年) | 2001 年(上年) | 本年比上年增减(%) | 2000 年 |
|---|---|---|---|---|
| 每股收益 | 0.24 | 0.54 | －55.02% | 0.61 |
| 每股收益(如果股本变化,按新股本计算) | 0.24 | －－ | －－ | －－ |
| 净资产收益率 | 4.57% | 17.55% | －73.96% | 21.47% |
| 扣除非经常性损益的净利润为基础计算的净资产收益率 | 4.47% | 16.76% | －73.33% | 24.06% |
| 每股经营活动产生的现金流量净额 | －0.44 | 0.35 | －227.21% | 0.12 |
| | 2002 年末(本年末) | 2001 年末(上年末) | 本年末比上年末增减(%) | 2000 年末 |
| 每股净资产 | 5.36 | 3.10 | 72.93% | 2.82 |
| 调整后的每股净资产 | 5.34 | 3.08 | 73.47% | 2.79 |

# 000542 TCL通讯设备股份有限公司

## 二〇〇二年年度报告摘选

### 1.上市公司基本情况简介

1.1 基本情况简介

证券简称:TCL通讯　证券代码:000542　上市交易所:深圳证券交易所

注册地址和办公地址:广东省惠州市上排大岭路10号TCL大厦　邮政编码:516001

公司国际互联网网址:http://www.tclcomm.com　电子信箱:comm.stock@tcl.com

1.2 联系人和联系方式

董事会秘书:肖晓平　联系地址:广东省惠州市上排大岭路10号TCL大厦

电话:0752－2288863、2288804　传真:0752－2261868　电子信箱:comm.stock@tcl.com

证券事务代表:叶文洁　联系地址:广东省惠州市上排大岭路10号TCL大厦

电话:0752－2288896　传真:0752－2261868　电子信箱:yewj@tcl.com

### 2.会计数据和财务指标摘要

2.1 主要会计数据　单位:(人民币)元

| | 2002年(本年) | 2001年(上年) | 本年比上年增减(%) | 2000年 |
|---|---|---|---|---|
| 主营业务收入 | 8,722,588,789.99 | 2,769,018,234.00 | 215.01% | 922,938,994.00 |
| 利润总额 | 1,042,603,368.48 | 155,647,123.00 | 569.85% | －119,992,495.00 |
| 净利润 | 276,387,766.99 | 21,543,781.00 | 1182.91% | －83,556,953.00 |
| 扣除非经常性损益的净利润 | 361,036,519.93 | 78,554,038.00 | 359.60% | －82,615,402.00 |
| | 2002年末(本年末) | 2001年末(上年末) | 本年末比上年末增减(%) | 2000年末 |
| 总资产 | 4,914,970,074.62 | 1,863,914,316.00 | 163.69% | 915,131,499.00 |
| 股东权益(不含少数股东权益) | 442,988,895.89 | 280,979,963.00 | 57.66% | 268,827,221.00 |
| 经营活动产生的现金流量净额 | 459,610,730.85 | 408,286,877.00 | 12.57% | －8,047,735.00 |

2.2 主要财务指标　单位:(人民币)元

| | 2002年(本年) | 2001年(上年) | 本年比上年增减(%) | 2000年 |
|---|---|---|---|---|
| 每股收益 | 1.47 | 0.12 | 1177.65% | －0.44 |
| 每股收益* | 1.47 | －－ | －－ | －－ |
| 净资产收益率 | 62.39% | 7.67% | 713.43% | －31.08% |
| 扣除非经常性损益的净利润为基础计算的净资产收益率 | 81.50% | 27.96% | 191.49% | －30.73% |
| 每股经营活动产生的现金流量净额 | 2.44 | 2.17 | 12.58% | －0.04 |
| | 2002年末(本年末) | 2001年末(上年末) | 本年末比上年末增减(%) | 2000年末 |
| 每股净资产 | 2.36 | 1.49 | 57.63% | 1.43 |
| 调整后的每股净资产 | 1.97 | 1.35 | 45.99% | 1.21 |

# 000583 四川托普软件投资股份有限公司

## 二〇〇二年年度报告摘选

### 1.上市公司基本情况简介

1.1 基本情况简介

证券简称:托普软件　证券代码:000583　上市交易所:深圳证券交易所

注册地址:四川省自贡市贡井区建设路284号

办公地址:四川成都高新西区西部软件园托普软件综合楼　邮政编码:611743

公司国际互联网网址:http://www.topsoftware.com.cn　电子信箱:jiangtao@topgroup.com

1.2 联系人和联系方式

董事会秘书:蒋涛　联系地址:四川省成都市高新西区西部软件园托普软件综合楼

电话:028－82960163　传真:028－82960162　电子信箱:jiangtao@topgroup.com

证券事务代表:张彦　联系地址:四川省成都市高新西区西部软件园托普软件综合楼

电话:028－82960163　传真:028－82960162　电子信箱:jiangtao@topgroup.com

### 2.会计数据和财务指标摘要

2.1 主要会计数据　单位:(人民币)元

| | 2002年(本年) | 2001年(上年) | 本年比上年增减(%) | 2000年 |
|---|---|---|---|---|
| 主营业务收入 | 677,456,807.70 | 710,999,079.99 | －4.72% | 508,264,093.07 |
| 利润总额 | 60,561,159.91 | 108,980,465.02 | －44.43% | 133,672,172.18 |
| 净利润 | 50,978,714.51 | 88,521,729.82 | －42.41% | 87,293,809.56 |
| 扣除非经常性损益的净利润 | 45,409,251.78 | 53,402,579.19 | －14.97% | 69,408,552.47 |
| | 2002年末(本年末) | 2001年末(上年末) | 本年末比上年末增减(%) | 2000年末 |
| 总资产 | 2,345,716,101.03 | 2,419,053,556.41 | －3.03% | 1,893,163,327.86 |
| 股东权益(不含少数股东权益) | 1,387,982,818.22 | 1,323,459,986.42 | 4.88% | 1,215,337,595.75 |
| 经营活动产生的现金流量净额 | 137,097,860.10 | 47,357,616.73 | 189.49% | 132,081,600.76 |

2.2 主要财务指标　单位:(人民币)元

| | 2002年(本年) | 2001年(上年) | 本年比上年增减(%) | 2000年 |
|---|---|---|---|---|
| 每股收益 | 0.22 | 0.73 | －69.68% | 0.72 |
| 每股收益* | 0.22 | －－ | －－ | －－ |
| 净资产收益率 | 3.67% | 6.69% | －45.14% | 7.18% |
| 扣除非经常性损益的净利润为基础计算的净资产收益率 | 3.27% | 4.04% | －19.06% | 5.71% |
| 每股经营活动产生的现金流量净额 | 0.59 | 0.39 | 52.37% | 1.08 |
| | 2002年末(本年末) | 2001年末(上年末) | 本年末比上年末增减(%) | 2000年末 |
| 每股净资产 | 5.99 | 10.85 | －44.80% | 9.97 |
| 调整后的每股净资产 | 5.96 | 10.63 | －43.93% | 9.72 |

# 000621 比特科技控股股份有限公司

## 二〇〇二年年度报告摘选

### 1.上市公司基本情况简介

1.1 基本情况简介

证券简称:比特科技　证券代码:000621　上市交易所:深圳证券交易所

注册地址:上海市钦江路99号　办公地址:北京市海淀区西直门外大街168号腾达大厦1009H

邮政编码:100044　公司国际互联网网址:http://www.bittech.com.cn

电子信箱:bittech@bittech.com.cn

1.2 联系人和联系方式

董事会秘书:张兴明　联系地址:北京市海淀区西直门外大街168号腾达大厦1009H

电话:88576868－603　传真:88576148　电子信箱:zxm@bittech.com.cn

证券事务代表:穆瑞芳　联系地址:北京市海淀区西直门外大街168号腾达大厦1009H

电话:88576868－625　传真:88576868－625　电子信箱:mrf@bittech.com.cn

### 2.会计数据和财务指标摘要

2.1 主要会计数据　单位:(人民币)元

| | 2002年(本年) | 2001年(上年) | 本年比上年增减(%) | 2000年 |
|---|---|---|---|---|
| 主营业务收入 | 62,201,676.22 | 39,110,940.49 | 59.04% | 0.00 |
| 利润总额 | －151,579,333.55 | －6,169,414.81 | －－ | 0.00 |
| 净利润 | －145,143,500.11 | －13,693,175.55 | －－ | 0.00 |
| 扣除非经常性损益的净利润 | －93,534,813.21 | －23,049,214.85 | －－ | 0.00 |
| | 2002年末(本年末) | 2001年末(上年末) | 本年末比上年末增减(%) | 2000年末 |
| 总资产 | 478,074,136.61 | 609,455,636.53 | －21.56% | 0.00 |
| 股东权益(不含少数股东权益) | 173,916,698.39 | 319,060,198.50 | －45.49% | 0.00 |
| 经营活动产生的现金流量净额 | －68,349,914.06 | －130,900,152.30 | －－ | 0.00 |

2.2 主要财务指标　单位:(人民币)元

| | 2002年(本年) | 2001年(上年) | 本年比上年增减(%) | 2000年 |
|---|---|---|---|---|
| 每股收益 | －0.97 | －0.09 | －－ | 0.00 |
| 净资产收益率 | －83.46% | －4.29% | －－ | 0.00% |
| 扣除非经常性损益的净利润为基础计算的净资产收益率 | －53.78% | －7.22% | －－ | 0.00% |
| 每股经营活动产生的现金流量净额 | －0.46 | －0.88 | －－ | 0.00 |
| | 2002年末(本年末) | 2001年末(上年末) | 本年末比上年末增减(%) | 2000年末 |
| 每股净资产 | 1.16 | 2.13 | －45.50% | 0.00 |
| 调整后的每股净资产 | 1.02 | 1.97 | －48.22% | 0.00 |

# 000669 吉林中讯科技发展股份有限公司

## 二〇〇二年年度报告摘选

### 1.上市公司基本情况简介

1.1 基本情况简介

证券简称:中讯科技　证券代码:000669　上市交易所:深圳证券交易所

注册地址:吉林省吉林市高新技术开发区C区26号楼

办公地址:吉林省吉林市高新区恒山西路104号　邮政编码:132013

公司国际互联网网址:http://www.000669.com　电子信箱:wdl@public.jl.jl.cn

1.2 联系人和联系方式

董事会秘书:陈兴华　联系地址:吉林省吉林市高新区恒山西路104号

电话:0432－4674416、4664051　传真:0432－4683884　电子信箱:wdl@public.jl.jl.cn

### 2.会计数据和财务指标摘要

2.1 主要会计数据　单位:(人民币)元

| | 2002年(本年) | 2001年(上年) | 本年比上年增减(%) | 2000年 |
|---|---|---|---|---|
| 主营业务收入 | 27,370,047.63 | 49,983,635.16 | －45.24% | 47,541,142.45 |
| 利润总额 | 3,986,588.58 | 7,182,893.39 | －44.50% | 8,476,080.52 |
| 净利润 | 3,430,632.79 | 6,200,349.59 | －44.67% | 8,476,080.52 |
| 扣除非经常性损益的净利润 | 2,368,696.58 | 6,470,438.61 | －63.39% | 8,477,300.52 |
| | 2002年末(本年末) | 2001年末(上年末) | 本年末比上年末增减(%) | 2000年末 |
| 总资产 | 145,771,891.35 | 143,839,290.60 | 1.34% | 138,755,696.47 |
| 股东权益(不含少数股东权益) | 78,543,953.25 | 75,113,320.46 | 4.57% | 71,379,770.87 |
| 经营活动产生的现金流量净额 | －2,163,006.22 | 871,039.75 | －348.32% | －290,189.38 |

2.2 主要财务指标　单位:(人民币)元

| | 2002年(本年) | 2001年(上年) | 本年比上年增减(%) | 2000年 |
|---|---|---|---|---|
| 每股收益 | 0.06 | 0.10 | －44.68% | 0.14 |
| 每股收益* | 0.06 | －－ | －－ | －－ |
| 净资产收益率 | 4.37% | 8.25% | －47.03% | 11.87% |
| 扣除非经常性损益的净利润为基础计算的净资产收益率 | 3.02% | 8.25% | －63.39% | 12.63% |
| 每股经营活动产生的现金流量净额 | －0.04 | 0.01 | －348.94% | －0.01 |
| | 2002年末(本年末) | 2001年末(上年末) | 本年末比上年末增减(%) | 2000年末 |
| 每股净资产 | 1.27 | 1.22 | 4.56% | 1.16 |
| 调整后的每股净资产 | 1.27 | 1.22 | 4.56% | 1.15 |

# 000682 烟台东方电子信息产业股份有限公司

## 二〇〇二年年度报告摘选

### 1.上市公司基本情况简介

1.1 基本情况简介

股票简称:ST东方 股票代码:000682 上市交易所:深圳证券交易所
注册地址:烟台市市府街45号 办公地址:烟台市世回尧路228号 邮政编码:264000
公司国际互联网网址:http://www.dongfang-china.com
电子信箱:zhengquan@dongfang-china.com

1.2 联系人和联系方式

董事会秘书:柳尧杰 联系地址:烟台市世回尧路228号
电话:0535-6582228 传真:0535-6582228 电子信箱:zhengquan@dongfang-china.com
证券事务代表:张俊杰 联系地址:烟台市世回尧路228号
电话:0535-6582228 传真:0535-6582228

### 2.会计数据和业务数据摘要

2.1 主要会计数据

| | 2002年 | 2001年 调整后 | 2001年 调整前 | 本年比上年增减(%) | 2000年 调整后 | 2000年 调整前 |
|---|---|---|---|---|---|---|
| 主营业务收入 | 378,672,907.97 | 726,535,236.79 | 726,535,236.79 | -47.88 | 870,750,084.24 | 1,375,017,811.58 |
| 利润总额 | -289,162,494.14 | -16,219,118.10 | 7,407,603.69 | -1682.85 | 16,642,241.57 | 552,972,522.49 |
| 净利润 | -284,179,610.62 | 33,539,249.05 | 62,697,780.26 | -947.30 | 98,609,578.64 | 472,965,724.58 |
| 扣除非经常性损益的净利润 | -275,606,530.49 | 33,808,164.02 | 62,966,698.23 | -915.21 | 121,867,753.63 | 473,674,940.23 |
| | 2002年末 | 2001年末 调整后 | 2001年末 调整前 | 本年比上年增减(%) | 2000年 调整后 | 2000年 调整前 |
| 总资产 | 1,525,484,922.63 | 1,808,817,621.49 | 1,819,063,203.21 | -15.66 | 1,816,039,095.90 | 1,847,906,906.33 |
| 股东权益(不含少数股东权益 | 210,871,256.92 | 493,713,014.22 | 546,187,509.30 | -57.29 | 460,173,765.18 | 1,395,225,385.97 |
| 经营活动产生的现金流量净额 | -84,010,767.36 | 40,202,391.33 | 40,202,391.33 | -308.97 | 110,154,239.52 | 380,709,715.22 |

2.2 主要财务指标

| | 2002年 | 2001年 调整后 | 2001年 调整前 | 本年比上年增减(%) | 2000年 调整后 | 2000年 调整前 |
|---|---|---|---|---|---|---|
| 每股收益 | -0.310 | 0.037 | 0.068 | -937.84 | 0.11 | 0.52 |
| 加权每股收益 | -0.310 | 0.037 | 0.068 | -937.84 | 0.11 | 0.52 |
| 净资产收益率 | -134.76 | 6.79 | 11.48 | -2084.68 | 21.43 | 33.90 |
| 扣除非经常性损益的净利润为基础计算的净资产收益率 | -130.70 | 6.85 | 11.53 | -2042.48 | 26.48 | 33.95 |
| 每股经营活动产生的现金流量净额 | -0.092 | 0.044 | 0.044 | -309.09 | 0.12 | 0.41 |
| | 2002年末 | 2001年末 调整后 | 2001年末 调整前 | 本年比上年增减(%) | 2000年 调整后 | 2000年 调整前 |
| 每股净资产 | 0.230 | 0.538 | 0.595 | -57.25 | 0.50 | 1.52 |
| 调整后的每股净资产 | 0.223 | 0.522 | 0.585 | -60.71 | 0.50 | 1.51 |

# 000703 世纪光华科技股份有限公司

## 二〇〇二年年度报告摘选

### 1.上市公司基本情况简介

1.1 基本情况简介

股票简称:世纪光华 股票代码:000703 上市交易所:深圳证券交易所
注册地址:北海市中山西路2号楼
办公地址:郑州市建设西路187号泰隆大厦16层 邮政编码:450007
电子信箱:0703@371.net

1.2 联系人和联系方式

董事会秘书:刘杰 联系地址:郑州市建设西路187号泰隆大厦16层
电话:0371-7422266 传真:0371-7422233 电子信箱:0703@371.net
证券事务代表:王志杰 联系地址:郑州市建设西路187号泰隆大厦16层
电话:0371-7422233 传真:0371-7422233

### 2.会计数据和财务指标摘要

2.1 主要会计数据 单位:人民币万元

| | 2002年 | 2001年 | 本年比上年增减(%) | 2000年 |
|---|---|---|---|---|
| 主营业务收入 | 29,544.32 | 26,431.05 | 11.78 | 26,352.57 |
| 利润总额 | 2,439.46 | 3,257.49 | -25.11 | 3,473.27 |
| 净利润 | 922.17 | 1,518.30 | -39.26 | 1,974.92 |
| 扣除非经常性损益的净利润 | 1,128.54 | 1,834.47 | -38.48 | 2,642.52 |
| | 2002年末 | 2001年末 | 本年末比上年末增减(%) | 2000年末 |
| 总资产 | 89,663.78 | 71,779.85 | 24.91 | 52,574.29 |
| 股东权益(不含少数股东权益) | 27,598.10 | 26,675.93 | 3.46 | 24,979.42 |
| 经营活动产生的现金流量净额 | 9,951.03 | 1,764.47 | - | 10,908.38 |

2.2 主要财务指标 单位:人民币元

| | 2002年 | 2001年 | 本年比上年增减(%) | 2000年 |
|---|---|---|---|---|
| 每股收益 | 0.087 | 0.142 | -38.73 | 0.185 |
| 净资产收益率 | 3.34 | 5.69 | -41.30 | 7.91 |
| 扣除非经常性损益的净利润为基础计算的净资产收益率 | 0.106 | 0.151 | -29.80 | 0.209 |
| 每股经营活动产生的现金流量净额 | 0.933 | 0.166 | - | 1.023 |
| | 2002年末 | 2001年末 | 本年末比上年末增减(%) | 2000年末 |
| 每股净资产 | 2.589 | 2.502 | 3.48 | 2.343 |
| 调整后的每股净资产 | 2.5 | 2.44 | 2.46 | 2.343 |

# 000711 黑龙江龙发股份有限公司

## 二〇〇二年年度报告摘选

### 1.上市公司基本情况简介

1.1 基本情况简介

股票简称:龙发股份 股票代码:000711 上市交易所:深圳证券交易所
注册地址和办公地址:哈尔滨经济技术开发区天顺街副68号 邮政编码:150090
公司国际互联网网址:http://www.lfgf.com 电子信箱:longfagufen@163.com

1.2 联系人和联系方式

董事会秘书:赵润涛 联系地址:哈尔滨经济技术开发区天顺街副68号
电话:0451-2335442 传真:0451-2334782 电子信箱:zrt0001@sina.com

### 2.会计数据和财务指标摘要

2.1 主要会计数据

| | 2002年 | 2001年 | 本年比上年增减(%) | 2000年 |
|---|---|---|---|---|
| 主营业务收入 | 88,395,860.92 | 77,736,892.00 | 13.71 | 91,651,276.80 |
| 利润总额 | 23,447,052.25 | 24,060,139.23 | -2.55 | 46,433,488.33 |
| 净利润 | 21,857,548.77 | 21,096,340.50 | 3.61 | 34,831,037.22 |
| 扣除非经常性损益的净利润 | 21,372,129.18 | 21,096,340.50 | 1.31 | 34,831,037.22 |
| | 2002年末 | 2001年末 | 本年末比上年末增减(%) | 2000年末 |
| 总资产 | 397,339,375.89 | 436,223,994.61 | -8.91 | 404,423,488.76 |
| 股东权益(不含少数股东权益) | 302,821,086.63 | 284,181,505.86 | 6.56 | 266,303,133.36 |
| 经营活动产生的现金流量净额 | -35,570,818.68 | 81,113,973.86 | -143.85 | 4,129,725.60 |

2.2 主要财务指标

| | 2002年 | 2001年 | 本年比上年增减(%) | 2000年 |
|---|---|---|---|---|
| 每股收益(加权) | 0.2038 | 0.1967 | 3.61 | 0.3247 |
| 每股收益(摊薄) | 0.2038 | 0.1967 | 3.61 | 0.3247 |
| 净资产收益率% | 7.22 | 7.42 | -2.70 | 13.08 |
| 扣除非经常性损益的净利润为基础计算的净资产收益率% | 7.06 | 7.42 | -4.85 | 13.07 |
| 每股经营活动产生的现金流量净额 | -0.3316 | 0.7562 | -143.85 | 0.0385 |
| | 2002年末 | 2001年末 | 本年末比上年末增减(%) | 2000年末 |
| 每股净资产 | 2.8231 | 2.6493 | 6.56 | 2.4827 |
| 调整后的每股净资产 | 2.8231 | 2.6493 | 6.56 | 2.4657 |

# 000748 湖南计算机股份有限公司

## 二〇〇二年年度报告摘选

### 1.上市公司基本情况简介

1.1 基本情况简介

证券简称:湘计算机 证券代码:000748 上市交易所:深圳证券交易所
注册地址和办公地址:湖南省长沙市雨花路161号 邮政编码:410007
公司国际互联网网址:http://www.hcc.com.cn
电子信箱:hcfpo@public.cs.hn.cn或zqb@hcc.com.cn

1.2 联系人和联系方式

董事会秘书:杨林 联系地址:湖南省长沙市雨花路161号
电话:0731-5554610-588 传真:0731-5514776 电子信箱:hcfpo@public.cs.hn.cn
证券事务代表:翦静 联系地址:湖南省长沙市雨花路161号
电话:0731-5559794 传真:0731-5514776 电子信箱:zqb@hcc.com.cn

### 2.会计数据和财务指标摘要

2.1 主要会计数据 单位:(人民币)元

| | 2002年(本年) | 2001年(上年) | 本年比上年增减(%) | 2000年 |
|---|---|---|---|---|
| 主营业务收入 | 701,529,454.23 | 699,638,150.14 | 0.27% | 706,955,876.83 |
| 利润总额 | 41,138,766.22 | 58,061,260.50 | -29.15% | 64,195,876.76 |
| 净利润 | 31,332,642.27 | 46,607,100.86 | -32.77% | 51,862,748.00 |
| 扣除非经常性损益的净利润 | 31,527,836.14 | 45,509,909.67 | -30.72% | 50,900,140.93 |
| | 2002年末(本年末) | 2001年末(上年末) | 本年末比上年末增减(%) | 2000年末 |
| 总资产 | 1,566,487,840.63 | 1,077,607,525.69 | 45.37% | 943,216,030.68 |
| 股东权益(不含少数股东权益) | 1,104,924,181.51 | 648,403,570.77 | 70.41% | 624,146,531.37 |
| 经营活动产生的现金流量净额 | -44,711,118.26 | -42,921,424.26 | -- | 85,704,115.14 |

2.2 主要财务指标 单位:(人民币)元

| | 2002年(本年) | 2001年(上年) | 本年比上年增减(%) | 2000年 |
|---|---|---|---|---|
| 每股收益 | 0.113 | 0.206 | -45.15% | 0.22 |
| 净资产收益率 | 2.84% | 7.19% | -60.50% | 8.17% |
| 加权平均的净资产收益率 | 3.25% | 7.19% | -54.80% | 8.17% |
| 扣除非经常性损益的净利润为基础计算的净资产收益率 | 2.85% | 7.02% | -59.40% | 8.18% |
| 每股经营活动产生的现金流量净额 | -0.162 | -0.19 | -- | 0.38 |
| | 2002年末(本年末) | 2001年末(上年末) | 本年末比上年末增减(%) | 2000年末 |
| 每股净资产 | 3.998 | 2.864 | 39.59% | 2.75 |
| 调整后的每股净资产 | 3.943 | 2.83 | 39.33% | 2.76 |

# 000787 创智信息科技股份有限公司

## 二〇〇二年年度报告摘选

### 1.上市公司基本情况简介

1.1 基本情况简介

证券简称:创智科技 证券代码:000787 上市交易所:深圳证券交易所

注册地址:深圳市南山区高新技术工业村管理楼 207 #

办公地址:长沙市高新技术产业开发区火炬城 M4 栋 邮政编码:518057

公司国际互联网网址:http://www.powerise.com.cn 电子信箱:powerise@powerise.com.cn

1.2 联系人和联系方式

董事会秘书:陈蓓 联系地址:长沙市高新技术产业开发区火炬城 M4 栋

电话:0731－8909008 传真:0731－8909353 电子信箱:investchen@sina.com

证券事务代表:陈蓓 联系地址:长沙市高新技术产业开发区火炬城 M4 栋

电话:0731－8909008 传真:0731－8909353 电子信箱:investchen@sina.com

### 2.会计数据和财务指标摘要

2.1 主要会计数据 单位:(人民币)元

| | 2002 年(本年) | 2001 年(上年) | 本年比上年增减(%) | 2000 年 |
|---|---|---|---|---|
| 主营业务收入 | 475,591,633.05 | 418,193,683.67 | 13.73% | 416,704,987.66 |
| 利润总额 | 33,856,518.75 | 50,460,863.69 | －32.91% | 28,742,528.95 |
| 净利润 | 30,674,935.46 | 43,896,096.27 | －30.12% | 27,806,942.64 |
| 扣除非经常性损益的净利润 | 31,634,846.01 | 58,974,266.65 | －46.36% | 33,988,618.05 |
| | 2002 年末(本年末) | 2001 年末(上年末) | 本年末比上年末增减(%) | 2000 年末 |
| 总资产 | 1,304,628,599.50 | 858,735,713.50 | 51.92% | 649,947,294.38 |
| 股东权益(不含少数股东权益) | 934,546,777.52 | 465,946,817.71 | 100.57% | 431,595,788.85 |
| 经营活动产生的现金流量净额 | 75,618,464.12 | 12,095,723.27 | 525.17% | 120,689,593.46 |

2.2 主要财务指标 单位:(人民币)元

| | 2002 年(本年) | 2001 年(上年) | 本年比上年增减(%) | 2000 年 |
|---|---|---|---|---|
| 每股收益 | 0.12 | 0.22 | －44.55% | 0.14 |
| 每股收益 * | 0.13 | – | – | – |
| 净资产收益率 | 3.28% | 9.42% | －65.18% | 6.44% |
| 扣除非经常性损益的净利润为基础计算的净资产收益率 | 4.25% | 13.00% | －67.31% | 7.89% |
| 每股经营活动产生的现金流量净额 | 0.30 | 0.06 | 394.43% | 0.60 |
| | 2002 年末(本年末) | 2001 年末(上年末) | 本年末比上年末增减(%) | 2000 年末 |
| 每股净资产 | 3.73 | 2.33 | 59.75% | 2.16 |
| 调整后的每股净资产 | 3.68 | 2.29 | 60.57% | 2.15 |

# 000805 江苏炎黄在线物流股份有限公司

## 二〇〇二年年度报告摘选

### 1.上市公司基本情况简介

1.1 基本情况简介

证券简称:炎黄物流 证券代码:000805 上市交易所:深圳证券交易所

注册地址和办公地址:江苏省常州市新区河海路 96 号 邮政编码:213022

公司国际互联网网址:http://www.0805.com.cn 电子信箱:investor@0805.chinese.com

1.2 联系人和联系方式

董事会秘书:刘洪梅 联系地址:江苏省常州市新区河海路 96 号

电话:(0519)5130805 传真:(0519)5130806 电子信箱:investor@0805.chinese.com

证券事务代表:卢珊 联系地址:江苏省常州市新区河海路 96 号

电话:(0519)5130805 传真:(0519)5130806 电子信箱:investor@0805.chinese.com

### 2.会计数据和财务指标摘要

2.1 主要会计数据 单位:(人民币)元

| | 2002 年(本年) | 2001 年(上年) | 本年比上年增减(%) | 2000 年 |
|---|---|---|---|---|
| 主营业务收入 | 155,375,303.62 | 102,388,265.76 | 51.75% | 40,648,766.86 |
| 利润总额 | 17,530,818.14 | 16,261,083.96 | 7.81% | 7,075,689.87 |
| 净利润 | 12,267,972.64 | 16,107,924.18 | －23.84% | 6,761,458.84 |
| 扣除非经常性损益的净利润 | 7,763,646.35 | 14,229,011.03 | －45.44% | －1,214,402.32 |
| | 2002 年末(本年末) | 2001 年末(上年末) | 本年末比上年末增减(%) | 2000 年末 |
| 总资产 | 229,961,988.33 | 235,516,895.49 | －2.36% | 183,231,691.27 |
| 股东权益(不含少数股东权益) | 101,969,262.65 | 94,901,820.15 | 7.45% | 72,766,157.28 |
| 经营活动产生的现金流量净额 | －2,125,644.18 | 10,325,447.53 | －120.59% | 67,559,058.64 |

2.2 主要财务指标 单位:(人民币)元

| | 2002 年(本年) | 2001 年(上年) | 本年比上年增减(%) | 2000 年 |
|---|---|---|---|---|
| 每股收益 | 0.21 | 0.28 | －23.84% | 0.12 |
| 每股收益 * | 0.21 | －－ | －－ | －－ |
| 净资产收益率 | 12.03% | 16.97% | －29.11% | 9.29% |
| 扣除非经常性损益的净利润为基础计算的净资产收益率 | 7.61% | 14.99% | －49.23% | －1.36% |
| 每股经营活动产生的现金流量净额 | －0.04 | 0.18 | －120.55% | 1.18 |
| | 2002 年末(本年末) | 2001 年末(上年末) | 本年末比上年末增减(%) | 2000 年末 |
| 每股净资产 | 1.78 | 1.66 | 7.45% | 1.27 |
| 调整后的每股净资产 | 1.70 | 1.65 | 3.47% | 1.26 |

# 000836 天津天大天财股份有限公司

## 二〇〇二年年度报告摘选

### 1.上市公司基本情况简介

1.1 基本情况简介

股票简称:天大天财 股票代码:000836 上市交易所:深圳证券交易所

注册地址和办公地址:天津市新技术产业园区 邮政编码:300384

公司国际互联网网址:http://www.tiancai.com.cn 电子信箱:investor@mail.tiancai.com.cn

1.2 联系人和联系方式

董事会秘书:李君毅 联系地址:天津天大天财股份有限公司

电话:022－83710888 传真:022－83710199 电子信箱:JYLi@tiancai.com.cn

证券事务代表:王伟 联系地址:天津天大天财股份有限公司

电话:022－83710888 传真:022－83710199 电子信箱:JYLi@tiancai.com.cn

### 2.会计数据和财务指标摘要

2.1 主要会计数据 单位:人民币元

| | 2002 年 | 2001 年 | 本年比上年增减(%) | 2000 年 调整前 | 2000 年 调整后 |
|---|---|---|---|---|---|
| 主营业务收入 | 1,260,874,190.83 | 1,168,612,171.85 | 7.9 | 845,756,900.87 | 845,756,900.87 |
| 利润总额 | 42,940,769.77 | 84,543,802.52 | －49.21 | 85,924,540.92 | 70,743,777.74 |
| 净利润 | 32,473,433.21 | 60,351,185.42 | －46.19 | 569,784,352.88 | 46,025,392.33 |
| 扣除非经常性损益的净利润 | 4,053,887.51 | 27,976,984.54 | －85.51 | 25,072,110.68 | 14,180,128.18 |
| | 2002 年末 | 2001 年末 | 本年比上年增减(%) | 2000 年 调整前 | 2000 年 调整后 |
| 总资产 | 2,399,155,024.68 | 1,860,214,188.66 | 28.97 | 1,006,224,604.35 | 967,392,783.76 |
| 股东权益(不含少数股东权益) | 965,685,434.98 | 933,885,813 | 3.41 | 526,913,059.43 | 488,331,477.47 |
| 经营活动产生的现金流量净额 | －256,815,521.16 | 71,991,998.8 | －456.73 | 35,142,056.78 | 35,142,056.78 |

2.2 主要财务指标 单位:人民币元

| | 2002 年 | 2001 年 | 本年比上年增减(%) | 2000 年 调整前 | 2000 年 调整后 |
|---|---|---|---|---|---|
| 每股收益 | 0.2645 | 0.491 | －46.13 | 0.55 | 0.447 |
| 净资产收益率 | 3.36% | 6.46% | －47.99 | 10.81% | 9.43% |
| 扣除非经常性损益的净利润为基础计算的净资产收益率 | 0.42% | 2.99% | －85.95 | 4.76% | 2.9% |
| 每股经营活动产生的现金流量净额 | －2.09 | 0.586 | －456.66 | 0.342 | 0.342 |
| | 2002 年 | 2001 年 | 本年比上年增减(%) | 2000 年 调整前 | 2000 年 调整后 |
| 每股净资产 | 7.87 | 7.6 | 3.55 | 5.12 | 4.75 |
| 调整后的每股净资产 | 7.65 | 7.46 | 2.55 | 5.05 | 4.66 |

# 000839 中信国安信息产业股份有限公司

## 二〇〇二年年度报告摘选

### 1.上市公司基本情况简介

1.1 基本情况简介

股票简称:中信国安 股票代码:000839 上市交易所:深圳证券交易所

注册地址:北京市海淀区海淀南路 32 号

办公地址:北京市朝阳区关东店北街 1 号国安大厦 邮政编码:100020

电子信箱:guoan@citicguoaninfo.com

1.2 联系人和联系方式

董事会秘书:廖小同 联系地址:北京市朝阳区关东店北街 1 号国安大厦

电话:010－65068509 传真:010－65061482 电子信箱:dshms@citicguoaninfo.com

### 2.会计数据和财务指标摘要

2.1 主要会计数据 单位:元

| | 2002 年 | 2001 年 | 本年比上年增减(%) | 2000 年 |
|---|---|---|---|---|
| 主营业务收入 | 937,566,222.77 | 452,239,427.78 | 107.32% | 403,852,563.06 |
| 利润总额 | 235,739,617.94 | 259,663,948.38 | －9.21% | 276,727,310.31 |
| 净利润 | 180,687,875.51 | 212,841,145.49 | －15.11% | 234,918,059.34 |
| 扣除非经常性损益的净利润 | 141,214,918.55 | 126,560,276.34 | 17.12% | 115,510,878.22 |
| | 2002 年末 | 2001 年末 | 本年末比上年末增减(%) | 2000 年末 |
| 总资产 | 4,600,186,934.86 | 3,098,717,075.63 | 48.45% | 2,365,093,642.19 |
| 股东权益(不含少数股东权益) | 2,615,420,308.11 | 1,617,590,262.99 | 61.69% | 1,453,486,596.67 |
| 经营活动产生的现金流量净额 | 156,343,814.05 | 308,839,730.25 | －49.38% | 111,462,078.02 |

2.2 主要财务指标 单位:元

| | 2002 年 | 2001 年 | 本年比上年增减(%) | 2000 年 |
|---|---|---|---|---|
| 每股收益(摊薄) | 0.2738 | 0.3607 | －24.10% | 0.3982 |
| 每股收益(加权) | 0.2864 | 0.3607 | －20.60% | 0.4033 |
| 净资产收益率 | 6.91% | 13.16% | －47.50% | 16.16% |
| 扣除非经常性损益的净利润为基础计算的净资产收益率 | 5.40% | 7.82% | －30.95% | 7.95% |
| 每股经营活动产生的现金流量净额 | 0.2369 | 0.5235 | －54.75% | 0.1889 |
| | 2002 年末 | 2001 年末 | 本年末比上年末增减(%) | 2000 年末 |
| 每股净资产 | 3.9628 | 2.7417 | 44.54% | 2.4635 |
| 调整后的每股净资产 | 3.7924 | 2.6198 | 44.76% | 2.3383 |

# 000892 重庆长丰通信股份有限公司

## 二〇〇二年年度报告摘选

### 1.上市公司基本情况简介

1.1 基本情况简介

证券简称:长丰通信 证券代码:000892 上市交易所:深圳证券交易所

注册地址:重庆市涪陵区人民东路50号

办公地址:重庆市渝中区邹容路50号半岛国际商务大厦13楼 邮政编码:400010

公司国际互联网网址:http://www.chinacfc.com 电子信箱:info@chinacfc.com

1.2 联系人和联系方式

董事会秘书:胡进 联系地址:重庆市渝中区邹容路50号半岛国际商务大厦13楼

电话:023-63763781 传真:023-63763801 电子信箱:info@chinacfc.com

证券事务代表:陈亚兰 联系地址:重庆市渝中区邹容路50号半岛国际商务大厦13楼

电话:023-63763781 传真:023-63763801 电子信箱:info@chinacfc.com

### 2.会计数据和财务指标摘要

2.1 主要会计数据 单位:(人民币)元

| | 2002年(本年) | 2001年(上年) | 本年比上年增减(%) | 2000年 |
|---|---|---|---|---|
| 主营业务收入 | 542,133,240.12 | 326,041,384.03 | 66.28% | 259,055,240.61 |
| 利润总额 | 112,527,552.41 | 109,592,625.25 | 2.68% | 99,601,748.41 |
| 净利润 | 87,103,478.84 | 86,239,438.26 | 1.00% | 69,742,166.64 |
| 扣除非经常性损益的净利润 | 43,363,078.84 | 93,207,530.21 | -53.48% | 52,304,610.32 |
| | 2002年末(本年末) | 2001年末(上年末) | 本年末比上年末增减(%) | 2000年末 |
| 总资产 | 2,338,531,856.56 | 1,761,349,770.68 | 32.77% | 1,110,046,568.35 |
| 股东权益(不含少数股东权益) | 694,307,163.44 | 607,203,684.60 | 14.35% | 541,658,090.34 |
| 经营活动产生的现金流量净额 | -271,251,842.07 | 98,479,664.72 | -375.44% | 274,465,514.79 |

2.2 主要财务指标 单位:(人民币)元

| | 2002年(本年) | 2001年(上年) | 本年比上年增减(%) | 2000年 |
|---|---|---|---|---|
| 每股收益 | 0.21 | 0.208 | 0.96% | 0.25 |
| 每股收益* | 0.21 | - | - | - |
| 净资产收益率 | 12.55% | 14.20% | -11.62% | 12.88% |
| 扣除非经常性损益的净利润为基础计算的净资产收益率 | 6.25% | 15.31% | -59.18% | 9.48% |
| 每股经营活动产生的现金流量净额 | -0.66 | 0.24 | -375% | 0.99 |
| | 2002年末(本年末) | 2001年末(上年末) | 本年末比上年末增减(%) | 2000年末 |
| 每股净资产 | 1.68 | 1.47 | 14.38% | 1.96 |
| 调整后的每股净资产 | 1.66 | 1.46 | 13.70% | 1.90 |

# 000909 数源科技股份有限公司

## 二〇〇二年年度报告摘选

### 1.上市公司基本情况简介

1.1 基本情况简介

证券简称:数源科技 证券代码:000909 上市交易所:深圳证券交易所

注册地址和办公地址:杭州市西湖区教工路一号、杭州市西湖区教工路一号 邮政编码:310012

公司国际互联网网址:http://www.soyea.com.cn 电子信箱:stock@soyea.com.cn

1.2 联系人和联系方式

董事会秘书:丁毅 联系地址:杭州市西湖区教工路一号

电话:(0571)88271018、88271028 传真:(0571)88271038 电子信箱:stock@soyea.com.cn

### 2.会计数据和财务指标摘要

2.1 主要会计数据 单位:(人民币)元

| | 2002年(本年) | 2001年(上年) | 本年比上年增减(%) | 2000年 |
|---|---|---|---|---|
| 主营业务收入 | 372,734,296.49 | 219,771,123.67 | 69.60% | 458,737,131.58 |
| 利润总额 | 10,413,536.38 | 9,380,108.16 | 11.02% | 7,637,260.82 |
| 净利润 | 4,057,555.74 | 3,407,308.13 | 19.08% | 3,338,449.08 |
| 扣除非经常性损益的净利润 | 3,023,300.99 | -14,562,147.02 | -- | 1,124,153.32 |
| | 2002年末(本年末) | 2001年末(上年末) | 本年末比上年末增减(%) | 2000年末 |
| 总资产 | 983,427,899.89 | 778,456,443.98 | 26.33% | 840,016,734.70 |
| 股东权益(不含少数股东权益) | 531,939,287.30 | 527,011,442.34 | 0.94% | 514,771,161.60 |
| 经营活动产生的现金流量净额 | 135,454,259.56 | -37,283,814.90 | -- | 40,821,519.25 |

2.2 主要财务指标 单位:(人民币)元

| | 2002年(本年) | 2001(上年) | 本年比上年增减(%) | 2000年 |
|---|---|---|---|---|
| 每股收益 | 0.02 | 0.02 | 23.53% | 0.02 |
| 净资产收益率 | 0.76% | 0.65% | 16.92% | 0.65% |
| 扣除非经常性损益的净利润为基础计算的净资产收益率 | 0.57% | -2.76% | -- | 0.22% |
| 每股经营活动产生的现金流量净额 | 0.69 | -0.19 | -- | 0.21 |
| | 2002年末(本年末) | 2001年末(上年末) | 本年末比上年末增减(%) | 2000年末 |
| 每股净资产 | 2.71 | 2.69 | 0.94% | 2.63 |
| 调整后的每股净资产 | 2.70 | 2.67 | 1.12% | 2.57 |

# 000938 清华紫光股份有限公司

## 二〇〇二年年度报告摘选

### 1.上市公司基本情况简介

1.1 基本情况简介

股票简称:清华紫光 股票代码:000938 上市交易所:深圳证券交易所

注册地址和办公地址:北京市海淀区清华大学紫光大楼 邮政编码:100084

公司国际互联网网址:http://www.thunis.com 电子信箱:thunis@thunis.com

1.2 联系人和联系方式

董事会秘书:齐联 联系地址:北京市海淀区清华大学紫光大楼

电话:010-62770008 传真:010-62770880 电子信箱:qilian@thunis.com

证券事务代表:张蔚 联系地址:北京市海淀区清华大学紫光大楼

电话:010-62770008 传真:010-62770880 电子信箱:zw@thunis.com

### 2.会计数据和财务指标摘要

2.1 主要会计数据 单位:元

| | 2002年(本年) | 2001年(上年) | 本年比上年增减(%) | 2000年 |
|---|---|---|---|---|
| 主营业务收入 | 1,899,056,657.32 | 1,465,349,764.54 | 29.60% | 920,132,392.98 |
| 利润总额 | 20,953,400.08 | -19,808,641.35 | 205.78% | 86,005,247.19 |
| 净利润 | 10,020,381.25 | -22,924,945.12 | 143.71% | 76,625,071.06 |
| 扣除非经常性损益的净利润 | 2,302,170.25 | -46,051,575.70 | 105.00% | 83,910,194.81 |
| | 2002年末(本年末) | 2001年末(上年末) | 本年末比上年末增减(%) | 2000年末 |
| 总资产 | 1,509,796,168.09 | 1,022,155,331.48 | 47.71% | 1,081,878,570.99 |
| 股东权益(不含少数股东权益) | 625,879,752.06 | 603,068,360.12 | 3.78% | 615,523,426.54 |
| 经营活动产生的现金流量净额 | -276,816,860.86 | 201,405,397.14 | -237.44% | -38,180,803.27 |

2.2 主要财务指标 单位:元

| | 2002年(本年) | 2001年(上年) | 本年比上年增减(%) | 2000年 |
|---|---|---|---|---|
| 每股收益 | 0.049 | -0.111 | 144.14% | 0.372 |
| 净资产收益率(%) | 1.60 | -3.80 | 142.12% | 12.45 |
| 扣除非经常性损益的净利润为基础计算的净资产收益率(%) | 0.37 | -7.64 | 104.82% | 12.98 |
| 每股经营活动产生的现金流量净额 | -1.344 | 0.977 | -237.56% | -0.185 |
| | 2002年末(本年末) | 2001年末(上年末) | 本年末比上年末增减(%) | 2000年末 |
| 每股净资产 | 3.037 | 2.926 | 3.75% | 2.987 |
| 调整后的每股净资产 | 3.019 | 2.848 | 4.84% | 2.959 |

# 000948 云南南天电子信息产业股份有限公司

## 二〇〇二年年度报告摘选

### 1.上市公司基本情况简介

1.1 基本情况简介

股票简称:南天信息 股票代码:000948 上市交易所:深圳证券交易所

注册地址:昆明市高新技术产业开发区软件园创新大厦 办公地址:昆明市环城东路455号

邮政编码:650041 公司国际互联网网址:http://www.nantian.com.cn

电子信箱:0948@nantian.com.cn

1.2 联系人和联系方式

董事会秘书:姜 东 联系地址:昆明市环城东路455号

电话:0871-3366327 传真:0871-3317398 电子信箱:jiangdong@nantian.com.cn

### 2.会计数据和财务指标摘要

2.1 主要会计数据

| | 2002年 | 2001年 | 本年比上年增减 | 2000年 |
|---|---|---|---|---|
| 主营业务收入 | 736,591,740.57 | 893,575,508.83 | -17.57% | 672,416,550.68 |
| 利润总额 | 45,150,948.38 | 52,327,135.97 | -13.71% | 58,310,826.81 |
| 净利润 | 40,785,067.15 | 39,446,840.11 | 3.39% | 41,853,031.14 |
| 扣除非经常性损益的净利润 | 36,340,658.77 | 36,441,254.94 | -0.28% | 37,390,139.50 |
| | 2002年末 | 2001年末 | 本年末比上年末增减 | 2000年末 |
| 总资产 | 858,103,119.60 | 849,521,146.76 | 1.01% | 819,637,670.99 |
| 股东权益(不含少数股东权益) | 489,676,633.19 | 476,891,676.03 | 1.51% | 464,033,099.23 |
| 经营活动产生的现金净流量 | -167,624,493.01 | 156,398,786.97 | -207.18% | 49,511,046.70 |

2.2 主要财务指标

| | 2002年 | 2001年 | 本年比上年增减 | 2000年 |
|---|---|---|---|---|
| 每股收益 | 0.29 | 0.28 | 3.37% | 0.30 |
| 净资产收益率(摊薄) | 8.33 | 8.27 | 0.69% | 9.02 |
| 扣除非经常性损益的净利润为基础计算的净资产收益率 | 7.42% | 7.64% | -2.88% | 8.06% |
| 每股经营活动产生的现金流量净额 | -1.20 | 1.12 | -207.14% | 0.35 |
| | 2002年末 | 2001年末 | 本年末比上年末增减 | 2000年末 |
| 每股净资产 | 3.50 | 3.41 | 2.68% | 3.31 |
| 调整后的每股净资产 | 3.43 | 3.34 | 2.76% | 3.21 |

## 000977 浪潮电子信息产业股份有限公司

# 二〇〇二年年度报告摘选

## 1.上市公司基本情况简介

1.1 基本情况简介

股票简称:浪潮信息 股票代码:000977 上市交易所:深圳证券交易所

注册地址和办公地址:山东省济南市山大路 224 号 邮政编码:250014

公司国际互联网网址:http://www.langchao.com.cn 电子信箱:000977@langchao.com.cn

1.2 联系人和联系方式

董事会秘书:张磊 联系地址:山东省济南市山大路 224 号

电话:0531－8932888－8591 传真:0531－8958704 电子信箱:000977@langchao.com.cn

证券事务代表:白荣 联系地址:山东省济南市山大路 224 号

电话:0531－8932888－8591 传真:0531－8958704 电子信箱:000977@langchao.com.cn

## 2.会计数据和财务指标摘要

2.1 主要会计数据

单位:(人民币)元

| | 2002 年(本年) | 2001 年(上年) | 本年比上年增减(%) | 2000 年 |
|---|---|---|---|---|
| 主营业务收入 | 898,057,844.41 | 797,255,319.52 | 12.64% | 814,470,312.49 |
| 利润总额 | 84,874,509.20 | 51,765,321.69 | 63.96% | 85,896,610.71 |
| 净利润 | 50,153,118.79 | 43,322,756.28 | 15.77% | 59,742,423.79 |
| 扣除非经常性损益的净利润 | 43,561,089.63 | 42,383,009.19 | 2.78% | 58,650,564.84 |
| | 2002 年末(本年末) | 2001 年末(上年末) | 本年末比上年末增减(%) | 2000 年末 |
| 总资产 | 1,595,413,804.55 | 1,111,764,613.93 | 43.50% | 1,167,714,808.79 |
| 股东权益(不含少数股东权益) | 839,990,806.70 | 806,504,074.99 | 4.15% | 784,393,436.00 |
| 经营活动产生的现金流量净额 | 128,192,323.76 | 77,104,239.10 | 66.26% | 11,487,124.85 |

2.2 主要财务指标

单位:(人民币)元

| | 2002 年(本年) | 2001 年(上年) | 本年比上年增减(%) | 2000 年 |
|---|---|---|---|---|
| 每股收益 | 0.23 | 0.20 | 15.63% | 0.28 |
| 每股收益* | 0.23 | －－ | －－ | －－ |
| 净资产收益率 | 5.97% | 5.37% | 11.17% | 7.62% |
| 扣除非经常性损益的净利润为基础计算的净资产收益率 | 5.19% | 5.23% | －0.76% | 7.47% |
| 每股经营活动产生的现金流量净额 | 0.60 | 0.36 | 66.29% | 0.05 |
| | 2002 年末(本年末) | 2001 年末(上年末) | 本年末比上年末增减(%) | 2000 年末 |
| 每股净资产 | 3.91 | 3.75 | 4.15% | 3.65 |
| 调整后的每股净资产 | 3.81 | 3.71 | 2.70% | 3.62 |

## 000981 甘肃兰光科技股份有限公司

# 二〇〇二年年度报告摘选

## 1.上市公司基本情况简介

1.1 基本情况简介

股票简称:兰光科技 股票代码:000981 上市交易所:深圳证券交易所

注册地址:甘肃省兰州市高新技术产业开发区张苏滩 573 号 8 楼(邮编:730000)

办公地址:深圳市福田区振华路 56 号兰光大厦(邮编:518031)

公司国际互联网网址:http://www.languang.com 电子信箱:Info@languang.com

1.2 联系人和联系方式

董事会秘书:李伟 联系地址:深圳市福田区振华路 56 号兰光大厦 8 层

电话:0755－83321515 传真:0755－83354195 电子信箱:liwei@languang.com

证券事务代表:杜颖 联系地址:深圳市福田区振华路 56 号兰光大厦 8 层

电话:0755－83248739 传真:0755－83354195

## 2.会计数据和财务指标摘要

2.1 主要会计数据

| | 2002 年 | 2001 年 | | 本年比上年增减(%) | | 2000 年 | |
|---|---|---|---|---|---|---|---|
| | | 调整后 | 调整前 | 调整后 | 调整前 | 调整后 | 调整前 |
| 主营业务收入 | 742,254,400.19 | 641,524,851.12 | 641,524,851.12 | 15.70% | 15.70% | 733,243,445.21 | 733,243,445.21 |
| 利润总额 | 6,501,431.88 | 25,186,773.59 | 30,996,298.16 | －74.19% | －79.03% | 53,608,325.59 | 54,301,648.60 |
| 净利润 | 15,425,652.51 | 22,703,379.57 | 25,932,516.78 | －32.06% | －40.52% | 53,608,325.59 | 54,301,648.60 |
| 扣除非经常性损益的净利润 | 16,717,992.32 | 20,598,274.60 | 22,290,655.02 | －18.84% | －25.00% | 48,174,535.65 | 48,867,858.66 |
| | 2002 年 | 2001 年 | | 本年末比上年末增减(%) | | 2000 年 | |
| | | 调整后 | 调整前 | 调整后 | 调整前 | 调整后 | 调整前 |
| 总资产 | 1,306,855,972.18 | 1,012,637,310.15 | 1,020,373,481.62 | 29.05% | 28.08% | 1,182,574,912.19 | 1,182,574,912.19 |
| 股东权益(不含少数股东权益) | 631,619,461.87 | 640,792,599.11 | 666,663,148.47 | －1.43% | －5.26% | 704,960,343.92 | 698,720,436.86 |
| 经营活动产生的现金流量净额 | －24,696,941.48 | －85,880,269.20 | －85,880,269.20 | －71.24% | －71.24% | 6,675,505.67 | 6,675,505.67 |

2.2 主要财务指标

| | 2002 年 | 2001 年 | | 本年比上年增减(%) | | 2000 年 | |
|---|---|---|---|---|---|---|---|
| | | 调整后 | 调整前 | 调整后 | 调整前 | 调整后 | 调整前 |
| 每股收益 | 0.096 | 0.141 | 0.161 | －31.91% | －40.37% | 0.333 | 0.337 |
| 净资产收益率 | 2.44% | 3.54% | 3.89% | －31.07% | －37.27% | 7.60% | 7.77% |
| 扣除非经常性损益的净利润为基础的净资产收益率(%) | 2.65% | 3.22% | 3.34% | －17.45% | －20.66% | 6.83% | 6.99% |
| | 2002 年 | 2001 年 | | 本年比上年增减(%) | | 2000 年 | |
| | | 调整后 | 调整前 | 调整后 | 调整前 | 调整后 | 调整前 |
| 每股净资产 | 3.92 | 3.98 | 4.14 | －1.51% | －5.31% | 4.38 | 4.34 |
| 调整后的每股净资产 | 3.66 | 4.11 | 4.11 | －10.95% | －10.95% | 4.33 | 4.33 |

## 000997 福建新大陆电脑股份有限公司

# 二〇〇二年年度报告摘选

## 1.上市公司基本情况简介

1.1 基本情况简介

证券简称:新大陆 证券代码:000997 上市交易所:深圳证券交易所

注册地址:福建省福州市马尾君竹路 83 号 B 座 5 楼

办公地址:福建省福州市高桥路 26 号阳光假日大酒店 14 楼 邮政编码:350005

公司国际互联网网址:http://www.newlandcomputer.com 电子信箱:newland1@pub5.fz.fj.cn

1.2 联系人和联系方式

董事会秘书:李祖荣 联系地址:福建省福州市高桥路 26 号阳光假日大酒店 14 楼

电话:0591－3338178 传真:0591－3338178 电子信箱:newland1@pub5.fz.fj.cn

证券事务代表:许佳 联系地址:福建省福州市高桥路 26 号阳光假日大酒店 14 楼

电话:0591－3358566 传真:0591－3338178 电子信箱:newland1@pub5.fz.fj.cn

## 2.会计数据和财务指标摘要

2.1 主要会计数据 单位:(人民币)元

| | 2002 年(本年) | 2001 年(上年) | 本年比上年增减(%) | 2000 年 |
|---|---|---|---|---|
| 主营业务收入 | 357,001,062.41 | 462,752,215.33 | －22.85 | 417,277,515.96 |
| 利润总额 | 42,920,589.66 | 51,220,540.90 | －16.20 | 44,428,774.46 |
| 净利润 | 38,059,803.14 | 40,344,168.47 | －5.66 | 39,859,184.53 |
| 扣除非经常性损益的净利润 | 32,332,605.58 | 40,132,512.88 | －19.44 | 36,494,296.76 |
| | 2002 年末(本年末) | 2001 年末(上年末) | 本年末比上年末增减(%) | 2000 年末 |
| 总资产 | 761,197,985.94 | 725,099,407.53 | ＋4.98 | 730,072,205.34 |
| 股东权益(不含少数股东权益) | 599,872,633.18 | 597,114,297.80 | ＋0.46 | 578,699,123.41 |
| 经营活动产生的现金流量净额 | 46,125,221.23 | 11,805,037.95 | ＋290.72 | 23,439,870.97 |

2.2 主要财务指标 单位:(人民币)元

| | 2002 年(本年) | 2001 年(上年) | 本年比上年增减(%) | 2000 年 |
|---|---|---|---|---|
| 每股收益 | 0.33 | 0.35 | －5.71 | 0.34 |
| 净资产收益率 | 6.34% | 6.76% | －6.21 | 6.89% |
| 扣除非经常性损益的净利润为基础计算的净资产收益率 | 5.25% | 6.56% | －19.97 | 11.63% |
| 每股经营活动产生的现金流量净额 | 0.40 | 0.10 | ＋300.00 | 0.20 |
| | 2002 年末(本年末) | 2001 年末(上年末) | 本年末比上年末增减(%) | 2000 年末 |
| 每股净资产 | 5.17 | 5.15 | ＋0.39 | 4.99 |
| 调整后的每股净资产 | 5.14 | 5.14 | 0 | 4.97 |

## 200041 深圳本鲁克斯实业股份有限公司

# 二〇〇二年年度报告摘选

## 1.上市公司基本情况简介

1.1 基本情况简介

证券简称:深本实 B 证券代码:200041 上市交易所:深圳证券交易所

注册地址和办公地址:深圳市南山区南油中兴工业城十一栋 邮政编码:518054

电子信箱:szshbshi@public.szptt.net.cn

1.2 联系人和联系方式

董事会秘书:沈焰雷 联系地址:深圳市南山区南油中兴工业城十一栋

电话:0755－26068614、26068025 传真:0755－26068031

电子信箱:szshbshi@public.szptt.net.cn

## 2.会计数据和财务指标摘要

2.1 主要会计数据 单位:(人民币)元

| | 2002 年(本年) | 2001 年(上年) | 本年比上年增减(%) | 2000 年 |
|---|---|---|---|---|
| 主营业务收入 | 56,938,732.26 | 66,713,870.35 | －14.65% | 10,460,444.01 |
| 利润总额 | 7,655,019.19 | 12,832,626.53 | －40.35% | 3,829,063.16 |
| 净利润 | 2,921,670.56 | 7,059,260.21 | －58.61% | 3,634,940.90 |
| 扣除非经常性损益的净利润 | 2,707,878.22 | 7,038,672.77 | －61.53% | 2,208,881.13 |
| | 2002 年末(本年末) | 2001 年末(上年末) | 本年末比上年末增减(%) | 2000 年末 |
| 总资产 | 262,144,738.49 | 262,420,517.09 | －0.11% | 250,272,484.06 |
| 股东权益(不含少数股东权益) | 125,327,710.94 | 122,406,040.38 | 2.39% | 123,055,400.69 |
| 经营活动产生的现金流量净额 | 14,779,230.64 | －1,584,730.51 | －－ | 4,466,980.78 |

2.2 主要财务指标 单位:(人民币)元

| | 2002 年(本年) | 2001 年(上年) | 本年比上年增减(%) | 2000 年 |
|---|---|---|---|---|
| 每股收益 | 0.05 | 0.12 | －58.97% | 0.06 |
| 每股收益 | 0.05 | －－ | －－ | －－ |
| 净资产收益率 | 2.33% | 5.77% | －59.62% | 2.95% |
| 扣除非经常性损益的净利润为基础计算的净资产收益率 | 2.16% | 5.75% | －62.43% | 1.51% |
| 每股经营活动产生的现金流量净额 | 0.24 | 0.00 | －－ | 0.08 |
| | 2002 年末(本年末) | 2001 年末(上年末) | 本年末比上年末增减(%) | 2000 年末 |
| 每股净资产 | 2.07 | 2.02 | 2.40% | 2.33 |
| 调整后的每股净资产 | 1.91 | 1.88 | 1.71% | 1.99 |

# H.批发和零售贸易(36家)

## 000010 深圳市华新股份有限公司

### 二〇〇二年年度报告摘选

#### 1.上市公司基本情况简介

1.1 基本情况简介

证券简称:深华新 证券代码:000010 上市交易所:深圳证券交易所

注册地址和办公地址:深圳市深南中路1019号万德大厦19楼 邮政编码:518031

电子信箱:szhuaxin@21cn.net

1.2 联系人和联系方式

董事会秘书:刘常青 联系地址:深圳市深南中路1019号万德大厦19楼

电话:0755-82137764 传真:0755-82137404 电子信箱:szhuaxin@21cn.net

证券事务代表:吴新 联系地址:深圳市深南中路1019号万德大厦19楼

电话:0755-82137764 传真:0755-82137404 电子信箱:szhuaxin@21cn.net

#### 2.会计数据和财务指标摘要

2.1 主要会计数据 单位:(人民币)元

| | 2002年(本年) | 2001年(上年) | 本年比上年增减(%) | 2000年 |
|---|---|---|---|---|
| 主营业务收入 | 206,081,221.68 | 165,533,196.79 | 24.50% | 241,115,949.06 |
| 利润总额 | 40,204,322.87 | 3,821,532.13 | 952.05% | 20,422,548.40 |
| 净利润 | 12,143,206.73 | 1,755,007.11 | 591.92% | 19,942,725.25 |
| 扣除非经常性损益的净利润 | 12,134,436.06 | 1,205,912.35 | 906.25% | 9,918,810.67 |
| | 2002年末(本年末) | 2001年末(上年末) | 本年末比上年末增减(%) | 2000年末 |
| 总资产 | 649,944,407.66 | 294,234,118.06 | 120.89% | 317,786,719.53 |
| 股东权益(不含少数股东权益) | 162,842,730.56 | 150,699,523.83 | 8.06% | 150,894,296.86 |
| 经营活动产生的现金流量净额 | 56,779,761.79 | 28,197,998.66 | 101.36% | -28,226,737.04 |

2.2 主要财务指标 单位:(人民币)元

| | 2002年(本年) | 2001年(上年) | 本年比上年增减(%) | 2000年 |
|---|---|---|---|---|
| 每股收益 | 0.08 | 0.01 | 594.12% | 0.14 |
| 每股收益* | 0.08 | -- | -- | -- |
| 净资产收益率 | 7.45% | 1.16% | 542.24% | 13.22% |
| 扣除非经常性损益的净利润为基础计算的净资产收益率 | 7.40% | 0.73% | 913.70% | 6.57% |
| 每股经营活动产生的现金流量净额 | 0.39 | 0.19 | 101.04% | 0.12 |
| | 2002年末(本年末) | 2001年末(上年末) | 本年末比上年末增减(%) | 2000年末 |
| 每股净资产 | 1.11 | 1.02 | 8.06% | 1.03 |
| 调整后的每股净资产 | 0.99 | 0.96 | 3.13% | 0.97 |

## 000013 深圳石化工业集团股份有限公司

### 二〇〇二年年度报告摘选

#### 1.上市公司基本情况简介

1.1 基本情况简介

证券简称:ST石化A、ST石化B 证券代码:000013、200013 上市交易所:深圳证券交易所

注册地址和办公地址:深圳市红荔西路石化大厦 邮政编码:518028

电子信箱:SPEC0013@VIP.SINA.COM

1.2 联系人和联系方式

董事会秘书:蔡建平 联系地址:深圳市红荔西路石化大厦

电话:0755-83344355 传真:0755-83324057 电子信箱:SPEC0013@VIP.SINA.COM

#### 2.会计数据和财务指标摘要

2.1 主要会计数据 单位:(人民币)元

| | 2002年(本年) | 2001年(上年) | 本年比上年增减(%) | 2000年 |
|---|---|---|---|---|
| 主营业务收入 | 614,678,141.24 | 724,093,611.10 | -15.11% | 819,096,831.89 |
| 利润总额 | -482,171,897.32 | -1,575,571,162.69 | -- | 49,327,329.56 |
| 净利润 | -446,955,964.27 | -1,575,991,936.86 | -- | 19,455,032.83 |
| 扣除非经常性损益的净利润 | -136,618,467.76 | -713,704,512.90 | -- | 18,510,168.77 |
| | 2002年末(本年末) | 2001年末(上年末) | 本年末比上年末增减(%) | 2000年末 |
| 总资产 | 740,693,152.35 | 1,006,699,813.15 | -26.42% | 1,892,938,537.84 |
| 股东权益(不含少数股东权益) | -2,097,000,624.30 | -1,645,312,072.30 | -- | -69,549,471.46 |
| 经营活动产生的现金流量净额 | 9,683,853.83 | 7,829,760.11 | 23.68% | 28,856,254.67 |

2.2 主要财务指标 单位:(人民币)元

| | 2002年(本年) | 2001年(上年) | 本年比上年增减(%) | 2000年 |
|---|---|---|---|---|
| 每股收益 | -1.47 | -5.20 | -- | 0.06 |
| 净资产收益率 | -- | -- | -- | -- |
| 扣除非经常性损益的净利润为基础计算的净资产收益率 | -- | -- | -- | -- |
| 每股经营活动产生的现金流量净额 | 0.03 | 0.03 | 23.08% | 0.10 |
| | 2002年末(本年末) | 2001年末(上年末) | 本年末比上年末增减(%) | 2000年末 |
| 每股净资产 | -6.91 | -5.42 | -- | -0.23 |
| 调整后的每股净资产 | -6.94 | -5.52 | -- | -0.55 |

## 000056 深圳市国际企业股份有限公司

### 二〇〇二年年度报告摘选

#### 1.上市公司基本情况简介

1.1 基本情况简介

股票简称:深国商A、深国商B 股票代码:000056、200056 上市交易所:深圳证券交易所

注册地址和办公地址:深圳市人民南路发展中心大厦23层 邮政编码:518001

公司国际互联网网址:http://www.china-ia.com 电子信箱:szia@szonline.net

1.2 联系人和联系方式

董事会秘书:谢 伟 联系地址:深圳市人民南路发展中心大厦23层

电话:(0755)82285565 传真:(0755) 82285573 电子信箱:guoqi@szonline.net

证券事务代表:章伟东 联系地址:深圳市人民南路发展中心大厦23层

电话:(0755)82285565 传真:(0755) 82285573 电子信箱:guoqi@szonline.net

#### 2.会计数据和财务指标摘要

2.1 主要会计数据 单位:元

| | 2002年 | 2001年 | 本年比上年增减(%) | 2000年 |
|---|---|---|---|---|
| 主营业务收入 | 187,832,592.39 | 301,449,766.02 | -37.96 | 653,336,594.47 |
| 利润总额 | -34,676,065.48 | 7,190,244.67 | -582.27 | 91,492,469.67 |
| 净利润 | -25,706,674.11 | 5,569,386.66 | -561.57 | 38,870,863.03 |
| 扣除非经常性损益的净利润 | -21,761,556.63 | -8,836,047.36 | -146.28 | 35,732,330.44 |
| | 2002年末 | 2001年末 | 本年末比上年末增减(%) | 2000年末 |
| 总资产 | 1,095,417,472.51 | 1,166,350,253.00 | -6.08 | 1,265,245,320.81 |
| 股东权益(不含少数股东权益) | 332,919,956.01 | 358,626,630.12 | -7.17 | 353,057,243.46 |
| 经营活动产生的现金流量净额 | 8,416,728.47 | -16,756,711.87 | 150.50 | 40,321,094.13 |

2.2 主要财务指标

| | 2002年 | 2001年 | 本年比上年增减(%) | 2000年 |
|---|---|---|---|---|
| 每股收益 | -0.12 | 0.03 | -500.00 | 0.176 |
| 净资产收益率 | -7.43 | 1.55 | -579.35 | 11.01 |
| 扣除非经常性损益的净利润为基础计算的净资产收益率 | -6.29 | -2.28 | -175.88 | 9.75 |
| 每股经营活动产生的现金流量净额 | 0.04 | -0.08 | 150 | 0.18 |
| | 2002年末 | 2001年末 | 本年末比上年末增减(%) | 2000年末 |
| 每股净资产 | 1.51 | 1.62 | -6.79 | 1.60 |
| 调整后的每股净资产 | 1.45 | 1.49 | -2.68 | 1.27 |

## 000061 深圳市农产品股份有限公司

### 二〇〇二年年度报告摘选

#### 1.上市公司基本情况简介

1.1 基本情况简介

股票简称:农产品 股票代码:000061 上市交易所:深圳证券交易所

注册地址和办公地址:深圳市布吉路1021号天乐大厦22楼 邮政编码:518019

公司国际互联网网址:http://www.szap.com 电子信箱:a0061@163.com

1.2 联系人和联系方式

董事会秘书兼股证事务代表:陈小华 联系地址:深圳市布吉路1021号天乐大厦22楼

电话:0755-25850936 0755-25850688-2203 传真:0755-25850936 电子信箱:a0061@163.com

#### 2.会计数据和财务指标摘要

2.1 主要会计数据 单位:元

| | 2002年(T年,即本年) | 2001年(T-1年) | 本年比上年增减(%) | 2000年(T-2年) |
|---|---|---|---|---|
| 主营业务收入 | 1,969,108,919.56 | 1,518,917,064.45 | 29.64 | 833,503,427.99 |
| 利润总额 | 197,429,429.90 | 125,799,416.90 | 56.94 | 84,834,692.37 |
| 净利润 | 148,810,813.67 | 86,840,641.86 | 71.36 | 55,819,346.71 |
| 扣除非经常性损益后的净利润 | 76,063,669.84 | 75,097,873.46 | 1.27 | 71,844,109.24 |
| | 2002年(T年,即本年) | 2001年末(T-1年末) | 本年末比上年末增减(%) | 2000年末(T-2年末) |
| 总资产 | 3,293,895,153.28 | 2,695,402,749.97 | 22.20 | 2,225,041,433.60 |
| 股东权益(不含少数股东权益) | 1,090,686,806.87 | 941,875,993.20 | 15.80 | 892,006,879.94 |
| 经营活动产生的现金流量净额 | 139,631,565.16 | 106,017,982.74 | 31.71 | 93,668,785.62 |

2.2 主要财务指标

| | 2002年(T年,即本年) | 2001年(T-1年)(调整后) | 本年比上年增减(%) | 2000年(T-2年)(调整后) |
|---|---|---|---|---|
| 每股收益(摊薄) | 0.805 | 0.470 | 71.28 | 0.302 |
| 每股收益(加权) | 0.805 | 0.470 | 71.28 | 0.345 |
| 净资产收益率(摊薄) | 13.64 | 9.22 | 47.94 | 6.26 |
| 净资产收益率(加权) | 14.64 | 9.28 | 57.76 | 9.00 |
| 扣除非经常性损益后的净利润为基础计算的净资产收益率(摊薄) | 6.97 | 7.97 | -12.55 | 8.05 |
| 扣除非经常性损益后的净利润为基础计算的净资产收益率(加权) | 7.48 | 8.03 | -6.85 | 11.58 |
| 每股经营活动产生的现金流量净额 | 0.76 | 0.57 | 33.33 | 0.51 |
| | 2002年(T年,即本年) | 2001年末(T-1年末) | 本年末比上年末增减(%) | 2000年末(T-2年末) |
| 每股净资产 | 5.90 | 5.09 | 15.69 | 4.83 |
| 调整后的每股净资产 | 4.787 | 4.434 | 7.96 | 4.39 |

## 000096 深圳市广聚能源股份有限公司

### 二〇〇二年年度报告摘选

#### 1.上市公司基本情况简介

1.1 基本情况简介

证券简称:广聚能源 证券代码:000096 上市交易所:深圳证券交易所

注册地址和办公地址:深圳市蛇口新街蛇口大厦六楼 邮政编码:518067

电子信箱:gjny0096@public.szptt.net.cn

1.2 联系人和联系方式

董事会秘书:嵇元弘 联系地址:深圳市蛇口新街蛇口大厦六楼

电话:0755－26690988 传真:0755－26690998 电子信箱:gjny0096@public.szptt.net.cn

证券事务代表:王泽凡、叶启良 联系地址:深圳市蛇口新街蛇口大厦六楼

电话:0755－26690988 传真:0755－26690998 电子信箱:gjny0096@public.szptt.net.cn

#### 2.会计数据和财务指标摘要

2.1 主要会计数据 单位:(人民币)元

| | 2002年(本年) | 2001年(上年) | 本年比上年增减(%) | 2000年 |
|---|---|---|---|---|
| 主营业务收入 | 1,330,094,824.39 | 1,128,159,407.53 | 17.90% | 1,118,147,108.44 |
| 利润总额 | 117,632,313.96 | 92,104,610.10 | 27.72% | 69,817,696.10 |
| 净利润 | 113,116,965.01 | 87,389,656.46 | 29.44% | 68,438,509.64 |
| 扣除非经常性损益的净利润 | 113,100,632.71 | 69,872,197.99 | 61.87% | 62,125,769.37 |
| | 2002年末(本年末) | 2001年末(上年末) | 本年末比上年末增减(%) | 2000年末 |
| 总资产 | 1,314,632,240.24 | 1,293,482,769.74 | 1.64% | 1,290,351,689.08 |
| 股东权益(不含少数股东权益) | 1,009,014,170.20 | 961,119,965.67 | 4.98% | 901,314,929.93 |
| 经营活动产生的现金流量净额 | 125,098,067.10 | 97,837,937.72 | 27.86% | －13,977,185.24 |

2.2 主要财务指标 单位:(人民币)元

| | 2002年(本年) | 2001年(上年) | 本年比上年增减(%) | 2000年 |
|---|---|---|---|---|
| 每股收益(摊薄) | 0.340 | 0.265 | 29.43% | 0.210 |
| 每股收益(加权) | 0.340 | 0.260 | 30.77% | 0.240 |
| 净资产收益率(摊薄) | 11.21% | 9.09% | 23.32% | 7.59% |
| 扣除非经常性损益的净利润为基础计算的净资产收益率 | 11.21% | 7.27% | 54.20% | 6.70% |
| 每股经营活动产生的现金流量净额 | 0.379 | 0.296 | 28.04% | －0.040 |
| | 2002年末(本年末) | 2001年末(上年末) | 本年末比上年末增减(%) | 2000年末 |
| 每股净资产 | 3.058 | 2.912 | 5.01% | 2.730 |
| 调整后的每股净资产 | 2.970 | 2.880 | 3.13% | 2.670 |

## 000159 新疆国际实业股份有限公司

### 二〇〇二年年度报告摘选

#### 1.上市公司基本情况简介

1.1 基本情况简介

股票简称:国际实业 股票代码:000159 上市交易所:深圳证券交易所

注册地址:乌鲁木齐市北京南路22号龙岭大厦

办公地址:乌鲁木齐市团结路45号国际大厦 邮政编码:830001

公司国际互联网网址:http://www.xjgjsy.com 电子信箱:zqb00159@mail.xj.cninfo.net

1.2 联系人和联系方式

董事会秘书:李丽 联系地址:乌鲁木齐市团结路45号国际大厦

电话:0991－2885951、2886434 电子信箱:zqb00159@mail.xj.cninfo.net

#### 2.会计数据和财务指标摘要

2.1 主要会计数据

| | 2002年(本年) | 2001年(上年) | 本年比上年增减(%) | 2000年 |
|---|---|---|---|---|
| 主营业务收入 | 513,387,423.08 | 310,010,215.11 | 65.60 | 349,994,072.48 |
| 净利润 | 1,841,216.56 | 25,451,337.95 | －92.77 | 24,416,612.84 |
| 扣除非经常性损益的净利润 | 6,717,469.44 | 15,790,307.04 | －57.46 | 18,155,144.24 |
| | 2002年末(本年末) | 2001年末(上年末) | 本年末比上年末增减(%) | 2000年末 |
| 总资产 | 1,589,689,600.46 | 1,506,385,580.83 | 5.53 | 887,132,133.76 |
| 股东权益(不含少数股东权益) | 593,308,888.30 | 585,274,826.26 | 1.37 | 559,822,812.42 |
| 经营活动产生的现金流量净额 | 5,983,533.55 | 35,607,401.30 | －83.20 | －133,206,109.63 |

2.2 主要财务指标

| | 2002年(本年) | 2001年(上年) | 本年比上年增减(%) | 2000年 |
|---|---|---|---|---|
| 每股收益 | 0.0107 | 0.1482 | －92.78 | 0.2047 |
| 净资产收益率 | 0.31 | 4.35 | －92.87 | 4.36 |
| 扣除非经常性损益的净利润为基础计算的净资产收益率 | 1.13 | 2.79 | 59.50 | 8.31 |
| 每股经营活动产生的现金流量净额 | 0.0348 | 0.2073 | －83.21 | －0.7754 |
| | 2002年末(本年末) | 2001年末(上年末) | 本年末比上年末增减(%) | 2000年末 |
| 每股净资产 | 3.4536 | 3.4069 | 1.37 | 3.2587 |
| 调整后的每股净资产 | 3.2655 | 3.3165 | －1.54 | 3.2124 |

## 000416 青岛健特生物投资股份有限公司

### 二〇〇二年年度报告摘选

#### 1.上市公司基本情况简介

1.1 基本情况简介

股票简称:健特生物 股票代码:000416 上市交易所:深圳证券交易所

注册地址:青岛市崂山区香港东路268号 办公地址:青岛市太平角6路12号

邮政编码:266071

1.2 联系人和联系方式

董事会秘书:陈波 联系地址:青岛市太平角6路12号

电话:0532－3884366 传真:0532－3876171 电子信箱:chenbo@sina.com

证券事务代表:杜心强 联系地址:青岛市太平角6路12号

电话:0532－3884366 传真:0532－3876171 电子信箱:duxq_0416@163.com

#### 2.会计数据和财务指标摘要

2.1 主要会计数据

| | 2002年 | 2001年 | 本年比上年增减(%) | 2000年 |
|---|---|---|---|---|
| 主营业务收入 | 426,837,626.75 | 247,418,791.82 | 72.51 | 164,816,901.45 |
| 利润总额 | 220,909,426.61 | 102,487,494.39 | 115.55 | －45,717,661.28 |
| 净利润 | 156,829,590.81 | 35,852,761.01 | 337.43 | －45,670,910.41 |
| 扣除非经常性损益的净利润 | 131,873,140.63 | 24,130,498.21 | 446.50 | －45,672,648.83 |
| | 2002年末 | 2001年末 | 本年比上年增减(%) | 2000年末 |
| 总资产 | 696,113,752.91 | 494,267,201.76 | 40.84 | 350,595,461.08 |
| 股东权益(不含少数股东权益) | 353,796,508.92 | 222,959,632.57 | 58.68 | 198,474,776.46 |
| 经营活动产生的现金流量净额 | 155,030,725.49 | 117,244,914.28 | 32.23 | 18,862,593.02 |

2.2 主要财务指标

| | 2002年 | 2001年 | 本年比上年增减(%) | 2000年 |
|---|---|---|---|---|
| 每股收益 | 0.624 | 0.315 | 98.10 | －0.40 |
| 净资产收益率 | 44.33 | 16.08 | 175.68 | －23.01 |
| 扣除非经常性损益的净利润为基础计算的净资产收益率 | 37.27 | 10.82 | 244.45 | －23.01 |
| 每股经营活动产生的现金流量净额 | 0.617 | 1.03 | －40.10 | 0.17 |
| | 2002年末 | 2001年末 | 本年末比上年末增减(%) | 2000年末 |
| 每股净资产 | 1.41 | 1.96 | －28.06 | 1.75 |
| 调整后的每股净资产 | 1.37 | 1.95 | －29.74 | 1.66 |

## 000417 合肥百货大楼集团股份有限公司

### 二〇〇二年年度报告摘选

#### 1.上市公司基本情况简介

1.1 基本情况简介

证券简称:合肥百货 证券代码:000417 上市交易所:深圳证券交易所

注册地址和办公地址:安徽省合肥市长江中路150号 邮政编码:230001

公司国际互联网网址:http://www.hfbh.com.cn 电子信箱:hfbhdl@mail.hf.ah.cn

1.2 联系人和联系方式

董事会秘书:赵文武先生 联系地址:安徽省合肥市长江中路150号证券发展部

电话:0551－2647133转6010、2640803 传真:0551－2652936

电子信箱:zhao_wenwu@sohu.com

证券事务代表:李红英女士 联系地址:安徽省合肥市长江中路150号证券发展部

电话:0551－2647133转6010、2640803 传真:0551－2652936

电子信箱:hongyingli2002@hotmail.com

#### 2.会计数据和财务指标摘要

2.1 主要会计数据 单位:(人民币)元

| | 2002年(本年) | 2001年(上年) | 本年比上年增减(%) | 2000年 |
|---|---|---|---|---|
| 主营业务收入 | 1,176,347,125.30 | 1,003,501,846.59 | 17.22% | 787,717,934.09 |
| 利润总额 | 48,252,698.98 | 63,437,945.86 | －23.94% | 62,371,269.61 |
| 净利润 | 25,392,846.70 | 48,404,420.55 | －47.54% | 49,339,419.95 |
| 扣除非经常性损益的净利润 | 32,290,418.37 | 43,772,021.61 | －26.23% | 31,993,967.11 |
| | 2002年末(本年末) | 2001年末(上年末) | 本年末比上年末增减(%) | 2000年末 |
| 总资产 | 1,321,038,737.16 | 1,124,519,427.76 | 17.48% | 1,037,011,817.61 |
| 股东权益(不含少数股东权益) | 616,360,005.35 | 604,108,809.05 | 2.03% | 565,813,350.40 |
| 经营活动产生的现金流量净额 | 92,831,802.89 | 86,523,078.86 | 7.29% | 70,481,056.64 |

2.2 主要财务指标 单位:(人民币)元

| | 2002年(本年) | 2001年(上年) | 本年比上年增减(%) | 2000年 |
|---|---|---|---|---|
| 每股收益 | 0.19 | 0.48 | －59.65% | 0.59 |
| 每股收益* | 0.19 | － | － | － |
| 净资产收益率 | 4.12% | 8.01% | －48.56% | 8.72% |
| 扣除非经常性损益的净利润为基础计算的净资产收益率 | 5.24% | 7.25% | －27.72% | 5.65% |
| 每股经营活动产生的现金流量净额 | 0.71 | 0.86 | －17.47% | 0.84 |
| | 2002年末(本年末) | 2001年末(上年末) | 本年末比上年末增减(%) | 2000年末 |
| 每股净资产 | 4.69 | 5.98 | －21.52% | 6.72 |
| 调整后的每股净资产 | 4.62 | 5.90 | －21.69% | 6.41 |

## 000419 长沙通程控股股份有限公司

### 二〇〇二年年度报告摘选

### 1.上市公司基本情况简介

1.1 基本情况简介

证券简称:通程控股 证券代码:000419 上市交易所:深圳证券交易所

注册地址:湖南省长沙市劳动路 2 号 邮政编码:410007

1.2 联系人和联系方式

董事会秘书:苏千里 联系地址:湖南省长沙市劳动路 2 号

电话:0731-5534994 传真:0731-5535588 电子信箱:tcsy@cs.hn.cn

### 2.会计数据和业务数据摘要

2.1 主要财务数据 单位:元

| | 2002 年 | 2001 年 | 本年比上年增减(%) | 2000 年 |
|---|---|---|---|---|
| 主营业务收入 | 690,497,796.21 | 647,360,896.20 | 6.66 | 658,781,698.91 |
| 净利润 | 21,642,927.76 | 20,042,008.38 | 7.99 | 37,299,589.07 |
| 扣除非经常性损益的净利润 | 22,479,368.92 | 19,475,327.23 | 15.22 | 32,768,939.07 |
| | 2002 年末 | 2001 年末 | 本年末比上年末增减(%) | 2000 年末 |
| 总资产 | 1,129,097,577.76 | 1,089,420,379.42 | 3.64 | 1,052,911,957.81 |
| 股东权益(不含少数股东权益) | 572,483,130.97 | 550,806,252.38 | 3.94 | 545,952,026.59 |

2.2 主要财务指标

| | 2002 年(本年) | 2001 年(上年) | 本年比上年增减(%) | 2000 年 |
|---|---|---|---|---|
| 每股收益 | 0.1233 | 0.1142 | 7.97 | 0.2125 |
| 净资产收益率 | 3.78% | 3.64% | 3.85 | 6.83% |
| 扣除非经常性损益的净利润为基础计算的净资产收益率 | 3.93% | 3.54% | 11.02 | 6.00% |
| 每股经营活动产生的现金流量净额 | 0.4669 | 0.4349 | 7.36 | 0.5832 |
| | 2002 年末(本年末) | 2001 年末(上年末) | 本年末比上年末增减(%) | 2000 年末 |
| 每股净资产 | 3.2619 | 3.1384 | 3.94 | 3.1107 |
| 调整后的每股净资产 | 3.2268 | 3.0923 | 4.35 | 3.0559 |

## 000501 武汉武商集团股份有限公司

### 二〇〇二年年度报告摘选

### 1.上市公司基本情况简介

1.1 基本情况简介

证券简称:鄂武商 A 证券代码:000501 上市交易所:深圳证券交易所

注册地址:武汉市汉口解放大道 358 号

办公地址:武汉市汉口解放大道 688 号 邮政编码:430022

公司国际互联网网址:http://www.wushang.com.cn

电子信箱:wushanggroup1@public.wh.hb.cn

1.2 联系人和联系方式

董事会秘书:李轩 联系地址:武汉市汉口解放大道 688 号

电话:027-85714295 传真:027-85714295 电子信箱:wsdongmi@public.wh.hb.cn

证券事务代表:王红 联系地址:武汉市汉口解放大道 688 号

电话:027-85714295 传真:027-85714295 电子信箱:wsdongmi@public.wh.hb.cn

### 2.会计数据和财务指标摘要

2.1 主要会计数据 单位:(人民币)元

| | 2002 年(本年) | 2001 年(上年) | 本年比上年增减(%) | 2000 年 |
|---|---|---|---|---|
| 主营业务收入 | 2,739,150,958.76 | 2,224,588,825.08 | 23.13% | 1,988,332,382.84 |
| 利润总额 | 59,832,784.43 | -40,948,391.26 | -- | 76,497,463.26 |
| 净利润 | 3,084,414.03 | -96,949,954.28 | -- | 23,412,060.20 |
| 扣除非经常性损益的净利润 | 6,674,651.41 | -51,556,454.05 | -- | 23,586,208.12 |
| | 2002 年末(本年末) | 2001 年末(上年末) | 本年末比上年末增减(%) | 2000 年末 |
| 总资产 | 3,524,005,807.80 | 3,281,158,565.00 | 7.40% | 3,125,718,591.14 |
| 股东权益(不含少数股东权益) | 987,391,241.59 | 976,053,803.59 | 1.16% | 1,074,629,835.07 |
| 经营活动产生的现金流量净额 | 130,886,115.93 | 160,086,416.30 | -18.24% | 165,393,800.93 |

2.2 主要财务指标 单位:(人民币)元

| | 2002 年(本年) | 2001 年(上年) | 本年比上年增减(%) | 2000 年 |
|---|---|---|---|---|
| 每股收益 | 0.01 | -0.19 | -- | 0.05 |
| 每股收益* | 0.01 | -- | -- | -- |
| 净资产收益率 | 0.31% | -9.93% | -- | 2.18% |
| 扣除非经常性损益的净利润为基础计算的净资产收益率 | 0.68% | -5.28% | -- | 2.19% |
| 每股经营活动产生的现金流量净额 | 0.26 | 0.32 | -18.35% | 0.33 |
| | 2002 年末(本年末) | 2001 年末(上年末) | 本年末比上年末增减(%) | 2000 年末 |
| 每股净资产 | 1.95 | 1.92 | 1.20% | 2.11 |
| 调整后的每股净资产 | 1.27 | 1.28 | -0.78% | 1.50 |

## 000516 西安解放集团股份有限公司

### 二〇〇二年年度报告摘选

### 1.上市公司基本情况简介

1.1 基本情况简介

证券简称:陕解放 A 证券代码:000516 上市交易所:深圳证券交易所

注册地址和办公地址:西安市解放市场 6 号 邮政编码:710001

公司国际互联网网址:http://www.xakysc.com 电子信箱:JFG@pub.xaonline.com

1.2 联系人和联系方式

董事会秘书:刘建锁 联系地址:西安市解放市场 6 号

电话:029-7217854 传真:029-7217705 电子信箱:JFG@pub.xaonline.com

### 2.会计数据和财务指标摘要

2.1 主要会计数据 单位:(人民币)元

| | 2002 年(本年) | 2001 年(上年) | 本年比上年增减(%) | 2000 年 调整后 | 2000 年 调整前 |
|---|---|---|---|---|---|
| 主营业务收入 | 1,129,520,777.89 | 681,111,257.25 | 65.83% | 728,084,172.11 | 728,084,172.11 |
| 利润总额 | 62,241,021.62 | 46,213,094.92 | 34.68% | 35,990,273.00 | 37,129,510.62 |
| 净利润 | 36,382,403.29 | 31,153,349.75 | 16.78% | 30,805,039.05 | 31,944,276.67 |
| 扣除非经常性损益的净利润 | 33,547,450.58 | 32,456,562.43 | 3.36% | 30,805,039.05 | 31,944,276.67 |
| | 2002 年末(本年末) | 2001 年末(上年末) | 本年末比上年末增减(%) | 2000 年末 调整后 | 2000 年末 调整前 |
| 总资产 | 812,138,820.38 | 810,950,026.03 | 0.15% | 596,721,870.66 | 635,785,503.27 |
| 股东权益(不含少数股东权益) | 366,329,853.56 | 356,023,109.47 | 2.89% | 229,367,060.92 | 230,506,298.54 |
| 经营活动产生的现金流量净额 | 102,528,730.41 | 112,918,514.74 | -9.20% | 46,735,223.21 | 46,735,223.21 |

2.2 主要财务指标 单位:(人民币)元

| | 2002 年(本年) | 2001 年(上年) | 本年比上年增减(%) | 2000 年 调整后 | 2000 年 调整前 |
|---|---|---|---|---|---|
| 每股收益 | 0.279 | 0.239 | 16.74% | 0.256 | 0.265 |
| 净资产收益率 | 9.93% | 8.75% | 13.49% | 13.43% | 13.86% |
| 扣除非经常性损益的净利润为基础计算的净资产收益率 | 8.96% | 9.49% | -5.58% | 12.97% | 13.42% |
| 每股经营活动产生的现金流量净额 | 0.79 | 0.87 | -9.20% | 0.39 | 0.39 |
| | 2002 年末(本年末) | 2001 年末(上年末) | 本年末比上年末增减(%) | 2000 年末 调整后 | 2000 年末 调整前 |
| 每股净资产 | 2.81 | 2.73 | 2.89% | 1.91 | 1.92 |
| 调整后的每股净资产 | 2.76 | 2.71 | 1.85% | 1.89 | 1.90 |

## 000537 天津南开戈德股份有限公司

### 二〇〇二年年度报告摘选

### 1.上市公司基本情况简介

1.1 基本情况简介

证券简称:南开戈德 证券代码:000537 上市交易所:深圳证券交易所

注册地址:天津经济技术开发区第三大街 16 号(泰达中心)

办公地址:天津市河西区友谊北路银丰花园 A 座 24 层 邮政编码:300204

公司国际互联网网址:http://www.nkguard.com 电子信箱:board@nkguard.com

1.2 联系人和联系方式

董事会秘书:刘艳 联系地址:天津市河西区友谊北路银丰花园 A 座 24 层

电话:022-28010550 传真:022-28010599 电子信箱:board@nkguard.com

证券事务代表:李江 联系地址:天津市河西区友谊北路银丰花园 A 座 24 层

电话:022-28010550 传真:022-28010599 电子信箱:board@nkguard.com

### 2.会计数据和财务指标摘要

2.1 主要会计数据 单位:(人民币)元

| | 2002 年(本年) | 2001 年(上年) | 本年比上年增减(%) | 2000 年 |
|---|---|---|---|---|
| 主营业务收入 | 222,046,311.56 | 513,950,876.14 | -56.80% | 454,279,714.30 |
| 利润总额 | -44,500,231.92 | 64,572,690.23 | -168.91% | 115,371,075.37 |
| 净利润 | -41,669,171.13 | 66,966,154.50 | -162.22% | 115,874,423.87 |
| 扣除非经常性损益的净利润 | -51,929,705.38 | 63,998,346.87 | -181.14% | 115,011,583.44 |
| | 2002 年末(本年末) | 2001 年末(上年末) | 本年末比上年末增减(%) | 2000 年末 |
| 总资产 | 1,443,651,030.36 | 1,473,837,151.63 | -2.05% | 1,131,819,232.22 |
| 股东权益(不含少数股东权益) | 796,476,984.70 | 837,409,572.88 | -4.89% | 797,387,099.41 |
| 经营活动产生的现金流量净额 | 154,814,573.84 | 118,940,107.97 | 30.16% | -12,180,754.37 |

2.2 主要财务指标 单位:(人民币)元

| | 2002 年(本年) | 2001 年(上年) | 本年比上年增减(%) | 2000 年 |
|---|---|---|---|---|
| 每股收益 | -0.10 | 0.17 | -162.42% | 0.54 |
| 每股收益* | -0.10 | -- | -- | -- |
| 净资产收益率 | -5.23% | 8.00% | -165.38% | 14.93% |
| 扣除非经常性损益的净利润为基础计算的净资产收益率 | -6.52% | 7.82% | -183.38% | 14.20% |
| 每股经营活动产生的现金流量净额 | 0.38 | 0.29 | 30.03% | -0.06 |
| | 2002 年末(本年末) | 2001 年末(上年末) | 本年末比上年末增减(%) | 2000 年末 |
| 每股净资产 | 1.96 | 2.06 | -4.90% | 3.73 |
| 调整后的每股净资产 | 1.81 | 2.00 | -9.50% | 3.69 |

## 000546 吉林轻工集团股份有限公司

### 二〇〇二年年度报告摘选

#### 1.上市公司基本情况简介

1.1 基本情况简介

证券简称:ST 吉轻工　证券代码:000546　上市交易所:深圳证券交易所

注册地址和办公地址:吉林省长春市建设街 81 号　邮政编码:130061

电子信箱:jlligco@public.cc.jl.cn

1.2 联系人和联系方式

董事会秘书:孙振江　联系地址:吉林省长春市建设街 81 号

电话:0431－8523476　传真:0431－8522149　电子信箱:jlligco@public.cc.jl.cn

证券事务代表:韩旭辉　联系地址:吉林省长春市建设街 81 号

电话:0431－8523476　传真:0431－8522149　电子信箱:jlligco@public.cc.jl.cn

#### 2.会计数据和财务指标摘要

2.1 主要会计数据　单位:(人民币)元

| | 2002 年(本年) | 2001 年(上年) | 本年比上年增减(%) | 2000 年 |
|---|---|---|---|---|
| 主营业务收入 | 120,737,502.93 | 1,381,736.00 | 8638.10% | 29,645,845.76 |
| 利润总额 | 12,193,320.42 | 22,585,424.68 | －46.01% | －120,775,056.65 |
| 净利润 | 2,624,860.74 | 22,585,424.68 | －88.38% | －120,775,056.65 |
| 扣除非经常性损益的净利润 | 2,559,907.23 | －28,383,994.23 | －－ | －64,242,955.54 |
| | 2002 年末(本年末) | 2001 年末(上年末) | 本年末比上年末增减(%) | 2000 年末 |
| 总资产 | 379,341,183.90 | 317,686,781.89 | 19.41% | 310,917,785.77 |
| 股东权益(不含少数股东权益) | 26,729,942.83 | 6,766,030.09 | 295.06% | －43,089,245.37 |
| 经营活动产生的现金流量净额 | 37,769,541.25 | －8423629.55 | 75539082400.00% | 0.01 |

2.2 主要财务指标　单位:(人民币)元

| | 2002 年(本年) | 2001 年(上年) | 本年比上年增减(%) | 2000 年 |
|---|---|---|---|---|
| 每股收益 | 0.02 | 0.13 | －88.72% | 0.71 |
| 净资产收益率 | 9.82% | 333.81% | －97.06% | 0.00% |
| 扣除非经常性损益的净利润为基础计算的净资产收益率 | 9.82% | －419.51% | －－ | 0.00% |
| 每股经营活动产生的现金流量净额 | 0.22 | －0.05 | －－ | 0.01 |
| | 2002 年末(本年末) | 2001 年末(上年末) | 本年末比上年末增减(%) | 2000 年末 |
| 每股净资产 | 0.16 | 0.04 | 295.00% | －0.25 |
| 调整后的每股净资产 | 0.14 | －0.21 | －－ | －1,019.00 |

## 000554 中国石化山东泰山石油股份有限公司

### 二〇〇二年年度报告摘选

#### 1.上市公司基本情况简介

1.1 基本情况简介

证券简称:泰山石油　证券代码:000554　上市交易所:深圳证券交易所

注册地址和办公地址:山东省泰安市东岳大街 104 号　邮政编码:271000

公司国际互联网网址:http://www.cninfo.com.cn　电子信箱:tssh@public.taptt.sd.cn

1.2 联系人和联系方式

董事会秘书:李建文　联系地址:山东省泰安市东岳大街 104 号

电话:0538－8265456－2407　传真:0538－8265450　电子信箱:tssh@public.taptt.sd.cn

证券事务代表:李志清　联系地址:山东省泰安市东岳大街 104 号

电话:0538－8265456－2408　传真:0538－8265450　电子信箱:tssh@public.taptt.sd.cn

#### 2.会计数据和财务指标摘要

2.1 主要会计数据　单位:(人民币)元

| | 2002 年(本年) | 2001 年(上年) | 本年比上年增减(%) | 2000 年 |
|---|---|---|---|---|
| 主营业务收入 | 1,094,265,831.60 | 1,142,168,549.03 | －4.19% | 1,065,268,472.24 |
| 利润总额 | 50,636,068.86 | 54,423,788.12 | －6.96% | 155,656,096.14 |
| 净利润 | 34,968,405.62 | 36,180,209.54 | －3.35% | 128,932,488.49 |
| 扣除非经常性损益的净利润 | 37,202,553.80 | 48,096,571.89 | －22.65% | 67,087,829.52 |
| | 2002 年末(本年末) | 2001 年末(上年末) | 本年末比上年末增减(%) | 2000 年末 |
| 总资产 | 1,073,407,972.01 | 1,070,190,084.31 | 0.30% | 1,197,169,139.85 |
| 股东权益(不含少数股东权益) | 800,934,807.38 | 765,966,401.76 | 4.57% | 786,283,913.53 |
| 经营活动产生的现金流量净额 | 83,188,555.72 | 26,019,351.21 | 219.72% | 167,689,839.22 |

2.2 主要财务指标

单位:(人民币)元

| 项目 | 2002 年度 | 2001 年度 | | 2000 年度 | |
|---|---|---|---|---|---|
| | | 调整前 | 调整后 | 调整前 | 调整后 |
| 主营业务收入 | 1,094,265,831.60 | 1,142,168,549.03 | 1,142,168,549.03 | 1,065,268,472.24 | 1,065,268,472.24 |
| 净利润 | 34,968,405.62 | 46,222,221.99 | 36,180,209.54 | 122,607,144.72 | 128,932,488.49 |
| 总资产 | 1,073,407,972.01 | 1,070,190,084.31 | 1,070,190,084.31 | 1,187,127,127.40 | 1,197,169,139.85 |
| 股东权益(不含少数股东权益) | 800,934,807.38 | 765,966,401.76 | 765,966,401.76 | 776,241,901.08 | 786,283,913.53 |
| 每股收益 | 0.073 | 0.096 | 0.075 | 0.383 | 0.402 |
| 每股净资产 | 1.666 | 1.593 | 1.593 | 2.422 | 2.453 |
| 调整后的每股净资产 | 1.657 | 1.436 | 1.436 | 2.350 | 2.271 |
| 每股经营活动产生的现金流量净额 | 0.173 | 0.054 | 0.054 | 0.523 | 0.523 |
| 净资产收益率(%) | 4.37 | 6.03 | 4.72 | 15.79 | 16.40 |
| 加权平均净资产收益率(%) | 4.64 | 6.28 | 6.28 | | |

## 000560 昆明百货大楼(集团)股份有限公司

### 二〇〇二年年度报告摘选

#### 1.上市公司基本情况简介

1.1 基本情况简介

股票简称:ST 昆百大　股票代码:000560　上市交易所:深圳证券交易所

注册地址:云南省昆明市　办公地址:云南省昆明市东风西路 99 号　邮政编码:650021

电子信箱:dshkbdpublic@ynmail.com

1.2 联系人和联系方式

董事会秘书:吴梦冰　联系地址:云南省昆明市东风西路 99 号

电话:(0871)3621681　传真:(0871)3623414　电子信箱:Silence0560@hotmail.com

证券事务代表:解萍　联系地址:云南省昆明市东风西路 99 号

电话:(0871)3621266－8049　传真:(0871)3623414　电子信箱:Xp2002@ynmail.com

#### 2.会计数据和财务指标摘要

2.1 主要会计数据　单位:人民币元

| 指标项目 | 2002 年 | 2001 年 | 本年比上年增减(%) | 2000 年度 |
|---|---|---|---|---|
| 主营业务收入 | 567,882,993.95 | 623,569,233.02 | －8.93 | 742,194,887.88 |
| 利润总额 | －208,082,596.74 | －149,130,207.41 | 39.53 | －80,195,274.93 |
| 净利润 | －210,496,423.50 | －146,208,333.96 | 43.97 | －80,143,693.87 |
| 扣除非经常性损益的净利润 | －134,495,694.35 | －128,679,602.87 | 4.52 | －84,188,160.00 |
| | 2002 年 12 月 31 日 | 2001 年 12 月 31 日 | 本年末比上年末增减(%) | 2000 年 12 月 31 日 |
| 总资产 | 805,905,932.76 | 952,320,645.25 | －15.37 | 1,108,505,825.65 |
| 股东权益(不含少数股东权益) | －186,852,488.30 | 16,305,487.29 | － | 161,772,685.11 |
| 经营活动产生的现金流量净额 | 60,222,468.76 | －12,745,423.67 | － | 24,425,181.44 |

2.2 主要财务指标　单位:人民币元

| 指标项目 | 2002 年度 | 2001 年度 | 本年比上年增减(%) | 2000 年度 |
|---|---|---|---|---|
| 每股收益 | －1.5662 | －1.0879 | 43.97 | －0.5963 |
| 净资产收益率(%) | － | －896.68 | － | －49.54 |
| 扣除非经常性损益的净利润为基础计算的净资产收益率(%) | － | －145.12 | － | －42.21 |
| 每股经营活动产生的现金流量净额 | 0.45 | －0.09 | － | 0.18 |
| | 2002 年 12 月 31 日 | 2001 年 12 月 31 日 | 本年末比上年末增减(%) | 2000 年 12 月 31 日 |
| 每股净资产 | －1.39 | 0.12 | － | 1.20 |
| 调整后的每股净资产 | －2.31 | －0.98 | 135.71 | 0.72 |

## 000564 西安民生集团股份有限公司

### 二〇〇二年年度报告摘选

#### 1.上市公司基本情况简介

1.1 基本情况简介

证券简称:西安民生　证券代码:000564　上市交易所:深圳证券交易所

注册地址和办公地址:西安市解放路 103 号　邮政编码:710005

公司国际互联网网址:www.cnminsheng.com　电子信箱:dsj@cnminsheng.com

1.2 联系人和联系方式

董事会秘书:马明庆　联系地址:西安市解放路 103 号

电话:029－7481961　传真:029－7481871　电子信箱:m－mq@163.net

#### 2.会计数据和财务指标摘要

2.1 主要会计数据　单位:(人民币)元

| | 2002 年(本年) | 2001 年(上年) | 本年比上年增减(%) | 2000 年 |
|---|---|---|---|---|
| 主营业务收入 | 701,197,849.43 | 804,966,167.08 | －12.89 | 826,505,954.03 |
| 利润总额 | 20,028,480.73 | 44,284,442.48 | －54.77 | 42,858,974.18 |
| 净利润 | 13,068,490.08 | 34,127,973.70 | －61.71 | 34,204,548.98 |
| 扣除非经常性损益的净利润 | 10,515,643.50 | 42,610,509.63 | －75.32 | 34,204,548.98 |
| | 2002 年末(本年末) | 2001 年末(上年末) | 本年末比上年末增减(%) | 2000 年末 |
| 总资产 | 935,316,602.73 | 952,144,551.07 | －1.77 | 991,703,998.74 |
| 股东权益(不含少数股东权益) | 551,190,735.14 | 557,871,740.74 | －1.20 | 543,522,531.72 |
| 经营活动产生的现金流量净额 | 47,286,457.29 | 143,289,254.89 | －67.00 | 81,980,998.81 |

2.2 主要财务指标　单位:(人民币)元

| | 2002 年(本年) | 2001 年(上年) | 本年比上年增减(%) | 2000 年 |
|---|---|---|---|---|
| 每股收益 | 0.06 | 0.17 | －61.69 | 0.17 |
| 每股收益 * | 0.06 | －－ | －－ | －－ |
| 净资产收益率 | 2.37% | 6.12% | －61.27 | 6.29% |
| 扣除非经常性损益的净利润为基础计算的净资产收益率 | 2.51% | 7.65% | －67.19 | 6.29% |
| 每股经营活动产生的现金流量净额 | 0.23 | 0.71 | －67.00 | 0.41 |
| | 2002 年末(本年末) | 2001 年末(上年末) | 本年末比上年末增减(%) | 2000 年末 |
| 每股净资产 | 2.73 | 2.76 | －1.19 | 2.69 |
| 调整后的每股净资产 | 2.69 | 2.74 | －1.77 | 2.62 |

## 000578 青海数码网络投资(集团)股份有限公司

### 二〇〇二年年度报告摘选

#### 1.上市公司基本情况简介

1.1 基本情况简介

证券简称:数码网络 证券代码:000578 上市交易所:深圳证券交易所

注册地址:西宁市五四大街 39 号 办公地址:青海省西宁市五四大街 39 号

邮政编码:810001 电子信箱:smstock@21cn.com

1.2 联系人和联系方式

董事会秘书:孙荣芳 联系地址:青海省西宁市五四大街 39 号

电话:0971-6138725 传真:0971-6144887 电子信箱:smstock@21cn.com

证券事务代表:杜鹏环 联系地址:青海省西宁市五四大街 39 号公司证券部

电话:0971-6138725 传真:0971-6144887 电子信箱:smstock@21cn.com

#### 2.会计数据和财务指标摘要

2.1 主要会计数据 单位:(人民币)元

| | 2002 年(本年) | 2001 年(上年) | 本年比上年增减(%) | 2000 年 |
|---|---|---|---|---|
| 主营业务收入 | 998,534,110.47 | 770,181,419.56 | 29.65% | 614,309,178.02 |
| 利润总额 | 9,361,020.58 | 34,434,172.03 | -72.81% | 40,915,697.32 |
| 净利润 | 4,118,739.08 | 26,535,140.92 | -84.48% | 36,434,824.28 |
| 扣除非经常性损益的净利润 | 3,455,513.69 | 28,359,671.55 | -87.82% | 22,073,010.19 |
| | 2002 年末(本年末) | 2001 年末(上年末) | 本年末比上年末增减(%) | 2000 年末 |
| 总资产 | 775,990,094.11 | 691,554,250.46 | 12.21% | 566,073,888.77 |
| 股东权益(不含少数股东权益) | 299,189,257.98 | 297,084,418.88 | 0.71% | 272,441,148.57 |
| 经营活动产生的现金流量净额 | 10,682,660.03 | 5,006,150.90 | 113.39% | -38,680,746.35 |

2.2 主要财务指标 单位:(人民币)元

| | 2002 年(本年) | 2001 年(上年) | 本年比上年增减(%) | 2000 年 |
|---|---|---|---|---|
| 每股收益 | 0.02 | 0.13 | -84.33% | 0.18 |
| 每股收益* | 0.02 | - | - | - |
| 净资产收益率 | 1.38% | 8.90% | -84.49% | 12.90% |
| 扣除非经常性损益的净利润为基础计算的净资产收益率 | 1.15% | 9.54% | -87.95% | 0.00% |
| 每股经营活动产生的现金流量净额 | 0.05 | 0.03 | 80.00% | -0.20 |
| | 2002 年末(本年末) | 2001 年末(上年末) | 本年末比上年末增减(%) | 2000 年末 |
| 每股净资产 | 1.51 | 1.50 | 0.73% | 1.37 |
| 调整后的每股净资产 | 1.49 | 1.50 | -0.60% | 1.36 |

## 000586 四川汇源光通信股份有限公司

### 二〇〇二年年度报告摘选

#### 1.上市公司基本情况简介

1.1 基本情况简介

证券简称:ST 汇源 证券代码:000586 上市交易所:深圳证券交易所

注册地址和办公地址:成都国家高新技术产业开发区西区 邮政编码:611731

公司国际互联网网址:http://www.schy.com.cn

电子信箱:huanghaihuai@163.net;hhh@schy.com.cn

1.2 联系人和联系方式

董事会秘书:黄海怀 联系地址:成都国家高新技术产业开发区西区

电话:028-87826077、87826078 传真:028-87826076 电子信箱:huanghaihuai@163.net

#### 2.会计数据和财务指标摘要

2.1 主要会计数据 单位:(人民币)元

| | 2002 年(本年) | 2001 年(上年) | 本年比上年增减(%) | 2000 年 |
|---|---|---|---|---|
| 主营业务收入 | 253,303,741.74 | 359,815,874.76 | -29.60% | 407,053,082.42 |
| 利润总额 | 1,454,337.43 | -48,503,458.15 | -- | -56,278,909.55 |
| 净利润 | 1,538,783.83 | -48,503,458.15 | -- | -56,278,909.55 |
| 扣除非经常性损益的净利润 | -7,792,814.40 | -50,522,595.82 | -- | -57,081,398.45 |
| | 2002 年末(本年末) | 2001 年末(上年末) | 本年末比上年末增减(%) | 2000 年末 |
| 总资产 | 615,794,616.07 | 403,583,618.80 | 52.58% | 502,950,867.44 |
| 股东权益(不含少数股东权益) | 265,449,173.17 | 263,910,389.34 | 0.58% | 310,262,307.85 |
| 经营活动产生的现金流量净额 | 8,344,930.25 | -21,066,050.98 | -- | -17,308,173.10 |

2.2 主要财务指标 单位:(人民币)元

| | 2002 年(本年) | 2001 年(上年) | 本年比上年增减(%) | 2000 年 |
|---|---|---|---|---|
| 每股收益 | 0.01 | -0.25 | -- | -0.29 |
| 净资产收益率 | 0.58% | -18.38% | -- | -18.14% |
| 扣除非经常性损益的净利润为基础计算的净资产收益率 | -2.94% | -19.14% | -- | -18.40% |
| 每股经营活动产生的现金流量净额 | 0.04 | -0.11 | -- | -0.09 |
| | 2002 年末(本年末) | 2001 年末(上年末) | 本年末比上年末增减(%) | 2000 年末 |
| 每股净资产 | 1.37 | 1.36 | 0.59% | 1.60 |
| 调整后的每股净资产 | 1.34 | 1.32 | 1.59% | 1.17 |

## 000593 成都华联商厦股份有限公司

### 二〇〇二年年度报告摘选

#### 1.上市公司基本情况简介

1.1 基本情况简介

股票简称:成都华联 股票代码:000593 上市交易所:深圳证券交易所

注册地址和办公地址:四川成都市建设路 55 号 邮政编码:610051

电子信箱:hldb@mail.sc.cninfo.net

1.2 联系人和联系方式

董事会秘书:郑蜀闽 联系地址:成都市建设路 55 号

电话:028-84312393 传真:028-84299233 电子信箱:hldb@mail.sc.cninfo.net

#### 2.会计数据和财务指标摘要

2.1 主要会计数据 单位:(人民币)元

| | 2002 年(本年) | 2001 年(上年) | 本年比上年增减(%) | 2000 年 |
|---|---|---|---|---|
| 主营业务收入 | 204,231,593.75 | 319,158,689.51 | -36.01% | 316,679,054.46 |
| 利润总额 | -33,722,084.13 | 13,113,056.36 | -357.16% | 23,200,209.43 |
| 净利润 | -34,050,106.94 | 10,875,128.27 | -413.10% | 20,984,854.36 |
| 扣除非经常性损益的净利润 | -31,745,759.32 | 11,264,622.83 | -381.82% | 19,796,294.32 |
| | 2002 年末(本年末) | 2001 年末(上年末) | 本年末比上年末增减(%) | 2000 年末 |
| 总资产 | 509,574,103.63 | 542,713,795.44 | -6.11% | 545,315,090.76 |
| 股东权益(不含少数股东权益) | 272,765,385.97 | 305,218,483.27 | -10.63% | 296,973,650.63 |
| 经营活动产生的现金流量净额 | 3,487,456.08 | -2,312,082.66 | - | 31,026,824.06 |

2.2 主要财务指标 单位:(人民币)元

| | 2002 年(本年) | 2001 年(上年) | 本年比上年增减(%) | 2000 年 |
|---|---|---|---|---|
| 每股收益 | -0.18 | 0.06 | -384.13% | 0.24 |
| 每股收益* | -0.18 | - | - | - |
| 净资产收益率 | -12.48% | 3.56% | -450.56% | 7.07% |
| 扣除非经常性损益的净利润为基础计算的净资产收益率 | -11.64% | 3.72% | -412.90% | 6.80% |
| 每股经营活动产生的现金流量净额 | 0.02 | -0.01 | - | 0.36 |
| | 2002 年末(本年末) | 2001 年末(上年末) | 本年末比上年末增减(%) | 2000 年末 |
| 每股净资产 | 1.43 | 1.76 | -18.76% | 3.43 |
| 调整后的每股净资产 | 1.42 | 1.75 | -18.86% | 3.39 |

## 000611 内蒙古时代科技股份有限公司

### 二〇〇二年年度报告摘选

#### 1.上市公司基本情况简介

1.1 基本情况简介

证券简称:时代科技 证券代码:000611 上市交易所:深圳证券交易所

注册地址:呼和浩特市中山西路 69 号

办公地址:北京市海淀区上地西路 28 号 邮政编码:100085

电子信箱:qimengqing@timegroup.com.cn

1.2 联系人和联系方式

董事会秘书:戚濛青 联系地址:北京市海淀区上地西路 28 号

电话:010-82890385 传真:010-62980724 电子信箱:qimengqing@timegroup.com.cn

证券事务代表:李旭岩 联系地址:北京市海淀区上地西路 28 号

电话:010-82685256 传真:010-62980724 电子信箱:lixuyanli@sohu.com

#### 2.会计数据和财务指标摘要

2.1 主要会计数据 单位:(人民币)元

| | 2002 年(本年) | 2001(上年) | 本年比上年增减(%) | 2000 年 |
|---|---|---|---|---|
| 主营业务收入 | 118,131,176.49 | 192,126,276.19 | -38.51% | 225,208,187.08 |
| 利润总额 | 31,042,682.26 | -56,129,832.24 | -- | -2,110,579.96 |
| 净利润 | 30,519,445.87 | -49,422,583.74 | -- | 836,847.44 |
| 扣除非经常性损益的净利润 | 2,549,407.02 | -44,892,853.23 | -- | 607,554.92 |
| | 2002 年末(本年末) | 2001 年末(上年末) | 本年末比上年末增减(%) | 2000 年末 |
| 总资产 | 366,203,307.88 | 541,956,885.95 | -32.43% | 607,418,765.30 |
| 股东权益(不含少数股东权益) | 279,586,689.84 | 249,067,243.97 | 12.25% | 249,067,243.97 |
| 经营活动产生的现金流量净额 | -64,303,494.63 | 77,781,937.17 | -182.67% | -6,559,974.73 |

2.2 主要财务指标 单位:(人民币)元

| | 2002 年(本年) | 2001 年(上年) | 本年比上年增减(%) | 2000 年 |
|---|---|---|---|---|
| 每股收益 | 0.17 | -0.28 | -- | 0.00 |
| 每股收益* | 0.17 | -- | -- | -- |
| 净资产收益率 | 10.92% | -19.84% | -- | 0.28% |
| 扣除非经常性损益的净利润为基础计算的净资产收益率 | 0.91% | -18.02% | -- | 0.20% |
| 每股经营活动产生的现金流量净额 | -0.37 | 0.44 | -182.66% | -0.04 |
| | 2002 年末(本年末) | 2001 年末(上年末) | 本年末比上年末增减(%) | 2000 年末 |
| 每股净资产 | 1.60 | 1.42 | 12.23% | 1.71 |
| 调整后的每股净资产 | 1.59 | 1.29 | 23.26% | 1.63 |

## 000667 云南华一投资集团股份有限公司

### 二〇〇二年年度报告摘选

#### 1.上市公司基本情况简介

1.1 基本情况简介

股票简称:华一投资　股票代码:000667　上市交易所:深圳证券交易所

注册地址和办公地址:云南省昆明市东风西路 19 号　邮政编码:650031

公司国际互联网网址://www.ynhy.com.cn　电子信箱:Huayi@public.km.yn.cn

1.2 联系人和联系方式

董事会秘书:周明钧　联系地址:云南省昆明市东风西路 19 号

电话:(0871)3610134　传真:(0871)3625615　电子信箱:Mingjunzhou@263.net

证券事务代表:李瑞琦　联系地址:云南省昆明市东风西路 19 号

电话:(0871)3610134　传真:(0871)3625615　电子信箱:Qiruili621@163.com

#### 2.会计数据和财务指标摘要

2.1 主要会计数据　单位:(人民币)元

| | 2002 年(本年) | 2001 年(上年) | 本年比上年增减(%) | 2000 年 |
|---|---|---|---|---|
| 主营业务收入 | 308,500,915.49 | 130,773,910.63 | +135.90 | 115,968,598.68 |
| 利润总额 | 67,736,569.49 | 4,016,991.56 | +1,586.25 | 8,212,259.22 |
| 净利润 | 50,106,137.74 | 2,724,220.64 | +1,739.28 | -32,018,528.07 |
| 扣除非经常性损益的净利润 | 49,942,945.58 | 1,443,040.91 | +3,360.95 | 8,045,875.98 |
| | 2002 年末(本年末) | 2001 年末(上年末) | 本年末比上年末增减(%) | 2000 年末 |
| 总资产 | 815,537,229.20 | 580,508,869.63 | +40.49 | 634,669,109.72 |
| 股东权益(不含少数股东权益) | 464,435,553.52 | 451,793,479.22 | +2.80 | 449,895,604.85 |
| 经营活动产生的现金流量净额 | 134,551,607.19 | -22,337,413.06 | 0 | 28,708,732.45 |

2.2 主要财务指标　单位:(人民币)元

| | 2002 年(本年) | 2001 年(上年) | 本年比上年增减(%) | 2000 年 |
|---|---|---|---|---|
| 每股收益 | 0.2045 | 0.0111 | +1742.34 | 0.0093 |
| 净资产收益率 | 10.79% | 0.60% | +1698.33 | 0.4704% |
| 扣除非经常性损益的净利润为基础计算的净资产收益率 | 10.75% | 0.32% | 3259.38 | -5.77% |
| 每股经营活动产生的现金流量净额 | 0.5491 | -0.0912 | 0 | 0.1172 |
| | 2002 年末(本年末) | 2001 年末(上年末) | 本年末比上年末增减(%) | 2000 年末 |
| 每股净资产 | 1.8954 | 1.8438 | 2.8% | 1.8361 |
| 调整后的每股净资产 | 1.8954 | 1.8103 | 4.7% | 1.7625 |

## 000670 湖北天发股份有限公司

### 二〇〇二年年度报告摘选

#### 1.上市公司基本情况简介

1.1 基本情况简介

股票简称:天发股份　股票代码:000670　上市交易所:深圳证券交易所

注册地址和办公地址:湖北省荆州市江汉路 106 号　邮政编码:434000

公司国际互联网网址:http://www.tianfa.com.cn　电子信箱:Stock@tianfa.com.cn

1.2 联系人和联系方式

董事会秘书:张进斌　联系地址:荆州市江汉路 106 号天发大厦 5 楼 A 座

电话:0716-8560320　传真:0716-8566160　电子信箱:Zjb1974@163.net

#### 2.会计数据和财务指标摘要

2.1 主要会计数据

| | 2002 年(本年) | 2001 年(上年) | 本年比上年增减 |
|---|---|---|---|
| 主营业务收入 | 518770922.76 | 714436909.83 | -27.39% |
| 利润总额 | -146799300.00 | -68305345.52 | -- |
| 净利润 | -144661950.48 | -69341454.75 | -- |
| 扣除非经常性损益的净利润 | -145513047.63 | -90846157.66 | 101.60% |
| | 2002 年末 | 2001 年末 | 本年末比上年末增减(%) |
| 总资产 | 1721702816.90 | 1828374546.83 | -5.83 |
| 股东权益(不含少数股东权益) | 838349669.67 | 974115358.88 | -13.94 |
| 经营活动产生的现金流量净额 | -62263107.57 | -124264140.89 | -- |

2.2 主要财务指标

| | 2002 年(本年) | 2001 年(上年) | 本年比上年增减(%) | 2000 年 |
|---|---|---|---|---|
| 每股收益 | -0.531 | -0.255 | -- | 0.03 |
| 净资产收益率 | -17.26% | -7.12% | -- | 1.09% |
| 扣除非经常性损益的净利润为基础计算的净资产收益率 | -17.36% | -9.22% | -- | 0.66% |
| 每股经营活动产生的现金流量净额 | -0.22 | -0.457 | -- | 1.120 |
| | 2002 年末 | 2001 年末 | 本年末比上年末增减(%) | 2000 年末 |
| 每股净资产 | 3.08 | 3.579 | -13.94 | 2.74 |
| 调整后的每股净资产 | 3.07 | 3.570 | 3.57 | 2.71 |

## 000672 白银铜城商厦(集团)股份有限公司

### 二〇〇二年年度报告摘选

#### 1.上市公司基本情况简介

1.1 基本情况简介

证券简称:铜城集团　证券代码:000672　上市交易所:深圳证券交易所

注册地址:甘肃省白银市白银区五一街 8 号　办公地址:白银市白银区五一街 8 号四楼

邮政编码:730900　电子信箱:bytchjt@public.lz.gs.cn

1.2 联系人和联系方式

董事会秘书和证券事务代表:张世田　联系地址:甘肃省白银市白银区五一街 8 号

电话:13321221682　传真:0943-8227879　电子信箱:bytchjt@public.lz.gs.cn

#### 2.会计数据和财务指标摘要

2.1 主要会计数据　单位:(人民币)元

| | 2002 年(本年) | 2001 年(上年) | 本年比上年增减(%) | 2000 年 |
|---|---|---|---|---|
| 主营业务收入 | 34,693,963.96 | 123,373,655.14 | -71.88% | 91,526,059.85 |
| 利润总额 | -54,558,386.02 | 18,685,137.70 | -391.99% | 17,900,659.80 |
| 净利润 | -52,032,571.08 | 8,344,154.95 | -723.58% | 10,975,385.15 |
| 扣除非经常性损益的净利润 | -50,911,518.09 | 8,380,169.51 | -707.52% | 7,536,716.70 |
| | 2002 年末(本年末) | 2001 年末(上年末) | 本年末比上年末增减(%) | 2000 年末 |
| 总资产 | 397,335,178.34 | 777,657,270.51 | -48.91% | 364,440,055.67 |
| 股东权益(不含少数股东权益) | 218,102,605.74 | 257,176,762.37 | -15.19% | 8,310,279.66 |
| 经营活动产生的现金流量净额 | -22,293,103.55 | -34,207,560.41 | -- | -15,615,926.69 |

2.2 主要财务指标　单位:(人民币)元

| | 2002 年(本年) | 2001 年(上年) | 本年比上年增减(%) | 2000 年 |
|---|---|---|---|---|
| 每股收益 | -0.34 | 0.08 | -544.68% | 0.17 |
| 每股收益 * | -0.34 | -- | -- | -- |
| 净资产收益率 | -23.86% | 3.24% | -836.42% | 9.15% |
| 扣除非经常性损益的净利润为基础计算的净资产收益率 | -23.34% | 3.25% | -818.15% | 9.33% |
| 每股经营活动产生的现金流量净额 | -0.15 | 0.00 | -- | -0.24 |
| | 2002 年末(本年末) | 2001 年末(上年末) | 本年末比上年末增减(%) | 2000 年末 |
| 每股净资产 | 1.44 | 2.37 | -39.41% | 1.84 |
| 调整后的每股净资产 | 1.20 | 2.14 | -43.93% | 1.65 |

## 000679 大连友谊(集团)股份有限公司

### 二〇〇二年年度报告摘选

#### 1.上市公司基本情况简介

1.1 基本情况简介

证券简称:大连友谊　证券代码:000679　上市交易所:深圳证券交易所

注册地址和办公地址:辽宁省大连市中山区七一街 1 号　邮政编码:116001

公司国际互联网网址:http://www.dlyy.com.cn　电子信箱:E-mail:dfsc@mail.dlptt.ln.cn

1.2 联系人和联系方式

董事会秘书:孙秋荣　联系地址:辽宁省大连市中山区七一街 1 号

电话:0411-2691471　传真:0411-2650892　电子信箱:E-mail:dfsc@mail.dlptt.ln.cn

证券事务代表:王士民　联系地址:辽宁省大连市中山区七一街 1 号

电话:0411-2802712　传真:0411-2650892　电子信箱:E-mail:dfsc@mail.dlptt.ln.cn

#### 2.会计数据和财务指标摘要

2.1 主要会计数据　单位:(人民币)元

| | 2002 年(本年) | 2001 年(上年) | 本年比上年增减(%) | 2000 年 |
|---|---|---|---|---|
| 主营业务收入 | 660,656,994.43 | 666,317,093.11 | -0.85% | 628,684,322.88 |
| 利润总额 | 51,298,400.80 | 70,672,662.23 | -27.41% | 55,294,883.71 |
| 净利润 | 29,012,403.55 | 54,740,860.46 | -47.00% | 46,789,263.46 |
| 扣除非经常性损益的净利润 | 28,244,647.55 | 45,320,284.71 | -37.68% | 44,380,788.46 |
| | 2002 年末(本年末) | 2001 年末(上年末) | 本年末比上年末增减(%) | 2000 年末 |
| 总资产 | 1,480,793,434.20 | 1,302,945,552.51 | 13.65% | 1,357,614,088.81 |
| 股东权益(不含少数股东权益) | 607,072,002.89 | 603,761,210.78 | 0.55% | 574,338,560.31 |
| 经营活动产生的现金流量净额 | 5,981,046.31 | 132,651,579.55 | -95.49% | 213,319,754.28 |

2.2 主要财务指标　单位:(人民币)元

| | 2002 年(本年) | 2001 年(上年) | 本年比上年增减(%) | 2000 年 |
|---|---|---|---|---|
| 每股收益 | 0.12 | 0.23 | -46.96% | 0.20 |
| 每股收益 * | 0.12 | -- | -- | -- |
| 净资产收益率 | 4.77% | 9.07% | -47.41% | 8.15% |
| 扣除非经常性损益的净利润为基础计算的净资产收益率 | 4.65% | 7.51% | -38.08% | 6.20% |
| 每股经营活动产生的现金流量净额 | 0.03 | 0.56 | -95.54 | 0.90 |
| | 2002 年末(本年末) | 2001 年末(上年末) | 本年末比上年末增减(%) | 2000 年末 |
| 每股净资产 | 2.56 | 2.54 | 0.55% | 2.41 |
| 调整后的每股净资产 | 2.39 | 2.42 | -1.07% | 2.36 |

# 000685 中山公用科技股份有限公司

## 二〇〇二年年度报告摘选

### 1.上市公司基本情况简介

1.1 基本情况简介

股票简称:公用科技　股票代码:000685　上市交易所:深圳证券交易所

注册地址和办公地址:中山市兴中道 18 号财兴大厦二楼、三楼　邮政编码:528403

公司国际互联网网址:http://www.zpus000685.net　电子信箱:zpus000685@zpus000685.net

1.2 联系人和联系方式

董事会秘书:周剑　联系地址:广东省中山市兴中道 18 号财兴大厦三楼

电话:0760-8380008　传真: 0760-8380000 电子信箱:henry@zpus000685.net

证券事务代表:蒋文婷　联系地址:广东省中山市兴中道 18 号财兴大厦三楼

电话:0760-8380023　传真:0760-8380000　电子信箱:msjwt@zpus000685.net

### 2.会计数据和财务指标摘要

2.1 主要会计数据　(单位:元)

| | 2002 年 | 2001 年 | 本年比上年增减(%) | 2000 年 |
|---|---|---|---|---|
| 主营业务收入 | 72,072,660.93 | 64,318,203.09 | 12.06 | 274,439,121.09 |
| 利润总额 | 20,119,743.05 | 24,943,153.14 | -19.34 | 20,515,494.10 |
| 净利润 | 15,220,043.11 | 19,209,986.80 | -20.77 | 20,515,494.10 |
| 扣除非经常性损益的净利润 | 15,067,815.87 | 19,150,772.80 | -21.32 | 20,298,560.76 |
| | 2002 年 12 月 31 日 | 2001 年 12 月 31 日 | 本年末比上年末增减(%) | 2000 年 12 月 31 日 |
| 总资产 | 422,604,381.23 | 404,769,368.76 | 4.41 | 388,008,057.74 |
| 股东权益(不含少数股东权益) | 313,771,031.49 | 305,313,678.38 | 2.77 | 287,772,588.71 |
| 经营活动产生的现金流量净额 | 24,160,720.20 | 10,071,256.03 | 139.90 | 31,213,533.94 |

2.2 主要财务指标

| | 2002 年 | 2001 年 | 本年比上年增减(%) | 2000 年 |
|---|---|---|---|---|
| 每股收益 | 0.0675 | 0.1406 | -51.99 | 0.1502 |
| 净资产收益率 | 4.85 | 6.29 | -22.89 | 7.13 |
| 扣除非经常性损益的净利润为基础计算的净资产收益率 | 4.82 | 6.41 | -24.80 | 6.85 |
| 每股经营活动产生的现金流量净额 | 0.1072 | 0.0737 | 45.45 | 0.2285 |
| | 2002 年 12 月 31 日 | 2001 年 12 月 31 日 | 本年末比上年末增减(%) | 2000 年 12 月 31 日 |
| 每股净资产 | 1.3919 | 2.2348 | -37.72 | 2.1064 |
| 调整后的每股净资产 | 1.3753 | 2.2242 | -38.17 | 2.0993 |

# 000705 浙江震元股份有限公司

## 二〇〇二年年度报告摘选

### 1.上市公司基本情况简介

1.1 基本情况简介

股票简称:浙江震元　股票代码:000705　上市交易所:深圳证券交易所

注册地址和办公地址:浙江省绍兴市解放北路 289 号　邮政编码:312000

公司国际互联网网址:http://www.zjzy.com.cn　电子信箱:000705@zjzy.com

1.2 联系人和联系方式

董事会秘书:黄继明　联系地址:浙江省绍兴市解放北路 289 号公司董事会办公室

电话:0575-5144161　传真:0575-5148805　电子信箱:000705@zjzy.com

证券事务代表:周黔莉　联系地址:浙江省绍兴市解放北路 289 号公司董事会办公室

电话:0575-5144161　传真:0575-5148805　电子信箱:000705@zjzy.com

### 2.会计数据和财务指标摘要

2.1 主要会计数据

| | 2002 年(本年) | 2001 年(上年) | 本年比上年增减% | 2000 年 调整前 | 2000 年 调整后 |
|---|---|---|---|---|---|
| 主营业务收入 | 569,515,453.24 | 500,279,107.90 | 13.84 | 507,721,487.68 | 507,721,487.68 |
| 利润总额 | 20,883,553.86 | 21,885,733.73 | -4.58 | 36,854,440.22 | 36,854,440.22 |
| 净利润 | 14,148,682.84 | 17,141,278.75 | -17.46 | 20,935,533.62 | 20,263,046.41 |
| 扣除非经常性损益的净利润 | 11,129,034.09 | 16,330,215.76 | -31.85 | 17,350,961.55 | 16,678,474.34 |
| | 2002 年末(本年末) | 2001 年末(上年末) | 本年末比上年末增减% | 2000 年末 调整前 | 2000 年末 调整后 |
| 总资产 | 732,687,385.54 | 667,567,595.27 | 9.75% | 716,328,391.13 | 712,289,646.66 |
| 股东权益(不含少数股东权益) | 427,952,519.58 | 413,802,554.28 | 3.42% | 411,635,649.61 | 401,747,177.88 |
| 经营活动产生的现金流量净额 | 49,619,392.05 | 26,685,600.55 | 85.94% | 130,007,094.95 | 130,007,094.95 |

2.2 主要财务指标

| | 2002 年(本年) | 2001 年(上年) | 本年比上年增减(%) | 2000 年 调整前 | 2000 年 调整后 |
|---|---|---|---|---|---|
| 每股收益 | 0.113 | 0.137 | -17.52 | 0.211(加权)<br>0.167(摊薄) | 0.204(加权)<br>0.162(摊薄) |
| 净资产收益率 | 3.31 | 4.14 | -20.05 | 9.90(加权)<br>5.09(摊薄) | 9.60(加权)<br>5.04(摊薄) |
| 扣除非经常性损益的净利润为基础计算的净资产收益率 | 2.60 | 3.95 | -- | 4.22(摊薄) | 4.15(摊薄) |
| 每股经营活动产生的现金流量净额 | 0.396 | 0.213 | 88.73 | 0.256 | 0.256 |
| | 2002 年末(本年末) | 2001 年末(上年末) | 本年末比上年末增减(%) | 2000 年末 调整前 | 2000 年末 调整后 |
| 每股净资产 | 3.41 | 3.30 | 3.33 | 3.28 | 3.21 |
| 调整后的每股净资产 | 3.34 | 3.15 | 6.03 | 3.21 | 3.13 |

# 000715 中兴—沈阳商业大厦(集团)股份有限公司

## 二〇〇二年年度报告摘选

### 1.上市公司基本情况简介

1.1 基本情况简介

证券简称:中兴商业　证券代码:000715　上市交易所:深圳证券交易所

注册地址和办公地址:辽宁省沈阳市和平区太原北街 86 号　邮政编码:110001

公司国际互联网网址:http://www.zxbusiness.com　电子信箱:stock@zxbusiness.com

1.2 联系人和联系方式

董事会秘书:徐成华　联系地址:沈阳市和平区太原北街 86 号

电话:024-23836060　传真:024-23836008　电子信箱:stock@zxbusiness.com

证券事务代表:姜莉　联系地址:沈阳市和平区太原北街 86 号

电话:024-23836008　传真:024-23836008　电子信箱:stock@zxbusiness.com

### 2.会计数据和财务指标摘要

2.1 主要会计数据　单位:(人民币)元

| | 2002 年(本年) | 2001 年(上年) | 本年比上年增减(%) | 2000 年 |
|---|---|---|---|---|
| 主营业务收入 | 1,421,609,864.65 | 1,193,926,372.46 | 19.07% | 59,365,120.81 |
| 利润总额 | 50,103,568.65 | 53,621,851.20 | -6.56% | 635,698.06 |
| 净利润 | 37,830,002.24 | 36,735,826.70 | 2.98% | 635,698.06 |
| 扣除非经常性损益的净利润 | 37,183,024.27 | 36,696,351.67 | 1.33% | 635,698.06 |
| | 2002 年末(本年末) | 2001 年末(上年末) | 本年末比上年末增减(%) | 2000 年末 |
| 总资产 | 941,224,983.00 | 945,860,283.79 | -0.49% | 960,159,934.70 |
| 股东权益(不含少数股东权益) | 610,689,201.18 | 589,384,938.94 | 3.61% | 572,588,365.09 |
| 经营活动产生的现金流量净额 | 97,578,876.48 | 141,541,288.49 | -31.06% | 50,718,204.95 |

2.2 主要财务指标　单位:(人民币)元

| | 2002 年(本年) | 2001 年(上年) | 本年比上年增减(%) | 2000 年 |
|---|---|---|---|---|
| 每股收益 | 0.18 | 0.17 | 2.92% | 0.03 |
| 每股收益* | 0.18 | -- | -- | -- |
| 净资产收益率 | 6.19% | 6.23% | -0.64% | 0.11% |
| 扣除非经常性损益的净利润为基础计算的净资产收益率 | 6.09% | 6.24% | -2.40% | 0.45% |
| 每股经营活动产生的现金流量净额 | 0.46 | 0.66 | -30.96% | 0.24 |
| | 2002 年末(本年末) | 2001 年末(上年末) | 本年末比上年末增减(%) | 2000 年末 |
| 每股净资产 | 2.85 | 2.75 | 3.61% | 2.64 |
| 调整后的每股净资产 | 2.79 | 2.70 | 3.33% | 2.58 |

# 000739 青岛普洛股份有限公司

## 二〇〇二年年度报告摘选

### 1.上市公司基本情况简介

1.1 基本情况简介

证券简称:普洛药业　证券代码:000739　上市交易所:深圳证券交易所

注册地址和办公地址:青岛市胶州路 140 号　邮政编码:266011

公司国际互联网网址:http://www.0739qddf.com.cn　电子信箱:qddf@mail.qdec.com.cn

1.2 联系人和联系方式

董事会秘书:阎国强　联系地址:青岛市胶州路 140 号

电话:0532-2829999-1698　传真:0532-2840739　电子信箱:qddfygq@mail.qdec.com.cn

证券事务代表:刘萍　联系地址:青岛市胶州路 140 号

电话:0532-2829999-1698　传真:0532-2840739　电子信箱:Ping-1@163.com

### 2.会计数据和财务指标摘要

2.1 主要会计数据　单位:(人民币)元

| | 2002 年(本年) | 2001 年(上年) | 本年比上年增减(%) | 2000 年 |
|---|---|---|---|---|
| 主营业务收入 | 659,334,953.12 | 141,838,153.89 | 364.85 | 178,823,360.33 |
| 利润总额 | 51,145,100.47 | -25,538,844.60 | -- | 6,023,614.89 |
| 净利润 | 31,587,671.50 | -25,872,068.00 | -- | 7,477,909.82 |
| 扣除非经常性损益的净利润 | 30,483,675.91 | -25,381,021.18 | -- | 4,645,264.86 |
| | 2002 年末(本年末) | 2001 年末(上年末) | 本年末比上年末增减(%) | 2000 年末 |
| 总资产 | 689,278,286.96 | 587,377,037.31 | 17.35 | 452,014,580.45 |
| 股东权益(不含少数股东权益) | 271,373,034.60 | 247,072,824.60 | 9.84 | 272,944,892.60 |
| 经营活动产生的现金流量净额 | 2,814,490.28 | -569,787.22 | -- | 7,079,831.92 |

2.2 主要财务指标　单位:(人民币)元

| | 2002 年(本年) | 2001 年(上年) | 本年比上年增减(%) | 2000 年 |
|---|---|---|---|---|
| 每股收益 | 0.22 | -0.18 | -- | 0.05 |
| 每股收益 | 0.22 | -- | -- | -- |
| 净资产收益率(%) | 11.64 | -10.47 | -- | 2.38 |
| 扣除非经常性损益的净利润为基础计算的净资产收益率(%) | 11.62% | -9.75 | -- | 1.48 |
| 每股经营活动产生的现金流量净额 | 0.02 | -0.00 | -- | 0.05 |
| | 2002 年末(本年末) | 2001 年末(上年末) | 本年末比上年末增减(%) | 2000 年末 |
| 每股净资产 | 1.86 | 1.70 | 9.83 | 2.15 |
| 调整后的每股净资产 | 1.86 | 1.69 | 10.06 | 2.13 |

## 000759 武汉中百集团股份有限公司

### 二〇〇二年年度报告摘选

#### 1.上市公司基本情况简介

1.1 基本情况简介

股票简称:武汉中百　股票代码:000759　上市交易所:深圳证券交易所

注册地址和办公地址:湖北省武汉市江汉区江汉路129号　邮政编码:430021

公司国际互联网网址:http://www.whzb.com　电子信箱:whzb@whzb.com

1.2 联系人和联系方式

董事会秘书:杨晓红　联系地址:湖北省武汉市江汉区江汉路129号中百商厦25F

电话:027-82859668　传真:027-82210291　电子信箱:whzbyxh@sina.com

证券事务代表:彭波　联系地址:湖北省武汉市江汉区江汉路129号中百商厦24F

电话:027-82777083　传真:027-82210291　电子信箱:whzbpb@whzb.com

#### 2.会计数据和财务指标摘要

2.1 主要会计数据　单位:人民币元

| | 2002年 | 2001年 | | 本年比上年增减(%) | 2000年 | |
|---|---|---|---|---|---|---|
| | | 调整前 | 调整后 | | 调整前 | 调整后 |
| 主营业务收入 | 2,207,067,647.59 | 1476,257,014.56 | 1,476,700,999.76 | 49.50 | 1,087,277,482.29 | 1,086,766,851.25 |
| 利润总额 | 31,555,428.67 | 38570784.10 | 36876427.01 | -14.43 | 89928943.72 | 73462763.85 |
| 净利润 | 17,061,696.65 | 24,093,524.79 | 22,887,192.07 | -25.45 | 78,877,568.93 | 61,460,162.31 |
| 扣除非经常性损益后净利润 | 12,245,064.99 | 19,876,301.84 | 18,669,969.12 | -34.41 | 63808930.37 | 46391523.75 |
| | 2002年末 | 2001年末 | | 本年末比上年末增减(%) | 2000年末 | |
| | | 调整前 | 调整后 | | 调整前 | 调整后 |
| 总资产 | 1,956,734,114.93 | 1,446,866,773.08 | 1,468,451,110.27 | 33.25 | 1,286,578,784.46 | 1,182,951,035.61 |
| 股东权益(不含少数股东权益) | 777,974,797.00 | 518,596,337.71 | 514,677,408.53 | 51.16 | 540,066,235.36 | 510,911,943.32 |
| 经营活动产生的现金流量净额 | 119,320,169.57 | 3,259,299.64 | 3,259,299.64 | 3,560.91 | 164,231,898.14 | 164,231,898.14 |

2.2 主要财务指标　单位:人民币元

| | 2002年 | 2001年 | | 本年比上年增减(%) | 2000年 | |
|---|---|---|---|---|---|---|
| | | 调整前 | 调整后 | | 调整前 | 调整后 |
| 每股收益 | 0.08 | 0.137 | 0.13 | -38.46 | 0.449 | 0.350 |
| 净资产收益率 | 2.19 | 4.65 | 4.45 | -50.79 | 14.61 | 12.03 |
| 扣除非经常性损益的净利润为基础计算的净资产收益率 | 1.61 | 4.21 | 3.63 | -55.65 | 12.77 | 10.27 |
| 每股经营活动产生的现金流量净额 | 0.569 | 0.019 | 0.019 | 2894.74 | 0.935 | 0.935 |
| | 2002年末 | 2001年末 | | 本年末比上年末增减(%) | 2000年末 | |
| | | 调整前 | 调整后 | | 调整前 | 调整后 |
| 每股净资产 | 3.71 | 2.95 | 2.93 | 26.62 | 3.07 | 2.91 |
| 调整后的每股净资产 | 3.35 | 2.69 | 2.66 | 25.94 | 3.00 | 2.84 |

## 000765 武汉华信高新技术股份有限公司

### 二〇〇二年年度报告摘选

#### 1.上市公司基本情况简介

1.1 基本情况简介

证券简称:华信股份　证券代码:000765　上市交易所:深圳证券交易所

注册地址:武汉市中山大道779-805号

办公地址:武汉市江汉区建设大道518号招银大厦11F　邮政编码:430022

电子信箱:hxgf0765@public.wh.hb.cn

1.2 联系人和联系方式

董事会秘书:涂飞舟　联系地址:武汉市江汉区建设大道518号招银大厦11F

电话:027-85743352　传真:027-85743351　电子信箱:hxgf0765@public.wh.hb.cn

证券事务代表:陈志刚　联系地址:武汉市江汉区建设大道518号招银大厦11F

电话:027-85743352　传真:027-85743351　电子信箱:hxgf0765@public.wh.hb.cn

#### 2.会计数据和财务指标摘要

2.1 主要会计数据　单位:(人民币)元

| | 2002年(本年) | 2001年(上年) | 本年比上年增减(%) | 2000年 |
|---|---|---|---|---|
| 主营业务收入 | 13,445,598.14 | 144,651,220.01 | -90.70% | 245,238,789.60 |
| 利润总额 | -101,400,346.68 | -18,647,797.54 | 443.77% | 29,123,372.58 |
| 净利润 | -83,635,224.86 | -25,287,564.66 | 230.74% | 13,376,163.02 |
| 扣除非经常性损益的净利润 | -77,193,774.35 | -26,902,896.22 | 186.93% | 14,119,618.83 |
| | 2002年末(本年末) | 2001年末(上年末) | 本年末比上年末增减(%) | 2000年末 |
| 总资产 | 696,137,886.78 | 765,752,387.65 | -9.09% | 563,961,066.99 |
| 股东权益(不含少数股东权益) | 161,482,941.68 | 253,264,762.06 | -36.24% | 186,952,977.38 |
| 经营活动产生的现金流量净额 | 1,015,429.26 | -125,327,301.99 | -100.81% | -125,327,301.99 |

2.2 主要财务指标　单位:(人民币)元

| | 2002年(本年) | 2001年(上年) | 本年比上年增减(%) | 2000年 |
|---|---|---|---|---|
| 每股收益 | -0.34 | -0.10 | 240.00% | 0.09 |
| 每股收益* | -0.34 | -0.14 | 142.86% | 0.09 |
| 净资产收益率 | -51.79% | -9.98% | 418.94% | 7.15% |
| 调整后的每股净资产 | 0.648 | 0.95 | -31.79% | 1.07 |
| 每股经营活动产生的现金流量净额 | 0.0041 | -0.503 | -100.82% | 0.05 |
| | 2002年末(本年末) | 2001年末(上年末) | 本年末比上年末增减(%) | 2000年末 |
| 每股净资产 | 0.649 | 1.02 | -36.37% | 1.27 |
| 扣除非经常性损益的净利润为基础计算的净资产收益 | -37.22% | -10.79% | 244.95% | 9.80% |

## 000785 武汉中商集团股份有限公司

### 二〇〇二年年度报告摘选

#### 1.上市公司基本情况简介

1.1 基本情况简介

证券简称:武汉中商　证券代码:000785　上市交易所:深圳证券交易所

注册地址和办公地址:武汉市武昌区中南路9号　邮政编码:430071

公司国际互联网网址:http://www.eshangchina.com　电子信箱:zhongnan@public.wh.hb.cn

1.2 联系人和联系方式

董事会秘书:易国华　联系地址:武汉市武昌区中南路9号

电话:027-87322635　传真:027-87307723

证券事务代表:薛玉　联系地址:武汉市武昌区中南路9号

电话:027-87362507　传真:027-87307723　电子信箱:xuey307@sina.com

#### 2.会计数据和财务指标摘要

2.1 主要会计数据　单位:(人民币)元

| | 2002年(本年) | 2001年(上年) | 本年比上年增减(%) | 2000年 |
|---|---|---|---|---|
| 主营业务收入 | 1,875,346,304.93 | 1,657,347,756.90 | 13.15% | 1,839,643,038.48 |
| 利润总额 | 24,340,655.34 | 31,094,339.01 | -21.72% | 66,447,901.59 |
| 净利润 | 12,515,727.00 | 21,331,933.28 | -41.33% | 50,314,062.52 |
| 扣除非经常性损益的净利润 | 11,087,587.07 | 14,096,389.89 | -21.34% | 44,774,226.22 |
| | 2002年末(本年末) | 2001年末(上年末) | 本年末比上年末增减(%) | 2000年末 |
| 总资产 | 1,849,270,381.91 | 1,773,734,051.51 | 4.26% | 1,352,217,819.19 |
| 股东权益(不含少数股东权益) | 544,755,859.47 | 532,159,062.47 | 2.37% | 510,827,129.19 |
| 经营活动产生的现金流量净额 | 87,914,354.81 | 158,362,037.54 | -44.49% | 78,302,990.13 |

2.2 主要财务指标　单位:(人民币)元

| | 2002年(本年) | 2001年(上年) | 本年比上年增减(%) | 2000年 |
|---|---|---|---|---|
| 每股收益 | 0.05 | 0.09 | -41.18% | 0.28 |
| 每股收益 | 0.05 | -- | -- | -- |
| 净资产收益率 | 2.30% | 4.01% | -42.64% | 9.85% |
| 扣除非经常性损益的净利润为基础计算的净资产收益率 | 2.04% | 2.65% | -23.02% | 8.77% |
| 每股经营活动产生的现金流量净额 | 0.35 | 0.63 | -44.44% | 0.44 |
| | 2002年末(本年末) | 2001年末(上年末) | 本年末比上年末增减(%) | 2000年末 |
| 每股净资产 | 2.17 | 2.12 | 2.36% | 2.85 |
| 调整后的每股净资产 | 1.73 | 1.75 | -1.14% | 2.74 |

## 000796 宝鸡商场(集团)股份有限公司

### 二〇〇二年年度报告摘选

#### 1.上市公司基本情况简介

1.1 基本情况简介

股票简称:宝商集团　股票代码:000796　上市交易所:深圳证券交易所

注册地址:陕西省宝鸡市高新开发区峪泉路10号

办公地址:陕西省宝鸡市经二路114号　邮政编码:721000

公司国际互联网网址:http://www.bsjt.net　电子信箱:bsdzkj@163.net

1.2 联系人和联系方式

董事会秘书:董启怀　联系地址:陕西省宝鸡市经二路114号

电话:0917-3215282　传真:0917-3215282　电子信箱:bsjt01@sohu.com

#### 2.会计数据和财务指标摘要

2.1 主要会计数据

| | 2002年 | 2001年 | 本年比上年增减(%) | 2000年 |
|---|---|---|---|---|
| 主营业务收入 | 557,974,497.63 | 629,451,470.66 | -11.36 | 842,570,224.17 |
| 利润总额 | 25,936,563.65 | 38,775,856.24 | -33.11 | 54,992,636.93 |
| 净利润 | 21,886,146.07 | 32,367,875.57 | -32.38 | 46,110,143.73 |
| 扣除非经常性损益的净利润 | 20,346,290.05 | 31,012,200.16 | -36.54 | 45,881,903.50 |
| | 2002年 | 2001年 | 本年末比上年末增减(%) | 2000年 |
| 总资产 | 964,590,263.67 | 966,230,888.13 | -0.17 | 1,037,805,240.51 |
| 股东权益(不含少数股东权益) | 684,855,536.16 | 662,705,390.09 | 3.34 | 629,960,440.61 |
| 经营活动产生的现金流量净额 | 85,293,935.32 | 67,446,099.95 | 26.46 | -101,378,983.71 |

2.2 主要财务指标

| | 2002年 | 2001年 | 本年比上年增减(%) | 2000年 |
|---|---|---|---|---|
| 每股收益 | 0.136 | 0.202 | -32.67 | 0.345 |
| 净资产收益率 | 3.20% | 4.89% | -34.56 | 7.31% |
| 扣除非经常性损益的净利润为基础计算的净资产收益率 | 2.97% | 4.68% | -36.54 | 7.28% |
| 每股经营活动产生的现金流量净额 | 0.532 | 0.421 | 26.37 | -0.758 |
| | 2002年 | 2001年 | 本年末比上年末增减(%) | 2000年 |
| 每股净资产 | 4.271 | 4.131 | 3.39 | 4.714 |
| 调整后的每股净资产 | 4.26 | 4.12 | 3.40 | 7.71 |

# 000882 北京华联商厦股份有限公司

## 二〇〇二年年度报告摘选

### 1.上市公司基本情况简介

1.1 基本情况简介

证券简称:华联股份　证券代码:000882　上市交易所:深圳证券交易所
注册地址:北京市海淀区复兴路46号
办公地址:北京市西城区阜成门外大街1号四川大厦东塔五层
邮政编码:100037　电子信箱:zgs_zhengquan@beijing-hualian.com

1.2 联系人和联系方式

董事会秘书:李翠芳　联系地址:北京市西城区阜成门外大街1号四川大厦东塔五层
电话:010-68341188-6318　传真:010-68365030
电子信箱:zgs_zhengquan@beijing-hualian.com
证券事务代表:李春生　联系地址:北京市西城区阜成门外大街1号四川大厦东塔五层
电话:010-68341188-6301　传真:010-68365030
电子信箱:zgs_zhengquan@beijing-hualian.com

### 2.会计数据和财务指标摘要

2.1 主要会计数据　单位:(人民币)元

| | 2002年(本年) | 2001年(上年) | 本年比上年增减(%) | 2000年 |
|---|---|---|---|---|
| 主营业务收入 | 656,853,602.99 | 192,804,558.78 | 240.68% | 304,093,033.01 |
| 利润总额 | 4,352,703.26 | 39,233,681.83 | -88.91% | 15,910,092.89 |
| 净利润 | 8,862,043.56 | 35,586,541.02 | -75.10% | 14,034,030.28 |
| 扣除非经常性损益的净利润 | -2,877,498.51 | 20,782,833.57 | -113.85% | 27,849,705.68 |
| | 2002年末(本年末) | 2001年末(上年末) | 本年末比上年末增减(%) | 2000年末 |
| 总资产 | 1,205,502,939.33 | 607,172,956.86 | 98.54% | 585,349,642.45 |
| 股东权益(不含少数股东权益) | 478,171,389.01 | 468,271,630.81 | 2.11% | 383,623,587.02 |
| 经营活动产生的现金流量净额 | 175,799,875.32 | -65,900,911.18 | -- | 20,942,741.90 |

2.2 主要财务指标　单位:(人民币)元

| | 2002年(本年) | 2001年(上年) | 本年比上年增减(%) | 2000年 |
|---|---|---|---|---|
| 每股收益 | 0.04 | 0.14 | -75.07% | 0.06 |
| 净资产收益率 | 1.85% | 7.60% | -75.66% | 3.66% |
| 扣除非经常性损益的净利润为基础计算的净资产收益率 | -0.60% | 4.44% | -113.51% | 6.52% |
| 每股经营活动产生的现金流量净额 | 0.71 | -0.26 | -- | 0.08 |
| | 2002年末(本年末) | 2001年末(上年末) | 本年末比上年末增减(%) | 2000年末 |
| 每股净资产 | 1.92 | 1.88 | 2.11% | 1.54 |
| 调整后的每股净资产 | 1.81 | 1.87 | -3.39% | 1.53 |

# 000889 秦皇岛渤海物流控股股份有限公司

## 二〇〇二年年度报告摘选

### 1.上市公司基本情况简介

1.1 基本情况简介

证券简称:渤海物流　证券代码:000889　上市交易所:深圳证券交易所
注册地址和办公地址:秦皇岛市海港区河北大街152号　邮政编码:066000
公司国际互联网网址:www.hlsc.com.cn　电子信箱:hlsc0889@163.com

1.2 联系人和联系方式

董事会秘书:焦海青　联系地址:秦皇岛市海港区河北大街152号
电话:0335-3023349　传真:0335-3733868　电子信箱:jiaohaiqing@sina.com
证券事务代表:史鸿雁　联系地址:秦皇岛市海港区河北大街152号
电话:0335-3023349　传真:0335-3023349　电子信箱:shy888@0335.net

### 2.会计数据和财务指标摘要

2.1 主要会计数据　单位:(人民币)元

| | 2002年(本年) | 2001年(上年) | 本年比上年增减(%) | 2000年 |
|---|---|---|---|---|
| 主营业务收入 | 617,963,391.94 | 507,904,206.98 | 21.67% | 448,001,619.49 |
| 利润总额 | 59,324,307.47 | 66,175,259.64 | -10.35% | 44,829,053.38 |
| 净利润 | 37,628,600.61 | 64,907,705.41 | -42.03% | 43,796,843.07 |
| 扣除非经常性损益的净利润 | 36,549,113.83 | 64,521,270.77 | -43.35% | 55,437,577.96 |
| | 2002年末(本年末) | 2001年末(上年末) | 本年末比上年末增减(%) | 2000年末 |
| 总资产 | 1,644,587,019.83 | 1,501,922,401.70 | 9.50% | 1,097,641,203.32 |
| 股东权益(不含少数股东权益) | 749,384,853.82 | 712,530,811.20 | 5.17% | 656,435,648.97 |
| 经营活动产生的现金流量净额 | -63,082,341.22 | -213,158,449.43 | -- | -126,590,683.25 |

2.2 主要财务指标　单位:(人民币)元

| | 2002年(本年) | 2001年(上年) | 本年比上年增减(%) | 2000年 |
|---|---|---|---|---|
| 每股收益 | 0.13 | 0.22 | -42.01% | 0.19 |
| 每股收益* | 0.13 | -- | -- | -- |
| 净资产收益率 | 5.02% | 9.11% | -44.90% | 6.67% |
| 扣除非经常性损益的净利润为基础计算的加权平均净资产收益率 | 5.00% | 9.37% | -46.64% | 12.72% |
| 每股经营活动产生的现金流量净额 | -0.21 | -0.72 | -- | -0.559 |
| | 2002年末(本年末) | 2001年末(上年末) | 本年末比上年末增减(%) | 2000年末 |
| 每股净资产 | 2.54 | 2.42 | 5.16% | 2.90 |
| 调整后的每股净资产 | 2.44 | 2.32 | 5.17% | 2.81 |

# 000906 南方建材股份有限公司

## 二〇〇二年年度报告摘选

### 1.上市公司基本情况简介

1.1 基本情况简介

证券简称:南方建材　证券代码:000906　上市交易所:深圳证券交易所
注册地址:湖南省长沙市芙蓉中路29号　办公地址:湖南省长沙市五一中路49号
邮政编码:410011　电子信箱:sbmc@public.cs.hn.cn

1.2 联系人和联系方式

董事会秘书:谭昌寿　联系地址:湖南省长沙市五一中路49号
电话:0731-2225271　传真:0731-4453546　电子信箱:tcs@sina.com.cn
证券事务代表:姚水清　联系地址:湖南省长沙市五一中路49号
电话:0731-4452516　传真:0731-4452516　电子信箱:yaoshuiqing@163.net

### 2.会计数据和财务指标摘要

2.1 主要会计数据　单位:(人民币)元

| 项　目 | 2002年(本年) | 2001年(上年) | 本年比上年增减(%) | 2000年 |
|---|---|---|---|---|
| 主营业务收入 | 1,352,554,154.23 | 845,567,982.87 | 59.96% | 812,587,700.15 |
| 利润总额 | 42,998,208.46 | 24,800,385.42 | 73.38% | 36,779,992.96 |
| 净利润 | 24,472,149.46 | 19,046,983.87 | 28.48% | 31,006,099.74 |
| 扣除非经常性损益的净利润 | 25,312,433.54 | 16,386,627.43 | 54.47% | 26,560,047.20 |
| 项　目 | 2002年末(本年末) | 2001年末(上年末) | 本年末比上年末增减(%) | 2000年末 |
| 总资产 | 1,193,076,277.73 | 954,292,020.59 | 25.02% | 721,265,152.46 |
| 股东权益(不含少数股东权益) | 387,392,416.82 | 366,205,150.08 | 5.79% | 349,658,166.20 |
| 经营活动产生的现金流量净额 | 126,498,532.12 | 42,117,083.45 | 200.35% | 52,945,221.64 |

2.2 主要财务指标　单位:(人民币)元

| 项　目 | 2002年(本年) | 2001年(上年) | 本年比上年增减(%) | 2000年 |
|---|---|---|---|---|
| 每股收益 | 0.10 | 0.15 | -32.24% | 0.25 |
| 每股收益* | 0.10 | -- | -- | -- |
| 净资产收益率 | 6.32% | 5.20% | 21.54% | 8.87 |
| 扣除非经常性损益的净利润为基础计算的净资产收益率 | 6.53% | 4.47% | 46.09% | 7.63% |
| 每股经营活动产生的现金流量净额 | 0.53 | 0.34 | 58.16% | 0.42 |
| 项　目 | 2002年末(本年末) | 2001年末(上年末) | 本年末比上年末增减(%) | 2000年末 |
| 每股净资产 | 1.63 | 2.93 | -44.33% | 2.80 |
| 调整后的每股净资产 | 1.59 | 2.80 | -43.21% | 2.71 |

# 000987 广州友谊商店股份有限公司

## 二〇〇二年年度报告摘选

### 1.上市公司基本情况简介

1.1 基本情况简介

股票简称:广州友谊　股票代码:000987　上市交易所:深圳证券交易所
注册地址和办公地址:广州市环市东路369号　邮政编码:510095
公司国际互联网网址:http://www.cgzfs.com　电子信箱:gzfs@cgzfs.com

1.2 联系人和联系方式

董事会秘书:邓美薇　联系地址:广州市环市东路369号、广州友谊商店股份有限公司办公室
电话:020-83571948　传真:020-83572228　电子信箱:meimy.d@cgzfs.com

### 2.会计数据和财务指标摘要

2.1 主要财务数据

| | 2002年(本年) | 2001年(上年) | 本年比上年增减(%) | 2000年 |
|---|---|---|---|---|
| 主营业务收入 | 904,450,521.66 | 979,522,348.20 | -7.66 | 945,743,251.97 |
| 利润总额 | 50,114,632.96 | 54,889,843.98 | -8.70 | 44,684,010.06 |
| 净利润 | 38,324,900.00 | 38,355,729.40 | -0.08 | 37,904,414.53 |
| 扣除非经常性损益后的净利润 | 34,532,612.02 | 36,529,892.10 | -5.47 | 37,489,414.53 |
| | 2002年12月31日 | 2001年12月31日 | 本年末比上年末增减(%) | 2000年12月31日 |
| 总资产 | 808,742,924.09 | 755,609,976.60 | 7.03 | 788,243,136.58 |
| 股东权益(不含少数股东权益) | 613,581,327.06 | 598,668,366.67 | 2.49 | 584,243,177.82 |
| 经营活动产生的现金流量净额 | 104,286,436.78 | 23,819,234.05 | 337.82 | 105,588,172.89 |

2.2 主要财务指标

| | 2002年(本年) | 2001(上年)年 | 本年比上年增减(%) | 2000年 |
|---|---|---|---|---|
| 每股收益(全面摊薄) | 0.16 | 0.16 | -- | 0.16 |
| 扣除非经常性损益的每股收益 | 0.14 | 0.15 | -6.67 | 0.16 |
| 净资产收益率%(全面摊薄) | 6.25 | 6.41 | -2.50 | 6.49 |
| 扣除非经常性损益的净利润为基础计算的净资产收益率% | 5.63 | 6.10 | -7.70 | 6.42 |
| 每股经营活动产生的现金流量净额 | 0.44 | 0.10 | 340.00 | 0.44 |
| | 2002年12月31日 | 2001年12月31日 | 本年末比上年末增减(%) | 2000年12月31日 |
| 每股净资产 | 2.56 | 2.50 | 2.40 | 2.44 |
| 调整后的每股净资产 | 2.55 | 2.47 | 3.24 | 2.40 |

# J.房地产业(13 家)

## 000402 金融街控股股份有限公司

## 二○○二年年度报告摘要

### 1.重要提示

1.1 本公司董事会及其董事保证本报告所载资料不存在任何虚假记载、误导性陈述或者重大遗漏,并对其内容的真实性、准确性和完整性负个别及连带责任。本年度报告摘要摘自年度报告全文,投资者欲了解详细内容,应阅读年度报告全文。

1.2 没有董事声明对年度报告内容的真实性、准确性、完整性无法保证或存在异议。

1.3 本公司董事曲明光因外出考察未出席审议年报的董事会,书面委托鞠瑾董事代为出席会议并行使表决权。

本公司独立董事印书华因外出考察未出席审议年报的董事会,书面委托许燕生独立董事代为出席会议并行使表决权。

1.4 岳华会计师事务所有限责任公司为本公司出具了有无保留意见无解释性说明的审计报告。

1.5 本公司董事长王功伟、总经理刘世春、财务总监李敦嘉及财务部经理杨福云声明:保证本年度报告中财务会计报告真实、完整。

### 2.上市公司基本情况简介

2.1 基本情况简介

| | |
|---|---|
| 证券简称 | 金融街 |
| 证券代码 | 000402 |
| 上市交易所 | 深圳证券交易所 |
| 注册地址和办公地址 | 北京市西城区金融大街 33 号通泰大厦 B 座 8 层<br>北京市西城区金融大街 33 号通泰大厦 B 座 8 层 |
| 邮政编码 | 100032 |
| 公司国际互联网网址 | www.jrjkg.com |
| 电子信箱 | investors@jrjkg.com |

2.2 联系人和联系方式

| | 董事会秘书 | 证券事务代表 |
|---|---|---|
| 姓名 | 许群峰 | 于蓉 |
| 联系地址 | 北京市西城区金融大街 33 号通泰大厦 B 座 8 层 | 北京市西城区金融大街 33 号通泰大厦 B 座 8 层 |
| 电话 | 010－88086184 | 010－88086157 |
| 传真 | 010－88086186 | 010－88086186 |
| 电子信箱 | investors@jrjkg.com | investors@jrjkg.com |

### 3.会计数据和财务指标摘要

3.1 主要会计数据 单位:(人民币)元

| | 2002 年(本年) | 2001 年(上年) | 本年比上年增减(%) | 2000 年 |
|---|---|---|---|---|
| 主营业务收入 | 924,183,889.85 | 857,282,451.10 | 7.80% | 220,558,550.26 |
| 利润总额 | 203,390,330.24 | 215,277,500.26 | －5.52% | 59,182,433.71 |
| 净利润 | 167,075,564.18 | 151,047,979.44 | 10.61% | 40,138,704.26 |
| 扣除非经常性损益的净利润 | 115,206,493.25 | 122,073,522.46 | －5.63% | 39,799,494.65 |
| | 2002 年末(本年末) | 2001 年末(上年末) | 本年末比上年末增减(%) | 2000 年末 |
| 总资产 | 2,875,889,635.69 | 1,137,756,499.58 | 152.77% | 599,748,761.33 |
| 股东权益(不含少数股东权益) | 885,361,118.82 | 346,491,744.65 | 155.52% | 201,739,085.20 |
| 经营活动产生的现金流量净额 | －856,944,710.50 | －518,932,639.30 | －－ | －31,741,104.67 |

3.2 主要财务指标 单位:(人民币)元

| | 2002 年(本年) | 2001 年(上年) | 本年比上年增减(%) | 2000 年 |
|---|---|---|---|---|
| 每股收益 | 1.13 | 1.20 | －5.52% | 0.32 |
| 净资产收益率 | 18.87% | 43.59% | －56.71% | 19.90% |
| 扣除非经常性损益的净利润为基础计算的净资产收益率 | 20.43% | 44.03% | －53.60% | 19.73% |
| 每股经营活动产生的现金流量净额 | －5.82 | －4.12 | －－ | －0.25 |
| | 2002 年末(本年末) | 2001 年末(上年末) | 本年末比上年末增减(%) | 2000 年末 |
| 每股净资产 | 6.01 | 2.75 | 118.32% | 1.60 |
| 调整后的每股净资产 | 5.89 | 2.74 | 114.96% | 1.60 |

3.3 国内外会计准则差异

□适用 √不适用

### 4.股本变动及股东情况

4.1 股份变动表 单位:股

| | 本次变动前 | 本次变动增减(+,－) | | 本次变动后 |
|---|---|---|---|---|
| | | 增发 | 小计 | |
| 一、未上市流通股份 | | | | |
| 1.发起人股份 | 77,906,400 | 0 | 0 | 77,906,400 |
| 其中:国家持有股份 | 77,906,400 | | 0 | 77,906,400 |
| 境内法人持有股份 | | | 0 | 0 |
| 境外法人持有股份 | | | 0 | 0 |
| 其他 | | | 0 | 0 |
| 2.募集法人股份 | | | 0 | 0 |
| 3.内部职工股 | | | 0 | 0 |
| 4.优先股或其他 | | | 0 | 0 |
| 未上市流通股份合计 | 77,906,400 | 0 | 0 | 77,906,400 |
| 二、已上市流通股份 | | | | |
| 1.人民币普通股 | 48,000,000 | 21,450,000 | 21,450,000 | 69,450,000 |
| 2.境内上市的外资股 | | | 0 | 0 |
| 3.境外上市的外资股 | | | 0 | 0 |
| 4.其他 | | | 0 | 0 |
| 已上市流通股份合计 | 48,000,000 | 21,450,000 | 21,450,000 | 69,450,000 |
| 三、股份总数 | 125,906,400 | 21,450,000 | 21,450,000 | 147,356,400 |

4.2 前十名股东持股表

| 报告期末股东总数 | 8,082 | | | | | |
|---|---|---|---|---|---|---|
| 前十名股东持股情况 | | | | | | |
| 股东名称(全称) | 年度内增减(股) | 年末持股数量(股) | 比例(%) | 股份类别(已流通或未流通) | 质押或冻结的股份数量(股) | 股东性质(国有股东或外资股东) |
| 北京金融街建设集团 | 0 | 77,906,400 | 52.87 | 未流通 | 未知 | 国有股东 |
| 上海莱思利发型设计师 | 0 | 2,239,858 | 1.52 | 已流通 | 未知 | |
| 张家港市恒吉电子化学有限公司 | 0 | 1,306,888 | 0.89 | 已流通 | 未知 | |
| 嘉峪关龙泰矿山建设有限责任公司 | 0 | 1,269,273 | 0.86 | 已流通 | 未知 | |
| 兰州三毛实业股份有限公司 | 0 | 1,238,089 | 0.84 | 已流通 | 未知 | |
| 天津工业大学 | 0 | 752,607 | 0.51 | 已流通 | 未知 | |
| 中国石油天然气集团公司机关服务中心 | 0 | 740,842 | 0.50 | 已流通 | 未知 | |
| 四川天然气化工厂 | 0 | 740,520 | 0.50 | 已流通 | 未知 | |
| 上海彤润贸易有限公司 | 0 | 712,892 | 0.48 | 已流通 | 未知 | |
| 中油资产管理有限公司 | 0 | 702,395 | 0.48 | 已流通 | 未知 | |
| 前十名股东关联关系或一致行动的说明 | 公司前十名股东中,第一大股东北京金融街建设集团所持股份为非流通股,报告期内其所持公司股份未发生变化;其他股东均为社会公众股东,所持股份为流通股,报告期内其所持公司股份发生变化系二级市场交易所致。<br>公司前十名股东中,第一大股东北京金融街建设集团与其他流通股东不存在关联关系,也不属于《上市公司股东持股变动信息披露管理办法》中规定的一致行动人;未知其他流通股东是否属于一致行动人,也未知其他流通股东之间是否存在关联关系。 | | | | | |

4.3 控股股东及实际控制人情况介绍

4.3.1 控股股东及实际控制人变更情况

□适用 √不适用

4.3.2 控股股东和其他实际控制人具体情况介绍

北京金融街建设集团是唯一持有公司 10% 以上股份的股东,其持有公司股份的比例为 52.86%,系本公司控股股东,报告期内北京金融街建设集团未将其持有的本公司股份进行质押。

北京金融街建设集团成立于 1996 年 5 月 29 日,法定代表人是鞠瑾,注册资本为 16,199 万元人民币,主要业务为国有资产经营管理,经营范围是房地产建设投资咨询、房地产经营管理咨询、租赁建筑施工设备、运输方面的信息咨询、文化体育艺术交流、租赁展览展示作品、承办展览展销、自有房产的物业管理、租赁办公设备等,股权结构为国有独资,企业法人营业执照注册号码为 1101022107227。

北京金融街建设集团系北京市西城区国资委全资拥有的以资本运营和资产管理为主要任务的全民所有制企业,行业归口管理单位是北京市西城区城市建设管理委员会,北京市西城区国资委的负责人是西城区区长。

## 5.董事、监事和高级管理人员

5.1 董事、监事和高级管理人员持股变动

| 姓名 | 职务 | 性别 | 年龄 | 任期起止日期 | 年初持股数(股) | 年末持股数(股) | 变动原因 |
|---|---|---|---|---|---|---|---|
| 王功伟 | 董事长 | 男 | 46 | 2002.6.26 - 2005.6.25 | 0 | 0 | |
| 曲明光 | 副董事长 | 男 | 53 | 2002.6.26 - 2005.6.25 | 0 | 0 | |
| 鞠　瑾 | 副董事长 | 男 | 39 | 2002.6.26 - 2005.6.25 | 0 | 0 | |
| 赵　伟 | 董事 | 男 | 49 | 2002.6.26 - 2005.6.25 | 0 | 0 | |
| 张海天 | 董事 | 男 | 51 | 2002.6.26 - 2005.6.25 | 0 | 0 | |
| 刘世春 | 董事、总经理 | 男 | 34 | 2002.6.26 - 2005.6.25 | 0 | 0 | |
| 许燕生 | 独立董事 | 男 | 55 | 2002.6.26 - 2005.6.25 | 0 | 0 | |
| 印韡 | 独立董事 | 男 | 47 | 2002.6.26 - 2005.6.25 | 0 | 0 | |
| 宋和珍 | 监事 | 女 | 50 | 2002.6.26 - 2005.6.25 | 0 | 0 | |
| 艾颖丽 | 监事 | 女 | 44 | 2002.6.26 - 2005.6.25 | 0 | 0 | |
| 吕　洪 | 监事 | 男 | 35 | 2002.6.26 - 2005.6.25 | 0 | 0 | |
| 李敦嘉 | 财务总监 | 男 | 51 | 2002.6.26 - 2005.6.25 | 0 | 0 | |
| 高　靓 | 副总经理 | 女 | 32 | 2002.6.26 - 2005.6.25 | 0 | 0 | |
| 侯志宁 | 副总经理 | 女 | 44 | 2002.6.26 - 2005.6.25 | 0 | 0 | |
| 许群峰 | 董事会秘书 | 男 | 34 | 2002.6.26 - 2005.6.25 | 0 | 0 | |

5.2 在股东单位任职的董事监事情况

√适用　　□不适用

| 姓名 | 任职的股东名称 | 在股东单位担任的职务 | 任职期间 | 是否领取报酬、津贴 |
|---|---|---|---|---|
| 鞠　瑾 | 北京金融街建设集团 | 法定代表人 | 长期 | 是 |
| 王功伟 | 北京金融街建设集团 | 经理 | 长期 | 是 |
| 曲明光 | 北京金融街建设集团 | 副经理 | 长期 | 是 |
| 赵　伟 | 北京金融街建设集团 | 副经理 | 长期 | 是 |
| 张海天 | 北京金融街建设集团 | 总会计师 | 长期 | 是 |
| 艾颖丽 | 北京金融街建设集团 | 党办主任 | 长期 | 是 |

5.3 董事、监事和高级管理人员年度报酬情况

单位:(人民币)万元

| | |
|---|---|
| 年度报酬总额 | 254.00 |
| 金额最高的前三名董事的报酬总额 | 86.00 |
| 金额最高的前三名高级管理人员的报酬总额 | 107.00 |
| 独立董事津贴 | 5.00 万元/人(年) |
| 独立董事其他待遇 | 无 |
| 不在公司领取报酬、津贴的董事、监事姓名 | 张海天董事 |
| 报酬区间 | 人数 |
| 20 万元以上 | 6 |
| 20 万元 - 10 万元之间 | 5 |
| 10 万元以下 | 4 |

## 6.董事会报告

6.1 报告期内整体经营情况的讨论与分析

公司的经营范围是:房地产开发,销售商品房;物业管理;新技术及产品项目投资和技术开发、技术服务;停车服务;自有房屋租赁等。按照深圳证券交易所《上市公司行业分类结果》,公司属房地产开发行业,目前从事的主要业务是金融街区域的总体规划、土地开发、项目建设和综合管理。报告期内,金融街区域房地产开发收入和利润占公司主营业务收入和主营业务利润的 95% 以上。

金融街是《北京城市总体规划》确定的跨世纪宏伟工程。她南起复兴门内大街,北至阜成门内大街,南北长约 1,700 米;西至西二环路东侧红线,东至太平桥大街,东西宽 500 米至 700 米不等。规划区域总占地面积 103 公顷,其中新开发区域占地面积 88 公顷;规划总建筑面积逾 300 万平方米。规划区域内两横一竖的城市道路将整个街区划分为 A、B、C、D、E、F、G 七个分区。金融街的发展目标是成为资金密集、市场活跃、资讯发达、设施完善、环境优美的国际化金融中心。

6.2 主营业务分行业或产品情况表　　单位:(人民币)万元

| 分行业或分产品 | 主营业务收入 | 主营业务成本 | 毛利率(%) | 主营业务收入比上年增减(%) | 主营业务成本比上年增减(%) | 毛利率比上年增减(%) |
|---|---|---|---|---|---|---|
| 房地产开发 | 92,418.00 | 59,525.00 | 35.59 | 7.80 | 0.26 | 4.84 |
| 其中:关联交易金额 | 8,736.00 | 5,765.00 | 34.01 | 0.00 | 0.00 | 0.00 |
| 房地产开发 | 92,418.00 | 59,525.00 | 35.59 | 7.80 | 0.26 | 4.84 |
| 其中:关联交易金额 | 0.00 | 0.00 | - - | 0.00 | 0.00 | 0.00 |
| 关联交易的定价原则 | 本次关联交易的定价是以公开招商活动中形成的市场价格为依据 | | | | | |
| 关联交易必要性、持续性的说明 | 金融街 B3 酒店项目是金融街总体规划确定的金融街 B 区 3 号地的用途之一,是总体规划确定的为金融街区域提供酒店业配套服务的主要项目。为了完善金融街配套服务功能,需要尽快启动 B3 酒店项目建设工作,为入驻金融街的的客户提供相应的配套服务。按照目前公司的资产规模和资金情况,公司决定不直接投资建设 B3 酒店项目,而是将其列为重点招商项目,通过土地转让吸引其他公司投资建设 B3 酒店项目。<br>B3 酒店项目建成后,将弥补金融街建成区缺少高档酒店的不足,完善金融街区域配套服务功能,对公司开发的金融街的总体发展是十分有益的。 | | | | | |

6.3 主营业务分地区情况

单位:(人民币)万元

| 地区 | 主营业务收入 | 主营业务收入比上年增减(%) |
|---|---|---|
| 北京金融街 | 92,418.00 | 7.80 |

6.4 采购和销售客户情况

单位:(人民币)万元

| | | | |
|---|---|---|---|
| 前五名供应商采购金额合计 | 43,491.05 | 占采购总额比重 | 73.00% |
| 前五名销售客户销售金额合计 | 64,408.95 | 占销售总额比重 | 69.69% |

6.5 参股公司经营情况(适用投资收益占净利润 10% 以上的情况)

□适用　　√不适用

6.6 主营业务及其结构发生重大变化的原因说明

□适用　　√不适用

6.7 主营业务盈利能力(毛利率)与上年相比发生重大变化的原因说明

□适用　　√不适用

6.8 经营成果和利润构成与上年度相比发生重大变化的原因分析

□适用　　√不适用

整体财务状况与上年度相比发生重大变化的原因分析

□适用　　√不适用

6.9 对生产经营环境以及宏观政策、法规产生重大变化已经、正在或将要对公司的财务状况和经营成果产生重要影响的说明

√适用　　□不适用

1.所得税优惠政策的调整

2002 年 1 月 1 日前,根据北京市财政局京财工[1997]225 号文"关于"首都概念股上市企业上缴所得税有关问题的函,公司在企业所得税方面享受的优惠政策为:先按 33% 缴纳企业所得税,后由财政返还 18%,实际税负为 15%。根据上述优惠政策,公司 2001 年收到 2000 年度所得税返还款为 1,039 万元,占公司当年净利润的 6.88%;公司 2002 年收到的 2001 年度所得税返还款为 3,773 万元,占公司当年净利润的 22.58%

从 2002 年 1 月 1 日起,按照国家有关规定,公司不再享受上述所得税优惠政策,公司企业所得税实际税负为 33%。

面对所得税优惠政策调整的新形势公司将采取拓展业务领域、改进经营策略、加大开发规模、控制成本、提高效益在内的多种手段,保持公司的持续发展。

2.公司在金融街区域经营方式的转变

公司作为金融街的总体开发商,在金融街开发建设的初期,公司的业务以土地开发为主。随着金融街建设的不断深入和公司实力的不断增强,逐步调整公司在金融街区域的经营方式是公司发展的必然趋势,因此从 2001 年下半年开始,公司董事会即积极探索转变公司在金融街区域的经营方式,使公司在金融街区域的业务逐步从以土地开发为主向土地开发与房产开发有机结合转变。

报告期内,公司在实现金融街区域经营方式的转变方面取得了阶段性成果,其重要标志一是公司作为房产项目开发的富凯大厦建设和销售工作进展顺利,富凯大厦项目已于年内完成竣工备案手续,截止到报告期末项目的销售签约率超过 50%;二是房产销售和租赁收入在主营业务收入中的比重显著提高,报告期内公司实现房产开发收入 12,536 万元,占主营业务收入的比重达到了 13.56%;三是公司后续房产开发项目陆续启动,B1 鑫茂大厦项目于 2002 年 11 月 18 日正式开工,B7 项目于 2002 年内开始土方开挖。

公司在金融街区域开发中经营方式的转变,对于公司今后一个时期可持续发展意义重大,通过不断提高公司对金融街区域土地资源储备的开发深度,将使现有的土地资源为公司创造更多的价值,保持公司的可持续发展。

3.金融街中心区开发全面启动

金融街中心区包括金融街 B 区和 F 区,占地面积约 32 公顷,总建筑面积约 140 万平方米(含地下部分)。

从 2001 年开始,公司董事会在认真总结了金融街前期开发建设的经验后一致认识到,金融街经过多年开发建设已初步成为中国金融管理中心。在此基础上,要紧紧抓住入世后我国金融业对外开放的机遇,加快完善配套服务设施的建设,以新的理念为指导,将尚未开发的金融街中心区建设成为国际化的金融中心,为吸引外资金融机构入驻金融街做好准备。为此适时提出了金融街中心区的规划设计要体现金融文化、国际化、生态人性化和充满活力新理念,最终确定中心区的规划方案是以美国 SOM 公司设计的方案为基础进一步优化,形成金融街中心区规划方案。

报告期内,公司先后完成了金融街中心区的交通分析、绿地率分析、标志性建筑高度论证等诸多工作,使《北京金融街中心区控制详细规划》正式获得北京市规划委员会的批准,为金融街中心区的全面开发提供了蓝图和依据。同时完成了金融街中心区地下空间开发方案的论证工作,为最大程度地改善交通环境、完善配套服务设施提供了条件。

报告期内,公司全面启动了金融街中心区土地开发工作,已完成中心区全部拆迁任务的 60%。从 2003 年开始,金融街中心区的开发建设将成为公司在金融街区域业务的中心工作,一个更加靓丽的金融街核心区将逐步展现在世人面前,成为代表公司形象和竞争力的标志。

4.公司以金融街开发为品牌积极拓展金融街以外的房地产业务

按照北京 2008 年奥运行动计划的要求,北京金融街将于 2008 年奥运会举办前全部建成。为此,在积极推进金融街区域开发业务的同时,公司拓展金融街以外的房地产开发业务。报告期内,公司相继在重庆市和北京中关村科技园区进行了项目考察,其中公司参股的重庆项目公司已经成立。相信经过一段时间的探索和积累后,公司在金融街以外的房地产业务将会成为公司新的利润增长点。

6.10 完成盈利预测的情况

□适用　　√不适用

6.11 完成经营计划情况

□适用　　√不适用

6.12 募集资金使用情况

√适用　　□不适用

单位:(人民币)万元

| 募集资金总额 | 40,000.00 | 本年度已使用募集资金总额 | 31,694.00 | 已累计使用募集资金总额 | 31,694.00 |
|---|---|---|---|---|---|
| 承诺项目 | 拟投入金额 | 是否变更项目 | 实际投入金额 | 产生收益金额 | 是否符合计划进度和预计收益 |
| 金融街B区1号地－项目开发 | 15,000.00 | 否 | 8,623.00 | 0.00 | 是 |
| 金融街B区5号地－项目开发 | 10,000.00 | 否 | 10,000.00 | 6,037.00 | 是 |
| 金融街G区4号地－项目开发 | 10,000.00 | 否 | 8,071.00 | 1,512.00 | 是 |
| 金融街B区7(4)号地－项目开发 | 5,000.00 | 否 | 5,000.00 | 0.00 | 是 |
| 合计 | 40,000.00 | － | 31,694.00 | 7,549.00 | － |
| 未达到计划进度和收益的说明(分具体项目) | 无。 | | | | |
| 变更原因及变更程序说明(分具体项目) | 无。 | | | | |

变更项目情况

□适用 √不适用

6.13 非募集资金项目情况

√适用 □不适用

单位:(人民币)万元

| 项目名称 | 项目金额 | 项目进度 | 项目收益情况 |
|---|---|---|---|
| 金融街重庆置业有限公司 | 1,500.00 | 已完成公司的工商登记注册工作 | 尚未产生收益 |
| 合计 | 1,500.00 | －－ | －－ |

6.14 董事会对会计师事务所"非标意见"的说明

□适用 √不适用

6.15 董事会新年度的经营计划

√适用 □不适用

公司2003年经营工作的指导思想是:明确目标,坚定信心;加快金融街中心区主体工程和配套设施建设;积极探索招商引资的新思路、新模式;全面启动中心区配套服务设施招商工作;加快人才引进和管理模式的创新,增强公司核心竞争力,全面落实2005年基本建成金融街的阶段目标。

2003年公司经营工作的具体指标是:全年完成投资20亿元;拆迁居民1500户;中心区B区规划项目、F区配套服务设施项目全部开工建设;金融大街A、B段全线贯通,规划主干路网基本实现;继续加强资本运作工作,开拓引资新思路、新模式;积极开展外资金融机构,尤其是保险、证券、基金机构的招商工作,力争实现突破。

2003年计划新增银行借款金额不超过10亿元,在扩大向银行借款总额的同时,要积极申请银行的中长期信贷,以减轻短期偿债压力,降低公司财务风险。

做好2003年工作的主要措施是:

1.在对市场细分的基础上,增加销售品种,实现产品类别的合理配置,扩大销售业绩,使销售工作再上新台阶。

2.调整经营销售策略,销售前置,注重引进大客户;多渠道拓展销售工作,在与重点客户建立联系的基础上,要主动开展工作,逐一予以落实。

3.探索新的融资渠道,通过多种融资渠道筹集资金,满足金融街总体建设进度对资金的需求。

4.确保中心区配套服务项目按计划实现开、竣工,满足区域内对配套设施日益增长的需求。

5.在管理方面,完善组织机构和工作职责。通过管理创新,降低成本,提高产品质量,增强公司核心竞争力。

新年度盈利预测

□适用 √不适用

6.16 董事会本次利润分配或资本公积金转增预案

公司于2003年2月15日召开了三届七次董事会会议,董事会根据《公司法》及《公司章程》的有关规定,结合公司实际情况和发展需要,制订公司2002年度利润分配和公积金转增股本预案:

1.利润分配预案

①2002年度公司合并报表实现净利润为167,075,564.18元,其中母公司实现净利润为170,730,554.34元。

②加上年初未分配利润,2002年度公司合并报表可供分配利润为302,472,244.88元,其中母公司可供分配利润为309,219,766.25元。

③按10%提取法定公积金,按10%提取法定公益金,按5%提取任意公积金。

④公司2002年度向股东进行利润分配的方案为:以年末总股本147,356,400股为基数,每10股派发现金2元(含税)。

⑤公司合并报表未分配利润尚余229,723,296.38元,其中母公司未分配利润尚余237,065,847.67元。

2.公积金转增股本预案

公司2002年年度利用公积金转增股本的方案为:以年末总股本147,356,400股为基数,每10股转增10股。

以上预案尚需报经公司股东大会审议通过。

## 7.重要事项

7.1 收购资产

□适用 √不适用

7.2 出售资产

□适用 √不适用

7.3 重大担保

□适用 √不适用

7.4 关联债权债务往来

□适用 √不适用

7.5 委托理财

□适用 √不适用

7.6 承诺事项履行情况

□适用 √不适用

7.7 重大诉讼仲裁事项

√适用 □不适用

2002年9月30日,依据公司与北京中证房地产开发有限公司签署的有关金融街B6项目土地开发协议中对于争议解决条款的约定,公司作为申请人向中国国际经济贸易仲裁委员会提起了仲裁申请书,向被申请人北京中证房地产开发有限公司提出的仲裁请求。

2002年10月9日,公司收到中国国际经济贸易仲裁委员会"(2002)贸仲字第005122号"仲裁受理通知书,确认正式受理本公司提出的仲裁申请,案号为"DX20020302号土地开发协议争议仲裁案"。同时,收到中国国际经济贸易仲裁委员会"(2002)贸仲字第005124号"财产保全申请转交函,确认已向北京市第一中级人民法院转交了"关于DX20020302号土地开发协议争议仲裁案"的财产保全申请。

截止到报告期末,上述仲裁事项仍在进行当中。除上述仲裁事项外,本公司目前无其他诉讼或仲裁事项。

7.8 独立董事履行职责的情况

报告期内,经公司2002年第一次临时股东大会决议通过,公司聘请了两位独立董事。自独立董事到位至报告期末,公司独立董事根据《公司法》、《证券法》、《股票上市规则》和公司的有关规定认真履行职责,参加了历次董事会会议,独立履行职责,参与公司重大事项的决策,充分发挥独立董事作用,并按照有关规定对需要发表独立意见的事项发表独立意见。

## 8.监事会报告

(一)报告期内监事会工作概况

2002年度,监事会按照《公司法》和《公司章程》的有关规定,依法履行职责,认真开展工作。本年度监事会召开会议两次,列席董事会会议十一次,审查公司年度报告、中期报告、季度报告和关联交易报告,对董事会的决策程序进行监督,对重大资产收购、出售行为和关联交易的公平性、合理性进行评价。通过采取定期听取汇报与不定期进行抽查相结合的办法,督促公司董事会和经营管理班子依法运作,确保公司财务规范运行。

(二)报告期内监事会会议的召开、决议及信息披露情况

报告期内公司监事会共召开两次会议,各次会议的名称、召开、决议及信息披露情况如下:

1.监事会二届第十次会议

公司第二届监事会第十次会议于2002年3月7日下午在北京顺成饭店召开。公司监事会成员三名,实际出席监事三名。本次会议经过充分的讨论,形成如下决议:

(1)审议通过2001年监事会工作报告;

(2)审议通过公司2001年年度报告的"监事会报告"部分。

上述决议于2002年3月12日在公司选定信息披露刊物《中国证券报》、《证券时报》上公告。

2.监事会三届一次会议

公司第三届监事会第一次会议于2002年6月26日上午在北京市西城区金融大街33号通泰大厦召开。公司监事会成员三名,实际出席监事三名。会议经过充分的讨论,形成如下决议:

(1)在律师的见证下,全体监事签署了《监事声明及承诺书》。

(2)选举宋和珍女士为公司第三届监事会召集人。

上述决议于2002年6月27日在公司选定信息披露刊物《中国证券报》、《证券时报》上公告。

(三)监督公司依法运作情况

报告期内公司董事会、经理班子严格按照《公司法》、《证券法》和中国证监会有关规章、规范的要求,完善公司法人治理结构,建立现代企业制度,规范公司运作,在不断完善公司治理结构方面完成了以下工作。

1.修订完善了《公司章程》

比照《关于在上市公司建立独立董事制度的指导意见》和《上市公司治理准则》的基本要求,公司重新修订完善了《公司章程》,2002年4月12日召开的公司2001年年度股东大会(本次股东大会的决议公告参见2002年4月13日的《中国证券报》、《证券时报》和《上海证券报》)审议通过了对《公司章程》进行修改的议案。

2.引进了独立董事

根据中国证监会发布的《关于在上市公司建立独立董事制度的指导意见》的规定,2002年6月26日召开的公司2002年第一次临时股东大会(本次股东大会的决议公告参见2002年6月27日的《中国证券报》、《证券时报》和《上海证券报》)选举产生了公司第三届董事会8名董事,其中包括2名独立董事。公司第三届董事会尚缺1名独立董事,将于2003年6月30日前到位。

3.制定了《公司股东大会议事规则》

根据中国证临会和国家经贸委联合发布的《上市公司治理准则》的要求,2002年6月26日召开的公司2002年第一次临时股东大会审议通过了《公司股东大会议事规则》。至此,公司已按照监管部门的要求建立了包括《公司章程》、《公司股东大会议事规则》、《公司董事会议事规则》、《公司监事会议事规则》和《公司经理工作细则》在内的一整套公司基本管理制度。

除此之外,监事会认为,公司在报告期内进行的重大经营活动都严格按照《公司法》和《公司章程》的有关规定及股东大会的决议进行,程序合法,运作规范,控制有力,效果良好。公司董事、经理执行公司职务时没有违反法律、法规公司章程或损害公司利益的行为。

(四)检查公司财务情况

岳华会计师事务所有限责任公司对公司2002年度财务报表进行审计,出具了无保留意见的审计报告。监事会认为,2002年12月31日的公司会计报表在所有重大方面真实、客观、公允地反映了公司2002年度的财务状况和经营成果。

(五)募集资金使用情况

报告期内,公司实施并完成了2002年度增发计划。报告期内,公司实际募集资金投资项目和招股说明书承诺的募集资金投资项目完全一致。公司实际募集资金投入进度略慢于招股说明书承诺的募集资金投入进度,原因是募集资金到位时间比原计划的要晚,但募集资金投资项目的形象进度与招股说明书承诺的募集资金投资项目形象进度保持一致。募集资金的使用做到了专款专用,未发生擅自挪用募集资金的现象,尚未使用的募集资金全部存放于银行。

(六)收购、出售资产情况

报告期内公司没有实施收购、出售资产的方案。

(七)关联交易情况

报告期内公司与关联方的交易主要是项目转让,有关交易均遵循公平、自愿、有偿、信用原则,程序合法,价格合理,没有损害上市公司利益。

## 9.财务报告

9.1 审计意见

公司财务会计报告已经岳华会计师事务所有限责任公司审计并出具了标准无保留意见的审计报告。

9.2

资产负债表

利润及利润分配表

现金流量表

9.3 与最近一期年度报告相比,本报告期会计政策、会计估计和核算方法均未发生变化。

9.4 与最近一期年度报告相比,本报告期合并范围未发生变化。

## 资 产 负 债 表

编制单位:金融街控股股份有限公司　　　　单位:(人民币)元

| 项　目 | 2002.12.31 | | 2001.12.31 | |
|---|---|---|---|---|
| | 合并 | 母公司 | 合并 | 母公司 |
| 流动资产: | | | | |
| 货币资金 | 229,357,162.57 | 194,079,556.56 | 35,264,756.16 | 20,006,874.81 |
| 短期投资 | 7,998,392.70 | 7,998,392.70 | 209,070.00 | 209,070.00 |
| 应收票据 | | | | |
| 应收股利 | | 4,637,763.34 | | |
| 应收利息 | | | | |
| 应收账款 | 641,486,922.57 | 640,622,422.57 | 165,378,477.41 | 165,378,477.41 |
| 其他应收款 | 3,559,016.43 | 3,544,579.93 | 3,136,245.96 | 2,244,639.45 |
| 预付账款 | 126,216,726.87 | 126,216,726.87 | 39,457,863.93 | 41,200,680.55 |
| 应收补贴款 | | | | |
| 存货 | 1,806,862,663.16 | 1,813,149,103.46 | 867,759,521.65 | 870,383,068.80 |
| 待摊费用 | 17,265,550.18 | 17,260,312.33 | 1,778,653.31 | 1,767,969.87 |
| 一年内到期的长期债权投资 | | | | |
| 其他流动资产 | | | | |
| 流动资产合计 | 2,832,746,434.48 | 2,807,508,857.76 | 1,112,984,588.42 | 1,101,190,780.89 |
| 长期投资: | | | | |
| 长期股权投资 | 38,521,150.61 | 56,501,874.74 | 22,249,610.55 | 38,638,515.45 |
| 长期债权投资 | | | | |
| 长期投资合计 | 38,521,150.61 | 56,501,874.74 | 22,249,610.55 | 38,638,515.45 |
| 其中:合并价差 | | | | |
| 固定资产: | | | | |
| 固定资产原价 | 6,711,398.78 | 6,258,558.00 | 4,238,767.76 | 3,758,217.02 |
| 减:累计折旧 | 2,089,348.18 | 1,904,780.64 | 1,716,467.15 | 1,458,575.88 |
| 固定资产净值 | 4,622,050.60 | 4,353,777.36 | 2,522,300.61 | 2,299,641.14 |
| 减:固定资产减值准备 | | | | |
| 固定资产净额 | 4,622,050.60 | 4,353,777.36 | 2,522,300.61 | 2,299,641.14 |
| 工程物资 | | | | |
| 在建工程 | | | | |
| 固定资产清理 | | | | |
| 固定资产合计 | 4,622,050.60 | 4,353,777.36 | 2,522,300.61 | 2,299,641.14 |
| 无形资产及其他资产: | | | | |
| 无形资产 | | | | |
| 长期待摊费用 | | | | |
| 其他长期资产 | | | | |
| 无形资产及其他资产合计 | | | | |
| 递延税项: | | | | |
| 递延税款借项 | | | | |
| 资产总计 | 2,875,889,635.69 | 2,868,364,509.86 | 1,137,756,499.58 | 1,142,128,937.48 |
| 流动负债: | | | | |
| 短期借款 | 330,000,000.00 | 330,000,000.00 | 265,000,000.00 | 265,000,000.00 |
| 应付票据 | | | | |
| 应付账款 | 197,708,379.28 | 199,059,870.58 | 40,159,796.09 | 40,159,796.09 |
| 预收账款 | 310,494,553.33 | 310,494,553.33 | 32,688,926.87 | 32,128,926.87 |
| 应付工资 | 14,106,789.04 | 14,106,789.04 | 7,406,789.04 | 7,406,789.04 |
| 应付福利费 | 1,981,052.26 | 1,535,401.36 | 967,782.27 | 492,303.25 |
| 应付股利 | 31,218,097.14 | 29,576,301.24 | 7,190,981.24 | 7,190,981.24 |
| 应交税金 | 111,312,923.57 | 110,566,360.43 | 68,597,461.77 | 68,243,803.88 |
| 其他应交款 | 1,245,099.02 | 1,226,960.21 | 544,924.30 | 536,457.51 |
| 其他应付款 | 8,601,311.81 | 7,890,129.59 | 36,394,605.53 | 49,586,099.85 |
| 预提费用 | | | | |
| 预计负债 | | | | |
| 一年内到期的长期负债 | 170,000,000.00 | 170,000,000.00 | | |
| 其他流动负债 | | | | |
| 流动负债合计 | 1,176,668,205.45 | 1,174,456,365.78 | 458,951,267.11 | 470,745,157.73 |
| 长期负债: | | | | |
| 长期借款 | 800,000,000.00 | 800,000,000.00 | 320,000,000.00 | 320,000,000.00 |
| 应付债券 | | | | |
| 长期应付款 | | | | |
| 专项应付款 | | | | |
| 其他长期负债 | | | | |
| 长期负债合计 | 800,000,000.00 | 800,000,000.00 | 320,000,000.00 | 320,000,000.00 |
| 递延税项: | | | | |
| 递延税款贷项 | 2,204,807.23 | 2,204,807.23 | 2,204,807.23 | 2,204,807.23 |
| 负债合计 | 1,978,873,012.68 | 1,976,661,173.01 | 781,156,074.34 | 792,949,964.96 |
| 少数股东权益 | 11,655,504.19 | | 10,108,680.59 | |
| 所有者权益(或股东权益): | | | | |
| 实收资本(或股本) | 147,356,400.00 | 147,356,400.00 | 125,906,400.00 | 125,906,400.00 |
| 减:已归还投资 | | | | |
| 实收资本(或股本)净额 | 147,356,400.00 | 147,356,400.00 | 125,906,400.00 | 125,906,400.00 |
| 资本公积 | 412,224,295.85 | 412,224,295.85 | 32,409,205.86 | 32,409,205.86 |
| 盈余公积 | 96,057,126.59 | 95,056,793.33 | 52,779,458.09 | 52,374,154.75 |
| 其中:法定公益金 | 38,613,551.86 | 37,762,338.86 | 20,968,160.47 | 20,689,283.40 |
| 未分配利润 | 229,723,296.38 | 237,065,847.67 | 135,396,680.70 | 138,489,211.91 |
| 外币报表折算差额 | | 0.00 | | |
| 所有者权益(或股东权益)合计 | 885,361,118.82 | 891,703,336.85 | 346,491,744.65 | 349,178,972.52 |
| 负债和所有者权益(或股东权益)总计 | 2,875,889,635.69 | 2,868,364,509.86 | 1,137,756,499.58 | 1,142,128,937.48 |

## 利润及利润分配表

编制单位:金融街控股股份有限公司　　　　单位:(人民币)元

| 项　目 | 2002 年度 | | 2001 年度 | |
|---|---|---|---|---|
| | 合并 | 母公司 | 合并 | 母公司 |
| 一、主营业务收入 | 924,183,889.85 | 918,789,323.96 | 857,282,451.10 | 646,559,854.34 |
| 减:主营业务成本 | 595,249,675.08 | 603,102,766.84 | 593,691,971.72 | 461,775,204.29 |
| 主营业务税金及附加 | 59,958,388.37 | 58,612,565.80 | 47,424,233.95 | 35,560,792.00 |
| 二、主营业务利润(亏损以"-"号填列) | 268,975,826.40 | 257,073,991.32 | 216,166,245.43 | 149,223,858.05 |
| 加:其他业务利润(亏损以"-"号填列) | | | -48,728.87 | |
| 减:营业费用 | 12,930,910.45 | 11,195,512.75 | 5,254,336.87 | 4,228,818.72 |
| 管理费用 | 46,140,347.81 | 44,206,769.23 | 16,672,417.42 | 11,694,783.78 |
| 财务费用 | 27,811,726.78 | 28,823,411.44 | 6,603,511.65 | 6,214,726.37 |
| 三、营业利润(亏损以"-"号填列) | 182,092,841.36 | 172,848,297.90 | 187,587,250.62 | 127,085,529.18 |
| 加:投资收益(损失以"-"号填列) | 3,178,869.47 | 9,451,462.61 | 7,483,345.36 | 55,752,227.35 |
| 补贴收入 | 20,000,000.00 | 20,000,000.00 | 20,000,000.00 | 20,000,000.00 |
| 营业外收入 | 104,014.41 | 31,080.71 | 214,814.97 | 16,706.25 |
| 减:营业外支出 | 1,985,395.00 | 1,830,837.00 | 7,910.69 | 7,910.69 |
| 四、利润总额(亏损总额以"-"号填列) | 203,390,330.24 | 200,500,004.22 | 215,277,500.26 | 202,846,552.09 |
| 减:所得税 | 29,769,449.88 | 29,769,449.88 | 58,774,114.39 | 49,111,344.78 |
| 减:少数股东损益 | 6,545,316.18 | | 5,455,406.43 | |
| 五、净利润(净亏损以"-"号填列) | 167,075,564.18 | 170,730,554.34 | 151,047,979.44 | 153,735,207.31 |
| 加:年初未分配利润 | 135,396,680.70 | 138,489,211.91 | 29,483,126.40 | 29,483,126.40 |
| 其他转入 | | | | |
| 六、可供分配的利润 | 302,472,244.88 | 309,219,766.25 | 180,531,105.84 | 183,218,333.71 |
| 减:提取法定盈余公积 | 17,095,749.39 | 17,073,055.43 | 15,499,947.02 | 15,373,520.72 |
| 提取法定公益金 | 17,645,391.39 | 17,073,055.43 | 15,652,397.76 | 15,373,520.72 |
| 提取职工奖励及福利基金 | | | | |
| 提取储备基金 | | | | |
| 提取企业发展基金 | | | | |
| 利润归还投资 | | | | |
| 七、可供投资者分配的利润 | 267,731,104.10 | 275,073,655.39 | 149,378,761.06 | 152,471,292.27 |
| 减:应付优先股股利 | | | | |
| 提取任意盈余公积 | 8,536,527.72 | 8,536,527.72 | 7,686,760.36 | 7,686,760.36 |
| 应付普通股股利 | 29,471,280.00 | 29,471,280.00 | 6,295,320.00 | 6,295,320.00 |
| 转作资本(或股本)的普通股股利 | | | | |
| 八、未分配利润 | 229,723,296.38 | 237,065,847.67 | 135,396,680.70 | 138,489,211.91 |
| 补充资料: | | | | |
| 1.出售、处置部门或被投资单位所得收益 | | | 1,307,929.88 | 1,307,929.88 |
| 2.自然灾害发生的损失 | | | | |
| 3.会计政策变更增加(或减少)利润总额 | | | | |
| 4.会计估计变更增加(或减少)利润总额 | | | | |
| 5.债务重组损失 | | | | |
| 6.其他 | | | | |

## 现 金 流 量 表

编制单位:金融街控股股份有限公司　　　　单位:(人民币)元

| 项　目 | 2002 年度 | |
|---|---|---|
| | 合并 | 母公司 |
| 一、经营活动产生的现金流量: | | |
| 销售商品、提供劳务收到的现金 | 693,748,862.04 | 688,355,215.90 |
| 收到的税费返还 | 37,725,581.28 | 37,725,581.28 |
| 收到的其他与经营活动有关的现金 | 50,680,335.20 | 50,217,895.87 |
| 经营活动产生的现金流入小计 | 782,154,778.52 | 776,298,693.05 |
| 购买商品、接受劳务支付的现金 | 1,477,979,500.96 | 1,493,204,944.68 |
| 支付给职工以及为职工支付的现金 | 15,525,867.22 | 11,380,659.59 |
| 支付的各项税费 | 100,847,767.02 | 99,782,780.99 |
| 支付的其他与经营活动有关的现金 | 44,746,353.82 | 52,432,888.20 |
| 经营活动产生的现金流出小计 | 1,639,099,489.02 | 1,656,801,273.46 |
| 经营活动产生的现金流量净额 | -856,944,710.50 | -880,502,580.41 |
| 二、投资活动产生的现金流量: | | |
| 收回投资所收到的现金 | 553,932.00 | 503,932.00 |
| 取得投资收益所收到的现金 | 3,241,971.11 | 3,314,981.68 |
| 处置固定资产、无形资产和其他长期资产所收回的现金净额 | 80,000.00 | 20,000.00 |
| 收到的其他与投资活动有关的现金 | | |
| 投资活动产生的现金流入小计 | 3,875,903.11 | 3,838,913.68 |
| 购建固定资产、无形资产和其他长期资产所支付的现金 | 2,885,717.00 | 2,687,279.00 |
| 投资所支付的现金 | 24,266,592.70 | 24,246,592.70 |
| 支付的其他与投资活动有关的现金 | | |
| 投资活动产生的现金流出小计 | 27,152,309.70 | 26,933,871.70 |
| 投资活动产生的现金流量净额 | -23,276,406.59 | -23,094,958.02 |
| 三、筹资活动产生的现金流量: | | |
| 吸收投资所收到的现金 | 401,005,606.11 | 401,005,606.11 |
| 借款所收到的现金 | 1,420,000,000.00 | 1,420,000,000.00 |
| 收到的其他与筹资活动有关的现金 | 261,373.86 | 261,373.86 |
| 筹资活动产生的现金流入小计 | 1,821,266,979.97 | 1,821,266,979.97 |
| 偿还债务所支付的现金 | 705,000,000.00 | 705,000,000.00 |
| 分配股利、利润或偿付利息所支付的现金 | 41,953,456.47 | 38,596,759.79 |
| 支付的其他与筹资活动有关的现金 | | |
| 筹资活动产生的现金流出小计 | 746,953,456.47 | 743,596,759.79 |
| 筹资活动产生的现金流量净额 | 1,074,313,523.50 | 1,077,670,220.18 |
| 四、汇率变动对现金的影响 | | |
| 五、现金及现金等价物净增加额 | 194,092,406.41 | 174,072,681.75 |
| 补充资料: | | |
| 1.将净利润调节为经营活动现金流量: | | |
| 净利润 | 167,075,564.18 | 170,730,554.34 |
| 加:计提的资产减值准备 | 14,288,501.09 | 14,267,487.59 |
| 固定资产折旧 | 722,512.46 | 639,191.06 |
| 无形资产摊销 | | |
| 长期待摊费用摊销 | | |
| 待摊费用减少(减:增加) | -15,486,896.87 | -15,492,342.46 |
| 预提费用增加(减:减少) | | |
| 处置固定资产、无形资产和其他长期资产的损失(减:收益) | -20,753.70 | -7,820.00 |
| 固定资产报废损失 | 25,383.00 | |
| 财务费用 | 30,457,507.03 | 31,398,800.63 |
| 投资损失(减:收益) | -3,198,869.47 | -9,451,462.61 |
| 递延税款贷项(减:借项) | | |
| 存货的减少(减:增加) | -939,103,141.51 | -942,766,034.66 |
| 经营性应收项目的减少(减:增加) | -592,063,562.67 | -598,514,670.40 |
| 经营性应付项目的增加(减:减少) | 473,813,729.78 | 468,693,716.10 |
| 其他 | 6,545,316.18 | |
| 少数股东本期收益 | 0.00 | 0.00 |
| 经营活动产生的现金流量净额 | -856,944,710.50 | -880,502,580.41 |
| 2.不涉及现金收支的投资和筹资活动 | | |
| 债务转为资本 | | |
| 一年内到期的可转换公司债券 | | |
| 融资租入固定资产 | | |
| 3.现金及现金等价物净增加情况: | | |
| 现金的期末余额 | 229,357,162.57 | 194,079,556.56 |
| 减:现金的期初余额 | 35,264,756.16 | 20,006,874.81 |
| 加:现金等价物的期末余额 | | |
| 减:现金等价物的期初余额 | | |
| 现金及现金等价物净增加额 | 194,092,406.41 | 174,072,681.75 |

## 000002 万科企业股份有限公司

## 二〇〇二年年度报告摘选

### 1.上市公司基本情况简介

1.1 基本情况简介

证券简称:万科 A、万科 B、万科转债 股票代码:000002、200002、125002

上市交易所:深圳证券交易所

注册地址和办公地址:中国深圳市福田区梅林路 63 号万科建筑研究中心 邮政编码:518049

公司国际互联网网址:www.vanke.com 电子信箱:zb@vanke.com

1.2 联系人和联系方式

董事会秘书:肖莉 联系地址:中国深圳市福田区梅林路 63 号万科建筑研究中心

电话:0755－25606666 传真:0755－83152041 电子信箱:xiaol@vanke.com

证券事务代表:薛漫天 联系地址:中国深圳市福田区梅林路 63 号万科建筑研究中心

电话:0755－25606666 传真:0755－83152041 电子信箱:xuemt@vanke.com

### 2.会计数据和财务指标摘要

2.1 主要会计数据 单位:(人民币)元

| | 2002 年(本年) | 2001 年(上年) | 本年比上年增减(%) | 2000 年 |
|---|---|---|---|---|
| 主营业务收入 | 4,574,359,629.05 | 4,455,064,776.93 | 2.68% | 3,783,668,674.18 |
| 利润总额 | 520,011,132.06 | 501,852,215.83 | 3.62% | 380,326,485.73 |
| 净利润 | 382,421,274.06 | 373,747,217.73 | 2.32% | 296,647,729.43 |
| 扣除非经常性损益的净利润 | 389,191,474.65 | 190,618,052.89 | 104.17% | 281,083,028.34 |
| | 2002 年末(本年末) | 2001 年末(上年末) | 本年末比上年末增减(%) | 2000 年末 |
| 总资产 | 8,215,822,308.30 | 6,482,911,630.82 | 26.73% | 5,583,262,107.86 |
| 股东权益(不含少数股东权益) | 3,380,769,043.31 | 3,124,089,960.15 | 8.22% | 2,873,443,063.56 |
| 经营活动产生的现金流量净额 | 128,843,264.54 | －1,204,549,247.74 | －－ | 86,048,365.05 |

2.2 主要财务指标 单位:(人民币)元

| | 2002 年(本年) | 2001 年(上年) | 本年比上年增减(%) | 2000 年 |
|---|---|---|---|---|
| 每股收益 | 0.61 | 0.59 | 2.33% | 0.47 |
| 净资产收益率 | 11.31% | 11.96% | －5.43% | 10.32% |
| 扣除非经常性损益的净利润为基础计算的净资产收益率 | 11.51% | 6.10% | 73.60% | 9.78% |
| 每股经营活动产生的现金流量净额 | 0.20 | －1.91 | －－ | 0.14 |
| | 2002 年末(本年末) | 2001 年末(上年末) | 本年末比上年末增减(%) | 2000 年末 |
| 每股净资产 | 5.36 | 4.95 | 8.22% | 4.55 |
| 调整后的每股净资产 | 5.23 | 4.86 | 7.48% | 4.29 |

## 000006 深圳市振业(集团)股份有限公司

## 二〇〇二年年度报告摘选

### 1.上市公司基本情况简介

1.1 基本情况简介

证券简称:深振业 A 证券代码:000006 上市交易所:深圳证券交易所

注册地址和办公地址:深圳市罗湖区宝安南路振业大厦 27－32 层 邮政编码:518008

电子信箱:szzygp@public.szptt.net.cn

1.2 联系人和联系方式

董事会秘书:李富川 联系地址:深圳市宝安南路振业大厦 30 层董事会办公室

电话:0755－25863061 传真:0755－25863012 电子信箱:szzygp@public.szptt.net.cn

证券事务代表:李红光 杜汛 联系地址:深圳市宝安南路振业大厦 30 层董事会办公室

电话:0755－25863061 传真:0755－25863012 电子信箱:szzygp@public.szptt.net.cn

### 2.会计数据和财务指标摘要

2.1 主要会计数据 单位:(人民币)元

| | 2002 年(本年) | 2001 年(上年) | 本年比上年增减(%) | 2000 年 |
|---|---|---|---|---|
| 主营业务收入 | 2,086,048,954.20 | 2,024,189,534.16 | 3.06% | 1,767,242,002.53 |
| 利润总额 | 103,425,892.10 | 156,994,543.69 | －34.12% | 159,134,904.35 |
| 净利润 | 68,071,390.60 | 119,148,923.92 | －42.87% | 117,777,604.13 |
| 扣除非经常性损益的净利润 | 89,405,085.36 | 115,415,863.58 | －22.54% | 121,834,291.89 |
| | 2002 年末(本年末) | 2001 年末(上年末) | 本年末比上年末增减(%) | 2000 年末 |
| 总资产 | 4,490,880,117.33 | 4,218,937,390.09 | 6.45% | 3,787,811,194.43 |
| 股东权益(不含少数股东权益) | 1,235,846,449.61 | 1,191,004,567.94 | 3.77% | 1,122,851,419.82 |
| 经营活动产生的现金流量净额 | 141,034,366.83 | 395,339,158.60 | －64.33% | 45,525,759.91 |

2.2 主要财务指标 单位:(人民币)元

| | 2002 年(本年) | 2001 年(上年) | 本年比上年增减(%) | 2000 年 |
|---|---|---|---|---|
| 每股收益 | 0.27 | 0.47 | －42.87% | 0.46 |
| 每股收益 * | 0.27 | －－ | －－ | －－ |
| 净资产收益率 | 5.51% | 10.00% | －44.90% | 10.63% |
| 扣除非经常性损益的净利润为基础计算的净资产收益率 | 7.23% | 9.69% | －25.39% | 10.93% |
| 每股经营活动产生的现金流量净额 | 0.56 | 1.56 | －64.34% | 0.18 |
| | 2002 年末(本年末) | 2001 年末(上年末) | 本年末比上年末增减(%) | 2000 年末 |
| 每股净资产 | 4.87 | 4.70 | 3.76% | 4.37 |
| 调整后的每股净资产 | 3.98 | 3.36 | 18.33% | 2.74 |

## 000029 深圳经济特区房地产(集团)股份有限公司

## 二〇〇二年年度报告摘选

### 1.上市公司基本情况简介

1.1 基本情况简介

证券简称:深深房 A、深深房 B 证券代码:000029、200029 上市交易所:深圳证券交易所

注册地址:深圳市人民南路深房广场 47 楼 办公地址:深圳市人民南路深房广场 45－48 楼

邮政编码:518001 电子信箱:spg@163.net

1.2 联系人和联系方式

董事会秘书:陈继 联系地址:深圳市人民南路深房广场 47 楼

电话:0755－82293000－4718 传真:0755－82294024 电子信箱:spg@163.net

证券事务代表:涂志刚 联系地址:深圳市人民南路深房广场 47 楼

电话:0755－82293000－4715 传真:0755－82294024 电子信箱:spg@163.net

### 2.会计数据和财务指标摘要

2.1 主要会计数据 单位:(人民币)元

| | 2002 年(本年) | 2001 年(上年) | 本年比上年增减(%) | 2000 年 |
|---|---|---|---|---|
| 主营业务收入 | 748,052,092.98 | 616,251,371.97 | 21.39% | 852,840,937.84 |
| 利润总额 | 15,191,086.24 | －537,575,256.90 | －－ | 81,884,341.18 |
| 净利润 | 14,044,057.06 | －537,280,417.82 | －－ | 76,551,994.63 |
| 扣除非经常性损益的净利润 | －165,676,831.00 | －496,564,394.00 | －－ | 76,481,496.00 |
| | 2002 年末(本年末) | 2001 年末(上年末) | 本年末比上年末增减(%) | 2000 年末 |
| 总资产 | 3,000,986,507.90 | 3,473,212,635.43 | －13.60% | 4,113,913,509.60 |
| 股东权益(不含少数股东权益) | 1,033,089,751.17 | 1,019,081,837.35 | 1.37% | 1,601,572,223.08 |
| 经营活动产生的现金流量净额 | 77,881,888.47 | 69,221,442.27 | 12.51% | 130,611,895.15 |

2.2 主要财务指标 单位:(人民币)元

| | 2002 年(本年) | 2001 年(上年) | 本年比上年增减(%) | 2000 年 |
|---|---|---|---|---|
| 每股收益 | 0.01 | －0.53 | －－ | 0.08 |
| 每股收益 * | 0.01 | －－ | －－ | －－ |
| 净资产收益率 | 1.36% | －52.72% | －－ | 4.78% |
| 扣除非经常性损益的净利润为基础计算的净资产收益率 | －16.04% | －48.73% | －－ | 4.77% |
| 每股经营活动产生的现金流量净额 | 0.08 | 0.07 | 12.43% | 0.13 |
| | 2002 年末(本年末) | 2001 年末(上年末) | 本年末比上年末增减(%) | 2000 年末 |
| 每股净资产 | 1.02 | 1.01 | 1.38% | 1.58 |
| 调整后的每股净资产 | 1.01 | 0.88 | 15.01% | 1.50 |

## 000031 深圳市宝恒(集团)股份有限公司

## 二〇〇二年年度报告摘选

### 1.上市公司基本情况简介

1.1 基本情况简介

股票简称:深宝恒 A 股票代码:000031 上市交易所:深圳证券交易所

注册地址和办公地址:深圳市宝安区湖滨路 5 号宝恒大厦 邮政编码:518101

公司国际互联网网址:http://www.baoheng.com.cn 电子信箱:szbhjtgf@baoheng.com.cn

1.2 联系人和联系方式

董事会秘书:易中胜 联系地址:深圳市宝安区湖滨路 5 号宝恒大厦

电话:0755－27754517 传真:0755－27789701 电子信箱:szbhjtgf@baoheng.com.cn

证券事务代表:汤晓音 联系地址:深圳市宝安区湖滨路 5 号宝恒大厦

电话:0755－27754517 传真:0755－27789701 电子信箱:szbhjtgf@baoheng.com.cn

### 2.会计数据和财务指标摘要

2.1 主要会计数据 单位:人民币元

| | 2002 年(本年) | 2001 年(上年) | 本年比上年增减(%) | 2000 年 |
|---|---|---|---|---|
| 主营业务收入 | 411,920,837.11 | 312,452,689.73 | 31.83 | 327,986,497.59 |
| 利润总额 | 97,961,431.30 | 92,356,702.51 | 6.07 | 41,050,770.20 |
| 净利润 | 69,442,406.59 | 58,449,448.84 | 18.81 | 23,109,961.64 |
| 扣除非经常性损益的净利润 | 59,834,850.95 | 57,963,828.15 | 3.23 | 20,691,648.69 |
| | 2002 年末(本年末) | 2001 年末(上年末) | 本年末比上年末增减(%) | 2000 年末 |
| 总资产 | 1,579,696,927.36 | 1,636,222,189.99 | －3.45 | 1,413,655,547.26 |
| 股东权益(不含少数股东权益) | 991,758,412.45 | 947,453,258.95 | 4.68 | 889,418,383.66 |
| 经营活动产生的现金流量净额 | 39,933,546.77 | 133,567,598.57 | －70.10 | 86,762,865.63 |

2.2 主要财务指标 单位:人民币元

| | 2002 年(本年) | 2001 年(上年) | 本年比上年增减(%) | 2000 年 |
|---|---|---|---|---|
| 每股收益 | 0.149 | 0.125 | 19.20 | 0.05 |
| 净资产收益率 | 7.00% | 6.17% | 13.45 | 2.60% |
| 扣除非经常性损益的净利润为基础计算的净资产收益率 | 6.03% | 6.12% | －1.47 | 2.33% |
| 每股经营活动产生的现金流量净额 | 0.086 | 0.286 | －69.93 | 0.19 |
| | 2002 年末(本年末) | 2001 年末(上年末) | 本年末比上年末增减(%) | 2000 年末 |
| 每股净资产 | 2.127 | 2.032 | 4.68 | 1.91 |
| 调整后的每股净资产 | 2.020 | 1.980 | 2.02 | 1.86 |

# 000042 深圳市长城地产(集团)股份有限公司

## 二〇〇二年年度报告摘选

### 1.上市公司基本情况简介

1.1 基本情况简介

证券简称:深长城 A 证券代码:000042 上市交易所:深圳证券交易所

注册地址和办公地址:深圳市福田区红荔路 2010 号长兴大厦(圣廷苑酒店)东区裙楼

邮政编码:518028

公司国际互联网网址:http://www.ccdcjt.com 电子信箱:ccdcjtsz@szonline.net

1.2 联系人和联系方式

董事会秘书:刘莉 联系地址:深圳市福田区红荔路 2010 号长兴大厦(圣廷苑酒店)东区裙楼

电话:0755-83789776 传真:0755-83789776 电子信箱:szccdcdm@public.szptt.net.cn

证券事务代表:唐曙 联系地址:深圳市福田区红荔路 2010 号长兴大厦(圣廷苑酒店)东区裙楼

电话:0755-83789776 传真:0755-83789776 电子信箱:szccdcdm@public.szptt.net.cn

### 2.会计数据和财务指标摘要

2.1 主要会计数据 单位:(人民币)元

| | 2002 年(本年) | 2001 年(上年) | 本年比上年增减(%) | 2000 年 |
|---|---|---|---|---|
| 主营业务收入 | 1,764,061,516.20 | 1,407,580,330.66 | 25.33% | 1,442,886,552.45 |
| 利润总额 | 99,362,341.75 | 159,477,343.78 | -37.70% | 154,148,127.51 |
| 净利润 | 68,581,956.69 | 107,644,161.43 | -36.29% | 106,931,639.67 |
| 扣除非经常性损益的净利润 | 77,053,745.97 | 109,613,683.01 | -29.70% | 110,012,555.18 |
| | 2002 年末(本年末) | 2001 年末(上年末) | 本年末比上年末增减(%) | 2000 年末 |
| 总资产 | 4,404,674,566.57 | 4,113,638,256.30 | 7.07% | 3,445,029,796.51 |
| 股东权益(不含少数股东权益) | 1,331,276,056.61 | 1,281,851,143.12 | 3.86% | 1,205,337,176.89 |
| 经营活动产生的现金流量净额 | 15,384,130.17 | -55,555,097.90 | -- | 150,718,109.52 |

2.2 主要财务指标 单位:(人民币)元

| | 2002 年(本年) | 2001 年(上年) | 本年比上年增减(%) | 2000 年 |
|---|---|---|---|---|
| 每股收益 | 0.29 | 0.45 | -36.44% | 0.45 |
| 每股收益 * | 0.29 | -- | -- | -- |
| 净资产收益率 | 5.15% | 8.39% | -38.62% | 8.87% |
| 扣除非经常性损益的净利润为基础计算的净资产收益率 | 5.79% | 8.55% | -32.28% | 9.12% |
| 每股经营活动产生的现金流量净额 | 0.06 | -0.23 | -- | 0.63 |
| | 2002 年末(本年末) | 2001 年末(上年末) | 本年末比上年末增减(%) | 2000 年末 |
| 每股净资产 | 5.56 | 5.35 | 3.85% | 5.03 |
| 调整后的每股净资产 | 4.64 | 4.64 | -0.04% | 4.79 |

# 000046 光彩建设集团股份有限公司

## 二〇〇二年年度报告摘选

### 1.上市公司基本情况简介

1.1 基本情况简介

股票简称:光彩建设 股票代码:000046 上市交易所:深圳证券交易所

公司住所:深圳市福田区福华一路深圳国际商会大厦 A 座十六楼 邮政编码:518026

公司国际互联网网址:http://www.gcjs.com.cn 电子信箱:gcjs0046@sina.com.cn

1.2 联系人和联系方式

董事会秘书:陈家华 联系地址:深圳市福田区福华一路深圳国际商会大厦 A 座十六楼

电话:0755-82985998-215 传真:0755-82985866 电子信箱:cjh1964@sina.com

证券事务代表:张宇 联系地址:深圳市福田区福华一路深圳国际商会大厦 A 座十六楼

电话:0755-82985998-238 传真:0755-82985859 电子信箱:zsaner@163.net

### 2.会计数据和财务指标摘要

2.1 主要会计数据

| | 2002 年 | 2001 年 | 本年比上年增减(%) | 2000 年(披露数) | 2000 年(调整后) |
|---|---|---|---|---|---|
| 主营业务收入 | 461,318,808.30 | 345,280,127.17 | 33.61 | 275,170,592.07 | 275,170,592.07 |
| 利润总额 | 69,448,192.39 | 87,472,458.21 | -20.61 | 52,860,465.08 | 49,170,636.90 |
| 净利润 | 34,174,987.16 | 37,608,725.41 | -9.13 | 37,843,868.12 | 37,300,047.04 |
| 扣除非经常性损益的净利润 | 32,644,357.25 | 34,122,980.87 | -4.33 | 36,945,536.20 | 36,401,715.12 |
| | 2002 年末 | 2001 年末 | 本年末比上年末增减(%) | 2000 年末(披露数) | 2000 年末(调整数) |
| 总资产 | 2,513,399,616.55 | 2,184,248,643.40 | 15.07 | 1,304,624,597.81 | 1,299,454,354.73 |
| 股东权益(不含少数股东权益) | 973,432,940.27 | 963,666,387.21 | 1.01 | 555,223,990.88 | 550,217,102.98 |
| 经营活动产生的现金流量净额 | -125,671,303.03 | -284,047,923.92 | 55.75 | 59,938,920.61 | 59,938,920.61 |

2.2 主要财务指标

| | 2002 年 | 2001 年 | 本年比上年增减(%) | 2000 年(披露数) | 2000 年(调整后) |
|---|---|---|---|---|---|
| 每股收益 | 0.14 | 0.1541 | -9.15 | 0.185 | 0.182 |
| 净资产收益率 | 3.51% | 3.9% | -10 | 6.82% | 6.78% |
| 扣除非经常性损益的净利润为基础计算的净资产收益率 | 3.35% | 3.54% | -5.37 | 6.65% | 6.62% |
| 每股经营活动产生的现金流量净额 | -0.515 | -1.164 | 55.75 | 0.293 | 0.293 |
| | 2002 年末 | 2001 年末 | 本年末比上年末增减(%) | 2000 年末(披露数) | 2000 年末(调整数) |
| 每股净资产 | 3.988 | 3.948 | 1.01 | 2.71 | 2.685 |
| 调整后的每股净资产 | 3.964 | 3.900 | 1.64 | 2.626 | 2.602 |

# 000049 深圳市万山实业股份有限公司

## 二〇〇二年年度报告摘选

### 1.上市公司基本情况简介

1.1 基本情况简介

证券简称:深万山 证券代码:000049 上市交易所:深圳证券交易所

注册地址和办公地址:深圳市罗湖区桂园路 28 号桂花大厦 A 栋 M 层 邮政编码:518001

公司国际互联网网址:无 电子信箱:worldsun@szworldsun.com

1.2 联系人和联系方式

董事会秘书:游虹 联系地址:深圳市罗湖区桂园路 28 号桂花大厦 A 栋 M 层

电话:0755-82131421 传真:0755-82131400 电子信箱:youhong@szworldsun.com

### 2.会计数据和财务指标摘要

2.1 主要会计数据 单位:(人民币)元

| | 2002 年(本年) | 2001 年(上年) | 本年比上年增减(%) | 2000 年 |
|---|---|---|---|---|
| 主营业务收入 | 66,076,337.02 | 47,112,491.76 | 40.25% | 28,257,410.24 |
| 利润总额 | 1,867,855.76 | 14,577,864.04 | -87.19% | 15,160,888.76 |
| 净利润 | 1,824,405.42 | 14,526,082.71 | -87.44% | 15,131,101.69 |
| 扣除非经常性损益的净利润 | -33,399,359.30 | 14,558,550.14 | -329.41% | 11,100,816.18 |
| | 2002 年末(本年末) | 2001 年末(上年末) | 本年末比上年末增减(%) | 2000 年末 |
| 总资产 | 338,433,132.79 | 466,392,543.65 | -27.44% | 453,546,803.18 |
| 股东权益(不含少数股东权益) | 140,177,293.53 | 138,352,888.11 | 1.32% | 103,963,306.69 |
| 经营活动产生的现金流量净额 | 31,607,134.92 | 27,478,829.40 | 15.02% | -2,582,574.90 |

2.2 主要财务指标 单位:(人民币)元

| | 2002 年(本年) | 2001 年(上年) | 本年比上年增减(%) | 2000 年 |
|---|---|---|---|---|
| 每股收益 | 0.01 | 0.11 | -87.48% | 0.11 |
| 每股收益 * | 0.01 | - | - | - |
| 净资产收益率 | 1.31% | 10.50% | -87.52% | 13.25% |
| 扣除非经常性损益的净利润为基础计算的净资产收益率 | -23.83% | 10.52% | -326.52% | 9.88% |
| 每股经营活动产生的现金流量净额 | 0.23 | 0.20 | 14.99% | 0.02 |
| | 2002 年末(本年末) | 2001 年末(上年末) | 本年末比上年末增减(%) | 2000 年末 |
| 每股净资产 | 1.02 | 1.01 | 1.28% | 0.76 |
| 调整后的每股净资产 | 0.84 | 0.79 | 6.33% | 0.55 |

# 000505 海南珠江控股股份有限公司

## 二〇〇二年年度报告摘选

### 1.上市公司基本情况简介

1.1 基本情况简介

股票简称:珠江控股 珠江 B 股票代码:000505 200505 上市交易所:深圳证券交易所

注册地址和办公地址:海口市滨海大道珠江广场帝豪大厦 29 楼 邮政编码:570125

电子信箱:Hnpearl@public.hk.hi.cn

1.2 联系人和联系方式

董事会秘书:冯湃 联系地址:海口市滨海大道珠江广场帝豪大厦 29 楼

电话:0898-68583723 传真:0898-68581026 电子信箱:Hnpearl@public.hk.hi.cn

证券事务代表:顾利荣 联系地址:海口市滨海大道珠江广场帝豪大厦 29 楼

电话:0898-68581888 转 传真:0898-68581026 电子信箱:Hnpearl@public.hk.hi.cn

### 2.会计数据和财务指标摘要

2.1 主要会计数据 单位:人民币元

| | 2002 年 | 2001 年 | 本年比上年增减(%) | 2000 年 |
|---|---|---|---|---|
| 主营业务收入 | 91,008,754 | 91,705,847 | -0.76 | 37,217,630 |
| 利润总额 | -141,014,556 | -50,828,884 | -- | 56,302,357 |
| 净利润 | -138,051,149 | -39,149,574 | -- | 60,471,973 |
| 扣除非经常性损益后的净利润 | -133,070,909 | -20,252,670 | -- | -18,166,719 |
| | 2002 年末 | 2001 年末 | 本年末比上年末增减(%) | 2000 年末 |
| 总资产 | 663,838,276 | 715,376,923 | -7.20 | 773,127,931 |
| 股东权益(不含少数股东权益) | 251,348,071 | 389,230,308 | -35.42 | 434,004,311 |
| 经营活动产生的现金流量净额 | -28,296,825 | -17,591,817 | -- | 5,377,969 |

2.2 主要财务指标 单位:人民币元

| | 2002 年 | 2001 年 | 本年比上年增减(%) | 2000 年 |
|---|---|---|---|---|
| 每股收益 | -0.37 | -0.10 | -- | 0.16 |
| 每股收益(加权) | -0.37 | -0.10 | -- | 0.16 |
| 净资产收益率(%) | -54.92 | -10.06 | -- | 13.93 |
| 扣除非经常性损益的净利润为基础计算的净资产收益率(%) | -52.94 | -5.20 | -- | -4.18 |
| 每股经营活动产生的现金流量净额 | -0.075 | -0.046 | -- | 0.014 |
| | 2002 年末 | 2001 年末 | 本年末比上年末增减(%) | 2000 年末 |
| 每股净资产 | 0.67 | 1.03 | -34.95 | 1.15 |
| 调整后的每股净资产 | 0.61 | 0.95 | -35.79 | 1.09 |

## 000511 沈阳银基发展股份有限公司

### 二〇〇二年年度报告摘选

#### 1.上市公司基本情况简介

1.1 基本情况简介

证券简称:银基发展　证券代码:000511　上市交易所:深圳证券交易所

注册地址:沈阳市东陵区文化东路 20 号　办公地址:沈阳市沈河区大西路 339 号

邮政编码:110014　公司国际互联网网址:http://www.ingin.com

电子信箱:yjzq@ingin.com.cn

1.2 联系人和联系方式

董事会秘书:王利群　联系地址:沈阳市沈河区大西路 339 号

电话:02422952222　传真:02422958922　电子信箱:yjzq@ingin.com.cn

证券事务代表:戴子凡　联系地址:沈阳市沈河区大西路 339 号

电话:02422958933　传真:02422958922　电子信箱:yjzq@ingin.com.cn

#### 2.会计数据和财务指标摘要

2.1 主要会计数据　单位:(人民币)元

| | 2002 年(本年) | 2001 年(上年) | 本年比上年增减(%) | 2000 年 |
|---|---|---|---|---|
| 主营业务收入 | 266,921,090.97 | 403,635,377.96 | -33.87% | 234,775,777.31 |
| 利润总额 | 68,540,405.80 | 102,511,767.92 | -33.14% | 79,434,986.04 |
| 净利润 | 48,967,175.57 | 96,371,142.26 | -49.19% | 53,034,511.02 |
| 扣除非经常性损益的净利润 | 42,080,825.03 | 68,538,421.30 | -38.60% | 53,514,127.63 |
| | 2002 年末(本年末) | 2001 年末(上年末) | 本年末比上年末增减(%) | 2000 年末 |
| 总资产 | 1,863,981,242.73 | 1,841,837,565.00 | 1.20% | 1,014,437,174.81 |
| 股东权益(不含少数股东权益) | 1,023,009,217.94 | 973,019,151.32 | 5.14% | 876,591,518.01 |
| 经营活动产生的现金流量净额 | -63,722,844.21 | -434,041,968.72 | -- | -211,543,946.27 |

2.2 主要财务指标　单位:(人民币)元

| | 2002 年(本年) | 2001 年(上年) | 本年比上年增减(%) | 2000 年 |
|---|---|---|---|---|
| 每股收益 | 0.18 | 0.36 | -49.30% | 0.29 |
| 每股收益 * | 0.18 | -- | -- | -- |
| 净资产收益率 | 4.79% | 9.90% | -51.62% | 6.05% |
| 扣除非经常性损益的净利润为基础计算的净资产收益率 | 4.11% | 7.04% | -41.62% | 6.11% |
| 每股经营活动产生的现金流量净额 | -0.24 | -1.61 | -- | -1.18 |
| | 2002 年末(本年末) | 2001 年末(上年末) | 本年末比上年末增减(%) | 2000 年末 |
| 每股净资产 | 3.79 | 3.61 | 5.13% | 4.87 |
| 调整后的每股净资产 | 3.78 | 3.60 | 5.17% | 4.86 |

## 000514 重庆渝开发股份有限公司

### 二〇〇二年年度报告摘选

#### 1.上市公司基本情况简介

1.1 基本情况简介

股票简称:ST 渝开发 A　股票代码:000514　上市交易所:深圳证券交易所

注册地址和办公地址:重庆市渝中区曾家岩 1-1 号　邮政编码:400015

公司国际互联网网址:http://www.prcproperty.com　电子信箱:Ykf514@cta.cq.cn

1.2 联系人和联系方式

董事会秘书:夏光明　联系地址:重庆市渝中区曾家岩 1-1 号

电话:023-63858883　传真:023-63852638　电子信箱:Ykf514@cta.cq.cn

证券事务代表:刘羽平　联系地址:重庆市渝中区曾家岩 1-1 号

电话:023-63005927　传真:023-63626492　电子信箱:Ykf514@cta.cq.cn

#### 2.会计数据和财务指标摘要

2.1 主要会计数据　(单位:人民币元)

| | 2002 年 | 2001 年 | 本年比上年增减(%) | 2000 年 |
|---|---|---|---|---|
| 主营业务收入 | 27,955,867.65 | 44,745,474.96 | -37.52 | 43,838,040.12 |
| 利润总额 | 8,687,435.72 | -97,315,404.06 | 108.93 | 528,400.61 |
| 净利润 | 8,703,593.83 | -97,397,044.83 | 108.94 | 272,522.03 |
| 扣除非经常性损益的净利润 | 1,541,131.36 | -59,076,687.75 | 102.61 | -1,831,071.74 |
| | 2002 年末 | 2001 年末 | 本年末比上年末增减(%) | 2000 年 |
| 总资产 | 171,274,044.82 | 344,242,115.32 | -50.25 | 444,848,230.31 |
| 股东权益(不含少数股东权益) | 120,052,435.06 | 30,204,203.93 | 297.47 | 127,945,452.43 |
| 经营活动产生的现金流量净额 | 34,835,774.91 | 28,513,275.28 | 22.17 | -2,518,813.05 |

2.2 主要财务指标　(单位:人民币元)

| | 2002 年 | 2001 年 | 本年比上年增减(%) | 2000 年 |
|---|---|---|---|---|
| 每股收益 | 0.074 | -0.829 | 108.93 | 0.002 |
| 扣出非经常性损益后的每股收益 | 0.013 | -0.503 | 102.61 | -0.016 |
| 净资产收益率(%) | 7.25 | -322.46 | 102.25 | 0.21 |
| 扣除非经常性损益的净利润为基础计算的净资产收益率 | 1.28 | -195.59 | 100.66 | -1.43 |
| 每股经营活动产生的现金流量净额 | 0.296 | 0.243 | 22.17 | -0.0214 |
| | 2002 年末 | 2001 年末 | 本年末比上年末增减(%) | 2000 年末 |
| 每股净资产 | 1.021 | 0.257 | 297.28 | 1.09 |
| 调整后的每股净资产 | 1.02 | 0.179 | 469.83 | 0.98 |

## 000557 广夏(银川)实业股份有限公司

### 二〇〇二年年度报告摘选

#### 1.上市公司基本情况简介

1.1 基本情况简介

证券简称:ST 银广夏　证券代码:000557　上市交易所:深圳证券交易所

注册地址和办公地址:宁夏银川市高新技术开发区 15 号路东　邮政编码:750001

公司国际互联网网址:http://www.guangxia.com　电子信箱:guangxia@guangxia.com

1.2 联系人和联系方式

董事会秘书:禹万明　联系地址:宁夏银川市高新技术开发区 15 号路东

电话:0951-5054984　传真:0951-5054518　电子信箱:ywm@guangxia.com

#### 2.会计数据和财务指标摘要

2.1 主要会计数据　单位:(人民币)元

| | 2002 年(本年) | 2001 年(上年) | 本年比上年增减(%) | 2000 年 |
|---|---|---|---|---|
| 主营业务收入 | 33,402,206.30 | 27,048,735.01 | 23.49% | 130,261,227.08 |
| 利润总额 | -8,120,695.16 | -404,765,738.60 | -- | -272,288,515.01 |
| 净利润 | 6,154,764.52 | -372,149,398.31 | -- | -135,823,810.23 |
| 扣除非经常性损益的净利润 | -56,984,907.70 | -15,158,027.29 | -- | 0.00 |
| | 2002 年末(本年末) | 2001 年末(上年末) | 本年末比上年末增减(%) | 2000 年末 |
| 总资产 | 656,590,479.42 | 768,624,778.13 | -14.58% | 1,429,597,831.23 |
| 股东权益(不含少数股东权益) | -529,201,076.40 | -522,576,956.70 | -- | -340,353,948.53 |
| 经营活动产生的现金流量净额 | 2,845,833.43 | 0.00 | -- | 0.00 |

2.2 主要财务指标　单位:(人民币)元

| | 2002 年(本年) | 2001 年(上年) | 本年比上年增减(%) | 2000 年 |
|---|---|---|---|---|
| 每股收益 | 0.01 | -0.74 | -- | 0.27 |
| 每股收益 * | 0.01 | -- | -- | -- |
| 净资产收益率 | 0.00% | 0.00% | -- | 0.00% |
| 扣除非经常性损益的净利润为基础计算的净资产收益率 | 0.00% | 0.00% | -- | 0.00% |
| 每股经营活动产生的现金流量净额 | 0.01 | 0.00 | -- | 0.00 |
| | 2002 年末(本年末) | 2001 年末(上年末) | 本年末比上年末增减(%) | 2000 年末 |
| 每股净资产 | -1.05 | -1.03 | -- | 0.67 |
| 调整后的每股净资产 | -1.47 | -1.45 | -- | -1.28 |

## 000558 莱茵达置业股份有限公司

### 二〇〇二年年度报告摘选

#### 1.上市公司基本情况简介

1.1 基本情况简介

证券简称:莱茵置业　证券代码:000558　上市交易所:深圳证券交易所

注册地址和办公地址:沈阳市苏家屯区金钱松路 9 号　邮政编码:110102

电子信箱:gufen@zjlander.com

1.2 联系人和联系方式

董事会秘书:黄国梁　联系地址:沈阳市苏家屯区金钱松路 9 号

电话:024-89150242　传真:024-89153302　电子信箱:gufen@zjlander.com

证券事务代表:黄波　联系地址:沈阳市苏家屯区金钱松路 9 号

电话:024-89150242　传真:024-89153302　电子信箱:gufen@zjlander.com

#### 2.会计数据和财务指标摘要

2.1 主要会计数据　单位:(人民币)元

| | 2002 年(本年) | 2001 年(上年) | 本年比上年增减(%) | 2000 年 |
|---|---|---|---|---|
| 主营业务收入 | 2,550,493.11 | 37,216,832.94 | -93.15% | 54,668,529.41 |
| 利润总额 | -42,641,546.47 | 3,197,353.76 | -1433.65% | 13,349,560.56 |
| 净利润 | -41,854,531.19 | 3,197,353.76 | -1409.04% | 13,349,560.56 |
| 扣除非经常性损益的净利润 | -34,016,516.02 | 3,300,199.72 | -1130.74% | 2,237,858.27 |
| | 2002 年末(本年末) | 2001 年末(上年末) | 本年末比上年末增减(%) | 2000 年末 |
| 总资产 | 471,757,248.58 | 344,434,804.31 | 36.97% | 507,330,757.39 |
| 股东权益(不含少数股东权益) | 123,266,193.35 | 164,223,311.25 | -24.94% | 162,027,580.22 |
| 经营活动产生的现金流量净额 | 32,038,602.31 | -20,333,162.60 | -- | 23,287,407.18 |

2.2 主要财务指标　单位:(人民币)元

| | 2002 年(本年) | 2001 年(上年) | 本年比上年增减(%) | 2000 年 |
|---|---|---|---|---|
| 每股收益 | -0.36 | 0.03 | -1408.79% | 0.09 |
| 每股收益 * | -0.36 | -- | -- | -- |
| 净资产收益率 | -33.96% | 1.95% | -1841.54% | 6.32% |
| 扣除非经常性损益的净利润为基础计算的净资产收益率 | -27.60% | 2.00% | -1480.00% | 0.01% |
| 每股经营活动产生的现金流量净额 | 0.27 | 0.00 | - | 0.18 |
| | 2002 年末(本年末) | 2001 年末(上年末) | 本年末比上年末增减(%) | 2000 年末 |
| 每股净资产 | 1.05 | 1.40 | -24.94% | 1.38 |
| 调整后的每股净资产 | 1.00 | 1.37 | -27.15% | 1.37 |

# K.社会服务业(16 家)

## 000033 深圳新都酒店股份有限公司

### 二〇〇二年年度报告摘选

#### 1.上市公司基本情况简介

1.1 基本情况简介

证券简称:新都酒店 证券代码:000033 上市交易所:深圳证券交易所

注册地址和办公地址:深圳市春风路一号、深圳市春风路一号新都酒店 24 楼 邮政编码:518001

公司国际互联网网址:http://www.cninfo.com.cn 电子信箱:szxdjd@public.szptt.net.cn

1.2 联系人和联系方式

董事会秘书:董晓栗 联系地址:深圳市春风路一号新都酒店 24 楼

电话:0755-82320888-382 传真:0755-82344699 电子信箱:szxdjd@public.szptt.net.cn

#### 2.会计数据和财务指标摘要

2.1 主要会计数据 单位:(人民币)元

| | 2002 年(本年) | 2001 年(上年) | 本年比上年增减(%) | 2000 年 |
|---|---|---|---|---|
| 主营业务收入 | 93,419,737.38 | 102,245,799.42 | -8.63% | 109,972,662.46 |
| 利润总额 | 6,556,977.12 | 5,161,560.82 | 27.03% | -11,463,122.31 |
| 净利润 | 6,556,977.12 | 5,161,560.82 | 27.03% | -11,463,122.31 |
| 扣除非经常性损益的净利润 | 11,059,240.29 | 2,682,968.80 | 312.20% | -10,144,061.27 |
| | 2002 年末(本年末) | 2001 年末(上年末) | 本年末比上年末增减(%) | 2000 年末 |
| 总资产 | 616,939,118.71 | 651,066,125.18 | -5.24% | 667,559,915.48 |
| 股东权益(不含少数股东权益) | 436,567,491.72 | 430,010,514.60 | 1.52% | 424,848,953.78 |
| 经营活动产生的现金流量净额 | 33,156,079.46 | 38,366,736.64 | -13.58% | 36,403,716.68 |

2.2 主要财务指标 单位:(人民币)元

| | 2002 年(本年) | 2001 年(上年) | 本年比上年增减(%) | 2000 年 |
|---|---|---|---|---|
| 每股收益 | 0.02 | 0.02 | 27.78% | 0.04 |
| 每股收益* | 0.02 | -- | -- | -- |
| 净资产收益率 | 1.50% | 1.20% | 25.00% | -2.70% |
| 扣除非经常性损益的净利润为基础计算的净资产收益率 | 2.53% | 0.62% | 308.06% | -2.39% |
| 每股经营活动产生的现金流量净额 | 0.12 | 0.13 | -13.53% | 0.13 |
| | 2002 年末(本年末) | 2001 年末(上年末) | 本年末比上年末增减(%) | 2000 年末 |
| 每股净资产 | 1.52 | 1.50 | 1.47% | 1.48 |
| 调整后的每股净资产 | 1.49 | 1.43 | 4.34% | 1.43 |

## 000151 中成进出口股份有限公司

### 二〇〇二年年度报告摘选

#### 1.上市公司基本情况简介

1.1 基本情况简介

证券简称:中成股份 证券代码:000151 上市交易所:深圳证券交易所

注册地址和办公地址:北京市丰台区科学城 10D 地块 2 号楼、北京市安定门西滨河路 9 号

邮政编码:100011 电子信箱:complant@263.net.cn

1.2 联系人和联系方式

董事会秘书:戎蓓 联系地址:北京市安定门西滨河路 9 号

电话:010-64218520 传真:010-64251026 电子信箱:complant@263.net.cn

#### 2.会计数据和财务指标摘要

2.1 主要会计数据

单位:(人民币)元

| | 2002 年(本年) | 2001 年(上年) | 本年比上年增减(%) | 2000 年 |
|---|---|---|---|---|
| 主营业务收入 | 523,105,832.49 | 675,886,957.16 | -22.60% | 397,642,834.22 |
| 利润总额 | 60,372,220.37 | 107,195,907.93 | -43.68% | 74,833,164.37 |
| 净利润 | 48,202,135.90 | 88,987,478.09 | -45.83% | 61,107,892.04 |
| 扣除非经常性损益的净利润 | 48,130,273.34 | 88,803,117.94 | -45.80% | 56,793,909.21 |
| | 2002 年末(本年末) | 2001 年末(上年末) | 本年末比上年末增减(%) | 2000 年末 |
| 总资产 | 986,438,357.81 | 1,092,123,700.81 | -9.68% | 987,097,252.87 |
| 股东权益(不含少数股东权益) | 799,310,685.99 | 789,585,950.09 | 1.23% | 750,085,545.68 |
| 经营活动产生的现金流量净额 | 60,848,390.57 | -48,042,263.71 | - | 80,133,298.02 |

2.2 主要财务指标 单位:(人民币)元

| | 2002 年(本年) | 2001 年(上年) | 本年比上年增减(%) | 2000 年 |
|---|---|---|---|---|
| 每股收益 | 0.16 | 0.30 | -45.83% | 0.31 |
| 每股收益* | 0.16 | -- | -- | -- |
| 净资产收益率 | 6.03% | 11.27% | -46.50% | 8.15% |
| 扣除非经常性损益的净利润为基础计算的净资产收益率 | 6.02% | 11.25% | -46.49% | 7.57% |
| 每股经营活动产生的现金流量净额 | 0.21 | -0.16 | -- | 0.41 |
| | 2002 年末(本年末) | 2001 年末(上年末) | 本年末比上年末增减(%) | 2000 年末 |
| 每股净资产 | 2.70 | 2.67 | 1.23% | 3.80 |
| 调整后的每股净资产 | 2.69 | 2.67 | 0.98% | 3.79 |

## 000069 深圳华侨城控股股份有限公司

### 二〇〇二年年度报告摘选

#### 1.上市公司基本情况简介

1.1 基本情况简介

证券简称:华侨城 A 证券代码:000069 上市交易所:深圳证券交易所

注册地址和办公地址:中国广东省深圳市南山区华侨城办公大楼三楼 邮政编码:518053

电子信箱:oct069@public.topway.net.cn

1.2 联系人和联系方式

董事会秘书:肖德中 联系地址:广东省深圳市南山区华侨城办公大楼三楼

电话:0755-26909069 传真:0755-26600517 电子信箱:szhqc@public.szptt.net.cn

证券事务代表:李珂晖 联系地址:广东省深圳市南山区华侨城办公大楼三楼董事会秘书办公室

电话:0755-26936078 传真:0755-26600517 电子信箱:szhqc@public.szptt.net.cn

#### 2.会计数据和财务指标摘要

2.1 主要会计数据 单位:(人民币)元

| | 2002 年(本年) | 2001 年(上年) | 本年比上年增减(%) | 2000 年 |
|---|---|---|---|---|
| 主营业务收入 | 593,623,837.35 | 422,589,706.75 | 40.47% | 376,113,469.56 |
| 利润总额 | 306,827,243.04 | 198,423,659.72 | 54.63% | 108,750,945.74 |
| 净利润 | 270,241,171.27 | 180,048,228.99 | 50.09% | 92,747,234.33 |
| 扣除非经常性损益的净利润 | 271,107,879.97 | 180,375,382.21 | 50.30% | 93,552,628.94 |
| | 2002 年末(本年末) | 2001 年末(上年末) | 本年末比上年末增减(%) | 2000 年末 |
| 总资产 | 2,331,665,914.61 | 1,981,881,213.68 | 17.65% | 1,382,883,177.61 |
| 股东权益(不含少数股东权益) | 1,188,552,338.17 | 983,583,596.75 | 20.84% | 915,311,798.77 |
| 经营活动产生的现金流量净额 | 211,627,813.87 | 155,965,268.68 | 35.69% | 171,120,035.73 |

2.2 主要财务指标 单位:(人民币)元

| | 2002 年(本年) | 2001 年(上年) | 本年比上年增减(%) | 2000 年 |
|---|---|---|---|---|
| 每股收益 | 0.60 | 0.40 | 49.88% | 0.25 |
| 净资产收益率 | 22.74% | 18.31% | 24.19% | 10.13% |
| 扣除非经常性损益的净利润为基础计算的净资产收益率 | 22.81% | 18.34% | 24.37% | 10.21% |
| 每股经营活动产生的现金流量净额 | 0.47 | 0.35 | 35.53% | 0.46 |
| | 2002 年末(本年末) | 2001 年末(上年末) | 本年末比上年末增减(%) | 2000 年末 |
| 每股净资产 | 2.66 | 2.20 | 20.82% | 2.46 |
| 调整后的每股净资产 | 2.53 | 2.09 | 20.98% | 2.38 |

## 000421 南京中北(集团)股份有限公司

### 二〇〇二年年度报告摘选

#### 1.上市公司基本情况简介

1.1 基本情况简介

股票简称:南京中北 股票代码:000421 上市交易所:深圳证券交易所

注册地址和办公地址:南京市汉中门大街 81 号 邮政编码:210029

公司国际互联网网址:www.zhong-bei.com 电子信箱:securities@zhong-bei.com

1.2 联系人和联系方式

董事会秘书:李庆亮 联系地址:南京市汉中门大街 81 号

电话:025-6650169 传真:025-6522634 电子信箱:securities@zhong-bei.com

证券事务代表:陈刚 联系地址:南京市汉中门大街 81 号

电话:025-6650169 传真:025-6522634

#### 2.会计数据和财务指标摘要

2.1 主要会计数据 单位:(人民币)元

| | 2002 年 | 2001 年 | 本年比上年增减(%) | 2000 年 调整前 | 2000 年 调整后 |
|---|---|---|---|---|---|
| 主营业务收入 | 705,251,845.18 | 401,881,487.23 | 75.49 | 343,791,764.94 | 343,791,764.94 |
| 利润总额 | 39,019,101.80 | 37,287,881.34 | 4.64 | 31,436,516.55 | 30,193,457.70 |
| 净利润 | 28,291,773.46 | 28,662,999.21 | -1.30 | 25,432,570.60 | 25,432,570.60 |
| 扣除非经常性损益的净利润 | 26,160,805.73 | 25,607,585.33 | 2.16 | 30,854,294.15 | 30,937,123.84 |
| | 2002 年末 | 2001 年末 | 本年末比上年末增减(%) | 2000 年末 调整前 | 2000 年末 调整后 |
| 总资产 | 852,880,932.23 | 946,911,228.33 | -9.93 | 819,818,035.16 | 819,818,035.16 |
| 股东权益(不含少数股东权益) | 421,274,892.73 | 413,582,448.67 | 1.86 | 405,393,381.96 | 405,393,381.96 |
| 经营活动产生的现金流量净额 | 192,237,835.70 | 36,599,581.62 | 425.25 | 117,088,496.67 | 117,088,496.67 |

2.2 主要财务指标 单位:(人民币)元

| | 2002 年 | 2001 年 | 本年比上年末调增减(%) | 2000 年 调整前 | 2000 年 调整后 |
|---|---|---|---|---|---|
| 每股收益 | 0.143 | 0.145 | -1.38 | 0.134 | 0.129 |
| 净资产收益率 | 6.72 | 6.93 | -3.04 | 6.42 | 6.27 |
| 扣除非经常性损益后的净利润为基础计算的净资产收益率 | 6.12 | 6.10 | 0.25 | 7.63 | 7.61 |
| 每股经营活动产生的现金流量净额 | 0.9749 | 0.1856 | 425.27 | 0.59 | 0.59 |
| | 2002 年末 | 2001 年末 | 本年末比上年末增减(%) | 2000 年末 调整前 | 2000 年末 调整后 |
| 每股净资产 | 2.1365 | 2.0975 | 1.86 | 2.056 | 2.056 |
| 调整后的每股净资产 | 1.8787 | 1.8231 | 3.05 | 1.86 | 1.86 |

## 000428 湖南华天大酒店股份有限公司

### 二〇〇二年年度报告摘选

#### 1.上市公司基本情况简介

1.1 基本情况简介

股票简称:华天酒店　股票代码:000428　上市交易所:深圳证券交易所

注册地址和办公地址:长沙市解放东路 380 号　邮政编码:410001

公司国际互联网网址:http://www.huatian－hotel.com　电子信箱:resv@huatian－hotel.com

1.2 联系人和联系方式

董事会秘书:孙根石　联系地址:长沙市解放东路 380 号湖南华天大酒店股份有限公司证券部

电话:0731－4442888－80928,80889　传真:0731－4442270　4449370

电子信箱:summerstock@163.com

证券事务代表:李岚　联系地址:长沙市解放东路 380 号湖南华天大酒店股份有限公司证券部

电话:0731－4442888－80928,80889　传真:0731－4442270,4449370

电子信箱:Biyuntian－520@163.com

#### 2.会计数据和财务指标摘要

2.1 主要会计数据　(单位:万元)

| | 2002 年 | 2001 年 | | 本年比上年增减(%) | 2000 年 | |
|---|---|---|---|---|---|---|
| | | 调整前 | 调整后 | | 调整前 | 调整后 |
| 主营业务收入 | 32762.53 | 22560.61 | 22560.61 | 45.22% | 19280.08 | 19280.08 |
| 利润总额 | 5832.14 | 6151.20 | 5631.73 | 3.56% | 4733.87 | 4383.71 |
| 净利润 | 3555.01 | 4940.93 | 4434.25 | －19.83% | 3629.32 | 3313.87 |
| 扣除非经常性损益的净利润 | 3575.17 | 3402.06 | 2895.38 | 23.48% | 3017.20 | 2710.71 |
| | 2002 年末 | 2001 年末 | | 本年末比上年末增减(%) | 2000 年末 | |
| | | 调整前 | 调整后 | | 调整前 | 调整后 |
| 总资产 | 102847.66 | 103652.65 | 103194.17 | －0.34% | 70443.82 | 70151.52 |
| 股东权益(不含少数股东权益) | 63681.13 | 63362.97 | 62731.43 | 1.51% | 50461.76 | 50146.3 |
| 经营活动产生的现金流量净额 | 7445.71 | 6865.75 | 6865.75 | 8.44% | 16440.43 | 16440.43 |

2.2 主要财务指标　(单位:元)

| | 2002 年 | 2001 年 | | 本年比上年增减(%) | 2000 年 | |
|---|---|---|---|---|---|---|
| | | 调整前 | 调整后 | | 调整前 | 调整后 |
| 每股收益(摊薄) | 0.206 | 0.286 | 0.257 | －19.84% | 0.23 | 0.21 |
| 每股收益(加权) | 0.206 | 0.29 | 0.26 | －20.77% | 0.23 | 0.21 |
| 净资产收益率(%) | 5.58 | 7.8 | 7.06 | －20.96% | 7.19 | 6.61 |
| 扣除非经常性损益后的净资产收益率(%) | 5.61 | 5.36 | 4.62 | 21.43% | 5.97 | 5.40 |
| 每股经营活动产生的现金流量净额 | 0.43 | 0.40 | 0.40 | 7.50% | 1.035 | 1.035 |
| | 2002 年末 | 2001 年末 | | 本年末比上年末增减(%) | 2000 年末 | |
| | | 调整前 | 调整后 | | 调整前 | 调整后 |
| 每股净资产 | 3.68 | 3.67 | 3.63 | 1.38% | 3.18 | 3.16 |
| 调整后的每股净资产 | 3.39 | 3.66 | 3.62 | －6.35% | 3.01 | 3.00 |

## 000430 张家界旅游开发股份有限公司

### 二〇〇二年年度报告摘选

#### 1.上市公司基本情况简介

1.1 基本情况简介

证券简称:张家界　证券代码:000430　上市交易所:深圳证券交易所

注册地址:湖南省张家界市南庄坪　办公地址:湖南省长沙市芙蓉中路海东青大厦 20 楼

邮政编码:410005　电子信箱:sz000430@hotmail.com

1.2 联系人和联系方式

董事会秘书:张儒平　联系地址:湖南省长沙市芙蓉中路海东青大厦 20 楼

电话:0731－4331165　传真:0731－4331165　电子信箱:zrp@hotmail.com

证券事务代表:王安祺　联系地址:湖南省长沙市芙蓉中路海东青大厦 20 楼

电话:0731－4331165　传真:0731－4331165　电子信箱:anqiwang@hotmail.com

#### 2.会计数据和财务指标摘要

2.1 主要会计数据　单位:(人民币)元

| | 2002 年(本年) | 2001 年(上年) | 本年比上年增减(%) | 2000 年 |
|---|---|---|---|---|
| 主营业务收入 | 76,401,897.11 | 49,462,099.73 | 54.47% | 33,895,088.60 |
| 利润总额 | 18,662,915.10 | 17,270,600.19 | 8.06% | －120,027,317.21 |
| 净利润 | 15,368,352.48 | 17,002,946.47 | －9.61% | －94,410,709.50 |
| 扣除非经常性损益的净利润 | 15,140,678.54 | 3,429,159.46 | 341.53% | －78,749,304.22 |
| | 2002 年末(本年末) | 2001 年末(上年末) | 本年末比上年末增减(%) | 2000 年末 |
| 总资产 | 374,046,341.80 | 352,486,489.10 | 6.12% | 389,930,086.93 |
| 股东权益(不含少数股东权益) | 220,167,919.48 | 208,033,420.98 | 5.83% | 92,237,680.59 |
| 经营活动产生的现金流量净额 | 39,090,619.45 | 153,576,085.18 | －74.55% | －18,104,846.29 |

2.2 主要财务指标　单位:人民币元

| | 2002 年(本年) | 2001 年(上年) | 本年比上年增减(%) | 2000 年 |
|---|---|---|---|---|
| 每股收益 | 0.08 | 0.09 | －9.68% | 0.51 |
| 每股收益 * | 0.08 | － | － | － |
| 净资产收益率 | 6.98% | 8.17% | －14.57% | －110.05% |
| 扣除非经常性损益的净利润为基础计算的净资产收益率 | 6.87% | 1.64% | 318.90% | －64.07% |
| 每股经营活动产生的现金流量净额 | 0.21 | 0.84 | －74.52% | 0.15 |
| | 2002 年末(本年末) | 2001 年末(上年末) | 本年末比上年末增减(%) | 2000 年末 |
| 每股净资产 | 1.20 | 1.13 | 5.91% | 0.47 |
| 调整后的每股净资产 | 1.12 | 1.05 | 6.67% | 0.45 |

## 000524 广州市东方宾馆股份有限公司

### 二〇〇二年年度报告摘选

#### 1.上市公司基本情况简介

1.1 基本情况简介

证券简称:东方宾馆　证券代码:000524　上市交易所:深圳证券交易所

注册地址和办公地址:广州市流花路 120 号　邮政编码:510016

公司国际互联网网址:http://www.dongfanghotel－gz.com

电子信箱:dfhtlbc@pub.guangzhou.gd.cn

1.2 联系人和联系方式

董事会秘书:陈聪　联系地址:广州市流花路 120 号东方宾馆证券部

电话:020－86662791　传真:020－86662791　电子信箱:dfhotel@pub.guangzhou.gd.cn

#### 2.会计数据和财务指标摘要

2.1 主要会计数据　单位:(人民币)元

| | 2002 年(本年) | 2001 年(上年) | 本年比上年增减(%) | 2000 年 |
|---|---|---|---|---|
| 主营业务收入 | 207,801,911.72 | 226,391,818.87 | －8.21% | 224,342,557.45 |
| 利润总额 | 7,688,144.39 | －92,546,333.87 | －－ | 25,003,826.80 |
| 净利润 | 8,658,248.39 | －97,635,289.28 | －－ | 19,635,263.17 |
| 扣除非经常性损益的净利润 | 8,301,948.67 | －94,738,711.63 | －－ | 17,085,263.17 |
| | 2002 年末(本年末) | 2001 年末(上年末) | 本年末比上年末增减(%) | 2000 年末 |
| 总资产 | 676,303,535.79 | 665,709,051.22 | 1.59% | 800,738,798.23 |
| 股东权益(不含少数股东权益) | 600,606,945.48 | 590,950,774.09 | 1.63% | 688,586,062.97 |
| 经营活动产生的现金流量净额 | 48,531,808.17 | 28,960,163.70 | 67.58% | 45,216,164.22 |

2.2 主要财务指标　单位:(人民币)元

| | 2002 年(本年) | 2001 年(上年) | 本年比上年增减(%) | 2000 年 |
|---|---|---|---|---|
| 每股收益 | 0.03 | －0.36 | －－ | 0.07 |
| 净资产收益率 | 1.44% | －16.52% | －－ | 2.85% |
| 扣除非经常性损益的净利润为基础计算的净资产收益率 | 1.38% | －16.03% | －－ | 2.48% |
| 每股经营活动产生的现金流量净额 | 0.18 | 0.11 | 67.60% | 0.17 |
| | 2002 年末(本年末) | 2001 年末(上年末) | 本年末比上年末增减(%) | 2000 年末 |
| 每股净资产 | 2.23 | 2.19 | 1.63% | 2.55 |
| 调整后的每股净资产 | 2.08 | 2.00 | 4.10% | 2.21 |

## 000548 湖南投资集团股份有限公司

### 二〇〇二年年度报告摘选

#### 1.上市公司基本情况简介

1.1 基本情况简介

证券简称:湖南投资　证券代码:000548　上市交易所:深圳证券交易所

注册地址:长沙市高新技术产业开发区 C4 组团 A－718 号

办公地址:长沙市劳动西路 177 号有色大厦 8 楼　邮政编码:410015

电子信箱:hntz0548@sina.com

1.2 联系人和联系方式

董事会秘书:黄满池　联系地址:长沙市劳动西路 177 号有色大厦 8 楼

电话:0731－5518565　传真:0731－5500354　电子信箱:hntz0548@sina.com

证券事务代表:马宁　联系地址:长沙市劳动西路 177 号有色大厦 8 楼

电话:0731－5518565　传真:0731－5500354　电子信箱:hntz0548@sina.com

#### 2.会计数据和财务指标摘要

2.1 主要会计数据　单位:(人民币)元

| | 2002 年(本年) | 2001 年(上年) | 本年比上年增减(%) | 2000 年 |
|---|---|---|---|---|
| 主营业务收入 | 326,617,114.37 | 303,099,833.80 | 7.76% | 154,902,847.91 |
| 利润总额 | 74,738,194.45 | 126,943,238.02 | －41.12% | 66,314,597.71 |
| 净利润 | 41,827,663.57 | 72,608,112.60 | －42.39% | 31,599,773.32 |
| 扣除非经常性损益的净利润 | 37,241,889.75 | 71,921,322.98 | －48.22% | 51,095,747.18 |
| | 2002 年末(本年末) | 2001 年末(上年末) | 本年末比上年末增减(%) | 2000 年末 |
| 总资产 | 1,616,888,680.15 | 1,600,657,630.26 | 1.01% | 870,079,992.70 |
| 股东权益(不含少数股东权益) | 1,084,027,605.36 | 1,035,998,210.03 | 4.64% | 496,250,430.22 |
| 经营活动产生的现金流量净额 | 59,524,650.35 | 54,087,196.03 | 10.05% | 73,389,501.14 |

2.2 主要财务指标　单位:(人民币)元

| | 2002 年(本年) | 2001 年(上年) | 本年比上年增减(%) | 2000 年 |
|---|---|---|---|---|
| 每股收益 | 0.123 | 0.213 | －42.25% | 0.109 |
| 每股收益(如果股本变化,按新股本计算) | 0.123 | －－ | －－ | －－ |
| 净资产收益率 | 3.86% | 7.00% | －44.86 | 6.37% |
| 扣除非经常性损益的净利润为基础计算的净资产收益率 | 3.43% | 6.94% | －50.58 | 10.30% |
| 每股经营活动产生的现金流量净额 | 0.175 | 0.159 | 10.06 | 0.253 |
| | 2002 年末(本年末) | 2001 年末(上年末) | 本年末比上年末增减(%) | 2000 年末 |
| 每股净资产 | 3.18 | 3.04 | 4.64% | 1.71 |
| 调整后的每股净资产 | 3.17 | 3.04 | 4.28% | 1.70 |

## 000602 广东金马旅游集团股份有限公司

# 二〇〇二年年度报告摘选

### 1.上市公司基本情况简介

1.1 基本情况简介

股票简称:金马集团 股票代码:000602 上市交易所:深圳证券交易所

注册地址:广东省潮州市永护路口 办公地址:广东省潮州市潮枫路旅游大厦四层

邮政编码:521011 电子信箱:LNKK@luneng.com

1.2 联系人和联系方式

董事会秘书:梁茂辉 联系地址:广东省潮州市潮枫路旅游大厦四层

电话:0768-2268968 传真:0768-2297613 电子信箱:LNKK@luneng.com

证券事务代表:张斌 联系地址:广东省潮州市潮枫路旅游大厦四层

电话:0768-2356005 传真:0768-2297613 电子信箱:LNKK@luneng.com

### 2.会计数据和财务指标摘要

2.1 主要会计数据

| | 2002 年 | 2001 年 | 本年比上年增减(%) | 2000 年 |
|---|---|---|---|---|
| 主营业务收入 | 188,081,527.15 | 59,500,992.69 | 216 | 54,432,806.13 |
| 利润总额 | 113,698,142.59 | 15,244,877.75 | 646 | -23,995,559.98 |
| 净利润 | 36,639,912.22 | 2,819,302.90 | 1200 | -23,995,559.98 |
| 扣除非经常性损益的净利润 | 48,565,416.55 | 2,923,048.90 | 1154 | -25,447,368.24 |
| | 2002 年末 | 2001 年末 | 本年末比上年末增减(%) | 2000 年末 |
| 总资产 | 338,241,548.71 | 275,881,072.80 | 22.60 | 285,510,102.83 |
| 股东权益(不含少数股东权益) | 159,416,699.31 | 122,776,787.09 | 29.84 | 119,660,827.35 |
| 经营活动产生的现金流量净额 | 149,229,092.95 | 42,291,452.97 | 252.86 | 136,075.04 |

2.2 主要财务指标

| | 2002 年 | 2001 年 | 本年比上年增减(%) | 2000 年 |
|---|---|---|---|---|
| 每股收益 | 0.36 | 0.03 | 1200 | -0.24 |
| 净资产收益率 | 0.23 | 0.023 | 900 | -0.20 |
| 扣除非经常性损益的净利润为基础计算的净资产收益率 | 0.30 | 0.024 | 858 | -0.21 |
| 每股经营活动产生的现金流量净额 | 1.48 | 0.42 | 252 | 0.001 |
| | 2002 年末 | 2001 年末 | 本年末比上年末增减(%) | 2000 年末 |
| 每股净资产 | 1.59 | 1.22 | 30.33 | 1.19 |
| 调整后的每股净资产 | 1.59 | 1.22 | 30.33 | 1.19 |

## 000610 西安旅游(集团)股份有限公司

# 二〇〇二年年度报告摘选

### 1.上市公司基本情况简介

1.1 基本情况简介

证券简称:西安旅游 证券代码:000610 上市交易所:深圳证券交易所

注册地址和办公地址:西安市环城南路中段 2 号 邮政编码:710054

公司国际互联网网址:http://www.xiantourism.com 电子信箱:stock@xiantourism.com

1.2 联系人和联系方式

董事会秘书:刘建利 联系地址:西安市环城南路中段 2 号

电话:029-7858883 传真:029-7854296 电子信箱:anljl@163.com

证券事务代表:脱文梅 联系地址:西安市环城南路中段 2 号

电话:029-7858883 传真:029-7854296

### 2.会计数据和财务指标摘要

2.1 主要会计数据 单位:(人民币)元

| | 2002 年(本年) | 2001 年(上年) | 本年比上年增减(%) | 2000 年 |
|---|---|---|---|---|
| 主营业务收入 | 95,733,958.16 | 93,577,580.37 | 2.30% | 109,578,858.70 |
| 利润总额 | 8,306,457.08 | 3,324,644.51 | 149.84% | 19,530,071.55 |
| 净利润 | 6,160,465.25 | 1,506,725.81 | 308.86% | 16,600,560.82 |
| 扣除非经常性损益的净利润 | 5,817,188.13 | 3,990,044.06 | 45.79% | 16,965,734.90 |
| | 2002 年末(本年末) | 2001 年末(上年末) | 本年末比上年末增减(%) | 2000 年末 |
| 总资产 | 471,311,585.14 | 431,829,395.45 | 9.14% | 440,969,019.93 |
| 股东权益(不含少数股东权益) | 344,057,354.67 | 347,952,763.42 | -1.12% | 359,141,661.81 |
| 经营活动产生的现金流量净额 | 29,281,044.19 | 32,788,600.23 | -10.70% | 29,714,452.93 |

2.2 主要财务指标 单位:(人民币)元

| | 2002 年(本年) | 2001 年(上年) | 本年比上年增减(%) | 2000 年 |
|---|---|---|---|---|
| 每股收益 | 0.04 | 0.01 | 311.11% | 0.09 |
| 每股收益* | 0.04 | -- | -- | -- |
| 净资产收益率 | 1.79% | 0.43% | 316.28% | 4.30% |
| 扣除非经常性损益的净利润为基础计算的净资产收益率 | 1.66% | 0.43% | 286.05% | 4.61% |
| 每股经营活动产生的现金流量净额 | 0.18 | 0.20 | -10.71% | 0.18 |
| | 2002 年末(本年末) | 2001 年末(上年末) | 本年末比上年末增减(%) | 2000 年末 |
| 每股净资产 | 2.05 | 2.08 | -1.11% | 2.11 |
| 调整后的每股净资产 | 1.71 | 1.82 | -6.15% | 1.86 |

## 000613 海南大东海旅游中心股份有限公司

# 二〇〇二年年度报告摘选

### 1.上市公司基本情况简介

1.1 基本情况简介

证券简称:ST 东海 A、ST 东海 B 证券代码:000613、200613

上市交易所:深圳证券交易所 注册地址:海南省三亚市大东海 邮政编码:572021

1.2 联系人和联系方式

董事会秘书:柳俊涛 联系地址:海南省三亚市大东海

电话:0898-88219888-8264 传真:0898-88212298 电子信箱:hnddht@21cn.com

证券事务代表:黎才杰 联系地址:海南省三亚市大东海

电话:0898-88219888-8264 传真:0898-88212298 电子信箱:hnddht@21cn.com

### 2.会计数据和财务指标摘要

2.1 主要会计数据

| | 2002 年 | 2001 年 | 本年比上年增减(%) | 2000 年 |
|---|---|---|---|---|
| 主营业务收入 | 24,280,484.59 | 22,651,611.96 | 7.19 | 22,127,280.18 |
| 利润总额 | 227,182.89 | 2,175,961.63 | -89.56 | -56,656,944.20 |
| 净利润 | 227,182.89 | 2,175,961.63 | -89.56 | -56,656,944.20 |
| 扣除非经常性损益的净利润 | -4,894,578.55 | -14,374,093.32 | -65.95 | -28,802,365.22 |
| | 2002 年末 | 2001 年末 | 本年末比上年末增减(%) | 2000 年末 |
| 总资产 | 195,796,503.67 | 220,240,104.85 | -11.10 | 232,189,711.05 |
| 股东权益(不含少数股东权益) | 12,127,893.64 | 7,745,876.49 | 56.57 | 3,028,637.15 |
| 经营活动产生的现金流量净额 | 1,041,964.52 | 4,542,588.70 | 77.06 | -233,799.05 |

2.2 主要财务指标

| | 2002 年 | 2001 年 | 本年比上年增减(%) | 2000 年 |
|---|---|---|---|---|
| 每股收益 | 0.0006 | 0.006 | -90.00 | -0.16 |
| 每股收益 | 0.0006 | 0.006 | -90.00 | -0.16 |
| 净资产收益率 | 1.87 | 28.09 | -93.34 | -1870.77 |
| 扣除非经常性损益的净利润为基础计算的净资产收益率 | -40.36 | -185.57 | -78.25 | -951.00 |
| 每股经营活动产生的现金流量净额 | 0.003 | 0.012 | 75.00 | -0.0004 |
| | 2002 年末 | 2001 年末 | 本年末比上年末增减(%) | 2000 年末 |
| 每股净资产 | 0.033 | 0.021 | 57.14 | 0.008 |
| 调整后的每股净资产 | 0.020 | 0.006 | 233.33 | -0.10 |

## 000616 大连亿城集团股份有限公司

# 二〇〇二年年度报告摘选

### 1.上市公司基本情况简介

1.1 基本情况简介

证券简称:亿城股份 证券代码:000616 上市交易所:深圳证券交易所

注册地址和办公地址:辽宁省大连市中山区中山路 124 号 邮政编码:116001

公司国际互联网网址:无 电子信箱:yicheng@yc616.com

1.2 联系人和联系方式

董事会秘书:郑力齐 联系地址:辽宁省大连市中山区中山路 124 号

电话:0411-3633671-381 传真:0411-3642706 电子信箱:fromheaven0616@163.com

证券事务代表:孙福君 联系地址:辽宁省大连市中山区中山路 124 号

电话:0411-3633671-381 传真:0411-3642706 电子信箱:fromheaven0616@163.com

### 2.会计数据和财务指标摘要

2.1 主要会计数据 单位:(人民币)元

| | 2002 年(本年) | 2001 年(上年) | 本年比上年增减(%) | 2000 年 |
|---|---|---|---|---|
| 主营业务收入 | 78,191,163.54 | 84,762,446.43 | -7.75% | 103,489,301.05 |
| 利润总额 | 7,616,185.57 | 16,838,282.03 | -54.77% | 30,320,404.33 |
| 净利润 | 6,514,417.99 | 14,905,132.38 | -56.29% | 25,490,496.66 |
| 扣除非经常性损益的净利润 | 1,442,215.83 | 14,889,437.97 | -90.31% | 24,761,591.91 |
| | 2002 年末(本年末) | 2001 年末(上年末) | 本年末比上年末增减(%) | 2000 年末 |
| 总资产 | 1,516,458,833.50 | 857,259,744.64 | 76.90% | 515,261,233.72 |
| 股东权益(不含少数股东权益) | 479,345,947.53 | 472,831,529.54 | 1.38% | 289,546,397.16 |
| 经营活动产生的现金流量净额 | -398,291,207.97 | -137,311,347.92 | -- | 23,639,728.56 |

2.2 主要财务指标 单位:(人民币)元

| | 2002 年(本年) | 2001 年(上年) | 本年比上年增减(%) | 2000 年 |
|---|---|---|---|---|
| 每股收益 | 0.03 | 0.10 | -66.50% | 0.30 |
| 每股收益* | 0.03 | -- | -- | -- |
| 净资产收益率 | 1.36% | 3.15% | -56.83% | 8.80% |
| 扣除非经常性损益的净利润为基础计算的净资产收益率 | 0.30% | 3.15% | -90.48% | 8.55% |
| 每股经营活动产生的现金流量净额 | -2.11 | -0.95 | -- | 0.28 |
| | 2002 年末(本年末) | 2001 年末(上年末) | 本年末比上年末增减(%) | 2000 年末 |
| 每股净资产 | 2.54 | 3.25 | -22.01% | 3.43 |
| 调整后的每股净资产 | 2.24 | 3.05 | -26.56% | 3.12 |

## 000639 湖南金德发展股份有限公司

### 二〇〇二年年度报告摘选

#### 1.上市公司基本情况简介

1.1 基本情况简介

股票简称:金德发展　股票代码:000639　上市交易所:深圳证券交易所

注册地址:湖南省株洲市车站路 1 号

办公地址:株洲市天元区长江北路 333 号湖南金德发展股份有限公司

邮政编码:412000　电子信箱:jdfz000639@163.com

1.2 联系人和联系方式

董事会秘书:陈筱萍

联系地址:株洲市天元区长江北路 333 号湖南金德发展股份有限公司

电话:0733－2869999－3231　传真:0733－2867121

电子信箱:jdfz000639@163.com

#### 2.会计数据和财务指标摘要

2.1 主要会计数据

| 项　目 | 2002 年 | 2001 年 | 本年比上年增减(%) | 2000 年 |
|---|---|---|---|---|
| 主营业务收入 | 126,796,504.61 | 74,960,401.25 | 69.15 | 53,816,679.55 |
| 利润总额 | 16,368,066.29 | 7,568,848.39 | 116.26 | 3,802,339.50 |
| 净利润 | 11,047,599.56 | 7,568,848.39 | 45.96 | 3,802,339.50 |
| 扣除非经常性损益的净利润 | 10,984,891.89 | 7,527,474.37 | 45.93 | 2,329,470.02 |
| 项　目 | 2002 年末 | 2001 年末 | 本年末比上年末增减(%) | 2000 年末 |
| 总资产 | 207,298,161.76 | 180,024,154.90 | 15.15 | 184,220,081.61 |
| 股东权益(不含少数股东权益) | 88,319,140.56 | 82,143,554.35 | 7.52 | 76,522,866.21 |
| 经营活动产生的现金流量净额 | 26,018,917.52 | 16,893,619.54 | 54.02 | 11,054,596.76 |

2.2 主要财务指标

| 项　目 | 2002 年 | 2001 年 | 本年比上年增减(%) | 2000 年 |
|---|---|---|---|---|
| 每股收益(元) | 0.1516 | 0.1039 | 45.91 | 0.0702 |
| 净资产收益率% | 12.51% | 9.21% | 35.83 | 6.3987% |
| 扣除非经常性损益的净利润为基础计算的净资产收益率(%) | 12.44 | 9.16 | 35.81 | 3.04 |
| 每股经营活动产生的现金流量净额 | 0.3571 | 0.2318 | 54.05 | 0.1517 |
| 项　目 | 2002 年末 | 2001 年末 | 本年末比上年末增减(%) | 2000 年末 |
| 每股净资产 | 1.2121 | 1.127 | 7.55 | 1.0967 |
| 调整后的每股净资产 | 1.1232 | 1.037 | 8.31 | 0.9808 |

## 000802 北京京西风光旅游开发股份有限公司

### 二〇〇二年年度报告摘选

#### 1.上市公司基本情况简介

1.1 基本情况简介

股票简称:京西旅游　股票代码:000802　上市交易所:深圳证券交易所

注册地址:北京市门头沟区新桥大街 35 号

办公地址:北京市门头沟石龙工业区泰安路 9 号　邮政编码:102308

公司国际互联网网址:http://www.jxtour.com.cn　电子信箱:jxtour@public.bta.net.cn

1.2 联系人和联系方式

董事会秘书:包卫刚　联系地址:北京市门头沟石龙工业区泰安路 9 号

电话:010－69800572　传真:010－69800572　电子信箱:jxtour@public.bta.net.cn

证券事务代表:吕玉梅　联系地址:北京市门头沟石龙工业区泰安路 9 号

电话:010－89801019　传真:010－69805332　电子信箱:Liuyan－0902@163.com

#### 2.会计数据和财务指标摘要

2.1 主要会计数据　单位:(人民币)元

| | 2002 年(本年) | 2001 年(上年) | 本年比上年增减(%) | 2000 年 |
|---|---|---|---|---|
| 主营业务收入 | 373,342,728.13 | 257,531,036.32 | 44.97 | 239,996,456.63 |
| 利润总额 | －65,384,018.82 | 6,922,387.88 | －1,044.53 | 41,131,385.71 |
| 净利润 | －67,640,361.58 | 2,464,188.48 | －2,844.93 | 34,645,523.76 |
| 扣除非经常性损益的净利润 | －67,050,067.35 | －5,021,514.06 | 1,235.26 | 24,516,702.10 |
| | 2002 年末(本年末) | 2001 年末(上年末) | 本年末比上年末增减(%) | 2000 年末 |
| 总资产 | 1,202,248,970.26 | 1,133,640,601.43 | 6.05 | 928,025,426.95 |
| 股东权益(不含少数股东权益) | 306,957,341.48 | 374,597,703.06 | －18.06 | 377,082,187.43 |
| 经营活动产生的现金流量净额 | 83,648,561.17 | －67,827,400.70 | 223.33 | 26,044,537.13 |

2.2 主要财务指标　单位:(人民币)元

| | 2002 年(本年) | 2001 年(上年) | 本年比上年增减(%) | 2000 年 |
|---|---|---|---|---|
| 每股收益 | －0.58 | 0.02 | －3,000 | 0.30 |
| 净资产收益率 | －22.04 | 0.66 | －3,349.39 | 9.19 |
| 扣除非经常性损益的净利润为基础计算的净资产收益率 | －21.84 | －1.34 | 1529.85 | 6.48 |
| 每股经营活动产生的现金流量净额 | 0.72 | －0.58 | 224.14 | 0.22 |
| | 2002 年末(本年末) | 2001 年末(上年末) | 本年末比上年末增减(%) | 2000 年末 |
| 每股净资产 | 2.64 | 3.22 | －18.01 | 3.24 |
| 调整后的每股净资产 | 2.17 | 2.63 | －17.49 | 2.89 |

## 000721 西安饮食服务(集团)股份有限公司

### 二〇〇二年年度报告摘选

#### 1.上市公司基本情况简介

1.1 基本情况简介

证券简称:西安饮食　证券代码:000721　上市交易所:深圳证券交易所

注册地址和办公地址:西安市东大街 298 号　邮政编码:710001

公司国际互联网网址:http://www.cninfo.com.cn　电子信箱:taoguangzhong@vip.sina.com

1.2 联系人和联系方式

董事会秘书:陶光仲　联系地址:陕西省西安市东大街 298 号

电话:029－7232416　传真:029－7232416、7251354　电子信箱:taoguangzhong@vip.sina.com

证券事务代表:邱敏鸥　联系地址:陕西省西安市东大街 298 号

电话:029－7284840、7210407－8303　传真:029－7251354　电子信箱:xcsg@cmmail.com

#### 2.会计数据和财务指标摘要

2.1 主要会计数据　单位:(人民币)元

| | 2002 年(本年) | 2001 年(上年) | 本年比上年增减(%) | 2000 年 |
|---|---|---|---|---|
| 主营业务收入 | 351,836,328.43 | 316,528,437.71 | 11.15% | 277,633,180.66 |
| 利润总额 | 26,774,411.86 | 27,839,613.77 | －3.83% | 4,533,871.17 |
| 净利润 | 17,073,022.33 | 22,398,313.59 | －23.78% | 3,291,408.69 |
| 扣除非经常性损益的净利润 | 20,164,023.76 | 22,392,897.90 | －9.95% | 3,291,408.69 |
| | 2002 年末(本年末) | 2001 年末(上年末) | 本年末比上年末增减(%) | 2000 年末 |
| 总资产 | 727,940,127.86 | 531,515,336.91 | 36.96% | 489,878,426.77 |
| 股东权益(不含少数股东权益) | 271,427,276.99 | 261,027,045.17 | 3.98% | 255,013,470.64 |
| 经营活动产生的现金流量净额 | 38,698,706.92 | 43,444,272.69 | －10.92% | 17,134,350.57 |

2.2 主要财务指标　单位:(人民币)元

| | 2002 年(本年) | 2001 年(上年) | 本年比上年增减(%) | 2000 年 |
|---|---|---|---|---|
| 每股收益 | 0.15 | 0.20 | －23.80% | 0.03 |
| 每股收益 * | 1,492.00 | －－ | －－ | －－ |
| 净资产收益率 | 6.29% | 8.58% | －26.69% | 1.29% |
| 扣除非经常性损益的净利润为基础计算的净资产收益率 | 7.43% | 8.59% | －13.50% | 1.29% |
| 每股经营活动产生的现金流量净额 | 0.34 | 0.38 | －10.93% | 0.15 |
| | 2002 年末(本年末) | 2001 年末(上年末) | 本年末比上年末增减(%) | 2000 年末 |
| 每股净资产 | 2.37 | 2.28 | 3.98% | 2.23 |
| 调整后的每股净资产 | 1.75 | 1.87 | －6.70% | 1.71 |

## 000888 峨眉山旅游股份有限公司

### 二〇〇二年年度报告摘选

#### 1.上市公司基本情况简介

1.1 基本情况简介

股票简称:峨眉山旅游股份有限公司　股票代码:000888　上市交易所:深圳证券交易所

注册地址和办公地址:四川省峨眉山市名山西路 168 号　邮政编码:614200

公司国际互联网网址:http://www.emeionline.com

(IP 地址:61.139.77.29)　电子信箱:emslygfy@ls－public.sc.cninfo.net

1.2 联系人和联系方式

董事会秘书:周栋良　联系地址:四川省峨眉山市名山西路 168 号

电话:0833－5528078　传真:0833－5526666　电子信箱:emslygfy@ls－public.sc.cninfo.net

证券事务代表:张华仙　联系地址:四川省峨眉山市名山西路 168 号

电话:0833－5528075　传真:0833－5526666　电子信箱:emslygfy@ls－public.sc.cninfo.net

#### 2.会计数据和业务数据摘要

2.1 主要财务数据

| | 2002 年(本年) | 2001 年(调整后) | 2002 年比 2001 年增减(%) | 2000 年(调整后) |
|---|---|---|---|---|
| 主营业务收入 | 172437993.11 | 151312605.09 | 13.96 | 126286554.32 |
| 利润总额 | 31078302.42 | 38506305.75 | －19.30 | 37940603.56 |
| 净利润 | 26554340.98 | 29220970.14 | －9.12 | 25843025.57 |
| 扣除非经常性损益的净利润 | 26268208.51 | 26057445.88 | 0.81 | 25187712.32 |
| | 2002 年(本年) | 2001 年(调整后) | 2002 年比 2001 年增减(%) | 2000 年(调整后) |
| 总资产 | 497883763.36 | 514931297.73 | －3.31 | 449933348.53 |
| 股东权益(不含少数股东权益) | 391846827.08 | 389024486.10 | 0.73 | 389187825.26 |
| 经营活动产生的现金流量净额 | 59060871.41 | 75652779.68 | －21.93 | 42012218.57 |

2.2 主要财务指标

| | 2002 年(本年) | 2001 年(调整后) | 2002 年比 2001 年增减(%) | 2000 年(调整后) |
|---|---|---|---|---|
| 每股收益 | 0.22 | 0.25 | －12 | 0.22 |
| 每股收益 | 0.22 | 0.25 | －12 | 0.22 |
| 净资产收益率 | 6.78 | 7.51 | －9.72 | 6.64 |
| 扣除非经常性损益的净利润为基础计算的净资产收益率 | 6.70 | 6.70 | | 6.47 |
| 每股经营活动产生的现金流量净额 | 0.50 | 0.64 | －21.88 | 0.35 |
| | 2002 年(本年) | 2001 年(调整后) | 2002 年比 2001 年增减(%) | 2000 年(调整后) |
| 每股净资产 | 3.30 | 3.28 | 0.61 | 3.28 |
| 调整后的每股净资产 | 3.15 | 3.12 | 0.96 | 3.23 |

# M.综合类(32 家)

## 000005 深圳世纪星源股份有限公司

### 二〇〇二年年度报告摘要

#### 1.上市公司基本情况简介

1.1 基本情况简介
证券简称:世纪星源 证券代码:000005 上市交易所:深圳证券交易所
注册地址和办公地址:深圳市人民南路发展中心大厦 13 楼 邮政编码:518001
电子信箱:xiaochun@sfc.com.cn
1.2 联系人和联系方式
董事会秘书:罗晓春 联系地址:深圳市人民南路发展中心大厦 13 楼
电话:0755-82208888 传真:0755-82207055 电子信箱:xiaochun@sfc.com.cn
证券事务代表:张永奇 联系地址:深圳市人民南路发展中心大厦 13 楼
电话:0755-82208888 传真:0755-82207055 电子信箱:zyq@sfc.com.cn

#### 2.会计数据和财务指标摘要

2.1 主要会计数据 单位:(人民币)元

| | 2002 年(本年) | 2001 年(上年) | 本年比上年增减(%) | 2000 年 |
|---|---|---|---|---|
| 主营业务收入 | 54,943,231.81 | 67,128,226.06 | -18.15% | 157,373,428.50 |
| 利润总额 | -123,646,363.42 | -90,948,708.94 | -- | -14,865,130.07 |
| 净利润 | -83,590,613.17 | -66,613,878.26 | -- | 9,676,654.61 |
| 扣除非经常性损益的净利润 | -76,720,242.48 | -52,443,176.89 | -- | 11,449,434.25 |
| | 2002 年末(本年末) | 2001 年末(上年末) | 本年末比上年末增减(%) | 2000 年末 |
| 总资产 | 1,820,548,815.53 | 1,924,315,014.20 | -5.39% | 1,991,279,338.09 |
| 股东权益(不含少数股东权益) | 973,060,997.10 | 1,079,698,654.10 | -9.88% | 770,553,128.04 |
| 经营活动产生的现金流量净额 | -32,980,013.51 | -31,541,226.77 | -- | 20,305,699.59 |

2.2 主要财务指标 单位:(人民币)元

| | 2002 年(本年) | 2001 年(上年) | 本年比上年增减(%) | 2000 年 |
|---|---|---|---|---|
| 每股收益 | -0.12 | -0.09 | -- | 0.02 |
| 每股收益* | -0.12 | -- | -- | -- |
| 净资产收益率 | -8.59% | -6.19% | -- | 1.26% |
| 扣除非经常性损益的净利润为基础计算的净资产收益率 | -7.39% | -4.77% | -- | 1.50% |
| 每股经营活动产生的现金流量净额 | -0.05 | -0.04 | -- | 0.04 |
| | 2002 年末(本年末) | 2001 年末(上年末) | 本年末比上年末增减(%) | 2000 年末 |
| 每股净资产 | 1.37 | 1.52 | -9.88% | 1.35 |
| 调整后的每股净资产 | 1.33 | 1.48 | -10.14% | 1.32 |

## 000009 中国宝安集团股份有限公司

### 二〇〇二年年度报告摘要

#### 1.上市公司基本情况简介

1.1 基本情况简介
证券简称:宝安集团 证券代码:000009 上市交易所:深圳证券交易所
注册地址和办公地址:深圳市笋岗东路宝安广场 A 座 28-29 层 邮政编码:518020
公司国际互联网网址:http://www.中国宝安集团.com;http://www.china000009.com
电子信箱:szzgbajt@public.szptt.net.cn
1.2 联系人和联系方式
董事局秘书:娄兵 联系地址:深圳市笋岗东路宝安广场 A 座 28-29 层
电话:0755-25170336 传真:0755-25170300,25170367 电子信箱:loubing@163.net
证券事务代表:孔东亮 联系地址:深圳市笋岗东路宝安广场 A 座 28-29 层
电话:0755-25170382 传真:0755-25170300,25170367 电子信箱:kdl2000@163.net

#### 2.会计数据和财务指标摘要

2.1 主要会计数据 单位:人民币 元

| | 2002 年(本年) | 2001 年(上年) | 本年比上年增减(%) | 2000 年 |
|---|---|---|---|---|
| 主营业务收入 | 1,018,547,723.76 | 849,414,725.37 | +19.91 | 644,126,777.94 |
| 利润总额 | 27,411,985.04 | 26,255,977.43 | +4.40 | 58,431,806.61 |
| 净利润 | 13,580,922.31 | 26,624,193.03 | -48.99 | 34,931,852.49 |
| 扣除非经常性损益的净利润 | 36,493,870.92 | 17,986,231.05 | +102.90 | 10,359,886.26 |
| | 2002 年末(本年末) | 2001 年末(上年末) | 本年末比上年末增减(%) | 2000 年末 |
| 总资产 | 4,110,437,177.16 | 4,010,987,714.66 | +2.48 | 4,568,545,807.08 |
| 股东权益(不含少数股东权益) | 1,141,524,993.32 | 1,149,385,563.46 | -0.68 | 1,155,569,871.93 |
| 经营活动产生的现金流量净额 | 99,430,276.58 | 240,861,504.23 | -58.72 | 141,177,901.45 |

2.2 主要财务指标 单位:(人民币)元

| | 2002 年(本年) | 2001 年(上年) | 本年比上年增减(%) | 2000 年 |
|---|---|---|---|---|
| 每股收益 | 1.19 | 1.20 | -0.83 | 1.21 |
| 每股收益* | 0.0142 | 0.028 | -49.28 | 0.036 |
| 净资产收益率 | 1.19% | 2.32% | -48.71 | 3.02% |
| 扣除非经常性损益的净利润为基础计算的净资产收益率 | 3.20% | 1.56% | +105.13 | 0.90% |
| 每股经营活动产生的现金流量净额 | 0.10 | 0.25 | -60.00 | 0.15 |
| | 2002 年末(本年末) | 2001 年末(上年末) | 本年末比上年末增减(%) | 2000 年末 |
| 每股净资产 | 1.19 | 1.20 | -0.83 | 1.21 |
| 调整后的每股净资产 | 1.08 | 1.13 | -4.42 | 1.18 |

## 000011 深圳市物业发展(集团)股份有限公司

### 二〇〇二年年度报告摘要

#### 1.上市公司基本情况简介

1.1 基本情况简介
股票简称:ST 深物业、ST 物业 B 股票代码:000011、200011
上市交易所:深圳证券交易所
注册地址和办公地址:深圳市人民南路国贸大厦 39 层、42 层 邮政编码:518014
电子信箱:SZPRD@163.COM
1.2 联系人和联系方式
董事会秘书:郭玉梅 联系地址:深圳市国贸大厦 42 层
电话:0755-82211020 传真:0755-82210610
证券事务代表:董巍 联系地址:深圳市国贸大厦 42 层
电话:0755-82211020 传真:0755-82212043

#### 2.会计数据和财务指标摘要

2.1 主要会计数据 单位:人民币元

| | 2002 年 | 2001 年 | 本年比上年增减(%) | 2000 年 |
|---|---|---|---|---|
| 主营业务收入 | 781,284,955.43 | 1,021,639,372.64 | -23.53 | 526,791,452.85 |
| 利润总额 | 44,508,865.86 | 105,881,181.71 | -57.96 | 12,841,534.93 |
| 净利润 | 34,622,176.84 | 86,206,309.75 | -59.84 | 5,392,916.15 |
| 扣除非经常性损益的净利润 | 35,892,303.95 | 82,422,278.91 | -56.45 | 3,292,203.80 |
| | 2002 年末 | 2001 年末 | 本年末比上年末增减(%) | 2000 年末 |
| 总资产 | 2,607,979,385.36 | 2,440,084,079.97 | 6.88 | 2,711,282,211.46 |
| 股东权益(不含少数股东权益) | 337,903,702.25 | 277,151,339.50 | 21.92 | 189,594,489.40 |
| 经营活动产生的现金流量净额 | -34,585,671.37 | 133,563,365.47 | - | 319,989,321.13 |

2.2 主要财务指标 单位:人民币元

| | 2002 年 | 2001 年 | 本年比上年增减(%) | 2000 年 |
|---|---|---|---|---|
| 每股收益 | 0.064 | 0.159 | -59.75 | 0.010 |
| 每股收益 | 0.064 | 0.159 | -59.75 | 0.010 |
| 净资产收益率 | 10.25% | 31.10% | -67.04 | 2.84% |
| 扣除非经常性损益的净利润为基础计算的净资产收益率 | 12.19% | 35.42% | -65.58 | 1.99% |
| 每股经营活动产生的现金流量净额 | -0.064 | 0.247 | - | 0.591 |
| | 2002 年末 | 2001 年末 | 本年末比上年末增减(%) | 2000 年末 |
| 每股净资产 | 0.624 | 0.512 | 21.88 | 0.350 |
| 调整后的每股净资产 | 0.146 | 0.076 | 92.11 | -0.092 |

## 000025 深圳市特力(集团)股份有限公司

### 二〇〇二年年度报告摘要

#### 1.上市公司基本情况简介

1.1 基本情况简介
证券简称:ST 特力 A、ST 特力 B 证券代码:000025、200025
上市交易所:深圳证券交易所
注册地址和办公地址:深圳市罗湖区水贝二路 56 号特力大厦 3 楼 邮政编码:518020
公司国际互联网网址:http://www.sdgtellus.com.cn
电子信箱:sztljtgf@public.szptt.net.cn
1.2 联系人和联系方式
董事会秘书:李春秀 联系地址: 深圳市罗湖区水贝二路 56 号特力大厦三楼
电话:(0755)25536888-360 传真:(0755)25536658 电子信箱:lcx3333@163.net
证券事务代表:李明俊 联系地址:深圳市罗湖区水贝二路 56 号特力大厦三楼
电话:(0755)25536888-351 传真:(0755)25536658 电子信箱:szlmj@163.net

#### 2.会计数据和财务指标摘要

2.1 主要会计数据 单位:(人民币)元

| | 2002 年(本年) | 2001 年(上年) | 本年比上年增减(%) | 2000 年 |
|---|---|---|---|---|
| 主营业务收入 | 1,289,321,184.23 | 703,244,863.19 | 83.34% | 152,909,343.66 |
| 利润总额 | -34,302,617.24 | 4,880,915.00 | -802.79% | -119,022,023.73 |
| 净利润 | -40,980,896.04 | 5,144,050.69 | -896.67% | -72,536,653.23 |
| 扣除非经常性损益的净利润 | -35,020,226.61 | -9,668,602.80 | -- | -64,632,952.19 |
| | 2002 年末(本年末) | 2001 年末(上年末) | 本年末比上年末增减(%) | 2000 年末 |
| 总资产 | 1,232,230,347.02 | 1,368,433,164.58 | -9.95% | 756,146,740.06 |
| 股东权益(不含少数股东权益) | 203,523,567.11 | 241,238,794.25 | -15.63% | 52,262,067.20 |
| 经营活动产生的现金流量净额 | 120,412,420.24 | 57,918,274.85 | 107.90% | 169,437.91 |

2.2 主要财务指标 单位:(人民币)元

| | 2002 年(本年) | 2001 年(上年) | 本年比上年增减(%) | 2000 年 |
|---|---|---|---|---|
| 每股收益 | -0.19 | 0.02 | -898.28% | -0.33 |
| 净资产收益率 | -20.14% | 2.13% | -1045.54% | -138.79% |
| 扣除非经常性损益的净利润为基础计算的净资产收益率 | -17.21% | -4.01% | - | -123.67% |
| 每股经营活动产生的现金流量净额 | 0.55 | 0.26 | 107.91% | 0.00 |
| | 2002 年末(本年末) | 2001 年末(上年末) | 本年末比上年末增减(%) | 2000 年末 |
| 每股净资产 | 0.92 | 1.10 | -15.63% | 0.24 |
| 调整后的每股净资产 | 0.04 | 0.17 | -76.47% | 0.01 |

## 000034 深圳市深信泰丰(集团)股份有限公司

### 二〇〇二年年度报告摘选

#### 1.上市公司基本情况简介

1.1 基本情况简介

证券简称:深信泰丰　证券代码:000034　上市交易所:深圳证券交易所
注册地址:深圳市宝安区宝城宝民一路102号
办公地址:深圳市宝安区宝城23区新安三路28号海关大厦19楼
邮政编码:518101　公司国际互联网网址:http://www.sxtf.com.cn
电子信箱:jtxzrsb@sxtf.com.cn

1.2 联系人和联系方式

董事会秘书:刘向阳　联系地址:深圳市宝安区宝城23区新安三路28号海关大厦19楼
电话:27849181　传真:27849232　电子信箱:jtxzrsb@sxtf.com.cn
证券事务代表:李莉琨　联系地址:深圳市宝安区宝城23区新安三路28号海关大厦19楼
电话:27849181　传真:27849232　电子信箱:jtxzrsb@sxtf.com.cn

#### 2.会计数据和财务指标摘要

2.1 主要会计数据　单位:(人民币)元

| 项目 | 2002年(本年) | 2001年(上年) | 本年比上年增减(%) | 2000年 |
|---|---|---|---|---|
| 主营业务收入 | 690,556,243.68 | 1,247,674,900.38 | -44.65% | 415,887,077.41 |
| 利润总额 | -98,590,201.37 | 46,834,817.08 | -310.51% | 273,879,696.02 |
| 净利润 | -96,152,596.61 | 43,614,361.42 | -320.46% | 271,479,290.97 |
| 扣除非经常性损益的净利润 | -88,427,405.86 | 39,498,571.33 | -323.87% | 263,876,360.42 |
| 项目 | 2002年末(本年末) | 2001年末(上年末) | 本年末比上年末增减(%) | 2000年末 |
| 总资产 | 1,517,775,214.22 | 1,454,132,863.14 | 4.38% | 1,368,965,915.26 |
| 股东权益(不含少数股东权益) | 313,887,131.09 | 362,410,519.11 | -13.39% | 289,033,091.59 |
| 经营活动产生的现金流量净额 | 40,397,420.56 | -62,344,037.00 | -- | 161,366,553.96 |

2.2 主要财务指标　单位:(人民币)元

| 项目 | 2002年(本年) | 2001年(上年) | 本年比上年增减(%) | 2000年 |
|---|---|---|---|---|
| 每股收益 | -0.31 | 0.14 | -320.71% | 0.87 |
| 净资产收益率 | -30.60% | 12.13% | -352.27% | 79.20% |
| 扣除非经常性损益的净利润为基础计算的净资产收益率 | -0.28% | 10.48% | -102.67% | 83.52% |
| 每股经营活动产生的现金流量净额 | 0.13 | -0.20 | -- | 0.52 |
| | 2002年末(本年末) | 2001年末(上年末) | 本年末比上年末增减(%) | 2000年末 |
| 每股净资产 | 1.01 | 1.16 | -13.39% | 1.10 |
| 调整后的每股净资产 | 0.87 | 1.01 | -13.86% | 0.89 |

## 000040 深圳市鸿基(集团)股份有限公司

### 二〇〇二年年度报告摘选

#### 1.上市公司基本情况简介

1.1 基本情况简介

证券简称:深鸿基A　证券代码:000040　上市交易所:深圳证券交易所
注册地址和办公地址:深圳市罗湖区东门中路1011号鸿基大厦25-27楼　邮政编码:518001
公司国际互联网网址:www.0040.com.cn　电子信箱:szhkxzx@public.szptt.net.cn

1.2 联系人和联系方式

董事会秘书:邓有高　联系地址:深圳市罗湖区东门中路1011号鸿基大厦27楼
电话:82367726　传真:82367780　电子信箱:yougaodeng@263.net
证券事务代表:沈蜀江　联系地址:深圳市罗湖区东门中路1011号鸿基大厦26楼
电话:82367726　传真:82367780　电子信箱:cheryl@0040.com.cn

#### 2.会计数据和财务指标摘要

2.1 主要会计数据　单位:(人民币)元

| | 2002年(本年) | 2001年(上年) | 本年比上年增减(%) | 2000年 |
|---|---|---|---|---|
| 主营业务收入 | 230,997,781.00 | 314,770,398.00 | -26.61% | 374,323,531.00 |
| 利润总额 | -243,532,805.00 | -140,651,007.00 | -- | 16,938,942.00 |
| 净利润 | -246,278,131.00 | -125,603,349.00 | - | 11,665,948.00 |
| 扣除非经常性损益的净利润 | -237,790,248.00 | -128,292,155.00 | - | 11,665,948.00 |
| | 2002年末(本年末) | 2001年末(上年末) | 本年末比上年末增减(%) | 2000年末 |
| 总资产 | 2,277,140,749.00 | 1,999,913,348.00 | 13.86% | 2,369,836,206.00 |
| 股东权益(不含少数股东权益) | 814,536,994.00 | 1,058,648,318.00 | -23.06% | 1,208,530,510.00 |
| 经营活动产生的现金流量净额 | -214,151,390.00 | 42,572,946.00 | -603.02% | 34,159,433.00 |

2.2 主要财务指标　单位:(人民币)元

| | 2002年(本年) | 2001年(上年) | 本年比上年增减(%) | 2000年 |
|---|---|---|---|---|
| 每股收益 | -0.52 | -0.27 | -- | 0.03 |
| 每股收益* | -0.52 | -- | -- | -- |
| 净资产收益率 | -30.24% | -11.86% | -- | 0.97% |
| 扣除非经常性损益的净利润为基础计算的净资产收益率 | -29.19% | -12.12% | -- | 0.97% |
| 每股经营活动产生的现金流量净额 | -0.46 | 0.09 | -601.10% | 0.07 |
| | 2002年末(本年末) | 2001年末(上年末) | 本年末比上年末增减(%) | 2000年末 |
| 每股净资产 | 1.73 | 2.25 | -23.07% | 2.57 |
| 调整后的每股净资产 | 1.58 | 2.18 | -27.56% | 2.42 |

## 000043 深圳市南光(集团)股份有限公司

### 二〇〇二年年度报告摘选

#### 1.上市公司基本情况简介

1.1 基本情况简介

证券简称:深南光A　证券代码:000043　上市交易所:深圳证券交易所
注册地址和办公地址:深圳市福田区深南中路68号航空大厦32层　邮政编码:518031
公司国际互联网网址:http://www.nan-guang.com.cn　电子信箱:sng@nan-guang.com.cn

1.2 联系人和联系方式

董事会秘书:霍无非　联系地址:深圳市福田区深南中路68号航空大厦32层
电话:(0755)83689888转13253　传真:(0755)83688903
电子信箱:szngjtgs@public.szptt.net.cn

#### 2.会计数据和财务指标摘要

2.1 主要会计数据　单位:(人民币)元

| | 2002年(本年) | 2001年(上年) | 本年比上年增减(%) | 2000年 |
|---|---|---|---|---|
| 主营业务收入 | 1,060,764,941.66 | 659,549,929.88 | 60.83% | 856,358,645.16 |
| 利润总额 | 38,474,158.36 | -142,069,495.14 | -- | 2,454,748.55 |
| 净利润 | 26,509,112.69 | -139,732,120.03 | -- | -15,757,071.58 |
| 扣除非经常性损益的净利润 | 25,855,106.52 | -138,318,700.00 | -- | -13,434,050.60 |
| | 2002年末(本年末) | 2001年末(上年末) | 本年末比上年末增减(%) | 2000年末 |
| 总资产 | 827,058,745.41 | 951,585,182.99 | -13.09% | 1,201,782,155.09 |
| 股东权益(不含少数股东权益) | 275,362,404.77 | 251,750,510.65 | 9.38% | 404,770,162.59 |
| 经营活动产生的现金流量净额 | 275,149,310.44 | 72,834,559.96 | 277.77% | 65,735,748.51 |

2.2 主要财务指标　单位:(人民币)元

| | 2002年(本年) | 2001年(上年) | 本年比上年增减(%) | 2000年 |
|---|---|---|---|---|
| 每股收益 | 0.19 | -1.00 | -- | -0.11 |
| 净资产收益率 | 9.63% | -55.50% | -- | -3.89% |
| 扣除非经常性损益的净利润为基础计算的净资产收益率 | 10.00% | -41.72% | -- | -3.32% |
| 每股经营活动产生的现金流量净额 | 1.97 | 0.52 | 277.75% | 0.47 |
| | 2002年末(本年末) | 2001年末(上年末) | 本年末比上年末增减(%) | 2000年末 |
| 每股净资产 | 1.98 | 1.81 | 9.38% | 2.91 |
| 调整后的每股净资产 | 1.34 | 1.22 | 9.19% | 1.93 |

## 000062 深圳华强实业股份有限公司

### 二〇〇二年年度报告摘选

#### 1.上市公司基本情况简介

1.1 基本情况简介

证券简称:深圳华强　证券代码:000062　上市交易所:深圳证券交易所
注册地址和办公地址:深圳市深南中路华强路口　邮政编码:518043
电子信箱:szhqsygf@public.szptt.net.cn

1.2 联系人和联系方式

董事会秘书:周红斌　联系地址:深圳市深南中路华强路口深圳华强实业股份有限公司
电话:0755-83216296　传真:0755-83368414　电子信箱:zhbin@szhq.com
证券事务代表:黄志敏　联系地址:深圳市深南中路华强路口深圳华强实业股份有限公司
电话:0755-83365354-419　传真:0755-83368414　电子信箱:hzmin@szhq.com

#### 2.会计数据和财务指标摘要

2.1 主要会计数据　单位:(人民币)元

| | 2002年(本年) | 2001年(上年) | 本年比上年增减(%) | 2000年 |
|---|---|---|---|---|
| 主营业务收入 | 355,627,917.98 | 286,420,091.00 | 24.16% | 468,814,876.97 |
| 利润总额 | 34,137,212.22 | 63,603,160.00 | -46.33% | 113,768,374.32 |
| 净利润 | 37,011,086.81 | 63,640,065.00 | -41.84% | 97,845,614.63 |
| 扣除非经常性损益的净利润 | 40,214,393.81 | 62,531,884.00 | -35.69% | 97,012,743.93 |
| | 2002年末(本年末) | 2001年末(上年末) | 本年末比上年末增减(%) | 2000年末 |
| 总资产 | 1,469,572,202.65 | 1,285,912,584.00 | 14.28% | 1,264,706,635.81 |
| 股东权益(不含少数股东权益) | 1,191,655,149.03 | 1,181,684,062.00 | 0.84% | 1,145,083,996.50 |
| 经营活动产生的现金流量净额 | -12,185,342.53 | 65,654,295.00 | -118.56% | 166,575,425.59 |

2.2 主要财务指标　单位:(人民币)元

| | 2002年(本年) | 2001年(上年) | 本年比上年增减(%) | 2000年 |
|---|---|---|---|---|
| 每股收益 | 0.137 | 0.235 | -41.70% | 0.36 |
| 每股收益* | 0.137 | -- | -- | -- |
| 净资产收益率 | 3.04% | 5.42% | -43.91% | 8.54% |
| 扣除非经常性损益的净利润为基础计算的净资产收益率 | 3.40% | 5.29% | -35.73% | 8.47% |
| 每股经营活动产生的现金流量净额 | -0.045 | 0.24 | -118.56% | 0.62 |
| | 2002年末(本年末) | 2001年末(上年末) | 本年末比上年末增减(%) | 2000年末 |
| 每股净资产 | 4.407 | 4.37 | 0.85% | 4.23 |
| 调整后的每股净资产 | 4.39 | 4.37 | 0.48% | 4.21 |

## 000412 长春北方五环实业股份有限公司

### 二〇〇二年年度报告摘选

#### 1.上市公司基本情况简介

1.1 基本情况简介

股票简称:ST五环 股票代码:000412 上市交易所:深圳证券交易所

注册地址:长春市南关区南岭大街38号 办公地址:长春市绿园区普阳街15号

邮政编码:130062 公司国际互联网网址:http://www.cninfo.com.cn

电子信箱:ccbfwh@mail.ji.cn

1.2 联系人和联系方式

董事会秘书:周刚 联系地址:长春市绿园区普阳街15号

电话:0431-7922218-8188 传真:0431-7828282 电子信箱:ccbfwh@mail.ji.cn

#### 2.会计数据和财务指标摘要

2.1 主要会计数据

| | 2002年(本年) | 2001年(上年) | 本年比上年增减(%) | 2000年 |
|---|---|---|---|---|
| 主营业务收入 | 464,210.61 | 7,829,334.12 | -94.07 | 17,331,327.74 |
| 利润总额 | -176,133,216.65 | -193,686,541.57 | -9.06 | -170,663,961.06 |
| 净利润 | -175,827,280.20 | -193,310,996.35 | -9.04 | -171,959,806.97 |
| 扣除非经常性损益的净利润 | -167,456,432.37 | -106,461,633.57 | 57.29 | -168,544,625.61 |
| | 2002年(本年) | 2001年(上年) | 本年末比上年末增减(%) | 2000年 |
| 总资产 | 360,333,662.98 | 588,716,245.02 | -38.79 | 714,345,634.33 |
| 股东权益(不含少数股东权益) | -27,663,368.37 | 147,082,001.49 | -118.81 | 338,222,238.61 |
| 经营活动产生的现金流量净额 | -7,226,651.98 | 6,809,411.23 | -206.13 | -49,696,691.48 |

2.2 主要财务指标

| | 2002年(本年) | 2001年(上年) | 本年比上年增减(%) | 2000年 |
|---|---|---|---|---|
| 每股收益 | -0.6085 | -0.6690 | -9.04 | -0.595 |
| 每股收益注2 | -0.6085 | -0.6690 | -9.04 | -0.595 |
| 净资产收益率 | 635.60% | -131.43% | -583.60 | -50.84% |
| 扣除非经常性损益的净利润为基础计算的净资产收益率 | 605.34% | -72.38% | -936.34 | -49.83 |
| 每股经营活动产生的现金流量净额 | -0.0250 | 0.0240 | -204.17 | -0.117 |
| | 2002年(本年) | 2001年(上年) | 本年末比上年末增减(%) | 2000年 |
| 每股净资产 | -0.0957 | 0.509 | -118.80 | 1.170 |
| 调整后的每股净资产 | -0.0957 | 0.3917 | -124.43 | 1.103 |

## 000504 北京赛迪传媒投资股份有限公司

### 二〇〇二年年度报告摘选

#### 1.上市公司基本情况简介

1.1 基本情况简介

股票简称:赛迪传媒 股票代码:000504 上市交易所:深圳证券交易所

注册地址:北京市昌平区超前路9号附楼403室

办公地址:北京市海淀区友谊宾馆苏园写字楼278室 邮政编码:100873

电子信箱:shenrui@ccidtv.com

1.2 联系人和联系方式

董事会秘书:刘旭黎 联系地址:北京市海淀区友谊宾馆苏园写字楼278室

电话:010-68710716 传真:010-68710711 电子信箱:liuxuli@ccidtv.com

证券事务代表:沈睿 联系地址:北京市海淀区友谊宾馆苏园写字楼278室

电话:010-68710712 传真:010-68710711 电子信箱:shenrui@ccidtv.com

#### 2会计数据和财务指标摘要

2.1 主要会计数据

| | 2002年 | 2001年 | 本年比上年增减(%) | 2000年 |
|---|---|---|---|---|
| 主营业务收入 | 249,512,873.95 | 252,194,250.14 | -1.06 | 4,772,396.09 |
| 利润总额 | 31,053,977.95 | 14,264,831.81 | 117.70 | 26,858,263.37 |
| 净利润 | 29,036,273.55 | 5,093,332.93 | 470.08 | 26,847,365.44 |
| 扣除非经常性损益的净利润 | 23,872,836.47 | 6,668,110.37 | 326.75 | 84,335,988.67 |
| | 2002年末 | 2001年末 | 本年末比上年末增减(%) | 2000年末 |
| 总资产 | 620,071,933.88 | 600,982,752.85 | 3.18 | 572,057,174.02 |
| 股东权益(不含少数股东权益) | 387,298,291.54 | 322,289,554.19 | 20.17 | 316,352,741.06 |
| 经营活动产生的现金流量净额 | 15,834,050.94 | 34,223,172.46 | -18,389,121.52 | -3,362,080.15 |

注:扣除非经常性损益后的净利润扣除项目和涉及金额:

①其他业务利润:1,829,183.01;②投资收益:2,747,948.51元;③营业外收支净额:574,339.24。

2.2 主要财务指标

| | 2002年 | 2001年 | 本年比上年增减(%) | 2000年 |
|---|---|---|---|---|
| 每股收益 | 0.09 | 0.02 | 350.00 | 0.09 |
| 净资产收益率(%) | 7.50 | 1.58% | 374.68 | 8.49% |
| 扣除非经常性损益的净利润为基础计算的净资产收益率 | 6.16 | 2.07 | ·4.10 | 11.79 |
| 每股经营活动产生的现金流量净额 | 0.05 | -0.06 | 4.97 | -0.01 |
| | 2002年末 | 2001年末 | 本年末比上年末增减(%) | 2000年末 |
| 每股净资产 | 1.24 | 1.03 | 20.39 | 1.02 |
| 调整后的每股净资产 | 1.24 | 0.99 | 25.25 | 0.97 |

## 000503 海虹企业(控股)股份有限公司

### 二〇〇二年年度报告摘选

#### 1.上市公司基本情况简介

1.1 基本情况简介

证券简称:海虹控股 股票代码:000503 上市交易所:深圳证券交易所

注册地址和办公地址:海口市滨海大道文华大酒店七层 邮政编码:570105

公司国际互联网网址:http://www.searainbow.com 电子信箱:haihong@citas.com

1.2 联系人和联系方式

董事会秘书:上官永强 联系地址:海口市滨海大道文华大酒店七层

电话:0898-68510496 传真:0898-68510669 电子信箱:haihong@citas.com

证券事务代表:苗亚良 联系地址:海口市滨海大道文华大酒店七层

电话:0898-68510496 传真:0898-68510669 电子信箱:haihong@citas.com

#### 2.会计数据和财务指标摘要

2.1 主要会计数据 单位:(人民币)元

| | 2002年(本年) | 2001年(上年) | 本年比上年增减(%) | 2000年 |
|---|---|---|---|---|
| 主营业务收入 | 342,121,188.73 | 339,651,353.37 | 0.73% | 385,422,700.78 |
| 利润总额 | 106,981,202.45 | 111,571,262.49 | -4.11% | 84,738,940.30 |
| 净利润 | 93,877,944.37 | 92,656,062.33 | 1.32% | 73,509,000.23 |
| 扣除非经常性损益的净利润 | 74,645,825.83 | 72,402,018.49 | 3.10% | 74,409,112.44 |
| | 2002年末(本年末) | 2001年末(上年末) | 本年末比上年末增减(%) | 2000年末 |
| 总资产 | 1,026,024,020.97 | 936,814,567.80 | 9.52% | 837,850,387.53 |
| 股东权益(不含少数股东权益) | 532,133,587.57 | 438,225,631.25 | 21.43% | 345,787,132.75 |
| 经营活动产生的现金流量净额 | 50,006,754.71 | 1,063,827.16 | 4600.65% | 222,542,142.22 |

2.2 主要财务指标 单位:(人民币)元

| | 2002年(本年) | 2001年(上年) | 本年比上年增减(%) | 2000年 |
|---|---|---|---|---|
| 每股收益 | 0.27 | 0.27 | 1.33% | 0.21 |
| 每股收益* | 0.27 | -- | -- | -- |
| 净资产收益率 | 17.64% | 21.14% | -16.56% | 21.25% |
| 扣除非经常性损益的净利润为基础计算的净资产收益率 | 14.03% | 16.52% | -15.07% | 16.63% |
| 每股经营活动产生的现金流量净额 | 0.15 | 0.00 | 4612.90% | 0.51 |
| | 2002年末(本年末) | 2001年末(上年末) | 本年末比上年末增减(%) | 2000年末 |
| 每股净资产 | 1.55 | 1.28 | 21.42% | 1.01 |
| 调整后的每股净资产 | 1.55 | 1.25 | 24.07% | 0.95 |

## 000507 珠海经济特区富华集团股份有限公司

### 二〇〇二年年度报告摘选

#### 1.上市公司基本情况简介

1.1 基本情况简介

证券简称:粤富华 证券代码:000507 上市交易所:深圳证券交易所

注册地址:广东省珠海市北岭工业区

办公地址:广东省珠海市北岭工业区富华集团股份有限公司 邮政编码:519070

公司国际互联网网址:http://www.cninfo.com.cn 电子信箱:zhfuhua0507@yahoo.com.cn

1.2 联系人和联系方式

董事会秘书:薛楠 联系地址:珠海市拱北北岭工业区富华集团股份有限公司

电话:0756-8886218 传真:0756-8888148 电子信箱:zhfuhua0507@yahoo.com.cn

证券事务代表:张金萍 联系地址:珠海市拱北北岭工业区富华集团股份有限公司

电话:0756-8886218 传真:0756-8888148 电子信箱:zhfuhua0507@yahoo.com.cn

#### 2.会计数据和财务指标摘要

2.1 主要会计数据 单位:(人民币)元

| | 2002年(本年) | 2001年(上年) | 本年比上年增减(%) | 2000年 |
|---|---|---|---|---|
| 主营业务收入 | 110,875,615.54 | 171,507,819.89 | -35.35% | 209,589,198.33 |
| 利润总额 | 23,612,740.99 | 33,106,096.11 | -28.68% | 60,783,851.05 |
| 净利润 | 19,005,231.63 | 26,894,392.26 | -29.33% | 50,551,095.26 |
| 扣除非经常性损益的净利润 | 17,618,654.16 | 28,087,870.62 | -37.27% | 54,681,873.31 |
| | 2002年末(本年末) | 2001年末(上年末) | 本年末比上年末增减(%) | 2000年末 |
| 总资产 | 1,130,712,170.57 | 1,306,539,779.92 | -13.46% | 1,133,731,277.25 |
| 股东权益(不含少数股东权益) | 957,324,131.14 | 938,318,899.51 | 2.03% | 911,180,408.58 |
| 经营活动产生的现金流量净额 | 10,727,897.68 | 3,885,973.52 | 176.07% | 82,366,817.09 |

2.2 主要财务指标 单位:(人民币)元

| | 2002年(本年) | 2001年(上年) | 本年比上年增减(%) | 2000年 |
|---|---|---|---|---|
| 每股收益 | 0.06 | 0.08 | -29.49% | 0.15 |
| 每股收益* | 0.06 | -- | -- | -- |
| 净资产收益率 | 1.99% | 2.87% | -30.66% | 5.55% |
| 扣除非经常性损益的净利润为基础计算的净资产收益率 | 1.84% | 2.99% | -38.46% | 6.00% |
| 每股经营活动产生的现金流量净额 | 0.03 | 0.01 | 181.82% | 0.24 |
| | 2002年末(本年末) | 2001年末(上年末) | 本年末比上年末增减(%) | 2000年末 |
| 每股净资产 | 2.78 | 2.72 | 2.02% | 2.64 |
| 调整后的每股净资产 | 2.73 | 2.67 | 2.40% | 2.60 |

# 000526 厦门好时光实业股份有限公司

## 二〇〇二年年度报告摘选

### 1.上市公司基本情况简介

1.1 基本情况简介

证券简称:好时光 证券代码:000526 上市交易所:深圳证券交易所

注册地址和办公地址:厦门市湖里区寨上长乐路1号 邮政编码:361006

公司国际互联网网址:http://www.gdsunrise.com 电子信箱:caoyuou@21cn.com

1.2 联系人和联系方式

董事会秘书:叶丽璇 联系地址:厦门市湖里区寨上长乐路1号

电话:0592－5744065 传真:0592－5652638 电子信箱:ziye1999@hotmail.com

### 2.会计数据和财务指标摘要

2.1 主要会计数据 单位:(人民币)元

| | 2002年(本年) | 2001年(上年) | 本年比上年增减(%) | 2000年 |
|---|---|---|---|---|
| 主营业务收入 | 9,150,146.03 | 163,953,430.93 | －94.42% | 86,625,804.19 |
| 利润总额 | 8,097,944.20 | 17,572,443.83 | －53.92% | 19,654,297.27 |
| 净利润 | 6,793,668.09 | 15,301,991.60 | －55.60% | 13,690,932.29 |
| 扣除非经常性损益的净利润 | 1,395,817.47 | 12,745,021.87 | －89.05% | 13,690,932.29 |
| | 2002年末(本年末) | 2001年末(上年末) | 本年末比上年末增减(%) | 2000年末 |
| 总资产 | 229,609,034.40 | 460,447,775.98 | －50.13% | 229,445,135.39 |
| 股东权益(不含少数股东权益) | 164,213,819.62 | 157,420,151.53 | 4.32% | 142,118,159.93 |
| 经营活动产生的现金流量净额 | －40,279,274.58 | 13,751,592.57 | －392.91% | 16,432,246.74 |

2.2 主要财务指标 单位:(人民币)元

| | 2002年(本年) | 2001年(上年) | 本年比上年增减(%) | 2000年 |
|---|---|---|---|---|
| 每股收益 | 0.09 | 0.19 | －55.44% | 0.17 |
| 每股收益* | 0.09 | －－ | －－ | －－ |
| 净资产收益率 | 4.14% | 9.72% | －57.41% | 9.63% |
| 扣除非经常性损益的净利润为基础计算的净资产收益率 | 0.85% | 8.10% | －89.51% | 9.63% |
| 每股经营活动产生的现金流量净额 | －0.51 | 0.17 | －391.95% | 0.21 |
| | 2002年末(本年末) | 2001年末(上年末) | 本年末比上年末增减(%) | 2000年末 |
| 每股净资产 | 2.07 | 1.99 | 4.33% | 1.79 |
| 调整后的每股净资产 | 2.04 | 1.99 | 2.77% | 1.79 |

# 000540 世纪中天投资股份有限公司

## 二〇〇二年年度报告摘选

### 1.上市公司基本情况简介

1.1 基本情况简介

证券简称:世纪中天 证券代码:000540 上市交易所:深圳证券交易所

注册地址和办公地址:贵阳市云岩区吉祥路1号宅吉大厦五楼 邮政编码:550004

公司国际互联网网址:http://www.gz－info.gov.cn/qiye/zhong

电子信箱:ztqy@public.gz.cn

1.2 联系人和联系方式

董事会秘书:赵虹 联系地址:贵阳市云岩区吉祥路1号宅吉大厦五楼

电话:0851－6809072 传真:010－68943813 电子信箱:bzmsc@public2.bta.net.cn

证券事务代表:何要求 联系地址:贵阳市云岩区吉祥路1号宅吉大厦五楼

电话:0851－6809072 传真:0851－6809115 电子信箱:ztqyd@public.gz.cn

### 2.会计数据和财务指标摘要

2.1 主要会计数据 单位:(人民币)元

| | 2002年(本年) | 2001年(上年) | 本年比上年增减(%) | 2000年 |
|---|---|---|---|---|
| 主营业务收入 | 175,432,218.85 | 204,012,762.95 | －14.01% | 214,168,300.76 |
| 利润总额 | 8,804,443.07 | 45,405,463.59 | －80.61% | 271,379,926.40 |
| 净利润 | 6,973,460.98 | 40,868,624.43 | －82.94% | 229,477,611.99 |
| 扣除非经常性损益的净利润 | 5,341,084.43 | 4,735,042.70 | 12.80% | 34,102,516.68 |
| | 2002年末(本年末) | 2001年末(上年末) | 本年末比上年末增减(%) | 2000年末 |
| 总资产 | 1,225,277,254.10 | 1,101,776,184.39 | 11.21% | 1,082,508,597.83 |
| 股东权益(不含少数股东权益) | 477,517,793.00 | 470,544,332.02 | 1.48% | 433,812,693.06 |
| 经营活动产生的现金流量净额 | －117,384,001.59 | －147,723,891.03 | －－ | 11,447,958.13 |

2.2 主要财务指标 单位:(人民币)元

| | 2002年(本年) | 2001年(上年) | 本年比上年增减(%) | 2000年 |
|---|---|---|---|---|
| 每股收益 | 0.02 | 0.13 | －82.96% | 1.19 |
| 每股收益* | 0.02 | －－ | －－ | －－ |
| 净资产收益率 | 1.46% | 8.69% | －83.20% | 52.89% |
| 扣除非经常性损益的净利润为基础计算的净资产收益率 | 1.11% | 0.01% | 11000.00% | 7.89% |
| 每股经营活动产生的现金流量净额 | －0.36 | －0.45 | －－ | 0.06 |
| | 2002年末(本年末) | 2001年末(上年末) | 本年末比上年末增减(%) | 2000年末 |
| 每股净资产 | 1.46 | 1.44 | 1.47% | 2.26 |
| 调整后的每股净资产 | 1.38 | 1.37 | 0.80 | 2.07 |

# 000567 海南海德纺织实业股份有限公司

## 二〇〇二年年度报告摘选

### 1.上市公司基本情况简介

1.1 基本情况简介

股票简称:ST琼海德 股票代码:000567 上市交易所:深圳证券交易所

注册地址和办公地址:海口市海德路5号、海口市滨海大道67号黄金海景大酒店11楼

邮政编码:570106 电子信箱:hdicoltd@public.hk.hi.cn

1.2 联系人和联系方式

董事会秘书:姚谨 联系地址:海口市滨海大道67号黄金海景大酒店11楼

电话:0898－68535693 传真:0898－68535942 电子信箱:yaojin@hainan.net

证券事务代表:陈金海 联系地址:海口市滨海大道67号黄金海景大酒店11楼

电话:0898－68535942 传真:0898－68535942 电子信箱:cjh@hainan.net

### 2.会计数据和财务指标摘要

2.1 主要会计数据

| | 2002年 | 2001年 | 本年比上年增减(%) | 2000年 |
|---|---|---|---|---|
| 主营业务收入 | 8,299,726.48 | 12,202,943.89 | －31.99 | 9,430,586.54 |
| 利润总额 | 436,343.08 | －117,713,792.62 | / | －42,739,515.67 |
| 净利润 | 12,219,410.24 | －89,084,660.26 | / | －41,270,326.35 |
| 扣除非经常性损益的净利润 | －13,837,339.19 | －75,045,610.36 | / | －71,911,300.00 |
| | 2002年末 | 2001年末 | 本年末比上年末增减(%) | 2000年末 |
| 总资产 | 225,011,669.27 | 311,001,902.94 | －27.65 | 425,145,728.97 |
| 股东权益(不含少数股东权益) | 62,564,220.45 | 38,672,508.87 | 61.78 | 156,261,044.30 |
| 经营活动产生的现金流量净额 | 4,010,197.69 | 725,518.57 | 452.74 | －3,555,060.58 |

2.2 主要财务指标

| | 2002年 | 2001年 | 本年比上年增减(%) | 2000年 |
|---|---|---|---|---|
| 每股收益 | 0.081 | －0.589 | / | －0.27 |
| 净资产收益率 | 19.53 | －230.36 | / | －26.21 |
| 扣除非经常性损益的净利润为基础计算的净资产收益率 | －22.10 | －194.10 | / | －47.28 |
| 每股经营活动产生的现金流量净额 | 0.027 | 0.0048 | 562.50 | －0.02 |
| | 2002年末 | 2001年末 | 本年末比上年末增减(%) | 2000年末 |
| 每股净资产 | 0.414 | 0.256 | 61.72 | 1.03 |
| 调整后的每股净资产 | 0.318 | 0.106 | 200 | 1.01 |

# 000572 海南金盘实业股份有限公司

## 二〇〇二年年度报告摘选

### 1.上市公司基本情况简介

1.1 基本情况简介

证券简称:ST金盘 证券代码:000572 上市交易所:深圳证券交易所

注册地址和办公地址:海口市金盘工业区金盘路12－8 邮政编码:570216

电子信箱:jinpan@hi.com.cn

1.2 联系人和联系方式

董事会秘书:章黔 联系地址:海口市金盘工业区金盘路12－8

电话:0898－66822672 传真:0898－66816370 电子信箱:zanqian@21cn.com

### 2.会计数据和财务指标摘要

2.1 主要会计数据 单位:(人民币)元

| | 2002年(本年) | 2001年(上年) | 本年比上年增减 | 2000年 |
|---|---|---|---|---|
| 主营业务收入 | 36,645,994.35 | 70,926,440.00 | －48.33% | 34,896,554.94 |
| 利润总额 | －45,845,525.47 | －153,616,163.23 | 70.16% | 1,495,359.15 |
| 净利润 | －45,930,827.02 | －128,368,206.97 | 64.22% | 5,414,143.83 |
| 扣除非经常性损益后的净利润 | －47,000,965.47 | －87,534,005.83 | 46.31% | －14,966,238.28 |
| | 2002年末(本年末) | 2001年末(上年末) | 本年末比上年末增减(%) | 2000年末 |
| 总资产 | 719,693,781.04 | 735,998,528.97 | －2.22% | 868,517,161.00 |
| 股东权益(不含少数股东权益) | 5,078,360.25 | 50,923,885.72 | －90.03% | 204,544,986.15 |
| 经营活动产生的现金流量净额 | －21,249,996.94 | 11,522,064.20 | －284.43% | 34,273,437.68 |

2.2 主要财务指标 单位:(人民币)元

| | 2002年(本年) | 2001年(上年) | 本年比上年增减 | 2000年 |
|---|---|---|---|---|
| 每股收益 | －0.21 | －0.59 | 64.41% | 0.025 |
| 净资产收益率 | －904.40% | －252.10% | －258.75% | 2.65% |
| 扣除非经常性损益的净利润为基础计算的净资产收益率 | －925.50% | －171.89% | 438.43% | －7.32% |
| 每股经营活动产生的现金流量净额 | －0.10 | 0.05 | －284.91% | 0.16 |
| | 2002年末(本年末) | 2001年末(上年末) | 本年末比上年末增减(%) | 2000年末 |
| 每股净资产 | 0.02 | 0.24 | －89.83% | 0.95 |
| 调整后的每股净资产 | －0.04 | 0.08 | －150.00% | 0.73 |

## 000573 东莞宏远工业区股份有限公司

### 二〇〇二年年度报告摘选

#### 1.上市公司基本情况简介

1.1 基本情况简介
股票简称:粤宏远A 股票代码:000573 上市交易所:深圳证券交易所
注册地址:广东省东莞市宏远工业区
办公地址:广东省东莞市宏远工业区宏远大厦16楼 邮政编码:523087
公司国际互联网网址:www.winnerway.com.cn 电子信箱:0573@21cn.com

1.2 联系人和联系方式
董事会秘书:李军印 联系地址:广东省东莞市宏远工业区宏远大厦16楼
电话:(0769)2412655 传真:(0769)2412655 电子信箱:lijunyin@163.net
证券事务代表:吴荔 联系地址:广东省东莞市宏远工业区宏远大厦16楼
电话:(0769)2412655 传真:(0769)2412655 电子信箱:0573@21cn.com

#### 2.会计数据和财务指标摘要

2.1 主要会计数据

| | 2002年 | 2001年 | 本年比上年增减(%) | 2000年 |
|---|---|---|---|---|
| 主营业务收入 | 268,186,730.45 | 244,253,085.63 | 9.80 | 186,707,043.75 |
| 利润总额 | -5,044,216.72 | -6,565,163.72 | 0 | 3,796,882.02 |
| 净利润 | 11,159,520.13 | 3,998,545.20 | 179.09 | 6,914,640.53 |
| 扣除非经常性损益的净利润 | 5,681,320.32 | 2,950,688.57 | 92.54 | -2,797,959.96 |
| | 2002年 | 2001年 | 本年末比上年末增减(%) | 2000年 |
| 总资产 | 2,160,061,070.57 | 2,260,446,925.65 | -4.44 | 2,205,680,750.66 |
| 股东权益(不含少数股东权益) | 1,360,678,436.49 | 1,348,311,002.23 | 0.92 | 1,352,864,398.04 |
| 经营活动产生的现金流量净额 | 88,607,438.27 | 50,315,980.60 | 76.10 | 78,096,699.40 |

2.2 主要财务指标

| | 2002年 | 2001年 | 本年比上年增减(%) | 2000年 |
|---|---|---|---|---|
| 每股收益 | 0.0250 | 0.0090 | 177.78 | 0.0153 |
| 净资产收益率 | 0.82% | 0.30% | 173.33 | 0.51% |
| 扣除非经常性损益的净利润为基础计算的净资产收益率 | 0.42% | 0.22% | 90.91 | -0.21% |
| 每股经营活动产生的现金流量净额 | 0.20 | 0.11 | 78.45 | 0.17 |
| | 2002年末 | 2001年末 | 本年末比上年末增减(%) | 2000年末 |
| 每股净资产 | 3.015 | 2.988 | 0.90 | 2.998 |
| 调整后的每股净资产 | 2.92 | 2.86 | 2.10 | 2.836 |

## 000584 成都蜀都大厦股份有限公司

### 二〇〇二年年度报告摘选

#### 1.上市公司基本情况简介

1.1 基本情况简介
证券简称:蜀都A 证券代码:000584 上市交易所:深圳证券交易所
注册地址:四川省成都市蜀都大道署袜北三街20号
办公地址:四川省成都市蜀都大道署袜北三街20号 邮政编码:610016
公司国际互联网网址:http://www.cninfo.com.cn 电子信箱:sddm@mail.sc.cninfo.net

1.2 联系人和联系方式
董事会秘书:罗亦弟 联系地址:成都市蜀都大道署袜北三街20号
电话:028-86752215 传真:028-86741677 电子信箱:sddm@mail.sc.cninfo.net
证券事务代表:崔益民 联系地址:成都市蜀都大道署袜北三街20号
电话:028-86757539 传真:028-86741677 电子信箱:sddm@mail.sc.cninfo.net

#### 2.会计数据和财务指标摘要

2.1 主要会计数据

单位:(人民币)元

| | 2002年(本年) | 2001年(上年) | 本年比上年增减(%) | 2000年 |
|---|---|---|---|---|
| 主营业务收入 | 97,927,462.85 | 117,726,056.30 | -16.82% | 137,894,532.53 |
| 利润总额 | 16,597,977.51 | 17,934,250.66 | -7.45% | 18,938,604.68 |
| 净利润 | 15,558,079.30 | 17,612,015.87 | -11.66% | 18,906,723.51 |
| 扣除非经常性损益的净利润 | 12,236,818.19 | 15,487,948.84 | -20.99% | 5,976,856.11 |
| | 2002年末(本年末) | 2001年末(上年末) | 本年末比上年末增减(%) | 2000年末 |
| 总资产 | 766,222,132.55 | 754,798,890.40 | 1.51% | 674,593,200.31 |
| 股东权益(不含少数股东权益) | 297,248,387.51 | 287,884,875.67 | 3.25% | 277,554,017.42 |
| 经营活动产生的现金流量净额 | 28,851,777.83 | 17,627,343.08 | 63.68% | 9,753,429.39 |

2.2 主要财务指标

单位:(人民币)元

| | 2002年(本年) | 2001年(上年) | 本年比上年增减(%) | 2000年 |
|---|---|---|---|---|
| 每股收益 | 0.08 | 0.09 | -11.71% | 0.09 |
| 每股收益* | 0.08 | -- | -- | -- |
| 净资产收益率 | 5.23% | 6.12% | -14.54% | 6.81% |
| 扣除非经常性损益的净利润为基础计算的净资产收益率 | 4.12% | 5.38% | -23.42% | 3.55% |
| 每股经营活动产生的现金流量净额 | 0.14 | 0.09 | 64.37% | 0.05 |
| | 2002年末(本年末) | 2001年末(上年末) | 本年末比上年末增减(%) | 2000年末 |
| 每股净资产 | 1.47 | 1.42 | 3.23% | 1.37 |
| 调整后的每股净资产 | 1.45 | 1.27 | 14.17% | 1.19 |

## 000600 石家庄国际大厦(集团)股份有限公司

### 二〇〇二年年度报告摘选

#### 1.上市公司基本情况简介

1.1 基本情况简介
证券简称:国际大厦 证券代码:000600 上市交易所:深圳证券交易所
注册地址:中国河北省石家庄市中山东路301号 办公地址:中国河北省石家庄市广安街1号
邮政编码:050011 电子信箱:jphan0600@163.com

1.2 联系人和联系方式
董事会秘书:韩金平 联系地址:中国河北省石家庄市广安街1号
电话:0311-6672224 传真:0311-6672224 电子信箱:jphan0600@163.com
证券事务代表:赵辉 联系地址:中国河北省石家庄市广安街1号
电话:0311-6672224 传真:0311-6672224 电子信箱:jphan0600@163.com

#### 2.会计数据和财务指标摘要

2.1 主要会计数据 单位:(人民币)元

| | 2002年(本年) | 2001年(上年) | 本年比上年增减(%) | 2000年 |
|---|---|---|---|---|
| 主营业务收入 | 167,774,393.65 | 162,013,655.28 | 3.56% | 132,346,081.06 |
| 利润总额 | -14,922,441.03 | -1,817,742.26 | -- | 1,609,017.44 |
| 净利润 | -11,921,637.11 | 2,015,728.45 | -691.43% | 3,737,208.03 |
| 扣除非经常性损益的净利润 | -16,485,253.50 | 1,319,225.80 | -1349.62% | -8,295,952.58 |
| | 2002年末(本年末) | 2001年末(上年末) | 本年末比上年末增减(%) | 2000年末 |
| 总资产 | 538,558,686.02 | 581,310,669.49 | -7.35% | 668,243,546.46 |
| 股东权益(不含少数股东权益) | 292,483,509.37 | 304,572,303.80 | -3.97% | 304,955,854.91 |
| 经营活动产生的现金流量净额 | 18,144,652.98 | 119,128,065.17 | -84.77% | -18,269,321.23 |

2.2 主要财务指标 单位:(人民币)元

| | 2002年(本年) | 2001年(上年) | 本年比上年增减(%) | 2000年 |
|---|---|---|---|---|
| 每股收益 | -0.08 | 0.01 | -691.60% | 0.02 |
| 每股收益* | -0.08 | -- | -- | -- |
| 净资产收益率 | -4.08% | 0.66% | -718.18% | 1.07% |
| 扣除非经常性损益的净利润为基础计算的净资产收益率 | -5.64% | 0.43% | -1411.63% | -2.72% |
| 每股经营活动产生的现金流量净额 | 0.12 | 0.00 | -- | -0.13 |
| | 2002年末(本年末) | 2001年末(上年末) | 本年末比上年末增减(%) | 2000年末 |
| 每股净资产 | 1.90 | 1.98 | -3.97% | 1.98 |
| 调整后的每股净资产 | 1.39 | 1.91 | -27.24% | 1.92 |

## 000632 福建三木集团股份有限公司

### 二〇〇二年年度报告摘选

#### 1.上市公司基本情况简介

1.1 基本情况简介
证券简称:三木集团 证券代码:000632 上市交易所:深圳证券交易所
注册地址:福建省福州市开发区君竹路162号
办公地址:福建省福州市群众东路93号三木大厦 邮政编码:350005
公司国际互联网网址:http://www.san-mu.com 电子信箱:wsh@san-mu.com

1.2 联系人和联系方式
董事会秘书:彭东明 联系地址:福建省福州市群众东路93号三木大厦
电话:0591-3341509 传真:0591-3341504 电子信箱:fd8825@yahoo.com

#### 2.会计数据和财务指标摘要

2.1 主要会计数据 单位:(人民币)元

| | 2002年(本年) | 2001年(上年) | 本年比上年增减(%) | 2000年 |
|---|---|---|---|---|
| 主营业务收入 | 1,673,996,155.00 | 1,090,152,738.58 | 53.56% | 866,281,758.58 |
| 利润总额 | 150,117,271.51 | 99,667,012.05 | 50.62% | 35,446,943.06 |
| 净利润 | 28,354,217.39 | 33,058,777.83 | -14.23% | 31,457,452.35 |
| 扣除非经常性损益的净利润 | -3,686,129.31 | 3,503,204.44 | -205.22% | 826,961.58 |
| | 2002年末(本年末) | 2001年末(上年末) | 本年末比上年末增减(%) | 2000年末 |
| 总资产 | 2,779,078,589.55 | 1,983,610,710.03 | 40.10% | 1,430,252,924.19 |
| 股东权益(不含少数股东权益) | 700,153,393.59 | 671,799,176.20 | 4.22% | 514,973,636.27 |
| 经营活动产生的现金流量净额 | -216,581,558.63 | -109,665,078.22 | -- | -81,397,907.84 |

2.2 主要财务指标 单位:(人民币)元

| | 2002年(本年) | 2001年(上年) | 本年比上年增减(%) | 2000年 |
|---|---|---|---|---|
| 每股收益 | 0.13 | 0.19 | -28.56% | 0.19 |
| 每股收益* | 0.13 | - | - | - |
| 净资产收益率 | 4.05% | 4.92% | -17.68% | 6.11% |
| 扣除非经常性损益的净利润为基础计算的净资产收益率 | 4.58% | 4.40% | 4.09% | 5.97% |
| 每股经营活动产生的现金流量净额 | -1.03 | -0.62 | - | -0.50 |
| | 2002年末(本年末) | 2001年末(上年末) | 本年末比上年末增减(%) | 2000年末 |
| 每股净资产 | 3.32 | 3.83 | -13.16% | 3.16 |
| 调整后的每股净资产 | 3.26 | 3.77 | -13.53% | 3.14 |

## 000633 沈阳合金投资股份有限公司

### 二〇〇二年年度报告摘选

#### 1.上市公司基本情况简介

1.1 基本情况简介

股票简称:合金投资　股票代码:000633　上市交易所:深圳证券交易所

注册地址:沈阳市浑南产业区第 22 号

办公地址:沈阳市沈河区小西路 87 号甲东大智慧大厦 11、12 层　邮政编码:110013

公司国际互联网网址:http://www.hjinv.com　电子信箱:syhjzb@sina.com

1.2 联系人和联系方式

董事会秘书:任穗欣　联系地址:沈阳市沈河区小西路 87 号甲东大智慧大厦 11、12 层

电话:024－22782116　传真:024－22782122　电子信箱:syhjzb@sina.com

证券事务代表:王端　联系地址:沈阳市沈河区小西路 87 号甲东大智慧大厦 11、12 层

电话:024－22782108　传真:024－22782122　电子信箱:wduan@vip.sina.com

#### 2.会计数据和财务指标摘要

2.1 主要会计数据　　单位:人民币元

| | 2002 年 | 2001 年 | 本年比上年增减(%) | 2000 年 |
|---|---|---|---|---|
| 主营业务收入 | 948,540,618.19 | 750,167,996.65 | 26.44 | 843,574,952.71 |
| 利润总额 | 59,747,798.54 | 39,359,071.83 | 51.80 | 76,835,117.29 |
| 净利润 | 39,038,999.13 | 21,791,589.88 | 79.15 | 44,217,534.13 |
| 扣除非经常性损益的净利润 | 18,405,586.15 | 21,350,265.88 | －13.79 | 30,154,928.84 |
| | 2002 年末 | 2001 年末 | 本年末比上年末增减(%) | 2000 年末 |
| 总资产 | 1,796,432,106.11 | 1,431,695,136.80 | 25.48 | 1,390,860,908.98 |
| 股东权益(不含少数股东权益) | 472,108,191.32 | 434,309,999.77 | 8.70 | 413,833,156.59 |
| 经营活动产生的现金流量净额 | 50,776,681.46 | 91,042,367.77 | －44.23 | －22,402,555.43 |

2.2 主要财务指标　　单位:人民币元

| | 2002 年 | 2001 年 | 本年比上年增减(%) | 2000 年 |
|---|---|---|---|---|
| 每股收益 | 0.1216 | 0.0679 | 79.09 | 0.1378 |
| 净资产收益率 | 8.27% | 5.02% | 64.74 | 10.68% |
| 扣除非经常性损益的净利润为基础计算的净资产收益率 | 4.06% | 5.04% | －19.44 | 7.68% |
| 每股经营活动产生的现金流量净额 | 0.1582 | 0.2837 | －44.23 | －0.6980 |
| | 2002 年末 | 2001 年末 | 本年末比上年末增减(%) | 2000 年末 |
| 每股净资产 | 1.4711 | 1.3533 | 8.70 | 1.2895 |
| 调整后的每股净资产 | 1.4194 | 1.2965 | 9.48 | 1.2263 |

## 000638 中国辽宁国际合作(集团)股份有限公司

### 二〇〇二年年度报告摘选

#### 1.上市公司基本情况简介

1.1 基本情况简介

股票简称:ST 辽国际　股票代码:000638　上市交易所:深圳证券交易所

注册地址和办公地址:沈阳市和平区中华路 126 号　邮政编码:110001

公司国际互联网网址:http://www.cn－clic.com　电子信箱:clicnet@mail.sy.ln.cn

1.2 联系人和联系方式

董事会秘书:郑金令　联系地址:沈阳市和平区中华路 126 号

电话:024－23271740　传真:024－23862853

证券事务代表:马静　联系地址:沈阳市和平区中华路 126 号

电话:024－23271740　传真:024－23862853

#### 2.会计数据和财务指标摘要

2.1 主要会计数据

| | 2002 年 | 2001 年 | 本年比上年增减(%) | 2000 年 |
|---|---|---|---|---|
| 主营业务收入 | 136,883,039.13 | 189,481,865.13 | －27.76 | 281,462,637.37 |
| 利润总额 | －105,158,849.57 | －95,566,487.79 | － | 10,252,785.25 |
| 净利润 | －103,078,716.38 | －95,757,475.96 | － | 1,081,695.73 |
| 扣除非经常性损益的净利润 | －65,756,461.65 | －53,263,274.92 | － | －27,296,552.08 |
| | 2002 年末 | 2001 年末 | 本年末比上年末增减(%) | 2000 年末 |
| 总资产 | 421,919,442.47 | 518,774,074.91 | －18.67 | 592,870,294.82 |
| 股东权益(不含少数股东权益) | －44,853,250.56 | 59,965,538.59 | － | 154,557,092.36 |
| 经营活动产生的现金流量净额 | 646,788.95 | －3,758,588.59 | － | 9,771,223.37 |

2.2 主要财务指标

| | 2002 年 | 2001 年 | 本年比上年增减(%) | 2000 年 |
|---|---|---|---|---|
| 每股收益(摊薄) | －0.67 | －0.62 | － | 0.007 |
| 每股收益(加权) | －0.67 | －0.62 | － | 0.007 |
| 净资产收益率 | | －160.15 | － | 0.70 |
| 扣除非经常性损益的净利润为基础计算的净资产收益率 | | －88.90 | | －14.43 |
| 每股经营活动产生的现金流量净额 | 0.004 | －0.02 | － | 0.06 |
| | 2002 年末 | 2001 年末 | 本年末比上年末增减(%) | 2000 年末 |
| 每股净资产 | －0.29 | 0.39 | － | 0.70 |
| 调整后的每股净资产 | －0.60 | 0.13 | － | 0.84 |

## 000660 广州南华西实业股份有限公司

### 二〇〇二年年度报告摘选

#### 1.上市公司基本情况简介

1.1 基本情况简介

证券简称:南华西　证券代码:000660　上市交易所:深圳证券交易所

注册地址和办公地址:广州市同福西路歧兴中北 2 号首、二层　邮政编码:510235

电子信箱:nanhuaxi@public guangzhou.gd.cn

1.2 联系人和联系方式

董事会秘书:张获　联系地址:广州市同福西路歧兴中北 2 号首、二层

电话:020－84423292　传真:020－84408033　电子信箱:nanhuaxi@public guangzhou.gd.cn

证券事务代表:黄丽葵　联系地址:广州市同福西路歧兴中北 2 号首、二层

电话:020－84423292　传真:020－84408033　电子信箱:nanhuaxi@public guangzhou.gd.cn

#### 2.会计数据和财务指标摘要

2.1 主要会计数据　　单位:(人民币)元

| | 2002 年(本年) | 2001 年(上年) | 本年比上年增减(%) | 2000 年 |
|---|---|---|---|---|
| 主营业务收入 | 83,483,191.48 | 133,081,311.10 | －37.27% | 239,722,836.63 |
| 利润总额 | －411,598,077.27 | －57,741,773.39 | －－ | 22,917,345.15 |
| 净利润 | －410,137,922.40 | －58,086,052.77 | －－ | 19,013,754.74 |
| 扣除非经常性损益的净利润 | －408,303,420.03 | －82,017,803.78 | －－ | 18,142,786.56 |
| | 2002 年末(本年末) | 2001 年末(上年末) | 本年末比上年末增减(%) | 2000 年末 |
| 总资产 | 718,432,638.65 | 1,115,599,327.34 | －35.60% | 1,183,719,153.47 |
| 股东权益(不含少数股东权益) | －96,685,341.27 | 313,452,581.13 | －130.85% | 372,513,836.43 |
| 经营活动产生的现金流量净额 | 7,847,550.70 | －320,268.84 | －－ | 26,529,298.10 |

2.2 主要财务指标　　单位:(人民币)元

| | 2002 年(本年) | 2001 年(上年) | 本年比上年增减(%) | 2000 年 |
|---|---|---|---|---|
| 每股收益 | －3.09 | －0.44 | －－ | 0.14 |
| 每股收益 * | －3.09 | －－ | －－ | －－ |
| 净资产收益率 | 424.20% | －18.53% | －－ | 5.10% |
| 扣除非经常性损益的净利润为基础计算的净资产收益率 | 422.30% | －26.17% | －－ | 4.87% |
| 每股经营活动产生的现金流量净额 | 0.06 | －0.00 | －－ | 0.20 |
| | 2002 年末(本年末) | 2001 年末(上年末) | 本年末比上年末增减(%) | 2000 年末 |
| 每股净资产 | －0.73 | 2.36 | －130.83% | 2.80 |
| 调整后的每股净资产 | －0.80 | 2.21 | －136.20% | 2.64 |

## 000671 福建省石狮新发股份有限公司

### 二〇〇二年年度报告摘选

#### 1.上市公司基本情况简介

1.1 基本情况简介

证券简称:石狮新发　证券代码:000671　上市交易所:深圳证券交易所

注册地址:福州经济技术开发区星发路 8 号

办公地址:福州市高桥路 26 号福建阳光假日大酒店六楼　邮政编码:350005

电子信箱:xinfa@publ.qz.fj.cn

1.2 联系人和联系方式

董事会秘书:黄永刚　联系地址:福州市高桥路 26 号福建阳光假日大酒店六楼

电话:0591－3313741　传真:0591－3377141　电子信箱:xinfa@publ.qz.fj.cn

#### 2.会计数据和财务指标摘要

2.1 主要会计数据　　单位:(人民币)元

| | 2002 年(本年) | 2001 年(上年) | 本年比上年增减(%) | 2000 年 |
|---|---|---|---|---|
| 主营业务收入 | 257,162,621.40 | 53,704,270.69 | 378.85% | 77,754,879.86 |
| 利润总额 | 8,186,513.66 | 4,245,226.92 | 92.84% | 22,778,590.98 |
| 净利润 | －1,967,982.27 | 2,796,413.43 | －170.38% | 19,367,460.90 |
| 扣除非经常性损益的净利润 | －1,617,942.56 | 3,750,877.54 | －143.14% | 19,178,125.06 |
| | 2002 年末(本年末) | 2001 年末(上年末) | 本年末比上年末增减(%) | 2000 年末 |
| 总资产 | 620,907,900.33 | 287,042,276.32 | 116.31% | 268,387,223.92 |
| 股东权益(不含少数股东权益) | 167,387,344.40 | 169,355,326.67 | －1.16% | 171,317,567.84 |
| 经营活动产生的现金流量净额 | －34,182,846.52 | 11,359,343.28 | －400.92% | －3,426,231.31 |

2.2 主要财务指标　　单位:(人民币)元

| | 2002 年(本年) | 2001 年(上年) | 本年比上年增减(%) | 2000 年 |
|---|---|---|---|---|
| 每股收益 | －0.02 | 0.03 | －170.00% | 0.20 |
| 净资产收益率 | －1.18% | 1.65% | －171.52% | 11.31% |
| 扣除非经常性损益的净利润为基础计算的净资产收益率 | －0.97% | 2.06% | －147.09% | －11.02% |
| 每股经营活动产生的现金流量净额 | －0.36 | 0.12 | －400.00% | －0.036 |
| | 2002 年末(本年末) | 2001 年末(上年末) | 本年末比上年末增减(%) | 2000 年末 |
| 每股净资产 | 1.76 | 1.78 | －1.20% | 1.80 |
| 调整后的每股净资产 | 1.71 | 1.70 | 0.59% | 1.73 |

## 000690 广东宝丽华实业股份有限公司

### 二〇〇二年年度报告摘选

#### 1.上市公司基本情况简介

1.1 基本情况简介

股票简称:宝丽华　股票代码:000690　上市交易所:深圳证券交易所

注册地址和办公地址:广东省梅州市梅县华侨城香港花园宝丽华综合大楼　邮政编码:514788

公司国际互联网网址:http://www.baolihua.com.cn　电子信箱:gdblh@pub,meizhou.gd.cn

1.2 联系人和联系方式

董事会秘书:王小荣　联系地址:广东省梅州市梅县华侨城香港花园宝丽华综合大楼

电话:0753－2511298　传真:0753－2511398　电子信箱:gdblh@pub.meizhou.gd.cn

#### 2.会计数据和财务指标摘要

2.1 主要会计数据　　单位:(人民币)元

| 项目 | 2002年 | 2001年 调整前 | 2001年 调整后 | 本年比上年调整后增减(%) | 2000年 调整前 | 2000年 调整后 |
|---|---|---|---|---|---|---|
| 主营业务收入 | 295,255,234.90 | 288,862,761.44 | 288,862,761.44 | 2.21% | 220,090,365.68 | 220,090,365.68 |
| 利润总额 | 42,955,433.81 | 38,689,108.03 | 37,331,711.63 | 15.06% | 47,111,288.67 | 46,815,157.37 |
| 净利润 | 37,001,367.89 | 32,103,203.71 | 30,874,110.94 | 19.85% | 44,382,274.60 | 44,086,143.30 |
| 扣除非经常性损益的净利润 | 21,703,806.38 | 27,679,035.22 | 26,452,547.15 | －17.95% | 33,107,197.65 | 30,855,485.79 |
| 项目 | 2002年末 | 2001年末 调整前 | 2001年末 调整后 | 本年末比上年调整后增减(%) | 2000年末 调整前 | 2000年末 调整后 |
| 总资产 | 468,761,515.19 | 496,554,381.63 | 495,400,853.93 | －5.38% | 494,779,810.60 | 494,483,679.30 |
| 股东权益(不含少数股东权益) | 330,488,459.70 | 321,537,315.88 | 320,512,091.81 | 3.11% | 328,134,112.17 | 327,837,980.87 |
| 经营活动产生的现金流量净额 | 70,053,825.97 | 21,382,711.09 | 21,382,711.09 | 227.62% | 34,186,861.83 | 34,186,861.83 |

2.2 主要财务指标

| 项目 | 2002年 | 2001年 调整前 | 2001年 调整后 | 本年比上年末调整后增减(%) | 2000年 调整前 | 2000年 调整后 |
|---|---|---|---|---|---|---|
| 每股收益(元) | 0.19 | 0.17 | 0.16 | 19.38% | 0.23 | 0.23 |
| 净资产收益率(%) | 11.20 | 9.98 | 9.63 | 16.30% | 13.53 | 13.45 |
| 扣除非经常性损益后的净利润为基础计算均净资产收益率 | 6.40 | 8.04 | 7.71 | －16.99% | 9.81 | 8.85 |
| 每股经营活动产生的现金流量净额(元) | 0.36 | 0.11 | 0.11 | 226.13% | 0.18 | 0.18 |
| 项目 | 2002年末 | 2001年末 调整前 | 2001年末 调整后 | 本年末比上年末调整后增减(%) | 2000年末 调整前 | 2000年末 调整后 |
| 每股净资产(元) | 1.71 | 1.66 | 1.66 | 3.13% | 1.70 | 1.69 |
| 调整后的每股净资产(元) | 1.67 | 1.61 | 1.60 | 4.37% | 1.65 | 1.65 |

## 000691 海南寰岛实业股份有限公司

### 二〇〇二年年度报告摘选

#### 1.上市公司基本情况简介

1.1 基本情况简介

股票简称:寰岛实业　股票代码:000691　上市交易所:深圳证券交易所

注册地址和办公地址:海南省海口市人民大道25号　邮政编码:570208

公司国际互联网网址:暂无　电子信箱:hdsy@hq.cninfo.net

1.2 联系人和联系方式

董事会秘书:孔雁　联系地址:海南省海口市人民大道25号

电话:0898－66255909　传真:0898－66254684　电子信箱:hdsy@hq.cninfo.net

证券事务代表:林涛　联系地址:海南省海口市人民大道25号

电话:0898－66255909　传真:0898－66254684　电子信箱:hdsy@hq.cninfo.net

#### 2.会计数据和财务指标摘要

2.1 主要会计数据　　单位:(人民币)元

| | 2002年 | 2001年 | 本年比上年增减(%) | 2000年 |
|---|---|---|---|---|
| 主营业务收入 | 50,878,358.62 | 39,294,382.83 | 29.48 | 16,613,337.95 |
| 利润总额 | 728,639.88 | 7,560,456.58 | －90.36 | 2,966,109.97 |
| 净利润 | 1,392,783.15 | 4,695,721.38 | －70.34 | 3,628,700.41 |
| 扣除非经常性损益的净利润 | －2,063,199.85 | －4,820,114.02 | － | －10,236,087.50 |
| | 2002年末 | 2001年末 | 本年末比上年末增减(%) | 2000年末 |
| 总资产 | 869,826,162.62 | 809,970,032.29 | 7.39 | 833,656,769.24 |
| 股东权益(不含少数股东权益) | 618,073,349.91 | 610,657,539.38 | 1.21 | 605,902,587.26 |
| 经营活动产生的现金流量净额 | 91,301,638.31 | 125,932,492.46 | －27.50 | 84,607.35 |

2.2 主要财务指标　　单位:(人民币)元

| | 2002年 | 2001年 | 本年比上年增减(%) | 2000年 |
|---|---|---|---|---|
| 每股收益 | 0.0054 | 0.0182 | －70.33 | 0.0141 |
| 净资产收益率 | 0.23 | 0.77 | －70.13 | 0.60 |
| 扣除非经常性损益的净利润为基础计算的净资产收益率 | －0.34 | －0.80 | － | －1.71 |
| 每股经营活动产生的现金流量净额 | 0.3536 | 0.4878 | －27.51 | 0.0003 |
| | 2002年末 | 2001年末 | 本年末比上年末增减(%) | 2000年末 |
| 每股净资产 | 2.3940 | 2.3652 | 1.22 | 2.3468 |
| 调整后的每股净资产 | 2.3719 | 2.3644 | 0.32 | 2.3407 |

## 000701 厦门信达股份有限公司

### 二〇〇二年年度报告摘选

#### 1.上市公司基本情况简介

1.1 基本情况简介

证券简称:厦门信达　证券代码:000701　上市交易所:深圳证券交易所

注册地址和办公地址:厦门湖里信宏大厦二楼、厦门湖里信宏大厦二楼　邮政编码:361006

公司国际互联网网址:http://www.xindeco.com　电子信箱:board@xindeco.com.cn

1.2 联系人和联系方式

董事会秘书:范丹　联系地址:厦门湖里信宏大厦二楼

电话:0592－6021666－1718　传真:0592－6021391　电子信箱:fd@xindeco.com.cn

#### 2.会计数据和财务指标摘要

2.1 主要会计数据　　单位:(人民币)元

| | 2002年(本年) | 2001年(上年) | 本年比上年增减(%) | 2000年 |
|---|---|---|---|---|
| 主营业务收入 | 1,274,640,523.54 | 1,078,260,507.50 | 18.21% | 825,056,874.13 |
| 利润总额 | 15,061,246.93 | －15,791,802.34 | －－ | 625,065.51 |
| 净利润 | 10,208,023.94 | －17,448,735.01 | －－ | 183,216.07 |
| 扣除非经常性损益的净利润 | －9,222,663.71 | －17,379,810.51 | －－ | 84,919.67 |
| | 2002年末(本年末) | 2001年末(上年末) | 本年末比上年末增减(%) | 2000年末 |
| 总资产 | 1,136,929,755.70 | 1,035,322,109.50 | 9.81% | 964,546,449.30 |
| 股东权益(不含少数股东权益) | 476,612,984.64 | 465,735,501.84 | 2.34% | 483,590,794.36 |
| 经营活动产生的现金流量净额 | －51,876,481.38 | 26,856,048.29 | －293.16% | 23,455,777.53 |

2.2 主要财务指标　　单位:(人民币)元

| | 2002年(本年) | 2001年(上年) | 本年比上年增减(%) | 2000年 |
|---|---|---|---|---|
| 每股收益 | 0.05 | －0.09 | －－ | 0.00 |
| 每股收益 | 0.05 | －－ | －－ | －－ |
| 净资产收益率 | 2.14% | －3.74% | －－ | 0.04% |
| 扣除非经常性损益的净利润为基础计算的净资产收益率 | －1.93% | －3.76% | －－ | 0.02% |
| 每股经营活动产生的现金流量净额 | －0.26 | 0.13 | －294.03% | 0.04 |
| | 2002年末(本年末) | 2001年末(上年末) | 本年末比上年末增减(%) | 2000年末 |
| 每股净资产 | 2.38 | 2.33 | 2.32% | 2.42 |
| 调整后的每股净资产 | 2.31 | 2.26 | 2.21% | 2.33 |

## 000716 广西斯壮股份有限公司

### 二〇〇二年年度报告摘选

#### 1.上市公司基本情况简介

1.1 基本情况简介

证券简称:广西斯壮　证券代码:000716　上市交易所:深圳证券交易所

注册地址:广西南宁市民主路8号　办公地址:广西南宁市桃源路63号

邮政编码:530021　公司国际互联网网址:http://www.gxstrong.cn

电子信箱:gxsz@public.nn.gx.cn

1.2 联系人和联系方式

董事会秘书:赵东晨　联系地址:广西南宁市桃源路63号

电话:0771－5306588　传真:0771－5308090　电子信箱:gsdm@public.nn.gx.cn

#### 2.会计数据和财务指标摘要

2.1 主要会计数据　　单位:(人民币)元

| | 2002年(本年) | 2001年(上年) | 本年比上年增减(%) | 2000年 |
|---|---|---|---|---|
| 主营业务收入 | 39,985,995.87 | 200,204,671.67 | －80.03% | 122,091,428.34 |
| 利润总额 | －70,763,676.42 | 4,537,001.71 | －1659.70% | 3,357,455.07 |
| 净利润 | －69,042,604.92 | 4,102,235.04 | －1783.05% | 2,609,300.37 |
| 扣除非经常性损益的净利润 | －39,391,295.09 | －7,753,281.71 | －－ | －8,246,378.66 |
| | 2002年末(本年末) | 2001年末(上年末) | 本年末比上年末增减(%) | 2000年末 |
| 总资产 | 515,085,918.73 | 548,466,934.19 | －6.09% | 577,139,021.66 |
| 股东权益(不含少数股东权益) | 256,831,808.68 | 325,874,413.60 | －21.19% | 328,628,314.66 |
| 经营活动产生的现金流量净额 | －61,056,897.45 | 64,238,987.48 | －195.05% | －53,950,125.75 |

2.2 主要财务指标　　单位:(人民币)元

| | 2002年(本年) | 2001年(上年) | 本年比上年增减(%) | 2000年 |
|---|---|---|---|---|
| 每股收益 | －0.39 | 0.03 | －1391.00% | 0.02 |
| 每股收益* | －0.39 | －－ | －－ | －－ |
| 净资产收益率 | －26.88% | 1.26% | －2233.33% | 0.79% |
| 扣除非经常性损益的净利润为基础计算的净资产收益率 | －15.34% | －2.38% | －－ | －2.32% |
| 每股经营活动产生的现金流量净额 | －0.34 | 0.47 | －173.29% | 0.39 |
| | 2002年末(本年末) | 2001年末(上年末) | 本年末比上年末增减(%) | 2000年末 |
| 每股净资产 | 1.44 | 2.38 | －39.42% | 2.59 |
| 调整后的每股净资产 | 1.29 | 2.21 | －41.63% | 2.29 |

## 000722 衡阳市金果农工商实业股份有限公司

### 二〇〇二年年度报告摘选

#### 1.上市公司基本情况简介

1.1 基本情况简介

股票简称:衡阳市金果农工商实业股份有限公司 股票代码:000722

上市交易所:深圳证券交易所 注册地址和办公地址:湖南省衡阳市金果路 15 号

邮政编码:421001 电子信箱:hyjg338@mail.hy.hn.cn

1.2 联系人和联系方式

董事会秘书:邓朝晖 联系地址:湖南省衡阳市金果路 15 号

电话:0734－8229258 传真:0734－8250038 电子信箱:hyjg338@mail.hy.hn.cn

证券事务代表:陈新文 联系地址:湖南省衡阳市金果路 15 号

电话:0734－8229258 传真:0734－8250038 电子信箱:Chenxinwen2000@163.com

#### 2.会计资料和财务指标摘要

2.1 主要会计资料

| | 2002 年 | 2001 年 | 本年比上年增减(%) | 2000 年 |
|---|---|---|---|---|
| 主营业务收入 | 43702005.25 | 489926618.03 | －10.79 | 353898461.53 |
| 利润总额 | 36990912.94 | 68779367.92 | －46.22 | 52614334.89 |
| 净利润 | 34588566.41 | 50594983.62 | －31.64 | 25912420.26 |
| 扣除非经常性损益的净利润 | 34947201.05 | 56846068.00 | －38.52 | 51498236.01 |
| | 2002 年末 | 2001 年末 | 本年末比上年末增减(%) | 2000 年末 |
| 总资产 | 1953364001.71 | 1600925770.42 | 22.01 | 1508391196.01 |
| 股东权益(不含少数股东权益) | 1036775569.62 | 763057206.64 | 35.87 | 731942221.42 |
| 经营活动产生的现金流量净额 | 31954426.75 | 45517665.36 | －29.80 | 18399565.31 |

2.2 主要财务指标

单位:元

| 时间<br>项目 | 2002 年 | 2001 年 | 本年比上年增减(%) | 2000 年 |
|---|---|---|---|---|
| 每股收益 | 0.15 | 0.27 | －44.44 | 0.13 |
| 净资产收益率 | 3.36 | 6.77 | －50.36 | 3.50 |
| 扣除非经常性损益的净利润为基础计算的净资产收益率 | 3.36 | 6.77 | －50.36 | 0.29 |
| 每股经营活动产生的现金流量净额 | 0.14 | 0.23 | －39.13 | 0.09 |
| | 2002 年末 | 2001 年末 | 本年末比上年末增减(%) | 2000 年末 |
| 每股净资产 | 4.57 | 4.03 | 13.40 | 3.76 |
| 调整后的每股净资产 | 4.56 | 3.93 | 16.03 | 3.76 |

## 000835 上海隆源双登实业股份有限公司

### 二〇〇二年年度报告摘选

#### 1.上市公司基本情况简介

1.1 基本情况简介

证券简称:隆源双登 证券代码:000835 上市交易所:深圳证券交易所

注册地址:上海浦东新区杨高中路 1900 号 27 栋 208 室 邮政编码:200120

1.2 联系人和联系方式

董事会秘书:杨力 联系地址:上海浦东新区浦东南路 855 号世界广场 15 楼

电话:021－58872439 传真:021－58872439 电子信箱:yangl@lysdcorp.com

证券事务代表:柳本辉 联系地址:上海浦东新区浦东南路 855 号世界广场 15 楼

电话:021－58872439 传真:021－58872439 电子信箱:liubh@lysdcorp.com

#### 2.会计数据和财务指标摘要

2.1 主要财务数据

| | 2002 年 | 2001 年 | 本年比上年增减(%) | 2000 年 |
|---|---|---|---|---|
| 主营业务收入 | 208,665,920.55 | 375,521,160.66 | －44.43 | 231,762,618.36 |
| 净利润 | －6,832,338.33 | 43,219,887.06 | －115.81 | 9,216,798.87 |
| 扣除非经常性损益后的净利润 | －6,788,559.80 | 42,612,884.35 | －115.93 | 9,447,891.46 |
| | 2002 年末 | 2001 年末 | 本年末比上年末增减(%) | 2000 年末 |
| 总资产 | 471,374,476.06 | 407,680,623.77 | 15.62 | 371,431,136.76 |
| 股东权益(不含少数股东权益) | 175,041,838.58 | 179,174,512.78 | －2.31 | 143,514,625.72 |

2.2 主要财务指标

| | 2002 年 | 2001 年 | 本年比上年增减(%) | 2000 年 |
|---|---|---|---|---|
| 每股收益 | －0.06 | 0.80 | －107.5 | 0.17 |
| 扣除非经常性损益后的每股收益 | －0.06 | 0.79 | －107.6 | 0.17 |
| 净资产收益率 | －3.90% | 24.12% | －116.17 | 6.42% |
| 调后的每股净资产 | 1.55 | 3.25 | －52.3 | 2.56 |
| 每股经营活动产生的现金流量净额 | 0.10 | 0.86 | －88.37 | 0.64 |
| | 2002 年末 | 2001 年末 | 本年末比上年末增减(%) | 2000 年末 |
| 每股净资产 | 1.62 | 3.32 | －51.20 | 2.66 |
| 扣除非经常性损益的净利润为基础计算的净资产收益 | －3.88% | 23.78% | －116.32 | 6.58% |

## 000881 中国大连国际合作(集团)股份有限公司

### 二〇〇二年年度报告摘选

#### 1.上市公司基本情况简介

1.1 基本情况简介

股票简称:大连国际 股票代码:000881 上市交易所:深圳证券交易所

注册地址和办公地址:大连市西岗区黄河路 219 号 邮政编码:116011

公司国际互联网网址:http://www.china－cdig.com 电子信箱:webmaster@china－cdig.com

1.2 联系人和联系方式

董事会秘书:李枫 联系地址:大连市西岗区黄河路 219 号外经贸大厦 1009 室

电话:0411－3780066 传真:0411－3780186 电子信箱:lifeng@china－cdig.com

证券事务代表:韩秀吉 联系地址:大连市西岗区黄河路 219 号外经贸大厦 1009 室

电话:0411－3780139 传真:0411－3780186 电子信箱:hanxiuji@china－cdig.com

#### 2.会计数据和业务数据摘要

2.1 主要会计数据

| | 2002 年(本年) | 2001 年(上年) | 本年比上年增减(%) | 2000 年 |
|---|---|---|---|---|
| 主营业务收入 | 967,120,015.49 | 1,084,695,383.54 | －10.84 | 804,308,632.16 |
| 利润总额 | 31,528,251.93 | 57,195,756.38 | －44.88 | 60,744,358.99 |
| 净利润 | 26,395,206.78 | 49,655,251.34 | －46.84 | 54,627,830.75 |
| 扣除非经常性损益的净利润 | 25,991,850.95 | 49,084,712.31 | －47.05 | 51,209,835.28 |
| | 2002 年末(本年末) | 2001 年末(上年末) | 本年末比上年末增减(%) | 2000 年末 |
| 总资产 | 1,827,964,426.26 | 1,603,261,026.33 | 14.02 | 1,309,086,096.49 |
| 股东权益(不含少数股东权益) | 701,613,463.56 | 674,670,875.26 | 3.99 | 637,956,906.09 |
| 经营活动产生的现金流量净额 | －68,061,518.16 | 86,000,138.61 | －179.14 | －47,051,288.67 |

2.2 主要财务指标

| | 2002 年(本年) | 2001 年(上年) | 本年比上年增减(%) | 2000 年 |
|---|---|---|---|---|
| 每股收益 | 0.09 | 0.16 | －43.75 | 0.28 |
| 每股收益 | 0.09 | 0.16 | －43.75 | 0.28 |
| 净资产收益率 | 3.76 | 7.36 | －48.91 | 8.56 |
| 扣除非经常性损益的净利润为基础计算的净资产收益率 | 3.78 | 7.41 | －48.99 | 11.97 |
| 每股经营活动产生的现金流量净额 | －0.22 | 0.28 | －178.57 | －0.24 |
| | 2002 年末(本年末) | 2001 年末(上年末) | 本年末比上年末增减(%) | 2000 年末 |
| 每股净资产 | 2.27 | 2.18 | 4.13 | 3.30 |
| 调整后的每股净资产 | 2.14 | 2.07 | 3.38 | 3.13 |

## 000936 江苏华西村股份有限公司

### 二〇〇二年年度报告摘选

#### 1.上市公司基本情况简介

1.1 基本情况简介

股票简称:华西村 股票代码:000936 上市交易所:深圳证券交易所

注册地址和办公地址:江苏省江阴市华士镇华西村 邮政编码:214420

公司国际互联网网址:http://www.chinahuaxi.com 电子信箱:chinahuaxi@263.net

1.2 联系人和联系方式

董事会秘书:卞武彪 联系地址:江苏省江阴市华西村金塔四楼

电话:0510－6217188 传真:0510－6217177 电子信箱:chinahuaxi@263.net

证券事务代表:查建玉 联系地址:江苏省江阴市华西村金塔四楼

电话:0510－6217149 传真:0510－6217177 电子信箱:chinahuaxi@263.net

#### 2.会计数据和财务指标摘要

2.1 主要会计数据

单位:(人民币)元

| | 2002 年(本年) | 2001 年(上年) | 本年比上年增减(%) | 2000 年 |
|---|---|---|---|---|
| 主营业务收入 | 820,094,828.46 | 663,181,332.32 | 23.66% | 303,752,452.10 |
| 利润总额 | 86,089,581.07 | 73,875,538.02 | 16.53% | 71,281,699.23 |
| 净利润 | 64,171,560.25 | 66,202,972.85 | －3.07% | 57,335,121.94 |
| 扣除非经常性损益的净利润 | 64,145,131.66 | 65,925,500.26 | －2.70% | 58,610,035.97 |
| | 2002 年末(本年末) | 2001 年末(上年末) | 本年末比上年末增减(%) | 2000 年末 |
| 总资产 | 856,546,430.11 | 720,108,028.54 | 18.95% | 591,507,942.44 |
| 股东权益(不含少数股东权益) | 579,620,190.21 | 532,248,629.96 | 8.90% | 482,845,657.11 |
| 经营活动产生的现金流量净额 | 88,866,062.86 | 54,993,383.14 | 61.59% | 50,778,438.68 |

2.2 主要财务指标

单位:(人民币)元

| | 2002 年(本年) | 2001 年(上年) | 本年比上年增减(%) | 2000 年 |
|---|---|---|---|---|
| 每股收益 | 0.38 | 0.39 | －3.07% | 0.41 |
| 每股收益* | 0.38 | －－ | －－ | －－ |
| 净资产收益率 | 11.07% | 12.44% | －11.01% | 11.87% |
| 扣除非经常性损益的净利润为基础计算的净资产收益率 | 11.37% | 12.78% | －11.03% | 11.82% |
| 每股经营活动产生的现金流量净额 | 0.53 | 0.33 | 60.30% | 0.36 |
| | 2002 年末(本年末) | 2001 年末(上年末) | 本年末比上年末增减(%) | 2000 年末 |
| 每股净资产 | 3.45 | 3.17 | 8.90% | 3.45 |
| 调整后的每股净资产 | 3.44 | 3.16 | 8.86% | 3.43 |

VOLUME 14

# 第十四卷

## 2002年度中国上市公司经营评价

- 2002 年度中国上市公司行业指标全景
- 2002 年度中国上市公司经济指标总览
- 2002 年度中国上市公司经营业绩总览
- 2002 年度中国上市公司基本情况简报表
- 2002 年度中国上市公司经营绩效排序
- 2002 年度中国上市公司单项指标排行榜
- 2002 年度中国上市公司 50 强

# 一、2002 年度中国上市公司行业指标全景

| 行业 | 公司数量 | 加权平均每股收益（元） | 加权平均净资产收益率（%） | 加权平均每股净资产（元） | 主营收入（万元） | 同比（%） | 主营利润（万元） | 同比（%） | 净利润（万元） | 同比（%） | 总资产（万元） | 股东权益（万元） | 最新总股本（万股） | A 股市值（亿元） |
|---|---|---|---|---|---|---|---|---|---|---|---|---|---|---|
| 农、林、牧、渔业 | 32 | 0.011 | 0.50 | 2.26 | 1952884.63 | 16.95 | 395966.34 | 19.04 | 10377.87 | -87.67 | 4458841.91 | 2062840.16 | 922371.97 | 231.87 |
| 采掘业 | 18 | 0.180 | 9.80 | 1.84 | 34864018.19 | 7.21 | 7165424.39 | 9.84 | 1746805.06 | 0.98 | 41405150.35 | 17831914.68 | 9717466.05 | 303.70 |
| 其他制造业 | 12 | -0.190 | -9.34 | 2.04 | 331202.58 | -17.33 | 77723.51 | -18.09 | -56678.81 | 7.83 | 1510444.74 | 606850.12 | 298104.27 | 76.65 |
| 石油、化学、塑胶、塑料 | 139 | 0.065 | 2.77 | 2.34 | 17844733.11 | 11.11 | 2544555.70 | 30.27 | 371511.36 | 2095.30 | 27327437.59 | 13429176.31 | 5765004.22 | 1139.61 |
| 食品、饮料 | 57 | 0.160 | 5.07 | 3.16 | 6487613.11 | 20.43 | 1779756.44 | 20.20 | 289911.23 | -16.11 | 10832507.37 | 5715392.58 | 1866546.23 | 627.45 |
| 造纸、印刷 | 23 | -0.090 | -3.20 | 2.80 | 1545962.25 | 23.25 | 353563.41 | 30.24 | -48948.40 | -262.51 | 3859308.78 | 1527319.42 | 556699.39 | 175.28 |
| 纺织、服装、皮毛 | 55 | 0.093 | 3.27 | 2.84 | 4993665.89 | 15.55 | 897939.14 | 9.21 | 136255.52 | -44.32 | 8343315.85 | 4161490.45 | 1487785.93 | 434.89 |
| 木材、家具 | 2 | -0.065 | -1.88 | 3.48 | 64282.05 | 21.54 | 12433.71 | -22.01 | -1934.09 | -124.24 | 178851.12 | 103102.65 | 29620.76 | 10.28 |
| 医药、生物制品 | 75 | 0.164 | 5.62 | 2.92 | 7066536.92 | 27.21 | 2311903.59 | 20.58 | 297790.27 | 13.69 | 11286893.83 | 5296993.96 | 1837868.29 | 779.66 |
| 金属、非金属 | 113 | 0.212 | 8.13 | 2.60 | 24809069.97 | 13.06 | 4235593.80 | 17.45 | 1524016.26 | 6.79 | 36655171.22 | 18741724.56 | 7251650.70 | 1203.04 |
| 电子 | 25 | 0.125 | 4.29 | 2.93 | 2107723.21 | 26.36 | 404331.48 | 22.28 | 103557.84 | -18.37 | 4519771.51 | 2415769.82 | 828283.09 | 245.39 |
| 机械、设备、仪表 | 193 | 0.058 | 2.38 | 2.45 | 22945452.02 | 20.93 | 4379572.35 | 19.80 | 358217.58 | -374.77 | 32930238.45 | 15079251.59 | 6212059.38 | 1833.80 |
| 电力、煤气及水的生产和供应业 | 47 | 0.357 | 10.50 | 3.40 | 6913955.86 | 13.85 | 2099154.37 | 7.26 | 1195603.98 | -0.24 | 21134956.26 | 11388376.36 | 3449889.16 | 698.84 |
| 建筑业 | 22 | 0.094 | 3.24 | 2.92 | 3697288.03 | 13.65 | 398439.50 | 7.27 | 75683.89 | -25.33 | 6269810.90 | 2338263.04 | 817778.70 | 239.94 |
| 交通运输、仓储业 | 49 | 0.195 | 7.72 | 2.52 | 5378478.11 | 19.44 | 1910658.78 | 20.73 | 798237.25 | 4.53 | 19790478.06 | 10336302.60 | 4237272.78 | 663.56 |
| 信息技术业 | 85 | 0.114 | 4.27 | 2.66 | 17925623.65 | 30.90 | 4374425.36 | 37.08 | 515852.16 | 33.34 | 32772317.92 | 12068250.02 | 4541228.31 | 1029.37 |
| 批发和零售贸易 | 88 | 0.100 | 3.72 | 2.68 | 16165559.06 | 19.73 | 1776604.45 | 14.36 | 204989.65 | -17.06 | 13551103.57 | 5513684.07 | 2057421.44 | 661.22 |
| 金融、保险业 | 9 | 0.250 | 10.69 | 2.33 | 3296562.89 | 21.33 | 1124911.49 | 33.08 | 451223.61 | 10.39 | 109533814.91 | 4221493.54 | 1915960.78 | 660.49 |
| 房地产业 | 48 | 0.140 | 5.21 | 2.68 | 3630483.58 | 26.35 | 823685.56 | 18.43 | 237070.49 | 46.51 | 10869087.79 | 4548958.25 | 1715782.46 | 493.55 |
| 社会服务业 | 37 | 0.201 | 8.03 | 2.51 | 1930211.04 | 22.45 | 664457.26 | 15.78 | 238314.54 | 10.09 | 5399081.38 | 2969012.41 | 1220007.32 | 278.82 |
| 传播与文化产业 | 10 | 0.035 | 0.97 | 3.58 | 414129.38 | 62.14 | 101126.10 | 5.00 | 7344.50 | -79.70 | 1281145.77 | 756884.41 | 211442.05 | 81.89 |
| 综合类 | 97 | 0.003 | 0.12 | 2.07 | 5630079.48 | 18.19 | 1055775.60 | 8.88 | 7435.18 | -95.38 | 13595475.83 | 5956909.51 | 2934744.93 | 1088.33 |
| 合计 | 1236 | 0.143 | 5.75 | 2.49 | 189995515.00 | 16.55 | 38888002.32 | 18.41 | 8462636.93 | 8.86 | 417505205.12 | 147069960.50 | 59874988.19 | 12957.65 |

# 二、2002年度中国上市公司经济指标总览

## 1.2002年度中国上市公司经济指标总览(沪市)

| 代码 | 简称 | 每股收益(元) | | | 每股净资产(元) | | 每股经营现金流量(元) | | 净资产收益率(%) | | 主营收入(万元) | | 净利润(万元) | | | 总资产(万元) | 股东权益(万元) | 最新流通A股(万股) | 最新总股本(万股) | 分配方案 | 最新市盈率(倍) | 年报刊登日期 |
|---|---|---|---|---|---|---|---|---|---|---|---|---|---|---|---|---|---|---|---|---|---|---|
| | | 2002年 | 扣除后 | 2001年 | 2002年 | 调整后 | 2002年 | 2001年 | 2002年 | 2001年 | 2002年 | 同比(%) | 2002年 | 同比(%) | 扣除后 | | | | | | | |
| 600000 | 浦发银行 | 0.356 | 0.353 | 0.441 | 2.202 | 2.199 | 0.858 | 0.775 | 16.15 | 15.03 | 815645.87 | 33.87 | 128530.88 | 21.04 | 128026.10 | 27930071.93 | 796047.65 | 90000.00 | 391500.00 | 10派1元(含税) | 38.10 | 2003/3/29 |
| 600001 | 邯郸钢铁 | 0.356 | 0.419 | 0.46 | 4.44 | 4.42 | 0.48 | 0.42 | 8 | 10.95 | 787547.82 | 8.82 | 52864.91 | -22.61 | 62271.01 | 986135.51 | 660640.85 | 49000.00 | 148655.31 | 10派1.1元(含税) | 15.18 | 2003/3/12 |
| 600002 | 齐鲁石化 | 0.022 | 0.023 | -0.031 | 2.25 | 2.21 | 0.62 | 0.43 | 0.97 | -1.39 | 716948.70 | -4.31 | 4262.80 | 170.71 | 4443.50 | 666176.10 | 439139.20 | 35000.00 | 195000.00 | 不分配 | 230.10 | 2003/4/26 |
| 600003 | 东北高速 | 0.1003 | 0.1434 | 0.1532 | 2.5153 | 2.5014 | 0.2416 | 0.3233 | 3.9891 | 6.3432 | 40325.50 | 7.85 | 12172.68 | -34.50 | 17398.90 | 527808.03 | 305152.09 | 30000.00 | 121320.00 | 不分配 | 47.44 | 2003/4/8 |
| 600004 | 白云机场 | 0.48 | 0.37 | 0.49 | 2 | | 0.47 | 0.61 | 23.88 | 28.05 | 93965.56 | 12.08 | 28668.03 | -3.41 | | 166809.17 | 120061.01 | 40000.00 | 100000.00 | | 29.61 | 2003/4/23 |
| 600005 | 武钢股份 | 0.285 | | 0.336 | 2.469 | 2.469 | 0.614 | 0.498 | 11.54 | 15.05 | 675814.08 | 6.82 | 59590.20 | -15.25 | 60609.15 | 698205.27 | 516204.73 | 32000.00 | 209048.00 | 10派0.5元(含税)送2 | 20.31 | 2003/4/1 |
| 600006 | 东风汽车 | 0.6164 | 0.63 | 0.5374 | 3.3749 | 3.3742 | 1.94 | 0.0477 | 18.27 | 18.17 | 700058.86 | 58.00 | 61643.04 | 14.71 | 62996.62 | 661323.45 | 337485.06 | 30000.00 | 100000.00 | 10派2元(含税) | 21.59 | 2003/3/6 |
| 600007 | 中国国贸 | 0.22 | 0.24 | 0.22 | 2.8 | 2.49 | 0.47 | 0.41 | 7.82 | 8.33 | 65198.80 | 9.20 | 17504.10 | -1.95 | 19595.30 | 380245.80 | 223889.70 | 16000.00 | 80000.00 | 10派1.04元(含税) | 30.62 | 2003/3/22 |
| 600008 | 首创股份 | 0.4187 | 0.4061 | 0.4382 | 3.6468 | 3.645 | 0.4706 | 0.4455 | 11.48 | 12.23 | 20319.04 | 14.31 | 46051.71 | -4.46 | 44671.65 | 598194.58 | 401148.79 | 30000.00 | 110000.00 | 10派3.5元(含税) | 25.13 | 2003/2/25 |
| 600009 | 上海机场 | 0.429 | 0.42 | 0.401 | 3.786 | 3.783 | 0.709 | 0.61 | 11.33 | 11.29 | 137097.22 | 18.54 | 60568.10 | 6.87 | 59719.79 | 673700.19 | 534804.17 | 51263.86 | 141263.86 | 10派2元(含税) | 24.05 | 2003/3/29 |
| 600010 | 钢联股份 | 0.24 | 0.25 | 0.21 | 2.87 | 2.87 | 1.09 | -0.3 | 8.5 | 7.39 | 640478.15 | 14.75 | 30543.33 | 19.00 | 31506.73 | 826682.67 | 359178.61 | 35000.00 | 125000.00 | 10派1.5元(含税) | 20.46 | 2003/2/20 |
| 600011 | 华能国际 | 0.68 | 0.69 | 0.61 | 4.86 | 4.85 | 1.3 | 1.19 | 14 | 13.4 | 1872534.09 | 18.39 | 408235.06 | 12.27 | 411112.88 | 4809875.52 | 2916947.69 | 25000.00 | 600027.40 | 10派3.4元(含税) | 22.06 | 2003/3/13 |
| 600012 | 皖通高速 | 0.16 | 0.15 | 0.18 | 2.14 | 2.14 | 0.3 | 0.3 | 7.3 | 8.6 | 75162.75 | 22.93 | 25839.26 | 4.14 | 24663.56 | 506220.37 | 355219.96 | 25000.00 | 165861.00 | 10派0.3元(含税) | 33.89 | 2003/4/24 |
| 600016 | 民生银行 | 0.34 | 0.34 | 0.29 | 2.32 | 2.22 | 13.68 | 7.02 | 14.85 | 11.91 | 721367.70 | 40.90 | 89154.00 | 37.93 | 88910.90 | 24628085.30 | 600381.00 | 68022.50 | 336273.77 | 10派0.6元(含税)送2转增1 | 42.66 | 2003/1/28 |
| 600018 | 上港集箱 | 0.8628 | 0.8724 | 0.7811 | 5.5205 | 5.4576 | 1.6063 | 1.3557 | 15.6295 | 15.3421 | 259006.50 | 21.12 | 77844.84 | 10.46 | 78704.84 | 825410.61 | 498062.02 | 42000.00 | 180440.00 | 10派4元(含税)送3转增7 | 26.26 | 2003/2/25 |
| 600019 | 宝钢股份 | 0.34 | 0.35 | 0.2 | 2.25 | 2.25 | 0.86 | 0.72 | 15.16 | 9.74 | 3387660.58 | 16.13 | 427193.24 | 66.79 | 435600.00 | 6148919.30 | 2818506.38 | 187700.00 | 1251200.00 | 10派2元(含税) | 15.46 | 2003/2/10 |
| 600026 | 中海发展 | 0.172 | 0.172 | 0.118 | 1.85 | 1.84 | 0.52 | 0.5 | 9.3 | 6.91 | 432579.59 | 7.34 | 57191.86 | 62.80 | 57083.10 | 900240.10 | 614909.35 | 35000.00 | 332600.00 | 10派1元(含税) | 32.86 | 2003/3/26 |
| 600028 | 中国石化 | 0.163 | 0.173 | 0.162 | 1.69 | 1.676 | 0.693 | 0.688 | 9.638 | 10.08 | 32418400.00 | 6.52 | 1412100.00 | 0.73 | 1499900.00 | 36837500.00 | 14651500.00 | 280000.00 | 8670243.90 | 10派0.6元(含税) | 22.04 | 2003/3/31 |
| 600030 | 中信证券 | 0.04 | 0.05 | 0.3 | 2.06 | 2.01 | -2.67 | -1.71 | 2.15 | 18.94 | 82638.16 | -56.53 | 11007.58 | -82.52 | 11253.27 | 1863985.20 | 511572.88 | 40000.00 | 248150.00 | 不可流通法人股10派0.44元(含税),社会公众股10派0.037元(含税)。 | 183.05 | 2003/4/15 |
| 600033 | 福建高速 | 0.3798 | 0.3436 | 0.3216 | 3.7565 | 3.7562 | 0.632 | 0.5088 | 10.11 | 9.38 | 70267.83 | 131.39 | 26014.22 | 18.10 | 23534.31 | 556374.16 | 257320.68 | 20000.00 | 68500.00 | 10派0.5元(含税)送2 | 26.62 | 2003/2/27 |
| 600036 | 招商银行 | 0.3 | 0.3 | 0.33 | 2.81 | 2.7 | 5.96 | 5.21 | 10.82 | 28 | 956932.10 | 10.64 | 173427.00 | 26.10 | 171238.60 | 37165991.20 | 1603182.10 | 150000.00 | 570681.80 | 10派1.2元(含税) | 40.41 | 2003/4/18 |
| 600037 | 歌华有线 | 0.43 | 0.44 | 0.53 | 4.92 | 4.89 | 0.81 | 0.64 | 8.67 | 8.73 | 46927.69 | 42.79 | 14963.66 | 5.12 | 15378.15 | 213432.36 | 172687.01 | 10400.00 | 35100.00 | 10派1.5元(含税) | 41.68 | 2003/3/6 |
| 600038 | 哈飞股份 | 0.2525 | 0.2275 | 0.36 | 3.04 | 3.01 | 0.1 | -0.07 | 8.3 | 8.14 | 53402.21 | 67.02 | 6059.90 | 11.15 | 5460.21 | 107648.08 | 73045.43 | 9600.00 | 24000.00 | 不分配 | 89.66 | 2003/1/23 |
| 600039 | 四川路桥 | 0.46 | 0.46 | 0.47 | 1.94 | | 0.61 | -0.137 | 23.57 | 18.21 | 276503.28 | 45.38 | 6842.98 | -2.01 | | 166294.66 | 29031.03 | 10000.00 | 25000.00 | | 33.10 | 2003/3/20 |
| 600050 | 中国联通 | 0.1 | 0.1 | 0.11 | 1.86 | 1.41 | 0.66 | 0.76 | 5.3 | 6.9 | 3947760.82 | 36.00 | 194785.30 | 16.60 | 197540.96 | 14994910.29 | 3672116.01 | 448200.00 | 1969659.64 | 10派0.357元(含税) | 31.45 | 2003/4/2 |
| 600051 | 宁波联合 | 0.14 | 0.14 | 0.18 | 2.78 | 2.65 | -0.6 | -0.26 | 5.21 | 6.6 | 398782.85 | 9.49 | 4375.07 | -19.43 | 4180.77 | 272874.88 | 83925.38 | 8539.79 | 30240.00 | 10派1元(含税) | 47.76 | 2003/3/15 |
| 600052 | 浙江广厦 | 0.21 | 0.24 | 0.15 | 3.16 | 3.13 | 0.78 | -0.43 | 6.6 | 5.19 | 91400.90 | 123.34 | 10101.90 | 36.41 | 11534.82 | 374699.34 | 152971.30 | 25552.80 | 48363.35 | 不分配 | 26.91 | 2003/4/12 |
| 600053 | ST江纸 | -2.06 | -1.48 | -1.86 | 0.1 | -1.81 | 0.15 | -0.78 | -2122.14 | -85.95 | 16789.21 | -45.06 | -33249.96 | -11.11 | -23876.96 | 126551.40 | 1566.82 | 7597.35 | 16107.00 | 不分配 | / | 2003/4/29 |
| 600054 | 黄山旅游 | 0.08 | 0.1 | 0.15 | 2.48 | 2.32 | 0.41 | 0.445 | 3.4 | 6.3 | 45680.16 | 14.56 | 2550.79 | -44.32 | 2972.96 | 99587.20 | 75036.69 | 5200.00 | 30290.00 | 10派0.2元(含税) | 98.68 | 2003/4/19 |
| 600055 | 万东医疗 | 0.3 | 0.3 | 0.29 | 3.3 | 3.29 | 0.46 | 0.11 | 9.17 | 9.33 | 38786.41 | 18.46 | 3362.97 | 4.78 | 3379.64 | 59524.42 | 36670.67 | 3900.00 | 11100.00 | 10派1元(含税) | 42.51 | 2003/3/11 |
| 600056 | 中技贸易 | 0.3462 | 0.2449 | 0.3762 | 4.4665 | 4.46 | -1 | 2.2865 | 7.752 | 9.1282 | 230710.71 | -7.08 | 4513.28 | -7.96 | 3192.90 | 100173.72 | 58220.95 | 3900.00 | 13035.00 | 10派1元(含税)转增6 | 40.43 | 2003/3/19 |
| 600057 | 厦新电子 | 1.69 | 1.71 | -0.22 | 2.48 | 2.44 | 2.71 | 0.16 | 68.25 | -18.99 | 448669.60 | 354.00 | 60693.85 | 875.65 | 61338.50 | 276200.15 | 88924.89 | 14400.00 | 35820.00 | 10派3.8元(含税)送2 | 9.27 | 2003/3/27 |
| 600058 | 龙腾科技 | 0.4204 | 0.4274 | 0.365 | 4.4878 | 4.4491 | 4.587 | 0.1021 | 9.3682 | 8.3982 | 2833329.45 | 44.76 | 17829.92 | 15.18 | 18126.32 | 950740.90 | 190323.53 | 12000.00 | 42408.87 | 10派3元(含税)转增3 | 34.51 | 2003/3/22 |
| 600059 | 古越龙山 | 0.278 | 0.275 | 0.298 | 4.89 | 4.87 | 0.498 | -0.337 | 5.68 | 6.2 | 48314.30 | 10.94 | 6462.92 | -6.86 | 6404.56 | 188990.24 | 113868.21 | 10647.00 | 23280.00 | 10派2元(含税) | 43.98 | 2003/4/25 |

| 代码 | 简称 | 每股收益（元） | | | 每股净资产（元） | | 每股经营现金流量（元） | | 净资产收益率（%） | | 主营收入（万元） | | 净利润（万元） | | | 总资产（万元） | 股东权益（万元） | 最新流通A股（万股） | 最新总股本（万股） | 分配方案 | 最新市盈率（倍） | 年报刊登日期 |
|---|---|---|---|---|---|---|---|---|---|---|---|---|---|---|---|---|---|---|---|---|---|---|
| | | 2002年 | 扣除后 | 2001年 | 2002年 | 调整后 | 2002年 | 2001年 | 2002年 | 2001年 | 2002年 | 同比(%) | 2002年 | 同比(%) | 扣除后 | | | | | | | |
| 600060 | 海信电器 | 0.071 | 0.06 | -0.049 | 4.67 | 4.65 | 0.17 | 1.03 | 1.52 | -1.09 | 562355.00 | 45.22 | 3505.95 | 246.00 | 2734.03 | 397091.05 | 230721.94 | 20384.00 | 49376.78 | 不分配 | 103.66 | 2003/4/11 |
| 600061 | 中纺投资 | 0.004 | -0.0001 | 0.094 | 1.29 | 1.29 | -0.015 | -0.07 | 0.28 | 5.66 | 75000.70 | 11.68 | 136.61 | -94.96 | -4.94 | 89887.09 | 48047.80 | 12168.00 | 37311.56 | 不分配 | 1371.08 | 2003/2/22 |
| 600062 | 双鹤药业 | 0.3819 | 0.3739 | 0.4481 | 3.1836 | 2.9792 | 0.3188 | 0.4156 | 12 | 11.92 | 368632.12 | 55.00 | 16844.21 | 10.80 | 16489.84 | 361646.47 | 140419.62 | 18586.62 | 44107.57 | 10派1元(含税) | 39.02 | 2003/3/27 |
| 600063 | 皖维高新 | 0.176 | 0.17 | 0.305 | 2.482 | 2.339 | 0.484 | 0.534 | 7.07 | 12.55 | 74269.36 | 46.36 | 4441.46 | -42.43 | 4298.84 | 146542.26 | 62781.77 | 9900.00 | 25290.00 | 10派1.25元(含税) | 40.54 | 2003/1/15 |
| 600064 | 南京高科 | 0.239 | 0.226 | 0.206 | 3.55 | 3.52 | -0.034 | -0.187 | 6.72 | 6.087 | 84023.88 | 63.82 | 8214.24 | 16.07 | 7783.87 | 289353.52 | 122211.12 | 15548.76 | 34414.59 | 10派2元(含税) | 34.40 | 2003/4/5 |
| 600065 | 大庆联谊 | 0.0256 | 0.0086 | -0.2986 | 3.7966 | 3.7243 | 0.0167 | -0.1863 | 0.6743 | -7.919 | 69324.28 | 26.05 | 491.59 | 108.57 | 165.18 | 118341.62 | 72894.69 | 6000.00 | 19200.00 | 不分配 | 264.02 | 2003/3/22 |
| 600066 | 宇通客车 | 0.7611 | 0.882 | 0.7199 | 7.01 | 7.007 | 2 | 0.72 | 10.86 | 11.53 | 268504.94 | 69.99 | 10405.80 | 5.72 | 12057.32 | 173327.94 | 95844.76 | 9372.31 | 13672.37 | 不分配 | 18.93 | 2003/4/1 |
| 600067 | 福州大通 | 0.15 | 0.115 | 0.31 | 1.82 | 1.8 | 0.08 | 0.01 | 8.02 | 11.27 | 37401.99 | -7.30 | 2459.46 | -23.99 | 1937.71 | 94586.29 | 30647.63 | 10867.88 | 16801.87 | 不分配 | 65.92 | 2003/4/1 |
| 600068 | 葛洲坝 | 0.117 | 0.156 | 0.21 | 4.72 | 4.71 | 0.153 | 0.05 | 2.48 | 4.54 | 189700.99 | -14.10 | 8271.93 | -43.28 | 11044.65 | 484425.11 | 333149.34 | 34580.00 | 70580.00 | 不分配 | 47.95 | 2003/4/26 |
| 600069 | 银鸽投资 | 0.04 | 0.03 | -0.61 | 1.06 | 1.06 | 0.31 | -0.34 | 4.1 | -60 | 37985.86 | 107.46 | 1624.50 | 107.13 | 1179.36 | 87001.30 | 39508.26 | 14560.00 | 37160.00 | 不分配 | 129.47 | 2003/4/16 |
| 600070 | 浙江富润 | 0.29 | 0.29 | 0.23 | 4.25 | 4.24 | 0.66 | -0.14 | 6.92 | 7.77 | 23483.58 | 15.89 | 2520.95 | 41.71 | 2455.18 | 55320.27 | 36411.94 | 4056.00 | 8559.30 | 10派1.5元(含税) | 40.37 | 2003/3/25 |
| 600071 | 凤凰光学 | 0.0829 | 0.0818 | 0.1451 | 1.87 | 1.84 | 0.12 | 0.23 | 4.44 | 8.58 | 34043.79 | 8.56 | 1968.25 | -42.86 | 1941.81 | 67339.54 | 44343.78 | 10745.02 | 23747.25 | 不分配 | 71.30 | 2003/3/21 |
| 600072 | 江南重工 | 0.092 | 0.035 | 0.1 | 3.003 | 2.95 | 0.141 | 0.313 | 3.063 | 2.868 | 47681.36 | 15.38 | 3029.97 | 10.15 | 1161.77 | 112010.90 | 98931.70 | 14976.00 | 32949.70 | 10转增1 | 83.41 | 2003/4/12 |
| 600073 | 上海梅林 | 0.03 | -0.03 | 0.11 | 2.46 | 2.43 | 0.13 | -0.06 | 1.32 | 4.36 | 63187.77 | 27.30 | 1055.37 | -68.67 | -906.34 | 145521.24 | 79834.21 | 12000.00 | 32400.00 | 不分配 | 301.78 | 2003/4/25 |
| 600074 | 南京中达 | 0.245 | 0.246 | 0.517 | 3.029 | 2.997 | 0.57 | 0.864 | 8.07 | 12.64 | 76233.01 | 54.35 | 8348.51 | 11.66 | 8399.68 | 251043.41 | 103388.14 | 17496.00 | 34128.00 | 不分配 | 25.79 | 2003/3/1 |
| 600075 | 新疆天业 | 0.2 | 0.19 | 0.19 | 4.89 | 4.86 | 1.5 | 0.47 | 4.02 | 4 | 144193.90 | 13.19 | 4457.85 | 4.02 | 4366.16 | 281204.33 | 110889.90 | 9720.00 | 22680.00 | 不分配 | 37.70 | 2003/4/23 |
| 600076 | 青鸟华光 | 0.011 | -0.03 | 0.216 | 3.93 | 3.82 | -0.8366 | 0.1558 | 0.28 | 7.36 | 33691.52 | -6.04 | 277.65 | -94.27 | -728.06 | 187568.22 | 99408.79 | 12480.00 | 25321.60 | 不分配 | 756.96 | 2003/4/11 |
| 600077 | 国能集团 | -0.3613 | -0.36 | 0.016 | 2.4 | 2.29 | -0.1323 | 0.07 | -15.05 | 0.59 | 18581.65 | -32.87 | -4581.67 | -2314.06 | -4581.67 | 50379.32 | 30450.28 | 4654.07 | 12681.91 | 不分配 | / | 2003/4/19 |
| 600078 | 澄星股份 | 0.306 | 0.274 | 0.33 | 3.83 | 3.8 | -0.19 | 0.34 | 7.98 | 9.36 | 77101.46 | 31.55 | 5503.14 | -7.37 | 4937.20 | 124045.49 | 68921.61 | 6627.67 | 18006.20 | 不分配 | 35.73 | 2003/2/28 |
| 600079 | 人福科技 | 0.13 | 0.14 | 0.22 | 3.29 | 3.26 | -0.48 | 0.134 | 4.03 | 9.51 | 55880.17 | 109.47 | 1926.19 | -31.34 | 1974.81 | 142698.05 | 47782.32 | 8348.60 | 14523.60 | 10派0.25元(含税)送1转增3 | 71.78 | 2003/2/12 |
| 600080 | 金花股份 | 0.11 | 0.086 | 0.2019 | 3.68 | 3.56 | 0.25 | 0.35 | 3 | 5.65 | 18202.83 | 16.20 | 2549.08 | -45.29 | 1973.41 | 133316.22 | 85023.66 | 9984.00 | 23083.52 | 不分配 | 78.33 | 2003/3/29 |
| 600081 | 东风科技 | 0.2928 | 0.2422 | 0.251 | 1.8953 | 1.9 | 0.59 | 0.13 | 15.45 | 13.05 | 73490.46 | 22.48 | 7061.46 | 39.97 | 5841.04 | 100640.36 | 45715.56 | 6030.00 | 24120.00 | 不分配 | 56.74 | 2003/2/28 |
| 600082 | ST海泰 | 0.186 | 0.182 | -0.559 | 2.332 | 2.329 | -0.093 | 0.11 | 7.99 | -25.721 | 12187.24 | -77.27 | 2775.26 | 133.34 | 2715.22 | 52229.31 | 34740.11 | 7918.82 | 14898.08 | 10派0.27元(含税) | 54.22 | 2003/4/19 |
| 600083 | ST红光 | 0.035 | 0.097 | 0.053 | 0.058 | 0.048 | -0.035 | 0.212 | 60.41 | 227.9 | 17931.06 | 108.36 | 810.64 | -33.37 | 2232.64 | 20794.30 | 1341.82 | 13573.06 | 23000.00 | 不分配 | 188.96 | 2003/2/28 |
| 600084 | 新天国际 | 0.33 | 0.33 | 0.31 | 3.14 | 3.04 | -0.34 | 0.18 | 10.5 | 10.89 | 126321.11 | 47.97 | 7664.87 | 4.19 | 7700.61 | 248112.79 | 73032.47 | 8923.20 | 23518.04 | 10派1元(含税) | 32.00 | 2003/2/24 |
| 600085 | 同仁堂 | 0.753 | 0.761 | 0.599 | 4.202 | 4.075 | 0.755 | 0.694 | 17.92 | 15.98 | 199184.58 | 23.59 | 24987.74 | 25.72 | 25233.50 | 245918.91 | 139423.23 | 9961.66 | 33179.99 | 10派3元(含税) | 28.38 | 2003/3/25 |
| 600086 | 多佳股份 | 0.042 | 0.047 | 0.074 | 1.454 | 1.451 | 0.097 | 0.0125 | 2.92 | 5.23 | 9328.59 | -62.46 | 1493.49 | -42.53 | 1652.45 | 80923.95 | 51201.98 | 12822.01 | 35228.17 | 不分配 | 257.34 | 2003/4/19 |
| 600087 | 南京水运 | 0.52 | 0.49 | 0.483 | 3.49 | 3.49 | 0.52 | 0.89 | 14.99 | 14.25 | 52120.42 | 7.25 | 12536.81 | 8.51 | 11665.32 | 128018.25 | 83620.45 | 7280.00 | 23932.31 | 10派4元(含税) | 20.73 | 2003/2/28 |
| 600088 | 中视传媒 | 0.01 | 0.1 | 0.113 | 3.06 | 3.03 | 0.31 | 0.26 | 0.311 | 3.72 | 31237.72 | -13.24 | 225.38 | -91.60 | 2368.40 | 91014.96 | 72527.98 | 7800.00 | 23673.00 | 不分配 | 1080.83 | 2003/4/8 |
| 600089 | 特变电工 | 0.34 | 0.31 | 0.31 | 3.44 | 3.38 | 1.02 | -0.1279 | 9.81 | 9.72 | 176174.57 | 34.44 | 8763.04 | 9.34 | 8044.61 | 270832.56 | 89340.98 | 13041.60 | 25949.02 | 10派1元(含税) | 24.31 | 2003/2/21 |
| 600090 | 啤酒花 | 0.131 | 0.071 | 0.203 | 1.618 | 1.534 | -0.094 | -0.08 | 8.086 | 13.707 | 72579.87 | 6.07 | 4813.98 | -35.59 | 2594.92 | 212224.05 | 59532.81 | 17412.10 | 36791.66 | 不分配 | 123.73 | 2003/3/29 |
| 600091 | 明天科技 | 0.229 | 0.22 | 0.277 | 5.28 | 5.23 | 0.42 | 0.8 | 4.34 | 8.05 | 71889.47 | 13.84 | 7713.36 | 22.79 | 7476.94 | 249905.29 | 177750.05 | 20620.00 | 33652.60 | 不分配 | 33.33 | 2003/3/12 |
| 600092 | 精密股份 | 0.0122 | 0.0105 | 0.1514 | 2.59 | 2.59 | -0.318 | 0.0456 | 0.47 | 5.88 | 13417.76 | -12.69 | 318.51 | -91.95 | 275.01 | 109338.53 | 67621.97 | 13309.92 | 26119.62 | 不分配 | 457.59 | 2003/4/29 |
| 600093 | 禾嘉股份 | 0.087 | 0.09 | 0.099 | 2.13 | 2.1 | -0.36 | 0.25 | 4.07 | 4.84 | 24334.41 | 102.64 | 1658.81 | -12.47 | 1712.13 | 98166.78 | 40802.88 | 11459.70 | 28687.50 | 10送2转增3 | 204.41 | 2003/2/26 |
| 600094 | 华源股份 | 0.09 | 0.06 | 0.16 | 3 | 2.96 | 0.41 | 0.69 | 2.97 | 5.41 | 230450.42 | 24.02 | 4380.30 | -43.34 | 3165.30 | 447991.35 | 147457.71 | 11040.00 | 49175.40 | 不分配 | 72.19 | 2003/4/22 |
| 600095 | 哈高科 | 0.025 | 0.005 | -0.486 | 2.301 | 2.118 | 0.144 | 0.144 | 1.08 | -21.43 | 22732.84 | -5.25 | 650.25 | 105.12 | 129.35 | 145271.99 | 60188.87 | 15106.60 | 26156.00 | 不分配 | 276.74 | 2003/4/9 |
| 600096 | 云天化 | 0.4157 | 0.3763 | 0.4203 | 3.2711 | 3.217 | 0.8193 | 0.8641 | 12.71 | 12.99 | 97861.38 | 10.51 | 15304.82 | -1.09 | 13852.99 | 242046.55 | 120436.36 | 10000.00 | 36818.18 | 10派4元(含税) | 24.06 | 2003/1/28 |
| 600097 | 华立科技 | 0.09 | 0.08 | 0.11 | 1.21 | 1.2 | 0.32 | 0.52 | 7.29 | 9.64 | 20848.29 | 81.84 | 1016.79 | -16.83 | 894.32 | 40961.94 | 13944.32 | 3500.00 | 11544.99 | 不分配 | 102.98 | 2003/4/19 |
| 600098 | 广州控股 | 0.657 | 0.576 | 0.753 | 4.19 | 4.187 | 1.32 | 1.34 | 15.69 | 19.63 | 407076.31 | 4.18 | 82348.84 | -12.66 | 72130.96 | 1074651.18 | 524953.96 | 23400.00 | 125280.00 | 10派3元(含税) | 16.37 | 2003/3/21 |

| 代码 | 简称 | 每股收益(元) | | | 每股净资产(元) | | 每股经营现金流量(元) | | 净资产收益率(%) | | 主营收入(万元) | | 净利润(万元) | | | 总资产(万元) | 股东权益(万元) | 最新流通A股(万股) | 最新总股本(万股) | 分配方案 | 最新市盈率(倍) | 年报刊登日期 |
|---|---|---|---|---|---|---|---|---|---|---|---|---|---|---|---|---|---|---|---|---|---|---|
| | | 2002年 | 扣除后 | 2001年 | 2002年 | 调整后 | 2002年 | 2001年 | 2002年 | 2001年 | 2002年 | 同比(%) | 2002年 | 同比(%) | 扣除后 | | | | | | | |
| 600099 | 林海股份 | 0.014 | 0.015 | 0.007 | 2.06 | 2.02 | 0.04 | 0.25 | 0.68 | 0.35 | 15853.25 | -16.84 | 305.29 | 93.82 | 317.26 | 51332.32 | 45126.66 | 9120.00 | 21912.00 | 不分配 | 565.59 | 2003/3/29 |
| 600100 | 清华同方 | 0.32 | 0.316 | 0.506 | 4.808 | 4.708 | 0.213 | 0.345 | 6.65 | 10.92 | 543966.84 | 8.52 | 18359.51 | -36.86 | 18158.05 | 627632.09 | 276263.71 | 27303.05 | 57461.23 | 10派2元(含税) | 45.54 | 2003/3/29 |
| 600101 | 明星电力 | 0.464 | 0.476 | 0.461 | 6.07 | 5.88 | 0.775 | 0.58 | 7.64 | 7.9 | 32541.34 | 31.09 | 7872.68 | 0.52 | 8087.19 | 142535.94 | 103043.98 | 9500.40 | 16980.54 | 10派2.5元(含税) | 25.06 | 2003/2/28 |
| 600102 | 莱钢股份 | 0.417 | 0.439 | 0.523 | 4.12 | 4.12 | 0.78 | 0.56 | 10.13 | 14.1 | 601464.36 | 20.58 | 38503.74 | -15.52 | 40487.03 | 705636.99 | 380230.95 | 20280.00 | 92227.31 | 10派2.5元(含税) | 17.22 | 2003/3/28 |
| 600103 | 青山纸业 | 0.019 | 0.02 | 0.139 | 2.207 | 2.186 | 0.32 | 0.183 | 0.878 | 6.36 | 85761.22 | -6.64 | 1369.28 | -86.06 | 1403.67 | 226640.04 | 155891.14 | 44626.90 | 70630.00 | 不分配 | 199.11 | 2003/4/2 |
| 600104 | 上海汽车 | 0.425 | 0.465 | 0.311 | 3.284 | 3.265 | 0.309 | 0.288 | 12.94 | 9.65 | 476923.97 | 28.72 | 107044.04 | 36.50 | 117245.92 | 1070045.85 | 827529.14 | 75599.98 | 251999.93 | 10派3.6元(含税) | 28.39 | 2003/3/26 |
| 600105 | 永鼎光缆 | 0.231 | 0.23 | 0.306 | 3.47 | 3.46 | 0.74 | 0.02 | 6.66 | 11.15 | 103099.36 | -18.73 | 6297.20 | -17.60 | 6130.27 | 151837.75 | 94534.37 | 9750.00 | 27211.05 | 10派1.2元(含税) | 35.26 | 2003/4/1 |
| 600106 | 重庆路桥 | 0.2309 | 0.1655 | 0.2261 | 3.1 | 3.04 | 0.28 | 0.26 | 7.44 | 7.86 | 23847.21 | 74.21 | 7158.95 | 2.16 | 5131.91 | 148328.56 | 96215.27 | 9000.00 | 31000.00 | 不分配 | 34.38 | 2003/3/31 |
| 600107 | 美尔雅 | -0.93 | -0.17 | 0.08 | 1.29 | 0.74 | 0.018 | 0.185 | -72.3 | 3.43 | 15051.39 | 1.83 | -33576.43 | -1320.03 | -6225.36 | 89717.94 | 46469.24 | 13320.00 | 36000.00 | 不分配 | / | 2003/4/29 |
| 600108 | 亚盛集团 | 0.128 | 0.128 | 0.144 | 2.3 | | 0.07 | 0.02 | 5.6 | 6.501 | 83222.95 | 25.24 | 8006.16 | -10.83 | 8024.31 | 249690.88 | 143028.95 | 27682.20 | 62504.52 | 10派0.5元(含税) | 38.72 | 2003/4/25 |
| 600109 | 成都建设 | 0.12 | 0.085 | 0.018 | 2.548 | 2.535 | 0.193 | 0.163 | 4.69 | 9.02 | 59109.65 | -7.89 | 848.49 | 550.69 | 602.99 | 31997.40 | 18083.10 | 2750.00 | 7098.27 | 不分配 | 112.77 | 2003/3/22 |
| 600110 | 中科英华 | 0.153 | 0.1493 | 0.275 | 1.8 | 1.72 | 0.1646 | 0.0764 | 8.6 | 9.22 | 21708.28 | 88.09 | 5100.08 | 0.03 | 4989.51 | 85820.22 | 59297.96 | 13767.64 | 33412.38 | 10派0.3元(含税) | 39.11 | 2003/3/25 |
| 600111 | 稀土高科 | 0.161 | 0.16 | 0.2 | 2.639 | 2.488 | 0.125 | 0.008 | 6.12 | 7.9 | 30302.49 | -3.93 | 6518.98 | -19.09 | 6462.04 | 140172.94 | 106513.27 | 14560.00 | 40367.40 | 10派0.5元(含税) | 55.92 | 2003/2/28 |
| 60112 | 长征电器 | -1.1435 | -1.0432 | 0.0248 | 1.63 | 1.48 | -0.0826 | -0.0049 | -70.2687 | 0.8993 | 13660.64 | -17.33 | -19668.37 | -4707.95 | -17943.09 | 47621.25 | 27990.22 | 5200.00 | 17200.00 | 不分配 | / | 2003/2/28 |
| 600113 | 浙江东日 | 0.04 | 0.03 | 0.02 | 3.04 | 3.02 | 0.31 | 0.02 | 1.25 | 0.69 | 4152.97 | -37.70 | 447.98 | 84.32 | 368.22 | 40994.19 | 35860.30 | 4000.00 | 11800.00 | 不分配 | 240.22 | 2003/4/15 |
| 600115 | 东方航空 | 0.0255 | 0.0138 | 0.0199 | 1.291 | 1.291 | 0.73 | 0.66 | 1.98 | 1.55 | 1295977.64 | 4.42 | 12425.95 | 28.10 | 6701.07 | 3142619.67 | 628406.59 | 30000.00 | 486695.00 | 10派0.2元(含税) | 173.12 | 2003/4/8 |
| 600116 | 三峡水利 | 0.05 | 0.05 | 0.12 | 2.95 | 2.42 | 0.6 | 0.38 | 1.59 | 4 | 33328.19 | 14.20 | 820.91 | -59.28 | 901.78 | 118049.40 | 51487.38 | 5799.20 | 17476.80 | 不分配 | 192.88 | 2003/4/8 |
| 600117 | 西宁特钢 | 0.1953 | 0.1881 | 0.1534 | 2.0797 | 1.9816 | 0.2089 | 0.2999 | 9.39 | 6.38 | 135404.41 | 9.30 | 11369.04 | 27.27 | 10954.02 | 295228.31 | 121082.23 | 16000.00 | 58222.00 | 10派5.2元(含税) | 32.42 | 2003/2/18 |
| 600118 | 中国卫星 | 0.13 | 0.13 | 0.05 | 1.6 | 1.57 | 0.001 | 0.07 | 8.28 | 3.71 | 34619.07 | 23.31 | 2508.01 | 143.20 | 2551.09 | 62275.01 | 30303.91 | 7200.00 | 18950.40 | 10派0.5元(含税)送2 | 115.76 | 2003/4/22 |
| 600119 | 长江投资 | 0.0937 | 0.0893 | 0.138 | 1.5542 | 1.426 | 0.1276 | -0.1291 | 6.0267 | 6.0549 | 57063.14 | 20.90 | 2410.91 | 5.92 | 2298.75 | 85384.04 | 40004.02 | 8236.80 | 25740.00 | 不分配 | 97.48 | 2003/3/20 |
| 600120 | 浙江东方 | 0.35 | 0.36 | 0.46 | 2.6 | 2.56 | -0.83 | 0.14 | 13.48 | 14.44 | 364176.87 | 17.35 | 11084.51 | 7.44 | 11443.83 | 244486.00 | 82235.89 | 13117.57 | 31592.09 | 10派0.5元(含税)送1转增5 | 40.13 | 2003/3/29 |
| 600121 | 郑州煤电 | 0.1 | 0.1 | 0.094 | 1.609 | 1.604 | 0.313 | 0.187 | 6.16 | 6.22 | 83115.54 | 32.36 | 8029.35 | 5.50 | 8406.28 | 218382.87 | 130307.50 | 21600.00 | 81000.00 | 不分配 | 62.14 | 2003/3/26 |
| 600122 | 宏图高科 | 0.109 | 0.104 | 0.182 | 3.069 | 2.91 | 0.323 | -0.224 | 3.54 | 6.18 | 221015.20 | 10.24 | 3466.78 | -40.39 | 3312.93 | 292735.53 | 97960.62 | 14400.00 | 31920.00 | 不分配 | 61.69 | 2003/4/18 |
| 600123 | 兰花科创 | 0.227 | 0.228 | 0.107 | 2.345 | 2.27 | 0.48 | 0.789 | 9.68 | 4.84 | 64622.60 | 43.41 | 8422.83 | 112.67 | 8462.26 | 166239.67 | 87046.39 | 14400.00 | 37125.00 | 10派1元(含税) | 35.00 | 2003/3/28 |
| 600125 | 铁龙股份 | 0.343 | 0.345 | 0.316 | 3.119 | 3.004 | 0.479 | 0.809 | 11 | 10.98 | 32067.85 | -8.18 | 6543.26 | 8.68 | 6587.53 | 87205.49 | 59509.14 | 9077.60 | 19077.60 | 10派1元(含税) | 25.37 | 2003/1/28 |
| 600126 | 杭钢股份 | 0.42 | 0.44 | 0.531 | 3.39 | 3.37 | 1.16 | 0.543 | 12.4 | 16.76 | 516574.92 | 19.71 | 27113.42 | -20.83 | 28453.07 | 387688.81 | 218703.78 | 16575.00 | 64533.75 | 10派2元(含税) | 18.52 | 2003/3/15 |
| 600127 | 金健米业 | -0.309 | -0.291 | 0.039 | 2.598 | 2.598 | -0.13 | 0.071 | -11.9 | 1.355 | 54505.59 | 33.13 | -13364.94 | -884.48 | -12601.48 | 237092.62 | 112352.40 | 19143.45 | 43250.01 | 不分配 | / | 2003/4/29 |
| 600128 | 弘业股份 | 0.08 | 0.09 | 0.05 | 2.8 | 2.73 | 0.11 | 0.1 | 2.88 | 1.86 | 165257.55 | 14.03 | 1606.71 | 56.86 | 1790.08 | 92338.43 | 55806.52 | 7412.31 | 19944.75 | 10派0.5元(含税) | 89.00 | 2003/3/21 |
| 600129 | 太极集团 | 0.217 | 0.208 | 0.237 | 3.36 | 3.15 | 1.03 | 0.89 | 6.45 | 7.51 | 233912.26 | 33.74 | 5470.16 | -8.58 | 5254.16 | 319560.15 | 84819.22 | 7500.00 | 25260.00 | 不分配 | 116.60 | 2003/4/18 |
| 600130 | 波导股份 | 1.35 | 1.41 | 0.426 | 6.203 | 6.16 | 3.71 | 2.23 | 21.76 | 8.18 | 636761.60 | 142.83 | 21592.22 | 216.91 | 22582.59 | 380741.48 | 99246.71 | 4000.00 | 16000.00 | 10派3.5元(含税) | 14.97 | 2003/3/25 |
| 600131 | 岷江水电 | 0.18 | 0.17 | 0.09 | 2.09 | 2.05 | 0.11 | 0.09 | 8.2 | 4.59 | 34373.21 | 140.59 | 5317.29 | 94.48 | 5119.50 | 168086.02 | 61887.14 | 9995.00 | 29654.42 | 10派1元(含税)送2转增5 | 58.84 | 2003/4/3 |
| 600132 | 重庆啤酒 | 0.2607 | 0.2608 | 0.201 | 3.49 | 3.42 | 0.73 | 0.58 | 7.48 | 5.95 | 77874.63 | 66.86 | 4455.43 | 29.94 | 4456.99 | 141555.49 | 59555.98 | 7800.00 | 25630.80 | 10派1.5元(含税)转增5 | 71.68 | 2003/2/19 |
| 600133 | 东湖高新 | 0.1498 | 0.148 | 0.1784 | 2.4553 | 2.3231 | -0.1137 | 0.0376 | 6.1 | 7.74 | 39090.59 | -16.42 | 4129.12 | -16.02 | 4079.02 | 135207.71 | 67665.71 | 8320.00 | 27559.22 | 不分配 | 61.67 | 2003/3/29 |
| 600135 | 乐凯胶片 | 0.363 | 0.377 | 0.409 | 2.84 | 2.833 | 0.469 | 0.581 | 12.785 | 14.416 | 59295.89 | -7.08 | 12418.37 | -11.21 | 12893.56 | 117302.73 | 97130.56 | 12600.00 | 34200.00 | 10派3.6元(含税) | 28.59 | 2003/4/8 |
| 600136 | 道博股份 | -1.46 | -1.38 | 0.22 | 2.55 | 2.46 | -0.55 | 0.05 | -57.29 | 5.55 | 11044.38 | -37.13 | -15233.36 | -756.54 | -14383.86 | 76791.75 | 26592.04 | 4092.40 | 10444.40 | 不分配 | / | 2003/4/26 |
| 600137 | ST长控 | -10.996 | -1.192 | -0.318 | -8.588 | -8.601 | -0.355 | -0.296 | | -13.189 | 3056.21 | -39.87 | -66758.60 | -3359.65 | -7233.83 | 10534.52 | -52138.74 | 1740.00 | 6071.13 | 不分配 | / | 2003/4/25 |
| 600138 | 中青旅 | 0.312 | 0.233 | 0.386 | 4.25 | 4.17 | 0.3 | 0.25 | 7.32 | 9.49 | 169937.76 | 29.87 | 8318.59 | -19.01 | 6229.65 | 182796.20 | 113565.55 | 11700.00 | 26700.00 | 10派1.2元(含税) | 25.58 | 2003/3/15 |
| 600139 | ST鼎天 | -0.62 | | -0.87 | 1.02 | 0.83 | -0.93 | 0.26 | -60.91 | -65.47 | 40451.11 | 108.59 | -4704.40 | 28.95 | -4537.37 | 40074.29 | 7723.71 | 2940.00 | 7601.02 | 不分配 | / | 2003/4/10 |
| 600141 | 兴发集团 | 0.11 | 0.11 | 0.21 | 2.53 | 2.53 | 0.053 | 0.5 | 4.39 | 8.32 | 46207.77 | 29.37 | 1779.36 | -46.95 | 1790.72 | 95419.79 | 40496.67 | 4000.00 | 16000.00 | 10派1元(含税) | 78.23 | 2003/3/27 |

| 代码 | 简称 | 每股收益(元) | | | 每股净资产(元) | | 每股经营现金流量(元) | | 净资产收益率(%) | | 主营收入(万元) | | 净利润(万元) | | | 总资产(万元) | 股东权益(万元) | 最新流通A股(万股) | 最新总股本(万股) | 分配方案 | 最新市盈率(倍) | 年报刊登日期 |
|---|---|---|---|---|---|---|---|---|---|---|---|---|---|---|---|---|---|---|---|---|---|---|
| | | 2002年 | 扣除后 | 2001年 | 2002年 | 调整后 | 2002年 | 2001年 | 2002年 | 2001年 | 2002年 | 同比(%) | 2002年 | 同比(%) | 扣除后 | | | | | | | |
| 600145 | 四维瓷业 | 0.11 | 0.11 | 0.32 | 1.31 | 1.3 | 0.1 | 0.26 | 8.7 | 18.98 | 29391.14 | -5.15 | 3949.74 | -49.77 | 3967.28 | 74223.30 | 45384.41 | 12474.00 | 34650.00 | 不分配 | 46.14 | 2003/3/28 |
| 600146 | 大元股份 | 0.0105 | 0.0124 | -0.5716 | 1.797 | 1.795 | 0.031 | 0.13 | 0.583 | -31.9965 | 4074.02 | -97.34 | 209.39 | 101.83 | 248.51 | 41757.48 | 35938.05 | 6000.00 | 20000.00 | 不分配 | 856.79 | 2003/2/28 |
| 600148 | 长春一东 | 0.097 | 0.095 | 0.059 | 1.82 | 1.72 | 0.1 | 0.26 | 5.35 | 3.29 | 21396.82 | 33.62 | 1379.64 | 66.17 | 1350.94 | 34999.16 | 25776.96 | 4200.00 | 14151.65 | 10派0.6元(含税) | 87.19 | 2003/3/25 |
| 600149 | 邢台轧辊 | 0.095 | 0.093 | 0.11 | 1.77 | 1.76 | 0.063 | 0.12 | 5.38 | 5.33 | 41053.75 | 9.76 | 2918.81 | 6.78 | 2848.92 | 89287.19 | 54235.71 | 12420.00 | 30564.00 | 不分配 | 74.14 | 2003/4/11 |
| 600150 | 沪东重机 | 0.038 | 0.047 | 0.05 | 1.992 | 1.972 | 0.256 | 0.68 | 1.89 | 2.58 | 86628.72 | 8.24 | 909.25 | -25.07 | 1129.96 | 113135.40 | 48098.00 | 7700.00 | 24149.31 | 不分配 | 198.67 | 2003/4/8 |
| 600151 | 航天机电 | 0.165 | 0.155 | 0.189 | 2.543 | 2.431 | 0.441 | 0.396 | 6.51 | 7.55 | 129317.54 | 22.31 | 7740.51 | -12.51 | 7255.33 | 220896.71 | 118967.04 | 14144.00 | 46784.00 | 10派1.3元(含税) | 45.69 | 2003/4/15 |
| 600152 | 维科精华 | 0.1537 | 0.1465 | 0.1623 | 2.0785 | 2.0632 | 0.5151 | 0.3652 | 7.4 | 8.06 | 134640.91 | 22.55 | 4511.78 | -5.30 | 4298.86 | 128609.23 | 61004.23 | 11097.50 | 29349.42 | 10派1元(含税) | 39.62 | 2003/3/11 |
| 600153 | 厦门建发 | 0.56 | 0.54 | 0.48 | 5.14 | 4.88 | 0.14 | 0.98 | 10.84 | 9.51 | 746432.17 | 24.67 | 16493.73 | 15.23 | 16090.08 | 412494.99 | 152086.35 | 8000.00 | 29600.00 | 10派5元(含税) | 19.99 | 2003/3/26 |
| 600155 | 宝硕股份 | 0.151 | 0.148 | 0.175 | 1.961 | 1.936 | 0.368 | 0.358 | 7.674 | 9.145 | 120113.42 | 7.88 | 6207.97 | -13.86 | 6114.76 | 228395.52 | 80895.22 | 12000.00 | 41250.00 | 10派1元(含税) | 35.95 | 2003/1/29 |
| 600156 | 益鑫泰 | -0.3367 | | 0.1512 | 2.41 | 2.38 | -0.27 | 0.12 | -14 | 5.53 | 70722.75 | -4.98 | -14779.15 | -322.75 | -12275.42 | 153747.62 | 105599.07 | 13600.00 | 43890.00 | 不分配 | / | 2003/4/23 |
| 600157 | 鲁润股份 | 0.066 | 0.0654 | 0.078 | 1.731 | 1.665 | 0.98 | 0.66 | 3.81 | 4.69 | 64900.42 | 31.47 | 1125.28 | -15.52 | 1115.20 | 91905.56 | 29511.65 | 6355.84 | 17044.62 | 不分配 | 117.24 | 2003/4/4 |
| 600158 | 中体产业 | 0.056 | 0.045 | 0.0561 | 3.0942 | 2.9902 | 0.2898 | 0.2901 | 1.7 | 1.83 | 22884.45 | 10.60 | 1408.45 | -0.94 | 1134.99 | 160883.08 | 78483.54 | 7605.00 | 25364.82 | 10派0.2元(含税) | 162.08 | 2003/3/15 |
| 600160 | 巨化股份 | 0.234 | 0.228 | 0.283 | 3.53 | 3.48 | 0.98 | 0.69 | 6.02 | 7.97 | 152001.81 | 19.91 | 8673.85 | -17.56 | 8472.72 | 253275.26 | 131109.13 | 11440.00 | 37120.00 | 10派2.5元(含税) | 33.77 | 2003/3/15 |
| 600161 | 天坛生物 | 0.189 | 0.177 | 0.173 | 1.5 | 1.5 | 0.44 | 0.24 | 12.58 | 11.6 | 19965.77 | 28.81 | 3630.08 | 9.14 | 3399.96 | 50477.02 | 28852.22 | 4800.00 | 19200.00 | 10派1元(含税) | 82.09 | 2003/1/29 |
| 600162 | 山东临工 | 0.15 | 0.12 | 0.11 | 3.5 | 3.44 | 0.67 | 0.18 | 4.15 | 3.25 | 102652.03 | 92.34 | 2551.02 | 33.13 | 2096.68 | 134008.41 | 61525.58 | 10752.00 | 17589.00 | 不分配 | 53.57 | 2003/3/22 |
| 600163 | 福建南纸 | 0.23 | 0.23 | 0.25 | 3.65 | 3.62 | 0.89 | 0.94 | 6.19 | 6.99 | 124289.89 | 16.56 | 6906.86 | -10.76 | 6908.22 | 258923.28 | 111569.26 | 9100.00 | 30594.66 | 10派2元(含税) | 28.62 | 2003/3/20 |
| 600165 | 宁夏恒力 | 0.102 | 0.075 | 0.2 | 2.79 | 2.73 | 0.21 | 0.16 | 3.65 | 7.45 | 36690.09 | -1.68 | 2556.49 | -49.11 | 1896.01 | 123894.62 | 70028.90 | 9360.00 | 25120.00 | 不分配 | 72.71 | 2003/3/20 |
| 600166 | 福田汽车 | 0.4504 | 0.407 | 0.3667 | 4.1 | 3.75 | 1.73 | 0.3 | 10.99 | 10.23 | 757981.03 | 84.32 | 12632.93 | 22.84 | 11417.21 | 332187.09 | 114899.68 | 10400.00 | 30446.60 | 不分配 | 35.96 | 2003/1/22 |
| 600167 | 沈阳新开 | 0.32 | 0.3071 | 0.01 | 2.23 | 2.22 | 0.37 | -0.42 | 14.32 | 0.6 | 15999.17 | 43.65 | 6072.82 | 2664.99 | 5834.97 | 66832.77 | 42401.73 | 7000.00 | 19000.00 | 不分配 | 22.43 | 2003/1/24 |
| 600168 | 武汉控股 | 0.1777 | 0.17 | 0.3009 | 3.0063 | 3.006 | 0.1707 | 0.3807 | 5.91 | 10.12 | 21485.86 | -7.18 | 7840.75 | -40.93 | 7567.57 | 146079.28 | 132621.67 | 12750.00 | 44115.00 | 10派1.5元(含税) | 43.72 | 2003/3/28 |
| 600169 | 太原重工 | 0.0287 | 0.037 | 0.055 | 2.36 | 2.25 | -0.0699 | -0.077 | 1.22 | 2.36 | 81642.00 | 22.75 | 1069.50 | -47.89 | 1378.71 | 209844.24 | 88006.18 | 14400.00 | 37217.24 | 不分配 | 201.83 | 2003/4/26 |
| 600170 | 上海建工 | 0.27 | 0.27 | 0.31 | 3.92 | 3.91 | 0.73 | 1.51 | 6.85 | 6.82 | 904313.13 | 12.99 | 19295.75 | 4.19 | 19116.21 | 913092.00 | 281835.77 | 23400.00 | 71929.80 | 10派1.25元(含税) | 29.56 | 2003/3/7 |
| 600171 | 上海贝岭 | 0.19 | 0.17 | 0.34 | 2.38 | 2.36 | 0.45 | 0.3 | 7.82 | 11.68 | 76299.29 | -2.63 | 10509.16 | -29.49 | 9743.11 | 159971.75 | 134465.27 | 20280.00 | 56476.42 | 10派0.6元(含税) | 59.44 | 2003/3/22 |
| 600172 | 黄河旋风 | 0.11 | 0.1 | 0.11 | 2.86 | 2.85 | 0.057 | -0.036 | 3.93 | 3.9 | 30037.52 | 5.99 | 3002.30 | 2.92 | 2755.28 | 104389.59 | 76471.84 | 10400.00 | 26800.00 | 10派0.5元(含税) | 67.66 | 2003/4/8 |
| 600173 | 牡丹江 | 0.014 | 0.04 | 0.161 | 2.68 | 2.64 | -0.266 | 0.209 | 0.54 | 6.05 | 41130.45 | 5.78 | 333.13 | -91.00 | 977.89 | 115756.16 | 61569.02 | 10151.55 | 23000.00 | 不分配 | 443.25 | 2003/3/19 |
| 600175 | 美都控股 | 0.04 | 0.03 | -0.13 | 4.3 | 4.22 | -0.21 | 1.28 | 0.88 | -3.08 | 4979.34 | -30.08 | 404.04 | 128.78 | 355.44 | 72318.58 | 45917.80 | 4068.00 | 10668.00 | 不分配 | 231.03 | 2003/4/19 |
| 600176 | 中国化建 | 0.068 | 0.06 | 0.021 | 2.192 | 2.1 | 0.398 | -0.222 | 3.09 | 0.97 | 63439.42 | 19.40 | 1506.49 | 222.51 | 1303.31 | 150259.97 | 48795.95 | 7420.00 | 22260.00 | 10派0.5元(含税) | 151.60 | 2003/3/29 |
| 600177 | 雅戈尔 | 0.7021 | 0.6325 | 0.6111 | 3.7866 | 3.7798 | 1.3065 | 0.5821 | 18.54 | 18.55 | 247120.24 | 41.09 | 39887.45 | 14.89 | 35931.73 | 532467.41 | 215113.31 | 22508.66 | 56809.51 | 10派2元(含税) | 14.61 | 2003/2/11 |
| 600178 | 东安动力 | 0.2528 | 0.2547 | 0.1969 | 3.1456 | 3.1152 | 0.321 | 0.2585 | 8.04 | 6.37 | 219099.28 | 18.34 | 11680.77 | 28.39 | 11769.79 | 226830.11 | 145352.14 | 13858.00 | 46208.00 | 10派2元(含税) | 31.09 | 2003/3/20 |
| 600179 | 黑化股份 | 0.02 | 0.0109 | 0.06 | 2.39 | 2.36 | 0.21 | -0.37 | 0.98 | 2.74 | 54924.30 | -55.36 | 775.02 | -63.83 | 360.70 | 170794.55 | 78898.23 | 10000.00 | 33000.00 | 不分配 | 232.91 | 2003/4/5 |
| 600180 | 九发股份 | 0.33 | 0.31 | 0.29 | 3.29 | 3.23 | 0.06 | 0.31 | 10.14 | 9.14 | 69554.51 | 29.22 | 8384.19 | 15.64 | 7887.14 | 136102.37 | 82679.85 | 7987.20 | 25099.01 | 10派2元(含税) | 32.42 | 2003/3/6 |
| 600181 | 云大科技 | 0.09 | 0.06 | 0.21 | 2.68 | 2.53 | -0.36 | -0.87 | 3.33 | 7.9 | 60432.13 | 55.73 | 3103.30 | -56.88 | 2136.45 | 237957.95 | 93146.42 | 16800.00 | 34813.62 | 10派0.2元(含税) | 82.12 | 2003/4/26 |
| 600182 | ST桦林 | -0.714 | -0.694 | -0.514 | 1.039 | 0.779 | -0.038 | -0.327 | -68.69 | -29.33 | 56829.55 | -29.07 | -24273.44 | -38.82 | -23598.15 | 172307.24 | 35336.40 | 17000.00 | 34000.00 | 不分配 | / | 2003/4/25 |
| 600183 | 生益科技 | 0.14 | 0.14 | 0.1291 | 1.562 | 1.561 | 0.1606 | 0.4131 | 9.11 | 6.53 | 88608.23 | 23.07 | 9077.37 | 43.31 | 8971.06 | 162508.98 | 99654.30 | 19368.98 | 63801.56 | 10派1元(含税) | 51.52 | 2003/3/19 |
| 600185 | 海星科技 | 0.0393 | 0.0446 | 0.0559 | 2.3505 | 2.293 | 0.1224 | 0.5923 | 1.67 | 2.2 | 29188.82 | -5.01 | 856.21 | -22.62 | 971.35 | 98255.99 | 51193.41 | 7480.00 | 21780.00 | 不分配 | 209.61 | 2003/4/15 |
| 600186 | 莲花味精 | 0.0219 | | 0.216 | 2.3579 | 2.3315 | 0.0963 | 0.0546 | 0.927 | 7.04 | 121965.01 | -12.10 | 1932.42 | -86.71 | 1763.40 | 460838.46 | 208438.19 | 36400.00 | 88400.00 | 不分配 | 297.35 | 2003/4/30 |
| 600187 | 黑龙股份 | 0.0118 | 0.0036 | 0.23 | 2.35 | 2.31 | 0.28 | -0.46 | 0.5 | 8.58 | 72879.54 | 20.28 | 385.22 | -94.81 | 117.01 | 217336.06 | 77154.38 | 9750.00 | 32722.50 | 不分配 | 957.32 | 2003/3/27 |
| 600188 | 兖州煤业 | 0.35 | 0.35 | 0.28 | 3.37 | 3.33 | 0.83 | 0.58 | 10.39 | 9.13 | 805525.89 | 24.51 | 100311.55 | 25.98 | 101604.80 | 1298354.84 | 965857.30 | 18000.00 | 287000.00 | 10派1.04元(含税) | 26.01 | 2003/4/14 |
| 600189 | 吉林森工 | 0.34 | 0.34 | 0.38 | 3.95 | 3.88 | 0.86 | -0.05 | 8.52 | 9.82 | 72242.19 | 17.86 | 10437.27 | -12.46 | 10537.27 | 150898.43 | 122543.29 | 11050.00 | 31050.00 | 10派3元(含税) | 24.81 | 2003/3/21 |

| 代码 | 简称 | 每股收益(元) | | | 每股净资产(元) | | 每股经营现金流量(元) | | 净资产收益率(%) | | 主营收入(万元) | | 净利润(万元) | | | 总资产(万元) | 股东权益(万元) | 最新流通A股(万股) | 最新总股本(万股) | 分配方案 | 最新市盈率(倍) | 年报刊登日期 |
|---|---|---|---|---|---|---|---|---|---|---|---|---|---|---|---|---|---|---|---|---|---|---|
| | | 2002年 | 扣除后 | 2001年 | 2002年 | 调整后 | 2002年 | 2001年 | 2002年 | 2001年 | 2002年 | 同比(%) | 2002年 | 同比(%) | 扣除后 | | | | | | | |
| 600190 | ST锦州港 | -0.002 | | 0.013 | 0.959 | 0.931 | 0.159 | 0.13 | -0.192 | 1.41 | 38436.76 | 23.40 | -174.26 | -113.67 | 875.21 | 202570.63 | 90770.82 | 22800.00 | 94650.00 | 不分配 | / | 2003/4/22 |
| 600191 | 华资实业 | 0.25 | 0.24 | 0.234 | 3.71 | 3.69 | 0.27 | 0.37 | 6.61 | 6.78 | 80214.73 | 31.89 | 7430.76 | 4.43 | 7225.95 | 153993.32 | 112412.61 | 10465.00 | 30308.25 | 不分配 | 30.26 | 2003/1/21 |
| 600192 | 长城电工 | 0.0522 | 0.056 | 0.0453 | 3.2604 | 3.2405 | 0.0074 | -0.0354 | 1.6 | 1.42 | 75905.59 | 9.63 | 1671.89 | 15.12 | 1795.36 | 188773.64 | 104494.80 | 11050.00 | 32050.00 | 不分配 | 115.79 | 2003/3/21 |
| 600193 | 创兴科技 | 0.099 | 0.12 | 0.097 | 1.643 | 1.639 | 0.145 | 0.519 | 6.02 | 6.31 | 18333.89 | 59.23 | 1659.95 | 1.51 | 2014.35 | 72629.47 | 27567.17 | 4600.00 | 16780.00 | 不分配 | 80.06 | 2003/3/22 |
| 600195 | 中牧股份 | 0.05 | 0.05 | 0.22 | 2.05 | 2.01 | 0.18 | 0.58 | 2.54 | 10.5 | 146384.40 | -4.01 | 2031.07 | -76.60 | 1894.28 | 130742.34 | 80056.61 | 12000.00 | 39000.00 | 10派1.23元(含税) | 148.81 | 2003/4/15 |
| 600196 | 复星实业 | 0.385 | 0.325 | 0.488 | 3.851 | 3.741 | 0.268 | 0.232 | 10.444 | 11.278 | 103166.13 | 41.74 | 14721.02 | 2.62 | 12394.17 | 313957.01 | 140951.09 | 14625.00 | 38188.80 | 10派1.6元(含税) | 29.55 | 2003/3/29 |
| 600197 | 伊力特 | 0.36 | 0.34 | 0.35 | 3.428 | 3.428 | 0.306 | 0.09 | 10.43 | 10.39 | 36693.23 | 4.35 | 7886.43 | 2.73 | 7773.53 | 101838.14 | 75595.49 | 7500.00 | 22050.00 | 10派2.8元(含税) | 28.83 | 2003/3/13 |
| 600198 | 大唐电信 | 0.052 | 0.0142 | 0.0822 | 4.4259 | 4.2539 | -1.93 | -0.06 | 1.17 | 1.9 | 209140.31 | 1.95 | 2280.69 | -36.82 | 624.60 | 559203.04 | 194290.53 | 16537.38 | 43898.64 | 不分配 | 219.81 | 2003/4/22 |
| 600199 | 金牛实业 | 0.05 | 0.04 | 0.1 | 2.84 | 2.8 | -0.06 | 0.41 | 1.84 | 3.65 | 41181.22 | -19.23 | 1810.80 | -48.50 | 1455.22 | 161227.64 | 98338.26 | 13000.00 | 34640.00 | 不分配 | 114.40 | 2003/4/2 |
| 600200 | 江苏吴中 | 0.217 | 0.197 | 0.3001 | 2.856 | 2.811 | 0.083 | -0.125 | 7.6 | 11.09 | 66623.45 | -0.35 | 6017.71 | -27.67 | 5457.66 | 122851.58 | 79163.30 | 12510.00 | 27720.00 | 10派0.7元(含税) | 80.11 | 2003/2/18 |
| 600201 | 金宇集团 | 0.368 | 0.32 | 0.13 | 4.791 | 4.754 | 0.873 | -0.316 | 7.677 | 2.758 | 29323.63 | 40.80 | 4016.53 | 182.22 | 3480.77 | 81321.50 | 52321.20 | 5031.33 | 10921.33 | 10派3元(含税) | 38.91 | 2003/3/29 |
| 600202 | 哈空调 | 0.015 | 0.0136 | 0.2912 | 1.4395 | 1.4367 | -0.0535 | 0.2791 | 1.04 | 18.41 | 17336.83 | -30.74 | 369.36 | -94.32 | 333.65 | 62948.94 | 35372.27 | 10077.76 | 24573.12 | 10派0.1元(含税) | 405.83 | 2003/4/16 |
| 600203 | 福日股份 | -0.104 | -0.14 | 0.123 | 2.22 | 2.18 | 0.022 | 0.267 | -4.69 | 5.34 | 137635.24 | 72.31 | -2661.92 | -184.19 | -3599.87 | 180468.36 | 56813.60 | 7000.00 | 25640.00 | 不分配 | / | 2003/4/22 |
| 600205 | 山东铝业 | 0.259 | | 0.401 | 2.43 | 2.41 | 0.45 | -0.07 | 10.68 | 17.35 | 204822.64 | -9.11 | 14526.54 | -35.38 | 14440.81 | 259216.32 | 136034.91 | 16000.00 | 56000.00 | 10派1.5元(含税) | 45.37 | 2003/1/25 |
| 600206 | 有研硅股 | -0.233 | -0.241 | 0.012 | 4.498 | 4.374 | 0.133 | -0.125 | -5.18 | 0.25 | 12083.12 | 11.51 | -3375.86 | -2045.40 | -3493.98 | 97420.20 | 65219.92 | 6500.00 | 14500.00 | 不分配 | / | 2003/4/12 |
| 600207 | 安彩高科 | 0.2207 | 0.222 | 0.334 | 4.911 | 4.908 | 0.874 | 1.418 | 4.49 | 6.83 | 177661.19 | 27.85 | 9711.28 | -33.92 | 9767.92 | 321740.32 | 216070.24 | 18000.00 | 44000.00 | 10派2元(含税) | 39.55 | 2003/3/18 |
| 600208 | 中宝股份 | 0.06 | -0.02 | 0.19 | 2.48 | 2.33 | 0.19 | -0.34 | 2.46 | 6.74 | 40341.63 | -52.66 | 1532.20 | -62.29 | -524.87 | 266655.41 | 62192.86 | 10320.00 | 25084.03 | 不分配 | 100.36 | 2003/3/13 |
| 600209 | 罗顿发展 | 0.18 | 0.09 | 0.2368 | 2.5749 | 2.2789 | 0.8055 | 0.1441 | 7.13 | 9.84 | 37959.64 | -28.75 | 4328.62 | -22.45 | 2047.60 | 110299.65 | 60701.20 | 9750.00 | 25824.19 | 10派0.3元(含税)转增7 | 50.29 | 2003/4/26 |
| 600210 | 紫江企业 | 0.462 | 0.463 | 0.362 | 2.85 | 2.81 | 0.97 | 0.48 | 16.21 | 13.46 | 182134.70 | 59.96 | 25249.00 | 28.45 | 25265.09 | 454194.15 | 155727.00 | 17135.09 | 54640.01 | 10派3元(含税) | 26.34 | 2003/1/17 |
| 600211 | 西藏药业 | 0.083 | 0.08 | 0.15 | 3.38 | 3.3 | 0.268 | 0.142 | 2.461 | 4.53 | 7449.05 | -0.23 | 1019.75 | -44.27 | 974.96 | 73307.86 | 41437.05 | 4500.00 | 12260.00 | 不分配 | 148.96 | 2003/3/21 |
| 600212 | 江泉实业 | 0.127 | 0.135 | 0.35 | 4.09 | 4.01 | 0.61 | 0.26 | 3.1 | 8.62 | 60979.31 | -27.00 | 4056.73 | -46.47 | 4312.78 | 169217.81 | 130685.65 | 19179.63 | 31990.09 | 10派0.8元(含税) | 48.81 | 2003/4/19 |
| 600213 | 亚星客车 | 0.12 | 0.12 | 0.28 | 3.38 | 3.36 | -0.58 | 0.69 | 3.47 | 8.44 | 87654.36 | -14.05 | 2229.65 | -58.14 | 2324.15 | 115699.44 | 64308.75 | 6000.00 | 19000.00 | 10派0.6元(含税) | 74.48 | 2003/3/25 |
| 600215 | 长春经开 | 0.4577 | 0.4579 | 0.4668 | 5.54 | 5.52 | 0.2305 | 0.3548 | 8.26 | 9.01 | 105947.27 | 35.36 | 14006.39 | -1.95 | 14012.37 | 343679.51 | 169651.55 | 16536.00 | 30600.00 | 10派1元(含税) | 19.31 | 2003/2/22 |
| 600216 | 浙江医药 | 0.042 | 0.021 | 0.036 | 1.376 | 1.336 | 0.051 | 0.218 | 3.03 | 2.73 | 111339.93 | 28.41 | 1873.77 | 14.36 | 940.50 | 163667.17 | 61910.18 | 13214.72 | 45006.00 | 不分配 | 189.03 | 2003/3/27 |
| 600217 | 秦岭水泥 | 0.11 | 0.11 | 0.147 | 1.79 | 1.78 | 0.04 | 0.002 | 6.14 | 8.79 | 50148.82 | 13.83 | 4536.43 | -25.20 | 4633.97 | 129558.68 | 73927.51 | 14000.00 | 41300.00 | 不分配 | 134.65 | 2003/2/28 |
| 600218 | 全柴动力 | 0.04 | 0.03 | 0.11 | 3.04 | 3.03 | 0.31 | 0.23 | 1.24 | 3.65 | 55621.71 | 24.32 | 1064.04 | -65.92 | 966.94 | 124301.16 | 86103.15 | 10140.00 | 28340.00 | 10派0.2元(含税) | 221.33 | 2003/3/12 |
| 600219 | 南山实业 | 0.51 | 0.51 | 0.56 | 5.37 | | 0.89 | 0.5 | 9.5 | 11.33 | 115694.67 | 11.89 | 13117.01 | -9.57 | 13097.30 | 197526.80 | 138130.42 | 13500.00 | 25700.00 | 10派1.5元(含税) | 18.12 | 2003/2/18 |
| 600220 | 江苏阳光 | 0.43 | 0.43 | 0.4 | 4.5 | 4.5 | 0.52 | 0.42 | 9.6 | 9.86 | 92547.08 | 15.09 | 13490.16 | 6.87 | 13482.40 | 269387.88 | 140474.55 | 11900.00 | 31238.17 | 10转增2,派现待定 | 21.88 | 2003/4/12 |
| 600221 | 海南航空 | 0.25 | 0.24 | 0.14 | 3.26 | 2.31 | 1.45 | 1.86 | 7.6 | 4.59 | 502828.17 | 54.49 | 18115.09 | 80.60 | 17775.17 | 1940095.81 | 238294.57 | 37195.78 | 73025.28 | 10派0.6元(含税) | 22.74 | 2003/4/12 |
| 600222 | 竹林众生 | 0.0802 | 0.0815 | 0.2136 | 3.1446 | 3.1413 | 0.0548 | 0.4042 | 2.55 | 6.98 | 18181.33 | 33.61 | 1091.44 | -62.47 | 1109.65 | 69299.48 | 42811.98 | 3500.00 | 13614.52 | 不分配 | 200.21 | 2003/4/10 |
| 600223 | 万杰高科 | 0.19 | 0.1892 | 0.26 | 2.91 | 2.9 | 0.31 | 0.62 | 6.65 | 8.09 | 113252.20 | 12.94 | 10222.39 | -26.84 | 10143.99 | 290205.59 | 156072.87 | 21131.50 | 53625.00 | 10派5元(含税) | 39.34 | 2003/4/12 |
| 600225 | 天香集团 | 0.11 | 0.09 | 0.03 | 2.08 | 2.04 | -0.44 | 0.88 | 5.09 | 1.58 | 42000.07 | 11.53 | 2129.17 | 238.59 | 1785.85 | 127929.90 | 41866.31 | 8649.83 | 20100.00 | 10送1 | 76.84 | 2003/4/5 |
| 600226 | 升华拜克 | 0.187 | 0.169 | 0.27 | 2.87 | 2.86 | 0.299 | 0.23 | 6.5 | 14.67 | 38695.89 | 3.26 | 5041.34 | -27.65 | 4560.21 | 99034.60 | 77514.75 | 9744.00 | 27036.62 | 10派1.5元(含税) | 54.92 | 2003/4/8 |
| 600227 | 赤天化 | 0.36 | 0.293 | 0.221 | 4.402 | 4.402 | 0.397 | 0.904 | 8.19 | 5.2 | 65939.32 | 4.56 | 6125.92 | 63.29 | 4986.47 | 86851.57 | 74838.25 | 7000.00 | 17000.00 | 10派2元(含税) | 25.34 | 2003/1/25 |
| 600228 | 昌九生化 | 0.004 | 0.008 | 0.09 | 1.596 | 1.549 | -0.077 | 0.047 | 0.232 | 5.61 | 30201.83 | -10.39 | 106.74 | -95.83 | 227.62 | 78588.84 | 45978.15 | 9600.00 | 28800.00 | 不分配 | 4602.83 | 2003/4/5 |
| 600229 | 青岛碱业 | 0.16 | | 0.23 | 2.83 | 2.79 | 0.35 | 0.39 | 5.82 | 8.13 | 95977.22 | 2.53 | 4863.93 | -28.42 | 4220.99 | 167010.88 | 83596.37 | 12444.54 | 29512.62 | 10派1.5元(含税) | 40.53 | 2003/3/28 |
| 600230 | 沧州大化 | 0.0779 | 0.1044 | 0.0226 | 2.47 | 2.446 | 0.418 | 0.25 | 3.152 | 0.924 | 68631.19 | 32.90 | 2019.33 | 244.98 | 2708.59 | 85008.14 | 64057.53 | 8000.00 | 25933.16 | 10派0.5元(含税) | 86.56 | 2003/3/21 |
| 600231 | 凌钢股份 | 0.505 | 0.466 | 0.528 | 3.507 | 3.489 | 0.49 | 0.574 | 14.41 | 12.88 | 247509.42 | 33.16 | 20368.69 | 24.48 | 18780.02 | 225705.79 | 141334.94 | 21378.50 | 52390.00 | 10派1.5元(含税)转增3 | 20.09 | 2003/2/18 |
| 600232 | 金鹰股份 | 0.296 | | 0.246 | 2.179 | 2.146 | 0.221 | 0.176 | 13.58 | 12.42 | 71405.08 | 13.37 | 6475.62 | 20.12 | 6292.35 | 84992.18 | 47696.53 | 5850.00 | 21885.19 | 10派1元(含税) | 34.10 | 2003/3/18 |

| 代码 | 简称 | 每股收益(元) | | | 每股净资产(元) | | 每股经营现金流量(元) | | 净资产收益率(%) | | 主营收入(万元) | | 净利润(万元) | | | 总资产(万元) | 股东权益(万元) | 最新流通A股(万股) | 最新总股本(万股) | 分配方案 | 最新市盈率(倍) | 年报刊登日期 |
|---|---|---|---|---|---|---|---|---|---|---|---|---|---|---|---|---|---|---|---|---|---|---|
| | | 2002年 | 扣除后 | 2001年 | 2002年 | 调整后 | 2002年 | 2001年 | 2002年 | 2001年 | 2002年 | 同比(%) | 2002年 | 同比(%) | 扣除后 | | | | | | | |
| 600233 | 大连创世 | 0.17 | 0.15 | 0.28 | 2.6 | 2.57 | 0.33 | -0.11 | 6.35 | 7.31 | 35496.02 | 19.32 | 2726.28 | -10.90 | 2395.05 | 56662.49 | 42965.83 | 7500.00 | 16500.00 | 10派1元(含税) | 41.94 | 2003/3/28 |
| 600234 | ST天龙 | -1.5 | -0.71 | -0.73 | 0.85 | 0.72 | -0.33 | -0.06 | -177.29 | -31.05 | 13985.41 | 0.15 | -14080.14 | -105.90 | -6643.91 | 58372.56 | 7941.73 | 3000.00 | 9386.00 | 不分配 | / | 2003/4/16 |
| 600235 | 民丰特纸 | 0.266 | 0.2566 | 0.2487 | 3.1399 | 3.1077 | 0.4119 | 0.4942 | 8.4703 | 8.0654 | 38801.42 | 22.69 | 4707.49 | 6.93 | 4542.60 | 148422.10 | 55576.25 | 7280.00 | 24780.00 | 10派2.1元(含税)转增4 | 85.38 | 2003/1/24 |
| 600236 | 桂冠电力 | 0.383 | 0.375 | 0.372 | 3.88 | 3.86 | 0.59 | 0.68 | 9.88 | 10.04 | 63476.18 | -0.76 | 25871.66 | 3.02 | 25321.52 | 385930.63 | 261874.69 | 14332.97 | 67536.30 | 10派2.1元(含税) | 30.80 | 2003/4/29 |
| 600237 | 铜峰电子 | 0.31 | 0.26 | 0.4 | 4.74 | 4.62 | 0.74 | 0.57 | 6.48 | 8.87 | 23644.46 | 10.01 | 3073.71 | -23.65 | 2563.42 | 70243.45 | 47448.72 | 4000.00 | 10000.00 | 10派1元(含税)送2转增8 | 65.85 | 2003/3/26 |
| 600238 | 海南椰岛 | 0.267 | 0.285 | 0.265 | 2.69 | 2.688 | 0.364 | 0.352 | 9.92 | 10.69 | 56281.48 | 34.28 | 4428.15 | 0.71 | 4735.26 | 98997.07 | 44660.61 | 7400.00 | 16600.00 | 10派0.6元(含税) | 33.81 | 2003/1/28 |
| 600239 | 红河光明 | 0.06 | 0.05 | 0.21 | 1.93 | 1.9 | 0.1 | 0.13 | 3.14 | 6.09 | 6304.66 | -9.17 | 1075.50 | -46.76 | 955.18 | 35422.17 | 34242.00 | 9453.02 | 17733.82 | 不分配 | 114.60 | 2003/4/18 |
| 600240 | 仕奇实业 | -0.31 | | 0.03 | 3.84 | 3.84 | 0.58 | -1 | -8.01 | 0.7 | 5652.67 | -36.02 | -5377.02 | -1152.09 | -5298.54 | 75510.22 | 67163.72 | 7500.00 | 17500.00 | 不分配 | / | 2003/4/18 |
| 600241 | 辽宁时代 | 0.31 | 0.29 | 0.3 | 3.81 | 3.8 | 0.17 | -0.25 | 8.25 | 8.33 | 161901.25 | 18.78 | 3329.02 | 4.62 | 3063.58 | 66938.72 | 40354.86 | 3000.00 | 10600.00 | 10派1.2元(含税) | 38.08 | 2003/3/28 |
| 600242 | 华龙集团 | 0.05 | 0.05 | 0.097 | 2.83 | 2.79 | -0.02 | -0.23 | 1.78 | 3.49 | 11047.13 | 66.90 | 876.00 | -48.14 | 849.10 | 75248.08 | 49264.32 | 6000.00 | 17402.98 | 不分配 | 154.36 | 2003/4/18 |
| 600243 | 青海华鼎 | 0.0848 | 0.0763 | 0.1059 | 2.57 | 2.46 | 0.004 | -0.2 | 3.3 | 4.21 | 34615.12 | 24.35 | 1327.64 | -19.96 | 1194.79 | 72633.28 | 40254.62 | 5500.00 | 15660.00 | 10派0.3元(含税) | 97.08 | 2003/4/22 |
| 600246 | 先锋股份 | 0.3299 | 0.3577 | 0.1729 | 3.4629 | 3.4623 | -1.6141 | -1.3972 | 9.53 | 5.35 | 49315.68 | 247.37 | 3034.84 | 90.82 | 3291.30 | 162943.72 | 31858.45 | 3000.00 | 9200.00 | 10派1元(含税) | 50.35 | 2003/4/25 |
| 600247 | 物华股份 | 0.2 | 0.2 | 0.21 | 3.27 | 3.21 | 0.32 | -0.12 | 6.07 | 6.54 | 10366.42 | 24.99 | 2180.92 | -3.85 | 2168.15 | 58611.02 | 35947.49 | 3500.00 | 11000.00 | 10派0.6元(含税)送2 | 60.63 | 2003/4/26 |
| 600248 | 秦丰农业 | 0.1505 | 0.1518 | 0.2113 | 4.1 | 4.04 | 0.184 | 0.0765 | 3.66 | 5.21 | 34297.44 | 1.01 | 1937.52 | -28.83 | 1955.49 | 95062.79 | 52216.11 | 4800.00 | 12882.00 | 10派0.5元(含税) | 68.48 | 2003/3/28 |
| 600250 | 南纺股份 | 0.36 | 0.32 | 0.31 | 5.06 | 4.96 | -2 | -2.46 | 7.04 | 6.44 | 390635.54 | 34.78 | 4726.27 | 14.24 | 4301.58 | 232488.67 | 67102.00 | 5500.00 | 13266.28 | 10派1.3元(含税)送2转增3 | 41.71 | 2003/3/15 |
| 600252 | 梧州中恒 | 0.19 | 0.2 | 0.23 | 2.95 | 2.93 | -0.48 | -0.09 | 6.61 | 7.44 | 28487.07 | 50.03 | 2716.96 | -6.54 | 2782.63 | 78405.79 | 41089.33 | 4950.00 | 13938.94 | 10派0.5元(含税)送2 | 53.25 | 2003/2/20 |
| 600253 | 天方药业 | 0.13 | 0.13 | 0.26 | 1.78 | 1.77 | 0.23 | 0.19 | 7.27 | 7.55 | 47987.04 | 25.18 | 5447.64 | 0.81 | 5461.17 | 114197.12 | 74886.09 | 12000.00 | 42000.00 | 10派0.5元(含税) | 59.29 | 2003/2/14 |
| 600255 | 鑫科材料 | 0.04 | 0.05 | 0.32 | 5.07 | 5.02 | 0.03 | 0.11 | 0.87 | 6.28 | 86678.78 | 24.14 | 419.77 | -86.01 | 495.70 | 76516.29 | 48184.26 | 3000.00 | 9500.00 | 不分配 | 271.35 | 2003/3/8 |
| 600256 | 广汇股份 | 0.437 | 0.4497 | 0.454 | 1.538 | 1.52 | 0.564 | 0.337 | 28.419 | 33.213 | 239787.32 | 26.25 | 31542.63 | 15.62 | 32458.98 | 300508.17 | 110992.42 | 20400.00 | 72171.77 | 不分配 | 27.18 | 2003/2/18 |
| 600257 | 洞庭水殖 | 0.39 | 0.4 | 0.26 | 6.04 | 5.77 | 0.394 | -0.02 | 6.53 | 4.52 | 28665.72 | 77.15 | 2881.81 | 52.00 | 2934.92 | 89774.52 | 44118.28 | 4000.00 | 7300.00 | 10派1元(含税) | 35.24 | 2003/3/28 |
| 600258 | 首旅股份 | 0.288 | 0.214 | 0.334 | 3.15 | 3.11 | 0.52 | 0.37 | 9.14 | 11.07 | 105997.38 | -12.33 | 6661.39 | -13.86 | 4949.75 | 161535.10 | 72879.68 | 7000.00 | 23140.00 | 10派1.9元(含税) | 36.75 | 2003/3/15 |
| 600259 | 兴业聚酯 | 0.01 | 0.01 | -0.177 | 2.05 | 2.048 | -0.11 | 0.43 | 0.52 | -8.67 | 40862.95 | 0.95 | 227.86 | 106.03 | 227.86 | 123138.14 | 43824.53 | 7000.00 | 21340.00 | 不分配 | 621.86 | 2003/3/29 |
| 600260 | 凯乐科技 | 0.3 | 0.25 | 0.5 | 5.01 | 5 | -0.37 | 0.24 | 6.05 | 10.64 | 36301.37 | -15.74 | 5334.16 | -39.50 | 4375.44 | 102001.46 | 88199.12 | 5500.00 | 17588.00 | 不分配 | 41.64 | 2003/4/5 |
| 600261 | 浙江阳光 | 0.37 | 0.32 | 0.52 | 4.51 | 4.42 | 0.93 | 0.64 | 8.26 | 11.83 | 40449.65 | -30.65 | 4584.52 | -28.54 | 3937.51 | 86806.98 | 55523.53 | 4000.00 | 12316.00 | 10派2.5元(含税) | 33.71 | 2003/2/19 |
| 600262 | 北方股份 | 0.1709 | 0.177 | 0.0971 | 3.382 | 3.357 | 0.2345 | -0.11 | 5.0549 | 2.9234 | 26961.75 | 18.28 | 2906.00 | 76.08 | 3009.31 | 86923.72 | 57488.92 | 5500.00 | 17000.00 | 10派1.1元(含税) | 61.37 | 2003/3/26 |
| 600263 | 路桥建设 | 0.068 | 0.067 | 0.11 | 3.378 | 3.309 | 0.352 | 0.32 | 2.015 | 3.21 | 211222.36 | 29.10 | 2778.07 | -35.89 | 2726.47 | 301093.26 | 137877.17 | 11500.00 | 40813.30 | 不分配 | 128.84 | 2003/3/22 |
| 600265 | 景谷林业 | 0.21 | 0.22 | 0.2 | 3.13 | 2.89 | 0.6 | -0.59 | 6.73 | 6.71 | 41723.61 | 124.54 | 2213.65 | 7.55 | 2277.65 | 71134.71 | 32901.29 | 4000.00 | 10500.00 | 不分配 | 45.35 | 2003/1/25 |
| 600266 | 北京城建 | 0.2664 | 0.2352 | 0.2383 | 2.6533 | 2.6034 | -0.2837 | 0.3822 | 10.04 | 9.43 | 168100.08 | 57.97 | 15985.04 | 11.80 | 14112.70 | 841587.75 | 159200.66 | 15000.00 | 60000.00 | 10派1.5元(含税) | 35.36 | 2003/3/26 |
| 600267 | 海正药业 | 0.201 | 0.211 | 0.195 | 3.215 | 3.202 | 0.484 | 0.277 | 6.24 | 6.35 | 76231.73 | 32.39 | 5010.36 | 3.22 | 5277.09 | 157552.17 | 80253.06 | 6400.00 | 24960.00 | 10派0.5元(含税) | 54.70 | 2003/3/22 |
| 600268 | 国电南自 | 0.255 | 0.244 | 0.243 | 3.965 | 3.763 | 0.92 | -0.19 | 6.42 | 6.24 | 52971.89 | -2.94 | 3003.87 | 4.90 | 2878.68 | 97582.04 | 46781.76 | 4000.00 | 11800.00 | 10派1.5元(含税) | 42.50 | 2003/2/18 |
| 600269 | 赣粤高速 | 0.48 | 0.47 | 0.51 | 7.96 | 7.87 | 0.6 | 0.85 | 6 | 6.81 | 46405.49 | 19.85 | 18577.07 | 3.65 | 18310.42 | 451334.12 | 309741.80 | 15600.00 | 38922.25 | 10派2元(含税) | 21.94 | 2003/4/19 |
| 600270 | 外运发展 | 0.74 | 0.74 | 0.76 | 4.74 | 4.55 | 1.15 | 1.12 | 15.61 | 14.9 | 226666.23 | 53.99 | 27079.92 | 17.29 | 27144.96 | 255839.41 | 173473.77 | 9240.00 | 36585.12 | 10派2.5元(含税)送2转增3 | 25.79 | 2003/4/14 |
| 600272 | 开开实业 | 0.209 | 0.196 | 0.203 | 3.455 | 3.446 | -0.025 | 0.292 | 6.055 | 6.091 | 168887.60 | 51.48 | 5083.89 | 3.21 | 4749.73 | 200774.59 | 83959.32 | 4500.00 | 24300.00 | 10派0.8元(含税) | 43.35 | 2003/4/29 |
| 600275 | 武昌鱼 | 0.1221 | 0.1521 | 0.1983 | 2.4802 | 2.4737 | -0.4996 | 0.767 | 4.92 | 6.56 | 57218.15 | 537.33 | 3881.65 | -19.95 | 4835.75 | 264995.41 | 78859.24 | 9100.00 | 31795.52 | 10派0.2元(含税)送0.5转增3.5 | 89.12 | 2003/4/22 |
| 600276 | 恒瑞医药 | 0.31 | 0.285 | 0.382 | 3.105 | 3.043 | 0.195 | 0.054 | 9.97 | 10.92 | 75602.55 | 19.20 | 7895.40 | -2.71 | 7265.50 | 120457.58 | 79210.00 | 7680.00 | 25507.20 | 10派1元(含税) | 35.76 | 2003/4/22 |
| 600277 | 亿利科技 | 0.23 | 0.23 | 0.19 | 4.58 | 4.48 | 0.19 | -0.11 | 5.09 | 4.38 | 55942.83 | 146.62 | 3681.86 | 22.55 | 3691.10 | 137344.43 | 72367.05 | 5800.00 | 15800.00 | 不分配 | 44.84 | 2003/4/29 |
| 60278 | 东方创业 | 0.2 | 0.2 | 0.3 | 3.07 | 2.93 | 0.04 | 0.44 | 6.54 | 10.03 | 318658.74 | 18.08 | 6419.68 | -32.60 | 6359.36 | 215617.46 | 98146.67 | 8000.00 | 32000.00 | 10派1元(含税) | 45.56 | 2003/3/15 |
| 600279 | 重庆港九 | 0.117 | 0.05 | 0.182 | 3.146 | 3.102 | 0.182 | 0.083 | 3.72 | 5.91 | 9728.50 | -5.52 | 2673.39 | -35.80 | 1181.48 | 80060.46 | 71845.61 | 8600.00 | 22839.10 | 10派0.7元(含税) | 90.64 | 2003/4/10 |
| 600280 | 南京中商 | 0.25 | 0.25 | 0.28 | 3.75 | 3.72 | 1.26 | 0.43 | 6.71 | 7.98 | 127036.83 | 31.53 | 3049.07 | -11.33 | 2989.34 | 104773.04 | 45424.33 | 3500.00 | 12126.09 | 10派0.6元(含税) | 43.43 | 2003/1/21 |

| 代码 | 简称 | 每股收益(元) | | | 每股净资产(元) | | 每股经营现金流量(元) | | 净资产收益率(%) | | 主营收入(万元) | | 净利润(万元) | | | 总资产(万元) | 股东权益(万元) | 最新流通A股(万股) | 最新总股本(万股) | 分配方案 | 最新市盈率(倍) | 年报刊登日期 |
|---|---|---|---|---|---|---|---|---|---|---|---|---|---|---|---|---|---|---|---|---|---|---|
| | | 2002年 | 扣除后 | 2001年 | 2002年 | 调整后 | 2002年 | 2001年 | 2002年 | 2001年 | 2002年 | 同比(%) | 2002年 | 同比(%) | 扣除后 | | | | | | | |
| 600281 | 太化股份 | 0.062 | 0.0504 | 0.108 | 2.903 | 2.856 | -0.124 | 0.255 | 2.15 | 3.79 | 68245.91 | -4.12 | 2236.35 | -42.36 | 1809.40 | 199656.60 | 104175.41 | 10500.00 | 35890.60 | 10派0.15元(含税) | 101.27 | 2003/4/12 |
| 600282 | 南钢股份 | 0.48 | 0.47 | 0.41 | 3.46 | 3.41 | 0.48 | 0.46 | 13.95 | 12.89 | 466526.31 | 16.60 | 24315.50 | 17.93 | 23561.60 | 320971.36 | 174252.72 | 14400.00 | 50400.00 | 10派2元(含税) | 16.81 | 2003/2/20 |
| 600283 | 钱江水利 | 0.17 | 0.18 | 0.18 | 3.01 | 2.51 | 0.33 | 0.12 | 5.6487 | 6.0472 | 25092.22 | 52.18 | 4856.86 | -5.95 | 5210.40 | 156855.75 | 85982.30 | 8500.00 | 28533.00 | 10派1.5元(含税) | 48.41 | 2003/4/17 |
| 600285 | 羚锐股份 | 0.13 | 0.12 | 0.25 | 4.13 | 4.08 | 0.69 | 0.034 | 3.15 | 6.25 | 18954.61 | 10.09 | 1308.63 | -47.63 | 1165.69 | 69774.51 | 41487.28 | 4000.00 | 10036.00 | 不分配 | 92.80 | 2003/4/18 |
| 600286 | 国光瓷业 | 0.209 | | 0.28 | 3.11 | 3.09 | 0.252 | 0.453 | 6.71 | 8.14 | 49826.45 | 38.69 | 2377.10 | -10.49 | 2301.57 | 111351.43 | 35423.77 | 7512.00 | 11400.00 | 不分配 | 41.29 | 2003/4/19 |
| 600287 | 江苏舜天 | 0.41 | 0.41 | 0.73 | 3.3533 | 3.3362 | -0.1485 | -0.2631 | 12.32 | 17.72 | 322576.02 | 8.95 | 9020.22 | -26.51 | 8922.22 | 180730.38 | 73234.93 | 5720.00 | 21839.80 | 10派2.2元(含税) | 25.13 | 2003/4/25 |
| 600288 | 大恒科技 | 0.2195 | 0.2196 | 0.307 | 3.39 | 3.38 | 0.41 | -0.09 | 6.47 | 6.26 | 169574.64 | 25.86 | 4610.36 | 7.28 | 4612.19 | 135207.94 | 71222.47 | 7500.00 | 21000.00 | 10派1元(含税) | 44.18 | 2003/3/25 |
| 600289 | 亿阳信通 | 0.639 | 0.766 | 0.694 | 8.816 | 8.796 | 1.336 | 2.21 | 7.25 | 8.27 | 48337.50 | -22.08 | 6767.44 | -7.87 | 8111.17 | 138738.90 | 93357.43 | 4000.00 | 10589.00 | 10派2元(含税) | 32.94 | 2003/3/29 |
| 600290 | 苏福马 | 0.08 | 0.06 | 0.15 | 1.78 | 1.66 | 0.05 | -0.19 | 4.58 | 5.8 | 21860.98 | 45.22 | 1017.11 | -19.15 | 727.56 | 48494.53 | 22183.92 | 4500.00 | 12450.00 | 10派0.3元(含税)转增4 | 155.58 | 2003/3/8 |
| 600291 | 西水股份 | 0.22 | 0.22 | 0.16 | 3.63 | 3.49 | 0.6 | 0.23 | 6.03 | 4.68 | 47927.88 | 110.89 | 3506.34 | 37.08 | 3541.27 | 114087.18 | 58107.30 | 6000.00 | 16000.00 | 不分配 | 40.79 | 2003/4/4 |
| 600292 | 九龙电力 | 0.42 | 0.378 | 0.452 | 4.716 | 4.697 | 0.567 | 0.84 | 8.915 | 9.63 | 40519.62 | 29.12 | 7030.88 | -7.01 | 6322.16 | 152959.86 | 78867.89 | 6000.00 | 16725.00 | 10派4元(含税) | 31.97 | 2003/2/15 |
| 600293 | 三峡新材 | 0.018 | 0.0155 | 0.142 | 2.713 | 2.71 | 0.054 | 0.21 | 0.66 | 4.18 | 35735.86 | 37.35 | 494.10 | -83.51 | 425.39 | 114144.94 | 74415.41 | 7150.00 | 27430.00 | 不分配 | 408.59 | 2003/3/12 |
| 600295 | 鄂尔多斯 | 0.31 | 0.31 | 0.45 | 5.69 | 5.67 | -0.09 | 0.09 | 5.53 | 7.89 | 221502.05 | -8.77 | 16241.82 | -29.59 | 16169.29 | 475041.36 | 293763.87 | 8000.00 | 51600.00 | 10派2.9元(含税)转增10 | 44.54 | 2003/4/28 |
| 600296 | 兰州铝业 | 0.565 | 0.572 | 0.303 | 4.487 | 4.45 | 0.037 | 0.351 | 12.6 | 7.44 | 182931.26 | 41.83 | 16676.45 | 86.83 | 16885.21 | 322428.09 | 132374.46 | 11000.00 | 29500.45 | 10派1.5元(含税) | 18.26 | 2003/1/11 |
| 600297 | 美罗药业 | 0.21 | 0.18 | 0.37 | 4.7 | 4.57 | 0.09 | 0.07 | 4.43 | 7.99 | 67861.26 | 10.75 | 2395.71 | -43.25 | 2105.46 | 92562.36 | 54085.39 | 4000.00 | 11500.00 | 10派1元(含税) | 61.20 | 2003/2/28 |
| 600298 | 安琪酵母 | 0.2174 | 0.17 | 0.3641 | 4.2566 | 4.2407 | 0.4066 | 0.3058 | 5.11 | 8.95 | 29369.43 | 23.62 | 2950.24 | -40.29 | 2248.30 | 72588.16 | 57762.29 | 3500.00 | 13570.00 | 10派1元(含税) | 55.33 | 2003/3/28 |
| 600299 | 星新材料 | 0.21 | 0.195 | 0.203 | 3.27 | 3.28 | 0.745 | 0.989 | 6.4 | 6.18 | 75064.04 | 34.46 | 5031.16 | 3.30 | 4685.50 | 227834.62 | 78578.84 | 8000.00 | 24000.00 | 10派1元(含税) | 45.17 | 2003/2/28 |
| 600300 | 维维股份 | 0.28 | 0.35 | 0.34 | 3.92 | 3.89 | 1.06 | 0.3 | 7.28 | 8.88 | 137025.72 | 26.58 | 9402.90 | -16.92 | 11414.01 | 200834.47 | 129241.37 | 10000.00 | 33000.00 | 10派2.3元(含税) | 38.32 | 2003/3/22 |
| 600301 | 南化股份 | 0.1765 | 0.1783 | 0.13 | 2.85 | 2.85 | 0.466 | 0.258 | 6.19 | 4.61 | 50216.80 | 11.67 | 3266.99 | 34.21 | 3301.23 | 77252.71 | 52746.65 | 7289.03 | 18514.81 | 10派1.8元(含税) | 47.49 | 2003/3/18 |
| 600302 | 标准股份 | 0.22 | 0.2258 | 0.22 | 2.11 | 2.09 | 0.3 | 0.25 | 10.58 | 10.81 | 70759.29 | 36.29 | 7136.83 | 1.41 | 7203.09 | 101719.72 | 67446.54 | 9000.00 | 31900.98 | 10派1.5元(含税) | 48.86 | 2003/3/24 |
| 600303 | 曙光股份 | 0.23 | 0.25 | 0.21 | 2.72 | 2.55 | 0.17 | 0.18 | 8.43 | 8 | 67258.02 | 92.81 | 3711.77 | 6.88 | 3988.19 | 154264.99 | 44033.66 | 7200.00 | 16200.00 | 10派2元(含税) | 44.39 | 2003/1/29 |
| 600305 | 恒顺醋业 | 0.2155 | 0.223 | 0.1754 | 2.9968 | 2.9616 | 0.0624 | 0.0397 | 7.19 | 5.94 | 26690.14 | 53.31 | 2740.70 | 22.91 | 2834.97 | 61133.50 | 38104.71 | 4000.00 | 12715.00 | 10派1.4元(含税) | 58.97 | 2003/4/18 |
| 600306 | 商业城 | 0.1 | 0.09 | 0.17 | 2.4 | 2.39 | 0.29 | 0.25 | 4.13 | 7.41 | 79914.68 | -19.87 | 1763.73 | -41.89 | 1685.59 | 77588.87 | 42716.84 | 5850.00 | 17813.89 | 不分配 | 133.73 | 2003/4/17 |
| 600307 | 酒钢宏兴 | 0.31 | 0.32 | 0.36 | 3 | 2.98 | 0.81 | 0.77 | 10.44 | 12.75 | 359583.72 | 5.28 | 22801.27 | -14.09 | 23594.20 | 337105.21 | 218418.41 | 20000.00 | 72800.00 | 10派1.8元(含税) | 20.37 | 2003/3/4 |
| 600308 | 华泰股份 | 0.82 | 0.81 | 0.59 | 7.1 | 7.1 | 1.68 | 0.28 | 11.59 | 7.82 | 132646.08 | 85.63 | 19009.97 | 66.40 | 18818.05 | 275248.06 | 164090.03 | 10800.00 | 23096.80 | 10派0.5元(含税)送2转增1 | 17.50 | 2003/2/26 |
| 600309 | 烟台万华 | 0.4 | 0.4 | 0.42 | 1.91 | 1.9 | 0.32 | 0.35 | 21.09 | 15.41 | 88174.40 | 54.34 | 15432.64 | 53.21 | 15485.54 | 92813.31 | 73185.88 | 12800.00 | 38400.00 | 10派2元(含税) | 29.46 | 2003/4/9 |
| 600310 | 桂东电力 | 0.3986 | 0.4044 | 0.3789 | 3.8407 | 3.8357 | 0.7428 | 0.8168 | 10.38 | 10.15 | 31275.81 | 11.78 | 6248.13 | 5.19 | 6338.42 | 78434.11 | 60203.47 | 4500.00 | 15675.00 | 10派3元(含税) | 33.64 | 2003/3/20 |
| 600311 | 荣华实业 | 0.29 | 0.18 | 0.32 | 4.97 | 4.97 | -0.46 | 0.64 | 5.88 | 6.78 | 45085.33 | -6.00 | 5846.68 | -9.74 | 3645.63 | 122105.57 | 99422.80 | 8000.00 | 20000.00 | 10派1元(含税) | 30.41 | 2003/2/28 |
| 600312 | 平高电气 | 0.25 | 0.19 | 0.22 | 4.94 | 4.94 | 0.18 | -0.19 | 4.99 | 4.61 | 55407.84 | 12.35 | 4518.37 | 11.52 | 3422.60 | 135383.11 | 90602.27 | 6000.00 | 18350.00 | 10派1元(含税)转增7 | 66.44 | 2003/3/11 |
| 600313 | ST中农 | -0.3183 | -0.1425 | -0.0277 | 2.5568 | 2.4901 | 0.1325 | -0.6952 | -12.45 | -0.96 | 169852.57 | -9.22 | -8027.50 | -1047.43 | -3593.26 | 121688.39 | 64481.67 | 8000.00 | 25220.00 | 不分配 | / | 2003/4/22 |
| 600315 | 上海家化 | 0.2791 | 0.264 | 0.2703 | 4.0935 | 4.0224 | 0.0734 | 0.2471 | 6.82 | 6.82 | 136388.46 | 4.44 | 7536.20 | 3.27 | 7128.41 | 152194.32 | 110523.34 | 8000.00 | 27000.00 | 10派1.5元(含税) | 41.92 | 2003/3/18 |
| 600316 | 洪都航空 | 0.32 | 0.23 | 0.3 | 5.05 | 5.05 | 0.66 | 0.08 | 6.33 | 6 | 51684.99 | 17.02 | 6710.98 | 5.80 | 4925.02 | 137429.35 | 106042.48 | 9000.00 | 21000.00 | 10派3元(含税) | 30.32 | 2003/2/27 |
| 600317 | 营口港 | 0.24 | 0.24 | 0.31 | 3.59 | 3.59 | 0.19 | 0.14 | 6.67 | 18.3 | 34623.73 | 69.80 | 6006.61 | 30.76 | 6098.76 | 121196.14 | 89758.23 | 1000.00 | 25000.00 | 10派0.24元(含税) | 37.96 | 2003/1/14 |
| 600318 | 巢东股份 | 0.08 | 0.09 | 0.15 | 3.06 | 3.06 | 0.45 | 0.29 | 2.61 | 5 | 59535.58 | 7.24 | 1601.92 | -46.33 | 1740.06 | 138885.35 | 61268.72 | 8000.00 | 20000.00 | 不分配 | 89.27 | 2003/4/25 |
| 600319 | 亚星化学 | 0.151 | 0.146 | 0.173 | 3.183 | 3.145 | 0.186 | 0.215 | 4.74 | 5.51 | 60628.92 | 1.45 | 4762.20 | -12.60 | 4599.40 | 137699.58 | 100460.78 | 8000.00 | 31559.40 | 10派1元(含税) | 65.01 | 2003/3/25 |
| 600320 | 振华港机 | 0.3 | 0.3 | 0.42 | 4.05 | 4.05 | -0.33 | -0.44 | 7.4 | 10.61 | 307423.76 | 6.54 | 13700.45 | -28.47 | 13547.34 | 520528.89 | 185103.63 | 8800.00 | 45650.00 | 10派2元(含税) | 36.09 | 2003/3/5 |
| 600321 | 国栋建设 | 0.28 | 0.22 | 0.35 | 6.02 | 6.02 | 0.34 | 0.01 | 4.59 | 5.89 | 22276.49 | -34.68 | 4841.50 | -21.79 | 3906.63 | 128524.75 | 105498.90 | 7000.00 | 17520.00 | 10派2.5元(含税) | 40.17 | 2003/4/12 |
| 600322 | 天房发展 | 0.0809 | 0.065 | 0.1565 | 3.9084 | 3.744 | -0.373 | -0.4984 | 2.0709 | 4.0495 | 51554.17 | -15.30 | 3429.43 | -48.28 | 2754.81 | 295959.98 | 165603.88 | 12100.00 | 42370.74 | 10派0.4元(含税) | 93.16 | 2003/3/28 |
| 600323 | 南海发展 | 0.35 | 0.27 | 0.35 | 3.4 | 3.34 | 0.6 | 0.7 | 10.17 | 10.79 | 23391.93 | 7.09 | 7210.01 | -1.48 | 5702.89 | 91062.43 | 70897.14 | 6500.00 | 20851.42 | 10派2元(含税) | 30.92 | 2003/3/19 |

| 代码 | 简称 | 每股收益（元） | | | 每股净资产（元） | | 每股经营现金流量（元） | | 净资产收益率（%） | | 主营收入（万元） | | 净利润（万元） | | | 总资产（万元） | 股东权益（万元） | 最新流通A股（万股） | 最新总股本（万股） | 分配方案 | 最新市盈率（倍） | 年报刊登日期 |
|---|---|---|---|---|---|---|---|---|---|---|---|---|---|---|---|---|---|---|---|---|---|---|
| | | 2002年 | 扣除后 | 2001年 | 2002年 | 调整后 | 2002年 | 2001年 | 2002年 | 2001年 | 2002年 | 同比（%） | 2002年 | 同比（%） | 扣除后 | | | | | | | |
| 600326 | 西藏天路 | 0.1672 | 0.1808 | 0.2374 | 2.0977 | 2.0864 | 0.2886 | 0.3817 | 7.97 | 6.34 | 50902.22 | 48.59 | 3009.24 | 26.76 | 3254.40 | 70315.51 | 37758.04 | 7200.00 | 18000.00 | 10派1.5元（含税） | 44.26 | 2003/3/18 |
| 600327 | 大厦股份 | 0.338 | 0.326 | 0.471 | 4.6 | 4.54 | 0.77 | 1.12 | 7.34 | 29.14 | 153223.61 | 30.25 | 3674.13 | 13.59 | 3543.53 | 77807.15 | 50050.60 | 4000.00 | 10869.00 | 10派1元（含税） | 37.87 | 2003/4/10 |
| 600328 | 兰太实业 | 0.25 | 0.24 | 0.23 | 3.77 | 3.75 | 0.06 | 0.23 | 6.73 | 6.25 | 38843.21 | 44.33 | 4381.31 | 10.45 | 4163.14 | 121388.54 | 65103.99 | 6000.00 | 17265.29 | 10派1.6元（含税）转增3（原方案为10派1.6元（含税）） | 70.18 | 2003/2/25 |
| 600329 | 中新药业 | 0.23 | 0.23 | 0.17 | 4.08 | 4.03 | 0.51 | 0.43 | 5.65 | 4.39 | 183925.90 | 20.85 | 8511.10 | 34.48 | 8507.00 | 300812.60 | 150667.10 | 4000.00 | 36965.44 | 10派1.5元（含税） | 71.23 | 2003/3/28 |
| 600330 | 天通股份 | 0.275 | 0.269 | 0.302 | 2.551 | 2.547 | 0.325 | 0.398 | 10.79 | 12.56 | 30918.14 | 14.92 | 6319.48 | -8.71 | 6168.42 | 79995.57 | 58544.67 | 6000.00 | 22947.00 | 10派1.25元（含税） | 49.96 | 2003/3/4 |
| 600331 | 宏达股份 | 0.3049 | 0.2426 | 0.1711 | 5.25 | 5.18 | -0.394 | 0.402 | 5.81 | 3.36 | 52168.98 | 40.07 | 3964.06 | 78.25 | 3153.31 | 144161.59 | 68195.55 | 5000.00 | 13000.00 | 10派1.5元（含税） | 32.86 | 2003/2/28 |
| 600332 | 广州药业 | 0.2 | 0.2 | 0.18 | 2.82 | 2.74 | 0.21 | 0.17 | 6.93 | 6.73 | 594382.33 | 11.43 | 15847.77 | 8.45 | 16229.60 | 417319.45 | 228692.87 | 7800.00 | 81090.00 | 10派0.6元（含税） | 53.21 | 2003/3/24 |
| 600333 | 长春燃气 | 0.22 | 0.23 | 0.35 | 1.91 | 1.91 | 0.26 | 0.22 | 11.58 | 11.58 | 44743.96 | 9.98 | 9009.97 | 7.66 | 9330.14 | 115433.77 | 77811.16 | 10200.00 | 40653.12 | 10派1元（含税） | 32.31 | 2003/3/25 |
| 600335 | 中发展 | -0.3195 | -0.3316 | 0.0158 | 2.4212 | 2.3415 | -0.59 | -0.09 | -13.2 | 0.58 | 25882.10 | 41.05 | -3726.74 | -2121.80 | -3867.54 | 62726.07 | 28238.00 | 3500.00 | 11662.86 | 不分配 | / | 2003/4/28 |
| 600336 | 澳柯玛 | 0.1004 | 0.105 | 0.1255 | 3.51 | 3.42 | 0.52 | 0.32 | 2.86 | 3.61 | 166630.69 | 56.74 | 3425.69 | -19.98 | 3588.80 | 321954.83 | 119715.56 | 9000.00 | 34103.60 | 10派0.8元（含税） | 75.66 | 2003/4/1 |
| 600337 | 美克股份 | 0.36 | 0.26 | 0.48 | 5.9 | 5.86 | -0.06 | 0.42 | 6.13 | 7.05 | 46144.08 | 70.10 | 3997.98 | -9.08 | 2857.47 | 90469.60 | 65241.69 | 4800.00 | 11049.60 | 10派1元（含税） | 33.99 | 2003/3/29 |
| 600338 | 珠峰摩托 | -1.04 | | 0.11 | 2.76 | 2.74 | 0.39 | -0.61 | -37.6 | 3.02 | 35328.37 | -37.81 | -16454.77 | -1010.78 | -16062.67 | 99906.72 | 43765.78 | 5000.00 | 15833.33 | 不分配 | / | 2003/4/30 |
| 600339 | 天利高新 | 0.15 | 0.15 | 0.22 | 1.76 | 1.76 | 0.31 | | 8.29 | 8.16 | 73398.79 | 115.60 | 5203.75 | 1.32 | 5244.42 | 108216.66 | 62789.92 | 12600.00 | 35700.00 | 10派1.5元（含税） | 103.25 | 2003/3/4 |
| 600343 | 航天动力 | 0.18 | 0.18 | 0.185 | 1.22 | | 0.13 | 0.12 | 15.07 | 14.98 | 10287.29 | 12.91 | 2202.66 | -0.72 | | 29933.64 | 14616.91 | 6500.00 | 18500.00 | | 90.04 | 2003/4/3 |
| 600345 | 长江通信 | 0.06 | | 1.19 | 4.57 | 4.53 | 0.28 | -0.58 | 1.35 | 22.04 | 37785.12 | -3.00 | 1220.35 | -93.76 | 1574.40 | 140953.84 | 90385.54 | 5400.00 | 19800.00 | 10派0.5元（含税） | 198.76 | 2003/4/30 |
| 600346 | 冰山橡塑 | 0.08 | 0.08 | 0.15 | 3 | 3 | -0.07 | 0.04 | 2.72 | 5.12 | 20917.96 | -6.00 | 855.33 | -46.38 | 839.41 | 54554.20 | 31479.12 | 3850.00 | 10500.00 | 10派0.5元（含税） | 116.87 | 2003/4/19 |
| 600350 | 山东基建 | 0.141 | 0.14 | 0.137 | 1.76 | 1.76 | 0.21 | 0.2 | 8.04 | 8.7 | 140135.22 | 76.81 | 47530.98 | 21.45 | 47098.83 | 728297.12 | 591007.05 | 50500.00 | 336380.00 | 10派1.1元（含税） | 33.05 | 2003/3/27 |
| 600351 | 亚宝药业 | 0.17 | 0.18 | 0.24 | 2.36 | 2.34 | 0.21 | 0.31 | 7.16 | 20.75 | 21262.80 | 37.58 | 1945.95 | 8.32 | 2039.59 | 44737.60 | 27177.08 | 4000.00 | 11500.00 | 10派1.4元（含税） | 79.49 | 2003/4/8 |
| 600353 | 旭光股份 | 0.17 | 0.1475 | 0.41 | 4.29 | 4.24 | 0.09 | 0.56 | 4 | 15.43 | 17006.53 | -15.27 | 1416.63 | -34.35 | 1218.52 | 57207.90 | 35406.36 | 3000.00 | 8260.05 | 10派2.8元（含税） | 69.09 | 2003/4/16 |
| 600355 | 精伦电子 | 0.67 | 0.68 | 0.91 | 5.67 | 5.64 | 0.08 | 1.03 | 11.84 | 45.18 | 36308.28 | 22.89 | 8249.72 | -1.23 | 8356.42 | 85431.36 | 69698.82 | 3100.00 | 12302.23 | 10派4元（含税）转增10 | 33.22 | 2003/3/1 |
| 600356 | 恒丰纸业 | 0.3386 | 0.3651 | 0.33 | 3.77 | 3.76 | 0.65 | 0.03 | 8.98 | 9.37 | 42622.46 | 15.57 | 4740.62 | 3.75 | 5110.75 | 70085.83 | 52810.26 | 4000.00 | 14000.00 | 10派0.5元（含税） | 36.86 | 2003/3/12 |
| 600357 | 承德钒钛 | 0.22 | 0.21 | 0.27 | 3.66 | 3.61 | 0.65 | 0.09 | 5.89 | 8.35 | 276739.82 | 25.85 | 8200.72 | 8.43 | 7942.27 | 398534.85 | 139292.63 | 10000.00 | 38033.35 | 10派3元（含税） | 37.43 | 2003/3/22 |
| 600358 | 国旅联合 | 0.05 | 0.003 | 0.08 | 1.99 | 1.94 | -0.16 | 0.13 | 2.69 | 2.56 | 7530.04 | -30.52 | 1123.81 | 7.23 | 63.30 | 57642.60 | 41827.85 | 7500.00 | 21000.00 | 不分配 | 235.82 | 2003/3/25 |
| 600359 | 新农开发 | 0.096 | 0.085 | 0.014 | 3.065 | 1.922 | 0.622 | -0.307 | 3.147 | 0.4 | 66229.73 | 23.18 | 3096.40 | 601.99 | 2736.08 | 169204.67 | 98383.66 | 11700.00 | 32100.00 | 10派1元（含税） | 76.61 | 2003/4/8 |
| 600360 | 华微电子 | 0.23 | 0.23 | 0.22 | 5 | 4.9 | 0.41 | 0.1 | 4.52 | 4.55 | 28412.37 | 22.16 | 2664.42 | 2.74 | 2730.10 | 107230.58 | 59008.65 | 5000.00 | 11800.00 | 不分配 | 48.10 | 2003/4/26 |
| 600362 | 江西铜业 | 0.06 | 0.07 | 0.11 | 1.75 | 1.74 | 0.29 | 0.24 | 3.64 | 6.59 | 332707.29 | 11.06 | 16950.43 | -43.77 | 18770.90 | 882313.79 | 466238.26 | 23000.00 | 266403.82 | 10派0.3元（含税） | 76.70 | 2003/4/9 |
| 600363 | 联创光电 | 0.1886 | 0.1933 | 0.117 | 2.5377 | 2.5151 | 0.3565 | 0.2118 | 7.43 | 3.21 | 74535.01 | 17.87 | 4661.74 | 141.68 | 4777.62 | 126253.91 | 62733.58 | 9000.00 | 24720.45 | 10派0.8元（含税） | 41.26 | 2003/3/11 |
| 600365 | 通葡萄酒 | 0.0656 | 0.0507 | 0.0496 | 3.7549 | 3.6046 | -0.1047 | -0.1748 | 1.7474 | 1.3083 | 10246.33 | -20.30 | 918.57 | 32.35 | 709.37 | 65066.29 | 52568.48 | 6000.00 | 14000.00 | 10派1元（含税） | 114.92 | 2003/4/11 |
| 600366 | 宁波韵升 | 0.18 | 0.17 | 0.3399 | 1.9873 | 1.9733 | 0.2596 | 0.1777 | 9.06 | 11.52 | 70906.34 | 63.55 | 5149.55 | -20.52 | 4748.91 | 110942.57 | 56833.24 | 7875.00 | 28597.50 | 10派1.5元（含税） | 50.92 | 2003/3/12 |
| 600367 | 红星发展 | 0.73 | 0.74 | 0.81 | 5.08 | 5.07 | 0.77 | 0.44 | 15.91 | 14.3 | 50370.18 | 40.94 | 9522.89 | 17.65 | 9649.30 | 97005.02 | 63384.40 | 3900.00 | 13000.00 | 10派2元（含税）送2转增2 | 26.89 | 2003/4/16 |
| 600368 | 五洲交通 | 0.2631 | 0.27 | 0.3 | 2.52 | 2.52 | 0.41 | 0.31 | 10.45 | 12.66 | 18839.96 | 37.33 | 11629.62 | -11.39 | 11698.72 | 144618.16 | 111294.17 | 8000.00 | 44200.00 | 10派0.9元（含税） | 30.33 | 2003/3/21 |
| 600369 | 长运股份 | 0.109 | 0.014 | 0.094 | 3.317 | 3.297 | 0.067 | -0.64 | 3.273 | 2.91 | 15568.73 | 40.29 | 1870.39 | 14.99 | 248.48 | 131752.85 | 57150.23 | 7000.00 | 17230.00 | 10派0.4元（含税） | 67.06 | 2003/4/8 |
| 600370 | 三房巷 | 0.38 | 0.38 | 0.37 | 1.85 | | 0.28 | 1.05 | 20.66 | 19.91 | 60803.31 | -2.55 | 3938.67 | 3.23 | 3885.42 | 49164.74 | 19060.72 | 5500.00 | 15826.00 | | 40.66 | 2003/3/1 |
| 600371 | 华冠科技 | 0.1591 | 0.16 | 0.2604 | 2.56 | 2.55 | 0.116 | 0.339 | 6.22 | 13.93 | 15989.63 | 12.45 | 1591.05 | 1.83 | 1590.79 | 31032.79 | 25593.16 | 4000.00 | 10000.00 | 10派0.3元（含税）送1转增4.5 | 100.00 | 2003/4/10 |
| 600372 | 昌河股份 | 0.21 | 0.22 | 0.21 | 3.18 | 3.04 | 0.8 | 0.44 | 6.51 | 6.75 | 437298.30 | 31.38 | 8483.85 | -1.95 | 8945.93 | 386729.05 | 130393.29 | 11000.00 | 41000.00 | 10派1.7元（含税） | 46.35 | 2003/2/28 |
| 600373 | 鑫新股份 | 0.06 | 0.0354 | 0.13 | 2.04 | 1.99 | -0.13 | 0.2 | 2.96 | 8.37 | 32394.37 | -4.10 | 755.40 | -29.29 | 442.76 | 56686.00 | 25508.98 | 4500.00 | 12500.00 | 10派0.22元（含税） | 134.37 | 2003/3/28 |
| 600375 | 星马汽车 | 1.46 | 1.41 | | 2.71 | | 2.42 | 1.18 | 53.84 | | 118445.71 | 129.09 | 7784.33 | 125.03 | | 46600.06 | 14456.99 | 3000.00 | 8332.50 | | 24.02 | 2003/3/27 |
| 600376 | 天鸿宝业 | 0.38 | 0.36 | 0.44 | 3.93 | 3.93 | 1.7 | -1.02 | 9.76 | 7.34 | 123722.26 | 352.10 | 6648.63 | 39.36 | 6320.51 | 135420.81 | 68152.42 | 6400.00 | 17320.00 | 10派2元（含税） | 33.40 | 2003/4/11 |
| 600377 | 宁沪高速 | 0.162 | 0.163 | 0.16 | 2.7 | 2.7 | 0.26 | 0.22 | 6 | 5.8 | 202623.84 | 24.62 | 81683.33 | 4.61 | 81972.50 | 1508179.32 | 1361320.20 | 15000.00 | 503774.75 | 10派1.3元（含税） | 76.23 | 2003/3/21 |

| 代码 | 简称 | 每股收益(元) | | | 每股净资产(元) | | 每股经营现金流量(元) | | 净资产收益率(%) | | 主营收入(万元) | | 净利润(万元) | | | 总资产(万元) | 股东权益(万元) | 最新流通A股(万股) | 最新总股本(万股) | 分配方案 | 最新市盈率(倍) | 年报刊登日期 |
|---|---|---|---|---|---|---|---|---|---|---|---|---|---|---|---|---|---|---|---|---|---|---|
| | | 2002年 | 扣除后 | 2001年 | 2002年 | 调整后 | 2002年 | 2001年 | 2002年 | 2001年 | 2002年 | 同比(%) | 2002年 | 同比(%) | 扣除后 | | | | | | | |
| 600378 | 天科股份 | 0.07 | 0.07 | 0.16 | 2.13 | 2.13 | 0.01 | 0.09 | 3.17 | 5.72 | 15217.73 | 6.56 | 1321.53 | -43.99 | 1317.24 | 52211.23 | 41752.00 | 7605.00 | 19557.34 | 10派0.4元(含税) | 113.06 | 2003/4/10 |
| 600379 | 宝光股份 | 0.088 | 0.0903 | 0.0783 | 1.6908 | 1.6383 | 0.2247 | 0.0379 | 5.204 | 4.988 | 25052.13 | 4.23 | 1390.27 | 12.30 | 1426.38 | 48839.96 | 26714.62 | 5000.00 | 15800.00 | 不分配 | 91.49 | 2003/3/22 |
| 600380 | 太太药业 | 0.4227 | 0.4261 | 0.7401 | 4.9359 | 4.929 | 0.5807 | 0.8255 | 8.56 | 10.13 | 71164.76 | 4.84 | 17188.20 | -14.32 | 17327.57 | 252319.99 | 200704.99 | 10500.00 | 40662.00 | 10派3.5元(含税) | 39.46 | 2003/4/22 |
| 600381 | 白唇鹿 | 0.1878 | 0.2123 | 0.164 | 3.08 | 2.95 | 0.14 | -0.09 | 6.09 | 5.54 | 30316.54 | 112.01 | 2065.83 | 14.49 | 2335.83 | 76769.02 | 33900.36 | 3500.00 | 11000.00 | 10派0.68元(含税) | 69.70 | 2003/2/18 |
| 600382 | 广东明珠 | 0.21 | 0.08 | 0.19 | 2.93 | 2.92 | 0.06 | 0.066 | 7.15 | 6.72 | 43886.65 | 22.45 | 3574.71 | 8.90 | 1298.22 | 104657.02 | 49994.72 | 6000.00 | 17087.33 | 10派1.5元(含税) | 39.01 | 2003/3/18 |
| 600383 | 金地集团 | 0.512 | 0.5029 | 0.445 | 4.984 | 4.974 | -0.979 | -1.293 | 10.27 | 9.43 | 97003.84 | 46.32 | 13814.60 | 14.86 | 13578.06 | 307577.27 | 134560.00 | 9000.00 | 27000.00 | 10派2.5元(含税) | 30.82 | 2003/3/28 |
| 600385 | ST金泰 | -0.96 | -0.21 | 0.03 | 0.32 | 0.3 | 0.01 | -0.02 | -303.3 | 2.65 | 2758.98 | -83.92 | -13630.00 | -2940.00 | -2906.49 | 31608.72 | 4493.86 | 6783.50 | 14132.36 | 不分配 | / | 2003/4/8 |
| 600386 | 北京巴士 | 0.48 | 0.4 | 0.28 | 4.61 | 4.48 | 1.09 | 0.54 | 10.33 | 6.31 | 141852.51 | 48.98 | 11994.06 | 69.50 | 10176.34 | 239254.85 | 116163.03 | 8000.00 | 25200.00 | 10派3.2元(含税) | 24.88 | 2003/2/28 |
| 600388 | 龙净环保 | 0.153 | 0.154 | 0.222 | 3.793 | 3.782 | -0.458 | -0.082 | 4.04 | 5.99 | 38196.15 | 8.58 | 2558.28 | -31.11 | 2564.91 | 110999.41 | 63350.33 | 6500.00 | 16700.00 | 10派0.7元(含税) | 72.92 | 2003/4/22 |
| 600389 | 江山股份 | 0.176 | 0.161 | 0.25 | 2.526 | 2.516 | 0.116 | 0.481 | 6.95 | 8.68 | 70458.75 | 19.66 | 3160.93 | -15.64 | 2891.36 | 102960.01 | 45469.96 | 4800.00 | 18000.00 | 10派0.5元(含税) | 50.97 | 2003/3/25 |
| 600390 | 金瑞科技 | 0.15 | 0.14 | 0.24 | 6.54 | 6.38 | -0.01 | -0.31 | 2.23 | 3.67 | 25537.43 | 13.16 | 1561.01 | -38.31 | 1490.65 | 92909.75 | 69863.07 | 4000.00 | 10670.00 | 10派1.4元(含税) | 83.66 | 2003/3/28 |
| 600391 | 成发科技 | 0.15 | 0.16 | 0.25 | 2.99 | 2.98 | 0.32 | 0.2 | 5.12 | 8.35 | 18452.37 | -9.73 | 2142.10 | -39.01 | 2186.91 | 62133.01 | 41855.66 | 5000.00 | 14000.00 | 10派1.7元(含税) | 66.86 | 2003/4/10 |
| 600393 | 东华实业 | 0.1784 | | 0.2408 | 2.28 | 2.28 | 0.075 | -0.485 | 7.81 | 11.42 | 13728.08 | -36.81 | 3568.92 | -25.91 | 1376.27 | 83896.76 | 45681.02 | 5526.38 | 20000.00 | 不分配 | 43.49 | 2003/4/10 |
| 600395 | 盘江股份 | 0.183 | 0.184 | 0.185 | 3.275 | 3.25 | 0.216 | 0.096 | 5.57 | 5.79 | 66809.55 | 35.46 | 6777.65 | -1.19 | 6829.71 | 144149.41 | 121615.54 | 12000.00 | 37130.00 | 10派1元(含税) | 41.58 | 2003/4/29 |
| 600396 | 金山股份 | 0.27 | 0.28 | 0.16 | 3.4 | 3.4 | -1.48 | 0.003 | 8 | 5.35 | 36692.18 | 250.30 | 3534.52 | 65.69 | 3676.62 | 132925.89 | 44199.68 | 4500.00 | 13000.00 | 不分配 | 54.29 | 2003/3/18 |
| 600397 | 安源股份 | 0.2167 | 0.2175 | 0.3599 | 3.26 | 3.24 | 0.1627 | 0.5264 | 6.65 | 21.812 | 40779.87 | 0.38 | 4767.02 | -5.40 | 4784.45 | 107542.07 | 71685.15 | 8000.00 | 22000.00 | 10派1元(含税) | 37.94 | 2003/4/1 |
| 600398 | 凯诺科技 | 0.4 | 0.4 | 0.42 | 3.2 | 3.2 | 0.07 | 0.23 | 12.56 | 11.51 | 58347.01 | 38.39 | 8583.55 | 24.83 | 8492.15 | 101501.67 | 68347.69 | 9945.00 | 21370.88 | 不分配 | 29.85 | 2003/1/21 |
| 600399 | 抚顺特钢 | 0.08 | 0.08 | 0.19 | 2.78 | 2.77 | 0.69 | 0.5 | 2.91 | 7.15 | 173271.29 | 18.14 | 4217.33 | -58.03 | 4346.78 | 422828.65 | 144805.24 | 12000.00 | 52000.00 | 不分配 | 65.35 | 2003/3/20 |
| 600400 | 红豆股份 | 0.37 | 0.35 | 0.31 | 3.51 | 3.5 | -1.25 | 0.38 | 10.59 | 9.73 | 62534.30 | 36.82 | 6663.80 | 17.96 | 6298.02 | 115453.88 | 62935.03 | 5000.00 | 17952.30 | 10派1元(含税) | 24.60 | 2003/2/28 |
| 600408 | 安泰集团 | 0.2964 | | 0.2546 | 1.72 | | 0.49 | 0.43 | | | 68444.24 | 2.34 | 4742.06 | 16.41 | | 86861.96 | 27428.01 | 7000.00 | 23000.00 | | 45.01 | 2003/1/29 |
| 600415 | 小商品城 | 0.42 | 0.37 | 0.32 | 3.01 | 2.94 | 6.54 | 0.44 | 13.87 | 11.75 | 75268.60 | 95.31 | 4349.69 | 31.95 | 3812.71 | 152245.62 | 31353.68 | 2915.21 | 10403.00 | 10派1元(含税) | 42.76 | 2003/1/25 |
| 600416 | 湘电股份 | 0.21 | 0.22 | 0.33 | 3.17 | 3.16 | 0.02 | 0.4 | 6.61 | 17.12 | 57396.03 | 9.80 | 4084.49 | 3.97 | 4198.65 | 104913.25 | 61789.95 | 7500.00 | 19500.00 | 10派2.2元(含税) | 45.64 | 2003/3/11 |
| 600418 | 江淮汽车 | 0.58 | 0.58 | 0.39 | 4.8 | 4.77 | 1.5 | -0.06 | 11.99 | 8.64 | 344299.60 | 73.07 | 13241.42 | 48.84 | 13355.04 | 181774.16 | 110412.87 | 8800.00 | 23000.00 | 10派2.5元(含税) | 25.55 | 2003/3/6 |
| 600419 | 新疆天宏 | 0.15 | 0.13 | 0.14 | 3.58 | 3.54 | -0.08 | 0.25 | 4.06 | 4.04 | 16238.10 | 0.98 | 1163.42 | 3.27 | 1047.07 | 46392.48 | 28686.42 | 3000.00 | 8016.00 | 10派0.5元(含税) | 85.16 | 2003/3/21 |
| 600422 | 昆明制药 | 0.45 | 0.38 | 0.39 | 5.41 | 5.28 | 0.18 | 0.68 | 8.4 | 7.39 | 50485.75 | 3.40 | 4458.82 | 16.35 | 3711.84 | 76328.46 | 53083.52 | 4000.00 | 9818.00 | 10派3.2元(含税) | 37.37 | 2003/4/12 |
| 600426 | 华鲁恒升 | 0.276 | 0.217 | 0.31 | 3.34 | 3.34 | 0.3 | 0.42 | 8.26 | 19.41 | 45109.93 | 20.22 | 4609.20 | 37.28 | 3616.49 | 89666.98 | 55815.31 | 6000.00 | 16700.00 | 10派1.2元(含税) | 36.92 | 2003/3/1 |
| 600428 | 中远航运 | 0.23 | | 0.37 | 3.77 | 3.76 | 0.24 | 0.71 | 6.08 | 23.77 | 54888.31 | 2.57 | 8258.02 | -3.61 | 7655.60 | 165611.06 | 135725.89 | 13000.00 | 36000.00 | 10派1.3元(含税) | 37.10 | 2003/3/12 |
| 600448 | 华纺股份 | -0.19 | -0.15 | 0.12 | 2.77 | 2.74 | | 0.15 | -6.96 | 3 | 112612.00 | 11.40 | -4718.21 | -306.79 | -3768.73 | 122924.87 | 67762.06 | 9350.00 | 24500.00 | 不分配 | / | 2003/4/15 |
| 600456 | 宝钛股份 | 0.21 | 0.21 | 0.27 | 2.917 | 2.877 | 0.3191 | 0.125 | 7.03 | 14.47 | 34641.03 | 6.44 | 4101.95 | 8.63 | 4308.91 | 92324.11 | 58362.78 | 6000.00 | 20008.00 | 10派1.5元(含税) | 60.14 | 2003/2/26 |
| 600458 | 时代新材 | 0.3 | 0.3 | 0.33 | 3.64 | 3.64 | 0.1 | 0.09 | 8.33 | 23.11 | 15746.39 | 54.33 | 2585.26 | 54.34 | 2592.56 | 38801.03 | 31028.74 | 3500.00 | 8514.80 | 10派1元(含税) | 46.97 | 2003/4/10 |
| 600460 | 士兰微 | 0.58 | 0.56 | | 2.2 | | 0.26 | 0.43 | 26.44 | | 26494.78 | 39.08 | 4367.18 | 20.70 | | 39593.74 | 16518.31 | 2600.00 | 10102.00 | | 38.93 | 2003/3/6 |
| 600466 | 迪康药业 | 0.19 | 0.157 | 0.229 | 5.11 | 5.09 | 0.14 | 0.31 | 3.69 | 4.55 | 15316.07 | 62.94 | 2402.16 | -17.49 | 2004.88 | 77944.52 | 65083.23 | 5000.00 | 12740.00 | 10派1元(含税) | 66.56 | 2003/4/16 |
| 600468 | 特精股份 | 0.038 | 0.03 | 0.046 | 3.031 | 3.015 | -0.445 | -0.359 | 1.25 | 1.52 | 22674.85 | 69.29 | 415.79 | -18.69 | 320.76 | 70867.08 | 33343.07 | 3000.00 | 11000.00 | 10派0.5元(含税) | 347.10 | 2003/4/11 |
| 600481 | 双良股份 | 0.36 | 0.37 | 0.32 | 1.15 | | 0.408 | 0.279 | 31.3 | 28.82 | 46830.64 | 15.50 | 8186.95 | 13.73 | | 57319.85 | 26156.73 | 8000.00 | 30600.00 | | 36.48 | 2003/4/17 |
| 600486 | 扬农化工 | 0.243 | 0.263 | 0.338 | 3.292 | 3.291 | 0.332 | 0.74 | 7.37 | 21.82 | 30097.56 | 13.83 | 2425.04 | 2.43 | 2631.18 | 49325.99 | 32919.65 | 3000.00 | 10000.00 | 10派2元(含税) | 58.60 | 2003/3/28 |
| 600488 | 天药股份 | 0.469 | 0.463 | 0.51 | 3.92 | 3.905 | 0.234 | 0.482 | 11.97 | 10.63 | 60720.70 | 19.21 | 9091.17 | 20.63 | 8976.70 | 141900.55 | 75936.42 | 7605.00 | 25182.50 | 10转增3[原分配方案为10派2元(含税)] | 32.60 | 2003/1/28 |
| 600496 | 长江股份 | 0.06 | 0.06 | 0.18 | 2.23 | 2.23 | 0.2 | 0.38 | 2.75 | 12.7 | 13880.56 | -22.11 | 673.16 | -46.81 | 632.12 | 34544.91 | 24499.22 | 4000.00 | 11000.00 | 10派0.5元(含税) | 140.86 | 2003/4/23 |
| 600498 | 烽火通信 | 0.16 | 0.1592 | 0.41 | 5.54 | 5.44 | -0.0003 | -0.33 | 2.87 | 7.42 | 154012.04 | -14.47 | 6514.40 | -61.09 | 6527.36 | 306746.39 | 227340.04 | 8800.00 | 41000.00 | 10派1.2元(含税) | 73.64 | 2003/4/19 |
| 600499 | 科达机电 | 0.606 | 0.6 | 0.707 | 6.849 | 6.849 | 0.602 | 0.462 | 8.84 | 33.82 | 21683.07 | 46.88 | 3348.89 | 34.10 | 3330.07 | 49203.06 | 37876.77 | 2000.00 | 5530.00 | 10派1.25元(含税)送5转增3 | 52.18 | 2003/3/19 |

| 代码 | 简称 | 每股收益(元) | | | 每股净资产(元) | | 每股经营现金流量(元) | | 净资产收益率(%) | | 主营收入(万元) | | 净利润(万元) | | | 总资产(万元) | 股东权益(万元) | 最新流通A股(万股) | 最新总股本(万股) | 分配方案 | 最新市盈率(倍) | 年报刊登日期 |
|---|---|---|---|---|---|---|---|---|---|---|---|---|---|---|---|---|---|---|---|---|---|---|
| | | 2002年 | 扣除后 | 2001年 | 2002年 | 调整后 | 2002年 | 2001年 | 2002年 | 2001年 | 2002年 | 同比(%) | 2002年 | 同比(%) | 扣除后 | | | | | | | |
| 600500 | 中化国际 | 0.466 | 0.473 | 0.24 | 2.8 | 2.72 | 0.52 | 1.73 | 16.65 | 6.28 | 800313.64 | 21.87 | 26026.45 | 187.52 | 26448.87 | 308433.73 | 156318.02 | 18000.00 | 55897.50 | 10派2.5元(含税) | 18.49 | 2003/1/27 |
| 600501 | 航天晨光 | 0.18 | | 0.27 | 2.43 | 2.38 | 0.28 | 0.15 | 7.24 | 7.34 | 56820.64 | 28.77 | 3291.42 | -0.29 | 3137.52 | 93049.98 | 45433.46 | 7200.00 | 18731.44 | 10派1.5元(含税) | 68.29 | 2003/4/25 |
| 600502 | 安徽水利 | 0.28 | 0.29 | 0.25 | 1.75 | | 0.7 | 0.04 | 16.24 | 16.95 | 47043.03 | 25.65 | 1761.93 | 14.38 | 1817.58 | 30236.41 | 10847.53 | 5800.00 | 12000.00 | | 67.49 | 2003/4/10 |
| 600503 | 宏智科技 | 0.32 | 0.31 | 0.43 | 4.43 | 4.4 | 0.2 | 0.23 | 7.16 | 25.3 | 23385.14 | 21.74 | 3487.00 | 14.70 | 3441.17 | 59924.75 | 48718.22 | 4000.00 | 11000.00 | 不分配 | 43.28 | 2003/4/10 |
| 600505 | 西昌电力 | 0.1373 | 0.1302 | 0.218 | 3.21 | 3.12 | 0.55 | 0.67 | 4.27 | 7.84 | 16392.41 | 28.46 | 2264.74 | -5.65 | 2261.43 | 115567.85 | 52982.80 | 5500.00 | 16500.00 | 10派2元(含税)转增8 | 91.65 | 2003/4/15 |
| 600506 | 香梨股份 | 0.19 | 0.11 | 0.185 | 2.91 | 2.91 | -0.04 | 0.27 | 6.61 | 6.8 | 8006.71 | -19.13 | 3092.95 | 4.08 | 1714.45 | 62001.69 | 46779.31 | 5000.00 | 16050.00 | 不分配 | 44.68 | 2003/3/27 |
| 600508 | 上海能源 | 0.42 | 0.42 | 0.41 | 3.66 | 3.6 | 1.01 | 1.06 | 11.54 | 11.5 | 158303.73 | 8.01 | 16942.56 | 2.40 | 16663.56 | 218194.98 | 146788.80 | 11000.00 | 40151.00 | 10派3.5元(含税) | 27.18 | 2003/3/13 |
| 600509 | 天富热电 | 0.28 | 0.25 | 0.42 | 3.67 | 3.67 | | 0.75 | 7.52 | 21.9 | 45211.05 | 28.32 | 4666.71 | 2.66 | 4245.44 | 153139.57 | 62060.41 | 6000.00 | 16908.50 | 10派2.5元(含税)转增5 | 45.80 | 2003/4/22 |
| 600510 | 黑牡丹 | 0.86 | 0.87 | 0.81 | 5.55 | 5.55 | 0.79 | 0.74 | 15.53 | 38.96 | 100701.27 | 14.35 | 12589.21 | 44.62 | 12667.19 | 116580.82 | 81089.19 | 3800.00 | 14612.36 | 10派5元(含税) | 18.62 | 2003/3/11 |
| 600511 | 国药股份 | 0.1969 | 0.2103 | 0.248 | 2.995 | 2.976 | 0.114 | -0.147 | 6.57 | 14.98 | 122382.07 | 0.24 | 2618.25 | 31.86 | 2797.00 | 80837.06 | 39829.77 | 5300.00 | 13300.00 | 10派1元(含税) | 70.25 | 2003/3/15 |
| 600512 | 腾达建设 | 0.16 | 0.16 | 0.25 | 2.7 | 2.64 | 0.19 | 0.09 | 5.76 | 17.1 | 55945.67 | 12.54 | 2481.54 | 0.41 | 2624.59 | 78131.11 | 43075.02 | 6000.00 | 15973.52 | 10派1.5元(含税) | 56.07 | 2003/3/27 |
| 600513 | 联环药业 | 0.39 | 0.4 | 0.34 | 2.13 | | 0.48 | 0.37 | 18.5 | 19.64 | 7850.79 | 13.38 | 1577.58 | 15.62 | | 12628.02 | 8525.96 | 2000.00 | 6000.00 | | 64.05 | 2003/3/14 |
| 600515 | 第一投资 | 0.155 | 0.136 | 0.23 | 2.8 | 2.74 | 0.19 | 0.32 | 5.55 | 12 | 24957.45 | 1.09 | 2391.56 | 0.87 | 2096.27 | 78533.43 | 43129.42 | 5000.00 | 15416.00 | 10转增5 | 65.36 | 2003/4/28 |
| 600516 | 海龙科技 | 0.17 | 0.17 | 0.4 | 3.76 | 3.75 | -0.28 | -0.72 | 4.43 | 17.59 | 43145.64 | 4.49 | 3331.27 | -30.62 | 3373.22 | 139266.59 | 75142.37 | 8000.00 | 20000.00 | 10派1元(含税) | 49.47 | 2003/3/18 |
| 600518 | 康美药业 | 0.619 | 0.591 | 0.412 | 5.526 | 5.371 | 0.755 | 0.222 | 11.2 | 7.99 | 41098.03 | 7.93 | 4383.27 | 50.33 | 4184.43 | 62957.88 | 39123.23 | 1800.00 | 7080.00 | 10派2.5元(含税) | 48.91 | 2003/3/22 |
| 600519 | 贵州茅台 | 1.37 | 1.38 | 1.31 | 10.37 | 10.29 | 1.58 | 0.17 | 13.21 | 12.97 | 183489.83 | 13.40 | 37679.85 | 14.78 | 37818.85 | 393090.51 | 285284.55 | 7865.00 | 27500.00 | 10派2元(含税)送1 | 18.09 | 2003/3/26 |
| 600520 | 三佳模具 | 0.33 | 0.33 | 0.34 | 4.01 | 3.99 | 0.12 | 0.1 | 8.13 | 9.59 | 9363.99 | 13.01 | 2050.12 | -3.62 | 2055.28 | 34923.40 | 25210.49 | 2500.00 | 6280.00 | 10转增8 | 57.37 | 2003/4/25 |
| 600521 | 华海药业 | 0.778 | 0.718 | 0.656 | 1.238 | | 1.159 | 0.4971 | 62.9 | 59.17 | 18737.75 | 5.38 | 5059.31 | 18.73 | | 24818.22 | 8044.01 | 3500.00 | 10000.00 | | 39.35 | 2003/2/27 |
| 600522 | 中天科技 | 0.19 | 0.2 | 0.27 | 2.69 | 2.69 | 0.26 | 0.59 | 7 | 20 | 41353.69 | -23.25 | 3975.39 | 5.38 | 4212.36 | 83374.18 | 56083.93 | 7000.00 | 20831.00 | 10派1.2元(含税) | 48.05 | 2003/3/29 |
| 600523 | 贵航股份 | 0.013 | 0.02 | 0.09 | 2.57 | 2.57 | 0.03 | 0.14 | 0.51 | 3.34 | 37902.18 | 6.91 | 285.25 | -84.53 | 430.52 | 106191.70 | 56481.61 | 7000.00 | 22000.00 | 10派0.4元(含税) | 533.70 | 2003/3/18 |
| 600525 | 长园新材 | 0.31 | | 0.38 | 2.79 | 2.79 | 0.4 | 0.59 | 11.16 | 23.16 | 19572.56 | 36.22 | 3096.38 | 10.75 | 2320.80 | 48768.87 | 27741.90 | 2500.00 | 9954.00 | 发行前利润向老股东分配 | 57.22 | 2003/2/28 |
| 600526 | 菲达环保 | 0.24 | 0.24 | 0.3569 | 3.72 | 3.72 | 0.32 | 0.18 | 6.36 | 22.27 | 32758.02 | 22.33 | 2365.95 | 10.48 | 2391.29 | 66541.55 | 37211.35 | 4000.00 | 10000.00 | 10派2元(含税) | 58.41 | 2003/3/11 |
| 600528 | 中铁二局 | 0.27 | 0.28 | 0.39 | 4.18 | 4.12 | -0.79 | 0.12 | 6.43 | 9.35 | 442435.64 | 9.54 | 11026.29 | -31.53 | 11277.81 | 422272.04 | 171531.74 | 11000.00 | 41000.00 | 10派3元(含税) | 35.55 | 2003/3/29 |
| 600529 | 山东药玻 | 0.66 | 0.67 | 0.74 | 7.79 | 7.79 | 1.33 | 0.57 | 8.53 | 19.51 | 42231.83 | 20.62 | 5475.30 | 46.55 | 5496.52 | 94359.38 | 64155.47 | 3200.00 | 8240.74 | 10派1元(含税)送3转增2 | 28.45 | 2003/3/25 |
| 600530 | 交大昂立 | 0.26 | 0.23 | 0.27 | 4.49 | 4.42 | 0.25 | -0.065 | 5.69 | 6.14 | 47686.75 | 5.19 | 5118.15 | -6.33 | 4504.26 | 133931.68 | 89874.63 | 5000.00 | 20000.00 | 10派2.1元(含税) | 53.93 | 2003/3/18 |
| 600531 | 豫光金铅 | 0.27 | 0.26 | 0.37 | 4.08 | 4.07 | -0.62 | 0.1 | 6.49 | 17.2 | 100599.05 | 34.48 | 3361.97 | 11.59 | 3337.78 | 96735.05 | 51786.03 | 4500.00 | 12681.62 | 10派1元(含税) | 44.62 | 2003/3/18 |
| 600532 | 华阳科技 | 0.19 | 0.191 | 0.31 | 3.676 | 3.674 | 0.56 | 0.12 | 5.16 | 17.31 | 27724.48 | 10.99 | 1708.25 | 9.26 | 1719.77 | 49048.35 | 33086.17 | 4000.00 | 9000.00 | 10派1.25元(含税) | 57.95 | 2003/3/27 |
| 600533 | 栖霞建设 | 0.3 | 0.31 | 0.42 | 3.5 | 3.48 | -0.79 | -1.12 | 8.63 | 26.94 | 36608.66 | 12.96 | 4230.49 | 1.88 | 4271.34 | 85250.17 | 49001.60 | 4000.00 | 14000.00 | 10派2.5元(含税) | 43.35 | 2003/3/18 |
| 600535 | 天士力 | 0.62 | 0.63 | 0.73 | 5.12 | 5.11 | 1.09 | 0.6 | 12.11 | 43.08 | 92978.62 | 35.82 | 11784.86 | 14.56 | 11969.08 | 125069.86 | 97290.18 | 5000.00 | 19000.00 | 10派5元(含税)转增5 | 33.21 | 2003/3/25 |
| 600536 | 中软股份 | 0.47 | 0.46 | 0.56 | 5.03 | 5.01 | 0.2 | 0.29 | 9.34 | 40.2 | 46482.18 | 42.93 | 3957.85 | 31.46 | 3877.59 | 55809.12 | 42354.30 | 3000.00 | 8417.28 | 10派3元(含税)转增2 | 48.91 | 2003/4/10 |
| 600537 | 海通集团 | 0.32 | 0.3 | 0.3 | 1.71 | 1.7 | 0.28 | 0.24 | 18 | 21 | 24795.31 | 6.00 | 3611.86 | 5.65 | 3468.05 | 49427.44 | 15440.08 | 5000.00 | 16431.00 | 10派2.5元(含税) | 50.86 | 2003/3/20 |
| 600538 | 北海国发 | 0.36 | 0.3 | 0.37 | 2.16 | 2.13 | 0.26 | 0.35 | 16.68 | 19 | 9901.00 | 5.27 | 2369.40 | -3.66 | 1990.93 | 23521.95 | 14203.74 | 4500.00 | 11080.00 | 10派1元(含税) | 50.92 | 2003/4/28 |
| 600539 | 狮头股份 | 0.1 | 0.1 | 0.16 | 3.53 | 3.49 | 0.17 | 0.15 | 2.84 | 4.72 | 28921.23 | -1.88 | 2303.50 | -38.12 | 2398.19 | 109234.71 | 81205.36 | 8800.00 | 23000.00 | 不分配 | 76.08 | 2003/4/8 |
| 600548 | 深高速 | 0.16 | 0.16 | 0.18 | 2.37 | 2.35 | 0.2 | 0.26 | 6.81 | 7.93 | 64612.80 | 6.88 | 35135.39 | -12.58 | 34854.23 | 692250.27 | 516031.28 | 16500.00 | 218070.00 | 10派1.2元(含税) | 56.79 | 2003/4/14 |
| 600549 | 厦门钨业 | 0.42 | 0.38 | 0.68 | 4.6 | 4.6 | 0.35 | 2.38 | 9.06 | 29.95 | 57839.81 | -18.04 | 5005.60 | -18.37 | 4611.49 | 110364.93 | 55239.15 | 3000.00 | 12000.00 | 10派3元(含税) | 34.40 | 2003/2/28 |
| 600550 | 天威保变 | 0.1 | 0.1 | 0.2 | 2.64 | 2.61 | 0.17 | 0.28 | 3.81 | 5.26 | 65281.45 | 6.68 | 3320.39 | -24.64 | 3271.46 | 163949.93 | 87090.64 | 9000.00 | 33000.00 | 不分配 | 61.62 | 2003/3/25 |
| 600551 | 科大创新 | 0.1 | 0.1 | 0.2 | 2.38 | 2.34 | 0.13 | -0.15 | 4.13 | 11.99 | 6681.47 | 9.92 | 736.91 | -26.67 | 713.74 | 30513.15 | 17847.86 | 2500.00 | 7500.00 | 10派0.8元(含税) | 187.68 | 2003/3/28 |
| 600552 | 方兴科技 | 0.16 | | 0.28 | 3.37 | 3.36 | 0.32 | 0.35 | 4.51 | 15.88 | 18913.79 | 6.28 | 1407.39 | 1.49 | 1460.70 | 46674.02 | 30331.23 | 4000.00 | 9000.00 | 10派1元(含税) | 68.49 | 2003/3/10 |
| 600553 | 太行股份 | 0.21 | 0.22 | 0.29 | 3.5 | 3.44 | 0.31 | 0.36 | 6.08 | 11.17 | 37932.46 | 7.10 | 4039.81 | 0.63 | 4137.99 | 122090.46 | 66443.91 | 5000.00 | 19000.00 | 10派0.5元(含税) | 44.73 | 2003/3/18 |

| 代码 | 简称 | 每股收益（元） | | | 每股净资产（元） | | 每股经营现金流量（元） | | 净资产收益率（%） | | 主营收入（万元） | | 净利润（万元） | | | 总资产（万元） | 股东权益（万元） | 最新流通A股（万股） | 最新总股本（万股） | 分配方案 | 最新市盈率（倍） | 年报刊登日期 |
|---|---|---|---|---|---|---|---|---|---|---|---|---|---|---|---|---|---|---|---|---|---|---|
| | | 2002年 | 扣除后 | 2001年 | 2002年 | 调整后 | 2002年 | 2001年 | 2002年 | 2001年 | 2002年 | 同比（%） | 2002年 | 同比（%） | 扣除后 | | | | | | | |
| 600555 | 茉织华 | 0.28 | 0.28 | 0.48 | 4.88 | 4.87 | 0.37 | 0.51 | 5.76 | 10.1 | 168834.34 | -10.89 | 12198.70 | -41.45 | 12026.42 | 342050.00 | 211833.29 | 8100.00 | 43450.00 | 10派1.5元（含税） | 33.41 | 2003/4/29 |
| 600556 | 北生药业 | 0.356 | 0.3826 | 0.1687 | 5.5758 | 5.5092 | 1.01 | 0.04 | 6.39 | 3.17 | 21737.20 | 75.59 | 3204.24 | 111.07 | 3442.98 | 127558.82 | 50181.80 | 4532.00 | 9000.00 | 10派1元（含税）送1转增3 | 47.24 | 2003/2/28 |
| 600557 | 康缘药业 | 0.23 | | 0.35 | 3.61 | 3.58 | 0.12 | 0.41 | 6.29 | 25.34 | 26205.66 | 16.25 | 2087.49 | 13.96 | 1950.02 | 42607.23 | 33171.53 | 4000.00 | 9180.00 | 10派3元（含税） | 69.00 | 2003/4/8 |
| 600558 | 大西洋 | 0.237 | 0.304 | 0.214 | 3.94 | 3.923 | 0.498 | 0.018 | 6.01 | 5.589 | 50646.10 | 12.44 | 2841.85 | 10.88 | 3652.91 | 70321.15 | 47283.13 | 4500.00 | 12000.00 | 10派1.2元（含税） | 41.04 | 2003/3/4 |
| 600559 | 裕丰股份 | 0.16 | 0.17 | 0.22 | 2.35 | 2.34 | 0.44 | 0.6 | 6.62 | 14.74 | 26257.04 | 15.33 | 2174.77 | -0.36 | 2374.43 | 59391.63 | 32847.65 | 4000.00 | 14000.00 | 10派0.5元（含税） | 59.03 | 2003/3/28 |
| 600560 | 金自天正 | 0.3 | 0.31 | 0.45 | 4.79 | 4.77 | 0.06 | 0.14 | 6.37 | 20.79 | 17490.65 | 15.84 | 2330.50 | 10.28 | 2336.56 | 50924.46 | 36605.63 | 3000.00 | 7646.00 | 10派2元（含税） | 47.83 | 2003/3/1 |
| 600561 | 江西长运 | 0.31 | 0.27 | 0.35 | 2.8 | 2.76 | 0.64 | 0.89 | 11.04 | 20.15 | 15297.95 | 25.96 | 2866.58 | 30.42 | 2529.31 | 47025.19 | 25966.89 | 3000.00 | 9286.20 | 10派1.5元（含税） | 45.51 | 2003/3/28 |
| 600562 | 高淳陶瓷 | 0.38 | 0.37 | 0.36 | 1.81 | 1.81 | 0.57 | 0.33 | 20.93 | 22.83 | 10917.94 | 6.53 | 2044.68 | 4.56 | 2025.75 | 16572.84 | 9768.58 | 3000.00 | 8408.92 | 10派1元（含税） | 50.67 | 2003/2/28 |
| 600563 | 法拉电子 | 0.3 | 0.3 | 0.4 | 4.35 | 4.35 | 0.72 | 0.61 | 6.8 | 17.67 | 24648.64 | 10.36 | 4434.30 | 11.16 | 4448.87 | 71945.79 | 65236.37 | 5000.00 | 15000.00 | 10派3元（含税） | 42.86 | 2003/3/7 |
| 600565 | 迪马股份 | 0.44 | 0.44 | 0.79 | 4.75 | 4.74 | 0.31 | 0.14 | 9.24 | 65.29 | 48479.62 | 2.44 | 3510.27 | -25.71 | 3514.30 | 51008.08 | 37990.38 | 2000.00 | 8000.00 | 10派3.6元（含税） | 38.36 | 2003/4/9 |
| 600566 | 洪城股份 | 0.13 | 0.12 | 0.17 | 4.31 | 4.3 | 0.21 | 0.07 | 3.03 | 3.94 | 10729.18 | -5.85 | 1389.20 | -21.52 | 1307.40 | 60631.74 | 45814.95 | 4400.00 | 10630.80 | 10派0.5元（含税） | 83.72 | 2003/3/18 |
| 600567 | 山鹰纸业 | 0.157 | 0.158 | 0.144 | 2.173 | 2.157 | 0.38 | -0.032 | 7.2 | 6.98 | 48822.48 | 73.78 | 2511.83 | 9.04 | 2528.83 | 83089.91 | 34875.82 | 6000.00 | 16050.00 | 10派0.5元（含税） | 51.76 | 2003/1/28 |
| 600568 | 潜江制药 | 0.15 | 0.07 | 0.19 | 6.1 | 6.08 | 0.01 | 0.06 | 2.52 | 3.2 | 9076.91 | 11.12 | 1118.93 | -19.31 | 508.32 | 47819.66 | 44466.03 | 3500.00 | 7286.00 | 不分配 | 91.36 | 2003/3/26 |
| 600569 | 安阳钢铁 | 0.4 | 0.36 | 0.35 | 3.4 | 3.39 | 0.76 | 0.43 | 11.76 | 10.95 | 671738.89 | 12.95 | 53730.32 | 14.14 | 48612.87 | 625125.84 | 457007.60 | 27500.00 | 134549.03 | 10派2元（含税） | 15.40 | 2003/3/20 |
| 600571 | 信雅达 | 0.55 | 0.51 | 0.68 | 5.36 | 5.35 | 0.94 | 0.99 | 10.21 | 43.44 | 19040.01 | 19.63 | 3201.31 | 17.01 | 3004.49 | 44771.46 | 31324.69 | 1800.00 | 5846.00 | 10派3元（含税） | 41.05 | 2003/3/20 |
| 600573 | 惠泉啤酒 | 0.37 | 0.35 | 0.34 | 2.36 | | 1.16 | 0.71 | 15.76 | 17.04 | 90569.53 | -4.05 | 6954.81 | 9.87 | | 119632.73 | 44126.75 | 6300.00 | 25000.00 | | 33.03 | 2003/2/21 |
| 600575 | 芜湖港 | 0.35 | 0.3 | 0.35 | 1.84 | | 0.74 | 0.45 | 19.3 | 21.38 | 10439.12 | 29.53 | 2607.60 | 1.55 | | 23272.24 | 13512.31 | 4500.00 | 11860.0 | | 48.67 | 2003/3/22 |
| 600576 | 庆丰股份 | 0.34 | | 0.31 | | | | 0.8 | 18.67 | 21.39 | 84946.64 | 4.63 | 4491.08 | 6.62 | | 71790.75 | 24058.00 | 6000.00 | 19409.31 | | 37.90 | 2003/2/15 |
| 600577 | 精达股份 | 0.36 | 0.35 | 0.5 | 4.45 | 4.44 | 0.36 | 0.85 | 7.99 | 29.12 | 42968.15 | 35.86 | 2133.03 | 7.49 | 2076.59 | 47049.91 | 26711.43 | 2000.00 | 6000.00 | 10派1元（含税） | 45.85 | 2003/2/25 |
| 600578 | 京能热电 | 0.15 | 0.15 | 0.25 | 2.31 | 2.31 | 0.56 | 0.99 | 6.47 | 14.12 | 111011.53 | 0.31 | 8578.81 | -27.32 | 8687.81 | 209411.45 | 132633.96 | 10000.00 | 57336.00 | 10派1.15元（含税） | 60.02 | 2003/3/26 |
| 600579 | 黄海股份 | 0.215 | 0.215 | 0.25 | 2.51 | 2.47 | 0.54 | 0.66 | 8.55 | 13.76 | 59930.31 | 46.53 | 4641.19 | 56.85 | 4641.19 | 113766.63 | 54258.00 | 7200.00 | 21600.00 | 不分配 | 43.75 | 2003/4/1 |
| 600580 | 卧龙科技 | 0.27 | 0.2 | 0.41 | 3.85 | 3.82 | 0.27 | 0.54 | 7.09 | 25.96 | 20802.65 | 2.43 | 2977.98 | -2.89 | 2226.97 | 63731.78 | 42011.12 | 5600.00 | 17456.68 | 10派2元（含税）转增6［原为10派2元（含税）］ | 48.71 | 2003/2/19 |
| 600581 | 八一钢铁 | 0.39 | 0.39 | 0.76 | 4.05 | 4.03 | 0.45 | 0.46 | 9.67 | 32.14 | 318293.47 | 3.05 | 16022.22 | -24.13 | 15883.58 | 302763.42 | 165714.82 | 13000.00 | 40943.00 | 10派2元（含税）送2 | 20.19 | 2003/3/5 |
| 600582 | 天地科技 | 0.453 | 0.4699 | 0.624 | 5.818 | 5.805 | -0.142 | 0.546 | 7.79 | 29.51 | 25754.46 | 44.01 | 3400.74 | 9.00 | 3524.15 | 52692.97 | 43631.40 | 2500.00 | 7500.00 | 10转增3 | 36.52 | 2003/2/25 |
| 600583 | 海油工程 | 0.53 | 0.53 | 0.61 | 5.14 | 5.14 | 0.79 | 1.09 | 10.33 | 23.73 | 173388.53 | 43.64 | 13266.87 | 27.93 | 13368.05 | 196144.53 | 128445.04 | 8000.00 | 25000.00 | 不分配 | 27.53 | 2003/4/10 |
| 600585 | 海螺水泥 | 0.22 | 0.23 | 0.21 | 2.72 | 2.72 | 0.77 | 0.75 | 8.19 | 9.17 | 299977.57 | 45.74 | 26375.84 | 30.11 | 27155.00 | 889962.39 | 322066.60 | 20000.00 | 118348.00 | 10派0.5元（含税） | 33.65 | 2003/3/7 |
| 600586 | 金晶科技 | 0.39 | 0.26 | 0.74 | 4.94 | 4.93 | 0.89 | 1.07 | 7.91 | 31.14 | 32262.95 | -16.30 | 3782.97 | -17.57 | 2498.60 | 95393.74 | 47821.79 | 3500.00 | 9685.00 | 10派3元（含税）送3 | 47.34 | 2003/4/15 |
| 600587 | 新华医疗 | 0.35 | 0.35 | 0.46 | 4.8 | 4.78 | 0.42 | 0.4 | 7.26 | 20.57 | 24964.83 | 38.74 | 2136.13 | 14.59 | 2152.78 | 52881.61 | 29422.57 | 2100.00 | 6130.00 | 10派0.5元（含税）转增4 | 53.84 | 2003/3/5 |
| 600588 | 用友软件 | 0.92 | | 0.7 | 10.34 | 10.3 | 0.84 | 1.03 | 8.9 | 7 | 48821.52 | 46.40 | 9160.60 | 30.12 | 9181.41 | 121811.79 | 103392.36 | 2500.00 | 10000.00 | 10派6元（含税）转增2 | 50.78 | 2003/4/19 |
| 600589 | 广东榕泰 | 0.328 | 0.31 | 0.22 | 3.54 | 3.54 | 0.15 | 0.2 | 9.28 | 6.46 | 34850.83 | 26.91 | 5251.60 | 49.08 | 5005.45 | 72014.24 | 56602.10 | 4000.00 | 16000.00 | 10派2元（含税） | 38.97 | 2003/3/26 |
| 600590 | 泰豪科技 | 0.19 | 0.16 | 0.24 | 2.48 | 2.48 | 0.037 | 0.148 | 7.48 | 16.18 | 38192.56 | 15.59 | 2471.00 | 11.42 | 2137.30 | 64639.40 | 33056.83 | 4000.00 | 13305.68 | 10派1元（含税） | 65.80 | 2003/3/19 |
| 600591 | 上海航空 | 0.195 | | 0.267 | 2.36 | 2.31 | 0.55 | 1.29 | 8.283 | 23.826 | 405674.46 | 15.86 | 14072.59 | 1.35 | 14080.85 | 710797.14 | 169906.78 | 20000.00 | 72100.00 | 10派0.5元（含税） | 41.50 | 2003/3/29 |
| 600592 | 龙溪股份 | 0.18 | 0.18 | 0.3 | 3.24 | 3.18 | 0.14 | 0.26 | 5.57 | 14.76 | 18944.29 | 12.51 | 2702.15 | -9.23 | 2730.80 | 61412.29 | 48540.23 | 5000.00 | 15000.00 | 不分配 | 51.24 | 2003/4/3 |
| 600593 | 大连圣亚 | 0.24 | 0.24 | 0.39 | 3.54 | 3.53 | 0.37 | 0.51 | 6.78 | 33.04 | 6901.21 | 1.45 | 2206.31 | -4.62 | 2205.65 | 38262.53 | 32561.53 | 3200.00 | 9200.00 | 10派0.5元（含税） | 46.62 | 2003/3/26 |
| 600595 | 中孚实业 | 0.41 | 0.35 | 0.49 | 4.81 | 4.79 | 0.85 | 0.92 | 8.53 | 18.98 | 57853.07 | 10.45 | 5547.22 | 32.39 | 4748.80 | 114604.09 | 65005.25 | 5000.00 | 13528.27 | 10派2元（含税）送3 | 31.02 | 2003/2/19 |
| 600596 | 新安股份 | 0.239 | 0.236 | 0.153 | 3.75 | 3.7 | 0.86 | 0.01 | 6.38 | 4.15 | 78292.45 | 20.61 | 3210.59 | 56.75 | 3160.42 | 92480.73 | 50307.17 | 4400.00 | 13411.04 | 10派1.8元（含税） | 40.89 | 2003/4/12 |
| 600597 | 光明乳业 | 0.35 | 0.38 | 0.33 | 2.42 | 2.3 | 0.74 | 0.76 | 14 | 30 | 502150.35 | 42.65 | 22631.38 | 38.92 | 25063.91 | 293736.52 | 157867.99 | 15000.00 | 65118.29 | 10派1元（含税） | 38.36 | 2003/3/27 |
| 600598 | 北大荒 | 0.26 | 0.26 | 0.31 | 2.38 | 2.3 | 0.16 | 0.18 | 10.89 | 21.12 | 147143.01 | 4.63 | 38063.72 | 4.49 | 38019.30 | 619919.00 | 349641.16 | 30000.00 | 146996.00 | 10派1.3元（含税） | 23.48 | 2003/4/8 |
| 600599 | 浏阳花炮 | 0.16 | 0.162 | 0.254 | 2.21 | 2.21 | -0.66 | -0.03 | 7.24 | 6.56 | 27612.04 | 40.04 | 2019.93 | 13.54 | 2035.16 | 51220.23 | 27896.34 | 3960.00 | 12600.00 | 10派1元（含税） | 87.08 | 2003/3/25 |

| 代码 | 简称 | 每股收益(元) | | | 每股净资产(元) | | 每股经营现金流量(元) | | 净资产收益率(%) | | 主营收入(万元) | | 净利润(万元) | | | 总资产(万元) | 股东权益(万元) | 最新流通A股(万股) | 最新总股本(万股) | 分配方案 | 最新市盈率(倍) | 年报刊登日期 |
|---|---|---|---|---|---|---|---|---|---|---|---|---|---|---|---|---|---|---|---|---|---|---|
| | | 2002年 | 扣除后 | 2001年 | 2002年 | 调整后 | 2002年 | 2001年 | 2002年 | 2001年 | 2002年 | 同比(%) | 2002年 | 同比(%) | 扣除后 | | | | | | | |
| 600600 | 青岛啤酒 | 0.2307 | 0.2002 | 0.1029 | 2.98 | 2.89 | 1.11 | 0.53 | 7.75 | 3.47 | 693673.41 | 31.46 | 23065.74 | 124.18 | 20016.83 | 893861.56 | 297735.36 | 20000.00 | 100000.00 | 10派2.2元(含税) | 37.85 | 2003/4/3 |
| 600601 | 方正科技 | 0.346 | 0.299 | 0.27 | 1.92 | 1.86 | 0.628 | 1.5 | 18.01 | 17.16 | 451253.55 | 22.20 | 12903.86 | 28.00 | 11146.50 | 202199.12 | 71660.01 | 37324.80 | 37324.80 | 不分配 | 30.78 | 2003/3/8 |
| 600602 | 广电电子 | 0.112 | 0.12 | 0.202 | 2.96 | 2.89 | 0.61 | 0.51 | 3.79 | 6.33 | 465629.95 | 14.72 | 10392.02 | -39.03 | 10895.85 | 747859.80 | 274176.47 | 34997.20 | 92722.77 | 10派0.5元(含税) | 74.15 | 2003/3/12 |
| 600603 | ST兴业 | -3.3621 | -3.3621 | -1.8509 | -3.2209 | -3.2209 | -0.0075 | 0.2255 | | -2124.26 | 3336.75 | -54.02 | -65440.21 | -81.65 | -65440.21 | 17379.91 | -62691.54 | 19464.19 | 19464.19 | 不分配 | / | 2003/4/26 |
| 600604 | 二纺机 | 0.0159 | 0.0115 | -0.0107 | 1.119 | 1.036 | 0.111 | 0.228 | 1.42 | -0.98 | 74459.26 | -8.67 | 900.21 | 247.99 | 651.54 | 125176.52 | 63413.79 | 7118.19 | 56644.92 | 不分配 | 442.99 | 2003/4/17 |
| 600605 | 轻工机械 | 0.029 | -0.0343 | 0.043 | 1.465 | 1.351 | 0.015 | 0.024 | 1.956 | 3.024 | 18286.81 | -6.24 | 602.50 | -34.01 | -720.85 | 62360.74 | 30798.99 | 2400.00 | 21019.20 | 不分配 | 387.59 | 2003/3/28 |
| 600606 | 金丰投资 | 0.238 | 0.231 | 0.459 | 3.765 | 3.688 | 1.083 | -0.697 | 6.33 | 25.87 | 108381.30 | 69.20 | 6073.00 | -19.69 | 5900.52 | 219255.97 | 95990.14 | 11358.16 | 25494.25 | 10派1元(含税) | 31.69 | 2003/3/15 |
| 600607 | 上实联合 | 0.3024 | 0.3055 | 0.3291 | 4.6848 | 4.5379 | 0.2519 | 0.3477 | 6.45 | 7.31 | 161333.88 | 17.30 | 9268.78 | -8.12 | 9362.71 | 247543.10 | 143598.97 | 13293.20 | 30651.24 | 10派1.2元(含税) | 31.78 | 2003/2/26 |
| 600608 | 上海科技 | 0.22 | 0.1802 | 0.1991 | 2.31 | 2.22 | -0.1899 | 0.4487 | 9.56 | 9.55 | 98301.57 | 207.55 | 3327.53 | 10.48 | 2725.07 | 89965.52 | 34868.97 | 9320.77 | 15126.22 | 不分配 | 59.55 | 2003/1/23 |
| 600609 | 金杯汽车 | 0.01 | -0.18 | -0.8967 | 1.3053 | 1.1275 | -0.0792 | -0.0129 | 0.77 | -70.18 | 67152.29 | 3.56 | 1093.39 | 101.12 | -20543.07 | 417666.80 | 142626.68 | 36400.00 | 109266.71 | 不分配 | 816.46 | 2003/4/29 |
| 600610 | 中国纺机 | 0.304 | 0.04 | 0.0046 | 1.012 | 0.9534 | 0.16 | 0.13 | 30.02 | 4.9 | 60407.77 | 34.41 | 10842.38 | 6497.02 | 1256.35 | 79110.05 | 36121.08 | 2574.00 | 35709.15 | 不分配 | 32.74 | 2003/3/26 |
| 600611 | 大众交通 | 0.37 | 0.36 | 0.31 | 3.66 | 3.5 | 0.69 | 1.33 | 10.09 | 9.03 | 195553.30 | 17.87 | 22135.91 | 18.01 | 21390.00 | 476451.04 | 219342.13 | 14232.34 | 59870.16 | 10派1.8元(含税) | 23.75 | 2003/4/3 |
| 600612 | 第一铅笔 | 0.0125 | 0.0066 | 0.0032 | 1.758 | 1.609 | 0.0415 | 0.4809 | 0.713 | 0.182 | 102613.34 | 12.67 | 315.82 | 296.66 | 165.29 | 137125.89 | 44263.60 | 2908.79 | 25177.94 | 不分配 | 778.09 | 2003/4/25 |
| 600613 | 永生数据 | -0.6958 | | -0.2952 | 0.9186 | 0.9058 | 0.1083 | -0.1387 | -75.744 | -18.043 | 1265.45 | -65.58 | -10291.43 | -135.64 | -4871.02 | 28951.48 | 13587.05 | 912.55 | 14790.50 | 不分配 | / | 2003/4/30 |
| 600614 | 胶带股份 | 0.233 | 0.123 | 0.244 | 1.88 | 1.767 | -0.594 | 0.162 | 12.37 | 13.81 | 21933.79 | -3.00 | 2678.06 | -4.84 | 1415.34 | 117782.45 | 21641.99 | 834.90 | 11513.34 | 10派1元(含税) | 71.24 | 2003/4/1 |
| 600615 | 丰华股份 | -0.44 | | -0.73 | 2.66 | 1.42 | -0.76 | 0.132 | -16.65 | -23.72 | 14618.58 | -28.00 | -6673.92 | 39.88 | -9536.23 | 94764.73 | 40073.23 | 4650.05 | 15041.64 | 不分配 | / | 2003/4/30 |
| 600616 | 第一食品 | 0.17 | 0.16 | 0.21 | 1.65 | 1.54 | -0.46 | 0.4 | 10.1 | 8.78 | 105791.11 | 80.47 | 3176.32 | 16.95 | 2972.27 | 136259.25 | 31459.32 | 6848.11 | 19039.56 | 10派1.4元(含税) | 71.63 | 2003/4/1 |
| 600617 | 联华合纤 | -1.01 | | 0.007 | 0.69 | 0.68 | -0.003 | -0.12 | -145.55 | 0.4 | 18401.15 | -43.05 | -16881.99 | -15064.14 | -10547.23 | 43408.37 | 11598.49 | 900.00 | 16719.48 | 不分配 | / | 2003/4/30 |
| 600618 | 氯碱化工 | 0.0055 | -0.0055 | 0.0061 | 2.422 | 2.2827 | 0.4018 | 0.2043 | 0.23 | 0.25 | 323894.90 | 18.72 | 635.10 | -10.37 | -644.51 | 477629.71 | 282036.40 | 2783.24 | 116448.31 | 不分配 | 2026.06 | 2003/2/15 |
| 600619 | 海立股份 | 0.044 | 0.063 | 0.322 | 2.6 | 2.54 | 0.78 | 1.23 | 1.69 | 12.4 | 213227.57 | -16.67 | 1672.75 | -86.34 | 2405.34 | 328876.87 | 98918.78 | 2028.00 | 38052.00 | 不分配 | 224.75 | 2003/4/8 |
| 600620 | 天宸股份 | 0.302 | 0.224 | 0.128 | 1.7 | 1.547 | 0.957 | 0.064 | 17.807 | 8.916 | 47006.26 | 140.21 | 8062.45 | 136.21 | 5979.89 | 160115.16 | 45276.57 | 8046.55 | 26677.43 | 10派0.4元(含税)送2 | 35.83 | 2003/3/7 |
| 600621 | 上海金陵 | 0.1375 | | -0.2407 | 1.64 | 1.51 | 0.1651 | 0.3779 | 8.4 | -15.05 | 83540.70 | -7.63 | 7203.71 | 157.10 | 4342.82 | 139166.76 | 85781.34 | 20995.54 | 52408.24 | 10派1元(含税) | 58.42 | 2003/4/19 |
| 600622 | 嘉宝集团 | 0.039 | 0.0005 | -0.447 | 1.367 | 1.28 | 0.335 | 0.041 | 2.86 | -33.55 | 25708.39 | 34.74 | 1302.03 | 108.72 | 15.57 | 87815.62 | 45602.01 | 11519.91 | 33368.83 | 不分配 | 159.41 | 2003/3/25 |
| 600623 | 轮胎橡胶 | 0.068 | 0.064 | 0.018 | 1.057 | 0.91 | 0.511 | 0.844 | 6.399 | 1.458 | 338224.45 | 37.17 | 6015.34 | 282.61 | 5661.28 | 539360.72 | 94007.95 | 2288.00 | 88946.77 | 不分配 | 160.58 | 2003/4/23 |
| 600624 | 复旦复华 | 0.0236 | | 0.012 | 1.62 | 1.53 | 0.1374 | -0.0407 | 1.46 | 0.74 | 26074.36 | -13.70 | 622.67 | 96.65 | 227.50 | 100266.22 | 42675.22 | 16172.19 | 26347.71 | 不分配 | 399.87 | 2003/3/22 |
| 600626 | 申达股份 | 0.397 | 0.357 | 0.425 | 3.75 | 3.7 | 0.644 | 0.427 | 10.58 | 12.05 | 384239.36 | 22.95 | 13431.84 | -6.59 | 12076.08 | 272992.51 | 126968.19 | 14048.16 | 33821.09 | 10派2元(含税) | 20.95 | 2003/3/29 |
| 600627 | 电器股份 | 0.1 | 0.1 | 0.07 | 1.72 | 1.64 | 1.14 | 0.43 | 5.83 | 4.45 | 252511.45 | -2.62 | 5199.06 | 39.07 | 5351.92 | 168121.79 | 89195.34 | 5100.00 | 51796.55 | 不分配 | 106.20 | 2003/3/8 |
| 600628 | 新世界 | 0.22 | 0.23 | 0.28 | 2.65 | 2.63 | 0.76 | 0.24 | 8.21 | 9.15 | 165294.44 | -12.13 | 6929.60 | -6.93 | 7262.12 | 184719.07 | 84434.63 | 13937.14 | 31890.34 | 10派1.2元(含税) | 31.29 | 2003/2/28 |
| 600629 | ST棱光 | 0.018 | | -3.23 | -2.61 | -3.11 | 0.21 | 0.08 | -0.7 | | 2494.65 | -23.13 | 278.16 | 100.57 | -2844.13 | 13913.21 | -39522.39 | 5776.05 | 15137.76 | 不分配 | 282.99 | 2003/2/25 |
| 600630 | 龙头股份 | 0.119 | 0.118 | 0.228 | 3.888 | 3.645 | -0.132 | 0.009 | 3.057 | 5.954 | 224096.57 | 7.80 | 5048.83 | -47.84 | 5001.28 | 429910.76 | 165165.69 | 19110.00 | 42486.16 | 10派0.6元(含税) | 53.01 | 2003/4/29 |
| 600631 | 第一百货 | 0.081 | 0.093 | 0.119 | 2.84 | 2.45 | 0.395 | 0.31 | 2.87 | 4.22 | 276414.67 | -15.96 | 4741.71 | -31.44 | 5419.43 | 378486.97 | 165335.87 | 18831.34 | 58284.79 | 10派0.6元(含税) | 88.38 | 2003/4/1 |
| 600632 | 华联商厦 | 0.242 | 0.24 | 0.22 | 3.35 | 3.18 | 0.625 | -0.632 | 7.22 | 6.8 | 241286.02 | -5.25 | 10239.73 | 10.18 | 10144.60 | 243632.46 | 141767.69 | 12446.71 | 42259.99 | 10派1.2元(含税) | 31.16 | 2003/2/25 |
| 600633 | 白猫股份 | 0.1591 | 0.1547 | 0.1168 | 1.309 | 1.2691 | 0.2611 | 0.0742 | 12.15 | 9.7238 | 32746.46 | 58.39 | 2418.56 | 36.19 | 2352.31 | 33841.61 | 19902.81 | 1320.00 | 15205.08 | 10派0.5元(含税) | 85.38 | 2003/3/15 |
| 600634 | 海鸟发展 | 0.29 | 0.29 | 0.32 | 2.71 | 2.69 | -2.49 | -2.24 | 10.87 | 13.26 | 39265.71 | 115.06 | 2570.52 | -7.99 | 2569.46 | 97511.73 | 23642.98 | 3980.97 | 8720.73 | 不分配 | 37.52 | 2003/1/28 |
| 600635 | 大众科创 | 0.2401 | 0.19 | 0.2635 | 2.93 | 2.91 | 0.2989 | 0.6731 | 8.2 | 10.88 | 128682.85 | 202.54 | 13113.66 | 4.51 | 10176.92 | 362376.94 | 159965.95 | 32929.85 | 54618.17 | 10派1.8元(含税) | 30.90 | 2003/4/12 |
| 600636 | 三爱富 | 0.3086 | | 0.4155 | 2.3 | 2.27 | 0.816 | 0.283 | 13.41 | 17.81 | 82854.23 | 46.87 | 5764.79 | 19.54 | 6190.26 | 82123.25 | 42993.43 | 8237.21 | 18678.20 | 10派1元(含税) | 33.73 | 2003/3/5 |
| 600637 | 广电信息 | 0.1404 | 0.1336 | 0.2471 | 4.1707 | 3.9394 | -0.3682 | -0.6246 | 3.37 | 5.44 | 290267.47 | 6.38 | 11507.60 | -37.51 | 10950.73 | 631667.34 | 341920.65 | 20380.52 | 81981.25 | 10派1元(含税) | 84.99 | 2003/4/17 |
| 600638 | 新黄浦 | 0.0965 | 0.0936 | 0.0982 | 3.8092 | 3.7747 | 0.4269 | -0.484 | 2.53 | 2.64 | 65756.92 | 89.50 | 5417.23 | -1.69 | 5251.50 | 283736.51 | 213756.99 | 17015.22 | 56116.40 | 不分配 | 91.68 | 2003/3/22 |
| 600639 | 浦东金桥 | 0.141 | 0.14 | 0.14 | 2.275 | 2.255 | 0.032 | -0.32 | 6.18 | 5.95 | 67822.25 | 70.71 | 10789.27 | 10.74 | 10763.69 | 322356.54 | 174665.23 | 12886.50 | 76762.40 | 不分配 | 73.85 | 2003/3/25 |

| 代码 | 简称 | 每股收益（元） | | | 每股净资产（元） | | 每股经营现金流量（元） | | 净资产收益率（%） | | 主营收入（万元） | | 净利润（万元） | | | 总资产（万元） | 股东权益（万元） | 最新流通A股（万股） | 最新总股本（万股） | 分配方案 | 最新市盈率（倍） | 年报刊登日期 |
|---|---|---|---|---|---|---|---|---|---|---|---|---|---|---|---|---|---|---|---|---|---|---|
| | | 2002年 | 扣除后 | 2001年 | 2002年 | 调整后 | 2002年 | 2001年 | 2002年 | 2001年 | 2002年 | 同比(%) | 2002年 | 同比(%) | 扣除后 | | | | | | | |
| 600640 | 联通国脉 | 0.06 | 0.12 | 0.1 | 3.09 | 3.08 | -0.56 | 0.05 | 1.85 | 3.39 | 168091.53 | 535.66 | 2093.44 | -44.97 | 4494.43 | 125854.42 | 112907.65 | 5533.56 | 36488.27 | 10派0.3元(含税)转增1 | 209.51 | 2003/3/22 |
| 600641 | 中远发展 | 0.408 | 0.385 | 0.613 | 4.41 | 4.41 | -1.438 | -0.417 | 9.26 | 19.52 | 77171.38 | 1.34 | 18283.66 | -18.97 | 17260.86 | 407562.90 | 197513.02 | 17906.62 | 44786.60 | 10派1元(含税) | 26.70 | 2003/4/9 |
| 600642 | 申能股份 | 0.577 | 0.559 | 0.708 | 4.019 | 3.992 | 0.693 | 0.682 | 14.35 | 22.92 | 282000.71 | 40.66 | 103441.15 | -10.48 | 100223.20 | 1349281.36 | 720693.01 | 41099.20 | 179308.78 | 10派3元(含税) | 20.61 | 2003/4/25 |
| 600643 | 爱建股份 | 0.024 | -0.111 | 0.227 | 3.93 | 3.79 | 1.15 | -0.696 | 0.62 | 5.81 | 113685.14 | 41.37 | 1121.98 | -89.28 | -5101.69 | 315784.36 | 181253.59 | 30835.27 | 46068.80 | 不分配 | 485.74 | 2003/3/29 |
| 600644 | 乐山电力 | 0.0022 | -0.0192 | 0.1064 | 1.79 | 1.7 | 0.14 | 0.29 | 0.12 | 5.79 | 27090.87 | 7.57 | 54.64 | -97.94 | -479.18 | 114718.16 | 44632.73 | 12876.16 | 24933.65 | 不分配 | 3796.79 | 2003/3/29 |
| 600645 | 望春花 | -0.25 | | 0.01 | 1.208 | 1.085 | -0.059 | -0.275 | -20.68 | 0.701 | 31130.58 | 5.15 | -6251.14 | -2575.03 | -6062.11 | 56741.64 | 30221.54 | 9815.54 | 25002.80 | 不分配 | / | 2003/4/30 |
| 600646 | ST国嘉 | -3.449 | | -0.969 | -2.814 | -4.207 | -0.066 | -0.564 | 122.53 | -150.86 | 744.73 | 7.55 | -61974.84 | -256.05 | -30500.10 | 9606.20 | -50578.42 | 3038.01 | 17970.99 | 不分配 | / | 2003/4/30 |
| 600647 | ST同达 | 0.031 | -0.2495 | -0.4128 | -0.3262 | -0.3782 | 0.3258 | 0.0285 | -9.49 | | 3472.85 | 28.61 | 165.74 | 107.50 | -1335.07 | 8862.18 | -1745.60 | 2100.00 | 5351.68 | 不分配 | 498.86 | 2003/4/16 |
| 600648 | 外高桥 | -0.166 | -0.242 | 0.0123 | 1.7256 | 1.5847 | 0.0347 | 0.1042 | -9.63 | 0.67 | 18092.71 | -10.93 | -12384.02 | -1450.46 | -18037.95 | 300487.13 | 128569.60 | 5445.00 | 74505.75 | 不分配 | / | 2003/4/26 |
| 600649 | 原水股份 | 0.22 | 0.22 | 0.21 | 2.67 | 2.67 | 0.62 | 0.4 | 8.27 | 8.17 | 78473.75 | 4.56 | 41550.02 | 6.89 | 41766.16 | 643583.05 | 502570.27 | 56085.15 | 188439.50 | 10派0.8元(含税) | 33.47 | 2003/3/28 |
| 600650 | 新锦江 | 0.028 | 0.024 | 0.019 | 2.78 | 2.62 | 0.193 | 0.164 | 1 | 0.63 | 31342.73 | 24.79 | 1532.32 | 60.95 | 1338.43 | 194184.02 | 153400.77 | 4181.76 | 55161.01 | 不分配 | 350.26 | 2003/4/25 |
| 600651 | 飞乐音响 | 0.097 | 0.089 | 0.242 | 1.59 | 1.47 | 0.267 | 0.045 | 6.08 | 16.15 | 85690.48 | 42.90 | 4096.95 | -60.12 | 3790.23 | 147908.87 | 67439.23 | 42416.51 | 42416.51 | 不分配 | 108.71 | 2003/4/12 |
| 600652 | 爱使股份 | 0.13 | 0.1399 | 0.09 | 2.12 | 2.11 | 0.82 | 0.17 | 6.09 | 4.24 | 47936.07 | 69.81 | 3863.68 | 50.52 | 4193.15 | 159811.15 | 63393.66 | 38951.23 | 38951.23 | 不分配 | 86.90 | 2003/3/19 |
| 600653 | 申华控股 | -0.283 | -0.06 | 0.168 | 1.104 | 1.0945 | 0.144 | -0.233 | -25.62 | 6.717 | 301191.40 | -21.78 | -41171.86 | -403.81 | -8694.74 | 442632.52 | 160705.09 | 145531.69 | 145531.69 | 不分配 | / | 2003/4/29 |
| 600654 | 飞乐股份 | 0.03 | 0.05 | 0.12 | 2.47 | 2.11 | 0.03 | -0.02 | 1.28 | 4.42 | 61663.19 | 36.75 | 1530.85 | -70.77 | 2631.65 | 236074.57 | 119598.61 | 36631.91 | 48400.20 | 不分配 | 178.95 | 2003/3/22 |
| 600655 | 豫园商城 | 0.2 | 0.22 | 0.214 | 3.692 | 3.455 | 1.073 | 0.559 | 5.49 | 5.984 | 259824.76 | -19.30 | 9432.57 | -5.11 | 10057.81 | 306600.56 | 171823.41 | 14907.95 | 46533.35 | 10派0.8元(含税) | 39.76 | 2003/3/15 |
| 600656 | 华源制药 | 0.22 | 0.17 | 0.19 | 1.79 | 1.54 | 0.62 | 0.47 | 12.14 | 12.46 | 88798.94 | 44.68 | 2026.22 | 16.01 | 1608.00 | 137464.65 | 16690.56 | 7134.40 | 13050.58 | 10派0.4元(含税)转增4 | 77.29 | 2003/3/13 |
| 600657 | 青鸟天桥 | 0.1402 | 0.132 | 0.2594 | 4.5844 | 4.5246 | 0.7341 | 1.5937 | 3.0576 | 6.2459 | 76062.49 | -32.97 | 2510.21 | -45.97 | 2364.31 | 264757.40 | 82096.21 | 10299.61 | 17907.78 | 10送2转增5 | 82.11 | 2003/4/28 |
| 600658 | 兆维科技 | 0.153 | 0.143 | 0.609 | 1.8022 | 1.7517 | -0.6713 | -0.2173 | 8.5 | 36.98 | 62275.31 | 17.81 | 2559.72 | -74.84 | 2390.09 | 74558.51 | 30101.49 | 9507.00 | 16702.31 | 不分配 | 56.05 | 2003/3/29 |
| 600659 | 神龙发展 | 0.08 | 0.0391 | 0.144 | 1.57 | 1.46 | -0.34 | 0.56 | 5.12 | 9.66 | 25006.09 | -36.51 | 1392.75 | -44.13 | 678.17 | 82251.20 | 27203.32 | 4457.01 | 17342.18 | 不分配 | 153.16 | 2003/4/24 |
| 600660 | 福耀玻璃 | 0.41 | 0.45 | 0.37 | 1.49 | 1.38 | 0.85 | 0.5 | 27.4 | 27.3 | 112438.99 | 19.83 | 18428.81 | 21.12 | 20288.67 | 204620.69 | 67364.90 | 14449.00 | 45239.46 | 10派1.5元(含税) | 27.76 | 2003/1/29 |
| 600661 | 交大南洋 | 0.13 | 0.11 | 0.22 | 2.09 | 2.07 | 0.23 | 0.27 | 6.31 | 10.65 | 35141.03 | 0.22 | 1903.34 | -39.01 | 1514.38 | 51563.32 | 30181.71 | 2545.54 | 14473.07 | 10派1元(含税) | 103.57 | 2003/3/19 |
| 600662 | 强生控股 | 0.36 | 0.28 | 0.31 | 3.25 | 3.18 | 0.92 | 0.89 | 11.13 | 10.45 | 100857.66 | 19.56 | 11182.56 | 15.01 | 8754.73 | 180016.83 | 100482.35 | 16536.96 | 30903.44 | 10派1.2元(含税) | 22.55 | 2003/4/22 |
| 600663 | 陆家嘴 | 0.27 | 0.26 | 0.063 | 2.59 | 2.56 | 0.98 | 0.22 | 10.57 | 2.66 | 215347.65 | 115.56 | 51223.61 | 335.88 | 48004.24 | 770758.99 | 484391.18 | 16052.40 | 186768.40 | 10派0.5元(含税) | 49.59 | 2003/4/18 |
| 600664 | 哈药集团 | 0.47 | 0.49 | 0.53 | 4.42 | 4.38 | 0.6 | 1.14 | 10.73 | 11.09 | 651494.03 | 21.36 | 30183.95 | 6.36 | 31284.39 | 595347.35 | 281382.13 | 41553.83 | 63692.59 | 10派1.2元(含税)转增5 | 46.76 | 2003/4/17 |
| 600665 | 沪昌特钢 | 0.012 | 0.012 | 0.019 | 1.737 | 1.73 | 0.292 | 0.484 | 0.682 | 1.103 | 78043.85 | -5.54 | 852.54 | -37.70 | 892.34 | 148257.11 | 125065.57 | 14700.00 | 72010.21 | 不分配 | 627.58 | 2003/1/17 |
| 600666 | 西南药业 | 0.13 | 0.12 | 0.131 | 1.67 | 1.59 | 0.06 | 0.13 | 7.81 | 8.17 | 33055.47 | 8.37 | 1936.14 | -0.46 | 1794.45 | 45033.65 | 24781.58 | 6319.38 | 14879.30 | 10派1元(含税) | 73.24 | 2003/3/13 |
| 600667 | 太极实业 | -0.144 | -0.19 | 0.01 | 1.36 | 1.09 | 0.018 | 0.36 | -10.6 | 0.69 | 63305.89 | -1.23 | -5315.23 | -1492.41 | -5016.90 | 176449.14 | 50159.66 | 18964.00 | 36881.74 | 不分配 | / | 2003/4/19 |
| 600668 | 尖峰集团 | 0.14 | 0.13 | 0.15 | 2.16 | 2.14 | 0.18 | 0.3 | 6.43 | 8.61 | 111946.64 | 6.16 | 4179.69 | -4.60 | 3846.29 | 169247.16 | 64981.27 | 18828.95 | 34408.38 | 不分配 | 50.96 | 2003/4/8 |
| 600669 | ST鞍合成 | -0.83 | -0.797 | -0.43 | 0.11 | -0.03 | -0.21 | -0.51 | -724.2 | -45.03 | 2543.04 | -47.51 | -19266.48 | -95.13 | -18497.92 | 73148.97 | 2660.38 | 14864.85 | 23217.08 | 不分配 | / | 2003/3/29 |
| 600670 | ST高斯达 | -0.182 | | -0.562 | 0.28 | -0.066 | -0.028 | 0.002 | -64.99 | -121.67 | 413.18 | -1.15 | -2551.62 | 67.62 | -2706.50 | 19993.87 | 3926.36 | 8605.21 | 14033.37 | 不分配 | / | 2003/4/30 |
| 600671 | 天目药业 | 0.005 | -0.005 | 0.015 | 1.98 | 1.67 | 0.21 | 0.1 | 0.88 | 1.33 | 15823.58 | 9.56 | 195.86 | -34.11 | 97.66 | 37352.98 | 22355.14 | 6341.54 | 12177.86 | 不分配 | 529.13 | 2003/4/22 |
| 600672 | ST英教 | -0.85 | -0.75 | 0.06 | 0.57 | 0.48 | -0.24 | 0.3 | -147.87 | 4.06 | 13174.80 | -75.73 | -37417.93 | -1571.10 | -33142.11 | 111202.47 | 25305.22 | 25600.00 | 44097.70 | 不分配 | / | 2003/4/29 |
| 600673 | 成量股份 | 0.02 | | 0.02 | 1.13 | 0.99 | 0.22 | 0.03 | 1.87 | 2.11 | 15218.35 | 15.72 | 235.41 | -9.65 | 235.41 | 31330.78 | 12598.03 | 4554.00 | 11079.44 | 不分配 | 505.48 | 2003/4/30 |
| 600674 | 川投控股 | 0.103 | 0.095 | 0.173 | 1.6 | 1.58 | 0.3 | 0.58 | 6.4 | 11.46 | 64539.56 | -1.30 | 3957.86 | -40.79 | 3651.30 | 111396.74 | 61825.12 | 15474.06 | 38620.85 | 10派0.25元(含税) | 63.04 | 2003/3/11 |
| 600675 | 中华企业 | 0.23 | 0.17 | 0.28 | 1.97 | 1.95 | 0.18 | 1.47 | 11.73 | 12.22 | 207206.53 | 29.87 | 16119.75 | -0.12 | 11750.43 | 515917.81 | 137392.67 | 31856.01 | 69745.51 | 10派2元(含税) | 29.08 | 2003/3/19 |
| 600676 | 交运股份 | 0.3277 | 0.29 | 0.2862 | 5.702 | 5.492 | 0.8721 | 0.6109 | 5.75 | 5.18 | 44770.95 | 28.34 | 5536.51 | 14.49 | 4955.00 | 136501.30 | 96339.40 | 7340.00 | 16896.19 | 10派1.5元(含税) | 30.98 | 2003/3/28 |
| 600677 | 航天通信 | 0.0201 | 0.0267 | 0.0918 | 1.5591 | 1.3998 | 0.4407 | 0.1567 | 1.2861 | 6.02 | 183527.80 | 14.92 | 654.00 | -78.16 | 871.12 | 199835.52 | 50853.08 | 17074.57 | 32617.24 | 不分配 | 316.20 | 2003/4/26 |
| 600678 | 四川金顶 | 0.097 | 0.105 | -0.36 | 1.161 | 1.033 | 0.153 | 0.25 | 8.32 | -34.02 | 45349.25 | 11.65 | 2246.68 | 126.79 | 2439.02 | 86532.17 | 27004.58 | 9600.00 | 23266.00 | 不分配 | 69.38 | 2003/1/28 |

| 代码 | 简称 | 每股收益（元） | | | 每股净资产（元） | | 每股经营现金流量（元） | | 净资产收益率（%） | | 主营收入（万元） | | 净利润（万元） | | | 总资产（万元） | 股东权益（万元） | 最新流通A股（万股） | 最新总股本（万股） | 分配方案 | 最新市盈率（倍） | 年报刊登日期 |
|---|---|---|---|---|---|---|---|---|---|---|---|---|---|---|---|---|---|---|---|---|---|---|
| | | 2002年 | 扣除后 | 2001年 | 2002年 | 调整后 | 2002年 | 2001年 | 2002年 | 2001年 | 2002年 | 同比（%） | 2002年 | 同比（%） | 扣除后 | | | | | | | |
| 600679 | 凤凰股份 | 0.0129 | 0.0134 | 0.0393 | 1.4435 | 1.3596 | -0.0406 | -0.0101 | 0.893 | 2.1077 | 133525.12 | 70.84 | 778.09 | -57.40 | 805.89 | 206438.46 | 87132.59 | 3432.00 | 60361.97 | 不分配 | 1831.60 | 2003/3/29 |
| 600680 | 上海邮通 | 0.1 | 0.1 | 0.2 | 1.96 | 1.81 | 0.12 | 0.16 | 5.28 | 10.6 | 153582.08 | 55.11 | 3152.01 | -48.70 | 3111.45 | 190869.30 | 59651.03 | 2704.00 | 30492.53 | 10派0.4元（含税） | 114.15 | 2003/3/20 |
| 600681 | 诚成文化 | -0.246 | -0.19 | 0.081 | 1.55 | 1.49 | -0.202 | -0.045 | -15.87 | 4.5 | 22993.79 | -3.05 | -5109.46 | -403.21 | -4000.07 | 83318.31 | 32199.43 | 10852.38 | 20806.80 | 不分配 | / | 2003/4/26 |
| 600682 | 南京新百 | 0.25 | 0.31 | 0.27 | 3.66 | 3.64 | 0.373 | 0.195 | 6.85 | 7.55 | 205480.88 | 41.84 | 5777.37 | -7.18 | 7078.44 | 187792.96 | 84361.59 | 15288.00 | 23021.00 | 10派1.5元（含税） | 26.50 | 2003/3/27 |
| 600683 | 银泰股份 | 0.14 | 0.11 | 0.05 | 1.38 | 1.35 | 0.25 | 0.02 | 10.12 | 3.76 | 80316.76 | 21.67 | 2790.09 | 200.69 | 2280.25 | 97393.54 | 27575.48 | 8989.04 | 19925.37 | 不分配 | 58.99 | 2003/4/4 |
| 600684 | 珠江实业 | 0.08 | 0.07 | 0.07 | 3.21 | 3.1 | 0.14 | 0.24 | 2.5 | 2.15 | 16159.08 | -4.97 | 1504.62 | 19.49 | 1226.43 | 87342.37 | 60098.19 | 10003.50 | 18703.94 | 10派0.5元（含税） | 83.91 | 2003/3/29 |
| 600685 | 广船国际 | 0.0322 | -0.11 | 0.018 | 1.28 | 1.12 | -0.78 | 0.6748 | 2.51 | 1.45 | 241310.09 | 16.20 | 1591.69 | 77.28 | -5266.10 | 319262.47 | 63353.79 | 12647.95 | 49467.76 | 不分配 | 152.60 | 2003/4/23 |
| 600686 | 厦门汽车 | 0.58 | 0.59 | 0.31 | 2.33 | 2.26 | 1.78 | 0.72 | 24.75 | 15.4 | 211133.50 | 77.78 | 8723.54 | 85.06 | 8883.25 | 118468.25 | 35239.72 | 5760.00 | 15151.76 | 10派2元（含税） | 22.58 | 2003/4/12 |
| 600687 | 新宇软件 | 0.0645 | 0.0997 | 0.1732 | 1.896 | 1.896 | -0.26 | 0.59 | 3.4 | 9.46 | 19724.16 | -0.38 | 708.95 | -62.79 | 1096.91 | 50003.38 | 20855.53 | 4222.15 | 11000.00 | 不分配 | 137.47 | 2003/4/18 |
| 600688 | 上海石化 | 0.126 | | 0.01 | 1.961 | 1.946 | 0.323 | 0.365 | 6.44 | 0.53 | 2232289.60 | 10.52 | 90896.50 | 1169.43 | 100981.50 | 2656228.50 | 1412146.00 | 72000.00 | 720000.00 | 10派0.5元（含税） | 33.03 | 2003/3/27 |
| 600689 | 上海三毛 | 0.026 | 0.0098 | 0.0098 | 2.51 | 2.4792 | -0.2377 | 0.0942 | 1.03 | 0.41 | 93921.06 | 37.98 | 521.69 | 163.56 | 196.91 | 137126.43 | 50543.81 | 6854.40 | 20099.13 | 不分配 | 312.07 | 2003/4/19 |
| 600690 | 青岛海尔 | 0.5 | 0.47 | 0.77 | 6.38 | 6.33 | 0.49 | 0.88 | 7.8 | 12.53 | 1155352.10 | 0.98 | 39705.97 | -35.73 | 37705.95 | 739413.69 | 508994.53 | 44989.71 | 79764.83 | 10派3元（含税） | 19.41 | 2003/3/28 |
| 600691 | 东新电碳 | -0.1521 | -0.1536 | 0.03 | 1.0607 | 0.387 | -0.0486 | -0.1976 | -14.34 | 2.3 | 4819.12 | -20.82 | -1175.22 | -818.54 | -1189.82 | 22846.60 | 8196.67 | 3321.60 | 7727.45 | 不分配 | / | 2003/4/22 |
| 600692 | 亚通股份 | 0.121 | 0.1216 | 0.126 | 2.45 | 2.38 | 0.265 | 0.55 | 4.96 | 4.94 | 20496.38 | 9.73 | 1685.51 | 5.62 | 1690.64 | 54063.52 | 34004.30 | 5821.20 | 13903.91 | 10送1转增1 | 102.37 | 2003/3/19 |
| 600693 | 东百集团 | 0.157 | 0.156 | -0.45 | 2.582 | 1.421 | 0.554 | -0.076 | 6.092 | -18.57 | 35572.34 | -41.06 | 2076.55 | 134.94 | 2057.98 | 73392.52 | 34084.16 | 7230.10 | 13200.87 | 不分配 | 43.93 | 2003/3/5 |
| 600694 | 大商股份 | 0.31 | 0.29 | 0.34 | 4.74 | 4.55 | 0.56 | 0.77 | 6.53 | 7.46 | 304898.67 | 53.95 | 8268.41 | -8.60 | 7848.43 | 394340.67 | 126674.02 | 15617.13 | 26701.69 | 10派1元（含税） | 25.48 | 2003/3/25 |
| 600695 | ST大江 | -0.35 | -0.34 | -0.209 | 0.832 | 0.804 | 0.19 | 0.05 | -42.18 | -17.33 | 129650.26 | -26.22 | -23721.61 | -67.57 | -23226.73 | 159314.05 | 56245.28 | 2574.00 | 67630.57 | 不分配 | / | 2003/4/26 |
| 600696 | 利嘉股份 | 0.128 | 0.179 | 0.097 | 1.47 | 1.47 | 0.03 | 0.12 | 8.69 | 7.23 | 18649.74 | 20.17 | 3358.85 | 31.71 | 4698.38 | 84944.72 | 38637.28 | 8965.21 | 26197.35 | 不分配 | 70.98 | 2003/3/5 |
| 600697 | 欧亚集团 | 0.259 | 0.245 | 0.313 | 3.49 | 3.46 | 0.651 | 0.632 | 7.44 | 9.11 | 65592.38 | 6.85 | 3182.74 | -17.05 | 3006.16 | 72885.66 | 42792.03 | 6491.23 | 12273.72 | 10派2元（含税） | 28.04 | 2003/2/12 |
| 600698 | ST轻骑 | -3.5 | -2.88 | -0.72 | -1.66 | -1.66 | -0.12 | -0.14 | | -39.08 | 66107.06 | 2.74 | -340224.75 | -386.19 | -280040.42 | 95358.52 | -161162.33 | 30671.00 | 97181.74 | 不分配 | / | 2003/4/25 |
| 600699 | 辽源得亨 | 0.111 | 0.11 | 0.108 | 2.4 | 2.25 | 0.017 | 0.003 | 4.62 | 4.64 | 31049.74 | 69.18 | 1991.76 | 4.28 | 2009.64 | 117132.60 | 42815.33 | 9144.48 | 17979.63 | 10派0.167元（含税）送0.167 | 68.24 | 2003/3/27 |
| 600700 | 数码测绘 | -0.24 | | 0.01 | 1.03 | 1.01 | -0.11 | 0.08 | -23.45 | 1.11 | 54351.45 | 4.94 | -7018.79 | -1829.53 | -5974.87 | 105119.48 | 29925.53 | 15569.13 | 29089.80 | 不分配 | 86.49 | 2003/4/30 |
| 600701 | 工大高新 | 0.078 | | 0.107 | 2.54 | 2.52 | -0.24 | 0.149 | 3.07 | 4.33 | 70254.98 | 10.96 | 2521.88 | -26.98 | 1970.50 | 136585.51 | 82228.26 | 17469.10 | 32409.10 | 不分配 | / | 2003/4/30 |
| 600702 | 沱牌曲酒 | 0.03 | 0.03 | 0.09 | 4.76 | 4.75 | 0.12 | 0.15 | 0.64 | 1.94 | 84777.11 | -1.22 | 1024.54 | -66.80 | 1016.63 | 206777.62 | 160458.29 | 14861.86 | 33730.00 | 不分配 | 200.82 | 2003/3/27 |
| 600703 | 天颐科技 | 0.14 | 0.14 | 0.11 | 1.46 | 1.43 | -0.4 | -0.29 | 9.9 | 8.32 | 49873.12 | 18.26 | 1719.52 | 31.02 | 1719.33 | 58103.67 | 17399.03 | 5861.55 | 11951.65 | 不分配 | 50.60 | 2003/3/18 |
| 600704 | 中大股份 | 0.154 | 0.093 | 0.243 | 3.81 | 3.56 | -0.17 | 0.67 | 4.05 | 6.49 | 236579.43 | -10.53 | 4445.65 | -36.59 | 2687.12 | 302975.99 | 109788.56 | 12838.21 | 28826.90 | 10派1元（含税） | 46.10 | 2003/3/25 |
| 600705 | 北亚集团 | 0.165 | 0.151 | 0.115 | 2.725 | 2.699 | 0.15 | 0.08 | 6.04 | 4.42 | 224771.96 | 325.69 | 10749.45 | 42.58 | 9892.35 | 369940.20 | 178003.06 | 35891.52 | 65313.74 | 10派0.5元（含税） | 42.90 | 2003/1/29 |
| 600706 | 长安信息 | 0.19 | 0.19 | 0.23 | 1.81 | 1.67 | -0.05 | 0.19 | 10.7 | 14.36 | 16467.79 | -72.40 | 1694.69 | -14.88 | 1698.25 | 88263.06 | 15830.83 | 3750.00 | 8733.34 | 不分配 | 85.08 | 2003/4/22 |
| 600707 | 彩虹股份 | 0.41 | 0.43 | 0.2 | 3.942 | 3.825 | 1.319 | 0.26 | 10.48 | 5.4 | 289973.05 | 19.70 | 17401.47 | 106.13 | 17914.32 | 250237.58 | 166020.21 | 14364.48 | 42114.88 | 10派1.8元（含税） | 21.56 | 2003/2/27 |
| 600708 | 海博股份 | 0.2003 | | 0.1269 | 1.7035 | 1.5727 | 0.9572 | 0.2844 | 11.36 | 8.25 | 51472.83 | 158.18 | 4764.65 | 57.82 | 5622.12 | 129627.81 | 40531.13 | 8659.20 | 23793.48 | 不分配 | 45.74 | 2003/4/15 |
| 600709 | ST生态 | 0.028 | -0.043 | -0.1271 | -0.0802 | -0.2788 | -0.1216 | -0.3285 | | | 1266.47 | -72.35 | 1248.74 | 122.02 | -1936.02 | 91520.54 | -10145.11 | 19975.04 | 44603.92 | 不分配 | 107.87 | 2003/4/29 |
| 600710 | 常林股份 | 0.316 | 0.29 | 0.042 | 2.91 | 2.81 | 0.21 | 0.32 | 10.84 | 1.56 | 100449.66 | 89.30 | 5209.11 | 656.91 | 4788.60 | 94777.72 | 48048.78 | 14880.00 | 33000.00 | 10派0.7元（含税）送2转增8 | 44.79 | 2003/2/25 |
| 600711 | 雄震集团 | 0.34 | 0.32 | 0.28 | 1.607 | 1.549 | 0.208 | 0.359 | 20.95 | 21.4 | 12157.00 | 83.83 | 2031.92 | 22.40 | 1922.63 | 22387.74 | 9699.68 | 1512.00 | 6036.00 | 10派0.5元（含税） | 37.99 | 2003/1/28 |
| 600712 | 南宁百货 | 0.1 | 0.1 | 0.12 | 2.9 | 2.58 | 0.31 | 0.76 | 3.34 | 4.15 | 59633.73 | 6.59 | 876.48 | -16.70 | 876.48 | 62133.99 | 26203.81 | 3954.00 | 9042.00 | 不分配 | 128.64 | 2003/4/28 |
| 600713 | 南京医药 | 0.145 | 0.113 | 0.174 | 2.25 | 2.22 | 0.35 | | 6.45 | 7.88 | 206868.96 | 44.80 | 2819.80 | -16.49 | 2194.34 | 181629.72 | 43690.49 | 8309.74 | 19426.07 | 10派1元（含税） | 59.66 | 2003/4/3 |
| 600714 | 山川股份 | 0.1442 | 0.14 | 0.21 | 2.1609 | 2.1228 | 0.238 | -0.015 | 6.67 | 10.34 | 22196.68 | 45.01 | 1554.83 | -30.87 | 1532.74 | 38037.82 | 23297.09 | 2875.00 | 10781.25 | 10转增4 | 172.80 | 2003/4/22 |
| 600715 | ST松辽 | -0.758 | -0.458 | -0.232 | 0.341 | 0.33 | -0.0086 | 0.37 | -222.38 | -25.23 | | | -17009.71 | -227.51 | -10260.60 | 50264.22 | 7648.94 | 10137.60 | 22425.60 | 不分配 | / | 2003/4/25 |
| 600716 | 耀华玻璃 | 0.066 | 0.068 | 0.093 | 1.98 | 1.91 | -0.091 | 0.245 | 3.34 | 5.87 | 47908.84 | 12.64 | 2306.79 | -23.17 | 2367.45 | 116639.39 | 69037.77 | 10530.00 | 34830.00 | 10派0.3元（含税） | 85.91 | 2003/4/19 |
| 600717 | 天津港 | 0.45 | 0.46 | 0.41 | 2.75 | 2.74 | 0.87 | 0.72 | 16.48 | 16.93 | 123513.47 | 23.43 | 29884.16 | 10.75 | 30438.79 | 316911.05 | 181330.71 | 21522.14 | 65985.38 | 10派1.2元（含税） | 22.59 | 2003/2/27 |

| 代码 | 简称 | 每股收益(元) | | | 每股净资产(元) | | 每股经营现金流量(元) | | 净资产收益率(%) | | 主营收入(万元) | | 净利润(万元) | | | 总资产(万元) | 股东权益(万元) | 最新流通A股(万股) | 最新总股本(万股) | 分配方案 | 最新市盈率(倍) | 年报刊登日期 |
|---|---|---|---|---|---|---|---|---|---|---|---|---|---|---|---|---|---|---|---|---|---|---|
| | | 2002年 | 扣除后 | 2001年 | 2002年 | 调整后 | 2002年 | 2001年 | 2002年 | 2001年 | 2002年 | 同比(%) | 2002年 | 同比(%) | 扣除后 | | | | | | | |
| 600718 | 东软股份 | 0.28 | 0.3 | 0.48 | 4.52 | 4.43 | -0.08 | 0.26 | 6.26 | 11.34 | 190724.75 | 8.45 | 7971.17 | -41.01 | 8521.61 | 259067.41 | 127320.94 | 11325.83 | 28145.17 | 不分配 | 49.04 | 2003/3/28 |
| 600719 | 大连热电 | 0.15 | 0.14 | 0.26 | 3.48 | 3.47 | 0.11 | 0.09 | 4.21 | 7.95 | 37044.60 | -1.39 | 2960.86 | -44.25 | 2876.27 | 170843.33 | 70349.66 | 7605.00 | 20229.98 | 10派0.8元(含税) | 55.07 | 2003/3/28 |
| 600720 | 祁连山 | 0.12 | 0.125 | 0.15 | 1.75 | 1.74 | 0.32 | 0.18 | 6.89 | 9.41 | 38281.85 | 43.47 | 4177.41 | -18.97 | 4347.50 | 116002.68 | 60668.54 | 16316.03 | 34695.43 | 10派0.5元(含税) | 43.77 | 2003/1/29 |
| 600721 | 百花村 | 0.04 | -0.1135 | 0.05 | 1.3 | 1.23 | -0.35 | 0.34 | 2.79 | 3.94 | 22572.62 | 477.60 | 343.79 | -26.91 | -1055.71 | 58630.43 | 12297.80 | 4650.00 | 9480.08 | 不分配 | 328.14 | 2003/3/20 |
| 600722 | 沧州化工 | 0.011 | -0.007 | 0.03 | 2.28 | 2.28 | 0.3 | 0.167 | 0.47 | 1.3 | 135253.29 | 2.56 | 448.38 | -63.99 | -307.58 | 317229.72 | 96268.66 | 11500.00 | 42142.00 | 不分配 | 571.45 | 2003/4/12 |
| 600723 | 西单商场 | 0.04 | 0.0194 | 0.1379 | 3.15 | 3.08 | -0.2 | 0.25 | 1.37 | 4.44 | 148972.92 | -5.46 | 1768.12 | -68.70 | 796.64 | 186909.40 | 129000.25 | 18591.94 | 40971.80 | 不分配 | 124.20 | 2003/4/26 |
| 600724 | 宁波富达 | 0.17 | | 0.2 | 1.5 | 1.45 | 0.15 | 0.04 | 11.21 | 13.4 | 75871.89 | 10.87 | 6122.54 | -13.87 | 5785.64 | 127377.05 | 54632.94 | 15747.58 | 36436.89 | 10派1.25元(含税) | 43.21 | 2003/3/12 |
| 600725 | 云维股份 | 0.286 | 0.281 | 0.399 | 3.422 | 3.259 | 0.292 | 0.39 | 8.36 | 11.969 | 24672.80 | -3.58 | 3147.11 | -28.28 | 3087.96 | 55363.68 | 37642.77 | 3750.00 | 11000.00 | 10派2元(含税) | 39.32 | 2003/1/24 |
| 600726 | 龙电股份 | 0.22 | 0.17 | 0.25 | 2.7 | 2.7 | 0.45 | 0.53 | 8.24 | 9.75 | 112466.08 | -5.34 | 24909.02 | -11.56 | 19598.08 | 360528.58 | 302475.01 | 16800.00 | 112126.50 | 10派1元(含税) | 30.74 | 2003/4/1 |
| 600727 | 鲁北化工 | 0.199 | 0.25 | 0.35 | 5.88 | 5.87 | 0.44 | 0.52 | 3.38 | 6.15 | 59671.14 | -7.06 | 7532.71 | -43.14 | 9811.05 | 326811.56 | 222985.71 | 15210.00 | 37930.00 | 不分配 | 38.82 | 2003/4/11 |
| 600728 | 新太科技 | 0.096 | 0.089 | 0.126 | 3.943 | 3.909 | 0.241 | 0.234 | 2.446 | 3.24 | 49612.76 | -15.80 | 2007.67 | -23.59 | 1843.27 | 120179.17 | 82079.26 | 8112.00 | 20818.02 | 10派0.5元(含税) | 121.73 | 2003/3/29 |
| 600729 | 重庆百货 | 0.34 | 0.33 | 0.28 | 2.24 | 1.87 | 0.98 | 0.37 | 15.02 | 13.53 | 308886.29 | 30.98 | 6861.28 | 21.11 | 6818.82 | 130050.73 | 45690.62 | 5100.00 | 20400.00 | 10派1.5元(含税) | 25.63 | 2003/3/28 |
| 600730 | 中国高科 | 0.17 | 0.139 | 0.26 | 2.25 | 2.23 | 0.46 | 0.58 | 7.78 | 12.24 | 202438.41 | 34.44 | 3048.68 | -32.68 | 2416.64 | 102140.76 | 39201.76 | 5460.00 | 17460.00 | 10派0.5元(含税) | 63.11 | 2003/4/15 |
| 600731 | 湖南海利 | 0.12 | 0.12 | 0.093 | 1.95 | 1.9 | 0.12 | 0.009 | 6.04 | 5.05 | 34521.29 | 14.92 | 2746.22 | 25.74 | 2835.94 | 92446.66 | 45495.87 | 7464.31 | 23392.12 | 10派0.2元(含税) | 56.22 | 2003/3/12 |
| 600732 | 上海港机 | 0.02 | 0.022 | -0.24 | 1.3953 | 1.3275 | 0.155 | 0.4802 | 1.42 | -17.46 | 67899.25 | -4.29 | 492.05 | 108.26 | 555.79 | 113744.21 | 34602.19 | 8294.00 | 24799.06 | 不分配 | 399.17 | 2003/2/20 |
| 600733 | 前锋股份 | 0.0072 | -0.039 | 0.024 | 1.3334 | 1.3321 | 0.0029 | 0.0653 | 0.5378 | 1.8124 | 14231.90 | 98.78 | 141.69 | -70.16 | -771.38 | 68876.76 | 26345.30 | 7560.00 | 19758.60 | 不分配 | 997.06 | 2003/3/20 |
| 600734 | 实达电脑 | 0.0597 | 0.0221 | 0.1459 | 1.7254 | 1.6246 | 0.2875 | -0.0938 | 3.4615 | 8.8687 | 232497.71 | -19.74 | 2099.61 | -59.07 | 775.66 | 207120.47 | 60656.36 | 13273.21 | 35155.84 | 不分配 | 113.52 | 2003/4/12 |
| 600735 | 兰陵陈香 | -0.39 | -0.37 | 0.08 | 1.55 | 1.51 | 0.04 | 0.15 | -25.27 | 4 | 8631.34 | -53.11 | -6082.10 | -613.03 | -5750.54 | 39684.07 | 24071.60 | 8346.15 | 15481.29 | 不分配 | / | 2003/4/16 |
| 600736 | 苏州高新 | 0.206 | 0.202 | 0.185 | 3.085 | 2.923 | 1.13 | 0.545 | 6.67 | 6.17 | 77433.06 | 34.99 | 9408.08 | 10.87 | 9220.30 | 254392.93 | 141147.09 | 15093.00 | 45747.00 | 10派1.2元(含税) | 35.35 | 2003/3/22 |
| 600737 | 新疆屯河 | 0.2 | 0.09 | 0.14 | 1.76 | 1.72 | 0.85 | -0.51 | 11.15 | 5.95 | 194351.74 | 153.31 | 11262.99 | 113.33 | 5146.49 | 632021.88 | 100999.49 | 29020.36 | 57543.16 | 不分配 | 98.20 | 2003/4/22 |
| 600738 | ST民百 | -0.272 | -0.284 | -0.189 | 1.01 | 1 | 0.107 | -0.016 | -26.91 | -15.01 | 50727.93 | -21.92 | -6385.86 | -44.12 | -6655.16 | 92620.56 | 23732.23 | 13125.60 | 23439.71 | 不分配 | / | 2003/4/24 |
| 600739 | 辽宁成大 | 0.2384 | 0.2039 | 0.46 | 3.52 | 3.34 | 0.44 | -0.23 | 6.77 | 14.02 | 218889.52 | 46.65 | 5903.28 | -47.75 | 5047.42 | 183517.26 | 87192.35 | 9781.20 | 24757.20 | 不分配 | 68.74 | 2003/2/26 |
| 600740 | 山西焦化 | 0.23 | 0.23 | 0.3332 | 3.59 | 3.4 | 2.162 | 0.012 | 6.41 | 9.91 | 94902.36 | 52.41 | 4670.87 | -30.89 | 4650.46 | 202422.27 | 72886.66 | 8450.00 | 20285.00 | 不分配 | 40.74 | 2003/3/25 |
| 600741 | 巴士股份 | 0.24 | 0.23 | 0.33 | 2.11 | 1.96 | 0.94 | 1.02 | 11.53 | 12.04 | 294721.93 | 23.30 | 17687.70 | 2.83 | 16542.90 | 448478.57 | 153395.20 | 33600.00 | 72611.56 | 10派1元(含税) | 22.00 | 2003/3/11 |
| 600742 | 一汽四环 | 0.673 | 0.679 | 0.669 | 5.51 | 5.35 | 1.29 | 0.8 | 12.22 | 13.59 | 324089.53 | 51.60 | 14238.54 | 0.68 | 14367.95 | 191265.17 | 116491.89 | 10319.40 | 21152.34 | 10派0.8元(含税) | 18.75 | 2003/4/1 |
| 600743 | ST幸福 | 0.0016 | | -0.3329 | -0.0137 | -0.015 | 0.0039 | 0.0668 | -11.68 | | 27947.35 | -2.76 | 50.07 | 100.48 | 50.07 | 23455.10 | -428.62 | 7820.00 | 31280.00 | 不分配 | 2442.73 | 2003/4/30 |
| 600744 | 华银电力 | 0.0054 | 0.006 | 0.1403 | 4.042 | 4.007 | 0.428 | 0.256 | 0.13 | 3.45 | 100330.46 | -6.23 | 386.04 | -96.13 | 424.17 | 528501.46 | 287660.98 | 28828.80 | 71164.80 | 10派0.04元(含税) | 1071.04 | 2003/4/26 |
| 600745 | 天华股份 | 0.03 | 0.02 | 0.07 | 1.21 | 0.26 | 0.13 | -0.05 | 2.12 | 5.84 | 5656.07 | 77.72 | 313.37 | -65.64 | 297.05 | 36487.86 | 14753.33 | 4675.94 | 12174.49 | 不分配 | 505.43 | 2003/4/3 |
| 600746 | 江苏索普 | -0.1079 | | 0.0784 | 1.097 | 1.086 | -0.4626 | 0.3346 | -9.83 | 6.52 | 25851.67 | 1.80 | -3304.78 | -237.59 | -3298.68 | 55624.55 | 33610.61 | 8802.68 | 30642.15 | 不分配 | / | 2003/4/4 |
| 600747 | 大显股份 | 0.248 | 0.195 | 0.308 | 2.773 | 2.742 | 0.11 | 0.758 | 8.929 | 7.94 | 90329.07 | 21.23 | 12153.44 | 20.70 | 9587.94 | 210469.37 | 136112.76 | 22643.21 | 49077.90 | 10派0.625元(含税) | 25.24 | 2003/3/20 |
| 600748 | 上实发展 | 0.005 | 0.004 | 0.016 | 1.8 | 1.77 | 0.047 | 0.164 | 0.27 | 0.9 | 62511.06 | 98.10 | 283.11 | -70.27 | 231.69 | 121040.93 | 105649.79 | 15697.00 | 58754.16 | 不分配 | 1741.20 | 2003/1/29 |
| 600749 | ST藏圣地 | -0.1477 | -0.1468 | -0.3355 | 0.91 | 0.91 | -0.09 | 0.18 | -16.26 | -32.16 | 2764.27 | -10.06 | -1181.93 | 55.96 | -1174.04 | 16447.16 | 7269.04 | 2400.00 | 8000.00 | 不分配 | / | 2003/3/7 |
| 600750 | 江中药业 | 0.3 | 0.31 | 0.26 | 3.76 | 3.63 | 0.65 | 0.28 | 7.86 | 7.26 | 66767.21 | 88.09 | 4321.34 | 14.26 | 4645.99 | 74078.14 | 54969.90 | 6240.00 | 14611.20 | 10派1元(含税) | 40.37 | 2003/3/12 |
| 600752 | 哈慈股份 | -0.558 | -0.4 | 0.051 | 2.22 | 2.13 | -0.37 | 0.36 | -25.11 | 1.83 | 4441.19 | -82.52 | -18881.97 | -1193.24 | -13617.31 | 122628.01 | 75203.20 | 16088.86 | 33846.41 | 不分配 | / | 2003/4/29 |
| 600753 | ST冰熊 | 0.0323 | -0.0185 | 0.04 | 0.85 | 0.84 | 0.1 | -0.06 | 3.8 | 5.14 | 6467.15 | -35.43 | 413.95 | -23.21 | -236.23 | 42998.75 | 10904.57 | 3200.00 | 12800.00 | 不分配 | 227.58 | 2003/4/8 |
| 600754 | 新亚股份 | 0.101 | 0.0357 | 0.09 | 2.86 | 2.61 | 0.273 | 0.13 | 3.54 | 3.16 | 83419.89 | 5.13 | 6100.71 | 12.39 | 2154.39 | 257633.80 | 172226.50 | 9836.00 | 60324.07 | 10派1元(含税) | 89.98 | 2003/4/19 |
| 600755 | 厦门国贸 | 0.17 | 0.12 | 0.14 | 3.53 | 3.5 | 1.82 | 0.43 | 4.8 | 3.99 | 341968.48 | 88.10 | 3352.87 | 22.69 | 2419.75 | 226949.15 | 69856.39 | 12700.00 | 19812.00 | 10派1元(含税) | 48.22 | 2003/3/27 |
| 600756 | 浪潮软件 | 0.41 | 0.35 | 0.32 | 2.06 | 2.04 | 0.27 | 0.7 | 19.74 | 19.13 | 55576.86 | 67.32 | 6725.95 | 28.56 | 5771.16 | 57375.46 | 34079.46 | 6870.24 | 16522.08 | 不分配 | 40.75 | 2003/1/28 |
| 600757 | 华源发展 | 0.07 | 0.03 | 0.12 | 2.63 | 2.5 | 0.06 | -0.34 | 2.6 | 4.59 | 186537.72 | 4.02 | 3231.18 | -41.31 | 1552.84 | 370063.09 | 124258.35 | 14040.00 | 47214.42 | 不分配 | 128.59 | 2003/4/26 |

| 代码 | 简称 | 每股收益(元) | | | 每股净资产(元) | | 每股经营现金流量(元) | | 净资产收益率(%) | | 主营收入(万元) | | 净利润(万元) | | | 总资产(万元) | 股东权益(万元) | 最新流通A股(万股) | 最新总股本(万股) | 分配方案 | 最新市盈率(倍) | 年报刊登日期 |
|---|---|---|---|---|---|---|---|---|---|---|---|---|---|---|---|---|---|---|---|---|---|---|
| | | 2002年 | 扣除后 | 2001年 | 2002年 | 调整后 | 2002年 | 2001年 | 2002年 | 2001年 | 2002年 | 同比(%) | 2002年 | 同比(%) | 扣除后 | | | | | | | |
| 600758 | ST金帝 | -0.99 | | -0.54 | 0.58 | -0.89 | 0.01 | 0.08 | -169.29 | -33.71 | 58709.70 | -7.71 | -15739.42 | -84.06 | -2703.10 | 101133.67 | 9297.34 | 6159.52 | 15975.52 | 不分配 | / | 2003/4/28 |
| 600759 | ST琼华桥 | -0.489 | -0.175 | 0.006 | -0.476 | -0.488 | 0.031 | 0.065 | | | 1359.08 | 2273.34 | -10205.85 | -9018.06 | -3642.58 | 14424.17 | -9916.06 | 6916.00 | 20855.20 | 不分配 | / | 2003/4/29 |
| 600760 | ST黑豹 | -0.27 | -0.26 | -0.19 | 2.36 | 2.14 | -0.03 | 0.04 | -11.24 | -7.24 | 21621.54 | -23.52 | -7257.37 | -39.60 | -7233.42 | 80246.09 | 64551.15 | 13158.60 | 27300.00 | 不分配 | / | 2003/3/13 |
| 600761 | 安徽合力 | 0.36 | 0.36 | 0.3 | 3.44 | 3.41 | 0.57 | 0.31 | 10.51 | 9.17 | 74686.96 | 41.30 | 7385.81 | 20.20 | 7334.51 | 93925.38 | 70300.28 | 9422.03 | 20463.63 | 10派2元(含税)转增5 | 32.47 | 2003/4/8 |
| 600762 | 金荔科技 | 0.24 | 0.24 | 0.31 | 2.43 | 2.43 | -0.18 | 0.09 | 9.79 | 14.16 | 14025.55 | 21.90 | 2510.05 | -23.26 | 2512.97 | 67028.26 | 25651.37 | 4326.40 | 10566.40 | 不分配 | 49.17 | 2003/3/26 |
| 600763 | ST中燕 | 0.018 | -0.058 | -0.95 | 0.277 | 0.12 | -0.0002 | -0.01 | 6.52 | -365.81 | 35.84 | | 289.36 | 101.91 | -931.27 | 5886.69 | 4436.19 | 4032.00 | 16032.00 | 不分配 | 708.06 | 2003/1/17 |
| 600764 | 三星石化 | 0.229 | 0.23 | 0.174 | 2.279 | 2.239 | 0.56 | 0.25 | 10.06 | 7.55 | 66927.22 | 31.56 | 4199.00 | 32.02 | 4200.85 | 77677.36 | 41741.86 | 5898.56 | 18318.17 | 10派2.5元(含税)送3转增5 | 59.42 | 2003/4/25 |
| 600765 | 力源液压 | 0.014 | 0.028 | 0.01 | 1.386 | 1.376 | 0.13 | 0.125 | 0.98 | 0.75 | 6141.57 | 18.93 | 150.90 | 31.67 | 308.21 | 22134.93 | 15391.53 | 3448.44 | 11103.20 | 不分配 | 662.21 | 2003/3/12 |
| 600766 | ST烟发 | -0.9122 | -0.7611 | -0.4487 | 0.5879 | 0.4191 | -0.3527 | -0.5251 | -155.14 | -29.76 | 16141.96 | -26.05 | -15612.88 | -103.31 | -13027.74 | 73496.66 | 10063.56 | 6021.32 | 17116.55 | 不分配 | / | 2003/4/26 |
| 600767 | 运盛实业 | 0.025 | 0.063 | 0.02 | 1.8 | 1.8 | 0.36 | -0.07 | 1.4 | 0.85 | 37333.94 | 17.92 | 852.51 | 66.05 | 2133.85 | 129734.70 | 61425.14 | 9674.46 | 34101.02 | 不分配 | 257.20 | 2003/3/31 |
| 600768 | 宁波富邦 | 0.26 | 0.16 | 0.003 | 1.11 | 1.1 | 0.27 | 0.09 | 23.76 | 0.36 | 30458.69 | 46.32 | 2453.25 | 8586.81 | 1473.99 | 30079.73 | 10324.90 | 2678.40 | 9288.00 | 不分配 | 57.81 | 2003/3/18 |
| 600769 | ST祥龙 | -0.29 | -0.25 | -0.1411 | 2.17 | 2.15 | 0.05099 | 0.0147 | -13.2 | -5.75 | 42535.80 | -2.61 | -9988.45 | -102.91 | -8768.58 | 103547.91 | 75642.31 | 8736.00 | 34881.60 | 不分配 | / | 2003/4/28 |
| 600770 | 综艺股份 | 0.083 | 0.022 | 0.125 | 2.161 | 2.13 | 0.172 | -0.198 | 3.84 | 6.02 | 27278.37 | -8.19 | 2242.63 | -33.57 | 603.23 | 118101.19 | 58333.88 | 9900.00 | 27000.00 | 不分配 | 138.81 | 2003/4/19 |
| 600771 | 东盛科技 | 0.2 | 0.18 | 0.24 | 1.94 | 1.93 | 0.69 | 0.11 | 10.26 | 13.26 | 50430.03 | 13.15 | 3723.01 | -16.77 | 3332.29 | 118480.79 | 36290.58 | 4950.00 | 18688.70 | 10派0.68元(含税) | 48.89 | 2003/4/15 |
| 600772 | 石油龙昌 | 0.066 | 0.03304 | 0.0414 | 2.807 | 2.758 | 0.38 | 0.49 | 2.35 | 1.52 | 21496.12 | 2.11 | 1582.29 | 59.53 | 791.76 | 108536.41 | 67254.98 | 7581.60 | 23961.60 | 10转增2 | 116.76 | 2003/4/19 |
| 600773 | 西藏金珠 | 0.0251 | 0.0157 | 0.21 | 1.89 | 1.73 | 0.17 | -0.62 | 1.32 | 7.34 | 20773.88 | 14.69 | 452.47 | -81.26 | 282.30 | 57805.77 | 34213.91 | 6933.33 | 18033.01 | 不分配 | 450.35 | 2003/2/27 |
| 600774 | 汉商集团 | 0.031 | -0.074 | 0.033 | 4.52 | 4.49 | 0.16 | -0.23 | 0.69 | 0.69 | 49331.77 | -10.11 | 311.53 | 0.71 | -733.38 | 150390.78 | 44849.16 | 3634.18 | 9919.06 | 10派转增1 | 343.87 | 2003/3/22 |
| 600775 | 南京熊猫 | 0.14 | 0.14 | 0.27 | 1.57 | 1.45 | -0.3 | -0.08 | 8.85 | 19.11 | 129368.61 | 50.16 | 9118.49 | -49.18 | 9286.10 | 272763.54 | 103035.61 | 5800.00 | 65501.50 | 不分配 | 73.85 | 2003/3/12 |
| 600776 | 东方通信 | -0.328 | -0.268 | 0.33 | 5.488 | 5.458 | -1.215 | 1.698 | -5.98 | 5.68 | 821968.71 | -2.13 | -20594.42 | -199.33 | -16855.89 | 685623.74 | 344633.96 | 11800.00 | 62800.00 | 不分配 | / | 2003/4/22 |
| 600777 | 新潮实业 | 0.37 | 0.37 | 0.35 | 3.78 | 3.76 | 0.62 | 0.44 | 9.76 | 10.16 | 75345.55 | 13.47 | 7549.01 | 4.95 | 7543.22 | 124139.24 | 77369.13 | 9753.93 | 20486.95 | 不分配[原为10派0.3元(含税)送1转增2] | 22.23 | 2003/2/18 |
| 600778 | 友好集团 | 0.156 | 0.148 | 0.1053 | 2.47 | 2.35 | 0.16 | 0.16 | 6.31 | 4.36 | 109469.72 | 2.42 | 4855.08 | 47.95 | 4610.07 | 200068.70 | 76919.10 | 17131.29 | 31149.14 | 10派1元(含税) | 46.90 | 2003/3/13 |
| 600779 | 全兴股份 | 0.03 | 0.04 | 0.35 | 2.42 | 2.4 | 0.27 | 0.26 | 1.3 | 13.47 | 105238.52 | -8.04 | 1534.13 | -90.24 | 1819.52 | 248486.08 | 118253.96 | 19131.29 | 48854.57 | 不分配 | 181.84 | 2003/4/29 |
| 600780 | 通宝能源 | 0.256 | 0.255 | 0.27 | 3.74 | 3.74 | 0.47 | 0.66 | 6.83 | 11.08 | 27876.70 | 4.91 | 7437.85 | 27.56 | 7429.17 | 125352.02 | 108913.67 | 16885.30 | 29098.03 | 10派0.5元(含税)送2转增8 | 51.99 | 2003/4/16 |
| 600781 | ST民丰 | -0.328 | -0.366 | -0.396 | 0.73 | 0.47 | 0.19 | -0.01 | -45.14 | -36.08 | 21476.39 | 1.93 | -5819.05 | 25.88 | -6491.25 | 37230.08 | 12890.52 | 5062.50 | 17759.29 | 不分配 | / | 2003/4/29 |
| 600782 | 新华股份 | 0.1425 | 0.12 | 0.1368 | 1.3965 | 1.3536 | 0.2751 | 0.1694 | 10.21 | 9.92 | 39737.05 | 35.68 | 2753.94 | 4.15 | 2318.47 | 48912.45 | 26982.28 | 5616.00 | 19322.04 | 10派1.25元(含税) | 71.92 | 2003/2/20 |
| 600783 | 四砂股份 | -0.1524 | -0.1495 | -0.0133 | 1.2848 | 1.1484 | -0.0882 | 0.0386 | -11.86 | -0.93 | 12907.31 | -2.78 | -3081.87 | -1046.99 | -3024.15 | 60133.25 | 25989.54 | 6489.60 | 20227.89 | 不分配 | / | 2003/4/8 |
| 600784 | ST鲁银 | -1.07 | -0.89 | -0.11 | 0.9 | 0.47 | 0.26 | 0.12 | -118.76 | -5.1 | 11025.30 | 23.57 | -26518.93 | -964.86 | -22079.03 | 130652.22 | 22329.13 | 18901.08 | 24830.69 | 不分配 | / | 2003/2/28 |
| 600785 | 新华百货 | 0.354 | 0.36 | 0.35 | 4.663 | 4.632 | 0.86 | 0.56 | 7.59 | 7.85 | 90430.38 | 46.27 | 3643.48 | 2.02 | 3721.68 | 98646.05 | 47979.68 | 6464.25 | 10289.25 | 10派1.2元(含税) | 28.10 | 2003/3/13 |
| 600786 | ST东锅 | 0.0811 | 0.0715 | -0.9284 | 0.7346 | -0.0392 | 1.0305 | 0.5394 | 11.0419 | -144.865 | 110439.11 | 125.60 | 1713.69 | 108.74 | 1511.24 | 182748.59 | 15519.93 | 5400.00 | 21127.12 | 不分配 | 117.86 | 2003/3/25 |
| 600787 | 中储股份 | 0.092 | 0.05575 | 0.1026 | 2.4474 | 2.4042 | 0.2988 | 0.029 | 3.76 | 4.293 | 103275.68 | 47.61 | 2853.80 | -10.39 | 1730.05 | 139512.86 | 75952.06 | 12616.38 | 31033.77 | 10派0.35元(含税) | 73.51 | 2003/3/28 |
| 600788 | 达尔曼 | 0.1 | 0.1 | 0.14 | 4.71 | 4.65 | 0.27 | -0.37 | 2.16 | 3.1 | 31601.05 | 63.14 | 2917.30 | -28.84 | 2894.92 | 237508.88 | 135092.84 | 10471.50 | 28663.94 | 不分配 | 72.32 | 2003/4/5 |
| 600789 | 鲁抗医药 | 0.27 | 0.23 | 0.19 | 3.45 | 3.44 | 0.87 | 0.74 | 7.75 | 6.07 | 103948.05 | 34.80 | 9762.18 | 38.55 | 8385.37 | 236107.68 | 125935.72 | 15809.79 | 36475.42 | 不分配 | 29.41 | 2003/3/3 |
| 600790 | 轻纺城 | 0.023 | 0.022 | -0.127 | 2.608 | 2.383 | 0.285 | 0.546 | 0.89 | -4.86 | 138476.11 | 33.06 | 859.01 | 118.21 | 834.30 | 279277.56 | 96973.80 | 25223.33 | 37186.07 | 不分配 | 222.51 | 2003/4/15 |
| 600791 | 天创置业 | 0.5198 | 0.5 | 0.088 | 1.71 | 1.7 | 2.02 | 0.23 | 30.37 | 7.13 | 34900.48 | 14.27 | 5146.43 | 492.82 | 4916.63 | 41082.21 | 16945.71 | 4290.00 | 12870.00 | 10派0.5元(含税)送2转增1 | 24.13 | 2003/1/28 |
| 600792 | 云南马龙 | 0.21 | 0.22 | -0.5 | 1.98 | 1.84 | -1.46 | 0.24 | 10.79 | -36.36 | 16290.92 | 102.02 | 1091.60 | 142.39 | 1099.72 | 25656.84 | 10115.92 | 2250.00 | 7650.00 | 10转增5 | 106.24 | 2003/2/25 |
| 600793 | ST宜纸 | -0.7653 | -0.6606 | 0.0946 | 0.9671 | 0.8889 | 0.3305 | -0.11 | -79.14 | 6.13 | 32486.17 | -29.38 | -8058.64 | -909.12 | -6955.68 | 83498.24 | 10183.08 | 3354.00 | 10530.00 | 不分配 | / | 2003/4/26 |
| 600794 | 保税科技 | -1.332 | -0.755 | 0.124 | 1.321 | 1.309 | -0.593 | 0.61 | -100.866 | 4.67 | 4674.35 | -65.40 | -15887.07 | -1176.83 | -9004.68 | 47281.50 | 15750.60 | 5011.97 | 11923.97 | 不分配 | / | 2003/3/26 |
| 600795 | 国电电力 | 0.386 | 0.386 | 0.67 | 3.376 | 3.357 | 0.861 | 1.265 | 11.424 | 12.912 | 356273.51 | 21.43 | 54088.56 | -2.07 | 54168.67 | 1769220.35 | 473483.63 | 35194.80 | 140229.27 | 10派0.6元(含税) | 22.45 | 2003/1/29 |
| 600796 | 钱江生化 | 0.143 | 0.126 | 0.247 | 3.125 | 3.087 | 0.454 | 0.293 | 4.58 | 10.52 | 20237.63 | 1.06 | 1674.92 | -36.35 | 1473.69 | 53345.37 | 36588.54 | 4223.70 | 11709.49 | 10派2元(含税) | 88.86 | 2003/3/18 |

| 代码 | 简称 | 每股收益(元) | | | 每股净资产(元) | | 每股经营现金流量(元) | | 净资产收益率(%) | | 主营收入(万元) | | 净利润(万元) | | | 总资产(万元) | 股东权益(万元) | 最新流通A股(万股) | 最新总股本(万股) | 分配方案 | 最新市盈率(倍) | 年报刊登日期 |
|---|---|---|---|---|---|---|---|---|---|---|---|---|---|---|---|---|---|---|---|---|---|---|
| | | 2002年 | 扣除后 | 2001年 | 2002年 | 调整后 | 2002年 | 2001年 | 2002年 | 2001年 | 2002年 | 同比(%) | 2002年 | 同比(%) | 扣除后 | | | | | | | |
| 600797 | 浙大网新 | 0.18 | 0.16 | 0.25 | 2.1 | 2.08 | 0.05 | 0.66 | 8.34 | 8.9 | 199854.92 | 79.35 | 8385.18 | -0.67 | 7735.17 | 230004.88 | 100488.12 | 23263.18 | 47826.09 | 10派0.6元(含税) | 60.34 | 2003/4/9 |
| 600798 | 宁波海运 | 0.12 | 0.12 | 0.17 | 1.48 | 1.48 | 0.29 | 0.13 | 7.9 | 11.74 | 27528.83 | 3.70 | 5980.04 | -31.93 | 5980.04 | 91091.34 | 75712.18 | 14145.00 | 51187.50 | 10派1元(含税) | 53.58 | 2003/3/11 |
| 600799 | ST龙科 | -0.295 | -0.187 | 0.057 | 1.404 | 1.513 | -0.19 | -0.22 | -21.01 | 3.13 | 7708.63 | -59.20 | -11502.01 | -613.36 | -7273.97 | 125194.55 | 54744.23 | 17850.00 | 38984.40 | 不分配 | / | 2003/4/29 |
| 600800 | 天津磁卡 | -0.508 | -0.469 | 0.153 | 1.29 | 1.07 | 0.173 | 0.387 | -39.32 | 8.13 | 24476.06 | -60.26 | -28007.79 | -432.01 | -26815.27 | 292638.41 | 71233.27 | 26173.91 | 55165.92 | 不分配 | / | 2003/4/28 |
| 600801 | 华新水泥 | 0.09 | 0.07 | 0.07 | 2.25 | 2.16 | 0.77 | 0.36 | 3.97 | 3.13 | 80108.84 | 15.78 | 2931.61 | 29.61 | 2195.69 | 230434.71 | 73857.20 | 4800.00 | 32840.00 | 10派0.4元(含税) | 91.30 | 2003/3/11 |
| 600802 | 福建水泥 | -0.6 | -0.31 | 0.0036 | 1.89 | 1.702 | 0.26 | 0.296 | -31.55 | 0.15 | 71530.70 | 22.77 | -16888.45 | -16581.74 | -8783.14 | 140900.49 | 53531.78 | 13429.94 | 28281.70 | 不分配 | / | 2003/4/15 |
| 600803 | 威远生化 | -0.27 | -0.36 | 0.09 | 2.37 | 2.34 | 0.03 | -0.15 | -11.24 | 3.63 | 27579.69 | 4.47 | -3149.40 | -386.45 | -4254.20 | 76252.80 | 28010.60 | 6609.60 | 11822.17 | 不分配 | / | 2003/4/19 |
| 600804 | 鹏博士 | 0.03 | 0.008 | 0.011 | 1.659 | 1.532 | -0.18 | 0.13 | 1.88 | 0.69 | 29280.53 | -0.47 | 364.63 | 175.15 | 180.96 | 37342.87 | 19356.24 | 7195.68 | 11661.12 | 不分配 | 295.18 | 2003/3/27 |
| 600805 | 悦达投资 | -0.33 | | 0.02 | 2.76 | 2.72 | 0.54 | 0.82 | -12.13 | 0.64 | 151381.57 | 19.76 | -18248.29 | -1796.00 | -9927.03 | 534838.89 | 150491.79 | 30949.05 | 54544.52 | 不分配 | / | 2003/4/30 |
| 600806 | 交大科技 | 0.025 | 0.015 | 0.008 | 2.07 | 2.06 | -0.018 | -0.06 | 1.2 | 0.41 | 17962.85 | 75.26 | 607.75 | 196.30 | 370.90 | 83946.92 | 50677.80 | 6000.00 | 24500.74 | 不分配 | 314.45 | 2003/4/8 |
| 600807 | ST济百 | -0.51 | -0.53 | -0.85 | 0.76 | 0.39 | 0.01 | -0.08 | -67.56 | -66.91 | 2636.07 | -36.97 | -5543.77 | 39.80 | -5760.17 | 36549.28 | 8206.10 | 6435.00 | 10792.08 | 不分配 | / | 2003/3/6 |
| 600808 | 马钢股份 | 0.06 | 0.128 | 0.032 | 1.84 | 1.84 | 0.4012 | 0.2147 | 3.24 | 1.77 | 1097391.72 | 14.94 | 38444.09 | 84.48 | 82483.00 | 1713851.06 | 1186283.28 | 60000.00 | 645530.00 | 10派0.35元(含税) | 60.11 | 2003/4/3 |
| 600809 | 山西汾酒 | 0.037 | 0.042 | 0.061 | 1.8117 | 1.6707 | 0.31 | 0.21 | 2.02 | 3.39 | 51523.64 | 18.86 | 1583.72 | -40.00 | 1799.67 | 102768.49 | 78434.24 | 7668.41 | 43292.41 | 10派0.24元(含税) | 175.77 | 2003/4/9 |
| 600810 | 神马实业 | 0.014 | 0.0039 | 0.045 | 5.978 | 5.862 | 0.169 | 0.065 | 0.23 | 0.756 | 135587.86 | 17.15 | 777.99 | -69.79 | 223.36 | 414677.47 | 338495.01 | 14157.00 | 56628.00 | 10派0.5元(含税) | 481.85 | 2003/3/22 |
| 600811 | 东方集团 | 0.189 | | 0.243 | 4.16 | 3.94 | 0.19 | 0.54 | 4.54 | 5.57 | 152213.62 | 6.85 | 11909.38 | -14.48 | 8916.03 | 482038.50 | 262746.57 | 44197.66 | 63149.54 | 不分配 | 30.49 | 2003/4/30 |
| 600812 | 华北制药 | 0.11 | 0.11 | 0.09 | 2.1 | 1.75 | 0.63 | 0.31 | 5.34 | 4.77 | 300347.42 | 6.10 | 13091.66 | 17.99 | 13063.96 | 695898.73 | 245015.18 | 46926.86 | 116939.42 | 不分配 | 59.76 | 2003/3/29 |
| 600814 | 杭州解百 | 0.009 | 0.005 | -0.0253 | 1.64 | 1.48 | 0.22 | 0.178 | 0.55 | -1.55 | 96614.38 | -2.42 | 212.29 | 135.41 | 124.95 | 80440.24 | 38861.36 | 10139.76 | 23737.04 | 不分配 | 617.21 | 2003/2/28 |
| 600815 | 厦工股份 | 0.12 | 0.12 | 0.1 | 1.78 | 1.72 | 0.16 | -0.09 | 6.61 | 3.76 | 165851.63 | 56.11 | 5292.62 | 78.32 | 5258.19 | 143950.95 | 80043.93 | 11970.01 | 44941.38 | 10派1元(含税) | 59.95 | 2003/3/20 |
| 600816 | 鞍山信托 | 0.01 | -0.05 | -0.44 | 1.05 | 0.53 | -0.83 | 0.3 | 0.9 | -41.99 | 3978.17 | -70.71 | 432.03 | 102.17 | -2072.82 | 167928.03 | 47891.73 | 26667.47 | 45410.98 | 不分配 | 759.95 | 2003/4/18 |
| 600817 | 宏盛科技 | 0.24 | 0.29 | 0.01 | 1.47 | 1.35 | 2.23 | -0.55 | 16.33 | 1.06 | 213818.06 | 168.85 | 1982.89 | 1737.89 | 2422.16 | 82111.24 | 12145.12 | 1124.20 | 8251.80 | 不分配 | 70.29 | 2003/3/27 |
| 600818 | ST永久 | 0.2 | 0.03 | 0.03 | 0.46 | 0.45 | 0.27 | -0.18 | 43.45 | 14.02 | 55060.55 | 48.78 | 5255.76 | 494.73 | 767.95 | 52956.22 | 12097.09 | 1495.00 | 26565.94 | 不分配 | 53.78 | 2003/4/3 |
| 600819 | 耀皮玻璃 | 0.227 | | 0.333 | 3.44 | 3.27 | 0.46 | 0.45 | 6.59 | 9.76 | 108352.16 | 3.69 | 11051.24 | -31.94 | 10937.22 | 207064.50 | 167686.66 | 3125.00 | 48750.00 | 10派2元(含税) | 65.55 | 2003/4/26 |
| 600820 | 隧道股份 | 0.1814 | 0.1845 | 0.1787 | 2.7853 | 2.7366 | 1.3677 | 0.4306 | 6.513 | 6.115 | 443712.84 | 11.67 | 10723.68 | 11.69 | 10905.01 | 613985.24 | 164649.19 | 26647.34 | 59112.87 | 10派0.5元(含税) | 37.93 | 2003/3/22 |
| 600821 | 津劝业 | -0.17 | -0.15 | 0.01 | 2.06 | 1.72 | -0.04 | 0.26 | -8.11 | 0.57 | 131617.27 | -14.53 | -4888.50 | -1392.15 | -4312.17 | 127156.98 | 60268.67 | 14558.50 | 29252.10 | 不分配 | / | 2003/4/23 |
| 600822 | 物贸中心 | 0.0105 | 0.0116 | 0.109 | 1.1972 | 1.1349 | 0.3354 | 0.0958 | 0.8746 | 9.184 | 447705.08 | 40.60 | 264.63 | -90.38 | 292.77 | 91195.61 | 30256.00 | 1331.00 | 25272.03 | 不分配 | 1124.02 | 2003/4/16 |
| 600823 | 世茂股份 | 0.0197 | 0.0065 | 0.1821 | 2.003 | 2.003 | 0.5019 | 0.1405 | 0.98 | 9.18 | 285.92 | -94.39 | 465.28 | -89.19 | 154.54 | 68168.21 | 47357.63 | 11315.90 | 23644.48 | 不分配 | 437.03 | 2003/3/29 |
| 600824 | 益民百货 | 0.2296 | 0.2395 | 0.253 | 3.48 | 3.42 | 0.421 | 0.024 | 6.59 | 7.42 | 45977.26 | -37.18 | 4447.08 | -9.06 | 4637.16 | 101560.06 | 67444.10 | 8986.55 | 19364.91 | 10派1.5元(含税) | 35.23 | 2003/3/4 |
| 600825 | 华联超市 | 0.434 | 0.44 | 0.325 | 2.019 | 1.193 | 1.617 | -0.403 | 21.49 | 20.49 | 366644.31 | 12.89 | 6692.51 | 33.66 | 6804.12 | 123971.54 | 31142.14 | 3856.90 | 15427.52 | 不分配 | 29.21 | 2003/2/25 |
| 600826 | 兰生股份 | 0.13 | 0.12 | 0.14 | 2.94 | 2.62 | 0.19 | 0.32 | 4.27 | 5.03 | 178430.39 | 3.80 | 3514.45 | -11.45 | 3327.63 | 144448.57 | 82350.33 | 9514.00 | 28042.82 | 不分配 | 57.45 | 2003/4/12 |
| 600827 | 友谊股份 | 0.25 | 0.217 | 0.287 | 3.364 | 1.97 | 1.139 | 0.4 | 7.43 | 12.404 | 758463.51 | 31.38 | 8251.54 | 17.79 | 7180.21 | 479480.64 | 111063.19 | 8282.05 | 33015.14 | 10派1.5元(含税) | 52.33 | 2003/4/28 |
| 600828 | 成商集团 | 0.052 | 0.059 | 0.12 | 2.16 | 1.76 | -0.01 | 0.24 | 2.42 | 4.68 | 143838.61 | 1.79 | 1061.65 | -47.96 | 1203.06 | 94416.83 | 43823.08 | 5108.40 | 20314.80 | 10派0.5元(含税) | 157.10 | 2003/3/25 |
| 600829 | 天鹅股份 | 0.0392 | -0.0124 | 0.3345 | 2.04 | 1.98 | 0.49 | 0.11 | 1.92 | 8.82 | 50324.03 | -3.43 | 1011.21 | -77.13 | -318.54 | 92989.01 | 52617.23 | 6488.63 | 25772.83 | 不分配 | 253.85 | 2003/4/8 |
| 600830 | 大红鹰 | 0.131 | 0.035 | 0.11 | 2.861 | 2.788 | -0.127 | -0.27 | 4.591 | 4.031 | 76663.68 | 6.03 | 2300.51 | 19.22 | 615.32 | 90462.14 | 50109.25 | 10262.88 | 17514.68 | 不分配 | 85.35 | 2003/4/12 |
| 600831 | 广电网络 | 0.146 | 0.146 | 0.202 | 1.354 | 1.354 | 0.29 | 0.03 | 10.75 | 17.29 | 19106.62 | 2230.26 | 1620.27 | -27.94 | 1625.35 | 25068.86 | 15071.14 | 4634.54 | 11128.67 | 10转增1 | 144.72 | 2003/3/29 |
| 600832 | 东方明珠 | 0.33 | 0.36 | 0.333 | 4.18 | 4.1 | 0.7 | 0.7 | 8 | 8.4 | 85324.56 | 38.54 | 22952.03 | 0.10 | 24622.74 | 402094.78 | 287576.63 | 15688.68 | 68802.87 | 10派1元(含税)送0.5转增3.5 | 50.48 | 2003/3/14 |
| 600833 | 第一医药 | 0.08 | 0.074 | 0.14 | 1.106 | 0.998 | 0.157 | 0.355 | 7.2 | 13.62 | 47651.83 | 81.03 | 1268.99 | -43.04 | 1172.36 | 47838.61 | 17630.82 | 4797.93 | 15934.74 | 不分配 | 115.65 | 2003/4/25 |
| 600834 | 申通地铁 | 0.16 | 0.21 | 0.18 | 1.48 | 1.48 | 0.34 | 0.38 | 10.86 | 12.76 | 51429.93 | 87.35 | 6346.93 | -11.22 | 8422.99 | 90701.06 | 58421.46 | 8004.00 | 39453.05 | 10派1元(含税)送1 | 59.55 | 2003/3/29 |
| 600835 | 上菱电器 | 0.461 | 0.475 | 0.458 | 4.87 | 4.65 | 1.17 | 1.64 | 9.47 | 9.08 | 446833.69 | 16.22 | 27277.57 | 10.68 | 28115.96 | 850460.04 | 288059.67 | 18691.20 | 59186.30 | 10派1元(含税)转增2 | 26.25 | 2003/3/28 |
| 600836 | 界龙实业 | 0.059 | 0.057 | 0.05 | 1.86 | 1.06 | 1.26 | 0.22 | 3.14 | 2.74 | 51073.78 | 0.57 | 653.39 | 17.98 | 632.59 | 73613.94 | 20809.30 | 4132.81 | 11169.38 | 不分配 | 280.18 | 2003/3/29 |

| 代码 | 简称 | 每股收益(元) | | | 每股净资产(元) | | 每股经营现金流量(元) | | 净资产收益率(%) | | 主营收入(万元) | | 净利润(万元) | | | 总资产(万元) | 股东权益(万元) | 最新流通A股(万股) | 最新总股本(万股) | 分配方案 | 最新市盈率(倍) | 年报刊登日期 |
|---|---|---|---|---|---|---|---|---|---|---|---|---|---|---|---|---|---|---|---|---|---|---|
| | | 2002年 | 扣除后 | 2001年 | 2002年 | 调整后 | 2002年 | 2001年 | 2002年 | 2001年 | 2002年 | 同比(%) | 2002年 | 同比(%) | 扣除后 | | | | | | | |
| 600837 | 都市股份 | 0.3114 | 0.2573 | 0.4068 | 3.328 | 3.2739 | 0.1989 | 0.1794 | 9.36 | 11.31 | 13552.91 | -37.08 | 2438.36 | -8.13 | 2014.50 | 48578.80 | 26056.56 | 1965.60 | 7829.39 | 10送2转增8 | 61.62 | 2003/3/31 |
| 600838 | 上海九百 | 0.0091 | -0.0213 | -0.205 | 1.4883 | 1.4355 | 0.1202 | 0.2814 | 0.61 | -13.86 | 51528.07 | 4.18 | 363.94 | 104.43 | -852.22 | 147789.66 | 59664.19 | 19686.28 | 40088.20 | 不分配 | 685.13 | 2003/4/26 |
| 600839 | 四川长虹 | 0.081 | 0.047 | 0.039 | 5.973 | 5.962 | -1.37 | 0.63 | 1.36 | 0.66 | 1258518.47 | 32.27 | 17620.27 | 109.70 | 10236.26 | 1867036.73 | 1292624.65 | 95140.23 | 216421.14 | 不分配 | 87.57 | 2003/3/26 |
| 600840 | 浙江创业 | 0.02 | -0.106 | -0.037 | 1.16 | 1.12 | -2.443 | -2.099 | 1.705 | -3.24 | 10099.44 | -34.52 | 276.42 | 153.57 | -1484.27 | 133139.99 | 16211.22 | 6442.03 | 13975.14 | 不分配 | 350.86 | 2003/3/15 |
| 600841 | 上柴股份 | 0.21 | 0.21 | 0.093 | 3.37 | 3.36 | 0.66 | 0.5 | 6.22 | 2.81 | 206103.44 | 45.98 | 10071.39 | 126.44 | 9896.18 | 231251.66 | 161897.27 | 2160.00 | 48030.93 | 10派1元(含税) | 59.76 | 2003/4/26 |
| 600842 | ST中西 | -2.3939 | -1.9931 | -0.3947 | -1.9245 | -2.0758 | -0.1577 | -0.1132 | | -82.78 | 21475.82 | -8.83 | -51610.95 | -506.48 | -42971.00 | 74291.20 | -41492.17 | 8422.55 | 21559.46 | 不分配 | / | 2003/4/25 |
| 600843 | 上工股份 | 0.0521 | 0.0235 | 0.1816 | 2.0398 | 2.0088 | 0.1121 | 0.0133 | 2.5557 | 9.1212 | 87529.98 | -4.47 | 1316.16 | -71.29 | 592.79 | 135445.57 | 51449.17 | 1560.00 | 25246.64 | 10转增1.5 | 224.43 | 2003/4/19 |
| 600845 | 宝信软件 | 0.201 | 0.1853 | 0.149 | 1.157 | 1.132 | -0.035 | 0.08 | 17.38 | 14.87 | 63969.66 | 60.99 | 5273.70 | 34.60 | 4858.92 | 44111.74 | 30337.55 | 1320.00 | 26224.41 | 10派0.5元(含税) | 67.68 | 2003/4/8 |
| 600846 | 同济科技 | 0.07 | 0.06 | 0.0539 | 1.5233 | 1.4402 | 0.2775 | 0.0785 | 4.83 | 3.52 | 134397.53 | 106.12 | 2048.09 | 36.51 | 1776.95 | 162642.49 | 42362.33 | 11871.92 | 27808.97 | 10派1元(含税) | 105.91 | 2003/3/15 |
| 600848 | ST自仪 | 0.03 | -0.05 | 0.02 | 0.28 | 0.22 | -0.12 | 0.25 | 9.27 | 7.59 | 57959.31 | 0.20 | 1024.95 | 22.66 | -1934.51 | 97862.51 | 11060.87 | 3367.43 | 39928.69 | 不分配 | 279.32 | 2003/3/31 |
| 600849 | 上海医药 | 0.4 | | 0.45 | 4.93 | 4.52 | 0.32 | 0.21 | 8.07 | 9.55 | 723568.73 | 39.09 | 12584.71 | -11.82 | 10681.67 | 540281.45 | 155955.30 | 19070.84 | 31620.72 | 10派2元(含税)转增5 | 34.85 | 2003/4/25 |
| 600850 | 华东电脑 | -0.1737 | -0.1594 | 0.086 | 1.1626 | 0.9789 | -0.148 | 0.38 | -14.94 | 6.44 | 79173.17 | 37.54 | -2971.21 | -301.81 | -2726.31 | 54493.71 | 19884.14 | 4860.00 | 17103.15 | 不分配 | / | 2003/4/12 |
| 600851 | 海欣股份 | 0.26 | 0.24 | 0.29 | 2.97 | 2.93 | 0.14 | 0.55 | 8.8 | 8.6 | 162916.43 | 49.33 | 15761.92 | 7.87 | 14202.92 | 329642.81 | 179157.13 | 18367.89 | 60352.83 | 10派1元(含税) | 48.48 | 2003/4/23 |
| 600852 | 中川国际 | -0.36 | | 0.04 | 1.2 | 1.08 | -2.34 | 1.73 | -29.84 | 2.58 | 21245.19 | 10.62 | -5866.70 | -1011.38 | -6072.14 | 98486.00 | 19658.44 | 5630.86 | 16430.86 | 不分配 | / | 2003/4/30 |
| 600853 | ST龙建 | 0.087 | 0.083 | -0.1595 | 1.2505 | 1.2374 | 0.0217 | 0.1972 | 6.93 | -13.73 | 231623.11 | 137.33 | 4614.04 | 154.33 | 4426.65 | 208690.77 | 66575.94 | 16456.00 | 53240.00 | 不分配 | 60.35 | 2003/4/17 |
| 600854 | 春兰股份 | 0.232 | 0.24 | 0.422 | 5.72 | 5.72 | -0.42 | 0.47 | 4.05 | 7.56 | 174089.09 | -1.21 | 12039.98 | -45.11 | 12547.69 | 360812.81 | 296980.98 | 19824.19 | 51945.85 | 10派1元(含税) | 32.10 | 2003/3/29 |
| 600855 | 航天长峰 | 0.126 | 0.12 | 0.124 | 1.366 | 1.354 | 0.156 | 0.126 | 9.22 | 10.02 | 16193.81 | 23.15 | 2015.51 | 1.29 | 1884.50 | 32600.84 | 21868.34 | 5298.90 | 16008.00 | 不分配 | 69.34 | 2003/3/8 |
| 600856 | 长百集团 | 0.005 | 0.011 | 0.021 | 1.95 | 1.6 | 0.1 | -0.01 | 0.26 | 1.06 | 34360.30 | -9.72 | 91.97 | -75.70 | 200.16 | 72639.75 | 35716.38 | 8591.48 | 18273.77 | 不分配 | 1327.25 | 2003/4/18 |
| 600857 | 工大首创 | 0.11 | 0.106 | 0.12 | 1.74 | 1.738 | 0.07 | 0.28 | 6.4 | 7.25 | 61493.88 | 3.23 | 2141.68 | -8.61 | 2040.00 | 57167.82 | 33487.76 | 9150.88 | 19229.18 | 10派0.5元(含税) | 69.97 | 2003/3/25 |
| 600858 | ST渤海 | -0.2901 | -0.2833 | -0.2861 | 0.5694 | 0.3996 | -0.0819 | -0.0497 | -50.9399 | -33.3085 | 2808.95 | 1.21 | -3519.81 | -1.38 | -3438.00 | 20036.84 | 6909.74 | 6795.36 | 12134.67 | 不分配 | / | 2003/4/29 |
| 600859 | 王府井 | 0.063 | 0.067 | 0.062 | 3.897 | 3.499 | 0.78 | 0.21 | 1.62 | 1.6 | 332564.02 | 7.12 | 2475.55 | 1.40 | 2628.55 | 304945.81 | 153137.20 | 19837.86 | 39297.30 | 10派0.5元(含税) | 93.66 | 2003/4/26 |
| 600860 | 北人股份 | 0.17 | 0.15 | 0.16 | 2.45 | 2.29 | 0.44 | 0.13 | 7.04 | 6.76 | 92692.93 | 32.59 | 6894.07 | 7.25 | 6145.24 | 188227.15 | 97911.13 | 7200.00 | 42200.00 | 10派1元(含税) | 43.77 | 2003/4/11 |
| 600861 | 北京城乡 | 0.19 | 0.1883 | 0.2345 | 4.1 | 3.56 | 0.36 | 0.41 | 4.67 | 5.9 | 125660.01 | -1.92 | 7774.44 | -18.29 | 7638.21 | 220127.88 | 166490.96 | 16731.00 | 40573.89 | 10派0.6元(含税) | 35.75 | 2003/4/18 |
| 600862 | ST纵横 | -1.63 | -0.45 | -1.13 | 0.7587 | 0.5318 | -0.18 | -2.03 | -215.08 | -46.92 | 32345.55 | 14.54 | -38908.67 | -44.27 | -10799.53 | 96202.31 | 18090.74 | 12236.78 | 23844.48 | 不分配 | / | 2003/4/1 |
| 600863 | 内蒙华电 | 0.241 | 0.244 | 0.222 | 3.876 | 3.844 | 0.408 | 0.346 | 6.226 | 5.92 | 200822.51 | 24.23 | 23905.99 | 8.56 | 24126.96 | 811651.60 | 383990.21 | 39546.00 | 198122.00 | 10派1.2元(含税)转增10 | 46.58 | 2003/2/26 |
| 600864 | 岁宝热电 | 0.07 | | 0.138 | 2.9 | 2.8 | 0.38 | 0.152 | 2.43 | 4.75 | 23103.00 | 7.78 | 961.04 | -48.86 | 716.77 | 93000.40 | 39624.57 | 4537.50 | 13659.45 | 10派0.7元(含税) | 128.77 | 2003/4/30 |
| 600865 | 百大集团 | 0.15 | 0.15 | 0.15 | 2.45 | 2.32 | 1.16 | 0.4 | 6.2 | 6.03 | 113197.37 | 11.54 | 4101.90 | 3.82 | 4088.25 | 86770.75 | 66171.88 | 13533.99 | 26970.63 | 10派1.3元(含税) | 40.17 | 2003/3/1 |
| 600866 | 星湖科技 | 0.24 | 0.27 | 0.21 | 2.55 | 2.54 | 0.562 | 0.187 | 9.47 | 9.01 | 49242.33 | 11.90 | 7866.94 | 16.11 | 7805.74 | 102382.50 | 83111.82 | 19438.05 | 32568.91 | 不分配 | 37.38 | 2003/4/24 |
| 600867 | 通化东宝 | 0.12 | 0.11 | 0.01 | 4.07 | 3.73 | 0.1 | 0.36 | 3.02 | 0.31 | 28055.63 | 36.26 | 4002.31 | 856.32 | 3698.44 | 156853.29 | 132203.41 | 15769.73 | 32449.30 | 10派2元(含税) | 78.08 | 2003/4/11 |
| 600868 | 梅雁股份 | 0.16 | 0.12 | 0.16 | 2.31 | 2.29 | 0.11 | 0.1 | 6.77 | 6.63 | 98388.15 | 48.18 | 17456.46 | 4.60 | 13418.55 | 444639.13 | 257756.12 | 88801.73 | 115811.39 | 10派1.1元(含税)送0.4 | 25.94 | 2003/2/18 |
| 600869 | 青海三普 | -0.67 | -0.64 | 0.015 | 1.05 | 0.95 | 0.15 | -0.03 | -63.84 | 0.85 | 9368.59 | -20.70 | -8068.22 | -4661.01 | -7686.89 | 33995.73 | 12638.82 | 3000.00 | 12000.00 | 不分配 | / | 2003/4/15 |
| 600870 | ST厦华 | 0.028 | 0.012 | -0.81 | 1.95 | 1.92 | 0.58 | -0.43 | 1.43 | -42.21 | 289224.80 | 35.44 | 1029.94 | 103.43 | 461.64 | 313925.09 | 72146.02 | 15151.35 | 37081.87 | 不分配 | 240.87 | 2003/3/31 |
| 600871 | 仪征化纤 | 0.035 | 0.035 | 0.043 | 2.22 | 2.22 | 0.367 | 0.186 | 1.57 | 1.94 | 800966.90 | 2.57 | 13983.30 | -18.13 | 14132.90 | 1217900.20 | 888170.10 | 20000.00 | 400000.00 | 10派0.15元(含税) | 133.87 | 2003/4/7 |
| 600872 | 中炬高新 | 0.0244 | 0.028 | 0.144 | 2.782 | 2.735 | 0.6079 | 0.096 | 0.88 | 5.3 | 82191.62 | -1.72 | 1098.94 | -83.05 | 1254.65 | 243236.61 | 125187.15 | 24923.61 | 45005.60 | 不分配 | 211.32 | 2003/4/10 |
| 600873 | ST藏明珠 | -0.1708 | -0.2003 | -0.328 | 1.811 | 1.62 | 0.136 | 0.069 | -9.43 | -16.54 | 3496.41 | -30.68 | -1848.33 | 47.90 | -2167.50 | 43350.22 | 19602.14 | 5213.66 | 10823.66 | 不分配 | / | 2003/2/20 |
| 600874 | 创业环保 | 0.22 | 0.22 | 0.2 | 1.31 | 1.31 | 0.27 | 0.14 | 16.49 | 17.07 | 67074.90 | 12.54 | 28723.60 | 7.32 | 28837.80 | 275700.80 | 174207.40 | 11249.50 | 133000.00 | 10派0.85元(含税) | 34.08 | 2003/2/21 |
| 600875 | 东方电机 | 0.045 | 0.003 | -0.581 | 2.02 | 1.5 | 0.05 | -0.12 | 2.21 | -29.5 | 92090.46 | 148.70 | 2001.14 | 107.66 | 144.00 | 276495.59 | 90716.07 | 6000.00 | 45000.00 | 不分配 | 164.61 | 2003/4/2 |
| 600876 | 洛阳玻璃 | -0.492 | -0.193 | 0.014 | 1.74 | 0.96 | 0.037 | 0.124 | -28.3 | 0.63 | 82519.40 | 0.97 | -34469.10 | -3593.02 | -13484.40 | 283569.80 | 121803.70 | 5000.00 | 70000.00 | 不分配 | / | 2003/4/30 |
| 600877 | 中国嘉陵 | -0.35 | -0.36 | 0.02 | 2.48 | 2.33 | 0.3 | 0.12 | -14.29 | 0.62 | 288733.24 | 11.46 | -16805.51 | -2107.82 | -16841.02 | 377182.84 | 117600.75 | 21960.00 | 47387.08 | 不分配 | / | 2003/4/12 |

| 代码 | 简称 | 每股收益(元) | | | 每股净资产(元) | | 每股经营现金流量(元) | | 净资产收益率(%) | | 主营收入(万元) | | 净利润(万元) | | | 总资产(万元) | 股东权益(万元) | 最新流通A股(万股) | 最新总股本(万股) | 分配方案 | 最新市盈率(倍) | 年报刊登日期 |
|---|---|---|---|---|---|---|---|---|---|---|---|---|---|---|---|---|---|---|---|---|---|---|
| | | 2002年 | 扣除后 | 2001年 | 2002年 | 调整后 | 2002年 | 2001年 | 2002年 | 2001年 | 2002年 | 同比(%) | 2002年 | 同比(%) | 扣除后 | | | | | | | |
| 600878 | ST北科 | -1.474 | -0.84 | -1.087 | -1.385 | -1.423 | -0.202 | 0.008 | | | 2146.10 | 131.22 | -41932.66 | -35.64 | -24064.96 | 4200.85 | -39383.77 | 8863.63 | 28443.07 | 不分配 | / | 2003/4/29 |
| 600879 | 火箭股份 | 0.51 | 0.52 | 0.47 | 3.53 | 3.53 | 0.5 | 0.3 | 14.36 | 14.83 | 56266.02 | 20.08 | 11888.70 | 7.70 | 12139.55 | 144219.69 | 82814.07 | 13714.12 | 23433.32 | 10派0.5元(含税)送2转增3 | 29.41 | 2003/3/25 |
| 600880 | 博瑞传播 | 0.37 | 0.39 | 0.23 | 1.99 | 1.98 | 0.6 | 0.85 | 18.53 | 13.2 | 26652.72 | -4.09 | 4806.04 | 62.37 | 5041.87 | 41270.49 | 25929.90 | 4187.75 | 13018.01 | 10派1元(含税) | 37.08 | 2003/1/16 |
| 600881 | 亚泰集团 | 0.26 | 0.23 | 0.23 | 3.86 | 3.73 | 0.23 | -0.25 | 6.69 | 6.41 | 148206.55 | 36.29 | 12264.31 | 10.32 | 11056.35 | 519179.74 | 183190.48 | 27551.56 | 47510.63 | 10派0.5元(含税) | 23.67 | 2003/2/12 |
| 600882 | 大成股份 | 0.024 | 0.0101 | 0.035 | 2.62 | 2.55 | 0.16 | 0.12 | 0.9 | 1.33 | 44648.75 | 6.54 | 440.47 | -31.61 | 187.70 | 104697.49 | 48743.11 | 9682.96 | 18584.91 | 不分配 | 257.80 | 2003/3/29 |
| 600883 | 富邦科技 | 0.03 | 0.03 | 0.087 | 1.284 | 1.272 | -0.46 | 0.284 | 2.09 | 3.77 | 7071.55 | -0.66 | 532.16 | -44.13 | 507.33 | 46965.27 | 25437.60 | 6318.00 | 19818.00 | 10派0.2元(含税) | 247.28 | 2003/4/26 |
| 600884 | 杉杉股份 | 0.207 | 0.205 | 0.3 | 3.107 | 3.095 | 0.201 | 0.72 | 6.69 | 6.47 | 89481.40 | 22.50 | 8542.74 | 3.69 | 8454.25 | 213665.33 | 127681.45 | 22798.48 | 41085.82 | 10派2元(含税) | 26.21 | 2003/3/11 |
| 600885 | 力诺工业 | 0.13 | 0.13 | 0.03 | 1.51 | 1.51 | 0.33 | 0.04 | 8.76 | 3.08 | 20323.71 | 97.46 | 1715.90 | 307.11 | 1696.84 | 58402.01 | 19592.26 | 4986.80 | 12980.71 | 不分配 | 60.90 | 2003/2/28 |
| 600886 | ST华靖 | -0.121 | -0.044 | -0.141 | 2.925 | 2.925 | 0.815 | -0.139 | -4.136 | -4.604 | 253638.05 | 33.04 | -3409.13 | 13.97 | -1239.75 | 468875.26 | 82416.45 | 10731.70 | 28174.58 | 不分配 | / | 2003/3/7 |
| 600887 | 伊利股份 | 0.73 | 0.76 | 0.82 | 8.91 | 8.72 | 2.15 | 2.09 | 8.15 | 14.36 | 401009.24 | 48.41 | 14194.84 | 18.61 | 14962.10 | 289854.37 | 174263.11 | 12885.54 | 19563.25 | 10派2元(含税)转增10 | 31.13 | 2003/4/5 |
| 600888 | 新疆众和 | 0.47 | 0.5 | 0.3017 | 2.67 | 2.57 | 0.63 | 1.63 | 17.49 | 13.23 | 40018.99 | -4.48 | 4824.71 | 54.65 | 5124.51 | 123838.52 | 27582.82 | 2925.00 | 10338.90 | 10派0.8元(含税) | 28.86 | 2003/2/26 |
| 600889 | 南京化纤 | 0.2 | 0.22 | 0.19 | 3.08 | 3.07 | 0.45 | 0.38 | 6.63 | 6.51 | 39552.79 | 18.68 | 3301.57 | 9.31 | 3475.98 | 77728.78 | 49785.74 | 6681.85 | 16154.74 | 10派0.3元(含税) | 43.89 | 2003/3/28 |
| 600890 | 长春长铃 | -0.076 | -0.1124 | 0.081 | 1.42 | 1.41 | -0.096 | 0.15 | -5.28 | 5.36 | 19293.24 | -37.37 | -3684.75 | -193.47 | -5451.07 | 103577.25 | 68721.26 | 20509.55 | 48485.10 | 不分配 | / | 2003/4/26 |
| 600891 | 秋林集团 | -0.57 | | -0.21 | 1.67 | 1.12 | 0.11 | 0.04 | -34.42 | -9.47 | 23739.14 | -40.94 | -13973.07 | -169.74 | -13684.67 | 90393.23 | 40609.67 | 12941.93 | 24356.41 | 不分配 | / | 2003/4/30 |
| 600892 | 湖大科教 | -0.3264 | -0.4622 | 0.0336 | 1.031 | 0.6856 | -0.2973 | 0.6168 | -31.6551 | 2.67 | 9116.01 | 283.90 | -1648.20 | -1070.34 | -2334.29 | 37581.57 | 5206.74 | 1530.97 | 5050.00 | 不分配 | / | 2003/3/29 |
| 600893 | ST吉发 | 0.1467 | 0.1264 | -0.6026 | 2.34 | 2.23 | 1.69 | 0.08 | 6.27 | -28.64 | 97532.69 | 11.49 | 3446.74 | 124.43 | 2969.33 | 122987.47 | 55010.88 | 11531.69 | 23491.09 | 不分配 | 48.39 | 2003/3/13 |
| 600894 | 广钢股份 | 0.064 | 0.038 | 0.081 | 2.29 | 2.26 | 0.56 | 0.12 | 2.8 | 3.64 | 258193.86 | 5.55 | 4401.82 | -20.71 | 2603.41 | 302835.08 | 157134.06 | 16169.03 | 68618.00 | 不分配 | 98.52 | 2003/4/15 |
| 600895 | 张江高科 | 0.19 | 0.09 | 0.43 | 2.43 | 2.43 | 0.13 | -0.51 | 7.64 | 9.64 | 35188.49 | -42.78 | 17362.99 | -14.23 | 8457.07 | 318438.43 | 227404.21 | 33190.06 | 93513.00 | 10送1转增2 | 45.62 | 2003/3/25 |
| 600896 | 中海海盛 | 0.17 | 0.17 | 0.15 | 2.57 | 2.43 | 0.34 | 0.23 | 6.76 | 5.95 | 43402.93 | -2.51 | 5518.76 | 16.92 | 5480.15 | 105428.68 | 81637.21 | 15607.80 | 31728.26 | 10派1元(含税) | 40.59 | 2003/3/25 |
| 600897 | 厦门机场 | 0.177 | 0.177 | 0.191 | 4.348 | 4.341 | 0.355 | 0.293 | 4.08 | 4.5 | 19119.53 | 5.72 | 4785.61 | -7.06 | 4789.62 | 126774.34 | 117385.03 | 6750.00 | 27000.00 | 10派1元(含税) | 52.36 | 2003/3/31 |
| 600898 | PT郑百文 | 0.1053 | 0.1324 | -0.1734 | 1.2693 | 1.268 | 0.027 | 0.113 | 8.3 | | 125689.95 | 360.12 | 2080.48 | 160.72 | 2616.70 | 50630.51 | 25079.31 | 10709.92 | 19758.21 | 不分配 | | 2003/1/28 |
| 600899 | 信联股份 | -0.42 | -0.46 | 0.089 | 2.18 | 2.18 | -0.83 | -0.83 | -19.43 | 3.44 | 5615.79 | -66.42 | -7513.17 | -573.09 | -8123.19 | 74526.03 | 38663.40 | 5430.54 | 17750.54 | 不分配 | / | 2003/4/3 |
| 900929 | 国旅B股 | 0.14 | 0.14 | 0.13 | 3.09 | 3.08 | 0.3 | 0.27 | 4.65 | 4.36 | 64189.13 | 18.44 | 1904.89 | 10.06 | 1870.97 | 67024.78 | 40972.51 | | 13255.63 | 10派1元(含税) | 38.94 | 2003/4/10 |
| 900935 | 阳晨B股 | 0.03 | 0.02 | 0.03 | 1.54 | 1.54 | 0.11 | 0.095 | 1.89 | 1.9 | 16388.70 | 5.16 | 540.10 | 1.31 | 326.63 | 35869.52 | 28581.22 | | 18530.00 | 不分配 | 197.38 | 2003/3/21 |
| 900939 | 汇丽B股 | 0.05 | 0.04 | 0.14 | 1.78 | 1.76 | -0.27 | -0.2 | 2.58 | 7.43 | 38641.98 | -6.67 | 831.00 | -63.59 | 786.17 | 87117.14 | 32229.14 | | 18150.00 | 不分配 | 107.03 | 2003/4/10 |
| 900948 | 伊煤B股 | 0.19 | 0.2 | 0.09 | 2.27 | 2.15 | 0.52 | 0.5 | 8.24 | 4.17 | 140023.50 | 22.05 | 6832.88 | 107.30 | 7365.98 | 148386.25 | 82908.09 | | 36600.00 | 10派1.1元(含税) | 30.28 | 2003/3/18 |
| 900949 | 东电B股 | 0.27 | 0.27 | 0.35 | 2.68 | 2.67 | 0.52 | 0.65 | 10.13 | 13.26 | 332094.49 | -1.46 | 54551.51 | -22.94 | 55179.72 | 860241.93 | 538678.17 | | 201000.00 | 10派2.48元(含税) | 19.61 | 2003/3/28 |
| 900950 | 新城B股 | 0.0344 | 0.0365 | -0.5758 | 1.1 | 1.04 | 0.02 | 0.071 | 3.14 | -54.27 | 35716.74 | 235.11 | 1141.06 | 105.97 | 1212.66 | 102804.80 | 36357.61 | | 33191.40 | 不分配 | 130.75 | 2003/3/28 |
| 900951 | 大化B股 | -0.07 | -0.05 | 0.04 | 2 | 1.63 | 0.02 | 0.02 | -3.37 | 1.8 | 101489.59 | 10.95 | -1852.38 | -281.68 | -1411.56 | 83314.42 | 54911.74 | | 27500.00 | 不分配 | / | 2003/4/25 |
| 900953 | 凯马B股 | 0.03 | -0.16 | -0.57 | 1.52 | 1.46 | -0.1 | -0.01 | 1.99 | -38.83 | 244293.01 | 4.86 | 1935.07 | 105.29 | -10089.93 | 341512.58 | 97471.53 | | 64000.00 | 不分配 | 138.53 | 2003/4/24 |
| 900956 | 东贝B股 | 0.005 | | 0.1 | 1.65 | 1.63 | -0.097 | 0.11 | 0.28 | 6.13 | 22700.91 | -12.08 | 109.93 | -95.31 | -5.42 | 74845.42 | 38784.63 | | 23500.00 | 不分配 | 897.17 | 2003/4/28 |
| 900957 | 凌云B股 | 0.07 | 0.02 | 0.13 | 1.84 | 1.83 | -0.12 | -0.03 | 3.69 | 7.58 | 8349.23 | -85.95 | 2368.24 | -49.32 | 849.56 | 213871.25 | 64265.89 | | 34900.00 | 10派0.1元(含税) | 67.95 | 2003/4/26 |

# 2.2002 年度中国上市公司经济指标总览(深市)

| 代码 | 简称 | 每股收益(元) | | | 每股净资产(元) | | 每股经营现金流量(元) | | 净资产收益率(%) | | 主营收入(万元) | | 净利润(万元) | | | 总资产(万元) | 股东权益(万元) | 最新流通A股(万股) | 最新总股本(万股) | 分配方案 | 最新市盈率(倍) | 年报刊登日期 |
|---|---|---|---|---|---|---|---|---|---|---|---|---|---|---|---|---|---|---|---|---|---|---|
| | | 2002年 | 扣除后 | 2001年 | 2002年 | 调整后 | 2002年 | 2001年 | 2002年 | 2001年 | 2002年 | 同比(%) | 2002年 | 同比(%) | 扣除后 | | | | | | | |
| 000001 | 深发展A | 0.22 | 0.23 | 0.21 | 1.94 | 1.86 | 4.39 | 7.52 | 11.47 | 11.09 | 551912.17 | 42.01 | 43222.49 | 7.42 | 44494.31 | 16616637.94 | 376802.14 | 140936.20 | 194582.21 | 10派1.5元(含税) | 55.55 | 2003/4/24 |
| 000002 | 万科A | 0.606 | 0.617 | 0.592 | 5.358 | 5.228 | 0.2 | -1.91 | 11.31 | 11.96 | 457435.96 | 2.68 | 38242.13 | 2.32 | 38919.15 | 821582.23 | 338076.90 | 39871.46 | 63097.47 | 10派2元(含税)转增10 | 20.81 | 2003/3/18 |
| 000004 | 北大高科 | 0.066 | 0.068 | 0.132 | 1.161 | 1.13 | -0.51 | 0.062 | 5.73 | 11.58 | 12122.56 | 95.57 | 558.31 | -49.68 | 567.91 | 26361.46 | 9750.72 | 4165.72 | 8397.67 | 10派0.3元(含税) | 210.58 | 2003/4/16 |
| 000005 | ST星源 | -0.118 | -0.1083 | -0.094 | 1.37 | 1.33 | -0.047 | -0.044 | -8.59 | -6.19 | 5494.32 | -18.15 | -8359.06 | -25.49 | -7672.02 | 182054.88 | 97306.10 | 37394.96 | 70866.13 | 不分配 | / | 2003/4/15 |
| 000006 | 深振业A | 0.2684 | 0.3526 | 0.4698 | 4.873 | 3.976 | 0.556 | 1.56 | 5.51 | 10 | 208604.90 | 3.06 | 6807.14 | -42.87 | 8940.51 | 449088.01 | 123584.64 | 15773.02 | 25359.16 | 10派0.8元(含税) | 28.69 | 2003/4/26 |
| 000007 | 深达声A | 0.15 | 0.22 | 0.24 | 1.39 | 1.13 | 0.17 | 0.22 | 11.04 | 22.42 | 22731.98 | -33.09 | 2195.20 | -37.30 | 3186.88 | 115091.63 | 19893.00 | 7956.10 | 14359.37 | 不分配 | 52.33 | 2003/4/12 |
| 000008 | ST亿安 | -0.145 | -0.12 | -1.692 | -0.44 | -0.44 | 0.003 | -0.014 | | | 673.52 | -72.40 | -1070.95 | 91.41 | -912.38 | 7061.61 | -3268.59 | 3529.06 | 7365.32 | 不分配 | / | 2003/4/9 |
| 000009 | 深宝安A | 0.014 | 0.0381 | 0.0278 | 1.19 | 1.08 | 0.1 | 0.25 | 1.19 | 2.32 | 101854.77 | 19.91 | 1358.09 | -48.99 | 3649.39 | 411043.72 | 114152.50 | 57952.59 | 95881.00 | 不分配 | 369.24 | 2003/4/19 |
| 000010 | 深华新 | 0.0826 | 0.08199 | 0.01 | 1.1076 | 0.99 | 0.3862 | 0.1918 | 7.45 | 1.16 | 20608.12 | 24.50 | 1214.32 | 591.92 | 1213.44 | 64994.44 | 16284.27 | 6759.09 | 14701.74 | 不分配 | 95.40 | 2003/4/19 |
| 000011 | ST深物业 | 0.064 | 0.066 | 0.1591 | 0.624 | 0.146 | -0.064 | 0.247 | 10.25 | 31.1 | 78128.50 | -23.53 | 3462.22 | -59.84 | 3589.23 | 260797.94 | 33790.37 | 9135.50 | 54179.92 | 不分配 | 82.78 | 2003/4/19 |
| 000012 | 南玻科控 | 0.24 | 0.23 | 0.22 | 2.82 | 2.81 | 0.48 | 0.54 | 8.56 | 8.19 | 105540.17 | 1.49 | 16331.12 | 7.94 | 15289.59 | 298532.69 | 190782.55 | 10716.60 | 67697.54 | 10派1.5元(含税) | 41.99 | 2003/4/4 |
| 000013 | ST石化A | -1.473 | -0.45 | -5.195 | -6.91 | -6.94 | 0.032 | 0.026 | | | 61467.81 | -15.11 | -44695.60 | 71.64 | -13661.85 | 74069.32 | -209700.06 | 5132.40 | 30335.50 | 不分配 | / | 2003/4/25 |
| 000014 | 沙河股份 | 0.4 | 0.4 | 0.41 | 2.57 | 2.53 | 0.38 | 0.78 | 15.58 | 18.79 | 47579.28 | 2.18 | 3591.05 | -3.10 | 3610.46 | 69451.36 | 23045.63 | 4522.04 | 8964.68 | 10派0.3元(含税) | 23.54 | 2003/1/24 |
| 000016 | 深康佳A | 0.059 | 0.05 | -1.154 | 4.906 | 4.787 | 1.086 | 1.201 | 1.205 | -23.97 | 804165.28 | 19.17 | 3559.04 | 105.12 | 2865.34 | 700597.42 | 295350.88 | 22415.66 | 60198.64 | 不分配 | 131.25 | 2003/4/21 |
| 000017 | ST中华A | 0.0137 | -0.0725 | -4.71 | -4.1359 | -4.2205 | 0.0081 | -0.018 | -0.33 | | 7158.96 | 38.00 | 657.54 | 100.29 | -3477.17 | 51297.69 | -198289.23 | 7661.70 | 47943.30 | 不分配 | 395.92 | 2003/4/26 |
| 000018 | 深中冠A | 0.008 | 0.008 | 0.005 | 1.825 | 1.814 | 0.09 | 0.11 | 0.437 | 0.274 | 16173.83 | 14.10 | 134.79 | 60.20 | 137.00 | 37644.52 | 30826.31 | 2023.12 | 16914.24 | 不分配 | 1331.44 | 2003/4/8 |
| 000019 | 深深宝A | 0.059 | -0.042 | 0.058 | 1.507 | 1.318 | -0.207 | -0.066 | 3.94 | 3.97 | 7736.94 | 26.45 | 1079.99 | 3.24 | -762.15 | 45269.69 | 27420.22 | 3994.07 | 18192.31 | 不分配 | 153.29 | 2003/3/13 |
| 000020 | 深华发A | 0.02 | 0.015 | 0.006 | 1.04 | 0.97 | 0.024 | 0.14 | 1.82 | 0.6 | 12896.12 | 55.63 | 536.01 | 209.84 | 425.10 | 47901.67 | 29398.52 | 5623.96 | 28316.12 | 不分配 | 452.21 | 2003/4/18 |
| 000021 | 深科技A | 0.083 | 0.14 | -0.023 | 3.116 | 3.09 | 0.348 | 0.28 | 2.66 | -0.742 | 617890.55 | 57.68 | 6072.91 | 461.85 | 10258.91 | 504622.81 | 228346.08 | 20058.21 | 73293.21 | 10派1元(含税) | 134.33 | 2003/4/24 |
| 000022 | 深赤湾A | 0.481 | 0.49 | 0.228 | 3.114 | 3.095 | 1.095 | 0.594 | 15.46 | 7.79 | 73868.74 | 54.12 | 18360.00 | 111.45 | 18768.48 | 233162.72 | 118791.39 | 5047.85 | 38151.70 | 10派2.88元(含税) | 29.63 | 2003/4/18 |
| 000023 | 深天地A | 0.04 | -0.03 | -0.32 | 1.57 | 1.49 | 0.18 | -0.1603 | 2.72 | -23.78 | 33605.14 | 41.57 | 591.35 | 113.42 | -370.43 | 72718.28 | 21778.59 | 4619.12 | 13875.62 | 不分配 | 218.69 | 2003/4/19 |
| 000024 | 招商局A | 0.508 | 0.54 | 0.367 | 5.131 | 5.059 | 1.734 | 0.057 | 9.89 | 7.78 | 385415.39 | 16.06 | 24181.58 | 38.21 | 25748.43 | 526896.46 | 244437.10 | 13096.52 | 47639.60 | 10派1.2元(含税) | 20.00 | 2003/3/18 |
| 000025 | ST特力A | -0.19 | -0.16 | 0.02 | 0.92 | 0.04 | 0.55 | 0.26 | -20.14 | 2.13 | 128932.12 | 83.34 | -4098.09 | -896.67 | -3502.02 | 123223.03 | 20352.36 | 3428.51 | 22028.16 | 不分配 | / | 2003/4/15 |
| 000026 | 飞亚达A | -0.311 | -0.313 | 0.045 | 2.047 | 1.96 | 0.094 | 0.257 | -15.17 | 1.93 | 20624.13 | -6.17 | -7743.47 | -783.88 | -7795.89 | 56668.14 | 51036.83 | 6047.37 | 24931.80 | 不分配 | / | 2003/4/16 |
| 000027 | 深能源A | 0.4215 | 0.4363 | 0.3913 | 2.4049 | 2.3658 | 1.9327 | 1.9526 | 17.53 | 15.09 | 382858.79 | 14.36 | 50686.95 | 29.27 | 52462.46 | 799442.92 | 289187.60 | 48631.62 | 120249.53 | 10派1.5元(含税) | 20.38 | 2003/4/22 |
| 000028 | 一致药业 | 0.017 | -0.017 | 0.073 | 1.157 | 0.997 | 0.1 | 0.247 | 1.477 | 6.24 | 186993.76 | 12.06 | 492.28 | -76.67 | -491.96 | 105259.70 | 33333.51 | 5488.56 | 28814.94 | 不分配 | 556.66 | 2003/4/18 |
| 000029 | 深深房A | 0.0139 | -0.1638 | -0.5311 | 1.0212 | 1.0068 | 0.0769 | 0.0684 | 1.36 | -52.72 | 74805.21 | 21.39 | 1404.41 | 102.61 | -16567.68 | 300098.65 | 103308.98 | 14784.00 | 101166.00 | 不分配 | 625.98 | 2003/4/19 |
| 000030 | ST盛润A | -1.9641 | -0.9436 | -3.45 | -5.288 | -5.2897 | -0.0067 | 0.108 | | | 671.18 | -98.69 | -56648.52 | 43.09 | -27205.44 | 20325.81 | -152516.54 | 4026.00 | 28842.00 | 不分配 | / | 2003/4/19 |
| 000031 | 深宝恒A | 0.149 | 0.128 | 0.125 | 2.127 | 2.02 | 0.086 | 0.29 | 7 | 6.17 | 41192.08 | 31.83 | 6944.24 | 18.81 | 5983.49 | 157969.69 | 99175.84 | 16348.99 | 46630.24 | 10派0.6元(含税) | 74.27 | 2003/4/18 |
| 000032 | 深桑达A | 0.289 | 0.266 | 0.278 | 3.53 | 3.33 | 0.44 | 1.02 | 8.19 | 13.7 | 138835.46 | -17.94 | 4313.86 | 18.59 | 3968.82 | 107561.91 | 52640.93 | 5476.00 | 14927.20 | 10派2元(含税)转增3 | 45.26 | 2003/4/12 |
| 000033 | 新都酒店 | 0.023 | 0.038 | 0.018 | 1.517 | 1.491 | 0.115 | 0.133 | 1.5 | 1.2 | 9341.97 | -8.63 | 655.70 | 27.03 | 1105.92 | 61693.91 | 43656.75 | 6722.35 | 28772.35 | 不分配 | 272.06 | 2003/4/15 |
| 000034 | 深信泰丰 | -0.309 | -0.2842 | 0.14 | 1.0088 | 0.87 | 0.129 | -0.2 | -30.63 | 12.13 | 69055.62 | -44.65 | -9615.26 | -320.46 | -8842.74 | 151777.52 | 31388.71 | 8465.89 | 31113.94 | 不分配 | / | 2003/4/8 |
| 000035 | 中科健A | 0.539 | 0.5798 | 0.324 | 1.984 | 1.95 | 1.653 | -1.753 | 27.18 | 22.39 | 312900.31 | 116.57 | 6249.06 | 66.67 | 6719.42 | 153049.25 | 22992.57 | 4253.05 | 11588.72 | 不分配 | 24.29 | 2003/4/26 |
| 000036 | 华联控股 | 0.38 | 0.31 | 0.35 | 3.12 | 3.08 | 0.65 | 1.16 | 12.04 | 12.7 | 374073.73 | 18.30 | 13485.72 | 7.86 | 11181.13 | 401514.95 | 112025.59 | 17717.25 | 35955.51 | 不分配 | 17.46 | 2003/4/14 |
| 000037 | 深南电A | 0.67 | 0.7 | 0.37 | 1.91 | 1.9 | 1.43 | 0.7 | 35.03 | 22.52 | 162290.50 | 49.70 | 36578.39 | 78.37 | 38453.04 | 202916.17 | 104429.88 | 6484.61 | 54796.60 | 10派4.2元(含税) | 19.97 | 2003/4/22 |
| 000038 | 深大通A | 0.127 | 0.127 | 0.0677 | 1.3448 | 1.3067 | 0.7779 | 0.144 | 9.42 | 5.56 | 16103.11 | 390.94 | 1146.11 | 87.16 | 1150.04 | 21115.38 | 12168.92 | 1914.00 | 9048.60 | 不分配 | 100.90 | 2003/3/1 |
| 000039 | 中集集团 | 0.9109 | 1.0107 | 1.5961 | 5.59 | 5.52 | -0.593 | 4.676 | 16.29 | 22.66 | 907867.20 | 34.19 | 46485.46 | -14.39 | 51576.47 | 773722.78 | 285372.93 | 6898.69 | 51030.21 | 不分配 | 17.16 | 2003/3/25 |
| 000040 | ST鸿基 | -0.524 | -0.506 | -0.267 | 1.73 | 1.58 | -0.46 | 0.091 | -30.24 | -11.86 | 23099.78 | -26.61 | -24627.81 | -96.08 | -23779.02 | 227714.07 | 81453.70 | 28680.05 | 46959.34 | 不分配 | / | 2003/4/17 |

| 代码 | 简称 | 每股收益（元） | | | 每股净资产（元） | | 每股经营现金流量（元） | | 净资产收益率（%） | | 主营收入（万元） | | 净利润（万元） | | | 总资产（万元） | 股东权益（万元） | 最新流通A股（万股） | 最新总股本（万股） | 分配方案 | 最新市盈率（倍） | 年报刊登日期 |
|---|---|---|---|---|---|---|---|---|---|---|---|---|---|---|---|---|---|---|---|---|---|---|
| | | 2002年 | 扣除后 | 2001年 | 2002年 | 调整后 | 2002年 | 2001年 | 2002年 | 2001年 | 2002年 | 同比（%） | 2002年 | 同比（%） | 扣除后 | | | | | | | |
| 000042 | 深长城A | 0.2864 | 0.3218 | 0.45 | 5.559 | 4.638 | 0.064 | -0.232 | 5.15 | 8.39 | 176406.15 | 25.33 | 6858.20 | -36.29 | 7705.37 | 440467.46 | 133127.61 | 6912.17 | 23946.30 | 10派0.8元（含税） | 35.27 | 2003/3/13 |
| 000043 | 深南光A | 0.19 | 0.186 | -1 | 1.98 | 1.34 | 1.97 | 0.52 | 9.63 | -55.5 | 106076.49 | 60.83 | 2650.91 | 118.97 | 2585.51 | 82705.87 | 27536.24 | 3810.22 | 13932.55 | 10派1元（含税） | 50.67 | 2003/4/1 |
| 000045 | 深纺织A | 0.01 | | 0.15 | 1.87 | 1.81 | 0.24 | 0.18 | 0.39 | 8.3 | 45747.97 | 33.03 | 117.99 | -95.32 | 2250.66 | 74696.86 | 30474.66 | 2217.60 | 16341.60 | 不分配 | 1438.97 | 2003/4/30 |
| 000046 | 光彩建设 | 0.14 | 0.13 | 0.1541 | 3.988 | 3.964 | -0.515 | -1.164 | 3.51 | 3.9 | 46131.88 | 33.61 | 3417.50 | -9.13 | 3264.44 | 251339.96 | 97343.29 | 12651.82 | 24408.43 | 10派1元（含税） | 62.85 | 2003/4/5 |
| 000048 | ST康达尔 | 0.025 | -0.006 | -0.23 | 0.11 | 0.082 | 0.31 | 0.69 | 23.27 | -255.88 | 88941.34 | 9.24 | 996.31 | 111.13 | -242.06 | 125217.35 | 4281.44 | 11423.74 | 39076.87 | 不分配 | 182.38 | 2003/4/12 |
| 000049 | 深万山A | 0.01 | -0.24 | 0.11 | 1.024 | 0.84 | 0.23 | 0.2 | 1.3 | 10.5 | 6607.63 | 40.25 | 182.44 | -87.44 | -3339.94 | 33843.31 | 14017.73 | 4472.36 | 13682.92 | 不分配 | 623.24 | 2003/4/22 |
| 000050 | 深天马A | -0.263 | -0.289 | 0.1256 | 4.93 | 4.86 | 0.359 | 0.595 | -5.33 | 2.42 | 32557.39 | 16.72 | -3485.40 | -308.95 | -3834.80 | 102324.91 | 65428.00 | 3631.42 | 13277.00 | 不分配 | / | 2003/4/17 |
| 000055 | 方大A | -0.58 | -0.59 | 0.12 | 2.78 | 2.74 | -0.127 | 0.484 | -21.05 | 3.53 | 43747.39 | 7.50 | -17338.27 | -582.42 | -17351.06 | 128647.86 | 82363.98 | 4200.00 | 29640.00 | 10派0.7元（含税） | / | 2003/4/26 |
| 000056 | 深国商A | -0.12 | -0.1 | 0.03 | 1.51 | 1.45 | 0.04 | -0.08 | -7.72 | 1.55 | 18783.26 | -37.69 | -2570.67 | -561.57 | -2176.16 | 109541.75 | 33292.00 | 5522.23 | 22090.12 | 不分配 | / | 2003/4/22 |
| 000058 | 深赛格 | 0.1388 | 0.1262 | -0.467 | 1.731 | 1.661 | 0.898 | 0.397 | 8.02 | -30.13 | 220647.08 | 14.79 | 10081.80 | 129.76 | 9166.41 | 372248.43 | 125708.68 | 8662.62 | 72614.59 | 不分配 | 60.14 | 2003/4/17 |
| 000059 | 辽通化工 | -0.0886 | -0.0549 | | 1.909 | 1.844 | 0.676 | 0.284 | -4.44 | | 136120.97 | 27.57 | -5875.55 | -189029.78 | -3644.06 | 249916.91 | 126638.70 | 16899.87 | 66322.52 | 不分配 | / | 2003/4/14 |
| 000060 | 中金岭南 | 0.11 | 0.09 | 0.08 | 2.45 | 2.17 | 0.9 | 1.11 | 4.31 | 3.23 | 268497.73 | -3.74 | 4561.29 | 37.97 | 3952.45 | 463188.22 | 105848.73 | 20520.00 | 43200.00 | 10派0.6元（含税） | 58.81 | 2003/3/22 |
| 000061 | 农产品 | 0.805 | 0.41 | 0.47 | 5.9 | 4.787 | 0.755 | 0.57 | 13.64 | 9.22 | 196910.89 | 29.64 | 14881.08 | 71.36 | 7606.37 | 329389.52 | 109068.68 | 13110.42 | 21536.86 | 不分配 | 16.74 | 2003/3/13 |
| 000062 | 深圳华强 | 0.137 | 0.15 | 0.235 | 4.41 | 4.39 | -0.045 | 0.24 | 3.11 | 5.42 | 35562.79 | 24.16 | 3701.11 | -41.84 | 4021.44 | 146957.22 | 119165.51 | 12826.42 | 27040.00 | 10派1元（含税） | 57.94 | 2003/3/29 |
| 000063 | 中兴通讯 | 1.02 | 0.716 | 0.946 | 7.69 | 7.504 | 2.55 | 0.59 | 13.26 | 13.77 | 1100924.07 | 17.97 | 56699.99 | 7.82 | 39810.34 | 1240577.01 | 427641.29 | 20976.00 | 55608.00 | 10派2元（含税）转增2 | 19.10 | 2003/3/12 |
| 000065 | 北方国际 | 0.156 | 0.15 | 0.17 | 2.197 | 2.109 | 0.013 | -0.39 | 7.11 | 5.2 | 79229.75 | 18.01 | 2536.41 | 47.15 | 2525.94 | 95829.16 | 35693.64 | 4153.34 | 16243.71 | 不分配 | 61.99 | 2003/3/28 |
| 000066 | 长城电脑 | 0.14 | 0.09 | 0.156 | 2.5153 | 2.46 | -0.0357 | -0.258 | 5.55 | 6.02 | 153966.15 | -25.23 | 6396.62 | -10.01 | 2408.37 | 205095.82 | 115327.65 | 18100.06 | 45849.15 | 10派2元（含税） | 63.94 | 2003/4/24 |
| 000068 | 赛格三星 | 0.154 | 0.0964 | 0.119 | 2.03 | 1.76 | 0.556 | 0.495 | 7.58 | 6.33 | 106562.70 | 9.01 | 12105.64 | 29.48 | 7578.42 | 241562.62 | 159715.82 | 22500.00 | 78597.05 | 10派0.5元（含税） | 44.93 | 2003/4/2 |
| 000069 | 华侨城A | 0.604 | 0.606 | 0.403 | 2.658 | 2.526 | 0.473 | 0.349 | 22.74 | 18.31 | 59362.38 | 40.47 | 27024.12 | 50.09 | 27110.79 | 233166.59 | 118855.23 | 25259.36 | 80481.60 | 10派1.5元（含税）送6转增2 | 23.56 | 2003/3/11 |
| 000070 | 特发信息 | 0.0077 | -0.0331 | 0.1608 | 3.1104 | 2.9846 | 0.4667 | 0.111 | 0.25 | 0.0519 | 49324.59 | -25.17 | 192.54 | -95.21 | -827.76 | 127154.78 | 77759.08 | 7000.00 | 25000.00 | 不分配 | 1172.47 | 2003/4/15 |
| 000078 | 海王生物 | 0.13 | 0.13 | 0.31 | 5.08 | 4.99 | -0.34 | -0.37 | 2.5 | 4.21 | 82942.76 | 8.41 | 4222.70 | -39.37 | 4245.53 | 342931.18 | 169013.81 | 16073.10 | 33270.00 | 不分配 | 79.89 | 2003/4/15 |
| 000088 | 盐田港A | 0.95 | 0.96 | 0.643 | 3.406 | 3.389 | 0.427 | 0.348 | 27.895 | 25.164 | 50772.38 | 32.42 | 55585.74 | 47.73 | 56178.75 | 343481.79 | 199267.51 | 12489.26 | 58500.00 | 10派1元（含税） | 19.73 | 2003/1/29 |
| 000089 | 深圳机场 | 0.4003 | 0.4025 | 0.672 | 3.095 | 3.079 | 0.455 | 0.711 | 12.93 | 15.51 | 71198.51 | 18.08 | 32016.99 | -4.64 | 32193.32 | 271137.65 | 247531.18 | 28800.00 | 79982.40 | 不分配 | 22.58 | 2003/3/29 |
| 000090 | 深天健 | 0.307 | 0.306 | 0.417 | 4.789 | 4.513 | 0.668 | 1.612 | 6.42 | 9.1 | 154612.44 | 5.93 | 6866.52 | -26.36 | 6829.98 | 274480.74 | 106925.38 | 8281.11 | 22326.16 | 10派1.08元（含税） | 32.87 | 2003/4/15 |
| 000096 | 广聚能源 | 0.34 | 0.34 | 0.26 | 3.058 | 2.97 | 0.379 | 0.296 | 11.21 | 9.09 | 133009.48 | 17.90 | 11311.70 | 29.44 | 11310.06 | 131463.22 | 100901.42 | 8500.00 | 33000.00 | 10派2元（含税） | 37.90 | 2003/4/29 |
| 000099 | 中信海直 | 0.2636 | 0.2563 | 0.3127 | 3.8839 | 3.7871 | 0.2153 | 0.3196 | 6.68 | 7.08 | 33099.99 | 5.04 | 6200.06 | 1.17 | 6029.26 | 138750.03 | 91350.49 | 7200.00 | 23520.00 | 10派0.6元（含税） | 36.68 | 2003/4/1 |
| 000150 | ST麦科特 | -0.1697 | -0.1697 | 0.0125 | 1.9303 | 1.9274 | -0.114 | -0.1481 | -8.7917 | 0.5968 | 3579.44 | -13.43 | -5498.54 | -1454.00 | -5499.49 | 65757.38 | 62542.42 | 12600.00 | 32400.00 | 不分配 | / | 2003/4/26 |
| 000151 | 中成股份 | 0.16 | 0.16 | 0.3 | 2.7 | 2.69 | 0.21 | -0.16 | 6.03 | 11.27 | 52310.58 | -22.60 | 4820.21 | -45.83 | 4813.03 | 98643.84 | 79931.07 | 10500.00 | 29598.00 | 10派1.3元（含税） | 52.44 | 2003/3/15 |
| 000153 | 丰原药业 | 0.397 | 0.376 | 0.358 | 8.629 | 8.429 | 0.161 | 0.363 | 4.6 | 4.37 | 15793.81 | -0.80 | 2582.33 | 10.83 | 2441.22 | 68442.23 | 56087.36 | 2500.00 | 6500.23 | 不分配 | 56.01 | 2003/4/24 |
| 000155 | 川化股份 | 0.128 | 0.103 | 0.124 | 3.006 | 2.899 | 0.106 | 0.615 | 4.26 | 4.14 | 100415.57 | 5.71 | 6019.65 | 3.68 | 4826.07 | 183491.58 | 141265.39 | 13000.00 | 47000.00 | 10派1.08元（含税） | 47.86 | 2003/1/28 |
| 000156 | 安塑股份 | 0.2946 | 0.269 | 0.1501 | 5.26 | 5.17 | 0.2828 | 0.2064 | 5.6 | 3.03 | 24650.80 | 85.89 | 2842.84 | 96.21 | 2639.04 | 75637.90 | 50723.81 | 3600.00 | 9650.00 | 不分配 | 43.21 | 2003/2/25 |
| 000157 | 中联重科 | 0.3941 | 0.3938 | 0.3508 | 2.58 | 2.57 | 0.0747 | 0.1197 | 15.28 | 12.0281 | 66544.16 | 71.36 | 15370.82 | 46.06 | 15357.29 | 147217.16 | 100610.38 | 13000.00 | 39000.00 | 不分配 | 26.59 | 2003/3/5 |
| 000158 | 常山股份 | 0.21 | 0.21 | 0.19 | 3.08 | 3.05 | 0.225 | 0.094 | 6.71 | 6.56 | 189724.30 | 9.97 | 8271.35 | 6.13 | 8298.85 | 209274.44 | 123261.65 | 10000.00 | 40000.00 | 10派1元（含税） | 35.40 | 2003/1/23 |
| 000159 | 国际实业 | 0.0107 | 0.0391 | 0.1482 | 3.4536 | 3.2655 | 0.0348 | 0.2073 | 0.31 | 4.35 | 51338.74 | 65.60 | 184.12 | -92.77 | 671.75 | 158968.96 | 59330.89 | 7000.00 | 17179.23 | 不分配 | 879.85 | 2003/4/10 |
| 000301 | 丝绸股份 | 0.178 | 0.174 | 0.226 | 2.865 | 2.845 | 0.394 | 0.538 | 6.21 | 8.2 | 177066.06 | 6.88 | 8300.80 | -21.20 | 8129.07 | 259715.13 | 133704.53 | 15478.94 | 46778.94 | 10派0.7元（含税） | 34.15 | 2003/3/8 |
| 000400 | 许继电气 | 0.3997 | 0.4 | 0.452 | 4.1158 | 3.7034 | 0.2748 | 0.27 | 9.7108 | 11.78 | 128805.79 | 5.43 | 15118.55 | -11.54 | 15132.51 | 274572.34 | 155688.28 | 19440.00 | 37827.20 | 10派1元（含税） | 21.74 | 2003/3/26 |
| 000401 | 冀东水泥 | 0.12 | 0.12 | 0.13 | 1.78 | 1.69 | 0.2 | 0.48 | 6.73 | 7.39 | 111190.65 | 10.91 | 10577.82 | -7.97 | 10657.27 | 333715.47 | 157286.14 | 26995.02 | 88178.56 | 10派1元（含税） | 43.76 | 2003/1/28 |
| 000402 | 金融街 | 1.13 | 0.78 | 1.2 | 6.01 | 5.89 | -5.82 | -4.12 | 18.87 | 43.59 | 92418.39 | 7.80 | 16707.56 | 10.61 | 11520.65 | 287588.96 | 88536.11 | 13890.00 | 29471.28 | 10派2元（含税）转增10 | 21.38 | 2003/2/18 |
| 000403 | 三九生化 | 0.21 | 0.21 | 0.4 | 3.34 | 3.33 | 0.75 | 0.57 | 6.36 | 12.72 | 46795.61 | 10.82 | 4491.74 | -43.08 | 4478.96 | 154454.76 | 70672.89 | 9404.52 | 21168.35 | 不分配 | 52.22 | 2003/3/15 |

| 代码 | 简称 | 每股收益(元) | | | 每股净资产(元) | | 每股经营现金流量(元) | | 净资产收益率(%) | | 主营收入(万元) | | 净利润(万元) | | | 总资产(万元) | 股东权益(万元) | 最新流通A股(万股) | 最新总股本(万股) | 分配方案 | 最新市盈率(倍) | 年报刊登日期 |
|---|---|---|---|---|---|---|---|---|---|---|---|---|---|---|---|---|---|---|---|---|---|---|
| | | 2002年 | 扣除后 | 2001年 | 2002年 | 调整后 | 2002年 | 2001年 | 2002年 | 2001年 | 2002年 | 同比(%) | 2002年 | 同比(%) | 扣除后 | | | | | | | |
| 000404 | 华意压缩 | 0.0043 | -0.054 | -0.0039 | 2.46 | 2.46 | 0.62 | 0.097 | 0.17 | -0.16 | 43068.87 | 129.22 | 111.22 | 209.93 | -1395.61 | 165513.40 | 64152.85 | 9548.60 | 26085.38 | 不分配 | 1193.81 | 2003/4/12 |
| 000405 | ST鑫光 | -0.463 | -0.191 | -1.15 | -0.303 | -0.464 | 0.017 | -0.003 | 152.88 | -910.33 | 1694.68 | -15.76 | -17647.18 | 58.43 | -7265.90 | 38252.15 | -11542.92 | 11292.37 | 38092.54 | 不分配 | / | 2003/4/28 |
| 000406 | 石油大明 | 0.41 | 0.43 | 0.66 | 4.09 | 3.77 | 0.71 | 1.04 | 10.14 | 13.84 | 78196.08 | 2.66 | 15083.87 | -24.64 | 15790.49 | 217460.16 | 148773.15 | 26582.84 | 36402.76 | 10派3元(含税) | 18.80 | 2003/4/15 |
| 000407 | 胜利股份 | 0.08 | 0.08 | 0.14 | 2.19 | 2.1 | 0.35 | 0.32 | 3.49 | 6.43 | 70286.04 | -14.83 | 1836.93 | -46.28 | 1857.32 | 114025.72 | 52570.52 | 14419.67 | 23958.88 | 10派1元(含税) | 79.43 | 2003/3/25 |
| 000408 | 河北华玉 | 0.09 | 0.085 | 0.133 | 3.88 | 3.78 | 0.24 | 0.4 | 2.32 | 3.5 | 37815.62 | 14.92 | 1032.23 | -32.13 | 975.45 | 96038.00 | 44510.44 | 4071.60 | 11472.00 | 不分配 | 92.91 | 2003/4/26 |
| 000409 | ST四通 | -0.302 | -0.281 | -0.123 | 0.96 | 0.89 | -0.005 | -0.04 | -31.45 | -9.71 | 2344.08 | -65.02 | -5181.60 | -146.38 | -4808.82 | 22339.33 | 16473.31 | 7527.65 | 17137.41 | 不分配 | / | 2003/3/31 |
| 000410 | 沈阳机床 | 0.013 | -0.02 | -0.16 | 2.29 | 2.29 | 0.27 | 0.16 | 0.56 | -6.82 | 107485.45 | 44.92 | 457.52 | 108.62 | -2079.95 | 397199.84 | 78102.62 | 13537.28 | 34091.93 | 不分配 | 439.64 | 2003/4/17 |
| 000411 | ST英特 | 0.009 | 0.026 | 0.082 | 0.669 | 0.565 | 0.39 | 0.037 | 1.34 | 12.78 | 138231.80 | 5653.60 | 103.12 | -89.10 | 297.04 | 69436.95 | 7710.92 | 3151.87 | 11525.00 | 不分配 | 853.85 | 2003/4/26 |
| 000412 | ST五环 | -0.6085 | -0.5795 | -0.669 | -0.0957 | -0.0957 | -0.025 | 0.024 | | -131.43 | 46.42 | -94.07 | -17582.73 | 9.04 | -16745.64 | 36033.37 | -2766.34 | 10632.17 | 28896.17 | 不分配 | / | 2003/4/28 |
| 000413 | 宝石A | 0.076 | 0.081 | 0.103 | 1.51 | 1.49 | -0.06 | -0.218 | 5.06 | 7.2 | 5362.17 | -14.05 | 2919.82 | -25.88 | 3119.96 | 150556.72 | 57745.54 | 4507.24 | 38300.00 | 不分配 | 89.33 | 2003/4/16 |
| 000415 | 汇通水利 | 0.006 | -0.032 | 0.119 | 1.881 | 1.843 | -0.597 | 0.331 | 0.33 | 6.33 | 25746.13 | 22.02 | 144.18 | -94.79 | -750.71 | 113578.29 | 43864.75 | 9588.14 | 23318.00 | 不分配 | 1038.30 | 2003/4/19 |
| 000416 | 健特生物 | 0.624 | 0.525 | 0.315 | 1.41 | 1.37 | 0.617 | 1.03 | 44.33 | 16.08 | 42683.76 | 72.52 | 15682.96 | 337.43 | 13187.31 | 69611.38 | 35379.65 | 17289.74 | 31403.84 | 10派0.65元(含税)送2.5 | 35.76 | 2003/3/4 |
| 000417 | 合肥百货 | 0.1932 | 0.2457 | 0.4788 | 4.69 | 4.62 | 0.71 | 0.86 | 4.12 | 8.01 | 117634.71 | 17.22 | 2539.28 | -47.54 | 3229.04 | 132103.87 | 61636.00 | 4745.52 | 13141.65 | 10派1元(含税)转增2 | 43.99 | 2003/4/18 |
| 000418 | ST天鹅A | -1.1461 | -1.1492 | -0.1575 | 3.3372 | 3.1976 | 0.2371 | 0.2641 | -34.34 | -3.05 | 275569.86 | 41.07 | -41842.96 | -627.68 | -41958.35 | 316962.76 | 121842.48 | 7185.96 | 36510.38 | 不分配 | / | 2003/4/29 |
| 000419 | 通程控股 | 0.1233 | 0.1281 | 0.1142 | 3.2619 | 3.2268 | 0.4669 | 0.4349 | 3.78 | 3.64 | 69049.78 | 6.66 | 2164.29 | 7.99 | 2247.94 | 112909.76 | 57248.31 | 6512.43 | 17550.82 | 不分配 | 65.93 | 2003/4/17 |
| 000420 | 吉林化纤 | 0.0218 | | -0.3 | 2.82 | 2.77 | 0.25 | 0.21 | 0.77 | -10.82 | 100452.02 | -1.61 | 827.08 | 107.23 | 959.11 | 198122.33 | 106609.92 | 19420.86 | 37825.75 | 不分配 | 224.55 | 2003/3/26 |
| 000421 | 南京中北 | 0.143 | 0.133 | 0.145 | 2.1365 | 1.8787 | 0.9749 | 0.1856 | 6.72 | 6.93 | 70525.18 | 75.49 | 2829.18 | -1.30 | 2616.08 | 85288.09 | 42127.49 | 7596.49 | 19718.30 | 10派1元(含税) | 46.77 | 2003/3/8 |
| 000422 | 湖北宜化 | 0.2377 | 0.238 | 0.189 | 3.65 | 3.65 | 0.822 | 0.794 | 6.51 | 5.24 | 79021.78 | 37.66 | 5083.66 | 25.50 | 5091.11 | 164253.94 | 78115.87 | 10885.04 | 21388.04 | 10派1元(含税) | 31.18 | 2003/2/22 |
| 000423 | 东阿阿胶 | 0.32 | 0.32 | 0.4 | 2.88 | 2.87 | 0.36 | 0.17 | 11.05 | 14.3 | 56992.50 | 26.08 | 8680.93 | -20.84 | 8730.26 | 98228.03 | 78556.31 | 19175.34 | 27247.44 | 10派2.5元(含税) | 31.64 | 2003/3/18 |
| 000425 | 徐工科技 | 0.22 | 0.2 | 0.17 | 2.17 | 1.91 | 0.48 | 0.072 | 9.99 | 8.8 | 212368.53 | 40.56 | 10730.23 | 24.63 | 10104.79 | 258838.94 | 107423.58 | 19420.24 | 49553.42 | 10派0.4元(含税)送1 | 87.70 | 2003/3/26 |
| 000426 | 富龙热力 | 0.26 | 0.26 | 0.28 | 4.06 | 3.92 | 0.67 | 0.08 | 6.44 | 6.16 | 23778.89 | 19.71 | 6967.87 | 12.04 | 6979.07 | 214377.24 | 108193.77 | 8758.60 | 26620.74 | 不分配 | 30.18 | 2003/4/15 |
| 000428 | 华天酒店 | 0.206 | 0.207 | 0.257 | 3.68 | 3.39 | 0.43 | 0.4 | 5.58 | 7.06 | 32763.53 | 45.22 | 3555.01 | -19.83 | 3575.17 | 102847.66 | 63681.13 | 6084.00 | 17284.00 | 10派1.5元(含税) | 52.75 | 2003/3/22 |
| 000429 | 粤高速A | 0.14 | 0.15 | 0.12 | 2.68 | 2.65 | 0.28 | 0.38 | 5.11 | 4.46 | 75315.69 | 20.43 | 17195.53 | 16.21 | 19114.05 | 614058.10 | 336664.83 | 27453.08 | 125711.77 | 10派1元(含税) | 41.74 | 2003/3/7 |
| 000430 | 张家界 | 0.084 | 0.082 | 0.093 | 1.2 | 1.12 | 0.21 | 0.83 | 6.98 | 9.26 | 7640.19 | 54.47 | 1536.84 | -9.61 | 1514.07 | 37404.63 | 22016.79 | 7435.80 | 18360.00 | 10派0.25元(含税) | 81.24 | 2003/3/29 |
| 000488 | 晨鸣纸业 | 0.7632 | 0.6793 | 0.2847 | 7.0885 | 6.9209 | 2.0741 | 0.2917 | 10.77 | 4.47 | 445477.51 | 85.19 | 38066.07 | 168.07 | 33879.73 | 868991.86 | 353528.75 | 7700.00 | 49873.77 | 10派0.5元(含税)送2转增6 | 24.70 | 2003/3/18 |
| 000498 | ST丹化 | -0.25 | -0.25 | -0.28 | 1.07 | 1.05 | 0.08 | 0.346 | -23.69 | -21.12 | 72047.30 | -11.57 | -9885.24 | 9.34 | -9766.72 | 168388.19 | 41733.62 | 17400.00 | 39000.00 | 不分配 | / | 2003/4/15 |
| 000501 | 鄂武商A | 0.006 | 0.013 | -0.19 | 1.95 | 1.27 | 0.26 | 0.32 | 0.31 | -9.93 | 273915.10 | 23.13 | 308.44 | 103.18 | 667.47 | 352400.58 | 98739.12 | 20427.31 | 50724.86 | 不分配 | 818.99 | 2003/4/12 |
| 000502 | 恒大地产 | 0.0164 | -0.1126 | -0.2777 | 1.2243 | 1.2197 | -0.1321 | 0.0038 | 1.34 | -23.22 | 714.57 | -54.62 | 256.06 | 105.92 | -1752.59 | 36376.05 | 19058.34 | 5715.87 | 15566.85 | 不分配 | 1023.78 | 2003/4/29 |
| 000503 | 海虹控股 | 0.2743 | 0.2482 | 0.2707 | 1.5546 | 1.5466 | 0.1461 | 0.0031 | 17.64 | 21.14 | 34212.12 | 0.73 | 9387.79 | 1.32 | 8496.59 | 102602.40 | 53213.36 | 15088.12 | 37450.93 | 不分配 | 63.95 | 2003/2/12 |
| 000504 | 赛迪传媒 | 0.0932 | 0.0766 | 0.02 | 1.24 | 1.24 | 0.05 | 0.11 | 7.5 | 1.58 | 24951.29 | -1.06 | 2903.63 | 470.08 | 2387.28 | 62007.19 | 38729.83 | 8675.59 | 31157.39 | 不分配 | 88.10 | 2003/2/22 |
| 000505 | ST珠江 | -0.37 | -0.352 | -0.1 | 0.67 | 0.61 | -0.075 | -0.046 | -54.92 | -10.06 | 9100.88 | -0.76 | -13805.11 | -252.62 | -13307.09 | 66383.83 | 25134.81 | 11340.58 | 37765.08 | 不分配 | / | 2003/4/28 |
| 000506 | 东泰控股 | 0.072 | 0.075 | 0.118 | 1.22 | 1.17 | -0.041 | 0.104 | 5.9 | 10.28 | 37055.12 | 7.68 | 1796.79 | -39.02 | 1862.55 | 68298.61 | 30467.33 | 14431.35 | 24910.17 | 不分配 | 130.60 | 2003/4/12 |
| 000507 | 粤富华 | 0.055 | 0.051 | 0.08 | 2.78 | 2.78 | 0.03 | 0.01 | 1.99 | 2.87 | 11087.56 | -35.35 | 1900.52 | -29.33 | 1761.87 | 113071.22 | 95732.41 | 19555.80 | 34499.74 | 不分配 | 96.39 | 2003/4/15 |
| 000509 | 天歌科技 | -1.0255 | -0.4633 | 0.0806 | 1.7648 | 1.582 | -1.05 | 0.23 | -58.11 | 2.89 | 14116.51 | -54.67 | -25637.90 | -1371.91 | -11584.15 | 83612.94 | 44122.37 | 15078.25 | 25000.99 | 不分配 | / | 2003/4/24 |
| 000510 | 金路集团 | 0.214 | 0.2 | 0.2 | 1.652 | 1.585 | 0.176 | 0.12 | 12.93 | 13.69 | 94109.02 | 48.45 | 10011.47 | 6.44 | 9357.04 | 236345.34 | 77430.20 | 30911.19 | 46860.17 | 10派0.25元(含税)送1转增2 | 29.53 | 2003/3/5 |
| 000511 | 银基发展 | 0.181 | 0.156 | 0.357 | 3.791 | 3.781 | -0.236 | -1.61 | 4.787 | 9.904 | 26692.11 | -33.87 | 4896.72 | -49.19 | 4208.08 | 186398.12 | 102300.92 | 17854.94 | 26982.14 | 不分配 | 30.31 | 2003/4/16 |
| 000513 | 丽珠集团 | 0.2 | 0.21 | 0.16 | 3.1 | 3.07 | 0.7 | 0.51 | 6.52 | 5.4 | 160120.56 | 14.72 | 6194.27 | 25.35 | 6407.20 | 185643.92 | 94940.87 | 11559.15 | 30603.55 | 10派1元(含税) | 49.85 | 2003/4/22 |
| 000514 | 渝开发 | 0.074 | 0.013 | -0.829 | 1.02 | 1.02 | 0.296 | 0.243 | 7.25 | -322.46 | 2795.59 | -37.52 | 870.36 | 108.94 | 154.11 | 17127.40 | 12005.24 | 4324.32 | 11754.29 | 不分配 | 126.27 | 2003/2/28 |
| 000515 | 渝钛白 | 0.14 | 0.15 | 0.061 | 1.36 | 1.27 | 0.34 | 0.296 | 10.2 | 5.37 | 23624.63 | 9.64 | 2155.58 | 124.73 | 2306.18 | 64153.65 | 21139.79 | 6652.80 | 15600.62 | 10转增2 | 73.68 | 2003/3/18 |

| 代码 | 简称 | 每股收益(元) | | | 每股净资产(元) | | 每股经营现金流量(元) | | 净资产收益率(%) | | 主营收入(万元) | | 净利润(万元) | | | 总资产(万元) | 股东权益(万元) | 最新流通A股(万股) | 最新总股本(万股) | 分配方案 | 最新市盈率(倍) | 年报刊登日期 |
|---|---|---|---|---|---|---|---|---|---|---|---|---|---|---|---|---|---|---|---|---|---|---|
| | | 2002年 | 扣除后 | 2001年 | 2002年 | 调整后 | 2002年 | 2001年 | 2002年 | 2001年 | 2002年 | 同比(%) | 2002年 | 同比(%) | 扣除后 | | | | | | | |
| 000516 | 陕解放A | 0.279 | 0.257 | 0.239 | 2.81 | 2.76 | 0.79 | 0.87 | 9.93 | 8.75 | 112952.08 | 65.83 | 3638.24 | 16.78 | 3354.75 | 81213.88 | 36632.99 | 4344.65 | 13037.83 | 10派2元(含税) | 38.92 | 2003/4/9 |
| 000517 | 甬成功 | 0.24 | 0.17 | 0.54 | 5.36 | 5.34 | -0.44 | 0.35 | 4.57 | 17.55 | 55294.88 | 11.75 | 3568.32 | -27.04 | 2551.45 | 122425.13 | 78150.29 | 6963.40 | 14581.72 | 10派0.7元(含税)转增6 | 80.87 | 2003/4/11 |
| 000518 | 四环生物 | 0.166 | 0.156 | 0.43 | 2.06 | 2.06 | 0.33 | 0.16 | 8.09 | 7.79 | 47007.72 | 59.12 | 8568.59 | 12.18 | 8130.93 | 114499.59 | 105900.01 | 34818.25 | 51477.81 | 10派0.13元(含税) | 54.61 | 2003/4/22 |
| 000519 | 银河创新 | 0.0564 | -0.0613 | 0.1126 | 2.246 | 2.18 | 0.228 | -0.061 | 2.51 | 4.91 | 12852.01 | -4.32 | 770.11 | -49.89 | -836.79 | 45771.73 | 30672.57 | 5803.20 | 13653.83 | 10派1元(含税) | 198.40 | 2003/3/26 |
| 000520 | 中国凤凰 | 0.0966 | 0.1129 | 0.0868 | 2.4527 | 2.4527 | 0.29 | 0.5 | 3.94 | 3.56 | 90642.16 | 0.29 | 5015.87 | 11.27 | 5859.85 | 146645.36 | 127335.66 | 29501.53 | 51916.88 | 10派0.8元(含税) | 55.89 | 2003/4/12 |
| 000521 | 美菱电器 | 0.0196 | 0.0155 | -0.85 | 2.5031 | 1.9205 | 0.156 | -0.06 | 0.78 | -34 | 126188.22 | -2.38 | 810.76 | 102.32 | 642.63 | 230003.50 | 103538.80 | 15153.03 | 41364.29 | 不分配 | 260.71 | 2003/4/25 |
| 000522 | 白云山A | 0.1562 | 0.195 | 0.1023 | 1.4569 | 1.35 | 0.4222 | 0.2896 | 10.72 | 9.6 | 195728.59 | 134.87 | 5848.21 | 52.73 | 7298.92 | 252157.84 | 54536.20 | 15654.44 | 37434.44 | 不分配 | 53.45 | 2003/1/23 |
| 000523 | 广州浪奇 | -0.5 | -0.19 | 0.02 | 1.69 | 1.54 | 0.11 | 0.35 | -29.8 | 0.9 | 59743.99 | 2.23 | -11575.11 | -2926.75 | -4298.53 | 55133.49 | 38842.87 | 9418.67 | 22935.06 | 不分配 | / | 2003/4/19 |
| 000524 | 东方宾馆 | 0.032 | 0.031 | -0.36 | 2.23 | 2.08 | 0.18 | 0.11 | 1.44 | -16.52 | 20780.19 | -8.21 | 865.82 | 108.87 | 830.19 | 67630.35 | 60060.69 | 9898.47 | 26967.37 | 不分配 | 159.16 | 2003/4/11 |
| 000525 | 红太阳 | 0.16 | 0.16 | 0.2369 | 1.8179 | 1.7479 | 0.1808 | 0.0709 | 8.8 | 13.7342 | 56524.20 | 88.43 | 4483.00 | -32.46 | 4560.87 | 83608.83 | 50945.70 | 12940.59 | 28023.88 | 10派1元(含税) | 42.82 | 2003/4/18 |
| 000526 | 好时光 | 0.086 | 0.018 | 0.193 | 2.072 | 2.041 | -0.508 | 0.174 | 4.14 | 9.72 | 915.01 | -94.42 | 679.37 | -55.60 | 139.58 | 22960.90 | 16421.38 | 3277.53 | 7925.03 | 不分配 | 103.24 | 2003/4/12 |
| 000527 | 粤美的A | 0.32 | 0.27 | 0.54 | 4.53 | 3.93 | 3.91 | 1.69 | 7.04 | 12.6 | 1086715.68 | 3.25 | 15456.68 | -41.19 | 13116.07 | 798622.66 | 219592.06 | 29036.29 | 48488.97 | 10派1元(含税) | 21.02 | 2003/4/12 |
| 000528 | 桂柳工A | 0.3774 | 0.371 | 0.0614 | 2.3254 | 2.3097 | 0.3022 | 0.1561 | 16.23 | 2.86 | 170112.73 | 74.09 | 12362.65 | 515.08 | 12164.37 | 148791.57 | 76166.78 | 11963.68 | 32753.68 | 10派2元(含税) | 28.35 | 2003/3/28 |
| 000529 | ST美雅 | -2.14 | -1.75 | -0.81 | 1 | 0.83 | -0.03 | 0.34 | -213.77 | -25.63 | 45751.23 | -9.94 | -84821.00 | -164.37 | -69527.03 | 151527.56 | 39679.42 | 21605.81 | 39651.59 | 不分配 | / | 2003/4/19 |
| 000530 | 大冷股份 | 0.253 | 0.252 | 0.246 | 3.4 | 3.39 | 0.297 | 0.128 | 7.43 | 7.59 | 95636.33 | 6.01 | 8842.61 | 2.60 | 8819.61 | 187787.65 | 118997.87 | 9837.02 | 35001.50 | 10派1元(含税) | 33.57 | 2003/4/24 |
| 000531 | 穗恒运A | 0.284 | 0.336 | 0.242 | 2.257 | 2.245 | 1.661 | 0.979 | 12.57 | 11.12 | 86023.56 | -0.07 | 7563.14 | 17.34 | 8964.37 | 194856.28 | 60156.83 | 10782.16 | 26652.13 | 10派2元(含税) | 27.42 | 2003/3/28 |
| 000532 | 粤华电A | 0.14 | 0.13 | 0.11 | 1.49 | 1.46 | 0.03 | -0.03 | 9.45 | 6.06 | 9525.25 | 375.14 | 3986.11 | 66.67 | 3766.26 | 55744.91 | 42195.03 | 12159.70 | 28390.99 | 10派0.5元(含税) | 54.27 | 2003/4/1 |
| 000533 | ST万家乐 | -0.1751 | -0.1698 | -1.6998 | 0.6563 | 0.4381 | -0.1641 | -0.6256 | -26.68 | -397.07 | 110920.34 | -1.21 | -10079.80 | 89.70 | -9776.96 | 295139.62 | 37783.72 | 20370.56 | 57568.00 | 不分配 | / | 2003/4/12 |
| 000534 | 汕电力A | 0.037 | 0.0389 | 0.0345 | 2.649 | 2.6224 | 0.0143 | 0.0697 | 1.3984 | 1.3227 | 10572.23 | 17.63 | 771.45 | 7.22 | 810.74 | 55871.94 | 55168.47 | 8821.47 | 20826.13 | 不分配 | 184.38 | 2003/3/26 |
| 000535 | ST猴王 | -0.59 | -0.15 | 0.017 | -1.47 | -1.51 | -0.001 | -0.01 | | | 2716.69 | -4.86 | -17926.36 | -3787.93 | -4563.65 | 34000.28 | -43948.83 | 17017.39 | 30272.32 | 不分配 | / | 2003/4/29 |
| 000536 | ST闽闽东 | -0.2703 | -0.14 | 0.0855 | 0.0264 | -0.03 | 0.2783 | 0.4277 | -1021.85 | -55.21 | 5294.22 | -42.81 | -3295.45 | -415.98 | -1652.65 | 20073.35 | 322.50 | 4546.72 | 12192.72 | 不分配 | / | 2003/4/15 |
| 000537 | 南开戈德 | -0.1 | -0.15 | 0.165 | 1.96 | 1.81 | 0.38 | 0.29 | -5.23 | 8 | 22204.63 | -56.80 | -4166.92 | -162.22 | -6021.43 | 144365.10 | 79647.70 | 16621.11 | 40614.86 | 不分配 | / | 2003/4/8 |
| 000538 | 云南白药 | 0.5042 | 0.4984 | 0.4044 | 2.5 | 2.43 | 0.62 | 0.45 | 20.2 | 18 | 110094.25 | 22.29 | 9368.76 | 24.69 | 9431.49 | 92065.11 | 46374.76 | 5875.05 | 18581.80 | 10派3.2元(含税) | 29.14 | 2003/3/1 |
| 000539 | 粤电力A | 0.447 | 0.452 | 0.398 | 2.49 | 2.41 | 0.99 | 0.66 | 17.95 | 17.48 | 561972.30 | 3.29 | 118998.50 | 12.50 | 120084.51 | 1172921.63 | 663063.81 | 39147.60 | 265940.40 | 10派2.3元(含税) | 25.25 | 2003/4/8 |
| 000540 | 世纪中天 | 0.0213 | 0.0163 | 0.125 | 1.4611 | 1.3765 | -0.3592 | -0.452 | 1.46 | 8.69 | 17543.22 | -14.01 | 697.35 | -82.94 | 534.11 | 122527.73 | 47751.78 | 11262.98 | 32681.15 | 不分配 | 435.38 | 2003/4/26 |
| 000541 | 佛山照明 | 0.57 | 0.58 | 0.484 | 5.47 | 5.44 | 0.84 | 0.75 | 10.44 | 9.09 | 95750.12 | 16.24 | 20481.94 | 18.15 | 20744.18 | 234787.63 | 196133.23 | 14684.20 | 35844.83 | 10派4.2元(含税) | 20.69 | 2003/3/28 |
| 000542 | TCL通讯 | 1.469 | 1.92 | 0.115 | 2.355 | 1.968 | 2.443 | 2.17 | 62.39 | 7.67 | 872258.88 | 215.01 | 27638.78 | 1182.91 | 36115.92 | 491497.01 | 44298.89 | 8145.28 | 18810.88 | 10派1.3元(含税) | 12.60 | 2003/3/18 |
| 000543 | 皖能电力 | 0.15 | 0.1691 | 0.22 | 3.03 | 3.03 | 0.15 | 0.26 | 4.8 | 7.42 | 71973.63 | 7.14 | 11253.77 | -34.81 | 13068.13 | 264402.29 | 234559.87 | 14064.38 | 77300.88 | 10派1.25元(含税) | 49.66 | 2003/3/28 |
| 000544 | ST白鸽 | -0.22 | -0.2431 | -0.35 | 0.02 | -0.13 | -0.05 | 0.35 | -1155.59 | -169.64 | 50778.33 | -1.08 | -6008.07 | 36.24 | -5464.96 | 111010.69 | 519.91 | 10874.15 | 26945.98 | 不分配 | / | 2003/4/22 |
| 000545 | 恒和制药 | 0.024 | 0.025 | -0.074 | 1.068 | 1.014 | 0.064 | -0.053 | 2.24 | -7.06 | 14026.26 | -5.37 | 324.24 | 132.44 | 343.69 | 37139.99 | 14481.48 | 6809.58 | 13563.58 | 不分配 | 321.68 | 2003/4/10 |
| 000546 | ST吉轻工 | 0.015 | 0.015 | 0.133 | 0.158 | 0.142 | 0.223 | -0.05 | 9.82 | 333.81 | 12073.75 | 8638.10 | 262.49 | -88.38 | 262.49 | 37934.12 | 2672.99 | 8471.45 | 16950.65 | 不分配 | 353.88 | 2003/4/28 |
| 000547 | 闽福发A | 0.021 | -0.143 | 0.18 | 3.519 | 3.463 | 0.714 | 1.46 | 0.599 | 5.1 | 19495.27 | -22.38 | 258.26 | -88.18 | -1749.83 | 116745.49 | 43089.10 | 7356.33 | 12242.32 | 不分配 | 343.20 | 2003/4/17 |
| 000548 | 湖南投资 | 0.123 | 0.109 | 0.213 | 3.18 | 3.17 | 0.175 | 0.159 | 3.86 | 7 | 32661.71 | 7.76 | 4182.77 | -42.39 | 3724.19 | 161688.87 | 108402.76 | 17620.48 | 34060.80 | 10派1元(含税) | 47.88 | 2003/4/26 |
| 000549 | 湘火炬A | 0.1936 | 0.2192 | 0.1522 | 1.6843 | 1.5388 | 0.3711 | 0.0937 | 11.49 | 6.72 | 392683.73 | 77.41 | 12084.09 | 90.75 | 13680.09 | 547110.39 | 105135.61 | 39907.30 | 62419.10 | 10派0.25元(含税)送1转增4 | 108.06 | 2003/3/12 |
| 000550 | 江铃汽车 | 0.33 | 0.33 | 0.12 | 2.11 | 1.84 | 1.15 | 0.79 | 15.77 | 6.24 | 427086.90 | 26.39 | 28676.00 | 184.35 | 28872.00 | 358190.12 | 181813.19 | 11753.05 | 86321.40 | 10派1元(含税) | 38.92 | 2003/3/29 |
| 000551 | 创元科技 | 0.17 | 0.17 | 0.22 | 2.1 | 2.08 | 0.11 | 0.14 | 8.07 | 10.78 | 82014.50 | 30.34 | 4098.47 | -22.67 | 4040.15 | 103734.20 | 50769.80 | 11079.43 | 24172.64 | 10派1元(含税) | 40.52 | 2003/3/27 |
| 000552 | 长风特电 | -0.22 | -0.24 | 0.05 | 1.07 | 1.07 | -0.005 | -0.014 | -20.62 | 4.26 | 5677.56 | -67.31 | -3928.59 | -501.67 | -4276.07 | 39556.61 | 19049.40 | 6679.20 | 17787.00 | 不分配 | / | 2003/4/8 |
| 000553 | 沙隆达A | -0.373 | -0.3269 | 0.0353 | 2.92 | 2.77 | 0.21 | 0.35 | -12.79 | 1.08 | 61231.73 | -36.47 | -11079.14 | -1155.48 | -9707.72 | 159961.53 | 86651.01 | 9719.21 | 29696.16 | 不分配 | / | 2003/4/17 |
| 000554 | 泰山石油 | 0.073 | 0.08 | 0.075 | 1.666 | 1.657 | 0.173 | 0.054 | 4.37 | 4.72 | 109426.58 | -4.19 | 3496.84 | -3.35 | 3720.26 | 107340.80 | 80093.48 | 29484.00 | 48079.33 | 不分配 | 150.69 | 2003/4/12 |

| 代码 | 简称 | 每股收益(元) | | | 每股净资产(元) | | 每股经营现金流量(元) | | 净资产收益率(%) | | 主营收入(万元) | | 净利润(万元) | | | 总资产(万元) | 股东权益(万元) | 最新流通A股(万股) | 最新总股本(万股) | 分配方案 | 最新市盈率(倍) | 年报刊登日期 |
|---|---|---|---|---|---|---|---|---|---|---|---|---|---|---|---|---|---|---|---|---|---|---|
| | | 2002年 | 扣除后 | 2001年 | 2002年 | 调整后 | 2002年 | 2001年 | 2002年 | 2001年 | 2002年 | 同比(%) | 2002年 | 同比(%) | 扣除后 | | | | | | | |
| 000555 | ST太光 | -0.524 | -0.511 | 0.05 | 0.663 | 0.659 | -0.501 | -0.41 | -78.91 | 3.88 | 1235.07 | -88.46 | -4283.88 | -1228.73 | -4116.76 | 22594.29 | 5428.92 | 2200.00 | 8182.77 | 不分配 | / | 2003/4/16 |
| 000557 | ST银广夏 | 0.012 | -0.1128 | -0.737 | -1.047 | -1.465 | 0.006 | | | | 3340.22 | 23.49 | 615.48 | 101.65 | -5698.49 | 65659.05 | -52920.11 | 28100.43 | 50526.14 | 不分配 | 314.42 | 2003/4/10 |
| 000558 | 莱茵置业 | -0.3573 | -0.2904 | 0.0273 | 1.0521 | 0.9966 | 0.2735 | -0.1735 | -33.96 | 1.95 | 255.05 | -93.15 | -4185.45 | -1409.04 | -3401.65 | 47175.72 | 12326.62 | 5050.44 | 11716.44 | 不分配 | / | 2003/4/15 |
| 000559 | 万向钱潮 | 0.364 | 0.219 | 0.317 | 3.59 | 3.58 | 0.73 | 0.69 | 10.14 | 9.2 | 161005.79 | 46.79 | 13345.58 | 14.91 | 8036.41 | 250079.05 | 131636.35 | 13580.77 | 36628.12 | 10派2元(含税) | 25.22 | 2003/3/4 |
| 000560 | ST昆百大 | -1.5662 | -1.0007 | -1.0879 | -1.39 | -2.31 | 0.45 | -0.09 | | -896.68 | 56788.30 | -8.93 | -21049.64 | -43.97 | -13449.57 | 80590.59 | -18685.25 | 6240.00 | 13440.00 | 不分配 | / | 2003/4/2 |
| 000561 | ST长岭 | -0.75 | -0.71 | -0.8149 | 0.36 | 0.23 | -0.09 | -0.1886 | -207 | -66.55 | 35497.01 | -41.36 | -29675.51 | 8.28 | -28291.39 | 150620.68 | 14310.80 | 24208.77 | 39701.26 | 不分配 | / | 2003/4/16 |
| 000562 | 宏源证券 | 0.0763 | 0.0761 | 0.0724 | 1.233 | 1.182 | -0.817 | -0.09 | 6.19 | 6.26 | 33783.19 | 1.72 | 3958.93 | 5.44 | 3944.33 | 584600.94 | 63973.02 | 15228.49 | 51874.52 | 不分配 | 118.45 | 2003/4/14 |
| 000563 | 陕国投A | 0.0117 | 0.0039 | 0.092 | 1.29 | 1.14 | 0.23 | 0.34 | 0.913 | 7.21 | 16620.38 | -33.22 | 368.72 | -87.23 | 122.22 | 260730.00 | 40389.44 | 12629.45 | 31418.70 | 不分配 | 731.96 | 2003/4/26 |
| 000564 | 西安民生 | 0.0647 | 0.0686 | 0.1689 | 2.7286 | 2.694 | 0.2341 | 0.7093 | 2.37 | 6.12 | 70119.78 | -12.89 | 1306.85 | -61.71 | 1385.83 | 93531.66 | 55119.07 | 13664.90 | 20200.70 | 10派1元(含税) | 90.27 | 2003/3/25 |
| 000565 | 渝三峡A | 0.045 | 0.043 | 0.007 | 2.06 | 1.99 | 0.112 | 0.0126 | 2.16 | 0.37 | 27573.85 | 2.24 | 773.18 | 503.94 | 747.47 | 48488.82 | 35768.77 | 8741.38 | 17343.69 | 不分配 | 219.83 | 2003/3/13 |
| 000566 | ST海药 | 0.06 | 0.02 | -1.29 | -0.67 | -0.77 | 0.19 | 0.07 | -8.32 | | 18246.69 | -5.62 | 1128.01 | 104.32 | 400.22 | 35698.55 | -13555.73 | 8354.90 | 20234.90 | 不分配 | 122.16 | 2003/4/4 |
| 000567 | ST琼海德 | 0.081 | -0.092 | -0.589 | 0.414 | 0.318 | 0.027 | 0.0048 | 19.53 | -230.36 | 829.97 | -31.99 | 1221.94 | 113.72 | -1383.73 | 22501.17 | 6256.42 | 6048.00 | 15120.00 | 不分配 | 88.10 | 2003/4/19 |
| 000568 | 泸州老窖 | 0.1 | 0.1 | 0.15 | 2.83 | 2.8 | -0.05 | 0.36 | 3.46 | 5.82 | 104480.45 | 4.83 | 5142.46 | -29.68 | 5175.13 | 246680.62 | 148756.97 | 16007.43 | 52587.48 | 不分配 | 87.13 | 2003/4/11 |
| 000569 | 川投长钢 | 0.025 | 0.024 | 0.029 | 1.192 | 1.044 | 0.034 | 0.009 | 2.11 | 2.52 | 153939.87 | -4.71 | 1751.65 | -13.85 | 1662.69 | 213891.13 | 82833.68 | 14792.94 | 69514.22 | 不分配 | 179.38 | 2003/3/18 |
| 000570 | ST常柴A | -1.28 | -1.24 | -1.02 | 1.97 | 1.82 | 0.3 | 0.44 | -64.64 | -30.8 | 157996.84 | -9.38 | -47747.59 | -25.18 | -46536.87 | 218441.41 | 73866.44 | 11102.56 | 37424.96 | 不分配 | / | 2003/4/10 |
| 000571 | ST新大洲 | 0.0171 | 0.0006 | -0.21 | 1.15 | 1.13 | 0.38 | 0.27 | 1.48 | -18.34 | 4258.51 | -70.76 | 1255.87 | 108.20 | 44.09 | 99906.33 | 84857.47 | 33716.48 | 73606.40 | 不分配 | 235.61 | 2003/3/12 |
| 000572 | ST金盘 | -0.21 | -0.22 | -0.59 | 0.02 | -0.04 | -0.098 | | -904 | -252 | 3664.60 | -48.33 | -4593.08 | 64.22 | -4700.10 | 71969.38 | 507.84 | 8678.61 | 21589.45 | 不分配 | / | 2003/4/23 |
| 000573 | 粤宏远A | 0.025 | 0.013 | 0.009 | 3.015 | 2.92 | 0.2 | 0.11 | 0.82 | 0.3 | 26818.67 | 9.80 | 1115.95 | 179.09 | 568.13 | 216006.11 | 136067.84 | 29211.04 | 45128.39 | 不分配 | 213.52 | 2003/4/19 |
| 000576 | 广东甘化 | -0.99 | -0.53 | 0.1 | 2.92 | 2.81 | 0.42 | -0.3 | -34.01 | 2.47 | 93816.94 | 9.58 | -24603.11 | -1129.40 | -13090.20 | 158048.32 | 72335.72 | 10310.33 | 24759.86 | 不分配 | / | 2003/4/12 |
| 000578 | 数码网络 | 0.02 | 0.02 | 0.13 | 1.51 | 1.49 | 0.05 | 0.03 | 1.38 | 8.93 | 99853.41 | 29.65 | 411.87 | -84.48 | 345.55 | 77599.01 | 29918.93 | 6876.38 | 19815.34 | 10派0.2元(含税) | 401.24 | 2003/4/12 |
| 000581 | 威孚高科 | 0.468 | 0.49 | 0.35 | 4.14 | 4.13 | 0.34 | 0.38 | 11.31 | 8.94 | 138266.21 | 40.63 | 20403.48 | 35.37 | 21272.98 | 250683.14 | 180467.51 | 21583.83 | 43636.62 | 10派2(含税) | 24.59 | 2003/4/18 |
| 000582 | 北海新力 | -0.22 | -0.212 | 0.013 | 2.491 | 2.412 | 0.058 | 0.176 | -8.82 | 0.49 | 7729.08 | -26.79 | -4141.35 | -1755.59 | -3990.63 | 85152.03 | 46953.10 | 5720.00 | 18847.18 | 不分配 | / | 2003/4/12 |
| 000583 | 托普软件 | 0.22 | 0.2 | 0.726 | 5.99 | 5.96 | 0.59 | 0.66 | 3.67 | 6.69 | 67745.68 | -4.72 | 5097.87 | -42.41 | 4540.93 | 234571.61 | 138798.28 | 13072.00 | 23165.62 | 不分配 | 42.67 | 2003/4/12 |
| 000584 | 蜀都A | 0.0769 | 0.0605 | 0.0871 | 1.47 | 1.45 | 0.143 | 0.087 | 5.23 | 6.12 | 9792.75 | -16.82 | 1555.81 | -11.66 | 1223.68 | 76622.21 | 29724.84 | 8574.28 | 20223.51 | 不分配 | 178.47 | 2003/2/21 |
| 000585 | ST东北电 | 0.08 | 0.01 | -0.937 | 0.61 | 0.59 | 0.11 | 0.2 | 12.89 | -257.19 | 95145.45 | -25.78 | 6900.24 | 108.43 | 865.55 | 191200.40 | 53541.79 | 14360.00 | 87337.00 | 不分配 | 53.29 | 2003/4/15 |
| 000586 | ST汇源 | 0.008 | -0.04 | -0.251 | 1.3723 | 1.3439 | 0.0431 | -0.109 | 0.58 | -18.38 | 25330.37 | -29.60 | 153.88 | 103.17 | -779.28 | 61579.46 | 26544.92 | 6084.00 | 19344.00 | 不分配 | 964.19 | 2003/4/1 |
| 000587 | 光明家具 | -0.319 | -0.339 | 0.193 | 2.039 | 2.012 | -0.11 | 0.06 | -15.67 | 7.83 | 18137.97 | -29.59 | -5932.07 | -265.70 | -6297.25 | 88381.52 | 37860.96 | 8343.89 | 18571.16 | 不分配 | / | 2003/4/24 |
| 000589 | 黔轮胎A | 0.094 | 0.101 | -0.302 | 3.291 | 2.859 | 0.226 | 0.216 | 2.87 | -9.48 | 154660.65 | 18.94 | 2403.08 | 131.29 | 2571.73 | 239549.15 | 83701.11 | 12453.62 | 25432.71 | 不分配 | 67.52 | 2003/4/3 |
| 000590 | 紫光古汉 | 0.02 | 0.022 | -0.29 | 1.4 | 1.4 | 0.46 | -0.25 | 1.44 | -21.32 | 29660.61 | 20.73 | 409.84 | 106.87 | 451.95 | 72486.13 | 28383.42 | 6352.87 | 20302.84 | 不分配 | 375.01 | 2003/3/26 |
| 000591 | 桐君阁 | 0.19 | 0.18 | 0.31 | 2.63 | 2.47 | 0.32 | 0.31 | 7.31 | 11.51 | 156422.72 | 78.53 | 2108.50 | -31.49 | 1926.93 | 130105.25 | 28855.50 | 3828.00 | 10985.28 | 不分配 | 72.99 | 2003/4/5 |
| 000592 | ST昌源 | 0.0117 | -0.0139 | -0.363 | 0.8466 | 0.7359 | 0.2934 | | 1.38 | -43.53 | 14694.26 | 87.63 | 343.73 | 103.22 | -409.01 | 90855.26 | 24926.96 | 8730.82 | 29440.47 | 不分配 | 429.11 | 2003/4/26 |
| 000593 | 成都华联 | -0.18 | -0.17 | 0.06 | 1.43 | 1.42 | 0.02 | -0.01 | -12.48 | 3.56 | 20423.16 | -36.01 | -3405.01 | -413.10 | -3174.58 | 50957.41 | 27276.54 | 6221.10 | 19030.73 | 不分配 | / | 2003/2/28 |
| 000594 | ST宏峰 | 0.028 | 0.028 | 0.112 | 1.36 | 1.32 | 0.05 | 0.26 | 2.06 | 8.41 | 24254.33 | 14.32 | 1571.39 | -74.92 | 1577.88 | 102129.94 | 76177.30 | 19459.44 | 56111.62 | 不分配 | 173.54 | 2003/4/18 |
| 000595 | 西北轴承 | -0.45 | -0.43 | | 2 | 1.67 | 0.09 | 0.14 | -22.52 | 0.07 | 33867.79 | -11.99 | -7869.71 | -26094.96 | -7438.43 | 102425.64 | 34940.59 | 6583.25 | 17495.99 | 不分配 | / | 2003/4/17 |
| 000596 | 古井贡A | 0.2 | 0.14 | 0.29 | 4.94 | 4.92 | 0.14 | 0.25 | 4.05 | 5.9 | 52603.45 | -34.85 | 4704.46 | -29.83 | 3182.16 | 156684.00 | 116141.00 | 1997.55 | 23500.00 | 10派1元(含税) | 59.54 | 2003/4/4 |
| 000597 | 东北药 | 0.034 | 0.039 | 0.014 | 2.87 | 1.53 | 0.52 | 0.26 | 1.17 | 0.5 | 139698.16 | -3.12 | 1019.00 | 135.76 | 1190.16 | 268098.85 | 87325.02 | 10881.00 | 30381.00 | 不分配 | 296.95 | 2003/4/17 |
| 000598 | 蓝星清洗 | 0.17 | 0.17 | 0.33 | 4.19 | 4.19 | 0.31 | 0.19 | 4.12 | 7.35 | 28502.07 | 0.75 | 3343.39 | -42.26 | 3341.83 | 121376.21 | 81214.33 | 10869.50 | 19389.15 | 10派0.5元(含税)送2 | 49.58 | 2003/4/5 |
| 000599 | 青岛双星 | 0.29 | 0.308 | 0.315 | 3.723 | 3.608 | 0.0035 | 0.63 | 7.79 | 8.35 | 135872.76 | 18.45 | 5441.60 | 1.16 | 5770.17 | 158195.26 | 69824.61 | 7214.86 | 18756.61 | 10转增2 | 36.64 | 2003/4/12 |
| 000600 | 国际大厦 | -0.0775 | -0.1072 | 0.0131 | 1.9025 | 1.3874 | 0.118 | 0.7749 | -4.08 | 0.66 | 16777.44 | 3.56 | -1192.16 | -691.43 | -1648.53 | 53855.87 | 29248.35 | 4605.64 | 15373.34 | 不分配 | / | 2003/4/16 |

| 代码 | 简称 | 每股收益(元) | | | 每股净资产(元) | | 每股经营现金流量(元) | | 净资产收益率(%) | | 主营收入(万元) | | 净利润(万元) | | | 总资产(万元) | 股东权益(万元) | 最新流通A股(万股) | 最新总股本(万股) | 分配方案 | 最新市盈率(倍) | 年报刊登日期 |
|---|---|---|---|---|---|---|---|---|---|---|---|---|---|---|---|---|---|---|---|---|---|---|
| | | 2002年 | 扣除后 | 2001年 | 2002年 | 调整后 | 2002年 | 2001年 | 2002年 | 2001年 | 2002年 | 同比(%) | 2002年 | 同比(%) | 扣除后 | | | | | | | |
| 000601 | 韶能股份 | 0.31 | 0.29 | 0.34 | 4.73 | 4.68 | 0.46 | 0.5 | 6.46 | 7.43 | 77955.75 | 27.03 | 11928.50 | -9.11 | 11204.72 | 352338.36 | 184667.15 | 17162.08 | 39038.05 | 10派1元(含税) | 27.52 | 2003/4/1 |
| 000602 | 金马集团 | 0.36 | 0.48 | 0.03 | 1.59 | 1.59 | 1.48 | 0.42 | 22.98 | 2.29 | 18808.15 | 216.10 | 3663.99 | 1199.61 | 4856.54 | 33824.15 | 15941.67 | 4367.20 | 10050.00 | 不分配 | 42.62 | 2003/3/18 |
| 000603 | ST威达 | 0.1776 | 0.0006 | -0.681 | 1.04 | 1.04 | 0.09 | -0.003 | 17.12 | -365.66 | 2507.78 | 59.93 | 1986.76 | 126.08 | 6.68 | 19843.96 | 11603.74 | 2850.00 | 11186.25 | 不分配 | 62.61 | 2003/4/24 |
| 000605 | 四环药业 | 0.2 | 0.2017 | 0.1007 | 1.42 | 1.39 | 0.3 | 0.28 | 14.23 | 8.21 | 7221.32 | 101.56 | 1663.91 | 100.23 | 1663.91 | 22044.27 | 11691.37 | 2062.50 | 8250.00 | 10派0.12元(含税) | 74.97 | 2003/3/25 |
| 000606 | 青海明胶 | 0.0559 | 0.0399 | 0.0947 | 1.87 | 1.87 | -0.17 | 0.46 | 3 | 5.24 | 11925.69 | 0.57 | 847.96 | -40.98 | 605.89 | 59032.75 | 28287.01 | 6396.00 | 15170.20 | 10转增4 | 178.01 | 2003/3/31 |
| 000607 | 华立控股 | 0.2778 | 0.27 | 0.3202 | 1.78 | 1.74 | 0.74 | 0.75 | 15.61 | 20.5 | 142077.73 | 7.66 | 5304.78 | -13.25 | 5143.32 | 112100.42 | 33990.96 | 5625.00 | 19097.50 | 10派1元(含税) | 46.69 | 2003/1/29 |
| 000608 | 阳光股份 | 0.16 | 0.18 | 0.28 | 2.49 | 2.4 | 0.23 | -0.35 | 6.41 | 12.04 | 54879.40 | 23.57 | 3327.10 | -43.11 | 3666.70 | 127359.30 | 51886.40 | 9750.08 | 20860.02 | 不分配 | 48.72 | 2003/3/18 |
| 000609 | 燕化高新 | 0.2 | 0.21 | 0.17 | 3.13 | 3 | 0.6 | 0.01 | 6.33 | 5.94 | 16049.83 | -29.54 | 2568.31 | 13.59 | 2769.47 | 44349.07 | 40592.40 | 4912.13 | 12960.67 | 不分配 | 52.38 | 2003/3/8 |
| 000610 | 西安旅游 | 0.037 | 0.035 | 0.009 | 2.053 | 1.708 | 0.175 | 0.196 | 1.791 | 0.433 | 9573.40 | 2.30 | 616.05 | 308.86 | 581.72 | 47131.16 | 34405.74 | 5304.00 | 16759.79 | 10派0.6元(含税) | 190.71 | 2003/3/13 |
| 000611 | 时代科技 | 0.17 | 0.01 | -0.28 | 1.6 | 1.59 | -0.367 | 0.44 | 10.92 | -19.84 | 11813.12 | -38.51 | 3051.94 | 161.75 | 254.94 | 36620.33 | 27958.67 | 7548.15 | 17504.06 | 不分配 | 41.24 | 2003/4/11 |
| 000612 | 焦作万方 | 0.323 | 0.259 | 0.173 | 2.827 | 2.703 | 0.589 | 0.458 | 11.41 | 7.836 | 121594.84 | -5.87 | 9685.03 | 107.80 | 7763.75 | 209880.25 | 84850.59 | 21107.51 | 48017.61 | 10派2元(含税)转增6 | 26.92 | 2003/3/11 |
| 000613 | ST东海A | 0.0006 | -0.0134 | 0.006 | 0.033 | 0.02 | 0.003 | 0.012 | 1.87 | 28.09 | 2428.05 | 7.19 | 22.72 | -89.56 | -489.46 | 19579.65 | 1212.79 | 4510.00 | 36410.00 | 不分配 | 8798.68 | 2003/4/22 |
| 000615 | 湖北金环 | 0.37 | 0.31 | 0.17 | 3.97 | 3.96 | 1.02 | -0.55 | 9.44 | 4.77 | 184961.24 | 131.63 | 5800.98 | 121.24 | 4817.03 | 129099.98 | 61422.84 | 7096.11 | 15490.85 | 10派0.5元(含税) | 21.50 | 2003/3/7 |
| 000616 | 亿城股份 | 0.035 | 0.01 | 0.1 | 2.54 | 2.24 | -2.11 | -0.94 | 1.36 | 3.15 | 7819.12 | -7.75 | 651.44 | -56.29 | 144.22 | 151645.88 | 47934.59 | 8772.31 | 18894.20 | 不分配 | 221.59 | 2003/4/12 |
| 000617 | 石油济柴 | 0.3331 | 0.28 | 0.1646 | 1.8617 | 1.829 | -0.0283 | -0.0313 | 17.89 | 10.267 | 26490.28 | 14.78 | 3464.27 | 102.33 | 2959.34 | 58193.63 | 19361.62 | 3250.00 | 10400.00 | 10派0.75元(含税) | 34.61 | 2003/2/19 |
| 000618 | ST吉化 | -0.29 | -0.0688 | -0.51 | 0.8 | 0.76 | 0.52 | 0.67 | -35.92 | -46.45 | 1231913.95 | 3.40 | -102573.26 | 43.11 | -24500.00 | 1433623.09 | 285586.92 | 20000.00 | 356107.80 | 不分配 | / | 2003/4/25 |
| 000619 | 海螺型材 | 0.52 | 0.52 | 1.26 | 3.26 | 3.26 | 0.33 | 1.49 | 16.09 | 48.76 | 152695.36 | 41.68 | 18863.06 | 0.10 | 18791.51 | 149842.57 | 117274.91 | 16200.00 | 36000.00 | 10派0.6元(含税) | 19.73 | 2003/3/11 |
| 000620 | ST圣方科 | -0.13 | -0.12 | -1.43 | 0.82 | 0.61 | -0.076 | -0.21 | -15.9 | -148.41 | 61507.53 | -1.34 | -4066.91 | 90.87 | -3841.06 | 64850.70 | 25580.01 | 15048.00 | 31162.70 | 不分配 | / | 2003/4/30 |
| 000621 | ST比特 | -0.97 | -0.63 | -0.09 | 1.162 | 1.02 | -0.457 | -0.87 | -83.46 | -4.29 | 6220.17 | 59.04 | -14514.35 | -959.97 | -9353.48 | 47807.41 | 17391.67 | 5567.69 | 14968.32 | 不分配 | / | 2003/4/26 |
| 000622 | 岳阳恒立 | 0.034 | | 0.023 | 1.16 | 1.14 | 0.11 | 0.009 | 2.96 | 2.07 | 19823.65 | 14.54 | 487.38 | 47.04 | 513.49 | 53088.95 | 16472.99 | 6590.16 | 14174.20 | 不分配 | 194.27 | 2003/4/29 |
| 000623 | 吉林敖东 | 0.323 | 0.222 | 0.139 | 4.54 | 4.42 | -0.02 | 0.594 | 7.12 | 3.15 | 57381.63 | 28.73 | 7556.20 | 132.95 | 5192.02 | 188153.01 | 106101.15 | 12511.92 | 23366.46 | 10派2元(含税) | 29.69 | 2003/2/26 |
| 000625 | 长安汽车 | 0.68 | 0.79 | 0.13 | 2.69 | 2.65 | 1.7 | 0.8 | 25.29 | 6.22 | 988406.77 | 34.81 | 83499.75 | 421.17 | 96620.93 | 870273.05 | 330136.31 | 16797.90 | 122666.60 | 10派0.8元(含税) | 24.08 | 2003/4/8 |
| 000626 | 如意集团 | 0.2278 | 0.1872 | 0.195 | 1.5607 | 1.5042 | -1.3818 | -0.51 | 14.6 | 14.66 | 456807.25 | 34.50 | 3076.25 | 16.61 | 2526.44 | 134774.64 | 21069.53 | 3375.00 | 13500.00 | 不分配 | 85.53 | 2003/3/11 |
| 000627 | 百科药业 | 0.01 | 0.01 | 0.07 | 1.17 | 1.15 | -0.12 | 0.072 | 0.76 | 5.41 | 34861.03 | -2.08 | 526.08 | -85.87 | 543.07 | 109040.35 | 69395.81 | 17111.00 | 59479.49 | 不分配 | 1247.06 | 2003/2/25 |
| 000628 | 倍特高新 | 0.0134 | 0.0185 | 0.0228 | 2.73 | 2.45 | -0.4979 | 0.6293 | 0.49 | 0.83 | 68116.04 | -1.84 | 258.43 | -41.37 | 357.28 | 196193.07 | 52856.14 | 8640.00 | 19356.00 | 不分配 | 501.83 | 2003/4/11 |
| 000629 | 新钢钒 | 0.48 | 0.49 | 0.47 | 4.63 | 4.28 | 1.59 | 1.33 | 10.36 | 10.92 | 766800.30 | 2.20 | 49043.21 | 1.89 | 50330.98 | 803311.75 | 473341.48 | 29980.00 | 102330.01 | 10派1.6元(含税) | 14.36 | 2003/2/25 |
| 000630 | 铜都铜业 | 0.28 | 0.27 | 0.25 | 4.3 | 4.29 | 1.17 | 0.59 | 6.56 | 6.1 | 240145.48 | 26.89 | 13134.79 | 12.89 | 12379.70 | 347241.48 | 200275.42 | 18252.00 | 46555.60 | 10派0.8元(含税) | 24.63 | 2003/1/29 |
| 000631 | 兰宝信息 | 0.194 | 0.19 | 0.1829 | 3.1336 | 3.119 | 1.1543 | 0.0965 | 6.1915 | 6.1915 | 49062.88 | 17.51 | 4663.54 | 6.05 | 4611.64 | 246959.30 | 75321.36 | 11464.70 | 24036.96 | 不分配 | 33.04 | 2003/3/21 |
| 000632 | 三木集团 | 0.135 | 0.152 | 0.188 | 3.324 | 3.258 | -1.028 | -0.625 | 4.05 | 4.92 | 167399.62 | 53.56 | 2835.42 | -14.23 | 3204.03 | 277907.86 | 70015.34 | 6368.51 | 21061.56 | 不分配 | 110.01 | 2003/4/12 |
| 000633 | 合金投资 | 0.1216 | 0.0574 | 0.0679 | 1.4711 | 1.4194 | 0.1582 | 0.2837 | 8.27 | 5.02 | 94854.06 | 26.44 | 3903.90 | 79.15 | 1840.56 | 179643.21 | 47210.82 | 13875.92 | 32092.20 | 不分配 | 297.91 | 2003/4/18 |
| 000635 | ST民化 | -0.74 | -0.4606 | -1.72 | 0.86 | 0.86 | 0.19 | -1.06 | -86.04 | -107.49 | 8100.52 | -42.13 | -8520.91 | 56.74 | -5276.42 | 54026.55 | 9903.32 | 5200.00 | 11456.20 | 不分配 | / | 2003/4/14 |
| 000636 | 风华高科 | 0.042 | 0.052 | 0.061 | 3.888 | 3.829 | 0.333 | 0.0496 | 1.08 | 1.58 | 101816.56 | 5.69 | 2236.70 | -30.87 | 2881.55 | 312316.27 | 206202.35 | 20062.81 | 53033.10 | 10派0.25元(含税) | 164.31 | 2003/4/23 |
| 000637 | 茂化实华 | 0.219 | 0.2 | 0.254 | 1.923 | 1.894 | 0.753 | 0.165 | 11.37 | 11.61 | 143605.01 | 12.06 | 6339.18 | 3.31 | 5784.35 | 69692.78 | 55734.89 | 9908.00 | 28978.56 | 10派1.2元(含税) | 61.85 | 2003/2/28 |
| 000638 | ST辽国际 | -0.67 | -0.43 | -0.62 | -0.29 | -0.6 | 0.004 | -0.02 | | -160.15 | 13688.30 | -27.76 | -10307.87 | -7.33 | -6575.65 | 42191.94 | -4485.33 | 8840.00 | 15470.00 | 不分配 | / | 2003/4/17 |
| 000639 | 金德发展 | 0.1516 | 0.15 | 0.1039 | 1.2121 | 1.1232 | 0.3571 | 0.2318 | 12.51 | 9.21 | 12679.65 | 69.15 | 1104.76 | 45.96 | 1098.49 | 20729.82 | 8831.91 | 3280.97 | 7286.49 | 10派0.5元(含税) | 113.77 | 2003/1/24 |
| 000650 | 九江化纤 | 0.0442 | 0.044 | -0.07 | 1.69 | 1.69 | 0.14 | 0.02 | 2.61 | -4.39 | 22081.33 | -1.91 | 883.95 | 161.05 | 881.43 | 75966.37 | 33873.82 | 6570.72 | 20010.24 | 不分配 | 134.69 | 2003/2/22 |
| 000651 | 格力电器 | 0.55 | 0.58 | 0.49 | 3.42 | 3.36 | 1.37 | -0.07 | 16.17 | 15.27 | 702969.09 | 6.70 | 29680.94 | 13.59 | 31242.70 | 714416.36 | 183528.85 | 21294.00 | 53694.00 | 10派3.2元(含税) | 15.74 | 2003/4/19 |
| 000652 | 泰达股份 | 0.22 | 0.15 | 0.41 | 3.07 | 3.05 | 0.34 | 0.52 | 7.13 | 9.22 | 38719.50 | 3.51 | 9848.86 | -17.60 | 6743.27 | 259587.26 | 138153.91 | 37046.91 | 81075.49 | 10派0.3元(含税)送1转增7 | 54.50 | 2003/3/12 |
| 000655 | 华光陶瓷 | 0.11 | 0.1 | 0.2 | 3.32 | 2.99 | -0.16 | 1.49 | 3.36 | 6.54 | 30580.80 | 1.84 | 1807.04 | -27.21 | 1615.49 | 164685.62 | 53795.28 | 7465.71 | 16203.40 | 10派0.5元(含税)送2转增4 | 79.63 | 2003/4/8 |

| 代码 | 简称 | 每股收益(元) | | | 每股净资产(元) | | 每股经营现金流量(元) | | 净资产收益率(%) | | 主营收入(万元) | | 净利润(万元) | | | 总资产(万元) | 股东权益(万元) | 最新流通A股(万股) | 最新总股本(万股) | 分配方案 | 最新市盈率(倍) | 年报刊登日期 |
|---|---|---|---|---|---|---|---|---|---|---|---|---|---|---|---|---|---|---|---|---|---|---|
| | | 2002年 | 扣除后 | 2001年 | 2002年 | 调整后 | 2002年 | 2001年 | 2002年 | 2001年 | 2002年 | 同比(%) | 2002年 | 同比(%) | 扣除后 | | | | | | | |
| 000656 | ST东源 | 0.02 | 0.0039 | -0.0793 | 1.42 | 1.42 | 0.08 | -0.07 | 1.17 | -5.62 | 44547.31 | 16.64 | 341.67 | 120.94 | 79.01 | 70309.13 | 29261.39 | 7370.00 | 20582.18 | 不分配 | 451.80 | 2003/4/22 |
| 000657 | 中钨高新 | 0.203 | 0.21 | 0.186 | 3.23 | 3.2 | 0.722 | 0.062 | 6.28 | 6.13 | 121759.86 | 4.24 | 3474.42 | 9.17 | 3584.59 | 99542.03 | 55365.45 | 7452.00 | 17108.13 | 10派0.55元(含税) | 41.31 | 2003/3/19 |
| 000659 | 珠海中富 | 0.35 | 0.35 | 0.227 | 3.46 | 3.36 | 1.39 | 0.202 | 10.11 | 7.05 | 119717.89 | 40.67 | 13246.23 | 53.99 | 13240.22 | 327660.34 | 130991.12 | 17130.75 | 37879.25 | 10派1元(含税) | 23.13 | 2003/2/25 |
| 000660 | *ST南华 | -3.09 | | -0.44 | -0.73 | -0.8 | 0.06 | | 424.2 | -18.53 | 8348.32 | -37.27 | -41013.79 | -606.09 | -40830.34 | 71843.26 | -9668.53 | 3923.23 | 13291.33 | 不分配 | / | 2003/4/30 |
| 000661 | 长春高新 | 0.06 | 0.05 | 0.03 | 3.51 | 3.3 | 0.11 | 0.196 | 1.6 | 0.96 | 46178.84 | 13.51 | 737.97 | 69.53 | 659.71 | 123638.49 | 46042.07 | 7980.34 | 13132.66 | 不分配 | 154.29 | 2003/4/1 |
| 000662 | 广西红日 | 0.3131 | 0.3148 | 0.2291 | 1.6951 | 1.6825 | 0.382 | 0.5788 | 18.47 | 16.44 | 24652.08 | 711.33 | 3354.38 | 36.68 | 3372.25 | 45747.37 | 18160.57 | 3857.25 | 10713.75 | 不分配 | 37.94 | 2003/3/15 |
| 000663 | 永安林业 | 0.0724 | 0.0494 | 0.054 | 1.8978 | 1.8076 | 0.47 | 0.277 | 3.815 | 2.96 | 28860.90 | -6.04 | 1210.87 | 33.98 | 826.43 | 77340.52 | 31738.08 | 5921.28 | 16723.26 | 不分配 | 102.20 | 2003/3/25 |
| 000665 | 武汉塑料 | 0.01 | 0.01 | 0.14 | 2.83 | 2.81 | 0.2 | 0.32 | 0.38 | 4.98 | 47320.83 | -1.45 | 151.45 | -92.35 | 186.91 | 78587.25 | 39850.03 | 5001.38 | 14096.95 | 不分配 | 698.09 | 2003/4/11 |
| 000666 | 经纬纺机 | 0.23 | 0.24 | 0.2 | 3.76 | 3.71 | 0.76 | 0.15 | 6.06 | 5.66 | 282843.80 | 27.68 | 13768.51 | 12.04 | 14407.00 | 477418.01 | 227154.91 | 20300.00 | 60380.00 | 10派0.6元(含税) | 27.45 | 2003/3/27 |
| 000667 | 华一投资 | 0.2045 | 0.2038 | 0.0111 | 1.8954 | 1.8954 | 0.5491 | -0.0912 | 10.79 | 0.6 | 30850.09 | 135.90 | 5010.61 | 1739.28 | 4994.29 | 81553.72 | 46443.56 | 6358.80 | 24502.80 | 10派1.6元(含税) | 38.39 | 2003/4/22 |
| 000668 | 武汉石油 | 0.15 | 0.17 | 0.08 | 2.3 | 1.78 | 0.52 | 0.16 | 6.71 | 3.94 | 121357.92 | -4.39 | 2271.75 | 82.62 | 2547.78 | 98689.59 | 33837.42 | 4174.03 | 14684.19 | 不分配 | 76.27 | 2003/3/15 |
| 000669 | 中讯科技 | 0.0556 | 0.0384 | 0.1005 | 1.2736 | 1.2736 | -0.0351 | 0.0141 | 4.37 | 8.25 | 2737.00 | -45.24 | 343.06 | -44.67 | 236.87 | 14577.19 | 7854.40 | 2299.00 | 6167.00 | 不分配 | 198.82 | 2003/4/26 |
| 000670 | *ST天发 | -0.531 | | -0.255 | 3.08 | 3.07 | -0.22 | -0.457 | -17.26 | -7.12 | 51877.09 | -27.39 | -14466.20 | -108.62 | -14551.30 | 172170.28 | 83834.97 | 15466.88 | 27220.91 | 不分配 | / | 2003/4/30 |
| 000671 | 石狮新发 | -0.021 | -0.017 | 0.03 | 1.76 | 1.71 | -0.36 | 0.12 | -1.18 | 1.65 | 25716.26 | 378.85 | -196.80 | -170.38 | -162.75 | 62090.79 | 16738.73 | 2910.50 | 9517.31 | 不分配 | / | 2003/4/24 |
| 000672 | 铜城集团 | -0.34 | -0.34 | 0.077 | 1.44 | 1.2 | -0.15 | -0.32 | -23.86 | 3.24 | 3469.40 | -71.88 | -5203.26 | -723.58 | -5091.15 | 39733.52 | 21810.26 | 7053.28 | 15197.00 | 不分配 | / | 2003/4/29 |
| 000673 | 大同水泥 | 0.08 | 0.08 | 0.085 | 1.734 | 1.686 | -0.347 | 0.028 | 4.58 | 5.136 | 14715.35 | -6.27 | 1377.03 | -6.55 | 1394.60 | 47313.90 | 30068.85 | 5100.00 | 17340.00 | 不分配 | 93.06 | 2003/3/14 |
| 000676 | 思达高科 | 0.13 | 0.13 | 0.11 | 1.22 | 1.2 | 0.1 | 0.02 | 10.46 | 9.33 | 29966.00 | 102.01 | 4027.98 | 14.79 | 3867.61 | 87245.23 | 38522.36 | 9775.00 | 31458.60 | 10派0.6元(含税) | 143.39 | 2003/3/15 |
| 000677 | 山东海龙 | 0.1037 | 0.1039 | 0.19 | 2.573 | 2.547 | 0.293 | 0.3 | 4.03 | 10.11 | 58214.21 | 6.55 | 2133.74 | -33.61 | 2133.74 | 149185.97 | 52921.57 | 7076.16 | 20567.45 | 不分配 | 63.14 | 2003/4/12 |
| 000678 | ST襄轴 | -0.59 | -0.38 | -0.66 | 2.28 | 1.9 | 0.118 | 0.414 | -26 | -23.04 | 24114.62 | -4.48 | -8314.67 | 9.71 | -5384.53 | 75624.39 | 31982.75 | 7890.16 | 14044.00 | 不分配 | / | 2003/4/15 |
| 000679 | 大连友谊 | 0.12 | 0.119 | 0.23 | 2.555 | 2.394 | 0.03 | 0.56 | 4.779 | 9.07 | 66065.70 | -0.85 | 2901.24 | -47.00 | 2824.46 | 148079.34 | 60707.20 | 10800.00 | 23760.00 | 10派1元(含税) | 50.78 | 2003/4/9 |
| 000680 | 山推股份 | 0.52 | 0.48 | 0.171 | 2.68 | 2.6 | 0.58 | 0.362 | 19.59 | 8.083 | 190834.89 | 28.51 | 14838.54 | 206.34 | 13431.39 | 163497.53 | 75754.17 | 18132.00 | 28272.00 | 不分配 | 17.97 | 2003/3/18 |
| 000681 | 远东股份 | 0.004 | 0.0008 | 0.0814 | 1.69 | 1.67 | -0.07 | -0.23 | 0.24 | 4.84 | 32903.15 | -1.49 | 81.18 | -94.98 | 22.97 | 39178.12 | 33496.99 | 5812.50 | 19875.00 | 不分配 | 1694.16 | 2003/4/15 |
| 000682 | ST东方 | -0.31 | -0.3 | 0.037 | 0.23 | 0.223 | -0.092 | 0.044 | -134.76 | 6.79 | 37867.29 | -47.88 | -28417.96 | -947.30 | -27560.65 | 152548.49 | 21087.13 | 60211.20 | 91795.20 | 不分配 | / | 2003/4/26 |
| 000683 | 天然碱 | 0.0151 | 0.02 | -0.3436 | 1.1172 | 1.066 | 0.3517 | 0.218 | 1.3542 | -31.1795 | 93791.15 | 35.51 | 709.54 | 104.40 | 1113.96 | 251071.53 | 52395.77 | 16900.00 | 46900.00 | 不分配 | 378.09 | 2003/3/15 |
| 000685 | 公用科技 | 0.0675 | 0.0668 | 0.1406 | 1.3919 | 1.3753 | 0.1072 | 0.0737 | 4.85 | 6.29 | 7207.27 | 12.06 | 1522.00 | -20.77 | 1506.78 | 42260.44 | 31377.10 | 9317.48 | 22542.30 | 10派0.3元(含税) | 200.10 | 2003/4/16 |
| 000686 | 锦州六陆 | 0.058 | 0.065 | 0.08 | 2.75 | 2.67 | 0.35 | 0.23 | 2.115 | 2.59 | 20690.44 | 33.20 | 942.70 | -21.04 | 1049.21 | 55943.44 | 44563.48 | 6892.47 | 16213.25 | 不分配 | 172.85 | 2003/2/15 |
| 000687 | 保定天鹅 | 0.092 | 0.096 | 0.075 | 3.16 | 3.08 | 0.32 | 0.13 | 2.921 | 2.456 | 55833.11 | 9.39 | 2956.13 | 22.60 | 3071.80 | 132984.85 | 101208.05 | 9750.00 | 32080.00 | 不分配 | 64.46 | 2003/2/28 |
| 000688 | 朝华集团 | 0.056 | -0.076 | 0.07 | 2.845 | 2.841 | 0.005 | -1.677 | 1.98 | 2.51 | 105154.12 | 378.75 | 1962.51 | -19.58 | -2657.77 | 221279.15 | 99048.65 | 19889.67 | 34821.10 | 不分配 | 133.61 | 2003/4/19 |
| 000690 | 宝丽华 | 0.19 | 0.11 | 0.16 | 1.71 | 1.67 | 0.36 | 0.11 | 11.2 | 9.63 | 29525.52 | 2.21 | 3700.14 | 19.85 | 2170.38 | 46876.15 | 33048.85 | 5850.00 | 19350.00 | 10派1.5元(含税) | 40.74 | 2003/1/16 |
| 000691 | 寰岛实业 | 0.0054 | -0.008 | 0.0182 | 2.394 | 2.3719 | 0.3536 | 0.4878 | 0.23 | 0.77 | 5087.84 | 29.48 | 139.28 | -70.34 | -206.32 | 86982.62 | 61807.33 | 13018.00 | 25818.00 | 不分配 | 993.58 | 2003/4/19 |
| 000692 | 惠天热电 | 0.057 | 0.09 | 0.163 | 4.24 | 4.11 | 0.17 | 0.49 | 1.35 | 3.9 | 55754.88 | 3.10 | 1520.93 | -65.00 | 2518.23 | 192004.74 | 112934.64 | 11730.10 | 26641.65 | 不分配 | 113.86 | 2003/4/16 |
| 000693 | 聚友网络 | 0.2 | 0.2 | 0.29 | 3.22 | 3.12 | 0.39 | 0.16 | 6.09 | 9.62 | 23833.62 | 31.79 | 2515.92 | -32.65 | 2521.96 | 109999.11 | 39704.16 | 3903.90 | 12846.26 | 10派1.25元(含税)送5 | 70.67 | 2003/2/26 |
| 000695 | ST灯塔 | -0.334 | -0.333 | -0.13 | 1.32 | 0.96 | -0.2 | -0.28 | -25.26 | -7.86 | 16714.99 | -17.46 | -7427.29 | -156.68 | -7402.45 | 78472.48 | 29407.76 | 7724.99 | 22214.75 | 不分配 | / | 2003/2/17 |
| 000697 | 咸阳偏转 | 0.042 | 0.0444 | 0.038 | 3.47 | 3.33 | 0.75 | 0.42 | 1.2 | 1.11 | 52167.95 | 9.62 | 905.90 | 9.63 | 966.16 | 115024.78 | 75381.36 | 7741.17 | 21746.17 | 不分配 | 179.56 | 2003/3/21 |
| 000698 | 沈阳化工 | -0.033 | 0.0143 | 0.09 | 3.33 | 3.192 | 0.274 | 0.185 | -0.99 | 2.69 | 189032.38 | 4.75 | -1391.75 | -136.41 | 2.17 | 276315.13 | 140671.83 | 18720.00 | 42240.66 | 不分配 | / | 2003/4/29 |
| 000699 | ST佳纸 | 0.023 | 0.0347 | -0.112 | 1.9822 | 0.8706 | 0.1233 | -1.311 | 1.17 | -6.25 | 34645.27 | 19.26 | 525.98 | 120.65 | 518.60 | 151273.12 | 45084.43 | 9358.05 | 22744.80 | 不分配 | 291.02 | 2003/4/18 |
| 000700 | 模塑科技 | 0.4 | 0.37 | 0.48 | 5.38 | 5.38 | 0.94 | 1.248 | 7.36 | 14.05 | 37479.84 | 41.66 | 6120.78 | 2.39 | 5759.22 | 121891.16 | 83134.52 | 13705.75 | 30904.36 | 10派2元(含税)送1转增9 | 75.74 | 2003/3/12 |
| 000701 | 厦门信达 | 0.051 | -0.0461 | -0.087 | 2.38 | 2.31 | -0.26 | 0.13 | 2.14 | -3.74 | 127464.05 | 18.21 | 1020.80 | 158.50 | -922.27 | 113692.98 | 47661.30 | 11500.00 | 20000.00 | 不分配 | 197.10 | 2003/4/5 |
| 000702 | 正虹科技 | 0.103 | 0.082 | 0.207 | 2.883 | 2.843 | 0.03 | 0.259 | 3.57 | 7.204 | 109180.87 | -2.04 | 2912.86 | -50.36 | 2328.37 | 129604.52 | 81541.76 | 11696.49 | 28280.46 | 10派1元(含税) | 210.10 | 2003/4/9 |

| 代码 | 简称 | 每股收益(元) | | | 每股净资产(元) | | 每股经营现金流量(元) | | 净资产收益率(%) | | 主营收入(万元) | | 净利润(万元) | | | 总资产(万元) | 股东权益(万元) | 最新流通A股(万股) | 最新总股本(万股) | 分配方案 | 最新市盈率(倍) | 年报刊登日期 |
|---|---|---|---|---|---|---|---|---|---|---|---|---|---|---|---|---|---|---|---|---|---|---|
| | | 2002年 | 扣除后 | 2001年 | 2002年 | 调整后 | 2002年 | 2001年 | 2002年 | 2001年 | 2002年 | 同比(%) | 2002年 | 同比(%) | 扣除后 | | | | | | | |
| 000703 | 世纪光华 | 0.087 | 0.106 | 0.142 | 2.589 | 2.5 | 0.933 | 0.166 | 3.34 | 5.69 | 29544.32 | 11.78 | 922.17 | -39.26 | 1128.54 | 89663.78 | 27598.10 | 4680.00 | 10660.00 | 不分配 | 90.40 | 2003/4/5 |
| 000705 | 浙江震元 | 0.113 | 0.089 | 0.137 | 3.41 | 3.34 | 0.396 | 0.213 | 3.31 | 4.14 | 56951.55 | 13.84 | 1414.87 | -17.46 | 1112.90 | 73268.74 | 42795.25 | 8077.99 | 12532.94 | 不分配 | 72.64 | 2003/4/12 |
| 000707 | 双环科技 | 0.08 | 0.08 | 0.07 | 3.48 | 3.45 | 0.36 | 0.16 | 2.24 | 2.15 | 89396.27 | 14.47 | 3617.94 | 6.52 | 3645.49 | 202831.16 | 161324.26 | 26408.86 | 46414.58 | 不分配 | 66.97 | 2003/4/18 |
| 000708 | 大冶特钢 | 0.1014 | 0.0935 | 0.0349 | 3.552 | 3.538 | 0.579 | 0.754 | 2.85 | 1.01 | 173519.80 | 18.52 | 4556.64 | 190.50 | 4201.96 | 367246.53 | 159647.53 | 16702.29 | 44940.85 | 不分配 | 49.71 | 2003/3/28 |
| 000709 | 唐钢股份 | 0.39 | 0.41 | 0.54 | 4.49 | 4.47 | 0.96 | 0.85 | 8.64 | 12.96 | 922148.67 | 14.08 | 58253.66 | -20.51 | 62359.08 | 1208991.23 | 674486.23 | 43540.99 | 150382.98 | 10派2.5元(含税)转增3 | 17.01 | 2003/3/25 |
| 000710 | ST天仪 | -0.336 | -0.174 | -0.293 | 0.72 | 0.698 | 0.099 | -0.565 | -46.67 | -27.84 | 6262.00 | 22.47 | -5080.96 | -14.59 | -2636.59 | 24209.68 | 10887.24 | 4410.00 | 15120.00 | 不分配 | / | 2003/3/17 |
| 000711 | 龙发股份 | 0.2038 | 0.199 | 0.1967 | 2.8231 | 2.8231 | -0.3316 | 0.7562 | 7.22 | 7.42 | 8839.59 | 13.71 | 2185.75 | 3.61 | 2137.21 | 39733.94 | 30282.11 | 5109.39 | 10726.56 | 10派0.3元(含税) | 43.28 | 2003/4/9 |
| 000712 | 锦龙股份 | 0.08 | 0.06 | 0.155 | 2.82 | 2.74 | -1.199 | -0.1067 | 2.88 | 5.52 | 22380.41 | -2.68 | 1234.85 | -47.62 | 979.53 | 127976.11 | 42895.10 | 3809.20 | 15231.15 | 10派0.7元(含税) | 102.38 | 2003/4/19 |
| 000713 | 丰乐种业 | -0.81 | -0.67 | 0.008 | 1.73 | 1.69 | 0.27 | 0.1 | -46.7 | 0.3 | 36467.47 | -7.12 | -18198.86 | -10714.61 | -15080.72 | 89885.04 | 38973.41 | 10530.00 | 22500.00 | 不分配 | / | 2003/4/25 |
| 000715 | 中兴商业 | 0.176 | 0.173 | 0.171 | 2.85 | 2.79 | 0.455 | 0.659 | 6.2 | 6.23 | 142160.99 | 19.07 | 3783.00 | 2.98 | 3718.30 | 94122.50 | 61068.92 | 5694.68 | 21462.00 | 10派0.77元(含税) | 46.01 | 2003/4/10 |
| 000716 | 广西斯壮 | -0.3873 | -0.221 | 0.0299 | 1.44 | 1.29 | -0.34 | 0.47 | -26.88 | 1.26 | 3998.60 | -80.03 | -6904.26 | -1783.05 | -3939.13 | 51508.59 | 25683.18 | 10114.44 | 17825.95 | 不分配 | / | 2003/4/26 |
| 000717 | 韶钢松山 | 0.7806 | 0.8003 | 0.5785 | 6.1022 | 6.0826 | 1.8614 | 0.2924 | 12.79 | 10.87 | 443083.30 | 12.85 | 34907.98 | 34.94 | 35788.52 | 527386.62 | 272890.00 | 24677.12 | 55880.00 | 不分配 | 17.46 | 2003/1/10 |
| 000718 | ST吉纸 | -0.571 | -0.283 | 0.03 | 2.383 | 2.368 | -0.255 | 0.112 | -23.96 | 1.01 | 10348.32 | -87.98 | -22817.03 | -2028.03 | -11323.68 | 280107.01 | 95238.96 | 18860.40 | 39973.91 | 不分配 | / | 2003/4/23 |
| 000719 | 焦作鑫安 | 0.1406 | 0.1384 | 0.1559 | 2.176 | 2.118 | 0.301 | -0.156 | 6.46 | 7.66 | 32514.91 | 19.08 | 1819.20 | -9.82 | 1790.75 | 80634.34 | 28154.23 | 4917.12 | 12937.57 | 10派0.5元(含税) | 60.31 | 2003/3/28 |
| 000720 | 鲁能泰山 | 0.16 | 0.19 | 0.35 | 2.7 | 2.7 | 0.36 | 0.31 | 6.05 | 9.09 | 175536.68 | -4.22 | 7830.51 | -30.50 | 8884.70 | 291895.45 | 129425.10 | 27707.94 | 47970.00 | 不分配 | 97.40 | 2003/4/8 |
| 000721 | 西安饮食 | 0.1492 | 0.1762 | 0.1958 | 2.3723 | 1.745 | 0.3382 | 0.3797 | 6.29 | 8.58 | 35183.63 | 11.15 | 1707.30 | -23.78 | 2016.40 | 72794.01 | 27142.73 | 4134.12 | 11441.51 | 10派0.6元(含税)转增5 | 78.01 | 2003/4/22 |
| 000722 | 金果实业 | 0.15 | 0.15 | 0.27 | 4.57 | 4.56 | 0.14 | 0.23 | 3.36 | 6.77 | 43702.00 | -10.80 | 3458.86 | -31.64 | 3494.72 | 195336.40 | 103677.56 | 13782.72 | 22677.45 | 不分配 | 65.63 | 2003/4/19 |
| 000723 | 天宇电气 | 0.174 | 0.173 | -1.347 | 1.53 | 1.39 | 0.427 | 0.414 | 11.37 | -99.41 | 45063.52 | 28.80 | 2427.97 | 112.91 | 2421.61 | 64445.73 | 21346.35 | 6967.74 | 13959.92 | 不分配 | 50.54 | 2003/4/8 |
| 000725 | 京东方A | 0.15 | 0.14 | 0.11 | 3.97 | 3.9 | 0.4 | 0.72 | 4 | 3 | 478258.75 | 79.15 | 8283.66 | 37.49 | 7656.70 | 678218.21 | 218337.91 | 6000.00 | 54955.40 | 10转增2 | 71.05 | 2003/4/22 |
| 000726 | 鲁泰A | 0.36 | 0.36 | 0.42 | 3.58 | 3.56 | 0.8 | 0.03 | 9.96 | 9.2 | 95088.04 | 21.02 | 12554.99 | 10.01 | 12626.87 | 179449.39 | 125994.58 | 8450.00 | 35202.70 | 10派3元(含税)转增2 | 24.00 | 2003/3/28 |
| 000727 | 华东科技 | 0.1625 | 0.152 | 0.1761 | 3.052 | 2.982 | 0.238 | -0.0897 | 5.324 | 6.751 | 26723.81 | -11.72 | 5836.71 | 5.63 | 5465.01 | 188284.82 | 109625.51 | 19681.45 | 35915.74 | 10派0.8元(含税) | 43.07 | 2003/3/28 |
| 000728 | 北京化二 | 0.009 | 0.009 | -0.484 | 2.66 | 2.64 | 0.302 | 0.25 | 0.35 | -18.27 | 81699.48 | 8.44 | 323.68 | 101.94 | 307.41 | 152708.31 | 91865.70 | 10400.00 | 34521.00 | 不分配 | 684.71 | 2003/4/26 |
| 000729 | 燕京啤酒 | 0.301 | | 0.428 | 5.56 | 5.51 | 0.65 | 0.2 | 5.42 | 7.96 | 276737.59 | 20.96 | 20117.85 | -29.58 | 20903.40 | 551274.19 | 370988.38 | 18720.00 | 66742.45 | 10派1.2元(含税) | 28.46 | 2003/4/25 |
| 000730 | 环保股份 | -0.17 | | -0.01 | 0.9 | 0.9 | 0.24 | -0.33 | -18.36 | -1.05 | 1818.27 | -90.13 | -9373.54 | -1422.32 | -14866.25 | 130024.76 | 51056.43 | 19333.31 | 56598.51 | 不分配 | / | 2003/4/30 |
| 000731 | 四川美丰 | 0.325 | 0.279 | 0.265 | 3.2184 | 3.2179 | 0.5306 | 0.5267 | 10.11 | 9.46 | 51423.66 | 36.96 | 7996.38 | 35.62 | 6848.33 | 131094.68 | 79066.46 | 10111.29 | 24566.57 | 10派2元(含税) | 26.73 | 2003/3/15 |
| 000732 | 福建三农 | 0.1013 | 0.022 | 0.1825 | 3.2504 | 3.0937 | 0.285 | -0.0214 | 3.117 | 5.806 | 48957.49 | 7.67 | 1546.92 | -44.48 | 336.49 | 123635.38 | 49623.33 | 8869.00 | 15266.88 | 10转增3 | 73.62 | 2003/4/25 |
| 000733 | 振华科技 | 0.11 | 0.1 | 0.19 | 5 | 4.89 | 0.25 | 0.21 | 2.11 | 3.76 | 70638.64 | 13.04 | 3773.35 | -42.96 | 3530.33 | 236616.16 | 178888.82 | 17800.00 | 35812.00 | 不分配 | 73.74 | 2003/3/27 |
| 000735 | 罗牛山 | 0.064 | 0.033 | 0.13 | 2.1855 | 2.1749 | 0.0189 | 0.055 | 2.91 | 8.26 | 29115.04 | 27.35 | 3738.62 | -41.32 | 1969.11 | 214141.04 | 128343.02 | 32542.00 | 58725.40 | 不分配 | 71.47 | 2003/4/12 |
| 000736 | 重庆实业 | 0.28 | 0.33 | 0.27 | 3.92 | 3.92 | 0.03 | 0.46 | 7.2 | 7.36 | 25444.73 | 141.19 | 1865.02 | 5.45 | 2170.92 | 81253.86 | 25893.63 | 2599.87 | 6600.00 | 不分配 | 45.47 | 2003/4/12 |
| 000737 | 南风化工 | 0.08 | 0.11 | 0.15 | 2.96 | 2.92 | 0.47 | 0.12 | 2.6 | 5.05 | 248172.04 | 15.32 | 3521.82 | -47.13 | 5008.94 | 323169.61 | 135545.65 | 20956.00 | 45730.00 | 不分配 | 85.05 | 2003/4/8 |
| 000738 | ST南摩 | 0.0056 | 0.0026 | -0.55 | 1.67 | 1.46 | 0.015 | 0.066 | 0.34 | -33.09 | 34752.31 | 70.91 | 222.49 | 101.02 | 101.59 | 110995.82 | 66412.62 | 13600.00 | 39780.00 | 不分配 | 818.90 | 2003/4/15 |
| 000739 | 普洛药业 | 0.22 | 0.21 | -0.18 | 1.86 | 1.86 | 0.02 | -0.004 | 11.64 | -10.47 | 65933.50 | 364.85 | 3158.77 | 222.09 | 3048.37 | 68927.83 | 27137.30 | 7375.57 | 14574.92 | 10派0.5元(含税) | 43.33 | 2003/4/18 |
| 000748 | 湘计算机 | 0.113 | 0.114 | 0.206 | 3.998 | 3.943 | -0.162 | -0.19 | 2.84 | 7.19 | 70152.95 | 0.27 | 3133.26 | -32.77 | 3152.78 | 156648.78 | 110492.42 | 13978.17 | 27637.48 | 10派1元(含税) | 64.13 | 2003/4/26 |
| 000750 | 桂林集琦 | 0.005 | -0.0017 | 0.0144 | 2.7986 | 2.6532 | 0.3878 | 0.6318 | 0.18 | 0.51 | 18843.97 | 22.85 | 107.28 | -65.24 | -35.61 | 102544.92 | 60186.75 | 12204.64 | 21505.74 | 不分配 | 1272.93 | 2003/4/21 |
| 000751 | 锌业股份 | 0.032 | 0.02 | 0.11 | 3 | 2.99 | 0.11 | 0.035 | 1.077 | 3.714 | 174972.17 | -27.80 | 2848.14 | -70.69 | 1724.95 | 415020.36 | 264453.68 | 34702.20 | 88109.88 | 不分配 | 153.75 | 2003/4/18 |
| 000752 | 西藏发展 | 0.21 | | 0.17 | 2.17 | 2.15 | 0.43 | 0.14 | 9.57 | 8.66 | 16006.23 | 18.99 | 3655.26 | 21.40 | 3614.63 | 65832.13 | 38197.92 | 7342.59 | 17583.90 | 10派0.3元(含税) | 66.63 | 2003/2/18 |
| 000753 | 漳州发展 | 0.17 | 0.23 | 0.23 | 2.44 | 2.44 | 0.54 | -0.35 | 7.01 | 6.34 | 21443.56 | 80.13 | 6177.98 | 18.96 | 8461.49 | 125786.36 | 88110.42 | 14851.20 | 36075.62 | 不分配 | 35.21 | 2003/3/20 |
| 000755 | 山西三维 | 0.205 | 0.1981 | 0.2018 | 3.15 | 3.01 | 0.24 | 0.68 | 6.53 | 6.59 | 58717.96 | 39.25 | 5704.38 | 1.78 | 5502.71 | 159578.17 | 87368.39 | 10920.00 | 27771.39 | 10派1.25元(含税) | 34.81 | 2003/2/25 |
| 000756 | 新华制药 | 0.15 | 0.15 | 0.177 | 3.017 | 3.017 | 0.093 | -0.03 | 4.98 | 6.03 | 117355.00 | 6.76 | 6876.43 | -15.00 | 6876.43 | 190545.62 | 137966.99 | 7615.33 | 45731.28 | 10派0.6元(含税) | 60.45 | 2003/3/24 |

| 代码 | 简称 | 每股收益(元) | | | 每股净资产(元) | | 每股经营现金流量(元) | | 净资产收益率(%) | | 主营收入(万元) | | 净利润(万元) | | | 总资产(万元) | 股东权益(万元) | 最新流通A股(万股) | 最新总股本(万股) | 分配方案 | 最新市盈率(倍) | 年报刊登日期 |
|---|---|---|---|---|---|---|---|---|---|---|---|---|---|---|---|---|---|---|---|---|---|---|
| | | 2002年 | 扣除后 | 2001年 | 2002年 | 调整后 | 2002年 | 2001年 | 2002年 | 2001年 | 2002年 | 同比(%) | 2002年 | 同比(%) | 扣除后 | | | | | | | |
| 000757 | 方向光电 | 0.078 | 0.082 | 0.11 | 3.26 | 3.11 | 0.0023 | -0.09 | 2.4 | 3.3 | 51507.21 | 53.26 | 1192.49 | -25.50 | 1256.18 | 124404.39 | 49658.22 | 5483.06 | 15241.71 | 不分配 | 109.79 | 2003/3/20 |
| 000758 | 中色建设 | 0.162 | -0.082 | -0.364 | 2.38 | 2.2 | -0.07 | 0.32 | 6.79 | -15.99 | 30430.08 | 50.87 | 6256.27 | 144.37 | -3172.92 | 126997.02 | 92189.11 | 18240.00 | 38720.00 | 10派1元(含税) | 40.41 | 2003/4/2 |
| 000759 | 武汉中百 | 0.08 | 0.06 | 0.13 | 3.71 | 3.35 | 0.569 | 0.019 | 2.19 | 4.45 | 220706.76 | 49.46 | 1706.17 | -25.45 | 1224.51 | 195673.41 | 77797.48 | 14667.51 | 20954.19 | 10派0.5元(含税) | 84.37 | 2003/3/22 |
| 000760 | 博盈投资 | 0.048 | 0.023 | 0.08 | 3.27 | 3.19 | 0.006 | 0.12 | 1.472 | 2.37 | 18342.90 | 16.80 | 526.59 | -38.76 | 246.94 | 52889.61 | 35771.12 | 5181.23 | 10932.23 | 不分配 | 229.61 | 2003/3/26 |
| 000762 | 西藏矿业 | -0.2937 | -0.24 | 0.0258 | 2.0932 | 1.824 | 0.0212 | -0.0504 | -14.03 | 1.07 | 15924.59 | -12.99 | -5888.87 | -1237.47 | -4780.12 | 65234.39 | 41969.85 | 7700.00 | 20051.00 | 不分配 | / | 2003/4/8 |
| 000763 | 锦州石化 | 0.016 | 0.024 | 0.141 | 1.959 | 1.95 | 0.54 | 0.406 | 0.818 | 7.284 | 903126.29 | 4.54 | 1261.03 | -88.68 | 1907.65 | 235687.09 | 154233.59 | 15000.00 | 78750.00 | 不分配 | 327.23 | 2003/3/25 |
| 000765 | ST华信 | -0.34 | -0.31 | -0.1 | 0.649 | 0.648 | 0.0041 | -0.503 | -51.79 | -9.98 | 1344.56 | -90.70 | -8363.52 | -230.74 | -7719.38 | 69613.79 | 16148.29 | 7061.64 | 24885.67 | 不分配 | / | 2003/4/25 |
| 000766 | 通化金马 | 0.04 | -0.11 | -1.3 | 1.09 | 0.97 | 0.16 | -1.65 | 3.41 | -123.68 | 16099.54 | 60.30 | 1641.71 | 102.81 | -4955.33 | 153078.60 | 48869.11 | 28493.40 | 44901.63 | 不分配 | 150.15 | 2003/3/28 |
| 000767 | 漳泽电力 | 0.22 | 0.384 | 0.469 | 3.589 | 3.57 | 1.274 | 1.183 | 6.15 | 12.59 | 158547.83 | 16.70 | 9593.77 | -53.02 | 16702.60 | 462486.27 | 156118.98 | 12000.00 | 43500.00 | 10派3.6元(含税)转增3 | 62.16 | 2003/4/22 |
| 000768 | 西飞国际 | 0.11 | 0.16 | 0.12 | 4.85 | 4.84 | 0.35 | 0.15 | 2.34 | 2.42 | 101697.90 | 10.59 | 4444.82 | -2.76 | 6398.98 | 235799.51 | 189731.32 | 17700.00 | 39150.00 | 10派1元(含税) | 58.93 | 2003/3/26 |
| 000769 | 菲菲农业 | -0.095 | | 0.01 | 2.4 | 2.33 | -0.049 | 0.014 | -3.96 | 0.5 | 512.00 | -97.25 | -1764.94 | -938.13 | -1778.64 | 58574.14 | 44538.72 | 8100.00 | 18540.00 | 不分配 | / | 2003/4/30 |
| 000776 | 延边公路 | -1.158 | -1.167 | 0.141 | 1.101 | 1.099 | 0.136 | 0.413 | -105.149 | 6.06 | 11976.47 | -4.75 | -21314.79 | -922.08 | -21483.15 | 44697.96 | 20271.08 | 9318.40 | 18411.00 | 不分配 | / | 2003/4/30 |
| 000777 | 中核科技 | -0.044 | -0.064 | 0.061 | 1.589 | 1.52 | 0.026 | -0.154 | -2.75 | 3.54 | 22812.60 | -10.53 | -735.06 | -172.16 | -1068.43 | 45298.02 | 26702.69 | 6720.00 | 16800.00 | 10派0.8元(含税) | / | 2003/3/25 |
| 000778 | 新兴铸管 | 0.7102 | 0.6989 | 0.8008 | 3.4406 | 3.2507 | 0.7647 | 1.6531 | 20.64 | 19.01 | 359378.17 | 33.38 | 44139.57 | 15.30 | 43438.16 | 529722.20 | 213828.41 | 21970.00 | 62148.78 | 10派5元(含税) | 16.71 | 2003/3/11 |
| 000779 | 三毛派神 | 0.11 | 0.17 | 0.103 | 4.123 | 4.109 | 0.221 | -0.369 | 2.663 | 2.531 | 21421.03 | 37.47 | 2020.29 | 8.18 | 3117.54 | 90287.51 | 75512.77 | 10179.00 | 18315.48 | 10派0.2元(含税) | 62.92 | 2003/4/9 |
| 000780 | 草原兴发 | 0.25 | 0.23 | 0.28 | 3.718 | 3.65 | 0.407 | 0.79 | 6.73 | 8.08 | 161809.14 | 35.68 | 7090.30 | -10.71 | 6522.06 | 255220.64 | 105310.40 | 18606.47 | 40911.77 | 不分配 | 36.81 | 2003/3/27 |
| 000782 | 美达股份 | 0.11 | 0.1 | 0.04 | 2.35 | 2.34 | 0.46 | 0.55 | 4.5 | 1.96 | 118300.11 | 19.31 | 3616.21 | 138.47 | 3419.25 | 182970.72 | 80290.99 | 12741.00 | 34200.00 | 10派0.7元(含税) | 54.47 | 2003/4/1 |
| 000783 | 石炼化 | 0.0067 | 0.0011 | -0.0051 | 1.4986 | 1.476 | 0.1421 | 0.204 | 0.45 | -0.34 | 477411.69 | -8.05 | 774.28 | 230.72 | 124.64 | 273594.50 | 173008.75 | 23400.00 | 115444.43 | 不分配 | 651.56 | 2003/4/18 |
| 000785 | 武汉中商 | 0.05 | 0.04 | 0.085 | 2.17 | 1.73 | 0.35 | 0.63 | 2.3 | 4.01 | 187534.63 | 13.15 | 1251.57 | -41.33 | 1108.76 | 184927.04 | 54475.59 | 7132.13 | 25122.17 | 不分配 | 138.10 | 2003/4/9 |
| 000786 | 北新建材 | 0.157 | 0.133 | 0.291 | 2.186 | 2.158 | 0.249 | 0.28 | 7.199 | 6.973 | 103147.69 | 12.99 | 9049.16 | 8.07 | 7631.64 | 219994.74 | 125707.00 | 22815.00 | 57515.00 | 10派0.6元(含税) | 36.93 | 2003/3/22 |
| 000787 | 创智科技 | 0.122 | 0.126 | 0.22 | 3.73 | 3.68 | 0.3 | 0.06 | 3.28 | 9.42 | 47559.16 | 13.73 | 3067.49 | -30.12 | 3163.48 | 130462.86 | 93454.68 | 14206.00 | 25076.02 | 10派0.5元(含税) | 61.64 | 2003/4/17 |
| 000788 | ST合成 | -0.79 | -0.62 | 0.01 | 0.65 | 0.25 | -0.22 | 0.18 | -122.52 | 0.91 | 26453.38 | -2.48 | -15267.13 | -6149.47 | -12002.34 | 78566.69 | 12460.68 | 4950.00 | 19250.00 | 不分配 | / | 2003/4/24 |
| 000789 | 江西水泥 | 0.046 | 0.055 | 0.091 | 2.117 | 2.01 | 0.051 | 0.182 | 2.172 | 4.32 | 39074.39 | 4.40 | 1566.06 | -49.24 | 1834.07 | 115955.59 | 72089.55 | 11050.00 | 34050.00 | 10派0.35元(含税) | 120.67 | 2003/4/23 |
| 000790 | 华神集团 | 0.14 | 0.14 | 0.17 | 3.06 | 3.04 | 0.07 | 0.19 | 4.73 | 5.69 | 18809.82 | -15.64 | 1855.60 | -16.98 | 1789.86 | 57343.07 | 39193.23 | 3978.00 | 12798.00 | 10派1.5元(含税) | 80.21 | 2003/3/26 |
| 000791 | 西北化工 | 0.0061 | -0.097 | 0.0006 | 1.9052 | 1.9016 | -0.0833 | -0.2057 | 0.32 | 0.03 | 8012.48 | -9.52 | 115.86 | 967.23 | -1832.45 | 60989.83 | 36008.55 | 7920.00 | 18900.00 | 不分配 | 1063.63 | 2003/3/22 |
| 000792 | 盐湖钾肥 | 0.3588 | 0.359 | 0.3668 | 4.0941 | 4.0547 | 0.3222 | 0.3454 | 8.763 | 12.156 | 43644.32 | 48.77 | 9214.48 | 13.73 | 9179.42 | 142606.23 | 107306.40 | 10000.00 | 25585.00 | 10转增10 | 44.20 | 2003/3/31 |
| 000793 | 燃气股份 | 0.33 | 0.33 | 0.33 | 4.17 | 4.1 | 0.61 | 1.45 | 7.95 | 8.31 | 42409.96 | 99.71 | 9653.16 | 1.43 | 9625.89 | 279777.63 | 121467.54 | 16205.91 | 29141.15 | 10派1元(含税) | 43.71 | 2003/3/1 |
| 000795 | 太原刚玉 | -0.0234 | -0.0302 | 0.0345 | 2.731 | 2.694 | -0.1269 | 0.0327 | -0.857 | 1.25 | 21333.62 | 5.58 | -648.25 | -167.83 | -835.26 | 100571.43 | 75604.26 | 11432.55 | 27680.00 | 不分配 | / | 2003/4/26 |
| 000796 | 宝商集团 | 0.136 | 0.04906 | 0.202 | 4.271 | 4.26 | 0.532 | 0.421 | 3.2 | 4.88 | 55797.45 | -11.36 | 2188.61 | -32.38 | 2034.63 | 96459.03 | 68485.55 | 11277.43 | 16034.20 | 不分配 | 48.28 | 2003/3/28 |
| 000797 | 中国武夷 | 0.093 | 0.109 | 0.114 | 3.28 | 3.11 | -0.21 | -0.73 | 2.83 | 3.61 | 88530.20 | -2.10 | 3616.74 | -18.46 | 4249.22 | 349900.53 | 127773.22 | 13013.00 | 38945.24 | 不分配 | 66.55 | 2003/4/15 |
| 000798 | 中水渔业 | 0.105 | 0.07 | 0.135 | 2.968 | 2.781 | 0.183 | 0.29 | 3.539 | 4.651 | 20369.19 | -32.82 | 2647.12 | -21.90 | 1755.17 | 121507.91 | 74802.08 | 6294.50 | 25200.00 | 10派0.3元(含税) | 72.35 | 2003/4/25 |
| 000799 | 湘酒鬼 | -0.48 | -0.48 | 0.28 | 3.683 | 3.03 | 0.02 | 0.65 | -12.96 | 6.78 | 38344.78 | -22.34 | -14471.50 | -269.20 | -14587.87 | 227876.23 | 111622.15 | 10725.00 | 30305.00 | 不分配 | / | 2003/4/15 |
| 000800 | 一汽轿车 | 0.15 | 0.11 | 0.02 | 2.74 | 2.62 | 0.64 | 0.18 | 5.54 | 0.74 | 475558.16 | 38.03 | 24717.00 | 635.02 | 17693.94 | 666751.06 | 446189.46 | 54600.00 | 162750.00 | 10派2元(含税) | 68.02 | 2003/4/22 |
| 000801 | ST湖山 | -0.184 | -0.179 | -0.258 | 0.83 | 0.74 | -0.025 | 0.009 | -22.1 | -25.64 | 4130.83 | -0.64 | -2432.98 | 28.67 | -2369.92 | 19250.52 | 11006.86 | 3931.20 | 13203.59 | 不分配 | / | 2003/3/25 |
| 000802 | 京西旅游 | -0.58 | -0.58 | 0.02 | 2.64 | 2.17 | 0.72 | -0.58 | -22.04 | 0.66 | 37334.27 | 44.97 | -6764.04 | -2844.93 | -6705.01 | 120224.90 | 30695.73 | 3896.23 | 11625.00 | 不分配 | / | 2003/4/19 |
| 000803 | 美亚股份 | 0.03 | 0.03 | 0.03 | 1.51 | 1.48 | 0.02 | 0.2 | 2.06 | 1.96 | 7780.88 | -23.56 | 315.04 | 8.93 | 292.11 | 27562.49 | 15272.86 | 4871.10 | 10136.10 | 不分配 | 460.09 | 2003/4/22 |
| 000805 | 炎黄物流 | 0.2144 | 0.1357 | 0.2815 | 1.7821 | 1.7034 | -0.0371 | 0.1805 | 12.03 | 16.97 | 15537.53 | 51.75 | 1226.80 | -23.84 | 776.36 | 22996.20 | 10196.93 | 1441.62 | 5721.83 | 10派1元(含税) | 68.84 | 2003/3/20 |
| 000806 | 银河科技 | 0.25 | 0.22 | 0.44 | 3.56 | 3.53 | 0.21 | 0.3 | 7.12 | 20.81 | 68167.95 | 69.96 | 7693.29 | -16.81 | 6719.92 | 218217.99 | 107984.38 | 15989.62 | 30343.60 | 不分配 | 34.04 | 2003/4/18 |
| 000807 | 云铝股份 | 0.42 | 0.44 | 0.4842 | 3.64 | 3.634 | 0.85 | 1.19 | 11.5 | 19.83 | 156279.68 | -2.55 | 15234.26 | 1.49 | 15865.84 | 276153.54 | 132457.26 | 13400.00 | 36400.00 | 10派3元(含税) | 19.11 | 2003/1/24 |

| 代码 | 简称 | 每股收益(元) | | | 每股净资产(元) | | 每股经营现金流量(元) | | 净资产收益率(%) | | 主营收入(万元) | | 净利润(万元) | | | 总资产(万元) | 股东权益(万元) | 最新流通A股(万股) | 最新总股本(万股) | 分配方案 | 最新市盈率(倍) | 年报刊登日期 |
|---|---|---|---|---|---|---|---|---|---|---|---|---|---|---|---|---|---|---|---|---|---|---|
| | | 2002年 | 扣除后 | 2001年 | 2002年 | 调整后 | 2002年 | 2001年 | 2002年 | 2001年 | 2002年 | 同比(%) | 2002年 | 同比(%) | 扣除后 | | | | | | | |
| 000809 | ST一纺 | -0.49 | -0.49 | -0.55 | 0.91 | 0.79 | 0.15 | -0.03 | -54 | -39.07 | 31648.93 | -13.84 | -5622.95 | 10.26 | -5612.35 | 38638.91 | 10413.10 | 3500.00 | 11457.00 | 不分配 | / | 2003/2/21 |
| 000810 | 华润锦华 | 0.1 | 0.1 | 0.12 | 1.41 | 1.31 | 0.12 | -0.02 | 7.21 | 6.84 | 44264.12 | 88.22 | 1315.32 | 13.70 | 1321.38 | 59028.64 | 18252.89 | 4914.00 | 12966.57 | 不分配 | 89.81 | 2003/1/29 |
| 000811 | 烟台冰轮 | 0.29 | 0.28 | 0.31 | 2.44 | 2.4 | 0.67 | 0.45 | 11.71 | 14.14 | 52974.05 | 17.62 | 3535.87 | -6.28 | 3488.10 | 86855.42 | 30206.33 | 3744.00 | 12367.31 | 不分配(原方案为10派1元(含税)转增3) | 31.83 | 2003/2/26 |
| 000812 | 陕西金叶 | 0.143 | 0.12 | 0.1683 | 2.04 | 1.94 | 0.1 | 0.43 | 6.99 | 7.01 | 29744.37 | 62.01 | 2716.79 | 1.93 | 2284.73 | 91819.07 | 38853.53 | 11024.64 | 23700.77 | 10派1元(含税) | 61.42 | 2003/3/26 |
| 000813 | 天山纺织 | 0.0152 | -0.02 | -0.401 | 1.79 | 1.691 | 0.088 | -0.187 | 0.85 | -22.64 | 37209.63 | 27.41 | 551.52 | 103.79 | -811.79 | 122418.93 | 64946.68 | 10995.00 | 36345.60 | 不分配 | 395.41 | 2003/3/19 |
| 000815 | 美利纸业 | 0.33 | 0.32 | 0.31 | 4.693 | 4.6922 | 0.4168 | 0.4994 | 6.9849 | 7.14 | 47463.58 | 14.54 | 4327.07 | 4.16 | 4272.11 | 193098.12 | 61948.20 | 6500.00 | 13200.00 | 10派0.4元(含税) | 24.40 | 2003/3/14 |
| 000816 | 江淮动力 | -0.4284 | -0.4236 | 0.263 | 3.7911 | 3.7869 | -0.141 | 0.204 | -11.3 | 6.23 | 160025.22 | 4.34 | -13116.56 | -263.00 | -12970.94 | 211074.29 | 116083.38 | 11440.00 | 30620.00 | 不分配 | / | 2003/4/23 |
| 000817 | 辽河油田 | 0.36 | 0.39 | 0.33 | 2.29 | 2.29 | 0.62 | 0.53 | 15.79 | 15.55 | 120589.18 | 9.59 | 39786.44 | 9.25 | 43065.22 | 293875.40 | 251974.18 | 20000.00 | 110000.00 | 10派2元(含税) | 21.32 | 2003/3/26 |
| 000818 | 锦化氯碱 | 0.0081 | -0.3252 | -0.061 | 3.373 | 3.237 | 0.642 | 0.503 | 0.24 | -1.82 | 139040.80 | 23.54 | 275.24 | 113.23 | -11058.05 | 310008.27 | 114673.63 | 9000.00 | 34000.00 | 不分配 | 748.59 | 2003/4/23 |
| 000819 | 岳阳兴长 | 0.143 | 0.144 | 0.197 | 2.224 | 2.198 | 0.257 | 0.09 | 6.426 | 9.24 | 81441.25 | 17.79 | 2360.21 | -27.42 | 2373.25 | 60869.39 | 36729.06 | 5210.32 | 16513.39 | 10派0.5元(含税) | 74.16 | 2003/2/28 |
| 000820 | 金城股份 | 0.037 | 0.042 | 0.2171 | 2.5618 | 2.5175 | 0.006 | 0.2327 | 1.45 | 8.59 | 51967.90 | -0.69 | 784.38 | -82.91 | 932.25 | 152397.79 | 54161.81 | 7736.46 | 21141.60 | 不分配 | 163.88 | 2003/4/15 |
| 000821 | 京山轻机 | 0.15 | 0.14 | 0.29 | 3.07 | 3.03 | 0.18 | 0.6 | 4.82 | 10.39 | 58521.58 | -0.96 | 5111.66 | -42.38 | 4823.01 | 149672.99 | 106120.91 | 15773.09 | 34523.88 | 10派1元(含税) | 40.05 | 2003/3/29 |
| 000822 | 山东海化 | 0.3 | 0.29 | 0.4 | 3.8 | 3.72 | 0.79 | 0.55 | 7.79 | 11.02 | 188230.28 | 30.80 | 13568.32 | -25.46 | 13335.44 | 299799.10 | 174149.12 | 15600.00 | 45870.00 | 10派1元(含税) | 24.88 | 2003/3/19 |
| 000823 | 超声电子 | 0.03 | 0.0323 | 0.115 | 2.42 | 2.32 | 0.26 | 0.354 | 1.13 | 4.721 | 56857.80 | -11.55 | 980.69 | -76.20 | 1161.19 | 165526.77 | 86801.91 | 13520.00 | 35920.00 | 10派0.3元(含税) | 223.06 | 2003/3/8 |
| 000825 | 太钢不锈 | 0.264 | 0.256 | 0.276 | 3.135 | 3.128 | 0.564 | 0.421 | 8.413 | 9.447 | 1008264.33 | 47.62 | 28381.51 | -4.38 | 27580.72 | 613632.87 | 337358.48 | 48750.00 | 107617.00 | 10派0.5元(含税)送1.5转增0.5 | 18.24 | 2003/2/28 |
| 000826 | ST原宜 | -0.59 | -0.36 | -0.34 | 1.07 | 1.07 | -0.08 | 0.08 | -54.9 | -20.76 | 4902.92 | -60.20 | -10704.57 | -72.55 | -6585.59 | 36512.42 | 19497.20 | 6500.00 | 18149.30 | 不分配 | / | 2003/2/14 |
| 000827 | 长兴实业 | 0.021 | -0.167 | -0.232 | 3.794 | 3.55 | 0.506 | -0.953 | 0.55 | -6.15 | 11035.99 | -9.42 | 138.29 | 108.93 | -1113.48 | 52689.94 | 25322.17 | 2920.32 | 6673.92 | 不分配 | 643.79 | 2003/4/19 |
| 000828 | 福地科技 | 0.052 | 0.128 | -0.377 | 1.856 | 1.827 | 0.234 | 0.155 | 2.81 | -20.93 | 206175.98 | 14.94 | 6067.55 | 113.83 | 14893.99 | 298568.13 | 216173.80 | 24768.00 | 116468.35 | 不分配 | 149.34 | 2003/4/12 |
| 000829 | 赣南果业 | 0.016 | -0.044 | -0.0718 | 1.73 | 1.59 | 0.364 | -0.0885 | 0.95 | -4.19 | 9839.48 | -21.69 | 258.83 | 122.90 | -757.75 | 34508.49 | 27235.27 | 6204.55 | 15750.00 | 不分配 | 625.56 | 2003/4/16 |
| 000830 | 鲁西化工 | 0.286 | 0.245 | 0.239 | 3.932 | 3.915 | 0.576 | 0.593 | 7.264 | 6.559 | 124660.77 | 28.00 | 7115.58 | 19.48 | 6105.90 | 208332.67 | 97958.88 | 7496.50 | 26001.07 | 10转增1 | 30.84 | 2003/4/15 |
| 000831 | 关铝股份 | 0.3 | 0.3 | 0.27 | 2.65 | 2.64 | 0.51 | 0.58 | 11.24 | 11.27 | 149580.90 | 4.94 | 10810.64 | 9.55 | 10729.64 | 225670.52 | 96156.18 | 14625.00 | 36300.00 | 10派0.9元(含税) | 20.31 | 2003/3/6 |
| 000832 | 龙涤股份 | 0.1 | 0.1 | 0.14 | 3.63 | 3.62 | 0.44 | -0.28 | 2.73 | 3.84 | 125258.44 | 20.05 | 3486.88 | -27.09 | 3486.88 | 185308.44 | 127884.16 | 18360.00 | 35206.98 | 不分配 | 56.54 | 2003/4/15 |
| 000833 | 贵糖股份 | 0.03 | 0.036 | 0.165 | 2.45 | 2.3 | 0.57 | 0.2 | 1.26 | 6.82 | 84011.05 | 4.94 | 781.22 | -81.22 | 911.75 | 130695.01 | 61794.02 | 9858.95 | 25268.85 | 不分配 | 264.26 | 2003/4/17 |
| 000835 | 隆源双登 | -0.06 | -0.06 | 0.8 | 1.62 | 1.55 | 0.1 | 0.86 | -3.9 | 24.12 | 20866.59 | -44.43 | -683.23 | -115.81 | -678.86 | 47137.45 | 17504.18 | 2676.00 | 10800.00 | 不分配 | / | 2003/4/30 |
| 000836 | 天大天财 | 0.2645 | 0.033 | 0.491 | 7.87 | 7.65 | -2.09 | 0.586 | 3.36 | 6.46 | 126087.42 | 7.90 | 3247.34 | -45.79 | 405.38 | 239915.50 | 96568.54 | 6100.00 | 12275.46 | 不分配 | 52.32 | 2003/4/3 |
| 000837 | 秦川发展 | 0.1 | 0.0799 | 0.14 | 2.3 | 2.3 | 0.3 | | 4.41 | 7.57 | 35063.90 | -1.13 | 2362.61 | -22.36 | 1857.41 | 93852.03 | 53551.21 | 12540.00 | 23247.84 | 10派0.18元(含税) | 60.91 | 2003/3/28 |
| 000838 | ST西化机 | 0.119 | 0.046 | 0.026 | 0.667 | 0.584 | -0.131 | 0.85 | 17.86 | 4.85 | 10390.01 | 73.33 | 775.75 | 364.12 | 301.33 | 16881.16 | 4344.45 | 1755.00 | 6511.99 | 不分配 | 108.29 | 2003/3/26 |
| 000839 | 中信国安 | 0.2738 | 0.214 | 0.3607 | 3.9628 | 3.7924 | 0.2369 | 0.5235 | 6.91 | 13.16 | 93756.62 | 107.32 | 18068.79 | -15.11 | 14121.49 | 460018.69 | 261542.03 | 24837.21 | 66000.00 | 10派1元(含税) | 51.54 | 2003/3/11 |
| 000848 | 承德露露 | 0.199 | 0.242 | 0.38 | 2.755 | 2.755 | 0.596 | 0.54 | 7.22 | 14.76 | 107539.24 | 7.72 | 5157.16 | -47.28 | 6370.69 | 111222.88 | 71422.10 | 9100.00 | 25925.00 | 不分配 | 36.19 | 2003/3/25 |
| 000850 | 华茂股份 | 0.21 | 0.19 | 0.44 | 2.19 | 2.18 | 0.12 | 0.44 | 9.2 | 12.79 | 66711.15 | 9.83 | 7192.81 | -24.61 | 6632.36 | 118247.60 | 76571.94 | 15982.35 | 45552.00 | 10派1.5元(含税)转增3 | 53.07 | 2003/3/7 |
| 000851 | ST七砂 | -0.4 | -0.34 | -0.47 | 0.85 | 0.6 | 0.079 | -0.062 | -47.2 | -38.08 | 10761.32 | -0.08 | -9003.10 | 14.91 | -7756.43 | 28852.38 | 19074.04 | 7748.00 | 22490.00 | 不分配 | / | 2003/4/22 |
| 000852 | 江钻股份 | 0.247 | 0.245 | 0.291 | 2.32 | 2.22 | 0.11 | 0.4 | 10.64 | 13.43 | 41117.86 | -7.98 | 6906.17 | -15.32 | 6847.00 | 93070.70 | 64895.90 | 6986.07 | 28000.00 | 10派1元(含税)送1 | 33.16 | 2003/3/25 |
| 000856 | 唐山陶瓷 | 0.01 | 0.03 | -0.15 | 2.88 | 2.65 | -0.03 | 0.34 | 0.41 | -5.14 | 45137.34 | 12.12 | 205.04 | 107.92 | 495.44 | 110138.40 | 50453.92 | 6500.00 | 17500.00 | 不分配 | 514.67 | 2003/4/10 |
| 000858 | 五粮液 | 0.543 | 0.51 | 0.933 | 4.697 | 4.695 | 0.932 | 1.234 | 11.56 | 17.29 | 570651.74 | 20.34 | 61323.46 | -24.42 | 57863.80 | 726173.50 | 530705.55 | 38168.66 | 135570.24 | 10转增2 | 20.63 | 2003/2/28 |
| 000859 | 国风塑业 | 0.2 | 0.2 | 0.22 | 3.76 | 3.75 | 0.38 | 0.54 | 5.28 | 7.06 | 75904.57 | 23.54 | 5215.31 | -1.23 | 5196.79 | 190121.65 | 98856.89 | 11700.00 | 26280.00 | 10转增6 | 42.78 | 2003/3/26 |
| 000860 | 顺鑫农业 | 0.244 | 0.222 | 0.241 | 3.55 | 3.35 | 0.04 | 0.04 | 6.87 | 6.98 | 103768.88 | 34.05 | 7416.17 | 1.04 | 6762.59 | 161330.70 | 107993.44 | 9094.54 | 30415.00 | 10派1.5元(含税) | 31.13 | 2003/2/28 |
| 000861 | 茂化永业 | -0.22 | -0.21 | 0.11 | 1.73 | 1.63 | -0.075 | 0.32 | -12.7 | 3.82 | 17616.37 | 5.05 | -2436.49 | -394.68 | -2312.84 | 43029.04 | 19190.12 | 5466.97 | 11125.45 | 不分配 | / | 2003/4/24 |
| 000862 | 吴忠仪表 | 0.04 | | 0.21 | 3.39 | 3.37 | 0.04 | 0.09 | 1.25 | 6.24 | 37538.01 | 51.19 | 925.31 | -79.83 | 1046.53 | 139026.09 | 74104.87 | 11688.59 | 21834.00 | 不分配 | 168.24 | 2003/4/17 |
| 000863 | 和光商务 | 0.13 | | 0.24 | 2.21 | 1.98 | 0.34 | -0.74 | 5.75 | 11.27 | 99614.42 | 30.76 | 1726.53 | -45.86 | 1879.44 | 97118.47 | 30039.97 | 3900.00 | 13562.03 | 不分配 | 72.42 | 2003/4/17 |

| 代码 | 简称 | 每股收益(元) | | | 每股净资产(元) | | 每股经营现金流量(元) | | 净资产收益率(%) | | 主营收入(万元) | | 净利润(万元) | | | 总资产(万元) | 股东权益(万元) | 最新流通A股(万股) | 最新总股本(万股) | 分配方案 | 最新市盈率(倍) | 年报刊登日期 |
|---|---|---|---|---|---|---|---|---|---|---|---|---|---|---|---|---|---|---|---|---|---|---|
| | | 2002年 | 扣除后 | 2001年 | 2002年 | 调整后 | 2002年 | 2001年 | 2002年 | 2001年 | 2002年 | 同比(%) | 2002年 | 同比(%) | 扣除后 | | | | | | | |
| 000866 | 扬子石化 | 0.27 | 0.28 | 0.02 | 2.51 | 2.48 | 0.49 | 0.44 | 10.7 | 0.67 | 1514922.43 | 18.24 | 62514.92 | 1684.10 | 64980.28 | 1347350.69 | 584349.04 | 35000.00 | 233000.00 | 不分配 | 22.55 | 2003/3/31 |
| 000868 | 安凯客车 | -0.18 | -0.102 | 0.046 | 2.797 | 2.649 | 0.156 | 0.527 | -6.43 | 1.56 | 48797.34 | 9.44 | -3973.72 | -487.98 | -2264.27 | 97109.94 | 61806.81 | 10140.00 | 22100.00 | 不分配 | / | 2003/3/8 |
| 000869 | 张裕A | 0.43 | 0.44 | 0.66 | 5.45 | 5.44 | 0.35 | 0.21 | 7.86 | 12.65 | 92821.90 | 4.77 | 11124.06 | -35.20 | 11316.90 | 182987.83 | 141601.86 | 3200.00 | 26000.00 | 10派2元(含税)转增2 | 33.19 | 2003/3/29 |
| 000875 | 吉电股份 | 0.16 | 0.1633 | 0.12 | 3.71 | 3.68 | 0.21 | 0.2 | 4.39 | 5 | 95197.64 | 14.35 | 10257.86 | 39.73 | 10286.40 | 279359.99 | 233676.87 | 38000.00 | 63000.00 | 10派1.25元(含税) | 34.82 | 2003/4/8 |
| 000876 | 新希望 | 0.385 | 0.383 | 0.434 | 3.636 | 3.577 | 0.466 | 0.64 | 10.58 | 8.18 | 114078.98 | 51.04 | 12132.78 | 43.92 | 12073.21 | 229225.78 | 114640.61 | 10400.00 | 31529.23 | 不分配 | 26.48 | 2003/2/15 |
| 000877 | 天山股份 | 0.59 | 0.5982 | 0.54 | 4.72 | 4.66 | 1.28 | 1.02 | 12.48 | 12.79 | 88607.67 | 25.22 | 10200.10 | 8.40 | 10370.24 | 276758.67 | 81761.47 | 7800.00 | 17335.20 | 10派1元(含税) | 19.88 | 2003/3/28 |
| 000878 | 云南铜业 | 0.058 | 0.07 | 0.104 | 2.23 | 2.22 | -0.34 | 1.01 | 2.62 | 4.68 | 300282.15 | 4.54 | 4662.91 | -43.50 | 5584.64 | 429322.95 | 177858.55 | 28072.28 | 79868.88 | 10派0.5元(含税) | 80.33 | 2003/3/1 |
| 000880 | 山东巨力 | 0.15 | 0.15 | 0.18 | 2.48 | 2.47 | 0.62 | 0.75 | 6.16 | 7.9 | 185643.42 | 11.79 | 4216.62 | -16.86 | 4218.42 | 111688.13 | 68418.35 | 13213.50 | 27610.05 | 不分配 | 41.12 | 2003/4/29 |
| 000881 | 大连国际 | 0.09 | 0.08 | 0.16 | 2.27 | 2.14 | -0.22 | 0.28 | 3.76 | 7.36 | 96712.00 | -10.84 | 2639.52 | -46.84 | 2599.19 | 182796.44 | 70161.35 | 15758.80 | 30891.84 | 不分配 | 82.86 | 2003/3/28 |
| 000882 | 华联股份 | 0.04 | -0.01 | 0.14 | 1.92 | 1.81 | 0.71 | -0.26 | 1.85 | 7.6 | 65685.36 | 240.68 | 886.20 | -75.10 | -287.75 | 120550.29 | 47817.14 | 6300.00 | 24920.00 | 不分配 | 200.78 | 2003/4/29 |
| 000883 | 三环股份 | 0.12 | 0.14 | 0.19 | 3.2 | 3.05 | 0.54 | -0.33 | 3.8 | 6.04 | 186027.84 | 24.19 | 3159.33 | -34.56 | 3682.74 | 167456.50 | 83140.95 | 11603.64 | 25944.34 | 10转增1 | 54.77 | 2003/4/8 |
| 000885 | ST春都 | -0.4936 | -0.49 | -1.872 | 0.637 | 0.614 | 0.0843 | -0.0125 | -77.49 | -165.61 | 6164.17 | -38.48 | -7898.14 | 73.64 | -7780.17 | 45269.20 | 10192.26 | 6000.00 | 16000.00 | 不分配 | / | 2003/3/19 |
| 000886 | 海南高速 | 0.02 | 0.01 | -0.008 | 2.37 | 2.18 | 0.073 | 0.117 | 0.98 | -0.33 | 37964.49 | 50.39 | 2306.31 | 403.83 | 1108.29 | 544456.02 | 234273.26 | 24781.24 | 98882.83 | 不分配 | 204.08 | 2003/4/16 |
| 000887 | 飞彩股份 | 0.058 | 0.0532 | 0.1122 | 2.56 | 2.53 | 0.6208 | 0.3669 | 2.26 | 4.4 | 84169.40 | -1.92 | 1744.30 | -48.37 | 1602.33 | 185420.16 | 77011.38 | 9100.00 | 30100.00 | 10派0.5元(含税) | 107.85 | 2003/3/25 |
| 000888 | 峨眉山A | 0.22 | 0.22 | 0.25 | 3.3 | 3.15 | 0.5 | 0.64 | 6.78 | 7.51 | 17243.80 | 13.96 | 2655.43 | -9.13 | 2626.82 | 49788.38 | 39184.68 | 4000.00 | 11866.00 | 10派2元(含税) | 40.66 | 2003/1/28 |
| 000889 | 渤海物流 | 0.128 | 0.12 | 0.22 | 2.54 | 2.44 | -0.21 | -0.72 | 5.02 | 9.11 | 61796.34 | 21.67 | 3762.86 | -42.03 | 3654.91 | 164458.70 | 74938.49 | 16034.72 | 29452.83 | 不分配 | 47.12 | 2003/3/26 |
| 000890 | 法尔胜 | 0.12 | 0.1 | 0.22 | 3.18 | 3.09 | -0.12 | 0.1 | 3.68 | 6.99 | 66522.59 | 88.38 | 3419.75 | -47.11 | 2888.37 | 197658.02 | 92954.26 | 16933.88 | 29203.20 | 10派1元(含税) | 56.53 | 2003/4/10 |
| 000892 | 长丰通信 | 0.21 | 0.1048 | 0.21 | 1.68 | 1.66 | -0.66 | 0.24 | 12.55 | 14.2 | 54213.32 | 66.28 | 8710.35 | 1.00 | 4336.31 | 233853.19 | 69430.72 | 12000.00 | 41387.69 | 不分配 | 38.15 | 2003/4/19 |
| 000893 | 广州冷机 | 0.03 | 0.02 | -0.4 | 1.48 | 1.34 | 0.1 | 0.29 | 1.86 | -27.88 | 35525.00 | 11.38 | 612.53 | 106.85 | 387.48 | 82546.66 | 32985.15 | 5694.60 | 22200.00 | 不分配 | 221.81 | 2003/3/12 |
| 000895 | 双汇发展 | 0.59 | 0.61 | 0.58 | 4.14 | 4.06 | 0.53 | 0.72 | 14.17 | 21.29 | 475970.38 | 41.32 | 20061.63 | 17.66 | 20768.47 | 262158.86 | 141625.88 | 13450.00 | 34237.00 | 10派5元(含税) | 23.24 | 2003/2/14 |
| 000897 | 津滨发展 | 0.1464 | 0.1383 | 0.1306 | 2.04 | 2.02 | -0.14 | -0.49 | 7.17 | 6.48 | 47673.07 | 45.26 | 6633.61 | 12.09 | 6266.09 | 227823.84 | 92547.96 | 14165.97 | 45299.97 | 10派1.2元(含税) | 40.90 | 2003/3/14 |
| 000898 | 鞍钢新轧 | 0.201 | 0.21 | 0.137 | 2.54 | 2.53 | 0.71 | -0.1 | 7.92 | 5.61 | 1077107.70 | 13.49 | 59458.80 | 47.27 | 61293.70 | 1242535.00 | 750936.10 | 75198.74 | 296098.74 | 10派1元(含税) | 18.67 | 2003/4/1 |
| 000899 | 赣能股份 | 0.07 | 0.0747 | 0.11 | 2.53 | 2.52 | 0.207 | 0.217 | 2.79 | 4.29 | 51554.10 | 4.07 | 3873.73 | -35.67 | 4091.56 | 160278.16 | 138903.66 | 17888.00 | 54803.20 | 10派1元(含税) | 81.06 | 2003/4/16 |
| 000900 | 现代投资 | 0.225 | 0.23 | 0.43 | 6.29 | 6.13 | 0.95 | 0.79 | 3.58 | 7.05 | 53517.59 | 6.99 | 8993.32 | -48.14 | 9179.56 | 440414.30 | 250860.64 | 21436.59 | 39916.59 | 10派1元(含税) | 32.93 | 2003/2/18 |
| 000901 | 航天科技 | 0.1466 | 0.133 | 0.2582 | 2.217 | 2.212 | 0.116 | 0.2023 | 6.61 | 7.8 | 20348.46 | 13.26 | 2322.16 | -9.17 | 2106.71 | 55630.04 | 35116.47 | 4800.00 | 15840.00 | 10转增4 | 140.45 | 2003/3/19 |
| 000902 | 中国服装 | 0.01 | -0.002 | -0.096 | 2.182 | 2.12 | 0.063 | -0.31 | 0.46 | -4.4 | 51529.15 | 14.27 | 216.49 | 110.51 | -43.89 | 98429.42 | 46902.35 | 6500.00 | 21500.00 | 不分配 | 679.30 | 2003/4/22 |
| 000903 | 云内动力 | 0.5 | 0.55 | 0.45 | 4.17 | 4.15 | 1.26 | 0.82 | 12.03 | 12.93 | 109073.94 | 54.85 | 10025.00 | 24.49 | 11075.20 | 146040.14 | 83349.98 | 7800.00 | 19980.00 | 10派3.5元(含税) | 24.49 | 2003/3/6 |
| 000905 | 厦门路桥 | 0.275 | 0.241 | 0.129 | 3.203 | 3.112 | 0.566 | 0.121 | 8.57 | 3.75 | 33018.64 | 29.78 | 8100.77 | 113.44 | 7122.77 | 283879.87 | 94486.04 | 9500.00 | 29500.00 | 10派5元(含税) | 30.92 | 2003/3/7 |
| 000906 | 南方建材 | 0.103 | 0.107 | 0.152 | 1.63 | 1.59 | 0.53 | 0.34 | 6.32 | 5.2 | 135255.42 | 59.96 | 2447.21 | 28.48 | 2531.24 | 119307.63 | 38739.24 | 6650.00 | 23750.00 | 10派0.2元(含税) | 111.90 | 2003/3/4 |
| 000908 | 天一科技 | 0.0501 | 0.053 | 0.0437 | 1.8256 | 1.8253 | 0.06 | 0.11 | 2.74 | 2.46 | 21444.97 | 25.23 | 1401.84 | 14.44 | 1477.98 | 86667.46 | 51117.71 | 9000.00 | 28000.00 | 不分配 | 138.82 | 2003/4/21 |
| 000909 | 数源科技 | 0.02 | 0.02 | 0.017 | 2.71 | 2.7 | 0.69 | -0.19 | 0.76 | 0.65 | 37273.43 | 69.60 | 405.76 | 19.08 | 302.33 | 98342.79 | 53193.93 | 6000.00 | 19600.00 | 不分配 | 408.18 | 2003/3/8 |
| 000910 | 大亚科技 | 0.269 | 0.267 | 0.244 | 3.781 | 3.759 | 0.509 | 0.396 | 7.11 | 6.95 | 78520.06 | 46.80 | 6217.40 | 9.99 | 6175.15 | 161578.64 | 87439.93 | 8000.00 | 23125.00 | 不分配 | 28.97 | 2003/2/18 |
| 000911 | 南宁糖业 | 0.24 | 0.25 | 0.19 | 2.85 | 2.72 | 0.73 | 0.09 | 8.53 | 6.86 | 142010.62 | 48.34 | 5855.22 | 27.56 | 5986.71 | 147179.12 | 68610.11 | 7280.00 | 24080.00 | 不分配 | 32.65 | 2003/3/28 |
| 000912 | 泸天化 | 0.254 | 0.23 | 0.231 | 3.395 | 3.278 | 0.64 | 0.7 | 7.47 | 6.92 | 169417.55 | 9.96 | 11416.55 | 9.85 | 10199.97 | 366238.35 | 152785.46 | 15000.00 | 45000.00 | 10派2元(含税)转增3 | 34.53 | 2003/3/11 |
| 000913 | 钱江摩托 | 0.16 | 0.15 | 0.27 | 2.65 | 2.64 | -0.15 | 0.38 | 5.99 | 6.41 | 270059.86 | -0.64 | 7207.20 | -4.69 | 6695.40 | 190930.42 | 120366.49 | 13520.00 | 45353.60 | 10派1元(含税) | 38.70 | 2003/3/11 |
| 000915 | 山大华特 | 0.0347 | -0.0207 | 0.0161 | 1.6402 | 1.6318 | -0.1076 | -0.0015 | 2.12 | 0.59 | 9973.67 | 137.32 | 532.87 | 266.69 | -317.99 | 56143.09 | 25189.25 | 7825.16 | 15357.12 | 不分配 | 194.25 | 2003/4/19 |
| 000916 | 华北高速 | 0.1592 | 0.1508 | 0.15 | 2.5125 | 2.4729 | 0.2453 | 0.26 | 6.33 | 5.91 | 44416.10 | 12.34 | 17348.25 | 7.54 | 16433.95 | 295844.17 | 273859.57 | 34000.00 | 109000.00 | 10派1.5元(含税) | 32.99 | 2003/3/14 |
| 000917 | 电广传媒 | 0.16 | 0.16 | 0.29 | 9.04 | 8.84 | -1.6 | -0.64 | 1.73 | 3.27 | 68404.44 | -1.29 | 4033.87 | -46.92 | 4127.09 | 487709.76 | 233606.69 | 11800.00 | 25840.00 | 10派1元(含税) | 81.10 | 2003/4/29 |
| 000918 | 亚华种业 | 0.094 | 0.115 | 0.178 | 3.896 | 3.711 | 0.122 | 0.073 | 2.417 | 4.68 | 72214.04 | 71.91 | 1601.01 | -47.08 | 1961.47 | 220040.46 | 66226.41 | 6000.00 | 17000.20 | 不分配 | 96.84 | 2003/4/17 |

| 代码 | 简称 | 每股收益(元) | | | 每股净资产(元) | | 每股经营现金流量(元) | | 净资产收益率(%) | | 主营收入(万元) | | 净利润(万元) | | | 总资产(万元) | 股东权益(万元) | 最新流通A股(万股) | 最新总股本(万股) | 分配方案 | 最新市盈率(倍) | 年报刊登日期 |
|---|---|---|---|---|---|---|---|---|---|---|---|---|---|---|---|---|---|---|---|---|---|---|
| | | 2002年 | 扣除后 | 2001年 | 2002年 | 调整后 | 2002年 | 2001年 | 2002年 | 2001年 | 2002年 | 同比(%) | 2002年 | 同比(%) | 扣除后 | | | | | | | |
| 000919 | 金陵药业 | 0.46 | 0.394 | 0.388 | 4.0808 | 4.0788 | 0.466 | 0.33 | 11.26 | 10.11 | 62956.03 | 26.25 | 12868.08 | 18.50 | 11038.36 | 153769.09 | 114262.19 | 8000.00 | 28000.00 | 10派2.16元(含税) | 31.59 | 2003/3/25 |
| 000920 | 南方汇通 | 0.51 | 0.48 | 0.49 | 3.31 | 3.3 | 0.31 | 0.35 | 15.31 | 15.33 | 54282.19 | 10.28 | 9628.31 | 4.05 | 9131.29 | 123088.05 | 62877.55 | 7000.00 | 19000.00 | 10派4.2元(含税) | 23.17 | 2003/1/29 |
| 000921 | ST科龙 | 0.1021 | 0.09 | -1.4878 | 2.5957 | 2.39 | 0.5038 | 0.15 | 3.93 | -59.75 | 487825.70 | 11.33 | 10127.70 | 106.86 | 9281.95 | 765653.93 | 257500.08 | 19450.10 | 99200.66 | 不分配 | 79.24 | 2003/4/4 |
| 000922 | 阿继电器 | 0.0935 | 0.101 | 0.16 | 3.0518 | 3.0064 | 0.32 | 0.2 | 3.07 | 5.35 | 25516.50 | 3.27 | 1642.12 | -40.85 | 1773.53 | 90399.23 | 53574.18 | 7900.00 | 17555.00 | 10转增7 | 107.65 | 2003/4/23 |
| 000923 | 河北宣工 | 0.04 | 0.04 | 0.09 | 2.5 | 2.49 | -0.35 | 0.3 | 1.57 | 3.6 | 40780.60 | 10.19 | 647.61 | -55.64 | 653.12 | 80979.78 | 41284.74 | 5500.00 | 16500.00 | 不分配 | 190.32 | 2003/4/8 |
| 000925 | 浙大海纳 | 0.14 | 0.11 | 0.21 | 4.21 | 4.2 | 0.73 | 0.26 | 3.34 | 5.29 | 17340.20 | 1.58 | 1265.43 | -34.22 | 990.83 | 51916.76 | 37913.95 | 3000.00 | 9000.00 | 不分配 | 105.97 | 2003/4/17 |
| 000926 | 福星科技 | 0.172 | 0.181 | 0.304 | 2.59 | 2.59 | -0.77 | -0.127 | 6.64 | 12.6 | 43613.80 | 2.48 | 4585.36 | -43.48 | 4819.20 | 153425.56 | 69056.08 | 10051.69 | 26669.50 | 不分配 | 49.15 | 2003/4/15 |
| 000927 | ST夏利 | -0.495 | -0.4032 | -0.066 | 1.49 | 1.47 | 0.78 | 0.23 | -33.27 | -3.02 | 415128.78 | 21.88 | -79036.57 | -727.69 | -64313.87 | 759289.01 | 237536.62 | 23980.00 | 159517.40 | 不分配 | / | 2003/4/28 |
| 000928 | 吉林炭素 | -0.08 | -0.065 | 0.128 | 3.55 | 3 | 0.36 | -0.1 | -2.3 | 3.5 | 78508.98 | 1.17 | -2269.93 | -162.68 | -1851.13 | 287235.83 | 100424.69 | 12004.90 | 28289.90 | 不分配 | / | 2003/4/9 |
| 000929 | 兰州黄河 | 0.03 | -0.26 | -1.3 | 2.9079 | 2.8552 | 0.3116 | 0.2344 | 0.9 | -45.29 | 17789.29 | 15.13 | 309.45 | 102.02 | -3075.54 | 74344.89 | 34267.00 | 5400.00 | 11784.00 | 10转增4 | 389.18 | 2003/3/29 |
| 000930 | 丰原生化 | 0.346 | 0.279 | 0.621 | 4.678 | 4.674 | 0.597 | 0.518 | 7.39 | 7.98 | 119941.61 | 40.58 | 11017.36 | 0.18 | 8884.94 | 304011.17 | 149008.36 | 16200.00 | 31856.18 | 不分配 | 23.80 | 2003/2/25 |
| 000931 | 中关村 | -0.2787 | -0.2626 | 0.1262 | 2.2552 | 2.0815 | -0.3707 | 0.2846 | -12.36 | 4.99 | 93761.48 | -50.84 | -18808.01 | -320.85 | -17723.86 | 739930.16 | 152188.96 | 37484.69 | 67484.69 | 不分配 | / | 2003/4/24 |
| 000932 | 华菱管线 | 0.3028 | 0.3114 | 0.3025 | 2.83 | 2.74 | 0.89 | 0.86 | 10.71 | 13.31 | 976397.75 | 14.88 | 53463.63 | 12.90 | 54975.60 | 922771.79 | 499150.60 | 45000.00 | 176537.50 | 10派1元(含税) | 16.97 | 2003/2/15 |
| 000933 | 神火股份 | 0.4493 | 0.4861 | 0.433 | 4.273 | 4.241 | 1.004 | 0.708 | 10.52 | 12.9 | 71670.92 | 12.12 | 11232.15 | 13.47 | 12153.50 | 137022.85 | 106815.96 | 9100.00 | 25000.00 | 10派4元(含税) | 26.22 | 2003/3/5 |
| 000935 | 四川双马 | 0.1 | 0.1032 | 0.16 | 1.68 | 1.54 | 0.2586 | 0.1568 | 6.1 | 9.83 | 44142.32 | 3.36 | 3278.48 | -36.23 | 3296.13 | 88689.97 | 53774.08 | 10440.00 | 31941.00 | 10派0.6元(含税) | 53.49 | 2003/3/28 |
| 000936 | 华西村 | 0.38 | 0.3818 | 0.39 | 3.45 | 3.44 | 0.53 | 0.33 | 11.07 | 12.44 | 82009.48 | 23.66 | 6417.16 | -3.07 | 6414.51 | 85654.64 | 57962.02 | 4200.00 | 16800.00 | 10派1元(含税) | 31.86 | 2003/1/18 |
| 000937 | 金牛能源 | 0.4433 | 0.4379 | 0.6 | 3.93 | 3.92 | 0.87 | 0.87 | 11.28 | 15.6 | 139916.27 | 20.15 | 18841.56 | -25.57 | 18609.07 | 242037.86 | 167023.63 | 10000.00 | 42500.00 | 10派4元(含税)(原方案为10派1.5元(含税)) | 22.92 | 2003/3/4 |
| 000938 | 清华紫光 | 0.049 | 0.011 | -0.111 | 3.037 | 3.019 | -1.343 | 0.977 | 1.6 | -3.8 | 189905.67 | 29.60 | 1002.04 | 143.71 | 230.22 | 150979.62 | 62587.98 | 6400.00 | 20608.00 | 不分配 | 294.51 | 2003/3/7 |
| 000939 | 凯迪电力 | 0.4061 | 0.4108 | 0.2939 | 2.52 | 2.44 | 0.82 | 0.745 | 16.09 | 13.25 | 55298.96 | 30.73 | 8783.60 | 38.15 | 8883.16 | 120216.23 | 54605.79 | 10606.68 | 21630.00 | 10派1元(含税) | 32.21 | 2003/3/4 |
| 000948 | 南天信息 | 0.29 | 0.26 | 0.28 | 3.5 | 3.43 | -1.2 | 1.12 | 8.33 | 8.27 | 73659.17 | -17.57 | 4078.51 | 3.39 | 3634.07 | 85810.31 | 48967.66 | 4000.00 | 14000.06 | 10派2元(含税) | 39.27 | 2003/3/22 |
| 000949 | 新乡化纤 | 0.15 | 0.144 | 0.07 | 2.14 | 2.14 | 0.48 | 0.005 | 7.06 | 3.23 | 80395.53 | 9.91 | 7430.56 | 130.08 | 7064.40 | 159520.41 | 105217.06 | 18582.10 | 49057.14 | 10派0.5元(含税) | 39.48 | 2003/3/28 |
| 000950 | 民丰农化 | -0.6351 | -0.556 | 0.0281 | 2.1231 | 2.0624 | 0.2608 | 0.075 | -29.91 | 1.02 | 33429.08 | -29.27 | -9843.58 | -2362.17 | -8633.11 | 90567.46 | 32907.87 | 5500.00 | 15500.00 | 不分配 | / | 2003/4/14 |
| 000951 | ST小鸭 | -0.82 | -0.74 | -0.39 | 1.18 | 1.08 | 0.04 | -0.28 | -69.55 | -19.55 | 30036.85 | -37.45 | -20893.90 | -110.57 | -18796.95 | 129166.05 | 30042.72 | 9000.00 | 25397.50 | 不分配 | / | 2003/4/10 |
| 000952 | 广济药业 | 0.116 | 0.117 | 0.144 | 2.96 | 2.92 | 0.45 | -0.13 | 3.92 | 5.05 | 20215.96 | 8.63 | 1986.70 | -19.20 | 2008.24 | 81990.69 | 50685.77 | 7076.77 | 17122.60 | 不分配 | 76.88 | 2003/3/26 |
| 000953 | 河池化工 | 0.07 | 0.006 | 0.11 | 2.11 | 2.06 | 0.21 | -0.17 | 3.11 | 4.97 | 36360.96 | 2.76 | 1289.61 | -36.04 | 115.78 | 108842.57 | 41453.65 | 7457.85 | 19603.96 | 10派0.6元(含税)转增5 | 138.03 | 2003/4/16 |
| 000955 | 欣龙无纺 | 0.0384 | 0.037 | 0.0793 | 2.18 | 2.07 | 0.167 | 0.0963 | 1.76 | 3.37 | 15081.13 | -6.01 | 865.21 | -46.83 | 842.48 | 80159.74 | 49162.45 | 6050.00 | 22550.00 | 不分配 | 219.45 | 2003/4/18 |
| 000956 | 中原油气 | 0.57 | 0.6 | 0.6238 | 3.9872 | 3.9872 | 0.4707 | 0.9068 | 14.39 | 17.75 | 179423.85 | 3.10 | 46832.85 | -7.99 | 48979.95 | 401613.31 | 325358.77 | 20399.88 | 81600.00 | 10派1元(含税) | 17.06 | 2003/2/12 |
| 000957 | 中通客车 | 0.0705 | 0.04 | 0.1405 | 1.95 | 1.95 | -0.037 | 0.0609 | 3.63 | 7.5 | 42569.42 | 30.76 | 1683.26 | -49.77 | 902.83 | 87712.21 | 46399.49 | 12637.74 | 23850.49 | 不分配 | 88.70 | 2003/4/12 |
| 000958 | 东方热电 | 0.31 | 0.32 | 0.43 | 5.2 | 5.2 | 0.29 | 0.61 | 6.05 | 13.11 | 41531.73 | -9.92 | 7206.42 | -6.15 | 7359.27 | 208259.30 | 119057.99 | 9415.00 | 22915.00 | 10派1元(含税)送1转增4 | 37.04 | 2003/3/28 |
| 000959 | 首钢股份 | 0.3 | 0.24 | 0.31 | 2.21 | 2.09 | 0.38 | 0.39 | 13.39 | 14.21 | 1258059.89 | 4.69 | 68257.85 | -3.77 | 56178.13 | 1001358.73 | 509772.71 | 35000.00 | 231000.00 | 10派2.3元(含税) | 21.12 | 2003/2/10 |
| 000960 | 锡业股份 | 0.0032 | 0.0031 | 0.032 | 3.228 | 3.2117 | -0.2504 | -0.4713 | 0.1 | 0.99 | 122044.21 | 6.97 | 115.62 | -89.92 | 111.53 | 224862.05 | 115531.17 | 13000.00 | 35790.40 | 10派0.12元(含税) | 1869.77 | 2003/3/25 |
| 000961 | 大连金牛 | 0.15 | 0.15 | 0.17 | 3.45 | 3.36 | 0.24 | 0.3 | 4.23 | 5.24 | 119884.09 | 5.02 | 4386.75 | -16.50 | 4406.24 | 300687.04 | 103781.75 | 13000.00 | 30053.00 | 10派0.3元(含税) | 40.42 | 2003/3/15 |
| 000962 | 东方钽业 | 0.0429 | 0.034 | 0.5006 | 2.99 | 2.99 | 0.2196 | -0.281 | 1.43 | 16.97 | 41900.34 | -65.81 | 1529.39 | -91.43 | 1200.09 | 149336.35 | 106729.21 | 14040.00 | 35640.00 | 不分配 | 186.19 | 2003/3/11 |
| 000963 | 华东医药 | 0.12 | 0.1276 | 0.3 | 1.45 | 1.4 | 0.06 | 0.58 | 8.44 | 10.8 | 206569.75 | 9.50 | 4652.95 | -13.74 | 4848.67 | 137094.72 | 55113.43 | 12627.74 | 38000.00 | 10派0.7元(含税) | 84.94 | 2003/4/1 |
| 000965 | 天水股份 | 0.052 | 0.0062 | 0.1 | 2.56 | 2.44 | -0.06 | -0.19 | 2.03 | 3.78 | 46550.58 | 23.19 | 1238.21 | -45.16 | 149.04 | 116527.60 | 61035.39 | 7700.00 | 23870.54 | 不分配 | 138.03 | 2003/3/15 |
| 000966 | 长源电力 | 0.0977 | 0.0991 | 0.1254 | 2.2584 | 2.221 | 0.0243 | 0.2563 | 4.3255 | 5.5472 | 91899.30 | 4.31 | 3615.77 | -22.10 | 3668.06 | 236565.40 | 83591.81 | 10800.00 | 37014.20 | 10派0.7元(含税) | 78.00 | 2003/3/28 |
| 000967 | 上风高科 | 0.1102 | 0.1093 | 0.1997 | 3.37 | 3.28 | -0.1682 | 0.145 | 3.27 | 6.02 | 16317.97 | 22.01 | 1507.53 | -44.81 | 1494.43 | 56094.15 | 46055.15 | 4500.00 | 13678.61 | 10派0.6元(含税) | 80.66 | 2003/4/9 |
| 000968 | 神州股份 | 0.1245 | 0.0832 | 0.1365 | 2.9946 | 2.5993 | 0.0185 | 0.0817 | 4.16 | 4.74 | 80536.37 | 21.57 | 4921.33 | -8.74 | 3289.74 | 209618.16 | 118343.46 | 15000.00 | 39519.00 | 10派0.1元(含税) | 49.14 | 2003/3/18 |
| 000969 | 安泰科技 | 0.2842 | 0.2909 | 0.2768 | 4.477 | 4.4566 | 0.2125 | 0.1171 | 6.35 | 6.39 | 51617.56 | 18.63 | 6938.30 | 2.68 | 7103.43 | 134830.89 | 109310.64 | 9600.00 | 24416.00 | 10派1.6元(含税) | 37.97 | 2003/3/15 |

| 代码 | 简称 | 每股收益（元） | | | 每股净资产（元） | | 每股经营现金流量（元） | | 净资产收益率（%） | | 主营收入（万元） | | 净利润（万元） | | | 总资产（万元） | 股东权益（万元） | 最新流通A股（万股） | 最新总股本（万股） | 分配方案 | 最新市盈率（倍） | 年报刊登日期 |
|---|---|---|---|---|---|---|---|---|---|---|---|---|---|---|---|---|---|---|---|---|---|---|
| | | 2002年 | 扣除后 | 2001年 | 2002年 | 调整后 | 2002年 | 2001年 | 2002年 | 2001年 | 2002年 | 同比（%） | 2002年 | 同比（%） | 扣除后 | | | | | | | |
| 000970 | 中科三环 | 0.144 | 0.139 | 0.194 | 1.625 | 1.581 | 0.253 | 0.084 | 8.89 | 8.21 | 46371.39 | 26.31 | 3392.25 | 11.39 | 3273.36 | 75475.29 | 38163.06 | 9450.00 | 23490.00 | 10派1元（含税） | 108.30 | 2003/2/25 |
| 000971 | 湖北迈亚 | 0.14 | 0.13 | 0.18 | 2.26 | 2.25 | 0.38 | 0.235 | 6.28 | 8.11 | 25328.26 | -6.44 | 2648.78 | -22.02 | 2365.01 | 94543.11 | 42203.70 | 8140.00 | 18700.00 | 10派1.25元（含税） | 61.21 | 2003/4/4 |
| 000972 | 新中基 | 0.3 | 0.29 | 0.16 | 3.43 | 3.31 | 0.04 | -0.29 | 8.8 | 4.93 | 67676.48 | 23.21 | 3756.15 | 90.74 | 3568.44 | 141036.17 | 42676.52 | 4500.00 | 12458.92 | 10派1元（含税） | 34.16 | 2003/2/20 |
| 000973 | 佛塑股份 | 0.312 | 0.312 | 0.267 | 3.106 | 3.055 | 0.618 | 0.581 | 10.04 | 8.88 | 174125.40 | 4.29 | 11642.77 | 16.88 | 11669.61 | 249754.40 | 115993.05 | 11639.77 | 37345.06 | 10派2.1元（含税） | 26.30 | 2003/2/27 |
| 000975 | 科学城 | 0.23 | 0.162 | 0.09 | 2.43 | 2.43 | 0.56 | 0.11 | 9.48 | 4.01 | 20401.46 | 68.71 | 6828.27 | 144.66 | 4800.00 | 91172.57 | 72020.42 | 12800.00 | 29600.00 | 10派1.5元（含税） | 38.45 | 2003/3/20 |
| 000976 | 春晖股份 | 0.142 | 0.12 | 0.137 | 2.45 | 2.45 | 0.75 | 0.37 | 5.78 | 5.36 | 133914.78 | 16.15 | 5968.92 | 3.45 | 5249.44 | 198219.89 | 103299.57 | 12600.00 | 42114.60 | 10派2.5元（含税） | 47.41 | 2003/4/10 |
| 000977 | 浪潮信息 | 0.233 | 0.203 | 0.2 | 3.91 | 3.81 | 0.596 | 0.358 | 5.97 | 5.37 | 89805.78 | 12.64 | 5015.31 | 15.77 | 4356.11 | 159541.38 | 83999.08 | 6500.00 | 21500.00 | 10派1元（含税） | 51.36 | 2003/1/28 |
| 000978 | 桂林旅游 | 0.262 | 0.267 | 0.247 | 2.096 | 2.069 | 0.368 | 0.37 | 12.49 | 12.1 | 22540.28 | 12.86 | 4634.80 | 5.94 | 4724.51 | 58071.96 | 37100.47 | 6000.00 | 17700.00 | 10派2.1元（含税） | 61.10 | 2003/3/14 |
| 000979 | 科苑集团 | -0.19 | -0.21 | 0.22 | 4.8 | 4.74 | 0.1 | 0.06 | -4.01 | 4.3 | 28692.05 | 22.43 | -1808.85 | -189.13 | -2013.32 | 80564.21 | 45142.63 | 4000.00 | 9400.00 | 不分配 | / | 2003/4/23 |
| 000980 | ST金马 | -0.59 | -0.65 | -0.13 | 2.49 | 2.47 | 0.61 | -0.21 | -23.8 | -4.32 | 21645.57 | 5.72 | -8877.03 | -344.95 | -9684.09 | 88795.13 | 37293.85 | 5800.00 | 15000.00 | 不分配 | / | 2003/4/8 |
| 000981 | 兰光科技 | 0.096 | 0.104 | 0.141 | 3.923 | 3.664 | -0.153 | -0.53 | 2.44 | 3.54 | 74225.44 | 15.70 | 1542.57 | -32.06 | 1671.80 | 130685.60 | 63161.95 | 5000.00 | 16100.00 | 10派1元（含税） | 101.45 | 2003/4/18 |
| 000982 | 圣雪绒 | 0.07 | 0.02 | 0.31 | 4.75 | 4.53 | 0.31 | -1.52 | 1.54 | 6.39 | 51218.65 | 13.29 | 541.03 | -76.03 | 139.79 | 142053.01 | 35116.29 | 3000.00 | 7400.00 | 10派1元（含税） | 151.82 | 2003/3/18 |
| 000983 | 西山煤电 | 0.25 | 0.25 | 0.31 | 3.73 | 3.72 | 0.39 | 0.35 | 6.78 | 8.35 | 209706.78 | 6.99 | 20433.27 | -17.45 | 20402.39 | 451411.07 | 301409.70 | 28800.00 | 80800.00 | 10派1元（含税） | 29.38 | 2003/3/8 |
| 000985 | 大庆华科 | 0.089 | 0.069 | 0.193 | 3.394 | 3.381 | 0.46 | -0.198 | 2.61 | 5.728 | 48977.17 | 29.07 | 1019.69 | -53.98 | 796.88 | 52384.29 | 39030.73 | 3000.00 | 11500.00 | 10派0.6元（含税） | 130.49 | 2003/4/1 |
| 000987 | 广州友谊 | 0.16 | 0.14 | 0.16 | 2.56 | 2.55 | 0.44 | 0.1 | 6.25 | 6.41 | 90445.05 | -7.66 | 3832.49 | -0.08 | 3453.26 | 80874.29 | 61358.13 | 6000.00 | 23930.54 | 10派1元（含税） | 46.83 | 2003/3/15 |
| 000988 | 华工科技 | 0.35 | 0.32 | 0.384 | 5.36 | 5.3 | -0.45 | -0.343 | 6.55 | 7.6 | 34705.21 | 16.85 | 4041.61 | -8.38 | 3700.57 | 105626.56 | 61692.31 | 6000.00 | 23000.00 | 10派1.3元（含税）送1转增9 | 81.89 | 2003/2/25 |
| 000989 | 九芝堂 | 0.376 | 0.374 | 0.407 | 3.05 | 2.95 | 0.565 | 0.63 | 12.34 | 10.44 | 90513.09 | 27.54 | 6292.09 | 20.15 | 6250.47 | 101908.58 | 51002.22 | 5200.00 | 16720.60 | 10派3.3元（含税） | 33.06 | 2003/1/21 |
| 000990 | 诚志股份 | 0.309 | 0.249 | 0.25 | 3.96 | 3.94 | 0.33 | 0.1 | 7.79 | 6.77 | 81106.07 | 84.87 | 5530.24 | 22.76 | 4456.01 | 141021.63 | 70986.25 | 7200.00 | 17925.00 | 10派0.6元（含税） | 32.38 | 2003/1/29 |
| 000993 | 闽东电力 | 0.08 | 0.03 | 0.1 | 4.83 | 4.67 | 0.23 | 0.04 | 1.56 | 2.1 | 23026.94 | 3.70 | 2256.10 | -25.68 | 914.28 | 242334.19 | 145017.71 | 10000.00 | 30000.00 | 10派0.6元（含税） | 97.74 | 2003/4/11 |
| 000995 | 皇台酒业 | 0.0155 | -0.003 | 0.0178 | 3.31 | 3.2 | -0.06 | -0.22 | 0.47 | 0.54 | 10548.62 | -12.89 | 217.48 | -12.42 | -38.95 | 66845.36 | 46287.54 | 4000.00 | 14000.00 | 10转增1 | 543.32 | 2003/3/28 |
| 000996 | 捷利股份 | -0.2 | -0.08 | 0.12 | 3.44 | 3.44 | -0.25 | 0.04 | -5.92 | 3.21 | 13815.90 | -26.51 | -2345.25 | -274.33 | -875.02 | 57893.65 | 39584.97 | 3500.00 | 11500.00 | 不分配 | / | 2003/4/19 |
| 000997 | 新大陆 | 0.33 | 0.28 | 0.35 | 5.17 | 5.14 | 0.4 | 0.1 | 6.34 | 6.76 | 35700.11 | -22.85 | 3805.98 | -5.66 | 3233.26 | 76119.80 | 59987.26 | 3100.00 | 11600.00 | 10派3元（含税） | 46.42 | 2003/4/10 |
| 000998 | 隆平高科 | 0.096 | 0.114 | 0.384 | 7.576 | 7.563 | -0.307 | -0.748 | 1.265 | 5.13 | 37459.06 | 39.82 | 1006.12 | -75.05 | 1197.87 | 103235.23 | 79552.64 | 5500.00 | 10500.00 | 10派0.5元（含税） | 151.32 | 2003/3/25 |
| 000999 | 三九医药 | 0.22 | 0.25 | 0.1607 | 3.58 | 3.07 | 0.66 | 0.2 | 6.11 | 4.65 | 216567.77 | 15.98 | 16501.96 | 36.35 | 18683.00 | 685021.13 | 269888.09 | 20000.00 | 75300.00 | 10派0.93元（含税）转增3 | 45.36 | 2003/4/9 |
| 001696 | ST联益 | 0.0571 | 0.0312 | 0.0679 | 0.3721 | -0.0476 | 1.3015 | 0.2935 | 15.34 | 33.23 | 13975.97 | -7.06 | 781.05 | -16.05 | 426.47 | 38947.41 | 5092.78 | 5158.40 | 13686.40 | 不分配 | 143.34 | 2003/4/1 |
| 001896 | 豫能控股 | 0.096 | 0.0965 | 0.125 | 2.1 | 2.1 | 0.375 | 0.293 | 4.55 | 6.02 | 47469.16 | 10.31 | 4114.02 | -23.32 | 4149.85 | 135918.96 | 90328.72 | 7995.00 | 43000.00 | 10派0.7元（含税） | 73.48 | 2003/3/28 |
| 200041 | 深本实B | 0.05 | 0.05 | 0.12 | 2.07 | 1.91 | 0.24 | -0.04 | 2.33 | 5.77 | 5693.87 | -14.65 | 292.17 | -58.61 | 270.79 | 26214.47 | 12532.77 | | 6050.00 | 不分配 | 158.85 | 2003/4/29 |
| 200053 | 深基地B | 0.273 | 0.274 | 0.261 | 2.414 | 2.366 | 0.316 | 0.367 | 11.305 | 11.457 | 9547.36 | -7.12 | 6293.95 | 4.58 | 6311.38 | 63871.82 | 55674.98 | | 23060.00 | 10派0.1648美元（含税） | 21.57 | 2003/4/17 |
| 200054 | ST建摩B | -0.32 | -0.32 | -0.4 | 0.34 | 0.33 | -0.05 | 0.11 | -92.62 | -64.08 | 48895.00 | -33.27 | -15106.80 | 21.67 | -15330.50 | 110759.80 | 16309.90 | | 47750.00 | 不分配 | / | 2003/4/8 |
| 200057 | ST大洋B | -0.15 | -0.15 | 0.03 | -0.45 | -0.74 | -0.12 | -0.03 | 33.99 | -11.51 | | | -3057.14 | -547.51 | -2874.73 | 9330.61 | -8994.40 | | 19800.00 | 不分配 | / | 2003/4/18 |
| 200152 | 山航B | -0.11 | -0.16 | 0.14 | 1.31 | 1.01 | 0.15 | 0.24 | -8.68 | 9.74 | 159658.96 | 21.73 | -4558.41 | -182.97 | -6366.88 | 332791.21 | 52532.93 | | 40000.00 | 不分配 | / | 2003/4/1 |
| 200160 | 帝贤B | 0.32 | 0.32 | 0.31 | 1.51 | 1.51 | 0.44 | 0.29 | 21 | 15 | 46308.79 | 59.53 | 11530.35 | 73.30 | 11525.80 | 183966.11 | 55372.85 | | 36550.00 | 10送2 | 15.10 | 2003/4/9 |
| 200168 | 雷伊B | 0.23 | 0.18 | 0.19 | 2.32 | 2.32 | 0.56 | -0.38 | 9.76 | 9 | 47682.27 | 18.63 | 4014.59 | 18.41 | 3270.68 | 95849.27 | 41112.10 | | 17700.00 | 10送4转增1 | 25.03 | 2003/4/29 |
| 200468 | 宁通信B | -0.274 | -0.291 | 0.011 | 1.739 | 1.662 | 0.489 | 0.076 | -15.758 | 0.553 | 62587.20 | -16.95 | -5892.66 | -2573.60 | -6248.78 | 99580.58 | 37395.20 | | 21500.00 | 不分配 | / | 2003/4/19 |
| 200512 | 闽灿坤B | 0.3552 | 0.436 | 0.408 | 1.86 | 1.84 | 0.6 | 1.42 | 19.06 | 16.84 | 348481.48 | 24.53 | 24029.26 | 41.01 | 29489.20 | 264799.96 | 126097.85 | | 67640.63 | 10送3 | 14.01 | 2003/4/10 |
| 200706 | 瓦轴B | 0.045 | 0.051 | 0.0526 | 3.07 | 2.91 | 0.29 | 0.33 | 1.44 | 1.72 | 109898.72 | 2.53 | 1470.84 | -15.27 | 1665.38 | 204138.45 | 101408.04 | | 33000.00 | 10派0.3元（含税） | 85.46 | 2003/4/22 |
| 200770 | 武锅B | 0.068 | 0.069 | 0.061 | 1.726 | 1.632 | 0.53 | 0.247 | 3.93 | 3.581 | 63050.08 | 55.96 | 2014.10 | 11.83 | 2058.18 | 174033.93 | 51275.63 | | 29700.00 | 10派0.35元（含税） | 50.07 | 2003/4/3 |
| 200771 | 杭汽轮B | 0.158 | 0.205 | 0.124 | 2.07 | 1.92 | 0.36 | 0.23 | 7.63 | 6.2 | 32602.78 | 12.75 | 3470.67 | 26.72 | 4506.04 | 68548.03 | 45478.35 | | 22000.00 | 10派1元（含税） | 26.43 | 2003/4/17 |
| 200986 | 粤华包B | 0.218 | 0.209 | 0.27 | 1.95 | 1.93 | 0.25 | 0.0613 | 11.2 | 14.7 | 74061.07 | 44.85 | 9571.11 | -19.37 | 9197.09 | 138203.99 | 85485.52 | | 43950.00 | 10派1.1元（含税） | 18.66 | 2003/4/17 |

# 三、2002年度中国上市公司经营业绩总览

## 1.2002年度中国上市公司经营业绩总览(沪市)

| 代码 | 名称 | 主营业务收入(万元) | 同比(%) | 利润总额(万元) | 同比(%) | 净利润(万元) | 同比(%) | 扣除非经常性损益后净利润(万元) | 股东权益(万元) | 总资产(万元) | 每股收益(摊薄)(元) | 每股净资产(元) | 调整后每股净资产(元) | 净资产收益率(%) | 每股经营现金流量净额(元) | 每股未分配利润(摊薄)(元) | 每股资本公积金(元) | 总股本(万股) | 流通A股(万股) | 流通外资股(万股) | 分配预(方)案 |
|---|---|---|---|---|---|---|---|---|---|---|---|---|---|---|---|---|---|---|---|---|---|
| 600000 | 浦发银行☆ | 815645.9000 | 13.52 | 186675.30 | 29.56 | 128531 | 21.04 | 128026 | 796047.6000 | 27930071.9000 | 0.3560 | 2.2020 | 2.1990 | 16.1500 | 0.8580 | 0.0104 | 0.7428 | 361500 | 60000 | - - | 10派1元(含税) |
| 600001 | 邯郸钢铁☆ | 787547.8000 | 8.82 | 78841.80 | 0.34 | 52865 | -22.61 | 62271 | 660640.8000 | 986135.5000 | 0.3560 | 4.4400 | 4.4200 | 8.0000 | 0.4800 | 0.7994 | 2.0945 | 148655 | 49000 | - - | 10派1.1元(含税) |
| 600002 | 齐鲁石化☆ | 716948.7000 | -4.31 | 6636.20 | 61.32 | 4263 | - - | 4444 | 439139.2000 | 666176.1000 | 0.0220 | 2.2500 | 2.2100 | 0.9700 | 0.6200 | -0.0077 | 1.1397 | 195000 | 35000 | - - | 不分配、不转增 |
| 600003 | 东北高速∇ | 40325.5050 | 7.85 | 21620.82 | -11.81 | 12173 | -34.50 | 17399 | 305152.0909 | 527808.0339 | 0.1003 | 2.5153 | 2.5014 | 3.9891 | 0.2416 | 0.2488 | 1.1304 | 121320 | 30000 | - - | 不分配、不转增 |
| 600005 | 武钢股份☆ | 675814.0783 | 6.82 | 89004.19 | 8.24 | 59590 | -15.25 | 60609 | 516204.7295 | 698205.2653 | 0.2850 | 2.4690 | 2.4690 | 11.5400 | 0.6140 | 0.2471 | 0.9477 | 209048 | 32000 | - - | 10送2派0.5元(含税) |
| 600006 | 东风汽车☆ | 700058.8583 | 58.00 | 76061.83 | 22.42 | 61643 | 14.71 | 62997 | 337485.0576 | 661323.4507 | 0.6164 | 3.3749 | 3.3742 | 18.2700 | 1.9400 | 0.7957 | 1.3063 | 100000 | 30000 | - - | 10派2元(含税) |
| 600007 | 中国国贸☆ | 65198.8000 | 9.20 | 26720.40 | 0.18 | 17504 | -1.95 | 19595 | 223889.7000 | 380245.8000 | 0.2200 | 2.8000 | 2.4900 | 7.8200 | 0.4700 | 0.4094 | 1.1530 | 80000 | 16000 | - - | 10派1.04元(含税) |
| 600008 | 首创股份☆ | 20319.0368 | 14.31 | 46513.86 | -4.22 | 46052 | -4.46 | 44672 | 401148.7890 | 598194.5845 | 0.4187 | 3.6468 | 3.6450 | 11.4800 | 0.4706 | 0.0078 | 2.4362 | 110000 | 30000 | - - | 10派3.5元(含税) |
| 600009 | 上海机场☆ | 137097.2239 | 18.54 | 71518.64 | 7.20 | 60568 | 6.87 | 59720 | 534804.1710 | 673700.1896 | 0.4290 | 3.7860 | 3.7830 | 11.3300 | 0.7090 | 0.9608 | 1.3857 | 141261 | 51261 | - - | 10派2元(含税) |
| 600010 | 钢联股份☆ | 640478.1501 | 14.25 | 44008.24 | 5.93 | 30543 | 19.00 | 31507 | 359178.6080 | 826682.6748 | 0.2400 | 2.8700 | 2.8700 | 8.5000 | 1.0900 | 0.2287 | 1.5300 | 125000 | 35000 | - - | 10派1.5元(含税) |
| 600011 | 华能国际☆ | 1872534.0857 | 18.39 | 521207.94 | 17.85 | 408235 | 12.27 | 411113 | 2916947.6868 | 4809875.5152 | 0.6800 | 4.8600 | 4.8500 | 14.0000 | 1.3000 | 1.5814 | 1.7101 | 600027 | 25000 | N股:150000.00 | 10派3.4元(含税) |
| 600012 | 皖通高速☆ | 75162.7488 | 22.93 | 32480.59 | 25.90 | 25839 | 4.14 | 24664 | 355219.9647 | 506220.3679 | 0.1600 | 2.1400 | 2.1400 | 7.2700 | 0.3000 | 0.2871 | 0.7094 | 165861 | 25000 | H股:49301.000 | 10派0.3元(含税) |
| 600016 | 民生银行☆ | 721367.7000 | - - | 121902.80 | - - | 89154 | - - | 88911 | 600381.0000 | 24628085.3000 | 0.3400 | 2.3200 | 2.2200 | 14.8500 | 13.6800 | 0.2416 | 0.9789 | 258672 | 52325 | - - | 10送2转1派0.6元(含税) |
| 600018 | 上港集箱Δ | 259006.5009 | 21.12 | 125685.24 | 4.50 | 77845 | 10.46 | 78705 | 498062.0223 | 825410.6112 | 0.8628 | 5.5205 | 5.4576 | 15.6295 | 1.6063 | 0.9973 | 2.9496 | 90220 | 21000 | - - | 10送3转7派4元(含税) |
| 600019 | 宝钢股份☆ | 3387661.0000 | 16.13 | 594200.00 | 60.16 | 427193 | 66.79 | 435588 | 2818506.0000 | 6148919.0000 | 0.3400 | 2.2500 | 2.2500 | 15.1600 | 0.8600 | 0.1371 | 0.9342 | 1251200 | 187700 | - - | 10派2元(含税) |
| 600026 | 中海发展☆ | 432579.6000 | 7.34 | 68356.20 | 47.30 | 57192 | 62.80 | 57083 | 614909.4000 | 900240.1000 | 0.1720 | 1.8500 | 1.8400 | 9.3000 | 0.5200 | 0.1566 | 0.6175 | 332600 | 35000 | H股:129600.000 | 10派1元(含税) |
| 600028 | 中国石化☆ | 32418400.0000 | 6.50 | 2201200.00 | 1.70 | 1412100 | 0.70 | 1499900 | 14651500.0000 | 36837500.0000 | 0.1630 | 1.6900 | 1.6760 | 9.6380 | 0.6930 | 0.0850 | 0.4220 | 8670244 | 280000 | H股:1678048.80 | 10派0.6元(含税) |
| 600030 | 中信证券☆ | 82638.1608 | -56.53 | 14452.77 | -82.64 | 11008 | -82.52 | 11253 | 511572.8759 | 1863985.2039 | 0.0400 | 2.0600 | 2.0100 | 2.1500 | -2.6700 | 0.0003 | 0.8123 | 248150 | 40000 | - - | 社会公众股10派0.037元(含税) |
| 600033 | 福建高速☆ | 70267.8282 | 131.39 | 49160.05 | 64.42 | 26014 | 18.10 | 23534 | 257320.6785 | 556374.1585 | 0.3798 | 3.7565 | 3.7562 | 10.1100 | 0.6320 | 0.4962 | 1.9816 | 68500 | 20000 | - - | 10送2派0.5元(含税) |
| 600036 | 招商银行☆ | 1179614.0000 | 12.62 | 257027.00 | 25.12 | 173427 | 26.10 | 171239 | 1603182.1000 | 37165991.2000 | 0.3000 | 2.8100 | 2.7000 | 10.8200 | 5.9600 | 0.0945 | 1.6243 | 570682 | 107020 | - - | 10派1.2元(含税) |
| 600037 | 歌华有线☆ | 46927.6936 | 42.79 | 16490.75 | 6.51 | 14964 | 5.12 | 15378 | 172687.0105 | 213432.3579 | 0.4300 | 4.9200 | 4.8900 | 8.6700 | 0.8100 | 0.2507 | 3.3199 | 35100 | 10400 | - - | 10派1.5元(含税) |
| 600038 | 哈飞股份☆ | 53402.2119 | 67.02 | 6600.36 | 2.18 | 6060 | 11.15 | 5460 | 73045.4301 | 107648.0753 | 0.2500 | 3.0400 | 3.0100 | 8.3000 | 0.1000 | 0.2850 | 1.5927 | 24000 | 9600 | - - | 不分配、不转增 |
| 600050 | 中国联通☆ | 3947760.8242 | 36.00 | 619196.35 | 20.71 | 194785 | 16.60 | 197541 | 3672116.0087 | 14994910.2922 | 0.1000 | 1.8600 | 1.4100 | 5.3000 | 0.6600 | 0.1237 | 0.7213 | 1969660 | 275000 | - - | 10派0.357元(含税) |
| 600051 | 宁波联合☆ | 398782.8455 | 9.49 | 8621.77 | 18.44 | 4375 | -19.43 | 4181 | 83925.3767 | 272874.8823 | 0.1400 | 2.7800 | 2.6500 | 5.2100 | -0.6000 | -0.0562 | 1.3191 | 30240 | 8540 | - - | 10派1元(含税) |
| 600052 | 浙江广厦Δ | 91400.9042 | 123.34 | 26922.62 | 202.38 | 10102 | 36.41 | 11535 | 152971.2987 | 374699.3446 | 0.2100 | 3.1600 | 3.1300 | 6.6000 | 0.7800 | 0.3278 | 1.6034 | 48363 | 25553 | - - | 不分配、不转增 |
| 600053 | 江西纸业○ | 16789.2133 | -45.05 | -33249.96 | - - | -33250 | - - | -23877 | 1566.8151 | 126551.3954 | -2.0600 | 0.1000 | -1.8100 | -2122.1400 | 0.1500 | -3.4639 | 2.3862 | 16107 | 7605 | - - | 不分配、不转增 |
| 600054 | 黄山旅游☆ | 45680.1571 | 14.56 | 5648.86 | -24.99 | 2551 | -44.32 | 2973 | 75036.6863 | 99587.1985 | 0.0800 | 2.4800 | 2.3200 | 3.4000 | 0.4100 | 0.3038 | 0.8438 | 30290 | 5200 | B股:10400.000 | 10派0.2元(含税) |
| 600055 | 万东医疗☆ | 38786.4055 | 18.46 | 4089.76 | 7.49 | 3363 | 4.78 | 3380 | 36670.6680 | 59524.4177 | 0.3000 | 3.3000 | 3.2900 | 9.1700 | 0.4600 | 0.4043 | 1.5980 | 11100 | 3900 | - - | 10派1元(含税) |
| 600056 | 中技贸易☆ | 230710.7079 | -7.08 | 5114.11 | -7.50 | 4513 | -7.96 | 3193 | 58220.9513 | 100173.7216 | 0.3462 | 4.4665 | 4.4600 | 7.7520 | -1.0000 | 0.6355 | 2.4590 | 13035 | 3900 | - - | 10转6派1元(含税) |
| 600057 | 厦新电子☆ | 448669.6049 | 354.00 | 68661.67 | - - | 60694 | - - | 61338 | 88924.8936 | 276200.1528 | 1.6900 | 2.4800 | 2.4400 | 68.2500 | 2.7100 | 0.4068 | 0.8373 | 35820 | 14400 | - - | 10送2派3.8元(含税) |
| 600058 | 龙腾科技☆ | 2833329.0000 | 44.76 | 29376.00 | 18.22 | 17830 | 15.18 | 18126 | 190324.0000 | 950741.0000 | 0.4204 | 4.4878 | 4.4491 | 9.3682 | 4.5870 | 0.7368 | 2.3846 | 42409 | 12000 | - - | 10转3派3元(含税) |
| 600059 | 古越龙山☆ | 48314.2974 | 10.94 | 9349.85 | 14.69 | 6463 | -6.86 | 6405 | 113868.2106 | 188990.2383 | 0.2780 | 4.8900 | 4.8700 | 5.6800 | 0.4980 | 0.5056 | 3.0320 | 23280 | 10647 | - - | 10派2元(含税) |
| 600060 | 海信电器☆ | 562355.0011 | 45.22 | 4975.74 | - - | 3506 | - - | 2734 | 230721.9399 | 397091.0472 | 0.0710 | 4.6730 | 4.6450 | 1.5200 | 0.1740 | 0.4196 | 2.9861 | 49377 | 20384 | - - | 不分配、不转增 |
| 600061 | 中纺投资☆ | 75000.7004 | 11.68 | 202.09 | -93.91 | 137 | -94.96 | -5 | 48047.8028 | 89887.0872 | 0.0040 | 1.2900 | 1.2900 | 0.2800 | -0.0200 | 0.0129 | 0.1651 | 37312 | 12168 | - - | 不分配、不转增 |

| 代码 | 名称 | 主营业务收入（万元） | 同比（%） | 利润总额（万元） | 同比（%） | 净利润（万元） | 同比（%） | 扣除非经常性损益后净利润（万元） | 股东权益（万元） | 总资产（万元） | 每股收益（摊薄）（元） | 每股净资产（元） | 调整后每股净资产（元） | 净资产收益率（%） | 每股经营现金流量净额（元） | 每股未分配利润（摊薄）（元） | 每股资本公积金（元） | 总股本（万股） | 流通A股（万股） | 流通外资股（万股） | 分配预（方）案 |
|---|---|---|---|---|---|---|---|---|---|---|---|---|---|---|---|---|---|---|---|---|---|
| 600062 | 双鹤药业☆ | 368632.1221 | 55.00 | 20559.35 | 11.32 | 16844 | 10.80 | 16490 | 140419.6234 | 361646.4655 | 0.3819 | 3.1836 | 2.9792 | 12.0000 | 0.3188 | 0.5539 | 1.3013 | 44108 | 18587 | -- | 10派1元(含税) |
| 600063 | 皖维高新☆ | 74269.3606 | 46.36 | 7344.47 | -13.57 | 4441 | -42.43 | 4299 | 62781.7704 | 146542.2591 | 0.1760 | 2.4820 | 2.3390 | 7.0700 | 0.4840 | 0.1159 | 1.1922 | 25290 | 9900 | -- | 10派1.25元(含税) |
| 600064 | 南京高科☆ | 84023.8826 | 63.82 | 7937.56 | -5.28 | 8214 | 16.07 | 7784 | 122211.1241 | 289353.5187 | 0.2390 | 3.5500 | 3.5200 | 6.7200 | -0.0340 | 0.4117 | 1.6377 | 34415 | 15549 | -- | 10派2元(含税) |
| 600065 | 大庆联谊▽ | 69324.2840 | 26.05 | 463.36 | -- | 492 | -- | 165 | 72894.6861 | 118341.6175 | 0.0256 | 3.7966 | 3.7243 | 0.6743 | 0.0167 | -0.1182 | 2.4044 | 19200 | 6000 | -- | 不分配、不转增 |
| 600066 | 宇通客车☆ | 268504.9400 | 69.99 | 17155.91 | 40.21 | 10406 | 5.72 | 12057 | 95844.7557 | 173327.9423 | 0.7611 | 7.0100 | 7.0070 | 10.8600 | 2.0000 | 0.8201 | 4.6850 | 13672 | 9372 | -- | 不分配、不转增 |
| 600067 | 福州大通☆ | 37401.9872 | -7.30 | 3479.84 | 20.05 | 2459 | -23.99 | 1938 | 30647.6318 | 94586.2927 | 0.1500 | 1.8200 | 1.7500 | 8.0200 | 0.0800 | 0.0957 | 0.5466 | 16802 | 10868 | -- | 不分配、不转增 |
| 600068 | 葛洲坝☆ | 189700.9876 | -14.10 | 8879.29 | -43.34 | 8272 | -43.28 | 11045 | 333149.3362 | 484425.1056 | 0.1170 | 4.7200 | 4.7100 | 2.4800 | 0.1530 | 0.6703 | 2.8585 | 70580 | 34580 | -- | 不分配、不转增 |
| 600069 | 银鸽投资○ | 37985.8556 | 107.45 | 1624.51 | -- | 1625 | -- | 1179 | 39508.2618 | 87001.3043 | 0.0400 | 1.0600 | 1.0600 | 4.0000 | 0.3100 | -0.3964 | 0.3688 | 37160 | 14560 | -- | 不分配、不转增 |
| 600070 | 浙江富润☆ | 23483.5756 | 15.89 | 3542.37 | 89.98 | 2521 | 41.71 | 2455 | 36411.9363 | 55320.2654 | 0.2900 | 4.2500 | 4.2400 | 6.9200 | 0.6600 | 0.3464 | 2.6625 | 8559 | 4056 | -- | 10派1.5元(含税) |
| 600071 | 凤凰光学☆ | 34043.7936 | 8.56 | 2607.69 | -33.63 | 1968 | -42.87 | 1942 | 44343.7807 | 67339.5411 | 0.0829 | 1.8700 | 1.8400 | 4.4400 | 0.1200 | 0.2121 | 0.4640 | 23747 | 10745 | -- | 不分配、不转增 |
| 600072 | 江南重工☆ | 47681.3590 | 15.38 | 3717.54 | 13.67 | 3030 | 10.15 | 1162 | 98931.6963 | 112010.8962 | 0.0920 | 3.0030 | 2.9500 | 3.0630 | 0.1410 | 0.2413 | 1.5737 | 32950 | 14976 | -- | 10转1 |
| 600073 | 上海梅林☆ | 63187.7742 | 27.30 | 2567.91 | -51.89 | 1055 | -69.35 | -906 | 79834.2144 | 145521.2379 | 0.0300 | 2.4600 | 2.4300 | 1.3200 | 0.1300 | -0.0049 | 1.3494 | 32400 | 12000 | -- | 不分配、不转增 |
| 600074 | 南京中达☆ | 76233.0103 | 54.35 | 12621.64 | 42.38 | 8349 | 11.66 | 8400 | 103388.1446 | 251043.4091 | 0.2450 | 3.0290 | 2.9970 | 8.0700 | 0.5700 | 0.3495 | 1.5438 | 34128 | 17496 | -- | 不分配、不转增 |
| 600075 | 新疆天业☆ | 144193.9014 | 13.19 | 5439.09 | -10.08 | 4458 | 4.02 | 4366 | 110889.9031 | 281204.3282 | 0.2000 | 4.8900 | 4.8600 | 4.0900 | 1.5000 | 0.7316 | 2.8614 | 22680 | 9720 | -- | 不分配、不转增 |
| 600076 | 青鸟华光☆ | 33691.5201 | -6.04 | 784.96 | -85.60 | 278 | -94.27 | -728 | 99408.7934 | 187568.2198 | 0.0110 | 3.9258 | 3.8200 | 0.2800 | -0.8366 | 0.4576 | 2.1578 | 25322 | 12480 | -- | 不分配、不转增 |
| 600077 | 国能集团☆ | 18581.6530 | -32.87 | -5116.85 | -- | -4582 | -- | -4582 | 30450.2796 | 50379.3244 | -0.3610 | 2.4000 | 2.2900 | -15.0500 | -0.1300 | -0.4118 | 1.6788 | 12682 | 4654 | -- | 不分配、不转增 |
| 600078 | 澄星股份☆ | 77101.4625 | 31.50 | 9051.02 | 36.30 | 5503 | -7.37 | 4937 | 68921.6077 | 124045.4913 | 0.3100 | 3.8300 | 3.8000 | 7.9800 | -0.1900 | 0.5889 | 1.7376 | 18006 | 6628 | -- | 不分配、不转增 |
| 600079 | 人福科技☆ | 55880.1672 | 109.47 | 5489.01 | 7.25 | 1926 | -31.34 | 1975 | 47782.3209 | 142698.0479 | 0.1400 | 3.2900 | 3.2600 | 5.0900 | -0.4800 | 0.2205 | 1.7382 | 14524 | 8349 | -- | 10送1转3派0.25元(含税) |
| 600080 | 金花股份☆ | 18202.8280 | 16.20 | 3124.33 | -42.00 | 2549 | -45.29 | 1973 | 85023.6574 | 133316.2162 | 0.1100 | 3.6800 | 3.5600 | 3.0000 | 0.2500 | 1.2282 | 1.2012 | 23084 | 9984 | -- | 不分配、不转增 |
| 600081 | 东风科技☆ | 73490.4619 | 22.48 | 8493.29 | 41.92 | 7061 | 39.97 | 5841 | 45715.5624 | 100640.3592 | 0.2928 | 1.8953 | 1.8704 | 15.4500 | 0.5700 | 0.3391 | 0.3555 | 24120 | 6030 | -- | 不分配、不转增 |
| 600082 | ST海泰☆ | 12187.2466 | -77.27 | 4196.25 | -- | 2775 | -- | 2715 | 34740.1060 | 52229.3052 | 0.1860 | 2.3320 | 2.3290 | 7.9900 | -0.0930 | 0.1208 | 1.1002 | 14898 | 7919 | -- | 10派0.27元(含税) |
| 600083 | ST博讯☆ | 17931.0587 | 108.36 | 810.64 | -33.37 | 811 | -33.37 | 2233 | 1341.8223 | 20794.2955 | 0.0350 | 0.0580 | 0.0480 | 60.4100 | -0.0350 | -1.0469 | 0.1052 | 23000 | 13573 | -- | 不分配、不转增 |
| 600084 | 新天国际☆ | 126321.1121 | 47.97 | 9312.68 | 11.65 | 7665 | 4.19 | 7701 | 73032.4708 | 248112.7881 | 0.3300 | 3.1400 | 3.0400 | 10.5000 | -0.3400 | 0.9302 | 0.9298 | 23518 | 8923 | -- | 10派1元(含税) |
| 600085 | 同仁堂☆ | 199184.5756 | 23.59 | 33022.18 | 27.95 | 24988 | 25.72 | 25234 | 139423.2268 | 245918.9103 | 0.7530 | 4.2020 | 4.0750 | 17.9200 | 0.7550 | 0.8460 | 1.7818 | 33180 | 9962 | -- | 10派3元(含税) |
| 600086 | 多佳股份☆ | 9328.5897 | -166.00 | 2263.52 | -41.80 | 1493 | -42.53 | 1652 | 51201.9817 | 80923.9496 | 0.0420 | 1.4540 | 1.4510 | 2.9200 | 0.0970 | 0.2272 | 0.1171 | 35228 | 12822 | -- | 不分配、不转增 |
| 600087 | 南京水运☆ | 52120.4189 | 7.25 | 14813.14 | 9.15 | 12537 | 8.51 | 11665 | 83620.4497 | 128018.2515 | 0.5200 | 3.4900 | 3.4900 | 14.9900 | 0.5200 | 0.2957 | 1.6618 | 23932 | 7280 | -- | 10派4元(含税) |
| 600088 | 中视传媒☆ | 31237.7218 | -13.24 | 681.65 | -81.80 | 225 | -91.60 | 2368 | 72527.9771 | 91014.9554 | 0.0100 | 3.0600 | 3.0300 | 0.3100 | 0.3100 | 0.0719 | 1.7541 | 23673 | 7800 | -- | 不分配、不转增 |
| 600089 | 特变电工☆ | 176174.5738 | 34.44 | 13952.48 | 30.18 | 8763 | 9.34 | 8045 | 89340.9798 | 270832.5634 | 0.3400 | 3.4400 | 3.3800 | 9.8100 | 1.0200 | 0.7708 | 1.4147 | 25949 | 13042 | -- | 10派1元(含税) |
| 600090 | 啤酒花☆ | 72579.8711 | 6.07 | 4938.87 | -38.83 | 4814 | -35.60 | 2595 | 59532.8147 | 212224.0524 | 0.1310 | 1.6180 | 1.5340 | 8.0860 | -0.0940 | 0.0602 | 0.0536 | 36792 | 17412 | -- | 不分配、不转增 |
| 600091 | 明天科技☆ | 71889.7742 | 13.84 | 7574.47 | -2.19 | 7713 | 22.79 | 7477 | 177750.0458 | 249905.2905 | 0.2290 | 5.2800 | 5.2300 | 4.3400 | 0.4200 | 0.4413 | 3.6297 | 33653 | 20620 | -- | 不分配、不转增 |
| 600092 | 精密股份☆ | 13417.7620 | -12.69 | 549.91 | -88.32 | 319 | -91.95 | 275 | 67621.9667 | 109338.5313 | 0.0122 | 2.5900 | 2.5900 | 0.4700 | -0.3180 | 0.4848 | 0.9643 | 26120 | 13310 | -- | 不分配、不转增 |
| 600093 | 禾嘉股份☆ | 24334.4056 | 102.64 | 2745.51 | -3.73 | 1659 | -12.47 | 1712 | 40802.8810 | 98166.7848 | 0.0870 | 2.1300 | 2.1000 | 4.0700 | -0.3600 | 0.5024 | 0.4562 | 19125 | 7650 | -- | 10送2转3 |
| 600094 | 华源股份☆ | 230450.4237 | 24.02 | 8618.19 | -38.01 | 4380 | -43.34 | 3165 | 147457.7108 | 447991.3478 | 0.0900 | 3.0000 | 2.9600 | 2.9700 | 0.4100 | 0.1390 | 1.5029 | 49175 | 11040 | B股:20700.000 | 不分配、不转增 |
| 600095 | 哈高科△ | 22732.8417 | -5.25 | 775.40 | -- | 650 | -- | 129 | 60188.8661 | 145271.9936 | 0.0250 | 2.3010 | 2.1180 | 1.0800 | 0.1440 | -0.2398 | 1.3834 | 26156 | 15107 | -- | 不分配、不转增 |
| 600096 | 云天化☆ | 97861.3814 | 9.51 | 18735.87 | 2.41 | 15305 | -0.97 | 13853 | 120436.3616 | 247046.5496 | 0.4157 | 3.2711 | 3.2170 | 12.7100 | 0.8193 | 0.0626 | 1.4485 | 36818 | 10000 | -- | 10派4元(含税) |
| 600097 | 华立科技☆ | 20848.2878 | 81.84 | 1052.77 | -11.74 | 1017 | -16.83 | 894 | 13944.3151 | 40961.9429 | 0.0900 | 1.2100 | 1.2000 | 7.2900 | 0.3200 | -1.9926 | 2.1068 | 11545 | 3500 | -- | 不分配、不转增 |
| 600098 | 广州控股☆ | 407076.3060 | 4.18 | 143626.86 | 7.63 | 82349 | -12.66 | 72131 | 524953.9550 | 1074651.1819 | 0.6570 | 4.1900 | 4.1870 | 15.6900 | 1.3200 | 1.2285 | 1.0163 | 125280 | 23400 | -- | 10派3元(含税) |
| 600099 | 林海股份☆ | 15853.2537 | -16.84 | 305.29 | -15.53 | 305 | 93.82 | 317 | 45126.6616 | 51332.3232 | 0.0140 | 2.0600 | 2.0200 | 0.6800 | 0.0400 | 0.0712 | 0.9215 | 21912 | 9120 | -- | 不分配、不转增 |
| 600100 | 清华同方☆ | 543966.8360 | 8.52 | 25414.94 | -41.30 | 18360 | -36.86 | 18158 | 276263.7120 | 627632.0900 | 0.3200 | 4.8080 | 4.7080 | 6.6500 | 0.2130 | 0.6646 | 2.6888 | 57461 | 27303 | -- | 10派2元(含税) |

| 代码 | 名称 | 主营业务收入（万元） | 同比（%） | 利润总额（万元） | 同比（%） | 净利润（万元） | 同比（%） | 扣除非经常性损益后净利润（万元） | 股东权益（万元） | 总资产（万元） | 每股收益（摊薄）（元） | 每股净资产（元） | 调整后每股净资产（元） | 净资产收益率（%） | 每股经营现金流量净额（元） | 每股未分配利润（摊薄）（元） | 每股资本公积金（元） | 总股本（万股） | 流通A股（万股） | 流通外资股（万股） | 分配预（方）案 |
|---|---|---|---|---|---|---|---|---|---|---|---|---|---|---|---|---|---|---|---|---|---|
| 600101 | 明星电力☆ | 32541.3396 | 31.09 | 9114.94 | 6.67 | 7873 | 0.52 | 8087 | 103043.9755 | 142535.9428 | 0.4640 | 6.0700 | 5.8800 | 7.6400 | 0.7750 | 0.9060 | 3.1726 | 16981 | 9500 | - - | 10派2.5元(含税) |
| 600102 | 莱钢股份☆ | 601464.3594 | 20.58 | 57937.53 | 7.42 | 38504 | -15.52 | 40487 | 380230.9545 | 705636.9899 | 0.4170 | 4.1200 | 4.1200 | 10.1300 | 0.7800 | 1.1478 | 1.4530 | 92227 | 20280 | - - | 10派2.5元(含税) |
| 600103 | 青山纸业☆ | 85761.2243 | -6.64 | 4041.18 | -66.61 | 1369 | -86.06 | 1404 | 155891.1385 | 226640.0371 | 0.0190 | 2.2070 | 2.1860 | 0.8780 | 0.3200 | 0.4069 | 0.5193 | 70630 | 44627 | - - | 不分配、不转增 |
| 600104 | 上海汽车☆ | 476924.0000 | 28.72 | 114762.00 | 34.18 | 107044 | 36.50 | 117246 | 827529.0000 | 1070046.0000 | 0.4250 | 3.2840 | 3.2650 | 12.9400 | 0.3090 | 0.0096 | 1.9543 | 252000 | 75600 | - - | 10派3.6元(含税) |
| 600105 | 永鼎光缆☆ | 103099.3632 | -18.73 | 8842.47 | -7.18 | 6297 | -17.60 | 6130 | 94534.3724 | 151837.7526 | 0.2310 | 3.4700 | 3.4600 | 6.6600 | 0.7400 | 0.1625 | 1.9035 | 27211 | 9750 | - - | 10派1.2元(含税) |
| 600106 | 重庆路桥☆ | 23847.2122 | 74.21 | 8215.16 | 1.12 | 7159 | 2.16 | 5132 | 96215.2716 | 148328.5596 | 0.2309 | 3.1000 | 3.0400 | 7.4400 | 0.2800 | 0.4880 | 1.3485 | 31000 | 9000 | - - | 不分配、不转增 |
| 600107 | 美尔雅Δ | 15051.3871 | 1.83 | -33075.98 | - - | -33576 | - - | -6225 | 46469.2439 | 89717.9396 | -0.9300 | 1.2900 | 0.7400 | -72.2600 | 0.0180 | -0.6369 | 0.6711 | 36000 | 13320 | - - | 不分配、不转增 |
| 600108 | 亚盛集团☆ | 83222.9542 | 25.24 | 8865.39 | -8.32 | 8006 | -10.83 | 8024 | 143028.9465 | 249690.8847 | 0.1300 | 2.2900 | - - | 5.6000 | 0.0690 | 0.3488 | 0.7696 | 62505 | 27682 | - - | 10派0.5元(含税) |
| 600109 | 成都建投☆ | 59109.6539 | -7.89 | 849.03 | 548.58 | 848 | 550.69 | 603 | 18083.0989 | 31997.3993 | 0.1200 | 2.5480 | 2.5350 | 4.6900 | 0.1930 | -0.7503 | 2.2979 | 7098 | 2750 | - - | 不分配、不转增 |
| 600110 | 中科英华☆ | 21708.2823 | 88.10 | 5473.50 | -1.79 | 5100 | - - | 4990 | 59297.9595 | 85820.2163 | 0.1530 | 1.8000 | 1.7200 | 8.6000 | 0.1646 | 0.0968 | 0.5435 | 33412 | 13768 | - - | 10派0.3元(含税) |
| 600111 | 稀土高科☆ | 30302.4888 | -3.93 | 6805.47 | -16.74 | 6519 | -19.09 | 6462 | 106513.2671 | 140172.9401 | 0.1610 | 2.6390 | 2.4880 | 6.1200 | 0.1250 | 0.2907 | 1.1522 | 40367 | 14560 | - - | 10派0.5元(含税) |
| 600112 | 长征电器☆ | 13660.6431 | -17.33 | -19668.37 | - - | -19668 | - - | -17943 | 27990.2198 | 47621.2530 | -1.1435 | 1.6300 | 1.4800 | -70.2700 | -0.0826 | -0.9078 | 1.4486 | 17200 | 5200 | - - | 不分配、不转增 |
| 600113 | 浙江东日☆ | 4152.9661 | -37.70 | 687.54 | 63.21 | 448 | 84.32 | 368 | 35860.3048 | 40994.1858 | 0.0400 | 3.0400 | 3.0200 | 1.2500 | 0.3100 | 0.0590 | 1.8310 | 11800 | 4000 | - - | 不分配、不转增 |
| 600115 | 东方航空☆ | 1339064.6000 | 4.29 | 26230.60 | 76.46 | 12426 | 28.10 | 6701 | 628406.6000 | 3142619.7000 | 0.0255 | 1.2910 | 1.2103 | 1.9800 | 0.7300 | 0.0207 | 0.2583 | 486695 | 30000 | H股：156695.000 | 10派0.2元(含税) |
| 600116 | 三峡水利☆ | 33328.1905 | 14.20 | 1387.14 | -50.46 | 821 | -59.28 | 902 | 51487.3837 | 118049.3989 | 0.0500 | 2.9500 | 2.4200 | 1.5900 | 0.6000 | 0.2155 | 1.5466 | 17477 | 5799 | - - | 不分配、不转增 |
| 600117 | 西宁特钢☆ | 135404.4115 | 9.30 | 12813.35 | 26.78 | 11369 | 27.27 | 10954 | 121082.2318 | 295228.3130 | 0.1953 | 2.0800 | 1.9800 | 9.3900 | 0.2100 | 0.0098 | 0.9463 | 58222 | 16000 | - - | 10派5.2元(含税) |
| 600118 | 中国卫星☆ | 34619.0721 | 23.31 | 4266.66 | 154.70 | 2508 | 143.20 | 2551 | 30303.9102 | 62275.0146 | 0.1300 | 1.6000 | 1.5700 | 8.2800 | 0.0010 | 0.3059 | 0.0988 | 18950 | 7200 | - - | 10送2派0.5元(含税) |
| 600119 | 长江投资☆ | 57063.1354 | 20.90 | 3510.77 | 9.49 | 2411 | 5.92 | 2299 | 40004.0218 | 85384.0361 | 0.0937 | 1.5542 | 1.4260 | 6.0267 | 0.1276 | 0.1202 | 0.3652 | 25740 | 8237 | - - | 不分配、不转增 |
| 600120 | 浙江东方☆ | 364176.8677 | 17.35 | 20919.13 | 29.72 | 11085 | 7.44 | 11444 | 82235.8884 | 244486.0029 | 0.3500 | 2.6000 | 2.5600 | 13.4800 | -0.8300 | 0.4893 | 0.6816 | 31592 | 13118 | - - | 10送1转5派0.5元(含税) |
| 600121 | 郑州煤电☆ | 83115.5400 | 32.42 | 12031.81 | 34.37 | 8029 | 5.50 | 8406 | 130307.5000 | 218382.8700 | 0.1000 | 1.6090 | 1.6040 | 6.1600 | 0.3130 | 0.1596 | 0.2762 | 81000 | 21600 | - - | 不分配、不转增 |
| 600122 | 宏图高科☆ | 221015.2000 | 10.24 | 5415.23 | -21.89 | 3467 | -40.39 | 3313 | 97960.6230 | 292735.5328 | 0.1090 | 3.0690 | 2.9100 | 3.5400 | 0.3230 | 0.5274 | 1.3507 | 31920 | 14400 | - - | 不分配、不转增 |
| 600123 | 兰花科创☆ | 64622.5992 | 43.41 | 11549.56 | 102.79 | 8423 | 112.67 | 8462 | 87046.3934 | 166239.6731 | 0.2270 | 2.3450 | 2.2700 | 9.6800 | 0.4800 | 0.1122 | 1.1489 | 37125 | 14400 | - - | 10派1元(含税) |
| 600125 | 铁龙股份☆ | 32067.8547 | -8.18 | 8338.14 | 0.55 | 6543 | 8.68 | 6588 | 59509.1355 | 87205.4914 | 0.3430 | 3.1190 | 3.0040 | 11.0000 | 0.4790 | 1.1567 | 0.2970 | 19078 | 9078 | - - | 10派1元(含税) |
| 600126 | 杭钢股份☆ | 516574.9230 | 19.71 | 41887.37 | 1.93 | 27113 | -20.83 | 28453 | 218703.7815 | 387688.8136 | 0.4200 | 3.3900 | 3.3700 | 12.4000 | 1.1600 | 0.9171 | 1.1315 | 64534 | 16575 | - - | 10派2元(含税) |
| 600127 | 金健米业☆ | 54505.5938 | 33.13 | -13524.55 | - - | -13365 | - - | -12601 | 112352.3983 | 237092.6209 | -0.3090 | 2.5980 | 2.5980 | -11.9000 | -0.1300 | - - | 1.8851 | 43250 | 19143 | - - | 不分配、不转增 |
| 600128 | 弘业股份☆ | 165257.5501 | 14.03 | 3615.82 | 65.65 | 1607 | 56.86 | 1790 | 55806.5231 | 92338.4311 | 0.0800 | 2.8000 | 2.7300 | 2.8800 | 0.1100 | 0.3291 | 1.1218 | 19945 | 7412 | - - | 10派0.5元(含税) |
| 600129 | 太极集团☆ | 233912.2635 | 33.74 | 7116.90 | -14.35 | 5470 | -8.58 | 5254 | 84819.2155 | 319560.1490 | 0.2170 | 3.3600 | 3.1500 | 6.4500 | 1.0300 | 0.0881 | 1.9658 | 25260 | 7500 | - - | 不分配、不转增 |
| 600130 | 波导股份☆ | 636761.5959 | 142.83 | 27182.28 | 114.62 | 21592 | 216.91 | 22583 | 99246.7069 | 380741.4781 | 1.3500 | 6.2030 | 6.1600 | 21.7600 | 3.7100 | 1.1433 | 3.7058 | 16000 | 4000 | - - | 10派3.5元(含税) |
| 600131 | 岷江水电☆ | 34373.2068 | 140.59 | 6949.36 | 107.28 | 5317 | 94.48 | 5120 | 61887.1376 | 168086.0228 | 0.1800 | 2.0900 | 2.0500 | 8.2000 | 0.1100 | 0.3313 | 0.5716 | 29654 | 9995 | - - | 10送2转5派1元(含税) |
| 600132 | 重庆啤酒☆ | 77874.6308 | 66.86 | 5536.29 | 38.06 | 4455 | 29.94 | 4457 | 59555.9790 | 141555.4890 | 0.2607 | 3.4900 | 3.4200 | 7.4800 | 0.7300 | 0.0675 | 1.9744 | 17087 | 5200 | - - | 10转5派1.5元(含税) |
| 600133 | 东湖高新☆ | 39090.5934 | -16.42 | 5028.17 | -16.07 | 4129 | -16.02 | 4079 | 67665.7122 | 135207.7127 | 0.1498 | 2.4553 | 2.3231 | 6.1000 | -0.1137 | 0.2233 | 1.0002 | 27559 | 8320 | - - | 不分配、不转增 |
| 600135 | 乐凯胶片☆ | 59295.8900 | -7.08 | 14848.13 | -12.07 | 12418 | -11.21 | 12894 | 97130.5578 | 117302.7261 | 0.3630 | 2.8400 | 2.8330 | 12.7850 | 0.4690 | 0.5595 | 0.9721 | 34200 | 12600 | - - | 10派3.6元(含税) |
| 600136 | 道博股份Δ | 11044.3782 | -37.13 | -15517.87 | - - | -15233 | - - | -14384 | 26592.0356 | 76791.7500 | -1.4600 | 2.5500 | 2.4600 | -57.2900 | -0.5500 | -1.0303 | 2.3729 | 10444 | 4092 | - - | 不分配、不转增 |
| 600137 | ST长控○ | 3056.2149 | -39.87 | -66764.12 | - - | -66759 | - - | -7234 | -52138.7365 | 10534.5217 | -10.9960 | -8.5880 | -8.6010 | - - | -0.3550 | -11.8724 | 2.1220 | 6071 | 1740 | - - | 不分配、不转增 |
| 600138 | 中青旅☆ | 169937.7623 | 29.87 | 9723.38 | -18.70 | 8319 | -19.01 | 6230 | 113565.5515 | 182796.1961 | 0.3120 | 4.2500 | 4.1700 | 7.3200 | 0.3000 | 0.7424 | 2.2711 | 26700 | 11700 | - - | 10派1.2元(含税) |
| 600139 | ST鼎天Δ | 40451.1104 | 108.59 | -4670.40 | - - | -4704 | - - | -4537 | 7723.7115 | 40074.2904 | -0.6200 | 1.0200 | 0.8300 | -60.9100 | -0.9300 | -1.2012 | 0.9319 | 7601 | 2940 | - - | 不分配、不转增 |
| 600141 | 兴发集团☆ | 46207.7740 | 29.37 | 2776.39 | -29.02 | 1779 | -46.95 | 1791 | 40496.6719 | 95419.7933 | 0.1100 | 2.5300 | 2.5300 | 4.3900 | 0.0530 | 0.2558 | 1.0842 | 16000 | 4000 | - - | 10派1元(含税) |
| 600145 | 四维瓷业☆ | 29391.1367 | -5.15 | 4674.38 | -47.66 | 3950 | -49.77 | 3967 | 45384.4054 | 74223.3021 | 0.1100 | 1.3100 | 1.3000 | 8.7000 | 0.1000 | 0.1407 | 0.0836 | 34650 | 12474 | - - | 不分配、不转增 |
| 600146 | 大元股份Δ | 4074.0248 | -97.34 | 288.73 | - - | 209 | - - | 249 | 35938.0460 | 41757.4794 | 0.0110 | 1.7970 | 1.7950 | 0.5800 | 0.0300 | -0.4966 | 1.2514 | 20000 | 6000 | - - | 不分配、不转增 |

| 代码 | 名称 | 主营业务收入(万元) | 同比(%) | 利润总额(万元) | 同比(%) | 净利润(万元) | 同比(%) | 扣除非经常性损益后净利润(万元) | 股东权益(万元) | 总资产(万元) | 每股收益(摊薄)(元) | 每股净资产(元) | 调整后每股净资产(元) | 净资产收益率(%) | 每股经营现金流量净额(元) | 每股未分配利润(摊薄)(元) | 每股资本公积金(元) | 总股本(万股) | 流通A股(万股) | 流通外资股(万股) | 分配预(方)案 |
|---|---|---|---|---|---|---|---|---|---|---|---|---|---|---|---|---|---|---|---|---|---|
| 600148 | 长春一东☆ | 21396.8161 | 33.62 | 1846.99 | 99.91 | 1380 | 66.17 | 1351 | 25776.9635 | 34999.1630 | 0.0970 | 1.8200 | 1.7200 | 5.3500 | 0.1000 | 0.0951 | 0.6362 | 14152 | 4200 | -- | 10派0.6元(含税) |
| 600149 | 邢台轧辊☆ | 41053.7526 | 9.76 | 4311.27 | 33.67 | 2919 | 6.78 | 2849 | 54235.7105 | 89287.1933 | 0.0950 | 1.7700 | 1.7600 | 5.3800 | 0.0630 | 0.2517 | 0.3956 | 30564 | 12420 | -- | 不分配、不转增 |
| 600150 | 沪东重机☆ | 86628.7163 | 8.24 | 1935.58 | 19.73 | 909 | -25.07 | 1130 | 48098.0036 | 113135.3986 | 0.0380 | 1.9920 | 1.9720 | 1.8900 | 0.2560 | -0.2383 | 1.2131 | 24149 | 7700 | -- | 不分配、不转增 |
| 600151 | 航天机电☆ | 129317.5410 | 22.31 | 14897.04 | 6.76 | 7741 | -12.51 | 7255 | 118967.0365 | 220896.7092 | 0.1650 | 2.5430 | 2.4310 | 6.5100 | 0.4410 | 0.0742 | 1.1889 | 46784 | 14144 | -- | 10派1.3元(含税) |
| 600152 | 维科精华☆ | 134640.9108 | 22.55 | 8115.90 | 28.35 | 4512 | -5.30 | 4299 | 61004.2270 | 128609.2280 | 0.1537 | 2.0785 | 2.0632 | 7.4000 | 0.5151 | 0.2099 | 0.7187 | 29349 | 11098 | -- | 10派1元(含税) |
| 600153 | 厦门建发☆ | 746432.1687 | 24.76 | 21074.91 | 28.72 | 16494 | 15.23 | 16090 | 152086.3515 | 412494.9911 | 0.5600 | 5.1400 | 4.8800 | 10.8400 | 0.1400 | 0.8306 | 2.9934 | 29600 | 8000 | -- | 10派5元(含税) |
| 600155 | 宝硕股份☆ | 120113.4163 | 7.88 | 9547.00 | -4.20 | 6208 | -13.86 | 6115 | 80895.2214 | 228395.5300 | 0.1510 | 1.9610 | 1.9360 | 7.6740 | 0.3680 | 0.2983 | 0.5234 | 41250 | 12000 | -- | 10派1元(含税) |
| 600156 | 益鑫泰☆ | 70722.7526 | -4.98 | -15025.73 | -- | -14779 | -- | -12275 | 105599.0682 | 153747.6156 | -0.3367 | 2.4100 | 2.3800 | -14.0000 | -0.2700 | -0.0641 | 1.3730 | 43890 | 13600 | -- | 不分配、不转增 |
| 600157 | 鲁润股份☆ | 64900.4211 | 31.47 | 1828.15 | 17.11 | 1125 | -15.52 | 1115 | 29511.6507 | 91905.5554 | 0.0660 | 1.7310 | 1.6650 | 3.8100 | 0.9800 | 0.4355 | 0.0354 | 17045 | 6356 | -- | 不分配、不转增 |
| 600158 | 中体产业☆ | 22884.4542 | 10.60 | 1039.36 | -49.35 | 1408 | -0.94 | 1135 | 78483.5431 | 160883.0843 | 0.0560 | 3.0940 | 2.9900 | 1.7900 | 0.2898 | 0.0035 | 1.9270 | 25365 | 7605 | -- | 10派0.2元(含税) |
| 600160 | 巨化股份☆ | 152001.8084 | 19.91 | 11567.80 | 14.84 | 8674 | -17.56 | 8473 | 131109.1307 | 253275.2590 | 0.2340 | 3.5300 | 3.4800 | 6.6200 | 0.9800 | 0.4734 | 1.9538 | 37120 | 11440 | -- | 10派2.5元(含税) |
| 600161 | 天坛生物☆ | 19965.7724 | 28.81 | 4489.33 | 13.68 | 3630 | 9.14 | 3400 | 28852.2243 | 50477.0186 | 0.1890 | 1.5000 | 1.5000 | 12.5800 | 0.4400 | 0.0361 | 0.2708 | 19200 | 4800 | -- | 10派1.0元(含税) |
| 600162 | 山东临工☆ | 102652.0296 | 92.34 | 3871.44 | 73.58 | 2551 | 33.13 | 2097 | 61525.5754 | 134008.4127 | 0.1500 | 3.5000 | 3.4400 | 4.1500 | 0.6700 | 0.5680 | 1.6364 | 17589 | 10752 | -- | 不分配、不转增 |
| 600163 | 福建南纸☆ | 124289.8936 | 16.56 | 8278.12 | 1.82 | 6907 | -10.76 | 6908 | 111569.2609 | 258923.2827 | 0.2300 | 3.6500 | 3.6200 | 6.1900 | 0.8900 | 0.4040 | 2.0147 | 30595 | 9100 | -- | 10派2元(含税) |
| 600165 | 宁夏恒力☆ | 36690.0946 | -1.68 | 2958.28 | -50.81 | 2556 | -49.11 | 1896 | 70028.9003 | 123894.6240 | 0.1020 | 2.7900 | 2.7300 | 3.6500 | 0.2100 | 0.2074 | 1.4024 | 25120 | 9360 | -- | 不分配、不转增 |
| 600166 | 福田汽车☆ | 757981.0274 | 84.32 | 19154.24 | 60.86 | 12633 | 22.84 | 11417 | 114899.6760 | 332187.0852 | 0.4504 | 4.1000 | 3.7500 | 10.9900 | 1.7300 | 0.7040 | 1.8643 | 28047 | 8000 | -- | 不分配、不转增 |
| 600167 | 沈阳新开☆ | 15999.1745 | 43.65 | 6088.30 | 2672.44 | 6073 | 2664.99 | 5835 | 42350.0428 | 66832.7747 | 0.3200 | 2.2296 | 2.2243 | 14.3200 | 0.3700 | -0.5185 | 1.7500 | 19000 | 7000 | -- | 不分配、不转增 |
| 600168 | 武汉控股☆ | 21485.8645 | -7.18 | 11171.07 | -28.58 | 7841 | -40.93 | 7568 | 132621.6738 | 146079.2765 | 0.1777 | 3.0063 | 3.0060 | 5.9100 | 0.1707 | 0.0285 | 1.7595 | 44115 | 12750 | -- | 10派1.5元(含税) |
| 600169 | 太原重工☆ | 81641.9966 | 22.75 | 1843.69 | -34.54 | 1070 | -47.89 | 1379 | 88006.1808 | 209844.2386 | 0.0287 | 2.3600 | 2.2500 | 1.2200 | -0.0699 | 0.2977 | 0.9892 | 37217 | 14400 | -- | 不分配、不转增 |
| 600170 | 上海建工☆ | 904313.1304 | 12.99 | 22868.51 | 3.32 | 19296 | 4.19 | 19116 | 281835.7694 | 913091.9954 | 0.2700 | 3.9200 | 3.9100 | 6.8500 | 0.7300 | 0.5469 | 2.0802 | 71930 | 23400 | -- | 10派1.25元(含税) |
| 600171 | 上海贝岭☆ | 76299.2903 | -2.63 | 10824.50 | -34.84 | 10509 | -29.49 | 9743 | 134465.2719 | 159971.7515 | 0.1900 | 2.3800 | 2.3600 | 7.8200 | 0.4500 | 0.4306 | 0.7395 | 56476 | 20280 | -- | 10派0.6元(含税) |
| 600172 | 黄河旋风☆ | 30037.5233 | 5.99 | 4244.12 | 23.18 | 3002 | 2.92 | 2755 | 76471.8376 | 104389.5864 | 0.1120 | 2.8600 | 2.8500 | 3.9300 | 0.0570 | 0.2346 | 1.4657 | 26800 | 10400 | -- | 10派0.5元(含税) |
| 600173 | 牡丹江☆ | 41130.4478 | 5.78 | 704.58 | -83.59 | 333 | -91.00 | 978 | 61569.0188 | 115756.1551 | 0.0140 | 2.6800 | 2.6400 | 0.5400 | -0.2660 | 0.2784 | 1.1860 | 23000 | 10152 | -- | 不分配、不转增 |
| 600175 | 美都控股☆ | 4979.3390 | -30.08 | 7.56 | -- | 404 | -- | 355 | 45917.8026 | 72318.5753 | 0.0400 | 4.3100 | 4.2200 | 0.8800 | -0.2100 | -0.1004 | 2.6760 | 10668 | 4068 | -- | 不分配、不转增 |
| 600176 | 中国化建☆ | 63439.0000 | 19.40 | 3323.00 | 39.68 | 1506 | 222.48 | 1303 | 48796.0000 | 150260.0000 | 0.0680 | 2.1920 | 2.1000 | 3.0900 | 0.3980 | 0.1619 | 0.9201 | 22260 | 7420 | -- | 10派0.5元(含税) |
| 600177 | 雅戈尔☆ | 247120.2431 | 41.09 | 49743.68 | 19.14 | 39887 | 14.89 | 35932 | 215113.3110 | 532467.4055 | 0.7021 | 3.7866 | 3.7798 | 18.5400 | 1.3065 | 0.9222 | 1.0833 | 56810 | 22509 | -- | 10派2元(含税) |
| 600178 | 东安动力☆ | 219099.2767 | 18.34 | 12981.90 | 26.21 | 11681 | 28.39 | 11770 | 145352.1398 | 226830.1128 | 0.2528 | 3.1456 | 3.1152 | 8.0400 | 0.3210 | 0.0525 | 1.8477 | 46208 | 13858 | -- | 10派2元(含税) |
| 600179 | 黑化股份☆ | 54924.0000 | -55.60 | 1537.00 | 9.01 | 775 | -63.80 | 361 | 78898.0000 | 170795.0000 | 0.0200 | 2.3900 | 2.3600 | 0.9800 | 0.2100 | 0.1803 | 1.1735 | 33000 | 10000 | -- | 不分配、不转增 |
| 600180 | 九发股份☆ | 69554.5094 | 29.22 | 8996.44 | 11.17 | 8384 | 15.64 | 7887 | 75034.4331 | 136102.3680 | 0.3300 | 3.2900 | 3.2300 | 10.0400 | 0.0600 | 0.6476 | 1.4631 | 25099 | 7987 | -- | 10派2元(含税) |
| 600181 | 云大科技☆ | 60432.1257 | 55.73 | 4278.68 | -50.62 | 3103 | -56.88 | 2136 | 93146.4213 | 237957.9539 | 0.0900 | 2.6800 | 2.5300 | 3.3300 | -0.3600 | 0.2988 | 1.2396 | 34814 | 16800 | -- | 10派0.2元(含税) |
| 600182 | ST桦林Δ | 56829.5470 | -29.07 | -24273.44 | -- | -24273 | -- | -23598 | 35336.4041 | 172307.2438 | -0.7140 | 1.0390 | 0.7790 | -68.6900 | -0.0380 | -1.1682 | 1.1073 | 34000 | 17000 | -- | 不分配、不转增 |
| 600183 | 生益科技☆ | 88608.2337 | 23.07 | 10377.83 | 54.25 | 9077 | 43.37 | 8971 | 99654.3044 | 162508.9769 | 0.1400 | 1.5620 | 1.5610 | 9.1100 | 0.1606 | 0.0401 | 0.3425 | 63802 | 19369 | -- | 10派1元(含税) |
| 600185 | 海星科技☆ | 29188.8190 | -5.01 | 1282.27 | 1.76 | 856 | -22.62 | 971 | 51193.4114 | 98255.9915 | 0.0393 | 2.3505 | 2.2930 | 1.6700 | 0.1224 | 0.1433 | 1.0978 | 21780 | 7480 | -- | 不分配、不转增 |
| 600186 | 莲花味精☆ | 121965.0096 | -12.10 | 3091.43 | -79.06 | 1932 | -86.71 | 1763 | 208438.1876 | 460838.4586 | 0.0219 | 2.3579 | 2.3315 | 0.9270 | 0.0963 | 0.2545 | 1.0072 | 88400 | 36400 | -- | 不分配、不转增 |
| 600187 | 黑龙股份☆ | 72879.5395 | 20.28 | 725.30 | -89.57 | 385 | -94.80 | 117 | 77154.3807 | 217336.0600 | 0.0118 | 2.3500 | 2.3100 | 0.5000 | 0.2841 | 0.2254 | 1.0538 | 32723 | 9750 | -- | 不分配、不转增 |
| 600188 | 兖州煤业☆ | 805525.8906 | 24.50 | 153071.45 | 28.90 | 100312 | 26.00 | 101605 | 965857.3023 | 1298354.8363 | 0.3500 | 3.3700 | 3.3300 | 10.3900 | 0.8300 | 0.6104 | 1.5521 | 287000 | 18000 | H股:102000.000 | 10派1.04元(含税) |
| 600189 | 吉林森工☆ | 72242.1894 | 17.86 | 10913.91 | -13.87 | 10437 | -12.46 | 10537 | 122543.2936 | 150898.4257 | 0.3400 | 3.9500 | 3.8800 | 8.5200 | 0.8600 | 0.5230 | 2.0944 | 31050 | 11050 | -- | 10派3元(含税) |
| 600190 | ST锦州港◆ | 38436.7602 | 23.40 | 1331.30 | -60.10 | -174 | -- | 875 | 90770.8176 | 202570.6327 | -0.0020 | 0.9590 | 0.9310 | -0.1920 | 0.1590 | -0.2879 | 0.2070 | 94650 | 22800 | B股:16650.000 | 不分配、不转增 |
| 600191 | 华资实业☆ | 80214.7311 | 31.89 | 8696.21 | 6.62 | 7431 | 4.43 | 7226 | 112412.6101 | 153993.3170 | 0.2500 | 3.7100 | 3.6900 | 6.8400 | 0.2700 | 0.5675 | 1.9824 | 30308 | 10465 | -- | 不分配、不转增 |

| 代码 | 名称 | 主营业务收入（万元） | 同比（%） | 利润总额（万元） | 同比（%） | 净利润（万元） | 同比（%） | 扣除非经常性损益后净利润（万元） | 股东权益（万元） | 总资产（万元） | 每股收益（摊薄）（元） | 每股净资产（元） | 调整后每股净资产（元） | 净资产收益率（%） | 每股经营现金流量净额（元） | 每股未分配利润（摊薄）（元） | 每股资本公积金（元） | 总股本（万股） | 流通A股（万股） | 流通外资股（万股） | 分配预（方）案 |
|---|---|---|---|---|---|---|---|---|---|---|---|---|---|---|---|---|---|---|---|---|---|
| 600192 | 长城电工☆ | 75905.5867 | 9.63 | 2162.92 | 3.76 | 1672 | 15.12 | 1795 | 104494.8028 | 188773.6421 | 0.0522 | 3.2604 | 3.2405 | 1.6000 | 0.0074 | 0.2226 | 1.9374 | 32050 | 11050 | -- | 不分配、不转增 |
| 600193 | 创兴科技☆ | 18333.8920 | 59.23 | 2485.64 | 1.01 | 1660 | 1.51 | 2014 | 27567.1684 | 72629.4679 | 0.0990 | 1.6430 | 1.6390 | 6.0200 | 0.1450 | 0.2731 | 0.2890 | 16780 | 4600 | -- | 不分配、不转增 |
| 600195 | 中牧股份☆ | 146384.4011 | -4.01 | 2728.26 | -67.76 | 2031 | -76.60 | 1894 | 80056.6120 | 130742.3418 | 0.0500 | 2.0500 | 2.0100 | 2.5400 | 0.1800 | 0.0419 | 0.8527 | 39000 | 12000 | -- | 10派1.23元（含税） |
| 600196 | 复星实业☆ | 103166.1305 | 41.74 | 17507.53 | 8.98 | 14721 | 2.62 | 12394 | 140951.0877 | 313957.0098 | 0.3850 | 3.8510 | 3.7410 | 10.4440 | 0.2680 | 0.4769 | 1.8133 | 38189 | 14625 | -- | 10派1.6元（含税） |
| 600197 | 伊力特☆ | 36693.2307 | 4.35 | 9558.08 | 7.67 | 7886 | 2.73 | 7774 | 75595.4856 | 101838.1403 | 0.3580 | 3.4280 | 3.4280 | 10.4300 | 0.3060 | 0.1660 | 1.9276 | 22050 | 7500 | -- | 10派2.8元（含税） |
| 600198 | 大唐电信☆ | 209140.3077 | 1.95 | 5061.06 | -10.41 | 2281 | -36.82 | 625 | 194290.5261 | 559203.0411 | 0.0520 | 4.4259 | 4.2539 | 1.1700 | -1.9300 | 0.2244 | 2.9811 | 43899 | 16537 | -- | 不分配、不转增 |
| 600199 | 金牛实业☆ | 41181.2154 | -19.23 | 2136.59 | -47.52 | 1811 | -48.50 | 1455 | 98338.2592 | 161227.6437 | 0.0520 | 2.8400 | 2.8000 | 1.8400 | -0.0600 | 0.2470 | 1.5037 | 34640 | 13000 | -- | 不分配、不转增 |
| 600200 | 江苏吴中☆ | 66623.4477 | -0.35 | 8406.14 | -13.02 | 6018 | -27.67 | 5458 | 79163.2954 | 122851.5760 | 0.2170 | 2.8560 | 2.8110 | 7.6000 | 0.0830 | 0.2369 | 1.2609 | 27720 | 12510 | -- | 10派0.7元（含税） |
| 600201 | 金宇集团☆ | 29323.6336 | 40.80 | 4495.70 | 209.11 | 4017 | 182.22 | 3481 | 52321.1954 | 81321.5044 | 0.3680 | 4.7910 | 4.7540 | 7.6770 | 0.8730 | 0.0199 | 3.5562 | 10921 | 5031 | -- | 10派3元（含税） |
| 600202 | 哈空调☆ | 17336.8319 | -30.74 | 45.63 | -99.35 | 369 | -94.32 | 334 | 35372.2748 | 62948.9427 | 0.0150 | 1.4395 | 1.4367 | 1.0400 | -0.0535 | 0.0384 | 0.2698 | 24573 | 10078 | -- | 10派0.1元（含税） |
| 600203 | 福日股份Δ | 137635.2416 | 72.31 | -3106.62 | -- | -2662 | -- | -3600 | 56813.6033 | 180468.3614 | -0.1040 | 2.2200 | 2.1800 | -4.6900 | 0.0220 | 0.0074 | 1.1309 | 25640 | 7000 | -- | 不分配、不转增 |
| 600205 | 山东铝业☆ | 204822.6361 | -9.11 | 15896.35 | -38.07 | 14527 | -35.38 | 14441 | 136034.9119 | 259216.3224 | 0.2590 | 2.4300 | 2.4100 | 10.6800 | 0.4500 | 0.3236 | 0.8650 | 56000 | 16000 | -- | 10派1.5元（含税） |
| 600206 | 有研硅股☆ | 12083.1218 | 11.51 | -3097.95 | -- | -3376 | -- | -3494 | 65219.9152 | 97420.2045 | -0.2330 | 4.4980 | 4.3740 | -5.1800 | 0.1330 | -0.2044 | 3.5849 | 14500 | 6500 | -- | 不分配、不转增 |
| 600207 | 安彩高科☆ | 177661.1863 | 27.85 | 17788.42 | -9.87 | 9711 | -33.92 | 9768 | 216070.2397 | 321740.3174 | 0.2207 | 4.9110 | 4.9080 | 4.4900 | 0.8735 | 0.3862 | 2.8002 | 44000 | 18000 | -- | 10派2元（含税） |
| 600208 | 中宝股份☆ | 40341.6254 | -52.66 | 5826.69 | -17.74 | 1532 | -62.29 | -525 | 62192.8604 | 266655.4144 | 0.0600 | 2.4800 | 2.3300 | 2.4600 | 0.1900 | 0.3503 | 0.9150 | 25084 | 10320 | -- | 不分配、不转增 |
| 600209 | 罗顿发展☆ | 37959.6356 | -28.75 | 5345.94 | -26.58 | 4329 | -22.45 | 2048 | 60701.1966 | 110299.6480 | 0.1836 | 2.5749 | 2.2789 | 7.1300 | 0.8055 | 0.6104 | 0.7670 | 23574 | 7500 | -- | 10转7派0.3元（含税） |
| 600210 | 紫江企业☆ | 182134.7044 | 59.96 | 31961.33 | 24.73 | 25249 | 27.61 | 25265 | 155726.9982 | 454194.1542 | 0.4620 | 2.8500 | 2.8100 | 16.2100 | 0.9700 | 0.1605 | 1.4897 | 54640 | 17135 | -- | 10派3元（含税） |
| 600211 | 西藏药业☆ | 7449.0534 | -0.23 | 1014.46 | -44.37 | 1020 | -44.27 | 975 | 41437.0547 | 73307.8599 | 0.0830 | 3.3800 | 3.3000 | 2.4610 | 0.2680 | 0.3261 | 1.9455 | 12260 | 4500 | -- | 不分配、不转增 |
| 600212 | 江泉实业☆ | 60979.3100 | -27.00 | 6484.29 | -32.30 | 4057 | -46.50 | 4313 | 130685.6470 | 169217.8117 | 0.1270 | 4.0900 | 4.0100 | 3.1000 | 0.6100 | 0.9965 | 1.7809 | 31990 | 19180 | -- | 10派0.8元（含税） |
| 600213 | 亚星客车☆ | 87654.3605 | -14.05 | 2862.35 | -49.86 | 2230 | -58.14 | 2324 | 64308.7461 | 115699.4421 | 0.1200 | 3.3800 | 3.3600 | 3.4700 | -0.5800 | 0.2088 | 1.9341 | 19000 | 6000 | -- | 10派0.6元（含税） |
| 600215 | 长春经开☆ | 105947.2732 | 35.36 | 22309.50 | 14.32 | 14006 | -1.95 | 14012 | 169651.5522 | 343679.5131 | 0.4577 | 5.5400 | 5.5200 | 8.2600 | 0.2305 | 1.6637 | 2.3639 | 30600 | 16536 | -- | 10派1元（含税） |
| 600216 | 浙江医药☆ | 111339.9315 | 28.41 | 3143.23 | 48.78 | 1874 | 14.36 | 940 | 61910.1778 | 163667.1688 | 0.0420 | 1.3760 | 1.3360 | 3.0300 | 0.0510 | 0.0476 | 0.2715 | 45006 | 13215 | -- | 不分配、不转增 |
| 600217 | 秦岭水泥☆ | 50148.8167 | 13.83 | 7112.59 | -1.63 | 4536 | -25.19 | 4634 | 73927.5062 | 129558.6832 | 0.1100 | 1.7900 | 1.7800 | 6.1400 | 0.0400 | 0.1689 | 0.4937 | 41300 | 14000 | -- | 不分配、不转增 |
| 600218 | 全柴动力☆ | 55621.7062 | 24.32 | 1896.84 | -51.67 | 1064 | -65.92 | 967 | 86103.1481 | 124301.1592 | 0.0400 | 3.0400 | 3.0300 | 1.2400 | 0.3100 | 0.3046 | 1.6127 | 28340 | 10140 | -- | 10派0.2元（含税） |
| 600219 | 南山实业☆ | 115694.6733 | 11.89 | 18372.86 | 6.91 | 13117 | -9.57 | 13097 | 138130.4152 | 197526.8027 | 0.5100 | 5.3700 | 5.3700 | 9.5000 | 0.8900 | 1.1043 | 2.7846 | 25700 | 13500 | -- | 10派1.5元（含税） |
| 600220 | 江苏阳光☆ | 92547.0808 | 15.09 | 17896.36 | 11.43 | 13490 | 6.87 | 13482 | 140474.5537 | 269387.8807 | 0.4300 | 4.5000 | 4.5000 | 9.6000 | 0.5200 | 1.1036 | 2.1046 | 31238 | 11900 | -- | 10转2 |
| 600221 | 海南航空☆ | 502828.1733 | 54.49 | 21910.32 | 56.41 | 18115 | 80.60 | 17775 | 238294.5724 | 1940095.8098 | 0.2500 | 3.2600 | 2.3100 | 7.6000 | 1.4500 | 0.6042 | 1.4220 | 73025 | 37196 | B股：18472.320 | 10派0.6元（含税） |
| 600222 | 竹林众生☆ | 18181.3254 | 33.61 | 1502.14 | -54.69 | 1091 | -62.47 | 1110 | 42811.9786 | 69299.4762 | 0.0802 | 3.1446 | 3.1413 | 2.5500 | 0.0548 | 0.2805 | 1.6951 | 13615 | 3500 | -- | 不分配、不转增 |
| 600223 | 万杰高科☆ | 113252.1972 | 12.94 | 12320.75 | -17.43 | 10222 | -26.84 | 10144 | 156072.8735 | 290205.5949 | 0.1900 | 2.9100 | 2.9000 | 6.5500 | 0.3100 | 0.2055 | 1.3864 | 53625 | 21132 | -- | 10派5元（含税） |
| 600225 | 天香集团☆ | 42000.0708 | 11.53 | 3984.74 | 423.65 | 2129 | 238.59 | 1780 | 41866.3053 | 127929.8968 | 0.1100 | 2.0800 | 2.0300 | 5.1100 | -0.4400 | 0.2370 | 0.7713 | 20100 | 8650 | -- | 10转1 |
| 600226 | 升华拜克☆ | 38695.8924 | 3.26 | 6235.37 | -18.18 | 5041 | -27.65 | 4560 | 77514.7526 | 99034.6034 | 0.1870 | 3.0200 | 3.0100 | 6.1800 | 0.3000 | 0.0969 | 1.6450 | 27037 | 9744 | -- | 10派1.5元（含税） |
| 600227 | 赤天化☆ | 65939.3193 | 4.56 | 7236.48 | 71.77 | 6126 | 63.29 | 4986 | 74838.2534 | 86851.5681 | 0.3600 | 4.4020 | 4.4020 | 8.1900 | 0.3970 | 0.3737 | 2.7535 | 17000 | 7000 | -- | 10派2元（含税） |
| 600228 | 昌九生化☆ | 30201.8334 | -10.39 | 485.46 | -82.38 | 107 | -95.82 | 228 | 45978.1540 | 78588.8418 | 0.0040 | 1.5960 | 1.5490 | 0.2320 | -0.0770 | 0.0513 | 0.4949 | 28800 | 9600 | -- | 不分配、不转增 |
| 600229 | 青岛碱业☆ | 95977.2245 | 2.53 | 6820.92 | -17.82 | 4864 | -28.42 | 4221 | 83596.3706 | 167010.8775 | 0.1600 | 2.8300 | 2.7900 | 5.8200 | 0.3500 | 0.3546 | 1.2596 | 29513 | 9000 | -- | 10派1.5元（含税） |
| 600230 | 沧州大化☆ | 68631.1902 | 32.90 | 4436.00 | 281.64 | 2019 | 244.98 | 2709 | 64057.5339 | 85008.1381 | 0.0779 | 2.4700 | 2.4460 | 3.1520 | 0.4180 | 0.0042 | 1.3728 | 25933 | 8000 | -- | 10派0.5元（含税） |
| 600231 | 凌钢股份☆ | 247509.4195 | 33.16 | 25630.96 | 55.39 | 20369 | 24.48 | 18780 | 141334.9441 | 225705.7897 | 0.5050 | 3.5070 | 3.4890 | 14.4100 | 0.4900 | 0.6977 | 1.3836 | 40300 | 13000 | -- | 10转3派1.5元（含税） |
| 600232 | 金鹰股份☆ | 71405.0785 | 13.37 | 9327.21 | 39.30 | 6476 | 20.12 | 6292 | 47696.5299 | 84992.1839 | 0.2960 | 2.1790 | 2.1460 | 13.8800 | 0.2210 | 0.3272 | 0.6517 | 21885 | 5850 | -- | 10派1元（含税） |
| 600233 | 大连创世☆ | 35496.0208 | 19.32 | 4376.53 | -7.15 | 2726 | -10.90 | 2395 | 42965.8301 | 56662.4923 | 0.1700 | 2.6000 | 2.5700 | 6.3500 | 0.3300 | 0.1171 | 1.1276 | 16500 | 5250 | -- | 10派1元（含税） |
| 600234 | ST天龙☆ | 13985.4077 | 0.15 | -14080.14 | -- | -14080 | -- | -6644 | 7941.7290 | 58372.5627 | -1.5000 | 0.8500 | 0.7200 | -177.2900 | -0.3300 | -2.2193 | 1.9310 | 9386 | 3000 | -- | 不分配、不转增 |

| 代码 | 名称 | 主营业务收入（万元） | 同比（%） | 利润总额（万元） | 同比（%） | 净利润（万元） | 同比（%） | 扣除非经常性损益后净利润（万元） | 股东权益（万元） | 总资产（万元） | 每股收益（摊薄）（元） | 每股净资产（元） | 调整后每股净资产（元） | 净资产收益率（%） | 每股经营现金流量净额（元） | 每股未分配利润（摊薄）（元） | 每股资本公积金（元） | 总股本（万股） | 流通A股（万股） | 流通外资股（万股） | 分配预（方）案 |
|---|---|---|---|---|---|---|---|---|---|---|---|---|---|---|---|---|---|---|---|---|---|
| 600235 | 民丰特纸☆ | 38801.4235 | 22.69 | 6437.15 | 33.38 | 4707 | 6.93 | 4543 | 55576.2520 | 148422.0982 | 0.2660 | 3.1399 | 3.1077 | 8.4703 | 0.4119 | 0.0716 | 1.9151 | 17700 | 5200 | - - | 10转4派2.1元(含税) |
| 600236 | 桂冠电力☆ | 63476.1775 | -0.76 | 30620.78 | 2.87 | 25872 | 3.02 | 25322 | 261874.6906 | 385930.6292 | 0.3830 | 3.8800 | 3.8600 | 9.8800 | 0.5900 | 0.2684 | 2.2876 | 67536 | 11000 | - - | 10派2.1元(含税) |
| 600237 | 铜峰电子☆ | 23644.4562 | 10.01 | 4285.16 | -12.94 | 3074 | -23.65 | 2563 | 47448.7199 | 70243.4504 | 0.3100 | 4.7400 | 4.6200 | 6.4800 | 0.7400 | 0.7872 | 2.5131 | 10000 | 4000 | - - | 10送2转8派1元(含税) |
| 600238 | 海南椰岛☆ | 56281.4807 | 34.28 | 5311.28 | 10.03 | 4428 | 0.71 | 4735 | 44660.6111 | 98997.0738 | 0.2670 | 2.6900 | 2.6880 | 9.9200 | 0.3640 | 0.4708 | 0.9658 | 16600 | 7400 | - - | 10派0.6元(含税) |
| 600239 | 红河光明☆ | 6304.6550 | -9.17 | 1712.30 | -30.21 | 1076 | -46.76 | 955 | 34242.0034 | 35422.1685 | 0.0600 | 1.9300 | 1.9000 | 3.1400 | 0.1000 | 0.0515 | 0.7169 | 17734 | 9453 | - - | 不分配、不转增 |
| 600240 | 仕奇实业Δ | 5652.6715 | -36.02 | -5371.21 | - - | -5377 | - - | -5299 | 67163.7207 | 75510.2234 | -0.3100 | 3.8400 | 3.8400 | -8.0100 | 0.5800 | -0.3058 | 3.0740 | 17500 | 7500 | - - | 不分配、不转增 |
| 600241 | 辽宁时代☆ | 161901.2537 | 18.78 | 4174.45 | -14.66 | 3329 | 4.62 | 3064 | 40354.8609 | 66938.7239 | 0.3100 | 3.8100 | 3.8000 | 8.2500 | 0.1700 | 0.5087 | 2.1197 | 10600 | 3000 | - - | 10派1.2元(含税) |
| 600242 | 华龙集团☆ | 11047.1306 | 66.90 | 817.42 | -36.66 | 876 | -48.14 | 849 | 49264.3204 | 75248.0819 | 0.0500 | 2.8300 | 2.7900 | 1.7800 | -0.0200 | 0.1608 | 1.5655 | 17403 | 6000 | - - | 不分配、不转增 |
| 600243 | 青海华鼎☆ | 34615.1197 | 24.35 | 1734.87 | -5.16 | 1328 | -19.96 | 1195 | 40254.6181 | 72633.2760 | 0.0848 | 2.5700 | 2.4600 | 3.3000 | 0.0040 | 0.0538 | 1.4593 | 15660 | 5500 | - - | 10派0.3元(含税) |
| 600246 | 先锋股份☆ | 49315.6836 | 247.37 | 2768.18 | 41.58 | 3035 | 90.82 | 3291 | 31858.4502 | 162943.7193 | 0.3299 | 3.4269 | 3.4263 | 9.5300 | -1.6141 | 0.2726 | 2.0653 | 9200 | 3000 | - - | 10派1元(含税) |
| 600247 | 物华股份☆ | 10366.4199 | 24.99 | 3350.30 | 22.90 | 2181 | -3.85 | 2168 | 35947.4857 | 58611.0175 | 0.2000 | 3.2700 | 3.2100 | 6.0700 | 0.3200 | 0.6100 | 1.4073 | 11000 | 3500 | - - | 10送2派0.6元(含税) |
| 600248 | 秦丰农业☆ | 34297.4424 | 1.00 | 2370.34 | -25.26 | 1938 | -28.83 | 1955 | 52860.2088 | 95151.5495 | 0.1505 | 4.1000 | 4.1000 | 3.6600 | 0.1840 | 0.2222 | 2.6436 | 12882 | 4800 | - - | 10派0.5元(含税) |
| 600250 | 南纺股份☆ | 390635.5430 | 34.78 | 6859.39 | 27.65 | 4726 | 14.24 | 4302 | 67101.9974 | 232488.6733 | 0.3600 | 5.0600 | 4.9600 | 7.0400 | -2.0000 | 0.6247 | 2.8859 | 13266 | 5500 | - - | 10送2转3派1.3元(含税) |
| 600252 | 梧州中恒☆ | 28487.0772 | 50.03 | 5048.77 | 62.90 | 2717 | -6.54 | 2783 | 41089.3333 | 78405.7862 | 0.1900 | 2.9500 | 2.9300 | 6.6100 | -0.4800 | 0.3410 | 1.3505 | 13939 | 4950 | - - | 10送2派0.5元(含税) |
| 600253 | 天方药业☆ | 47987.0443 | 25.18 | 7995.83 | 6.91 | 5448 | 0.81 | 5461 | 74886.0926 | 114197.1155 | 0.1300 | 1.7800 | 1.7700 | 7.2700 | 0.2300 | 0.1121 | 0.6126 | 42000 | 12000 | - - | 10派0.5元(含税) |
| 600255 | 鑫科材料☆ | 86678.7767 | 24.14 | 1189.58 | -67.38 | 420 | -86.01 | 496 | 48184.2626 | 76516.2922 | 0.0400 | 5.0700 | 5.0200 | 0.8700 | 0.0300 | 0.2554 | 3.6542 | 9500 | 3000 | - - | 不分配、不转增 |
| 600256 | 广汇股份☆ | 239787.3205 | 26.25 | 36637.12 | 14.78 | 31543 | 15.62 | 32459 | 110992.4232 | 300508.1727 | 0.4370 | 1.5380 | 1.5200 | 28.4190 | 0.5640 | 0.1673 | 0.0796 | 72172 | 20400 | - - | 不分配、不转增 |
| 600257 | 洞庭水殖☆ | 28665.7155 | 77.20 | 3411.87 | 58.89 | 2882 | 52.00 | 2935 | 44118.2800 | 89774.5186 | 0.3900 | 6.0400 | 5.7700 | 6.5300 | 0.3940 | 0.5318 | 4.3024 | 7300 | 4000 | - - | 10派1元(含税) |
| 600258 | 首旅股份☆ | 105997.3763 | -12.33 | 7817.03 | -22.22 | 6661 | -13.86 | 4950 | 72879.6759 | 161535.1036 | 0.2880 | 3.1500 | 3.1100 | 9.1400 | 0.5200 | 0.0878 | 1.8222 | 23140 | 7000 | - - | 10派1.9元(含税) |
| 600259 | 兴业聚酯☆ | 40862.9527 | 0.95 | 232.39 | - - | 228 | - - | 228 | 43824.5333 | 123138.1411 | 0.0100 | 2.0500 | 2.0480 | 0.5200 | -0.1100 | -0.2766 | 1.2120 | 21340 | 7000 | - - | 不分配、不转增 |
| 600260 | 凯乐科技☆ | 36301.3669 | -15.74 | 7515.02 | -26.70 | 5334 | -39.50 | 4375 | 88199.1212 | 102001.4641 | 0.3000 | 5.0100 | 5.0000 | 6.0500 | -0.3700 | 0.9151 | 2.7224 | 17588 | 5500 | - - | 不分配、不转增 |
| 600261 | 浙江阳光☆ | 40449.6489 | -30.65 | 5897.40 | -24.01 | 4585 | -28.54 | 3938 | 55523.5291 | 86806.9834 | 0.3700 | 4.5100 | 4.4200 | 8.2600 | 0.9300 | 0.4295 | 2.7087 | 12316 | 4000 | - - | 10派2.5元(含税) |
| 600262 | 北方股份☆ | 26961.7527 | 18.28 | 3212.88 | 59.59 | 2906 | 76.08 | 3009 | 57488.9161 | 86923.7217 | 0.1709 | 3.3820 | 3.3570 | 5.0549 | 0.2345 | 0.0314 | 2.1802 | 17000 | 5500 | - - | 10派1.1元(含税) |
| 600263 | 路桥建设☆ | 211222.3627 | 29.10 | 3160.26 | -33.95 | 2778 | -35.89 | 2726 | 137877.1683 | 301093.2612 | 0.0680 | 3.3780 | 3.3090 | 2.0150 | 0.3520 | 0.1396 | 2.1059 | 40813 | 11500 | - - | 不分配、不转增 |
| 600265 | 景谷林业☆ | 41723.6134 | 124.54 | 3949.07 | 47.42 | 2214 | 7.55 | 2278 | 32901.2897 | 71134.7117 | 0.2100 | 3.1300 | 2.8900 | 6.7300 | 0.6000 | 0.3232 | 1.7266 | 10500 | 4000 | - - | 不分配、不转增 |
| 600266 | 北京城建☆ | 168100.0759 | 57.97 | 10974.07 | -38.48 | 15985 | 11.80 | 14113 | 159200.6601 | 841587.7503 | 0.2664 | 2.6533 | 2.6034 | 10.0400 | -0.2837 | 0.3027 | 1.1394 | 60000 | 15000 | - - | 10派1.5元(含税) |
| 600267 | 海正药业☆ | 76231.7313 | 32.39 | 7118.52 | 22.58 | 5010 | 3.22 | 5277 | 80253.0558 | 157552.1724 | 0.2010 | 3.2150 | 3.2020 | 6.2400 | 0.4840 | 0.2632 | 1.7652 | 24960 | 6400 | - - | 10派0.5元(含税) |
| 600268 | 国电南自☆ | 52971.8949 | -2.94 | 3768.88 | 17.18 | 3004 | 4.90 | 2879 | 46781.7596 | 97582.0408 | 0.2550 | 3.9650 | 3.7630 | 6.4200 | 0.9200 | 0.0709 | 2.5725 | 11800 | 4000 | - - | 10派1.5元(含税) |
| 600269 | 赣粤高速☆ | 46405.4928 | 19.85 | 29479.58 | 3.41 | 18577 | 3.65 | 18310 | 309741.7962 | 451334.1236 | 0.4800 | 7.9600 | 7.8700 | 6.0000 | 0.6000 | 0.4035 | 6.2193 | 38922 | 15600 | - - | 10派2元(含税) |
| 600270 | 外运发展☆ | 226666.2324 | 53.99 | 58431.40 | 25.45 | 27080 | 17.29 | 27145 | 173473.7696 | 255839.4149 | 0.7400 | 4.7400 | 4.5500 | 15.6100 | 1.1500 | 0.7405 | 2.7094 | 36585 | 9240 | - - | 10送2转3派2.5元(含税) |
| 600272 | 开开实业☆ | 168887.5981 | 51.48 | 6772.91 | 0.95 | 5084 | 3.21 | 4750 | 83959.3223 | 200774.5919 | 0.2090 | 3.4550 | 3.4460 | 6.0550 | -0.0250 | 0.0939 | 1.8713 | 24300 | 4500 | B股:8000.000 | 10派0.8元(含税) |
| 600275 | 武昌鱼☆ | 57218.1464 | 537.33 | 8995.40 | 50.73 | 3882 | -19.95 | 4836 | 78859.2357 | 264995.4076 | 0.1221 | 2.4802 | 2.4737 | 4.9200 | -0.4996 | 0.0965 | 1.3044 | 31796 | 9100 | - - | 10送0.5转3.5派0.2元(含税) |
| 600276 | 恒瑞医药☆ | 75602.5463 | 19.20 | 11050.90 | 13.15 | 7895 | -2.71 | 7265 | 79210.0035 | 120457.5771 | 0.3100 | 3.1050 | 3.0430 | 9.9700 | 0.1950 | 0.2922 | 1.5478 | 25507 | 7680 | - - | 10派1元(含税) |
| 600277 | 亿利科技☆ | 55942.8261 | 146.62 | 4545.59 | 25.34 | 3682 | 22.55 | 3691 | 72367.0492 | 137344.4333 | 0.2300 | 4.5800 | 4.4800 | 5.0900 | 0.1900 | 0.3329 | 3.1132 | 15800 | 5800 | - - | 不分配、不转增 |
| 600278 | 东方创业☆ | 318658.7391 | 18.08 | 8972.43 | -27.64 | 6420 | -32.60 | 6359 | 98146.6699 | 215617.4597 | 0.2000 | 3.0700 | 2.9300 | 6.5400 | 0.0400 | 0.1220 | 1.7012 | 32000 | 8000 | - - | 10派1元(含税) |
| 600279 | 重庆港九☆ | 9728.5020 | -5.52 | 3149.80 | -36.36 | 2673 | -35.80 | 1181 | 71845.6060 | 80060.4591 | 0.1170 | 3.1460 | 3.1020 | 3.7200 | 0.1820 | 0.0436 | 1.9530 | 22839 | 8600 | - - | 10派0.7元(含税) |
| 600280 | 南京中商☆ | 127036.8304 | 31.52 | 4592.04 | 14.93 | 3049 | -11.33 | 2989 | 45424.3323 | 104773.0360 | 0.2500 | 3.7500 | 3.7200 | 6.7100 | 1.2600 | 0.4787 | 1.6622 | 12126 | 3500 | - - | 10派0.6元(含税) |
| 600281 | 太化股份☆ | 68245.9117 | -4.12 | 2723.77 | -41.18 | 2236 | -42.36 | 1809 | 104175.4064 | 199656.6041 | 0.0620 | 2.9030 | 2.8560 | 2.1500 | -0.1200 | 0.1853 | 1.6461 | 35891 | 10500 | - - | 10派0.15元(含税) |
| 600282 | 南钢股份☆ | 466526.3093 | 17.00 | 39060.87 | 62.00 | 24315 | 18.00 | 23562 | 174252.7222 | 320971.3581 | 0.4800 | 3.4600 | 3.4100 | 13.9500 | 0.4800 | 0.5093 | 1.5829 | 50400 | 14400 | - - | 10派2元(含税) |

| 代码 | 名称 | 主营业务收入（万元） | 同比（%） | 利润总额（万元） | 同比（%） | 净利润（万元） | 同比（%） | 扣除非经常性损益后净利润（万元） | 股东权益（万元） | 总资产（万元） | 每股收益（摊薄）（元） | 每股净资产（元） | 调整后每股净资产（元） | 净资产收益率（%） | 每股经营现金流量净额（元） | 每股未分配利润（摊薄）（元） | 每股资本公积金（元） | 总股本（万股） | 流通A股（万股） | 流通外资股（万股） | 分配预（方）案 |
|---|---|---|---|---|---|---|---|---|---|---|---|---|---|---|---|---|---|---|---|---|---|
| 600283 | 钱江水利☆ | 25092.2200 | 52.18 | 9783.35 | 44.32 | 4857 | -5.95 | 5210 | 85982.2969 | 156855.7497 | 0.1700 | 3.0100 | 2.5100 | 5.6500 | 0.3300 | 0.1093 | 1.8016 | 28533 | 8500 | -- | 10派1.5元(含税) |
| 600285 | 羚锐股份☆ | 18954.6058 | 10.09 | 1500.07 | -49.02 | 1309 | -49.63 | 1166 | 41487.2849 | 69774.5053 | 0.1300 | 4.1300 | 4.0800 | 3.1500 | 0.6900 | 0.2440 | 2.7945 | 10036 | 4000 | -- | 不分配、不转增 |
| 600286 | 国光瓷业☆ | 49826.4457 | 38.69 | 4049.74 | 22.71 | 2377 | -10.49 | 2302 | 35423.7727 | 111351.4282 | 0.2090 | 3.1100 | 3.0900 | 6.7100 | 0.2520 | 0.2086 | 1.7075 | 11400 | 7512 | -- | 不分配、不转增 |
| 600287 | 江苏舜天☆ | 322576.0243 | 8.95 | 12650.35 | -17.37 | 9020 | -26.51 | 8922 | 73234.9323 | 180730.3848 | 0.4100 | 3.3533 | 3.3362 | 12.3200 | -0.1485 | 0.1421 | 1.9773 | 21840 | 5720 | -- | 10派2.2元(含税) |
| 600288 | 大恒科技☆ | 169574.6361 | 25.86 | 6213.58 | -2.95 | 4610 | 7.28 | 4612 | 71222.4693 | 135207.9408 | 0.2195 | 3.3900 | 3.3800 | 6.4700 | 0.4100 | 0.3759 | 1.7942 | 21000 | 7500 | -- | 10派1元(含税) |
| 600289 | 亿阳信通☆ | 48337.4983 | -22.08 | 9038.08 | -6.93 | 6767 | -7.87 | 8111 | 93357.4271 | 138738.8953 | 0.6390 | 8.8160 | 8.7960 | 7.2500 | 1.3360 | 0.9354 | 6.3956 | 10589 | 4000 | -- | 10派2元(含税) |
| 600290 | 苏福马☆ | 21860.9796 | 45.22 | 1346.73 | -17.27 | 1017 | -19.15 | 728 | 22183.9201 | 48494.5293 | 0.0800 | 1.7800 | 1.6600 | 4.6200 | 0.0500 | 0.0676 | 0.6603 | 12450 | 4500 | -- | 10转4派0.3元(含税) |
| 600291 | 西水股份☆ | 47927.8780 | 110.89 | 3961.38 | 4.60 | 3506 | 37.08 | 3541 | 58107.2952 | 114087.1782 | 0.2200 | 3.6300 | 3.4900 | 6.0300 | 0.6000 | 0.3023 | 2.1590 | 16000 | 6000 | -- | 不分配、不转增 |
| 600292 | 九龙电力☆ | 40519.6225 | 29.12 | 8413.33 | -7.17 | 7031 | -7.01 | 6322 | 78867.8942 | 152959.8627 | 0.4200 | 4.7160 | 4.6970 | 8.9150 | 0.5670 | 0.5848 | 2.7606 | 16725 | 6000 | -- | 10派4元(含税) |
| 600293 | 三峡新材☆ | 35735.8559 | 37.35 | 756.72 | -79.00 | 494 | -83.51 | 425 | 74415.4061 | 114144.9429 | 0.0180 | 2.6470 | 2.6400 | 0.6600 | 0.0540 | 0.0407 | 1.5139 | 27430 | 7150 | -- | 不分配、不转增 |
| 600295 | 鄂尔多斯☆ | 221502.0454 | -8.77 | 21761.06 | -31.74 | 16242 | -29.59 | 16169 | 293763.8692 | 475041.3573 | 0.3100 | 5.6900 | 5.6700 | 5.5300 | -0.0900 | 0.0743 | 4.2538 | 51600 | 8000 | B股:21000.000 | 10转10派2.9元(含税) |
| 600296 | 兰州铝业☆ | 182931.2582 | 41.83 | 18079.97 | 83.88 | 16676 | 86.83 | 16885 | 132374.4601 | 322428.0863 | 0.5650 | 4.4500 | 4.4870 | 12.6000 | 0.0370 | 0.5254 | 2.6081 | 29500 | 11000 | -- | 10派1.5元(含税) |
| 600297 | 美罗药业☆ | 67861.2612 | 10.75 | 2556.50 | -38.74 | 2396 | -43.25 | 2105 | 54085.3879 | 92562.3596 | 0.2100 | 4.7000 | 4.5700 | 4.4300 | 0.0900 | 0.4217 | 3.1696 | 11500 | 4000 | -- | 10派1元(含税) |
| 600298 | 安琪酵母☆ | 29369.4322 | 23.62 | 3979.45 | -47.29 | 2950 | -40.29 | 2248 | 57762.2883 | 72588.1561 | 0.2174 | 4.2566 | 4.2407 | 5.1100 | 0.4066 | 0.3114 | 2.7722 | 13570 | 3500 | -- | 10派1元(含税) |
| 600299 | 星新材料☆ | 75064.0000 | 34.46 | 6029.26 | 1.26 | 5031 | 3.28 | 4685 | 78579.0000 | 227835.0000 | 0.2100 | 3.2700 | 3.2800 | 6.4000 | 0.7450 | 0.1959 | 1.9395 | 24000 | 8000 | -- | 10派1元(含税) |
| 600300 | 维维股份☆ | 137025.7155 | 26.58 | 14928.61 | 4.35 | 9403 | -16.92 | 11414 | 129241.3738 | 200834.4732 | 0.2800 | 3.9200 | 3.8900 | 7.2800 | 1.0600 | 0.0001 | 2.7182 | 33000 | 10000 | -- | 10派2.3元(含税) |
| 600301 | 南化股份☆ | 50216.8006 | 11.67 | 3848.94 | 32.07 | 3267 | 34.21 | 3301 | 52746.6528 | 77252.7138 | 0.1765 | 2.8500 | 2.8500 | 6.1900 | 0.4660 | 0.0120 | 1.7481 | 18515 | 7289 | -- | 10派1.8元(含税) |
| 600302 | 标准股份☆ | 70759.2933 | 36.29 | 9009.27 | 1.31 | 7137 | 1.41 | 7203 | 67446.5416 | 101719.7235 | 0.2200 | 2.1100 | 2.0900 | 10.5800 | 0.3000 | 0.1651 | 0.7436 | 31901 | 9000 | -- | 10派1.5元(含税) |
| 600303 | 曙光股份☆ | 67258.0000 | 92.81 | 6306.00 | 19.36 | 3711 | 6.88 | 3988 | 44033.0000 | 154264.0000 | 0.2300 | 2.7200 | 2.5500 | 8.1900 | 0.1700 | 0.0915 | 1.4505 | 16200 | 7200 | -- | 10派2元(含税) |
| 600305 | 恒顺醋业☆ | 26690.1419 | 53.31 | 4462.38 | 25.14 | 2741 | 22.91 | 2835 | 38104.7135 | 61133.5047 | 0.2155 | 2.9968 | 2.9616 | 7.1900 | 0.0624 | 0.0063 | 1.8884 | 12715 | 4000 | -- | 10派1.4元(含税) |
| 600306 | 商业城☆ | 79914.6828 | -19.87 | 2481.89 | -15.16 | 1764 | -41.89 | 1686 | 42716.8377 | 77588.8721 | 0.1000 | 2.4000 | 2.3900 | 4.1300 | 0.2900 | 0.1642 | 1.1587 | 17814 | 5850 | -- | 不分配、不转增 |
| 600307 | 酒钢宏兴☆ | 359583.7250 | 5.28 | 34219.81 | 34.95 | 22801 | -14.09 | 23594 | 218418.4129 | 337105.2083 | 0.3100 | 3.0000 | 2.9800 | 10.4400 | 0.8100 | 0.2113 | 1.5909 | 72800 | 20000 | -- | 10派1.8元(含税) |
| 600308 | 华泰股份☆ | 132646.0846 | 85.63 | 26968.89 | 93.11 | 19010 | 66.40 | 18818 | 164090.0298 | 275248.0555 | 0.8200 | 7.1000 | 7.1000 | 11.5900 | 1.6800 | 1.2666 | 4.2237 | 23097 | 10800 | -- | 10送2转1派0.5元(含税) |
| 600309 | 烟台万华☆ | 88174.4023 | 54.34 | 18994.94 | 66.05 | 15433 | 53.21 | 15486 | 73185.8821 | 92813.3136 | 0.4000 | 1.9100 | 1.9000 | 21.0900 | 0.3200 | 0.1142 | 0.5795 | 38400 | 12800 | -- | 10派2元(含税) |
| 600310 | 桂东电力☆ | 31275.8075 | 11.78 | 8249.90 | 9.97 | 6248 | 5.19 | 6338 | 60203.4715 | 78434.1072 | 0.3986 | 3.8407 | 3.8357 | 10.3800 | 0.7428 | 0.0636 | 2.5686 | 15675 | 4500 | -- | 10派3元(含税) |
| 600311 | 荣华实业☆ | 45085.3331 | -6.00 | 6178.34 | -9.94 | 5847 | -9.74 | 3646 | 99422.8019 | 122105.5674 | 0.2900 | 4.9700 | 4.9700 | 5.8800 | -0.4600 | 0.4219 | 3.3913 | 20000 | 8000 | -- | 10派1元(含税) |
| 600312 | 平高电气☆ | 55407.8417 | 12.35 | 6081.29 | 21.00 | 4518 | 11.52 | 3423 | 90602.2685 | 135383.1076 | 0.2500 | 4.9400 | 4.9400 | 4.9900 | 0.1800 | 0.1255 | 3.6541 | 18350 | 6000 | -- | 10转7派1元(含税) |
| 600313 | ST中农♦ | 169852.5685 | -9.22 | -8562.15 | -- | -8027 | -- | -3593 | 64481.6703 | 121688.3891 | -0.3183 | 2.5568 | 2.4901 | -0.1245 | 0.1325 | -0.3937 | 1.9344 | 25220 | 8000 | -- | 不分配、不转增 |
| 600315 | 上海家化☆ | 136388.4564 | 4.44 | 9420.38 | 10.40 | 7536 | 3.27 | 7128 | 110523.3356 | 152194.3205 | 0.2791 | 4.0935 | 4.0224 | 6.8200 | 0.0734 | 0.2167 | 2.7826 | 27000 | 8000 | -- | 10派1.5元(含税) |
| 600316 | 洪都航空☆ | 51684.9967 | 17.00 | 7449.70 | 17.45 | 6711 | 6.00 | 4925 | 106042.4814 | 137429.3547 | 0.3200 | 5.0500 | 5.0500 | 6.3300 | 0.6600 | 0.1477 | 3.7483 | 21000 | 9000 | -- | 10派3元(含税) |
| 600317 | 营口港☆ | 34623.7300 | 69.81 | 8967.04 | 27.19 | 6007 | 30.76 | 6099 | 89758.2300 | 121196.1400 | 0.2400 | 3.5900 | 3.5900 | 6.6900 | 0.1900 | 0.2513 | 2.2363 | 25000 | 10000 | -- | 10派0.24元(含税) |
| 600318 | 巢东股份Δ | 59535.5800 | 7.24 | 2460.53 | -31.42 | 1602 | -46.33 | 1740 | 61268.7168 | 138885.3518 | 0.0800 | 3.0600 | 3.0600 | 2.6100 | 0.4500 | 0.1441 | 1.8375 | 20000 | 8000 | -- | 不分配、不转增 |
| 600319 | 亚星化学☆ | 60628.9164 | 1.45 | 5506.14 | -11.73 | 4762 | -12.60 | 4599 | 100460.7772 | 137699.5789 | 0.1510 | 3.1830 | 3.1450 | 4.7400 | 0.1860 | 0.0073 | 2.1004 | 31559 | 8000 | -- | 10派1元(含税) |
| 600320 | 振华港机☆ | 307423.7616 | 6.54 | 15536.41 | -27.27 | 13700 | -28.47 | 13547 | 185103.6344 | 520528.8896 | 0.3000 | 4.0500 | 4.0500 | 7.4000 | -0.3300 | 0.1821 | 2.4458 | 45650 | 8800 | B股:11000.000 | 10派2元(含税) |
| 600321 | 国栋建设☆ | 22276.4913 | -34.68 | 5723.66 | -22.22 | 4842 | -21.79 | 3907 | 105498.9038 | 128485.9477 | 0.2800 | 6.0200 | 6.0200 | 4.5900 | 0.3400 | 0.0968 | 4.6214 | 17520 | 7000 | -- | 10派2.5元(含税) |
| 600322 | 天房发展☆ | 51554.1703 | -15.30 | 4676.41 | -49.68 | 3429 | -48.28 | 2755 | 165603.8844 | 295959.9776 | 0.0809 | 3.9084 | 3.7440 | 2.0709 | -0.3730 | 0.1698 | 2.3168 | 42371 | 12100 | -- | 10派0.4元(含税) |
| 600323 | 南海发展☆ | 23391.9318 | 7.09 | 9102.79 | -0.22 | 7210 | -1.48 | 5703 | 70897.1366 | 91062.4280 | 0.3500 | 3.4000 | 3.3400 | 10.1700 | 0.6000 | 0.1844 | 1.8451 | 20851 | 6500 | -- | 10派2元(含税) |
| 600326 | 西藏天路☆ | 50902.2201 | 48.59 | 3530.00 | 30.55 | 3009 | 26.76 | 3254 | 37758.0371 | 70315.5099 | 0.1672 | 2.0977 | 2.0864 | 7.9700 | 0.2886 | 0.0481 | 0.9577 | 18000 | 7200 | -- | 10派1.5元(含税) |
| 600327 | 大厦股份☆ | 153223.6132 | 30.25 | 5441.32 | 11.77 | 3674 | 13.59 | 3544 | 50050.6023 | 77807.1462 | 0.3380 | 4.6000 | 4.5400 | 7.3400 | 0.7700 | 0.3932 | 2.9777 | 10869 | 4000 | -- | 10派1元(含税) |

| 代码 | 名称 | 主营业务收入(万元) | 同比(%) | 利润总额(万元) | 同比(%) | 净利润(万元) | 同比(%) | 扣除非经常性损益后净利润(万元) | 股东权益(万元) | 总资产(万元) | 每股收益(摊薄)(元) | 每股净资产(元) | 调整后每股净资产(元) | 净资产收益率(%) | 每股经营现金流量净额(元) | 每股未分配利润(摊薄)(元) | 每股资本公积金(元) | 总股本(万股) | 流通A股(万股) | 流通外资股(万股) | 分配预(方)案 |
|---|---|---|---|---|---|---|---|---|---|---|---|---|---|---|---|---|---|---|---|---|---|
| 600328 | 兰太实业☆ | 38843.2118 | 44.33 | 5180.22 | 7.71 | 4381 | 10.45 | 4163 | 65103.9934 | 121388.5449 | 0.2500 | 3.7700 | 3.7500 | 6.6700 | 0.0600 | 0.0458 | 2.6258 | 17265 | 6000 | -- | 10转3派1.6元(含税) |
| 600329 | 中新药业☆ | 183925.9000 | 20.85 | 10191.30 | 20.73 | 8511 | 34.48 | 8507 | 150667.1000 | 300812.6000 | 0.2300 | 4.0800 | 4.0300 | 5.6500 | 0.5100 | 0.1648 | 2.5050 | 36965 | 4000 | S股:10000.00 | 10派1.5元(含税) |
| 600330 | 天通股份☆ | 30918.1448 | 14.92 | 6784.23 | -7.95 | 6319 | -8.71 | 6168 | 58544.6737 | 79995.5739 | 0.2750 | 2.5510 | 2.5470 | 10.7900 | 0.3250 | 0.3701 | 1.0408 | 22947 | 6000 | -- | 10派1.25元(含税) |
| 600331 | 宏达股份☆ | 52168.9819 | 40.07 | 4722.92 | 43.50 | 3964 | 78.25 | 3153 | 68195.5534 | 144161.5888 | 0.3049 | 5.2500 | 5.1800 | 5.8100 | -0.3940 | 0.6027 | 3.0450 | 13000 | 5000 | -- | 10派1.5元(含税) |
| 600332 | 广州药业☆ | 594382.3000 | 11.43 | 28750.60 | 10.54 | 15848 | 8.45 | 16230 | 228692.9000 | 417319.4000 | 0.2000 | 2.8200 | 2.7400 | 6.9300 | 0.2100 | 0.0312 | 1.3742 | 81090 | 7800 | H股:21990.000 | 10派0.6元(含税) |
| 600333 | 长春燃气☆ | 44743.9608 | 9.98 | 10926.13 | 6.17 | 9010 | 7.66 | 9330 | 77811.1632 | 115433.7715 | 0.2200 | 1.9100 | 1.9100 | 11.5800 | 0.2600 | 0.2711 | 0.5515 | 40653 | 10200 | -- | 10派1元(含税) |
| 600335 | 中发展Δ | 25882.1007 | 41.05 | -3726.74 | -- | -3727 | -- | -3868 | 28238.0011 | 62726.0661 | -0.3195 | 2.4212 | 2.3415 | -13.2000 | -0.5900 | -0.3608 | 1.7638 | 11663 | 3500 | -- | 不分配、不转增 |
| 600336 | 澳柯玛☆ | 166630.6890 | 56.74 | 3589.60 | -34.74 | 3426 | -19.98 | 3589 | 119715.5642 | 321954.8337 | 0.1004 | 3.5100 | 3.4200 | 2.8800 | 0.5200 | 0.0031 | 2.4718 | 34104 | 9000 | -- | 10派0.8元(含税) |
| 600337 | 美克股份☆ | 46144.0801 | 70.10 | 5021.88 | -3.99 | 3998 | -9.08 | 2857 | 65241.6937 | 90469.6007 | 0.3600 | 5.9000 | 5.8600 | 6.1300 | -0.0600 | 0.5330 | 4.0800 | 11050 | 4800 | -- | 10派1元(含税) |
| 600338 | 珠峰摩托☆ | 35328.3747 | -37.81 | -16540.58 | -- | -16455 | -- | -16063 | 43765.7764 | 99906.7180 | -1.0400 | 2.7600 | 2.7400 | -37.6000 | 0.3900 | -0.9629 | 2.5521 | 15833 | 5000 | -- | 不分配、不转增 |
| 600339 | 天利高新☆ | 73398.7940 | 115.60 | 6108.87 | 0.77 | 5204 | 1.32 | 5244 | 62789.9247 | 108216.6647 | 0.1500 | 1.7600 | 1.7600 | 7.9400 | 0.3100 | 0.0303 | 0.6405 | 35700 | 12600 | -- | 10派1.5元(含税) |
| 600345 | 长江通信☆ | 37785.1000 | -3.00 | 2411.10 | -87.52 | 1220 | -93.76 | 1574 | 90485.5000 | 140953.8000 | 0.0600 | 4.5700 | 4.5300 | 1.3500 | 0.2800 | 1.1054 | 1.7091 | 19800 | 5400 | -- | 10派0.5元(含税) |
| 600346 | 冰山橡塑☆ | 20917.9606 | -6.00 | 1292.58 | -38.57 | 855 | -46.29 | 842 | 31479.1200 | 54554.1952 | 0.0800 | 3.0000 | 3.0000 | 2.7200 | -0.0700 | 0.1053 | 1.8122 | 10500 | 3850 | -- | 10派0.5元(含税) |
| 600350 | 山东基建☆ | 140135.2235 | 76.81 | 67589.03 | 51.29 | 47531 | 21.45 | 47099 | 591007.0450 | 728297.1189 | 0.1410 | 1.7600 | 1.7600 | 8.0400 | 0.2100 | 0.0099 | 0.6899 | 336380 | 50500 | -- | 10派1.1元(含税) |
| 600351 | 亚宝药业☆ | 21262.7953 | 37.58 | 3047.35 | 10.99 | 1946 | 8.32 | 2040 | 27177.0781 | 44737.6008 | 0.1700 | 2.3600 | 2.3400 | 7.1600 | 0.2100 | 0.0038 | 1.2861 | 11500 | 4000 | -- | 10派1.4元(含税) |
| 600353 | 旭光股份☆ | 17006.5343 | -15.27 | 1587.79 | -38.97 | 1417 | -34.35 | 1219 | 35406.3574 | 57207.8956 | 0.1700 | 4.2900 | 4.2400 | 4.0000 | 0.0900 | 0.1771 | 2.6322 | 8260 | 3000 | -- | 10派2.8元(含税) |
| 600355 | 精伦电子☆ | 36308.2839 | 22.89 | 9808.20 | 17.43 | 8250 | -1.23 | 8356 | 69698.8183 | 85431.3610 | 0.6700 | 5.6700 | 5.6400 | 11.8400 | 0.0800 | 0.7488 | 3.6403 | 12302 | 3100 | -- | 10转10派4元(含税) |
| 600356 | 恒丰纸业☆ | 42622.4599 | 15.57 | 7323.85 | 8.35 | 4741 | 3.75 | 5111 | 52810.2625 | 70085.8273 | 0.3386 | 3.7700 | 3.7600 | 8.9800 | 0.6500 | 0.5117 | 1.9624 | 14000 | 4000 | -- | 10派0.5元(含税) |
| 600357 | 承德钒钛☆ | 276739.8207 | 25.85 | 12232.66 | 7.37 | 8201 | 8.43 | 7942 | 139292.6279 | 398534.8467 | 0.2200 | 3.6600 | 3.6100 | 5.8900 | 0.6500 | 0.1609 | 2.2254 | 38033 | 10000 | -- | 10派3元(含税) |
| 600358 | 国旅联合☆ | 7530.0424 | -30.52 | 1555.25 | 14.60 | 1124 | 7.23 | 63 | 41827.8515 | 57642.6032 | 0.0500 | 1.9900 | 1.9400 | 2.6900 | -0.1600 | 0.0416 | 0.9734 | 21000 | 7500 | -- | 不分配、不转增 |
| 600359 | 新农开发☆ | 66229.7261 | 23.18 | 3740.79 | 618.77 | 3096 | 601.99 | 2736 | 98383.6636 | 169204.6697 | 0.0960 | 3.0650 | 1.9920 | 3.1470 | 0.6220 | 0.0831 | 1.8629 | 32100 | 11700 | -- | 10派1元(含税) |
| 600360 | 华微电子☆ | 28412.3680 | 22.16 | 2661.48 | -15.10 | 2664 | 2.74 | 2730 | 59008.6482 | 107230.5839 | 0.2300 | 5.0000 | 4.9000 | 4.5200 | 0.4100 | 0.4054 | 3.4950 | 11800 | 5000 | -- | 不分配、不转增 |
| 600362 | 江西铜业☆ | 332707.3000 | 11.10 | 17333.70 | -42.50 | 16950 | -43.80 | 18771 | 466238.3000 | 882313.8000 | 0.0600 | 1.7500 | 1.7400 | 3.6400 | 0.2900 | 0.1257 | 0.4853 | 266404 | 23000 | H股:115648.200 | 10派0.3元(含税) |
| 600363 | 联创光电☆ | 74535.0100 | 17.87 | 7285.96 | 71.78 | 4662 | 141.67 | 4778 | 62733.5700 | 126253.9000 | 0.1886 | 2.5377 | 2.5151 | 7.4300 | 0.3565 | 0.0576 | 1.3062 | 24720 | 9000 | -- | 10派0.8元(含税) |
| 600365 | 通葡萄酒☆ | 10246.3314 | -20.31 | 1662.47 | -14.60 | 919 | 32.35 | 709 | 52568.4763 | 65066.2936 | 0.0656 | 3.7549 | 3.6046 | 1.7474 | -0.1047 | 0.1886 | 2.5047 | 14000 | 6000 | -- | 10派1元(含税) |
| 600366 | 宁波韵升☆ | 70906.3351 | 63.54 | 7832.66 | -0.09 | 5150 | -20.52 | 4749 | 56833.2434 | 110942.5690 | 0.1800 | 1.9873 | 1.9733 | 9.0600 | 0.2596 | 0.0828 | 0.6387 | 28598 | 7875 | -- | 10派1.5元(含税) |
| 600367 | 红星发展☆ | 50370.1759 | 40.90 | 13586.16 | 32.10 | 9523 | 17.60 | 9649 | 65984.3972 | 97005.0234 | 0.7300 | 5.0800 | 5.0700 | 15.9100 | 0.7700 | 0.7290 | 2.8011 | 13000 | 3900 | -- | 10送2转2派2元(含税) |
| 600368 | 五洲交通☆ | 18839.9622 | 37.33 | 13794.58 | 13.14 | 11630 | -11.39 | 11699 | 111294.1734 | 144618.1559 | 0.2600 | 2.5200 | 2.5200 | 10.4500 | 0.4100 | 0.3332 | 0.8327 | 44200 | 8000 | -- | 10派0.9元(含税) |
| 600369 | 长运股份☆ | 15568.7325 | 40.29 | 2027.08 | 1.28 | 1870 | 14.99 | 248 | 57150.2324 | 131752.8522 | 0.1090 | 3.3170 | 3.2970 | 3.2730 | 0.0670 | 0.0482 | 2.0369 | 17230 | 7000 | -- | 10派0.4元(含税) |
| 600370 | 三房巷☆ | 60803.3058 | -- | 5894.22 | -- | 3939 | -- | 3885 | 19060.7185 | 49164.7397 | 0.3800 | 1.8500 | -- | 20.6600 | 0.2800 | -- | 0.1927 | 15826 | 5500 | -- | -- |
| 600371 | 华冠科技☆ | 15989.6321 | 12.45 | 2370.70 | 0.10 | 1591 | 1.83 | 1591 | 25593.1624 | 31032.7937 | 0.1591 | 2.5600 | 2.5500 | 6.2200 | 0.1160 | 0.4970 | 0.9082 | 10000 | 4000 | -- | 10送1转4.5派0.3元(含税) |
| 600372 | 昌河股份☆ | 437298.3034 | 31.38 | 12132.66 | 43.44 | 8484 | -1.95 | 8946 | 130393.2937 | 386729.0493 | 0.2100 | 3.1800 | 3.0400 | 6.5100 | 0.8000 | 0.0010 | 2.0440 | 41000 | 11000 | -- | 10派1.7元(含税) |
| 600373 | 鑫新股份☆ | 32394.3709 | -4.11 | 1246.70 | -21.78 | 755 | -29.29 | 443 | 25508.9772 | 56685.9950 | 0.0600 | 2.0400 | 1.9900 | 2.9600 | -0.1300 | 0.1542 | 0.8379 | 12500 | 4500 | -- | 10派0.22元(含税) |
| 600376 | 天鸿宝业☆ | 123722.2646 | 352.10 | 11083.74 | 132.40 | 6649 | 39.40 | 6321 | 68152.4223 | 135420.8132 | 0.3800 | 3.9300 | 3.9300 | 9.7600 | 1.7000 | 0.4454 | 2.1265 | 17320 | 6400 | -- | 10派2元(含税) |
| 600377 | 宁沪高速☆ | 202623.8000 | 24.62 | 123527.20 | 31.33 | 81683 | 4.61 | 81973 | 1361320.2000 | 1508179.3000 | 0.1620 | 2.7000 | 2.7000 | 6.0000 | 0.2600 | 0.0975 | 1.4857 | 503775 | 15000 | H股:122200.000 | 10派1.3元(含税) |
| 600378 | 天科股份☆ | 15217.7300 | 6.65 | 1322.43 | -44.04 | 1322 | -43.98 | 1317 | 41752.0000 | 52211.2300 | 0.0700 | 2.1300 | 2.1300 | 3.1700 | 0.0100 | 0.0305 | 1.0458 | 19557 | 7605 | -- | 10派0.4元(含税) |
| 600379 | 宝光股份☆ | 25052.1323 | 4.23 | 1667.46 | 7.45 | 1390 | 12.30 | 1426 | 26714.6161 | 48839.9564 | 0.0880 | 1.6908 | 1.6383 | 5.2040 | 0.2247 | 0.1014 | 0.5448 | 15800 | 5000 | -- | 不分配、不转增 |
| 600380 | 太太药业☆ | 71164.7636 | 4.84 | 20624.99 | -5.86 | 17188 | -14.32 | 17328 | 200704.9940 | 252319.9898 | 0.4227 | 4.9359 | 4.9290 | 8.5600 | 0.5807 | 0.0429 | 3.7082 | 40662 | 10500 | -- | 10派3.5元(含税) |
| 600381 | 白唇鹿☆ | 30316.5427 | 112.01 | 2648.71 | 19.87 | 2066 | 14.49 | 2336 | 33900.3615 | 76769.0183 | 0.1878 | 3.0800 | 2.9500 | 6.0900 | 0.1400 | 0.1748 | 1.7860 | 11000 | 3500 | -- | 10派0.68元(含税) |

| 代码 | 名称 | 主营业务收入(万元) | 同比(%) | 利润总额(万元) | 同比(%) | 净利润(万元) | 同比(%) | 扣除非经常性损益后净利润(万元) | 股东权益(万元) | 总资产(万元) | 每股收益(摊薄)(元) | 每股净资产(元) | 调整后每股净资产(元) | 净资产收益率(%) | 每股经营现金流量净额(元) | 每股未分配利润(摊薄)(元) | 每股资本公积金(元) | 总股本(万股) | 流通A股(万股) | 流通外资股(万股) | 分配预(方)案 |
|---|---|---|---|---|---|---|---|---|---|---|---|---|---|---|---|---|---|---|---|---|---|
| 600382 | 广东明珠☆ | 43886.6531 | 22.45 | 4150.09 | -14.39 | 3575 | 8.90 | 1298 | 49994.7197 | 104657.0157 | 0.2100 | 2.9300 | 2.9200 | 7.1500 | 0.0600 | 0.2527 | 1.5202 | 17087 | 6000 | -- | 10派1.5元(含税) |
| 600383 | 金地集团☆ | 97003.8396 | 46.32 | 17326.58 | 22.76 | 13815 | 14.86 | 13578 | 134559.9956 | 307577.2725 | 0.5120 | 4.9840 | 4.9740 | 10.2700 | -0.9790 | 0.3357 | 2.9215 | 27000 | 9000 | -- | 10派2.5元(含税) |
| 600385 | ST金泰☆ | 2758.9767 | -83.92 | -13757.00 | -- | -13630 | -- | -2906 | 4493.8584 | 31608.7174 | -0.9600 | 0.3200 | 0.3000 | -303.3000 | 0.0100 | -0.9225 | 0.1208 | 14132 | 6784 | -- | 不分配、不转增 |
| 600386 | 北京巴士☆ | 141852.5071 | 48.98 | 16986.92 | 41.27 | 11994 | 69.50 | 10176 | 116163.0336 | 239254.8477 | 0.4800 | 4.6100 | 4.4800 | 10.3300 | 1.0900 | 0.0258 | 3.1400 | 25200 | 8000 | -- | 10派3.2元(含税) |
| 600388 | 龙净环保☆ | 38196.1546 | 8.58 | 2629.20 | -36.31 | 2558 | -31.11 | 2565 | 63360.3313 | 110999.4132 | 0.1530 | 3.7930 | 3.7820 | 4.0400 | -0.4580 | 0.2005 | 2.4968 | 16700 | 6500 | -- | 10派0.7元(含税) |
| 600389 | 江山股份☆ | 70458.7456 | 19.66 | 4941.06 | 1.14 | 3161 | -15.64 | 2891 | 45469.9626 | 102960.0094 | 0.1760 | 2.5260 | 2.5160 | 6.9500 | 0.1160 | 0.2935 | 1.1245 | 18000 | 4800 | -- | 10派0.5元(含税) |
| 600390 | 金瑞科技☆ | 25537.4267 | 13.16 | 1777.79 | -37.92 | 1561 | -38.31 | 1491 | 69863.0711 | 92909.7548 | 0.1500 | 6.5400 | 6.3800 | 2.2300 | -0.0100 | 0.0081 | 5.4390 | 10670 | 4000 | -- | 10派1.4元(含税) |
| 600391 | 成发科技Δ | 18452.3690 | -9.73 | 2804.28 | -20.16 | 2142 | -39.01 | 2187 | 41855.6634 | 62133.0057 | 0.1500 | 2.9900 | 2.9800 | 5.1200 | 0.3200 | 0.0099 | 1.8869 | 14000 | 5000 | -- | 10派1.7元(含税) |
| 600393 | 东华实业☆ | 13728.0821 | -36.81 | 6109.36 | -13.73 | 3569 | -25.91 | 1376 | 45681.0244 | 83896.7631 | 0.1784 | 2.2800 | 2.2800 | 7.8100 | 0.0750 | 0.4619 | 0.5055 | 20000 | 5526 | -- | 不分配、不转增 |
| 600395 | 盘江股份☆ | 66809.5549 | 35.46 | 7999.50 | 0.90 | 6778 | -1.19 | 6830 | 121615.5386 | 144149.4074 | 0.1830 | 3.2750 | 3.2500 | 5.5700 | 0.2160 | 0.2428 | 1.9602 | 37130 | 12000 | -- | 10派1元(含税) |
| 600396 | 金山股份☆ | 36692.1835 | 250.30 | 8233.88 | 232.64 | 3535 | 65.69 | 3677 | 44199.6751 | 132925.8939 | 0.2700 | 3.4000 | 3.4000 | 8.0000 | -1.4800 | 0.3900 | 1.8591 | 13000 | 4500 | -- | 不分配、不转增 |
| 600397 | 安源股份☆ | 40779.8685 | 0.38 | 6804.26 | 1.12 | 4767 | -5.40 | 4784 | 71685.1517 | 107542.0683 | 0.2167 | 3.2600 | 3.2400 | 6.6500 | 0.1627 | 0.0740 | 1.9927 | 22000 | 8000 | -- | 10派1元(含税) |
| 600398 | 凯诺科技☆ | 58347.0083 | 38.39 | 12204.63 | 47.18 | 8584 | 24.83 | 8492 | 68347.6901 | 101501.6745 | 0.4000 | 3.2000 | 3.2000 | 12.5600 | 0.0700 | 0.7075 | 1.3397 | 21371 | 9945 | -- | 不分配、不转增 |
| 600399 | 抚顺特钢☆ | 173271.2948 | 18.14 | 6500.58 | -44.87 | 4217 | -58.03 | 4347 | 144805.2367 | 422828.6531 | 0.0800 | 2.7800 | 2.7700 | 2.9100 | 0.6900 | 0.3004 | 1.4058 | 52000 | 12000 | -- | 不分配、不转增 |
| 600400 | 红豆股份☆ | 62534.2980 | 36.82 | 8752.06 | 16.27 | 6664 | 17.96 | 6298 | 62935.0318 | 115453.8759 | 0.3700 | 3.5100 | 3.5000 | 10.5900 | -1.2500 | 0.5944 | 1.7290 | 17952 | 5000 | -- | 10派1元(含税) |
| 600408 | 安泰集团☆ | 68444.2431 | -- | 7197.30 | -- | 4742 | -- | -- | 27428.0067 | 86861.9635 | 0.2964 | 1.7200 | -- | -- | 0.4900 | 0.2025 | 0.0866 | 23000 | 7000 | -- | -- |
| 600415 | 小商品城☆ | 75268.6000 | 95.31 | 6326.72 | 27.43 | 4350 | 31.95 | 3813 | 31353.6764 | 152245.6193 | 0.4200 | 3.0100 | 2.9300 | 13.8700 | 6.5400 | 0.7918 | 0.3874 | 10403 | 2915 | -- | 10派1元(含税) |
| 600416 | 湘电股份☆ | 57396.0299 | 9.80 | 6264.35 | 1.91 | 4084 | 3.97 | 4199 | 61789.9462 | 104913.2542 | 0.2100 | 3.1700 | 3.1600 | 6.6100 | 0.0200 | 0.1187 | 1.9329 | 19500 | 7500 | -- | 10派2.2元(含税) |
| 600418 | 江淮汽车☆ | 344299.6007 | 73.07 | 16208.03 | 55.49 | 13241 | 48.84 | 13355 | 110412.8668 | 181774.1626 | 0.5800 | 4.8000 | 4.7700 | 11.9900 | 1.5000 | 0.5039 | 3.0153 | 23000 | 8800 | -- | 10派2.5元(含税) |
| 600419 | 新疆天宏☆ | 16238.0957 | 0.98 | 1381.60 | -0.92 | 1163 | 3.27 | 1047 | 28686.4196 | 46392.4825 | 0.1500 | 3.5800 | 3.5400 | 4.0600 | -0.0800 | 0.2368 | 2.1770 | 8016 | 3000 | -- | 10派0.5元(含税) |
| 600422 | 昆明制药☆ | 50485.7512 | 3.40 | 6458.16 | 30.03 | 4459 | 16.35 | 3712 | 53083.5233 | 76328.4617 | 0.4500 | 5.4100 | 5.2800 | 8.4000 | 0.1800 | 0.0428 | 3.9477 | 9818 | 4000 | -- | 10派3.2元(含税) |
| 600426 | 华鲁恒升☆ | 45109.9301 | 20.22 | 6142.88 | 37.35 | 4609 | 37.28 | 3616 | 55815.3116 | 89666.9795 | 0.2760 | 3.3400 | 3.3400 | 8.2600 | 0.3000 | 0.1146 | 2.1363 | 16700 | 6000 | -- | 10派1.2元(含税) |
| 600428 | 中远航运☆ | 54888.3053 | 2.57 | 10667.58 | 2.40 | 8258 | -3.61 | 7656 | 135725.8910 | 165611.0583 | 0.2300 | 3.7700 | 3.7600 | 6.0800 | 0.2400 | 0.1062 | 2.5251 | 36000 | 13000 | -- | 10派1.3元(含税) |
| 600448 | 华纺股份Δ | 112612.0028 | 11.40 | -4751.35 | -- | -4718 | -- | -3769 | 67762.0602 | 122924.8664 | -0.1900 | 2.7700 | 2.7400 | -0.0700 | 0.0004 | -0.2409 | 1.9562 | 24500 | 9350 | -- | 不分配、不转增 |
| 600456 | 宝钛股份☆ | 34641.0332 | 6.44 | 4849.79 | 9.17 | 4102 | 8.63 | 4309 | 58362.7825 | 92324.1058 | 0.2100 | 2.9170 | 2.8770 | 7.0300 | 0.3191 | 0.1847 | 1.6347 | 20008 | 6000 | -- | 10派1.5元(含税) |
| 600458 | 时代新材☆ | 15746.3934 | 54.33 | 3129.06 | 56.31 | 2585 | 54.34 | 2593 | 31028.7403 | 38801.0288 | 0.3000 | 3.6400 | 3.6400 | 8.3300 | 0.1000 | 0.3196 | 2.1905 | 8515 | 3500 | -- | 10派1元(含税) |
| 600466 | 迪康药业☆ | 15316.0660 | 62.94 | 2984.12 | 3.46 | 2402 | -17.49 | 2005 | 65083.2281 | 77944.5159 | 0.1900 | 5.1100 | 5.0900 | 3.6900 | 0.1400 | 0.3960 | 3.5854 | 12740 | 5000 | -- | 10派1元(含税) |
| 600468 | 特精股份☆ | 22674.8538 | 69.29 | 952.64 | 43.34 | 416 | -18.69 | 321 | 33343.0683 | 70867.0810 | 0.0380 | 3.0310 | 3.0150 | 1.2500 | -0.4450 | 0.0581 | 1.8992 | 11000 | 3000 | -- | 10派0.5元(含税) |
| 600486 | 扬农化工☆ | 30097.5584 | 13.83 | 3669.03 | 3.81 | 2425 | 2.43 | 2625 | 32919.6528 | 49325.9928 | 0.2430 | 3.2920 | 3.2910 | 7.3700 | 0.3320 | 0.0062 | 2.1779 | 10000 | 3000 | -- | 10派2元(含税) |
| 600488 | 天药股份☆ | 60720.7028 | 19.21 | 10816.39 | 22.08 | 9091 | 20.63 | 8977 | 75936.4174 | 141900.5482 | 0.4690 | 3.9200 | 3.9050 | 11.9700 | 0.2170 | 0.2506 | 2.4394 | 19371 | 5850 | -- | 10转3 |
| 600496 | 长江股份☆ | 13880.5637 | -22.11 | 1004.66 | -46.80 | 673 | -46.81 | 632 | 24499.2206 | 34544.9098 | 0.0600 | 2.2300 | 2.2300 | 2.7500 | 0.2000 | 0.0072 | 1.1582 | 11000 | 4000 | -- | 10派0.5元(含税) |
| 600498 | 烽火通信☆ | 154012.0426 | -14.45 | 6283.71 | -62.47 | 6514 | -61.09 | 6527 | 227340.0359 | 306746.3938 | 0.1600 | 5.5400 | 5.4400 | 2.8700 | -0.0003 | 0.2138 | 4.1777 | 41000 | 8800 | -- | 10派1.2元(含税) |
| 600499 | 科达机电☆ | 21683.0657 | 46.88 | 3652.17 | 30.41 | 3349 | 34.10 | 3330 | 37876.7738 | 49203.0609 | 0.6060 | 6.8490 | 6.8490 | 8.8400 | 0.6000 | 1.0729 | 4.5878 | 5530 | 2000 | -- | 10送5转3派1.25元(含税) |
| 600500 | 中化国际☆ | 800313.6439 | 21.87 | 33059.24 | 190.74 | 26026 | 187.52 | 26449 | 156318.0206 | 308433.7303 | 0.4700 | 2.8000 | 2.7200 | 16.6500 | 0.5200 | 0.2097 | 1.3571 | 55898 | 18000 | -- | 10派2.5元(含税) |
| 600501 | 航天晨光☆ | 56820.6413 | 28.77 | 4223.83 | 5.13 | 3291 | -0.29 | 3138 | 45819.2575 | 93049.9834 | 0.1800 | 2.4300 | 2.3800 | 7.2400 | 0.2800 | 0.0725 | 1.2426 | 18731 | 7200 | -- | 10派1.5元(含税) |
| 600503 | 宏智科技☆ | 23385.1388 | 21.74 | 3812.88 | 18.19 | 3487 | 14.70 | 3441 | 48718.2169 | 59924.7466 | 0.3200 | 4.4300 | 4.4000 | 7.1600 | 0.2000 | 0.6346 | 2.6556 | 11000 | 4000 | -- | 不分配、不转增 |
| 600505 | 西昌电力☆ | 16392.4087 | 28.46 | 2628.58 | -7.31 | 2265 | -5.65 | 2261 | 52982.8039 | 115567.8544 | 0.1373 | 3.2100 | 3.1200 | 4.2700 | 0.5500 | 0.2948 | 1.6669 | 16500 | 5500 | -- | 10转8派2元(含税) |
| 600506 | 香梨股份☆ | 8006.7106 | -19.13 | 3091.83 | 4.05 | 3093 | 4.08 | 1714 | 46779.3114 | 62001.6890 | 0.1900 | 2.9100 | 2.9100 | 6.6100 | -0.0400 | 0.2251 | 1.5006 | 16050 | 5000 | -- | 不分配、不转增 |
| 600508 | 上海能源☆ | 158303.7253 | 8.01 | 22257.03 | 12.04 | 16943 | 2.40 | 16664 | 146788.8036 | 218194.9820 | 0.4200 | 3.6600 | 3.6000 | 11.5400 | 1.0100 | 0.0591 | 2.3945 | 40151 | 11000 | -- | 10派3.5元(含税) |

| 代码 | 名称 | 主营业务收入(万元) | 同比(%) | 利润总额(万元) | 同比(%) | 净利润(万元) | 同比(%) | 扣除非经常性损益后净利润(万元) | 股东权益(万元) | 总资产(万元) | 每股收益(摊薄)(元) | 每股净资产(元) | 调整后每股净资产(元) | 净资产收益率(%) | 每股经营现金流量净额(元) | 每股未分配利润(摊薄)(元) | 每股资本公积金(元) | 总股本(万股) | 流通A股(万股) | 流通外资股(万股) | 分配预(方)案 |
|---|---|---|---|---|---|---|---|---|---|---|---|---|---|---|---|---|---|---|---|---|---|
| 600509 | 天富热电☆ | 45211.0524 | 23.98 | 5135.34 | -3.53 | 4667 | 2.65 | 4245 | 62060.4091 | 153139.5713 | 0.2800 | 3.6700 | 3.6700 | 7.5200 | -- | 0.0721 | 2.3914 | 16909 | 6000 | -- | 10转5派2.5元(含税) |
| 600510 | 黑牡丹☆ | 100701.2727 | 14.35 | 18646.32 | 39.86 | 12589 | 44.62 | 12667 | 81089.1883 | 116580.8200 | 0.8600 | 5.5500 | 5.5500 | 15.5300 | 0.7900 | 0.2259 | 3.6460 | 14612 | 3800 | -- | 10派5元(含税) |
| 600511 | 国药股份☆ | 122382.0000 | 0.24 | 4437.00 | 27.13 | 2618 | 31.82 | 2797 | 39830.0000 | 80837.0000 | 0.1970 | 2.9950 | 2.9760 | 6.5700 | 0.1140 | 0.1069 | 1.8202 | 13300 | 5300 | -- | 10派1元(含税) |
| 600512 | 腾达建设☆ | 55945.6715 | 12.50 | 3726.49 | -3.40 | 2482 | 0.40 | 2625 | 43075.0210 | 78131.1080 | 0.1600 | 2.7000 | 2.6400 | 5.7600 | 0.1900 | 0.1097 | 1.4244 | 15974 | 6000 | -- | 10派1.5元(含税) |
| 600515 | 第一投资☆ | 24957.4485 | 1.09 | 2849.30 | 1.76 | 2392 | 0.87 | 2096 | 43129.4228 | 78533.4252 | 0.1550 | 2.8000 | 2.7400 | 5.5500 | 0.1900 | 0.1124 | 1.3791 | 15416 | 5000 | -- | 10转5 |
| 600516 | 海龙科技☆ | 43145.6358 | 4.49 | 4047.23 | 3.49 | 3331 | -30.62 | 3373 | 75142.3730 | 139266.5940 | 0.1700 | 3.7600 | 3.7500 | 4.4300 | -0.2800 | 0.4200 | 2.2442 | 20000 | 8000 | -- | 10派1元(含税) |
| 600518 | 康美药业☆ | 41098.0323 | 7.93 | 5715.51 | 30.74 | 4383 | 50.33 | 4184 | 39123.2322 | 62957.8766 | 0.6190 | 5.5260 | 5.3710 | 11.2000 | 0.7550 | 1.0105 | 3.2223 | 7080 | 1800 | -- | 10派2.5元(含税) |
| 600519 | 贵州茅台☆ | 183489.8295 | 13.40 | 64937.04 | 6.93 | 37680 | 14.78 | 37819 | 285284.5506 | 393090.5067 | 1.3700 | 10.3700 | 10.2900 | 13.2100 | 1.5800 | 1.0482 | 7.3248 | 27500 | 7865 | -- | 10送1派2元(含税) |
| 600520 | 三佳模具☆ | 9363.9904 | 13.01 | 3095.97 | -3.21 | 2050 | -3.62 | 2055 | 25201.4903 | 34923.3984 | 0.3300 | 4.0100 | 3.9900 | 8.1300 | 0.1200 | 0.4656 | 2.4182 | 6280 | 2500 | -- | 10转8 |
| 600521 | 华海药业☆ | 18737.7538 | -- | 7211.23 | -- | 5059 | -- | -- | 8044.0143 | 24818.2205 | 0.7780 | 1.2380 | -- | 62.9000 | 1.1590 | -- | 0.0052 | 10000 | 3500 | -- | -- |
| 600522 | 中天科技Δ | 41353.6931 | -23.00 | 5287.37 | -13.00 | 3975 | 5.00 | 4212 | 56083.9323 | 83374.1788 | 0.1900 | 2.6900 | 2.6900 | 7.0000 | 0.2600 | 0.1630 | 1.3918 | 20831 | 7000 | -- | 10派1.2元(含税) |
| 600523 | 贵航股份☆ | 37902.1801 | 6.91 | 562.89 | -77.50 | 285 | -84.54 | 431 | 56481.6060 | 106191.6982 | 0.0130 | 2.5700 | 2.5700 | 0.5100 | 0.0300 | 0.0129 | 1.5214 | 22000 | 7000 | -- | 10派0.15元(含税) |
| 600525 | 长园新材☆ | 19572.5636 | 36.22 | 4242.59 | 11.93 | 3096 | 10.75 | 2321 | 27741.9032 | 48768.8743 | 0.3100 | 2.7900 | 2.7900 | 11.1600 | 0.4000 | -0.0335 | 1.5656 | 9954 | 2500 | -- | 不分配、不转增 |
| 600526 | 菲达环保☆ | 32758.0241 | 22.33 | 3862.44 | 10.21 | 2366 | 10.48 | 2391 | 37211.3463 | 66541.5508 | 0.2400 | 3.7200 | 3.7200 | 6.3600 | 0.3200 | 0.3082 | 2.3233 | 10000 | 4000 | -- | 10派2元(含税) |
| 600528 | 中铁二局☆ | 442435.6393 | 9.54 | 14439.54 | -10.56 | 11026 | -31.53 | 11278 | 171531.7357 | 422272.0410 | 0.2700 | 4.1800 | 4.1200 | 6.4300 | -0.7900 | 0.2123 | 2.6636 | 41000 | 11000 | -- | 10派3元(含税) |
| 600529 | 山东药玻☆ | 42231.8260 | 20.62 | 8233.56 | 38.02 | 5475 | 46.55 | 5497 | 64155.4698 | 94359.3776 | 0.6600 | 7.7900 | 7.7900 | 8.5300 | 1.3300 | 1.4451 | 4.7817 | 8241 | 3200 | -- | 10送3转2派1元(含税) |
| 600530 | 交大昂立☆ | 47686.7462 | 5.19 | 5680.60 | -4.69 | 5118 | -6.33 | 4504 | 89874.6314 | 133931.6832 | 0.2600 | 4.4900 | 4.4200 | 5.6900 | 0.2500 | 0.0076 | 3.2238 | 20000 | 5000 | -- | 10派2.1元(含税) |
| 600531 | 豫光金铅☆ | 100599.0476 | 34.48 | 4989.39 | 8.04 | 3362 | 11.59 | 3338 | 51786.0271 | 96735.0456 | 0.2700 | 4.0800 | 4.0700 | 6.4900 | -0.6200 | 0.4656 | 2.4766 | 12682 | 4500 | -- | 10派1元(含税) |
| 600532 | 华阳科技☆ | 27724.4774 | 10.99 | 2582.50 | 7.73 | 1708 | 9.26 | 1720 | 33086.1679 | 49048.3462 | 0.1900 | 3.6760 | 3.6740 | 5.1600 | 0.5600 | 0.3080 | 2.2918 | 9000 | 4000 | -- | 10派1.25元(含税) |
| 600533 | 栖霞建设☆ | 36608.6607 | 12.96 | 7235.40 | -7.35 | 4230 | 1.88 | 4271 | 49001.5984 | 85250.1656 | 0.3000 | 3.5000 | 3.4800 | 8.6300 | -0.7900 | 0.0069 | 2.3728 | 14000 | 4000 | -- | 10派2.5元(含税) |
| 600535 | 天士力☆ | 92978.6248 | 35.82 | 14488.14 | 12.44 | 11785 | 14.56 | 11969 | 97290.1824 | 125069.8633 | 0.6200 | 5.1200 | 5.1100 | 12.1100 | 1.0900 | 0.4157 | 3.4803 | 19000 | 5000 | -- | 10转5派5元(含税) |
| 600536 | 中软股份☆ | 46482.1777 | 42.93 | 4860.20 | 38.17 | 3958 | 31.46 | 3878 | 42354.2967 | 55809.1232 | 0.4700 | 5.0300 | 5.0100 | 9.3400 | 0.2000 | 0.2692 | 3.6165 | 8417 | 3000 | -- | 10转2派3元(含税) |
| 600537 | 海通集团☆ | 24795.3077 | 6.00 | 4369.54 | 15.98 | 3612 | 5.65 | 3468 | 19547.8269 | 49427.4434 | 0.3200 | 1.7100 | 1.7000 | 18.0000 | 0.2800 | 0.1039 | 0.0680 | 16431 | 5000 | -- | 10派2.5元(含税) |
| 600538 | 北海国发☆ | 9900.9959 | 5.27 | 2408.25 | -5.99 | 2369 | -3.66 | 1991 | 14203.7403 | 23521.9460 | 0.3600 | 2.1600 | 2.1300 | 16.6800 | 0.2600 | 0.4193 | -- | 11080 | 4500 | -- | 10派1元(含税) |
| 600539 | 狮头股份☆ | 28921.2250 | -1.88 | 3524.65 | -30.65 | 2303 | -38.12 | 2398 | 81205.3552 | 109234.7136 | 0.1000 | 3.5300 | 3.4900 | 2.8400 | 0.1700 | 0.2261 | 2.2046 | 23000 | 8800 | -- | 不分配、不转增 |
| 600548 | 深高速☆ | 64612.7966 | 6.88 | 40555.81 | -0.75 | 35135 | -12.58 | 34854 | 516031.2772 | 692250.2651 | 0.1600 | 2.3700 | 2.3500 | 6.8100 | 0.2000 | 0.0129 | 0.9453 | 218070 | 16500 | H股:74750.000 | 10派1.2元(含税) |
| 600549 | 厦门钨业☆ | 57839.8097 | -18.04 | 7785.12 | -15.36 | 5006 | -18.37 | 4611 | 55239.1465 | 110364.9271 | 0.4200 | 4.6000 | 4.6000 | 9.0600 | 0.3500 | 0.0063 | 3.0979 | 12000 | 3000 | -- | 10派3元(含税) |
| 600550 | 天威保变☆ | 65281.4495 | 6.68 | 5353.84 | 3.29 | 3320 | -24.64 | 3271 | 87090.6395 | 163949.9312 | 0.1000 | 2.6400 | 2.6100 | 3.8100 | 0.1700 | 0.1064 | 1.4687 | 33000 | 9000 | -- | 不分配、不转增 |
| 600551 | 科大创新☆ | 6681.4653 | 9.92 | 884.04 | -27.64 | 737 | -26.67 | 714 | 17847.8625 | 30513.1522 | 0.1000 | 2.3800 | 2.3400 | 4.1300 | 0.1300 | 0.2058 | 1.1225 | 7500 | 2500 | -- | 10派0.8元(含税) |
| 600552 | 方兴科技☆ | 18913.7930 | 6.28 | 2057.83 | -2.45 | 1407 | 1.49 | 1461 | 30331.2275 | 46674.0225 | 0.1600 | 3.3700 | 3.3600 | 4.5100 | 0.3200 | 0.1567 | 2.1373 | 9000 | 4000 | -- | 10派1元(含税) |
| 600553 | 太行股份☆ | 37932.4641 | 7.10 | 5046.08 | -1.67 | 4040 | 0.63 | 4138 | 66443.9104 | 122090.4613 | 0.2100 | 3.5000 | 3.4400 | 6.0800 | 0.3100 | 0.3677 | 1.7311 | 19000 | 5000 | -- | 10派0.5元(含税) |
| 600555 | 茉织华☆ | 168834.3000 | -10.89 | 17168.70 | -33.06 | 12199 | -41.45 | 12026 | 211833.3000 | 342050.0000 | 0.2800 | 4.8800 | 4.8700 | 5.7600 | 0.3700 | 0.2768 | 3.2765 | 43450 | 8100 | B股:11000.000 | 10派1.5元(含税) |
| 600556 | 北生药业☆ | 21737.2022 | 75.59 | 4359.72 | 98.24 | 3204 | 111.07 | 3443 | 50181.8025 | 127558.8245 | 0.3560 | 5.5758 | 5.5092 | 6.4800 | 1.0100 | 0.3810 | 4.0600 | 9000 | 4532 | -- | 10送1转3派1元(含税) |
| 600557 | 康缘药业☆ | 26205.6600 | 16.25 | 2576.90 | 4.01 | 2087 | 13.96 | 1950 | 33171.5300 | 42607.2200 | 0.2300 | 3.6100 | 3.5800 | 6.2900 | 0.1200 | 0.0517 | 2.4738 | 9180 | 4000 | -- | 10派3元(含税) |
| 600558 | 大西洋☆ | 50646.0977 | 12.44 | 4333.82 | 9.21 | 2842 | 10.88 | 3653 | 47283.1323 | 70321.1492 | 0.2370 | 3.9400 | 3.9230 | 6.0100 | 0.4980 | 0.1048 | 2.6886 | 12000 | 4500 | -- | 10派1.2元(含税) |
| 600559 | 裕丰股份☆ | 26257.0400 | 15.33 | 2729.74 | -0.17 | 2175 | -0.36 | 2374 | 32847.6525 | 59391.6269 | 0.1600 | 2.3500 | 2.3400 | 6.6200 | 0.4400 | 0.0820 | 1.1943 | 14000 | 4000 | -- | 10派0.5元(含税) |
| 600560 | 金自天正☆ | 17490.6545 | 15.84 | 2330.50 | 10.28 | 2330 | 10.28 | 2337 | 36605.6260 | 50924.4645 | 0.3000 | 4.7900 | 4.7700 | 6.3700 | 0.0600 | 0.2987 | 3.2879 | 7646 | 3000 | -- | 10派2元(含税) |
| 600561 | 江西长运☆ | 15297.9458 | 25.96 | 4338.98 | 29.29 | 2867 | 30.42 | 2529 | 25966.8872 | 47025.1928 | 0.3100 | 2.8000 | 2.7600 | 11.0400 | 0.6400 | 0.2960 | 1.2318 | 9286 | 3000 | -- | 10派1.5元(含税) |
| 600562 | 高淳陶瓷☆ | 10917.9371 | 6.53 | 3057.77 | 5.53 | 2045 | 4.56 | 2026 | 9768.5775 | 16572.8419 | 0.3800 | 1.8100 | 1.8100 | 20.9300 | 0.5700 | 0.1067 | 0.1108 | 8409 | 3000 | -- | 10派1元(含税) |

| 代码 | 名称 | 主营业务收入（万元） | 同比（%） | 利润总额（万元） | 同比（%） | 净利润（万元） | 同比（%） | 扣除非经常性损益后净利润(万元) | 股东权益（万元） | 总资产（万元） | 每股收益(摊薄)（元） | 每股净资产（元） | 调整后每股净资产（元） | 净资产收益率（%） | 每股经营现金流量净额(元) | 每股未分配利润(摊薄)(元) | 每股资本公积金（元） | 总股本（万股） | 流通A股（万股） | 流通外资股（万股） | 分配预(方)案 |
|---|---|---|---|---|---|---|---|---|---|---|---|---|---|---|---|---|---|---|---|---|---|
| 600563 | 法拉电子☆ | 24648.6432 | 10.36 | 5456.51 | 20.93 | 4434 | 11.16 | 4449 | 65236.3664 | 71945.7918 | 0.3000 | 4.3500 | 4.3500 | 6.8000 | 0.7200 | 0.9403 | 2.2429 | 15000 | 5000 | -- | 10派3元(含税) |
| 600565 | 迪马股份☆ | 48479.6000 | 2.44 | 4237.90 | -24.25 | 3510 | -25.71 | 3514 | 37990.4000 | 51008.1000 | 0.4400 | 4.7500 | 4.7400 | 9.2400 | 0.3100 | 0.0154 | 3.5166 | 8000 | 2000 | -- | 10派3.6元(含税) |
| 600566 | 洪城股份☆ | 10729.1806 | -5.85 | 2074.67 | -0.19 | 1389 | -21.52 | 1307 | 45814.9506 | 60631.7394 | 0.1300 | 4.3100 | 4.3000 | 3.0300 | 0.2100 | 0.3980 | 2.8017 | 10631 | 4400 | -- | 10派0.5元(含税) |
| 600567 | 山鹰纸业☆ | 48822.4800 | 73.78 | 3200.21 | 16.90 | 2512 | 9.04 | 2529 | 34875.8200 | 83089.9100 | 0.1570 | 2.1730 | 2.1570 | 7.3400 | 0.3800 | 0.2423 | 0.8393 | 16050 | 6000 | -- | 10派0.5元(含税) |
| 600568 | 潜江制药☆ | 9076.9138 | 11.12 | 1826.85 | -13.60 | 1119 | -19.31 | 508 | 44466.0287 | 47819.6582 | 0.1500 | 6.1000 | 6.0800 | 2.5200 | 0.0100 | 0.6329 | 4.3269 | 7286 | 3500 | -- | 不分配、不转增 |
| 600569 | 安阳钢铁☆ | 671738.8912 | 12.95 | 72559.73 | 3.14 | 53730 | 14.14 | 48613 | 457007.6029 | 625125.8431 | 0.4000 | 3.4000 | 3.3900 | 11.7600 | 0.7600 | 0.5011 | 1.0739 | 134549 | 27500 | -- | 10派2元(含税) |
| 600571 | 信雅达☆ | 19040.0101 | 19.63 | 3933.60 | 9.24 | 3201 | 17.01 | 3004 | 31324.6898 | 44771.4608 | 0.5500 | 5.3600 | 5.3500 | 10.2100 | 0.9400 | 0.4767 | 3.7302 | 5846 | 1800 | -- | 10派3元(含税) |
| 600576 | 庆丰股份☆ | 84946.6435 | -- | 5300.67 | -- | 4491 | -- | -- | 24057.9961 | 71790.7515 | 0.3400 | -- | -- | 18.6700 | -- | 0.4277 | 0.0133 | 19409 | 6000 | -- | 不分配、不转增 |
| 600577 | 精达股份☆ | 42968.1524 | 35.86 | 3396.93 | 12.53 | 2133 | 7.49 | 2077 | 26711.4287 | 47049.9093 | 0.3600 | 4.4500 | 4.4400 | 7.9900 | 0.3600 | 0.5362 | 2.7383 | 6000 | 2000 | -- | 10派1元(含税) |
| 600578 | 京能热电☆ | 111011.5344 | 0.31 | 12906.25 | -27.90 | 8579 | -27.32 | 8688 | 132633.9634 | 209411.4499 | 0.1500 | 2.3100 | 2.3100 | 6.4700 | 0.5600 | 0.0050 | 1.2015 | 57336 | 10000 | -- | 10派1.15元(含税) |
| 600579 | 黄海股份☆ | 59930.3067 | 46.53 | 7079.81 | 60.60 | 4641 | 56.85 | 4641 | 54257.9976 | 113766.6333 | 0.2150 | 2.5100 | 2.4700 | 8.5500 | 0.5400 | 0.1908 | 1.2404 | 21600 | 7200 | -- | 不分配、不转增 |
| 600580 | 卧龙科技☆ | 20802.6520 | 2.43 | 4171.93 | -10.82 | 2978 | -2.89 | 2227 | 42011.1168 | 63731.7787 | 0.2700 | 3.8500 | 3.8200 | 7.0900 | 0.2700 | 0.2443 | 2.3769 | 10910 | 3500 | -- | 10转6派2元(含税) |
| 600581 | 八一钢铁☆ | 318293.4670 | 3.05 | 18588.83 | -22.37 | 16022 | -24.13 | 15884 | 165714.8219 | 302763.4163 | 0.3900 | 4.0500 | 4.0300 | 9.6700 | 0.4500 | 0.4898 | 2.3011 | 40943 | 13000 | -- | 10送2派2元(含税) |
| 600582 | 天地科技☆ | 25754.4600 | 44.01 | 3702.77 | 14.30 | 3401 | 8.97 | 3524 | 43631.4000 | 52692.9700 | 0.4530 | 5.8180 | 5.8050 | 7.7900 | -0.1420 | 0.7639 | 3.8616 | 7500 | 2500 | -- | 10转3 |
| 600583 | 海油工程☆ | 173388.5317 | 43.64 | 15305.65 | 20.30 | 13267 | 27.93 | 13368 | 128445.0409 | 196144.5271 | 0.5300 | 5.1400 | 5.1400 | 10.3300 | 0.7900 | 0.7904 | 3.0850 | 25000 | 8000 | -- | 不分配、不转增 |
| 600585 | 海螺水泥☆ | 299977.6000 | 45.74 | 54372.90 | 72.68 | 26376 | 30.11 | 27155 | 322066.6000 | 889962.4000 | 0.2200 | 2.7200 | 2.7200 | 8.1900 | 0.7700 | 0.2070 | 1.2169 | 118348 | 20000 | H股:36100.000 | 10派0.5元(含税) |
| 600586 | 金晶科技☆ | 32262.9533 | -16.30 | 6105.77 | -30.65 | 3783 | -17.57 | 2499 | 47821.7940 | 95393.7373 | 0.3900 | 4.9400 | 4.9300 | 7.9100 | 0.8900 | 0.5501 | 3.1884 | 9685 | 3500 | -- | 10送3派3元(含税) |
| 600587 | 新华医疗☆ | 24964.8294 | 38.74 | 2582.42 | 8.05 | 2136 | 14.59 | 2153 | 29422.5683 | 52881.6104 | 0.3500 | 4.8000 | 4.7800 | 7.2600 | 0.4200 | 0.7512 | 2.8645 | 6130 | 2100 | -- | 10转4派0.5元(含税) |
| 600588 | 用友软件☆ | 48821.5150 | 46.40 | 10344.50 | 30.50 | 9161 | 30.10 | 9181 | 103392.3602 | 121811.7870 | 0.9200 | 10.3400 | 10.3000 | 8.9000 | 0.8400 | 0.1799 | 8.8323 | 10000 | 2500 | -- | 10转2派6元(含税) |
| 600589 | 广东榕泰☆ | 34850.8338 | 26.91 | 6053.98 | 30.23 | 5252 | 49.08 | 5005 | 56602.1016 | 72014.2392 | 0.3280 | 3.5400 | 3.5400 | 9.2800 | 0.1500 | 0.2137 | 2.1516 | 16000 | 4000 | -- | 10派2元(含税) |
| 600590 | 泰豪科技☆ | 38192.6000 | 15.59 | 2863.80 | 17.75 | 2471 | 11.42 | 2137 | 33056.8000 | 64639.4000 | 0.1900 | 2.4800 | 2.4800 | 7.4800 | 0.0400 | 0.3345 | 1.0786 | 13306 | 4000 | -- | 10派1元(含税) |
| 600591 | 上海航空☆ | 405674.4578 | 15.86 | 16771.79 | 0.86 | 14073 | 1.35 | 14081 | 169906.7821 | 710797.1394 | 0.1950 | 2.3600 | 2.3100 | 8.2830 | 0.5500 | 0.0996 | 1.1564 | 72100 | 20000 | -- | 10派0.5元(含税) |
| 600592 | 龙溪股份☆ | 18944.2881 | 12.51 | 4141.61 | 14.14 | 2702 | -9.23 | 2731 | 48540.2304 | 61412.2851 | 0.1800 | 3.2400 | 3.1800 | 5.5700 | 0.1400 | 0.1059 | 1.9279 | 15000 | 5000 | -- | 不分配、不转增 |
| 600593 | 大连圣亚☆ | 6901.2066 | 1.45 | 3150.28 | -6.69 | 2206 | -4.62 | 2206 | 32561.5278 | 38262.5320 | 0.2400 | 3.5400 | 3.5300 | 6.7800 | 0.3700 | 0.1538 | 2.2406 | 9200 | 3200 | -- | 10派0.5元(含税) |
| 600595 | 中孚实业☆ | 57853.0716 | 10.45 | 7088.50 | 13.07 | 5547 | 32.39 | 4749 | 65005.2493 | 114604.0933 | 0.4100 | 4.8100 | 4.7900 | 8.5300 | 0.8500 | 0.8481 | 2.7090 | 13528 | 5000 | -- | 10送3派2元(含税) |
| 600596 | 新安股份☆ | 78292.4549 | 20.61 | 3892.57 | 20.47 | 3211 | 56.75 | 3160 | 50307.1722 | 92480.7266 | 0.2390 | 3.7500 | 3.7000 | 6.3800 | 0.8600 | 0.0660 | 2.2256 | 13411 | 4400 | -- | 10派1.8元(含税) |
| 600597 | 光明乳业☆ | 502150.3488 | 42.65 | 37188.70 | 68.27 | 22631 | 38.92 | 25064 | 157867.9864 | 293736.5249 | 0.3500 | 2.4200 | 2.3000 | 14.0000 | 0.7400 | 0.0541 | 1.2244 | 65118 | 15000 | -- | 10派1元(含税) |
| 600598 | 北大荒☆ | 147143.0073 | 4.63 | 38063.72 | 4.49 | 38064 | 4.49 | 38019 | 349641.1604 | 619919.0011 | 0.2600 | 2.3800 | 2.3000 | 10.8900 | 0.1600 | 0.1417 | 1.0858 | 146996 | 30000 | -- | 10派1.3元(含税) |
| 600599 | 浏阳花炮☆ | 27612.0430 | 40.04 | 3461.38 | 33.80 | 2020 | 13.54 | 2035 | 27896.3359 | 51220.2337 | 0.1600 | 2.2100 | 2.2100 | 7.2400 | -0.6600 | 0.0412 | 1.1089 | 12600 | 3960 | -- | 10派1元(含税) |
| 600600 | 青岛啤酒☆ | 693673.4126 | 31.46 | 37744.93 | 106.75 | 23066 | 124.18 | 20017 | 297735.3602 | 893861.5600 | 0.2307 | 2.9800 | 2.8900 | 7.7500 | 1.1100 | 0.1088 | 1.5760 | 100000 | 20000 | H股:34685.000 | 10派2.2元(含税) |
| 600601 | 方正科技☆ | 451253.5486 | 22.20 | 15301.33 | 27.49 | 12904 | 28.00 | 11147 | 71660.0097 | 202199.1192 | 0.3460 | 1.9200 | 1.8600 | 18.0100 | 0.6280 | 0.2388 | 0.4641 | 37325 | 37325 | -- | 不分配、不转增 |
| 600602 | 广电电子☆ | 465629.9472 | 14.72 | 21674.20 | 6.98 | 10392 | -39.03 | 10896 | 274176.4741 | 747859.8000 | 0.1120 | 2.9600 | 2.8900 | 3.7900 | 0.6100 | 0.1144 | 1.4036 | 92723 | 34997 | B股:23191.341 | 10派0.5元(含税) |
| 600603 | ST兴业◆ | 3336.7496 | -54.02 | -65442.77 | -- | -65440 | -- | -65440 | -62691.5379 | 17379.9070 | -3.3621 | -3.2209 | -3.2209 | -- | -0.0075 | -5.0926 | 0.5522 | 19464 | 19464 | -- | 不分配、不转增 |
| 600604 | 二纺机☆ | 74459.2600 | -8.67 | 1265.42 | -- | 900 | -- | 652 | 63413.7900 | 125176.5200 | 0.0159 | 1.1190 | 1.0360 | 1.4200 | 0.1110 | -0.4164 | 0.5298 | 56645 | 7118 | B股:23292.500 | 不分配、不转增 |
| 600605 | 轻工机械☆ | 18286.8086 | -6.24 | 714.89 | -1.21 | 603 | -34.01 | -721 | 30798.9905 | 62360.7444 | 0.0290 | 1.4650 | 1.3510 | 1.9560 | 0.0150 | 0.0468 | 0.1562 | 21019 | 2400 | -- | 不分配、不转增 |
| 600606 | 金丰投资☆ | 108381.3001 | 69.20 | 9258.25 | -2.39 | 6073 | -19.69 | 5901 | 95990.1385 | 219255.9686 | 0.2380 | 3.7650 | 3.6880 | 6.3300 | 1.0830 | 0.2156 | 2.2883 | 25494 | 11358 | -- | 10派1元(含税) |
| 600607 | 上实联合☆ | 161333.8821 | 17.30 | 14580.08 | -4.35 | 9269 | -8.12 | 9363 | 143594.5714 | 247543.0986 | 0.3024 | 4.6848 | 4.5379 | 6.4500 | 0.2519 | 0.4254 | 2.6664 | 30651 | 13293 | -- | 10派1.2元(含税) |
| 600608 | 上海科技☆ | 98301.5686 | 207.55 | 5093.29 | 70.74 | 3328 | 10.48 | 2725 | 34868.9721 | 89965.5154 | 0.2200 | 2.3100 | 2.2200 | 9.5600 | -0.1899 | 0.0825 | 0.7034 | 15126 | 9321 | -- | 不分配、不转增 |
| 600609 | 金杯汽车☆ | 67152.2901 | 3.56 | 3265.21 | -- | -1093 | -- | -20543 | 142626.6769 | 417666.7999 | 0.0100 | 1.3053 | 1.1275 | 0.7100 | -0.0792 | -0.8584 | 0.7633 | 109267 | 36400 | -- | 不分配、不转增 |

| 代码 | 名称 | 主营业务收入(万元) | 同比(%) | 利润总额(万元) | 同比(%) | 净利润(万元) | 同比(%) | 扣除非经常性损益后净利润(万元) | 股东权益(万元) | 总资产(万元) | 每股收益(摊薄)(元) | 每股净资产(元) | 调整后每股净资产(元) | 净资产收益率(%) | 每股经营现金流量净额(元) | 每股未分配利润(摊薄)(元) | 每股资本公积金(元) | 总股本(万股) | 流通A股(万股) | 流通外资股(万股) | 分配预(方)案 |
|---|---|---|---|---|---|---|---|---|---|---|---|---|---|---|---|---|---|---|---|---|---|
| 600610 | 中国纺机☆ | 60407.7687 | 34.41 | 11084.02 | 2938.99 | 10842 | 6497.02 | 1256 | 36121.0826 | 79110.0453 | 0.3040 | 1.0120 | 0.9534 | 30.0200 | 0.1600 | -1.1319 | 1.0650 | 35709 | 2574 | B股:12012.000 | 不分配、不转增 |
| 600611 | 大众交通☆ | 195553.2984 | 17.87 | 26032.24 | 28.20 | 22136 | 18.01 | 21390 | 219342.1330 | 476451.0442 | 0.3700 | 3.6600 | 3.5000 | 10.0900 | 0.6900 | 0.2656 | 1.4381 | 59870 | 14232 | B股:20280.000 | 10派1.8元(含税) |
| 600612 | 第一铅笔☆ | 102613.3427 | 12.67 | 2148.99 | 139.93 | 316 | 296.66 | 165 | 44263.6034 | 137125.8942 | 0.0125 | 1.7580 | 1.6090 | 0.7130 | 0.0415 | -0.0837 | 0.5170 | 25178 | 2909 | B股:12005.136 | 不分配、不转增 |
| 600613 | 永生数据☆ | 1265.4517 | -65.58 | -10415.64 | - - | -10291 | - - | -4871 | 13587.0459 | 28951.4771 | -0.6958 | 0.9186 | 0.9058 | -75.7440 | 0.1083 | -1.3397 | 0.9500 | 14791 | 913 | B股:4562.638 | 不分配、不转增 |
| 600614 | 胶带股份☆ | 21933.7939 | -3.00 | 3819.35 | 8.72 | 2678 | -4.84 | 1415 | 21641.9920 | 117782.4484 | 0.2330 | 1.8800 | 1.7670 | 12.3700 | -0.5940 | 0.1283 | 0.7384 | 11513 | 835 | B股:4174.500 | 10派1元(含税) |
| 600615 | 丰华股份☆ | 14618.5756 | -28.00 | -6655.46 | - - | -6674 | - - | -9536 | 40073.2284 | 94764.7349 | -0.4400 | 2.6600 | 1.4200 | -16.6500 | -0.7600 | -0.5437 | 1.8299 | 15042 | 4650 | - - | 不分配、不转增 |
| 600616 | 第一食品☆ | 105791.1095 | 80.47 | 4103.12 | 17.65 | 3176 | 16.95 | 2972 | 31459.3241 | 136259.2516 | 0.1700 | 1.6500 | 1.5400 | 10.1000 | -0.4600 | 0.0121 | 0.4359 | 19040 | 6848 | - - | 10派1.4元(含税) |
| 600617 | 联华合纤△ | 18401.1500 | -43.05 | -18229.57 | - - | -16882 | - - | -10547 | 11598.4900 | 43408.3700 | -1.0100 | 0.6900 | 0.6800 | -145.5500 | -0.0030 | -0.8261 | 0.3459 | 16719 | 900 | B股6455.844 | 不分配、不转增 |
| 600618 | 氯碱化工☆ | 316099.2400 | 15.86 | 943.08 | -66.80 | 635 | -10.37 | -645 | 282036.4000 | 477629.7100 | 0.0055 | 2.4220 | 2.2830 | 0.2300 | 0.4018 | -0.0048 | 1.3261 | 116448 | 2783 | B股:40656.000 | 不分配、不转增 |
| 600619 | 海立股份☆ | 213227.5656 | -16.67 | 6582.73 | -72.31 | 1673 | -86.33 | 2405 | 98918.7781 | 328876.8694 | 0.0440 | 2.6000 | 2.5400 | 1.6900 | 0.7800 | 0.0412 | 0.9687 | 38052 | 2028 | B股:17940.000 | 不分配、不转增 |
| 600620 | 天宸股份☆ | 47006.2622 | 140.21 | 10372.97 | 169.72 | 8062 | 136.21 | 5980 | 45276.5749 | 160115.1623 | 0.3020 | 1.7000 | 1.5470 | 17.8100 | 0.9600 | 0.2642 | 0.2725 | 26677 | 8047 | - - | 10送2派0.4元(含税) |
| 600621 | 上海金陵☆ | 83540.7027 | -7.63 | 8807.94 | - - | 7204 | - - | 4343 | 85781.3436 | 139166.7611 | 0.1375 | 1.6400 | 1.5100 | 8.4000 | 0.1651 | 0.0196 | 0.4089 | 52408 | 20996 | - - | 10派1元(含税) |
| 600622 | 嘉宝集团☆ | 25708.3897 | 34.74 | 2049.12 | - - | 1302 | - - | 16 | 45602.0137 | 87815.6231 | 0.0390 | 1.3670 | 1.2800 | 2.8600 | 0.3350 | -0.8415 | 1.1338 | 33369 | 11520 | - - | 不分配、不转增 |
| 600623 | 轮胎橡胶☆ | 338224.4488 | 37.17 | -11073.24 | - - | 6015 | 282.61 | 5661 | 94007.9527 | 539360.7175 | 0.0680 | 1.0570 | 0.9100 | 6.3990 | 0.5110 | -1.1265 | 1.2625 | 88947 | 2288 | B股:24310.000 | 不分配、不转增 |
| 600624 | 复旦复华☆ | 26074.3561 | -13.70 | 126.22 | 18.47 | 623 | 96.65 | 228 | 42675.2196 | 100266.2218 | 0.0236 | 1.6200 | 1.5300 | 1.4600 | 0.1374 | -0.0833 | 0.6628 | 26348 | 16172 | - - | 不分配、不转增 |
| 600626 | 申达股份☆ | 384239.3592 | 22.95 | 18137.25 | 0.32 | 13432 | -6.58 | 12076 | 126968.1877 | 272992.5093 | 0.3970 | 3.7500 | 3.7000 | 10.5800 | 0.6440 | 0.0747 | 1.5605 | 33821 | 14048 | - - | 10派2元(含税) |
| 600627 | 电器股份☆ | 252511.4500 | -2.62 | 5418.14 | 21.94 | 5199 | 39.07 | 5352 | 89195.3383 | 168121.7906 | 0.1000 | 1.7200 | 1.6400 | 5.8300 | 1.1400 | 0.0590 | 0.6284 | 51797 | 5100 | - - | 不分配、不转增 |
| 600628 | 新世界☆ | 165294.4375 | -12.13 | 10838.20 | 20.82 | 6930 | -6.93 | 7262 | 84434.6328 | 184719.0709 | 0.2200 | 2.6500 | 2.6300 | 8.2100 | 0.7600 | 0.4128 | 0.9668 | 31890 | 13937 | - | 10派1.2元(含税) |
| 600629 | ST棱光△ | 2494.6492 | -23.13 | 278.16 | - - | 278 | - - | -2844 | -39522.3889 | 13913.2070 | 0.0180 | -2.6100 | -3.1100 | -0.7000 | 0.2100 | -4.0500 | 0.3268 | 15138 | 5776 | - - | 不分配、不转增 |
| 600630 | 龙头股份☆ | 224096.5658 | 7.80 | 6423.11 | -41.24 | 5049 | -47.84 | 5001 | 165165.6857 | 429910.7624 | 0.1190 | 3.8880 | 3.6450 | 3.0570 | -0.1320 | 0.0090 | 2.6125 | 42486 | 19110 | - - | 10派0.6元(含税) |
| 600631 | 第一百货☆ | 276414.6683 | -15.96 | 9587.65 | 11.10 | 4742 | -31.44 | 5419 | 165335.8686 | 378486.9704 | 0.0810 | 2.8400 | 2.4500 | 2.8700 | 0.3950 | 0.0134 | 1.5679 | 58285 | 18831 | - - | 10派0.6元(含税) |
| 600632 | 华联商厦☆ | 241286.0177 | -5.25 | 10749.29 | 3.34 | 10145 | 10.18 | 10140 | 141767.6870 | 243632.4623 | 0.2400 | 3.3500 | 3.1800 | 7.2200 | 0.6300 | 0.2401 | 1.6491 | 42260 | 12447 | - - | 10派1.2元(含税) |
| 600633 | 白猫股份☆ | 32746.4633 | 58.39 | 2785.58 | 24.99 | 2419 | 36.19 | 2352 | 19902.8052 | 33841.6090 | 0.1591 | 1.3090 | 1.2691 | 12.1518 | 0.2611 | 0.0971 | 0.1421 | 15205 | 1320 | - - | 10派0.5元(含税) |
| 600634 | 海鸟发展☆ | 39265.7141 | 115.06 | 5188.97 | 29.07 | 2571 | -7.99 | 2569 | 23642.9823 | 97511.7332 | 0.2900 | 2.7100 | 2.6900 | 10.8700 | -2.4900 | 0.4431 | 0.7933 | 8721 | 3981 | - - | 不分配、不转增 |
| 600635 | 大众科创☆ | 128682.8466 | 202.54 | 17852.58 | 17.99 | 13114 | 4.51 | 10177 | 159965.9456 | 362376.9371 | 0.2401 | 2.9300 | 2.9100 | 8.2000 | 0.2989 | 0.1230 | 1.4352 | 54618 | 32626 | - - | 10派1.8元(含税) |
| 600636 | 三爱富☆ | 82854.2338 | 46.87 | 9803.69 | 21.85 | 5765 | 19.54 | 6190 | 42993.4250 | 82123.2502 | 0.3086 | 2.3000 | 2.2700 | 13.4100 | 0.8160 | 0.2216 | 0.7089 | 18678 | 8237 | - - | 10派1元(含税) |
| 600637 | 广电信息☆ | 290267.4660 | 6.38 | 11745.91 | -36.11 | 11508 | -37.51 | 10951 | 341920.6525 | 631667.3364 | 0.1404 | 4.1707 | 3.9394 | 3.3700 | -0.3682 | 0.0117 | 2.9535 | 81981 | 20381 | - - | 10派1元(含税) |
| 600638 | 新黄浦☆ | 65756.9194 | 89.50 | 8997.41 | 25.79 | 5417 | -1.69 | 5251 | 213756.9897 | 283736.5149 | 0.0965 | 3.8092 | 3.7747 | 2.5300 | 0.4269 | 0.4910 | 2.0120 | 56116 | 17015 | - - | 不分配、不转增 |
| 600639 | 浦东金桥☆ | 67822.2499 | 70.71 | 12744.23 | 6.36 | 10789 | 10.74 | 10764 | 174665.2268 | 322356.5372 | 0.1410 | 2.2750 | 2.2550 | 6.1800 | 0.0320 | 0.1696 | 0.9710 | 76762 | 12887 | B股:22493.900 | 不分配、不转增 |
| 600640 | 联通国脉☆ | 168091.5336 | 535.66 | 4007.27 | -6.95 | 2093 | -44.97 | 4494 | 112907.6507 | 125854.4222 | 0.0600 | 3.0900 | 3.0800 | 1.8500 | -0.5600 | 0.0443 | 1.3207 | 36488 | 5534 | - - | 10转1派0.3元(含税) |
| 600641 | 中远发展☆ | 77171.3793 | 1.34 | 19371.77 | -26.87 | 18284 | -18.97 | 17259 | 197513.0190 | 407562.8994 | 0.4080 | 4.4100 | 4.4100 | 9.2600 | -1.4400 | 0.4794 | 1.5039 | 44787 | 17907 | - - | 10派1元(含税) |
| 600642 | 申能股份☆ | 282000.7095 | 40.66 | 122004.97 | 20.59 | 103441 | -10.48 | 100223 | 720693.0081 | 1349281.3600 | 0.5770 | 4.0190 | 3.9920 | 14.3500 | 0.6930 | 0.0380 | 1.4776 | 179309 | 41099 | - - | 10派3元(含税) |
| 600643 | 爱建股份☆ | 113685.1371 | 41.37 | 5765.44 | -51.40 | 1122 | -89.28 | -5102 | 181253.5912 | 315784.3623 | 0.0240 | 3.9300 | 3.7900 | 0.6200 | 1.1500 | -0.0345 | 2.0625 | 46069 | 30835 | - - | 不分配、不转增 |
| 600644 | 乐山电力☆ | 27090.8745 | 7.57 | 620.99 | -81.33 | 55 | -97.94 | -479 | 44632.7309 | 114718.1622 | 0.0022 | 1.7900 | 1.7000 | 0.1200 | 0.1400 | 0.0683 | 0.4125 | 24934 | 12876 | - - | 不分配、不转增 |
| 600645 | 望春花△ | 31130.5797 | 5.15 | -5691.18 | - - | -6251 | - - | -6062 | 30221.5443 | 56741.6407 | -0.2500 | 1.2080 | 1.0850 | -20.6800 | -0.0590 | -0.0007 | 0.3765 | 25003 | 9816 | - - | 不分配、不转增 |
| 600646 | ST国嘉◆ | 744.7268 | 7.55 | -62442.69 | - - | -61975 | - - | -30500 | -50578.4181 | 9606.2000 | -3.4490 | -2.8140 | -4.2070 | 122.5300 | -0.0660 | -4.1579 | 0.1940 | 17971 | 3038 | - - | 不分配、不转增 |
| 600647 | ST同达△ | 3472.8486 | 28.61 | 180.23 | - - | 166 | - - | -1335 | -1745.6042 | 8862.1809 | 0.0310 | -0.3262 | -0.3782 | -9.4900 | 0.3258 | -1.8928 | 0.5154 | 5352 | 2100 | - - | 不分配、不转增 |
| 600648 | 外高桥△ | 18092.7148 | -10.93 | -12054.34 | - - | -12384 | - - | -18038 | 128569.6034 | 300487.1275 | -0.1662 | 1.7256 | 1.5847 | -9.6300 | 0.0347 | 0.0405 | 0.4324 | 74506 | 5445 | B股:20055.750 | 不分配、不转增 |
| 600649 | 原水股份☆ | 78473.7466 | 4.56 | 47815.13 | 4.26 | 41550 | 6.89 | 41766 | 502570.2720 | 643583.0516 | 0.2200 | 2.6700 | 2.6700 | 8.2700 | 0.6200 | 0.3166 | 1.1034 | 188440 | 56085 | - - | 10派0.8元(含税) |

| 代码 | 名称 | 主营业务收入(万元) | 同比(%) | 利润总额(万元) | 同比(%) | 净利润(万元) | 同比(%) | 扣除非经常性损益后净利润(万元) | 股东权益(万元) | 总资产(万元) | 每股收益(摊薄)(元) | 每股净资产(元) | 调整后每股净资产(元) | 净资产收益率(%) | 每股经营现金流量净额(元) | 每股未分配利润(摊薄)(元) | 每股资本公积金(元) | 总股本(万股) | 流通A股(万股) | 流通外资股(万股) | 分配预(方)案 |
|---|---|---|---|---|---|---|---|---|---|---|---|---|---|---|---|---|---|---|---|---|---|
| 600650 | 新锦江☆ | 31342.7314 | 24.79 | 3389.64 | 137.45 | 1532 | 60.95 | 1338 | 153400.7657 | 194184.0234 | 0.0280 | 2.7800 | 2.6200 | 1.0000 | 0.1930 | 0.0494 | 1.6171 | 55161 | 4182 | B股:16105.003 | 不分配、不转增 |
| 600651 | 飞乐音响☆ | 85690.4841 | 42.90 | 5433.23 | -55.94 | 4097 | -60.12 | 3790 | 67439.2314 | 147908.8683 | 0.0970 | 1.5900 | 1.4700 | 6.0800 | 0.2670 | 0.1405 | 0.3299 | 42417 | 42417 | -- | 不分配、不转增 |
| 600652 | 爱使股份☆ | 47936.0739 | 69.81 | 4711.79 | 45.54 | 3864 | 50.52 | 4193 | 63393.6618 | 159811.1524 | 0.1300 | 2.1200 | 2.1100 | 6.0900 | 0.8200 | 0.1697 | 0.8805 | 29962 | 29962 | -- | 不分配、不转增 |
| 600653 | 申华控股☆ | 301191.4040 | -21.78 | -32737.38 | -- | -41172 | -- | -8695 | 160705.0919 | 442632.5248 | -0.2830 | 1.1040 | 1.0945 | -25.6200 | 0.1440 | -0.3538 | 0.2526 | 145532 | 145532 | -- | 不分配、不转增 |
| 600654 | 飞乐股份☆ | 61663.1867 | 36.75 | 2003.66 | -68.33 | 1531 | -70.77 | 2632 | 119598.6124 | 236074.5702 | 0.0300 | 2.4700 | 2.1100 | 1.2800 | 0.0300 | 0.1074 | 1.2454 | 48400 | 36632 | -- | 不分配、不转增 |
| 600655 | 豫园商城☆ | 259824.7567 | -19.30 | 12404.98 | 0.48 | 9433 | -5.11 | 10058 | 171823.4084 | 306600.5650 | 0.2030 | 3.6920 | 3.4550 | 5.4900 | 1.0730 | 0.1724 | 1.9760 | 46533 | 14908 | -- | 10派0.8元(含税) |
| 600656 | 华源制药☆ | 88798.9362 | 44.68 | 5462.61 | 70.88 | 2026 | 16.01 | 1608 | 16690.5561 | 137464.6508 | 0.2200 | 1.7900 | 1.5400 | 12.1400 | 0.6200 | 0.0958 | 0.5743 | 9322 | 5096 | -- | 10转4派0.4元(含税) |
| 600657 | 青鸟天桥☆ | 76062.4921 | -32.97 | 3383.02 | -62.81 | 2510 | -45.97 | 2364 | 82096.2111 | 264757.4018 | 0.1402 | 4.5844 | 4.5246 | 3.0576 | 0.7341 | 0.5115 | 2.7068 | 17908 | 10300 | -- | 10送2转5 |
| 600658 | 兆维科技☆ | 62275.3085 | 17.81 | 2903.45 | -72.30 | 2560 | -74.84 | 2390 | 30101.4919 | 74558.5125 | 0.1530 | 1.8022 | 1.7517 | 8.5000 | -0.6713 | 0.0752 | 0.3504 | 16702 | 9507 | -- | 不分配、不转增 |
| 600659 | 神龙发展☆ | 25006.0902 | -36.50 | 2262.49 | -47.20 | 1393 | -44.10 | 678 | 27203.3186 | 82251.1961 | 0.0800 | 1.5700 | 1.4600 | 5.1200 | -0.3400 | 0.1262 | 0.1807 | 17342 | 4457 | -- | 不分配、不转增 |
| 600660 | 福耀玻璃☆ | 112438.9888 | 19.83 | 19822.83 | 28.04 | 18429 | 21.12 | 20289 | 67364.9006 | 204620.6887 | 0.4100 | 1.4900 | 1.3800 | 27.4000 | 0.8500 | 0.1799 | 0.0044 | 45239 | 14449 | -- | 10派1.5元(含税) |
| 600661 | 交大南洋☆ | 35141.0291 | 0.22 | 2081.63 | -46.69 | 1903 | -39.01 | 1514 | 30181.7138 | 51563.3230 | 0.1300 | 2.0900 | 2.0700 | 6.3100 | 0.2300 | 0.1193 | 0.6642 | 14473 | 2546 | -- | 10派1元(含税) |
| 600662 | 强生控股☆ | 100857.6619 | 19.56 | 17019.02 | 25.12 | 11183 | 15.01 | 8755 | 100482.3516 | 180016.8287 | 0.3600 | 3.2500 | 3.1800 | 11.1300 | 0.9200 | 0.6586 | 0.8265 | 30903 | 16537 | -- | 10派1.2元(含税) |
| 600663 | 陆家嘴☆ | 215347.6500 | 115.56 | 60289.83 | 257.68 | 51224 | 335.88 | 48004 | 484391.1800 | 770758.9900 | 0.2700 | 2.5900 | 2.5600 | 10.5700 | 0.9800 | 0.3230 | 0.7054 | 186768 | 16052 | B股:50960.000 | 10派0.5元(含税) |
| 600664 | 哈药集团☆ | 651494.0344 | 21.36 | 40543.20 | 2.93 | 30184 | 6.36 | 31284 | 281382.1294 | 595347.3459 | 0.4700 | 4.4200 | 4.3800 | 10.7300 | 0.6000 | 0.2174 | 2.2427 | 63693 | 41554 | -- | 10转5派1.2元(含税) |
| 600665 | 沪昌特钢☆ | 78043.8519 | -5.54 | 1525.52 | -7.09 | 853 | -37.70 | 892 | 125065.5743 | 148257.1097 | 0.0120 | 1.7370 | 1.7300 | 0.6820 | 0.2860 | 0.0281 | 0.5117 | 72010 | 14700 | -- | 不分配、不转增 |
| 600666 | 西南药业☆ | 33055.4722 | 8.37 | 2389.75 | 4.47 | 1936 | -0.46 | 1794 | 24781.5779 | 45033.6536 | 0.1300 | 1.6700 | 1.5900 | 7.8100 | 0.0600 | 0.1068 | 0.3291 | 14879 | 6319 | -- | 10派1元(含税) |
| 600667 | 太极实业▽ | 63305.8915 | -1.23 | -4955.41 | -- | -5315 | -- | -5017 | 49617.0089 | 176449.1415 | -0.1440 | 1.3600 | 1.0900 | -10.6000 | 0.0180 | -1.1457 | 1.3663 | 36882 | 18964 | -- | 不分配、不转增 |
| 600668 | 尖峰集团☆ | 111946.6380 | 6.16 | 5089.17 | -6.83 | 4180 | -4.60 | 3846 | 64981.2742 | 169247.1643 | 0.1400 | 2.1600 | 2.1400 | 6.4300 | 0.1800 | 0.1587 | 0.8308 | 30046 | 14484 | -- | 不分配、不转增 |
| 600669 | ST鞍合成Δ | 2543.0357 | -47.51 | -19287.23 | -- | -19266 | -- | -18498 | 2660.3763 | 73148.9686 | -0.8300 | 0.1100 | -0.0300 | -724.2000 | -0.2100 | -1.0635 | 0.0711 | 23217 | 14865 | -- | 不分配、不转增 |
| 600670 | ST高斯达○ | 413.1840 | -1.15 | -2551.62 | -- | -2552 | -- | -2707 | 3926.3563 | 19993.8711 | -0.1820 | 0.2800 | -0.0660 | -64.9900 | -0.0280 | -0.8790 | 0.1302 | 14033 | 8605 | -- | 不分配、不转增 |
| 600671 | 天目药业Δ | 15823.5821 | 9.56 | 598.94 | -17.83 | 196 | -34.11 | 98 | 22355.1441 | 37352.9790 | 0.0050 | 1.9800 | 1.6700 | 0.8800 | 0.2100 | 0.2484 | 0.4105 | 12178 | 6342 | -- | 不分配、不转增 |
| 600672 | 英豪科教Δ | 13174.8037 | -75.73 | -40069.82 | -- | -37418 | -- | -33142 | 25305.2211 | 111202.4733 | -0.8500 | 0.5700 | 0.4800 | -147.8700 | -0.2400 | -0.6713 | 0.0654 | 44098 | 25600 | -- | 不分配、不转增 |
| 600673 | 成量股份☆ | 15218.3514 | 15.72 | 286.83 | 2.34 | 235 | -9.65 | 235 | 12598.0327 | 31330.7822 | 0.0200 | 1.1300 | 0.9900 | 1.8700 | 0.2200 | -0.9879 | 0.9704 | 11079 | 4554 | -- | 不分配、不转增 |
| 600674 | 川投控股☆ | 64539.5615 | -1.30 | 4889.81 | -42.58 | 3958 | -40.79 | 3651 | 61825.1199 | 111396.7401 | 0.1030 | 1.6000 | 1.5800 | 6.4000 | 0.3000 | 0.1870 | 0.0660 | 38621 | 15474 | -- | 10派0.25元(含税) |
| 600675 | 中华企业☆ | 207206.5298 | 29.87 | 35149.59 | 11.98 | 16120 | -0.12 | 11750 | 137392.6662 | 515917.8080 | 0.2300 | 1.9700 | 1.9500 | 11.7300 | 0.1800 | 0.0170 | 0.5521 | 69746 | 31856 | -- | 10派2元(含税) |
| 600676 | 交运股份☆ | 44770.9500 | 28.34 | 6857.26 | 18.77 | 5537 | 14.49 | 4955 | 96339.4000 | 136501.3000 | 0.3277 | 5.7020 | 5.4920 | 5.7500 | 0.8721 | 0.2762 | 3.8755 | 16896 | 7340 | -- | 10派1.5元(含税) |
| 600677 | 航天通信☆ | 183527.8000 | 14.92 | 3431.62 | -24.78 | 654 | -78.16 | 871 | 50853.0800 | 199835.5200 | 0.0201 | 1.5591 | 1.3998 | 1.2861 | 0.4407 | -0.0265 | 0.2619 | 32617 | 17075 | -- | 不分配、不转增 |
| 600678 | 四川金顶☆ | 45349.2502 | 11.65 | 2071.08 | -- | 2247 | -- | 2439 | 27004.5780 | 86532.1655 | 0.0970 | 1.1610 | 1.0330 | 8.3200 | 0.1530 | 0.0531 | 0.0678 | 23266 | 9600 | -- | 不分配、不转增 |
| 600679 | 凤凰股份☆ | 133525.1211 | 70.84 | 4040.12 | 62.63 | 778 | -57.40 | 806 | 87132.5929 | 206438.4586 | 0.0129 | 1.4435 | 1.3596 | 0.8930 | -0.0406 | -0.4112 | 0.7400 | 60362 | 3432 | B股:17160.000 | 不分配、不转增 |
| 600680 | 上海邮通☆ | 153582.0775 | 55.11 | 4816.29 | -29.85 | 3152 | -48.70 | 3111 | 59651.0343 | 190869.3045 | 0.1030 | 1.9560 | 1.8100 | 5.2840 | 0.1250 | 0.2840 | 0.4284 | 30493 | 2704 | B股:12480.000 | 10派0.4元(含税) |
| 600681 | 诚成文化☆ | 22993.7947 | -3.05 | -5243.51 | -- | -5109 | -- | -4000 | 32199.4305 | 83318.3113 | -0.2460 | 1.5500 | 1.4900 | -15.8700 | -0.2020 | -0.1302 | 0.5553 | 20807 | 10852 | -- | 不分配、不转增 |
| 600682 | 南京新百☆ | 205480.8844 | 41.84 | 9326.76 | 18.82 | 5777 | -7.18 | 7078 | 84361.5859 | 187792.9617 | 0.2500 | 3.6600 | 3.6400 | 6.8500 | 0.3730 | 0.0210 | 2.2776 | 23021 | 15288 | -- | 10派1.5元(含税) |
| 600683 | 银泰股份☆ | 80316.7569 | 21.67 | 2811.72 | 166.48 | 2790 | 200.69 | 2280 | 27575.4790 | 97393.5390 | 0.1400 | 1.3800 | 1.3500 | 10.1200 | 0.2500 | -1.4643 | 1.7354 | 19925 | 8989 | -- | 不分配、不转增 |
| 600684 | 珠江实业☆ | 16159.0774 | -4.97 | 1537.52 | -2.72 | 1505 | 19.49 | 1226 | 60098.1908 | 87342.3686 | 0.0800 | 3.2100 | 3.1000 | 2.5000 | 0.1400 | 0.0642 | 1.9149 | 18704 | 10004 | -- | 10派0.5元(含税) |
| 600685 | 广船国际☆ | 241310.1000 | 16.20 | 1756.90 | -55.13 | 1592 | 77.29 | -5266 | 63353.8000 | 319262.5000 | 0.0322 | 1.2800 | 1.1200 | 2.5100 | -0.7800 | -1.2397 | 1.3180 | 49468 | 12648 | H股:15739.800 | 不分配、不转增 |
| 600686 | 厦门汽车☆ | 211133.5006 | 77.78 | 15083.99 | 101.05 | 8724 | 85.06 | 8883 | 35239.7180 | 118468.2542 | 0.5800 | 2.3300 | 2.2600 | 24.7500 | 1.7800 | 0.2533 | 0.5062 | 15152 | 5760 | -- | 10派2元(含税) |
| 600687 | 新宇软件☆ | 19724.1633 | -0.38 | 1351.47 | -27.57 | 709 | -62.79 | 1097 | 20855.5253 | 50003.3789 | 0.0645 | 1.8960 | 1.8960 | 3.4000 | -0.2600 | 0.3320 | 0.1623 | 11000 | 4222 | -- | 不分配、不转增 |
| 600688 | 上海石化☆ | 2232289.6000 | 11.00 | 103623.80 | 1008.00 | 90897 | 1169.00 | 100982 | 1412146.0000 | 2656228.5000 | 0.1260 | 1.9610 | 1.9460 | 6.4370 | 0.3230 | 0.1306 | 0.3967 | 720000 | 72000 | H股:233000.000 | 10派0.5元(含税) |

| 代码 | 名称 | 主营业务收入(万元) | 同比(%) | 利润总额(万元) | 同比(%) | 净利润(万元) | 同比(%) | 扣除非经常性损益后净利润(万元) | 股东权益(万元) | 总资产(万元) | 每股收益(摊薄)(元) | 每股净资产(元) | 调整后每股净资产(元) | 净资产收益率(%) | 每股经营现金流量净额(元) | 每股未分配利润(摊薄)(元) | 每股资本公积金(元) | 总股本(万股) | 流通A股(万股) | 流通外资股(万股) | 分配预(方)案 |
|---|---|---|---|---|---|---|---|---|---|---|---|---|---|---|---|---|---|---|---|---|---|
| 600689 | 上海三毛☆ | 93921.0618 | 37.98 | 278.22 | - - | 522 | 163.56 | 197 | 50543.8105 | 137126.4274 | 0.0260 | 2.5147 | 2.4792 | 1.0300 | -0.2377 | 0.1341 | 1.1635 | 20099 | 6854 | B股:4878.720 | 不分配、不转增 |
| 600690 | 青岛海尔☆ | 1155352.0959 | 0.98 | 53698.14 | -40.19 | 39706 | -35.73 | 37706 | 508994.5277 | 739413.6945 | 0.5000 | 6.3800 | 6.3300 | 7.8000 | 0.4900 | 0.2924 | 3.9780 | 79765 | 44990 | - - | 10派3元(含税) |
| 600691 | 东新电碳☆ | 4819.1171 | -20.82 | -1175.22 | - - | -1175 | - - | -1190 | 8196.6694 | 22846.5981 | -0.1521 | 1.0607 | 0.3870 | -14.3400 | -0.0486 | -0.9323 | 0.8229 | 7727 | 3322 | - - | 不分配、不转增 |
| 600692 | 亚通股份☆ | 20496.3786 | 9.73 | 2047.31 | 2.72 | 1686 | 5.62 | 1691 | 34004.3038 | 54063.5214 | 0.1210 | 2.4500 | 2.3800 | 4.9600 | 0.2650 | 0.2329 | 0.9210 | 13904 | 5821 | - - | 10送1转1 |
| 600693 | 东百集团☆ | 35572.3449 | -41.06 | 2149.49 | - - | 2077 | - - | 2058 | 34084.1644 | 73392.5213 | 0.1570 | 2.5820 | 1.4210 | 6.0920 | 0.5540 | -0.1164 | 1.3022 | 13201 | 7230 | - - | 不分配、不转增 |
| 600694 | 大商股份☆ | 304898.6660 | 53.95 | 14053.40 | 25.46 | 8268 | -8.60 | 7848 | 126674.0195 | 394340.6723 | 0.3100 | 4.7400 | 4.5500 | 6.5300 | 0.5600 | 0.4865 | 2.8439 | 26702 | 15617 | - - | 10派1元(含税) |
| 600695 | 大江股份Δ | 129650.2644 | -26.22 | -23876.34 | - - | -23722 | - - | -23227 | 56245.2837 | 159314.0462 | -0.3500 | 0.8300 | 0.8000 | -42.1800 | 0.1900 | -0.6171 | 0.3393 | 67631 | 2574 | B股:34673.285 | 不分配、不转增 |
| 600696 | 利嘉股份☆ | 18649.7447 | 20.17 | 3358.85 | 31.71 | 3359 | 31.71 | 4698 | 38637.2766 | 84944.7172 | 0.1280 | 1.4700 | 1.4700 | 8.6900 | 0.0300 | 0.0391 | 0.3986 | 26197 | 8965 | - - | 不分配、不转增 |
| 600697 | 欧亚集团☆ | 65592.3778 | 6.85 | 4901.46 | 6.04 | 3183 | -17.05 | 3006 | 42792.0250 | 72885.6631 | 0.2590 | 3.4900 | 3.4600 | 7.4400 | 0.6510 | 0.3757 | 1.7503 | 12274 | 6491 | - - | 10派2元(含税) |
| 600698 | ST轻骑◆ | 66107.0591 | 2.74 | -340555.81 | - - | -340225 | - - | -280040 | -161162.3293 | 95358.5195 | -3.5000 | -1.6600 | -1.6600 | -211.0000 | -0.1200 | -3.8257 | 1.1067 | 97182 | 30671 | B股:23000.000 | 不分配、不转增 |
| 600699 | 辽源得亨☆ | 31049.7420 | 69.18 | 3162.25 | 33.84 | 1992 | 4.28 | 2010 | 43115.5903 | 117132.5970 | 0.1110 | 2.4000 | 2.2500 | 4.6200 | 0.0170 | 0.3634 | 0.8832 | 17980 | 9144 | - - | 10送0.167派0.167元(含税) |
| 600700 | 数码测绘▽ | 54351.4513 | 4.94 | -6904.38 | - - | -7019 | - - | -5975 | 29925.5296 | 105119.4775 | -0.2400 | 1.0300 | 1.0100 | -23.4500 | -0.1100 | -0.3206 | 0.2515 | 29090 | 15569 | - - | 不分配、不转增 |
| 600701 | 工大高新☆ | 70245.9836 | 10.96 | 2752.77 | -38.31 | 2522 | -26.98 | 1970 | 82228.2643 | 136585.5117 | 0.0780 | 2.5400 | 2.5200 | 3.0700 | -0.2400 | 0.3406 | 0.9828 | 32409 | 17469 | - - | 不分配、不转增 |
| 600702 | 沱牌曲酒☆ | 84777.1100 | -1.22 | 2397.72 | -37.44 | 1025 | -66.80 | 1017 | 160458.2900 | 206777.6200 | 0.0300 | 4.7600 | 4.7500 | 0.6400 | 0.1200 | 0.9169 | 2.3513 | 33730 | 14862 | - - | 不分配、不转增 |
| 600703 | 天颐科技☆ | 49873.1231 | 18.26 | 1740.30 | 32.05 | 1720 | 31.02 | 1719 | 17399.0306 | 58103.6727 | 0.1400 | 1.4600 | 1.4300 | 10.3700 | -0.4000 | 0.1056 | 0.2692 | 11952 | 5862 | - - | 不分配、不转增 |
| 600704 | 中大股份☆ | 236579.4252 | -10.53 | 7711.03 | -8.53 | 4446 | -36.59 | 2687 | 109788.5650 | 302975.9949 | 0.1540 | 3.8100 | 3.5600 | 4.0500 | -0.1700 | 0.2836 | 2.0857 | 28827 | 12838 | - - | 10派1元(含税) |
| 600705 | 北亚集团☆ | 224771.9645 | 326.00 | 13629.62 | 52.00 | 10749 | 43.00 | 9892 | 178003.0608 | 369940.1970 | 0.1650 | 2.7250 | 2.6990 | 6.0400 | 0.1500 | 0.3735 | 1.1843 | 65314 | 35232 | - - | 10派0.5元(含税) |
| 600706 | 长安信息☆ | 16467.7875 | -72.40 | 1564.28 | -50.91 | 1695 | -14.88 | 1698 | 15830.8299 | 88263.0633 | 0.1900 | 1.8100 | 1.6700 | 10.7000 | -0.0500 | 0.2278 | 0.4902 | 8733 | 3750 | - - | 不分配、不转增 |
| 600707 | 彩虹股份☆ | 289973.0467 | 19.70 | 22282.66 | 115.08 | 17401 | 106.13 | 17914 | 166020.2073 | 250237.5756 | 0.4130 | 3.9420 | 3.8250 | 10.4800 | 1.3190 | 1.0564 | 1.5003 | 42115 | 14364 | - - | 10派1.8元(含税) |
| 600708 | 海博股份☆ | 51472.8326 | 158.18 | 6289.16 | 66.16 | 4765 | 57.82 | 5622 | 40531.1265 | 129627.8054 | 0.2003 | 1.7035 | 1.5727 | 11.3600 | 0.9572 | 0.0515 | 0.4141 | 23793 | 8659 | - - | 不分配、不转增 |
| 600709 | ST生态◆ | 1264.4748 | -72.35 | -5531.44 | - - | 1249 | - - | -1936 | -3578.3638 | 91520.5436 | 0.0280 | -0.0802 | -0.2788 | - - | -0.1216 | -1.4536 | 0.7874 | 44604 | 19975 | - - | 不分配、不转增 |
| 600710 | 常林股份☆ | 100449.6620 | 89.30 | 6011.74 | 662.31 | 5209 | 656.91 | 4789 | 48048.7796 | 94777.7181 | 0.3200 | 2.9100 | 2.8100 | 10.8400 | 0.2100 | 0.2956 | 1.4841 | 16500 | 7440 | - - | 10送2转8派0.7元(含税) |
| 600711 | 雄震集团☆ | 12157.0000 | 83.83 | 2333.02 | 20.68 | 2032 | 22.40 | 1923 | 9699.6800 | 22387.7400 | 0.3200 | 1.6070 | 1.5490 | 23.1600 | 0.2080 | 0.2425 | 0.2128 | 6036 | 1512 | - - | 10派0.5元(含税) |
| 600712 | 南宁百货Δ | 59633.7309 | 6.59 | 1192.96 | -16.70 | 876 | -16.70 | 876 | 26203.8113 | 62133.9865 | 0.1000 | 2.9000 | 2.5800 | 3.3400 | 0.3100 | 0.0128 | 1.7839 | 9042 | 3954 | - - | 不分配、不转增 |
| 600713 | 南京医药☆ | 206868.9555 | 44.80 | 4580.17 | -10.34 | 2820 | -16.49 | 2194 | 43690.4949 | 181629.7163 | 0.1450 | 2.2500 | 2.2200 | 6.4500 | 0.3500 | 0.0322 | 0.9607 | 19426 | 8310 | - - | 10派1元(含税) |
| 600714 | 山川股份☆ | 22196.6782 | 45.01 | 2100.10 | -16.79 | 1555 | -30.87 | 1533 | 23297.0870 | 38037.8201 | 0.1442 | 2.1609 | 2.1228 | 6.6700 | 0.2380 | 0.2921 | 0.6744 | 10781 | 2875 | - - | 10转4 |
| 600715 | ST松辽Δ | - - | - - | -17009.71 | - - | -17010 | - - | -10261 | 7648.9387 | 50264.2195 | -0.7580 | 0.3410 | 0.3300 | -222.3800 | -0.0086 | -1.7682 | 1.0676 | 22426 | 10138 | - - | 不分配、不转增 |
| 600716 | 耀华玻璃☆ | 47908.8415 | 12.64 | 3517.39 | -4.96 | 2307 | -23.17 | 2367 | 69037.7702 | 116639.3884 | 0.0660 | 1.9800 | 1.9100 | 3.3400 | -0.0910 | 0.0121 | 0.8896 | 34830 | 10530 | - - | 10派0.3元(含税) |
| 600717 | 天津港☆ | 123513.4671 | 23.43 | 44560.26 | 31.22 | 29884 | 10.75 | 30439 | 181330.7091 | 316911.0479 | 0.4500 | 2.7500 | 2.7400 | 16.4800 | 0.8700 | 0.5369 | 0.7744 | 65985 | 21522 | - - | 10派1.2元(含税) |
| 600718 | 东软股份☆ | 190724.7541 | 8.45 | 10260.65 | -32.33 | 7971 | -41.01 | 8522 | 127320.9399 | 259067.4148 | 0.2800 | 4.5200 | 4.4300 | 6.2600 | -0.0800 | 0.8080 | 2.0714 | 28145 | 11326 | - - | 不分配、不转增 |
| 600719 | 大连热电☆ | 37044.5956 | -1.39 | 4507.70 | -27.00 | 2961 | -44.25 | 2876 | 70349.6583 | 170843.3257 | 0.1500 | 3.4800 | 3.4700 | 4.2100 | 0.1100 | 0.2978 | 1.6038 | 20230 | 7605 | - - | 10派0.8元(含税) |
| 600720 | 祁连山☆ | 38281.8535 | 43.47 | 5279.47 | -14.91 | 4177 | -18.97 | 4347 | 60668.5442 | 116002.6781 | 0.1200 | 1.7500 | 1.7400 | 6.8900 | 0.3200 | 0.2805 | 0.3484 | 34695 | 16316 | - - | 10派0.5元(含税) |
| 600721 | 百花村☆ | 22572.6218 | 477.60 | 674.94 | 74.64 | 344 | -26.91 | -1056 | 12297.7968 | 58630.4272 | 0.0400 | 1.3000 | 1.2300 | 2.7900 | -0.4000 | -1.5834 | 1.8125 | 9480 | 4650 | - - | 不分配、不转增 |
| 600722 | 沧州化工☆ | 135253.2883 | 2.56 | 541.48 | -62.40 | 448 | -63.99 | -308 | 96268.6552 | 317229.7166 | 0.0100 | 2.2800 | 2.2700 | 0.4700 | 0.3000 | 0.4230 | 0.6930 | 42142 | 11500 | - - | 不分配、不转增 |
| 600723 | 西单商场☆ | 148972.9226 | -5.46 | 2014.40 | -67.61 | 1768 | -68.70 | 797 | 129000.2474 | 186909.4021 | 0.0400 | 3.1500 | 3.0800 | 1.3700 | -0.2000 | 0.0568 | 1.8242 | 40972 | 18592 | - - | 不分配、不转增 |
| 600724 | 宁波富达☆ | 75871.8914 | 10.87 | 10347.06 | 12.53 | 6123 | -13.87 | 5786 | 54632.9382 | 127377.0541 | 0.1700 | 1.5000 | 1.4500 | 11.2100 | 0.1500 | 0.0928 | 0.2549 | 36437 | 15748 | - - | 10派1.25元(含税) |
| 600725 | 云维股份☆ | 24672.7953 | -3.58 | 2883.25 | -56.34 | 3147 | -31.09 | 3088 | 37642.7650 | 55363.6817 | 0.2860 | 3.4250 | 3.2590 | 8.3600 | 0.1880 | 0.2781 | 1.5776 | 11000 | 3750 | - - | 10派2元(含税) |
| 600726 | 龙电股份☆ | 112466.0820 | -5.34 | 28923.99 | -7.57 | 24909 | -11.56 | 19598 | 302475.0060 | 360528.5752 | 0.2200 | 2.7000 | 2.7000 | 8.2400 | 0.4500 | 0.6298 | 0.8348 | 112126 | 16800 | B股:43200.000 | 10派1元(含税) |
| 600727 | 鲁北化工☆ | 59671.1389 | -7.06 | 9448.58 | -39.80 | 7533 | -43.14 | 9811 | 222985.7137 | 326811.5596 | 0.1990 | 5.8800 | 5.8700 | 3.3800 | 0.4400 | 1.9251 | 2.5433 | 37930 | 15210 | - - | 不分配、不转增 |

| 代码 | 名称 | 主营业务收入(万元) | 同比(%) | 利润总额(万元) | 同比(%) | 净利润(万元) | 同比(%) | 扣除非经常性损益后净利润(万元) | 股东权益(万元) | 总资产(万元) | 每股收益(摊薄)(元) | 每股净资产(元) | 调整后每股净资产(元) | 净资产收益率(%) | 每股经营现金流量净额(元) | 每股未分配利润(摊薄)(元) | 每股资本公积金(元) | 总股本(万股) | 流通A股(万股) | 流通外资股(万股) | 分配预(方)案 |
|---|---|---|---|---|---|---|---|---|---|---|---|---|---|---|---|---|---|---|---|---|---|
| 600728 | 新太科技☆ | 49612.7647 | -15.80 | 2253.49 | -33.16 | 2008 | -23.59 | 1843 | 82079.2581 | 120179.1674 | 0.0960 | 3.9430 | 3.9090 | 2.4460 | 0.2410 | 0.3551 | 2.2995 | 20818 | 8112 | -- | 10派0.5元(含税) |
| 600729 | 重庆百货☆ | 308886.2860 | 30.98 | 8325.69 | 17.38 | 6861 | 21.11 | 6819 | 45690.6181 | 130050.7290 | 0.3400 | 2.2400 | 1.8700 | 15.0200 | 0.9800 | 0.2537 | 0.4566 | 20400 | 5100 | -- | 10派1.5元(含税) |
| 600730 | 中国高科☆ | 202438.4134 | 34.44 | 4252.73 | -41.58 | 3049 | -32.68 | 2417 | 39201.7635 | 102140.7641 | 0.1700 | 2.2500 | 2.2300 | 7.7800 | 0.4600 | 0.1364 | 0.8043 | 17460 | 5460 | -- | 10派0.5元(含说) |
| 600731 | 湖南海利☆ | 34521.2882 | 14.92 | 3418.96 | 23.95 | 2746 | 25.74 | 2836 | 45495.8736 | 92446.6556 | 0.1170 | 1.9500 | 1.9000 | 6.0400 | 0.1200 | 0.2490 | 0.5768 | 23392 | 7464 | -- | 10派0.2元(含税) |
| 600732 | 上海港机△ | 67899.2497 | -4.29 | 510.11 | -- | 492 | -- | 556 | 34602.1924 | 113744.2079 | 0.0200 | 1.3953 | 1.3275 | 1.4200 | 0.1550 | -0.1668 | 0.4492 | 24799 | 8294 | -- | 不分配、不转增 |
| 600733 | 前锋股份☆ | 14231.8970 | 98.78 | 591.77 | 189.32 | 142 | -70.16 | -771 | 26345.2956 | 68876.7559 | 0.0072 | 1.3334 | 1.3321 | 0.5378 | 0.0029 | -0.0134 | 0.3163 | 19759 | 7560 | -- | 不分配、不转增 |
| 600734 | 实达电脑☆ | 232497.7114 | -19.74 | 3092.44 | -61.55 | 2100 | -59.08 | 776 | 60656.3590 | 207120.4682 | 0.0597 | 1.7254 | 1.6246 | 3.4615 | 0.2875 | -0.0071 | 0.5899 | 35156 | 13273 | -- | 不分配、不转增 |
| 600735 | 兰陵陈香☆ | 8631.3355 | -53.11 | -6082.10 | -- | -6082 | -- | -5751 | 24071.6041 | 39684.0663 | -0.3900 | 1.5500 | 1.5100 | -25.2700 | 0.0400 | -0.1102 | 0.5433 | 15481 | 8346 | -- | 不分配、不转增 |
| 600736 | 苏州高新☆ | 77433.0600 | 34.99 | 15916.95 | 35.09 | 9408 | 10.87 | 9220 | 141147.0907 | 254392.9306 | 0.2060 | 3.0850 | 2.9230 | 6.6700 | 1.1300 | 0.4358 | 1.2722 | 45747 | 15093 | -- | 10派1.2元(含税) |
| 600737 | 新疆屯河☆ | 194351.7384 | 153.31 | 17347.39 | 92.77 | 11263 | 113.33 | 5146 | 100999.4891 | 632021.8798 | 0.2000 | 1.7600 | 1.7200 | 11.1500 | 0.8500 | 0.3466 | 0.2216 | 57543 | 29020 | -- | 不分配、不转增 |
| 600738 | ST民百☆ | 50727.9280 | -- | -6391.97 | -- | -6386 | -- | -6655 | 23732.2324 | 92620.5587 | -0.2720 | 1.0100 | 1.0000 | -26.9100 | 0.1070 | -0.5012 | 0.4398 | 23440 | 13126 | -- | 不分配、不转增 |
| 600739 | 辽宁成大☆ | 218889.5239 | 46.65 | 6943.50 | -45.11 | 5903 | -47.75 | 5047 | 87192.3458 | 183517.2601 | 0.2400 | 3.5200 | 3.3400 | 6.7700 | 0.4400 | 0.2923 | 0.4749 | 24757 | 9781 | -- | 不分配、不转增 |
| 600740 | 山西焦化☆ | 94902.3606 | 52.41 | 7521.78 | 9.54 | 4671 | -30.89 | 4650 | 72886.6615 | 202422.2690 | 0.2300 | 3.5900 | 3.4000 | 6.4100 | 2.1620 | 0.6772 | 1.5001 | 20285 | 8450 | -- | 不分配、不转增 |
| 600741 | 巴士股份☆ | 294721.9333 | 23.30 | 25848.22 | 17.27 | 17688 | 2.83 | 16543 | 153395.2031 | 448478.5725 | 0.2400 | 2.1100 | 1.9600 | 11.5300 | 0.9400 | 0.0304 | 0.5850 | 72612 | 33600 | -- | 10派1元(含税) |
| 600742 | 一汽四环☆ | 324089.5329 | 51.60 | 19051.49 | 6.41 | 14239 | 0.68 | 14368 | 116491.8868 | 191265.1723 | 0.6730 | 5.5100 | 5.3500 | 12.2200 | 1.2900 | 0.8806 | 2.4504 | 21152 | 10319 | -- | 10派0.8元(含税) |
| 600743 | ST幸福△ | 27947.3494 | -2.76 | 134.84 | -- | 50 | -- | 50 | -428.6195 | 23455.0952 | 0.0016 | -0.0137 | -0.0150 | -11.6800 | 0.0039 | -1.6122 | 0.5829 | 31280 | 7820 | -- | 不分配、不转增 |
| 600744 | 华银电力☆ | 100330.4581 | -6.23 | 694.49 | -93.96 | 386 | -96.13 | 424 | 287660.9829 | 528501.4642 | 0.0054 | 4.0420 | 4.0070 | 0.1300 | 0.4280 | 0.3318 | 2.5377 | 71165 | 28829 | -- | 10派0.04元(含税) |
| 600745 | ST康赛☆ | 5656.0695 | 77.72 | -855.36 | -- | 313 | -65.64 | 297 | 14753.3259 | 36487.8560 | 0.0300 | 1.2100 | 0.2600 | 2.1200 | 0.1300 | -1.8738 | 2.3139 | 12174 | 4676 | -- | 不分配、不转增 |
| 600746 | 江苏索普☆ | 25851.6700 | 1.80 | -3900.75 | -- | -3305 | -- | -3299 | 33610.6100 | 55624.5500 | -0.1079 | 1.0970 | 1.0860 | -9.8300 | -0.4626 | -0.0547 | 0.0618 | 30642 | 8803 | -- | 不分配、不转增 |
| 600747 | 大显股份☆ | 90329.0701 | 21.23 | 15394.44 | 22.14 | 12153 | 20.70 | 9588 | 136112.7582 | 210469.3720 | 0.2480 | 2.7730 | 2.7420 | 8.9290 | 0.1100 | 0.5573 | 0.9495 | 49078 | 22643 | -- | 10派0.625元(含税) |
| 600748 | 上实发展☆ | 62511.0632 | 98.10 | 285.25 | -72.11 | 283 | -70.27 | 232 | 105649.7931 | 121040.9310 | 0.0050 | 1.8000 | 1.7700 | 0.2700 | 0.0470 | 0.0198 | 0.7231 | 58754 | 15697 | -- | 不分配、不转增 |
| 600749 | ST藏圣地☆ | 2764.2685 | -10.06 | -1209.23 | -- | -1182 | -- | -1174 | 7269.0441 | 16447.1567 | -0.1477 | 0.9100 | 0.9100 | -14.7700 | -0.0900 | -0.1477 | 0.0425 | 8000 | 2400 | -- | 不分配、不转增 |
| 600750 | 江中药业☆ | 66767.2108 | 88.09 | 6931.87 | 2.26 | 4321 | 14.26 | 4646 | 54969.8987 | 74078.1443 | 0.3000 | 3.7600 | 3.6300 | 7.8600 | 0.6500 | 0.6338 | 1.8817 | 14611 | 6240 | -- | 10派1元(含税) |
| 600752 | 哈慈股份☆ | 4441.1923 | -82.52 | -18593.31 | -- | -18882 | -- | -13617 | 75203.2034 | 122628.0055 | -0.5580 | 2.2200 | 2.1300 | -25.1100 | -0.3700 | -0.2039 | 1.1891 | 33846 | 16089 | -- | 不分配、不转增 |
| 600753 | ST冰熊☆ | 6467.1473 | -35.43 | 413.95 | -23.21 | 414 | -23.21 | -236 | 10904.5747 | 42998.7530 | 0.0323 | 0.8500 | 0.8400 | 3.8000 | 0.1000 | -0.7901 | 0.6420 | 12800 | 3200 | -- | 不分配、不转增 |
| 600754 | 新亚股份☆ | 83419.8862 | 5.13 | 7777.11 | 32.49 | 6101 | 12.39 | 2154 | 172226.5004 | 257633.7953 | 0.1010 | 2.8600 | 2.6100 | 3.5400 | 0.2730 | 0.0765 | 1.2672 | 60324 | 9836 | B股:15600.000 | 10派1元(含税) |
| 600755 | 厦门国贸☆ | 341968.4792 | 88.10 | 3826.63 | 7.62 | 3353 | 22.69 | 2492 | 69856.3924 | 226949.1492 | 0.1700 | 3.5300 | 3.5000 | 4.8000 | 1.8200 | 0.0494 | 2.1159 | 19812 | 12700 | -- | 10派1元(含税) |
| 600756 | 浪潮软件☆ | 55576.8601 | 67.32 | 8151.62 | 44.05 | 6726 | 28.56 | 5771 | 34079.4613 | 57375.4592 | 0.4100 | 2.0600 | 2.0400 | 19.7400 | 0.2700 | 0.7909 | 0.0338 | 16522 | 6870 | -- | 不分配、不转增 |
| 600757 | 华源发展☆ | 186537.7227 | 4.02 | 4545.46 | -30.27 | 3231 | -41.31 | 1553 | 124258.3513 | 370063.0937 | 0.0700 | 2.6300 | 2.5000 | 2.6000 | 0.0600 | 0.0240 | 1.2398 | 47214 | 14040 | -- | 不分配、不转增 |
| 600758 | 金帝建设○ | 58709.7003 | -7.71 | -15787.52 | -- | -15739 | -- | -2703 | 9297.3390 | 101133.6698 | -0.9900 | 0.5800 | -0.8900 | -169.2900 | 0.0100 | -1.8620 | 1.2568 | 15976 | 6160 | -- | 不分配、不转增 |
| 600759 | PT琼华侨○ | 1359.0768 | 2273.34 | -10205.85 | -- | -10206 | -- | -3643 | -9916.0594 | 14424.1677 | -0.4890 | -0.4760 | -0.4880 | -- | 0.0310 | -3.4910 | 2.0155 | 20855 | 6916 | -- | 不分配、不转增 |
| 600760 | ST黑豹☆ | 21621.5391 | -23.52 | -7257.37 | -- | -7257 | -- | -7233 | 64551.1488 | 80246.0871 | -0.2700 | 2.3600 | 2.1400 | -11.2400 | -0.0300 | 0.2204 | 0.8886 | 27300 | 13159 | -- | 不分配、不转增 |
| 600761 | 安徽合力☆ | 74686.9627 | 41.30 | 8680.19 | 18.67 | 7386 | 20.20 | 7335 | 70300.2771 | 93925.3811 | 0.3600 | 3.4400 | 3.4100 | 10.5100 | 0.5700 | 0.2230 | 1.6636 | 20464 | 9422 | -- | 10转5派2元(含税) |
| 600762 | 金荔科技☆ | 14025.5523 | 22.00 | 2567.39 | -22.00 | 2510 | -0.24 | 2513 | 25651.3675 | 67028.2599 | 0.2400 | 2.4300 | 2.4300 | 9.7900 | -0.1800 | -0.9452 | 2.3728 | 10566 | 4326 | -- | 不分配、不转增 |
| 600763 | ST中燕△ | 35.8420 | -- | 289.36 | -- | 289 | -- | -931 | 4436.1879 | 5886.6949 | 0.0180 | 0.2770 | 0.1200 | 6.5200 | -0.0002 | -1.1601 | 0.4253 | 16032 | 4032 | -- | 不分配、不转增 |
| 600764 | 三星石化☆ | 66927.2212 | 31.60 | 5305.67 | 16.46 | 4199 | 32.00 | 4201 | 41741.8569 | 77677.3572 | 0.2290 | 2.2790 | 2.2390 | 10.0600 | 0.5600 | 0.2780 | 0.7238 | 18318 | 5899 | -- | 10送3转5派2.5元(含税) |
| 600765 | 力源液压☆ | 6141.5743 | 18.93 | 150.90 | 31.67 | 151 | 31.67 | 308 | 15391.5334 | 22134.9313 | 0.0140 | 1.3860 | 1.3760 | 0.9800 | 0.1300 | -0.0552 | 0.4415 | 11103 | 3448 | -- | 不分配、不转增 |
| 600766 | 烟台发展☆ | 16141.9585 | -26.05 | -16219.06 | -- | -15613 | -- | -13028 | 10063.5637 | 73496.6552 | -0.9122 | 0.5879 | 0.4191 | -155.1400 | -0.3527 | -0.9467 | 0.5203 | 17117 | 6021 | -- | 不分配、不转增 |
| 600767 | 运盛实业☆ | 37333.9422 | 17.92 | 2339.80 | -8.51 | 853 | 66.05 | 2134 | 61425.1376 | 129734.7007 | 0.0250 | 1.8000 | 1.8000 | 1.4000 | 0.3600 | 0.0939 | 0.5360 | 34101 | 9674 | -- | 不分配、不转增 |

| 代码 | 名称 | 主营业务收入(万元) | 同比(%) | 利润总额(万元) | 同比(%) | 净利润(万元) | 同比(%) | 扣除非经常性损益后净利润(万元) | 股东权益(万元) | 总资产(万元) | 每股收益(摊薄)(元) | 每股净资产(元) | 调整后每股净资产(元) | 净资产收益率(%) | 每股经营现金流量净额(元) | 每股未分配利润(摊薄)(元) | 每股资本公积金(元) | 总股本(万股) | 流通A股(万股) | 流通外资股(万股) | 分配预(方)案 |
|---|---|---|---|---|---|---|---|---|---|---|---|---|---|---|---|---|---|---|---|---|---|
| 600768 | 宁波富邦☆ | 30458.6947 | 46.32 | 2471.85 | 4756.45 | 2453 | 8586.81 | 1474 | 10324.9044 | 30079.7340 | 0.2600 | 1.1100 | 1.1000 | 23.7600 | 0.2700 | -0.2941 | 0.3226 | 9288 | 2678 | -- | 不分配、不转增 |
| 600769 | 祥龙电业☆ | 42535.7970 | -2.61 | -9988.45 | -- | -9988 | -- | -8769 | 75642.3144 | 103547.9090 | -0.2864 | 2.1700 | 2.1500 | -13.2000 | 0.0510 | -0.0838 | 1.1335 | 34882 | 8736 | -- | 不分配、不转增 |
| 600770 | 综艺股份☆ | 27278.3659 | -8.19 | 3676.50 | -42.01 | 2243 | -33.57 | 603 | 58333.8815 | 118101.1913 | 0.0830 | 2.1610 | 2.1300 | 3.8400 | 0.1720 | 0.5635 | 0.1936 | 27000 | 9900 | -- | 不分配、不转增 |
| 600771 | 东盛科技☆ | 50430.0326 | 13.15 | 5646.92 | 65.74 | 3723 | -16.77 | 3332 | 36290.5782 | 118480.7939 | 0.2000 | 1.9400 | 1.9300 | 10.2600 | 0.6900 | 0.6072 | 0.1297 | 18689 | 4950 | -- | 10派0.68元(含税) |
| 600772 | 石油龙昌Δ | 21496.1228 | 2.11 | 5287.87 | 7.20 | 1582 | 59.53 | 792 | 67254.9758 | 108536.4106 | 0.0660 | 2.8070 | 2.7580 | 2.3500 | 0.3800 | 0.5547 | 1.0697 | 23962 | 7582 | -- | 10转2 |
| 600773 | 西藏金珠☆ | 20773.8765 | 14.69 | 763.27 | -73.45 | 452 | -81.26 | 282 | 34213.9083 | 57805.7749 | 0.0251 | 1.8900 | 1.7300 | 1.3200 | 0.1700 | 0.2559 | 0.5537 | 18033 | 6933 | -- | 不分配、不转增 |
| 600774 | 汉商集团☆ | 49331.7722 | -10.11 | 93.07 | -76.93 | 312 | 0.71 | -733 | 44849.1641 | 150390.7829 | 0.0310 | 4.5200 | 4.4900 | 0.6900 | 0.1600 | 0.9567 | 2.0668 | 9919 | 3634 | -- | 10转1 |
| 600775 | 南京熊猫☆ | 129368.6000 | 50.16 | 11386.50 | -36.39 | 9119 | -49.18 | 9286 | 103035.6000 | 272763.5000 | 0.1400 | 1.5700 | 1.4500 | 8.8500 | -0.3000 | -0.4449 | 0.7307 | 65502 | 5800 | H股:24200.000 | 不分配、不转增 |
| 600776 | 东方通信☆ | 821968.7112 | -2.13 | -17125.84 | -- | -20594 | -- | -16856 | 344633.9634 | 685623.7430 | -0.3280 | 5.4880 | 5.4580 | -5.9800 | -1.2150 | 0.5223 | 3.4043 | 62800 | 11800 | B股:15000.000 | 不分配、不转增 |
| 600777 | 新潮实业☆ | 75345.5473 | 13.47 | 11723.20 | 34.68 | 7549 | 4.95 | 7543 | 77983.7345 | 124139.2361 | 0.3700 | 3.8100 | 3.7900 | 9.6800 | 0.6200 | 0.5203 | 1.8287 | 20487 | 9754 | -- | 不分配、不转增 |
| 600778 | 友好集团☆ | 109469.7170 | 2.36 | 7741.72 | 56.79 | 4855 | 47.95 | 4610 | 76919.0981 | 200068.7027 | 0.1560 | 2.4700 | 2.3500 | 6.3100 | 0.1600 | 0.0372 | 1.3072 | 31149 | 17131 | -- | 10派1元(含税) |
| 600779 | 全兴股份☆ | 105238.5217 | -8.04 | 6884.63 | -66.14 | 1534 | -90.24 | 1820 | 118253.9633 | 248486.0752 | 0.0300 | 2.4200 | 2.4000 | 1.3000 | 0.2700 | 0.3456 | 0.7895 | 48855 | 19131 | -- | 不分配、不转增 |
| 600780 | 通宝能源☆ | 27876.6951 | 4.91 | 9295.42 | 32.00 | 7438 | 27.56 | 7429 | 108913.6726 | 125352.0210 | 0.2600 | 3.7400 | 3.7400 | 6.8300 | 0.4700 | 0.4752 | 2.0283 | 29098 | 16885 | -- | 10送2转8派0.5元(含税) |
| 600781 | 民丰实业Δ | 21476.3866 | 1.92 | -5900.52 | -- | -5819 | -- | -6491 | 12890.5218 | 37230.0844 | -0.3280 | 0.7300 | 0.4700 | -45.1400 | 0.1900 | -0.8970 | 0.5291 | 17759 | 5063 | -- | 不分配、不转增 |
| 600782 | 新华股份☆ | 39737.0463 | 35.68 | 3232.05 | 3.26 | 2754 | 4.15 | 2318 | 26982.2836 | 48912.4502 | 0.1425 | 1.3965 | 1.3536 | 10.2100 | 0.2751 | 0.0035 | 0.2789 | 19322 | 5616 | -- | 10派1.25元(含税) |
| 600783 | 四砂股份☆ | 12907.3146 | -2.78 | -3323.45 | -- | -3082 | -- | -3024 | 25989.5368 | 60133.2491 | -0.1524 | 1.2848 | 1.1484 | -11.8600 | -0.0882 | -0.1885 | 0.3569 | 20228 | 6490 | -- | 不分配、不转增 |
| 600784 | ST鲁银Δ | 11025.2957 | 23.57 | -27145.11 | -- | -26519 | -- | -22079 | 22329.1310 | 130652.2159 | -1.0700 | 0.9000 | 0.4700 | -118.7600 | 0.2600 | -0.8561 | 0.5480 | 24831 | 18901 | -- | 不分配、不转增 |
| 600785 | 新华百货☆ | 90430.3810 | 46.27 | 5175.29 | 23.41 | 3643 | 2.02 | 3722 | 47979.6767 | 98646.0474 | 0.3540 | 4.6630 | 4.6320 | 7.5900 | 0.8600 | 0.7914 | 2.5660 | 10289 | 6464 | -- | 10派1.2元(含税) |
| 600786 | ST东锅☆ | 110439.1063 | 125.60 | 1843.80 | -- | 1714 | -- | 1511 | 15519.9280 | 182748.5878 | 0.0811 | 0.7346 | -0.0392 | 11.0419 | 1.0305 | -1.6205 | 1.0914 | 21127 | 5400 | -- | 不分配、不转增 |
| 600787 | 中储股份☆ | 103275.6767 | 47.61 | 3780.19 | -3.81 | 2854 | -10.39 | 1730 | 75952.0563 | 139512.8640 | 0.0920 | 2.4474 | 2.4042 | 3.7600 | 0.2988 | 0.0923 | 1.0283 | 31034 | 12616 | -- | 10派0.35元(含税) |
| 600788 | 达尔曼☆ | 31601.0521 | 63.14 | 3840.58 | -2.25 | 2917 | -28.84 | 2895 | 135092.8447 | 237508.8791 | 0.1000 | 4.7100 | 4.6500 | 2.1600 | 0.2700 | 1.0742 | 2.2680 | 28664 | 10472 | -- | 不分配、不转增 |
| 600789 | 鲁抗医药☆ | 103948.0479 | 34.80 | 12299.65 | 50.01 | 9762 | 38.55 | 8385 | 125935.7235 | 236107.6790 | 0.2700 | 3.4500 | 3.4400 | 7.7500 | 0.8700 | 0.5943 | 1.4693 | 36475 | 15810 | -- | 不分配、不转增 |
| 600790 | 轻纺城☆ | 138476.1084 | 33.06 | 5497.14 | -- | 859 | -- | 834 | 96973.8029 | 279277.5553 | 0.0230 | 2.6080 | 2.3830 | 0.8900 | 0.2850 | -0.0954 | 1.5409 | 37186 | 25223 | -- | 不分配、不转增 |
| 600791 | 天创置业☆ | 34900.4811 | 14.27 | 9452.20 | 466.85 | 5146 | 492.82 | 4917 | 16945.7149 | 41082.2110 | 0.5198 | 1.7100 | 1.7000 | 30.3700 | 2.0200 | 0.3100 | 0.1530 | 9900 | 3300 | -- | 10送2转1派0.5元(含税) |
| 600792 | 云南马龙☆ | 16290.9230 | 102.02 | 982.86 | -- | 1092 | -- | 1100 | 10115.9236 | 25656.8353 | 0.2140 | 1.9800 | 1.8400 | 10.7900 | -1.4600 | -0.8088 | 1.7859 | 5100 | 1500 | -- | 10转5 |
| 600793 | 宜宾纸业☆ | 32486.1697 | -29.38 | -8058.64 | -- | -8059 | -- | -6956 | 10183.0795 | 83498.2438 | -0.7653 | 0.9671 | 0.8889 | -79.1400 | 0.3305 | -0.8509 | 0.4944 | 10530 | 3354 | -- | 不分配、不转增 |
| 600794 | 保税科技Δ | 4674.3525 | -65.40 | -15703.36 | -- | -15887 | -- | -9005 | 15750.5957 | 47281.5047 | -1.3320 | 1.3210 | 1.3090 | -100.8660 | -0.5930 | -1.3285 | 1.4298 | 11924 | 5012 | -- | 不分配、不转增 |
| 600795 | 国电电力☆ | 356273.5096 | 21.43 | 75805.05 | 0.22 | 54089 | -2.07 | 54169 | 473483.6264 | 1769220.3512 | 0.3860 | 3.3760 | 3.3570 | 11.4240 | 0.8610 | 0.5981 | 1.5356 | 140229 | 35195 | -- | 10派0.6元(含税) |
| 600796 | 钱江生化☆ | 20237.6338 | 1.06 | 1993.03 | -30.84 | 1675 | -36.35 | 1474 | 36588.5438 | 53345.3691 | 0.1430 | 3.1250 | 3.0870 | 4.5800 | 0.4540 | 0.1884 | 1.6012 | 11709 | 4224 | -- | 10派2元(含税) |
| 600797 | 浙大网新☆ | 199854.9184 | 79.35 | 10228.83 | 7.63 | 8385 | -0.67 | 7735 | 100488.1216 | 230004.8821 | 0.1800 | 2.1000 | 2.0800 | 8.3400 | 0.0500 | 0.1872 | 0.7866 | 47826 | 23263 | -- | 10派0.6元(含税) |
| 600798 | 宁波海运☆ | 27528.8304 | 3.70 | 7634.70 | -22.81 | 5980 | -31.93 | -- | 75712.1801 | 91091.3424 | 0.1200 | 1.4800 | 1.4800 | 7.9000 | 0.2900 | 0.0489 | 0.2696 | 51188 | 14145 | -- | 10派1元(含税) |
| 600799 | ST龙科◆ | 7708.6345 | -59.20 | -10848.65 | -- | -11502 | -- | -7274 | 54744.2319 | 125194.5457 | -0.2950 | 1.4040 | 1.5130 | -21.0100 | -0.1900 | -0.2152 | 0.4631 | 38984 | 17850 | -- | 不分配、不转增 |
| 600800 | 天津磁卡☆ | 24476.0582 | -60.26 | -29131.78 | -- | -28008 | -- | -26815 | 71233.2666 | 292638.4132 | -0.5080 | 1.2900 | 1.0700 | -39.3200 | 0.1730 | -0.4477 | 0.5763 | 55166 | 26174 | -- | 不分配、不转增 |
| 600801 | 华新水泥☆ | 80108.8440 | 15.80 | 3307.93 | 13.30 | 2932 | 29.60 | 2196 | 73857.1971 | 230434.7068 | 0.0900 | 2.2500 | 2.1600 | 3.9700 | 0.7700 | -- | 0.9542 | 32840 | 4800 | B股16400.000 | 10派0.4元(含税) |
| 600802 | 福建水泥☆ | 71530.6953 | 22.77 | -16889.70 | -- | -16888 | -- | -8783 | 53531.7804 | 140900.4909 | -0.6000 | 1.8900 | 1.7020 | -31.5500 | 0.2600 | -0.6020 | 1.3014 | 28282 | 13430 | -- | 不分配、不转增 |
| 600803 | 威远生化☆ | 27579.6900 | 4.46 | -3229.68 | -- | -3149 | -- | -4252 | 28010.6000 | 76252.8000 | -0.2700 | 2.3700 | 2.3400 | -11.2400 | 0.0300 | -0.0816 | 1.2709 | 11822 | 6610 | -- | 不分配、不转增 |
| 600804 | 鹏博士☆ | 29280.5261 | -0.40 | 363.81 | 174.81 | 365 | 175.15 | 181 | 19356.2379 | 37342.8733 | 0.0300 | 1.6590 | 1.5320 | 1.8800 | -0.1800 | -0.2890 | 0.6677 | 11661 | 7196 | -- | 不分配、不转增 |
| 600805 | 悦达投资○ | 151381.5721 | 19.76 | -16653.64 | 883.92 | -18248 | -1796.00 | -9927 | 150491.7937 | 534838.8889 | -0.3300 | 2.7600 | 2.7200 | -12.1300 | 0.5400 | -0.0335 | 1.5314 | 54545 | 30949 | -- | 不分配、不转增 |
| 600806 | 交大科技☆ | 17962.8485 | 75.26 | 773.41 | 277.07 | 608 | 196.30 | 371 | 50677.8045 | 83946.9211 | 0.0250 | 2.0700 | 2.0600 | 1.2000 | -0.0180 | -0.2462 | 1.2460 | 24501 | 6000 | H股:6500.000 | 不分配、不转增 |

| 代码 | 名称 | 主营业务收入(万元) | 同比(%) | 利润总额(万元) | 同比(%) | 净利润(万元) | 同比(%) | 扣除非经常性损益后净利润(万元) | 股东权益(万元) | 总资产(万元) | 每股收益(摊薄)(元) | 每股净资产(元) | 调整后每股净资产(元) | 净资产收益率(%) | 每股经营现金流量净额(元) | 每股未分配利润(摊薄)(元) | 每股资本公积金(元) | 总股本(万股) | 流通A股(万股) | 流通外资股(万股) | 分配预(方)案 |
|---|---|---|---|---|---|---|---|---|---|---|---|---|---|---|---|---|---|---|---|---|---|
| 600807 | ST济百☆ | 2636.0699 | -36.97 | -5707.80 | -- | -5544 | -- | -5760 | 8206.1048 | 36549.2792 | -0.5100 | 0.7600 | 0.3900 | -67.5600 | 0.0100 | -0.8719 | 0.4652 | 10792 | 6435 | -- | 不分配、不转增 |
| 600808 | 马钢股份☆ | 1097391.7000 | 14.94 | 47970.20 | 61.44 | 38444 | 84.48 | 82483 | 1186283.3000 | 1713851.1000 | 0.0600 | 1.8400 | 1.8400 | 3.2400 | 0.4012 | 0.0062 | 0.7536 | 645530 | 60000 | H股:173293.000 | 10派0.35元(含税) |
| 600809 | 山西汾酒☆ | 51523.6392 | 18.86 | 4028.29 | 10.97 | 1584 | -40.00 | 1800 | 78434.2413 | 102768.4899 | 0.0370 | 1.8117 | 1.6707 | 2.0200 | 0.3100 | 0.0083 | 0.6929 | 43292 | 7668 | -- | 10派0.24元(含税) |
| 600810 | 神马实业☆ | 135587.8618 | 17.15 | 1817.42 | -69.80 | 778 | -69.79 | 223 | 338495.0111 | 414677.4688 | 0.0140 | 5.9780 | 5.8620 | 0.2300 | 0.1690 | 0.4426 | 4.2625 | 56628 | 14157 | -- | 10派0.5元(含税) |
| 600811 | 东方集团〇 | 152213.6220 | 6.85 | 15028.69 | -13.49 | 11909 | -14.48 | 8916 | 262746.5655 | 482038.5049 | 0.1890 | 4.1600 | 3.9400 | 4.5400 | 0.1900 | 0.3597 | 2.0541 | 63150 | 44198 | -- | 不分配、不转增 |
| 600812 | 华北制药☆ | 300347.4213 | 6.10 | 24688.96 | 23.55 | 13092 | 17.99 | 13064 | 245015.1778 | 695898.7345 | 0.1100 | 2.1000 | 1.7500 | 5.3400 | 0.6300 | -0.1107 | 0.9300 | 116939 | 46927 | -- | 不分配、不转增 |
| 600814 | 杭州解百☆ | 96614.3809 | -2.42 | 1242.03 | -- | 212 | -- | 125 | 38861.3585 | 80440.2412 | 0.0090 | 1.6400 | 1.4800 | 0.5500 | 0.2200 | -0.0017 | 0.4597 | 23737 | 10140 | -- | 不分配、不转增 |
| 600815 | 厦工股份☆ | 165851.6288 | 56.11 | 7276.22 | 80.78 | 5293 | 78.32 | 5258 | 80043.9336 | 143950.9524 | 0.1200 | 1.7800 | 1.7200 | 6.6100 | 0.1600 | 0.0338 | 0.6159 | 44941 | 11970 | -- | 10派1元(含税) |
| 600816 | 鞍山信托☆ | 3978.1731 | -70.71 | 339.90 | -- | 432 | -- | -2073 | 47891.7289 | 167928.0318 | 0.0100 | 1.0500 | 0.5300 | 0.9000 | -0.8300 | -0.1859 | 0.0110 | 45411 | 26667 | -- | 不分配、不转增 |
| 600817 | 宏盛科技☆ | 213818.0565 | 168.85 | 3725.82 | 332.96 | 1983 | 1737.89 | 2422 | 12145.1205 | 82111.2361 | 0.2400 | 1.4700 | 1.3500 | 16.3300 | 2.2300 | -0.2329 | 0.5162 | 8252 | 1124 | -- | 不分配、不转增 |
| 600818 | ST永久☆ | 55060.5527 | 48.78 | 4800.60 | 1328.95 | 5256 | 494.73 | 768 | 12097.0879 | 52956.2194 | 0.2000 | 0.4600 | 0.4500 | 43.4500 | 0.2700 | -2.3894 | 1.7275 | 26566 | 1495 | B股:6900.000 | 不分配、不转增 |
| 600819 | 耀皮玻璃☆ | 108352.2000 | 3.70 | 13004.40 | -30.84 | 11051 | -31.94 | 10937 | 167686.7000 | 207064.5000 | 0.2270 | 3.4400 | 3.2700 | 6.5900 | 0.4600 | 0.4787 | 1.1846 | 48750 | 3125 | B股:12500.000 | 10派2元(含税) |
| 600820 | 隧道股份☆ | 443712.8421 | 11.67 | 13831.45 | 16.83 | 10724 | 11.69 | 10905 | 164649.1906 | 613985.2435 | 0.1814 | 2.7853 | 2.7366 | 6.5130 | 1.3677 | 0.1337 | 1.4376 | 59113 | 26647 | -- | 10派0.5元(含税) |
| 600821 | 津劝业☆ | 131617.2712 | -14.53 | -5700.48 | -- | -4888 | -- | -4312 | 60268.6684 | 127156.9759 | -0.1700 | 2.0600 | 1.7200 | -8.1100 | -0.0400 | -0.1476 | 0.9547 | 29252 | 14559 | -- | 不分配、不转增 |
| 600822 | 物贸中心☆ | 447705.0796 | 40.60 | 560.44 | -82.72 | 265 | -90.38 | 293 | 30255.9987 | 91195.6106 | 0.0105 | 1.1972 | 1.1349 | 0.8746 | 0.3354 | -0.0015 | 0.1458 | 25272 | 1331 | B股:6655.000 | 不分配、不转增 |
| 600823 | 世茂股份☆ | 285.9185 | -94.39 | 465.28 | -89.99 | 465 | -89.19 | 155 | 47357.6320 | 68168.2146 | 0.0197 | 2.0000 | 2.0000 | 0.9800 | 0.5019 | 0.0884 | 0.7836 | 23644 | 11316 | -- | 不分配、不转增 |
| 600824 | 益民百货☆ | 45977.2550 | -37.18 | 6801.42 | 9.13 | 4447 | -9.06 | 4637 | 67444.1012 | 101560.0587 | 0.2300 | 3.4800 | 3.4200 | 6.5900 | 0.4210 | 0.0964 | 1.7912 | 19365 | 8987 | -- | 10派1.5元(含税) |
| 600825 | 华联超市☆ | 366644.3134 | 12.89 | 8060.68 | 33.17 | 6693 | 33.66 | 6804 | 31142.1438 | 123971.5405 | 0.4340 | 2.0190 | 1.1930 | 21.4900 | 1.6170 | 0.5267 | 0.1862 | 15428 | 3857 | -- | 不分配、不转增 |
| 600826 | 兰生股份☆ | 178430.3875 | 3.80 | 3850.58 | -26.84 | 3514 | -11.45 | 3328 | 82350.3305 | 144448.5740 | 0.1300 | 2.9400 | 2.6200 | 4.2700 | 0.1900 | 0.4263 | 0.9112 | 28043 | 9514 | -- | 不分配、不转增 |
| 600827 | 友谊股份☆ | 758463.5050 | 31.38 | 19124.11 | 56.27 | 8252 | 17.79 | 7180 | 111063.1889 | 479480.6361 | 0.2500 | 3.3640 | 1.9700 | 7.4300 | 1.1390 | 0.2245 | 1.8121 | 33015 | 8282 | B股:12567.706 | 10派1.5元(含税) |
| 600828 | 成商集团☆ | 143838.6092 | 1.79 | 1832.99 | -31.00 | 1062 | -47.96 | 1203 | 43823.0807 | 94416.8270 | 0.0520 | 2.1600 | 1.7600 | 2.4200 | -0.0100 | 0.0494 | 0.7872 | 20315 | 5108 | -- | 10派0.5元(含税) |
| 600829 | 天鹅股份☆ | 50324.0302 | -3.43 | 2085.75 | -61.26 | 1011 | -77.13 | -319 | 52617.2250 | 92989.0053 | 0.0392 | 2.0400 | 1.9800 | 2.0000 | 0.4900 | 0.2115 | 0.6058 | 25773 | 6489 | -- | 不分配、不转增 |
| 600830 | 大红鹰☆ | 76663.6803 | 6.03 | 4057.58 | 21.88 | 2301 | 19.22 | 615 | 50109.2479 | 90462.1362 | 0.1310 | 2.8610 | 2.7880 | 4.5910 | -0.1270 | 0.3355 | 1.2355 | 17515 | 10263 | -- | 不分配、不转增 |
| 600831 | 广电网络☆ | 19106.6210 | 2230.40 | 1882.55 | -16.30 | 1620 | -27.90 | 1625 | 15071.1398 | 25068.8575 | 0.1460 | 1.3540 | 1.3540 | 10.7500 | 0.2900 | 0.1011 | 0.2109 | 11129 | 4635 | -- | 10转1 |
| 600832 | 东方明珠☆ | 85324.5635 | 38.54 | 29381.53 | 11.68 | 22952 | 0.10 | 24623 | 287576.6285 | 402094.7757 | 0.3340 | 4.1800 | 4.1000 | 8.0000 | 0.7000 | 0.0849 | 2.5079 | 68803 | 15689 | -- | 10送0.5转3.5派1元(含税) |
| 600833 | 第一医药☆ | 47651.8261 | 81.03 | 1546.10 | -41.32 | 1269 | -43.04 | 1172 | 17630.8151 | 47838.6082 | 0.0800 | 1.1060 | 0.9980 | 7.2000 | 0.1570 | -4.4106 | 4.3261 | 15935 | 4798 | -- | 不分配、不转增 |
| 600834 | 申通地铁☆ | 51429.9333 | 87.35 | 8204.76 | -3.71 | 6347 | -11.22 | 8423 | 58421.4569 | 90701.0581 | 0.1600 | 1.4800 | 1.4800 | 10.8600 | 0.3400 | 0.1052 | 0.2020 | 39453 | 8004 | -- | 10送1派1元(含税) |
| 600835 | 上菱电器☆ | 446833.6935 | 16.22 | 72806.20 | 17.78 | 27278 | 10.68 | 28116 | 288059.6663 | 850460.0430 | 0.4610 | 4.8700 | 4.6500 | 9.4700 | 1.1700 | 0.1025 | 3.0588 | 59186 | 18691 | B股:12513.600 | 10转2派1元(含税) |
| 600836 | 界龙实业☆ | 51073.7773 | 0.57 | 1434.13 | 65.84 | 653 | 17.98 | 633 | 20809.2982 | 73613.9353 | 0.0590 | 1.8600 | 1.0600 | 3.1400 | 1.2600 | -0.0822 | 0.7978 | 11169 | 4133 | -- | 不分配、不转增 |
| 600837 | 都市股份☆ | 13552.9115 | -37.08 | 2717.10 | -6.26 | 2438 | -8.13 | 2015 | 26056.5599 | 48578.7961 | 0.3114 | 3.3280 | 3.2739 | 9.3600 | 0.1989 | 0.2792 | 1.6941 | 7829 | 1966 | -- | 10送2转8 |
| 600838 | 上海九百☆ | 51528.0717 | 4.18 | 1373.95 | -- | 364 | -- | -852 | 59664.1859 | 147789.6624 | 0.0091 | 1.4883 | 1.4355 | 0.6100 | 0.1202 | -0.3003 | 0.6898 | 40088 | 19686 | -- | 不分配、不转增 |
| 600839 | 四川长虹☆ | 1258518.4700 | 32.27 | 20663.30 | 92.94 | 17620 | 109.70 | 10236 | 1292624.6500 | 1867036.7300 | 0.0810 | 5.9730 | 5.9620 | 1.3600 | -1.3800 | 0.8415 | 1.8856 | 216421 | 95140 | -- | 不分配、不转增 |
| 600840 | 新湖创业☆ | 10099.4350 | -34.52 | 214.69 | -- | 276 | -- | -1484 | 16211.2178 | 133139.9881 | 0.0200 | 1.1600 | 1.1200 | 1.7050 | -2.4430 | -0.0755 | 0.1593 | 13975 | 6442 | -- | 不分配、不转增 |
| 600841 | 上柴股份☆ | 206103.4424 | 45.98 | 13198.26 | 146.98 | 10071 | 126.44 | 9896 | 161897.2654 | 231251.6619 | 0.2100 | 3.3700 | 3.3700 | 6.2200 | 0.6600 | 0.0580 | 1.5170 | 48031 | 2160 | B股:21700.000 | 10派1元(含税) |
| 600842 | ST中西◆ | 21475.8234 | -8.83 | -50345.07 | -- | -51611 | -- | -42971 | -41492.1733 | 74291.1995 | -2.3939 | -1.9245 | -2.0758 | -124.3900 | -0.1577 | -3.7368 | 0.7244 | 21559 | 8423 | -- | 不分配、不转增 |
| 600843 | 上工股份☆ | 87529.9752 | -4.47 | 1805.03 | -65.67 | 1316 | -71.29 | 593 | 51499.1748 | 135445.5716 | 0.0521 | 2.0398 | 2.0088 | 2.5557 | 0.1121 | 0.0039 | 1.0183 | 25247 | 1560 | B股:9750.000 | 10转1.5 |
| 600845 | 宝信软件☆ | 63969.6569 | 60.99 | 5155.26 | 32.12 | 5274 | 34.60 | 4859 | 30337.5522 | 44111.7357 | 0.2010 | 1.1570 | 1.1320 | 17.3800 | -0.0350 | 0.0405 | 0.0800 | 26224 | 1320 | B股:8800.000 | 10派0.5元(含税) |
| 600846 | 同济科技☆ | 134397.5311 | 106.12 | 5652.73 | 115.16 | 2048 | 36.51 | 1777 | 42362.3304 | 162642.4944 | 0.0736 | 1.5233 | 1.4402 | 4.8300 | 0.2775 | 0.0109 | 0.2988 | 27809 | 11872 | -- | 10派1元(含税) |
| 600848 | ST自仪☆ | 57959.3087 | 0.20 | 1824.64 | 0.80 | 1025 | 22.66 | -1935 | 11060.8713 | 97862.5099 | 0.0300 | 0.2800 | 0.2200 | 9.2700 | -0.1200 | -1.3414 | 0.5550 | 39929 | 3367 | B股:10714.550 | 不分配、不转增 |

| 代码 | 名称 | 主营业务收入(万元) | 同比(%) | 利润总额(万元) | 同比(%) | 净利润(万元) | 同比(%) | 扣除非经常性损益后净利润(万元) | 股东权益(万元) | 总资产(万元) | 每股收益(摊薄)(元) | 每股净资产(元) | 调整后每股净资产(元) | 净资产收益率(%) | 每股经营现金流量净额(元) | 每股未分配利润(摊薄)(元) | 每股资本公积金(元) | 总股本(万股) | 流通A股(万股) | 流通外资股(万股) | 分配预(方)案 |
|---|---|---|---|---|---|---|---|---|---|---|---|---|---|---|---|---|---|---|---|---|---|
| 600849 | 上海医药☆ | 723568.7313 | 39.09 | 21347.72 | 6.85 | 12585 | -11.82 | 10682 | 155955.3027 | 540281.4501 | 0.4000 | 4.9300 | 4.5200 | 8.0700 | 0.3200 | 0.5340 | 2.5682 | 31621 | 19071 | -- | 10转5派2元(含税) |
| 600850 | 华东电脑☆ | 79173.1660 | 37.54 | -2280.87 | -- | -2971 | -- | -2726 | 19884.1358 | 54493.7117 | -0.1737 | 1.1626 | 0.9789 | -14.9400 | -0.1394 | -0.1089 | 0.1688 | 17103 | 4860 | -- | 不分配、不转增 |
| 600851 | 海欣股份☆ | 162916.4339 | 49.33 | 17619.32 | 5.05 | 15762 | 7.87 | 14203 | 179157.1298 | 329642.8088 | 0.2600 | 2.9700 | 2.9300 | 8.8000 | 0.1400 | 0.0969 | 1.4235 | 60353 | 18368 | B股:20132.854 | 10派1元(含税) |
| 600852 | 中川国际〇 | 21245.1923 | 11.00 | -6046.33 | -- | -5867 | -- | -6072 | 19658.4352 | 98486.0019 | -0.3600 | 1.2000 | 1.0800 | -29.8400 | -2.3400 | -0.4568 | 0.5839 | 16431 | 5631 | -- | 不分配、不转增 |
| 600853 | ST龙建☆ | 231623.1131 | 137.33 | 7437.01 | -- | 4614 | -- | 4427 | 66575.9394 | 208690.7669 | 0.0870 | 1.2505 | 1.2374 | 6.9300 | 0.0217 | -0.0928 | 0.2973 | 53240 | 16456 | -- | 不分配、不转增 |
| 600854 | 春兰股份☆ | 174089.0896 | -1.21 | 14899.66 | -46.25 | 12040 | -45.11 | 12548 | 296980.9797 | 360812.8147 | 0.2320 | 5.7200 | 5.7200 | 4.0500 | -0.4200 | 0.0004 | 2.9625 | 51946 | 19824 | -- | 10派1元(含税) |
| 600855 | 航天长峰☆ | 16193.8068 | 23.15 | 2127.69 | -0.01 | 2016 | 1.29 | 1885 | 21868.3432 | 32600.8364 | 0.1260 | 1.3660 | 1.3540 | 9.2200 | 0.1560 | 0.1768 | 0.1203 | 16008 | 5299 | -- | 不分配、不转增 |
| 600856 | 长百集团☆ | 34360.2953 | -9.72 | 209.16 | -62.15 | 92 | -75.70 | 200 | 35716.3802 | 72639.7463 | 0.0050 | 1.9500 | 1.6000 | 0.2600 | 0.1000 | -0.0244 | 0.7790 | 18274 | 8591 | -- | 不分配、不转增 |
| 600857 | 工大首创☆ | 61493.8831 | 3.23 | 2440.97 | -6.11 | 2142 | -8.61 | 2040 | 33487.7582 | 57167.8181 | 0.1100 | 1.7400 | 1.7380 | 6.4000 | 0.0700 | 0.1151 | 0.4095 | 19229 | 9151 | -- | 10派0.5元(含税) |
| 600858 | ST渤海☆ | 2808.9456 | 1.21 | -3684.07 | -- | -3520 | -- | -3438 | 6909.7370 | 20036.8422 | -0.2901 | 0.5694 | 0.3996 | -50.9399 | -0.0819 | -0.9607 | 0.4652 | 12135 | 6795 | -- | 不分配、不转增 |
| 600859 | 王府井☆ | 332564.0213 | 7.12 | 5833.89 | -4.30 | 2476 | 1.40 | 2629 | 153137.1973 | 304945.8062 | 0.0630 | 3.8970 | 3.4990 | 1.6200 | 0.7800 | 0.0874 | 2.4258 | 39297 | 19838 | -- | 10派0.5元(含税) |
| 600860 | 北人股份☆ | 92692.9280 | 32.59 | 8549.89 | 12.87 | 6894 | 7.25 | 6145 | 97911.1255 | 188227.1514 | 0.1700 | 2.4500 | 2.2900 | 7.0400 | 0.4400 | 0.0793 | 1.0019 | 40000 | 5000 | H股:10000.000 | 10派1元(含税) |
| 600861 | 北京城乡☆ | 125660.0143 | -1.92 | 10087.36 | -15.02 | 7774 | -18.29 | 7638 | 166490.9595 | 220127.8843 | 0.1900 | 4.1000 | 3.5600 | 4.6700 | 0.3600 | 0.1088 | 1.7243 | 40574 | 16731 | -- | 10派0.6元(含税) |
| 600862 | ST纵横▽ | 32345.5501 | 14.54 | -39985.24 | -- | -38909 | -- | -10800 | 18090.7381 | 96202.3144 | -1.6300 | 0.7587 | 0.5318 | -215.0800 | -0.1800 | -2.8621 | 2.5126 | 23844 | 12237 | -- | 不分配、不转增 |
| 600863 | 内蒙华电☆ | 200822.5107 | 24.23 | 30104.85 | 9.42 | 23906 | 8.56 | 24127 | 383990.2094 | 811651.6014 | 0.2410 | 3.8760 | 3.8440 | 6.2260 | 0.4080 | 0.2617 | 2.1948 | 99061 | 19773 | -- | 10转10派1.2元(含税) |
| 600864 | 岁宝热电▽ | 23103.0026 | 7.78 | 1594.14 | -45.49 | 961 | -48.86 | 717 | 39624.5657 | 93000.4029 | 0.0700 | 2.9000 | 2.8000 | 2.4300 | 0.3800 | 0.2078 | 1.3592 | 13659 | 4538 | -- | 10派0.7元(含税) |
| 600865 | 百大集团☆ | 113197.3684 | 11.54 | 6318.24 | 13.78 | 4102 | 3.82 | 4088 | 66171.8779 | 86770.7486 | 0.1500 | 2.4500 | 2.3200 | 6.2000 | 1.1600 | 0.0003 | 1.1801 | 26971 | 13534 | -- | 10派1.3元(含税) |
| 600866 | 星湖科技☆ | 49242.3317 | 11.90 | 8740.07 | 14.64 | 7867 | 16.11 | 7806 | 83111.8210 | 102382.5046 | 0.2400 | 2.5500 | 2.5400 | 9.4700 | 0.5620 | 0.2504 | 1.0223 | 32569 | 19438 | -- | 不分配、不转增 |
| 600867 | 通化东宝☆ | 28055.6263 | 36.25 | 5354.90 | 360.69 | 4002 | 856.31 | 3698 | 132203.4051 | 156853.2868 | 0.1200 | 4.0700 | 3.7300 | 3.0200 | 0.1000 | 0.4268 | 2.2839 | 32449 | 15770 | -- | 10派2元(含税) |
| 600868 | 梅雁股份☆ | 98388.1494 | 48.18 | 23237.76 | 27.40 | 17456 | 4.60 | 13419 | 257756.1227 | 444639.1326 | 0.1600 | 2.3100 | 2.2900 | 6.7700 | 0.1100 | 0.0527 | 1.0728 | 111357 | 85386 | -- | 10送0.4派1.1元(含税) |
| 600869 | 青海三普☆ | 9368.5863 | -- | -8114.14 | -- | -8068 | -- | -7687 | 12638.8207 | 33995.7251 | -0.6700 | 1.0500 | 0.9500 | -63.8400 | 0.1500 | -0.7094 | 0.4882 | 12000 | 3000 | -- | 不分配、不转增 |
| 600870 | ST厦华△ | 289224.8045 | 35.44 | 1353.24 | -- | 1030 | -- | 462 | 72146.0199 | 313925.0857 | 0.0280 | 1.9500 | 1.9200 | 1.4300 | 0.5800 | -1.7051 | 2.5055 | 37082 | 15151 | -- | 不分配、不转增 |
| 600871 | 仪征化纤☆ | 800966.9000 | 3.00 | 15146.50 | -29.00 | 13983 | -18.00 | 14133 | 888170.1000 | 1217900.2000 | 0.0350 | 2.2200 | 2.2200 | 1.5700 | 0.3670 | 0.1105 | 0.7697 | 400000 | 20000 | H股:140000.000 | 10派0.15元(含税) |
| 600872 | 中炬高新☆ | 82191.6247 | -1.72 | 1452.75 | -82.78 | 1099 | -83.05 | 1255 | 125187.1549 | 243236.6057 | 0.0244 | 2.7820 | 2.7350 | 0.8800 | 0.6070 | 0.2015 | 1.2491 | 45006 | 24924 | -- | 不分配、不转增 |
| 600873 | ST藏明珠☆ | 3496.4098 | -30.68 | -1848.33 | -- | -1848 | -- | -2167 | 19602.1362 | 43350.2180 | -0.1710 | 1.8110 | 1.6200 | -9.4300 | 0.1360 | -0.9079 | 1.6219 | 10824 | 5214 | -- | 不分配、不转增 |
| 600874 | 创业环保☆ | 67074.9000 | 12.54 | 42853.60 | 7.31 | 28724 | 7.32 | 28838 | 174207.4000 | 275700.8000 | 0.2200 | 1.3100 | 1.3100 | 16.4900 | 0.2700 | 0.1943 | 0.0521 | 133000 | 11250 | H股:34000.000 | 10派0.85元(含税) |
| 600875 | 东方电机☆ | 92090.5000 | 148.70 | 2043.50 | -- | 2001 | -- | 144 | 90716.1000 | 276495.6000 | 0.0450 | 2.0200 | 1.5000 | 2.2100 | 0.0500 | -0.4533 | 1.3500 | 45000 | 6000 | H股:17000.000 | 不分配、不转增 |
| 600876 | 洛阳玻璃△ | 82519.4000 | 0.97 | -39022.00 | -- | -34469 | -- | -13484 | 121803.7000 | 283569.8000 | -0.4920 | 1.7400 | 0.9600 | -28.3000 | 0.0370 | -0.9656 | 1.3859 | 70000 | 5000 | H股:25000.000 | 不分配、不转增 |
| 600877 | 中国嘉陵☆ | 288733.2410 | 11.46 | -17329.13 | -- | -16806 | -- | -16841 | 117600.7537 | 377182.8390 | -0.3500 | 2.4800 | 2.3300 | -14.2900 | 0.3000 | -0.3971 | 0.6377 | 47387 | 21960 | -- | 不分配、不转增 |
| 600878 | 北大科技◆ | 2146.0984 | 132.22 | -41932.66 | -- | -41933 | -- | -24065 | -39383.7720 | 4200.8521 | -1.4740 | -1.3850 | -1.4230 | -- | -0.2020 | -2.8059 | 0.1971 | 28443 | 8864 | -- | 不分配、不转增 |
| 600879 | 火箭股份☆ | 56266.0169 | 20.08 | 12021.24 | -5.21 | 11889 | 7.70 | 12140 | 82814.0749 | 144219.6856 | 0.5100 | 3.5300 | 3.5300 | 14.3600 | 0.5000 | 0.9116 | 1.3259 | 23433 | 13714 | -- | 10送2转3派0.5元(含税) |
| 600880 | 博瑞传播☆ | 26652.7194 | -4.09 | 9312.82 | 199.60 | 4806 | 62.37 | 5042 | 25929.9015 | 41270.4931 | 0.3700 | 1.9900 | 1.9800 | 18.5300 | 0.6000 | 0.1255 | 0.2599 | 13018 | 4188 | -- | 10派1元(含税) |
| 600881 | 亚泰集团☆ | 148206.5519 | 36.29 | 17991.15 | 27.66 | 12264 | 10.32 | 11056 | 183190.4789 | 519179.7419 | 0.2600 | 3.8600 | 3.7300 | 6.6900 | 0.2300 | 0.5562 | 1.9547 | 47511 | 27552 | -- | 10派0.5元(含税) |
| 600882 | 大成股份△ | 44648.7521 | 6.54 | 501.76 | -44.22 | 440 | -31.61 | 188 | 48743.1127 | 104697.4934 | 0.0240 | 2.6200 | 2.5500 | 0.9000 | 0.1600 | 0.0480 | 1.3993 | 18585 | 9683 | -- | 不分配、不转增 |
| 600883 | 富邦科技☆ | 7071.5500 | -0.66 | 721.33 | -33.41 | 532 | -44.13 | 507 | 25437.6049 | 46965.2665 | 0.0270 | 1.2840 | 1.2720 | 2.0900 | -0.4600 | 0.0185 | 0.1262 | 19818 | 6318 | -- | 10派0.2元(含税) |
| 600884 | 杉杉股份☆ | 89481.3987 | 22.50 | 11540.20 | 9.25 | 8543 | 3.69 | 8454 | 127681.4531 | 213665.3294 | 0.2070 | 3.1070 | 3.0950 | 6.6900 | 0.2010 | 0.1232 | 1.2651 | 41086 | 22798 | -- | 10派2元(含税) |
| 600885 | 力诺工业☆ | 20323.7133 | 97.46 | 1719.81 | 310.20 | 1716 | 307.11 | 1697 | 19592.2634 | 58402.0088 | 0.1300 | 1.5100 | 1.5100 | 8.7600 | 0.3300 | -0.4230 | 0.7980 | 12981 | 4987 | -- | 不分配、不转增 |
| 600886 | ST华靖☆ | 253638.0522 | 33.04 | 1185.99 | -- | -3409 | -- | -1240 | 82416.4545 | 468875.2636 | -0.1210 | 2.9250 | 2.9250 | -4.1360 | 0.8150 | -0.2846 | 1.7961 | 28175 | 10732 | -- | 不分配、不转增 |
| 600887 | 伊利股份☆ | 401009.2387 | 48.41 | 21333.84 | 51.24 | 14195 | 18.61 | 14962 | 174263.1067 | 289854.3738 | 0.7300 | 8.9100 | 8.7200 | 8.1500 | 2.1500 | 0.7119 | 6.0613 | 19563 | 12886 | -- | 10转10派2元(含税) |

| 代码 | 名称 | 主营业务收入（万元） | 同比（%） | 利润总额（万元） | 同比（%） | 净利润（万元） | 同比（%） | 扣除非经常性损益后净利润（万元） | 股东权益（万元） | 总资产（万元） | 每股收益（摊薄）（元） | 每股净资产（元） | 调整后每股净资产（元） | 净资产收益率（%） | 每股经营现金流量净额（元） | 每股未分配利润（摊薄）（元） | 每股资本公积金（元） | 总股本（万股） | 流通A股（万股） | 流通外资股（万股） | 分配预(方)案 |
|---|---|---|---|---|---|---|---|---|---|---|---|---|---|---|---|---|---|---|---|---|---|
| 600888 | 新疆众和☆ | 40018.9893 | -4.48 | 5781.23 | 59.54 | 4825 | 54.66 | 5125 | 27582.8201 | 123838.5159 | 0.4667 | 2.6700 | 2.4300 | 17.4900 | 0.6300 | 0.4543 | 0.9651 | 10339 | 2925 | - - | 10派0.8元(含税) |
| 600889 | 南京化纤☆ | 39552.7949 | 18.68 | 3950.37 | -3.71 | 3302 | 9.31 | 3476 | 49785.7394 | 77728.7780 | 0.2000 | 3.0800 | 3.0700 | 6.6300 | 0.4500 | 0.5628 | 1.1491 | 16155 | 6682 | - - | 10派0.3元(含税) |
| 600890 | 长春长铃Δ | 19293.2440 | -37.00 | -8448.20 | - - | -3685 | - - | -5451 | 68721.2647 | 103577.2515 | -0.0760 | 1.4200 | 1.4100 | -5.2800 | -0.0960 | 0.0643 | 0.1876 | 48485 | 20510 | - - | 不分配、不转增 |
| 600891 | 秋林集团▽ | 23739.1429 | -40.94 | -13973.07 | - - | -13973 | - - | -13685 | 40609.6733 | 90393.2294 | -0.5700 | 1.6700 | 1.1200 | -34.4200 | 0.1100 | -0.7380 | 1.2300 | 24356 | 12942 | - - | 不分配、不转增 |
| 600892 | 湖大科教☆ | 9116.0105 | 283.90 | -1884.91 | - - | -1648 | - - | -2334 | 5206.7440 | 37581.5722 | -0.3264 | 1.0310 | 0.6856 | -31.6551 | -0.2973 | -2.0017 | 1.8626 | 5050 | 1531 | - - | 不分配、不转增 |
| 600893 | ST吉发☆ | 97532.6859 | 11.47 | 4041.91 | - - | 3447 | - - | 2969 | 55010.8805 | 122987.4673 | 0.1467 | 2.3400 | 2.2300 | 6.2700 | 1.6900 | -0.8850 | 2.0827 | 23491 | 11532 | - - | 不分配、不转增 |
| 600894 | 广钢股份☆ | 258193.8620 | 5.55 | 5314.78 | -16.41 | 4402 | -20.71 | 2603 | 157134.0607 | 302835.0822 | 0.0640 | 2.2900 | 2.2600 | 2.8000 | 0.5600 | 0.0368 | 1.0433 | 68618 | 16169 | - - | 不分配、不转增 |
| 600895 | 张江高科☆ | 35188.4869 | -42.78 | 21636.86 | -10.01 | 17363 | -14.23 | 8457 | 227404.2097 | 318438.4259 | 0.1900 | 2.4300 | 2.4300 | 7.6400 | 0.1300 | 0.2534 | 1.0206 | 93513 | 33190 | - - | 10送1转2 |
| 600896 | 中海海盛☆ | 43402.9264 | -2.51 | 7571.47 | 18.03 | 5519 | 16.92 | 5480 | 81637.2112 | 105428.6779 | 0.1700 | 2.5700 | 2.4300 | 6.7600 | 0.3400 | 0.2360 | 1.0119 | 31728 | 15608 | - - | 10派1元(含税) |
| 600897 | 厦门机场☆ | 19119.5319 | 5.72 | 5892.67 | -4.44 | 4786 | -7.06 | 4790 | 117385.0309 | 126774.3405 | 0.1770 | 4.3480 | 4.3410 | 4.0800 | 0.3550 | 0.6010 | 2.3507 | 27000 | 6750 | - - | 10派1元(含税) |
| 600898 | PT郑百文☆ | 125689.9528 | 360.12 | 3732.63 | - - | 2080 | - - | 2617 | 25079.3144 | 50630.5085 | 0.1053 | 1.2693 | 1.2680 | 8.3000 | 0.0270 | 0.0227 | 0.1971 | 19758 | 10710 | - - | 不分配、不转增 |
| 600899 | 信联股份○ | 5615.7877 | -66.42 | -7592.99 | - - | -7513 | - - | -8123 | 38663.4024 | 74526.0272 | -0.4200 | 2.1800 | 2.1800 | -19.4300 | -0.8300 | 0.1175 | 0.7042 | 17751 | 5431 | - - | 不分配、不转增 |
| 900929 | 国旅B股☆ | 64189.1317 | 18.44 | 2624.50 | 33.44 | 1905 | 10.06 | 1871 | 40972.5107 | 67024.7816 | 0.1400 | 3.0900 | 3.0800 | 4.6500 | 0.3000 | 0.0990 | 1.3407 | 13256 | - - | B股:6600.000 | 10派1元(含税) |
| 900935 | 阳晨B股☆ | 16388.7006 | 5.16 | 649.45 | 4.36 | 540 | 1.30 | 327 | 28581.2187 | 35869.5177 | 0.0300 | 1.5400 | 1.5400 | 1.8900 | 0.1100 | -0.4590 | 0.9869 | 18530 | - - | B股:8000.000 | 不分配、不转增 |
| 900939 | 汇丽B股☆ | 38641.9812 | -6.67 | 2115.60 | -27.14 | 831 | -63.59 | 786 | 32229.1353 | 87117.1376 | 0.0500 | 1.7800 | 1.7600 | 2.5800 | -0.2700 | 0.3319 | 0.3448 | 18150 | - - | B股:8800.000 | 不分配、不转增 |
| 900948 | 伊煤B股☆ | 140023.5008 | 22.05 | 7807.87 | 115.47 | 6833 | 107.30 | 7366 | 82908.0908 | 148386.2462 | 0.1900 | 2.2650 | 2.1500 | 8.2400 | 0.5170 | 0.0608 | 1.1269 | 36600 | - - | B股:16600.000 | 10派1.1元(含税) |
| 900949 | 东电B股☆ | 332094.4889 | -1.46 | 81275.31 | -15.25 | 54552 | -22.94 | 55180 | 538678.1727 | 860241.9267 | 0.2700 | 2.6800 | 2.6700 | 10.1300 | 0.5200 | 0.3733 | 0.9270 | 201000 | - - | B股:69000.000 | 10派2.48元(含税) |
| 900950 | 新城B股☆ | 35716.7445 | 235.11 | 3191.22 | - - | 1141 | - - | 1213 | 36357.6060 | 102804.7978 | 0.0344 | 1.1000 | 1.0400 | 3.1400 | 0.0200 | 0.0110 | 0.0610 | 33191 | - - | B股:13391.400 | 不分配、不转增 |
| 900951 | 大化B股▽ | 101489.5912 | 10.95 | -1852.38 | - - | -1852 | - - | -1412 | 54911.7394 | 83314.4215 | -0.0700 | 2.0000 | 1.6300 | -3.3700 | 0.0200 | - - | - - | - - | - - | - - | 不分配、不转增 |
| 900953 | 凯马B股☆ | 244293.0089 | 4.86 | 1899.32 | - - | 1935 | - - | -10090 | 97471.5314 | 341512.5829 | 0.0300 | 1.5200 | 1.4600 | 1.9900 | -0.1000 | - - | - - | - - | - - | - - | 不分配、不转增 |
| 900956 | 东贝B股☆ | 22700.9126 | -12.08 | 187.18 | -93.21 | 110 | -95.31 | -5 | 38784.6291 | 76571.1836 | 0.0050 | 1.6500 | 1.6300 | 0.2800 | -0.0060 | - - | - - | - - | - - | - - | 不分配、不转增 |

## 2.2002 年度中国上市公司经营业绩总览(深市)

| 代码 | 名称 | 主营业务收入(万元) | 同比(%) | 利润总额(万元) | 同比(%) | 净利润(万元) | 同比(%) | 扣除非经常性损益后净利润(万元) | 股东权益(万元) | 总资产(万元) | 每股收益(摊薄)(元) | 每股净资产(元) | 调整后每股净资产(元) | 净资产收益率(%) | 每股经营现金流量净额(元) | 每股未分配利润(摊薄)(元) | 每股资本公积金(元) | 总股本(万股) | 流通A股(万股) | 流通外资股(万股) | 分配预(方)案 |
|---|---|---|---|---|---|---|---|---|---|---|---|---|---|---|---|---|---|---|---|---|---|
| 000001 | 深发展 A☆ | 551912.1670 | 27.50 | 63655.04 | 13.90 | 43222 | 7.40 | 44494 | 376802.1373 | 16616637.9400 | 0.2200 | 1.9400 | 1.8600 | 11.4700 | 4.3900 | 0.0200 | 0.8078 | 194582 | 140936 | - - | 10 派 1.5 元(含税) |
| 000002 | 万科 A☆ | 457435.9629 | 2.68 | 52001.11 | 3.62 | 38242 | 2.32 | 38919 | 338076.9043 | 821582.2308 | 0.6100 | 5.3600 | 5.2300 | 11.3100 | 0.2000 | 0.0195 | 2.2750 | 63097 | 39871 | B 股:12175.514 | 10 转 10 派 2 元(含税) |
| 000004 | 北大高科☆ | 12122.5613 | 95.57 | 859.24 | -33.73 | 558 | -49.68 | 568 | 9750.7184 | 26361.4606 | 0.0700 | 1.1600 | 1.1300 | 5.7300 | -0.5100 | 0.0477 | 0.0011 | 8398 | 4166 | - - | 10 派 0.3 元(含税) |
| 000005 | ST 星源☆ | 5494.3232 | -18.15 | -12364.64 | - - | -8359 | - - | -7672 | 97306.0997 | 182054.8816 | -0.1200 | 1.3700 | 1.3300 | -8.5900 | -0.0500 | -0.1713 | 0.4743 | 70866 | 37395 | - - | 不分配、不转增 |
| 000006 | 深振业 A☆ | 208604.8954 | 3.06 | 10342.59 | -34.12 | 6807 | -42.87 | 8941 | 123584.6450 | 449088.0117 | 0.2700 | 4.8700 | 3.9800 | 5.5100 | 0.5600 | 0.4063 | 2.3238 | 25359 | 15773 | - - | 10 派 0.8 元(含税) |
| 000007 | 深达声 A☆ | 22731.9830 | -33.09 | 2048.72 | -53.74 | 2195 | -37.30 | 3187 | 19892.9977 | 115091.6322 | 0.1500 | 1.3900 | 1.1300 | 11.0400 | 0.1700 | -0.4673 | 0.7900 | 14359 | 7956 | - - | 不分配、不转增 |
| 000008 | ST 亿安 Δ | 673.5233 | -72.40 | -1764.74 | - - | -1071 | - - | -912 | -3268.5943 | 7061.6136 | -0.1500 | -0.4400 | -0.4400 | 32.7600 | - - | -2.3339 | 0.9377 | 7365 | 3529 | - - | 不分配、不转增 |
| 000009 | 深宝安 A☆ | 101854.7724 | 19.91 | 2741.20 | 4.40 | 1358 | -48.99 | 3649 | 114152.4993 | 411043.7177 | 0.0140 | 1.1900 | 1.0800 | 1.1900 | 0.1000 | -0.6018 | 0.7355 | 95881 | 57953 | - - | 不分配、不转增 |
| 000010 | 深华新☆ | 20608.1222 | 24.50 | 4020.43 | 952.05 | 1214 | 591.92 | 1213 | 16284.2731 | 64994.4408 | 0.0800 | 1.1100 | 0.9900 | 7.4500 | 0.3900 | -0.0503 | 0.1407 | 14702 | 6759 | - - | 不分配、不转增 |
| 000011 | ST 深物业 Δ | 78128.4955 | -23.53 | 4450.89 | -57.96 | 3462 | -59.84 | 3589 | 33790.3702 | 260797.9385 | 0.0640 | 0.6240 | 0.1460 | 10.2500 | -0.0640 | -1.1155 | 0.6230 | 54180 | 9136 | B 股:6145.931 | 不分配、不转增 |
| 000012 | 南玻科控☆ | 105540.1736 | 1.49 | 19020.16 | 24.25 | 16331 | 7.94 | 15290 | 190782.5545 | 298532.6851 | 0.2400 | 2.8200 | 2.8100 | 8.5600 | 0.4800 | 0.1400 | 1.3501 | 67698 | 10717 | B 股:29905.255 | 10 派 1.5 元(含税) |
| 000013 | ST 石化 A♦ | 61467.8141 | -15.11 | -48217.19 | - - | -44696 | - - | -13662 | -209700.0624 | 74069.3152 | -1.4700 | -6.9100 | -6.9400 | - - | 0.0300 | -8.6672 | 0.7705 | 30335 | 5132 | B 股:3276.000 | 不分配、不转增 |
| 000014 | 沙河股份☆ | 47579.2792 | 2.18 | 3591.05 | -3.10 | 3591 | -3.10 | 3610 | 23045.6321 | 69451.3618 | 0.4000 | 2.5700 | 2.5300 | 15.5800 | 0.3800 | 0.3607 | 1.0604 | 8965 | 4522 | - | 10 派 0.3 元(含税) |
| 000016 | 深康佳 AΔ | 804165.2800 | 19.17 | 5443.36 | - - | 3559 | - - | 2865 | 295350.8800 | 700597.4200 | 0.0600 | 4.9100 | 4.7900 | 1.2100 | 1.0900 | -1.0211 | 3.0755 | 60199 | 22416 | B 股:20283.790 | 不分配、不转增 |
| 000017 | ST 中华☆ | 7158.9598 | 38.00 | 578.69 | - - | 658 | - - | -3477 | -198289.2318 | 51297.6885 | 0.0100 | -4.1400 | -4.2200 | -0.3300 | 0.0100 | -5.0651 | 0.0001 | 47943 | 7662 | B 股:17862.065 | 不分配、不转增 |
| 000018 | 深中冠 A☆ | 16173.8325 | 14.10 | 192.55 | 53.43 | 135 | 60.20 | 137 | 30826.3111 | 37644.5241 | 0.0100 | 1.8200 | 1.8100 | 0.4400 | 0.0900 | 0.0295 | 0.1757 | 16914 | 2023 | B 股:2662.001 | 不分配、不转增 |
| 000019 | 深深宝 A☆ | 7736.9355 | 26.45 | 1140.56 | -7.81 | 1080 | 3.24 | -762 | 27420.2165 | 45269.6870 | 0.0590 | 1.5070 | 1.3180 | 3.9400 | -0.2070 | -0.2624 | 0.5891 | 18192 | 3994 | B 股:2613.600 | 不分配、不转增 |
| 000020 | 深华发 A☆ | 12896.1237 | 55.63 | 536.01 | 209.84 | 536 | 209.84 | 425 | 29398.5238 | 47901.6731 | 0.0200 | 1.0400 | 0.9700 | 1.8200 | 0.0240 | -0.5828 | 0.3477 | 28316 | 5624 | B 股:10199.584 | 不分配、不转增 |
| 000021 | 深科技 A☆ | 617890.5548 | 57.68 | 8880.27 | - - | 6073 | - - | 10259 | 228346.0795 | 504622.8088 | 0.0800 | 3.1200 | 3.0900 | 2.6600 | 0.3500 | 0.3627 | 0.7226 | 73293 | 20058 | - - | 10 派 1 元(含税) |
| 000022 | 深赤湾 A☆ | 73868.7403 | 54.12 | 30259.02 | 130.46 | 18360 | 111.45 | 18768 | 118791.3933 | 233162.7234 | 0.4800 | 3.1100 | 3.0900 | 15.4600 | 1.1000 | 0.0353 | 1.0650 | 38152 | 5048 | B 股:10644.700 | 10 派 2.88 元(含税) |
| 000023 | 深天地 A▽ | 33605.1351 | 41.57 | 808.31 | - - | 591 | - - | -370 | 21778.5909 | 72718.2776 | 0.0400 | 1.5700 | 1.4900 | 2.7200 | 0.1800 | -0.1337 | 0.5720 | 13876 | 4619 | - - | 不分配、不转增 |
| 000024 | 招商局 A☆ | 385415.3934 | 16.06 | 33576.00 | 15.21 | 24182 | 38.21 | 25748 | 244437.0973 | 526896.4574 | 0.5080 | 5.1310 | 5.0590 | 9.8900 | 1.7340 | 0.7712 | 2.4424 | 47640 | 13097 | B 股:13622.180 | 10 派 1.2 元(含税) |
| 000025 | ST 特力 A☆ | 128932.1184 | 83.34 | -3430.26 | - - | -4098 | - - | -3502 | 20352.3567 | 123223.0347 | -0.1900 | 0.9200 | 0.0400 | -20.1400 | 0.5500 | -1.0960 | 0.7743 | 22028 | 3429 | B 股:2640.000 | 不分配、不转增 |
| 000026 | 飞亚达 A☆ | 20624.1298 | -6.17 | -7542.42 | - - | -7743 | - - | -7796 | 51036.8305 | 56668.1393 | -0.3100 | 2.0500 | 1.9600 | -15.1700 | 0.0900 | -0.2428 | 0.7665 | 24932 | 6075 | B 股:5832.000 | 不分配、不转增 |
| 000027 | 深能源 A☆ | 382858.7949 | 14.36 | 107243.95 | 25.14 | 50687 | 29.27 | 52462 | 289187.5965 | 799442.9248 | 0.4200 | 2.4000 | 2.3700 | 17.5300 | 1.9300 | 0.1367 | 0.4444 | 120250 | 48632 | - - | 10 派 1.5 元(含税) |
| 000028 | 一致药业☆ | 186993.7563 | 12.06 | 207.76 | -93.43 | 492 | -76.67 | -492 | 33333.5057 | 105259.6979 | 0.0170 | 1.1570 | 0.9970 | 1.4800 | 0.1000 | -0.0043 | 0.0547 | 28815 | 5489 | B 股:5488.560 | 不分配、不转增 |
| 000029 | 深深房 A☆ | 74805.2093 | 21.39 | 1519.11 | - - | 1404 | - - | -16568 | 103308.9751 | 300098.6508 | 0.0100 | 1.0200 | 1.0100 | 1.3600 | 0.0800 | -0.9172 | 0.8518 | 101166 | 14784 | B 股:12000.000 | 不分配、不转增 |
| 000030 | ST 盛润 A▽ | 671.1824 | -98.69 | -56648.56 | - - | -56649 | - - | -27205 | -152516.5390 | 20325.8078 | -1.9600 | -5.2900 | -5.2900 | - - | -0.0100 | -8.0362 | 1.2703 | 28842 | 4026 | B 股:3960.000 | 不分配、不转增 |
| 000031 | 深宝恒 AΔ | 41192.0837 | 31.83 | 9796.14 | 6.07 | 6944 | 18.81 | 5983 | 99175.8413 | 157969.6927 | 0.1490 | 2.1270 | 2.0200 | 7.000 | 0.0860 | 0.1770 | 0.8114 | 46630 | 16349 | - - | 10 派 0.6 元(含税) |
| 000032 | 深桑达 A☆ | 138835.4555 | -17.94 | 5190.53 | 11.03 | 4314 | 18.59 | 3969 | 52640.9318 | 107561.9147 | 0.2900 | 3.5300 | 3.3300 | 8.1900 | 0.4400 | 0.0048 | 2.0537 | 14927 | 5476 | - - | 10 转 3 派 2 元(含税) |
| 000033 | 新都酒店☆ | 9341.9737 | -8.63 | 655.70 | 27.03 | 656 | 27.03 | 1106 | 43656.7492 | 61693.9119 | 0.0200 | 1.5200 | 1.4900 | 1.5000 | 0.1200 | -0.2977 | 0.6690 | 28772 | 6722 | - - | 不分配、不转增 |
| 000034 | 深信泰丰☆ | 69055.6244 | -44.65 | -9859.02 | - - | -9615 | - - | -8843 | 31388.7131 | 151777.5214 | -0.3100 | 1.0100 | 0.8700 | -30.6000 | 0.1300 | -1.3027 | 1.1003 | 31114 | 8466 | - - | 不分配、不转增 |

| 代码 | 名称 | 主营业务收入(万元) | 同比(%) | 利润总额(万元) | 同比(%) | 净利润(万元) | 同比(%) | 扣除非经常性损益后净利润(万元) | 股东权益(万元) | 总资产(万元) | 每股收益(摊薄)(元) | 每股净资产(元) | 调整后每股净资产(元) | 净资产收益率(%) | 每股经营现金流量净额(元) | 每股未分配利润(摊薄)(元) | 每股资本公积金(元) | 总股本(万股) | 流通A股(万股) | 流通外资股(万股) | 分配预(方)案 |
|---|---|---|---|---|---|---|---|---|---|---|---|---|---|---|---|---|---|---|---|---|---|
| 000035 | 中科健 AΔ | 312900.3073 | 116.57 | 6283.22 | 74.10 | 6249 | 66.67 | 6719 | 22992.5714 | 153049.2497 | 0.5400 | 1.9800 | 1.9500 | 27.1800 | 1.6500 | -0.0283 | 0.8943 | 11589 | 4253 | - - | 不分配、不转增 |
| 000036 | 华联控股☆ | 374073.7294 | 18.30 | 36236.28 | -0.39 | 13486 | 7.86 | 11181 | 112025.5927 | 401514.9487 | 0.3800 | 3.1200 | 3.0800 | 12.0400 | 0.6500 | 0.8684 | 0.9906 | 35956 | 17717 | - - | 不分配、不转增 |
| 000037 | 深南电 A☆ | 162290.5000 | 49.70 | 51110.16 | 88.77 | 36578 | 78.37 | 38453 | 104429.8800 | 202916.1700 | 0.6700 | 1.9100 | 1.9000 | 35.0300 | 1.4300 | 0.1216 | 0.3934 | 54797 | 6485 | B股:10856.593 | 10派4.2元(含税) |
| 000038 | 深大通 A☆ | 16103.1081 | 390.94 | 1111.14 | 444.58 | 1146 | 87.16 | 1142 | 12168.9192 | 21115.3817 | 0.1270 | 1.3400 | 1.3100 | 9.4200 | 0.7779 | -0.4956 | 0.5280 | 9049 | 1914 | - - | 不分配、不转增 |
| 000039 | 中集集团☆ | 907867.2000 | 34.19 | 62082.84 | -10.64 | 46485 | -14.36 | 51576 | 285372.9297 | 773722.7791 | 0.9109 | 5.5900 | 5.5200 | 16.2900 | -0.5900 | 1.0624 | 1.2179 | 51030 | 6899 | B股:21360.570 | 不分配、不转增 |
| 000040 | ST鸿基Δ | 23099.7781 | -26.61 | -24353.28 | - - | -24628 | - - | -23779 | 81453.6994 | 227714.0749 | -0.5200 | 1.7300 | 1.5800 | -30.2400 | -0.4600 | -0.7378 | 1.0141 | 46959 | 28680 | - - | 不分配、不转增 |
| 000042 | 深长城 A☆ | 176406.1516 | 25.33 | 9936.23 | -37.70 | 6858 | -36.29 | 7705 | 133127.6057 | 440467.4567 | 0.2900 | 5.5600 | 4.6400 | 5.1500 | 0.0600 | 0.4962 | 2.5754 | 23946 | 6912 | - - | 10派0.8元(含税) |
| 000043 | 深南光 A☆ | 106076.4942 | 60.83 | 3847.42 | - - | 2651 | - - | 2586 | 27536.2405 | 82705.8745 | 0.1900 | 1.9800 | 1.3400 | 9.6300 | 1.9700 | 0.0469 | 0.7435 | 13933 | 3810 | - - | 10派1元(含税) |
| 000045 | 深纺织 A☆ | 45747.9655 | 33.03 | 358.67 | -86.80 | 118 | -95.32 | 2251 | 30474.6622 | 74696.8562 | 0.0100 | 1.8700 | 1.8100 | 0.3900 | 0.2400 | 0.0061 | 0.7771 | 16342 | 2218 | B股:3300.000 | 不分配、不转增 |
| 000046 | 光彩建设☆ | 46131.8808 | 33.61 | 6944.82 | -20.61 | 3417 | -9.13 | 3264 | 97343.2940 | 251339.9617 | 0.1400 | 3.9880 | 3.9640 | 3.5100 | -0.5150 | 0.7944 | 1.8971 | 24408 | 12652 | - - | 10派1元(含税) |
| 000048 | ST康达尔Δ | 88941.3377 | 9.24 | 1675.76 | - - | 996 | - - | -242 | 4281.4394 | 125217.3487 | 0.0250 | 0.1100 | 0.0800 | 23.2700 | 0.3100 | -1.1661 | 0.2364 | 39077 | 11424 | - - | 不分配、不转增 |
| 000049 | 深万山 A☆ | 6607.6337 | 40.25 | 186.79 | -87.19 | 182 | -87.44 | -3340 | 14017.7294 | 33843.3133 | 0.0100 | 1.0200 | 0.8400 | 1.3100 | 0.2300 | -0.0414 | 0.0493 | 13683 | 4472 | - - | 不分配、不转增 |
| 000050 | 深天马 A☆ | 32557.3860 | 16.72 | -3112.51 | - - | -3485 | - - | -3835 | 65427.9956 | 102324.9108 | -0.2630 | 4.9300 | 4.8600 | -5.3300 | 0.3590 | -0.1388 | 3.7316 | 13277 | 3631 | - - | 不分配、不转增 |
| 000055 | 方大 A☆ | 43747.3890 | 7.50 | -17717.74 | - - | -17338 | - - | -17351 | 82363.9835 | 128647.8610 | -0.5800 | 2.7800 | 2.7400 | -21.0500 | -0.1270 | 0.0781 | 1.3907 | 29640 | 4200 | B股:14536.800 | 10派0.7元(含税) |
| 000056 | 深国商 A☆ | 18783.2592 | -37.96 | -3467.61 | - - | -2571 | - - | -2176 | 33291.9956 | 109541.7473 | -0.1200 | 1.5100 | 1.4500 | -7.4300 | 0.0400 | -0.2879 | 0.2314 | 22090 | 5522 | B股:7200.000 | 不分配、不转增 |
| 000058 | 深赛格☆ | 220647.0818 | 14.79 | 17865.72 | - - | 10082 | - - | 9166 | 125708.6783 | 372248.4306 | 0.1400 | 1.7300 | 1.6600 | 8.0200 | 0.9000 | 0.1235 | 0.5352 | 72615 | 8663 | B股:22804.173 | 不分配、不转增 |
| 000059 | 辽通化工☆ | 136120.9656 | 27.57 | -5027.40 | - - | -5876 | - - | -3644 | 126638.6965 | 249916.9108 | -0.0900 | 1.9100 | 1.8400 | -4.6400 | 0.6800 | -0.1117 | 0.9926 | 66323 | 16900 | - - | 不分配、不转增 |
| 000060 | 中金岭南☆ | 268497.7297 | -3.74 | 6364.87 | 37.52 | 4561 | 47.07 | 3952 | 105848.7254 | 463188.2210 | 0.1100 | 2.4500 | 2.1700 | 4.3000 | 0.9000 | 0.0406 | 1.1164 | 43200 | 20520 | - - | 10派0.6元(含税) |
| 000061 | 农产品☆ | 196910.8920 | 29.64 | 19742.94 | 56.94 | 14881 | 71.36 | 7606 | 109068.6807 | 329389.5153 | 0.8050 | 5.9000 | 4.7870 | 13.6400 | 0.7600 | 0.6728 | 3.3291 | 18486 | 10170 | - - | 不分配、不转增 |
| 000062 | 深圳华强Δ | 35562.7918 | 24.16 | 3413.72 | -46.33 | 3701 | -41.84 | 4021 | 119165.5149 | 146957.2203 | 0.1370 | 4.4070 | 4.3900 | 3.0400 | -0.0450 | 1.0144 | 2.0021 | 27040 | 12826 | - - | 10派1元(含税) |
| 000063 | 中兴通讯☆ | 1100924.0726 | 17.97 | 73819.56 | 8.42 | 56700 | 7.82 | 39810 | 427641.2948 | 1240577.0106 | 1.0200 | 7.6900 | 7.5000 | 13.2600 | 2.5500 | 1.8886 | 3.9458 | 55608 | 20976 | - - | 10转2派2元(含税) |
| 000065 | 北方国际☆ | 79229.7538 | 18.01 | 2642.03 | 26.27 | 2536 | 47.15 | 2526 | 35693.6378 | 95829.1603 | 0.1600 | 2.2000 | 2.1100 | 7.1100 | 0.0100 | 0.2416 | 0.8841 | 16244 | 4153 | - - | 不分配、不转增 |
| 000066 | 长城电脑☆ | 153966.1450 | -25.23 | 5826.14 | -17.67 | 6397 | -10.01 | 3988 | 115327.6541 | 205095.8242 | 0.1400 | 2.5200 | 2.4600 | 5.5500 | -0.0400 | 0.4749 | 0.6952 | 45849 | 18100 | - - | 10派2元(含税) |
| 000068 | 赛格三星☆ | 106562.6952 | 9.01 | 13428.77 | 31.11 | 12106 | 29.48 | 7578 | 159715.8219 | 241562.6243 | 0.1500 | 2.0300 | 1.7600 | 7.5800 | 0.5600 | 0.1548 | 0.7808 | 78597 | 22500 | - - | 10派0.5元(含税) |
| 000069 | 华侨城 A☆ | 59362.3837 | 40.47 | 30682.72 | 54.63 | 27024 | 50.09 | 27111 | 118855.2338 | 233166.5915 | 0.6000 | 2.6600 | 2.5300 | 22.7400 | 0.4700 | 0.6095 | 0.7795 | 44712 | 14033 | - - | 10送6转2派1.5元(含税) |
| 000070 | 特发信息☆ | 49324.5929 | -25.17 | 267.74 | -92.95 | 193 | -95.20 | -828 | 77759.0831 | 127154.7772 | 0.0077 | 3.1104 | 2.9846 | 0.2500 | 0.4667 | 0.0427 | 1.9869 | 25000 | 7000 | - - | 不分配、不转增 |
| 000078 | 海王生物☆ | 82942.7619 | 8.41 | 6278.79 | -39.14 | 4223 | -39.37 | 4246 | 169013.8123 | 342931.1783 | 0.1300 | 5.0800 | 4.9900 | 2.5000 | -0.3400 | 0.2219 | 3.8223 | 33270 | 16073 | - - | 不分配、不转增 |
| 000088 | 盐田港 A☆ | 50772.3834 | 32.42 | 66998.40 | 47.66 | 55586 | 47.73 | 56179 | 199267.5130 | 343481.7939 | 0.9500 | 3.4060 | 3.3890 | 27.8950 | 0.4270 | 0.7494 | 1.2954 | 58500 | 12489 | - - | 10派1元(含税) |
| 000089 | 深圳机场☆ | 71198.5078 | 18.08 | 35059.92 | -2.54 | 32017 | -4.64 | 32193 | 247531.1830 | 271137.6451 | 0.4003 | 3.0950 | 3.0790 | 12.9300 | 0.4550 | 0.9140 | 0.9038 | 79982 | 28800 | - - | 不分配、不转增 |
| 000090 | 深天健Δ | 154612.4448 | 5.93 | 9203.65 | -23.57 | 6867 | -26.36 | 6930 | 106925.3806 | 274480.7405 | 0.3100 | 4.7900 | 4.5100 | 6.4200 | 0.6700 | 0.3993 | 2.0199 | 22326 | 8320 | - - | 10派1.08元(含税) |
| 000096 | 广聚能源☆ | 133009.4824 | 17.90 | 11763.23 | 27.72 | 11312 | 29.44 | 11310 | 100901.4170 | 131463.2240 | 0.3400 | 3.0580 | 2.9700 | 11.2100 | 0.3790 | -0.0016 | 1.7032 | 33000 | 8500 | - - | 10派2元(含税) |
| 000099 | 中信海直☆ | 33099.9933 | 5.04 | 7326.30 | 3.39 | 6200 | 1.17 | 6029 | 91350.4903 | 138750.0291 | 0.2600 | 3.8800 | 3.7900 | 6.6800 | 0.2200 | 0.1571 | 2.5395 | 23520 | 7200 | - - | 10派0.6元(含税) |
| 000150 | ST麦科特Δ | 3579.4366 | -13.43 | -5677.02 | - - | -5499 | - - | -5499 | 62542.4166 | 65757.3833 | -0.1700 | 1.9300 | 1.9300 | -8.7900 | -0.1100 | -0.0860 | 0.9635 | 32400 | 12600 | - - | 不分配、不转增 |
| 000151 | 中成股份☆ | 52310.5833 | -22.60 | 6037.22 | -43.68 | 4820 | -45.83 | 4813 | 79931.0686 | 98643.8358 | 0.1600 | 2.7000 | 2.6900 | 6.0300 | 0.2100 | 0.0037 | 1.5008 | 29598 | 10500 | - - | 10派1.3元(含税) |

| 代码 | 名称 | 主营业务收入(万元) | 同比(%) | 利润总额(万元) | 同比(%) | 净利润(万元) | 同比(%) | 扣除非经常性损益后净利润(万元) | 股东权益(万元) | 总资产(万元) | 每股收益(摊薄)(元) | 每股净资产(元) | 调整后每股净资产(元) | 净资产收益率(%) | 每股经营现金流量净额(元) | 每股未分配利润(摊薄)(元) | 每股资本公积金(元) | 总股本(万股) | 流通A股(万股) | 流通外资股(万股) | 分配预(方)案 |
|---|---|---|---|---|---|---|---|---|---|---|---|---|---|---|---|---|---|---|---|---|---|
| 000153 | 丰原药业☆ | 15793.8067 | -0.80 | 3367.56 | 6.48 | 2582 | 10.83 | 2441 | 56087.3561 | 68442.2288 | 0.4000 | 8.6300 | 8.4300 | 4.6000 | 0.1600 | 0.8277 | 6.5951 | 6500 | 2500 | -- | 不分配、不转增 |
| 000155 | 川化股份☆ | 100415.5728 | 5.71 | 7134.36 | -8.87 | 6020 | 3.68 | 4826 | 141265.3946 | 183491.5784 | 0.1300 | 3.0100 | 2.9000 | 4.2600 | 0.1100 | 0.1088 | 1.7197 | 47000 | 13000 | -- | 10派1.08元(含税) |
| 000156 | 安塑股份☆ | 24650.7977 | 85.89 | 3423.44 | 99.57 | 2843 | 96.21 | 2639 | 50723.8079 | 75637.8980 | 0.2900 | 5.2600 | 5.1700 | 5.6000 | 0.2800 | 0.6194 | 3.3987 | 9650 | 3600 | -- | 不分配、不转增 |
| 000157 | 中联重科☆ | 66544.1571 | 71.36 | 15677.29 | 48.43 | 15371 | 46.06 | 15357 | 100610.3787 | 147217.1588 | 0.3941 | 2.5800 | 2.5700 | 15.2800 | 0.0747 | 0.1859 | 1.2610 | 39000 | 13000 | -- | 不分配、不转增 |
| 000158 | 常山股份☆ | 189724.3038 | 9.97 | 13457.24 | 74.14 | 8271 | 6.13 | 8299 | 123261.6451 | 209274.4391 | 0.2100 | 3.0800 | 3.0500 | 6.7100 | 0.2250 | 0.1420 | 1.6979 | 40000 | 10000 | -- | 10派1元(含税) |
| 000159 | 国际实业Δ | 51338.7423 | 65.60 | -1186.97 | -- | 184 | -92.77 | 672 | 59330.8888 | 158968.9601 | 0.0107 | 3.4536 | 3.2655 | 0.3100 | 0.0348 | 0.2125 | 2.1678 | 17179 | 7000 | -- | 不分配、不转增 |
| 000301 | 丝绸股份☆ | 177066.0592 | 6.88 | 12077.05 | 3.74 | 8301 | -21.20 | 8129 | 133704.5287 | 259715.1278 | 0.1800 | 2.8700 | 2.8500 | 6.2100 | 0.3900 | 0.3520 | 1.3778 | 46666 | 15366 | -- | 10派0.7元(含税) |
| 000400 | 许继电气☆ | 128805.7883 | 5.43 | 17599.91 | -15.57 | 15119 | -11.54 | 15133 | 155688.2759 | 274572.3382 | 0.4000 | 4.1200 | 3.7000 | 9.7100 | 0.2700 | 1.0650 | 1.5656 | 37827 | 19440 | -- | 10派1元(含税) |
| 000401 | 冀东水泥☆ | 111190.6543 | 10.91 | 14832.26 | 8.51 | 10578 | -7.97 | 10657 | 157286.1415 | 333715.4730 | 0.1200 | 1.7800 | 1.6900 | 6.7300 | 0.2000 | 0.0030 | 0.5424 | 88179 | 26995 | -- | 10派1元(含税) |
| 000402 | 金融街☆ | 92418.3890 | 7.80 | 20339.03 | -5.52 | 16708 | 10.61 | 11521 | 88536.1119 | 287588.9636 | 1.1300 | 6.0100 | 5.8900 | 18.8700 | -5.8200 | 1.5590 | 2.7975 | 14736 | 6945 | -- | 10转10派2元(含税) |
| 000403 | 三九生化☆ | 46795.6135 | 10.82 | 5012.17 | -50.94 | 4492 | -43.08 | 4479 | 70672.8898 | 154454.7579 | 0.2100 | 3.3400 | 3.3300 | 6.3600 | 0.7500 | 1.1883 | 0.7353 | 21168 | 9405 | -- | 不分配、不转增 |
| 000404 | 华意压缩☆ | 43068.8742 | 129.22 | 631.54 | -- | 111 | -- | -1396 | 64152.8477 | 165513.3995 | 0.0043 | 2.4600 | 2.4600 | 0.1700 | 0.6200 | 0.0927 | 1.1969 | 26085 | 9549 | -- | 不分配、不转增 |
| 000405 | ST鑫光▽ | 1694.6830 | -15.76 | -17647.18 | -- | -17647 | -- | -7266 | -11542.9228 | 38252.1491 | -0.4600 | -0.3000 | -0.4600 | 152.8800 | 0.0200 | -1.9882 | 0.5982 | 38093 | 11292 | -- | 不分配、不转增 |
| 000406 | 石油大明☆ | 78196.0765 | 2.66 | 26120.40 | 5.01 | 15084 | -24.64 | 15790 | 148773.1499 | 217460.1586 | 0.4100 | 4.0900 | 3.7700 | 10.1400 | 0.7100 | 0.7235 | 1.8161 | 36403 | 26583 | -- | 10派3元(含税) |
| 000407 | 胜利股份☆ | 70286.0447 | -14.83 | 3020.42 | -11.77 | 1837 | -46.28 | 1857 | 52570.5210 | 114025.7174 | 0.0800 | 2.1900 | 2.1000 | 3.4900 | 0.3500 | 0.1982 | 0.8422 | 23959 | 14420 | -- | 10派1元(含税) |
| 000408 | 河北华玉☆ | 37815.6221 | 14.92 | 1853.94 | -13.50 | 1032 | -32.13 | 975 | 44510.4374 | 96037.9954 | 0.0900 | 3.8800 | 3.7800 | 2.3200 | 0.2400 | 0.3819 | 2.2458 | 11472 | 4072 | -- | 不分配、不转增 |
| 000409 | ST四通Δ | 2344.0809 | -65.02 | -5174.58 | -- | -5182 | -- | -4809 | 16473.3104 | 22339.3260 | -0.3020 | 0.9600 | 0.8900 | -31.4500 | -0.0050 | -1.1325 | 1.0431 | 17137 | 7528 | -- | 不分配、不转增 |
| 000410 | 沈阳机床Δ | 107485.4525 | 44.92 | 147.92 | -- | 458 | -- | -2080 | 78102.6219 | 397199.8401 | 0.0100 | 2.2900 | 2.2900 | 0.5600 | 0.2700 | -0.2634 | 1.3842 | 34092 | 13537 | -- | 不分配、不转增 |
| 000411 | ST英特Δ | 138231.7961 | 5653.60 | 684.01 | -27.72 | 103 | -89.10 | 297 | 7710.9242 | 69436.9493 | 0.0090 | 0.6690 | 0.5650 | 1.3400 | 0.3900 | -1.5773 | 1.1192 | 11525 | 3152 | -- | 不分配、不转增 |
| 000412 | ST五环○ | 46.4211 | -94.07 | -17613.32 | -- | -17583 | -- | -16746 | -2766.3368 | 36033.3663 | -0.6085 | -0.0957 | -0.0957 | 635.6000 | -0.0250 | -1.4564 | 0.2410 | 28896 | 10632 | -- | 不分配、不转增 |
| 000413 | 宝石A☆ | 5362.1716 | -14.05 | 3520.16 | -31.42 | 2920 | -25.88 | 3123 | 57745.5420 | 150556.7156 | 0.0800 | 1.5100 | 1.4900 | 5.0600 | -0.0600 | -0.9646 | 1.4006 | 38300 | 4507 | B股:10000.000 | 不分配、不转增 |
| 000415 | 汇通水利☆ | 25746.1254 | 22.02 | 163.67 | -95.10 | 144 | -94.79 | -751 | 43864.7544 | 113578.2867 | 0.0060 | 1.8810 | 1.8430 | 0.3300 | -0.5970 | 0.2455 | 0.4125 | 23318 | 9588 | -- | 不分配、不转增 |
| 000416 | 健特生物☆ | 42683.7627 | 72.52 | 22090.94 | 115.55 | 15683 | 337.43 | 13187 | 35379.6509 | 69611.3753 | 0.6240 | 1.4100 | 1.3700 | 44.3300 | 0.6170 | 0.1534 | 0.0176 | 25123 | 13832 | -- | 10送2.5派0.65元(含税) |
| 000417 | 合肥百货☆ | 117634.7125 | 17.22 | 4825.27 | -23.94 | 2539 | -47.54 | 3229 | 61636.0005 | 132103.8737 | 0.1900 | 4.6900 | 4.6200 | 4.1200 | 0.7100 | 0.3452 | 2.4058 | 13142 | 4746 | -- | 10转2派1元(含税) |
| 000418 | 小天鹅A◆ | 275569.8642 | 41.07 | -86846.25 | -- | -41843 | -- | -41958 | 121842.4808 | 316962.7551 | -1.1461 | 3.3372 | 3.1976 | -34.3400 | 0.2371 | -1.4313 | 3.0327 | 36510 | 7200 | B股:12735.725 | 不分配、不转增 |
| 000419 | 通程控股☆ | 69049.7796 | 6.66 | 3727.30 | 20.10 | 2164 | 7.99 | 2248 | 57248.3131 | 112909.7578 | 0.1233 | 3.2619 | 3.2268 | 3.7800 | 0.4669 | 0.4182 | 1.6400 | 17551 | 6512 | -- | 不分配、不转增 |
| 000420 | 吉林化纤☆ | 100452.0235 | -1.61 | 792.72 | -- | 827 | -- | 959 | 106609.9213 | 198122.3323 | 0.0200 | 2.8200 | 2.7700 | 0.7700 | 0.2500 | 0.0546 | 1.3068 | 37826 | 19416 | -- | 不分配、不转增 |
| 000421 | 南京中北☆ | 70525.1845 | 75.49 | 3901.91 | 4.64 | 2829 | -1.30 | 2616 | 42127.4893 | 85288.0932 | 0.1430 | 2.1365 | 1.8787 | 6.7200 | 0.9749 | 0.1945 | 0.7376 | 19718 | 7596 | -- | 10派1元(含税) |
| 000422 | 湖北宜化☆ | 79021.7757 | 37.66 | 7172.53 | 32.69 | 5084 | 25.50 | 5091 | 78115.8669 | 164253.9435 | 0.2400 | 3.6500 | 3.6500 | 6.5100 | 0.8200 | 0.4190 | 2.0155 | 21388 | 10885 | -- | 10派1元(含税) |
| 000423 | 东阿阿胶☆ | 56992.5000 | 26.08 | 13848.90 | 16.54 | 8681 | -20.84 | 8730 | 78556.3074 | 98228.0277 | 0.3200 | 2.8800 | 2.8700 | 11.0500 | 0.3600 | 0.4553 | 1.1646 | 27247 | 19175 | -- | 10派2.5元(含税) |
| 000425 | 徐工科技☆ | 212368.5253 | 40.56 | 12706.76 | 24.75 | 10730 | 24.63 | 10105 | 107423.5785 | 258838.9404 | 0.2200 | 2.1700 | 1.9100 | 9.9900 | 0.4800 | 0.2113 | 0.9028 | 49553 | 19420 | -- | 10送1派0.4元(含税) |
| 000426 | 富龙热力☆ | 23778.8860 | 19.71 | 6946.96 | 10.66 | 6968 | 12.04 | 6979 | 108193.7739 | 214377.2418 | 0.2600 | 4.0600 | 3.9200 | 6.4400 | 0.6700 | 0.7848 | 1.9817 | 26621 | 8759 | -- | 不分配、不转增 |
| 000428 | 华天酒店☆ | 32762.5300 | 45.22 | 5832.14 | 3.56 | 3555 | -19.83 | 3575 | 63681.1300 | 102847.6600 | 0.2060 | 3.6800 | 3.3900 | 5.5800 | 0.4300 | 0.3650 | 1.9526 | 17284 | 6084 | -- | 10派1.5元(含税) |
| 000429 | 粤高速A☆ | 75315.6947 | 20.43 | 40597.65 | 69.49 | 17196 | 16.21 | 19114 | 336664.8343 | 614058.0965 | 0.1400 | 2.6800 | 2.6500 | 5.1100 | 0.2800 | 0.1967 | 1.2209 | 125712 | 27453 | B股:30375.000 | 10派1元(含税) |

| 代码 | 名称 | 主营业务收入(万元) | 同比(%) | 利润总额(万元) | 同比(%) | 净利润(万元) | 同比(%) | 扣除非经常性损益后净利润(万元) | 股东权益(万元) | 总资产(万元) | 每股收益(摊薄)(元) | 每股净资产(元) | 调整后每股净资产(元) | 净资产收益率(%) | 每股经营现金流量净额(元) | 每股未分配利润(摊薄)(元) | 每股资本公积金(元) | 总股本(万股) | 流通A股(万股) | 流通外资股(万股) | 分配预(方)案 |
|---|---|---|---|---|---|---|---|---|---|---|---|---|---|---|---|---|---|---|---|---|---|
| 000430 | 张家界☆ | 7640.1897 | 54.47 | 1866.29 | 8.06 | 1537 | -9.61 | 1514 | 22016.7920 | 37404.6342 | 0.0800 | 1.2000 | 1.1200 | 6.9800 | 0.2100 | 0.0414 | 0.1035 | 18360 | 7436 | -- | 10派0.25元(含税) |
| 000488 | 晨鸣纸业☆ | 445477.5148 | 85.19 | 62120.91 | 150.40 | 38066 | 168.07 | 33880 | 353528.7468 | 868991.8638 | 0.7600 | 7.0900 | 6.9200 | 10.7700 | 2.0700 | 1.4485 | 4.0155 | 49874 | 7700 | B股:20648.055 | 10送2转6派0.5元(含税) |
| 000498 | ST丹化Δ | 72047.3010 | -11.57 | -9885.24 | -- | -9885 | -- | -9767 | 41733.6212 | 168388.1866 | -0.2500 | 1.0700 | 1.0500 | -23.6900 | 0.0800 | -0.4609 | 0.4373 | 39000 | 17400 | -- | 不分配、不转增 |
| 000501 | 鄂武商A☆ | 273915.0959 | 23.13 | 5983.28 | -- | 308 | -- | 667 | 98739.1242 | 352400.5808 | 0.0100 | 1.9500 | 1.2700 | 0.3100 | 0.2600 | -0.2280 | 1.0620 | 50725 | 20427 | -- | 不分配、不转增 |
| 000502 | 恒大地产Δ | 714.5663 | -54.62 | 216.46 | -- | 256 | -- | -1753 | 19058.3400 | 36376.0539 | 0.0164 | 1.2243 | 1.2197 | 1.3400 | -0.1300 | -1.7274 | 1.7017 | 15567 | 5716 | -- | 不分配、不转增 |
| 000503 | 海虹控股☆ | 34212.1189 | 0.73 | 10698.12 | -4.11 | 9388 | 1.32 | 8497 | 53213.3588 | 102602.4021 | 0.2743 | 1.5546 | 1.5466 | 17.6400 | 0.1461 | 0.3286 | 0.1318 | 34229 | 11866 | -- | 不分配、不转增 |
| 000504 | 赛迪传媒☆ | 24951.2874 | -1.06 | 3105.40 | 117.70 | 2904 | 470.08 | 2387 | 38729.8292 | 62007.1934 | 0.0900 | 1.2400 | 1.2400 | 7.5000 | 0.0500 | 0.0265 | 0.1371 | 31157 | 8676 | -- | 不分配、不转增 |
| 000505 | 珠江控股☆ | 9100.8754 | -0.76 | -14101.46 | -- | -13805 | -- | -13307 | 25134.8071 | 66383.8276 | -0.3700 | 0.6700 | 0.6100 | -54.9200 | -0.0750 | -1.3472 | 0.7537 | 37765 | 11341 | B股:5750.000 | 不分配、不转增 |
| 000506 | 东泰控股Δ | 37055.1158 | 7.68 | 2836.75 | -34.58 | 1797 | -39.02 | 1863 | 30467.3331 | 68298.6066 | 0.0700 | 1.2200 | 1.1700 | 5.9000 | -0.0400 | -- | 0.1929 | 24910 | 14431 | -- | 不分配、不转增 |
| 000507 | 粤富华☆ | 11087.5616 | -35.35 | 2361.27 | -28.68 | 1901 | -29.33 | 1762 | 95732.4131 | 113071.2171 | 0.0600 | 2.7800 | 2.7300 | 1.9900 | 0.0300 | -0.2100 | 1.9392 | 34500 | 19556 | -- | 不分配、不转增 |
| 000509 | 天歌科技○ | 14116.5129 | -54.67 | -26935.30 | -- | -25638 | -- | -11584 | 44122.3671 | 83612.9391 | -1.0255 | 1.7648 | 1.5820 | -58.1100 | -1.0500 | -1.1665 | 1.8081 | 25001 | 15078 | -- | 不分配、不转增 |
| 000510 | 金路集团☆ | 94109.0203 | 48.45 | 11918.35 | 28.52 | 10011 | 6.44 | 9357 | 77430.2036 | 236345.3425 | 0.2100 | 1.6500 | 1.5900 | 12.9300 | 0.1800 | 0.1989 | 0.3399 | 46860 | 30911 | -- | 10送1转2派0.25元(含税) |
| 000511 | 银基发展☆ | 26692.1091 | -33.87 | 6854.04 | -33.14 | 4897 | -49.19 | 4208 | 102300.9218 | 186398.1243 | 0.1800 | 3.7900 | 3.7800 | 4.7900 | -0.2400 | 0.6021 | 1.9908 | 26982 | 17855 | -- | 不分配、不转增 |
| 000513 | 丽珠集团◆ | 160120.5553 | 14.72 | 11157.09 | 10.98 | 6194 | 25.35 | 6407 | 94940.8696 | 185643.9162 | 0.2000 | 3.1000 | 3.0700 | 6.5200 | 0.7000 | 0.0528 | 1.3810 | 30604 | 11567 | B股:12230.698 | 10派1元(含税) |
| 000514 | 渝开发☆ | 2795.5868 | -37.52 | 868.74 | -- | 870 | -- | 154 | 12005.2435 | 17127.4045 | 0.0740 | 1.0210 | 1.0200 | 7.2500 | 0.2960 | -1.1183 | 0.9947 | 11754 | 4324 | -- | 不分配、不转增 |
| 000515 | 渝钛白☆ | 23624.6342 | 9.64 | 2535.98 | 124.73 | 2156 | 124.73 | 2306 | 21139.7939 | 64153.6523 | 0.1400 | 1.3600 | 1.2700 | 10.2000 | 0.3400 | -0.1348 | 0.4645 | 15601 | 6653 | -- | 10转2 |
| 000516 | 陕解放A☆ | 112952.0778 | 65.83 | 6224.10 | 34.68 | 3638 | 16.78 | 3355 | 36632.9854 | 81213.8820 | 0.2790 | 2.8100 | 2.7600 | 9.9300 | 0.7900 | 0.4338 | 1.1065 | 13038 | 4345 | -- | 10派2元(含税) |
| 000517 | 甬成功☆ | 55294.8774 | 11.75 | 3966.41 | -32.40 | 3568 | -27.04 | 2551 | 78150.2919 | 122425.1344 | 0.2400 | 5.3600 | 5.3400 | 4.5700 | -0.4400 | 0.5663 | 3.5529 | 14582 | 6963 | -- | 10转6派0.7元(含税) |
| 000518 | 四环生物☆ | 47007.7206 | 59.12 | 11311.95 | 17.79 | 8569 | 12.18 | 8131 | 105900.0119 | 114499.5859 | 0.1700 | 2.0600 | 2.0600 | 8.0900 | 0.3300 | 0.2252 | 0.7746 | 51478 | 34818 | -- | 10派0.13元(含税) |
| 000519 | 银河创新☆ | 12852.0073 | -4.32 | 1013.74 | -43.57 | 770 | -49.89 | -837 | 30672.5700 | 45771.7252 | 0.0564 | 2.2460 | 2.1800 | 2.5100 | 0.2280 | 0.1228 | 0.8361 | 13654 | 5803 | -- | 10派1元(含税) |
| 000520 | 中国凤凰☆ | 90642.1637 | 0.29 | 8899.45 | 19.69 | 5016 | 11.27 | 5860 | 127335.6551 | 146645.3605 | 0.1000 | 2.4500 | 2.4500 | 3.9400 | 0.2900 | 0.0846 | 0.8767 | 51917 | 29502 | -- | 10派0.8元(含税) |
| 000521 | 美菱电器☆ | 126188.2198 | -2.38 | 810.76 | -- | 811 | -- | 643 | 103538.8020 | 230003.5010 | 0.0200 | 2.5000 | 1.9200 | 0.7800 | 0.1600 | -0.5693 | 1.3836 | 41364 | 15153 | B股:11310.000 | 不分配、不转增 |
| 000522 | 白云山A☆ | 195728.5949 | 134.87 | 8547.13 | 123.11 | 5848 | 52.73 | 7299 | 54536.1992 | 252157.8446 | 0.1562 | 1.4569 | 1.3500 | 10.7200 | 0.4222 | -1.3895 | 1.7799 | 37434 | 15654 | -- | 不分配、不转增 |
| 000523 | 广州浪奇☆ | 59743.9879 | 2.23 | -11657.36 | -- | -11575 | -- | -4299 | 38842.8663 | 55133.4948 | -0.5000 | 1.6900 | 1.5400 | -29.8000 | 0.1100 | -0.4813 | 0.7225 | 22935 | 9419 | -- | 不分配、不转增 |
| 000524 | 东方宾馆☆ | 20780.1912 | -8.21 | 768.81 | -- | 866 | -- | 830 | 60060.6946 | 67630.3536 | 0.0300 | 2.2300 | 2.0800 | 1.4400 | 0.1800 | -0.2826 | 1.0636 | 26967 | 9898 | -- | 不分配、不转增 |
| 000525 | 红太阳☆ | 56524.2047 | 88.43 | 6716.52 | -16.98 | 4483 | -32.46 | 4561 | 50945.7046 | 83608.8296 | 0.1600 | 1.8200 | 1.7500 | 8.8000 | 0.1800 | 0.1678 | 0.4947 | 28024 | 12941 | -- | 10派1元(含税) |
| 000526 | 好时光☆ | 915.0146 | -94.42 | 809.79 | -53.92 | 679 | -55.60 | 140 | 16421.3820 | 22960.9034 | 0.0900 | 2.0700 | 2.0400 | 4.1400 | -0.5100 | 0.0729 | 0.9423 | 7925 | 3278 | -- | 不分配、不转增 |
| 000527 | 粤美的A☆ | 1086715.6810 | 3.25 | 39575.56 | -4.33 | 15457 | -41.19 | 13116 | 219592.0585 | 798622.6641 | 0.3200 | 4.5300 | 3.9300 | 7.0400 | 3.9100 | 0.8831 | 1.9874 | 48489 | 29036 | -- | 10派1元(含税) |
| 000528 | 桂柳工A☆ | 170112.7294 | 74.09 | 15044.33 | 489.25 | 12363 | 515.08 | 12164 | 76166.7783 | 148791.5740 | 0.3774 | 2.3300 | 2.3100 | 16.2300 | 0.3022 | 0.1256 | 0.7535 | 32754 | 11964 | -- | 10派2元(含税) |
| 000529 | ST美雅☆ | 45751.2260 | -9.94 | -84821.00 | -- | -84821 | -- | -82111 | 39679.4173 | 151527.5608 | -2.1400 | 1.0000 | 0.8300 | -213.7700 | -0.0300 | -2.2779 | 2.1831 | 39652 | 21606 | -- | 不分配、不转增 |
| 000530 | 大冷股份☆ | 95636.3305 | 6.01 | 9525.05 | 5.94 | 8843 | 2.60 | 8820 | 118997.8702 | 187787.6517 | 0.2530 | 3.4000 | 3.3900 | 7.4300 | 0.2970 | 0.2103 | 1.5923 | 35001 | 9837 | B股:11500.000 | 10派1元(含税) |
| 000531 | 穗恒运A☆ | 86023.5572 | -0.07 | 19744.65 | 42.09 | 7563 | 17.34 | 8964 | 60156.8318 | 194856.2795 | 0.2840 | 2.2570 | 2.2450 | 12.5700 | 1.6610 | 0.1613 | 0.8249 | 26652 | 10782 | -- | 10派2元(含税) |
| 000532 | 粤华电A☆ | 9525.2456 | 375.14 | 4317.13 | 70.39 | 3986 | 66.67 | 3766 | 42195.0272 | 55744.9143 | 0.1400 | 1.4900 | 1.4600 | 9.4500 | 0.0300 | 0.1025 | 0.3150 | 28391 | 12160 | -- | 10派0.5元(含税) |
| 000533 | ST万家乐Δ | 110920.3408 | -1.21 | -16855.30 | -- | -10080 | -- | -9777 | 37783.7194 | 295139.6182 | -0.1751 | 0.6563 | 0.4381 | -26.6800 | -0.1641 | -1.7907 | 1.0994 | 57568 | 20371 | -- | 不分配、不转增 |

| 代码 | 名称 | 主营业务收入(万元) | 同比(%) | 利润总额(万元) | 同比(%) | 净利润(万元) | 同比(%) | 扣除非经常性损益后净利润(万元) | 股东权益(万元) | 总资产(万元) | 每股收益(摊薄)(元) | 每股净资产(元) | 调整后每股净资产(元) | 净资产收益率(%) | 每股经营现金流量净额(元) | 每股未分配利润(摊薄)(元) | 每股资本公积金(元) | 总股本(万股) | 流通A股(万股) | 流通外资股(万股) | 分配预(方)案 |
|---|---|---|---|---|---|---|---|---|---|---|---|---|---|---|---|---|---|---|---|---|---|
| 000534 | 汕电力A☆ | 10572.2281 | 17.63 | 1017.05 | 12.89 | 771 | 7.22 | 811 | 55168.4711 | 55871.9433 | 0.0400 | 2.6500 | 2.6200 | 1.3900 | 0.0100 | 0.0372 | 1.3679 | 20826 | 8821 | -- | 不分配、不转增 |
| 000535 | ST猴王Δ | 2716.6921 | -4.86 | -17816.65 | -- | -17926 | -- | -4564 | -43948.8272 | 34000.2804 | -0.5900 | -1.4500 | -1.5100 | -- | -0.0010 | -3.2654 | 0.7549 | 30272 | 17017 | -- | 不分配、不转增 |
| 000536 | ST闽闽东☆ | 5294.2241 | -42.81 | -3588.31 | -- | -3295 | -- | -1653 | 322.4969 | 20073.3522 | -0.2703 | 0.0264 | -0.0300 | -1021.8500 | 0.2783 | -2.0154 | 0.8057 | 12193 | 4547 | -- | 不分配、不转增 |
| 000537 | 南开戈德Δ | 22204.6312 | -56.80 | -4450.02 | -- | -4167 | -- | -6021 | 79647.6985 | 144365.1030 | -0.1000 | 1.9600 | 1.8100 | -5.2300 | 0.3800 | 0.2083 | 0.5275 | 40615 | 16621 | -- | 不分配、不转增 |
| 000538 | 云南白药☆ | 110094.2000 | 22.29 | 11820.90 | 44.66 | 9369 | 24.39 | 9432 | 46374.8000 | 92065.1000 | 0.5040 | 2.5000 | 2.4300 | 20.2000 | 0.6200 | 0.0427 | 0.7811 | 18582 | 5875 | -- | 10派3.2元(含税) |
| 000539 | 粤电力A☆ | 561972.2960 | 3.29 | 199016.87 | -6.27 | 118999 | 12.50 | 120085 | 663063.8121 | 1172921.6333 | 0.4500 | 2.4900 | 2.4100 | 17.9500 | 0.9900 | 0.0743 | 0.5201 | 265940 | 39148 | B股:66534.000 | 10派2.3元(含税) |
| 000540 | 世纪中天☆ | 17543.2219 | -14.01 | 880.44 | -80.61 | 697 | -82.94 | 534 | 47751.7793 | 122527.7254 | 0.0200 | 1.4600 | 1.3800 | 1.4600 | -0.3600 | 0.1616 | 0.0664 | 32681 | 11263 | -- | 不分配、不转增 |
| 000541 | 佛山照明☆ | 95750.1228 | 16.24 | 24299.85 | 15.71 | 20482 | 18.15 | 20744 | 196133.2291 | 234787.6256 | 0.5700 | 5.4700 | 5.4400 | 10.4400 | 0.8400 | 0.2018 | 3.3593 | 35845 | 14704 | B股:8250.000 | 10派4.2元(含税) |
| 000542 | TCL通讯☆ | 872258.8790 | 215.01 | 104260.34 | 569.85 | 27639 | 1182.91 | 36104 | 44298.8896 | 491497.0075 | 1.4700 | 2.3600 | 1.9700 | 62.3900 | 2.4400 | 0.5305 | 1.2632 | 18811 | 8145 | -- | 10派1.3元(含税) |
| 000543 | 皖能电力☆ | 71973.6256 | 7.14 | 15630.26 | -16.57 | 11254 | -34.81 | 13068 | 234559.8659 | 264402.2914 | 0.1500 | 3.0300 | 3.0300 | 4.8000 | 0.1500 | 0.0729 | 1.2378 | 77301 | 14064 | -- | 10派1.25元(含税) |
| 000544 | ST白鸽Δ | 50778.3325 | -1.08 | -6026.87 | -- | -6008 | -- | -5465 | 519.9128 | 111010.6914 | -0.2200 | 0.0200 | -0.1300 | -1155.5900 | -0.0500 | -1.8637 | 0.8015 | 26946 | 10874 | -- | 不分配、不转增 |
| 000545 | 恒和制药☆ | 14026.2569 | -5.37 | 324.24 | -- | 324 | -- | 344 | 14481.4767 | 37139.9886 | 0.0200 | 1.0700 | 1.0100 | 2.2400 | 0.0600 | -0.3551 | 0.4168 | 13564 | 6810 | -- | 不分配、不转增 |
| 000546 | ST吉轻工〇 | 12073.7503 | 8638.10 | 1219.33 | -46.01 | 262 | -88.38 | 256 | 2672.9943 | 37934.1184 | 0.0200 | 0.1600 | 0.1400 | 9.8200 | 0.2200 | -1.8980 | 0.8848 | 16951 | 8473 | -- | 不分配、不转增 |
| 000547 | 闽福发A☆ | 19495.2708 | -22.38 | 1186.46 | -65.68 | 258 | -88.18 | -1750 | 43089.1019 | 116745.4851 | 0.0210 | 3.5190 | 3.4630 | 0.5990 | 0.7140 | 0.7097 | 1.5939 | 12242 | 7356 | -- | 不分配、不转增 |
| 000548 | 湖南投资☆ | 32661.7114 | 7.76 | 7473.82 | -41.12 | 4183 | -42.39 | 3724 | 108402.7605 | 161688.8680 | 0.1230 | 3.1800 | 3.1700 | 3.8600 | 0.1750 | 0.2555 | 1.8193 | 34061 | 17623 | -- | 10派1元(含税) |
| 000549 | 湘火炬A☆ | 392683.7293 | 77.41 | 37358.69 | 179.71 | 12084 | 90.75 | 13680 | 105135.6061 | 547110.3910 | 0.1900 | 1.6800 | 1.5400 | 11.4900 | 0.3700 | 0.1002 | 0.4214 | 62419 | 39907 | -- | 10送1转4派0.25元(含税) |
| 000550 | 江铃汽车☆ | 427086.9000 | 26.39 | 34591.90 | 241.96 | 28676 | 184.35 | 28872 | 181813.2000 | 358190.1000 | 0.3300 | 2.1100 | 1.8400 | 15.7700 | 1.1500 | 0.0431 | 0.9676 | 86321 | 11753 | B股:34400.000 | 10派1元(含税) |
| 000551 | 创元科技☆ | 82014.5016 | 30.34 | 5910.46 | -17.23 | 4098 | -22.67 | 4040 | 50769.8048 | 103734.1969 | 0.1700 | 2.1000 | 2.0800 | 8.0700 | 0.1100 | 0.3097 | 0.3625 | 24173 | 11079 | -- | 10派1元(含税) |
| 000552 | 长风特电Δ | 5677.5594 | -67.31 | -3928.59 | -- | -3929 | -- | -4276 | 19049.3978 | 39556.6090 | -0.2200 | 1.0700 | 1.0700 | -20.6200 | -0.0050 | -0.5988 | 0.6361 | 17787 | 6679 | -- | 不分配、不转增 |
| 000553 | 沙隆达A☆ | 61231.7323 | -36.47 | -11083.38 | -- | -11079 | -- | -9708 | 86651.0143 | 159961.5267 | -0.3731 | 2.9200 | 2.7700 | -12.7900 | 0.2100 | -0.1781 | 1.9031 | 29696 | 9723 | B股:11500.000 | 不分配、不转增 |
| 000554 | 泰山石油☆ | 109426.5832 | -4.19 | 5063.61 | -6.96 | 3497 | -3.35 | 3720 | 80093.4807 | 107340.7972 | 0.0730 | 1.6660 | 1.6570 | 4.3700 | 0.1730 | 0.1943 | 0.3850 | 48079 | 29484 | -- | 不分配、不转增 |
| 000555 | ST太光Δ | 1235.0673 | -88.50 | -4359.37 | -- | -4284 | -- | -4117 | 5428.9193 | 22594.2948 | -0.5240 | 0.6630 | 0.6590 | -78.9000 | -0.5010 | -1.1268 | 0.7702 | 8183 | 2200 | -- | 不分配、不转增 |
| 000557 | ST银广夏Δ | 3340.2206 | 23.49 | -812.07 | -- | 615 | -- | -5698 | -52920.1076 | 65659.0479 | 0.0100 | -1.0500 | -1.4700 | -- | 0.0100 | -2.4131 | 0.4292 | 50526 | 28100 | -- | 不分配、不转增 |
| 000558 | 莱茵置业☆ | 255.0493 | -93.15 | -4264.15 | -- | -4185 | -- | -3402 | 12326.6193 | 47175.7249 | -0.3600 | 1.0500 | 1.0000 | -33.9600 | 0.2700 | -0.3462 | 0.3983 | 11716 | 5050 | -- | 不分配、不转增 |
| 000559 | 万向钱潮☆ | 161005.7902 | 46.79 | 22442.12 | 20.34 | 13346 | 14.91 | 8036 | 131636.3486 | 250079.0456 | 0.3600 | 3.5900 | 3.5900 | 10.1400 | 0.7300 | 0.0454 | 1.9340 | 36628 | 13581 | -- | 10派2元(含税) |
| 000560 | ST昆百大☆ | 56788.2994 | -8.93 | -20808.26 | -- | -21050 | -- | -13450 | -18685.2488 | 80590.5933 | -1.5662 | -1.3900 | -2.3100 | -- | 0.4500 | -3.5040 | 0.9461 | 13440 | 6240 | -- | 不分配、不转增 |
| 000561 | ST长岭☆ | 35497.0144 | -41.36 | -35019.90 | -- | -29676 | -- | -28291 | 14310.7980 | 150620.6757 | -0.7500 | 0.3600 | 0.2300 | -207.3600 | -0.0900 | -1.9946 | 1.3003 | 39701 | 24209 | -- | 不分配、不转增 |
| 000562 | 宏源证券☆ | 31187.6426 | -4.17 | 5400.43 | -20.18 | 3959 | 5.44 | 3944 | 63973.0194 | 584600.9383 | 0.0763 | 1.2330 | 1.1820 | 6.1900 | -0.8170 | 0.1115 | 0.0271 | 51875 | 15228 | -- | 不分配、不转增 |
| 000563 | 陕国投A☆ | 16620.3802 | -33.22 | 1118.67 | -72.38 | 369 | -87.23 | 122 | 40389.4399 | 260730.0041 | 0.0100 | 1.2900 | 1.1400 | 0.9200 | 0.2300 | -0.0173 | 0.0929 | 31419 | 12636 | -- | 不分配、不转增 |
| 000564 | 西安民生☆ | 70119.7849 | -12.89 | 2002.85 | -54.77 | 1307 | -61.71 | 1052 | 55119.0735 | 93531.6603 | 0.0600 | 2.7300 | 2.6900 | 2.3700 | 0.2300 | 0.1413 | 1.3684 | 20201 | 13665 | -- | 10派1元(含税) |
| 000565 | 渝三峡A☆ | 27573.8537 | 2.24 | 1043.41 | 658.52 | 773 | 503.94 | 747 | 35768.7721 | 48488.8174 | 0.0450 | 2.0600 | 1.9900 | 2.1600 | 0.1100 | 0.0041 | 0.8802 | 17344 | 8741 | -- | 不分配、不转增 |
| 000566 | ST海药☆ | 18246.6908 | -5.62 | 1128.01 | -- | 1128 | -- | 400 | -13555.7337 | 35698.5458 | 0.0600 | -0.6700 | -0.7700 | -8.3200 | 0.1900 | -3.6888 | 1.9360 | 20235 | 8355 | -- | 不分配、不转增 |
| 000567 | ST琼海德Δ | 829.9727 | -31.99 | 43.63 | -- | 1222 | -- | -1384 | 6256.4221 | 22501.1669 | 0.0810 | 0.4140 | 0.3180 | 19.5300 | 0.0270 | -1.3320 | 0.7418 | 15120 | 6048 | -- | 不分配、不转增 |
| 000568 | 泸州老窖☆ | 104480.4516 | 4.83 | 9702.17 | -6.10 | 5142 | -29.68 | 5175 | 148756.9732 | 246680.6230 | 0.1000 | 2.8300 | 2.8000 | 3.4700 | -0.0500 | 0.0679 | 1.3097 | 52587 | 16007 | -- | 不分配、不转增 |

| 代码 | 名称 | 主营业务收入(万元) | 同比(%) | 利润总额(万元) | 同比(%) | 净利润(万元) | 同比(%) | 扣除非经常性损益后净利润(万元) | 股东权益(万元) | 总资产(万元) | 每股收益(摊薄)(元) | 每股净资产(元) | 调整后每股净资产(元) | 净资产收益率(%) | 每股经营现金流量净额(元) | 每股未分配利润(摊薄)(元) | 每股资本公积金(元) | 总股本(万股) | 流通A股(万股) | 流通外资股(万股) | 分配预(方)案 |
|---|---|---|---|---|---|---|---|---|---|---|---|---|---|---|---|---|---|---|---|---|---|
| 000569 | 川投长钢☆ | 153939.8654 | -4.71 | 2308.44 | 13.53 | 1752 | -13.85 | 1663 | 82833.6767 | 213891.1289 | 0.0250 | 1.1920 | 1.0440 | 2.1100 | 0.0340 | -0.3011 | 0.3958 | 69514 | 14793 | -- | 不分配、不转增 |
| 000570 | ST常柴A△ | 157996.8450 | -9.38 | -57710.14 | -- | -47748 | -- | -46537 | 73866.4380 | 218441.4070 | -1.2800 | 1.9700 | 1.8200 | -64.6400 | 0.3000 | -1.2760 | 1.8631 | 37425 | 11103 | B股:10000.000 | 不分配、不转增 |
| 000571 | ST新大洲☆ | 4258.5100 | -70.76 | 1357.47 | -- | 1256 | -- | 44 | 84857.4700 | 99906.3300 | 0.0200 | 1.1500 | 1.1300 | 1.4800 | 0.3800 | -0.4005 | 0.2654 | 73606 | 33716 | -- | 不分配、不转增 |
| 000572 | ST金盘△ | 3664.5994 | -48.33 | -4584.55 | -- | -4593 | -- | -4700 | 507.8360 | 71969.3781 | -0.2100 | 0.0200 | -0.0400 | -904.4000 | -0.1000 | -1.5891 | 0.7184 | 21589 | 8686 | -- | 不分配、不转增 |
| 000573 | 粤宏远A△ | 26818.6731 | 9.80 | -504.42 | -- | 1116 | 179.09 | 568 | 136067.8437 | 216006.1071 | 0.0250 | 3.0150 | 2.9200 | 0.8200 | 0.2000 | 0.0433 | 1.5785 | 45128 | 29211 | -- | 不分配、不转增 |
| 000576 | 广东甘化☆ | 93816.9378 | 9.58 | -24788.95 | -- | -24603 | -- | -13090 | 72335.7225 | 158048.3244 | -0.9900 | 2.9200 | 2.8100 | -34.0100 | 0.4200 | -0.8893 | 2.4194 | 24760 | 10310 | -- | 不分配、不转增 |
| 000578 | 数码网络 | 99853.4111 | 29.65 | 936.10 | -72.81 | 412 | -84.48 | 346 | 29918.9258 | 77599.0094 | 0.0200 | 1.5100 | 1.4900 | 1.3800 | 0.0500 | 0.1015 | 0.2175 | 19815 | 6876 | -- | 10派0.2元(含税) |
| 000581 | 威孚高科☆ | 138266.2085 | 40.63 | 22292.94 | 31.90 | 20403 | 35.37 | 21273 | 180467.5056 | 250683.1380 | 0.4700 | 4.1400 | 4.1300 | 11.3100 | 0.3400 | 0.7194 | 2.0888 | 43637 | 21584 | B股:8840.000 | 10派2元(含税) |
| 000582 | 北海新力☆ | 7729.0814 | -26.79 | -4055.50 | -- | -4141 | -- | -3991 | 46953.0978 | 85152.0262 | -0.2200 | 2.4900 | 2.4100 | -8.8200 | 0.0600 | -0.0303 | 1.3956 | 18847 | 5720 | -- | 不分配、不转增 |
| 000583 | 托普软件☆ | 67745.6808 | -4.72 | 6056.12 | -44.43 | 5098 | -42.41 | 4541 | 138798.2818 | 234571.6101 | 0.2200 | 5.9900 | 5.9600 | 3.6700 | 0.5900 | 0.7750 | 3.8609 | 23166 | 13072 | -- | 不分配、不转增 |
| 000584 | 蜀都A☆ | 9792.7463 | -16.82 | 1659.80 | -7.45 | 1556 | -11.66 | 1224 | 29724.8388 | 76622.2133 | 0.0800 | 1.4700 | 1.4500 | 5.2300 | 0.1400 | -1.2540 | 1.5475 | 20224 | 8574 | -- | 不分配、不转增 |
| 000585 | ST东北电○ | 95145.4451 | -25.78 | 7822.80 | -- | 6900 | -- | 866 | 53541.7927 | 191200.3964 | 0.0800 | 0.6100 | 0.5900 | 12.8900 | 0.1100 | -1.3848 | 0.8735 | 87337 | 14360 | H股:25795.000 | 不分配、不转增 |
| 000586 | ST汇源☆ | 25330.3742 | -29.60 | 145.43 | -- | 154 | -- | -779 | 26544.9173 | 61579.4616 | 0.0100 | 1.3700 | 1.3400 | 0.5800 | 0.0400 | -0.7358 | 0.9656 | 19344 | 6084 | -- | 不分配、不转增 |
| 000587 | 光明家具☆ | 18137.9680 | -29.59 | -8954.93 | -- | -5932 | -- | -6297 | 37860.9563 | 88381.5207 | -0.3200 | 2.0400 | 2.0100 | -15.6700 | -0.1100 | -0.0519 | 0.8253 | 18571 | 8344 | -- | 不分配、不转增 |
| 000589 | 黔轮胎A☆ | 154660.6496 | 18.94 | 3886.26 | -- | 2403 | -- | 2572 | 83701.1105 | 239549.1475 | 0.0900 | 3.2900 | 2.8600 | 2.8700 | 0.2300 | -- | 2.1372 | 25433 | 12462 | -- | 不分配、不转增 |
| 000590 | 紫光古汉☆ | 29660.6104 | 20.73 | -241.04 | -- | 410 | -- | 452 | 28383.4231 | 72486.1292 | 0.0200 | 1.4000 | 1.4000 | 1.4400 | 0.4600 | -0.2680 | 0.5972 | 20303 | 6353 | -- | 不分配、不转增 |
| 000591 | 桐君阁☆ | 156422.7152 | 78.53 | 2626.97 | -26.90 | 2108 | -31.49 | 1927 | 28855.4979 | 130105.2538 | 0.1900 | 2.6300 | 2.4700 | 7.3100 | 0.3200 | 0.2815 | 0.8886 | 10985 | 3828 | -- | 不分配、不转增 |
| 000592 | ST昌源△ | 14694.2650 | 87.63 | 756.58 | -- | 344 | -- | -409 | 24926.9562 | 90855.2614 | 0.0100 | 0.8500 | 0.7400 | 1.3800 | 0.2900 | -1.1515 | 0.8638 | 29440 | 8731 | -- | 不分配、不转增 |
| 000593 | 成都华联☆ | 20423.1594 | -36.01 | -3372.21 | -- | -3405 | -- | -3175 | 27276.5386 | 50957.4104 | -0.1800 | 1.4300 | 1.4200 | -12.4800 | 0.0200 | -0.0918 | 0.3584 | 19031 | 6221 | -- | 不分配、不转增 |
| 000594 | ST宏峰△ | 24254.3346 | 14.32 | 2345.36 | -68.28 | 1571 | -74.92 | 1578 | 76177.2988 | 102129.9389 | 0.0280 | 1.3600 | 1.3200 | 2.0600 | 0.0500 | 0.1169 | 0.1390 | 56112 | 19459 | -- | 不分配、不转增 |
| 000595 | 西北轴承☆ | 33867.7926 | -11.99 | -7855.35 | -- | -7870 | -- | -7438 | 34940.5883 | 102425.6431 | -0.4500 | 2.0000 | 1.6700 | -22.5200 | 0.0900 | -0.4449 | 1.3974 | 17496 | 6583 | -- | 不分配、不转增 |
| 000596 | 古井贡A☆ | 52603.4537 | -34.85 | 8741.63 | -16.43 | 4704 | -29.83 | 3182 | 116141.0012 | 156684.0006 | 0.2000 | 4.9400 | 4.9200 | 4.0500 | 0.1400 | 1.0957 | 2.2198 | 23500 | 1998 | B股:6000.000 | 10派1元(含税) |
| 000597 | 东北药▽ | 139698.0000 | -3.12 | 589.00 | -65.97 | 1019 | 166.06 | 1190 | 87325.0000 | 268099.0000 | 0.0340 | 2.8700 | 1.5300 | 1.1700 | 0.5200 | -0.0536 | 1.9078 | 30381 | 10881 | -- | 不分配、不转增 |
| 000598 | 蓝星清洗☆ | 28502.0707 | 0.75 | 4037.16 | -41.04 | 3343 | -42.26 | 3342 | 81214.3308 | 121376.2059 | 0.1700 | 4.1900 | 4.1900 | 4.1200 | 0.3100 | 0.8788 | 1.9804 | 19389 | 10875 | -- | 10送2派0.5元(含税) |
| 000599 | 青岛双星☆ | 135872.7593 | 18.45 | 8682.75 | -4.81 | 5442 | 1.16 | 5250 | 69824.6054 | 158195.2558 | 0.2900 | 3.7230 | 3.6080 | 7.7900 | 0.0035 | 0.8560 | 1.6455 | 18757 | 7215 | -- | 10转2 |
| 000600 | 国际大厦○ | 16777.4394 | 3.56 | -1492.24 | -- | -1192 | -- | -1649 | 29248.3509 | 53855.8686 | -0.0800 | 1.9000 | 1.3900 | -4.0800 | 0.1200 | -0.0406 | 0.8157 | 15373 | 4606 | -- | 不分配、不转增 |
| 000601 | 韶能股份☆ | 77955.7538 | 27.03 | 19308.70 | 11.27 | 11928 | -9.11 | 11205 | 184667.1516 | 352338.3610 | 0.3100 | 4.7300 | 4.6800 | 6.4600 | 0.4600 | 0.5301 | 2.6461 | 39038 | 17164 | -- | 10派1元(含税) |
| 000602 | 金马集团☆ | 18808.1527 | 216.10 | 11369.81 | 646.00 | 3664 | 1199.61 | 4857 | 15941.6699 | 33824.1549 | 0.3600 | 1.5900 | 1.5900 | 22.9800 | 1.4800 | -0.9714 | 1.4962 | 10050 | 4367 | -- | 不分配、不转增 |
| 000603 | ST威达△ | 2507.7831 | 59.93 | 2028.63 | -- | 1987 | -- | 7 | 11603.7360 | 19843.9607 | 0.1800 | 1.0400 | 1.0400 | 17.0700 | 0.0900 | -0.9731 | 0.9016 | 11186 | 2850 | -- | 不分配、不转增 |
| 000605 | 四环药业☆ | 7221.3236 | 101.56 | 2162.18 | 62.21 | 1664 | 100.23 | 1664 | 11691.3731 | 22044.2694 | 0.2000 | 1.4200 | 1.3900 | 14.2300 | 0.3000 | 0.2251 | 0.1220 | 8250 | 2063 | -- | 10派0.12元(含税) |
| 000606 | 青海明胶△ | 11925.6931 | 0.57 | 1098.07 | -37.64 | 848 | -40.98 | 606 | 28287.0109 | 59032.7509 | 0.0600 | 1.8700 | 1.8700 | 3.0000 | -0.1700 | 0.1755 | 0.5299 | 15170 | 6396 | -- | 10转4 |
| 000607 | 华立控股☆ | 142077.7336 | 7.66 | 12451.67 | 1.53 | 5305 | -13.25 | 5143 | 33990.9619 | 112100.4178 | 0.2778 | 1.7800 | 1.7400 | 15.6100 | 0.7400 | 0.3398 | 0.2955 | 19098 | 5625 | -- | 10派1元(含税) |
| 000608 | 阳光股份☆ | 54879.4000 | 23.57 | 5803.20 | -39.53 | 3327 | -43.11 | 3667 | 51886.4000 | 127359.3000 | 0.1600 | 2.4900 | 2.4000 | 6.4100 | 0.2300 | 0.7026 | 0.3639 | 20860 | 9750 | -- | 不分配、不转增 |
| 000609 | 燕化高新☆ | 16049.8320 | -29.54 | 3092.92 | 14.08 | 2568 | 13.59 | 2809 | 40592.4045 | 44349.0722 | 0.2000 | 3.1300 | 3.0000 | 6.3300 | 0.6000 | 0.3715 | 1.2532 | 12961 | 4912 | -- | 不分配、不转增 |

| 代码 | 名称 | 主营业务收入(万元) | 同比(%) | 利润总额(万元) | 同比(%) | 净利润(万元) | 同比(%) | 扣除非经常性损益后净利润(万元) | 股东权益(万元) | 总资产(万元) | 每股收益(摊薄)(元) | 每股净资产(元) | 调整后每股净资产(元) | 净资产收益率(%) | 每股经营现金流量净额(元) | 每股未分配利润(摊薄)(元) | 每股资本公积金(元) | 总股本(万股) | 流通A股(万股) | 流通外资股(万股) | 分配预(方)案 |
|---|---|---|---|---|---|---|---|---|---|---|---|---|---|---|---|---|---|---|---|---|---|
| 000610 | 西安旅游☆ | 9573.3958 | 2.30 | 830.65 | 149.84 | 616 | 308.86 | 582 | 34405.7355 | 47131.1585 | 0.0400 | 2.0500 | 1.7100 | 1.7900 | 0.1800 | 0.1588 | 0.7489 | 16760 | 5304 | -- | 10派0.6元(含税) |
| 000611 | 时代科技☆ | 11813.1177 | -38.51 | 3104.27 | -- | 3052 | -- | 255 | 27958.6690 | 36620.3308 | 0.1700 | 1.6000 | 1.5900 | 10.9200 | -0.3700 | -0.1063 | 0.6464 | 17504 | 7548 | -- | 不分配、不转增 |
| 000612 | 焦作万方☆ | 121594.8435 | -5.87 | 14188.29 | 179.17 | 9685 | 107.80 | 7764 | 84850.5878 | 209880.2504 | 0.3200 | 2.8300 | 2.7000 | 11.4100 | 0.5900 | 0.4398 | 1.0812 | 30011 | 13200 | -- | 10转6派2元(含税) |
| 000613 | ST东海AΔ | 2428.0485 | 7.19 | 22.72 | -89.56 | 23 | -89.56 | -489 | 1212.7894 | 19579.6504 | 0.0006 | 0.0330 | 0.0200 | 1.8700 | 0.0030 | -1.1085 | 0.1418 | 36410 | 4510 | B股:8800.000 | 不分配、不转增 |
| 000615 | 湖北金环☆ | 184961.2407 | 131.63 | 8496.24 | 93.64 | 5801 | 121.24 | 4817 | 61422.8424 | 129099.9832 | 0.3700 | 3.9700 | 3.9600 | 9.4400 | 1.0200 | 0.7431 | 1.5280 | 15491 | 7096 | -- | 10派0.5元(含税) |
| 000616 | 亿城股份☆ | 7819.1164 | -7.75 | 761.62 | -54.77 | 651 | -56.29 | 144 | 47934.5948 | 151645.8834 | 0.0300 | 2.5400 | 2.2400 | 1.3600 | -2.1100 | 0.3600 | 1.0379 | 18894 | 8772 | -- | 不分配、不转增 |
| 000617 | 石油济柴☆ | 26490.2833 | 14.78 | 3948.30 | 100.76 | 3464 | 102.33 | 2959 | 19361.6177 | 58193.6316 | 0.3300 | 1.8600 | 1.8300 | 17.8900 | -0.0300 | 0.1591 | 0.6553 | 10400 | 3250 | -- | 10派0.75元(含税) |
| 000618 | ST吉化☆ | 1231913.9488 | 3.40 | -103103.60 | -- | -102573 | -- | -24537 | 285586.9226 | 1433623.0911 | -0.2900 | 0.8000 | 0.7600 | -35.9200 | 0.5200 | -1.0391 | 0.6441 | 356108 | 20000 | H股:96477.800 | 不分配、不转增 |
| 000619 | 海螺型材☆ | 152695.3627 | 41.68 | 24679.79 | 33.53 | 18863 | 0.10 | 18792 | 117274.9104 | 149842.5705 | 0.5200 | 3.2600 | 3.2600 | 16.0900 | 0.3300 | 0.7219 | 1.2649 | 36000 | 16200 | -- | 10派0.6元(含税) |
| 000620 | ST圣方科○ | 61507.5300 | -1.34 | -3742.67 | -- | -4067 | -- | -3841 | 25580.0100 | 64850.7000 | -0.1300 | 0.8200 | 0.6100 | -15.9000 | -0.0760 | -1.1857 | 0.7629 | 31163 | 15048 | -- | 不分配、不转增 |
| 000621 | 比特科技∇ | 6220.1676 | 59.04 | -15157.93 | -- | -14514 | -- | -9353 | 17391.6698 | 47807.4137 | -0.9700 | 1.1600 | 1.0200 | -83.4600 | -0.4600 | -0.5879 | 0.4837 | 14968 | 5568 | -- | 不分配、不转增 |
| 000622 | 岳阳恒立○ | 19823.6516 | 14.54 | 808.64 | 30.29 | 487 | 47.04 | 513 | 16472.9866 | 53088.9526 | 0.0300 | 1.1600 | 1.1400 | 2.9600 | 0.1100 | -0.3108 | 0.4281 | 14174 | 6594 | -- | 不分配、不转增 |
| 000623 | 吉林敖东☆ | 57381.6270 | 28.73 | 10417.99 | 67.85 | 7556 | 132.95 | 5192 | 106101.1545 | 188153.0079 | 0.3200 | 4.5400 | 4.4200 | 7.1200 | -0.0200 | 0.6995 | 2.2872 | 23366 | 12530 | -- | 10派2元(含税) |
| 000625 | 长安汽车☆ | 988406.7686 | 34.81 | 112249.11 | 295.32 | 83500 | 421.17 | 96621 | 330136.3149 | 870273.0473 | 0.6800 | 2.6900 | 2.6500 | 25.2900 | 1.7000 | 0.4495 | 0.7300 | 122667 | 16798 | B股:35000.000 | 10派0.8元(含税) |
| 000626 | 如意集团☆ | 456807.2451 | 34.50 | 8848.57 | 38.22 | 3076 | 16.61 | 2526 | 21069.5252 | 134774.6418 | 0.2300 | 1.5600 | 1.5000 | 14.6000 | -1.3800 | 0.2264 | 0.1605 | 13500 | 3375 | -- | 不分配、不转增 |
| 000627 | 百科药业☆ | 34861.0268 | -2.08 | 1616.20 | -71.99 | 526 | -85.87 | 543 | 69395.8103 | 109040.3517 | 0.0100 | 1.1700 | 1.1500 | 0.7600 | -0.1200 | 0.0108 | 0.0613 | 59479 | 17111 | -- | 不分配、不转增 |
| 000628 | 倍特高新☆ | 68116.0437 | -1.84 | 1415.72 | 3.83 | 258 | -41.37 | 357 | 52856.1358 | 196193.0662 | 0.0100 | 2.7300 | 2.4500 | 0.4900 | -0.5000 | 0.0640 | 1.0340 | 19356 | 8640 | -- | 不分配、不转增 |
| 000629 | 新钢钒☆ | 766800.2965 | 2.20 | 74026.50 | 3.04 | 49043 | 1.89 | 50331 | 473341.4795 | 803311.7456 | 0.4800 | 4.6300 | 4.2800 | 10.3600 | 1.5900 | 0.5852 | 2.6615 | 102330 | 29980 | -- | 10派1.6元(含税) |
| 000630 | 铜都铜业☆ | 240145.4777 | 26.89 | 16987.56 | 37.19 | 13135 | 12.89 | 12380 | 200275.4180 | 347241.4805 | 0.2800 | 4.3000 | 4.2900 | 6.5600 | 1.1700 | 0.5008 | 2.5650 | 46556 | 18252 | -- | 10派0.8元(含税) |
| 000631 | 兰宝信息☆ | 49062.8760 | 17.51 | 6310.77 | 2.83 | 4664 | 6.05 | 4612 | 75321.3572 | 246959.2993 | 0.1940 | 3.1336 | 3.1190 | 6.1900 | 1.1543 | 0.6249 | 1.2599 | 24037 | 11466 | -- | 不分配、不转增 |
| 000632 | 三木集团☆ | 167399.6155 | 53.56 | 15011.73 | 50.62 | 2835 | -14.23 | -369 | 70015.3394 | 277907.8590 | 0.1300 | 3.3200 | 3.2600 | 4.0500 | -1.0300 | 0.4010 | 1.5939 | 21062 | 6369 | -- | 不分配、不转增 |
| 000633 | 合金投资☆ | 94854.0618 | 26.44 | 5974.78 | 51.80 | 3904 | 79.15 | 1841 | 47210.8191 | 179643.2106 | 0.1216 | 1.4711 | 1.4194 | 8.2700 | 0.1582 | 0.1516 | 0.0340 | 32092 | 13876 | -- | 不分配、不转增 |
| 000635 | ST民化Δ | 8100.5218 | -42.13 | -8520.91 | -- | -8521 | -- | -5276 | 9903.3186 | 54026.5507 | -0.7400 | 0.8600 | 0.8600 | -86.0400 | 0.1900 | -2.2497 | 2.0535 | 11456 | 5200 | -- | 不分配、不转增 |
| 000636 | 风华高科☆ | 101816.5555 | 5.69 | 2720.14 | -14.65 | 2237 | -30.87 | 2882 | 206202.3464 | 312316.2680 | 0.0400 | 3.8900 | 3.8300 | 1.0800 | 0.3300 | 0.5689 | 2.0266 | 53033 | 20063 | -- | 10派0.25元(含税) |
| 000637 | 茂化实华☆ | 143605.0147 | 12.06 | 9282.16 | 14.25 | 6339 | 3.31 | 5784 | 55734.8921 | 69692.7789 | 0.2200 | 1.9200 | 1.8940 | 11.3700 | 0.7500 | 0.3008 | 0.2140 | 28979 | 9908 | -- | 10派1.2元(含税) |
| 000638 | ST辽国际◆ | 13688.3039 | -27.76 | -10515.88 | -- | -10308 | -- | -6576 | -4485.3251 | 42191.9443 | -0.6700 | -0.2900 | -0.6000 | -- | 0.0040 | -2.2293 | 0.8356 | 15470 | 8840 | -- | 不分配、不转增 |
| 000639 | 金德发展☆ | 12679.6505 | 69.15 | 1636.81 | 116.26 | 1105 | 45.96 | 1098 | 8831.9141 | 20729.8162 | 0.1516 | 1.2121 | 1.1232 | 12.5100 | 0.3571 | 0.0517 | 0.1128 | 7286 | 3281 | -- | 10派0.5元(含税) |
| 000650 | 九江化纤☆ | 22081.3282 | -1.91 | 883.95 | -- | 884 | -- | 881 | 33873.8220 | 75966.3705 | 0.0400 | 1.6900 | 1.6900 | 2.6000 | 0.1400 | 0.2528 | 0.3660 | 20010 | 6571 | -- | 不分配、不转增 |
| 000651 | 格力电器☆ | 702969.0861 | 6.70 | 35370.07 | 9.41 | 29681 | 13.59 | 31243 | 183528.8462 | 714416.3634 | 0.5500 | 3.4200 | 3.3600 | 16.1700 | 1.3700 | 0.0903 | 0.7851 | 53694 | 21294 | -- | 10派3.2元(含税) |
| 000652 | 泰达股份☆ | 38719.5040 | 3.51 | 13934.36 | 5.36 | 9849 | -17.60 | 6743 | 138153.9111 | 259587.2623 | 0.2200 | 3.0700 | 3.0500 | 7.1300 | 0.3400 | 0.6214 | 1.1863 | 45042 | 20635 | -- | 10送1转7派0.3元(含税) |
| 000655 | 华光陶瓷☆ | 30580.8016 | 1.84 | 2869.98 | -9.32 | 1807 | -27.21 | 1615 | 53795.2770 | 164685.6217 | 0.1100 | 3.3200 | 2.9900 | 3.3600 | -0.1600 | 0.4762 | 1.5489 | 16203 | 7466 | -- | 10送2转4派0.5元(含税) |
| 000656 | ST东源Δ | 44547.3088 | 16.64 | 157.69 | -- | 342 | -- | 79 | 29261.3884 | 70309.1345 | 0.0200 | 1.4200 | 1.4200 | 1.1700 | 0.0800 | 0.1280 | 0.1589 | 20582 | 7370 | -- | 不分配、不转增 |
| 000657 | 中钨高新Δ | 121759.8576 | 4.24 | 4200.08 | 6.02 | 3474 | 9.17 | 3585 | 55365.4501 | 99542.0298 | 0.2030 | 3.2400 | 3.2000 | 6.2800 | 0.7220 | 0.5344 | 1.4887 | 17108 | 7452 | -- | 10派0.55元(含税) |
| 000659 | 珠海中富☆ | 119717.8916 | 40.67 | 17672.20 | 61.08 | 13246 | 53.99 | 13240 | 130991.1222 | 327660.3366 | 0.3500 | 3.4600 | 3.3600 | 10.1100 | 1.3900 | 0.2049 | 1.4659 | 37879 | 17131 | -- | 10派1元(含税) |

| 代码 | 名称 | 主营业务收入(万元) | 同比(%) | 利润总额(万元) | 同比(%) | 净利润(万元) | 同比(%) | 扣除非经常性损益后净利润(万元) | 股东权益(万元) | 总资产(万元) | 每股收益(摊薄)(元) | 每股净资产(元) | 调整后每股净资产(元) | 净资产收益率(%) | 每股经营现金流量净额(元) | 每股未分配利润(摊薄)(元) | 每股资本公积金(元) | 总股本(万股) | 流通A股(万股) | 流通外资股(万股) | 分配预(方)案 |
|---|---|---|---|---|---|---|---|---|---|---|---|---|---|---|---|---|---|---|---|---|---|
| 000660 | 南华西◆ | 8348.3192 | -37.27 | -41159.81 | -- | -41014 | -- | -40830 | -9668.5341 | 71843.2639 | -3.0900 | -0.7300 | -- | -- | 0.0600 | -2.9339 | 1.0347 | 13291 | 3923 | -- | 不分配、不转增 |
| 000661 | 长春高新☆ | 46178.8403 | 13.51 | 3027.94 | 27.41 | 738 | 69.53 | 660 | 46042.0724 | 123638.4939 | 0.0600 | 3.5100 | 3.3000 | 1.6000 | 0.1100 | 0.0957 | 1.7089 | 13133 | 7980 | -- | 不分配、不转增 |
| 000662 | 广西红日☆ | 24652.0811 | 711.33 | 4455.74 | 76.21 | 3354 | 36.68 | 3372 | 18160.5702 | 45747.3722 | 0.3100 | 1.7000 | 1.6800 | 18.4700 | 0.3800 | -0.5281 | 1.0505 | 10714 | 3857 | -- | 不分配、不转增 |
| 000663 | 永安林业Δ | 28860.9021 | -6.04 | 1265.38 | 24.36 | 1211 | 33.98 | 826 | 31738.0800 | 77340.5169 | 0.0724 | 1.8978 | 1.8076 | 3.8152 | 0.4651 | 0.0641 | 0.7694 | 16723 | 5921 | -- | 不分配、不转增 |
| 000665 | 武汉塑料☆ | 47320.8256 | -1.45 | 1469.55 | -53.41 | 151 | -92.35 | 187 | 39850.0263 | 78587.2493 | 0.0100 | 2.8300 | 2.8100 | 0.3800 | 0.2000 | 0.2223 | 1.3388 | 14097 | 5001 | -- | 不分配、不转增 |
| 000666 | 经纬纺机☆ | 282843.8000 | 27.68 | 16013.50 | 10.73 | 13769 | 12.04 | 14407 | 227154.9000 | 477418.0000 | 0.2300 | 3.7600 | 3.7100 | 6.0600 | 0.7600 | 0.3673 | 2.0738 | 60380 | 20300 | H股:18080.000 | 10派0.6元(含税) |
| 000667 | 名流置业☆ | 30850.0916 | 135.90 | 6773.66 | 1586.25 | 5011 | 1739.28 | 4994 | 46443.5554 | 81553.7229 | 0.2045 | 1.8954 | 1.8954 | 10.7900 | 0.5491 | 0.0890 | 0.0374 | 24503 | 6359 | -- | 10派1.6元(含税) |
| 000668 | 武汉石油☆ | 121357.9235 | -4.39 | 3312.83 | 48.26 | 2272 | 82.62 | 2548 | 33837.4201 | 98689.5938 | 0.1500 | 2.3000 | 1.7800 | 6.7100 | 0.5200 | 0.2759 | 0.6500 | 14684 | 4174 | -- | 不分配、不转增 |
| 000669 | 中讯科技☆ | 2737.0048 | -45.24 | 398.66 | -44.50 | 343 | -44.67 | 237 | 7854.3953 | 14577.1891 | 0.0600 | 1.2700 | 1.2700 | 4.3700 | -0.0400 | 0.0789 | 0.0245 | 6167 | 2299 | -- | 不分配、不转增 |
| 000670 | 天发股份○ | 51877.0923 | -27.39 | -14679.93 | -- | -14466 | -- | -14551 | 83834.9670 | 172170.2817 | -0.5300 | 3.0800 | 3.0700 | -17.2600 | -0.2300 | -0.3783 | 2.1531 | 27221 | 15467 | -- | 不分配、不转增 |
| 000671 | 石狮新发☆ | 25716.2621 | 378.85 | 818.65 | 92.84 | -197 | -- | -162 | 16738.7344 | 62090.7900 | -0.0200 | 1.7600 | 1.7100 | -1.1800 | -0.3600 | 0.3564 | 0.2707 | 9517 | 2910 | -- | 不分配、不转增 |
| 000672 | 铜城集团☆ | 3469.3964 | -71.88 | -5455.84 | -- | -5203 | -- | -5091 | 21810.2606 | 39733.5178 | -0.3400 | 1.4400 | 1.2000 | -23.8600 | -0.1500 | -0.3153 | 0.6741 | 15197 | 7056 | -- | 不分配、不转增 |
| 000673 | 大同水泥☆ | 14715.3533 | -6.27 | 2143.56 | 5.44 | 1377 | -6.55 | 1395 | 30068.8463 | 47313.8964 | 0.0790 | 1.7340 | 1.6860 | 4.5800 | -0.3470 | 0.3793 | 0.2153 | 17340 | 5100 | -- | 不分配、不转增 |
| 000676 | 思达高科☆ | 29966.0000 | 102.00 | 5159.00 | 22.30 | 4028 | 14.80 | 3868 | 38522.3574 | 87245.2270 | 0.1300 | 1.2200 | 1.2000 | 10.4600 | 0.1000 | 0.0773 | 0.0437 | 31459 | 9775 | -- | 10派0.6元(含税) |
| 000677 | 山东海龙☆ | 58214.2120 | 6.55 | 3308.48 | -8.40 | 2134 | -33.61 | 2134 | 52921.5667 | 149185.9731 | 0.1037 | 2.5730 | 2.5630 | 4.0300 | 0.2927 | 0.3820 | 0.9812 | 20567 | 7076 | -- | 不分配、不转增 |
| 000678 | ST襄轴☆ | 24114.6222 | -4.48 | -8314.67 | -- | -8315 | -- | -5385 | 31982.7482 | 75624.3864 | -0.5900 | 2.2800 | 1.9000 | -26.0000 | 0.1200 | -1.5048 | 2.2661 | 14044 | 7890 | -- | 不分配、不转增 |
| 000679 | 大连友谊☆ | 66065.6994 | -0.85 | 5129.84 | -27.41 | 2901 | -47.00 | 2824 | 60707.2003 | 148079.3434 | 0.1200 | 2.5600 | 2.3900 | 4.7700 | 0.0300 | 0.2547 | 0.8119 | 23760 | 10800 | -- | 10派1元(含税) |
| 000680 | 山推股份☆ | 190834.8941 | 28.51 | 18523.07 | 171.14 | 14839 | 206.34 | 13431 | 75754.1674 | 163497.5269 | 0.5200 | 2.6800 | 2.6000 | 19.5900 | 0.5800 | 0.4553 | 1.1127 | 28272 | 18132 | -- | 不分配、不转增 |
| 000681 | 远东股份☆ | 32903.1469 | -1.49 | 107.22 | -94.24 | 81 | -94.98 | 23 | 33496.9946 | 39178.1248 | 0.0041 | 1.6900 | 1.6700 | 0.2400 | -0.0400 | 0.0747 | 0.4601 | 19875 | 5813 | -- | 不分配、不转增 |
| 000682 | ST东方∇ | 37867.2908 | -47.88 | -28916.25 | -- | -28418 | -- | -27561 | 21087.1257 | 152548.4923 | -0.3100 | 0.2300 | 0.2230 | -134.7600 | -0.0920 | -0.8781 | 0.1056 | 91795 | 60211 | -- | 不分配、不转增 |
| 000683 | 天然碱☆ | 93791.1453 | 35.51 | 4088.44 | -- | 710 | -- | 1114 | 52395.7713 | 251071.5283 | 0.0151 | 1.1200 | 1.0700 | 1.3542 | 0.3500 | -0.1014 | 0.1793 | 46900 | 16900 | -- | 不分配、不转增 |
| 000685 | 公用科技☆ | 7207.2661 | 12.06 | 2011.97 | -19.34 | 1522 | -20.77 | 1507 | 31377.1032 | 42260.4381 | 0.0675 | 1.3919 | 1.3753 | 4.8500 | 0.1072 | 0.1001 | 0.1557 | 22542 | 9317 | -- | 10派0.3元(含税) |
| 000686 | 锦州六陆☆ | 20690.4403 | 33.20 | -1127.18 | -- | 943 | -21.04 | 1049 | 44563.4825 | 55943.4352 | 0.0600 | 2.7500 | 2.6700 | 2.1200 | 0.3500 | 0.1633 | 1.7009 | 16213 | 6892 | -- | 不分配、不转增 |
| 000687 | 保定天鹅☆ | 55833.1063 | 9.39 | 3940.61 | 111.94 | 2956 | 22.60 | 3072 | 101208.0526 | 132984.8455 | 0.0900 | 3.1600 | 3.0800 | 2.9200 | 0.3200 | 0.2474 | 1.8824 | 32080 | 9750 | -- | 不分配、不转增 |
| 000688 | 朝华集团☆ | 105154.1174 | 378.75 | 3175.04 | 18.60 | 1963 | -19.58 | -2658 | 99048.6484 | 221279.1518 | 0.0560 | 2.8450 | 2.8410 | 1.9800 | 0.0050 | 0.1402 | 1.5820 | 34821 | 19890 | -- | 不分配、不转增 |
| 000690 | 宝丽华☆ | 29525.5235 | 2.21 | 4295.54 | 15.06 | 3700 | 19.85 | 2170 | 33048.8460 | 46876.1515 | 0.1900 | 1.7100 | 1.6700 | 11.2000 | 0.3600 | 0.0262 | 0.5032 | 19350 | 5850 | -- | 10派1.5元(含税) |
| 000691 | 寰岛实业☆ | 5087.8359 | 29.48 | 72.86 | -90.36 | 139 | -70.34 | -206 | 61807.3350 | 86982.6163 | 0.0054 | 2.3940 | 2.3719 | 0.2300 | 0.3536 | 0.3819 | 0.8551 | 25818 | 13018 | -- | 不分配、不转增 |
| 000692 | 惠天热电☆ | 55754.8841 | 3.10 | 2100.78 | -64.74 | 1521 | -64.99 | 2518 | 112934.6411 | 192004.7443 | 0.0570 | 4.2400 | 4.1100 | 1.3500 | 0.1700 | 0.4147 | 2.3746 | 26642 | 11201 | -- | 不分配、不转增 |
| 000693 | 聚友网络☆ | 23833.6172 | 31.79 | 2697.08 | -45.43 | 2516 | -32.65 | 2522 | 39704.1592 | 109999.1093 | 0.2000 | 3.2200 | 3.1200 | 6.0900 | 0.3900 | 0.5784 | 1.2665 | 12846 | 3904 | -- | 10送5派1.25元(含税) |
| 000695 | ST灯塔☆ | 16714.9943 | -17.46 | -7443.87 | -- | -7427 | -- | -7402 | 29407.7646 | 78472.4765 | -0.3300 | 1.3200 | 0.9500 | -25.2600 | -0.2000 | -0.3848 | 0.6060 | 22215 | 7725 | -- | 不分配、不转增 |
| 000697 | 咸阳偏转☆ | 52167.9540 | 9.62 | 855.71 | 38.25 | 906 | 9.63 | 966 | 75381.3580 | 115024.7830 | 0.0420 | 3.4700 | 3.3300 | 1.2000 | 0.7500 | 0.8654 | 0.9825 | 21746 | 7741 | -- | 不分配、不转增 |
| 000698 | 沈阳化工○ | 189032.3808 | 4.75 | 140.08 | -97.44 | -1392 | -- | 2 | 140671.8253 | 276315.1285 | -0.0300 | 3.3300 | 3.1900 | -0.9900 | 0.2700 | 0.5858 | 1.2900 | 42241 | 18720 | -- | 不分配、不转增 |
| 000699 | ST佳纸Δ | 34645.2739 | 19.26 | 1688.15 | -- | 526 | -- | 519 | 45084.4317 | 151273.1219 | 0.0200 | 1.9800 | 0.8700 | 1.1700 | 0.1200 | -0.1774 | 1.0221 | 22745 | 9358 | -- | 不分配、不转增 |
| 000700 | 模塑科技☆ | 37479.8442 | 41.66 | 9008.65 | 35.12 | 6121 | 2.39 | 5759 | 83134.5247 | 121891.1579 | 0.4000 | 5.3800 | 5.3800 | 7.3600 | 0.9400 | 0.3979 | 3.2164 | 15452 | 6853 | -- | 10送1转9派2元(含税) |

| 代码 | 名称 | 主营业务收入(万元) | 同比(%) | 利润总额(万元) | 同比(%) | 净利润(万元) | 同比(%) | 扣除非经常性损益后净利润(万元) | 股东权益(万元) | 总资产(万元) | 每股收益(摊薄)(元) | 每股净资产(元) | 调整后每股净资产(元) | 净资产收益率(%) | 每股经营现金流量净额(元) | 每股未分配利润(摊薄)(元) | 每股资本公积金(元) | 总股本(万股) | 流通A股(万股) | 流通外资股(万股) | 分配预(方)案 |
|---|---|---|---|---|---|---|---|---|---|---|---|---|---|---|---|---|---|---|---|---|---|
| 000701 | 厦门信达☆ | 127464.0524 | 18.21 | 1506.12 | -- | 1021 | -- | -922 | 47661.2985 | 113692.9756 | 0.0500 | 2.3800 | 2.3100 | 2.1400 | -0.2600 | 0.0287 | 1.2019 | 20000 | 11500 | -- | 不分配、不转增 |
| 000702 | 正虹科技☆ | 109180.8743 | -2.04 | 4409.96 | -40.79 | 2913 | -50.36 | 2328 | 81541.7615 | 129604.5231 | 0.1000 | 2.8830 | 2.8400 | 3.5700 | 0.0300 | 0.2673 | 1.3909 | 28280 | 11696 | -- | 10派1元(含税) |
| 000703 | 世纪光华Δ | 29544.3178 | 11.78 | 2439.46 | -25.11 | 922 | -39.26 | 1129 | 27598.0985 | 89663.7750 | 0.0870 | 2.5900 | 2.5000 | 3.3400 | 0.9330 | 1.0511 | 0.0008 | 10660 | 4680 | -- | 不分配、不转增 |
| 000705 | 浙江震元☆ | 56951.5453 | 13.84 | 2088.36 | -4.58 | 1415 | -17.46 | 1113 | 42795.2520 | 73268.7386 | 0.1130 | 3.4100 | 3.3400 | 3.3100 | 0.3960 | 0.3532 | 1.8360 | 12533 | 8078 | -- | 不分配、不转增 |
| 000707 | 双环科技☆ | 89396.2657 | 14.47 | 3867.90 | -24.00 | 3618 | 6.52 | 3645 | 161324.2633 | 202831.1566 | 0.0800 | 3.4800 | 3.4500 | 2.2400 | 0.3600 | 0.4175 | 1.7521 | 46415 | 26409 | -- | 不分配、不转增 |
| 000708 | 大冶特钢☆ | 173519.8046 | 18.52 | 6288.46 | 259.65 | 4557 | 190.50 | 4202 | 159647.5284 | 367246.5295 | 0.1014 | 3.5520 | 3.5380 | 2.8500 | 0.5790 | 0.1766 | 2.1262 | 44941 | 16702 | -- | 不分配、不转增 |
| 000709 | 唐钢股份☆ | 922148.6670 | 14.08 | 86041.40 | 3.29 | 58254 | -20.51 | 62359 | 674486.2259 | 1208991.2260 | 0.3900 | 4.4900 | 4.4700 | 8.6400 | 0.9600 | 0.4612 | 2.6538 | 150383 | 43541 | -- | 10转3派2.5元(含税) |
| 000710 | ST天仪☆ | 6261.9977 | 22.47 | -5080.96 | -- | -5081 | -- | -2637 | 10887.2396 | 24209.6806 | -0.3400 | 0.7200 | 0.7000 | -46.6700 | 0.1000 | -0.5819 | 0.2364 | 15120 | 4410 | -- | 不分配、不转增 |
| 000711 | 龙发股份☆ | 8839.5861 | 13.71 | 2344.71 | -2.55 | 2186 | 3.61 | 2137 | 30282.1087 | 39733.9376 | 0.2038 | 2.8231 | 2.8231 | 7.2200 | -0.3316 | 0.8117 | 0.7889 | 10727 | 5111 | -- | 10派0.3元(含税) |
| 000712 | 锦龙股份☆ | 22380.4139 | -2.68 | 2319.79 | -20.43 | 1235 | -47.62 | 980 | 42895.0953 | 127976.1146 | 0.0800 | 2.8200 | 2.7400 | 2.8800 | -1.1990 | 0.5564 | 1.0468 | 15231 | 3809 | -- | 10派0.7元(含税) |
| 000713 | 丰乐种业☆ | 36467.4655 | -7.12 | -18527.36 | -- | -18199 | -- | -15081 | 38973.4126 | 89885.0389 | -0.8100 | 1.7300 | 1.6900 | -46.7000 | 0.2700 | -0.8424 | 1.4114 | 22500 | 10530 | -- | 不分配、不转增 |
| 000715 | 中兴商业☆ | 142160.9865 | 19.07 | 5010.36 | -6.56 | 3783 | 2.98 | 3718 | 61068.9201 | 94122.4983 | 0.1800 | 2.8500 | 2.7900 | 6.1900 | 0.4600 | 0.2458 | 1.4804 | 21462 | 5695 | -- | 10派0.77元(含税) |
| 000716 | 广西斯壮☆ | 3998.5996 | -80.03 | -7076.37 | -- | -6904 | -- | -3939 | 25683.1809 | 51508.5919 | -0.3900 | 1.4400 | 1.2900 | -26.8800 | -0.3400 | -0.3866 | 0.7766 | 17826 | 10121 | -- | 不分配、不转增 |
| 000717 | 韶钢松山☆ | 443083.3021 | 12.85 | 51455.70 | 80.71 | 34908 | 34.94 | 35789 | 272890.0021 | 527386.6222 | 0.7806 | 6.1022 | 6.0826 | 12.7900 | 1.8614 | 1.2423 | 3.4028 | 44720 | 13520 | -- | 不分配、不转增 |
| 000718 | ST吉纸◆ | 10348.3151 | -87.98 | -22817.03 | -- | -22817 | -- | -11324 | 95238.9634 | 280107.0113 | -0.5700 | 2.3800 | 2.3700 | -23.9600 | -0.2600 | -0.2523 | 1.3159 | 39974 | 18860 | -- | 不分配、不转增 |
| 000719 | 焦作鑫安☆ | 32514.9082 | 19.08 | 2750.86 | 9.36 | 1819 | -9.82 | 1791 | 28154.2297 | 80634.3369 | 0.1400 | 2.1800 | 2.1200 | 6.4600 | 0.3000 | 0.3733 | 0.6230 | 12938 | 4917 | -- | 10派0.5元(含税) |
| 000720 | 鲁能泰山☆ | 175536.6754 | -4.22 | 17022.79 | -18.62 | 7831 | -30.50 | 8885 | 129425.1044 | 291895.4539 | 0.1600 | 2.7000 | 2.7000 | 6.0500 | 0.3600 | 0.1931 | 1.1330 | 47970 | 27708 | -- | 不分配、不转增 |
| 000721 | 西安饮食☆ | 35183.6328 | 11.15 | 2677.44 | -3.83 | 1707 | -23.78 | 2016 | 27142.7277 | 72794.0128 | 0.1500 | 2.3700 | 1.7500 | 6.2900 | 0.3400 | 0.1656 | 1.0807 | 11442 | 4134 | -- | 10转5派0.6元(含税) |
| 000722 | 金果实业☆ | 43702.0005 | -10.79 | 3699.09 | -46.22 | 3459 | -31.64 | 3495 | 103677.5570 | 195336.4002 | 0.1500 | 4.5700 | 4.5600 | 3.3600 | 0.1400 | 0.2667 | 3.1283 | 22677 | 13783 | -- | 不分配、不转增 |
| 000723 | 天宇电气☆ | 45063.5178 | 28.80 | 2543.86 | -- | 2428 | -- | 2422 | 21346.3481 | 64445.7294 | 0.1700 | 1.5300 | 1.3900 | 11.3700 | 0.4300 | 0.1434 | 0.3250 | 13960 | 6967 | -- | 不分配、不转增 |
| 000725 | 京东方A☆ | 478258.7489 | 79.15 | 21622.21 | 73.64 | 8284 | 37.49 | 7657 | 218337.9141 | 678218.2053 | 0.1500 | 3.9700 | 3.9600 | 3.7900 | 0.4000 | 0.3511 | 2.1200 | 54955 | 6000 | B股:14950.000 | 10转2 |
| 000726 | 鲁泰A☆ | 95088.0442 | 21.02 | 14999.52 | 12.81 | 12555 | 10.01 | 12627 | 125994.5821 | 179449.3875 | 0.3600 | 3.5800 | 3.5600 | 9.9600 | 0.8000 | 0.0309 | 2.3014 | 35203 | 8450 | B股:13520.000 | 10转2派3元(含税) |
| 000727 | 华东科技☆ | 26723.8051 | -11.72 | 6249.51 | 0.54 | 5837 | 5.63 | 5465 | 109625.5107 | 188284.8234 | 0.1625 | 3.0520 | 2.9820 | 5.3240 | 0.2380 | 0.4851 | 1.3302 | 35916 | 19681 | -- | 10派0.8元(含税) |
| 000728 | 北京化二☆ | 81699.4822 | 8.44 | 323.68 | -- | 324 | -- | 307 | 91865.6997 | 152708.3146 | 0.0090 | 2.6600 | 2.6400 | 0.3500 | 0.3020 | -0.3722 | 1.9540 | 34521 | 10400 | -- | 不分配、不转增 |
| 000729 | 燕京啤酒☆ | 276737.5902 | 20.96 | 23540.05 | -25.98 | 20118 | -29.58 | 20903 | 370988.3829 | 551274.1865 | 0.3010 | 5.5600 | 5.5100 | 5.4200 | 0.6500 | 0.6998 | 3.2933 | 66742 | 18720 | -- | 10派1.2元(含税) |
| 000730 | 环保股份◆ | 1818.2745 | -90.13 | -10443.46 | -- | -9374 | -- | -14866 | 51056.4310 | 130024.7637 | -0.1656 | 0.9000 | 0.9000 | -1.8400 | 0.2437 | -0.4604 | 0.1383 | 56599 | 19333 | -- | 不分配、不转增 |
| 000731 | 四川美丰☆ | 51423.6607 | 36.96 | 9447.28 | 36.41 | 7996 | 35.62 | 6848 | 79066.4628 | 131094.6812 | 0.3300 | 3.2200 | 3.2200 | 10.1100 | 0.5300 | 0.3232 | 1.1837 | 24567 | 10111 | -- | 10派2元(含税) |
| 000732 | 福建三农☆ | 48957.4928 | 7.67 | 1534.44 | -56.65 | 1547 | -44.48 | 336 | 49623.3314 | 123635.3766 | 0.1013 | 3.2504 | 3.0937 | 3.1200 | 0.2850 | 0.4228 | 1.6003 | 15267 | 8869 | -- | 10转3 |
| 000733 | 振华科技☆ | 70638.6390 | 13.04 | 4260.55 | -45.41 | 3773 | -42.96 | 3530 | 178888.8242 | 236616.1643 | 0.1100 | 5.0000 | 4.8900 | 2.1100 | 0.2500 | 0.1009 | 3.7485 | 35812 | 17800 | -- | 不分配、不转增 |
| 000735 | 罗牛山☆ | 29115.0438 | 27.35 | 3856.19 | -44.92 | 3739 | -41.32 | 1969 | 128343.0160 | 214141.0358 | 0.0640 | 2.1855 | 2.1749 | 2.9100 | 0.0189 | 0.1897 | 0.8165 | 58725 | 32542 | -- | 不分配、不转增 |
| 000736 | 重庆实业☆ | 25444.7294 | 141.19 | 3751.51 | 29.39 | 1865 | 5.45 | 2171 | 25893.6281 | 81253.8603 | 0.2800 | 3.9200 | 3.9200 | 7.2000 | 0.0300 | 0.6491 | 1.5201 | 6600 | 2600 | -- | 不分配、不转增 |
| 000737 | 南风化工☆ | 248172.0358 | 15.32 | 7223.99 | -21.62 | 3522 | -47.13 | 5009 | 135545.6483 | 323169.6088 | 0.0800 | 2.9600 | 2.9200 | 2.6000 | 0.4700 | 0.1751 | 1.5678 | 45730 | 20956 | -- | 不分配、不转增 |
| 000738 | ST南摩☆ | 34752.3066 | 94.26 | 316.21 | -- | 222 | -- | 102 | 66412.6206 | 110998.5246 | 0.0056 | 1.6700 | 1.4600 | 0.3400 | 0.0150 | 0.0046 | 0.6603 | 39780 | 13600 | -- | 不分配、不转增 |
| 000739 | 普洛药业☆ | 65933.4953 | 364.85 | 5114.51 | -- | 3159 | -- | 3048 | 27137.3035 | 68927.8287 | 0.2200 | 1.8600 | 1.8600 | 11.6400 | 0.0200 | 0.0977 | 0.6859 | 14575 | 7376 | -- | 10派0.5元(含税) |

| 代码 | 名称 | 主营业务收入(万元) | 同比(%) | 利润总额(万元) | 同比(%) | 净利润(万元) | 同比(%) | 扣除非经常性损益后净利润(万元) | 股东权益(万元) | 总资产(万元) | 每股收益(摊薄)(元) | 每股净资产(元) | 调整后每股净资产(元) | 净资产收益率(%) | 每股经营现金流量净额(元) | 每股未分配利润(摊薄)(元) | 每股资本公积金(元) | 总股本(万股) | 流通A股(万股) | 流通外资股(万股) | 分配预(方)案 |
|---|---|---|---|---|---|---|---|---|---|---|---|---|---|---|---|---|---|---|---|---|---|
| 000748 | 湘计算机☆ | 70152.9454 | 0.27 | 4113.88 | -29.15 | 3133 | -32.77 | 3153 | 110492.4182 | 156648.7841 | 0.1130 | 3.9980 | 3.9430 | 2.8400 | -0.1620 | 0.0018 | 2.7282 | 27637 | 14000 | -- | 10派1元(含税) |
| 000750 | 桂林集琦☆ | 18843.9747 | 22.85 | 211.48 | -70.23 | 107 | -65.24 | -36 | 60186.7512 | 102544.9210 | 0.0050 | 2.7986 | 2.6532 | 0.1800 | 0.3878 | 0.0375 | 1.6663 | 21506 | 12220 | -- | 不分配、不转增 |
| 000751 | 锌业股份☆ | 174972.1697 | -27.80 | -2600.23 | -- | 2848 | -70.69 | 1725 | 264453.6786 | 415020.3617 | 0.0300 | 3.0000 | 2.9900 | 1.0800 | 0.1100 | 0.7544 | 0.8820 | 88110 | 34702 | -- | 不分配、不转增 |
| 000752 | 西藏发展☆ | 16006.2345 | 18.99 | 4104.01 | 23.72 | 3655 | 21.40 | 3615 | 38197.9220 | 65832.1273 | 0.2100 | 2.1700 | 2.1500 | 9.5700 | 0.4300 | 0.5803 | 0.3915 | 17584 | 7343 | -- | 10派0.3元(含税) |
| 000753 | 漳州发展☆ | 21443.5625 | 80.13 | 9403.22 | 63.64 | 6178 | 18.96 | 8461 | 88110.4175 | 125786.3647 | 0.1700 | 2.4400 | 2.4400 | 7.0100 | 0.5400 | 0.4127 | 0.8395 | 36076 | 14851 | -- | 不分配、不转增 |
| 000755 | 山西三维☆ | 58717.9590 | 39.25 | 8413.09 | 29.19 | 5704 | 1.78 | 5503 | 87368.3886 | 159578.1682 | 0.2050 | 3.1460 | 3.0100 | 6.5300 | 0.2380 | 0.4226 | 1.5341 | 27771 | 10920 | -- | 10派1.25元(含税) |
| 000756 | 新华制药☆ | 117354.9987 | 6.76 | 8137.96 | -16.33 | 6876 | -15.00 | 6876 | 137966.9851 | 190545.6217 | 0.1500 | 3.0200 | 3.0200 | 4.9800 | 0.0900 | 0.4691 | 1.2222 | 45731 | 7615 | H股:15000.000 | 10派0.60元(含税) |
| 000757 | 方向光电☆ | 51507.2118 | 53.26 | 1925.86 | 7.51 | 1192 | -25.50 | 1256 | 49658.2156 | 124404.3852 | 0.0800 | 3.2600 | 3.1100 | 2.4000 | -- | 0.4175 | 1.3869 | 15242 | 5483 | -- | 不分配、不转增 |
| 000758 | 中色建设☆ | 30430.0756 | 50.87 | 6341.00 | -- | 6256 | -- | -3173 | 92189.1131 | 126997.0220 | 0.1600 | 2.3800 | 2.2000 | 6.7900 | -0.0700 | 0.0268 | 1.3099 | 38720 | 18240 | -- | 10派1元(含税) |
| 000759 | 武汉中百☆ | 220706.7648 | 49.50 | 3155.54 | -14.43 | 1706 | -25.45 | 1225 | 77797.4797 | 195673.4115 | 0.0800 | 3.7100 | 3.3500 | 2.1900 | 0.5690 | 0.0205 | 2.4775 | 20954 | 14668 | -- | 10派0.5元(含税) |
| 000760 | 博盈投资☆ | 18342.8950 | 16.80 | 883.06 | 179.96 | 527 | -38.76 | 247 | 35771.1158 | 52889.6057 | 0.0480 | 3.2700 | 3.1900 | 1.4720 | 0.0060 | 0.2269 | 1.7126 | 10932 | 5181 | -- | 不分配、不转增 |
| 000762 | 西藏矿业☆ | 15924.5925 | -12.99 | -7302.26 | -- | -5889 | -- | -4780 | 41969.8514 | 65234.3912 | -0.2900 | 2.0900 | 1.8200 | -14.0300 | 0.0200 | -0.2888 | 1.3193 | 20051 | 7700 | -- | 不分配、不转增 |
| 000763 | 锦州石化☆ | 903126.2868 | 4.54 | 1261.03 | -91.75 | 1261 | -88.68 | 1908 | 154233.5878 | 235687.0897 | 0.0200 | 1.9600 | 1.9500 | 0.8200 | 0.5400 | 0.0164 | 0.9304 | 78750 | 15000 | -- | 不分配、不转增 |
| 000765 | ST华信▽ | 1344.5598 | -90.70 | -10140.03 | -- | -8364 | -- | -7719 | 16148.2942 | 69613.7887 | -0.3400 | 0.6490 | 0.6480 | -51.7900 | 0.0041 | -0.4693 | 0.0355 | 24886 | 7062 | -- | 不分配、不转增 |
| 000766 | 通化金马☆ | 16099.5394 | 60.30 | 1666.44 | -- | 1642 | -- | -4955 | 48869.1116 | 153078.6036 | 0.0400 | 1.0900 | 0.9700 | 3.4100 | 0.1600 | -1.0776 | 0.8668 | 44902 | 28493 | -- | 不分配、不转增 |
| 000767 | 漳泽电力☆ | 158547.8315 | 16.70 | 13783.35 | -52.40 | 9594 | -53.02 | 16703 | 156118.9842 | 462486.2741 | 0.2200 | 3.5900 | 3.5700 | 6.1500 | 1.2700 | 0.2443 | 1.9810 | 43500 | 12000 | -- | 10转3派3.6元(含税) |
| 000768 | 西飞国际☆ | 101697.8956 | 10.59 | 6067.48 | 5.87 | 4445 | -2.76 | 6399 | 189731.3240 | 235799.5078 | 0.1100 | 4.8500 | 4.8400 | 2.3400 | 0.3500 | 0.0502 | 3.5750 | 39150 | 17700 | -- | 10派1元(含税) |
| 000769 | 菲菲农业Δ | 512.0000 | -97.25 | -1775.65 | -- | -1765 | -- | -1779 | 44538.7233 | 58574.1364 | -0.0950 | 2.4000 | 2.3300 | -3.9600 | -0.0490 | 0.2346 | 1.1126 | 18540 | 8100 | -- | 不分配、不转增 |
| 000776 | 延边公路☆ | 11976.4673 | -4.75 | -22471.38 | -- | -21315 | -- | -21483 | 20271.0827 | 44697.9580 | -1.1580 | 1.1010 | 1.0990 | -105.1490 | 0.1360 | -0.9720 | 0.8548 | 18411 | 9318 | -- | 不分配、不转增 |
| 000777 | 中核科技☆ | 22812.5975 | -10.53 | -727.28 | -- | -735 | -- | -1068 | 26702.6868 | 45298.0158 | -0.0400 | 1.5900 | 1.5200 | -2.7500 | 0.0300 | 0.0656 | 0.3629 | 16800 | 6720 | -- | 10派0.8元(含税) |
| 000778 | 新兴铸管☆ | 359378.1704 | 33.38 | 63256.16 | 14.62 | 44140 | 15.30 | 43438 | 213828.4089 | 529722.1996 | 0.7100 | 3.4400 | 3.2500 | 20.6400 | 0.7600 | 0.1050 | 1.8480 | 62149 | 21970 | -- | 10派5元(含税) |
| 000779 | 三毛派神☆ | 21421.0312 | 37.47 | 2421.36 | 4.28 | 2020 | 8.18 | 3108 | 75512.7679 | 90287.5132 | 0.1100 | 4.1200 | 4.1100 | 2.6600 | 0.2200 | 0.8057 | 2.1469 | 18315 | 10179 | -- | 10派0.2元(含税) |
| 000780 | 草原兴发☆ | 161809.1383 | 35.68 | 7045.33 | -11.57 | 7090 | -10.71 | 6522 | 105310.4019 | 255220.6389 | 0.2500 | 3.7200 | 3.6500 | 6.7300 | 0.4100 | 1.0296 | 1.2602 | 28327 | 10951 | -- | 不分配、不转增 |
| 000782 | 美达股份☆ | 118300.1092 | 19.31 | 6156.48 | 169.26 | 3616 | 138.47 | 3419 | 80290.9910 | 182970.7228 | 0.1100 | 2.3500 | 2.3400 | 4.5000 | 0.4600 | 0.0740 | 1.1359 | 34200 | 12741 | -- | 10派0.7元(含税) |
| 000783 | 石炼化▽ | 477411.6863 | -8.05 | 1970.50 | 102.99 | 774 | -- | 125 | 173008.7494 | 273594.4953 | 0.0100 | 1.5000 | 1.4800 | 0.4500 | 0.1400 | -0.2386 | 0.6780 | 115444 | 23400 | -- | 不分配、不转增 |
| 000785 | 武汉中商☆ | 187534.6305 | 13.15 | 2434.07 | -21.72 | 1252 | -41.33 | 1109 | 54475.5860 | 184927.0382 | 0.0500 | 2.1700 | 1.7300 | 2.3000 | 0.3500 | 0.1294 | 0.3184 | 25122 | 7132 | -- | 不分配、不转增 |
| 000786 | 北新建材☆ | 103147.6943 | 12.99 | 9243.10 | 2.22 | 9049 | 8.07 | 7632 | 125707.0028 | 219994.7422 | 0.1600 | 2.1900 | 2.1600 | 7.2000 | 0.2500 | 0.0520 | 0.8379 | 57515 | 22815 | -- | 10派0.6元(含税) |
| 000787 | 创智科技☆ | 47559.1633 | 13.73 | 3385.65 | -32.91 | 3067 | -30.12 | 3163 | 93454.6778 | 130462.8600 | 0.1200 | 3.7300 | 3.6800 | 3.2800 | 0.3000 | 0.4639 | 1.9799 | 25076 | 14206 | -- | 10派0.5元(含税) |
| 000788 | ST合成Δ | 26453.3850 | -2.48 | -15267.13 | -- | -15267 | -- | -12002 | 12460.6756 | 78566.6906 | -0.7900 | 0.6500 | 0.2500 | -122.5200 | -0.2200 | -1.8496 | 1.0705 | 19250 | 4950 | -- | 不分配、不转增 |
| 000789 | 江西水泥☆ | 39074.3933 | 4.40 | 2196.13 | -35.04 | 1566 | -49.24 | 1834 | 72089.5460 | 115955.5913 | 0.0460 | 2.1170 | 2.010 | 2.1720 | 0.0510 | 0.1454 | 0.8718 | 34050 | 11050 | -- | 10派0.35元(含税) |
| 000790 | 华神集团☆ | 18809.8246 | -15.64 | 2203.28 | -7.29 | 1856 | -16.98 | 1790 | 39193.2321 | 57343.0693 | 0.1400 | 3.0600 | 3.0400 | 4.7300 | 0.0700 | 0.4051 | 1.1496 | 12798 | 3978 | -- | 10派1.5元(含税) |
| 000791 | 西北化工☆ | 8012.4790 | -9.52 | 188.03 | 1087.59 | 116 | 967.23 | -1832 | 36008.5539 | 60989.8341 | 0.0061 | 1.9100 | 1.9000 | 0.3200 | -0.0800 | 0.0206 | 0.8669 | 18900 | 7920 | -- | 不分配、不转增 |
| 000792 | 盐湖钾肥☆ | 43644.3209 | 48.77 | 11636.15 | 18.45 | 9214 | 13.73 | 9179 | 107306.3976 | 142606.2260 | 0.3600 | 4.1900 | 4.1500 | 8.5500 | 0.3200 | 0.1408 | 2.8083 | 25585 | 10000 | -- | 10转10 |
| 000793 | 燃气股份☆ | 42409.9643 | 99.71 | 9842.44 | 2.94 | 9653 | 1.43 | 9626 | 121467.5351 | 279777.6293 | 0.3300 | 4.1700 | 4.1000 | 7.9500 | 0.6100 | 0.7152 | 1.9274 | 29141 | 16207 | -- | 10派1元(含税) |

| 代码 | 名称 | 主营业务收入(万元) | 同比(%) | 利润总额(万元) | 同比(%) | 净利润(万元) | 同比(%) | 扣除非经常性损益后净利润(万元) | 股东权益(万元) | 总资产(万元) | 每股收益(摊薄)(元) | 每股净资产(元) | 调整后每股净资产(元) | 净资产收益率(%) | 每股经营现金流量净额(元) | 每股未分配利润(摊薄)(元) | 每股资本公积金(元) | 总股本(万股) | 流通A股(万股) | 流通外资股(万股) | 分配预(方)案 |
|---|---|---|---|---|---|---|---|---|---|---|---|---|---|---|---|---|---|---|---|---|---|
| 000795 | 大原刚玉☆ | 21333.6192 | 5.58 | -561.75 | -- | -648 | -- | -835 | 75604.2608 | 100571.4347 | -0.0234 | 2.7310 | 2.6940 | -0.8570 | -0.1269 | 0.2636 | 1.3867 | 27680 | 11440 | -- | 不分配、不转增 |
| 000796 | 宝商集团☆ | 55797.4498 | -11.36 | 2593.66 | -33.11 | 2189 | -32.38 | 2035 | 68485.5536 | 96459.0264 | 0.1360 | 4.2710 | 4.2600 | 3.2000 | 0.5320 | 0.7404 | 2.2251 | 16034 | 11277 | -- | 不分配、不转增 |
| 000797 | 中国武夷☆ | 88530.1982 | -2.10 | 9324.52 | -18.14 | 3617 | -18.46 | 4249 | 127773.2227 | 349900.5316 | 0.0900 | 3.2800 | 3.1100 | 2.8300 | -0.2100 | 0.1311 | 1.9530 | 38945 | 13013 | -- | 不分配、不转增 |
| 000798 | 中水渔业☆ | 20369.1884 | -32.82 | 2534.51 | -23.65 | 2647 | -21.90 | 1755 | 74802.0831 | 121507.9144 | 0.1100 | 2.9700 | 2.7800 | 3.5400 | 0.1800 | 0.0161 | 1.8363 | 25200 | 6300 | -- | 10派0.3元(含税) |
| 000799 | 湘酒鬼Δ | 38344.7839 | -22.34 | -14332.50 | -- | -14472 | -- | -14588 | 111622.1506 | 227876.2298 | -0.4800 | 3.6830 | 3.0300 | -12.9600 | 0.0200 | -0.3359 | 2.3767 | 30305 | 10725 | -- | 不分配、不转增 |
| 000800 | 一汽轿车☆ | 475558.1616 | 38.03 | 34290.05 | 341.72 | 24717 | 635.02 | 17694 | 446189.4568 | 666751.0648 | 0.1500 | 2.7400 | 2.6200 | 5.5400 | 0.6400 | 0.1331 | 1.4859 | 162750 | 54600 | -- | 10派2元(含税) |
| 000801 | ST湖山☆ | 4130.8259 | -0.64 | -2452.08 | -- | -2433 | -- | -2370 | 11006.8637 | 19250.5183 | -0.1800 | 0.8300 | 0.7400 | -22.1000 | -0.0300 | -0.4228 | 0.0170 | 13204 | 3931 | -- | 不分配、不转增 |
| 000802 | 京西旅游☆ | 37334.2728 | 44.97 | -6538.40 | -- | -6764 | -- | -6705 | 30695.7342 | 120224.8970 | -0.5800 | 2.6400 | 2.1700 | -22.0400 | 0.7200 | -0.3266 | 1.8576 | 11625 | 3896 | -- | 不分配、不转增 |
| 000803 | 美亚股份☆ | 7780.8819 | -23.56 | 689.58 | -78.69 | 315 | 8.93 | 292 | 15272.8571 | 27562.4940 | 0.0300 | 1.5100 | 1.4800 | 2.0600 | 0.0200 | 0.1195 | 0.0680 | 10136 | 4871 | -- | 不分配、不转增 |
| 000805 | 炎黄物流Δ | 15537.5304 | 51.75 | 1753.08 | 7.81 | 1227 | -23.84 | 776 | 10196.9263 | 22996.1988 | 0.2100 | 1.7800 | 1.7000 | 12.0300 | -0.0400 | 0.4534 | 0.1638 | 5722 | 1442 | -- | 10派1元(含税) |
| 000806 | 银河科技☆ | 68167.9500 | 69.96 | 9190.85 | -8.70 | 7693 | -16.81 | 6720 | 107984.3791 | 218217.9892 | 0.2500 | 3.5600 | 3.5300 | 7.1200 | 0.2100 | 0.4519 | 1.8441 | 30344 | 15990 | -- | 不分配、不转增 |
| 000807 | 云铝股份☆ | 156279.6828 | -2.62 | 18040.46 | 1.67 | 15234 | 1.46 | 15866 | 132457.2602 | 276153.5382 | 0.4200 | 3.6400 | 3.6340 | 11.5000 | 0.8500 | 0.0175 | 2.3529 | 36400 | 13400 | -- | 10派3元(含税) |
| 000809 | ST一纺☆ | 31648.9251 | -13.84 | -5763.35 | -- | -5623 | -- | -5612 | 10413.1027 | 38638.9144 | -0.4900 | 0.9100 | 0.7900 | -54.000 | 0.1500 | -0.4236 | 0.2748 | 11457 | 3500 | -- | 不分配、不转增 |
| 000810 | 华润锦华☆ | 44264.1151 | 88.22 | 2469.60 | 150.71 | 1315 | 13.70 | 1321 | 18252.8884 | 59028.6371 | 0.1000 | 1.4100 | 1.3100 | 7.2100 | 0.1200 | 0.0801 | 0.2617 | 12967 | 4914 | -- | 不分配、不转增 |
| 000811 | 烟台冰轮☆ | 52974.0452 | 17.62 | 4634.92 | 2.13 | 3536 | -6.28 | 3488 | 30206.3274 | 86855.4160 | 0.2900 | 2.4400 | 2.4000 | 11.7100 | 0.6700 | 0.2685 | 0.7745 | 12367 | 3744 | -- | 不分配、不转增 |
| 000812 | 陕西金叶☆ | 29744.3675 | 62.01 | 3713.81 | 12.47 | 2717 | 1.93 | 2285 | 38853.5272 | 91819.0692 | 0.1430 | 2.0400 | 1.9400 | 6.9900 | 0.1000 | 0.2423 | 0.5677 | 19008 | 11025 | -- | 10派1元(含税) |
| 000813 | 天山纺织☆ | 37209.6334 | 27.41 | 460.32 | -- | 552 | -- | -812 | 64946.6769 | 122418.9340 | 0.0152 | 1.7860 | 1.6910 | 0.8500 | 0.0880 | -0.3912 | 1.0551 | 36346 | 10998 | -- | 不分配、不转增 |
| 000815 | 美利纸业☆ | 47463.5815 | 14.54 | 4330.37 | 4.21 | 4327 | 4.16 | 4272 | 61948.2016 | 193368.1177 | 0.3278 | 4.6930 | 4.6922 | 6.9849 | 0.4168 | 0.9931 | 2.4778 | 13200 | 6500 | -- | 10派0.4元(含税) |
| 000816 | 江淮动力Δ | 160025.2178 | 4.34 | -12896.79 | -- | -13117 | -- | -12971 | 116083.3756 | 211074.2923 | -0.4300 | 3.7900 | 3.7900 | -11.3000 | -0.1400 | 0.3990 | 2.1696 | 30620 | 11440 | -- | 不分配、不转增 |
| 000817 | 辽河油田☆ | 120589.1777 | 9.59 | 60668.91 | 13.18 | 39786 | 9.25 | 43065 | 251974.1839 | 293875.4017 | 0.3600 | 2.2900 | 2.2900 | 15.7900 | 0.6200 | 0.3248 | 0.7674 | 110000 | 20000 | -- | 10派2元(含税) |
| 000818 | 锦化氯碱Δ | 139040.8000 | 23.54 | 275.24 | -- | 275 | -- | -11058 | 114673.6265 | 310008.2702 | 0.0100 | 3.3700 | 3.2400 | 0.2400 | 0.6400 | 0.1131 | 2.1951 | 34000 | 9000 | -- | 不分配、不转增 |
| 000819 | 岳阳兴长☆ | 81441.2491 | 17.79 | 3011.73 | -12.58 | 2360 | -27.42 | 2373 | 36729.0554 | 60869.3907 | 0.1400 | 2.2200 | 2.2000 | 6.4300 | 0.2570 | 0.2487 | 0.4825 | 16513 | 5210 | -- | 10派0.5元(含税) |
| 000820 | 金城股份☆ | 51967.8983 | -0.69 | 1193.78 | -79.15 | 784 | -82.91 | 932 | 54161.8075 | 152397.7902 | 0.0370 | 2.5618 | 2.5175 | 1.4500 | 0.0060 | 0.4432 | 0.6988 | 21142 | 7736 | -- | 不分配、不转增 |
| 000821 | 京山轻机☆ | 58521.5826 | -0.96 | 7566.46 | -33.33 | 5112 | -42.38 | 4823 | 106120.9067 | 149672.9881 | 0.1500 | 3.0700 | 3.0300 | 4.8200 | 0.1800 | 0.3285 | 1.3569 | 34524 | 15773 | -- | 10派1元(含税) |
| 000822 | 山东海化☆ | 188230.2814 | 30.80 | 19597.79 | -7.02 | 13568 | -25.46 | 13335 | 174149.1187 | 299799.1005 | 0.3000 | 3.8000 | 3.7200 | 7.7900 | 0.7900 | 0.5931 | 1.9373 | 45870 | 15600 | -- | 10派1元(含税) |
| 000823 | 超声电子☆ | 56857.8010 | -11.55 | 2321.92 | -67.36 | 981 | -76.20 | 1161 | 86801.9092 | 165526.7679 | 0.0300 | 2.4200 | 2.3200 | 1.1300 | 0.2600 | 0.0054 | 1.2817 | 35920 | 13520 | -- | 10派0.3元(含税) |
| 000825 | 太钢不锈☆ | 1008264.3272 | 47.62 | 45368.93 | 24.40 | 28382 | -4.38 | 27581 | 337358.4769 | 613632.8715 | 0.2600 | 3.1400 | 3.1300 | 8.4130 | 0.5600 | 0.6146 | 1.3137 | 107617 | 48750 | -- | 10送1.5转0.5派0.5元(含税) |
| 000826 | ST原宜☆ | 4902.9157 | -60.20 | -10704.57 | -- | -10705 | -- | -6586 | 19497.2033 | 36512.4177 | -0.5900 | 1.0700 | 1.0700 | -54.9000 | -0.0800 | -1.2371 | 0.9419 | 18149 | 6500 | -- | 不分配、不转增 |
| 000827 | 长兴实业Δ | 11035.9903 | -9.42 | 237.99 | -- | 138 | -- | -1113 | 25322.1717 | 52689.9404 | 0.0200 | 3.7900 | 3.5500 | 0.5500 | 0.5100 | 0.6846 | 1.8773 | 6674 | 2920 | -- | 不分配、不转增 |
| 000828 | 福地科技☆ | 206175.9752 | 14.94 | 6067.55 | -- | 6068 | -- | 14894 | 216173.7970 | 298568.1276 | 0.0500 | 1.8600 | 1.8300 | 2.8100 | 0.2300 | -0.1528 | 0.8775 | 116468 | 24768 | -- | 不分配、不转增 |
| 000829 | 赣南果业Δ | 9839.4804 | -21.69 | 966.30 | -- | 259 | -- | -758 | 27235.2724 | 34508.4882 | 0.0164 | 1.7292 | 1.5900 | 0.9500 | 0.3638 | 0.0001 | 0.6461 | 15750 | 6205 | -- | 不分配、不转增 |
| 000830 | 鲁西化工☆ | 124660.7733 | 28.00 | 10625.10 | 44.25 | 7116 | 19.48 | 6106 | 97958.8768 | 208332.6679 | 0.2900 | 3.9300 | 3.9200 | 7.2600 | 0.5800 | 0.7367 | 1.9610 | 24912 | 7500 | -- | 10转1 |
| 000831 | 关铝股份☆ | 149580.9048 | 4.94 | 12601.46 | 17.67 | 10811 | 9.55 | 10730 | 96156.1841 | 225670.5240 | 0.3000 | 2.6500 | 2.6400 | 11.2400 | 0.5100 | 0.5641 | 0.9437 | 36300 | 14625 | -- | 10派0.9元(含税) |
| 000832 | 龙涤股份☆ | 125258.4436 | 20.05 | 5623.58 | -14.43 | 3487 | -27.09 | 3487 | 127884.1562 | 185308.4352 | 0.1000 | 3.6300 | 3.6200 | 2.7300 | 0.4400 | 1.0162 | 1.3498 | 35207 | 18360 | -- | 不分配、不转增 |

| 代码 | 名称 | 主营业务收入(万元) | 同比(%) | 利润总额(万元) | 同比(%) | 净利润(万元) | 同比(%) | 扣除非经常性损益后净利润(万元) | 股东权益(万元) | 总资产(万元) | 每股收益(摊薄)(元) | 每股净资产(元) | 调整后每股净资产(元) | 净资产收益率(%) | 每股经营现金流量净额(元) | 每股未分配利润(摊薄)(元) | 每股资本公积金(元) | 总股本(万股) | 流通A股(万股) | 流通外资股(万股) | 分配预(方)案 |
|---|---|---|---|---|---|---|---|---|---|---|---|---|---|---|---|---|---|---|---|---|---|
| 000833 | 贵糖股份☆ | 84011.0464 | 4.94 | 1008.84 | -70.33 | 781 | -81.22 | 912 | 61794.0176 | 130695.0072 | 0.0300 | 2.4500 | 2.3000 | 1.2600 | 0.5700 | 0.3450 | 0.9895 | 25269 | 9859 | -- | 不分配、不转增 |
| 000835 | 隆源双登Δ | 20866.5921 | -44.43 | -134.39 | -- | -683 | -- | -679 | 17504.1839 | 47137.4476 | -0.0600 | 1.6200 | 1.5500 | -3.9000 | 0.1000 | 0.2063 | 0.0621 | 10800 | 2700 | -- | 不分配、不转增 |
| 000836 | 天大天财☆ | 126087.4191 | 7.90 | 4294.08 | -49.21 | 3247 | -46.19 | 405 | 96568.5435 | 239915.5025 | 0.2645 | 7.8700 | 7.6500 | 3.3600 | -2.0900 | 1.0739 | 5.4437 | 12275 | 6100 | -- | 不分配、不转增 |
| 000837 | 秦川发展☆ | 35063.8965 | -1.13 | 2825.89 | -24.71 | 2363 | -22.36 | 1857 | 53551.2146 | 93852.0322 | 0.1000 | 2.3000 | 2.3000 | 4.4100 | 0.3000 | 0.3025 | 0.8778 | 23248 | 12540 | -- | 10派0.18元(含税) |
| 000838 | ST西化机☆ | 10390.0110 | 73.33 | 775.75 | 364.12 | 776 | 364.12 | 301 | 4344.4512 | 16881.1556 | 0.1190 | 0.6670 | 0.5840 | 17.8600 | -0.1310 | -0.8189 | 0.4860 | 6512 | 1755 | -- | 不分配、不转增 |
| 000839 | 中信国安☆ | 93756.6223 | 107.32 | 23573.96 | -9.21 | 18069 | -15.11 | 14121 | 261542.0308 | 460018.6935 | 0.2738 | 3.9628 | 3.7924 | 6.9100 | 0.2369 | 0.3293 | 2.3963 | 66000 | 24837 | -- | 10派1元(含税) |
| 000848 | 承德露露☆ | 107539.2412 | 7.72 | 6995.59 | -36.79 | 5157 | -47.28 | 6371 | 71422.1037 | 111222.8813 | 0.2000 | 2.7600 | 2.7600 | 7.2200 | 0.6000 | 0.2822 | 1.1742 | 25925 | 9100 | - | 不分配、不转增 |
| 000850 | 华茂股份☆ | 66711.1535 | 9.83 | 10145.64 | -3.31 | 7193 | -24.61 | 6632 | 76571.9356 | 118247.6028 | 0.2100 | 2.1900 | 2.1800 | 9.3900 | 0.1200 | 0.3668 | 0.6571 | 35040 | 12311 | -- | 10转3派1.5元(含税) |
| 000851 | ST七砂☆ | 10761.3151 | -0.08 | -9003.10 | -- | -9003 | -- | -7756 | 19074.0351 | 28852.3769 | -0.4000 | 0.8500 | 0.6000 | -47.2000 | 0.0800 | -0.9950 | 0.6377 | 22490 | 7748 | -- | 不分配、不转增 |
| 000852 | 江钻股份☆ | 41117.8558 | -7.98 | 8018.47 | -14.69 | 6906 | -15.32 | 6847 | 64895.8994 | 93070.6968 | 0.2500 | 2.3200 | 2.2200 | 10.6400 | 0.1100 | 0.4834 | 0.6427 | 28000 | 7000 | -- | 10送1派1元(含税) |
| 000856 | 唐山陶瓷☆ | 45137.3445 | 12.12 | 593.72 | -- | 205 | -- | 495 | 50453.9176 | 110138.4039 | 0.0100 | 2.8800 | 2.6500 | 0.4100 | -0.0300 | 0.0497 | 1.6075 | 17500 | 6500 | -- | 不分配、不转增 |
| 000858 | 五粮液☆ | 570651.7439 | 20.34 | 86907.04 | -6.86 | 61323 | -24.42 | 57864 | 530705.5454 | 726173.4981 | 0.5400 | 4.7000 | 4.7000 | 11.5600 | 0.9300 | 1.7767 | 1.2837 | 112975 | 31824 | -- | 10转2 |
| 000859 | 国风塑业☆ | 75904.5740 | 23.54 | 8276.50 | 1.67 | 5215 | -1.23 | 5197 | 98856.8929 | 190121.6547 | 0.2000 | 3.7600 | 3.7500 | 5.2800 | 0.3800 | 0.4320 | 2.1867 | 26280 | 11700 | -- | 10转6 |
| 000860 | 顺鑫农业☆ | 103768.8752 | 34.05 | 7944.80 | 1.85 | 7416 | 1.04 | 6763 | 107993.4361 | 161330.7004 | 0.2440 | 3.5500 | 3.3500 | 6.8700 | 0.0400 | 0.2713 | 2.0349 | 30415 | 9095 | -- | 10派1.5元(含税) |
| 000861 | 茂化永业☆ | 17616.3654 | 5.05 | -1981.41 | -- | -2436 | -- | -2313 | 19190.1180 | 43029.0382 | -0.2200 | 1.7300 | 1.6300 | -12.7000 | -0.0800 | -0.1546 | 0.7748 | 11125 | 5467 | -- | 不分配、不转增 |
| 000862 | 吴忠仪表☆ | 37538.0086 | 51.19 | 1499.20 | -71.94 | 925 | -79.83 | 1047 | 74104.8657 | 139026.0938 | 0.0400 | 3.3900 | 3.3700 | 1.2500 | 0.0400 | 0.1520 | 2.1280 | 21834 | 11689 | -- | 不分配、不转增 |
| 000863 | 和光商务☆ | 99614.4233 | 30.76 | 2010.90 | -50.64 | 1727 | -45.86 | 1879 | 30039.9683 | 97118.4664 | 0.1300 | 2.2100 | 1.9800 | 5.7500 | 0.3400 | 0.5792 | 0.4370 | 13562 | 3900 | -- | 不分配、不转增 |
| 000866 | 扬子石化☆ | 1514922.4272 | 18.24 | 71480.08 | 1939.95 | 62515 | 1684.10 | 64980 | 584349.0401 | 1347350.6901 | 0.2700 | 2.5100 | 2.4800 | 10.7000 | 0.4900 | 0.4154 | 0.9238 | 233000 | 35000 | -- | 不分配、不转增 |
| 000868 | 安凯客车☆ | 48797.3440 | 9.44 | -4042.42 | -- | -3974 | -- | -2264 | 61806.8138 | 97109.9438 | -0.1800 | 2.8000 | 2.6500 | -6.4300 | 0.1600 | -0.1203 | 1.8614 | 22100 | 10140 | -- | 不分配、不转增 |
| 000869 | 张裕A☆ | 92821.8999 | 4.77 | 18086.14 | 1.69 | 11124 | -35.20 | 11317 | 141601.8649 | 182987.8271 | 0.4300 | 5.4500 | 5.4400 | 7.8600 | -- | 0.8212 | 3.1712 | 26000 | 3200 | B股:8800.000 | 10转2派2元(含税) |
| 000875 | 吉电股份☆ | 95197.6353 | 14.35 | 12383.10 | 12.99 | 10258 | 39.73 | 10286 | 233676.8663 | 279359.9914 | 0.1628 | 3.7100 | 3.6800 | 4.3900 | 0.2100 | 0.1242 | 2.4792 | 63000 | 38000 | -- | 10派1.25元(含税) |
| 000876 | 新希望☆ | 114078.9790 | 51.04 | 13754.81 | 42.07 | 12133 | 43.92 | 12073 | 114640.6133 | 229225.7815 | 0.3850 | 3.6360 | 3.5770 | 10.5800 | 0.4660 | 0.4771 | 1.9613 | 31529 | 10400 | -- | 不分配、不转增 |
| 000877 | 天山股份☆ | 88607.6726 | 25.22 | 14602.59 | 6.96 | 10200 | 8.40 | 10370 | 81761.4680 | 276758.6668 | 0.5900 | 4.7200 | 4.6600 | 12.4800 | 1.2800 | 0.9086 | 2.2878 | 17335 | 7800 | -- | 10派1元(含税) |
| 000878 | 云南铜业☆ | 300282.1521 | 4.54 | 5571.33 | -32.50 | 4663 | -43.50 | 5585 | 177854.2458 | 428322.9531 | 0.0580 | 2.2300 | 2.2200 | 2.6200 | -0.3400 | 0.0119 | 1.1142 | 79869 | 28072 | -- | 10派0.5元(含税) |
| 000880 | 山东巨力☆ | 185643.4200 | 11.79 | 6380.26 | 11.16 | 4217 | -16.86 | 4218 | 68418.3457 | 111688.1256 | 0.1500 | 2.4800 | 2.4700 | 6.1600 | 0.6200 | 0.2980 | 1.0165 | 27610 | 13214 | -- | 不分配、不转增 |
| 000881 | 大连国际☆ | 96712.0016 | -10.84 | 3152.83 | -44.88 | 2640 | -46.84 | 2599 | 70161.3464 | 182796.4426 | 0.0900 | 2.2700 | 2.1400 | 3.7600 | -0.2200 | 0.1803 | 0.8207 | 30892 | 15759 | -- | 不分配、不转增 |
| 000882 | 华联股份Δ | 65685.3603 | 240.68 | 435.27 | -88.91 | 886 | -75.10 | -288 | 47817.1389 | 120550.2939 | 0.0400 | 1.9200 | 1.8100 | 1.8500 | 0.7100 | 0.2320 | 0.5700 | 24920 | 6300 | -- | 不分配、不转增 |
| 000883 | 三环股份☆ | 186027.8351 | 24.19 | 4967.73 | -13.54 | 3159 | -34.56 | 3683 | 83140.9544 | 167456.4962 | 0.1200 | 3.2100 | 3.1200 | 3.8000 | 0.5400 | 0.6847 | 1.0334 | 25944 | 11604 | -- | 10转1 |
| 000885 | ST春都Δ | 6164.1667 | -38.48 | -7900.57 | -- | -7898 | -- | -7780 | 10192.2589 | 45269.1997 | -0.4936 | 0.6370 | 0.6140 | -77.4900 | 0.0843 | -2.8753 | 2.4358 | 16000 | 6000 | -- | 不分配、不转增 |
| 000886 | 海南高速☆ | 37964.5000 | 50.38 | 994.49 | -- | 2306 | -- | 1108 | 234273.3000 | 544456.0000 | 0.0200 | 2.3700 | 2.1800 | 0.9800 | 0.0730 | 0.1667 | 0.9537 | 98883 | 24781 | -- | 不分配、不转增 |
| 000887 | 飞彩股份☆ | 84169.3987 | -1.92 | 3015.02 | -34.00 | 1744 | -48.37 | 1602 | 77011.3776 | 185420.1623 | 0.0580 | 2.5600 | 2.5300 | 2.2600 | 0.6208 | 0.2182 | 1.2067 | 30100 | 9100 | -- | 10派0.5元(含税) |
| 000888 | 峨眉山A☆ | 17243.7993 | 13.96 | 3107.83 | -19.30 | 2655 | -9.12 | 2627 | 39184.6827 | 49788.3763 | 0.2200 | 3.3000 | 3.1500 | 6.7800 | 0.5000 | 0.0922 | 2.0612 | 11866 | 4000 | -- | 10派2元(含税) |
| 000889 | 渤海物流☆ | 61796.3392 | 21.67 | 5932.43 | -10.35 | 3763 | -42.03 | 3655 | 74938.4854 | 164458.7020 | 0.1300 | 2.5400 | 2.4400 | 5.0200 | -0.2100 | 0.1770 | 1.1368 | 29453 | 16035 | -- | 不分配、不转增 |
| 000890 | 法尔胜☆ | 66522.5914 | 88.38 | 4171.92 | -32.69 | 3420 | -47.11 | 2888 | 92954.2550 | 197658.0246 | 0.1200 | 3.1800 | 3.0900 | 3.6800 | -0.1300 | 0.0932 | 1.9100 | 29203 | 16934 | -- | 10派1元(含税) |

| 代码 | 名称 | 主营业务收入(万元) | 同比(%) | 利润总额(万元) | 同比(%) | 净利润(万元) | 同比(%) | 扣除非经常性损益后净利润(万元) | 股东权益(万元) | 总资产(万元) | 每股收益(摊薄)(元) | 每股净资产(元) | 调整后每股净资产(元) | 净资产收益率(%) | 每股经营现金流量净额(元) | 每股未分配利润(摊薄)(元) | 每股资本公积金(元) | 总股本(万股) | 流通A股(万股) | 流通外资股(万股) | 分配预(方)案 |
|---|---|---|---|---|---|---|---|---|---|---|---|---|---|---|---|---|---|---|---|---|---|
| 000892 | 长丰通信☆ | 54213.3240 | 66.28 | 11252.76 | 2.68 | 8710 | 1.00 | 4336 | 69430.7163 | 233853.1857 | 0.2100 | 1.6800 | 1.6600 | 12.5500 | -0.6600 | 0.3031 | 0.0928 | 41388 | 12000 | -- | 不分配、不转增 |
| 000893 | 广州冷机☆ | 35524.9985 | 11.38 | 663.94 | -- | 613 | -- | 387 | 32985.1548 | 82546.6636 | 0.0300 | 1.4900 | 1.3400 | 1.8600 | 0.1000 | -0.8442 | 1.2933 | 22200 | 5700 | -- | 不分配、不转增 |
| 000895 | 双汇发展☆ | 475970.3846 | 41.32 | 34756.27 | 43.33 | 20062 | 17.66 | 20768 | 141625.8763 | 262158.8575 | 0.5900 | 4.1400 | 4.0600 | 14.1700 | 0.5300 | 0.5871 | 2.2409 | 34237 | 13450 | -- | 10派5元(含税) |
| 000897 | 津滨发展☆ | 47673.0693 | 45.26 | 9000.89 | 26.34 | 6634 | 12.09 | 6266 | 92547.9596 | 227823.8363 | 0.1500 | 2.0400 | 2.0200 | 7.1700 | -0.1400 | 0.0396 | 0.9391 | 45300 | 14166 | -- | 10派1.2元(含税) |
| 000898 | 鞍钢新轧☆ | 1077107.7000 | 13.49 | 85199.90 | 21.92 | 59459 | 47.27 | 61294 | 750936.1000 | 1242535.0000 | 0.2000 | 2.5400 | 2.5300 | 7.9200 | 0.7100 | 0.3329 | 1.0399 | 296063 | 75163 | H股:89000.000 | 10派1元(含税) |
| 000899 | 赣能股份☆ | 51554.1037 | 4.07 | 4674.29 | -33.06 | 3874 | -35.67 | 4092 | 138903.6620 | 160278.1632 | 0.0700 | 2.5300 | 2.5200 | 2.7900 | 0.2100 | 0.0150 | 1.3212 | 54803 | 17888 | -- | 10派1元(含税) |
| 000900 | 现代投资☆ | 53517.5851 | 6.99 | 14230.17 | -28.34 | 8993 | -48.14 | 9180 | 250860.6401 | 440414.3028 | 0.2300 | 6.2900 | 6.1300 | 3.5800 | 0.9500 | 1.0211 | 3.9460 | 39917 | 21437 | -- | 10派1元(含税) |
| 000901 | 航天科技☆ | 20348.4609 | 13.26 | 3068.95 | -9.10 | 2322 | -9.17 | 2107 | 35116.4663 | 55630.0407 | 0.1500 | 2.2200 | 2.2100 | 6.6100 | 0.1200 | 0.2154 | 0.8354 | 15840 | 4800 | -- | 10转4 |
| 000902 | 中国服装∇ | 51529.1472 | 14.27 | 836.10 | -- | 216 | -- | -44 | 46902.3546 | 98429.4212 | 0.0100 | 2.1820 | 2.1200 | 0.4600 | 0.0630 | -0.2080 | 1.3278 | 21500 | 6500 | -- | 不分配、不转增 |
| 000903 | 云内动力☆ | 109073.9422 | 54.85 | 12046.75 | 23.46 | 10025 | 24.49 | 11075 | 83349.9786 | 146040.1419 | 0.5000 | 4.1700 | 4.1500 | 12.0300 | 1.2600 | 0.2587 | 2.5846 | 19980 | 7800 | -- | 10派3.5元(含税) |
| 000905 | 厦门路桥Δ | 33018.6422 | 29.78 | 9650.13 | 114.55 | 8101 | 113.44 | 7123 | 94486.0430 | 283879.8700 | 0.2750 | 3.2030 | 3.1120 | 8.5700 | 0.5660 | 0.3017 | 1.7122 | 29500 | 9500 | -- | 10派5元(含税) |
| 000906 | 南方建材☆ | 135255.4154 | 59.96 | 4299.82 | 73.38 | 2447 | 28.48 | 2531 | 38739.2417 | 119307.6278 | 0.1000 | 1.6300 | 1.5900 | 6.3200 | 0.5300 | 0.2950 | 0.2285 | 23750 | 6650 | -- | 10派0.2元(含税) |
| 000908 | 天一科技☆ | 21444.9669 | 25.23 | 1723.29 | 44.46 | 1402 | 14.44 | 69 | 51117.7064 | 86667.4642 | 0.0501 | 1.8256 | 1.8253 | 2.7400 | 0.0630 | 0.3207 | 0.4287 | 28000 | 9000 | -- | 不分配、不转增 |
| 000909 | 数源科技☆ | 37273.4297 | 69.60 | 1041.35 | 11.02 | 406 | 19.08 | 302 | 53193.9287 | 98342.7900 | 0.0200 | 2.7100 | 2.7000 | 0.7600 | 0.6900 | 0.0341 | 1.6414 | 19600 | 6000 | -- | 不分配、不转增 |
| 000910 | 大亚科技☆ | 78520.0592 | 46.80 | 9590.95 | 34.21 | 6217 | 9.99 | 6175 | 87439.9336 | 161578.6426 | 0.2690 | 3.7810 | 3.7590 | 7.1100 | 0.5090 | 0.6312 | 1.9055 | 23125 | 8000 | -- | 不分配、不转增 |
| 000911 | 南宁糖业☆ | 142010.6209 | 48.34 | 11015.70 | 106.40 | 5855 | 27.56 | 5987 | 68610.1096 | 147179.1213 | 0.2400 | 2.8500 | 2.7200 | 8.5300 | 0.7400 | 0.0518 | 1.6757 | 24080 | 7280 | -- | 不分配、不转增 |
| 000912 | 泸天化☆ | 169417.5492 | 9.96 | 15185.87 | 17.02 | 11417 | 9.85 | 10200 | 152785.4611 | 366238.3541 | 0.2540 | 3.3950 | 3.2780 | 7.4700 | 0.6400 | 0.3849 | 1.7732 | 45000 | 15000 | -- | 10转3派2元(含税) |
| 000913 | 钱江摩托☆ | 270059.8644 | -0.64 | 11107.47 | 2.73 | 7207 | -4.69 | 6695 | 120366.4861 | 190930.4154 | 0.1600 | 2.6500 | 2.6400 | 5.9900 | -0.1500 | 0.3658 | 1.1650 | 45354 | 13520 | -- | 10派1元(含税) |
| 000915 | 山大华特☆ | 9973.6675 | 137.32 | 727.18 | 400.41 | 533 | 266.69 | -318 | 25189.2498 | 56143.0950 | 0.0300 | 1.6400 | 1.6300 | 2.1200 | -0.1100 | 0.1667 | 0.3647 | 15357 | 7825 | -- | 不分配、不转增 |
| 000916 | 华北高速☆ | 44416.0958 | 12.34 | 24980.72 | 14.09 | 17348 | 7.54 | 16434 | 273859.5700 | 295844.1682 | 0.1592 | 2.5125 | 2.4729 | 6.3300 | 0.2453 | 0.0938 | 1.2270 | 109000 | 34000 | -- | 10派1.5元(含税) |
| 000917 | 电广传媒○ | 68404.4441 | -1.29 | 104.16 | -94.48 | 4034 | -46.92 | 4127 | 233606.6929 | 487709.7569 | 0.1600 | 9.0400 | 8.8400 | 1.7300 | -1.6000 | 0.5388 | 7.2664 | 25840 | 11800 | -- | 10派1元(含税) |
| 000918 | 亚华种业☆ | 72214.0408 | 71.91 | 1885.45 | -33.80 | 1601 | -47.08 | 1961 | 66226.4101 | 220040.4576 | 0.0940 | 3.8960 | 3.7110 | 2.4170 | 0.1220 | 0.3537 | 2.2846 | 17000 | 6000 | -- | 不分配、不转增 |
| 000919 | 金陵药业☆ | 62956.0279 | 26.25 | 17618.73 | 14.26 | 12868 | 18.50 | 11038 | 114262.1861 | 153769.0857 | 0.4600 | 4.0800 | 4.0800 | 11.2600 | 0.4700 | 0.4410 | 2.2712 | 28000 | 8000 | -- | 10派2.16元(含税) |
| 000920 | 南方汇通☆ | 54282.1886 | 10.28 | 10440.44 | 1.65 | 9628 | 4.05 | 9131 | 62877.5486 | 123088.0462 | 0.5100 | 3.3100 | 3.3000 | 15.3100 | 0.3100 | 0.0617 | 1.9950 | 19000 | 7000 | -- | 10派4.2元(含税) |
| 000921 | ST科龙∇ | 487825.7017 | 11.33 | 10391.97 | -- | 10128 | -- | 9282 | 257500.0833 | 765653.9329 | 0.1000 | 2.6000 | 2.3900 | 3.9300 | 0.5000 | -1.2217 | 2.4728 | 99201 | 19450 | H股:45958.981 | 不分配、不转增 |
| 000922 | 阿继电器☆ | 25516.4980 | 3.27 | 1968.81 | -43.24 | 1642 | -40.85 | 1774 | 53574.1763 | 90399.2261 | 0.0900 | 3.0500 | 3.0100 | 3.0700 | 0.3200 | 0.0711 | 1.7598 | 17555 | 7900 | -- | 10转7 |
| 000923 | 河北宣工☆ | 40780.5989 | 10.19 | 1014.60 | -41.51 | 648 | -55.64 | 653 | 41284.7439 | 80979.7755 | 0.0400 | 2.5000 | 2.4900 | 1.5700 | -0.3500 | 0.2498 | 1.1843 | 16500 | 5500 | -- | 不分配、不转增 |
| 000925 | 浙大海纳☆ | 17340.1974 | 1.58 | 1978.14 | -27.65 | 1265 | -34.22 | 991 | 37913.9490 | 51916.7571 | 0.1400 | 4.2100 | 4.2000 | 3.3400 | 0.7300 | 0.3500 | 2.7015 | 9000 | 3000 | -- | 不分配、不转增 |
| 000926 | 福星科技☆ | 43613.8019 | 2.48 | 7147.48 | -22.39 | 4585 | -43.48 | 4819 | 69056.0761 | 153425.5613 | 0.1700 | 2.5900 | 2.5900 | 6.6400 | -0.7700 | 0.5822 | 0.7102 | 26670 | 10052 | -- | 不分配、不转增 |
| 000927 | 一汽夏利Δ | 415128.7757 | 21.88 | -79025.91 | -- | -79037 | -- | -64314 | 237536.6196 | 759289.0075 | -0.5000 | 1.4900 | 1.4700 | -33.2700 | 0.7800 | -0.4304 | 0.8188 | 159517 | 23980 | -- | 不分配、不转增 |
| 000928 | 吉林炭素☆ | 78508.9755 | 1.17 | -2573.06 | -- | -2270 | -- | -1851 | 100424.6865 | 287235.8345 | -0.0800 | 3.5500 | 3.0000 | -2.3000 | 0.3600 | 0.1622 | 1.9605 | 28290 | 12005 | -- | 不分配、不转增 |
| 000929 | 兰州黄河☆ | 17789.2876 | 15.13 | 95.07 | -- | 309 | -- | -3076 | 34266.9976 | 74344.8942 | 0.0300 | 2.9100 | 2.8600 | 0.9000 | 0.3100 | -0.7553 | 2.5530 | 11784 | 5400 | -- | 10转4 |
| 000930 | 丰原生化☆ | 119941.6136 | 40.58 | 16505.27 | 37.42 | 11017 | 0.18 | 8885 | 149008.3563 | 304011.1650 | 0.3460 | 4.6780 | 4.6740 | 7.3900 | 0.5970 | 0.6038 | 2.8974 | 31856 | 16200 | -- | 不分配、不转增 |
| 000931 | 中关村Δ | 93761.4783 | -50.84 | -21858.77 | -- | -18808 | -- | -17724 | 152188.9588 | 739930.1604 | -0.2800 | 2.2600 | 2.0800 | -12.3600 | -0.3700 | -0.1736 | 1.3057 | 67485 | 37485 | -- | 不分配、不转增 |

| 代码 | 名称 | 主营业务收入(万元) | 同比(%) | 利润总额(万元) | 同比(%) | 净利润(万元) | 同比(%) | 扣除非经常性损益后净利润(万元) | 股东权益(万元) | 总资产(万元) | 每股收益(摊薄)(元) | 每股净资产(元) | 调整后每股净资产(元) | 净资产收益率(%) | 每股经营现金流量净额(元) | 每股未分配利润(摊薄)(元) | 每股资本公积金(元) | 总股本(万股) | 流通A股(万股) | 流通外资股(万股) | 分配预(方)案 |
|---|---|---|---|---|---|---|---|---|---|---|---|---|---|---|---|---|---|---|---|---|---|
| 000932 | 华菱管线☆ | 976397.7507 | 14.88 | 70643.37 | 13.49 | 53464 | 12.90 | 54976 | 499150.6002 | 922771.7941 | 0.3000 | 2.8300 | 2.7400 | 10.7100 | 0.8900 | 0.3896 | 1.2413 | 176538 | 45000 | -- | 10派1元(含税) |
| 000933 | 神火股份☆ | 71670.9190 | 12.12 | 15857.77 | 16.05 | 11232 | 13.47 | 12153 | 106815.9570 | 137022.8470 | 0.4490 | 4.2730 | 4.2410 | 10.5200 | 1.0040 | 0.0125 | 3.0291 | 25000 | 9100 | -- | 10派4元(含税) |
| 000935 | 四川双马☆ | 44142.3249 | 3.36 | 5134.90 | -22.58 | 3278 | -36.23 | 3296 | 53774.0805 | 88689.9701 | 0.1000 | 1.6800 | 1.5400 | 6.1000 | 0.2600 | 0.1189 | 0.4780 | 31941 | 10440 | -- | 10派0.6元(含税) |
| 000936 | 华西村☆ | 82009.4829 | 23.66 | 8608.96 | 16.53 | 6417 | -3.07 | 6415 | 57962.0190 | 85654.6430 | 0.3800 | 3.4500 | 3.4400 | 11.0700 | 0.5300 | 0.9300 | 1.3021 | 16800 | 4200 | -- | 10派1元(含税) |
| 000937 | 金牛能源☆ | 139916.2715 | 20.15 | 27134.87 | 8.56 | 18842 | -25.57 | 0 | 167023.6269 | 242037.8623 | 0.4400 | 3.9300 | 3.9200 | 11.3000 | 0.8700 | 0.5507 | 1.8627 | 42500 | 10000 | -- | 10派4元(含税) |
| 000938 | 清华紫光☆ | 189905.6657 | 29.60 | 2095.34 | -- | 1002 | -- | 230 | 62587.9752 | 150979.6168 | 0.0490 | 3.0370 | 3.0190 | 1.6000 | -1.3440 | 0.0609 | 1.8426 | 20608 | 6400 | -- | 不分配,不转增 |
| 000939 | 凯迪电力☆ | 55298.9551 | 30.73 | 10506.86 | 28.51 | 8784 | 38.50 | 8883 | 54605.7907 | 120216.2270 | 0.4061 | 2.5200 | 2.4400 | 16.0900 | 0.8200 | 0.6963 | 0.6401 | 21630 | 10607 | -- | 10派1元(含税) |
| 000948 | 南天信息☆ | 73659.1741 | -17.57 | 4515.09 | -13.71 | 4079 | 3.39 | 3634 | 48967.6633 | 85810.3120 | 0.2900 | 3.5000 | 3.4300 | 8.3300 | -1.2000 | 0.0458 | 2.1830 | 14000 | 4000 | -- | 10派2元(含税) |
| 000949 | 新乡化纤☆ | 80395.5349 | 9.91 | 10039.63 | 215.49 | 7431 | 130.08 | 7064 | 105217.0645 | 159520.4083 | 0.1500 | 2.1500 | 2.1400 | 7.0600 | 0.4800 | 0.2210 | 0.7252 | 49057 | 18582 | -- | 10派0.5元(含税) |
| 000950 | 民丰农化☆ | 33429.0767 | -29.27 | -9843.58 | -- | -9844 | -- | -8633 | 32907.8737 | 90567.4642 | -0.6351 | 2.1231 | 2.0624 | -0.2991 | 0.2608 | -0.4522 | 1.4921 | 15500 | 5500 | -- | 不分配,不转增 |
| 000951 | ST小鸭☆ | 30036.8451 | -- | -20912.92 | -- | -20894 | -- | -18797 | 30042.7188 | 129166.0506 | -0.8200 | 1.1800 | 1.0800 | -69.5500 | 0.0400 | -1.1250 | 1.2852 | 25398 | 9000 | -- | 不分配,不转增 |
| 000952 | 广济药业☆ | 20215.9637 | 8.63 | 2729.27 | -14.99 | 1987 | -19.20 | 2008 | 50685.7715 | 81990.6886 | 0.1200 | 2.9600 | 2.9200 | 3.9200 | 0.4500 | 0.6100 | 1.1729 | 17123 | 7077 | -- | 不分配,不转增 |
| 000953 | 河池化工☆ | 36360.9580 | 2.76 | 1482.63 | -44.70 | 1290 | -36.04 | 116 | 41453.6473 | 108842.5746 | 0.0700 | 2.1100 | 2.0600 | 3.1100 | 0.2100 | 0.2355 | 0.7210 | 19604 | 7458 | -- | 10转5派0.6元(含税) |
| 000955 | 欣龙无纺☆ | 15081.1274 | -6.01 | 959.37 | -49.36 | 865 | -46.83 | 842 | 49162.4545 | 80159.7390 | 0.0384 | 2.1800 | 2.0700 | 1.7600 | 0.1670 | 0.0549 | 1.0565 | 22550 | 6050 | -- | 不分配,不转增 |
| 000956 | 中原油气☆ | 179423.8511 | 3.10 | 55560.13 | -7.01 | 46833 | -7.99 | 48980 | 325358.7654 | 401613.3127 | 0.5700 | 3.9872 | 3.9872 | 14.3900 | 0.4707 | 1.2899 | 1.1640 | 81600 | 20400 | -- | 10派1元(含税) |
| 000957 | 中通客车☆ | 42569.4215 | 30.76 | 2682.16 | -34.93 | 1683 | -49.77 | 903 | 46399.4866 | 87712.2144 | 0.0700 | 1.9500 | 1.9500 | 3.6300 | -0.0400 | 0.2388 | 0.5900 | 23850 | 12638 | -- | 不分配,不转增 |
| 000958 | 东方热电☆ | 41531.7308 | -9.92 | 7391.04 | -18.02 | 7206 | -6.15 | 7359 | 119057.9933 | 208259.2987 | 0.3100 | 5.2000 | 5.2000 | 6.0500 | 0.2900 | 0.5866 | 3.3749 | 22915 | 9415 | -- | 10送1转4派1元(含税) |
| 000959 | 首钢股份☆ | 1258059.8853 | 4.69 | 81769.67 | 0.30 | 68258 | -3.77 | 56178 | 509772.7053 | 1001358.7325 | 0.3000 | 2.2100 | 2.0900 | 13.3900 | 0.3800 | 0.0240 | 1.0079 | 231000 | 35000 | -- | 10派2.3元(含税) |
| 000960 | 锡业股份☆ | 122044.2145 | 6.97 | 148.45 | -88.62 | 116 | -89.92 | 112 | 115531.1691 | 224862.0517 | 0.0032 | 3.2280 | 3.2117 | 0.1000 | -0.2500 | 0.0990 | 1.9893 | 35790 | 13000 | -- | 10派0.12元(含税) |
| 000961 | 大连金牛☆ | 119884.0888 | 5.02 | 6547.39 | 5.94 | 4387 | -16.50 | 4406 | 103781.7473 | 300687.0384 | 0.1500 | 3.4500 | 3.3600 | 4.2300 | 0.2400 | 0.4452 | 1.9141 | 30053 | 13000 | -- | 10派0.3元(含税) |
| 000962 | 东方钽业☆ | 41900.3447 | -65.81 | 1757.13 | -91.33 | 1529 | -91.43 | 1200 | 106729.2148 | 149336.3484 | 0.0400 | 2.9900 | 2.9900 | 1.4300 | 0.2200 | 0.5309 | 1.2511 | 35640 | 14040 | -- | 不分配,不转增 |
| 000963 | 华东医药☆ | 206569.7462 | 9.50 | 7959.57 | -15.83 | 4653 | -13.74 | 4849 | 55113.4258 | 137094.7229 | 0.1200 | 1.4500 | 1.4000 | 8.4400 | 0.0600 | 0.0344 | 0.2922 | 38000 | 10000 | -- | 10派0.7元(含税) |
| 000965 | 天水股份☆ | 46550.5832 | 23.19 | 1405.13 | -42.99 | 1238 | -45.16 | 149 | 61035.3922 | 116527.5996 | 0.0500 | 2.5600 | 2.3300 | 2.0300 | -0.0600 | 0.2005 | 1.2659 | 23871 | 7700 | -- | 不分配,不转增 |
| 000966 | 长源电力Δ | 91899.2982 | 4.31 | 7471.02 | -2.90 | 3616 | -22.10 | 3668 | 83591.8056 | 236565.4042 | 0.1000 | 2.2600 | 2.2200 | 4.3300 | 0.0200 | 0.0905 | 1.0555 | 37014 | 10800 | -- | 10派0.7元(含税) |
| 000967 | 上风高科☆ | 16317.9740 | 22.01 | 2227.81 | -35.37 | 1508 | -44.81 | 1494 | 46055.1486 | 56094.1523 | 0.1102 | 3.3700 | 3.2800 | 3.2700 | -0.1682 | 0.2265 | 1.8745 | 13679 | 4500 | -- | 10派0.6元(含税) |
| 000968 | 神州股份☆ | 80536.3686 | 21.57 | 6129.12 | -2.86 | 4921 | -8.74 | 3290 | 118343.4609 | 209618.1591 | 0.1245 | 2.9946 | 2.5993 | 4.1600 | 0.0185 | 0.2052 | 1.6725 | 39519 | 15000 | -- | 10派0.1元(含税) |
| 000969 | 安泰科技☆ | 51617.5584 | 18.63 | 7277.09 | -0.24 | 6938 | 2.68 | 7103 | 109310.6357 | 134830.8894 | 0.2842 | 4.4770 | 4.4600 | 6.3500 | 0.2124 | 0.0970 | 3.1212 | 24416 | 9600 | -- | 10派1.6元(含税) |
| 000970 | 中科三环☆ | 46371.3866 | 26.31 | 5414.70 | 19.59 | 3392 | 11.39 | 3273 | 38163.0638 | 75475.2920 | 0.1400 | 1.6200 | 1.5800 | 8.8900 | 0.2500 | 0.1083 | 0.4406 | 23490 | 9450 | -- | 10派1元(含税) |
| 000971 | 湖北迈亚☆ | 25328.2608 | -6.44 | 3868.59 | -1.82 | 2649 | -22.02 | 2365 | 42203.7044 | 94543.1109 | 0.1400 | 2.2600 | 2.2500 | 6.2800 | 0.3800 | 0.0231 | 1.0261 | 18700 | 5500 | -- | 10派1.25元(含税) |
| 000972 | 新中基☆ | 67676.4819 | 23.21 | 4633.48 | 121.92 | 3756 | 90.74 | 3568 | 42676.5236 | 141036.1749 | 0.3000 | 3.4300 | 3.3100 | 8.8000 | 0.0400 | 0.1198 | 1.9793 | 12459 | 4500 | -- | 10派1元(含税) |
| 000973 | 佛塑股份☆ | 174125.3958 | 4.29 | 13340.26 | 16.99 | 11643 | 16.88 | 11670 | 115993.0544 | 249754.4012 | 0.3120 | 3.1060 | 3.0550 | 10.0400 | 0.6200 | 0.0766 | 1.7408 | 37345 | 9500 | -- | 10派2.1元(含税) |
| 000975 | 科学城☆ | 20401.4624 | 68.71 | 7831.20 | 138.50 | 6828 | 144.66 | 4800 | 72020.4171 | 91172.5688 | 0.2300 | 2.4300 | 2.4300 | 9.4800 | 0.5600 | 0.0600 | 1.2682 | 29600 | 12800 | -- | 10派1.5元(含税) |
| 000976 | 春晖股份☆ | 133914.7793 | 16.15 | 5968.92 | -1.79 | 5969 | 3.45 | 5249 | 103299.5666 | 198219.8890 | 0.1417 | 2.4528 | 2.4523 | 5.7800 | 0.7478 | 0.0360 | 1.2560 | 42115 | 12600 | -- | 10派2.5元(含税) |
| 000977 | 浪潮信息☆ | 89805.7844 | 12.64 | 8487.45 | 63.96 | 5015 | 15.77 | 4356 | 83999.0807 | 159541.3805 | 0.2300 | 3.9100 | 3.8100 | 5.9700 | 0.6000 | 0.3634 | 2.3591 | 21500 | 6500 | -- | 10派1元(含税) |

| 代码 | 名称 | 主营业务收入(万元) | 同比(%) | 利润总额(万元) | 同比(%) | 净利润(万元) | 同比(%) | 扣除非经常性损益后净利润(万元) | 股东权益(万元) | 总资产(万元) | 每股收益(摊薄)(元) | 每股净资产(元) | 调整后每股净资产(元) | 净资产收益率(%) | 每股经营现金流量净额(元) | 每股未分配利润(摊薄)(元) | 每股资本公积金(元) | 总股本(万股) | 流通A股(万股) | 流通外资股(万股) | 分配预(方)案 |
|---|---|---|---|---|---|---|---|---|---|---|---|---|---|---|---|---|---|---|---|---|---|
| 000978 | 桂林旅游☆ | 22540.2765 | 12.86 | 5713.04 | 5.64 | 4635 | 5.94 | 4725 | 37100.4730 | 58071.9602 | 0.2620 | 2.0960 | 2.0690 | 12.4900 | 0.3680 | 0.0092 | 0.9136 | 17700 | 6000 | -- | 10派2.1元(含税) |
| 000979 | 科苑集团Δ | 28692.0549 | 22.43 | -2143.41 | -- | -1809 | -- | -2013 | 45142.6284 | 80564.2064 | -0.1900 | 4.8000 | 4.7400 | -4.0100 | 0.1000 | -0.0263 | 3.7190 | 9400 | 4000 | -- | 不分配、不转增 |
| 000980 | ST金马☆ | 21645.5700 | 5.72 | -8876.96 | -- | -8877 | -- | -9684 | 37293.8452 | 88795.1305 | -0.5900 | 2.4900 | 2.4700 | -23.8000 | 0.6100 | -0.6028 | 2.0079 | 15000 | 5800 | -- | 不分配、不转增 |
| 000981 | 兰光科技☆ | 74225.4400 | 15.70 | 650.14 | -74.19 | 1543 | -32.06 | 1672 | 63161.9462 | 130685.5972 | 0.0960 | 3.9200 | 3.6600 | 2.4400 | -0.1530 | 0.1566 | 2.7205 | 16100 | 5000 | -- | 10派1元(含税) |
| 000982 | 圣雪绒Δ | 51218.6510 | 13.29 | 1753.29 | -44.51 | 541 | -76.03 | 401 | 35116.2913 | 142053.0098 | 0.0700 | 4.7500 | 4.5300 | 1.5400 | 0.3100 | 0.4179 | 3.0887 | 7400 | 3000 | -- | 10派1元(含税) |
| 000983 | 西山煤电☆ | 209706.7773 | 6.99 | 30021.57 | 10.65 | 20433 | -17.45 | 20402 | 301409.7023 | 451411.0710 | 0.2500 | 3.7300 | 3.7200 | 6.7800 | 0.3900 | 0.3820 | 2.2024 | 80800 | 28800 | -- | 10派1元(含税) |
| 000985 | 大庆华科☆ | 48977.1704 | 29.07 | 1166.02 | -54.88 | 1020 | -53.98 | 797 | 39030.7263 | 52384.2942 | 0.0900 | 3.3900 | 3.3800 | 2.6100 | 0.4600 | 0.0518 | 2.1780 | 11500 | 3000 | -- | 10派0.6元(含税) |
| 000987 | 广州友谊☆ | 90445.0522 | -7.66 | 5011.46 | -8.70 | 3832 | -0.08 | 3453 | 61358.1327 | 80874.2924 | 0.1600 | 2.5600 | 2.5500 | 6.2500 | 0.4400 | 0.1769 | 0.7513 | 23931 | 6000 | -- | 10派1元(含税) |
| 000988 | 华工科技☆ | 34705.2098 | 16.85 | 4867.89 | -15.07 | 4042 | -8.38 | 3701 | 61692.3113 | 105626.5557 | 0.3500 | 5.3600 | 5.3000 | 6.5500 | -0.4500 | 0.3763 | 3.6506 | 11500 | 3000 | -- | 10送1转9派1.3元(含税) |
| 000989 | 九芝堂☆ | 90513.0883 | 27.54 | 7012.67 | 10.29 | 6292 | 20.15 | 6250 | 51002.2187 | 101908.5828 | 0.3760 | 3.0500 | 2.9500 | 12.3400 | 0.5650 | 0.0157 | 1.8776 | 16721 | 5200 | -- | 10派3.30元(含税) |
| 000990 | 诚志股份☆ | 81106.0653 | 84.87 | 6433.43 | 1.25 | 5530 | 22.76 | 4456 | 70986.2510 | 141021.6315 | 0.3090 | 3.9600 | 3.9400 | 7.9800 | 0.3300 | 0.3607 | 2.4074 | 17925 | 7200 | -- | 10送0.6元(含税) |
| 000993 | 闽东电力☆ | 23026.9415 | 3.70 | 2987.51 | -22.46 | 2256 | -25.68 | 914 | 145017.7070 | 242334.1902 | 0.0800 | 4.8300 | 4.6700 | 1.5600 | 0.2300 | 0.0050 | 3.7452 | 30000 | 10000 | -- | 10派0.6元(含税) |
| 000995 | 皇台酒业▽ | 10549.0000 | -12.89 | 857.00 | 36.49 | 217 | -12.46 | -39 | 46288.0000 | 66845.0000 | 0.0155 | 3.3060 | 3.2000 | 0.4700 | -0.0600 | 0.0440 | 2.0830 | 14000 | 4000 | -- | 10转1 |
| 000996 | 捷利股份☆ | 13815.8989 | -26.51 | -2453.86 | -- | -2345 | -- | -875 | 39584.9749 | 57893.6529 | -0.2000 | 3.4400 | 3.4400 | -5.9200 | -0.2500 | -0.0823 | 2.2577 | 11500 | 3500 | -- | 不分配、不转增 |
| 000997 | 新大陆☆ | 35700.1062 | -22.85 | 4292.06 | -16.20 | 3806 | -5.66 | 3233 | 59987.2633 | 76119.7986 | 0.3300 | 5.1700 | 5.1400 | 6.3400 | 0.4000 | 0.0166 | 3.8902 | 11600 | 3100 | -- | 10派3元(含税) |
| 000998 | 隆平高科☆ | 37459.0623 | 39.82 | 2172.85 | -53.20 | 1006 | -75.05 | 1198 | 79552.6435 | 103235.2297 | 0.0960 | 7.5760 | 7.5630 | 1.2650 | -0.3070 | 0.0084 | 6.3433 | 10500 | 5500 | -- | 10派0.5元(含税) |
| 000999 | 三九医药▽ | 216567.7692 | 15.98 | 18920.84 | 11.12 | 16502 | 36.35 | 18683 | 269888.0939 | 685021.1320 | 0.2200 | 3.5800 | 3.0700 | 6.1100 | 0.6600 | 0.1943 | 2.2712 | 75300 | 20000 | -- | 10转3派0.93元(含税) |
| 001696 | ST联益Δ | 13975.9676 | -7.06 | 1587.81 | 73.40 | 781 | -16.05 | 426 | 5092.7800 | 38947.4126 | 0.0571 | 0.3721 | -0.0476 | 15.3400 | 1.3015 | -1.0960 | 0.3113 | 13686 | 5158 | -- | 不分配、不转增 |
| 001896 | 豫能控股☆ | 47469.2000 | 10.31 | 5404.80 | -20.87 | 4114 | -23.32 | 4150 | 90328.7000 | 135919.0000 | 0.0960 | 2.1010 | 2.0980 | 4.5500 | 0.3750 | 0.0136 | 0.7988 | 43000 | 7995 | -- | 10派0.7元(含税) |
| 200041 | 深本实BΔ | 5693.8732 | -14.65 | 765.50 | -40.35 | 292 | -58.61 | 271 | 12532.7711 | 26214.4739 | 0.0500 | 2.0700 | 1.9100 | 2.3300 | 0.2400 | 0.0540 | 0.4933 | 6050 | -- | B股:1573.000 | 不分配、不转增 |
| 200053 | 深基地B☆ | 9547.3649 | -7.10 | 7048.93 | 3.44 | 6294 | 4.60 | 6311 | 55674.9832 | 63871.8242 | 0.2730 | 2.4140 | 2.3660 | 11.3050 | 0.3200 | 0.1185 | 0.9478 | 23060 | -- | B股:6000.000 | 10派0.1648美元(含税) |
| 200054 | ST建摩B☆ | 48895.0000 | -33.27 | -15114.20 | -- | -15107 | -- | -15331 | 16309.9000 | 110759.8000 | -0.3200 | 0.3400 | 0.3300 | -92.6200 | -0.0500 | -2.0593 | 1.1377 | 47750 | -- | B股:12000.000 | 不分配、不转增 |
| 200057 | ST大洋BΔ | -- | -- | -3057.14 | -- | -3057 | -- | -2875 | -8994.3972 | 9330.6051 | -0.1500 | -0.4500 | -0.7400 | 33.9900 | -0.1200 | -1.8725 | 0.3547 | 19800 | -- | B股:7920.000 | 不分配、不转增 |
| 200152 | 山航BΔ | 159658.9636 | 21.73 | -4848.01 | -- | -4558 | -- | -6367 | 52532.9320 | 332791.2054 | -0.1100 | 1.3100 | 1.0100 | -8.6800 | 0.1500 | 0.0490 | 0.2072 | 40000 | -- | B股:14000.000 | 不分配、不转增 |
| 200160 | 帝贤B☆ | 46308.7869 | 59.53 | 13928.71 | 72.86 | 11530 | 73.30 | 11535 | 55372.8489 | 183966.1136 | 0.3200 | 1.5100 | 1.5100 | 20.8200 | 0.4400 | 0.2763 | 0.1252 | 36550 | -- | B股:19550.000 | 10送2 |
| 200168 | 雷伊B☆ | 47682.2720 | 18.63 | 4927.82 | -6.49 | 4015 | 18.41 | 3271 | 41112.1036 | 95849.2660 | 0.2300 | 2.3200 | 2.3200 | 9.7600 | 0.5600 | 0.4150 | 0.5246 | 17700 | -- | B股:6900.000 | 10送4转1 |
| 200468 | 宁通信B☆ | 62587.2035 | -16.95 | -5468.87 | -513.95 | -5893 | -2573.60 | -6249 | 37395.2013 | 99580.5817 | -0.2700 | 1.7400 | 1.6600 | -15.7600 | 0.4900 | -0.2224 | 0.8378 | 21500 | -- | B股:10000.000 | 不分配、不转增 |
| 200512 | 闽灿坤B☆ | 348481.5000 | 24.53 | 26546.80 | 42.37 | 24029 | 41.01 | 29489 | 126097.9000 | 264800.0000 | 0.3552 | 1.8600 | 1.8400 | 19.0600 | 0.6000 | 0.3872 | 0.1499 | 67641 | -- | B股:25045.500 | 10送3 |
| 200706 | 瓦轴BΔ | 109898.7244 | 2.53 | 1697.85 | -12.04 | 1471 | -15.27 | 1665 | 101408.0379 | 204138.4506 | 0.0450 | 3.0700 | 2.9100 | 1.4400 | 0.2900 | 0.3760 | 1.5793 | 33000 | -- | B股:13000.000 | 10派0.3元(含税) |
| 200770 | 武锅B☆ | 63050.0781 | 55.96 | 3321.84 | 43.17 | 2014 | 11.83 | 2058 | 51275.6337 | 174033.9336 | 0.0680 | 1.7260 | 1.6320 | 3.9300 | 0.5300 | 0.1548 | 0.5040 | 29700 | -- | B股:12500.000 | 10派0.35元(含税) |
| 200771 | 杭汽轮B☆ | 32602.7764 | 12.75 | 4330.78 | 35.38 | 3471 | 26.72 | 4506 | 45478.3502 | 68548.0273 | 0.1580 | 2.0700 | 1.9200 | 7.6300 | 0.3600 | 0.2177 | 0.6806 | 22000 | -- | B股:8000.000 | 10派1元(含税) |
| 200986 | 粤华包B☆ | 74061.0676 | 44.85 | 11848.23 | -8.19 | 9571 | -19.37 | 9197 | 85485.5193 | 138203.9889 | 0.2200 | 1.9500 | 1.9300 | 11.2000 | 0.2500 | 0.2290 | 0.5700 | 43950 | -- | B股:14950.000 | 10派1.1元(含税) |
| 200992 | 中鲁B◆ | 31098.2756 | -6.49 | -23101.49 | -- | -22981 | -- | -18714 | 27703.2440 | 80417.7030 | -0.8600 | 1.0400 | 1.0200 | -82.9500 | 0.1800 | -0.7815 | 0.7408 | 26607 | -- | B股:13800.000 | 不分配、不转增 |

备注：一、延期公布2002年度报告的公司不列入本表统计范围；二、会计师事务所审计说明，☆：无保留意见；Δ：无保留有解释段说明；▽：有保留无解释段说明；○有保留有解释段说明；■：否定意见；◆：拒绝表示意见。

# 四、2002年度中国上市公司基本情况简报表

## 1.2002年度中国上市公司基本情况简报表（沪市）

| 项目 | | | 股本 | | | 业绩 | | | | | | | | | 资产 | | | | | | | 分配 |
|---|---|---|---|---|---|---|---|---|---|---|---|---|---|---|---|---|---|---|---|---|---|---|
| 序号 | 代码 | 公司简称 | 总股本（亿股） | 流通A（亿股） | 2003.04.29 | 主营收入（亿元） | ±% | 净利润（万元） | ±% | 每股收益（元） | 2003.04.29摊薄后 | 净资产收益率（%） | 每股经营性现金流量（元） | 2003.04.29摊薄后 | 总资产（亿元） | ±% | 净资产（亿元） | ±% | 资产负债比率（%） | 每股净资产（元） | 2003.04.29摊薄后 | 2002年度已（拟）实施利润分配方案 |
| 1 | 600000 | 浦发银行 | 36.15 | 6.00 | 9.00 | 81.56 | 33.87 | 128530.88 | 21.04 | 0.3560 | 0.3287 | 16.15 | 0.86 | 0.79 | 2793.01 | 60.80 | 79.60 | 12.65 | 97.15 | 2.202 | 2.033 | 10派1元（含税） |
| 2 | 600001 | 邯郸钢铁 | 14.87 | 4.90 | 4.90 | 78.75 | 8.82 | 52864.91 | -22.61 | 0.3560 | 0.3560 | 8.00 | 0.48 | 0.48 | 98.61 | 13.30 | 66.06 | 5.85 | 33.01 | 4.440 | 4.440 | 10派1.1元（含税） |
| 3 | 600002 | 齐鲁石化 | 19.50 | 3.50 | 3.50 | 71.69 | -4.31 | 4262.80 | 170.71 | 0.0220 | 0.0220 | 0.97 | 0.62 | 0.62 | 66.62 | -9.23 | 43.91 | 1.01 | 34.08 | 2.250 | 2.250 | 不分不转 |
| 4 | 600003 | 东北高速 | 12.13 | 3.00 | 3.00 | 4.03 | 7.85 | 12172.68 | -34.50 | 0.1003 | 0.1003 | 3.99 | 0.24 | 0.24 | 52.78 | 5.68 | 30.52 | 4.15 | 32.44 | 2.515 | 2.515 | 不分不转 |
| 5 | 600004 | 白云机场 | 6.00 | 0.00 | 4.00 | 9.40 | - | 28668.03 | - | 0.4800 | 0.2880 | 23.88 | 0.47 | 0.28 | 16.68 | - | 12.01 | - | 22.71 | 2.000 | 1.200 | 不分不转 |
| 6 | 600005 | 武钢股份 | 20.90 | 3.20 | 3.20 | 67.58 | 6.82 | 59590.20 | -15.25 | 0.2850 | 0.2850 | 11.54 | 0.61 | 0.61 | 69.82 | 4.58 | 51.62 | 10.52 | 26.07 | 2.469 | 2.469 | 10送2股派0.50元（含税） |
| 7 | 600006 | 东风汽车 | 10.00 | 3.00 | 3.00 | 70.01 | 58.00 | 61643.04 | 14.71 | 0.6164 | 0.6164 | 18.27 | 1.94 | 1.94 | 66.13 | 33.64 | 33.75 | 14.10 | 45.46 | 3.375 | 3.375 | 10派2元（含税） |
| 8 | 600007 | 中国国贸 | 8.00 | 1.60 | 1.60 | 6.52 | 9.20 | 17504.10 | -1.95 | 0.2200 | 0.2200 | 7.82 | 0.47 | 0.47 | 38.02 | 2.35 | 22.39 | 4.46 | 41.12 | 2.800 | 2.800 | 10派1.04元（含税） |
| 9 | 600008 | 首创股份 | 11.00 | 3.00 | 3.00 | 2.03 | - | 46051.71 | - | 0.4187 | 0.4187 | 11.48 | 0.47 | 0.47 | 59.82 | - | 40.11 | - | 32.14 | 3.647 | 3.647 | 10派3.5元（含税） |
| 10 | 600009 | 上海机场 | 14.13 | 5.13 | 5.13 | 13.71 | 18.54 | 60568.10 | 6.87 | 0.4290 | 0.4290 | 11.33 | 0.71 | 0.71 | 67.37 | 1.80 | 53.48 | 6.51 | 20.62 | 3.786 | 3.786 | 10派2元（含税） |
| 11 | 600010 | 钢联股份 | 12.50 | 3.50 | 3.50 | 64.05 | 14.75 | 30543.33 | 19.00 | 0.2400 | 0.2400 | 8.50 | 1.09 | 1.09 | 82.67 | 13.69 | 35.92 | 3.40 | 56.55 | 2.870 | 2.870 | 10派1.5元（含税） |
| 12 | 600011 | 华能国际 | 60.00 | 2.50 | 2.50 | 187.25 | 18.39 | 408235.06 | 12.27 | 0.6800 | 0.6800 | 14.00 | 1.30 | 1.30 | 480.99 | 1.84 | 291.69 | 7.54 | 37.65 | 4.860 | 4.860 | 10派3.4元（含税） |
| 13 | 600012 | 皖通高速 | 16.59 | 2.50 | 2.50 | 7.52 | 22.93 | 25839.26 | 4.14 | 0.1600 | 0.1600 | 7.30 | 0.30 | 0.30 | 50.62 | 16.11 | 35.52 | 23.04 | 26.03 | 2.140 | 2.140 | 10派0.3元（含税） |
| 14 | 600016 | 民生银行 | 25.87 | 5.23 | 6.80 | 72.14 | 40.90 | 89154.00 | 37.93 | 0.3400 | 0.2615 | 14.85 | 13.68 | 10.52 | 2462.81 | 77.31 | 60.04 | 10.67 | 97.56 | 2.320 | 1.785 | 10送2转增1股派0.60元（含税） |
| 15 | 600018 | 上港集箱 | 9.02 | 2.10 | 4.20 | 25.90 | 21.12 | 77844.84 | 10.46 | 0.8628 | 0.4314 | 15.63 | 1.61 | 0.81 | 82.54 | 6.93 | 49.81 | 8.43 | 24.12 | 5.521 | 2.760 | 10送3转增7派4元（含税） |
| 16 | 600019 | 宝钢股份 | 125.12 | 18.77 | 18.77 | 338.77 | 16.13 | 427193.24 | 66.79 | 0.3400 | 0.3400 | 15.16 | 0.86 | 0.86 | 614.89 | 5.94 | 281.85 | 7.21 | 54.16 | 2.250 | 2.250 | 10派2.00元（含税） |
| 17 | 600026 | 中海发展 | 33.26 | 3.50 | 3.50 | 43.26 | 7.34 | 57191.86 | 62.80 | 0.1720 | 0.1720 | 9.30 | 0.52 | 0.52 | 90.02 | 1.88 | 61.49 | 20.94 | 31.63 | 1.850 | 1.850 | 10派1元（含税） |
| 18 | 600028 | 中国石化 | 867.02 | 28.00 | 28.00 | 8241.84 | 6.52 | 412100.00 | 0.73 | 0.1630 | 0.1630 | 9.64 | 0.69 | 0.69 | 8683.75 | 2.24 | 1465.15 | 5.38 | 53.68 | 1.690 | 1.690 | 10派0.6元（含税） |
| 19 | 600030 | 中信证券 | 24.82 | 4.00 | 4.00 | 8.26 | -56.53 | 11007.58 | -82.52 | 0.0400 | 0.0400 | 2.15 | -2.67 | -2.67 | 186.40 | -0.15 | 51.16 | 53.86 | 72.55 | 2.060 | 2.060 | 不可流通法人股10派0.44元（含税），社会公众股派0.037元（含税） |
| 20 | 600033 | 福建高速 | 6.85 | 2.00 | 2.00 | 7.03 | 131.39 | 26014.22 | 18.10 | 0.3798 | 0.3798 | 10.11 | 0.63 | 0.63 | 55.64 | -6.08 | 25.73 | 9.62 | 30.08 | 3.757 | 3.757 | 10送2股派0.5元（含税） |
| 21 | 600036 | 招商银行 | 57.07 | 10.70 | 15.00 | 95.69 | 10.64 | 173427.00 | 26.10 | 0.3000 | 0.3000 | 10.82 | 5.96 | 5.96 | 8716.60 | 39.55 | 160.32 | 226.37 | 95.69 | 2.810 | 2.810 | 10派1.2元（含税） |
| 22 | 600037 | 歌华有线 | 3.51 | 1.04 | 1.04 | 4.69 | 42.79 | 14963.66 | 5.12 | 0.4300 | 0.4300 | 8.67 | 0.81 | 0.81 | 21.34 | - | 17.27 | - | 18.99 | 4.920 | 4.920 | 10派1.5元（含税） |
| 23 | 600038 | 哈飞股份 | 2.40 | 0.96 | 0.96 | 5.34 | 67.02 | 6059.90 | 11.15 | 0.2500 | 0.2500 | 8.30 | 0.10 | 0.10 | 10.76 | 16.57 | 7.30 | 9.05 | 32.14 | 3.040 | 3.040 | 不分不转 |
| 24 | 600039 | 四川路桥 | 1.50 | 0.00 | 1.00 | 27.65 | - | 6842.98 | - | 0.4600 | 0.2760 | 23.57 | 0.61 | 0.37 | 16.63 | - | 2.90 | - | 78.92 | 1.940 | 1.164 | 不分不转 |
| 25 | 600050 | 中国联通 | 196.97 | 27.50 | 44.82 | 394.78 | 36.00 | 194785.30 | 16.60 | 0.1000 | 0.1000 | 5.30 | 0.66 | 0.66 | 1499.49 | 17.19 | 367.21 | 51.37 | 56.70 | 1.860 | 1.860 | 10派0.357元（含税） |
| 26 | 600051 | 宁波联合 | 3.02 | 0.85 | 0.85 | 39.88 | 9.49 | 4375.07 | -19.43 | 0.1400 | 0.1400 | 5.21 | -0.60 | -0.60 | 27.29 | 19.46 | 8.39 | 2.06 | 63.95 | 2.780 | 2.780 | 10派1元（含税） |
| 27 | 600052 | 浙江广厦 | 4.84 | 2.56 | 2.56 | 9.14 | 123.34 | 10101.90 | 36.41 | 0.2100 | 0.2100 | 6.60 | 0.78 | 0.78 | 37.47 | 23.44 | 15.30 | 7.20 | 56.78 | 3.160 | 3.160 | 不分不转 |
| 28 | 600053 | 江西纸业 | 1.61 | 0.76 | 0.76 | 1.68 | -45.06 | -33249.96 | -11.11 | -2.0600 | -2.0600 | -2122.14 | 0.15 | 0.15 | 12.66 | -13.21 | 0.16 | -95.50 | 98.76 | 0.100 | 0.100 | 不分不转 |
| 29 | 600054 | 黄山旅游 | 3.03 | 0.52 | 0.52 | 4.57 | 14.56 | 2550.79 | -44.32 | 0.0800 | 0.080 | 3.40 | 0.41 | 0.41 | 9.96 | -6.04 | 7.50 | 2.66 | 23.87 | 2.480 | 2.480 | 10派0.20元（含税） |
| 30 | 600055 | 万东医疗 | 1.11 | 0.39 | 0.39 | 3.88 | 18.46 | 3362.97 | 4.78 | 0.3000 | 0.3000 | 9.17 | 0.46 | 0.46 | 5.95 | 18.51 | 3.67 | 6.58 | 35.05 | 3.300 | 3.300 | 10派1.00元（含税） |
| 31 | 600056 | 中技贸易 | 1.30 | 0.39 | 0.39 | 23.07 | -7.08 | 4513.28 | -7.96 | 0.3462 | 0.3462 | 7.75 | -1.00 | -1.00 | 10.02 | -16.89 | 5.82 | 5.83 | 41.76 | 4.467 | 4.467 | 10转增6股派1元（含税） |
| 32 | 600057 | 厦新电子 | 3.58 | 1.44 | 1.44 | 44.87 | 354.00 | 60693.85 | 875.65 | 1.6900 | 1.6900 | 68.25 | 2.71 | 2.71 | 27.62 | 74.33 | 8.89 | 115.80 | 67.80 | 2.480 | 2.480 | 10送2股派3.8元（含税） |
| 33 | 600058 | 龙腾科技 | 4.24 | 1.20 | 1.20 | 283.33 | 44.76 | 17829.92 | 15.18 | 0.4204 | 0.4204 | 9.37 | 4.59 | 4.59 | 95.07 | 79.23 | 19.03 | 3.26 | 79.59 | 4.488 | 4.488 | 10转增3股派3元（含税） |

| 项目 | | | 股本 | | | 业绩 | | | | | | | | | 资产 | | | | | | | 分配 |
|---|---|---|---|---|---|---|---|---|---|---|---|---|---|---|---|---|---|---|---|---|---|---|
| 序号 | 代码 | 公司简称 | 总股本（亿股） | 流通A（亿股） | 2003.04.29 | 主营收入（亿元） | ±% | 净利润（万元） | ±% | 每股收益（元） | 2003.04.29摊薄后 | 净资产收益率（%） | 每股经营性现金流量（元） | 2003.04.29摊薄后 | 总资产（亿元） | ±% | 净资产（亿元） | ±% | 资产负债比率（%） | 每股净资产（元） | 2003.04.29摊薄后 | 2002年度已（拟）实施利润分配方案 |
| 34 | 600059 | 古越龙山 | 2.33 | 1.06 | 1.06 | 4.83 | 10.94 | 6462.92 | -6.86 | 0.2780 | 0.2780 | 5.68 | 0.50 | 0.50 | 18.90 | 10.40 | 11.39 | 1.66 | 36.84 | 4.890 | 4.890 | 10派2元（含税） |
| 35 | 600060 | 海信电器 | 4.94 | 2.04 | 2.04 | 56.24 | 45.22 | 3505.95 | 246.00 | 0.0710 | 0.0710 | 1.52 | 0.17 | 0.17 | 39.71 | -0.81 | 23.07 | 4.40 | 40.16 | 4.670 | 4.670 | 不分不转 |
| 36 | 600061 | 中纺投资 | 3.73 | 1.22 | 1.22 | 7.50 | 11.68 | 136.61 | -94.96 | 0.0040 | 0.0040 | 0.28 | -0.02 | -0.02 | 8.99 | 21.88 | 4.80 | 0.28 | 45.53 | 1.290 | 1.290 | 不分不转 |
| 37 | 600062 | 双鹤药业 | 4.41 | 1.86 | 1.86 | 36.86 | 55.00 | 16844.21 | 10.80 | 0.3819 | 0.3819 | 12.00 | 0.32 | 0.32 | 36.16 | 32.16 | 14.04 | 10.10 | 55.62 | 3.184 | 3.184 | 10派1元（含税） |
| 38 | 600063 | 皖维高新 | 2.53 | 0.99 | 0.99 | 7.43 | 46.36 | 4441.46 | -42.43 | 0.1760 | 0.1760 | 7.07 | 0.48 | 0.48 | 14.65 | 31.52 | 6.28 | 2.09 | 55.34 | 2.482 | 2.482 | 10派1.25元（含税） |
| 39 | 600064 | 南京高科 | 3.44 | 1.55 | 1.55 | 8.40 | 63.82 | 8214.24 | 16.07 | 0.2390 | 0.2390 | 6.72 | -0.03 | -0.03 | 28.94 | 17.51 | 12.22 | 5.12 | 58.14 | 3.550 | 3.550 | 10派2元（含税） |
| 40 | 600065 | 大庆联谊 | 1.92 | 0.60 | 0.60 | 6.93 | 26.05 | 491.59 | 108.57 | 0.0256 | 0.0256 | 0.67 | 0.02 | 0.02 | 11.83 | -2.75 | 7.29 | 0.69 | 38.07 | 3.797 | 3.797 | 不分不转 |
| 41 | 600066 | 宇通客车 | 1.37 | 0.94 | 0.94 | 26.85 | - | 10405.80 | - | 0.7611 | 0.7611 | 10.86 | 2.00 | 2.00 | 17.33 | - | 9.58 | - | 44.70 | 7.010 | 7.010 | 不分不转 |
| 42 | 600067 | 福州大通 | 1.68 | 1.09 | 1.09 | 3.74 | -7.30 | 2459.46 | -23.99 | 0.1500 | 0.1500 | 8.02 | 0.08 | 0.08 | 9.46 | 69.97 | 3.06 | 6.74 | 66.41 | 1.820 | 1.820 | 不分不转 |
| 43 | 600068 | 葛洲坝 | 7.06 | 3.46 | 3.46 | 18.97 | -14.10 | 8271.93 | -43.28 | 0.1170 | 0.1170 | 2.48 | 0.15 | 0.15 | 48.44 | -1.22 | 33.31 | 2.55 | 30.54 | 4.720 | 4.720 | 不分不转 |
| 44 | 600069 | 银鸽投资 | 3.72 | 1.46 | 1.46 | 3.80 | 107.46 | 1624.50 | 107.13 | 0.0400 | 0.0400 | 4.00 | 0.31 | 0.31 | 8.70 | -9.44 | 3.95 | 4.51 | 54.59 | 1.060 | 1.060 | 不分不转 |
| 45 | 600070 | 浙江富润 | 0.86 | 0.41 | 0.41 | 2.35 | 15.89 | 2520.95 | 41.71 | 0.2900 | 0.2900 | 6.92 | 0.66 | 0.66 | 5.53 | 29.00 | 3.64 | 59.04 | 27.34 | 4.250 | 4.250 | 10派1.5元（含税） |
| 46 | 600071 | 凤凰光学 | 2.37 | 1.07 | 1.07 | 3.40 | 8.56 | 1968.25 | -42.86 | 0.0829 | 0.0829 | 4.44 | 0.12 | 0.12 | 6.73 | 2.19 | 4.43 | 10.42 | 29.79 | 1.870 | 1.870 | 不分不转 |
| 47 | 600072 | 江南重工 | 3.29 | 1.50 | 1.50 | 4.77 | 15.38 | 3029.97 | 10.15 | 0.0920 | 0.0920 | 3.06 | 0.14 | 0.14 | 11.20 | 1.66 | 9.89 | 3.16 | 11.68 | 3.003 | 3.003 | 10转增1股 |
| 48 | 600073 | 上海梅林 | 3.24 | 1.20 | 1.20 | 6.32 | 27.30 | 1055.37 | -68.67 | 0.0300 | 0.0300 | 1.32 | 0.13 | 0.13 | 14.55 | 14.06 | 7.98 | 1.34 | 38.66 | 2.460 | 2.460 | 不分不转 |
| 49 | 600074 | 南京中达 | 3.41 | 1.75 | 1.75 | 7.62 | 54.35 | 8348.51 | 11.66 | 0.2450 | 0.2450 | 8.07 | 0.57 | 0.57 | 25.10 | 70.10 | 10.34 | 74.84 | 50.12 | 3.029 | 3.029 | 不分不转 |
| 50 | 600075 | 新疆天业 | 2.27 | 0.97 | 0.97 | 14.42 | 13.19 | 4457.85 | 4.02 | 0.2000 | 0.2000 | 4.09 | 1.50 | 1.50 | 28.12 | 9.02 | 11.09 | 3.53 | 57.96 | 4.890 | 4.890 | 不分不转 |
| 51 | 600076 | 青鸟华光 | 2.53 | 1.25 | 1.25 | 3.37 | -6.04 | 277.65 | -94.27 | 0.0110 | 0.0110 | 0.28 | -0.84 | -0.84 | 18.76 | 19.54 | 9.94 | 50.90 | 45.59 | 3.930 | 3.930 | 不分不转 |
| 52 | 600077 | 国能集团 | 1.27 | 0.47 | 0.47 | 1.86 | -32.87 | -4581.67 | -2314.06 | -0.3613 | -0.3613 | -15.05 | -0.13 | -0.13 | 5.04 | -32.35 | 3.05 | -13.13 | 36.74 | 2.400 | 2.400 | 不分不转 |
| 53 | 600078 | 澄星股份 | 1.80 | 0.66 | 0.66 | 7.71 | 31.55 | 5503.14 | -7.37 | 0.3100 | 0.3100 | 7.98 | -0.19 | -0.19 | 12.40 | 12.37 | 6.89 | 8.68 | 41.76 | 3.830 | 3.830 | 不分不转 |
| 54 | 600079 | 人福科技 | 1.45 | 0.83 | 0.83 | 5.59 | 109.47 | 1926.19 | -31.34 | 0.1300 | 0.1300 | 4.03 | -0.48 | -0.48 | 14.27 | 27.35 | 4.78 | 61.99 | 52.16 | 3.290 | 3.290 | 10送1转增3股派0.25元（含税） |
| 55 | 600080 | 金花股份 | 2.31 | 1.00 | 1.00 | 1.82 | 16.20 | 2549.08 | -45.29 | 0.1100 | 0.1100 | 3.00 | 0.25 | 0.25 | 13.33 | 2.89 | 8.50 | 3.19 | 36.19 | 3.680 | 3.680 | 不分不转 |
| 56 | 600081 | 东风科技 | 2.41 | 0.60 | 0.60 | 7.35 | 22.48 | 7061.46 | 39.97 | 0.2928 | 0.2928 | 15.45 | 0.57 | 0.57 | 10.06 | 14.70 | 4.57 | 18.29 | 50.89 | 1.895 | 1.895 | 不分不转 |
| 57 | 600082 | 海泰发展 | 1.49 | 0.79 | 0.79 | 1.22 | -77.27 | 2775.26 | 133.34 | 0.1860 | 0.1860 | 7.99 | -0.09 | -0.09 | 5.22 | 48.83 | 3.47 | 7.33 | 33.30 | 2.332 | 2.332 | 10派0.27元（含税） |
| 58 | 600083 | 成都福地 | 2.30 | 1.36 | 1.36 | 1.79 | 108.36 | 810.64 | -33.37 | 0.0350 | 0.0350 | 60.41 | -0.04 | -0.04 | 2.08 | -0.83 | 0.13 | 151.36 | 93.55 | 0.058 | 0.058 | 不分不转 |
| 59 | 600084 | 新天国际 | 2.35 | 0.89 | 0.89 | 12.63 | 47.97 | 7664.87 | 4.19 | 0.3300 | 0.3300 | 10.50 | -0.34 | -0.34 | 24.81 | 28.97 | 7.30 | 7.85 | 66.65 | 3.140 | 3.140 | 10派1元（含税） |
| 60 | 600085 | 同仁堂 | 3.32 | 1.00 | 1.00 | 19.92 | 23.59 | 24987.74 | 25.72 | 0.7530 | 0.7530 | 17.92 | 0.76 | 0.76 | 24.59 | 13.96 | 13.94 | 12.12 | 32.81 | 4.202 | 4.202 | 10派3元（含税） |
| 61 | 600086 | 多佳股份 | 3.52 | 1.28 | 1.28 | 0.93 | -62.46 | 1493.49 | -42.53 | 0.0420 | 0.0420 | 2.92 | 0.10 | 0.10 | 8.09 | 6.96 | 5.12 | 3.00 | 30.19 | 1.454 | 1.454 | 不分不转 |
| 62 | 600087 | 南京水运 | 2.39 | 0.73 | 0.73 | 5.21 | 7.25 | 12536.81 | 8.51 | 0.5200 | 0.5200 | 14.99 | 0.52 | 0.52 | 12.80 | 33.39 | 8.36 | 3.15 | 34.68 | 3.490 | 3.490 | 10派4元（含税） |
| 63 | 600088 | 中视股份 | 2.37 | 0.78 | 0.78 | 3.12 | -13.24 | 225.38 | -91.60 | 0.0100 | 0.0100 | 0.31 | 0.31 | 0.31 | 9.10 | -6.08 | 7.25 | 0.69 | 17.72 | 3.060 | 3.060 | 不分不转 |
| 64 | 600089 | 特变电工 | 2.59 | 1.30 | 1.30 | 17.62 | 34.44 | 8763.04 | 9.34 | 0.3400 | 0.3400 | 9.81 | 1.02 | 1.02 | 27.08 | 21.77 | 8.93 | 8.37 | 63.03 | 3.440 | 3.440 | 10派1元（含税） |
| 65 | 600090 | 啤酒花 | 3.68 | 1.74 | 1.74 | 7.26 | 6.07 | 4813.98 | -35.59 | 0.1310 | 0.1310 | 8.09 | -0.09 | -0.09 | 21.22 | 28.56 | 5.95 | 9.18 | 68.16 | 1.618 | 1.618 | 不分不转 |
| 66 | 600091 | 明天科技 | 3.37 | 2.06 | 2.06 | 7.19 | 13.84 | 7713.36 | 22.79 | 0.2290 | 0.2290 | 4.34 | 0.42 | 0.42 | 24.99 | 50.94 | 17.78 | 127.79 | 28.58 | 5.280 | 5.280 | 不分不转 |
| 67 | 600092 | 精密股份 | 2.61 | 1.33 | 1.33 | 1.34 | -12.69 | 318.51 | -91.95 | 0.0122 | 0.0122 | 0.47 | -0.32 | -0.32 | 10.93 | 1.48 | 6.76 | 0.47 | 36.04 | 2.590 | 2.590 | 不分不转 |
| 68 | 600093 | 禾嘉股份 | 1.91 | 0.77 | 0.77 | 2.43 | 102.64 | 1658.81 | -12.47 | 0.0870 | 0.0870 | 4.07 | -0.36 | -0.36 | 9.82 | 19.46 | 4.08 | 4.26 | 55.86 | 2.130 | 2.130 | 10送2转增3股 |
| 69 | 600094 | 华源股份 | 4.92 | 1.10 | 1.10 | 23.05 | 24.02 | 4380.30 | -43.34 | 0.0900 | 0.0900 | 2.97 | 0.41 | 0.41 | 44.80 | 17.15 | 14.75 | 3.12 | 60.18 | 3.000 | 3.000 | 不分不转 |
| 70 | 600095 | 哈高科 | 2.62 | 1.51 | 1.51 | 2.27 | -5.25 | 650.25 | 105.12 | 0.0250 | 0.0250 | 1.08 | 0.14 | 0.14 | 14.53 | -7.82 | 6.02 | 1.45 | 56.58 | 2.301 | 2.301 | 不分不转 |
| 71 | 600096 | 云天化 | 3.68 | 1.00 | 1.00 | 9.79 | 10.51 | 15304.82 | -1.09 | 0.4157 | 0.4157 | 12.71 | 0.82 | 0.82 | 24.20 | 26.35 | 12.04 | 1.13 | 46.15 | 3.271 | 3.271 | 10派4元（含税） |
| 72 | 600097 | 华立科技 | 1.15 | 0.35 | 0.35 | 2.08 | 81.84 | 1016.79 | -16.83 | 0.0900 | 0.0900 | 7.29 | 0.32 | 0.32 | 4.10 | 3.96 | 1.39 | 9.96 | 64.38 | 1.210 | 1.210 | 不分不转 |

| 项目 | | | 股本 | | | 业绩 | | | | | | | | | 资产 | | | | | | | 分配 |
|---|---|---|---|---|---|---|---|---|---|---|---|---|---|---|---|---|---|---|---|---|---|---|
| 序号 | 代码 | 公司简称 | 总股本（亿股） | 流通A（亿股） | 2003.04.29 | 主营收入（亿元） | ±% | 净利润（万元） | ±% | 每股收益（元） | 2003.04.29摊薄后 | 净资产收益率（%） | 每股经营性现金流量（元） | 2003.04.29摊薄后 | 总资产（亿元） | ±% | 净资产（亿元） | ±% | 资产负债比率（%） | 每股净资产（元） | 2003.04.29摊薄后 | 2002年度已（拟）实施利润分配方案 |
| 73 | 600098 | 广州控股 | 12.53 | 2.34 | 2.34 | 40.71 | 4.18 | 82348.84 | -12.66 | 0.6570 | 0.6570 | 15.69 | 1.32 | 1.32 | 107.47 | 17.75 | 52.50 | 9.32 | 38.88 | 4.190 | 4.190 | 10派3元(含税) |
| 74 | 600099 | 林海股份 | 2.19 | 0.91 | 0.91 | 1.59 | -16.84 | 305.29 | 93.82 | 0.0140 | 0.0140 | 0.68 | 0.04 | 0.04 | 5.13 | -1.65 | 4.51 | 0.68 | 12.09 | 2.060 | 2.060 | 不分不转 |
| 75 | 600100 | 清华同方 | 5.75 | 2.73 | 2.73 | 54.40 | 8.52 | 18359.51 | -36.86 | 0.3200 | 0.3200 | 6.65 | 0.21 | 0.21 | 62.76 | 3.48 | 27.63 | 3.73 | 45.70 | 4.808 | 4.808 | 10派2元(含税) |
| 76 | 600101 | 明星电力 | 1.70 | 0.95 | 0.95 | 3.25 | 31.09 | 7872.68 | 0.52 | 0.4640 | 0.4640 | 7.64 | 0.78 | 0.78 | 14.25 | 4.63 | 10.30 | 3.91 | 23.57 | 6.070 | 6.070 | 10派2.5元(含税) |
| 77 | 600102 | 莱钢股份 | 9.22 | 2.03 | 2.03 | 60.15 | 20.58 | 38503.74 | -15.52 | 0.4170 | 0.4170 | 10.13 | 0.78 | 0.78 | 70.56 | 26.16 | 38.02 | 17.65 | 45.97 | 4.120 | 4.120 | 10派2.5元(含税) |
| 78 | 600103 | 青山纸业 | 7.06 | 4.46 | 4.46 | 8.58 | -6.64 | 1369.28 | -86.06 | 0.0190 | 0.0190 | 0.88 | 0.32 | 0.32 | 22.66 | -3.07 | 15.59 | 0.92 | 27.74 | 2.207 | 2.207 | 不分不转 |
| 79 | 600104 | 上海汽车 | 25.20 | 7.56 | 7.56 | 47.69 | 28.72 | 107044.04 | 36.50 | 0.4250 | 0.4250 | 12.94 | 0.31 | 0.31 | 107.00 | 6.43 | 82.75 | 1.83 | 22.57 | 3.284 | 3.284 | 10派3.6元(含税) |
| 80 | 600105 | 永鼎光缆 | 2.72 | 0.98 | 0.98 | 10.31 | -18.73 | 6297.20 | -17.60 | 0.2310 | 0.2310 | 6.66 | 0.74 | 0.74 | 15.18 | 15.07 | 9.45 | 37.87 | 35.65 | 3.470 | 3.470 | 10派1.2元(含税) |
| 81 | 600106 | 重庆路桥 | 3.10 | 0.90 | 0.90 | 2.38 | 74.21 | 7158.95 | 2.16 | 0.2309 | 0.2309 | 7.44 | 0.28 | 0.28 | 14.83 | 11.80 | 9.62 | 7.96 | 35.13 | 3.100 | 3.100 | 不分不转 |
| 82 | 600107 | 美尔雅 | 3.60 | 1.33 | 1.33 | 1.51 | 1.83 | -33576.43 | -1320.03 | -0.9300 | -0.9300 | -72.30 | 0.02 | 0.02 | 8.97 | -27.84 | 4.65 | -42.09 | 44.71 | 1.290 | 1.290 | 不分不转 |
| 83 | 600108 | 亚盛集团 | 6.25 | 2.77 | 2.77 | 8.32 | 25.24 | 8006.15 | -10.83 | 0.1300 | 0.1300 | 5.60 | 0.07 | 0.07 | 24.97 | 35.50 | 14.30 | 3.55 | 39.66 | 2.300 | 2.300 | 10派0.5元(含税) |
| 84 | 600109 | 成都建设 | 0.71 | 0.28 | 0.28 | 5.91 | -7.89 | 848.49 | 550.69 | 0.1200 | 0.1200 | 4.69 | 0.19 | 0.19 | 3.20 | 16.22 | 1.81 | 1151.08 | 43.49 | 2.548 | 2.548 | 不分不转 |
| 85 | 600110 | 中科英华 | 3.34 | 1.38 | 1.38 | 2.17 | 88.09 | 5100.08 | 0.03 | 0.1530 | 0.1530 | 8.60 | 0.16 | 0.16 | 8.58 | 13.82 | 5.93 | 7.24 | 30.73 | 1.800 | 1.800 | 10派0.3元(含税) |
| 86 | 600111 | 稀土高科 | 4.04 | 1.46 | 1.46 | 3.03 | -3.93 | 6518.98 | -19.09 | 0.1610 | 0.1610 | 6.12 | 0.13 | 0.13 | 14.02 | 8.35 | 10.65 | 4.41 | 17.37 | 2.639 | 2.639 | 10派0.5元(含税) |
| 87 | 600112 | 长征电器 | 1.72 | 0.52 | 0.52 | 1.37 | -17.33 | -19668.37 | -4707.95 | -1.1435 | -1.1435 | -70.27 | -0.08 | -0.08 | 4.76 | -30.64 | 2.80 | -41.02 | 41.22 | 1.630 | 1.630 | 不分不转 |
| 88 | 600113 | 浙江东日 | 1.18 | 0.40 | 0.40 | 0.42 | -37.70 | 447.98 | 84.32 | 0.0400 | 0.0400 | 1.25 | 0.31 | 0.31 | 4.10 | -4.91 | 3.59 | 1.27 | 8.10 | 3.040 | 3.040 | 不分不转 |
| 89 | 600115 | 东方航空 | 48.67 | 3.00 | 3.00 | 133.91 | 4.29 | 12425.95 | 28.10 | 0.0255 | 0.0255 | 1.98 | 0.73 | 0.73 | 314.26 | 14.72 | 62.84 | 0.44 | 78.65 | 1.291 | 1.291 | 10派0.20元(含税) |
| 90 | 600116 | 三峡水利 | 1.75 | 0.58 | 0.58 | 3.33 | 14.20 | 820.91 | -59.28 | 0.0500 | 0.0500 | 1.59 | 0.60 | 0.60 | 11.80 | 4.66 | 5.15 | 2.04 | 54.48 | 2.950 | 2.950 | 不分不转 |
| 91 | 600117 | 西宁特钢 | 5.82 | 1.60 | 1.60 | 13.54 | 9.30 | 11369.04 | 27.27 | 0.1953 | 0.1953 | 9.39 | 0.21 | 0.21 | 29.52 | 8.36 | 12.11 | -13.51 | 58.99 | 2.080 | 2.080 | 10派5.2元(含税) |
| 92 | 600118 | 中国卫星 | 1.90 | 0.72 | 0.72 | 3.46 | 23.31 | 2508.01 | 143.20 | 0.1300 | 0.1300 | 8.28 | 0.00 | 0.00 | 6.23 | 77.33 | 3.03 | 9.07 | 40.73 | 1.600 | 1.600 | 10股送2股派0.5元(含税) |
| 93 | 600119 | 长江投资 | 2.57 | 0.82 | 0.82 | 5.71 | 20.90 | 2410.91 | 5.92 | 0.0937 | 0.0937 | 6.03 | 0.13 | 0.13 | 8.54 | 5.81 | 4.00 | 6.41 | 47.44 | 1.554 | 1.554 | 不分不转 |
| 94 | 600120 | 浙江东方 | 3.16 | 1.31 | 1.31 | 36.42 | 17.35 | 11084.51 | 7.44 | 0.3500 | 0.3500 | 13.48 | -0.83 | -0.83 | 24.45 | 53.08 | 8.22 | 15.10 | 58.04 | 2.600 | 2.600 | 10转增5送1股派0.5元(含税) |
| 95 | 600121 | 郑州煤电 | 8.10 | 2.16 | 2.16 | 8.31 | 32.36 | 8029.35 | 5.50 | 0.1000 | 0.1000 | 6.16 | 0.31 | 0.31 | 21.84 | 6.98 | 13.03 | 6.57 | 40.33 | 1.609 | 1.609 | 不分不转 |
| 96 | 600122 | 宏图高科 | 3.19 | 1.44 | 1.44 | 22.10 | 10.24 | 3466.78 | -40.39 | 0.1090 | 0.1090 | 3.54 | 0.32 | 0.32 | 29.27 | 21.13 | 9.80 | 4.10 | 63.52 | 3.069 | 3.069 | 不分不转 |
| 97 | 600123 | 兰花科创 | 3.71 | 1.44 | 1.44 | 6.46 | 43.41 | 8422.83 | 112.67 | 0.2270 | 0.2270 | 9.68 | 0.48 | 0.48 | 16.62 | 9.66 | 8.70 | 6.72 | 47.04 | 2.345 | 2.345 | 10派1元(含税) |
| 98 | 600125 | 铁龙股份 | 1.91 | 0.91 | 0.91 | 3.21 | -8.18 | 6543.26 | 8.68 | 0.3430 | 0.3430 | 11.00 | 0.48 | 0.48 | 8.72 | 4.40 | 5.95 | 8.48 | 31.76 | 3.119 | 3.119 | 10派1元(含税) |
| 99 | 600126 | 杭钢股份 | 6.45 | 1.66 | 1.66 | 51.66 | 19.71 | 27113.42 | -20.83 | 0.4200 | 0.4200 | 12.40 | 1.16 | 1.16 | 38.77 | 23.16 | 21.87 | 7.00 | 36.08 | 3.390 | 3.390 | 10派2元(含税) |
| 100 | 600127 | 金健米业 | 4.33 | 1.91 | 1.91 | 5.45 | 33.13 | -13364.94 | -884.48 | -0.3090 | -0.3090 | -11.90 | -0.13 | -0.13 | 23.71 | 16.24 | 11.24 | -10.63 | 47.74 | 2.598 | 2.598 | 不分不转 |
| 101 | 600128 | 弘业股份 | 1.99 | 0.74 | 0.74 | 16.53 | 14.03 | 1606.71 | 56.86 | 0.0800 | 0.0800 | 2.88 | 0.11 | 0.11 | 9.23 | 9.64 | 5.58 | 1.21 | 32.75 | 2.800 | 2.800 | 10派0.5元(含税) |
| 102 | 600129 | 太极集团 | 2.53 | 0.75 | 0.75 | 23.39 | 33.74 | 5470.16 | -8.58 | 0.2170 | 0.2170 | 6.45 | 1.03 | 1.03 | 31.96 | 26.22 | 8.48 | 6.49 | 68.78 | 3.360 | 3.360 | 不分不转 |
| 103 | 600130 | 波导股份 | 1.60 | 0.40 | 0.40 | 63.68 | 142.83 | 21592.22 | 216.91 | 1.3500 | 1.3500 | 21.76 | 3.71 | 3.71 | 38.07 | 118.39 | 9.92 | 19.21 | 73.08 | 6.203 | 6.203 | 10派3.5元(含税) |
| 104 | 600131 | 岷江水电 | 2.97 | 1.00 | 1.00 | 3.44 | 140.59 | 5317.29 | 94.48 | 0.1800 | 0.1800 | 8.20 | 0.11 | 0.11 | 16.81 | 15.31 | 6.19 | 3.95 | 60.70 | 2.090 | 2.090 | 10送2转增5股派1.00元(含税) |
| 105 | 600132 | 重庆啤酒 | 1.71 | 0.52 | 0.78 | 7.79 | 66.86 | 4455.43 | 29.94 | 0.2607 | 0.1738 | 7.48 | 0.73 | 0.49 | 14.16 | 20.15 | 5.96 | 3.28 | 51.69 | 3.490 | 2.327 | 10转增5派1.5元(含税) |
| 106 | 600133 | 东湖高新 | 2.76 | 0.83 | 0.83 | 3.91 | -16.42 | 4129.12 | -16.02 | 0.1498 | 0.1498 | 6.10 | -0.11 | -0.11 | 13.52 | 16.55 | 6.77 | 6.50 | 48.18 | 2.455 | 2.455 | 不分不转 |
| 107 | 600135 | 乐凯胶片 | 3.42 | 1.26 | 1.26 | 5.93 | -7.08 | 12418.37 | -11.21 | 0.3630 | 0.3630 | 12.79 | 0.47 | 0.47 | 11.73 | 1.39 | 9.71 | 0.11 | 17.07 | 2.840 | 2.840 | 10派3.6元(含税) |
| 108 | 600136 | 道博股份 | 1.04 | 0.41 | 0.41 | 1.10 | -37.13 | -15233.36 | -756.54 | -1.4600 | -1.4600 | -57.29 | -0.55 | -0.55 | 7.68 | -10.98 | 2.66 | -36.42 | 60.23 | 2.550 | 2.550 | 不分不转 |
| 109 | 600137 | 长江控股 | 0.61 | 0.17 | 0.17 | 0.31 | -39.87 | -66758.60 | -3359.65 | -10.9960 | -10.9960 | - | -0.35 | -0.35 | 1.05 | -85.49 | -5.21 | -456.37 | 594.83 | -8.588 | -8.588 | 不分不转 |
| 110 | 600138 | 中青旅 | 2.67 | 1.17 | 1.17 | 16.99 | 29.87 | 8318.59 | -19.01 | 0.3120 | 0.3120 | 7.32 | 0.30 | 0.30 | 18.28 | 5.01 | 11.36 | 4.68 | 31.66 | 4.250 | 4.250 | 10派1.2元(含税) |
| 111 | 600139 | 鼎天科技 | 0.76 | 0.29 | 0.29 | 4.05 | 108.59 | -4704.40 | 28.95 | -0.6200 | -0.6200 | -60.91 | -0.93 | -0.93 | 4.01 | -1.59 | 0.77 | -23.63 | 80.48 | 1.020 | 1.020 | 不分不转 |

| 项目 | | | 股本 | | | 业绩 | | | | | | | | | 资产 | | | | | | | 分配 |
|---|---|---|---|---|---|---|---|---|---|---|---|---|---|---|---|---|---|---|---|---|---|---|
| 序号 | 代码 | 公司简称 | 总股本(亿股) | 流通A(亿股) | 2003.04.29 | 主营收入(亿元) | ±% | 净利润(万元) | ±% | 每股收益(元) | 2003.04.29摊薄后 | 净资产收益率(%) | 每股经营性现金流量(元) | 2003.04.29摊薄后 | 总资产(亿元) | ±% | 净资产(亿元) | ±% | 资产负债比率(%) | 每股净资产(元) | 2003.04.29摊薄后 | 2002年度已(拟)实施利润分配方案 |
| 112 | 600141 | 兴发集团 | 1.60 | 0.40 | 0.40 | 4.62 | 29.37 | 1779.36 | -46.95 | 0.1100 | 0.1100 | 4.39 | 0.05 | 0.05 | 9.54 | 33.50 | 4.05 | 0.44 | 56.14 | 2.530 | 2.530 | 10派1元(含税) |
| 113 | 600145 | 四维瓷业 | 3.47 | 1.25 | 1.25 | 2.94 | -5.15 | 3949.74 | -49.77 | 0.1100 | 0.1100 | 8.70 | 0.10 | 0.10 | 7.42 | 3.14 | 4.54 | 9.53 | 36.83 | 1.310 | 1.310 | 不分不转 |
| 114 | 600146 | 大元股份 | 2.00 | 0.60 | 0.60 | 0.41 | -97.34 | 209.39 | 101.83 | 0.0110 | 0.0110 | 0.58 | 0.03 | 0.03 | 4.18 | 3.01 | 3.59 | 0.59 | 10.91 | 1.797 | 1.797 | 不分不转 |
| 115 | 600148 | 长春一东 | 1.42 | 0.42 | 0.42 | 2.14 | 33.62 | 1379.64 | 66.17 | 0.0970 | 0.0970 | 5.35 | 0.10 | 0.10 | 3.50 | -1.83 | 2.58 | 2.11 | 23.99 | 1.820 | 1.820 | 10派0.6元(含税) |
| 116 | 600149 | 邢台轧辊 | 3.06 | 1.24 | 1.24 | 4.11 | 9.76 | 2918.81 | 6.78 | 0.0950 | 0.0950 | 5.38 | 0.06 | 0.06 | 8.93 | -3.91 | 5.42 | 5.69 | 39.26 | 1.770 | 1.770 | 不分不转 |
| 117 | 600150 | 沪东重机 | 2.41 | 0.77 | 0.77 | 8.66 | 8.24 | 909.25 | -25.07 | 0.0380 | 0.0380 | 1.89 | 0.26 | 0.26 | 11.31 | -9.74 | 4.81 | 2.32 | 57.49 | 1.992 | 1.992 | 不分不转 |
| 118 | 600151 | 航天机电 | 4.68 | 1.41 | 1.41 | 12.93 | 22.31 | 7740.51 | -12.51 | 0.1650 | 0.1650 | 6.51 | 0.44 | 0.44 | 22.09 | 1.89 | 11.90 | 1.57 | 26.56 | 2.543 | 2.543 | 10派1.3元(含税) |
| 119 | 600152 | 维科精华 | 2.93 | 1.11 | 1.11 | 13.46 | 22.55 | 4511.78 | -5.30 | 0.1537 | 0.1537 | 7.40 | 0.52 | 0.52 | 12.86 | 31.16 | 6.10 | 3.19 | 43.20 | 2.079 | 2.079 | 10派1元(含税) |
| 120 | 600153 | 厦门建发 | 2.96 | 0.80 | 0.80 | 74.64 | 24.67 | 16493.73 | 15.23 | 0.5600 | 0.5600 | 10.84 | 0.14 | 0.14 | 41.25 | 12.12 | 15.21 | 1.11 | 60.17 | 5.140 | 5.140 | 10派5元(含税) |
| 121 | 600155 | 宝硕股份 | 4.13 | 1.20 | 1.20 | 12.01 | 7.88 | 6207.97 | -13.86 | 0.1510 | 0.1510 | 7.67 | 0.37 | 0.37 | 22.84 | 11.16 | 8.09 | 2.65 | 54.80 | 1.961 | 1.961 | 10派1元(含税) |
| 122 | 600156 | 益鑫泰 | 4.39 | 1.36 | 1.36 | 7.07 | -4.98 | -14779.15 | -322.75 | -0.3367 | -0.3367 | -14.00 | -0.27 | -0.27 | 15.37 | 2.65 | 10.56 | -12.28 | 31.04 | 2.410 | 2.410 | 不分不转 |
| 123 | 600157 | 鲁润股份 | 1.70 | 0.64 | 0.64 | 6.49 | 31.47 | 1125.28 | -15.52 | 0.0660 | 0.0660 | 3.81 | 0.51 | 0.51 | 9.19 | 17.47 | 2.95 | 3.96 | 60.56 | 1.731 | 1.731 | 不分不转 |
| 124 | 600158 | 中体产业 | 2.54 | 0.76 | 0.76 | 2.29 | 10.60 | 1408.45 | -0.94 | 0.0555 | 0.0555 | 1.79 | 0.29 | 0.29 | 16.09 | 51.87 | 7.85 | 1.02 | 38.51 | 3.094 | 3.094 | 10派0.20元(含税) |
| 125 | 600159 | 宁城老窖 | | | | | | | | | | | | | | | | | | | | |
| 126 | 600160 | 巨化股份 | 3.71 | 1.14 | 1.14 | 15.20 | 19.91 | 8673.85 | -17.56 | 0.2340 | 0.2340 | 6.62 | 0.98 | 0.98 | 25.33 | 6.85 | 13.11 | -0.71 | 44.20 | 3.530 | 3.530 | 10派2.50元(含税) |
| 127 | 600161 | 天坛生物 | 1.92 | 0.48 | 0.48 | 2.00 | 28.81 | 3630.08 | 9.14 | 0.1890 | 0.1890 | 12.58 | 0.44 | 0.44 | 5.05 | 9.64 | 2.89 | 0.65 | 42.74 | 1.500 | 1.500 | 10派1.00元(含税) |
| 128 | 600162 | 山东临工 | 1.76 | 1.08 | 1.08 | 10.27 | 92.34 | 2551.02 | 33.13 | 0.1500 | 0.1500 | 4.15 | 0.67 | 0.67 | 13.40 | 11.72 | 6.15 | 4.33 | 52.55 | 3.500 | 3.500 | 不分不转 |
| 129 | 600163 | 福建南纸 | 3.06 | 0.91 | 0.91 | 12.43 | 16.56 | 6906.86 | -10.76 | 0.2300 | 0.2300 | 6.19 | 0.89 | 0.89 | 25.89 | 0.14 | 11.16 | 0.71 | 56.71 | 3.650 | 3.650 | 10派2元(含税) |
| 130 | 600165 | 宁夏恒力 | 2.51 | 0.94 | 0.94 | 3.67 | -1.68 | 2556.49 | -49.11 | 0.1020 | 0.1020 | 3.65 | 0.21 | 0.21 | 12.39 | 10.83 | 7.00 | 3.79 | 43.16 | 2.790 | 2.790 | 不分不转 |
| 131 | 600166 | 福田汽车 | 2.80 | 0.80 | 1.04 | 75.80 | 84.32 | 12632.93 | 22.84 | 0.4504 | 0.4149 | 10.99 | 1.73 | 1.59 | 33.22 | 7.87 | 11.49 | 14.28 | 65.33 | 4.100 | 3.777 | 不分不转 |
| 132 | 600167 | 沈阳新开 | 1.90 | 0.70 | 0.70 | 1.60 | 43.65 | 6072.82 | 2664.99 | 0.3200 | 0.3200 | 14.32 | 0.37 | 0.37 | 6.68 | 13.27 | 4.24 | 16.72 | 36.48 | 2.230 | 2.230 | 不分不转 |
| 133 | 600168 | 武汉控股 | 4.41 | 1.28 | 1.28 | 2.15 | -7.18 | 7840.75 | -40.93 | 0.1777 | 0.1777 | 5.91 | 0.17 | 0.17 | 14.61 | -4.94 | 13.26 | 1.14 | 9.15 | 3.006 | 3.006 | 10派1.5元(含税) |
| 134 | 600169 | 太原重工 | 3.72 | 1.44 | 1.44 | 8.16 | 22.75 | 1069.50 | -47.89 | 0.0287 | 0.0287 | 1.22 | -0.07 | -0.07 | 20.98 | 24.81 | 8.80 | 1.23 | 57.90 | 2.360 | 2.360 | 不分不转 |
| 135 | 600170 | 上海建工 | 7.19 | 2.34 | 2.34 | 90.43 | 12.99 | 19295.75 | 4.19 | 0.2700 | 0.2700 | 6.85 | 0.73 | 0.73 | 91.31 | 39.14 | 28.18 | 3.79 | 66.12 | 3.920 | 3.920 | 10派1.25元(含税) |
| 136 | 600171 | 上海贝岭 | 5.65 | 2.03 | 2.03 | 7.63 | -2.63 | 10509.16 | -29.49 | 0.1900 | 0.1900 | 7.82 | 0.45 | 0.45 | 16.00 | 3.84 | 13.45 | 5.36 | 15.94 | 2.380 | 2.380 | 10派0.6元(含税) |
| 137 | 600172 | 黄河旋风 | 2.68 | 1.04 | 1.04 | 3.00 | 5.99 | 3002.30 | 2.92 | 0.1120 | 0.1120 | 3.93 | 0.06 | 0.06 | 10.44 | 10.21 | 7.65 | 2.22 | 26.74 | 2.860 | 2.860 | 10派0.50元(含税) |
| 138 | 600173 | 牡丹江 | 2.30 | 1.02 | 1.01 | 4.11 | 5.78 | 333.13 | -91.00 | 0.0140 | 0.0140 | 0.54 | -0.27 | -0.27 | 11.58 | -0.46 | 6.16 | 0.65 | 46.81 | 2.680 | 2.680 | 不分不转 |
| 139 | 600175 | 美都控股 | 1.07 | 0.41 | 0.41 | 0.50 | -30.08 | 404.04 | 128.78 | 0.0400 | 0.0400 | 0.88 | -0.21 | -0.21 | 7.23 | -14.23 | 4.59 | 0.89 | 28.75 | 4.300 | 4.300 | 不分不转 |
| 140 | 600176 | 中国化建 | 2.23 | 0.74 | 0.74 | 6.34 | 19.40 | 1506.49 | 222.51 | 0.0680 | 0.0680 | 3.09 | 0.40 | 0.40 | 15.03 | -0.71 | 4.88 | 0.95 | 61.61 | 2.192 | 2.192 | 10派0.5元(含税) |
| 141 | 600177 | 雅戈尔 | 5.68 | 2.25 | 2.25 | 24.71 | 41.09 | 39887.45 | 14.89 | 0.7021 | 0.7021 | 18.54 | 1.31 | 1.31 | 53.25 | 61.44 | 21.51 | 14.96 | 53.92 | 3.787 | 3.787 | 10派2元(含税) |
| 142 | 600178 | 东安动力 | 4.62 | 1.39 | 1.39 | 21.91 | 18.34 | 11680.77 | 28.39 | 0.2528 | 0.2528 | 8.04 | 0.32 | 0.32 | 22.68 | 7.09 | 14.54 | 1.71 | 35.92 | 3.146 | 3.146 | 10派2元(含税) |
| 143 | 600179 | 黑化股份 | 3.30 | 1.00 | 1.00 | 5.49 | -55.36 | 775.02 | -63.83 | 0.0200 | 0.0200 | 0.98 | 0.21 | 0.21 | 17.08 | 7.92 | 7.89 | 1.00 | 53.81 | 2.390 | 2.390 | 不分不转 |
| 144 | 600180 | 九发股份 | 2.51 | 0.80 | 0.80 | 6.96 | 29.22 | 8384.19 | 15.64 | 0.3300 | 0.3300 | 10.14 | 0.06 | 0.06 | 13.61 | 34.90 | 8.27 | 4.24 | 33.63 | 3.290 | 3.290 | 10派2元(含税) |
| 145 | 600181 | 云大科技 | 3.48 | 1.68 | 1.68 | 6.04 | 55.73 | 3103.30 | -56.88 | 0.0900 | 0.0900 | 3.33 | -0.36 | -0.36 | 23.80 | 23.98 | 9.31 | 2.21 | 56.01 | 2.680 | 2.680 | 10派0.2元(含税) |
| 146 | 600182 | 桦林轮胎 | 3.40 | 1.70 | 1.70 | 5.68 | -29.07 | -24273.44 | -38.82 | -0.7140 | -0.7140 | -68.69 | -0.04 | -0.04 | 17.23 | -11.10 | 3.53 | -40.72 | 77.17 | 1.039 | 1.039 | 不分不转 |
| 147 | 600183 | 生益科技 | 6.38 | 1.94 | 1.94 | 8.86 | 23.07 | 9077.37 | 43.31 | 0.1400 | 0.1400 | 9.11 | 0.16 | 0.16 | 16.25 | 18.75 | 9.97 | 2.78 | 33.91 | 1.562 | 1.562 | 10派1元(含税) |
| 148 | 600185 | 海星科技 | 2.18 | 0.75 | 0.75 | 2.92 | -5.01 | 856.21 | -22.62 | 0.0393 | 0.0393 | 1.67 | 0.12 | 0.12 | 9.83 | 22.79 | 5.12 | 1.70 | 45.91 | 2.351 | 2.351 | 不分配,不转增 |
| 149 | 600186 | 莲花味精 | | | | | | | | | | | | | | | | | | | | |
| 150 | 600187 | 黑龙股份 | 3.27 | 0.98 | 0.98 | 7.29 | 20.28 | 385.22 | -94.81 | 0.0118 | 0.0118 | 0.50 | 0.28 | 0.28 | 21.73 | 10.01 | 7.72 | 0.50 | 64.15 | 2.350 | 2.350 | 不分不转 |

| 项目 | | | 股本 | | | 业绩 | | | | | | | | | 资产 | | | | | | | 分配 |
|---|---|---|---|---|---|---|---|---|---|---|---|---|---|---|---|---|---|---|---|---|---|---|
| 序号 | 代码 | 公司简称 | 总股本（亿股） | 流通A（亿股） | 2003.04.29 | 主营收入（亿元） | ±% | 净利润（万元） | ±% | 每股收益（元） | 2003.04.29摊薄后 | 净资产收益率（%） | 每股经营性现金流量（元） | 2003.04.29摊薄后 | 总资产（亿元） | ±% | 净资产（亿元） | ±% | 资产负债比率（%） | 每股净资产（元） | 2003.04.29摊薄后 | 2002年度已（拟）实施利润分配方案 |
| 151 | 600188 | 兖州煤业 | 28.70 | 1.80 | 1.80 | 80.55 | 24.51 | 100311.55 | 25.98 | 0.3500 | 0.3500 | 10.39 | 0.83 | 0.83 | 129.84 | 14.39 | 96.59 | 10.72 | 25.57 | 3.370 | 3.370 | 10派1.04元(含税) |
| 152 | 600189 | 吉林森工 | 3.11 | 1.11 | 1.11 | 7.22 | 17.86 | 10437.27 | -12.46 | 0.3400 | 0.3400 | 8.52 | 0.86 | 0.86 | 15.09 | -11.75 | 12.25 | 0.92 | 18.35 | 3.950 | 3.950 | 10派3元(含税) |
| 153 | 600190 | 锦州港 | 9.47 | 2.28 | 2.28 | 3.84 | 23.40 | -174.26 | -113.67 | -0.0020 | -0.0020 | -0.19 | 0.16 | 0.16 | 20.26 | -17.83 | 9.08 | 0.37 | 55.12 | 0.959 | 0.959 | 不分不转 |
| 154 | 600191 | 华资实业 | 3.03 | 1.05 | 1.05 | 8.02 | 31.89 | 7430.76 | 4.43 | 0.2500 | 0.2500 | 6.61 | 0.27 | 0.27 | 15.40 | 12.11 | 11.24 | 7.10 | 25.46 | 3.710 | 3.710 | 不分不转 |
| 155 | 600192 | 长城电工 | 3.21 | 1.11 | 1.11 | 7.59 | 9.63 | 1671.89 | 15.12 | 0.0522 | 0.0522 | 1.60 | 0.01 | 0.01 | 18.88 | -1.18 | 10.45 | 2.41 | 44.56 | 3.260 | 3.260 | 不分不转 |
| 156 | 600193 | 创兴科技 | 1.68 | 0.46 | 0.46 | 1.83 | 59.23 | 1659.95 | 1.51 | 0.0990 | 0.0990 | 6.02 | 0.15 | 0.15 | 7.26 | 46.99 | 2.76 | 6.41 | 58.67 | 1.643 | 1.643 | 不分不转 |
| 157 | 600195 | 中牧股份 | 3.90 | 1.20 | 1.20 | 14.64 | -4.01 | 2031.07 | -76.60 | 0.0500 | 0.0500 | 2.54 | 0.18 | 0.18 | 13.07 | -13.25 | 8.01 | -3.14 | 37.27 | 2.050 | 2.050 | 10派1.23元(含税) |
| 158 | 600196 | 复星实业 | 3.82 | 1.46 | 1.46 | 10.32 | 41.74 | 14721.02 | 2.62 | 0.3850 | 0.3850 | 10.44 | 0.27 | 0.27 | 31.40 | 41.72 | 14.10 | 10.82 | 46.70 | 3.851 | 3.851 | 10派1.6元(含税) |
| 159 | 600197 | 伊力特 | 2.21 | 0.75 | 0.75 | 3.67 | 4.35 | 7886.43 | 2.73 | 0.3580 | 0.3580 | 10.43 | 0.31 | 0.31 | 10.18 | 7.23 | 7.56 | 2.35 | 25.37 | 3.428 | 3.428 | 10派2.80元(含税) |
| 160 | 600198 | 大唐电信 | 4.39 | 1.65 | 1.65 | 20.91 | 1.95 | 2280.69 | -36.82 | 0.0520 | 0.0520 | 1.17 | -1.93 | -1.93 | 55.92 | 10.92 | 19.43 | 2.09 | 64.78 | 4.426 | 4.426 | 不分不转 |
| 161 | 600199 | 金牛实业 | 3.46 | 1.30 | 1.30 | 4.12 | -19.23 | 1810.80 | -48.50 | 0.0500 | 0.0500 | 1.84 | -0.06 | -0.06 | 16.12 | 8.11 | 9.83 | 2.10 | 38.83 | 2.840 | 2.840 | 不分不转 |
| 162 | 600200 | 江苏吴中 | 2.77 | 1.25 | 1.25 | 6.66 | -0.35 | 6017.71 | -27.67 | 0.2170 | 0.2170 | 7.60 | 0.08 | 0.08 | 12.29 | 11.12 | 7.92 | 5.52 | 31.84 | 2.856 | 2.856 | 10派0.7元(含税) |
| 163 | 600201 | 金宇集团 | 1.09 | 0.50 | 0.50 | 2.93 | 40.80 | 4016.53 | 182.22 | 0.3680 | 0.3680 | 7.68 | 0.87 | 0.87 | 8.13 | 6.76 | 5.23 | 1.39 | 34.85 | 4.791 | 4.791 | 10派3元(含税) |
| 164 | 600202 | 哈空调 | 2.46 | 1.01 | 1.01 | 1.73 | -30.74 | 369.36 | -94.32 | 0.0150 | 0.0150 | 1.04 | -0.05 | -0.05 | 6.29 | 6.35 | 3.54 | 0.14 | 42.41 | 1.440 | 1.440 | 10派0.10元(含税) |
| 165 | 600203 | 福日股份 | 2.56 | 0.70 | 0.70 | 13.76 | 72.31 | -2661.92 | -184.19 | -0.1040 | -0.1040 | -4.69 | 0.02 | 0.02 | 18.05 | 17.10 | 5.68 | -4.05 | 64.07 | 2.220 | 2.220 | 不分不转 |
| 166 | 600205 | 山东铝业 | 5.60 | 1.60 | 1.60 | 20.48 | -9.11 | 14526.54 | -35.38 | 0.2590 | 0.2590 | 10.68 | 0.45 | 0.45 | 25.92 | 3.57 | 13.60 | 5.04 | 47.38 | 2.430 | 2.430 | 10派1.50元(含税) |
| 167 | 600206 | 有研硅股 | 1.45 | 0.65 | 0.65 | 1.21 | 11.51 | -3375.86 | -2045.40 | -0.2330 | -0.2330 | -5.18 | 0.13 | 0.13 | 9.74 | 9.93 | 6.52 | -5.31 | 25.37 | 4.498 | 4.498 | 不分不转 |
| 168 | 600207 | 安彩高科 | 4.40 | 1.80 | 1.80 | 17.77 | 27.85 | 9711.28 | -33.92 | 0.2207 | 0.2207 | 4.49 | 0.87 | 0.87 | 32.17 | 5.93 | 21.61 | 0.42 | 32.36 | 4.911 | 4.911 | 10派2元(含税) |
| 169 | 600208 | 中宝股份 | 2.51 | 1.03 | 1.03 | 4.03 | -52.66 | 1532.20 | -62.29 | 0.0600 | 0.0600 | 2.46 | 0.19 | 0.19 | 26.67 | 21.75 | 6.22 | 3.15 | 60.71 | 2.480 | 2.480 | 不分不转 |
| 170 | 600209 | 罗顿发展 | 2.36 | 0.75 | 0.98 | 3.80 | -28.75 | 4328.62 | -22.45 | 0.1836 | 0.1676 | 7.13 | 0.81 | 0.74 | 11.03 | 9.42 | 6.07 | 7.03 | 38.58 | 2.575 | 2.351 | 10股转增7股派0.3元(含税) |
| 171 | 600210 | 紫江企业 | 5.46 | 1.71 | 1.71 | 18.21 | 59.96 | 25249.00 | 28.45 | 0.4620 | 0.4620 | 16.21 | 0.97 | 0.97 | 45.42 | 21.58 | 15.57 | 6.03 | 57.75 | 2.850 | 2.850 | 10派3元(含税) |
| 172 | 600211 | 西藏药业 | 1.23 | 0.45 | 0.45 | 0.74 | -0.23 | 1019.75 | -44.27 | 0.0830 | 0.0830 | 2.46 | 0.27 | 0.27 | 7.33 | 20.51 | 4.14 | 2.52 | 42.86 | 3.380 | 3.380 | 不分不转 |
| 173 | 600212 | 江泉股份 | 3.20 | 1.92 | 1.92 | 6.10 | -27.00 | 4056.73 | -46.47 | 0.1270 | 0.1270 | 3.10 | 0.61 | 0.61 | 16.92 | 44.15 | 13.07 | 48.58 | 21.46 | 4.090 | 4.090 | 10派0.80元(含税) |
| 174 | 600213 | 亚星客车 | 1.90 | 0.60 | 0.60 | 8.77 | -14.05 | 2229.65 | -58.14 | 0.1200 | 0.1200 | 3.47 | -0.59 | -0.59 | 11.57 | -10.07 | 6.43 | 1.95 | 44.15 | 3.380 | 3.380 | 10派0.6元(含税) |
| 175 | 600215 | 长春经开 | 3.06 | 1.65 | 1.65 | 10.59 | 35.36 | 14006.39 | -1.95 | 0.4577 | 0.4577 | 8.26 | 0.23 | 0.23 | 34.37 | 27.58 | 16.97 | 6.99 | 50.63 | 5.540 | 5.540 | 10派1元(含税) |
| 176 | 600216 | 浙江医药 | 4.50 | 1.32 | 1.32 | 11.13 | 28.41 | 1873.77 | 14.36 | 0.0420 | 0.0420 | 3.03 | 0.05 | 0.05 | 16.37 | 4.57 | 6.19 | 3.19 | 61.52 | 1.376 | 1.376 | 不分不转 |
| 177 | 600217 | 秦岭水泥 | 4.13 | 1.40 | 1.40 | 5.01 | 13.83 | 4536.43 | -25.20 | 0.1100 | 0.1100 | 6.14 | 0.04 | 0.04 | 12.96 | 15.85 | 7.39 | 7.10 | 42.52 | 1.790 | 1.790 | 不分不转 |
| 178 | 600218 | 全柴动力 | 2.83 | 1.01 | 1.01 | 5.56 | 24.32 | 1064.04 | -65.92 | 0.0400 | 0.0400 | 1.24 | 0.31 | 0.31 | 12.43 | 4.16 | 8.61 | 0.55 | 28.89 | 3.040 | 3.040 | 10派0.2元(含税) |
| 179 | 600219 | 南山实业 | 2.57 | 1.35 | 1.35 | 11.57 | 11.89 | 13117.01 | -9.57 | 0.5100 | 0.5100 | 9.50 | 0.89 | 0.89 | 19.75 | 9.70 | 13.81 | 7.88 | 30.07 | 5.370 | 5.370 | 10派1.5元(含税) |
| 180 | 600220 | 江苏阳光 | 3.12 | 1.19 | 1.19 | 9.25 | 15.09 | 13490.16 | 6.87 | 0.4300 | 0.4300 | 9.60 | 0.52 | 0.52 | 26.94 | 87.16 | 14.05 | 9.76 | 45.48 | 4.500 | 4.500 | 10转增2股,拟派息。 |
| 181 | 600221 | 海南航空 | 7.30 | 3.72 | 3.72 | 50.28 | 54.49 | 18115.09 | 80.60 | 0.2500 | 0.2500 | 7.60 | 1.45 | 1.45 | 194.01 | 29.30 | 23.83 | 9.11 | 82.83 | 3.260 | 3.260 | 10派0.6元(含税) |
| 182 | 600222 | 竹林众生 | 1.36 | 0.35 | 0.35 | 1.82 | 33.61 | 1091.44 | -62.47 | 0.0802 | 0.0802 | 2.55 | 0.05 | 0.05 | 6.93 | 11.25 | 4.28 | 2.78 | 38.20 | 3.145 | 3.145 | 不分不转 |
| 183 | 600223 | 万杰高科 | 5.36 | 2.11 | 2.11 | 11.33 | 12.94 | 10222.39 | -26.84 | 0.1900 | 0.1900 | 6.65 | 0.31 | 0.31 | 29.02 | 14.66 | 15.61 | -9.61 | 39.27 | 2.910 | 2.910 | 10派5元(含税) |
| 184 | 600225 | 天香集团 | 2.01 | 0.86 | 0.86 | 4.20 | 11.53 | 2129.17 | 238.59 | 0.1100 | 0.1100 | 5.09 | -0.44 | -0.44 | 12.79 | 8.57 | 4.19 | 5.42 | 60.07 | 2.080 | 2.080 | 10送1股 |
| 185 | 600226 | 升华拜克 | 2.70 | 0.97 | 0.97 | 3.87 | 3.26 | 5041.34 | -27.65 | 0.1870 | 0.1870 | 6.50 | 0.30 | 0.30 | 9.90 | 54.71 | 7.75 | 63.22 | 14.79 | 2.870 | 2.870 | 10派1.5元(含税) |
| 186 | 600227 | 赤天化 | 1.70 | 0.70 | 0.70 | 6.59 | 4.56 | 6125.92 | 63.29 | 0.3600 | 0.3600 | 8.19 | 0.40 | 0.40 | 8.69 | -3.66 | 7.48 | 3.78 | 13.83 | 4.402 | 4.402 | 10派2元(含税) |
| 187 | 600228 | 昌九生化 | 2.88 | 0.96 | 0.96 | 3.02 | -10.39 | 106.74 | -95.83 | 0.0040 | 0.0040 | 0.23 | -0.08 | -0.08 | 7.86 | -3.67 | 4.60 | 0.23 | 40.07 | 1.596 | 1.596 | 不分不转 |
| 188 | 600229 | 青岛碱业 | 2.95 | 0.90 | 1.24 | 9.60 | 2.53 | 4863.93 | -28.42 | 0.1600 | 0.1600 | 5.82 | 0.35 | 0.35 | 16.70 | 2.64 | 8.36 | 0.54 | 49.95 | 2.830 | 2.830 | 10派1.5元(含税) |
| 189 | 600230 | 沧州大化 | 2.59 | 0.80 | 0.80 | 6.86 | 32.90 | 2019.33 | 244.98 | 0.0779 | 0.0779 | 3.15 | 0.42 | 0.42 | 8.50 | 2.04 | 6.41 | 1.15 | 24.65 | 2.470 | 2.470 | 10派0.5元(含税) |

| 项目 | | | 股本 | | | 业绩 | | | | | | | | | 资产 | | | | | | | 分配 |
|---|---|---|---|---|---|---|---|---|---|---|---|---|---|---|---|---|---|---|---|---|---|---|
| 序号 | 代码 | 公司简称 | 总股本(亿股) | 流通A(亿股) | 2003.04.29 | 主营收入(亿元) | ±% | 净利润(万元) | ±% | 每股收益(元) | 2003.04.29摊薄后 | 净资产收益率(%) | 每股经营性现金流量(元) | 2003.04.29摊薄后 | 总资产(亿元) | ±% | 净资产(亿元) | ±% | 资产负债比率(%) | 每股净资产(元) | 2003.04.29摊薄后 | 2002年度已(拟)实施利润分配方案 |
| 190 | 600231 | 凌钢股份 | 4.03 | 1.30 | 2.14 | 24.75 | 33.16 | 20368.69 | 24.48 | 0.5050 | 0.3885 | 14.41 | 0.49 | 0.38 | 22.57 | 26.45 | 14.13 | 11.27 | 37.38 | 3.507 | 2.698 | 10派1.5元(含税)转增3股 |
| 191 | 600232 | 金鹰股份 | 2.19 | 0.59 | 0.59 | 7.14 | 13.37 | 6475.62 | 20.12 | 0.2960 | 0.2960 | 13.58 | 0.22 | 0.22 | 8.50 | 4.11 | 4.77 | 9.84 | 41.38 | 2.179 | 2.179 | 10派1元(含税) |
| 192 | 600233 | 大连创世 | 1.65 | 0.53 | 0.75 | 3.55 | 19.32 | 2726.28 | -10.90 | 0.1700 | 0.1700 | 6.35 | 0.33 | 0.33 | 5.67 | 3.15 | 4.30 | 2.67 | 11.22 | 2.600 | 2.600 | 10派1元(含税) |
| 193 | 600234 | 天龙集团 | 0.94 | 0.30 | 0.30 | 1.40 | 0.15 | -14080.14 | -105.90 | -1.5000 | -1.5000 | -177.29 | -0.33 | -0.33 | 5.84 | -14.08 | 0.79 | -63.94 | 86.39 | 0.850 | 0.850 | 不分不转 |
| 194 | 600235 | 民丰特纸 | 1.77 | 0.52 | 0.73 | 3.88 | 22.69 | 4707.49 | 6.93 | 0.2660 | 0.1900 | 8.47 | 0.41 | 0.29 | 14.84 | 29.72 | 5.56 | 1.81 | 60.88 | 3.140 | 2.243 | 10派2.1元(含税)转增4股 |
| 195 | 600236 | 桂冠电力 | 6.75 | 1.10 | 1.43 | 6.35 | -0.76 | 25871.66 | 3.02 | 0.3830 | 0.3830 | 9.88 | 0.59 | 0.59 | 38.59 | 24.90 | 26.19 | 4.70 | 22.89 | 3.880 | 3.880 | 10派2.1元(含税) |
| 196 | 600237 | 铜峰电子 | 1.00 | 0.40 | 0.40 | 2.36 | 10.01 | 3073.71 | -23.65 | 0.3100 | 0.3100 | 6.48 | 0.74 | 0.74 | 7.02 | 6.50 | 4.74 | 4.57 | 32.41 | 4.740 | 4.740 | 10送2转增8股派1元(含税) |
| 197 | 600238 | 海南椰岛 | 1.66 | 0.74 | 0.74 | 5.63 | 34.28 | 4428.15 | 0.71 | 0.2670 | 0.2670 | 9.92 | 0.36 | 0.36 | 9.90 | 39.39 | 4.47 | 8.57 | 51.94 | 2.690 | 2.690 | 10派0.60元(含税) |
| 198 | 600239 | 红河光明 | 1.77 | 0.95 | 0.95 | 0.63 | -9.17 | 1075.50 | -46.76 | 0.0600 | 0.0600 | 3.14 | 0.10 | 0.10 | 3.54 | -4.59 | 3.42 | 3.24 | 2.47 | 1.930 | 1.930 | 不分不转 |
| 199 | 600240 | 仕奇实业 | 1.75 | 0.75 | 0.75 | 0.57 | -36.02 | -5377.02 | -1152.09 | -0.3100 | -0.3100 | -8.01 | 0.58 | 0.58 | 7.55 | -10.56 | 6.72 | -7.40 | 10.38 | 3.840 | 3.840 | 不分不转 |
| 200 | 600241 | 辽宁时代 | 1.06 | 0.30 | 0.30 | 16.19 | 18.78 | 3329.02 | 4.62 | 0.3100 | 0.3100 | 8.25 | 0.17 | 0.17 | 6.69 | 8.06 | 4.04 | 5.68 | 38.50 | 3.810 | 3.810 | 10派1.2元(含税) |
| 201 | 600242 | 华龙集团 | 1.74 | 0.60 | 0.60 | 1.10 | 66.90 | 876.00 | -48.14 | 0.0500 | 0.0500 | 1.78 | -0.02 | -0.02 | 7.52 | -1.33 | 4.93 | 1.81 | 33.75 | 2.830 | 2.830 | 不分不转 |
| 202 | 600243 | 青海华鼎 | 1.57 | 0.55 | 0.55 | 3.46 | 24.35 | 1327.64 | -19.96 | 0.0848 | 0.0848 | 3.30 | 0.00 | 0.00 | 7.26 | 0.91 | 4.03 | 2.21 | 43.50 | 2.570 | 2.570 | 10派0.3元(含税) |
| 203 | 600246 | 先锋股份 | 0.92 | 0.30 | 0.30 | 4.93 | 247.37 | 3034.84 | 90.82 | 0.3299 | 0.3299 | 9.53 | -1.61 | -1.61 | 16.29 | 135.02 | 3.19 | 7.11 | 79.32 | 3.463 | 3.463 | 10派1元(含税) |
| 204 | 600247 | 物华股份 | 1.10 | 0.35 | 0.35 | 1.04 | 24.99 | 2180.92 | -3.85 | 0.2000 | 0.2000 | 6.07 | 0.32 | 0.32 | 5.86 | 16.59 | 3.59 | 3.65 | 36.59 | 3.270 | 3.270 | 10股送2股派0.6元(含税) |
| 205 | 600248 | 秦丰农业 | 1.29 | 0.48 | 0.48 | 3.43 | 1.01 | 1937.52 | -28.83 | 0.1505 | 0.1505 | 3.66 | 0.21 | 0.21 | 9.51 | 35.15 | 5.22 | 2.54 | 41.66 | 4.100 | 4.100 | 10派0.5元(含税) |
| 206 | 600250 | 南纺股份 | 1.33 | 0.55 | 0.55 | 39.06 | 34.78 | 4726.27 | 14.24 | 0.3600 | 0.3600 | 7.04 | -2.00 | -2.00 | 23.25 | 39.49 | 6.71 | 4.50 | 70.48 | 5.060 | 5.060 | 10送2转增3股派1.3元(含税) |
| 207 | 600252 | 梧州中恒 | 1.39 | 0.50 | 0.50 | 2.85 | 50.03 | 2716.96 | -6.54 | 0.1900 | 0.1900 | 6.61 | -0.48 | -0.48 | 7.84 | 14.25 | 4.11 | 5.17 | 45.38 | 2.950 | 2.950 | 10送2派0.5元(含税) |
| 208 | 600253 | 天方药业 | 4.20 | 1.20 | 1.20 | 4.80 | - | 5447.64 | - | 0.1300 | 0.1300 | 7.27 | 0.23 | 0.23 | 11.42 | - | 7.49 | - | 31.80 | 1.780 | 1.780 | 10派0.50元(含税) |
| 209 | 600255 | 鑫科材料 | 0.95 | 0.30 | 0.30 | 8.67 | 24.14 | 419.77 | -86.01 | 0.0400 | 0.0400 | 0.87 | 0.03 | 0.03 | 7.65 | 12.53 | 4.82 | 0.88 | 36.83 | 5.070 | 5.070 | 不分不转 |
| 210 | 600256 | 广汇股份 | 7.22 | 2.04 | 2.04 | 23.98 | 26.25 | 31542.63 | 15.62 | 0.4370 | 0.4370 | 28.42 | 0.56 | 0.56 | 30.05 | 35.10 | 11.10 | 35.13 | 61.08 | 1.538 | 1.538 | 不分不转 |
| 211 | 600257 | 洞庭水殖 | 0.73 | 0.40 | 0.40 | 2.87 | 77.15 | 2881.81 | 52.00 | 0.3900 | 0.3900 | 6.53 | 0.39 | 0.39 | 8.98 | 52.16 | 4.41 | 5.19 | 44.76 | 6.040 | 6.040 | 10派1元(含税) |
| 212 | 600258 | 首旅股份 | 2.31 | 0.70 | 0.70 | 10.60 | -12.33 | 6661.39 | -13.86 | 0.2880 | 0.2880 | 9.14 | 0.52 | 0.52 | 16.15 | 45.75 | 7.29 | 4.36 | 45.43 | 3.150 | 3.150 | 10派1.9元(含税) |
| 213 | 600259 | 兴业聚酯 | 2.13 | 0.70 | 0.70 | 4.09 | 0.95 | 227.86 | 106.03 | 0.0100 | 0.0100 | 0.52 | -0.11 | -0.11 | 12.31 | -1.32 | 4.38 | 0.52 | 63.87 | 2.050 | 2.050 | 不分不转 |
| 214 | 600260 | 凯乐科技 | 1.76 | 0.55 | 0.55 | 3.63 | -15.74 | 5334.16 | -39.50 | 0.3000 | 0.3000 | 6.05 | -0.37 | -0.37 | 10.20 | -2.73 | 8.82 | 6.44 | 13.53 | 5.010 | 5.010 | 不分不转 |
| 215 | 600261 | 浙江阳光 | 1.23 | 0.40 | 0.40 | 4.04 | -30.65 | 4584.52 | -28.54 | 0.3700 | 0.3700 | 8.26 | 0.93 | 0.93 | 8.68 | 13.74 | 5.55 | 2.41 | 31.38 | 4.510 | 4.510 | 10派2.5元(含税) |
| 216 | 600262 | 北方股份 | 1.70 | 0.55 | 0.55 | 2.70 | 18.28 | 2906.00 | 76.08 | 0.1709 | 0.1709 | 5.05 | 0.23 | 0.23 | 8.69 | 3.77 | 5.75 | 1.84 | 33.86 | 3.382 | 3.382 | 10派1.1元(含税) |
| 217 | 600263 | 路桥建设 | 4.08 | 1.15 | 1.15 | 21.12 | 29.10 | 2778.07 | -35.89 | 0.0680 | 0.0680 | 2.02 | 0.35 | 0.35 | 30.11 | 12.85 | 13.79 | 2.06 | 53.49 | 3.378 | 3.378 | 不分不转 |
| 218 | 600265 | 景谷林业 | 1.05 | 0.40 | 0.40 | 4.17 | 124.54 | 2213.65 | 7.55 | 0.2100 | 0.2100 | 6.73 | 0.60 | 0.60 | 7.11 | 25.94 | 3.29 | 7.21 | 51.05 | 3.130 | 3.130 | 不分不转 |
| 219 | 600266 | 北京城建 | 6.00 | 1.50 | 1.50 | 16.81 | 57.97 | 15985.04 | 11.80 | 0.2664 | 0.2664 | 10.04 | -0.28 | -0.28 | 84.16 | 77.40 | 15.92 | 5.02 | 79.25 | 2.653 | 2.653 | 10派1.5元(含税) |
| 220 | 600267 | 海正药业 | 2.50 | 0.64 | 0.64 | 7.62 | 32.39 | 5010.36 | 3.22 | 0.2010 | 0.2010 | 6.24 | 0.48 | 0.48 | 15.76 | 21.29 | 8.03 | 4.93 | 47.65 | 3.215 | 3.215 | 10派0.5元(含税) |
| 221 | 600268 | 国电南自 | 1.18 | 0.40 | 0.40 | 5.30 | -2.94 | 3003.87 | 4.90 | 0.2550 | 0.2550 | 6.42 | 0.92 | 0.92 | 9.76 | 7.79 | 4.68 | 1.88 | 51.45 | 3.965 | 3.965 | 10派1.5元(含税) |
| 222 | 600269 | 赣粤高速 | 3.89 | 1.56 | 1.56 | 4.64 | 19.85 | 18577.07 | 3.65 | 0.4800 | 0.4800 | 6.00 | 0.60 | 0.60 | 45.13 | 10.49 | 30.97 | 17.63 | 24.78 | 7.960 | 7.960 | 10派2元(含税) |
| 223 | 600270 | 外运发展 | 3.66 | 0.92 | 0.92 | 22.67 | 53.99 | 27079.92 | 17.29 | 0.7400 | 0.7400 | 15.61 | 1.14 | 1.14 | 25.58 | 13.98 | 17.35 | 11.96 | 21.95 | 4.740 | 4.740 | 10转增3送2股派2.5元(含税) |
| 224 | 600272 | 开开实业 | 2.43 | 0.45 | 0.45 | 16.89 | 51.48 | 5083.89 | 3.21 | 0.2090 | 0.2090 | 6.06 | -0.02 | -0.02 | 20.08 | 3.64 | 8.40 | 3.82 | 54.45 | 3.455 | 3.455 | 10派0.8元(含税) |
| 225 | 600275 | 武昌鱼 | 3.18 | 0.91 | 0.91 | 5.72 | 537.33 | 3881.65 | -19.95 | 0.1221 | 0.1221 | 4.92 | -0.50 | -0.50 | 26.50 | 198.59 | 7.89 | 6.67 | 65.71 | 2.480 | 2.480 | 10股送0.5转增3.5股派0.2元(含税) |
| 226 | 600276 | 恒瑞医药 | 2.55 | 0.77 | 0.77 | 7.56 | 19.20 | 7895.40 | -2.71 | 0.3100 | 0.3100 | 9.97 | 0.20 | 0.20 | 12.05 | 7.65 | 7.92 | 6.60 | 32.76 | 3.105 | 3.105 | 10派1元(含税) |
| 227 | 600277 | 亿利科技 | 1.58 | 0.58 | 0.58 | 5.59 | 146.62 | 3681.86 | 22.55 | 0.2300 | 0.2300 | 5.09 | 0.19 | 0.19 | 13.73 | 41.03 | 7.24 | 5.47 | 44.38 | 4.580 | 4.580 | 不分不转 |
| 228 | 600278 | 东方创业 | 3.20 | 0.80 | 0.80 | 31.87 | 18.08 | 6419.68 | -32.60 | 0.2000 | 0.2000 | 6.54 | 0.04 | 0.04 | 21.56 | 3.61 | 9.81 | 3.39 | 50.55 | 3.070 | 3.070 | 10派1元(含税) |

| 项目 | | | 股本 | | | 业绩 | | | | | | | | | 资产 | | | | | | | 分配 |
|---|---|---|---|---|---|---|---|---|---|---|---|---|---|---|---|---|---|---|---|---|---|---|
| 序号 | 代码 | 公司简称 | 总股本(亿股) | 流通A(亿股) | 2003.04.29 | 主营收入(亿元) | ±% | 净利润(万元) | ±% | 每股收益(元) | 2003.04.29摊薄后 | 净资产收益率(%) | 每股经营性现金流量(元) | 2003.04.29摊薄后 | 总资产(亿元) | ±% | 净资产(亿元) | ±% | 资产负债比率(%) | 每股净资产(元) | 2003.04.29摊薄后 | 2002年度已(拟)实施利润分配方案 |
| 229 | 600279 | 重庆港九 | 2.28 | 0.86 | 0.86 | 0.97 | -5.52 | 2673.39 | -35.80 | 0.1170 | 0.1170 | 3.72 | 0.18 | 0.18 | 8.01 | -5.85 | 7.18 | 2.05 | 10.24 | 3.146 | 3.146 | 10派0.70元(含税) |
| 230 | 600280 | 南京中商 | 1.21 | 0.35 | 0.35 | 12.70 | 31.53 | 3049.07 | -11.33 | 0.2500 | 0.2500 | 6.71 | 1.26 | 1.26 | 10.48 | 32.78 | 4.54 | 5.39 | 56.47 | 3.750 | 3.750 | 10派0.6元(含税) |
| 231 | 600281 | 太化股份 | 3.59 | 1.05 | 1.05 | 6.82 | -4.12 | 2236.35 | -42.36 | 0.0620 | 0.0620 | 2.15 | -0.12 | -0.12 | 19.97 | 0.86 | 10.42 | 1.68 | 47.35 | 2.903 | 2.903 | 10派0.15元(含税) |
| 232 | 600282 | 南钢股份 | 5.04 | 1.44 | 1.44 | 46.65 | 16.60 | 24315.50 | 17.93 | 0.4800 | 0.4800 | 13.95 | 0.48 | 0.48 | 32.10 | 24.30 | 17.43 | 8.90 | 45.71 | 3.460 | 3.460 | 10派2元(含税) |
| 233 | 600283 | 钱江水利 | 2.85 | 0.85 | 0.85 | 2.51 | 52.18 | 4856.86 | -5.95 | 0.1700 | 0.1700 | 5.65 | 0.33 | 0.33 | 15.69 | 31.63 | 8.60 | 0.69 | 40.29 | 3.010 | 3.010 | 10派1.5元(含税) |
| 234 | 600285 | 羚锐股份 | 1.00 | 0.40 | 0.40 | 1.90 | 10.09 | 1308.63 | -47.63 | 0.1300 | 0.1300 | 3.15 | 0.69 | 0.69 | 6.98 | 24.50 | 4.15 | 3.27 | 40.27 | 4.130 | 4.130 | 不分不转 |
| 235 | 600286 | 国光瓷业 | 1.14 | 0.75 | 0.75 | 4.98 | 38.69 | 2377.10 | -10.49 | 0.2090 | 0.2090 | 6.71 | 0.25 | 0.25 | 11.14 | 22.13 | 3.54 | 8.58 | 64.15 | 3.110 | 3.110 | 不分不转 |
| 236 | 600287 | 江苏舜天 | 2.18 | 0.57 | 0.57 | 32.26 | 8.95 | 9020.22 | -26.51 | 0.4100 | 0.4100 | 12.32 | -0.15 | -0.15 | 18.07 | 21.55 | 7.32 | 5.70 | 54.20 | 3.353 | 3.353 | 10派2.2元(含税) |
| 237 | 600288 | 大恒科技 | 2.10 | 0.75 | 0.75 | 16.96 | 25.86 | 4610.36 | 7.28 | 0.2195 | 0.2195 | 6.47 | 0.41 | 0.41 | 13.52 | 7.99 | 7.12 | 3.68 | 37.34 | 3.390 | 3.390 | 10派1元(含税) |
| 238 | 600289 | 亿阳信通 | 1.06 | 0.40 | 0.40 | 4.83 | -22.08 | 6767.44 | -7.87 | 0.6390 | 0.6390 | 7.25 | 1.34 | 1.34 | 13.87 | 1.62 | 9.34 | 5.05 | 30.94 | 8.816 | 8.816 | 10派2元(含税) |
| 239 | 600290 | 苏福马 | 1.25 | 0.45 | 0.45 | 2.19 | 45.22 | 1017.11 | -19.15 | 0.0800 | 0.0800 | 4.58 | 0.05 | 0.05 | 4.85 | 15.99 | 2.22 | 3.12 | 54.25 | 1.780 | 1.780 | 10转增4股派0.30元(含税) |
| 240 | 600291 | 西水股份 | 1.60 | 0.60 | 0.60 | 4.79 | 110.89 | 3506.34 | 37.08 | 0.2200 | 0.2200 | 6.03 | 0.60 | 0.60 | 11.41 | 20.35 | 5.81 | 6.43 | 47.45 | 3.630 | 3.630 | 不分不转 |
| 241 | 600292 | 九龙电力 | 1.67 | 0.60 | 0.60 | 4.05 | 29.12 | 7030.88 | -7.01 | 0.4200 | 0.4200 | 8.92 | 0.57 | 0.57 | 15.30 | 42.87 | 7.89 | 0.44 | 43.78 | 4.716 | 4.716 | 10派4元(含税) |
| 242 | 600293 | 三峡新材 | 2.74 | 0.72 | 0.72 | 3.57 | 37.35 | 494.10 | -83.51 | 0.0180 | 0.0180 | 0.66 | 0.05 | 0.05 | 11.41 | 4.42 | 7.44 | 3.72 | 34.65 | 2.713 | 2.713 | 不分不转 |
| 243 | 600295 | 鄂尔多斯 | 5.16 | 0.80 | 0.80 | 22.15 | -8.77 | 16241.82 | -29.59 | 0.3100 | 0.3100 | 5.53 | -0.09 | -0.09 | 47.50 | 24.27 | 29.38 | 0.45 | 33.89 | 5.690 | 5.690 | 10转增10派2.9元(含税) |
| 244 | 600296 | 兰州铝业 | 2.95 | 1.10 | 1.10 | 18.29 | 41.83 | 16676.45 | 86.83 | 0.5650 | 0.5650 | 12.60 | 0.04 | 0.04 | 32.24 | 28.79 | 13.24 | 10.36 | 58.94 | 4.487 | 4.487 | 10派1.5元(含税) |
| 245 | 600297 | 美罗药业 | 1.15 | 0.40 | 0.40 | 6.79 | 10.75 | 2395.71 | -43.25 | 0.2100 | 0.2100 | 4.43 | 0.09 | 0.09 | 9.26 | 3.89 | 5.41 | 2.33 | 41.45 | 4.700 | 4.700 | 10派1元(含税) |
| 246 | 600298 | 安琪酵母 | 1.36 | 0.35 | 0.35 | 2.94 | 23.62 | 2950.24 | -40.29 | 0.2174 | 0.2174 | 5.11 | 0.41 | 0.41 | 7.26 | 9.19 | 5.78 | 4.65 | 20.28 | 4.257 | 4.257 | 10派1元(含税) |
| 247 | 600299 | 星新材料 | 2.40 | 0.80 | 0.80 | 7.51 | 34.46 | 5031.16 | 3.30 | 0.2100 | 0.2100 | 6.40 | 0.75 | 0.75 | 22.78 | 32.68 | 7.86 | 3.46 | 63.51 | 3.270 | 3.270 | 10派1元(含税) |
| 248 | 600300 | 维维股份 | 3.30 | 1.00 | 1.00 | 13.70 | 26.58 | 9402.90 | -16.92 | 0.2800 | 0.2800 | 7.28 | 1.06 | 1.06 | 20.08 | 16.37 | 12.92 | 1.37 | 24.48 | 3.920 | 3.920 | 10派2.3元(含税) |
| 249 | 600301 | 南化股份 | 1.85 | 0.73 | 0.73 | 5.02 | 11.67 | 3266.99 | 34.21 | 0.1765 | 0.1767 | 6.19 | 0.47 | 0.47 | 7.73 | 1.77 | 5.27 | -0.09 | 31.54 | 2.850 | 2.853 | 10派1.8元(含税) |
| 250 | 600302 | 标准股份 | 3.19 | 0.90 | 0.90 | 7.08 | 36.29 | 7136.83 | 1.41 | 0.2200 | 0.2200 | 10.58 | 0.30 | 0.30 | 10.17 | 9.17 | 6.74 | 3.61 | 32.76 | 2.110 | 2.110 | 10派1.5元(含税) |
| 251 | 600303 | 曙光股份 | 1.62 | 0.72 | 0.72 | 6.73 | 92.81 | 3711.77 | 6.88 | 0.2300 | 0.2300 | 8.43 | 0.17 | 0.17 | 15.43 | 67.25 | 4.40 | 1.45 | 59.58 | 2.720 | 2.720 | 10派2元(含税) |
| 252 | 600305 | 恒顺醋业 | 1.27 | 0.40 | 0.40 | 2.67 | 53.31 | 2740.70 | 22.91 | 0.2155 | 0.2155 | 7.19 | 0.06 | 0.06 | 6.11 | 29.15 | 3.81 | 2.56 | 33.30 | 2.997 | 2.997 | 10派1.4元(含税) |
| 253 | 600306 | 商业城 | 1.78 | 0.59 | 0.59 | 7.99 | -19.87 | 1763.73 | -41.89 | 0.1000 | 0.1000 | 4.13 | 0.29 | 0.29 | 7.76 | 16.63 | 4.27 | 4.31 | 44.79 | 2.400 | 2.400 | 不分不转 |
| 254 | 600307 | 酒钢宏兴 | 7.28 | 2.00 | 2.00 | 35.96 | 5.28 | 22801.27 | -14.09 | 0.3100 | 0.3100 | 10.44 | 0.81 | 0.81 | 33.71 | 0.21 | 21.84 | 4.95 | 35.21 | 3.000 | 3.000 | 10派1.8元(含税) |
| 255 | 600308 | 华泰股份 | 2.31 | 1.08 | 1.08 | 13.26 | 85.63 | 19009.97 | 66.40 | 0.8200 | 0.8200 | 11.59 | 1.68 | 1.68 | 27.52 | 4.41 | 16.41 | 12.34 | 37.41 | 7.100 | 7.100 | 10送2转1派0.5元(含税) |
| 256 | 600309 | 烟台万华 | 3.84 | 1.28 | 1.28 | 8.82 | 54.34 | 15432.64 | 53.21 | 0.4000 | 0.4000 | 21.09 | 0.32 | 0.32 | 9.28 | 27.72 | 7.32 | 11.94 | 21.15 | 1.910 | 1.910 | 10派2元(含税) |
| 257 | 600310 | 桂东电力 | 1.57 | 0.45 | 0.45 | 3.13 | 11.78 | 6248.13 | 5.19 | 0.3986 | 0.3986 | 10.38 | 0.74 | 0.74 | 7.84 | -3.06 | 6.02 | 2.84 | 20.85 | 3.841 | 3.841 | 10派3元(含税) |
| 258 | 600311 | 荣华实业 | 2.00 | 0.80 | 0.80 | 4.51 | -6.00 | 5846.68 | -9.74 | 0.2900 | 0.2900 | 5.88 | -0.46 | -0.46 | 12.21 | -1.90 | 9.94 | 4.09 | 18.58 | 4.970 | 4.970 | 10派1元(含税) |
| 259 | 600312 | 平高电气 | 1.84 | 0.60 | 0.60 | 5.54 | 12.35 | 4518.37 | 11.52 | 0.2500 | 0.2500 | 4.99 | 0.18 | 0.18 | 13.54 | 2.89 | 9.06 | 3.18 | 32.09 | 4.940 | 4.940 | 10转增7股派1.00元(含税) |
| 260 | 600313 | 中农资源 | 2.52 | 0.80 | 0.80 | 16.99 | -9.22 | -8027.50 | -1047.43 | -0.3183 | -0.3183 | -1.25 | 0.13 | 0.13 | 12.17 | -9.29 | 6.45 | -11.74 | 46.43 | 2.557 | 2.557 | 不分不转 |
| 261 | 600315 | 上海家化 | 2.70 | 0.80 | 0.80 | 13.64 | 4.44 | 7536.20 | 3.27 | 0.2791 | 0.2791 | 6.82 | 0.07 | 0.07 | 15.22 | 1.22 | 11.05 | 3.26 | 24.77 | 4.094 | 4.094 | 10派1.5元(含税) |
| 262 | 600316 | 洪都航空 | 2.10 | 0.90 | 0.90 | 5.17 | 17.02 | 6710.98 | 5.80 | 0.3200 | 0.3200 | 6.33 | 0.66 | 0.66 | 13.74 | 9.70 | 10.60 | 0.39 | 22.84 | 5.050 | 5.050 | 10派3元(含税) |
| 263 | 600317 | 营口港 | 2.50 | 1.00 | 1.00 | 3.46 | 69.80 | 6006.61 | 30.76 | 0.2400 | 0.2400 | 6.67 | 0.19 | 0.19 | 12.12 | 213.96 | 8.98 | 257.57 | 25.94 | 3.590 | 3.590 | 10派0.24元(含税) |
| 264 | 600318 | 巢东股份 | 2.00 | 0.80 | 0.80 | 5.95 | 7.24 | 1601.92 | -46.33 | 0.0800 | 0.0800 | 2.61 | 0.45 | 0.45 | 13.89 | -3.57 | 6.13 | 2.68 | 55.06 | 3.060 | 3.060 | 不分不转 |
| 265 | 600319 | 亚星化学 | 3.16 | 0.80 | 0.80 | 6.06 | 1.45 | 4762.20 | -12.60 | 0.1510 | 0.1510 | 4.74 | 0.19 | 0.19 | 13.77 | 4.54 | 10.05 | 1.63 | 27.04 | 3.183 | 3.183 | 10派1元(含税) |
| 266 | 600320 | 振华港机 | 4.57 | 0.88 | 0.88 | 30.74 | 6.54 | 13700.45 | -28.47 | 0.3000 | 0.3000 | 7.40 | -0.33 | -0.33 | 52.05 | 16.51 | 18.51 | 2.53 | 64.41 | 4.050 | 4.050 | 10派2元(含税) |
| 267 | 600321 | 国栋建设 | 1.75 | 0.70 | 0.70 | 2.23 | -34.68 | 4841.50 | -21.79 | 0.2800 | 0.2800 | 4.59 | 0.34 | 0.34 | 12.85 | -0.79 | 10.55 | 0.44 | 17.90 | 6.020 | 6.020 | 10派2.5元(含税) |

| 项目 | | | 股本 | | | 业绩 | | | | | | | | | 资产 | | | | | | | 分配 |
|---|---|---|---|---|---|---|---|---|---|---|---|---|---|---|---|---|---|---|---|---|---|---|
| 序号 | 代码 | 公司简称 | 总股本（亿股） | 流通A（亿股） | 2003.04.29 | 主营收入（亿元） | ±% | 净利润（万元） | ±% | 每股收益（元） | 2003.04.29摊薄后 | 净资产收益率（%） | 每股经营性现金流量（元） | 2003.04.29摊薄后 | 总资产（亿元） | ±% | 净资产（亿元） | ±% | 资产负债比率（%） | 每股净资产（元） | 2003.04.29摊薄后 | 2002年度已（拟）实施利润分配方案 |
| 268 | 600322 | 天房发展 | 4.24 | 1.21 | 1.21 | 5.16 | -15.30 | 3429.43 | -48.28 | 0.0809 | 0.0809 | 2.07 | -0.37 | -0.37 | 29.60 | -3.25 | 16.56 | 1.14 | 43.04 | 3.908 | 3.908 | 10派0.4元(含税) |
| 269 | 600323 | 南海发展 | 2.09 | 0.65 | 0.65 | 2.34 | 7.09 | 7210.01 | -1.48 | 0.3500 | 0.3500 | 10.17 | 0.60 | 0.60 | 9.11 | 1.89 | 7.09 | 4.48 | 22.14 | 3.400 | 3.400 | 10派2元(含税) |
| 270 | 600326 | 西藏天路 | 1.80 | 0.72 | 0.72 | 5.09 | 48.59 | 3009.24 | 26.76 | 0.1672 | 0.1672 | 7.97 | 0.29 | 0.29 | 7.03 | 24.61 | 3.78 | 0.83 | 43.08 | 2.098 | 2.098 | 10派1.5元(含税) |
| 271 | 600327 | 大厦股份 | 1.09 | 0.40 | 0.40 | 15.32 | 30.25 | 3674.13 | 13.59 | 0.3380 | 0.3380 | 7.34 | 0.77 | 0.77 | 7.78 | 141.60 | 5.01 | 350.84 | 32.75 | 4.600 | 4.600 | 10派1元(含税) |
| 272 | 600328 | 兰太实业 | 1.73 | 0.60 | 0.60 | 3.88 | 44.33 | 4381.31 | 10.45 | 0.2500 | 0.2500 | 6.73 | 0.06 | 0.06 | 12.14 | 1.69 | 6.51 | 2.55 | 41.53 | 3.770 | 3.770 | 10派1.6元(含税) |
| 273 | 600329 | 中新药业 | 3.70 | 0.40 | 0.40 | 18.39 | 20.85 | 8511.10 | 34.48 | 0.2300 | 0.2300 | 5.65 | 0.51 | 0.51 | 30.08 | 11.28 | 15.07 | 4.57 | 43.84 | 4.080 | 4.080 | 10派1.5元(含税) |
| 274 | 600330 | 天通股份 | 2.29 | 0.60 | 0.60 | 3.09 | 14.92 | 6319.48 | -8.71 | 0.2750 | 0.2750 | 10.79 | 0.32 | 0.32 | 8.00 | 13.37 | 5.85 | 6.27 | 26.82 | 2.551 | 2.551 | 10派1.25元(含税) |
| 275 | 600331 | 宏达股份 | 1.30 | 0.50 | 0.50 | 5.22 | 40.07 | 3964.06 | 78.25 | 0.3049 | 0.3049 | 5.81 | -0.39 | -0.39 | 14.42 | 25.86 | 6.82 | 3.08 | 51.73 | 5.250 | 5.250 | 10派1.5元(含税) |
| 276 | 600332 | 广州药业 | 8.11 | 0.78 | 0.78 | 59.44 | 11.43 | 15847.77 | 8.45 | 0.2000 | 0.2000 | 6.93 | 0.21 | 0.21 | 41.73 | 12.72 | 22.87 | 5.25 | 41.94 | 2.820 | 2.820 | 10派0.6元(含税) |
| 277 | 600333 | 长春燃气 | 4.07 | 1.02 | 1.02 | 4.47 | 9.98 | 9009.97 | 7.66 | 0.2200 | 0.2200 | 11.58 | 0.26 | 0.26 | 11.54 | 9.74 | 7.78 | 7.67 | 31.39 | 1.910 | 1.910 | 10派1元(含税) |
| 278 | 600335 | 中发展 | 1.17 | 0.35 | 0.35 | 2.59 | 41.05 | -3726.74 | -2121.80 | -0.3195 | -0.3195 | -13.20 | -0.59 | -0.59 | 6.27 | -9.35 | 2.82 | -10.80 | 54.50 | 2.421 | 2.421 | 不分不转 |
| 279 | 600336 | 澳柯玛 | 3.41 | 0.90 | 0.90 | 16.66 | 56.74 | 3425.69 | -19.98 | 0.1004 | 0.1004 | 2.86 | 0.52 | 0.52 | 32.20 | 0.55 | 11.97 | 0.97 | 61.90 | 3.510 | 3.510 | 10派0.8元(含税) |
| 280 | 600337 | 美克股份 | 1.10 | 0.48 | 0.48 | 4.61 | 70.10 | 3997.98 | -9.08 | 0.3600 | 0.3600 | 6.13 | -0.06 | -0.06 | 9.05 | 16.06 | 6.52 | 4.64 | 22.81 | 5.900 | 5.900 | 10派1元(含税) |
| 281 | 600338 | 珠峰摩托 | | | | | | | | | | | | | | | | | | | | |
| 282 | 600339 | 天利高新 | 3.57 | 1.26 | 1.26 | 7.34 | 115.60 | 5203.75 | 1.32 | 0.1500 | 0.1500 | 8.29 | 0.31 | 0.31 | 10.82 | 17.59 | 6.28 | -0.24 | 41.71 | 1.760 | 1.760 | 10派1.5元(含税) |
| 283 | 600343 | 航天动力 | 1.20 | 0.00 | 0.65 | 1.03 | - | 2202.66 | - | 0.1840 | 0.1194 | 15.07 | 0.13 | 0.08 | 2.99 | - | 1.46 | - | 49.97 | 1.220 | 0.791 | 不分不转 |
| 284 | 600345 | 长江通信 | | | | | | | | | | | | | | | | | | | | |
| 285 | 600346 | 冰山橡塑 | 1.05 | 0.39 | 0.39 | 2.09 | -6.00 | 855.33 | -46.38 | 0.0800 | 0.0800 | 2.72 | -0.07 | -0.07 | 5.46 | 2.88 | 3.15 | 1.06 | 42.30 | 3.000 | 3.000 | 10派0.50元(含税) |
| 286 | 600350 | 山东基建 | 33.64 | 5.05 | 5.05 | 14.01 | - | 47530.98 | - | 0.1410 | 0.1410 | 8.04 | 0.21 | 0.21 | 72.83 | - | 59.10 | - | 18.75 | 1.760 | 1.760 | 10派1.1元(含税) |
| 287 | 600351 | 亚宝药业 | 1.15 | 0.40 | 0.40 | 2.13 | 37.58 | 1945.95 | 8.32 | 0.1700 | 0.1700 | 7.16 | 0.21 | 0.21 | 4.47 | 71.13 | 2.72 | 213.90 | 37.90 | 2.360 | 2.360 | 10派1.40元(含税) |
| 288 | 600353 | 旭光股份 | 0.83 | 0.30 | 0.30 | 1.70 | -15.27 | 1416.63 | -34.35 | 0.1700 | 0.1700 | 4.00 | 0.09 | 0.09 | 5.72 | 67.15 | 3.54 | 153.18 | 37.99 | 4.290 | 4.290 | 10派2.8元(含税) |
| 289 | 600355 | 精伦电子 | 1.23 | 0.31 | 0.31 | 3.63 | 22.89 | 8249.72 | -1.23 | 0.6700 | 0.6700 | 11.84 | 0.08 | 0.08 | 8.54 | 117.21 | 6.97 | 277.04 | 17.31 | 5.670 | 5.670 | 10转增10派4元(含税) |
| 290 | 600356 | 恒丰纸业 | 1.40 | 0.40 | 0.40 | 4.26 | 15.57 | 4740.62 | 3.75 | 0.3386 | 0.3386 | 8.98 | 0.65 | 0.65 | 7.01 | 6.84 | 5.28 | 8.29 | 24.65 | 3.770 | 3.770 | 10派0.5元(含税) |
| 291 | 600357 | 承德钒钛 | 3.80 | 1.00 | 1.00 | 27.67 | 25.85 | 8200.72 | 8.43 | 0.2200 | 0.2200 | 5.89 | 0.65 | 0.65 | 39.85 | 46.47 | 13.93 | 53.74 | 63.04 | 3.660 | 3.660 | 10派3元(含税) |
| 292 | 600358 | 国旅联合 | 2.10 | 0.75 | 0.75 | 0.75 | -30.52 | 1123.81 | 7.23 | 0.0500 | 0.0500 | 2.69 | -0.16 | -0.16 | 5.76 | 0.86 | 4.18 | 2.15 | 13.19 | 1.990 | 1.990 | 不分不转 |
| 293 | 600359 | 新农开发 | 3.21 | 1.17 | 1.17 | 6.62 | 23.18 | 3096.40 | 601.99 | 0.0960 | 0.0960 | 3.15 | 0.62 | 0.62 | 16.92 | -2.96 | 9.84 | -0.12 | 41.86 | 3.065 | 3.065 | 10派1元(含税) |
| 294 | 600360 | 华微电子 | 1.18 | 0.50 | 0.50 | 2.84 | 22.16 | 2664.42 | 2.74 | 0.2300 | 0.2300 | 4.52 | 0.41 | 0.41 | 10.72 | 16.74 | 5.90 | 3.98 | 44.85 | 5.000 | 5.000 | 不分不转 |
| 295 | 600361 | 华联综超 | | | | | | | | | | | | | | | | | | | | |
| 296 | 600362 | 江西铜业 | 26.64 | 2.30 | 2.30 | 33.27 | 11.06 | 16950.43 | -43.77 | 0.0600 | 0.0600 | 3.64 | 0.29 | 0.29 | 88.23 | 4.29 | 46.62 | 1.96 | 46.47 | 1.750 | 1.750 | 10派0.30元(含税) |
| 297 | 600363 | 联创光电 | 2.47 | 0.90 | 0.90 | 7.45 | 17.87 | 4661.74 | 141.68 | 0.1886 | 0.1886 | 7.43 | 0.36 | 0.36 | 12.63 | 14.60 | 6.27 | 4.52 | 37.30 | 2.538 | 2.538 | 10派0.8元(含税) |
| 298 | 600365 | 通葡萄酒 | 1.40 | 0.60 | 0.60 | 1.02 | -20.30 | 918.57 | 32.35 | 0.0656 | 0.0656 | 1.75 | -0.10 | -0.10 | 6.51 | 4.54 | 5.26 | -0.91 | 19.21 | 3.755 | 3.755 | 10派1元(含税) |
| 299 | 600366 | 宁波韵升 | 2.86 | 0.79 | 0.79 | 7.09 | 63.55 | 5149.55 | -20.52 | 0.1800 | 0.1800 | 9.06 | 0.26 | 0.26 | 11.09 | 37.42 | 5.68 | 1.05 | 45.01 | 1.987 | 1.987 | 10派1.5元(含税) |
| 300 | 600367 | 红星发展 | 1.30 | 0.39 | 0.39 | 5.04 | 40.94 | 9522.89 | 17.65 | 0.7300 | 0.7300 | 15.91 | 0.77 | 0.77 | 9.70 | 33.38 | 6.34 | 12.01 | 27.56 | 5.080 | 5.080 | 10送2转增2派2元(含税) |
| 301 | 600368 | 五洲交通 | 4.42 | 0.80 | 0.80 | 1.88 | 37.33 | 11629.62 | -11.39 | 0.2631 | 0.2631 | 10.45 | 0.41 | 0.41 | 14.46 | 7.29 | 11.13 | 7.38 | 23.04 | 2.520 | 2.520 | 10派0.9元(含税) |
| 302 | 600369 | 长运股份 | 1.72 | 0.70 | 0.70 | 1.56 | 40.29 | 1870.39 | 14.99 | 0.1090 | 0.1090 | 3.27 | 0.07 | 0.07 | 13.18 | 24.12 | 5.72 | 2.13 | 55.89 | 3.317 | 3.317 | 10派0.40元(含税) |
| 303 | 600370 | 三房巷 | 1.03 | 0.00 | 0.55 | 6.08 | -2.55 | 3938.67 | 3.23 | 0.3800 | 0.2479 | 20.66 | 0.28 | 0.18 | 4.92 | 13.72 | 1.91 | -0.53 | 53.74 | 1.850 | 1.207 | 不分不转 |
| 304 | 600371 | 华冠科技 | 1.00 | 0.40 | 0.40 | 1.60 | 12.45 | 1591.05 | 1.83 | 0.1591 | 0.1591 | 6.22 | 0.12 | 0.12 | 3.10 | 103.22 | 2.56 | 128.09 | 17.53 | 2.560 | 2.560 | 10送1转增4.5股，派0.3元 |
| 305 | 600372 | 昌河股份 | 4.10 | 1.10 | 1.10 | 43.73 | 31.38 | 8483.85 | -1.95 | 0.2100 | 0.2100 | 6.51 | 0.80 | 0.80 | 38.67 | 17.63 | 13.04 | 1.18 | 58.35 | 3.180 | 3.180 | 10派1.7元(含税) |
| 306 | 600373 | 鑫新股份 | 1.25 | 0.45 | 0.45 | 3.24 | -4.11 | 755.40 | -29.29 | 0.0600 | 0.0600 | 2.96 | -0.13 | -0.13 | 5.67 | 37.26 | 2.55 | 99.86 | 54.51 | 2.040 | 2.040 | 10派0.22元(含税) |

| 项目 | | | 股本 | | | 业绩 | | | | | | | | | 资产 | | | | | | | 分配 |
|---|---|---|---|---|---|---|---|---|---|---|---|---|---|---|---|---|---|---|---|---|---|---|
| 序号 | 代码 | 公司简称 | 总股本(亿股) | 流通A(亿股) | 2003.04.29 | 主营收入(亿元) | ±% | 净利润(万元) | ±% | 每股收益(元) | 2003.04.29摊薄后 | 净资产收益率(%) | 每股经营性现金流量(元) | 2003.04.29摊薄后 | 总资产(亿元) | ±% | 净资产(亿元) | ±% | 资产负债比率(%) | 每股净资产(元) | 2003.04.29摊薄后 | 2002年度已(拟)实施利润分配方案 |
| 307 | 600375 | 星马汽车 | 0.53 | 0.00 | 0.30 | 11.84 | - | 7784.33 | - | 1.4600 | 0.9343 | 53.84 | 2.42 | 1.55 | 4.66 | - | 1.45 | - | 68.98 | 2.710 | 1.734 | 不分不转 |
| 308 | 600376 | 天鸿宝业 | 1.73 | 0.64 | 0.64 | 12.37 | 352.10 | 6648.63 | 39.36 | 0.3800 | 0.3800 | 9.76 | 1.70 | 1.70 | 13.54 | 31.02 | 6.82 | 4.90 | 49.67 | 3.930 | 3.930 | 10派2元(含税) |
| 309 | 600377 | 宁沪高速 | 50.38 | 1.50 | 1.50 | 20.26 | 24.62 | 81683.33 | 4.61 | 0.1620 | 0.1620 | 6.00 | 0.26 | 0.26 | 150.82 | 1.12 | 136.13 | 1.19 | 7.11 | 2.700 | 2.700 | 10派1.3元(含税) |
| 310 | 600378 | 天科股份 | 1.96 | 0.76 | 0.76 | 1.52 | 6.56 | 1321.53 | -43.99 | 0.0700 | 0.0700 | 3.17 | 0.01 | 0.01 | 5.22 | -0.40 | 4.18 | 1.32 | 20.03 | 2.130 | 2.130 | 10派0.40元(含税) |
| 311 | 600379 | 宝光股份 | 1.58 | 0.50 | 0.50 | 2.51 | 4.23 | 1390.27 | 12.30 | 0.0880 | 0.0880 | 5.20 | 0.22 | 0.22 | 4.88 | -4.68 | 2.67 | 7.64 | 45.30 | 1.691 | 1.691 | 不分不转 |
| 312 | 600380 | 太太药业 | 4.07 | 1.05 | 1.05 | 7.12 | 4.84 | 17188.20 | -14.32 | 0.4227 | 0.4227 | 8.56 | 0.58 | 0.58 | 25.23 | 8.42 | 20.07 | 1.31 | 20.27 | 4.936 | 4.936 | 10派3.5元(含税) |
| 313 | 600381 | 白唇鹿 | 1.10 | 0.35 | 0.35 | 3.03 | 112.01 | 2065.83 | 14.49 | 0.1878 | 0.1878 | 6.09 | 0.14 | 0.14 | 7.68 | 28.75 | 3.39 | 4.04 | 54.18 | 3.080 | 3.080 | 10派0.68元(含税) |
| 314 | 600382 | 广东明珠 | 1.71 | 0.60 | 0.60 | 4.39 | 22.45 | 3574.71 | 8.90 | 0.2100 | 0.2100 | 7.15 | 0.06 | 0.06 | 10.47 | -0.02 | 5.00 | 2.41 | 49.90 | 2.930 | 2.930 | 10派1.5元(含税) |
| 315 | 600383 | 金地集团 | 2.70 | 0.90 | 0.90 | 9.70 | 46.32 | 13814.60 | 14.86 | 0.5120 | 0.5120 | 10.27 | -0.98 | -0.98 | 30.76 | 35.50 | 13.46 | 5.54 | 52.94 | 4.984 | 4.984 | 10派2.5元(含税) |
| 316 | 600385 | 山东金泰 | 1.41 | 0.68 | 0.68 | 0.28 | -83.92 | -13630.00 | -2940.00 | -0.9600 | -0.9600 | -303.30 | 0.01 | 0.01 | 3.16 | -31.77 | 0.45 | -75.20 | 81.13 | 0.320 | 0.320 | 不分不转 |
| 317 | 600386 | 北京巴士 | 2.52 | 0.80 | 0.80 | 14.19 | 48.98 | 11994.06 | 69.50 | 0.4800 | 0.4800 | 10.33 | 1.09 | 1.09 | 23.93 | 7.63 | 11.62 | 3.58 | 47.44 | 4.610 | 4.610 | 10派3.2元(含税) |
| 318 | 600388 | 龙净环保 | 1.67 | 0.65 | 0.65 | 3.82 | 8.58 | 2558.28 | -31.11 | 0.1530 | 0.1530 | 4.04 | -0.46 | -0.46 | 11.10 | 20.95 | 6.34 | 2.24 | 40.84 | 3.793 | 3.793 | 10派0.7元(含税) |
| 319 | 600389 | 江山股份 | 1.80 | 0.48 | 0.48 | 7.05 | 19.66 | 3160.93 | -15.64 | 0.1760 | 0.1760 | 6.95 | 0.12 | 0.12 | 10.30 | 32.77 | 4.55 | 5.30 | 51.17 | 2.526 | 2.526 | 10派0.5元(含税) |
| 320 | 600390 | 金瑞科技 | 1.07 | 0.40 | 0.40 | 2.55 | 13.16 | 1561.01 | -38.31 | 0.1500 | 0.1500 | 2.23 | -0.01 | -0.01 | 9.29 | 7.59 | 6.99 | 0.03 | 15.88 | 6.540 | 6.540 | 10派1.4元(含税) |
| 321 | 600391 | 成发科技 | 1.40 | 0.50 | 0.50 | 1.85 | -9.73 | 2142.10 | -39.01 | 0.1500 | 0.1500 | 5.12 | 0.32 | 0.32 | 6.21 | -6.33 | 4.19 | -0.47 | 32.64 | 2.990 | 2.990 | 10派1.70元(含税) |
| 322 | 600393 | 东华实业 | 2.00 | 0.55 | 0.55 | 1.37 | -36.81 | 3568.92 | -25.91 | 0.1784 | 0.1784 | 7.81 | 0.07 | 0.07 | 8.39 | 6.74 | 4.57 | 8.31 | 45.44 | 2.280 | 2.280 | 不分不转 |
| 323 | 600395 | 盘江股份 | 3.71 | 1.20 | 1.20 | 6.68 | 35.46 | 6777.65 | -1.19 | 0.1830 | 0.1830 | 5.57 | 0.22 | 0.22 | 14.41 | 3.60 | 12.16 | 2.59 | 15.63 | 3.275 | 3.275 | 10派1元(含税) |
| 324 | 600396 | 金山股份 | 1.30 | 0.45 | 0.45 | 3.67 | 250.30 | 3534.52 | 65.69 | 0.2700 | 0.2700 | 8.00 | -1.48 | -1.48 | 13.29 | 135.73 | 4.42 | 10.90 | 45.47 | 3.400 | 3.400 | 不分不转 |
| 325 | 600397 | 安源股份 | 2.20 | 0.80 | 0.80 | 4.08 | 0.38 | 4767.02 | -5.40 | 0.2167 | 0.2167 | 6.65 | 0.16 | 0.16 | 10.75 | 96.81 | 7.17 | 210.29 | 29.45 | 3.260 | 3.260 | 10派1元(含税) |
| 326 | 600398 | 凯诺科技 | 2.14 | 0.99 | 0.99 | 5.83 | 38.39 | 8583.55 | 24.83 | 0.4000 | 0.4000 | 12.56 | 0.07 | 0.07 | 10.15 | 4.62 | 6.83 | 14.36 | 32.35 | 3.200 | 3.200 | 不分不转 |
| 327 | 600399 | 抚顺特钢 | 5.20 | 1.20 | 1.20 | 17.33 | 18.14 | 4217.33 | -58.03 | 0.0800 | 0.0800 | 2.91 | 0.69 | 0.69 | 42.28 | 40.65 | 14.48 | 3.00 | 65.75 | 2.780 | 2.780 | 不分不转 |
| 328 | 600400 | 红豆股份 | 1.80 | 0.50 | 0.50 | 6.25 | 36.82 | 6663.80 | 17.96 | 0.3700 | 0.3700 | 10.59 | -1.25 | -1.25 | 11.55 | 49.72 | 6.29 | 8.39 | 42.40 | 3.510 | 3.510 | 10派1元(含税) |
| 329 | 600408 | 安泰集团 | 1.60 | 0.00 | 0.70 | 6.84 | 2.34 | 4742.06 | 16.41 | 0.2964 | 0.2062 | 17.29 | 0.49 | 0.34 | 8.69 | 21.00 | 2.74 | 20.91 | 67.88 | 1.720 | 1.197 | 不分不转 |
| 330 | 600415 | 小商品城 | 1.04 | 0.29 | 0.29 | 7.53 | 95.31 | 4349.69 | 31.95 | 0.4200 | 0.4200 | 13.87 | 6.54 | 6.54 | 15.22 | 58.61 | 3.14 | 11.80 | 78.60 | 3.010 | 3.010 | 10派1元(含税) |
| 331 | 600416 | 湘电股份 | 1.95 | 0.75 | 0.75 | 5.74 | 9.80 | 4084.49 | 3.97 | 0.2100 | 0.2073 | 6.61 | 0.02 | 0.02 | 10.49 | 60.46 | 6.18 | 169.33 | 40.99 | 3.170 | 3.130 | 10派2.2元(含税) |
| 332 | 600418 | 江淮汽车 | 2.30 | 0.88 | 0.88 | 34.43 | 73.07 | 13241.42 | 48.84 | 0.5800 | 0.5800 | 11.99 | 1.50 | 1.50 | 18.18 | 32.55 | 11.04 | 7.25 | 39.26 | 4.800 | 4.800 | 10派2.5元(含税) |
| 333 | 600419 | 新疆天宏 | 0.80 | 0.30 | 0.30 | 1.62 | 0.98 | 1163.42 | 3.27 | 0.1500 | 0.1500 | 4.06 | -0.08 | -0.08 | 4.64 | 15.67 | 2.87 | 2.77 | 36.88 | 3.580 | 3.580 | 10派0.5元(含税) |
| 334 | 600422 | 昆明制药 | 0.98 | 0.40 | 0.40 | 5.05 | 3.40 | 4458.82 | 16.35 | 0.4500 | 0.4504 | 8.40 | 0.18 | 0.18 | 7.63 | -0.09 | 5.31 | 2.31 | 25.17 | 5.410 | 5.414 | 10派3.2元(含税) |
| 335 | 600426 | 华鲁恒升 | 1.67 | 0.60 | 0.60 | 4.51 | 20.22 | 4609.20 | 37.28 | 0.2760 | 0.2760 | 8.26 | 0.30 | 0.30 | 8.97 | 100.36 | 5.58 | 222.71 | 37.75 | 3.340 | 3.340 | 10派1.2元(含税) |
| 336 | 600428 | 中远航运 | 3.60 | 1.30 | 1.30 | 5.49 | 2.57 | 8258.02 | -3.61 | 0.2300 | 0.2300 | 6.08 | 0.24 | 0.24 | 16.56 | 214.29 | 13.57 | 276.58 | 18.05 | 3.770 | 3.770 | 10派1.3元(含税) |
| 337 | 600448 | 华纺股份 | 2.45 | 0.94 | 0.94 | 11.26 | 11.40 | -4718.21 | -306.79 | -0.1900 | -0.1900 | -7.00 | 0.00 | 0.00 | 12.29 | -4.70 | 6.78 | -7.12 | 41.88 | 2.770 | 2.770 | 不分配、不转增 |
| 338 | 600456 | 宝钛股份 | 2.00 | 0.60 | 0.60 | 3.46 | 6.44 | 4101.95 | 8.63 | 0.2100 | 0.2100 | 7.03 | 0.32 | 0.32 | 9.23 | 55.31 | 5.84 | 123.73 | 36.78 | 2.917 | 2.917 | 10派1.5元(含税) |
| 339 | 600458 | 时代新材 | 0.85 | 0.35 | 0.35 | 1.57 | 54.33 | 2585.26 | 54.34 | 0.3000 | 0.3000 | 8.33 | 0.10 | 0.10 | 3.88 | 183.88 | 3.10 | 328.07 | 18.57 | 3.640 | 3.640 | 10派1元(含税) |
| 340 | 600460 | 士兰微 | 0.75 | 0.00 | 0.26 | 2.65 | - | 4367.18 | - | 0.5800 | 0.4307 | 26.44 | 0.26 | 0.19 | 3.96 | - | 1.65 | - | 57.93 | 2.200 | 1.634 | 不分不转 |
| 341 | 600466 | 迪康药业 | 1.27 | 0.50 | 0.50 | 1.53 | 62.94 | 2402.16 | -17.49 | 0.1900 | 0.1900 | 3.69 | 0.14 | 0.14 | 7.79 | 3.71 | 6.51 | 1.77 | 15.98 | 5.110 | 5.110 | 10派1元(含税) |
| 342 | 600468 | 特精股份 | 1.10 | 0.30 | 0.30 | 2.27 | 69.29 | 415.79 | -18.69 | 0.0380 | 0.0380 | 1.25 | -0.45 | -0.45 | 7.09 | 26.61 | 3.33 | -0.52 | 42.46 | 3.031 | 3.031 | 10派0.5元(含税) |
| 343 | 600481 | 双良股份 | 2.26 | 0.00 | 0.80 | 4.68 | - | 8186.95 | - | 0.3620 | 0.2674 | 31.29 | 0.41 | 0.30 | 5.73 | - | 2.62 | - | 54.37 | 1.150 | 0.849 | 不分不转 |
| 344 | 600486 | 扬农化工 | 1.00 | 0.30 | 0.30 | 3.01 | 13.83 | 2425.04 | 2.43 | 0.2430 | 0.2430 | 7.37 | 0.33 | 0.33 | 4.93 | 105.29 | 3.29 | 203.43 | 33.26 | 3.292 | 3.292 | 10派2元(含税) |
| 345 | 600488 | 天药股份 | 1.94 | 0.59 | 0.76 | 6.07 | 19.21 | 9091.17 | 20.63 | 0.4690 | 0.3608 | 11.97 | 0.23 | 0.18 | 14.19 | 25.13 | 7.59 | 7.07 | 44.71 | 3.920 | 3.015 | 10转增3股 |

| 项目 | | | 股本 | | | 业绩 | | | | | | | | | 资产 | | | | | | | 分配 |
| --- | --- | --- | --- | --- | --- | --- | --- | --- | --- | --- | --- | --- | --- | --- | --- | --- | --- | --- | --- | --- | --- | --- |
| 序号 | 代码 | 公司简称 | 总股本(亿股) | 流通A(亿股) | 2003.04.29 | 主营收入(亿元) | ±% | 净利润(万元) | ±% | 每股收益(元) | 2003.04.29摊薄后 | 净资产收益率(%) | 每股经营性现金流量(元) | 2003.04.29摊薄后 | 总资产(亿元) | ±% | 净资产(亿元) | ±% | 资产负债比率(%) | 每股净资产(元) | 2003.04.29摊薄后 | 2002年度已(拟)实施利润分配方案 |
| 346 | 600496 | 长江股份 | 1.10 | 0.40 | 0.40 | 1.39 | -22.11 | 673.16 | -46.81 | 0.0600 | 0.0600 | 2.75 | 0.20 | 0.20 | 3.45 | 78.48 | 2.45 | 145.87 | 29.08 | 2.230 | 2.230 | 10派0.5元(含税) |
| 347 | 600498 | 烽火通信 | 4.10 | 0.88 | 0.88 | 15.40 | -14.47 | 6514.40 | -61.09 | 0.1600 | 0.1600 | 2.87 | 0.00 | 0.00 | 30.67 | 1.36 | 22.73 | 0.69 | 25.96 | 5.540 | 5.540 | 10派1.2元(含税) |
| 348 | 600499 | 科达机电 | 0.55 | 0.20 | 0.20 | 2.17 | 46.88 | 3348.89 | 34.10 | 0.6060 | 0.6287 | 8.84 | 0.60 | 0.62 | 4.92 | 235.90 | 3.79 | 412.93 | 23.02 | 6.849 | 7.106 | 10送5转增3股派1.25元(含税) |
| 349 | 600500 | 中化国际 | 5.59 | 1.80 | 1.80 | 80.03 | 21.87 | 26026.45 | 187.52 | 0.4700 | 0.4700 | 16.65 | 0.52 | 0.52 | 30.84 | 22.00 | 15.63 | 8.36 | 42.88 | 2.800 | 2.800 | 10派2.5元(含税) |
| 350 | 600501 | 航天晨光 | 1.87 | 0.72 | 0.72 | 5.68 | 28.77 | 3291.42 | -0.29 | 0.1800 | 0.1800 | 7.24 | 0.28 | 0.28 | 9.30 | 17.38 | 4.54 | 1.01 | 47.30 | 2.430 | 2.430 | 10派1.5元(含税) |
| 351 | 600502 | 安徽水利 | 0.62 | 0.00 | 0.58 | 4.70 | - | 1761.93 | - | 0.2800 | 0.1447 | 16.24 | 0.70 | 0.36 | 3.02 | - | 1.08 | - | 64.12 | 1.750 | 0.904 | 不分不转 |
| 352 | 600503 | 宏智科技 | 1.10 | 0.40 | 0.40 | 2.34 | 21.74 | 3487.00 | 14.70 | 0.3200 | 0.3200 | 7.16 | 0.20 | 0.20 | 5.99 | 172.76 | 4.87 | 305.33 | 18.66 | 4.430 | 4.430 | 不分不转 |
| 353 | 600505 | 西昌电力 | 1.65 | 0.55 | 0.55 | 1.64 | 28.46 | 2264.74 | -5.65 | 0.1373 | 0.1373 | 4.27 | 0.55 | 0.55 | 11.56 | 34.91 | 5.30 | 73.15 | 53.42 | 3.210 | 3.210 | 10派2元(含税),转增8股 |
| 354 | 600506 | 香梨股份 | 1.61 | 0.50 | 0.50 | 0.80 | -19.13 | 3092.95 | 4.08 | 0.1900 | 0.1900 | 6.61 | -0.04 | -0.04 | 6.20 | 1.32 | 4.68 | 7.08 | 24.52 | 2.910 | 2.910 | 不分不转 |
| 355 | 600508 | 上海能源 | 4.02 | 1.10 | 1.10 | 15.83 | 8.01 | 16942.56 | 2.40 | 0.4200 | 0.4200 | 11.54 | 1.01 | 1.01 | 21.82 | 14.68 | 14.68 | 2.01 | 32.73 | 3.660 | 3.660 | 10派3.50元(含税) |
| 356 | 600509 | 天富热电 | 1.69 | 0.60 | 0.60 | 4.52 | 28.32 | 4666.71 | 2.66 | 0.2800 | 0.2800 | 7.52 | 0.00 | 0.00 | 15.31 | 129.59 | 6.21 | 198.92 | 58.42 | 3.670 | 3.670 | 10转增5股派2.5元(含税) |
| 357 | 600510 | 黑牡丹 | 1.46 | 0.38 | 0.38 | 10.07 | 14.35 | 12589.21 | 44.62 | 0.8600 | 0.8600 | 15.53 | 0.79 | 0.79 | 11.66 | 53.11 | 8.11 | 262.94 | 29.95 | 5.550 | 5.550 | 10派5元(含税) |
| 358 | 600511 | 国药股份 | 1.33 | 0.53 | 0.53 | 12.24 | 0.24 | 2618.25 | 31.86 | 0.1970 | 0.1970 | 6.57 | 0.11 | 0.11 | 8.08 | 85.51 | 3.98 | 200.45 | 50.56 | 2.995 | 2.995 | 10派1元(含税) |
| 359 | 600512 | 腾达建设 | 1.60 | 0.60 | 0.60 | 5.59 | 12.54 | 2481.54 | 0.41 | 0.1600 | 0.1600 | 5.76 | 0.19 | 0.19 | 7.81 | 112.73 | 4.31 | 198.11 | 44.61 | 2.700 | 2.700 | 10派1.5元(含税) |
| 360 | 600513 | 联环药业 | 0.40 | 0.00 | 0.20 | 0.79 | - | 1577.58 | - | 0.3900 | 0.2600 | 18.50 | 0.48 | 0.32 | 1.26 | - | 0.85 | - | 32.48 | 2.130 | 1.420 | 不分不转 |
| 361 | 600515 | 第一投资 | 1.54 | 0.50 | 0.50 | 2.50 | 1.09 | 2391.56 | 0.87 | 0.1550 | 0.1550 | 5.55 | 0.19 | 0.19 | 7.85 | 40.38 | 4.31 | 125.02 | 41.31 | 2.800 | 2.800 | 10转增5股 |
| 362 | 600516 | 海龙科技 | 2.00 | 0.80 | 0.80 | 4.31 | 4.49 | 3331.27 | -30.62 | 0.1700 | 0.1700 | 4.43 | -0.28 | -0.28 | 13.93 | 78.40 | 7.51 | 175.35 | 45.69 | 3.760 | 3.760 | 10派1元(含税) |
| 363 | 600518 | 康美药业 | 0.71 | 0.18 | 0.18 | 4.11 | 7.93 | 4383.27 | 50.33 | 0.6190 | 0.6190 | 11.20 | 0.76 | 0.76 | 6.30 | 21.63 | 3.91 | 7.16 | 37.86 | 5.526 | 5.526 | 10派2.5元(含税) |
| 364 | 600519 | 贵州茅台 | 2.75 | 0.79 | 0.79 | 18.35 | 13.40 | 37679.85 | 14.78 | 1.3700 | 1.3700 | 13.21 | 1.58 | 1.58 | 39.31 | 13.50 | 28.53 | 12.72 | 26.85 | 10.370 | 10.370 | 10送1股派2元(含税) |
| 365 | 600520 | 三佳模具 | 0.63 | 0.25 | 0.25 | 0.94 | 13.01 | 2050.12 | -3.62 | 0.3300 | 0.3300 | 8.13 | 0.12 | 0.12 | 3.49 | 16.56 | 2.52 | 13.68 | 19.29 | 4.010 | 4.010 | 10股转增8股 |
| 366 | 600521 | 华海药业 | 0.65 | 0.00 | 0.35 | 1.87 | - | 5059.31 | - | 0.7780 | 0.5057 | 62.90 | 1.16 | 0.75 | 2.48 | - | 0.80 | - | 67.54 | 1.238 | 0.805 | 不分不转 |
| 367 | 600522 | 中天科技 | 2.08 | 0.70 | 0.70 | 4.14 | -23.25 | 3975.39 | 5.38 | 0.1900 | 0.1900 | 7.00 | 0.26 | 0.26 | 8.34 | 88.94 | 5.61 | 197.48 | 30.34 | 2.690 | 2.690 | 10派1.2元(含税) |
| 368 | 600523 | 贵航股份 | 2.20 | 0.70 | 0.70 | 3.79 | 6.91 | 285.25 | -84.53 | 0.0130 | 0.0130 | 0.51 | 0.03 | 0.03 | 10.62 | -4.23 | 5.65 | -0.97 | 44.94 | 2.570 | 2.570 | 10派0.4元(含税) |
| 369 | 600525 | 长园新材 | 1.00 | 0.25 | 0.25 | 1.96 | 36.22 | 3096.38 | 10.75 | 0.3100 | 0.3100 | 11.16 | 0.40 | 0.40 | 4.88 | 88.09 | 2.77 | 129.79 | 39.15 | 2.790 | 2.790 | 不分不转 |
| 370 | 600526 | 菲达环保 | 1.00 | 0.40 | 0.40 | 3.28 | - | 2365.95 | - | 0.2400 | 0.2400 | 6.36 | 0.32 | 0.32 | 6.65 | - | 3.72 | - | 43.95 | 3.720 | 3.720 | 10派2元(含税) |
| 371 | 600528 | 中铁二局 | 4.10 | 1.10 | 1.10 | 44.24 | 9.54 | 11026.29 | -31.53 | 0.2700 | 0.2700 | 6.43 | -0.79 | -0.79 | 42.23 | 21.65 | 17.15 | -0.42 | 56.68 | 4.180 | 4.180 | 10派3元(含税) |
| 372 | 600529 | 山东药玻 | 0.82 | 0.32 | 0.32 | 4.22 | 20.62 | 5475.30 | 46.55 | 0.6600 | 0.6600 | 8.53 | 1.33 | 1.33 | 9.44 | 104.86 | 6.42 | 234.94 | 31.08 | 7.790 | 7.790 | 10送3股转增2股派1元(含税) |
| 373 | 600530 | 交大昂立 | 2.00 | 0.50 | 0.50 | 4.77 | 5.19 | 5118.15 | -6.33 | 0.2600 | 0.2600 | 5.44 | 0.25 | 0.25 | 13.39 | 14.01 | 8.99 | 1.03 | 31.50 | 4.490 | 4.490 | 10派2.1元(含税) |
| 374 | 600531 | 豫光金铅 | 1.27 | 0.45 | 0.45 | 10.06 | 34.48 | 3361.97 | 11.59 | 0.2700 | 0.2700 | 6.49 | -0.62 | -0.62 | 9.67 | 94.43 | 5.18 | 184.69 | 46.47 | 4.080 | 4.080 | 10派1元(含税) |
| 375 | 600532 | 华阳科技 | 0.90 | 0.40 | 0.40 | 2.77 | 10.99 | 1708.25 | 9.26 | 0.1900 | 0.1900 | 5.16 | 0.56 | 0.56 | 4.90 | 118.64 | 3.31 | 266.37 | 32.54 | 3.676 | 3.676 | 10派1.25元(含税) |
| 376 | 600533 | 栖霞建设 | 1.40 | 0.40 | 0.40 | 3.66 | 12.96 | 4230.49 | 1.88 | 0.3000 | 0.3000 | 8.63 | -0.79 | -0.79 | 8.53 | 52.51 | 4.90 | 217.90 | 41.28 | 3.500 | 3.500 | 10派2.5元(含税) |
| 377 | 600535 | 天士力 | 1.90 | 0.50 | 0.50 | 9.30 | 35.82 | 11784.86 | 14.56 | 0.6200 | 0.6200 | 12.11 | 1.09 | 1.09 | 12.51 | 110.06 | 9.73 | 307.42 | 20.28 | 5.120 | 5.120 | 10转增5股派5元(含税) |
| 378 | 600536 | 中软股份 | 0.84 | 0.30 | 0.30 | 4.65 | 42.93 | 3957.85 | 31.46 | 0.4700 | 0.4700 | 9.34 | 0.20 | 0.20 | 5.58 | 241.09 | 4.24 | 465.59 | 18.84 | 5.030 | 5.030 | 10转增2股派3元 |
| 379 | 600537 | 海通集团 | 1.14 | 0.00 | 0.50 | 2.48 | 6.00 | 3611.86 | 5.65 | 0.3200 | 0.2226 | 18.00 | 0.28 | 0.19 | 4.94 | 30.16 | 1.54 | -3.22 | 65.71 | 1,710 | 1.190 | 10派2.5元(含税) |
| 380 | 600538 | 北海国发 | 0.66 | 0.00 | 0.45 | 0.99 | 5.27 | 2369.40 | -3.66 | 0.3600 | 0.2138 | 16.68 | 0.26 | 0.15 | 2.35 | 13.82 | 1.42 | 9.75 | 37.28 | 2.160 | 1.283 | 10派1元(含税) |
| 381 | 600539 | 狮头股份 | 2.30 | 0.88 | 0.88 | 2.89 | -1.88 | 2303.50 | -38.12 | 0.1000 | 0.1000 | 2.84 | 0.17 | 0.17 | 10.92 | 4.01 | 8.12 | 2.92 | 25.19 | 3.530 | 3.530 | 不分不转 |
| 382 | 600548 | 深高速 | 21.81 | 1.65 | 1.65 | 6.46 | 6.88 | 35135.39 | -12.58 | 0.1600 | 0.1600 | 6.81 | 0.20 | 0.20 | 69.23 | -0.66 | 51.60 | 1.77 | 25.14 | 2.370 | 2.370 | 10派1.2元(含税) |
| 383 | 600549 | 厦门钨业 | 1.20 | 0.30 | 0.30 | 5.78 | -18.04 | 5005.60 | -18.37 | 0.4200 | 0.4200 | 9.06 | 0.35 | 0.35 | 11.04 | 88.58 | 5.52 | 169.74 | 42.78 | 4.600 | 4.600 | 10派3元(含税) |
| 384 | 600550 | 天威保变 | 3.30 | 0.90 | 0.90 | 6.53 | 6.68 | 3320.39 | -24.64 | 0.1000 | 0.1000 | 3.81 | 0.17 | 0.17 | 16.39 | 11.34 | 8.71 | 4.03 | 40.45 | 2.640 | 2.640 | 不分不转 |

| 项目 | | | 股本 | | | 业绩 | | | | | | | | | 资产 | | | | | | | 分配 |
|---|---|---|---|---|---|---|---|---|---|---|---|---|---|---|---|---|---|---|---|---|---|---|
| 序号 | 代码 | 公司简称 | 总股本(亿股) | 流通A(亿股) | 2003.04.29 | 主营收入(亿元) | ±% | 净利润(万元) | ±% | 每股收益(元) | 2003.04.29摊薄后 | 净资产收益率(%) | 每股经营性现金流量(元) | 2003.04.29摊薄后 | 总资产(亿元) | ±% | 净资产(亿元) | ±% | 资产负债比率(%) | 每股净资产(元) | 2003.04.29摊薄后 | 2002年度已(拟)实施利润分配方案 |
| 385 | 600551 | 科大创新 | 0.75 | 0.25 | 0.25 | 0.67 | 9.92 | 736.91 | -26.67 | 0.1000 | 0.1000 | 4.13 | 0.13 | 0.13 | 3.05 | 84.12 | 1.78 | 112.91 | 36.97 | 2.380 | 2.380 | 10派0.8元(含税) |
| 386 | 600552 | 方兴科技 | 0.90 | 0.40 | 0.40 | 1.89 | 6.28 | 1407.39 | 1.49 | 0.1600 | 0.1600 | 4.51 | 0.32 | 0.32 | 4.67 | 110.62 | 3.03 | 247.39 | 30.72 | 3.370 | 3.370 | 10派1元(含税) |
| 387 | 600553 | 太行股份 | 1.90 | 0.50 | 0.50 | 3.79 | 7.10 | 4039.81 | 0.63 | 0.2100 | 0.2100 | 6.08 | 0.31 | 0.31 | 12.21 | 89.44 | 6.64 | 84.93 | 38.62 | 3.500 | 3.500 | 10派0.5元(含税) |
| 388 | 600555 | 茉织华 | 4.35 | 0.81 | 0.81 | 16.88 | -10.89 | 12198.70 | -41.45 | 0.2800 | 0.2800 | 5.76 | 0.37 | 0.37 | 34.21 | 34.04 | 21.18 | 2.76 | 35.23 | 4.880 | 4.880 | 10派1.5元(含税) |
| 389 | 600556 | 北生药业 | 0.90 | 0.45 | 0.45 | 2.17 | 75.59 | 3204.24 | 111.07 | 0.3560 | 0.3560 | 6.39 | 1.01 | 1.01 | 12.76 | 61.70 | 5.02 | 4.81 | 58.31 | 5.576 | 5.576 | 10送1转增3股派1元(含税) |
| 390 | 600557 | 康缘药业 | 0.92 | 0.40 | 0.40 | 2.62 | 16.25 | 2087.49 | 13.96 | 0.2300 | 0.2300 | 6.29 | 0.12 | 0.12 | 4.26 | 140.01 | 3.32 | 358.80 | 21.75 | 3.610 | 3.610 | 10派3元(含税) |
| 391 | 600558 | 大西洋 | 1.20 | 0.45 | 0.45 | 5.06 | 12.44 | 2841.85 | 10.88 | 0.2370 | 0.2370 | 6.01 | 0.50 | 0.50 | 7.03 | 6.28 | 4.73 | 3.11 | 24.42 | 3.940 | 3.940 | 10派1.2元(含税) |
| 392 | 600559 | 裕丰股份 | 1.40 | 0.40 | 0.40 | 2.63 | 15.33 | 2174.77 | -0.36 | 0.1600 | 0.1600 | 6.62 | 0.44 | 0.44 | 5.94 | 54.03 | 3.28 | 121.91 | 44.69 | 2.350 | 2.350 | 10派0.5元(含税) |
| 393 | 600560 | 金自天正 | 0.76 | 0.30 | 0.30 | 1.75 | 15.84 | 2330.50 | 10.28 | 0.3000 | 0.3000 | 6.37 | 0.06 | 0.06 | 5.09 | 125.21 | 3.66 | 260.07 | 28.12 | 4.790 | 4.790 | 10派2元(含税) |
| 394 | 600561 | 江西长运 | 0.93 | 0.30 | 0.30 | 1.53 | 25.96 | 2866.58 | 30.42 | 0.3100 | 0.3100 | 11.04 | 0.64 | 0.64 | 4.70 | 94.52 | 2.60 | 138.04 | 42.19 | 2.800 | 2.800 | 10派1.5元(含税) |
| 395 | 600562 | 高淳陶瓷 | 0.54 | 0.00 | 0.30 | 1.09 | 6.53 | 2044.68 | 4.56 | 0.3800 | 0.2444 | 20.93 | 0.57 | 0.37 | 1.66 | 0.72 | 0.98 | 14.06 | 41.06 | 1.810 | 1.164 | 10派1元(含税) |
| 396 | 600563 | 法拉电子 | 1.50 | 0.50 | 0.50 | 2.46 | 10.36 | 4434.30 | 11.16 | 0.3000 | 0.3000 | 6.80 | 0.72 | 0.72 | 7.19 | 83.43 | 6.52 | 188.92 | 9.33 | 4.350 | 4.350 | 10派3元(含税) |
| 397 | 600565 | 迪马股份 | 0.80 | 0.20 | 0.20 | 4.85 | 2.44 | 3510.27 | -25.71 | 0.4400 | 0.4400 | 9.24 | 0.31 | 0.31 | 5.10 | 127.45 | 3.80 | 424.95 | 25.52 | 4.750 | 4.750 | 10派3.6元(含税) |
| 398 | 600566 | 洪城股份 | 1.06 | 0.44 | 0.44 | 1.07 | -5.85 | 1389.20 | -21.52 | 0.1300 | 0.1300 | 3.03 | 0.21 | 0.21 | 6.06 | 4.06 | 4.58 | 1.91 | 24.44 | 4.310 | 4.310 | 10派0.5元(含税) |
| 399 | 600567 | 山鹰纸业 | 1.61 | 0.60 | 0.60 | 4.88 | 73.78 | 2511.83 | 9.04 | 0.1570 | 0.1570 | 7.20 | 0.38 | 0.38 | 8.31 | 24.71 | 3.49 | 5.75 | 57.97 | 2.173 | 2.173 | 10派0.50元(含税) |
| 400 | 600568 | 潜江制药 | 0.73 | 0.35 | 0.35 | 0.91 | 11.12 | 1118.93 | -19.31 | 0.1500 | 0.1500 | 2.52 | 0.01 | 0.01 | 4.78 | 3.88 | 4.45 | 2.58 | 7.01 | 6.100 | 6.100 | 不分不转 |
| 401 | 600569 | 安阳钢铁 | 13.45 | 2.75 | 2.75 | 67.17 | 12.95 | 53730.32 | 14.14 | 0.4000 | 0.4000 | 11.76 | 0.76 | 0.76 | 62.51 | 3.01 | 45.70 | 6.30 | 26.89 | 3.400 | 3.400 | 10派2元(含税) |
| 402 | 600571 | 信雅达 | 0.58 | 0.18 | 0.18 | 1.90 | 19.63 | 3201.31 | 17.01 | 0.5500 | 0.5500 | 10.21 | 0.94 | 0.94 | 4.48 | 214.05 | 3.13 | 397.37 | 29.89 | 5.360 | 5.360 | 10派3元(含税) |
| 403 | 600573 | 惠泉啤酒 | 1.84 | 0.00 | 0.63 | 9.06 | - | 6954.81 | - | 0.3700 | 0.2722 | 15.76 | 1.16 | 0.85 | 11.96 | - | 4.41 | - | 62.33 | 2.360 | 1.736 | 不分不转 |
| 404 | 600575 | 芜湖港 | 0.74 | 0.00 | 0.45 | 1.04 | - | 2607.60 | - | 0.3500 | 0.3500 | 19.30 | 0.74 | 0.74 | 2.33 | - | 1.35 | - | 41.94 | 1.840 | 1.840 | 不分不转 |
| 405 | 600576 | 庆丰股份 | 1.34 | 0.00 | 0.60 | 8.49 | 4.63 | 4491.08 | 6.62 | 0.3400 | 0.2349 | 18.67 | -0.34 | -0.23 | 7.18 | 21.05 | 2.41 | 22.16 | 65.45 | 1.790 | 1.237 | 不分不转 |
| 406 | 600577 | 精达股份 | 0.60 | 0.20 | 0.20 | 4.30 | 35.86 | 2133.03 | 7.49 | 0.3600 | 0.3600 | 7.99 | 0.36 | 0.36 | 4.70 | 96.47 | 2.67 | 291.91 | 38.32 | 4.450 | 4.450 | 10派1元(含税) |
| 407 | 600578 | 京能热电 | 5.73 | 1.00 | 1.00 | 11.10 | 0.31 | 8578.81 | -27.32 | 0.1500 | 0.1500 | 6.47 | 0.56 | 0.56 | 20.94 | 24.68 | 13.26 | 58.71 | 36.66 | 2.310 | 2.310 | 10派1.15元(含税) |
| 408 | 600579 | 黄海股份 | 2.16 | 0.72 | 0.72 | 5.99 | 46.53 | 4641.19 | 56.85 | 0.2150 | 0.2150 | 8.55 | 0.54 | 0.54 | 11.38 | 79.23 | 5.43 | 152.28 | 52.31 | 2.510 | 2.510 | 不分不转 |
| 409 | 600580 | 卧龙科技 | 1.09 | 0.35 | 0.56 | 2.08 | 2.43 | 2977.98 | -2.89 | 0.2700 | 0.1688 | 7.09 | 0.27 | 0.17 | 6.37 | 152.38 | 4.20 | 255.61 | 30.15 | 3.850 | 2.406 | 10派2元(含税)转增6股 |
| 410 | 600581 | 八一钢铁 | 4.09 | 1.30 | 1.30 | 31.83 | - | 16022.22 | - | 0.3900 | 0.3900 | 9.67 | 0.45 | 0.45 | 30.28 | - | 16.57 | - | 44.62 | 4.050 | 4.050 | 10送2股派2元(含税) |
| 411 | 600582 | 天地科技 | 0.75 | 0.25 | 0.25 | 2.58 | 44.01 | 3400.74 | 9.00 | 0.4530 | 0.4530 | 7.79 | -0.31 | -0.31 | 5.27 | 201.18 | 4.36 | 312.63 | 15.38 | 5.818 | 5.818 | 10转增3股 |
| 412 | 600583 | 海油工程 | 2.50 | 0.80 | 0.80 | 17.34 | 43.64 | 13266.87 | 27.93 | 0.5300 | 0.5300 | 10.33 | 0.79 | 0.79 | 19.61 | 35.49 | 12.84 | 193.91 | 34.49 | 5.140 | 5.140 | 不分不转 |
| 413 | 600585 | 海螺水泥 | 11.83 | 2.00 | 2.00 | 30.00 | 45.74 | 26375.84 | 30.11 | 0.2200 | 0.2200 | 8.19 | 0.77 | 0.77 | 89.00 | 46.66 | 32.21 | 45.70 | 54.75 | 2.720 | 2.720 | 10派0.5元(含税) |
| 414 | 600586 | 金晶科技 | 0.97 | 0.35 | 0.35 | 3.23 | -16.30 | 3782.97 | -17.57 | 0.3900 | 0.3900 | 7.91 | 0.89 | 0.89 | 9.54 | 120.84 | 4.78 | 224.48 | 45.73 | 4.940 | 4.940 | 10送3股派3元(含税) |
| 415 | 600587 | 新华医疗 | 0.61 | 0.21 | 0.21 | 2.50 | 38.74 | 2136.13 | 14.59 | 0.3500 | 0.3500 | 7.26 | 0.42 | 0.42 | 5.29 | 87.04 | 2.94 | 224.58 | 44.36 | 4.800 | 4.800 | 10转增4股派0.5元(含税) |
| 416 | 600588 | 用友软件 | 1.00 | 0.25 | 0.25 | 4.88 | 46.40 | 9160.60 | 30.12 | 0.9200 | 0.9200 | 8.90 | 0.84 | 0.84 | 12.18 | 4.30 | 10.34 | 3.15 | 14.67 | 10.340 | 10.340 | 10转增2股派6元(含税) |
| 417 | 600589 | 榕泰实业 | 1.60 | 0.40 | 0.40 | 3.49 | 26.91 | 5251.60 | 49.08 | 0.3280 | 0.3280 | 9.28 | 0.15 | 0.15 | 7.20 | 4.61 | 5.66 | 3.76 | 21.40 | 3.540 | 3.540 | 10派2元(含税) |
| 418 | 600590 | 泰豪科技 | 1.33 | 0.40 | 0.40 | 3.82 | 15.59 | 2471.00 | 11.42 | 0.1900 | 0.1900 | 7.48 | 0.04 | 0.04 | 6.46 | 86.11 | 3.31 | 141.16 | 44.73 | 2.480 | 2.480 | 10派1元(含税) |
| 419 | 600591 | 上海航空 | 7.21 | 2.00 | 2.00 | 40.57 | 15.86 | 14072.59 | 1.35 | 0.1950 | 0.1950 | 8.28 | 0.55 | 0.55 | 71.08 | 11.47 | 16.99 | 191.55 | 75.92 | 2.360 | 2.360 | 10派0.5元(含税) |
| 420 | 600592 | 龙溪股份 | 1.50 | 0.50 | 0.50 | 1.89 | 12.51 | 2702.15 | -9.23 | 0.1800 | 0.1800 | 5.57 | 0.14 | 0.14 | 6.14 | 74.84 | 4.85 | 140.74 | 18.97 | 3.240 | 3.240 | 不分不转 |
| 421 | 600593 | 大连圣亚 | 0.92 | 0.32 | 0.32 | 0.69 | 1.45 | 2206.31 | -4.62 | 0.2400 | 0.2400 | 6.78 | 0.36 | 0.36 | 3.83 | 212.67 | 3.26 | 365.03 | 14.82 | 3.540 | 3.540 | 10派0.5元(含税) |
| 422 | 600595 | 中孚实业 | 1.35 | 0.50 | 0.50 | 5.79 | 10.45 | 5547.22 | 32.39 | 0.4100 | 0.4100 | 8.53 | 0.85 | 0.85 | 11.46 | 88.78 | 6.50 | 194.45 | 43.28 | 4.810 | 4.810 | 10送3派2元(含税) |
| 423 | 600596 | 新安股份 | 1.34 | 0.44 | 0.44 | 7.83 | 20.61 | 3210.59 | 56.75 | 0.2390 | 0.2390 | 6.38 | 0.86 | 0.86 | 9.25 | -0.66 | 5.03 | 1.89 | 45.00 | 3.750 | 3.750 | 10派1.8元(含税) |

| 项目 | | | 股本 | | | 业绩 | | | | | | | | | 资产 | | | | | | | 分配 |
|---|---|---|---|---|---|---|---|---|---|---|---|---|---|---|---|---|---|---|---|---|---|---|
| 序号 | 代码 | 公司简称 | 总股本(亿股) | 流通A(亿股) | 2003.04.29 | 主营收入(亿元) | ±% | 净利润(万元) | ±% | 每股收益(元) | 2003.04.29摊薄后 | 净资产收益率(%) | 每股经营性现金流量(元) | 2003.04.29摊薄后 | 总资产(亿元) | ±% | 净资产(亿元) | ±% | 资产负债比率(%) | 每股净资产(元) | 2003.04.29摊薄后 | 2002年度已(拟)实施利润分配方案 |
| 424 | 600597 | 光明乳业 | 6.51 | 1.50 | 1.50 | 50.22 | 42.65 | 22631.38 | 38.92 | 0.3500 | 0.3500 | 14.00 | 0.74 | 0.74 | 29.37 | 60.58 | 15.79 | 190.38 | 42.32 | 2.420 | 2.420 | 10派1元(含税) |
| 425 | 600598 | 北大荒 | 14.70 | 3.00 | 3.00 | 14.71 | 4.63 | 38063.72 | 4.49 | 0.2600 | 0.2600 | 10.89 | 0.16 | 0.16 | 61.99 | 42.86 | 34.96 | 102.75 | 43.60 | 2.380 | 2.380 | 10派1.30元(含税) |
| 426 | 600599 | 浏阳花炮 | 1.26 | 0.40 | 0.40 | 2.76 | 40.04 | 2019.93 | 13.54 | 0.1600 | 0.1600 | 7.24 | -0.66 | -0.66 | 5.12 | 46.24 | 2.79 | 2.80 | 34.13 | 2.210 | 2.210 | 10派1元(含税) |
| 427 | 600600 | 青岛啤酒 | 10.00 | 2.00 | 2.00 | 69.37 | 31.46 | 23065.74 | 124.18 | 0.2307 | 0.2307 | 7.75 | 1.11 | 1.11 | 89.39 | 8.43 | 29.77 | 0.42 | 59.48 | 2.980 | 2.980 | 10派2.2元(含税) |
| 428 | 600601 | 方正科技 | 3.73 | 3.73 | 3.73 | 45.13 | 22.20 | 12903.86 | 28.00 | 0.3460 | 0.3460 | 18.01 | 0.63 | 0.63 | 20.22 | -15.43 | 7.17 | 21.96 | 63.76 | 1.920 | 1.920 | 不分不转 |
| 429 | 600602 | 广电电子 | 9.27 | 3.50 | 3.50 | 46.56 | 14.72 | 10392.02 | -39.03 | 0.1120 | 0.1120 | 3.79 | 0.61 | 0.61 | 74.79 | -2.62 | 27.42 | 1.90 | 50.31 | 2.960 | 2.960 | 10派0.5元(含税) |
| 430 | 600603 | 兴业房产 | 1.95 | 1.95 | 1.95 | 0.33 | -54.02 | -65440.21 | -81.65 | -3.3621 | -3.3621 | - | -0.01 | -0.01 | 1.74 | -75.39 | -6.27 | -3796.62 | 460.34 | -3.221 | -3.221 | 不分不转 |
| 431 | 600604 | 二纺机 | 5.66 | 0.71 | 0.71 | 7.45 | -8.67 | 900.21 | 247.99 | 0.0159 | 0.0159 | 1.42 | 0.11 | 0.11 | 12.52 | -9.35 | 6.34 | 1.93 | 47.75 | 1.119 | 1.119 | 不分不转 |
| 432 | 600605 | 轻工机械 | 2.10 | 0.24 | 0.24 | 1.83 | -6.24 | 602.50 | -34.01 | 0.0290 | 0.0290 | 1.96 | 0.02 | 0.02 | 6.24 | 5.33 | 3.08 | 2.00 | 49.26 | 1.465 | 1.465 | 不分不转 |
| 433 | 600606 | 金丰投资 | 2.55 | 1.14 | 1.14 | 10.84 | 69.20 | 6073.00 | -19.69 | 0.2380 | 0.2380 | 6.33 | 1.08 | 1.08 | 21.93 | 51.12 | 9.60 | 228.34 | 53.65 | 3.765 | 3.765 | 10派1元(含税) |
| 434 | 600607 | 上实联合 | 3.07 | 1.33 | 1.33 | 16.13 | 17.30 | 9268.78 | -8.12 | 0.3024 | 0.3024 | 6.45 | 0.25 | 0.25 | 24.75 | 2.36 | 14.36 | 4.06 | 32.63 | 4.685 | 4.685 | 10派1.2元(含税) |
| 435 | 600608 | 上海科技 | 1.51 | 0.93 | 0.93 | 9.83 | 207.55 | 3327.53 | 10.48 | 0.2200 | 0.2200 | 9.56 | -0.19 | -0.19 | 9.00 | 36.69 | 3.49 | 10.55 | 52.18 | 2.310 | 2.310 | 不分不转 |
| 436 | 600609 | 金杯汽车 | 10.93 | 3.64 | 3.64 | 6.72 | 3.56 | 1093.39 | 101.12 | 0.0100 | 0.0100 | 0.77 | -0.08 | -0.08 | 41.77 | -11.36 | 14.26 | 2.16 | 64.79 | 1.305 | 1.305 | 不分不转 |
| 437 | 600610 | 中纺机 | 3.57 | 0.26 | 0.26 | 6.04 | 34.41 | 10842.38 | 6497.02 | 0.3040 | 0.3040 | 30.02 | 0.16 | 0.16 | 7.91 | 25.83 | 3.61 | 976.79 | 50.80 | 1.012 | 1.012 | 不分不转 |
| 438 | 600611 | 大众交通 | 5.99 | 1.42 | 1.42 | 19.56 | 17.87 | 22135.91 | 18.01 | 0.3700 | 0.3700 | 10.09 | 0.69 | 0.69 | 47.65 | 6.04 | 21.93 | 5.61 | 51.64 | 3.660 | 3.660 | 10派1.8元(含税) |
| 439 | 600612 | 第一铅笔 | 2.52 | 0.29 | 0.29 | 10.26 | 12.67 | 315.82 | 296.66 | 0.0125 | 0.0125 | 0.71 | 0.04 | 0.04 | 13.71 | -0.18 | 4.43 | 1.08 | 60.14 | 1.758 | 1.758 | 不分不转 |
| 440 | 600613 | 永生数据 | | | | | | | | | | | | | | | | | | | | |
| 441 | 600614 | 胶带股份 | 1.15 | 0.08 | 0.08 | 2.19 | -3.00 | 2678.06 | -4.84 | 0.2330 | 0.2330 | 12.37 | -0.59 | -0.59 | 11.78 | 48.83 | 2.16 | 6.19 | 76.13 | 1.880 | 1.880 | 10派1元(含税) |
| 442 | 600615 | 丰华股份 | | | | | | | | | | | | | | | | | | | | |
| 443 | 600616 | 第一食品 | 1.90 | 0.68 | 0.68 | 10.58 | 80.47 | 3176.32 | 16.95 | 0.1700 | 0.1700 | 10.10 | -0.46 | -0.46 | 13.63 | 148.91 | 3.15 | 1.65 | 66.68 | 1.650 | 1.650 | 10派1.40元(含税) |
| 444 | 600617 | 联华合纤 | | | | | | | | | | | | | | | | | | | | |
| 445 | 600618 | 氯碱化工 | 11.64 | 0.28 | 0.28 | 31.61 | 15.86 | 635.10 | -10.37 | 0.0055 | 0.0055 | 0.23 | 0.40 | 0.40 | 47.76 | 3.62 | 28.20 | 0.65 | 39.44 | 2.422 | 2.422 | 不分不转 |
| 446 | 600619 | 海立股份 | 3.81 | 0.20 | 0.20 | 21.32 | -16.67 | 1672.75 | -86.34 | 0.0440 | 0.0440 | 1.69 | 0.78 | 0.78 | 32.89 | 0.57 | 9.89 | 0.22 | 59.25 | 2.600 | 2.600 | 不分不转 |
| 447 | 600620 | 天宸股份 | 2.67 | 0.80 | 0.80 | 4.70 | 140.21 | 8062.45 | 136.21 | 0.3020 | 0.3020 | 17.81 | 0.96 | 0.96 | 16.01 | 23.77 | 4.53 | 18.27 | 69.71 | 1.700 | 1.700 | 10送2股派0.40元(含税) |
| 448 | 600621 | 上海金陵 | 5.24 | 2.10 | 2.10 | 8.35 | -7.63 | 7203.71 | 157.10 | 0.1375 | 0.1375 | 8.40 | 0.17 | 0.17 | 13.92 | -1.34 | 8.58 | 2.34 | 35.61 | 1.640 | 1.640 | 10派1元(含税) |
| 449 | 600622 | 嘉宝集团 | 3.34 | 1.15 | 1.15 | 2.57 | 34.74 | 1302.03 | 108.72 | 0.0390 | 0.0390 | 2.86 | 0.34 | 0.34 | 8.78 | 17.91 | 4.56 | 2.45 | 43.98 | 1.367 | 1.367 | 不分不转 |
| 450 | 600623 | 轮胎橡胶 | 8.89 | 0.23 | 0.23 | 33.82 | 37.17 | 6015.34 | 282.61 | 0.0680 | 0.0680 | 6.40 | 0.51 | 0.51 | 53.94 | -8.87 | 9.40 | -12.79 | 79.92 | 1.057 | 1.057 | 不分不转 |
| 451 | 600624 | 复旦复华 | 2.63 | 1.62 | 1.62 | 2.61 | -13.70 | 622.67 | 96.65 | 0.0236 | 0.0236 | 1.46 | 0.14 | 0.14 | 10.03 | -5.49 | 4.27 | 0.35 | 56.40 | 1.620 | 1.620 | 不分不转 |
| 452 | 600626 | 申达股份 | 3.38 | 1.40 | 1.40 | 38.42 | 22.95 | 13431.84 | -6.59 | 0.3970 | 0.3970 | 10.58 | 0.64 | 0.64 | 27.30 | 20.01 | 12.70 | 6.47 | 47.22 | 3.750 | 3.750 | 10派2元(含税) |
| 453 | 600627 | 电器股份 | 5.18 | 0.51 | 0.51 | 25.25 | -2.62 | 5199.06 | 39.07 | 0.1000 | 0.1000 | 5.83 | 1.14 | 1.14 | 16.81 | -66.12 | 8.92 | 6.21 | 46.95 | 1.720 | 1.720 | 不分不转 |
| 454 | 600628 | 新世界 | 3.19 | 1.39 | 1.39 | 16.53 | -12.13 | 6929.60 | -6.93 | 0.2200 | 0.2200 | 8.21 | 0.76 | 0.76 | 18.47 | -0.05 | 8.44 | 3.81 | 54.29 | 2.650 | 2.650 | 10派1.2元(含税) |
| 455 | 600629 | 棱光实业 | 1.51 | 0.58 | 0.58 | 0.25 | -23.13 | 278.16 | 100.57 | 0.0180 | 0.0180 | - | 0.21 | 0.21 | 1.39 | -20.16 | -3.95 | 3.17 | 384.06 | -2.610 | -2.610 | 不分不转 |
| 456 | 600630 | 龙头股份 | 4.25 | 1.91 | 1.91 | 22.41 | 7.80 | 5048.83 | -47.84 | 0.1190 | 0.1190 | 3.06 | -0.13 | -0.13 | 42.99 | -2.04 | 16.52 | 1.60 | 59.31 | 3.888 | 3.888 | 10派0.6元(含税) |
| 457 | 600631 | 第一百货 | 5.83 | 1.88 | 1.88 | 27.64 | -15.96 | 4741.71 | -31.44 | 0.0810 | 0.0810 | 2.87 | 0.39 | 0.39 | 37.85 | -3.00 | 16.53 | 0.78 | 53.71 | 2.840 | 2.840 | 10派0.60元(含税) |
| 458 | 600632 | 华联商厦 | 4.23 | 1.24 | 1.24 | 24.13 | -5.25 | 10239.73 | 10.18 | 0.2420 | 0.2420 | 7.22 | 0.63 | 0.63 | 24.36 | 5.20 | 14.18 | 3.79 | 37.45 | 3.350 | 3.350 | 10派1.2元(含税) |
| 459 | 600633 | 白猫股份 | 1.52 | 0.13 | 0.13 | 3.27 | 58.39 | 2418.56 | 36.19 | 0.1591 | 0.1591 | 12.15 | 0.26 | 0.26 | 3.38 | -10.75 | 1.99 | 8.98 | 41.07 | 1.309 | 1.309 | 10派0.50元(含税) |
| 460 | 600634 | 海鸟发展 | 0.87 | 0.40 | 0.40 | 3.93 | 115.06 | 2570.52 | -7.99 | 0.2900 | 0.2900 | 10.87 | -2.49 | -2.49 | 9.75 | 6.71 | 2.36 | 12.20 | 74.28 | 2.710 | 2.710 | 不分不转 |
| 461 | 600635 | 大众科创 | 5.46 | 3.26 | 3.29 | 12.87 | 202.54 | 13113.66 | 4.51 | 0.2401 | 0.2401 | 8.20 | 0.30 | 0.30 | 36.24 | 16.99 | 16.00 | 38.68 | 42.88 | 2.930 | 2.930 | 10派1.8元(含税) |
| 462 | 600636 | 三爱富 | 1.87 | 0.82 | 0.82 | 8.29 | 46.87 | 5764.79 | 19.54 | 0.3086 | 0.3086 | 13.41 | 0.82 | 0.82 | 8.21 | 45.29 | 4.30 | 58.80 | 42.61 | 2.300 | 2.300 | 10派1元(含税) |

| 项目 | | | 股本 | | | 业绩 | | | | | | | | | 资产 | | | | | | 分配 |
|---|---|---|---|---|---|---|---|---|---|---|---|---|---|---|---|---|---|---|---|---|---|
| 序号 | 代码 | 公司简称 | 总股本(亿股) | 流通A(亿股) | 2003.04.29 | 主营收入(亿元) | ±% | 净利润(万元) | ±% | 每股收益(元) | 2003.04.29摊薄后 | 净资产收益率(%) | 每股经营性现金流量(元) | 2003.04.29摊薄后 | 总资产(亿元) | ±% | 净资产(亿元) | ±% | 资产负债比率(%) | 每股净资产(元) | 2003.04.29摊薄后 | 2002年度已(拟)实施利润分配方案 |
| 463 | 600637 | 广电信息 | 8.20 | 2.04 | 2.04 | 29.03 | 6.38 | 11507.60 | -37.51 | 0.1404 | 0.1404 | 3.37 | -0.37 | -0.37 | 63.17 | -0.11 | 34.19 | 1.01 | 43.33 | 4.171 | 4.171 | 10派1元(含税) |
| 464 | 600638 | 新黄浦 | 5.61 | 1.70 | 1.70 | 6.58 | 89.50 | 5417.23 | -1.69 | 0.0965 | 0.0965 | 2.53 | 0.43 | 0.43 | 28.37 | -9.41 | 21.38 | 2.60 | 23.43 | 3.809 | 3.809 | 不分不转 |
| 465 | 600639 | 浦东金桥 | 7.68 | 1.29 | 1.29 | 6.78 | 70.71 | 10789.27 | 10.74 | 0.1410 | 0.1410 | 6.18 | 0.03 | 0.03 | 32.24 | 6.24 | 17.47 | 6.58 | 45.08 | 2.275 | 2.275 | 不分不转 |
| 466 | 600640 | 联通国脉 | 3.65 | 0.55 | 0.55 | 16.81 | 535.66 | 2093.44 | -44.97 | 0.0600 | 0.0600 | 1.85 | -0.56 | -0.56 | 12.59 | -1.36 | 11.29 | 0.69 | 10.33 | 3.090 | 3.090 | 10转增1股派0.3元(含税) |
| 467 | 600641 | 中远发展 | 4.48 | 1.79 | 1.79 | 7.72 | 1.34 | 18283.66 | -18.97 | 0.4080 | 0.4080 | 9.26 | -1.44 | -1.44 | 40.76 | 48.88 | 19.75 | 70.85 | 51.21 | 4.410 | 4.410 | 10派1元(含税) |
| 468 | 600642 | 申能股份 | 17.93 | 4.11 | 4.11 | 28.20 | 40.66 | 103441.15 | 19.59 | 0.5770 | 0.5770 | 14.35 | 0.69 | 0.69 | 134.93 | 36.18 | 72.07 | 42.94 | 42.64 | 4.019 | 4.019 | 10派3元(含税) |
| 469 | 600643 | 爱建股份 | 4.61 | 3.08 | 3.08 | 11.37 | 41.37 | 1121.98 | -89.28 | 0.0240 | 0.0240 | 0.62 | 1.15 | 1.15 | 31.58 | 4.52 | 18.13 | 0.57 | 41.21 | 3.930 | 3.930 | 不分不转 |
| 470 | 600644 | 乐山电力 | 2.49 | 1.29 | 1.29 | 2.71 | 7.57 | 54.64 | -97.94 | 0.0022 | 0.0022 | 0.12 | 0.14 | 0.14 | 11.47 | 2.41 | 4.46 | -2.60 | 57.45 | 1.790 | 1.790 | 不分不转 |
| 471 | 600645 | 望春花 | | | | | | | | | | | | | | | | | | | | |
| 472 | 600646 | 国嘉实业 | | | | | | | | | | | | | | | | | | | | |
| 473 | 600647 | 同达投资 | 0.54 | 0.21 | 0.21 | 0.35 | 28.61 | 165.74 | 107.50 | 0.0310 | 0.0310 | - | 0.33 | 0.33 | 0.89 | 20.85 | -0.17 | 38.85 | 119.72 | -0.326 | -0.326 | 不分不转 |
| 474 | 600648 | 外高桥 | 7.45 | 0.54 | 0.54 | 1.81 | -10.93 | -12384.02 | -1450.46 | -0.1662 | -0.1662 | -9.63 | 0.03 | 0.03 | 30.05 | 3.96 | 12.86 | -5.39 | 56.18 | 1.726 | 1.726 | 不分不转 |
| 475 | 600649 | 原水股份 | 18.84 | 5.61 | 5.61 | 7.85 | 4.56 | 41550.02 | 6.89 | 0.2200 | 0.2200 | 8.27 | 0.62 | 0.62 | 64.36 | 9.28 | 50.26 | 5.60 | 21.91 | 2.670 | 2.670 | 10派0.8元(含税) |
| 476 | 600650 | 新锦江 | 5.52 | 0.42 | 0.42 | 3.13 | 24.79 | 1532.32 | 60.95 | 0.0280 | 0.0280 | 1.00 | 0.19 | 0.19 | 19.42 | 1.87 | 15.34 | 1.38 | 15.58 | 2.780 | 2.780 | 不分不转 |
| 477 | 600651 | 飞乐音响 | 4.24 | 4.24 | 4.24 | 8.57 | 42.90 | 4096.95 | -60.12 | 0.0970 | 0.0970 | 6.08 | 0.27 | 0.27 | 14.79 | -1.33 | 6.74 | 6.05 | 45.86 | 1.590 | 1.590 | 不分不转 |
| 478 | 600652 | 爱使股份 | 3.00 | 3.00 | 3.90 | 4.79 | 69.81 | 3863.68 | 50.52 | 0.1300 | 0.1000 | 6.09 | 0.82 | 0.63 | 15.98 | -2.18 | 6.34 | 4.69 | 56.27 | 2.120 | 1.631 | 不分不转 |
| 479 | 600653 | 申华控股 | 14.55 | 14.55 | 14.55 | 30.12 | -21.78 | -41171.86 | -403.81 | -0.2830 | -0.2830 | -25.62 | 0.14 | 0.14 | 44.26 | -8.55 | 16.07 | -20.34 | 57.97 | 1.104 | 1.104 | 不分不转 |
| 480 | 600654 | 飞乐股份 | 4.84 | 3.66 | 3.66 | 6.17 | 36.75 | 1530.85 | -70.77 | 0.0300 | 0.0300 | 1.28 | 0.03 | 0.03 | 23.61 | 9.29 | 11.96 | 0.96 | 45.78 | 2.470 | 2.470 | 不分不转 |
| 481 | 600655 | 豫园商城 | 4.65 | 1.49 | 1.49 | 25.98 | -19.30 | 9432.57 | -5.11 | 0.2030 | 0.2030 | 5.49 | 1.07 | 1.07 | 30.66 | -14.49 | 17.18 | 3.44 | 42.33 | 3.692 | 3.692 | 10派0.80元(含税) |
| 482 | 600656 | 华源制药 | 0.93 | 0.51 | 0.71 | 8.88 | 44.68 | 2026.22 | 16.01 | 0.2200 | 0.1571 | 12.14 | 0.62 | 0.44 | 13.75 | 10.52 | 1.67 | 19.12 | 69.70 | 1.790 | 1.279 | 10转增4股派0.40元(元) |
| 483 | 600657 | 青鸟天桥 | 1.79 | 1.03 | 1.03 | 7.61 | -32.97 | 2510.21 | -45.97 | 0.1402 | 0.1402 | 3.06 | 0.73 | 0.73 | 26.48 | -25.16 | 8.21 | 10.36 | 66.77 | 4.584 | 4.584 | 10送2股转增5股 |
| 484 | 600658 | 兆维科技 | 1.67 | 0.95 | 0.95 | 6.23 | 17.81 | 2559.72 | -74.84 | 0.1530 | 0.1530 | 8.50 | -0.67 | -0.67 | 7.46 | 11.86 | 3.01 | 9.39 | 54.63 | 1.802 | 1.802 | 不分不转 |
| 485 | 600659 | 神龙发展 | 1.73 | 0.45 | 0.45 | 2.50 | -36.51 | 1392.75 | -44.13 | 0.0800 | 0.0800 | 5.12 | -0.34 | -0.34 | 8.23 | -12.74 | 2.72 | 5.40 | 57.58 | 1.570 | 1.570 | 不分不转 |
| 486 | 600660 | 福耀玻璃 | 4.52 | 1.44 | 1.44 | 11.24 | 19.83 | 18428.81 | 21.12 | 0.4100 | 0.4100 | 27.40 | 0.85 | 0.85 | 20.46 | 21.17 | 6.74 | 20.93 | 67.08 | 1.490 | 1.490 | 10派1.50元(含税) |
| 487 | 600661 | 交大南洋 | 1.45 | 0.25 | 0.25 | 3.51 | 0.22 | 1903.34 | -39.01 | 0.1300 | 0.1300 | 6.31 | 0.23 | 0.23 | 5.16 | -22.18 | 3.02 | 3.02 | 34.15 | 2.090 | 2.090 | 10派1元(含税) |
| 488 | 600662 | 强生控股 | 3.09 | 1.65 | 1.65 | 10.09 | 19.56 | 11182.56 | 15.01 | 0.3600 | 0.3600 | 11.13 | 0.92 | 0.92 | 18.00 | 3.77 | 10.05 | 8.04 | 38.23 | 3.250 | 3.250 | 10派1.2元(含税) |
| 489 | 600663 | 陆家嘴 | 18.68 | 1.61 | 1.61 | 21.53 | 115.56 | 51223.61 | 335.88 | 0.2700 | 0.2700 | 10.57 | 0.98 | 0.98 | 77.08 | 2.38 | 48.44 | 9.57 | 32.04 | 2.590 | 2.590 | 10派0.5元(含税) |
| 490 | 600664 | 哈药集团 | 6.37 | 4.16 | 4.16 | 65.15 | 21.36 | 30183.95 | 6.36 | 0.4700 | 0.4700 | 10.73 | 0.60 | 0.60 | 59.53 | 3.25 | 28.14 | 9.98 | 51.65 | 4.420 | 4.420 | 10转增5派1.2元(含税) |
| 491 | 600665 | 沪昌特钢 | 7.20 | 1.47 | 1.47 | 7.80 | -5.54 | 852.54 | -37.70 | 0.0120 | 0.0120 | 0.68 | 0.29 | 0.29 | 14.83 | 11.50 | 12.51 | 0.76 | 15.21 | 1.737 | 1.737 | 不分不转 |
| 492 | 600666 | 西南药业 | 1.49 | 0.63 | 0.63 | 3.31 | 8.37 | 1936.14 | -0.46 | 0.1300 | 0.1300 | 7.81 | 0.06 | 0.06 | 4.50 | 26.08 | 2.48 | 4.14 | 44.67 | 1.670 | 1.670 | 10派1元(含税) |
| 493 | 600667 | 太极实业 | 3.69 | 1.90 | 1.90 | 6.33 | -1.23 | -5315.23 | -1492.41 | -0.1440 | -0.1440 | -10.60 | 0.02 | 0.02 | 17.64 | 3.38 | 5.02 | -9.93 | 71.27 | 1.360 | 1.360 | 不分不转 |
| 494 | 600668 | 尖峰集团 | 3.00 | 1.45 | 1.88 | 11.19 | 6.16 | 4179.69 | -4.60 | 0.1400 | 0.1223 | 6.43 | 0.18 | 0.16 | 16.92 | 8.58 | 6.50 | 27.73 | 59.69 | 2.160 | 1.886 | 不分不转 |
| 495 | 600669 | 鞍山合成 | 2.32 | 1.49 | 1.49 | 0.25 | -47.51 | -19266.48 | -95.13 | -0.8300 | -0.8300 | -724.20 | -0.21 | -0.21 | 7.31 | -16.77 | 0.27 | -87.87 | 96.26 | 0.110 | 0.110 | 不分不转 |
| 496 | 600670 | 高斯达 | | | | | | | | | | | | | | | | | | | | |
| 497 | 600671 | 天目药业 | 1.22 | 0.63 | 0.63 | 1.58 | 9.56 | 195.86 | -34.11 | 0.0050 | 0.0050 | 0.88 | 0.18 | 0.18 | 3.74 | -8.31 | 2.24 | 0.23 | 32.21 | 1.980 | 1.980 | 不分不转 |
| 498 | 600672 | 英豪科教 | 4.41 | 2.56 | 2.56 | 1.32 | -75.73 | -37417.93 | -1571.10 | -0.8500 | -0.8500 | -147.87 | -0.24 | -0.24 | 11.12 | -3.75 | 2.53 | -59.66 | 74.05 | 0.570 | 0.570 | 不分不转 |
| 499 | 600673 | 成量股份 | | | | | | | | | | | | | | | | | | | | |
| 500 | 600674 | 川投控股 | 3.86 | 1.55 | 1.55 | 6.45 | -1.30 | 3957.86 | -40.79 | 0.1030 | 0.1030 | 6.40 | 0.30 | 0.30 | 11.14 | 18.20 | 6.18 | 6.00 | 40.98 | 1.600 | 1.600 | 10派0.25元(含税) |
| 501 | 600675 | 中华企业 | 6.97 | 3.19 | 3.19 | 20.72 | 29.87 | 16119.75 | -0.12 | 0.2300 | 0.2300 | 11.73 | 0.18 | 0.18 | 51.59 | -0.67 | 13.74 | 4.07 | 69.39 | 1.970 | 1.970 | 10派2元(含税) |

| 项目 | | | 股本 | | | 业绩 | | | | | | | | | 资产 | | | | | | | 分配 |
|---|---|---|---|---|---|---|---|---|---|---|---|---|---|---|---|---|---|---|---|---|---|---|
| 序号 | 代码 | 公司简称 | 总股本(亿股) | 流通A(亿股) | 2003.04.29 | 主营收入(亿元) | ±% | 净利润(万元) | ±% | 每股收益(元) | 2003.04.29摊薄后 | 净资产收益率(%) | 每股经营性现金流量(元) | 2003.04.29摊薄后 | 总资产(亿元) | ±% | 净资产(亿元) | ±% | 资产负债比率(%) | 每股净资产(元) | 2003.04.29摊薄后 | 2002年度已(拟)实施利润分配方案 |
| 502 | 600676 | 交运股份 | 1.69 | 0.73 | 0.73 | 4.48 | 28.34 | 5536.51 | 14.49 | 0.3277 | 0.3277 | 5.75 | 0.87 | 0.87 | 13.65 | 2.73 | 9.63 | 3.18 | 27.21 | 5.702 | 5.702 | 10派1.5元(含税) |
| 503 | 600677 | 航天通信 | 3.26 | 1.71 | 1.71 | 18.35 | 14.92 | 654.00 | -78.16 | 0.0201 | 0.0201 | 1.29 | 0.44 | 0.44 | 19.98 | 6.62 | 5.09 | 2.23 | 67.52 | 1.559 | 1.559 | 不分不转 |
| 504 | 600678 | 四川金顶 | 2:33 | 0.96 | 0.96 | 4.53 | 11.65 | 2246.68 | 126.79 | 0.0970 | 0.0970 | 8.32 | 0.15 | 0.15 | 8.65 | -7.57 | 2.70 | 9.51 | 68.51 | 1.161 | 1.161 | 不分不转 |
| 505 | 600679 | 凤凰股份 | 6.04 | 0.34 | 0.34 | 13.35 | 70.84 | 778.09 | -57.40 | 0.0129 | 0.0129 | 0.89 | -0.04 | -0.04 | 20.64 | 7.30 | 8.71 | 0.55 | 50.18 | 1.444 | 1.444 | 不分不转 |
| 506 | 600680 | 上海邮通 | 3.05 | 0.27 | 0.27 | 15.36 | 55.11 | 3152.01 | -48.70 | 0.1000 | 0.1000 | 5.28 | 0.12 | 0.12 | 19.09 | 11.43 | 5.97 | 2.93 | 60.77 | 1.960 | 1.960 | 10派0.4元(含税) |
| 507 | 600681 | 诚成文化 | 2.08 | 1.09 | 1.09 | 2.30 | -3.05 | -5109.46 | -403.21 | -0.2460 | -0.2460 | -15.87 | -0.20 | -0.20 | 8.33 | 0.97 | 3.22 | -13.92 | 60.12 | 1.550 | 1.550 | 不分不转 |
| 508 | 600682 | 南京新百 | 2.30 | 1.53 | 1.53 | 20.55 | 41.84 | 5777.37 | -7.18 | 0.2500 | 0.2500 | 6.85 | 0.37 | 0.37 | 18.78 | 13.66 | 8.44 | 2.31 | 51.58 | 3.660 | 3.660 | 10派1.5元(含税) |
| 509 | 600683 | 银泰股份 | 1.99 | 0.90 | 0.90 | 8.03 | 21.67 | 2790.09 | 200.69 | 0.1400 | 0.1400 | 10.12 | 0.25 | 0.25 | 9.74 | 8.37 | 2.76 | 11.60 | 71.69 | 1.380 | 1.380 | 不分不转 |
| 510 | 600684 | 珠江实业 | 1.87 | 1.00 | 1.00 | 1.62 | -4.97 | 1504.62 | 19.49 | 0.0800 | 0.0800 | 2.50 | 0.14 | 0.14 | 8.73 | -17.14 | 6.01 | 2.57 | 26.15 | 3.210 | 3.210 | 10派0.5元(含税) |
| 511 | 600685 | 广船国际 | 4.95 | 1.26 | 1.26 | 24.13 | 16.20 | 1591.69 | 77.28 | 0.0320 | 0.0320 | 2.51 | -0.78 | -0.78 | 31.93 | 27.18 | 6.34 | 2.56 | 78.25 | 1.280 | 1.280 | 不分不转 |
| 512 | 600686 | 厦门汽车 | 1.52 | 0.58 | 0.58 | 21.11 | 77.78 | 8723.54 | 85.06 | 0.5800 | 0.5800 | 24.75 | 1.78 | 1.78 | 11.85 | 20.83 | 3.52 | 15.11 | 56.01 | 2.330 | 2.330 | 10派2元(含税) |
| 513 | 600687 | 新宇软件 | 1.10 | 0.42 | 0.42 | 1.97 | -0.38 | 708.95 | -62.79 | 0.0645 | 0.0645 | 3.40 | -0.26 | -0.26 | 5.00 | 29.81 | 2.09 | 3.52 | 53.86 | 1.896 | 1.896 | 不分不转 |
| 514 | 600688 | 上海石化 | 72.00 | 7.20 | 7.20 | 223.23 | 10.52 | 90896.50 | 1169.43 | 0.1260 | 0.1260 | 6.44 | 0.32 | 0.32 | 265.62 | 7.23 | 141.21 | 4.04 | 45.46 | 1.961 | 1.961 | 10派0.5元(含税) |
| 515 | 600689 | 上海三毛 | 2.01 | 0.69 | 0.69 | 9.39 | 37.98 | 521.69 | 163.56 | 0.0260 | 0.0260 | 1.03 | -0.24 | -0.24 | 13.71 | 23.68 | 5.05 | 4.07 | 59.45 | 2.510 | 2.510 | 不分不转 |
| 516 | 600690 | 青岛海尔 | 7.98 | 4.50 | 4.50 | 115.54 | 0.98 | 39705.97 | -35.73 | 0.5000 | 0.5000 | 7.80 | 0.49 | 0.49 | 73.94 | 6.51 | 50.90 | 3.20 | 25.74 | 6.380 | 6.380 | 10派3元(含税) |
| 517 | 600691 | 东新电碳 | 0.77 | 0.33 | 0.33 | 0.48 | -20.82 | -1175.22 | -818.54 | -0.1521 | -0.1521 | -14.34 | -0.05 | -0.05 | 2.28 | 0.10 | 0.82 | -8.42 | 64.12 | 1.061 | 1.061 | 不分不转 |
| 518 | 600692 | 亚通股份 | 1.39 | 0.58 | 0.58 | 2.05 | 9.73 | 1685.51 | 5.62 | 0.1210 | 0.1210 | 4.96 | 0.26 | 0.26 | 5.41 | 0.46 | 3.40 | 5.22 | 36.84 | 2.450 | 2.450 | 10送1转增1股 |
| 519 | 600693 | 东百集团 | 1.32 | 0.72 | 0.72 | 3.56 | -41.06 | 2076.55 | 134.94 | 0.1570 | 0.1570 | 6.09 | 0.55 | 0.55 | 7.34 | 9.36 | 3.41 | 6.49 | 53.50 | 2.582 | 2.582 | 不分不转 |
| 520 | 600694 | 大商股份 | 2.67 | 1.56 | 1.56 | 30.49 | 53.95 | 8268.41 | -8.60 | 0.3100 | 0.3100 | 6.53 | 0.56 | 0.56 | 39.43 | 58.10 | 12.67 | 4.53 | 67.00 | 4.740 | 4.740 | 10派1元(含税) |
| 521 | 600695 | 大江股份 | 6.76 | 0.26 | 0.26 | 12.97 | -26.22 | -23721.61 | -67.57 | -0.3510 | -0.3510 | -42.18 | 0.19 | 0.19 | 15.93 | -20.93 | 5.62 | -31.15 | 59.72 | 0.832 | 0.832 | 不分不转 |
| 522 | 600696 | 利嘉股份 | 2.62 | 0.90 | 0.90 | 1.86 | 20.17 | 3358.85 | 31.71 | 0.1280 | 0.1280 | 8.69 | 0.03 | 0.03 | 8.49 | 6.02 | 3.86 | 9.52 | 54.51 | 1.470 | 1.470 | 不分不转 |
| 523 | 600697 | 欧亚集团 | 1.23 | 0.65 | 0.65 | 6.56 | 6.85 | 3182.74 | -17.05 | 0.2590 | 0.2590 | 7.44 | 0.65 | 0.65 | 7.29 | 1.48 | 4.28 | 1.64 | 39.18 | 3.490 | 3.490 | 10派2元(含税) |
| 524 | 600698 | 济南轻骑 | 9.72 | 3.07 | 3.07 | 6.61 | 2.74 | 340224.75 | -386.19 | -3.5000 | -3.5000 | - | -0.12 | -0.12 | 9.54 | -72.48 | -16.12 | -190.00 | 266.88 | -1.660 | -1.660 | 不分不转 |
| 525 | 600699 | 辽源得亨 | 1.80 | 0.91 | 0.91 | 3.10 | 69.18 | 1991.76 | 4.28 | 0.1110 | 0.1110 | 4.62 | 0.02 | 0.02 | 11.71 | 37.03 | 4.28 | 4.11 | 57.14 | 2.400 | 2.400 | 10送0.167股派0.167元(含税) |
| 526 | 600700 | 数码测绘 | | | | | | | | | | | | | | | | | | | | |
| 527 | 600701 | 工大高新 | | | | | | | | | | | | | | | | | | | | |
| 528 | 600702 | 沱牌曲酒 | 3.37 | 1.49 | 1.49 | 8.48 | -1.22 | 1024.54 | -66.80 | 0.0300 | 0.0300 | 0.64 | 0.12 | 0.12 | 20.68 | 3.06 | 16.05 | 0.68 | 22.16 | 4.760 | 4.760 | 不分不转 |
| 529 | 600703 | 天颐科技 | 1.20 | 0.59 | 0.59 | 4.99 | 18.26 | 1719.52 | 31.02 | 0.1400 | 0.1400 | 10.37 | -0.40 | -0.40 | 5.81 | 35.49 | 1.74 | 10.29 | 68.73 | 1.460 | 1.460 | 不分不转 |
| 530 | 600704 | 中大股份 | 2.88 | 1.28 | 1.28 | 23.66 | -10.53 | 4445.65 | -36.59 | 0.1540 | 0.1540 | 4.05 | -0.17 | -0.17 | 30.30 | 12.04 | 10.98 | 1.64 | 62.42 | 3.810 | 3.810 | 10派1元(含税) |
| 531 | 600705 | 北亚集团 | 6.53 | 3.52 | 3.52 | 22.48 | 325.69 | 10749.45 | 42.58 | 0.1650 | 0.1650 | 6.04 | 0.15 | 0.15 | 36.99 | 53.24 | 17.80 | 4.39 | 50.86 | 2.725 | 2.725 | 10派0.50元(含税) |
| 532 | 600706 | 长安信息 | 0.87 | 0.38 | 0.38 | 1.65 | -72.40 | 1694.69 | -14.88 | 0.1900 | 0.1900 | 10.70 | -0.05 | -0.05 | 8.83 | 7.76 | 1.58 | 14.20 | 79.55 | 1.810 | 1.810 | 不分不转 |
| 533 | 600707 | 彩虹股份 | 4.21 | 1.44 | 1.44 | 29.00 | 19.70 | 17401.47 | 106.13 | 0.4130 | 0.4130 | 10.48 | 1.32 | 1.32 | 25.02 | -4.74 | 16.60 | 6.29 | 30.53 | 3.942 | 3.942 | 10派1.8元(含税) |
| 534 | 600708 | 海博股份 | 2.38 | 0.87 | 0.87 | 5.15 | 158.18 | 4764.65 | 57.82 | 0.2003 | 0.2003 | 11.36 | 0.96 | 0.96 | 12.96 | 4.40 | 4.05 | 10.74 | 64.99 | 1.704 | 1.704 | 不分配,不转增 |
| 535 | 600709 | 生态农业 | 4.46 | 2.00 | 2.00 | 0.13 | -72.35 | 1248.74 | 122.02 | 0.0280 | 0.0280 | - | 0.44 | 0.44 | 9.15 | -17.22 | -1.01 | -13583.90 | 111.09 | -0.080 | -0.080 | 不分不转 |
| 536 | 600710 | 常林股份 | 1.65 | 0.74 | 1.49 | 10.04 | 89.30 | 5209.11 | 656.91 | 0.3160 | 0.1580 | 10.84 | 0.21 | 0.11 | 9.48 | 11.27 | 4.80 | 9.22 | 49.03 | 2.910 | 1.455 | 10送2转增8派0.7元(含税) |
| 537 | 600711 | 雄震集团 | 0.60 | 0.15 | 0.15 | 1.22 | 83.83 | 2031.92 | 22.40 | 0.3400 | 0.3400 | 20.95 | 0.21 | 0.21 | 2.24 | 14.80 | 0.97 | 27.34 | 55.55 | 1.607 | 1.607 | 10派0.50元(含税) |
| 538 | 600712 | 南宁百货 | 0.90 | 0.40 | 0.39 | 5.96 | 6.59 | 876.48 | -16.70 | 0.1000 | 0.1000 | 3.34 | 0.31 | 0.31 | 6.21 | 1.80 | 2.62 | 3.28 | 57.83 | 2.900 | 2.900 | 不分不转 |
| 539 | 600713 | 南京医药 | 1.94 | 0.83 | 0.83 | 20.69 | 44.80 | 2819.80 | -16.49 | 0.1450 | 0.1450 | 6.45 | 0.35 | 0.35 | 18.16 | 55.51 | 4.37 | 1.94 | 72.18 | 2.250 | 2.250 | 每10派1.00元(含税) |
| 540 | 600714 | 山川股份 | 1.08 | 0.29 | 0.29 | 2.22 | 45.01 | 1554.83 | -30.87 | 0.1442 | 0.1442 | 6.67 | 0.24 | 0.24 | 3.80 | 9.68 | 2.33 | 7.15 | 38.75 | 2.161 | 2.161 | 10股转增4股 |

| 项目 | | | 股本 | | | 业绩 | | | | | | | | | 资产 | | | | | | | 分配 |
|---|---|---|---|---|---|---|---|---|---|---|---|---|---|---|---|---|---|---|---|---|---|---|
| 序号 | 代码 | 公司简称 | 总股本（亿股） | 流通A（亿股） | 2003.04.29 | 主营收入（亿元） | ±% | 净利润（万元） | ±% | 每股收益（元） | 2003.04.29摊薄后 | 净资产收益率（%） | 每股经营性现金流量（元） | 2003.04.29摊薄后 | 总资产（亿元） | ±% | 净资产（亿元） | ±% | 资产负债比率（%） | 每股净资产（元） | 2003.04.29摊薄后 | 2002年度已（拟）实施利润分配方案 |
| 541 | 600715 | 松辽汽车 | 2.24 | 1.01 | 1.01 | - | - | -17009.71 | -227.51 | -0.7580 | -0.7580 | -222.38 | -0.01 | -0.01 | 5.03 | -15.99 | 0.76 | -62.84 | 84.78 | 0.341 | 0.341 | 不分不转 |
| 542 | 600716 | 耀华玻璃 | 3.48 | 1.05 | 1.05 | 4.79 | 12.64 | 2306.79 | -23.17 | 0.0660 | 0.0660 | 3.34 | -0.09 | -0.09 | 11.66 | 26.92 | 6.90 | 34.87 | 40.05 | 1.980 | 1.980 | 10派0.3元（含税） |
| 543 | 600717 | 天津港 | 6.60 | 2.15 | 2.15 | 12.35 | 23.43 | 29884.16 | 10.75 | 0.4500 | 0.4500 | 16.48 | 0.87 | 0.87 | 31.69 | 12.66 | 18.13 | 13.78 | 36.52 | 2.750 | 2.750 | 10派1.2元（含税） |
| 544 | 600718 | 东软股份 | 2.81 | 1.13 | 1.13 | 19.07 | 8.45 | 7971.17 | -41.01 | 0.2800 | 0.2800 | 6.26 | -0.08 | -0.08 | 25.91 | 5.42 | 12.73 | 6.81 | 46.11 | 4.520 | 4.520 | 不分不转 |
| 545 | 600719 | 大连热电 | 2.02 | 0.76 | 0.76 | 3.70 | -1.39 | 2960.86 | -44.25 | 0.1500 | 0.1500 | 4.21 | 0.11 | 0.11 | 17.08 | 9.90 | 7.03 | 5.29 | 56.70 | 3.480 | 3.480 | 10派0.8元（含税） |
| 546 | 600720 | 祁连山 | 3.47 | 1.63 | 1.63 | 3.83 | 43.47 | 4177.41 | -18.97 | 0.1200 | 0.1200 | 6.89 | 0.32 | 0.32 | 11.60 | 19.25 | 6.07 | 10.84 | 42.76 | 1.750 | 1.750 | 10派0.50元（含税） |
| 547 | 600721 | 百花村 | 0.95 | 0.47 | 0.47 | 2.26 | 477.60 | 343.79 | -26.91 | 0.0400 | 0.0400 | 2.79 | -0.35 | -0.35 | 5.86 | 87.21 | 1.23 | 2.91 | 69.51 | 1.300 | 1.300 | 不分不转 |
| 548 | 600722 | 沧州化工 | 4.21 | 1.15 | 1.15 | 13.53 | 2.56 | 448.38 | -63.99 | 0.0110 | 0.0110 | 0.47 | 0.30 | 0.30 | 31.72 | 9.76 | 9.63 | 0.52 | 68.07 | 2.280 | 2.280 | 不分不转 |
| 549 | 600723 | 西单商场 | 4.10 | 1.86 | 1.86 | 14.90 | -5.46 | 1768.12 | -68.70 | 0.0400 | 0.0400 | 1.37 | -0.20 | -0.20 | 18.69 | -89.41 | 12.90 | 1.41 | 25.96 | 3.150 | 3.150 | 不分不转 |
| 550 | 600724 | 宁波富达 | 3.64 | 1.57 | 1.57 | 7.59 | 10.87 | 6122.54 | -13.87 | 0.1700 | 0.1700 | 11.21 | 0.15 | 0.15 | 12.74 | 31.18 | 5.46 | 2.96 | 52.49 | 1.500 | 1.500 | 10派1.25元（含税） |
| 551 | 600725 | 云维股份 | 1.10 | 0.38 | 0.38 | 2.47 | -3.58 | 3147.11 | -28.28 | 0.2860 | 0.2860 | 8.36 | 0.29 | 0.29 | 5.54 | 11.00 | 3.76 | 2.68 | 31.36 | 3.422 | 3.422 | 10派2元（含税） |
| 552 | 600726 | 龙电股份 | 11.21 | 1.68 | 1.68 | 11.25 | -5.34 | 24909.02 | -11.56 | 0.2200 | 0.2200 | 8.24 | 0.45 | 0.45 | 36.05 | 3.15 | 30.25 | 4.74 | 16.09 | 2.700 | 2.700 | 10派1.0元（含税） |
| 553 | 600727 | 鲁北化工 | 3.79 | 1.52 | 1.52 | 5.97 | -7.06 | 7532.71 | -43.14 | 0.1990 | 0.1990 | 3.38 | 0.44 | 0.44 | 32.68 | 1.55 | 22.30 | 3.50 | 31.77 | 5.880 | 5.880 | 不分不转 |
| 554 | 600728 | 新太科技 | 2.08 | 0.81 | 0.81 | 4.96 | -15.80 | 2007.67 | -23.59 | 0.0960 | 0.0960 | 2.45 | 0.24 | 0.24 | 12.02 | 12.39 | 8.21 | 1.21 | 31.11 | 3.943 | 3.943 | 10派0.5元（含税） |
| 555 | 600729 | 重庆百货 | 2.04 | 0.51 | 0.51 | 30.89 | 30.98 | 6861.28 | 21.11 | 0.3400 | 0.3400 | 15.02 | 0.98 | 0.98 | 13.01 | 5.23 | 4.57 | 9.09 | 63.18 | 2.240 | 2.240 | 10派1.5元（含税） |
| 556 | 600730 | 中国高科 | 1.75 | 0.55 | 0.55 | 20.24 | 34.44 | 3048.68 | -32.68 | 0.1700 | 0.1700 | 7.78 | 0.46 | 0.46 | 10.21 | -24.65 | 3.92 | 5.91 | 60.01 | 2.250 | 2.250 | 10派0.5元（含税） |
| 557 | 600731 | 湖南海利 | 2.34 | 0.75 | 0.75 | 3.45 | 14.92 | 2746.22 | 25.74 | 0.1170 | 0.1170 | 6.04 | 0.12 | 0.12 | 9.24 | 0.88 | 4.55 | 5.27 | 47.99 | 1.950 | 1.950 | 10派0.2元（含税） |
| 558 | 600732 | 上海港机 | 2.48 | 0.83 | 0.83 | 6.79 | -4.29 | 492.05 | 108.26 | 0.0200 | 0.0200 | 1.42 | 0.16 | 0.16 | 11.37 | 1.24 | 3.46 | 1.44 | 69.58 | 1.395 | 1.395 | 不分不转 |
| 559 | 600733 | 前锋股份 | 1.98 | 0.76 | 0.76 | 1.42 | 98.78 | 141.69 | -70.16 | 0.0072 | 0.0072 | 0.54 | 0.00 | 0.00 | 6.89 | 32.29 | 2.63 | 0.54 | 54.40 | 1.333 | 1.333 | 不分不转 |
| 560 | 600734 | 实达电脑 | 3.52 | 1.33 | 1.33 | 23.25 | -19.74 | 2099.61 | -59.07 | 0.0597 | 0.0597 | 3.46 | 0.29 | 0.29 | 20.71 | 23.13 | 6.07 | 4.86 | 69.72 | 1.725 | 1.725 | 不分不转 |
| 561 | 600735 | 兰陵陈香 | 1.55 | 0.83 | 0.83 | 0.86 | -53.11 | -6082.10 | -613.03 | -0.3900 | -0.3900 | -25.27 | 0.04 | 0.04 | 3.97 | -12.94 | 2.41 | -20.17 | 39.34 | 1.550 | 1.550 | 不分不转 |
| 562 | 600736 | 苏州高新 | 4.57 | 1.51 | 1.51 | 7.74 | 34.99 | 9408.08 | 10.87 | 0.2060 | 0.2060 | 6.67 | 1.13 | 1.13 | 25.44 | 12.06 | 14.11 | 2.71 | 36.06 | 3.085 | 3.085 | 10派1.2元（含税） |
| 563 | 600737 | 新疆屯河 | 5.75 | 2.90 | 2.90 | 19.44 | 153.31 | 11262.99 | 113.33 | 0.2000 | 0.2000 | 11.15 | 0.85 | 0.85 | 63.20 | 48.43 | 10.10 | 13.92 | 74.20 | 1.760 | 1.760 | 不分不转 |
| 564 | 600738 | 兰州民百 | 2.34 | 1.31 | 1.31 | 5.07 | -21.92 | -6385.86 | -44.12 | -0.2720 | -0.2720 | -26.91 | 0.11 | 0.11 | 9.26 | -13.13 | 2.37 | -19.61 | 74.34 | 1.010 | 1.010 | 不分不转 |
| 565 | 600739 | 辽宁成大 | 2.48 | 0.98 | 0.98 | 21.89 | 46.65 | 5903.28 | -47.75 | 0.2400 | 0.2400 | 6.77 | 0.44 | 0.44 | 18.35 | 30.74 | 8.72 | 8.18 | 50.97 | 3.520 | 3.520 | 不分不转 |
| 566 | 600740 | 山西焦化 | 2.03 | 0.85 | 0.85 | 9.49 | 52.41 | 4670.87 | -30.89 | 0.2300 | 0.2300 | 6.41 | 2.16 | 2.16 | 20.24 | 15.86 | 7.29 | 6.91 | 63.99 | 3.590 | 3.590 | 不分不转 |
| 567 | 600741 | 巴士股份 | 7.26 | 3.36 | 3.36 | 29.47 | 23.30 | 17687.70 | 2.83 | 0.2400 | 0.2400 | 11.53 | 0.94 | 0.94 | 44.85 | 2.14 | 15.34 | 7.33 | 54.39 | 2.110 | 2.110 | 10派1.00元（含税） |
| 568 | 600742 | 一汽四环 | 2.12 | 1.03 | 1.03 | 32.41 | 51.60 | 14238.54 | 0.68 | 0.6730 | 0.6730 | 12.22 | 1.29 | 1.29 | 19.13 | 41.03 | 11.65 | 11.92 | 39.07 | 5.510 | 5.510 | 10派0.80元（含税） |
| 569 | 600743 | 幸福实业 | | | | | | | | | | | | | | | | | | | | |
| 570 | 600744 | 华银电力 | 7.12 | 2.88 | 2.88 | 10.03 | -6.23 | 386.04 | -96.13 | 0.0054 | 0.0054 | 0.13 | 0.43 | 0.43 | 52.85 | 4.02 | 28.77 | -0.49 | 44.50 | 4.042 | 4.042 | 10派0.04元（含税） |
| 571 | 600745 | 天华股份 | 1.22 | 0.47 | 0.47 | 0.57 | 77.72 | 313.37 | -65.64 | 0.0300 | 0.0300 | 2.12 | 0.13 | 0.13 | 3.65 | 1.73 | 1.48 | -5.47 | 60.14 | 1.210 | 1.210 | 不分不转 |
| 572 | 600746 | 江苏索普 | 3.06 | 0.88 | 0.88 | 2.59 | 1.80 | -3304.78 | -237.59 | -0.1079 | -0.1079 | -9.83 | -0.46 | -0.46 | 5.56 | -3.80 | 3.36 | -8.76 | 33.19 | 1.097 | 1.097 | 不分不转 |
| 573 | 600747 | 大显股份 | 4.91 | 2.26 | 2.26 | 9.03 | 21.23 | 12153.44 | 20.70 | 0.2480 | 0.2480 | 8.93 | 0.11 | 0.11 | 21.05 | 10.42 | 13.61 | 7.33 | 31.98 | 2.773 | 2.773 | 10派0.625元（含税） |
| 574 | 600748 | 上实发展 | 5.88 | 1.57 | 1.57 | 6.25 | 98.10 | 283.11 | -70.27 | 0.0050 | 0.0050 | 0.27 | 0.05 | 0.05 | 12.10 | 3.39 | 10.56 | 0.31 | 12.72 | 1.800 | 1.800 | 不分不转 |
| 575 | 600749 | 西藏圣地 | 0.80 | 0.24 | 0.24 | 0.28 | -10.06 | -1181.93 | 55.96 | -0.1477 | -0.1477 | -16.26 | -0.09 | -0.09 | 1.64 | -15.13 | 0.73 | -12.91 | 55.50 | 0.910 | 0.910 | 不分不转 |
| 576 | 600750 | 江中药业 | 1.46 | 0.62 | 0.62 | 6.68 | 88.09 | 4321.34 | 14.26 | 0.3000 | 0.3000 | 7.86 | 0.65 | 0.65 | 7.41 | 16.37 | 5.50 | 5.54 | 22.35 | 3.760 | 3.760 | 10派1元（含税） |
| 577 | 600751 | 天津海运 | | | | | | | | | | | | | | | | | | | | |
| 578 | 600752 | 哈慈股份 | 3.38 | 1.61 | 1.61 | 0.44 | -82.52 | -18881.97 | -1193.24 | -0.5580 | -0.5580 | -25.11 | -0.37 | -0.37 | 12.26 | -9.73 | 7.52 | -20.45 | 38.13 | 2.220 | 2.220 | 不分不转 |
| 579 | 600753 | 冰熊股份 | 1.28 | 0.32 | 0.32 | 0.65 | -35.43 | 413.95 | -23.21 | 0.0323 | 0.0323 | 3.80 | 0.10 | 0.10 | 4.30 | 0.74 | 1.09 | 4.01 | 74.64 | 0.850 | 0.850 | 不分不转 |

| 项目 | | | 股本 | | | 业绩 | | | | | | | | | 资产 | | | | | | | 分配 |
|---|---|---|---|---|---|---|---|---|---|---|---|---|---|---|---|---|---|---|---|---|---|---|
| 序号 | 代码 | 公司简称 | 总股本(亿股) | 流通A(亿股) | 2003.04.29 | 主营收入(亿元) | ±% | 净利润(万元) | ±% | 每股收益(元) | 2003.04.29摊薄后 | 净资产收益率(%) | 每股经营性现金流量(元) | 2003.04.29摊薄后 | 总资产(亿元) | ±% | 净资产(亿元) | ±% | 资产负债比率(%) | 每股净资产(元) | 2003.04.29摊薄后 | 2002年度已(拟)实施利润分配方案 |
| 580 | 600754 | 新亚股份 | 6.03 | 0.98 | 0.98 | 8.34 | 5.13 | 6100.71 | 12.39 | 0.1010 | 0.1010 | 3.54 | 0.27 | 0.27 | 25.76 | 3.54 | 17.22 | 0.31 | 30.23 | 2.860 | 2.860 | 10派1元(含税) |
| 581 | 600755 | 厦门国贸 | 1.98 | 1.27 | 1.27 | 34.20 | 88.10 | 3352.87 | 22.69 | 0.1700 | 0.1700 | 4.80 | 1.82 | 1.82 | 22.69 | 36.27 | 6.99 | 2.04 | 67.99 | 3.530 | 3.530 | 10派1元(含税) |
| 582 | 600756 | 浪潮软件 | 1.65 | 0.69 | 0.69 | 5.56 | - | 6725.95 | - | 0.4100 | 0.4100 | 19.74 | 0.27 | 0.27 | 5.74 | - | 3.41 | - | 36.19 | 2.060 | 2.060 | 不分不转 |
| 583 | 600757 | 华源发展 | 4.72 | 1.40 | 1.40 | 18.65 | 4.02 | 3231.18 | -41.31 | 0.0700 | 0.0700 | 2.60 | 0.05 | 0.05 | 37.01 | 12.00 | 12.43 | 2.60 | 64.00 | 2.630 | 2.630 | 不分不转 |
| 584 | 600758 | 金帝建设 | 1.60 | 0.62 | 0.62 | 5.87 | -7.71 | -15739.42 | -84.06 | -0.9900 | -0.9900 | -169.29 | 0.01 | 0.01 | 10.11 | -3.52 | 0.93 | -62.84 | 90.09 | 0.580 | 0.580 | 不分不转 |
| 585 | 600759 | 琼华侨 | 2.09 | 0.69 | 0.69 | 0.14 | 2273.34 | -10205.85 | -9018.06 | -0.4890 | -0.4890 | - | 0.03 | 0.03 | 1.44 | 146.53 | -0.99 | 72.45 | 158.84 | -0.476 | -0.476 | 不分不转 |
| 586 | 600760 | 山东黑豹 | 2.73 | 1.32 | 1.32 | 2.16 | -23.52 | -7257.37 | -39.60 | -0.2700 | -0.2700 | -11.24 | -0.03 | -0.03 | 8.02 | -13.27 | 6.46 | -10.10 | 19.56 | 2.360 | 2.360 | 不分不转 |
| 587 | 600761 | 安徽合力 | 2.05 | 0.94 | 0.94 | 7.47 | 41.30 | 7385.81 | 20.20 | 0.3600 | 0.3600 | 10.51 | 0.57 | 0.57 | 9.39 | -6.87 | 7.03 | 4.92 | 25.15 | 3.440 | 3.440 | 10转增5股派2元(含税) |
| 588 | 600762 | 金荔科技 | 1.06 | 0.43 | 0.43 | 1.40 | - | 2510.05 | - | 0.2400 | 0.2400 | 9.79 | -0.18 | -0.18 | 6.70 | - | 2.57 | - | 55.37 | 2.430 | 2.430 | 不分不转 |
| 589 | 600763 | 北京中燕 | 1.60 | 0.40 | 0.40 | 0.00 | - | 289.36 | 101.91 | 0.0180 | 0.0180 | 6.52 | 0.00 | 0.00 | 0.59 | 20.23 | 0.44 | 6.98 | 24.64 | 0.277 | 0.277 | 不分不转 |
| 590 | 600764 | 三星石化 | 1.83 | 0.59 | 0.59 | 6.69 | 31.56 | 4199.00 | 32.02 | 0.2290 | 0.2290 | 10.06 | 0.56 | 0.56 | 7.77 | 55.27 | 4.17 | -0.90 | 43.05 | 2.279 | 2.279 | 10股送3股转增5派2.5元(含税) |
| 591 | 600765 | 力源液压 | 1.11 | 0.34 | 0.35 | 0.61 | 18.93 | 150.90 | 31.67 | 0.0140 | 0.0140 | 0.98 | 0.13 | 0.13 | 2.21 | 3.84 | 1.54 | 0.69 | 30.46 | 1.386 | 1.386 | 不分不转 |
| 592 | 600766 | 烟台发展 | 1.71 | 0.60 | 0.60 | 1.61 | -26.05 | -15612.88 | -103.31 | -0.9122 | -0.9122 | -155.14 | -0.35 | -0.35 | 7.35 | -12.85 | 1.01 | -61.00 | 83.59 | 0.588 | 0.588 | 不分不转 |
| 593 | 600767 | 运盛实业 | 3.41 | 0.97 | 0.97 | 3.73 | 17.92 | 852.51 | 66.05 | 0.0250 | 0.0250 | 1.40 | 0.36 | 0.36 | 12.97 | -14.17 | 6.14 | 1.42 | 52.32 | 1.800 | 1.800 | 不分不转 |
| 594 | 600768 | 宁波富邦 | 0.93 | 0.27 | 0.27 | 3.05 | 46.32 | 2453.25 | 8586.81 | 0.2600 | 0.2600 | 23.76 | 0.27 | 0.27 | 3.01 | 13.88 | 1.03 | 31.17 | 65.67 | 1.110 | 1.110 | 不分不转 |
| 595 | 600769 | 祥龙电业 | 3.49 | 0.87 | 0.87 | 4.25 | -2.61 | -9988.45 | -102.91 | -0.2864 | -0.2864 | -13.20 | 0.05 | 0.05 | 10.35 | -8.27 | 7.56 | -11.66 | 26.95 | 2.170 | 2.170 | 不分不转 |
| 596 | 600770 | 综艺股份 | 2.70 | 0.99 | 0.99 | 2.73 | -8.19 | 2242.63 | -33.57 | 0.0830 | 0.0830 | 3.84 | 0.17 | 0.17 | 11.81 | 17.98 | 5.83 | 3.99 | 41.29 | 2.161 | 2.161 | 不分不转 |
| 597 | 600771 | 东盛科技 | 1.87 | 0.50 | 0.50 | 5.04 | 13.15 | 3723.01 | -16.77 | 0.2000 | 0.2000 | 10.26 | 0.69 | 0.69 | 11.85 | 17.73 | 3.63 | 7.55 | 65.31 | 1.940 | 1.940 | 10派0.68元(含税) |
| 598 | 600772 | 石油龙昌 | 2.40 | 0.76 | 0.76 | 2.15 | 2.11 | 1582.29 | 59.53 | 0.0660 | 0.0660 | 2.35 | 0.38 | 0.38 | 10.85 | -26.94 | 6.73 | 3.32 | 34.63 | 2.807 | 2.807 | 10转增2股 |
| 599 | 600773 | 西藏金珠 | 1.80 | 0.69 | 0.69 | 2.08 | 14.69 | 452.47 | -81.26 | 0.0251 | 0.0251 | 1.32 | 0.17 | 0.17 | 5.78 | 10.71 | 3.42 | 1.33 | 39.14 | 1.890 | 1.890 | 不分不转 |
| 600 | 600774 | 汉商集团 | 0.99 | 0.36 | 0.36 | 4.93 | -10.11 | 311.53 | 0.71 | 0.0310 | 0.0310 | 0.69 | 0.16 | 0.16 | 15.04 | -3.63 | 4.48 | 0.43 | 63.37 | 4.520 | 4.520 | 10转增1股 |
| 601 | 600775 | 南京熊猫 | 6.55 | 0.58 | 0.58 | 12.94 | 50.16 | 9118.49 | -49.18 | 0.1400 | 0.1400 | 8.85 | -0.30 | -0.30 | 27.28 | 31.79 | 10.30 | 9.72 | 59.27 | 1.570 | 1.570 | 不分不转 |
| 602 | 600776 | 东方通信 | 6.28 | 1.18 | 1.18 | 82.20 | -2.13 | -20594.42 | -199.33 | -0.3280 | -0.3280 | -5.98 | -1.22 | -1.22 | 68.56 | -11.20 | 34.46 | -5.64 | 43.34 | 5.488 | 5.488 | 不分不转 |
| 603 | 600777 | 新潮实业 | 2.05 | 0.98 | 0.98 | 7.53 | 13.47 | 7549.01 | 4.95 | 0.3700 | 0.3700 | 9.68 | 0.62 | 0.62 | 12.41 | 11.31 | 7.80 | 10.15 | 31.75 | 3.810 | 3.810 | 不分不转 |
| 604 | 600778 | 友好集团 | 3.11 | 1.71 | 1.71 | 10.95 | 2.42 | 4855.08 | 47.95 | 0.1560 | 0.1560 | 6.31 | 0.16 | 0.16 | 20.01 | 4.42 | 7.69 | 2.32 | 55.96 | 2.470 | 2.470 | 10派1元(含税) |
| 605 | 600779 | 全兴股份 | 4.89 | 1.91 | 1.91 | 10.52 | -8.04 | 1534.13 | -90.24 | 0.0300 | 0.0300 | 1.30 | 0.27 | 0.27 | 24.85 | 0.38 | 11.83 | 1.37 | 46.70 | 2.420 | 2.420 | 不分不转 |
| 606 | 600780 | 通宝能源 | 2.91 | 1.69 | 1.69 | 2.79 | 4.91 | 7437.85 | 27.56 | 0.2560 | 0.2560 | 6.83 | 0.47 | 0.47 | 12.54 | 77.32 | 10.89 | 106.88 | 12.80 | 3.740 | 3.740 | 10送2转增8派0.5元(含税) |
| 607 | 600781 | 民丰实业 | 1.78 | 0.51 | 0.51 | 2.15 | 1.93 | -5819.05 | 25.88 | -0.3280 | -0.3280 | -45.14 | 0.19 | 0.19 | 3.72 | -31.70 | 1.29 | -31.05 | 62.32 | 0.730 | 0.730 | 不分不转 |
| 608 | 600782 | 新华股份 | 1.93 | 0.56 | 0.56 | 3.97 | 35.68 | 2753.94 | 4.15 | 0.1425 | 0.1425 | 10.21 | 0.28 | 0.28 | 4.89 | 22.02 | 2.70 | 1.27 | 44.84 | 1.397 | 1.397 | 10派1.25元(含税) |
| 609 | 600783 | 四砂股份 | 2.02 | 0.65 | 0.65 | 1.29 | -2.78 | -3081.87 | -1046.99 | -0.1524 | -0.1524 | -11.86 | -0.09 | -0.09 | 6.01 | 13.45 | 2.60 | -10.50 | 49.03 | 1.285 | 1.285 | 不分不转 |
| 610 | 600784 | 鲁银投资 | 2.48 | 1.89 | 1.89 | 1.10 | 23.57 | -26518.93 | -964.86 | -1.0700 | -1.0700 | -118.76 | 0.26 | 0.26 | 13.07 | -5.35 | 2.23 | -54.28 | 81.51 | 0.900 | 0.900 | 不分不转 |
| 611 | 600785 | 新华百货 | 1.03 | 0.65 | 0.65 | 9.04 | 46.27 | 3643.48 | 2.02 | 0.3540 | 0.3540 | 7.59 | 0.86 | 0.86 | 9.86 | 26.23 | 4.80 | 5.45 | 47.59 | 4.663 | 4.663 | 10派1.20元(含税) |
| 612 | 600786 | 东方锅炉 | 2.11 | 0.54 | 0.54 | 11.04 | 125.60 | 1713.69 | 108.74 | 0.0811 | 0.0811 | 11.04 | 1.03 | 1.03 | 18.27 | 40.49 | 1.55 | 14.62 | 91.04 | 0.735 | 0.735 | 不分不转 |
| 613 | 600787 | 中储股份 | 3.10 | 1.26 | 1.26 | 10.33 | 47.61 | 2853.80 | -10.39 | 0.0920 | 0.0920 | 3.76 | 0.30 | 0.30 | 13.95 | 19.65 | 7.60 | 2.38 | 44.88 | 2.447 | 2.447 | 10派0.35元(含税) |
| 614 | 600788 | 达尔曼 | 2.87 | 1.05 | 1.05 | 3.16 | 63.14 | 2917.30 | -28.84 | 0.1000 | 0.1000 | 2.16 | 0.27 | 0.27 | 23.75 | 10.26 | 13.51 | 2.21 | 42.72 | 4.710 | 4.710 | 不分不转 |
| 615 | 600789 | 鲁抗医药 | 3.65 | 1.58 | 1.58 | 10.39 | 34.80 | 9762.18 | 38.55 | 0.2700 | 0.2700 | 7.75 | 0.87 | 0.87 | 23.61 | -1.83 | 12.59 | 8.40 | 46.64 | 3.450 | 3.450 | 不分不转 |
| 616 | 600790 | 轻纺城 | 3.72 | 2.52 | 2.52 | 13.85 | 33.06 | 859.01 | 118.21 | 0.0230 | 0.0230 | 0.89 | 0.28 | 0.28 | 27.93 | 3.13 | 9.70 | 0.83 | 58.99 | 2.608 | 2.608 | 不分配,不转增 |
| 617 | 600791 | 天创置业 | 0.99 | 0.33 | 0.43 | 3.49 | 14.27 | 5146.43 | 492.82 | 0.5200 | 0.4000 | 30.37 | 2.02 | 1.55 | 4.11 | -29.51 | 1.69 | 39.12 | 55.69 | 1.710 | 1.315 | 10派0.50元(含税)送2股转增1股 |
| 618 | 600792 | 云南马龙 | 0.51 | 0.15 | 0.23 | 1.63 | - | 1091.60 | - | 0.2140 | 0.1427 | 10.79 | -1.46 | -0.97 | 2.57 | - | 1.01 | - | 51.12 | 1.980 | 1.320 | 10转增5股 |

| 项目 | | | 股本 | | | 业绩 | | | | | | | | | 资产 | | | | | | | 分配 |
|---|---|---|---|---|---|---|---|---|---|---|---|---|---|---|---|---|---|---|---|---|---|---|
| 序号 | 代码 | 公司简称 | 总股本(亿股) | 流通A(亿股) | 2003.04.29 | 主营收入(亿元) | ±% | 净利润(万元) | ±% | 每股收益(元) | 2003.04.29摊薄后 | 净资产收益率(%) | 每股经营性现金流量(元) | 2003.04.29摊薄后 | 总资产(亿元) | ±% | 净资产(亿元) | ±% | 资产负债比率(%) | 每股净资产(元) | 2003.04.29摊薄后 | 2002年度已(拟)实施利润分配方案 |
| 619 | 600793 | 宜宾纸业 | 1.05 | 0.34 | 0.34 | 3.25 | -29.38 | -8058.64 | -909.12 | -0.7653 | -0.7653 | -79.14 | 0.33 | 0.33 | 8.35 | -5.12 | 1.02 | -37.33 | 87.80 | 0.967 | 0.967 | 不分不转 |
| 620 | 600794 | 保税科技 | 1.19 | 0.50 | 0.50 | 0.47 | -65.40 | -15887.07 | -1176.83 | -1.3320 | -1.3320 | -100.87 | -0.59 | 0.59 | 4.73 | -17.89 | 1.58 | -50.17 | 61.95 | 1.321 | 1.321 | 不分不转 |
| 621 | 600795 | 国电电力 | 14.02 | 3.52 | 3.52 | 35.63 | 21.43 | 54088.56 | -2.07 | 0.3860 | 0.3860 | 11.42 | 0.86 | 0.86 | 176.92 | 99.18 | 47.35 | 10.69 | 64.11 | 3.376 | 3.376 | 10派0.60元(含税) |
| 622 | 600796 | 钱江生化 | 1.17 | 0.42 | 0.42 | 2.02 | 1.06 | 1674.92 | -36.35 | 0.1430 | 0.1430 | 4.58 | 0.45 | 0.45 | 5.33 | 21.26 | 3.66 | 46.33 | 30.89 | 3.125 | 3.125 | 10派2元(含税) |
| 623 | 600797 | 浙大网新 | 4.78 | 2.33 | 2.33 | 19.99 | 79.35 | 8385.18 | -0.67 | 0.1800 | 0.1800 | 8.34 | 0.05 | 0.05 | 23.00 | 1.73 | 10.05 | 5.90 | 50.88 | 2.100 | 2.100 | 10派0.60元(含税) |
| 624 | 600798 | 宁波海运 | 5.12 | 1.41 | 1.41 | 2.75 | 3.70 | 5980.04 | -31.93 | 0.1200 | 0.1200 | 7.90 | 0.29 | 0.29 | 9.11 | -1.75 | 7.57 | 1.15 | 15.24 | 1.480 | 1.480 | 10派1.00元(含税) |
| 625 | 600799 | 科利华 | 3.90 | 1.79 | 1.79 | 0.77 | -59.20 | -11502.01 | -613.36 | -0.2950 | -0.2950 | -21.01 | -0.19 | -0.19 | 12.52 | -14.83 | 5.47 | -17.36 | 50.02 | 1.404 | 1.404 | 不分不转 |
| 626 | 600800 | 天津磁卡 | 5.52 | 2.62 | 2.62 | 2.45 | -60.26 | -28007.79 | -432.01 | -0.5080 | -0.5080 | -39.32 | 0.17 | 0.17 | 29.26 | -3.86 | 7.12 | -26.69 | 75.07 | 1.290 | 1.290 | 不分不转 |
| 627 | 600801 | 华新水泥 | 3.28 | 0.48 | 0.48 | 8.01 | 15.78 | 2931.61 | 29.61 | 0.0900 | 0.0900 | 3.97 | 0.77 | 0.77 | 23.04 | 11.69 | 7.39 | 2.24 | 64.29 | 2.250 | 2.250 | 10派0.4元(含税) |
| 628 | 600802 | 福建水泥 | 2.83 | 1.34 | 1.34 | *7.15 | 22.77 | -16888.45 | -16581.74 | -0.6000 | -0.6000 | -31.55 | 0.26 | 0.26 | 14.09 | -11.49 | 5.35 | -23.49 | 61.94 | 1.890 | 1.890 | 不分配,不转增 |
| 629 | 600803 | 威远生化 | 1.18 | 0.66 | 0.66 | 2.76 | 4.47 | -3149.40 | -386.45 | -0.2700 | -0.2700 | -11.24 | 0.03 | 0.03 | 7.63 | 1.41 | 2.80 | -7.45 | 62.14 | 2.370 | 2.370 | 不分不转 |
| 630 | 600804 | 鹏博士 | 1.17 | 0.72 | 0.72 | 2.93 | -0.47 | 364.63 | 175.15 | 0.0300 | 0.0300 | 1.88 | -0.19 | -0.19 | 3.73 | 9.41 | 1.94 | 1.51 | 47.73 | 1.659 | 1.659 | 不分不转 |
| 631 | 600805 | 悦达投资 | | | | | | | | | | | | | | | | | | | | |
| 632 | 600806 | 交大科技 | 2.45 | 0.60 | 0.60 | 1.80 | 75.26 | 607.75 | 196.30 | 0.0250 | 0.0250 | 1.20 | -0.02 | -0.02 | 8.39 | 8.16 | 5.07 | 1.21 | 38.13 | 2.070 | 2.070 | 不分不转 |
| 633 | 600807 | 济南百货 | 1.08 | 0.64 | 0.64 | 0.26 | -36.97 | -5543.77 | 39.80 | -0.5100 | -0.5100 | -67.56 | 0.01 | 0.01 | 3.65 | -10.38 | 0.82 | -40.38 | 76.35 | 0.760 | 0.760 | 不分不转 |
| 634 | 600808 | 马钢股份 | 64.55 | 6.00 | 6.00 | 109.74 | 14.94 | 38444.09 | 84.48 | 0.0600 | 0.0600 | 3.24 | 0.40 | 0.40 | 171.39 | 2.48 | 118.63 | 14.03 | 30.78 | 1.840 | 1.840 | 每10派0.35元(含税) |
| 635 | 600809 | 山西汾酒 | 4.33 | 0.77 | 0.77 | 5.15 | 18.86 | 1583.72 | -40.00 | 0.0370 | 0.0370 | 2.02 | 0.31 | 0.31 | 10.28 | -6.91 | 7.84 | 0.79 | 23.42 | 1.812 | 1.812 | 10派0.24元(含税) |
| 636 | 600810 | 神马实业 | 5.66 | 1.42 | 1.42 | 13.56 | 17.15 | 777.99 | -69.79 | 0.0140 | 0.0140 | 0.23 | 0.17 | 0.17 | 41.47 | 1.86 | 33.85 | -0.60 | 18.37 | 5.978 | 5.978 | 10派0.5元(含税) |
| 637 | 600811 | 东方集团 | | | | | | | | | | | | | | | | | | | | |
| 638 | 600812 | 华北制药 | 11.69 | 4.69 | 4.69 | 30.03 | 6.10 | 13091.66 | 17.99 | 0.1100 | 0.1100 | 5.34 | 0.63 | 0.63 | 69.59 | -2.64 | 24.50 | 5.33 | 61.66 | 2.100 | 2.100 | 不分不转 |
| 639 | 600814 | 杭州解百 | 2.37 | 1.01 | 1.01 | 9.66 | -2.42 | 212.29 | 135.41 | 0.0090 | 0.0090 | 0.55 | 0.22 | 0.22 | 8.04 | 1.12 | 3.89 | 0.56 | 51.81 | 1.640 | 1.640 | 不分不转 |
| 640 | 600815 | 厦工股份 | 4.49 | 1.20 | 1.20 | 16.59 | 56.11 | 5292.62 | 78.32 | 0.1200 | 0.1200 | 6.61 | 0.16 | 0.16 | 14.40 | 10.07 | 8.00 | 1.33 | 43.70 | 1.780 | 1.780 | 10派1元(含税) |
| 641 | 600816 | 鞍山信托 | 4.54 | 2.67 | 2.67 | 0.40 | -70.71 | 432.03 | 102.17 | 0.0100 | 0.0100 | 0.90 | -0.83 | -0.83 | 16.79 | -35.91 | 4.79 | 0.91 | 70.88 | 1.050 | 1.050 | 不分不转 |
| 642 | 600817 | 宏盛科技 | 0.83 | 0.11 | 0.11 | 21.38 | 168.85 | 1982.89 | 1737.89 | 0.2400 | 0.2400 | 16.33 | 2.23 | 2.23 | 8.21 | 36.07 | 1.21 | 19.51 | 79.54 | 1.470 | 1.470 | 不分不转 |
| 643 | 600818 | 上海永久 | 2.66 | 0.15 | 0.15 | 5.51 | 48.78 | 5255.76 | 494.73 | 0.2000 | 0.2000 | 43.45 | 0.27 | 0.27 | 5.30 | 6.63 | 1.21 | 91.98 | 70.32 | 0.460 | 0.460 | 不分不转 |
| 644 | 600819 | 耀皮玻璃 | 4.88 | 0.31 | 0.31 | 10.84 | 3.69 | 11051.24 | -31.94 | 0.2270 | 0.2270 | 6.59 | 0.46 | 0.46 | 20.71 | -2.72 | 16.77 | 0.78 | 18.05 | 3.440 | 3.440 | 10派2元(含税) |
| 645 | 600820 | 隧道股份 | 5.91 | 2.66 | 2.66 | 44.37 | 11.67 | 10723.68 | 11.69 | 0.1814 | 0.1814 | 6.51 | 1.37 | 1.37 | 61.40 | 2.64 | 16.46 | 4.87 | 71.95 | 2.785 | 2.785 | 10派0.5元(含税) |
| 646 | 600821 | 津劝业 | 2.93 | 1.46 | 1.46 | 13.16 | -14.53 | -4888.50 | -1392.15 | -0.1700 | -0.1700 | -8.11 | -0.04 | -0.04 | 12.72 | -8.04 | 6.03 | -8.64 | 52.60 | 2.060 | 2.060 | 不分不转 |
| 647 | 600822 | 物贸中心 | 2.53 | 0.13 | 0.13 | 44.77 | 40.60 | 264.63 | -90.38 | 0.0105 | 0.0105 | 0.87 | 0.34 | 0.34 | 9.12 | 31.10 | 3.03 | 1.00 | 66.36 | 1.197 | 1.197 | 不分不转 |
| 648 | 600823 | 世茂股份 | 2.36 | 1.13 | 1.13 | 0.03 | -94.39 | 465.28 | -89.19 | 0.0197 | 0.0197 | 0.98 | 0.50 | 0.50 | 6.82 | -17.58 | 4.74 | 0.99 | 30.53 | 2.003 | 2.003 | 不分不转 |
| 649 | 600824 | 益民百货 | 1.94 | 0.90 | 0.90 | 4.60 | -37.18 | 4447.08 | -9.06 | 0.2300 | 0.2300 | 6.59 | 0.42 | 0.42 | 10.16 | -3.39 | 6.74 | 2.36 | 33.34 | 3.480 | 3.480 | 10派1.50元(含税) |
| 650 | 600825 | 华联超市 | 1.54 | 0.39 | 0.39 | 36.66 | 12.89 | 6692.51 | 33.66 | 0.4340 | 0.4340 | 21.49 | 1.62 | 1.62 | 12.40 | 9.09 | 3.11 | 27.45 | 73.38 | 2.019 | 2.019 | 不分不转 |
| 651 | 600826 | 兰生股份 | 2.80 | 0.95 | 0.95 | 17.84 | 3.80 | 3514.45 | -11.45 | 0.1300 | 0.1300 | 4.27 | 0.19 | 0.19 | 14.44 | 7.40 | 8.24 | 4.36 | 40.03 | 2.940 | 2.940 | 不分不转 |
| 652 | 600827 | 友谊股份 | 3.30 | 0.83 | 0.83 | 75.85 | 31.38 | 8251.54 | 17.79 | 0.2500 | 0.2500 | 7.43 | 1.14 | 1.14 | 47.95 | 38.68 | 11.11 | 96.65 | 62.57 | 3.364 | 3.364 | 10派1.5元(含税) |
| 653 | 600828 | 成商集团 | 2.03 | 0.51 | 0.51 | 14.38 | 1.79 | 1061.65 | -47.96 | 0.0520 | 0.0520 | 2.42 | -0.01 | -0.01 | 9.44 | -2.05 | 4.38 | 0.49 | 50.94 | 2.160 | 2.160 | 10派0.5元(含税) |
| 654 | 600829 | 天鹅股份 | 2.58 | 0.65 | 0.65 | 5.03 | -3.43 | 1011.21 | -77.13 | 0.0392 | 0.0392 | 1.92 | 0.49 | 0.49 | 9.30 | -3.21 | 5.26 | 5.00 | 43.42 | 2.040 | 2.040 | 不分不转 |
| 655 | 600830 | 大红鹰 | 1.75 | 1.03 | 1.03 | 7.67 | 6.03 | 2300.51 | 19.22 | 0.1310 | 0.1310 | 4.59 | -0.13 | -0.13 | 9.05 | 11.29 | 5.01 | 4.67 | 39.69 | 2.861 | 2.861 | 不分不转 |
| 656 | 600831 | 广电网络 | 1.11 | 0.46 | 0.46 | 1.91 | 2230.26 | 1620.27 | -27.94 | 0.1460 | 0.1460 | 10.75 | 0.29 | 0.29 | 2.51 | -21.76 | 1.51 | 15.89 | 25.58 | 1.354 | 1.354 | 10转增1股 |
| 657 | 600832 | 东方明珠 | 6.88 | 1.57 | 1.57 | 8.53 | 38.54 | 22952.03 | 0.10 | 0.3340 | 0.3340 | 8.00 | 0.70 | 0.70 | 40.21 | 2.54 | 28.76 | 5.94 | 25.94 | 4.180 | 4.180 | 10送0.5转增3.5股派1元(含税) |

| 项目 | | | 股本 | | | 业绩 | | | | | | | | | 资产 | | | | | | | 分配 |
|---|---|---|---|---|---|---|---|---|---|---|---|---|---|---|---|---|---|---|---|---|---|---|
| 序号 | 代码 | 公司简称 | 总股本(亿股) | 流通A(亿股) | 2003.04.29 | 主营收入(亿元) | ±% | 净利润(万元) | ±% | 每股收益(元) | 2003.04.29摊薄后 | 净资产收益率(%) | 每股经营性现金流量(元) | 2003.04.29摊薄后 | 总资产(亿元) | ±% | 净资产(亿元) | ±% | 资产负债比率(%) | 每股净资产(元) | 2003.04.29摊薄后 | 2002年度已(拟)实施利润分配方案 |
| 658 | 600833 | 商业网点 | 1.59 | 0.48 | 0.48 | 4.77 | 81.03 | 1268.99 | -43.04 | 0.0800 | 0.0800 | 7.20 | 0.16 | 0.16 | 4.78 | -0.91 | 1.76 | 7.79 | 63.15 | 1.106 | 1.106 | 不分不转 |
| 659 | 600834 | 申通地铁 | 3.95 | 0.80 | 0.80 | 5.14 | 87.35 | 6346.93 | -11.22 | 0.1600 | 0.1600 | 10.86 | 0.34 | 0.34 | 9.07 | -4.29 | 5.84 | 4.29 | 35.08 | 1.480 | 1.480 | 10送1股派1元(含税) |
| 660 | 600835 | 上菱电器 | 5.92 | 1.87 | 1.87 | 44.68 | 16.22 | 27277.57 | 10.68 | 0.4610 | 0.4610 | 9.47 | 1.17 | 1.17 | 85.05 | 14.39 | 28.81 | 6.11 | 51.24 | 4.870 | 4.870 | 10转增2股派1元(含税) |
| 661 | 600836 | 界龙实业 | 1.12 | 0.41 | 0.41 | 5.11 | 0.57 | 653.39 | 17.98 | 0.0590 | 0.0590 | 3.14 | 1.26 | 1.26 | 7.36 | 1.79 | 2.08 | 3.30 | 64.20 | 1.860 | 1.860 | 不分不转 |
| 662 | 600837 | 都市股份 | 0.78 | 0.20 | 0.20 | 1.36 | -37.08 | 2438.36 | -8.13 | 0.3114 | 0.3114 | 9.36 | 0.20 | 0.20 | 4.86 | 2.15 | 2.61 | 11.06 | 41.14 | 3.328 | 3.328 | 10送2转增8股 |
| 663 | 600838 | 上海九百 | 4.01 | 1.97 | 1.97 | 5.15 | 4.18 | 363.94 | 104.43 | 0.0091 | 0.0091 | 0.61 | 0.12 | 0.12 | 14.78 | 4.31 | 5.97 | 0.61 | 59.27 | 1.488 | 1.488 | 不分不转 |
| 664 | 600839 | 四川长虹 | 21.64 | 9.51 | 9.51 | 125.85 | 32.27 | 17620.27 | 109.70 | 0.0810 | 0.0810 | 1.36 | -1.38 | -1.38 | 186.70 | 5.90 | 129.26 | 1.51 | 30.71 | 5.973 | 5.973 | 不分不转 |
| 665 | 600840 | 浙江创业 | 1.40 | 0.64 | 0.64 | 1.01 | -34.52 | 276.42 | 153.57 | 0.0200 | 0.0200 | 1.71 | -2.44 | -2.44 | 13.31 | 61.59 | 1.62 | 1.85 | 85.16 | 1.160 | 1.160 | 不分不转 |
| 666 | 600841 | 上柴股份 | 4.80 | 0.22 | 0.22 | 20.61 | 45.98 | 10071.39 | 126.44 | 0.2100 | 0.2100 | 6.22 | 0.67 | 0.67 | 23.13 | 8.29 | 16.19 | 2.18 | 27.64 | 3.370 | 3.370 | 10派1元(含税) |
| 667 | 600842 | 中西药业 | 2.16 | 0.84 | 0.84 | 2.15 | -8.83 | -51610.95 | -506.48 | -2.3939 | -2.3939 | - | -0.16 | -0.16 | 7.43 | -38.97 | -4.15 | -503.62 | 151.76 | -1.925 | -1.925 | 不分不转 |
| 668 | 600843 | 上工股份 | 2.52 | 0.16 | 0.16 | 8.75 | -4.47 | 1316.16 | -71.29 | 0.0521 | 0.0521 | 2.56 | 0.11 | 0.11 | 13.54 | 2.81 | 5.15 | 2.47 | 60.72 | 2.040 | 2.040 | 10股转增1.5股 |
| 669 | 600844 | 大盈股份 | | | | | | | | | | | | | | | | | | | | |
| 670 | 600845 | 宝信软件 | 2.62 | 0.13 | 0.13 | 6.40 | 60.99 | 5273.70 | 34.60 | 0.2010 | 0.2010 | 17.38 | -0.03 | -0.03 | 4.41 | 36.45 | 3.03 | 15.12 | 29.25 | 1.157 | 1.157 | 10派0.5元(含税) |
| 671 | 600846 | 同济科技 | 2.78 | 1.19 | 1.19 | 13.44 | 106.12 | 2048.09 | 36.51 | 0.0736 | 0.0736 | 4.83 | 0.28 | 0.28 | 16.26 | -0.21 | 4.24 | -0.49 | 69.33 | 1.523 | 1.523 | 10派1元(含税) |
| 672 | 600847 | 万里电池 | | | | | | | | | | | | | | | | | | | | |
| 673 | 600848 | 自仪股份 | 3.99 | 0.34 | 0.34 | 5.80 | 0.20 | 1024.95 | 22.66 | 0.0300 | 0.0300 | 9.27 | -0.12 | -0.12 | 9.79 | -1.84 | 1.11 | 0.42 | 86.13 | 0.280 | 0.280 | 不分不转 |
| 674 | 600849 | 上海医药 | 3.16 | 1.91 | 1.91 | 72.36 | 39.09 | 12584.71 | -11.82 | 0.4000 | 0.4000 | 8.07 | 0.32 | 0.32 | 54.03 | 26.15 | 15.60 | 4.31 | 62.99 | 4.930 | 4.930 | 10股转增5股派2元(含税) |
| 675 | 600850 | 华东电脑 | 1.71 | 0.49 | 0.49 | 7.92 | 37.54 | -2971.21 | -301.81 | -0.1737 | -0.1737 | -14.94 | -0.14 | -0.14 | 5.45 | 3.72 | 1.99 | -12.99 | 59.69 | 1.163 | 1.163 | 不分不转 |
| 676 | 600851 | 海欣股份 | 6.04 | 1.84 | 1.84 | 16.29 | 49.33 | 15761.92 | 7.87 | 0.2600 | 0.2600 | 8.80 | 0.14 | 0.14 | 32.96 | 9.14 | 17.92 | 5.40 | 36.29 | 2.970 | 2.970 | 10派1元(含税) |
| 677 | 600852 | 中川国际 | | | | | | | | | | | | | | | | | | | | |
| 678 | 600853 | 龙建路桥 | 5.32 | 1.65 | 1.65 | 23.16 | 137.33 | 4614.04 | 154.33 | 0.0870 | 0.0870 | 6.93 | 0.02 | 0.02 | 20.87 | 5.30 | 6.66 | 7.68 | 67.85 | 1.251 | 1.251 | 不分不转 |
| 679 | 600854 | 春兰股份 | 5.19 | 1.98 | 1.98 | 17.41 | -1.21 | 12039.98 | -45.11 | 0.2320 | 0.2320 | 4.05 | -0.42 | -0.42 | 36.08 | -11.26 | 29.70 | 2.39 | 11.62 | 5.720 | 5.720 | 10派1元(含税) |
| 680 | 600855 | 航天长峰 | 1.60 | 0.53 | 0.53 | 1.62 | 23.15 | 2015.51 | 1.29 | 0.1260 | 0.1260 | 9.22 | 0.16 | 0.16 | 3.26 | 8.48 | 2.19 | 10.15 | 32.65 | 1.366 | 1.366 | 不分不转 |
| 681 | 600856 | 长百集团 | 1.83 | 0.86 | 0.86 | 3.44 | -9.72 | 91.97 | -75.70 | 0.0050 | 0.0050 | 0.26 | 0.10 | 0.10 | 7.26 | 7.00 | 3.57 | 0.13 | 50.77 | 1.950 | 1.950 | 不分不转 |
| 682 | 600857 | 工大首创 | 1.92 | 0.92 | 0.92 | 6.15 | 3.23 | 2141.68 | -8.61 | 0.1100 | 0.1100 | 6.40 | 0.07 | 0.07 | 5.72 | 23.63 | 3.35 | 3.66 | 40.45 | 1.740 | 1.740 | 10派0.5元(含税) |
| 683 | 600858 | 渤海集团 | 1.21 | 0.68 | 0.68 | 0.28 | 1.21 | -3519.81 | -1.38 | -0.2901 | -0.2901 | -50.94 | -0.08 | -0.08 | 2.00 | -9.13 | 0.69 | -33.71 | 64.08 | 0.569 | 0.569 | 不分不转 |
| 684 | 600859 | 王府井 | 3.93 | 1.98 | 1.98 | 33.26 | 7.12 | 2475.55 | 1.40 | 0.0630 | 0.0630 | 1.62 | 0.78 | 0.78 | 30.49 | 1.67 | 15.31 | 0.39 | 44.05 | 3.897 | 3.897 | 10派0.5元(含税) |
| 685 | 600860 | 北人股份 | 4.22 | 0.72 | 0.72 | 9.27 | 32.59 | 6894.07 | 7.25 | 0.1700 | 0.1700 | 7.04 | 0.44 | 0.44 | 18.82 | 19.03 | 9.79 | 2.94 | 45.41 | 2.450 | 2.450 | 10派1元(含税) |
| 686 | 600861 | 北京城乡 | 4.06 | 1.67 | 1.67 | 12.57 | -1.92 | 7774.44 | -18.29 | 0.1900 | 0.1900 | 4.67 | 0.36 | 0.36 | 22.01 | 0.59 | 16.65 | 3.31 | 13.18 | 4.100 | 4.100 | 10派0.6元(含税) |
| 687 | 600862 | 纵横国际 | 2.38 | 1.22 | 1.22 | 3.23 | 14.54 | -38908.67 | -44.27 | -1.6300 | -1.6300 | -215.08 | -0.18 | -0.18 | 9.62 | -46.15 | 1.81 | -68.53 | 76.32 | 0.759 | 0.759 | 不分不转 |
| 688 | 600863 | 内蒙华电 | 9.91 | 1.98 | 3.95 | 20.08 | 24.23 | 23905.99 | 8.56 | 0.2410 | 0.1205 | 6.23 | 0.41 | 0.21 | 81.17 | 35.30 | 38.40 | 3.27 | 43.74 | 3.876 | 1.938 | 10转10派1.2元(含税) |
| 689 | 600864 | 岁宝热电 | | | | | | | | | | | | | | | | | | | | |
| 690 | 600865 | 百大集团 | 2.70 | 1.35 | 1.35 | 11.32 | 11.54 | 4101.90 | 3.82 | 0.1500 | 0.1500 | 6.20 | 1.16 | 1.16 | 8.68 | -34.05 | 6.62 | 1.01 | 23.35 | 2.450 | 2.450 | 10派1.3元(含税) |
| 691 | 600866 | 星湖科技 | 3.26 | 1.94 | 1.94 | 4.92 | 11.90 | 7866.94 | 16.11 | 0.2400 | 0.2400 | 9.47 | 0.56 | 0.56 | 10.24 | 2.22 | 8.31 | 10.47 | 18.45 | 2.550 | 2.550 | 不分不转 |
| 692 | 600867 | 通化东宝 | 3.24 | 1.58 | 1.58 | 2.81 | 36.26 | 4002.31 | 856.32 | 0.1200 | 0.1200 | 3.02 | 0.10 | 0.10 | 15.69 | 9.58 | 13.22 | -1.85 | 13.10 | 4.070 | 4.070 | 10派2元(含税) |
| 693 | 600868 | 梅雁股份 | 11.14 | 8.54 | 8.88 | 9.84 | 48.18 | 17456.46 | 4.60 | 0.1600 | 0.1538 | 6.77 | 0.11 | 0.11 | 44.46 | 17.48 | 25.78 | 2.38 | 37.86 | 2.310 | 2.221 | 10送0.4股派1.1元(含税) |
| 694 | 600869 | 青海三普 | 1.20 | 0.30 | 0.30 | 0.94 | -20.70 | -8068.22 | -4661.01 | -0.6700 | -0.6700 | -63.84 | 0.15 | 0.15 | 3.40 | -19.38 | 1.26 | -38.96 | 62.23 | 1.050 | 1.050 | 不分配,不转增 |
| 695 | 600870 | 厦华电子 | 3.71 | 1.52 | 1.52 | 28.92 | 35.44 | 1029.94 | 103.43 | 0.0280 | 0.0280 | 1.43 | 0.58 | 0.58 | 31.39 | -0.97 | 7.21 | 1.48 | 76.83 | 1.950 | 1.950 | 不分不转 |
| 696 | 600871 | 仪征化纤 | 40.00 | 2.00 | 2.00 | 80.10 | 2.57 | 13983.30 | -18.13 | 0.0350 | 0.0350 | 1.57 | 0.37 | 0.37 | 121.79 | 8.73 | 88.82 | 0.91 | 26.60 | 2.220 | 2.220 | 10派0.15元(含税) |

| 项目 | | | 股本 | | | 业绩 | | | | | | | | | 资产 | | | | | | | 分配 |
|---|---|---|---|---|---|---|---|---|---|---|---|---|---|---|---|---|---|---|---|---|---|---|
| 序号 | 代码 | 公司简称 | 总股本(亿股) | 流通A(亿股) | 2003.04.29 | 主营收入(亿元) | ±% | 净利润(万元) | ±% | 每股收益(元) | 2003.04.29摊薄后 | 净资产收益率(%) | 每股经营性现金流量(元) | 2003.04.29摊薄后 | 总资产(亿元) | ±% | 净资产(亿元) | ±% | 资产负债比率(%) | 每股净资产(元) | 2003.04.29摊薄后 | 2002年度已(拟)实施利润分配方案 |
| 697 | 600872 | 中炬高新 | 4.50 | 2.49 | 2.49 | 8.22 | -1.72 | 1098.94 | -83.05 | 0.0244 | 0.0244 | 0.88 | 0.61 | 0.61 | 24.32 | 1.56 | 12.52 | 2.36 | 44.26 | 2.782 | 2.782 | 不分不转 |
| 698 | 600873 | 西藏明珠 | 1.08 | 0.52 | 0.52 | 0.35 | -30.68 | -1848.33 | 47.90 | -0.1710 | -0.1710 | -9.43 | 0.14 | 0.14 | 4.34 | 4.45 | 1.96 | -8.62 | 54.78 | 1.811 | 1.811 | 不分不转 |
| 699 | 600874 | 创业环保 | 13.30 | 1.12 | 1.12 | 6.71 | 12.54 | 28723.60 | 7.32 | 0.2200 | 0.2200 | 16.49 | 0.27 | 0.27 | 27.57 | 43.07 | 17.42 | 11.11 | 36.75 | 1.310 | 1.310 | 10派0.85元(含税) |
| 700 | 600875 | 东方电机 | 4.50 | 0.60 | 0.60 | 9.21 | 148.70 | 2001.14 | 107.66 | 0.0450 | 0.0450 | 2.21 | 0.05 | 0.05 | 27.65 | 6.74 | 9.07 | 2.41 | 67.16 | 2.020 | 2.020 | 不分不转 |
| 701 | 600876 | 洛阳玻璃 | | | | | | | | | | | | | | | | | | | | |
| 702 | 600877 | 中国嘉陵 | 4.74 | 2.20 | 2.20 | 28.87 | 11.46 | -16805.51 | -2107.82 | -0.3500 | -0.3500 | -14.29 | 0.30 | 0.30 | 37.72 | -5.69 | 11.76 | -12.75 | 68.26 | 2.480 | 2.480 | 不分不转 |
| 703 | 600878 | 北大科技 | 2.84 | 0.89 | 0.89 | 0.21 | 131.22 | -41932.66 | -35.64 | -1.4740 | -1.4740 | - | -0.20 | -0.20 | 0.42 | -87.65 | -3.94 | -1916.96 | 1037.52 | -1.385 | -1.385 | 不分不转 |
| 704 | 600879 | 火箭股份 | 2.34 | 1.37 | 1.37 | 5.63 | 20.08 | 11888.70 | 7.70 | 0.5100 | 0.5100 | 14.36 | 0.50 | 0.50 | 14.42 | 17.04 | 8.28 | 14.86 | 42.39 | 3.530 | 3.530 | 10送2转增3股派0.5元(含税) |
| 705 | 600880 | 博瑞传播 | 1.30 | 0.42 | 0.42 | 2.67 | -4.09 | 4806.04 | 62.37 | 0.3700 | 0.3700 | 18.53 | 0.60 | 0.60 | 4.13 | 10.32 | 2.59 | 15.63 | 33.19 | 1.990 | 1.990 | 10派1元(含税) |
| 706 | 600881 | 亚泰集团 | 4.75 | 2.76 | 2.76 | 14.82 | 36.29 | 12264.31 | 10.32 | 0.2600 | 0.2600 | 6.69 | 0.23 | 0.23 | 51.92 | 9.38 | 18.32 | 5.69 | 62.73 | 3.860 | 3.860 | 10派0.50元(含税) |
| 707 | 600882 | 大成农药 | 1.86 | 0.97 | 0.97 | 4.46 | 6.54 | 440.47 | -31.61 | 0.0240 | 0.0240 | 0.90 | 0.16 | 0.16 | 10.47 | 12.11 | 4.87 | 0.91 | 53.32 | 2.620 | 2.620 | 不分不转 |
| 708 | 600883 | 富邦科技 | 1.98 | 0.63 | 0.63 | 0.71 | -0.66 | 532.16 | -44.13 | 0.0270 | 0.0270 | 2.09 | -0.56 | -0.56 | 4.70 | 46.44 | 2.54 | 0.60 | 39.93 | 1.284 | 1.284 | 10派0.2元(含税) |
| 709 | 600884 | 杉杉股份 | 4.11 | 2.28 | 2.28 | 8.95 | 22.50 | 8542.74 | 3.69 | 0.2070 | 0.2070 | 6.69 | 0.20 | 0.20 | 21.37 | 27.88 | 12.77 | 0.22 | 33.11 | 3.107 | 3.107 | 10派2元(含税) |
| 710 | 600885 | 力诺工业 | 1.30 | 0.50 | 0.50 | 2.03 | 97.46 | 1715.90 | 307.11 | 0.1300 | 0.1300 | 8.76 | 0.33 | 0.33 | 5.84 | 6.72 | 1.96 | 43.69 | 66.43 | 1.510 | 1.510 | 不分不转 |
| 711 | 600886 | 国投电力 | 2.82 | 1.07 | 1.07 | 25.36 | 33.04 | -3409.13 | 13.97 | -0.1210 | -0.1210 | -4.14 | 0.81 | 0.81 | 46.89 | 414.86 | 8.24 | -4.25 | 70.64 | 2.925 | 2.925 | 不分不转 |
| 712 | 600887 | 伊利股份 | 1.96 | 1.29 | 1.29 | 40.10 | 48.41 | 14194.84 | 18.61 | 0.7300 | 0.7300 | 8.15 | 2.15 | 2.15 | 28.99 | 76.84 | 17.43 | 109.08 | 35.93 | 8.910 | 8.910 | 10转增10派2元(含税) |
| 713 | 600888 | 新疆众和 | 1.03 | 0.29 | 0.29 | 4.00 | - | 4824.71 | - | 0.4667 | 0.4667 | 17.49 | 0.63 | 0.63 | 12.38 | - | 2.76 | - | 77.49 | 2.670 | 2.670 | 10派0.8元(含税) |
| 714 | 600889 | 南京化纤 | 1.62 | 0.67 | 0.67 | 3.96 | 18.68 | 3301.57 | 9.31 | 0.2000 | 0.2000 | 6.63 | 0.45 | 0.45 | 7.77 | 14.57 | 4.98 | 7.35 | 31.80 | 3.080 | 3.080 | 10派0.3元(含税) |
| 715 | 600890 | 长春长铃 | 4.85 | 2.05 | 2.05 | 1.93 | -37.37 | -3684.75 | -193.47 | -0.0760 | -0.0760 | -5.36 | -0.10 | -0.10 | 10.36 | -14.41 | 6.87 | -6.49 | 25.71 | 1.420 | 1.420 | 不分不转 |
| 716 | 600891 | 秋林集团 | | | | | | | | | | | | | | | | | | | | |
| 717 | 600892 | 湖大科教 | 0.51 | 0.15 | 0.15 | 0.91 | 283.90 | -1648.20 | -1070.34 | -0.3264 | -0.3264 | -31.66 | -0.30 | -0.30 | 3.76 | 59.60 | 0.52 | -18.06 | 76.89 | 1.031 | 1.031 | 不分不转 |
| 718 | 600893 | 吉发股份 | 2.35 | 1.15 | 1.15 | 9.75 | 11.49 | 3446.74 | 124.43 | 0.1467 | 0.1467 | 6.27 | 1.69 | 1.69 | 12.30 | -21.03 | 5.50 | 11.22 | 43.67 | 2.340 | 2.340 | 不分不转 |
| 719 | 600894 | 广钢股份 | 6.86 | 1.62 | 1.62 | 25.82 | 5.55 | 4401.82 | -20.71 | 0.0640 | 0.0640 | 2.80 | 0.56 | 0.56 | 30.28 | -8.94 | 15.71 | 3.15 | 47.52 | 2.290 | 2.290 | 不分配,不转增 |
| 720 | 600895 | 张江高科 | 9.35 | 3.32 | 3.32 | 3.52 | -42.78 | 17362.99 | -14.23 | 0.1900 | 0.1900 | 7.64 | 0.13 | 0.13 | 31.84 | 15.90 | 22.74 | 8.27 | 24.66 | 2.430 | 2.430 | 10送1转增2股 |
| 721 | 600896 | 中海海盛 | 3.17 | 1.56 | 1.56 | 4.34 | -2.51 | 5518.76 | 16.92 | 0.1700 | 0.1700 | 6.76 | 0.34 | 0.34 | 10.54 | -2.84 | 8.16 | 2.98 | 13.96 | 2.570 | 2.570 | 10派1元(含税) |
| 722 | 600897 | 厦门机场 | 2.70 | 0.68 | 0.68 | 1.91 | 5.72 | 4785.61 | -7.06 | 0.1770 | 0.1770 | 4.08 | 0.36 | 0.36 | 12.68 | -0.62 | 11.74 | 2.59 | 7.41 | 4.348 | 4.348 | 10派1元(含税) |
| 723 | 600898 | 郑州百文 | 1.98 | 1.07 | 1.07 | 12.57 | 360.12 | 2080.48 | 160.72 | 0.1053 | 0.1053 | 8.30 | 0.03 | 0.03 | 5.06 | 5.65 | 2.51 | 119.96 | 50.47 | 1.269 | 1.269 | 不分不转 |
| 724 | 600899 | 信联股份 | 1.78 | 0.54 | 0.54 | 0.56 | -66.42 | -7513.17 | -573.09 | -0.4200 | -0.4200 | -19.43 | -0.83 | -0.83 | 7.45 | -32.27 | 3.87 | -16.24 | 47.53 | 2.180 | 2.180 | 不分不转 |
| 725 | 900929 | 国旅股份 | 1.33 | 0.66 | 0.66 | 6.42 | 18.44 | 1904.89 | 10.06 | 0.1400 | 0.1400 | 4.65 | 0.30 | 0.30 | 6.70 | 6.88 | 4.10 | 3.25 | 37.77 | 3.090 | 3.090 | 10派1元(含税) |
| 726 | 900935 | 阳晨股份 | 1.85 | 0.80 | 0.80 | 1.64 | 5.16 | 540.10 | 1.31 | 0.0300 | 0.0300 | 1.89 | 0.11 | 0.11 | 3.59 | -9.99 | 2.86 | 1.93 | 20.32 | 1.540 | 1.540 | 不分不转 |
| 727 | 900939 | 汇丽股份 | 1.82 | 0.88 | 0.88 | 3.86 | -6.67 | 831.00 | -63.59 | 0.0500 | 0.0500 | 2.58 | -0.28 | -0.28 | 8.71 | 2.81 | 3.22 | 4.86 | 51.77 | 1.780 | 1.780 | 不分不转 |
| 728 | 900948 | 伊煤股份 | 3.66 | 1.66 | 1.66 | 14.00 | 22.05 | 6832.88 | 107.30 | 0.1900 | 0.1900 | 8.24 | 0.52 | 0.52 | 14.84 | 8.96 | 8.29 | 4.86 | 43.02 | 2.270 | 2.270 | 10派1.1元(含税) |
| 729 | 900949 | 东电电器 | 20.10 | 6.90 | 6.90 | 33.21 | -1.46 | 54551.51 | -22.94 | 0.2700 | 0.2700 | 10.13 | 0.52 | 0.52 | 86.02 | 10.06 | 53.87 | 0.88 | 35.13 | 2.680 | 2.680 | 10股2.48元(含税) |
| 730 | 900950 | 新城股份 | 3.32 | 1.34 | 1.34 | 3.57 | 235.11 | 1141.06 | 105.97 | 0.0344 | 0.0344 | 3.14 | 0.02 | 0.02 | 10.28 | 34.03 | 3.64 | 3.24 | 63.76 | 1.100 | 1.100 | 不分不转 |
| 731 | 900951 | 大化股份 | 2.75 | 1.00 | 1.00 | 10.15 | 10.95 | -1852.38 | -281.68 | -0.0700 | -0.0700 | -3.37 | 0.02 | 0.02 | 8.33 | -0.38 | 5.49 | -3.26 | 34.09 | 2.000 | 2.000 | 不分不转 |
| 732 | 900953 | 凯马股份 | 6.40 | 2.40 | 2.40 | 24.43 | 4.86 | 1935.07 | 105.29 | 0.0300 | 0.0300 | 1.99 | -0.10 | -0.10 | 34.15 | 3.93 | 9.75 | 3.42 | 70.18 | 1.520 | 1.520 | 不分不转 |
| 733 | 900956 | 东贝电器 | 2.35 | 0.00 | 1.15 | 2.27 | -12.08 | 109.93 | -95.31 | 0.0050 | 0.0050 | 0.28 | -0.10 | -0.10 | 7.48 | 6.38 | 3.88 | 1.53 | 46.55 | 1.650 | 1.650 | 不分不转 |
| 734 | 900957 | 凌云股份 | 3.49 | 1.84 | 1.84 | 0.83 | -85.95 | 2368.24 | -49.32 | 0.0700 | 0.0700 | 3.69 | -0.12 | -0.12 | 21.39 | 48.85 | 6.43 | 4.31 | 63.08 | 1.840 | 1.840 | 10派0.1元(含税) |

## 2.2002 年中国上市公司基本情况简报表(深市)

| 项目 | | | 股本 | | | 业绩 | | | | | | | | | 资产 | | | | | | | 分配 |
|---|---|---|---|---|---|---|---|---|---|---|---|---|---|---|---|---|---|---|---|---|---|---|
| 序号 | 代码 | 公司简称 | 总股本(亿股) | 流通A(亿股) | 2003.04.29 | 主营收入(亿元) | ±% | 净利润(万元) | ±% | 每股收益(元) | 2003.04.29摊薄后 | 净资产收益率(%) | 每股经营性现金流量(元) | 2003.04.29摊薄后 | 总资产(亿元) | ±% | 净资产(亿元) | ±% | 资产负债比率(%) | 每股净资产(元) | 2003.04.29摊薄后 | 2002年度已(拟)实施利润分配方案 |
| 1 | 000001 | 深发展 | 19.46 | 14.09 | 14.09 | 55.19 | 42.01 | 43222.49 | 7.42 | 0.2220 | 0.2220 | 11.47 | 4.39 | 4.39 | 1661.66 | 38.33 | 37.68 | 3.87 | 97.73 | 1.936 | 1.936 | 10派1.5元(含税) |
| 2 | 000002 | 万科 | 6.31 | 3.99 | 3.99 | 45.74 | 2.68 | 38242.13 | 2.32 | 0.6061 | 0.6061 | 11.31 | 0.20 | 0.20 | 82.16 | 26.73 | 33.81 | 8.22 | 58.29 | 5.358 | 5.358 | 10转增10派2元(含税) |
| 3 | 000004 | 北大高科 | 0.84 | 0.42 | 0.42 | 1.21 | 95.57 | 558.31 | -49.68 | 0.0665 | 0.0665 | 5.73 | -0.51 | -0.51 | 2.64 | 18.74 | 0.98 | 1.74 | 52.95 | 1.161 | 1.161 | 10派0.3元(含税) |
| 4 | 000005 | 世纪星源 | 7.09 | 3.74 | 3.74 | 0.55 | -18.15 | -8359.06 | -25.49 | -0.1180 | -0.1180 | -8.59 | -0.05 | -0.05 | 18.21 | -5.39 | 9.73 | -9.88 | 46.33 | 1.373 | 1.373 | 不分不转 |
| 5 | 000006 | 深振业 | 2.54 | 1.58 | 1.58 | 20.86 | 3.06 | 6807.14 | -42.87 | 0.2684 | 0.2684 | 5.51 | 0.56 | 0.56 | 44.91 | 6.45 | 12.36 | 3.77 | 69.09 | 4.873 | 4.873 | 10派0.8元(含税) |
| 6 | 000007 | 深达声 | 1.44 | 0.80 | 0.80 | 2.27 | -33.09 | 2195.20 | -37.30 | 0.1500 | 0.1500 | 11.04 | 0.17 | 0.17 | 11.51 | 5.14 | 1.99 | 27.36 | 77.33 | 1.390 | 1.390 | 不分不转 |
| 7 | 000008 | 亿安科技 | 0.74 | 0.35 | 0.35 | 0.07 | -72.40 | -1070.95 | 91.41 | -0.1450 | -0.1450 | - | 0.00 | 0.00 | 0.71 | -34.37 | -0.33 | 33.05 | 146.29 | -0.440 | -0.440 | 不分不转 |
| 8 | 000009 | 深宝安 | 9.59 | 5.80 | 5.80 | 10.19 | 19.91 | 1358.09 | -48.99 | 0.0142 | 0.0142 | 1.19 | 0.10 | 0.10 | 41.10 | 2.48 | 11.42 | -0.68 | 69.11 | 1.191 | 1.191 | 不分不转 |
| 9 | 000010 | 深华新 | 1.47 | 0.68 | 0.68 | 2.06 | 24.50 | 1214.32 | 591.92 | 0.0826 | 0.0826 | 7.45 | 0.39 | 0.39 | 6.50 | 120.89 | 1.63 | 8.06 | 52.27 | 1.108 | 1.108 | 不分不转 |
| 10 | 000011 | 深物业 | 5.42 | 0.91 | 0.91 | 7.81 | -23.53 | 3462.22 | -59.84 | 0.0640 | 0.0640 | 10.25 | -0.06 | -0.06 | 26.08 | 6.88 | 3.38 | 21.92 | 87.04 | 0.624 | 0.624 | 不分不转 |
| 11 | 000012 | 南玻科控 | 6.77 | 1.07 | 1.07 | 10.55 | 1.49 | 16331.12 | 7.94 | 0.2410 | 0.2410 | 8.56 | 0.48 | 0.48 | 29.85 | 10.61 | 19.08 | 3.32 | 33.55 | 2.818 | 2.818 | 10派1.5元(含税) |
| 12 | 000013 | 深石化 | 3.03 | 0.51 | 0.51 | 6.15 | -15.11 | -44695.60 | 71.64 | -1.4730 | -1.4730 | - | 0.03 | 0.03 | 7.41 | -26.42 | -20.97 | -27.45 | 371.95 | -6.913 | -6.913 | 不分不转 |
| 13 | 000014 | 沙河股份 | 0.90 | 0.45 | 0.45 | 4.76 | 2.18 | 3591.05 | -3.10 | 0.4000 | 0.4000 | 15.58 | 0.38 | 0.38 | 6.95 | -0.62 | 2.30 | 16.84 | 66.82 | 2.570 | 2.570 | 10派0.30元(含税) |
| 14 | 000016 | 深康佳 | 6.02 | 2.24 | 2.24 | 80.42 | 19.17 | 3559.04 | 105.12 | 0.0591 | 0.0591 | 1.21 | 1.09 | 1.09 | 70.06 | -2.98 | 29.54 | 1.90 | 54.53 | 4.906 | 4.906 | 不分不转 |
| 15 | 000017 | 深中华 | 4.79 | 0.77 | 0.77 | 0.72 | 38.00 | 657.54 | 100.29 | 0.0137 | 0.0137 | - | 0.01 | 0.01 | 5.13 | -9.30 | -19.83 | 0.29 | 487.09 | -4.136 | -4.136 | 不分不转 |
| 16 | 000018 | 深中冠 | 1.69 | 0.20 | 0.20 | 1.62 | 14.10 | 134.79 | 60.20 | 0.0080 | 0.0080 | 0.44 | 0.09 | 0.09 | 3.76 | -3.19 | 3.08 | 0.44 | 18.01 | 1.823 | 1.823 | 不分不转 |
| 17 | 000019 | 深深宝 | 1.82 | 0.40 | 0.40 | 0.77 | 26.45 | 1079.99 | 3.24 | 0.0590 | 0.0590 | 3.94 | -0.21 | -0.21 | 4.53 | 14.47 | 2.74 | 4.10 | 36.22 | 1.507 | 1.507 | 不分不转 |
| 18 | 000020 | 深华发 | 2.83 | 0.56 | 0.56 | 1.29 | 55.63 | 536.01 | 209.84 | 0.0190 | 0.0190 | 1.82 | 0.02 | 0.02 | 4.79 | 6.91 | 2.94 | 1.86 | 38.63 | 1.038 | 1.038 | 不分不转 |
| 19 | 000021 | 深科技 | 7.33 | 2.01 | 2.01 | 61.79 | 57.68 | 6072.91 | 461.85 | 0.0829 | 0.0829 | 2.66 | 0.35 | 0.35 | 50.46 | 8.63 | 22.83 | 0.91 | 54.72 | 3.116 | 3.115 | 10派1元(含税) |
| 20 | 000022 | 深赤湾 | 3.82 | 0.50 | 0.50 | 7.39 | 54.12 | 18360.00 | 111.45 | 0.4810 | 0.4810 | 15.46 | 1.10 | 1.10 | 23.32 | 4.86 | 11.88 | 6.61 | 32.91 | 3.114 | 3.114 | 10派2.88元(含税) |
| 21 | 000023 | 深天地 | 1.39 | 0.46 | 0.46 | 3.36 | 41.57 | 591.35 | 113.42 | 0.0426 | 0.0426 | 2.72 | 0.18 | 0.18 | 7.27 | -15.93 | 2.18 | 17.55 | 67.78 | 1.570 | 1.570 | 不分不转 |
| 22 | 000024 | 蛇口控股 | 4.76 | 1.31 | 1.31 | 38.54 | 16.06 | 24181.58 | 38.21 | 0.5080 | 0.5080 | 9.89 | 1.73 | 1.73 | 52.69 | 12.13 | 24.44 | 8.63 | 50.19 | 5.131 | 5.131 | 10派1.2元(含税) |
| 23 | 000025 | 深特力 | 2.20 | 0.34 | 0.34 | 12.89 | 83.34 | -4098.09 | -896.67 | -0.1860 | -0.1860 | -20.14 | 0.55 | 0.55 | 12.32 | -9.95 | 2.04 | -15.63 | 81.23 | 0.924 | 0.924 | 不分不转 |
| 24 | 000026 | 飞亚达 | 2.49 | 0.61 | 0.61 | 2.06 | -6.17 | -7743.47 | -783.88 | -0.3110 | -0.3110 | -15.17 | 0.09 | 0.09 | 5.67 | -21.93 | 5.10 | -13.17 | 8.75 | 2.047 | 2.047 | 不分不转 |
| 25 | 000027 | 深能源 | 12.02 | 4.86 | 4.05 | 38.29 | 14.36 | 50686.95 | 29.27 | 0.4215 | 0.5058 | 17.53 | 1.93 | 2.32 | 79.94 | 2.99 | 28.92 | 11.28 | 32.34 | 2.405 | 2.886 | 10派1.5元(含税) |
| 26 | 000028 | 一致药业 | 2.88 | 0.55 | 0.55 | 18.70 | 12.06 | 492.28 | -76.67 | 0.0170 | 0.0170 | 1.48 | 0.10 | 0.10 | 10.53 | -5.69 | 3.33 | -1.44 | 68.20 | 1.157 | 1.157 | 不分不转 |
| 27 | 000029 | 深房集团 | 10.12 | 1.48 | 1.48 | 7.48 | 21.39 | 1404.41 | 102.61 | 0.0139 | 0.0139 | 1.36 | 0.08 | 0.08 | 30.01 | -13.60 | 10.33 | 1.37 | 65.78 | 1.021 | 1.021 | 不分不转 |
| 28 | 000030 | 盛润股份 | 2.88 | 0.40 | 0.40 | 0.07 | -98.69 | -56648.52 | 43.09 | -1.9641 | -1.9641 | - | -0.01 | -0.01 | 2.03 | -54.27 | -15.25 | -56.95 | 850.21 | -5.288 | -5.288 | 不分不转 |

| 项目 | | | 股本 | | | 业绩 | | | | | | | | | 资产 | | | | | | | 分配 |
|---|---|---|---|---|---|---|---|---|---|---|---|---|---|---|---|---|---|---|---|---|---|---|
| 序号 | 代码 | 公司简称 | 总股本(亿股) | 流通A(亿股) | 2003.04.29 | 主营收入(亿元) | ±% | 净利润(万元) | ±% | 每股收益(元) | 2003.04.29摊薄后 | 净资产收益率(%) | 每股经营性现金流量(元) | 2003.04.29摊薄后 | 总资产(亿元) | ±% | 净资产(亿元) | ±% | 资产负债比率(%) | 每股净资产(元) | 2003.04.29摊薄后 | 2002年度已(拟)实施利润分配方案 |
| 29 | 000031 | 深宝恒 | 4.66 | 1.63 | 1.63 | 4.12 | 31.83 | 6944.24 | 18.81 | 0.1490 | 0.1490 | 7.00 | 0.09 | 0.09 | 15.80 | -3.45 | 9.92 | 4.68 | 31.49 | 2.127 | 2.127 | 10派0.6元(含税) |
| 30 | 000032 | 深桑达 | 1.49 | 0.55 | 0.55 | 13.88 | -17.94 | 4313.86 | 18.59 | 0.2890 | 0.2890 | 8.19 | 0.44 | 0.44 | 10.76 | 20.33 | 5.26 | 98.25 | 48.23 | 3.530 | 3.530 | 10转增3股派2元(含税) |
| 31 | 000033 | 新都酒店 | 2.88 | 0.67 | 0.67 | 0.93 | -8.63 | 655.70 | 27.03 | 0.0230 | 0.0230 | 1.50 | 0.12 | 0.12 | 6.17 | -5.24 | 4.37 | 1.52 | 29.24 | 1.517 | 1.517 | 不分不转 |
| 32 | 000034 | 深信泰丰 | 3.11 | 0.85 | 0.85 | 6.91 | -44.65 | -9615.26 | -320.46 | -0.3100 | -0.3100 | -30.63 | 0.13 | 0.13 | 15.18 | 4.38 | 3.14 | -13.39 | 75.76 | 1.009 | 1.009 | 不分不转 |
| 33 | 000035 | 中科健 | 1.16 | 0.43 | 0.43 | 31.29 | 116.57 | 6249.06 | 66.67 | 0.5392 | 0.5392 | 27.18 | 1.65 | 1.65 | 15.30 | 13.92 | 2.30 | 37.32 | 84.44 | 1.984 | 1.984 | 不分不转 |
| 34 | 000036 | 华联控股 | 3.60 | 1.77 | 1.77 | 37.41 | 18.30 | 13485.72 | 7.86 | 0.3800 | 0.3800 | 12.04 | 0.65 | 0.65 | 40.15 | -1.99 | 11.20 | 13.75 | 59.02 | 3.120 | 3.120 | 不分不转 |
| 35 | 000037 | 深南电 | 5.48 | 0.65 | 0.65 | 16.23 | 49.70 | 36578.39 | 78.37 | 0.6680 | 0.6680 | 35.03 | 1.43 | 1.43 | 20.29 | 30.59 | 10.44 | 14.69 | 41.37 | 1.906 | 1.906 | 10派4.2元(含税) |
| 36 | 000038 | 深大通 | 0.90 | 0.19 | 0.19 | 1.61 | 390.94 | 1146.11 | 87.16 | 0.1270 | 0.1270 | 9.42 | 0.78 | 0.78 | 2.11 | 25.65 | 1.22 | 10.44 | 42.37 | 1.345 | 1.345 | 不分不转 |
| 37 | 000039 | 中集集团 | 5.10 | 0.69 | 0.69 | 90.79 | 34.19 | 46485.46 | -14.39 | 0.9109 | 0.9109 | 16.29 | -0.59 | -0.59 | 77.37 | 30.33 | 28.54 | 19.10 | 55.23 | 5.592 | 5.592 | 不分不转 |
| 38 | 000040 | 深鸿基 | 4.70 | 2.87 | 2.87 | 2.31 | -26.61 | -24627.81 | -96.08 | -0.5240 | -0.5240 | -30.24 | -0.46 | -0.46 | 22.77 | 13.86 | 8.15 | -23.06 | 63.07 | 1.730 | 1.730 | 不分不转 |
| 39 | 000042 | 深长城 | 2.39 | 0.69 | 0.69 | 17.64 | 25.33 | 6858.20 | -36.29 | 0.2860 | 0.2860 | 5.15 | 0.06 | 0.06 | 44.05 | 7.07 | 13.31 | 3.86 | 65.88 | 5.559 | 5.559 | 10派0.80元(含税) |
| 40 | 000043 | 深南光 | 1.39 | 0.38 | 0.38 | 10.61 | 60.83 | 2650.91 | 118.97 | 0.1903 | 0.1903 | 9.63 | 1.97 | 1.97 | 8.27 | -13.09 | 2.75 | 9.38 | 63.49 | 1.976 | 1.976 | 10派1元(含税) |
| 41 | 000045 | 深纺织 | 1.63 | 0.22 | 0.22 | 4.57 | 33.03 | 117.99 | -95.32 | 0.0070 | 0.0070 | 0.39 | 0.24 | 0.24 | 7.47 | 1.63 | 3.05 | 0.36 | 50.50 | 1.865 | 1.865 | 不分不转 |
| 42 | 000046 | 光彩建设 | 2.44 | 1.27 | 1.27 | 4.61 | 33.61 | 3417.50 | -9.13 | 0.1400 | 0.1400 | 3.51 | -0.51 | -0.51 | 25.13 | 15.07 | 9.73 | 1.01 | 55.15 | 3.988 | 3.988 | 10派1元(含税) |
| 43 | 000047 | 深中侨 | | | | | | | | | | | | | | | | | | | | |
| 44 | 000048 | 康达尔 | 3.91 | 1.14 | 1.14 | 8.89 | 9.24 | 996.31 | 111.13 | 0.0250 | 0.0250 | 23.27 | 0.31 | 0.31 | 12.52 | -7.13 | 0.43 | 22.36 | 93.81 | 0.110 | 0.110 | 不分不转 |
| 45 | 000049 | 深万山 | 1.37 | 0.45 | 0.44 | 0.66 | 40.25 | 182.44 | -87.44 | 0.0133 | 0.0133 | 1.31 | 0.23 | 0.23 | 3.38 | -27.44 | 1.40 | 1.32 | 58.58 | 1.024 | 1.024 | 不分不转 |
| 46 | 000050 | 深天马 | 1.33 | 0.36 | 0.36 | 3.26 | 16.72 | -3485.40 | -308.95 | -0.2630 | -0.2630 | -5.33 | 0.36 | 0.36 | 10.23 | 20.51 | 6.54 | -5.06 | 36.06 | 4.930 | 4.930 | 不分不转 |
| 47 | 000055 | 方大 | 2.96 | 0.42 | 0.42 | 4.37 | 7.50 | -17338.27 | -582.42 | -0.5850 | -0.5850 | -21.05 | -0.13 | -0.13 | 12.86 | -7.16 | 8.24 | -19.07 | 35.63 | 2.779 | 2.779 | 10派0.7元(含税) |
| 48 | 000056 | 深国商 | 2.21 | 0.55 | 0.55 | 1.88 | -37.69 | -2570.67 | -561.57 | -0.1160 | -0.1160 | -7.72 | 0.04 | 0.04 | 10.95 | -6.08 | 3.33 | -7.17 | 65.02 | 1.507 | 1.507 | 不分不转 |
| 49 | 000058 | 深赛格 | 7.26 | 0.87 | 0.87 | 22.06 | 14.79 | 10081.80 | 129.76 | 0.1388 | 0.1388 | 8.02 | 0.90 | 0.90 | 37.22 | 7.49 | 12.57 | 11.81 | 54.20 | 1.731 | 1.731 | 不分不转 |
| 50 | 000059 | 辽通化工 | 6.63 | 1.69 | 1.69 | 13.61 | 27.57 | -5875.55 | -18029.78 | -0.0886 | -0.0886 | -4.44 | 0.68 | 0.68 | 24.99 | 2.51 | 12.66 | -4.43 | 48.21 | 1.909 | 1.909 | 不分不转 |
| 51 | 000060 | 中金岭南 | 4.32 | 2.05 | 2.05 | 26.85 | -3.74 | 4561.29 | 37.97 | 0.1059 | 0.1059 | 4.30 | 0.90 | 0.90 | 46.32 | -0.65 | 10.58 | 1.90 | 74.88 | 2.450 | 2.450 | 10派0.6元(含税) |
| 52 | 000061 | 农产品 | 1.85 | 1.02 | 1.32 | 19.69 | 29.64 | 14881.08 | 71.36 | 0.8050 | 0.6910 | 13.64 | 0.76 | 0.65 | 32.94 | 22.20 | 10.91 | 15.80 | 59.20 | 5.900 | 5.064 | 不分不转 |
| 53 | 000062 | 深圳华强 | 2.70 | 1.28 | 1.28 | 3.56 | 24.16 | 3701.11 | -41.84 | 0.1370 | 0.1370 | 3.11 | -0.05 | -0.05 | 14.70 | 14.28 | 11.92 | 0.84 | 14.65 | 4.407 | 4.407 | 10派1元(含税) |
| 54 | 000063 | 中兴通讯 | 5.56 | 2.10 | 2.09 | 110.09 | 17.97 | 56699.99 | 7.82 | 1.0200 | 1.0200 | 13.26 | 2.55 | 2.55 | 124.06 | 37.01 | 42.76 | 11.98 | 63.78 | 7.690 | 7.690 | 10转增2股派2元(含税) |
| 55 | 000065 | 北方国际 | 1.62 | 0.42 | 0.42 | 7.92 | 18.01 | 2536.41 | 47.15 | 0.1560 | 0.1560 | 7.11 | 0.01 | 0.01 | 9.58 | 11.79 | 3.57 | 7.65 | 62.75 | 2.197 | 2.197 | 不分不转 |
| 56 | 000066 | 长城电脑 | 4.58 | 1.81 | 1.81 | 15.40 | -25.23 | 6396.62 | -10.01 | 0.1400 | 0.1400 | 5.55 | -0.04 | -0.04 | 20.51 | -9.53 | 11.53 | -2.35 | 43.23 | 2.515 | 2.515 | 10派2元(含税) |
| 57 | 000068 | 赛格三星 | 7.86 | 2.25 | 2.25 | 10.66 | 9.01 | 12105.64 | 29.48 | 0.1540 | 0.1540 | 7.58 | 0.56 | 0.56 | 24.16 | -13.24 | 15.97 | 6.76 | 33.88 | 2.032 | 2.032 | 10派0.5元 |

| 项目 | | | 股本 | | | 业绩 | | | | | | | | | 资产 | | | | | | | 分配 |
|---|---|---|---|---|---|---|---|---|---|---|---|---|---|---|---|---|---|---|---|---|---|---|
| 序号 | 代码 | 公司简称 | 总股本(亿股) | 流通A(亿股) | 2003.04.29 | 主营收入(亿元) | ± % | 净利润(万元) | ± % | 每股收益(元) | 2003.04.29摊薄后 | 净资产收益率(%) | 每股经营性现金流量(元) | 2003.04.29摊薄后 | 总资产(亿元) | ± % | 净资产(亿元) | ± % | 资产负债比率(%) | 每股净资产(元) | 2003.04.29摊薄后 | 2002年度已(拟)实施利润分配方案 |
| 58 | 000069 | 华侨城 | 4.47 | 1.40 | 2.53 | 5.94 | 40.47 | 27024.12 | 50.09 | 0.6040 | 0.3356 | 22.74 | 0.47 | 0.26 | 23.32 | 17.65 | 11.89 | 20.84 | 43.45 | 2.658 | 1.477 | 10送6转增2股派1.5元(含税) |
| 59 | 000070 | 特发信息 | 2.50 | 0.70 | 0.70 | 4.93 | -25.17 | 192.54 | -95.21 | 0.0077 | 0.0077 | 0.25 | 0.47 | 0.47 | 12.72 | -5.59 | 7.78 | 0.51 | 37.32 | 3.110 | 3.110 | 不分不转 |
| 60 | 000078 | 海王生物 | 3.33 | 1.61 | 1.61 | 8.29 | 8.41 | 4222.70 | -39.37 | 0.1269 | 0.1269 | 2.50 | -0.34 | -0.34 | 34.29 | 13.17 | 16.90 | 2.11 | 39.84 | 5.080 | 5.080 | 不分不转 |
| 61 | 000088 | 盐田港 | 5.85 | 1.25 | 1.25 | 5.08 | 32.42 | 55585.74 | 47.73 | 0.9500 | 0.9500 | 27.90 | 0.43 | 0.43 | 34.35 | 3.17 | 19.93 | 33.26 | 37.73 | 3.406 | 3.406 | 10派1元(含税) |
| 62 | 000089 | 深圳机场 | 8.00 | 2.88 | 2.88 | 7.12 | 18.08 | 32016.99 | -4.64 | 0.4003 | 0.4003 | 12.93 | 0.46 | 0.46 | 27.11 | 3.91 | 24.75 | 14.32 | 8.27 | 3.095 | 3.095 | 不分不转 |
| 63 | 000090 | 深天健 | 2.23 | 0.83 | 0.83 | 15.46 | 5.93 | 6866.52 | -26.36 | 0.3070 | 0.3070 | 6.42 | 0.67 | 0.67 | 27.45 | -11.78 | 10.69 | 4.38 | 60.83 | 4.789 | 4.789 | 10派1.08元(含税) |
| 64 | 000096 | 广聚能源 | 3.30 | 0.85 | 0.85 | 13.30 | 17.90 | 11311.70 | 29.44 | 0.3430 | 0.3430 | 11.21 | 0.38 | 0.38 | 13.15 | 1.64 | 10.09 | 4.98 | 20.01 | 3.058 | 3.058 | 10派2元(含税) |
| 65 | 000099 | 中信海直 | 2.35 | 0.72 | 0.72 | 3.31 | 5.04 | 6200.06 | 1.17 | 0.2636 | 0.2636 | 6.78 | 0.22 | 0.22 | 13.88 | 28.52 | 9.14 | 5.53 | 33.39 | 3.884 | 3.884 | 10派0.60元(含税) |
| 66 | 000150 | 麦科特 | 3.24 | 1.26 | 1.26 | 0.36 | -13.43 | -5498.54 | -1454.00 | -0.1697 | -0.1697 | -8.79 | -0.11 | -0.11 | 6.58 | -7.43 | 6.25 | -8.08 | 2.49 | 1.930 | 1.930 | 不分不转 |
| 67 | 000151 | 中成股份 | 2.96 | 1.05 | 1.05 | 5.23 | -22.60 | 4820.21 | -45.83 | 0.1629 | 0.1629 | 6.03 | 0.21 | 0.21 | 9.86 | -9.68 | 7.99 | 1.23 | 18.18 | 2.701 | 2.701 | 10派1.30元(含税) |
| 68 | 000153 | 丰原药业 | 0.65 | 0.25 | 0.25 | 1.58 | -0.80 | 2582.33 | 10.83 | 0.3973 | 0.3973 | 4.60 | 0.16 | 0.16 | 6.84 | -3.53 | 5.61 | 5.11 | 18.05 | 8.629 | 8.629 | 不分不转 |
| 69 | 000155 | 川化股份 | 4.70 | 1.30 | 1.30 | 10.04 | 5.71 | 6019.65 | 3.68 | 0.1280 | 0.1280 | 4.26 | 0.11 | 0.11 | 18.35 | -7.05 | 14.13 | 0.67 | 23.01 | 3.006 | 3.006 | 10派1.08元(含税) |
| 70 | 000156 | 安塑股份 | 0.97 | 0.36 | 0.36 | 2.47 | 85.89 | 2842.84 | 96.21 | 0.2946 | 0.2946 | 5.60 | 0.28 | 0.28 | 7.56 | 12.67 | 5.07 | 6.00 | 32.41 | 5.260 | 5.260 | 不分不转 |
| 71 | 000157 | 中联重科 | 3.90 | 1.30 | 1.30 | 6.65 | 71.36 | 15370.82 | 46.06 | 0.3941 | 0.3941 | 15.28 | 0.07 | 0.07 | 14.72 | 38.89 | 10.06 | 15.00 | 29.40 | 2.580 | 2.580 | 不分不转 |
| 72 | 000158 | 常山股份 | 4.00 | 1.00 | 1.00 | 18.97 | 9.97 | 8271.35 | 6.13 | 0.2100 | 0.2100 | 6.71 | 0.23 | 0.23 | 20.93 | 1.87 | 12.33 | 3.70 | 38.51 | 3.080 | 3.080 | 10派1元(含税) |
| 73 | 000159 | 国际实业 | 1.72 | 0.70 | 0.70 | 5.13 | 65.60 | 184.12 | -92.77 | 0.0107 | 0.0107 | 0.31 | 0.03 | 0.03 | 15.90 | 5.53 | 5.93 | 1.37 | 62.33 | 3.454 | 3.454 | 不分不转 |
| 74 | 000301 | 丝绸股份 | 4.67 | 1.54 | 1.54 | 17.71 | 6.88 | 8300.80 | -21.20 | 0.1780 | 0.1780 | 6.21 | 0.39 | 0.39 | 25.97 | 36.04 | 13.37 | 4.03 | 48.52 | 2.865 | 2.865 | 10派0.70元(含税) |
| 75 | 000400 | 许继电气 | 3.78 | 1.94 | 1.94 | 12.88 | 5.43 | 15118.55 | -11.54 | 0.3997 | 0.3997 | 9.71 | 0.27 | 0.27 | 27.46 | 6.41 | 15.57 | 7.27 | 41.06 | 4.116 | 4.116 | 10派1元(含税) |
| 76 | 000401 | 冀东水泥 | 8.82 | 2.70 | 2.70 | 11.12 | 10.91 | 10577.82 | -7.97 | 0.1200 | 0.1200 | 6.73 | 0.20 | 0.20 | 33.37 | 17.30 | 15.73 | 1.15 | 52.05 | 1.780 | 1.780 | 10派1元(含税) |
| 77 | 000402 | 金融街 | 1.47 | 0.69 | 1.39 | 9.24 | 7.80 | 16707.56 | 10.61 | 1.1300 | 0.5650 | 18.87 | -5.82 | -2.91 | 28.76 | 152.77 | 8.85 | 155.52 | 68.81 | 6.010 | 3.005 | 10转增10派2元(含税) |
| 78 | 000403 | 三九生化 | 2.12 | 0.94 | 0.94 | 4.68 | 10.82 | 4491.74 | -43.08 | 0.2120 | 0.2282 | 6.36 | 0.75 | 0.81 | 15.45 | 12.03 | 7.07 | 13.91 | 49.56 | 3.339 | 3.594 | 不分不转 |
| 79 | 000404 | 华意压缩 | 2.61 | 0.95 | 0.95 | 4.31 | 129.22 | 111.22 | 209.93 | 0.0043 | 0.0043 | 0.17 | 0.62 | 0.62 | 16.55 | 45.40 | 6.42 | 0.26 | 53.92 | 2.460 | 2.460 | 不分不转 |
| 80 | 000405 | 有色鑫光 | 3.81 | 1.13 | 1.13 | 0.17 | -15.76 | -17647.18 | 58.43 | -0.4630 | -0.4630 | - | 0.02 | 0.02 | 3.83 | -21.20 | -1.15 | -289.10 | 130.18 | -0.303 | -0.303 | 不分不转 |
| 81 | 000406 | 石油大明 | 3.64 | 2.66 | 2.66 | 7.82 | 2.66 | 15083.87 | -24.64 | 0.4144 | 0.4144 | 10.14 | 0.71 | 0.71 | 21.75 | 7.03 | 14.88 | 2.88 | 27.43 | 4.087 | 4.087 | 10派3元(含税) |
| 82 | 000407 | 胜利股份 | 2.40 | 1.44 | 1.44 | 7.03 | -14.83 | 1836.93 | -46.28 | 0.0767 | 0.0767 | 3.49 | 0.35 | 0.35 | 11.40 | 4.47 | 5.26 | -1.16 | 48.62 | 2.194 | 2.194 | 10派1元(含税) |
| 83 | 000408 | 河北华玉 | 1.15 | 0.41 | 0.41 | 3.78 | 14.92 | 1032.23 | -32.13 | 0.0900 | 0.0900 | 2.32 | 0.24 | 0.24 | 9.60 | 9.47 | 4.45 | 2.46 | 47.92 | 3.880 | 3.880 | 不分不转 |
| 84 | 000409 | 四通高科 | 1.71 | 0.75 | 0.75 | 0.23 | -65.02 | -5181.60 | -146.38 | -0.3020 | -0.3020 | -31.45 | -0.01 | -0.01 | 2.23 | -16.11 | 1.65 | -23.93 | 24.90 | 0.961 | 0.961 | 不分不转 |
| 85 | 000410 | 沈阳机床 | 3.41 | 1.35 | 1.35 | 10.75 | 44.92 | 457.52 | 108.62 | 0.0130 | 0.0130 | 0.56 | 0.27 | 0.27 | 39.72 | 7.05 | 7.81 | 0.31 | 79.31 | 2.290 | 2.290 | 不分不转 |
| 86 | 000411 | 英特股份 | 1.15 | 0.32 | 0.32 | 13.82 | 5653.60 | 103.12 | -89.10 | 0.0090 | 0.0090 | 1.34 | 0.39 | 0.39 | 6.94 | 15.84 | 0.77 | 4.15 | 86.84 | 0.669 | 0.669 | 不分不转 |

| 项目 | | | 股本 | | | 业绩 | | | | | | | | | 资产 | | | | | | | 分配 |
|---|---|---|---|---|---|---|---|---|---|---|---|---|---|---|---|---|---|---|---|---|---|---|
| 序号 | 代码 | 公司简称 | 总股本(亿股) | 流通A(亿股) | 2003.04.29 | 主营收入(亿元) | ±% | 净利润(万元) | ±% | 每股收益(元) | 2003.04.29摊薄后 | 净资产收益率(%) | 每股经营性现金流量(元) | 2003.04.29摊薄后 | 总资产(亿元) | ±% | 净资产(亿元) | ±% | 资产负债比率(%) | 每股净资产(元) | 2003.04.29摊薄后 | 2002年度已(拟)实施利润分配方案 |
| 87 | 000412 | 北方五环 | 2.89 | 1.06 | 1.06 | 0.00 | -94.07 | -17582.73 | 9.04 | -0.6085 | -0.6085 | - | -0.03 | -0.03 | 3.60 | -38.79 | -0.28 | -118.81 | 107.68 | -0.096 | -0.096 | 不分不转 |
| 88 | 000413 | 宝石 | 3.83 | 0.45 | 0.45 | 0.54 | -14.05 | 2919.82 | -25.88 | 0.0760 | 0.0760 | 5.06 | -0.06 | -0.06 | 15.06 | -2.14 | 5.77 | 5.54 | 55.52 | 1.508 | 1.508 | 不分不转 |
| 89 | 000415 | 汇通水利 | 2.33 | 0.96 | 0.95 | 2.57 | 22.02 | 144.18 | -94.79 | 0.0060 | 0.0060 | 0.33 | -0.60 | -0.60 | 11.36 | 22.27 | 4.39 | 0.33 | 51.59 | 1.881 | 1.881 | 不分不转 |
| 90 | 000416 | 健特生物 | 2.51 | 1.38 | 1.73 | 4.27 | 72.52 | 15682.96 | 337.43 | 0.6240 | 0.4992 | 44.33 | 0.62 | 0.50 | 6.96 | 40.84 | 3.54 | 58.68 | 44.95 | 1.408 | 1.126 | 10送2.5股派0.65元(含税) |
| 91 | 000417 | 合肥百货 | 1.31 | 0.47 | 0.47 | 11.76 | 17.22 | 2539.28 | -47.54 | 0.1932 | 0.1932 | 4.12 | 0.71 | 0.71 | 13.21 | 17.48 | 6.16 | 2.03 | 48.65 | 4.690 | 4.690 | 10转增2股派1元(含税) |
| 92 | 000418 | 小天鹅 | 3.65 | 0.72 | 0.72 | 27.56 | 41.07 | -41842.96 | -627.68 | -1.1461 | -1.1461 | -34.34 | 0.24 | 0.24 | 31.70 | 1.76 | 12.18 | -35.37 | 65.85 | 3.337 | 3.337 | 不分不转 |
| 93 | 000419 | 通程控股 | 1.76 | 0.65 | 0.65 | 6.90 | 6.66 | 2164.29 | 7.99 | 0.1233 | 0.1233 | 3.78 | 0.47 | 0.47 | 11.29 | 3.64 | 5.72 | 3.94 | 44.27 | 3.262 | 3.262 | 不分不转 |
| 94 | 000420 | 吉林化纤 | 3.78 | 1.94 | 1.94 | 10.05 | -1.61 | 827.08 | 107.23 | 0.0218 | 0.0218 | 0.77 | 0.25 | 0.25 | 19.81 | -3.29 | 10.66 | 0.84 | 45.79 | 2.818 | 2.818 | 不分不转 |
| 95 | 000421 | 南京中北 | 1.97 | 0.76 | 0.76 | 7.05 | 75.49 | 2829.18 | -1.30 | 0.1430 | 0.1430 | 6.72 | 0.97 | 0.97 | 8.53 | -9.93 | 4.21 | 1.86 | 48.92 | 2.137 | 2.137 | 10派1元(含税) |
| 96 | 000422 | 湖北宜化 | 2.14 | 1.09 | 1.09 | 7.90 | 37.66 | 5083.66 | 25.50 | 0.2377 | 0.2377 | 6.51 | 0.82 | 0.82 | 16.43 | 13.15 | 7.81 | 3.92 | 46.86 | 3.650 | 3.650 | 10派1元(含税) |
| 97 | 000423 | 东阿阿胶 | 2.72 | 1.92 | 1.92 | 5.70 | 26.08 | 8680.93 | -20.84 | 0.3190 | 0.3190 | 11.05 | 0.36 | 0.36 | 9.82 | -0.37 | 7.86 | 2.44 | 19.23 | 2.883 | 2.883 | 10派2.5元(含税) |
| 98 | 000425 | 徐工科技 | 4.96 | 1.94 | 1.94 | 21.24 | 40.56 | 10730.23 | 24.63 | 0.2170 | 0.2170 | 9.99 | 0.48 | 0.48 | 25.88 | 20.01 | 10.74 | 10.36 | 58.18 | 2.168 | 2.168 | 10送1股派0.4元(含税) |
| 99 | 000426 | 富龙热力 | 2.66 | 0.88 | 0.88 | 2.38 | 19.71 | 6967.87 | 12.04 | 0.2620 | 0.2620 | 6.44 | 0.67 | 0.67 | 21.44 | 29.09 | 10.82 | 7.14 | 48.78 | 4.064 | 4.064 | 不分不转 |
| 100 | 000428 | 华天酒店 | 1.73 | 0.61 | 0.61 | 3.28 | 45.22 | 3555.01 | -19.83 | 0.2060 | 0.2060 | 5.58 | 0.43 | 0.43 | 10.28 | -0.34 | 6.37 | 1.51 | 34.72 | 3.684 | 3.684 | 10派1.5元(含税) |
| 101 | 000429 | 粤高速 | 12.57 | 2.75 | 2.75 | 7.53 | 20.43 | 17195.53 | 16.21 | 0.1370 | 0.1370 | 5.11 | 0.28 | 0.28 | 61.41 | 6.33 | 33.67 | 1.39 | 34.50 | 2.678 | 2.678 | 10派1元(含税) |
| 102 | 000430 | 张家界 | 1.84 | 0.74 | 0.74 | 0.76 | 54.47 | 1536.84 | -9.61 | 0.0840 | 0.0840 | 6.98 | 0.21 | 0.21 | 3.74 | 6.12 | 2.20 | 5.83 | 39.97 | 1.200 | 1.200 | 10派0.25元(含税) |
| 103 | 000488 | 晨鸣纸业 | 4.99 | 0.77 | 0.77 | 44.55 | 85.19 | 38066.07 | 168.07 | 0.7632 | 0.7632 | 10.77 | 2.07 | 2.07 | 86.90 | 17.56 | 35.35 | 11.29 | 50.25 | 7.089 | 7.089 | 10送2转增6股派0.5元(含税) |
| 104 | 000498 | 丹东化纤 | 3.90 | 1.74 | 1.74 | 7.20 | -11.57 | -9885.24 | 9.34 | -0.2530 | -0.2530 | -23.69 | 0.08 | 0.08 | 16.84 | 4.99 | 4.17 | -19.15 | 74.24 | 1.070 | 1.070 | 不分不转 |
| 105 | 000501 | 鄂武商 | 5.07 | 2.04 | 2.04 | 27.39 | 23.13 | 308.44 | 103.18 | 0.0060 | 0.0060 | 0.31 | 0.26 | 0.26 | 35.24 | 7.40 | 9.87 | 1.16 | 66.73 | 1.950 | 1.950 | 不分不转 |
| 106 | 000502 | 恒大地产 | 1.56 | 0.57 | 0.57 | 0.07 | -54.62 | 256.06 | 105.92 | 0.0164 | 0.0164 | 1.34 | -0.13 | -0.13 | 3.64 | 1.68 | 1.91 | 2.37 | 47.61 | 1.224 | 1.224 | 不分不转 |
| 107 | 000503 | 海虹控股 | 3.42 | 1.19 | 1.51 | 3.42 | 0.73 | 9387.79 | 1.32 | 0.2743 | 0.2507 | 17.64 | 0.15 | 0.14 | 10.26 | 9.52 | 5.32 | 21.43 | 44.62 | 1.555 | 1.421 | 不分不转 |
| 108 | 000504 | 赛迪传媒 | 3.12 | 0.87 | 0.87 | 2.50 | -1.06 | 2903.63 | 470.08 | 0.0900 | 0.0900 | 7.50 | 0.05 | 0.05 | 6.20 | 3.18 | 3.87 | 20.17 | 37.54 | 1.240 | 1.240 | 不分不转 |
| 109 | 000505 | 珠江控股 | 3.78 | 1.13 | 1.13 | 0.91 | -0.76 | -13805.11 | -252.62 | -0.3660 | -0.3660 | -54.92 | -0.07 | -0.07 | 6.64 | -7.20 | 2.51 | -35.42 | 61.71 | 0.666 | 0.666 | 不分不转 |
| 110 | 000506 | 东泰控股 | 2.49 | 1.44 | 1.44 | 3.71 | 7.68 | 1796.79 | -39.02 | 0.0720 | 0.0720 | 5.90 | -0.04 | -0.04 | 6.83 | 0.68 | 3.05 | 6.27 | 54.80 | 1.220 | 1.220 | 不分不转 |
| 111 | 000507 | 粤富华 | 3.45 | 1.96 | 1.95 | 1.11 | -35.35 | 1900.52 | -29.33 | 0.0550 | 0.0550 | 1.99 | 0.03 | 0.03 | 11.31 | -13.46 | 9.57 | 2.03 | 13.23 | 2.775 | 2.775 | 不分不转 |
| 112 | 000509 | 天歌科技 | 2.50 | 1.51 | 1.51 | 1.41 | -54.67 | -25637.90 | -1371.91 | -1.0255 | -1.0255 | -58.11 | -1.05 | -1.05 | 8.36 | -26.59 | 4.41 | -36.75 | 47.10 | 1.765 | 1.765 | 不分不转 |
| 113 | 000510 | 金路集团 | 4.69 | 3.09 | 3.09 | 9.41 | 48.45 | 10011.47 | 6.44 | 0.2140 | 0.2140 | 12.93 | 0.18 | 0.18 | 23.63 | 36.83 | 7.74 | 12.68 | 62.98 | 1.652 | 1.652 | 10送1转增2股派0.25元(含税) |
| 114 | 000511 | 银基发展 | 2.70 | 1.79 | 1.79 | 2.67 | -33.87 | 4896.72 | -49.19 | 0.1810 | 0.1810 | 4.79 | -0.24 | -0.24 | 18.64 | 1.20 | 10.23 | 5.14 | 44.17 | 3.791 | 3.791 | 不分不转 |
| 115 | 000513 | 丽珠集团 | 3.06 | 1.16 | 1.16 | 16.01 | 14.72 | 6194.27 | 25.35 | 0.2024 | 0.2024 | 6.52 | 0.70 | 0.70 | 18.56 | 11.04 | 9.49 | 3.66 | 39.16 | 3.102 | 3.102 | 10派1元(含税) |

| 项目 | | | 股本 | | | 业绩 | | | | | | | | | 资产 | | | | | | | 分配 |
|---|---|---|---|---|---|---|---|---|---|---|---|---|---|---|---|---|---|---|---|---|---|---|
| 序号 | 代码 | 公司简称 | 总股本(亿股) | 流通A(亿股) | 2003.04.29 | 主营收入(亿元) | ±% | 净利润(万元) | ±% | 每股收益(元) | 2003.04.29摊薄后 | 净资产收益率(%) | 每股经营性现金流量(元) | 2003.04.29摊薄后 | 总资产(亿元) | ±% | 净资产(亿元) | ±% | 资产负债比率(%) | 每股净资产(元) | 2003.04.29摊薄后 | 2002年度已(拟)实施利润分配方案 |
| 116 | 000514 | 渝开发 | 1.18 | 0.43 | 0.43 | 0.28 | -37.52 | 870.36 | 108.94 | 0.0740 | 0.0740 | 7.25 | 0.30 | 0.30 | 1.71 | -50.25 | 1.20 | 297.47 | 29.74 | 1.020 | 1.020 | 不分不转 |
| 117 | 000515 | 渝钛白 | 1.56 | 0.67 | 0.67 | 2.36 | 9.64 | 2155.58 | 124.73 | 0.1380 | 0.1380 | 10.20 | 0.34 | 0.34 | 6.42 | -3.33 | 2.11 | 18.43 | 67.05 | 1.355 | 1.355 | 10转增2股 |
| 118 | 000516 | 陕解放 | 1.30 | 0.43 | 0.43 | 11.30 | 65.83 | 3638.24 | 16.78 | 0.2790 | 0.2790 | 9.93 | 0.79 | 0.79 | 8.12 | 0.15 | 3.66 | 2.89 | 47.59 | 2.810 | 2.810 | 10派2元(含税) |
| 119 | 000517 | 甬成功 | 1.46 | 0.70 | 0.70 | 5.53 | 11.75 | 3568.32 | -27.04 | 0.2447 | 0.2447 | 4.57 | -0.44 | -0.44 | 12.24 | 61.99 | 7.82 | 180.50 | 34.52 | 5.360 | 5.360 | 10转增6股派0.7元(含税) |
| 120 | 000518 | 四环生物 | 5.15 | 3.48 | 3.48 | 4.70 | 59.12 | 8568.59 | 12.18 | 0.1660 | 0.1660 | 8.09 | 0.33 | 0.33 | 11.45 | 5.83 | 10.59 | 8.06 | 7.20 | 2.057 | 2.057 | 10派0.13元(含税) |
| 121 | 000519 | 银河创新 | 1.37 | 0.58 | 0.58 | 1.29 | -4.32 | 770.11 | -49.89 | 0.0564 | 0.0564 | 2.51 | 0.23 | 0.23 | 4.58 | -3.51 | 3.07 | -1.90 | 31.51 | 2.246 | 2.246 | 10派1元(含税) |
| 122 | 000520 | 中国凤凰 | 5.19 | 2.95 | 2.95 | 9.06 | 0.29 | 5015.87 | 11.27 | 0.0966 | 0.0966 | 3.94 | 0.29 | 0.29 | 14.66 | -1.10 | 12.73 | 0.68 | 13.17 | 2.453 | 2.453 | 10派0.80(含税) |
| 123 | 000521 | 美菱电器 | 4.14 | 1.52 | 1.51 | 12.62 | -2.38 | 810.76 | 102.32 | 0.0196 | 0.0196 | 0.78 | 0.16 | 0.16 | 23.00 | 1.88 | 10.35 | 0.72 | 54.98 | 2.503 | 2.503 | 不分不转 |
| 124 | 000522 | 白云山 | 3.74 | 1.57 | 1.57 | 19.57 | 134.87 | 5848.21 | 52.73 | 0.1562 | 0.1562 | 10.72 | 0.42 | 0.42 | 25.22 | 7.27 | 5.45 | 36.66 | 77.06 | 1.457 | 1.457 | 不分不转 |
| 125 | 000523 | 广州浪奇 | 2.29 | 0.94 | 0.94 | 5.97 | 2.23 | -11575.11 | -2926.75 | -0.5047 | -0.5047 | -29.80 | 0.11 | 0.11 | 5.51 | -26.27 | 3.88 | -22.96 | 29.51 | 1.694 | 1.694 | 不分不转 |
| 126 | 000524 | 东方宾馆 | 2.70 | 0.99 | 0.99 | 2.08 | -8.21 | 865.82 | 108.87 | 0.0321 | 0.0321 | 1.44 | 0.18 | 0.18 | 6.76 | 1.59 | 6.01 | 1.63 | 11.19 | 2.227 | 2.227 | 不分不转 |
| 127 | 000525 | 红太阳 | 2.80 | 1.29 | 1.29 | 5.65 | 88.43 | 4483.00 | -32.46 | 0.1600 | 0.1600 | 8.80 | 0.18 | 0.18 | 8.36 | -1.05 | 5.09 | 5.41 | 38.61 | 1.818 | 1.818 | 10派1元(含税) |
| 128 | 000526 | 好时光 | 0.79 | 0.33 | 0.33 | 0.09 | -94.42 | 679.37 | -55.60 | 0.0860 | 0.0860 | 4.14 | -0.51 | -0.51 | 2.30 | -50.13 | 1.64 | 4.32 | 27.34 | 2.072 | 2.072 | 不分不转 |
| 129 | 000527 | 粤美的 | 4.85 | 2.92 | 2.92 | 108.67 | 3.25 | 15456.68 | -41.19 | 0.3200 | 0.3200 | 7.04 | 3.91 | 3.91 | 79.86 | 3.14 | 21.96 | 5.25 | 64.52 | 4.530 | 4.530 | 10派1元(含税) |
| 130 | 000528 | 桂柳工 | 3.28 | 1.20 | 1.20 | 17.01 | 74.09 | 12362.65 | 515.08 | 0.3774 | 0.3774 | 16.23 | 0.30 | 0.30 | 14.88 | 18.17 | 7.62 | 8.37 | 46.52 | 2.325 | 2.325 | 10派2元(含税) |
| 131 | 000529 | 粤美雅 | 3.97 | 2.16 | 2.16 | 4.58 | -9.94 | -84821.00 | -164.37 | -2.1390 | -2.1390 | -213.77 | -0.03 | -0.03 | 15.15 | -35.14 | 3.97 | -68.29 | 73.81 | 1.001 | 1.001 | 不分不转 |
| 132 | 000530 | 大冷股份 | 3.50 | 0.98 | 0.98 | 9.56 | 6.01 | 8842.61 | 2.60 | 0.2530 | 0.2530 | 7.43 | 0.30 | 0.30 | 18.78 | 1.49 | 11.90 | 4.87 | 35.05 | 3.400 | 3.400 | 10派1元(含税) |
| 133 | 000531 | 穗恒运 | 2.67 | 1.08 | 1.08 | 8.60 | -0.07 | 7563.14 | 17.34 | 0.2840 | 0.2840 | 12.57 | 1.66 | 1.66 | 19.49 | 21.27 | 6.02 | 3.76 | 52.20 | 2.257 | 2.257 | 10派2元(含税) |
| 134 | 000532 | 粤华电 | 2.84 | 1.22 | 1.22 | 0.95 | 375.14 | 3986.11 | 66.67 | 0.1400 | 0.1400 | 9.45 | 0.03 | 0.03 | 5.57 | 31.45 | 4.22 | 6.97 | 15.96 | 1.486 | 1.486 | 10派0.50元(含税) |
| 135 | 000533 | 万家乐 | 5.76 | 2.04 | 2.03 | 11.09 | -1.21 | -10079.80 | 89.70 | -0.1751 | -0.1751 | -26.68 | -0.16 | -0.16 | 29.51 | 8.99 | 3.78 | 53.32 | 87.20 | 0.656 | 0.656 | 不分不转 |
| 136 | 000534 | 汕电力 | 2.08 | 0.88 | 0.88 | 1.06 | 17.63 | 771.45 | 7.22 | 0.0370 | 0.0370 | 1.40 | 0.01 | 0.01 | 5.59 | 1.50 | 5.52 | 1.42 | 1.26 | 2.649 | 2.649 | 不分不转 |
| 137 | 000535 | 猴王 | 3.03 | 1.70 | 1.70 | 0.27 | -4.86 | -17926.36 | -3787.93 | -0.5920 | -0.5920 | - | 0.00 | 0.00 | 3.40 | -14.50 | -4.39 | -45.65 | 225.47 | -1.452 | -1.452 | 不分不转 |
| 138 | 000536 | 闽闽东 | 1.22 | 0.45 | 0.45 | 0.53 | -42.81 | -3295.45 | -415.98 | -0.2703 | -0.2703 | -1021.85 | 0.28 | 0.28 | 2.01 | -31.51 | 0.03 | 117.07 | 98.39 | 0.026 | 0.026 | 不分不转 |
| 139 | 000537 | 南开戈德 | 4.06 | 1.66 | 1.66 | 2.22 | -56.80 | -4166.92 | -162.22 | -0.1030 | -0.1030 | -5.23 | 0.38 | 0.38 | 14.44 | -2.05 | 7.96 | -4.89 | 44.68 | 1.961 | 1.961 | 不分不转 |
| 140 | 000538 | 云南白药 | 1.86 | 0.59 | 0.59 | 11.01 | 22.29 | 9368.76 | 24.69 | 0.5040 | 0.5040 | 20.20 | 0.62 | 0.62 | 9.21 | 9.08 | 4.64 | 11.08 | 42.95 | 2.500 | 2.500 | 10派3.2元(含税) |
| 141 | 000539 | 粤电力 | 26.59 | 3.91 | 3.91 | 56.20 | 3.29 | 118998.50 | 12.50 | 0.4470 | 0.4470 | 17.95 | 0.99 | 0.99 | 117.29 | -3.80 | 66.31 | 9.55 | 30.22 | 2.493 | 2.493 | 10派2.3元(含税) |
| 142 | 000540 | 世纪中天 | 3.27 | 1.13 | 1.13 | 1.75 | -14.01 | 697.35 | -82.94 | 0.0213 | 0.0213 | 1.46 | -0.36 | -0.36 | 12.25 | 11.21 | 4.78 | 1.48 | 60.87 | 1.461 | 1.461 | 不分不转 |
| 143 | 000541 | 佛山照明 | 3.58 | 1.47 | 1.47 | 9.58 | 16.24 | 20481.94 | 18.15 | 0.5710 | 0.5710 | 10.44 | 0.84 | 0.84 | 23.48 | 4.71 | 19.61 | 2.85 | 16.27 | 5.472 | 5.472 | 10派4.2元(含税) |
| 144 | 000542 | TCL通讯 | 1.88 | 0.81 | 0.81 | 87.23 | 215.01 | 27638.78 | 1182.91 | 1.4690 | 1.4690 | 62.39 | 2.44 | 2.44 | 49.15 | 163.69 | 4.43 | 57.66 | 67.98 | 2.355 | 2.355 | 10派1.3元(含税) |

| 项目 | | | 股本 | | | 业绩 | | | | | | | | | 资产 | | | | | | | 分配 |
|---|---|---|---|---|---|---|---|---|---|---|---|---|---|---|---|---|---|---|---|---|---|---|
| 序号 | 代码 | 公司简称 | 总股本(亿股) | 流通A(亿股) | 2003.04.29 | 主营收入(亿元) | ±% | 净利润(万元) | ±% | 每股收益(元) | 2003.04.29摊薄后 | 净资产收益率(%) | 每股经营性现金流量(元) | 2003.04.29摊薄后 | 总资产(亿元) | ±% | 净资产(亿元) | ±% | 资产负债比率(%) | 每股净资产(元) | 2003.04.29摊薄后 | 2002年度已(拟)实施利润分配方案 |
| 145 | 000543 | 皖能电力 | 7.73 | 1.41 | 1.41 | 7.20 | 7.14 | 11253.77 | -34.81 | 0.1456 | 0.1456 | 4.80 | 0.15 | 0.15 | 26.44 | -2.80 | 23.46 | 0.81 | 11.03 | 3.034 | 3.034 | 10派1.25元(含税) |
| 146 | 000544 | 豫白鸽 | 2.69 | 1.09 | 1.09 | 5.08 | -1.08 | -6008.07 | 36.24 | -0.2230 | -0.2230 | -1155.59 | -0.05 | -0.05 | 11.10 | -6.88 | 0.05 | -90.64 | 97.03 | 0.020 | 0.020 | 不分不转 |
| 147 | 000545 | 恒和制药 | 1.36 | 0.68 | 0.68 | 1.40 | -5.37 | 324.24 | 132.44 | 0.0240 | 0.0240 | 2.24 | 0.06 | 0.06 | 3.71 | 12.85 | 1.45 | 2.29 | 61.01 | 1.068 | 1.068 | 不分不转 |
| 148 | 000546 | 吉轻工 | 1.70 | 0.85 | 0.85 | 1.21 | 8638.10 | 262.49 | -88.38 | 0.0150 | 0.0150 | 9.82 | 0.22 | 0.22 | 3.79 | 19.41 | 0.27 | 295.06 | 90.75 | 0.158 | 0.158 | 不分不转 |
| 149 | 000547 | 闽福发 | 1.22 | 0.74 | 0.74 | 1.95 | -22.38 | 258.26 | -88.18 | 0.0210 | 0.0210 | 0.60 | 0.71 | 0.71 | 11.67 | 6.69 | 4.31 | 0.61 | 60.68 | 3.519 | 3.519 | 不分不转 |
| 150 | 000548 | 湖南投资 | 3.41 | 1.76 | 1.76 | 3.27 | 7.76 | 4182.77 | -42.39 | 0.1230 | 0.1230 | 3.86 | 0.17 | 0.17 | 16.17 | 1.01 | 10.84 | 4.64 | 25.99 | 3.183 | 3.183 | 10派1元(含税) |
| 151 | 000549 | 湘火炬 | 6.24 | 3.99 | 3.99 | 39.27 | 77.41 | 12084.09 | 90.75 | 0.1936 | 0.1936 | 11.49 | 0.37 | 0.37 | 54.71 | 80.66 | 10.51 | 11.48 | 68.15 | 1.684 | 1.684 | 10送1转增4股派0.25元(含税) |
| 152 | 000550 | 江铃汽车 | 8.63 | 1.18 | 1.18 | 42.71 | 26.39 | 28676.00 | 184.35 | 0.3320 | 0.3320 | 15.77 | 1.15 | 1.15 | 35.82 | -2.31 | 18.18 | 12.48 | 47.02 | 2.106 | 2.106 | 10派1元(含税) |
| 153 | 000551 | 创元科技 | 2.42 | 1.11 | 1.11 | 8.20 | 30.34 | 4098.47 | -22.67 | 0.1695 | 0.1695 | 8.07 | 0.11 | 0.11 | 10.37 | -0.38 | 5.08 | 3.25 | 43.87 | 2.100 | 2.100 | 10派1元(含税) |
| 154 | 000552 | 长风特电 | 1.78 | 0.67 | 0.67 | 0.57 | -67.31 | -3928.59 | -501.67 | -0.2200 | -0.2200 | -20.62 | -0.01 | -0.01 | 3.96 | -14.29 | 1.90 | -17.07 | 51.84 | 1.070 | 1.070 | 不分不转 |
| 155 | 000553 | 沙隆达 | 2.97 | 0.97 | 0.97 | 6.12 | -36.47 | -11079.14 | -1155.48 | -0.3730 | -0.3730 | -12.79 | 0.21 | 0.21 | 16.00 | -2.63 | 8.67 | -11.01 | 43.04 | 2.920 | 2.920 | 不分不转 |
| 156 | 000554 | 泰山石油 | 4.81 | 2.95 | 2.95 | 10.94 | -4.19 | 3496.84 | -3.35 | 0.0730 | 0.0730 | 4.37 | 0.17 | 0.17 | 10.73 | 0.30 | 8.01 | 4.57 | 23.86 | 1.666 | 1.666 | 不分不转 |
| 157 | 000555 | 太光电信 | 0.82 | 0.22 | 0.22 | 0.12 | -88.46 | -4283.88 | -1228.73 | -0.5240 | -0.5240 | -78.91 | -0.50 | -0.50 | 2.26 | -23.75 | 0.54 | -44.45 | 75.89 | 0.663 | 0.663 | 不分不转 |
| 158 | 000557 | 银广夏 | 5.05 | 2.81 | 2.81 | 0.33 | 23.49 | 615.48 | 101.65 | 0.0120 | 0.0120 | - | 0.01 | 0.01 | 6.57 | -14.58 | -5.29 | -1.27 | 179.49 | -1.047 | -1.047 | 不分不转 |
| 159 | 000558 | 莱茵置业 | 1.17 | 0.51 | 0.51 | 0.03 | -93.15 | -4185.45 | -1409.04 | -0.3573 | -0.3573 | -33.96 | 0.27 | 0.27 | 4.72 | 36.97 | 1.23 | -24.94 | 72.29 | 1.052 | 1.052 | 不分不转 |
| 160 | 000559 | 万向钱潮 | 3.66 | 1.36 | 1.36 | 16.10 | 46.79 | 13345.58 | 14.91 | 0.3640 | 0.3640 | 10.14 | 0.73 | 0.73 | 25.01 | 21.23 | 13.16 | 4.27 | 36.32 | 3.594 | 3.594 | 10派2元(含税) |
| 161 | 000560 | 昆百大 | 1.34 | 0.62 | 0.62 | 5.68 | -8.93 | -21049.64 | -43.97 | -1.5662 | -1.5662 | - | 0.45 | 0.45 | 8.06 | -15.37 | -1.87 | -1245.95 | 122.85 | -1.390 | -1.390 | 不分不转 |
| 162 | 000561 | 陕长岭 | 3.97 | 2.42 | 2.42 | 3.55 | -41.36 | -29675.51 | 8.28 | -0.7500 | -0.7500 | -207.36 | -0.09 | -0.09 | 15.06 | 13.26 | 1.43 | -70.56 | 86.85 | 0.361 | 0.361 | 不分不转 |
| 163 | 000562 | 宏源证券 | 5.19 | 1.52 | 1.53 | - | - | 3958.93 | 5.44 | 0.0763 | 0.0763 | 6.19 | -0.82 | -0.82 | 58.46 | 2.06 | 6.40 | 6.60 | 89.06 | 1.233 | 1.233 | 不分不转 |
| 164 | 000563 | 陕国投 | 3.14 | 1.26 | 1.26 | 1.66 | -33.22 | 368.72 | -87.23 | 0.0117 | 0.0117 | 0.91 | 0.23 | 0.23 | 26.07 | -31.46 | 4.04 | 0.92 | 84.49 | 1.286 | 1.286 | 不分不转 |
| 165 | 000564 | 西安民生 | 2.02 | 1.37 | 1.37 | 7.01 | -12.89 | 1306.85 | -61.71 | 0.0647 | 0.0647 | 2.37 | 0.23 | 0.23 | 9.35 | -1.77 | 5.51 | -1.20 | 41.06 | 2.729 | 2.729 | 10派1元(含税) |
| 166 | 000565 | 渝三峡 | 1.73 | 0.87 | 0.87 | 2.76 | 2.24 | 773.18 | 503.94 | 0.0450 | 0.0450 | 2.16 | 0.11 | 0.11 | 4.85 | 1.45 | 3.58 | 2.21 | 26.22 | 2.062 | 2.062 | 不分不转 |
| 167 | 000566 | 轻骑海药 | 2.02 | 0.84 | 0.84 | 1.82 | -5.62 | 1128.01 | 104.32 | 0.0600 | 0.0600 | - | 0.19 | 0.19 | 3.57 | -11.70 | -1.36 | 44.88 | 137.97 | -0.670 | -0.670 | 不分不转 |
| 168 | 000567 | 琼海德 | 1.51 | 0.60 | 0.60 | 0.08 | -31.99 | 1221.94 | 113.72 | 0.0810 | 0.0810 | 19.53 | 0.03 | 0.03 | 2.25 | -27.65 | 0.63 | 61.78 | 71.13 | 0.414 | 0.414 | 不分不转 |
| 169 | 000568 | 泸州老窖 | 5.26 | 1.60 | 1.60 | 10.45 | 4.83 | 5142.46 | -29.68 | 0.0980 | 0.0980 | 3.46 | -0.05 | -0.05 | 24.67 | 14.53 | 14.88 | 18.49 | 38.65 | 2.829 | 2.829 | 不分不转 |
| 170 | 000569 | 川投长钢 | 6.95 | 1.48 | 1.48 | 15.39 | -4.71 | 1751.65 | -13.85 | 0.0250 | 0.0250 | 2.11 | 0.03 | 0.03 | 21.39 | 0.07 | 8.28 | 2.73 | 61.27 | 1.192 | 1.192 | 不分不转 |
| 171 | 000570 | 苏常柴 | 3.74 | 1.11 | 1.11 | 15.80 | -9.38 | -47747.59 | -25.18 | -1.2760 | -1.2760 | -64.64 | 0.30 | 0.30 | 21.84 | -25.36 | 7.39 | -40.40 | 66.51 | 1.974 | 1.974 | 不分不转 |
| 172 | 000571 | 新大洲 | 7.36 | 3.37 | 3.37 | 0.43 | -70.76 | 1255.87 | 108.20 | 0.0170 | 0.0170 | 1.48 | 0.38 | 0.38 | 9.99 | -23.42 | 8.49 | 1.65 | 15.06 | 1.153 | 1.153 | 不分不转 |
| 173 | 000572 | 琼金盘 | 2.16 | 0.87 | 0.87 | 0.37 | -48.33 | -4593.08 | 64.22 | -0.2127 | -0.2127 | -904.44 | -0.10 | -0.10 | 7.20 | -2.22 | 0.05 | -90.03 | 99.29 | 0.024 | 0.024 | 不分不转 |

| 项目 | | | 股本 | | | 业绩 | | | | | | | | | 资产 | | | | | | | 分配 |
|---|---|---|---|---|---|---|---|---|---|---|---|---|---|---|---|---|---|---|---|---|---|---|
| 序号 | 代码 | 公司简称 | 总股本（亿股） | 流通A（亿股） | 2003.04.29 | 主营收入（亿元） | ±% | 净利润（万元） | ±% | 每股收益（元） | 2003.04.29摊薄后 | 净资产收益率（%） | 每股经营性现金流量（元） | 2003.04.29摊薄后 | 总资产（亿元） | ±% | 净资产（亿元） | ±% | 资产负债比率（%） | 每股净资产（元） | 2003.04.29摊薄后 | 2002年度已（拟）实施利润分配方案 |
| 174 | 000573 | 粤宏远 | 4.51 | 2.92 | 2.92 | 2.68 | 9.80 | 1115.95 | 179.09 | 0.0250 | 0.0250 | 0.82 | 0.20 | 0.20 | 21.60 | -4.44 | 13.61 | 0.92 | 37.34 | 3.015 | 3.015 | 不分不转 |
| 175 | 000576 | 广东甘化 | 2.48 | 1.03 | 1.03 | 9.38 | 9.58 | -24603.11 | -1129.40 | -0.9900 | -0.9900 | -34.01 | 0.42 | 0.42 | 15.80 | -19.61 | 7.23 | -24.84 | 53.93 | 2.920 | 2.920 | 不分不转 |
| 176 | 000578 | 数码网络 | 1.98 | 0.69 | 0.69 | 9.99 | 29.65 | 411.87 | -84.48 | 0.0200 | 0.0200 | 1.38 | 0.05 | 0.05 | 7.76 | 12.21 | 2.99 | 0.71 | 57.99 | 1.510 | 1.510 | 10派0.20元（含税） |
| 177 | 000581 | 威孚高科 | 4.36 | 2.16 | 2.16 | 13.83 | 40.63 | 20403.48 | 35.37 | 0.4680 | 0.4680 | 11.31 | 0.34 | 0.34 | 25.07 | 15.51 | 18.05 | 7.08 | 25.68 | 4.136 | 4.136 | 10派2元（含税） |
| 178 | 000582 | 北海新力 | 1.88 | 0.57 | 0.57 | 0.77 | -26.79 | -4141.35 | -1755.59 | -0.2200 | -0.2200 | -8.82 | 0.06 | 0.06 | 8.52 | -4.42 | 4.70 | -8.11 | 44.27 | 2.491 | 2.491 | 不分不转 |
| 179 | 000583 | 托普软件 | 2.32 | 1.31 | 1.31 | 6.77 | -4.72 | 5097.87 | -42.41 | 0.2200 | 0.2200 | 3.67 | 0.59 | 0.59 | 23.46 | -3.03 | 13.88 | 4.88 | 36.97 | 5.990 | 5.990 | 不分不转 |
| 180 | 000584 | 蜀都 | 2.02 | 0.86 | 0.86 | 0.98 | -16.82 | 1555.81 | -11.66 | 0.0769 | 0.0769 | 5.23 | 0.14 | 0.14 | 7.66 | 1.51 | 2.97 | 3.25 | 57.74 | 1.470 | 1.470 | 不分不转 |
| 181 | 000585 | 东北电 | 8.73 | 1.44 | 1.44 | 9.51 | -25.78 | 6900.24 | 108.43 | 0.0800 | 0.0800 | 12.89 | 0.11 | 0.11 | 19.12 | -50.59 | 5.35 | 68.21 | 71.73 | 0.610 | 0.610 | 不分不转 |
| 182 | 000586 | 汇源 | 1.93 | 0.61 | 0.61 | 2.53 | -29.60 | 153.88 | 103.17 | 0.0080 | 0.0080 | 0.58 | 0.04 | 0.04 | 6.16 | 52.58 | 2.65 | 0.58 | 54.16 | 1.372 | 1.372 | 不分不转 |
| 183 | 000587 | 光明家具 | 1.86 | 0.83 | 0.83 | 1.81 | -29.59 | -5932.07 | -265.70 | -0.3190 | -0.3190 | -15.67 | -0.11 | -0.11 | 8.84 | 12.34 | 3.79 | -17.18 | 55.77 | 2.039 | 2.039 | 不分不转 |
| 184 | 000589 | 黔轮胎 | 2.54 | 1.25 | 1.25 | 15.47 | 18.94 | 2403.08 | 131.29 | 0.0940 | 0.0940 | 2.87 | 0.23 | 0.23 | 23.95 | -0.49 | 8.37 | 3.32 | 64.92 | 3.291 | 3.291 | 不分不转 |
| 185 | 000590 | 紫光古汉 | 2.03 | 0.64 | 0.64 | 2.97 | 20.73 | 409.84 | 106.87 | 0.0200 | 0.0200 | 1.44 | 0.46 | 0.46 | 7.25 | 4.29 | 2.84 | 1.39 | 61.25 | 1.398 | 1.398 | 不分不转 |
| 186 | 000591 | 桐君阁 | 1.10 | 0.38 | 0.38 | 15.64 | 78.53 | 2108.50 | -31.49 | 0.1920 | 0.1920 | 7.31 | 0.32 | 0.32 | 13.01 | 85.93 | 2.89 | 7.91 | 75.40 | 2.627 | 2.627 | 不分不转 |
| 187 | 000592 | 中福实业 | 2.94 | 0.87 | 0.87 | 1.47 | 87.63 | 343.73 | 103.22 | 0.0117 | 0.0117 | 1.38 | 0.29 | 0.29 | 9.09 | -25.80 | 2.49 | 1.53 | 71.52 | 0.847 | 0.847 | 不分不转 |
| 188 | 000593 | 成都华联 | 1.90 | 0.62 | 0.62 | 2.04 | -36.01 | -3405.01 | -413.10 | -0.1800 | -0.1800 | -12.48 | 0.02 | 0.02 | 5.10 | -6.11 | 2.73 | -10.63 | 45.98 | 1.430 | 1.430 | 不分不转 |
| 189 | 000594 | 内蒙宏峰 | 5.61 | 1.95 | 1.95 | 2.43 | 14.32 | 1571.39 | -74.92 | 0.0280 | 0.0280 | 2.06 | 0.05 | 0.05 | 10.21 | -5.63 | 7.62 | 2.20 | 25.41 | 1.358 | 1.358 | 不分不转 |
| 190 | 000595 | 西北轴承 | 1.75 | 0.66 | 0.66 | 3.39 | -11.99 | -7869.71 | -26094.96 | -0.4500 | -0.4500 | -22.52 | 0.09 | 0.09 | 10.24 | -8.46 | 3.49 | -16.59 | 65.20 | 2.000 | 2.000 | 不分不转 |
| 191 | 000596 | 古井贡 | 2.35 | 0.20 | 0.20 | 5.26 | -34.85 | 4704.46 | -29.83 | 0.2000 | 0.2000 | 4.05 | 0.14 | 0.14 | 15.67 | 2.95 | 11.61 | 2.12 | 24.23 | 4.942 | 4.942 | 10派1元（含税） |
| 192 | 000597 | 东北药 | 3.04 | 1.09 | 1.09 | 13.97 | -3.12 | 1019.00 | 135.76 | 0.0340 | 0.0340 | 1.17 | 0.52 | 0.52 | 26.81 | -2.28 | 8.73 | 1.36 | 67.43 | 2.870 | 2.870 | 不分不转 |
| 193 | 000598 | 蓝星清洗 | 1.94 | 1.09 | 1.09 | 2.85 | 0.75 | 3343.39 | -42.26 | 0.1724 | 0.1724 | 4.12 | 0.31 | 0.31 | 12.14 | 15.28 | 8.12 | 3.03 | 31.64 | 4.189 | 4.189 | 10送2股派0.50元（含税） |
| 194 | 000599 | 青岛双星 | 1.88 | 0.72 | 0.72 | 13.59 | 18.45 | 5441.60 | 1.16 | 0.2900 | 0.2900 | 7.79 | 0.00 | 0.00 | 15.82 | -3.34 | 6.98 | 8.43 | 55.23 | 3.723 | 3.723 | 10转增2股 |
| 195 | 000600 | 国际大厦 | 1.54 | 0.46 | 0.46 | 1.68 | 3.56 | -1192.16 | -691.43 | -0.0775 | -0.0775 | -4.08 | 0.12 | 0.12 | 5.39 | -7.35 | 2.92 | -3.97 | 45.16 | 1.903 | 1.903 | 不分不转 |
| 196 | 000601 | 韶能股份 | 3.90 | 1.72 | 1.72 | 7.80 | 27.03 | 11928.50 | -9.11 | 0.3056 | 0.3056 | 6.46 | 0.46 | 0.46 | 35.23 | 16.68 | 18.47 | 4.58 | 41.40 | 4.730 | 4.730 | 每10派1元（含税） |
| 197 | 000602 | 金马集团 | 1.01 | 0.44 | 0.44 | 1.88 | 216.10 | 3663.99 | 1199.61 | 0.3650 | 0.3650 | 22.98 | 1.48 | 1.48 | 3.38 | 22.75 | 1.59 | 29.84 | 23.53 | 1.586 | 1.586 | 不分不转 |
| 198 | 000603 | 威达医械 | 1.12 | 0.29 | 0.29 | 0.25 | 59.93 | 1986.76 | 126.08 | 0.1776 | 0.1776 | 17.12 | 0.09 | 0.09 | 1.98 | 14.21 | 1.16 | 122.73 | 41.52 | 1.037 | 1.037 | 不分不转 |
| 199 | 000605 | 四环药业 | 0.83 | 0.21 | 0.21 | 0.72 | 101.56 | 1663.91 | 100.23 | 0.2012 | 0.2012 | 14.23 | 0.30 | 0.30 | 2.20 | 4.71 | 1.17 | 15.45 | 42.79 | 1.417 | 1.417 | 10派0.12元（含税） |
| 200 | 000606 | 青海明胶 | 1.52 | 0.64 | 0.64 | 1.19 | 0.57 | 847.96 | -40.98 | 0.0559 | 0.0559 | 3.00 | -0.17 | -0.17 | 5.90 | 34.50 | 2.83 | 3.09 | 49.59 | 1.865 | 1.865 | 10转增4股 |
| 201 | 000607 | 华立控股 | 1.91 | 0.56 | 0.56 | 14.21 | 7.66 | 5304.78 | -13.25 | 0.2778 | 0.2778 | 15.61 | 0.74 | 0.74 | 11.21 | -0.96 | 3.40 | 13.96 | 42.34 | 1.780 | 1.780 | 10派1.00元（含税） |
| 202 | 000608 | 阳光股份 | 2.09 | 0.98 | 0.98 | 5.49 | 23.57 | 3327.10 | -43.11 | 0.1600 | 0.1600 | 6.41 | 0.23 | 0.23 | 12.74 | 22.06 | 5.19 | 6.85 | 55.15 | 2.487 | 2.487 | 不分不转 |

| 项目 | | | 股本 | | | 业绩 | | | | | | | | | 资产 | | | | | | | 分配 |
|---|---|---|---|---|---|---|---|---|---|---|---|---|---|---|---|---|---|---|---|---|---|---|
| 序号 | 代码 | 公司简称 | 总股本(亿股) | 流通A(亿股) | 2003.04.29 | 主营收入(亿元) | ±% | 净利润(万元) | ±% | 每股收益(元) | 2003.04.29摊薄后 | 净资产收益率(%) | 每股经营性现金流量(元) | 2003.04.29摊薄后 | 总资产(亿元) | ±% | 净资产(亿元) | ±% | 资产负债比率(%) | 每股净资产(元) | 2003.04.29摊薄后 | 2002年度已(拟)实施利润分配方案 |
| 203 | 000609 | 燕化高新 | 1.30 | 0.49 | 0.49 | 1.60 | -29.54 | 2568.31 | 13.59 | 0.1982 | 0.1982 | 6.33 | 0.60 | 0.60 | 4.43 | 5.39 | 4.06 | 6.66 | 8.44 | 3.132 | 3.132 | 不分不转 |
| 204 | 000610 | 西安旅游 | 1.68 | 0.53 | 0.53 | 0.96 | 2.30 | 616.05 | 308.86 | 0.0370 | 0.0370 | 1.79 | 0.17 | 0.17 | 4.71 | 9.14 | 3.44 | -1.12 | 20.80 | 2.053 | 2.053 | 10派0.60元(含税) |
| 205 | 000611 | 时代科技 | 1.75 | 0.75 | 0.75 | 1.18 | -38.51 | 3051.94 | 161.75 | 0.1740 | 0.1740 | 10.92 | -0.37 | -0.37 | 3.66 | -32.43 | 2.80 | 12.25 | 22.51 | 1.597 | 1.597 | 不分不转 |
| 206 | 000612 | 焦作万方 | 3.00 | 1.32 | 2.11 | 12.16 | -5.87 | 9685.03 | 107.80 | 0.3230 | 0.2019 | 11.41 | 0.59 | 0.37 | 20.99 | 21.60 | 8.49 | 42.66 | 59.52 | 2.827 | 1.767 | 10转增6股派2元(含税) |
| 207 | 000613 | 大东海 | 3.64 | 0.45 | 0.45 | 0.24 | 7.19 | 22.72 | -89.56 | 0.0006 | 0.0006 | 1.87 | 0.00 | 0.00 | 1.96 | -11.10 | 0.12 | 56.57 | 93.81 | 0.033 | 0.033 | 不分不转 |
| 208 | 000615 | 湖北金环 | 1.55 | 0.71 | 0.71 | 18.50 | 131.63 | 5800.98 | 121.24 | 0.3745 | 0.3745 | 9.44 | 1.02 | 1.02 | 12.91 | 29.37 | 6.14 | 11.72 | 50.14 | 3.965 | 3.965 | 10派0.5元(含税) |
| 209 | 000616 | 亿城股份 | 1.89 | 0.88 | 0.88 | 0.78 | -7.75 | 651.44 | -56.29 | 0.0350 | 0.0350 | 1.36 | -2.11 | -2.11 | 15.16 | 76.90 | 4.79 | 1.38 | 62.97 | 2.540 | 2.540 | 不分不转 |
| 210 | 000617 | 石油济柴 | 1.04 | 0.33 | 0.32 | 2.65 | 14.78 | 3464.27 | 102.33 | 0.3331 | 0.3331 | 17.89 | -0.03 | -0.03 | 5.82 | 29.25 | 1.94 | 16.10 | 66.73 | 1.862 | 1.862 | 10派0.75元(含税) |
| 211 | 000618 | 吉林化工 | 35.61 | 2.00 | 2.00 | 123.19 | 3.40 | -102573.26 | 43.11 | -0.2880 | -0.2880 | -35.92 | 0.52 | 0.52 | 143.36 | -1.35 | 28.56 | -26.43 | 79.85 | 0.802 | 0.802 | 不分不转 |
| 212 | 000619 | 海螺型材 | 3.60 | 1.62 | 1.62 | 15.27 | 41.68 | 18863.06 | 0.10 | 0.5240 | 0.5240 | 16.09 | 0.33 | 0.33 | 14.98 | 49.84 | 11.73 | 203.49 | 16.69 | 3.258 | 3.258 | 10派0.6元(含税) |
| 213 | 000620 | 圣方科技 | 3.12 | 1.50 | 1.50 | 6.15 | -1.34 | -4066.91 | 90.87 | -0.1305 | -0.1305 | -15.90 | -0.08 | -0.08 | 6.49 | -2.11 | 2.56 | -14.80 | 60.56 | 0.821 | 0.821 | 不分不转 |
| 214 | 000621 | 比特科技 | 1.50 | 0.56 | 0.56 | 0.62 | 59.04 | -14514.35 | -959.97 | -0.9700 | -0.9700 | -83.46 | -0.46 | -0.46 | 4.78 | -21.56 | 1.74 | -45.49 | 59.26 | 1.162 | 1.162 | 不分不转 |
| 215 | 000622 | 岳阳恒立 | 1.42 | 0.66 | 0.66 | 1.98 | 14.54 | 487.38 | 47.04 | 0.0340 | 0.0340 | 2.96 | 0.11 | 0.11 | 5.31 | 16.88 | 1.65 | 3.05 | 65.52 | 1.162 | 1.162 | 不分不转 |
| 216 | 000623 | 吉林敖东 | 2.34 | 1.25 | 1.25 | 5.74 | 28.73 | 7556.20 | 132.95 | 0.3230 | 0.3230 | 7.12 | -0.02 | -0.02 | 18.82 | 11.21 | 10.61 | 2.93 | 34.90 | 4.540 | 4.540 | 10派2元(含税) |
| 217 | 000625 | 长安汽车 | 12.27 | 1.68 | 1.68 | 98.84 | 34.81 | 83499.75 | 421.17 | 0.6810 | 0.6810 | 25.29 | 1.70 | 1.70 | 87.03 | 31.13 | 33.01 | 28.24 | 52.53 | 2.691 | 2.691 | 10派0.80元(含税) |
| 218 | 000626 | 如意集团 | 1.35 | 0.34 | 0.34 | 45.68 | 34.50 | 3076.25 | 16.61 | 0.2278 | 0.2278 | 14.60 | -1.38 | -1.38 | 13.48 | 58.83 | 2.11 | 16.90 | 76.89 | 1.561 | 1.561 | 不分不转 |
| 219 | 000627 | 百科药业 | 5.95 | 1.71 | 1.71 | 3.49 | -2.08 | 526.08 | -85.87 | 0.0100 | 0.0100 | 0.76 | -0.12 | -0.12 | 10.90 | 10.24 | 6.94 | 0.76 | 29.57 | 1.170 | 1.170 | 不分不转 |
| 220 | 000628 | 倍特高新 | 1.94 | 0.86 | 0.86 | 6.81 | -1.84 | 258.43 | -41.37 | 0.0134 | 0.0134 | 0.49 | -0.50 | -0.50 | 19.62 | 8.64 | 5.29 | 0.09 | 68.58 | 2.730 | 2.730 | 不分不转 |
| 221 | 000629 | 新钢钒 | 10.23 | 3.00 | 3.00 | 76.68 | 2.20 | 49043.21 | 1.89 | 0.4800 | 0.4800 | 10.36 | 1.59 | 1.59 | 80.33 | 10.94 | 47.33 | 7.42 | 41.07 | 4.630 | 4.630 | 10派1.6元(含税) |
| 222 | 000630 | 铜都铜业 | 4.66 | 1.83 | 1.83 | 24.01 | 26.89 | 13134.79 | 12.89 | 0.2800 | 0.2800 | 6.56 | 1.17 | 1.17 | 34.72 | 15.83 | 20.03 | 4.95 | 41.00 | 4.300 | 4.300 | 10派0.80元(含税) |
| 223 | 000631 | 兰宝信息 | 2.40 | 1.15 | 1.15 | 4.91 | 17.51 | 4663.54 | 6.05 | 0.1940 | 0.1940 | 6.19 | 1.15 | 1.15 | 24.70 | 88.30 | 7.53 | 6.05 | 62.09 | 3.134 | 3.134 | 不分不转 |
| 224 | 000632 | 三木集团 | 2.11 | 0.64 | 0.64 | 16.74 | 53.56 | 2835.42 | -14.23 | 0.1350 | 0.1350 | 4.05 | -1.03 | -1.03 | 27.79 | 40.10 | 7.00 | 4.22 | 69.15 | 3.324 | 3.324 | 不分不转 |
| 225 | 000633 | 合金投资 | 3.21 | 1.39 | 1.39 | 9.49 | 26.44 | 3903.90 | 79.15 | 0.1216 | 0.1216 | 8.27 | 0.16 | 0.16 | 17.96 | 25.48 | 4.72 | 8.70 | 66.78 | 1.471 | 1.471 | 不分不转 |
| 226 | 000635 | 民族化工 | 1.15 | 0.52 | 0.52 | 0.81 | -42.13 | -8520.91 | 56.74 | -0.7400 | -0.7400 | -86.04 | 0.19 | 0.19 | 5.40 | -1.59 | 0.99 | -45.95 | 81.67 | 0.860 | 0.860 | 不分不转 |
| 227 | 000636 | 风华高科 | 5.30 | 2.01 | 2.00 | 10.18 | 5.69 | 2236.70 | -30.87 | 0.0420 | 0.0420 | 1.08 | 0.33 | 0.33 | 31.23 | 9.32 | 20.62 | 0.70 | 28.71 | 3.888 | 3.888 | 10派0.25元(含税) |
| 228 | 000637 | 茂化实华 | 2.90 | 0.99 | 0.99 | 14.36 | 12.06 | 6339.18 | 3.31 | 0.2190 | 0.2190 | 11.37 | 0.75 | 0.75 | 6.97 | 18.02 | 5.57 | 5.44 | 19.86 | 1.923 | 1.923 | 10派1.2元(含税) |
| 229 | 000638 | 中辽国际 | 1.55 | 0.88 | 0.88 | 1.37 | -27.76 | -10307.87 | -7.33 | -0.6700 | -0.6700 | - | 0.00 | 0.00 | 4.22 | -18.67 | -0.45 | -174.80 | 100.47 | -0.290 | -0.290 | 不分不转 |
| 230 | 000639 | 金德发展 | 0.73 | 0.33 | 0.33 | 1.27 | 69.15 | 1104.76 | 45.96 | 0.1516 | 0.1516 | 12.51 | 0.36 | 0.36 | 2.07 | 15.15 | 0.88 | 7.52 | 55.19 | 1.212 | 1.212 | 10派0.5元(含税) |
| 231 | 000650 | 九江化纤 | 2.00 | 0.66 | 0.66 | 2.21 | -1.91 | 883.95 | 161.05 | 0.0442 | 0.0442 | 2.60 | 0.14 | 0.14 | 7.60 | 5.98 | 3.39 | 2.71 | 55.41 | 1.690 | 1.690 | 不分不转 |

| 项目 | | | 股本 | | | 业绩 | | | | | | | | | 资产 | | | | | | | 分配 |
|---|---|---|---|---|---|---|---|---|---|---|---|---|---|---|---|---|---|---|---|---|---|---|
| 序号 | 代码 | 公司简称 | 总股本(亿股) | 流通A(亿股) | 2003.04.29 | 主营收入(亿元) | ±% | 净利润(万元) | ±% | 每股收益(元) | 2003.04.29摊薄后 | 净资产收益率(%) | 每股经营性现金流量(元) | 2003.04.29摊薄后 | 总资产(亿元) | ±% | 净资产(亿元) | ±% | 资产负债比率(%) | 每股净资产(元) | 2003.04.29摊薄后 | 2002年度已(拟)实施利润分配方案 |
| 232 | 000651 | 格力电器 | 5.37 | 2.13 | 2.13 | 70.30 | 6.70 | 29680.94 | 13.59 | 0.5528 | 0.5528 | 16.17 | 1.37 | 1.37 | 71.44 | 2.94 | 18.35 | 7.27 | 73.93 | 3.418 | 3.418 | 10派3.2元(含税) |
| 233 | 000652 | 泰达股份 | 4.50 | 2.06 | 3.71 | 3.87 | 3.51 | 9848.86 | -17.60 | 0.2187 | 0.1215 | 7.13 | 0.34 | 0.19 | 25.96 | 1.08 | 13.82 | 6.55 | 45.45 | 3.067 | 1.704 | 10送1转增7股派0.30元(含税) |
| 234 | 000655 | 华光陶瓷 | 1.62 | 0.75 | 0.75 | 3.06 | 1.84 | 1807.04 | -27.21 | 0.1115 | 0.1115 | 3.36 | -0.16 | -0.16 | 16.47 | 27.39 | 5.38 | 41.72 | 66.45 | 3.320 | 3.320 | 10送2转增4股派0.50元(含税) |
| 235 | 000656 | 重庆东源 | 2.06 | 0.74 | 0.74 | 4.45 | 16.64 | 341.67 | 120.94 | 0.0166 | 0.0166 | 1.17 | 0.08 | 0.08 | 7.03 | -0.36 | 2.93 | 0.84 | 58.60 | 1.422 | 1.422 | 不分不转 |
| 236 | 000657 | 中钨高新 | 1.71 | 0.75 | 0.75 | 12.18 | 4.24 | 3474.42 | 9.17 | 0.2030 | 0.2030 | 6.28 | 0.72 | 0.72 | 9.95 | -2.06 | 5.54 | 6.70 | 44.38 | 3.236 | 3.236 | 10派0.55元(含税) |
| 237 | 000659 | 珠海中富 | 3.79 | 1.71 | 1.71 | 11.97 | 40.67 | 13246.23 | 53.99 | 0.3500 | 0.3500 | 10.11 | 1.39 | 1.39 | 32.77 | 31.54 | 13.10 | 7.43 | 50.83 | 3.460 | 3.460 | 10派1元(含税) |
| 238 | 000660 | 南华西 | 1.33 | 0.39 | 0.39 | 0.83 | -37.27 | -41013.79 | -606.09 | -3.0865 | -3.0865 | - | 0.06 | 0.06 | 7.18 | -35.60 | -0.97 | -130.85 | 112.50 | -0.727 | -0.727 | 不分不转 |
| 239 | 000661 | 长春高新 | 1.31 | 0.80 | 0.80 | 4.62 | 13.51 | 737.97 | 69.53 | 0.0561 | 0.0561 | 1.60 | 0.11 | 0.11 | 12.36 | -1.87 | 4.60 | 1.99 | 53.07 | 3.506 | 3.506 | 不分不转 |
| 240 | 000662 | 广西红日 | 1.07 | 0.39 | 0.39 | 2.47 | 711.33 | 3354.38 | 36.68 | 0.3131 | 0.3131 | 18.47 | 0.38 | 0.38 | 4.57 | 10.23 | 1.82 | 21.67 | 49.99 | 1.695 | 1.695 | 不分不转 |
| 241 | 000663 | 永安林业 | 1.67 | 0.59 | 0.59 | 2.89 | -6.04 | 1210.87 | 33.98 | 0.0724 | 0.0724 | 3.82 | 0.47 | 0.47 | 7.73 | -9.78 | 3.17 | 3.97 | 56.43 | 1.898 | 1.898 | 不分不转 |
| 242 | 000665 | 武汉塑料 | 1.41 | 0.50 | 0.50 | 4.73 | -1.45 | 151.45 | -92.35 | 0.0100 | 0.0100 | 0.38 | 0.20 | 0.20 | 7.86 | 6.52 | 3.99 | 0.38 | 45.19 | 2.827 | 2.827 | 不分不转 |
| 243 | 000666 | 经纬纺机 | 6.04 | 2.03 | 2.03 | 28.28 | 27.68 | 13768.51 | 12.04 | 0.2280 | 0.2280 | 6.06 | 0.76 | 0.76 | 47.74 | 19.00 | 22.72 | 4.68 | 51.36 | 3.762 | 3.762 | 10派0.6元(含税) |
| 244 | 000667 | 华一投资 | 2.45 | 0.64 | 0.64 | 3.09 | 135.90 | 5010.61 | 1739.28 | 0.2045 | 0.2045 | 10.79 | 0.55 | 0.55 | 8.16 | 40.49 | 4.64 | 2.80 | 43.05 | 1.895 | 1.895 | 10派1.6元(含税) |
| 245 | 000668 | 武汉石油 | 1.47 | 0.42 | 0.42 | 12.14 | -4.39 | 2271.75 | 82.62 | 0.1547 | 0.1547 | 6.71 | 0.52 | 0.52 | 9.87 | 0.76 | 3.38 | 7.20 | 65.72 | 2.304 | 2.304 | 不分不转 |
| 246 | 000669 | 中讯科技 | 0.62 | 0.23 | 0.23 | 0.27 | -45.24 | 343.06 | -44.67 | 0.0556 | 0.0556 | 4.37 | -0.04 | -0.04 | 1.46 | 1.34 | 0.79 | 4.57 | 46.12 | 1.274 | 1.274 | 不分不转 |
| 247 | 000670 | 天发股份 | 2.72 | 1.55 | 1.55 | 5.19 | -27.39 | -14466.20 | -108.62 | -0.5310 | -0.5310 | -17.26 | -0.23 | -0.23 | 17.22 | -5.83 | 8.38 | -13.94 | 47.99 | 3.080 | 3.080 | 不分不转 |
| 248 | 000671 | 石狮新发 | 0.95 | 0.29 | 0.29 | 2.57 | 378.85 | -196.80 | -170.38 | -0.0210 | -0.0210 | -1.18 | -0.36 | -0.36 | 6.21 | 116.31 | 1.67 | -1.16 | 57.54 | 1.759 | 1.759 | 不分不转 |
| 249 | 000672 | 铜城集团 | 1.52 | 0.71 | 0.71 | 0.35 | -71.88 | -5203.26 | -723.58 | -0.3424 | -0.3424 | -23.86 | -0.15 | -0.15 | 3.97 | -48.91 | 2.18 | -15.19 | 41.42 | 1.435 | 1.435 | 不分不转 |
| 250 | 000673 | 大同水泥 | 1.73 | 0.51 | 0.51 | 1.47 | -6.27 | 1377.03 | -6.55 | 0.0790 | 0.0790 | 4.58 | -0.35 | -0.35 | 4.73 | 13.92 | 3.01 | 4.80 | 36.45 | 1.734 | 1.734 | 不分不转 |
| 251 | 000676 | 思达高科 | 3.15 | 0.98 | 0.98 | 3.00 | 102.01 | 4027.98 | 14.79 | 0.1280 | 0.1280 | 10.46 | 0.10 | 0.10 | 8.72 | 38.39 | 3.85 | 5.90 | 52.28 | 1.225 | 1.225 | 10派0.6元(含税) |
| 252 | 000677 | 山东海龙 | 2.06 | 0.71 | 0.71 | 5.82 | 6.55 | 2133.74 | -33.61 | 0.1037 | 0.1037 | 4.03 | 0.29 | 0.29 | 14.92 | 41.56 | 5.29 | 66.49 | 64.53 | 2.573 | 2.573 | 不分不转 |
| 253 | 000678 | 襄阳轴承 | 1.40 | 0.79 | 0.79 | 2.41 | -4.48 | -8314.67 | 9.71 | -0.5920 | -0.5920 | -26.00 | 0.12 | 0.12 | 7.56 | -6.78 | 3.20 | -19.99 | 57.71 | 2.277 | 2.277 | 不分不转 |
| 254 | 000679 | 大连友谊 | 2.38 | 1.08 | 1.08 | 6.61 | -0.85 | 2901.24 | -47.00 | 0.1220 | 0.1220 | 4.78 | 0.03 | 0.03 | 14.81 | 13.65 | 6.07 | 0.55 | 50.02 | 2.555 | 2.555 | 10派1元(含税) |
| 255 | 000680 | 山推股份 | 2.83 | 1.81 | 1.81 | 19.08 | 28.51 | 14838.54 | 206.34 | 0.5250 | 0.5250 | 19.59 | 0.58 | 0.58 | 16.35 | 8.88 | 7.58 | 26.41 | 53.65 | 2.679 | 2.679 | 不分不转 |
| 256 | 000681 | 远东股份 | 1.99 | 0.58 | 0.58 | 3.29 | -1.49 | 81.18 | -94.98 | 0.0041 | 0.0041 | 0.24 | -0.04 | -0.04 | 3.92 | -9.54 | 3.35 | 0.24 | 11.57 | 1.685 | 1.685 | 不分不转 |
| 257 | 000682 | 东方电子 | 9.18 | 6.02 | 6.02 | 3.79 | -47.88 | -28417.96 | -947.30 | -0.3100 | -0.3100 | -134.76 | -0.09 | -0.09 | 15.25 | -15.66 | 2.11 | -57.29 | 85.65 | 0.230 | 0.230 | 不分不转 |
| 258 | 000683 | 天然碱 | 4.69 | 1.69 | 1.69 | 9.38 | 35.51 | 709.54 | 104.40 | 0.0151 | 0.0151 | 1.35 | 0.35 | 0.35 | 25.11 | 3.49 | 5.24 | 1.37 | 70.96 | 1.117 | 1.117 | 不分不转 |
| 259 | 000685 | 公用科技 | 2.25 | 0.93 | 0.93 | 0.72 | 12.06 | 1522.00 | -20.77 | 0.0675 | 0.0675 | 4.85 | 0.11 | 0.11 | 4.23 | 4.41 | 3.14 | 2.77 | 24.79 | 1.392 | 1.392 | 10派0.3元(含税) |
| 260 | 000686 | 锦州六陆 | 1.62 | 0.69 | 0.69 | 2.07 | 33.20 | 942.70 | -21.04 | 0.0580 | 0.0580 | 2.12 | 0.35 | 0.35 | 5.59 | 0.44 | 4.46 | -3.47 | 20.17 | 2.750 | 2.750 | 不分不转 |

| 项目 | | | 股本 | | | 业绩 | | | | | | | | | 资产 | | | | | | | 分配 |
|---|---|---|---|---|---|---|---|---|---|---|---|---|---|---|---|---|---|---|---|---|---|---|
| 序号 | 代码 | 公司简称 | 总股本（亿股） | 流通A（亿股） | 2003.04.29 | 主营收入（亿元） | ±% | 净利润（万元） | ±% | 每股收益（元） | 2003.04.29摊薄后 | 净资产收益率（%） | 每股经营性现金流量（元） | 2003.04.29摊薄后 | 总资产（亿元） | ±% | 净资产（亿元） | ±% | 资产负债比率（%） | 每股净资产（元） | 2003.04.29摊薄后 | 2002年度已（拟）实施利润分配方案 |
| 261 | 000687 | 保定天鹅 | 3.21 | 0.98 | 0.98 | 5.58 | 9.39 | 2956.13 | 22.60 | 0.0920 | 0.0920 | 2.92 | 0.32 | 0.32 | 13.30 | 1.93 | 10.12 | 3.09 | 23.90 | 3.160 | 3.160 | 不分不转 |
| 262 | 000688 | 朝华集团 | 3.48 | 1.99 | 1.99 | 10.52 | 378.75 | 1962.51 | -19.58 | 0.0560 | 0.0560 | 1.98 | 0.01 | 0.01 | 22.13 | 23.56 | 9.90 | 2.02 | 52.41 | 2.845 | 2.845 | 不分不转 |
| 263 | 000690 | 宝丽华 | 1.94 | 0.59 | 0.59 | 2.95 | 2.21 | 3700.14 | 19.85 | 0.1900 | 0.1900 | 11.20 | 0.36 | 0.36 | 4.69 | -5.38 | 3.30 | 3.11 | 28.85 | 1.710 | 1.710 | 10派1.5元（含税） |
| 264 | 000691 | 寰岛实业 | 2.58 | 1.30 | 1.30 | 0.51 | 29.48 | 139.28 | -70.34 | 0.0054 | 0.0054 | 0.23 | 0.35 | 0.35 | 8.70 | 7.39 | 6.18 | 1.21 | 26.52 | 2.394 | 2.394 | 不分不转 |
| 265 | 000692 | 惠天热电 | 2.66 | 1.12 | 1.17 | 5.58 | 3.10 | 1520.93 | -65.00 | 0.0570 | 0.0570 | 1.35 | 0.17 | 0.17 | 19.20 | -6.38 | 11.29 | 1.38 | 41.18 | 4.239 | 4.239 | 不分不转 |
| 266 | 000693 | 聚友网络 | 1.28 | 0.39 | 0.39 | 2.38 | 31.79 | 2515.92 | -32.65 | 0.2000 | 0.2000 | 6.09 | 0.39 | 0.39 | 11.00 | 11.30 | 3.97 | 2.35 | 58.81 | 3.220 | 3.220 | 10送5派1.25元（含税） |
| 267 | 000695 | 灯塔油漆 | 2.22 | 0.77 | 0.77 | 1.67 | -17.46 | -7427.29 | -156.68 | -0.3300 | -0.3300 | -25.26 | -0.20 | -0.20 | 7.85 | -12.23 | 2.94 | -20.17 | 62.06 | 1.320 | 1.320 | 不分不转 |
| 268 | 000697 | 咸阳偏转 | 2.17 | 0.77 | 0.77 | 5.22 | 9.62 | 905.90 | 9.63 | 0.0417 | 0.0417 | 1.20 | 0.75 | 0.75 | 11.50 | 9.32 | 7.54 | 1.68 | 33.59 | 3.466 | 3.466 | 不分不转 |
| 269 | 000698 | 沈阳化工 | 4.22 | 1.87 | 1.87 | 18.90 | 4.75 | -1391.75 | -136.41 | -0.0330 | -0.0330 | -0.99 | 0.27 | 0.27 | 27.63 | -12.21 | 14.07 | -0.81 | 40.94 | 3.330 | 3.330 | 不分不转 |
| 270 | 000699 | 佳纸股份 | 2.27 | 0.94 | 0.94 | 3.46 | 19.26 | 525.98 | 120.65 | 0.0230 | 0.0230 | 1.17 | 0.12 | 0.12 | 15.13 | 0.31 | 4.51 | 1.18 | 70.14 | 1.982 | 1.982 | 不分不转 |
| 271 | 000700 | 模塑科技 | 1.55 | 0.69 | 0.69 | 3.75 | 41.66 | 6120.78 | 2.39 | 0.3960 | 0.3960 | 7.36 | 0.94 | 0.94 | 12.19 | 61.12 | 8.31 | 96.03 | 29.03 | 5.380 | 5.380 | 10送1转增9股派2元（含税） |
| 272 | 000701 | 厦门信达 | 2.00 | 1.15 | 1.15 | 12.75 | 18.21 | 1020.80 | 158.50 | 0.0510 | 0.0510 | 2.14 | -0.26 | -0.26 | 11.37 | 9.81 | 4.77 | 2.34 | 55.63 | 2.383 | 2.383 | 不分不转 |
| 273 | 000702 | 正虹科技 | 2.83 | 1.17 | 1.17 | 10.92 | -2.04 | 2912.86 | -50.36 | 0.1030 | 0.1030 | 3.57 | 0.03 | 0.03 | 12.96 | -7.02 | 8.15 | 0.11 | 34.75 | 2.883 | 2.883 | 10派1元（含税） |
| 274 | 000703 | 世纪光华 | 1.07 | 0.47 | 0.47 | 2.95 | 11.78 | 922.17 | -39.26 | 0.0870 | 0.0870 | 3.34 | 0.93 | 0.93 | 8.97 | 24.91 | 2.76 | 3.46 | 62.91 | 2.589 | 2.589 | 不分不转 |
| 275 | 000705 | 浙江震元 | 1.25 | 0.81 | 0.81 | 5.70 | 13.84 | 1414.87 | -17.46 | 0.1130 | 0.1130 | 3.31 | 0.40 | 0.40 | 7.33 | 9.75 | 4.28 | 3.42 | 39.54 | 3.410 | 3.410 | 不分不转 |
| 276 | 000707 | 双环科技 | 4.64 | 2.64 | 2.64 | 8.94 | 14.47 | 3617.94 | 6.52 | 0.0779 | 0.0779 | 2.24 | 0.36 | 0.36 | 20.28 | 5.82 | 16.13 | 2.32 | 20.46 | 3.476 | 3.476 | 不分不转 |
| 277 | 000708 | 大冶特钢 | 4.49 | 1.67 | 1.67 | 17.35 | 18.52 | 4556.64 | 190.50 | 0.1014 | 0.1014 | 2.85 | 0.58 | 0.58 | 36.72 | -2.07 | 15.96 | 2.97 | 56.53 | 3.552 | 3.552 | 不分不转 |
| 278 | 000709 | 唐钢股份 | 15.04 | 4.35 | 4.35 | 92.21 | 14.08 | 58253.66 | -20.51 | 0.3874 | 0.3874 | 8.64 | 0.96 | 0.96 | 120.90 | 9.36 | 67.45 | 19.31 | 44.21 | 4.485 | 4.485 | 10转增3股派2.5元（含税） |
| 279 | 000710 | 天兴仪表 | 1.51 | 0.44 | 0.44 | 0.63 | 22.47 | -5080.96 | -14.59 | -0.3360 | -0.3360 | -46.67 | 0.10 | 0.10 | 2.42 | -32.24 | 1.09 | -31.64 | 55.03 | 0.720 | 0.720 | 不分不转 |
| 280 | 000711 | 龙发股份 | 1.07 | 0.51 | 0.51 | 0.88 | 13.71 | 2185.75 | 3.61 | 0.2038 | 0.2038 | 7.22 | -0.33 | -0.33 | 3.97 | -8.91 | 3.03 | 6.56 | 22.57 | 2.823 | 2.823 | 10派0.30元（含税） |
| 281 | 000712 | 锦龙股份 | 1.52 | 0.38 | 0.38 | 2.24 | -2.68 | 1234.85 | -47.62 | 0.0810 | 0.0810 | 2.88 | -1.20 | -1.20 | 12.80 | 78.07 | 4.29 | 0.39 | 64.60 | 2.816 | 2.816 | 10派0.7元（含税） |
| 282 | 000713 | 丰乐种业 | 2.25 | 1.05 | 1.05 | 3.65 | -7.12 | -18198.86 | -10714.61 | -0.8090 | -0.8090 | -46.70 | 0.27 | 0.27 | 8.99 | -5.48 | 3.90 | -31.83 | 52.88 | 1.732 | 1.732 | 不分不转 |
| 283 | 000715 | 中兴商业 | 2.15 | 0.57 | 0.57 | 14.22 | 19.07 | 3783.00 | 2.98 | 0.1760 | 0.1760 | 6.19 | 0.45 | 0.45 | 9.41 | -0.49 | 6.11 | 3.61 | 35.12 | 2.845 | 2.845 | 10派0.77（含税） |
| 284 | 000716 | 广西斯壮 | 1.78 | 1.01 | 1.01 | 0.40 | -80.03 | -6904.26 | -1783.05 | -0.3873 | -0.3873 | -26.88 | -0.34 | -0.34 | 5.15 | -6.09 | 2.57 | -21.19 | 47.50 | 1.440 | 1.440 | 不分不转 |
| 285 | 000717 | 韶钢松山 | 4.47 | 1.35 | 2.47 | 44.31 | 12.85 | 34907.98 | 34.94 | 0.7806 | 0.6247 | 12.79 | 1.86 | 1.49 | 52.74 | 35.65 | 27.29 | 14.67 | 48.26 | 6.102 | 4.884 | 不分不转 |
| 286 | 000718 | 吉林纸业 | 4.00 | 1.89 | 1.89 | 1.03 | -87.98 | -22817.03 | -2028.03 | -0.5710 | -0.5710 | -23.96 | -0.25 | -0.25 | 28.01 | 1.08 | 9.52 | -18.36 | 66.00 | 2.383 | 2.383 | 不分不转 |
| 287 | 000719 | 焦作鑫安 | 1.29 | 0.49 | 0.49 | 3.25 | 19.08 | 1819.20 | -9.82 | 0.1406 | 0.1406 | 6.46 | 0.30 | 0.30 | 8.06 | 14.21 | 2.82 | 6.97 | 65.08 | 2.176 | 2.176 | 10派0.5元（含税） |
| 288 | 000720 | 鲁能泰山 | 4.80 | 2.77 | 2.77 | 17.55 | -4.22 | 7830.51 | -30.50 | 0.1630 | 0.1630 | 6.05 | 0.36 | 0.36 | 29.19 | 5.64 | 12.94 | 4.42 | 49.70 | 2.698 | 2.698 | 不分不转 |
| 289 | 000721 | 西安饮食 | 1.14 | 0.41 | 0.41 | 3.52 | 11.15 | 1707.30 | -23.78 | 0.1492 | 0.1492 | 6.29 | 0.34 | 0.34 | 7.28 | 36.96 | 2.71 | 3.98 | 62.18 | 2.372 | 2.372 | 10转增5股派0.6元（含税） |

| 项目 | | | 股本 | | | 业绩 | | | | | | | | | 资产 | | | | | | | 分配 |
|---|---|---|---|---|---|---|---|---|---|---|---|---|---|---|---|---|---|---|---|---|---|---|
| 序号 | 代码 | 公司简称 | 总股本(亿股) | 流通A(亿股) | 2003.04.29 | 主营收入(亿元) | ±% | 净利润(万元) | ±% | 每股收益(元) | 2003.04.29摊薄后 | 净资产收益率(%) | 每股经营性现金流量(元) | 2003.04.29摊薄后 | 总资产(亿元) | ±% | 净资产(亿元) | ±% | 资产负债比率(%) | 每股净资产(元) | 2003.04.29摊薄后 | 2002年度已(拟)实施利润分配方案 |
| 290 | 000722 | 金果实业 | 2.27 | 1.38 | 1.38 | 4.37 | -10.80 | 3458.86 | -31.64 | 0.1530 | 0.1530 | 3.34 | 0.14 | 0.14 | 19.53 | 22.01 | 10.37 | 35.87 | 44.41 | 4.572 | 4.572 | 不分不转 |
| 291 | 000723 | 天宇电气 | 1.40 | 0.70 | 0.70 | 4.51 | 28.80 | 2427.97 | 112.91 | 0.1740 | 0.1740 | 11.37 | 0.43 | 0.43 | 6.44 | -6.70 | 2.13 | 12.83 | 65.34 | 1.529 | 1.529 | 不分不转 |
| 292 | 000725 | 京东方 | 5.50 | 0.60 | 0.60 | 47.83 | 79.15 | 8283.66 | 37.49 | 0.1500 | 0.1500 | 3.79 | 0.40 | 0.40 | 67.82 | 68.17 | 21.83 | 4.79 | 61.06 | 3.973 | 3.973 | 10股转增2股 |
| 293 | 000726 | 鲁泰 | 3.52 | 0.85 | 0.85 | 9.51 | 21.02 | 12554.99 | 10.01 | 0.3570 | 0.3570 | 9.96 | 0.80 | 0.80 | 17.94 | 20.49 | 12.60 | 1.61 | 27.43 | 3.580 | 3.580 | 10转增2股派3元(含税) |
| 294 | 000727 | 华东科技 | 3.59 | 1.97 | 1.97 | 2.67 | -11.72 | 5836.71 | 5.63 | 0.1625 | 0.1625 | 5.32 | 0.24 | 0.24 | 18.83 | 38.09 | 10.96 | 33.93 | 39.28 | 3.052 | 3.052 | 10派0.8元(含税) |
| 295 | 000728 | 北京化二 | 3.45 | 1.04 | 1.04 | 8.17 | 8.44 | 323.68 | 101.94 | 0.0094 | 0.0094 | 0.35 | 0.30 | 0.30 | 15.27 | -7.92 | 9.19 | 0.39 | 39.84 | 2.661 | 2.661 | 不分不转 |
| 296 | 000729 | 燕京啤酒 | 6.67 | 1.87 | 1.87 | 27.67 | 20.96 | 20117.85 | -29.58 | 0.3010 | 0.3010 | 5.42 | 0.65 | 0.65 | 55.13 | 25.38 | 37.10 | 3.40 | 26.55 | 5.559 | 5.559 | 10派1.2元(含税) |
| 297 | 000730 | 环保股份 | 5.66 | 1.93 | 1.93 | 0.18 | -90.13 | -9373.54 | -1422.32 | -0.1656 | -0.1656 | -18.36 | 0.24 | 0.24 | 13.00 | -6.08 | 5.11 | -12.11 | 58.02 | 0.902 | 0.902 | 不分不转 |
| 298 | 000731 | 四川美丰 | 2.46 | 1.01 | 1.01 | 5.14 | 36.96 | 7996.38 | 35.62 | 0.3250 | 0.3250 | 10.11 | 0.53 | 0.53 | 13.11 | 65.49 | 7.91 | 26.80 | 39.69 | 3.218 | 3.218 | 10派2.00元(含税) |
| 299 | 000732 | 福建三农 | 1.53 | 0.89 | 0.89 | 4.90 | 7.67 | 1546.92 | -44.48 | 0.1013 | 0.1013 | 3.12 | 0.28 | 0.28 | 12.36 | 13.50 | 4.96 | 3.41 | 58.57 | 3.250 | 3.250 | 10股转增3股 |
| 300 | 000733 | 振华科技 | 3.58 | 1.78 | 1.78 | 7.06 | 13.04 | 3773.35 | -42.96 | 0.1054 | 0.1054 | 2.11 | 0.25 | 0.25 | 23.66 | -1.11 | 17.89 | 1.57 | 20.84 | 4.995 | 4.995 | 不分不转 |
| 301 | 000735 | 罗牛山 | 5.87 | 3.25 | 3.25 | 2.91 | 27.35 | 3738.62 | -41.32 | 0.0640 | 0.0640 | 2.91 | 0.02 | 0.02 | 21.41 | 49.98 | 12.83 | 67.27 | 38.49 | 2.186 | 2.186 | 不分不转 |
| 302 | 000736 | 重庆实业 | 0.66 | 0.26 | 0.26 | 2.54 | 141.19 | 1865.02 | 5.45 | 0.2800 | 0.2800 | 7.20 | 0.03 | 0.03 | 8.13 | 34.44 | 2.59 | 7.76 | 58.39 | 3.920 | 3.920 | 不分不转 |
| 303 | 000737 | 南风化工 | 4.57 | 2.10 | 2.10 | 24.82 | 15.32 | 3521.82 | -47.13 | 0.0770 | 0.0770 | 2.60 | 0.47 | 0.47 | 32.32 | -1.62 | 13.55 | 2.79 | 51.54 | 2.964 | 2.964 | 不分不转 |
| 304 | 000738 | 南方摩托 | 3.98 | 1.36 | 1.36 | 3.48 | 70.91 | 222.49 | 101.02 | 0.0056 | 0.0056 | 0.34 | 0.02 | 0.02 | 11.10 | -17.81 | 6.64 | 0.34 | 39.82 | 1.670 | 1.670 | 不分不转 |
| 305 | 000739 | 普洛药业 | 1.46 | 0.74 | 0.74 | 6.59 | 364.85 | 3158.77 | 222.09 | 0.2167 | 0.2167 | 11.64 | 0.02 | 0.02 | 6.89 | 17.35 | 2.71 | 9.84 | 58.45 | 1.862 | 1.862 | 10派0.5元(含税) |
| 306 | 000748 | 湘计算机 | 2.76 | 1.40 | 1.40 | 7.02 | 0.27 | 3133.26 | -32.77 | 0.1130 | 0.1130 | 2.84 | -0.16 | -0.16 | 15.66 | 45.37 | 11.05 | 70.41 | 25.39 | 3.998 | 3.998 | 10派1元(含税) |
| 307 | 000750 | 桂林集琦 | 2.15 | 1.22 | 1.22 | 1.88 | 22.85 | 107.28 | -65.24 | 0.0050 | 0.0050 | 0.18 | 0.39 | 0.39 | 10.25 | -3.78 | 6.02 | 0.24 | 30.75 | 2.799 | 2.799 | 不分不转 |
| 308 | 000751 | 锌业股份 | 8.81 | 3.47 | 3.47 | 17.50 | -27.80 | 2848.14 | -70.69 | 0.0320 | 0.0320 | 1.08 | 0.11 | 0.11 | 41.50 | -2.17 | 26.45 | 1.09 | 36.28 | 3.001 | 3.001 | 不分不转 |
| 309 | 000752 | 西藏发展 | 1.76 | 0.73 | 0.73 | 1.60 | 18.99 | 3655.26 | 21.40 | 0.2100 | 0.2100 | 9.57 | 0.43 | 0.43 | 6.58 | -12.53 | 3.82 | 9.54 | 41.29 | 2.172 | 2.172 | 10派0.30元(含税) |
| 310 | 000753 | 漳州发展 | 3.61 | 1.49 | 1.49 | 2.14 | 80.13 | 6177.98 | 18.96 | 0.1713 | 0.1713 | 7.01 | 0.54 | 0.54 | 12.58 | 2.98 | 8.81 | 7.63 | 18.71 | 2.442 | 2.442 | 不分不转 |
| 311 | 000755 | 山西三维 | 2.78 | 1.09 | 1.09 | 5.87 | 39.25 | 5704.38 | 1.78 | 0.2050 | 0.2050 | 6.53 | 0.24 | 0.24 | 15.96 | 13.30 | 8.74 | 2.68 | 44.78 | 3.150 | 3.150 | 10派1.25元(含税) |
| 312 | 000756 | 新华制药 | 4.57 | 0.76 | 0.76 | 11.74 | 6.76 | 6876.43 | -15.00 | 0.1504 | 0.1504 | 4.98 | 0.09 | 0.09 | 19.05 | 3.74 | 13.80 | 2.92 | 27.45 | 3.017 | 3.017 | 10派0.6元(含税) |
| 313 | 000757 | 方向光电 | 1.52 | 0.55 | 0.55 | 5.15 | 53.26 | 1192.49 | -25.50 | 0.0780 | 0.0780 | 2.40 | 0.00 | 0.00 | 12.44 | 13.51 | 4.97 | 2.47 | 58.18 | 3.258 | 3.258 | 不分不转 |
| 314 | 000758 | 中色建设 | 3.87 | 1.82 | 1.82 | 3.04 | 50.87 | 6256.27 | 144.37 | 0.1620 | 0.1620 | 6.79 | -0.07 | -0.07 | 12.70 | -4.89 | 9.22 | 4.58 | 24.57 | 2.380 | 2.380 | 10派1元(含税) |
| 315 | 000759 | 武汉中百 | 2.10 | 1.47 | 1.47 | 22.07 | 49.46 | 1706.17 | -25.45 | 0.0810 | 0.0810 | 2.19 | 0.57 | 0.57 | 19.57 | 33.25 | 7.78 | 51.16 | 55.16 | 3.713 | 3.713 | 10派0.5元(含税) |
| 316 | 000760 | 博盈投资 | 1.09 | 0.52 | 0.52 | 1.83 | 16.80 | 526.59 | -38.76 | 0.0480 | 0.0480 | 1.47 | 0.01 | 0.01 | 5.29 | 20.96 | 3.58 | 1.64 | 32.37 | 3.272 | 3.272 | 不分不转 |
| 317 | 000761 | 本钢板材 | | | | | | | | | | | | | | | | | | | | |
| 318 | 000762 | 西藏矿业 | 2.01 | 0.77 | 0.77 | 1.59 | -12.99 | -5888.87 | -1237.47 | -0.2937 | -0.2937 | -14.03 | 0.02 | 0.02 | 6.52 | -9.78 | 4.20 | -13.01 | 30.84 | 2.093 | 2.093 | 不分不转 |

| 项目 | | | 股本 | | | 业绩 | | | | | | | | | 资产 | | | | | | | 分配 |
|---|---|---|---|---|---|---|---|---|---|---|---|---|---|---|---|---|---|---|---|---|---|---|
| 序号 | 代码 | 公司简称 | 总股本(亿股) | 流通A(亿股) | 2003.04.29 | 主营收入(亿元) | ±% | 净利润(万元) | ±% | 每股收益(元) | 2003.04.29摊薄后 | 净资产收益率(%) | 每股经营性现金流量(元) | 2003.04.29摊薄后 | 总资产(亿元) | ±% | 净资产(亿元) | ±% | 资产负债比率(%) | 每股净资产(元) | 2003.04.29摊薄后 | 2002年度已(拟)实施利润分配方案 |
| 319 | 000763 | 锦州石化 | 7.88 | 1.50 | 1.50 | 90.31 | 4.54 | 1261.03 | -88.68 | 0.0160 | 0.0160 | 0.82 | 0.54 | 0.54 | 23.57 | 8.50 | 15.42 | 0.82 | 34.56 | 1.959 | 1.959 | 不分不转 |
| 320 | 000765 | 华信股份 | 2.49 | 0.71 | 0.70 | 0.13 | -90.70 | -8363.52 | -297.95 | -0.3360 | -0.3360 | -51.79 | 0.00 | 0.00 | 6.96 | -9.48 | 1.61 | -38.99 | 72.63 | 0.649 | 0.649 | 不分不转 |
| 321 | 000766 | 通化金马 | 4.49 | 2.85 | 2.85 | 1.61 | 60.30 | 1641.71 | 102.81 | 0.0370 | 0.0370 | 3.36 | 0.16 | 0.16 | 15.31 | 4.20 | 4.89 | 3.48 | 67.94 | 1.088 | 1.088 | 不分不转 |
| 322 | 000767 | 漳泽电力 | 4.35 | 1.20 | 1.20 | 15.85 | 16.70 | 9593.77 | -53.02 | 0.2210 | 0.2210 | 6.15 | 1.27 | 1.27 | 46.25 | -1.03 | 15.61 | -3.74 | 66.24 | 3.589 | 3.589 | 10转增3股派3.6元(含税) |
| 323 | 000768 | 西飞国际 | 3.92 | 1.77 | 1.77 | 10.17 | 10.59 | 4444.82 | -2.76 | 0.1135 | 0.1135 | 2.34 | 0.35 | 0.35 | 23.58 | -9.01 | 18.97 | 0.28 | 15.77 | 4.846 | 4.846 | 10派1元(含税) |
| 324 | 000769 | 菲菲农业 | 1.85 | 0.81 | 0.81 | 0.05 | -97.25 | -1764.94 | -938.13 | -0.0950 | -0.0950 | -3.96 | -0.05 | -0.05 | 5.86 | -12.06 | 4.45 | 0.15 | 21.89 | 2.402 | 2.402 | 不分不转 |
| 325 | 000776 | 延边公路 | 1.84 | 0.93 | 0.93 | 1.20 | -4.75 | -21314.79 | -922.08 | -1.1580 | -1.1580 | -105.15 | 0.14 | 0.14 | 4.47 | -36.07 | 2.03 | -52.58 | 54.65 | 1.101 | 1.101 | 不分不转 |
| 326 | 000777 | 中核科技 | 1.68 | 0.67 | 0.67 | 2.28 | -10.53 | -735.06 | -172.16 | -0.0438 | -0.0438 | -2.75 | 0.03 | 0.03 | 4.53 | -1.71 | 2.67 | -7.22 | 40.94 | 1.589 | 1.589 | 10派0.8元(含税) |
| 327 | 000778 | 新兴铸管 | 6.21 | 2.20 | 2.20 | 35.94 | 33.38 | 44139.57 | 15.30 | 0.7102 | 0.7102 | 20.64 | 0.76 | 0.76 | 52.97 | 23.51 | 21.38 | 6.20 | 56.97 | 3.441 | 3.441 | 10派5元(含税) |
| 328 | 000779 | 三毛派神 | 1.83 | 1.02 | 1.02 | 2.14 | 37.47 | 2020.29 | 8.18 | 0.1100 | 0.1100 | 2.68 | 0.22 | 0.22 | 9.03 | 3.44 | 7.55 | 2.27 | 16.36 | 4.123 | 4.123 | 10派0.20元(含税) |
| 329 | 000780 | 草原兴发 | 2.83 | 1.10 | 1.86 | 16.18 | 35.68 | 7090.30 | -10.71 | 0.2500 | 0.1731 | 6.73 | 0.41 | 0.28 | 25.52 | 20.64 | 10.53 | 7.22 | 56.25 | 3.718 | 2.574 | 不分不转 |
| 330 | 000782 | 美达股份 | 3.42 | 1.27 | 1.28 | 11.83 | 19.31 | 3616.21 | 138.47 | 0.1060 | 0.1060 | 4.50 | 0.46 | 0.46 | 18.30 | 27.47 | 8.03 | 3.69 | 53.92 | 2.348 | 2.348 | 10派0.7元(含税) |
| 331 | 000783 | 石炼化 | 11.54 | 2.34 | 2.34 | 47.74 | -8.05 | 774.28 | 230.72 | 0.0067 | 0.0067 | 0.45 | 0.14 | 0.14 | 27.36 | -3.21 | 17.30 | 0.77 | 35.28 | 1.499 | 1.499 | 不分不转 |
| 332 | 000785 | 武汉中商 | 2.51 | 0.71 | 0.71 | 18.75 | 13.15 | 1251.57 | -41.33 | 0.0500 | 0.0500 | 2.30 | 0.35 | 0.35 | 18.49 | 4.26 | 5.45 | 2.37 | 66.20 | 2.168 | 2.168 | 不分不转 |
| 333 | 000786 | 北新建材 | 5.75 | 2.28 | 2.28 | 10.31 | 12.99 | 9049.16 | 8.07 | 0.1570 | 0.1570 | 7.20 | 0.25 | 0.25 | 22.00 | 9.91 | 12.57 | 4.68 | 36.46 | 2.186 | 2.186 | 10派0.6元(含税) |
| 334 | 000787 | 创智科技 | 2.51 | 1.42 | 1.42 | 4.76 | 13.73 | 3067.49 | -30.12 | 0.1220 | 0.1220 | 3.28 | 0.30 | 0.30 | 13.05 | 51.92 | 9.35 | 100.57 | 26.13 | 3.730 | 3.730 | 10派0.5元(含税) |
| 335 | 000788 | 合成制药 | 1.93 | 0.50 | 0.50 | 2.65 | -2.48 | -15267.13 | -6149.47 | -0.7931 | -0.7931 | -122.52 | -0.22 | -0.22 | 7.86 | -11.77 | 1.25 | -55.04 | 84.14 | 0.647 | 0.647 | 不分不转 |
| 336 | 000789 | 江西水泥 | 3.41 | 1.11 | 1.11 | 3.91 | 4.40 | 1566.06 | -49.24 | 0.0460 | 0.0460 | 2.17 | 0.05 | 0.05 | 11.60 | 11.37 | 7.21 | 0.84 | 36.09 | 2.117 | 2.117 | 10派0.35元(含税) |
| 337 | 000790 | 华神集团 | 1.28 | 0.40 | 0.40 | 1.88 | -15.64 | 1855.60 | -16.98 | 0.1450 | 0.1450 | 4.73 | 0.07 | 0.07 | 5.73 | 0.52 | 3.92 | -0.16 | 28.91 | 3.062 | 3.062 | 10派1.5元(含税) |
| 338 | 000791 | 西北化工 | 1.89 | 0.79 | 0.79 | 0.80 | -9.52 | 115.86 | 967.23 | 0.0061 | 0.0061 | 0.32 | -0.08 | -0.08 | 6.10 | -2.52 | 3.60 | 0.32 | 40.96 | 1.905 | 1.905 | 不分不转 |
| 339 | 000792 | 盐湖钾肥 | 2.56 | 1.00 | 1.00 | 4.36 | 48.77 | 9214.48 | 13.73 | 0.3598 | 0.3598 | 8.58 | 0.32 | 0.32 | 14.26 | 39.63 | 10.73 | 61.54 | 22.12 | 4.194 | 4.194 | 10转增10股 |
| 340 | 000793 | 燃气股份 | 2.91 | 1.62 | 1.62 | 4.24 | 99.71 | 9653.16 | 1.43 | 0.3300 | 0.3300 | 7.95 | 0.61 | 0.61 | 27.98 | 40.22 | 12.15 | 5.87 | 42.72 | 4.170 | 4.170 | 10派1元(含税) |
| 341 | 000795 | 太原刚玉 | 2.77 | 1.14 | 1.14 | 2.13 | 5.58 | -648.25 | -167.83 | -0.0234 | -0.0234 | -0.86 | -0.13 | -0.13 | 10.06 | -1.19 | 7.56 | -0.85 | 24.79 | 2.731 | 2.731 | 不分不转 |
| 342 | 000796 | 宝商集团 | 1.60 | 1.13 | 1.13 | 5.58 | -11.36 | 2188.61 | -32.38 | 0.1360 | 0.1360 | 3.20 | 0.53 | 0.53 | 9.65 | -0.17 | 6.85 | 3.34 | 24.77 | 4.271 | 4.271 | 不分不转 |
| 343 | 000797 | 中国武夷 | 3.89 | 1.30 | 1.30 | 8.85 | -2.10 | 3616.74 | -18.46 | 0.0929 | 0.0929 | 2.83 | -0.21 | -0.21 | 34.99 | 13.28 | 12.78 | 4.06 | 60.60 | 3.281 | 3.281 | 不分不转 |
| 344 | 000798 | 中水渔业 | 2.52 | 0.63 | 0.63 | 2.04 | -32.82 | 2647.12 | -21.90 | 0.1050 | 0.1050 | 3.54 | 0.18 | 0.18 | 12.15 | 35.55 | 7.48 | 2.64 | 38.44 | 2.968 | 2.968 | 10派0.3元(含税) |
| 345 | 000799 | 湘酒鬼 | 3.03 | 1.07 | 1.07 | 4.00 | -18.96 | -14471.50 | -269.20 | -0.4780 | -0.4780 | -12.96 | 0.67 | 0.67 | 22.79 | 5.66 | 11.16 | -11.46 | 49.86 | 3.683 | 3.683 | 不分不转 |
| 346 | 000800 | 一汽轿车 | 16.28 | 5.46 | 5.46 | 47.56 | 38.03 | 24717.00 | 635.02 | 0.1520 | 0.1520 | 5.54 | 0.64 | 0.64 | 66.68 | 9.11 | 44.62 | -1.42 | 33.16 | 2.742 | 2.742 | 10派2元(含税) |
| 347 | 000801 | 四川湖山 | 1.32 | 0.39 | 0.39 | 0.41 | -0.64 | -2432.98 | 28.67 | -0.1840 | -0.1840 | -22.10 | -0.03 | -0.03 | 1.93 | -9.09 | 1.10 | -17.28 | 41.94 | 0.834 | 0.834 | 不分不转 |

| 项目 | | | 股本 | | | 业绩 | | | | | | | | | 资产 | | | | | | | 分配 |
|---|---|---|---|---|---|---|---|---|---|---|---|---|---|---|---|---|---|---|---|---|---|---|
| 序号 | 代码 | 公司简称 | 总股本(亿股) | 流通A(亿股) | 2003.04.29 | 主营收入(亿元) | ±% | 净利润(万元) | ±% | 每股收益(元) | 2003.04.29摊薄后 | 净资产收益率(%) | 每股经营性现金流量(元) | 2003.04.29摊薄后 | 总资产(亿元) | ±% | 净资产(亿元) | ±% | 资产负债比率(%) | 每股净资产(元) | 2003.04.29摊薄后 | 2002年度已(拟)实施利润分配方案 |
| 348 | 000802 | 京西旅游 | 1.16 | 0.39 | 0.39 | 3.73 | 44.97 | -6764.04 | -2844.93 | -0.5820 | -0.5820 | -22.04 | 0.72 | 0.72 | 12.02 | 6.05 | 3.07 | -18.06 | 72.30 | 2.640 | 2.640 | 不分不转 |
| 349 | 000803 | 美亚股份 | 1.01 | 0.49 | 0.49 | 0.78 | -23.56 | 315.04 | 8.93 | 0.0310 | 0.0310 | 2.06 | 0.02 | 0.02 | 2.76 | -1.89 | 1.53 | 3.49 | 44.50 | 1.507 | 1.507 | 不分不转 |
| 350 | 000805 | 炎黄物流 | 0.57 | 0.14 | 0.14 | 1.55 | 51.75 | 1226.80 | -23.84 | 0.2144 | 0.2144 | 12.03 | -0.04 | -0.04 | 2.30 | -2.36 | 1.02 | 7.45 | 52.02 | 1.782 | 1.782 | 10派1元(含税) |
| 351 | 000806 | 银河科技 | 3.03 | 1.60 | 1.60 | 6.82 | 69.96 | 7693.29 | -16.81 | 0.2540 | 0.2540 | 7.12 | 0.21 | 0.21 | 21.82 | 79.91 | 10.80 | 142.89 | 49.87 | 3.559 | 3.559 | 不分不转 |
| 352 | 000807 | 云铝股份 | 3.64 | 1.34 | 1.34 | 15.63 | -2.55 | 15234.26 | 1.49 | 0.4200 | 0.4200 | 11.50 | 0.85 | 0.85 | 27.62 | 18.95 | 13.25 | 75.15 | 52.03 | 3.640 | 3.640 | 10派3元(含税) |
| 353 | 000809 | 第一纺织 | 1.15 | 0.35 | 0.35 | 3.16 | -13.84 | -5622.95 | 10.26 | -0.4910 | -0.4910 | -54.00 | 0.15 | 0.15 | 3.86 | -14.37 | 1.04 | -35.06 | 71.68 | 0.909 | 0.909 | 不分不转 |
| 354 | 000810 | 华润锦华 | 1.30 | 0.49 | 0.49 | 4.43 | 88.22 | 1315.32 | 13.70 | 0.1000 | 0.1000 | 7.21 | 0.12 | 0.12 | 5.90 | 41.18 | 1.83 | 7.83 | 60.01 | 1.410 | 1.410 | 不分不转 |
| 355 | 000811 | 烟台冰轮 | 1.24 | 0.37 | 0.37 | 5.30 | 17.62 | 3535.87 | -6.28 | 0.2900 | 0.2900 | 11.71 | 0.67 | 0.67 | 8.69 | 15.06 | 3.02 | 13.19 | 61.54 | 2.440 | 2.440 | 不分不转(原方案10转3派1元(含税)) |
| 356 | 000812 | 陕西金叶 | 1.90 | 1.10 | 1.10 | 2.97 | 62.01 | 2716.79 | 1.93 | 0.1430 | 0.1430 | 6.99 | 0.10 | 0.10 | 9.18 | 31.88 | 3.89 | 2.14 | 47.30 | 2.044 | 2.044 | 10派1元(含税) |
| 357 | 000813 | 天山纺织 | 3.63 | 1.10 | 1.10 | 3.72 | 27.41 | 551.52 | 103.79 | 0.0152 | 0.0152 | 0.85 | 0.09 | 0.09 | 12.24 | 0.92 | 6.49 | 0.91 | 44.72 | 1.786 | 1.786 | 不分不转 |
| 358 | 000815 | 美利纸业 | 1.32 | 0.65 | 0.65 | 4.75 | 14.54 | 4327.07 | 4.16 | 0.3278 | 0.3278 | 6.98 | 0.42 | 0.42 | 19.31 | 25.31 | 6.19 | 6.53 | 67.91 | 4.693 | 4.693 | 10派0.40元(含税) |
| 359 | 000816 | 江淮动力 | 3.06 | 1.14 | 1.14 | 16.00 | 4.34 | -13116.56 | -263.00 | -0.4284 | -0.4284 | -11.30 | -0.14 | -0.14 | 21.11 | 6.40 | 11.61 | -10.10 | 42.09 | 3.791 | 3.791 | 不分不转 |
| 360 | 000817 | 辽河油田 | 11.00 | 2.00 | 2.00 | 12.06 | 9.59 | 39786.44 | 9.25 | 0.3617 | 0.3617 | 15.79 | 0.62 | 0.62 | 29.39 | 6.99 | 25.20 | 7.60 | 14.26 | 2.290 | 2.290 | 10派2元(含税) |
| 361 | 000818 | 锦化氯碱 | 3.40 | 0.90 | 0.90 | 13.90 | 23.54 | 275.24 | 113.23 | 0.0081 | 0.0081 | 0.24 | 0.64 | 0.64 | 31.00 | 2.66 | 11.47 | 0.48 | 63.01 | 3.373 | 3.373 | 不分不转 |
| 362 | 000819 | 岳阳兴长 | 1.65 | 0.52 | 0.52 | 8.14 | 17.79 | 2360.21 | -27.42 | 0.1430 | 0.1430 | 6.43 | 0.26 | 0.26 | 6.09 | 12.58 | 3.67 | 4.36 | 36.14 | 2.224 | 2.224 | 10派0.5元(含税) |
| 363 | 000820 | 金城股份 | 2.11 | 0.77 | 0.77 | 5.20 | -0.69 | 784.38 | -82.91 | 0.0370 | 0.0370 | 1.45 | 0.01 | 0.01 | 15.24 | 12.50 | 5.42 | 1.27 | 64.46 | 2.562 | 2.562 | 不分不转 |
| 364 | 000821 | 京山轻机 | 3.45 | 1.58 | 1.58 | 5.85 | -0.96 | 5111.66 | -42.38 | 0.1480 | 0.1480 | 4.82 | 0.18 | 0.18 | 14.97 | 6.80 | 10.61 | 24.33 | 28.42 | 3.074 | 3.074 | 10派1元(含税) |
| 365 | 000822 | 山东海化 | 4.59 | 1.56 | 1.56 | 18.82 | 30.80 | 13568.32 | -25.46 | 0.2954 | 0.2954 | 7.79 | 0.79 | 0.79 | 29.98 | -1.30 | 17.41 | 5.45 | 40.46 | 3.797 | 3.797 | 10派1元(含税) |
| 366 | 000823 | 超声电子 | 3.59 | 1.35 | 1.35 | 5.69 | -11.55 | 980.69 | -76.20 | 0.0270 | 0.0270 | 1.13 | 0.26 | 0.26 | 16.55 | 5.28 | 8.68 | -0.55 | 38.53 | 2.417 | 2.417 | 10派0.3元(含税) |
| 367 | 000825 | 太钢不锈 | 10.76 | 4.88 | 4.88 | 100.83 | 47.62 | 28381.51 | -4.38 | 0.2640 | 0.2640 | 8.41 | 0.56 | 0.56 | 61.36 | 7.60 | 33.74 | 7.37 | 40.48 | 3.135 | 3.135 | 10送1.5转增0.5股派0.5元(含税) |
| 368 | 000826 | 国投原宜 | 1.81 | 0.65 | 0.65 | 0.49 | -60.20 | -10704.57 | -72.55 | -0.5900 | -0.5900 | -54.90 | -0.08 | -0.08 | 3.65 | -33.32 | 1.95 | -34.76 | 46.60 | 1.074 | 1.074 | 不分不转 |
| 369 | 000827 | 长兴实业 | 0.67 | 0.29 | 0.29 | 1.10 | -9.42 | 138.29 | 108.93 | 0.0210 | 0.0210 | 0.55 | 0.51 | 0.51 | 5.27 | -6.38 | 2.53 | 0.55 | 48.04 | 3.794 | 3.794 | 不分不转 |
| 370 | 000828 | 福地科技 | 11.65 | 2.48 | 2.48 | 20.62 | 14.94 | 6067.55 | 113.83 | 0.0520 | 0.0520 | 2.81 | 0.23 | 0.23 | 29.86 | -10.53 | 21.62 | 3.12 | 27.60 | 1.856 | 1.856 | 不分不转 |
| 371 | 000829 | 赣南果业 | 1.58 | 0.62 | 0.62 | 0.98 | -21.69 | 258.83 | 122.90 | 0.0164 | 0.0164 | 0.95 | 0.36 | 0.36 | 3.45 | -18.14 | 2.72 | 0.99 | 19.65 | 1.729 | 1.729 | 不分不转 |
| 372 | 000830 | 鲁西化工 | 2.49 | 0.75 | 0.75 | 12.47 | 28.00 | 7115.58 | 19.48 | 0.2860 | 0.2860 | 7.26 | 0.58 | 0.58 | 20.83 | 9.45 | 9.80 | 7.89 | 52.98 | 3.932 | 3.932 | 10转增1股 |
| 373 | 000831 | 关铝股份 | 3.63 | 1.46 | 1.46 | 14.96 | 4.94 | 10810.64 | 9.55 | 0.2978 | 0.2978 | 11.24 | 0.51 | 0.51 | 22.57 | 26.39 | 9.62 | 9.86 | 57.27 | 2.649 | 2.649 | 10派0.9元(含税) |
| 374 | 000832 | 龙涤股份 | 3.52 | 1.84 | 1.83 | 12.53 | 20.05 | 3486.88 | -27.09 | 0.0990 | 0.0990 | 2.73 | 0.44 | 0.44 | 18.53 | 19.68 | 12.79 | 2.80 | 26.64 | 3.632 | 3.632 | 不分不转 |
| 375 | 000833 | 贵糖股份 | 2.53 | 0.99 | 0.98 | 8.40 | 4.94 | 781.22 | -81.22 | 0.0300 | 0.0300 | 1.26 | 0.57 | 0.57 | 13.07 | 2.33 | 6.18 | 1.28 | 52.72 | 2.450 | 2.450 | 不分不转 |
| 376 | 000835 | 隆源双登 | 1.08 | 0.27 | 0.27 | 2.09 | -44.43 | -683.23 | -115.81 | -0.0630 | -0.0630 | -3.90 | 0.10 | 0.10 | 4.71 | 15.62 | 1.75 | -2.31 | 54.69 | 1.621 | 1.621 | 不分不转 |

| 项目 | | | 股本 | | | 业绩 | | | | | | | | | 资产 | | | | | | | 分配 |
|---|---|---|---|---|---|---|---|---|---|---|---|---|---|---|---|---|---|---|---|---|---|---|
| 序号 | 代码 | 公司简称 | 总股本（亿股） | 流通A（亿股） | 2003.04.29 | 主营收入（亿元） | ±% | 净利润（万元） | ±% | 每股收益（元） | 2003.04.29摊薄后 | 净资产收益率（%） | 每股经营性现金流量（元） | 2003.04.29摊薄后 | 总资产（亿元） | ±% | 净资产（亿元） | ±% | 资产负债比率（%） | 每股净资产（元） | 2003.04.29摊薄后 | 2002年度已（拟）实施利润分配方案 |
| 377 | 000836 | 天大天财 | 1.23 | 0.61 | 0.61 | 12.61 | 7.90 | 3247.34 | -45.79 | 0.2645 | 0.2645 | 3.36 | -2.09 | -2.09 | 23.99 | 28.97 | 9.66 | 3.46 | 51.83 | 7.867 | 7.867 | 不分不转 |
| 378 | 000837 | 秦川发展 | 2.32 | 1.25 | 1.25 | 3.51 | -1.13 | 2362.61 | -22.36 | 0.1016 | 0.1016 | 4.41 | 0.30 | 0.30 | 9.39 | 32.03 | 5.36 | 33.20 | 40.49 | 2.304 | 2.304 | 10派0.18元(含税) |
| 379 | 000838 | 西南化机 | 0.65 | 0.18 | 0.18 | 1.04 | 73.33 | 775.75 | 364.12 | 0.1190 | 0.1190 | 17.86 | -0.13 | -0.13 | 1.69 | -18.72 | 0.43 | 25.96 | 74.26 | 0.667 | 0.667 | 不分不转 |
| 380 | 000839 | 中信国安 | 6.60 | 2.48 | 2.48 | 9.38 | 107.32 | 18068.79 | -15.11 | 0.2738 | 0.2738 | 6.91 | 0.24 | 0.24 | 46.00 | 48.45 | 26.15 | 61.69 | 41.94 | 3.963 | 3.963 | 10派1元(含税) |
| 381 | 000848 | 承德露露 | 2.59 | 0.91 | 0.91 | 10.75 | 7.72 | 5157.16 | -47.28 | 0.1990 | 0.1990 | 7.22 | 0.60 | 0.60 | 11.12 | -4.14 | 7.14 | 7.78 | 33.28 | 2.755 | 2.755 | 不分不转 |
| 382 | 000850 | 华茂股份 | 3.50 | 1.23 | 1.60 | 6.67 | 9.83 | 7192.81 | -24.61 | 0.2053 | 0.1579 | 9.39 | 0.12 | 0.09 | 11.82 | 7.51 | 7.66 | 2.61 | 35.13 | 2.185 | 1.681 | 10转增3股派1.50元(含税) |
| 383 | 000851 | 中国七砂 | 2.25 | 0.77 | 0.77 | 1.08 | -0.08 | -9003.10 | 14.91 | -0.4000 | -0.4000 | -47.20 | 0.08 | 0.08 | 2.89 | -32.12 | 1.91 | -31.35 | 33.89 | 0.848 | 0.848 | 不分不转 |
| 384 | 000852 | 江钻股份 | 2.80 | 0.70 | 0.70 | 4.11 | -7.98 | 6906.17 | -15.32 | 0.2466 | 0.2466 | 10.64 | 0.11 | 0.11 | 9.31 | -7.77 | 6.49 | 6.83 | 28.33 | 2.318 | 2.318 | 10送1股派1元(含税) |
| 385 | 000856 | 唐山陶瓷 | 1.75 | 0.65 | 0.65 | 4.51 | 12.12 | 205.04 | 107.92 | 0.0117 | 0.0117 | 0.41 | -0.03 | -0.03 | 11.01 | 2.21 | 5.05 | 0.28 | 51.13 | 2.883 | 2.883 | 不分不转 |
| 386 | 000858 | 五粮液 | 11.30 | 3.18 | 3.82 | 57.07 | 20.34 | 61323.46 | -24.42 | 0.5430 | 0.4525 | 11.56 | 0.93 | 0.78 | 72.62 | 8.58 | 53.07 | 13.07 | 26.71 | 4.697 | 3.914 | 10转增2股 |
| 387 | 000859 | 国风塑业 | 2.63 | 1.17 | 1.17 | 7.59 | 23.54 | 5215.31 | -1.23 | 0.1980 | 0.1980 | 5.28 | 0.38 | 0.38 | 19.01 | 16.35 | 9.89 | 32.17 | 44.27 | 3.762 | 3.762 | 10转增6股 |
| 388 | 000860 | 顺鑫农业 | 3.04 | 0.91 | 0.91 | 10.38 | 34.05 | 7416.17 | 1.04 | 0.2440 | 0.2440 | 6.87 | 0.04 | 0.04 | 16.13 | 13.98 | 10.80 | 2.71 | 25.65 | 3.550 | 3.550 | 10派1.5元(含税) |
| 389 | 000861 | 茂化永业 | 1.11 | 0.55 | 0.55 | 1.76 | 5.05 | -2436.49 | -394.68 | -0.2190 | -0.2190 | -12.70 | -0.08 | -0.08 | 4.30 | -6.99 | 1.92 | -11.27 | 53.03 | 1.725 | 1.725 | 不分不转 |
| 390 | 000862 | 吴忠仪表 | 2.18 | 1.17 | 1.17 | 3.75 | 51.19 | 925.31 | -79.68 | 0.0400 | 0.0400 | 1.25 | 0.04 | 0.04 | 13.90 | 16.44 | 7.41 | 1.55 | 45.06 | 3.390 | 3.390 | 不分不转 |
| 391 | 000863 | 和光商务 | 1.36 | 0.39 | 0.39 | 9.96 | 30.76 | 1726.53 | -45.86 | 0.1270 | 0.1270 | 5.75 | 0.34 | 0.34 | 9.71 | 10.96 | 3.00 | 6.10 | 66.62 | 2.215 | 2.215 | 不分不转 |
| 392 | 000866 | 扬子石化 | 23.30 | 3.50 | 3.50 | 151.49 | 18.24 | 62514.92 | 1684.10 | 0.2683 | 0.2683 | 10.70 | 0.49 | 0.49 | 134.74 | 14.28 | 58.43 | 12.02 | 56.63 | 2.508 | 2.508 | 不分不转 |
| 393 | 000868 | 安凯客车 | 2.21 | 1.01 | 1.01 | 4.88 | 9.44 | -3973.72 | -487.98 | -0.1800 | -0.1800 | -6.43 | 0.16 | 0.16 | 9.71 | -4.25 | 6.18 | -6.04 | 36.35 | 2.797 | 2.797 | 不分不转 |
| 394 | 000869 | 张裕 | 2.60 | 0.32 | 0.32 | 9.28 | 4.77 | 11124.06 | -35.20 | 0.4278 | 0.4278 | 7.86 | 0.35 | 0.35 | 18.30 | 10.01 | 14.16 | 4.37 | 21.12 | 5.446 | 5.446 | 10转增2股派2元(含税) |
| 395 | 000875 | 吉电股份 | 6.30 | 3.80 | 3.80 | 9.52 | 14.35 | 10257.86 | 39.73 | 0.1600 | 0.1600 | 4.39 | 0.21 | 0.21 | 27.94 | 58.37 | 23.37 | 69.27 | 16.35 | 3.710 | 3.710 | 10派1.25元(含税) |
| 396 | 000876 | 新希望 | 3.15 | 1.04 | 1.04 | 11.41 | 51.04 | 12132.78 | 43.92 | 0.3850 | 0.3850 | 10.58 | 0.47 | 0.47 | 22.92 | 57.69 | 11.46 | 11.25 | 40.98 | 3.636 | 3.636 | 不分不转 |
| 397 | 000877 | 天山股份 | 1.73 | 0.78 | 0.78 | 8.86 | 25.22 | 10200.10 | 8.40 | 0.5884 | 0.5884 | 12.48 | 1.28 | 1.28 | 27.68 | 37.83 | 8.18 | 11.17 | 59.48 | 4.717 | 4.717 | 10派1元(含税) |
| 398 | 000878 | 云南铜业 | 7.99 | 2.81 | 2.81 | 30.03 | 4.54 | 4662.91 | -43.50 | 0.0580 | 0.0580 | 2.62 | -0.35 | -0.35 | 42.93 | 6.23 | 17.79 | 0.38 | 58.09 | 2.230 | 2.230 | 10派0.5元(含税) |
| 399 | 000880 | 山东巨力 | 2.76 | 1.32 | 1.32 | 18.56 | 11.79 | 4216.62 | -16.86 | 0.1527 | 0.1527 | 6.16 | 0.62 | 0.62 | 11.17 | -2.35 | 6.84 | 6.57 | 38.31 | 2.478 | 2.478 | 不分不转 |
| 400 | 000881 | 大连国际 | 3.09 | 1.58 | 1.58 | 9.67 | -10.84 | 2639.52 | -46.84 | 0.0854 | 0.0854 | 3.76 | -0.22 | -0.22 | 18.28 | 14.02 | 7.02 | 3.99 | 56.47 | 2.271 | 2.271 | 不分不转 |
| 401 | 000882 | 华联股份 | 2.49 | 0.63 | 0.63 | 6.57 | 240.68 | 886.20 | -75.10 | 0.0356 | 0.0356 | 1.85 | 0.71 | 0.71 | 12.06 | 98.54 | 4.78 | 2.11 | 56.52 | 1.919 | 1.919 | 不分不转 |
| 402 | 000883 | 三环股份 | 2.59 | 1.16 | 1.16 | 18.60 | 24.19 | 3159.33 | -34.56 | 0.1220 | 0.1220 | 3.80 | 0.54 | 0.54 | 16.75 | 17.99 | 8.31 | 3.97 | 50.35 | 3.205 | 3.205 | 10转增1股 |
| 403 | 000885 | 春都 | 1.60 | 0.60 | 0.60 | 0.62 | -38.48 | -7898.14 | 73.64 | -0.4936 | -0.4936 | -77.49 | 0.08 | 0.08 | 4.53 | -1.10 | 1.02 | -43.66 | 77.16 | 0.637 | 0.637 | 不分不转 |
| 404 | 000886 | 海南高速 | 9.89 | 2.48 | 2.48 | 3.80 | 50.39 | 2306.31 | 403.83 | 0.0230 | 0.0230 | 0.98 | 0.07 | 0.07 | 54.45 | -1.04 | 23.43 | 0.23 | 56.73 | 2.369 | 2.369 | 不分不转 |
| 405 | 000887 | 飞彩股份 | 3.01 | 0.91 | 0.91 | 8.42 | -1.92 | 1744.30 | -48.37 | 0.0580 | 0.0580 | 2.26 | 0.62 | 0.62 | 18.54 | 14.77 | 7.70 | 0.32 | 56.88 | 2.558 | 2.558 | 10派0.5元(含税) |

| 项目 | | | 股本 | | | 业绩 | | | | | | | | | 资产 | | | | | | | 分配 |
|---|---|---|---|---|---|---|---|---|---|---|---|---|---|---|---|---|---|---|---|---|---|---|
| 序号 | 代码 | 公司简称 | 总股本(亿股) | 流通A(亿股) | 2003.04.29 | 主营收入(亿元) | ±% | 净利润(万元) | ±% | 每股收益(元) | 2003.04.29摊薄后 | 净资产收益率(%) | 每股经营性现金流量(元) | 2003.04.29摊薄后 | 总资产(亿元) | ±% | 净资产(亿元) | ±% | 资产负债比率(%) | 每股净资产(元) | 2003.04.29摊薄后 | 2002年度已(拟)实施利润分配方案 |
| 406 | 000888 | 峨眉山 | 1.19 | 0.40 | 0.40 | 1.72 | 13.96 | 2655.43 | -9.13 | 0.2200 | 0.2200 | 6.78 | 0.50 | 0.50 | 4.98 | -3.31 | 3.92 | 0.73 | 21.22 | 3.300 | 3.300 | 10派2元(含税) |
| 407 | 000889 | 渤海物流 | 2.95 | 1.60 | 1.60 | 6.18 | 21.67 | 3762.86 | -42.03 | 0.1278 | 0.1278 | 5.02 | -0.21 | -0.21 | 16.45 | 9.50 | 7.49 | 5.17 | 53.89 | 2.544 | 2.544 | 不分不转 |
| 408 | 000890 | 法尔胜 | 2.92 | 1.69 | 1.70 | 6.65 | 88.38 | 3419.75 | -47.11 | 0.1170 | 0.1170 | 3.68 | -0.13 | -0.13 | 19.77 | 24.09 | 9.30 | 0.52 | 44.39 | 3.183 | 3.183 | 10派1元(含税) |
| 409 | 000892 | 长丰通信 | 4.14 | 1.20 | 1.20 | 5.42 | 66.28 | 8710.35 | 1.00 | 0.2100 | 0.2100 | 12.55 | -0.66 | -0.66 | 23.39 | 32.77 | 6.94 | 14.35 | 66.38 | 1.678 | 1.678 | 不分不转 |
| 410 | 000893 | 广州冷机 | 2.22 | 0.57 | 0.57 | 3.55 | 11.38 | 612.53 | 106.85 | 0.0280 | 0.0280 | 1.86 | 0.10 | 0.10 | 8.25 | 3.35 | 3.30 | 2.88 | 59.96 | 1.486 | 1.486 | 不分不转 |
| 411 | 000895 | 双汇发展 | 3.42 | 1.35 | 1.34 | 47.60 | 41.32 | 20061.63 | 17.66 | 0.5860 | 0.5860 | 14.17 | 0.53 | 0.53 | 26.22 | 62.13 | 14.16 | 76.80 | 35.29 | 4.137 | 4.137 | 10派5元(含税) |
| 412 | 000897 | 津滨发展 | 4.53 | 1.42 | 1.42 | 4.77 | 45.26 | 6633.61 | 12.09 | 0.1464 | 0.1464 | 7.17 | -0.14 | -0.14 | 22.78 | 8.57 | 9.25 | 1.35 | 57.41 | 2.043 | 2.043 | 10派1.20元(含税) |
| 413 | 000898 | 鞍钢新轧 | 29.61 | 7.52 | 7.52 | 107.71 | 13.49 | 59458.80 | 47.27 | 0.2010 | 0.2010 | 7.92 | 0.71 | 0.71 | 124.25 | 21.37 | 75.09 | 4.28 | 39.56 | 2.536 | 2.536 | 每10派1元(含税) |
| 414 | 000899 | 赣能股份 | 5.48 | 1.79 | 1.79 | 5.16 | 4.07 | 3873.73 | -35.67 | 0.0700 | 0.0700 | 2.79 | 0.21 | 0.21 | 16.03 | 3.62 | 13.89 | -1.14 | 10.56 | 2.535 | 2.535 | 10派1元(含税) |
| 415 | 000900 | 现代投资 | 3.99 | 2.14 | 2.14 | 5.35 | 6.99 | 8993.32 | -48.14 | 0.2250 | 0.2250 | 3.58 | 0.95 | 0.95 | 44.04 | -4.25 | 25.09 | 2.02 | 42.78 | 6.285 | 6.285 | 10派1元(含税) |
| 416 | 000901 | 航天科技 | 1.58 | 0.48 | 0.48 | 2.03 | 13.26 | 2322.16 | -9.17 | 0.1466 | 0.1466 | 6.61 | 0.12 | 0.12 | 5.56 | -0.55 | 3.51 | 7.08 | 25.80 | 2.217 | 2.217 | 10转增4股 |
| 417 | 000902 | 中国服装 | 2.15 | 0.65 | 0.65 | 5.15 | 14.27 | 216.49 | 110.51 | 0.0100 | 0.0100 | 0.46 | 0.06 | 0.06 | 9.84 | -9.18 | 4.69 | 0.09 | 48.63 | 2.182 | 2.182 | 不分不转 |
| 418 | 000903 | 云内动力 | 2.00 | 0.78 | 0.78 | 10.91 | 54.85 | 10025.00 | 24.49 | 0.5018 | 0.5018 | 12.03 | 1.26 | 1.26 | 14.60 | 11.48 | 8.33 | 33.80 | 42.89 | 4.172 | 4.172 | 10派3.5元(含税) |
| 419 | 000905 | 厦门路桥 | 2.95 | 0.95 | 0.95 | 3.30 | 29.78 | 8100.77 | 113.44 | 0.2750 | 0.2750 | 8.57 | 0.57 | 0.57 | 28.39 | 1.20 | 9.45 | -6.57 | 66.45 | 3.203 | 3.203 | 10派5元(含税) |
| 420 | 000906 | 南方建材 | 2.38 | 0.67 | 0.67 | 13.53 | 59.96 | 2447.21 | 28.48 | 0.1030 | 0.1030 | 6.32 | 0.53 | 0.53 | 11.93 | 25.02 | 3.87 | 5.79 | 62.29 | 1.631 | 1.631 | 10派0.20元(含税) |
| 421 | 000908 | 天一科技 | 2.80 | 0.90 | 0.90 | 2.14 | 25.23 | 1401.84 | 14.44 | 0.0501 | 0.0501 | 2.74 | 0.06 | 0.06 | 8.67 | 39.59 | 5.11 | 2.76 | 39.69 | 1.826 | 1.826 | 不分不转 |
| 422 | 000909 | 数源科技 | 1.96 | 0.60 | 0.60 | 3.73 | 69.60 | 405.76 | 19.08 | 0.0210 | 0.0210 | 0.76 | 0.69 | 0.69 | 9.83 | 26.33 | 5.32 | 0.94 | 45.53 | 2.714 | 2.714 | 不分不转 |
| 423 | 000910 | 大亚科技 | 2.31 | 0.80 | 0.80 | 7.85 | 46.80 | 6217.40 | 9.99 | 0.2690 | 0.2690 | 7.11 | 0.51 | 0.51 | 16.16 | 31.79 | 8.74 | 7.45 | 41.99 | 3.781 | 3.781 | 不分不转 |
| 424 | 000911 | 南宁糖业 | 2.41 | 0.73 | 0.73 | 14.20 | 48.34 | 5855.22 | 27.56 | 0.2430 | 0.2430 | 8.53 | 0.73 | 0.73 | 14.72 | 21.97 | 6.86 | 2.53 | 48.47 | 2.849 | 2.849 | 不分不转 |
| 425 | 000912 | 泸天化 | 4.50 | 1.50 | 1.50 | 16.94 | 9.96 | 11416.55 | 9.85 | 0.2540 | 0.2540 | 7.47 | 0.64 | 0.64 | 36.62 | 7.42 | 15.28 | 1.78 | 44.65 | 3.395 | 3.395 | 10转增3股派2元(含税) |
| 426 | 000913 | 钱江摩托 | 4.54 | 1.35 | 1.35 | 27.01 | -0.64 | 7207.20 | -4.69 | 0.1589 | 0.1589 | 5.99 | -0.15 | -0.15 | 19.09 | 1.53 | 12.04 | 2.11 | 31.16 | 2.654 | 2.654 | 10派1.00元(含税) |
| 427 | 000915 | 山大华特 | 1.54 | 0.78 | 0.78 | 1.00 | 137.32 | 532.87 | 266.69 | 0.0347 | 0.0347 | 2.12 | -0.11 | -0.11 | 5.61 | 15.94 | 2.52 | 2.61 | 54.87 | 1.640 | 1.640 | 不分不转 |
| 428 | 000916 | 华北高速 | 10.90 | 3.40 | 3.40 | 4.44 | 12.34 | 17348.25 | 7.54 | 0.1592 | 0.1592 | 6.33 | 0.25 | 0.25 | 29.58 | -12.85 | 27.39 | 0.37 | 6.57 | 2.513 | 2.513 | 10派1.50元(含税) |
| 429 | 000917 | 电广传媒 | 2.58 | 1.18 | 1.18 | 6.84 | -1.29 | 4033.87 | -46.92 | 0.1600 | 0.1600 | 1.73 | -1.60 | -1.60 | 48.77 | 7.78 | 23.36 | 0.66 | 48.13 | 9.040 | 9.040 | 10派1元(含税) |
| 430 | 000918 | 亚华种业 | 1.70 | 0.60 | 0.60 | 7.22 | 71.91 | 1601.01 | -47.08 | 0.0940 | 0.0940 | 2.42 | 0.12 | 0.12 | 22.00 | 33.66 | 6.62 | 2.48 | 63.87 | 3.896 | 3.896 | 不分不转 |
| 431 | 000919 | 金陵药业 | 2.80 | 0.80 | 0.80 | 6.30 | 26.25 | 12868.08 | 18.50 | 0.4600 | 0.4600 | 11.26 | 0.47 | 0.47 | 15.38 | 9.17 | 11.43 | 6.35 | 19.30 | 4.081 | 4.081 | 10派2.16元(含税) |
| 432 | 000920 | 南方汇通 | 1.90 | 0.70 | 0.70 | 5.43 | 10.28 | 9628.31 | 4.05 | 0.5100 | 0.5100 | 15.31 | 0.31 | 0.31 | 12.31 | 40.10 | 6.29 | 4.17 | 38.04 | 3.310 | 3.310 | 10派4.20元(含税) |
| 433 | 000921 | 科龙电器 | 9.92 | 1.95 | 1.95 | 48.78 | 11.33 | 10127.70 | 106.86 | 0.1021 | 0.1021 | 3.93 | 0.50 | 0.50 | 76.57 | 17.61 | 25.75 | 4.24 | 63.47 | 2.596 | 2.596 | 不分不转 |
| 434 | 000922 | 阿继电器 | 1.76 | 0.79 | 0.79 | 2.55 | 3.27 | 1642.12 | -40.85 | 0.0935 | 0.0935 | 3.07 | 0.32 | 0.32 | 9.04 | 18.15 | 5.36 | 3.16 | 39.72 | 3.052 | 3.052 | 10股转增7股 |

| 项目 | | | 股本 | | | 业绩 | | | | | | | | | 资产 | | | | | | | 分配 |
|---|---|---|---|---|---|---|---|---|---|---|---|---|---|---|---|---|---|---|---|---|---|---|
| 序号 | 代码 | 公司简称 | 总股本(亿股) | 流通A(亿股) | 2003.04.29 | 主营收入(亿元) | ±% | 净利润(万元) | ±% | 每股收益(元) | 2003.04.29摊薄后 | 净资产收益率(%) | 每股经营性现金流量(元) | 2003.04.29摊薄后 | 总资产(亿元) | ±% | 净资产(亿元) | ±% | 资产负债比率(%) | 每股净资产(元) | 2003.04.29摊薄后 | 2002年度已(拟)实施利润分配方案 |
| 435 | 000923 | 河北宣工 | 1.65 | 0.55 | 0.55 | 4.08 | 10.19 | 647.61 | -55.64 | 0.0392 | 0.0392 | 1.57 | -0.35 | -0.35 | 8.10 | 14.82 | 4.13 | 1.74 | 48.93 | 2.502 | 2.502 | 不分不转 |
| 436 | 000925 | 浙大海纳 | 0.90 | 0.30 | 0.30 | 1.73 | 1.58 | 1265.43 | -34.22 | 0.1400 | 0.1400 | 3.34 | 0.73 | 0.73 | 5.19 | -3.01 | 3.79 | 3.59 | 24.40 | 4.210 | 4.210 | 不分不转 |
| 437 | 000926 | 福星科技 | 2.67 | 1.01 | 1.01 | 4.36 | 2.48 | 4585.36 | -43.48 | 0.1720 | 0.1720 | 6.64 | -0.77 | -0.77 | 15.34 | 36.30 | 6.91 | 7.29 | 54.39 | 2.590 | 2.590 | 不分不转 |
| 438 | 000927 | 一汽夏利 | 15.95 | 2.40 | 2.40 | 41.51 | 21.88 | -79036.57 | -727.69 | -0.4955 | -0.4955 | -33.27 | 0.78 | 0.78 | 75.93 | 3.32 | 23.75 | -24.97 | 68.72 | 1.489 | 1.489 | 不分不转 |
| 439 | 000928 | 吉林炭素 | 2.83 | 1.20 | 1.20 | 7.85 | 1.17 | -2269.93 | -162.68 | -0.0800 | -0.0800 | -2.26 | 0.36 | 0.36 | 28.72 | 15.25 | 10.04 | -2.85 | 61.89 | 3.550 | 3.550 | 不分不转 |
| 440 | 000929 | 兰州黄河 | 1.18 | 0.54 | 0.54 | 1.78 | 15.13 | 309.45 | 102.02 | 0.0263 | 0.0263 | 0.90 | 0.31 | 0.31 | 7.43 | -5.40 | 3.43 | 1.38 | 52.06 | 2.908 | 2.908 | 10转增4股 |
| 441 | 000930 | 丰原生化 | 3.19 | 1.62 | 1.62 | 11.99 | 40.58 | 11017.36 | 0.18 | 0.3460 | 0.3460 | 7.39 | 0.60 | 0.60 | 30.40 | 24.20 | 14.90 | 8.06 | 50.46 | 4.678 | 4.678 | 不分不转 |
| 442 | 000931 | 中关村 | 6.75 | 3.75 | 3.75 | 9.38 | -50.84 | -18808.01 | -320.85 | -0.2787 | -0.2787 | -12.36 | -0.37 | -0.37 | 73.99 | -23.64 | 15.22 | -10.75 | 72.55 | 2.255 | 2.255 | 不分不转 |
| 443 | 000932 | 华菱管线 | 17.65 | 4.50 | 4.50 | 97.64 | 14.88 | 53463.63 | 12.90 | 0.3028 | 0.3028 | 10.71 | 0.89 | 0.89 | 92.28 | 15.76 | 49.92 | 40.29 | 33.03 | 2.830 | 2.830 | 10派1元(含税) |
| 444 | 000933 | 神火股份 | 2.50 | 0.91 | 0.91 | 7.17 | 12.12 | 11232.15 | 13.47 | 0.4493 | 0.4493 | 10.52 | 1.00 | 1.00 | 13.70 | 34.95 | 10.68 | 39.18 | 22.00 | 4.273 | 4.273 | 10派4元(含税) |
| 445 | 000935 | 四川双马 | 3.19 | 1.04 | 1.04 | 4.41 | 3.36 | 3278.48 | -36.23 | 0.1026 | 0.1026 | 6.10 | 0.26 | 0.26 | 8.87 | 6.72 | 5.38 | 2.81 | 33.52 | 1.684 | 1.684 | 10派0.6元(含税) |
| 446 | 000936 | 华西村 | 1.68 | 0.42 | 0.42 | 8.20 | 23.66 | 6417.16 | -3.07 | 0.3800 | 0.3800 | 11.07 | 0.53 | 0.53 | 8.57 | 18.95 | 5.80 | 8.90 | 30.22 | 3.450 | 3.450 | 每10派1元(含税) |
| 447 | 000937 | 金牛能源 | 4.25 | 1.00 | 1.00 | 13.99 | 20.15 | 18841.56 | -25.57 | 0.4430 | 0.4430 | 11.28 | 0.87 | 0.87 | 24.20 | 1.14 | 16.70 | 2.93 | 30.99 | 3.930 | 3.930 | 10派4元(含税)(原预案为10派4元(含税)) |
| 448 | 000938 | 清华紫光 | 2.06 | 0.64 | 0.64 | 18.99 | 29.60 | 1002.04 | 143.71 | 0.0486 | 0.0486 | 1.60 | -1.34 | -1.34 | 15.10 | 47.71 | 6.26 | 3.78 | 52.72 | 3.037 | 3.037 | 不分不转 |
| 449 | 000939 | 凯迪电力 | 2.16 | 1.06 | 1.06 | 5.53 | 30.73 | 8783.60 | 38.15 | 0.4061 | 0.4061 | 16.09 | 0.82 | 0.82 | 12.02 | 32.99 | 5.46 | 13.80 | 52.62 | 2.525 | 2.525 | 10派1.00元(含税) |
| 450 | 000948 | 南天信息 | 1.40 | 0.40 | 0.40 | 7.37 | -17.57 | 4078.51 | 3.39 | 0.2913 | 0.2913 | 8.33 | -1.20 | -1.20 | 8.58 | 1.01 | 4.90 | 2.68 | 40.33 | 3.498 | 3.498 | 10派2元(含税) |
| 451 | 000949 | 新乡化纤 | 4.91 | 1.86 | 1.86 | 8.04 | 9.91 | 7430.56 | 130.08 | 0.1510 | 0.1510 | 7.06 | 0.48 | 0.48 | 15.95 | 24.47 | 10.52 | 5.12 | 34.04 | 2.145 | 2.145 | 10派0.5元(含税) |
| 452 | 000950 | 民丰农化 | 1.55 | 0.55 | 0.55 | 3.34 | -29.27 | -9843.58 | -2362.17 | -0.6351 | -0.6351 | -29.91 | 0.26 | 0.26 | 9.06 | -9.15 | 3.29 | -22.71 | 63.66 | 2.123 | 2.123 | 不分不转 |
| 453 | 000951 | 小鸭电器 | 2.54 | 0.90 | 0.90 | 3.00 | -37.45 | -20893.90 | -110.57 | -0.8227 | -0.8227 | -69.55 | 0.04 | 0.04 | 12.92 | -8.91 | 3.00 | -40.81 | 76.74 | 1.183 | 1.183 | 不分不转 |
| 454 | 000952 | 广济药业 | 1.71 | 0.71 | 0.71 | 2.02 | 8.63 | 1986.70 | -19.20 | 0.1160 | 0.1160 | 3.92 | 0.45 | 0.45 | 8.20 | 7.62 | 5.07 | 4.11 | 38.18 | 2.960 | 2.960 | 不分不转 |
| 455 | 000953 | 河池化工 | 1.96 | 0.75 | 0.75 | 3.64 | 2.76 | 1289.61 | -36.04 | 0.0658 | 0.0658 | 3.11 | 0.21 | 0.21 | 10.88 | -10.70 | 4.15 | 2.08 | 59.56 | 2.115 | 2.115 | 10转增5派0.6元(含税) |
| 456 | 000955 | 欣龙无纺 | 2.26 | 0.61 | 0.61 | 1.51 | -6.01 | 865.21 | -46.83 | 0.0384 | 0.0384 | 1.76 | 0.17 | 0.17 | 8.02 | -0.69 | 4.92 | 1.79 | 38.50 | 2.180 | 2.180 | 不分不转 |
| 457 | 000956 | 中原油气 | 8.16 | 2.04 | 2.04 | 17.94 | 3.10 | 46832.85 | -7.99 | 0.5739 | 0.5739 | 14.39 | 0.47 | 0.47 | 40.16 | 9.31 | 32.54 | 13.49 | 18.49 | 3.987 | 3.987 | 10派1元(含税) |
| 458 | 000957 | 中通客车 | 2.39 | 1.26 | 1.26 | 4.26 | 30.76 | 1683.26 | -49.77 | 0.0705 | 0.0705 | 3.63 | -0.04 | -0.04 | 8.77 | 23.69 | 4.64 | 3.85 | 47.10 | 1.950 | 1.950 | 不分不转 |
| 459 | 000958 | 东方热电 | 2.29 | 0.94 | 0.94 | 4.15 | -9.92 | 7206.42 | -6.15 | 0.3140 | 0.3140 | 6.05 | 0.29 | 0.29 | 20.83 | 42.17 | 11.91 | 103.24 | 42.83 | 5.196 | 5.196 | 10送1转增4股派1元(含税) |
| 460 | 000959 | 首钢股份 | 23.10 | 3.50 | 3.50 | 125.81 | 4.69 | 68257.85 | -3.77 | 0.2955 | 0.2955 | 13.39 | 0.38 | 0.38 | 100.14 | 3.08 | 50.98 | 2.15 | 48.53 | 2.207 | 2.207 | 10派2.3元(含税) |
| 461 | 000960 | 锡业股份 | 3.58 | 1.30 | 1.30 | 12.20 | 6.97 | 115.62 | -89.92 | 0.0032 | 0.0032 | 0.10 | -0.25 | -0.25 | 22.49 | 8.08 | 11.55 | -0.27 | 48.29 | 3.228 | 3.228 | 10派0.12元(含税) |
| 462 | 000961 | 大连金牛 | 3.01 | 1.30 | 1.30 | 11.99 | 5.02 | 4386.75 | -16.50 | 0.1460 | 0.1460 | 4.23 | 0.24 | 0.24 | 30.07 | 25.05 | 10.38 | 3.47 | 65.49 | 3.453 | 3.453 | 10派0.30元(含税) |
| 463 | 000962 | 东方钽业 | 3.56 | 1.40 | 1.40 | 4.19 | -65.81 | 1529.39 | -91.43 | 0.0429 | 0.0429 | 1.43 | 0.22 | 0.22 | 14.93 | -4.34 | 10.67 | 1.55 | 28.53 | 2.995 | 2.995 | 不分不转 |

| 项目 | | | 股本 | | | 业绩 | | | | | | | | | 资产 | | | | | | | 分配 |
|---|---|---|---|---|---|---|---|---|---|---|---|---|---|---|---|---|---|---|---|---|---|---|
| 序号 | 代码 | 公司简称 | 总股本(亿股) | 流通A(亿股) | 2003.04.29 | 主营收入(亿元) | ±% | 净利润(万元) | ±% | 每股收益(元) | 2003.04.29摊薄后 | 净资产收益率(%) | 每股经营性现金流量(元) | 2003.04.29摊薄后 | 总资产(亿元) | ±% | 净资产(亿元) | ±% | 资产负债比率(%) | 每股净资产(元) | 2003.04.29摊薄后 | 2002年度已(拟)实施利润分配方案 |
| 464 | 000963 | 华东医药 | 3.80 | 1.00 | 1.26 | 20.66 | 9.50 | 4652.95 | -13.74 | 0.1220 | 0.1220 | 8.44 | 0.06 | 0.06 | 13.71 | 10.45 | 5.51 | 3.98 | 55.67 | 1.450 | 1.450 | 10派0.7元(含税) |
| 465 | 000965 | 天水股份 | 2.39 | 0.77 | 0.77 | 4.66 | 23.19 | 1238.21 | -44.13 | 0.0520 | 0.0520 | 2.03 | -0.06 | -0.06 | 11.65 | 6.48 | 6.10 | 2.14 | 47.52 | 2.557 | 2.557 | 不分不转 |
| 466 | 000966 | 长源电力 | 3.70 | 1.08 | 1.08 | 9.19 | 4.31 | 3615.77 | -22.10 | 0.0977 | 0.0977 | 4.33 | 0.02 | 0.02 | 23.66 | 1.21 | 8.36 | -0.10 | 55.51 | 2.258 | 2.258 | 10派0.7元(含税) |
| 467 | 000967 | 上风高科 | 1.37 | 0.45 | 0.45 | 1.63 | 22.01 | 1507.53 | -44.81 | 0.1102 | 0.1102 | 3.27 | -0.17 | -0.17 | 5.61 | 7.60 | 4.61 | 1.51 | 11.86 | 3.367 | 3.367 | 10派0.60元(含税) |
| 468 | 000968 | 神州股份 | 3.95 | 1.50 | 1.50 | 8.05 | 21.57 | 4921.33 | -8.74 | 0.1245 | 0.1245 | 4.16 | 0.02 | 0.02 | 20.96 | 13.35 | 11.83 | 4.15 | 43.54 | 2.995 | 2.995 | 10派0.1元(含税) |
| 469 | 000969 | 安泰科技 | 2.44 | 0.96 | 0.96 | 5.16 | 18.63 | 6938.30 | 2.68 | 0.2842 | 0.2842 | 6.35 | 0.21 | 0.21 | 13.48 | 8.02 | 10.93 | 3.33 | 17.49 | 4.477 | 4.477 | 10派1.6元(含税) |
| 470 | 000970 | 中科三环 | 2.35 | 0.95 | 0.95 | 4.64 | 26.31 | 3392.25 | 11.39 | 0.1440 | 0.1440 | 8.89 | 0.25 | 0.25 | 7.55 | 21.14 | 3.82 | 2.82 | 40.25 | 1.625 | 1.625 | 10派1元(含税) |
| 471 | 000971 | 湖北迈亚 | 1.87 | 0.55 | 0.81 | 2.53 | -6.44 | 2648.78 | -22.02 | 0.1416 | 0.1416 | 6.28 | 0.38 | 0.38 | 9.45 | -2.15 | 4.22 | 0.74 | 55.36 | 2.257 | 2.257 | 10派1.25元(含税) |
| 472 | 000972 | 新中基 | 1.25 | 0.45 | 0.45 | 6.77 | 23.21 | 3756.15 | 90.74 | 0.3010 | 0.3010 | 8.80 | 0.04 | 0.04 | 14.10 | 14.78 | 4.27 | 6.28 | 64.80 | 3.430 | 3.430 | 10派1元(含税) |
| 473 | 000973 | 佛塑股份 | 3.73 | 0.95 | 1.16 | 17.41 | 4.29 | 11642.77 | 16.88 | 0.3120 | 0.3120 | 10.04 | 0.62 | 0.62 | 24.98 | 16.13 | 11.60 | 3.39 | 50.42 | 3.106 | 3.106 | 10派2.1元(含税) |
| 474 | 000975 | 科学城 | 2.96 | 1.28 | 1.28 | 2.04 | 68.71 | 6828.27 | 144.66 | 0.2300 | 0.2300 | 9.48 | 0.56 | 0.56 | 9.12 | 11.07 | 7.20 | 3.54 | 13.34 | 2.433 | 2.433 | 10派1.5元(含税) |
| 475 | 000976 | 春晖股份 | 4.21 | 1.26 | 1.26 | 13.39 | 16.15 | 5968.92 | 3.45 | 0.1417 | 0.1417 | 5.78 | 0.75 | 0.75 | 19.82 | 0.65 | 10.33 | -4.23 | 47.89 | 2.453 | 2.453 | 10派2.5元(含税) |
| 476 | 000977 | 浪潮信息 | 2.15 | 0.65 | 0.65 | 8.98 | 12.64 | 5015.31 | 15.77 | 0.2330 | 0.2330 | 5.97 | 0.60 | 0.60 | 15.95 | 43.50 | 8.40 | 4.15 | 26.03 | 3.910 | 3.910 | 10派1元(含税) |
| 477 | 000978 | 桂林旅游 | 1.77 | 0.60 | 0.60 | 2.25 | 12.86 | 4634.80 | 5.94 | 0.2619 | 0.2619 | 12.49 | 0.37 | 0.37 | 5.81 | 17.01 | 3.71 | 2.62 | 25.69 | 2.096 | 2.096 | 10派2.1元(含税) |
| 478 | 000979 | 科苑集团 | 0.94 | 0.40 | 0.40 | 2.87 | 22.43 | -1808.85 | -189.13 | -0.1924 | -0.1924 | -4.01 | 0.10 | 0.10 | 8.06 | 15.03 | 4.51 | -4.26 | 43.40 | 4.802 | 4.802 | 不分不转 |
| 479 | 000980 | 金马股份 | 1.50 | 0.58 | 0.58 | 2.16 | 5.72 | -8877.03 | -344.95 | -0.5900 | -0.5900 | -23.80 | 0.61 | 0.61 | 8.88 | -10.30 | 3.73 | -19.23 | 57.99 | 2.486 | 2.486 | 不分不转 |
| 480 | 000981 | 兰光科技 | 1.61 | 0.50 | 0.50 | 7.42 | 15.70 | 1542.57 | -32.06 | 0.0960 | 0.0960 | 2.44 | -0.15 | -0.15 | 13.07 | 29.05 | 6.32 | -1.43 | 44.98 | 3.923 | 3.923 | 10派1元(含税) |
| 481 | 000982 | 圣雪绒 | 0.74 | 0.30 | 0.30 | 5.12 | 13.29 | 541.03 | -76.03 | 0.0731 | 0.0731 | 1.54 | 0.31 | 0.31 | 14.21 | 34.68 | 3.51 | -0.65 | 69.69 | 4.745 | 4.745 | 10派1元(含税) |
| 482 | 000983 | 西山煤电 | 8.08 | 2.88 | 2.88 | 20.97 | 6.99 | 20433.27 | -17.45 | 0.2500 | 0.2500 | 6.78 | 0.39 | 0.39 | 45.14 | 8.80 | 30.14 | 1.64 | 33.22 | 3.730 | 3.730 | 10派1元(含税) |
| 483 | 000985 | 大庆华科 | 1.15 | 0.30 | 0.30 | 4.90 | 29.07 | 1019.69 | -53.98 | 0.0890 | 0.0890 | 2.61 | 0.46 | 0.46 | 5.24 | 8.34 | 3.90 | 0.90 | 22.86 | 3.394 | 3.394 | 10派0.6元(含税) |
| 484 | 000987 | 广州友谊 | 2.39 | 0.60 | 0.60 | 9.04 | -7.66 | 3832.49 | -0.08 | 0.1602 | 0.1602 | 6.25 | 0.44 | 0.44 | 8.09 | 7.03 | 6.14 | 2.49 | 24.02 | 2.564 | 2.564 | 10派1元(含税) |
| 485 | 000988 | 华工科技 | 1.15 | 0.30 | 0.60 | 3.47 | 16.85 | 4041.61 | -8.38 | 0.3500 | 0.1750 | 6.55 | -0.45 | -0.23 | 10.56 | 28.62 | 6.17 | 6.30 | 35.18 | 5.360 | 2.680 | 10送1转9派1.3元(含税) |
| 486 | 000989 | 九芝堂 | 1.67 | 0.52 | 0.52 | 9.05 | 27.54 | 6292.09 | 20.15 | 0.3760 | 0.3760 | 12.34 | 0.57 | 0.57 | 10.19 | 16.87 | 5.10 | 1.64 | 47.02 | 3.050 | 3.050 | 10派3.30元(含税) |
| 487 | 000990 | 诚志股份 | 1.79 | 0.72 | 0.72 | 8.11 | 84.87 | 5530.24 | 22.76 | 0.3090 | 0.3090 | 7.79 | 0.33 | 0.33 | 14.10 | 52.76 | 7.10 | 6.70 | 44.41 | 3.960 | 3.960 | 10派0.60(含税) |
| 488 | 000993 | 闽东电力 | 3.00 | 1.00 | 1.00 | 2.30 | 3.70 | 2256.10 | -25.68 | 0.0750 | 0.0750 | 1.56 | 0.23 | 0.23 | 24.23 | 6.06 | 14.50 | 0.38 | 38.78 | 4.834 | 4.834 | 10派0.60 |
| 489 | 000995 | 皇台酒业 | 1.40 | 0.40 | 0.40 | 1.05 | -12.89 | 217.48 | -12.42 | 0.0155 | 0.0155 | 0.47 | -0.06 | -0.06 | 6.68 | -0.96 | 4.63 | 0.51 | 29.84 | 3.306 | 3.306 | 10转增1股 |
| 490 | 000996 | 捷利股份 | 1.15 | 0.35 | 0.35 | 1.38 | -26.51 | -2345.25 | -274.33 | -0.2040 | -0.2040 | -5.92 | -0.25 | -0.25 | 5.79 | 6.21 | 3.96 | -5.44 | 26.02 | 3.440 | 3.440 | 不分不转 |
| 491 | 000997 | 新大陆 | 1.16 | 0.31 | 0.31 | 3.57 | -22.85 | 3805.98 | -5.66 | 0.3281 | 0.3281 | 6.34 | 0.40 | 0.40 | 7.61 | 4.98 | 6.00 | 0.46 | 18.84 | 5.171 | 5.171 | 10派3元(含税) |
| 492 | 000998 | 隆平高科 | 1.05 | 0.55 | 0.55 | 3.75 | 39.82 | 1006.12 | -75.05 | 0.0960 | 0.0960 | 1.27 | -0.31 | -0.31 | 10.32 | 4.82 | 7.96 | 1.19 | 16.85 | 7.576 | 7.576 | 10派0.5元(含税) |

| 项目 | | | 股本 | | | 业绩 | | | | | | | | | | 资产 | | | | | | | 分配 |
|---|---|---|---|---|---|---|---|---|---|---|---|---|---|---|---|---|---|---|---|---|---|---|---|
| 序号 | 代码 | 公司简称 | 总股本(亿股) | 流通A(亿股) | 2003.04.29 | 主营收入(亿元) | ±% | 净利润(万元) | ±% | 每股收益(元) | 2003.04.29摊薄后 | 净资产收益率(%) | 每股经营性现金流量(元) | 2003.04.29摊薄后 | 总资产(亿元) | ±% | 净资产(亿元) | ±% | 资产负债比率(%) | 每股净资产(元) | 2003.04.29摊薄后 | 2002年度已(拟)实施利润分配方案 |
| 493 | 000999 | 三九医药 | 7.53 | 2.00 | 2.00 | 21.66 | 15.98 | 16501.96 | 36.35 | 0.2200 | 0.2200 | 6.11 | 0.66 | 0.66 | 68.50 | 3.81 | 26.99 | 3.65 | 57.64 | 3.584 | 3.584 | 10转增3股派0.93元(含税) |
| 494 | 001696 | 成都联益 | 1.37 | 0.52 | 0.52 | 1.40 | -7.06 | 781.05 | -16.05 | 0.0571 | 0.0571 | 15.34 | 1.30 | 1.30 | 3.89 | 106.54 | 0.51 | 81.87 | 86.85 | 0.372 | 0.372 | 不分不转 |
| 495 | 001896 | 豫能控股 | 4.30 | 0.80 | 0.80 | 4.75 | 10.31 | 4114.02 | -23.32 | 0.0957 | 0.0957 | 4.55 | 0.38 | 0.38 | 13.59 | -5.79 | 9.03 | 1.33 | 33.00 | 2.101 | 2.101 | 10派0.7元(含税) |
| 496 | 200041 | 深本实 | 0.61 | 0.16 | 0.16 | 0.57 | -14.65 | 292.17 | -58.61 | 0.0480 | 0.0480 | 2.33 | 0.24 | 0.24 | 2.62 | -0.11 | 1.25 | 2.39 | 50.38 | 2.072 | 2.072 | 不分不转 |
| 497 | 200053 | 深基地 | 2.31 | 0.60 | 0.60 | 0.95 | -7.12 | 6293.95 | 4.58 | 0.2730 | 0.2730 | 11.31 | 0.32 | 0.32 | 6.39 | 3.55 | 5.57 | 5.99 | 12.83 | 2.414 | 2.414 | 10派1.36元 |
| 498 | 200054 | 深建摩 | 4.78 | 1.20 | 1.20 | 4.89 | -33.27 | -15106.80 | 21.67 | -0.3164 | -0.3164 | -92.62 | -0.05 | -0.05 | 11.08 | -28.68 | 1.63 | -45.81 | 85.22 | 0.342 | 0.342 | 不分不转 |
| 499 | 200057 | 深大洋 | 1.98 | 0.79 | 0.79 | - | - | -3057.14 | -547.51 | -0.1500 | -0.1500 | - | -0.12 | -0.12 | 0.93 | -19.16 | -0.90 | -51.49 | 196.40 | -0.450 | -0.450 | 不分不转 |
| 500 | 200152 | 山航 | 4.00 | 1.40 | 1.40 | 15.97 | 21.73 | -4558.41 | -182.97 | -0.1140 | -0.1140 | -8.68 | 0.15 | 0.15 | 33.28 | 64.11 | 5.25 | -6.90 | 83.98 | 1.313 | 1.313 | 不分不转 |
| 501 | 200160 | 帝贤 | 3.66 | 1.96 | 1.96 | 4.63 | 59.53 | 11530.35 | 73.30 | 0.3150 | 0.3150 | 20.82 | 0.44 | 0.44 | 18.40 | 56.77 | 5.54 | 26.30 | 55.75 | 1.510 | 1.510 | 10送2股 |
| 502 | 200168 | 雷伊 | 1.77 | 0.86 | 0.86 | 4.77 | 18.63 | 4014.59 | 18.41 | 0.2268 | 0.2268 | 9.76 | 0.56 | 0.56 | 9.58 | 30.81 | 4.11 | 10.84 | 54.17 | 2.323 | 2.323 | 10送4转增1股 |
| 503 | 200468 | 宁通信 | 2.15 | 1.00 | 1.00 | 6.26 | -16.95 | -5892.66 | -2573.60 | -0.2740 | -0.2740 | -15.76 | 0.49 | 0.49 | 9.96 | -6.93 | 3.74 | -13.21 | 60.69 | 1.739 | 1.739 | 不分不转 |
| 504 | 200512 | 闽灿坤 | 6.76 | 2.50 | 2.50 | 34.85 | 24.53 | 24029.26 | 41.01 | 0.3552 | 0.3552 | 19.06 | 0.60 | 0.60 | 26.48 | 7.58 | 12.61 | 24.63 | 47.44 | 1.864 | 1.864 | 10送3股 |
| 505 | 200706 | 瓦轴 | 3.30 | 1.30 | 1.30 | 10.99 | 2.53 | 1470.84 | -15.27 | 0.0446 | 0.0446 | 1.44 | 0.29 | 0.29 | 20.41 | -4.78 | 10.14 | 0.72 | 50.15 | 3.073 | 3.073 | 10派0.3元(含税) |
| 506 | 200770 | 武锅 | 2.97 | 1.25 | 1.25 | 6.31 | 55.96 | 2014.10 | 11.83 | 0.0680 | 0.0680 | 3.93 | 0.53 | 0.53 | 17.40 | 36.30 | 5.13 | 1.94 | 70.10 | 1.726 | 1.726 | 10派0.35元(含税) |
| 507 | 200771 | 杭汽轮 | 2.20 | 0.80 | 0.80 | 3.26 | 12.75 | 3470.67 | 26.72 | 0.1580 | 0.1580 | 7.63 | 0.36 | 0.36 | 6.85 | 9.33 | 4.55 | 2.98 | 33.41 | 2.070 | 2.070 | 10派1元(含税) |
| 508 | 200986 | 粤华包 | 4.40 | 1.50 | 1.50 | 7.41 | 44.85 | 9571.11 | -19.37 | 0.2180 | 0.2180 | 11.20 | 0.25 | 0.25 | 13.82 | 6.20 | 8.55 | 5.87 | 27.47 | 1.950 | 1.950 | 10派1.1元(含税) |
| 509 | 200992 | 中鲁股份 | 2.66 | 1.38 | 1.38 | 3.11 | -6.49 | -22980.86 | -4272.69 | -0.8640 | -0.8640 | -82.95 | 0.18 | 0.18 | 8.04 | -21.22 | 2.77 | -44.15 | 62.91 | 1.041 | 1.041 | 不分不转 |

# 五、2002年度中国上市公司经营绩效排序

## 经营绩效评价指标体系说明

1.分析目的

对上市公司2002年的财务绩效进行综合评价，力争客观、全面的揭示企业的内在价值。主要关注的是企业的经营状况和发展能力，同时也考虑企业的偿债能力和本年度改善运营状况的效果。

2.分析依据

分析数据来源是近4年上市公司公布的资产负债表、利润表和现金流量表。对未在2003年4月30日前公布2002年年报的公司，没有进行评价。

3.两个假定

财务处理规则的一致性。

由于国家对上市公司的财务处理有统一规定，上市公司财务制度已趋于完善，政府的监管力度也进一步加大，我们假定所有上市公司财务处理的规则是一致的，不同上市公司的财务数据具有可比性。

财务报表的真实性。

上市公司披露的年报是经过会计事务所审计的，我们假定经会计事务所审计的财务报表是可信的。

4.评价指标的选取

评价指标的选取考虑了客观性、公允性和科学性。评价指标均可根据上市公司公开披露的信息进行指标定量计算，尽量避免主观因素的影响。鉴于不能完全排除财务报表数据被操纵的可能性，我们在选取评价指标时考虑了指标之间的相互制约性，并考察连续4年的财务数据，以尽量消除不正常因素的影响。

在试算的基础上，我们从企业财务分析中采用的30余项指标中，通过主成分分析和交叉相关分析，选取了19项评价指标。从盈利能力、偿债能力、成长性和运营改善效果等四个方面对上市公司的绩效进行综合评价。具体的指标体系见表1。

在计算比率指标时可能出现的问题是，如果分母为0，会得不出计算结果，如果分子和分母均为负值，计算出的比率指标会是不合理的正值。对于这类情况，我们采取了相应的变通处理办法。在成长性评价指标计算中，对新上市公司采取了变通处理办法。在运营改善效果评价指标计算中，对上年运营效率基数过低的公司，采取了个别处理的办法。

5.指标计分及排序方法

各评价指标的得分只具有相对意义，指标满分均为100分。各指标的计分公式见表2。公式中y为指标得分，x为根据上市公司公布的资产负债表、利润表和现金流量表中的数据计算出的指标值。公式中的参数是根据全部上市公司的指标数据进行拟合而得出的。最后的综合计分公式中的权重是根据主成分分析结果给出的。

## 表 1　上市公司绩效评价指标体系

| 类别 | 指标名称 | 计算公式 |
|---|---|---|
| 盈利能力 | 1.净资产收益率 | $净资产收益率=\frac{净利润}{平均权益资本}=\frac{净利润\times 2}{年初所有者权益+年末所有者权益}$ |
| | 2.净资产经常性收益率 | $净资产经常性收益率=\frac{扣除非经营性损益后的净利润}{年初所有者权益+年末所有者权益}$ |
| | 3.总资产报酬率 | $总资产报酬率=\frac{利润总额+利息支出}{年初资产总额+年末资产总额}$ |
| | 4.投入资本经营收益率 | $投入资本经营收益率=\frac{利润总额+利息费用}{资产总额-流动负债}$ |
| 偿债能力 | 5.流动比率 | $流动比率=\frac{流动资产总额}{流动负债总额}$ |
| | 6.强制性现金支出比率 | $强制性现金支付比率=\frac{现金流入量总额}{经营现金流出量+偿还债务本息}$ |
| | 7.现金流动负债比率 | $现金流动负债比率=\frac{年经营现金净流量}{年末流动负债}$ |
| | 8.资产负债率 | $资产负债率=\frac{负债总额}{资产总额}$ |
| 成长性 | 9.三年主营业务平均增长率 | $三年主营业务平均增长率=\frac{1}{3}\times\frac{主营业务收入近三年增加额}{三年前主营业务收入}$ |
| | 10.三年利润平均增长率 | $三年利润平均增长率=\frac{1}{3}\times\frac{利润总额近三年增加额}{三年前利润总额}$ |
| | 11.三年资产平均增长率 | $三年资产平均增长率=\frac{1}{3}\times\frac{资产总额近三年增加额}{三年前资产总额}$ |
| | 12.三年资本平均增长率 | $三年资本平均增长率=\frac{1}{3}\times\frac{所有者权益近三年增加额}{三年前所有者权益总额}$ |
| | 13.销售增长趋势 | $销售增长趋势=0.2\times\sqrt[3]{增长率00}+0.3\times\sqrt[3]{增长率01}+0.5\times\sqrt[3]{增长率02}$ |
| | 14.利润增长趋势 | $利润增长趋势=0.2\times\sqrt[3]{增长率00}+0.3\times\sqrt[3]{增长率01}+0.5\times\sqrt[3]{增长率02}$ |
| 运营改善效果 | 15.主营业务利润率 | $主营业务利润率提高=\frac{本年主营业务利润}{本年主营业务收入}-\frac{上年主营业务利润}{上年主营业务收入}$ |
| | 16.流动资金周转 | $流动资金周转改善=\frac{本年主营业务收入}{本年流动资金平均额}-\frac{上年主营业务收入}{上年流动资金平均额}$ |
| | 17.总资产周转 | $总资产周转改善=\frac{本年主营业务收入}{本年平均资产总额}-\frac{上年主营业务收入}{上年平均资产总额}$ |
| | 18.存货周转 | $存货周转改善=\frac{年初存货净额}{上年主营业务收入}-\frac{年末存货净额}{本年主营业务收入}$ |
| | 19.应收款周转 | $应收款周转改善=\frac{年初应收帐款}{上年主营业务收入}-\frac{年末应收帐款}{本年主营业务收入}$ |

## 表 2　上市公司绩效评价指标计分公式

| 指　　标 | 符　号 | 计　算　公　式 |
| --- | --- | --- |
| 净资产收益率 | $Y_1$ | $Y_1 = 100.01 - \frac{100.01}{1 + 1.7866e^{9.0518x}}$ |
| 净资产经常性收益率 | $Y_2$ | $Y_2 = 100 - \frac{100}{1 + 1.9856e^{7.6314x}}$ |
| 总资产报酬率 | $Y_3$ | $Y_3 = 100.91 - \frac{100.91}{1 + 1.3969e^{11.6392x}}$ |
| 投入资本经营收益率 | $Y_4$ | $Y_4 = 113.59 - \frac{113.59}{1 + 1.3991e^{2.3849x}}$ |
| 流动比率 | $Y_5$ | $Y_5 = 100 - \frac{238.24}{1 + 1.3478e^{1.3285x}}$ |
| 强制性现金支出比率 | $Y_6$ | $Y_6 = 100 - \frac{110.29}{1 + 0.0364e^{4.3926x}}$ |
| 现金流动负债比率 | $Y_7$ | $Y_7 = 100 - \frac{100.27}{1 + 2.3974e^{3.0158x}}$ |
| 资产负债比率 | $Y_8$ | $Y_8 = \frac{100.16}{1 + 0.3919e^{-7.9981(0.7-x)}}$ |
| 三年销售平均增长率 | $Y_9$ | $Y_9 = 100 - \frac{164.84}{1 + 2.8884e^{4.4819x}}$ |
| 三年利润平均增长率 | $Y_{10}$ | $Y_{10} = 100 - \frac{100}{1 + 1.8262e^{1.2333x}}$ |
| 三年资产平均增长率 | $Y_{11}$ | $Y_{11} = 100 - \frac{176.04}{1 + 1.7273e^{2.6135x}}$ |
| 三年资本平均增长率 | $Y_{12}$ | $Y_{12} = 100 - \frac{100}{1 + 1.2141e^{2.2610x}}$ |
| 销售增长趋势 | $Y_{13}$ | $Y_{13} = 100.02 - \frac{112.82}{1 + 4.3192e^{3.8270x}}$ |
| 利润增长趋势 | $Y_{14}$ | $Y_{14} = 100.78 - \frac{100.78}{1 + 1.1959e^{2.3689x}}$ |
| 主营业务利润率提高 | $Y_{15}$ | $Y_{15} = 104.92 - \frac{104.92}{1 + 1.2750e^{4.1039x}}$ |
| 流动资金周转改善度 | $Y_{16}$ | $Y_{16} = 100.03 - \frac{100.04}{1 + 2.8275e^{1.8498x}}$ |
| 总资产周转改善度 | $Y_{17}$ | $Y_{17} = 100 - \frac{100}{1 + 2.0442e^{5.7070x}}$ |
| 存货周转改善度 | $Y_{18}$ | $Y_{18} = 100.01 - \frac{100.01}{1 + 3.9186e^{2.5472x}}$ |
| 应收款周转改善度 | $Y_{19}$ | $Y_{19} = 100 - \frac{100}{1 + 3.5256e^{4.8311x}}$ |
| 盈利能力得分 | $Y_{20}$ | $Y_{20} = 0.4_{Y1} + 0.2_{Y2} + 0.3_{Y3} + 0.1_{Y4}$ |
| 偿债能力得分 | $Y_{21}$ | $Y_{21} = \frac{1}{4}\sum_{i=5}^{8} Y_i$ |
| 成长性得分 | $Y_{22}$ | $Y_{22} = \frac{1}{6}\sum_{i=9}^{14} Y_i$ |
| 运营改善效果得分 | $Y_{23}$ | $Y_{23} = \frac{1}{5}\sum_{i=15}^{19} Y_i$ |
| 综合得分 | $Y_{24}$ | $Y_{24} = 0.4_{Y20} + 0.2_{Y21} + 0.3_{Y22} + 0.1_{Y23}$ |

# 经营绩效排序表

| 排名 | 股票代码 | 股票简称 | 得分 | 2001年度排名 | 排名 | 股票代码 | 股票简称 | 得分 | 2001年度排名 |
|---|---|---|---|---|---|---|---|---|---|
| 1 | 000619 | 海螺型材 | 92.56 | 1 | 43 | 000939 | 凯迪电力 | 83.89 | 7 |
| 2 | 600309 | 烟台万华 | 92.27 | / | 44 | 000538 | 云南白药 | 83.73 | 77 |
| 3 | 600057 | 厦新电子 | 90.65 | 963 | 45 | 000817 | 辽河油田 | 83.66 | 29 |
| 4 | 000542 | TCL通迅 | 90.23 | 100 | 46 | 000549 | 湘火炬A | 83.63 | 322 |
| 5 | 000602 | 金马集团 | 90.18 | 526 | 47 | 600742 | 一汽四环 | 83.62 | 50 |
| 6 | 600256 | 广汇股份 | 90.06 | 2 | 48 | 000528 | 桂柳工A | 83.59 | 609 |
| 7 | 000416 | 健特生物 | 89.73 | 212 | 49 | 600880 | 博瑞传播 | 83.54 | 131 |
| 8 | 000037 | 深南电A | 89.43 | 43 | 50 | 600302 | 标准股份 | 83.50 | 61 |
| 9 | 600270 | 外运发展 | 88.99 | 3 | 51 | 000662 | 广西红日 | 83.44 | 668 |
| 10 | 000157 | 中联重科 | 88.21 | 5 | 52 | 600825 | 华联超市 | 83.41 | 365 |
| 11 | 600367 | 红星发展 | 88.21 | / | 53 | 600333 | 长春燃气 | 83.36 | 53 |
| 12 | 600791 | 天创置业 | 88.09 | 778 | 54 | 600380 | 太太药业 | 83.31 | / |
| 13 | 600519 | 贵州茅台 | 87.35 | / | 55 | 000423 | 东阿阿胶 | 83.30 | 15 |
| 14 | 000518 | 四环生物 | 87.10 | 10 | 56 | 600879 | 火箭股份 | 83.22 | 32 |
| 15 | 600130 | 波导股份 | 86.97 | 37 | 57 | 600386 | 北京巴士 | 83.15 | / |
| 16 | 600418 | 江淮汽车 | 86.87 | / | 58 | 600210 | 紫江企业 | 83.10 | 93 |
| 17 | 600398 | 凯诺科技 | 86.42 | 21 | 59 | 000978 | 桂林旅游 | 83.07 | 75 |
| 18 | 600588 | 用友软件 | 86.30 | / | 60 | 600276 | 恒瑞医药 | 83.05 | 60 |
| 19 | 600756 | 浪潮软件 | 85.73 | 19 | 61 | 600817 | 宏盛科技 | 83.03 | 896 |
| 20 | 600308 | 华泰股份 | 85.64 | 149 | 62 | 600033 | 福建高速 | 83.03 | / |
| 21 | 600686 | 厦门汽车 | 85.32 | 375 | 63 | 000539 | 粤电力A | 83.01 | 8 |
| 22 | 600037 | 歌华有线 | 85.24 | / | 64 | 600081 | 东风科技 | 82.94 | 279 |
| 23 | 600085 | 同仁堂 | 85.16 | 22 | 65 | 600488 | 天药股份 | 82.93 | / |
| 24 | 000625 | 长安汽车 | 85.11 | 274 | 66 | 000089 | 深圳机场 | 82.93 | 13 |
| 25 | 600018 | 上港集箱 | 84.99 | 9 | 67 | 000063 | 中兴通讯 | 82.89 | 36 |
| 26 | 000975 | 科学城 | 84.95 | 86 | 68 | 600177 | 雅戈尔 | 82.89 | 72 |
| 27 | 600711 | 雄震集团 | 84.91 | 128 | 69 | 000778 | 新兴铸管 | 82.85 | 83 |
| 28 | 000088 | 盐田港A | 84.75 | 137 | 70 | 600818 | ST永久 | 82.85 | 914 |
| 29 | 000069 | 华侨城A | 84.70 | 386 | 71 | 600231 | 凌钢股份 | 82.81 | 242 |
| 30 | 000680 | 山推股份 | 84.63 | 381 | 72 | 000989 | 九芝堂 | 82.72 | 81 |
| 31 | 000035 | 中科健A | 84.47 | 444 | 73 | 600601 | 方正科技 | 82.70 | 251 |
| 32 | 600376 | 天鸿宝业 | 84.44 | / | 74 | 600098 | 广州控股 | 82.62 | 44 |
| 33 | 000027 | 深能源A | 84.43 | 96 | 75 | 600316 | 洪都航空 | 82.58 | 99 |
| 34 | 600636 | 三爱富 | 84.40 | 133 | 76 | 000667 | 华一投资 | 82.54 | 845 |
| 35 | 600717 | 天津港 | 84.31 | 35 | 77 | 600282 | 南钢股份 | 82.49 | 284 |
| 36 | 200160 | 帝贤B | 84.20 | 199 | 78 | 600104 | 上海汽车 | 82.49 | 67 |
| 37 | 000726 | 鲁泰A | 84.11 | 79 | 79 | 600257 | 洞庭水殖 | 82.48 | 127 |
| 38 | 600660 | 福耀玻璃 | 84.07 | 42 | 80 | 600232 | 金鹰股份 | 82.43 | 263 |
| 39 | 600610 | 中国纺机 | 84.07 | 903 | 81 | 000488 | 晨鸣纸业 | 82.38 | 389 |
| 40 | 600006 | 东风汽车 | 84.05 | 196 | 82 | 600300 | 维维股份 | 82.36 | 123 |
| 41 | 600663 | 陆家嘴 | 83.94 | 573 | 83 | 600589 | 广东榕泰 | 82.34 | / |
| 42 | 600556 | 北生药业 | 83.92 | / | 84 | 600188 | 兖州煤业 | 82.31 | 82 |

| 排名 | 股票代码 | 股票简称 | 得分 | 2001 年度排名 |
|---|---|---|---|---|
| 85 | 600330 | 天通股份 | 82.31 | / |
| 86 | 000895 | 双汇发展 | 82.30 | 152 |
| 87 | 600508 | 上海能源 | 82.21 | / |
| 88 | 000510 | 金路集团 | 82.20 | 559 |
| 89 | 600066 | 宇通客车 | 82.18 | 250 |
| 90 | 600518 | 康美药业 | 82.16 | / |
| 91 | 000615 | 湖北金环 | 82.16 | 643 |
| 92 | 000903 | 云内动力 | 82.14 | 160 |
| 93 | 600038 | 哈飞股份 | 82.08 | 184 |
| 94 | 600887 | 伊利股份 | 82.08 | 138 |
| 95 | 600396 | 金山股份 | 82.07 | / |
| 96 | 000639 | 金德发展 | 82.07 | 418 |
| 97 | 600326 | 西藏天路 | 82.06 | / |
| 98 | 000096 | 广聚能源 | 81.96 | 146 |
| 99 | 000607 | 华立控股 | 81.93 | 85 |
| 100 | 200512 | 闽灿坤 B | 81.92 | 225 |
| 101 | 000541 | 佛山照明 | 81.86 | 41 |
| 102 | 600356 | 恒丰纸业 | 81.82 | / |
| 103 | 600500 | 中化国际 | 81.79 | 409 |
| 104 | 600305 | 恒顺醋业 | 81.77 | / |
| 105 | 000406 | 石油大明 | 81.76 | 76 |
| 106 | 000676 | 思达高科 | 81.76 | 171 |
| 107 | 600009 | 上海机场 | 81.75 | 49 |
| 108 | 000014 | 沙河股份 | 81.72 | 159 |
| 109 | 600642 | 申能股份 | 81.65 | 257 |
| 110 | 600845 | 宝信软件 | 81.64 | 213 |
| 111 | 000932 | 华菱管线 | 81.57 | 234 |
| 112 | 000022 | 深赤湾 A | 81.56 | 295 |
| 113 | 600368 | 五洲交通 | 81.54 | 24 |
| 114 | 000402 | 金融街 | 81.53 | 244 |
| 115 | 000550 | 江铃汽车 | 81.53 | 371 |
| 116 | 600337 | 美克股份 | 81.52 | 55 |
| 117 | 600707 | 彩虹股份 | 81.49 | 600 |
| 118 | 600608 | 上海科技 | 81.38 | 230 |
| 119 | 600074 | 南京中达 | 81.36 | 312 |
| 120 | 600296 | 兰州铝业 | 81.36 | 102 |
| 121 | 600795 | 国电电力 | 81.34 | 4 |
| 122 | 000792 | 盐湖钾肥 | 81.34 | 183 |
| 123 | 000876 | 新希望 | 81.33 | 147 |
| 124 | 000919 | 金陵药业 | 81.31 | 38 |
| 125 | 000970 | 中科三环 | 81.28 | 188 |
| 126 | 600366 | 宁波韵升 | 81.27 | 117 |

| 排名 | 股票代码 | 股票简称 | 得分 | 2001 年度排名 |
|---|---|---|---|---|
| 127 | 000969 | 安泰科技 | 81.27 | 84 |
| 128 | 600761 | 安徽合力 | 81.26 | 237 |
| 129 | 600724 | 宁波富达 | 81.17 | 174 |
| 130 | 000877 | 天山股份 | 81.15 | 114 |
| 131 | 600750 | 江中药业 | 81.14 | 57 |
| 132 | 600087 | 南京水运 | 81.10 | 118 |
| 133 | 600323 | 南海发展 | 81.08 | 48 |
| 134 | 600011 | 华能国际 | 81.05 | / |
| 135 | 600062 | 双鹤药业 | 81.05 | 64 |
| 136 | 000581 | 威孚高科 | 80.98 | 104 |
| 137 | 600363 | 联创光电 | 80.97 | / |
| 138 | 000717 | 韶钢松山 | 80.96 | 654 |
| 139 | 000936 | 华西村 | 80.95 | 92 |
| 140 | 600265 | 景谷林业 | 80.95 | 518 |
| 141 | 000156 | 安塑股份 | 80.94 | 290 |
| 142 | 600289 | 亿阳信通 | 80.92 | 14 |
| 143 | 600620 | 天宸股份 | 80.91 | 790 |
| 144 | 600606 | 金丰投资 | 80.86 | 176 |
| 145 | 000983 | 西山煤电 | 80.82 | 51 |
| 146 | 000700 | 模塑科技 | 80.81 | 187 |
| 147 | 600633 | 白猫股份 | 80.80 | 528 |
| 148 | 000933 | 神火股份 | 80.78 | 80 |
| 149 | 000990 | 诚志股份 | 80.74 | 166 |
| 150 | 600008 | 首创股份 | 80.73 | 27 |
| 151 | 600303 | 曙光股份 | 80.63 | 150 |
| 152 | 600855 | 航天长峰 | 80.62 | 172 |
| 153 | 600167 | 沈阳新开 | 80.53 | 987 |
| 154 | 600339 | 天利高新 | 80.52 | 154 |
| 155 | 000806 | 银河科技 | 80.52 | 95 |
| 156 | 600569 | 安阳钢铁 | 80.49 | / |
| 157 | 000038 | 深大通 A | 80.48 | 910 |
| 158 | 600768 | 宁波富邦 | 80.43 | 909 |
| 159 | 000977 | 浪潮信息 | 80.41 | 169 |
| 160 | 600780 | 通宝能源 | 80.41 | 87 |
| 161 | 600777 | 新潮实业 | 80.29 | 181 |
| 162 | 000869 | 张裕 A | 80.27 | 52 |
| 163 | 000793 | 燃气股份 | 80.27 | 106 |
| 164 | 000153 | 丰原药业 | 80.24 | 66 |
| 165 | 600710 | 常林股份 | 80.24 | 544 |
| 166 | 600180 | 九发股份 | 80.21 | 91 |
| 167 | 600676 | 交运股份 | 80.17 | 98 |
| 168 | 600747 | 大显股份 | 80.13 | 73 |

| 排名 | 股票代码 | 股票简称 | 得分 | 2001 年度排名 |
|---|---|---|---|---|
| 169 | 000753 | 漳州发展 | 80.07 | 487 |
| 170 | 000920 | 南方汇通 | 80.06 | 65 |
| 171 | 000937 | 金牛能源 | 80.06 | 46 |
| 172 | 000858 | 五粮液 | 80.06 | 78 |
| 173 | 600261 | 浙江阳光 | 80.05 | 11 |
| 174 | 600652 | 爱使股份 | 80.05 | 113 |
| 175 | 600383 | 金地集团 | 80.00 | / |
| 176 | 600307 | 酒钢宏兴 | 79.99 | 293 |
| 177 | 000036 | 华联控股 | 79.99 | 143 |
| 178 | 600196 | 复星实业 | 79.98 | 151 |
| 179 | 000956 | 中原油气 | 79.95 | 18 |
| 180 | 600126 | 杭钢股份 | 79.95 | 207 |
| 181 | 600220 | 江苏阳光 | 79.91 | 12 |
| 182 | 600782 | 新华股份 | 79.88 | 236 |
| 183 | 600019 | 宝钢股份 | 79.85 | 492 |
| 184 | 600310 | 桂东电力 | 79.84 | / |
| 185 | 600110 | 中科英华 | 79.82 | 107 |
| 186 | 600827 | 友谊股份 | 79.74 | 449 |
| 187 | 600277 | 亿利科技 | 79.73 | 229 |
| 188 | 600785 | 新华百货 | 79.73 | 155 |
| 189 | 600567 | 山鹰纸业 | 79.72 | / |
| 190 | 000825 | 太钢不锈 | 79.72 | 307 |
| 191 | 600226 | 升华拜克 | 79.71 | 20 |
| 192 | 600771 | 东盛科技 | 79.69 | 241 |
| 193 | 600834 | 申通地铁 | 79.69 | 129 |
| 194 | 600895 | 张江高科 | 79.67 | 499 |
| 195 | 000559 | 万向钱潮 | 79.61 | 266 |
| 196 | 600400 | 红豆股份 | 79.55 | / |
| 197 | 600269 | 赣粤高速 | 79.54 | 105 |
| 198 | 000930 | 丰原生化 | 79.53 | 208 |
| 199 | 600238 | 海南椰岛 | 79.51 | 54 |
| 200 | 000637 | 茂化实华 | 79.51 | 412 |
| 201 | 600395 | 盘江股份 | 79.44 | / |
| 202 | 600651 | 飞乐音响 | 79.44 | 33 |
| 203 | 000736 | 重庆实业 | 79.39 | 179 |
| 204 | 600253 | 天方药业 | 79.36 | 228 |
| 205 | 600607 | 上实联合 | 79.34 | 116 |
| 206 | 600866 | 星湖科技 | 79.34 | 282 |
| 207 | 600233 | 大连创世 | 79.32 | 357 |
| 208 | 600558 | 大西洋 | 79.21 | / |
| 209 | 600501 | 航天晨光 | 79.20 | / |
| 210 | 000605 | 四环药业 | 79.16 | 458 |

| 排名 | 股票代码 | 股票简称 | 得分 | 2001 年度排名 |
|---|---|---|---|---|
| 211 | 000831 | 关铝股份 | 79.14 | 153 |
| 212 | 600737 | 新疆屯河 | 79.12 | 601 |
| 213 | 600708 | 海博股份 | 79.08 | 608 |
| 214 | 600291 | 西水股份 | 79.07 | 132 |
| 215 | 600851 | 海欣股份 | 79.06 | 148 |
| 216 | 600298 | 安琪酵母 | 79.04 | 25 |
| 217 | 600120 | 浙江东方 | 79.00 | 508 |
| 218 | 600123 | 兰花科创 | 78.98 | 264 |
| 219 | 600089 | 特变电工 | 78.98 | 358 |
| 220 | 000626 | 如意集团 | 78.98 | 340 |
| 221 | 600292 | 九龙电力 | 78.97 | 69 |
| 222 | 600283 | 钱江水利 | 78.92 | 261 |
| 223 | 200053 | 深基地 B | 78.91 | 74 |
| 224 | 000988 | 华工科技 | 78.89 | 126 |
| 225 | 000525 | 红太阳 | 78.88 | 62 |
| 226 | 600381 | 白唇鹿 | 78.87 | / |
| 227 | 000516 | 陕解放 A | 78.87 | 558 |
| 228 | 600016 | 民生银行 | 78.84 | 259 |
| 229 | 600315 | 上海家化 | 78.82 | / |
| 230 | 600166 | 福田汽车 | 78.81 | 599 |
| 231 | 600797 | 浙大网新 | 78.80 | 325 |
| 232 | 600662 | 强生控股 | 78.79 | 217 |
| 233 | 600635 | 大众科创 | 78.77 | 453 |
| 234 | 000061 | 农产品 | 78.74 | 347 |
| 235 | 000617 | 石油济柴 | 78.74 | 417 |
| 236 | 000839 | 中信国安 | 78.59 | 156 |
| 237 | 600675 | 中华企业 | 78.59 | 161 |
| 238 | 600466 | 迪康药业 | 78.58 | / |
| 239 | 000522 | 白云山 A | 78.57 | 719 |
| 240 | 600241 | 辽宁时代 | 78.55 | 456 |
| 241 | 600252 | 梧州中恒 | 78.53 | 460 |
| 242 | 600705 | 北亚集团 | 78.52 | 158 |
| 243 | 600288 | 大恒科技 | 78.52 | 185 |
| 244 | 600831 | 广电网络 | 78.50 | 971 |
| 245 | 600422 | 昆明制药 | 78.50 | 119 |
| 246 | 000099 | 中信海直 | 78.47 | 56 |
| 247 | 000548 | 湖南投资 | 78.46 | 121 |
| 248 | 600005 | 武钢股份 | 78.45 | 291 |
| 249 | 600725 | 云维股份 | 78.43 | 31 |
| 250 | 600279 | 重庆港九 | 78.39 | 40 |
| 251 | 600237 | 铜峰电子 | 78.39 | 26 |
| 252 | 000900 | 现代投资 | 78.37 | 16 |

| 排名 | 股票代码 | 股票简称 | 得分 | 2001 年度排名 |
|---|---|---|---|---|
| 253 | 600070 | 浙江富润 | 78.36 | 694 |
| 254 | 900948 | 伊煤 B 股 | 78.36 | 315 |
| 255 | 600101 | 明星电力 | 78.36 | 124 |
| 256 | 600189 | 吉林森工 | 78.34 | 267 |
| 257 | 600885 | 力诺工业 | 78.33 | 742 |
| 258 | 600191 | 华资实业 | 78.29 | 220 |
| 259 | 600201 | 金宇集团 | 78.27 | 699 |
| 260 | 000898 | 鞍钢新轧 | 78.27 | 567 |
| 261 | 000666 | 经纬纺机 | 78.26 | 135 |
| 262 | 000739 | 普洛药业 | 78.24 | 1035 |
| 263 | 000659 | 珠海中富 | 78.24 | 485 |
| 264 | 600200 | 江苏吴中 | 78.23 | 68 |
| 265 | 600656 | 华源制药 | 78.21 | 557 |
| 266 | 600052 | 浙江广厦 | 78.19 | 895 |
| 267 | 600730 | 中国高科 | 78.18 | 286 |
| 268 | 600874 | 创业环保 | 78.17 | 538 |
| 269 | 000065 | 北方国际 | 78.17 | 667 |
| 270 | 600079 | 人福科技 | 78.16 | 454 |
| 271 | 600153 | 厦门建发 | 78.12 | 436 |
| 272 | 600235 | 民丰特纸 | 78.10 | 355 |
| 273 | 600275 | 武昌鱼 | 78.10 | 70 |
| 274 | 000429 | 粤高速 A | 78.08 | 71 |
| 275 | 600690 | 青岛海尔 | 78.06 | 23 |
| 276 | 600247 | 物华股份 | 78.05 | / |
| 277 | 600841 | 上柴股份 | 78.04 | 405 |
| 278 | 000024 | 招商局 A | 78.03 | 385 |
| 279 | 000805 | 炎黄物流 | 78.00 | 542 |
| 280 | 200986 | 粤华包 B | 77.98 | 392 |
| 281 | 000807 | 云铝股份 | 77.97 | 110 |
| 282 | 000425 | 徐工科技 | 77.96 | 403 |
| 283 | 600634 | 海鸟发展 | 77.96 | 795 |
| 284 | 000002 | 万科 A | 77.96 | 570 |
| 285 | 000690 | 宝丽华 | 77.94 | 275 |
| 286 | 600726 | 龙电股份 | 77.93 | 58 |
| 287 | 600740 | 山西焦化 | 77.90 | 441 |
| 288 | 000517 | 甬成功 | 77.90 | 111 |
| 289 | 000811 | 烟台冰轮 | 77.88 | 301 |
| 290 | 600762 | 金荔科技 | 77.87 | 341 |
| 291 | 600267 | 海正药业 | 77.86 | 215 |
| 292 | 000709 | 唐钢股份 | 77.85 | 247 |
| 293 | 600219 | 南山实业 | 77.84 | 218 |
| 294 | 000973 | 佛塑股份 | 77.82 | 397 |
| 295 | 000786 | 北新建材 | 77.82 | 277 |
| 296 | 000997 | 新大陆 | 77.77 | 103 |
| 297 | 000068 | 赛格三星 | 77.68 | 136 |
| 298 | 600246 | 先锋股份 | 77.68 | 901 |
| 299 | 600084 | 新天国际 | 77.67 | 488 |
| 300 | 600215 | 长春经开 | 77.66 | 304 |
| 301 | 600360 | 华微电子 | 77.65 | / |
| 302 | 600102 | 莱钢股份 | 77.65 | 491 |
| 303 | 000513 | 丽珠集团 | 77.64 | 210 |
| 304 | 600664 | 哈药集团 | 77.62 | 406 |
| 305 | 600301 | 南化股份 | 77.58 | 434 |
| 306 | 000910 | 大亚科技 | 77.57 | 182 |
| 307 | 600161 | 天坛生物 | 77.48 | 303 |
| 308 | 600010 | 钢联股份 | 77.46 | / |
| 309 | 600506 | 香梨股份 | 77.46 | / |
| 310 | 600789 | 鲁抗医药 | 77.45 | 395 |
| 311 | 600568 | 潜江制药 | 77.44 | / |
| 312 | 600152 | 维科精华 | 77.44 | 555 |
| 313 | 000767 | 漳泽电力 | 77.44 | 258 |
| 314 | 600118 | 中国卫星 | 77.41 | 540 |
| 315 | 600555 | 茉织华 | 77.41 | 17 |
| 316 | 001696 | ST 联益 | 77.37 | 684 |
| 317 | 600328 | 兰太实业 | 77.34 | 221 |
| 318 | 000651 | 格力电器 | 77.33 | 497 |
| 319 | 000612 | 焦作万方 | 77.33 | 361 |
| 320 | 000725 | 京东方 A | 77.28 | 326 |
| 321 | 600377 | 宁沪高速 | 77.27 | / |
| 322 | 600888 | 新疆众和 | 77.27 | 500 |
| 323 | 000430 | 张家界 | 77.26 | 367 |
| 324 | 000301 | 丝绸股份 | 77.23 | 370 |
| 325 | 600815 | 厦工股份 | 77.22 | 564 |
| 326 | 600227 | 赤天化 | 77.21 | 256 |
| 327 | 600285 | 羚锐股份 | 77.20 | 97 |
| 328 | 000039 | 中集集团 | 77.19 | 177 |
| 329 | 000911 | 南宁糖业 | 77.19 | 627 |
| 330 | 600599 | 浏阳花炮 | 77.18 | / |
| 331 | 000532 | 粤华电 A | 77.17 | 791 |
| 332 | 600626 | 申达股份 | 77.14 | 342 |
| 333 | 000731 | 四川美丰 | 77.07 | 245 |
| 334 | 000652 | 泰达股份 | 77.06 | 246 |
| 335 | 600720 | 祁连山 | 77.04 | 142 |
| 336 | 600741 | 巴士股份 | 77.03 | 260 |

| 排名 | 股票代码 | 股票简称 | 得分 | 2001 年度排名 |
|---|---|---|---|---|
| 337 | 600332 | 广州药业 | 77.03 | / |
| 338 | 000859 | 国风塑业 | 77.02 | 297 |
| 339 | 000531 | 穗恒运 A | 77.01 | 442 |
| 340 | 000599 | 青岛双星 | 77.01 | 262 |
| 341 | 000503 | 海虹控股 | 76.99 | 253 |
| 342 | 600736 | 苏州高新 | 76.99 | 664 |
| 343 | 600272 | 开开实业 | 76.96 | 519 |
| 344 | 600868 | 梅雁股份 | 76.94 | 272 |
| 345 | 600299 | 星新材料 | 76.92 | 287 |
| 346 | 600832 | 东方明珠 | 76.89 | 299 |
| 347 | 600729 | 重庆百货 | 76.85 | 836 |
| 348 | 200168 | 雷伊 B | 76.85 | 714 |
| 349 | 600764 | 三星石化 | 76.83 | 349 |
| 350 | 000949 | 新乡化纤 | 76.81 | 541 |
| 351 | 600696 | 利嘉股份 | 76.78 | 552 |
| 352 | 600055 | 万东医疗 | 76.78 | 343 |
| 353 | 000078 | 海王生物 | 76.77 | 39 |
| 354 | 600287 | 江苏舜天 | 76.73 | 316 |
| 355 | 000601 | 韶能股份 | 76.73 | 285 |
| 356 | 200770 | 武锅 B | 76.71 | 581 |
| 357 | 600596 | 新安股份 | 76.70 | / |
| 358 | 600078 | 澄星股份 | 76.66 | 428 |
| 359 | 600100 | 清华同方 | 76.63 | 88 |
| 360 | 600863 | 内蒙华电 | 76.62 | 165 |
| 361 | 000810 | 华润锦华 | 76.61 | 849 |
| 362 | 600183 | 生益科技 | 76.59 | 350 |
| 363 | 600382 | 广东明珠 | 76.59 | / |
| 364 | 600808 | 马钢股份 | 76.59 | 429 |
| 365 | 000504 | 赛迪传媒 | 76.58 | 376 |
| 366 | 600600 | 青岛啤酒 | 76.57 | 480 |
| 367 | 600151 | 航天机电 | 76.56 | 222 |
| 368 | 000632 | 三木集团 | 76.55 | 534 |
| 369 | 000151 | 中成股份 | 76.54 | 201 |
| 370 | 000866 | 扬子石化 | 76.54 | 924 |
| 371 | 600835 | 上菱电器 | 76.53 | 59 |
| 372 | 600250 | 南纺股份 | 76.52 | / |
| 373 | 000630 | 铜都铜业 | 76.51 | 509 |
| 374 | 000428 | 华天酒店 | 76.43 | 270 |
| 375 | 000848 | 承德露露 | 76.36 | 233 |
| 376 | 000972 | 新中基 | 76.36 | 612 |
| 377 | 600896 | 中海海盛 | 76.34 | 352 |
| 378 | 600262 | 北方股份 | 76.34 | 693 |
| 379 | 000729 | 燕京啤酒 | 76.33 | 175 |
| 380 | 000958 | 东方热电 | 76.28 | 90 |
| 381 | 600388 | 龙净环保 | 76.27 | 101 |
| 382 | 600178 | 东安动力 | 76.26 | 451 |
| 383 | 600286 | 国光瓷业 | 76.26 | 283 |
| 384 | 000852 | 江钻股份 | 76.25 | 120 |
| 385 | 600389 | 江山股份 | 76.25 | / |
| 386 | 000822 | 山东海化 | 76.22 | 268 |
| 387 | 600007 | 中国国贸 | 76.21 | 209 |
| 388 | 000422 | 湖北宜化 | 76.21 | 408 |
| 389 | 600860 | 北人股份 | 76.20 | 368 |
| 390 | 000901 | 航天科技 | 76.14 | 314 |
| 391 | 600145 | 四维瓷业 | 76.14 | 6 |
| 392 | 600162 | 山东临工 | 76.13 | 462 |
| 393 | 000998 | 隆平高科 | 76.09 | 383 |
| 394 | 000421 | 南京中北 | 76.06 | 615 |
| 395 | 600248 | 秦丰农业 | 76.03 | 173 |
| 396 | 600312 | 平高电气 | 76.02 | / |
| 397 | 000631 | 兰宝信息 | 76.00 | 443 |
| 398 | 000752 | 西藏发展 | 75.99 | 255 |
| 399 | 000860 | 顺鑫农业 | 75.97 | 521 |
| 400 | 600849 | 上海医药 | 75.96 | 510 |
| 401 | 600566 | 洪城股份 | 75.96 | / |
| 402 | 600001 | 邯郸钢铁 | 75.92 | 504 |
| 403 | 600809 | 山西汾酒 | 75.92 | 214 |
| 404 | 600658 | 兆维科技 | 75.91 | 140 |
| 405 | 000583 | 托普软件 | 75.91 | 157 |
| 406 | 600391 | 成发科技 | 75.91 | / |
| 407 | 000001 | 深发展 A | 75.91 | 547 |
| 408 | 600106 | 重庆路桥 | 75.88 | 122 |
| 409 | 000426 | 富龙热力 | 75.88 | 535 |
| 410 | 000892 | 长丰通信 | 75.87 | 249 |
| 411 | 000850 | 华茂股份 | 75.85 | 273 |
| 412 | 600063 | 皖维高新 | 75.81 | 180 |
| 413 | 600884 | 杉杉股份 | 75.81 | 374 |
| 414 | 600135 | 乐凯胶片 | 75.78 | 34 |
| 415 | 000629 | 新钢钒 | 75.75 | 553 |
| 416 | 600132 | 重庆啤酒 | 75.75 | 554 |
| 417 | 000551 | 创元科技 | 75.72 | 243 |
| 418 | 000031 | 深宝恒 A | 75.71 | 356 |
| 419 | 600221 | 海南航空 | 75.71 | 332 |
| 420 | 000158 | 常山股份 | 75.67 | 620 |

| 排名 | 股票代码 | 股票简称 | 得分 | 2001 年度排名 |
|---|---|---|---|---|
| 421 | 600121 | 郑州煤电 | 75.65 | 520 |
| 422 | 000515 | 渝钛白 | 75.62 | 769 |
| 423 | 600000 | 浦发银行 | 75.60 | 402 |
| 424 | 600236 | 桂冠电力 | 75.55 | 89 |
| 425 | 600682 | 南京新百 | 75.54 | 548 |
| 426 | 600819 | 耀皮玻璃 | 75.54 | 115 |
| 427 | 600258 | 首旅股份 | 75.52 | 108 |
| 428 | 600329 | 中新药业 | 75.43 | / |
| 429 | 000721 | 西安饮食 | 75.42 | 306 |
| 430 | 600096 | 云天化 | 75.41 | 359 |
| 431 | 000401 | 冀东水泥 | 75.40 | 191 |
| 432 | 600616 | 第一食品 | 75.39 | 452 |
| 433 | 600138 | 中青旅 | 75.39 | 294 |
| 434 | 600297 | 美罗药业 | 75.38 | 269 |
| 435 | 600171 | 上海贝岭 | 75.35 | 109 |
| 436 | 600197 | 伊力特 | 75.35 | 327 |
| 437 | 600230 | 沧州大化 | 75.34 | 787 |
| 438 | 600331 | 宏达股份 | 75.34 | / |
| 439 | 600131 | 岷江水电 | 75.33 | 502 |
| 440 | 000032 | 深桑达 A | 75.33 | 426 |
| 441 | 000959 | 首钢股份 | 75.30 | 466 |
| 442 | 200771 | 杭汽轮 B | 75.30 | 582 |
| 443 | 000755 | 山西三维 | 75.27 | 238 |
| 444 | 600680 | 上海邮通 | 75.26 | 339 |
| 445 | 600699 | 辽源得亨 | 75.24 | 511 |
| 446 | 600390 | 金瑞科技 | 75.23 | / |
| 447 | 600498 | 烽火通信 | 75.20 | / |
| 448 | 600125 | 铁龙股份 | 75.16 | 162 |
| 449 | 000520 | 中国凤凰 | 75.15 | 329 |
| 450 | 600830 | 大红鹰 | 75.13 | 621 |
| 451 | 600611 | 大众交通 | 75.09 | 328 |
| 452 | 600280 | 南京中商 | 75.06 | 482 |
| 453 | 600105 | 永鼎光缆 | 75.05 | 254 |
| 454 | 600059 | 古越龙山 | 75.03 | 613 |
| 455 | 600798 | 宁波海运 | 75.01 | 134 |
| 456 | 000530 | 大冷股份 | 75.01 | 470 |
| 457 | 000916 | 华北高速 | 74.96 | 94 |
| 458 | 600160 | 巨化股份 | 74.96 | 471 |
| 459 | 600090 | 啤酒花 | 74.95 | 407 |
| 460 | 000976 | 春晖股份 | 74.95 | 604 |
| 461 | 600372 | 昌河股份 | 74.94 | / |
| 462 | 000400 | 许继电气 | 74.93 | 198 |

| 排名 | 股票代码 | 股票简称 | 得分 | 2001 年度排名 |
|---|---|---|---|---|
| 463 | 600097 | 华立科技 | 74.92 | 475 |
| 464 | 600666 | 西南药业 | 74.90 | 394 |
| 465 | 000863 | 和光商务 | 74.89 | 448 |
| 466 | 600881 | 亚泰集团 | 74.88 | 681 |
| 467 | 600688 | 上海石化 | 74.88 | 776 |
| 468 | 600091 | 明天科技 | 74.87 | 580 |
| 469 | 600548 | 深高速 | 74.86 | / |
| 470 | 000511 | 银基发展 | 74.77 | 351 |
| 471 | 000815 | 美利纸业 | 74.74 | 467 |
| 472 | 000715 | 中兴商业 | 74.71 | 490 |
| 473 | 600846 | 同济科技 | 74.69 | 871 |
| 474 | 600320 | 振华港机 | 74.69 | 440 |
| 475 | 600650 | 新锦江 | 74.64 | 354 |
| 476 | 600621 | 上海金陵 | 74.64 | 644 |
| 477 | 600550 | 天威保变 | 74.64 | / |
| 478 | 600539 | 狮头股份 | 74.63 | / |
| 479 | 600321 | 国栋建设 | 74.61 | / |
| 480 | 600694 | 大商股份 | 74.61 | 501 |
| 481 | 000623 | 吉林敖东 | 74.60 | 211 |
| 482 | 600319 | 亚星化学 | 74.55 | / |
| 483 | 000906 | 南方建材 | 74.54 | 799 |
| 484 | 600865 | 百大集团 | 74.53 | 768 |
| 485 | 600163 | 福建南纸 | 74.51 | 372 |
| 486 | 000546 | ST 吉轻工 | 74.50 | 996 |
| 487 | 000963 | 华东医药 | 74.48 | 239 |
| 488 | 000897 | 津滨发展 | 74.48 | 728 |
| 489 | 600679 | 凤凰股份 | 74.47 | 731 |
| 490 | 000010 | 深华新 | 74.46 | 960 |
| 491 | 000800 | 一汽轿车 | 74.45 | 756 |
| 492 | 600806 | 交大科技 | 74.43 | 763 |
| 493 | 000693 | 聚友网络 | 74.42 | 240 |
| 494 | 000985 | 大庆华科 | 74.39 | 678 |
| 495 | 600801 | 华新水泥 | 74.39 | 313 |
| 496 | 000830 | 鲁西化工 | 74.39 | 631 |
| 497 | 600378 | 天科股份 | 74.38 | / |
| 498 | 600812 | 华北制药 | 74.33 | 391 |
| 499 | 000968 | 神州股份 | 74.33 | 380 |
| 500 | 600290 | 苏福马 | 74.32 | 483 |
| 501 | 600530 | 交大昂立 | 74.30 | / |
| 502 | 000012 | 南玻科控 | 74.28 | 447 |
| 503 | 600674 | 川投控股 | 74.28 | 195 |
| 504 | 600683 | 银泰股份 | 74.27 | 875 |

| 排名 | 股票代码 | 股票简称 | 得分 | 2001 年度排名 |
|---|---|---|---|---|
| 505 | 000527 | 粤美的 A | 74.20 | 305 |
| 506 | 600295 | 鄂尔多斯 | 74.15 | 141 |
| 507 | 600859 | 王府井 | 74.14 | 539 |
| 508 | 600703 | 天颐科技 | 74.13 | 691 |
| 509 | 000819 | 岳阳兴长 | 74.10 | 762 |
| 510 | 600119 | 长江投资 | 74.10 | 765 |
| 511 | 000999 | 三九医药 | 74.09 | 278 |
| 512 | 000782 | 美达股份 | 74.06 | 744 |
| 513 | 000889 | 渤海物流 | 74.05 | 625 |
| 514 | 000768 | 西飞国际 | 74.05 | 422 |
| 515 | 000046 | 光彩建设 | 74.03 | 648 |
| 516 | 900935 | 阳晨 B 股 | 74.03 | 337 |
| 517 | 000603 | ST 威达 | 73.99 | 1054 |
| 518 | 000812 | 陕西金叶 | 73.99 | 701 |
| 519 | 600697 | 欧亚集团 | 73.97 | 517 |
| 520 | 600207 | 安彩高科 | 73.94 | 226 |
| 521 | 000591 | 桐君阁 | 73.93 | 398 |
| 522 | 600149 | 邢台轧辊 | 73.91 | 463 |
| 523 | 600639 | 浦东金桥 | 73.89 | 767 |
| 524 | 000838 | ST 西化机 | 73.87 | 911 |
| 525 | 600893 | ST 吉发 | 73.86 | 998 |
| 526 | 600260 | 凯乐科技 | 73.86 | 45 |
| 527 | 600148 | 长春一东 | 73.84 | 427 |
| 528 | 000711 | 龙发股份 | 73.83 | 30 |
| 529 | 600833 | 第一医药 | 73.83 | 674 |
| 530 | 000719 | 焦作鑫安 | 73.82 | 603 |
| 531 | 600714 | 山川股份 | 73.81 | 474 |
| 532 | 600867 | 通化东宝 | 73.81 | 334 |
| 533 | 600268 | 国电南自 | 73.78 | 478 |
| 534 | 000912 | 泸天化 | 73.77 | 204 |
| 535 | 000657 | 中钨高新 | 73.71 | 489 |
| 536 | 600217 | 秦岭水泥 | 73.68 | 232 |
| 537 | 000609 | 燕化高新 | 73.67 | 484 |
| 538 | 000880 | 山东巨力 | 73.66 | 652 |
| 539 | 000780 | 草原兴发 | 73.64 | 390 |
| 540 | 000058 | 深赛格 | 73.57 | 951 |
| 541 | 600820 | 隧道股份 | 73.56 | 473 |
| 542 | 600051 | 宁波联合 | 73.55 | 710 |
| 543 | 600239 | 红河光明 | 73.48 | 28 |
| 544 | 600067 | 福州大通 | 73.47 | 410 |
| 545 | 600058 | 龙腾科技 | 73.46 | 669 |
| 546 | 600731 | 湖南海利 | 73.45 | 721 |

| 排名 | 股票代码 | 股票简称 | 得分 | 2001 年度排名 |
|---|---|---|---|---|
| 547 | 600778 | 友好集团 | 73.45 | 658 |
| 548 | 600638 | 新黄浦 | 73.38 | 961 |
| 549 | 600209 | 罗顿发展 | 73.38 | 223 |
| 550 | 000688 | 朝华集团 | 73.37 | 800 |
| 551 | 000888 | 峨眉山 A | 73.36 | 205 |
| 552 | 600336 | 澳柯玛 | 73.35 | 530 |
| 553 | 600278 | 东方创业 | 73.32 | 416 |
| 554 | 600369 | 长运股份 | 73.32 | / |
| 555 | 600056 | 中技贸易 | 73.28 | 464 |
| 556 | 600657 | 青鸟天桥 | 73.27 | 63 |
| 557 | 600155 | 宝硕股份 | 73.27 | 431 |
| 558 | 600181 | 云大科技 | 73.26 | 318 |
| 559 | 000598 | 蓝星清洗 | 73.24 | 167 |
| 560 | 000821 | 京山轻机 | 73.23 | 235 |
| 561 | 000987 | 广州友谊 | 73.23 | 360 |
| 562 | 600775 | 南京熊猫 | 73.22 | 706 |
| 563 | 000720 | 鲁能泰山 | 73.22 | 231 |
| 564 | 600718 | 东软股份 | 73.20 | 186 |
| 565 | 600897 | 厦门机场 | 73.16 | 178 |
| 566 | 000534 | 汕电力 A | 73.15 | 288 |
| 567 | 600765 | 力源液压 | 73.13 | 336 |
| 568 | 600853 | ST 龙建 | 73.12 | 988 |
| 569 | 000404 | 华意压缩 | 73.11 | 869 |
| 570 | 600172 | 黄河旋风 | 73.07 | 611 |
| 571 | 000756 | 新华制药 | 73.05 | 399 |
| 572 | 600311 | 荣华实业 | 73.01 | / |
| 573 | 000837 | 秦川发展 | 73.01 | 568 |
| 574 | 600243 | 青海华鼎 | 73.00 | 495 |
| 575 | 600117 | 西宁特钢 | 72.99 | 770 |
| 576 | 000905 | 厦门路桥 | 72.98 | 513 |
| 577 | 000403 | 三九生化 | 72.96 | 112 |
| 578 | 000608 | 阳光股份 | 72.94 | 616 |
| 579 | 000417 | 合肥百货 | 72.94 | 377 |
| 580 | 000633 | 合金投资 | 72.92 | 759 |
| 581 | 600898 | PT 郑百文 | 72.86 | 1047 |
| 582 | 600792 | 云南马龙 | 72.83 | 918 |
| 583 | 600627 | 电器股份 | 72.82 | 614 |
| 584 | 000787 | 创智科技 | 72.80 | 550 |
| 585 | 000993 | 闽东电力 | 72.80 | 317 |
| 586 | 600028 | 中国石化 | 72.79 | / |
| 587 | 600054 | 黄山旅游 | 72.77 | 164 |
| 588 | 000021 | 深科技 A | 72.72 | 838 |

| 排名 | 股票代码 | 股票简称 | 得分 | 2001 年度排名 |
|---|---|---|---|---|
| 589 | 600649 | 原水股份 | 72.70 | 320 |
| 590 | 000971 | 湖北迈亚 | 72.68 | 369 |
| 591 | 600141 | 兴发集团 | 72.67 | 190 |
| 592 | 000967 | 上风高科 | 72.64 | 200 |
| 593 | 600739 | 辽宁成大 | 72.63 | 565 |
| 594 | 600255 | 鑫科材料 | 72.62 | 378 |
| 595 | 600641 | 中远发展 | 72.60 | 224 |
| 596 | 000677 | 山东海龙 | 72.59 | 817 |
| 597 | 600223 | 万杰高科 | 72.56 | 170 |
| 598 | 600668 | 尖峰集团 | 72.54 | 532 |
| 599 | 900949 | 东电 B 股 | 72.53 | 281 |
| 600 | 000982 | 圣雪绒 | 72.52 | 732 |
| 601 | 000735 | 罗牛山 | 72.49 | 411 |
| 602 | 600060 | 海信电器 | 72.48 | 843 |
| 603 | 600111 | 稀土高科 | 72.47 | 514 |
| 604 | 600122 | 宏图高科 | 72.44 | 461 |
| 605 | 000703 | 世纪光华 | 72.43 | 477 |
| 606 | 600661 | 交大南洋 | 72.43 | 585 |
| 607 | 600229 | 青岛碱业 | 72.43 | 276 |
| 608 | 600225 | 天香集团 | 72.42 | 709 |
| 609 | 600836 | 界龙实业 | 72.41 | 610 |
| 610 | 600359 | 新农开发 | 72.41 | 926 |
| 611 | 000723 | 天宇电气 | 72.38 | 1041 |
| 612 | 000883 | 三环股份 | 72.37 | 729 |
| 613 | 000506 | 东泰控股 | 72.36 | 578 |
| 614 | 600637 | 广电信息 | 72.34 | 685 |
| 615 | 600345 | 长江通信 | 72.33 | 168 |
| 616 | 000543 | 皖能电力 | 72.32 | 345 |
| 617 | 900929 | 国旅 B 股 | 72.32 | 663 |
| 618 | 600108 | 亚盛集团 | 72.30 | 525 |
| 619 | 000610 | 西安旅游 | 72.30 | 396 |
| 620 | 600824 | 益民百货 | 72.27 | 321 |
| 621 | 000707 | 双环科技 | 72.25 | 549 |
| 622 | 600692 | 亚通股份 | 72.18 | 465 |
| 623 | 600687 | 新宇软件 | 72.15 | 227 |
| 624 | 600419 | 新疆天宏 | 72.13 | / |
| 625 | 600083 | ST 红光 | 72.13 | 781 |
| 626 | 600787 | 中储股份 | 72.12 | 506 |
| 627 | 600614 | 胶带股份 | 72.04 | 496 |
| 628 | 600755 | 厦门国贸 | 72.03 | 878 |
| 629 | 000836 | 天大天财 | 72.00 | 331 |
| 630 | 600128 | 弘业股份 | 71.99 | 735 |

| 排名 | 股票代码 | 股票简称 | 得分 | 2001 年度排名 |
|---|---|---|---|---|
| 631 | 900939 | 汇丽 B 股 | 71.99 | 561 |
| 632 | 000790 | 华神集团 | 71.95 | 292 |
| 633 | 600767 | 运盛实业 | 71.94 | 638 |
| 634 | 600093 | 禾嘉股份 | 71.93 | 825 |
| 635 | 600129 | 太极集团 | 71.88 | 298 |
| 636 | 600212 | 江泉实业 | 71.88 | 194 |
| 637 | 600716 | 耀华玻璃 | 71.88 | 450 |
| 638 | 600176 | 中国化建 | 71.85 | 632 |
| 639 | 600072 | 江南重工 | 71.85 | 379 |
| 640 | 600678 | 四川金顶 | 71.84 | 882 |
| 641 | 000779 | 三毛派神 | 71.84 | 884 |
| 642 | 600003 | 东北高速 | 71.82 | 144 |
| 643 | 600071 | 凤凰光学 | 71.79 | 193 |
| 644 | 000043 | 深南光 A | 71.78 | 1009 |
| 645 | 600468 | 特精股份 | 71.74 | / |
| 646 | 000636 | 风华高科 | 71.72 | 662 |
| 647 | 600170 | 上海建工 | 71.71 | 818 |
| 648 | 600673 | 成量股份 | 71.66 | 713 |
| 649 | 000671 | 石狮新发 | 71.66 | 811 |
| 650 | 000708 | 大冶特钢 | 71.64 | 851 |
| 651 | 600684 | 珠江实业 | 71.63 | 783 |
| 652 | 600133 | 东湖高新 | 71.62 | 414 |
| 653 | 000554 | 泰山石油 | 71.62 | 330 |
| 654 | 600811 | 东方集团 | 71.61 | 432 |
| 655 | 000908 | 天一科技 | 71.59 | 563 |
| 656 | 600193 | 创兴科技 | 71.57 | 457 |
| 657 | 000759 | 武汉中百 | 71.56 | 618 |
| 658 | 000832 | 龙涤股份 | 71.56 | 898 |
| 659 | 600754 | 新亚股份 | 71.51 | 562 |
| 660 | 600109 | 成都建投 | 71.51 | 1032 |
| 661 | 000655 | 华光陶瓷 | 71.51 | 435 |
| 662 | 000890 | 法尔胜 | 71.49 | 189 |
| 663 | 600242 | 华龙集团 | 71.36 | 622 |
| 664 | 600796 | 钱江生化 | 71.36 | 516 |
| 665 | 000705 | 浙江震元 | 71.35 | 543 |
| 666 | 000882 | 华联股份 | 71.27 | 806 |
| 667 | 000913 | 钱江摩托 | 71.17 | 656 |
| 668 | 600786 | ST 东锅 | 71.15 | 1049 |
| 669 | 000757 | 方向光电 | 71.14 | 730 |
| 670 | 000733 | 振华科技 | 71.13 | 310 |
| 671 | 600205 | 山东铝业 | 71.13 | 522 |
| 672 | 000926 | 福星科技 | 71.12 | 505 |

| 排名 | 股票代码 | 股票简称 | 得分 | 2001 年度排名 |
|---|---|---|---|---|
| 673 | 000419 | 通程控股 | 71.08 | 725 |
| 674 | 600318 | 巢东股份 | 71.06 | 373 |
| 675 | 600528 | 中铁二局 | 71.05 | / |
| 676 | 000589 | 黔轮胎 A | 71.04 | 865 |
| 677 | 600165 | 宁夏恒力 | 71.02 | 344 |
| 678 | 000007 | 深达声 A | 71.00 | 750 |
| 679 | 000565 | 渝三峡 A | 70.97 | 872 |
| 680 | 000952 | 广济药业 | 70.95 | 468 |
| 681 | 000155 | 川化股份 | 70.95 | 624 |
| 682 | 000702 | 正虹科技 | 70.94 | 425 |
| 683 | 000606 | 青海明胶 | 70.89 | 125 |
| 684 | 600075 | 新疆天业 | 70.87 | 720 |
| 685 | 000862 | 吴忠仪表 | 70.87 | 323 |
| 686 | 600790 | 轻纺城 | 70.86 | 773 |
| 687 | 000966 | 长源电力 | 70.85 | 439 |
| 688 | 000935 | 四川双马 | 70.85 | 424 |
| 689 | 600748 | 上实发展 | 70.84 | 761 |
| 690 | 000899 | 赣能股份 | 70.82 | 333 |
| 691 | 600689 | 上海三毛 | 70.77 | 751 |
| 692 | 600168 | 武汉控股 | 70.76 | 219 |
| 693 | 000722 | 金果实业 | 70.72 | 163 |
| 694 | 000925 | 浙大海纳 | 70.71 | 319 |
| 695 | 600889 | 南京化纤 | 70.69 | 676 |
| 696 | 600829 | 天鹅股份 | 70.65 | 363 |
| 697 | 000957 | 中通客车 | 70.64 | 382 |
| 698 | 600706 | 长安信息 | 70.62 | 420 |
| 699 | 600094 | 华源股份 | 70.58 | 366 |
| 700 | 000961 | 大连金牛 | 70.57 | 707 |
| 701 | 600080 | 金花股份 | 70.54 | 515 |
| 702 | 000758 | 中色建设 | 70.50 | 927 |
| 703 | 000042 | 深长城 A | 70.50 | 705 |
| 704 | 600861 | 北京城乡 | 70.50 | 486 |
| 705 | 600622 | 嘉宝集团' | 70.44 | 981 |
| 706 | 000668 | 武汉石油 | 70.42 | 815 |
| 707 | 000748 | 湘计算机 | 70.40 | 647 |
| 708 | 600604 | 二纺机 | 70.39 | 531 |
| 709 | 600150 | 沪东重机 | 70.35 | 785 |
| 710 | 000578 | 数码网络 | 70.32 | 572 |
| 711 | 600306 | 商业城 | 70.29 | 446 |
| 712 | 600157 | 鲁润股份 | 70.28 | 591 |
| 713 | 600602 | 广电电子 | 70.24 | 748 |
| 714 | 000922 | 阿继电器 | 70.20 | 197 |
| 715 | 000687 | 保定天鹅 | 70.17 | 873 |
| 716 | 000918 | 亚华种业 | 70.15 | 533 |
| 717 | 000938 | 清华紫光 | 70.14 | 415 |
| 718 | 600843 | 上工股份 | 70.14 | 413 |
| 719 | 001896 | 豫能控股 | 70.07 | 696 |
| 720 | 600069 | 银鸽投资 | 69.99 | 1029 |
| 721 | 000727 | 华东科技 | 69.92 | 672 |
| 722 | 600065 | 大庆联谊 | 69.82 | 944 |
| 723 | 200041 | 深本实 B | 69.79 | 433 |
| 724 | 600773 | 西藏金珠 | 69.75 | 419 |
| 725 | 000411 | ST 英特 | 69.71 | 1037 |
| 726 | 600822 | 物贸中心 | 69.70 | 606 |
| 727 | 000833 | 贵糖股份 | 69.65 | 630 |
| 728 | 000915 | 山大华特 | 69.65 | 885 |
| 729 | 000881 | 大连国际 | 69.65 | 384 |
| 730 | 000789 | 江西水泥 | 69.64 | 393 |
| 731 | 000965 | 天水股份 | 69.63 | 666 |
| 732 | 000090 | 深天健 | 69.63 | 576 |
| 733 | 000568 | 泸州老窖 | 69.61 | 498 |
| 734 | 600628 | 新世界 | 69.61 | 746 |
| 735 | 000917 | 电广传媒 | 69.58 | 494 |
| 736 | 600116 | 三峡水利 | 69.56 | 569 |
| 737 | 600346 | 冰山橡塑 | 69.55 | / |
| 738 | 000006 | 深振业 A | 69.55 | 575 |
| 739 | 600719 | 大连热电 | 69.55 | 560 |
| 740 | 600088 | 中视传媒 | 69.53 | 289 |
| 741 | 000981 | 兰光科技 | 69.50 | 766 |
| 742 | 600187 | 黑龙股份 | 69.50 | 635 |
| 743 | 600399 | 抚顺特钢 | 69.47 | 738 |
| 744 | 600788 | 达尔曼 | 69.42 | 847 |
| 745 | 000697 | 咸阳偏转 | 69.40 | 711 |
| 746 | 000622 | 岳阳恒立 | 69.31 | 802 |
| 747 | 600643 | 爱建股份 | 69.28 | 734 |
| 748 | 000679 | 大连友谊 | 69.27 | 459 |
| 749 | 600713 | 南京医药 | 69.27 | 736 |
| 750 | 000413 | 宝石 A | 69.26 | 680 |
| 751 | 600195 | 中牧股份 | 69.24 | 280 |
| 752 | 000661 | 长春高新 | 69.22 | 698 |
| 753 | 000737 | 南风化工 | 69.16 | 754 |
| 754 | 000760 | 博盈投资 | 69.12 | 848 |
| 755 | 000594 | ST 宏峰 | 69.11 | / |
| 756 | 600701 | 工大高新 | 69.10 | 745 |

| 排名 | 股票代码 | 股票简称 | 得分 | 2001 年度排名 |
|---|---|---|---|---|
| 757 | 600772 | 石油龙昌 | 69.08 | 679 |
| 758 | 600263 | 路桥建设 | 69.05 | 755 |
| 759 | 600733 | 前锋股份 | 69.04 | 887 |
| 760 | 000524 | 东方宾馆 | 69.02 | 789 |
| 761 | 000028 | 一致药业 | 69.02 | 216 |
| 762 | 000818 | 锦化氯碱 | 69.00 | 793 |
| 763 | 000953 | 河池化工 | 69.00 | 651 |
| 764 | 600064 | 南京高科 | 68.96 | 967 |
| 765 | 000159 | 国际实业 | 68.90 | 894 |
| 766 | 600216 | 浙江医药 | 68.83 | 824 |
| 767 | 000750 | 桂林集琦 | 68.81 | 677 |
| 768 | 900950 | 新城 B 股 | 68.81 | 1064 |
| 769 | 600894 | 广钢股份 | 68.74 | 846 |
| 770 | 000763 | 锦州石化 | 68.72 | 537 |
| 771 | 600757 | 华源发展 | 68.57 | 752 |
| 772 | 600169 | 太原重工 | 68.56 | 718 |
| 773 | 600804 | 鹏博士 | 68.54 | 890 |
| 774 | 000408 | 河北华玉 | 68.51 | 819 |
| 775 | 000902 | 中国服装 | 68.49 | 891 |
| 776 | 000004 | 北大高科 | 68.49 | 692 |
| 777 | 000011 | ST 深物业 | 68.48 | 271 |
| 778 | 000732 | 福建三农 | 68.46 | 524 |
| 779 | 600655 | 豫园商城 | 68.43 | 844 |
| 780 | 600293 | 三峡新材 | 68.43 | 523 |
| 781 | 600630 | 龙头股份 | 68.40 | 628 |
| 782 | 600671 | 天目药业 | 68.39 | 579 |
| 783 | 000886 | 海南高速 | 68.38 | 700 |
| 784 | 600826 | 兰生股份 | 68.38 | 689 |
| 785 | 600076 | 青鸟华光 | 68.37 | 300 |
| 786 | 600115 | 东方航空 | 68.37 | 571 |
| 787 | 600103 | 青山纸业 | 68.34 | 437 |
| 788 | 600612 | 第一铅笔 | 68.31 | 758 |
| 789 | 600654 | 飞乐股份 | 68.24 | 775 |
| 790 | 600619 | 海立股份 | 68.21 | 203 |
| 791 | 000823 | 超声电子 | 68.19 | 248 |
| 792 | 600218 | 全柴动力 | 68.18 | 641 |
| 793 | 000701 | 厦门信达 | 68.18 | 856 |
| 794 | 000783 | 石炼化 | 68.16 | 837 |
| 795 | 000045 | 深纺织 A | 68.14 | 589 |
| 796 | 600857 | 工大首创 | 68.12 | 813 |
| 797 | 600872 | 中炬高新 | 68.11 | 642 |
| 798 | 000878 | 云南铜业 | 68.11 | 583 |
| 799 | 000650 | 九江化纤 | 68.10 | 928 |
| 800 | 600222 | 竹林众生 | 68.08 | 338 |
| 801 | 600727 | 鲁北化工 | 68.06 | 556 |
| 802 | 000909 | 数源科技 | 68.05 | 965 |
| 803 | 600192 | 长城电工 | 68.03 | 788 |
| 804 | 000628 | 倍特高新 | 67.99 | 595 |
| 805 | 600632 | 华联商厦 | 67.96 | 984 |
| 806 | 000009 | 深宝安 A | 67.92 | 646 |
| 807 | 000796 | 宝商集团 | 67.92 | 822 |
| 808 | 000979 | 科苑集团 | 67.91 | 308 |
| 809 | 600002 | 齐鲁石化 | 67.89 | 833 |
| 810 | 600875 | 东方电机 | 67.85 | 1043 |
| 811 | 000683 | 天然碱 | 67.84 | 925 |
| 812 | 000856 | 唐山陶瓷 | 67.82 | 821 |
| 813 | 600721 | 百花村 | 67.75 | 942 |
| 814 | 000020 | 深华发 A | 67.74 | 860 |
| 815 | 000712 | 锦龙股份 | 67.74 | 598 |
| 816 | 000681 | 远东股份 | 67.73 | 727 |
| 817 | 000627 | 百科药业 | 67.73 | 206 |
| 818 | 000728 | 北京化二 | 67.67 | 999 |
| 819 | 600677 | 航天通信 | 67.66 | 827 |
| 820 | 600864 | 岁宝热电 | 67.65 | 670 |
| 821 | 600839 | 四川长虹 | 67.65 | 862 |
| 822 | 000573 | 粤宏远 A | 67.63 | 784 |
| 823 | 000893 | 广州冷机 | 67.62 | 964 |
| 824 | 000685 | 公用科技 | 67.61 | 868 |
| 825 | 000797 | 中国武夷 | 67.59 | 798 |
| 826 | 600158 | 中体产业 | 67.57 | 302 |
| 827 | 600814 | 杭州解百 | 67.53 | 867 |
| 828 | 000070 | 特发信息 | 67.51 | 455 |
| 829 | 600665 | 沪昌特钢 | 67.50 | 545 |
| 830 | 600837 | 都市股份 | 67.49 | 957 |
| 831 | 000501 | 鄂武商 A | 67.49 | 912 |
| 832 | 000827 | 长兴实业 | 67.45 | 864 |
| 833 | 000948 | 南天信息 | 67.42 | 324 |
| 834 | 000569 | 川投长钢 | 67.41 | 889 |
| 835 | 000828 | 福地科技 | 67.39 | 1017 |
| 836 | 600082 | ST 海泰 | 67.31 | 939 |
| 837 | 000803 | 美亚股份 | 67.31 | 593 |
| 838 | 600322 | 天房发展 | 67.31 | / |
| 839 | 600712 | 南宁百货 | 67.28 | 665 |
| 840 | 000829 | 赣南果业 | 67.26 | 792 |

| 排名 | 股票代码 | 股票简称 | 得分 | 2001 年度排名 |
|---|---|---|---|---|
| 841 | 600810 | 神马实业 | 67.23 | 723 |
| 842 | 000665 | 武汉塑料 | 67.23 | 346 |
| 843 | 000019 | 深深宝 A | 67.18 | 810 |
| 844 | 600073 | 上海梅林 | 67.17 | 703 |
| 845 | 600259 | 兴业聚酯 | 67.13 | 876 |
| 846 | 600198 | 大唐电信 | 67.12 | 733 |
| 847 | 000656 | ST 东源 | 67.12 | 982 |
| 848 | 000526 | 好时光 | 67.10 | 335 |
| 849 | 600393 | 东华实业 | 67.08 | / |
| 850 | 000590 | 紫光古汉 | 67.06 | 972 |
| 851 | 000562 | 宏源证券 | 67.05 | 908 |
| 852 | 000519 | 银河创新 | 67.05 | 503 |
| 853 | 000018 | 深中冠 A | 67.02 | 877 |
| 854 | 600744 | 华银电力 | 66.95 | 401 |
| 855 | 000921 | ST 科龙 | 66.95 | 1004 |
| 856 | 000691 | 寰岛实业 | 66.90 | 469 |
| 857 | 600618 | 氯碱化工 | 66.88 | 653 |
| 858 | 000507 | 粤富华 | 66.87 | 592 |
| 859 | 600871 | 仪征化纤 | 66.84 | 634 |
| 860 | 600281 | 太化股份 | 66.79 | 749 |
| 861 | 000420 | 吉林化纤 | 66.78 | 916 |
| 862 | 600779 | 全兴股份 | 66.77 | 296 |
| 863 | 600061 | 中纺投资 | 66.75 | 757 |
| 864 | 600838 | 上海九百 | 66.75 | 952 |
| 865 | 600728 | 新太科技 | 66.72 | 404 |
| 866 | 600523 | 贵航股份 | 66.71 | / |
| 867 | 000673 | 大同水泥 | 66.69 | 636 |
| 868 | 600640 | 联通国脉 | 66.64 | 739 |
| 869 | 600732 | 上海港机 | 66.58 | 955 |
| 870 | 600882 | 大成股份 | 66.54 | 659 |
| 871 | 600266 | 北京城建 | 66.50 | 931 |
| 872 | 000692 | 惠天热电 | 66.47 | 712 |
| 873 | 600886 | *ST 华靖 | 66.44 | 976 |
| 874 | 600870 | ST 厦华 | 66.37 | 994 |
| 875 | 000955 | 欣龙无纺 | 66.37 | 387 |
| 876 | 000540 | 世纪中天 | 66.34 | 637 |
| 877 | 000048 | ST 康达尔 | 66.30 | 1023 |
| 878 | 600068 | 葛洲坝 | 66.24 | 737 |
| 879 | 000592 | ST 昌源 | 66.20 | 1033 |
| 880 | 200706 | 瓦轴 B | 66.18 | 834 |
| 881 | 000033 | 新都酒店 | 66.18 | 619 |
| 882 | 600202 | 哈空调 | 66.15 | 47 |

| 排名 | 股票代码 | 股票简称 | 得分 | 2001 年度排名 |
|---|---|---|---|---|
| 883 | 600624 | 复旦复华 | 66.14 | 801 |
| 884 | 600854 | 春兰股份 | 66.14 | 602 |
| 885 | 600365 | 通葡萄酒 | 66.10 | / |
| 886 | 000887 | 飞彩股份 | 66.04 | 724 |
| 887 | 000016 | 深康佳 A | 66.01 | 974 |
| 888 | 000545 | 恒和制药 | 65.98 | 935 |
| 889 | 600659 | 神龙发展 | 65.96 | 481 |
| 890 | 600358 | 国旅联合 | 65.92 | 388 |
| 891 | 000699 | ST 佳纸 | 65.87 | 1008 |
| 892 | 000923 | 河北宣工 | 65.87 | 605 |
| 893 | 000820 | 金城股份 | 65.84 | 479 |
| 894 | 000584 | 蜀都 A | 65.83 | 829 |
| 895 | 000813 | 天山纺织 | 65.81 | 1028 |
| 896 | 000791 | 西北化工 | 65.80 | 883 |
| 897 | 000410 | 沈阳机床 | 65.79 | 704 |
| 898 | 000669 | 中讯科技 | 65.76 | 726 |
| 899 | 600211 | 西藏药业 | 65.70 | 507 |
| 900 | 600693 | 东百集团 | 65.69 | 977 |
| 901 | 000995 | 皇台酒业 | 65.66 | 753 |
| 902 | 000415 | 汇通水利 | 65.66 | 311 |
| 903 | 600228 | 昌九生化 | 65.65 | 445 |
| 904 | 000785 | 武汉中商 | 65.61 | 900 |
| 905 | 600186 | 莲花味精 | 65.54 | 596 |
| 906 | 000686 | 锦州六陆 | 65.50 | 861 |
| 907 | 000663 | 永安林业 | 65.43 | 830 |
| 908 | 000738 | ST 南摩 | 65.38 | 1061 |
| 909 | 000023 | 深天地 A | 65.34 | 1021 |
| 910 | 600722 | 沧州化工 | 65.30 | 823 |
| 911 | 000547 | 闽福发 A | 65.28 | 145 |
| 912 | 000514 | 渝开发 | 65.26 | 1066 |
| 913 | 000060 | 中金岭南 | 65.24 | 607 |
| 914 | 600828 | 成商集团 | 65.23 | 853 |
| 915 | 600745 | 天华股份 | 65.18 | 904 |
| 916 | 600770 | 综艺股份 | 65.17 | 675 |
| 917 | 600113 | 浙江东日 | 65.13 | 892 |
| 918 | 000585 | ST 东北电 | 65.12 | 1053 |
| 919 | 600086 | 多佳股份 | 65.06 | 584 |
| 920 | 000596 | 古井贡 A | 64.93 | 617 |
| 921 | 600702 | 沱牌曲酒 | 64.90 | 717 |
| 922 | 000766 | 通化金马 | 64.89 | 1063 |
| 923 | 000066 | 长城电脑 | 64.86 | 835 |
| 924 | 600208 | 中宝股份 | 64.83 | 626 |

| 排名 | 股票代码 | 股票简称 | 得分 | 2001 年度排名 |
|---|---|---|---|---|
| 925 | 600883 | 富邦科技 | 64.77 | 192 |
| 926 | 000407 | 胜利股份 | 64.77 | 777 |
| 927 | 000597 | 东北药 | 64.72 | 779 |
| 928 | 000611 | 时代科技 | 64.70 | 950 |
| 929 | 000960 | 锡业股份 | 64.59 | 866 |
| 930 | 000698 | 沈阳化工 | 64.55 | 809 |
| 931 | 000062 | 深圳华强 | 64.48 | 657 |
| 932 | 900956 | 东贝 B 股 | 64.35 | 551 |
| 933 | 000564 | 西安民生 | 64.34 | 586 |
| 934 | 000502 | 恒大地产 | 64.31 | 990 |
| 935 | 600734 | 实达电脑 | 64.23 | 771 |
| 936 | 600095 | 哈高科 | 64.22 | 807 |
| 937 | 000798 | 中水渔业 | 64.11 | 629 |
| 938 | 600723 | 西单商场 | 63.96 | 805 |
| 939 | 000962 | 东方钽业 | 63.96 | 130 |
| 940 | 000050 | 深天马 A | 63.92 | 348 |
| 941 | 600644 | 乐山电力 | 63.92 | 590 |
| 942 | 600190 | ST 锦州港 | 63.90 | 587 |
| 943 | 600092 | 精密股份 | 63.87 | 493 |
| 944 | 600840 | 浙江创业 | 63.87 | 953 |
| 945 | 000928 | 吉林炭素 | 63.82 | 794 |
| 946 | 600179 | 黑化股份 | 63.81 | 905 |
| 947 | 600185 | 海星科技 | 63.72 | 633 |
| 948 | 600173 | 牡丹江 | 63.52 | 661 |
| 949 | 600704 | 中大股份 | 63.45 | 921 |
| 950 | 900951 | 大化 B 股 | 63.37 | 747 |
| 951 | 600848 | ST 自仪 | 63.31 | 772 |
| 952 | 000835 | 隆源双登 | 63.22 | 139 |
| 953 | 600213 | 亚星客车 | 63.20 | 527 |
| 954 | 600605 | 轻工机械 | 63.11 | 915 |
| 955 | 600856 | 长百集团 | 62.99 | 803 |
| 956 | 000929 | 兰州黄河 | 62.98 | 1000 |
| 957 | 000521 | 美菱电器 | 62.90 | 995 |
| 958 | 600203 | 福日股份 | 62.89 | 764 |
| 959 | 600631 | 第一百货 | 62.73 | 857 |
| 960 | 600199 | 金牛实业 | 62.71 | 687 |
| 961 | 000795 | 太原刚玉 | 62.67 | 796 |
| 962 | 600448 | 华纺股份 | 62.55 | / |
| 963 | 000616 | 亿城股份 | 62.48 | 826 |
| 964 | 000029 | 深深房 A | 62.46 | 1011 |
| 965 | 900957 | 凌云 B 股 | 62.36 | 850 |
| 966 | 000751 | 锌业股份 | 62.11 | 854 |
| 967 | 000049 | 深万山 A | 62.06 | 774 |
| 968 | 600206 | 有研硅股 | 62.04 | 708 |
| 969 | 000537 | 南开戈德 | 61.99 | 202 |
| 970 | 600099 | 林海股份 | 61.79 | 741 |
| 971 | 600685 | 广船国际 | 61.68 | 947 |
| 972 | 000059 | 辽通化工 | 61.59 | 855 |
| 973 | 000571 | ST 新大洲 | 61.52 | 962 |
| 974 | 000566 | ST 海药 | 61.52 | 1048 |
| 975 | 600763 | ST 中燕 | 61.48 | 1077 |
| 976 | 900953 | 凯马 B 股 | 61.35 | 997 |
| 977 | 200152 | 山航 B | 61.20 | 423 |
| 978 | 600609 | 金杯汽车 | 60.81 | 1022 |
| 979 | 000777 | 中核科技 | 60.76 | 780 |
| 980 | 600805 | 悦达投资 | 60.70 | 655 |
| 981 | 600776 | 东方通信 | 60.65 | 472 |
| 982 | 000567 | ST 琼海德 | 60.58 | 1075 |
| 983 | 600753 | ST 冰熊 | 60.23 | 946 |
| 984 | 600774 | 汉商集团 | 60.07 | 979 |
| 985 | 000586 | ST 汇源 | 60.00 | 991 |
| 986 | 000600 | 国际大厦 | 59.97 | 702 |
| 987 | 600623 | 轮胎橡胶 | 59.82 | 1001 |
| 988 | 600175 | 美都控股 | 59.47 | 716 |
| 989 | 600823 | 世茂股份 | 59.43 | 888 |
| 990 | 000996 | 捷利股份 | 59.36 | 430 |
| 991 | 600743 | ST 幸福 | 59.16 | 1003 |
| 992 | 000868 | 安凯客车 | 58.97 | 715 |
| 993 | 600127 | 金健米业 | 58.97 | 880 |
| 994 | 600146 | 大元股份 | 58.55 | 907 |
| 995 | 000861 | 茂化永业 | 57.58 | 400 |
| 996 | 000563 | 陕国投 A | 57.21 | 852 |
| 997 | 000816 | 江淮动力 | 57.14 | 512 |
| 998 | 600313 | * ST 中农 | 57.09 | / |
| 999 | 600647 | ST 同达 | 57.06 | 1055 |
| 1000 | 600803 | 威远生化 | 56.74 | 782 |
| 1001 | 600873 | ST 藏明珠 | 56.50 | 913 |
| 1002 | 600240 | 仕奇实业 | 56.18 | 985 |
| 1003 | 600648 | 外高桥 | 56.00 | 814 |
| 1004 | 000025 | ST 特力 A | 55.78 | 820 |
| 1005 | 000582 | 北海新力 | 55.23 | 722 |
| 1006 | 000799 | 湘酒鬼 | 54.57 | 421 |
| 1007 | 000613 | ST 东海 A | 54.54 | 917 |
| 1008 | 600850 | 华东电脑 | 54.38 | 879 |

| 排名 | 股票代码 | 股票简称 | 得分 | 2001 年度排名 |
|---|---|---|---|---|
| 1009 | 600746 | 江苏索普 | 54.22 | 252 |
| 1010 | 600667 | 太极实业 | 54.07 | 841 |
| 1011 | 000056 | 深国商 A | 53.54 | 899 |
| 1012 | 600653 | 申华控股 | 53.30 | 683 |
| 1013 | 200468 | 宁通信 B | 53.13 | 566 |
| 1014 | 600892 | 湖大科教 | 53.10 | 362 |
| 1015 | 600335 | 中发展 | 53.07 | / |
| 1016 | 600681 | 诚成文化 | 52.68 | 690 |
| 1017 | 600816 | 鞍山信托 | 52.68 | 1039 |
| 1018 | 000620 | * ST 圣方 | 52.62 | 975 |
| 1019 | 000762 | 西藏矿业 | 52.23 | 870 |
| 1020 | 600645 | 望春花 | 52.19 | 832 |
| 1021 | 000931 | 中关村 | 51.99 | 682 |
| 1022 | 600890 | 长春长铃 | 51.75 | 816 |
| 1023 | 600821 | 津劝业 | 51.73 | 966 |
| 1024 | 000593 | 成都华联 | 51.67 | 797 |
| 1025 | 000802 | 京西旅游 | 51.56 | 863 |
| 1026 | 600077 | 国能集团 | 51.48 | 588 |
| 1027 | 600769 | * ST 祥龙 | 51.46 | 933 |
| 1028 | 000769 | 菲菲农业 | 51.33 | 940 |
| 1029 | 600877 | 中国嘉陵 | 51.25 | 930 |
| 1030 | 000980 | * ST 金马 | 51.18 | 893 |
| 1031 | 600629 | ST 棱光 | 51.18 | 1072 |
| 1032 | 000553 | 沙隆达 A | 51.11 | 649 |
| 1033 | 000150 | ST 麦科特 | 50.87 | 959 |
| 1034 | 600156 | 益鑫泰 | 50.54 | 623 |
| 1035 | 000017 | ST 中华 A | 50.25 | 1082 |
| 1036 | 600783 | 四砂股份 | 50.03 | 922 |
| 1037 | 600700 | 数码测绘 | 50.02 | 840 |
| 1038 | 600760 | * ST 黑豹 | 49.65 | 945 |
| 1039 | 000587 | 光明家具 | 49.58 | 650 |
| 1040 | 000005 | * ST 星源 | 49.25 | 936 |
| 1041 | 600691 | 东新电碳 | 49.25 | 886 |
| 1042 | 000026 | 飞亚达 A | 48.93 | 660 |
| 1043 | 000523 | 广州浪奇 | 48.09 | 597 |
| 1044 | 000678 | ST 襄轴 | 47.96 | 932 |
| 1045 | 000034 | 深信泰丰 | 47.79 | 574 |
| 1046 | 000055 | 方大 A | 47.51 | 673 |
| 1047 | 000576 | 广东甘化 | 47.21 | 686 |
| 1048 | 000672 | 铜城集团 | 46.85 | 476 |
| 1049 | 600615 | * ST 丰华 | 46.77 | 859 |
| 1050 | 000557 | ST 银广夏 | 46.70 | 1052 |
| 1051 | 000409 | * ST 四通 | 46.67 | 934 |
| 1052 | 000618 | ST 吉化 | 46.40 | 1005 |
| 1053 | 000498 | * ST 丹化 | 46.39 | 980 |
| 1054 | 600802 | 福建水泥 | 46.24 | 594 |
| 1055 | 000670 | * ST 天发 | 46.13 | 954 |
| 1056 | 600899 | 信联股份 | 45.72 | 831 |
| 1057 | 000927 | * ST 夏利 | 44.69 | 970 |
| 1058 | 600876 | 洛阳玻璃 | 44.31 | 760 |
| 1059 | 000801 | * ST 湖山 | 44.18 | 1014 |
| 1060 | 600800 | 天津磁卡 | 43.91 | 309 |
| 1061 | 600738 | * ST 民百 | 43.89 | 923 |
| 1062 | 000695 | ST 灯塔 | 43.89 | 968 |
| 1063 | 600749 | * ST 藏圣地 | 43.87 | 943 |
| 1064 | 000950 | 民丰农化 | 43.69 | 695 |
| 1065 | 000533 | * ST 家乐 | 43.52 | 1050 |
| 1066 | 000595 | 西北轴承 | 43.25 | 937 |
| 1067 | 600799 | ST 龙科 | 43.04 | 842 |
| 1068 | 600852 | 中川国际 | 42.63 | 743 |
| 1069 | 000730 | * ST 环保 | 41.86 | 983 |
| 1070 | 000718 | ST 吉纸 | 41.76 | 828 |
| 1071 | 000505 | * ST 珠江 | 41.39 | 902 |
| 1072 | 600735 | 兰陵陈香 | 40.98 | 881 |
| 1073 | 000713 | 丰乐种业 | 40.88 | 639 |
| 1074 | 600709 | ST 生态 | 40.84 | 1068 |
| 1075 | 000710 | * ST 天仪 | 40.67 | 1062 |
| 1076 | 000544 | * ST 白鸽 | 40.16 | 1034 |
| 1077 | 600670 | * ST 高斯达 | 39.97 | 1057 |
| 1078 | 000552 | 长风特电 | 39.94 | 919 |
| 1079 | 600139 | * ST 鼎天 | 39.79 | 1018 |
| 1080 | 600338 | 珠峰摩托 | 39.64 | 906 |
| 1081 | 000418 | * ST 天鹅 A | 39.63 | 858 |
| 1082 | 000716 | 广西斯壮 | 39.62 | 529 |
| 1083 | 600752 | 哈慈股份 | 38.86 | 688 |
| 1084 | 000809 | * ST 一纺 | 38.85 | 1010 |
| 1085 | 600136 | 道博股份 | 38.83 | 536 |
| 1086 | 000040 | * ST 鸿基 | 38.65 | 938 |
| 1087 | 600107 | 美尔雅 | 38.07 | 812 |
| 1088 | 600695 | * ST 大江 | 37.93 | 948 |
| 1089 | 600858 | ST 渤海 | 37.43 | 973 |
| 1090 | 600781 | * ST 民丰 | 37.32 | 1040 |
| 1091 | 600793 | ST 宜纸 | 37.24 | 640 |
| 1092 | 000851 | ST 七砂 | 37.23 | 1019 |

| 排名 | 股票代码 | 股票简称 | 得分 | 2001 年度排名 |
|---|---|---|---|---|
| 1093 | 000555 | ST 太光 | 36.96 | 364 |
| 1094 | 200992 | ST 中鲁 B | 36.74 | 740 |
| 1095 | 600862 | *ST 纵横 | 36.33 | / |
| 1096 | 600869 | 青海三普 | 35.37 | 577 |
| 1097 | 600758 | *ST 金帝 | 35.33 | 941 |
| 1098 | 600891 | *ST 秋林 | 35.12 | 992 |
| 1099 | 000621 | *ST 比特 | 35.08 | 897 |
| 1100 | 600182 | *ST 桦林 | 35.07 | 978 |
| 1101 | 000788 | ST 合成 | 34.48 | 839 |
| 1102 | 600112 | 长征电器 | 34.39 | 786 |
| 1103 | 600784 | *ST 鲁银 | 34.28 | 956 |
| 1104 | 600759 | ST 琼华侨 | 34.12 | 1012 |
| 1105 | 000635 | *ST 民化 | 34.11 | 1059 |
| 1106 | 000776 | 延边公路 | 34.04 | 353 |
| 1107 | 000951 | *ST 小鸭 | 33.38 | 958 |
| 1108 | 000509 | 天歌科技 | 33.13 | 438 |
| 1109 | 000570 | *ST 常柴 A | 31.93 | 1006 |
| 1110 | 000558 | 莱茵置业 | 31.88 | 949 |
| 1111 | 600234 | *ST 天龙 | 30.98 | 1024 |
| 1112 | 000561 | *ST 长岭 | 30.68 | 1042 |
| 1113 | 000826 | ST 原宜 | 30.64 | 1020 |
| 1114 | 000638 | *ST 中辽 | 30.62 | 1046 |
| 1115 | 600053 | *ST 江纸 | 30.40 | 1015 |
| 1116 | 000572 | *ST 金盘 | 30.21 | 1051 |
| 1117 | 000885 | ST 春都 | 30.16 | 1067 |
| 1118 | 600807 | *ST 济百 | 30.16 | 1065 |
| 1119 | 200054 | *ST 建摩 B | 30.08 | 1045 |

| 排名 | 股票代码 | 股票简称 | 得分 | 2001 年度排名 |
|---|---|---|---|---|
| 1120 | 600715 | *ST 松辽 | 29.73 | 1036 |
| 1121 | 000682 | ST 东方 | 29.32 | 874 |
| 1122 | 000765 | *ST 华信 | 29.24 | 1002 |
| 1123 | 600794 | 保税科技 | 29.07 | 265 |
| 1124 | 000529 | *ST 美雅 | 28.58 | 1030 |
| 1125 | 600766 | *ST 烟发 | 28.41 | 1016 |
| 1126 | 000536 | ST 闽闽东 | 28.33 | 969 |
| 1127 | 600617 | ST 联华 | 27.86 | 929 |
| 1128 | 600672 | ST 英教 | 27.11 | 546 |
| 1129 | 600613 | *ST 永生 | 27.07 | 986 |
| 1130 | 000008 | *ST 亿安 | 25.79 | 1074 |
| 1131 | 000560 | ST 昆百大 | 25.37 | 1056 |
| 1132 | 600385 | ST 金泰 | 23.54 | / |
| 1133 | 600698 | ST 轻骑 | 23.51 | 1031 |
| 1134 | 600669 | *ST 鞍成 | 23.21 | 1060 |
| 1135 | 000013 | *ST 石化 A | 22.30 | 1073 |
| 1136 | 000535 | ST 猴王 | 21.94 | 1013 |
| 1137 | 000660 | *ST 南华 | 21.87 | 993 |
| 1138 | 600842 | ST 中西 | 21.45 | 1007 |
| 1139 | 000405 | ST 鑫光 | 20.94 | 1076 |
| 1140 | 200057 | ST 大洋 B | 20.74 | 1026 |
| 1141 | 000412 | ST 五环 | 19.63 | 1070 |
| 1142 | 600646 | ST 国嘉 | 18.80 | 1069 |
| 1143 | 600137 | *ST 长控 | 17.19 | 1027 |
| 1144 | 600603 | ST 兴业 | 16.46 | 1071 |
| 1145 | 600878 | *ST 北科 | 16.20 | 808 |
| 1146 | 000030 | *ST 盛润 A | 13.64 | 1078 |

# 六、2002 年度中国上市公司单项指标排行榜

## 主营收入增幅排行榜

| 排名 | 代码 | 简称 | 主营收入（万元） | 同比（%） |
|---|---|---|---|---|
| 1 | 000546 | ST 吉轻工 | 12073.75 | 8638.10 |
| 2 | 000411 | ST 英特 | 138231.80 | 5653.60 |
| 3 | 600759 | ST 琼华侨 | 1359.08 | 2273.34 |
| 4 | 600831 | 广电网络 | 19106.62 | 2230.26 |
| 5 | 000662 | 广西红日 | 24652.08 | 711.33 |
| 6 | 600275 | 武昌鱼 | 57218.15 | 537.33 |
| 7 | 600640 | 联通国脉 | 168091.53 | 535.66 |
| 8 | 600721 | 百花村 | 22572.62 | 477.60 |
| 9 | 000038 | 深大通 A | 16103.11 | 390.94 |
| 10 | 000671 | 石狮新发 | 25716.26 | 378.85 |
| 11 | 000688 | 朝华集团 | 105154.12 | 378.75 |
| 12 | 000532 | 粤华电 A | 9525.25 | 375.14 |
| 13 | 000739 | 普洛药业 | 65933.50 | 364.85 |
| 14 | 600898 | PT 郑百文 | 125689.95 | 360.12 |
| 15 | 600057 | 厦新电子 | 448669.60 | 354.00 |
| 16 | 600376 | 天鸿宝业 | 123722.26 | 352.10 |
| 17 | 600705 | 北亚集团 | 224771.96 | 325.69 |
| 18 | 600892 | 湖大科教 | 9116.01 | 283.90 |
| 19 | 600396 | 金山股份 | 36692.18 | 250.30 |
| 20 | 600246 | 先锋股份 | 49315.68 | 247.37 |
| 21 | 000882 | 华联股份 | 65685.36 | 240.68 |
| 22 | 900950 | 新城 B 股 | 35716.74 | 235.11 |
| 23 | 000602 | 金马集团 | 18808.15 | 216.10 |
| 24 | 000542 | TCL 通讯 | 872258.88 | 215.01 |
| 25 | 600608 | 上海科技 | 98301.57 | 207.55 |
| 26 | 600635 | 大众科创 | 128682.85 | 202.54 |
| 27 | 600817 | 宏盛科技 | 213818.06 | 168.85 |
| 28 | 600708 | 海博股份 | 51472.83 | 158.18 |
| 29 | 600737 | 新疆屯河 | 194351.74 | 153.31 |
| 30 | 600875 | 东方电机 | 92090.46 | 148.70 |
| 31 | 600277 | 亿利科技 | 55942.83 | 146.62 |
| 32 | 600130 | 波导股份 | 636761.60 | 142.83 |
| 33 | 000736 | 重庆实业 | 25444.73 | 141.19 |
| 34 | 600131 | 岷江水电 | 34373.21 | 140.59 |
| 35 | 600620 | 天宸股份 | 47006.26 | 140.21 |
| 36 | 600853 | ST 龙建 | 231623.11 | 137.33 |
| 37 | 000915 | 山大华特 | 9973.67 | 137.32 |
| 38 | 000667 | 华一投资 | 30850.09 | 135.90 |
| 39 | 000522 | 白云山 A | 195728.59 | 134.87 |
| 40 | 000615 | 湖北金环 | 184961.24 | 131.63 |
| 41 | 600033 | 福建高速 | 70267.83 | 131.39 |
| 42 | 600878 | ST 北科 | 2146.10 | 131.22 |
| 43 | 000404 | 华意压缩 | 43068.87 | 129.22 |
| 44 | 600375 | 星马汽车 | 118445.71 | 129.09 |
| 45 | 600786 | ST 东锅 | 110439.11 | 125.60 |
| 46 | 600265 | 景谷林业 | 41723.61 | 124.54 |
| 47 | 600052 | 浙江广厦 | 91400.90 | 123.34 |
| 48 | 000035 | 中科健 A | 312900.31 | 116.57 |
| 49 | 600339 | 天利高新 | 73398.79 | 115.60 |
| 50 | 600663 | 陆家嘴 | 215347.65 | 115.56 |

## 主营利润增幅排行榜

| 排名 | 代码 | 简称 | 主营利润（万元） | 同比（%） |
|---|---|---|---|---|
| 1 | 000546 | ST 吉轻工 | 3351.22 | 18655.32 |
| 2 | 600886 | ST 华靖 | 9821.20 | 12295.16 |
| 3 | 600069 | 银鸽投资 | 5467.07 | 4512.04 |
| 4 | 000699 | ST 佳纸 | 7997.64 | 1374.36 |
| 5 | 000739 | 普洛药业 | 14682.11 | 1321.38 |
| 6 | 000420 | 吉林化纤 | 13221.08 | 893.89 |
| 7 | 600057 | 厦新电子 | 167636.44 | 870.54 |
| 8 | 600246 | 先锋股份 | 10989.05 | 839.24 |
| 9 | 000602 | 金马集团 | 12967.89 | 771.55 |
| 10 | 000662 | 广西红日 | 14265.60 | 761.06 |
| 11 | 600898 | PT 郑百文 | 7363.92 | 662.14 |
| 12 | 000667 | 华一投资 | 7761.42 | 580.26 |
| 13 | 600875 | 东方电机 | 22014.50 | 559.11 |
| 14 | 600052 | 浙江广厦 | 38883.37 | 460.69 |
| 15 | 600638 | 新黄浦 | 11539.92 | 432.10 |
| 16 | 000813 | 天山纺织 | 5341.53 | 422.61 |
| 17 | 600167 | 沈阳新开 | 7606.36 | 293.37 |
| 18 | 600792 | 云南马龙 | 3489.06 | 288.39 |
| 19 | 000603 | ST 威达 | 1392.59 | 267.88 |
| 20 | 000038 | 深大通 A | 1004.77 | 267.54 |
| 21 | 000020 | 深华发 A | 868.66 | 261.84 |
| 22 | 600620 | 天宸股份 | 17612.35 | 260.29 |
| 23 | 600275 | 武昌鱼 | 12779.00 | 256.29 |
| 24 | 000010 | 深华新 | 5800.43 | 246.62 |
| 25 | 600721 | 百花村 | 4309.03 | 218.25 |
| 26 | 600259 | 兴业聚酯 | 4758.86 | 218.02 |
| 27 | 000572 | ST 金盘 | 1345.87 | 215.21 |
| 28 | 600708 | 海博股份 | 17709.08 | 214.66 |
| 29 | 000882 | 华联股份 | 8428.93 | 208.38 |
| 30 | 600083 | ST 红光 | 5749.73 | 200.80 |
| 31 | 000615 | 湖北金环 | 18131.65 | 196.06 |
| 32 | 600376 | 天鸿宝业 | 16383.08 | 195.45 |
| 33 | 600396 | 金山股份 | 12147.17 | 191.69 |
| 34 | 600230 | 沧州大化 | 11165.31 | 190.14 |
| 35 | 600892 | 湖大科教 | 1966.68 | 184.57 |
| 36 | 600118 | 中国卫星 | 7399.01 | 183.37 |
| 37 | 600750 | 江中药业 | 37646.36 | 183.26 |
| 38 | 600737 | 新疆屯河 | 72138.22 | 178.83 |
| 39 | 000542 | TCL 通讯 | 240913.98 | 178.39 |
| 40 | 000915 | 山大华特 | 3378.77 | 174.40 |
| 41 | 000949 | 新乡化纤 | 14891.80 | 174.32 |
| 42 | 600748 | 上实发展 | 1368.94 | 174.31 |
| 43 | 600791 | 天创置业 | 12057.47 | 173.50 |
| 44 | 000618 | ST 吉化 | 76492.22 | 170.69 |
| 45 | 000678 | ST 襄轴 | 5380.78 | 165.11 |
| 46 | 600227 | 赤天化 | 10707.29 | 164.99 |
| 47 | 000866 | 扬子石化 | 141429.80 | 163.72 |
| 48 | 000723 | 天宇电气 | 12274.01 | 161.70 |
| 49 | 600775 | 南京熊猫 | 17821.60 | 160.61 |
| 50 | 000893 | 广州冷机 | 8063.83 | 158.85 |

## 净利润增幅排行榜

| 排名 | 代码 | 简称 | 净利润（万元） | 同比（%） |
|---|---|---|---|---|
| 1 | 600768 | 宁波富邦 | 2453.25 | 8586.81 |
| 2 | 600610 | 中国纺机 | 10842.38 | 6497.02 |
| 3 | 600167 | 沈阳新开 | 6072.82 | 2664.99 |
| 4 | 000667 | 华一投资 | 5010.61 | 1739.28 |
| 5 | 600817 | 宏盛科技 | 1982.89 | 1737.89 |
| 6 | 000866 | 扬子石化 | 62514.92 | 1684.10 |
| 7 | 000602 | 金马集团 | 3663.99 | 1199.61 |
| 8 | 000542 | TCL 通讯 | 27638.78 | 1182.91 |
| 9 | 600688 | 上海石化 | 90896.50 | 1169.43 |
| 10 | 000791 | 西北化工 | 115.86 | 967.23 |
| 11 | 600867 | 通化东宝 | 4002.31 | 856.32 |
| 12 | 600710 | 常林股份 | 5209.11 | 656.91 |
| 13 | 000800 | 一汽轿车 | 24717.00 | 635.02 |
| 14 | 600359 | 新农开发 | 3096.40 | 601.99 |
| 15 | 000010 | 深华新 | 1214.32 | 591.92 |
| 16 | 600109 | 成都建投 | 848.49 | 550.69 |
| 17 | 000528 | 桂柳工 A | 12362.65 | 515.08 |
| 18 | 000565 | 渝三峡 A | 773.18 | 503.94 |
| 19 | 600818 | ST 永久 | 5255.76 | 494.73 |
| 20 | 600791 | 天创置业 | 5146.43 | 492.82 |
| 21 | 000504 | 赛迪传媒 | 2903.63 | 470.08 |
| 22 | 000625 | 长安汽车 | 83499.75 | 421.17 |
| 23 | 000838 | ST 西化机 | 775.75 | 364.12 |
| 24 | 000416 | 健特生物 | 15682.96 | 337.43 |
| 25 | 600663 | 陆家嘴 | 51223.61 | 335.88 |
| 26 | 000610 | 西安旅游 | 616.05 | 308.86 |
| 27 | 600885 | 力诺工业 | 1715.90 | 307.11 |
| 28 | 600612 | 第一铅笔 | 315.82 | 296.66 |
| 29 | 600623 | 轮胎橡胶 | 6015.34 | 282.61 |
| 30 | 000915 | 山大华特 | 532.87 | 266.69 |
| 31 | 600230 | 沧州大化 | 2019.33 | 244.98 |
| 32 | 600225 | 天香集团 | 2129.17 | 238.59 |
| 33 | 600176 | 中国化建 | 1506.49 | 222.51 |
| 34 | 600130 | 波导股份 | 21592.22 | 216.91 |
| 35 | 000020 | 深华发 A | 536.01 | 209.84 |
| 36 | 000680 | 山推股份 | 14838.54 | 206.34 |
| 37 | 600683 | 银泰股份 | 2790.09 | 200.69 |
| 38 | 600806 | 交大科技 | 607.75 | 196.30 |
| 39 | 000708 | 大冶特钢 | 4556.64 | 190.50 |
| 40 | 600500 | 中化国际 | 26026.45 | 187.52 |
| 41 | 000550 | 江铃汽车 | 28676.00 | 184.35 |
| 42 | 600201 | 金宇集团 | 4016.53 | 182.22 |
| 43 | 000573 | 粤宏远 A | 1115.95 | 179.09 |
| 44 | 600804 | 鹏博士 | 364.63 | 175.15 |
| 45 | 000488 | 晨鸣纸业 | 38066.07 | 168.07 |
| 46 | 600689 | 上海三毛 | 521.69 | 163.56 |
| 47 | 000975 | 科学城 | 6828.27 | 144.66 |
| 48 | 600118 | 中国卫星 | 2508.01 | 143.20 |
| 49 | 600363 | 联创光电 | 4661.74 | 141.68 |
| 50 | 000782 | 美达股份 | 3616.21 | 138.47 |

## 非经常收益排行榜

| 排名 | 代码 | 简称 | 净利润（万元） | 非经常收益（万元） |
|---|---|---|---|---|
| 1 | 600609 | 金杯汽车 | 1093.39 | 21636.46 |
| 2 | 000029 | 深深房 A | 1404.41 | 17972.09 |
| 3 | 000063 | 中兴通讯 | 56699.99 | 16889.66 |
| 4 | 000959 | 首钢股份 | 68257.85 | 12079.71 |
| 5 | 900953 | 凯马 B 股 | 1935.07 | 12025.00 |
| 6 | 000818 | 锦化氯碱 | 275.24 | 11333.29 |
| 7 | 600098 | 广州控股 | 82348.84 | 10217.89 |
| 8 | 600610 | 中国纺机 | 10842.38 | 9586.03 |
| 9 | 000758 | 中色建设 | 6256.27 | 9429.20 |
| 10 | 600895 | 张江高科 | 17362.99 | 8905.91 |
| 11 | 600839 | 四川长虹 | 17620.27 | 7384.01 |
| 12 | 000061 | 农产品 | 14881.08 | 7274.71 |
| 13 | 000800 | 一汽轿车 | 24717.00 | 7023.06 |
| 14 | 600685 | 广船国际 | 1591.69 | 6857.79 |
| 15 | 000766 | 通化金马 | 1641.71 | 6597.04 |
| 16 | 000557 | ST 银广夏 | 615.48 | 6313.97 |
| 17 | 600643 | 爱建股份 | 1121.98 | 6223.67 |
| 18 | 600737 | 新疆屯河 | 11262.99 | 6116.50 |
| 19 | 000585 | ST 东北电 | 6900.24 | 6034.69 |
| 20 | 600115 | 东方航空 | 12425.95 | 5724.88 |
| 21 | 600648 | 外高桥 | －12384.02 | 5653.93 |
| 22 | 000730 | 环保股份 | －9373.54 | 5492.71 |
| 23 | 600726 | 龙电股份 | 24909.02 | 5310.94 |
| 24 | 000559 | 万向钱潮 | 13345.58 | 5309.16 |
| 25 | 000402 | 金融街 | 16707.56 | 5186.91 |
| 26 | 600569 | 安阳钢铁 | 53730.32 | 5117.45 |
| 27 | 000688 | 朝华集团 | 1962.51 | 4620.28 |
| 28 | 000068 | 赛格三星 | 12105.64 | 4527.22 |
| 29 | 600818 | ST 永久 | 5255.76 | 4487.81 |
| 30 | 000892 | 长丰通信 | 8710.35 | 4374.04 |
| 31 | 600675 | 中华企业 | 16119.75 | 4369.32 |
| 32 | 000488 | 晨鸣纸业 | 38066.07 | 4186.34 |
| 33 | 000017 | ST 中华 A | 657.54 | 4134.71 |
| 34 | 600868 | 梅雁股份 | 17456.46 | 4037.91 |
| 35 | 000066 | 长城电脑 | 6396.62 | 3988.25 |
| 36 | 600177 | 雅戈尔 | 39887.45 | 3955.72 |
| 37 | 000839 | 中信国安 | 18068.79 | 3947.30 |
| 38 | 600754 | 新亚股份 | 6100.71 | 3946.32 |
| 39 | 000049 | 深万山 A | 182.44 | 3522.38 |
| 40 | 000858 | 五粮液 | 61323.46 | 3459.67 |
| 41 | 000929 | 兰州黄河 | 309.45 | 3384.99 |
| 42 | 600663 | 陆家嘴 | 51223.61 | 3219.37 |
| 43 | 600642 | 申能股份 | 103441.15 | 3217.96 |
| 44 | 600709 | ST 生态 | 1248.74 | 3184.76 |
| 45 | 600629 | ST 棱光 | 278.16 | 3122.30 |
| 46 | 000652 | 泰达股份 | 9848.86 | 3105.58 |
| 47 | 600600 | 青岛啤酒 | 23065.74 | 3048.90 |
| 48 | 600811 | 东方集团 | 11909.38 | 2993.34 |
| 49 | 600848 | ST 自仪 | 1024.95 | 2959.47 |
| 50 | 600635 | 大众科创 | 13113.66 | 2936.75 |

## 市盈率最低排行榜

| 排名 | 代码 | 简称 | 市盈率（倍） | 每股收益（元） |
|---|---|---|---|---|
| 1 | 600057 | 厦新电子 | 9.27 | 1.69 |
| 2 | 000542 | TCL 通讯 | 12.60 | 1.469 |
| 3 | 200512 | 闽灿坤 B | 14.01 | 0.3552 |
| 4 | 000629 | 新钢钒 | 14.36 | 0.48 |
| 5 | 600177 | 雅戈尔 | 14.61 | 0.7021 |
| 6 | 600130 | 波导股份 | 14.97 | 1.35 |
| 7 | 200160 | 帝贤 B | 15.10 | 0.32 |
| 8 | 600001 | 邯郸钢铁 | 15.18 | 0.356 |
| 9 | 600569 | 安阳钢铁 | 15.40 | 0.4 |
| 10 | 600019 | 宝钢股份 | 15.46 | 0.34 |
| 11 | 000651 | 格力电器 | 15.74 | 0.55 |
| 12 | 600098 | 广州控股 | 16.37 | 0.657 |
| 13 | 000778 | 新兴铸管 | 16.71 | 0.7102 |
| 14 | 000061 | 农产品 | 16.74 | 0.805 |
| 15 | 600282 | 南钢股份 | 16.81 | 0.48 |
| 16 | 000932 | 华菱管线 | 16.97 | 0.3028 |
| 17 | 000709 | 唐钢股份 | 17.01 | 0.39 |
| 18 | 000956 | 中原油气 | 17.06 | 0.57 |
| 19 | 000039 | 中集集团 | 17.16 | 0.9109 |
| 20 | 600102 | 莱钢股份 | 17.22 | 0.417 |
| 21 | 000036 | 华联控股 | 17.46 | 0.38 |
| 22 | 000717 | 韶钢松山 | 17.46 | 0.7806 |
| 23 | 600308 | 华泰股份 | 17.50 | 0.82 |
| 24 | 000680 | 山推股份 | 17.97 | 0.52 |
| 25 | 600519 | 贵州茅台 | 18.09 | 1.37 |
| 26 | 600219 | 南山实业 | 18.12 | 0.51 |
| 27 | 000825 | 太钢不锈 | 18.24 | 0.264 |
| 28 | 600296 | 兰州铝业 | 18.26 | 0.565 |
| 29 | 600500 | 中化国际 | 18.49 | 0.466 |
| 30 | 600126 | 杭钢股份 | 18.52 | 0.42 |
| 31 | 600510 | 黑牡丹 | 18.62 | 0.86 |
| 32 | 200986 | 粤华包 B | 18.66 | 0.218 |
| 33 | 000898 | 鞍钢新轧 | 18.67 | 0.201 |
| 34 | 600742 | 一汽四环 | 18.75 | 0.673 |

## 市盈率最高排行榜

| 排名 | 代码 | 简称 | 市盈率（倍） | 每股收益（元） |
|---|---|---|---|---|
| 1 | 000613 | ST 东海 A | 8798.68 | 0.0006 |
| 2 | 600228 | 昌九生化 | 4602.83 | 0.004 |
| 3 | 600644 | 乐山电力 | 3796.79 | 0.0022 |
| 4 | 600743 | ST 幸福 | 2442.73 | 0.0016 |
| 5 | 600618 | 氯碱化工 | 2026.06 | 0.0055 |
| 6 | 000960 | 锡业股份 | 1869.77 | 0.0032 |
| 7 | 600679 | 凤凰股份 | 1831.60 | 0.0129 |
| 8 | 600748 | 上实发展 | 1741.20 | 0.005 |
| 9 | 000681 | 远东股份 | 1694.16 | 0.004 |
| 10 | 000045 | 深纺织 A | 1438.97 | 0.01 |
| 11 | 600061 | 中纺投资 | 1371.08 | 0.004 |
| 12 | 000018 | 深中冠 A | 1331.44 | 0.008 |
| 13 | 600856 | 长百集团 | 1327.25 | 0.005 |
| 14 | 000750 | 桂林集琦 | 1272.93 | 0.005 |
| 15 | 000627 | 百科药业 | 1247.06 | 0.01 |
| 16 | 000404 | 华意压缩 | 1193.81 | 0.0043 |
| 17 | 000070 | 特发信息 | 1172.47 | 0.0077 |
| 18 | 600822 | 物贸中心 | 1124.02 | 0.0105 |
| 19 | 600088 | 中视传媒 | 1080.83 | 0.01 |
| 20 | 600744 | 华银电力 | 1071.04 | 0.0054 |
| 21 | 000791 | 西北化工 | 1063.63 | 0.0061 |
| 22 | 000415 | 汇通水利 | 1038.30 | 0.006 |
| 23 | 000502 | 恒大地产 | 1023.78 | 0.0164 |
| 24 | 600733 | 前锋股份 | 997.06 | 0.0072 |
| 25 | 000691 | 寰岛实业 | 993.58 | 0.0054 |
| 26 | 000586 | ST 汇源 | 964.19 | 0.008 |
| 27 | 600187 | 黑龙股份 | 957.32 | 0.0118 |
| 28 | 900956 | 东贝 B 股 | 897.17 | 0.005 |
| 29 | 000159 | 国际实业 | 879.85 | 0.0107 |
| 30 | 600146 | 大元股份 | 856.79 | 0.0105 |
| 31 | 000411 | ST 英特 | 853.85 | 0.009 |
| 32 | 000501 | 鄂武商 A | 818.99 | 0.006 |
| 33 | 000738 | ST 南摩 | 818.90 | 0.0056 |
| 34 | 600609 | 金杯汽车 | 816.46 | 0.01 |

## 市净率最低排行榜

| 排名 | 代码 | 简称 | 市净率（倍） | 每股净资产（元） |
|---|---|---|---|---|
| 1 | 600810 | 神马实业 | 1.11 | 5.978 |
| 2 | 000900 | 现代投资 | 1.18 | 6.29 |
| 3 | 600068 | 葛洲坝 | 1.19 | 4.72 |
| 4 | 600839 | 四川长虹 | 1.19 | 5.973 |
| 5 | 600001 | 邯郸钢铁 | 1.22 | 4.44 |
| 6 | 200706 | 瓦轴 B | 1.24 | 3.07 |
| 7 | 600702 | 沱牌曲酒 | 1.28 | 4.76 |
| 8 | 600854 | 春兰股份 | 1.30 | 5.72 |
| 9 | 600727 | 鲁北化工 | 1.31 | 5.88 |
| 10 | 600269 | 赣粤高速 | 1.32 | 7.96 |
| 11 | 000768 | 西飞国际 | 1.38 | 4.85 |
| 12 | 600811 | 东方集团 | 1.38 | 4.16 |
| 13 | 000917 | 电广传媒 | 1.40 | 9.04 |
| 14 | 000708 | 大冶特钢 | 1.42 | 3.552 |
| 15 | 600744 | 华银电力 | 1.44 | 4.042 |
| 16 | 600091 | 明天科技 | 1.45 | 5.28 |
| 17 | 000511 | 银基发展 | 1.45 | 3.791 |
| 18 | 000709 | 唐钢股份 | 1.47 | 4.49 |
| 19 | 600776 | 东方通信 | 1.47 | 5.488 |
| 20 | 000898 | 鞍钢新轧 | 1.48 | 2.54 |
| 21 | 000527 | 粤美的 A | 1.48 | 4.53 |
| 22 | 000629 | 新钢钒 | 1.49 | 4.63 |
| 23 | 000707 | 双环科技 | 1.50 | 3.48 |
| 24 | 600690 | 青岛海尔 | 1.51 | 6.38 |
| 25 | 600859 | 王府井 | 1.51 | 3.897 |
| 26 | 600212 | 江泉实业 | 1.52 | 4.09 |
| 27 | 600075 | 新疆天业 | 1.52 | 4.89 |
| 28 | 000993 | 闽东电力 | 1.52 | 4.83 |
| 29 | 000875 | 吉电股份 | 1.53 | 3.71 |
| 30 | 000692 | 惠天热电 | 1.53 | 4.24 |
| 31 | 000825 | 太钢不锈 | 1.53 | 3.135 |
| 32 | 000832 | 龙涤股份 | 1.54 | 3.63 |
| 33 | 000796 | 宝商集团 | 1.54 | 4.271 |
| 34 | 000729 | 燕京啤酒 | 1.54 | 5.56 |

## 市净率最高排行榜

| 排名 | 代码 | 简称 | 市净率（倍） | 每股净资产（元） |
|---|---|---|---|---|
| 1 | 000572 | ST 金盘 | 344.78 | 0.02 |
| 2 | 000536 | ST 闽闽东 | 218.90 | 0.0264 |
| 3 | 000544 | ST 白鸽 | 217.16 | 0.02 |
| 4 | 000613 | ST 东海 A | 164.82 | 0.033 |
| 5 | 600083 | ST 红光 | 114.16 | 0.058 |
| 6 | 600053 | ST 江纸 | 93.34 | 0.1 |
| 7 | 600763 | ST 中燕 | 46.19 | 0.277 |
| 8 | 000048 | ST 康达尔 | 42.44 | 0.11 |
| 9 | 600669 | ST 鞍合成 | 36.57 | 0.11 |
| 10 | 000546 | ST 吉轻工 | 34.75 | 0.158 |
| 11 | 000555 | ST 太光 | 33.61 | 0.663 |
| 12 | 600848 | ST 自仪 | 25.88 | 0.28 |
| 13 | 600521 | 华海药业 | 24.75 | 1.238 |
| 14 | 000633 | 合金投资 | 24.63 | 1.4711 |
| 15 | 600818 | ST 永久 | 23.37 | 0.46 |
| 16 | 001696 | ST 联益 | 21.98 | 0.3721 |
| 17 | 600385 | ST 金泰 | 20.57 | 0.32 |
| 18 | 000838 | ST 西化机 | 19.34 | 0.667 |
| 19 | 600617 | 联华合纤 | 17.86 | 0.69 |
| 20 | 000567 | ST 琼海德 | 17.21 | 0.414 |
| 21 | 600679 | 凤凰股份 | 16.36 | 1.4435 |
| 22 | 600892 | 湖大科教 | 16.31 | 1.031 |
| 23 | 600715 | ST 松辽 | 16.04 | 0.341 |
| 24 | 600670 | ST 高斯达 | 15.90 | 0.28 |
| 25 | 000416 | 健特生物 | 15.85 | 1.41 |
| 26 | 600831 | 广电网络 | 15.56 | 1.354 |
| 27 | 600613 | 永生数据 | 15.41 | 0.9186 |
| 28 | 000676 | 思达高科 | 14.99 | 1.22 |
| 29 | 000682 | ST 东方 | 14.63 | 0.23 |
| 30 | 600890 | 长春长铃 | 14.37 | 1.42 |
| 31 | 000639 | 金德发展 | 14.23 | 1.2121 |
| 32 | 600645 | 望春花 | 13.88 | 1.208 |
| 33 | 000502 | 恒大地产 | 13.75 | 1.2243 |
| 34 | 600768 | 宁波富邦 | 13.74 | 1.11 |

## 派息最多排行榜

| 排名 | 代码 | 简称 | 每 10 股派息（元） |
|---|---|---|---|
| 1 | 600588 | 用友软件 | 6 |
| 2 | 600117 | 西宁特钢 | 5.2 |
| 3 | 600535 | 天士力 | 5 |
| 4 | 000895 | 双汇发展 | 5 |
| 5 | 000905 | 厦门路桥 | 5 |
| 6 | 000778 | 新兴铸管 | 5 |
| 7 | 600153 | 厦门建发 | 5 |
| 8 | 600223 | 万杰高科 | 5 |
| 9 | 600510 | 黑牡丹 | 5 |
| 10 | 000037 | 深南电 A | 4.2 |
| 11 | 000541 | 佛山照明 | 4.2 |
| 12 | 000920 | 南方汇通 | 4.2 |
| 13 | 600018 | 上港集箱 | 4 |
| 14 | 600355 | 精伦电子 | 4 |
| 15 | 600096 | 云天化 | 4 |
| 16 | 600087 | 南京水运 | 4 |
| 17 | 000933 | 神火股份 | 4 |
| 18 | 000937 | 金牛能源 | 4 |
| 19 | 600292 | 九龙电力 | 4 |
| 20 | 600057 | 厦新电子 | 3.8 |
| 21 | 000767 | 漳泽电力 | 3.6 |
| 22 | 600104 | 上海汽车 | 3.6 |
| 23 | 600135 | 乐凯胶片 | 3.6 |
| 24 | 600565 | 迪马股份 | 3.6 |
| 25 | 600380 | 太太药业 | 3.5 |
| 26 | 600508 | 上海能源 | 3.5 |
| 27 | 600130 | 波导股份 | 3.5 |
| 28 | 600008 | 首创股份 | 3.5 |
| 29 | 000903 | 云内动力 | 3.5 |
| 30 | 600011 | 华能国际 | 3.4 |
| 31 | 000989 | 九芝堂 | 3.3 |
| 32 | 000651 | 格力电器 | 3.2 |
| 33 | 000538 | 云南白药 | 3.2 |
| 34 | 600386 | 北京巴士 | 3.2 |

## 送转股本最多排行榜

| 排名 | 代码 | 简称 | 每 10 股送（转增） |
|---|---|---|---|
| 1 | 600018 | 上港集箱 | 10 |
| 2 | 600355 | 精伦电子 | 10 |
| 3 | 600295 | 鄂尔多斯 | 10 |
| 4 | 600887 | 伊利股份 | 10 |
| 5 | 000002 | 万科 A | 10 |
| 6 | 000402 | 金融街 | 10 |
| 7 | 000700 | 模塑科技 | 10 |
| 8 | 000988 | 华工科技 | 10 |
| 9 | 600863 | 内蒙华电 | 10 |
| 10 | 600237 | 铜峰电子 | 10 |
| 11 | 600710 | 常林股份 | 10 |
| 12 | 600780 | 通宝能源 | 10 |
| 13 | 600837 | 都市股份 | 10 |
| 14 | 000792 | 盐湖钾肥 | 10 |
| 15 | 600764 | 三星石化 | 8 |
| 16 | 600505 | 西昌电力 | 8 |
| 17 | 000069 | 华侨城 A | 8 |
| 18 | 600499 | 科达机电 | 8 |
| 19 | 000488 | 晨鸣纸业 | 8 |
| 20 | 000652 | 泰达股份 | 8 |
| 21 | 600520 | 三佳模具 | 8 |
| 22 | 600312 | 平高电气 | 7 |
| 23 | 600131 | 岷江水电 | 7 |
| 24 | 600209 | 罗顿发展 | 7 |
| 25 | 600657 | 青鸟天桥 | 7 |
| 26 | 000922 | 阿继电器 | 7 |
| 27 | 600580 | 卧龙科技 | 6 |
| 28 | 000612 | 焦作万方 | 6 |
| 29 | 600056 | 中技贸易 | 6 |
| 30 | 000517 | 甬成功 | 6 |
| 31 | 000655 | 华光陶瓷 | 6 |
| 32 | 600120 | 浙江东方 | 6 |
| 33 | 000859 | 国风塑业 | 6 |
| 34 | 600371 | 华冠科技 | 5.5 |

## 利润总额最高排行榜

| 排名 | 代码 | 简称 | 利润总额（万元） |
|---|---|---|---|
| 1 | 600028 | 中国石化 | 2201200.00 |
| 2 | 600050 | 中国联通 | 619196.35 |
| 3 | 600019 | 宝钢股份 | 594175.33 |
| 4 | 600011 | 华能国际 | 521207.94 |
| 5 | 600036 | 招商银行 | 257027.00 |
| 6 | 000539 | 粤电力 A | 199016.87 |
| 7 | 600000 | 浦发银行 | 186675.29 |
| 8 | 600188 | 兖州煤业 | 153071.45 |
| 9 | 600098 | 广州控股 | 143626.86 |
| 10 | 600018 | 上港集箱 | 125685.24 |
| 11 | 600377 | 宁沪高速 | 123527.21 |
| 12 | 600642 | 申能股份 | 122004.97 |
| 13 | 600016 | 民生银行 | 121902.80 |
| 14 | 600104 | 上海汽车 | 114762.16 |
| 15 | 000625 | 长安汽车 | 112249.11 |
| 16 | 000027 | 深能源 A | 107243.95 |
| 17 | 000542 | TCL 通讯 | 104260.34 |
| 18 | 600688 | 上海石化 | 103623.80 |
| 19 | 600005 | 武钢股份 | 89004.19 |
| 20 | 000858 | 五粮液 | 86907.04 |
| 21 | 000709 | 唐钢股份 | 86041.40 |
| 22 | 000898 | 鞍钢新轧 | 85199.90 |
| 23 | 000959 | 首钢股份 | 81769.67 |
| 24 | 900949 | 东电 B 股 | 81275.31 |
| 25 | 600001 | 邯郸钢铁 | 78841.76 |
| 26 | 600006 | 东风汽车 | 76061.83 |
| 27 | 600795 | 国电电力 | 75805.05 |
| 28 | 000629 | 新钢钒 | 74026.50 |
| 29 | 000063 | 中兴通讯 | 73819.56 |
| 30 | 600835 | 上菱电器 | 72806.20 |
| 31 | 600569 | 安阳钢铁 | 72559.73 |
| 32 | 600009 | 上海机场 | 71518.64 |
| 33 | 000866 | 扬子石化 | 71480.08 |
| 34 | 000932 | 华菱管线 | 70643.37 |
| 35 | 600057 | 厦新电子 | 68661.67 |
| 36 | 600026 | 中海发展 | 68356.17 |
| 37 | 600350 | 山东基建 | 67589.03 |
| 38 | 000088 | 盐田港 A | 66998.40 |
| 39 | 600519 | 贵州茅台 | 64937.04 |
| 40 | 000001 | 深发展 A | 63655.04 |
| 41 | 000778 | 新兴铸管 | 63256.16 |
| 42 | 000488 | 晨鸣纸业 | 62120.91 |
| 43 | 000039 | 中集集团 | 62082.84 |
| 44 | 000817 | 辽河油田 | 60668.91 |
| 45 | 600663 | 陆 家 嘴 | 60289.83 |
| 46 | 600270 | 外运发展 | 58431.40 |
| 47 | 600102 | 莱钢股份 | 57937.53 |
| 48 | 000956 | 中原油气 | 55560.13 |
| 49 | 600585 | 海螺水泥 | 54372.93 |
| 50 | 600690 | 青岛海尔 | 53698.14 |

## 所得税最高排行榜

| 排名 | 代码 | 简称 | 所得税（万元） |
|---|---|---|---|
| 1 | 600028 | 中国石化 | 680900.00 |
| 2 | 600050 | 中国联通 | 170034.79 |
| 3 | 600019 | 宝钢股份 | 166982.09 |
| 4 | 600011 | 华能国际 | 96351.03 |
| 5 | 600036 | 招商银行 | 83600.00 |
| 6 | 600000 | 浦发银行 | 58144.41 |
| 7 | 000539 | 粤电力 A | 55635.82 |
| 8 | 600188 | 兖州煤业 | 52453.42 |
| 9 | 600377 | 宁沪高速 | 40050.04 |
| 10 | 600016 | 民生银行 | 32748.80 |
| 11 | 600005 | 武钢股份 | 29413.99 |
| 12 | 900949 | 东电 B 股 | 28735.59 |
| 13 | 000709 | 唐钢股份 | 27787.75 |
| 14 | 600001 | 邯郸钢铁 | 25976.85 |
| 15 | 000898 | 鞍钢新轧 | 25741.10 |
| 16 | 600519 | 贵州茅台 | 25678.44 |
| 17 | 000858 | 五粮液 | 25008.57 |
| 18 | 000629 | 新钢钒 | 24982.74 |
| 19 | 000817 | 辽河油田 | 20882.47 |
| 20 | 000625 | 长安汽车 | 20453.72 |
| 21 | 000001 | 深发展 A | 20432.55 |
| 22 | 600098 | 广州控股 | 19904.24 |
| 23 | 600102 | 莱钢股份 | 19784.19 |
| 24 | 600350 | 山东基建 | 19774.82 |
| 25 | 600642 | 申能股份 | 18946.92 |
| 26 | 600569 | 安阳钢铁 | 18829.41 |
| 27 | 600585 | 海螺水泥 | 17234.19 |
| 28 | 000717 | 韶钢松山 | 16547.72 |
| 29 | 000778 | 新兴铸管 | 16211.67 |
| 30 | 600033 | 福建高速 | 15532.43 |
| 31 | 600270 | 外运发展 | 14808.31 |
| 32 | 600282 | 南钢股份 | 14745.37 |
| 33 | 600675 | 中华企业 | 14722.50 |
| 34 | 000488 | 晨鸣纸业 | 14514.72 |
| 35 | 600835 | 上菱电器 | 14366.83 |
| 36 | 600874 | 创业环保 | 14147.50 |
| 37 | 600018 | 上港集箱 | 13818.77 |
| 38 | 600010 | 钢联股份 | 13464.91 |
| 39 | 600597 | 光明乳业 | 13438.17 |
| 40 | 000959 | 首钢股份 | 13358.94 |
| 41 | 600126 | 杭钢股份 | 13188.35 |
| 42 | 000825 | 太钢不锈 | 12404.70 |
| 43 | 000002 | 万科 A | 12196.28 |
| 44 | 000063 | 中兴通讯 | 12165.84 |
| 45 | 000932 | 华菱管线 | 11941.68 |
| 46 | 000027 | 深能源 A | 11586.23 |
| 47 | 600307 | 酒钢宏兴 | 11418.54 |
| 48 | 600332 | 广州药业 | 11312.24 |
| 49 | 600026 | 中海发展 | 11132.77 |
| 50 | 600600 | 青岛啤酒 | 10991.63 |

# 上 海 市 场

| 项　目 | | 每股收益（元） | | 净资产收益率（%） | | 总资产（元） | | 每股净资产（元） | | 资产负债率（%） | |
|---|---|---|---|---|---|---|---|---|---|---|---|
| 前十名 | 第一名 | 厦新电子 | 1.690 | 厦新电子 | 68.253 | 招商银行 | 371659912000.00 | 贵州茅台 | 10.370 | 北大科技 | 1037.519 |
| | 第二名 | 贵州茅台 | 1.370 | 华海药业 | 62.895 | 中国石化 | 368375000000.00 | 用友软件 | 10.340 | ST 国嘉 | 625.532 |
| | 第三名 | 波导股份 | 1.350 | ST 博讯 | 60.413 | 浦发银行 | 279300719000.00 | 伊利股份 | 8.910 | ST 长控 | 594.834 |
| | 第四名 | 用友软件 | 0.920 | ST 永久 | 43.447 | 民生银行 | 246280853000.00 | 亿阳信通 | 8.816 | ST 兴业 | 460.343 |
| | 第五名 | 上港集箱 | 0.863 | 天创置业 | 30.370 | 中国联通 | 149949102922.00 | 赣粤高速 | 7.960 | ST 棱光 | 384.064 |
| | 第六名 | 黑牡丹 | 0.860 | 中国纺机 | 30.017 | 宝钢股份 | 61489190000.00 | 山东药玻 | 7.790 | ST 轻骑 | 266.882 |
| | 第七名 | 华泰股份 | 0.820 | 广汇股份 | 28.419 | 华能国际 | 48098755152.00 | 华泰股份 | 7.100 | PT 琼华侨 | 158.839 |
| | 第八名 | 华海药业 | 0.778 | 福耀玻璃 | 27.357 | 东方航空 | 31426197000.00 | 宇通客车 | 7.010 | ST 中西 | 151.763 |
| | 第九名 | 宇通客车 | 0.761 | 厦门汽车 | 24.755 | 上海石化 | 26562285000.00 | 科达机电 | 6.849 | ST 同达 | 119.723 |
| | 第十名 | 同仁堂 | 0.753 | 宁波富邦 | 23.760 | 海南航空 | 19400958098.00 | 金瑞科技 | 6.540 | ST 生态 | 111.085 |
| 后十名 | 第一名 | ST 长控 | -10.996 | 江西纸业 | -2122.137 | 北大科技 | 42008521.34 | ST 长控 | -8.588 | 红河光明 | 2.473 |
| | 第二名 | ST 轻骑 | -3.500 | ST 鞍合成 | -724.201 | ST 中燕 | 58866948.50 | ST 兴业 | -3.221 | 潜江制药 | 7.013 |
| | 第三名 | ST 国嘉 | -3.449 | ST 金泰 | -303.303 | ST 同达 | 88621808.97 | ST 国嘉 | -2.814 | 宁沪高速 | 7.108 |
| | 第四名 | ST 兴业 | -3.362 | ST 松辽 | -222.380 | ST 国嘉 | 96061999.78 | ST 棱光 | -2.610 | 厦门机场 | 7.406 |
| | 第五名 | ST 中西 | -2.394 | ST 纵横 | -215.075 | ST 长控 | 105345216.47 | ST 中西 | -1.925 | 浙江东日 | 8.099 |
| | 第六名 | 江西纸业 | -2.060 | ST 天龙 | -177.293 | ST 棱光 | 139132070.40 | ST 轻骑 | -1.660 | 武汉控股 | 9.146 |
| | 第七名 | ST 纵横 | -1.630 | 金帝建设 | -169.289 | PT 琼华侨 | 144241676.68 | 北大科技 | -1.385 | 法拉电子 | 9.326 |
| | 第八名 | ST 天龙 | -1.500 | 烟台发展 | -155.143 | ST 藏圣地 | 164471567.29 | PT 琼华侨 | -0.476 | 重庆港九 | 10.235 |
| | 第九名 | 北大科技 | -1.474 | 英豪科教 | -147.866 | 高淳陶瓷 | 165728418.75 | ST 同达 | -0.326 | 联通国脉 | 10.333 |
| | 第十名 | 道博股份 | -1.460 | 联华合纤 | -145.553 | ST 兴业 | 173799070.15 | ST 生态 | -0.080 | 仕奇实业 | 10.384 |

# 深 圳 市 场

| 项　目 | | 每股收益（元） | | 净资产收益率（%） | | 总资产（元） | | 每股净资产（元） | | 资产负债率（%） | |
|---|---|---|---|---|---|---|---|---|---|---|---|
| 前十名 | 第一名 | TCL 通讯 | 1.470 | TCL 通讯 | 62.392 | 深发展 A | 166166379400.00 | 电广传媒 | 9.040 | ST 盛润 A | 850.214 |
| | 第二名 | 金融街 | 1.130 | 健特生物 | 44.328 | ST 吉化 | 14336230911.00 | 丰原药业 | 8.630 | ST 中华 | 487.094 |
| | 第三名 | 中兴通讯 | 1.020 | 深南电 A | 35.027 | 扬子石化 | 13473506901.44 | 天大天财 | 7.870 | ST 石化 A | 371.951 |
| | 第四名 | 盐田港 A | 0.950 | 盐田港 A | 27.895 | 鞍钢新轧 | 12425350000.00 | 中兴通讯 | 7.690 | ST 猴王 | 225.470 |
| | 第五名 | 中集集团 | 0.911 | 中科健 A | 27.179 | 中兴通讯 | 12405770105.82 | 隆平高科 | 7.576 | ST 大洋 B | 196.397 |
| | 第六名 | 农产品 | 0.805 | 长安汽车 | 25.293 | 唐钢股份 | 12089912259.95 | 晨鸣纸业 | 7.090 | ST 银广夏 | 179.491 |
| | 第七名 | 韶钢松山 | 0.781 | ST 康达尔 | 23.271 | 粤电力 A | 11729216333.02 | 现代投资 | 6.290 | ST 亿安 | 146.287 |
| | 第八名 | 晨鸣纸业 | 0.760 | 金马集团 | 22.984 | 首钢股份 | 10013587324.64 | 韶钢松山 | 6.102 | ST 海药 | 137.973 |
| | 第九名 | 新兴铸管 | 0.710 | 华侨城 A | 22.737 | 华菱管线 | 9227717941.32 | 金融街 | 6.010 | ST 鑫光 | 130.176 |
| | 第十名 | 长安汽车 | 0.680 | 帝贤 B | 20.823 | 长安汽车 | 8702730473.00 | 托普软件 | 5.990 | ST 昆百大 | 122.855 |
| 后十名 | 第一名 | 南华西 | -3.090 | ST 白鸽 | -1155.591 | ST 亿安 | 70616135.84 | ST 石化 A | -6.910 | 汕电力 A | 1.259 |
| | 第二名 | ST 美雅 | -2.140 | ST 闽闽东 | -1021.853 | ST 大洋 B | 93306051.14 | ST 盛润 A | -5.290 | ST 麦科特 | 2.490 |
| | 第三名 | ST 盛润 A | -1.960 | ST 金盘 | -904.442 | 中讯科技 | 145771891.35 | ST 中华 | -4.140 | 华北高速 | 6.567 |
| | 第四名 | ST 昆百大 | -1.566 | ST 美雅 | -213.766 | ST 西化机 | 168811555.56 | ST 猴王 | -1.450 | 四环生物 | 7.196 |
| | 第五名 | ST 石化 A | -1.470 | ST 长岭 | -207.364 | 渝开发 | 171274044.82 | ST 昆百大 | -1.390 | 深圳机场 | 8.269 |
| | 第六名 | ST 常柴 A | -1.280 | ST 东方 | -134.765 | ST 湖山 | 192505183.18 | ST 银广夏 | -1.050 | 燕化高新 | 8.441 |
| | 第七名 | 延边公路 | -1.158 | ST 合成 | -122.523 | ST 东海 A | 195796503.67 | 南华西 | -0.730 | 飞亚达 A | 8.752 |
| | 第八名 | 小天鹅 A | -1.146 | 延边公路 | -105.149 | ST 威达 | 198439606.95 | ST 海药 | -0.670 | 赣能股份 | 10.556 |
| | 第九名 | 天歌科技 | -1.026 | ST 建摩 B | -92.624 | ST 闽闽东 | 200733521.57 | ST 大洋 B | -0.450 | 皖能电力 | 11.034 |
| | 第十名 | 广东甘化 | -0.990 | ST 民化 | -86.041 | ST 盛润 A | 203258077.52 | ST 亿安 | -0.440 | 东方宾馆 | 11.193 |

# 七、2002 年度中国上市公司 50 强

## 中国最具盈利能力的 50 家上市公司

| 盈利能力排名 | 股票代码 | 股票简称 | 盈利能力得分 |
|---|---|---|---|
| 1 | 600057 | 厦新电子 | 99.75 |
| 2 | 000542 | TCL 通讯 | 99.63 |
| 3 | 000416 | 健特生物 | 99.18 |
| 4 | 000037 | 深南电 A | 97.42 |
| 5 | 000602 | 金马集团 | 96.34 |
| 6 | 600791 | 天创置业 | 96.00 |
| 7 | 000088 | 盐田港 A | 94.58 |
| 8 | 600256 | 广汇股份 | 93.48 |
| 9 | 600309 | 烟台万华 | 92.41 |
| 10 | 000619 | 海螺型材 | 92.33 |
| 11 | 600880 | 博瑞传播 | 92.31 |
| 12 | 000625 | 长安汽车 | 92.24 |
| 13 | 600660 | 福耀玻璃 | 92.05 |
| 14 | 600686 | 厦门汽车 | 91.97 |
| 15 | 000069 | 华侨城 A | 91.66 |
| 16 | 600610 | 中国纺机 | 91.29 |
| 17 | 600756 | 浪潮软件 | 90.99 |
| 18 | 000035 | 中科健 A | 90.95 |
| 19 | 600711 | 雄震集团 | 90.57 |
| 20 | 600270 | 外运发展 | 90.30 |
| 21 | 600083 | ST 红光 | 89.96 |
| 22 | 000680 | 山推股份 | 89.91 |
| 23 | 000539 | 粤电力 A | 89.79 |
| 24 | 000817 | 辽河油田 | 89.76 |
| 25 | 600818 | ST 永久 | 89.61 |
| 26 | 000778 | 新兴铸管 | 89.59 |
| 27 | 000538 | 云南白药 | 89.45 |
| 28 | 600874 | 创业环保 | 89.33 |
| 29 | 600130 | 波导股份 | 89.12 |
| 30 | 000895 | 双汇发展 | 89.11 |
| 31 | 000402 | 金融街 | 89.00 |
| 32 | 600085 | 同仁堂 | 88.92 |
| 33 | 200512 | 闽灿坤 B | 88.64 |
| 34 | 600768 | 宁波富邦 | 88.63 |
| 35 | 600717 | 天津港 | 88.51 |
| 36 | 600006 | 东风汽车 | 88.49 |
| 37 | 000027 | 深能源 A | 88.37 |
| 38 | 000662 | 广西红日 | 88.29 |
| 39 | 600177 | 雅戈尔 | 88.18 |
| 40 | 600367 | 红星发展 | 87.96 |
| 41 | 600018 | 上港集箱 | 87.93 |
| 42 | 600825 | 华联超市 | 87.88 |
| 43 | 600636 | 三爱富 | 87.86 |
| 44 | 200160 | 帝贤 B | 87.82 |
| 45 | 600845 | 宝信软件 | 87.74 |
| 46 | 000022 | 深赤湾 A | 87.31 |
| 47 | 600098 | 广州控股 | 87.22 |
| 48 | 600519 | 贵州茅台 | 87.17 |
| 49 | 000607 | 华立控股 | 86.92 |
| 50 | 600500 | 中化国际 | 86.91 |

## 中国最具成长性的 50 家上市公司

| 成长性排名 | 股票代码 | 股票简称 | 成长性得分 |
|---|---|---|---|
| 1 | 000619 | 海螺型材 | 98.71 |
| 2 | 600256 | 广汇股份 | 97.89 |
| 3 | 600556 | 北生药业 | 97.57 |
| 4 | 600130 | 波导股份 | 96.45 |
| 5 | 000402 | 金融街 | 96.09 |
| 6 | 600016 | 民生银行 | 95.24 |
| 7 | 600396 | 金山股份 | 94.91 |
| 8 | 600309 | 烟台万华 | 94.79 |
| 9 | 600418 | 江淮汽车 | 94.78 |
| 10 | 600398 | 凯诺科技 | 94.47 |
| 11 | 000549 | 湘火炬 A | 94.34 |
| 12 | 000157 | 中联重科 | 94.01 |
| 13 | 000518 | 四环生物 | 93.72 |
| 14 | 600795 | 国电电力 | 93.23 |
| 15 | 600303 | 曙光股份 | 92.77 |
| 16 | 600588 | 用友软件 | 92.76 |
| 17 | 000153 | 丰原药业 | 92.68 |
| 18 | 600257 | 洞庭水殖 | 92.32 |
| 19 | 600383 | 金地集团 | 91.75 |
| 20 | 600827 | 友谊股份 | 91.68 |
| 21 | 600033 | 福建高速 | 91.66 |
| 22 | 600386 | 北京巴士 | 91.45 |
| 23 | 600367 | 红星发展 | 91.17 |
| 24 | 000542 | TCL 通讯 | 91.16 |
| 25 | 600308 | 华泰股份 | 90.37 |
| 26 | 000035 | 中科健 A | 89.98 |
| 27 | 600037 | 歌华有线 | 89.71 |
| 28 | 600825 | 华联超市 | 89.62 |
| 29 | 000063 | 中兴通讯 | 89.61 |
| 30 | 000626 | 如意集团 | 89.18 |
| 31 | 600519 | 贵州茅台 | 89.17 |
| 32 | 000510 | 金路集团 | 89.09 |
| 33 | 200160 | 帝贤 B | 89.07 |
| 34 | 000001 | 深发展 A | 88.45 |
| 35 | 600316 | 洪都航空 | 88.39 |
| 36 | 600275 | 武昌鱼 | 88.38 |
| 37 | 000990 | 诚志股份 | 88.30 |
| 38 | 600326 | 西藏天路 | 88.06 |
| 39 | 000078 | 海王生物 | 87.86 |
| 40 | 600038 | 哈飞股份 | 87.74 |
| 41 | 600651 | 飞乐音响 | 87.73 |
| 42 | 000930 | 丰原生化 | 87.57 |
| 43 | 600246 | 先锋股份 | 87.49 |
| 44 | 600817 | 宏盛科技 | 87.35 |
| 45 | 600400 | 红豆股份 | 87.30 |
| 46 | 600305 | 恒顺醋业 | 87.27 |
| 47 | 600270 | 外运发展 | 87.20 |
| 48 | 000069 | 华侨城 A | 87.16 |
| 49 | 000726 | 鲁泰 A | 87.10 |
| 50 | 600296 | 兰州铝业 | 87.04 |

## 中国偿债能力最强的 50 家上市公司

| 偿债能力排名 | 股票代码 | 股票简称 | 偿债能力得分 |
|---|---|---|---|
| 1 | 600368 | 五洲交通 | 99.78 |
| 2 | 000817 | 辽河油田 | 99.68 |
| 3 | 600780 | 通宝能源 | 99.59 |
| 4 | 000609 | 燕化高新 | 99.27 |
| 5 | 600665 | 沪昌特钢 | 99.19 |
| 6 | 600009 | 上海机场 | 98.90 |
| 7 | 000899 | 赣能股份 | 98.88 |
| 8 | 600897 | 厦门机场 | 98.84 |
| 9 | 000571 | ST 新大洲 | 98.50 |
| 10 | 600037 | 歌华有线 | 98.49 |
| 11 | 200053 | 深基地 B | 98.46 |
| 12 | 600896 | 中海海盛 | 98.41 |
| 13 | 600240 | 仕奇实业 | 98.16 |
| 14 | 000518 | 四环生物 | 98.03 |
| 15 | 000541 | 佛山照明 | 98.03 |
| 16 | 600171 | 上海贝岭 | 97.87 |
| 17 | 000900 | 现代投资 | 97.86 |
| 18 | 000707 | 双环科技 | 97.64 |
| 19 | 600087 | 南京水运 | 97.62 |
| 20 | 000089 | 深圳机场 | 97.59 |
| 21 | 600663 | 陆家嘴 | 97.55 |
| 22 | 600279 | 重庆港九 | 97.36 |
| 23 | 000534 | 汕电力 A | 97.31 |
| 24 | 600588 | 用友软件 | 97.30 |
| 25 | 000975 | 科学城 | 97.23 |
| 26 | 600316 | 洪都航空 | 96.85 |
| 27 | 000919 | 金陵药业 | 96.76 |
| 28 | 600135 | 乐凯胶片 | 96.56 |
| 29 | 600212 | 江泉实业 | 96.49 |
| 30 | 000602 | 金马集团 | 96.40 |
| 31 | 600168 | 武汉控股 | 96.35 |
| 32 | 600226 | 升华拜克 | 96.34 |
| 33 | 600189 | 吉林森工 | 96.20 |
| 34 | 000520 | 中国凤凰 | 95.89 |
| 35 | 000637 | 茂化实华 | 95.51 |
| 36 | 600380 | 太太药业 | 95.48 |
| 37 | 600233 | 大连创世 | 95.47 |
| 38 | 600220 | 江苏阳光 | 95.40 |
| 39 | 600300 | 维维股份 | 95.25 |
| 40 | 000619 | 海螺型材 | 95.17 |
| 41 | 600227 | 赤天化 | 95.16 |
| 42 | 000925 | 浙大海纳 | 95.06 |
| 43 | 600188 | 兖州煤业 | 95.03 |
| 44 | 000524 | 东方宾馆 | 95.01 |
| 45 | 600088 | 中视传媒 | 95.00 |
| 46 | 000539 | 粤电力 A | 94.93 |
| 47 | 600895 | 张江高科 | 94.85 |
| 48 | 600726 | 龙电股份 | 94.82 |
| 49 | 600070 | 浙江富润 | 94.82 |
| 50 | 000729 | 燕京啤酒 | 94.79 |

## 中国运营改善最佳的 50 家上市公司

| 运营改善排名 | 股票代码 | 股票简称 | 运营改善得分 |
|---|---|---|---|
| 1 | 600057 | 厦新电子 | 90.70 |
| 2 | 900950 | 新城 B 股 | 90.53 |
| 3 | 000739 | 普洛药业 | 89.97 |
| 4 | 000662 | 广西红日 | 89.59 |
| 5 | 600831 | 广电网络 | 89.26 |
| 6 | 000411 | ST 英特 | 88.78 |
| 7 | 000602 | 金马集团 | 88.46 |
| 8 | 000038 | 深大通 A | 87.02 |
| 9 | 600750 | 江中药业 | 86.70 |
| 10 | 600853 | ST 龙建 | 86.64 |
| 11 | 600875 | 东方电机 | 86.58 |
| 12 | 000738 | ST 南摩 | 86.23 |
| 13 | 000522 | 白云山 A | 85.40 |
| 14 | 000615 | 湖北金环 | 85.10 |
| 15 | 600786 | ST 东锅 | 85.04 |
| 16 | 600083 | ST 红光 | 84.83 |
| 17 | 600376 | 天鸿宝业 | 84.79 |
| 18 | 600167 | 沈阳新开 | 84.39 |
| 19 | 600627 | 电器股份 | 84.34 |
| 20 | 600633 | 白猫股份 | 84.33 |
| 21 | 600898 | PT 郑百文 | 84.23 |
| 22 | 600166 | 福田汽车 | 84.02 |
| 23 | 600069 | 银鸽投资 | 83.96 |
| 24 | 600791 | 天创置业 | 83.47 |
| 25 | 600817 | 宏盛科技 | 83.44 |
| 26 | 600052 | 浙江广厦 | 83.29 |
| 27 | 600833 | 第一医药 | 83.25 |
| 28 | 000546 | ST 吉轻工 | 83.15 |
| 29 | 600710 | 常林股份 | 83.01 |
| 30 | 000828 | 福地科技 | 82.99 |
| 31 | 600748 | 上实发展 | 82.95 |
| 32 | 000603 | ST 威达 | 82.85 |
| 33 | 000421 | 南京中北 | 82.80 |
| 34 | 600418 | 江淮汽车 | 82.74 |
| 35 | 000838 | ST 西化机 | 82.72 |
| 36 | 000035 | 中科健 A | 82.65 |
| 37 | 600730 | 中国高科 | 82.52 |
| 38 | 000723 | 天宇电气 | 82.44 |
| 39 | 000016 | 深康佳 A | 82.43 |
| 40 | 600308 | 华泰股份 | 82.17 |
| 41 | 600686 | 厦门汽车 | 82.11 |
| 42 | 600729 | 重庆百货 | 82.04 |
| 43 | 600846 | 同济科技 | 81.98 |
| 44 | 000825 | 太钢不锈 | 81.95 |
| 45 | 000516 | 陕解放 A | 81.87 |
| 46 | 600060 | 海信电器 | 81.77 |
| 47 | 600708 | 海博股份 | 81.72 |
| 48 | 600162 | 山东临工 | 81.65 |
| 49 | 000975 | 科学城 | 81.60 |
| 50 | 000906 | 南方建材 | 81.51 |

VOLUME 15

# 第十五卷

## 2003年度部分中国上市公司年报

(按年报披露日期先后顺序排列，

并截至2004年3月31日)

A COMPREHENSIVE HANDBOOK OF CHINESE SECURITIES 中国证券大全

# 1月13日

## 000888 峨眉山旅游股份有限公司

### 二〇〇三年年度报告摘选

#### 1.上市公司基本情况简介

1.1 基本情况简介

股票简称:峨眉山旅游股份有限公司　股票代码:000888　上市交易所:深圳证券交易所
注册地址和办公地址:四川省峨眉山市名山南路41号　邮政编码:614200
公司国际互联网网址:htt://www.emeionline.com(IP地址:61.139.77.29)
电子信箱:emslygfy@ls-public.sc.cninfo.net

1.2 联系人和联系方式

董事会秘书:周栋良　联系地址:四川省峨眉山市名山南路41号
电话:0833-5528078　传真:0833-5526666　电子信箱:emslygfy@ls-public.sc.cninfo.net
证券事务代表:张华仙　联系地址:四川省峨眉山市名山南路41号
电话:0833-5528075　传真:0833-5526666　电子信箱:emslygfy@ls-public.sc.cninfo.net

#### 2.会计数据和财务指标摘要

2.1 主要财务数据

| | 2003年(本年) | 2002年(调整后) | 本年比上年增减(%) | 2001年(调整后) |
|---|---|---|---|---|
| 主营业务收入 | 160,135,974.97 | 172,437,993.11 | -7.13 | 151,312,605.09 |
| 利润总额 | 32,841,779.75 | 32,577,757.97 | 0.81 | 39,806,348.84 |
| 净利润 | 32,398,510.59 | 29,537,489.40 | 9.69 | 31,289,909.55 |
| 扣除非经常性损益的净利润 | 25,174,633.74 | 29,294,276.80 | -14.06 | 28,126,385.29 |
| 总资产 | 580,775,165.36 | 497,883,763.36 | 16.65 | 514,931,297.73 |
| 股东权益(不含少数股东权益) | 4128,629,289.36 | 396,230,778.77 | 8.18 | 390,425,289.37 |
| 经营活动产生的现金流量净额 | 65,662,675.32 | 59,060,874.41 | 11.18 | 75,652,779.68 |

2.2 主要财务指标

单位:元

| | 2003年(本年) | 2002年(调整后) | 2003年比2002年增减(%) | 2001年(调整后) |
|---|---|---|---|---|
| 每股收益 | 0.27 | 0.25 | 8 | 0.26 |
| 扣除非经常性损益后的每股收益 | 0.21 | 0.25 | -16 | 0.24 |
| 净资产收益率 | 7.56 | 7.45 | 1.48 | 8.01 |
| 扣除非经常性损益的净利润为基础计算的净资产收益率 | 5.87 | 7.39 | -20.57 | 7.20 |
| 每股经营活动产生的现金流量净额 | 0.55 | 0.50 | 10 | 0.64 |
| 每股净资产 | 3.61 | 3.34 | 8.08 | 3.29 |
| 调整后的每股净资产 | 3.47 | 3.18 | 9.12 | 3.12 |

## 600317 营口港务股份有限公司

### 二〇〇三年年度报告摘选

#### 1.上市公司基本情况简介

1.1 基本情况简介

股票简称:营口港　股票代码:600317　上市交易所:上海证券交易所
注册地址和办公地址:辽宁省营口市鲅鱼圈区新港大路1号
邮政编码:115007　公司国际互联网网址:http://www.ykplc.com
电子信箱:ykplc@ykport.com.cn

1.2 联系人和联系方式

董事会秘书:杨会君　联系地址:辽宁营口鲅鱼圈区新港大路1号
电话:0417-6268506　传真:0417-6268506　电子信箱:yhj-ykplc@ykport.com.cn

#### 2.会计数据和财务指标摘要

2.1 主要会计数据　单位:元

| | 2003年 | 2002年 | 本年比上年增减(%) | 2001年 |
|---|---|---|---|---|
| 主营业务收入 | 427,999,702.22 | 346,237,299.16 | 23.61 | 203,907,082.20 |
| 利润总额 | 98,745,712.36 | 89,709,662.84 | 10.07 | 70,503,204.16 |
| 净利润 | 66,717,895.13 | 60,105,426.50 | 11.00 | 45,936,292.19 |
| 扣除非经常性损益的净利润 | 69,322,510.23 | 60,987,617.22 | 13.67 | 46,024,800.81 |
| | 2003年末 | 2002年末 | 本年末比上年末增减(%) | 2001年末 |
| 总资产 | 1,378,645,279.59 | 1,212,000,659.49 | 13.75 | 386,022,368.49 |
| 股东权益(不含少数股东权益) | 964,339,526.41 | 897.621,631.28 | 7.43 | 251,021,230.52 |
| 经营活动产生的现金流量净额 | 100,579,127.81 | 48,435,897.49 | 107.65 | 20,363,287.57 |

2.2 主要财务指标

单位:元

| | 2003年 | 2002年 | 本年比上年增减(%) | 2001年 |
|---|---|---|---|---|
| 每股收益 | 0.27 | 0.24 | 12.50 | 0.31 |
| 净资产收益率(%) | 6.92 | 6.70 | 3.28 | 18.30 |
| 扣除非经常性损益的净利润为基础计算的净资产收益率 | 7.19 | 6.79 | 5.89 | 18.34 |
| 每股经营活动产生的现金流量净额 | 0.40 | 0.19 | 110.53 | 0.14 |
| | 2003年末 | 2002年末 | 本年末比上年末增减(%) | 2001年末 |
| 每股净资产 | 3.86 | 3.59 | 7.52 | 1.67 |
| 调整后的每股净资产 | 3.85 | 3.59 | 7.24 | 1.67 |

## 600458 株洲时代新材料科技股份有限公司

### 二〇〇三年年度报告摘选

#### 1.上市公司基本情况简介

1.1 基本情况简介

股票简称:时代新材　股票代码:600458　上市交易所:上海证券交易所
注册地址:株洲市高新技术开发区黄河南路　办公地址:株洲市天元区珠江南路21号
邮政编码:412007　公司国际互联网网址:http://www.trp.com.cn　电子信箱:tmt@trp.com.cn

1.2 联系人和联系方式

董事会秘书:杨宗国　联系地址:株洲市天元区珠江南路21号公司证券事务办
电话:0733-2837718　传真:0733-2837786　电子信箱:yangzg@trp.com.cn
证券事务代表:季晓康　联系地址:株洲市天元区珠江南路21号公司证券事务办
电话:0733-2837786　传真:0733-2837786 电子信箱:jixiaokang@trp.com.cn

#### 2.会计数据和财务指标摘要

2.1 主要会计数据　单位:元

| 项　目 | 2003年 | 2002年 | 本年比上年增减(%) | 2001年 |
|---|---|---|---|---|
| 主营业务收入 | 206,464,232.81 | 157,463,933.83 | 31.12 | 102,029,484.37 |
| 利润总额 | 39,812,795.15 | 31,289,246.34 | 27.24 | 20,017,794.87 |
| 净利润 | 30,677,101.27 | 25,349,554.68 | 21.02 | 16,750,717.73 |
| 扣除非经常性损益的净利润 | 30,997,921.68 | 25,925,636.35 | 19.56 | 17.128,016.53 |
| 项　目 | 2003年末 | 2002年末 | 本年末比上年末增减(%) | 2001年末 |
| 总资产 | 494,453,786.04 | 388,011,420.99 | 27.43 | 136,681,881.12 |
| 股东权益(不含少数股东权益) | 340,461,445.06 | 309,784,343.79 | 9.90 | 72,485,653.96 |
| 经营活动产生的现金流量净额 | -33,635,136.89 | 8,376,768.23 | -501.53 | 4,622,878.59 |

2.2 主要财务指标

单位:元

| 项　目 | 2003年 | 2002年 | 本年比上年增减(%) | 2001年 |
|---|---|---|---|---|
| 每股收益 | 0.36 | 0.30 | 20.00 | 0.33 |
| 净资产收益率(%) | 9.01 | 8.33 | 8.16 | 23.11 |
| 扣除非经常性损益的净利润为基础计算的净资产收益率(%) | 9.10 | 8.36 | 8.85 | 23.63 |
| 每股经营活动产生的现金流量净额 | -0.39 | 0.10 | -490 | 0.09 |
| 项　目 | 2003年末 | 2002年末 | 本年末比上年末增减(%) | 2001年末 |
| 每股净资产 | 4.00 | 3.64 | 9.89 | 1.45 |
| 调整后的每股净资产 | 3.99 | 3.64 | 9.62 | 1.44 |

# 1月15日

## 000717 广东韶钢松山股份有限公司

### 二〇〇三年年度报告摘选

#### 1.上市公司基本情况简介

1.1 基本情况简介

股票简称:韶钢松山　股票代码:000717　上市交易所:深圳证券交易所
注册地址:广东省韶关市曲江县马坝　办公地址:广东省韶关市曲江县马坝
邮政编码:512123　公司国际互联网网址:http//www.sgss.com.cn　电子信箱:sgss@sgis.com.cn

1.2 联系人和联系方式

董事会秘书:余子权　联系地址:广东省韶关市曲江县马坝
电话:0751-8787265　传真:0751-8787676　电子信箱:sgss@sgis.com.cn
证券事务代表:李华萍　联系地址:广东省韶关市曲江县马坝
电话:0751-8787265　传真:0751-8787676　电子信箱:sgss@sgis.com.cn

#### 2.会计数据和财务指标摘要

2.1 主要会计数据　单位:人民币元

| | 2003年(本年) | 2002年(上年) | 本年比上年增减 | 2001年 |
|---|---|---|---|---|
| 主营业务收入 | 7,160,864,275.53 | 4,430,833,020.53 | 61.61% | 3,926,230,410.40 |
| 利润总额 | 1,339,011,814.24 | 514,557,028.91 | 160.23% | 284,736,453.20 |
| 净利润 | 981,728,134.90 | 349,079,804.93 | 181.23% | 258,683,423.64 |
| 扣除非经常性损益的净利润 | 905,471,015.68 | 357,885,215.87 | 153.01% | 258,870,301.94 |
| | 2003年末(本年末) | 2002年末(上年末) | 本年末比上年末增减 | 2001年末 |
| 总资产 | 8,048,516,787.37 | 5,273,866,221.90 | 52.61% | 3,887,791,715.67 |
| 股东权益(不含少数股东权益) | 4,318,917,631.89 | 2,728,900,021.29 | 58.27% | 2,379,820,216.36 |
| 经营活动产生的现金流量净额 | 1,361,029,132.71 | 832,417,521.04 | 63.50% | 130,748,381.95 |

2.2 主要财务指标

单位:人民币元

| | 2003年(本年) | 2002年(上年) | 本年比上年增减 | 2001年 |
|---|---|---|---|---|
| 每股收益 | 1.17 | 0.78 | 50.04% | 0.58 |
| 每股收益(如果股本变化,按新股本计算) | 1.17 | - | - | - |
| 净资产收益率 | 22.73% | 12.79% | 77.72% | 10.11% |
| 扣除非经常性损益的净利润为基础计算的净资产收益率 | 20.97% | 13.11% | 59.95% | 10.12% |
| 每股经营活动产生的现金流量净额 | 1.62 | 1.86 | -12.76% | 0.29 |
| | 2003年末(本年末) | 2002年末(上年末) | 本年末比上年末增减 | 2001年末 |
| 每股净资产 | 5.15 | 6.10 | -15.56% | 5.72 |
| 调整后的每股净资产 | 5.14 | 6.08 | -15.54% | 5.71 |

## 600710 常林股份有限公司

### 二〇〇三年年度报告摘选

#### 1.上市公司基本情况简介

1.1 基本情况简介

股票简称:常林股份　股票代码:600710　上市交易所:上海证券交易所
注册地址:江苏省常州市新北区常澄路55号
办公地址:江苏省常州市新北区常林路10号
邮政编码:213002　公司国际互联网网址:http://www.changlin.com.cn
电子信箱:clcxs@public.cz.js.cn

1.2 联系人和联系方式

董事会秘书:周龙江先生　联系地址:江苏省常州市常林路10号
电话:0519-6752853　传真:0519-6750025
电子信箱:clcdm@pub.cz.jsinfo.net
证券事务代表:冯伟国先生　联系地址:江苏省常州市常林路10号
电话:0519-6781158　传真:0519-6750025
电子信箱:clcdm@pub.cz.jsinfo.net

#### 2.会计数据和财务指标摘要

2.1 主要会计数据　单位:元

| | 2003年 | 2002年 | 本年比上年增减(%) | 2001年 |
|---|---|---|---|---|
| 主营业务收入 | 1,502,505,201.66 | 1,004,496,619.73 | 49.58 | 530,639,149.84 |
| 利润总额 | 182,238,290.71 | 60,117,363.69 | 203.14 | 7,886,236.51 |
| 净利润 | 166,612,174.88 | 52,091,149.65 | 219.85 | 6,882,053.87 |
| 扣除非经常性损益的净利润 | 167,536,462.08 | 47,886,034.49 | 249.86 | 243,157.66 |
| | 2003年末 | 2002年末 | 本年末比上年末增减(%) | 2001年末 |
| 总资产 | 1,359,103,730.73 | 947,777,181.17 | 43.40 | 851,805,583.12 |
| 股东权益(不含少数股东权益) | 652,004,470.88 | 492,037,796.00 | 32.51 | 439,946,646.35 |
| 经营活动产生的现金流量净额 | 156,648,238.36 | 34,590,739.78 | 352.86 | 52,017,724.35 |

2.2 主要财务指标　单位:人民币元

| | 2003年 | 2002年 | 本年比上年增减(%) | 2001年 |
|---|---|---|---|---|
| 每股收益 | 0.50 | 0.32 | 59.92 | 0.04 |
| 净资产收益率 | 25.55% | 10.59% | 141.37 | 1.54% |
| 扣除非经常性损益的净利润为基础计算的净资产收益率 | 25.70% | 9.73% | 164.03 | 0.05% |
| 每股经营活动产生的现金流量净额 | 0.47 | 0.21 | 126.43 | 0.32 |
| | 2003年末 | 2002年末 | 本年末比上年末增减(%) | 2001年末 |
| 每股净资产 | 1.98 | 2.98 | -33.74 | 2.70 |
| 调整后的每股净资产 | 1.96 | 2.88 | -32.03 | 2.64 |

## 1月16日

## 000402 金融街控股股份有限公司

### 二〇〇三年年度报告摘选

#### 1.上市公司基本情况简介

1.1 基本情况简介

股票简称:金融街　股票代码:000402　上市交易所:深圳证券交易所
注册地址:北京市西城区金融大街33号通泰大厦B座8层
办公地址:北京市西城区金融大街19号富凯大厦北座5层
邮政编码:100032　公司国际互联网网址:http://www.jrjkg.com
电子信箱:investors@jrjkg.com

1.2 联系人和联系方式

董事会秘书:许群峰　联系地址:北京市西城区金融大街19号富凯大厦北座5层
电话:010-66573955　传真:010-66573956　电子信箱:investors@jrjkg.com
证券事务代表:于蓉　联系地址:北京市西城区金融大街19号富凯大厦北座5层
电话:010-66573955　传真:010-66573956　电子信箱:investors@jrjkg.com

#### 2.会计数据和财务指标摘要

2.1 主要会计数据　单位:(人民币)元

| | 2003年(本年) | 2002年(上年) | 本年比上年增减 | 2001年 |
|---|---|---|---|---|
| 主营业务收入 | 1,437,970,885.22 | 924,183,889.85 | 55.59% | 857,282,451.10 |
| 利润总额 | 331,765,619.70 | 203,390,330.24 | 63.12% | 215,277,500.26 |
| 净利润 | 207,494,226.84 | 167,075,564.18 | 24.19% | 151,047,979.44 |
| 扣除非经常性损益的净利润 | 192,045,259.62 | 115,206,493.25 | 66.70% | 122,073,522.46 |
| | 2003年末(本年末) | 2002年末(上年末) | 本年末比上年末增减 | 2001年末 |
| 总资产 | 3,624,720,674.32 | 2,875,889,635.69 | 26.04% | 1,137,756,499.58 |
| 股东权益(不含少数股东权益) | 1,092,855,345.66 | 914,832,398.82 | 19.46% | 346,491,744.65 |
| 经营活动产生的现金流量净额 | -30,705,401.55 | -856,944,710.50 | -- | -518,932,639.30 |

2.2 主要财务指标　单位:(人民币)元

| | 2003年(本年) | 2002年(上年) | 本年比上年增减 | 2001年 |
|---|---|---|---|---|
| 每股收益 | 0.70 | 1.13 | -37.92% | 1.20 |
| 净资产收益率 | 18.99% | 18.26% | 4.00% | 43.59% |
| 扣除非经常性损益的净利润为基础计算的净资产收益率 | 17.57% | 13.01% | 35.05% | 35.23% |
| 每股经营活动产生的现金流量净额 | -0.10 | -5.82 | -- | -4.12 |
| | 2003年末(本年末) | 2002年末(上年末) | 本年末比上年末增减 | 2001年末 |
| 每股净资产 | 3.71 | 6.21 | -40.27% | 2.75 |
| 调整后的每股净资产 | 3.62 | 5.89 | -38.54% | 2.74 |

## 000828 广东福地科技股份有限公司

### 二〇〇三年年度报告摘选

#### 1.上市公司基本情况简介

1.1 基本情况简介

股票简称:福地科技　股票代码:000828　上市交易所:深圳证券交易所
注册地址和办公地址:广东省东莞市南城区科技工业园科技路39号
邮政编码:523077　公司国际互联网网址:http//www.gdfortune.com
电子信箱:gdfd@pud.dgnet.gd.cn

1.2 联系人和联系方式

董事会秘书:张庆文　联系地址:广东省东莞市南城区科技工业园科技路39号
电话:0769-2402236　传真:0769-2402525　电子信箱:gdfddm@pub.gdnet.gd.cn

#### 2.会计数据和财务指标摘要

2.1 主要会计数据　单位:人民币元

| | 2003年(本年) | 2002年(上年) | 本年比上年增减 | 2001年 |
|---|---|---|---|---|
| 主营业务收入 | 2,353,843,074.02 | 2,061,759,752.40 | 14.17% | 1,793,705,343.88 |
| 利润总额 | 110,031,169.75 | 60,675,477.47 | 81.34% | -438,691,526.22 |
| 净利润 | 110,031,169.75 | 60,675,477.47 | 81.34% | -438,691,526.22 |
| 扣除非经常性损益的净利润 | 178,580,166.38 | 148,939,894.97 | 19.90% | -379,748,079.71 |
| | 2003年末(本年末) | 2002年末(上年末) | 本年末比上年末增减 | 2001年末 |
| 总资产 | 2,787,262,340.38 | 2,985,681,276.07 | -6.65% | 3,337,213,378.41 |
| 股东权益(不含少数股东权益) | 2,272,377,144.07 | 2,161,737,970.43 | 5.12% | 2,096,239,361.78 |
| 经营活动产生的现金流量净额 | 320,953,309.27 | 272,709,564.68 | 17.69% | 181,020,753.29 |

2.2 主要财务指标　单位:人民币元

| | 2003年(本年) | 2002年(上年) | 本年比上年增减 | 2001年 |
|---|---|---|---|---|
| 每股收益 | 0.09 | 0.05 | 80.77% | -0.38 |
| 每股收益(如果股本变化,按新股本计算) | 0.09 | -- | -- | -- |
| 净资产收益率 | 4.84% | 2.81% | 72.24% | -20.93% |
| 扣除非经常性损益的净利润为基础计算的净资产收益率 | 8.06% | 7.00% | 15.14% | -16.42% |
| 每股经营活动产生的现金流量净额 | 0.28 | 0.23 | 17.95% | 0.16 |
| | 2003年末(本年末) | 2002年末(上年末) | 本年末比上年末增减 | 2001年末 |
| 每股净资产 | 1.95 | 1.86 | 5.12% | 1.80 |
| 调整后的每股净资产 | 1.93 | 1.83 | 5.47% | 1.77 |

## 000860 北京顺鑫农业股份有限公司

### 二〇〇三年年度报告摘选

#### 1.上市公司基本情况简介

1.1 基本情况简介

股票简称:顺鑫农业　股票代码:000860　上市交易所:深圳证券交易所
注册地址和办公地址:北京市顺义区站前街南侧　邮政编码:101300
公司国际互联网网址:http://www.0860.com.cn　电子信箱:sxnygf@public.bta.net.cn

1.2 联系人和联系方式

董事会秘书:田建国
联系地址:北京市顺义区站前街南侧北京顺鑫农业股份有限公司
电话:010-69428900　传真:010-81499846　电子信箱:tig396@sohu.com
证券事务代表:刘彦明
联系地址:北京市顺义区站前街南侧北京顺鑫农业股份有限公司
电话:010-69420860　传真:010-81499846　电子信箱:liuyanming@000860.com

#### 2.会计数据和财务指标摘要

2.1 主要会计数据　单位:人民币元

| | 2003年(本年) | 2002年(上年) | 本年比上年增减 | 2001年 |
|---|---|---|---|---|
| 主营业务收入 | 1,324,608,482.73 | 1,037,688,752.33 | 27.65% | 774,081,629.25 |
| 利润总额 | 95,193,504.71 | 79,448,039.84 | 19.82% | 78,004,602.66 |
| 净利润 | 83,074,807.61 | 74,161,739.73 | 12.02% | 73,399,357.39 |
| 扣除非经常性损益的净利润 | 83,811,296.12 | 67,625,895.95 | 23.93% | 70,338,501.48 |
| | 2003年末(本年末) | 2002年末(上年末) | 本年末比上年末增减 | 2001年末 |
| 总资产 | 1,938,639,059.56 | 1,613,307,003.95 | 20.17% | 1,385,796,366.04 |
| 股东权益(不含少数股东权益) | 1,165,116,082.71 | 1,125,556,861.14 | 3.51% | 1,051,395,121.41 |
| 经营活动产生的现金流量净额 | 129,600,457.17 | 12,002,100.99 | 979.81% | 11,057,119.00 |

2.2 主要财务指标　单位:人民币元

| | 2003年(本年) | 2002年(上年) | 本年比上年增减 | 2001年 |
|---|---|---|---|---|
| 每股收益 | 0.27 | 0.24 | 11.89% | 0.24 |
| 每股收益(如果股本变化,按新股本计算) | 0.27 | -- | -- | -- |
| 净资产收益率 | 7.13% | 6.59% | 8.19% | 6.69% |
| 扣除非经常性损益的净利润为基础计算的净资产收益率 | 7.34% | 6.09% | 20.53% | 6.63% |
| 每股经营活动产生的现金流量净额 | 0.43 | 0.04 | 965.00% | 0.04 |
| | 2003年末(本年末) | 2002年末(上年末) | 本年末比上年末增减 | 2001年末 |
| 每股净资产 | 3.83 | 3.70 | 3.51% | 3.61 |
| 调整后的每股净资产 | 3.66 | 3.50 | 4.57% | 3.46 |

## 000932 湖南华菱管线股份有限公司

### 二〇〇三年年度报告摘选

#### 1.上市公司基本情况简介

1.1 基本情况简介

股票简称:华菱管线 股票代码:000932 上市交易所:深圳证券交易所
注册地址和办公地址:湖南省长沙市芙蓉中路二段111号华菱大厦20楼
邮政编码:410011 公司国际互联网网址:http://www.valin.com.cn
电子信箱:hlgx@chinavalin.com

1.2 联系人和联系方式

董事会秘书:汪俊 联系地址:湖南省长沙市芙蓉中路二段111号华菱大厦20楼
电话:0731-2245196 传真:0731-4447112 电子信箱:wangjun@chinavalin.com
证券事务代表:李敏芝 联系地址:湖南省长沙市芙蓉中路二段111号华菱大厦20楼
电话:0731-2565960 传真:0731-4447112 电子信箱:liminzhi@chinavalin.com

#### 2.会计数据和财务指标摘要

2.1 主要会计数据 单位:人民币元

| | 2003年(本年) | 2002年(上年) | 本年比上年增减 | 2001年 |
|---|---|---|---|---|
| 主营业务收入 | 12,792,226,767.03 | 9,763,977,506.80 | 31.01% | 8,499,551,946.56 |
| 利润总额 | 1,110,784,660.22 | 706,433,738.84 | 57.24% | 622,451,674.83 |
| 净利润 | 759,367,575.05 | 534,636,304.25 | 42.03% | 473,567,538.37 |
| 扣除非经常性损益的净利润 | 782,286,355.40 | 549,755,960.21 | 42.30% | 477,414,379.16 |
| | 2003年末(本年末) | 2002年末(上年末) | 本年末比上年末增减 | 2001年末 |
| 总资产 | 12,649,171,507.01 | 9,227,717,941.32 | 37.08% | 7,771,385,404.94 |
| 股东权益(不含少数股东权益) | 5,751,537,260.85 | 5,168,043,502.05 | 11.29% | 3,558,024,749.91 |
| 经营活动产生的现金流量净额 | 1,919,299,823.05 | 1,565,500,768.36 | 22.60% | 1,353,562,665.96 |

2.2 主要财务指标

单位:人民币元

| | 2003年(本年) | 2002年(上年) | 本年比上年增减 | 2001年 |
|---|---|---|---|---|
| 每股收益 | 0.43 | 0.30 | 42.04% | 0.03 |
| 每股收益(如果股本变化,按新股本计算) | - | - | - | - |
| 净资产收益率 | 13.20% | 10.35% | 27.54% | 12.75% |
| 扣除非经常性损益的净利润为基础计算的净资产收益率 | 14.10% | 11.48% | 22.82% | 13.32% |
| 每股经营活动产生的现金流量净额 | 1.09 | 0.89 | 22.69% | 0.86 |
| | 2003年末(本年末) | 2002年末(上年末) | 本年末比上年末增减 | 2001年末 |
| 每股净资产 | 3.26 | 2.93 | 11.31% | 2.37 |
| 调整后的每股净资产 | 3.12 | 2.84 | 9.86% | 2.26 |

## 600139 鼎天科技股份有限公司

### 二〇〇三年年度报告摘选

#### 1.上市公司基本情况简介

1.1 基本情况简介

股票简称:*ST鼎天 股票代码:600139 上市交易所:上海证券交易所
注册地址和办公地址:德阳市华山北路114号 邮政编码:618000
公司国际互联网网址:www.dingtian.com.cn 电子信箱:600139sh@sina.com

1.2 联系人和联系方式

董事会秘书:王祺 联系地址:德阳市华山北路114号
电话:0838-2826498 传真:0838-2821217 电子信箱:600139sh@sina.com

#### 2.会计数据和财务指标摘要

2.1 主要会计数据 单位:元

| | 2003年 | 2002年 | 本年比上年增减(%) | 2001年(调整后) |
|---|---|---|---|---|
| 主营业务收入 | 133,048,923.78 | 404,511,103.51 | -67.11 | 193,930,587.25 |
| 利润总额 | 8,285,868.74 | -46,704,022.58 | - | -66,210,119.27 |
| 净利润 | 8,169,816.92 | -47,044,032.00 | - | -66,210,119.27 |
| 扣除非经常性损益的净利润 | -41,184,903.93 | -45,373,679.24 | 9.23 | -50,268,679.84 |
| | 2003年末 | 2002年末 | 本年末比上年末增减(%) | 2001年末(调整后) |
| 总资产 | 320,498,691.50 | 400,742,904.07 | -20.02 | 407,229,901.59 |
| 股东权益(不含少数股东权益) | 97,590,473.65 | 77,237,115.30 | 26.35 | 101,131,702.16 |
| 经营活动产生的现金流量净额 | 52,109,274.86 | -70,431,971.35 | - | 20,043,102.43 |

2.2 主要财务指标

单位:元

| | 2003年 | 2002年 | 本年比上年增减(%) | 2001年(调整后) |
|---|---|---|---|---|
| 每股收益 | 0.11 | -0.62 | - | 0.87 |
| 净资产收益率(%) | 8.37 | -60.91 | - | -65.47 |
| 扣除非经常性损益的净利润为基础计算的净资产收益率(%) | -42.21 | -56.89 | 25.81 | -38.31 |
| 每股经营活动产生的现金流量净额 | 0.69 | -0.93 | - | 0.26 |
| | 2003年末 | 2002年末 | 本年末比上年末增减(%) | 2001年末(调整后) |
| 每股净资产 | 1.29 | 1.02 | 26.47 | 1.33 |
| 调整后的每股净资产 | 1.28 | 0.83 | 54.22 | 1.17 |

## 600308 山东华泰纸业股份有限公司

### 二〇〇三年年度报告摘选

#### 1.上市公司基本情况简介

1.1 基本情况简介

股票简称:华泰股份 股票代码:600308 上市交易所:上海证券交易所
注册地址和办公地址:山东省东营市广饶县大王镇 邮政编码:257335
公司国际互联网网址:http://www.huatai.com/ 电子信箱:htltd@huatai.com

1.2 联系人和联系方式

董事会秘书:李刚 联系地址:山东省东营市广饶县大王镇
电话:0546-6871957 传真:0546-6871957 电子信箱:ligang_htgf@163.com
证券事务代表:田居龙 联系地址:山东省东营市广饶县大王镇
电话:0546-6888889 传真:0546-6888018 电子信箱:cio@huatai.com

#### 2.会计数据和财务指标摘要

2.1 主要会计数据 单位:(人民币)元

| | 2003年 | 2002年 | 本年比上年增减(%) | 2001年 |
|---|---|---|---|---|
| 主营业务收入 | 1,596,423,884.43 | 1,326,460,846.28 | 20.35 | 714,582,177.72 |
| 利润总额 | 303,560,648.45 | 269,688,933.83 | 12.56 | 128,847,088.98 |
| 净利润 | 225,884,038.88 | 190,099,673.18 | 18.82 | 114,240,984.92 |
| 扣除非经常性损益的净利润 | 225,975,884.15 | 188,180,543.40 | 20.08 | 110,248,121.83 |
| | 2003年末 | 2002年末 | 本年末比上年末增减(%) | 2001年末 |
| 总资产 | 3,382,597,405.36 | 2,752,480,555.06 | 22.90 | 2,636,332,274.92 |
| 股东权益(不含少数股东权益) | 1,909,967,492.08 | 1,640,900,298.37 | 16.40 | 1,460,619,747.39 |
| 经营活动产生的现金流量净额 | 121,598,668.99 | 386,960,508.98 | -68.58 | 53,450,063.65 |

2.2 主要财务指标 单位:(人民币)元

| | 2003年 | 2002年 | 本年比上年增减(%) | 2001年 |
|---|---|---|---|---|
| 每股收益 | 0.75 | 0.82 | -8.54 | 0.59 |
| 每股收益(加权) | 0.75 | 0.82 | -8.54 | 0.73 |
| 净资产收益率(%) | 11.83 | 11.59 | +2.07 | 7.82 |
| 扣除非经常性损益的净利润为基础计算的净资产收益率(%) | 12.88 | 11.47 | +12.29 | 7.55 |
| 每股经营活动产生的现金流量净额 | 0.40 | 1.68 | -76.19 | 0.28 |
| | 2003年末 | 2002年末 | 本年末比上年末增减(%) | 2001年末 |
| 每股净资产 | 6.36 | 7.10 | -10.42 | 7.59 |
| 调整后的每股净资产 | 6.35 | 7.10 | -10.56 | 7.59 |

## 600338 西藏珠峰工业股份有限公司

### 二〇〇三年年度报告摘选

#### 1.上市公司基本情况简介

1.1 基本情况简介

股票简称:ST珠峰 股票代码:600338 上市交易所:上海证券交易所
注册地址:西藏自治区拉萨市北京中路65号 邮政编码:850000
办公地址:成都市西南航空港经济开发区长城路8号 邮政编码:610228
公司国际互联网网址:http://www.zfmotor.com
电子信箱:zfzjb@zfmotor.com

1.2 联系人和联系方式

董事会秘书:侯映学 联系地址:四川省成都市西南航空港经济开发区长城路8号
电话:028-85885216 传真:028-85885156 电子信箱:houyingxue@21cn.com

#### 2.会计数据和财务指标摘要

2.1 主要会计数据 单位:人民币元

| | 2003年 | 2002年 | | 本年比上年增减 | 2001年 | |
|---|---|---|---|---|---|---|
| | | 调整前 | 调整后 | | 调整前 | 调整后 |
| 主营业务收入 | 335,714,417.46 | 353,283,746.58 | 353,283,746.58 | -4.97% | 568,112,875.12 | 568,112,875.12 |
| 利润总额 | -438,441,377.54 | -165,405,787.54 | -165,405,787.54 | -165.07% | 32,170,060.41 | 19,364,451.82 |
| 净利润 | -429,030,946.28 | -164,547,715.11 | -164,547,715.11 | -160.73% | 30,872,278.24 | 14,351,493.58 |
| 扣除非经常性损益的净利润 | -419,088,447.48 | -160,626,710.33 | -160,626,710.33 | -160.91% | 28,947,903.42 | 12,427,118.76 |
| | 2003年末 | 2002年末 | | 本年末比上年末增减 | 2001年末 | |
| | | 调整前 | 调整后 | | 调整前 | 调整后 |
| 总资产 | 436,448,943.48 | 999,067,180.42 | 999,067,180.42 | -56.31% | 1,015,859,820.53 | 1,075,859,820.53 |
| 股东权益(不含少数股东权益) | 5,270,184.08 | 437,657,763.64 | 433,942,587.57 | -98.79% | 610,715,214.21 | 594,194,429.55 |
| 经营活动产生的现金流量净额 | 21,342,632.34 | 61,367,866.46 | 61,367,866.46 | -65.22% | -96,551,115.02 | -96,551,115.02 |

2.2 主要财务指标 单位:人民币元

| | 2003年 | 2002年 | | 本年比上年增减 | 2001年 | |
|---|---|---|---|---|---|---|
| | | 调整前 | 调整后 | | 调整前 | 调整后 |
| 每股收益 | -2.71 | -1.04 | -1.04 | -160.58% | 0.20 | 0.09 |
| 净资产收益率 | -8140.72% | -37.60% | -37.92% | - | 5.06% | 2.42% |
| 扣除非经常性损益的净利润为基础计算的净资产收益率 | -7952.06% | -36.70% | -37.02% | - | 4.74% | 2.09% |
| 每股经营活动产生的现金流量净额 | 0.13 | 0.39 | 0.39 | -66.67% | -0.61 | -0.61 |
| | 2003年末 | 2002年末 | | 本年末比上年末增减 | 2001年末 | |
| | | 调整前 | 调整后 | | 调整前 | 调整后 |
| 每股净资产 | 0.03 | 2.76 | 2.74 | -98.80% | 3.86 | 3.75 |
| 调整后的每股净资产 | 0.03 | 2.74 | 2.72 | -99.01% | 3.83 | 3.72 |

## 600415 浙江中国小商品城集团股份有限公司

### 二〇〇三年年度报告摘选

#### 1.上市公司基本情况简介

1.1 基本情况简介

股票简称:小商品城 股票代码:600415 上市交易所:上海证券交易所

注册地址和办公地址:浙江省义乌市宾王路158号 邮政编码:322000

公司国际互联网网址:http://www.cccgroup.com.cn

电子信箱:zcscc@public.ywptt.zj.cn

1.2 联系人和联系方式

董事会秘书:陈荣根 联系地址:浙江省义乌市宾王路158号

电话:0579－5544933 传真:0579－5546226 电子信箱:ywcrg@public.ywptt.zj.cn

#### 2.会计数据和财务指标摘要

2.1 主要会计数据 单位:人民币元

| | 2003年 | 2002年 | 本年比上年增减(%) | 2001年 |
|---|---|---|---|---|
| 主营业务收入 | 1,126,901,569.54 | 752,686,000.23 | ＋49.72 | 385,376,532.06 |
| 利润总额 | 98,589,825.49 | 63,267,178.58 | ＋55.83 | |
| 净利润 | 65,218,000.88 | 43,496,949.32 | ＋49.94 | 32,963,764.78 |
| 扣除非经常性损益的净利润 | 51,900,212.53 | 38,127,060.52 | ＋36.12 | 32,758,346.05 |
| | 2003年末 | 2002年末 | 本年末比上年末增减(%) | 2001年末 |
| 总资产 | 2,118,180,030.34 | 1,522,456,192.51 | ＋39.13 | 959,850,686.70 |
| 股东权益(不含少数股东权益) | 378,754,764.74 | 323,939,764.76 | ＋16.92 | 280,442,815.44 |
| 经营活动产生的现金流量净额 | －226,585,665.23 | 680,813,980.41 | －－ | 45,647,328.22 |

2.2 主要财务指标

| | 2003年 | 2002年 | 本年比上年增减(%) | 2001年 |
|---|---|---|---|---|
| 每股收益 | 0.63 | 0.42 | ＋50 | 0.32 |
| 每股收益 | 0.63 | 0.42 | ＋50 | 0.32 |
| 净资产收益率 | 17.22% | 13.87% | ＋24.15 | 11.75% |
| 扣除非经常性损益的净利润为基础计算的净资产收益率 | 14.77% | 12.62% | ＋17.04 | 12.41% |
| 每股经营活动产生的现金流量净额 | －2.18 | 6.54 | －－ | 0.44 |
| | 2003年末 | 2002年末 | 本年末比上年末增减(%) | 2001年末 |
| 每股净资产 | 3.64 | 3.01 | ＋20.93 | 2.70 |
| 调整后的每股净资产 | 3.55 | 2.94 | ＋21.77 | 2.65 |

## 600553 河北太行水泥股份有限公司

### 二〇〇三年年度报告摘选

#### 1.上市公司基本情况简介

1.1 基本情况简介

股票简称:太行股份 股票代码:600553 上市交易所:上海证券交易所

注册地址和办公地址:河北省邯郸市峰峰矿区建国路2号

邮政编码:056200 公司国际互联网网址:http://www.taihang_cement.com

电子信箱:thgf@taihang_cement.com

1.2 联系人和联系方式

董事会秘书:郑宝金 联系地址:河北省邯郸市峰峰矿区建国路2号

电话:0310－5062986 传真:0310－5015753 电子信箱:zbj_1209@163.com

证券事务代表:刘宇 联系地址:河北省邯郸市峰峰矿区建国路2号

电话:0310－5062945 传真:0310－5015753 电子信箱:lylply@163.com

#### 2.会计数据和财务指标摘要

2.1 主要会计数据 单位:元

| | 2003年 | 2002年 | 本年比上年增减(%) | 2001年 |
|---|---|---|---|---|
| 主营业务收入 | 518833200.59 | 379324641.33 | 36.78 | 354161637.76 |
| 利润总额 | 62046853.74 | 50460830.48 | 22.96 | 51318902.02 |
| 净利润 | 43112078.14 | 40398148.44 | 6.72 | 40145209.15 |
| 扣除非经常性损益的净利润 | 40435326.76 | 41379949.74 | －2.28 | 40993440.38 |
| | 2003年末 | 2002年末 | 本年末比上年末增减(%) | 2001年末 |
| 总资产 | 1651108731.66 | 1220904612.54 | 35.24 | 644474340.10 |
| 股东权益(不含少数股东权益) | 706434958.53 | 664439103.68 | 6.32 | 359296562.69 |
| 经营活动产生的现金流量净额 | 39951924.64 | 59541096.40 | －32.90 | 50888539.20 |

2.2 主要财务指标

单位:元

| | 2003年 | 2002年 | 本年比上年增减(%) | 2001年 |
|---|---|---|---|---|
| 每股收益 | 0.23 | 0.21 | 9.52 | 0.29 |
| 净资产收益率 | 6.10% | 6.08% | 0.33 | 11.17% |
| 扣除非经常性损益的净利润为基础计算的净资产收益率 | 5.72% | 6.23% | －8.18 | 11.41% |
| 每股经营活动产生的现金流量净额 | 0.21 | 0.31 | －32.26 | 0.36 |
| | 2003年末 | 2002年末 | 本年末比上年末增减(%) | 2001年末 |
| 每股净资产 | 3.72 | 3.50 | 6.29 | 2.57 |
| 调整后的每股净资产 | 3.67 | 3.44 | 6.69% | 2.36 |

## 600711 厦门雄震集团股份有限公司

### 二〇〇三年年度报告摘选

#### 1.上市公司基本情况简介

1.1 基本情况简介

股票简称:雄震集团 股票代码:600711 上市交易所:上海证券交易所

注册地址:厦门市厦禾路189号银行中心17楼6—8单元

办公地址:厦门市厦禾路189号银行中心17楼6—8单元 邮政编码:361003

公司国际互联网网址:http://www.600711.com 电子信箱:600711@600711.com

1.2 联系人和联系方式

董事会秘书:丁笑 联系地址:厦门市厦禾路189号银行中心17楼6—8单元

电话:0592－2394735 传真:0592－2394706 电子信箱:600711@600711.com

证券事务代表:杨小亮 联系地址:厦门市厦禾路189号银行中心17楼6－8单元

电话:0592－2394735 传真:0592－2394706 电子信箱:600711@600711.com

#### 2.会计数据和财务指标摘要

2.1 主要会计数据 单位:万元

| | 2003年 | 2002年(调整后) | 本年比上年增减 | 2001年 |
|---|---|---|---|---|
| 主营业务收入 | 13,320.34 | 12,157.00 | 9.57% | 6,613.24 |
| 利润总额 | 2,286.16 | 2,331.47 | －1.94% | 1933.21 |
| 净利润 | 1,948.05 | 1,836.84 | 6.05% | 1660.05 |
| 扣除非经常性损益的净利润 | 1,605.00 | 1,727.55 | －7.09% | 1648.79 |
| | 2003年末 | 2002年末(调整后) | 本年末比上年末增减 | 2001年末 |
| 总资产 | 37,450.80 | 22,156.76 | 69.02% | 19,501.23 |
| 股东权益(不含少数股东权益) | 11,151.12 | 9,504.88 | 17.32% | 7,759.21 |
| 经营活动产生的现金流量净额 | 103.76 | 1,256.11 | －91.74% | 2,168.99 |

2.2 主要财务指标 单位:元

| | 2003年 | 2002年(调整后) | 本年比上年增减 | 2001年 |
|---|---|---|---|---|
| 每股收益 | 0.32 | 0.30 | 6.67% | 0.28 |
| 净资产收益率(%) | 18.59 | 21.28 | 12.64% | 22.96 |
| 扣除非经常性损益的净利润为基础计算的净资产收益率(%) | 14.81 | 20.01 | －25.99% | 22.80 |
| 每股经营活动产生的现金流量净额 | 0.017 | 0.208 | －91.74% | 0.359 |
| | 2003年末 | 2002年末(调整后) | 本年末比上年末增减 | 2001年末 |
| 每股净资产 | 1.847 | 1.575 | 17.27 | 1.285 |
| 调整后的每股净资产 | 1.76 | 1.554 | 13.26 | 1.275 |

## 600791 天创置业股份有限公司

### 二〇〇三年年度报告摘选

#### 1.上市公司基本情况简介

1.1 基本情况简介

证券简称:天创置业 证券代码:600791 上市交易所:上海证券交易所

注册地址:贵州省贵阳市中华中路137号

办公地址:北京市西城区复兴门南大街2号甲天银大厦A西八层

邮政编码:100031 电子信箱:hualian@publicl gy.gz.cn

1.2 联系人和联系方式

董事会秘书:江帆 联系地址:北京市西城区复兴门南大街2号甲天银大厦A西八层

电话:010－66413762 传真:010－66413715 电子信箱:fan.jiang@tian－chuang.com

#### 2.会计数据和业务数据摘要

2.1 主要财务数据 单位:元

| | 2003年 | 2002年 | 本年比上年增减(%) | 2001年 |
|---|---|---|---|---|
| 主营业务收入 | 263208715.00 | 349004811.28 | －24.58 | 305409390.30 |
| 利润总额 | 79721978.27 | 94521984.75 | －15.66 | 16674990.84 |
| 净利润 | 45906221.04 | 51464329.53 | －10.80 | 8681270.71 |
| 扣除非经常性损益的净利润 | 43511997.27 | 49166272.87 | －11.50 | 3379169.48 |
| | 2003年末 | 2002年末 | 本年末比上年末增减(%) | 2001年末 |
| 总资产 | 477242362.69 | 410822109.86 | 16.17 | 582811176.58 |
| 股东权益(不含少数股东权益) | 216486689.18 | 169457149.19 | 27.75 | 121807779.79 |
| 经营活动产生的现金流量净额 | －113369106.34 | 199517678.43 | －156.82 | 23524176.97 |

2.2 主要财务指标

单位:元

| | 2003年 | 2002年 | 本年比上年增减(%) | 2001年 |
|---|---|---|---|---|
| 每股收益 | 0.36 | 0.52 | －30.77 | 0.088 |
| 净资产收益率(%) | 21.21 | 30.37 | －30.16 | 7.13 |
| 扣除非经常性损益的净利润为基础计算的净资产收益率(%) | 20.10 | 29.01 | －30.71 | 2.77 |
| 每股经营活动产生的现金流量净额 | －0.88 | 2.02 | －143.56 | 0.23 |
| | 2003年末 | 2002年末 | 本年末比上年末增减(%) | 2001年末 |
| 每股净资产 | 1.68 | 1.71 | －1.75 | 1.23 |
| 调整后的每股净资产 | 1.68 | 1.70 | －1.18 | 1.22 |

## 1月30日

## 000911 南宁糖业股份有限公司

### 二〇〇三年年度报告摘选

#### 1.上市公司基本情况简介

1.1 基本情况简介

股票简称:南宁糖业　股票代码:000911　上市交易所:深圳证券交易所

注册地址和办公地址:广西壮族自治区南宁市亭洪路48号

邮政编码:530031　公司国际互联网网址:www.nnsugar.com.cn

电子信箱:nnty@nnsugar.com

1.2 联系人和联系方式

董事会秘书:王国庆　联系地址:广西南宁市亭洪路48号

电话:0771－4914317　传真:0771－4910755　电子信箱:gnusic@public.nn.gx.cn

证券事务代表:李静　联系地址:广西南宁市亭洪路48号

电话:0771－4914317　传真:0771－4910755　电子信箱:gnusic@public.nn.gx.cn

#### 2.会计数据和财务指标摘要

2.1 主要会计数据　单位:(人民币)元

| | 2003年(本年) | 2002年(上年) | 本年比上年增减(%) | 2001年 |
|---|---|---|---|---|
| 主营业务收入 | 1,500,777,220.42 | 1,449,636,058.10 | 3.53% | 957,320,894.50 |
| 利润总额 | 103,846,132.58 | 111,175,521.50 | －6.59% | 53,370,198.13 |
| 净利润 | 111,982,522.87 | 58,568,877.39 | 91.20% | 42,126,759.17 |
| 扣除非经常性损益的净利润 | 83,331,857.77 | 58,713,477.39 | 41.93% | 45,330,000.57 |
| | 2003年末(本年末) | 2002年末(上年末) | 本年末比上年末增减 | 2001年末 |
| 总资产 | 1,679,502,116.25 | 1,497,680,917.95 | 12.14% | 1,206,705,170.99 |
| 股东权益(不含少数股东权益) | 742,633,133.37 | 682,344,552.75 | 8.84% | 669,153,823.41 |
| 经营活动产生的现金流量净额 | 150,987,494.32 | 179,289,073.52 | －15.79% | 21,616,194.83 |

2.2 主要财务指标　单位:(人民币)元

| | 2003年(本年) | 2002年(上年) | 本年比上年增减 | 2001年 |
|---|---|---|---|---|
| 每股收益 | 0.47 | 0.24 | 91.36% | 0.17 |
| 每股收益(如果股本变化,按新股本计算) | 0.47 | －－ | －－ | －－ |
| 净资产收益率 | 15.08% | 8.58% | 75.76% | 6.33% |
| 扣除非经常性损益的净利润为基础计算的净资产收益率 | 11.22% | 8.87% | 26.49% | 6.81% |
| 每股经营活动产生的现金流量净额 | 0.63 | 0.75 | －15.84% | 0.09 |
| | 2003年末(本年末) | 2002年末(上年末) | 本年末比上年末增减 | 2001年末 |
| 每股净资产 | 3.08 | 2.83 | 8.82% | 2.76 |
| 调整后的每股净资产 | 2.96 | 2.71 | 9.23% | 2.63 |

## 600282 南京钢铁股份有限公司

### 二〇〇三年年度报告摘选

#### 1.上市公司基本情况简介

1.1 基本情况简介

股票简称:南钢股份　股票代码:600282　上市交易所:上海证券交易所

注册地址和办公地址:江苏省南京市六合区卸甲甸

邮政编码:210035　公司国际互联网网址:http://www.600282.net

电子信箱:webmaster@600282.net

1.2 联系人和联系方式

董事会秘书:徐林　联系地址:江苏省南京市六合区卸甲甸

电话:025－57056780　传真:025－57052184　电子信箱:xulin@600282.net

#### 2.会计数据和财务指标摘要

2.1 主要会计数据　单位:元

| | 2003年 | 2002年 | 本年比上年增减 | 2001年 |
|---|---|---|---|---|
| 主营业务收入 | 6,827,372,488.91 | 4,665,263,092.55 | 46.34% | 4,001,026,137.19 |
| 利润总额 | 736,566,129.36 | 390,608,687.00 | 88.57% | 241,469,332.65 |
| 净利润 | 464,394,587.59 | 243,154,991.57 | 90.99% | 206,185,874.20 |
| 扣除非经常性损益的净利润 | 460,276,402.19 | 236,974,448.64 | 94.23% | 200,717,305.48 |
| | 2003年末 | 2002年末 | 本年末比上年末增减 | 2001年末 |
| 总资产 | 4,883,219,422.55 | 3,209,713,580.58 | 52.14% | 2,582,196,411.05 |
| 股东权益(不含少数股东权益) | 2,171,775,238.28 | 1,843,327,221.80 | 17.82% | 1,700,972,230.23 |
| 经营活动产生的现金流量净额 | 487,074,275.60 | 242,507,134.16 | 100.85% | 233,791,063.36 |

2.2 主要财务指标　单位:元

| | 2003年 | 2002年 | 本年比上年增减 | 2001年 |
|---|---|---|---|---|
| 每股收益 | 0.92 | 0.48 | 91.67% | 0.41 |
| 净资产收益率 | 21.38% | 13.19% | 8.19% | 12.12% |
| 扣除非经常性损益的净利润为基础计算的净资产收益率 | 21.19% | 12.86% | 8.33% | 11.80% |
| 每股经营活动产生的现金流量净额 | 0.97 | 0.48 | 102.08% | 0.46 |
| | 2003年末 | 2002年末 | 本年末比上年末增减 | 2001年末 |
| 每股净资产 | 4.31 | 3.66 | 17.76% | 3.37 |
| 调整后的每股净资产 | 4.28 | 3.61 | 18.56% | 3.33 |

## 600418 安徽江淮汽车股份有限公司

### 二〇〇三年年度报告摘选

#### 1.上市公司基本情况简介

1.1 基本情况简介

股票简称:江淮汽车　股票代码:600418　上市交易所:上海证券交易所

注册地址和办公地址:安徽省合肥市东流路176号　邮政编码:230022

公司国际互联网网址:www.jac.com.cn

电子信箱:jqgf@jac.com.cn

1.2 联系人和联系方式

董事会秘书:王敏　联系地址:安徽省合肥市东流路176号

电话:0551－3415133转6835　传真:0551－3425437　电子信箱:jqgf@jac.com.cn

#### 2.会计数据和财务指标摘要

2.1 主要会计数据　单位:万元

| | 2003年 | 2002年 | 本年比上年增减(%) | 2001年 |
|---|---|---|---|---|
| 主营业务收入 | 545,007.02 | 344,299.60 | 58.29 | 198,938.15 |
| 利润总额 | 28,832.60 | 16,208.03 | 77.89 | 10,424.13 |
| 净利润 | 20,737.09 | 13,241.42 | 56.61 | 8,896.24 |
| 扣除非经常性损益的净利润 | 20,885.42 | 13,355.04 | 56.39 | 9,008.03 |
| 总资产 | 250,533.21 | 181,774.16 | 37.83 | 137,137.10 |
| 股东权益(不含少数股东权益) | 131,156.09 | 116,162.87 | 12.91 | 107,918.95 |
| 经营活动产生的现金流量净额 | 32,874.84 | 34,476.13 | －4.64 | －1,478.45 |

2.2 主要财务指标　单位:元

| | 2003年 | 2002年 | 本年比上年增减(%) | 2001年 |
|---|---|---|---|---|
| 每股收益 | 0.90 | 0.58 | 55.17 | 0.39 |
| 每股收益注2 | 0.90 | 0.58 | 55.17 | 0.50 |
| 净资产收益率(%) | 15.81 | 11.40 | 38.68 | 8.24 |
| 扣除非经常性损益的净利润为基础计算的净资产收益率(%) | 15.92 | 11.50 | 38.43 | 8.35 |
| 每股经营活动产生的现金流量净额 | 1.43 | 1.50 | －4.64 | －0.06 |
| 每股净资产 | 5.70 | 5.05 | 12.87 | 4.69 |
| 调整后的每股净资产 | 5.70 | 5.02 | 13.55 | 4.67 |

## 600886 国投华靖电力控股股份有限公司

### 二〇〇三年年度报告摘选

#### 1.上市公司基本情况简介

1.1 基本情况简介

股票简称:*ST华靖　股票代码:600886　上市交易所:上海证券交易所

注册地址:甘肃省兰州市城关区张苏滩575号

办公地址:北京市西城区阜成门外大街7号国投大厦9层　邮政编码:100037

公司国际互联网网址:www.sdicpower.com

1.2 联系人和联系方式

董事会秘书:魏琼　联系地址:北京市西城区阜成门外大街7号国投大厦920室

电话:010－68003595　传真:010－68096127

电子信箱:weiqiung@sdicpower.com

证券事务代表:张亮　联系地址:北京市西城区阜成门外大街7号国投大厦919室

电话:010－68003595　传真:010－68096127

电子信箱:zhl@sdicpower.com

#### 2.会计数据和财务指标摘要

2.1 主要会计数据　单位:人民币元

| | 2003年 | 2002年 | 本年比上年增减(%) | 2001年 |
|---|---|---|---|---|
| 主营业务收入 | 1,376,597,157.76 | 2,536,380,521.76 | * | 1,906,409,322.80 |
| 利润总额 | 392,554,417.11 | 11,859,854.37 | * | －39,628,397.74 |
| 净利润 | 214,810,697.72 | －34,091,282.09 | * | －39,628,397.74 |
| 扣除非经常性损益的净利润 | 228,757,098.62 | －12,397,455.27 | * | －50,433,740.65 |
| | 2003年末 | 2002年末 | 本年末比上年末增减 | 2001年末 |
| 总资产 | 4,600,508,528.35 | 4,688,752,636.34 | －1.88% | 910,684,101.21 |
| 股东权益(不含少数股东权益) | 1,029,714,112.39 | 824,164,545.34 | 24.94% | 860,708,919.22 |
| 经营活动产生的现金流量净额 | 794,532,232.12 | 229,602,872.49 | 246.05% | －39,103,770.67 |

2.2 主要财务指标　单位:人民币元

| | 2003年 | 2002年 | 本年比上年增减 | 2001年 |
|---|---|---|---|---|
| 每股收益 | 0.73 | －0.121 | * | －0.141 |
| 净资产收益率(%) | 19.96 | －4.136 | * | －4.604 |
| 扣除非经常性损益的净利润为基础计算的净资产收益率(%) | 21.32 | －1.469 | * | －5.729 |
| 每股经营活动产生的现金流量净额 | 2.82 | 0.815 | * | －0.139 |
| | 2003年末 | 2002年末 | 本年末比上年末增减 | 2001年末 |
| 每股净资产 | 3.65 | 2.925 | 24.7% | 3.055 |
| 调整后的每股净资产 | 3.65 | 2.58 | 41.4% | 3.042 |

# 1月31日

## 600078 江苏澄星磷化工股份有限公司

### 二〇〇三年年度报告摘选

#### 1.上市公司基本情况简介

1.1 基本情况简介

股票简称:澄星股份 股票代码:600078 上市交易所:上海证券交易所
注册地址:江苏省江阴市花山路208号 办公地址:江苏省江阴市花山路208号
邮政编码:214432 电子信箱:cx@phosphatechina.com

1.2 联系人和联系方式

董事会秘书:陈永勤 联系地址:江苏省江阴市花山路208号
电话:0510－6281316－431 传真:0510－6281884 电子信箱:cx@phosphatechina.com
证券事务代表:夏奕峰 联系地址:江苏省江阴市花山路208号
电话:0510－6281316－431 传真:0510－6281884 电子信箱:cx@phosphatechina.com

#### 2.会计数据和财务指标摘要

2.1 主要财务数据 单位:元

| | 2003年 | 2002年 | 本年比上年增减(%) | 2001年 |
|---|---|---|---|---|
| 主营业务收入 | 1,043,047,150.77 | 771,014,625.20 | +35.28 | 586,096,155.58 |
| 利润总额 | 150,086,921.37 | 90,510,188.16 | +65.82 | 66,393,561.67 |
| 净利润 | 108,090,423.44 | 55,031,448.58 | +96.42 | 59,407,924.21 |
| 扣除非经常性损益的净利润 | 86,760,348.84 | 49,372,036.04 | +75.73 | 60,506,784.07 |
| | 2003年末 | 2002年末 | 本年末比上年末增减(%) | 2001年末 |
| 总资产 | 1,531,721,527.55 | 1,240,454,912.61 | +23.48 | 634,184,628.84 |
| 股东权益(不含少数股东权益) | 926,911,216.27 | 689,216,077.42 | +34.49 | 634,184,628.84 |
| 经营活动产生的现金流量净额 | 155,642,092.30 | －34,365,681.71 | － | 61,293,108.21 |

2.2 主要财务指标

单位:元

| | 2003年 | 2002年 | 本年比上年增减(%) | 2001年 |
|---|---|---|---|---|
| 每股收益 | 0.27 | 0.31 | －12.90 | 0.33 |
| 净资产收益率(%) | 11.66 | 7.98 | +46.12 | 9.36 |
| 扣除非经常性损益的净利润为基础计算的净资产收益率(%) | 10.34 | 7.46 | +38.61 | 9.45 |
| 每股经营活动产生的现金流量净额 | 0.44 | －0.19 | +331.58 | 0.34 |
| | 2003年末 | 2002年末 | 本年末比上年末增减(%) | 2001年末 |
| 每股净资产 | 2.32 | 3.83 | －39.42 | 3.50 |
| 调整后的每股净资产 | 2.31 | 3.80 | －39.21 | 3.48 |

## 600106 重庆路桥股份有限公司

### 二〇〇三年年度报告摘选

#### 1.上市公司基本情况简介

1.1 基本情况简介

证券简称:重庆路桥 证券代码:600106 上市交易所:上海证券交易所
注册地址:重庆南坪经济技术开发区丹龙路1号
办公地址:重庆南坪经济技术开发区丹龙路1号
邮政编码:400060 公司国际互联网网址:http://www.cqrb.com.cn
电子信箱:cqrb@cqrb.com.cn

1.2 联系人和联系方式

董事会秘书:张漫 联系地址:重庆南坪经济技术开发区丹龙路1号
电话:023－62803632 传真:023－62909387 电子信箱:cqrb@cqrb.com.cn

#### 2.会计数据和业务数据摘要

2.1 主要财务数据 单位:元

| | 2003年度 | 2002年度 | 本年比上年增减(%) | 2001年度 |
|---|---|---|---|---|
| 主营业务收入 | 175,891,109.11 | 238,472,122.02 | －26.24 | 136,887,998.00 |
| 利润总额 | 91,712,437.86 | 82,151,639.15 | 11.64 | 81,243,709.35 |
| 净利润 | 79,333,961.40 | 71,589,540.17 | 10.82 | 70,076,945.79 |
| 扣除非经常性损益的净利润 | 66,619,144.23 | 51,319,119.46 | 29.81 | 48,160,275.81 |
| | 2003年12月31日 | 2002年12月31日 | 本年末比上年末增减(%) | 2001年12月31日 |
| 总资产 | 2,021,560,982.63 | 1,483,285,595.89 | 36.29 | 1,326,717,880.71 |
| 股东权益(不含少数股东权益) | 1,040,746,856.73 | 962,152,716.33 | 8.17 | 891,225,495.73 |
| 经营活动产生的现金流量净额 | 48,912,963.97 | 86,998,621.86 | －43.78 | 81,287,536.45 |

2.2 主要财务指标

单位:元

| | 2003年度 | 2002年度 | 本年比上年增减(%) | 2001年度 |
|---|---|---|---|---|
| 每股收益 | 0.2559 | 0.2309 | 10.83 | 0.2261 |
| 净资产收益率(%) | 7.62 | 7.44 | 2.42 | 7.86 |
| 扣除非经常性损益的净利润为基础计算的净资产收益率(%) | 6.65 | 5.47 | 21.57 | |
| 每股经营活动产生的现金流量净额 | 0.16 | 0.28 | －42.86 | 0.26 |
| | 2003年12月31日 | 2002年12月31日 | 本年末比上年末增减(%) | 2001年末12月31日 |
| 每股净资产 | 3.36 | 3.10 | 8.39 | 2.87 |
| 调整后的每股净资产 | 3.30 | 3.04 | 8.55 | 2.81 |

## 600205 山东铝业股份有限公司

### 二〇〇三年年度报告摘选

#### 1.上市公司基本情况简介

1.1 基本情况简介

股票简称:山东铝业 股票代码:600205 上市交易所:上海证券交易所
注册地址:山东省淄博市高新技术产业开发区柳泉路北首
办公地址:山东省淄博市高新技术产业开发区柳泉路北首 邮政编码:255086
公司国际互联网网址:http://www.sd－al.com 电子信箱:sdal@sina.com/

1.2 联系人和联系方式

董事会秘书:王国忠 联系地址:山东省淄博市山东铝业股份有限公司董事会办公室
电话:0533－2930136,2943467 传真:0533－2985999 电子信箱:dm600205@sina.com
证券事务代表:韩杰华 联系地址:山东省淄博市山东铝业股份有限公司董事会办公室
电话:0533－2943291,2943467 传真:0533－2985999 电子信箱:hjh298@sohu.com

#### 2.会计数据和财务指标摘要

2.1 主要会计数据 单位:人民币元

| | 2003年 | 2002年 | 本年比上年增减(%) | 2001年 |
|---|---|---|---|---|
| 主营业务收入 | 2,656,649,393.92 | 2,048,226,361.03 | 29.70 | 2,253,429,067.11 |
| 利润总额 | 578,702,182.68 | 170,598,659.02 | 239.22 | 236,765,414.20 |
| 净利润 | 522,709,656.05 | 156,900,566.08 | 233.15 | 208,751,171.63 |
| 扣除非经常性损益的净利润 | 543,118,194.31 | 156,043,256.06 | 248.06 | 210,399,244.11 |
| | 2003年末 | 2002年末 | 本年末比上年末增减(%) | 2001年末 |
| 总资产 | 2,938,567,581.24 | 2,592,163,223.72 | 13.36 | 2,502,715,724.09 |
| 股东权益(不含少数股东权益) | 1,908,984,699.51 | 1,385,931,752.70 | 37.74 | 1,312,933,826.62 |
| 经营活动产生的现金流量净额 | 601,674,741.08 | 249,741,429.21 | 140.92 | －39,606,601.33 |

2.2 主要财务指标

单位:人民币元

| | 2003年 | 2002年 | 本年比上年增减(%) | 2001年 |
|---|---|---|---|---|
| 每股收益 | 0.9334 | 0.2802 | 233.15 | 0.3728 |
| 每股收益注2 | | | | |
| 净资产收益率(%) | 27.38% | 11.32% | 141.87 | 15.90% |
| 扣除非经常性损益的净利润为基础计算的净资产收益率 | 28.45% | 11.26% | 152.69 | 16.03% |
| 每股经营活动产生的现金流量净额 | 1.07 | 0.45 | 140.92 | －0.07 |
| | 2003年末 | 2002年末 | 本年末比上年末增减(%) | 2001年末 |
| 每股净资产 | 3.41 | 2.47 | 37.74 | 2.34 |
| 调整后的每股净资产 | 3.41 | 2.45 | 39.03 | 2.31 |

## 600705 北亚实业(集团)股份有限公司

### 二〇〇三年年度报告摘选

#### 1.上市公司基本情况简介

1.1 基本情况简介

股票简称:北亚集团 股票代码:600705 上市交易所:上海证券交易所
注册地址:哈尔滨市南岗区衡山路12号 办公地址:哈尔滨市南岗区红军街16号
邮政编码:150001 公司国际互联网网址:http://www.beiya.com.cn
电子信箱:beiya@beiya.com.cn

1.2 联系人和联系方式

董事会秘书:陈东 联系地址:黑龙江省哈尔滨市南岗区红军街16号北亚大厦
电话:0451－53600764 传真:0451－53600770 电子信箱:mr.chendong@263.net

#### 2.会计数据和财务指标摘要

2.1 主要会计数据 单位:人民币元

| | 2003年 | 2002年 | 本年比上年增减(%) | 2001年 |
|---|---|---|---|---|
| 主营业务收入 | 2,554,995,632.55 | 2,247,719,644.71 | 13.67 | 528,022,974.66 |
| 利润总额 | 77,852,825.85 | 136,296,165.96 | －43 | 89,734,576.52 |
| 净利润 | 56,743,586.86 | 107,494,490.70 | －47 | 75,390,439.96 |
| 扣除非经常性损益的净利润 | 5,286,142.72 | 98,923,516.73 | －95 | 80,108,001.32 |
| | 2003年末 | 2002年末 | 本年末比上年末增减(%) | 2001年末 |
| 总资产 | 5,060,205,469.01 | 3,699,401,970.20 | 37 | 2,414,184,288.75 |
| 股东权益(不含少数股东权益) | 1,836,762,895.16 | 1,780,030,607.87 | 3 | 1,705,192,989.17 |
| 经营活动产生的现金流量净额 | －129,575,688.04 | 97,794,372.59 | －232 | 51,133,035.86 |

2.2 主要财务指标 单位:人民币元

| | 2003年 | 2002年 | 本年比上年增减(%) | 2001年 |
|---|---|---|---|---|
| 每股收益 | 0.087 | 0.165 | －47 | 0.115 |
| 净资产收益率 | 3.09% | 6.04% | －49 | 4.42% |
| 扣除非经常性损益的净利润为基础计算的净资产收益率 | 0.29% | 5.56% | －95 | 4.70% |
| 每股经营活动产生的现金流量净额 | －0.198 | 0.15 | －232 | 0.08 |
| | 2003年末 | 2002年末 | 本年末比上年末增减(%) | 2001年末 |
| 每股净资产 | 2.812 | 2.725 | 3 | 2.611 |
| 调整后的每股净资产 | 2.785 | 2.699 | 3 | 2.545 |

## 600729 重庆百货大楼股份有限公司

### 二〇〇三年年度报告摘选

#### 1.上市公司基本情况简介

1.1 基本情况简介
股票简称:重庆百货　股票代码:600729　上市交易所:上海证券交易所
注册地址:重庆市渝中区民权路2号　办公地址:重庆市渝中区民权路2号
邮政编码:400010　公司国际互联网网址:http://www.cqbhdl.com.cn
电子信箱:cqbhdl@cqbhdl.com.cn
1.2 联系人和联系方式
董事会秘书:张邕　联系地址:重庆市渝中区民权路2号
电话:023-63843197　传真:023-63844212　电子信箱:cbcfo@cqbhdl.com.cn
证券事务代表:赵耀　联系地址:重庆市渝中区民权路2号
电话:023-63822594　传真:023-63822594　电子信箱:600729@cqbhdl.com.cn

#### 2.会计数据和财务指标摘要

2.1 主要会计数据　单位:元

| | 2003年 | 2002年 | 本年比上年增减(%) | 2001年 |
|---|---|---|---|---|
| 主营业务收入 | 3,010,545,550.03 | 3,088,862,860.05 | -2.54 | 2,358,293,015.017 |
| 利润总额 | 85,067,060.61 | 83,256,900.27 | 2.17 | 70,927,061.99 |
| 净利润 | 70,428,277.83 | 68,612,764.80 | 2.65 | 56,655,327.48 |
| 扣除非经常性损益的净利润 | 62,590,103.28 | 68,188,188.31 | -8.21 | 50,522,329.24 |
| | 2003年末 | 2002年末 | 本年末比上年末增减(%) | 2001年末 |
| 总资产 | 1,446,890,070.52 | 1,300,507,289.87 | 11.26 | 1,235,916,344.67 |
| 股东权益(不含少数股东权益) | 527,334,458.85 | 487,506,181.47 | 8.17 | 418,845,116.67 |
| 经营活动产生的现金流量净额 | 167,650,724.90 | 199,765,167.48 | -16.08 | 75,861,911.30 |

2.2 主要财务指标　单位:元

| | 2003年 | 2002年 | 本年比上年增减(%) | 2001年 |
|---|---|---|---|---|
| 每股收益 | 0.35 | 0.34 | 2.94 | 0.28 |
| 净资产收益率(%) | 13.36 | 14.07 | -5.05 | 13.53 |
| 扣除非经常性损益的净利润为基础计算的净资产收益率(%) | 11.87 | 13.99 | -15.15 | 12.06 |
| 每股经营活动产生的现金流量净额 | 0.82 | 0.98 | -16.33 | 0.37 |
| | 2003年末 | 2002年末 | 本年末比上年末增减(%) | 2001年末 |
| 每股净资产 | 2.58 | 2.39 | 7.95 | 2.05 |
| 调整后的每股净资产 | 2.27 | 2.02 | 12.38 | 1.79 |

## 600884 宁波杉杉股份有限公司

### 二〇〇三年年度报告摘选

#### 1.上市公司基本情况简介

1.1 基本情况简介
股票简称:杉杉股份　股票代码:600884　上市交易所:上海证券交易所
注册地址:宁波市百丈路158号　办公地址:宁波市天童北路1133号
邮政编码:315040　公司国际互联网网址:www.ssgf.net
电子信箱:Ssgf@firs.com.cn
1.2 联系人和联系方式
董事会秘书:袁梅　联系地址:宁波市百丈路158号杉杉金贸大厦702
电话:0574-87716294　传真:0574-87716294　电子信箱:Ssgf@firs.com.cn
证券事务代表:金理平　联系地址:宁波市百丈路158号杉杉金贸大厦702
电话:0574-87711333-33827　传真:0574-87716294　电子信箱:Ssgf@firs.com.cn

#### 2.会计数据和财务指标摘要

2.1 主要会计数据　单位:人民币元

| | 2003年 | 2002年 | 本年比上年增减(%) | 2001年 |
|---|---|---|---|---|
| 主营业务收入 | 860,404,079.46 | 894,813,987.06 | -3.85 | 730,459,982.81 |
| 利润总额 | 106,227,939.07 | 115,402,020.01 | -7.95 | 105,633,071.78 |
| 净利润 | 86,139,960.14 | 85,427,442.70 | 0.83 | 82,386,966.50 |
| 扣除非经常性损益的净利润 | 83,735,266.06 | 84,542,529.76 | -0.95 | 66,504,332.77 |
| | 2003年末 | 2002年末 | 本年末比上年末增减(%) | 2001年末 |
| 总资产 | 2,241,277,535.70 | 2,136,653,294.24 | 4.89 | 1,670,834,967.00 |
| 股东权益(不含少数股东权益) | 1,363,085,175.14 | 1,358,986,180.71 | 0.30 | 1,273,997,788.58 |
| 经营活动产生的现金流量净额 | 102,136,959.96 | 82,850,621.60 | 23.28 | 196,210,042.93 |

2.2 主要财务指标

单位:人民币元

| | 2003年 | 2002年 | 本年比上年增减(%) | 2001年 |
|---|---|---|---|---|
| 每股收益 | 0.210 | 0.27 | 1.45 | 0.30 |
| 每股收益注2 | 0.210 | 0.233 | -9.87 | 0.342 |
| 净资产收益率(%) | 6.32 | 6.69 | -5.53 | 9.13 |
| 扣除非经常性损益的净利润为基础计算的净资产收益率(%) | 6.14 | 6.94 | -11.53 | 7.37 |
| 每股经营活动产生的现金流量净额 | 0.248 | 0.201 | 23.38 | 0.72 |
| | 2003年末 | 2002年末 | 本年末比上年末增减(%) | 2001年末 |
| 每股净资产 | 3.32 | 3.107 | 6.86 | 4.65 |
| 调整后的每股净资产 | 3.30 | 3.095 | 6.62 | 4.65 |

## 2月5日

## 000937 河北金牛能源股份有限公司

### 二〇〇三年年度报告摘选

#### 1.上市公司基本情况简介

1.1 基本情况简介
股票简称:金牛能源　股票代码:000937　上市交易所:深圳证券交易所
注册地址和办公地址:河北省邢台市中兴西大街191号
邮政编码:054000　公司国际互联网网址:www.goldbullenergy.com
电子信箱:master@goldbullenergy.com
1.2 联系人和联系方式
董事会秘书:刘彦春　联系地址:河北省邢台市中兴西大街191号
电话:0319-2068242　传真:0319-2068888　电子信箱:LYC0937@vip.sina.com
证券事务代表:邱玲　联系地址:河北省邢台市中兴西大街191号
电话:0319-2068312　传真:0319-2068666　电子信箱:qiuling66@vip.163.com

#### 2.会计数据和财务指标摘要

2.1 主要会计数据　单位:(人民币)元

| | 2003年(本年) | 2002年(上年) | 本年比上年增减 | 2001年 |
|---|---|---|---|---|
| 主营业务收入 | 1,285,911,867.59 | 1,399,162,715.36 | -8.09% | 1,164,513,657.12 |
| 利润总额 | 195,680,840.81 | 271,348,654.18 | -27.89% | 249,960,556.64 |
| 净利润 | 136,783,399.08 | 188,415,605.36 | -27.40% | 253,137,252.57 |
| 扣除非经常性损益的净利润 | 129,971,943.92 | 186,090,709.19 | -30.16% | 252,925,894.26 |
| | 2003年末(本年末) | 2002年末(上年末) | 本年末比上年末增减 | 2001年末 |
| 总资产 | 2,539,565,562.90 | 2,420,378,622.50 | 4.92% | 2,393,067,461.09 |
| 股东权益(不含少数股东权益) | 1,686,220,670.19 | 1,733,986,269.07 | -2.75% | 1,622,764,769.03 |
| 经营活动产生的现金流量净额 | 534,542,265.85 | 369,883,697.52 | 44.52% | 369,021,622.36 |

2.2 主要财务指标　单位:(人民币)元

| | 2003年(本年) | 2002年(上年) | 本年比上年增减 | 2001年 |
|---|---|---|---|---|
| 每股收益 | 0.32 | 0.44 | -27.41% | 0.60 |
| 每股收益(如果股本变化,按新股本计算) | 0.32 | - | - | - |
| 净资产收益率 | 8.11% | 10.87% | -25.39% | 15.60% |
| 扣除非经常性损益的净利润为基础计算的净资产收益率 | 7.71% | 10.73% | -28.15% | 14.63% |
| 每股经营活动产生的现金流量净额 | 1.26 | 0.87 | 44.51% | 0.87 |
| | 2003年末(本年末) | 2002年末(上年末) | 本年末比上年末增减 | 2001年末 |
| 每股净资产 | 3.97 | 4.08 | -2.75% | 4.07 |
| 调整后的每股净资产 | 3.94 | 4.07 | -3.01% | 4.06 |

## 600302 西安标准工业股份有限公司

### 二〇〇三年年度报告摘选

#### 1.上市公司基本情况简介

1.1 基本情况简介
股票简称:标准股份　股票代码:600302　上市交易所:上海证券交易所
注册地址:西安市太白南路1号　办公地址:西安市太白南路1号
邮政编码:710068　公司国际互联网网址:www.Chinatypical.com
电子信箱:typical@chinatypical.com
1.2 联系人和联系方式
董事会秘书:吴涛　联系地址:西安市太白南路1号
电话:029-88279352　传真:029-88236001　电子信箱:wt@chinatypical.com
证券事务代表:黎永亮　联系地址:西安市太白南路1号
电话:029-88279352　传真:029-88236001　电子信箱:stock@chinatypical.com

#### 2.会计数据和财务指标摘要

2.1 主要会计数据　单位:元

| | 2003年 | 2002年 | 本年比上年增减(%) | 2001年 |
|---|---|---|---|---|
| 主营业务收入 | 882,718,410.47 | 707,592,932.86 | 24.75 | 519,188,085.85 |
| 利润总额 | 136,587,809.96 | 90,092,683.52 | 51.61 | 88,925,741.96 |
| 净利润 | 111,158,273.97 | 71,368,286.11 | 55.75 | 70,373,170.11 |
| 扣除非经常性损益的净利润 | 110,595,001.70 | 72,030,874.37 | 53.54 | 72,450,256.95 |
| | 2003年末 | 2002年末 | 本年末比上年末增减(%) | 2001年末 |
| 总资产 | 1,109,143,947.18 | 1,017,197,234.71 | 9.04 | 931,791,460.69 |
| 股东权益(不含少数股东权益) | 785,896,550.43 | 674,465,416.31 | 16.52 | 650,948,600.80 |
| 经营活动产生的现金流量净额 | 87,571,745.62 | 96,743,347.83 | -9.48 | 78.760,011.63 |

2.2 主要财务指标

单位:元

| | 2003年 | 2002年 | 本年比上年增减(%) | 2001年 |
|---|---|---|---|---|
| 每股收益 | 0.348 | 0.22 | 58.18 | 0.221 |
| 净资产收益率(%) | 15.2 | 10.39 | 46.29 | 10.81 |
| 扣除非经常性损益的净利润为基础计算的净资产收益率(%) | 15.2 | 10.49 | 44.90 | 11.62 |
| 每股经营活动产生的现金流量净额 | 0.275 | 0.30 | -8.33 | 0.247 |
| | 2003年末 | 2002年末 | 本年末比上年末增减(%) | 2001年末 |
| 每股净资产 | 2.46 | 2.11 | 16.59 | 2.04 |
| 调整后的每股净资产 | 2.45 | 2.09 | 17.22 | 2.034 |

# 600386 北京巴士股份有限公司

## 二〇〇三年年度报告摘选

### 1.上市公司基本情况简介

1.1 基本情况简介

股票简称:北京巴士　股票代码:600386　上市交易所:上海证券交易所

注册地址和办公地址:北京市海淀区紫竹院路 32 号　邮政编码:100044

公司国际互联网网址:www.newbjbus.com

电子信箱:bjbashi @ btamail.net.cn

1.2 联系人和联系方式

董事会秘书:傅世学　联系地址:北京市海淀区紫竹院路 32 号

电话:010－68477383　传真:010－68731430　电子信箱:bjbashi @ btamail.net.cn

证券事务代表:汤世华　联系地址:北京市海淀区紫竹院路 32 号

电话:010－68477383　传真:010－68731430　电子信箱:bjbashi @ btamail.net.cn

### 2.会计数据和财务指标摘要

2.1 主要会计数据　单位:元

| | 2003 年 | 2002 年 | 本年比上年增减(%) | 2001 年 |
|---|---|---|---|---|
| 主营业务收入 | 1,641,330,850.78 | 1,418,525,071.00 | 15.71 | 952,128,416.22 |
| 利润总额 | 70,290,965.29 | 169,869,241.35 | －58.62 | 120,240,791.35 |
| 净利润 | 66,632,855.46 | 119,940,606.71 | －44.45 | 70,762,021.41 |
| 扣除非经常性损益的净利润 | －59,519,394.43 | 101,763,371.99 | －158.49 | 68,360,780.63 |
| | 2003 年末 | 2002 年末 | 本年末比上年末增减(%) | 2001 年末 |
| 总资产 | 2,987,106,868.52 | 2,392,548,476.80 | 24.85 | 2,222,885,645.09 |
| 股东权益(不含少数股东权益) | 1,229,556,541.27 | 1,242,270,336.29 | －1.03 | 1,121,529,007.73 |
| 经营活动产生的现金流量净额 | 399,903,420.22 | 275,701,715.96 | 45.05 | 134,834,101.95 |

2.2 主要财务指标

| | 2003 年 | 2002 年 | 本年比上年增减(%) | 2001 年 |
|---|---|---|---|---|
| 每股收益 | 0.26 | 0.48 | －45.83 | 0.28 |
| 净资产收益率(%) | 5.42 | 10.33 | －47.53 | 6.31 |
| 扣除非经常性损益的净利润为基础计算的净资产收益率(%) | －4.84 | 8.76 | －144.75 | 6.40 |
| 每股经营活动产生的现金流量净额 | 1.59 | 1.09 | 45.78 | 0.54 |
| | 2003 年末 | 2002 年末 | 本年末比上年末增减(%) | 2001 年末 |
| 每股净资产 | 4.88 | 4.93 | －1.01 | 4.45 |
| 调整后的每股净资产 | 4.71 | 4.80 | －1.88 | 4.38 |

# 600556 广西北生药业股份有限公司

## 二〇〇三年年度报告摘选

### 1.上市公司基本情况简介

1.1 基本情况简介

股票简称:北生药业　股票代码:600556　上市交易所:上海证券交易所

注册地址和办公地址:广西壮族自治区北海市北海大道 168 号

邮政编码:536000　公司国际互联网网址:www.bsyy.com.cn

电子信箱:bsyy－bh@163.net

1.2 联系人和联系方式

董事会秘书:颜丹　联系地址:广西北海市北海大道 168 号

电话:0779－3226316　传真:0779－3226388　电子信箱:bs600556@263.net

### 2.会计数据和财务指标摘要

2.1 主要会计数据　单位:元

| | 2003 年 | 2002 年 | 本年比上年增减(%) | 2001 年 |
|---|---|---|---|---|
| 主营业务收入 | 336,818,992.13 | 217,372,021.96 | 54.95 | 123,793,186.78 |
| 利润总额 | 77,177,692.53 | 43,597,150.12 | 77.02 | 21,991,817.84 |
| 净利润 | 57,321,856.06 | 32,042,370.22 | 78.89 | 15,180,753.47 |
| 扣除非经常性损益的净利润 | 57,082,804.55 | 34,429,848.65 | 65.79 | 17,395,807.07 |
| | 2003 年末 | 2002 年末 | 本年末比上年末增减(%) | 2001 年末 |
| 总资产 | 1,420,126,044.21 | 1,275,588,245.33 | 11.33 | 788,877,537.94 |
| 股东权益(不含少数股东权益) | 559,219,881.46 | 510,818,025.40 | 9.47 | 487,775,655.18 |
| 经营活动产生的现金流量净额 | 189,833,666.86 | 90,734,908.47 | 109.22 | 3,455,923.08 |

2.2 主要财务指标　单位:元

| | 2003 年 | 2002 年 | 本年比上年增减(%) | 2001 年 |
|---|---|---|---|---|
| 每股收益(摊薄) | 0.4549 | 0.3560 | 27.78 | 0.1687 |
| 每股收益(加权) | 0.4549 | 0.3560 | 27.78 | 0.2428 |
| 净资产收益率 | 10.73 | 6.36 | 68.71 | 6.97 |
| 扣除非经常性损益的净利润为基础计算的净资产收益率 | 10.69 | 6.83 | 56.52 | 7.99 |
| 每股经营活动产生的现金流量净额 | 1.51 | 1.01 | 49.50 | 0.04 |
| | 2003 年末 | 2002 年末 | 本年末比上年末增减(%) | 2001 年末 |
| 每股净资产 | 4.4383 | 5.6758 | －21.80 | 5.4197 |
| 调整后的每股净资产 | 4.3448 | 5.6235 | －22.74 | 5.3939 |

# 600567 安徽山鹰纸业股份有限公司

## 二〇〇三年年度报告摘选

### 1.上市公司基本情况简介

1.1 基本情况简介

证券简称:山鹰纸业　证券代码:600567　上市交易所:上海证券交易所

注册地址和办公地址:安徽省马鞍山市勤俭路 3 号

邮政编码:243021　公司国际互联网网址:http://www.shanyingpaper.com

电子信箱:stock@shanyingpaper.com

1.2 联系人和联系方式

董事会秘书:钱军　联系地址:安徽省马鞍山市勤俭路 3 号公司证券部

电话:0555－2826275　传真:0555－2826369　电子信箱:stock@shanyingpaper.com

证券事务代表:陶琳　联系地址:安徽省马鞍山市勤俭路 3 号公司证券部

电话:0555－2826275　传真:0555－2826369　电子信箱:stock@shanyingpaper.com

### 2.会计数据和业务数据摘要

2.1 主要财务数据　单位:元

| | 2003 年(T 年,即本年) | 2002 年(T－1 年) | 本年比上年增减(%) | 2001 年(T－2 年) |
|---|---|---|---|---|
| 主营业务收入 | 900104852.09 | 488224790.38 | 84.36 | 280946033.75 |
| 利润总额 | 49931651.47 | 32002115.87 | 56.03 | 27364844.23 |
| 净利润 | 48595589.71 | 25118284.50 | 93.47 | 23035062.34 |
| 扣除非经常性损益的净利润 | 44870000.72 | 25288268.28 | 77.43 | 23153934.54 |
| | 2003 年末(T 年,即本年末) | 2002 年末(T－1 年末) | 本年末比上年末增减(%) | 2001 年末(T－2 年末) |
| 总资产 | 1203213056.85 | 830899130.39 | 44.81 | 666276717.95 |
| 股东权益(不含少数股东权益) | 405136508.36 | 348758160.78 | 16.17 | 329794876.28 |
| 经营活动产生的现金流量净额 | －12908624.61 | 61148202.56 | －121.11 | －5214396.22 |

2.2 主要财务指标　单位:元

| | 2003 年(T 年,即本年) | 2002 年(T－1 年) | 本年比上年增减(%) | 2001 年(T－2 年) |
|---|---|---|---|---|
| 每股收益 | 0.302 | 0.157 | 92.36 | 0.144 |
| 每股收益注 2 | 0.303 | 0.157 | 92.99 | 0.229 |
| 净资产收益率(%) | 12.85 | 7.29 | 76.27 | 16.97 |
| 扣除非经常性损益的净利润为基础计算的净资产收益率(%) | 11.87 | 7.34 | 61.72 | 17.06 |
| 每股经营活动产生的现金流量净额 | －0.08 | 0.38 | －21.05 | －0.032 |
| | 2003 年末(T 年,即本年年末) | 2002 年末(T－1 年末) | 本年末比上年末增减(%) | 2001 年末(T－2 年末) |
| 每股净资产 | 2.517 | 2.173 | 15.83 | 2.055 |
| 调整后的每股净资产 | 2.497 | 2.157 | 15.76 | 2.049 |

## 2月7日

# 000157 长沙中联重工科技发展股份有限公司

## 二〇〇三年年度报告摘选

### 1.上市公司基本情况简介

1.1 基本情况简介

股票简称:中联重科　股票代码:000157　上市交易所:深圳证券交易所

注册地址和办公地址:湖南省长沙市银盆南路 307 号　邮政编码:410013

公司国际互联网网址:http://www.zljt.com　电子信箱:zljt@public.cs.hn.cn

1.2 联系人和联系方式

董事会秘书:陈旭辉　联系地址:湖南省长沙市银盆南路 307 号

电话:0731－8923799　传真:0731－8923904　电子信箱:000157@zljt.com

证券事务代表:李建达　联系地址:湖南省长沙市银盆南路 307 号

电话:0731－8923908　传真:0731－8923904　电子信箱:000157@zljt.com

### 2.会计数据和财务指标摘要

2.1 主要会计数据　单位:元

| | 2003 年 | 2002 年 | 本年比上年增减(%) | 2001 年 |
|---|---|---|---|---|
| 主营业务收入 | 1,173,333,459.73 | 665,441,571.25 | 76.32 | 388,329,050.80 |
| 利润总额 | 235,267,682.01 | 156,772,918.83 | 50.07 | 105,619,085.18 |
| 净利润 | 230,757,023.60 | 153,708,162.65 | 50.13 | 105,233,405.66 |
| 扣除非经常性损益的净利润 | 229,811,967.23 | 153,572,926.88 | 49.64 | 101,320,692.17 |
| | 2003 年末 | 2002 年末 | 本年末比上年末增减(%) | 2001 年末 |
| 总资产 | 2,598,075,982.61 | 1,472,171,587.77 | 76.48 | 1,059,936,880.73 |
| 股东权益(不含少数股东权益) | 1,227,110,810.68 | 1,006,103,787.08 | 21.97 | 874,895,624.43 |
| 经营活动产生的现金流量净额 | －32,391,303.94 | 29,143,608.71 | － | 35,915,789.89 |

2.2 主要财务指标

单位:元

| | 2003 年 | 2002 年 | 本年比上年增减(%) | 2001 年 |
|---|---|---|---|---|
| 每股收益 | 0.5917 | 0.3941 | 50.14 | 0.3508 |
| 每股收益(加权) | 0.5917 | 0.3941 | 50.14 | 0.3508 |
| 净资产收益率(%) | 18.80 | 15.28 | 23.04 | 12.0281 |
| 扣除非经常性损益的净利润为基础计算的净资产收益率(%) | 18.73 | 15.26 | 22.74 | 11.58 |
| 每股经营活动产生的现金流量净额 | －0.0831 | 0.0747 | － | 0.1197 |
| | 2003 年末 | 2002 年末 | 本年末比上年末增减(%) | 2001 年末 |
| 每股净资产 | 3.1464 | 2.58 | 21.96 | 2.9163 |
| 调整后的每股净资产 | 3.1314 | 2.57 | 21.79 | 2.8769 |

## 000850 安徽华茂纺织股份有限公司

### 二〇〇三年年度报告摘选

#### 1.上市公司基本情况简介

1.1 基本情况简介

股票简称:华茂股份　股票代码:000850　上市交易所:深圳证券交易所
注册地址和办公地址:安徽省安庆市纺织南路 80 号　邮政编码:246018
公司国际互联网网址:http://www.chinahuamao.net　电子信箱:aqfz@mail.hf.ah.cn

1.2 联系人和联系方式

董事会秘书:王功著　联系地址:安徽省安庆市纺织南路 80 号
电话:(0556)5516615　传真:(0556)5510166　电子信箱:wgz7819@mail.aq.ah163.net
证券事务代表:左志鹏　联系地址:安徽省安庆市纺织南路 80 号
电话:(0556)5510810 转 245　传真:(0556)5510166　电子信箱:hcw245@mail.aq.ah163.net

#### 2.会计数据和财务指标摘要

2.1 主要会计数据　单位:(人民币)元

| | 2003 年(本年) | 2002 年(上年) | 本年比上年增减(%) | 2001 年 |
|---|---|---|---|---|
| 主营业务收入 | 798,991,794.98 | 667,111,535.37 | 19.77% | 607,427,148.11 |
| 利润总额 | 90,853,108.71 | 101,456,368.35 | -10.45% | 104,931,090.62 |
| 净利润 | 58,927,763.34 | 71,928,066.22 | -18.07% | 95,409,353.66 |
| 扣除非经常性损益的净利润 | 49,803,205.00 | 66,323,556.24 | -24.91% | 87,452,636.83 |
| | 2003 年末(本年末) | 2002 年末(上年末) | 本年末比上年末增减(%) | 2001 年末 |
| 总资产 | 1,716,656,712.26 | 1,182,476,028.04 | 45.17% | 1,099,905,395.81 |
| 股东权益(不含少数股东权益) | 824,649,284.21 | 765,719,355.66 | 7.70% | 746,235,101.06 |
| 经营活动产生的现金流量净额 | -36,084,262.77 | 41,526,479.25 | -186.89% | 95,968,886.25 |

2.2 主要财务指标　单位:(人民币)元

| | 2003 年(本年) | 2002 年(上年) | 本年比上年增减(%) | 2001 年 |
|---|---|---|---|---|
| 每股收益 | 0.13 | 0.21 | -36.59% | 0.44 |
| 每股收益(如果股本变化,按新股本计算) | 0.13 | - | - | - |
| 净资产收益率 | 7.15% | 9.39% | -23.86% | 12.79% |
| 扣除非经常性损益的净利润为基础计算的净资产收益率 | 6.04% | 8.04% | -24.88% | 11.72% |
| 每股经营活动产生的现金流量净额 | -0.08 | 0.12 | -167.23% | 0.44 |
| | 2003 年末(本年末) | 2002 年末(上年末) | 本年末比上年末增减(%) | 2001 年末 |
| 每股净资产 | 1.81 | 2.19 | -17.16% | 3.41 |
| 调整后的每股净资产 | 1.77 | 2.18 | -18.81% | 3.40 |

## 000970 北京中科三环高技术股份有限公司

### 二〇〇三年年度报告摘选

#### 1.上市公司基本情况简介

1.1 基本情况简介

股票简称:中科三环　股票代码:000970　上市交易所:深圳证券交易所
注册地址和办公地址:北京市海淀区白石桥路 3 号友谊宾馆迎宾楼 D 座北京中关村南三街 8 号
邮政编码:100873　公司国际互联网网址:http://www.san-huan.com.cn
电子信箱:shhq@san-huan.com.cn

1.2 联系人和联系方式

董事会秘书:王东明　联系地址:北京市海淀区白石桥路 3 号友谊宾馆迎宾楼 D 座
电话:010-68945729,010-68498888 转 1279　传真:010-68712144
电子信箱:WTM@san-huan.com.cn
证券事务代表:田文斌　联系地址:北京市海淀区白石桥路 3 号友谊宾馆迎宾楼 D 座
电话:010-68945729,010-68498888 转 1279　传真:010-68712144
电子信箱:twb@san-huan.com.cn

#### 2.会计数据和财务指标摘要

2.1 主要会计数据　单位:人民币元

| | 2003 年(本年) | 2002 年(上年) | 本年比上年增减 | 2001 年 |
|---|---|---|---|---|
| 主营业务收入 | 671,634,525.27 | 463,713,866.31 | 44.84% | 367,134,077.90 |
| 利润总额 | 93,449,932.23 | 54,147,026.47 | 72.59% | 45,278,667.08 |
| 净利润 | 64,575,190.13 | 33,922,478.40 | 90.36% | 30,454,701.68 |
| 扣除非经常性损益的净利润 | 62,635,993.80 | 32,733,567.01 | 91.35% | 25,085,099.70 |
| | 2003 年末(本年末) | 2002 年末(上年末) | 本年末比上年末增减 | 2001 年末 |
| 总资产 | 945,368,501.14 | 754,752,920.02 | 25.26% | 623,063,313.31 |
| 股东权益(不含少数股东权益) | 452,987,162.55 | 405,120,638.26 | 11.82% | 386,818,834.78 |
| 经营活动产生的现金流量净额 | 60,614,900.01 | 59,480,343.54 | 1.91% | 13,128,147.25 |

2.2 主要财务指标

单位:人民币元

| | 2003 年(本年) | 2002 年(上年) | 本年比上年增减 | 2001 年 |
|---|---|---|---|---|
| 每股收益 | 0.28 | 0.14 | 90.44% | 0.19 |
| 每股收益(如果股本变化,按新股本计算) | 0.28 | -- | -- | -- |
| 净资产收益率 | 14.26% | 8.37% | 70.37% | 7.87% |
| 扣除非经常性损益的净利润为基础计算的净资产收益率 | 13.83% | 8.08% | 71.16% | 6.48% |
| 每股经营活动产生的现金流量净额 | 0.26 | 0.25 | 1.98% | 0.08 |
| | 2003 年末(本年未) | 2002 年未(上年未) | 本年末比上年末增减 | 2001 年末 |
| 每股净资产 | 1.93 | 1.73 | 11.77% | 2.47 |
| 调整后的每股净资产 | 1.90 | 1.68 | 13.21% | 2.39 |

## 000980 黄山金马股份有限公司

### 二〇〇三年年度报告摘选

#### 1.上市公司基本情况简介

1.1 基本情况简介

股票简称:*ST 金马　股票代码:000980　上市交易所:深圳证券交易所
注册地址和办公地址:安徽省黄山市歙县壕城路 1 号　邮政编码:245200
公司国际互联网网址:http://www.hsjinma.com
电子信箱:hsjinma@mail.ahwhptt.net.cn

1.2 联系人和联系方式

董事会秘书:高美庆　联系地址:安徽省黄山市歙县壕城路 1 号
电话:0559-6516169　传真:0559-6536668　电子信箱:hsjm@21cn.com
证券事务代表:杨海峰　联系地址:安徽省黄山市歙县壕城路 1 号
电话:0559-6516169　传真:0559-6536668　电子信箱:beijil@sohu.com

#### 2.会计数据和财务指标摘要

2.1 主要会计数据　单位:(人民币)元

| | 2003 年(本年) | 2002 年(上年) | 本年比上年增减 | 2001 年 |
|---|---|---|---|---|
| 主营业务收入 | 131,067,841.16 | 216,455,699.75 | -39.45% | 204,746,990.25 |
| 利润总额 | 11,268,944.39 | -88,769,618.52 | -- | -15,091,707.07 |
| 净利润 | 8,805,791.69 | -88,770,323.80 | -- | -19,950,777.42 |
| 扣除非经常性损益的净利润 | -11,964,110.96 | -84,731,044.33 | -- | -64,597,317.37 |
| | 2003 年末(本年末) | 2002 年末(上年末) | 本年末比上年末增减 | 2001 年末 |
| 总资产 | 584,804,231.50 | 887,951,305.20 | -34.14% | 989,866,590.16 |
| 股东权益(不含少数股东权益) | 385,782,851.00 | 372,938,451.53 | 3.44% | 461,708,775.33 |
| 经营活动产生的现金流量净额 | 66,085,891.13 | 91,853,369.13 | -28.05% | -31,500,000.00 |

2.2 主要财务指标　单位:(人民币)元

| | 2003 年(本年) | 2002 年(上年) | 本年比上年增减 | 2001 年 |
|---|---|---|---|---|
| 每股收益 | 0.06 | -0.59 | -- | -0.13 |
| 每股收益(如果股本变化,按新股本计算) | 0.06 | -- | -- | -- |
| 净资产收益率 | 2.28% | -23.80% | -- | -4.32% |
| 扣除非经常性损益的净利润为基础计算的净资产收益率 | -3.10% | -25.97% | -- | 14.00% |
| 每股经营活动产生的现金流量净额 | 0.44 | 0.61 | -28.05% | -0.21 |
| | 2003 年末(本年末) | 2002 年末(上年末) | 本年末比上年末增减 | 2001 年末 |
| 每股净资产 | 2.57 | 2.49 | 3.44% | 3.08 |
| 调整后的每股净资产 | 2.52 | 2.45 | 2.67% | 3.06 |

## 600400 江苏红豆实业股份有限公司

### 二〇〇三年年度报告摘选

#### 1.上市公司基本情况简介

1.1 基本情况简介

股票简称:红豆股份　股票代码:600400　上市交易所:上海证券交易所
注册地址和办公地址:江苏省无锡市锡山区港下镇　邮政编码:214199
公司国际互联网网址:www.hongdou.com.cn
电子信箱:hongdou@hongdou.com.cn

1.2 联系人和联系方式

董事会秘书:蒋雄伟　联系地址:江苏省无锡市锡山区港下镇
电话:0510-8358278　传真:0510-8350139　电子信箱:jxw@publicl.wx.js.cn
证券事务代表:孟晓平　联系地址:江苏省无锡市锡山区港下镇
电话:0510-8358422　传真:0510-8350139　电子信箱:hongdou@hongdou.com.cn

#### 2.会计数据和财务指标摘要

2.1 主要会计数据　单位:元

| | 2003 年 | 2002 年 | 本年比上年增减(%) | 2001 年 |
|---|---|---|---|---|
| 主营业务收入 | 932,984,281.87 | 625,342,980.16 | 49.20 | 457,048,255.19 |
| 利润总额 | 127,119,946.01 | 87,520,621.23 | 16.82 | 75,274,892.32 |
| 净利润 | 77,845,236.26 | 66,638,026.21 | 16.82 | 56,491,430.53 |
| 扣除非经常性损益的净利润 | 80,002,183.40 | 62,980,211.22 | 27.03 | 51,211,430.53 |
| | 2003 年末 | 2002 年末 | 本年末比上年末增减(%) | 2001 年末 |
| 总资产 | 1,477,643,508.43 | 1,154,621,531.36 | 27.98 | 766,994,140.96 |
| 股东权益(不含少数股东权益) | 707,195,554.66 | 647,302,618.40 | 9.25 | 595,010,737.84 |
| 经营活动产生的现金流量净额 | 70,270,639.06 | -224,012,027.01 | - | 67,782,364.27 |

2.2 主要财务指标　单位:元

| | 2003 年 | 2002 年 | 本年比上年增减(%) | 2001 年 |
|---|---|---|---|---|
| 每股收益 | 0.43 | 0.37 | 16.22 | 0.31 |
| 每股收益 | 0.43 | 0.37 | 16.22 | 0.31 |
| 净资产收益率(%) | 11.34 | 10.61 | 4.52 | 9.84 |
| 扣除非经常性损益的净利润为基础计算的净资产收益率(%) | 11.64 | 10.29 | 13.12 | 9.42 |
| 每股经营活动产生的现金流量净额 | 0.39 | -1.25 | - | 0.38 |
| | 2003 年末 | 2002 年末 | 本年末比上年末增减(%) | 2001 年末 |
| 每股净资产 | 3.94 | 3.51 | 12.25 | 3.23 |
| 调整后的每股净资产 | 3.88 | 3.50 | 10.86 | 3.23 |

## 600517 上海置信电气股份有限公司

### 二〇〇三年年度报告摘选

#### 1.上市公司基本情况简介

1.1 基本情况简介

股票简称:置信电气 股票代码:600517 上市交易所:上海证券交易所

注册地址和办公地址:上海虹桥路 2239 号 邮政编码:200336

公司国际互联网网址:www.zhizindianqi.com.cn

电子信箱:zxdq@zhixindianqi.com.cn

1.2 联系人和联系方式

董事会秘书:彭永锋 联系地址:上海虹桥路 2239 号

电话:021－62623388－131 传真:021－62610088

电子信箱:pengyf@zhixindianqi.com.cn

#### 2.会计数据和财务指标摘要

2.1 主要会计数据

| | 2003 年 12 月 31 日 | 2002 年 12 月 31 日 | 本年比上年增减(%) | 2001 年 12 月 31 日 |
|---|---|---|---|---|
| 主营业务收入 | 150,255,844.30 | 136,169,835.00 | 10.34 | 128,646,893.57 |
| 利润总额 | 21,078,126.57 | 28,563,623.14 | －26.21 | 19,601,000.58 |
| 净利润 | 13,283,493.79 | 17,263,867.33 | －23.06 | 17,227,575.47 |
| 扣除非经常性损益的净利润 | 12,790,938.49 | 17,259,378.33 | －25.89 | 15,516,620.97 |
| | 2003 年末 | 2002 年末 | 本年末比上年末增减(%) | 2001 年末 |
| 总资产 | 355,033,056.15 | 236,955,816.37 | 49.83 | 232,493,124.68 |
| 股东权益(不含少数股东权益) | 236,050,826.17 | 96,894,012.75 | 143.62 | 79,630,145.42 |
| 经营活动产生的现金流量净额 | 45,325,544.05 | 12,218,301.25 | 270.96 | 25,097,288.48 |

2.2 主要财务指标

| | 2003 年 | 2002 年 | 本年比上年增减(%) | 2001 年 |
|---|---|---|---|---|
| 每股收益 | 0.17 | 0.31 | －45.16 | 0.31 |
| 净资产收益率(%) | 5.63 | 17.82 | －68.41 | 21.63 |
| 扣除非经常性损益的净利润为基础计算的净资产收益率(%) | 10.30 | 19.55 | －47.31 | 21.85 |
| 每股经营活动产生的现金流量净额 | 0.57 | 0.22 | 159.09 | 0.46 |
| | 2003 年末 | 2002 年末 | 本年末比上年末增减(%) | 2001 年末 |
| 每股净资产 | 2.96 | 1.77 | 67.23 | 1.45 |
| 调整后的每股净资产 | 2.92 | 1.73 | 68.79 | 1.41 |

## 2 月 10 日

## 000601 广东韶能集团股份有限公司

### 二〇〇三年年度报告摘选

#### 1.上市公司基本情况简介

1.1 基本情况简介

股票简称:韶能股份 股票代码:000601 上市交易所:深圳证券交易所

注册地址和办公地址:广东省韶关市惠民南路 148 号 邮政编码:512026

公司国际互联网网址:www.shaoneng.com.cn 或 www.sn0601.com 或韶能

电子信箱:Sngf@shaoneng.com.cn

1.2 联系人和联系方式

董事会秘书:胡启金 联系地址:广东省韶关市惠民南路 148 号

电话:(0751)8153162 传真:(0751)8535226 电子信箱:Sngf@shaoneng.com.cn

#### 2.会计数据和财务指标摘要

2.1 主要会计数据 单位:元

| 项 目 | 2003 年 | 2002 年 | 本年比上年增减(%) | 2001 年 |
|---|---|---|---|---|
| 主营业务收入 | 890,021,326.12 | 769,664,137.57 | 15.64 | 608,050,866.22 |
| 利润总额 | 188,561,568.61 | 193,087,039.70 | －2.34 | 173,533,851.59 |
| 净利润 | 138,088,818.81 | 119,284,984.69 | 15.76 | 131,244,092.86 |
| 扣除非经常性损益的净利润 | 128,183,861.27 | 110,233,952.26 | 16.28 | 115,489,891.82 |
| 项 目 | 2003 年末 | 2002 年末 | 本年末比上年末增减(%) | 2001 年末 |
| 总资产 | 4.021,902,002.58 | 3,523,383,609.98 | 14.15 | 3,019,807,462.23 |
| 股东权益(不含少数股东权益) | 1,984,860,334.39 | 1,885,709,568.38 | 5.26 | 1,804,905,301.04 |
| 经营活动产生的现金流量净额 | 292,182,143.01 | 178,255,417.13 | 63.91 | 195,164,421.10 |

2.2 主要财务指标

| 指 标 | 2003 年 | 2002 年 | 本年比上年增减 | 2001 年 |
|---|---|---|---|---|
| 每股收益 | 0.3537 元/股 | 0.3056 元/股 | 15.76% | 0.34 元/股 |
| 净资产收益率 | 6.96% | 6.33% | 0.63% | 7.27% |
| 扣除非经常性损益的净利润为基础计算的净资产收益率 | 6.46% | 5.85% | 0.61% | 6.40% |
| 每股经营活动产生的现金流量净额 | 0.75 元/股 | 0.46 元/股 | 63.04% | 0.50 元/股 |
| | 2003 年末 | 2002 年末 | 本年末比上年末增减 | 2001 年末 |
| 每股净资产 | 5.0844 元/股 | 4.8304 元/股 | 5.26% | 4.62 元/股 |
| 调整后的每股净资产 | 5.0418 元/股 | 4.7834 元/股 | 5.40% | 4.58 元/股 |

## 000667 名流置业集团股份有限公司

### 二〇〇三年年度报告摘选

#### 1.上市公司基本情况简介

1.1 基本情况简介

股票简称:名流置业 股票代码:000667 上市交易所:深圳证券交易所

注册地址:昆明市东风西路 19 号

办公地址:昆明市国防路 129 号恒安写字楼 5 楼、北京市朝阳区慧忠路 5 号远大中心 B 座 11 层

邮政编码:650031 公司国际互联网网址:http://www.ynhy.com.cn

电子信箱:mingliuyn@vip.sina.com

1.2 联系人和联系方式

董事会秘书:周明钧

联系地址:昆明市国防路 129 号恒安写字楼 5 楼、北京市朝阳区慧忠路 5 号远大中心 B 座 11 层

电话:0871－3610134、010－84892795 传真:0871－3625615、010－84892795

电子信箱:mingjunzhou@263.net

证券事务代表:李瑞琦

联系地址:昆明市国防路 129 号恒安写字楼 5 楼、北京市朝阳区慧忠路 5 号远大中心 B 座 11 层

电话:0871－3610134、010－84892795 传真:0871－3625615、010－84892795

电子信箱:qiruili621@163.com

#### 2.会计数据和财务指标摘要

2.1 主要会计数据 单位:(人民币)元

| | 2003 年(本年) | 2002 年(上年) | 本年比上年增减 | 2001 年 |
|---|---|---|---|---|
| 主营业务收入 | 307,177,300.69 | 308,500,915.49 | －0.43% | 130,773,910.63 |
| 利润总额 | 87,936,585.11 | 67,736,569.50 | 29.82% | 4,016,991.56 |
| 净利润 | 57,762,879.50 | 50,106,137.75 | 15.28% | 2,724,220.64 |
| 扣除非经常性损益的净利润 | 57,046,797.52 | 49,942,945.58 | 14.22% | 1,443,040.91 |
| | 2003 年末(本年末) | 2002 年末(上年末) | 本年末比上年末增减 | 2001 年末 |
| 总资产 | 1,086,653,497.98 | 815,537,229.21 | 33.24% | 615,154,892.43 |
| 股东权益(不含少数股东权益) | 522,198,433.03 | 503,640,033.53 | 3.68% | 486,089,502.03 |
| 经营活动产生的现金流量净额 | －43,025,654.92 | 134,551,607.19 | －131.98% | －22,337,413.06 |

2.2 主要财务指标 单位:(人民币)元

| | 2003 年(本年) | 2002 年(上年) | 本年比上年增减 | 2001 年 |
|---|---|---|---|---|
| 每股收益 | 0.24 | 0.20 | 15.26% | 0.01 |
| 每股收益(如果股本变化,按新股本计算) | 0.24 | －－ | －－ | －－ |
| 净资产收益率 | 11.06% | 9.95% | 11.16% | 0.60% |
| 扣除非经常性损益的净利润为基础计算的净资产收益率 | 10.94% | 9.46% | 15.64% | 0.29% |
| 每股经营活动产生的现金流量净额 | －0.18 | 0.55 | －131.98% | －0.09 |
| | 2003 年末(本年末) | 2002 年末(上年末) | 本年末比上年末增减 | 2001 年末 |
| 每股净资产 | 2.13 | 1.90 | 12.44% | 1.84 |
| 调整后的每股净资产 | 2.13 | 1.90 | 12.44% | 1.81 |

## 000806 北海银河高科技产业股份有限公司

### 二〇〇三年年度报告摘选

#### 1.上市公司基本情况简介

1.1 基本情况简介

股票简称:银河科技 股票代码:000806 上市交易所:上海证券交易所

注册地址:广西北海市广东南路银河科技大厦八楼

办公地址:广西北海市广东南路银河科技大厦

邮政编码:536000 公司国际互联网网址:http:www.yinhetech.cim

电子信箱:yhtech@yhgmup.cn

1.2 联系人和联系方式

董事会秘书:徐宏军 联系地址:广西北海市广东南路银河科技大厦

电话:0779－3202636 传真:0779－3201888 电子信箱:xhj@yhgmup.cn

证券事务代表:温杰 唐捷 联系地址:广西北海市广东南路银河科技大厦

电话:0779－3202636 传真:0779－3201888 电子信箱:wj@yhgroup.cn

#### 2.会计数据和财务指标摘要

2.1 主要会计数据 金额单位:人民币元

| | 2003 年 | 2002 年 | 本年比上年增减(%) | 2001 年 |
|---|---|---|---|---|
| 主营业务收入 | 958,900,657.62 | 681,679,500.38 | ＋40.67 | 401,091,410.44 |
| 利润总额 | 144,706,105.95 | 91,908,539.74 | ＋57.45 | 100,670,823.66 |
| 净利润 | 123,369,267.35 | 76,932,901.48 | ＋60.36 | 92,483,542.90 |
| 扣除非经常性损益的净利润 | 87,493,941.52 | 67,199,235.08 | ＋30.20 | 89,882,655.59 |
| | 2003 年末 | 2002 年末 | 本年末比上年末增减(%) | 2001 年末 |
| 总资产 | 2,492,521,460.38 | 2,182,179,891.49 | ＋14.22 | 1,212,935,955.72 |
| 股东权益(不含少数股东权益) | 1,224,644,026.10 | 1,084。545.60 | ＋12.92 | 465,788,572.37 |
| 经营活动产生的现金流量净额 | 176,551,142.03 | 63,647,749.26 | ＋177.39 | 62,845,064.75 |

2.2 主要财务指标

金额单位:人民币元

| | 2003 年 | 2002 年 | 本年比上年增减(%) | 2001 年 |
|---|---|---|---|---|
| 每股收益 | 0.41 | 0.25 | ＋64 | 0.44 |
| 净资产收益率(%) | 10.07 | 7.09 | ＋42.03 | 19.86 |
| 扣除非经常性损益的净利润为基础计算的净资产收益率(%) | 7.14 | 6.20 | ＋15.16 | 19.30 |
| 每股经营活动产生的现金流量净额 | 0.58 | 0.21 | ＋176.19 | 0.30 |
| | 2003 年末 | 2002 年末 | 本年末比上年末增减(%) | 2001 年末 |
| 每股净资产 | 4.04 | 3.57 | ＋13.17 | 2.20 |
| 调整后的每股净资产 | 4.01 | 3.54 | ＋13.28 | 2.14 |

# 000973 佛山塑料集团股份有限公司

## 二〇〇三年年度报告摘选

### 1.上市公司基本情况简介

1.1 基本情况简介

股票简称:佛塑股份 股票代码:000973 上市交易所:深圳证券交易所

注册地址和办公地址:广东省佛山市汾江中路 82 号 邮政编码:528000

公司国际互联网网址:http://www.foshan-plastic.com 电子信箱:dmb@fspg.com.cn

1.2 联系人和联系方式

董事会秘书:罗汉均 联系地址:广东省佛山市汾江中路 82 号

电话:0757-83988189 传真:0757-83988186 电子信箱:luohj@fspg.com.cn

证券事务代表:何水秀 联系地址:广东省佛山市汾江中路 82 号

电话:0757-83988189 传真:0757-83988186 电子信箱:hesx@fspg.com.cn

### 2.会计数据和财务指标摘要

2.1 主要会计数据 单位:(人民币)元

| | 2003 年(本年) | 2002 年(上年) | 本年比上年增减(%) | 2001 年 |
|---|---|---|---|---|
| 主营业务收入 | 2,290,544,577.72 | 1,741,253,957.72 | 31.55% | 1,669,698,758.29 |
| 利润总额 | 128,434,480.12 | 133,402,590.94 | -3.72% | 114,029,641.85 |
| 净利润 | 117,811,239.67 | 116,427,735.62 | 1.19% | 99,614,833.82 |
| 扣除非经常性损益的净利润 | 108,819,082.86 | 116,644,023.17 | -6.71% | 97,601,284.64 |
| | 2003 年末(本年末) | 2002 年末(上年末) | 本年末比上年末增减(%) | 2001 年末 |
| 总资产 | 3,112,133,143.18 | 2,497,544,011.48 | 24.61% | 2,150,634,769.89 |
| 股东权益(不含少数股东权益) | 1,277,741,783.90 | 1,238,355,170.23 | 3.18% | 1,189,148,542.61 |
| 经营活动产生的现金流量净额 | 184,418,797.60 | 230,747,033.65 | -20.08% | 216,864,710.17 |

2.2 主要财务指标 单位:(人民币)元

| | 2003 年(本年) | 2002 年(上年) | 本年比上年增减(%) | 2001 年 |
|---|---|---|---|---|
| 每股收益 | 0.32 | 0.31 | 1.19% | 0.27 |
| 净资产收益率 | 9.22% | 9.40% | -1.91% | 8.38% |
| 扣除非经常性损益的净利润为基础计算的净资产收益率 | 8.52% | 9.42% | -9.55% | 8.21% |
| 每股经营活动产生的现金流量净额 | 0.49 | 0.62 | -20.06% | 0.58 |
| | 2003 年末(本年末) | 2002 年末(上年末) | 本年末比上年末增减(%) | 2001 年末 |
| 每股净资产 | 3.42 | 3.32 | 3.17% | 3.18 |
| 调整后每股净资产 | 3.37 | 3.27 | 3.15% | 3.13 |

# 600089 特变电工股份有限公司

## 二〇〇三年年度报告摘选

### 1.上市公司基本情况简介

1.1 基本情况简介

股票简称:特变电工 股票代码:600089 上市交易所:上海证券交易所

注册地址和办公地址:新疆昌吉市延安南路 52 号 邮政编码:831100

公司国际互联网网址:www.tbea.com.cn 电子信箱:tbeastock@tbea.com.cn

1.2 联系人和联系方式

董事会秘书:郭俊香 联系地址:新疆昌吉市延安南路 52 号

电话:0994-2724766 传真:0994-2724766 电子信箱:gjx-tbea@sohu.com

证券事务代表:焦海华 联系地址:新疆昌吉市延安南路 52 号

电话:0994-2724766 传真:0994-2724766 电子信箱:jhh_008@sohu.com

### 2.会计数据和财务指标摘要

2.1 主要会计数据 单位:元

| | 2003 年 | 2002 年 | 本年比上年增减(%) | 2001 年(调整后) |
|---|---|---|---|---|
| 主营业务收入 | 2,324,381,447.37 | 1,761,418,593.18 | 31.96 | 1,310,460,083.17 |
| 利润总额 | 163,396,299.27 | 139,079,987.94 | 17.48 | 77,743,778.97 |
| 净利润 | 108,198,720.06 | 86,733,950.16 | 24.75 | 50,714,742.62 |
| 扣除非经常性损益的净利润 | 104,621,833.33 | 75,770,762.62 | 38.08 | 48,811,086.25 |
| | 2003 年末 | 2002 年末 | 本年末比上年末增减(%) | 2001 年末 |
| 总资产 | 4,903,725,652.45 | 2,708,280,548.03 | 81.06 | 2,224,157,492.89 |
| 股东权益(不含少数股东权益) | 1,008,955,999.07 | 918,462,335.11 | 9.85 | 850,373,542.07 |
| 经营活动产生的现金流量净额 | 272,022,511.86 | 265,935,719.30 | 2.29 | -33,183,404.42 |

2.2 主要财务指标 单位:元

| | 2003 年 | 2002 年 | 本年比上年增减(%) | 2001 年 |
|---|---|---|---|---|
| 每股收益 | 0.417 | 0.334 | 24.85 | 0.195 |
| 每股收益 | 0.417 | 0.334 | 24.85 | 0.195 |
| 净资产收益率 | 10.72 | 9.44 | 13.56 | 5.96 |
| 扣除非经常性损益的净利润为基础计算的净资产收益率 | 10.76 | 8.48 | 26.89 | 5.65 |
| 每股经营活动产生的现金流量净额 | 1.05 | 1.02 | 2.94 | -0.1279 |
| | 2003 年末 | 2002 年末 | 本年末比上年末增减(%) | 2001 年末 |
| 每股净资产 | 3.89 | 3.54 | 9.89 | 3.28 |
| 调整后的每股净资产 | 3.79 | 3.47 | 9.22 | 3.19 |

# 600200 江苏吴中实业股份有限公司

## 二〇〇三年年度报告摘选

### 1.上市公司基本情况简介

1.1 基本情况简介

股票简称:江苏吴中 股票代码:600200 上市交易所:上海证券交易所

注册地址和办公地址:江苏省苏州市吴中区宝带东路 388 号 邮政编码:215128

公司国际互联网网址:http://www.600200.com 电子信箱:info@600200.com

1.2 联系人和联系方式

董事会秘书:金建平 联系地址:江苏省苏州市吴中区宝带东路 388 号

电话:0512-65618665 传真:0512-65270086 电子信箱:jswz@wuzhong.com

证券事务代表:朱菊芳 联系地址:江苏省苏州市吴中区宝带东路 388 号

电话:0512-65272131 传真:0512-65270086 电子信箱:jswz@wuzhong.com

### 2.会计数据和财务指标摘要

2.1 主要会计数据 (单位:元)

| | 2003 年 | 2002 年 | 本年比上年增减(%) | 2001 年 |
|---|---|---|---|---|
| 主营业务收入 | 1127007707.52 | 666234476.68 | 69.16 | 668554095.40 |
| 利润总额 | 77374529.96 | 84939025.78 | -8.91 | 96639037.07 |
| 净利润 | 52033460.33 | 60177053.15 | -13.53 | 83195604.04 |
| 扣除非经常性损益的净利润 | 49946653.13 | 54576608.73 | -8.48 | 80578223.01 |
| | 2003 年末 | 2002 年末 | 本年末比上年末增减(%) | 2001 年末 |
| 总资产 | 1765653164.38 | 1265340836.72 | 39.54 | 1105587920.22 |
| 股东权益(不含少数股东权益) | 843967123.97 | 811036954.24 | 4.06 | 766822729.68 |
| 经营活动产生的现金流量净额 | -3859078.00 | 22909564.58 | --- | -34735445.27 |

2.2 主要财务指标 单位:元

| | 2003 年 | 2002 年 | 本年比上年增减(%) | 2001 年 |
|---|---|---|---|---|
| 每股收益 | 0.125 | 0.217 | -42.39 | 0.3001 |
| 净资产收益率 | 6.17% | 7.60% | -18.82 | 11.09% |
| 扣除非经常性损益的净利润为基础计算的净资产收益率 | 5.97% | 6.99% | -15.31 | 15.91% |
| 每股经营活动产生的现金流量净额 | -0.009 | 0.083 | -- | -0.125 |
| | 2003 年末 | 2002 年末 | 本年末比上年末增减(%) | 2001 年末 |
| 每股净资产 | 2.030 | 2.926 | -30.62 | 2.766 |
| 调整后的每股净资产 | 2.010 | 2.881 | -30.23 | 2.730 |

# 600313 中垦农业资源开发股份有限公司

## 二〇〇三年年度报告摘选

### 1.上市公司基本情况简介

1.1 基本情况简介

股票简称:*ST 中农 股票代码:600313 上市交易所:上海证券交易所

注册地址:北京市丰台区科学城 10D 地块 2 号楼

办公地址:北京市丰台区桥南科学城星火路 1 号昌宁大厦 11 层 A 室

邮政编码:100070 电子信箱:zhnzy@public3.bta.net.cn

1.2 联系人和联系方式

董事会秘书:黄桂河

联系地址:北京市丰台区桥南科学城星火路 1 号昌宁大厦 11 层 A 室

电话:010-83607371 传真:010-83607419 电子信箱:ZHONGNZY@163.COM

证券事务代表:吴晓梅

联系地址:北京市丰台区桥南科学城星火路 1 号昌宁大厦 11 层

电话:010-83607416/17/18-810 传真:010-83607419

### 2.会计数据和财务指标摘要

2.1 主要财务数据 单位:元

| | 2003 年(T 年,即本年) | 2002 年(T-1 年) | 本年比上年增减(%) | 2001 年(T-2 年) |
|---|---|---|---|---|
| 主营业务收入 | 1426082436.96 | 1698525685.13 | -16.04 | 1870191210.22 |
| 利润总额 | -144001207.03 | -85432325.17 | -68.56 | 538072.51 |
| 净利润 | -113829129.71 | -80085818.63 | 41.95 | -7356174.76 |
| 扣除非经常性损益的净利润 | -23907406.60 | -39134837.87 | 38.91 | 429316.23 |
| | 2003 年末(T 年,即本年末) | 2002 年末(T-1 年末) | 本年末比上年末增减(%) | 2001 年末(T-2 年末) |
| 总资产 | 981829031.12 | 1213879146.92 | -19.11 | 1338389577.28 |
| 股东权益(不含少数股东权益) | 505276357.53 | 641811959.38 | -21.26 | 727360156.40 |
| 经营活动产生的现金流量净额 | 38079236.74 | 33404987.03 | 13.99 | -175338043.03 |

2.2 主要财务指标

单位:元

| | 2003 年(T 年,即本年) | 2002 年(T-1 年) | 本年比上年增减(%) | 2001 年(T-2 年) |
|---|---|---|---|---|
| 每股收益 | -0.4513 | -0.3180 | 41.92 | -0.0292 |
| 净资产收益率 | -22.53 | -12.50 | 80.24 | -1.01 |
| 扣除非经常性损益的净利润为基础计算的净资产收益率 | -4.73 | -6.10 | -22.46 | -2.51 |
| 每股经营活动产生的现金流量净额 | 0.1510 | 0.1325 | 13.96 | -0.6952 |
| | 2003 年末(T 年,即本年末) | 2002 年末(T-1 年末) | 本年末比上年末增减(%) | 2001 年末(T-2 年末) |
| 每股净资产 | 2.0035 | 2.5445 | -21.26 | 2.8841 |
| 调整后的每股净资产 | 1.9598 | 2.4604 | -20.35 | 2.8282 |

## 600666 西南药业股份有限公司

### 二〇〇三年年度报告摘选

#### 1.公司基本情况简介

1.1 基本情况简介

股票简称:西南药业　股票代码:600666　上市交易所:上海证券交易所

注册地址和办公地址:重庆市沙坪坝区天星桥 21 号　邮政编码:400038

电子信箱:Swpzqbjs@cta.cq.cn

1.2 联系人和联系方式

董事会秘书:蒋茜　联系地址:重庆市沙坪坝区天星桥 21 号

电话:(023)89855176　传真:(023)89855126　电子信箱:Swpzqbgs@cta.cq.cn

证券事务代表:牟晓　联系地址:重庆市沙坪坝区天星桥 21 号

电话:(023)89855176　传真:(023)89855126

电子信箱:Swpzqbgs@cta.cq.cn

#### 2.会计数据和财务指标摘要

2.1 主要会计数据　单位:元

| 项目 | 2003 年 | 2002 年 | 本年比上年增减(%) | 2001 年 |
|---|---|---|---|---|
| 主营业务收入 | 338,296,934.28 | 330,554,722.11 | 2.34 | 305,021,457.91 |
| 利润总额 | 22,585,200.56 | 23,715,635.41 | －4.77 | 22,874,107.92 |
| 净利润 | 20,549,147.14 | 18,783,144.21 | 9.40 | 19,450,360.59 |
| 扣除非经常性损益后的净利润 | 18,619,307.09 | 17,366,174.01 | 7.22 | 13,713,287.72 |
| 项　目 | 2003 年末 | 2002 年末 | 本年末比上年末增减(%) | 2001 年末 |
| 总资产 | 473,453,567.19 | 450,336,536.12 | 5.13 | 357,189,886.20 |
| 股东权益(不含少数股东权益) | 270,551,103.94 | 262,116,775.75 | 3.22 | 237,972,934.87 |
| 经营活动产生的现金流量净额 | 21,725,685.40 | 9,401,818.10 | 131.08 | 18,846,122.06 |

2.2 主要财务指标

单位:元

| 项　目 | 2003 年 | 2002 年 | 本年比上年增减(%) | 2001 年 |
|---|---|---|---|---|
| 每股收益 | 0.14 | 0.13 | 7.69 | 0.13 |
| 净资产收益率(摊薄%) | 7.60 | 7.17 | 6.00 | 8.17 |
| 扣除非经常性损益的净利润为基础计算的净资产收益率(加权%) | 7.03 | 7.02 | 0.14 | 5.68 |
| 每股经营活动产生的现金流量净额 | 0.15 | 0.06 | 150 | 0.13 |
| 项目 | 2003 年末 | 2002 年末 | 本年末比上年末增减(%) | 2001 年末 |
| 每股净资产 | 1.82 | 1.76 | 3.41 | 1.60 |
| 调整后的每股净资产 | 1.73 | 1.68 | 2.98 | 1.52 |

## 600750 江西江中药业股份有限公司

### 二〇〇三年年度报告摘选

#### 1.上市公司基本情况简介

1.1 基本情况简介

股票简称:江中药业　股票代码:600750　上市交易所:上海证券交易所

注册地址:江西省南昌市火炬大道 888 号　办公地址:江西省南昌市福州路 347 号

邮政编码:330077　公司国际互联网网址:www.jzjt.com

电子信箱:jzyy@jzjt.com

1.2 联系人和联系方式

董事会秘书:吴伯帆　联系地址:江西省南昌市福州路 347 号

电话:0791－8515742　传真:0791－8515742　电子信箱:jzyy@jzjt.com

证券事务代表:孙兆院　联系地址:江西省南昌市福州路 347 号

电话:0791－8515742　传真:0791－8515742　电子信箱:szy@jzjt.com

#### 2.会计数据和财务指标摘要

2.1 主要会计数据　单位:人民币元

| | 2003 年 | 2002 年 | 本年比上年增减(%) | 2001 年 |
|---|---|---|---|---|
| 主营业务收入 | 941,172,442.32 | 667,672,108.02 | 40.96 | 354,965,944.99 |
| 利润总额 | 103,129,191.55 | 69,318,666.85 | 48.78 | 67,789,844.97 |
| 净利润 | 50,723,695.32 | 43,213,413.95 | 17.38 | 37,820,923.47 |
| 扣除非经常性损益的净利润 | 51,748,822.59 | 45,654,346.22 | 13.35 | 42,945,041.52 |
| | 2003 年末 | 2002 年末 | 本年末比上年末增减(%) | 2001 年末 |
| 总资产 | 986,939,343.83 | 740,781,442.58 | 33.23 | 636,572,579.59 |
| 股东权益(不含少数股东权益) | 587,551,490.38 | 549,698,986.61 | 6.89 | 520,860,547.36 |
| 经营活动产生的现金流量净额 | 78,977,695.62 | 94,901,625.40 | －16.78 | 41,278,693.52 |

2.2 主要财务指标

单位:人民币元

| | 2003 年 | 2002 年 | 本年比上年增减(%) | 2001 年 |
|---|---|---|---|---|
| 每股收益 | 0.35 | 0.30 | 16.67 | 0.26 |
| 净资产收益率(%) | 8.63 | 7.86 | 9.80 | 7.26 |
| 扣除非经常性损益的净利润为基础计算的净资产收益率 | 8.81 | 8.31 | 6.02 | 8.25 |
| 每股经营活动产生的现金流量净额 | 0.54 | 0.65 | －16.92 | 0.28 |
| | 2003 年末 | 2002 年末 | 本年末比上年末增减(%) | 2001 年末 |
| 每股净资产 | 4.02 | 3.76 | 6.91 | 3.56 |
| 调整后的每股净资产 | 3.82 | 3.63 | 5.23 | 3.50 |

## 600888 新疆众和股份有限公司

### 二〇〇三年年度报告摘选

#### 1.上市公司基本情况简介

1.1 基本情况简介

股票简称:新疆众和　股票代码:600888　上市交易所:上海证券交易所

注册地址和办公地址:新疆维吾尔自治区乌鲁木齐市喀什东路 18 号

邮政编码:830013　公司国际互联网网址:http://www.joinworld.com

电子信箱:xjzh 60888 @126.com

1.2 联系人和联系方式

董事会秘书:杨波

联系地址:新疆维吾尔自治区乌鲁木齐市喀什东路 18 号公司董事会秘书处

电话:0991－6689800　传真:0991－6689882　电子信箱:600888 xjzh@126.com

证券事务代表:衡晓英

联系地址:新疆维吾尔自治区乌鲁木齐市喀什东路 18 号公司董事会秘书处

电话:0991－6689800　传真:0991－6689882　电子信箱:hxy600888@126.com

#### 2.会计数据和财务指标摘要

2.1 主要会计数据　单位:人民币元

| 项　目 | 2003 年 | 2002 年(调整后) | 本年比上年增减(%) | 2001 年(调整后) |
|---|---|---|---|---|
| 主营业务收入 | 480,803,394.55 | 400,189,892.63 | 20.14 | 418,954,184.02 |
| 利润总额 | 41,610,318.98 | 53,211,679.53 | －21.80 | 35,469,570.02 |
| 净利润 | 35,437,933.81 | 39,594,805.37 | 10.50 | 28,774,252.04 |
| 扣除非经常性损益的净利润 | 49,377,346.60 | 42,592,858.47 | 15.93 | 28,729,252.04 |
| | 2003 年末 | 2002 年末(调整后) | 本年比上年末增减(%) | 2001 年末(调整后) |
| 总资产 | 1,404,162,476.78 | 1,248,993,303.27 | 12.42 | 1,219,469,752.25 |
| 股东权益(不含少数股东权益) | 306,021,917.34 | 264,636,076.90 | 15.64 | 233,312,391.53 |
| 经营活动产生的现金流量净额 | 17,676,464.36 | 64,905,133.20 | －72.77 | 168,190,537.63 |

2.2 主要财务指标　单位:人民币元

| | 2003 年 | 2002 年(调整后) | 本年比上年增减(%) | 2001 年(调整后) |
|---|---|---|---|---|
| 每股收益 | 0.3428 | 0.3830 | －10.50 | 0.2783 |
| 净资产收益率 | 11.58 | 14.96 | －22.59 | 12.33 |
| 扣除非经常性损益的净利润为基础计算的净资产收益率 | 16.14 | 16.09 | 0.31 | 12.31 |
| 每股经营活动产生的现金流量净额 | 0.17 | 0.63 | －73.02 | 1.63 |
| | 2003 年末 | 2002 年末(调整后) | 本年末比上年末增减(%) | 2001 年末(调整后) |
| 每股净资产 | 2.96 | 2.56 | 15.63 | 2.26 |
| 调整后的每股净资产 | 2.60 | 2.40 | 8.33 | 2.20 |

## 2月11日

## 000049 深圳市万山实业股份有限公司

### 二〇〇三年年度报告摘选

#### 1.上市公司基本情况简介

1.1 基本情况简介

股票简称:深万山　股票代码:000049　上市交易所:深圳证券交易所

注册地址和办公地址:深圳市罗湖区桂园路 28 号桂花大厦 A 栋 M 层　邮政编码:518001

电子信箱:worldsun@szworldsun.com

1.2 联系人和联系方式

董事会秘书:游虹　联系地址:深圳市罗湖区桂园路 28 号桂花大厦 A 栋 M 层

电话:0755－82131421　传真:0755－82131400　电子信箱:youhong@szworldsun.com

#### 2.会计数据和财务指标摘要

2.1 主要会计数据　单位:(人民币)元

| | 2003 年(本年) | 2002 年(上年) | 本年比上年增减 | 2001 年 |
|---|---|---|---|---|
| 主营业务收入 | 28,758,050.79 | 39,076,337.02 | －26.41% | 74,112,491.76 |
| 利润总额 | －33,206,072.63 | 2,430,815.16 | －1,466.05% | 10,756,027.37 |
| 净利润 | －33,245,595.03 | 2,387,364.82 | －1,492.56% | 10,704,246.04 |
| 扣除非经常性损益的净利润 | －32,509,387.60 | －32,836,399.90 | 0.00% | 10,736,713.47 |
| | 2003 年末(本年末) | 2002 年末(上年末) | 本年末比上年末增减 | 2001 年末 |
| 总资产 | 276,946,314.38 | 338,433,132.79 | －18.17% | 465,829,584.24 |
| 股东权益(不含少数股东权益) | 112,730,471.03 | 136,918,416.26 | －17.67% | 134,531,051.44 |
| 经营活动产生的现金流量净额 | 30,888,902.51 | 31,607,134.92 | －2.27% | 27,478,829.40 |

2.2 主要财务指标　单位:(人民币)元

| | 2003 年(本年) | 2002 年(上年) | 本年比上年增减 | 2001 年 |
|---|---|---|---|---|
| 每股收益 | －0.2430 | 0.0174 | －1,496.55% | 0.0782 |
| 每股收益(如果股本变化,按新股本计算) | －0.2430 | －－ | －－ | －－ |
| 净资产收益率 | －29.49% | 1.74% | －1,794.83% | 7.96% |
| 扣除非经常性损益的净利润为基础计算的净资产收益率 | －28.84% | －23.99% | 0.00% | 7.98% |
| 每股经营活动产生的现金流量净额 | 0.2257 | 0.2310 | －2.29% | 0.2000 |
| | 2003 年末(本年末) | 2002 年末(上年末) | 本年末比上年末增减 | 2001 年末 |
| 每股净资产 | 0.8239 | 1.0006 | －17.66% | 0.9800 |
| 调整后的每股净资产 | 0.7800 | 0.8200 | －4.88% | 0.7900 |

# 000825 山西太钢不锈钢股份有限公司

## 二〇〇三年年度报告摘选

### 1.上市公司基本情况简介

1.1 基本情况简介

股票简称:太钢不锈 股票代码:000825 上市交易所:深圳证券交易所
注册地址和办公地址:山西省太原市尖草坪街2号 邮政编码:030003
电子信箱:Tgbxzjb@public.ty.sx.cn

1.2 联系人和联系方式

董事会秘书:张竹平 联系地址:山西省太原市尖草坪街2号
电话:0351－3017702 传真:0351－3017729 电子信箱:Tgbxzjb@public.ty.sx.cn
证券事务代表:华春雨 联系地址:山西省太原市尖草坪街2号
电话:0351－3017729、3017728 传真:0351－3017729 电子信箱:tgbxzjb@public.ty.sx.cn

### 2.会计数据和业务数据摘要

2.1 主要财务数据

单位:元

| 项目 | 2003年 | 2002年 | 本年比上年增减(%) | 2001年 |
|---|---|---|---|---|
| 主营业务收入(元) | 16,564,813,888.17 | 10,082,643,271.53 | 64.29 | 6,830,299,771.71 |
| 利润总额(元) | 875,914,735.20 | 453,689,305.34 | 93.06 | 364,708,651.68 |
| 净利润 | 610,544,618.75 | 283,815,140.77 | 115.12 | 296,829,217.34 |
| 扣除非经常性损益后的净利润 | 620,283,145.75 | 275,807,219.06 | 124.90 | 268,320,711.81 |
| 项目 | 2003年末 | 2002年末 | 本年末比上年末增减(%) | 2001年末 |
| 总资产(元) | 9,065,436,473.26 | 6,136,328,714.55 | 47.73 | 5,702,723,225.52 |
| 股东权益(不含少数股东权益) | 4,132,143,726.72 | 3,427,393,269.27 | 20.56 | 3,239,806,248.82 |
| 经营活动产生的现金流量净额 | 1,031,121,932.39 | 606,560,511.60 | 69.99 | 453,449,726.14 |

2.2 主要财务指标

单位:元

| | 2003年 | 2002年 | 本年比上年增减(%) | 2001年 |
|---|---|---|---|---|
| 每股收益(元/股) | 0.473 | 0.264 | 79.17 | 0.276 |
| 净资产收益率(%) | 14.78 | 8.281 | 78.48 | 9.162 |
| 扣除非经常性损益的净利润为基础计算的净资产收益率(%) | 15.01 | 8.047 | 86.53 | 8.282 |
| 每股经营活动产生的现金流量净额(元/股) | 0.798 | 0.564 | 41.49 | 0.421 |
| 项目 | 2003年末 | 2002年末 | 本年末比上年末增减(%) | 2001年末 |
| 每股净资产(元/股) | 3.200 | 3.185 | 4.71 | 3.010 |
| 调整后的每股净资产(元/股) | 3.195 | 3.178 | 5.35 | 2.988 |

# 600126 杭州钢铁股份有限公司

## 二〇〇三年年度报告摘选

### 1.上市公司基本情况简介

1.1 基本情况简介

股票简称:杭钢股份 股票代码:600126 上市交易所:上海证券交易所
注册地址和办公地址:浙江省杭州市拱墅区半山镇 邮政编码:310022
电子信箱:hggf@mail.hz.zj.cn

1.2 联系人和联系方式

董事会秘书:韩晓通 联系地址:浙江省杭州市半山路132号
电话:0571－88132917 传真:0571－88132919 电子信箱:hggf@mail.hz.zj.cn
证券事务代表:周尧福 联系地址:浙江省杭州市半山路132号
电话:0571－88132917 传真:0571－88132919 电子信箱:hggf@mail.hz.zj.cn

### 2.会计数据和财务指标摘要

2.1 主要会计数据 单位:元

| | 2003年 | 2002年 | 本年比上年增减(%) | 2001年 |
|---|---|---|---|---|
| 主营业务收入 | 7,471,534,184.69 | 5,165,749,229.88 | 44.64 | 4,315,219,411.95 |
| 利润总额 | 778,218,619.64 | 418,873,730.58 | 85.79 | 410,940,497.61 |
| 净利润 | 531,625,487.50 | 271,134,243.62 | 96.07 | 342,481,281.46 |
| 扣除非经常性损益的净利润 | 540,421,903.04 | 282,668,361.13 | 91.19 | 348,312,974.24 |
| | 2003年末 | 2002年末 | 本年末比上年末增减(%) | 2001年末 |
| 总资产 | 4,647,541,407.63 | 3,876,888,135.58 | 19.88 | 3,147,764,200.01 |
| 股东权益(不含少数股东权益) | 2,726,666,745.29 | 2,316,105,314.89 | 17.73 | 2,140,721,394.27 |
| 经营活动产生的现金流量净额 | 409,654,618.04 | 748,147,798.87 | －45.24 | 350,349,214.10 |

2.2 主要财务指标 单位:元

| | 2003年 | 2002年 | 本年比上年增减(%) | 2001年 |
|---|---|---|---|---|
| 每股收益 | 0.82 | 0.42 | 95.24 | 0.531 |
| 净资产收益率(%) | 19.50 | 11.71 | 66.52 | 16.00 |
| 扣除非经常性损益的净利润为基础计算的加权平均净资产收益率(%) | 21.65 | 12.69 | 70.61 | 17.40 |
| 每股经营活动产生的现金流量净额 | 0.63 | 1.16 | －45.69 | 0.543 |
| | 2003年末 | 2002年末 | 本年末比上年末增减(%) | 2001年末 |
| 每股净资产 | 4.23 | 3.59 | 17.83 | 3.32 |
| 调整后的每股净资产 | 4.22 | 3.57 | 18.21 | 3.30 |

# 600231 凌源钢铁股份有限公司

## 二〇〇三年年度报告摘选

### 1.上市公司基本情况简介

1.1 基本情况简介

股票简称:凌钢股份 股票代码:600231 上市交易所:上海证券交易所
注册地址和办公地址:辽宁省凌源市钢铁路3号 邮政编码:122500
公司国际互联网网址:http://www.lggf.com.cn 电子信箱:lgwjch@online.ln.cn

1.2 联系人和联系方式

董事会秘书:何东生 联系地址:辽宁省凌源市钢铁路3号
电话:0421－6834429 传真:0421－6830436 电子信箱:lgwjch@online.ln.cn
证券事务代表:王宝杰 联系地址:辽宁省凌源市钢铁路3号
电话:0421－6834429 传真:0421－6830436 电子信箱:lgwjch@online.ln.cn

### 2.会计数据和财务指标摘要

2.1 主要会计数据 单位:元

| | 2003年度 | 2002年度 | 本年比上年增减(%) | 2001年度 |
|---|---|---|---|---|
| 主营业务收入 | 3,595,633,880.92 | 2,475,094,195.43 | 45.27 | 1,858,681,308.36 |
| 利润总额 | 541,110,192.09 | 203,309,644.70 | 111.12 | 164,945,104.28 |
| 净利润 | 440,177,087.51 | 203,686,869.87 | 116.10 | 163,630,334.17 |
| 扣除非经常性损益的净利润 | 421,404,671.39 | 187,800,199.79 | 124.39 | 127,705,729.89 |
| | 2003年末 | 2002年末 | 本年末比上年末增减(%) | 2001年末 |
| 总资产 | 3,045,142,071.65 | 2,257,057,897.12 | 34.92 | 1,784,876,887.71 |
| 股东权益(不含少数股东权益) | 1,854,526,528.49 | 1,473,799,440.98 | 25.83 | 1,316,642,130.45 |
| 经营活动产生的现金流量净额 | 266,356,063.36 | 197,538,031.35 | 34.84 | 177,815,046.82 |

2.2 主要财务指标 单位:元

| | 2003年度 | 2002年度 | 本年度比上年度增减(%) | 2001年度 |
|---|---|---|---|---|
| 每股收益 | 0.840 | 0.505 | 66.34 | 0.528 |
| 每股收益 | – | – | – | – |
| 净资产收益率(%) | 23.74 | 13.82 | 71.78 | 12.43 |
| 扣除非经常性损益的净利润为基础计算的净资产收益率(%) | 25.48 | 13.42 | 89.87 | 10.16 |
| 每股经营活动产生的现金流量净额 | 0.508 | 0.490 | 3.67 | 0.574 |
| | 2003年末 | 2002年末 | 本年末比上年末增减(%) | 2001年末 |
| 每股净资产 | 3.540 | 3.657 | －3.20 | 4.247 |
| 调整后的每股净资产 | 3.539 | 3.639 | －2.75 | 4.057 |

# 600291 内蒙古西水创业股份有限公司

## 二〇〇三年年度报告摘选

### 1.上市公司基本情况简介

1.1 基本情况简介

股票简称:西水股份 股票代码:600291 上市交易所:上海证券交易所
注册地址:内蒙古 乌海市 办公地址:乌海市 邮政编码:016032
电子信箱:xscy@public.hh.nm.cn

1.2 联系人和联系方式

董事会秘书:白雪峰 联系地址:内蒙古乌海市
电话:0473－4663855 传真:0473－4663855
电子信箱:xscy@public.hh.nm.cn
证券事务代表:谢圣正 联系地址:内蒙古乌海市
电话:0473－4663855 传真:0473－4663855
电子信箱:xscy@public.hh.nm.cn

### 2.会计数据和财务指标摘要

2.1 主要会计数据 单位:人民币元

| | 2003年 | 2002年 | 本年比上年增减(%) | 2001年 |
|---|---|---|---|---|
| 主营业务收入 | 679,633,974.40 | 479,278,779.78 | 41.80 | 227,260,404.64 |
| 利润总额 | 57,040,198.31 | 39,613,780.23 | 43.99 | 37,870,213.95 |
| 净利润 | 47,977,256.96 | 35,063,371.49 | 36.83 | 25,578,269.05 |
| 扣除非经常性损益的净利润 | 47,883,186.32 | 35,412,720.22 | 35.21 | 28,068,330.71 |
| | 2003年末 | 2002年末 | 本年末比上年末增减(%) | 2001年末 |
| 总资产 | 1,316,947,674.73 | 1,140,871,781.54 | 15.43 | 947,941,606.48 |
| 股东权益(不含少数股东权益) | 629,049,669.32 | 581,072,952.40 | 8.26 | 545,971,000.87 |
| 经营活动产生的现金流量净额 | 49,336,235.58 | 96,203,517.19 | －48.72 | 14,841,347.27 |

2.2 主要财务指标 单位:人民币元

| | 2003年 | 2002年 | 本年比上年增减(%) | 2001年 |
|---|---|---|---|---|
| 每股收益 | 0.30 | 0.22 | 36.30 | 0.16 |
| 每股收益(加权) | 0.30 | 0.22 | 36.30 | 0.16 |
| 净资产收益率 | 7.63 | 6.03 | 26.48 | 4.68 |
| 扣除非经常性损益的净利润为基础计算的净资产收益率 | 7.91 | 6.28 | 26.03 | 5.14 |
| 每股经营活动产生的现金流量净额 | 0.31 | 0.60 | －48.61 | 0.23 |
| | 2003年末 | 2002年末 | 本年末比上年末增减(%) | 2001年末 |
| 每股净资产 | 3.93 | 3.63 | 8.31 | 3.41 |
| 调整后的每股净资产 | 3.74 | 3.49 | 7.28 | 3.32 |

## 600383 金地(集团)股份有限公司

### 二〇〇三年年度报告摘选

#### 1.上市公司基本情况简介

1.1 基本情况简介

股票简称:金地集团　股票代码:600383　上市交易所:上海证券交易所
注册地址和办公地址:深圳市福田区福强路金地商业大楼　邮政编码:518048
公司国际互联网网址:http://www.gemdale.com　电子信箱:ir@gemdale.com

1.2 联系人和联系方式

董事会秘书:郭国强　联系地址:深圳市福田区福强路金地商业大楼
电话:0755－83303333　传真:0755－83844555　电子信箱:ir@gemdale.com
证券事务代表:张晓瑜　联系地址:深圳市福田区福强路金地商业大楼
电话:0755－83844828　传真:0755－83844555　电子信箱:ir@gemdale.com

#### 2.会计数据和财务指标摘要

2.1 主要会计数据　单位:元

| | 2003 年 | 2002 年 | 本年比上年增减(%) | 2001 年 |
|---|---|---|---|---|
| 主营业务收入 | 1,509,848,935.45 | 970,038,396.36 | 55.65 | 662,936,120.72 |
| 利润总额 | 226,985,539.98 | 173,265,784.75 | 31..00 | 141,146,722.87 |
| 净利润 | 165,550,077.89 | 138,146,018.80 | 19.84 | 120,277,004.32 |
| 扣除非经常性损益的净利润 | 189,025,381.08 | 135,780,562.60 | 39.21 | 120,738,752.97 |
| | 2003 年末 | 2002 年末 | 本年末比上年末增减(%) | 2001 年末 |
| 总资产 | 4,819,133,278.32 | 3,075,772,724.68 | 56.68 | 2,269,934,364.28 |
| 股东权益(不含少数股东权益) | 1,511,150,034.09 | 1,413,0990956.20 | 6.94 | 1,274,953,937.40 |
| 经营活动产生的现金流量净额 | －1,182,345,349.56 | －264,274,286.32 | 347.39 | －349,226,933.02 |

2.2 主要财务指标　单位:元

| | 2003 年 | 2002 年 | 本年比上年增减(%) | 2001 年 |
|---|---|---|---|---|
| 每股收益 | 0.613 | 0.512 | 19.84 | 0.445 |
| 净资产收益率(%) | 10.96 | 9.78 | 12.06 | 9.43 |
| 扣除非经常性损益的净利润为基础计算的净资产收益率(%) | 13.08 | 9.98 | 31.02 | 10.12 |
| 每股经营活动产生的现金流量净额 | －4.379 | －0.979 | 347.39 | －1.293 |
| | 2003 年末 | 2002 年末 | 本年末比上年末增减(%) | 2001 年末 |
| 每股净资产 | 5.597 | 5.234 | 6.94 | 4.722 |
| 调整后的每股净资产 | 5.576 | 5.224 | 6.73 | 4.718 |

## 2 月 12 日

## 000422 湖北宜化化工股份有限公司

### 二〇〇三年年度报告摘选

#### 1.上市公司基本情况简介

1.1 基本情况简介

股票简称:湖北宜化　股票代码:000422　上市交易所:深圳证券交易所
注册地址:湖北省宜昌市猇亭大道 399 号
办公地址:湖北省宜昌市东山大道 102 号　邮政编码:443007　443000
公司国际互联网网址:http://www.hbyh.cn　电子信箱:yhirm@hbyh.cn

1.2 联系人和联系方式

董事会秘书:余晨扬　联系地址:湖北省宜昌市东山大道 102 号
电话:0717－6444588　传真:0717－6448689　电子信箱:hbyhwxha@yc.hb.cninfo.net
证券事务代表:张拥军　联系地址:湖北省宜昌市东山大道 102 号
电话:0717－6442268　传真:0717－6448689　电子信箱:zyj@hbyh.cn

#### 2.会计数据和财务指标摘要

2.1 主要会计数据　单位:(人民币)元

| | 2003 年(本年) | 2002 年(上年) | 本年比上年增减 | 2001 年 |
|---|---|---|---|---|
| 主营业务收入 | 991,364,255.88 | 790,217,756.64 | 25.45% | 574,047,002.22 |
| 利润总额 | 90,567,053.50 | 71,725,328.88 | 26.27% | 54,053,115.75 |
| 净利润 | 65,409,218.27 | 50,836,642.72 | 28.67% | 40,508,238.15 |
| 扣除非经常性损益的净利润 | 66,640,929.29 | 50,911,055.53 | 30.90% | 47,326,730.82 |
| | 2003 年末(本年末) | 2002 年末(上年末) | 本年末比上年末增减 | 2001 年末 |
| 总资产 | 1,985,044,294.24 | 1,642,539,435.39 | 20.85% | 1,451,693,245.34 |
| 股东权益(不含少数股东权益) | 825,179,850.42 | 781,158,669.15 | 5.64% | 773,098,100.43 |
| 经营活动产生的现金流量净额 | 122,960,862.73 | 175,756,941.38 | －30.04% | 169,815,728.22 |

2.2 主要财务指标　单位:(人民币)元

| | 2003 年(本年) | 2002 年(上年) | 本年比上年增减 | 2001 年 |
|---|---|---|---|---|
| 每股收益 | 0.31 | 0.24 | 28.65% | 0.19 |
| 每股收益(如果股本变化,按新股本计算) | 0.31 | －－ | －－ | －－ |
| 净资产收益率 | 7.93% | 6.51% | 21.81% | 5.24% |
| 扣除非经常性损益的净利润为基础计算的净资产收益率 | 8.08% | 6.52% | 23.93% | 6.12% |
| 每股经营活动产生的现金流量净额 | 0.57 | 0.82 | －30.05% | 0.79 |
| | 2003 年末(本年末) | 2002 年末(上年末) | 本年末比上年末增减 | 2001 年末 |
| 每股净资产 | 3.86 | 3.65 | 5.64% | 3.61 |
| 调整后的每股净资产 | 3.86 | 3.65 | 5.64% | 3.61 |

## 000528 广西柳工机械股份有限公司

### 二〇〇三年年度报告摘选

#### 1.上市公司基本情况简介

1.1 基本情况简介

股票简称:桂柳工 A　股票代码:000528　上市交易所:深圳证券交易所
注册地址和办公地址:广西壮族自治区柳州市柳太路 1 号　邮政编码:545007
公司国际互联网网址:http://www.liugong.com　电子信箱:stock@liugong.com

1.2 联系人和联系方式

董事会秘书:王祖光　联系地址:公司董事会秘书处
电话:0772－3886509　传真:0772－3886510　电子信箱:stock@liugong.com
证券事务代表:黄华琳　联系地址:公司董事会秘书处
电话:0772－3886510　传真:0772－3886510　电子信箱:stock@liugong.com

#### 2.会计数据和财务指标摘要

2.1 主要会计数据　单位:(人民币)元

| | 2003 年(本年) | 2002 年(上年) | 本年比上年增减(%) | 2001 年 |
|---|---|---|---|---|
| 主营业务收入 | 2,493,397,930.75 | 1,655,097,949.24 | 50.65 | 977,178,203.88 |
| 利润总额 | 269,600,757.89 | 150,443,330.62 | 79.20 | 25,531,219.95 |
| 净利润 | 223,754,407.90 | 126,399,600.77 | 77.02 | 20,099,203.76 |
| 扣除非经常性损益的净利润 | 222,427,194.46 | 123,005,568.19 | 80.83 | 20,518,721.85 |
| | 2003 年末(本年末) | 2002 年末(上年末) | 本年末比上年末增减(%) | 2001 年末 |
| 总资产 | 1,790,791,592.45 | 1,487,915,740.44 | 20.36 | 1,259,149,728.10 |
| 股东权益(不含少数股东权益) | 1,004,007,576.01 | 764,440,852.47 | 31.34 | 702,818,854.55 |
| 经营活动产生的现金流量净额 | 39,187,020.89 | 98,993,687.19 | －60.41 | 39,674,750.52 |

2.2 主要财务指标　单位:(人民币)元

| | 2003 年(本年) | 2002 年(上年) | 本年比上年增减(%) | 2001 年 |
|---|---|---|---|---|
| 每股收益 | 0.6831 | 0.3859 | 77.02 | 0.0614 |
| 净资产收益率(%) | 22.29 | 16.53 | 34.78 | 2.86 |
| 扣除非经常性损益的净利润为基础计算的净资产收益率(%) | 25.38 | 16.06 | 58.07 | 2.90 |
| 每股经营活动产生的现金流量净额 | 0.1196 | 0.3022 | －60.41 | 0.1561 |
| | 2003 年末(本年末) | 2002 年末(上年末) | 本年末比上年末增减(%) | 2001 年末 |
| 每股净资产 | 3.0653 | 2.3339 | 31.34 | 2.1458 |
| 调整后的每股净资产 | 3.0566 | 2.3080 | 32.43 | 2.1199 |

## 000677 山东海龙股份有限公司

### 二〇〇三年年度报告摘选

#### 1.上市公司基本情况简介

1.1 基本情况简介

股票简称:山东海龙　股票代码:000677　上市交易所:深圳证券交易所
注册地址和办公地址:山东省潍坊市寒亭区潍县北路 555 号　邮政编码:261100
公司国际互联网网址:http://www.helon.cn　电子信箱:helon@163169.net

1.2 联系人和联系方式

董事会秘书:牛海平　联系地址:山东省潍坊市寒亭区潍县北路 555 号
电话:0536－7275007　传真:0536－7252140　电子信箱:hlnhp@163169.net
证券事务代表:陈树广　联系地址:山东省潍坊市寒亭区潍县北路 555 号
电话:0536－7275007　传真:0536－7252140　电子信箱:hlcsg@tom.com

#### 2.会计数据和财务指标摘要

2.1 主要会计数据　单位:(人民币)元

| | 2003 年(本年) | 2002 年(上年) | 本年比上年增减(%) | 2001 年 |
|---|---|---|---|---|
| 主营业务收入 | 1,099,444,672.95 | 582,142,120.41 | 88.86% | 546,362,455.74 |
| 利润总额 | 57,178,305.48 | 33,084,841.48 | 72.82% | 36,119,077.25 |
| 净利润 | 43,120,411.38 | 21,337,405.59 | 102.09% | 32,138,661.96 |
| 扣除非经常性损益的净利润 | 42,557,334.69 | 21,337,405.59 | 99.45% | 0.00 |
| | 2003 年末(本年末) | 2002 年末(上年末) | 本年末比上年末增减(%) | 2001 年末 |
| 总资产 | 1,947,168,344.91 | 1,491,859,730.82 | 30.52% | 1,053,834,142.69 |
| 股东权益(不含少数股东权益) | 578,126,395.24 | 529,215,667.13 | 9.24% | 317,869,484.18 |
| 经营活动产生的现金流量净额 | 48,915,355.84 | 60,197,333.92 | －18.74% | 49,294,146.46 |

2.2 主要财务指标　单位:(人民币)元

| | 2003 年(本年) | 2002 年(上年) | 本年比上年增减(%) | 2001 年 |
|---|---|---|---|---|
| 每股收益 | 0.21 | 0.10 | 102.51% | 0.19 |
| 每股收益(如果股本变化,按新股本计算) | 0.21 | －－ | －－ | －－ |
| 净资产收益率 | 7.46% | 4.03% | 85.11% | 10.11% |
| 扣除非经常性损益的净利润为基础计算的净资产收益率 | 7.73% | 4.04% | 112.62% | 9.21% |
| 每股经营活动产生的现金流量净额 | 0.24 | 0.29 | －18.77% | 0.30 |
| | 2003 年末(本年末) | 2002 年末(上年末) | 本年末比上年末增减(%) | 2001 年末 |
| 每股净资产 | 2.81 | 2.57 | 9.25% | 1.92 |
| 调整后的每股净资产 | 2.76 | 2.55 | 8.36% | 1.89 |

## 000723 福州天宇电气股份有限公司

### 二〇〇三年年度报告摘选

#### 1.上市公司基本情况简介

1.1 基本情况简介

股票简称:天宇电气　股票代码:000723　上市交易所:深圳证券交易所
注册地址和办公地址:福建省福州市新店南平路天宇科技大楼
邮政编码:350012　公司国际互联网网址:http://www.xj-ty.com
电子信箱:fztydq@publ.fz.fj.cn

1.2 联系人和联系方式

董事会秘书:朱庆华　联系地址:福州市新店南平东路130号
电话:0591-7916429　传真:0591-7916449　电子信箱:qinghuazh@xjgc.com
证券事务代表:李敏　联系地址:福州市新店南平东路130号
电话: 0591-7916470　传真: 0591-7916449　电子信箱:liminhb@163.com

#### 2.会计数据和财务指标摘要

2.1 主要会计数据　单位:人民币元

| | 2003年(本年) | 2002年(上年) | 本年比上年增减 | 2001年 |
|---|---|---|---|---|
| 主营业务收入 | 471,689,764.46 | 450,635,177.49 | 4.67% | 349,859,516.53 |
| 利润总额 | 27,463,951.06 | 25,438,637.14 | 7.96% | -186,681,771.98 |
| 净利润 | 28,492,402.15 | 24,279,677.30 | 17.35% | -188,067,885.81 |
| 扣除非经常性损益的净利润 | 28,055,028.55 | 24,216,068.27 | 15.85% | -165,107,979.81 |
| | 2003年末(本年末) | 2002年末(上年末) | 本年末比上年末增减 | 2001年末 |
| 总资产 | 710,146,094.27 | 644,457,293.54 | 10.19% | 690,716,166.82 |
| 股东权益(不含少数股东权益) | 241,955,882.66 | 213,463,480.51 | 13.35% | 189,183,803.21 |
| 经营活动产生的现金流量净额 | 71,746,662.38 | 59,547,660.25 | 20.49% | 57,849,876.08 |

2.2 主要财务指标　单位:人民币元

| | 2003年(本年) | 2002年(上年) | 本年比上年增减 | 2001年 |
|---|---|---|---|---|
| 每股收益 | 0.20 | 0.17 | 17.37% | -1.34 |
| 每股收益(如果股本变化,按新股本计算) | 0.20 | -- | -- | -- |
| 净资产收益率 | 11.78% | 11.37% | 3.61% | -99.41% |
| 扣除非经常性损益的净利润为基础计算的净资产收益率 | 11.60% | 11.34% | 2.29% | -87.27% |
| 每股经营活动产生的现金流量净额 | 0.51 | 0.43 | 20.46% | 0.41 |
| | 2003年末(本年末) | 2002年末(上年末) | 本年末比上年末增减 | 2001年末 |
| 每股净资产 | 1.73 | 1.53 | 13.35% | 1.36 |
| 调整后的每股净资产 | 1.52 | 1.39 | 9.26% | 1.26 |

## 000831 山西关铝股份有限公司

### 二〇〇三年年度报告摘选

#### 1.上市公司基本情况简介

1.1 基本情况简介

股票简称:关铝股份　股票代码:000831　上市交易所:深圳证券交易所
注册地址和办公地址:山西省运城市解州镇新建路36号
邮政编码:044001　公司国际互联网网址:http://www.sxglgf.com
电子信箱:sxglgf@163.net

1.2 联系人和联系方式

董事会秘书:郑启家　联系地址:山西省运城市解州镇新建路36号
电话:0359-2825474、2825490　传真:0359-2800974　电子信箱:sxglgf@163.net

#### 2.会计数据和财务指标摘要

2.1 主要会计数据　单位:(人民币)元

| | 2003年(本年) | 2002年(上年) | 本年比上年增减 | 2001年 |
|---|---|---|---|---|
| 主营业务收入 | 1,720,878,261.67 | 1,495,809,048.11 | 15.05% | 1,425,392,402.00 |
| 利润总额 | 118,167,974.54 | 126,014,630.26 | -6.23% | 107,089,165.53 |
| 净利润 | 101,074,093.27 | 108,106,355.58 | -6.50% | 98,682,242.31 |
| 扣除非经常性损益的净利润 | 101,054,741.37 | 107,296,359.35 | -7.27% | 95,097,269.78 |
| | 2003年末(本年末) | 2002年末(上年末) | 本年末比上年末增减 | 2001年末 |
| 总资产 | 3,484,388,323.26 | 2,256,705,239.75 | 54.40% | 1,785,578,460.64 |
| 股东权益(不含少数股东权益) | 993,665,934.26 | 928,891,840.99 | 6.97% | 875,235,485.41 |
| 经营活动产生的现金流量净额 | 562,565,219.22 | 185,383,157.51 | 203.46% | 211,921,289.06 |

2.2 主要财务指标　单位:(人民币)元

| | 2003年(本年) | 2002年(上年) | 本年比上年增减 | 2001年 |
|---|---|---|---|---|
| 每股收益 | 0.28 | 0.30 | -6.71% | 0.27 |
| 每股收益(如果股本变化,按新股本计算) | 0.28 | -- | -- | -- |
| 净资产收益率 | 10.17% | 11.64% | -12.63% | 11.27% |
| 扣除非经常性损益的净利润为基础计算的净资产收益率 | 10.32% | 11.71% | -13.24% | 11.51% |
| 每股经营活动产生的现金流量净额 | 1.55 | 0.51 | 203.73% | 0.58 |
| | 2003年末(本年末) | 2002年末(上年末) | 本年末比上年末增减 | 2001年末 |
| 每股净资产 | 2.74 | 2.56 | 6.96% | 2.41 |
| 调整后的每股净资产 | 2.71 | 2.55 | 6.31% | 2.40 |

## 600268 国电南京自动化股份有限公司

### 二〇〇三年年度报告摘选

#### 1.上市公司基本情况简介

1.1 基本情况简介

股票简称:国电南自　股票代码:600268　上市交易所:上海证券交易所
注册地址:江苏南京市江宁高新技术开发区中新路
办公地址:江苏南京市新模范马路38号　邮政编码:210003
公司国际互联网网址:http://www.sac-china.com
电子信箱:s.dept@sac-china.com

1.2 联系人和联系方式

董事会秘书:邹峰　联系地址:江苏省南京市新模范马路38号综合楼五层
电话:025-3410473　传真:025-3410871　电子信箱:s.dept@sac-china.com
证券事务代表:肖宁　联系地址:江苏省南京市新模范马路38号综合楼五层
电话:025-3410473　传真:025-3410871　电子信箱:xn@sac-china.com

#### 2.会计数据和财务指标摘要

2.1 主要会计数据　单位:元

| | 2003年 | 2002年 | 本年比上年增减(%) | 2001年 |
|---|---|---|---|---|
| 主营业务收入 | 580,988,681.51 | 529,718,949.06 | 9.68 | 545,791,668.67 |
| 利润总额 | 48,395,541.84 | 37,688,809.90 | 28.41 | 32,163,640.07 |
| 净利润 | 33,475,014.76 | 30,038,736.94 | 11.44 | 28,635,963.57 |
| 扣除非经常性损益的净利润 | 33,613,643.78 | 28,786,828.81 | 16.77 | 14,461,083.18 |
| | 2003年末 | 2002年末 | 本年末比上年末增减(%) | 2001年末 |
| 总资产 | 1,061,010,777.86 | 975,820,407.54 | 8.73 | 905,259,442.72 |
| 股东权益(不含少数股东权益) | 498,623,871.79 | 485,517,596.04 | 2.70 | 473,362,348.25 |
| 经营活动产生的现金流量净额 | 72,185,061.40 | 108,303,056.66 | -33.35 | -22,176,834.55 |

2.2 主要财务指标　单位:元

| | 2003年 | 2002年 | 本年比上年增减(%) | 2001年 |
|---|---|---|---|---|
| 每股收益 | 0.284 | 0.255 | 11.37 | 0.243 |
| 净资产收益率(%) | 6.71 | 6.19 | 8.40 | 6.05 |
| 扣除非经常性损益的净利润为基础计算的净资产收益率(%) | 6.74 | 5.93 | 13.66 | 3.05 |
| 每股经营活动产生的现金流量净额 | 0.61 | 0.92 | -33.70 | -0.19 |
| | 2003年末 | 2002年末 | 本年末比上年末增减(%) | 2001年末 |
| 每股净资产 | 4.226 | 4.115 | 2.70 | 4.012 |
| 调整后的每股净资产 | 3.821 | 3.813 | 0.21 | 3.859 |

## 600357 承德新新钒钛股份有限公司

### 二〇〇三年年度报告摘选

#### 1.上市公司基本情况简介

1.1 基本情况简介

股票简称:承德钒钛　股票代码:600357　上市交易所:上海证券交易所
注册地址和办公地址:河北省承德市双滦区　邮政编码:067002
公司国际互联网网址:http://www.cdvt.com.cn　电子信箱:zqb@cdvt.com.cn

1.2 联系人和联系方式

董事会秘书:王世杰　联系地址:河北省承德市双滦区承德新新钒钛股份有限公司证券部
电话:(0314)4073574　传真:(0314)4079279　电子信箱:zqb@cdvt.com.cn
证券事务代表:周开英　联系地址:河北省承德市双滦区承德新新钒钛股份有限公司证券部
电话:(0314)4073574　传真:(0314)4079279　电子信箱:zqb@cdvt.com.cn

#### 2.会计数据和财务指标摘要

2.1 主要会计数据　(单位:人民币元)

| | 2003年 | 2002年 | 本年比上年增减(%) | 2001年 |
|---|---|---|---|---|
| 主营业务收入 | 4,200,906,965.24 | 2,767,398,206.67 | 51.80 | 2,198,909,311.45 |
| 利润总额 | 287,234,845.54 | 122,326,578.53 | 134.81 | 113,925,722.85 |
| 净利润 | 227,516,785.00 | 82,007,218.12 | 177.44 | 75,631,147.17 |
| 扣除非经常性损益的净利润 | 234,426,829.87 | 79,422,677.42 | 195.16 | 75,065,413.73 |
| | 2003年末 | 2002年末 | 本年末比上年末增减(%) | 2001年末 |
| 总资产 | 4,231,740,614.15 | 3,985,348,466.86 | 6.18 | 2,721,007,284.53 |
| 股东权益(不含少数股东权益) | 1,620,443,064.26 | 1,507,026,335.26 | 7.53 | 906,031,575.35 |
| 经营活动产生的现金流量净额 | 420,088,313.54 | 248,262,073.28 | 69.21 | 24,217,007.76 |

2.2 主要财务指标　(单位:人民币元)

| | 2003年 | 2002年 | 本年比上年增减(%) | 2001年 |
|---|---|---|---|---|
| 每股收益 | 0.60 | 0.22 | 172.73 | 0.27 |
| 净资产收益率(%) | 14.04 | 5.44 | 158.09 | 8.35 |
| 扣除非经常性损益的净利润为基础计算的净资产收益率(加权平均)(%) | 15.18 | 7.09 | 114.10 | 8.66 |
| 每股经营活动产生的现金流量净额 | 1.10 | 0.65 | 69.23 | 0.09 |
| | 2003年末 | 2002年末 | 本年末比上年末增减(%) | 2001年末 |
| 每股净资产 | 4.26 | 3.96 | 7.58 | 3.23 |
| 调整后的每股净资产 | 4.20 | 3.91 | 7.42 | 2.98 |

## 2月13日

## 000008 广东亿安科技股份有限公司

### 二〇〇三年年度报告摘选

#### 1.上市公司基本情况简介

1.1 基本情况简介

股票简称：*ST 亿安 股票代码：000008 上市交易所：深圳证券交易所

注册地址和办公地址：深圳市南山区内环路 5 号锦兴工业小区管理楼二楼 邮政编码：518064

公司国际互联网网址：http://www.cninfo.com.cn 电子信箱：sqdq@163.net

1.2 联系人和联系方式

董事会秘书：邱大庆 联系地址：深圳市南山区内环路 5 号锦兴工业小区管理楼二楼

电话：0755－26433212 传真：0755－26433485 电子信箱：sqdq@163.net

#### 2.会计数据和业务指标摘要

2.1 主要会计数据 单位：（人民币）元

| | 2003 年（本年） | 2002 年（上年） | 本年比上年增减 | 2001 年 |
|---|---|---|---|---|
| 主营业务收入 | 19,618,612.07 | 6,735,232.72 | 191.28% | 24,398,690.27 |
| 利润总额 | 987,479.05 | －17,051,018.55 | －－ | －162,139,224.04 |
| 净利润 | 987,095.65 | －10,113,095.69 | －－ | －124,622,363.99 |
| 扣除非经常性损益的净利润 | 0.01 | －0.11 | －－ | －120,960,664.00 |
| | 2003 年末（本年末） | 2002 年末（上年末） | 本年末比上年末增减（%） | 2001 年末 |
| 总资产 | 60,455,170.60 | 70,616,135.84 | －14.39% | 107,596,720.14 |
| 股东权益（不含少数股东权益） | 30,559,959.10 | －32,685,943.31 | －－ | －48,823,969.84 |
| 经营活动产生的现金流量净额 | 21,871,948.82 | 198,962.00 | 10893.03% | －1,044,304.00 |

2.2 主要财务指标 单位：（人民币）元

| | 2003 年（本年） | 2002 年（上年） | 本年比上年增减（%） | 2001 年 |
|---|---|---|---|---|
| 每股收益 | 0.01 | －0.14 | －－ | －1.69 |
| 每股收益 | 0.01 | －－ | －－ | －－ |
| 净资产收益率 | 3.23% | 30.94% | －89.56% | 248.82% |
| 扣除非经常性损益的净利润为基础计算的净资产收益率 | 3.23% | 30.94% | －89.56% | 248.82% |
| 每股经营活动产生的现金流量净额 | 0.30 | 0.00 | 9800.00% | －0.01 |
| | 2003 年末（本年末） | 2002 年末（上年末） | 本年末比上年末增减（%） | 2001 年末 |
| 每股净资产 | 0.42 | －0.44 | －－ | －0.68 |
| 调整后的每股净资产 | 0.41 | －0.44 | －－ | －0.68 |

## 000959 北京首钢股份有限公司

### 二〇〇三年年度报告摘选

#### 1.上市公司基本情况简介

1.1 基本情况简介

股票简称：首钢股份 股票代码：000959 上市交易所：深圳证券交易所

注册地址和办公地址：北京市石景山区石景山路

邮政编码：100041 公司国际互联网网址：www.sggf.com.cn

电子信箱：office@sggf.com.cn

1.2 联系人和联系方式

董事会秘书：章雁 联系地址：北京市石景山区石景山路

电话：010－88293727 传真：010－68873028 电子信箱：best1912650@ucinfo.com

#### 2.会计数据和财务指标摘要

2.1 主要会计数据

| | 2003 年 | 2002 年 | 本年比上年增减 | 2001 年 |
|---|---|---|---|---|
| 主营业务收入 | 15,625,016,115.72 | 12,580,598,853.27 | 24.20% | 12,016,585,866.48 |
| 利润总额 | 1,221,179,826.66 | 817,696,729.17 | 49.34% | 815,251,108.64 |
| 净利润 | 820,906,113.56 | 682,578,460.92 | 20.27% | 709,339,169.46 |
| 扣除非经常性损益的净利润 | 762,635,868.74 | 677,422,337.12 | 12.58% | 660,710,675.40 |
| | 2003 年末 | 2002 年末 | 本年末比上年末增减 | 2001 年末 |
| 总资产 | 12,949,738,405.01 | 10,013,587,324.64 | 29.32% | 9,714,396,073.72 |
| 股东权益（不含少数股东权益） | 5,874,625,301.13 | 5,629,027,052.92 | 4.36% | 5,521,788,147.48 |
| 经营活动产生的现金流量净额 | 1,827,599,260.36 | 874,118,697.11 | 109.08% | 906,421,985.46 |

2.2 主要财务指标

| | 2003 年 | 2002 年 | 本年比上年增减 | 2001 年 |
|---|---|---|---|---|
| 每股收益 | 0.36 | 0.30 | 20.27% | 0.31 |
| 净资产收益率 | 13.97% | 12.13% | 15.24% | 12.85% |
| 扣除非经常性损益的净利润为基础计算的净资产收益率 | 12.98% | 12.03% | 7.78% | 11.97% |
| 每股经营活动产生的现金流量净额 | 0.79 | 0.38 | 109.08% | 0.39 |
| | 2003 年末 | 2002 年末 | 本年比上年增减 | 2001 年末 |
| 每股净资产 | 2.54 | 2.44 | 4.36% | 2.39 |
| 调整后的每股净资产 | 2.53 | 2.32 | 9.35% | 2.34 |

## 600037 北京歌华有线电视网络股份有限公司

### 二〇〇三年年度报告摘选

#### 1.上市公司基本情况简介

1.1 基本情况简介

证券简称：歌华有线 股票代码：600037 上市交易所：上海证券交易所

注册地址和办公地址：北京市海淀区花园北路 35 号（东门） 邮政编码：100083

公司国际互联网网址：http://www.bgctv.com.cn 电子信箱：bgctv@bgctv.com.cn

1.2 联系人和联系方式

董事会秘书：王奇之 联系地址：北京市海淀区花园北路 35 号（东门）

电话：010－62035573 传真：010－62035573 电子信箱：Wangqizhil@bgctv.com.cn

#### 2.会计数据和财务指标摘要

2.1 主要财务数据 单位：元

| | 2003 年 | 2002 年 | 本年比上年增减（%） | 2001 年 |
|---|---|---|---|---|
| 主营业务收入 | 669,771,791.19 | 449,082,106.08 | 49.14 | 317,034,259.49 |
| 利润总额 | 274,742,228.29 | 136,507,484.60 | 101.27 | 142,127,960.93 |
| 净利润 | 236,112,785.90 | 121,236,540.73 | 94.75 | 129,644,631.49 |
| 扣除非经常性损益的净利润 | 195,000,421.17 | 142,041,287.01 | 37.28 | 125,479,571.73 |
| | 2003 年末 | 2002 年末 | 本年末比上年末增减（%） | 2001 年末 |
| 总资产 | 2,352,404,394.84 | 2,123,444,050.93 | 10.78 | 1,922,853,028.96 |
| 股东权益（不含少数股东权益） | 1,870,563,251.21 | 1,633,641,558.27 | 14.50 | 1,565,055,017.54 |
| 经营活动产生的现金流量净额 | 462,137,464.16 | 275,289,574.00 | 67.87 | 170,527,805.94 |

2.2 主要财务指标

单位：元

| | 2003 年 | 2002 年 | 本年比上年增减（%） | 2001 年 |
|---|---|---|---|---|
| 每股收益 | 0.67 | 0.35 | 91.43 | 0.48 |
| 净资产收益率 | 12.62% | 7.42% | 70.08 | 8.28% |
| 扣除非经常性损益的净利润为基础计算的加权平均净资产收益率 | 11.13% | 8.74% | 27.35 | 8.56% |
| 每股经营活动产生的现金流量净额 | 1.32 | 0.78 | 69.23 | 0.63 |
| | 2003 年末 | 2002 年末 | 本年比上年增减（%） | 2001 年末 |
| 每股净资产 | 5.33 | 4.65 | 14.62 | 5.80 |
| 调整后的每股净资产 | 5.31 | 4.62 | 14.94 | 5.75 |

## 600102 莱芜钢铁股份有限公司

### 二〇〇三年年度报告摘选

#### 1.上市公司基本情况简介

1.1 基本情况简介

股票简称：莱钢股份 股票代码：600102 上市交易所：上海证券交易所

注册地址和办公地址：山东省莱芜市钢城区 邮政编码：271104

公司国际互联网网址：http://www.laigang.com 电子信箱：600102@secure.sse.com.cn

1.2 联系人和联系方式

董事会秘书：丁志刚 联系地址：山东省莱芜市钢城区

电话：0634－6820601、6820011 传真：0634－6821094、6822102

电子信箱：lisc1997@yahoo.com.cn

证券事务代表：侯祥银 联系地址：山东省莱芜市钢城区

电话：0634－6820601、6820011 传真：0634－6821094、6822102

电子信箱：lisc1997@yahoo.com.cn

#### 2.会计数据和财务指标摘要

2.1 主要会计数据

| | 2003 年 | 2002 年（追溯调整后） | 本年比上年增减（%） | 2001 年（追溯调整后） |
|---|---|---|---|---|
| 主营业务收入 | 10896854337.93 | 6014643593.67 | 81.17 | 4988201238.39 |
| 利润总额 | 834421797.74 | 579375313.61 | 44.02 | 539338832.21 |
| 净利润 | 572818478.64 | 385037378.08 | 48.77 | 455789435.76 |
| 扣除非经常性损益的净利润 | 601127679.35 | 404870260.32 | 48.47 | 453063548.28 |
| | 2003 年末 | 2002 年末（追溯调整后） | 本年末比上年末增减（%） | 2001 年末（追溯调整后） |
| 总资产 | 8265308190.89 | 7056369899.21 | 17.13 | 5592984827.21 |
| 股东权益（不含少数股东权益） | 4380596193.77 | 4032877817.75 | 8.62 | 3284087593.98 |
| 经营活动产生的现金流量净额 | 725101501.02 | 721384103.63 | 0.52 | 490953616.68 |

2.2 主要财务指标

| | 2003 年 | 2002 年（追溯调整后） | 本年比上年增减（%） | 2001 年（追溯调整后） |
|---|---|---|---|---|
| 每股收益 | 0.621 | 0.417 | 48.92 | 0.523 |
| 每股收益 | 0.621 | 0.431 | 44.08 | 0.523 |
| 净资产收益率（%） | 13.08 | 9.55 | 36.96 | 13.88 |
| 扣除非经常性损益的净利润为基础计算的净资产收益率（%） | 13.72 | 10.04 | 36.65 | 13.80 |
| 每股经营活动产生的现金流量净额 | 0.79 | 0.78 | 1.28 | 0.56 |
| | 2003 年末 | 2002 年末（追溯调整后） | 本年末比上年末增减（%） | 2001 年末（追溯调整后） |
| 每股净资产 | 4.75 | 4.37 | 8.70 | 3.77 |
| 调整后的每股净资产 | 4.74 | 4.37 | 8.47 | 3.75 |

## 600219 山东南山实业股份有限公司

### 二〇〇三年年度报告摘选

#### 1.上市公司基本情况简介

1.1 基本情况简介

股票简称:南山实业 股票代码:600219 上市交易所:上海证券交易所
注册地址:山东省龙口市东江镇前宋村 办公地址:山东省龙口市东江镇南山村
邮政编码:265718 公司国际互联网网址:www.nanshan.com.cn
电子信箱:nanshan@public.ytptt.sd.cn

1.2 联系人和联系方式

董事会秘书:宋晓 联系地址:山东省龙口市东江镇南山村
电话:0535-8616188 传真:0535-8616188
电子信箱:nanshan@public.ytptt.sd.cn
证券事务代表:邢美敏 联系地址:山东省龙口市东江镇南山村
电话:0535-8618188 传真:0535-8616188
电子信箱:nanshan@public.ytptt.sd.cn

#### 2.会计数据和财务指标摘要

2.1 主要会计数据

| | 2003年 | 2002年 | 本年比上年增减(%) | 2001年 |
|---|---|---|---|---|
| 主营业务收入 | 1,027,090,655.00 | 1,156,946,733.22 | -11.22 | 1,034,029,861.60 |
| 利润总额 | 225,255,188.20 | 183,728,637.77 | 22.60 | 171,853,851.07 |
| 净利润 | 149,605,456.10 | 131,170,114.15 | 14.05 | 145,043,587.12 |
| 扣除非经常性损益的净利润 | 156,010,265.11 | 130,973,010.21 | 19.12 | 117,573,857.72 |
| | 2003年末 | 2002年末 | 本年末比上年末增减(%) | 2001年末 |
| 总资产 | 2.007,740,227.97 | 1,975,268,027.12 | 4.68 | 1,800,640,165.07 |
| 股东权益(不含少数股东权益) | 1,530,909,608.01 | 1,419,854,151.91 | 7.82 | 1,318,923,828.68 |
| 经营活动产生的现金流量净额 | 311,531,681.51 | 228,831,123.54 | 36.14 | 127,858,165.86 |

2.2 主要财务指标 单位:元

| | 2003年 | 2002年 | 本年比上年增减(%) | 2001年 |
|---|---|---|---|---|
| 每股收益 | 0.58 | 0.51 | 13.72 | 0.56 |
| 净资产收益率 | 9.77% | 9.24% | 5.74 | 11.00% |
| 扣除非经常性损益的净利润为基础计算的净资产收益率 | 10.19% | 9.22% | 10.52 | 8.91% |
| 每股经营活动产生的现金流量净额 | 1.21 | 0.89 | 35.96 | 0.50 |
| | 2003年末 | 2002年末 | 本年末比上年末增减(%) | 2001年末 |
| 每股净资产 | 5.96 | 5.37 | 10.99 | 4.98 |
| 调整后的每股净资产 | 5.96 | 5.52 | 7.97 | 5.13 |

## 600815 厦门工程机械股份有限公司

### 二〇〇三年年度报告摘选

#### 1.上市公司基本情况简介

1.1 基本情况简介

股票简称:厦工股份 股票代码:600815 上市交易所:上海证券交易所
注册地址和办公地址:福建省厦门市厦禾路668号 邮政编码:361004
公司国际互联网网址:http://www.xiagong.net/
电子信箱:xggfzqb@public.xm.fj.cn

1.2 联系人和联系方式

董事会秘书:洪再春 联系地址:厦门市厦禾路668号公司董事会秘书处
电话:0592-2115449 传真:0592-2036720 电子信箱:xggfzqb@public.xm.fj.cn
证券事务代表:叶维萍 联系地址:厦门市厦禾路668号公司董事会秘书处
电话:0592-2115449 传真:0592-2036720 电子信箱:xggfzqb@public.xm.fj.cn

#### 2.会计数据和财务指标摘要

2.1 主要会计数据

(单位:人民币元)

| | 2003年 | 2002年 | 本年比上年增减 | 2001年 |
|---|---|---|---|---|
| 主营业务收入 | 2,566,149,096.66 | 1,658,516,287.75 | 54.73% | 1,062,394,301.38 |
| 利润总额 | 101,309,725.74 | 72,687,727.46 | 39.38% | 40,249,383.66 |
| 净利润 | 79,572,751.80 | 52,851,694.74 | 50.56% | 29,681,193.20 |
| 扣除非经常性损益的净利润 | 79,404,120.50 | 52,581,874.60 | 51.01% | 26,466,646.82 |
| | 2003年末 | 2002年末 | 本年末比上年末增减 | 2001年末 |
| 总资产 | 1,898,184,767.69 | 1,439,465,202.02 | 31.87% | 1,307,824,833.11 |
| 股东权益(不含少数股东权益) | 880,148,963.38 | 845,336,394.10 | 4.12% | 789,942,386.34 |
| 经营活动产生的现金流量净额 | 151,680,728.19 | 69,060,399.74 | 119.63% | -26,791,083.15 |

2.2 主要财务指标 (单位:人民币元)

| | 2003年 | 2002年 | 本年比上年增减 | 2001年 |
|---|---|---|---|---|
| 每股收益 | 0.18 | 0.12 | 50.00% | 0.10 |
| 净资产收益率 | 9.04% | 6.26% | 44.41% | 3.76% |
| 扣除非经常性损益的净利润为基础计算的净资产收益率 | 9.13% | 6.49% | 40.68% | 3.40% |
| 每股经营活动产生的现金流量净额 | 0.34 | 0.15 | 126.67% | -0.09 |
| | 2003年末 | 2002年末 | 本年末比上年末增减 | 2001年末 |
| 每股净资产 | 1.96 | 1.88 | 4.25% | 2.64 |
| 调整后的每股净资产 | 1.89 | 1.82 | 3.85% | 2.57 |

## 600855 北京航天长峰股份有限公司

### 二〇〇三年年度报告摘选

#### 1.上市公司基本情况简介

1.1 基本情况简介

股票简称:航天长峰 股票代码:600855 上市交易所:上海证券交易所
注册地址和办公地址:北京市海淀区永定路51号 邮政编码:100854
公司国际互联网网址:http://www.ascf.com.cn 电子信箱:ascf@ascf.com.cn

1.2 联系人和联系方式

董事会秘书:张金奎 联系地址:北京市142信箱39分箱
电话:010-88219815 传真:010-88525775 电子信箱:jkzhang@ascf.com.cn
证券事务代表:赵山 联系地址:北京市142信箱39分箱
电话:010-88525789 传真:010-88525775 电子信箱:ascf@ascf.com.cn

#### 2.会计数据和财务指标摘要

2.1 主要会计数据 单位:元

| | 2003年 | 2002年 | 本年比上年增减(%) | 2001年 |
|---|---|---|---|---|
| 主营业务收入 | 172,792,239.62 | 161,938,068.28 | 6.7 | 131,492,819.99 |
| 利润总额 | 23,098,074.77 | 21,276,912.65 | 8.56 | 21,278,883.31 |
| 净利润 | 20,405,407.24 | 20,155,115.85 | 1.24 | 19,898,881.91 |
| 扣除非经常性损益的净利润 | 20,708,790.06 | 18,845,017.20 | 9.89 | 21,392,967.81 |
| | 2003年末 | 2002年末 | 本年末比上年末增减(%) | 2001年末 |
| 总资产 | 453,523,358.80 | 326,008,363.93 | 39.11 | 300,525,212.43 |
| 股东权益(不含少数股东权益) | 239,191,068.93 | 218,683,432.16 | 9.38 | 198,528,316.31 |
| 经营活动产生的现金流量净额 | 38,738,216.08 | 24,960,590.95 | 55.20 | 20,202,753.51 |

2.2 主要财务指标 单位:元

| | 2003年 | 2002年 | 本年比上年增减(%) | 2001年 |
|---|---|---|---|---|
| 每股收益 | 0.127 | 0.126 | 0.79 | 0.124 |
| 净资产收益率(%) | 8.53 | 9.22 | -7.48 | 10.02 |
| 扣除非经常性损益的净利润为基础计算的净资产收益率(%) | 9.05 | 9.03 | 0.22 | 11.31 |
| 每股经营活动产生的现金流量净额 | 0.242 | 0.156 | 55.13 | 0.126 |
| | 2003年末 | 2002年末 | 本年末比上年末增减(%) | 2001年末 |
| 每股净资产 | 1.494 | 1.366 | 9.37 | 1.240 |
| 调整后的每股净资产 | 1.438 | 1.354 | 9.53 | 1.202 |

## 600874 天津创业环保股份有限公司

### 二〇〇三年年度报告摘选

#### 1.上市公司基本情况简介

1.1 基本情况简介

股票简称:创业环保、天津创业环保 股票代码:600874、1065
上市交易所:上海证券交易所、香港交易所
注册地址和办公地址:天津市和平区贵州路45号 邮政编码:300051
公司国际互联网网址:www.tjcep.com 电子信箱:tjcep@tjcep.com

1.2 联系人和联系方式

董事会秘书:付亚娜 联系地址:天津市和平区贵州路45号 邮政编码:300051
电话:86-22-23523036 传真:86-22-23523100 电子信箱:tjcep@tjcep.com
证券事务代表:顾文辉 联系地址:天津市和平区贵州路45号 邮政编码:300051
电话:86-22-23523036 传真:86-22-23523100 电子信箱:gu_wh@tjcep.com
香港秘书:叶沛林 联系地址:香港上环干涝速西三亿利商业大厦十六楼A、E、F室
联系电话:852-28032373 传真:852-25406365 电子信箱:ip_ps@tjcep.com

#### 2.会计数据和财务指标摘要

2.1 主要会计数据 单位:人民币元

| | 2003年 | 2002年 | 本年比上年增减(%) | 2001年 |
|---|---|---|---|---|
| 主营业务收入 | 629,696,771 | 670,749,218 | -6.12 | 595,986,000 |
| 利润总额 | 412,938,053 | 428,535,981 | -3.64 | 399,345,000 |
| 净利润 | 276,891,531 | 287,236,650 | -3.60 | 267,634,000 |
| 扣除非经常性损益的净利润 | 278,004,439 | 288,378,448 | -3.60 | 267,551,000 |
| | 2003年末 | 2002年末 | 本年末比上年末增减(%) | 2001年末 |
| 总资产 | 3,186,946,280 | 2,757,008,082 | 15.59 | 1,926,984,000 |
| 股东权益(不含少数股东权益) | 2,018,965,688 | 1,855,124,157 | 8.83 | 1,674,288,000 |
| 经营活动产生的现金流量净额 | 280,325,149 | 359,348,176 | -21.71 | 186,351,000 |

2.2 主要财务指标 单位:人民币元

| | 2003年 | 2002年 | 本年比上年增减(%) | 2001年 |
|---|---|---|---|---|
| 每股收益 | 0.21 | 0.22 | -4.5 | 0.20 |
| 每股收益(注1) | 0.21 | 0.22 | -4.5 | 0.20 |
| 净资产收益率(摊薄)(%) | 13.71 | 15.48 | -11.43 | 15.98 |
| 扣除非经常性损益的净利润为基础计算的净资产收益率(%) | 13.77 | 15.54 | -11.39 | 15.98 |
| 每股经营活动产生的现金流量净额 | 0.21 | 0.27 | -22.22 | 0.14 |
| | 2003年末 | 2002年末 | 本年末比上年末增减(%) | 2001年末 |
| 每股净资产 | 1.52 | 1.39 | 9.35 | 1.26 |
| 调整后的每股净资产 | 1.52 | 1.39 | 9.35 | 1.26 |

# 2月14日

## 000068 深圳市赛格三星股份有限公司

### 二〇〇三年年度报告摘选

#### 1.上市公司基本情况简介

1.1 基本情况简介

股票简称：赛格三星 股票代码：000068 上市交易所：深圳证券交易所

注册地址和办公地址：深圳市福田区梅林工业区101厂房 邮政编码：518049

公司国际互联网网址：http://www.ssg.com.cn 电子信箱：szsgsx@163.net

1.2 联系人和联系方式

董事会秘书、证券事务代表：王科夫 联系地址：深圳市福田区梅林工业区26－811信箱

电话：0755－83311988－1810 传真：0755－83112656 电子信箱：szsgsx@163.net

#### 2.会计数据和财务指标摘要

2.1 主要会计数据 单位：(人民币)元

| | 2003年(本年) | 2002年(上年) | 本年比上年增减(%) | 2001年 |
|---|---|---|---|---|
| 主营业务收入 | 992,013,299.89 | 1,065,626,951.91 | -6.91% | 977,507,548.75 |
| 利润总额 | 189,471,828.56 | 134,287,707.16 | 41.09% | 2,424,568.81 |
| 净利润 | 178,606,852.18 | 121,056,404.11 | 47.54% | 93,490,978.38 |
| 扣除非经常性损益的净利润 | 117,279,917.05 | 75,784,179.64 | 54.76% | 86,699,466.20 |
| | 2003年末(本年末) | 2002年末(上年末) | 本年末比上年末增减(%) | 2001年末 |
| 总资产 | 3,448,276,289.77 | 2,415,626,242.78 | 42.75% | 2,784,401,557.18 |
| 股东权益(不含少数股东权益) | 1,791,581,474.15 | 1,597,158,218.69 | 12.17% | 1,495,999,930.51 |
| 经营活动产生的现金流量净额 | 824,192,665.12 | 437,259,567.33 | 88.49% | 389,071,944.58 |

2.2 主要财务指标 单位：(人民币)元

| | 2003年(本年) | 2002年(上年) | 本年比上年增减(%) | 2001年 |
|---|---|---|---|---|
| 每股收益 | 0.23 | 0.15 | 47.40% | 0.12 |
| 每股收益(如果股本变化，按新股本计算) | 0.23 | -- | -- | -- |
| 净资产收益率 | 9.97% | 7.58% | 31.53% | 6.33% |
| 扣除非经常性损益的净利润为基础计算的净资产收益率 | 6.55% | 4.74% | 38.19% | 5.87% |
| 每股经营活动产生的现金流量净额 | 1.05 | 0.56 | 88.67% | 0.50 |
| | 2003年末(本年末) | 2002年末(上年末) | 本年末比上年末增减(%) | 2001年末 |
| 每股净资产 | 2.28 | 2.03 | 12.20% | 1.90 |
| 调整后的每股净资产 | 2.03 | 1.76 | 15.34% | 1.81 |

## 000605 四环药业股份有限公司

### 二〇〇三年年度报告摘选

#### 1.上市公司基本情况简介

1.1 基本情况简介

股票简称：四环药业 股票代码：000605 上市交易所：深圳证券交易所

注册地址：北京市顺义区南法信地区三家店村北

办公地址：北京市西城区阜外大街3号东润时代大厦六层 邮政编码：100037

公司国际互联网网址：http://www.sihuanyaoye.com

电子信箱：info-shyy@sohu.net

1.2 联系人和联系方式

董事会秘书：王天霖 联系地址：北京市西城区阜外大街3号东润时代大厦六层

电话：010－68001660 传真：010－68001816 电子信箱：shyydm@vip.163.com

证券财务代表：李晴 联系地址：北京市西城区阜外大街3号东润时代大厦六层

电话：010－68003377－8891 传真：010－68001816 电子信箱：shyydm@vip.163.com

#### 2.会计数据和财务指标摘要

2.1 主要会计数据 单位：(人民币)元

| | 2003年(本年) | 2002年(上年) | 本年比上年增减 | 2001年 |
|---|---|---|---|---|
| 主营业务收入 | 99,731,160.51 | 72,213,235.56 | 38.11% | 35,827,717.78 |
| 利润总额 | 19,450,973.38 | 21,621,801.42 | -10.04% | 13,329,165.27 |
| 净利润 | 15,821,372.51 | 16,639,106.97 | -4.91% | 8,309,979.21 |
| 扣除非经常性损益的净利润 | 16,571,280.99 | 16,639,106.97 | -0.41% | 8,499,241.00 |
| | 2003年末(本年末) | 2002年末(上年末) | 本年末比上年末增减 | 2001年末 |
| 总资产 | 367,079,482.23 | 220,442,693.84 | 66.52% | 210,536,117.87 |
| 股东权益(不含少数股东权益) | 133,404,779.79 | 117,903,730.84 | 13.15% | 101,264,623.87 |
| 经营活动产生的现金流量净额 | 21,755,811.34 | 25,020,605.40 | -13.05% | 22,787,083.01 |

2.2 主要财务指标

单位：(人民币)元

| | 2003年(本年) | 2002年(上年) | 本年比上年增减 | 2001年 |
|---|---|---|---|---|
| 每股收益 | 0.19 | 0.20 | -4.91% | 1.10 |
| 每股收益(如果股本变化，按新股本计算) | 0.19 | -- | -- | -- |
| 净资产收益率 | 11.86% | 14.11% | -15.95% | 8.21% |
| 扣除非经常性损益的净利润为基础计算的净资产收益率 | 12.42% | 14.11% | -11.98% | 8.39% |
| 每股经营活动产生的现金流量净额 | 0.26 | 0.30 | -13.06% | 0.28 |
| | 2003年末(本年末) | 2002年末(上年末) | 本年末比上年末增减 | 2001年末 |
| 每股净资产 | 1.62 | 1.43 | 13.15% | 1.23 |
| 调整后的每股净资产 | 1.60 | 1.40 | 14.17% | 1.19 |

## 000972 新疆中基实业股份有限公司

### 二〇〇三年年度报告摘选

#### 1.上市公司基本情况简介

1.1 基本情况简介

股票简称：新中基 股票代码：000972 上市交易所：深圳证券交易所

注册地址和办公地址：新疆乌鲁木齐市青年路17号阳光花苑中基大厦A座415楼

邮政编码：830002

公司国际互联网网址：http://www.chalkistomato.com 电子信箱：xzj000972@vip.163.com

1.2 联系人和联系方式

董事会秘书：成屹 联系地址：新疆乌鲁木齐市青年路17号阳光花苑A座45楼

电话：0991－8852972 传真：0991－8852972、8816688 电子信箱：xzj000972@vip.163.com

#### 2.会计数据和财务指标摘要

2.1 主要会计数据 单位：人民币元

| | 2003年(本年) | 2002年(上年) | 本年比上年增减 | 2001年 |
|---|---|---|---|---|
| 主营业务收入 | 948,826,906.85 | 676,764,818.74 | 40.20% | 549,272,557.97 |
| 利润总额 | 87,957,482.76 | 46,334,796.45 | 89.83% | 20,878,798.82 |
| 净利润 | 82.034,661.69 | 37,561,489.18 | 118.40% | 19,829,905.60 |
| 扣除非经常性损益的净利润 | 65,224,917.03 | 25,234,612.80 | 158.47% | 8,628,086.79 |
| | 2003年末(本年末) | 2002年末(上年末) | 本年末比上年末增减 | 2001年末 |
| 总资产 | 1,918,146,763.09 | 1,410,361,748.47 | 36.00% | 1,228,704,889.77 |
| 股东权益(不含少数股东权益) | 510,158,899.49 | 439,224,153.60 | 16.15% | 401,563,658.37 |
| 经营活动产生的现金流量净额 | 269,189,556.54 | 5,285,186.86 | 4,993.28% | -35,776,913.22 |

2.2 主要财务指标 单位：人民币元

| | 2003年 | 2002年 | 本年比上年增减 | 2001年 |
|---|---|---|---|---|
| 每股收益 | 0.66 | 0.30 | 118.60% | 0.16 |
| 每股收益(如果股本变化，按新股本计算) | 0.66 | -- | -- | -- |
| 净资产收益率(%) | 16.08% | 8.80% | 82.73% | 4.93% |
| 扣除非经常性损益的净利润为基础计算的净资产收益率(%) | 12.79% | 5.91% | 116.41% | 2.15% |
| 每股经营活动产生的现金流量净额 | 2.16 | 0.04 | 5045.24% | -0.29 |
| | 2003年末(本年末) | 2002年末(上年末) | 本年末比上年末增减(%) | 2001年末 |
| 每股净资产 | 4.10 | 3.53 | 16.17% | 3.23 |
| 调整后的每股净资产 | 3.88 | 3.31 | 17.22% | 3.12 |

## 600210 上海紫江企业集团股份有限公司

### 二〇〇三年年度报告摘选

#### 1.上市公司基本情况简介

1.1 基本情况简介

证券简称：紫江企业 证券代码：600210 上市交易所：上海证券交易所

注册地址和办公地址：上海莘庄工业区申富路618号； 邮政编码：201108

公司国际互联网网址：http://www.zijiangqy.com 电子信箱：zjqy@zijiangqy.com

1.2 联系人和联系方式

董事会秘书：高军 联系地址：上海莘庄工业区申富路618号

电话：021－54421100－167 传真：021－54422693 电子信箱：zjqy@zijiangqy.com

证券事务代表：黄冰 联系地址：上海莘庄工业区申富路618号

电话：021－54421100－193 传真：021－54422693 电子信箱：zjqy@zijiangqy.com

#### 2.会计数据和财务指标摘要

2.1 主要财务数据 单位：元

| | 2003年 | 2002年 | 本年比上年增减(%) | 2001年 |
|---|---|---|---|---|
| 主营业务收入 | 2,307,219,017.75 | 1,821,347,043.89 | 26.68 | 1,138,597,790.32 |
| 利润总额 | 332,739,613.29 | 319,613,318.06 | 4.11 | 254,952,784.15 |
| 净利润 | 237,362,182.90 | 252,490,004.23 | -5.99 | 196,567,490.95 |
| 扣除非经常性损益的净利润 | 230,375,745.14 | 252,954,560.97 | 8.93 | 193,965,553.15 |
| | 2003年末 | 2002年末 | 本年末比上年末增减(%) | 2001年末 |
| 总资产 | 5,475,042,955.62 | 4,541,941,541.48 | 20.54 | 3,735,781,899.65 |
| 股东权益(不含少数股东权益) | 2,661,133,922.96 | 1,557,269,981.67 | 70.88 | 1,468,678,437.62 |
| 经营活动产生的现金流量净额 | 452,597,270.53 | 530,557,374.20 | -14.69 | 264,231,058.02 |

2.2 主要财务指标 单位：元

| | 2003年 | 2002年 | 本年比上年增减(%) | 2001年 |
|---|---|---|---|---|
| 每股收益 | 0.370 | 0.462 | 19.92 | 0.360 |
| 净资产收益率(%) | 8.92 | 16.21 | -44.99 | 13.38 |
| 扣除非经常性损益的净利润为基础计算的净资产收益率(%) | 8.66 | 16.24 | -46.70 | 13.21 |
| 加权平均净资产收益率(%) | 12.90 | 15.81 | -18.41 | |
| 每股经营活动产生的现金流量净额 | 0.71 | 0.97 | -27.33 | 0.485 |
| | 2003年末 | 2002年末 | 本年末比上年末增减(%) | 2001年末 |
| 每股净资产 | 4.15 | 2.85 | 45.57 | 2.69 |
| 调整后的每股净资产 | 4.11 | 2.81 | 46.10 | 2.65 |

## 600423 柳州化工股份有限公司

### 二〇〇三年年度报告摘选

#### 1.上市公司基本情况简介

1.1 基本情况简介
股票简称:柳化股份 股票代码:600423 上市交易所:上海证券交易所
注册地址和办公地址:广西壮族自治区柳州市北雀路 67 号 邮政编码:545002
公司国际互联网网址:www.lzhg.cn 电子信箱:lhgf@vip.sina.com
1.2 联系人和联系方式
董事会秘书:袁志刚 联系地址:广西壮族自治区柳州市北雀路 67 号
电话:0772-2516580 传真:0772-2510401 电子信箱:yuanzg2001@163.net
证券事务代表:龙立萍 联系地址:广西壮族自治区柳州市北雀路 67 号
电话:0772-2519434 传真:0772-2510401 电子信箱:lzllp@sina.com

#### 2.会计数据和财务指标摘要

2.1 主要会计数据 (单位:万元)

| | 2003 年 | 2002 年 | 本年比上年增减(%) | 2001 年 |
|---|---|---|---|---|
| 主营业务收入 | 48979.64 | 44287.15 | 10.60 | 41171.09 |
| 利润总额 | 5177.76 | 4154.26 | 24.64 | 3542.93 |
| 净利润 | 4452.12 | 3526.60 | 26.24 | 3002.25 |
| 扣除非经常性损益的净利润 | 4250.66 | 3507.61 | 21.18 | 2644.90 |
| | 2003 年末 | 2002 年末 | 本年末比上年末增减(%) | 2001 年末 |
| 总资产 | 91241.03 | 44249.12 | 106.20 | 32334.50 |
| 股东权益(不含少数股东权益) | 60509.17 | 18369.84 | 229.39 | 15148.52 |
| 经营活动产生的现金流量净额 | 4730.05 | 7556.16 | -37.40 | 4231.02 |

2.2 主要财务指标 单位:万元

| | 2003 年 | 2002 年 | 本年比上年增减(%) | 2001 年 |
|---|---|---|---|---|
| 每股收益(摊薄) | 0.30 | 0.41 | -26.83 | 0.35 |
| 每股收益(加权) | 0.40 | 0.41 | -2.44 | 0.35 |
| 净资产收益率(摊薄)(%) | 7.36 | 19.20 | -61.67 | 19.82 |
| 扣除非经常性损益的净利润为基础计算的净资产收益率(%) | 11.43 | 21.19 | -46.06 | 22.42 |
| 每股经营活动产生的现金流量净额 | 0.32 | 0.87 | -63.22 | 0.49 |
| | 2003 年末 | 2002 年末 | 本年末比上年末增减(%) | 2001 年末 |
| 每股净资产 | 4.12 | 2.12 | 94.34 | 1.75 |
| 调整后的每股净资产 | 4.01 | 2.00 | 100.50 | 1.66 |

## 2 月 17 日

## 000155 川化股份有限公司

### 二〇〇三年年度报告摘选

#### 1.上市公司基本情况简介

1.1 基本情况简介
股票简称:川化股份 股票代码:000155 上市交易所:深圳证券交易所
注册地址和办公地址:四川省成都市青白江区大弯镇团结路 311 号 邮政编码:610301
公司国际互联网网址:http://www.scwltd.com 电子信箱:scc@scwltd.com
1.2 联系人和联系方式
董事会秘书:易千里 联系地址:四川省成都市青白江区大弯镇团结路 311 号
电话:028-83308291 传真:028-83308290 电子信箱:scc@scwltd.com
证券事务代表:武金波 联系地址:四川省成都市青白江区大弯镇团结路 311 号
电话:028-83308291 传真:028-83308290 电子信箱:scc@scwltd.com

#### 2.会计数据和财务指标摘要

2.1 主要会计数据 单位:(人民币)元

| | 2003 年(本年) | 2002 年(上年) | 本年比上年增减(%) | 2001 年 |
|---|---|---|---|---|
| 主营业务收入 | 1,099,637,514.69 | 1,004,155,728.15 | 9.51 | 949,947,308.85 |
| 利润总额 | 101,833,760.95 | 71,216,742.73 | 42.99 | 78,288,751.97 |
| 净利润 | 84,553,919.98 | 60,079,552.56 | 40.74 | 58,233,482.48 |
| 扣除非经常性损益的净利润 | 70,737,614.48 | 48,143,730.91 | 46.93 | 64,046,019.73 |
| | 2003 年末(本年末) | 2002 年末(上年末) | 本年末比上年末增减(%) | 2001 年末 |
| 总资产 | 1,884,814,138.81 | 1,834,915,784.37 | 2.72 | 1,973,989,774.29 |
| 股东权益(不含少数股东权益) | 1,494,849,401.51 | 1,460,636,847.38 | 2.34 | 1,400,557,294.82 |
| 经营活动产生的现金流量净额 | 204,683,091.83 | 49,608,840.06 | 312.59 | 289,252,084.03 |

2.2 主要财务指标 单位:(人民币)元

| | 2003 年(本年) | 2002 年(上年) | 本年比上年增减(%) | 2001 年 |
|---|---|---|---|---|
| 每股收益 | 0.18 | 0.13 | 40.63 | 0.12 |
| 净资产收益率(%) | 5.66 | 4.11 | 37.71 | 4.16 |
| 扣除非经常性损益的净利润为基础计算的净资产收益率(%) | 4.73 | 3.30 | 43.33 | 4.57 |
| 每股经营活动产生的现金流量净额 | 0.44 | 0.11 | 310.38 | 0.62 |
| | 2003 年末(本年末) | 2002 年末(上年末) | 本年末比上年末增减(%) | 2001 年末 |
| 每股净资产 | 3.18 | 3.11 | 2.35 | 2.98 |
| 调整后的每股净资产 | 3.13 | 3.00 | 4.33 | 2.85 |

## 600656 上海华源制药股份有限公司

### 二〇〇三年年度报告摘选

#### 1.上市公司基本情况简介

1.1 基本情况简介
股票简称:华源制药 股票代码:600656 上市交易所:上海证券交易所
注册地址:上海市浦东新区张江高科技园区郭守敬路 351 号
办公地址:上海市中山北路 1958 号 25 层 邮政编码:200063
公司国际互联网网址:http://www.cwgc-pharm.com
电子信箱:huayuan@cwgc-pharm.com
1.2 联系人和联系方式
董事会秘书:王长虹 联系地址:上海市中山北路 1958 号 25 层
电话:021-62030205 传真:021-62030205 电子信箱:chwang@cwgc-pharm.com

#### 2.会计数据和财务指标摘要

2.1 主要会计数据 单位:元

| | 2003 年 | 2002 年 | 本年比上年增减(%) | 2001 年 |
|---|---|---|---|---|
| 主营业务收入 | 1,216,884,232.69 | 887,989,361.45 | 37.04 | 613,777,404.14 |
| 利润总额 | 221,981,095.17 | 52,970,996.96 | 319.06 | 31,967,540.41 |
| 净利润 | 47,253,999.02 | 18,607,120.76 | 153.96 | 17,465,905.83 |
| 扣除非经常性损益的净利润 | 56,568,315.17 | 14,424,864.21 | 292.16 | 16,602,829.87 |
| | 2003 年末 | 2002 年末 | 本年末比上年末增减(%) | 2001 年末 |
| 总资产 | 1,504,554,995.21 | 1,372,991,408.20 | 9.58 | 1,143,775,068.32 |
| 股东权益(不含少数股东权益) | 213,393,127.06 | 168,979,198.71 | 26.28 | 140,121,241.91 |
| 经营活动产生的现金流量净额 | 280,116,689.60 | 57,730,844.26 | 385.21 | 43,809,645.74 |

2.2 主要财务指标 单位:元

| | 2003 年 | 2002 年 | 本年比上年增减(%) | 2001 年 |
|---|---|---|---|---|
| 每股收益 | 0.36 | 0.20 | 80.00 | 0.19 |
| 净资产收益率(%) | 22.14 | 11.01 | 101.09 | 12.46 |
| 扣除非经常性损益的净利润为基础计算的净资产收益率(%) | 26.51 | 8.54 | 210.42 | 11.85 |
| 每股经营活动产生的现金流量净额 | 2.15 | 0.62 | 246.77 | 0.47 |
| | 2003 年末 | 2002 年末 | 本年末比上年末增减(%) | 2001 年末 |
| 每股净资产 | 1.64 | 1.81 | -9.39 | 1.50 |
| 调整后的每股净资产 | 1.60 | 1.56 | 2.56 | 1.17 |

## 000513 丽珠医药集团股份有限公司

### 二〇〇三年年度报告摘选

#### 1.上市公司基本情况简介

1.1 基本情况简介
股票简称:丽珠集团;丽珠 B 股票代码:000513;200513 上市交易所:深圳证券交易所
注册地址和办公地址:广东省珠海市拱北桂花北路 132 号
邮政编码:519020 公司国际互联网网址:http://www.livzon.com
电子信箱:zhlivzon@pub.zhuhai.gd.cn.
1.2 联系人和联系方式
董事会秘书:王武平 联系地址:珠海市拱北桂花北路丽珠大厦
电话:0756-8135888 传真:0756-8886002 电子信箱:wangwuping@livzon.com.cn
证券事务代表:洪露 联系地址:珠海市拱北桂花北路丽珠大厦
电话:0756-8135888 传真:0756-8886002 电子信箱:honglu@livzon.com.cn

#### 2.会计数据和财务指标摘要

2.1 主要会计数据 单位:人民币元

| | 2003 年(本年) | 2002 年(上年) | 本年比上年增减 | 2001 年 |
|---|---|---|---|---|
| 主营业务收入 | 1,811,913,645.69 | 1,601,205,553.23 | 13.16% | 1,395,791,951.65 |
| 利润总额 | 157,701,161.76 | 112,366,267.69 | 40.35% | 101,887,626.18 |
| 净利润 | 92,200,608.49 | 62,738,086.31 | 46.96% | 50,392,136.63 |
| 扣除非经常性损益后的净利润 | 79,820,434.73 | 64,071,959.76 | 24.58% | 49,620,895.57 |
| | 2003 年末本年末 | 2002 年末(上年末) | 本年末比上年末增减 | 2001 年末 |
| 总资产 | 2,129,252,680.52 | 1,857,234,511.61 | 14.65% | 1,676,191,320.84 |
| 股东权益(不含少数股东权益) | 1,013,954,362.99 | 950,204,045.43 | 6.71% | 918,971,760.82 |
| 经营活动产生的现金流量净额 | 300,013,230.53 | 213,649,093.27 | 40.42% | 155,147,242.27 |

2.2 主要财务指标 单位:人民币元

| | 2003 年(本年) | 2002 年(上年) | 本年比上年增减 | 2001 年 |
|---|---|---|---|---|
| 每股收益 | 0.30 | 0.21 | 46.98% | 0.16 |
| 净资产收益率 | 9.09% | 6.60% | 37.73% | 5.48% |
| 扣除非经常性损益后的净利润为基础计算的加权平均净资产收益率 | 8.01% | 6.85% | 16.59% | 5.40% |
| 每股经营活动产生的现金流量净额 | 0.98 | 0.70 | 40.38% | 0.51 |
| | 2003 年末(本年末) | 2002 年末(上年末) | 本年末比上年末增减 | 2001 年末 |
| 每股净资产 | 3.31 | 3.10 | 6.71% | 3.00 |
| 调整后的每股净资产 | 3.29 | 3.07 | 7.17% | 2.99 |

## 000572 海南金盘实业股份有限公司

### 二〇〇三年年度报告摘选

#### 1.上市公司基本情况简介

1.1 基本情况简介
股票简称:＊ST 金盘 股票代码:000572 上市交易所:深圳证券交易所
注册地址和办公地址:海口市金盘工业区金盘路 12－8 号 邮政编码:570216
电子信箱:zangqian@21cn.com
1.2 联系人和联系方式
董事会秘书:章黔 联系地址:海口市金盘工业区金盘路 12－8 号
电话:0898－66822672 传真:0898－66816370 电子信箱:zangqian@21cn.com

#### 2.会计数据和财务指标摘要

2.1 主要会计数据 单位:人民币元

| | 2003 年(本年) | 2002 年(上年) | 本年比上年增减 | 2001 年 |
|---|---|---|---|---|
| 主营业务收入 | 63,618,222.91 | 36,645,994.35 | 73.60% | 70,926,440.00 |
| 利润总额 | 10,713,632.40 | －45,845,525.47 | 123.37% | －153,616,163.23 |
| 净利润 | 9,545,016.46 | －45,930,827.02 | 120.78% | －128,368,206.97 |
| 扣除非经常性损益的净利润 | 1,121,166.43 | －39,016,351.32 | 102.87% | －80,144,227.47 |
| | 2003 年末(本年末) | 2002 年末(上年末) | 本年末比上年末增减(%) | 2001 年末 |
| 总资产 | 697,389,517.85 | 719,693,781.04 | －3.10% | 735,998,528.97 |
| 股东权益(不含少数股东权益) | 42,070,028.07 | 5,078,360.25 | 728.42% | 50,923,885.72 |
| 经营活动产生的现金流量净额 | 9,737,221.89 | －21,249,996.94 | 145.82% | 11,522,064.20 |

2.2 主要财务指标 单位:人民币元

| | 2003 年(本年) | 2002 年(上年) | 本年比上年增减 | 2001 年 |
|---|---|---|---|---|
| 每股收益 | 0.04 | －0.21 | 119.05% | －0.59 |
| 每股收益(如果股本变化,按新股本计算) | 0.04 | －0.21 | 119.05% | －0.59 |
| 净资产收益率 | 22.69% | －904.44% | 102.51% | －252.00% |
| 扣除非经常性损益的净利润为基础计算的净资产收益率 | 2.67% | －926.00% | 100.29% | －156.00% |
| 每股经营活动产生的现金流量净额 | 0.05 | －0.10 | 150.00% | 0.05 |
| | 2003 年末(本年末) | 2002 年末(上年末) | 本年末比上年末增减 | 2001 年末 |
| 每股净资产 | 0.19 | 0.02 | 712.50% | 0.24 |
| 调整后的每股净资产 | 0.15 | －0.04 | 475% | 0.08 |

## 000778 新兴铸管股份有限公司

### 二〇〇三年年度报告摘选

#### 1.上市公司基本情况简介

1.1 基本情况简介
股票简称:新兴铸管 股票代码:000778 上市交易所:深圳证券交易所
注册地址和办公地址:河北省武安市上洛阳村北(2672 厂区) 邮政编码:056300
公司国际互联网网址:http://www.xinxing-pipes.com
电子信箱:xinxingh@heinfo.net
1.2 联系人和联系方式
董事会秘书:曾耀赣 证券事务代表:赵月祥
联系地址:河北省武安市上洛阳村北(2672 厂区) 邮编:056300
电话:0310－5792011、5792056 传真:0310－5796999
电子信箱:hjhd2672@heinfo.net

#### 2.会计数据和财务指标摘要

2.1 主要会计数据 单位:人民币元

| | 2003 年(本年) | 2002 年(上年) | 本年比上年增减 | 2001 年 |
|---|---|---|---|---|
| 主营业务收入 | 5,296,517,123.98 | 3,593,781,704.18 | 47.38% | 2,694,368,367.37 |
| 利润总额 | 843,114,174.69 | 632,561,645.04 | 33.29% | 551,898,677.06 |
| 净利润 | 558,467,084.05 | 441,395,706.93 | 26.52% | 382,828,107.52 |
| 扣除非经常性损益的净利润 | 554,458,660.33 | 434,381,624.47 | 27.64% | 374,090,856.13 |
| | 2003 年末(本年末) | 2002 年末(上年末) | 本年末比上年末增减 | 2001 年末 |
| 总资产 | 6,869,866,428.43 | 5,297,221,995.99 | 29.69% | 4,288,854,995.58 |
| 股东权益(不含少数股东权益) | 2,822,550,880.64 | 2,449,027,963.88 | 15.25% | 2,252,451,950.48 |
| 经营活动产生的现金流量净额 | 312,848,274.22 | 475,273,309.96 | －34.18% | 790,300,478.53 |

2.2 主要财务指标 单位:(人民币)元

| | 2003 年(本年) | 2002 年(上年) | 本年比上年增减 | 2001 年 |
|---|---|---|---|---|
| 每股收益 | 0.90 | 0.71 | 26.53% | 0.80 |
| 每股收益(如果股本变化,按新股本计算) | 0.90 | | | |
| 净资产收益率 | 19.79% | 18.02% | 9.82% | 17.00% |
| 扣除非经常性损益的净利润为基础计算的净资产收益率 | 19.64% | 17.74% | 10.71% | 16.61% |
| 每股经营活动产生的现金流量净额 | 0.50 | 0.76 | －34.17% | 1.65 |
| | 2003 年末(本年末) | 2002 年末(上年末) | 本年末比上年末增减 | 2001 年末 |
| 每股净资产 | 4.54 | 3.94 | 15.25% | 4.71 |
| 调整后的每股净资产 | 4.40 | 3.75 | 17.44% | 4.58 |

## 000811 烟台冰轮股份有限公司

### 二〇〇三年年度报告摘选

#### 1.上市公司基本情况简介

1.1 基本情况简介
股票简称:烟台冰轮 股票代码:000811 上市交易所:深圳证券交易所
注册地址和办公地址:烟台市芝罘区西山路 80 号 邮政编码:264000
公司国际互联网网址:http://www.yantaimoon.com 电子信箱:zqb@yantaimoon.com
1.2 联系人和联系方式
董事会秘书:孙秀欣 联系地址:烟台市芝罘区西山路 80 号
电话:0535－6243451＊6503,6243558 传真:0535－6243558
电子信箱:zqb@yantaimoon.com
证券事务代表:刘莉 联系地址:烟台市芝罘区西山路 80 号
电话:0535－6243451＊6503,6243558 传真:0535－6243558 电子信箱:zqb@yantaimoon.com

#### 2.会计数据和财务指标摘要

2.1 主要会计数据 单位:人民币元

| | 2003 年 | 2002 年 | 本年比上年增减 | 2001 年 |
|---|---|---|---|---|
| 主营业务收入 | 708,071,053.00 | 529,740,451.88 | 33.66% | 450,364,131.74 |
| 利润总额 | 45,663,711.00 | 46,349,180.14 | －1.48% | 45,384,252.03 |
| 净利润 | 35,464,706.28 | 35,358,653.84 | 0.30% | 37,726,309.25 |
| 扣除非经常性损益的净利润 | 35,224,017.75 | 34,880,953.95 | 0.98% | 36,597,325.00 |
| | 2003 年末 | 2002 年末 | 本年末比上年末增减 | 2001 年末 |
| 总资产 | 972,142,733.09 | 868,554,160.15 | 11.93% | 754,843,396.58 |
| 股东权益(不含少数股东权益) | 398,066,466.83 | 302,063,273.88 | 31.78% | 266,854,310.25 |
| 经营活动产生的现金流量净额 | 20,326,197.55 | 83,018,102.09 | －75.52% | 56,085,783.53 |

2.2 主要财务指标 单位:人民币元

| | 2003 年 | 2002 年 | 本年比上年增减 | 2001 年 |
|---|---|---|---|---|
| 每股收益 | 0.20 | 0.29 | －29.37% | 0.31 |
| 净资产收益率 | 8.91% | 11.71% | －23.91% | 14.14% |
| 扣除非经常性损益的净利润为基础计算的净资产收益率 | 9.61% | 12.26% | －21.62% | 13.76% |
| 每股经营活动产生的现金流量净额 | 0.12 | 0.67 | －82.71% | 0.45 |
| | 2003 年末 | 2002 年末 | 本年末比上年末增减 | 2001 年末 |
| 每股净资产 | 2.27 | 2.44 | －7.04% | 2.16 |
| 调整后的每股净资产 | 2.20 | 2.40 | －8.33% | 2.14 |

## 000815 宁夏美利纸业股份有限公司

### 二〇〇三年年度报告摘选

#### 1.上市公司基本情况简介

1.1 基本情况简介
股票简称:美利纸业 股票代码:000815 上市交易所:深圳证券交易所
注册地址:宁夏回族自治区银川市
办公地址:宁夏回族自治区中卫县柔远镇 邮政编码:751700
公司国际互联网网址:http://china－meili.com 电子信箱:mlzy@china－meili.com
1.2 联系人和联系方式
董事会秘书:闫学廷 联系地址:宁夏回族自治区中卫县柔远镇
电话:0953－7679339 传真:0953－7679216 7679339 电子信箱:yxt@china－meili.com
证券事务代表:杨奎毅 联系地址:宁夏回族自治区中卫县柔远镇
电话:0953－7679334 7679339 传真:0953－7679216 7679223
电子信箱:yxt@china－meili.com

#### 2.会计数据和财务指标摘要

2.1 主要会计数据 单位:元

| | 2003 年 | 2002 年 | 本年比上年增减(%) | 2001 年 |
|---|---|---|---|---|
| 主营业务收入 | 651,639,372.18 | 474,635,814.84 | 37.29 | 414,401,242.27 |
| 利润总额 | 45,994,505.91 | 43,303,736.86 | 6.21 | 41,554,831.60 |
| 净利润 | 46,046,246.84 | 43,270,738.80 | 6.41 | 41,542,678.37 |
| 扣除非经常性损益的净利润 | 46,428,198.76 | 42,271,134.72 | 9.83 | 41,078,572.42 |
| | 2003 年末 | 2002 年末 | 本年末比上年末增减(%) | 2001 年末 |
| 总资产 | 2,382,520,645.37 | 1,930,981,177.26 | 23.38 | 1,540,919,096.34 |
| 股东权益(不含少数股东权益) | 665,645,089.93 | 619,482,016.19 | 7.45 | 581,491,277.39 |
| 经营活动产生的现金流量净额 | 143,013,565.41 | 55,014,023.17 | 159.96 | 65,918,482.04 |

2.2 主要财务指标 单位:元

| | 2003 年 | 2002 年 | 本年比上年增减(%) | 2001 年 |
|---|---|---|---|---|
| 每股收益 | 0.3488 | 0.3278 | 6.41 | 0.31 |
| 每股收益 | 0.3488 | 0.3278 | 6.41 | 0.31 |
| 净资产收益率(%) | 6.9175 | 6.9849 | －1.10 | 7.1442 |
| 扣除非经常性损益的净利润为基础计算的净资产收益率(%) | 6.9724 | 6.8963 | 1.16 | 7.0642 |
| 每股经营活动产生的现金流量净额 | 1.0830 | 0.4170 | 159.71 | 0.4997 |
| | 2003 年末 | 2002 年末 | 本年末比上年末增减(%) | 2001 年末 |
| 每股净资产 | 5.0428 | 4.6930 | 7.45 | 4.4052 |
| 调整后的每股净资产 | 5.0355 | 4.6922 | 7.32 | 4.3928 |

## 000910 大亚科技股份有限公司

### 二〇〇三年年度报告摘选

#### 1.上市公司基本情况简介

1.1 基本情况简介

股票简称:大亚科技 股票代码:000910 上市交易所:深圳证券交易所
注册地址和办公地址:江苏省丹阳经济技术开发区金陵西路 95 号 邮政编码:212300
公司国际互联网网址:http://www.dareb2b.com 电子信箱:info@dareb2b.com

1.2 联系人和联系方式

董事会秘书:王颐 联系地址:江苏省丹阳经济技术开发区金陵西路 95 号
电话:0511－6883666,6882222 转 2143 传真:0511－6885000 电子信箱:daibaixian@cndare.com
证券事务代表:宋立柱 联系地址:江苏省丹阳经济技术开发区金陵西路 95 号
电话:0511－6883666,6882222 转 2143 传真:0511－6885000 电子信箱:daibaixian@cndare.com

#### 2.会计数据和财务指标摘要

2.1 主要会计数据 单位:人民币元

| | 2003 年 | 2002 年 | 本年比上年增减(%) | 2001 年 |
|---|---|---|---|---|
| 主营业务收入 | 1,593,369,024.92 | 785,200,591.69 | 102.93 | 534,886,722.07 |
| 利润总额 | 130,344,858.82 | 95,909,548.24 | 35.90 | 71,460,501.68 |
| 净利润 | 67,515,723.82 | 62,174,010.04 | 8.59 | 56,528,631.66 |
| 扣除非经常性损益的净利润 | 67,300,057.82 | 61,751,502.42 | 8.99 | 55,231,833.55 |
| | 2003 年末 | 2002 年末 | 本年末比上年末增减(%) | 2001 年末 |
| 总资产 | 1,974,875,948.98 | 1,615,786,425.65 | 22.22 | 1,226,039,663.38 |
| 股东权益(不含少数股东权益) | 940,441,331.24 | 874,399,335.62 | 7.55 | 813,761,466.35 |
| 经营活动产生的现金流量净额 | 66,808,890.75 | 117,720,197.43 | －43.25 | 91,567,918.51 |

2.2 主要财务指标 单位:人民币元

| | 2003 年 | 2002 年 | 本年比上年增减(%) | 2001 年 |
|---|---|---|---|---|
| 每股收益(全面摊薄) | 0.292 | 0.269 | 8.55 | 0.244 |
| 净资产收益率(全面摊薄)(%) | 7.18 | 7.11 | 0.98 | 6.95 |
| 扣除非经常性损益的净利润为基础计算的净资产收益率(全面摊薄)(%) | 7.16 | 7.06 | 1.42 | 6.79 |
| 每股经营活动产生的现金流量净额 | 0.289 | 0.509 | －43.22 | 0.396 |
| | 2003 年末 | 2002 年末 | 本年末比上年末增减(%) | 2001 年末 |
| 每股净资产 | 4.067 | 3.781 | 7.56 | 3.519 |
| 调整后的每股净资产 | 4.038 | 3.759 | 7.42 | 3.507 |

## 600299 蓝星化工新材料股份有限公司

### 二〇〇三年年度报告摘选

#### 1.上市公司基本情况简介

1.1 基本情况简介

股票简称:星新材料 股票代码:600299 上市交易所:上海证券交易所
注册地址:北京市海淀区花园东路 30 号花园饭店 6201 室
办公地址:北京市海淀区花园东路 30 号花园商务会馆 邮政编码:100083
公司国际互联网网址:http://www.star－nm.com 电子信箱:xcl－008@star－nm.com

1.2 联系人和联系方式

董事会秘书:陈凤林 联系地址:北京市海淀区花园东路 30 号花园商务会馆
电话:010－64411094 传真:010－64429425 电子信箱:xcl－008@star－nm.com

#### 2.会计数据和财务指标摘要

3.1 主要会计数据 单位:人民币元

| | 2003 年 | 2002 年 | 本年比上年增减(%) | 2001 年 |
|---|---|---|---|---|
| 主营业务收入 | 1,174,620,628.72 | 750,640,408.45 | 56.48 | 558,245,093.02 |
| 利润总额 | 70,003,972.32 | 60,292,649.83 | 16.11 | 59,539,744.91 |
| 净利润 | 58,164,297.53 | 50,311,595.07 | 15.61 | 48,705,898.10 |
| 扣除非经常性损益的净利润 | 57,850,431.44 | 46,854,991.62 | 23.47 | 46,926,685.21 |
| | 2003 年末 | 2002 年末 | 本年末比上年末增减(%) | 2001 年末 |
| 总资产 | 2,546,156,952.17 | 2,278,346,194.07 | 11.75 | 1,717,156,820.12 |
| 股东权益(不含少数股东权益) | 874,200,578.28 | 809,788,426.86 | 7.95 | 759,476,831.79 |
| 经营活动产生的现金流量净额 | 173,511,833.39 | 178,816,994.01 | －2.97 | 237,470,416.71 |

2.2 主要财务指标 单位:人民币元

| | 2003 年 | 2002 年 | 本年比上年增减(%) | 2001 年 |
|---|---|---|---|---|
| 每股收益 | 0.24 | 0.21 | 14.29 | 0.203 |
| 净资产收益率(%) | 6.65 | 6.21 | 0.25 | 6.18 |
| 扣除非经常性损益的净利润为基础计算的净资产收益率(%) | 6.62 | 5.94 | 0.68 | 6.18 |
| 每股经营活动产生的现金流量净额 | 0.723 | 0.745 | －2.97 | 0.989 |
| | 2003 年末 | 2002 年末 | 本年末比上年末增减(%) | 2001 年末 |
| 每股净资产 | 3.64 | 3.27 | 11.31 | 3.16 |
| 调整后的每股净资产 | 3.61 | 3.24 | 11.42 | 3.14 |

## 001696 成都宗申热动力机械股份有限公司

### 二〇〇三年年度报告摘选

#### 1.上市公司基本情况简介

1.1 基本情况简介

股票简称:ST 宗动
股票代码:001696 上市交易所:深圳证券交易所
注册地址:四川省双流县东升镇
办公地址:重庆市巴南区炒油场 邮政编码:400054
电子信箱:cdlydm@mail.sc.cninfo.net

1.2 联系人和联系方式

董事会秘书:左毅 联系地址:重庆市巴南区炒油场
电话:023－66372632 传真:023－66372648 电子信箱:cdlydm@mail.sc.cninfo.net
证券事务代表:李东兵 联系地址:重庆市巴南区炒油场
电话:023－66372632 传真:023－66372648 电子信箱:ljqxfldb@sina.com

#### 2.会计数据和财务指标摘要

2.1 主要会计数据 单位:人民币元

| | 2003 年(本年) | 2002 年(上年) | 本年比上年增减 | 2001 年 |
|---|---|---|---|---|
| 主营业务收入 | 993,245,403.70 | 139,759,676.05 | 610.68% | 150,380,562.97 |
| 利润总额 | 62,242,737.88 | 15,878,086.51 | 292.00% | 9,157,110.13 |
| 净利润 | 43,119,803.21 | 7,810,541.49 | 452.07% | 9,303,701.19 |
| 扣除非经常性损益的净利润 | 40,902,154.46 | 4,264,696.46 | 859.09% | －7,603,601.91 |
| | 2003 年末(本年末) | 2002 年末(上年末) | 本年末比上年末增减 | 2001 年末 |
| 总资产 | 521,660,267.74 | 389,474,125.48 | 33.94% | 188,574,390.97 |
| 股东权益(不含少数股东权益) | 165,419,899.30 | 50,927,800.22 | 224.81% | 28,001,785.72 |
| 经营活动产生的现金流量净额 | 142,110,677.44 | 178,127,438.29 | －20.22% | 40,171,188.53 |

2.2 主要财务指标 单位:(人民币)元

| | 2003 年(本年) | 2002 年(上年) | 本年比上年增减 | 2001 年 |
|---|---|---|---|---|
| 每股收益 | 0.32 | 0.06 | 451.84% | 0.07 |
| 每股收益(如果股本变化,按新股本计算) | 0.32 | －－ | －－ | －－ |
| 净资产收益率 | 26.07% | 15.34% | 69.95% | 33.23% |
| 扣除非经常性损益的净利润为基础计算的净资产收益率 | 26.28% | 15.42% | 70.43% | －27.15% |
| 每股经营活动产生的现金流量净额 | 1.04 | 1.30 | －20.22% | 0.29 |
| | 2003 年末(本年末) | 2002 年末(上年末) | 本年末比上年末增减 | 2001 年末 |
| 每股净资产 | 1.21 | 0.37 | 224.81% | 0.20 |
| 调整后的每股净资产 | 1.21 | －0.05 | －－ | －0.07 |

## 600320 上海振华港口机械(集团)股份有限公司

### 二〇〇三年年度报告摘选

#### 1.上市公司基本情况简介

1.1 基本情况简介

股票简称:振华港机、振华 B 股 股票代码:600320、900947 上市交易所:上海证券交易所
注册地址和办公地址:上海市浦东南路 3470 号 邮政编码:200125
公司国际互联网网址:http://www.zpmc.com 电子信箱:zpmc@public.sta.net.cn

1.2 联系人和联系方式

董事会秘书:高莉娟女士 联系地址:上海市浦东南路 3470 号
电话:021－58396666 传真:021－58399555 电子信箱:zpmc@public.sta.net.cn
证券事务代表:彭炳华先生 联系地址:上海市浦东南路 3470 号
电话:021－58396666 传真:021－58399555 电子信箱:zpmc@public.sta.net.cn

#### 2.会计数据和财务指标摘要

2.1 主要财务数据 金额单位:人民币元

| | 2003 年(T 年,即本年) | 2002 年(T－1 年) | 本年比上年增减(%) | 2001 年(T－2 年) |
|---|---|---|---|---|
| 主营业务收入 | 4,628,172,800 | 3,074,237,616 | 50.55 | 2,885,460,045 |
| 利润总额 | 309,976.046 | 155,364,118 | 99.52 | 213,603,508 |
| 净利润 | 277,692,747 | 137,004,461 | 102.69 | 191,532,232 |
| 扣除非经常性损益的净利润 | 275,079,295 | 135,473,436 | 103.05 | 178,398,003 |
| | 2003 年末(T 年,即本年末) | 2002 年(T－1 年) | 本年末比上年末增减(%) | 2001 年(T－2 年) |
| 总资产 | 7,271,169,675 | 5,436,505,632 | 33.75 | 4,467,633,868 |
| 股东权益(不含少数股东权益) | 2,128,729,091 | 1,942,336,344 | 9.60 | 1,896,631,883 |
| 经营活动产生的现金流量净额 | (123,823,269) | (151,315,439) | (18.17) | (202,318,031) |

2.2 主要财务指标 单位:人民币元

| | 2003 年(本年) | 2002 年(上年) | 本年比上年增减(%) | 2001 年 |
|---|---|---|---|---|
| 每股收益 | 0.61 | 0.30 | 103.33% | 0.42 |
| 净资产收益率(%) | 13.05 | 7.05 | 85.11% | 10.10 |
| 扣除非经常性损益的净利润为基础计算的净资产收益率(%) | 13.51 | 7.14 | 89.22% | 9.68 |
| 每股经营活动产生的现金流量净额 | (0.27) | (0.33) | －18.18% | (0.44) |
| | 2003 年末(本年末) | 2002 年末(上年末) | 本年末比上年末增减(%) | 2001 年末 |
| 每股净资产 | 4.66 | 4.25 | 9.65% | 4.15 |
| 调整后的每股净资产 | 4.66 | 4.25 | 9.65% | 4.15 |

## 600406 国电南瑞科技股份有限公司

### 二〇〇三年年度报告摘选

#### 1.上市公司基本情况简介

1.1 基本情况简介

股票简称:国电南瑞 股票代码:600406 上市交易所:上海证券交易所
注册地址:江苏省南京市高新技术产业开发区 D10 幢
办公地址:江苏省南京市南瑞路 8 号 邮政编码:210003
公司国际互联网网址:http://www.naritech.cn 电子信箱:stock@naritech.cn

1.2 联系人和联系方式

董事会秘书:郑延海 联系地址:江苏省南京市南瑞路 8 号
电话:025－83429900－2327 传真:025－83407064 电子信箱:yanhai－zheng@163.net
证券事务代表:张晓东 联系地址:江苏省南京市南瑞路 8 号
电话:025－83429900－2026 传真:025－83407064 电子信箱:Zxd1790@sina.com

#### 2.会计数据和财务指标摘要

2.1 主要会计数据 单位:元

| | 2003 年 | 2002 年 | 本年比上年增减(%) | 2001 年 |
|---|---|---|---|---|
| 主营业务收入 | 372,509,276.14 | 348,526,435.67 | 6.88 | 284,832,113.61 |
| 利润总额 | 61,445,469.54 | 35,843,048.98 | 71.43 | 30,881,285.87 |
| 净利润 | 56,442,564.51 | 35,843,048.98 | 57.47 | 30,372,015.22 |
| 扣除非经常性损益的净利润 | 56,442,564.51 | 36,179,417.00 | 56.01 | 30,370,722.23 |
| | 2003 年末 | 2002 年末 | 本年末比上年末增减(%) | 2001 年末 |
| 总资产 | 822,528,471.92 | 362,870,794.01 | 126.67 | 297,113,047.95 |
| 股东权益(不含少数股东权益) | 606,206,707.51 | 153,321,463.30 | 295.38 | 117,478,414.32 |
| 经营活动产生的现金流量净额 | 67,310,089.59 | 33,617,442.80 | 100.22 | 11,029,253.98 |

2.2 主要财务指标 单位:元

| | 2003 年 | 2002 年 | 本年比上年增减(%) | 2001 年 |
|---|---|---|---|---|
| 每股收益 | 0.5178 | 0.5195 | －0.33 | 0.4402 |
| 全面摊薄净资产收益率 | 9.31% | 23.38% | －60.18 | 25.85% |
| 加权平均净资产收益率 | 20.11% | 26.47% | －24.03 | 29.02% |
| 扣除非经常性损益的净利润为基础计算的净资产收益率 | 9.31% | 23.60% | －60.55 | 25.85% |
| 每股经营活动产生的现金流量净额 | 0.6175 | 0.4872 | 26.74 | 0.1598 |
| | 2003 年末 | 2002 年末 | 本年末比上年末增减(%) | 2001 年末 |
| 每股净资产 | 5.56 | 2.22 | 150.45 | 1.70 |
| 调整后的每股净资产 | 5.43 | 2.04 | 166.18 | 1.68 |

## 600510 黑牡丹(集团)股份有限公司

### 二〇〇三年年度报告摘选

#### 1.上市公司基本情况简介

1.1 基本情况简介

股票简称:黑牡丹 股票代码:600510 上市交易所:上海证券交易所
注册地址和办公地址:江苏省常州市和平南路 47 号 邮政编码:213001
公司国际互联网网址:http://www.blackpeony.com 电子信箱:blackpeony@public.cz.js.cn

1.2 联系人和联系方式

董事会秘书:戈亚芳 联系地址:江苏省常州市和平南路 47 号
电话:(0519)8166510 传真:(0519)8109996 电子信箱:yafge@chinadenim.com
证券事务代表:许晨坪 联系地址:江苏省常州市和平南路 47 号
电话:(0519)8236510 传真:(0519)8109996 电子信箱:xcp8026@chinadenim.com

#### 2.会计数据和财务指标摘要

2.1 主要会计数据 单位:人民币元

| | 2003 年 | 2002 年 调整后 | 2002 年 调整前 | 本年比上年增减(%) | 2001 年 |
|---|---|---|---|---|---|
| 主营业务收入 | 820,226,469.13 | 1,007,012,726.96 | 1,007,012,726.96 | －18.55 | 880,650,576.27 |
| 利润总额 | 145,719,883.85 | 186,463,184.38 | 186,463,184.38 | －21.85 | 133,324,544.22 |
| 净利润 | 105,531,923.77 | 125,892,059.27 | 125,892,059.27 | －16.17 | 87,049,312.60 |
| 扣除非经常性损益的净利润 | 100,050,669.71 | 126,671,928.05 | 126,671,928.05 | －21.02 | 82,871,805.34 |
| | 2003 年末 | 2002 年末 调整后 | 2002 年末 调整前 | 本年末比上年末增减(%) | 2001 年末 |
| 总资产 | 1,213,234,743.74 | 1,165,808,199.51 | 1,165,808,199.51 | 4.07 | 761,415,180.30 |
| 股东权益(不含少数股东权益) | 966,363,751.69 | 883,953,682.52 | 810,891,882.52 | 9.32 | 223,424,104.97 |
| 经营活动产生的现金流量净额 | 121,939,639.21 | 116,065,187.01 | 116,065,187.01 | 5.06 | 80,257,481.63 |

2.2 主要财务指标 单位:元

| | 2003 年 | 2002 年 调整后 | 2002 年 调整前 | 本年比上年增减(%) | 2001 年 |
|---|---|---|---|---|---|
| 每股收益 | 0.72 | 0.86 | 0.86 | －16.28 | 0.81 |
| 净资产收益率(%) | 10.92 | 14.24 | 15.53 | －23.31 | 38.96 |
| 扣除非经常性损益的净利润为基础计算的净资产收益率(%) | 10.35 | 14.33 | 15.62 | －27.77 | 37.09 |
| 每股经营活动产生的现金流量净额 | 0.83 | 0.79 | 0.79 | 5.06 | 0.74 |
| | 2003 年末 | 2002 年末 调整后 | 2002 年末 调整前 | 本年末比上年末增减(%) | 2001 年末 |
| 每股净资产 | 6.61 | 6.05 | 5.55 | 9.26 | 2.07 |
| 调整后的每股净资产 | 6.61 | 6.05 | 5.55 | 9.26 | 2.06 |

## 600707 彩虹显示器件股份有限公司

### 二〇〇三年年度报告摘选

#### 1.上市公司基本情况简介

1.1 基本情况简介

股票简称:彩虹股份 股票代码:600707 上市交易所:上海证券交易所
注册地址和办公地址:西安高新技术开发区西区高新一路 16 号 邮政编码:710075
公司国际互联网网址:http://www.iricoltd.com.cn 电子信箱:office@ch.com.cn

1.2 联系人和联系方式

董事会秘书:刘晓东 联系地址:西安高新技术开发区西区高新一路 16 号
电话:029－88311073 传真:029－88214864 电子信箱:stock@ch.com.cn
证券事务代表:郑涛 联系地址:西安高新技术开发区西区高新一路 16 号
电话:029－88214865 传真:029－88214864 电子信箱:stock@ch.com.cn

#### 2.会计数据和财务指标摘要

2.1 主要会计数据 单位:元

| | 2003 年 | 2002 年 | 本年比上年增减 | 2001 年 |
|---|---|---|---|---|
| 主营业务收入 | 3,057,793,130.12 | 2,899,730,466.66 | 5.45% | 2,422,511,497.90 |
| 净利润 | 215,457,639.80 | 174,014,662.65 | 23.82% | 84,419,021.19 |
| 利润总额 | 281,810,298.14 | 222,826,582.24 | 26.47% | 103,601,618.83 |
| 扣除非经常性损益的净利润 | 208,659,308.77 | 179,143,174.11 | 16.48% | 55,109,532.55 |
| | 2003 年末 | 2002 年末 | 本年末比上年末增减 | 2001 年末 |
| 总资产 | 2,852,051,406.18 | 2,502,375,756.24 | 13.97% | 2,626,950,965.88 |
| 股东权益(不含少数股东权益) | 1,883,524,144.34 | 1,736,008,856.84 | 8.50% | 1,561,994,194.19 |
| 经营活动产生的现金流量净额 | 393,711,885.37 | 555,584,096.83 | －29.14% | 109,808,898.00 |

2.2 主要财务指标 单位:元

| | 2003 年 | 2002 年 | 本年比上年增减 | 2001 年 |
|---|---|---|---|---|
| 每股收益 | 0.512 | 0.413 | 23.97% | 0.20 |
| 净资产收益率(%) | 11.44 | 10.02 | 14.17% | 5.40 |
| 扣除非经常性损益的净利润为基础计算的净资产收益率(%) | 11.55 | 10.56 | 9.38% | 3.46 |
| 每股经营活动产生的现金流量净额 | 0.935 | 1.319 | －29.11% | 0.26 |
| | 2003 年末 | 2002 年末 | 本年末比上年末增减 | 2001 年末 |
| 每股净资产 | 4.472 | 4.122 | 8.49% | 3.71 |
| 调整后的每股净资产 | 4.468 | 3.998 | 11.76% | 3.71 |

## 600825 华联超市股份有限公司

### 二〇〇三年年度报告摘选

#### 1.上市公司基本情况简介

1.1 基本情况简介

股票简称:华联超市 股票代码:600825 上市交易所:上海证券交易所
注册地址和办公地址:上海市张杨路 655 号 办公地址:上海市隆昌路 609 号
邮政编码:200090 公司国际互联网网址:www.hualian－－supermarket.com
电子信箱:hlscoltd@online.sh.cn

1.2 联系人和联系方式

董事会秘书:董小春 联系地址:上海市隆昌路 609 号
电话:021－65201818 传真:65432001 电子信箱:Hlscoltd@online.sh.cn
证券事务代表:王东亮 联系地址:上海市隆昌路 609 号
电话:021－65201818 传真:65432001 电子信箱:hlscoltd@online.sh.cn

#### 2.会计数据和财务指标摘要

2.1 主要会计数据 单位:元

| | 2003 年 | 2002 年 | 本年比上年增减(%) | 2001 年 |
|---|---|---|---|---|
| 主营业务收入 | 4,014,089,223.76 | 3,663,238,826.95 | 9.58 | 3,247,882,437.11 |
| 利润总额 | 75,956,360.63 | 77,402,464.83 | －1.87 | 60,527,473.87 |
| 净利润 | 61,986,561.39 | 64,201,461.83 | －3.45 | 50,070,042.75 |
| 扣除非经常性损益的净利润 | 61,374,869.47 | 65,317,577.10 | －6.04 | 51,290,204.49 |
| | 2003 年 12 月 31 日 | 2002 年 12 月 31 日 | 本年末比上年末增减(%) | 2001 年 12 月 31 日 |
| 总资产 | 1,370,518,362.53 | 1,239,715,404.88 | 10.55 | 1,136,396,053.74 |
| 股东权益(不含少数股东权益) | 369,411,872.73 | 307,436,101.84 | 20.16 | 244,339,457.08 |
| 经营活动产生的现金流量净额 | －138,652,253.20 | 249,442,975.85 | － | －62,191,901.69 |

2.2 主要财务指标 单位:元

| | 2003 年 | 2002 年 | 本年比上年增减(%) | 2001 年 |
|---|---|---|---|---|
| 每股收益 | 0.402 | 0.416 | －3.45 | 0.325 |
| 净资产收益率(%) | 16.78 | 20.88 | －19.65 | 20.49 |
| 扣除非经常性损益的净利润为基础计算的净资产收益率(%) | 16.61 | 21.25 | －21.84 | 22.96 |
| 每股经营活动产生的现金流量净额 | －0.899 | 1.62 | － | －0.403 |
| | 2003 年 12 月 31 日 | 2002 年 12 月 31 日 | 本年末比上年末增减(%) | 2001 年 12 月 31 日 |
| 每股净资产 | 2.394 | 1.993 | 20.16 | 1.584 |
| 调整后的每股净资产 | 2.21 | 1.766 | 25.19 | 1.012 |

## 600831 陕西广电网络传媒股份有限公司

### 二〇〇三年年度报告摘要

#### 1.上市公司基本情况简介

1.1 基本情况简介

股票简称:广电网络 股票代码:600831 上市交易所:上海证券交易所
注册地址:西安市幸福北路 21 号 邮政编码:710068
办公地址:西安市太白南路 363 号影视大酒店副楼
公司国际互联网网址:http://www.600831.com 电子信箱:600831@china.com

1.2 联系人和联系方式

董事会秘书:李道光 联系地址:西安市太白南路 363 号影视大酒店副楼
电话:(029)88278115 传真:(029)88255370 电子信箱:600831@china.com
证券事务代表:范勇建 联系地址:西安市太白南路 363 号影视大酒店副楼
电话:(029)88278115 传真:(029)88255370 电子信箱:600831@china.com

#### 2.会计数据和财务指标摘要

2.1 主要会计数据 单位:元

| | 2003 年 | 2002 年 | 本年比上年增减(%) | 2001 年 |
|---|---|---|---|---|
| 主营业务收入 | 217,082,120.32 | 191,066,210.36 | 13.62 | 8,199,356.93 |
| 利润总额 | 22,042,667.95 | 18,825,538.16 | 17.09 | 22,486,007.20 |
| 净利润 | 19,045,506.45 | 16,362,866.21 | 16.39 | 22,486,007.20 |
| 扣除非经常性损益的净利润 | 19,067,649.14 | 16,126,879.15 | 18.24 | 2,485,647.55 |
| | 2003 年末 | 2002 年末 | 本年末比上年末增减(%) | 2001 年末 |
| 总资产 | 313,851,841.41 | 250,688,547.78 | 25.20 | 320,403,548.50 |
| 股东权益(不含少数股东权益) | 161,289,321.95 | 150,871,561.42 | 6.91 | 130,044,359.75 |
| 经营活动产生的现金流量净额 | 20,207,159.90 | 31,946,139.14 | -36.75 | 3,254,382.62 |

2.2 主要财务指标 单位:元

| | 2003 年 | 2002 年 | 本年比上年增减(%) | 2001 年 |
|---|---|---|---|---|
| 每股收益 | 0.156 | 0.147 | 6.12 | 0.202 |
| 净资产收益率(%) | 11.81 | 10.85 | 8.85 | 17.29 |
| 扣除非经常性损益的净利润为基础计算的净资产收益率(%) | 11.82 | 10.69 | 10.57 | 1.91 |
| 每股经营活动产生的现金流量净额 | 0.165 | 0.29 | -43.1 | 0.03 |
| | 2003 年末 | 2002 年末 | 本年末比上年末增减(%) | 2001 年末 |
| 每股净资产 | 1.318 | 1.356 | -2.80 | 1.168 |
| 调整后的每股净资产 | 1.314 | 1.356 | -3.10 | 1.168 |

# 2 月 18 日

## 000586 四川汇源光通信股份有限公司

### 二〇〇三年年度报告摘要

#### 1.上市公司基本情况简介

1.1 基本情况简介

股票简称:ST 汇源 股票代码:000586 上市交易所:深圳证券交易所
注册地址和办公地址:成都国家高新技术产业开发区西区
邮政编码:611731 公司国际互联网网址:www.schy.com.cn
电子信箱:huanghaihuai@163.net

1.2 联系人和联系方式

董事会秘书:黄海怀 联系地址:成都国家高新技术产业开发区西区
电话:028-87826077、87826078 传真:028-87826076
电子信箱:huanghaihuai@163.net

#### 2.会计数据和财务指标摘要

2.1 主要会计数据

| | 2003 年(本年) | 2002 年(上年) | 本年比上年增减(%) | 2001 年 |
|---|---|---|---|---|
| 主营业务收入 | 585,635,551.63 | 253,303,741.74 | 131.20 | 359,815,874.76 |
| 利润总额 | 23,893,877.59 | 1,454,337.43 | 1542.94 | -48,503,458.15 |
| 净利润 | 23,018,289.82 | 1,538,783.83 | 1395.88 | -48,503,458.15 |
| 扣除非经常性损益的净利润 | 21,330,601.57 | -7,792,814.40 | -- | -50,522,595.82 |
| | 2003 年末(本年末) | 2002 年末(上年末) | 本年末比上年末增减(%) | 2001 年末 |
| 总资产 | 750,393,598.09 | 615,794,616.07 | 21.86 | 403,583,618.80 |
| 股东权益(不含少数股东权益) | 288,467,462.99 | 265,449,173.17 | 8.67 | 263,910,389.34 |
| 经营活动产生的现金流量净额 | 290,453.37 | 8,344,930.25 | -96.52 | -21,066,050.98 |

2.2 主要财务指标

| | 2003 年(本年) | 2002 年(上年) | 本年比上年增减(%) | 2001 年 |
|---|---|---|---|---|
| 每股收益 | 0.119 | 0.008 | 1387.50 | -0.251 |
| 净资产收益率(%) | 7.980 | 0.58 | 1275.86 | -18.38 |
| 扣除非经常性损益的净利润为基础计算的净资产收益率(%) | 7.394 | -2.936 | -- | -19.14 |
| 每股经营活动产生的现金流量净额 | 0.002 | 0.043 | -95.35 | -0.109 |
| | 2003 年末(本年末) | 2002 年末(上年末) | 本年末比上年末增减(%) | 2001 年末 |
| 每股净资产 | 1.4913 | 1.3723 | 8.67 | 1.364 |
| 调整后的每股净资产 | 1.3397 | 1.3439 | -0.31 | 1.323 |

## 000639 湖南金德发展股份有限公司

### 二〇〇三年年度报告摘要

#### 1.上市公司基本情况简介

1.1 基本情况简介

股票简称:金德发展 股票代码:000639 上市交易所:深圳证券交易所
注册地址:湖南省株洲市车站路 1 号
办公地址:株洲市天元区长江北路 333 号湖南金德发展股份有限公司
邮政编码:412000 公司国际互联网网址:http://www.000639.com
电子信箱:jdfz000639@163.com

1.2 联系人和联系方式

董事会秘书:陈筱葓
联系地址:株洲市天元区长江北路 333 号湖南金德发展股份有限公司
电话:0733-2869999-3231 传真:0733-2867121 电子信箱:jdfz000639@163.com
证券事务代表:黄向群
联系地址:株洲市天元区长江北路 333 号湖南金德发展股份有限公司
电话:0733-2869999-3237 传真:0733-2867201 电子信箱:hxq77@263.net

#### 2.会计数据和财务指标摘要

2.1 主要会计数据

| 项 目 | 2003 年 | 2002 年 | 本年比上年增减(%) | 2001 年 |
|---|---|---|---|---|
| 主营业务收入 | 128,698,934.27 | 126,796,504.61 | 1.50 | 74,960,401.25 |
| 利润总额 | 17,188,206.34 | 16,368,066.29 | 5.01 | 7,568,848.39 |
| 净利润 | 10,235,306.58 | 11,047,599.56 | -7.35 | 7,568,848.39 |
| 扣除非经常性损益的净利润 | 10,254,264.50 | 10,083,829.31 | -7.48 | 7,541,127.80 |
| 项 目 | 2003 年末 | 2002 年末 | 本年末比上年末增减(%) | 2001 年末 |
| 总资产 | 222,264,233.28 | 207,298,161.76 | 7.22 | 180,024,154.90 |
| 股东权益(不含少数股东权益) | 100,615,447.14 | 88,319,140.56 | 13.92 | 82,143,554.35 |
| 经营活动产生的现金流量净额 | 14,951,346.47 | 26,018,917.52 | -42.54 | 16,893,619.54 |

2.2 主要财务指标

| 项 目 | 2003 年 | 2002 年 | 本年比上年增减(%) | 2001 年 |
|---|---|---|---|---|
| 每股收益(元) | 0.14 | 0.15 | -6.67 | 0.10 |
| 净资产收益率(%) | 10.17 | 12.51 | -18.71 | 9.21 |
| 扣除非经常性损益的净利润为基础计算的净资产收益率(%) | 10.19 | 12.55 | -18.80 | 9.18 |
| 每股经营活动产生的现金流量净额 | 0.21 | 0.36 | -41.67 | 0.23 |
| 项 目 | 2003 年末 | 2002 年末 | 本年末比上年末增减(%) | 2001 年末 |
| 每股净资产 | 1.38 | 1.21 | 14.05 | 1.13 |
| 调整后的每股净资产 | 1.31 | 1.12 | 16.96 | 1.04 |

## 600018 上海港集装箱股份有限公司

### 二〇〇三年年度报告摘要

#### 1.上市公司基本情况简介

1.1 基本情况简介

股票简称:上港集箱 股票代码:600018 上市交易所:上海证券交易所
注册地址:上海市浦东新区港华路 1299 号 办公地址:上海市军工路 4049 号
邮政编码:200438 公司国际互联网网址:http://www.spcco.com
电子信箱:oa@spcco.com

1.2 联系人和联系方式

董事会秘书:陆卫国 联系地址:上海市军工路 4049 号(吉发大厦)
电话:(021)56443578 传真:(021)56443574 电子信箱:luwg@spcco.com

#### 2.会计数据和财务指标摘要

2.1 主要会计数据 单位:元

| | 2003 年 | 2002 年 | 本年比上年增减(%) | 2001 年 |
|---|---|---|---|---|
| 主营业务收入 | 3,429,471,097.98 | 2,590,065,009.36 | 32.41 | 2,138,473,790.45 |
| 利润总额 | 1,621,525,547.46 | 1,256,852,370.27 | 29.01 | 1,202,738,209.54 |
| 净利润 | 998,751,948.98 | 778,448,410.55 | 28.30 | 704,723,170.04 |
| 扣除非经常性损益的净利润 | 1,032,819,904.08 | 787,048,373.17 | 31.23 | 640,675,580.21 |
| | 2003 年末 | 2002 年末 | 本年末比上年末增减(%) | 2001 年末 |
| 总资产 | 11,063,216,960.17 | 8,254,106,111.85 | 34.03 | 7,719,236,155.82 |
| 股东权益(不含少数股东权益) | 5,946,216,870.60 | 5,341,500,222.47 | 11.32 | 4,593,386,216.50 |
| 经营活动产生的现金流量净额 | 1,713,319,801.46 | 1,449,164,576.51 | 18.23 | 1,223,152,104.57 |

2.2 主要财务指标 单位:元

| | 2003 年 | 2002 年 | 本年比上年增减(%) | 2001 年 |
|---|---|---|---|---|
| 每股收益 | 0.5535 | 0.8628 | -35.85 | 0.7811 |
| 净资产收益率(%) | 16.7964 | 14.5736 | 15.25 | 15.3421 |
| 扣除非经常性损益后的净资产收益率(%) | 17.3694 | 14.7346 | 17.88 | 13.9478 |
| 每股经营活动产生的现金流量净额 | 0.9495 | 1.6063 | -40.89 | 1.3557 |
| | 2003 年末 | 2002 年末 | 本年末比上年末增减(%) | 2001 年末 |
| 每股净资产 | 3.2954 | 5.9205 | -44.34 | 5.0913 |
| 调整后的每股净资产 | 3.2775 | 5.8576 | -44.05 | 5.0426 |

## 600036 招商银行股份有限公司

### 二〇〇三年年度报告摘选

#### 1.上市公司基本情况简介

1.1 基本情况简介

股票简称:招商银行　股票代码:600036　上市交易所:上海证券交易所

注册地址和办公地址:深圳市福田区深南大道 7088 号　邮政编码:518040

公司国际互联网网址:www.cmbchina.com　电子信箱:szs@oa.cmbchina.com

1.2 联系人和联系方式

董事会秘书:邵作生　联系地址:深圳市福田区深南大道 7088 号

电话:0755－83198888　传真:0755－83195200　电子信箱:szs@oa.cmbchina.com

证券事务代表:吴润兵　联系地址:深圳市福田区深南大道 7088 号

电话:0755－83198888　传真:0755－83195200　电子信箱:szs@oa.cmbchina.com

#### 2.会计数据和财务指标摘要

2.1 主要会计数据(境内审计数)　(单位:人民币千元)

| | 2003 年 | 2002 年 | 本年比上年增减 | 2001 年 |
|---|---|---|---|---|
| 主营业务收入 | 16,246,326 | 11,796,140 | 37.73% | 10,473,866 |
| 利润总额 | 3,445,284 | 2,570,270 | 34.04% | 2,054,310 |
| 净利润 | 2,229,910 | 1,734,270 | 28.58% | 1,375,310 |
| 扣除非经常性损益的净利润 | 2,228,791 | 1,712,386 | 30.16% | 1,321,409 |
| | 2003 年末 | 2002 年末 | 本年末比上年末增减 | 2001 年末 |
| 总资产 | 503,892,810 | 371,659,912 | 35.58% | 266,331,405 |
| 股东权益(不含少数股东权益) | 18,261,438 | 16,716,639 | 9.24% | 4,912,099 |
| 经营活动产生的现金流量净额 | 27,459,731 | 33,996.272 | －19.23% | 21,910.949 |

2.2 主要财务指标(境内审计数)

| | 2003 年 | 2002 年 | 本年比上年增减 | 2001 年 |
|---|---|---|---|---|
| 每股收益 | 0.39 元 | 0.30 元 | 30% | 0.33 元 |
| 净资产收益率 | 12.21% | 10.37% | 17.74% | 28.00% |
| 扣除非经常性损益的净利润为基础计算的净资产收益率 | 12.79% | 12.89% | －0.78% | 31.28% |
| 每股经营活动产生的现金流量净额 | 4.81 元 | 5.96 元 | －19.30% | 5.21 元 |
| | 2003 年末 | 2002 年末 | 本年末比上年末增减 | 2001 年末 |
| 每股净资产 | 3.20 元 | 2.93 元 | 9.22% | 1.17 元 |
| 调整后的每股净资产 | 3.10 元 | 2.82 元 | 9.93% | 0.99 元 |

## 600197 新疆伊力特实业股份有限公司

### 二〇〇三年年度报告摘选

#### 1.上市公司基本情况简介

1.1 基本情况简介

股票简称:伊力特　股票代码:600197　上市交易所:上海证券交易所

注册地址和办公地址:新疆新源县肖尔布拉克　邮政编码:835811

公司国际互联网网址:http://www.yilispirit.com　电子信箱:yltgf－yn@xj.cninfo.net

1.2 联系人和联系方式

董事会秘书:侯宇洲　联系地址:新疆乌鲁木齐市北京南路 22 号龙岭大厦 18 层

电话:(0991)3843248　传真:(0991)3842489　电子信箱:yilite5188@sina.com

#### 2.会计数据和财务指标摘要

2.1 主要会计数据　单位:元

| | 2003 年(T 年,即本年) | 2002 年(T－1 年) | 本年比上年增减(%) | 2001 年(T－2 年) |
|---|---|---|---|---|
| 主营业务收入 | 379,653,493.84 | 366,932,306.47 | 3.47 | 351,640,124.05 |
| 利润总额 | 98,221,852.00 | 95,580,797.29 | 2.76 | 88,776,003.89 |
| 净利润 | 79,757,616.15 | 78,864,302.33 | 1.12 | 76,769,722.60 |
| 扣除非经常性损益的净利润 | 45,772,887.93 | 77,735,295.44 | －41.12 | 76,105,436.63 |
| | 2003 年末(T 年,即本年末) | 2002 年末(T－1 年末) | 本年末比上年末增减(%) | 2001 年末(T－2 年末) |
| 总资产 | 1,186,768,665.91 | 1,018,381,402.68 | 16.53 | 949,678,163.48 |
| 股东权益(不含少数股东权益 | 835,702,472.43 | 817,694,856.28 | 2.20 | 798,108,768.15 |
| 经营活动产生的现金流量净额 | 90,895,688.04 | 67,496,388.17 | 34.67 | 19,702,128.4 |

2.2 主要财务指标　单位:元

| | 2003 年度(T 年,即本年) | 2002 年(T－1 年) | 本年比上年增减(%) | 2001 年(T－2 年) |
|---|---|---|---|---|
| 每股收益 | 0.36 | 0.36 | | 0.35 |
| 净资产收益率% | 9.54 | 9.64 | －1.04 | 9.62 |
| 扣除非经常性损益的净利润为基础计算的净资产收益率(%) | 5.48 | 10.28 | －46.69 | 10.30 |
| 每股经营活动产生的现金流量净额 | 0.41 | 0.31 | 32.26 | 0.09 |
| | 2003 年末(T 年,即本年末) | 2002 年末(T－1 年末) | 本年末比上年末增减(%) | 2001 年末(T－2 年末) |
| 每股净资产 | 3.79 | 3.708 | 2.21 | 3.35 |
| 调整后的每股净资产 | 3.79 | 3.708 | 2.21 | 3.35 |

## 600217 陕西秦岭水泥(集团)股份有限公司

### 二〇〇三年年度报告摘选

#### 1.上市公司基本情况简介

1.1 基本情况简介

股票简称:秦岭水泥　股票代码:600217　上市交易所:上海证券交易所

注册地址和办公地址:陕西省铜川市耀州区东郊　邮政编码:727100

公司国际互联网网址:http://www.qinling.com　电子信箱:qlc@vip.163.com

1.2 联系人和联系方式

董事会秘书:韩保平　联系地址:陕西省铜川市耀州区东郊

电话:0919－6231630　传真:0919－6233344　电子信箱:qlc@vip.163.com

证券事务代表:王建平　联系地址:陕西省铜川市耀州区东郊

电话:0919－6231630　传真:0919－6233344　电子信箱:qlwjp@163.com

#### 2.会计数据和财务指标摘要

2.1 主要会计数据　单位:元

| | 2003 年 | 2002 年 | 本年比上年增减(%) | 2001 年 |
|---|---|---|---|---|
| 主营业务收入 | 547,160,715.62 | 501,488,167.27 | 9.11 | 440,543,527.92 |
| 利润总额 | 71,272,561.18 | 71,125,884.22 | 0.21 | 72,308,359.56 |
| 净利润 | 61,542,609.42 | 45,364,327.27 | 35.46 | 60,644,937.00 |
| 扣除非经常性损益的净利润 | 62,263,733.32 | 46,527,548.26 | 33.82 | 61,508,801.10 |
| | 2003 年末 | 2002 年末 | 本年末比上年末增减(%) | 2001 年末 |
| 总资产 | 1,562,832,099.94 | 1,295,586,831.88 | 20.63 | 1,118,300,155.79 |
| 股东权益(不含少数股东权益) | 801,874,547.20 | 739,275,062.31 | 8.47 | 716,608,520.65 |
| 经营活动产生的现金流量净额 | 31,218,234.99 | 16,690,103.04 | 87.05 | 828,838.48 |

2.2 主要财务指标　单位:元

| | 2003 年 | 2002 年 | 本年比上年增减(%) | 2001 年 |
|---|---|---|---|---|
| 每股收益 | 0.149 | 0.11 | 35.45 | 0.147 |
| 净资产收益率(%) | 7.98 | 6.23 | 28.09 | 8.75 |
| 扣除非经常性损益的净利润为基础计算的净资产收益率(%) | 8.09 | 6.39 | 26.60 | 8.91 |
| 每股经营活动产生的现金流量净额 | 0.08 | 0.04 | 100 | 0.002 |
| | 2003 年末 | 2002 年末 | 本年末比上年末增减(%) | 2001 年末 |
| 每股净资产 | 1.94 | 1.79 | 8.37 | 1.74 |
| 调整后的每股净资产 | 1.92 | 1.78 | 7.87 | 1.73 |

## 600261 浙江阳光集团股份有限公司

### 二〇〇三年年度报告摘选

#### 1.上市公司基本情况简介

1.1 基本情况简介

股票简称:浙江阳光　股票代码:600216　上市交易所:上海证券交易所

注册地址和办公地址:浙江省虞市凤山路 129 号　邮政编码:312300

公司国际互联网网址:www.yankon.com　电子信箱:yankon@yankon.com

1.2 联系人和联系方式

董事会秘书:吴青谊　联系地址:浙江省上虞市凤山路 129 号

电话:0575－2027720　传真:0575－2027720　电子信箱:wuqy@yankon.com

证券事务代表:任锋　联系地址:浙江省上虞市凤山路 129 号

电话:0575－2027721　传真:0575－2027720　电子信箱:renfeng@yankon.com

#### 2.会计数据和财务指标摘要

2.1 主要财务数据　单位:元

| | 2003 年 | 2002 年 | 本年比上年增减(%) | 2001 年 |
|---|---|---|---|---|
| 主营业务收入 | 51,322,257.59 | 404,496,489.08 | 26.88 | 583,300,519.15 |
| 利润总额 | 82,166,226.24 | 58,974,005.37 | 39.33 | 77,611,063.29 |
| 净利润 | 50,941,649.95 | 45,845,161.65 | 11.12 | 64,153,269.43 |
| 扣除非经常性损益的净利润 | 47,094,745.63 | 37,070,561.62 | 27.04 | 46,483,969.43 |
| | 2003 年末 | 2002 年末 | 本年末比上年末增减(%) | 2001 年末 |
| 总资产 | 937,263,700.76 | 868,069,834.35 | 7.97 | 763,230,271.68 |
| 股东权益(不含少数股东权益) | 605,207,254.05 | 586,025,290.51 | 3.27 | 557,540,198.87 |
| 经营活动产生的现金流量净额 | 78,221,136.61 | 115,142,975.78 | 32.07 | 78,951,827.58 |

2.2 主要财务指标　单位:元

| | 2003 年 | 2002 年 | 本年比上年增减(%) | 2001 年 |
|---|---|---|---|---|
| 每股收益 | 0.41 | 0.37 | 10.81 | 0.52 |
| 净资产收益率(%) | 8.55 | 8.04 | 6.34 | 12.10 |
| 扣除非经常性损益的净利润为基础计算的净资产收益率(%) | 7.90 | 6.91 | 14.32 | 8.93 |
| 每股经营活动产生的现金流量净额 | 0.64 | 0.93 | －31.18 | 0.64 |
| | 2003 年末 | 2002 年末 | 本年末比上年末增减(%) | 2001 年末 |
| 每股净资产 | 4.91 | 4.76 | 3.15 | 4.53 |
| 调整后的每股净资产 | 4.85 | 4.67 | 3.85 | 4.44 |

## 600276 江苏恒瑞医药股份有限公司

### 二〇〇三年年度报告摘选

#### 1.上市公司基本情况简介

1.1 基本情况简介

股票简称:恒瑞医药　股票代码:600276　上市交易所:上海证券交易所
注册地址:江苏连云港经济技术开发区黄河路 38 号
办公地址:江苏连云港新浦区人民东路 145 号　邮政编码:222002
公司国际互联网网址:http://www.hrs.com.cn　电子信箱:600276@hrs.com.cn

1.2 联系人和联系方式

董事会秘书:戴洪斌　联系地址:连云港市新浦人民东路 145 号
电话:0518－5465745　传真:0518－5453845　电子信箱:5465745@vip.163.com

#### 2.会计数据和财务指标摘要

2.1 主要会计数据　单位:元

| | 2003 年 | 2002 年 | 本年比上年增减(%) | 2001 年 |
|---|---|---|---|---|
| 主营业务收入 | 1,050,352,311.61 | 756,025,462.47 | +38.93 | 634,268,947.69 |
| 利润总额 | 150,694,861.38 | 110,509,025.53 | +36.36 | 97,665,461.26 |
| 净利润 | 94,519,994.87 | 78,953,996.69 | +19.72 | 81,155,081.33 |
| 扣除非经常性损益的净利润 | 85,011,851.78 | 72,654,956.69 | +17.01 | 62,949,303.09 |
| | 2003 年末 | 2002 年末 | 本年末比上年末增减(%) | 2001 年末 |
| 总资产 | 1,450,686,564.28 | 1,204,575,770.68 | +20.43 | 1,119,024,142.95 |
| 股东权益(不含少数股东权益) | 861,153,257.24 | 792,100,034.76 | +8.72 | 743,061,762.78 |
| 经营活动产生的现金流量净额 | 136,820,464.68 | 49,835,037.83 | +174.55 | 11,487,104.94 |

2.2 主要财务指标

单位:元

| | 2003 年 | 2002 年 | 本年比上年增减(%) | 2001 年 |
|---|---|---|---|---|
| 每股收益 | 0.371 | 0.310 | +19.68 | 0.382 |
| 每股收益注 2 | – | – | – | – |
| 净资产收益率(%) | 10.98 | 9.97 | +10.13 | 10.92 |
| 扣除非经常性损益的净利润为基础计算的净资产收益率(%) | 9.87 | 9.17 | +7.63 | 8.47 |
| 每股经营活动产生的现金流量净额 | 0.536 | 0.195 | +174.87 | 0.054 |
| | 2003 年末 | 2002 年末 | 本年末比上年末增减(%) | 2001 年末 |
| 每股净资产 | 3.376 | 3.105 | +8.73 | 3.496 |
| 调整后的每股净资产 | 3.332 | 3.043 | +9.50 | 3.459 |

## 600280 南京中央商场股份有限公司

### 二〇〇三年年度报告摘选

#### 1.上市公司基本情况简介

1.1 基本情况简介

股票简称:南京中商　股票代码:600280　上市交易所:上海证券交易所
注册地址和办公地址:南京市白下区中山南路 79 号　邮政编码:210005
电子信箱:yxpinger@hotmail.com

1.2 联系人和联系方式

董事会秘书:杨学萍　联系地址:南京市白下区中山南路 79 号
电话:025－84728470　传真:025－84707466　电子信箱:yxpinger@hotmail.com
证券事务代表:官国宝　联系地址:南京市白下区中山南路 79 号
电话:025－84717725　传真:025－84722766　电子信箱:zyscggb@sina.com

#### 2.会计数据和财务指标摘要

2.1 主要会计数据

单位:元

| | 2003 年 | 2002 年 | 本年比上年增减 | 2001 年 |
|---|---|---|---|---|
| 主营业务收入 | 1,939,942,716.32 | 1,270,368,304.00 | 52.71% | 965,856,528.65 |
| 利润总额 | 53,812,426.39 | 45,920,388.40 | 17.19% | 39,956,207.57 |
| 净利润 | 35,439,138.73 | 29,834,891.92 | 18.78% | 33,698,223.01 |
| 扣除非经常性损益的净利润 | 36,133,541.23 | 29,237,608.87 | 23.59% | 27,794,582.23 |
| | 2003 年末 | 2002 年末 | 本年末比上年末增减 | 2001 年末 |
| 总资产 | 1,469,298,764.04 | 1,047,730,360.10 | 40.24% | 788,983,943.48 |
| 股东权益(不含少数股东权益) | 482,754,242.46 | 454,590,756.11 | 6.20% | 431,028,320.54 |
| 经营活动产生的现金流量净额 | 162,314,474.49 | 152,740,954.78 | 6.27% | 52,128,746.42 |

2.2 主要财务指标

单位:元

| | 2003 年 | 2002 年 | 本年比上年增减 | 2001 年 |
|---|---|---|---|---|
| 每股收益 | 0.29 | 0.25 | 16% | 0.28 |
| 净资产收益率 | 7.34% | 6.71% | 0.63 个百分点 | 7.98% |
| 扣除非经常性损益的净利润为基础计算的净资产收益率 | 7.72% | 6.57% | 1.17 个百分点 | 6.57% |
| 每股经营活动产生的现金流量净额 | 1.34 | 1.26 | 6.35% | 0.43 |
| | 2003 年末 | 2002 年末 | 本年末比上年末增减 | 2001 年末 |
| 每股净资产 | 3.98 | 3.75 | 6.13% | 3.55 |
| 调整后的每股净资产 | 3.81 | 3.72 | 2.42% | 3.46 |

## 600331 四川宏达化工股份有限公司

### 二〇〇三年年度报告摘选

#### 1.上市公司基本情况简介

1.1 基本情况简介

股票简称:宏达股份　股票代码:600331　上市交易所:上海证券交易所
注册地址:四川省什邡市民主镇　办公地址:四川省成都市锦里东路 2 号宏达大厦
邮政编码:610041
公司国际互联网网址:http://www.sichuanhongda.com　电子信箱:hongdazqb@163.net

1.2 联系人和联系方式

董事会秘书:王延俊　证券事务代表:王礼春
联系地址:四川省成都市锦里东路 2 号宏达大厦
电话:028－86141081　传真:028－86140372　电子信箱:hongdazqb@163.net

#### 2.会计数据和财务指标摘要

2.1 主要会计数据　(单位:人民币元)

| | 2003 年 | 2002 年 | 本年比上年增减(%) | 2001 年 |
|---|---|---|---|---|
| 主营业务收入 | 1,001,051,947.44 | 521,689,819.02 | 91.89 | 372,461,360.30 |
| 利润总额 | 71,182,513.61 | 47,229,243.51 | 50.72 | 32,912,983.99 |
| 净利润 | 46,428,499.41 | 39,640,568.81 | 17.12 | 22,238,564.54 |
| 扣除非经常性损益的净利润 | 39,340,244.31 | 31,533,068.14 | 24.76 | 21,148,694.90 |
| | 2003 年末 | 2002 年末 | 本年末比上年末增减(%) | 2001 年末 |
| 总资产 | 2,255,667,983.16 | 1,443,389,653.85 | 56.28 | 1,145,447,720.32 |
| 股东权益(不含少数股东权益) | 747,872,585.36 | 701,455,534.07 | 6.62 | 661,571,413.85 |
| 经营活动产生的现金流量净额 | 141,291,939.24 | －51,273,332.56 | 375.57 | 52,348,567.61 |

2.2 主要财务指标　单位:人民币元

| | | 2003 年 | 2002 年 | 本年比上年增减(%) | 2001 年 |
|---|---|---|---|---|---|
| 每股收益 | | 0.3571 | 0.3049 | 17.12 | 0.1711 |
| 每股收益注 2 | | 0.3571 | 0.3049 | 17.12 | 0.2687 |
| 净资产收益率(%) | 摊薄 | 6.21 | 5.65 | 9.91 | 3.36 |
| | 加权 | 6.42 | 5.74 | 11.85 | 8.90 |
| 扣除非经常性损益的净利润为基础计算的净资产收益率(%) | 摊薄 | 5.27 | 4.50 | 17.11 | 3.20 |
| | 加权 | 5.45 | 4.56 | 19.52 | 8.46 |
| 每股经营活动产生的现金流量净额 | | 1.09 | －0.394 | 376.65 | 0.402 |
| | | 2003 年末 | 2002 年末 | 本年末比上年末增减(%) | 2001 年末 |
| 每股净资产 | | 5.75 | 5.40 | 6.48 | 5.09 |
| 调整后的每股净资产 | | 5.69 | 5.33 | 6.75 | 5.06 |

## 600403 南京欣网视讯科技股份有限公司

### 二〇〇三年年度报告摘选

#### 1.上市公司基本情况简介

1.1 基本情况简介

证券简称:欣网视讯　证券代码:600403　上市交易所:上海证券交易所
注册地址:江苏省南京市南京高新开发区软件园 2 号楼
办公地址:江苏省南京市龙蟠中路 168 号江苏软件园 53 号楼
江苏省南京市南京高新开发区软件园 2 号楼
邮政编码:210002、210061　公司国际互联网网址:http://www.xwtec.com
电子信箱:xwtec@xwtec.com

1.2 联系人和联系方式

董事会秘书:石光捷　联系地址:江苏省南京市龙蟠中路 168 号江苏软件园 53 号楼
电话:025－84669999　传真:025－84669876　电子信箱:Sgj2@xwtec.com

#### 2.会计数据和财务指标摘要

2.1 主要财务数据　单位:元

| | 2003 年 | 2002 年 | 本年比上年增减(%) | 2001 年 |
|---|---|---|---|---|
| 主营业务收入 | 173416398.16 | 100479232.48 | 72.59 | 100051350.21 |
| 利润总额 | 14651675.23 | 16850779.26 | －13.05 | 16746164.95 |
| 净利润 | 11844701.41 | 13923628.17 | －14.93 | 13623033.04 |
| 扣除非经常性损益的净利润 | 11327108.80 | 15417229.91 | －26.53 | 13624077.80 |
| | 2003 年末 | 2002 年末 | 本年末比上年末增减(%) | 2001 年末 |
| 总资产 | 321672969.76 | 102283289.75 | 214.49 | 75738571.41 |
| 股东权益(不含少数股东权益) | 248883955.90 | 58503754.49 | 325.42 | 44580126.32 |
| 经营活动产生的现金流量净额 | 5023835.01 | 31988971.44 | －84.30 | －10419022.12 |

2.2 主要财务指标

单位:元

| | 2003 年 | 2002 年 | 本年比上年增减(%) | 2001 年 |
|---|---|---|---|---|
| 每股收益 | 0.17 | 0.34 | －50.00 | 0.50 |
| 净资产收益率(%) | 4.76 | 23.80 | －80.00 | 30.56 |
| 扣除非经常性损益的净利润为基础计算的净资产收益率(%) | 4.55 | 26.35 | －82.73 | 30.56 |
| 每股经营活动产生的现金流量净额 | 0.07 | 0.78 | －91.03 | －0.38 |
| | 2003 年末 | 2002 年末 | 本年末比上年末增减(%) | 2001 年末 |
| 每股净资产 | 3.51 | 1.43 | 145.45 | 1.64 |
| 调整后的每股净资产 | 3.49 | 1.42 | 145.77 | 1.64 |

## 600527 江苏江南高纤股份有限公司

### 二〇〇三年年度报告摘选

#### 1.上市公司基本情况简介

1.1 基本情况简介

证券简称:江南高纤 证券代码:600527 上市交易所:上海证券交易所

注册地址和办公地址:江苏省苏州市相城区黄埭镇 邮政编码:215143

电子信箱:jsjngx@163.net

1.2 联系人和联系方式

董事会秘书:石胜岷 联系地址:江苏省苏州市相城区黄埭镇

电话:0512－65481181 传真:0512－65481181 电子信箱:ssm820@163.com

证券事务代表:陆正中 联系地址:江苏省苏州市相城区黄埭镇

电话:0512－65712564 传真:0512－65481181 电子信箱:zhengzhongaa008@sina.com.cn

#### 2.会计数据和财务指标摘要

2.1 主要财务数据　　单位:元

| | 2003年(T年,即本年) | 2002年(T－1年) | 本年比上年增减 | 2001年(T－2年) |
|---|---|---|---|---|
| 主营业务收入 | 242509071.60 | 201580735.74 | 20% | 155338431.22 |
| 利润总额 | 30792998.98 | 26886440.54 | 15% | 22832950.28 |
| 净利润 | 20718356.01 | 18906915.31 | 10% | 15447303.30 |
| 扣除非经常性损益的净利润 | 20286312.11 | 18906015.31 | 7% | 15517520.98 |
| | 2003年末(T年,即本年末) | 2002年末(T－1年末) | 本年末比上年末增减 | 2001年末(T－2年末) |
| 总资产 | 289415675.32 | 173874960.77 | 66% | 167337777.64 |
| 股东权益(不含少数股东权益) | 258977832.67 | 81462402.65 | 218% | 63578673.93 |
| 经营活动产生的现金流量净额 | 44708090.21 | 22297657.13 | 101% | －14635473.23 |

2.2 主要财务指标　　单位:元

| | 2003年(T年,即本年) | 2002年(T－1年) | 本年比上年增减 | 2001年(T－2年) |
|---|---|---|---|---|
| 每股收益 | 0.26 | 0.378 | －31% | 0.309 |
| 每股收益注2 | | | －31% | 0.309 |
| 净资产收益率 | 8 | 23.21 | －66% | 24.30 |
| 扣除非经常性损益的净利润为基础计算的净资产收益率 | | 23.21 | －66% | 24.41 |
| 每股经营活动产生的现金流量净额 | 0.56 | 0.45 | 24% | －0.29 |
| | 2003年末(T年,即本年末) | 2002年末(T－1年末) | 本年末比上年末增减 | 2001年末(T－2年末) |
| 每股净资产 | 3.24 | 1.63 | 99% | 1.27 |
| 调整后的每股净资产 | 3.24 | 1.63 | 99% | 1.27 |

## 600645 上海望春花(集团)股份有限公司

### 二〇〇三年年度报告摘选

#### 1.上市公司基本情况简介

1.1 基本情况简介

股票简称:望春花 股票代码:600645 上市交易所:上海证券交易所

注册地址和办公地址:上海市北翟路1168号 邮政编码:200335

公司国际互联网网址:http://www.met-china.com 电子信箱:wchh600645@163.com

1.2 联系人和联系方式

董事会秘书:佟心 联系地址:上海市北翟路1168号

电话:021－52171679 传真:021－52600580 电子信箱:wchh600645@163.com

证券事务代表:程晓萍 联系地址:上海市北翟路1168号

电话:021－52171679 传真:021－52600580 电子信箱:wchh600645@163.com

#### 2.会计数据和财务指标摘要

2.1 主要会计数据　　单位:元

| | 2003年 | 2002年 | 本年比上年增减(%) | 2001年 |
|---|---|---|---|---|
| 主营业务收入 | 325,033,860.66 | 311,305,796.97 | 4.41 | 296,054,213.91 |
| 利润总额 | 8,378,914.82 | －58,189,863.20 | － | 10,378,233.51 |
| 净利润 | 3,142,656.62 | －63,314,826.10 | － | 2,525,687.33 |
| 扣除非经常性损益的净利润 | －20,083,527.54 | －61,424,451.97 | － | 4,531,429.54 |
| | 2003年末 | 2002年末 | 本年末比上年末增减(%) | 2001年末 |
| 总资产 | 636,088,947.65 | 564,963,225.34 | 12.59 | 781,364,485.82 |
| 股东权益(不含少数股东权益) | 301,938,830.02 | 300,215,046.75 | 0.57 | 360,544,549.32 |
| 经营活动产生的现金流量净额 | 41,739,051.04 | －14,749,900.81 | － | －68,836,095.46 |

2.2 主要财务指标　　单位:元

| | 2003年 | 2002年 | 本年比上年增减(%) | 2001年 |
|---|---|---|---|---|
| 每股收益(摊薄) | 0.0126 | －0.2532 | － | 0.0101 |
| 每股收益(加权) | 0.0126 | －0.2532 | － | 0.0101 |
| 净资产收益率(%) | 1.04 | －21.09 | － | 0.70 |
| 扣除非经常性损益的净利润为基础计算的净资产收益率(%) | －6.65 | －20.46 | － | 1.257 |
| 每股经营活动产生的现金流量净额 | 0.1669 | －0.0590 | － | －0.0275 |
| | 2003年末 | 2002年末 | 本年末比上年末增减(%) | 2001年末 |
| 每股净资产 | 1.208 | 1.201 | 0.58 | 1.442 |
| 调整后的每股净资产 | 1.089 | 1.078 | 1.02 | 1.327 |

## 600580 浙江卧龙科技股份有限公司

### 二〇〇三年年度报告摘选

#### 1.上市公司基本情况简介

1.1 基本情况简介

股票简称:卧龙科技 股票代码:600580 上市交易所:上海证券交易所

注册地址:浙江省上虞市经济开发区 办公地址:浙江省上虞市经济开发区舜江西路378号

邮政编码:312300 公司国际互联网网址:http://www.wolong.com.cn/

电子信箱:wolong@mail.sxptt.zj.cn

1.2 联系人和联系方式

董事会秘书:刘红旗 联系地址:上虞市经济开发区舜江西路378号

电话:0575－2176504 传真:0575－2176718 电子信箱:WL600580@mail.sxptt.zj.cn

证券事务代表:倪宇泰 联系地址:上虞市经济开发区舜江西路378号

电话:0575－2129895 传真:0575－2176718 电子信箱:WL600580@mail.sxptt.zj.cn

#### 2.会计数据和财务指标摘要

2.1 主要会计数据

| | 2003年 | 2002年 | 本年比上年增减 | 2001年 |
|---|---|---|---|---|
| 主营业务收入 | 324,201,764.53 | 208,026,519.84 | 55.85% | 203,084,498.10 |
| 利润总额 | 53,583,378.78 | 41,719,256.03 | 28.44% | 46,780,076.68 |
| 净利润 | 35,949,419.74 | 29,779,753.58 | 20.72% | 30,664,988.16 |
| 扣除非经常性损益的净利润 | 27,420,591.89 | 22,269,664.61 | 23.13% | 29,310,134.64 |
| | 2003年12月31日 | 2002年12月31日 | 本年末比上年末增减 | 2001年12月31日 |
| 总资产 | 703,173,920.20 | 637,317,786.87 | 10.33% | 252,521,396.79 |
| 股东权益(不含少数股东权益) | 456,060,588.13 | 443,061,078.84 | 2.93% | 119,515,880.99 |
| 经营活动产生的现金流量净额 | 27,671,047.20 | 29,810,426.51 | －7.18% | 40,071,111.99 |

2.2 主要财务指标

| | 2003年 | 2002年 | 本年比上年增减 | 2001年 |
|---|---|---|---|---|
| 每股收益 | 0.21 | 0.27 | －24.55% | 0.41 |
| 净资产收益率 | 7.88% | 6.72% | 17.28% | 25.66% |
| 扣除非经常性损益的净利润为基础计算的净资产收益率 | 6.15% | 7.32% | －15.98% | 27.65% |
| 每股经营活动产生的现金流量净额 | 0.16 | 0.27 | －42.01% | 0.54 |
| | 2003年12月31日 | 2002年12月31日 | 本年末比上年末增减 | 2001年12月31日 |
| 每股净资产 | 2.61 | 4.06 | －35.67% | 1.61 |
| 调整后的每股净资产 | 2.58 | 4.04 | －35.98% | 1.55 |

## 600768 宁波富邦精业集团股份有限公司

### 二〇〇三年年度报告摘选

#### 1.上市公司基本情况简介

1.1 基本情况简介

股票简称:宁波富邦 股票代码:600768 上市交易所:上海证券交易所

注册地址和办公地址:宁波市药行街139号中国银行大厦20层 邮政编码:315010

公司国际互联网网址:http://www.600768.com.cn 电子信箱:fbjy@600768.com.cn

1.2 联系人和联系方式

董事会秘书:马晓勇 联系地址:宁波市药行街139号中国银行大厦20层

电话:0574－87300929 传真:0574－87306619 电子信箱:mxy@600768.com.cn

证券事务代表:唐剑江 联系地址:宁波市药行街139号中国银行大厦20层

电话:0574－87300017 传真:0574－87306619 电子信箱:tjj@600768.com.cn

#### 2.会计数据和财务指标摘要

2.1 主要会计数据　　单位:元

| | 2003年 | 2002年 | 本年比上年增减(%) | 2001年 |
|---|---|---|---|---|
| 主营业务收入 | 261,808,846.69 | 304,586,946.68 | －14.04 | 208,161,506.10 |
| 利润总额 | 40,654,894.79 | 24,718,463.76 | 64.47 | 508,982.45 |
| 净利润 | 36,355,471.71 | 24,532,483.12 | 48.19 | 282,410.61 |
| 扣除非经常性损益的净利润 | 14,021,041.74 | 14,739,938.67 | －4.88 | －1,057,804.37 |
| | 2003年末 | 2002年末 | 本年末比上年末增减(%) | 2001年末 |
| 总资产 | 438,852,538.11 | 300,797,339.56 | 45.90 | 264,125,098.74 |
| 股东权益(不含少数股东权益) | 139,604,516.01 | 103,249,044.30 | 35.21 | 78,716,561.18 |
| 经营活动产生的现金流量净额 | 1,309,345.39 | 25,368,689.33 | －94.84 | 8,586,472.30 |

2.2 主要财务指标　　单位:元

| | 2003年 | 2002年 | 本年比上年增减(%) | 2001年 |
|---|---|---|---|---|
| 每股收益 | 0.326 | 0.26 | 25.38 | 0.003 |
| 净资产收益率 | 26.04 | 23.76 | 9.60 | 0.36 |
| 扣除非经常性损益的净利润为基础计算的净资产收益率(加权) | 11.55 | 16.20 | －28.70 | －1.35 |
| 每股经营活动产生的现金流量净额 | 0.012 | 0.27 | －95.56 | 0.09 |
| | 2003年末 | 2002年末 | 本年末比上年末增减(%) | 2001年末 |
| 每股净资产 | 1.25 | 1.11 | 12.61 | 0.85 |
| 调整后的每股净资产 | 1.25 | 1.10 | 13.64 | 0.82 |

## 600879 长征火箭技术股份有限公司

### 二〇〇三年年度报告摘选

#### 1.上市公司基本情况简介

1.1 基本情况简介

股票简称:火箭股份 股票代码:600879 上市交易所:上海证券交易所

注册地址:武汉经济技术开发区高科技园

办公地址:武汉市建设大道847号瑞通广场B座21层

邮政编码:430015 公司国际互联网网址:http://www.rocketstock.com.cn

电子信箱:lmlv@rocketstock.com.cn

1.2 联系人和联系方式

董事会秘书:吕凡 联系地址:武汉市建设大道847号瑞通广场B座21层

电话:027-85487719 传真:027-85487727

电子信箱:lufan@rocketstock.com.cn

#### 2.会计数据和财务指标摘要

2.1 主要会计数据 单位:元

| | 2003年 | 2002年 | 本年比上年增减(%) | 2001年 |
|---|---|---|---|---|
| 主营业务收入 | 607,075,659.05 | 562,660,168.73 | 7.89 | 468,558,607.30 |
| 利润总额 | 135,580,341.66 | 120,212,382.12 | 12.78 | 126,817,856.74 |
| 净利润 | 121,617,593.39 | 118,887,029.55 | 2.30 | 110,384,050.72 |
| 扣除非经常性损益的净利润 | 115,302,243.07 | 121,395,536.32 | -5.02 | 110,191,006.64 |
| | 2003年末 | 2002年末 | 本年末比上年末增减(%) | 2001年末 |
| 总资产 | 1,760,758,742.45 | 1,442,196,855.51 | 22.09 | 1,232,197,309.05 |
| 股东权益(不含少数股东权益) | 950,735,419.86 | 839,857,408.67 | 13.20 | 744,403,698.72 |
| 经营活动产生的现金流量净额 | 27,276,271.20 | 117,519,069.88 | -76.79 | 71,153,876.38 |

2.2 主要财务指标

单位:元

| | 2003年 | 2002年 | 本年比上年增减(%) | 2001年 |
|---|---|---|---|---|
| 每股收益 | 0.35 | 0.51 | -31.37 | 0.47 |
| 净资产收益率 | 12.79% | 14.16% | -9.68 | 14.83% |
| 扣除非经常性损益的净利润为基础计算的净资产收益率 | 12.13% | 14.45% | -16.06 | 14.80% |
| 每股经营活动产生的现金流量净额 | 0.08 | 0.50 | -84.00 | 0.30 |
| | 2003年末 | 2002年末 | 本年末比上年末增减(%) | 2001年末 |
| 每股净资产 | 2.70 | 3.53 | -23.51 | 3.18 |
| 调整后的每股净资产 | 2.70 | 3.53 | -23.51 | 3.18 |

## 2月19日

## 000810 华润锦华股份有限公司

### 二〇〇三年年度报告摘选

#### 1.上市公司基本情况简介

1.1 基本情况简介

股票简称:华润锦华 股票代码:000810 上市交易所:深圳证券交易所

注册地址和办公地址:四川省遂宁市遂州中路309号 邮政编码:629000

公司国际互联网网址:http://www.crcjh.com 电子信箱:crcjh@crcjh.com

1.2 联系人和联系方式

董事会秘书:张正斌 联系地址:四川省遂宁市遂州中路309号

电话:0825-2287305 传真:0825-2283399 电子信箱:zhangzb@crcjh.com

#### 2.会计数据和财务指标摘要

2.1 主要会计数据 单位:(人民币)元

| | 2003年 | 2002年 | 本年比上年增减 | 2001年 |
|---|---|---|---|---|
| 主营业务收入 | 466,406,126.30 | 442,641,151.22 | 5.37% | 235,168,430.93 |
| 利润总额 | 27,922,832.15 | 25,237,699.34 | 10.64% | 9,850,432.51 |
| 净利润 | 14,400,830.83 | 13,976,221.39 | 3.04% | 11,568,759.32 |
| 扣除非经常性损益的净利润 | 10,908,342.84 | 13,213,785.94 | -17.45% | 10,978,392.77 |
| | 2003年末 | 2002年末 | 本年末比上年末增减 | 2001年末 |
| 总资产 | 714,889,158.11 | 590,291,432.99 | 21.11% | 418,114,889.16 |
| 股东权益(不含少数股东权益) | 197,752,805.84 | 183,351,903.00 | 7.85% | 169,281,872.28 |
| 经营活动产生的现金流量净额 | 66,750,173.84 | 14,956,621.43 | 346.29% | -1,653,916.92 |

2.2 主要财务指标 单位:(人民币)元

| | 2003年 | 2002年 | 本年比上年增减 | 2001年 |
|---|---|---|---|---|
| 每股收益 | 0.11 | 0.11 | 2.78% | 0.12 |
| 净资产收益率 | 7.28% | 7.62% | -4.46% | 6.84% |
| 扣除非经常性损益的净利润为基础计算的净资产收益率 | 5.72% | 7.56% | -24.34% | 6.60% |
| 每股经营活动产生的现金流量净额 | 0.52 | 0.12 | 347.83% | 0.02 |
| | 2003年末 | 2002年末 | 本年末比上年末增减 | 2001年末 |
| 每股净资产 | 1.53 | 1.41 | 7.85% | 1.76 |
| 调整后的每股净资产 | 1.51 | 1.36 | 11.03% | 1.73 |

## 600056 中技贸易股份有限公司

### 二〇〇三年年度报告摘选

#### 1.上市公司基本情况简介

1.1 基本情况简介

股票简称:中技贸易 股票代码:600056 上市交易所:上海证券交易所

注册地址和办公地址:北京市海淀区西三环北路21号久凌大厦公寓楼 邮政编码:100089

公司国际互联网网址:http://www.cntic-trading.com.cn

电子信箱:qijianxi@trade.genertec.com.cn

1.2 联系人和联系方式

董事会秘书:齐建西 联系地址:北京市海淀区西三环北路21号久凌大厦公寓楼

电话:010-68404720 传真:010-68476727 电子信箱:qijianxi@trade.genertec.com.cn

#### 2.会计数据和财务指标摘要

2.1 主要会计数据 单位:元

| 项目 | 2003年 | 2002年 | 本年比上年增减(%) | 2001年 |
|---|---|---|---|---|
| 主营业务收入 | 2,670,695,839.64 | 2,307,107,078.61 | 15.76 | 2,482,811.04 |
| 利润总额 | 48,486,973.01 | 51,141,120.82 | -5.19 | 55,290,385.96 |
| 净利润 | 42,415,380.97 | 45,132,778.97 | -6.02 | 49,033,921.47 |
| 扣除非经常性损益的净利润 | 6,129,196.76 | 31,929,014.60 | -83.94 | 10,231,476.81 |
| 项目 | 2003年末 | 2002年末 | 本年末比上年末增减(%) | 2001年末 |
| 总资产 | 920,766,293.40 | 1,001,737,216.09 | -8.08 | 1,205,250,421.23 |
| 股东权益(不含少数股东权益) | 624,624,894.09 | 582,209,513.12 | 7.29 | 563,146,734.15 |
| 经营活动产生的现金流量净额 | -62,476,342.96 | -130,095,359.33 | 51.98 | 298,042,360.66 |

2.2 主要财务指标 单位:元

| 项目 | 2003年 | 2002年 | 本年比上年增减(%) | 2001年 |
|---|---|---|---|---|
| 每股收益(摊薄) | 0.2034 | 0.3462 | -41.25 | 0.3762 |
| 净资产收益率(%) | 6.7905 | 7.7520 | -12.40 | 9.1282 |
| 扣除非经常性损益的净利润为基础计算的净资产收益率(%) | 1.0011 | 5.58 | -82.06 | 1.9047 |
| 每股经营活动产生的现金流量净额 | -0.4194 | -1.0000 | 58.06 | 2.2865 |
| 项目 | 2003年末 | 2002年末 | 本年末比上年末增减(%) | 2001年末 |
| 每股净资产 | 2.9949 | 4.4665 | -32.95 | 4.2203 |
| 调整后的每股净资产 | 2.9808 | 4.4600 | -33.17 | 4.2167 |

## 600074 江苏中达新材料集团股份有限公司

### 二〇〇三年年度报告摘选

#### 1.上市公司基本情况简介

1.1 基本情况简介

股票简称:中达股份 股票代码:600074 上市交易所:上海证券交易所

注册地址:南京经济技术开发区高新技术工业园

办公地址:江苏省江阴市申港镇镇澄路999号 邮政编码:214443

公司国际互联网网址:http://www.njzdzm.com 电子信箱:wanws@shendapack.cn

1.2 联系人和联系方式

董事会秘书:万文山 联系地址:江苏省江阴市申港镇镇澄路999号

电话:0510-6684039 传真:0510-6684039 电子信箱:wanws@shendapack.cn

证券事务代表:郑晓贤联系地址:江苏省江阴市申港镇镇澄路999号

电话:0510-6686352 传真:0510-6686352 电子信箱:zxxzd@163.com

#### 2.会计数据和财务指标摘要

2.1 主要会计数据 单位:元

| | 2003年度 | 2002年度 | 本年比上年增减(%) | 2001年度 |
|---|---|---|---|---|
| 主营业务收入 | 1,398,368,258.39 | 762,330,103.43 | 83.43 | 493,908,341.54 |
| 利润总额 | 198,164,267.94 | 126,216,425.84 | 57.00 | 88,649,251.03 |
| 净利润 | 115,471,712.82 | 83,121,790.89 | 38.92 | 74,768,875.21 |
| 扣除非经常性损益的净利润 | 115,589,948.56 | 83,633,557.15 | 38.21% | 71,648,458.04 |
| | 2003年12月31日 | 2002年12月31日 | 本年末比上年末增减(%) | 2001年12月31日 |
| 总资产 | 3,072,543,369.95 | 2,510,434,091.25 | 22.39 | 1,475,885,969.90 |
| 股东权益(不含少数股东权益) | 1,148,989,874.82 | 1,033,518,162.00 | 11.17% | 610,275,807.96 |
| 经营活动产生的现金流量净额 | 253,189,028.50 | 194,429,182.01 | 30.22% | 124,994,514.84 |

2.2 主要财务指标 单位:元

| | 2003年度 | 2002年度 | 本年比上年增减(%) | 2001年度 |
|---|---|---|---|---|
| 每股收益 | 0.338 | 0.244 | 38.92 | 0.517 |
| 每股收益 | -- | -- | -- | 0.394 |
| 净资产收益率(%) | 10.05 | 8.04 | 24.96 | 12.25 |
| 扣除非经常性损益的净利润为基础计算的净资产收益率(%) | 10.06 | 8.09 | 24.32 | 11.74 |
| 每股经营活动产生的现金流量净额 | 0.742 | 0.570 | 30.22 | 0.86 |
| | 2003年12月31日 | 2002年12月31日 | 本年末比上年末增减(%) | 2001年12月31日 |
| 每股净资产 | 3.367 | 3.028 | 11.17 | 4.220 |
| 调整后的每股净资产 | 3.326 | 2.996 | 11.01 | 4.116 |

## 600330 浙江天通电子股份有限公司

### 二〇〇三年年度报告摘选

#### 1.上市公司基本情况简介

1.1 基本情况简介

股票简称:天通股份 股票代码:600330 上市交易所:上海证券交易所

注册地址:浙江省海宁市盐官郭店镇建设路 11 号

办公地址:浙江省海宁市龙祥写字楼十八层

邮政编码:314412(注册地),314400(办公地)

公司国际互联网网址:http://www.tdgcore.com

电子信箱:tdga@mail.jxptt.zj.cn

1.2 联系人和联系方式

董事会秘书:许丽秀 联系地址:浙江省海宁市龙祥写字楼十八层

电话:0573－7230878 传真:0573－7230228 电子信箱:tdga@mail.jxptt.zj.cn

#### 2.会计数据和财务指标摘要

2.1 主要会计数据 单位:(人民币)元

| | 2003 年 | 2002 年 | 本年比上年增减(%) | 2001 年 |
|---|---|---|---|---|
| 主营业务收入 | 350,499,919.21 | 309,181,447.51 | 13.36 | 269,043,679.61 |
| 利润总额 | 80,274,985.67 | 65,248,913.35 | 23.03 | 73,702,218.22 |
| 净利润 | 70,477,235.58 | 60,601,414.88 | 16.30 | 69,220,669.17 |
| 扣除非经常性损益的净利润 | 64,596,500.16 | 56,497,931.93 | 14.33 | 63,296,265.00 |
| | 2003 年末 | 2002 年末 | 本年末比上年末增减(%) | 2001 年末 |
| 总资产 | 1,113,295,357.89 | 797,362,362.12 | 39.62 | 705,634,714.85 |
| 股东权益(不含少数股东权益) | 656,193,652.65 | 611,537,110.78 | 7.30 | 550,917,061.44 |
| 经营活动产生的现金流量净额 | 34,686,232.54 | 74,471,534.43 | －53.42 | 91,431,676.16 |

2.2 主要财务指标 单位:(人民币)元

| | 2003 年 | 2002 年 | 本年比上年增减(%) | 2001 年 |
|---|---|---|---|---|
| 每股收益 | 0.307 | 0.275 | 11.64 | 0.302 |
| 净资产收益率(%) | 10.74 | 9.91 | 8.38 | 12.56 |
| 扣除非经常性损益的净利润为基础计算的净资产收益率(%) | 10.40 | 9.70 | 7.22 | 11.36 |
| 每股经营活动产生的现金流量净额 | 0.151 | 0.325 | －56.92 | 0.398 |
| | 2003 年末 | 2002 年末 | 本年末比上年末增减(%) | 2001 年末 |
| 每股净资产 | 2.860 | 2.665 | 7.32 | 2.401 |
| 调整后的每股净资产 | 2.854 | 2.660 | 7.29 | 2.398 |

## 600529 山东省药用玻璃股份有限公司

### 二〇〇三年年度报告摘选

#### 1.上市公司基本情况简介

1.1 基本情况简介

股票简称:山东药玻 股票代码:600529 上市交易所:上海证券交易所

注册地址和办公地址:山东省沂源县城二郎山路八号 邮政编码:256100

公司国际互联网网址:http://www.pharmglass.com 电子信箱:sdyb@pharmglass.com

1.2 联系人和联系方式

董事会秘书:周仕勇 联系地址:山东省沂源县城二郎山路八号

电话:0533－3242312－2028 传真:0533－3249700 电子信箱:65zsy@163.com

证券事务代表:于恩亮 联系地址:山东省沂源县城二郎山路八号

电话:0533－3242312－2111 传真:0533－3249700 电子信箱:sdyb@pharmglass.com

#### 2.会计数据和财务指标摘要

2.1 主要财务数据 单位:元

| | 2003 年 | 2002 年 | 本年比上年增减(%) | 2001 年 |
|---|---|---|---|---|
| 主营业务收入 | 467,989,529.66 | 422,318,260.42 | 10.81 | 350,108,854.74 |
| 利润总额 | 107,202,047,58 | 82,335,560.04 | 30.20 | 59,652,844.13 |
| 净利润 | 70,197,205.79 | 54,752,953.36 | 28.21 | 37,360,478.49 |
| 扣除非经常性损益的净利润 | 68,721,867.25 | 54,965,204.98 | 25.03 | 38,303,820.78 |
| | 2003 年末 | 2002 年末 | 本年末比上年末增减(%) | 2001 年末 |
| 总资产 | 1,036,029,176.02 | 943,593,775.86 | 9.80 | 460,614,681.90 |
| 股东权益(不含少数股东权益) | 715,952,667.74 | 649,795,443.17 | 10.18 | 208,022,802.76 |
| 经营活动产生的现金流量净额 | 59,348,664.31 | 109,261,606.93 | －45.68 | 28,603,697.76 |

2.2 主要财务指标 单位:元

| | 2003 年 | 2002 年 | 本年比上年增减(%) | 2001 年 |
|---|---|---|---|---|
| 每股收益 | 0.57 | 0.66 | －13.64 | 0.74 |
| 每股收益 | 0.57 | 0.66 | －13.64 | 0.74 |
| 净资产收益率(%) | 9.80 | 8.43 | 16.25 | 17.96 |
| 扣除非经常性损益的净利润为基础计算的净资产收益率(%) | 10.10 | 11.99 | －15.76 | 19.04 |
| 每股经营活动产生的现金流量净额 | 0.48 | 1.33 | －63.91 | 0.57 |
| | 2003 年末 | 2002 年末 | 本年比上年增减(%) | 2001 年末 |
| 每股净资产 | 5.79 | 7.89 | －26.62 | 4.13 |
| 调整后的每股净资产 | 5.78 | 7.89 | －26.74 | 4.13 |

## 600595 河南中孚实业股份有限公司

### 二〇〇三年年度报告摘选

#### 1.上市公司基本情况简介

1.1 基本情况简介

股票简称:中孚实业 股票代码:600595 上市交易所:上海证券交易所

注册地址和办公地址:河南省巩义市新华路 31 号 邮政编码:451200

公司国际互联网网址:http://www.zfsy.com.cn 电子信箱:zqb@com.cn

1.2 联系人和联系方式

董事会秘书:姚国良 联系地址:河南省巩义市新华路 31 号

电话:0371－4381551 传真:0371－4399595 电子信箱:zqb@zfsy.com.cn

#### 2.会计数据和财务指标摘要

2.1 主要会计数据 单位:人民币元

| | 2003 年 | 2002 年 | 本年比上年增减(%) | 2001 年 |
|---|---|---|---|---|
| 主营业务收入 | 701,668,806.40 | 578,530,715.93 | 21.29 | 523,811,103.64 |
| 利润总额 | 103,277,118.11 | 70,884,997.12 | 45.70 | 62,691,539.98 |
| 净利润 | 74,342,025.11 | 55,472,233.47 | 34.02 | 41,900,802.90 |
| 扣除非经常性损益的净利润 | 74,783,132.76 | 47,487,973.37 | 57.48 | 42,425,957.80 |
| | 2003 年末 | 2002 年末 | 本年末比上年末增减(%) | 2001 年末 |
| 总资产 | 2,180,074,688.84 | 1,146,040,933.04 | 90.23 | 607,076,774.68 |
| 股东权益(不含少数股东权益) | 724,394,518.39 | 677,109,037.28 | 6.98 | 220,769,303.81 |
| 经营活动产生的现金流量净额 | 91,316,443.79 | 114,894,731.06 | －20.52 | 78,855,421.53 |

2.2 主要财务指标 单位:人民币元

| | 2003 年 | 2002 年 | 本年比上年增减(%) | 2001 年 |
|---|---|---|---|---|
| 每股收益 | 0.42 | 0.41 | 2.44 | 0.49 |
| 净资产收益率(%) | 10.26 | 8.53 | 20.28 | 18.98 |
| 扣除非经常性损益的净利润为基础计算的净资产收益率(%) | 10.32 | 7.31 | 41.18 | 18.98 |
| 每股经营活动产生的现金流量净额 | 0.52 | 0.85 | －38.82 | 0.92 |
| | 2003 年末 | 2002 年末 | 本年末比上年末增减(%) | 2001 年末 |
| 每股净资产 | 4.12 | 4.81 | －14.35 | 2.59 |
| 调整后的每股净资产 | 4.11 | 4.79 | －14.20 | 2.56 |

## 600725 云南云维股份有限公司

### 二〇〇三年年度报告摘选

#### 1.上市公司基本情况简介

1.1 基本情况简介

股票简称:云维股份 股票代码:600725 上市交易所:上海证券交易所

注册地址:云南省曲靖市沾益县花山镇 办公地址:云南省曲靖市沾益县花山镇

邮政编码:655338 公司国际互联网网址:http://www.yunweigroup.com

电子信箱:yunwei@hi2000.com&yugroup@hi2000.com

1.2 联系人和联系方式

董事会秘书:李斌 联系地址:云南省曲靖市沾益县花山镇

电话:0874－3064350 传真:0874－3064195 电子信箱:ynywlb@ynmail.com

证券事务代表:蒋观华 联系地址:云南省曲靖市沾益县花山镇

电话:0874－3068588 传真:0874－3064195 电子信箱:ywjgh@etang.com

#### 2.会计数据和财务指标摘要

2.1 主要会计数据

| | 2003 年 | 2002 年 | 本年比上年增减(%) | 2001 年 |
|---|---|---|---|---|
| 主营业务收入 | 252,926,215.01 | 246,727,952.56 | 2.51 | 255,878,969.33 |
| 利润总额 | 9,429,484.58 | 28,832,511.89 | －67.30 | 66,035,483.12 |
| 净利润 | 11,123,874.83 | 31,471,139.90 | －64.65 | 43,877,791.85 |
| 扣除非经常性损益的净利润 | 8,426,570.62 | 30,879,629.19 | －72.71 | 42,824,709.74 |
| | 2003 年末 | 2002 年末 | 增减% | 2001 年末 |
| 总资产 | 593,613,589.18 | 553,636,817.37 | 7.22 | 498,788,948.21 |
| 股东权益(不含少数股东权益) | 387,551,525.07 | 398,427,650.24 | －2.73 | 366,609,391.19 |
| 现金及现金等价物净增加额净额等价物净额 | －78,779,016.44 | －17,276,253.04 | －356.00 | 46,836,464.83 |

2.2 主要财务指标

| | 2003 年 | 2002 年 | 本年比上年增减(%) | 2001 年 |
|---|---|---|---|---|
| 每股收益(摊薄) | 0.101 | 0.286 | －64.69 | 0.399 |
| 每股收益(加权) | 0.101 | 0.286 | －64.69 | 0.399 |
| 净资产收益率(%) | 2.989 | 8.231 | －63.68 | 12.020 |
| 扣除非经常性损益的净利润为基础计算的净资产收益率(%) | 2.264 | 8.076 | －71.97 | 11.977 |
| 每股经营活动产生的现金流量净额 | －0.297 | 0.292 | 201.71 | 0.390 |
| | 2003 年 | 2002 年 | 本年末比上年末增减(%) | 2001 年 |
| 每股净资产 | 3.523 | 3.622 | －2.73 | 3.332 |
| 调整后的每股净资产 | 3.382 | 3.459 | －2.23 | 3.269 |

# 2 月 20 日

## 000416 青岛健特生物投资股份有限公司

### 二〇〇三年年度报告摘选

#### 1.上市公司基本情况简介

1.1 基本情况简介

股票简称:健特生物 股票代码:000416 上市交易所:深圳证券交易所

注册地址:青岛市崂山区香港东路 268 号 办公地址:青岛市太平角六路 12 号

邮政编码:266071

1.2 联系人和联系方式

董事会秘书:陈波 联系地址:青岛市太平角 6 路 12 号

电话:0532-3884366 传真:0532-3876171 电子信箱:chenbo@sina.com

证券事务代表:杜心强 联系地址:青岛市太平角 6 路 12 号

电话:0532-3884366 传真:0532-3876171 电子信箱:duxq_0416@163.com

#### 2.会计数据和财务指标摘要

2.1 主要会计数据 单位:(人民币)元

| | 2003 年 | 2002 年 | 本年比上年增减(%) | 2001 年 |
|---|---|---|---|---|
| 主营业务收入 | 549,586,894.78 | 426,837,626.75 | 28.76 | 247,418,791.82 |
| 利润总额 | 177,716,249.09 | 220,909,426.61 | -19.55 | 102,487,494.39 |
| 净利润 | 153,195,135.02 | 156,829,590.81 | -2.32 | 35,852,761.01 |
| 扣除非经常性损益的净利润 | 154,361,268.95 | 131,873,140.63 | 17.05 | 24,130,498.21 |
| | 2003 年末(本年末) | 2002 年末(上年末) | 本年末比上年末增减(%) | 2001 年末 |
| 总资产 | 700,846,961.94 | 696,113,752.91 | 0.68 | 494,267,201.76 |
| 股东权益(不含少数股东权益) | 506,991,643.94 | 370,126,504.23 | 36.98 | 222,959,632.57 |
| 经营活动产生的现金流量净额 | 117,128,054.30 | 155,030,725.49 | -24.45 | 117,244,914.28 |

2.2 主要财务指标 单位:(人民币)元

| | 2003 年 | 2002 年 | 本年比上年增减(%) | 2001 年 |
|---|---|---|---|---|
| 每股收益 | 0.49 | 0.62 | -21.79 | 0.32 |
| 净资产收益率(%) | 30.22 | 42.37 | -28.68 | 16.08 |
| 扣除非经常性损益的净利润为基础计算的净资产收益率(%) | 34.55 | 43.75 | -21.03 | 11.15 |
| 每股经营活动产生的现金流量净额 | 0.37 | 0.62 | -39.55 | 1.03 |
| | 2003 年末 | 2002 年末 | 本年末比上年末增减(%) | 2001 年末 |
| 每股净资产 | 1.61 | 1.47 | 9.57 | 1.96 |
| 调整后的每股净资产 | 1.61 | 1.47 | 9.57 | 1.95 |

## 000676 河南思达高科技股份有限公司

### 二〇〇三年年度报告摘选

#### 1.上市公司基本情况简介

1.1 基本情况简介

股票简称:思达高科 股票代码:000676 上市交易所:上海证券交易所

注册地址:中国河南郑州高科技术产业开发区金梭路 38 号

办公地址:郑州市经三路北 26 号思达数码大厦 邮政编码:450008

公司国际互联网网址:http://www.starhi-tech.com 电子信箱:ZQB@starhi-tech.net

1.2 联系人和联系方式

董事会秘书:王西林 联系地址:郑州市经三路北 26 号思达数码大厦 909 室

电话:0371-5793081 传真:0371-5793089 电子信箱:wx10676@sohu.com

证券事务代表:向桥 联系地址:郑州市经三路北 26 号思达数码大厦 907 室

电话:0371-5793376 传真:0371-5793089 电子信箱:x.qiao@371.net

#### 2.会计数据和财务指标摘要

2.1 主要会计数据 单位:元

| | 2003 年(本年) | 2002 年(上年) | 本年比上年增减(%) | 2001 年 |
|---|---|---|---|---|
| 主营业务收入 | 381,730,052.68 | 299,660,000.96 | 27.39 | 148,338,644.85 |
| 利润总额 | 43,087,661.97 | 51,590,023.73 | -16.48 | 42,177,510.98 |
| 净利润 | 31,958,999.28 | 40,279,842.75 | -20.66 | 35,090,665.94 |
| 扣除非经常性损益的净利润 | 28,932,303.14 | 38,676,087.00 | -25.19 | 32,117,459.00 |
| | 2003 年末(本年末) | 2002 年末(上年末) | 本年末比上年末增减(%) | 2001 年末 |
| 总资产 | 1,029,660,678.17 | 872,452,270.39 | 18.02 | 630,422,520.69 |
| 股东权益(不含少数股东权益) | 417,194,721.00 | 404,098,775.89 | 3.24 | 0.00 |
| 经营活动产生的现金流量净额 | 102,281,991.42 | 29,903,137.79 | 242.04 | 5,457,472.45 |

2.2 主要财务指标 单位:(人民币)元

| | 2003 年(本年) | 2002 年(上年) | 本年比上年增减(%) | 2001 年 |
|---|---|---|---|---|
| 每股收益 | 0.10 | 0.13 | -20.31 | 0.11 |
| 每股收益(如果股本变化,按新股本计算) | 0.10 | -- | -- | -- |
| 净资产收益率(%) | 7.66 | 9.97 | -23.17 | 9.33 |
| 扣除非经常性损益的净利润为基础计算的净资产收益率(%) | 6.19 | 10.30 | -39.90 | 9.17 |
| 每股经营活动产生的现金流量净额 | 0.33 | 0.10 | 242.11 | 0.02 |
| | 2003 年末(本年末) | 2002 年末(上年末) | 本年末比上年末增减(%) | 2001 年末 |
| 每股净资产 | 1.33 | 1.29 | 3.19 | 1.16 |
| 调整后的每股净资产 | 1.27 | 1.20 | 5.83 | 1.16 |

## 000678 襄阳汽车轴承股份有限公司

### 二〇〇三年年度报告摘选

#### 1.上市公司基本情况简介

1.1 基本情况简介

股票简称:*ST 襄轴 股票代码:000678 上市交易所:深圳证券交易所

注册地址和办公地址:湖北省襄樊市襄城区轴承路 1 号 邮政编码:441022

公司国际互联网网址:http://www.zxy.com.cn 电子信箱:zqb@zxy.com.cn

1.2 联系人和联系方式

董事会秘书:廖永高 联系地址:湖北省襄樊市襄城区轴承路 1 号

电话:0710-3902429 传真:0710-3560874 电子信箱:zqb@zxy.com.cn

证券事务代表:谢继军 联系地址:湖北省襄樊市襄城区轴承路 1 号

电话:0710-3564101-82215 传真:0710-3560874 电子信箱:zqb@zxy.com.cn

#### 2.会计数据和财务指标摘要

2.1 主要会计数据 单位:(人民币)元

| | 2003 年(本年) | 2002 年(上年) | 本年比上年增减(%) | 2001 年 |
|---|---|---|---|---|
| 主营业务收入 | 214,767,508.59 | 241,146,221.56 | -10.94 | 252,450,242.65 |
| 利润总额 | 7,841,771.62 | -76,186,351.69 | -- | -92,091,316.97 |
| 净利润 | 7,841,771.62 | -76,186,351.69 | -- | -92,091,316.97 |
| 扣除非经常性损益的净利润 | -17,175,632.70 | -45,350,076.97 | -- | -85,485,159.50 |
| | 2003 年末(本年末) | 2002 年末(上年末) | 本年末比上年末增减(%) | 2001 年末 |
| 总资产 | 692,879,806.81 | 763,418,652.98 | -9.24 | 811,279,731.88 |
| 股东权益(不含少数股东权益) | 337,805,160.55 | 327,002,270.66 | 3.30 | 399,734,265.99 |
| 经营活动产生的现金流量净额 | 19,122,881.26 | 16,542,784.57 | 15.60 | 58,144,049.98 |

2.2 主要财务指标 单位:(人民币)元

| | 2003 年(本年) | 2002 年(上年) | 本年比上年增减(%) | 2001 年 |
|---|---|---|---|---|
| 每股收益 | 0.06 | -0.54 | -- | -0.65 |
| 每股收益(每果股本变化,按新股本计算) | 0.06 | -- | -- | -- |
| 净资产收益率(%) | 2.32 | -23.30 | -- | -23.04 |
| 扣除非经常性损益的净利润为基础计算的净资产收益率(%) | 5.00 | -13.87 | -- | -21.39 |
| 每股经营活动产生的现金流量净额 | 0.14 | 0.12 | 15.25 | 0.41 |
| | 2003 年末(本年末) | 2002 年末(上年末) | 本年末比上年末增减(%) | 2001 年末 |
| 每股净资产 | 2.41 | 2.33 | 3.31 | 2.85 |
| 调整后的每股净资产 | 2.02 | 1.95 | 3.59 | 2.64 |

## 000686 锦州经济技术开发区六陆实业股份有限公司

### 二〇〇三年年度报告摘选

#### 1.上市公司基本情况简介

1.1 基本情况简介

股票简称:锦州六陆 股票代码:000686 上市交易所:深圳证券交易所

注册地址:锦州经济技术开发区 办公地址:辽宁省锦州市古塔区红星里 9 号

邮政编码:121001 公司国际互联网网址:http://www.liulu.com

电子信箱:info@liulu.com

1.2 联系人和联系方式

董事会秘书:吴喜梅 联系地址:辽宁省锦州市古塔区红星里 9 号

电话:0416-4561247 传真:0416-4561377 电子信箱:swsll@sina.com

#### 2.会计数据和财务指标摘要

2.1 主要会计数据 单位:(人民币)元

| | 2003 年(本年) | 2002 年(上年) | 本年比上年增减(%) | 2001 年 |
|---|---|---|---|---|
| 主营业务收入 | 254,361,468.39 | 206,904,402.71 | 22.94% | 155,335,540.60 |
| 利润总额 | 6,989,822.07 | -11,271,754.34 | -- | -10,822,086.03 |
| 净利润 | 10,467,097.78 | 9,427,037.15 | 11.03% | 11,939,550.82 |
| 扣除非经常性损益的净利润 | 9,984,770.71 | 10,492,075.68 | -4.84% | -21,752,078.63 |
| | 2003 年末(本年末) | 2002 年末(上年末) | 本年末比上年末增减(%) | 2001 年末 |
| 总资产 | 523,142,307.97 | 559,434,351.66 | -6.49% | 556,959,271.60 |
| 股东权益(不含少数股东权益) | 446,483,933.02 | 445,634,824.64 | 0.19% | 503,719,825.04 |
| 经营活动产生的现金流量净额 | -2,171,346.65 | 56,716,560.23 | -103.83% | 34,440,492.70 |

2.2 主要财务指标 单位:(人民币)元

| | 2003 年(本年) | 2002 年(上年) | 本年比上年增减(%) | 2001 年 |
|---|---|---|---|---|
| 每股收益 | 0.07 | 0.06 | 12.07% | 0.08 |
| 每股收益(如果股本变化,按新股本计算) | 0.07 | -- | -- | -- |
| 净资产收益率 | 2.34% | 2.11% | 10.90% | 2.39% |
| 扣除非经常性损益的净利润为基础计算的净资产收益率 | 2.24% | 2.02% | 10.89% | -6.22% |
| 每股经营活动产生的现金流量净额 | -0.01 | 0.35 | -103.83% | 0.23 |
| | 2003 年末(本年末) | 2002 年末(上年末) | 本年末比上年末增减(%) | 2001 年末 |
| 每股净资产 | 2.75 | 2.75 | 0.18% | 3.42 |
| 调整后的每股净资产 | 2.68 | 2.67 | 0.37% | 3.28 |

## 000905 厦门路桥股份有限公司

### 二〇〇三年年度报告摘选

#### 1.上市公司基本情况简介

1.1 基本情况简介

股票简称:厦门路桥 股票代码:000905 上市交易所:深圳证券交易所

注册地址和办公地址:厦门市嘉禾路侨星大厦八楼 邮政编码:361009

公司国际互联网网址:www.amoy-roadbridge.com 电子信箱:xmlq000905@sina.com

1.2 联系人和联系方式

董事会秘书:刘翔 联系地址:厦门市嘉禾路侨星大厦八楼

电话:0592-5326897 5049881 传真:0592-5326893 电子信箱:Liuxiang_email@sina.com

证券事务代表:林瑞昭 联系地址:厦门市嘉禾路侨星大厦八楼

电话:0592-5326897 5049881 传真:0592-5326893 电子信箱:lrz311@sina.com.cn

#### 2.会计数据和财务指标摘要

2.1 主要会计数据 单位:人民币元

| 项目 | 2003 年 | 2002 年调整后 | 本年比上年增减(%) | 2001 年 |
|---|---|---|---|---|
| 主营业务收入 | 415,370,549.29 | 331,222,858.02 | 25.41% | 254,416,867.68 |
| 利润总额 | 111,957,650.29 | 94,154,608.69 | 18.91% | 44,979,352.86 |
| 净利润 | 89,785,162.82 | 78,808,201.11 | 13.93% | 37,952,867.58 |
| 扣除非经常性损益后的净利润 | 78,571,576.32 | 69,028,203.91 | 13.83% | 38,751,482.92 |
| | 2003 年末 | 2002 年末 | 本年末比上年末增减(%) | 2001 年末 |
| 总资产 | 2,721,372,995.63 | 2,839,805,700.28 | -4.17% | 2,805,191,729.26 |
| 股东权益 | 1,032,446,060.64 | 942,660,897.82 | 9.52% | 1,011,350,350.21 |
| 经营活动产生的现金流量净额 | 179,089,083.05 | 166,823,799.81 | 7.35% | 35,725,433.27 |

2.2 主要财务指标 单位:人民币元

| | 2003 年 | 2002 年 | 本年比上年增减(%) | 2001 年 |
|---|---|---|---|---|
| 每股收益 | 0.304 | 0.267 | 13.86% | 0.129 |
| 净资产收益率(%) | 8.70 | 8.36 | 4.01% | 3.75 |
| 扣除非经常性损益后的净资产收益率(%) | 7.61 | 7.32 | 3.96% | 3.93 |
| 每股经营活动产生的现金流量净额 | 0.607 | 0.566 | 7.35% | 0.121 |
| | 2003 年末 | 2002 年末 | 本年末比上年末增减(%) | 2001 年末 |
| 每股净资产 | 3.500 | 3.195 | 9.52% | 3.428 |
| 调整后的每股净资产 | 3.391 | 3.104 | 9.25% | 3.364 |
| 净资产收益率(%)摊薄 | 8.70 | 8.36 | 4.01% | 3.75 |

## 000958 石家庄东方热电股份有限公司

### 二〇〇三年年度报告摘选

#### 1.上市公司基本情况简介

1.1 基本情况简介

股票简称:东方热电 股票代码:000958 上市交易所:深圳证券交易所

注册地址和办公地址:河北省石家庄市建华南大街 161 号

邮政编码:050031 公司国际互联网网址:www.dfrd.com

电子信箱:dfrdzqb@heinfo.net

1.2 联系人和联系方式

董事会秘书:胡俊芳 联系地址:湖北省石家庄市建华南大街 161 号

电话:0311-5078768 传真:0311-5087068 电子信箱:dfrdhu0958@vip.sina.com

证券事务代表:徐会桥 联系地址:河北省石家庄市建华南大街 161 号

电话:0311-5053913 传真:0311-5087068 电子信箱:xuhuiqiao@sohu.com

#### 2.会计数据和财务指标摘要

2.1 主要会计数据 单位:(人民币)元

| | 2003 年(本年) | 2002 年(上年) | 本年比上年增减 | 2001 年 |
|---|---|---|---|---|
| 主营业务收入 | 517,214,376.99 | 428,617,307.52 | 20.67% | 461,061,047.23 |
| 利润总额 | 102,033,333.40 | 71,734,234.18 | 42.24% | 89,183,309.62 |
| 净利润 | 76,147,445.24 | 70,197,902.75 | 8.48% | 75,816,692.81 |
| 扣除非经常性损益的净利润 | 76,680,064.48 | 57,669,166.56 | 32.97% | 56,485,760.05 |
| | 2003 年末(本年末) | 2002 年末(上年末) | 本年末比上年末增减 | 2001 年末 |
| 总资产 | 2,377,951,521.52 | 2,081,486,885.76 | 14.24% | 1,464,869,442.89 |
| 股东权益(不含少数股东权益) | 1,263,106,875.34 | 1,209,777,062.98 | 4.41% | 601,338,026.20 |
| 经营活动产生的现金流量净额 | 63,957,333.73 | 66,815,561.97 | -4.28% | 10,980.00 |

2.2 主要财务指标 单位:(人民币)元

| | 2003 年本年 | 2002 年上年 | 本年比上年增减 | 2001 年 |
|---|---|---|---|---|
| 每股收益 | 0.22 | 0.31 | -27.69% | 0.45 |
| 每股收益(如果股本变化,按新股本计算) | 0.22 | -- | -- | -- |
| 净资产收益率 | 6.03% | 5.80% | 3.97% | 14.03% |
| 扣除非经常性损益的净利润为基础计算的净资产收益率 | 6.07% | 4.77% | 27.25% | 11.28% |
| 每股经营活动产生的现金流量净额 | 0.19 | 0.29 | -36.30% | 0.61 |
| | 2003 年末(本年末) | 2002 年末(上年末) | 本年末比上年末增减 | 2001 年末 |
| 每股净资产 | 3.68 | 5.28 | -30.38% | 3.27 |
| 调整后的每股净资产 | 3.65 | 5.21 | -29.94% | 3.22 |

## 600227 贵州赤天化股份有限公司

### 二〇〇三年年度报告摘选

#### 1.上市公司基本情况简介

1.1 基本情况简介

股票简称:赤天化 股票代码:600227 上市交易所:上海证券交易所

注册地址:贵阳市新添大道 310 号

办公地址:贵州省赤水市化工路 邮政编码:564707

公司国际互联网网址:http://www.chth.com.cn 电子信箱:gfgsbgs@chth.com.cn

1.2 联系人和联系方式

董事会秘书:杨呈祥 联系地址:贵州省赤水市化工路

电话:0852-2878788 传真:0852-2878332 电子信箱:gfgsbgs@chth.com.cn

证券事务代表:梅君,王晓强 联系地址:贵州省赤水市化工路

电话:0852-2878874 传真:0852-2878332 电子信箱:gfgsbgs@chth.com.cn

#### 2.会计数据和财务指标摘要

2.1 主要会计数据 单位:元

| | 2003 年 | 2002 年 | 本年比上年增减(%) | 2001 年 |
|---|---|---|---|---|
| 主营业务收入 | 589,468,585.94 | 659,393,192.68 | -10.60 | 630,644,450.25 |
| 利润总额 | 81,540,781.44 | 72,364,790.86 | 12.68 | 42,128,089.24 |
| 净利润 | 71,352,219.19 | 61,259,168.14 | 16.48 | 37,515,717.98 |
| 扣除非经常性损益的净利润 | 56,797,242.03 | 49,864,695.28 | 13.90 | 6,886,114.11 |
| | 2003 年末 | 2002 年末 | 本年末比上年末增减(%) | 2001 年末 |
| 总资产 | 970,407,710.51 | 868,515,680.79 | 11.73 | 901,548,781.00 |
| 股东权益(不含少数股东权益) | 819,734,752.68 | 782,382,533.49 | 4.77 | 721,123,365.35 |
| 经营活动产生的现金流量净额 | 95,579,229.41 | 67,427,317.44 | 41.75 | 153,762,191.11 |

2.2 主要财务指标 单位:元

| | 2003 年 | 2002 年 | 本年比上年增减(%) | 2001 年 |
|---|---|---|---|---|
| 每股收益 | 0.420 | 0.360 | 16.670 | 0.221 |
| 净资产收益率(%) | 8.70 | 8.19 | 6.230 | 5.20 |
| 扣除非经常性损益的净利润为基础计算的净资产收益率(%) | 6.93 | 6.66 | 4.050 | 0.95 |
| 每股经营活动产生的现金流量净额 | 0.562 | 0.397 | 41.560 | 0.904 |
| | 2003 年末 | 2002 年末 | 本年末比上年末增减(%) | 2001 年末 |
| 每股净资产 | 4.822 | 4.602 | 4.78 | 4.242 |
| 调整后的每股净资产 | 4.821 | 4.602 | 4.76 | 4.242 |

## 600717 天津港(集团)股份有限公司

### 二〇〇三年年度报告摘选

#### 1.上市公司基本情况简介

1.1 基本情况简介

股票简称:天津港 股票代码:600717 上市交易所:上海证券交易所

注册地址:天津市塘沽区新港二号路卡子门内

办公地址:天津市塘沽区新港二号路 35 号 邮政编码:300456

电子信箱:tjpgroup@tianjinport.ptacn.com

1.2 联系人和联系方式

董事会秘书:李全勇 联系地址:天津市塘沽区新港二号路 35 号

电话:022-25706615 传真:022-25706615 电子信箱:tjpsec@tianjinport.ptacn.com

#### 2.会计数据和财务指标摘要

2.1 主要财务数据

单位:元

| | 2003 年 | 2002 年 | 本年比上年增减(%) | 2001 年 |
|---|---|---|---|---|
| 主营业务收入 | 1,334,818,891.14 | 1,235,134,671.26 | 8.07 | 1,000,674,677.25 |
| 利润总额 | 443,321,415.05 | 445,602,550.21 | -0.51 | 339,592,666.99 |
| 净利润 | 292,482,315.00 | 298,841,616.05 | -2.13 | 269,841,009.32 |
| 扣除非经常性损益的净利润 | 266,700,644.44 | 304,387,917.74 | -12.38 | 266,332,369.45 |
| | 2003 年末 | 2002 年末 | 本年末比上年末增减(%) | 2001 年末 |
| 总资产 | 4,431,546,653.86 | 3,169,110,479.41 | 39.84 | 2,813,011,389.44 |
| 股东权益(不含少数股东权益) | 2,101,735,683.35 | 1,892,489,546.81 | 11.06 | 1,646,436,234.68 |
| 经营活动产生的现金流量净额 | 481,410,844.90 | 571,061,384.76 | -16.00 | 477,977,783.21 |

2.2 主要财务指标 单位:元

| | 2003 年 | 2002 年 | 本年比上年增减(%) | 2001 年 |
|---|---|---|---|---|
| 每股收益 | 0.44 | 0.45 | -2.22 | 0.41 |
| 净资产收益率(%) | 13.92 | 15.79 | -11.84 | 16.39 |
| 扣除非经常性损益的净利润为基础计算的净资产收益率(%) | 13.08 | 16.95 | -22.83 | 17.18 |
| 每股经营活动产生的现金流量净额 | 0.73 | 0.87 | -16.09 | 0.72 |
| | 2003 年末 | 2002 年末 | 本年末比上年末增减(%) | 2001 年末 |
| 每股净资产 | 3.19 | 2.87 | 11.15 | 2.50 |
| 调整后的每股净资产 | 3.17 | 2.86 | 10.84 | 2.48 |

## 600782 新华金属制品股份有限公司

### 二〇〇三年年度报告摘选

#### 1.上市公司基本情况简介

1.1 基本情况简介

股票简称:新华股份 股票代码:600782 上市交易所:上海证券交易所

注册地址和办公地址:江西省新余市铁焦路

办公地址:江西省新余市高新技术经济开发区 邮政编码:338004

公司国际互联网网址:http://www.xmpc.com.cn 电子信箱:info@xinuametal.com

1.2 联系人和联系方式

董事会秘书:游绍诚 联系地址:江西省新余市高新技术经济开发区

电话:0790－6460888 传真:0790－6460999 电子信箱:stock@xinhuametal.com

证券事务代表:张伟国 联系地址:江西省新余市高新技术经济开发区

电话:0790－6460888 传真:0790－6460999 电子信箱:stock@xinhuametal.com

#### 2.会计数据和财务指标摘要

2.1 主要财务数据 单位:元

| | 2003年 | 2002年 | 本年比上年增减(%) | 2001年 |
|---|---|---|---|---|
| 主营业务收入 | 537,553,309.34 | 397,370,463.32 | 35.28 | 292,873,428.11 |
| 利润总额 | 28,059,154.08 | 32,320,488.88 | －13.18 | 31,300,927.84 |
| 净利润 | 23,574,804.43 | 27,539,448.50 | －14.40 | 26,440,873.18 |
| 扣除非经常性损益的净利润 | 23,341,967.21 | 23,184,734.68 | 0.68 | 18,897,758.26 |
| | 2003年末 | 2002年末 | 本年末比上年末增减(%) | 2001年末 |
| 总资产 | 478,278,436.55 | 489,120,501.94 | －2.22 | 400,858,724.56 |
| 股东权益(不含少数股东权益) | 293,397,640.62 | 293,975,382.95 | －0.20 | 287,690,175.59 |
| 经营活动产生的现金流量净额 | 63,253,726.89 | 53,153,431.63 | 19.00 | 32,727,715.41 |

2.2 主要财务指标 单位:元

| | 2003年 | 2002年 | 本年比上年增减(%) | 2001年 |
|---|---|---|---|---|
| 每股收益 | 0.1220 | 0.1425 | －14.38 | 0.1368 |
| 净资产收益率(%) | 8.04 | 9.37 | －14.19 | 9.19 |
| 扣除非经常性损益的净利润为基础计算的净资产收益率(%) | 7.95 | 7.97 | －0.25 | 6.89 |
| 每股经营活动产生的现金流量净额 | 0.3274 | 0.2751 | 19.01 | 0.1694 |
| | 2003年末 | 2002年末 | 本年末比上年末增减(%) | 2001年末 |
| 每股净资产 | 1.5185 | 1.5215 | －0.20 | 1.4889 |
| 调整后的每股净资产 | 1.5054 | 1.5054 | 0.00 | 1.4631 |

## 600893 吉林华润生化股份有限公司

### 二〇〇三年年度报告摘选

#### 1.上市公司基本情况简介

1.1 基本情况简介

股票简称:ST吉发 股票代码:600893 上市交易所:上海证券交易所

注册地址:吉林省长春市经济技术开发区东盛大街345号

办公地址:吉林省长春市经济技术开发区仙台大街1717号 邮政编码:410013

电子信箱:600893@secure.sse.com.cn

1.2 联系人和联系方式

董事会秘书:唐昭 联系地址:吉林省长春市经济技术开发区仙台大街1717号

电话:0431－5883022 传真:0431－5883058 电子信箱:tz@crbc.com.cn

#### 2.会计数据和财务指标摘要

2.1 主要会计数据

单位:元

| | 2003年 | 2002年 | 本年比上年增减(%) | 2001年 |
|---|---|---|---|---|
| 主营业务收入 | 904,809,028.20 | 975,326,858.55 | －7.23 | 874,979,506.38 |
| 利润总额 | 47,227,670.62 | 39,253,124.75 | 20.32 | －162,708,957.84 |
| 净利润 | 30,525,634.68 | 33,410,027.19 | －8.63 | －141,561,859.36 |
| 扣除非经常性损益的净利润 | 21,724,687.50 | －19,912,527.74 | 209.10 | －121,030,644.53 |
| | 2003年末 | 2002年末 | 本年末比上年末增减(%) | 2001年末 |
| 总资产 | 1,182,675,793.49 | 1,228,658,608.07 | －3.74 | 1,548,599,973.67 |
| 股东权益(不含少数股东权益) | 579,493,241.92 | 548,879,458.12 | 5.58 | 494,160,076.61 |
| 经营活动产生的现金流量净额 | －35,642,206.68 | 396,789,275.62 | －108,98 | 19,789,945.65 |

2.2 主要财务指标

单位:元

| | 2003年 | 2002年 | 本年比上年增减(%) | 2001年 |
|---|---|---|---|---|
| 每股收益 | 0.1299 | 0.1422 | －8.65 | －0.6026 |
| 净资产收益率(%) | 5.27 | 6.09 | －0.82 | －28.64 |
| 扣除非经常性损益的净利润为基础计算的净资产收益率(%) | 3.75 | －3.63 | 7.38 | －24.49 |
| 扣除非经常性损益净利润为基础计算加权平均净资产收益率(%) | 3.85 | －3.66 | 7.51 | －22.10 |
| 每股经营活动产生的现金流量净额 | －0.15 | 1.69 | －108.88 | 0.08 |
| | 2003年末 | 2002年末 | 本年末比上年末增减(%) | 2001年末 |
| 每股净资产 | 2.47 | 2.34 | 5.56 | 2.1 |
| 调整后的每股净资产 | 2.33 | 2.23 | 4.48 | 1.83 |

## 600880 成都博瑞传播股份有限公司

### 二〇〇三年年度报告摘选

#### 1.上市公司基本情况简介

1.1 基本情况简介

股票简称:博瑞传播 股票代码:600880 上市交易所:上海证券交易所

注册地址:成都市郫县唐昌镇南外街2号

办公地址:成都市花牌坊街185号 邮政编码:610031

1.2 联系人和联系方式

董事会秘书:张跃铭 联系地址:成都市花牌坊街185号

电话:028－87651183 传真:028－87651183 电子信箱:zhangyueming@b－ray.com.cn

证券事务代表:李良 联系地址:成都市花牌坊街185号

电话:028－87688313 传真:028－87688427 电子信箱:liliang@b－ray.com.cn

#### 2.会计数据和财务指标摘要

2.1 主要会计数据 单位:(人民币)元

| | 2003年 | 2002年 | 本年比上年增减(%) | 2001年 |
|---|---|---|---|---|
| 主营业务收入 | 346,859,541.79 | 266,527,193.76 | 30.14 | 277,902,609.64 |
| 利润总额 | 95,161,511.83 | 93,128,217.54 | 2.18 | 31,084,696.34 |
| 净利润 | 55,050,202.33 | 48,060,425.31 | 14.54 | 29,598,722.63 |
| 扣除非经常性损益的净利润 | 55,411,190.54 | 50,418,729.17 | 9.90 | 29,809,069.80 |
| | 2003年末 | 2002年末 | 本年末比上年末增减(%) | 2001年末 |
| 总资产 | 562,514,214.66 | 412,704,930.96 | 36.30 | 374,105,275.62 |
| 股东权益(不含少数股东权益) | 314,352,961.09 | 272,317,019.76 | 15.44 | 237,274,599.45 |
| 经营活动产生的现金流量净额 | 119,335,728.88 | 77,665,657.18 | 53.65 | 110,250,352.63 |

2.2 主要财务指标 单位:(人民币)元

| | 2003年 | 2002年 | 本年比上年增减(%) | 2001年 |
|---|---|---|---|---|
| 每股收益 | 0.42 | 0.37 | 13.51 | 0.23 |
| 每股收益(加权) | 0.42 | 0.37 | 13.51 | 0.23 |
| 净资产收益率(%) | 17.51 | 17.65 | －0.79 | 12.47 |
| 扣除非经常性损益的净利润为基础计算的净资产收益率(%) | 17.63 | 18.51 | －4.75 | 12.57 |
| 每股经营活动产生的现金流量净额 | 0.92 | 0.60 | 53.33 | 0.85 |
| | 2003年末 | 2002年末 | 本年末比上年末增减(%) | 2001年末 |
| 每股净资产 | 2.41 | 2.09 | 15.31 | 1.82 |
| 调整后的每股净资产 | 2.26 | 2.08 | 8.65 | 1.81 |

### 2月21日

## 000055 方大集团股份有限公司

### 二〇〇三年年度报告摘选

#### 1.上市公司基本情况简介

1.1 基本情况简介

股票简称:方大A、方大B 股票代码:000055、200055 上市交易所:深圳证券交易所

注册地址:中华人民共和国深圳市高新区科技南十二路方大大厦 邮政编码:518057

办公地址:中华人民共和国深圳市南山区西丽龙井方大城 邮政编码:518055

公司国际互联网网址:http://www.fangda.com 电子信箱:fd@fangda.com

1.2 联系人和联系方式

董事会秘书:周志刚 联系地址:中华人民共和国深圳市南山区西丽龙井方大城

电话:26788571－6622 传真:26788353 电子信箱:zqb@fangda.com

证券事务代表:曹乃斯 联系地址:中华人民共和国深圳市南山区西丽龙井方大城

电话:26788571－6622 传真:26788353 电子信箱:zqb@fangda.com

#### 2.会计数据和财务指标摘要

2.1 主要会计数据 单位:(人民币)元

| | 2003年(本年) | 2002年(上年) | 本年比上年增减(%) | 2001年 |
|---|---|---|---|---|
| 主营业务收入 | 514,002,569.34 | 438,191,899.30 | 17.30 | 406,956,626.00 |
| 利润总额 | 12,999,127.48 | －176,889,404.97 | －－ | 47,830,171.00 |
| 净利润 | 10,579,684.96 | －173,094,657.32 | －－ | 35,939,821.00 |
| 扣除非经常性损益的净利润 | 9,005,223.87 | －173,222,618.32 | －－ | 36,029,076.00 |
| | 2003年末(本年末) | 2002年末(上年末) | 本年末比上年末增减(%) | 2001年末 |
| 总资产 | 1,457,419,424.04 | 1,287,196,619.77 | 13.22 | 1,385,678,719.00 |
| 股东权益(不含少数股东权益) | 835,169,852.50 | 824,590,167.54 | 1.28 | 1,017,770,501.00 |
| 经营活动产生的现金流量净额 | 5,022,331.62 | －37,553,669.00 | －－ | 143,457,600.00 |

2.2 主要财务指标 单位:(人民币)元

| | 2003年(本年) | 2002年(上年) | 本年比上年增减(%) | 2001年 |
|---|---|---|---|---|
| 每股收益 | 0.04 | －0.58 | －－ | 0.12 |
| 净资产收益率(%) | 1.27 | －20.99 | －－ | 3.53 |
| 扣除非经常性损益的净利润为基础计算的净资产收益率(%) | 1.07 | －21.07 | －－ | 3.54 |
| 每股经营活动产生的现金流量净额 | 0.02 | －0.13 | －－ | 0.48 |
| | 2003年末(本年末) | 2002年末(上年末) | 本年末比上年末增减(%) | 2001年末 |
| 每股净资产 | 2.82 | 2.78 | 1.29 | 3.43 |
| 调整后的每股净资产 | 2.70 | 2.74 | －1.46 | 3.42 |

## 000615/ 湖北金环股份有限公司

### 二〇〇三年年度报告摘选

#### 1.上市公司基本情况简介

1.1 基本情况简介

股票简称:湖北金环 股票代码:000615 上市交易所:深圳证券交易所

注册地址和办公地址:湖北省襄樊市樊城区陈家湖 邮政编码:441133

公司国际互联网网址:http://www.615.cn 电子信箱:zqb@615.cn

1.2 联系人和联系方式

董事会秘书:郑小华 联系地址:湖北省襄樊市樊城区陈家湖

电话:0710－2108234 传真:0710－2108233 电子信箱:zqb@615.cn

证券事务代表:陈诗武、陈金先 联系地址:湖北省襄樊市樊城区陈家湖

电话:0710－2108234 传真:0710－2108233 电子信箱:zqb@615.cn

#### 2.会计数据和财务指标摘要

2.1 主要会计数据 单位:(人民币)元

| | 2003 年 | 2002 年 | 本年比上年增减 | 2001 年 |
|---|---|---|---|---|
| 主营业务收入 | 1,694,268,051.39 | 1,849,612,406.68 | －8.40% | 798,523,968.16 |
| 利润总额 | 57,416,672.45 | 82,964,350.80 | －30.79% | 43,876,752.68 |
| 净利润 | 45,843,838.05 | 54,077,258.80 | －15.23% | 26,220,095.45 |
| 扣除非经常性损益的净利润 | 39,221,231.79 | 44,237,833.16 | －11.34% | 25,979,515.97 |
| | 2003 年末(本年末) | 2002 年末(上年末) | 本年末比上年末增减 | 2001 年末 |
| 总资产 | 1,743,532,930.50 | 1,290,999,832.18 | 35.05% | 997,924,678.39 |
| 股东权益(不含少数股东权益) | 660,314,019.00 | 611,776,544.47 | 7.93% | 549,794,083.39 |
| 经营活动产生的现金流量净额 | 70,079,130.80 | 158,332,680.59 | －55.74% | －84,604,298.97 |

2.2 主要财务指标 单位:(人民币)元

| | 2003 年(本年) | 2002 年(上年) | 本年比上年增减 | 2001 年 |
|---|---|---|---|---|
| 每股收益 | 0.30 | 0.35 | －15.50% | 0.17 |
| 每股收益(如果股本变化,按新股本计算) | 0.30 | －－ | －－ | －－ |
| 净资产收益率 | 6.94% | 8.84% | －21.49% | 4.77% |
| 扣除非经常性损益的净利润为基础计算的净资产收益率 | 5.94% | 7.23% | －17.84% | 4.73% |
| 每股经营活动产生的现金流量净额 | 0.45 | 1.02 | －55.77% | －0.55 |
| | 2003 年末(本年末) | 2002 年末(上年末) | 本年末比上年末增减 | 2001 年末 |
| 每股净资产 | 4.26 | 3.95 | 7.94% | 3.55 |
| 调整后的每股净资产 | 4.26 | 3.95 | 7.88% | 3.54 |

## 000807/ 云南铝业股份有限公司

### 二〇〇三年年度报告摘选

#### 1.上市公司基本情况简介

1.1 基本情况简介

股票简称:云铝股份 股票代码:000807 上市交易所:深圳证券交易所

注册地址和办公地址:云南省呈贡县云南铝业股份有限公司 邮政编码:650502

公司国际互联网网址:http://www.ylgf.com 电子信箱:ylgf@public.km.yn.cn

1.2 联系人和联系方式

董事会秘书:张文伟 联系地址:云南省昆明市呈贡县云南铝业股份有限公司

电话:0871－7455858 传真:0871－7455605 电子信箱:stock@ylgf.com

#### 2.会计数据和财务指标摘要

2.1 主要会计数据 单位:(人民币)元

| | 2003 年(本年) | 2002 年(上年) | 本年比上年增减 | 2001 年 |
|---|---|---|---|---|
| 主营业务收入 | 1,464,629,857.53 | 1,562,796,827.50 | －6.28% | 1,603,742,305.84 |
| 利润总额 | 193,616,019.82 | 180,404,621.87 | 7.32% | 177,392,836.72 |
| 净利润 | 164,497,866.14 | 152,342,555.51 | 7.98% | 150,111,809.03 |
| 扣除非经常性损益的净利润 | 169,059,722.28 | 158,658,406.41 | 6.56% | 150,795,403.43 |
| | 2003 年末(本年末) | 2002 年末(上年末) | 本年末比上年末增减 | 2001 年末 |
| 总资产 | 3,483,797,033.52 | 2,761,535,381.93 | 26.15% | 2,321,605,879.98 |
| 股东权益(不含少数股东权益) | 1,489,470,468.10 | 1,433,772,601.96 | 3.88% | 756,959,658.72 |
| 经营活动产生的现金流量净额 | 144,508,848.79 | 310,316,994.83 | －53.43% | 368,605,291.44 |

2.2 主要财务指标 单位:(人民币)元

| | 2003 年(本年) | 2002 年(上年) | 本年比上年增减 | 2001 年 |
|---|---|---|---|---|
| 每股收益 | 0.45 | 0.42 | 7.98% | 0.48 |
| 净资产收益率 | 11.04% | 10.63% | 3.86% | 19.83% |
| 扣除非经常性损益的净利润为基础计算的净资产收益率 | 11.35% | 11.41% | －0.53% | 19.92% |
| 每股经营活动产生的现金流量净额 | 0.40 | 0.85 | －53.43% | 1.19 |
| | 2003 年末(本年末) | 2002 年末(上年末) | 本年末比上年末增减 | 2001 年末 |
| 每股净资产 | 4.09 | 3.94 | 3.89% | 2.44 |
| 调整后的每股净资产 | 4.08 | 3.93 | 3.82% | 2.43 |

## 000822/ 山东海化股份有限公司

### 二〇〇三年年度报告摘选

#### 1.上市公司基本情况简介

1.1 基本情况简介

股票简称:山东海化 股票代码:000822 上市交易所:深圳证券交易所

注册地址和办公地址:山东潍坊市海洋化工高新技术产业开发区 邮政编码:262737

公司国际互联网网址:www.chinahaihua.com 电子信箱:hhgf@haihua.chem.com.cn

1.2 联系人和联系方式

董事会秘书:吴炳顺 联系地址:山东省潍坊海洋化工高新技术产业开发区

电话:0536－5329379 传真:0536－5329879 电子信箱:bswu@haihua.com.cn

证券事务代表:李光强 联系地址:山东省潍坊海洋化工高新技术产业开发区

电话:0536－5329931 传真:0536－5329879 电子信箱:gqli@haihua.com.cn

#### 2.会计数据和财务指标摘要

2.1 主要会计数据 单位:(人民币)元

| | 2003 年(本年) | 2002 年(上年) | 本年比上年增减 | 2001 年 |
|---|---|---|---|---|
| 主营业务收入 | 2,653,984,509.08 | 1,882,302,813.60 | 41.00% | 1,439,028,480.19 |
| 利润总额 | 218,989,920.76 | 195,977,864.08 | 11.74% | 210,765,142.15 |
| 净利润 | 159,979,771.85 | 135,683,167.12 | 17.91% | 182,017,028.58 |
| 扣除非经常性损益的净利润 | 141,907,539.82 | 133,354,428.22 | 6.41% | 137,379,423.34 |
| | 2003 年末(本年末) | 2002 年末(上年末) | 本年末比上年末增减 | 2001 年末 |
| 总资产 | 4,160,114,567.34 | 2,997,991,005.27 | 38.76% | 3,037,381,205.40 |
| 股东权益(不含少数股东权益) | 1,901,998,279.66 | 1,741,491,187.32 | 9.22% | 1,651,452,947.42 |
| 经营活动产生的现金流量净额 | 362,829,508.12 | 360,964,448.27 | 0.52% | 252,938,415.50 |

2.2 主要财务指标 单位:(人民币)元

| | 2003 年(本年) | 2002 年(上年) | 本年比上年增减 | 2001 年 |
|---|---|---|---|---|
| 每股收益 | 0.35 | 0.30 | 17.92% | 0.40 |
| 每股收益(如果股本变化,按新股本计算) | 0.35 | －－ | －－ | －－ |
| 净资产收益率 | 8.41% | 7.79% | 7.96% | 11.02% |
| 扣除非经常性损益的净利润为基础计算的净资产收益率 | 7.69% | 7.29% | 5.49% | 10.46% |
| 每股经营活动产生的现金流量净额 | 0.79 | 0.79 | 0.52% | 0.55 |
| | 2003 年末(本年末) | 2002 年末(上年末) | 本年末比上年末增减 | 2001 年末 |
| 每股净资产 | 4.15 | 3.80 | 9.22% | 3.60 |
| 调整后的每股净资产 | 4.12 | 3.72 | 10.75% | 3.43 |

## 000977/ 浪潮电子信息产业股份有限公司

### 二〇〇三年年度报告摘选

#### 1.上市公司基本情况简介

1.1 基本情况简介

股票简称:浪潮信息 股票代码:000977 上市交易所:深圳证券交易所

注册地址和办公地址:济南市山大路 224 号 邮政编码:250014

公司国际互联网网址:WWW.LANGCHAO.COM 电子信箱:000977@langchao.com

1.2 联系人和联系方式

董事会秘书:张磊 联系地址:济南市山大路 224 号

电话:0531－8932888－8591 传真:0531－8958704 电子信箱:000977@langchao.com

证券事务代表:白荣 联系地址:济南市山大路 224 号

电话:0531－8932888－8951 传真:0531－8958704 电子信箱:000977@langchao.com

#### 2.会计数据和财务指标摘要

2.1 主要会计数据 单位:(人民币)元

| | 2003 年(本年) | 2002 年(上年) | 本年比上年增减 | 2001 年 |
|---|---|---|---|---|
| 主营业务收入 | 1,223,847,960.15 | 898,057,844.41 | 36.28% | 797,255,319.52 |
| 利润总额 | 80,885,221.15 | 84,874,509.20 | －4.07% | 51,765,321.69 |
| 净利润 | 29,347,694.37 | 50,153,118.79 | －41.48% | 43,322,756.28 |
| 扣除非经常性损益的净利润 | 26,624,262.38 | 43,561,089.63 | －38.88% | 42,383,009.19 |
| | 2003 年末(本年末) | 2002 年末(上年末) | 本年末比上年末增减 | 2001 年末 |
| 总资产 | 1,725,742,306.16 | 1,595,413,804.55 | 8.17% | 1,111,764,613.93 |
| 股东权益(不含少数股东权益) | 869,468,295.81 | 839,990,806.70 | 3.51% | 806,504,074.99 |
| 经营活动产生的现金流量净额 | 35,902,028.41 | 128,192,323.76 | －71.99% | 77,104,239.10 |

2.2 主要财务指标 单位:(人民币)元

| | 2003 年(本年) | 2002 年(上年) | 本年比上年增减 | 2001 年 |
|---|---|---|---|---|
| 每股收益 | 0.14 | 0.23 | －41.20% | 0.20 |
| 每股收益(如果股本变化,按新股本计算) | 0.14 | －－ | －－ | －－ |
| 净资产收益率 | 3.38% | 5.97% | －43.38% | 5.37% |
| 扣除非经常性损益的净利润为基础计算的净资产收益率 | 3.11% | 5.19% | －40.08% | 5.23% |
| 每股经营活动产生的现金流量净额 | 0.17 | 0.60 | －72.15% | 0.36 |
| | 2003 年末(本年末) | 2002 年末(上年末) | 本年末比上年末增减 | 2001 年末 |
| 每股净资产 | 4.04 | 3.91 | 3.51% | 3.75 |
| 调整后的每股净资产 | 3.96 | 3.81 | 3.94% | 3.71 |

## 125302 中国石化茂名炼油化工股份有限公司

### 二〇〇三年年度报告摘选

#### 1.上市公司基本情况简介

1.1 基本情况简介

股票简称:茂炼转债 股票代码:125302 上市交易所:上海证券交易所
注册地址和办公地址:广东省茂名市红旗北路2号 邮政编码:525011
公司国际互联网网址:http://www.cninfo.com.cn 电子信箱:mmchen@163.com

1.2 联系人和联系方式

董事会秘书:罗湘天 联系地址:广东省茂名市红旗北路2号
电话:0668-2242772 传真:0668-2269317 电子信箱:mmchen@163.com
证券事务代表:陈国兴 联系地址:广东省茂名市红旗北路2号
电话:0668-2242772 传真:0668-2242772 电子信箱:mmchen@163.com

#### 2.会计数据和财务指标摘要

2.1 主要会计数据 单位:(人民币)元

| | 2003年(本年) | 2002年(上年) | 本年比上年增减 | 2001年 |
|---|---|---|---|---|
| 主营业务收入 | 24,409,063,268.82 | 19,831,502,821.90 | 23.08% | 20,778,352,227.74 |
| 利润总额 | 421,044,762.36 | 381,892,137.34 | 10.25% | 28,910,293.48 |
| 净利润 | 305,090,233.40 | 254,236,478.45 | 20.00% | 17,156,644.83 |
| 扣除非经常性损益的净利润 | 327,023,864.14 | 255,278,745.99 | 28.10% | 35,387,097.99 |
| | 2003年末(本年末) | 2002年末(上年末) | 本年末比上年末增减 | 2001年末 |
| 总资产 | 6,249,049,534.13 | 5,716,155,680.06 | 9.32% | 4,989,560,755.70 |
| 股东权益(不含少数股东权益) | 2,108,504,197.45 | 1,801,388,952.52 | 17.05% | 1,545,223,235.04 |
| 经营活动产生的现金流量净额 | 397,093,945.16 | -22,307,174.66 | -- | 953,856,552.10 |

2.2 主要财务指标 单位:(人民币)元

| | 2003年(本年) | 2002年(上年) | 本年比上年增减 | 2001年 |
|---|---|---|---|---|
| 每股收益 | 0.29 | 0.24 | 20.01% | 0.02 |
| 每股收益(加权) | 0.29 | -- | -- | -- |
| 净资产收益率 | 14.47% | 14.11% | 2.55% | 1.11% |
| 扣除非经常性损益的净利润为基础计算的净资产收益率 | 15.51% | 14.17% | 9.46% | 2.29% |
| 每股经营活动产生的现金流量净额 | 0.37 | -0.02 | -- | 0.90 |
| | 2003年末(本年末) | 2002年末(上年末) | 本年末比上年末增减 | 2001年末 |
| 每股净资产 | 1.98 | 1.69 | 17.07% | 1.45 |
| 调整后的每股净资产 | 1.87 | 1.63 | 14.73% | 1.44 |

## 600130 宁波波导股份有限公司

### 二〇〇三年年度报告摘选

#### 1.上市公司基本情况简介

1.1 基本情况简介

股票简称:波导股份 股票代码:600130 上市交易所:上海证券交易所
注册地址:浙江省奉化市城山路99号
办公地址:浙江省奉化市金钟路588号 邮政编码:315500
公司国际互联网网址:WWW.chinabird.com 电子信箱:cbird@public.cnptt.zj.cn

1.2 联系人和联系方式

董事会秘书:马思甜 联系地址:浙江省奉化市金钟路588号
电话:0574-88918855 传真:0574-88929054 电子信箱:birdzq@mail.nbptt.zj.cn
证券事务代表:赵勤攻 联系地址:浙江省奉化市金钟路588号
电话:0574-88918855 传真:0574-88929054 电子信箱:birdzq@mail.nbptt.zj.cn

#### 2.会计数据和财务指标摘要

2.1 主要会计数据 单位:元

| | 2003年 | 2002年 | 本年比上年增减(%) | 2001年 |
|---|---|---|---|---|
| 主营业务收入 | 10,841,476,586.31 | 6,367,615,959.00 | 70.26 | 2,622,293,289.85 |
| 利润总额 | 349,744,549.57 | 271,822,789.42 | 28.67 | 126,654,014.82 |
| 净利润 | 245,023,581.50 | 215,922,223.92 | 13.48 | 68,134,627.02 |
| 扣除非经常性损益的净利润 | 233,362,110.92 | 224,391,635.15 | 4.00 | 70,356,028.70 |
| | 2003年末 | 2002年末 | 本年末比上年末增减(%) | 2001年末 |
| 总资产 | 3,947,427,220.41 | 3,807,414,781.24 | 3.68 | 1,743,431,603.24 |
| 股东权益(不含少数股东权益) | 1,272,683,583.27 | 1,048,467,069.28 | 21.39 | 864,544,845.36 |
| 经营活动产生的现金流量净额 | 855,935,710.84 | 594,231,345.98 | 44.04 | 356,544,987.71 |

2.2 主要财务指标 单位:元

| | 2003年 | 2002年 | 本年比上年增减(%) | 2001年 |
|---|---|---|---|---|
| 每股收益 | 1.53 | 1.35 | 13.33 | 0.426 |
| 净资产收益率(%) | 19.25 | 20.59 | -6.51 | 7.88 |
| 扣除非经常性损益的净利润为基础计算的净资产收益率(%) | 18.34 | 21.40 | -8.57 | 8.14 |
| 每股经营活动产生的现金流量净额 | 5.35 | 3.71 | 44.20 | 2.23 |
| | 2003年末 | 2002年末 | 本年末比上年末增减(%) | 2001年末 |
| 每股净资产 | 7.95 | 6.553 | 21.32 | 5.403 |
| 调整后的每股净资产 | 7.92 | 6.51 | 21.66 | 5.355 |

## 600558 四川大西洋焊接材料股份有限公司

### 二〇〇三年年度报告摘选

#### 1.上市公司基本情况简介

1.1 基本情况简介

股票简称:大西洋 股票代码:600558 上市交易所:上海证券交易所
注册地址和办公地址:四川省自贡市大安区马冲口街2号
邮政编码:643010 公司国际互联网网址:http://www.chinaweld-atlantic.com
电子信箱:Atlantic@zg-public.sc.cninfo.net

1.2 联系人和联系方式

董事会秘书:郭万程 联系地址:四川省自贡市大安区马冲口街2号
电话:0813-5100549 传真:0813-5101216 电子信箱:zhshatl@263.net
证券事务代表:郑胜 联系地址:四川省自贡市大安区马冲口街2号
电话:0813-5101327 传真:0813-5101216 电子信箱:zhshatl@263.net

#### 2.会计数据和财务指标摘要

2.1 主要会计数据 单位:元

| | 2003年 | 2002年 | 本年比上年增减(%) | 2001年 |
|---|---|---|---|---|
| 主营业务收入 | 637,093,737.84 | 506,460,977.28 | 25.793 | 450,435,967.72 |
| 利润总额 | 50,741,992.79 | 43,338,221.66 | 17,084 | 39,681,783.37 |
| 净利润 | 35,795,933.99 | 28,418,508.50 | 25,960 | 25,630,684.82 |
| 扣除非经常性损益的净利润 | 35,739,147.23 | 36,529,084.05 | -2.162 | 29,780,023.33 |
| | 2003年 | 2002年 | 本年比上年增减(%) | 2001年 |
| 总资产 | 874,244,470.31 | 703,211,491.69 | 24.322 | 661,669,385.89 |
| 股东权益(不含少数股东权益) | 511,233,537.43 | 487,231,323.26 | 4.926 | 458,557,642.21 |
| 经营活动产生的现金流量净额 | 35,278,153.34 | 59,774,411.41 | -40.981 | 2,176,477.42 |

2.2 主要财务指标 单位:元

| | 2003年 | 2002年 | 本年比上年增减(%) | 2001年 |
|---|---|---|---|---|
| 每股收益 | 0.298 | 0.237 | 25.960 | 0.214 |
| 净资产收益率(%) | 7.224 | 5.83 | 23.851 | 5.378 |
| 扣除非经常性损益的净利润为基础计算的净资产收益率(%) | 7.212 | 7.630 | -5.472 | 7.106 |
| 每股经营活动产生的现金流量净额 | 0.294 | 0.498 | -40.967 | 0.018 |
| | 2003年 | 2002年 | 本年比上年增减(%) | 2001年 |
| 每股净资产 | 4.260 | 4.060 | 4.926 | 3.971 |
| 调整后的每股净资产 | 4.244 | 4.043 | 4.960 | 3.847 |

## 600756 山东浪潮齐鲁软件产业股份有限公司

### 二〇〇三年年度报告摘选

#### 1.上市公司基本情况简介

1.1 基本情况简介

股票简称:浪潮软件 股票代码:600756 上市交易所:上海证券交易所
注册地址:山东省泰安市虎山路中段
办公地址:山东省济南市山大路224号 邮政编码:250013
公司国际互联网网址:http://www.langchaosoft.com.cn
电子信箱:600756@langchao.com

1.2 联系人和联系方式

董事会秘书:罗万里 联系地址:山东省济南市山大路224号
电话:0531-8932888-8461 传真:0531-8522334 电子信箱:600756@langchao.com
证券事务代表:卢文杰 联系地址:山东省济南市山大路224号
电话:0531-8932888-8461 传真:0531-8522334 电子信箱:600756@langchao.com

#### 2.会计数据和财务指标摘要

2.1 主要会计数据 单位:人民币元

| | 2003年 | 2002年 | 本年比上年增减(%) | 2001年 |
|---|---|---|---|---|
| 主营业务收入 | 646,621,838.43 | 555,768,600.51 | 16.35 | 332,159,821.38 |
| 利润总额 | 57,321,468.07 | 81,516,187.74 | -29.68 | 56,590,4881.71 |
| 净利润 | 47,483,291.47 | 67,259,532.50 | -29.40 | 52,319,381.49 |
| 扣除非经常性损益的净利润 | 45,037,152.27 | 57,711,551.85 | -21.96 | 46,234,966.44 |
| | 2003年末 | 2002年末 | 本年末比上年末增减(%) | 2001年末 |
| 总资产 | 658,009,126.14 | 573,754,591.60 | 14.68 | 347,066,331.48 |
| 股东权益(不含少数股东权益) | 388,405,867.17 | 340,794,612.59 | 13.97 | 273,535,080.09 |
| 经营活动产生的现金流量净额 | 20,543,581.01 | 44,627,648.48 | -53.97 | 115,525,262.68 |

2.2 主要财务指标 单位:人民币元

| | 2003年 | 2002年 | 本年比上年增减(%) | 2001年 |
|---|---|---|---|---|
| 每股收益 | 0.29 | 0.41 | -29.26 | 0.32 |
| 净资产收益率 | 12.23% | 19.74% | -38.05 | 19.13% |
| 扣除非经常性损益的净利润为基础计算的净资产收益率 | 11.60% | 16.93% | -31.48 | 16.90% |
| 每股经营活动产生的现金流量净额 | 0.12 | 0.27 | -55.56 | 0.70 |
| | 2003年末 | 2002年末 | 本年末比上年末增减(%) | 2001年末 |
| 每股净资产 | 2.35 | 2.06 | 14.07 | 1.66 |
| 调整后的每股净资产 | 2.34 | 2.04 | 14.70 | 1.64 |

# 2月23日

## 600238 海南椰岛股份有限公司

### 二〇〇三年年度报告摘选

#### 1.上市公司基本情况简介

1.1 基本情况简介

股票简称:海南椰岛 股票代码:600238 上市交易所:上海证券交易所
注册地址:海南省海口市龙华路 43 号
办公地址:海南省海口市龙昆北路 13－1 号 邮政编码:570105
公司国际互联网网址:http://www.yedao.com 电子信箱:Hainyedao@163.com

1.2 联系人和联系方式

董事会秘书:王光新 联系地址:海南省海口市龙昆北路 13－1 号
电话:0898－66532989 传真:0898－66532908 电子信箱:Hainyedao@163.com
证券事务代表:王国盛 联系地址:海南省海口市龙昆北路 13－1 号
电话:0898－66532987 传真:0898－66532908 电子信箱:Hainyedao@163.com

#### 2.会计数据和财务指标摘要

2.1 主要会计数据

| | 2003 年 | 2002 年 | 本年比上年增减(%) | 2001 年 |
|---|---|---|---|---|
| 主营业务收入 | 1,012,502,652.11 | 562,814,806.76 | 79.90 | 419,139,529.09 |
| 利润总额 | 54,013,418.18 | 53,112,786.69 | 1.70 | 48,271,213.74 |
| 净利润 | 26,741,151.12 | 44,281,531.40 | －39.61 | 43,967,341.61 |
| 扣除非经常性损益的净利润 | 27,227,525.02 | 47,352,649.78 | －42.50 | 47,147,454.44 |
| | 2003 年末 | 2002 年末 | 本年末比上年末增减(%) | 2001 年末 |
| 总资产 | 1,144,424,383.08 | 989,970,738.40 | 15.60 | 710,198,445.21 |
| 股东权益(不含少数股东权益) | 460,369,270.18 | 446,606,110.95 | 3.08 | 411,339,276.34 |
| 经营活动产生的现金流量净额 | 3,146,262.78 | 60,432,519.60 | －94.79 | 58,370,572.61 |

2.2 主要财务指标

| | 2003 年 | 2002 年 | 本年比上年增减(%) | 2001 年 |
|---|---|---|---|---|
| 每股收益 | 0.161 | 0.267 | －39.70 | 0.265 |
| 净资产收益率 | 5.81% | 9.92% | －41.43 | 10.69% |
| 扣除非经常性损益的净利润为基础计算的净资产收益率 | 6.01% | 11.01% | －45.41 | 11.86% |
| 每股经营活动产生的现金流量净额 | 0.019 | 0.364 | －94.79 | 0.352 |
| | 2003 年末 | 2002 年末 | 本年末比上年末增减(%) | 2001 年末 |
| 每股净资产 | 2.773 | 2.690 | 3.09 | 2.478 |
| 调整后的每股净资产 | 2.749 | 2.688 | 2.27 | 2.410 |

# 2月24日

## 000504 北京赛迪传媒投资股份有限公司

### 二〇〇三年年度报告摘选

#### 1.上市公司基本情况简介

1.1 基本情况简介

股票简称:赛迪传媒 股票代码:000504 上市交易所:深圳证券交易所
注册地址:北京市昌平区科技园区火炬街甲 12 号 206 室
办公地址:北京市海淀区友谊宾馆苏园写字楼 278 室 邮政编码:100873
公司国际互联网网址:www.ccidmedia.com 电子信箱:zqinfo@ccidtv.com

1.2 联系人和联系方式

董事会秘书:刘旭黎 联系地址:北京市海淀区友谊宾馆苏园写字楼 278 室
电话:010－68710716 传真:010－68710711 电子信箱:liuxuli@ccidtv.com
证券事务代表:沈睿 联系地址:北京市海淀区友谊宾馆苏园写字楼 278 室
电话:010－68710712－806 传真:010－68710711 电子信箱:shenrui@ccidtv.com

#### 2.会计数据和财务指标摘要

2.1 主要会计数据 单位:人民币元

| | 2003 年(本年) | 2002 年(上年) | 本年比上年增减(%) | 2001 年 |
|---|---|---|---|---|
| 主营业务收入 | 255,944,522.67 | 249,512,873.95 | 2.58% | 252,194,250.14 |
| 利润总额 | 35,098,952.11 | 31,053,977.95 | 13.03% | 14,264,831.81 |
| 净利润 | 31,854,064.22 | 29,036,273.55 | 9.70% | 5,093,332.93 |
| 扣除非经常性损益的净利润 | 30,530,108.48 | 24,147,284.04 | 26.43% | 6,681,110.37 |
| | 2003 年末(本年末) | 2002 年末(上年末) | 本年末比上年末增减(%) | 2001 年末 |
| 总资产 | 595,751,055.51 | 620,071,933.62 | －3.92% | 600,982,752.85 |
| 股东权益(不含少数股东权益) | 419,152,355.50 | 387,298,291.28 | 8.22% | 322,289,554.19 |
| 经营活动产生的现金流量净额 | 55,746,915.96 | 15,834,050.94 | 252.07% | 34,223,172.46 |

2.2 主要财务指标 单位:人民币元

| | 2003 年(本年) | 2002 年(上年) | 本年比上年增减 | 2001 年 |
|---|---|---|---|---|
| 每股收益 | 0.10 | 0.09 | 9.77% | 0.02 |
| 每股收益(如果股本变化,按新股本计算) | 0.10 | －－ | －－ | －－ |
| 净资产收益率 | 7.60% | 7.50% | 1.33% | 1.58% |
| 扣除非经常性损益的净利润为基础计算的净资产收益率 | 7.28% | 6.23% | －－ | 2.07% |
| 每股经营活动产生的现金流量净额 | 0.18 | 0.05 | 257.80% | 0.11 |
| | 2003 年末(本年末) | 2002 年末(上年末) | 本年末比上年末增减 | 2001 年末 |
| 每股净资产 | 1.35 | 1.24 | 8.22% | 1.03 |
| 调整后的每股净资产 | 1.34 | 1.24 | 8.06% | 0.99 |

## 000559 万向钱潮股份有限公司

### 二〇〇三年年度报告摘选

#### 1.上市公司基本情况简介

1.1 基本情况简介

股票简称:万向钱潮 股票代码:000559 上市交易所:深圳证券交易所
注册地址和办公地址:浙江省杭州市萧山区万向路 邮政编码:311215
公司国际互联网网址:http://www.wanxiang.com.cn
电子信箱:WXQC@xsptt.zjpta.net.cn

1.2 联系人和联系方式

董事会秘书:许小建 联系地址:浙江省杭州市萧山区万向路
电话:0571－82832999 传真:0571－82602132 电子信箱:WXQC@xsptt.zjpta.net.cn

#### 2.会计数据和财务指标摘要

2.1 主要会计数据 单位:(人民币)元

| | 2003 年 | 2002 年 | 2003 年比 2002 年增减 | 2001 年 |
|---|---|---|---|---|
| 主营业务收入 | 1,984,015,846.86 | 1,610,057,901.71 | 23.23% | 1,096,841.027.14 |
| 利润总额 | 222,361,840.73 | 224,421,235.99 | －0.94% | 1,864,831,582.32 |
| 净利润 | 149,361,724.13 | 133,455,752.65 | 11.92% | 116,138,683.70 |
| 扣除非经常性损益的净利润 | 103,792,902.16 | 79,526,975.97 | 30.51% | 73,044,878.33 |
| | 2003 年末 | 2002 年末 | 2003 年末比 2002 年末增减 | 2001 年末 |
| 总资产 | 3,108,836,891.27 | 2,500,790,456.31 | 24.31% | 2,062,927,984.19 |
| 股东权益(不含少数股东权益) | 1,480,975,577.66 | 1,389,619,726.21 | 6.57% | 1,408,975,297.44 |
| 经营活动产生的现金流量净额 | 253,724,509.56 | 268,936,608.06 | －5.66% | 251,070,206.28 |

2.2 主要财务指标 单位:(人民币)元

| | 2003 年 | 2002 年 | 2003 年比 2002 年增减 | 2001 年 |
|---|---|---|---|---|
| 每股收益 | 0.41 | 0.36 | 12.09% | 0.32 |
| 每股收益(如果股本变化,按新股本计算) | 0.41 | －－ | －－ | －－ |
| 净资产收益率 | 10.09% | 9.60% | 5.10% | 8.24% |
| 扣除非经常性损益的净利润为基础计算的净资产收益率 | 7.01% | 5.72% | 22.55% | 5.18% |
| 每股经营活动产生的现金流量净额 | 0.69 | 0.73 | －5.59% | 0.69 |
| | 2003 年末 | 2002 年末 | 2003 年末比 2002 年末增减 | 2001 年末 |
| 每股净资产 | 4.04 | 3.79 | 6.56% | 3.85 |
| 调整后的每股净资产 | 4.04 | 3.78 | 6.88% | 3.83 |

## 000629 攀枝花新钢钒股份有限公司

### 二〇〇三年年度报告摘选

#### 1.上市公司基本情况简介

1.1 基本情况简介

股票简称:新钢钒 股票代码:000629 上市交易所:深圳证券交易所
注册地址:四川省攀枝花市弄弄坪 办公地址:四川省攀枝花市大渡口街 55 号
邮政编码:617067 公司国际互联网网址:http://www.pzhsteel.com.cn/psv
电子信箱:psv@pzhsteel.com.cn

1.2 联系人和联系方式

董事会秘书:吉广林 联系地址:四川省攀枝花市大渡口街 55 号
电话:0812－2236281 2226008 传真:0812－2226014 电子信箱:jgl@pzhsteel.com.cn
证券事务代表:武坚 联系地址:四川省攀枝花市大渡口街 55 号
电话:0812－2236281 2236282 传真:0812－2226014 电子信箱:wj0618@21cn.com

#### 2.会计数据和财务指标摘要

2.1 主要会计数据 单位:人民币元

| | 2003 年(本年) | 2002 年(上年) | 本年比上年增减(%) | 2001 年 |
|---|---|---|---|---|
| 主营业务收入 | 9,281,127,544.49 | 7,668,002,965.30 | 21.04% | 7.502.623,237.94 |
| 利润总额 | 773,577,509.97 | 740,265,016.74 | 4.50% | 718,442,191.00 |
| 净利润 | 578,018,788.82 | 490,432,083.15 | 17.86% | 481,318,205.59 |
| 扣除非经常性损益的净利润 | 561,752,535.29 | 503,309,814.81 | 11.61% | 568,785,210.59 |
| | 2003 年末(本年末) | 2002 年末(上年末) | 本年末比上年末增减(%) | 2001 年末 |
| 总资产 | 9,908,270,882.31 | 8,033,117,455.78 | 23.34% | 7,240,816,792.34 |
| 股东权益(不含少数股东权益) | 6,624,223,169.93 | 4,897,142,817.51 | 35.27% | 4,611,258,051.36 |
| 经营活动产生的现金流量净额 | 1,021,167,598.68 | 1,624,151,420.00 | －37.13% | 1,361,500,291.00 |

2.2 主要财务指标 单位:人民币元

| | 2003 年(本年) | 2002 年(上年) | 本年比上年增减(%) | 2001 年 |
|---|---|---|---|---|
| 每股收益 | 0.46 | 0.48 | －4.17% | 0.47 |
| 每股收益(如果股本变化,按新股本计算) | 0.45 | －－ | －－ | －－ |
| 净资产收益率 | 8.73% | 10.01% | －12.79% | 10.44% |
| 扣除非经常性损益的净利润为基础计算的净资产收益率 | 8.48% | 10.28% | －17.51% | 12.33% |
| 每股经营活动产生的现金流量净额 | 0.82 | 1.59 | －48.43% | 1.33 |
| | 2003 年末(本年末) | 2002 年末(上年末) | 本年末比上年末增减(%) | 2001 年末 |
| 每股净资产 | 5.29 | 4.79 | 10.44% | 4.51 |
| 调整后的每股净资产 | 5.07 | 4.44 | 14.19% | 4.10 |

# 600081 东风电子科技股份有限公司

## 二〇〇三年年度报告摘选

### 1.上市公司基本情况简介

1.1 基本情况简介

股票简称:东风科技 股票代码:600081 上市交易所:上海证券交易所
注册地址:上海市浦东新区新金桥路 828 号
办公地址:上海市中山北路 2000 号 22 楼 邮政编码:200063
公司国际互联网网址:http://www.detc.com.cn 电子信箱:Postmaster@detc.com.cn

1.2 联系人和联系方式

董事会秘书:天涯 联系地址:上海市中山北路 2000 号 22 楼
电话:021-62033003*52 传真:021-62032133 电子信箱:tianya@detc.com.cn

### 2.会计数据和财务指标摘要

2.1 主要会计数据 单位:元

| | 2003 年 | 2002 年 | 本年比上年增减(%) | 2001 年 |
|---|---|---|---|---|
| 主营业务收入 | 742,614,057.30 | 734,904,619.03 | 1.05 | 600,031,975.14 |
| 利润总额 | 79,670,301.60 | 84,932,924.99 | -6.20 | 59,845,643.99 |
| 净利润 | 52,479,617.36 | 70,614,632.43 | -25.68 | 50,448,244.78 |
| 扣除非经常性损益的净利润 | 40,633,887.66 | 58,410,387.46 | -30.43 | 42,532,694.58 |
| | 2003 年末 | 2002 年末 | 本年末比上年末增减(%) | 2001 年末 |
| 总资产 | 1,036,848,924.78 | 1,006,403,591.97 | 3.03 | 877,399,121.32 |
| 股东权益(不含少数股东权益) | 513,595,415.70 | 457,155,623.75 | 12.35 | 386,477,225.03 |
| 经营活动产生的现金流量净额 | -2,678,988.77 | 138,307,209.50 | -101.94 | 26,266,298.49 |

2.2 主要财务指标 单位:元

| | 2003 年 | 2002 年 | 本年比上年增减(%) | 2001 年 |
|---|---|---|---|---|
| 每股收益 | 0.2175 | 0.2928 | -25.72 | 0.2510 |
| 净资产收益率 | 10.22% | 15.45% | -33.85 | 13.05% |
| 扣除非经常性损益的净利润为基础计算的净资产收益率 | 8.41% | 12.78% | -34.19 | 10.34% |
| 每股经营活动产生的现金流量净额 | -0.01 | 0.57 | -101.75 | 0.13 |
| | 2003 年末 | 2002 年末 | 本年末比上年末增减(%) | 2001 年末 |
| 每股净资产 | 2.1293 | 1.8953 | 12.35 | 1.9277 |
| 调整后的每股净资产 | 2.0802 | 1.8704 | 11.22 | 1.9075 |

# 600096 云南云天化股份有限公司

## 二〇〇三年年度报告摘选

### 1.上市公司基本情况简介

1.1 基本情况简介

股票简称:云天化 股票代码:600096 上市交易所:上海证券交易所
注册地址和办公地址:云南省水富县云富镇 邮政编码:657800
公司国际互联网网址:http://www.yyth.com.cn 电子信箱:yth@yyth.com.cn

1.2 联系人和联系方式

董事会秘书:刘和兴 联系地址:云南省水富县云南云天化股份有限公司总经理办公室
电话:0870-8664324 传真:0870-8664319 电子信箱:lhx@yyth.com.cn
证券事务代表:冯驰 联系地址:云南省水富县云南云天化股份有限公司总经理办公室
电话:0870-8664324 传真:0870-8664319 电子信箱:ythfc@yyth.com.cn

### 2.会计数据和财务指标摘要

2.1 主要会计数据 单位:元

| | 2003 年 | 2002 年 | 本年比上年增减(%) | 2001 年 |
|---|---|---|---|---|
| 主营业务收入 | 1,366,538,715.54 | 978,613,813.89 | 39.64 | 885,550,116.57 |
| 利润总额 | 243,836,366.72 | 185,054,312.56 | 31.76 | 182,631,233.41 |
| 净利润 | 200,066,358.85 | 152,128,352.81 | 31.51 | 154,974,533.50 |
| 扣除非经常性损益的净利润 | 205,916,726.36 | 137,610,049.63 | 49.64 | 124,019,007.49 |
| | 2003 年末 | 2002 年末 | 本年末比上年末增减(%) | 2001 年末 |
| 总资产 | 3,373,493,635.06 | 2,418,161,070.15 | 39.51 | 1,915,646,577.11 |
| 股东权益(不含少数股东权益) | 1,405,463,629.92 | 1,350,949,592.03 | 4.04 | 1,191,127,928.60 |
| 经营活动产生的现金流量净额 | 426,903,659.27 | 301,655,143.92 | 41.52 | 318,135,085.32 |

2.2 主要财务指标

单位:元

| | 2003 年 | 2002 年 | 本年比上年增减(%) | 2001 年 |
|---|---|---|---|---|
| 每股收益(元) | 0.5434 | 0.4132 | 31.51 | 0.4209 |
| 净资产收益率(%) | 14.23 | 11.26 | 26.38 | 13.01 |
| 扣除非经常性损益的净利润为基础计算的净资产收益率(%) | 14.95 | 10.86 | 37.66 | 10.89 |
| 每股经营活动产生的现金流量净额(元) | 1.1595 | 0.8193 | 41.52 | 0.8641 |
| | 2003 年末(T 年,即本年末) | 2002 年末(T-1 年末) | 本年末比上年末增减(%) | 2001 年末(T-2 年末) |
| 每股净资产(元) | 3.8173 | 3.6692 | 4.04 | 3.2340 |
| 调整后的每股净资产(元) | 3.7890 | 3.6216 | 4.62 | 3.2308 |

# 600237 安徽铜峰电子股份有限公司

## 二〇〇三年年度报告摘选

### 1.上市公司基本情况简介

1.1 基本情况简介

股票简称:铜峰电子 股票代码:600237 上市交易所:上海证券交易所
注册地址和办公地址:安徽省铜陵市石城路 168 号 邮政编码:244000
公司国际互联网网址:http://www.tong-feng.com
电子信箱:webmaster@tong-feng.com

1.2 联系人和联系方式

董事会秘书:周小平 联系地址:安徽省铜陵市石城路 168 号铜峰电子董事会秘书处
电话:0562-2819178 传真:0562-2809105 电子信箱:zhouxp@tong-feng.com

### 2.会计数据和业务数据摘要

2.1 主要财务数据 单位:元

| | 2003 年 | 2002 年 | 本年比上年增减(%) | 2001 年 |
|---|---|---|---|---|
| 主营业务收入 | 314643252.74 | 236,444,561.82 | 33.07 | 214926962.90 |
| 利润总额 | 70272349.25 | 42,851,550.38 | 63.99 | 49220702.30 |
| 净利润 | 50530083.43 | 30,737,098.35 | 64.39 | 257235.50 |
| 扣除非经常性损益的净利润 | 37544385.04 | 25,634,203.28 | 46.46 | 27258677.36 |
| | 2003 年末 | 2002 年末 | 本年末比上年末增减(%) | 2001 年末 |
| 总资产 | 767835779.82 | 702434503.48 | 9.31 | 659562273.02 |
| 股东权益(不含少数股东权益) | 525017282.62 | 474487199.19 | 8.37 | 463750100.84 |
| 经营活动产生的现金流量净额 | 81401182.74 | 74316816.49 | 9.53 | 56963851.19 |

2.2 主要财务指标 单位:元

| | 2003 年 | 2002 年 | 本年比上年增减(%) | 2001 年 |
|---|---|---|---|---|
| 每股收益 | 0.25 | 0.31 | -19.35 | 0.40 |
| 净资产收益率(%) | 9.62 | 6.34 | 51.74 | 8.68 |
| 扣除非经常性损益的净利润为基础计算的净资产收益率(%) | 7.15 | 5.29 | 35.16 | 5.88 |
| 每股经营活动产生的现金流量净额 | 0.41 | 0.74 | -44.59 | 0.57 |
| | 2003 年末 | 2002 年末 | 本年末比上年末增减(%) | 2001 年末 |
| 每股净资产 | 2.63 | 4.84 | -45.76 | 4.63 |
| 调整后的每股净资产 | 2.57 | 4.72 | -45.55 | 4.56 |

# 600307 甘肃酒钢集团宏兴钢铁股份有限公司

## 二〇〇三年年度报告摘选

### 1.上市公司基本情况简介

1.1 基本情况简介

股票简称:酒钢宏兴 股票代码:600307 上市交易所:上海证券交易所
注册地址和办公地址:甘肃嘉峪关市雄关东路 12 号 邮政编码:735100
公司国际互联网网址:http://www.jiugang.com.cn
电子信箱:600307@secure.sse.com.cn

1.2 联系人和联系方式

董事会秘书:王清慧 联系地址:甘肃嘉峪关雄关东路 12 号酒钢宏兴证券部
电话:09376715370 传真:09376715507 电子信箱:wangqinghuijg@sohu.com
证券事务代表:宋之国 联系地址:甘肃嘉峪关雄关东路 12 号酒钢宏兴证券部
电话:09376715370 传真:09376715507

### 2.会计数据和财务指标摘要

2.1 主要会计数据

| | 2003 年 | 2002 年 | 本年比上年增减(%) | 2001 年 |
|---|---|---|---|---|
| 主营业务收入 | 5,892,375,235.43 | 3,595,837,249.59 | 63.87 | 3,415,606,308.84 |
| 利润总额 | 712,096,526.98 | 342,198,066.74 | 108.09 | 253,575,640.58 |
| 净利润 | 601,140,756.46 | 290,209,108.12 | 107.14 | 265,405,176.59 |
| 扣除非经常性损益的净利润 | 606,716,991.68 | 232,860,792.53 | 160.55 | 164,595,327.73 |
| | 2003 年末 | 2002 年末 | 本年末比上年末增减(%) | 2001 年末 |
| 总资产 | 3,818,485,591.43 | 3,371,052,082.57 | 13.27 | 3,364,122,729.88 |
| 股东权益(不含少数股东权益) | 2,847,521,283.04 | 2,377,420,526.58 | 19.77 | 2,081,115,874.61 |
| 经营活动产生的现金流量净额 | 716,253,460.79 | 592,992,448.20 | 20.79 | 561,603,720.12 |

2.2 主要财务指标

| | 2003 年 | 2002 年 | 本年比上年增减(%) | 2001 年 |
|---|---|---|---|---|
| 每股收益 | 0.83 | 0.40 | 107.50 | 0.36 |
| 净资产收益率(%) | 21.11 | 12.21 | 72.89 | 12.75 |
| 扣除非经常性损益的净利润为基础计算的净资产收益率(%) | 21.31 | 9.79 | 117.67 | 7.94 |
| 每股经营活动产生的现金流量净额 | 0.98 | 0.81 | 20.99 | 0.77 |
| | 2003 年末 | 2002 年末 | 本年末比上年末增减(%) | 2001 年末 |
| 每股净资产 | 3.91 | 3.27 | 19.58 | 2.86 |
| 调整后的每股净资产 | 3.91 | 3.42 | 14.33 | 2.76 |

## 600481 江苏双良空调设备股份有限公司

### 二〇〇三年年度报告摘选

#### 1.上市公司基本情况简介

1.1 基本情况简介

股票简称:双良股份 股票代码:600481 上市交易所:上海证券交易所

注册地址:江苏江阴市利港镇

办公地址:江苏江阴市利港镇双良工业园 邮政编码:214444

公司国际互联网网址:http://www.shuangliang.com/ 电子信箱:wangxs@shuangliang.com

1.2 联系人和联系方式

董事会秘书:王晓松 联系地址:江苏省江阴市利港镇

电话:0510－6632358 传真:0510－6632307 电子信箱:wangxs@shuangliang.com

#### 2.会计数据和财务指标摘要

2.1 主要会计数据 单位:(人民币)元

| | 2003年 | 2002年 | 本年比上年增减 | 2001年 |
|---|---|---|---|---|
| 主营业务收入 | 616,667,048.49 | 468,306,433.86 | 32% | 405,469,294.37 |
| 利润总额 | 120,071,264.19 | 93,591,995.15 | 28% | 81,142,164.34 |
| 净利润 | 107,219,272.18 | 81,869,475.40 | 31% | 71,986,204.35 |
| 扣除非经常性损益的净利润 | 108,030,599.10 | 83,852,707.93 | 29% | 72,385,951.34 |
| | 2003年末 | 2002年末 | 本年末比上年末增减 | 2001年末 |
| 总资产 | 1,199,392,314.38 | 573,198,455.91 | 109% | 456,446,378.57 |
| 股东权益(不含少数股东权益) | 922,592,136.73 | 331,567,282.67 | 178% | 299,697,807.27 |
| 经营活动产生的现金流量净额 | 160,998,136.80 | 92,365,023.49 | 74% | 63,198,131.54 |

2.2 主要财务指标 单位:元

| | 2003年 | 2002年 | 本年比上年增减 | 2001年 |
|---|---|---|---|---|
| 每股收益 | 0.35 | 0.36 | －3% | 0.32 |
| 每股收益注2 | 0.35 | 0.36 | －3% | 0.32 |
| 净资产收益率 | 11.62% | 24.69% | －53% | 24.02% |
| 扣除非经常性损益的净利润为基础计算的净资产收益率(%) | 11.71% | 25.29% | －54% | 24.15% |
| 每股经营活动产生的现金流量净额(元) | 0.53 | 0.41 | 29% | 0.28 |
| | 2003年末 | 2002年末 | 本年末比上年末增减 | 2001年末 |
| 每股净资产 | 3.02 | 1.47 | 106% | 1.33 |
| 调整后的每股净资产 | 2.99 | 1.44 | 107% | 1.21 |

## 600531 河南豫光金铅股份有限公司

### 二〇〇三年年度报告摘选

#### 1.上市公司基本情况简介

1.1 基本情况简介

股票简称:豫光金铅 股票代码:600531 上市交易所:上海证券交易所

注册地址和办公地址:河南省济源市济水大街中段525号 邮政编码:454650

公司国际互联网网址:http://www.yggf.com.cn

电子信箱:Yuguang@yggf.com.cn

1.2 联系人和联系方式

董事会秘书:任文艺 联系地址:河南省济源市济水大街中段525号

电话:0391－6665836 传真:0391－6688986 电子信箱:Yuguang@yggf.com.cn

证券事务代表:蔡亮 联系地址:河南省济源市济水大街中段525号

电话:0391－6665836 传真:0391－6688986 电子信箱:Yuguang@yggf.com.cn

#### 2.会计数据和财务指标摘要

2.1 主要会计数据 单位:元

| | 2003年 | 2002年 | 本年比上年增减(%) | 2001年 |
|---|---|---|---|---|
| 主营业务收入 | 1,383,100,538.81 | 1,005,990,475.64 | 37.49 | 748,055,228.13 |
| 利润总额 | 88,434,639.77 | 49,893,936.93 | 77.25 | 46,180,580.92 |
| 净利润 | 58,353,868.99 | 33,619,727.23 | 73.57 | 30,128,948.46 |
| 扣除非经常性损益的净利润 | 59,643,356.92 | 33,377,787.34 | 78.69 | 30,683,270.39 |
| | 2003年末 | 2002年末 | 本年末比上年末增减(%) | 2001年末 |
| 总资产 | 1,100,942,523.82 | 967,350,456.02 | 13.81 | 497,542,355.83 |
| 股东权益(不含少数股东权益) | 576,214,139.75 | 530,541,890.76 | 8.61 | 181,905,667.76 |
| 经营活动产生的现金流量净额 | 82,846,643.24 | －79,067,631.10 | －－ | 7,819,293.05 |

2.2 主要财务指标 单位:元

| | 2003年 | 2002年 | 本年比上年增减(%) | 2001年 |
|---|---|---|---|---|
| 每股收益 | 0.256 | 0.27 | －5.19 | 0.37 |
| 净资产收益率(%) | 10.13 | 6.34 | 59.78 | 17.20 |
| 扣除非经常性损益的净利润为基础计算的净资产收益率(%) | 10.80 | 10.12 | 6.72 | 18.64 |
| 每股经营活动产生的现金流量净额 | 0.36 | －0.62 | －－ | 0.10 |
| | 2003年末 | 2002年末 | 本年末比上年末增减(%) | 2001年末 |
| 每股净资产 | 2.52 | 4.18 | －39.71 | 2.22 |
| 调整后的每股净资产 | 2.52 | 4.17 | －39.57 | 2.22 |

## 600581 新疆八一钢铁股份有限公司

### 二〇〇三年年度报告摘选

#### 1.上市公司基本情况简介

1.1 基本情况简介

股票简称:八一钢铁 股票代码:600581 上市交易所:上海证券交易所

注册地址和办公地址:新疆维吾尔自治区乌鲁木齐市头屯河区新钢路

邮政编码:830022 公司国际互联网网址:http://www.bygt.com.cn

电子信箱:gfgs@bygt.com.cn

1.2 联系人和联系方式

董事会秘书:陈海涛 联系地址:新疆维吾尔自治区乌鲁木齐市头屯河区新钢路

电话:0991－3890166 传真:0991－3890166 电子信箱:Chenhtl@bygt.com.cn

证券事务代表:范炎 联系地址:新疆维吾尔自治区乌鲁木齐市头屯河区新钢路

电话:0991－3881187 传真:0991－3890266 电子信箱:Fanyan@bygt.com.cn

#### 2.会计数据和财务指标摘要

2.1 主要会计数据 单位:人民币元

| 项目 | 2003年 | 2002年 | 本年比上年增减(%) | 2001年 |
|---|---|---|---|---|
| 主营业务收入 | 4,756,536,882.66 | 3,182,934,669.50 | 49.44 | 3,088,649,365.30 |
| 利润总额 | 386,524,420.88 | 185,035,785.20 | 108.89 | 239,467,144.98 |
| 净利润 | 321,426,419.55 | 158,944,877.26 | 102.23 | 211,179,913.31 |
| 扣除非经常性损益的净利润 | 333,148,353.31 | 157,558,522.08 | 111.44 | 217,463,195.60 |
| 项目 | 2003年末 | 2002年末 | 本年末比上年末增减(%) | 2001年末 |
| 总资产 | 3,320,746,928.27 | 2,796,498,272.82 | 18.75 | 1,663,395,453.20 |
| 股东权益(不含少数股东权益) | 1,977,489,064.84 | 1,737,756,481.05 | 13.80 | 657,149,048.62 |
| 经营活动产生的现金流量净额 | 1,133,896,591.69 | 183,714,966.69 | 517.20 | 127,201,787.88 |

2.2 主要财务指标 单位:人民币元

| 项目 | 2003年 | 2002年 | 本年比上年增减(%) | 2001年 |
|---|---|---|---|---|
| 每股收益 | 0.65 | 0.39 | 66.67 | 0.76 |
| 净资产收益率(%) | 16.25 | 9.15 | 77.60 | 32.14 |
| 扣除非经常性损益的净利润为基础计算的净资产收益率(%) | 17.55 | 15.09 | 16.30 | 38.23 |
| 每股经营活动产生的现金流量净额 | 2.31 | 0.45 | 411.11 | 0.46 |
| 项目 | 2003年末 | 2002年末 | 本年末比上年末增减(%) | 2001年末 |
| 每股净资产 | 4.02 | 4.24 | －5.19 | 2.35 |
| 调整后的每股净资产 | 4.02 | 4.23 | －4.96 | 2.35 |

## 600616 上海市第一食品商店股份有限公司

### 二〇〇三年年度报告摘选

#### 1.上市公司基本情况简介

1.1 基本情况简介

股票简称:第一食品 股票代码:600616 上市交易所:上海证券交易所

注册地址和办公地址:上海市浦东新区张杨路579号(三鑫大厦内) 邮政编码:200120

公司国际互联网网址:http://www.firstfood－cn.com http://www.firstfood.com.cn

电子信箱:sfps@firstfood－cn.com

1.2 联系人和联系方式

董事会秘书:张黎云 联系地址:上海市浦东新区张杨路579号(三鑫大厦内)

电话:(021)58352625 (021)50812727＊8607 传真:(021)58352620

电子信箱:lily@firstfood－cn.com

证券事务代表:刘启超 联系地址:上海市浦东新区张杨路579号(三鑫大厦内)

电话:(021)58352625 (021)51812727＊8607 传真:(021)58352620

电子信箱:lqc@firstfood－cn.com

#### 2.会计数据和财务指标摘要

2.1 主要会计数据

| | 2003年 | 2002年 | 本年比上年增减(%) | 2001年 |
|---|---|---|---|---|
| 主营业务收入 | 3,180,916,682.25 | 1,057,911,095.20 | 200.68 | 586,193,791.15 |
| 利润总额 | 124,803,268.49 | 41,031,209.36 | 204.17 | 34,876,021.17 |
| 净利润 | 76,507,479.63 | 31,763,161.52 | 140.87 | 27,158,555.52 |
| 扣除非经常性损益的净利润 | 75,470,826.60 | 29,722,656.00 | 153.92 | 26,918,822.82 |
| | 2003年末 | 2002年末 | 本年末比上年末增减(%) | 2001年末 |
| 总资产 | 1,884,731,673.61 | 1,362,592,516.23 | 38.32 | 547,429,430.96 |
| 股东权益(不含少数股东权益) | 391,124,261.40 | 341,248,626.88 | 14.62 | 332,322,221.74 |
| 经营活动产生的现金流量净额 | －50,156,516.34 | －87,551,767.75 | －42.71 | 50,549,792.19 |

2.2 主要财务指标

| | 2003年 | 2002年 | 本年比上年增减(%) | 2001年 |
|---|---|---|---|---|
| 每股收益 | 0.40 | 0.17 | 135.29 | 0.21 |
| 净资产收益率(%) | 19.56 | 9.31 | 110.10 | 8.17 |
| 扣除非经常性损益的净利润为基础计算的净资产收益率(%) | 20.61 | 8.78 | 134.74 | 8.01 |
| 每股经营活动产生的现金流量净额 | －0.26 | －0.46 | －43.48 | 0.40 |
| | 2003年末 | 2002年末 | 本年末比上年末增减(%) | 2001年末 |
| 每股净资产 | 2.05 | 1.79 | 14.53 | 2.62 |
| 调整后的每股净资产 | 1.96 | 1.68 | 16.67 | 2.26 |

## 600678 四川金顶(集团)股份有限公司

### 二〇〇三年年度报告摘选

#### 1.上市公司基本情况简介

1.1 基本情况简介

股票简称:四川金顶 股票代码:600678 上市交易所:上海证券交易所

注册地址和办公地址:四川省峨眉山市名山路东段 邮政编码:614200

电子信箱:scjddsb@163.com

1.2 联系人和联系方式

董事会秘书:周正 联系地址:四川省峨眉山市名山路东段

电话:0833-5521271 传真:0833-5521205 电子信箱:scjddsb@163.com

#### 2.会计数据和财务指标摘要

2.1 主要会计数据 单位:元

| | 2003年 | 2002年(调整后) | 本年比上年增减(%) | 2001年 |
|---|---|---|---|---|
| 主营业务收入 | 332,386.310.00 | 453,492,502.36 | -26.71 | 406,186.983.81 |
| 利润总额 | 26,679,435.51 | 20,577,168.17 | 29.66 | -86,798,769.51 |
| 净利润 | 19,162,522.74 | 18,165,102.73 | 5.49 | -83,855,738.09 |
| 扣除非经常性损益的净利润 | 19,077,411.33 | 21,612,042.33 | -11.73 | -56,651,480.77 |
| | 2003年12月31日 | 2002年12月31日(调整后) | 本年末比上年末增减(%) | 2001年12月31日 |
| 总资产 | 913,010,986.78 | 864,322,353.73 | 5.51 | 936,179,304.51 |
| 股东权益(不含少数股东权益) | 284,689,370.98 | 265,733,264.25 | 7.13 | 246,593,011.11 |
| 经营活动产生的现金流量净额 | 93,136,637.35 | 35,517,530.12 | 162.23 | 无 |

2.2 主要财务指标

单位:元

| | 2003年 | 2002年(调整后) | 本年比上年增减(%) | 2001年 |
|---|---|---|---|---|
| 每股收益 | 0.082 | 0.078 | 5.13 | -0.36 |
| 每股收益 | 0.082 | 0.078 | 5.13 | -0.36 |
| 净资产收益率(%) | 6.731 | 6.836 | -1.54 | -34.02 |
| 扣除非经常性损益的净利润为基础计算的净资产收益率(%) | 6.701 | 8.133 | -17.61 | -23.00 |
| 每股经营活动产生的现金流量净额 | 0.400 | 0.153 | 162.23 | 0.25 |
| | 2003年12月31日 | 2002年12月31日(调整后) | 本年末比上年末增减(%) | 2001年12月31日 |
| 每股净资产 | 1.224 | 1.142 | 7.18 | 1.06 |
| 调整后的每股净资产 | 1.041 | 1.015 | 2.56 | 0.927 |

## 600795 国电电力发展股份有限公司

### 二〇〇三年年度报告摘选

#### 1.上市公司基本情况简介

1.1 基本情况简介

股票简称:国电电力 股票代码:600795 上市交易所:上海证券交易所

注册地址:大连经济技术开发区黄海西路4号

办公地址:北京市西城区三里河东路5号中商大厦五层 邮政编码:100045

公司国际互联网网址:http://www.600795.com.cn 电子信箱:gddl@600795.com.cn

1.2 联系人和联系方式

董事会秘书:陈景东 联系地址:北京市西城区三里河东路5号中商大厦五层

电话:010-51975999 传真:010-68535280 电子信箱:chenjd@600795com.cn

证券事务代表:刘曙光 联系地址:北京市西城区三里河东路5号中商大厦五层

电话:010-51975871 传真:010-68535269 电子信箱:liusg@600795.com.cn

#### 2.会计数据和财务指标摘要

2.1 主要会计数据

| | 2003年 | 2002年 | 本年比上年增减 | 2001年 |
|---|---|---|---|---|
| 主营业务收入 | 4,845,988,384.01 | 3,562,735,095.91 | 36.02% | 2,934,008,688.41 |
| 利润总额 | 1,043,739,800.63 | 758,050,512.41 | 37.69% | 756,370,998.18 |
| 净利润 | 674,971,809.96 | 540,885,632.00 | 24.79% | 552,344,646.47 |
| 扣除非经常性损益的净利润 | 708,397,509.34 | 541,686,657.72 | 30.78% | 532,065,695.42 |
| | 2003年末 | 2002年末 | 本年末比上年末增减 | 2001年末 |
| 总资产 | 22,748,791,249.04 | 17,692,203,511.87 | 28.58% | 8,882,586,043.62 |
| 股东权益(不含少数股东权益) | 5,413,868,486.10 | 4,818,973,828.21 | 12.34% | 4,483,880,848.52 |
| 经营活动产生的现金流量净额 | 1,424,032,551.42 | 1,207,197,521.61 | 17.96% | 495,540,327.70 |

2.2 主要财务指标

单位:元

| | 2003年 | 2002年 | 本年比上年增减 | 2001年 |
|---|---|---|---|---|
| 每股收益 | 0.481 | 0.386 | 24.61% | 0.67 |
| 净资产收益率 | 12.47% | 11.22% | 11.07% | 12.91% |
| 扣除非经常性损益的净利润为基础计算的净资产收益率 | 13.74% | 11.39% | 20.57% | 12.22% |
| 每股经营活动产生的现金流量净额 | 1.016 | 0.861 | 18.00% | 1.265 |
| | 2003年末 | 2002年末 | 本年末比上年末增减(%) | 2001年末 |
| 每股净资产 | 3.861 | 3.436 | 12.37% | 5,436 |
| 调整后的每股净资产 | 3,838 | 3,417 | 12.32% | 5,412 |

## 2月25日

## 000920 南方汇通股份有限公司

### 二〇〇三年年度报告摘选

#### 1.上市公司基本情况简介

1.1 基本情况简介

股票简称:南方汇通 股票代码:000920 上市交易所:深圳证券交易所

注册地址:贵阳国家高新技术产业开发区 办公地址:贵阳市新天大道火炬大厦

邮政编码:550018 公司国际互联网网址:http://www.southhuiton.com

电子信箱:msc@southhuiton.com

1.2 联系人和联系方式

董事会秘书:高锡忠 联系地址:贵州省贵阳市都拉营

电话:0851-4470866 传真:0851-4470866 电子信箱:msc@southhuiton.com

#### 2.会计数据和财务指标摘要

2.1 主要会计数据 单位:(人民币)元

| | 2003年(本年) | 2002年(上年) | 本年比上年增减 | 2001年 |
|---|---|---|---|---|
| 主营业务收入 | 933,244,070.42 | 542,821,886.31 | 71.92% | 492,235,991.45 |
| 利润总额 | 74,627,615.38 | 104.404,421.58 | -28.52% | 102,705,734.53 |
| 净利润 | 61,617,896.01 | 96,283,076.40 | -36.00% | 92,535,926.30 |
| 扣除非经常性损益的净利润 | 59,303,291.99 | 91,312,898.27 | -35.05% | 83,362,937.55 |
| | 2003年末(本年末) | 2002年末(上年末) | 本年末比上年末增减 | 2001年末 |
| 总资产 | 1,824,778,323.04 | 1,230,880,462.37 | 48.25% | 878,574,942.60 |
| 股东权益(不含少数股东权益) | 920,735,310.81 | 708,575,485.98 | 29.94% | 603,622,517.52 |
| 经营活动产生的现金流量净额 | -119,922,319.62 | 58,205,452.00 | -306.03% | 66,987,542.78 |

2.2 主要财务指标 单位:(人民币)元

| | 2003年(本年) | 2002年(上年) | 本年比上年增减 | 2001年 |
|---|---|---|---|---|
| 每股收益 | 0.29 | 0.51 | -42.38% | 0.49 |
| 净资产收益率 | 6.69% | 13.59% | -50.77% | 13.62% |
| 扣除非经常性损益的净利润为基础计算的净资产收益率 | 6.44% | 12.89% | -50.04% | 12.27% |
| 每股经营活动产生的现金流量净额 | -0.57 | 0.31 | -285.57% | 0.35 |
| | 2003年末(本年末) | 2002年末(上年末) | 本年末比上年末增减 | 2001年末 |
| 每股净资产 | 4.36 | 3.73 | 17.01% | 3.58 |
| 调整后的每股净资产 | 4.34 | 3.72 | 16.60% | 3.58 |

## 600189 吉林森林工业股份有限公司

### 二〇〇三年年度报告摘选

#### 1.上市公司基本情况简介

1.1 基本情况简介

股票简称:吉林森工 股票代码:600189 上市交易所:上海证券交易所

注册地址:长春高新技术产业开发区 办公地址:吉林省长春市人民大街4036号

邮政编码:130021 公司国际互联网网址:http://www.forestindustry.com.cn

电子信箱:zgjlsgjt@public.cc.jl.cn

1.2 联系人和联系方式

董事会秘书:王 海 联系地址:吉林省长春市人民大街4036号

电话:0431-8912969 传真:0431-8930595 电子信箱:wanghai189@sohu.com

#### 2.会计数据和财务指标摘要

2.1 主要财务数据 单位:元

| 项 目 | 2003年 | 2002年 | 本年比上年增减(%) | 2001年 |
|---|---|---|---|---|
| 主营业务收入 | 828,633,021.64 | 722,421,893.58 | 14.70 | 612,949,833.12 |
| 利润总额 | 101,504,977.56 | 108,931,095.93 | -6.82 | 126,716,604.60 |
| 净利润 | 100,259,718.81 | 104,164,631.61 | -3.75 | 119,231,937.24 |
| 扣除非经常性损益的净利润 | 101,276,307.62 | 98,841,167.67 | 2.46 | 98,141,206.87 |
| 项 目 | 2003年末 | 2002年末 | 本年末比上年末增减(%) | 2001年末 |
| 总资产 | 1,861,937,727.39 | 1,508,776,215.48 | 23.41 | 1,709,826,349.62 |
| 股东权益(不含少数股东权益) | 1,325,489,546.84 | 1,318,374,893.82 | 0.54 | 1,276,310,262.21 |
| 经营活动产生的现金流量净额 | 145,496,274.63 | 266,553,442.75 | -45.41 | -14,423,489.86 |

2.2 主要财务指标 单位:元

| 项 目 | 2003年 | 2002年 | 本年比上年增减(%) | 2001年 |
|---|---|---|---|---|
| 每股收益 | 0.32 | 0.34 | -3.75 | 0.38 |
| 净资产收益率 | 7.56% | 7.90% | -4.27 | 9.34% |
| 扣除非经常性损益的净利润为基础计算的净资产收益率 | 7.62% | 7.65% | -0.39 | 7.90% |
| 每股经营活动产生的现金流量净额 | 0.47 | 0.86 | -45.41 | -0.05 |
| 项目 | 2003年末 | 2002年末 | 本年末比上年末增减(%) | 2001年末 |
| 每股净资产 | 4.27 | 4.25 | 0.54 | 4.11 |
| 调整后的每股净资产 | 4.20 | 4.18 | 0.48 | 3.99 |

# 600292 重庆九龙电力股份有限公司

## 二〇〇三年年度报告摘选

### 1.上市公司基本情况简介

1.1 基本情况简介

股票简称:九龙电力　股票代码:600292　上市交易所:上海证券交易所
注册地址:重庆市高新技术产业开发区九龙园区盘龙村 113 号　邮政编码:400051
办公地址:重庆市九龙坡区渝州路 37 号　邮政编码:400041
公司国际互联网网址:http://www.jiulongep.com　电子信箱:jiulon@vip.163.com

1.2 联系人和联系方式

董事会秘书:黄青华　联系地址:重庆市九龙坡区渝州路 37 号
电话:(023)68637303　传真:(023)68635244　电子信箱:huangqinghua@vip.163.com

### 2.会计数据和财务指标摘要

2.1 主要会计数据　单位:人民币元

| | 2003 年(本年) | 2002 年(上年) | 本年比上年增减(%) | 2001 年 |
|---|---|---|---|---|
| 主营业务收入 | 397,313,091.82 | 405,196,224.87 | -7,883,133.05 | 313,817,068.01 |
| 利润总额 | 75,769,056.52 | 84,007,066.53 | -8,238,010.01 | 90,503,697.39 |
| 净利润 | 61,509,102.44 | 70,182,525.46 | -8,673,423.02 | 75,485,829.08 |
| 扣除非经常性损益的净利润 | 60,842,301.52 | 63,095,349.07 | -2,253,047.55 | 57,281,895.07 |
| | 2003 年 12 月 31 日(本年末) | 2002 年 12 月 31 日(上年末) | 本年末比上年末增减(%) | 2001 年 12 月 31 日 |
| 总资产 | 2,255,932,801.75 | 1,529,246,098.15 | 726,686,703.60 | 1,070,640,230.99 |
| 股东权益(不含少数股东权益) | 850,019,422.15 | 855,226,413.34 | 5,206,991.19 | 818,479,311.02 |
| 经营活动产生的现金流量净额 | 46,982,473.22 | 94,837,035.76 | -47,854,562.54 | 141,284,876.80 |

2.2 主要财务指标　单位:元

| | 2003 年(本年) | 2002 年(上年) | 本年比上年增减(%) | 2001 年 |
|---|---|---|---|---|
| 每股收益 | 0.368 | 0.420 | -12.38 | 0.451 |
| 每股收益 | 0.368 | 0.420 | -12.38 | 0.451 |
| 净资产收益率(%) | 7.236 | 8.206 | -11.82 | 9.223 |
| 扣除非经常性损益的净利润为基础计算的净资产收益率(%) | 7.158 | 7.378 | -2.98 | 6.999 |
| 每股经营活动产生的现金流量净额 | 0.281 | 0.567 | -50.44 | 0.845 |
| | 2003 年 12 月 31 日(本年末) | 2002 年 12 月 31 日(上年末) | 本年末比上年末增减(%) | 2000 年 12 月 31 日 |
| 每股净资产 | 5.082 | 5.113 | -0.61 | 4.894 |
| 调整后的每股净资产 | 5.047 | 5.095 | -0.94 | 4.887 |

# 600343 陕西航天动力高科技股份有限公司

## 二〇〇三年年度报告摘选

### 1.上市公司基本情况简介

1.1 基本情况简介

股票简称:航天动力　股票代码:600343　上市交易所:上海证券交易所
注册地址和办公地址:陕西省西安市高新技术产业开发区高新一路 17 号
邮政编码:710075　公司国际互联网网址:http://www.china-htdl.com
电子信箱:power@china-htdl.com

1.2 联系人和联系方式

董事会秘书:崔积堂　联系地址:陕西省西安市高新技术产业开发区高新一路 17 号
电话:029-85208628　传真:029-85614949　电子信箱:cjt@china-htdl.com
证券事务代表:孟涛　联系地址:陕西省西安市高新技术产业开发区高新一路 17 号
电话:029-85614541　传真:029-85615240　电子信箱:mt@china-htdl.com

### 2.会计数据和财务指标摘要

2.1 主要会计数据　单位:元

| | 2003 年 | 2002 年 | 本年比上年增减(%) | 2001 年 |
|---|---|---|---|---|
| 主营业务收入 | 105,746,308.09 | 102,872,920.16 | 2.79 | 91,107,922.63 |
| 利润总额 | 27,559,452.80 | 26,318,203.25 | 4.72 | 22,095,884.20 |
| 净利润 | 23,338,985.47 | 22,026,555.20 | 5.96 | 22,187,186.43 |
| 扣除非经常性损益的净利润 | 20,787,411.26 | 21,318,466.25 | -2.49 | 21,672,174.27 |
| | 2003 年末 | 2002 年末 | 本年比上年增减(%) | 2001 年末 |
| 总资产 | 543,594,892.93 | 299,336,355.37 | 81.60 | 248,399,573.32 |
| 股东权益(不含少数股东权益) | 398,085,772.71 | 146,169,067.42 | 172.35 | 148,142,512.22 |
| 经营活动产生的现金流量净额 | 7,086,326.75 | 15,358,934.59 | -53.86 | 14,083,221.55 |

2.2 主要财务指标

单位:元

| | 2003 年 | 2002 年 | 本年比上年增减(%) | 2001 年 |
|---|---|---|---|---|
| 每股收益 | 0.1262 | 0.1836 | -31.26 | 0.1849 |
| 净资产收益率(%) | 5.8628 | 15.0692 | -61.09 | 14.9769 |
| 扣除非经常性损益的净利润为基础计算的净资产收益率(%) | 5.2218 | 14.5848 | -64.20 | 14.6293 |
| 每股经营活动产生的现金流量净额 | 0.0383 | 0.1280 | -70.08 | 0.1174 |
| | 2003 年末 | 2002 年末 | 本年比上年增减(%) | 2001 年末 |
| 每股净资产 | 2.1518 | 1.2181 | 76.65 | 1.2345 |
| 调整后的每股净资产 | 2.1442 | 1.2059 | 77.81 | 1.2216 |

# 600565 重庆市迪马实业股份有限公司

## 二〇〇三年年度报告摘选

### 1.上市公司基本情况简介

1.1 基本情况简介

股票简称:迪马股份　股票代码:600565　上市交易所:上海证券交易所
注册地址:重庆市南岸区白鹤路 108 号
办公地址:重庆市南岸区南城大道正联大厦 22 楼　邮政编码:400060
公司国际互联网网址:http://www.cqdima.com.cn　电子信箱:cqdmgf@cta.cq.cn

1.2 联系人和联系方式

董事会秘书:黄力进　联系地址:重庆市南岸区南城大道 199 号正联大厦 22 楼
电话:023-89021876　传真:023-89021878　电子信箱:cqdmgf@cta.cq.cn
证券事务代表:童永秀　联系地址:重庆市南岸区南城大道 199 号正联大厦 22 楼
电话:023-89021877　传真:023-69021878　电子信箱:cqdmgf@cta.cq.cn

### 2.会计数据和财务指标摘要

2.1 主要会计数据　单位:元

| | 2003 年 | 2002 年 | 本年比上年增减(%) | 2001 年 |
|---|---|---|---|---|
| 主营业务收入 | 424,738,552.32 | 484,796,243.58 | -12.39 | 473,227,581.09 |
| 利润总额 | 48,318,773.52 | 42,378,841.75 | 14.02 | 55,942,679.94 |
| 净利润 | 41,280,936.88 | 35,102,706.20 | 17.60 | 47,250,110.19 |
| 扣除非经常性损益的净利润 | 41,303,348.63 | 35,142,898.74 | 17.53 | 48,234,425.12 |
| | 2003 年末 | 2002 年末 | 本年末比上年末增减(%) | 2001 年末 |
| 总资产 | 709,552,950.90 | 510,080,832.52 | 39.11 | 224,263,394.90 |
| 股东权益(不含少数股东权益) | 421,184,690.30 | 408,703,753.42 | 3.05 | 72,369,754.22 |
| 经营活动产生的现金流量净额 | 80,052,441.24 | 24,982,961.81 | 220.43 | 8,318,238.65 |

2.2 主要财务指标

单位:元

| | 2003 年 | 2002 年 | 本年比上年增减(%) | 2001 年 |
|---|---|---|---|---|
| 每股收益 | 0.52 | 0.44 | 15.38 | 0.79 |
| 净资产收益率(%) | 9.80 | 9.24 | 6.06 | 65.29 |
| 扣除非经常性损益的净利润为基础计算的净资产收益率(%) | 9.81 | 9.25 | 6.05 | 66.65 |
| 每股经营活动产生的现金流量净额 | 1.00 | 0.31 | 222.58 | 0.14 |
| | 2003 年末 | 2002 年末 | 本年末比上年末增减(%) | 2001 年末 |
| 每股净资产 | 5.26 | 4.75 | 10.74 | 1.21 |
| 调整后的每股净资产 | 5.25 | 4.74 | 10.76 | 1.19 |

# 600802 福建水泥股份有限公司

## 二〇〇三年年度报告摘选

### 1.上市公司基本情况简介

1.1 基本情况简介

股票简称:福建水泥　股票代码:600802　上市交易所:上海证券交易所
注册地址和办公地址:福建省福州市杨桥东路 118 号宏杨新城建福大厦
邮政编码:350001　电子信箱:cement@pub5.fz.fj.cn

1.2 联系人和联系方式

董事会秘书:林成潮　联系地址:福建省福州市杨桥东路 118 号宏杨新城建福大厦
电话:0591-7617751,7517808 转 1560　传真:0591-7527300
电子信箱:dmcement@pub5.fz.fj.cn
证券事务代表:林国金　联系地址:福建省福州市杨桥东路 118 号宏杨新城建福大厦
电话:0591-7617751,7517808 转 1508　传真:0591-7527300
电子信箱:dmcement@pub5.fz.fj.cn

### 2.会计数据和财务指标摘要

2.1 主要会计数据

| | 2003 年 | 2002 年 | 本年比上年增减(%) | 2001 年 |
|---|---|---|---|---|
| 主营业务收入 | 862,463,283.97 | 715,306,953.38 | 20.57 | 582,648,450.50 |
| 利润总额 | 45,485,953.08 | -168,896,959.18 | 126.93 | -5,635,837.57 |
| 净利润 | 33,212,481.83 | -168,884,492.21 | 119.66 | 1,024,676.39 |
| 扣除非经常性损益的净利润 | 31,058,426.10 | -87,831,421.12 | 135.36 | -127,188.27 |
| | 2003 年末 | 2002 年末 | 本年末比上年末增减(%) | 2001 年末 |
| 总资产 | 1,460,051,609.98 | 1,409,004,908.73 | 3.62 | 1,591,870,720.80 |
| 股东权益(不含少数股东权益) | 573,217,554.27 | 535,317,803.48 | 7.08 | 699,682,295.69 |
| 经营活动产生的现金流量净额 | 191,952,967.84 | 73,746,158.59 | 160.29 | 83,852,329.56 |

2.2 主要财务指标　单位:元

| | 2003 年 | 2002 年 | 本年比上年增减(%) | 2001 年 |
|---|---|---|---|---|
| 每股收益 | 0.117 | -0.60 | 119.50 | 0.0036 |
| 净资产收益率(%) | 5.79 | -31.55 | 118.35 | 0.15 |
| 扣除非经常性损益的净利润为基础计算的净资产收益率(%) | 5.42 | -16.41 | 133.03 | -0.02 |
| 每股经营活动产生的现金流量净额 | 0.68 | 0.26 | 161.54 | 0.296 |
| | 2003 年末 | 2002 年末 | 本年末比上年末增减(%) | 2001 年末 |
| 每股净资产 | 2.027 | 1.89 | 7.25 | 2.47 |
| 调整后的每股净资产 | 1.82 | 1.702 | 6.93 | 2.212 |

# 2月26日

## 000612 焦作万方铝业股份有限公司

### 二〇〇三年年度报告摘选

#### 1.上市公司基本情况简介

1.1 基本情况简介
股票简称:焦作万方　股票代码:000612　上市交易所:深圳证券交易所
注册地址和办公地址:河南省焦作市塔南路31号
邮政编码:454003　电子信箱:jzwf0612@371.net
1.2 联系人和联系方式
董事会秘书:贾东焰　联系地址:河南省焦作市塔南路31号
电话:0391－3903848　传真:0391－3903796　电子信箱:jzwf0612@371.net

#### 2.会计数据和财务指标摘要

2.1 主要会计数据　单位:(人民币)元

| | 2003年(本年) | 2002年(上年) | 本年比上年增减 | 2001年 |
|---|---|---|---|---|
| 主营业务收入 | 1,887,057,107.29 | 1,215,948,434.91 | 55.19% | 1,291,708,094.19 |
| 利润总额 | 225,626,597.03 | 142,117,416.47 | 58.76% | 50,823,252.31 |
| 净利润 | 142,900,338.60 | 96,328,379.29 | 48.35% | 46,607,642.24 |
| 扣除非经常性损益的净利润 | 143,525,170.66 | 77,115,617.93 | 86.12% | 47,443,638.66 |
| | 2003年末(本年末) | 2002年末(上年末) | 本年末比上年末增减 | 2001年末 |
| 总资产 | 2,797,598,863.84 | 2,098,850,545.56 | 33.29% | 1,725,935,433.01 |
| 股东权益(不含少数股东权益) | 986,249,576.33 | 903,072,997.19 | 9.21% | 594,777,009.64 |
| 经营活动产生的现金流量净额 | －31,360,178.88 | 176,904,169.52 | －117.73% | 123,569,407.27 |

2.2 主要财务指标　单位:(人民币)元

| | 2003年(本年) | 2002年(上年) | 本年比上年增减 | 2001年 |
|---|---|---|---|---|
| 每股收益 | 0.30 | 0.32 | －7.17% | 0.17 |
| 每股收益(如果股本变化,按新股本计算) | 0.30 | － | － | － |
| 净资产收益率 | 14.49% | 10.67% | 35.80% | 7.83% |
| 扣除非经常性损益的净利润为基础计算的净资产收益率 | 14.55% | 8.54% | 70.37% | 7.97% |
| 每股经营活动产生的现金流量净额 | －0.07 | 0.59 | －111.04% | 0.46 |
| | 2003年末(本年末) | 2002年末(上年末) | 本年末比上年末增减 | 2001年末 |
| 每股净资产 | 2.05 | 3.01 | －31.76% | 2.21 |
| 调整后的每股净资产 | 1.91 | 2.88 | －33.68% | 2.01 |

## 600010 内蒙古包钢钢联股份有限公司

### 二〇〇三年年度报告摘选

#### 1.上市公司基本情况简介

1.1 基本情况简介
股票简称:钢联股份　股票代码:600010　上市交易所:上海证券交易所
注册地址:内蒙古包头市昆区河西工业区　办公地址:内蒙古包头市昆区钢铁大街85号
邮政编码:014010
电子信箱:glgf@public.hh.nm.cn
1.2 联系人和联系方式
董事会秘书:郭景龙　联系地址:内蒙古包头市昆区钢铁大街85号
电话:0472－2105037　传真:0472－2105006
电子信箱:glgf@public.hh.nm.cn
证券事务代表:敖璐　联系地址:内蒙古包头市昆区钢铁大街85号
电话:0472－2319990　传真:0472－2319991
电子信箱:glgf@public.hh.nm.cn

#### 2.会计数据和财务指标摘要

2.1 主要会计数据　单位:元

| | 2003年 | 2002年 | 本年比上年增减(%) | 2001年 |
|---|---|---|---|---|
| 主营业务收入 | 10,719,829,693.80 | 6,404,781,500.66 | 67.37 | 5,581,354,214.80 |
| 利润总额 | 849,350,703.17 | 440,082,395.10 | 93.00 | 400,972,493.28 |
| 净利润 | 565,552,987.56 | 305,433,330.60 | 85.17 | 256,658,839.96 |
| 扣除非经常性损益的净利润 | 564,185,770.22 | 315,067,342.42 | 79.07 | 267,083,668.30 |
| | 2003年末 | 2002年末 | 本年末比上年末增减(%) | 2001年末 |
| 总资产 | 9,739,329,037.72 | 8,266,826,747.94 | 17.81 | 7,271,355,808.70 |
| 股东权益(不含少数股东权益) | 4,157,339,068.41 | 3,591,786,080.35 | 10.00 | 3,473,535,150.25 |
| 经营活动产生的现金流量净额 | 564,185,770.22 | 1,359,599,400.76 | 126.32 | －376,474,667.20 |

2.2 主要财务指标　单位:元

| | 2003年 | 2002年 | 本年比上年增减(%) | 2001年 |
|---|---|---|---|---|
| 每股收益 | 0.45 | 0.24 | 87.50 | 0.21 |
| 净资产收益率(%) | 13.60 | 8.50 | 60.00 | 7.39% |
| 扣除非经常性损益的净利润为基础计算的净资产收益率(%) | 14.39 | 8.62 | 66.94 | 8.09% |
| 每股经营活动产生的现金流量净额 | 2.46 | 1.09 | 125.69 | －0.30 |
| | 2003年末 | 2002年末 | 本年末比上年末增减(%) | 2001年末 |
| 每股净资产 | 3.33 | 2.87 | 16.03 | 2.78 |
| 调整后的每股净资产 | 3.33 | 2.87 | 16.03 | 2.78 |

## 600137 四川长江包装控股股份有限公司

### 二〇〇三年年度报告摘选

#### 1.上市公司基本情况简介

1.1 基本情况简介
股票简称:*ST长控　股票代码:600137　上市交易所:上海证券交易所
注册地址和办公地址:四川省宜宾市马鞍石　邮政编码:644004
公司国际互联网网址:http://www.cjpp.com　电子信箱:cjbz@vip.163.com
1.2 联系人和联系方式
董事会秘书:傅相林　联系地址:四川省宜宾市马鞍石
电话:0831－7115019　传真:0831－7115019　电子信箱:cjbz@vip.163.com
证券事务代表:马中明　联系地址:四川省宜宾市马鞍石
电话:0831－7115019　传真:0831－7115019　电子信箱:cjbz@vip.163.com

#### 2.会计数据和财务指标摘要

2.1 主要会计数据　单位:人民币元

| | 2003年1－12月 | 2002年1－12月 | 本年比上年增减(%) | 2001年1－12月 |
|---|---|---|---|---|
| 主营业务收入 | 66,063,079.08 | 30,562,149.32 | 116.16 | 50,825,445.85 |
| 利润总额 | 2,903,853.29 | －667,641,197.26 | 100.43 | －20,976,987.90 |
| 净利润 | 3,207,039.12 | －667,585,950.70 | 100.48 | －19,296,331.200 |
| 扣除非经常性损益的净利润 | －55,786,358.34 | －72,338,270.77 | 22.88 | －65,251,906.270 |
| | 2003年12月31日 | 2002年12月31日 | 本年末比上年末增减(%) | 2001年12月31日 |
| 总资产 | 153,655,771.40 | 105,345,216.47 | 45.86 | 726,082,996.630 |
| 股东权益(不含少数股东权益) | －513,701,260.93 | －521,387,364.55 | 1.47 | 146,305,563.810 |
| 经营活动产生的现金流量净额 | 56,247,985.20 | －21,545,720.61 | 361.06 | －17,991,381.38 |

2.2 主要财务指标　单位:人民币元

| | 2003年1－12月 | 2002年1－12月 | 本年比上年增减(%) | 2001年1－12月 |
|---|---|---|---|---|
| 每股收益 | 0.053 | －10.996 | 100.48 | －0.318 |
| 净资产收益率(%) | －0.624 | － | － | －13.189 |
| 扣除非经常性损益的净利润为基础计算的净资产收益率(%) | －10.779 | － | － | －41.841 |
| 每股经营活动产生的现金流量净额 | 0.926 | －0.355 | 361.06 | －0.296 |
| | 2003年12月31日 | 2002年12月31日 | 本年末比上年末增减(%) | 2001年12月31日 |
| 每股净资产 | －8.461 | －8.588 | 1.474 | 2.410 |
| 调整后的每股净资产 | －8.477 | －8.601 | 1.444 | 2.262 |

## 600161 北京天坛生物制品股份有限公司

### 二〇〇三年年度报告摘选

#### 1.上市公司基本情况简介

1.1 基本情况简介
股票简称:天坛生物　股票代码:600161　上市交易所:上海证券交易所
注册地址:北京市海淀区紫竹院南路十七号
办公地址:北京市朝阳区三间房南里四号　邮政编码:100024
公司国际互联网网址:http://www.btbp.com.cn　电子信箱:zjb@btbp.com.cn
1.2 联系人和联系方式
董事会秘书:张翼　联系地址:北京市朝阳区三间房南里四号
电话:010－65772354,65772357,65724045　传真:010－65792747
电子信箱:ttswdm@china.com
证券事务代表:慈翔　联系地址:北京市朝阳区三间房南里四号
电话:010－65762911、65772354　传真:010－65772354　电子信箱:cipp@sohu.com

#### 2.会计数据和财务指标摘要

2.1 主要会计数据　单位:元

| | 2003年 | 2002年 | 本年比上年增减(%) | 2001年 |
|---|---|---|---|---|
| 主营业务收入 | 244913063.59 | 199657724.07 | 22.67 | 155001448.86 |
| 利润总额 | 51174745.86 | 44893320.55 | 13.99 | 44054157.16 |
| 净利润 | 43228610.28 | 36300750.51 | 19.08 | 37137507.68 |
| 扣除非经常性损益的净利润 | 43448535.00 | 33999618.95 | 27.79 | 36061965.16 |
| | 2003年末 | 2002年末 | 本年末比上年末增减(%) | 2001年末 |
| 总资产 | 758947931.04 | 504770185.54 | 50.36 | 460386778.78 |
| 股东权益(不含少数股东权益) | 599177257.64 | 307722242.57 | 94.71 | 286649068.06 |
| 经营活动产生的现金流量净额 | 62928624.32 | 84382046.53 | －25.42 | 46491760.29 |

2.2 主要财务指标　单位:元

| | 2003年 | 2002年 | 本年比上年增减(%) | 2001年 |
|---|---|---|---|---|
| 每股收益 | 0.199 | 0.189 | 5.37 | 0.193 |
| 净资产收益率(%) | 7.22 | 11.80 | －38.84 | 12.96 |
| 扣除非经常性损益的净利润为基础计算的净资产收益率(%) | 7.25 | 11.05 | －34.37 | 12.58 |
| 每股经营活动产生的现金流量净额 | 0.290 | 0.439 | －34.02 | 0.242 |
| | 2003年末 | 2002年末 | 本年末比上年末增减(%) | 2001年末 |
| 每股净资产 | 2.761 | 1.603 | 72.28 | 1.493 |
| 调整后的每股净资产 | 2.755 | 1.599 | 72.31 | 1.443 |

## 600293 湖北三峡新型建材股份有限公司

### 二〇〇三年年度报告摘选

#### 1.上市公司基本情况简介

1.1 基本情况简介

证券简称:三峡新材　证券代码:600293　上市交易所:上海证券交易所

注册地址和办公地址:湖北省当阳市经济技术开发区　邮政编码:444105

公司国际互联网网址:http://www.sxxc.com.cn　电子信箱:dysxxz@163.net

1.2 联系人和联系方式

董事会秘书:张光春　联系地址:湖北省当阳市经济技术开发区

电话:0717－3280108　传真:0717－3285258　电子信箱:SXZGC@163.net

证券事务代表:黄旭初　联系地址:湖北省当阳市经济技术开发区

电话:0717－3280108　传真:0717－3285258　电子信箱:dysxxz@163.net

#### 2.会计数据和业务数据摘要

2.1 主要财务数据　　单位:元

| | 2003 年 | 2002 年 | 本年比上年增减(%) | 2001 年 |
|---|---|---|---|---|
| 主营业务收入 | 379,874,537.07 | 357,358,559.41 | 6.30 | 260,174,212.86 |
| 利润总额 | 14,488,611.85 | 8,220,434.61 | 76.25 | 36,033,229.21 |
| 净利润 | 8,084,594.52 | 5,378,658.04 | 50.31 | 29,962,236.67 |
| 扣除非经常性损益的净利润 | 5,473,710.41 | 1,077,020.97 | 408.23 | 14,705,852.25 |
| | 2003 年末 | 2002 年末 | 本年末比上年末增减(%) | 2001 年末 |
| 总资产 | 1,296,874,954.47 | 1,092,675,352.55 | 18.69 | 1,093,179,935.37 |
| 股东权益(不含少数股东权益) | 729,131,916.49 | 721,047,321.97 | 1.12 | 715,480,774.92 |
| 经营活动产生的现金流量净额 | －26,958,236.99 | 14,913,126.33 | －280.77 | 44,205,415.31 |

2.2 主要财务指标　　单位:元

| | 2003 年 | 2002 年 | 本年比上年增减(%) | 2001 年 |
|---|---|---|---|---|
| 每股收益 | 0.0295 | 0.0227 | 29.96 | 0.1420 |
| 净资产收益率(%) | 1.11 | 0.75 | 0.48 | 4.19 |
| 扣除非经常性损益的净利润为基础计算的净资产收益率(%) | 0.75 | 0.15 | 400.00 | 2.06 |
| 每股经营活动产生的现金流量净额 | －0.098 | 0.054 | －281.48 | 0.210 |
| | 2003 年末 | 2002 年末 | 本年末比上年末增减(%) | 2001 年末 |
| 每股净资产 | 2.658 | 2.629 | 1.10 | 3.390 |
| 调整后的每股净资产 | 2.652 | 2.622 | 1.14 | 3.380 |

## 2 月 27 日

## 000858 宜宾五粮液股份有限公司

### 二〇〇三年年度报告摘选

#### 1.上市公司基本情况简介

1.1 基本情况简介

股票简称:五粮液　股票代码:000858　上市交易所:深圳证券交易所

注册地址和办公地址:四川省宜宾市翠屏区岷江西路 150 号

邮政编码:644007　公司国际互联网网址:http://www.wuliangye.com.cn

电子信箱:000858－wly@sohu.com

1.2 联系人和联系方式

董事会秘书:彭智辅　联系地址:四川省宜宾市翠屏区岷江西路 150 号

电话:0831 3565878　传真:08631 3555958　电子信箱:pzf－wly@tom.com

证券事务代表:肖祥发　联系地址:四川省宜宾市翠屏区岷江西路 150 号

电话:0831 3565878　传真:0831 3555958　电子信箱:xxf－wly@tom.com

#### 2.会计数据和财务指标摘要

2.1 主要会计数据　　单位:(人民币)元,

| | 2003 年(本年) | 2002 年(上年) | 本年比上年增减 | 2001 年 |
|---|---|---|---|---|
| 主营业务收入 | 6,333,090,598.79 | 5,706,517,438.45 | 10.98% | 4,742,095,340.65 |
| 利润总额 | 1,087,240,669.87 | 869,070,350.39 | 25.10% | 933,092,174.58 |
| 净利润 | 702,974,477.92 | 613,234,637.84 | 14.63% | 811,407,817.88 |
| 扣除非经常性损益的净利润 | 706,468,211.27 | 578,637,963.94 | 22.09% | 592,776,828.40 |
| | 2003 年末(本年末) | 2002 年末(上年末) | 本年末比上年末增减 | 2001 年末 |
| 总资产 | 8,262,779,664.53 | 7,261,734,980.75 | 13.79% | 6,687,868,171.49 |
| 股东权益(不含少数股东权益) | 6,010,029,931.60 | 5,307,055,453.68 | 13.25% | 4,693,749,721.52 |
| 经营活动产生的现金流量净额 | 1,044,659,243.40 | 1,053,290,717.92 | －0.82% | 1,073,187,941.83 |

2.2 主要财务指标

单位:(人民币)元

| | 2003 年(本年) | 2002 年(上年) | 本年比上年增减 | 2001 年 |
|---|---|---|---|---|
| 每股收益 | 0.52 | 0.54 | －4.42% | 0.93 |
| 每股收益(如果股本变化,按新股本计算) | 0.52 | －－ | －－ | －－ |
| 净资产收益率 | 11.70% | 11.56% | 1.21% | 17.29% |
| 扣除非经常性损益的净利润为基础计算的净资产收益率 | 11.75% | 10.90% | 7.80% | 12.63% |
| 每股经营活动产生的现金流量净额 | 0.77 | 0.93 | －17.27% | 1.23 |
| | 2003 年末(本年末) | 2002 年末(上年末) | 本年末比上年末增减(%) | 2001 年末 |
| 每股净资产 | 4.43 | 4.70 | －5.62% | 5.40 |
| 调整后的每股净资产 | 4.42 | 4.70 | －5.94% | |

## 000895 河南双汇投资发展股份有限公司

### 二〇〇三年年度报告摘选

#### 1.上市公司基本情况简介

1.1 基本情况简介

股票简称:双汇发展　股票代码:000895　上市交易所:深圳证券交易所

注册地址和办公地址:河南省漯河市双汇路 1 号双汇大厦　邮政编码:462000

公司国际互联网网址:http://www.shuanghui.com.cn　电子信箱:sh0895@163.com

1.2 联系人和联系方式

董事会秘书:祁勇耀　联系地址:河南省漯河市双汇路 1 号双汇大厦 3 层

电话:0395－2676158、2676530　传真:0395－2693259　电子信箱:sh0895@163.com

#### 2.会计数据和财务指标摘要

2.1 主要会计数据　　单位:(人民币)元

| | 2003 年(本年) | 2002 年(上年) | 本年比上年增减 | 2001 年 |
|---|---|---|---|---|
| 主营业务收入 | 7,179,455,253.93 | 4,759,703,846.08 | 50.84% | 3,367,966,075.45 |
| 利润总额 | 424,939,892.77 | 347,562,657.52 | 22.26% | 242,495,715.99 |
| 净利润 | 263,685,003.40 | 200,616,278.78 | 31.44% | 170,501,788.08 |
| 扣除非经常性损益的净利润 | 268,648,300.17 | 207,684,676.02 | 29.35% | 167,956,818.93 |
| | 2003 年末(本年末) | 2002 年末(上年末) | 本年末比上年末增减(%) | 2001 年末 |
| 总资产 | 3,105,309,075.24 | 2,621,588,574.76 | 18.45% | 1,617,014,073.70 |
| 股东权益(不含少数股东权益) | 1,681,701,785.96 | 1,587,443,762.61 | 5.94% | 801,066,894.89 |
| 经营活动产生的现金流量净额 | 416,894,700.54 | 180,519,905.66 | 130.94% | 211,153,569.41 |

2.2 主要财务指标　　单位:(人民币)元

| | 2003 年(本年) | 2002 年(上年) | 本年比上年增减 | 2001 年 |
|---|---|---|---|---|
| 每股收益 | 0.77 | 0.59 | 31.43% | 0.58 |
| 净资产收益率 | 15.68% | 12.64% | 24.05% | 21.29% |
| 扣除非经常性损益的净利润为基础计算的净资产收益率 | 15.97% | 13.08% | 22.09% | 20.97% |
| 每股经营活动产生的现金流量净额 | 1.22 | 0.53 | 131.12% | 0.72 |
| | 2003 年末(本年末) | 2002 年末(上年末) | 本年末比上年末增减 | 2001 年末 |
| 每股净资产 | 4.91 | 4.64 | 5.93% | 2.74 |
| 调整后的每股净资产 | 4.86 | 4.56 | 6.58% | 2.72 |

## 600000 上海浦东发展银行股份有限公司

### 二〇〇三年年度报告摘选

#### 1.上市公司基本情况简介

1.1 基本情况简介

股票简称:浦发银行　股票代码:600000　上市交易所:上海证券交易所

注册地址:中国·上海市浦东新区浦东南路 500 号

办公地址:中国·上海市中山东一路 12 号　邮政编码:200002

公司国际互联网网址:http://www.spdb.com.cn　电子信箱:bdo@spdb.com.cn

1.2 联系人和联系方式

董事会秘书:沈思　联系地址:上海市中山东一路 12 号

电话:021－63611226　传真:021－63230807　电子信箱:shens2@spdb.com.cn

证券事务代表:杨国平、王景斌　联系地址:上海市中山东一路 12 号

电话:021－63611226　传真:021－63230807

电子信箱:yanggp@spdb.com.cn、wangjb@spdb.com.cn

#### 2.会计数据和财务指标摘要

2.1 主要会计数据　　单位:人民币千元

| | 2003 年境内审计数 | 2002 年境内审计数(调整后) | 本年比上年增减(%) | 2001 年境内审计数(调整后) |
|---|---|---|---|---|
| 主营业务收入 | 12,027,237 | 8,156,459 | 47.45 | 6,092,818 |
| 利润总额 | 2,343,774 | 1,866,753 | 25.55 | 1,440,712 |
| 净利润 | 1,566,088 | 1,285,309 | 21.84 | 1,061,878 |
| 扣除非经常性损益的净利润 | 1,535,690 | 1,280,261 | 19.95 | 1,066,154 |
| | 2003 年末境内审计数 | 2002 年末境内审计数 | 本年末比上年末增减(%) | 2001 年境内审计数 |
| 总资产 | 371,056,698 | 279,300,719 | 32.85 | 173,690,683 |
| 股东权益(不含少数股东权益) | 12,010,923 | 8,351,976 | 43.81 | 7,548,668 |
| 经营活动产生的现金流量净额 | 4,000,780 | 3,102,510 | 28.95 | 1,867,014 |

2.2 主要财务指标　　单位:人民币元

| | 2003 年境内审计数 | 2002 年境内审计数(调整后) | 本年比上年增减(%) | 2001 年境内审计数(调整后) |
|---|---|---|---|---|
| 每股收益 | 0.400 | 0.356 | 12.36 | 0.441 |
| 每股收益(按月加权平均) | 0.403 | 0.356 | 13.20 | 0.441 |
| 净资产收益率 | 13.04% | 15.39% | －2.35 | 14.07% |
| 扣除非经常性损益的净利润为基础计算的净资产收益率 | 12.79% | 15.33% | －2.54 | 14.12% |
| 每股经营活动产生的现金流量净额 | 1.022 | 0.858 | 19.11 | 0.775 |
| | 2003 末境内审计数 | 2002 年末境内审计数(调整后) | 本年末比上年末增减(%) | 2001 年末境内审计数(调整后) |
| 每股净资产 | 3.068 | 2.310 | 32.81 | 3.132 |
| 调整后的每股净资产 | 3.065 | 2.308 | 32.79 | 3.125 |

## 600005 武汉钢铁股份有限公司

### 二〇〇三年年度报告摘选

#### 1.上市公司基本情况简介

1.1 基本情况简介

股票简称:武钢股份 股票代码:600005 上市交易所:上海证券交易所

注册地址和办公地址:武汉市青山区沿港路 3 号 邮政编码:430080

公司国际互联网网址:http://www.wisco.com.cn 电子信箱:stock@wspc.com.cn

1.2 联系人和联系方式

董事会秘书:施军先生 联系地址:武汉市青山区沿港路 3 号公司董事会秘书室

电话:027 - 86306023 传真:027 - 86807875

电子信箱:stock@wspc.com.cn

证券事务代表:刘国富先生 联系地址:武汉市青山区沿港路 3 号公司董事会秘书室

电话:027 - 86807873 传真:027 - 86807873

电子信箱:stock@wspc.com.cn

#### 2.会计数据和财务指标摘要

2.1 主要会计数据

| | | 2003 年 | 2002 年 | 本年比上年增减(%) | 2001 年 |
|---|---|---|---|---|---|
| 主营业务收入 | | 6,806,859,859.27 | 6,758,140,782.54 | 0.72 | 6,326,621,633.74 |
| 利润总额 | | 868,093,159.81 | 890,041,874.36 | -2.47 | 822,319,165.28 |
| 净利润 | | 569,259,575.05 | 595,902,012.29 | -4.47 | 703,141,313.67 |
| 扣除非经常性损益的净利润 | 调整后注 1 | 583,846,790.92 | 601,145,762.61 | 2.88 | 716,774,903.96 |
| | 调整前 | 不适用 | 606,091,484.11 | 不适用 | 721,591,535.12 |
| | | 2003 年末 | 2002 年末 | 本年末比上年末增减(%) | 2001 年末 |
| 总资产 | | 7,708,109,425.23 | 6,982,052,652.99 | 10.40 | 6,676,003,650.47 |
| 股东权益(不含少数股东权益) | 调整后注 2 | 5,870,506,870.16 | 5,266,571,295.11 | 11.47 | 5,256,003,682.82 |
| | 调整前 | 不适用 | 5,162,047,295.11 | 不适用 | 4,670,669,282.82 |
| 经营活动产生的现金流量净额 | | 972,418,273.89 | 1,283,308,237.09 | -24,23 注 3 | 1,041,162,040.25 |

2.2 主要财务指标

单位:元

| | | 2003 年 | 2002 年 | 本年比上年增减(%) | 2001 年 |
|---|---|---|---|---|---|
| 每股收益 | | 0.227 | 0.285 | -20.39 | 0.336 |
| 净资产收益率 | 调整后 | 9.70 | 11.31 | -14.30 | 13.38 |
| | 调整前 | 不适用 | 11.54 | 不适用 | 15.05 |
| 扣除非经常性损益的净利润为基础计算的净资产收益率 | 调整后 | 10.63 | 11.64 | -8.65 | 13.92 |
| | 调整前 | 不适用 | 12.19 | 不适用 | 14.71 |
| 每股经营活动产生的现金流量净额 | | 0.388 | 0.614 | -36.86 | 0.498 |
| | | 2003 年末 | 2002 年末 | 本年末比上年末增减(%) | 2001 年末 |
| 每股净资产 | 调整后 | 2.340 | 2.519 | -7.11 | 2.514 |
| | 调整前 | 不适用 | 2.469 | 不适用 | 2.234 |
| 调整后的每股净资产 | 调整后 | 2.340 | 2.519 | -7.11 | 2.514 |
| | 调整前 | 不适用 | 2.469 | 不适用 | 2.234 |

## 600016 中国民生银行股份有限公司

### 二〇〇三年年度报告摘选

#### 1.上市公司基本情况简介

1.1 基本情况简介

股票简称:民生银行 股票代码:600016 上市交易所:上海证券交易所

注册地址和办公地址:北京市东城区正义路 4 号 邮政编码:100006

公司国际互联网网址:www.cmbc.com.cn 电子信箱:cmbc@cmbc.com.cn

1.2 联系人和联系方式

董事会秘书:毛晓峰 联系地址:北京市东城区正义路 4 号

电话:010 - 65269592 传真:010 - 65229104 电子信箱:cmbc@cmbc.com.cn

#### 2.会计数据和财务数据摘要

2.1 主要会计数据

单位:人民币千元

| | 2003 年境内审计数 | 2002 年境内审计数 调整后 | 2002 年境内审计数 调整前 | 本年比上年增减(%) | 2001 年境内审计数 调整后 | 2001 年境内审计数 调整前 |
|---|---|---|---|---|---|---|
| 主营业务收入 | 12,037,114 | 7,213,677 | 7,213,677 | 66.87 | 5,119,828 | 5,119,828 |
| 利润总额 | 1,941,114 | 1,219,028 | 1,219,028 | 59.23 | 9001,346 | 900,346 |
| 净利润 | 1,391,252 | 871,823 | 891,540 | 59.58 | 646.523 | 646,370 |
| 扣除非经常性损益的净利润 | 1,392,959 | 869,392 | 899,109 | 60.22 | 633,416 | 633,263 |
| | 2003 年末境内审计数 | 2002 年末境内审计数 调整后 | 2002 年末境内审计数 调整前 | 本年末比上年末增减(%) | 2001 年末境内审计数 调整后 | 2001 年末境内审计数 调整前 |
| 总资产 | 361,064.410 | 243,662,453 | 246,280,853 | 48.18 | 138,385,556 | 138,898,420 |
| 总负债 | 351,414,206 | 237,299,467 | 240,277,043 | 48.09 | 132,736,963 | 133,473,517 |
| 股东权益(不含少数股东权益) | 9,650,204 | 6,362,986 | 6,003,810 | 51.66 | 5,648,593 | 5,424,903 |
| 经营活动产生的现金流量净额 | 25,167,942 | 35,379,783 | 35,379,783 | -28.86 | 15,781,251 | 15,781,251 |

2.2 主要财务指标

单位:人民币元

| | 2003 年境内审计数 | 2002 年境内审计数 调整后 | 2002 年境内审计数 调整前 | 本年比上年增减(%) | 2001 年境内审计数 调整后 | 2001 年境内审计数 调整前 |
|---|---|---|---|---|---|---|
| 每股收益 | 0.38 | 0.34 | 0.34 | 11.76 | 0.29 | 0.29 |
| 每股收益(最新股本) | 0.38 | | | | | |
| 净资产收益率(%) | 14.42 | 13.70 | 14.85 | 5.26 | 11.45 | 11.91 |
| 扣除非经常性损益的净利润为基础计算的净资产收益率(%) | 14.43 | 13.66 | 14.81 | 5.56 | 11.21 | 11.67 |
| 每股经营活动产生的现金流量净额 | 6.94 | 13.68 | 13.68 | -49.27 | 7.02 | 7.02 |
| | 2003 年末境内审计数 | 2002 年末境内审计数 调整后 | 2002 年末境内审计数 调整前 | 本年末比上年末增减(%) | 2001 年末 调整后 | 2001 年末 调整前 |
| 每股净资产 | 2.66 | 2.46 | 2.32 | 8.13 | 2.51 | 2.41 |
| 调整后每股净资产 | 2.56 | 2.36 | 2.22 | 8.17 | 2.41 | 2.31 |

## 600355 武汉精伦电子股份有限公司

### 二〇〇三年年度报告摘选

#### 1.上市公司基本情况简介

1.1 基本情况简介

股票简称:精伦电子 股票代码:600355 上市交易所:上海证券交易所

注册地址:武汉市洪山区双塘小区 办公地址:武汉市东湖开发区庙山小区 邮政编码:430223

公司国际互联网网址:http://www.routon.com 电子信箱:board@routon.com

1.2 联系人和联系方式

董事会秘书:金家明 联系地址:董事会秘书处

电话:027 - 87921111 - 3226 传真:027 - 87921111 - 3223 电子信箱:board@routon.com

#### 2.会计数据和财务指标摘要

2.1 主要会计数据

单位:元

| | 2003 年 | 2002 年 | 本年比上年增减(%) | 2001 年 |
|---|---|---|---|---|
| 主营业务收入 | 363,191,410.98 | 363,082,838.80 | 0.03 | 295,454,117.26 |
| 利润总额 | 44,182,198.85 | 98,082,043.63 | -54.95 | 100,744,858.66 |
| 净利润 | 44,773,152.93 | 82,497,208.66 | -45.73 | 83,527,251.55 |
| 扣除非经常性损益的净利润 | 45,400,351.68 | 83,564,156.07 | -45.67 | 83,201,972.26 |
| | 2003 年末 | 2002 年末 | 本年末比上年末增减(%) | 2001 年末 |
| 总资产 | 892,667,527.41 | 854,313,609.53 | 4.49 | 393,320,324.24 |
| 股东权益(不含少数股东权益) | 741,761,336.10 | 746,197,103.07 | -0.59 | 184,856,837.07 |
| 经营活动产生的现金流量净额 | -4,164,641.95 | 9,667,384.87 | -143.08 | 95,130,776.27 |

2.2 主要财务指标

单位:元

| | 2003 年 | 2002 年 | 本年比上年增减(%) | 2001 年 |
|---|---|---|---|---|
| 每股收益 | 0.18 | 0.67 | -73.13 | 0.91 |
| 净资产收益率(%) | 6.04 | 11.06 | -45.39 | 45.18 |
| 扣除非经常性损益的净利润为基础计算的净资产收益率(%) | 5.91 | 12.40 | -52.34 | 58.46 |
| 每股经营活动产生的现金流量净额 | -0.02 | 0.08 | -125 | 1.03 |
| | 2003 年末 | 2002 年末 | 本年末比上年末增减(%) | 2001 年末 |
| 每股净资产 | 3.01 | 6.07 | -50.41 | 2.01 |
| 调整后的每股净资产 | 3.01 | 6.04 | -50.17 | 2.00 |

## 600525 深圳市长园新材料股份有限公司

### 二〇〇三年年度报告摘选

#### 1.上市公司基本情况简介

1.1 基本情况简介

股票简称:长园新材 股票代码:600525 上市交易所:上海证券交易所

注册地址和办公地址:深圳市南山区高新区科苑中路长园新材料港 A 栋 6 楼

邮政编码:518057 公司国际互联网网址:http://www.changyuan.com

电子信箱:szChangy@public.szptt.net.cn

1.2 联系人和联系方式

董事会秘书:倪昭华 联系地址:深圳市南山区高新区科苑中路长园新材料港 A 栋 6 楼

电话:0755 - 26717828 传真:0755 - 26630603 电子信箱:joyni@changyuan.com

证券事务代表:刘栋 联系地址:深圳市南山区高新区科苑中路长园新材料港 A 栋 6 楼

电话:0755 - 26719476 传真:0755 - 26630603 电子信箱:liudong@changyuan.com

#### 2.会计数据和财务指标摘要

2.1 主要会计数据

单位:元(人民币)

| | 2003 年 | 2002 年 | 本年比上年增减(%) | 2001 年 |
|---|---|---|---|---|
| 主营业务收入 | 256,702,417.16 | 195,725,636.38 | 31.15 | 143,687,307.60 |
| 利润总额 | 59,036,838.83 | 42,425,894.06 | 39.15 | 37,904,798.63 |
| 净利润 | 40,763,475.44 | 30,963,793.54 | 31.65 | 27,957,872.93 |
| 扣除非经常性损益的净利润 | 38,961,292.43 | 23,207,982.04 | 67.88 | 20,677,576.58 |
| | 2003 年末 | 2002 年末 | 本年末比上年末增减(%) | 2001 年末 |
| 总资产 | 435,958,045.58 | 487,688,743.08 | -10.61 | 259,290,286.58 |
| 股东权益 | 309,564,183.01 | 277,119,031.53 | 11.59 | 120,724,661.25 |
| 经营活动产生的现金流量净额 | 41,304,844.91 | 40,182,407.24 | 2.79 | 44,249,407.86 |

2.2 主要财务指标

单位:元(人民币)

| | 2003 年 | 2002 年 | 本年比上年增减(%) | 2001 年 |
|---|---|---|---|---|
| 每股收益(摊薄) | 0.41 | 0.31 | 31.65 | 0.38 |
| 每股收益(加权) | 0.41 | 0.40 | 1.34 | 0.38 |
| 净资产收益率(%) | 13.17 | 11.16 | 17.98 | 23.16 |
| 扣除非经常性损益的净资产收益率(摊薄)(%) | 12.59 | 8.45 | 48.99 | 19.88 |
| 扣除非经常性损益的净资产收益率(加权)(%) | 16.44 | 15.75 | 4.38 | 0.59 |
| 每股经营活动产生的现金净流量 | 0.41 | 0.40 | 2.5 | 0.59 |
| | 2003 年末 | 2002 年末 | 本年末比上年末增减(%) | 2001 年末 |
| 每股净资产 | 3.11 | 2.79 | 11.59 | 1.62 |
| 调整后的每股净资产 | 3.11 | 2.79 | 11.59 | 1.62 |

# 600724 宁波富达股份有限公司

## 二〇〇三年年度报告摘选

### 1.上市公司基本情况简介

1.1 基本情况简介

股票简称:宁波富达　股票代码:600724　上市交易所:上海证券交易所
注册地址和办公地址:浙江省余姚市阳明西路355号　邮政编码:315400
公司国际互联网网址:http://www.Fuda.com　电子信箱:fuda@fuda.com

1.2 联系人和联系方式

董事会秘书:陈建新　联系地址:余姚市阳明西路355号
电话:0574－62814275　传真:0574－62813915－1198　电子信箱:dsbcjx@fuda.com
证券事务代表:施亚琴　联系地址:余姚市阳明西路355号
电话:0574－62814275　传真:0574－62813915－1184　电子信箱:dsbsyq@fuda.com

### 2.会计数据和财务指标摘要

2.1 主要会计数据　金额单位:元

| | 2003年 | 2002年 | 本年比上年增减(%) | 2001年 |
|---|---|---|---|---|
| 主营业务收入 | 1,131,500,142.77 | 758,718,913.82 | 49.13 | 684,320,495.26 |
| 利润总额 | 156,532,660.95 | 103,470,630.82 | 51.28 | 91,946,257.55 |
| 净利润 | 70,795,479.86 | 61,225,442.21 | 15.63 | 71,080,868.93 |
| 扣除非经常性损益的净利润 | 60,869,415.29 | 57,856,352.30 | 7.10 | 71,338,290.01 |
| | 2003年12月31日 | 2002年12月31日 | 本年末比上年末增减(%) | 2001年12月31日 |
| 总资产 | 1,685,565,136.86 | 1,273,770,541.41 | 32.33 | 971,019,274.51 |
| 股东权益(不含少数股东权益) | 617,124,861.58 | 591,875,488.72 | 4.27 | 530,636,886.78 |
| 经营活动产生的现金流量净额 | 76,239,448.42 | 55,325,807.26 | 37.80 | 14,309,147.38 |

2.2 主要财务指标　金额单位:元

| | 2003年 | 2002年 | 本年比上年增减(%) | 2001年 |
|---|---|---|---|---|
| 每股收益 | 0.19 | 0.17 | 11.76 | 0.20 |
| 净资产收益率(%) | 11.47 | 10.34 | 10.93 | 13.40 |
| 扣除非经常性损益的净利润为基础计算的净资产收益率(%) | 10.20 | 10.31 | 0.68 | 13.77 |
| 每股经营活动产生的现金流量净额 | 0.21 | 0.15 | 40.00 | 0.04 |
| | 2003年12月31日 | 2002年12月31日 | 本年末比上年末增减(%) | 2001年12月31日 |
| 每股净资产 | 1.69 | 1.62 | 4.32 | 1.46 |
| 调整后的每股净资产 | 1.65 | 1.57 | 5.10 | 1.41 |

## 2月28日

# 000156 湖南安塑股份有限公司

## 二〇〇三年年度报告摘选

### 1.上市公司基本情况简介

1.1 基本情况简介

股票简称:安塑股份　股票代码:000156　上市交易所:深圳证券交易所
注册地址和办公地址:湖南省长沙市芙蓉中路海东青大厦16楼　邮政编码:410005
公司国际互联网网址:http://www.chnanplas.com
电子信箱:000156@chnanplas.com

1.2 联系人和联系方式

董事会秘书:陈付华
联系地址:湖南省长沙市芙蓉中路海东青大厦16楼湖南安塑股份有限公司
电话:0731－4318808－776　传真:0731－4315978
电子信箱:000156@chnanplas.com
证券事务代表:肖伟　联系地址:湖南省长沙市芙蓉中路海东青大厦16楼湖南安塑股份有限公司
电话:0731－4318808－776　传真:0731－4315978
电子信箱:000156@chnanplas.com

### 2.会计数据和财务指标摘要

2.1 主要会计数据　单位:(人民币)元

| | 2003年(本年) | 2002年(上年) | 本年比上年增减 | 2001年 |
|---|---|---|---|---|
| 主营业务收入 | 414,441,643.38 | 246,507,976.56 | 68.13% | 132,611,505.98 |
| 利润总额 | 27,437,390.86 | 34,234,443.69 | －19.85% | 17,154,180.85 |
| 净利润 | 19,187,624.60 | 28,428,390.30 | －32.51% | 14,488,964.59 |
| 扣除非经常性损益的净利润 | 16,873,301.55 | 26,963,117.68 | －37.42% | 13,087,158.22 |
| | 2003年末(本年末) | 2002年末(上年末) | 本年末比上年末增减 | 2001年末 |
| 总资产 | 1,152,962,667.90 | 756,378,980.17 | 52.43% | 671,315,200.37 |
| 股东权益(不含少数股东权益) | 524,367,367.23 | 505,179,742.63 | 3.80% | 478,527,043.79 |
| 经营活动产生的现金流量净额 | 34,797,139.15 | 27,286,017.38 | 27.53% | 19,914,777.98 |

2.2 主要财务指标　单位:(人民币)元

| | 2003年(本年) | 2002年(上年) | 本年比上年增减 | 2001年 |
|---|---|---|---|---|
| 每股收益 | 0.20 | 0.29 | －32.45% | 0.15 |
| 每股收益(如果股本变化,按新股本计算) | 0.20 | －－ | －－ | －－ |
| 净资产收益率 | 3.66% | 5.60% | －34.64% | 3.03% |
| 扣除非经常性损益的净利润为基础计算的净资产收益率 | 3.22% | 5.47% | －41.13% | 2.81% |
| 每股经营活动产生的现金流量净额 | 0.36 | 0.28 | 27.65% | 0.21 |
| | 2003年末(本年末) | 2002年末(上年末) | 本年末比上年末增减 | 2001年末 |
| 每股净资产 | 5.43 | 5.24 | 3.80% | 4.96 |
| 调整后的每股净资产 | 5.22 | 5.17 | 0.89% | 4.90 |

# 000515 重庆渝港钛白粉股份有限公司

## 二〇〇三年年度报告摘选

### 1.上市公司基本情况简介

1.1 基本情况简介

股票简称:渝钛白　股票代码:000515　上市交易所:深圳证券交易所
注册地址和办公地址:重庆市巴南区走马二村51号　邮政编码:400055

1.2 联系人和联系方式

董事会秘书:向远平　联系地址:重庆市巴南区走马二村51号
电话:023－62551930　传真:023－62551279　电子信箱:xyp909@sohu.com
证券事务代表:黄春熙　联系地址:重庆市巴南区走马二村51号
电话:023－62551279　传真:023－62551279　电子信箱:hcx0017@msa.com

### 2.会计数据和财务指标摘要

2.1 主要会计数据　单位:人民币元

| | 2003年(本年) | 2002年(上年) | 本年比上年增减 | 2001年 |
|---|---|---|---|---|
| 主营业务收入 | 259,806,614.92 | 236,246,342.28 | 9.97% | 215,469,265.85 |
| 利润总额 | 26,817,084.10 | 25,359,818.99 | 5.75% | 11,284,617.60 |
| 净利润 | 22,775,659.37 | 21,555,846.14 | 5.66% | 9,591,924.96 |
| 扣除非经常性损益的净利润 | 15,730,598.65 | 23,061,754.21 | －31.79% | 9,714,880.14 |
| | 2003年末(本年末) | 2002年末(上年末) | 本年末比上年末增减 | 2001年末 |
| 总资产 | 611,927,701.30 | 641,536,522.95 | －4.62% | 663,636,447.54 |
| 股东权益(不含少数股东权益) | 314,220,490.42 | 211,397,939.38 | 48.64% | 178,498,668.06 |
| 经营活动产生的现金流量净额 | 65,039,945.83 | 53,685,741.32 | 21.15% | 46,157,720.47 |

2.2 主要财务指标　单位:人民币元

| | 2003年(本年) | 2002年(上年) | 本年比上年增减 | 2001年 |
|---|---|---|---|---|
| 每股收益 | 0.12 | 0.14 | －11.59% | 0.06 |
| 每股收益(如果股本变化,按新股本计算) | 0.12 | －－ | －－ | －－ |
| 净资产收益率 | 7.25% | 10.20% | －28.92% | 5.37% |
| 扣除非经常性损益的净利润为基础计算的净资产收益率 | 5.61% | 11.93% | －52.98% | 5.60% |
| 每股经营活动产生的现金流量净额 | 0.35 | 0.34 | 0.87% | 0.30 |
| | 2003年末(本年末) | 2002年末(上年末) | 本年末比上年末增减 | 2001年末 |
| 每股净资产 | 1.68 | 1.36 | 23.84% | 1.14 |
| 调整后的每股净资产 | 1.66 | 1.27 | 30.71% | 1.05 |

# 000525 南京红太阳股份有限公司

## 二〇〇三年年度报告摘选

### 1.上市公司基本情况简介

1.1 基本情况简介

股票简称:红太阳　股票代码:000525　上市交易所:深圳证券交易所
注册地址和办公地址:江苏省南京市高淳县淳溪镇宝塔路269号
邮政编码:211300　电子信箱:redsunzqb@sina.com

1.2 联系人和联系方式

董事会秘书:邹峰先生　联系地址:江苏省南京市汉中路89号金鹰国际商城19层C座
电话:025－84785866、84785833　传真:025－84785828　电子信箱:redsunzqb@sina.com

### 2.会计数据和财务指标摘要

2.1 主要会计数据　单位:(人民币)元

| | 2003年(本年) | 2002年(上年) | 本年比上年增减 | 2001年 |
|---|---|---|---|---|
| 主营业务收入 | 558,547,877.37 | 565,242,046.97 | －1.18% | 299,968,735.30 |
| 利润总额 | 68,588,038.65 | 67,165,209.20 | 2.12% | 80,899,744.87 |
| 净利润 | 46,701,866.51 | 44,829,965.11 | 4.18% | 66,376,080.30 |
| 扣除非经常性损益的净利润 | 45,774,075.12 | 43,761,016.98 | 4.60% | 66,571,033.23 |
| | 2003年末(本年末) | 2002年末(上年末) | 本年末比上年末增减 | 2001年末 |
| 总资产 | 898,601,630.71 | 836,088,296.24 | 7.48% | 844,990,987.53 |
| 股东权益(不含少数股东权益) | 561,673,213.81 | 537,480,925.70 | 4.50% | 483,289,086.13 |
| 经营活动产生的现金流量净额 | 78,879,242.61 | 50,660,261.69 | 55.70% | 19,858,216.94 |

2.2 主要财务指标　单位:(人民币)元

| | 2003年(本年) | 2002年(上年) | 本年比上年增减 | 2001年 |
|---|---|---|---|---|
| 每股收益 | 0.17 | 0.16 | 4.19% | 0.24 |
| 每股收益(如果股本变化,按新股本计算) | 0.17 | －－ | －－ | －－ |
| 净资产收益率 | 8.31% | 8.34% | －0.36% | 13.73% |
| 扣除非经常性损益的净利润为基础计算的净资产收益率 | 8.15% | 8.14% | 0.12% | 13.77% |
| 每股经营活动产生的现金流量净额 | 0.28 | 0.18 | 55.70% | 0.07 |
| | 2003年末(本年末) | 2002年末(上年末) | 本年末比上年末增减 | 2001年末 |
| 每股净资产 | 2.00 | 1.92 | 4.50% | 1.72 |
| 调整后的每股净资产 | 2.00 | 1.85 | 8.37% | 1.64 |

## 000603 威达医用科技股份有限公司

### 二〇〇三年年度报告摘选

#### 1.上市公司基本情况简介

1.1 基本情况简介
股票简称:ST威达 股票代码:000603 上市交易所:深圳证券交易所
注册地址和办公地址:深圳市福田区深南中路新城大厦西座8楼北面
邮政编码:518031 公司国际互联网网址:http://www.weida.com
电子信箱:weida2598@sohu.com
1.2 联系人和联系方式
董事会秘书:张世田 联系地址:深圳市福田区深南中路新城大厦西座八层
电话:0755-25987821 传真:0755-25987823 电子信箱:zhangst1682@sohu.com
证券事务代表:魏万栋 联系地址:深圳市福田区深南中路新城大厦西座八层
电话:0755-25987834 传真:0755-25987823 电子信箱:weiwd1331@sohu.com

#### 2.会计数据和财务指标摘要

2.1 主要会计数据 单位:(人民币)元

| | 2003年(本年) | 2002年(上年) | 本年比上年增减 | 2001年 |
|---|---|---|---|---|
| 主营业务收入 | 30,351,229.49 | 25,077,830.52 | 21.03% | 15,680,704.13 |
| 利润总额 | 301,632.78 | 20,286,291.17 | -98.51% | -83,082,069.18 |
| 净利润 | 1,177,845.63 | 19,867,601.43 | -94.07% | -76,172,326.27 |
| 扣除非经常性损益的净利润 | 136,049.36 | -105,150.75 | -- | -7,807,301.71 |
| | 2003年末(本年末) | 2002年末(上年末) | 本年末比上年末增减 | 2001年末 |
| 总资产 | 200,316,514.65 | 198,439,606.95 | 0.95% | 173,746,852.39 |
| 股东权益(不含少数股东权益) | 117,067,684.44 | 116,037,359.63 | 0.89% | 52,098,698.79 |
| 经营活动产生的现金流量净额 | 13,214,105.85 | 10,085,699.82 | 31.02% | -304,703.50 |

2.2 主要财务指标 单位:(人民币)元

| | 2003年(本年) | 2002年(上年) | 本年比上年增减 | 2001年 |
|---|---|---|---|---|
| 每股收益 | 0.01 | 0.18 | -94.10% | -0.68 |
| 每股收益(如果股本变化,按新股本计算) | 0.01 | -- | -- | -- |
| 净资产收益率 | 1.01% | 17.07% | -94.08% | -365.66% |
| 扣除非经常性损益的净利润为基础计算的净资产收益率 | 0.12% | -0.90% | -- | -32.32% |
| 每股经营活动产生的现金流量净额 | 0.12 | 0.09 | 31.11% | -0.00 |
| | 2003年末(本年末) | 2002年末(上年末) | 本年末比上年末增减 | 2001年末 |
| 每股净资产 | 1.05 | 1.04 | 0.94% | 0.22 |
| 调整后的每股净资产 | 1.04 | 1.04 | 0.75% | 0.00 |

## 000637 茂名石化实华股份有限公司

### 二〇〇三年年度报告摘选

#### 1.上市公司基本情况简介

1.1 基本情况简介
股票简称:茂化实华 股票代码:000637 上市交易所:深圳证券交易所
注册地址和办公地址:广东省茂名市官渡路162号 邮政编码:525000
电子信箱:mhsh000637@163.net
1.2 联系人和联系方式
董事会秘书和证券事务代表:梁杰 联系地址:广东省茂名市官渡路162号
电话:0668-2276176 传真:0668-2281965
电子信箱:mhsh000637@163.net

#### 2.会计数据和财务指标摘要

2.1 主要会计数据 单位:(人民币)元

| | 2003年(本年) | 2002年(上年) | 本年比上年增减 | 2001年 |
|---|---|---|---|---|
| 主营业务收入 | 2,001,231,319.35 | 1,436,050,146.92 | 39.36% | 1,281,525,732.10 |
| 利润总额 | 105,350,253.60 | 92,821,624.31 | 13.50% | 81,242,149.50 |
| 净利润 | 69,934,968.98 | 63,391,802.10 | 10.32% | 61,361,343.39 |
| 扣除非经常性损益的净利润 | 66,655,538.79 | 57,843,541.88 | 15.23% | 58,290,793.92 |
| | 2003年末(本年末) | 2002年末(上年末) | 本年末比上年末增减 | 2001年末 |
| 总资产 | 1,110,650,193.77 | 696,927,788.66 | 59,36% | 590,510,340.41 |
| 股东权益(不含少数股东权益) | 635,956,639.98 | 592,123,192.31 | 7.40% | 551,285,568.82 |
| 经营活动产生的现金流量净额 | 65,868,938.14 | 218,349,259.71 | -69.83% | 39,915,216.36 |

2.2 主要财务指标 单位:(人民币)元

| | 2003年(本年) | 2002年(上年) | 本年比上年增减 | 2001年 |
|---|---|---|---|---|
| 每股收益 | 0.24 | 0.22 | 10.05% | 0.25 |
| 每股收益(如果股本变化,按新股本计算) | 0.24 | -- | -- | -- |
| 净资产收益率 | 11.00% | 10.71% | 2.71% | 11.61% |
| 扣除非经常性损益的净利润为基础计算的净资产收益率 | 10.48% | 10.59% | -1.04% | 11.41% |
| 每股经营活动产生的现金流量净额 | 0.23 | 0.75 | -69.85% | 0.17 |
| | 2003年末(本年末) | 2002年末(上年末) | 本年末比上年末增减(%) | 2001年末 |
| 每股净资产 | 2.19 | 2.04 | 7.44% | 2.19 |
| 调整后的每股净资产 | 2.18 | 2.01 | 8.04% | 2.13 |

## 000903 昆明云内动力股份有限公司

### 二〇〇三年年度报告摘选

#### 1.上市公司基本情况简介

1.1 基本情况简介
股票简称:云内动力 股票代码:000903 上市交易所:深圳证券交易所
注册地址和办公地址:云南省昆明市穿金路715号 邮政编码:650224
公司国际互联网网址:http://www.yunneidongli.com 电子信箱:ynassets@public.km.yn.cn
1.2 联系人和联系方式
董事会秘书:雷升逵 联系地址:云南省昆明市穿金路715号
电话:(0871)5625802 传真:(0871)5633176 电子信箱:ynassets@public.km.yn.cn

#### 2.会计数据和财务指标摘要

2.1 主要会计数据

| | 2003年 | 2002年追溯调整后 | 本年比上年增减(%) | 2001年追溯调整后 |
|---|---|---|---|---|
| 主营业务收入 | 1,072,180,017.29 | 1,090,739,421.66 | -1.70 | 704,400,416.51 |
| 利润总额 | 132,407,117.31 | 120,467,455.43 | 9.91 | 97,579,315.18 |
| 净利润 | 104,605,670.95 | 100,249,951.44 | 4.34 | 80,526,415.28 |
| 扣除非经常性损益的净利润 | 80,483,517.94 | 110,752,023.87 | -27.33 | 73,680,448.20 |
| | 2003年末 | 2002年末 | 本年末比上年末增减(%) | 2001年末 |
| 总资产 | 1,667,289,997.91 | 1,460,401,419.20 | 14.17 | 1,309,994,313.67 |
| 股东权益(不含少数股东权益) | 938,105,456.52 | 903,429,785.57 | 3.84 | 687,733,988.24 |
| 经营活动产生的现金流量净额 | 149,336,996.21 | 251,335,324.76 | -40.58 | 148,467,806.95 |

2.2 主要财务指标

| | 2003年 | 2002年追溯调整后 | 本年比上年增减(%) | 2001年追溯调整后 |
|---|---|---|---|---|
| 每股收益 | 0.524 | 0.502 | 4.34 | 0.45 |
| 净资产收益率 | 11.15% | 11.10% | 0.45 | 11.71% |
| 扣除非经常性损益后的净资产收益率 | 8.58% | 12.26% | -30.02 | 10.71% |
| 每股经营活动产生的现金流量净额 | 0.75 | 1.26 | -40.59 | 0.82 |
| | 2003年末 | 2002年末 | 本年末比上年末增减(%) | 2001年末 |
| 每股净资产 | 4.70 | 4.52 | 3.83 | 3.82 |
| 调整后的每股净资产 | 4.66 | 4.50 | 3.56 | 3.79 |

## 000913 浙江钱江摩托股份有限公司

### 二〇〇三年年度报告摘选

#### 1.上市公司基本情况简介

1.1 基本情况简介
股票简称:钱江摩托 股票代码:000913 上市交易所:深圳证券交易所
注册地址和办公地址:浙江省温岭市太平街道万昌路 邮政编码:317500
公司国际互联网网址:http://www.qjmotor.com 电子信箱:qjmt@qjmotor.com
1.2 联系人和联系方式
董事会秘书:林先进 联系地址:浙江省温岭市太平街道万昌路
电话:0576-6192111 传真:0576-6139081 电子信箱:qmsd@qjmotor.com
证券事务代表:颜峰 联系地址:浙江省温岭市太平街道万昌路
电话:0576-6139218 传真:0576-6139081 电子信箱:qmsd@mail.tzptt.zj.cn

#### 2.会计数据和财务指标摘要

2.1 主要会计数据 单位:人民币元

| | 2003年(本年) | 2002年(上年) | 本年比上年增减 | 2001年 |
|---|---|---|---|---|
| 主营业务收入 | 3,083,017,093.23 | 2,700,598,643.71 | 14.16% | 2,718,098,206.53 |
| 利润总额 | 97,322,407.24 | 111,074,721.76 | -12.38% | 108,118,054.84 |
| 净利润 | 54,161,145.46 | 72,072,028.31 | -24.85% | 75,615,153.98 |
| 扣除非经常性损益的净利润 | 53,869,318.54 | 66,954.018.11 | -19.54% | 73,439,075.98 |
| | 2003年末(本年末) | 2002年末(上年末) | 本年末比上年末增减 | 2001年末 |
| 总资产 | 1,875,982,864.75 | 1,909,304,153.63 | -1.75% | 1,880,595,119.96 |
| 股东权益(不含少数股东权益) | 1,257,079,967.86 | 1,249,018,461.00 | 0.65% | 1,178,818,546.08 |
| 经营活动产生的现金流量净额 | 239,931,967.44 | -69,139,301.60 | -- | 106,323,747.08 |

2.2 主要财务指标 单位:人民币元

| | 2003年(本年) | 2002年(上年) | 本年比上年增减 | 2001年 |
|---|---|---|---|---|
| 每股收益 | 0.12 | 0.16 | -24.53% | 0.27 |
| 每股收益(如果股本变化,按新股本计算) | 0.12 | -- | -- | -- |
| 净资产收益率 | 4.31% | 5.77% | -25.30% | 6.41% |
| 扣除非经常性损益的净利润为基础计算的净资产收益率 | 4.28% | 5.36% | -20.15% | 6.23% |
| 每股经营活动产生的现金流量净额 | 0.53 | -0.15 | -- | 0.38 |
| | 2003年末(本年末) | 2002年末(上年末) | 本年末比上年末增减 | 2001年末 |
| 每股净资产 | 2.77 | 2.75 | 0.65% | 4.16 |
| 调整后的每股净资产 | 2.77 | 2.64 | 4.92% | 4.11 |

## 000926 湖北福星科技股份有限公司

### 二〇〇三年年度报告摘选

#### 1.上市公司基本情况简介

1.1 基本情况简介

股票简称:福星科技 股票代码:000926 上市交易所:深圳证券交易所

注册地址和办公地址:湖北省汉川市沉湖镇福星街1号 邮政编码:431608

公司国际互联网网址:http://www.chinafxkj.com

电子信箱:hchbcs02@public.xg.hb.cn

1.2 联系人和联系方式

董事会秘书:冯东兴 联系地址:湖北省汉川市沉湖镇福星街1号

电话:0712-8740018 传真:0712-8740018 电子信箱:fxkj0926@sohu.com

证券事务代表:杨望云 联系地址:湖北省汉川市沉湖镇福星街1号

电话:0712-8740018 或 8740038 转 8028 传真:0712-8740018

电子信箱:fxkj0926@sohu.com

#### 2.会计数据和财务指标摘要

2.1 主要会计数据 单位:人民币元

| | 2003年(本年) | 2002年(上年) | 本年比上年增减 | 2001年 |
|---|---|---|---|---|
| 主营业务收入 | 855,768,017.45 | 436,006,790.46 | 96.27% | 425,590,394.62 |
| 利润总额 | 133,754,529.87 | 71,241,074.15 | 87.75% | 92,093,362.38 |
| 净利润 | 87,046,983.47 | 45,619,866.29 | 90.81% | 81,127,355.03 |
| 扣除非经常性损益的净利润 | 87,425,648.75 | 47,958,318.70 | 82.30% | 81,127,355.03 |
| | 2003年末(本年末) | 2002年末(上年末) | 本年末比上年末增减 | 2001年末 |
| 总资产 | 2,319,191,538.36 | 1,534,255,613.00 | 51.16% | 1,125,642,251.25 |
| 股东权益(不含少数股东权益) | 777,383,543.00 | 689,255,305.01 | 12.79% | 643,635,438.72 |
| 经营活动产生的现金流量净额 | -253,605,456.27 | -206,400,299.82 | -- | -33,880,181.67 |

2.2 主要财务指标 单位:人民币元

| | 2003年(本年) | 2002年(上年) | 本年比上年增减 | 2001年 |
|---|---|---|---|---|
| 每股收益 | 0.33 | 0.17 | 90.64% | 0.31 |
| 每股收益(如果股本变化,按新股本计算) | 0.33 | -- | -- | -- |
| 净资产收益率 | 11.20% | 6.62% | 69.18% | 12.90% |
| 扣除非经常性损益的净利润为基础计算的净资产收益率 | 11.25% | 6.96% | 61.64% | 12.90% |
| 每股经营活动产生的现金流量净额 | -0.95 | -0.77 | -- | -0.13 |
| | 2003年末(本年末) | 2002年末(上年末) | 本年末比上年末增减 | 2001年末 |
| 每股净资产 | 2.92 | 2.58 | 12.81% | 2.43 |
| 调整后的每股净资产 | 2.92 | 2.58 | 12.81% | 2.43 |

## 000988 华工科技产业股份有限公司

### 二〇〇三年年度报告摘选

#### 1.上市公司基本情况简介

1.1 基本情况简介

股票简称:华工科技 股票代码:000988 上市交易所:深圳证券交易所

注册地址和办公地址:湖北省武汉市东湖高新技术开发区华中科技大学科技园华工科技产业大厦

邮政编码:430223 公司国际互联网网址:http://www.hgtech.com.cn

电子信箱:0988@hgtech.com.cn

1.2 联系人和联系方式

董事会秘书:杨兴国

联系地址:湖北省武汉市东湖高新技术开发区华中科技大学科技园华工科技产业大厦

电话:(027)87180121 传真:(027)87180126 电子信箱:bds@hgtech.com.cn

证券事务代表:廖瑞琰

联系地址:湖北省武汉市东湖高新技术开发区华中科技大学科技园华工科技产业大厦

电话:(027)87180121 传真:(027)87180126 电子信箱:bds@hgtech.com.cn

#### 2.会计数据和财务指标摘要

2.1 主要会计数据 单位:(人民币)元

| | 2003年(本年) | 2002年(上年) | 本年比上年增减 | 2001年 |
|---|---|---|---|---|
| 主营业务收入 | 400,789,999.98 | 347,052,098.24 | 15.48% | 297,017,907.99 |
| 利润总额 | 40,576,886.88 | 48,678,941.52 | -16.64% | 57,313,662.45 |
| 净利润 | 37,665,602.40 | 40,416,133.69 | -6.81% | 44,112,323.18 |
| 扣除非经常性损益的净利润 | 34,126,563.29 | 37,005,675.37 | -7.78% | 17,853,490.45 |
| | 2003年末(本年末) | 2002年末(上年末) | 本年末比上年末增减 | 2001年末 |
| 总资产 | 1,167,276,732.80 | 1,056,265,556.47 | 10.51% | 821,258,791.85 |
| 股东权益(不含少数股东权益) | 660,422,343.44 | 622,673,112.45 | 6.06% | 580,345,392.74 |
| 经营活动产生的现金流量净额 | 21,997,291.93 | -51,238,491.60 | -- | -39,451,080.64 |

2.2 主要财务指标 单位:(人民币)元

| | 2003年(本年) | 2002年(上年) | 本年比上年增减 | 2001年 |
|---|---|---|---|---|
| 每股收益 | 0.16 | 0.35 | -53.33% | 0.38 |
| 每股收益(如果股本变化,按新股本计算) | 0.16 | -- | -- | -- |
| 净资产收益率 | 5.70% | 6.49% | -12.17% | 7.60% |
| 扣除非经常性损益的净利润为基础计算的净资产收益率 | 5.17% | 6.09% | -15.11% | 3.07% |
| 每股经营活动产生的现金流量净额 | 0.10 | -0.45 | -- | 0.34 |
| | 2003年末(本年末) | 2002年末(上年末) | 本年末比上年末增减 | 2001年末 |
| 每股净资产 | 2.87 | 5.41 | -46.98% | 5.05 |
| 调整后的每股净资产 | 2.84 | 5.32 | -46.58% | 5.01 |

## 600019 宝山钢铁股份有限公司

### 二〇〇三年年度报告摘选

#### 1. 上市公司基本情况简介

1.1 基本情况简介

股票简称:宝钢股份 股票代码:600019 上市交易所:上海证券交易所

注册地址:上海市宝山区富锦路果园 办公地址:上海市宝山区富锦路果园

邮政编码:201900 公司国际互联网网址:http://www.baosteel.com 电子信箱:ir@baosteel.com

1.2 联系人和联系方式

董事会秘书:陈缨 联系地址:上海市宝山区富锦路果园

电话:86-21-26647000 传真:86-21-26646999 电子信箱:ir@baosteel.com

证券事务代表:虞红 联系地址:上海市宝山区富锦路果园

电话:86-21-26647000 传真:86-21-26646999 电子信箱:ir@baosteel.com

#### 2.会计数据和财务指标摘要

2.1 主要会计数据

单位:百万元

| 项目 | 2003年 | 2002年 | 2003年比2002年增减 | 2001年 |
|---|---|---|---|---|
| 主营业务收入 | 44,460 | 33.877 | 31.24% | 29.171 |
| 利润总额 | 9.929 | 5.942 | 67.10% | 3.710 |
| 净利润 | 6.976 | 4.272 | 63.30% | 2.561 |
| 扣除非经常性损益的净利润 | 7.048 | 4.356 | 61.80% | 2.562 |
| 项目 | 2003年末 | 2002年末 | 2003年末比2002年末增减(%) | 2001年末 |
| 总资产 | 60,918 | 61,489 | -0.93% | 58.042 |
| 股东权益(不含少数股东权益)(调整前) | 35,466 | 28,185 | 25.83% | 26,290 |
| 股东权益(不含少数股东权益)(调整后) | 25,466 | 30,687 | 15.57% | 27,854 |
| 经营活动产生的现金流量净额 | 14,631 | 10,790 | 35.60% | 9,038 |

2.2 主要财务指标

单位:元

| 项目 | 2003年 | 2002年 | 2003年比2002年增减 | 2001年 |
|---|---|---|---|---|
| 每股收益 | 0.56 | 0.34 | 63.98% | 0.20 |
| 每股经营活动产生的现金流量净额 | 1.17 | 0.86 | 35.97% | 0.72 |
| 净资产收益率(%)(摊薄) | 19.67 | 13.92 | 5.75 | 9.20 |
| 净资产收益率(%)(加权) | 21.46 | 14.76 | 6.70 | 9.57 |
| 扣除非经常性损益后的净资产收益率(%)(加权) | 21.68 | 15.05 | 6.63 | 9.57 |
| 扣除非经常性损益后的净资产收益率(%)(加权) | 21.68 | 15.05 | 6.63 | 9.57 |
| 项目 | 2003年末 | 2002年末 | 2003年末比2002年末增减 | 2001年末 |
| 每股净资产 | 2.83 | 2.45 | 15.57% | 2.23 |
| 调整后每股净资产 | 2.83 | 2.45 | 15.57% | 2.23 |

## 600061 中纺投资发展股份有限公司

### 二〇〇三年年度报告摘选

#### 1.上市公司基本情况简介

1.1 基本情况简介

股票简称:中纺投资 股票代码:600061 上市交易所:上海证券交易所

注册地址:上海市浦东商城路738号1804室

办公地址:上海市长宁区延安西路1228号嘉利大厦33层 邮政编码:200052

公司国际互联网网址:http://www.sinotex-ctrc.com.cn 电子信箱:600061@sinotex-ctrc.com.cn

1.2 联系人和联系方式

董事会秘书:鲍勤飞 联系地址:北京朝阳区安苑路15号

电话:010-64958201 传真:010-64958201 电子信箱:600061@sinotex-ctrc.com.cn

证券事务代表:沈强 联系地址:上海市长宁区延安西路1228号嘉利大厦33层

电话:021-62818687 传真:021-62816868 电子信箱:600061@sinotex-ctrc.com.cn

#### 2.会计数据和财务指标摘要

2.1 主要会计数据 单位:元

| | 2003年 | 2002年 | 本年比上年增减 | 2001年 |
|---|---|---|---|---|
| 主营业务收入 | 832,511,625.47 | 750,007,003.51 | 11.00% | 671,584,832.15 |
| 利润总额 | 6,281,917.00 | 2,020,863.97 | 210.85% | 33,207,925.85 |
| 净利润 | 4,287,605.07 | 1,366,108.08 | 213.86% | 27,121,256.94 |
| 扣除非经常性损益的净利润 | -1,617,316.76 | -49,423.38 | 3172.37% | 25,334,148.37 |
| | 2003年末 | 2002年末 | 本年末比上年末增减 | 2001年末 |
| 总资产 | 827,783,429.82 | 899,684,272.27 | -7.99% | 737,477,843.88 |
| 股东权益(不含少数股东权益) | 485,111,705.21 | 480,478,027.84 | 0.96% | 479,138,980.09 |
| 经营活动产生的现金流量净额 | 84,949,333.82 | -5,625,615.29 | -1610.05% | -19,237,453.19 |

2.2 主要财务指标 单位:元

| | 2003年 | 2002年 | 本年比上年增减 | 2001年 |
|---|---|---|---|---|
| 每股收益 | 0.011 | 0.004 | 175.00% | 0.094 |
| 每股收益* | | -- | | -- |
| 净资产收益率 | 0.880 | 0.280 | 214.29% | 5.66 |
| 扣除非经常性损益的净利润为基础计算的净资产收益率 | -0.43 | -0.01 | 4200.00% | 5.29 |
| 每股经营活动产生的现金流量净额 | 0.23 | -0.02 | -1250.00% | -0.07 |
| | 2003年末 | 2002年末 | 本年末比上年末增减 | 2001年末 |
| 每股净资产 | 1.30 | 1.29 | 0.78% | 1.67 |
| 调整后的每股净资产 | 1.30 | 1.29 | 0.78% | 1.66 |

## 600098 广州发展实业控股集团股份有限公司

### 二〇〇三年年度报告摘选

#### 1.上市公司基本情况简介

1.1 基本情况简介

股票简称:广州控股　股票代码:600098　上市交易所:上海证券交易所

注册地址和办公地址:广州市东山区东风中路 509 号 27、29 楼　邮政编码:510045

公司国际互联网网址:http://www.gzholdings.com　电子信箱:gzkg163@pub.guangzhou.gd.cn

1.2 联系人和联系方式

董事会秘书:吴旭　联系地址:广州市东山区东风中路 509 号 29 楼

电话:020-83606539　传真:020-83606693　电子信箱:dshms@gzholdings.com

证券事务代表:贝学容　联系地址:广州市东山区东风中路 509 号 29 楼

电话:020-83606689　传真:020-83606693　电子信箱:sqdb@gzholdings.com

#### 2.会计数据和财务指标摘要

2.1 主要会计数据　单位:人民币元

| | 2003 年 | 2002 年 | 本年比上年增减(%) | 2001 年 |
|---|---|---|---|---|
| 主营业务收入 | 3,518,242,818.51 | 4,070,763,060.28 | -13.57 | 3,907,556,249.30 |
| 利润总额 | 1,252,680,467.81 | 1,436,268,575.23 | -12.78 | 1,334,451,370.84 |
| 净利润 | 804,773,178.19 | 823,488,438.05 | -2.27 | 942,831,079.97 |
| 扣除非经常性损益的净利润 | 798,856,703.47 | 721,309,586.79 | 10.75 | 966,172,237.74 |
| | 2003 年末 | 2002 年末 | 本年末比上年末增减(%) | 2001 年末 |
| 总资产 | 10,143,085,665.89 | 10,746,511,818.84 | -5.62 | 9,126,466,813.69 |
| 股东权益(不含少数股东权益) | 6,056,749,734.32 | 5,625,379,550.31 | 7.67 | 5,177,986,924.76 |
| 经营活动产生的现金流量净额 | 1,405,093,042.27 | 1,653,240,309.67 | -15.01 | 1,677,585,191.65 |

2.2 主要财务指标

| | 2003 年 | 2002 年 | 本年比上年增减(%) | 2001 年 |
|---|---|---|---|---|
| 每股收益 | 0.642 | 0.657 | -2.27 | 0.753 |
| 净资产收益率(%)(摊薄) | 13.29 | 14.64 | -9.23 | 18.21 |
| 扣除非经常性损益的净利润为基础计算的净资产收益率(%) | 13.75 | 13.51 | 1.78 | 20.23 |
| 每股经营活动产生的现金流量净额 | 1.12 | 1.32 | -15.01 | 1.34 |
| | 2003 年末 | 2002 年末 | 本年末比上年末增减(%) | 2001 年末 |
| 每股净资产 | 4.835 | 4.490 | 7.67 | 4.133 |
| 调整后的每股净资产 | 4.833 | 4.487 | 7.71 | 4.125 |

## 600101 四川明星电力股份有限公司

### 二〇〇三年年度报告摘选

#### 1.上市公司基本情况简介

1.1 基本情况简介

股票简称:明星电力　股票代码:600101　上市交易所:上海证券交易所

注册地址和办公地址:四川省遂宁市明月路 88 号　邮政编码:629000

电子信箱:mxep@sn-public.sc.cninfo.net

1.2 联系人和联系方式

董事会秘书:蒋青　联系地址:四川省遂宁市明月路 88 号

电话:0825-2210076　传真:0825-2210017　电子信箱:q-jiang@sn-public.sc.cninfo.net

#### 2.会计数据和财务指标摘要

2.1 主要会计数据　单位:人民币元

| 项目 | 2003 年 | 2002 年 | 本年比上年增减(%) | 2001 年 |
|---|---|---|---|---|
| 主营业务收入 | 408,877,597.26 | 325,413,396.08 | 25.65 | 248,241,750.84 |
| 利润总额 | 131,098,897.84 | 91,149,392.75 | 43.83 | 85,449,421.69 |
| 净利润 | 103,242,651.50 | 78,726,848.88 | 31.14 | 78,321,880.49 |
| 扣除非经常性损益的净利润 | 76,670,339.86 | 80,889,520.37 | -5.22 | 72,251,755.11 |
| 项目 | 2003 年末 | 2002 年末 | 本年末比上年末增减(%) | 2001 年末 |
| 总资产 | 2,294,338,378.66 | 1,425,359,427.58 | 60.97 | 1,362,256,060.44 |
| 股东权益(不含少数股东权益) | 1,141,649,796.53 | 1,072,891,096.31 | 6.41 | 991,660,852.36 |
| 经营活动产生的现金流量净额 | 181,014,245.56 | 128,144,542.06 | 41.25 | 97,140,252.96 |

2.2 主要财务指标　单位:人民币元

| 项目 | 2003 年 | 2002 年 | 本年比上年增减(%) | 2001 年 |
|---|---|---|---|---|
| 每股收益 | 0.608 | 0.464 | 31.03 | 0.461 |
| 净资产收益率(%) | 9.27 | 7.64 | 21.34 | 7.90 |
| 扣除非经常性损益的净利润为基础计算的净资产收益率(%) | 6.88 | 7.85 | -12.36 | 7.29 |
| 每股经营活动产生的现金流量净额 | 1.07 | 0.78 | 31.18 | 0.58 |
| 项目 | 2003 年末 | 2002 年末 | 本年末比上年末增减(%) | 2001 年末 |
| 每股净资产 | 6.72 | 6.07 | 10.71 | 5.84 |
| 调整后的每股净资产 | 6.56 | 5.88 | 11.56 | 5.80 |

## 600112 贵州长征电器股份有限公司

### 二〇〇三年年度报告摘选

#### 1.上市公司基本情况简介

1.1 基本情况简介

股票简称:长征电器　股票代码:600112　上市交易所:上海证券交易所

注册地址和办公地址:贵州省遵义市上海路 100 号　邮政编码:563002

公司国际互联网网址:http://www.czdq.cn　电子信箱:gzczdq@public.gz.cn

1.2 联系人和联系方式

董事会秘书:江毅　联系地址:贵州省遵义市上海路 100 号

电话:0852-8622952　传真:0852-8626701　电子信箱:gz600112@sohu.com

#### 2.会计数据和财务指标摘要

2.1 主要会计数据　单位:元

| | 2003 年 | 2002 年 | 本年比上年增减(%) | 2001 年 |
|---|---|---|---|---|
| 主营业务收入 | 150,206,871.91 | 136,606,430.83 | 9.96 | 165,247,251.43 |
| 利润总额 | 3,706,698.16 | -196,683,683.64 | -101.88 | 10,575,560.00 |
| 净利润 | 3,706,698.16 | -196,683,683.64 | -101.88 | 4,268,352.85 |
| 扣除非经常性损益的净利润 | -5,488,553.89 | -179,430,912.51 | -96.94 | 4,407,348.71 |
| | 2003 年末 | 2002 年末 | 本年末比上年末增减(%) | 2001 年末 |
| 总资产 | 469,166,085.75 | 476,212,530.34 | -1.48 | 474,608,516.94 |
| 股东权益(不含少数股东权益) | 283,608,895.64 | 279,902,197.48 | 1.32 | 474,608,516.94 |
| 经营活动产生的现金流量净额 | 13,545,145.32 | -14,207,706.04 | -195.34 | -834,269.29 |

2.2 主要财务指标　单位:元

| | 2003 年 | 2002 年 | 本年比上年增减(%) | 2001 年 |
|---|---|---|---|---|
| 每股收益 | 0.0216 | -1.1435 | -101.88 | 0.0248 |
| 每股收益注 2 | - | - | - | - |
| 净资产收益率(%) | 1.3070 | -70.2687 | -101.86 | 0.8993 |
| 扣除非经常性损益的净利润为基础计算的净资产收益率(%) | -4.2302 | -64.1049 | -93.40 | 0.9286 |
| 每股经营活动产生的现金流量净额 | 0.079 | -0.0826 | -195.34 | -0.0049 |
| | 2003 年末 | 2002 年末 | 本年末比上年末增减(%) | 2001 年末 |
| 每股净资产 | 1.6489 | 1.6273 | 1.32 | 2.76 |
| 调整后的每股净资产 | 1.4760 | 1.4814 | -0.36 | 2.68 |

## 600125 大连铁龙实业股份有限公司

### 二〇〇三年年度报告摘选

#### 1.上市公司基本情况简介

1.1 基本情况简介

股票简称:铁龙股份　股票代码:600125　上市交易所:上海证券交易所

注册地址:大连高新技术产业园区七贤岭产业化基地高新街 3 号

办公地址:大连市中山区新安街 1 号　邮政编码:116001

电子信箱:tlzqb@21cn.com

1.2 联系人和联系方式

董事会秘书:畅晓东　联系地址:大连市中山区新安街 1 号

电话:0411-2810881　传真:0411-2816639　电子信箱:cxdong@21cn.com

证券事务代表:关晓东　联系地址:大连市中山区新安街 1 号

电话:0411-2651498　传真:0411-2816639　电子信箱:guan7758@263.net

#### 2.会计数据和财务指标摘要

2.1 主要会计数据　单位:元

| | 2003 年 | 2002 年 | 本年比上年增减(%) | 2001 年 |
|---|---|---|---|---|
| 主营业务收入 | 363,483,842.64 | 320,678,546.85 | 13.35 | 349,241,907.49 |
| 利润总额 | 101,097,770.14 | 83,381,359.82 | 21.25 | 82,924,392.06 |
| 净利润 | 81,783,188.95 | 65,432,623.05 | 24.99 | 60,204,998.59 |
| 扣除非经常性损益的净利润 | 73,097,015.96 | 65,875,278.92 | 10.96 | 62,449,469.76 |
| | 2003 年末 | 2002 年末 | 本年末比上年末增减(%) | 2001 年末 |
| 总资产 | 1,008,369,345.11 | 872,054,914.15 | 15.63 | 835,307,320.51 |
| 股东权益(不含少数股东权益) | 870,086,615.25 | 595,091,354.52 | 46.21 | 548,556,855.69 |
| 经营活动产生的现金流量净额 | 79,646,604.10 | 91,318,878.22 | -12.78 | 154,408,879.78 |

2.2 主要财务指标　单位:元

| | 2003 年 | 2002 年 | 本年比上年增减(%) | 2001 年 |
|---|---|---|---|---|
| 每股收益 | 0.370 | 0.343 | 7.87 | 0.316 |
| 净资产收益率 | 9.40% | 11.00% | -14.55 | 10.98% |
| 扣除非经常性损益的净利润为基础计算的净资产收益率 | 8.40% | 11.06% | -24.05 | 11.38% |
| 每股经营活动产生的现金流量净额 | 0.360 | 0.479 | -24.84 | 0.809 |
| | 2003 年末 | 2002 年末 | 本年末比上年末增减(%) | 2001 年末 |
| 每股净资产 | 3.937 | 3.119 | 26.23 | 2.875 |
| 调整后的每股净资产 | 3.843 | 3.004 | 27.93 | 2.805 |

# 600152 宁波维科精华集团股份有限公司

## 二〇〇三年年度报告摘选

### 1.上市公司基本情况简介

1.1 基本情况简介

股票简称:维科精华 股票代码:600152 上市交易所:上海证券交易所

注册地址:浙江省宁波市和义路 99 号 办公地址:浙江省宁波市体育场路 2 号

邮政编码:315016 公司国际互联网网址:http://www.veken.com/elite

电子信箱:Eken - elite@nbtex.com.cn

1.2 联系人和联系方式

董事会秘书:王学明 联系地址:宁波市体育场路 2 路

电话:0574 - 87341480 传真:0574 - 87279527 电子信箱:wxh@mail.veken.com

证券事务代表:苏伟军 联系地址:宁波市体育场路 2 路

电话:0574 - 87254336 传真:0574 - 87279527 电子信箱:swj@mail.veken.com

### 2.会计数据和财务指标摘要

2.1 主要会计数据

单位:元

| | 2003 年 | 2002 年 | 本年比上年增减(%) | 2001 年 |
|---|---|---|---|---|
| 主营业务收入 | 1,545,859,695.39 | 1,346,409,107.70 | 14.81 | 1,098,689,112.78 |
| 利润总额 | 104,048,606.89 | 81,158,955.41 | 28.20 | 63,232,834.36 |
| 净利润 | 47,037,109.99 | 45,117,800.83 | 4.25 | 47,643,603.77 |
| 扣除非经常性损益的净利润 | 33,539,964.89 | 44,453,589.92 | －24.55 | 48,432,515.95 |
| | 2003 年末 | 2002 年末 | 本年末比上年末增减(%) | 2001 年末 |
| 总资产 | 1,486,999,725.72 | 1,286,092,279.54 | 15.62 | 980,556,712.27 |
| 股东权益(不含少数股东权益) | 660,019,961,32 | 639,391,690.07 | 3.23 | 620,522,384.32 |
| 经营活动产生的现金流量净额 | 155,705,669.06 | 151,165,293.66 | 3.00 | 107,191,557.16 |

2.2 主要财务指标

单位:元

| | 2003 年 | 2002 年 | 本年比上年增减(%) | 2001 年 |
|---|---|---|---|---|
| 每股收益 | 0.1603 | 0.1537 | 4.29 | 0.1623 |
| 每股收益 | 0.1603 | 0.1537 | 4.29 | 0.1623 |
| 净资产收益率(%) | 7.13 | 7.40 | －0.27 | 8.06 |
| 扣除非经常性损益的净利润为基础计算的净资产收益率(%) | 5.08 | 6.95 | －1.87 | 7.80 |
| 每股经营活动产生的现金流量净额 | 0.5305 | 0.5151 | 2.99 | 0.3652 |
| | 2003 年末 | 2002 年末 | 本年末比上年末增减(%) | 2001 年末 |
| 每股净资产 | 2.2488 | 2.1785 | 3.23 | 2.1143 |
| 调整后的每股净资产 | 2.2285 | 2.1632 | 3.02 | 2.0915 |

# 600171 上海贝岭股份有限公司

## 二〇〇三年年度报告摘选

### 1.上市公司基本情况简介

1.1 基本情况简介

股票简称:上海贝岭 股票代码:600171 上市交易所:上海证券交易所

注册地址和办公地址:上海市宜山路 810 号 邮政编码:200233

公司国际互联网网址:www.belling.com.cn 电子信箱:bloffice@bellling.com.cn

1.2 联系人和联系方式

董事会秘书:严海容 联系地址:上海市宜山路 810 号

电话:64850700＊157 传真:64854424 电子信箱:bloffice@bellling.com.cn

证券事务代表:马丽 联系地址:上海市宜山路 810 号

电话:64850700＊157 传真:64854424 电子信箱:bloffice@bellling.com.cn

### 2.会计数据和财务指标摘要

2.1 主要会计数据

单位:元

| | 2003 年 | 2002 年 | 本年比上年增减 | 2001 年 |
|---|---|---|---|---|
| 主营业务收入 | 756,926,526.59 | 762,992,902.55 | －0.8% | 783,607,621.42 |
| 利润总额 | 68,527,331.93 | 108,244,951.99 | －36.69% | 166,110,958.61 |
| 净利润 | 61,697,073.09 | 105,091,638.90 | －41.29% | 149,043,729.86 |
| 扣除非经常性损益的净利润 | 45,178,552.99 | 97,431,102.92 | －53.63% | 144,376,266.79 |
| | 2003 年末 | 2002 年末 | 本年末比上年末增减 | 2001 年末 |
| 总资产 | 2,056,867,912.87 | 1,599,717,514.83 | 28.58% | 1,540,497,199.02 |
| 股东权益(不含少数股东权益) | 1,742,003,646.03 | 1,378,538,571.40 | 29.73% | 1,276,241,274.95 |
| 经营活动产生的现金流量净额 | 86,115,562.62 | 254,843,138.87 | －66.21% | 130,273,587.45 |

2.2 主要财务指标

单位:元

| | 2003 年 | 2002 年 | 本年比上年增减 | 2001 年 |
|---|---|---|---|---|
| 每股收益 | 0.10 | 0.19 | －47.37% | 0.34 |
| 扣除非经常性损益后的每股收益 | 0.07 | 0.17 | 41.17% | 0.33 |
| 净资产收益率(%) | 3.54% | 7.62% | －54.77% | 11.68% |
| 扣除非经常性损益的净利润的净资产收益率(%) | 2.59% | 7.07% | －64.23% | 11.31% |
| 每股经营活动产生的现金流量净额 | 0.14 | 0.45 | －68.89% | 0.30 |
| | 2003 年 | 2002 年 | 本年末比上年末增减 | 2001 年 |
| 每股净资产 | 2.84 | 2.38 | 19.75% | 2.94 |
| 调整后的每股净资产 | 2.83 | 2.36 | 20.34% | 2.90 |

# 600191 包头华资实业股份有限公司

## 二〇〇三年年度报告摘选

### 1.上市公司基本情况简介

1.1 基本情况简介

股票简称:华资实业 股票代码:600191 上市交易所:上海证券交易所

注册地址:内蒙古自治区包头市国家稀土高新技术产业开发区

办公地址:包头华资实业股份有限公司 邮政编码:014030

国际互联网网址:http://www.huazi.com 电子信箱:hzsy@huazi.com

1.2 联系人和联系方式

董事会秘书:李志文 联系地址:包头华资实业股份有限公司证券部

电话:0472 - 4192200 传真:0472 - 4190473 电子信箱:lizhiwen@huazi.com

证券事务代表:张久利 联系地址:包头华资实业股份有限公司证券部

电话:0472 - 4190473 传真:0472 - 4190473 电子信箱:zhengquanbu@huazi.com

### 2.会计数据和财务指标摘要

2.1 主要会计数据

单位:元

| | 2003 年 | 2002 年 | 本年比上年增减(%) | 2001 年 |
|---|---|---|---|---|
| 主营业务收入 | 981,192,081.49 | 802,147,310.98 | 22.32 | 608,200,078.22 |
| 利润总额 | 95,065,150.86 | 86,962,120.01 | 9.32 | 81,562,987.09 |
| 净利润 | 77,280,310.61 | 74,307,624.22 | 4.00 | 71,153,880.30 |
| 扣除非经常性损益后的净利润 | 75,504,887.16 | 72,259,518.70 | 4.49 | 69,248,680.76 |
| | 2003 年末 | 2002 年末 | 本年末比上年末增减(%) | 2001 年末 |
| 总资产 | 2,023,979,906.33 | 1,539,933,169.92 | 31.43 | 1,373,536,924.99 |
| 股东权益(不含少数股东权益) | 1,203,998,011.16 | 1,124,126,100.55 | 7.11 | 1,049,595,218.46 |
| 经营活动产生的现金流量净额 | 144,633,327.34 | 82,478,327.49 | 75.36 | 110,677,049.26 |

2.2 主要财务指标

单位:元

| | 2003 年 | 2002 年 | 本年比上年增减(%) | 2001 年 |
|---|---|---|---|---|
| 每股收益 | 0.26 | 0.25 | 4.00 | 0.234 |
| 净资产收益率(%) | 6.63 | 6.84 | －3.07 | 6.98 |
| 扣除非经常性损益的净利润为基础计算的净资产收益率(%) | 6.48 | 6.66 | －2.70 | 6.80 |
| 每股经营活动产生的现金流量净额 | 0.48 | 0.27 | 77.78 | 0.37 |
| | 2003 年末 | 2002 年末 | 本年末比上年末增减(%) | 2001 年末 |
| 每股净资产 | 3.97 | 3.71 | 7.01 | 3.46 |
| 调整后的每股净资产 | 3.94 | 3.69 | 6.78 | 3.44 |

# 600234 太原天龙集团股份有限公司

## 二〇〇三年年度报告摘选

### 1.上市公司基本情况简介

1.1 基本情况简介

股票简称:＊ST 天龙 股票代码:600234 上市交易所:上海证券交易所

注册地址和办公地址:太原市迎泽大街 291 号 邮政编码:030001

电子信箱:tianlong615@tom.com

1.2 联系人和联系方式

董事会秘书:白耀宏 联系地址:太原市迎泽大街 291 号

电话:0351 - 4040922 传真:0351 - 4810073 电子信箱:yhbai6916@tom.com

### 2.会计数据和财务指标摘要

2.1 主要会计数据 单位:人民币元

| | 2003 年 | 2002 年 | 本年比上年增减(%) | 2001 年 |
|---|---|---|---|---|
| 主营业务收入 | 675,490,985.55 | 139,854,077.05 | ＋383.00 | 139,638,844.79 |
| 利润总额 | 30,080,579.17 | －140,801,426.72 | | －68,383,134.30 |
| 净利润 | 20,785,977.67 | －140,801,426.72 | | －68,383,134.30 |
| 扣除非经常性损益的净利润 | 3,896,921.11 | －66,439,124.14 | | －71,655,801.22 |
| | 2003 年末 | 2002 年末 | 本年末比上年末增减(%) | 2001 年末 |
| 总资产 | 792,221,445.71 | 583,725,626.76 | ＋35.72 | 679,359,152.38 |
| 股东权益(不含少数股东权益) | 151,231,000.46 | 79,417,289.54 | ＋90.43 | 220,218,716.26 |
| 经营活动产生的现金流量净额 | 101,561,705.14 | －31,209,436.84 | | －5,999,805.16 |

2.2 主要财务指标 单位:人民币元

| | 2003 年 | 2002 年 | 本年比上年增减(%) | 2001 年 |
|---|---|---|---|---|
| 每股收益 | 0.22 | －1.50 | | －0.73 |
| 净资产收益率(%) | 13.74 | －177.29 | | －31.05 |
| 扣除非经常性损益的净利润为基础计算的净资产收益率(%) | 2.58 | －83.66 | | －32.54 |
| 每股经营活动产生的现金流量净额 | 1.08 | －0.33 | | －0.06 |
| | 2003 年末 | 2002 年末 | 本年末比上年末增减(%) | 2001 年末 |
| 每股净资产 | 1.61 | 0.85 | ＋89.41 | 2.35 |
| 调整后的每股净资产 | 1.47 | 0.72 | ＋104.17 | 2.20 |

# 600298 湖北安琪酵母股份有限公司

## 二〇〇三年年度报告摘选

### 1.上市公司基本情况简介

1.1 基本情况简介

股票简称:安琪酵母 股票代码:600298 上市交易所:上海证券交易所

注册地址和办公地址:湖北省宜昌市中南路24号 邮政编码:443003

公司国际互联网网址:http://www.angel.com.cn

电子信箱:angel@angel.com.cn

1.2 联系人和联系方式

董事会秘书:周帮俊 联系地址:湖北省宜昌市中南路24号

电话:0717-6352865 传真:0717-6352865 电子信箱:zbj@aneel.com.cn

证券事务代表:高路 联系地址:湖北省宜昌市中南路24号

电话:0717-6352865 传真:0717-6352865 电子信箱:gaolu@angel.com.cn

### 2.会计数据和财务指标摘要

2.1 主要财务数据 单位:元

| | 2003年 | 2002年 | 本年比上年增减(%) | 2001年 |
|---|---|---|---|---|
| 主营业务收入 | 395,007,824.43 | 293,694,321.45 | 34.50 | 237,579,144.72 |
| 利润总额 | 52,071,841.13 | 39,794,480.15 | 30.85 | 58,615,346.99 |
| 净利润 | 41,480,822.71 | 29,502,390.40 | 40.60 | 49,413,552.83 |
| 扣除非经常性损益的净利润 | 37,899,205.40 | 22,483,014.76 | 68.57 | 43,990,035.24 |
| | 2003年末 | 2002年末 | 本年末比上年末增减(%) | 2001年末 |
| 总资产 | 778,961,127.18 | 725,881,561.06 | 7.31 | 664,771,463.27 |
| 股东权益(不含少数股东权益) | 619,270,690.89 | 591,192,883.06 | 4.75 | 565,544,728.66 |
| 经营活动产生的现金流量净额 | 0.5833 | 0.4066 | 43.46 | 0.3058 |

2.2 主要财务指标

单位:元

| | 2003年 | 2002年 | 本年比上年增减(%) | 2001年 |
|---|---|---|---|---|
| 每股收益 | 0.3057 | 0.2174 | 40.62 | 0.3641 |
| 净资产收益率(%) | 6.70 | 4.99 | 34.27 | 8.95 |
| 扣除非经常性损益的净利润为基础计算的净资产收益率(%) | 6.20 | 3.80 | 63.16 | 7.97 |
| 每股经营活动产生的现金流量净额 | 0.5833 | 0.4066 | 43.46 | 0.3058 |
| | 2003年末 | 2002年末 | 本年末比上年末增减(%) | 2001年末 |
| 每股净资产 | 4.5635 | 4.3566 | 4.75 | 4.1676 |
| 调整后的每股净资产 | 4.5514 | 4.3407 | 4.85 | 4.15470 |

# 600425 新疆青松建材化工股份有限公司

## 二〇〇三年年度报告摘选

### 1.上市公司基本情况简介

1.1 基本情况简介

股票简称:青松建化 股票代码:600425 上市交易所:上海证券交易所

注册地址和办公地址:新疆阿克苏市林园 邮政编码:843005

公司国际互联网网址:http://www.chinaqsjh.com

1.2 联系人和联系方式

董事会秘书:沈荣法 联系地址:新疆阿克苏市林园青松建材化工股份有限公司

电话:0997-2811282 传真:0997-2811675

证券事务代表:熊学华 联系地址:新疆阿克苏市林园青松建材化工股份有限公司

电话:0997-2813793 传真:0997-2811675

电子信箱:Xxh723@163.com

### 2.会计数据和财务指标摘要

2.1 主要会计数据 单位:人民币元

| 项目 | 2003年 | 2002年 | 本年比上年增减(%) | 2001年 |
|---|---|---|---|---|
| 主营业务收入 | 235,549,741.19 | 221,313,561.42 | 6.43 | 190,957,191.00 |
| 利润总额 | 34,431,319.03 | 32,226,838.16 | 6.84 | 31,223,771.62 |
| 净利润 | 30,739,017.38 | 27,441,152.69 | 12.02 | 26,587,041.53 |
| 扣除非经常性损益的净利润 | 31,015,521.27 | 28,244,245.90 | 9.81 | 27,130,083,08 |
| 项目 | 2003年末 | 2002年末 | 本年末比上年末增减(%) | 2001年末 |
| 总资产 | 760,452,509.68 | 350,245,951.54 | 117.12 | 325,936,066.05 |
| 股东权益(不含少数股东权益) | 474,169,845.24 | 220,781,390.98 | 114.77 | 193,340,238.29 |
| 经营活动产生的现金流量净额 | 13,475,763.27 | 50,289,285.27 | -73.2 | 36,609,417.00 |

2.2 主要财务指标 单位:人民币元

| 项目 | 2003年 | 2002年 | 本年比上年增减(%) | 2001年 |
|---|---|---|---|---|
| 每股收益(摊薄) | 0.17 | 0.22 | -22.73 | 0.21 |
| 每股收益(加权) | 0.21 | 0.22 | -4.54 | 0.21 |
| 净资产收益率 | 6.48 | 12.43 | -47.87 | 13.75 |
| 扣除非经常性损益的净资产收益率 | 6.54 | 12.79 | -48.87 | 14.03 |
| 每股经营活动产生的现金流量净额 | 0.07 | 0.40 | -82.5 | 0.29 |
| 项目 | 2003年末 | 2002年末 | 本年末比上年末增减(%) | 2001年末 |
| 每股净资产 | 2.56 | 1.77 | 44.63 | 1.55 |
| 调整后的每股净资产 | 2.54 | 1.76 | 44.32 | 1.54 |

# 600502 安徽水利开发股份有限公司

## 二〇〇三年年度报告摘选

### 1.上市公司基本情况简介

1.1 基本情况简介

股票简称:安徽水利 股票代码:600502 上市交易所:上海证券交易所

注册地址:安徽省蚌埠市黑虎山路21号 办公地址:安徽省蚌埠市长征路1188号

邮政编码:233000 公司国际互联网网址:http://www.cahsl.com

1.2 联系人和联系方式

董事会秘书:牛晓峰 联系地址:安徽省蚌埠市长征路1188号

电话:0552-4911141 传真:0552-4911141 电子信箱:ahslnxf@vip.sina.com

证券事务代表:汪海涛 联系地址:安徽省蚌埠市长征路1188号

电话:0552-4911141 传真:0552-4911141 电子信箱:ahslwht@ah163.com

### 2.会计数据和财务指标摘要

2.1 主要会计数据 单位:人民币元

| | 2003年 | 2002年 | 本年比上年增减 | 2001年 |
|---|---|---|---|---|
| 主营业务收入 | 807,003,112.10 | 470,430,349.70 | 71.55% | 374,400,616.46 |
| 利润总额 | 31,710,995.60 | 25,700,256.44 | 23.39% | 23,826,594.15 |
| 净利润 | 24,989,889.93 | 17,619,320.16 | 41.83% | 15,403,885.57 |
| 扣除非经常性损益后的净利润 | 23,778,022,27 | 18,175,791.58 | 37.11% | 16,116,731.75 |
| | 2003年末 | 2002年末 | 本年末比上年末增减 | 2001年末 |
| 总资产 | 1,081,423,097.18 | 302,364,056.30 | 258.12% | 260,955,633.32 |
| 股东权益(不含少数股东权益) | 448,138,963.35 | 108,475,273.42 | 313.13% | 90,855,953.26 |
| 经营活动产生的现金流量净额 | -57,572,821.48 | 43,430,514.97 | -232.56% | 2.318,851.29 |

2.2 主要财务指标 单位:人民币元

| | 2003年 | 2002年 | 本年比上年增减 | 2001年 |
|---|---|---|---|---|
| 每股收益 | 0.248 | 0.28 | -25.00% | 0.25 |
| 净资产收益率(%) | 7.56 | 16.24 | -53.45% | 16.95 |
| 扣除非经常性损益的净利润为基础计算的净资产收益率(%) | 7.19 | 16.76 | -55.07% | 17.74 |
| 每股经营活动产生的现金流量净额 | -0.48 | 0.70 | -168.54% | 0.04 |
| | 2003年末 | 2002年末 | 本年末比上年末增减 | 2001年末 |
| 每股净资产 | 3.73 | 1.75 | 113.14% | 1.47 |
| 调整后的每股净资产 | 3.72 | 1.75 | 112.57% | 1.47 |

# 600611 大众交通(集团)股份有限公司

## 二〇〇三年年度报告摘选

### 1.上市公司基本情况简介

1.1 基本情况简介

证券简称:A股、大众交通 B股、大众B股 证券代码:600611、900902

上市交易所:上海证券交易所 注册地址:上海市浦东新区金桥路2270号

办公地址:上海中山西路1515号大众大厦11楼 邮政编码:200235

公司国际互联网网址:http://www.dzcgroup.com 电子信箱:dzjt@82222.com

1.2 联系人和联系方式

董事会秘书:顾华 联系地址:上海中山西路1515号大众大厦11楼

电话:64289129 传真:64288660 电子信箱:Guhua@82222.com

证券事务代表:毛雪莹 联系地址:上海中山西路1515号大众大厦11楼

电话:64289122 传真:64289133 电子信箱:annymao@sohu.com

### 2.会计数据和财务数据摘要

2.1 主要财务数据 单位:(人民币)元

| | 2003年(本年) | 2002年(上年) | 本年比上年增减(%) | 2001年 |
|---|---|---|---|---|
| 主营业务收入 | 2719004644.91 | 1955532983.99 | 39.04 | 1,659,108,444.89 |
| 利润总额 | 232872576.64 | 260322379.15 | -10.54 | 203056972.73 |
| 净利润 | 196134055.14 | 221359056.56 | -11.40 | 187580247.26 |
| 扣除非经常性损益的净利润 | 158074101.31 | 213900021.11 | -26.10 | 147664398.27 |
| | 2003年末(本年末) | 2002年末(上年末) | 本年末比上年末增减(%) | 2001年末 |
| 总资产 | 5630916807.69 | 4764510442.13 | 18.18 | 4493211167.59 |
| 股东权益(不含少数股东权益) | 2390245709.56 | 2301187614.01 | 3.87 | 2076837822.38 |
| 经营活动产生的现金流量净额 | 874680377.81 | 410912436.83 | 112.86 | 798674736.76 |

2.2 主要财务指标 单位:(人民币)元

| | 2003年 | 2002年 | 本年比上年增减(%) | 2001年 |
|---|---|---|---|---|
| 每股收益 | 0.33 | 0.37 | -10.81 | 0.31 |
| 净资产收益率 | 8.21 | 10.09 | -18.63 | 9.03 |
| 扣除非经常性损益的净利润为基础计算的净资产收益率 | 6.61 | 9.75 | -32.21 | 6.01 |
| 每股经营活动产生的现金流量净额 | 1.46 | 0.69 | 111.59 | 1.33 |
| | 2003年末(本年末) | 2002年末(上年末) | 本年末比上年末增减(%) | 2001年末 |
| 每股净资产 | 3.99 | 3.66 | 9.02 | 3.47 |
| 调整后的每股净资产 | 3.92 | 3.50 | 12.0 | 3.32 |

## 600684 广州珠江实业开发股份有限公司

### 二〇〇三年年度报告摘选

#### 1.上市公司基本情况简介

1.1 基本情况简介

股票简称:珠江实业　股票代码:600684　上市交易所:上海证券交易所

注册地址和办公地址:广州市环市东路 362－366 号好世界广场 30 楼　邮政编码:510060

公司国际互联网网址:http://www.gzzjsy.com　电子信箱:gzzjsy@gzzjsy.com

1.2 联系人和联系方式

董事会秘书:黄宇文　联系地址:广州环市东路 362－366 号好世界广场 30 楼

电话:020－83752408－808　传真:020－83752663　电子信箱:huangyw65@21cn.com

证券事务代表:杨斌　联系地址:广州环市东路 362－366 号好世界广场 30 楼

电话:020－83752439　传真:020－83752663　电子信箱:yangb28@hotmail.com

#### 2.会计数据和财务指标摘要

2.1 主要会计数据　单位:人民币元

| | 2003 年(本年) | 2002 年(上年) | 本年比上年增减(%) | 2001 年 |
|---|---|---|---|---|
| 主营业务收入 | 119,551,675.74 | 161,590,774.11 | －26.02 | 170,037,115.20 |
| 利润总额 | 17,965,711.89 | 15,375,189.62 | 16.85 | 15,804,564.91 |
| 净利润 | 16,091,159.18 | 15,046,203.40 | 6.95 | 12,592,092.64 |
| 扣除非经常性损益的净利润 | 9,489,945.95 | 12,264,326.4 | －22.62 | －3,718,080.34 |
| | 2003 年末(本年末) | 2002 年末(上年末) | 本年末比上年末增减(%) | 2001 年末 |
| 总资产 | 813,983,884.52 | 873,423,695.71 | －6.81 | 1,054,114,213.25 |
| 股东权益(不含少数股东权益) | 609,160,062.59 | 600,981,908.10 | 1.36 | 585,935,704.70 |
| 经营活动产生的现金流量净额 | 48,501,681.80 | 25,528,461.25 | 89.99 | 44,745,678.64 |

2.2 主要财务指标

单位:人民币元

| | 2003 年 | 2002 年 | 本年比上年增减(%) | 2001 年 |
|---|---|---|---|---|
| 每股收益 | 0.09 | 0.08 | 12.5 | 0.07 |
| 净资产收益率(%) | 2.64 | 2.5 | 5.6 | 2.15 |
| 扣除非经常性损益的净利润为基础计算的净资产收益率(%) | 1.56 | 2.04 | －23.53 | －0.63 |
| 每股经营活动产生的现金流量净额 | 0.26 | 0.14 | 85.71 | 0.24 |
| | 2003 年末 | 2002 年末 | 本年末比上年末增减(%) | 2001 年末 |
| 每股净资产 | 3.26 | 3.21 | 1.56 | 3.13 |
| 调整后的每股净资产 | 3.15 | 3.10 | 1.61 | 2.20 |

## 600814 杭州解百集团股份有限公司

### 二〇〇三年年度报告摘选

#### 1.上市公司基本情况简介

1.1 基本情况简介

股票简称:杭州解百　股票代码:600814　上市交易所:上海证券交易所

注册地址和办公地址:杭州市上城区解放路 251 号　邮政编码:310001

公司国际互联网网址:http://www.jiebai.cn　电子信箱:zqb@jiebai.com

1.2 联系人和联系方式

董事会秘书:诸雪强　联系地址:杭州市上城区解放路 251 号

电话:0571－87016888 转 5015　传真:0571－87012247

电子信箱:Zxq600814@vip.sina.com

证券事务代表:沈瑾　联系地址:杭州市上城区解放路 251 号

电话:0571－87016888 转 5116　传真:0571－87012247　电子信箱:jshen600814@sina.com

#### 2.会计数据和财务指标摘要

2.1 主要会计数据

单位:元

| | 2003 年 | 2002 年 | 本年比上年增减(%) | 2001 年 |
|---|---|---|---|---|
| 主营业务收入 | 1,058,094,578.22 | 966,143,809.40 | 9.53 | 990,095,254.64 |
| 利润总额 | 14,621,123.11 | 12,420,075.89 | ＋17.72 | －3,376,886.14 |
| 净利润 | 5,302,611.20 | 2,122,928.17 | ＋149.78 | －5,994,897.89 |
| 扣除非经常性损益的净利润 | 6,094,086.07 | 1,249,520.96 | ＋387.71 | －4,082,462.01 |
| | 2003 年末 | 2002 年末 | 本年末比上年末增减(%) | 2001 年末 |
| 总资产 | 794,699,687.12 | 804,402,411.57 | －1.21 | 795,515,603.65 |
| 股东权益(不含少数股东权益) | 393,544,388.37 | 388,613,584.74 | ＋1.27 | 386,444,859.76 |
| 经营活动产生的现金流量净额 | 101,700,988.96 | 51,443,889.89 | ＋97.67 | 42,302.583.13 |

2.2 主要财务指标

单位:元

| | 2003 年 | 2002 年 | 本年比上年增减(%) | 2001 年 |
|---|---|---|---|---|
| 每股收益 | 0.022 | 0.009 | ＋144.44 | －0.0253 |
| 净资产收益率 | 1.35% | 0.55% | ＋145.45 | －1.55% |
| 扣除非经常性损益的净利润为基础计算的净资产收益率(%) | 1.55 | 0.32 | ＋384.38 | －1.06 |
| 每股经营活动产生的现金流量净额 | 0.43 | 0.22 | ＋95.45 | 0.178 |
| | 2003 年末 | 2002 年末 | 本年末比上年末增减(%) | 2001 年末 |
| 每股净资产 | 1.66 | 1.64 | 1.22 | 1.63 |
| 调整后的每股净资产 | 1.59 | 1.48 | 7.43 | 1.47 |

## 600858 银座渤海集团股份有限公司

### 二〇〇三年年度报告摘选

#### 1.上市公司基本情况简介

1.1 基本情况简介

股票简称:＊ST 渤海　股票代码:600858　上市交易所:上海证券交易所

注册地址:山东省济南市泺源大街中段

办公地址:山东省济南市泺源大街 22 号 20 层　邮政编码:250063

公司国际互联网网址:http://www.bohai.com

电子信箱:bohai@jn－public.sd.cninfo.net

1.2 联系人和联系方式

董事局秘书:李璐　联系地址:山东省济南市泺源大街 22 号 20 层

电话:0531－6988888,3175518,6960688　传真:0531－6960688,6966666

电子信箱:bohai@jn－public.sd.cninfo.net

#### 2.会计数据和财务指标摘要

2.1 主要会计数据

单位:元

| | 2003 年(本年) | 2002 年(上年) | 本年比上年增减(%) | 2001 年 |
|---|---|---|---|---|
| 主营业务收入 | 98,261,624.43 | 28,089,455.62 | 249.8168 | 27,752,937.85 |
| 利润总额 | －893,172.06 | －36,840,672.14 | 不适用 | －35,202,826.66 |
| 净利润 | 3,524,870.91 | －35,198,135.45 | 不适用 | －34,719,787.99 |
| 扣除非经常性损益的净利润 | －15,802,637.33 | －34,379,972.66 | 不适用 | －23,938,369.17 |
| | 2003 年末(本年末) | 2002 年末(上年末) | 本年末比上年末增减(%) | 2001 年末 |
| 总资产 | 228,740,928.58 | 200,368,422.42 | 14.1602 | 220,498,849.67 |
| 股东权益(不含少数股东权益) | 87,825,361.62 | 66,319,206.30 | 32.4282 | 101,458,858.00 |
| 经营活动产生的现金流量净额 | 34,116,404.90 | －9,942,380.35 | 不适用 | －6,035,080.99 |

2.2 主要财务指标

单位:元

| | 2003 年(本年) | 2002 年(上年) | 本年比上年增减(%) | 2001 年 |
|---|---|---|---|---|
| 每股收益 | 0.0290 | －0.2901 | 不适用 | －0.2861 |
| 净资产收益率 | 4,0135% | －53.0738% | 不适用 | －33.3085% |
| 扣除非经常性损益的净利润为基础计算的净资产收益率 | －17.9933% | －39.1458% | 21.1525 | －23.5942% |
| 每股经营活动产生的现金流量净额 | 0.2811 | －0.0819 | 不适用 | －0.0497 |
| | 2003 年末(本年末) | 2002 年末(上年末) | 本年末比上年末增减(%) | 2001 年末 |
| 每股净资产 | 0.7238 | 0.5465 | 32.4428 | 0.8361 |
| 调整后的每股净资产 | 0.6983 | 0.3767 | 85.3730 | 0.8270 |

## 3月1日

## 600087 南京水运实业股份有限公司

### 二〇〇三年年度报告摘选

#### 1.上市公司基本情况简介

1.1 基本情况简介

股票简称:南京水运、水运转债　股票代码:600087、100087　上市交易所:上海证券交易所

注册地址:南京经济技术开发区

办公地址:南京市进香河路 33 号时代华府四楼　邮政编码:210008

电子信箱:nwti@public1.ptt.js.cn

1.2 联系人和联系方式

董事会秘书:曾善柱　联系地址:南京市进香河路 33 号时代华府四楼

电话:025－83283904　传真:025－83283939　电子信箱:zsz021@sina.com

证券事务代表:朱双龙　联系地址:南京市进香河路 33 号时代华府四楼

电话:025－83283921　传真:025－83283939　电子信箱:zslong301@sina.com

#### 2.会计数据和财务指标摘要

2.1 主要会计数据　单位:元

| | 2003 年 | 2002 年 | 本年比上年增减(%) | 2001 年 |
|---|---|---|---|---|
| 主营业务收入 | 686,568,423.49 | 521,204,188.51 | ＋31.73 | 485,985,818.65 |
| 利润总额 | 182,496,467.17 | 148,131,408.08 | ＋23.20 | 135,718,864.84 |
| 净利润 | 157,261,232.54 | 125,368,122.16 | ＋25.44 | 115,539,888.55 |
| 扣除非经常性损益的净利润 | 156,950,701.33 | 116,653,176.82 | ＋34.54 | 104,349,125.42 |
| | 2003 年末 | 2002 年末 | 本年末比上年末增减(%) | 2001 年末 |
| 总资产 | 1,477,634,263.98 | 1,280,182,515.36 | ＋15.42 | 959,704,375.24 |
| 股东权益(不含少数股东权益) | 1,143,477,649.27 | 931,933,725.75 | ＋22.70 | 810,632,056.59 |
| 经营活动产生的现金流量净额 | 212,037,388.28 | 124,447,907.41 | ＋70.38 | 212,896,117.76 |

2.2 主要财务指标　单位:元

| | 2003 年 | 2002 年 | 本年比上年增减(%) | 2001 年 |
|---|---|---|---|---|
| 每股收益 | 0.31 | 0.52 | －40.38 | 0.48 |
| 净资产收益率(%) | 13.75 | 14.99 | －8.27 | 14.25 |
| 扣除非经常性损益的净利润为基础计算的净资产收益率(%) | 15.47 | 13.36 | ＋15.79 | 12.62 |
| 每股经营活动产生的现金流量净额 | 0.42 | 0.52 | －19.23 | 0.89 |
| | 2003 年末 | 2002 年末 | 本年末比上年末增减(%) | 2001 年末 |
| 每股净资产 | 2.27 | 3.49 | －34.96 | 3.39 |
| 调整后的每股净资产 | 2.27 | 3.49 | －34.96 | 3.38 |

## 600500 中化国际贸易股份有限公司

### 二〇〇三年年度报告摘选

#### 1.上市公司基本情况简介

1.1 基本情况简介

股票简称:中化国际 股票代码:600500 上市交易所:上海证券交易所

注册地址和办公地址:上海市浦东新区世纪大道88号金茂大厦三区18层 邮政编码:200121

公司国际互联网网址:http://www.sinochemintl.com 电子信箱:Ir@sinochem.com

1.2 联系人和联系方式

董事会秘书:王克明 联系地址:上海市浦东新区世纪大道88号金茂大厦三区18层

电话:(021)50498899,50495988 传真:(021)50470206,50490909

电子信箱:Intel@sinochem.com

证券事务代表:刘翔 联系地址:上海市浦东新区世纪大道88号金茂大厦三区18层

电话:(021)50498899,50475048 传真:(021)50470206,50490909 电子信箱:Ir@sinochem.com

#### 2.会计数据和财务指标摘要

2.1 主要会计数据 单位:人民币千元

| | 2003年 | 2002年 | 本年比上年增减 | 2001年 |
|---|---|---|---|---|
| 主营业务收入 | 10,980,998 | 8,003,136 | 37.21% | 6,567,157 |
| 利润总额 | 337,840 | 330,592 | 2.19% | 113,708 |
| 净利润 | 261,933 | 260,265 | 0.64% | 90,521 |
| 扣除非经常性损益的净利润 | 234,103 | 240,247 | -2.56% | 91,536 |
| | 2003年末 | 2002年末 | 本年末比上年末增减 | 2001年末 |
| 总资产 | 3,274,773 | 3,084,337 | 6.17% | 2,528,235 |
| 股东权益(不含少数股东权益) | 1,826,581 | 1,702,924 | 7.26% | 1,535,678 |
| 经营活动产生的现金流量净额 | 335,837 | 288,947 | 16.23% | 644,131 |

2.2 主要财务指标 单位:人民币元

| | 2003年 | 2002年 | 本年比上年增减 | 2001年 |
|---|---|---|---|---|
| 每股收益 | 0.47 | 0.47 | 0.64% | 0.24 |
| 净资产收益率 | 14.34% | 15.28% | -6.17% | 5.89% |
| 扣除非经常性损益的净利润为基础计算的净资产收益率 | 12.82% | 14.11% | -9.15% | 5.96% |
| 每股经营活动产生的现金流量净额 | 0.60 | 0.52 | 16.23% | 1.73 |
| | 2003年末 | 2002年末 | 本年末比上年末增减 | 2001年末 |
| 每股净资产 | 3.27 | 3.05 | 7.26% | 4.12 |
| 调整后的每股净资产 | 3.18 | 2.98 | 6.71% | 4.04 |

### 3月2日

## 000401 唐山冀东水泥股份有限公司

### 二〇〇三年年度报告摘选

#### 1.上市公司基本情况简介

1.1 基本情况简介

股票简称:冀东水泥 股票代码:000401 上市交易所:深圳证券交易所

注册地址和办公地址:唐山市新区林荫路 邮政编码:063031

公司国际互联网网址:http://www.jdsn.com.cn 电子信箱:zqb@jdsn.com.cn

1.2 联系人和联系方式

董事会秘书:张士江 联系地址:唐山市新区林荫路

电话:0315-3244005 传真:0315-3244005 电子信箱:zqb@jdsn.com.cn

#### 2.会计数据和财务指标摘要

2.1 主要会计数据 单位:(人民币)元

| | 2003年(本年) | 2002年(上年) | 本年比上年增减(%) | 2001年 |
|---|---|---|---|---|
| 主营业务收入 | 1,424,284,570.17 | 1,093,246,800.64 | 30.28 | 1,002,489,602.27 |
| 利润总额 | 188,483,281.04 | 148,322,641.87 | 27.08 | 136,694,293.23 |
| 净利润 | 147,301,862.44 | 105,778,230.18 | 39.26 | 114,940,029.81 |
| 扣除非经常性损益的净利润 | 148,210,884.56 | 106,572,715.30 | 39.07 | 112,820,446.10 |
| | 2003年末(本年末) | 2002年末(上年末) | 本年末比上年末增减(%) | 2001年末 |
| 总资产 | 4,680,122,507.01 | 3,527,751,129.93 | 32.67 | 2,845,037,517.93 |
| 股东权益(不含少数股东权益) | 1,720,163,277.34 | 1,661,039,969.90 | 3.56 | 1,555,009,619.63 |
| 经营活动产生的现金流量净额 | 279,807,024.98 | 176,173,688.88 | 58.82 | 424,747,700.21 |

2.2 主要财务指标 单位:(人民币)元

| | 2003年(本年) | 2002年(上年) | 本年比上年增减(%) | 2001年 |
|---|---|---|---|---|
| 每股收益 | 0.17 | 0.12 | 39.17 | 0.13 |
| 每股收益(如果股本变化,按新股本计算) | 0.15 | -- | -- | -- |
| 净资产收益率(%) | 8.56 | 6.73 | 27.19 | 7.39 |
| 扣除非经常性损益的净利润为基础计算的净资产收益率(%) | 8.62 | 6.78 | 27.14 | 7.23 |
| 每股经营活动产生的现金流量净额 | 0.32 | 0.20 | 60.00 | 0.48 |
| | 2003年末(本年末) | 2002年末(上年末) | 本年末比上年末增减(%) | 2001年末 |
| 每股净资产 | 1.95 | 1.78 | 9.55 | 1.76 |
| 调整后的每股净资产 | 1.91 | 1.69 | 13.02 | 1.67 |

## 000538 云南白药集团股份有限公司

### 二〇〇三年年度报告摘选

#### 1.上市公司基本情况简介

1.1 基本情况简介

股票简称:云南白药 股票代码:000538 上市交易所:深圳证券交易所

注册地址:昆明国家高新技术产业开发区

办公地址:昆明市二环西路222号 邮政编码:650118

公司国际互联网网址:http://www.yunnanbaiyao.com.cn 电子信箱:ynby@ynby.cn

1.2 联系人和联系方式

董事会秘书:黄艾农 联系地址:昆明市二环西路222号

电话:0871-8324159 传真:0871-8324169 电子信箱:han@ynby.cn

证券事务代表:马青 联系地址:昆明市二环西路222号

电话:0871-8350538 传真:0871-8324169 电子信箱:maqing@ynby.cn

#### 2.会计数据和财务指标摘要

2.1 主要会计数据 (单位:人民币千元)

| | 2003年 | 2002年 | 本年比上年增减(%) | 2001年 |
|---|---|---|---|---|
| 主营业务收入 | 1,344,834 | 1,100,942 | 22.15 | 900,299 |
| 利润总额 | 132,337 | 118,209 | 11.95 | 81,717 |
| 净利润 | 113,752 | 93,688 | 21.42 | 75.317 |
| 扣除非经常性损益的净利润 | 114.535 | 92.618 | 21.44 | 73.231 |
| | 2003年末 | 2002年末 | 本年末比上年末增减(%) | 2001年末 |
| 总资产 | 1,045,678 | 920,651 | 13.58 | 843,993 |
| 股东权益(不含少数股东权益) | 584,374 | 523,209 | 11.69 | 417,507 |
| 经营活动产生的现金流量净额 | 170,115 | 115,400 | 47.41 | 80,521 |

2.2 主要财务指标 (单位:人民币元)

| | 2003年 | 2002年 | 本年比上年增减(%) | 2001年 |
|---|---|---|---|---|
| 每股收益 | 0.612 | 0.504 | 21.43 | 0.404 |
| 每股收益(最新股本) | 0.612 | 0.504 | 21.43 | 0.404 |
| 净资产收益率(%) | 19.47 | 17.91 | 8.71 | 18.00 |
| 扣除非经常性损益的净利润为基础计算的净资产收益率(%) | 19.60 | 17.70 | 10.73 | 17.54 |
| 每股经营活动产生的现金流量净额 | 0.92 | 0.62 | 48.39 | 0.43 |
| | 2003年末 | 2002年末 | 本年末比上年末增减(%) | 2001年末 |
| 每股净资产 | 3.14 | 2.82 | 11.35 | 2.25 |
| 调整后的每股净资产 | 3.08 | 2.75 | 12.00 | 2.20 |

## 000608 广西阳光股份有限公司

### 二〇〇三年年度报告摘选

#### 1.上市公司基本情况简介

1.1 基本情况简介

股票简称:阳光股份 股票代码:000608 上市交易所:深圳证券交易所

注册地址:广西壮族自治区南宁市园湖南路32号 邮政编码:530022

办公地址:北京市西城区西直门南大街成铭大厦C座20层 邮政编码:100035

电子信箱:supershine@263.net.cn

1.2 联系人和联系方式

董事会秘书:肖虎 联系地址:北京市西城区西直门南大街成铭大厦C座20层

电话:(010)66530628 传真:(010)66185187、68343211 电子信箱:supershine@263.net.cn

证券事务代表:王新 联系地址:北京市西城区西直门南大街成铭大厦C座20层

电话:(010)66530628 传真:(010)66185187、68343211 电子信箱:supershine@263.net.cn

#### 2.会计数据和财务指标摘要

2.1 主要会计数据 单位:千元

| | 2003年 | 2002年 | 本年比上年增减(%) | 2001年 |
|---|---|---|---|---|
| 主营业务收入 | 455,262 | 548,794 | -17.04 | 444,108 |
| 利润总额 | 63,267 | 58,032 | 9.02 | 95,963 |
| 净利润 | 36,367 | 33,271 | 9.31 | 58,478 |
| 扣除非经常性损益的净利润 | 34,498 | 36,667 | -5.92 | 39,031 |
| 项目 | 2003年末 | 2002年末 | 本年末比上年末增减(%) | 2001年末 |
| 总资产 | 1,930,307 | 1,273,593 | 51.56 | 1,043,435 |
| 股东权益(不含少数股东权益) | 555,742 | 518,864 | 7.11 | 485,593 |
| 经营活动产生的现金流量净额 | -143,249 | 48,914 | -392.86 | -72,615 |

2.2 主要财务指标 单位:元

| 项目 | 2003年 | 2002年 | 本年比上年增减(%) | 2001年 |
|---|---|---|---|---|
| 每股收益 | 0.17 | 0.16 | 6.25 | 0.28 |
| 净资产收益率(%) | 6.54 | 6.41 | 2.03 | 12.04 |
| 扣除非经常性损益的净利润为基础计算的净资产收益率(%) | 6.42 | 7.3 | -12.05 | 8.56 |
| 每股经营活动产生的现金流量净额 | -0.69 | 0.23 | -398.70 | -0.35 |
| 项目 | 2003年末 | 2002年末 | 本年末比上年末增减(%) | 2001年末 |
| 每股净资产 | 2.66 | 2.49 | 6.83 | 2.33 |
| 调整后的每股净资产 | 2.56 | 2.40 | 6.67 | 2.28 |

## 000731 四川美丰化工股份有限公司

### 二○○三年年度报告摘选

#### 1.上市公司基本情况简介

1.1 基本情况简介

股票简称:四川美丰 股票代码:000731 上市交易所:深圳证券交易所

注册地址:四川省射洪县太和镇新阳街 87 号

办公地址:四川省德阳市蓥华南路 10 号秀水宾馆北楼 邮政编码:618000

公司国际互联网网址:http://www.scmeif.com 电子信箱:zqb@scmeif.com

1.2 联系人和联系方式

董事会秘书:舒绍敏 联系地址:四川省德阳市蓥华南路 10 号秀水宾馆北楼

电话:0838－2304235 传真:0838－2304228 电子信箱:mf618000@sina.com

证券事务代表:宋仕全 联系地址:四川省德阳市蓥华南路 10 号秀水宾馆北楼

电话:0838－2300044 传真:0838－2304222

#### 2.会计数据和财务指标摘要

2.1 主要会计数据 单位:元

| 项 目 | 2003 年(本年) | 2002 年(上年) | 本年比上年增减 | 2001 年 |
|---|---|---|---|---|
| 主营业务收入 | 792,265,357.74 | 514,236,83 | 54.07% | 375,465,089.54 |
| 利润总额 | 137,404,159.40 | 94,472,800.36 | 45.44% | 69,254,497,61 |
| 净利润 | 112,050,756.04 | 79,963,839.48 | 40.13% | 58,962,131.00 |
| 扣除非经常性损益的净利润 | 107,452,357.96 | 74,046,641.24 | 45.11% | 52,858,203.70 |
| 项 目 | 2003 年末(本年末) | 2002 年末(上年末) | 本年末比上年末增减 | 2001 年末 |
| 总资产 | 1,292,350,024.66 | 1,310,946,812.27 | －1.42% | 792,175,222.84 |
| 股东权益(不含少数股东权益) | 902,715,383.97 | 839,797,767.93 | 7.49% | 623,569,200.51 |
| 经营活动产生的现金流量净额 | 177,916,003.27 | 130,361,221.15 | 36.48% | 117,108,542.72 |

2.2 主要财务指标 单位:元

| 项 目 | 2003 年(本年) | 2002 年(上年) | 本年比上年增减 | 2001 年 |
|---|---|---|---|---|
| 每股收益 | 0.46 | 0.33 | 40.31% | 0.27 |
| 每股收益(如果股本变化按新股本计算) | 0.46 | | | |
| 净资产收益率 | 12.41% | 9.52% | 30.36% | 9.46% |
| 扣除非经常性损益的净利润为基础计算的净资产收益率 | 11.90% | 8.82% | 34.92% | 8.41% |
| 每股经营活动产生的现金流量净额 | 0.72 | 0.53 | 36.49% | 0.53 |
| 项 目 | 2003 年末(本年末) | 2002 年末(上年末) | 本年末比上年末增减 | 2001 年末 |
| 每股净资产 | 3.67 | 3.42 | 7.49% | 2.80 |
| 调整后的每股净资产 | 3.67 | 3.42 | 7.50% | 2.80 |

## 600008 北京首创股份有限公司

### 二○○三年年度报告摘选

#### 1.上市公司基本情况简介

1.1 基本情况简介

股票简称:首创股份 股票代码:600008 上市交易所:上海证券交易所

注册地址:北京市海淀区双榆树知春路 76 号翠宫饭店写字楼 15 层

办公地址:北京市朝阳区北三环东路 8 号静安中心七层 邮政编码:100028

公司国际互联网网址:http://www.beijingcapital.com.cn

电子信箱:securities@beijingcapital.com.cn

1.2 联系人和联系方式

董事会秘书:郭鹏 联系地址:北京市朝阳区北三环东路 8 号静安中心七层

电话:010－64689035 传真:010－64689030 电子信箱:securities@beijingcapital.com.cn

证券事务代表:顾公 联系地址:北京市朝阳区北三环东路 8 号静安中心七层

电话:010－64689035 传真:010－64689030 电子信箱:securities@beijingcapital.com.cn

#### 2.会计数据和财务指标摘要

2.1 主要会计数据 单位:人民币元

| | 2003 年 | 2002 年 | 本年比上年增减(%) | 2001 年 |
|---|---|---|---|---|
| 主营业务收入 | 234,204,638.71 | 203,190,368.40 | 15.26 | 177,748,031.04 |
| 利润总额 | 418,015,743.22 | 465,138,619.97 | －10.13 | 485,614,802.20 |
| 净利润 | 403,516,147.32 | 460,517,094.31 | －12.38 | 482,015,769.39 |
| 扣除非经常性损益的净利润 | 398,893,982.83 | 446,716,458.01 | －10.71 | 437,763,077.88 |
| | 2003 年末 | 2002 年末 | 本年末比上年末增减(%) | 2001 年末 |
| 总资产 | 5,163,032,608.66 | 5,981,945,844.66 | －13.69 | 5,133,953,342.36 |
| 股东权益(不含少数股东权益) | 4,442,551,622.72 | 4,396,487,890.33 | 1.05 | 4,335,903,609.53 |
| 经营活动产生的现金流量净额 | 512,895,418.46 | 517,699,391.70 | －0.93 | 490,084,887.86 |

2.2 主要财务指标

单位:人民币元

| | 2003 年 | 2002 年 | 本年比上年增减(%) | 2001 年 |
|---|---|---|---|---|
| 每股收益(全面摊薄) | 0.3668 | 0.4187 | －12.40 | 0.4382 |
| 每股收益(加权平均) | 0.3668 | 0.4187 | －12.40 | 0.4382 |
| 净资产收益率(%) | 9.08 | 10.47 | －13.28 | 11.12 |
| 扣除非经常性损益的净利润为基础计算的净资产收益率(%) | 8.98 | 10.16 | －11.61 | 10.10 |
| 每股经营活动产生的现金流量净额(元/股) | 0.4663 | 0.4706 | －0.91 | 0.4455 |
| | 2003 年末 | 2002 年末 | 本年末比上年末增减(%) | 2001 年末 |
| 每股净资产 | 4.0387 | 3.9968 | 1.05 | 3.9417 |
| 调整后的每股净资产 | 4.0356 | 3.9950 | 1.02 | 3.9434 |

## 200168 广东雷伊(集团)股份有限公司

### 二○○三年年度报告摘选

#### 1.上市公司基本情况简介

1.1 基本情况简介

股票简称:雷伊 B 股票代码:200168 上市交易所:深圳证券交易所

注册地址:广东省普宁市军埠镇美新工业园

办公地址:深圳市福田区益田路江苏大厦 26 层 邮政编码:518000

公司国际互联网网址:http://www.rieys.com 电子信箱:rieys@200168.com

1.2 联系人和联系方式

董事会秘书:周皓琳 联系地址:深圳市福田区益田路江苏大厦 26 层董秘办公室

电话:0755－82960823 传真:0755－82960383 电子信箱:zhl@200168.com

证券事务代表:徐巍 联系地址:深圳市福田区益田路江苏大厦 26 层董秘办公室

电话:0755－82960823 传真:0755－82960383 电子信箱:xw@200168.com

#### 2.会计数据和财务指标摘要

2.1 主要会计数据 单位:(人民币)元

| | 2003 年(本年) | 2002 年(上年) | 本年比上年增减 | 2001 年 |
|---|---|---|---|---|
| 主营业务收入 | 488,288,750.00 | 476,822,720.00 | 2.40% | 401,930,781.00 |
| 利润总额 | 75,249,621.00 | 49,278,243.00 | 52.70% | 52,698,787.00 |
| 净利润 | 47,579,585.00 | 40,145,854.00 | 18.52% | 33,904,005.00 |
| 扣除非经常性损益的净利润 | 32,796,908.00 | 32,772,230.00 | 0.08% | 26,144,396.00 |
| | 2003 年末(本年末) | 2002 年末(上年末) | 本年末比上年末增减 | 2001 年末 |
| 总资产 | 1,117,318,635.00 | 958,492,660.00 | 16.57% | 732,757,864.00 |
| 股东权益(不含少数股东权益) | 458,700,621.00 | 411,121,036.00 | 11.57% | 370,909,443.00 |
| 经营活动产生的现金流量净额 | 61,272,944.00 | 98,372,310.00 | －37.71% | －67,124,879.00 |

2.2 主要财务指标 单位:(人民币)元

| | 2003 年(本年) | 2002 年(上年) | 本年比上年增减 | 2001 年 |
|---|---|---|---|---|
| 每股收益 | 0.18 | 0.23 | －20.63% | 0.19 |
| 净资产收益率 | 10.37% | 9.76% | 6.25% | 9.00% |
| 扣除非经常性损益的净利润为基础计算的净资产收益率 | 7.15% | 7.96% | －10.18% | 7.05% |
| 每股经营活动产生的现金流量净额 | 0.23 | 0.56 | －58.62% | 0.38 |
| 项 目 | 2003 年末(本年末) | 2002 年末(上年末) | 本年末比上年末增减 | 2001 年末 |
| 每股净资产 | 1.73 | 2.32 | －25.62% | 2.10 |
| 调整后的每股净资产 | 1.72 | 2.32 | －25.86% | 2.09 |

## 600066 郑州宇通客车股份有限公司

### 二○○三年年度报告摘选

#### 1.上市公司基本情况简介

1.1 基本情况简介

股票简称:宇通客车 股票代码:600066 上市交易所:上海证券交易所

注册地址:郑州市高新技术开发区重阳街 70 号

办公地址:郑州宇通工业园 邮政编码:450004

公司国际互联网网址:http://www.yutong.com 电子信箱:info@yutong.com

1.2 联系人和联系方式

董事会秘书:徐建生 联系地址:郑州宇通工业园

电话:0371－6806316 传真:0371－6806000 电子信箱:sbd@yutong.com

证券事务代表:于莉 联系地址:郑州市凤凰路 7 号

电话:0371－6339744 传真:0371－6316894 电子信箱:sbd@yutong.com

#### 2.会计数据和财务指标摘要

2.1 主要会计数据 单位:万元

| 项 目 | 2003 年 | 2002 年 | 本年比上年增减(%) | 2001 年 |
|---|---|---|---|---|
| 主营业务收入 | 325,364.97 | 268,504.94 | 21.18 | 157,951.53 |
| 利润总额 | 18,442.52 | 17,155.91 | 7.50 | 12,235.47 |
| 净利润 | 12,825.46 | 10,405.80 | 23.25 | 9,842.51 |
| 扣除非经常性损益的净利润 | 12,524.82 | 12,057.32 | 3.88 | 9,786.96 |
| 项 目 | 2003 年末 | 2002 年末 | 本年末比上年末增减(%) | 2001 年末 |
| 总资产 | 233,490.56 | 173,327.94 | 34.71 | 140,397.17 |
| 股东权益(不含少数股东权益) | 110,294.40 | 95,844.76 | 15.08 | 85,360.86 |
| 经营活动产生的现金流量净额 | 13,107.66 | 27,362.79 | 47.90 | 9,779.87 |

2.2 主要财务指标 单位:元

| 项 目 | 2003 年 | 2002 年 | 本年比上年增减(%) | 2001 年 |
|---|---|---|---|---|
| 每股收益 | 0.9381 | 0.7611 | 23.26 | 0.7199 |
| 每股收益 | －－ | －－ | －－ | －－ |
| 净资产收益率(%) | 11.63 | 10.86 | 7.09 | 11.53 |
| 扣除非经常性损益的净利润为基础计算的净资产收益率(%) | 11.36 | 12.58 | －9.70 | 11.47 |
| 每股经营活动产生的现金流量净额 | 0.96 | 2.00 | －52 | 0.72 |
| 项 目 | 2003 年末 | 2002 年末 | 本年末比上年末增减(%) | 2001 年末 |
| 每股净资产 | 8.067 | 7.01 | 15.08 | 6.243 |
| 调整后的每股净资产 | 8.065 | 7.007 | 15.10 | 6.236 |

# 600085 北京同仁堂股份有限公司

## 二〇〇三年年度报告摘选

### 1.上市公司基本情况简介

1.1 基本情况简介

股票简称:同仁堂 股票代码:600085 上市交易所:上海证券交易所

注册地址:北京经济技术开发区宏达北路10号商务大楼

办公地址:北京市崇文区东兴隆街52号,北京市崇外大街42号 邮政编码:100062

公司国际互联网网址:http://www.tongrentang.com 电子信箱:tongrentang@tongrentang.com

1.2 联系人和联系方式

董事会秘书:张生瑜 联系地址:北京市崇文区东兴隆街52号

电话:010-67020018 传真:010-67020018 电子信箱:zsy@tongrentang.com

证券事务代表:贾泽涛 联系地址:北京市崇文区东兴隆街52号

电话:010-67020018 传真:010-67020018 电子信箱:jiazetao@tongrentang.com

### 2.会计数据和财务指标摘要

2.1 主要会计数据 单位:元

| | 2003年 | 2002年 | 本年比上年增减(%) | 2001年 |
|---|---|---|---|---|
| 主营业务收入 | 2,169,085,412.35 | 1,991,845,756.42 | 8.90 | 1,611,670,549.33 |
| 利润总额 | 367,025,924.13 | 330,221,848.78 | 11.15 | 258,092,515.61 |
| 净利润 | 239,529,116.35 | 249,877,391.48 | -4.14 | 198,753,717.10 |
| 扣除非经常性损益的净利润 | 230,729,381.88 | 252,321,716.70 | -8.56 | 200,259,346.69 |
| | 2003年末 | 2002年末 | 本年末比上年末增减(%) | 2001年末 |
| 总资产 | 2,746,311,922.59 | 2,459,189,102.89 | 11.68 | 2,157,963,598.23 |
| 股东权益(不含少数股东权益) | 1,635,662,069.93 | 1,493,772,248.21 | 9.50 | 1,326,478,382.66 |
| 经营活动产生的现金流量净额 | 289,943,333.35 | 250,613,588.82 | 15.69 | 230,176,079.62 |

2.2 主要财务指标 单位:元

| | 2003年 | 2002年 | 本年比上年增减(%) | 2001年 |
|---|---|---|---|---|
| 每股收益 | 0.722 | 0.753 | -4.12 | 0.599 |
| 净资产收益率(%) | 14.64 | 16.73 | -12.49 | 14.98 |
| 扣除非经常性损益的净利润为基础计算的净资产收益率(%) | 14.99 | 18.16 | -17.46 | 17.15 |
| 每股经营活动产生的现金流量净额 | 0.874 | 0.755 | 15.76 | 0.694 |
| | 2003年末 | 2002年末 | 本年末比上年末增减(%) | 2001年末 |
| 每股净资产 | 4.930 | 4.502 | 9.50 | 3.998 |
| 调整后的每股净资产 | 4.785 | 4.411 | 8.48 | 3.956 |

# 600099 林海股份有限公司

## 二〇〇三年年度报告摘选

### 1.上市公司基本情况简介

1.1 基本情况简介

股票简称:林海股份 股票代码:600099 上市交易所:上海证券交易所

注册地址和办公地址:江苏省泰州市泰九路14号 邮政编码:225300

公司国际互联网网址:http://www.linhai.cn 电子信箱:lh.tz@public.tz.js.cn

1.2 联系人和联系方式

董事会秘书:栾月明 联系地址:江苏省泰州市泰九路14号

电话:0523-6551888-2228 传真:0523-6551403 电子信箱:lhdltz@pub.tz.jsinfo.net

### 2.会计数据和财务指标摘要

2.1 主要会计数据 单位:元

| | 2003年 | 2002年 | 本年比上年增减(%) | 2001年 |
|---|---|---|---|---|
| 主营业务收入 | 276,003,777.20 | 158,532,537.05 | 74.10 | 190,628,999.83 |
| 利润总额 | 5,329,008.62 | 3,052,874.67 | 74.56 | 3,614,304.23 |
| 净利润 | 4,746,990.04 | 3,052,874.67 | 55.49 | 1,575,114.57 |
| 扣除非经常性损益的净利润 | 4,569,587.39 | 3,172,584.29 | 44.03 | 1488485.18 |
| | 2003年末 | 2002年末 | 本年末比上年末增减(%) | 2001年末 |
| 总资产 | 525,600,290.59 | 513,323,231.45 | 2.39 | 521,956,196.20 |
| 股东权益(不含少数股东权益) | 456,013,605.94 | 451,266,615.90 | 1.05 | 448,213,741.23 |
| 经营活动产生的现金流量净额 | 25,169,136.67 | 9,404,587.59 | 167.63 | 54,453,758.28 |

2.2 主要财务指标 单位:元

| | 2003年 | 2002年 | 本年比上年增减(%) | 2001年 |
|---|---|---|---|---|
| 每股收益 | 0.022 | 0.014 | 57.14 | 0.007 |
| 净资产收益率(%) | 1.04 | 0.68 | 52.94 | 0.35 |
| 扣除非经常性损益的净利润为基础计算的净资产收益率(%) | 1.00 | 0.70 | 42.86 | 0.33 |
| 每股经营活动产生的现金流量净额 | 0.11 | 0.04 | 175.00 | 0.25 |
| | 2003年末 | 2002年末 | 本年末比上年末增减(%) | 2001年末 |
| 每股净资产 | 2.08 | 2.06 | 0.97 | 2.05 |
| 调整后的每股净资产 | 2.03 | 2.02 | 0.50 | 2.45 |

# 600177 雅戈尔集团股份有限公司

## 二〇〇三年年度报告摘选

### 1.上市公司基本情况简介

1.1 基本情况简介

股票简称:雅戈尔 股票代码:600177 上市交易所:上海证券交易所

注册地址:浙江宁波雅戈尔大道1号

办公地址:浙江宁波鄞县大道西段2号 邮政编码:315153

公司国际互联网网址:http://www.youngor.com.cn 电子信箱:ir@youngor.com.cn

1.2 联系人和联系方式

董事会秘书:刘新宇 联系地址:浙江宁波鄞县大道西段2号公司证券部

电话:0574-87425136 传真:0574-87425390 电子信箱:ir@youngor.com.cn

证券事务代表:金松 联系地址:浙江宁波鄞县大道西段2号公司证券部

电话:0574-87425136 传真:0574-87425390 电子信箱:ir@youngor.com.cn

### 2.会计数据和财务指标摘要

2.1 主要会计数据 单位:元

| 项目 | 2003年(T年,即本年) | 2002年(T-1年) | 本年比上年增减(%) | 2001年(T-2年) |
|---|---|---|---|---|
| 主营业务收入 | 2,703,068,207.91 | 2,471,202,430.59 | 9.38 | 1,751,468,482.36 |
| 利润总额 | 515,309,768.73 | 497,436,769.87 | 3.59 | 417,517,138.76 |
| 净利润 | 400,183,522.35 | 398,874,507.07 | 0.33 | 347,171,883.67 |
| 扣除非经常性损益的净利润 | 340,311,993.23 | 359,317,320.34 | -5.29 | 320,492,293.33 |
| 项目 | 2003年末(T年,即本年末) | 2002年末(T-1年末) | 本年末比上年末增减(%) | 2001年末(T-2年末) |
| 总资产 | 7,431,993,345.87 | 5,324,674,055.00 | 39.58 | 3,298,264,448.07 |
| 股东权益(不含少数股东权益) | 2,547,159,754.41 | 2,264,752,119.91 | 12.47 | 1,871,194,090.72 |
| 经营活动产生的现金流量净额 | 333,143,285.97 | 742,195,671.99 | -55.11 | 330,669,754.43 |

2.2 主要财务指标 单位:元

| 项目 | 2003年(T年,即本年) | 2002年(T-1年) | 本年比上年增减(%) | 2001年(T-2年) |
|---|---|---|---|---|
| 每股收益 | 0.7044 | 0.7021 | 0.33 | 0.6111 |
| 每股收益(加权) | 0.7044 | 0.7021 | 0.33 | 0.6111 |
| 净资产收益率 | 15.71% | 17.61% | -10.79 | 18.55% |
| 扣除非经常性损益的净利润为基础计算的净资产收益率 | 13.36% | 15.87% | -15.82 | 17.13% |
| 每股经营活动产生的现金流量净额 | 0.5864 | 1.3065 | -55.11 | 0.5821 |
| 项目 | 2003年末(T年,即本年末) | 2002年末(T-1年末) | 本年末比上年末增减(%) | 2001年末(T-2年末) |
| 每股净资产 | 4.4836 | 3.9866 | 12.47 | 3.2938 |
| 调整后的每股净资产 | 4.3920 | 3.9798 | 10.36 | 3.2841 |

# 600303 辽宁曙光汽车集团股份有限公司

## 二〇〇三年年度报告摘选

### 1.上市公司基本情况简介

1.1 基本情况简介

股票简称:曙光股份 股票代码:600303 上市交易所:上海证券交易所

注册地址和办公地址:辽宁省丹东市振安区曙光路50号 邮政编码:118001

公司国际互联网网址:http://www.sgautomotive.com 电子信箱:shuguang@chinasgaxle.com

1.2 联系人和联系方式

董事会秘书:那涛 联系地址:辽宁省丹东市振安区曙光路50号

电话:0415-4146825 传真:0415-4142821 电子信箱:dongban@chinasgaxle.com

### 2.会计数据和财务指标摘要

2.1 主要会计数据 单位:万元

| 项目 | 2003年 | 2002年 | 本年比上年增减(%) | 2001年 |
|---|---|---|---|---|
| 主营业务收入 | 220,798 | 67,258 | 228 | 34,883 |
| 利润总额 | 15,182 | 6,307 | 141 | 5,283 |
| 净利润 | 9,384 | 3,712 | 153 | 3,473 |
| 扣除非经常性损益的净利润 | 9,331 | 3,988 | 134 | 3,111 |
| 项目 | 2003年末 | 2002年末 | 本年末比上年末增减(%) | 2001年末 |
| 总资产 | 208,856 | 154,265 | 35 | 92,238 |
| 股东权益(不含少数股东权益) | 53,505 | 47,274 | 13.2 | 46,726 |
| 经营活动产生的现金流量净额 | 27,281 | 2,721 | 903 | 2,843 |

2.2 主要财务指标 单位:元

| 项目 | 2003年 | 2002年 | 本年比上年增减(%) | 2001年 |
|---|---|---|---|---|
| 每股收益 | 0.58 | 0.23 | 152 | 0.21 |
| 净资产收益率(%) | 17.54 | 7.85 | 123 | 7.45 |
| 扣除非经常性损益的净利润为基础计算的净资产收益率(%) | 17.44 | 8.44 | 106.6 | 6.67 |
| 每股经营活动产生的现金流量净额 | 1.68 | 0.17 | 888 | 0.18 |
| 项目 | 2003年末 | 2002年末 | 本年末比上年末增减(%) | 2001年末 |
| 每股净资产 | 3.3 | 2.92 | 13 | 2.88 |
| 调整后的每股净资产 | 3.22 | 2.75 | 17.09 | 2.81 |

## 600351 山西亚宝药业集团股份有限公司

### 二〇〇三年年度报告摘选

#### 1.上市公司基本情况简介

1.1 基本情况简介

股票简称:亚宝药业 股票代码:600351 上市交易所:上海证券交易所

注册地址和办公地址:山西省芮城县富民路 43 号

邮政编码:044600

公司国际互联网网址:http://www.yabao.com.cn 电子信箱:yabao@pulic.yc.xs.cn

1.2 联系人和联系方式

董事会秘书:任蓬勃 联系地址:山西省芮城县富民路 43 号

电话:0359 - 3088178 传真:0359 - 3088347 电子信箱:yabaorpb@sina.com

证券事务代表:王刚 联系地址:山西省芮城县富民路 43 号

电话:0359 - 3088178 传真:0359 - 3088347 电子信箱:yabaostock@etang.com

#### 2.会计数据和财务指标摘要

2.1 主要会计数据 单位:元

| 项 目 | 2003 年(本年) | 2002 年(上年) | 本年比上年增减(%) | 2001 年 |
|---|---|---|---|---|
| 主营业务收入 | 373,490,221.00 | 212,627,953.34 | 75.65 | 154,552,428.73 |
| 利润总额 | 38,331,430.61 | 30,473,468.47 | 25.79 | 27,455,986.96 |
| 净利润 | 24,973,752.74 | 19,459,465.59 | 28.34 | 17,965,554.54 |
| 扣除非经常性损益的净利润 | 25,396,094.53 | 20,395,936.65 | 24.52 | 18,459,510.54 |
| 项 目 | 2003 年末(本年末) | 2002 年末(上年末) | 本年末比上年末增减(%) | 2001 年末 |
| 总资产 | 664,930,998.74 | 447,376,008.03 | 48.63 | 261,427,466.68 |
| 股东权益(不含少数股东权益) | 296,925,272.12 | 288,051,519.38 | 3.08 | 86,577,850.17 |
| 经营活动产生的现金流量净额 | - 9,620,467.78 | 24,288,234.95 | - 139.61 | 23,587,029.19 |

2.2 主要财务指标 单位:人民币元

| 项 目 | 2003 年(本年) | 2002 年(上年) | 本年比上年增减(%) | 2001 年 |
|---|---|---|---|---|
| 每股收益(摊薄) | 0.22 | 0.17 | 29.41 | 0.24 |
| 净资产收益率(摊薄) | 8.41% | 6.76% | 1.65 | 20.75% |
| 扣除非经常性损益的净利润为基础计算的净资产收益率 | 8.55% | 7.06% | 1.49 | 22.21% |
| 每股经营活动产生的现金流量净额 | - 0.08 | 0.21 | - 138.1 | 0.31 |
| 项 目 | 2003 年末(本年末) | 2002 年末(上年末) | 本年末比上年末增减(%) | 2001 年末 |
| 每股净资产 | 2.58 | 2.50 | 3.2 | 1.15 |
| 调整后的每股净资产 | 2.56 | 2.49 | 2.81 | 1.04 |

## 600352 浙江龙盛集团股份有限公司

### 二〇〇三年年度报告摘选

#### 1.上市公司基本情况简介

1.1 基本情况简介

股票简称:浙江龙盛 股票代码:600352 上市交易所:上海证券交易所

注册地址和办公地址:浙江省上虞市道墟镇 邮政编码:312368

公司国际互联网网址:http://www.longsheng.com 电子信箱:mail@longsheng.com

1.2 联系人和联系方式

董事会秘书:阮兴祥 联系地址:浙江省上虞市道墟镇

电话:0575 - 2040698 传真:0575 - 2041589 电子信箱:syrxx@longsheng.com

证券事务代表:陈国江 联系地址:浙江省上虞市道墟镇

电话:0575 - 2048616 传真:0575 - 2041589 电子信箱:chengj@longsheng.com

#### 2.会计数据和财务指标摘要

2.1 主要会计数据 单位:元

| 项 目 | 2003 年 | 2002 年 | 本年比上年增减(%) | 2001 年 |
|---|---|---|---|---|
| 主营业务收入 | 1,129,438,509.29 | 910,633,597.12 | 24.03 | 772,357,895.02 |
| 利润总额 | 180,055,762.70 | 146,982,725.63 | 22.50 | 91,846,407.45 |
| 净利润 | 124,694,381.97 | 103,020,688.77 | 21.04 | 56,207,733.66 |
| 扣除非经常性损益的净利润 | 110,526,745.96 | 85,711,175.33 | 28.95 | 60,663,592.87 |
| 项 目 | 2003 年末 | 2002 年末 | 本年末比上年末增减(%) | 2001 年末 |
| 总资产 | 1,941,249,758.77 | 743,177,385.58 | 161.21 | 583,133,813.07 |
| 股东权益(不含少数股东权益) | 817,062,249.72 | 302,471,500.85 | 170.13 | 252,150,812.08 |
| 经营活动产生的现金流量净额 | - 34,647,723.56 | 226,573,302.67 | - 115.29 | 31,966,794.47 |

2.2 主要财务指标 单位:元

| 项 目 | 2003 年 | 2002 年 | 本年比上年增减(%) | 2001 年 |
|---|---|---|---|---|
| 每股收益 | 0.55 | 0.61 | - 9.84 | 0.33 |
| 每股收益 | 0.55 | 0.61 | - | 0.33 |
| 净资产收益率 | 15.26% | 34.06% | - 55.20 | 22.29% |
| 扣除非经常性损益的净利润为基础计算的净资产收益率 | 13.53% | 28.34% | - 52.26% | 24.06% |
| 每股经营活动产生的现金流量净额 | - 0.1526 | 1.3328 | - 111.45 | 0.1880 |
| 项 目 | 2003 年末 | 2002 年末 | 本年末比上年末增减(%) | 2001 年末 |
| 每股净资产 | 3.5994 | 1.7792 | 102.30 | 1.4832 |
| 调整后的每股净资产 | 3.5544 | 1.7747 | 100.28 | 1.4813 |

## 600391 四川成发航空科技股份有限公司

### 二〇〇三年年度报告摘选

#### 1.上市公司基本情况简介

1.1 基本情况简介

股票简称:成发科技 股票代码:600391 上市交易所:上海证券交易所

注册地址:成都高新区高朋大道 11 号科技工业园区

办公地址:成都市双桥子 邮政编码:610067

公司国际互联网网址:http://www.scfast.com 电子信箱:board@scfast.com

1.2 联系人和联系方式

董事会秘书:李志伟 联系地址:四川成都双桥子

电话:028 - 84509005 传真:028 - 84465418 电子信箱:lizhiwei@scfast.com

证券事务代表:王文成 联系地址:四川成都双桥子

电话:028 - 84507613 传真:028 - 84465418 电子信箱:wangwencheng@scfast.com

#### 2.会计数据和财务指标摘要

2.1 主要会计数据 单位:元

| 项 目 | 2003 年 | 2002 年 | 本年比上年增减(%) | 2001 年 |
|---|---|---|---|---|
| 主营业务收入 | 225,696,787.93 | 184,523,690.38 | 22.3 | 204,419,390.08 |
| 利润总额 | 34,075,411.42 | 28,042,758.71 | 21.5 | 35,124,542.66 |
| 净利润 | 25,971,643.78 | 21,420,984.89 | 21.2 | 35,124,542.66 |
| 扣除非经常性损益的净利润 | 26,249,463.08 | 21,869,117.07 | 20.0 | 35,913,338.26 |
| 项 目 | 2003 年末 | 2002 年末 | 本年末比上年末增减(%) | 2001 年末 |
| 总资产 | 657,312,704.44 | 621,330,057.03 | 5.8 | 663,312,716.83 |
| 股东权益(不含少数股东权益) | 444,780,268.44 | 442,356,633.66 | 0.5 | 449,947,258.88 |
| 经营活动产生的现金流量净额 | 51,593,880.27 | 44,466,582.70 | 16.0 | 28,664,523.85 |

2.2 主要财务指标 单位:元

| 项 目 | 2003 年 | 2002 年 | 本年比上年增减(%) | 2001 年 |
|---|---|---|---|---|
| 每股收益 | 0.19 | 0.15 | 26.7 | 0.25 |
| 净资产收益率(%) | 5.84 | 4.84 | 20.7 | 7.81 |
| 扣除非经常性损益的净利润为基础计算的净资产收益率(%) | 5.84 | 4.93 | 18.5 | 18.90 |
| 每股经营活动产生的现金流量净额 | 0.37 | 0.32 | 15.6 | 0.20 |
| 项 目 | 2003 年末 | 2002 年末 | 本年末比上年末增减(%) | 2001 年末 |
| 每股净资产 | 3.18 | 3.16 | 0.6 | 3.21 |
| 调整后的每股净资产 | 3.17 | 3.15 | 0.6 | 3.21 |

## 600460 杭州士兰微电子股份有限公司

### 二〇〇三年年度报告摘选

#### 1.上市公司基本情况简介

1.1 基本情况简介

股票简称:士兰微 股票代码:600460 上市交易所:上海证券交易所

注册地址和办公地址:杭州市黄姑山路 4 号 邮政编码:310012

公司国际互联网网址:http://www.silan.com.cn 电子信箱:silan@silan.com.cn

1.2 联系人和联系方式

董事会秘书:陈向明 联系地址:杭州市黄姑山路 4 号

电话:0571 - 88212980 传真:0571 - 88210763 电子信箱:600460@silan.com.cn

证券事务代表:陈越 联系地址:杭州市黄姑山路 4 号

电话:0571 - 88212980 传真:0571 - 88210763 电子信箱:600460@silan.com.cn

#### 2.会计数据和财务指标摘要

2.1 主要会计数据 单位:元

| 项 目 | 2003 年 | 2002 年 | 本年比上年增减(%) | 2001 年 |
|---|---|---|---|---|
| 主营业务收入 | 372,369,610.45 | 264,947,822.25 | 40.54 | 190,502,222.44 |
| 利润总额 | 63,043,072.75 | 49,485,802.39 | 27.40 | 41,508,081.86 |
| 净利润 | 60,334,091.27 | 43,671,848.02 | 38.15 | 36,181,381.35 |
| 扣除非经常性损益的净利润 | 57,584,352.42 | 42,247,560.42 | 36.30 | 34,036,037.65 |
| 项 目 | 2003 年末 | 2002 年末 | 本年末比上年末增减(%) | 2001 年末 |
| 总资产 | 772,420,363.67 | 395,937,417.38 | 95.09 | 226,743,171.36 |
| 股东权益(不含少数股东权益) | 512,441,337.11 | 180,187,095.76 | 184.39 | 136,515,247.74 |
| 经营活动产生的现金流量净额 | 57,559,976.54 | 19,599,978.76 | 193.68 | 32,628,055.54 |

2.2 主要财务指标 单位:元

| 项 目 | 2003 年 | 2002 年 | 本年比上年增减(%) | 2001 年 |
|---|---|---|---|---|
| 每股收益 | 0.60 | 0.58 | 3.40 | 0.48 |
| 净资产收益率(%) | 11.77 | 24.24 | - 51.44 | 26.50 |
| 扣除非经常性损益的净利润为基础计算的净资产收益率(%) | 11.24 | 23.45 | - 50.07 | 24.93 |
| 每股经营活动产生的现金流量净额 | 0.57 | 0.26 | 119.23 | 0.43 |
| 项 目 | 2003 年末 | 2002 年末 | 本年末比上年末增减(%) | 2001 年末 |
| 每股净资产 | 5.07 | 2.40 | 111.25 | 1.82 |
| 调整后的每股净资产 | 5.07 | 2.40 | 111.25 | 1.82 |

## 600582 天地科技股份有限公司

### 二○○三年年度报告摘选

#### 1.上市公司基本情况简介

1.1 基本情况简介

股票简称:天地科技 股票代码:600582 上市交易所:上海证券交易所
注册地址:北京市朝阳区将台路2号北京爱都大厦
办公地址:北京市朝阳区和平街青年沟路5号天地大厦 邮政编码:100013
公司国际互联网网址:http://www.tdtec.com 电子信箱:tzz@tdtec.com

1.2 联系人和联系方式

董事会秘书:岳秀平 联系地址:北京市朝阳区和平街青年沟路5号天地大厦
电话:010-84262803 传真:010-84262838 电子信箱:yuexp@tdtec.com
证券事务代表:闵勇 联系地址:北京市朝阳区和平街青年沟路5号天地大厦
电话:010-84262852 传真:010-84262838 电子信箱:miny@tdtec.com

#### 2.会计数据和财务指标摘要

2.1 主要会计数据 单位:元

| 项 目 | 2003年 | 2002年 | 本年比上年增减(%) | 2001年 |
|---|---|---|---|---|
| 主营业务收入 | 356,559,899.21 | 257,544,555.68 | 38.45 | 178,837,797.42 |
| 利润总额 | 41,751,223.07 | 37,027,724.57 | 12.76 | 32,395,824.07 |
| 净利润 | 38,155,086.97 | 34,007,419.02 | 12.20 | 31,200,594.18 |
| 扣除非经常性损益的净利润 | 36,311,891.57 | 35,241,508.36 | 3.04 | 33,042,449.78 |
| 项 目 | 2003年末 | 2002年末 | 本年末比上年末增减(%) | 2001年末 |
| 总资产 | 681,818,485.86 | 526,929,675.37 | 29.39 | 174,955,364.70 |
| 股东权益(不含少数股东权益) | 474,183,685.40 | 436,314,003.61 | 8.68 | 105,739,856.00 |
| 经营活动产生的现金流量净额 | 15,151,812.52 | -10,665,762.44 | -- | 27,303,803.37 |

2.2 主要财务指标 单位:元

| 项 目 | 2003年 | 2002年 | 本年比上年增减(%) | 2001年 |
|---|---|---|---|---|
| 每股收益 | 0.39<br>(9750万股) | 0.45<br>(7500万股) | -- | 0.62<br>(5000万股) |
| 净资产收益率(全面摊薄) | 8.05% | 7.79% | 0.26 | 29.51% |
| 扣除非经常性损益的净利润为基础计算的净资产收益率 | 7.66% | 8.08 | -0.42 | 31.25% |
| 每股经营活动产生的现金流量净额 | 0.16 | -0.14 | -- | 0.55 |
| 项 目 | 2003年末 | 2002年末 | 本年末比上年末增减(%) | 2001年末 |
| 每股净资产 | 4.86<br>(9750万股) | 5.82<br>(7500万股) | -- | 2.11<br>(5000万股) |
| 调整后的每股净资产 | 4.84<br>(9750万股) | 5.80元<br>(7500万股) | -- | 2.08<br>(5000万股) |

## 600635 上海大众公用事业(集团)股份有限公司

### 二○○三年年度报告摘选

#### 1.上市公司基本情况简介

1.1 基本情况简介

股票简称:大众公用 股票代码:600635 上市交易所:上海证券交易所
注册地址:上海浦东商城路518号24楼
办公地址:上海中山西路1515号8楼 邮政编码:200235
公司国际互联网网址:http://www.dzug.cn 电子信箱:master@dzug.cn

1.2 联系人和联系方式

董事会秘书:钟晋倖 联系地址:上海中山西路1515号大众大厦807室
电话:021-64288888×5609、64280679 传真:021-64288727 电子信箱:master@dzug.cn
证券事务代表:梁嘉玮 联系地址:上海中山西路1515号大众大厦807室
电话:021-64288888×5609、64280679 传真:021-64288727 电子信箱:master@dzug.cn

#### 2.会计数据和财务指标摘要

2.1 主要会计数据 单位:元

| 项 目 | 2003年 | 2002年 | 本年比上年增减 | 2001年 |
|---|---|---|---|---|
| 主营业务收入 | 1,471,882,824.98 | 1,286,828,466.06 | 14.38% | 425,339,021.02 |
| 利润总额 | 208,876,198.25 | 178,525,832.39 | 17.00% | 151,301,868.72 |
| 净利润 | 125,097,374.16 | 131,136,635.53 | -4.61% | 125,472,885.53 |
| 扣除非经常性损益的净利润 | 84,251,639.45 | 100,346,864.02 | -16.04% | 93,366,430.19 |
| 项 目 | 2003年末 | 2002年末 | 本年末比上年末增减 | 2001年末 |
| 总资产 | 4,538,445,576.67 | 3,623,769,370.47 | 25.24% | 3,097,562,804.60 |
| 股东权益(不含少数股东权益) | 1,726,354,230.64 | 1,697,972,155.96 | 1.67% | 1,253,460,053.04 |
| 经营活动产生的现金流量净额 | 469,709,762.15 | 163,238,263.86 | 187.74% | 320,514,477.75 |

2.2 主要财务指标 单位:元

| 项 目 | 2003年 | 2002年 | 本年比上年增减 | 2001年 |
|---|---|---|---|---|
| 每股收益(摊薄) | 0.23 | 0.24 | -4.21% | 0.26 |
| 每股收益(加权) | 0.23 | 0.27 | -15.47% | 0.26 |
| 净资产收益率 | 7.25% | 7.72% | -6.09% | 10.01% |
| 扣除非经常性损益的净利润为基础计算的净资产收益率 | 4.88% | 5.91% | -17.43% | 7.94% |
| 每股经营活动产生的现金流量净额 | 0.86 | 0.30 | 187.72% | 0.67 |
| 项 目 | 2003年末 | 2002年末 | 本年末比上年末增减 | 2001年 |
| 每股净资产 | 3.16 | 3.11 | 1.61% | 2.63 |
| 调整后的每股净资产 | 3.15 | 3.10 | 1.61% | 2.60 |

## 3月3日

## 000100 TCL集团股份有限公司

### 二○○三年年度报告摘选

#### 1.上市公司基本情况简介

1.1 基本情况简介

股票简称:TCL集团 股票代码:000100 上市交易所:深圳证券交易所
注册地址和办公地址:广东省惠州市仲恺高新技术产业开发区十九号小区 邮政编码:516001
公司国际互联网网址:http://www.tcl.com 电子信箱:ir@tcl.com

1.2 联系人和联系方式

董事会秘书:陈华明 联系地址:广东省惠州市仲恺高新技术产业开发区十九号小区
电话:0755-26810886/0752-2288389 传真:0755-26826552/0752-2382511
电子信箱:chenhm@tcl.com
证券事务代表:何畛华 联系地址:广东省惠州市仲恺高新技术产业开发区十九号小区
电话:0755-26894118/0752-2382517 传真:0755-26826552/0752-2382511
电子信箱:hezh@tcl.com

#### 2.会计数据和财务指标摘要

2.1 主要会计数据 单位:(人民币)元

| | 2003年(本年) | 2002年(上年) | 本年比上年增减 | 2001年 |
|---|---|---|---|---|
| 主营业务收入 | 28,254,258,408.00 | 22,116,506,259.00 | 27.75% | 12,768,664,761.00 |
| 利润总额 | 1,351,653,005.00 | 1,434,122,614.00 | -5.75% | 603,772,361.00 |
| 净利润 | 570,576,574.00 | 424,641,343.00 | 34.37% | 291,973,930.00 |
| 扣除非经常性损益的净利润 | 458,521,020.00 | 462,208,403.00 | -0.80% | 291,974,305.00 |
| | 2003年末(本年末) | 2002年末(上年末) | 本年末比上年末增减 | 2001年末 |
| 总资产 | 15,934,207,451.00 | 14,517,018,302.00 | 9.76% | 9,233,806,290.00 |
| 股东权益(不含少数股东权益) | 2,263,385,225.00 | 1,899,674,085.00 | 19.15% | 1,591,935,232.00 |
| 经营活动产生的现金流量净额 | 665,558,632.00 | 1,104,885,300.00 | -39.76% | 1,442,629,895.00 |

2.2 主要财务指标 单位:(人民币)元

| | 2003年(本年) | 2002年(上年) | 本年比上年增减 | 2001年 |
|---|---|---|---|---|
| 每股收益 | 0.36 | 0.27 | 34.38% | 不适用 |
| 每股收益(如果股股本变化,按新股本计算) | 0.36 | 0 | 0 | 不适用 |
| 净资产收益率(%) | 25.21% | 22.35% | 12.80% | 18.34% |
| 扣除非经常性损益的净利润为基础计算的净资产收益率(%) | 20.99% | 24.33% | -13.73% | 18.34% |
| 每股经营活动产生的现金流量净额 | 0.42 | 0.69 | -39.76% | 不适用 |
| | 2003年末(本年末) | 2002年末(上年末) | 本年末比上年末增减(%) | 2001年末 |
| 每股净资产 | 1.42 | 1.19 | 19.15% | 不适用 |
| 调整后的每股净资产 | 1.40 | 1.10 | 27.52% | 不适用 |

## 000673 大同水泥股份有限公司

### 二○○三年年度报告摘选

#### 1.上市公司基本情况简介

1.1 基本情况简介

股票简称:大同水泥 股票代码:000673 上市交易所:深圳证券交易所
注册地址和办公地址:山西省大同市口泉 邮政编码:037001
公司国际互联网网址:http://www.dtshuini.com 电子信箱:zqb@dtshuini.com

1.2 联系人和联系方式

董事会秘书:刘刚 联系地址:山西省大同市口泉
电话:0352-4062446 传真:0352-4042623 电子信箱:lg2600@dtshuini.com
证券事务代表:陈雁峰 联系地址:山西省大同市口泉
电话:0352-4062416 传真:0352-4042623 电子信箱:zqb@dtshuini.com

#### 2.会计数据和财务指标摘要

2.1 主要会计数据 单位:元

| 项 目 | 2003年 | 2002年 | 本年比上年增减(%) | 2001年 |
|---|---|---|---|---|
| 主营业务收入 | 138,822,506.62 | 147,153,533.32 | -5.66 | 156,996,004.05 |
| 利润总额 | 7,644,303.39 | 21,435,636.70 | -64.34 | 20,328,741.22 |
| 净利润 | 2,368,881.30 | 13,770,256.48 | -82.80 | 14,735,266.59 |
| 扣除非经常性损益的净利润 | 1,517,690.37 | 13,946,002.08 | -89.12 | 21,924,533.75 |
| 项 目 | 2003年末 | 2002年末 | 本年末比上年末增减(%) | 2001年末 |
| 总资产 | 460,799,877.76 | 473,138,964.26 | -2.61 | 415,335,602.58 |
| 股东权益(不含少数股东权益) | 303,057,344.18 | 300,688,462.88 | 0.79 | 286,918,206.40 |
| 经营活动产生的现金流量净额 | 13,344,351.48 | -60,233,771.21 | -122.15 | 4,773,393.43 |

2.2 主要财务指标 单位:元

| 项 目 | 2003年 | 2002年 | 本年比上年增减(%) | 2001年 |
|---|---|---|---|---|
| 每股收益 | 0.014 | 0.079 | -82.28 | 0.085 |
| 每股收益 | 0.014 | 0.079 | -82.28 | 0.085 |
| 净资产收益率% | 0.782 | 4.580 | -82.97 | 5.136 |
| 扣除非经常性损益的净利润为基础计算的净资产收益率 | 0.50% | 4.64% | -89.22% | 7.641 |
| 每股经营活动产生的现金流量净额 | 0.077 | -0.347 | -122.19 | 0.0275 |
| 项 目 | 2003年末 | 2002年末 | 本年末比上年末增减(%) | 2001年末 |
| 每股净资产 | 1.7480 | 1.7340 | 0.81 | 1.6550 |
| 调整后的每股净资产 | 1.6940 | 1.6860 | 0.47 | 1.6360 |

## 000685 中山公用科技股份有限公司

### 二〇〇三年年度报告摘选

#### 1.上市公司基本情况简介

1.1 基本情况简介

股票简称:公用科技 股票代码:000685 上市交易所:深圳证券交易所

注册地址和办公地址:广东省中山市兴中道18号财兴大厦三楼 邮政编码:528403

公司国际互联网网址:http://www.zpus000685.net 电子信箱:zpus@zpus000685.net

1.2 联系人和联系方式

董事会秘书:梁穆春 联系地址:广东省中山市兴中道18号财兴大厦三楼

电话:0760－8380018 传真:0760－8380000 电子信箱:lmc@zpus000685.net

#### 2.会计数据和财务指标摘要

2.1 主要会计数据　　单位:(人民币)元

| 项　目 | 2003年(本年) | 2002年(上年) | 本年比上年增减 | 2001年 |
|---|---|---|---|---|
| 主营业务收入 | 81,383,625.27 | 72,072,660.93 | 12.92％ | 64,318,203.09 |
| 利润总额 | 18,021,254.59 | 19,929,523.58 | －9.58％ | 24,943,153.14 |
| 净利润 | 9,605,147.58 | 15,046,943.39 | －36.17％ | 19,209,986.80 |
| 扣除非经常性损益的净利润 | 9,225,433.09 | 14,894,716.15 | －38.06％ | 19,150,772.80 |
| 项　目 | 2003年末(本年末) | 2002年末(上年末) | 本年末比上年末增减 | 2001年末 |
| 总资产 | 409,268,327.26 | 422,414,161.76 | －3.11％ | 404,769,368.76 |
| 股东权益(不含少数股东权益) | 323,291,632.88 | 320,360,621.77 | 0.91％ | 305,313,678.38 |
| 经营活动产生的现金流量净额 | 12,452,070.28 | 24,160,720.20 | －48.46％ | 10,071,256.03 |

2.2 主要财务指标　　单位:(人民币)元

| 项　目 | 2003年(本年) | 2002年(上年) | 本年比上年增减(％) | 2001年 |
|---|---|---|---|---|
| 每股收益 | 0.0426 | 0.0667 | －36.17％ | 0.1406 |
| 每股收益(如果股本变化,按新股本计算) | 0.0426 | －－ | －－ | －－ |
| 净资产收益率 | 2.97％ | 4.70％ | －36.81％ | 6.29％ |
| 扣除非经常性损益的净利润为基础计算的净资产收益率 | 2.85％ | 5.32％ | －46.43％ | 6.27％ |
| 每股经营活动产生的现金流量净额 | 0.0552 | 0.1072 | －48.46％ | 0.0737 |
| 项　目 | 2003年末(本年末) | 2002年末(上年末) | 本年末比上年末增减(％) | 2001年末 |
| 每股净资产 | 1.4342 | 1.4212 | 0.91％ | 2.2348 |
| 调整后的每股净资产 | 1.4258 | 1.4178 | 0.56％ | 2.2242 |

## 000789 江西万年青水泥股份有限公司

### 二〇〇三年年度报告摘选

#### 1.上市公司基本情况简介

1.1 基本情况简介

股票简称:江西水泥 股票代码:000789 上市交易所:深圳证券交易所

注册地址和办公地址:江西省南昌市高新开发区京东北大道万年青科技园

邮政编码:330029 公司国际互联网网址:http://www.wnq.com.cn

电子信箱:srwngs@publil.srptt.jx.cn

1.2 联系人和联系方式

董事会秘书:方真 联系地址:江西南昌市高新开发区京东北大道万年青科技园

电话:0791－8161022 传真:0791－8161012 电子信箱:wnqzqb@sohu.com

证券事务代表:李宝珍 联系地址:江西南昌市高新开发区京东北大道万年青科技园

电话:0791－8161011 传真:8161012 电子信箱:wnqzqb@sohu.com

#### 2.会计数据和财务指标摘要

2.1 主要会计数据　　单位:(人民币)元

| 项　目 | 2003年(本年) | 2002年(上年) | 本年比上年增减 | 2001年 |
|---|---|---|---|---|
| 主营业务收入 | 580,720,685.24 | 390,743,933.25 | 18,62％ | 374,280,586.92 |
| 利润总额 | 62,499,819.32 | 21,961,300.73 | 184.59％ | 33,808,172.63 |
| 净利润 | 42,195,659.90 | 15,660,575.48 | 169.44％ | 30,849,756.24 |
| 扣除非经常性损益的净利润 | 42,833,643.41 | 18,340,735.37 | 133.54％ | 30,945,711.36 |
| 项　目 | 2003年末(本年末) | 2002年末(上年末) | 本年末比上年末增减 | 2001年末 |
| 总资产 | 1,603,467,053.30 | 1,159,555,912.79 | 38.28％ | 1,041,214,412.26 |
| 股东权益(不含少数股东权益) | 764,306,937.52 | 732,812,960.33 | 4.30％ | 714,920,692.92 |
| 经营活动产生的现金流量净额 | 119,389,139.68 | 17,236,834.55 | 592.64％ | 62,017,801.00 |

2.2 主要财务指标　　单位:(人民币)元

| 项　目 | 2003年(本年) | 2002年(上年) | 本年比上年增减 | 2001年 |
|---|---|---|---|---|
| 每股收益 | 0.12 | 0.05 | 169.57％ | 0.01 |
| 每股收益(如果股本变化,按新股本计算) | 0.12 | －－ | －－ | －－ |
| 净资产收益率 | 5.52％ | 2.13％ | 159.15％ | 4.32％ |
| 扣除非经常性损益的净利润为基础计算的净资产收益率 | 5.71％ | 2.53％ | 125.69％ | 2.10％ |
| 每股经营活动产生的现金流量净额 | 0.35 | 0.05 | 592.89％ | 0.18 |
| 项　目 | 2003年末(本年末) | 2002年末(上年末) | 本年末比上年末增减 | 2001年末 |
| 每股净资产 | 2.25 | 2.15 | 4.32％ | 2.10 |
| 调整后的每股净资产 | 2.13 | 2.05 | 4.01％ | 1.96 |

## 600104 上海汽车股份有限公司

### 二〇〇三年年度报告摘选

#### 1.上市公司基本情况简介

1.1 基本情况简介

股票简称:上海汽车 股票代码:600104 上市交易所:上海证券交易所

注册地址:上海张江高科技园区碧波路25号

办公地址:上海张江高科技园区松涛路563号A幢5层 邮政编码:201203

公司国际互联网网址:http://www.china－sa.com 电子信箱:stoc@china－sa.com

1.2 联系人和联系方式

董事会秘书:张锦根 联系地址:上海张江高科技园区松涛路563号A幢5层

电话:021－50803808 传真:021－50803780 电子信箱:stoc@china－sa.com

证券事务代表:张韬 联系地址:上海张江高科技园区松涛路563号A幢5层

电话:021－50803808 传真:021－50803780 电子信箱:stoc@china－sa.com

#### 2.会计数据和财务指标摘要

2.1 主要会计数据　　单位:元

| 项　目 | 2003年 | 2002年 | 本年比上年增减(％) | 2001年 |
|---|---|---|---|---|
| 主营业务收入 | 6,891,518,318.54 | 4,769,239,663.70 | 44.5 | 3,705,234,168.12 |
| 利润总额 | 1,659,661,859.67 | 1,147,621,580.87 | 44.6 | 855,301,949.25 |
| 净利润 | 1,516,808,257.39 | 1,070,440,385.82 | 41.7 | 784,188,994.29 |
| 扣除非经常性损益的净利润 | 1,425,853,867.44 | 1,172,459,249.43 | 21.6 | 835,796,870.55 |
| 项　目 | 2003年末 | 2002年末 | 本年末比上年末增减(％) | 2001年末 |
| 总资产 | 12,092,059,919.39 | 10,700,458,519.68 | 13.0 | 10,054,325,600.56 |
| 股东权益(不含少数股东权益) | 9,797,283,218.17 | 9,182,491,144.17 | 6.7 | 8,504,914,045.58 |
| 经营活动产生的现金流量净额 | 391,618,269.38 | 777,880,675.38 | －49.7 | 726,936,993.16 |

2.2 主要财务指标　　单位:元

| 项　目 | 2003年 | 2002年 | 本比年上年增减(％) | 2001年 |
|---|---|---|---|---|
| 每股收益 | 0.602 | 0.425 | 41.6 | 0.311 |
| 净资产收益率 | 15.48％ | 11.66％ | 32.8 | 9.22％ |
| 扣除非经常性损益的净利润为基础计算的净资产收益率 | 14.55％ | 12.77％ | 13.9 | 9.82％ |
| 每股经营活动产生的现金流量净额 | 0.155 | 0.309 | －49.7 | 0.288 |
| 项　目 | 2003年末 | 2002年末 | 本年末比上年末增减(％) | 2001年末 |
| 每股净资产 | 3.888 | 3.644 | 6.7 | 3.375 |
| 调整后的每股净资产 | 3.875 | 3.625 | 6.9 | 3.356 |

## 600262 内蒙古北方重型汽车股份有限公司

### 二〇〇三年年度报告摘选

#### 1.上市公司基本情况简介

1.1 基本情况简介

股票简称:北方股份 股票代码:600262 上市交易所:上海证券交易所

注册地址和办公地址:内蒙古包头稀土高新技术产业开发区 邮政编码:014030

公司国际互联网网址:http://www.chinanhl.com 电子信箱:nhllc@public.hh.nm.cn

1.2 联系人和联系方式

董事会秘书:张勇 联系地址:内蒙古包头稀土高新技术产业开发区

电话:0472－2207888 2207558 传真:0472－2207538 2207558

电子信箱:nhlzql@public.nm.cninfo.net

证券事务代表:赵军 联系地址:内蒙古包头稀土高新技术产业开发区

电话:0472－2207888 传真:0472－2207538 电子信箱:bfgfzq2@sina.com

#### 2.会计数据和财务指标摘要

2.1 主要会计数据　　单位:元

| 项　目 | 2003年 | 2002年 | | 本年比上年增减(％) | | 2001年 | |
|---|---|---|---|---|---|---|---|
| | | 调整前 | 调整后 | 调整前 | 调整后 | 调整前 | 调整后 |
| 主营业务收入 | 294,867,422.82 | 269,617,526.72 | 269,617,526.72 | 9.37 | 9.37 | 227,946,008.19 | 227,946,008.19 |
| 利润总额 | 17,704,530.07 | 32,128,813.04 | 32,139,025.79 | －44.90 | －44.91 | 22,573,766.47 | 20,132,369.66 |
| 净利润 | 15,112,687.21 | 29,060,044.19 | 29,060,044.19 | －47.99 | －47.99 | 18,944,913.85 | 16,503,517.04 |
| 扣除非经常性损益的净利润 | 14,186,078.65 | 30,093,085.81 | 16,885,471.83 | －52.86 | －15.99 | 13,469,662.27 | 11,028,265.46 |
| 项　目 | 2003年末 | 2002年末 | | 本年末比上年末增减(％) | | 2001年末 | |
| | | 调整前 | 调整后 | 调整前 | 调整后 | 调整前 | 调整后 |
| 总资产 | 1,055,134,505.03 | 869,237,217.30 | 867,197,181.44 | 21.39 | 21.67 | 844,347,481.51 | 837,633,640.28 |
| 股东权益(不含少数股东权益) | 590,328,184.12 | 574,889,160.69 | 593,589,160.69 | 2.69 | －0.55 | 571,242,957.73 | 564,529,116.50) |
| 经营活动产生的现金流量净额 | 21,195,195.34 | 39,873,358.93 | 39,873,358.93 | －46.84 | －46.84 | －18,703,110.03 | －18,703,110.03 |

2.2 主要财务指标

单位:元

| 项　目 | 2003年 | 2002年 | | 本年比上年增减(％) | | 2001年 | |
|---|---|---|---|---|---|---|---|
| | | 调整前 | 调整后 | 调整前 | 调整后 | 调整前 | 调整后 |
| 每股收益 | 0.0889 | 0.1709 | 0.1709 | －47.98 | －47.98 | 0.1114 | 0.0971 |
| 净资产收益率(％) | 2.56 | 5.0549 | 4.8956 | －49.36 | －47.71 | 3.3164 | 2.9234 |
| 扣除非经常性损益的净利润为基础计算的净资产收益率(％) | 2.36 | 5.1969 | 2.92 | －54.59 | －19.18 | 2.3690 | 2.3922 |
| 每股经营活动产生的现金流量净额 | 0.1246 | 0.2345 | 0.2345 | －46.87 | －46.87 | －0.110 | －0.110 |
| 项　目 | 2003年末 | 2002年末 | | 本年比上年增减(％) | | 2001年末 | |
| | | 调整前 | 调整后 | 调整前 | 调整后 | 调整前 | 调整后 |
| 每股净资产 | 3.47 | 3.382 | 3.492 | 2.60 | －0.60 | 3.360 | 3.321 |
| 调整后的每股净资产 | 3.47 | 3.357 | 3.467 | 3.37 | 0.09 | 3.322 | 3.322 |

## 600480 凌云工业股份有限公司

### 二〇〇三年年度报告摘选

#### 1.上市公司基本情况简介

1.1 基本情况简介

股票简称:凌云股份 股票代码:600480 上市交易所:上海证券交易所

注册地址和办公地址:河北省涿州市松林店 邮政编码:072761

公司国际互联网网址:http://www.lingyun.com.cn 电子信箱:lyac@heinfn.net

1.2 联系人和联系方式

董事会秘书:张建华 联系地址:河北省涿州市松林店

电话:0312-3951002 传真:0312-3951234 电子信箱:zhangjianhua@lygf.com

证券事务代表:王海霞 联系地址:河北省涿州市松林店

电话:0312-3951002 传真:0312-3951234 电子信箱:zhangjianhua@lygf.com

#### 2.会计数据和财务指标摘要

2.1 主要会计数据 单位:元

| | 2003年(T年,即本年) | 2002年(T-1年) | 本年比上年增减(%) | 2001年(T-2年) |
|---|---|---|---|---|
| 主营业务收入 | 586,475,763.29 | 499,148,996.51 | 17.50 | 387,116,660.98 |
| 利润总额 | 93,554,207.91 | 109,490,315.27 | -14.55 | 80,823,865.01 |
| 净利润 | 28,570,360.42 | 42,030,009.85 | -32.02 | 29,856,394.80 |
| 扣除非经常性损益的净利润 | 28,414,099.14 | 43,195,432.19 | -34.22 | 30,244,730.24 |
| | 2003年末(T年,即本年末) | 2002年末(T-1年末) | 本年末比上年末增减(%) | 2001年末(T-2年末) |
| 总资产 | 1,155,719,683.24 | 704,497,119.25 | 64.05 | 595,043,196.21 |
| 股东权益(不含少数股东权益) | 438,817,160.87 | 219,303,460.91 | 100.10 | 180,652,163.76 |
| 经营活动产生的现金流量净额 | 25,093,853.38 | 99,559,482.71 | -74.80 | 34,597,519.30 |

2.2 主要财务指标 单位:元

| | 2003年(T年,即本年) | 2002年(T-1年) | 本年比上年增减(%) | 2001年(T-2年) |
|---|---|---|---|---|
| 每股收益 | 0.12 | 0.24 | -50.00 | 0.17 |
| 净资产收益率(%) | 6.51 | 19.17 | -12.66 | 16.53 |
| 扣除非经常性损益的净利润为基础计算的净资产收益率(%) | 6.48 | 19.70 | -13.22 | 16.74 |
| 每股经营活动产生的现金流量净额 | 0.10 | 0.58 | -82.76 | 0.20 |
| | 2003年末(T年,即本年末) | 2002年末(T-1年末) | 本年末比上年末增减(%) | 2001年末(T-2年末) |
| 每股净资产 | 1.83 | 1.28 | 42.97 | 1.05 |
| 调整后的每股净资产 | 1.79 | 1.19 | 50.42 | 1.01 |

## 600563 厦门法拉电子股份有限公司

### 二〇〇三年年度报告摘选

#### 1.上市公司基本情况简介

1.1 基本情况简介

股票简称:法拉电子 股票代码:600563 上市交易所:上海证券交易所

注册地址和办公地址:厦门市金桥路101号

邮政编码:361012 公司国际互联网网址:http://www.faratronic.com

电子信箱:fara@public.xm.fj.cn

1.2 联系人和联系方式

董事会秘书:许琼玖 联系地址:厦门市金桥路101号

电话:0592-5114116 传真:0592-5042553 电子信箱:xuqj@public.xm.fj.cn

证券事务代表:王勇 联系地址:厦门市金桥路101号

电话:0592-5114116 传真:0592-5042553 电子信箱:wy@public.xm.fj.cn

#### 2.会计数据和财务指标摘要

2.1 主要会计数据 单位:元

| 项目 | 2003年 | 2002年 | 本年比上年增减(%) | 2001年 |
|---|---|---|---|---|
| 主营业务收入 | 297,309,309.93 | 246,486,431.92 | 20.62 | 223,342,591.22 |
| 利润总额 | 79,178,836.20 | 54,565,051.67 | 45.11 | 45,122,495.96 |
| 净利润 | 70,373,119.90 | 44,342,958.22 | 58.70 | 39,889,588.13 |
| 扣除非经常性损益的净利润 | 66,671,019.45 | 44,488,684.22 | 49.86 | 39,889,588.13 |
| 项目 | 2003年末 | 2002年末 | 本年末比上年末增减(%) | 2001年末 |
| 总资产 | 755,723,534.51 | 719,457,917.56 | 5.04 | 392,217,195.56 |
| 股东权益(不含少数股东权益) | 678,236,783.76 | 652,363,664.05 | 3.97 | 225,793,292.80 |
| 经营活动产生的现金流量净额 | 80,824,056.21 | 108,268,947.43 | -25.35 | 60,802,804.41 |

2.2 主要财务指标 单位:元

| 项目 | 2003年 | 2002年 | 本年比上年增减(%) | 2001年 |
|---|---|---|---|---|
| 每股收益 | 0.47 | 0.30 | 56.67 | 0.40 |
| 每股收益(加权) | 0.47 | 0.30 | 56.67 | 0.40 |
| 净资产收益率(摊薄) | 10.38 | 6.80 | 52.65 | 17.67 |
| 扣除非经常性损益的净利润为基础计算的净资产收益率 | 10.17 | 17.94 | -43.31 | 19.71 |
| 每股经营活动产生的现金流量净额 | 0.54 | 0.72 | -25.00 | 0.61 |
| 项目 | 2003年末 | 2002年末 | 本年末比上年末增减(%) | 2001年末 |
| 每股净资产 | 4.52 | 4.35 | 3.91 | 2.26 |
| 调整后的每股净资产 | 4.52 | 4.35 | 3.91 | 2.26 |

## 600784 鲁银投资集团股份有限公司

### 二〇〇三年年度报告摘选

#### 1.上市公司基本情况简介

1.1 基本情况简介

股票简称:*ST鲁银 股票代码:600784 上市交易所:上海证券交易所

注册地址和办公地址:济南市经十路128号 邮政编码:250001

电子信箱:600784@secure.sse.com.cn

1.2 联系人和联系方式

董事会秘书:吕祥友 联系地址:济南市经十路128号

电话:0531-2024156 传真:0531-2024179 电子信箱:lxyou@126.com

证券事务代表:张俊 联系地址:济南市经十路128号

电话:0531-2024169 传真:0531-2024179 电子信箱:luyin784@163.com

#### 2.会计数据和财务指标摘要

2.1 主要会计数据 单位:元

| 项目 | 2003年 | 2002年 | 本年比上年增减(%) | 2001年 |
|---|---|---|---|---|
| 主营业务收入 | 812,082,758.40 | 110,252,957.15 | 636.56 | 89,220,332.79 |
| 利润总额 | 53,165,952.27 | -272,316,858.23 | 119.52 | -21,835,123.09 |
| 净利润 | 25,549,263.46 | -266,055,059.13 | 109.60 | -24,903,573.59 |
| 扣除非经常性损益的净利润 | 21,553,225.70 | -220,790,341.39 | 109.76 | -41,674,166.51 |
| 项目 | 2003年末 | 2002年末 | 本年末比上年末增减(%) | 2001年末 |
| 总资产 | 1,326,473,170.00 | 1,307,266,351.79 | 1.47 | 1,380,299,165.83 |
| 股东权益(不含少数股东权益) | 256,295,920.57 | 224,035,502.49 | 14.40 | 488,419,652.59 |
| 经营活动产生的现金流量净额 | 32,069,344.69 | 65,507,894.18 | -51.04 | 27,126,220.74 |

2.2 主要财务指标 单位:元

| 项目 | 2003年 | 2002年 | 本年比上年增减(%) | 2001年 |
|---|---|---|---|---|
| 每股收益 | 0.103 | -1.071 | 109.61 | -0.11 |
| 净资产收益率 | 9.97 | -118.76 | 108.39 | -5.10 |
| 扣除非经常性损益的净利润为基础计算的净资产收益率 | 8.41 | -98.88 | 108.50 | -8.53 |
| 每股经营活动产生的现金流量净额 | 0.13 | 0.26 | -50.00 | 0.12 |
| 项目 | 2003年末 | 2002年末 | 本年末比上年末增减(%) | 2001年末 |
| 每股净资产 | 1.032 | 0.902 | 14.41 | 2.16 |
| 调整后的每股净资产 | 0.73 | 0.473 | 54.33 | 2.15 |

## 3月4日

## 000788 西南合成制药股份有限公司

### 二〇〇三年年度报告摘选

#### 1.上市公司基本情况简介

1.1 基本情况简介

股票简称:ST合成 股票代码:000788 上市交易所:深圳证券交易所

注册地址:重庆市江北区寸滩水口 邮政编码:401147

办公地址:重庆市渝北区龙溪镇红金路34号康德大厦11楼

公司国际互联网网址:www.sspgf.com 电子信箱:hczy@sspgf.com

1.2 联系人和联系方式

董事会秘书:高上 联系地址:重庆市渝北区龙溪镇红金路34号康德大厦11楼证券部

电话:023-67525366 传真:023-67525300 电子信箱:zqb@sspgf.com

证券事务代表:杨帆 联系地址:重庆市渝北区龙溪镇红金路34号康德大厦11楼证券部

电话:023-67525366 传真:023-67525300 电子信箱:zqb@sspgf.com

#### 2.会计数据和财务指标摘要

2.1 主要会计数据 单位:(人民币)元

| 项目 | 2003年(本年) | 2002年(上年) | 本年比上年增减(%) | 2001年 |
|---|---|---|---|---|
| 主营业务收入 | 325,708,101.47 | 264,533,849.88 | 23.13% | 271,269,602.57 |
| 利润总额 | 5,045,565.11 | -152,671,340.11 | -- | 2,523,714.61 |
| 净利润 | 5,045,565.11 | -152,671,340.11 | -- | 2,523,714.61 |
| 扣除非经常性损益的净利润 | -71,950,634.24 | -120,023,413.39 | -- | -34,403,289.82 |
| 项目 | 2003年末(本年末) | 2002年末(上年末) | 本年末比上年末增减(%) | 2001年末 |
| 总资产 | 650,407,717.19 | 785,666,905.61 | -17.22% | 890,494,190.41 |
| 股东权益(不含少数股东权益) | 171,156,095.53 | 124,606,755.98 | 37.36% | 277,178,096.09 |
| 经营活动产生的现金流量净额 | 129,330,521.52 | -41,594,790.60 | -- | 34,510,543.44 |

2.2 主要财务指标 单位:(人民币)元

| 项目 | 2003年(本年) | 2002年(上年) | 本年比上年增减(%) | 2001年 |
|---|---|---|---|---|
| 每股收益 | 0.03 | -0.79 | -- | 0.01 |
| 每股收益(如果股本变化,按新股本计算) | 0.03 | -- | -- | -- |
| 净资产收益率 | 2.95% | -122.52% | -- | 0.91% |
| 扣除非经常性损益的净利润为基础计算的净资产收益率 | -42.04% | -96.32% | -- | -12.41% |
| 每股经营活动产生的现金流量净额 | 0.67 | -0.22 | -- | 0.18 |
| 项目 | 2003年末(本年末) | 2002年末(上年末) | 本年末比上年末增减(%) | 2001年末 |
| 每股净资产 | 0.89 | 0.65 | 37.56% | 1.44 |
| 调整后的每股净资产 | 0.79 | 0.25 | 216.00% | 0.89 |

## 3月5日

## 000812 陕西金叶科教集团股份有限公司

### 二〇〇三年年度报告摘选

#### 1.上市公司基本情况简介

1.1 基本情况简介
股票简称:陕西金叶 股票代码:000812 上市交易所:深圳证券交易所
注册地址:西安市高新技术开发区(西区)高新三路9号
办公地址:西安市朱宏路1号 邮政编码:710016
公司国际互联网网址:http://www.cninfo.com.cn 电子信箱:JYDMWJC@PUBLIC.XA.SN.CN
1.2 联系人和联系方式
董事会秘书:王进春 联系地址:西安市朱宏路1号
电话:029－86246725 传真:029－86246715 电子信箱:WANGJINCHUN888@163.com
证券事务代表:闫凯 联系地址:西安市朱宏路1号
电话:029－86246723 传真:029－86246715 电子信箱:Yankai812@sina.com

#### 2.会计数据和财务指标摘要

2.1 主要会计数据 单位:(人民币)元

| 项 目 | 2003年 | 2002年 | 本年比上年增减(%) | 2001年 |
|---|---|---|---|---|
| 主营业务收入 | 285,282,805.63 | 297,443,674.78 | －4.09 | 183,594,901.68 |
| 利润总额 | 44,848,739.23 | 37,138,083.47 | 20.76 | 33.019,833.03 |
| 净利润 | 37,980,466.71 | 27,167,923.13 | 39.80 | 26,652,731.01 |
| 扣除非经常性损益的净利润 | 33,351,590.84 | 22,847,274.40 | 45.98 | 22,790,263.00 |
| 项 目 | 2003年末 | 2002年末 | 本年末比上年末增减(%) | 2001年末 |
| 总资产 | 890,245,281.17 | 918,190,691.49 | －3.04 | 696,219,833.57 |
| 股东权益(不含少数股东权益) | 528,439,711.78 | 407,543,272.00 | 29.66 | 380,411,659.88 |
| 经营活动产生的现金流量净额 | 108,883,927.78 | 19,083,266.28 | 470.57 | 68,201,701.15 |

2.2 主要财务指标

| 项 目 | 2003年 | 2002年 | 本年比上年增减(%) | 2001年 |
|---|---|---|---|---|
| 每股收益(摊薄) | 0.160 | 0.143 | 11.89 | 0.168 |
| 净资产收益率 | 7.19% | 6.67% | 7.80 | 7.01% |
| 扣除非经常性损益的净利润为基础计算的净资产收益率 | 6.31% | 5.68% | 11.09 | 5.99% |
| 每股经营活动产生的现金流量净额 | 0.46 | 0.10 | 360 | 0.43 |
| 项 目 | 2003年末 | 2002年末 | 本年末比上年末增减(%) | 2001年末 |
| 每股净资产 | 2.23 | 2.14 | 4.21 | 2.40 |
| 调整后的每股净资产 | 2.12 | 2.04 | 3.92 | 2.33 |

## 000819 岳阳兴长石化股份有限公司

### 二〇〇三年年度报告摘选

#### 1.上市公司基本情况简介

1.1 基本情况简介
股票简称:岳阳兴长 股票代码:000819 上市交易所:深圳证券交易所
注册地址和办公地址:湖南省岳阳市云溪区 邮政编码:414012
公司国际互联网网址:http://www.yyxc0819.com 电子信箱:Zqbu@clpec.com.cn
1.2 联系人和联系方式
董事会秘书:彭东升 联系地址:公司证券部(湖南省岳阳市金鹗中路康特大厦十楼)
电话:(0730)8452594 8843910 传真:(0730)8439202 8843910
电子信箱:Pdsen@clpec.com.cn
证券事务代表:谭人杰 联系地址:公司证券部(湖南省岳阳市金鹗中路康特大厦十楼)
电话:(0730)8844930 8844021 8452837 传真:(0730)8439102 8844930
电子信箱:Zqbu@clpec.com.cn

#### 2.会计数据和财务指标摘要

2.1 主要会计数据 单位:(人民币)元

| | 2003年(本年) | 2002年(上年) | 本年比上年增减 | 2001年 |
|---|---|---|---|---|
| 主营业务收入 | 1,038,287,896.34 | 814,412,490.50 | 27.49% | 691,433,345.33 |
| 利润总额 | 36,452,397.44 | 29,835,435.55 | 22.18% | 34,452,214.55 |
| 净利润 | 24,799,915.75 | 19,869,086.34 | 24.82% | 32,520,082.12 |
| 扣除非经常性损益的净利润 | 19,508,119.34 | 13,623,319.15 | 43.20% | 33,801,283.92 |
| | 2003年末(本年末) | 2002年末(上年末) | 本年末比上年末增减 | 2001年末 |
| 总资产 | 707,450,746.95 | 608,693,906.73 | 16.22% | 540,672,833.80 |
| 股东权益(不含少数股东权益) | 387,466,265.23 | 370,822,983.68 | 4.49% | 351,944,368.27 |
| 经营活动产生的现金流量净额 | －99,431,749.12 | 42,362,377.82 | －334.72% | 14,928,231.77 |

2.2 主要财务指标 单位:(人民币)元

| | 2003年(本年) | 2002年(上年) | 本年比上年增减 | 2001年 |
|---|---|---|---|---|
| 每股收益 | 0.15 | 0.12 | 25.00% | 0.21 |
| 每股收益(如果股本变化,按新股本计算) | －－ | －－ | －－ | －－ |
| 净资产收益率 | 6.40% | 5.36% | 19.40% | 9.58% |
| 扣除非经常性损益的净利润为基础计算的净资产收益率 | 5.03% | 3.65% | 37.81% | 9.57% |
| 每股经营活动产生的现金流量净额 | －0.60 | 0.26 | －334.24% | 0.09 |
| | 2003年末(本年末) | 2002年末(上年末) | 本年末比上年末增减(%) | 2001年末 |
| 每股净资产 | 2.35 | 2.25 | 4.45% | 2.13 |
| 调整后的每股净资产 | 2.28 | 2.24 | 1.79% | 2.11 |

## 600033 福建发展高速公路股份有限公司

### 二〇〇三年年度报告摘选

#### 1.上市公司基本情况简介

1.1 基本情况简介
股票简称:福建高速 股票代码:600033 上市交易所:上海证券交易所
注册地址和办公地址:福州市东水路18号福建交通综合大楼26层 邮政编码:350001
电子信箱:fjgsgf@pub6.fz.fj.cn
1.2 联系人和联系方式
董事会秘书:蒋建新 联系地址:福州市东水路18号福建交通综合大楼26层
电话:0591－7077366 传真:0591－7077266 电子信箱:fjgsgf@pub6.fz.fj.cn
证券事务代表:林凯 联系地址:福州市东水路18号福建交通综合大楼26层
电话:0591－7077366 传真:0591－7077266 电子信箱:fjgsgf@pub6.fz.fj.cn

#### 2.会计数据和财务指标摘要

2.1 主要会计数据 单位:元

| | 2003年 | 2002年 | 本年比上年增减(%) | 2001年 |
|---|---|---|---|---|
| 主营业务收入 | 881,823,472.14 | 702,67,281.60 | 25.49 | 303,672,633.31 |
| 利润总额 | 607,931,451.61 | 491,600,494.92 | 23.66 | 298,995,098.12 |
| 净利润 | 306,567,937.27 | 260,142,249.56 | 17.85 | 220,276,251.31 |
| 扣除非经常性损益的净利润 | 236,343,645.15 | 235,343,129.40 | 0.43 | 184,098,213.97 |
| | 2003年末 | 2002年末 | 本年末比上年末增减(%) | 2001年末 |
| 总资产 | 5,631,701,029.37 | 5,563,741,584.84 | 1.22 | 5,914,877,865.48 |
| 股东权益(不含少数股东权益) | 2,879,805,145.14 | 2,607,456,784.51 | 10.44 | 2,429,645,256.72 |
| 经营活动产生的现金流量净额 | 562,400,731.87 | 432,928,396.63 | 29.91 | 348,546,200.48 |

2.2 主要财务指标 单位:元

| | 2003年 | 2002年 | 本年比上年增减(%) | 2001年 |
|---|---|---|---|---|
| 每股收益 | 0.3730 | 0.3798 | －1.79 | 0.3216 |
| 净资产收益率(%) | 10.65 | 9.98 | 6.71 | 9.07 |
| 扣除非经常性损益的净利润为基础计算的净资产收益率(%) | 8.60 | 9.32 | －7.73 | 9.97 |
| 每股经营活动产生的现金流量净额 | 0.6842 | 0.6320 | 8.26 | 0.5088 |
| | 2003年末 | 2002年末 | 本年末比上年末增减(%) | 2001年末 |
| 每股净资产 | 3.5034 | 3.8065 | －7.96 | 3.5469 |
| 调整后的每股净资产 | 3.5034 | 3.8062 | －7.96 | 3.5459 |

## 600674 四川川投控股股份有限公司

### 二〇〇三年年度报告摘选

#### 1.上市公司基本情况简介

1.1 基本情况简介
股票简称:川投控股 股票代码:600674 上市交易所:上海证券交易所
注册地址和办公地址:四川省峨眉山市九里镇 邮政编码:614222
公司国际互联网网址:http://www.invest.com.cn 电子信箱:scemfa@ls－public.cninfo.net
1.2 联系人和联系方式
董事会秘书:许克义 联系地址:四川省峨眉山市九里镇
电话:0833－5576179 传真:0833－5576490 电子信箱:xky@invest.com.cn

#### 2.会计数据和业务数据摘要

2.1 主要财务数据 单位:元

| 项 目 | 2003年 | 2002年 | 本年比上年增减(%) | 2001年 |
|---|---|---|---|---|
| 主营业务收入 | 732,095,976.11 | 645,395,614.99 | 13.43 | 653,868,294.84 |
| 利润总额 | 59,571,426.68 | 46,900,392.75 | 27.02 | 85,157,101.95 |
| 净利润 | 47,214,084.79 | 38,028,636.04 | 24.15 | 66,844,431.15 |
| 扣除非经常性损益的净利润 | 44,136,503.06 | 37,726,314.91 | 16.99 | 63,778,817.26 |
| 项 目 | 2003年末 | 2002年末 | 本年末比上年末增减(%) | 2001年末 |
| 总资产 | 1,118,756,162.70 | 1,108,874,060.91 | 0.89 | 942,407,391.74 |
| 股东权益(不含少数股东权益) | 663,784,082.72 | 613,605,555.89 | 8.18 | 583,251,149.57 |
| 经营活动产生的现金流量净额 | 118,341,415.80 | 114,544,288.96 | 3.31 | 222,620,901.47 |

2.2 主要财务指标 单位:元

| 项 目 | 2003年 | 2002年 | 本年比上年增减(%) | 2001年 |
|---|---|---|---|---|
| 每股收益 | 0.122 | 0.099 | 23.23 | 0.173 |
| 净资产收益率(%) | 7.11 | 6.20 | 14.68 | 11.46 |
| 扣除非经常性损益的净利润为基础计算的净资产收益率(%) | 6.91 | 6.26 | 10.38 | 12.30 |
| 每股经营活动产生的现金流量净额 | 0.31 | 0.30 | 3.33 | 0.58 |
| 项 目 | 2003年末 | 2002年末 | 本年末比上年末增减(%) | 2001年末 |
| 每股净资产 | 1.72 | 1.59 | 8.18 | 1.51 |
| 调整后的每股净资产 | 1.70 | 1.57 | 8.28 | 1.46 |

## 600780 山西通宝能源股份有限公司

### 二〇〇三年年度报告摘选

#### 1.上市公司基本情况简介

1.1 基本情况简介

股票简称:通宝能源 股票代码:600780 上市交易所:上海证券交易所

注册地址和办公地址:山西省太原市高新技术产业开发区学府工业园区V-6区

邮政编码:030006 公司国际互联网网址:http://www.600780.net

电子信箱:top600780@sina.com

1.2 联系人和联系方式

董事会秘书:叶宁华 联系地址:山西省太原市高新技术产业开发区学府工业园区V-6区

电话:0351-7021857 传真:0351-7021077 电子信箱:topynh@vip.sina.com

证券事务代表:梁丽星 联系地址:山西省太原市高新技术产业开发区学府工业园区V-6区

电话:0351-7021857 传真:0351-7021077 电子信箱:topllx.liang@163.com

#### 2.会计数据和财务指标摘要

2.1 主要会计数据 单位:元

| 项目 | 2003年 | 2002年 | 本年比上年增减(%) | 2001年 |
|---|---|---|---|---|
| 主营业务收入 | 1,867,587,067.89 | 278,766,951.38 | 569.95 | 265,718,724.24 |
| 利润总额 | 344,804,706.38 | 92,954,221.48 | 270.94 | 70,419,946.50 |
| 净利润 | 233,695,584.52 | 74,378,486.29 | 214.20 | 58,309,551.61 |
| 扣除非经常性损益后的净利润 | 222,871,086.72 | 74,291,697.29 | 199.99 | 55,784,382.87 |
| 项目 | 2003年末 | 2002年末 | 本年末比上年末增减(%) | 2001年末 |
| 总资产 | 5,143,584,844.92 | 1,253,520,210.34 | 310.33 | 706,938,770.50 |
| 股东权益 | 1,318,289,331.73 | 1,103,685,742.52 | 19.44 | 553,414,692.84 |
| 经营活动产生的现金流量净额 | 898,312,395.43 | 135,577,839.02 | 562.58 | 141,764,689.50 |

2.2 主要财务指标 单位:元

| 项目 | 2003年 | 2002年 | 本年比上年增减(%) | 2001年 |
|---|---|---|---|---|
| 每股收益 | 0.40 | 0.26 | 53.85% | 0.27 |
| 净资产收益率(%) | 17.73 | 6.74 | 10.99 | 11.08 |
| 扣除非经常性损益的净利润为基础计算的净资产收益率(%) | 18.37 | 12.82 | 5.55 | 11.70 |
| 每股经营活动产生的现金流量净额 | 1.54 | 0.47 | 227.66% | 0.66 |
| 项目 | 2003年 | 2002年 | 本年比上末增减(%) | 2001年 |
| 每股净资产 | 2.27 | 3.79 | -40.11 | 2.57 |
| 调整后的每股净资产 | 2.26 | 3.79 | -40.37 | 2.57 |

## 600840 浙江新湖创业投资股份有限公司

### 二〇〇三年年度报告摘选

#### 1.上市公司基本情况简介

1.1 基本情况简介

股票简称:新湖创业 股票代码:600840 上市交易所:上海证券交易所

注册地址和办公地址:杭州市体育场路479号7楼 邮政编码:310007

公司国际互联网网址:http://www.600840.com.cn 电子信箱:mail@600840.com.cn

1.2 联系人和联系方式

董事会秘书:相子强 联系地址:杭州市体育场路479号7楼

电话:0571-87055977 传真:0571-87055977 电子信箱:mail@600840.com.cn

证券事务代表:王微 联系地址:杭州市体育场路479号7楼

电话:0571-87055979 传真:0571-87055978 电子信箱:mail@600840.com.cn

#### 2.会计数据和财务指标摘要

2.1 主要会计数据 单位:元

| 项目 | 2003年 | 2002年(调整后) | 本年比上年增减(%) | 2001年(调整后) |
|---|---|---|---|---|
| 主营业务收入 | 118,103,889.93 | 100,994,350.17 | 16.94 | 154,238,737.64 |
| 利润总额 | 15,077,464.11 | 2,146,936.09 | 602.78 | -5,726,809.73 |
| 净利润 | 14,496,820.51 | 2,764,246.09 | 424.44 | -5,160,088.54 |
| 扣除非经常性损益的净利润 | 6,086,682.90 | -14,842,735.06 | 141.01 | -4,852,491.55 |
| 项目 | 2003年末 | 2002年末(调整后) | 本年末比上年末增减(%) | 2001年末(调整后) |
| 总资产 | 1,783,560,689.28 | 1,331,399,881.07 | 33.96 | 823,921,367.62 |
| 股东权益(不含少数股东权益) | 175,449,792.90 | 160,372,178.10 | 9.40 | 159,166,192.01 |
| 经营活动产生的现金流量净额 | -35,462,948.58 | -341,404,006.21 | -89.61 | -293,380,541.23 |

2.2 主要财务指标 单位:元

| 项目 | 2003年 | 2002年(调整后) | 本年比上年增减(%) | 2001年(调整后) |
|---|---|---|---|---|
| 每股收益 | 0.104 | 0.020 | 420 | -0.037 |
| 净资产收益率(%) | 8.263 | 1.724 | 379.29 | -3.242 |
| 扣除非经常性损益的净利润为基础计算的净资产收益率(%) | 3.469 | -9.255 | 137.48 | -3.082 |
| 每股经营活动产生的现金流量净额 | -0.254 | -2.443 | 89.60 | -2.099 |
| 项目 | 2003年末 | 2002年末(调整后) | 本年末比上年末增减(%) | 2001年末(调整后) |
| 每股净资产 | 1.255 | 1.148 | 9.32 | 1.139 |
| 调整后的每股净资产 | 1.089 | 1.108 | -1.74 | 1.091 |

3月8日

## 600546 中油吉林化建工程股份有限公司

### 二〇〇三年年度报告摘选

#### 1.上市公司基本情况简介

1.1 基本情况简介

股票简称:中油化建 股票代码:600546 上市交易所:上海证券交易所

注册地址:吉林市江南高新区深圳街9号

办公地址:吉林市龙潭区遵义东路31号 邮政编码:132021

公司国际互联网网址:http://www.jccc.com.cn 电子信箱:jcc@jccc.com.cn

1.2 联系人和联系方式

董事会秘书:赵铭 联系地址:吉林市龙潭区遵义东路31号

电话:0432-3993300 传真:0432-3038512 3993460 电子信箱:jcczm@vip.sina.com

证券事务代表:袁晓静 联系地址:吉林市龙潭区遵义东路31号

电话:0432-3993300 传真:0432-3038512 3993460 电子信箱:jccyxj@vip.sina.com

#### 2.会计数据和财务指标摘要

2.1 主要会计数据 单位:元

| 项目 | 2003年 | 2002年 | 本年比上年增减(%) | 2001年 |
|---|---|---|---|---|
| 主营业务收入 | 1,474,501,880.77 | 1,200,656,283.64 | 22.81 | 772,020,989.84 |
| 利润总额 | 63,618,586.56 | 63,436,013.48 | 0.29 | 45,871,044.81 |
| 净利润 | 37,965,991.55 | 36,808,111.97 | 3.15 | 27,373,289.11 |
| 扣除非经常性损益的净利润 | 34,140,913.15 | 37,086,755.03 | -7.94 | 27,450,255.14 |

| 项目 | 2003年末 | 2002年末 | | 本年末比上年末增减(%) | | 2001年末 |
|---|---|---|---|---|---|---|
| | | 调整后 | 调整前 | 调整后 | 调整前 | |
| 总资产 | 1,151,622,346.84 | 447,788,953.49 | 447,788,953.49 | 157.18 | 157.18 | 363,133,811.85 |
| 股东权益(不含少数股东权益) | 552,965,600.66 | 142,819,304.31 | 121,819,304.31 | 287.18 | 353.92 | 106,011,192.34 |
| 经营活动产生的现金流量净额 | 5,966,186.18 | 8,457,976.58 | 8,457,976.58 | -29.46 | -29.46 | 5,067,325.25 |

2.2 主要财务指标 单位:元

| 项目 | 2003年 | 2002年 | | 本年比上年末增减(%) | | 2001年 |
|---|---|---|---|---|---|---|
| | | 调整后 | 调整前 | 调整后 | 调整前 | |
| 每股收益 | 0.3451 | 0.5258 | 0.5258 | -34.36 | -34.36 | 0.3910 |
| 净资产收益率(%) | 6.87 | 25.77 | 30.22 | -73.34 | -77.28 | 25.82 |
| 扣除非经常性损益后的净利润为基础计算的净资产收益率(%) | 6.17 | 25.97 | 30.56 | -76.24 | -79.81 | 25.93 |
| 每股经营活动产生的现金流量净额 | 0.0542 | 0.0769 | 0.0769 | -29.46 | -29.46 | 0.0461 |
| 项目 | 2003年末 | 2002年末 | | 本年末比上年末增减(%) | | 2001年末 |
| | | 调整后 | 调整前 | 调整后 | 调整前 | |
| 每股净资产 | 5.03 | 2.04 | 1.74 | 146.57 | 189.08 | 1.51 |
| 调整后的每股净资产 | 4.99 | 2.00 | 1.70 | 149.50 | 193.53 | 1.50 |

## 600548 深圳高速公路股份有限公司

### 二〇〇三年年度报告摘选

#### 1.上市公司基本情况简介

1.1 基本情况简介

股票简称:深高速 股票代码:600548 上市交易所:上海证券交易所

股标简称:深圳高速 股票代码:0548 上市交易所:香港联交所

注册地址和办公地址:深圳市滨河路北5022号联合广场A座19楼 邮政编码:518026

公司国际互联网网址:http://www.sz-expressway.com

电子信箱:secretary@sz-expressway.com

1.2 联系人和联系方式

董事会秘书:张荣兴 联系地址:深圳市滨河路北5022号联合广场A座19楼

电话:0755-82945608 传真:0755-82910696 电子信箱:secretary@sz-expressway.com

投资者热线:0755-82945638

证券事务代表:吕瑞 联系地址:深圳市滨河路北5022号联合广场A座19楼

电话:0755-82945618 传真:0755-82910696 电子信箱:secretary@sz-expressway.com

#### 2.会计数据和财务指标摘要

2.1 主要会计数据 单位:(人民币)元

| 项目 | 2003年(本年) | 2002年(上年) | 本年比上年增减(%) | 2001年 |
|---|---|---|---|---|
| 主营业务收入 | 598,137,201 | 646,127,966 | -7.43 | 604,518,644 |
| 利润总额 | 998,918,598 | 405,558,077 | 146.31 | 408,614,532 |
| 净利润 | 852,037,109 | 337,453,630 | 152.49 | 388,049,933 |
| 扣除非经常性损益的净利润 | 209,100,398 | 324,783,437 | -35.62 | 402,764,280 |
| 项目 | 2003年末(本年末) | 2002年末(上年末) | 本年末比上年末增减(%) | 2001年末 |
| 总资产 | 7,105,308,871 | 6,922,502,651 | 2.64 | 6,968,563,648 |
| 股东权益(不含少数股东权益) | 5,952,865,584 | 5,363,351,815 | 10.99 | 5,243,871,668 |
| 经营活动产生的现金流量净额 | 431,491,389 | 441,196,398 | -2.20 | 575,216,016 |

2.2 主要财务指标 单位:(人民币)元

| 项目 | 2003年(本年) | 2002年(上年) | 本年比上年增减(%) | 2001年 |
|---|---|---|---|---|
| 每股收益 | 0.391 | 0.155 | 152.26 | 0.178 |
| 净资产收益率 | 14.31% | 6.29% | 127.50 | 7.40% |
| 扣除非经常性损益的净利润为基础计算的净资产收益率 | 3.51% | 6.06% | -42.08 | 7.68% |
| 每股经营活动产生的现金流量净额 | 0.20 | 0.20 | 0 | 0.26 |
| 项目 | 2003年(本年) | 2002年(上年) | 本年比上年增减(%) | 2001年 |
| 每股净资产 | 2.73 | 2.46 | 10.98 | 2.41 |
| 调整后的每股净资产 | 2.73 | 2.44 | 11.89 | 2.39 |

## 3月9日

## 000002 万科企业股份有限公司

### 二〇〇三年年度报告摘选

#### 1.上市公司基本情况简介

1.1 基本情况简介

股票简称:万科 A、万科 B 股票代码:000002、200002 上市交易所:深圳证券交易所

注册地址和办公地址:中国深圳市福田区梅林路 63 号万科建筑研究中心 邮政编码:518049

公司国际互联网网址:http://www.vanke.com 电子信箱:zb@vanke.com

1.2 联系人和联系方式

董事会秘书:肖莉 联系地址:中国深圳市福田区梅林路 63 号万科建筑研究中心

电话:0755－25606666 传真:0755－83152041 电子信箱:xiaol@vanke.com

证券事务代表:薛漫天 联系地址:中国深圳市福田区梅林路 63 号万科建筑研究中心

电话:0755－25606666 传真:0755－83152041 电子信箱:xuemt@vanke.com

#### 2.会计数据和财务指标摘要

2.1 主要会计数据 单位:元

| | 2003 年(本年) | 2002 年(上年) | 本年比上年增减 | 2001 年 |
|---|---|---|---|---|
| 主营业务收入 | 6,380,060,435.28 | 4,574,359,629.05 | 39.47% | 4,455,064,776.93 |
| 利润总额 | 830,366,745.19 | 520,011,132.06 | 59.68% | 501,852,215.83 |
| 净利润 | 542,270,658.17 | 382,421,274.06 | 41.80% | 373,747,217.73 |
| 扣除非经常性损益的净利润 | 527,202,240.44 | 357,625,557.27 | 47.42.% | 159,252,989.59 |
| | 2003 年末(本年末) | 2002 年末(上年末) | 本年末比上年末增减 | 2001 年末 |
| 总资产 | 10,561,040,095.70 | 8,215,822,308.30 | 28.55% | 6,482,911,630.82 |
| 股东权益(不含少数股东权益) | 4,701,359,103.82 | 3,506,963,985.91 | 34.06% | 3,250,284,348.35 |
| 经营活动产生的现金流量净额 | －1,478,383,770.29 | 128,843,264.54 | －1247.43% | －1,204,549,247.74 |

2.2 主要财务指标 单位:元

| | 2003 年(本年) | 2002 年(上年) | 本年比上年增减 | 2001 年 |
|---|---|---|---|---|
| 每股收益 | 0.39 | 0.61 | －35.97% | 0.59 |
| 每股收益(按截到 2004 年 3 月 4 日最新股本计算) | 0.37 | －－ | －－ | －－ |
| 净资产收益率 | 11.53% | 10.90% | 5.78% | 11.50% |
| 扣除非经常性损益的净利润为基础计算的净资产收益率 | 12.62% | 10.59% | 19.17% | 5.11% |
| 每股经营活动产生的现金流量净额 | －1.06 | 0.20 | －619.12% | －1.91 |
| | 2003 年末(本年末) | 2002 年末(上年末) | 本年末比上年末增减 | 2001 年末 |
| 每股净资产 | 3.37 | 5.56 | －39.40% | 5.15 |
| 调整后的每股净资产 | 3.34 | 5.43 | －38.52% | 5.06 |

## 000024 招商局蛇口控股股份有限公司

### 二〇〇三年年度报告摘选

#### 1.上市公司基本情况简介

1.1 基本情况简介

股票简称:招商局 A、招商局 B 股票代码:000024、200024 上市交易所:深圳证券交易所

注册地址和办公地址:深圳南山区蛇口工业区新时代广场 9 楼 邮政编码:518067

电子信箱:investor@cmre.com.cn

1.2 联系人和联系方式

董事会秘书:陈宇 联系地址:深圳南山区蛇口工业区新时代广场 9 楼

电话:(0755)26819600 传真:(0755)26819680 电子信箱:investor@cmre.com.cn

证券事务代表:刘宁 联系地址:深圳南山区蛇口工业区新时代广场 9 楼

电话:(0755)26819600 传真:(0755)26819680 电子信箱:investor@cmre.com.cn

#### 2.会计数据和财务指标摘要

2.1 主要会计数据 单位:元

| | 2003 年(本年) | 2002 年(上年) | 本年比上年增减 | 2001 年 |
|---|---|---|---|---|
| 主营业务收入 | 4,838,834,917 | 3,854,153,934 | 25.55% | 3,320,820,664 |
| 利润总额 | 455,199,188 | 335,760,027 | 35.57% | 291,435,832 |
| 净利润 | 330,477,566 | 241,815,815 | 36.66% | 174,961,781 |
| 扣除非经常性损益的净利润 | 349,825,263 | 257,484,344 | 35.86% | 189,537,364 |
| | 2003 年末(本年末) | 2002 年末(上年末) | 本年末比上年末增减 | 2001 年末 |
| 总资产 | 5,923,647,954 | 5,239,818,120 | 13.05% | 4,692,619,143 |
| 股东权益(不含少数股东权益) | 3,118,874,132 | 2,501,538,493 | 24.68% | 2,302,681,555 |
| 经营活动产生的现金流量净额 | －202,355,920 | 826,123,694 | －124.49% | 27,055,362 |

2.2 主要财务指标 单位:元

| | 2003 年(本年) | 2002 年(上年) | 本年比上年增减 | 2001 年 |
|---|---|---|---|---|
| 每股收益(摊薄) | 0.64 | 0.51 | 26.18% | 0.37 |
| 每股收益(加权) | 0.69 | 0.51 | 35.29% | 0.37 |
| 净资产收益率(摊薄) | 10.60% | 9.67% | 9.62% | 7.60% |
| 净资产收益率(加权) | 12.42% | 10.09% | 23.09% | 7.79% |
| 扣除非经常性损益的净利润为基础计算的净资产收益率(摊薄) | 11.22% | 10.29% | 9.04% | 8.23% |
| 扣除非经常性损益的净利润为基础计算的净资产收益率(加权) | 13.15% | 10.74% | 22.44% | 8.44% |
| 每股经营活动产生的现金流量净额 | －0.39 | 1.73 | －122.61% | 0.06 |
| | 2003 年末(本年末) | 2002 年末(上年末) | 本年末比上年末增减 | 2001 年末 |
| 每股净资产 | 6.05 | 5.25 | 15.18% | 4.83 |
| 调整后的每股净资产 | 5.99 | 5.18 | 15.56% | 4.77 |

## 000429 广东省高速公路发展股份有限公司

### 二〇〇三年年度报告摘选

#### 1.上市公司基本情况简介

1.1 基本情况简介

股票简称:粤高速 A、粤高速 B 股票代码:000429、200429 上市交易所:深圳证券交易所

注册地址和办公地址:广东省广州市白云路 85 号 邮政编码:510100

电子信箱:ygs@gpedcl.com

1.2 联系人和联系方式

董事会秘书:肖来久 联系地址:广东省广州市白云路 85 号

电话:(020)83731363 传真:(020)83731384 电子信箱:xiaolaijiu@163.com

证券事务代表:左江 联系地址:广东省广州市白云路 85 号

电话:(020)83731365 传真:(020)83731384 电子信箱:zeozj@163.net

#### 2.会计数据和财务指标摘要

2.1 主要会计数据 单位:元

| | 2003 年度 | 2002 年度 | 本年比上年增减 | 2001 年度 |
|---|---|---|---|---|
| 主营业务收入 | 797,190,721.00 | 753,156,947.00 | 5.85% | 625,400,744.00 |
| 利润总额 | 410,328,890.85 | 405,976,517.31 | 1.07% | 239,532,613.11 |
| 净利润 | 181,182,988.13 | 171,024,582.16 | 5.94% | 141,608,877.38 |
| 扣除非经常性损益的净利润 | 179,523,737.75 | 171,024,582.16 | 4.97% | 152,199,503.79 |
| | 2003 年度 | 2002 年度 | 本年比上年末增减 | 2001 年度 |
| 总资产 | 6,663,419,082.32 | 6,140,580,965.34 | 8.51% | 5,775,201,426.79 |
| 股东权益(不含少数股东权益) | 3,534,078,664.97 | 3,480,312,041.99 | 1.54% | 3,434,952,741.39 |
| 经营活动产生的现金流量净额 | 453,597,911.36 | 355,915,982.54 | 27.45% | 478,144,530.20 |

2.2 主要财务指标 单位:元

| | 2003 年度 | 2002 年度 | 本年比上年增减 | 2001 年度 |
|---|---|---|---|---|
| 每股收益(摊薄) | 0.14 | 0.14 | 0.00% | 0.11 |
| 每股收益(加权) | 0.14 | 0.14 | 0.00% | 0.13 |
| 净资产收益率 | 5.13% | 4.91% | 4.48% | 4.12% |
| 扣除非经常性损益的净利润为基础计算的净资产收益率 | 5.03% | 5.22% | －3.64% | 4.43% |
| 每股经营活动产生的现金流量净额 | 0.36 | 0.28 | 28.57% | 0.38 |
| | 2003 年度 | 2002 年度 | 本年比上年增减 | 2001 年度 |
| 每股净资产 | 2.81 | 2.77 | 1.44% | 2.73 |
| 调整后的每股净资产 | 2.80 | 2.75 | 1.82% | 2.72 |

## 000626 连云港如意集团股份有限公司

### 二〇〇三年年度报告摘选

#### 1.上市公司基本情况简介

1.1 基本情况简介

股票简称:如意集团 股票代码:000626 上市交易所:深圳证券交易所

注册地址和办公地址:连云港市新浦北郊路 6 号 邮政编码:222006

公司国际互联网网址:http://www.idealgroup.com.cn 电子信箱:idealco@public.lyg.js.cn

1.2 联系人和联系方式

董事会秘书:谭卫 联系地址:连云港市新浦北郊路 6 号

电话:0518－5153595 传真:0518－5150105 电子信箱:rydshmsc@pub.lyg.jsinfo.net

证券事务代表:张勉 联系地址:连云港市新浦北郊路 6 号

电话:0518－5153595 传真:0518－5150105 电子信箱:rydshmsc@pub.lyg.jsinfo.net

#### 2.会计数据和财务指标摘要

2.1 主要会计数据 单位:元

| | 2003 年 | 2002 年 | 本年比上年增减(%) | 2001 年 |
|---|---|---|---|---|
| 主营业务收入 | 6,644,487,294.08 | 4,568,072,450.76 | 45.45 | 3,396,217,551.67 |
| 利润总额 | 97,336,767.48 | 88,485,657.74 | 10 | 64,020,287.33 |
| 净利润 | 33,333,360.90 | 33,166,149.08 | 0.50 | 28,830,552.02 |
| 扣除非经常性损益的净利润 | 20,936,258.94 | 22,127,934.28 | －5.39 | 24,240,916.56 |
| | 2003 年末 | 2002 年末 | 本年末比上年末增减(%) | 2001 年末 |
| 总资产 | 1,750,093,856.78 | 1,347,746,417.68 | 29.85 | 848,553,433.70 |
| 股东权益(不含少数股东权益) | 249,497,675.25 | 215,548,978.93 | 15.75 | 182,683,720.46 |
| 经营活动产生的现金流量净额 | 199,668,634.64 | －186,537,843.16 | －－ | －69,411,394.36 |

2.2 主要财务指标 单位:元

| | 2003 年 | 2002 年 | 本年比上年增减(%) | 2001 年 |
|---|---|---|---|---|
| 每股收益 | 0.1646 | 0.24568 | －33.01 | 0.21356 |
| 净资产收益率 | 13.36 | 15.39 | －13.19 | 15.78 |
| 扣除非经常性损益的净利润为基础计算的净资产收益率 | 8.39 | 10.27 | －18.31 | 13.27 |
| 每股经营活动产生的现金流量净额 | 0.9860 | －1.3818 | －－ | －0.51 |
| | 2003 年末 | 2002 年末 | 本年末比上年末增减(%) | 2001 年末 |
| 每股净资产 | 1.2321 | 1.5967 | －22.83 | 1.3532 |
| 调整后的每股净资产 | 1.1929 | 1.5402 | －0.2255 | 1.3041 |

## 000715 中兴—沈阳商业大厦(集团)股份有限公司

### 二〇〇三年年度报告摘选

#### 1.上市公司基本情况简介

1.1 基本情况简介

股票简称:中兴商业 股票代码:000715 上市交易所:深圳证券交易所

注册地址和办公地址:辽宁省沈阳市和平区太原北街 86 号 邮政编码:110001

公司国际互联网网址:http://www.zxbusiness.com 电子信箱:zxstock@vip.sina.com

1.2 联系人和联系方式

董事会秘书:徐成华 联系地址:辽宁省沈阳市和平区太原北街 86 号

电话:024-23836060 传真:024-23836008 电子信箱:zxstock@vip.sina.com

证券事务代表:姜莉 联系地址:辽宁省沈阳市和平区太原北街 86 号

电话:024-23836008 传真:024-23836008 电子信箱:zxstock@vip.sina.com

#### 2.会计数据和财务指标摘要

2.1 主要会计数据 单位:元

| | 2003 年(本年) | 2002 年(上年) | 本年比上年增减 | 2001 年 |
|---|---|---|---|---|
| 主营业务收入 | 1,553,832,510.03 | 1,421,609,864.65 | 9.30% | 1,193,926,372.46 |
| 利润总额 | 68,279,380.63 | 50,103,568.65 | 36.28% | 53,621,851.20 |
| 净利润 | 42,872,316.74 | 37,830,002.24 | 13.33% | 36,735,826.70 |
| 扣除非经常性损益的净利润 | 45,752,427.18 | 37,183,024.27 | 23.05% | 36,696,351.67 |
| | 2003 年末(本年末) | 2002 年末(上年末) | 本年末比上年末增减 | 2001 年末 |
| 总资产 | 948,799,965.91 | 941,224,983.00 | 0.80% | 945,860,283.79 |
| 股东权益(不含少数股东权益) | 652,696,737.78 | 626,350,161.04 | 4.21% | 589,384,938.94 |
| 经营活动产生的现金流量净额 | 85,762,676.66 | 97,578,876.48 | -12.11% | 141,541,288.49 |

2.2 主要财务指标 单位:元

| | 2003 年(本年) | 2002 年(上年) | 本年比上年增减 | 2001 年 |
|---|---|---|---|---|
| 每股收益 | 0.20 | 0.18 | 13.33% | 0.17 |
| 净资产收益率 | 6.57% | 6.04% | 8.77% | 6.23% |
| 扣除非经常性损益的净利润为基础计算的净资产收益率 | 7.01% | 5.94% | 18.01% | 6.24% |
| 每股经营活动产生的现金流量净额 | 0.40 | 0.46 | -12.09% | 0.66 |
| | 2003 年末(本年末) | 2002 年末(上年末) | 本年末比上年末增减 | 2001 年末 |
| 每股净资产 | 3.04 | 2.92 | 4.22% | 2.75 |
| 调整后的每股净资产 | 3.03 | 2.87 | 5.46% | 2.70 |

## 000721 西安饮食服务(集团)股份有限公司

### 二〇〇三年年度报告摘选

#### 1.上市公司基本情况简介

1.1 基本情况简介

股票简称:西安饮食 股票代码:000721 上市交易所:深圳证券交易所

注册地址和办公地址:陕西省西安市东大街 298 号 邮政编码:710001

公司国际互联网网址:http://www.xcsg.com 电子信箱:xcsg@cmmail.com

1.2 联系人和联系方式

董事会秘书:陶光仲 联系地址:陕西省西安市东大街 298 号

电话:029-87232416 传真:029-87232416 029-87251354

电子信箱:taoguangzhong@sian.com

证券事务代表:邱敏鸥 联系地址:陕西省西安市东大街 298 号

电话:029-87284840 传真:029-87284840 029-87251354

电子信箱:xcsg@cmmail.com

#### 2.会计数据和财务指标摘要

2.1 主要会计数据 单位:(人民币)元

| 项 目 | 2003 年 | 2002 年 | 本年比上年增减 | 2001 年 |
|---|---|---|---|---|
| 主营业务收入 | 329,040,865.77 | 351,836,328.43 | -6.48% | 316,528,437.71 |
| 利润总额 | 32,082,245.57 | 26,774,411.86 | 19.82% | 27,839,613.77 |
| 净利润 | 20,511,994.27 | 17,073,022.33 | 20.14% | 22,398,313.59 |
| 扣除非经常性损益的净利润 | 18,453,937.76 | 20,164,023.76 | -8.48% | 20,770,329.99 |
| 项 目 | 2003 年末 | 2002 年末 | 本年末比上年末增减 | 2001 年末 |
| 总资产 | 925,289,602.54 | 727,940,127.86 | 27.11% | 531,515,336.91 |
| 股东权益(不含少数股东权益) | 291,975,846.66 | 271,427,276.99 | 7.57% | 261,027,045.17 |
| 经营活动产生的现金流量净额 | 22,658,340.44 | 38,698,706.92 | -41.45% | 43,444,272.69 |

2.2 主要财务 指标单位:(人民币)元

| 项 目 | 2003 年 | 2002 年 | 本年比上年增减 | 2001 年 |
|---|---|---|---|---|
| 每股收益 | 0.1195 | 0.1492 | -20.33% | 0.1958 |
| 净资产收益率 | 7.03 | 6.29% | 11.76% | 8.58% |
| 扣除非经常性损益的净利润为基础计算的净资产收益率 | 6.55 | 7.48% | -12.43% | 8.43% |
| 每股经营活动产生的现金流量净额 | 0.1320 | 0.3382 | -60.97% | 0.3797 |
| 项 目 | 2003 年末 | 2002 年末 | 本年末比上年末增减 | 2001 年末 |
| 每股净资产 | 1.7013 | 2.3723 | -28.28% | 2.2814 |
| 调整后的每股净资产 | 1.32 | 1.7450 | -24.00% | 1.8704 |

## 000765 武汉华信高新技术股份有限公司

### 二〇〇三年年度报告摘选

#### 1.上市公司基本情况简介

1.1 基本情况简介

股票简称:*ST 华信 股票代码:000765 上市交易所:深圳证券交易所

注册地址:武汉市中山大道 779-805 号 邮政编码:430030

办公地址:武汉市江汉区建设大道 611 号 电子信箱:hxgf0765@public.wh.hb.cn

1.2 联系人和联系方式

董事会秘书:涂飞舟 联系地址:武汉市江汉区建设大道 611 号

电话:027-83661352 传真:027-83641351 电子信箱:hxgf0765@public.wh.hb.cn

证券事务代表:陈志刚 联系地址:武汉市江汉区建设大道 611 号

电话:027-83661352 传真:027-83641351 电子信箱:hxgf0765@public.wh.hb.cn

#### 2.会计数据和财务指标摘要

2.1 主要会计数据 单位:(人民币)元

| 项 目 | 2003 年(本年) | 2002 年(上年) | 本年比上年增减 | 2001 年 |
|---|---|---|---|---|
| 主营业务收入 | 8,307,177.64 | 13,445,598.14 | -38.22% | 144,651,220.01 |
| 利润总额 | -212,666,507.46 | -303,819,595.79 | -- | -18,647,797.54 |
| 净利润 | -187,299,899.96 | -282,666,088.99 | -- | -25,287,564.66 |
| 扣除非经常性损益的净利润 | -108,015,321.19 | -73,805,389.36 | -- | -26,902,896.22 |
| 项 目 | 2003 年末(本年末) | 2002 年末(上年末) | 本年末比上年末增减 | 2001 年末 |
| 总资产 | 389,100,039.61 | 526,718,637.66 | -26.13% | 765,752,387.65 |
| 股东权益(不含少数股东权益) | -237,843,779.75 | -37,547,922.45 | -- | 253,264,762.06 |
| 经营活动产生的现金流量净额 | -1,443,721.83 | 1,015,429.26 | -242.18% | -125,327,301.99 |

2.2 主要财务指标 单位:(人民币)元

| 项 目 | 2003 年(本年) | 2002 年(上年) | 本年比上年增减 | 2001 年 |
|---|---|---|---|---|
| 每股收益 | -0.75 | -1.14 | -- | -0.10 |
| 净资产收益率 | 78.75% | 752.81% | -89.54% | -9.98% |
| 扣除非经常性损益的净利润为基础计算的净资产收益率 | 0.00% | -37.22% | | -10.79% |
| 每股经营活动产生的现金流量净额 | -0.01 | 0.00 | -250.00% | -0.50 |
| 项 目 | 2003 年末(本年末) | 2002 年末(上年末) | 本年末比上年末增减 | 2001 年末 |
| 每股净资产 | -0.96 | -0.15 | -- | 1.02 |
| 调整后的每股净资产 | -1.08 | -0.15 | -- | 0.95 |

## 000776 延边公路建设股份有限公司

### 二〇〇三年年度报告摘选

#### 1.上市公司基本情况简介

1.1 基本情况简介

股票简称:延边公路 股票代码:000776 上市交易所:深圳证券交易所

注册地址:吉林省延吉市河南街一号

邮政编码:133001 电子信箱:yjglgfgs@163.com

1.2 联系人和联系方式

董事会秘书:秦健 联系地址:吉林省延吉市河南街 1 号

电话:0433-2810612 传真:0433-2810612 电子信箱:yjglgfgs@163.com

证券事务代表:张洪军 联系地址:吉林省延吉市河南街 1 号

电话:0433-2810612 传真:0433-2810612 电子信箱:yjglgfgs@163.com

#### 2.会计数据和财务指标摘要

2.1 主要会计数据 单位:元

| 项 目 | 2003 年度 | 2002 年度 | 本年比上年增减(%) | 2001 年 |
|---|---|---|---|---|
| 主营业务收入 | 72,885,903.03 | 119,764,672.67 | -39.14 | 125,734,776.97 |
| 利润总额 | -33,447,601.85 | -226,917,297.00 | 85.26 | 26,975,814.60 |
| 净利润 | -34,506,970.88 | -215,020,860.63 | 83.95 | 23,724,360.86 |
| 扣除非经常性损益的净利润 | -34,222,395.61 | -216,704,482.65 | 84.21 | 23,580,184.53 |
| 项 目 | 2003 年末 | 2002 年末 | 本年末比上年末增减(%) | 2001 年末 |
| 总资产 | 397,884,922.03 | 435,594,788.74 | -8.66 | 690,033,771.62 |
| 股东权益(不含少数股东权益) | 165,515,747.74 | 200,022,718.62 | -17.25 | 418,337,775.83 |
| 经营活动产生的现金流量净额 | 27,915,032.93 | 24,989,157.04 | 11.71 | 75,955,195.34 |

2.2 主要财务指标 单位:元

| 项 目 | 2003 年 | 2002 年 | 本年比上年增减(%) | 2001 年 |
|---|---|---|---|---|
| 每股收益 | -0.187 | -1.168 | 83.99 | 0.129 |
| 净资产收益率 | -20.85% | -112.19% | 81.42 | 5.67% |
| 扣除非经常性损益后的净利润为基础计算的净资产收益率 | -20.68% | -113.07% | 81.71 | 5.64% |
| 每股经营活动产生的现金流量净额 | 0.152 | 0.136 | 11.76 | 0.413 |
| 项 目 | 2003 年末 | 2002 年末 | 本年末比上年末增减(%) | 2001 年末 |
| 每股净资产 | 0.899 | 1.086 | -17.22 | 2.272 |
| 调整后的每股净资产 | 0.899 | 1.084 | -17.07 | 2.269 |

## 000912 四川泸天化股份有限公司

### 二〇〇三年年度报告摘选

#### 1.上市公司基本情况简介

1.1 基本情况简介

股票简称:泸天化 股票代码:000912 上市交易所:深圳证券交易所

注册地址:四川省成都市 办公地址:四川省泸州市纳溪区 邮政编码:646300

公司国际互联网网址:http://www.lthchia.com.cn

电子信箱:LTHoffice@lz-public.sc.cninfo.net

1.2 联系人和联系方式

董事会秘书:索隆敏 联系地址:四川省泸州市四川泸天化股份有限公司

电话:0830-4122370 传真:0830-4125103 电子信箱:S0531224@sina.com

证券事务代表:张斌 联系地址:四川省泸州市四川泸天化股份有限公司财务部

电话:0830-4125103 传真:0830-4125103 电子信箱:Zbb911@vip.163.com

#### 2.会计数据和财务指标摘要

2.1 主要会计数据 单位:元

| 项目 | 2003年 | 2002年 | 本年比上年增减(%) | 2001年 |
|---|---|---|---|---|
| 主营业务收入 | 2,151,847,631.56 | 1,694,175.73 | 27.01 | 1,540,703,674.31 |
| 利润总额 | 248,516,432.87 | 151,858,669.95 | 63.65 | 129,776,151.75 |
| 净利润 | 163,282,205.44 | 114,165,466.84 | 43.02 | 103,930,604.03 |
| 扣除非经常性损益的净利润 | 163,656,230.89 | 101,999,745.38 | 60.45 | 81,423,122.75 |
| 项目 | 2003年末 | 2002年末 | 本年末比上年末增减(%) | 2001年末 |
| 总资产 | 3,575,233,463.17 | 3,662,383,540.54 | -2.38 | 3.409,283,186.43 |
| 股东权益(不含少数股东权益) | 1,692,221,221.27 | 1,617,854,611.23 | 4.60 | 1,546,106,403.08 |
| 经营活动产生的现金流量净额 | 467,514,570.23 | 288,887,240.82 | 61.83 | 315,089,875.91 |

2.2 主要财务指标

单位:元

| 项目 | 2003年 | 2002年 | 本年比上年增减(%) | 2001年 |
|---|---|---|---|---|
| 每股收益 | 0.279 | 0.254 | 9.84 | 0.231 |
| 净资产收益率(%) | 9.65 | 7.06 | 36.69 | 6.72 |
| 扣除非经常性损益的净利润为基础计算的净资产收益率(%) | 10.03 | 6.50 | 54.31 | 5.38 |
| 每股经营活动产生的现金流量净额 | 0.80 | 0.64 | 25.00 | 0.70 |
| 项目 | 2003年末 | 2002年末 | 本年末比上年末增减(%) | 2001年末 |
| 每股净资产 | 2.89 | 3.60 | -19.72 | 3.44 |
| 调整后的每股净资产 | 2.81 | 3.48 | -19.25 | 3.28 |

## 000933 河南神火煤电股份有限公司

### 二〇〇三年年度报告摘选

#### 1.上市公司基本情况简介

1.1 基本情况简介

股票简称:神火股份 股票代码:000933 上市交易所:深圳证券交易所

注册地址和办公地址:河南省永城市新城区光明路17号 邮政编码:476600

电子信箱:shenhuogufen@371.net

1.2 联系人和联系方式

董事会秘书:王培顺 联系地址:河南省永城市新城区光明路17号

电话:0370-5114055 传真:0370-5114822 电子信箱:shenhuogufen@371.net

证券事务代表:吴长伟 联系地址:河南省永城市新城区光明路17号

电话:0370-5982722 传真:0370-5114822 电子信箱:shenhuogufen@371.net

#### 2.会计数据和财务指标摘要

2.1 主要会计数据 单位:(人民币)元

| 项目 | 2003年(本年) | 2002年(上年) | 本年比上年增减 | 2001年 |
|---|---|---|---|---|
| 主营业务收入 | 806,276,548.20 | 716,709,189.47 | 12.50% | 639,207,251.25 |
| 利润总额 | 238,422,369.19 | 158,577,739.38 | 50.35% | 136,643,419.59 |
| 净利润 | 162,896,002.68 | 112,321,473.35 | 45.03% | 98,986,926.25 |
| 扣除非经常性损益的净利润 | 161,212,586.90 | 121,534,971.58 | 32.65% | 94,917,453.90 |
| 项目 | 2003年末(本年末) | 2002年末(上年末) | 本年末比上年末增减 | 2001年末 |
| 总资产 | 1,552,041,998.16 | 1,370,228,470.17 | 13.27% | 1,015,324,252.91 |
| 股东权益(不含少数股东权益) | 1,161,055,573.09 | 1,168,159,570.41 | -0.61% | 831,516,394.51 |
| 经营活动产生的现金流量净额 | 308,471,606.24 | 251,061,166.74 | 22.87% | 161,939,001.21 |

2.2 主要财务指标 单位:(人民币)元

| 项目 | 2003年(本年) | 2002年(上年) | 本年比上年增减 | 2001年 |
|---|---|---|---|---|
| 每股收益 | 0.652 | 0.449 | 45.21% | 0.433 |
| 净资产收益率 | 14.03% | 9.62% | 45.84% | 11.90% |
| 扣除非经常性损益的净利润为基础计算的净资产收益率 | 13.89% | 10.40% | 33.56% | 11.41% |
| 每股经营活动产生的现金流量净额 | 1.234 | 1.004 | 22.87% | 0.708 |
| 项目 | 2003年末(本年末) | 2002年末(上年末) | 本年末比上年末增减 | 2001年末 |
| 每股净资产 | 4.644 | 4.673 | -0.62% | 3.636 |
| 调整后的每股净资产 | 4.610 | 4.641 | -0.67% | 3.628 |

## 600207 安彩高科股份有限公司

### 二〇〇三年年度报告摘选

#### 1.上市公司基本情况简介

1.1 基本情况简介

股票简称:安彩高科 股票代码:600207 上市交易所:上海证券交易所

注册地址和办公地址:河南省安阳市中州路南段 邮政编码:455000

公司国际互联网网址:http://www.acbc.com.cn 电子信箱:achtzqb@acbc.com.cn

1.2 联系人和联系方式

董事会秘书:许应中 联系地址:河南省安阳市中州路南段

电话:0372-3932916-2533 传真:0372-3938035 电子信箱:achtzqb@acbc.com.cn

证券事务代表:刘一 联系地址:河南省安阳市中州路南段

电话:0372-3932916-2533 传真:0372-3938035 电子信箱:achtzqb@acbc.com.cn

#### 2.会计数据和财务指标摘要

2.1 主要会计数据 单位:元

| 项目 | 2003年 | 2002年 | 本年比上年增减(%) | 2001年 |
|---|---|---|---|---|
| 主营业务收入 | 2,139,872,408.21 | 1,776,611,863.04 | 20.45 | 1,389,600,498.08 |
| 利润总额 | 393,156,562.15 | 177,884,242.94 | 121.02 | 197,357,405.03 |
| 净利润 | 230,361,691.00 | 97,112,796.00 | 137.21 | 146,969,532.59 |
| 扣除非经常性损益的净利润 | 233,275,956.11 | 97,679,158.61 | 138.82 | 94,255,042.09 |
| 项目 | 2003年末 | 2002年末 | 本年末比上年末增减(%) | 2001年末 |
| 总资产 | 3,778,682,058.94 | 3,217,403,174.21 | 17.45 | 3,037,251,480.12 |
| 股东权益(不含少数股东权益) | 2,391,669,189.75 | 2,248,702,396.77 | 6.36 | 2,239,589,600.77 |
| 经营活动产生的现金流量净额 | 421,057,313.29 | 384,341,401.95 | 9.55 | 624,100,214.37 |

2.2 主要财务指标 单位:元

| 项目 | 2003年 | 2002年 | 本年比上年增减(%) | 2001年 |
|---|---|---|---|---|
| 每股收益 | 0.5235 | 0.2207 | 137.21 | 0.3340 |
| 净资产收益率(%) | 9.63 | 4.32 | 123.03 | 6.56 |
| 扣除非经常性损益的净利润为基础计算的净资产收益率(%) | 9.75 | 4.34 | 124.65 | 4.21 |
| 每股经营活动产生的现金流量净额 | 0.957 | 0.874 | 9.55 | 1.418 |
| 项目 | 2003年末 | 2002年末 | 本年末比上年末增减(%) | 2001年末 |
| 每股净资产 | 5.436 | 5.111 | 6.36 | 5.090 |
| 调整后的每股净资产 5.406 | 5.108 | 5.83 | 5.085 | |

## 600256 新疆广汇实业股份有限公司

### 二〇〇三年年度报告摘选

#### 1.市公司基本情况简介

1.1 基本情况简介

股票简称:广汇股份 股票代码:600256 上市交易所:上海证券交易所

注册地址和办公地址:新疆维吾尔自治区乌鲁木齐经济技术开发区上海路6号(公司证券部)

邮政编码:830026 公司国际互联网网址:http://www.guanghui.com

电子信箱:ghgf@guanghui.com

1.2 联系人和联系方式

董事会秘书:闫金生

联系地址:新疆维吾尔自治区乌鲁木齐经济技术开发区上海路6号(公司证券部)

电话:0991-3762327 传真:0991-8637008 电子信箱:yanjinsheng@guanghui.com

证券事务代表:王玉琴

联系地址:新疆维吾尔自治区乌鲁木齐经济技术开发区上海路6号(公司证券部)

电话:0991-3719668 传真:0991-8637008 电子信箱:wangyuqin@guanghui.com

#### 2.会计数据和财务指标摘要

2.1 主要会计数据 单位:元

| 项目 | 2003年 | 2002年 | 本年比上年增减(%) | 2001年 |
|---|---|---|---|---|
| 主营业务收入 | 2,414,170,357 | 2,397,873,205 | 0.68 | 1,899,336,363 |
| 利润总额 | 347,027,331 | 366,371,154 | -5.28 | 319,201,284 |
| 净利润 | 297,936,696 | 315,426,343 | -5.54 | 272,806,081 |
| 扣除非经常性损益的净利润 | 293,136,338 | 324,589,772 | -9.69 | 302,180,512 |
| 项目 | 2003年末 | 2002年末 | 本年末比上年末增减(%) | 2001年末 |
| 总资产 | 4,696,374,270 | 3,011,289,147 | 55.96 | 2,224,305,098 |
| 股东权益(不含少数股东权益) | 1,408,683,778 | 1,109924,232 | 26.98 | 821,387,133 |
| 经营活动产生的现金流量净额 | 428,565,356 | 407,327,225 | 5.21 | 202,934,746 |

2.2 主要财务指标 单位:元

| 项目 | 2003年 | 2002年 | 本年比上年增减(%) | 2001年 |
|---|---|---|---|---|
| 每股收益 | 0.413 | 0.437 | -5.490 | 0.454 |
| 净资产收益率(%) | 21.150 | 28.419 | -25.580 | 33.213 |
| 扣除非经常性损益的净利润为基础计算的净资产收益率(%) | 20.81 | 29.24 | -28.83 | 36.963 |
| 每股经营活动产生的现金流量净额 | | | | |
| 项目 | 2003年末 | 2002年末 | 本年末比上年末增减(%) | 2001年末 |
| 每股净资产 | 1.952 | 1.538 | 26.92 | 1.366 |
| 调整后的每股净资产 | 1.921 | 1.520 | 26.38 | 1.355 |

## 600267 浙江海正药业股份有限公司

### 二〇〇三年年度报告摘选

#### 1.上市公司基本情况简介

1.1 基本情况简介

股票简称:海正药业 股票代码:600267 上市交易所:上海证券交易所

注册地址和办公地址:浙江省台州市椒江区外沙路46号 邮政编码:318000

公司国际互联网网址:http://www.hisunpharm.com 电子信箱:hy@hisumpharm.com

1.2 联系人和联系方式

董事会秘书:张薇 联系地址:浙江省杭州市华浙广场1号19层B座

电话:0571－85278141,0576－8827809 传真:0571－85270053

电子信箱:stock600267@hisunpharm.com

证券事务代表:邓久发 联系地址:浙江省台州市椒江区外沙路46号

电话:0576－8827809 传真:0576－8827887 电子信箱:stock600267@hisunpharm.com

#### 2.会计数据和业务数据摘要

2.1 主要财务数据 单位:元

| | 2003年 | 2002年 | 本年比上年增减(%) | 2001年 |
|---|---|---|---|---|
| 主营业务收入 | 1,550,954,142.87 | 762,317,312.76 | 103.45 | 575,832,307.45 |
| 利润总额 | 231,244,966.76 | 71,185,161.79 | 224.85 | 58,071,776.90 |
| 净利润 | 172,155,543.29 | 50,103,606.19 | 243.60 | 48,542,565.23 |
| 扣除非经常性损益的净利润 | 174,495,692.30 | 50,611,415.81 | 244.78 | 48,011,756.83 |
| | 2003年末 | 2002年末 | 本年末比上年末增减(%) | 2001年末 |
| 总资产 | 1,873,739,312.11 | 1,575,521,723.81 | 18.93 | 1,298,921,957.79 |
| 股东权益(不含少数股东权益) | 975,686,100.89 | 815,010,557.60 | 19.71 | 789,761,285.41 |
| 经营活动产生的现金流量净额 | 288,452,055.55 | 120,818,045.93 | 138.75 | 69,136,622.50 |

2.2 主要财务指标 单位:元

| | 2003年 | 2002年 | 本年比上年增减(%) | 2001年 |
|---|---|---|---|---|
| 每股收益 | 0.690 | 0.201 | 243.28 | 0.195 |
| 净资产收益率(%) | 17.64 | 6.15 | 186.83 | 6.15 |
| 扣除非经常性损益的净利润为基础计算的净资产收益率(%) | 19.50 | 6.50 | 200 | 6.13 |
| 每股经营活动产生的现金流量净额 | 1.156 | 0.484 | 138.84 | 0.277 |
| | 2003年末 | 2002年末 | 本年末比上年末增减(%) | 2001年末 |
| 每股净资产 | 3.909 | 3.265 | 19.72 | 3.164 |
| 调整后的每股净资产 | 3.901 | 3.252 | 19.96 | 3.154 |

## 600311 甘肃荣华实业(集团)股份有限公司

### 二〇〇三年年度报告摘选

#### 1.上市公司基本情况简介

1.1 基本情况简介

股票简称:荣华实业 股票代码:600311 上市交易所:上海证券交易所

注册地址和办公地址:甘肃省武威市东关街荣华路1号

邮政编码:733000 公司国际互联网网址:http://www.ronghua.cc

电子信箱:chengh@ronghua.cc

1.2 联系人和联系方式

董事会秘书:程浩 联系地址:甘肃省武威市东关街荣华路1号

电话:0935－6151222 传真:0935－6151333

电子信箱:chengh@ronghua.cc

#### 2.会计数据和财务指标摘要

2.1 主要会计数据 单位:人民币元

| 项 目 | 2003年 | 2002年 | 本年比上年增减(%) | 2001年 |
|---|---|---|---|---|
| 主营业务收入 | 440,941,706.02 | 450,853,330.83 | －2.20 | 479,606,024.59 |
| 利润总额 | 59,932,481.82 | 61,783,429,69 | －3.00 | 68,603,975.63 |
| 净利润 | 56,588,442.21 | 58,466,826.89 | －3.21 | 64,777,145.37 |
| 扣除非经常性损益的净利润 | 49,099,619.15 | 58,466,826.89 | －16.02 | 64,838,453.77 |
| 项 目 | 2003年末 | 2002年末 | 本年末比上年末增减(%) | 2001年末 |
| 总资产 | 1,431,256,488.02 | 1,261,423,673.97 | 13.46 | 1,244,658,168.85 |
| 股东权益(不含少数股东权益) | 1,050,977,806.72 | 1,014,228,019.16 | 3.62 | 975,171,592.27 |
| 经营活动产生的现金流量净额 | 244,394,167.97 | －92,613,899.5[illegible]128,114,372.22 | | |

2.2 主要财务指标 单位:人民币元

| 项 目 | 2003年 | 2002年 | 本年比上年增减(%) | 2001年 |
|---|---|---|---|---|
| 每股收益 | 0.28 | 0.29 | －3.45 | 0.32 |
| 净资产收益率(%) | 5.38 | 5.76 | －6.60 | 6.64 |
| 扣除非经常性损益的净利润为基础计算的净资产收益率(%) | 4.76 | 5.88 | －19.05 | 10.87 |
| 每股经营活动产生的现金流量净额 | 1.22 | －0.46 | 0.64 | |
| 项 目 | 2003年末 | 2002年末 | 本年末比上年末增减(%) | 2001年末 |
| 每股净资产 | 5.25 | 5.07 | 3.55 | 4.88 |
| 调整后的每股净资产 | 5.25 | 5.07 | 3.55 | 4.88 |

## 600521 浙江华海药业股份有限公司

### 二〇〇三年年度报告摘选

#### 1.上市公司基本情况简介

1.1 基本情况简介

股票简称:华海药业 股票代码:600521 上市交易所:上海证券交易所

注册地址和办公地址:浙江省临海市汛桥经济开发区 邮政编码:317024

公司国际互联网网址:http://www.huahaipharm.com 电子信箱:hhphar@mail.tzptt.zj.cn

1.2 联系人和联系方式

董事会秘书:祝永华 联系地址:浙江省临海市汛桥经济开发区

电话:0576－5016009 传真:0576－5016010 电子信箱:600521@huahaipharm.com

#### 2.会计数据和财务指标摘要

2.1 主要会计数据 单位:元

| | 2003年 | 2002年 | 本年比上年增减(%) | 2001年 |
|---|---|---|---|---|
| 主营业务收入 | 303,036,065.52 | 187,377,537.61 | 61.72 | 177,805,762.02 |
| 利润总额 | 119,974,778.17 | 73,354,542.57 | 63.55 | 56,907,817.99 |
| 净利润 | 79,284,294.75 | 50,054,662.90 | 58.40 | 43,705,725.05 |
| 扣除非经常性损益的净利润 | 82,232,940.13 | 46,126,555.29 | 78.28 | 40,258,721.18 |
| | 2003年末 | 2002年末 | 本年末比上年末增减(%) | 2001年末 |
| 总资产 | 774,684,676.85 | 250,734,959.51 | 208.97 | 225,311,525.86 |
| 股东权益(不含少数股东权益) | 685,290,292.55 | 139,225,619.30 | 392.22 | 88,668,680.05 |
| 经营活动产生的现金流量净额 | 47,413,053.32 | 75,336,840.12 | －37.07 | 32,314,297.10 |

2.2 主要财务指标 单位:元

| | 2003年 | 2002年 | 本年比上年增减(%) | 2001年 |
|---|---|---|---|---|
| 每股收益 | 0.79 | 0.77 | 2.60 | 0.67 |
| 每股收益注2 | 0.79 | 0.50 | 58 | 0.44 |
| 净资产收益率 | 11.57% | 51.85% | －77.69% | 49.29% |
| 扣除非经常性损益的净利润为基础计算的净资产收益率 | 12% | 47.78% | －74.88% | 45.40% |
| 每股经营活动产生的现金流量净额(元) | 0.47 | 1.16 | －59.48% | 0.50 |
| | 2003年末 | 2002年末 | 本年末比上年末增减(%) | 2001年末 |
| 每股净资产 | 6.85 | 1.49 | 359.73 | 1.36 |
| 调整后的每股净资产 | 6.85 | 1.49 | 359.73 | 1.36 |

## 600583 海洋石油工程股份有限公司

### 二〇〇三年年度报告摘选

#### 1.上市公司基本情况简介

1.1 基本情况简介

股票简称:海油工程 股票代码:600583 上市交易所:上海证券交易所

注册地址:天津新技术产业园区华苑产业区中济科园A座248号

办公地址:天津市塘沽区闸北路3号 邮政编码:300452

公司国际互联网网址:http://www.cnooengineering.com

电子信箱:zqblx@mail.cooec.com.cn

1.2 联系人和联系方式

董事会秘书:刘连举 联系地址:天津市塘沽区闸北路3号536信箱

电话:022－25801800 传真:022－25801810 电子信箱:llj@mail.cooec.com.cn,liulj@cnooc.com.cn

#### 2.会计数据和业务数据摘要

2.1 主要会计数据 单位:元

| 项 目 | 2003年 | 2002年 | 本年比上年增减(%) | 2001年 |
|---|---|---|---|---|
| 主营业务收入 | 2,053,897,722.08 | 1,733,885,317.15 | 18.45 | 1,207,134,853,57 |
| 利润总额 | 225,074,892,70 | 153,056,483,93 | 47.05 | 127,229,375.51 |
| 净利润 | 196,453,348.88 | 132,668,684.32 | 48.08 | 103,701,562.53 |
| 扣除非经常性损益的净利润 | 196,387,527.84 | 133,780,296.37 | 46.80 | 104,105,401.62 |
| 项 目 | 2003年末 | 2002年末 | 本年末比上年末增减(%) | 2001年末 |
| 总资产 | 2,093,752,972.73 | 1,961,445,271.08 | 6.75 | 1,447,647,121.28 |
| 股东权益(不含少数股东权益) | 1,456,236,257.51 | 1,284,450,408.63 | 13.37 | 437,023,438.55 |
| 经营活动产生的现金流量净额 | 471,402,343.93 | 198,275,362.05 | 137.75 | 185.694.771.25 |

2.2 主要财务指标 单位:元

| 项 目 | 2003年 | 2002年 | 本年比上年增减(%) | 2001年 |
|---|---|---|---|---|
| 每股收益 | 0.71 | 0.53 | 33.96 | 0.61 |
| 每股收益* | －－ | －－ | －－ | 0.41 |
| 净资产收益率(%) | 13.49 | 10.33 | 3.16 | 23.73 |
| 扣除非经常性损益的净利润为基础计算的净资产收益率(%) | 13.49 | 11.33 | 2.16 | 27.10 |
| 每股经营活动产生的现金流量净额 | 1.71 | 0.79 | 116.46 | 1.09 |
| 项 目 | 2003年末 | 2002年末 | 本年末比上年末增减(%) | 2001年末 |
| 每股净资产 | 5.30 | 5.14 | 3.11 | 2.57 |
| 调整后的每股净资产 | 5.28 | 5.14 | 2.72 | 2.57 |

## 600740 山西焦化股份有限公司

### 二〇〇三年年度报告摘选

#### 1.上市公司基本情况简介

1.1 基本情况简介

股票简称:山西焦化 股票代码:600740 上市交易所:上海证券交易所

注册地址和办公地址:山西省洪洞县广胜寺镇

邮政编码:041606 公司国际互联网网址:http://www.sxjh.com.cn

电子信箱:sjgf@public.lf.sx.cn

1.2 联系人和联系方式

董事会秘书:李峰联系地址:山西省洪洞县广胜寺镇

电话:0357－6626012 传真:0357－6625045 电子信箱:sjgf@public.lf.sx.cn

#### 2.会计数据和财务指标摘要

2.1 主要会计数据 单位:元

| 项目 | 2003年 | 2002年 | 本年比上年增减(%) | 2001年 调整前 | 2001年 调整后 |
|---|---|---|---|---|---|
| 主营业务收入 | 1,444,701,000.95 | 949,023,605.48 | 52.23 | 623,782,160.48 | 622,675,394.02 |
| 利润总额 | 175,145,319.14 | 75,217,820.03 | 132.85 | 68,000,932.94 | 68,667,023.05 |
| 净利润 | 95,207,761.04 | 46,708,684.32 | 103.83 | 67,139,836.87 | 67,588,840.88 |
| 扣除非经常性损益的净利润 | 96,803,201.22 | 46,504,571.90 | 108.16 | 67,222,743.03 | 67,671,747.04 |
| 项目 | 2003年末 | 2002年末 | 本年比上年增减(%) | 2001年末 调整前 | 2001年末 调整后 |
| 总资产 | 2,187,445,381.64 | 2,024,222,689.52 | 8.06 | 1,740,180,034.78 | 1,747,133,605.99 |
| 股东权益(不含少数股东权益) | 824,656,076.12 | 728,866,615.08 | 13.14 | 680,440,660.76 | 681,787,672.79 |
| 经营活动产生的现金流量净额 | 1,693,735.62 | 438,756,966.16 | －99.61 | 2,466,095.90 | 2,466,095.90 |

2.2 主要财务指标 单位:元

| 项目 | 2003年 | 2002年 | 本年比上年增减(%) | 2001年 调整前 | 2001年 调整后 |
|---|---|---|---|---|---|
| 每股收益 | 0.47 | 0.23 | 104.35 | 0.3310 | 0.3332 |
| 净资产收益率(%) | 11.55% | 6.41% | 5.14 | 9.87 | 10.13 |
| 扣除非经常性损益的净利润为基础计算的净资产收益率(%) | 11.74% | 6.38% | 5.36 | 9.88 | 9.93 |
| 每股经营活动产生的现金流量净额 | 0.008 | 2.162 | －99.63 | 0.012 | 0.012 |
| 项目 | 2003年末 | 2002年末 | 本年末比上年末增减(%) | 2001年末 调整前 | 2001年末 调整后 |
| 每股净资产 | 4.07 | 3.59 | 13.37 | 3.354 | 3.361 |
| 调整后的每股净资产 | 3.81 | 3.40 | 12.06 | 3.136 | 3.143 |

## 600786 东方锅炉(集团)股份有限公司

### 二〇〇三年年度报告摘选

#### 1.上市公司基本情况简介

1.1 基本情况简介

股票简称:ST东锅 股票代码:600786 上市交易所:上海证券交易所

注册地址和办公地址:四川省自贡市五星街黄桷坪路150号 邮政编码:643001

公司国际互联网网址:http://www.dbc-cn.com 电子信箱:dbc@zg-public.sc.cninfo.net

1.2 联系人和联系方式

董事会秘书:贺建强 联系地址:四川省自贡市五星街黄桷坪路150号

电话:0813－4735000/4734600 传真:0813－2203200 电子信箱:hejq@dbc.com.cn

#### 2.会计数据和财务指标摘要

2.1 主要会计数据 单位:元

| 项目 | 2003年 | 2002年 | 本年比上年增减(%) | 2001年 |
|---|---|---|---|---|
| 主营业务收入 | 2,046,105,709.26 | 1,104,391,063.29 | 85.27 | 489,537,181.43 |
| 利润总额 | 169,668,072.14 | 18,438,017.42 | 820.21 | －195,779,414.54 |
| 净利润 | 167,653,345.14 | 17,136,944.27 | 878.32 | －196,152,993.96 |
| 扣除非经常性损益的净利润 | 159,916,771.04 | 15,112,362.76 | 958.19 | －228,972,314.79 |
| 项目 | 2003年末 | 2002年末 | 本年末比上年末增减(%) | 2001年末 |
| 总资产 | 5,027,785,626.45 | 1,827,485,878.28 | 175.12 | 1,300,816,719.13 |
| 股东权益(不含少数股东权益) | 331,245,604.10 | 155,199,280.24 | 113.43 | 135,403,964.04 |
| 经营活动产生的现金流量净额 | 2,139,646,222.04 | 217,721,170.54 | 882.75 | 113,967,532,97 |
| 净资产收益率(%) | 50.61 | 11.04 | 39.57 | －144.87 |

2.2 主要财务指标 单位:元

| 项目 | 2003年 | 2002年 | 本年比上年增减(%) | 2001年 |
|---|---|---|---|---|
| 每股收益 | 0.7935 | 0.0811 | 878.42 | －0.9284 |
| 净资产收益率(%) | 50.6130 | 11.04 | 358.42 | －144.87 |
| 扣除非经常性损益的净利润为基础计算的净资产收益率(%) | 48.28 | 9.74 | 38.54 | －169.10 |
| 每股经营活动产生的现金流量净额(元) | 10.1275 | 1.0305 | 882.78 | 0.5394 |
| 项目 | 2003年末 | 2002年末 | 本年末比上年末增减(%) | 2001年末 |
| 每股净资产 | 1.5679 | 0.7346 | 113.44 | 0.6409 |
| 调整后的每股净资产 | 0.8926 | －0.0392 | － | －0.0169 |

## 600824 上海益民百货股份有限公司

### 二〇〇三年年度报告摘选

#### 1.上市公司基本情况简介

1.1 基本情况简介

股票简称:益民百货 股票代码:600824 上市交易所:上海证券交易所

注册地址:上海市淮海中路645－659号六楼

办公地址:上海市南昌路57号甲 邮政编码:200020

公司国际互联网网址:http://www.yimin-stores.com.cn/

电子信箱:ymdept@online.sh.cn

1.2 联系人和联系方式

董事会秘书:邵振耀 联系地址:上海市南昌路57号甲

电话:021－53067597 传真:021－53066576

证券事务代表:钱国富 联系地址:上海市南昌路57号甲

电话:021－53067597 传真:021－53066576

#### 2.会计数据和业务娄数据摘要

2.1 主要会计数据 单位:元

| 项目 | 2003年 | 2002年 | 本年比上年增减(%) | 2001年 |
|---|---|---|---|---|
| 主营业务收入 | 450,773,902.90 | 459,772,550.21 | －1.96 | 731,835,064.68 |
| 利润总额 | 76,617,885.38 | 68,014,172.20 | 12.65 | 62,324,371.38 |
| 净利润 | 50,018,243.93 | 44,470,833.81 | 12.47 | 48,899,926.59 |
| 扣除非经常性损益的净利润 | 48,629,556.94 | 46,371,575.01 | 4.87 | 53,006,566.99 |
| 项目 | 2003年末 | 2002年末 | 本年末比上年末增减(%) | 2001年末 |
| 总资产 | 1,149,894,705.87 | 1,015,600,586.76 | 13.22 | 1,051,205,254.91 |
| 股东权益(不含少数股东权益) | 724,459,255.71 | 703,488,375.58 | 2.98 | 688,070,974.41 |
| 经营活动产生的现金流量净额 | 65,357,619.04 | 81,529,926.00 | －19.84 | 4,572,670.96 |

2.2 主要财务指标 单位:元

| 项目 | 2003年 | 2002年 | 本年比上年增减(%) | 2001年 |
|---|---|---|---|---|
| 每股收益 | 0.258 | 0.230 | 12.17 | 0.253 |
| 净资产收益率(%) | 6.90 | 6.32 | 9.18 | 7.11 |
| 扣除非经常性损益的净利润为基础计算的净资产收益率(%) | 6.81 | 6.62 | 2.87 | 8.38 |
| 每股经营活动产生的现金流量净额 | 0.338 | 0.421 | －19.71 | 0.024 |
| 项目 | 2003年末 | 2002年末 | 本年末比上年末增减(%) | 2001年末 |
| 每股净资产 | 3.74 | 3.63 | 3.03 | 3.55 |
| 调整后的每股净资产 | 3.69 | 3.57 | 3.36 | 3.51 |

## 600830 宁波大红鹰实业投资股份有限公司

### 二〇〇三年年度报告摘选

#### 1.上市公司基本情况简介

1.1 基本情况简介

股票简称:大红鹰 股票代码:600830 上市交易所:上海证券交易所

注册地址和办公地址:浙江省宁波市开明街130弄48号 邮政编码:315000

公司国际互联网网址:http://www.dhyinvest.com 电子信箱:dhy@dhyinvest.com

1.2 联系人和联系方式

董事会秘书:林蔚晴 联系地址:浙江省宁波市开明街130弄48号公司董事会秘书室

电话:0574－87315310 传真:0574－87294676 电子信箱:dhy@dhyinvest.com

#### 2.会计数据和财务指标摘要

2.1 主要会计数据 单位:人民币元

| 项目 | 2003年 | 2002年 | 本年比上年增减(%) | 2001年 |
|---|---|---|---|---|
| 主营业务收入 | 489,593,396.71 | 766,636,802.92 | －36.14 | 723,014,134.86 |
| 利润总额 | 41,077,305.65 | 40,575,768.57 | 1.24 | 33,292,077.93 |
| 净利润 | 20,151,876.89 | 23,005,071.11 | －12.40 | 19,296,759.32 |
| 扣除非经常性损益的净利润 | －7,698,852.88 | 6,153,185.685,583,307.24 | | |
| 项目 | 2003年末 | 2002年末 | 本年末比上年末增减(%) | 2001年末 |
| 总资产 | 840,712,329.09 | 904,621,361.71 | －7.06 | 812,856,492.00 |
| 股东权益(不含少数股东权益) | 536,960,950.68 | 514,904,105.70 | 4.23 | 504,507,387.22 |
| 经营活动产生的现金流量净额 | 52,043,005.85 | －22,180,326.29 | － | －47,238,085.06 |

2.2 主要财务指标 单位:元

| 项目 | 2003年 | 2002年 | 本年比上年增减(%) | 2001年 |
|---|---|---|---|---|
| 每股收益 | 0.077 | 0.131 | －41.22 | 0.110 |
| 净资产收益率(%) | 3.755 | 4.468 | －15.96 | 3.825 |
| 扣除非经常性损益的净利润为基础计算的净资产收益率(%) | －1.435 | 1.195 | － | 1.107 |
| 每股经营活动产生的现金流量净额 | 0.198 | －0.127 | － | －0.270 |
| 项目 | 2003年末 | 2002年末 | 本年比上年末增减(%) | 2001年 |
| 每股净资产 | 2.043 | 2.940 | －30.51 | 2.880 |
| 调整后的每股净资产 | 1.992 | 2.867 | －30.52 | 2.786 |

## 3 月 10 日

## 000060 深圳市中金岭南有色金属股份有限公司

### 二〇〇三年年度报告摘选

#### 1.上市公司基本情况简介

1.1 基本情况简介
证券简称:中金岭南 证券代码:000060 上市交易所:深圳证券交易所
注册地址:深圳市嘉宾路 4028 号太平洋商贸大厦 12 楼 邮编:518001
办公地址:深圳市福田区车公庙深南大道 6013 号中国有色大厦 24 楼 邮政编码:518040
公司国际互联网网址:http://www.nonfemet.com 电子信箱:zjln@nonfemet.com.cn

1.2 联系人和联系方式
董事会秘书:彭玲 联系地址:深圳市福田区车公庙深南大道 6013 号中国有色大厦 24 楼
电话:0755-83474800-236 传真:0755-83474889 电子信箱:dsh@nonfemet.com.cn
证券事务代表:黄建民 联系地址:深圳市福田区车公庙深南大道 6013 号中国有色大厦 24 楼
电话:0755-83474800-236 传真:0755-83474889 电子信箱:dsh@nonfemet.com.cn

#### 2.会计数据和财务指标摘要

2.1 主要会计数据　　单位:元

| | 2003 年 | 2002 年 调整前 | 2002 年 调整后 | 本年比上年增减(%) 调整前 | 本年比上年增减(%) 调整后 | 2001 年 调整前 | 2001 年 调整后 |
|---|---|---|---|---|---|---|---|
| 主营业务收入 | 2,835,575,021.45 | 2,684,977,297.09 | 2,684,977,297.09 | 5.61 | 5.61 | 2,789,152,268.38 | 2,789,152,268.38 |
| 利润总额 | 83,622,822.73 | 63,648,712.04 | 63,684,712:04 | 31.38 | 31.38 | 46,282,885.27 | 50,126,447.62 |
| 净利润 | 60,176,226.20 | 45,612,882.93 | 45,612,882.93 | 31.93 | 31.93 | 31,014,095.15 | 33,059,466.99 |
| 扣除非经常性损益的净利润 | 49,954,428.24 | 39,524,517.24 | 39,524,517.24 | 26.39 | 26.39 | 24,019,034.15 | 26,064,405.99 |
| | 2003 年 | 2002 年 调整前 | 2002 年 调整后 | 本年比上年增减(%) 调整前 | 本年比上年增减(%) 调整后 | 2001 年 调整前 | 2001 年 调整后 |
| 总资产 | 4,814,598,445.99 | 4,631,882,210.00 | 4,631,882,210.00 | 3.94 | 3.94 | 4,662,915,841.95 | 4,662,298,088.72 |
| 股东权益(不含少数股东权益) | 1,119,981,059.75 | 1,058,487,253.63 | 1,084,407,253.63 | 5.81 | 3.28 | 1,039,244,596.94 | 1,038,782,715.57 |
| 经营活动产生的现金流量净额 | 287,987,460.46 | 388,941,133.83 | 388,941,133.83 | -25.96 | -25.96 | 480,420,764.44 | 480,420,764.44 |

2.2 主要财务指标　　单位:元

| | 2003 年 | 2002 年 调整前 | 2002 年 调整后 | 本年比上年增减(%) 调整前 | 本年比上年增减(%) 调整后 | 2001 年 调整前 | 2001 年 调整后 |
|---|---|---|---|---|---|---|---|
| 每股收益 | 0.14 | 0.11 | 0.11 | 27.27 | 27.27 | 0.07 | 0.08 |
| 每股收益(如果股本变化按照新股本计算) | 0.14 | 0.11 | 0.11 | 27.27 | 27.27 | 0.07 | 0.08 |
| 净资产收益率(摊薄) | 5.37% | 4.31% | 4.21% | 24.59 | 27.55 | 2.98% | 3.18% |
| 净资产收益率(加权) | 5.40% | 4.29% | 4.30% | 25.87 | 25.58 | 2.80% | 3.24% |
| 扣除非经常性损益的净利润为基础计算的净资产收益率(%) | 4.46% | 3.73% | 3.64% | 19.57 | 22.53 | 2.31% | 2.51% |
| 每股经营活动产生的现金流量净额 | 0.67 | 0.90 | 0.90 | -25.56 | -25.56 | 1.11 | 1.11 |
| | 2003 年 | 2002 年末 调整前 | 2002 年末 调整后 | 本年比上年增减(%) 调整前 | 本年比上年增减(%) 调整后 | 2001 年末 调整前 | 2001 年末 调整后 |
| 每股净资产 | 2.59 | 2.45 | 2.51 | 5.71 | 3.19 | 2.41 | 2.40 |
| 调整后的每股净资产 | 2.38 | 2.16 | 2.22 | 10.19 | 7.21 | 2.11 | 2.11 |

## 000410 沈阳机床股份有限公司

### 二〇〇三年年度报告摘选

#### 1.上市公司基本情况简介

1.1 基本情况简介
股票简称:沈阳机床 股票代码:000410 上市交易所:深圳证券交易所
注册地址和办公地址:辽宁省沈阳市铁西区北二东路 10-1 号
邮政编码:110025 公司国际互联网网址:http://www.smtcl.com
电子信箱:smtcl@smtcl.com

1.2 联系人和联系方式
董事会秘书:孙恺 联系地址:辽宁省沈阳市铁西区北二东路 10-1 号
电话:024-25876185 传真:024-25876185 电子信箱:securities@smtcl.com
证券事务代表:富晓峰 联系地址:辽宁省沈阳市铁西区北二东路 10-1 号
电话:024-25876185 传真:024-25876185 电子信箱:xiaofeng_fu@smtcl.com

#### 2.会计数据和财务指标摘要

2.1 主要会计数据　　单位:元

| | 2003 年(本年) | 2002 年(上年) | 本年比上年增减 | 2001 年 |
|---|---|---|---|---|
| 主营业务收入 | 1,752,590,130.87 | 1,074,854,525.00 | 63.05% | 741,701,576.24 |
| 利润总额 | 19,984,839.78 | 1,479,197.88 | 1251.06% | 8,308,848.73 |
| 净利润 | 11,206,140.58 | 4,575,175.79 | 144.93% | 6,974,562.54 |
| 扣除非经常性损益的净利润 | 7,416,994.26 | -20,799,512.32 | - | 16,815,423.60 |
| | 2003 年末(本年末) | 2002 年末(上年末) | 本年末比上年末增减 | 2001 年末 |
| 总资产 | 4,059,670,342.61 | 3,971,998400.59 | 2.21% | 3,822,531,123.08 |
| 股东权益(不含少数股东权益) | 794,162,090.76 | 781,026,218.89 | 1.68% | 89,909,850.96 |
| 经营活动产生的现金流量净额 | 90,727,233.57 | 92,846,622.79 | -2.28% | 55,568,205.94 |

2.2 主要财务指标　　单位:人民币元

| | 2003 年(本年) | 2002 年(上年) | 本年比上年增减 | 2001 年 |
|---|---|---|---|---|
| 每股收益 | 0.03 | 0.01 | 147.76% | -0.02 |
| 每股收益(如果股本变化,按新股本计算) | 0.03 | - | - | - |
| 净资产收益率 | 1.41% | 0.59% | 138.98% | -6.82% |
| 扣除非经常性损益的净利润为基础计算的净资产收益率 | 0.93% | 0.56% | 66.07% | -4.54% |
| 每股经营活动产生的现金流量净额 | 0.27 | 0.27 | -2.17% | 0.16 |
| | 2003 年(本年末) | 2002 年(上年末) | 本年末比上年末增减 | 2001 年末 |
| 每股净资产 | 2.33 | 2.29 | 1.68% | 2.28 |
| 调整后的每股净资产 | 2.11 | 2.12 | -0.53% | 2.04 |

## 000522 广州白云山制药股份有限公司

### 二〇〇三年年度报告摘选

#### 1.上市公司基本情况简介

1.1 基本情况简介
股票简称:白云山 A 股票代码:000522 上市交易所:深圳证券交易所
注册地址和办公地址:广东省广州市白云区同和街云祥路 88 号 邮政编码:510515
公司国际互联网网址:http://www.gzbys.com 电子信箱:bysqy@mxz.gd.cei.gov.cn

1.2 联系人和联系方式
董事会秘书:陈瑛 联系地址:广东省广州市白云区同和街支祥路 88 号
电话:020-87062599 传真:020-87063699 电子信箱:lifeiqing@163.net

#### 2.会计数据和财务指标摘要

2.1 主要会计数据　　单位:(人民币)元

| | 2003 年(本年) | 2002 年(上年) | 本年比上年增减 | 2001 年 |
|---|---|---|---|---|
| 主营业务收入 | 2,327,026,046.21 | 1,957,285,948.81 | 18.89% | 833,363,272.20 |
| 利润总额 | 115,956,629.68 | 85,422,608.69 | 35.74% | 38,309,755.43 |
| 净利润 | 63,436,542.63 | 58,091,505.12 | 9.20% | 38,291,320.13 |
| 扣除非经常性损益的净利润 | 69,050,989.56 | 72,598,610.28 | -4.89% | 47,932,927.64 |
| | 2003 年末(本年末) | 2002 年末(上年末) | 本年末比上年末增减 | 2001 年末 |
| 总资产 | 2,671,167,939.57 | 2,521,578,446.08 | 5.93% | 2,350,709,441.32 |
| 股东权益(不含少数股东权益) | 615,576,167.11 | 544,971,412.89 | 12.96% | 399,068,322.22 |
| 经营活动产生的现金流量净额 | 226,844,473.11 | 158,059,598.77 | 43.52% | 108,414,295.24 |

2.2 主要财务指标　　单位:(人民币)元

| | 2003 年(本年) | 2002 年(上年) | 本年比上年增减 | 2001 年 |
|---|---|---|---|---|
| 每股收益 | 0.17 | 0.16 | 9.21% | 0.10 |
| 每股收益(如果股本变化,按新股本计算) | 0.17 | -- | -- | -- |
| 净资产收益率 | 10.31% | 10.66% | -3.28% | 9.60% |
| 扣除非经常性损益的净利润为基础计算的净资产收益率 | 11.22% | 13.32% | -15.77% | 12.01% |
| 每股经营活动产生的现金流量净额 | 0.61 | 0.42 | 43.53% | 0.29 |
| | 2003 年末(本年末) | 2002 年末(上年末) | 本年末比上年末增减 | 2001 年末 |
| 每股净资产 | 1.64 | 1.46 | 12.96% | 1.07 |
| 调整后的每股净资产 | 1.25 | 1.35 | -7.70% | 0.95 |

## 000558 莱茵达置业股份有限公司

### 二〇〇三年年度报告摘选

#### 1.上市公司基本情况简介

1.1 基本情况简介
股票简称:莱茵置业 股票代码:000558 上市交易所:深圳证券交易所
注册地址和办公地址:辽宁省沈阳市苏家屯区金钱松路 9 号 邮政编码:110102
公司国际互联网网址:http://www.gufen@zjlander.com 电子信箱:gufen@zjlander.com

1.2 联系人和联系方式
董事会秘书:黄国梁 联系地址:辽宁省沈阳市苏家屯区金钱松路 9 号
电话:024-89150242 传真:024-89153302 电子信箱:gufen@zjlander.com
证券事务代表:黄波 联系地址:辽宁省沈阳市苏家屯区金钱松路 9 号
电话:024-89150242 传真:024-89153302 电子信箱:gufen@zjlander.com

#### 2.会计数据和财务指标摘要

2.1 主要会计数据　　单位:(人民币)元

| | 2003 年(本年) | 2002 年(上年) | 本年比上年增减 | 2001 年 |
|---|---|---|---|---|
| 主营业务收入 | 201,006,837.52 | 2,550,493.11 | 7781.10% | 37,216,832.94 |
| 利润总额 | 10,825,309.18 | -42,641,546.47 | -- | 3,197,353.76 |
| 净利润 | 6,719,455.66 | -41,854,531.19 | -- | 3,197,353.76 |
| 扣除非经常性损益的净利润 | 6,541,059.65 | -34,016,516.02 | -- | 3,300,199.72 |
| | 2003 年末(本年末) | 2002 年末(上年末) | 本年末比上年末增减 | 2001 年末 |
| 总资产 | 754,353,511.15 | 471,757,248.58 | 59.90% | 344,434,804.31 |
| 股东权益(不含少数股东权益) | 135,073,668.22 | 123,266,193.35 | 9.58% | 117,164,373.00 |
| 经营活动产生的现金流量净额 | -89,105,593.43 | 32,038,602.31 | -378.12% | -20,333,162.60 |

2.2 主要财务指标　　单位:(人民币)元

| | 2003 年(本年) | 2002 年(上年) | 本年比上年增减 | 2001 年 |
|---|---|---|---|---|
| 每股收益 | 0.06 | -0.36 | -- | 0.03 |
| 每股收益(如果股本变化,按新股本计算) | 0.06 | -- | -- | -- |
| 净资产收益率 | 4.97% | -33.96% | -- | 1.95% |
| 扣除非经常性损益的净利润为基础计算的净资产收益率 | 4.84% | -27.60% | -- | 2.01% |
| 每股经营活动产生的现金流量净额 | -0.76 | 0.27 | -378.06% | 0.17 |
| | 2003 年末(本年末) | 2002 年末(上年末) | 本年末比上年末增减 | 2001 年末 |
| 每股净资产 | 1.15 | 1.05 | 9.58% | 1.40 |
| 调整后的每股净资产 | 1.14 | 1.00 | 14.62% | 1.38 |

# 000623 吉林敖东药业集团股份有限公司

## 二〇〇三年年度报告摘选

### 1.上市公司基本情况简介

1.1 基本情况简介
股票简称:吉林敖东 股票代码:000623 上市交易所:深圳证券交易所
注册地址和办公地址:吉林省敦化市敖东大街 88 号 邮政编码:133700
公司国际互联网网址:http://www.jlaod.com 电子信箱:dhadmsb4@public.yj.jl.cn
1.2 联系人和联系方式
董事会秘书:陈永丰 联系地址:吉林省敦化市敖东大街 88 号
电话:0433－6238973 传真:0433－6238973 电子信箱:dhadmsb4@public.yj.jl.cn
证券事务代表:李利平 联系地址:吉林省敦化市敖东大街 88 号
电话:0433－6224462 传真:0433－6224462

### 2.会计数据和财务指标摘要

2.1 主要会计数据 单位:(人民币)元

| | 2003 年(本年) | 2002 年(上年) | 本年比上年增减 | 2001 年 |
|---|---|---|---|---|
| 主营业务收入 | 673,733,886.27 | 573,816,269.74 | 17.41 | 445,762,800.31 |
| 利润总额 | 149,666,821.72 | 104,179,932.53 | 43.66 | 62,068,232.01 |
| 净利润 | 99,100,792.73 | 75,561,985.82 | 31.15 | 32,437,488.27, |
| 扣除非经常性损益的净利润 | 46,483,621.00 | 51,920,221.11 | －10.47 | 20,328,820.20 |
| | 2003 年末(本年末) | 2002 年末(上年末) | 本年末比上年末增减 | 2001 年末 |
| 总资产 | 1,951,156,223.70 | 1,881,530,078.67 | 3.70 | 1,691,887,248.24 |
| 股东权益(不含少数股东权益) | 1,183,322,866.77 | 1,107,744,465.20 | 6.82 | 1,030,814,782.93 |
| 经营活动产生的现金流量净额 | 147,650,397.09 | －4,575,831.24 | － | 138,761,307.59 |

2.2 主要财务指标 单位:(人民币)元

| | 2003 年(本年) | 2002 年(上年) | 本年比上年增减 | 2001 年 |
|---|---|---|---|---|
| 每股收益 | 0.42 | 0.32 | 31.27% | 0.14 |
| 每股收益(如果股本变化,按新股本计算 | 0.42 | － | － | － |
| 净资产收益率 | 8.37% | 6.82% | 22.73% | 3.15% |
| 扣除非经常性损益的净利润为基础计算的净资产收益率 | 4.14% | 4.68% | －11.54% | 1.97% |
| 每股经营活动产生的现金流量净额 | 0.63 | －0.02 | － | 0.59 |
| | 2003 年末(本年末) | 2002 年末(上年末) | 本年末比上年末增减 | 2001 年末 |
| 每股净资产 | 5.06 | 4.74 | 6.75% | 4.41 |
| 调整后的每股净资产 | 4.76 | 4.62 | 3.03% | 4.29 |

# 200160 承德帝贤针纺股份有限公司

## 二〇〇三年年度报告摘选

### 1.上市公司基本情况简介

1.1 基本情况简介
股票简称:帝贤 B 股票代码:200160 上市交易所:深圳证券交易所
注册地址和办公地址:河北省承德县下板城镇 邮政编码:067400
公司国际互联网网址:http://www.dxtex.com 电子信箱:dxgs－9@heinfo.net
1.2 联系人和联系方式
董事会秘书:陈志国 联系地址:河北省承德县下板城镇
电话:0314－3115049/3115048 传真:0314－3182013 电子信箱:dxgs－9@heinfo.net
证券事务代表:杜庆丰 联系地址:河北省承德县下板城镇
电话:0314－3115049/3115048 传真:0314－3182013 电子信箱:dxgs－9@heinfo.net

### 2.会计数据和财务指标摘要

2.1 主要会计数据 单位:(人民币)元

| | 2003 年(本年) | 2002 年(上年) | 本年比上年增减 | 2001 年 |
|---|---|---|---|---|
| 主营业务收入 | 523,600,121.00 | 463,087,869.00 | 13.07% | 290,282,998.00 |
| 利润总额 | 184,182,801.00 | 139,287,134.00 | 32.23% | 80,578,455.00 |
| 净利润 | 143,046,587.00 | 115,303,505.00 | 24.06% | 66,095,520.00 |
| 扣除非经常性损益的净利润 | 140,043,395.00 | 120,757,900.00 | 15.97% | 66,115,697.00 |
| | 2003 年末(本年末) | 2002 年末(上年末) | 本年末比上年末增减 | 2001 年末 |
| 总资产 | 2,311,111,177.00 | 1,839,661,136.00 | 25.63% | 1,173,490,339.00 |
| 股东权益(不含少数股东权益) | 696,775,076.00 | 553,728,489.00 | 25.83% | 441,936,984.00 |
| 经营活动产生的现金流量净额 | 124,469,246.00 | 162,376,239.00 | －23.35% | 63,424,674.00 |

2.2 主要财务指标 单位:(人民币)元

| | 2003 年(本年) | 2002 年(上年) | 本年比上年增减 | 2001 年 |
|---|---|---|---|---|
| 每股收益 | 0.33 | 0.32 | 3.52% | 0.31 |
| 每股收益(如果股本变化,按股本计算) | 0.33 | －－ | －－ | －－ |
| 净资产收益率 | 20.53% | 20.82% | －1.39% | 15.00% |
| 扣除非经常性损益的净利润为基础计算的净资产收益率 | 20.10% | 21.31% | －5.68% | 15.00% |
| 每股经营活动产生的现金流量净额 | 0.28 | 0.44 | －36.04% | 0.29 |
| | 2003 年末(本年末) | 2002 年末(上年末) | 本年末比上年末增减 | 2001 年末 |
| 每股净资产 | 1.59 | 1.52 | 4.88% | 2.06 |
| 调整后的每股净资产 | 1.58 | 1.51 | 4.50% | 2.04 |

# 600166 北汽福田汽车股份有限公司

## 二〇〇三年年度报告摘选

### 1.上市公司基本情况简介

1.1 基本情况简介
股票简称:福田汽车 股票代码:600166 上市交易所:上海证券交易所
注册地址和办公地址:北京市昌平区沙河镇沙阳路 邮政编码:102206
公司国际互联网网址:http://www.foton.com.cn 电子信箱:jrsyb@foton.com.cn
1.2 联系人和联系方式
董事会秘书:龚敏 联系地址:北京市昌平区沙河镇沙阳路
电话:010－80717180 传真:010－80717180 电子信箱:gongmin@foton.com.cn
证券事务代表:陈维娟 联系地址:北京市昌平区沙河镇沙阳路
电话:010－80717180 传真:010－80717180 电子信箱:chenweijuan@foton.com.cn

### 2.会计数据和财务指标摘要

2.1 主要会计数据 单位:元

| | 2003 年 | 2002 年 | 本年比上年增减 | 2001 年 |
|---|---|---|---|---|
| 主营业务收入 | 13,889,212,007.94 | 7,579,810,273.60 | 83.24% | 4,112,240,063.74 |
| 利润总额 | 320,674,355.47 | 191,542,441.39 | 67.42% | 119,074,438.91 |
| 净利润 | 227,477,112.54 | 126,329,314.60 | 80.07% | 102,840,360.54 |
| 扣除非经常性损益的净利润 | 223,327,271.01 | 114,172,105.79 | 95.61% | 58,689,339.21 |
| | 2003 年末 | 2002 年末 | 本年末比上年末增减(%) | 2001 年末 |
| 总资产 | 4,165,423,817.92 | 3,321,870,851.72 | 25.39% | 3,079,435,167.29 |
| 股东权益(不含少数股东权益) | 1,563,783,969.41 | 1,148,996,759.73 | 36.10% | 1,005,458,614.09 |
| 经营活动产生的现金流量净额 | 530,383,347.46 | 486,081,327.17 | 3.18% | 84,139,800 |

2.2 主要财务指标 单位:元

| | 2003 年 | 2002 年 | 本年比上年增减(%) | 2001 年 |
|---|---|---|---|---|
| 每股收益(摊薄) | 0.498 | 0.4504 | 0.0476 | 0.3667 |
| 净资产收益率(摊薄) | 14.55% | 10.99% | 3.56 | 10.23%(调整前)<br>10.34%(调整后) |
| 扣除非经常性损益的净利润为基础计算的净资产收益率(加权) | 15.72% | 10.68%(调整前)<br>10.57%(调整后) | 5.04(调整前)<br>5.15(调整后) | 6.03%(调整前)<br>5.91%(调整后) |
| 每股经营活动产生的现金流量净额 | 1.16 | 1.73 | －0.57 | 0.30 |
| | 2003 年末 | 2002 年末 | 本年末比上年末增减(%) | 2001 年末 |
| 每股净资产 | 3.42 | 4.10 | －0.68 | 3.58(调整前)<br>3.55(调整后) |
| 调整后的每股净资产 | 3.22 | 3.75 | －0.53 | 3.50(调整前)<br>3.46(调整后) |

# 600190 锦州港股份有限公司

## 二〇〇三年年度报告摘选

### 1.上市公司基本情况简介

1.1 基本情况简介
股票简称:ST 锦州港、ST 锦港 B 股票代码:600190、900952 上市交易所:上海证券交易所
注册地址和办公地址:锦州经济技术开发区锦港大街一段 1 号 邮政编码:121007
公司国际互联网网址:http://www.jinzhouport.com 电子信箱:jzcjhga@mall.jzptt.ln.cn
1.2 联系人和联系方式
董事会秘书:王健 联系地址:锦州经济技术开发区锦港大街一段 1 号
电话:0416－3586462 传真:0416－3582431 电子信箱:jzgdshms@mall.jzptt.ln.cn
证券事务代表:齐文辉 联系地址:锦州经济技术开发区锦港大街一段 1 号
电话:0416－3586234 传真:0416－3582431 电子信箱:jzgdshms@mall.jzptt.ln.cn

### 2.会计数据和财务指标摘要

2.1 主要会计数据 单位:元

| | 2003 年 | 2002 年 | 本年比上年增减(%) | 2001 年 |
|---|---|---|---|---|
| 主营业务收入 | 406,750,590.99 | 336,815,107.37 | 20.76 | 311,480,863 |
| 利润总额 | 126,123,221.52 | 18,280,082.07 | 589.95 | 33,345,576 |
| 净利润 | 73,803,486.35 | 3,224,478.21 | 2188.85 | 16,415,563 |
| 扣除非经常性损益的净利润 | 71,368,592.89 | 9,442,506.54 | 655.82 | 15,952,294 |
| | 2003 年末 | 2002 年末 | 本年末比上年末增减(%) | 2001 年末 |
| 总资产 | 2,066,513,401.55 | 2,030,673,393.97 | 1.76 | 2,465,298,704 |
| 股东权益(不含少数股东权益) | 990,757,427.77 | 916,341,541.39 | 8.12 | 908,002,671 |
| 经营活动产生的现金流量净额 | 221,807,521.98 | 150,095,847.00 | 47.78 | 122,779,000 |

2.2 主要财务指标 单位:元

| | 2003 年 | 2002 年 | 本年比上年增减(%) | 2001 年 |
|---|---|---|---|---|
| 每股收益 | 0.078 | 0.0034 | 2194.12 | 0.017 |
| 净资产收益率(%) | 7.45 | 0.35 | 2028.57 | 1.81 |
| 扣除非经常性损益的净利润为基础计算的净资产收益率(%) | 7.20 | 1.03 | 599.03 | 1.76 |
| 每股经营活动产生的现金流量净额 | 0.234 | 0.159 | 47.17 | 0.130 |
| | 2003 年末 | 2002 年末 | 本年末比上年末增减(%) | 2001 年末 |
| 每股净资产 | 1.047 | 0.968 | 8.16 | 0.959 |
| 调整后的每股净资产 | 1.024 | 0.931 | 9.99 | 0.928 |

# 600230 河北沧州大化股份有限公司

## 二〇〇三年年度报告摘选

### 1.上市公司基本情况简介

1.1 基本情况简介

股票简称:沧州大化 股票代码:600230 上市交易所:上海证券交易所

注册地址和办公地址:河北省沧州市北环中路66号 邮政编码:061000

公司国际互联网网址:http://www.czdh.com.cn 电子信箱:czdh@mail.czdh.com.cn

1.2 联系人和联系方式

董事会秘书:王游 联系地址:河北省沧州市北环中路66号

电话:0317-3556143 传真:0317-3025065 电子信箱:wangyou22y@sina.com

### 2.会计数据和财务指标摘要

2.1 主要会计数据 单位:人民币万元

| | 2003年(合并数) | 2002年(母公司) | 本年比上年增减 | 2001年(母公司) |
|---|---|---|---|---|
| 主营业务收入 | 100465.88 | 68631.19 | 46.39% | 51642.53 |
| 利润总额 | 4083.96 | 4436.00 | -7.94% | 1162.36 |
| 净利润 | 2985.16 | 2019.33 | 47.83% | 585.34 |
| 扣除非经常性损益的净利润 | 2454.76 | 2708.59 | -9.37% | 385.56 |
| | 2003年末(合并数) | 2002年末(母公司) | 本年末比上年末增减 | 2001年末(母公司) |
| 总资产 | 174092.99 | 85008.14 | 104.80% | 83305.09 |
| 股东权益(不含少数股东权益) | 67082.35 | 65354.19 | 2.64% | 63331.25 |
| 经营活动产生的现金流量净额 | 17043.11 | 10843.35 | 57.18% | 6491.09 |

2.2 主要财务指标

| | 2003年(合并数) | 2002年(母公司) | 本年比上年增减 | 2001年(母公司) |
|---|---|---|---|---|
| 每股收益 | 0.115元 | 0.078元 | 47.44% | 0.023元 |
| 每股收益 | 0.115元 | 0.078元 | 47.44% | 0.023元 |
| 净资产收益率 | 4.45% | 3.09% | 1.36% | 0.92% |
| 扣除非经常性损益的净利润为基础计算的净资产收益率 | 3.71% | 4.14% | -0.43% | 0.61% |
| 每股经营活动产生的现金流量净额 | 0.66元 | 0.42元 | 57.14% | 0.25元 |
| | 2003年末 | 2002年末(母公司) | 本年末比上年末增减 | 2001年末(母公司) |
| 每股净资产 | 2.59元 | 2.52元 | 4.86% | 2.44元 |
| 调整后的每股净资产 | 2.54元 | 2.50元 | 3.67% | 2.43元 |

# 600371 黑龙江华冠科技股份有限公司

## 二〇〇三年年度报告摘选

### 1.上市公司基本情况简介

1.1 基本情况简介

股票简称:华冠科技 股票代码:600371 上市交易所:上海证券交易所

注册地址和办公地址:哈尔滨市南岗区玉山路18号 邮政编码:150090

公司国际互联网网址:http://www.huaguankeji.com 电子信箱:hgkj@huaguankeji.com

1.2 联系人和联系方式

董事会秘书:霍光 联系地址:哈尔滨市南岗区玉山路18号

电话:0451-82368408转8807 传真:0451-82368448 电子信箱:huoguang@huaguankeji.com

证券事务代表:王维舟 联系地址:哈尔滨市南岗区玉山路18号

电话:0451-82368418转8509 传真:0451-82368448

电子信箱:wangweizhou@huaguankeji.com

### 2.会计数据和财务指标摘要

2.1 主要会计数据 单位:(人民币)元

| | 2003年 | 2002年 | 本年比上年增减(%) | 2001年 |
|---|---|---|---|---|
| 主营业务收入 | 278,874,544.40 | 159,896,320.60 | 74.41 | 142,189,431.23 |
| 利润总额 | 37,618,867.07 | 23,707,037.02 | 58.68 | 23,684,042.29 |
| 净利润 | 17,062,397.47 | 15,910,506.81 | 7.24 | 15,624,768.73 |
| 扣除非经常性损益的净利润 | 16,828,656.79 | 15,907,912.30 | 5.79 | 16,236,323.72 |
| | 2003年末 | 2002年末 | 本年末比上年末增减(%) | 2001年末 |
| 总资产 | 664,822,616.50 | 310,327,937.17 | 114.23 | 152,706,052.16 |
| 股东权益(不含少数股东权益) | 273,050,994.28 | 258,931,623.80 | 5.45 | 112,204,272.08 |
| 经营活动产生的现金流量净额 | -56,840,976.33 | 11,633,154.42 | -588.61 | 20,358,939.10 |

2.2 主要财务指标单位: 单位:(人民币)元

| | 2003年 | 2002年 | 本年比上年增减(%) | 2001年 |
|---|---|---|---|---|
| 每股收益 | 0.11 | 0.159 | -93.08 | 0.26 |
| 每股收益注2 | 0.11 | 0.159 | -93.08 | 0.26 |
| 净资产收益率% | 6.25 | 6.14 | 0.48 | 0.14 |
| 扣除非经常性损益的净利润为基础计算的净资产收益率(%) | 6.16 | 6.14 | -0.88 | 0.138 |
| 每股经营活动产生的现金流量净额 | -0.367 | 0.116 | -416.38 | 0.339 |
| | 2003年末 | 2002年末 | 本年末比上年末增减(%) | 2001年末 |
| 每股净资产 | 1.76 | 2.56 | -31.25 | 1.87 |
| 调整后的每股净资产 | 1.75 | 2.55 | -31.37 | 1.865 |

# 600399 抚顺特殊钢股份有限公司

## 二〇〇三年年度报告摘选

### 1.上市公司基本情况简介

1.1 基本情况简介

股票简称:抚顺特钢 股票代码:600399 上市交易所:上海证券交易所

注册地址:辽宁省抚顺市望花区鞍山路东段8号

办公地址:辽宁省抚顺市望花区鞍山路东段8号 邮政编码:113001

公司国际互联网网址:http://www.fs-ss.com 电子信箱:fstg@fs-ss.com

1.2 联系人和联系方式

董事会秘书:王冶农 联系地址:辽宁省抚顺市望花区鞍山路东段8号

电话:0413-6676495 传真:0413-6688966 电子信箱:wyn@fs-ss.com

证券事务代表:徐中浩 联系地址:辽宁省抚顺市望花区鞍山路东段8号

电话:0413-6678441 传真:0413-6679476 电子信箱:xzh@fs-ss.com

### 2.会计数据和财务指标摘要

2.1 主要会计数据 单位:元

| 项目 | 2003年度 | 2002年 调整后 | 2002年 调整前 | 本年比上年增减(%) | 2001年 |
|---|---|---|---|---|---|
| 主营业务收入 | 2,621,557,091.88 | 1,732,712,948.16 | 1,732,712,948.16 | 51.30 | 1,466,607,696.62 |
| 利润总额 | 20,757,377.42 | 63,178,378.95 | 65,005,822.51 | -67.14 | 117,907,807.61 |
| 净利润 | 15,819,747.75 | 37,794,284.22 | 42,173,321.05 | -58.14 | 100,479,068.13 |
| 扣除非经常性损益的净利润 | 8,988,724.90 | 39,515,996.15 | 43,895,032.98 | -77.25 | 101,780,232.43 |
| | 2003年末 | 2002年末 调整后 | 2002年末 调整前 | 本年末比上年末增减(%) | 2001年末 |
| 总资产 | 4,550,798,683.43 | 4,228,286,530.89 | 4,228,286,530.89 | 7.63 | 3,006,256,050.22 |
| 股东权益(不含少数股东权益) | 1,459,493,077.86 | 1,443,673,330.11 | 1,448,052,366.94 | 1.09 | 1,405,879,045.89 |
| 经营活动产生的现金流量净额 | 517,962,516.50 | 357,578,403.89 | 357,578,403.89 | 44.85 | 260,263,883.25 |

2.2 主要财务指标 单位:元

| | 2003年度 | 2002年度 调整后 | 2002年度 调整前 | 本年比上年增减(%) | 2001年度 |
|---|---|---|---|---|---|
| 每股收益 | 0.03 | 0.072 | 0.08 | -58.33 | 0.19 |
| 净资产收益率(%) | 1.08 | 2.62 | 2.91 | -58.78 | 7.15 |
| 扣除非经常性损益的净利润为基础计算的净资产收益率(%) | 0.62 | 2.77 | 3.02 | -77.62 | 7.34 |
| 每股经营活动产生的现金流量净额 | 1.00 | 0.69 | 0.69 | 44.93 | 0.50 |
| | 2003年末 | 2002年末 调整后 | 2002年末 调整前 | 本年末比上年末增减(%) | 2001年末 |
| 每股净资产 | 2.81 | 2.78 | 2.78 | 1.08 | 2.70 |
| 调整后的每股净资产 | 2.77 | 2.77 | 2.77 | 0 | 2.69 |

# 600535 天津天士力制药股份有限公司

## 二〇〇三年年度报告摘选

### 1.上市公司基本情况简介

1.1 基本情况简介

股票简称:天士力 股票代码:600535 上市交易所:上海证券交易所

注册地址:天津北辰科技园区 办公地址:天津北辰科技园区 邮政编码:300402

公司国际互联网网址:http://www.tasly.com.cn 电子信箱:stock@tasly.com

1.2 联系人和联系方式

董事会秘书:宋利元 联系地址:天津北辰科技园区

电话:022-26736999 传真:022-26736721 电子信箱:sly1999@vip.sina.com

### 2.会计数据和财务指标摘要

2.1 主要会计数据 单位:元

| | 2003年 | 2002年 | 本年比上年增减(%) | 2001年 |
|---|---|---|---|---|
| 主营业务收入 | 1,055,761,424.52 | 929,786,247.76 | 13.55 | 684,555,834.51 |
| 利润总额 | 176,475,085.30 | 144,881,445.11 | 21.81 | 128,846,571.44 |
| 净利润 | 141,187,561.99 | 117,848,638.26 | 19.80 | 102,871,351.89 |
| 扣除非经常性损益的净利润 | 140,925,814.78 | 119,690,782.00 | 17.74 | 104,902,951.89 |
| | 2003年末 | 2002年末 | 本年末比上年末增减(%) | 2001年末 |
| 总资产 | 1,777,237,703.05 | 1,250,698,632.62 | 42.10 | 595,390,443.00 |
| 股东权益(不含少数股东权益) | 1,114,114,775.68 | 1,067,901,823.72 | 4.33 | 238,796,381.55 |
| 经营活动产生的现金流量净额 | 59,004,359.33 | 206,221,824.26 | -71.38** | 83,766,845.58 |

2.2 主要财务指标 单位:元

| | 2003年 | 2002年 | 本年比上年增减(%) | 2001年 |
|---|---|---|---|---|
| 每股收益 | 0.50 | 0.62 | -19.35* | 0.73 |
| 净资产收益率(%) | 12.67 | 11.04 | 14.76 | 43.08 |
| 扣除非经常性损益的净利润为基础计算的净资产收益率(%) | 12.65 | 11.21 | 12.85 | 43.93 |
| 每股经营活动产生的现金流量净额 | 0.21 | 1.09 | -80.73** | 0.60 |
| | 2003年末 | 2002年末 | 本年末比上年末增减(%) | 2001年末 |
| 每股净资产 | 3.91 | 5.62 | -30.43* | 1.71 |
| 调整后的每股净资产 | 3.88 | 5.61 | -30.84 | 1.70 |

## 600590 泰豪科技股份有限公司

### 二〇〇三年年度报告摘选

#### 1.上市公司基本情况简介

1.1 基本情况简介

股票简称：泰豪科技　股票代码：600590　上市交易所：上海证券交易所
注册地址：江西省南昌高新开发区清华泰豪大楼
办公地址：江西省南昌高新开发区泰豪大厦　邮政编码：330029
公司国际互联网网址：http://www.tellhow.com　电子信箱：tsinghua@tellhow.com

1.2 联系人和联系方式

董事会秘书：杨骏　联系地址：江西省南昌高新开发区泰豪大厦
电话：0791－8110590　传真：0791－8110590　电子信箱：stock@tellhow.com
证券事务代表：曾悦　联系地址：江西省南昌高新开发区泰豪大厦
电话：0791－8110590　传真：0791－8110590　电子信箱：stock@tellhow.com

#### 2.会计数据和财务指标摘要

2.1 主要会计数据　单位：元

| | 2003 年 | 2002 年 | 本年比上年增减（%） | 2001 年 |
|---|---|---|---|---|
| 主营业务收入 | 494,941,021.48 | 381,925,621.31 | 29.59 | 330,411,433.52 |
| 利润总额 | 41,735,314.74 | 28,637,249.30 | 45.74 | 24,321,013.65 |
| 净利润 | 38,065,706.98 | 24,709,987.97 | 54.05 | 22,177,352.71 |
| 扣除非经常性损益的净利润 | 36,416,827.78 | 24,255,298.82 | 50.14 | 21,877,836.72 |
| | 2003 年末 | 2002 年末 | 本年末比上年末增减（%） | 2001 年末 |
| 总资产 | 761,632,893.76 | 646,393,983.76 | 7.20 | 347,313,698.79 |
| 股东权益（不含少数股东权益） | 368,633,963.80 | 343,873,938.82 | 17.83 | 137,072,350.85 |
| 经营活动产生的现金流量净额 | 91,290,427.54 | 4,928,295.66 | 175.24 | 13,740,420.32 |

2.2 主要财务指标　单位：元

| | 2003 年 | 2002 年 | 本年比上年增减（%） | 2001 年 |
|---|---|---|---|---|
| 每股收益（全面摊薄） | 0.29 | 0.19 | 52.63 | 0.24 |
| 每股收益（加权平均） | 0.29 | 0.22 | 31.82 | 0.24 |
| 净资产收益率（%） | 10.75 | 10.28 | 0.47 | 17.60 |
| 扣除非经常性损益的净利润为基础计算的加权净资产收益率（%） | 10.29 | 10.09 | 0.20 | 17.37 |
| 每股经营活动产生的现金流量净额 | 0.69 | 0.04 | 1625 | 0.15 |
| | 2003 年末 | 2002 年末 | 本年末比上年末增减（%） | 2001 年末 |
| 每股净资产 | 2.77 | 2.58 | 7.36 | 1.47 |
| 调整后的每股净资产 | 2.77 | 2.58 | 7.36 | 1.47 |

## 600805 江苏悦达投资股份有限公司

### 二〇〇三年年度报告摘选

#### 1.上市公司基本情况简介

1.1 基本情况简介

股票简称：悦达投资　股票代码：600805　上市交易所：上海证券交易所
注册地址和办公地址：江苏省盐城市通榆中路 36 号　邮政编码：224002
公司国际互联网网址：http://www.yueda.com　电子信箱：yueda@public.yc.js.cn

1.2 联系人和联系方式

董事会秘书：董广勇　联系地址：江苏省盐城市通榆中路 36 号
电话：0515－8202863　传真：0515－8334601　电子信箱：jsyd@public.yc.js.cn
证券事务代表：王浩　联系地址：江苏省盐城市通榆中路 36 号
电话：0515－8202867　传真：0515－8334601　电子信箱：jsyd@public.yc.js.cn

#### 2.会计数据和财务指标摘要

2.1 主要会计数据　单位：元

| | 2003 年（T 年，即本年） | 2002 年（T－1 年） | 本年比上年增减（%） | 2001 年（T－2 年） |
|---|---|---|---|---|
| 主营业务收入 | 883634182.29 | 1513815720.49 | －41.63 | 1264010207.94 |
| 利润总额 | 53209562.12 | －166536393.21 | －131.95 | －16925745.22 |
| 净利润 | 34482968.84 | －182482889.00 | －118.90 | 10759605.77 |
| 扣除非经常性损益的净利润 | 23318976.73 | －99270289.00 | －123.49 | －38389147.55 |
| | 2003 年末（T 年，即本年末） | 2002 年末（T－1 年末） | 本年末比上年末增减（%） | 2001 年末（T－2 年末） |
| 总资产 | 5575179130.04 | 5348388888.90 | 4.24 | 5343595428.94 |
| 股东权益（不含少数股东权益） | 1537279621.85 | 1504917936.99 | 2.15 | 1684521226.52 |
| 经营活动产生的现金流量净额 | －103156599.13 | 292110565.12 | －135.31 | 446686920.87 |

2.2 主要财务指标　单位：元

| | 2003 年 | 2002 年 | 本年比上年增减（%） | 2001 年 |
|---|---|---|---|---|
| 每股收益 | 0.063 | －0.33 | －119.09 | 0.02 |
| 净资产收益率（%） | 2.24 | －12.13 | 14.37 | 0.64 |
| 扣除非经常性损益的净利润为基础计算的净资产收益率（%） | 1.53 | －6.30 | 7.83 | －2.29 |
| 每股经营活动产生的现金流量净额 | －0.19 | 0.54 | －135.19 | 0.82 |
| | 2003 年末（T 年，即本年末） | 2002 年末（T－1 年末） | 本年末比上年末增减（%） | 2001 年末（T－2 年末） |
| 每股净资产 | 2.82 | 2.76 | 2.17 | 3.09 |
| 调整后的每股净资产 | 2.77 | 2.72 | 1.84 | 3.07 |

## 900935 上海阳晨投资股份有限公司

### 二〇〇三年年度报告摘选

#### 1.上市公司基本情况简介

1.1 基本情况简介

股票简称：阳晨 B 股　股票代码：900935　上市交易所：上海证券交易所
注册地址：上海市桂菁路 2 号　办公地址：上海市徐家汇路 555 号 10 楼
邮政编码：200023　电子信箱：Young.sun.inv@hotmail.com

1.2 联系人和联系方式

董事会秘书：仲辉　联系地址：上海市徐家汇路 555 号 10 楼董事会秘书室
电话：021－63901001　传真：021－63901001　电子信箱：zh900935@hotmail.com

#### 2.会计数据和财务指标摘要

2.1 主要会计数据　单位：人民币元

| 项　目 | 金　额 |
|---|---|
| 1、利润总额 | 24,487,333 |
| 2、净利润 | 22,582,797 |
| 3、扣除非经常性损益后的净利润 | 22,582,137 |
| 4、主营业务利润 | 18,370,660 |
| 5、其他业务利润 | 136,673 |
| 6、营业利润 | 12,696,187 |
| 7、投资收益 | 11,791,923 |
| 8、营业外收支净额 | －777 |
| 9、经营活动产生的现金流量净额 | 17,156,773 |
| 10、现金及现金等价物净增加额 | －150,060,191 |

2.2 主要财务指标　单位：人民币元

| | 2003 年 | 2002 年 | 本年比上年增减 | 2001 年 |
|---|---|---|---|---|
| 每股收益 | 0.12 | 0.03 | 300.00% | 0.03 |
| 净资产收益率 | 7.32% | 1.89% | 287.30% | 1.90% |
| 扣除非经常性损益的净利润为基础计算的净资产收益率 | 7.32% | 1.14% | 542.11% | 1.76% |
| 每股经营活动产生的现金流量净额 | 0.09 | 0.11 | －18.18% | 0.095 |
| | 2003 年末 | 2002 年末 | 本年末比上年末增减 | 2001 年末 |
| 每股净资产 | 1.66 | 1.54 | 7.79% | 1.51 |
| 调整后的每股净资产 | 1.66 | 1.54 | 7.79% | 1.49 |

## 3 月 11 日

## 000533 广东万家乐股份有限公司

### 二〇〇三年年度报告摘选

#### 1.上市公司基本情况简介

1.1 基本情况简介

股票简称：＊ST 家乐　股票代码：000533　上市交易所：深圳证券交易所
注册地址和办公地址：广东省佛山市顺德区大良顺峰山工业区　邮政编码：528333
公司国际互联网网址：http://www.macro.com.cn　电子信箱：macro@macro.com.cn

1.2 联系人和联系方式

董事会秘书：刘永霖　联系地址：广东省佛山市顺德区大良顺峰山工业区
电话：0757－22321218　传真：0757－22321200　电子信箱：liuyl@macro.com.cn
证券事务代表：张楚珊　联系地址：广东省佛山市顺德区大良顺峰山工业区
电话：0757－22321232　传真：0757－22321200　电子信箱：zhangcs@macro.com.cn

#### 2.会计数据和财务指标摘要

2.1 主要会计数据　单位：（人民币）元

| | 2003 年 | 2002 年 | 本年比上年增减（%） | 2001 年 |
|---|---|---|---|---|
| 主营业务收入 | 1,302,045,531.58 | 1,109,203,408.13 | 17.39 | 1,122,820,028.67 |
| 利润总额 | 214,365,214.05 | －168,553,036.10 | －－ | －1,009,778,429.40 |
| 净利润 | 196,322,827.00 | －100,798,030.44 | －－ | －978,556,712.78 |
| 扣除非经常性损益的净利润 | 10,614,536.76 | －97,769,634.09 | －－ | －264,568,865.76 |
| | 2003 年末 | 2002 年末 | 本年末比上年末增减（%） | 2001 年末 |
| 总资产 | 3,176,486,347.91 | 2,951,396,181.61 | 7.63 | 2,708,037,228.80 |
| 股东权益（不含少数股东权益） | 584,739,911.12 | 377,837,193.85 | 54.76 | 246,442,608.44 |
| 经营活动产生的现金流量净额 | 301,953,854.86 | －94,461,265.96 | －－ | －360,120,748.50 |

2.2 主要财务指标单位：（人民币）元

| | 2003 年 | 2002 年 | 本年比上年增减（%） | 2001 年 |
|---|---|---|---|---|
| 每股收益 | 0.34 | －0.18 | －－ | －1.70 |
| 净资产收益率 | 33.57% | －26.68% | －－ | －397.07% |
| 扣除非经常性损益的净利润为基础计算的净资产收益率 | 1.82% | －25.88% | －－ | －107.36% |
| 每股经营活动产生的现金流量净额 | 0.52 | －0.16 | －－ | －0.63 |
| | 2003 年末 | 2002 年末 | 本年末比上年末增减（%） | 2001 年末 |
| 每股净资产 | 1.02 | 0.66 | 54.76 | 0.43 |
| 调整后的每股净资产 | 0.78 | 0.44 | 78.59 | 0.27 |

# 000606 青海明胶股份有限公司

## 二〇〇三年年度报告摘选

### 1.上市公司基本情况简介

1.1 基本情况简介
股票简称:青海明胶 股票代码:000606 上市交易所:深圳证券交易所
注册地址和办公地址:西宁市付东路 13 号 邮政编码:810015
公司国际互联网网址:http://www.my0606.com.cn 电子信箱:qhmj@public.com.cn
1.2 联系人和联系方式
董事会秘书:张海仓 联系地址:青海省西宁市付东路 13 号
电话:0971－8013495 传真:0971－8012106 电子信箱:zhc@my0606.com.cn
证券事务代表:刘桂英 联系地址:青海省西宁市付东路 13 号
电话:0971－8013495 传真:0971－8012106 电子信箱:lgy@my0606.com.cn

### 2.会计数据和财务指标摘要

2.1 主要会计数据 单位:元

| | 2003 年(本年) | 2002 年(上年) | 本年比上年增减 | 2001 年 |
|---|---|---|---|---|
| 主营业务收入 | 130,240,297.56 | 119,256,931.10 | 9.21% | 118,584,666.03 |
| 利润总额 | －2,002,299.65 | 6,966,527.68 | －128.74% | 17,609,084.84 |
| 净利润 | 1,854,923.08 | 4,429,066.46 | －58.12% | 14,366,974.84 |
| 扣除非经常性损益的净利润 | －344,596.09 | 432,002.96 | －179.77% | 14,538,386.39 |
| | 2003 年末(本年末) | 2002 年末(上年末) | 本年末比上年末增减 | 2001 年末 |
| 总资产 | 516,743,542.89 | 586,313,376.60 | －11.87% | 438,917,973.96 |
| 股东权益(不含少数股东权益) | 276,214,225.50 | 278,819,622.27 | －0.93% | 274,390,555.81 |
| 经营活动产生的现金流量净额 | 2,921,900.43 | －26,145,354.10 | －－ | 69,452,780.18 |

2.2 主要财务指标单位:元

| | 2003 年(本年) | 2002 年(上年) | 本年比上年增减 | 2001 年 |
|---|---|---|---|---|
| 每股收益 | 0.01 | 0.03 | －57.19% | 0.09 |
| 每股收益(如果股本变化,按新股本计算) | 0.01 | －－ | －－ | －－ |
| 净资产收益率 | 0.67% | 1.55% | －56.77% | 5.24% |
| 扣除非经常性损益的净利润为基础计算的净资产收益率 | －0.12% | 1.55% | －107.74% | 5.37% |
| 每股经营活动产生的现金流量净额 | 0.02 | －0.17 | －－ | 0.46 |
| | 2003 年末(本年末) | 2002 年末(上年末) | 本年末比上年末增减 | 2001 年末 |
| 每股净资产 | 1.82 | 1.84 | －0.98% | 1.81 |
| 调整后的每股净资产 | 1.82 | 1.84 | －0.98% | 1.81 |

# 600376 北京天鸿宝业房地产股份有限公司

## 二〇〇三年年度报告摘选

### 1.上市公司基本情况简介

1.1 基本情况简介
股票简称:天鸿宝业 股票代码:600376 上市交易所:上海证券交易所
注册地址和办公地址:北京市安定门外大街 183 号京宝花园二层 M207
邮政编码:100011 公司国际互联网网址:http://www.tianhong－baoye.com.cn
电子信箱:Gqw@tianhong－baoye.com.cn
1.2 联系人和联系方式
董事会秘书:龚谦炜 联系地址:北京市安定门外大街 183 号京宝花园二层 M207
电话:010－64256268 传真:010－64256258 电子信箱:Gqw@tianhong－baoye.com.cn
证券事务代表:钟宁 联系地址:北京市安定门外大街 183 号京宝花园二层 M207
电话:010－64256117 传真:010－64256258 电子信箱:Z_n@tianhong－baoye.com.cn

### 2.会计数据和财务指标摘要

2.1 主要会计数据 单位:元

| | 2003 年 | 2002 年 | 本年比上年增减(%) | 2001 年 |
|---|---|---|---|---|
| 主营业务收入 | 398,189,992.18 | 1,237,222,645.72 | －67.82 | 273,662,875.06 |
| 利润总额 | 54,229,577.91 | 110,837,351.62 | －51.07 | 47,709,752.24 |
| 净利润 | 37,150,773.45 | 66,486,273.57 | －44.12 | 47,709,752.24 |
| 扣除非经常性损益的净利润 | 32,444,972.40 | 63,205,085.24 | －48.83 | 32,343,833.38 |
| | 2003 年末 | 2002 年末 | 本年末比上年末增减(%) | 2001 年末 |
| 总资产 | 1,211,060,948.39 | 1,354,208,131.74 | －10.57 | 1,033,594,129.60 |
| 股东权益(不含少数股东权益) | 718,674,996.49 | 716,164,223.04 | 0.35 | 671,327,949.47 |
| 经营活动产生的现金流量净额 | －257,880,081.50 | 294,193,183.13 | －187.66 | －110,633,023.18 |

2.2 主要财务指标

| | 2003 年 | 2002 年 | 本年比上年增减(%) | 2001 年 |
|---|---|---|---|---|
| 每股收益 | 0.21 | 0.38 | －44.74 | 0.44 |
| 净资产收益率 | 5.17% | 9.28% | －44.29 | 7.34% |
| 扣除非经常性损益的净利润为基础计算的净资产收益率 | 4.54% | 9.16% | －49.56 | 5.25% |
| 每股经营活动产生的现金流量净额 | －1.49 | 1.70 | －187.65 | －1.02 |
| | 2003 年末 | 2002 年末 | 本年末比上年末增减(%) | 2001 年末 |
| 每股净资产 | 4.15 | 4.13 | 0.48 | 6.00 |
| 调整后的每股净资产 | 4.15 | 4.13 | 0.48 | 6.00 |

# 600436 漳州片仔癀药业股份有限公司

## 二〇〇三年年度报告摘选

### 1.上市公司基本情况简介

1.1 基本情况简介
股票简称:片仔癀 股票代码:600436 上市交易所:上海证券交易所
注册地址和办公地址:福建省漳州市上街 邮政编码:363000
公司国际互联网网址:http://www.zzpzh.com 电子信箱:pzhzj@zzpzh.com
1.2 联系人和联系方式
董事会秘书:陈金城 联系地址:福建省漳州市上街
电话:0596－2305239 传真:0596－2300313 电子信箱:pzhcjc@263.net
证券事务代表:钟碰辉 联系地址:福建省漳州市上街
电话:0596－2301955 传真:0596－2300313 电子信箱:pzhzj@zzpzh.com

### 2.会计数据和财务指标摘要

2.1 主要会计数据 单位:元

| | 2003 年 | 2002 年 | 本年比上年增减(%) | 2001 年 |
|---|---|---|---|---|
| 主营业务收入 | 213,593,967.75 | 212,033,133.90 | 0.74 | 193,893,836.06 |
| 利润总额 | 90,677,031.36 | 88,836,803.21 | 2.07 | 80,588,705.38 |
| 净利润 | 60,478,126.70 | 58,844,344.13 | 2.78 | 52,162,214.32 |
| 扣除非经常性损益的净利润 | 59,510,180.48 | 58,911,682.58 | 1.02 | 52,415,388.56 |
| | 2003 年末 | 2002 年末 | 本年末比上年末增减(%) | 2001 年末 |
| 总资产 | 594,988,599.07 | 325,850,869.86 | 82.60 | 270,361,502.42 |
| 股东权益(不含少数股东权益) | 542,873,306.92 | 204,863,108.13 | 164.99 | 146,018,764.00 |
| 经营活动产生的现金流量净额 | 32,802,882.89 | 105,446,586.62 | －68.89 | 65,843,403.46 |

2.2 主要财务指标单位:元

| | 2003 年 | 2002 年 | 本年比上年增减(%) | 2001 年 |
|---|---|---|---|---|
| 每股收益(摊薄) | 0.43 | 0.59 | －27.12 | 0.52 |
| 每股收益(加权) | 0.50 | 0.59 | －15.25 | 0.52 |
| 净资产收益率(%) | 16.95 | 37.92 | －55.31 | 46.44 |
| 扣除非经常性损益的净利润为基础计算的净资产收益率(%) | 16.67 | 37.96 | －56.07 | 46.67 |
| 每股经营活动产生的现金流量净额 | 0.23 | 1.05 | －78.1 | 0.66 |
| | 2003 年末 | 2002 年末 | 本年末比上年末增减(%) | 2001 年末 |
| 每股净资产 | 3.878 | 2.049 | 89.28 | 1.460 |
| 调整后的每股净资产 | 3.876 | 2.045 | 89.49 | 1.456 |

# 3 月 12 日

# 000531 广州恒运企业集团股份有限公司

## 二〇〇三年年度报告摘选

### 1.上市公司基本情况简介

1.1 基本情况简介
股票简称:穗恒运 A 股票代码:000531 上市交易所:深圳证券交易所
注册地址和办公地址:广州经济技术开发区西基路 8 号 邮政编码:510730
公司国际互联网网址:http://www.hengyun.com.cn 电子信箱:hengyun@public.guangzhou.gd.cn
1.2 联系人和联系方式
董事会秘书:林国定 联系地址:广州经济技术开发区西基路 8 号
电话:(020)82099511 传真:(020)82098658 电子信箱:hengyun0531@21cn.com
证券事务代表:李德鑫 联系地址:广州经济技术开发区西基路 8 号
电话:(020)82099511 传真:(020)82098658 电子信箱:ldx_1972@163.com

### 2.会计数据和财务指标摘要

2.1 主要会计数据 单位:元

| | 2003 年(本年) | 2002 年(上年) | 本年比上年增减 | 2001 年 |
|---|---|---|---|---|
| 主营业务收入 | 1,026,085,274.06 | 860,235,572.40 | 19.28% | 860,874,303.81 |
| 利润总额 | 303,606,355.70 | 197,446,490.79 | 53.77% | 138,961,540.29 |
| 净利润 | 138,167,830.03 | 75,885,067.74 | 82.08% | 64,455,187.22 |
| 扣除非经常性损益的净利润 | 135,767,112.98 | 89,897,387.33 | 51.02% | 76,978,264.42 |
| | 2003 年末(本年末) | 2002 年末(上年末) | 本年末比上年末增减 | 2001 年末 |
| 总资产 | 2,357,219,866.72 | 1,960,742,654.59 | 20.22% | 1,606,788,739.04 |
| 股东权益(不含少数股东权益) | 673,359,534.88 | 601,822,019.85 | 11.89% | 579,791,204.11 |
| 经营活动产生的现金流量净额 | 274,599,953.59 | 442,705,357.13 | －37.97% | 442,705,357.13 |

2.2 主要财务指标 单位:(人民币)元

| | 2003 年(本年) | 2002 年(上年) | 本年比上年增减 | 2001 年 |
|---|---|---|---|---|
| 每股收益 | 0.52 | 0.28 | 81.75% | 0.24 |
| 每股收益(如果股本变化,按新股本计算) | 0.52 | －－ | －－ | －－ |
| 净资产收益率 | 20.52% | 12.61% | 62.73% | 11.12% |
| 扣除非经常性损益的净利润为基础计算的净资产收益率 | 20.24% | 14.55% | 39.11% | 13.04% |
| 每股经营活动产生的现金流量净额 | 1.03 | 1.66 | －37.99% | 0.98 |
| | 2003 年末(本年末) | 2002 年末(上年末) | 本年末比上年末增减 | 2001 年末 |
| 每股净资产 | 2.53 | 2.26 | 11.87% | 2.17 |
| 调整后的每股净资产 | 2.50 | 2.25 | 11.31% | 2.16 |

## 000786 北新集团建材股份有限公司

### 二〇〇三年年度报告摘选

#### 1.上市公司基本情况简介

1.1 基本情况简介

股票简称:北新建材 股票代码:000786 上市交易所:深圳证券交易所
注册地址和办公地址:北京市海淀区三里河路甲11号 邮政编码:100037
公司国际互联网网址:http://www.bnbm.com.cn 电子信箱:bnbm@bnbm.com.cn

1.2 联系人和联系方式

董事会秘书:常张利 联系地址:海淀区三里河路甲11号中国建材大厦16层
电话:010－88082395,88082398 传真:010－88082383 电子信箱:czl@bnbm.com.cn

#### 2.会计数据和财务指标摘要

2.1 主要会计数据 单位:(人民币)元

| | 2003年(本年) | 2002年(上年) | 本年比上年增减(%) | 2001年 |
|---|---|---|---|---|
| 主营业务收入 | 1,038,381,143.66 | 1,031,476,943.30 | 0.67% | 912,899,968.56 |
| 利润总额 | 68,586,879.50 | 92,431,005.29 | －25.80% | 90,420,237.65 |
| 净利润 | 70,243,809.02 | 90,491,619.15 | －22.38% | 83,735,231.37 |
| 扣除非经常性损益的净利润 | 67,268,623.63 | 76,316,380.96 | －11.86% | 80,236,321.01 |
| | 2003年末(本年末) | 2002年末(上年末) | 本年末比上年末增减(%) | 2001年末 |
| 总资产 | 2,451,972,599.49 | 2,199,947,421.61 | 11.46% | 2,001,546,451.72 |
| 股东权益(不含少数股东权益) | 1,333,529,968.02 | 1,291,579,027.78 | 3.25% | 1,200,841,000.37 |
| 经营活动产生的现金流量净额 | 128,935,495.34 | 143,284,051.58 | －10.01% | 80,653,558.57 |

2.2 主要财务指标 单位:(人民币)元

| | 2003年(本年) | 2002年(上年) | 本年比上年增减(%) | 2001年 |
|---|---|---|---|---|
| 每股收益 | 0.12 | 0.16 | －22.29% | 0.29 |
| 每股收益(如果股本变化,按新股本计算) | 0.12 | －－ | －－ | －－ |
| 净资产收益率 | 5.27% | 7.01% | －24.82% | 6.97% |
| 扣除非经常性损益的净利润为基础计算的净资产收益率 | 5.04% | 5.91% | －14.72% | 6.43% |
| 每股经营活动产生的现金流量净额 | 0.22 | 0.25 | －10.04% | 0.28 |
| | 2003年末(本年末) | 2002年末(上年末) | 本年末比上年末增减(%) | 2001年末 |
| 每股净资产 | 2.32 | 2.25 | 3.25% | 4.18 |
| 调整后的每股净资产 | 2.28 | 2.22 | 2.43% | 4.13 |

## 000916 华北高速公路股份有限公司

### 二〇〇三年年度报告摘选

#### 1.上市公司基本情况简介

1.1 基本情况简介

股票简称:华北高速 股票代码:000916 上市交易所:深圳证券交易所
注册地址:北京市经济技术开发区宏达北路10号
办公地址:北京市经济技术开发区东环北路9号 邮政编码:100176
公司国际互联网网址:http://www.hbgsgl.com.cn 电子信箱:hbgsgl@hbgsgl.com.cn

1.2 联系人和联系方式

董事会秘书:周会平 联系地址:北京市经济技术开发区东环北路9号
电话:010－58021999 传真:010－58021122 电子信箱:hbgsgl@hbgsgl.com.cn
证券事务代表:徐莹 联系地址:北京市经济技术开发区东环北路9号
电话:010－58021227 传真:010－58021229 电子信箱:hbgsgl@hotmail.com

#### 2.会计数据和财务指标摘要

2.1 主要会计数据 单位:(人民币)元

| | 2003年(本年) | 2002年(上年) | 本年比上年增减 | 2001年 |
|---|---|---|---|---|
| 主营业务收入 | 496,208,997.53 | 444,160,957.57 | 11.72% | 395,382,327.68 |
| 利润总额 | 260,450,989.16 | 249,807,153.44 | 4.26% | 218,959,028.13 |
| 净利润 | 175,565,108.28 | 173,482,518.44 | 1.20% | 161,323,158.30 |
| 扣除非经常性损益的净利润 | 166,078,650.74 | 164,339,536.92 | 1.06% | 186,276,359.18 |
| | 2003年末(本年末) | 2002年末(上年末) | 本年末比上年末增减 | 2001年末 |
| 总资产 | 3,052,939,261.12 | 2,958,441,682.40 | 3.19% | 3,394,614,591.48 |
| 股东权益(不含少数股东权益) | 2,916,875,517.20 | 2,902,095,700.24 | 0.51% | 2,837,580,860.74 |
| 经营活动产生的现金流量净额 | 282,434,175.90 | 267,428,703.57 | 5.61% | 280,562,067.18 |

2.2 主要财务指标 单位:(人民币)元

| | 2003年(本年) | 2002年(上年) | 本年比上年增减 | 2001年 |
|---|---|---|---|---|
| 每股收益 | 0.16 | 0.16 | 1.19% | 0.15 |
| 净资产收益率 | 6.02% | 5.98% | 0.67% | 5.69% |
| 扣除非经常性损益的净利润为基础计算的净资产收益率 | 5.71% | 5.73% | －0.35% | 6.63% |
| 每股经营活动产生的现金流量净额 | 0.26 | 0.25 | 5.63% | 0.26 |
| | 2003年末(本年末) | 2002年末(上年末) | 本年末比上年末增减 | 2001年末 |
| 每股净资产 | 2.68 | 2.66 | 0.51% | 2.60 |
| 调整后的每股净资产 | 2.64 | 2.62 | 0.67% | 2.59 |

## 000852 江汉石油钻头股份有限公司

### 二〇〇三年年度报告摘选

#### 1.上市公司基本情况简介

1.1 基本情况简介

股票简称:江钻股份 股票代码:000852 上市交易所:深圳证券交易所
注册地址:湖北省武汉市洪山区珞瑜路456号
办公地址:湖北省武汉市东湖新技术开发区庙山小区 邮政编码:430070
公司国际互联网网址:www.kingdream.com.cn
电子信箱:info@kingdream.com

1.2 联系人和联系方式

董事会秘书:赵进斌
联系地址:湖北省武汉市东湖新技术开发区庙山小区江钻股份公司
电话:027－87925236 传真:027－87925236 电子信箱:security@kingdream.com
证券事务代表:孟勇
联系地址:湖北省武汉市东湖新技术开发区庙山小区江钻股份公司
电话:027－87925236 传真:027－87925236 电子信箱:security@kingdream.com

#### 2.会计数据和财务指标摘要

2.1 主要会计数据 单位:(人民币)元

| | 2003年(本年) | 2002年(上年) | 本年比上年增减(%) | 2001年 |
|---|---|---|---|---|
| 主营业务收入 | 443,555,745.93 | 411,178,558.31 | 7.87 | 446,835,153.40 |
| 利润总额 | 74,817,122.62 | 80,184,744.49 | －6.69 | 93,991,881.28 |
| 净利润 | 65,664,139.70 | 69,061,746.79 | －4.92 | 81,552,184.04 |
| 扣除非经常性损益的净利润 | 64,474,608.48 | 68,470,005.23 | －5.84 | 74,846,742.51 |
| | 2003年末(本年末) | 2002年末(上年末) | 本年末比上年末增减(%) | 2001年末 |
| 总资产 | 1,010,448,154.53 | 930,706,968.09 | 8.57 | 1,009,155,741.80 |
| 股东权益(不含少数股东权益) | 714,665,424.80 | 676,958,994.20 | 5.57 | 604,721,129.16 |
| 经营活动产生的现金流量净额 | 66,836,367.11 | 31,053,078.12 | 115.23 | 112,673,686.98 |

2.2 主要财务指标 单位:(人民币)元

| | 2003年(本年) | 2002年(上年) | 本年比上年增减(%) | 2001年 |
|---|---|---|---|---|
| 每股收益 | 0.21 | 0.25 | －13.77 | 0.29 |
| 每股收益(如果股本变化,按新股本计算) | 0.21 | 0.25 | －16.00 | 0.29 |
| 净资产收益率(%) | 9.18 | 10.64 | －10.00 | 13.60 |
| 扣除非经常性损益的净利润为基础计算的净资产收益率(%) | 9.02 | 10.67 | －15.46 | 0.27 |
| 每股经营活动产生的现金流量净额 | 0.22 | 0.11 | 97.27 | 0.40 |
| | 2003年末(本年末) | 2002年末(上年末) | 本年末比上年末增减(%) | 2001年末 |
| 每股净资产 | 2.32 | 2.32 | －4.05 | 2.16 |
| 调整后的每股净资产 | 2.27 | 2.22 | 2.25 | 2.03 |

## 600012 安徽皖通高速公路股份有限公司

### 二〇〇三年年度报告摘选

#### 1.上市公司基本情况简介

1.1 基本情况简介

股票简称:皖通高速 股票代码:600012 上市交易所:上海证券交易所
股票简称:安徽皖通 股票代码:0995 上市交易所:香港联合证券交易所
注册地址:安徽省合肥市长江西路 办公地址:安徽省合肥市美菱大道8号
邮政编码:230051 公司国际互联网网址:http://www.anhui－expressway.com.cn
电子信箱:epway@mail.hf.ah.cn

1.2 联系人和联系方式

董事会秘书:谢新宇 联系地址:安徽省合肥市美菱大道8号
电话:0551－3432521 传真:0551－3432521 电子信箱:epway@mail.hf.ah.cn
证券事务代表:韩榕 丁瑜 联系地址:安徽省合肥市美菱大道8号
电话:0551－3433722 传真:0551－3434602 电子信箱:epway@mail.hf.ah.cn

#### 2.会计数据和财务指标摘要

2.1 主要会计数据 单位:人民币元

| | 2003年 | 2002年 | 本年比上年增减 | 2001年 |
|---|---|---|---|---|
| 主营业务收入 | 896,554,000.96 | 751,627,487.66 | 19.28% | 611,449,942.44 |
| 利润总额 | 366,876,443.81 | 324,805,926.29 | 12.95% | 257,985,235.28 |
| 净利润 | 283,264,544.99 | 258,392,601.47 | 9.63% | 248,119,320.92 |
| 扣除非经常性损益的净利润 | 284,609,650.31 | 246,635,622.67 | 15.40% | 205,861,978.92 |
| | 2003年末 | 2002年末 | 本年末比上年末增减 | 2001年末 |
| 总资产 | 6,214,884,813.73 | 5,062,203,678.57 | 22.77% | 4,359,674,870.02 |
| 股东权益(不含少数股东权益) | 3,837,860,710.08 | 3,601,957,947.07 | 6.55% | 2,929,294,150.92 |
| 经营活动产生的现金流量净额 | 552,905,969.80 | 502,611,988.25 | 10.01% | 417,054,438.56 |

2.2 主要财务指标 单位:人民币元

| | 2003年 | 2002年 | 本年比上年增减 | 2001年 |
|---|---|---|---|---|
| 每股收益 | 0.17 | 0.16 | 6.25% | 0.18 |
| 净资产收益率(全面摊薄) | 7.38% | 7.17% | 2.93% | 8.47% |
| 扣除非经常性损益的净利润为基础计算的净资产收益率(加权平均) | 7.65% | 8.22% | －6.93% | 8.72% |
| 每股经营活动产生的现金流量净额(全面摊薄) | 0.33 | 0.30 | 10.00% | 0.30 |
| | 2003年末 | 2002年末 | 本年末比上年末增减 | 2001年末 |
| 每股净资产(全面摊薄) | 2.31 | 2.14 | 7.94% | 2.08 |
| 调整后的每股净资产(全面摊薄) | 2.31 | 2.14 | 7.94% | 2.07 |

# 600118 中国天地卫星股份有限公司

## 二〇〇三年年度报告摘选

### 1.上市公司基本情况简介

1.1 基本情况简介

股票简称:中国卫星 股票代码:600118 上市交易所:上海证券交易所
注册地址:北京市海淀区阜成路16号
办公地址:北京市海淀区阜成路16号航天科技大厦15楼 邮政编码:100037
公司国际互联网网址:http://www.spacesat.com.cn
电子信箱:600118@spacesat.com.cn

1.2 联系人和联系方式

董事会秘书:李世锋 联系地址:北京市海淀区阜成路16号航天科技大厦15楼
电话:010-68768890,010-68371188 传真:010-68768891
电子信箱:600118@spacesat.com.cn

### 2.会计数据和财务指标摘要

2.1 主要会计数据 单位:元

| | 2003年 | 2002年 | 本年比上年增减(%) | 2001年 |
|---|---|---|---|---|
| 主营业务收入 | 4,414,606,247.01 | 346,190,720.97 | 19.76 | 280,738,271.62 |
| 利润总额 | 39,862,741.23 | 42,666,573.93 | -6.57 | 16,751,986.19 |
| 净利润 | 23,430,907.02 | 25,080,050.10 | -6.58 | 10,312,489.17 |
| 扣除非经常性损益的净利润 | 22,781,041.17 | 25,510,858.75 | -10.70 | 9,928,559.33 |
| | 2003年末 | 2002年末 | 本年末比上年末增减(%) | 2001年末 |
| 总资产 | 846,973,012.89 | 622,750,145.69 | 36.01 | 351,180,942.94 |
| 股东权益(不含少数股东权益) | 317,979,631.47 | 303,039,102.42 | 4.93 | 277,828,395.36 |
| 经营活动产生的现金流量净额 | 136,445,614.16 | 186,589.55 | -- | 13,272,193.27 |

2.2 主要财务指标 单位:元

| | 2003年 | 2002年 | 本年比上年增减(%) | 2001年 |
|---|---|---|---|---|
| 每股收益(摊薄) | 0.10 | 0.13 | -23.08 | 0.05 |
| 每股收益(加权) | 0.10 | 0.13 | -23.08 | 0.05 |
| 净资产收益率(%) | 7.37 | 8.28 | -10.99 | 3.71 |
| 扣除非经常性损益的净利润为基础计算的净资产收益率(%) | 7.16 | 8.42 | -14.96 | 3.57 |
| 每股经营活动产生的现金流量净额 | 0.60 | 0.001 | -- | 0.070 |
| | 2003年末 | 2002年末 | 本年末比上年末增减(%) | 2001年末 |
| 每股净资产 | 1.40 | 1.60 | -12.50 | 1.47 |
| 调整后的每股净资产 | 1.36 | 1.57 | -13.38 | 1.44 |

# 600148 长春一东离合器股份有限公司

## 二〇〇三年年度报告摘选

### 1.上市公司基本情况简介

1.1 基本情况简介

股票简称:长春一东 股票代码:600148 上市交易所:上海证券交易所
注册地址和办公地址:长春市朝阳区繁荣路17-1号 邮政编码:130012
公司国际互联网网址:www.ccyidongclutch.net.cn 电子信箱:ccyidong@126.com

1.2 联系人和联系方式

董事会秘书:王有年 联系地址:长春市朝阳区繁荣路17-1号
电话:0431-5173591-6224 传真:0431-5174234 电子信箱:ccyidong@126.com
证券事务代表:杜彩 联系地址:长春市朝阳区繁荣路17-1号
电话:0431-5173591-6944 传真:0431-5174234 电子信箱:ccyidong@126.com

### 2.会计数据和财务指标摘要

2.1 主要会计数据 单位:元

| | 2003年 | 2002年 | 本年比上年增减 | 2001年 |
|---|---|---|---|---|
| 主营业务收入 | 255,999,741.13 | 213,968,161.15 | 19.64% | 160,133,081.61 |
| 利润总额 | 26,906,418.92 | 18,469,881.53 | 45.68% | 9,239,119.41 |
| 净利润 | 19,950,910.26 | 13,919,871.56 | 43.33% | 8,302,388.86 |
| 扣除非经常性损益的净利润 | 18,265,733.98 | 13,632,929.47 | 33.98% | 8,303,236.88 |
| | 2003年末 | 2002年末 | 本年末比上年末增减 | 2001年末 |
| 总资产 | 355,736,591.88 | 349,991,629.52 | 1.64% | 356,506,041.83 |
| 股东权益(不含少数股东权益) | 277,868,704.44 | 266,384,119.38 | 4.31% | 257,679,291.07 |
| 经营活动产生的现金流量净额 | 9,671,351.94 | 13,991,190.98 | -30.88% | 37,116,132.84 |

2.2 主要财务指标 单位:元

| | 2003年 | 2002年 | 本年比上年增减(%) | 2001年 |
|---|---|---|---|---|
| 每股收益 | 0.141 | 0.098 | 43.88% | 0.059 |
| 每股收益(加权) | -- | -- | -- | -- |
| 净资产收益率 | 7.18% | 5.23% | 37.28% | 3.22% |
| 扣除非经常性损益的净利润为基础计算的净资产收益率 | 6.57% | 5.12% | 28.38% | 3.22% |
| 每股经营活动产生的现金流量净额 | 0.07 | 0.1 | -30.00% | 0.26 |
| | 2003年末 | 2002年末 | 本年末比上年末增减(%) | 2001年末 |
| 每股净资产 | 1.96 | 1.88 | 4.26% | 1.82 |
| 调整后的每股净资产 | 1.91 | 1.78 | 7.30% | 1.71 |

# 600165 宁夏恒力钢丝绳股份有限公司

## 二〇〇三年年度报告摘选

### 1.上市公司基本情况简介

1.1 基本情况简介

股票简称:宁夏恒力 股票代码:600165 上市交易所:上海证券交易所
注册地址:宁夏回族自治区银川市
办公地址:宁夏回族自治区石嘴山市河滨街 邮政编码:753202
公司国际互联网网址:http://www.nxhengli.com.cn 电子信箱:hlqg@nxhengli.com.cn

1.2 联系人和联系方式

董事会秘书:张文彬 联系地址:宁夏石嘴山市河滨街
电话:0952-3671240 传真:0952-3671799 电子信箱:hlqg@nxhengli.com.cn
证券事务代表:卓青峰 联系地址:宁夏石嘴山市河滨街
电话:0952-3671394 传真:0952-3671799 电子信箱:hlqg@nxhengli.com.cn

### 2.会计数据和财务指标摘要

2.1 主要会计数据 单位:元

| 项目 | 2003年 | 2002年 | 本年比上年增减(%) | 2001年 |
|---|---|---|---|---|
| 主营业务收入 | 467,133,942.27 | 366,900,946.06 | 27.32 | 373,154,087.58 |
| 利润总额 | -27,388,007.48 | 29,582,787.28 | -192.58 | 60,134,490.30 |
| 净利润 | -27,591,098.94 | 25,564,937.95 | -207.86 | 50,237,173.70 |
| 扣除非经常性损益的净利润 | -30,095,659.17 | 18,960,069.53 | -258.73 | 38,970,693.03 |
| 项目 | 2003年末 | 2002年末 | 本年末比上年末增减(%) | 2001年末 |
| 总资产 | 1,329,178,237.51 | 1,238,946,239.58 | 7.28 | 1,117,892,139.27 |
| 股东权益(不含少数股东权益) | 672,820,731.36 | 700,289,002.53 | -3.92 | 674,702,203.82 |
| 经营活动产生的现金流量净额 | 28,379,716.44 | 53,307,803.77 | 46.76 | 40,635,133.39 |

2.2 主要财务指标 单位:元

| 项目 | 本年比上年增减(%) | 2001年 | | |
|---|---|---|---|---|
| 每股收益 | -0.110 | 0.102 | -207.86 | 0.20 |
| 净资产收益率(%) | -4.10 | 3.65 | -7.75 | 7.45 |
| 扣除非经常性损益的净利润为基础计算的净资产收益率(%) | -4.47 | 2.75 | -7.72 | 5.78 |
| 每股经营活动产生的现金流量净额 | 0.113 | 0.21 | 46.19 | 0.16 |
| 项目 | 2003年末 | 2002年末 | 本年末比上年末增减(%) | 2001年末 |
| 每股净资产 | 2.67 | 2.79 | -4.30 | 2.69 |
| 调整后的每股净资产 | 2.64 | 2.73 | -3.30 | 2.65 |

# 600362 江西铜业股份有限公司

## 二〇〇三年年度报告摘选

### 1.上市公司基本情况简介

1.1 基本情况简介

股票简称:江西铜业(A股) 股票代码:600362 上市交易所:上海证券交易所
股票简称:江西铜业(H股) 股票代码:0358 上市交易所:香港联合交易所有限公司
股票简称:江西铜业(H股) 股票代码:0358
上市交易所:伦敦股票交易所有限公司(H股第二上市地)
注册地址和办公地址:江西省贵溪市冶金大道15号
邮政编码:335424 公司国际互联网网址:http://www.jxcc.com
电子信箱:jccl@jxcc.com

1.2 联系人和联系方式

董事会秘书:黄东风 联系地址:江西省贵溪市冶金大道15号
电话:0701-3777735 传真:0701-3777013 电子信箱:jccl@jxcc.com
证券事务代表:潘其方 联系地址:江西省贵溪市冶金大道15号
电话:0701-3777736 传真:0701-3777013 电子信箱:jccl@jxcc.com

### 2.会计数据和财务指标摘要

2.1 主要会计数据 单位:千元

| 项目 | 2003年 | 2002年 | 本年比上年增减(%) | 2001年 |
|---|---|---|---|---|
| 主营业务收入 | 5,420,891 | 3,327,073 | 62.9 | 2,995,793 |
| 利润总额 | 537,648 | 173,337 | 210.2 | 301,659 |
| 净利润 | 505,243 | 169,504 | 498.1 | 301,435 |
| 扣除非经常性损益的净利润 | 523,629 | 187,709 | 179.0 | 304,273 |
| 项目 | 2003年末 | 2002年末 | 本年末比上年末增减(%) | 2001年末 |
| 总资产 | 10,169,255 | 8,823,138 | 15.3 | 8,460,149 |
| 股东权益(不含少数股东权益) | 5,251,626 | 4,742,304 | 10.7 | 470,6001 |
| 经营活动产生的现金流量净额 | 345,245 | 773,135 | -55.3 | 640,292 |

2.2 主要财务指标 单位:元

| 项目 | 2003年 | 2002年 | 本年比上年增减(%) | 2001年 |
|---|---|---|---|---|
| 每股收益 | 0.19 | 0.06 | 216.7 | 0.11 |
| 净资产收益率(%) | 9.62 | 3.57 | 169.5 | 6.41 |
| 扣除非经常性损益的净利润为基础计算的净资产收益率(%) | 10.54 | 3.98 | 164.8 | 7.5 |
| 每股经营活动产生的现金流量净额 | 0.13 | 0.29 | 55.2 | 0.24 |
| 项目 | 2003年末 | 2002年末 | 本年末比上年末增减(%) | 2001年末 |
| 每股净资产 | 1.97 | 1.78 | 10.7 | 1.77 |
| 调整后的每股净资产 | 1.96 | 1.77 | 10.7 | 1.76 |

## 600390 金瑞新材料科技股份有限公司

### 二〇〇三年年度报告摘选

#### 1.上市公司基本情况简介

1.1 基本情况简介

股票简称:金瑞科技 股票代码:600390 上市交易所:上海证券交易所
注册地址和办公地址:湖南省长沙市岳麓区麓山南路1号 邮政编码:410012
公司国际互联网网址:www.king－ray.com www.king－ray.com.cn
电子信箱:Kingray@public.cs.hn.cn

1.2 联系人和联系方式

董事会秘书:刘丹 联系地址:湖南省长沙市岳麓区麓山南路1号
电话:0731－8657400 传真:0731－8711158 电子信箱:liudan@crimm.cn
证券事务代表:李淼 联系地址:湖南省长沙市岳麓区麓山南路1号
电话:0731－8657382 传真:0731－8711158 电子信箱:limiao@crimm.cn

#### 2.会计数据和财务指标摘要

2.1 主要会计数据 单位:元

| | 2003年 | 2002年 | 本年比上年增减(%) | 2001年 |
|---|---|---|---|---|
| 主营业务收入 | 382,916,396.37 | 255,374,266.71 | 49.94 | 225,675,360.89 |
| 利润总额 | －6,297,225.66 | 17,777,930.52 | －135.42 | 28,639,324.76 |
| 净利润 | －5,925,830.64 | 15,610,104.31 | －137.96 | 25,303,442.87 |
| 扣除非经常性损益的净利润 | －9,371,573.31 | 14,906,545.67 | －162.87 | 24,946,132.80 |
| | 2003年末 | 2002年末 | 本年末比上年末增减(%) | 2001年末 |
| 总资产 | 1,163,090,658.60 | 929,097,548.22 | 25.18 | 863,575,587.75 |
| 股东权益(不含少数股东权益) | 693,174,161.57 | 698,630,710.79 | －0.78 | 698,386,645.36 |
| 经营活动产生的现金流量净额 | －14,508,051.02 | －1,301,186.90 | －－ | －32,806,909.22 |

2.2 主要财务指标 单位:元

| | 2003年 | 2002年 | 本年比上年增减(%) | 2001年 |
|---|---|---|---|---|
| 每股收益 | －0.06 | 0.15 | －140.00 | 0.24 |
| 净资产收益率(%) | －0.85 | 2.23 | －140.00 | 3.67 |
| 扣除非经常性损益的净利润为基础计算的净资产收益率(%) | －1.35 | 2.13 | －163.38 | 3.63 |
| 每股经营活动产生的现金流量净额 | －0.14 | －0.01 | 1300.00 | －0.31 |
| | 2003年末 | 2002年末 | 本年末比上年末增减(%) | 2001年末 |
| 每股净资产 | 6.50 | 6.54 | －0.61 | 6.54 |
| 调整后的每股净资产 | 6.38 | 6.38 | 0.00 | 6.43 |

## 600426 山东华鲁恒升化工股份有限公司

### 二〇〇三年年度报告摘选

#### 1.上市公司基本情况简介

1.1 基本情况简介

股票简称:华鲁恒升 股票代码:600426 上市交易所:上海证券交易所
注册地址和办公地址:山东省德州市天衢西路24号
邮政编码:253024 公司国际互联网网址:http://www.hl－hengsheng.com
电子信箱:HL600426@sina.com

1.2 联系人和联系方式

董事会秘书:董岩 联系地址:山东省德州市天衢西路24号
电话:0534－2465426 传真:0534－2465079 电子信箱:HL600426@sina.com

#### 2.会计数据和财务指标摘要

2.1 主要会计数据 单位:元

| 项目 | 2003年 | 2002年 | 本年比上年增减(%) | 2001年 |
|---|---|---|---|---|
| 主营业务收入 | 651,988,619.64 | 451,099,301.23 | 44.53 | 375,230,569.24 |
| 利润总额 | 103,559,520.78 | 61,224,324.10 | 69.15 | 44,725,657.83 |
| 净利润 | 78,760,295.92 | 45,955,077.89 | 71.39 | 33,574,820.16 |
| 扣除非经常性损益的净利润 | 80,670,779.03 | 46,371,659.62 | 73.97 | 33,372,789.67 |
| 项目 | 2003年末 | 2002年末 | 本年末比上年末增减(%) | 2001年末 |
| 总资产 | 1,602,659,128.82 | 896,465,361.14 | 78.78 | 447,527,676.21 |
| 股东权益(不含少数股东权益) | 636,776,441.17 | 578,056,145.59 | 10.16 | 220,218,048.47 |
| 经营活动产生的现金流量净额 | 29,727,854.50 | 49,477,356.44 | －39.92 | 44,584,781.49 |

2.2 主要财务指标 单位:元

| 项目 | 2003年 | 2002年 | 本年比上年增减(%) | 2001年 |
|---|---|---|---|---|
| 每股收益 | 0.472 | 0.275 | 71.64 | 0.31 |
| 每股收益 | 0.472 | 0.335 | 40.90 | 0.31 |
| 净资产收益率(%) | 12.76 | 11.70 | 9.06 | 16.50 |
| 扣除非经常性损益的净利润为基础计算的净资产收益率(%) | 13.07 | 11.80 | 10.76 | 16.40 |
| 每股经营活动产生的现金流量净额 | 0.18 | 0.30 | －40 | 0.42 |
| 项目 | 2003年末 | 2002年末 | 本年末比上年末增减(%) | 2001年末 |
| 每股净资产 | 3.81 | 3.46 | 10.12 | 2.06 |
| 调整后的每股净资产 | 3.81 | 3.46 | 10.12 | 2.06 |

## 600621 上海金陵股份有限公司

### 二〇〇三年年度报告摘选

#### 1.上市公司基本情况简介

1.1 基本情况简介

股票简称:上海金陵 股票代码:600621 上市交易所:上海证券交易所
注册地址:上海浦东杨高南路475－483号
办公地址:上海福州路666号26F 邮政编码:200001
公司国际互联网网址:http://www..jin－ling.com
电子信箱:jin－ling@online.sh.cn

1.2 联系人和联系方式

董事会秘书:陈炳良 联系地址:上海福州路666号26F
电话:021－63222658 传真:021－63502688 电子信箱:cbl@jin－ling.com

#### 2.会计数据和财务指标摘要

2.1 主要会计数据 单位:元

| | 2003年 | 2002年 | 本年比上年增减(%) | 2001年 |
|---|---|---|---|---|
| 主营业务收入 | 944,374,266.69 | 835,407,027.27 | 13.04 | 904,430,571.52 |
| 利润总额 | 89,178,895.14 | 88,079,382.68 | 1.25 | －118,765,856.69 |
| 净利润 | 72,096,132.72 | 72,037,097.40 | 0.08 | －126,165,071.23 |
| 扣除非经常性损益的净利润 | 51,730,298.52 | 43,428,176.09 | 19.12 | 32,037,215.77 |
| | 2003年末 | 2002年末 | 本年末比上年末增减(%) | 2001年末 |
| 总资产 | 1,674,498,483.09 | 1,319,667,610.56 | 20.32 | 1,410,571,873.20 |
| 股东权益(不含少数股东权益) | 929,770,082.70 | 910,221,670.64 | 2.15 | 838,184,573.24 |
| 经营活动产生的现金流量净额 | 216,651,297.13 | 87,717,790.23 | 146.99 | 198,044,140.02 |

2.2 主要财务指标 单位:元

| | 2003年 | 2002年 | 本年比上年增减(%) | 2001年 |
|---|---|---|---|---|
| 每股收益 | 0.1376 | 0.1375 | 0.07 | －0.2407 |
| 净资产收益率(%) | 7.75 | 7.91 | －2.02 | －15.05 |
| 扣除非经常性损益的净利润为基础计算的净资产收益率(%) | 5.56 | 4.77 | 16.56 | 3.82 |
| 每股经营活动产生的现金流量净额 | 0.4134 | 0.1674 | 146.99 | 0.3779 |
| | 2003年末 | 2002年末 | 本年末比上年末增减(%) | 2001年末 |
| 每股净资产 | 1.77 | 1.74 | 1.72 | 1.60 |
| 调整后的每股净资产 | 1.64 | 1.61 | 1.86 | 1.50 |

## 600697 长春欧亚集团股份有限公司

### 二〇〇三年年度报告摘选

#### 1.上市公司基本情况简介

1.1 基本情况简介

股票简称:欧亚集团 股票代码:600697 上市交易所:上海证券交易所
注册地址和办公地址:长春市工农大路1128号 邮政编码:130021
公司国际互联网网址:www.cn－eurasiagroup.com 电子信箱:ouya@public.cc.jl.cn

1.2 联系人和联系方式

董事会秘书:席汝珍 联系地址:长春市工农大路1128号
电话:0431－5620053 传真:0431－5666517 电子信箱:ouya@public.cc.jl.cn

#### 2.会计数据和财务指标摘要

2.1 主要会计数据 单位:元

| 项目 | 2003年 | 2002年 | 本年比上年增减(%) | 2001年 |
|---|---|---|---|---|
| 主营业务收入 | 695,410,389.68 | 655,923,778.20 | 6.02 | 613,889,604.32 |
| 利润总额 | 51,532,641.11 | 49,014,595.97 | 5.14 | 46,222,770.73 |
| 净利润 | 37,119,482.81 | 31,827,419.05 | 16.63 | 38,367,541.15 |
| 扣除非经常性损益的净利润 | 37,406,194.58 | 30,061,587.31 | 24.43 | 39,823,564.30 |
| 项目 | 2003年末 | 2002年末(调整后) | 本年末比上年末调整后增减(%) | 2001年末(调整后) |
| 总资产 | 958,157,569.37 | 728,856,630.77 | 31.46 | 718,229,218.44 |
| 股东权益(不含少数股东权益) | 587,801,050.40 | 452,467,687.61 | 29.91 | 445,553,687.30 |
| 经营活动产生的现金流量净额 | 88,745,115.14 | 79,862,400.56 | 11.12 | 77,610,227.25 |

2.2 主要财务指标 单位:元

| 项目 | 2003年 | 2002年 调整后 | 2002年 调整前 | 本年比上年调整后增减(%) | 2001年 调整后 | 2001年 调整前 |
|---|---|---|---|---|---|---|
| 每股收益(摊薄) | 0.261 | 0.259 | 0.259 | 0.77 | 0.313 | 0.313 |
| 每股收益(加权) | 0.277 | 0.259 | 0.259 | 6.95 | 0.313 | 0.313 |
| 净资产收益率%(摊薄) | 6.31 | 7.03 | 7.44 | －10.24 | 8.61 | 9.11 |
| 净资产收益率%(加权) | 6.84 | 6.90 | 7.28 | －0.87 | 8.50 | 8.99 |
| 扣除非经常性损益的净利润为基础计算的加权平均净资产收益率(%) | 6.89 | 6.51 | 6.88 | 5.84 | 8.82 | 9.33 |
| 每股经营活动产生的现金流量净额 | 0.624 | 0.651 | 0.651 | －4.15 | 0.632 | 0.632 |
| | 2003年末 | 2002年末 调整后 | 2002年末 调整前 | 本年末比上年末调整后增减(%) | 2001年末 调整后 | 2001年末 调整前 |
| 每股净资产 | 4.13 | 3.69 | 3.49 | 11.92 | 3.63 | 3.43 |
| 调整后的每股净资产 | 4.114 | 3.66 | 3.46 | 12.40 | 3.58 | 3.38 |

# 600731 湖南海利化工股份有限公司

## 二〇〇三年年度报告摘选

### 1.上市公司基本情况简介

1.1 基本情况简介

股票简称:湖南海利 股票代码:600731 上市交易所:上海证券交易所

注册地址和办公地址:湖南省长沙市芙蓉中路二段251号 邮政编码:410007

公司国际互联网网址:http://www.hnhlc.com 电子信箱:hnhlzq01@public.cs.hn.cn

1.2 联系人和联系方式

董事会秘书:丁民 联系地址:湖南省长沙市芙蓉中路二段251号

电话:0731-5552484 传真:0731-5540475 电子信箱:dinmin@163.net

证券事务代表:杨雄辉 联系地址:湖南省长沙市芙蓉中路二段251号

电话:0731-5533493-1821 传真:0731-5540475 电子信箱:xhyang@public.cs.hn.cn

### 2.会计数据和财务指标摘要

2.1 主要会计数据 单位:人民币元

| 项 目 | 2003年 | 2002年 | 本年比上年增减(%) | 2001年 |
|---|---|---|---|---|
| 主营业务收入 | 388,171,643.67 | 345,212,881.84 | 12.44 | 300,386,408.37 |
| 利润总额 | 22,256,199.32 | 34,189,579.13 | -34.9 | 27,583,531.65 |
| 净利润 | 15,000,145.86 | 27,462,176.59 | -45.38 | 21,840,462.17 |
| 扣除非经常性损益后的净利润 | 15,147,878.81 | 28,359,423.82 | -46.56 | 20,476,779.85 |
| 项 目 | 2003年末 | 2002年末 | 本年末比上年末增减(%) | 2001年末 |
| 总资产 | 1,222,079,531.83 | 924,466,556.19 | 32.19 | 916,416,963.83 |
| 股东权益(不含少数股东权益) | 584,417,120.41 | 454,958,735.61 | 28.46 | 432,174,982.54 |
| 经营活动产生的现金流量净额 | 74,137,063.81 | 27,949,690.26 | 165.25 | 2,179,725.89 |

2.2 主要财务指标 单位:人民币元

| 项 目 | | 2003年 | 2002年本年比上年增减(%) | 2001年 |
|---|---|---|---|---|
| 每股收益 | 0.059 | 0.117 | -49.57 | 0.093 |
| 每股收益(加权) | 0.061 | 0.117 | -47.86 | 0.093 |
| 净资产收益率(%) | 2.57 | 6.04 | -57.45 | 5.05 |
| 扣除非经常性损益的净利润为基础计算的净资产收益率(摊薄)(%) | 2.59 | 6.23 | -58.43 | 4.77 |
| 每股经营活动产生的现金流量净额 | | | | |
| 项 目 | 2003年末 | 2002年末 | 本年末比上年末增减(%) | 2001年末 |
| 每股净资产 | 2.28 | 1.95 | 16.92 | 1.85 |
| 调整后的每股净资产 | 2.197 | 1.90 | 15.63 | 1.80 |

# 600789 山东鲁抗医药股份有限公司

## 二〇〇三年年度报告摘选

### 1.上市公司基本情况简介

1.1 基本情况简介

股票简称:鲁抗医药 股票代码:600789 上市交易所:上海证券交易所

注册地址和办公地址:山东省济宁市太白楼西路173号 邮政编码:272021

公司国际互联网网址:http://www.lkpc.com 电子信箱:zqb@lkpc.com

1.2 联系人和联系方式

董事会秘书:田立新 联系地址:山东省济宁市太白楼西路173号公司董事会秘书处

电话:0537-2983174 传真:0537-2983097 电子信箱:tlx600789@163.com

证券事务代表:王德泉 联系地址:山东省济宁市太白楼西路173号公司董事会秘书处

电话:0537-2983097 传真:0537-2983097 电子信箱:wdq801@sina.com

### 2.会计数据和业务数据摘要

2.1 主要会计数据 单位:元

| | 2003年 | 2002年调整后 | 本年比上年增减(%) | 2001年 |
|---|---|---|---|---|
| 主营业务收入 | 974,193,121.35 | 1,039,480,479.00 | -6.28 | 771,137,423.89 |
| 利润总额 | 78,410,253.98 | 121,251,847.86 | -35.34 | 81,994,231.14 |
| 净利润 | 54,120,154.62 | 96,452,818.11 | -43.89 | 70,460,242.86 |
| 扣除非经常性损益的净利润 | 65,051,236.05 | 82,684,785.57 | -21.33 | 56,967,040.83 |
| | 2003年末 | 2002年末 | 本年末比上年末增减(%) | 2001年末 |
| 总资产 | 2,696,537,512.88 | 2,393,698,628.36 | 12.66 | 2,405,011,588.93 |
| 股东权益(不含少数股东权益) | 1,614,900,300.75 | 1,257,506,420.24 | 28.42 | 1,161,735,481.31 |
| 经营活动产生的现金流量净额 | 167,421,082.93 | 315,589,769.71 | -46.95 | 270,430,098.30 |

2.2 主要财务指标 单位:元

| | 2003年 | 2002年调整后 | 本年比上年增减(%) | 2001年 |
|---|---|---|---|---|
| 每股收益 | 0.13 | 0.26 | -50.00 | 0.19 |
| 净资产收益率(%) | 3.35 | 7.67 | -56.33 | 6.07 |
| 扣除非经常性损益的净利润为基础计算的净资产收益率(%) | 4.03 | 6.58 | -38.76 | 4.93 |
| 每股经营活动产生的现金流量净额 | 0.41 | 0.87 | -52.88 | 0.74 |
| | 2003年末 | 2002年末 | 本年末比上年末增减(%) | 2001年末 |
| 每股净资产 | 3.92 | 3.45 | 13.63 | 3.18 |
| 调整后的每股净资产 | 3.92 | 3.44 | 13.96 | 3.17 |

## 3月13日

# 000430 张家界旅游开发股份有限公司

## 二〇〇三年年度报告摘选

### 1.上市公司基本情况简介

1.1 基本情况简介

股票简称:张家界 股票代码:000430 上市交易所:深圳证券交易所

注册地址:湖南省张家界市南庄坪1号花园

办公地址:湖南省长沙市芙蓉中路海东青大厦20楼 邮政编码:410005

电子信箱:sz000430@hotmail.com

1.2 联系人和联系方式

董事会秘书:王安祺 联系地址:长沙市芙蓉中路海东青大厦20楼(410005)

电话:0731-4331165 传真:0731-4331165 电子信箱:anqiwang@hotmail.com

### 2.会计数据和财务指标摘要

2.1 主要会计数据 单位:(人民币)元

| | 2003年(本年) | 2002年(上年) | 本年比上年增减 | 2001年 |
|---|---|---|---|---|
| 主营业务收入 | 82,250,657.38 | 76,401,897.11 | 7.66% | 49,462,099.73 |
| 利润总额 | 19,489,211.81 | 18,662,915.10 | 4.43% | 17,270,600.19 |
| 净利润 | 17,242,208.76 | 15,368,352.48 | 12.19% | 17,002,946.47 |
| 扣除非经常性损益的净利润 | 16,423,448.19 | 15,140,678.54 | 8.47% | 3,815,236.89 |
| | 2003年末(本年末) | 2002年末(上年末) | 本年末比上年末增减 | 2001年末 |
| 总资产 | 418,891,188.51 | 374,046,341.80 | 11.99% | 352,486,489.10 |
| 股东权益(不含少数股东权益) | 237,560,331.41 | 220,167,919.48 | 7.90% | 208,033,420.98 |
| 经营活动产生的现金流量净额 | 39,964,338.60 | 39,090,619.45 | 2.24% | 153,576,085.18 |

2.2 主要财务指标 单位:(人民币)元

| | 2003年(本年) | 2002年(上年) | 本年比上年增减 | 2001年 |
|---|---|---|---|---|
| 每股收益 | 0.09 | 0.08 | 11.90% | 0.09 |
| 每股收益(如果股本变化,按新股本计算) | 0.09 | -- | -- | -- |
| 净资产收益率 | 7.26% | 6.98% | 4.01% | 9.26% |
| 扣除非经常性损益的净利润为基础计算的净资产收益率 | 7.19% | 7.01% | 2.57% | 3.09% |
| 每股经营活动产生的现金流量净额 | 0.22 | 0.21 | 2.35% | 0.83 |
| | 2003年末(本年末) | 2002年末(上年末) | 本年末比上年末增减 | 2001年末 |
| 每股净资产 | 1.29 | 1.20 | 7.83% | 1.13 |
| 调整后的每股净资产 | 1.26 | 1.12 | 12.50% | 1.05 |

# 000593 四川宝光药业科技开发股份有限公司

## 二〇〇三年年度报告摘选

### 1.上市公司基本情况简介

1.1 基本情况简介

股票简称:宝光药业 股票代码:000593 上市交易所:深圳证券交易所

注册地址和办公地址:四川省成都市建设路55号 邮政编码:610051

电子信箱:hldb@mail.sc.cninfo.net

1.2 联系人和联系方式

董事会秘书:郑蜀闽 联系地址:四川省成都市建设路55号

电话:028-84312393 传真:028-84321499 电子信箱:hldb@mail.sc.cninfo.net

### 2.会计数据和财务指标摘要

2.1 主要会计数据 单位:(人民币)元

| | 2003年(本年) | 2002年(上年) | | 本年比上年增减 | 2001年 | |
|---|---|---|---|---|---|---|
| | | 调整后 | 调整前 | | 调整后 | 调整前 |
| 主营业务收入 | 127,800,566.13 | 204,231,593.75 | 204,231,593.75 | -37.42% | 319,158,689.51 | 319,158,689.51 |
| 利润总额 | 4,435,007.50 | -35,576,199.13 | -33,722,084.13 | -- | 13,113,056.36 | 14,586,031.29 |
| 净利润 | 4,446,106.46 | -35,904,221.94 | -34,050,106.94 | -- | 10,875,128.27 | 12,183,777.10 |
| 扣除非经常性损益的净利润 | -7,429,112.79 | -33,599,874.32 | -31,745,759.32 | -- | 11,264,622.83 | 11,589,657.34 |
| | 2003年末(本年末) | 2002年末(上年末) | | 本年末比上年末增减 | 2001年末 | |
| | | 调整后 | 调整前 | | 调整后 | 调整前 |
| 总资产 | 582,972,508.86 | 507,719,988.63 | 509,574,103.63 | 14.82% | 542,713,795.44 | 544,451,018.15 |
| 股东权益(不含少数股东权益) | 275,430,554.69 | 270,911,270.97 | 272,765,385.97 | 1.67% | 305,218,483.27 | 306,321,634.53 |
| 经营活动产生的现金流量净额 | 21,605,248.58 | 3,487,456.08 | 3,487,456.08 | 519.51% | -2,312,082.66 | -2,312,082.66 |

2.2 主要财务指标 单位:(人民币)元

| | 2003年(本年) | 2002年(上年) | | 本年比上年增减 | 2001年 | |
|---|---|---|---|---|---|---|
| | | 调整后 | 调整前 | | 调整后 | 调整前 |
| 每股收益 | 0.02 | -0.19 | -0.18 | -- | 0.06 | 0.07 |
| 每股收益(如果股本变化,按新股本计算) | 0.02 | -- | -0.18 | -- | -- | 0.07 |
| 净资产收益率 | 1.61% | -13.25% | -12.48% | -- | 3.56% | 3.98% |
| 扣除非经常性损益的净利润为基础计算的净资产收益率 | -2.78% | -11.65% | -10.97% | -- | 3.72% | 4.17% |
| 每股经营活动产生的现金流量净额 | 0.11 | 0.02 | 0.02 | 533.33% | -0.01 | -0.01 |
| | 2003年末(本年末) | 2002年末(上年末) | | 本年末比上年末增减 | 2001年末 | |
| | | 调整后 | 调整前 | | 调整后 | 调整前 |
| 每股净资产 | 1.45 | 1.42 | 1.43 | 1.62% | 1.76 | 1.77 |
| 调整后的每股净资产 | 1.42 | 1.41 | 1.42 | 0.78% | 1.75 | 1.75 |

## 000661 长春高新技术产业(集团)股份有限公司

### 二〇〇三年年度报告摘选

#### 1.上市公司基本情况简介

1.1 基本情况简介

股票简称:长春高新 股票代码:000661 上市交易所:深圳证券交易所
注册地址和办公地址:长春市同志街64号火炬大厦5层 邮政编码:130021
公司国际互联网网址:http://www.cchn.com.cn 电子信箱:cchn@public.cc.jl.cn

1.2 联系人和联系方式

董事会秘书:周伟群 联系地址:长春市同志街64号火炬大厦5层
电话:0431－5666367 传真:0431－5675390 电子信箱:cchn@public.cc.jl.cn
证券事务代表:焦敏、刘思 联系地址:长春市同志街64号火炬大厦5层
电话:0431－5666367 传真:0431－5675390 电子信箱:cchn@public.cc.jl.cn

#### 2.会计数据和财务指标摘要

2.1 主要会计数据 单位:(人民币)元

| | 2003年(本年) | 2002年(上年) | 本年比上年增减 | 2001年 |
|---|---|---|---|---|
| 主营业务收入 | 424,125,258.66 | 445,802,442.39 | －4.86% | 406,812,622.16 |
| 利润总额 | －98,644,284.30 | 18,253,446.78 | －640.41% | 23,765,322.80 |
| 净利润 | －108,164,282.59 | 2,136,485.65 | －5162.72% | 4,352,968.06 |
| 扣除非经常性损益的净利润 | －90,470,429.60 | 1,353,885.79 | －6782.28% | 4,445,397.37 |
| | 2003年末(本年末) | 2002年末(上年末) | 本年末比上年末增减 | 2001年末 |
| 总资产 | 1,551,106,402.17 | 1,221,369,602.50 | 27.00% | 1,259,907,493.84 |
| 股东权益(不含少数股东权益) | 347,034,818.26 | 455,177,540.16 | －23.76% | 451,443,819.71 |
| 经营活动产生的现金流量净额 | －81,160,807.64 | 14,822,052.77 | －647.57% | 2,574,007.72 |

2.2 主要财务指标单位:(人民币)元

| | 2003年(本年) | 2002年(上年) | 本年比上年增减 | 2001年 |
|---|---|---|---|---|
| 每股收益 | －0.82 | 0.02 | －5250.00% | 0.03 |
| 每股收益(如果股本变化,按新股本计算 | －0.82 | －－ | －－ | －－ |
| 净资产收益率 | －31.17% | 0.47% | －6731.91% | 0.96% |
| 扣除非经常性损益的净利润为基础计算的净资产收益率 | －26.07% | 0.29% | －9089.66% | 0.98% |
| 每股经营活动产生的现金流量净额 | －0.62 | 0.11 | －646.90% | 0.20 |
| | 2003年末(本年末) | 2002年末(上年末) | 本年末比上年末增减(%) | 2001年末 |
| 每股净资产 | 2.64 | 3.47 | －23.74% | 3.44 |
| 调整后的每股净资产 | 2.59 | 3.26 | －20.55% | 3.24 |

## 000729 北京燕京啤酒股份有限公司

### 二〇〇三年年度报告摘选

#### 1.上市公司基本情况简介

1.1 基本情况简介

股票简称:燕京啤酒 股票代码:000729 上市交易所:深圳证券交易所
注册地址和办公地址:北京市顺义区双河路九号 邮政编码:101300
公司国际互联网网址:http://www.yanjing.com.cn
电子信箱:securities@yanjing.com.cn

1.2 联系人和联系方式

董事会秘书:刘翔宇 联系地址:北京市顺义区双河路9号
电话:010－89490729 传真:010－89495569
电子信箱:securities@yanjing.com.cn
证券事务代表:徐月香 联系地址:北京市顺义区双河路9号
电话:010－89490729 传真:010－89495569
电子信箱:securities@yanjing.com.cn

#### 2.会计数据和财务指标摘要

2.1 主要会计数据 单位:元

| | 2003年 | 2002年 | 本年比上年增减(%) | 2001年 |
|---|---|---|---|---|
| 主营业务收入 | 3,427,720,856.45 | 2,767,375,901.47 | 23.86 | 2,287,881,488.37 |
| 利润总额 | 337,476,537.69 | 235,400,515.22 | 43.36 | 318,023,710.36 |
| 净利润 | 241,927,995.19 | 201,178,466.09 | 20.26 | 285,693,547.42 |
| 扣除非经常性损益的净利润 | 240,731,728.08 | 209,034,029.61 | 15.16 | 277,747,259.50 |
| | 2003年末 | 2002年末 | 本年末比上年末增减(%) | 2001年末 |
| 总资产 | 6,010,046,216.14 | 5,512,741,864.96 | 9.02 | 4,396,862,671.86 |
| 股东权益(不含少数股东权益) | 3,953,454,941.53 | 3,789,974,769.03 | 4.31 | 3,587,796,302.94 |
| 经营活动产生的现金流量净额 | 755,679,216.18 | 431,055,572.13 | 75.31 | 132,947,032.49 |

2.2 主要财务指标

单位:元

| | 2003年 | 2002年 | 本年比上年增减(%) | 2001年 |
|---|---|---|---|---|
| 每股收益 | 0.362 | 0.301 | 20.27 | 0.428 |
| 净资产收益率(摊薄) | 6.12 | 5.42 | 12.92 | 7.96 |
| 净资产收益率(加权) | 6.26 | 5.45 | 14.68 | 7.98 |
| 扣除非经常性损益的净利润为基础计算的摊薄净资产收益率 | 6.09 | 5.63 | 8.17 | 7.74 |
| 每股经营活动产生的现金流量净额 | 1.13 | 0.65 | 73.85 | 0.20 |
| | 2003年末 | 2002年末 | 本年末比上年末增减(%) | 2001年末 |
| 每股净资产 | 5.92 | 5.68 | 4.23 | 5.38 |
| 调整后的每股净资产 | 5.88 | 5.63 | 4.44 | 5.32 |

## 000730 沈阳特种环保设备制造股份有限公司

### 二〇〇三年年度报告摘选

#### 1.上市公司基本情况简介

1.1 基本情况简介

股票简称:＊ST环保 股票代码:000730 上市交易所:深圳证券交易所
注册地址和办公地址:沈阳市沈河区热闹路134号 邮政编码:110011
公司国际互联网网址:www.hbgf.com 电子信箱:000730@vip.163.com

1.2 联系人和联系方式

董事会秘书:惠岱 联系地址:沈阳市沈河区热闹路134号
电话:024－24866901 传真:024－24866901 电子信箱:000730@vip.163.com
证券事务代表:原爱学 联系地址:沈阳市沈河区热闹路134号
电话:024－24866901 传真:024－24866901 电子信箱:000730@vip.163.com

#### 2.会计数据和财务指标摘要

2.1 主要会计数据 单位:(人民币)元

| | 2003年(本年) | 2002年(上年) | 本年比上年增减 | 2001年 |
|---|---|---|---|---|
| 主营业务收入 | 5,022,422.99 | 18,182,744.73 | －72.38% | 184,157,352.94 |
| 利润总额 | －477,390,547.42 | －104,434,592.78 | －－ | 3,778,585.66 |
| 净利润 | －455,005,039.18 | －93,735,431.42 | －－ | －6,157,420.53 |
| 扣除非经常性损益的净利润 | －139,476,669.57 | －148,662,521.39 | －－ | －5,974,911.52 |
| | 2003年末(本年末) | 2002年末(上年末) | 本年末比上年末增减 | 2001年末 |
| 总资产 | 917,541,020.07 | 1,300,247,636.96 | －29.43% | 1,384,380,656.85 |
| 股东权益(不含少数股东权益) | 72,200,367.31 | 510,564,309.86 | －85.86% | 580,940,837.91 |
| 经营活动产生的现金流量净额 | －5,000,258.61 | 137,950,744.71 | －103.62% | 0.00 |

2.2 主要财务指标 单位:(人民币)元

| | 2003年(本年) | 2002年(上年) | 本年比上年增减 | 2001年 |
|---|---|---|---|---|
| 每股收益 | －0.80 | －0.17 | －－ | －0.01 |
| 每股收益(如果股本变化,按新股本计算) | －0.80 | －－ | －－ | －－ |
| 净资产收益率 | －630.20% | －18.40% | －－ | －1.05% |
| 扣除非经常性损益的净利润为基础计算的净资产收益率 | －1.93% | －0.29% | －－ | 0.01% |
| 每股经营活动产生的现金流量净额 | －0.01 | 0.24 | －103.69% | －0.33 |
| | 2003年末(本年末) | 2002年末(上年末) | 本年末比上年末增减 | 2001年末 |
| 每股净资产 | 0.13 | 0.90 | －85.85% | 1.03 |
| 调整后的每股净资产 | 0.13 | 0.90 | －85.85% | 1.03 |

## 000801 四川湖山电子股份有限公司

### 二〇〇三年年度报告摘选

#### 1.上市公司基本情况简介

1.1 基本情况简介

股票简称:＊ST湖山 股票代码:000801 上市交易所:深圳证券交易所
注册地址:四川省绵阳市华兴西路一号
办公地址:绵阳市长虹大道中段53号 邮政编码:621000
公司国际互联网网址:http://www.china－hushan.com

1.2 联系人和联系方式

董事会秘书:陈禹 联系地址:四川省绵阳市长虹大道中段53号
电话:0816－2312421 传真:0816－2336335 电子信箱:cy.rain@263.net

#### 2.会计数据和财务指标摘要

2.1 主要会计数据 单位:(人民币)元

| | 2003年(本年) | 2002年(上年) | 本年比上年增减 | 2001年 |
|---|---|---|---|---|
| 主营业务收入 | 75,243,766.75 | 41,308,258.88 | 82.15% | 41,573,809.41 |
| 利润总额 | 4,731,047.39 | －24,520,750.81 | －－ | －34,458,946.49 |
| 净利润 | 4,677,289.16 | －24,329,822.25 | －－ | －34,109,880.42 |
| 扣除非经常性损益的净利润 | 4,582,377.97 | －23,699,221.85 | －－ | －30,468,374.77 |
| | 2003年末(本年末) | 2002年末(上年末) | 本年末比上年末增减 | 2001年末 |
| 总资产 | 174,810,336.88 | 192,505,183.18 | －9.19% | 211,758,750.60 |
| 股东权益(不含少数股东权益) | 116,363,857.76 | 110,068,636.78 | 5.72% | 133,054,974.73 |
| 经营活动产生的现金流量净额 | 25,699,756.98 | －3,356,136.36 | －－ | 1,255,139.04 |

2.2 主要财务指标 单位:(人民币)元

| | 2003年(本年) | 2002年(上年) | 本年比上年增减(%) | 2001年 |
|---|---|---|---|---|
| 每股收益 | 0.04 | －0.18 | －－ | －0.26 |
| 每股收益(如果股本变化,按新股本计算) | 0.04 | －－ | －－ | －－ |
| 净资产收益率 | 4.02% | －22.10% | －－ | －25.64% |
| 扣除非经常性损益的净利润为基础计算的净资产收益率 | 3.93% | －21.53% | －－ | －22.90% |
| 每股经营活动产生的现金流量净额 | 0.20 | －0.03 | －－ | 0.01 |
| | 2003年末(本年末) | 2002年末(上年末) | 本年末比上年末增减 | 2001年末 |
| 每股净资产 | 0.88 | 0.83 | 5.64% | 1.01 |
| 调整后的每股净资产 | 0.82 | 0.74 | 10.81% | 0.95 |

## 000876 四川新希望农业股份有限公司

### 二〇〇三年年度报告摘选

#### 1.上市公司基本情况简介

1.1 基本情况简介

股票简称:新希望 股票代码:000876 上市交易所:深圳证券交易所
注册地址:四川省绵阳国家高新技术产业开发区
办公地址:四川省成都市新开街 1 号金竹大厦 邮政编码:610016
公司国际互联网网址:http://www.newhopegroup.com
电子信箱:dongshiban@newhope.sina.net

1.2 联系人和联系方式

董事会秘书:曾勇 联系地址:成都市新开街 1 号金竹大厦四楼
电话:028-86666298、82870867 传真:028-86673344
电子信箱:zengyong@newhope.sina.net
证券事务代表:王世熔 联系地址:成都市新开街 1 号金竹大厦四楼
电话:028-82870886 传真:028-86675544
电子信箱:wangshirong@newhope.sina.net

#### 2.会计数据和财务指标摘要

2.1 主要会计数据 单位:(人民币)元

| | 2003 年(本年) | 2002 年(上年) | 本年比上年增减 | 2001 年 |
|---|---|---|---|---|
| 主营业务收入 | 1,985,956,448.16 | 1,140,789,790.41 | 74.09% | 755,304,496.81 |
| 利润总额 | 170,853,243.48 | 135,974,655.26 | 25.65% | 96,814,187.17 |
| 净利润 | 124,348,456.05 | 119,754,369.57 | 3.84% | 84,303,073.82 |
| 扣除非经常性损益的净利润 | 121,458,275.59 | 119,158,653.97 | 1.93% | 77,835,361.97 |
| | 2003 年末(本年末) | 2002 年末(上年末) | 本年末比上年末增减 | 2001 年末 |
| 总资产 | 3,236,111,660.61 | 2,308,534,859.94 | 40.18% | 1,453,675,858.50 |
| 股东权益(不含少数股东权益) | 1,381,196,519.94 | 1,162,683,178.67 | 18.79% | 1,030,501,436.54 |
| 经营活动产生的现金流量净额 | -46,831,498.09 | 146,775,628.53 | -131.91% | 124.112,883.52 |

2.2 主要财务指标 单位:(人民币)元

| | 2003 年(本年) | 2002 年(上年) | 本年比上年增减 | 2001 年 |
|---|---|---|---|---|
| 每股收益 | 0.39 | 0.38 | 3.68% | 0.43 |
| 每股收益(如果股本变化,按新股本计算) | 0.39 | -- | -- | -- |
| 净资产收益率 | 9.00% | 10.30% | -12.62% | 8.18% |
| 扣除非经常性损益的净利润为基础计算的净资产收益率 | 8.79% | 10.38% | -15.32% | 7.95% |
| 每股经营活动产生的现金流量净额 | -0.15 | 0.47 | -131.87% | 0.64 |
| | 2003 年末(本年末) | 2002 年末(上年末) | 本年末比上年末增减 | 2001 年末 |
| 每股净资产 | 4.38 | 3.69 | 18.79% | 5.31 |
| 调整后的每股净资产 | 4.28 | 3.63 | 17.94% | 5.28 |

## 000938 清华紫光股份有限公司

### 二〇〇三年年度报告摘选

#### 1.上市公司基本情况简介

1.1 基本情况简介

股票简称:清华紫光 股票代码:000938 上市交易所:深圳证券交易所
注册地址和办公地址:北京市海淀区清华大学紫光大楼 邮政编码:100084
公司国际互联网网址:http://www.thunis.com 电子信箱:thunis@thunis.com

1.2 联系人和联系方式

董事会秘书:齐联 联系地址:北京市海淀区清华大学紫光大楼
电话:010-62770008 传真:010-62770880 电子信箱:qilian@thunis.com
证券事务代表:张蔚 联系地址:北京市海淀区清华大学紫光大楼
电话:010-62770008 传真:010-62770880 电子信箱:zw@thunis.com

#### 2.会计数据和财务指标摘要

2.1 主要会计数据 单位:元

| | 2003 年(本年) | 2002 年(上年) | 本年比上年增减 | 2001 年 |
|---|---|---|---|---|
| 主营业务收入 | 2,300,805,069.15 | 1,899,056,657.32 | 21.16% | 1,465,349,764.54 |
| 利润总额 | 28,924,337.83 | 20,953,400.08 | 38.04% | -19,808,641.35 |
| 净利润 | 21,118,577.85 | 10,020,381.25 | 110.76% | -22,924,945.12 |
| 扣除非经常性损益的净利润 | 18,094,383.53 | 2,302,170.25 | 685.97% | -46,051,575.70 |
| | 2003 年末(本年末) | 2002 年末(上年末) | 本年末比上年末增减 | 2001 年末 |
| 总资产 | 1,643,318,882.65 | 1,509,796,168.09 | 8.84% | 1,022,155,331.48 |
| 股东权益(不含少数股东权益) | 650,540,101.09 | 625,879,752.06 | 3.94% | 603,068,360.12 |
| 经营活动产生的现金流量净额 | 117,291,270.46 | -276,816,860.86 | 142.37% | 201,405,397.14 |

2.2 主要财务指标 单位:元

| | 2003 年(本年) | 2002 年(上年) | 本年比上年增减 | 2001 年 |
|---|---|---|---|---|
| 每股收益 | 0.102 | 0.049 | 110.76% | -0.111 |
| 净资产收益率(%) | 3.25 | 1.60 | 103.13% | -3.80 |
| 扣除非经常性损益的净利润为基础计算的净资产收益率(%) | 2.84 | 0.38 | 647.37% | -7.62 |
| 每股经营活动产生的现金流量净额 | 0.569 | -1.343 | 142.37% | 0.977 |
| | 2003 年末(本年末) | 2002 年末(上年末) | 本年末比上年末增减 | 2001 年末 |
| 每股净资产 | 3.157 | 3.037 | 3.95% | 2.926 |
| 调整后的每股净资产 | 3.146 | 3.019 | 4.21% | 2.848 |

## 600110 中科英华高技术股份有限公司

### 二〇〇三年年度报告摘选

#### 1.上市公司基本情况简介

1.1 基本情况简介

股票简称:中科英华 股票代码:600110 上市交易所:上海证券交易所
注册地址和办公地址:吉林省长春市高新技术开发区火炬路 286 号 邮政编码:130012
公司国际互联网网址:www.kinwa.com.cn 电子信箱:ciac@public.cc.jl.cn

1.2 联系人和联系方式

董事会秘书:黄宝育 联系地址:吉林省长春市高新技术开发区火炬路 286 号
电话:0431-5161088 传真:0431-5161003 电子信箱:Hby7007@vip.sina.com
证券事务代表:崔翔 联系地址:吉林省长春市高新技术开发区火炬路 286 号
电话:0431-5161088 传真:0431-5161071 电子信箱:ccrs@public.cc.jl.cn

#### 2.会计数据和财务指标摘要

2.1 主要会计数据 单位:元

| | 2003 年 | 2002 年 | 本年比上年增减(%) | 2001 年 |
|---|---|---|---|---|
| 主营业务收入 | 263,221,886.19 | 217,082,823.10 | 21.25 | 115,414,315.92 |
| 利润总额 | 49,977,648,68 | 54,735,004.01 | -8.69 | 55,732,505.98 |
| 净利润 | 42,789,141.00 | 51,000,808.68 | -16.10 | 50,983,367.26 |
| 扣除非经常性损益的净利润 | 41,290,402.26 | 49,895,058.03 | -17.25 | 41,651,182.08 |
| | 2003 年末 | 2002 年末 | 本年末比上年末增减(%) | 2001 年末 |
| 总资产 | 924,407,754.03 | 858,202,163.28 | 7.71 | 753,983,207.46 |
| 股东权益(不含少数股东权益) | 636,015,999.59 | 603,003,308.93 | 5.48 | 552,960,557.87 |
| 经营活动产生的现金流量净额 | 37,466,505.27 | 55,008,629.80 | -31.89 | 14,177,416.58 |

2.2 主要财务指标 单位:元

| | 2003 年 | 2002 年 | 本年比上年增减(%) | 2001 年 |
|---|---|---|---|---|
| 每股收益 | 0.128 | 0.153 | -16.34 | 0.275 |
| 净资产收益率(%) | 6.73 | 8.60 | -21.74 | 9.22 |
| 扣除非经常性损益的净利润为基础计算的净资产收益率(%) | 6.49 | 8.41 | -22.83 | 12.1 |
| 每股经营活动产生的现金流量净额 | 0.1121 | 0.1646 | -31.89 | 0.0764 |
| | 2003 年末 | 2002 年末 | 本年末比上年末增减(%) | 2001 年末 |
| 每股净资产 | 1.90 | 1.80 | 5.56 | 2.98 |
| 调整后的每股净资产 | 1.83 | 1.72 | 6.40 | 2.91 |

## 600509 新疆天富热电股份有限公司

### 二〇〇三年年度报告摘选

#### 1.上市公司基本情况简介

1.1 基本情况简介

股票简称:天富热电 股票代码:600509 上市交易所:上海证券交易所
注册地址和办公地址:新疆石河子市红星路 54 号 邮政编码:832000
公司国际互联网网址:http://www.sse.com.cn 电子信箱:tfrd.600509@163.com

1.2 联系人和联系方式

董事会秘书:许锐敏 联系地址:新疆石河子市红星路 54 号
电话:0993-2902860 传真:0993-2901728 电子信箱:tfrd.600509@163.com
证券事务代表:冯文东 联系地址:新疆石河子市红星路 54 号
电话:0993-2901128 传真:0993-2901728 电子信箱:tfrd.600509@163.com

#### 2.会计数据和财务指标摘要

2.1 主要会计数据 单位:元

| | 2003 年 | 2002 年 | 本年比上年增减(%) | 2001 年 |
|---|---|---|---|---|
| 主营业务收入 | 505,373,476.88 | 452,110,524.32 | 11.78 | 352,341,415.33 |
| 利润总额 | 62,739,487.23 | 51,353,366.96 | 22.17 | 53,234,735.49 |
| 净利润 | 60,308,282.60 | 46,667,121.46 | 29.23 | 45,460,032.54 |
| 扣除非经常性损益的净利润 | 57,046,936.05 | 42,454,370.64 | 34.37 | 46,104,842.89 |
| | 2003 年末 | 2002 年末 | 本年末比上年末增减(%) | 2001 年末 |
| 总资产 | 2,022,710,205.97 | 1,531,395,713.07 | 32.08 | 667,015,917.91 |
| 股东权益(不含少数股东权益) | 681,142,373.50 | 662,875,340.90 | 2.76 | 207,617,344.11 |
| 经营活动产生的现金流量净额 | 96,665,445.81 | 3,348.01 | 0 | 81,930,159.69 |

2.2 主要财务指标 单位:元

| | 2003 年 | 2002 年 | 本年比上年增减(%) | 2001 年 |
|---|---|---|---|---|
| 每股收益 | 0.24 | 0.28 | -14.28 | 0.42 |
| 净资产收益率(%) | 8.85 | 7.04 | 25.71 | 21.5 |
| 扣除非经常性损益的净利润为基础计算的净资产收益率(%) | 8.38 | 6.4 | 30.93 | 21.21 |
| 每股经营活动产生的现金流量净额 | 0.38 | 0 | 0 | 0.75 |
| | 2003 年末 | 2002 年末 | 本年末比上年末增减(%) | 2001 年末 |
| 每股净资产 | 2.69 | 3.92 | -31.38 | 1.9 |
| 调整后的每股净资产 | 2.69 | 3.92 | -31.38 | 1.9 |

## 600557/ 江苏康缘药业股份有限公司

### 二〇〇三年年度报告摘选

#### 1.上市公司基本情况简介

1.1 基本情况简介

股票简称:康缘药业　股票代码:600557　上市交易所:上海证券交易所
注册地址:连云港市经济技术开发区泰山北路 58 号
办公地址:连云港市新浦海昌南路 58 号　邮政编码:222001
公司国际互联网网址:www.kanion.com　电子信箱:chf@kanion.com

1.2 联系人和联系方式

董事会秘书:程凡　联系地址:连云港市新浦海昌南路 58 号
电话:0518－5521990　传真:0518－5521983　电子信箱:chf@kanion.com

#### 2.会计数据和财务指标摘要

2.1 主要会计数据　单位:万元

| | 2003 年 | 2002 年(调整后) | 本年比上年增减(%) | 2001 年 |
|---|---|---|---|---|
| 主营业务收入 | 36994.30 | 26205.66 | 41.17 | 22543.32 |
| 利润总额 | 5150.26 | 2576.90 | 99.86 | 2477.57 |
| 净利润 | 3673.74 | 2087.49 | 75.99 | 1831.82 |
| 扣除非经常性损益的净利润 | 3709.46 | 1950.02 | 90.23 | 2166.11 |
| | 2003 年末 | 2002 年末 | 本年末比上年末增减(%) | 2001 年末 |
| 总资产 | 77843.36 | 42607.23 | 82.70 | 17752.36 |
| 股东权益(不含少数股东权益) | 37044.72 | 35925.53 | 3.12 | 7230.10 |
| 经营活动产生的现金流量净额 | 1712.56 | 1115.29 | 53.55 | 2102.42 |

2.2 主要财务指标　单位:元

| | 2003 年 | 2002 年(调整后) | 本年比上年增减(%) | 2001 年 |
|---|---|---|---|---|
| 每股收益 | 0.404 | 0.23 | 75.65 | 0.35 |
| 每股收益(加权) | 0.404 | 0.34 | 18.82 | 0.35 |
| 净资产收益率(%) | 9.92 | 5.81 | 4.11 | 20.57 |
| 扣除非经常性损益的净利润为基础计算的净资产收益率(%) | 10.26 | 13.89 | －3.63 | 33.48 |
| 每股经营活动产生的现金流量净额 | 0.187 | 0.12 | 55.83 | 0.41 |
| | 2003 年末 | 2002 年末 | 本年末比上年末增减(%) | 2001 年末 |
| 每股净资产 | 4.035 | 3.91 | 3.20 | 1.40 |
| 调整后的每股净资产 | 3.936 | 3.88 | 1.44 | 1.28 |

## 600626 上海申达股份有限公司

### 二〇〇三年年度报告摘选

#### 1.上市公司基本情况简介

1.1 基本情况简介

股票简称:申达股份　股票代码:600626　上市交易所:上海证券交易所
注册地址:上海市浦东南路 3888 号
办公地址:上海市武宁南路 448 号申达大厦　邮政编码:200042
公司国际互联网网址:http://www.cnshenda.com.cn
电子信箱:shenda@public1.sta.net.cn

1.2 联系人和联系方式

董事会秘书:玛天羽　联系地址:上海市武宁南路 448 号申达大厦
电话:62319898　传真:62317250　电子信箱:brucema@shenda.com.cn
证券事务代表:张志梁　联系地址:上海市武宁南路 448 号申达大厦
电话:62319898　传真:62317250

#### 2.会计数据和财务指标摘要

2.1 主要会计数据　单位:(人民币)元

| | 2003 年 | 2002 年 | 本年比上年增减 | 2001 年 |
|---|---|---|---|---|
| 主营业务收入 | 4,961,079,435.45 | 3,842,393,591.92 | ＋29.11% | 3,125,233,764.67 |
| 利润总额 | 178,592,891.80 | 181,372,518.31 | －1.53% | 180,795,653.15 |
| 净利润 | 134,319,800.24 | 134,318,442.79 | ＋0.001% | 143,786,987.43 |
| 扣除非经常性损益后的净利润 | 99,210,130.38 | 120,760,793.17 | －17.84% | 135,192,912.41 |
| | 2003 年末 | 2002 年末 | 本年末比上年末增减 | 2001 年末 |
| 总资产 | 3,033,996,639.68 | 2,729,925,092.78 | 11.14% | 2,274,702,411.70 |
| 股东权益(不含少数股东权益)(追溯调整前) | 1,413,458,480.66 | 1,269,681,876.49 | 11.32% | 1,192,559,364.28 |
| 股东权益(不含少数股东权益)(追溯调整后) | 1,413,458,480.66 | 1,337,324,049.49 | 5.69% | 1,260,201,537.28 |
| 经营活动产生的现金流量净额 | 215,649,780.38 | 217,939,793.23 | －1.05% | 144,555,020.31 |

2.2 主要财务指标　单位:元

| | 2003 年 | 2002 年 | 本年比上年增减 | 2001 年 |
|---|---|---|---|---|
| 每股收益 | 0.397 | 0.397 | ＋0.001% | 0.425 |
| 净资产收益率(追溯调整前) | 9.50% | 10.58% | －10.21% | 12.05% |
| 净资产收益率(追溯调整后) | 9.50% | 10.04% | －5.38% | 11.41% |
| 扣除非经常性损益的净利润为基础计算的净资产收益率 | 7.21% | 9.08% | －20.59% | 12.07% |
| 每股经营活动产生的现金流量净额 | 0.638 | 0.644 | －0.93% | 0.427 |
| | 2003 年末 | 2002 年末 | 本年末比上年末增减 | 2001 年末 |
| 每股净资产 | 4.18 | 3.95 | ＋5.82% | 3.73 |
| 调整后的每股净资产 | 4.14 | 3.90 | ＋6.15% | 3.68 |

## 600792 云南马龙产业集团股份有限公司

### 二〇〇三年年度报告摘选

#### 1.上市公司基本情况简介

1.1 基本情况简介

股票简称:马龙产业　股票代码:600792　上市交易所:上海证券交易所
注册地址:云南省曲靖市马龙县王家庄镇　邮政编码:650021
办公地址:云南省昆明市人民中路 35 号阳光 A 版大厦三楼

1.2 联系人和联系方式

董事会秘书:鲜思林　电话:(0871)3018339　传真:(0871)3620178
电子信箱:xiansiling@163.com
证券事务代表:张小可　电话:(0871)3018278　传真:(0871)3620661
电子信箱:zxiaoke@sina.com

#### 2.会计数据和财务指标摘要

2.1 主要会计数据　单位:元

| | 2003 年 | 2002 年 | 本年比上年增减(%) | 2001 年 |
|---|---|---|---|---|
| 主营业务收入 | 542,918,837.38 | 162,909,230.14 | 233.26 | 80,638,328.05 |
| 利润总额 | 23,478,767.27 | 9,828,573.22 | 138.88 | －25,752,813.60 |
| 净利润 | 20,840,990.64 | 10,916,016.08 | 90.92 | －25,752,813.60 |
| 扣除非经常性损益的净利润 | 20,550,010.69 | 10,997,172.94 | 86.87 | －17,017,077.09 |
| | 2003 年末 | 2002 年末 | 本年末比上年末增减(%) | 2001 年末 |
| 总资产 | 359,216,884.52 | 256,568,353.39 | 40 | 154,594,876.93 |
| 股东权益(不含少数股东权益) | 140,667,350.16 | 101,159,236.25 | 39.06 | 70,730,603.45 |
| 经营活动产生的现金流量净额 | 40,469,460.03 | －74,503,434.39 | －－ | 12,179,632.87 |

2.2 主要财务指标　单位:元

| | 2003 年 | 2002 年 | 本年比上年增减(%) | 2001 年 |
|---|---|---|---|---|
| 每股收益 | 0.272 | 0.214 | 27.1 | －0.5 |
| 净资产收益率 | 14.92% | 10.79% | 38.27 | －36.36% |
| 扣除非经常性损益的净利润为基础计算的净资产收益率 | 17.21% | 14.43% | 19.27 | －23.79% |
| 每股经营活动产生的现金流量净额 | 0.529 | －1.46 | 1.98 元 | －0.24 |
| | 2003 年末 | 2002 年末 | 本年末比上年末增减(%) | 2001 年末 |
| 每股净资产 | 1.84 | 1.98 | －7 | 1.39 |
| 调整后的每股净资产 | 1.82 | 1.84 | －1.09 | 1.38 |

## 600820 上海隧道工程股份有限公司

### 二〇〇三年年度报告摘选

#### 1.上市公司基本情况简介

1.1 基本情况简介

股票简称:隧道股份　股票代码:600820　上市交易所:上海证券交易所
注册地址:上海市浦东新区海徐路 957 号
办公地址:上海市大连路 118 号　邮政编码:200082
公司国际互联网网址:www.stec.net　电子信箱:stecodd@sh163.net

1.2 联系人和联系方式

董事会秘书:金波　联系地址:上海市大连路 118 号
电话:021－65869999－5072　传真:021－65869227　电子信箱:sh600820@yahoo.com.cn

#### 2.会计数据和财务指标摘要

2.1 主要会计数据　单位:元

| | 2003 年 | 2002 年 | 本年比上年增减(%) | 2001 年 |
|---|---|---|---|---|
| 主营业务收入 | 5,272,538,042.55 | 4,437,128,420.74 | 18.83 | 3,973,425,764.34 |
| 利润总额 | 128,834,113.46 | 138,314,492.05 | －6.85 | 118,385,197.63 |
| 净利润 | 108,069,468.95 | 107,236,765.17 | 0.78 | 96,011,779.02 |
| 扣除非经常性损益的净利润 | 75,801,813.14 | 100,329,881.86 | －24.45 | 131,360,801.39 |
| | 2003 年末 | 2002 年末 | 本年末比上年末增减(%) | 2001 年末 |
| 总资产 | 6,942,852,927.65 | 6,139,852,434.98 | 13.08 | 5,981,804,304.91 |
| 股东权益(不含少数股东权益) | 1,755,047,813.26 | 1,646,504,133.94 | 6.59 | 1,570,003,373.23 |
| 经营活动产生的现金流量净额 | 68,267,740.89 | 808,569,847.75 | －91.56 | 231,411,098.53 |

2.2 主要财务指标　单位:元

| | 2003 年 | 2002 年 | 本年比上年增减(%) | 2001 年 |
|---|---|---|---|---|
| 每股收益 | 0.1828 | 0.1814 | 0.77 | 0.1787 |
| 每股收益(加权) | 0.1828 | －－ | －－ | －－ |
| 净资产收益率(%) | 6.318 | 6.605 | －4.35 | 8.137 |
| 扣除非经常性损益的净利润为基础计算的净资产收益率(%) | 4.432 | 6.179 | －28.27 | 11.133 |
| 每股经营活动产生的现金流量净额 | 0.1200 | 1.3678 | －91.23 | 0.4306 |
| | 2003 年末 | 2002 年末 | 本年末比上年末增减(%) | 2001 年末 |
| 每股净资产 | 2.9700 | 2.7854 | 6.63 | 2.93 |
| 调整后的每股净资产 | 2.8500 | 2.7693 | 2.91 | 2.76 |

## 600850 上海华东电脑股份有限公司

### 二〇〇三年年度报告摘选

#### 1.上市公司基本情况简介

1.1 基本情况简介

股票简称:华东电脑 股票代码:600850 上市交易所:上海证券交易所
注册地址:上海市凤阳路310号 办公地址:上海市桂林路418号 邮政编码:200233
公司国际互联网网址:www.shecc.com 电子信箱:ecczb@shecc.com

1.2 联系人和联系方式

董事会秘书:吴志明 联系地址:上海市桂林路418号
电话:021-64362789 传真:021-64700357 电子信箱:dm@shecc.com
证券事务代表:葛文斌 联系地址:上海市桂林路418号
电话:021-64368523 传真:021-64700357 电子信箱:gewenbin@shecc.com

#### 2.会计数据和业务数据摘要

2.1 主要财务数据　　单位:元

| 项目 | 2003年 | 2002年 | 本年比上年增减(%) | 2001年 |
|---|---|---|---|---|
| 主营业务收入 | 999,173,364.13 | 791,731,660.36 | 26.20 | 575,646,860.91 |
| 利润总额 | 8,343,138.72 | -22,808,662.15 | 136.58 | 17,718,161.26 |
| 净利润 | 2,656,500.25 | -29,807,608.74 | 108.91 | 14,723,025.44 |
| 扣除非经常性损益的净利润 | 3,826,356.32 | -27,358,582.24 | 113.99 | 3,207,792.92 |
| 项目 | 2003年末 | 2002年末 | 本年末比上年末增减(%) | 2001年末 |
| 总资产 | 603,015,633.78 | 544,937,117.17 | 10.66 | 525,371,421.28 |
| 股东权益(不含少数股东权益) | 201,402,355.91 | 198,745,855.66 | 1.34 | 228,536,625.47 |
| 经营活动产生的现金流量净额 | 460,914.02 | -23,842,354.53 | 101.93 | 64,435,299.96 |

2.2 主要财务指标　　单位:元

| 项目 | 2003年 | 2002年 | 本年比上年增减(%) | 2001年 |
|---|---|---|---|---|
| 每股收益 | 0.0155 | -0.1743 | 108.89 | 0.086 |
| 净资产收益率(%) | 1.32 | -15.00 | 108.80 | 6.44 |
| 扣除非经常性损益的净利润为基础计算的净资产收益率(%) | 1.91 | -12.81 | 114.91 | 1.40 |
| 每股经营活动产生的现金流量净额 | 0.0027 | -0.1394 | 101.94 | 0.38 |
| 项目 | 2003年末 | 2002年末 | 本年末比上年末增减(%) | 2001年末 |
| 每股净资产 | 1.1776 | 1.1620 | 1.34 | 1.3362 |
| 调整后的每股净资产 | 0.9977 | 0.9783 | 1.98 | 1.1728 |

## 3月15日

## 000897 天津津滨发展股份有限公司

### 二〇〇三年年度报告摘选

#### 1.上市公司基本情况简介

1.1 基本情况简介

股票简称:津滨发展 股票代码:000897 上市交易所:深圳证券交易所
注册地址和办公地址:天津经济技术开发区第一大街二号 邮政编码:300457
公司国际互联网网址:http://www.jbdc.com.cn 电子信箱:zm@teda.tj.cn

1.2 联系人和联系方式

董事会秘书:巫钢 联系地址:天津经济技术开发区第一大街二号津滨大厦九楼
电话:(022)66201301 传真:(022)66202480 电子信箱:jbdsh@starinfo.net.cn
证券事务代表:于志丹 联系地址:天津经济技术开发区第一大街二号津滨大厦九楼
电话:(022)66201301 传真:(022)66202480 电子信箱:jbdsh@starinfo.net.cn

#### 2.会计数据和财务指标摘要

2.1 主要会计数据　　单位:(人民币)元

| | 2003年(本年) | 2002年(上年) | 本年比上年增减(%) | 2001年 |
|---|---|---|---|---|
| 主营业务收入 | 480,497,394.50 | 476,730,693.38 | 0.79 | 328,199,447.30 |
| 利润总额 | 22,360,844.95 | 87,426,258.52 | -74.42 | 68,200,034.16 |
| 净利润 | 12,603,582.32 | 63,328,246.47 | -80.10 | 56,596,705.30 |
| 扣除非经常性损益的净利润 | 10,874,798.41 | 49,478,817.32 | -78.02 | 50,599,157.41 |
| | 2003年末(本年末) | 2002年末(上年末) | 本年末比上年末增减(%) | 2001年末 |
| 总资产 | 3,129,955,530.07 | 2,278,084,545.41 | 37.39 | 2,098,442,108.00 |
| 股东权益(不含少数股东权益) | 933,283,227.77 | 974,462,430.76 | -4.23 | 910,551,786.89 |
| 经营活动产生的现金流量净额 | -132,028,459.33 | -61,236,238.41 | -- | -222,715,677.24 |

2.2 主要财务指标　　单位:(人民币)元

| | 2003年(本年) | 2002年(上年) | 本年比上年增减(%) | 2001年 |
|---|---|---|---|---|
| 每股收益 | 0.03 | 0.14 | -80.11 | 0.12 |
| 每股收益(如果股本变化,按新股本计算) | 0.03 | -- | -- | -- |
| 净资产收益率(%) | 1.35 | 6.50 | -79.23 | 6.22 |
| 扣除非经常性损益的净利润为基础计算的净资产收益率(%) | 1.17 | 5.30 | -77.92 | 5.56 |
| 每股经营活动产生的现金流量净额 | -0.29 | -0.14 | -- | -0.49 |
| | 2003年末(本年末) | 2002年末(上年末) | 本年末比上年末增减(%) | 2001年末 |
| 每股净资产 | 2.06 | 2.15 | -4.23 | 2.01 |
| 调整后的每股净资产 | 2.04 | 2.13 | -4.23 | 1.98 |

## 600026 中海发展股份有限公司

### 二〇〇三年年度报告摘选

#### 1.上市公司基本情况简介

1.1 基本情况简介

股票简称:中海发展 股票代码:600026(A股)、1138(H股)
上市交易所:上海证券交易所、香港联合交易所
注册地址:中华人民共和国("中国")上海市浦东新区源深路168号
办公地址:中国上海市东大名路700号 邮政编码:200080
公司国际互联网网址:www.cnshippingdev.com 电子信箱:csd@cnshipping.com

1.2 联系人和联系方式

董事会秘书:姚巧红 联系地址:中国上海市东大名路700号1601室
电话:(86)021-65967160 传真:(86)021-65966160
电子信箱:yqh@cnshipping.com
证券事务代表:童燕 联系地址:中国上海市东大名路700号1601室
电话:(86)021-65967165 传真:(86)021-65966160
电子信箱:tongyan@cnshipping.com

#### 2.会计数据和财务指标摘要

2.1 主要会计数据　　单位:人民币千元

| | 2003年 | 2002年 | 本年比上年增减(%) | 2001年 |
|---|---|---|---|---|
| 主营业务收入 | 5,176,639 | 4,325,796 | 19.7 | 4,029,977 |
| 利润总额 | 1,154,255 | 683,562 | 68.9 | 464,125 |
| 净利润 | 982,049 | 571,919 | 71.7 | 351,297 |
| 扣除非经常性损益的净利润 | 969,514 | 570,831 | 69.8 | 338,471 |
| | 2003年末 | 2002年末 | 本年末比上年末增减(%) | 2001年末 |
| 总资产 | 9,584,546 | 9,002,401 | 6.5 | 8,836,432 |
| 股东权益(不含少数股东权益) | 7,131,158 | 6,481,694 | 10.0 | 5,084,481 |
| 经营活动产生的现金流量净额 | 1,932,058 | 1,740,589 | 11.0 | 1,482,160 |

2.2 主要财务指标　　单位:人民币元

| | 2003年 | 2002年 | 本年比上年增减(%) | 2001年 |
|---|---|---|---|---|
| 每股收益(摊薄) | 0.295 | 0.172 | 71.5 | 0.118 |
| 每股收益(加权) | 0.295 | 0.180 | 63.9 | 0.118 |
| 净资产收益率(%)(摊薄) | 13.77 | 9.30 | 48.1 | 6.91 |
| 净资产收益率(%)(加权) | 14.43 | 9.77 | 47.7 | 6.96 |
| 扣除非经常性损益的净利润为基础计算的净资产收益率(%)(摊薄) | 13.56 | 9.28 | 46.1 | 6.61 |
| 扣除非经常性损益的净利润为基础计算的净资产收益率(%)(加权) | 14.24 | 9.75 | 46.1 | 6.68 |
| 每股经营活动产生的现金流量净额 | 0.58 | 0.52 | 14.9 | 0.50 |
| | 2003年末 | 2002年末 | 本年末比上年末增减(%) | 2001年末 |
| 每股净资产 | 2.14 | 1.95 | 9.7 | 1.71 |
| 调整后的每股净资产 | 2.13 | 1.94 | 9.8 | 1.70 |

## 600333 长春燃气股份有限公司

### 二〇〇三年年度报告摘选

#### 1.上市公司基本情况简介

1.1 基本情况简介

股票简称:长春燃气 股票代码:600333 上市交易所:上海证券交易所
注册地址和办公地址:长春市延安大路3号 邮政编码:130021
公司国际互联网网址:http://www.ccrq.com
电子信箱:changchunranqi@mail.china.com

1.2 联系人和联系方式

董事会秘书:孙树怀 联系地址:长春市延安大路3号
电话:0431-5954615 传真:0431-5954665
电子信箱:shuhuai0333@vip.sina.com 证券事务代表:赵勇 联系地址:长春市延安大路3号
电话:0431-5954383 传真:0431-5954665 电子信箱:ccylm609@sina.com

#### 2.会计数据和财务指标摘要

2.1 主要会计数据　　单位:元

| | 2003年 | 2002年 | 本年比上年增减(%) | 2001年 |
|---|---|---|---|---|
| 主营业务收入 | 773864820.98 | 447439608.10 | 72.95 | 406832856.91 |
| 利润总额 | 177446630.28 | 109261293.93 | 62.41 | 102911001.16 |
| 净利润 | 146454502.52 | 90099683.05 | 62.55 | 83689357.05 |
| 扣除非经常性损益的净利润 | 146085873.20 | 93301431.46 | 56.57 | 81930742.15 |
| | 2003年末 | 2002年末 | 本年末比上年末增减(%) | 2001年末 |
| 总资产 | 1371148423.39 | 1154337715.07 | 18.78 | 1051906214.93 |
| 股东权益(不含少数股东权益) | 929560722.46 | 818764751.72 | 13.53 | 722695525.81 |
| 经营活动产生的现金流量净额 | 111594583.61 | 105807503.51 | 5.47 | 53327959.26 |

2.2 主要财务指标　　单位:元

| | 2003年 | 2002年 | 本年比上年增减(%) | 2001年 |
|---|---|---|---|---|
| 每股收益 | 0.36 | 0.22 | 63.64 | 0.35 |
| 净资产收益率(%) | 15.76 | 11.58 | 36.10 | 11.58 |
| 扣除非经常性损益的净利润为基础计算的净资产收益率(%) | 15.72 | 11.99 | 31.11 | 11.34 |
| 每股经营活动产生的现金流量净额 | 0.27 | 0.26 | 3.85 | 0.22 |
| | 2003年末 | 2002年末 | 本年末比上年末增减(%) | 2001年末 |
| 每股净资产 | 2.29 | 1.91 | 19.90 | 3.02 |
| 调整后的每股净资产 | 2.28 | 1.91 | 19.37 | 3.02 |

# 3月16日

## 000012 中国南玻集团股份有限公司

### 二〇〇三年年度报告摘选

#### 1.上市公司基本情况简介

1.1 基本情况简介

股票简称:南玻A、南玻B　股票代码:000012、200012

上市交易所:深圳证券交易所

注册地址和办公地址:中国深圳市蛇口工业六路一号南玻大厦

邮政编码:518067　公司国际互联网网址:http://www.csgholding.com

电子信箱:nbdnb@public.szptt.net.cn

1.2 联系人和联系方式

董事会秘书:吴国斌　联系地址:中国深圳市蛇口工业六路一号南玻大厦

电话:(86)755-26860666　传真:(86)755-26692755

电子信箱:szcsgcsg@public.szptt.net.cn

证券事务代表:李涛　联系地址:中国深圳市蛇口工业六路一号南玻大厦

电话:(86)755-26860666　传真:(86)755-26692755

电子信箱:szcsgcsg@public.szptt.net.cn

#### 2.会计数据和财务指标摘要

2.1 主要会计数据　单位:人民币元

| | 2003年(本年) | 2002年(上年) | 本年比上年增减 | 2001年 |
|---|---|---|---|---|
| 主营业务收入 | 1,329,818,162.00 | 1,055,401,736.00 | 26.00% | 1,039,901,119.00 |
| 利润总额 | 234,871,122.00 | 190,201,564.00 | 23.49% | 153,073,875.00 |
| 净利润 | 203,910,236.00 | 163,311,160.00 | 24.86% | 151,297,232.00 |
| 扣除非经常性损益的净利润 | 198,373,586.00 | 152,895,947.00 | 29.74% | 152,413,313.00 |
| | 2003年末(本年末) | 2002年末(上年末) | 本年末比上年末增减 | 2001年末 |
| 总资产 | 3,516,065,351.00 | 2,985,326,851.00 | 17.78% | 2,698,960,790.00 |
| 股东权益(不含少数股东权益) | 2,111,811,964.00 | 2,009,371,857.00 | 5.10% | 1,846,507,758.00 |
| 经营活动产生的现金流量净额 | 425,600,704.00 | 326,180,636.00 | 30.48% | 364,580,339.00 |

2.2 主要财务指标　单位:人民币元

| | 2003年(本年) | 2002年(上年) | 本年比上年增减 | 2001年 |
|---|---|---|---|---|
| 每股收益 | 0.30 | 0.24 | 24.88% | 0.22 |
| 每股收益(如果股本变化,按新股本计算) | 0.30 | -- | -- | -- |
| 净资产收益率 | 9.66% | 8.13% | 18.82% | 7.82% |
| 扣除非经常性损益的净利润为基础计算的净资产收益率 | 9.39% | 8.01% | 17.23% | 7.88% |
| 每股经营活动产生的现金流量净额 | 0.63 | 0.48 | 30.47% | 0.54 |
| | 2003年末(本年末) | 2002年末(上年末) | 本年末比上年末增减 | 2001年末 |
| 每股净资产 | 3.12 | 2.97 | 5.10% | 2.86 |
| 调整后的每股净资产 | 3.10 | 2.96 | 4.73% | 2.85 |

## 000419 长沙通程控股股份有限公司

### 二〇〇三年年度报告摘选

#### 1.上市公司基本情况简介

1.1 基本情况简介

股票简称:通程控股　股票代码:000419　上市交易所:深圳证券交易所

注册地址和办公地址:长沙市劳动路289号　邮政编码:410007　电子信箱:tckg@hotmail.com

1.2 联系人和联系方式

董事会秘书:苏千里　联系地址:长沙市劳动路589号

电话:0731-5534994　传真:0731-5535588　电子信箱:sql@gnnt.com.cn

#### 2.会计数据和财务指标摘要

2.1 主要会计数据　单位:元

| | 2003年 | 2002年 | 增减(%) | 2001年 |
|---|---|---|---|---|
| 主营业务收入 | 699,649,148.56 | 690,487,796.21 | 1.33 | 647,360,896.20 |
| 利润总额 | 32,554,822.77 | 37,272,967.66 | -12.66 | 31,034,557.65 |
| 净利润 | 22,941,158.48 | 21,642,927.76 | 6.00 | 20,042,008.38 |
| 扣除非经常性损益的净利润 | 7,742,653.64 | 22,479,368.92 | -65.56 | 19,475,327.23 |
| | 2003年12月31日 | 2002年12月31日 | 增减(%) | 2001年12月31日 |
| 总资产 | 1,321,803,564.08 | 1,129,097,577.76 | 17.07 | 1,089,420,379.42 |
| 股东权益(不含少数股东权益) | 595,415,378.03 | 572,483,130.97 | 4.01 | 550,806,252.38 |
| 经营活动产生的现金流量净额 | 114,645,907.52 | 81,943,170.80 | 39.91 | 76,330,537.89 |

2.2 主要财务指标　单位:元

| | 2003年 | 2002年 | 增减(%) | 2001年 |
|---|---|---|---|---|
| 每股收益 | 0.1307 | 0.1233 | 6.00 | 0.1142 |
| 净资产收益率(%) | 3.8530 | 3.7800 | 1.93 | 3.64 |
| 扣除非经常性损益的净利润为基础计算的净资产收益率(%) | 1.3004 | 3.9266 | -66.88 | 3.5358 |
| 每股经营活动产生的现金流量净额 | 0.6532 | 0.4669 | 39.90 | 0.4349 |
| | 2003年12月31日 | 2002年12月31日 | 增减(%) | 2001年12月31日 |
| 每股净资产 | 3.3925 | 3.2619 | 4.00 | 3.1384 |
| 调整后的每股净资产 | 3.3613 | 3.2268 | 4.17 | 3.0923 |

## 000488 山东晨鸣纸业集团股份有限公司

### 二〇〇三年年度报告摘选

#### 1.上市公司基本情况简介

1.1 基本情况简介

股票简称:晨鸣纸业、晨鸣B　股票代码:000488,200488　上市交易所:深圳证券交易所

注册地址和办公地址:山东省寿光市圣城街595号　邮政编码:262700

公司国际互联网网址:http://www.chenmingpaper.com　电子信箱:cmzqb@chenming.com.cn

1.2 联系人和联系方式

董事会秘书:郝筠　联系地址:山东省寿光市圣城街595号证券部

电话:0536-5280011　传真:0536-5228900　电子信箱:haoyun@public.wfptt.sd.cn

证券事务代表:王伟　联系地址:山东省寿光市圣城街595号证券部

电话:0536-5280011　传真:0536-5228900　电子信箱:cmzqb@chenming.com.cn

#### 2.会计数据和财务指标摘要

2.1 主要会计数据　单位:(人民币)元

| | 2003年(本年) | 2002年(上年) | 本年比上年增减 | 2001年 |
|---|---|---|---|---|
| 主营业务收入 | 5,819,073,195.58 | 4,454,775,147.87 | 30.63% | 2,405,533,667.40 |
| 利润总额 | 847,587,681.32 | 621,209,082.67 | 36.44% | 248,088,023.53 |
| 净利润 | 628,111,635.21 | 363,767,078.67 | 72.67% | 141,999,714.53 |
| 扣除非经常性损益的净利润 | 588,117,031.53 | 322,928,634.82 | 82.12% | 112,496,272.92 |
| | 2003年末(本年末) | 2002年末(上年末) | 本年末比上年末增减 | 2001年末 |
| 总资产 | 10,230,861,065.03 | 8,689,918,637.96 | 17.73% | 7,392,134,448.98 |
| 股东权益(不含少数股东权益) | 4,375,920,134.78 | 3,543,330,736.52 | 23.50% | 3,176,669,565.23 |
| 经营活动产生的现金流量净额 | 616,688,666.62 | 1,034,441,447.45 | -40.38% | 145,497,415.40 |

2.2 主要财务指标　单位:(人民币)元

| | 2003年(本年) | 2002年(上年) | 本年比上年增减 | 2001年 |
|---|---|---|---|---|
| 每股收益 | 0.70 | 0.73 | -4.07% | 0.28 |
| 每股收益(如果股本变化,按新股本计算) | 0.70 | -- | -- | -- |
| 净资产收益率 | 14.35% | 10.27% | 39.73% | 4.47% |
| 扣除非经常性损益的净利润为基础计算的净资产收益率 | 13.44% | 9.11% | 47.53% | 3.54% |
| 每股经营活动产生的现金流量净额 | 0.69 | 2.07 | -66.88% | 0.29 |
| | 2003年末(本年末) | 2002年末(上年末) | 本年末比上年末增减 | 2001年末 |
| 每股净资产 | 4.87 | 7.10 | -31.39% | 6.37 |
| 调整后的每股净资产 | 4.80 | 4.63 | 3.77% | 6.31 |

## 000498 丹东化学纤维股份有限公司

### 二〇〇三年年度报告摘选

#### 1.上市公司基本情况简介

1.1 基本情况简介

股票简称:*ST丹化　股票代码:000498　上市交易所:深圳证券交易所

注册地址和办公地址:辽宁省丹东市振兴区纤维街58号　邮政编码:118002

公司国际互联网网址:http://www.dcfic.com　电子信箱:pyd@dcfic.com

1.2 联系人和联系方式

董事会秘书:潘跃东　联系地址:辽宁省丹东市振兴区纤维街58号

电话:0415-6192957　传真:0415-6191684　电子信箱:pyd@dcfic.com

#### 2.会计数据和财务指标摘要

2.1 主要会计数据　单位:(人民币)元

| | 2003年(本年) | 2002年(上年) | 本年比上年增减 | 2001年 |
|---|---|---|---|---|
| 主营业务收入 | 734,665,479.81 | 720,473,010.12 | 1.97% | 814,711,772.41 |
| 利润总额 | 49,726,961.76 | -98,852,382.72 | -- | -88,063,914.79 |
| 净利润 | 49,726,961.76 | -98,852,382.72 | -- | -109,039,736.42 |
| 扣除非经常性损益的净利润 | 25,069,155.82 | -97,667,161.63 | -- | -94,134,292.90 |
| | 2003年末(本年末) | 2002年末(上年末) | 本年末比上年末增减 | 2001年末 |
| 总资产 | 1,909,603,396.83 | 1,683,881,866.31 | 13.40% | 1,683,881,866.31 |
| 股东权益(不含少数股东权益) | 467,145,587.50 | 417,336,212.34 | 11.94% | 516,188,595.06 |
| 经营活动产生的现金流量净额 | 18,090,330.54 | 31,482,575.60 | -42.54% | 135,024,172.41 |

2.2 主要财务指标　单位:(人民币)元

| | 2003年(本年) | 2002年(上年) | 本年比上年增减 | 2001年 |
|---|---|---|---|---|
| 每股收益 | 0.13 | -0.25 | -- | -0.28 |
| 每股收益(如果股本变化,按新股本计算) | 0.13 | -- | -- | -- |
| 净资产收益率 | 10.65% | -23.69% | -- | -21.12% |
| 扣除非经常性损益的净利润为基础计算的净资产收益率 | 5.37% | -23.40% | -- | -0.18% |
| 每股经营活动产生的现金流量净额 | 0.05 | 0.08 | -42.50% | 0.35 |
| | 2003年末(本年末) | 2002年末(上年末) | 本年末比上年末增减 | 2001年末 |
| 每股净资产 | 1.20 | 1.07 | 11.96% | 1.32 |
| 调整后的每股净资产 | 1.19 | 1.05 | 13.14% | 1.31 |

## 000510 四川金路集团股份有限公司

### 二〇〇三年年度报告摘选

#### 1.上市公司基本情况简介

1.1 基本情况简介

股票简称:金路集团 股票代码:000510 上市交易所:深圳证券交易所

注册地址和办公地址:四川省德阳市岷江西路二段57号金路大厦 邮政编码:618000

公司国际互联网网址:http:www.jinlu.net 电子信箱:jlwjglzx@dy-public.sc.cninfo.net

1.2 联系人和联系方式

董事会秘书:彭朗 联系地址:四川金路集团股份有限公司董事局办公室

电话:0838-2207936 传真:0838-2207936 电子信箱:penlan26@hotmail.com

#### 2.会计数据和财务指标摘要

2.1 主要会计数据 单位:(人民币)元

| | 2003年(本年) | 2002年(上年) | 本年比上年增减 | 2001年 |
|---|---|---|---|---|
| 主营业务收入 | 1,473,560,404.21 | 941,090,202.57 | 56.58% | 633,962,961.20 |
| 利润总额 | 127,444,940.85 | 119,183,465.91 | 6.93% | 92,735,866.78 |
| 净利润 | 105,538,375.98 | 100,114,676.17 | 5.42% | 94,053,947.52 |
| 扣除非经常性损益的净利润 | 107,477,526.34 | 93,570,372.31 | 14.86% | 62,344,519.89 |
| | 2003年末(本年末) | 2002年末(上年末) | 本年末比上年末增减 | 2001年末 |
| 总资产 | 2,771,637,056.31 | 2,363,453,425.11 | 17.27% | 1,727,273,646.42 |
| 股东权益(不含少数股东权益) | 884,598,007.60 | 786,017,079.76 | 12.54% | 687,174,878.17 |
| 经营活动产生的现金流量净额 | 280,852,470.91 | 82,633,686.47 | 239.88% | 57,708,198.40 |

2.2 主要财务指标 单位:(人民币)元

| | 2003年(本年) | 2002年(上年) | 本年比上年增减 | 2001年 |
|---|---|---|---|---|
| 每股收益 | 0.17 | 0.21 | -19.07% | 0.20 |
| 每股收益(如果股本变化,按新股本计算) | 0.17 | -- | -- | -- |
| 净资产收益率 | 11.93% | 12.74% | -6.36% | 13.69% |
| 扣除非经常性损益的净利润为基础计算的净资产收益率 | 12.81% | 12.69% | 0.95% | 10.79% |
| 每股经营活动产生的现金流量净额 | 0.46 | 0.18 | 161.93% | 0.12 |
| | 2003年末(本年末) | 2002年末(上年末) | 本年末比上年末增减 | 2001年末 |
| 每股净资产 | 1.45 | 1.68 | -13.42% | 1.47 |
| 调整后的每股净资产 | 1.40 | 1.62 | -13.37% | 1.42 |

## 000511 沈阳银基发展股份有限公司

### 二〇〇三年年度报告摘选

#### 1.上市公司基本情况简介

1.1 基本情况简介

股票简称:银基发展 股票代码:000511 上市交易所:深圳证券交易所

注册地址:沈阳市东陵区文化东路20号

办公地址:沈阳市沈河区青年大街109号 邮政编码:110014

公司国际互联网网址:www.ingin.com 电子信箱:yjzq@ingin.com.cn

1.2 联系人和联系方式

董事会秘书:孙家庆 联系地址:沈阳市沈河区青年大街109号

电话:02422958933 传真:02422958922 电子信箱:yjzq@ingin.com.cn

证券事务代表:戴子凡 联系地址:沈阳市沈河区青年大街109号

电话:02422958933 传真:02422958922 电子信箱:yjzq@ingin.com.cn

#### 2.会计数据和财务指标摘要

2.1 主要会计数据 单位:(人民币)元

| | 2003年(本年) | 2002年(上年) | 本年比上年增减 | 2001年 |
|---|---|---|---|---|
| 主营业务收入 | 367,740,695.85 | 266,921,090.97 | 37.77% | 403,635,377.96 |
| 利润总额 | 49,219,935.52 | 68,540,405.80 | -28.19% | 102,511,767.92 |
| 净利润 | 27,261,730.59 | 48,967,175.57 | -44.33% | 96,371,142.26 |
| 扣除非经常性损益的净利润 | 24,623,927.41 | 42,080,825.03 | -41.48% | 68,538,421.30 |
| | 2003年末(本年末) | 2002年末(上年末) | 本年末比上年末增减 | 2001年末 |
| 总资产 | 2,262,900,114.21 | 1,863,981,242.73 | 21.40% | 1,841,837,565.00 |
| 股东权益(不含少数股东权益) | 1,053,335,005.32 | 1,023,009,217.94 | 2.96% | 973,019,151.32 |
| 经营活动产生的现金流量净额 | -72,342,537.36 | -63,722,844.21 | -13.53% | -434,041,968.72 |

2.2 主要财务指标 单位:(人民币)元

| | 2003年(本年) | 2002年(上年) | 本年比上年增减 | 2001年 |
|---|---|---|---|---|
| 每股收益 | 0.10 | 0.18 | -44.20% | 0.36 |
| 每股收益(如果股本变化,按新股本计算) | 0.10 | -- | -- | -- |
| 净资产收益率 | 2.59% | 4.78% | -45.82% | 9.90% |
| 扣除非经常性损益的净利润为基础计算的净资产收益率 | 2.34% | 4.11% | -43.07% | 7.04% |
| 每股经营活动产生的现金流量净额 | -0.27 | -0.24 | -12.50% | -1.61 |
| | 2003年末(本年末) | 2002年末(上年末) | 本年末比上年末增减 | 2001年末 |
| 每股净资产 | 3.90 | 3.79 | 2.90% | 3.61 |
| 调整后的每股净资产 | 3.84 | 3.78 | 1.59% | 3.60 |

## 000635 宁夏英力特化工股份有限公司

### 二〇〇三年年度报告摘选

#### 1.上市公司基本情况简介

1.1 基本情况简介

股票简称:*ST英化 股票代码:000635 上市交易所:深圳证券交易所

注册地址和办公地址:宁夏石嘴山市惠农区康乐路257号

邮政编码:753200

公司国际互联网网址:http://www.ylth.com.cn 电子信箱:ylt@ylth.com.cn

1.2 联系人和联系方式

董事会秘书:刘亚鹏 联系地址:宁夏石嘴山市惠农区康乐路257号

电话:0952-3310308 传真:0952-3310308 电子信箱:ylt@ylth.com.cn

证券事务代表:张继红 联系地址:宁夏石嘴山市惠农区康乐路257号

电话:0952-3312333 传真:0952-3312333 电子信箱:ylt@ylth.com.cn

#### 2.会计数据和财务指标摘要

2.1 主要会计数据 单位:(人民币)元

| | 2003年(本年) | 2002年(上年) | 本年比上年增减 | 2001年 |
|---|---|---|---|---|
| 主营业务收入 | 233,063,260.45 | 81,005,217.88 | 187.71% | 139,971,545.55 |
| 利润总额 | 24,520,368.62 | -85,209,092.60 | -- | -196,954,258.72 |
| 净利润 | 24,529,963.33 | -85,209,092.60 | -- | -196,954,258.72 |
| 扣除非经常性损益的净利润 | 24,178,800.28 | -52,764,174.12 | -- | -94,114,330.90 |
| | 2003年末(本年末) | 2002年末(上年末) | 本年末比上年末增减 | 2001年末 |
| 总资产 | 660,286,475.03 | 540,265,506.92 | 22.22% | 549,015,427.53 |
| 股东权益(不含少数股东权益) | 123,620,371.18 | 99,033,185.60 | 24.83% | 183,231,160.73 |
| 经营活动产生的现金流量净额 | 117,253,869.53 | 117,253,869.53 | 0.00% | -121,798,332.01 |

2.2 主要财务指标 单位:(人民币)元

| | 2003年(本年) | 2002年(上年) | 本年比上年增减 | 2001年 |
|---|---|---|---|---|
| 每股收益 | 0.21 | -0.74 | -- | -1.72 |
| 每股收益(如果股本变化,按新股本计算) | 0.21 | -- | -- | -- |
| 净资产收益率 | 19.84% | -86.04% | -- | -107.49% |
| 扣除非经常性损益的净利润为基础计算的净资产收益率 | 19.56% | -54.17% | -- | -51.36% |
| 每股经营活动产生的现金流量净额 | 1.02 | 0.19 | 438.42% | -1.06 |
| | 2003年末(本年末) | 2002年末(上年末) | 本年末比上年末增减 | 2001年末 |
| 每股净资产 | 1.08 | 0.86 | 24.90% | 1.60 |
| 调整后的每股净资产 | 1.08 | 0.86 | 24.90% | 1.60 |

## 000763 锦州石化股份有限公司

### 二〇〇三年年度报告摘选

#### 1.上市公司基本情况简介

1.1 基本情况简介

股票简称:锦州石化 股票代码:000763 上市交易所:深圳证券交易所

注册地址和办公地址:辽宁省锦州市古塔区重庆路2号 邮政编码:121001

公司国际互联网网址:http://www.jzpc.com.cn 电子信箱:000763@163.com

1.2 联系人和联系方式

董事会秘书:陈建军 联系地址:辽宁省锦州市古塔区重庆路2号

电话:0416-4154720 传真:0416-4159024 电子信箱:000763@163.com

证券事务代表:张广平 联系地址:辽宁省锦州市古塔区重庆路2号

电话:0416-4159024 传真:0416-4159024 电子信箱:zguangping@163.com

#### 2.会计数据和财务指标摘要

2.1 主要会计数据 单位:(人民币)元

| | 2003年(本年) | 2002年(上年) | 本年比上年增减 | 2001年 |
|---|---|---|---|---|
| 主营业务收入 | 11,103,866,862.00 | 9,031,262,868.00 | 22.95% | 8,638,731,987.00 |
| 利润总额 | 15,728,170.00 | 12,610,250.00 | 24.73% | 152,896,523.00 |
| 净利润 | 14,256,435.00 | 12,610,250.00 | 13.05% | 111,430,612.00 |
| 扣除非经常性损益的净利润 | 36,338,252.00 | 19,076,450.00 | 90.49% | 112,901,053.00 |
| | 2003年末(本年末) | 2002年末(上年末) | 本年末比上年末增减 | 2001年末 |
| 总资产 | 2,398,553,714.00 | 2,356,870,897.00 | 1.77% | 2,172,208,716.00 |
| 股东权益(不含少数股东权益) | 1,556,592,313.00 | 1,542,335,878.00 | 0.92% | 1,529,725,628.00 |
| 经营活动产生的现金流量净额 | 370,419,862.00 | 425,636,978.00 | -12.97% | 319,767,077.00 |

2.2 主要财务指标 单位:(人民币)元

| | 2003年(本年) | 2002年(上年) | 本年比上年增减 | 2001年 |
|---|---|---|---|---|
| 每股收益 | 0.02 | 0.02 | 12.50% | 0.14 |
| 每股收益(如果股本变化,按新股本计算) | 0.02 | -- | -- | -- |
| 净资产收益率 | 0.92% | 0.82% | 12.20% | 7.28% |
| 扣除非经常性损益的净利润为基础计算的净资产收益率 | 2.33% | 1.24% | 87.90% | 7.38% |
| 每股经营活动产生的现金流量净额 | 0.47 | 0.54 | -12.96% | 0.41 |
| | 2003年末(本年末) | 2002年末(上年末) | 本年末比上年末增减 | 2001年末 |
| 每股净资产 | 1.98 | 1.96 | 0.92% | 1.94 |
| 调整后的每股净资产 | 1.97 | 1.95 | 1.03% | 1.86 |

## 000917 湖南电广传媒股份有限公司

### 二〇〇三年年度报告摘选

#### 1.上市公司基本情况简介

1.1 基本情况简介
股票简称:电广传媒 股票代码:000917 上市交易所:深圳证券交易所
注册地址和办公地址:湖南省长沙市浏阳河大桥东金鹰影视文化城 邮政编码:410003
公司国际互联网网址:http://www.tik.com.cn 电子信箱:directorate@tik.com.cn
1.2 联系人和联系方式
董事会秘书:周竞东 联系地址:湖南省长沙市浏阳河大桥东金鹰影视文化城
电话:(86)731－4251998 传真:(86)731－4252096
电子信箱:directorate@tik.com.cn
证券事务代表:齐慎 联系地址:湖南省长沙市浏阳河大桥东金鹰影视文化城
电话:(86)731－4252080,4252333－8313 传真:(86)731－4252096
电子信箱:directorate@tik.com.cn

#### 2.会计数据和财务指标摘要

2.1 主要会计数据 单位:(人民币)元

| | 2003年(本年) | 2002年(上年) | 本年比上年增减 | 2001年 |
|---|---|---|---|---|
| 主营业务收入 | 968,086,489.77 | 684,044,441.02 | 41.52% | 692,964,549.85 |
| 利润总额 | 7,718,439.92 | 1,041,618.56 | 641.00% | 18,874,643.66 |
| 净利润 | 47,571,863.86 | 40,338,676.45 | 17.93% | 76,124,499.75 |
| 扣除非经常性损益的净利润 | 48,245,005.18 | 41,270,870.85 | 16.90% | 66,351,976.10 |
| | 2003年末(本年末) | 2002年末(上年末) | 本年末比上年末增减 | 2001年末 |
| 总资产 | 4,984,539,542.62 | 4,877,097,569.39 | 2.20% | 4,525,100,089.28 |
| 股东权益(不含少数股东权益) | 2,386,728,182.26 | 2,361,906,929.37 | 1.05% | 2,320,128,315.11 |
| 经营活动产生的现金流量净额 | 657,328,924.48 | －413,371,832.10 | －－ | －164,614,438.33 |

2.2 主要财务指标 单位:(人民币)元

| | 2003年(本年) | 2002年(上年) | 本年比上年增减 | 2001年 |
|---|---|---|---|---|
| 每股收益 | 0.18 | 0.16 | 17.95% | 0.25 |
| 每股收益(如果股本变化,按新股本计算) | 0.18 | －－ | －－ | －－ |
| 净资产收益率 | 1.99% | 1.71% | 16.37% | 3.20% |
| 扣除非经常性损益的净利润为基础计算的净资产收益率 | 2.02% | 1.73% | 16.76% | 2.90% |
| 每股经营活动产生的现金流量净额 | 2.54 | －1.60 | －－ | －0.64 |
| | 2003年末(本年末) | 2002年末(上年末) | 本年末比上年末增减 | 2001年末 |
| 每股净资产 | 9.24 | 9.14 | 1.05% | 9.18 |
| 调整后的每股净资产 | 9.15 | 8.94 | 2.35% | 8.96 |

## 000962 宁夏东方钽业股份有限公司

### 二〇〇三年年度报告摘选

#### 1.上市公司基本情况简介

1.1 基本情况简介
股票简称:东方钽业 股票代码:000962 上市交易所:深圳证券交易所
注册地址和办公地址:宁夏石嘴山市大武口区冶金路 邮政编码:753000
公司国际互联网网址:http://www.otic.com.cn
电子信箱:otic@public.yc.nx.cn
1.2 联系人和联系方式
董事会秘书:叶照贯 联系地址:宁夏石嘴山市大武口区冶金路
电话:0952－2098563 传真:0952－2098562
电子信箱:zhqb@otic.public.yc.nx.cn

#### 2.会计数据和财务指标摘要

2.1 主要会计数据 单位:(人民币)元

| | 2003年(本年) | 2002年(上年) | 本年比上年增减 | 2001年 |
|---|---|---|---|---|
| 主营业务收入 | 444,813,360.75 | 419,003,446.52 | 6.16% | 1,225,383,888.31 |
| 利润总额 | 21,597,054.91 | 17,571,272.84 | 22.91% | 202,736,791.11 |
| 净利润 | 17,401,052.94 | 15,293,923.94 | 13.78% | 178,397,581.09 |
| 扣除非经常性损益的净利润 | 11,992,171.72 | 11,009,079.58 | 8.93% | 160,244,733.10 |
| | 2003年末(本年末) | 2002年末(上年末) | 本年末比上年末增减 | 2001年末 |
| 总资产 | 1,320,272,136.66 | 1,493,363,484.04 | －11.59% | 1,561,138,531.53 |
| 股东权益(不含少数股东权益) | 1,085,362,763.85 | 1,067,292,148.39 | 1.69% | 1,050,989,965.64 |
| 经营活动产生的现金流量净额 | 197,258,631.99 | 78,267,621.50 | 152.03% | －100,175,831.91 |

2.2 主要财务指标 单位:(人民币)元

| | 2003年(本年) | 2002年(上年) | 本年比上年增减 | 2001年 |
|---|---|---|---|---|
| 每股收益 | 0.05 | 0.04 | 13.75% | 0.50 |
| 每股收益(如果股本变化,按新股本计算 | 0.05 | －－ | －－ | －－ |
| 净资产收益率 | 1.60% | 1.43% | 11.89% | 16.97% |
| 扣除非经常性损益的净利润为基础计算的净资产收益率 | 1.10% | 1.03% | 6.80% | 15.25% |
| 每股经营活动产生的现金流量净额 | 0.55 | 0.22 | 151.82% | －0.28 |
| | 2003年末(本年末) | 2002年末(上年末) | 本年末比上年末增减 | 2001年末 |
| 每股净资产 | 3.05 | 3.00 | 1.67% | 2.95 |
| 调整后的每股净资产 | 3.04 | 2.99 | 1.74% | 2.95 |

## 600055 北京万东医疗装备股份有限公司

### 二〇〇三年年度报告摘选

#### 1.上市公司基本情况简介

1.1 基本情况简介
股票简称:万东医疗 股票代码:600055 上市交易所:上海证券交易所
注册地址:北京市朝阳区酒仙桥路5号
办公地址:北京市朝阳区建国门外郎家园6号 邮政编码:100022
公司国际互联网网址:http://www.wandong.com.cn 电子信箱:wdmed@public.bta.net.cn
1.2 联系人和联系方式
董事会秘书:张丹石 联系地址:北京市朝阳区建国门外郎家园6号
电话:010－65682598 传真:010－65682598 电子信箱:info@wandong.com.cn
证券事务代表:何一中 联系地址:北京市朝阳区建国门外郎家园6号
电话:010－65682598 传真:010－65682598 电子信箱:info@wandong.com.cn

#### 2.会计数据和财务指标摘要

2.1 主要会计数据 单位:元

| | 2003年 | 2002年 | 本年比上年增减(%) | 2001年 |
|---|---|---|---|---|
| 主营业务收入 | 472,200,429.70 | 387,864,054.60 | 21.74 | 327,415,196.02 |
| 利润总额 | 43,345,168.22 | 40,897,605.23 | 5.98 | 38,046,190.24 |
| 净利润 | 34,128,874.82 | 33,629,680.94 | 1.48 | 32,094,634.51 |
| 扣除非经常性损益的净利润 | 34,289,868.39 | 33,796,418.32 | 1.46 | 32,490,687.46 |
| | 2003年末 | 2002年末 | 本年末比上年末增减(%) | 2001年末 |
| 总资产 | 662,700,146.86 | 595,244,177.35 | 11.33 | 502,284,171.83 |
| 股东权益(不含少数股东权益) | 403,667,875.01 | 366,706,680.37 | 10.08 | 344,075,406.83 |
| 经营活动产生的现金流量净额 | 28,667,723.00 | 51,209,165.86 | －44.02 | 11,831,227.94 |

2.2 主要财务指标 单位:元

| | 2003年 | 2002年 | 本年比上年增减(%) | 2001年 |
|---|---|---|---|---|
| 每股收益 | 0.31 | 0.30 | 3.33 | 0.29 |
| 净资产收益率(%) | 8.45 | 9.17 | －7.85 | 9.33 |
| 扣除非经常性损益的净利润为基础计算的净资产收益率(%) | 8.49 | 9.22 | －7.92 | 9.44 |
| 每股经营活动产生的现金流量净额 | 0.26 | 0.46 | －43.48 | 0.11 |
| | 2003年末 | 2002年末 | 本年末比上年末增减(%) | 2001年末 |
| 每股净资产 | 3.64 | 3.30 | 10.30 | 3.10 |
| 调整后的每股净资产 | 3.62 | 3.29 | 10.03 | 3.09 |

## 600082 天津海泰科技发展股份有限公司

### 二〇〇三年年度报告摘选

#### 1.上市公司基本情况简介

1.1 基本情况简介
证券简称:海泰发展 证券代码:600082 上市交易所:上海证券交易所
注册地址:天津新技术产业园区华苑产业区
办公地址:天津新技术产业园区华苑产业区物华道2号海泰火炬创业园C座
邮政编码:300384 公司国际互联网网址:http://www.hitech－develop.com
电子信箱:company@hitech－develop.com
1.2 联系人和联系方式
董事会秘书:温健
联系地址:天津新技术产业园区华苑产业区物华道2号海泰火炬创业园C座
电话:022－23078880转205 传真:022－23078889
电子信箱:company@hitech－develop.com

#### 2.会计数据和财务指标摘要

2.1 主要会计数据 单位:元

| | 2003年 | 2002年 | 本年比上年增减(%) | 2001年 |
|---|---|---|---|---|
| 主营业务收入 | 247,018,776.80 | 121,872,466.29 | 102.69 | 536,170,246.35 |
| 利润总额 | 78,010,471.33 | 41,962,470.50 | 85.91 | －83,143,687.80 |
| 净利润 | 51,157,387.12 | 27,752,560.82 | 84.33 | 83,249,934.87 |
| 扣除非经常性损益的净利润 | 41,754,889.33 | 27,152,182.92 | 53.78 | －83,249,934.87 |
| | 2003年末 | 2002年末 | 本年末比上年末增减(%) | 2001年末 |
| 总资产 | 759,469,003.59 | 522,293,051.89 | 45.41 | 350,930,945.92 |
| 股东权益(不含少数股东权益) | 399,148,590.39 | 347,401,059.89 | 14.90 | 323,670,980.21 |
| 经营活动产生的现金流量净额 | 56,568,479.95 | －13,900,078.71 | －－ | 16,371,933.58 |

2.2 主要财务指标 单位:元

| | 2003年 | 2002年 | 本年比上年增减(%) | 2001年 |
|---|---|---|---|---|
| 每股收益 | 0.343 | 0.186 | 84.41 | －0.559 |
| 净资产收益率 | 12.82% | 7.99% | 60.45 | －25.721% |
| 扣除非经常性损益的净利润为基础计算的净资产收益率 | 10.46% | 7.82% | 33.76 | －25.721% |
| 每股经营活动产生的现金流量净额 | 0.380 | －0.093 | －－ | 0.110 |
| | 2003年末 | 2002年末 | 本年末比上年末增减(%) | 2001年末 |
| 每股净资产 | 2.679 | 2.332 | 14.88 | 2.173 |
| 调整后的每股净资产 | 2.674 | 2.329 | 14.81 | 2.173 |

# 600135 乐凯胶片股份有限公司

## 二〇〇三年年度报告摘选

### 1.上市公司基本情况简介

1.1 基本情况简介

股票简称:乐凯胶片 股票代码:600135 上市交易所:上海证券交易所

注册地址:河北省保定国家高新技术产业开发区(朝阳路68号)

办公地址:河北省保定市建设南路1号 邮政编码:071054

公司国际互联网网址:http://www.luckyfilm.com

电子信箱:stock@luckyfilm.com.cn

1.2 联系人和联系方式

董事会秘书:李建新 联系地址:河北省保定市建设南路1号

电话:0312-7922899 传真:0312-3217937 电子信箱:stock@luckyfilm.com.cn

### 2.会计数据和财务指标摘要

2.1 主要会计数据 单位:(人民币)元

| | 2003年 | 2002年 | 本年比上年增减(%) | 2001年 |
|---|---|---|---|---|
| 主营业务收入 | 564,279,072.17 | 592,958,899.88 | -4.84 | 638,148,274.53 |
| 利润总额 | 91,412,521.78 | 148,481,321.69 | -38.44 | 168,865,174.01 |
| 净利润 | 80,021,347.98 | 124,183,699.36 | -35.56 | 139,866,344.21 |
| 扣除非经常性损益的净利润 | 83,311,563.14 | 128,935,592.46 | -35.39 | 138,788,498.51 |
| | 2003年末 | 2002年末 | 本年末比上年末增减(%) | 2001年末 |
| 总资产 | 1,124,527,645.09 | 1,173,027,261.35 | -4.13 | 1,156,977,070.47 |
| 股东权益(不含少数股东权益) | 1,046,602,342.58 | 1,094,425,577.82 | -4.37 | 1,107,041,908.46 |
| 经营活动产生的现金流量净额 | 123,682,364.99 | 160,495,227.86 | -22.94 | 198,628,010.14 |

2.2 主要财务指标 单位:(人民币)元

| | 2003年 | 2002年 | 本年比上年增减(%) | 2001年 |
|---|---|---|---|---|
| 每股收益 | 0.234 | 0.363 | -35.54 | 0.409 |
| 加权平均每股收益 | 0.234 | 0.363 | -35.54 | 0.409 |
| 净资产收益率(%) | 7.646 | 11.347 | -3.701 | 12.634 |
| 扣除非经常性损益的净利润为基础计算的净资产收益率(%) | 7.960 | 11.781 | -3.821 | 12.537 |
| 每股经营活动产生的现金流量净额 | 0.362 | 0.469 | -22.81 | 0.581 |
| | 2003年末 | 2002年末 | 本年末比上年末增减(%) | 2001年末 |
| 每股净资产 | 3.060 | 3.200 | -4.38 | 3.237 |
| 调整后的每股净资产 | 3.054 | 3.191 | -4.29 | 3.231 |

# 600146 宁夏大元化工股份有限公司

## 二〇〇三年年度报告摘选

### 1.上市公司基本情况简介

1.1 基本情况简介

股票简称:大元股份 股票代码:600146 上市交易所:上海证券交易所

注册地址:银川市经济技术开发区经天东路南侧8号

办公地址:宁夏银川市兴庆区鼓楼北街2号

邮政编码:750004 电子信箱:nxdygf@email.nx.cninfo.net

1.2 联系人和联系方式

证券事务代表:李占奇 联系地址:宁夏银川市兴庆区鼓楼北街2号

电话:0951-6042066 传真:0951-6042066、6032396 电子信箱:nxdygf@email.nx.cninfo.net

### 2.会计数据和财务指标摘要

2.1 主要会计数据 单位:(人民币)元

| | 2003年 | 2002年 | 本年比上年增减(%) | 2001年 |
|---|---|---|---|---|
| 主营业务收入 | 31,864,369.49 | 40,740,247.85 | -21.79 | 1,531,125,205.05 |
| 利润总额 | -3,049,257.23 | 2,887,348.03 | -205.61 | -113,931,990.08 |
| 净利润 | -2,465,396.72 | 2,093,868.29 | -217.74 | -114,319,241.12 |
| 扣除非经常性损益的净利润 | -5,424,139.41 | 2,485,126.66 | -318.26 | -109,944,854.27 |
| | 2003年末 | 2002年末 | 本年末比上年末增减(%) | 2001年末 |
| 总资产 | 415,033,857.01 | 417,574,794.31 | -0.61 | 405,382,146.30 |
| 股东权益(不含少数股东权益) | 356,915,062.79 | 359,380,459.51 | -0.69 | 357,286,591.22 |
| 经营活动产生的现金流量净额 | 18,581,641.96 | 6,114,656.09 | +203.89 | 25,911,975.36 |

2.2 主要财务指标单位:(人民币)元

| | 2003年 | 2002年 | 本年比上年增减(%) | 2001年 |
|---|---|---|---|---|
| 每股收益 | -0.012 | 0.01 | -220 | -0.57 |
| 净资产收益率(%) | -0.69 | 0.58 | -218.97 | -27.58 |
| 扣除非经常性损益的净利润为基础计算的净资产收益率(%) | -1.52 | 0.69 | -320.29 | -26.50 |
| 每股经营活动产生的现金流量净额 | 0.093 | 0.03 | 400 | 0.13 |
| | 2003年末 | 2002年末 | 本年末比上年末增减(%) | 2001年末 |
| 每股净资产 | 1.785 | 1.797 | -0.67 | 1.786 |
| 调整后的每股净资产 | 1.782 | 1.795 | -0.72 | 1.776 |

# 600160 浙江巨化股份有限公司

## 二〇〇三年年度报告摘选

### 1.上市公司基本情况简介

1.1 基本情况简介

股票简称:巨化股份 股票代码:600160 上市交易所:上海证券交易所

注册地址和办公地址:浙江省衢州市柯城区 邮政编码:324004

公司国际互联网网址:http://www.jhgf.com.cn 电子信箱:JJP@Juhua.com.cn

1.2 联系人和联系方式

董事会秘书:余洁敏 联系地址:浙江省衢州市柯城区浙江巨化股份有限公司

电话:(0570)3091704,3091758,3091688 传真:(0570)3091777

电子信箱:YJM@Juhua.com.cn

### 2.会计数据和财务指标摘要

2.1 主要会计数据 单位:元

| 项　目 | 2003年 | 2002年 | 本年比上年增减(%) | 2001年 |
|---|---|---|---|---|
| 主营业务收入 | 1,836,875,873.68 | 1,520,018,084.23 | 20.85 | 1,267,680,160.83 |
| 利润总额 | 141,945,506.85 | 115,678,034.88 | 22.71 | 100,726,773.17 |
| 净利润 | 115,237,837.42 | 86,738,464.62 | 32.86 | 105,209,431.07 |
| 扣除非经常性损益的净利润 | 116,923,691.93 | 84,727,224.62 | 38.00 | 99,144,271.85 |
| | 2003年末 | 2002年末 | 本年末比上年末增减(%) | 2001年末 |
| 总资产 | 2,762,777,762.97 | 2,532,752,590.18 | 9.08 | 2,370,377,713.12 |
| 股东权益(不含少数股东权益) | 1,420,519,309.31 | 1,311,091,306.55 | 8.35 | 1,320,413,189.59 |
| 经营活动产生的现金流量净额 | 327,402,532.21 | 365,583,924.06 | -10.44 | 254,492,513.52 |

2.2 主要财务指标 单位:元

| | 2003年 | 2002年 | 本年比上年增减(%) | 2001年 |
|---|---|---|---|---|
| 每股收益 | 0.310 | 0.234 | 32.48 | 0.283 |
| 净资产收益率(%) | 8.11 | 6.62 | 22.51 | 7.97 |
| 扣除非经常性损益的净利润为基础计算的净资产收益率(%) | 8.23 | 6.46 | 27.40 | 7.51 |
| 每股经营活动产生的现金流量净额 | 0.88 | 0.98 | -10.20 | 0.69 |
| | 2003年末 | 2002年末 | 本年末比上年末增减(%) | 2001年末 |
| 每股净资产 | 3.83 | 3.53 | 8.50 | 3.56 |
| 调整后的每股净资产 | 3.79 | 3.48 | 8.91 | 3.50 |

# 600253 河南天方药业股份有限公司

## 二〇〇三年年度报告摘选

### 1.上市公司基本情况简介

1.1 基本情况简介

股票简称:天方药业 股票代码:600253 上市交易所:上海证券交易所

注册地址和办公地址:河南省驻马店市光明路2号 邮政编码:463003

公司国际互联网网址:http://www.topfond.com 电子信箱:info@topfond.com

1.2 联系人和联系方式

董事会秘书:梁耀武 联系地址:河南省驻马店市光明路2号

电话:0396-3823517 传真:0396-3815761 电子信箱:stock@topfond.com

### 2.会计数据和财务指标摘要

2.1 主要会计数据 单位:人民币元

| | 2003年 | 2002年 | 本年比上年增减(%) | 2001年 |
|---|---|---|---|---|
| 主营业务收入 | 680,446,722.78 | 479,870,443.31 | 41.80 | 383,343,918.58 |
| 利润总额 | 80,684,256.92 | 79,958,291.98 | 0.91 | 74,791,263.45 |
| 净利润 | 54,244,967.15 | 54,476,410.44 | -0.42 | 54,039,775.61 |
| 扣除非经常性损益的净利润 | 53,657,706.08 | 54,611,718.09 | -1.75 | 46,688,072.94 |
| | 2003年末 | 2002年末 | 本年末比上年末增减(%) | 2001年末 |
| 总资产 | 1,301,618,904.08 | 1,141,971,154.88 | 13.98 | 1,026,145,160.58 |
| 股东权益(不含少数股东权益) | 803,105,892.81 | 748,860,925.66 | 7.24 | 715,384,515.22 |
| 经营活动产生的现金流量净额 | 6,756,097.67 | 98,021,862.38 | -93.11 | 40,034,126.79 |

2.2 主要财务指标 单位:人民币元

| | 2003年 | 2002年 | 本年比上年增减(%) | 2001年 |
|---|---|---|---|---|
| 每股收益 | 0.13 | 0.13 | - | 0.26 |
| 净资产收益率(%) | 6.81 | 7.34 | -7.22 | 7.55 |
| 扣除非经常性损益的净利润为基础计算的净资产收益率(%) | 6.73 | 7.35 | -8.44 | 6.97 |
| 每股经营活动产生的现金流量净额 | 0.02 | 0.23 | -91.30 | 0.19 |
| | 2003年末 | 2002年末 | 本年末比上年末增减(%) | 2001年末 |
| 每股净资产 | 1.91 | 1.78 | 7.30 | 3.49 |
| 调整后的每股净资产 | 1.90 | 1.77 | 7.34 | 3.38 |

## 600271 航天信息股份有限公司

### 二〇〇三年年度报告摘选

#### 1.上市公司基本情况简介

1.1 基本情况简介
证券简称:航天信息 证券代码:600271 上市交易所:上海证券交易所
注册地址和办公地址:北京市海淀区中关村南大街2号北京科技会展中心写字楼30层
邮政编码:100086 公司国际互联网网址:http://www.aero-info.com.cn
电子信箱:stock@aero-info.com.cn
1.2 联系人和联系方式
董事会秘书:赵炜
联系地址:北京市海淀区中关村南大街2号北京科技会展中心写字楼30层
电话:010-82513232-421 传真:010-82511986 电子信箱:stock@aero-info.com.cn
证券事务代表:张燕
联系地址:北京市海淀区中关村南大街2号北京科技会展中心写字楼30号
电话:010-82513232-366 传真:010-82511986
电子信箱:zhangyan@aero_info.com.cn

#### 2.会计数据和财务指标摘要

2.1 主要会计数据 单位:元

| | 2003年 | 2002年 | 本年比上年增减(%) | 2001年 |
|---|---|---|---|---|
| 主营业务收入 | 2,091,716,999.71 | 1,026,743,480.41 | 103.72 | 530,855,473.54 |
| 利润总额 | 432,755,807.52 | 179,489,333.59 | 141.10 | 87,705,853.86 |
| 净利润 | 389,752,968.48 | 163,540,227.45 | 138.32 | 79,761,923.22 |
| 扣除非经常性损益的净利润 | 382,536,282.99 | 168,324,837.83 | 127.26 | 81,871,443.84 |
| | 2003年末 | 2002年末 | 本年末比上年末增减(%) | 2001年末 |
| 总资产 | 2,292,938,663.79 | 832,949,931.24 | 175.28 | 589,978,825.93 |
| 股东权益(不含少数股东权益) | 1,715,862,001.29 | 443,080,437.16 | 287.26 | 279,348,449.71 |
| 经营活动产生的现金流量净额 | 587,399,029.54 | 288,924,778.54 | 103.31 | -18,320,951.09 |

2.2 主要财务指标 单位:元

| | 2003年 | 2002年 | 本年比上年增减(%) | 2001年 |
|---|---|---|---|---|
| 每股收益 | 2.41 | 1.36 | 77.21 | 0.66 |
| 净资产收益率 | 22.71% | 36.91% | -38.47 | 28.55% |
| 扣除非经常性损益的净利润为基础计算的净资产收益率 | 22.29% | 37.99% | -41.33 | 29.31% |
| 每股经营活动产生的现金流量净额 | 3.63 | 2.41 | 50.62 | -0.15 |
| | 2003年末 | 2002年末 | 本年末比上年末增减(%) | 2001年末 |
| 每股净资产 | 10.59 | 3.69 | 186.99 | 2.33 |
| 调整后的每股净资产 | 10.58 | 3.68 | 187.50 | 2.29 |

## 600327 无锡商业大厦股份有限公司

### 二〇〇三年年度报告摘选

#### 1.上市公司基本情况简介

1.1 基本情况简介
证券简称:大厦股份 证券代码:600327 上市交易所:上海证券交易所
注册地址和办公地址:江苏省无锡市中山路343号 邮政编码:214001
公司国际互联网网址:http://www.eastall.com 电子信箱:cmc@eastall.com
1.2 联系人和联系方式
董事会秘书:张斌 联系地址:江苏省无锡市中山路343号董秘办公室
电话:0510-2702093 传真:0510-2700159 电子信箱:zbin@cmc.sina.net
证券事务代表:陈辉 联系地址:江苏省无锡市中山路343号董秘办公室
电话:0510-2702093 传真:0510-2700159 电子信箱:zbin@cmc.sina.net

#### 2.会计数据和财务指标摘要

2.1 主要会计数据 单位:元

| | 2003年 | 2002年 | 本年比上年增减(%) | 2001年 |
|---|---|---|---|---|
| 主营业务收入 | 2,633,785,598.06 | 1,532,236,132.38 | 71.89 | 1,176,381,461.52 |
| 利润总额 | 78,154,422.28 | 54,413,249.53 | 43.63 | 48,683,739.23 |
| 净利润 | 45,250,284.85 | 36,741,258.62 | 23.16 | 32,346,456.27 |
| 扣除非经常性损益的净利润 | 44,532,718.27 | 35,435,320.93 | 25.67 | 32,758,854.27 |
| | 2003年末 | 2002年末 | 本年末比上年末增减(%) | 2001年末 |
| 总资产 | 1,211,833,150.49 | 778,071,462.37 | 55.75 | 322,046,558.08 |
| 股东权益(不含少数股东权益) | 546,833,179.38 | 511,375,019.37 | 6.93 | 117,884,212.97 |
| 经营活动产生的现金流量净额 | 147,647,699.06 | 84,007,872,98 | 75.75 | 76,872,475.45 |

2.2 主要财务指标 单位:元

| | 2003年 | 2002年 | 本年比上年增减(%) | 2001年 |
|---|---|---|---|---|
| 每股收益 | 0.416 | 0.338 | 23.08 | 0.471 |
| 净资产收益率(%) | 8.27 | 7.18 | 1.09 | 27.43 |
| 扣除非经常性损益的净利润为基础计算的净资产收益率(%) | 8.14 | 6.93 | 1.21 | 27.79 |
| 每股经营活动产生的现金流量净额 | 1.36 | 0.77 | 76.62 | 1.12 |
| | 2003年末 | 2002年末 | 本年末比上年末增减(%) | 2001年末 |
| 每股净资产 | 5.03 | 4.70 | 7.02 | 1.72 |
| 调整后的每股净资产 | 4.84 | 4.64 | 4.31 | 1.63 |

## 600339 新疆独山子天利高新技术股份有限公司

### 二〇〇三年年度报告摘选

#### 1.上市公司基本情况简介

1.1 基本情况简介
股票简称:天利高新 股票代码:600339 上市交易所:上海证券交易所
注册地址和办公地址:新疆独山子区大庆东路2号 邮政编码:833600
公司国际互联网网址:http://www.tlhnt.com;http://www.600339.com 电子信箱:tlgx@sina.com
1.2 联系人和联系方式
董事会秘书:马新海 联系地址:新疆独山子大庆东路2号天利高新董事会秘书办公室
电话:0922-3655959 传真:0992-3659999 电子信箱:600339@vip.sina.com
证券事务代表:任斌 联系地址:新疆独山子大庆东路2号天利高新证券部
电话:0992-3877118 传真:0992-3659999 电子信箱:tlgx-ren@sina.com

#### 2.会计数据和财务指标摘要

2.1 主要会计数据 单位:元

| | 2003年 | 2002年 | 本年比上年增减(%) | 2001年 |
|---|---|---|---|---|
| 主营业务收入 | 1,241,703,349.45 | 733,987,939.67 | 69.17 | 340,440,308.09 |
| 利润总额 | 71,326,051.79 | 61,088,702.22 | 16.76 | 60,622,718.08 |
| 净利润 | 59,926,841.02 | 52,037,481.40 | 15.16 | 51,361,139.96 |
| 扣除非经常性损益的净利润 | 60,854,595.28 | 52,444,230.96 | 16.04 | 54,075,616.27 |
| | 2003年末 | 2002年末 | 本年末比上年末增减(%) | 2001年末 |
| 总资产 | 1,370,802,895.00 | 1,082,166,646.90 | 26.67 | 920,306,727.89 |
| 股东权益(不含少数股东权益) | 710,648,245.94 | 681,449,246.49 | 4.28 | 629,411,765.09 |
| 经营活动产生的现金流量净额 | 9,771,666.73 | 110,465,088.33 | -91.15 | -8.192.72 |

2.2 主要财务指标 单位:元

| | 2003年 | 2002年 | 本年比上年增减(%) | 2001年 |
|---|---|---|---|---|
| 每股收益(摊薄) | 0.17 | 0.15 | 13.33 | 0.22 |
| 每股收益(加权) | 0.17 | 0.15 | 13.33 | 0.22 |
| 净资产收益率(%) | 8.87 | 7.94 | 11.71 | 8.15 |
| 扣除非经常性损益的净利润为基础计算的净资产收益率(%) | 9.00 | 8.00 | 12.5 | 8.58 |
| 每股经营活动产生的现金流量净额 | 0.03 | 0.31 | -90.32 | 0 |
| | 2003年末 | 2002年末 | 本年末比上年末增减(%) | 2001年末 |
| 每股净资产 | 1.99 | 1.91 | 4.19 | 2.64 |
| 调整后的每股净资产 | 1.99 | 1.91 | 4.19 | 2.64 |

## 600378 四川天一科技股份有限公司

### 二〇〇三年年度报告摘选

#### 1.上市公司基本情况简介

1.1 基本情况简介
股票简称:天科股份 股票代码:600378 上市交易所:上海证券交易所
注册地址:成都市高新区高朋大道5号
办公地址:四川省成都市机场路445信箱 邮政编码:610225
公司国际互联网网址:http://www.tianke.com 电子信箱:ctyc@tianke.com
1.2 联系人和联系方式
董事会秘书:杨重谊 联系地址:四川省成都市机场路445信箱
电话:028-85963417,85881997 传真:028-85881997 电子信箱:yzy@tianke.com
证券事务代表:魏冬梅 联系地址:四川省成都市机场路445信箱
电话:028-85963659 传真:028-85963659 电子信箱:zqb@tianke.com

#### 2.会计数据和财务指标摘要

2.1 主要会计数据 单位:万元

| | 2003年 | 2002年 | 本年比上年增减(%) | 2001年 |
|---|---|---|---|---|
| 主营业务收入 | 19324.25 | 15217.73 | 26.99 | 14280.81 |
| 利润总额 | 3305.09 | 1322.43 | 149.93 | 2363.27 |
| 净利润 | 3366.23 | 1321.53 | 154.72 | 2359.26 |
| 扣除非经常性损益的净利润 | 3058.27 | 1317.24 | 132.17 | 2212.23 |
| | 2003年末 | 2002年末 | 本年末比上年末增减(%) | 2001年末 |
| 总资产 | 56001.96 | 52211.23 | 7.26 | 52418.56 |
| 股东权益(不含少数股东权益) | 45118.23 | 42534.29 | 6.07 | 41209.84 |
| 经营活动产生的现金流量净额 | 2390.08 | 283.55 | 742.91 | 1333.14 |

2.2 主要财务指标 单位:元

| | 2003年 | 2002年 | 本年比上年增减(%) | 2001年 |
|---|---|---|---|---|
| 每股收益 | 0.17 | 0.07 | 142.86 | 0.16 |
| 每股收益 | 0.17 | 0.07 | 142.86 | 0.16 |
| 净资产收益率 | 7.67% | 3.16% | 4.51 | 5.74% |
| 扣除非经常性损益的净资产收益率 | 6.97% | 3.15% | 3.82 | 5.38% |
| 每股经营活动产生的现金流量净额 | 0.12 | 0.01 | 1100.00 | 0.09 |
| | 2003年末 | 2002年末 | 本年末比上年末增减(%) | 2001年末 |
| 每股净资产 | 2.31 | 2.17 | 6.45 | 2.74 |
| 调整后的每股净资产 | 2.31 | 2.17 | 6.45 | 2.73 |

# 600388 福建龙净环保股份有限公司

## 二〇〇三年年度报告摘选

### 1.上市公司基本情况简介

1.1 基本情况简介

股票简称:龙净环保 股票代码:600388 上市交易所:上海证券交易所

注册地址和办公地址:福建省龙岩市新罗区陵园路81号 邮政编码:364000

公司国际互联网网址:http://longking.com.cn 电子信箱:longking@public.lyptt.fj.cn

1.2 联系人和联系方式

董事会秘书:陈培敏 联系地址:福建省龙岩市新罗区陵园路81号

电话:0597-2210288 传真:0597-2290903 电子信箱:lyhy@public.lyptt.fj.cn

证券事务代表:陈健辉 联系地址:福建省龙岩市新罗区陵园路81号

电话:0597-2210288 传真:0597-2290903 电子信箱:longking@public.lyptt.fj.cn

### 2.会计数据和财务指标摘要

2.1 主要会计数据 单位:元

| | 2003年 | 2002年 | 本年比上年增减(%) | 2001年 |
|---|---|---|---|---|
| 主营业务收入 | 596,682,518.13 | 381,961,545.70 | 56.22 | 351,779,383.48 |
| 利润总额 | 52,590,497.27 | 26,292,000.24 | 100.02 | 41,280,308.66 |
| 净利润 | 40,272,146.60 | 25,582,848.23 | 57.42 | 37,134,270.26 |
| 扣除非经常性损益的净利润 | 40,024,683.64 | 24,833,110.46 | 61.17 | 35,349,232.74 |
| | 2003年末 | 2002年末 | 本年末比上年末增减(%) | 2001年末 |
| 总资产 | 1,612,044,813.34 | 1,109,994,131.91 | 45.23 | 917,754,437.62 |
| 股东权益(不含少数股东权益) | 675,554,801.40 | 645,193,312.59 | 4.71 | 619,610,464.36 |
| 经营活动产生的现金流量净额 | 22,455,11.31 | -76,412,120.88 | - | -13,731,180.00 |

2.2 主要财务指标 单位:元

| | 2003年 | 2002年 | 本年比上年增减(%) | 2001年 |
|---|---|---|---|---|
| 每股收益(摊薄) | 0.241 | 0.153 | 57.52 | 0.22 |
| 每股收益(加权) | 0.241 | 0.153 | 57.52 | 0.22 |
| 净资产收益率(%) | 5.96 | 3.97 | 50.13 | 5.99 |
| 扣除非经常性损益的净利润为基础计算的净资产收益率(%) | 5.92 | 3.85 | 53.77 | 5.71 |
| 每股经营活动产生的现金流量净额 | 0.134 | -0.458 | - | -0.082 |
| | 2003年末 | 2002年末 | 本年末比上年末增减(%) | 2001年末 |
| 每股净资产 | 4.045 | 3.863 | 4.71 | 3.710 |
| 调整后的每股净资产 | 4.025 | 3.853 | 4.46 | 3.702 |

# 600416 湘潭电机股份有限公司

## 二〇〇三年年度报告摘选

### 1.上市公司基本情况简介

1.1 基本情况简介

股票简称:湘电股份 股票代码:600416 上市交易所:上海证券交易所

注册地址和办公地址:湖南省湘潭市下摄司街302号 邮政编码:411101

公司国际互联网网址:http://www.xemw.com 电子信箱:qshxx@xemw.com

1.2 联系人和联系方式

董事会秘书:汤鸿辉 联系地址:湖南省湘潭市下摄司街302号

电话:0732-8595252、8595732 传真:0732-8610767 电子信箱:thh@vip.163.com

证券事务代表:李怡文 联系地址:湖南省湘潭市下摄司街302号

电话:0732-8595732、8595252 传真:0732-8595732 电子信箱:xtdjzjb@163.net

### 2.会计数据和财务指标摘要

2.1 主要会计数据 单位:(人民币)元

| | 2003年 | 2002年 | 本年比上年增减(%) | 2001年 |
|---|---|---|---|---|
| 主营业务收入 | 782,926,168 | 573,960,299 | 36.41 | 522,717,838 |
| 利润总额 | 52,491,522 | 62,643,472 | -16.21 | 61,471,596 |
| 净利润 | 33,261,155 | 40,844,889 | -18.57 | 39,286,326 |
| 扣除非经常性损益的净利润 | 41,289,792 | 41,986,458 | -1.66 | 39,479,443 |
| | 2003年末 | 2002年末 | 本年末比上年末增减(%) | 2001年末 |
| 总资产 | 1,185,328,933 | 1,095,835,039 | 8.17 | 653,841,120 |
| 股东权益(不含少数股东权益) | 651,160,617 | 660,799,462 | -1.46 | 229,419,715 |
| 经营活动产生的现金流量净额 | 58,919,050 | 4,377,797 | 1245.86 | 47,817,638 |

2.2 主要财务指标 单位:(人民币)元

| | 2003年 | 2002年 | 本年比上年增减(%) | 2001年 |
|---|---|---|---|---|
| 每股收益 | 0.17 | 0.21 | -19.05 | 0.33 |
| 净资产收益率 | 5.11% | 6.18% | -1.07 | 17.12% |
| 扣除非经常性损益的净利润为基础计算的净资产收益率 | 6.34% | 6.35% | 0.01 | 17.21% |
| 每股经营活动产生的现金流量净额 | 0.30 | 0.02 | 1400 | 0.40 |
| | 2003年末 | 2002年末 | 本年末比上年末增减(%) | 2001年末 |
| 每股净资产 | 3.34 | 3.39 | -1.47 | 1.91 |
| 调整后的每股净资产 | 3.31 | 3.38 | -2.07 | 1.91 |

# 600448 华纺股份有限公司

## 二〇〇三年年度报告摘选

### 1.上市公司基本情况简介

1.1 基本情况简介

股票简称:华纺股份 股票代码:600448 上市交易所:上海证券交易所

注册地址和办公地址:山东省滨州市黄河二路819号 邮政编码:256617

公司国际互联网网址:http://www.huafangcn.com 电子信箱:postmaster@huafangcn.com

1.2 联系人和联系方式

董事会秘书:苏恒湖 联系地址:山东省滨州市黄河二路819号

电话:0543-3288255 传真:0543-3288555 电子信箱:henghu@huafangcn.com

证券事务代表:丁泽涛 联系地址:山东省滨州市黄河二路819号

电话:0543-3288398 传真:0543-3288555 电子信箱:henghu@huafangcn.com

### 2.会计数据和财务指标摘要

2.1 主要会计数据 单位:元

| | 2003年 | 2002年 | 本年比上年增减(%) | 2001年 |
|---|---|---|---|---|
| 主营业务收入 | 1,238,138,856.54 | 1,126,120,027.56 | 13.94 | 1,010,885,329.11 |
| 利润总额 | 3,106,463.70 | -47,823,188.03 | -106.50 | 35,936,483.10 |
| 净利润 | 2,270,566.26 | -48,288,519.88 | -104.06 | 22,816,122.62 |
| 扣除非经常性损益的净利润 | -2,876,918.73 | -38,793,788.42 | -92.58 | 15,431,215.55 |
| | 2003年末 | 2002年末 | 本年末比上年末增减(%) | 2001年末 |
| 总资产 | 1,306,040,651.08 | 1,233,917,391.84 | 5.85 | 1,289,880,042.71 |
| 股东权益(不含少数股东权益) | 688,595,513.80 | 681,492,614.55 | 1.04 | 729,577,392.40 |
| 经营活动产生的现金流量净额 | 30,712,334.16 | 107,550.67 | 28,456.15 | 37,845,854.62 |

2.2 主要财务指标 单位:元

| | 2003年 | 2002年 | 本年比上年增减(%) | 2001年 |
|---|---|---|---|---|
| 每股收益 | 0.01 | -0.20 | -105.00 | 0.12 |
| 每股收益 | 0.01 | -0.20 | -105.00 | 0.09 |
| 净资产收益率(%) | 0.33 | -7.09 | -104.65 | 3.13 |
| 扣除非经常性损益后的净资产收益率(%) | -0.42 | -5.50 | -107.64 | 4.00 |
| 每股经营活动产生的现金流量净额 | 0.13 | 0.00 | 100.00 | 0.15 |
| | 2003年末 | 2002年末 | 本年末比上年末增减(%) | 2001年末 |
| 每股净资产 | 2.81 | 2.78 | 1.08 | 2.98 |
| 调整后的每股净资产 | 2.80 | 2.77 | 1.08 | 2.95 |

# 600476 湖南湘邮科技股份有限公司

## 二〇〇三年年度报告摘选

### 1.上市公司基本情况简介

1.1 基本情况简介

股票简称:湘邮科技 股票代码:600476 上市交易所:上海证券交易所

注册地址:长沙市开福区上大垅东风二村

办公地址:长沙国家高新区麓谷基地湘邮科技园 邮政编码:410205

公司国际互联网网址:www.copote.com 电子信箱:copote@copote.com

1.2 联系人和联系方式

董事会秘书:王飞 联系地址:湖南长沙国家高新区麓谷基地湘邮科技园

电话:0731-8998688 传真:0731-8998686 电子信箱:copote@copote.com

### 2.会计数据和财务指标摘要

2.1 主要会计数据 单位:元

| | 2003年 | 2002年 | 本年比上年增减 | 2001年 |
|---|---|---|---|---|
| 主营业务收入 | 164,038,652.48 | 128,902,770.99 | 27.25% | 93,429,049.96 |
| 利润总额 | 19,244,707.67 | 18,816,509.74 | 2.27% | 13,781,178.35 |
| 净利润 | 19,280,411.20 | 19,165,910.08 | 0.59% | 13,772,719.24 |
| 扣除非经常性损益的净利润 | 14,358,329.55 | 14,569,107.37 | -1.44% | 12,499,631.78 |
| | 2003年末 | 2002年末 | 本年末比上年末增减 | 2001年末 |
| 总资产 | 490,480,366.94 | 247,095,250.01 | 98.49% | 170,956,138.41 |
| 股东权益(不含少数股东权益) | 300,075,393.08 | 108,676,687.54 | 176.08% | 107,045,585.30 |
| 经营活动产生的现金流量净额 | 525,167.76 | -26,713,860.60 | -- | 3,231,271.11 |

2.2 主要财务指标 单位:元

| | 2003年 | 2002年 | 本年比上年增减 | 2001年 |
|---|---|---|---|---|
| 每股收益 | 0.1867 | 0.281 | -33.55% | 0.2018 |
| 净资产收益率 | 6.37% | 17.24% | -63.05% | 12.71% |
| 扣除非经常性损益的净利润为基础计算的净资产收益率 | 4.74% | 16.62% | -71.48% | 11.55% |
| 每股经营活动产生的现金流量净额 | 0.005 | -0.3914 | 39.19% | 0.237 |
| | 2003年末 | 2002年末 | 本年末比上年末增减 | 2001年末 |
| 每股净资产 | 2.93 | 1.63 | 79.75% | 1.59 |
| 调整后的每股净资产 | 2.93 | 1.86 | 57.52% | 1.59 |

## 600537 海通食品集团股份有限公司

### 二〇〇三年年度报告摘选

#### 1.上市公司基本情况简介

1.1 基本情况简介

股票简称:海通集团 股票代码:600537 上市交易所:上海证券交易所

注册地址和办公地址:浙江省慈溪市海通路 528 号 邮政编码:315300

公司国际互联网网址:http://www.kaiz.com 电子信箱:public@haitonggroup.com

1.2 联系人和联系方式

董事会秘书:吴立忠 联系地址:浙江省慈溪市海通路 528 号

电话:0574－63039922 传真:0574－63039898 电子信箱:public@haitonggroup.com

证券事务代表:岑洁 联系地址:浙江省慈溪市海通路 528 号

电话:0574－63039925 传真:0574－63039898 电子信箱:public@haitonggroup.com

#### 2.会计数据和财务指标摘要

2.1 主要会计数据 单位:元

| | 2003 年 | 2002 年 | 本年比上年增减(%) | 2001 年 |
|---|---|---|---|---|
| 主营业务收入 | 294,916,431 | 247,953,077 | 18.94 | 233,924,910 |
| 利润总额 | 40,122,213 | 43,695,422 | －8.18 | 37,676,288 |
| 净利润 | 38,091,434 | 36,118,600 | 5.46 | 34,185,965 |
| 扣除非经常性损益的净利润 | 30,558,227 | 34,680,451 | －11.89% | 27,291,019 |
| | 2003 年末 | 2002 年末 | 本年末比上年末增减(%) | 2001 年末 |
| 总资产 | 613,731,274 | 494,274,434 | 24.17 | 379,753,681 |
| 股东权益(不含少数股东权益) | 480,759,732 | 195,478,269 | 145.94 | 159,540,528 |
| 经营活动产生的现金流量净额 | 52,311,964 | 32,352,827 | 61.69 | 32,430,314 |

2.2 主要财务指标 单位:元

| | 2003 年 | 2002 年 | 本年比上年增减(%) | 2001 年 |
|---|---|---|---|---|
| 每股收益 | 0.23 | 0.32 | －28.13 | 0.30 |
| 每股收益 | 0.23 | 0.22 | 4.5 | － |
| 净资产收益率 | 7.92% | 18.48% | －57.14 | 21% |
| 扣除非经常性损益的净利润为基础计算的净资产收益率 | 6.36% | 17.74% | －64.15 | 17% |
| 每股经营活动产生的现金流量净额 | 0.32 | 0.28 | 14.29 | 0.24 |
| | 2003 年末 | 2002 年末 | 本年末比上年末增减(%) | 2001 年末 |
| 每股净资产 | 2.93 | 1.71 | 71.35 | 1.40 |
| 调整后的每股净资产 | 2.92 | 1.70 | 71.76 | 1.39 |

## 600584 江苏长电科技股份有限公司

### 二〇〇三年年度报告摘选

#### 1.上市公司基本情况简介

1.1 基本情况简介

股票简称:长电科技 股票代码:600584 上市交易所:上海证券交易所

注册地址和办公地址:江苏省江阴市滨江中路 275 号 邮政编码:214431

公司国际互联网网址:http://www.cj－elec.com 电子信箱:cdkj@ cj－elec.com

1.2 联系人和联系方式

董事会秘书:朱正义 联系地址:江苏省江阴市滨江中路 275 号

电话:0510－6851811 传真:0510－6854550 电子信箱:Zzy@ cj－elec.com

#### 2.会计数据和财务指标摘要

2.1 主要会计数据 单位:元

| | 2003 年 | 2002 年 | 本年比上年增减(%) | 2001 年 |
|---|---|---|---|---|
| 主营业务收入 | 894,009,142.91 | 678,721,050.38 | 31.72 | 575,482,098.19 |
| 利润总额 | 66,065,423.17 | 73,873,574.38 | －10.57 | 70,041,551.60 |
| 净利润 | 43,713,271.35 | 48,323,627.61 | －9.54 | 46,231,756.94 |
| 扣除非经常性损益的净利润 | 44,139,955.10 | 48,872,768.77 | －9.68 | 47,512,151.32 |
| | 2003 年末 | 2002 年末 | 本年末比上年末增减(%) | 2001 年末 |
| 总资产 | 1,574,626,115.49 | 724,922,122.24 | 117.21 | 597,473,695.41 |
| 股东权益(不含少数股东权益) | 1,564,000,057.27 | 218,357,581.88 | 616.26 | 170,413,192.14 |
| 经营活动产生的现金流量净额 | 196,184,605.63 | 77,248,529.09 | 153.97 | 34,879,178.97 |

2.2 主要财务指标 单位:元

| | 2003 年 | 2002 年 | 本年比上年增减(%) | 2001 年 |
|---|---|---|---|---|
| 每股收益 | 0.24 | 0.38 | －36.84 | 0.36 |
| 每股收益(加权) | 0.24 | 0.38 | －36.84 | 0.36 |
| 净资产收益率(%) | 6.66 | 21.19 | －68.57 | 25.72 |
| 扣除非经常性损益的净利润为基础计算的净资产收益率(%) | 6.72 | 21.43 | －68.64 | 26.44 |
| 每股经营活动产生的现金流量净额 | 1.07 | 0.60 | 78.33 | 0.27 |
| | 2003 年末 | 2002 年末 | 本年末比上年末增减(%) | 2001 年末 |
| 每股净资产 | 3.59 | 1.78 | 101.68 | 1.41 |
| 调整后的每股净资产 | 3.59 | 1.79 | 100.56 | 1.42 |

## 600602 上海广电电子股份有限公司

### 二〇〇三年年度报告摘选

#### 1.上市公司基本情况简介

1.1 基本情况简介

股票简称:广电电子 股票代码:600602 上市交易所:上海证券交易所

股票简称:上电 B 股 股票代码:900901

注册地址:上海市浦东新区张江高科技园区张衡路 200 号 1 号楼 2 楼

办公地址:上海市长寿路 97 号世纪商务大厦 26 楼 邮政编码:200060

公司国际互联网网址:http://www.sva－e.com 电子信箱:webmaster@sva－e.com

1.2 联系人和联系方式

董事会秘书:胡之奎 联系地址:上海市长寿路 97 号世纪商务大厦 26 楼

电话:62980202 转 646 或 647 传真:62982121 电子信箱:hu_zk@sva－e.com

证券事务代表:周祁顺 联系地址:上海市长寿路 97 号世纪商务大厦 26 楼

电话:62980202 转 646 或 647 传真:62982121 电子信箱:stock@sva－e.com

#### 2.会计数据和财务指标摘要

2.1 主要会计数据 金额单位:元

| | 2003 年 | 2002 年 | 本年比上年增减(%) | 2001 年 |
|---|---|---|---|---|
| 主营业务收入 | 5,173,255,678.52 | 4,656,299,472.16 | 11.10 | 4,058,711,570.29 |
| 利润总额 | 283,331,062.63 | 216,742,011.12 | 30.72 | 202,595,870.62 |
| 净利润 | 135,105,815.09 | 103,920,242.88 | 30.01 | 170,444,004.72 |
| 扣除非经常性损益的净利润 | 104,047,506.16 | 108,958,517.24 | －4.51 | 63,580,061.43 |
| | 2003 年末 | 2002 年末 | 本年末比上年末增减(%) | 2001 年末 |
| 总资产 | 7,976,941,182.85 | 7,478,597,999.73 | 6.66 | 7,679,584,053.96 |
| 股东权益(不含少数股东权益) | 2,867,636,140.23 | 2,788,126,127.38 | 2.85 | 2,690,544,454.82 |
| 经营活动产生的现金流量净额 | 731,668,506.12 | 568,274,082.69 | 28.75 | 431,279,287.82 |

2.2 主要财务指标 金额单位:元

| | 2003 年 | 2002 年 | 本年比上年增减(%) | 2001 年 |
|---|---|---|---|---|
| 每股收益 | 0.146 | 0.112 | 30.01 | 0.202 |
| 净资产收益率 | 4.71% | 3.73% | 26.27 | 6.33% |
| 扣除非经常性损益的净利润为基础计算的净资产收益率 | 3.63% | 3.97% | －8.56 | 2.45% |
| 每股经营活动产生的现金流量净额 | 0.79 | 0.61 | 29.51 | 0.51 |
| | 2003 年末 | 2002 年末 | 本年末比上年末增减(%) | 2001 年末 |
| 每股净资产 | 3.09 | 3.01 | 2.66 | 3.19 |
| 调整后的每股净资产 | 3.02 | 2.94 | 2.72 | 3.13 |

## 600665 天地源股份有限公司

### 二〇〇三年年度报告摘选

#### 1.上市公司基本情况简介

1.1 基本情况简介

股票简称:天地源 股票代码:600665 上市交易所:上海证券交易所

注册地址和办公地址:上海市张扬路 500 号华润时代广场办公楼 10 层 邮政编码:200122

公司国际互联网网址:http://www.tunefulhome.com 电子信箱:All-sh@tunefulhome.com

1.2 联系人和联系方式

董事会秘书:杨斌 联系地址:上海市张扬路 500 号华润时代广场办公楼 10 层

电话:021－58771776 传真:021－58367882 电子信箱:Yangbin@tunefulhome.com

证券事务代表:王锐 联系地址:上海市张扬路 500 号华润时代广场办公楼 10 层

电话:021－58771776 传真:021－58367882 电子信箱:Wangrui@tunefulhome.com

#### 2.会计数据和财务指标摘要

2.1 主要会计数据 单位:元

| | 2003 年(本年) | 2002 年(上年) | 本年比上年增减 | 2001 年 |
|---|---|---|---|---|
| 主营业务收入 | 988,455,181.95 | 780,438,519.33 | 26.65% | 826.208.087.26 |
| 利润总额 | 68.189.829.98 | 15.255.173.60 | 346.99% | 16,418,702.04 |
| 净利润 | 54,185,731.81 | 8,525,380.27 | 535.58% | 13,684,981.67 |
| 扣除非经常性损益的净利润 | 44,975,192.66 | 8,923,387.98 | 404.01% | 18,489,471.81 |
| | 2003 年末(本年末) | 2002 年末(上年末) | 本年末比上年末增减 | 2001 年末 |
| 总资产 | 1,775,887,901.15 | 1,482,571,097.00 | 19.78% | 1,329,611,232.36 |
| 股东权益(不含少数股东权益) | 1,307,052,355.61 | 1,250,655,742.67 | 4.51% | 1,241,169,401.78 |
| 经营活动产生的现金流量净额 | 153,985,043.12 | 206,041,371.07 | －25.26% | 348,583,368.30 |

2.2 主要财务指标 单位:元

| | 2003 年(本年) | 2002 年(上年) | 本年比上年增减 | 2001 年 |
|---|---|---|---|---|
| 每股收益 | 0.0752 | 0.012 | 526.67% | 0.019 |
| 净资产收益率(%) | 4.15 | 0.682 | 508.50% | 1.1 |
| 扣除非经常性损益的净利润为基础计算的净资产收益率(%) | 3.44 | 0.716 | 380.45% | 1.5 |
| 每股经营活动产生的现金流量净额 | 0.2138 | 0.292 | －26.78% | 0.484 |
| | 2003 年末(本年末) | 2002 年末(上年末) | 本年末比上年末增减 | 2001 年末 |
| 每股净资产 | 1.815 | 1.737 | 4.49% | 1.724 |
| 调整后的每股净资产 | 1.811 | 1.730 | 4.68% | 1.697 |

## 600703 天颐科技股份有限公司

### 二〇〇三年年度报告摘选

#### 1.上市公司基本情况简介

1.1 基本情况简介

股票简称:天颐科技 股票代码:600703 上市交易所:上海证券交易所

注册地址和办公地址:湖北省荆州市沙市区高新技术开发区三湾路 1 号

邮政编码:434000

公司国际互联网网址:http://www.tianyi.cc 电子信箱:yshz1972@163.com

1.2 联系人和联系方式

董事会秘书:易声泽 联系地址:湖北省荆州市沙市区高新技术开发区三湾路 1 号

电话:0716-8328443 传真:0716-8328443 电子信箱:yshz1972@163.com

#### 2.会计数据和财务指标摘要

2.1 主要会计数据 单位:元

| | 2003 年 | 2002 年 | 本年比上年增减(%) | 2001 年 |
|---|---|---|---|---|
| 主营业务收入 | 614,650,261.87 | 498,731,231.33 | 23.24 | 421,729,398.58 |
| 利润总额 | 31,266,254.24 | 16,286,214.55 | 91.98 | 13,179,064.86 |
| 净利润 | 32,391,323.27 | 16,081,352.33 | 101.42 | 13,124,406.38 |
| 扣除非经常性损益的净利润 | 19,039,716.17 | 16,083,236.63 | 18.39 | 13,822,705.41 |
| | 2003 年末 | 2002 年末 | 本年末比上年末增减(%) | 2001 年末 |
| 总资产 | 732,549,315.04 | 580,643,459.94 | 26.16 | 428,830,393.10 |
| 股东权益(不含少数股东权益) | 223,991,792.99 | 172,866,173.17 | 29.58 | 157,755,783.28 |
| 经营活动产生的现金流量净额 | 6,717,649.18 | -47,382,894.48 | -- | -34,720,699.04 |

2.2 主要财务指标 单位:元

| | 2003 年 | 2002 年 | 本年比上年增减(%) | 2001 年 |
|---|---|---|---|---|
| 每股收益 | 0.27 | 0.13 | 107.69 | 0.11 |
| 每股收益 | 0.27 | 0.13 | 107.69 | 0.11 |
| 净资产收益率 | 14.46% | 9.30% | 55.48 | 8.32% |
| 扣除非经常性损益的净利润为基础计算的净资产收益率 | 9.60% | 9.73% | -1.34 | 10.52% |
| 每股经营活动产生的现金流量净额 | 0.056 | -0.40 | 114.00 | -0.29 |
| | 2003 年末 | 2002 年末 | 本年末比上年末增减(%) | 2001 年末 |
| 每股净资产 | 1.87 | 1.45 | 28.97 | 1.30 |
| 调整后的每股净资产 | 1.85 | 1.42 | 30.28 | 1.32 |

## 600761 安徽合力股份有限公司

### 二〇〇三年年度报告摘选

#### 1.上市公司基本情况简介

1.1 基本情况简介

股票简称:安徽合力 股票代码:600761 上市交易所:上海券交易所

注册地址和办公地址:安徽省合肥市望江西路 15 号 邮政编码:230022

公司国际互联网网址:http://www.helichina.com 电子信箱:heli@helichina.com

1.2 联系人和联系方式

董事会秘书:徐琳 联系地址:安徽省合肥市望江西路 15 号

电话:0551-3648005-6498 传真:0551-3633431

电子信箱:xl@helichina.com

证券事务代表:周星琪 联系地址:安徽省合肥市望江西路 15 号

电话:0551-3648005-6902 传真:0551-3633431

电子信箱:heli_zxq@sina.com

#### 2.会计数据和财务指标摘要

2.1 主要财务数据 单位:元

| | 2003 年度 | 2002 年度 | 本年比上年增减(%) | 2001 年度 |
|---|---|---|---|---|
| 主营业务收入 | 1,021,682,900.44 | 746,869,626.84 | 36.80 | 528,558,651.79 |
| 利润总额 | 112,906,817.59 | 86,801,851.43 | 30.07 | 73,146,248.47 |
| 净利润 | 95,228,943.29 | 73,858,095.84 | 28.94 | 61,445,709.16 |
| 扣除非经常性损益的净利润 | 92,985,001.82 | 73,345,125.19 | 26.78 | 60,027,219.69 |
| | 2003 年末 | 2002 年末 | 本年末比上年末增减(%) | 2001 年末 |
| 总资产 | 1,050,429,495.01 | 939,253,810.89 | 11.84 | 1,008,511,247.02 |
| 股东权益 | 798,296,237.65 | 743,930,033.08 | 7.31 | 710,970,844.39 |
| 经营活动产生的现金流量净额 | 84,813,406.59 | 117,160,562.55 | -27.61 | 62,331,748.90 |

2.2 主要财务指标 单位:元

| | 2003 年 | 2002 年 | 本年比上年增减(%) | 2001 年 |
|---|---|---|---|---|
| 每股收益 | 0.31 | 0.36 | 注 | 0.30 |
| 净资产收益率(%) | 11.93 | 9.93 | 20.14 | 8.64 |
| 扣除非经常性损益的净利润为基础计算的净资产收益率(%) | 11.65 | 9.86 | 18.15 | 8.44 |
| 每股经营活动产生的现金流量净额 | 0.28 | 0.57 | 注 | 0.31 |
| | 2003 年末 | 2002 年末 | 本年末比上年末增减(%) | 2001 年末 |
| 每股净资产 | 2.60 | 3.64 | 注 | 3.47 |
| 调整后的每股净资产 | 2.58 | 3.61 | 注 | 3.45 |

## 600798 宁波海运股份有限公司

### 二〇〇三年年度报告摘选

#### 1.上市公司基本情况简介

1.1 基本情况简介

股票简称:宁波海运 股票代码:600798 上市交易所:上海证券交易所

注册地址:宁波市中马路 202 号 办公地址:宁波市中马路 202 号 邮政编码:315020

公司国际互联网网址:http://www.nbmc.com.cn 电子信箱:nbmcl@mail.nbptt.zj.cn

1.2 联系人和联系方式

董事会秘书:黄敏辉 联系地址:宁波市中马路 202 号

电话:0574-87356271 传真:0574-87355051 电子信箱:hminhui@nbmc.com.cn

#### 2.会计数据和财务指标摘要

2.1 主要会计数据 单位:元

| | 2003 年 | 2002 年 | 本年比上年增减(%) | 2001 年 |
|---|---|---|---|---|
| 主营业务收入 | 441,291,303.39 | 275,288,304.40 | 60.30 | 265,458,300.34 |
| 利润总额 | 122,109,847.21 | 76,346,984.99 | 59.94 | 98,910,482.85 |
| 净利润 | 82,104,162.20 | 59,800,355.48 | 37.30 | 85,420,902.92 |
| 扣除非经常性损益的净利润 | 81,296,851.65 | 59,800,355.48 | 35.95 | 85,420,902.92 |
| | 2003 年末 | 2002 年末 | 本年末比上年末增减(%) | 2001 年末 |
| 总资产 | 1,152,061,411.82 | 910,913,424.17 | 26.47 | 927,161,939.14 |
| 股东权益(不含少数股东权益) | 839,225,962.90 | 808,309,300.70 | 3.82 | 812,493,320.22 |
| 经营活动产生的现金流量净额 | 82,799,244.45 | 146,233,363.42 | -43.38 | 67,990,790.74 |

2.2 主要财务指标 单位:元

| | 2003 年 | 2002 年 | 本年比上年增减(%) | 2001 年 |
|---|---|---|---|---|
| 每股收益 | 0.16 | 0.12 | 33.33 | 0.17 |
| 净资产收益率(%) | 9.78 | 7.40 | 32.16 | 10.81 |
| 扣除非经常性损益的净利润为基础计算的净资产收益率(%) | 9.69 | 7.4 | 30.95 | 10.51 |
| 每股经营活动产生的现金流量净额 | 0.16 | 0.29 | -44.83 | 0.13 |
| | 2003 年末 | 2002 年末 | 本年末比上年末增减(%) | 2001 年末 |
| 每股净资产 | 1.64 | 1.58 | 3.80 | 1.59 |
| 调整后的每股净资产 | 1.64 | 1.58 | 3.80 | 1.59 |

## 3 月 17 日

## 000037 深圳南山热电股份有限公司

### 二〇〇三年年度报告摘选

#### 1.上市公司基本情况简介

1.1 基本情况简介

股票简称:深南电 A、深南电 B 股票代码:000037、200037

上市交易所:深圳证券交易所

注册地址和办公地址:深圳市南山区月亮湾大道 18 号 邮政编码:518054

电子信箱:public@nspower.com.cn

1.2 联系人和联系方式

董事会秘书:傅博 联系地址:深圳市南山区月亮湾大道 18 号

电话:0755-26053918 传真:0755-26053918 电子信箱:fubo@nspower.com.cn

证券事务代表:胡琴 联系地址:深圳市南山区月亮湾大道 18 号

电话:0755-26053964 传真:0755-26053964 电子信箱:huqin@nspower.com.cn

#### 2.会计数据和财务指标摘要

2.1 主要会计数据 单位:(人民币)元

| | 2003 年(本年) | 2002 年(上年) | 本年比上年增减 | 2001 年 |
|---|---|---|---|---|
| 主营业务收入 | 1,863,937,169.23 | 1,622,904,974.34 | 14.85% | 1,084,093,347.25 |
| 利润总额 | 541,487,052.39 | 511,101,612.86 | 5.95% | 270,756,490.48 |
| 净利润 | 471,110,360.33 | 365,783,855.30 | 28.79 % | 205,069,449.88 |
| 扣除非经常性损益的净利润 | 385,359,930.11 | 429,856,495.51 | -10.35% | 196,389,682.43 |
| | 2003 年末(本年末) | 2002 年末(上年末) | 本年末比上年末增减 | 2001 年末 |
| 总资产 | 2,571,971,073.13 | 2,029,161,693.62 | 26.75% | 1,553,895,350.66 |
| 股东权益(不含少数股东权益) | 1,588,217,622.05 | 1,274,444,497.75 | 24.62% | 910,506,376.21 |
| 经营活动产生的现金流量净额 | 376,533,991.69 | 782,025,766.52 | -51.85% | 415,612,435.82 |

2.2 主要财务指标 单位:(人民币)元

| | 2003 年(本年) | 2002 年(上年) | 本年比上年增减 | 2001 年 |
|---|---|---|---|---|
| 每股收益 | 0.86 | 0.67 | 28.79% | 0.37 |
| 每股收益(如果股本变化,按新股本计算) | 0.86 | -- | -- | -- |
| 净资产收益率 | 29.66% | 28.70% | 3.34% | 19.02% |
| 扣除非经常性损益的净利润为基础计算的净资产收益率 | 24.26% | 33.73% | -28.08% | 18.21% |
| 每股经营活动产生的现金流量净额 | 0.69 | 1.43 | -51.86% | 0.70 |
| | 2003 年末(本年末) | 2002 年末(上年末) | 本年末比上年末增减 | 2001 年末 |
| 每股净资产 | 2.90 | 2.33 | 24.59% | 1.97 |
| 调整后的每股净资产 | 2.88 | 2.32 | 24.14% | 1.96 |

## 600011 华能国际电力股份有限公司

### 二〇〇三年年度报告摘选

#### 1.上市公司基本情况简介

1.1 基本情况简介

股票简称:华能国际 股票代码:600011 上市交易所:上海证券交易所
股票代码:902 上市交易所:香港联合交易所有限公司
股票代码:HNP 上市交易所:纽约证券交易所
注册地址和办公地址:北京市西城区复兴门南大街丙 2 号(天银大厦 C 段西区)
邮政编码:100031 公司国际互联网网址:http://www.hpi.com.cn
电子信箱:ir@hpi.com.cn zqb@hpi.com.cn

1.2 联系人和联系方式

董事会秘书:黄龙 联系地址:北京市西城区复兴门南大街丙 2 号(天银大厦 C 段西区)
电话:010－66491999 传真:010－66491888 电子信箱:huangl@hpi.com.cn
证券事务代表:谷碧泉 联系地址:北京市西城区复兴门南大街丙 2 号(天银大厦 C 段西区)
电话:010－66491851 传真:010－66491860 电子信箱:gbq@hpi.com.cn

#### 2.会计数据和财务指标摘要

2.1 主要会计数据 单位:(人民币)元

| | 2003 年 | 2002 年 | 本年比上年增减(%) | 2001 年 |
|---|---|---|---|---|
| 主营业务收入 | 23,479,646,958 | 18,725,340,857 | 25.39 | 15,816,656,338 |
| 利润总额 | 6,774,080,587 | 5,212,079,411 | 29.97 | 4,422,515,755 |
| 净利润 | 5,457,142,551 | 4,082,350,589 | 33.68 | 3,636,064,244 |
| 扣除非经常性损益的净利润 | 5,563,916,542 | 4,111,128,754 | 35.34 | 3,667,944,212 |
| | 2003 年 12 月 31 日 | 2002 年 12 月 31 日 | 本年末比上年末增减(%) | 2001 年 12 月 31 日 |
| 总资产 | 53,276,965,016 | 48,098,755,152 | 10.77 | 47,229,708,718 |
| 股东权益(不含少数股东权益) | 34,787,100,203 | 31,209,570,014 | 11.46 | 28,925,564,005 |
| 经营活动产生的现金流量净额 | 10,156,974,707 | 7,804,860,642 | 30.14 | 7,114,149,193 |

2.2 主要财务指标 单位:(人民币)元

| | 2003 年 | 2002 年 | 本年比上年增减(%) | 2001 年 |
|---|---|---|---|---|
| 每股收益(加权平均) | 0.91 | 0.68 | 33.82 | 0.64 |
| 每股收益(全面摊薄) | 0.91 | 0.68 | 33.82 | 0.61 |
| 净资产收益率(%) | 15.69 | 13.08 | 19.95 | 12.57 |
| 扣除非经常性损益的净利润为基础计算的净资产收益率(%) | 16.93 | 13.74 | 23.22 | 14.62 |
| 每股经营活动产生的现金流量净额 | 1.69 | 1.30 | 30.00 | 1.19 |
| | 2003 年 12 月 31 日 | 2002 年 12 月 31 日 | 本年末比上年末增减(%) | 2001 年 12 月 31 日 |
| 每股净资产 | 5.77 | 5.20 | 10.96 | 4.82 |
| 调整后的每股净资产 | 5.76 | 5.19 | 10.98 | 4.82 |

## 600113 浙江东日股份有限公司

### 二〇〇三年年度报告摘选

#### 1.上市公司基本情况简介

1.1 基本情况简介

股票简称:浙江东日 股票代码:600113 上市交易所:上海证券交易所
注册地址和办公地址:浙江省温州市矮凳桥 92 号 邮政编码:325003
公司国际互联网网址:http://www.dongri.com 电子信箱:Zjdongri@mail:wzptt.zj.cn

1.2 联系人和联系方式

董事会秘书:张乘东 联系地址:浙江省温州市矮凳桥 92 号
电话:0577－88812155 传真:0577－88822336 电子信箱:Zjdongri@mail:wzptt.zj.cn
证券事务代表:陈琦 联系地址:浙江省温州市矮凳桥 92 号
电话:0577－88812155 传真:0577－88822336 电子信箱:Zjdongri@mail:wzptt.zj.cn

#### 2.会计数据和财务指标摘要

2.1 主要会计数据 单位:元

| 项 目 | 2003 年 | 2002 年 | 本年比上年增减(%) | 2001 年 |
|---|---|---|---|---|
| 主营业务收入 | 91,505,421.72 | 41,529,661.23 | 120.34 | 66,663,981.62 |
| 利润总额 | 7,117,120.72 | 6,875,403.93 | 3.52 | 4,212,611.65 |
| 净利润 | 5,638,271.02 | 4,479,843.17 | 25.86 | 2,430,467.25 |
| 扣除非经常性损益的净利润 | 6,421,940.83 | 3,682,233.78 | 74.40 | 2,718,236.38 |
| | 2003 年末 | 2002 年末 | 本年末比上年末增减(%) | 2001 年末 |
| 总资产 | 492,240,803.09 | 409,941,858.37 | 20.07 | 431,100,856.82 |
| 股东权益(不含少数股东权益) | 364,241,318.53 | 358,603,047.51 | 1.57 | 354,104,873.22 |
| 经营活动产生的现金流量净额 | 67,321,055.08 | 36,680,855.04 | 83.53 | 2,453,075.55 |

2.2 主要财务指标 单位:元

| 项 目 | 2003 年 | 2002 年 | 本年比上年增减(%) | 2001 年 |
|---|---|---|---|---|
| 每股收益(摊薄) | 0.05 | 0.04 | 25.00 | 0.02 |
| 每股收益(加权) | 0.05 | 0.04 | 25.00 | 0.02 |
| 净资产收益率(%) | 1.54 | 1.25 | 23.20 | 0.69 |
| 扣除非经常性损益的净利润为基础计算的净资产收益率(%) | 1.57 | 1.03 | 52.43 | 0.77 |
| 每股经营活动产生的现金流量净额 | 0.57 | 0.31 | 83.87 | 0.02 |
| | 2003 年末 | 2002 年末 | 本年末比上年末增减(%) | 2001 年末 |
| 每股净资产 | 3.08 | 3.04 | 1.32 | 3.00 |
| 调整后的每股净资产 | 3.08 | 3.02 | 1.99 | 2.97 |

## 600156 湖南华升益鑫泰股份有限公司

### 二〇〇三年年度报告摘选

#### 1.上市公司基本情况简介

1.1 基本情况简介

证券简称:益鑫泰 证券代码:600156 上市交易所:上海证券交易所
注册地址:湖南省长沙市芙蓉南路 257 号
办公地址:湖南省长沙市芙蓉中路三段 420 号 邮政编码:410015
电子信箱:hnyxt@public.cs.hn.cn

1.2 联系人和联系方式

董事会秘书:郝利民 联系地址:湖南省长沙市芙蓉中路三段 420 号
电话:0731－5237867 传真:0731－5237861 电子信箱:hnyxt@public.cs.hn.cn
证券事务代表:辜东先 联系地址:湖南省长沙市芙蓉中路三段 420 号
电话:0731－5237818 传真:0731－5237861 电子信箱:hnyxt@public.cs.hn.cn

#### 2.会计数据和业务数据摘要

2.1 主要财务数据 单位:元

| 项 目 | 2003 年 | 2002 年 | 本年比上年增减(%) | 2001 年 |
|---|---|---|---|---|
| 主营业务收入 | 749,543,043.59 | 707,227,525.96 | +5.98 | 744,256,503.71 |
| 利润总额 | －223,652,113.38 | －150,757,264.30 | －－ | 76,203,228.05 |
| 净利润 | －224,132,144.52 | －152,112,353.90 | －－ | 66,348,501.40 |
| 扣除非经常性损益的净利润 | －189,100,916.95 | －127,075,127.85 | －－ | 51,027,724.26 |
| 项 目 | 2003 年末 | 2002 年末 | 本年末比上年末增减(%) | 2001 年末 |
| 总资产 | 1,346,608,584.72 | 1,538,776,156.40 | －12.49 | 1,497,746,285.29 |
| 股东权益(不含少数股东权益) | 816,991,456.79 | 1,048,258,001.37 | －22.06 | 1,203,782,153.35 |
| 经营活动产生的现金流量净额 | －17,863,992.92 | －119,475,252.20 | －－ | 54,270,064.44 |

2.2 主要财务指标 单位:元

| 项目 | 2003 年 | 2002 年 | 本年比上年增减(%) | 2001 年 |
|---|---|---|---|---|
| 每股收益 | －0.5107 | －0.3466 | －－ | 0.1512 |
| 每股收益 | －0.5107 | －0.3466 | －－ | 0.1512 |
| 净资产收益率(%) | －27.43 | －－ | －14.51 | 5.53 |
| 扣除非经常性损益的净利润为基础计算的净资产收益率(%) | －19.83 | －11.18 | －－ | 4.30 |
| 每股经营活动产生的现金流量净额 | －0.04 | －0.27 | －－ | 0.12 |
| 项 目 | 2003 年末 | 2002 年末 | 本年末比上年末增减(%) | 2001 年末 |
| 每股净资产 | 1.86 | 2.39 | －22.18 | 2.74 |
| 调整后的每股净资产 | 1.85 | 2.36 | －21.61 | 2.74 |

## 600263 路桥集团国际建设股份有限公司

### 二〇〇三年年度报告摘选

#### 1.上市公司基本情况简介

1.1 基本情况简介

股票简称:路桥建设 股票代码:600263 上市交易所:上海证券交易所
注册地址:北京市海淀区三里河路 15 号
办公地址:北京东城区东中街 9 号东环广场 A 座写字楼八层 邮政编码:100027
公司国际互联网网址:http://www.crbcint.com 电子信箱:int@crbcint.com

1.2 联系人和联系方式

董事会秘书:蔺成新 联系地址:北京东城区东中街 9 号东环广场 A 座写字楼八层
电话:010－64181166 传真:010－64182080 电子信箱:zqb@crbcint.com
证券事务代表:郑凯 联系地址:北京东城区东中街 9 号东环广场 A 座写字楼八层
电话:010－64181913 传真:010－64182080 电子信箱:zk@crbcint.com

#### 2.会计数据和财务指标摘要

2.1 主要会计数据 单位:元

| | 2003 年 | 2002 年 | 本年比上年增减 | 2001 年 |
|---|---|---|---|---|
| 主营业务收入 | 2,342,186,168.96 | 2,112,223,627.36 | 10.89% | 1,636,112,483.38 |
| 利润总额 | 63,190,843.73 | 31,602,614.97 | 99.95% | 47,848,877.13 |
| 净利润 | 61,111,967.37 | 24,090,675.21 | 153.67% | 43,329,696.80 |
| 扣除非经常性损益的净利润 | 61,783,917.69 | 23,574,722.35 | 162.08% | 42,767,689.41 |
| | 2003 年末 | 2002 年末 | 本年末比上年末增减 | 2001 年末 |
| 总资产 | 3,028,336,745.22 | 2,983,119,537.29 | 1.52% | 2,667,988,599.63 |
| 股东权益(不含少数股东权益) | 1,436,758,904.33 | 1,375,081,660.04 | 4.49% | 1,363,173,471.04 |
| 经营活动产生的现金流量净额 | 205,828,560.05 | 143,806,310.70 | 43.13% | 130,423,108.20 |

2.2 主要财务指标 单位:元

| | 2003 年 | 2002 年 | 本年比上年增减 | 2001 年 |
|---|---|---|---|---|
| 每股收益(摊薄) | 0.150 | 0.059 | 154.24% | 0.106 |
| 每股收益(加权) | 0.150 | 0.059 | 154.24% | 0.106 |
| 净资产收益率 | 4.253% | 1.752% | 142.75% | 3.179% |
| 扣除非经常性损益的净利润为基础计算的净资产收益率 | 4.395% | 1.714% | 156.42% | 3.112% |
| 每股经营活动产生的现金流量净额 | 0.504 | 0.352 | 43.18% | 0.320 |
| | 2003 年末 | 2002 年末 | 本年末比上年末增减 | 2001 年末 |
| 每股净资产 | 3.520 | 3.369 | 4.48% | 3.340 |
| 调整后的每股净资产 | 3.426 | 3.294 | 4.01% | 3.171 |

## 600335 中外建发展股份有限公司

### 二〇〇三年年度报告摘选

#### 1.上市公司基本情况简介

1.1 基本情况简介

股票简称:中发展 股票代码:600335 上市交易所:上海证券交易所
注册地址:天津市华苑产业区火炬大厦 410 室
办公地址:天津市河东区津塘路 156 号 邮政编码:300180
公司国际互联网网址:http://www.21CU.net.cn 电子信箱:cciddmc@yeah.net

1.2 联系人和联系方式

董事会秘书:叶志玲 联系地址:天津市河东区津塘路 156 号
电话:022-24935580 传真:022-24935580 电子信箱:cciddmc@yeah.net
证券事务代表:盛志兵 联系地址:天津市河东区津塘路 156 号
电话:022-24935580 传真:022-24935580 电子信箱:cciddmc@yeah.net

#### 2.会计数据和业务数据摘要

2.1 主要会计数据 单位:元

| | 2003 年 | 2002 年 | 本年比上年增减(%) | 2001 年 |
|---|---|---|---|---|
| 主营业务收入 | 287,752,134.44 | 258,821,007.12 | 11.18 | 183,494,982.33 |
| 利润总额 | -4,432,088.45 | -37,267,433.22 | 88.11 | 3,165,130.54 |
| 净利润 | -4,432,088.45 | -37,267,433.22 | 88.11 | 2.236,650.46 |
| 扣除非经常性损益的净利润 | -7,187,992.50 | -38,675,425.79 | 81.41 | -10,787,203.03 |
| | 2003 年末 | 2002 年末 | 本年末比上年末增减(%) | 2001 年末 |
| 总资产 | 609,391,578.81 | 627,260,660.66 | -2.85 | 697,702,171.32 |
| 股东权益(不含少数股东权益) | 281,159,170.66 | 282,380,010.52 | -0.43 | 322,311,488.71 |
| 经营活动产生的现金流量净额 | 30,383,788.75 | -68,912,528.28 | 144.09 | -10,848,378.50 |

2.2 主要财务指标 单位:元

| | 2003 年 | 2002 年 | 本年比上年增减(%) | 2001 年 |
|---|---|---|---|---|
| 每股收益 | -0.0380 | -0.3195 | 88.11 | 0.0192 |
| 净资产收益率(%) | -1.58 | -13.20 | 88.06 | 0.69 |
| 扣除非经常性损益的净利润为基础计算的净资产收益率(%) | -2.57 | -12.91 | 80.13 | -3.46 |
| 每股经营活动产生的现金流量净额 | 0.26 | -0.59 | 144.16 | -0.09 |
| | 2003 年末 | 2002 年末 | 本年末比上年末增减(%) | 2001 年末 |
| 每股净资产 | 2.4107 | 2.4212 | -0.43 | 2.7636 |
| 调整后的每股净资产 | 2.3056 | 2.3415 | -1.53 | 2.7128 |

## 600356 牡丹江恒丰纸业股份有限公司

### 二〇〇三年年度报告摘选

#### 1.上市公司基本情况简介

1.1 基本情况简介

股票简称:恒丰纸业 股票代码:600356 上市交易所:上海证券交易所
注册地址和办公地址:黑龙江省牡丹江市阳明区造纸路 11 号
邮政编码:157013
公司国际互联网网址:http://www.hengfengpaper.com 电子信箱:sh356@hengfengpaper.com

1.2 联系人和联系方式

董事会秘书:李荣伟 联系地址:黑龙江省牡丹江市阳明区造纸路 11 号
电话:0453-6331111-6451 传真:0453-6330989 电子信箱:Sh356@hengfengpaper.com
证券事务代表:王国栋 联系地址:黑龙江省牡丹江市阳明区造纸路 11 号
电话:0453-6331111-6451 传真:0453-6330989 电子信箱:Sh356@hengfengpaper.com

#### 2.会计数据和财务指标摘要

2.1 主要会计数据 单位:元

| | 2003 年 | 2002 年 | 本年比上年增减(%) | 2001 年 |
|---|---|---|---|---|
| 主营业务收入 | 503,501,802.49 | 426,224,599.35 | 18.13 | 368,794,220.70 |
| 利润总额 | 100,812,412.59 | 73,238,492.69 | 37.65 | 67,593,480.42 |
| 净利润 | 69,706,110.49 | 47,406,243.81 | 47.04 | 45,694,782.87 |
| 扣除非经常性损益的净利润 | 72,260,058.22 | 51,107,495.20 | 41.39 | 46,359,900.26 |
| | 2003 年末 | 2002 年末 | 本年末比上年末增减(%) | 2001 年末 |
| 总资产 | 947,092,663.65 | 700,858,272.60 | 35.13 | 656.006,785.57 |
| 股东权益(不含少数股东权益) | 597,808,735.43 | 528,102,624.94 | 13.20 | 487,696,381.13 |
| 经营活动产生的现金流量净额 | 54,017,320.77 | 91,494,152.91 | -40.96 | 4,597,526.73 |

2.2 主要财务指标 单位:元

| | 2003 年 | 2002 年 | 本年比上年增减(%) | 2001 年 |
|---|---|---|---|---|
| 每股收益 | 0.50 | 0.3386 | 47.67 | 0.3264 |
| 净资产收益率(%) | 11.66 | 8.98 | 29.84 | 9.37 |
| 扣除非经常性损益的净利润为基础计算的净资产收益率(%) | 12.76 | 9.68 | 31.82 | 9.51 |
| 每股经营活动产生的现金流量净额 | 0.39 | 0.65 | -40.00 | 0.03 |
| | 2003 年末 | 2002 年末 | 本年末比上年末增减(%) | 2001 年末 |
| 每股净资产 | 4.27 | 3.77 | 13.26 | 3.48 |
| 调整后的每股净资产 | 4.27 | 3.76 | 13.56 | 3.48 |

## 600367 贵州红星发展股份有限公司

### 二〇〇三年年度报告摘选

#### 1.上市公司基本情况简介

1.1 基本情况简介

股票简称:红星发展 股票代码:600367 上市交易所:上海证券交易所
注册地址和办公地址:贵州省安顺市镇宁县丁旗镇
邮政编码:561206 公司国际互联网网址:http://www.hxfz.com.cn
电子信箱:rsdmc@hxfz.com.cn

1.2 联系人和联系方式

董事会秘书:温霞 联系地址:贵州省安顺市镇宁县丁旗镇
电话:0853-6780066 传真:0853-6780388,6780074
电子信箱:wenxia@hxfz.com.cn
证券事务代表:刘宝江 联系地址:贵州省安顺市镇宁县丁旗镇
电话:0853-6780388 传真:0853-6780388,6780074
电子信箱:liubaojiang@hxfz.com.cn

#### 2.会计数据和财务指标摘要

2.1 主要会计数据 单位:元

| | 2003 年 | 2002 年 | 本年比上年增减(%) | 2001 年 |
|---|---|---|---|---|
| 主营业务收入 | 691,150,438.72 | 503,701,758.58 | 37.21 | 357,386,635.94 |
| 利润总额 | 159,732,828.33 | 135,861,624.32 | 17.57 | 101,580,687.26 |
| 净利润 | 109,069,237.77 | 95,228,900.08 | 14.53 | 80,238,459.21 |
| 扣除非经常性损益的净利润 | 108,261,705.02 | 96,493,041.53 | 12.20 | 80,612,529.84 |
| | 2003 年末 | 2002 年末 | 本年末比上年末增减(%) | 2001 年末 |
| 总资产 | 1,112,653,456.39 | 970,050,234.19 | 14.70 | 724,340,334.65 |
| 股东权益(不含少数股东权益) | 747,251,205.52 | 664,181,967.75 | 12.51 | 565,192,174.68 |
| 经营活动产生的现金流量净额 | 80,354,496.52 | 100,309,283.39 | -19.89 | 43,989,039.48 |

2.2 主要财务指标 单位:元

| | 2003 年 | 2002 年 调整前 | 2002 年 调整后 | 本年比上年增减(%) | 2001 年 |
|---|---|---|---|---|---|
| 每股收益 | 0.60 | 0.73 | 0.73 | -17.80 | 0.80 |
| 净资产收益率(%) | 14.60 | 15.91 | 14.34 | -8.23 | 14.20 |
| 扣除非经常性损益的净利润为基础计算的净资产收益率(%) | 15.63 | 16.21 | 15.13 | -3.58 | 16.70 |
| 每股经营活动产生的现金流量净额 | 0.44 | 0.77 | 0.77 | -42.86 | 0.44 |
| | 2003 年末 | 2002 年末 调整前 | 2002 年末 调整后 | 本年末比上年末增减(%) | 2001 年末 |
| 每股净资产 | 4.11 | 4.88 | 5.11 | -19.09 | 5.65 |
| 调整后的每股净资产 | 4.09 | 4.87 | 5.09 | -19.33 | 5.64 |

## 600432 吉林吉恩镍业股份有限公司

### 二〇〇三年年度报告摘选

#### 1.上市公司基本情况简介

1.1 基本情况简介

股票简称:吉恩镍业 股票代码:600432 上市交易所:上海证券交易所
注册地址:吉林省磐石市红旗岭镇
办公地址:吉林省磐石市红旗岭镇红旗大街 54 号 邮政编码:132311
公司国际互联网网址:http://www.jlnickel.com.cn 电子信箱:nic@jlnickel.com.cn

1.2 联系人和联系方式

董事会秘书:吴术 联系地址:吉林省磐石市红旗岭镇红旗大街 54 号
电话:0432-5610629 传真:0432-5614429 电子信箱:ws@jlnickel.com.cn
证券事务代表:王行龙 联系地址:吉林省磐石市红旗岭镇红旗大街 54 号
电话:0432-5610887 传真:0432-5614429 电子信箱:zhq@jlnickel.com.cn

#### 2.会计数据和业务数据摘要

2.1 主要会计数据 单位:元

| | 2003 年(T 年,即本年) | 2002 年(T-1 年) | 本年比上年增减(%) | 2001 年(T-2 年) |
|---|---|---|---|---|
| 主营业务收入 | 510,134,617.66 | 358,460,369.13 | 42.31 | 301,670,415.00 |
| 利润总额 | 66,726,163.58 | 33,724,724.73 | 97.86 | 23,220,637.88 |
| 净利润 | 58,721,748.87 | 33,568,810.89 | 74.93 | 23,292,374.16 |
| 扣除非经常性损益的净利润 | 58,445,755.79 | 31,934,872.19 | 83.01 | 15,087,723.28 |
| | 2003 年末(T 年,即本年末) | 2002 年末(T-1 年末) | 本年末比上年末增减(%) | 2001 年末(T-2 年末) |
| 总资产 | 938,791,151.72 | 471,895,327.75 | 98.94 | 394,872,981.46 |
| 股东权益(不含少数股东权益) | 511,334,742.65 | 210,584,869.75 | 142.82 | 157,586,926.31 |
| 经营活动产生的现金流量净额 | 32,854,788.41 | 87,640,287.62 | -62.51 | -9,244,399.86 |

2.2 主要财务指标 单位:元

| | 2003 年(T 年,即本年) | 2002 年(T-1 年) | 本年比上年增减(%) | 2001 年(T-2 年) |
|---|---|---|---|---|
| 每股收益 | 0.31 | 0.26 | 19.23 | 0.18 |
| 净资产收益率(%) | 11.48 | 15.94 | -4.46 | 14.78 |
| 扣除非经常性损益的净利润为基础计算的净资产收益率(%) | 11.43 | 15.16 | -3.73 | 10 |
| 每股经营活动产生的现金流量净额 | 0.17 | 0.67 | -74.63 | -0.07 |
| | 2003 年末(T 年,即本年末) | 2002 年末(T-1 年末) | 本年末比上年末增减(%) | 2001 年末(T-2 年末) |
| 每股净资产 | 2.69 | 1.62 | 66.05 | 1.21 |
| 调整后的每股净资产 | 2.66 | 1.59 | 67.30 | 1.21 |

## 600478 长沙力元新材料股份有限公司

### 二〇〇三年年度报告摘选

#### 1.上市公司基本情况简介

1.1 基本情况简介

股票简称:力元新材 股票代码:600478 上市交易所:上海证券交易所
注册地址和办公地址:长沙市经济技术开发区星沙南路6号
邮政编码:410100
公司国际互联网网址:http://www.lyrun.com 电子信箱:lyrun@lyrun.com

1.2 联系人和联系方式

董事会秘书:陈志军 联系地址:长沙市经济技术开发区星沙南路6号
电话:0731－4019421 传真:0731－4016101 电子信箱:lyrun@lyrun.com
证券事务代表:文建惠 联系地址:长沙市经济技术开发区星沙南路6号
电话:0713－4019421 传真:0731－4016101 电子信箱:lyrun@lyrun.com

#### 2.会计数据和财务指标摘要

2.1 主要会计数据 单位:元

| | 2003年 | 2002年 | 本年比上年增减(%) | 2001年 |
|---|---|---|---|---|
| 主营业务收入 | 281,488,011.40 | 242,888,619.86 | 15.89 | 130,569,970.10 |
| 利润总额 | 33,328,867.19 | 27,962,376.14 | 19.19 | 9,580,415.02 |
| 净利润 | 30,791,029.75 | 23,379,887.99 | 31.70 | 8,143,352.76 |
| 扣除非经常性损益的净利润 | 22,634,194.56 | 23,272,723.10 | －2.7% | 8,270,107.06 |
| | 2003年末 | 2002年末 | 本年末比上年末增减(%) | 2001年末 |
| 总资产 | 527,453,089.17 | 334,574,662.79 | 57.65 | 295,218,466.24 |
| 股东权益(不含少数股东权益) | 311,108,836.53 | 107,308,224.68 | 189.92 | 92,298,089.69 |
| 经营活动产生的现金流量净额 | －1,239,443.92 | 78,351,364.65 | －101.58% | 18,462,392.51 |

2.2 主要财务指标 单位:元

| | 2003年 | 2002年 | 本年比上年增减(%) | 2001年 |
|---|---|---|---|---|
| 每股收益 | 0.25 | 0.28 | －10.71 | 0.097 |
| 净资产收益率(%) | 9.90 | 21.79 | －54.57 | 8.82 |
| 扣除非经常性损益的净利润为基础计算的净资产收益率(%) | 7.28 | 21.69 | －66.44 | 8.98 |
| 每股经营活动产生的现金流量净额 | －0.01 | 0.94 | －101.06% | 0.22 |
| | 2003年末 | 2002年末 | 本年末比上年末增减(%) | 2001年末 |
| 每股净资产 | 2.52 | 1.28 | 96.88 | 1.10 |
| 调整后的每股净资产 | 2.50 | 1.27 | 96.85 | 1.08 |

## 600720 甘肃祁连山水泥股份有限公司

### 二〇〇三年年度报告摘选

#### 1.上市公司基本情况简介

1.1 基本情况简介

股票简称:祁连山 股票代码:600720 上市交易所:上海证券交易所
注册地址和办公地址:甘肃省永登县中堡镇 邮政编码:730301
公司国际互联网网址:http://www.qlssn.com 电子信箱:zqb@qlssn.com

1.2 联系人和联系方式

董事会秘书:王云鹏 联系地址:甘肃省永登县中堡镇
电话:0931－6476538 传真:0931－6476671 电子信箱:wangyunpeng@qlssn.com
证券事务代表:陈军 联系地址:甘肃省永登县中堡镇
电话:0931－6476501 传真:0931－6476671 电子信箱:qlscj@sina.com

#### 2.会计数据和财务指标摘要

2.1 主要会计数据 单位:(人民币)元

| | 2003年 | 2002年 | 本年比上年增减(%) | 2001年 |
|---|---|---|---|---|
| 主营业务收入 | 461,338,145.75 | 382,818,534.90 | 20.51 | 266,834,758.30 |
| 利润总额 | 52,162,100.10 | 52,794,701.64 | －1.19 | 62,044,265.70 |
| 净利润 | 39,933,650.12 | 41,774,112.41 | －4.41 | 51,554,981.06 |
| 扣除非经常性损益的净利润 | 42,034,846.80 | 43,474,969.66 | －3.31 | 41,136,409.97 |
| | 2003年末 | 2002年末 | 本年末比上年末增减(%) | 2001年末 |
| 总资产 | 1,579,312,258.11 | 1,160,026,780.51 | 36.14 | 972,763,560.09 |
| 股东权益(不含少数股东权益) | 662,126,270.42 | 624,033,155.00 | 6.10 | 547,370,321.58 |
| 经营活动产生的现金流量净额 | 71,980,264.72 | 111,128,168.25 | －35.23 | 61,701,746.58 |

2.2 主要财务指标 单位:(人民币)元

| | 2003年 | 2002年 | 本年比上年增减(%) | 2001年 |
|---|---|---|---|---|
| 每股收益 | 0.115 | 0.12 | －4.17 | 0.15 |
| 每股收益(加权) | 0.115 | 0.12 | －4.17 | 0.15 |
| 净资产收益率 | 6.03% | 6.69% | －12.48 | 9.41% |
| 扣除非经常性损益的净利润为基础计算的净资产收益率 | 6.35% | 7.17% | －11.44 | 7.52% |
| 每股经营活动产生的现金流量净额 | 0.21 | 0.32 | －34.38 | 0.18 |
| | 2003年末 | 2002年末 | 本年末比上年末增减(%) | 2001年末 |
| 每股净资产 | 1.91 | 1.80 | 9.14 | 1.58 |
| 调整后的每股净资产 | 1.86 | 1.79 | 6.90 | 1.51 |

3月18日

## 000065 北方国际合作股份有限公司

### 二〇〇三年年度报告摘选

#### 1.上市公司基本情况简介

1.1 基本情况简介

股票简称:北方国际 股票代码:000065 上市交易所:深圳证券交易所
注册地址和办公地址:深圳市福田区天安数码城创新科技广场B座9层 邮政编码:518040
公司国际互联网网址:www.norinco－info.com.cn 电子信箱:szszxldm@public.szptt.net.cn

1.2 联系人和联系方式

董事会秘书:黄茜华 联系地址:深圳市福田区天安数码城创新科技广场B座9层
电话:0755－83433389 传真:0755－83433331 电子信箱:szszxldm@public.szptt.net.cn
证券事务代表: 联系地址:深圳市福田区天安数码城创新科技广场B座9层
电话:0755－83433389 传真:0755－83433331 电子信箱:szszxldm@public.szptt.net.cn

#### 2.会计数据和财务指标摘要

2.1 主要会计数据 单位:(人民币)元

| | 2003年(本年) | 2002年(上年) | 本年比上年增减 | 2001年 |
|---|---|---|---|---|
| 主营业务收入 | 1,033,615,418.86 | 792,297,537.96 | 30.46% | 671,382,559.27 |
| 利润总额 | 22,988,223.51 | 26,365,430.11 | －12.81% | 20,293,442.82 |
| 净利润 | 20,243,517.05 | 25,364,092.29 | －20.19% | 17,237,129.72 |
| 扣除非经常性损益的净利润 | 11,744,752.83 | 25,259,442.99 | 53.5% | 16,635,104.53 |
| | 2003年末(本年末) | 2002年末(上年末) | 本年末比上年末增减 | 2001年末 |
| 总资产 | 1,202,142,899.51 | 962,761,132.66 | 24.86% | 857,197,559.76 |
| 股东权益(不含少数股东权益) | 377,179,895.10 | 356,936,378.05 | 5.67% | 331,572,285.76 |
| 经营活动产生的现金流量净额 | －37,962,507.25 | 2,076,995.92 | －1927.76% | －40,218,723.34 |

2.2 主要财务指标 单位:(人民币)元

| | 2003年(本年) | 2002年(上年) | 本年比上年增减 | 2001年 |
|---|---|---|---|---|
| 每股收益 | 0.13 | 0.16 | －19.87% | 0.17 |
| 每股收益(如果股本变化,按新股本计算) | 0.13 | －－ | －－ | －－ |
| 净资产收益率 | 5.37% | 7.11% | －24.47% | 5.20% |
| 扣除非经常性损益的净利润为基础计算的净资产收益率 | 3.11% | 7.08% | －56.07% | 5.02% |
| 每股经营活动产生的现金流量净额 | －0.23 | 0.01 | －1900.00% | －0.39 |
| | 2003年末(本年末) | 2002年末(上年末) | 本年末比上年末增减 | 2001年末 |
| 每股净资产 | 2.32 | 2.20 | 5.69% | 3.26 |
| 调整后的每股净资产 | 2.05 | 2.11 | －2.80% | 3.20 |

## 000420 吉林化纤股份有限公司

### 二〇〇三年年度报告摘选

#### 1.上市公司基本情况简介

1.1 基本情况简介

股票简称:吉林化纤 股票代码:000420 上市交易所:深圳证券交易所
注册地址和办公地址:吉林省吉林市昌邑区九站街516－1号 邮政编码:132101
公司国际互联网网址:http://www.jlhxjt.com 电子信箱:office@jlhxjt.com

1.2 联系人和联系方式

董事会秘书:唐家维 联系地址:吉林市昌邑区九站街516－1号
电话:0432－3502431 传真:0432－3502329 电子信箱:jlhxjtdm@jlhjt.com
证券事务代表:徐建国 联系地址:吉林市昌邑区九站街516－1号
电话:0432－3502331 传真:0432－3502329

#### 2.会计数据和财务指标摘要

2.1 主要会计数据 单位:(人民币)元

| | 2003年(本年) | 2002年(上年) | 本年比上年增减 | 2001年 |
|---|---|---|---|---|
| 主营业务收入 | 1,137,363,922.83 | 1,004,520,235.31 | 13.22% | 1,020,935,711.39 |
| 利润总额 | 53,533,957.62 | 7,927,227.17 | 575.32% | －114,593,899.85 |
| 净利润 | 52,846,151.35 | 8,270,826.91 | 538.95% | －114,395,899.85 |
| 扣除非经常性损益的净利润 | 60,977,987.28 | 9,591,100.00 | 535.78% | 51,386,887.28 |
| | 2003年末(本年末) | 2002年末(上年末) | 本年末比上年末增减 | 2001年末 |
| 总资产 | 2,074,360,074.32 | 1,981,223,323.37 | 4.70% | 2,048,579,400.00 |
| 股东权益(不含少数股东权益) | 1,081,317,784.91 | 1,066,099,212.58 | 1.43% | 1,057,182,500.00 |
| 经营活动产生的现金流量净额 | 152,219,946.51 | 93,800,411.54 | 62.28% | 80,757,957.78 |

2.2 主要财务指标 单位:(人民币)元

| | 2003年(本年) | 2002年(上年) | 本年比上年增减 | 2001年 |
|---|---|---|---|---|
| 每股收益 | 0.14 | 0.02 | 542.20% | 0.30 |
| 每股收益(如果股本变化,按新股本计算) | 0.14 | －－ | －－ | －－ |
| 净资产收益率 | 4.89% | 0.77% | 535.06% | －10.82% |
| 扣除非经常性损益的净利润为基础计算的净资产收益率 | 5.64% | 0.89% | 533.71% | －10.15% |
| 每股经营活动产生的现金流量净额 | 0.40 | 0.25 | 62.10% | 0.21 |
| | 2003年末(本年末) | 2002年末(上年末) | 本年末比上年末增减 | 2001年末 |
| 每股净资产 | 2.86 | 2.82 | 1.45% | 2.79 |
| 调整后的每股净资产 | 2.79 | 2.77 | 0.72% | 2.74 |

# 000421 南京中北(集团)股份有限公司

## 二〇〇三年年度报告摘选

### 1.上市公司基本情况简介

1.1 基本情况简介

股票简称:南京中北 股票代码:000421 上市交易所:深圳证券交易所
注册地址和办公地址:南京市通江路16号 邮政编码:210036
公司国际互联网网址:http://www.zhong-bei.com
电子信箱:securities@zhong-bei.com

1.2 联系人和联系方式

董事会秘书:赵文 联系地址:南京市通江路16号
电话:025-86383605 传真:025-86383600 电子信箱:securities@zhong-bei.com
证券事务代表:陈刚 联系地址:南京市通江路16号
电话:025-86383611 传真:025-86383600 电子信箱:chg@zhong-bei.com

### 2.会计数据和财务指标摘要

2.1 主要会计数据 单位:(人民币)元

| | 2003年(本年) | 2002年(上年) | 本年比上年增减 | 2001年 |
|---|---|---|---|---|
| 主营业务收入 | 578,320,468.20 | 705,251,845.18 | -18.00% | 401,881,487.23 |
| 利润总额 | 44,546,983.25 | 37,771,679.59 | 17.94% | 37,287,881.34 |
| 净利润 | 31,393,729.05 | 26,778,700.54 | 17.23% | 28,662,999.21 |
| 扣除非经常性损益的净利润 | 27,865,384.26 | 24,324,190.59 | 14.56% | 25,607,585.33 |
| | 2003年末(本年末) | 2002年末(上年末) | 本年末比上年末增减 | 2001年末 |
| 总资产 | 1,104,451,989.77 | 852,876,694.58 | 29.50% | 946,911,228.33 |
| 股东权益(不含少数股东权益) | 449,598,895.10 | 439,480,120.31 | 2.30% | 413,582,448.67 |
| 经营活动产生的现金流量净额 | -42,670,694.34 | 192,237,835.70 | -122.20% | 36,599,581.62 |

2.2 主要财务指标 单位:(人民币)元

| | 2003年(本年) | 2002年(上年) | 本年比上年增减 | 2001年 |
|---|---|---|---|---|
| 每股收益 | 0.16 | 0.14 | 16.91% | 0.15 |
| 每股收益(如果股本变化,按新股本计算) | 0.16 | -- | -- | -- |
| 净资产收益率 | 6.98% | 6.09% | 14.61% | 6.83% |
| 扣除非经常性损益的净利润为基础计算的净资产收益率 | 6.30% | 5.71% | 10.33% | 6.10% |
| 每股经营活动产生的现金流量净额 | -0.22 | 0.98 | -122.19% | 0.19 |
| | 2003年末(本年末) | 2002年末(上年末) | 本年末比上年末增减 | 2001年末 |
| 每股净资产 | 2.28 | 2.23 | 2.29% | 2.10 |
| 调整后的每股净资产 | 1.84 | 1.97 | -6.60% | 1.82 |

# 000514 重庆渝开发股份有限公司

## 二〇〇三年年度报告摘选

### 1.上市公司基本情况简介

1.1 基本情况简介

股票简称:ST渝开发A 股票代码:000514 上市交易所:深圳证券交易所
注册地址和办公地址:重庆市渝中区曾家岩1-1号 邮政编码:400015
公司国际互联网网址:www.prcproperty.com
电子信箱:Ykf514@cta.cq.cn

1.2 联系人和联系方式

董事会秘书:夏光明 联系地址:重庆市渝中区曾家岩1-1号
电话:023-63858883 传真:023-63626492 电子信箱:Ykf514@cta.cq.cn
证券事务代表:刘羽平 联系地址:重庆市渝中区曾家岩1-1号
电话:023-63005927 传真:023-63626492 电子信箱:Ykf514@cta.cq.cn

### 2.会计数据和财务指标摘要

2.1 主要会计数据 单位:(人民币)元

| | 2003年 | 2002年 | 本年比上年增减(%) | 2001年 |
|---|---|---|---|---|
| 主营业务收入 | 67,331,229.16 | 27,955,867.65 | 140.85 | 44,745,474.96 |
| 利润总额 | 18,473,713.12 | 8,687,435.72 | 112.65 | -97,315,404.06 |
| 净利润 | 17,442,677.22 | 8,703,593.83 | 100.41 | -97,397,044.83 |
| 扣除非经常性损益的净利润 | 6,859,869.82 | 1,541,131.36 | 345.12 | -59,076,687.75 |
| | 2003年末 | 2002年末 | 本年末比上年末增减(%) | 2001年末 |
| 总资产 | 543,518,492.26 | 171,274,044.82 | 217.34 | 344,242,115.32 |
| 股东权益(不含少数股东权益) | 142,911,378.92 | 120,052,435.06 | 19.04 | 30,204,203.93 |
| 经营活动产生的现金流量净额 | -236,348,704.09 | 34,835,774.91 | -678.47 | 28,513,275.28 |

2.2 主要财务指标 单位:(人民币)元

| | 2003年 | 2002年 | 本年比上年增减(%) | 2001年 |
|---|---|---|---|---|
| 每股收益 | 0.1484 | 0.074 | 100.54 | -0.829 |
| 扣除非经常性损益后的每股收益 | 0.0584 | 0.013 | 349.23 | -0.503 |
| 净资产收益率(%) | 12.21 | 7.25 | 68.41 | -322.46 |
| 扣除非经常性损益的净利润为基础计算的净资产收益率(%) | 5.121 | 1.28 | 300.01 | -195.59 |
| 每股经营活动产生的现金流量净额 | -2.017 | 0.296 | -681.42 | 0.243 |
| | 2003年末 | 2002年末 | 本年末比上年末增减(%) | 2001年末 |
| 每股净资产 | 1.2158 | 1.021 | 19.08 | 0.257 |
| 调整后的每股净资产 | 1.2147 | 1.020 | 19.09 | 0.179 |

# 000570 常柴股份有限公司

## 二〇〇三年年度报告摘选

### 1.上市公司基本情况简介

1.1 基本情况简介

股票简称:*ST常柴A、*ST常柴B 股票代码:000570、200570
上市交易所:深圳证券交易所
注册地址和办公地址:江苏省常州市怀德中路123号 邮政编码:213002
公司国际互联网网址:http://www.changchai.com.cn
电子信箱:cctqm@public.cz.js.cn

1.2 联系人和联系方式

董事会秘书:张建和 联系地址:江苏省常州市怀德中路123号
电话:86-519-6600448 传真:86-519-6630954
电子信箱:Zjh000570@163.com
证券事务代表:何建江 联系地址:江苏省常州市怀德中路123号
电话:86-519-6603656-3155 传真:86-519-6630954
电子信箱:Hjj000570@163.com

### 2.会计数据和财务指标摘要

2.1 主要会计数据 单位:(人民币)元

| | 2003年 | 2002年 | 本年比上年增减(%) | 2001年 |
|---|---|---|---|---|
| 主营业务收入 | 1,542,779,893.12 | 1,579,968,446.58 | -2.35 | 1,743,487,434.00 |
| 利润总额 | 42,798,344.13 | -577,101,359.81 | -- | -435,572,757.00 |
| 净利润 | 61,447,089.30 | -477,475,855.99 | -- | -381,428,646.00 |
| 扣除非经常性损益的净利润 | 28,655,655.83 | -465,368,723.11 | -- | -372,354,254 |
| | 2003年末 | 2002年末 | 本年末比上年末增减(%) | 2001年末 |
| 总资产 | 1,951,625,309.92 | 2,184,414,065.98 | -10.66 | 2,926,504.166 |
| 股东权益(不含少数股东权益) | 791,684,991.89 | 738,664,376.31 | 7.18 | 1,239,420,564 |
| 经营活动产生的现金流量净额 | 187,763,577.90 | 112,886,329.85 | 66.33 | 166,167,555 |

2.2 主要财务指标 单位:(人民币)元

| | 2003年 | 2002年 | 本年比上年增减(%) | 2001年 |
|---|---|---|---|---|
| 每股收益 | 0.16 | -1.28 | -- | -1.02 |
| 净资产收益率(%) | 7.76 | -64.64 | -- | -30.8 |
| 扣除非经常性损益的净利润为基础计算的净资产收益率(%) | 3.62 | -63.00 | -- | -30.90 |
| 每股经营活动产生的现金流量净额 | 0.50 | 0.30 | 66.67 | 0.44 |
| | 2003年末 | 2002年末 | 本年末比上年末增减(%) | 2001年末 |
| 每股净资产 | 2.12 | 1.97 | 7.61 | 3.31 |
| 调整后的每股净资产 | 1.69 | 1.82 | -7.14 | 3.19 |

# 000625 重庆长安汽车股份有限公司

## 二〇〇三年年度报告摘选

### 1.上市公司基本情况简介

1.1 基本情况简介

股票简称:长安汽车、长 安B 股票代码:000625、200625 上市交易所:深圳证券交易所
注册地址和办公地址:重庆市江北区建新东路260号 邮政编码:400023
公司国际互联网网址:http://www.changan.com.cn 电子信箱:cazqc@mail.changan.com.cn

1.2 联系人和联系方式

董事会秘书:崔云江,黎军 联系地址:重庆市江北区建新东路260号
电话:023-67591349 传真:023-67866055 电子信箱:cazqc@mail.changan.com.cn

### 2.会计数据和财务指标摘要

2.1 主要会计数据 单位:(人民币)元

| | 2003年(本年) | 2002年(上年) | 本年比上年增减 | 2001年 |
|---|---|---|---|---|
| 主营业务收入 | 14,404,118,164.00 | 9,884,067,686.00 | 45.73% | 7,331,805,826.00 |
| 利润总额 | 1,823,346,359.00 | 1,122,491,066.00 | 62.44% | 283,942,249.00 |
| 净利润 | 1,450,675,010.00 | 834,997,465.00 | 73.73% | 160,215,482.00 |
| 扣除非经常性损益的净利润 | 1,449,450,573.00 | 966,209,348.00 | 50.01% | 155,939,203.00 |
| | 2003年末(本年末) | 2002年末(上年末) | 本年末比上年末增减 | 2001年末 |
| 总资产 | 10,908,068,247.00 | 8,702,730,473.00 | 25.34% | 6,636,749,746.00 |
| 股东权益(不含少数股东权益) | 4,738,778,159.00 | 3,399,496,429.00 | 39.40% | 2,574,310,811.00 |
| 经营活动产生的现金流量净额 | 1,612,152,147.00 | 2,086,355,507.00 | -22.73% | 991,955,298.00 |

2.2 主要财务指标 单位:(人民币)元

| | 2003年(本年) | 2002年(上年) | 本年比上年增减 | 2001年 |
|---|---|---|---|---|
| 每股收益 | 1.18 | 0.68 | 73.97% | 0.13 |
| 每股收益(如果股本变化,按新股本计算) | 1.18 | -- | -- | -- |
| 净资产收益率 | 30.61% | 24.56% | 24.63% | 6.22% |
| 扣除非经常性损益的净利润为基础计算的净资产收益率 | 36.00% | 32.04% | 12.36% | 5.62% |
| 每股经营活动产生的现金流量净额 | 1.31 | 1.70 | -22.75% | 0.80 |
| | 2003年末(本年末) | 2002年末(上年末) | 本年末比上年末增减 | 2001年末 |
| 每股净资产 | 3.86 | 2.77 | 39.41% | 2.10 |
| 调整后的每股净资产 | 3.68 | 2.73 | 34.80% | 2.08 |

## 000751 葫芦岛锌业股份有限公司

### 二〇〇三年年度报告摘选

#### 1.上市公司基本情况简介

1.1 基本情况简介

股票简称:锌业股份 股票代码:000751 上市交易所:深圳证券交易所

注册地址和办公地址:辽宁省葫芦岛市 邮政编码:125003

公司国际互联网网址:www.huludaozinc.com

电子信箱:hx@huludaozinc.com

1.2 联系人和联系方式

董事会秘书:曲路新

联系地址:辽宁省葫芦岛市龙港区锌厂路24号葫芦岛锌业股份有限公司董事会秘书办公室

电话:0429－2024121 传真:0429－2104084 电子信箱:sec@huludaozinc.com

证券事务代表:文刚

联系地址:辽宁省葫芦岛市龙港区锌厂路24号葫芦岛锌业股份有限公司董事会秘书办公室

电话:0429－2024121 传真:0429－2104084 电子信箱:stock@huludaozinc.com

#### 2.会计数据和财务指标摘要

2.1 主要会计数据 单位:(人民币)元

| | 2003年 | 2002年 | 本年比上年增减 | 2001年 |
|---|---|---|---|---|
| 主营业务收入 | 1,918,814,885.00 | 1,749,721,697.20 | 9.66% | 2,423,433,109.47 |
| 利润总额 | 76,216,414.32 | －33,818,826.50 | －－ | 77,052,633.64 |
| 净利润 | 64,450,071.80 | 23,244,299.57 | 177.27% | 97,159,656.54 |
| 扣除非经常性损益的净利润 | 27,322,833.93 | 17,249,515.89 | 58.40% | 94,679,684.17 |
| | 2003年末 | 2002年末 | 本年末比上年末增减 | 2001年末 |
| 总资产 | 4,776,379,058.65 | 4,150,203,616.49 | 15.09% | 4,242,053,579.99 |
| 股东权益(不含少数股东权益) | 2,700,832,161.20 | 2,636,382,089.40 | 2.44% | 2,616,055,404.39 |
| 经营活动产生的现金流量净额 | 94,023,224.75 | 96,649,772.67 | －2.72% | 30,989,211.71 |

2.2 主要财务指标 单位:(人民币)元

| | 2003年 | 2002年 | 本年比上年增减(%) | 2001年 |
|---|---|---|---|---|
| 每股收益 | 0.07 | 0.03 | 176.89% | 0.11 |
| 每股收益(如果股本变化,按新股本计算) | 0.07 | －－ | －－ | －－ |
| 净资产收益率 | 2.39% | 0.88% | 171.59% | 3.71% |
| 扣除非经常性损益的净利润为基础计算的净资产收益率 | 1.01% | 0.46% | 119.57% | 3.62% |
| 每股经营活动产生的现金流量净额 | 0.11 | 0.11 | －3.00% | 0.04 |
| | 2003年末(本年末) | 2002年末(上年末) | 本年末比上年末增减(%) | 2001年末 |
| 每股净资产 | 3.07 | 2.99 | 2.44% | 2.97 |
| 调整后的每股净资产 | 2.28 | 2.63 | －13.31% | 2.96 |

## 000768 西安飞机国际航空制造股份有限公司

### 二〇〇三年年度报告摘选

#### 1.上市公司基本情况简介

1.1 基本情况简介

股票简称:西飞国际 股票代码:000768 上市交易所:深圳证券交易所

注册地址:西安市高新路国税大厦六楼 邮编:710075

办公地址:西安市阎良区西飞大道一号西飞国际

邮政编码:710089 电子信箱:xaic@china.com

1.2 联系人和联系方式

董事会秘书:郝占富 联系地址:西安市阎良区西飞大道一号西飞国际

电话:029－86846638 传真:029－86846031 电子信箱:xaic@public.xa.sn.cn

证券事务代表:潘燕 联系地址:西安市阎良区西飞大道一号西飞国际

电话:029－86846976 传真:029－86846031 电子信箱:xaic@public.xa.sn.cn

#### 2.会计数据和财务指标摘要

2.1 主要会计数据 单位:人民币元

| | 2003年 | 2002年 | 2003年比2002年增减(%) | 2001年 |
|---|---|---|---|---|
| 主营业务收入 | 905,722,725.92 | 1,016,978,955.92 | －10.94 | 919,552,504.55 |
| 利润总额 | 33,944,701.77 | 60,674,839.03 | －44.05 | 57,312,978.75 |
| 净利润 | 31,921,955.86 | 44,448,208.53 | －28.18 | 45,708,146.80 |
| 扣除非经常性损益的净利润 | 31,765,783.04 | 63,989,760.77 | －50.36 | 34,445,275.42 |
| | 2003年12月31日 | 2002年12月31日 | 2003年末比2002年末增减(%) | 2001年12月31日 |
| 总资产 | 2,361,933,178.65 | 2,357,995,077.77 | 0.17 | 2,591,473,827.02 |
| 股东权益(不含少数股东权益) | 1,929,235,196.27 | 1,936,463,240.41 | －0.37 | 1,944,867,531.88 |
| 经营活动产生的现金流量净额 | 159,074,468.49 | 137,721,388.44 | 15.50 | 57,530,606.62 |

2.2 主要财务指标 单位:人民币元

| | 2003年 | 2002年 | 2003年比2002年增减(%) | 2001年 |
|---|---|---|---|---|
| 每股收益 | 0.08 | 0.11 | －27.27 | 0.12 |
| 每股收益 | －－ | －－ | －－ | －－ |
| 净资产收益率(%) | 1.65 | 2.30 | －28.26 | 2.35 |
| 扣除非经常性损益的净利润为基础计算的净资产收益率(%) | 1.63 | 3.25 | －49.85 | 1.72 |
| 每股经营活动产生的现金流量净额 | 0.41 | 0.35 | 17.14 | 0.15 |
| | 2003年12月31日 | 2002年12月31日 | 2003年末比2002年末增减(%) | 2001年12月31日 |
| 每股净资产 | 4.93 | 4.95 | －0.40 | 4.97 |
| 调整后的每股净资产 | 4.91 | 4.94 | －0.61 | 4.96 |

## 000817 辽河金马油田股份有限公司

### 二〇〇三年年度报告摘选

#### 1.上市公司基本情况简介

1.1 基本情况简介

股票简称:辽河油田 股票代码:000817 上市交易所:深圳证券交易所

注册地址:辽宁省盘锦市兴隆台区振兴街

办公地址:辽宁省盘锦市兴隆台区振兴街迎宾路13号 邮政编码:124010

公司国际互联网网址:http://www.lhjm.com 电子信箱:lhyt@vip.163.com

1.2 联系人和联系方式

董事会秘书:李忠涛 联系地址:辽宁省盘锦市兴隆台区

电话:0427－7298293 传真:0427－7298293 电子信箱:lhyt0817@sohu.com

证券事务代表:战丽 联系地址:辽宁省盘锦市兴隆台区

电话:0427－7298299 传真:0427－7298293 电子信箱:lhyt@vip.163.com

#### 2.会计数据和财务指标摘要

2.1 主要会计数据 单位:(人民币)元

| | 2003年 | 2002年 | 本年比上年增减 | 2001年 |
|---|---|---|---|---|
| 主营业务收入 | 1,386,904,678.36 | 1,205,891,777.40 | 15.01% | 1,100,340,784.00 |
| 利润总额 | 800,355,172.35 | 606,689,075.68 | 31.92% | 536,041,975.05 |
| 净利润 | 538,107,586.92 | 397,864,408.74 | 35.25% | 364,192,233.56 |
| 扣除非经常性损益的净利润 | 556,977,895.12 | 430,652,159.89 | 29.33% | 402,565,750.35 |
| | 2003年末 | 2002年末 | 本年末比上年末增减 | 2001年末 |
| 总资产 | 3,215,832,848.77 | 2,938,754,016.74 | 9.43% | 2,746,629,149.80 |
| 股东权益(不含少数股东权益) | 3,057,849,425.50 | 2,519,741,838.58 | 21.36% | 2,521,865,855.59 |
| 经营活动产生的现金流量净额 | 741,748,798.55 | 677,264,124.10 | 9.52% | 578,245,700.87 |

2.2 主要财务指标 单位:(人民币)元

| | 2003年 | 2002年 | 本年比上年增减 | 2001年 |
|---|---|---|---|---|
| 每股收益 | 0.49 | 0.36 | 35.22% | 0.33 |
| 每股收益(如果股本变化,按新股本计算) | 0.49 | －－ | －－ | －－ |
| 净资产收益率 | 17.60% | 15.79% | 11.46% | 15.55% |
| 扣除非经常性损益的净利润为基础计算的净资产收益率 | 18.21% | 17.09% | 6.55% | 17.19% |
| 每股经营活动产生的现金流量净额 | 0.67 | 0.62 | 9.47% | 0.53 |
| | 2003年末 | 2002年末 | 本年末比上年末增减 | 2001年末 |
| 每股净资产 | 2.78 | 2.29 | 21.40% | 2.13 |
| 调整后的每股净资产 | 2.78 | 2.29 | 21.40% | 2.13 |

## 000839 中信国安信息产业股份有限公司

### 二〇〇三年年度报告摘选

#### 1.上市公司基本情况简介

1.1 基本情况简介

股票简称:中信国安 股票代码:000839 上市交易所:深圳证券交易所

注册地址:北京市海淀区海淀南路32号

办公地址:北京市朝阳区关东店北街1号国安大厦 邮政编码:100020

公司国际互联网网址:www.citicguoaninfo.com 电子信箱:guoan@citicguoaninfo.com

1.2 联系人和联系方式

董事会秘书:廖小同 联系地址:北京市朝阳区关东店北街1号国安大厦

电话:010－65068509 传真:010－65061482 电子信箱:liaoxt@citicguoaninfo.com

#### 2.会计数据和财务指标摘要

2.1 主要会计数据 单位:元

| | 2003年 | 2002年 | 本年比上年增减(%) | 2001年 |
|---|---|---|---|---|
| 主营业务收入 | 1,627,245,122.04 | 937,566,222.77 | 73.56 | 452,239,427.78 |
| 利润总额 | 281,233,522.77 | 235,739,617.94 | 19.30 | 259,663,948.38 |
| 净利润 | 192,292,697.74 | 180,687,875.51 | 6.42 | 212,841,145.49 |
| 扣除非经常性损益的净利润 | 138,752,373.92 | 141,214,918.55 | －1.74 | 126,560,276.34 |
| | 2003年末 | 2002年末 | 本年末比上年末增减(%) | 2001年末 |
| 总资产 | 5,938,753,477.73 | 4,600,186,934.86 | 28.94 | 3,098,717,075.63 |
| 股东权益(不含少数股东权益) | 2,796,781,489.73 | 2,668,407,592.01 | 4.81 | 1,663,577,546.89 |
| 经营活动产生的现金流量净额 | －555,559,010.93 | 156,343,814.05 | －455.34 | 308,839,730.25 |

2.2 主要财务指标 单位:元

| | 2003年 | 2002年 | 本年比上年增减(%) | 2001年 |
|---|---|---|---|---|
| 每股收益 | 0.2914 | 0.2738 | 6.43 | 0.3607 |
| 净资产收益率(%) | 6.88 | 6.77 | －0.43 | 12.79 |
| 扣除非经常性损益的净利润为基础计算的净资产收益率(%) | 4.68 | 5.29 | －13.33 | 7.61 |
| 每股经营活动产生的现金流量净额 | －0.8418 | 0.2369 | －455.34 | 0.5235 |
| | 2003年末 | 2002年末 | 本年末比上年末增减(%) | 2001年末 |
| 每股净资产 | 4.2375 | 4.0430 | 4.81 | 2.8196 |
| 调整后的每股净资产 | 4.0929 | 3.8727 | 5.69 | 2.6945 |

# 000901 哈尔滨航天风华科技股份有限公司

## 二〇〇三年年度报告摘选

### 1.上市公司基本情况简介

1.1 基本情况简介
股票简称:航天科技 股票代码:000901 上市交易所:深圳证券交易所
注册地址:哈尔滨市高新技术开发区 26 号楼
办公地址:黑龙江省哈尔滨市平房区哈平西路 45 号
邮政编码:150060 电子信箱:yuwei0901 @ 163.com
1.2 联系人和联系方式
董事会秘书:王玉伟 联系地址:黑龙江省哈尔滨市平房区哈平西路 45 号公司证券部
电话:0451 - 86781013;86781288 传真:0451 - 86781013;86781158
电子信箱:yuwei0901 @ 163.com

### 2.会计数据和财务指标摘要

2.1 主要会计数据 单位:(人民币)元

| | 2003 年 | 2002 年 | 本年比上年增减 | 2001 年 |
|---|---|---|---|---|
| 主营业务收入 | 199,714,663.87 | 203,484,608.53 | - 1.85% | 179,667,438.04 |
| 利润总额 | 18,620,476.64 | 30,689,510.94 | - 39.33% | 33,760,865.71 |
| 净利润 | 14,840,340.23 | 23,221,617.08 | - 36.09% | 25,566,299.78 |
| 扣除非经常性损益的净利润 | 12,460,093.02 | 21,067,140.69 | - 40.86% | 23,293,069.66 |
| | 2003 年末 | 2002 年末 | 本年末比上年末增减 | 2001 年末 |
| 总资产 | 696,877,446.76 | 556,300,407.21 | 25.27% | 559,352,664.95 |
| 股东权益(不含少数股东权益) | 366,492,014.73 | 351,164,662.45 | 4.36% | 327,938,227.29 |
| 经营活动产生的现金流量净额 | - 120,912,253.91 | 18,370,299.34 | - 758.19% | 20,074,016.03 |

2.2 主要财务指标 单位:(人民币)元

| | 2003 年 | 2002 年 | 本年比上年增减 | 2001 年 |
|---|---|---|---|---|
| 每股收益 | 0.07 | 0.15 | - 54.37% | 0.26 |
| 每股收益(如果股本变化,按新股本计算) | 0.07 | - - | - - | - - |
| 净资产收益率 | 4.05% | 6.61% | - 38.73% | 7.80% |
| 扣除非经常性损益的净利润为基础计算的净资产收益率 | 3.40% | 6.00% | - 43.33% | 7.10% |
| 每股经营活动产生的现金流量净额 | - 0.55 | 0.12 | - 569.83% | 0.20 |
| | 2003 年末 | 2002 年末 | 本年末比上年末增减 | 2001 年末 |
| 每股净资产 | 1.65 | 2.22 | - 25.48% | 3.31 |
| 调整后的每股净资产 | 1.65 | 2.21 | - 25.41% | 3.30 |

# 000949 新乡化纤股份有限公司

## 二〇〇三年年度报告摘选

### 1.上市公司基本情况简介

1.1 基本情况简介
股票简称:新乡化纤 股票代码:000949 上市交易所:深圳证券交易所
注册地址和办公地址:河南省新乡市北站区锦园路 1 号 邮政编码:453011
公司国际互联网网址:http://www.bailu.com 电子信箱:Bailu@public.xxptt.ha.cn
1.2 联系人和联系方式
董事会秘书:王文新 联系地址:河南省新乡市北站区锦园路 1 号
电话:0373 - 3978813 传真:0373 - 3911359 电子信箱:xxbailu@263.net
证券事务代表:肖树彬 联系地址:河南省新乡市北站区锦园路 1 号
电话:0373 - 3978966 传真:0373 - 3911359 电子信箱:Xiaoqj2333@163.com

### 2.会计数据和财务指标摘要

2.1 主要会计数据 单位:(人民币)元

| | 2003 年 | 2002 年 | 本年比上年增减 | 2001 年 |
|---|---|---|---|---|
| 主营业务收入 | 1,076,984,193.73 | 803,955,348.48 | 33.96% | 731,467,422.97 |
| 利润总额 | 224,083,550.44 | 100,393,862.51 | 123.20% | 31,822,164.30 |
| 净利润 | 193,104,921.74 | 72.308,603.97 | 167.06% | 32,295,386.55 |
| 扣除非经常性损益的净利润 | 146,352,442.45 | 68,647,019.47 | 113.20% | 23,091,709.16 |
| | 2003 年末 | 2002 年末 | 本年末比上年末增减 | 2001 年末 |
| 总资产 | 2,146,072,583.10 | 1.595,204,083.29 | 34.53% | 1,281,617,933.48 |
| 股东权益(不含少数股东权益) | 1,248,238,607.17 | 1,074,702,256.30 | 16.15% | 1,000,893,652.33 |
| 经营活动产生的现金流量净额 | 241,223,017.92 | 234,725,365.05 | 2.77% | 2,691,129.47 |

2.2 主要财务指标 单位:(人民币)元

| | 2003 年 | 2002 年 | 本年比上年增减 | 2001 年 |
|---|---|---|---|---|
| 每股收益 | 0.39 | 0.15 | 167.03% | 0.07 |
| 每股收益(如果股本变化,按新股本计算) | 0.39 | - - | - - | - - |
| 净资产收益率 | 15.47% | 6.73% | 129.87% | 3.23% |
| 扣除非经常性损益的净利润为基础计算的净资产收益率 | 11.72% | 6.39% | 83.41% | 2.31% |
| 每股经营活动产生的现金流量净额 | 0.49 | 0.48 | 2.76% | 0.01 |
| | 2003 年末(本年末) | 2002 年末(上年末) | 本年末比上年末增减 | 2001 年末 |
| 每股净资产 | 2.54 | 2.19 | 16.15% | 2.04 |
| 调整后的每股净资产 | 2.54 | 2.19 | 16.15% | 2.04 |

# 000978 桂林旅游股份有限公司

## 二〇〇三年年度报告摘选

### 1.上市公司基本情况简介

1.1 基本情况简介
股票简称:桂林旅游 股票代码:000978 上市交易所:深圳证券交易所
注册地址:广西桂林市榕湖北路十七号
办公地址:广西桂林市榕湖北路十七号榕湖饭店四号楼 邮政编码:541001
公司国际互联网网址:http://www.guilintravel.com 电子信箱:gltour@guilintravel.com
1.2 联系人和联系方式
董事会秘书:周茂权 联系地址:广西桂林市榕湖北路十七号榕湖饭店四号楼 4207 房
电话:(0773)2863839 传真:(0773)2863880 电子信箱:zhoumaoquan@tom.com
证券事务代表:黄锡军 联系地址:广西桂林市榕湖北路十七号榕湖饭店四号楼 4101 房
电话:(0773)2863857 传真:(0773)2863880 电子信箱:ZJB888@tom.com

### 2.会计数据和财务指标摘要

2.1 主要会计数据 单位:(人民币)元

| 指标项目 | 2003 年度 | 2002 年度 | 本年比上年增减(%) | 2001 年度 |
|---|---|---|---|---|
| 主营业务收入 | 147,081,157.55 | 225,402,765.00 | - 34.75 | 199,716,178.17 |
| 利润总额 | 12,431,368.23 | 57,130,400.29 | - 78.24 | 54,079,583.85 |
| 净利润 | 9,981,239.38 | 46,348,035.17 | - 78.46 | 43,749,950.49 |
| 扣除非经常性损益的净利润 | 10,027,082.63 | 47,245,120.21 | - 78.78 | 39,661,322.16 |
| | 2003 年 12 月 31 日 | 2002 年 12 月 31 日 | 本年末比上年末增减(%) | 2001 年 12 月 31 日 |
| 总资产 | 567,401,418.33 | 580,719,601.45 | - 2.29 | 496,294,053.72 |
| 股东权益(不含少数股东权益) | 381,082,839.37 | 408,174,729.99 | - 6.64 | 397,066,811.21 |
| 经营活动产生的现金流量净额 | 25,376,350.63 | 65,170,817.27 | - 61.06 | 65,562,471.58 |

2.2 主要财务指标 单位:(人民币)元

| | 2003 年度 | 2002 年度 | 本年比上年增减(%) | 2001 年度 |
|---|---|---|---|---|
| 每股收益 | 0.056 | 0.262 | - 78.63 | 0.247 |
| 净资产收益率(%) | 2.62 | 11.35 | - 76.92 | 11.02 |
| 扣除非经常性损益的净利润为基础计算的净资产收益率(%) | 2.63 | 11.57 | - 77.27 | 9.99 |
| 每股经营活动产生的现金流量净额 | 0.143 | 0.368 | - 61.05 | 0.370 |
| | 2003 年 12 月 31 日 | 2002 年 12 月 31 日 | 本年末比上年末增减(%) | 2001 年 12 月 31 日 |
| 每股净资产 | 2.153 | 2.306 | - 6.63 | 2.243 |
| 调整后的每股净资产 | 2.126 | 2.279 | - 6.71 | 2.220 |

# 000983 山西西山煤电股份有限公司

## 二〇〇三年年度报告摘选

### 1.上市公司基本情况简介

1.1 基本情况简介
股票简称:西山煤电 股票代码:000983 上市交易所:深圳证券交易所
注册地址和办公地址:太原市西矿街 319 号 邮政编码:030053
电子信箱:xishanco@public.ty.sx.cn
1.2 联系人和联系方式
董事会秘书:宁志华 联系地址:山西省太原市西矿街 319 号
电话:0351 - 6137052 传真:0351 - 6127434 电子信箱:xsstock@public.ty.sx.cn
证券事务代表:王晶莹 联系地址:山西省太原市西矿街 319 号
电话:0351 - 6127434 传真:0351 - 6127434 电子信箱:xsstock@public.ty.sx.cn

### 2.会计数据和财务指标摘要

2.1 主要会计数据 单位:(人民币)元

| | 2003 年 | 2002 年 | 本年比上年增减 | 2001 年 |
|---|---|---|---|---|
| 主营业务收入 | 2,848,284,561.77 | 2,097,067,772.52 | 35.82% | 196,059,127.06 |
| 利润总额 | 435,447,239.51 | 300,215,734.43 | 45.04% | 270,206,724.77 |
| 净利润 | 299,559,947.37 | 203,101,040.53 | 47.49% | 247,932,951.98 |
| 扣除非经常性损益的净利润 | 294,364,893.74 | 204,023,941.10 | 44.28% | 239,545,253.67 |
| | 2003 年末 | 2002 年末 | 本年末比上年末增减 | 2001 年末 |
| 总资产 | 5,395,107,814.87 | 4,514,110,709.51 | 19.52% | 4,144,369,401.84 |
| 股东权益(不含少数股东权益) | 3,312,764,646.78 | 3,093,665,399.41 | 7.08% | 2,962,679,471.21 |
| 经营活动产生的现金流量净额 | 747,453,654.24 | 313,698,855.64 | 138.27% | 280,000,107.06 |

2.2 主要财务指标 单位:(人民币)元

| | 2003 年 | 2002 年 | 本年比上年增减 | 2001 年 |
|---|---|---|---|---|
| 每股收益 | 0.37 | 0.25 | 47.28% | 0.31 |
| 净资产收益率 | 9.04% | 6.57% | 37.60% | 8.35% |
| 扣除非经常性损益的净利润为基础计算的净资产收益率 | 8.89% | 6.77% | 31.31% | 8.06% |
| 每股经营活动产生的现金流量净额 | 0.93 | 0.39 | 138.30% | 0.35 |
| | 2003 年末 | 2002 年末 | 本年末比上年末增减 | 2001 年末 |
| 每股净资产 | 4.10 | 3.83 | 7.08% | 3.67 |
| 调整后的每股净资产 | 4.08 | 3.72 | 9.69% | 3.66 |

## 000989 湖南九芝堂股份有限公司

### 二〇〇三年年度报告摘选

#### 1.上市公司基本情况简介

1.1 基本情况简介

股票简称:九芝堂 股票代码:000989 上市交易所:深圳证券交易所

注册地址和办公地址:湖南长沙市芙蓉中路一段 129 号 邮政编码:410008

公司国际互联网网址:http://www.hnjzt.com 电子信箱:hnjzt@hnjzt.com

1.2 联系人和联系方式

董事会秘书:汪崇湘 联系地址:湖南长沙市芙蓉中路一段 129 号

电话:0731－4499905 传真:0731－4499905 电子信箱:wcx@hnjzt.com

证券事务代表:梁建华 联系地址:湖南长沙市芙蓉中路一段 129 号

电话:0731－4499759 传真:0731－4499759 电子信箱:ljh@hnjzt.com

#### 2.会计数据和财务指标摘要

2.1 主要会计数据 单位:(人民币)元

| | 2003 年 | 2002 年 | 本年比上年增减 | 2001 年 |
|---|---|---|---|---|
| 主营业务收入 | 1,018,566,796.20 | 905,130,882.62 | 12.53% | 709,687,678.82 |
| 利润总额 | 101,197,777.40 | 70,126,659.74 | 44.31% | 63,584,188.98 |
| 净利润 | 82,087,794.23 | 62,920,901.46 | 30.46% | 52,370,418.82 |
| 扣除非经常性损益的净利润 | 78,922,712.52 | 62,504,715.37 | 26.27% | 48,047,774.44 |
| | 2003 年末 | 2002 年末 | 本年末比上年末增减 | 2001 年末 |
| 总资产 | 1,337,383,483.37 | 1,019,085,828.40 | 31.23% | 871,963,378.29 |
| 股东权益(不含少数股东权益) | 1,081,516,533.17 | 565,200,166.56 | 91.35% | 501,802,569.33 |
| 经营活动产生的现金流量净额 | 81,890,325.13 | 95,547,840.21 | －14.29% | 81,054,470.69 |

2.2 主要财务指标 单位:(人民币)元

| | 2003 年 | 2002 年 | 本年比上年增减 | 2001 年 |
|---|---|---|---|---|
| 每股收益 | 0.38 | 0.38 | 0.00% | 0.41 |
| 每股收益(如果股本变化,按新股本计算) | 0.44 | －－ | －－ | －－ |
| 净资产收益率 | 7.59% | 11.13% | －31.81% | 10.44% |
| 扣除非经常性损益的净利润为基础计算的净资产收益率 | 7.32% | 11.06% | －33.82% | 9.57% |
| 每股经营活动产生的现金流量净额 | 0.38 | 0.56 | －33.63% | 0.63 |
| | 2003 年末 | 2002 年末 | 本年末比上年末增减 | 2001 年末 |
| 每股净资产 | 4.96 | 3.38 | 46.63% | 3.90 |
| 调整后的每股净资产 | 4.87 | 3.28 | 48.54% | 3.75 |

## 600031 三一重工股份有限公司

### 二〇〇三年年度报告摘选

#### 1.上市公司基本情况简介

1.1 基本情况简介

股票简称:三一重工 股票代码:600031 上市交易所:上海证券交易所

注册地址和办公地址:长沙经济技术开发区 邮政编码:410100

公司国际互联网网址:http://www.sany.com.cn 电子信箱:sany@sany.com.cn

1.2 联系人和联系方式

董事会秘书:赵想章 联系地址:长沙经济技术开发区

电话:0731－4031555 传真:0731－4031777 电子信箱:zxz31@vip.sina.com.cn

#### 2.会计数据和财务指标摘要

2.1 主要会计数据 单位:(人民币)元

| | 2003 年 | 2002 年 | 本年比上年增减(%) | 2001 年 |
|---|---|---|---|---|
| 主营业务收入 | 2,088,012,347.37 | 984,562,359.06 | 112.08% | 550,345,110.30 |
| 利润总额 | 391,073,776.03 | 228,916,777.88 | 70.84% | 100,290,481.76 |
| 净利润 | 324,799,880.47 | 209,855,351.23 | 54.77% | 91,246,075.56 |
| 扣除非经常性损益的净利润 | 322,273,572.91 | 208,631,983.88 | 54.47% | 92,247,786.40 |
| | 2003 年末 | 2002 年末 | 本年末比上年末增减(%) | 2001 年末 |
| 总资产 | 2,681,478,259.96 | 1,153,425,152.35 | 132.48% | 677,956,505.46 |
| 股东权益 | 1,700,433,858.39 | 471,284,725.96 | 260.81% | 260,871,497.04 |
| 经营活动产生的现金流量净额 | 70,680,139.69 | 69,815,005.51 | 1.24% | 103,892,329.93 |

2.2 主要财务指标 单位:(人民币)元

| | 2003 年 | 2002 年 | 本年比上年增减(%) | 2001 年 |
|---|---|---|---|---|
| 每股收益 | 1.353 | 1.16 | 16.64% | 0.51 |
| 净资产收益率 | 19.10% | 44.53% | －57.11% | 34.98% |
| 扣除非经常性损益的净利润为基础计算的净资产收益率 | 18.95% | 44.26% | －57.18% | 35.36% |
| 每股经营活动产生的现金流量净额 | 0.295 | 0.39 | －24.36% | 0.58 |
| | 2003 年末 | 2002 年末 | 本年末比上年末增减(%) | 2001 年末 |
| 每股净资产 | 7.085 | 2.62 | 170.42% | 1.45 |
| 调整后的每股净资产 | 7.045 | 2.608 | 170.13% | 1.427 |

## 600071 凤凰光学股份有限公司

### 二〇〇三年年度报告摘选

#### 1.上市公司基本情况简介

1.1 基本情况简介

股票简称:凤凰光学 股票代码:600071 上市交易所:上海证券交易所

注册地址和办公地址:江西省上饶市光学路 1 号 邮政编码:334000

公司国际互联网网址:http://www.phenixoptics.com 电子信箱:stock@mail.phenixoptics.com.cn

1.2 联系人和联系方式

董事会秘书:邹建伟 联系地址:凤凰光学股份有限公司董事会办公室

电话:0793－8259547 传真:0793－8259547 电子信箱:jianweiz@phenixoptics.com.cn

#### 2.会计数据和财务指标摘要

2.1 主要会计数据 单位:(人民币)元

| | 2003 年 | 2002 年 | 本年比上年增减(%) | 2001 年 调整后 | 2001 年 调整前 |
|---|---|---|---|---|---|
| 主营业务收入 | 531,371,306.39 | 340,437,936.15 | 56.08 | 313,599,930.80 | 313,599,930.80 |
| 利润总额 | 35,734,749.19 | 26,076,896.60 | 37.04 | 39,292,605.32 | 41,686,888.51 |
| 净利润 | 28,428,462.23 | 19,682,541.72 | 44.43 | 34,448,494.93 | 36,476,355.00 |
| 扣除非经常性损益的净利润 | 28,317,752.50 | 19,418,117.20 | 45.83 | 29,961,103.22 | 31,988,963.29 |
| | 2003 年末 | 2002 年末 | 本年末比上年末增减(%) | 2001 年末 调整后 | 2001 年末 调整前 |
| 总资产 | 848,800,874.32 | 673,395,410.70 | 26.05 | 658,980,480.52 | 660,999,613.37 |
| 股东权益(不含少数股东权益) | 470,543,149.27 | 443,437,806.77 | 6.12 | 401,605,181.34 | 404,844,164.39 |
| 经营活动产生的现金流量净额 | 23,526,760.30 | 28,929,444.22 | －18.68 | 54,713,044.44 | 54,713,044.44 |

2.2 主要财务指标 单位:(人民币)元

| | 2003 年 | 2002 年 | 本年比上年增减(%) | 2001 年 调整后 | 2001 年 调整前 |
|---|---|---|---|---|---|
| 每股收益 | 0.1197 | 0.0829 | 44.43% | 0.1451 | 0.1536 |
| 净资产收益率(%) | 6.04 | 4.44 | 36.04% | 8.58 | 9.01 |
| 扣除非经常性损益的净利润为基础计算的净资产收益率(%) | 6.02 | 4.38 | 37.45% | 7.46 | 7.90 |
| 每股经营活动产生的现金流量净额 | 0.10 | 0.12 | －16.67% | 0.23 | 0.23 |
| | 2003 年末 | 2002 年末 | 本年末比上年末增减(%) | 2001 年末 调整后 | 2001 年末 调整前 |
| 每股净资产 | 1.98 | 1.87 | 5.88% | 1.69 | 1.71 |
| 调整后的每股净资产 | 1.96 | 1.84 | 6.52 | 1.68 | 1.69 |

## 600172 河南黄河旋风股份有限公司

### 二〇〇三年年度报告摘选

#### 1.上市公司基本情况简介

1.1 基本情况简介

证券简称:黄河旋风 证券代码:600172 上市交易所:上海证券交易所

注册地址和办公地址:河南省长葛市人民路 200 号 邮政编码:461500

公司国际互联网网址:http://www.hhxf.com 电子信箱:pxuanfeng@yahoo.com.cn

1.2 联系人和联系方式

董事会秘书:李建中 联系地址:河南省长葛市人民路 200 号

电话:(0374)6108532 传真:(0374)6128688 电子信箱:lijz0026@sina.com

证券事务代表:张伟、李静 联系地址:河南省长葛市人民路 200 号

电话:(0374)6165530 传真:(0374)6128688 电子信箱:pxuanfeng@yahoo.com.cn

#### 2.会计数据和业务数据摘要

2.1 主要财务数据 单位:元

| | 2003 年(T 年,即本年) | 2002 年(T－1 年) | 本年比上年增减(%) | 2001 年(T－2 年) |
|---|---|---|---|---|
| 主营业务收入 | 348,285,447.28 | 300,375,233.43 | 15.95 | 283,394,490.85 |
| 利润总额 | 48,480,663.55 | 42,441,162.53 | 14.23 | 34,823,084.37 |
| 净利润 | 32,404,314.75 | 30,022,962.31 | 7.93 | 29,539,390.96 |
| 扣除非经常性损益的净利润 | 32,842,043.43 | 27,552,837.40 | 19.20 | 29,491,322.06 |
| | 2003 年末(T 年,即本年末) | 2002 年末(T－1 年) | 本年末比上年末增减(%) | 2001 年末(T－2 年) |
| 总资产 | 1,282,770,282.42 | 1,043,895,864.42 | 22.88 | 951,819,303.02 |
| 股东权益(不含少数股东权益) | 797,122,690.38 | 778,118,375.63 | 2.44 | 752,703,284.27 |
| 经营活动产生的现金流量净额 | 30,803,205.66 | 15,241,829.16 | 102.10 | －9,748,169.84 |

2.2 主要财务指标 单位:元

| | 2003 年(T 年,即本年) | 2002 年(T－1 年) | 本年比上年增减(%) | 2001 年(T－2 年) |
|---|---|---|---|---|
| 每股收益 | 0.12 | 0.11 | 9.09 | 0.11 |
| 净资产收益率(%) | 4.07 | 3.93 | 3.56 | 3.92 |
| 扣除非经常性损益的净利润为基础计算的净资产收益率(%) | 4.12 | 3.60 | 14.44 | 3.92 |
| 每股经营活动产生的现金流量净额 | 0.115 | 0.057 | 101.75 | －0.036 |
| | 2003 年末(T 年,即本年末) | 2002 年末(T－1 年末) | 本年末比上年末增减(%) | 2001 年末(T－2 年末) |
| 每股净资产 | 2.97 | 2.86 | 3.85 | 2.81 |
| 调整后的每股净资产 | 2.97 | 2.85 | 4.21 | 2.80 |

## 600183 广东生益科股份有限公司

### 二〇〇三年年度报告摘选

#### 1.上市公司基本情况简介

1.1 基本情况简介

股票简称:生益科技 股票代码:600183 上市交易所:上海证券交易所

注册地址和办公地址:东莞市万江区莞穗大道411号 邮政编码:523039

公司国际互联网网址:www.syst.com.cn 电子信箱:syzjb@pub.dgnet.gd.cn

1.2 联系人和联系方式

董事会秘书:温世龙 联系地址:东莞市万江区莞穗大道411号

电话:0769-2271828转8225 传真:0769-2174183 电子信箱:syzjb@pub.dgnet.gd.cn

#### 2.会计数据和财务指标摘要

2.1 主要会计数据 单位:(人民币)元

| | 2003年(本年) | 2002年(上年) | 本年比上年增减(%) | 2001年 |
|---|---|---|---|---|
| 主营业务收入 | 1,217,436,805.89 | 886,082,337.06 | 37.40 | 720,009,440.22 |
| 利润总额 | 144,274,781.24 | 109,714,279.50 | 31.50 | 67,279,101.33 |
| 净利润 | 130,519,556.53 | 95,641,176.96 | 36.47 | 63,341,324.67 |
| 扣除非经常性损益的净利润 | 130,043,073.40 | 91,414,398.32 | 25.04 | 61,972,484.65 |
| | 2003年末(本年末) | 2002年末(上年末) | 本年末比上年末增减(%) | 2001年末 |
| 总资产 | 2,085,958,424.29 | 1,631,025,751.54 | 27.89 | 1,368,521,099.30 |
| 股东权益(不含少数股东权益) | 1,131,930,106.72 | 1,065,212,112.69 | 6.26 | 1,006,379,529.48 |
| 经营活动产生的现金流量净额 | 41,179,051.27 | 102,481,244.98 | -59.82 | 202,719,995.80 |

2.2 主要财务指标 单位:(人民币)元

| | 2003年(本年) | 2002年(上年) | 本年比上年增减(%) | 2001年 |
|---|---|---|---|---|
| 每股收益 | 0.20 | 0.15 | 33.33 | 0.13 |
| 每股收益(如果股本变化,按新股本计算 | 0.20 | 0.15 | 33.33 | 0.13 |
| 净资产收益率(%) | 11.53 | 8.98 | 28.40 | 6.29 |
| 扣除非经常性损益的净利润为基础计算的净资产收益率(%) | 11.50 | 8.58 | 17.68 | 6.16 |
| 每股经营活动产生的现金流量净额 | 0.06 | 0.16 | -62.50 | 0.41 |
| | 2003年末(本年末) | 2002年末(上年末) | 本年末比上年末增减(%) | 2001年末 |
| 每股净资产 | 1.77 | 1.67 | 5.99 | 2.05 |
| 调整后的每股净资产 | 1.76 | 1.66 | 6.02 | 2.04 |

## 600184 湖北新华光信息材料股份有限公司

### 二〇〇三年年度报告摘选

#### 1.上市公司基本情况简介

1.1 基本情况简介

证券简称:新华光 证券代码:600184 上市交易所:上海证券交易所

注册地址和办公地址:湖北省襄樊市长虹北路129号 邮政编码:441003

公司国际互联网网址:http://www.sse.com.cn 电子信箱:hbnhg@hbnhg.com

1.2 联系人和联系方式

董事会秘书:樊后檐 联系地址:湖北省襄樊市长虹北路129号

电话:0710-3349712 传真:0710-3349308 电子信箱:newhgzqb@vip.163.com

证券事务代表:吴昊 联系地址:湖北省襄樊市长虹北路129号公司证券部

电话:0710-3349712 传真:0710-3349308 电子信箱:newhgzqb@vip.163.com

#### 2.会计数据和业务数据摘要

2.1 主要财务数据 单位:元

| | 2003年 | 2002年 | 本年比上年增减(%) | 2001年 |
|---|---|---|---|---|
| 主营业务收入 | 97,006,833.38 | 90,287,814.46 | 7.44 | 85,752,720.50 |
| 利润总额 | 13,129,864.22 | 15,226,441.28 | -13.77 | 14,425,282.71 |
| 净利润 | 13,292,281.03 | 12,675,814.43 | 4.86 | 14,425,282.71 |
| 扣除非经常性损益的净利润 | 13,095,351.45 | 12,703,151.11 | 3.09 | 14,341,137.29 |
| | 2003年末 | 2002年末 | 本年末比上年末增减(%) | 2001年末 |
| 总资产 | 407,527,110.69 | 218,787,248.20 | 86.27 | 194,647,438.62 |
| 股东权益(不含少数股东权益) | 269,505,407.41 | 89,290,770.31 | 201.83 | 76,586,710.14 |
| 经营活动产生的现金流量净额 | 6,052,064.95 | 17,541,793.50 | -65.50 | 25,379,941.97 |

2.2 主要财务指标 单位:元

| | 2003年 | 2002年 | 本年比上年增减(%) | 2001年 |
|---|---|---|---|---|
| 每股收益 | 0.19 | 0.32 | -40.63 | 0.36 |
| 净资产收益率(%) | 4.93 | 14.2 | -65.28 | 18.84 |
| 扣除非经常性损益的净利润为基础计算的净资产收益率(%) | 4.86 | 14.23 | -65.85 | 18.73 |
| 每股经营活动产生的现金流量净额 | 0.09 | 0.44 | -79.55 | 0.63 |
| | 2003年末 | 2002年末 | 本年末比上年末增减(%) | 2001年末 |
| 每股净资产 | 3.85 | 2.23 | 72.65 | 1.91 |
| 调整后的每股净资产 | 3.85 | 2.23 | 72.65 | 1.91 |

## 600258 北京首都旅游股份有限公司

### 二〇〇三年年度报告摘选

#### 1.上市公司基本情况简介

1.1 基本情况简介

股票简称:首旅股份 股票代码:600258 上市交易所:上海证券交易所

注册地址和办公地址:北京市西城区复兴门内大街51号民族饭店四层七段 邮政编码:100031

公司国际互联网网址:http://www.bct2000.com 电子信箱:stock@bct2000.com

1.2 联系人和联系方式

董事会秘书:王志强 联系地址:北京市西城区复兴门内大街51号民族饭店四层证券部

电话:010-66014466-446 传真:010-66019471 电子信箱:wzq@bct2002.com

证券事务代表:段中鹏 联系地址:北京市西城区复兴门内大街51号民族饭店四层证券部

电话:010-66014466-446 传真:010-66019471 电子信箱:dzpxx@sohu.com

#### 2.会计数据和财务指标摘要

2.1 主要会计数据 单位:(人民币)元

| | 2003年 | 2002年 | 本年比上年增减(%) | 2001年 |
|---|---|---|---|---|
| 主营业务收入 | 866,336,170.07 | 1,059,973,763.00 | -18.27 | 1,209,063,699.54 |
| 利润总额 | 70,052,053.00 | 78,170,348.45 | -10.39 | 100,504,144.85 |
| 净利润 | 53,742,181.08 | 66,613,870.61 | -19.32 | 77,328,536.07 |
| 扣除非经常性损益的净利润 | 50,132,929.56 | 49,497,482.49 | 1.28 | 46,285,827.22 |
| | 2003年末 | 2002年末 | 本年末比上年末增减(%) | 2001年末 |
| 总资产 | 1,547,330,392.37 | 1,615,351,035.56 | -4.21 | 1,108,321,593.39 |
| 股东权益(不含少数股东权益) | 784,090,552.40 | 772,762,759.23 | 1.47 | 744,610,364.26 |
| 经营活动产生的现金流量净额 | 121,409,084.10 | 119,602,807.88 | 1.51 | 85,387,163.15 |

2.2 主要财务指标 单位:(人民币)元

| | 2003年 | 2002年 | 本年比上年增减(%) | 2001年 |
|---|---|---|---|---|
| 每股收益 | 0.2322 | 0.2879 | -19.35 | 0.3342 |
| 净资产收益率(%) | 6.85 | 8.62 | -20.53 | 10.39 |
| 扣除非经常性损益的净利润为基础计算的净资产收益率(%) | 6.39 | 6.41 | -0.31 | 6.22 |
| 每股经营活动产生的现金流量净额 | 0.52 | 0.52 | -- | 0.37 |
| | 2003年末 | 2002年末 | 本年末比上年末增减(%) | 2001年末 |
| 每股净资产 | 3.39 | 3.34 | 1.50 | 3.22 |
| 调整后的每股净资产 | 3.34 | 3.30 | 1.21 | 3.14 |

## 600278 东方国际创业股份有限公司

### 二〇〇三年年度报告摘选

#### 1.上市公司基本情况简介

1.1 基本情况简介

股票简称:东方创业 股票代码:600278 上市交易所:上海证券交易所

注册地址:上海市浦东新区陆家嘴路166号

办公地址:上海市娄山关路85号A座 邮政编码:200336

公司国际互联网网址:http://www.oie.com.cn 电子信箱:oiehq@oie.com.cn

1.2 联系人和联系方式

董事会秘书:黄大瑜 联系地址:上海市娄山关路85号A座

电话:021-62789999 传真:021-62784020 电子信箱:oiehq@oie.com.cn

证券事务代表:朱蓓 联系地址:上海市娄山关路85号A座

电话:021-62785521 传真:021-62784020 电子信箱:oiehq@oie.com.cn

#### 2.会计数据和财务指标摘要

2.1 主要会计数据 单位:元

| | 2003年 | 2002年 调整前 | 2002年 调整后 | 本年比上年增减(%) | 2001年 调整前 | 2001年 调整后 |
|---|---|---|---|---|---|---|
| 主营业务收入 | 3,444,040,948.78 | 3,186,587,391.15 | 3,190,036,407.86 | 7.96 | 2,698,563,179.24 | 2,706,840,989.35 |
| 利润总额 | 103,487,076.89 | 89,724,348.67 | 93,173,365.38 | 11.07 | 123,993,614.15 | 132,271,424.26 |
| 净利润 | 72,847,045.90 | 64,196,769.94 | 67,128,434.14 | 8.52 | 95,245,046.09 | 102,281,184.68 |
| 扣除非经常性损益的净利润 | 62,395,670.57 | 63,593,583.38 | 55,744,608.85 | 11.93 | 62,499,703.86 | 52,138,460.36 |
| | 2003年末 | 2002年末 调整前 | 2002年末 调整后 | 本年末比上年末增减(%) | 2001年末 调整前 | 2001年末 调整后 |
| 总资产 | 2,322,843,260.74 | 2,156,174,597.18 | 2,172,464,922.54 | 6.92 | 2,081,022,025.44 | 2,093,863,334.09 |
| 股东权益(不含少数股东权益) | 1,069,791,073.02 | 981,466,698.98 | 1,026,140,736.18 | 4.25 | 949,265,571.30 | 1,007,007,944.30 |
| 经营活动产生的现金流量净额 | -26,262,849.80 | 11,393,419.51 | 11,393,419.51 | -330.51 | 141,059,741.97 | 141,059,741.97 |

2.2 主要财务指标 单位:元

| | 2003年 | 2002年 调整前 | 2002年 调整后 | 本年比上年增减(%) | 2001年 调整前 | 2001年 调整后 |
|---|---|---|---|---|---|---|
| 每股收益 | 0.23 | 0.20 | 0.21 | 9.52 | 0.30 | 0.32 |
| 净资产收益率 | 6.81% | 6.54% | 6.75% | 0.89 | 10.03% | 10.67% |
| 扣除非经常性损益的净利润为基础计算的净资产收益率 | 5.83% | 6.48% | 5.55% | 5.05 | 6.58% | 5.44% |
| 每股经营活动产生的现金流量净额 | -0.08 | 0.04 | 0.04 | -300.00 | 0.44 | 0.44 |
| | 2003年末 | 2002年末 调整前 | 2002年末 调整后 | 本年末比上年末增减(%) | 2001年末 调整前 | 2001年末 调整后 |
| 每股净资产 | 3.34 | 3.07 | 3.11 | 7.40 | 2.97 | 3.00 |
| 调整后的每股净资产 | 3.19 | 2.93 | 2.97 | 7.41 | 2.85 | 2.88 |

# 600301 南宁化工股份有限公司

## 二〇〇三年年度报告摘选

### 1.上市公司基本情况简介

1.1 基本情况简介

股票简称:南化股份 股票代码:600301 上市交易所:上海证券交易所

注册地址和办公地址:广西南宁市亭洪路 80 号 邮政编码:530031

公司国际互联网网址:http://www.nh.com.cn

电子信箱:nh@nn.col.com.cn

1.2 联系人和联系方式

董事会秘书:高友志 联系地址:广西南宁市亭洪路 80 号

电话:0771－4835135 传真:0771－4835643

电子信箱:nhzz@nn.gx.cninfo.net

证券事务代表:戴素霞 联系地址:广西南宁市亭洪路 80 号

电话:0771－4821093 传真:0771－4821093

电子信箱:nhzz@nn.gx.cninfo.net

### 2.会计数据和财务指标摘要

2.1 主要会计数据 单位:元

| | 2003 年 | 2002 年 | 本年比上年增减(%) | 2001 年 |
|---|---|---|---|---|
| 主营业务收入 | 669,128,524.63 | 502,168,006.03 | 33.25 | 449,670,334.95 |
| 利润总额 | 60,324,285.52 | 38,489,401.82 | 55.73 | 27,042,997.01 |
| 净利润 | 50,053,509.05 | 32,669,928.15 | 53.21 | 24,343,034.18 |
| 扣除非经常性损益的净利润 | 51,368,996.01 | 33,012,315.96 | 55.61 | 24,958,197.98 |
| | 2003 年末 | 2002 年末 | 本年末比上年末增减(%) | 2001 年末 |
| 总资产 | 861,311,505.98 | 772,527,138.21 | 11.49 | 759,078,500.87 |
| 股东权益(不含少数股东权益) | 559,112,033.63 | 560,793,192.75 | －0.30 | 527,923,264.60 |
| 经营活动产生的现金流量净额 | 63,517,176.28 | 86,328,644.78 | －26.42 | 47,807,628.30 |

2.2 主要财务指标 单位:元

| | 2003 年 | 2002 年 | 本年比上年增减(%) | 2001 年 |
|---|---|---|---|---|
| 每股收益 | 0.2703 | 0.1765 | 53.14 | 0.13 |
| 净资产收益率(%) | 8.95 | 6.19 | 44.59 | 4.61 |
| 扣除非经常性损益的净利润为基础计算的净资产收益率(%) | 9.07 | 6.07 | 49.42 | 4.51 |
| 每股经营活动产生的现金流量净额 | 0.34 | 0.466 | －27.04 | 0.258 |
| | 2003 年末 | 2002 年末 | 本年末比上年末增减(%) | 2001 年末 |
| 每股净资产 | 3.02 | 3.03 | 5.96 | 2.85 |
| 调整后的每股净资产 | 2.94 | 2.94 | 0 | 2.85 |

# 600309 烟台万华聚氨酯股份有限公司

## 二〇〇三年年度报告摘选

### 1.上市公司基本情况简介

1.1 基本情况简介

证券简称:烟台万华 证券代码:600309 上市交易所:上海证券交易所

注册地址和办公地址:烟台市幸福南路 7 号 邮政编码:264002

公司国际互联网网址:http://www.ytpu.com 电子信箱:stock@ytpu.com

1.2 联系人和联系方式

董事会秘书:郭兴田 联系地址:烟台市幸福南路 7 号

电话:0535－6837888 转 8282;0535－6837894 传真:0535－6837894 电子信箱:stock@ytpu.com

证券事务代表:张道辉 联系地址:烟台市幸福南路 7 号

电话:0535－6837888 转 8537 传真:0535－6837894 电子信箱:stock@ytpu.com

### 2.会计数据和财务指标摘要

2.1 主要财务数据 单位:元

| | 2003 年 | 2002 年 | 本年比上年增减 | 2001 年 |
|---|---|---|---|---|
| 主营业务收入 | 1,343,705,425.49 | 881,744,022.69 | 52.39% | 571,288,456.37 |
| 利润总额 | 302,097,498.27 | 189,949,444.67 | 59.04% | 114,391,400.66 |
| 净利润 | 232,278,153.27 | 154,326,437.19 | 50.51% | 100,728,393.18 |
| 扣除非经常性损益的净利润 | 231,826,147.54 | 154,855,379.20 | 49.70% | 105,065,645.70 |
| | 2003 年末 | 2002 年末 | 本年末比上年末增减 | 2001 年末 |
| 总资产 | 1,438,870,375.85 | 928,133,136.03 | 55.03% | 726,705,994.51 |
| 股东权益(不含少数股东权益) | 964,156,315.64 | 808,658,820.50 | 19.23% | 701,798,259.77 |
| 经营活动产生的现金流量净额 | 374,222,722.25 | 123,979,697.90 | 201.84% | 84,766,521.49 |

2.2 主要财务指标 单位:元

| | 2003 年 | 2002 年 | 本年比上年增减(%) | 2001 年 |
|---|---|---|---|---|
| 每股收益 | 0.60 | 0.40 | 50 | 0.42 |
| 净资产收益率 | 24.09% | 19.08% | 26.26 | 14.35% |
| 扣除非经常性损益的净利润为基础计算的净资产收益率 | 26.15% | 20.73% | 26.15 | 16.03% |
| 每股经营活动产生的现金流量净额 | 0.97 | 0.32 | 203.13 | 0.35 |
| | 2003 年末 | 2002 年末 | 本年末比上年末增减(%) | 2001 年末 |
| 每股净资产 | 2.51 | 2.11 | 18.96 | 2.92 |
| 调整后的每股净资产 | 2.51 | 2.10 | 19.52 | 2.92 |

# 600310 广西桂东电力股份有限公司

## 二〇〇三年年度报告摘选

### 1.上市公司基本情况简介

1.1 基本情况简介

股票简称:桂东电力 股票代码:600310 上市交易所:上海证券交易所

注册地址和办公地址:广西贺州市平安西路 12 号 邮政编码:542800

公司国际互联网网址:http://www.gdep.com.cn 电子信箱:600310@gdep.com.cn

1.2 联系人和联系方式

董事会秘书:刘世盛 联系地址:广西贺州市平安西路 12 号

电话:0774－5297881,5283977 传真:0774－5283343 电子信箱:Liushisheng@gdep.com.cn

证券事务代表:陆培军 联系地址:广西贺州市平安西路 12 号

电话:0774－5297796,5283977 传真:0774－5285255 电子信箱:Lupeijun@gdep.com.cn

### 2.会计数据和财务指标摘要

2.1 主要会计数据 单位:(人民币)元

| | 2003 年 | 2002 年 | | 本年比上年增减(%) | 2001 年 | |
|---|---|---|---|---|---|---|
| | | 调整前 | 调整后 | | 调整前 | 调整后 |
| 主营业务收入 | 330,003,525.26 | 312,758,074.67 | 312,758,074.67 | 5.51 | 279,808,520.97 | 279,808,520.97 |
| 利润总额 | 77,350,414.34 | 82,498,974.55 | 82,498,974.55 | －6.24 | 75,022,518.33 | 75,022,518.33 |
| 净利润 | 62,224,436.09 | 62,481,339.06 | 62,481,339.06 | －0.41 | 59,396,513.71 | 59,396,513.71 |
| 扣除非经常性损益的净利润 | 56,232,798.80 | 63,384,192.23 | 63,384,192.23 | －11.28 | 60,172,146.60 | 60,172,146.60 |
| | 2003 年末 | 2002 年末 | | 本年末比上年末增减(%) | 2001 年末 | |
| | | 调整前 | 调整后 | | 调整前 | 调整后 |
| 总资产 | 1,303,966,614.23 | 784,341,072.03 | 784,341,072.03 | 66.25 | 809,062,877.63 | 809,062,877.63 |
| 股东权益(不含少数股东权益) | 664,426,594.21 | 602,034,715.01 | 649,059,715.01 | 2.37 | 585,392,239.03 | 632,417,239.03 |
| 经营活动产生的现金流量净额 | 108,577,539.01 | 116,426,825.35 | 116,426,825.35 | －6.74 | 116,031,410.46 | 116,031,410.46 |

2.2 主要财务指标 单位:(人民币)元

| | 2003 年 | 2002 年 | | 本年比上年增减(%) | 2001 年 | |
|---|---|---|---|---|---|---|
| | | 调整前 | 调整后 | | 调整前 | 调整后 |
| 每股收益(摊薄) | 0.3970 | 0.3986 | 0.3986 | －0.41 | 0.3789 | 0.3789 |
| 每股收益(加权) | 0.3970 | 0.3986 | 0.3986 | －0.41 | 0.3882 | 0.3882 |
| 净资产收益率(%) | 9.37 | 10.38 | 9.63 | －2.70 | 10.15 | 9.39 |
| 扣除非经常性损益的净利润为基础计算的净资产收益率(%) | 8.46 | 10.53 | 9.74 | －13.14 | 10.28 | 9.51 |
| 每股经营活动产生的现金流量净额 | 0.6927 | 0.7428 | 0.7428 | －6.74 | 0.7402 | 0.7402 |
| | 2003 年末 | 2002 年末 | | 本年末比上年末增减(%) | 2001 年末 | |
| | | 调整前 | 调整后 | | 调整前 | 调整后 |
| 每股净资产 | 4.2388 | 3.8407 | 4.1407 | 2.37 | 3.7346 | 4.0346 |
| 调整后的每股净资产 | 4.2207 | 3.8357 | 4.1357 | 2.06 | 3.7326 | 4.0318 |

# 600350 山东基建股份有限公司

## 二〇〇三年年度报告摘选

### 1.上市公司基本情况简介

1.1 基本情况简介

股票简称:山东基建 股票代码:600350 上市交易所:上海证券交易所

注册地址和办公地址:山东省济南市经十路 71 号山东大学科技园创业中心 邮政编码:250061

公司国际互联网网址:http://www.sdicl.com 电子信箱:600350@secure.sse.com.cn

1.2 联系人和联系方式

董事会秘书:王大为 联系地址:山东省济南市经十路 71 号山东大学科技园创业中心

电话:0531－2662952 传真:0531－2662950 电子信箱:wdw@sdicl.com

证券事务代表:赵晓玲,马宁 联系地址:山东省济南市经十路 71 号山东大学科技园创业中心

电话:0531－2662952 传真:0531－2662950 电子信箱:myning0612@sohu.com

### 2.会计数据和财务指标摘要

2.1 主要会计数据 单位:元

| | 2003 年 | 2002 年 | 本年比上年增减 | 2001 年 |
|---|---|---|---|---|
| 主营业务收入 | 1,546,361,807 | 1,401,352,235 | 10.35% | 792,574,490 |
| 利润总额 | 668,744,623 | 675,890,289 | －1.06% | 446,759,203 |
| 净利润 | 466,638,374 | 475,309,804 | －1.82% | 391,369,977 |
| 扣除非经常性损益的净利润 | 469,513,749 | 470,988,261 | －0.31% | 370,103,947 |
| | 2003 年末 | 2002 年末 | 本年末比上年末增减 | 2001 年末 |
| 总资产 | 7,552,948,581 | 7,282,971,189 | 3.71% | 6,272,817,073 |
| 股东权益(不含少数股东权益) | 6,376,708,824 | 6,280,088,450 | 1.54% | 4,854,991,878 |
| 经营活动产生的现金流量净额 | 787,096,183 | 715,402,989 | 10.02% | 581,007,421 |

2.2 主要财务指标 单位:元

| | 2003 年 | 2002 年 | 本年比上年增减 | 2001 年 |
|---|---|---|---|---|
| 每股收益 | 0.139 | 0.141 | －1.42% | 0.14 |
| 净资产收益率 | 7.32% | 8.04% | －8.96% | 8.06% |
| 扣除非经常性损益的净利润为基础计算的净资产收益率 | 7.36% | 7.97% | －7.65% | 7.62% |
| 每股经营活动产生的现金流量净额 | 0.23 | 0.21 | 10.02% | 0.2 |
| | 2003 年末 | 2002 年末 | 本年末比上年末增减 | 2001 年末 |
| 每股净资产 | 1.9 | 1.87 | 0.02 | 1.58 |
| 调整后的每股净资产 | － | － | － | |

## 600354 甘肃省敦煌种业股份有限公司

# 二〇〇三年年度报告摘选

## 1.上市公司基本情况简介

1.1 基本情况简介

证券简称:敦煌种业 证券代码:600354 上市交易所:上海证券交易所

注册地址和办公地址:甘肃省酒泉市盘旋东路 10 号 邮政编码:735000

电子信箱:dhseed@ vip.sina.com

1.2 联系人和联系方式

董事会秘书:赵明 联系地址:甘肃省酒泉市盘旋东路 10 号

电话:0937 – 2663938 传真:0937 – 2663908 电子信箱:dhseed@ vip.sina.com

## 2.会计数据和业务数据摘要

2.1 主要财务数据 单位:元

| | 2003 年(T 年,即本年) | 2002 年(T – 1 年) | 本年比上年增减(%) | 2001 年(T – 2 年) |
|---|---|---|---|---|
| 主营业务收入 | 448,998,967.82 | 555,508,800.18 | – 19.17 | 320,791,002.56 |
| 利润总额 | 32,099,798.91 | 42,644,951.13 | – 24.73 | 30,343,081.32 |
| 净利润 | 32,099,798.91 | 34,115,187.93 | – 5.91 | 23,320,148.21 |
| 扣除非经常性损益的净利润 | 25,019,816.87 | 24,421,617.78 | 2.45 | 18,270,066.18 |
| | 2003 年末(T 年,即本年末) | 2002 年末(T – 1 年末) | 本年末比上年末增减(%) | 2001 年末(T – 2 年末) |
| 总资产 | 880,833,713.65 | 624,545,375.37 | 41.04 | 624,995,356.58 |
| 股东权益(不含少数股东权益) | 273,194,409.67 | 237,849,841.18 | 14.86 | 203,376,590.16 |
| 经营活动产生的现金流量净额 | – 214,838,407.27 | 190,322,780.84 | | – 136,924,291.57 |

2.2 主要财务指标 单位:元

| | 2003 年(T 年,即本年) | 2002 年(T – 1 年) | 本年比上年增减(%) | 2001 年(T – 2 年) |
|---|---|---|---|---|
| 每股收益 | 0.29 | 0.31 | – 6.45 | 0.22 |
| 每股收益 | 0.17 | 0.31 | – 45 | 0.22 |
| 净资产收益率 | 11.75 | 14.34 | – 18.06 | 11.71 |
| 扣除非经常性损益的净利润为基础计算的净资产收益率 | 9.16 | 10.26 | – 10.72 | 13.09 |
| 每股经营活动产生的现金流量净额 | – 1.94 | – 1.72 | | – 1.23 |
| | 2003 年末(T 年,即本年末) | 2002 年末(T – 1 年末) | 本年末比上年末增减(%) | 2001 年末(T – 2 年末) |
| 每股净资产 | 2.46 | 2.14 | 14.95 | 1.83 |
| 调整后的每股净资产 | 2.34 | 1.81 | 29.28 | 1.79 |

## 600449 宁夏赛马实业股份有限公司

# 二〇〇三年年度报告摘选

## 1.上市公司基本情况简介

1.1 基本情况简介

股票简称:赛马实业 股票代码:600449 上市交易所:上海证券交易所

注册地址和办公地址:宁夏回族自治区银川市西夏区新小线二公里处 邮政编码:750021

公司国际互联网网址:http://www.saimasy.com.cn 电子信箱:master@ saimasy.com.cn

1.2 联系人和联系方式

董事会秘书:武雄 联系地址:宁夏回族自治区银川市西夏区新小线二公里处

电话:0951 – 2085256 传真:0951 – 2085256 电子信箱:wuwux@ vip.sina.com

## 2.会计数据和财务指标摘要

2.1 主要会计数据 单位:元

| | 2003 年 | 2002 年 | 本年比上年增减(%) | 2001 年 |
|---|---|---|---|---|
| 主营业务收入 | 312,390,843.77 | 219,078,487.91 | 42.59 | 165,627,758.01 |
| 利润总额 | 39,540,949.31 | 32,491,122.18 | 21.70 | 31,180,777.40 |
| 净利润 | 35,312,647.87 | 25,322,182.33 | 39.45 | 24,973,251.06 |
| 扣除非经常性损益的净利润 | 36,032,365.79 | 27,933,729.56 | 28.99 | 24,973,251.06 |
| | 2003 年末 | 2002 年末 | 本年末比上年末增减(%) | 2001 年末 |
| 总资产 | 609,391,080.66 | 525,717,368.09 | 15.92 | 431,159,449.92 |
| 股东权益(不含少数股东权益) | 507,113,257.60 | 164,104,090.75 | 209.02 | 138,781,908.42 |
| 经营活动产生的现金流量净额 | 85,631,996.16 | 39,301,839.72 | 117.88 | 21,372,473.50 |

2.2 主要财务指标 单位:元

| | 2003 年 | 2002 年 | 本年比上年增减(%) | 2001 年 |
|---|---|---|---|---|
| 每股收益 | 0.287 | 0.338 | – 15.09 | 0.333 |
| 净资产收益率(%) | 6.96 | 15.43 | – 54.89 | 17.99 |
| 扣除非经常性损益的净利润为基础计算的净资产收益率(%) | 7.11 | 17.02 | – 58.23 | 17.99 |
| 每股经营活动产生的现金流量净额 | 0.696 | 0.524 | 32.82 | 0.285 |
| | 2003 年末 | 2002 年末 | 本年末比上年末增减(%) | 2001 年末 |
| 每股净资产 | 4.123 | 2.188 | 88.44 | 1.850 |
| 调整后的每股净资产 | 4.103 | 2.174 | 88.76 | 1.835 |

## 600438 通威股份有限公司

# 二〇〇三年年度报告摘选

## 1.上市公司基本情况简介

1.1 基本情况简介

股票简称:通威股份 股票代码:600438 上市交易所:上海证券交易所

注册地址和办公地址:四川省成都市高新区创业路 2 号奇力新峰大楼 10 楼 邮政编码:610041

公司国际互联网网址:http://www.tongwei.com.cn 电子信箱:Zqb@ tongwei.com

1.2 联系人和联系方式

董事会秘书:向川 联系地址:四川省成都市高新区创业路 2 号奇力新峰大楼 10 楼

电话:028 – 85150888,85177461,85177462 传真:028 – 85150999,85137101

电子信箱:Zqb@ tongwei.com

证券事务代表:张凤术 联系地址:四川省成都市高新区创业路 2 号奇力新峰大楼 10 楼

电话:028 – 85150888,85177461,85177462 传真:028 – 85150999,85137101

电子信箱:Zqb@ tongwei.com

## 2.会计数据和财务指标摘要

2.1 主要会计数据 单位:元

| | 2003 年 | 2002 年 | 本年比上年增减(%) | 2001 年 |
|---|---|---|---|---|
| 主营业务收入 | 1,698,566,610.33 | 1,373,792,454.00 | 23.64 | 507,478,349.02 |
| 利润总额 | 57,423,949.27 | 70,057,153.48 | – 18.03 | 56,077,831.17 |
| 净利润 | 43,244,214.73 | 53,319,010.27 | – 18.90 | 51,330,831.27 |
| 扣除非经常性损益的净利润 | 43,642,756.15 | 53,153,821.99 | – 17.89 | 51,924,972.30 |
| | 2003 年末 | 2002 年末 | 本年末比上年末增减(%) | 2001 年末 |
| 总资产 | 902,775,865.31 | 603,723,037.19 | 49.53 | 456,151,741.79 |
| 股东权益(不含少数股东权益) | 268,950,801.82 | 225,706,587.09 | 19.16 | 172,388,323.02 |
| 经营活动产生的现金流量净额 | – 50,858,482.31 | 111,783,234.20 | – 145.97 | 29,127,968.97 |

2.2 主要财务指标 单位:元

| | 2003 年 | 2002 年 | 本年比上年增减(%) | 2001 年 |
|---|---|---|---|---|
| 每股收益 | 0.39 | 0.48 | – 18.75 | 0.46 |
| 每股收益 | 0.25 | 0.48 | – 18.75 | 0.46 |
| 净资产收益率(%) | 16.08 | 23.62 | – 31.92 | 29.78 |
| 扣除非经常性损益的净利润为基础计算的净资产收益率(%) | 16.23 | 23.55 | – 31.08 | 30.12 |
| 每股经营活动产生的现金流量净额 | – 0.45 | 1.00 | – 146.00 | 0.26 |
| | 2003 年末 | 2002 年末 | 本年末比上年末增减(%) | 2001 年末 |
| 每股净资产 | 2.40 | 2.02 | 18.81 | 1.54 |
| 调整后的每股净资产 | 2.38 | 1.99 | 19.60 | 1.54 |

## 600456 宝鸡钛业股份有限公司

# 二〇〇三年年度报告摘选

## 1.上市公司基本情况简介

1.1 基本情况简介

股票简称:宝钛股份 股票代码:600456 上市交易所:上海证券交易所

注册地址和办公地址:陕西省宝鸡市钛城路 1 号 邮政编码:721014

公司国际互联网网址:http://www.baoti.com 电子信箱:dsb@ baoti.com

1.2 联系人和联系方式

董事会秘书:郑海山 联系地址:陕西省宝鸡市钛城路 1 号

电话:0917 – 3382026 传真:0917 – 3382132 电子信箱:zhenghaishan@ baoti.com

证券事务代表:任鑫 联系地址:陕西省宝鸡市钛城路 1 号

电话:0917 – 3382116 传真:0917 – 3382132 电子信箱:renxin@ baoti.com

## 2.会计数据和财务指标摘要

2.1 主要会计数据 单位:元

| | 2003 年 | 2002 年 | 本年比上年增减(%) | 2001 年 |
|---|---|---|---|---|
| 主营业务收入 | 384,160,219.45 | 346,410,332.26 | 10.90 | 325,464,479.89 |
| 利润总额 | 70,997,777.41 | 48,497,882.60 | 46.39 | 44,423,675.81 |
| 净利润 | 60,157,668.08 | 41,019,488.32 | 46.66 | 37,760,124.44 |
| 扣除非经常性损益的净利润 | 44,278,401.79 | 43,089,137.99 | 2.76 | 38,415,833.24 |
| | 2003 年末 | 2002 年末 | 本年末比上年末增减(%) | 2001 年末 |
| 总资产 | 965,497,054.04 | 923,241,057.63 | 4.58 | 594,434,964.84 |
| 股东权益(不含少数股东权益) | 643,785,493.39 | 613,627,825.31 | 4.91 | 260,859,761.55 |
| 经营活动产生的现金流量净额 | 84,215,095.17 | 63,851,016.86 | 31.89 | 17,518,183.92 |

2.2 主要财务指标

| | 2003 年 | 2002 年 | 本年比上年增减(%) | 2001 年 |
|---|---|---|---|---|
| 每股收益(摊薄) | 0.30 | 0.21 | 42.86 | 0.27 |
| 每股收益(加权) | 0.30 | 0.23 | 30.43 | 0.27 |
| 净资产收益率(摊薄)(%) | 9.34 | 6.68 | 39.82 | 14.47 |
| 净资产收益率(加权)(%) | 9.65 | 8.38 | 15.16 | 15.60 |
| 扣除非经常性损益的净利润为基础计算的净资产收益率 | 6.88 | 7.09 | – 2.96 | 14.77 |
| 每股经营活动产生的现金流量净额 | 0.421 | 0.3191 | 31.93 | 0.125 |
| | 2003 年末 | 2002 年末 | 本年末比上年末增减(%) | 2001 年末 |
| 每股净资产 | 3.218 | 3.067 | 4.92 | 1.8622 |
| 调整后的每股净资产 | 3.19 | 3.06 | 4.25 | 1.83 |

## 600459 贵研铂业股份有限公司

### 二〇〇三年年度报告摘选

#### 1.上市公司基本情况简介

1.1 基本情况简介

证券简称:贵研铂业　证券代码:600459　上市交易所:上海证券交易所

注册地址和办公地址:云南省昆明市二环北路核桃箐　邮政编码:650221

公司国际互联网网址:http://www.sino-platinum.com.cn

1.2 联系人和联系方式

董事会秘书:朱绍武　联系地址:云南省昆明市二环北路核桃箐

电话:0871-5123338　传真:0871-5122422　电子信箱:stock@sino-platinum.com.cn

证券事务代表:郭俊梅　联系地址:云南省昆明市二环北路核桃箐

电话:0871-5123338　传真:0871-5122422　电子信箱:stock@sino-platinum.com.cn

#### 2.会计数据和业务数据摘要

2.1 主要会计数据　单位:元

| | 2003 年 | 2002 年 | 本年比上年增减(%) | 2001 年 |
|---|---|---|---|---|
| 主营业务收入 | 248,142,657.37 | 218,368,585.12 | 13.63 | 157,858,453.67 |
| 利润总额 | 13,598,359.14 | 16,191,010.35 | -16.01 | 14,939,488.59 |
| 净利润 | 14,731,190.36 | 16,189,082.86 | -9.01 | 15,605,833.08 |
| 扣除非经常性损益的净利润 | 14,187,316.22 | 15,967,086.81 | -11.15 | 14,506,320.12 |
| | 2003 年末 | 2002 年末 | 本年末比上年末增减(%) | 2001 年末 |
| 总资产 | 497,163,758.53 | 225,618,652.44 | 120.36 | 207,909,703.79 |
| 股东权益(不含少数股东权益) | 371,618,966.12 | 97,566,201.68 | 280.89 | 81,377,118.82 |
| 经营活动产生的现金流量净额 | 19,430,028.00 | 48,903,790.58 | -60.27 | 15,096,432.51 |

2.2 主要财务指标　单位:元

| | 2003 年 | 2002 年 | 本年比上年增减(%) | 2001 年 |
|---|---|---|---|---|
| 每股收益 | 0.17 | 0.35 | -51.35 | 0.34 |
| 每股收益 | | | | |
| 净资产收益率 | 3.96% | 16.59% | -76.11 | 19.18% |
| 扣除非经常性损益的净利润为基础计算的净资产收益率 | 3.82% | 16.37% | -76.66 | 17.83% |
| 每股经营活动产生的现金流量净额 | 0.23 | 1.06 | -78.30 | 0.33 |
| | 2003 年末 | 2002 年末 | 本年末比上年末增减(%) | 2001 年末 |
| 每股净资产 | 4.32 | 2.12 | 103.63 | 1.77 |
| 调整后的每股净资产 | 4.31 | 2.09 | 106.13 | 1.77 |

## 600536 中软网络技术股份有限公司

### 二〇〇三年年度报告摘选

#### 1.上市公司基本情况简介

1.1 基本情况简介

股票简称:中软股份　股票代码:600536　上市交易所:上海证券交易所

注册地址和办公地址:北京市海淀区学院南路 55 号中软大厦 1 号楼 6 层　邮政编码:100081

公司国际互联网网址:http://www.chinasoftcom.com;http://www.cssnet.com.cn

电子信箱:cssnet@css.com.cn

1.2 联系人和联系方式

董事会秘书:程曙光　联系地址:北京市海淀区学院南路 55 号中软大厦 1 号楼 6 层

电话:010-62186577　传真:010-62169523　电子信箱:cheng@css.com.cn

证券事务代表:梁琼　联系地址:北京市海淀区学院南路 55 号中软大厦 1 号楼 6 层

电话:010-62186577　传真:010-62169523　电子信箱:liangq@css.com.cn

#### 2.会计数据和财务指标摘要

2.1 主要会计数据　单位:元

| | 2003 年(本年) | 2002 年(上年) | 本年比上年增减 | 2001 年 |
|---|---|---|---|---|
| 主营业务收入 | 546,590,685.25 | 464,821,776.86 | 17.59% | 325,209,334.57 |
| 利润总额 | 40,384,367.00 | 48,648,385.20 | -16.99% | 35,175,580.95 |
| 净利润 | 36,081,448.17 | 39,578,494.75 | -8.84% | 30,106,690.62 |
| 扣除非经常性损益的净利润 | 34,392,240.26 | 38,775,937.25 | -11.31% | 30,306,228.05 |
| | 2003 年末(本年末) | 2002 年末(上年末) | 本年末比上年末增减 | 2001 年末 |
| 总资产 | 806,399,229.46 | 558,091,231.54 | 44.49% | 163,620,137.42 |
| 股东权益(不含少数股东权益) | 459,624,414.80 | 448,794,813.83 | 2.41% | 74,885,288.98 |
| 经营活动产生的现金流量净额 | -40,684,721.85 | 16,866,421.25 | -341.22% | 15,576,616.35 |

2.2 主要财务指标　单位:元

| | 2003 年(本年) | 2002 年(上年) | 本年比上年增减(%) | 2001 年 |
|---|---|---|---|---|
| 每股收益 | 0.36 | 0.47 | -24.03% | 0.56 |
| 净资产收益率 | 7.85% | 8.82% | -0.97% | 40.20% |
| 扣除非经常性损益的净利润为基础计算的净资产收益率 | 7.48% | 8.64% | -1.16% | 40.47% |
| 每股经营活动产生的现金流量净额 | -0.40 | 0.20 | -301.01% | 0.29 |
| | 2003 年末(本年末) | 2002 年末(上年末) | 本年末比上年末增减(%) | 2001 年末 |
| 每股净资产 | 4.55 | 5.33 | -14.66% | 1.38 |
| 调整后的每股净资产 | 4.54 | 5.32 | -14.65% | 1.36 |

## 600569 安阳钢铁股份有限公司

### 二〇〇三年年度报告摘选

#### 1.上市公司基本情况简介

1.1 基本情况简介

证券简称:安阳钢铁　证券代码:600569　上市交易所:上海证券交易所

注册地址和办公地址:河南省安阳市殷都区梅元庄　邮政编码:455004

公司国际互联网网址:http://www.aysteel.com.cn　电子信箱:AGZQ@sohu.com

1.2 联系人和联系方式

董事会秘书:阎长宽　联系地址:河南省安阳市殷都区梅元庄

电话:0372-3120175　传真:0372-3120181　电子信箱:AGCWC@371.net

证券事务代表:段金亮　联系地址:河南省安阳市殷都区梅元庄

电话:0372-3120175　传真:0372-3120181　电子信箱:AGCWC@371.net

#### 2.会计数据和业务数据摘要

2.1 主要会计数据　单位:(人民币)元

| | 2003 年 | 2002 年 | 本年比上年增减(%) | 2001 年 |
|---|---|---|---|---|
| 主营业务收入 | 9,295,753,583.03 | 6,717,388,911.54 | 38.38 | 5,947,481,443.95 |
| 利润总额 | 1,264,222,104.66 | 725,597,259.08 | 74.23 | 703,523,936.61 |
| 净利润 | 824,392,203.30 | 537,303,166.45 | 53.43 | 470,730,259.54 |
| 扣除非经常性损益的净利润 | 837,999,031.65 | 486,128,713.27 | 72.38 | 473,609,579.10 |
| | 2003 年末 | 2002 年末 | 本年末比上年末增减(%) | 2001 年末 |
| 总资产 | 7,476,145,189.23 | 6,251,258,430.81 | 19.59 | 6,068,533,586.00 |
| 股东权益(不含少数股东权益) | 5,402,467,034.40 | 4,839,174,080.76 | 11.64 | 4,551,703,705.52 |
| 经营活动产生的现金流量净额 | 1,235,459,355.08 | 1,021,050,139.28 | 21.00 | 582,079,454.66 |

2.2 主要财务指标　单位:(人民币)元

| | 2003 年 | 2002 年 | 本年比上年增减(%) | 2001 年 |
|---|---|---|---|---|
| 每股收益 | 0.61 | 0.40 | 52.50 | 0.35 |
| 每股收益注 2 | 0.61 | 0.40 | 52.50 | 0.40 |
| 净资产收益率(%) | 15.26 | 11.10 | 37.48 | 10.34 |
| 扣除非经常性损益的净利润为基础计算的净资产收益率(%) | 15.51 | 10.05 | 51.32 | 10.41 |
| 每股经营活动产生的现金流量净额 | 0.92 | 0.76 | 21.05 | 0.43 |
| | 2003 年末 | 2002 年末 | 本年末比上年末增减(%) | 2001 年末 |
| 每股净资产 | 4.02 | 3.60 | 11.67 | 3.38 |
| 调整后的每股净资产 | 4.01 | 3.59? | 11.70 | 3.37 |

## 600796 浙江钱江生物化学股份有限公司

### 二〇〇三年年度报告摘选

#### 1.上市公司基本情况简介

1.1 基本情况简介

股票简称:钱江生化　股票代码:600796　上市交易所:上海证券交易所

注册地址和办公地址:浙江省海宁市硖石镇西山路 598 号　邮政编码:314400

公司国际互联网网址:http://www.qianjiangbioch.com　电子信箱:qjbioch@mail.jxptt.zj.cn

1.2 联系人和联系方式

董事会秘书:胡明

联系地址:浙江省海宁市硖石镇西山路 598 号浙江钱江生物化学股份有限公司董事会办公室

电话:0573-7042800　传真:0573-7035640　电子信箱:qjbioch@mail.jxptt.zj.cn

证券事务代表:胡鸣一

联系地址:浙江省海宁市硖石镇西山路 598 号浙江钱江生物化学股份有限公司董事会办公室

电话:0573-7038237　传真:0573-7035640　电子信箱:qjbioch@mail.jxptt.zj.cn

#### 2.会计数据和财务指标摘要

2.1 主要财务数据　单位:(人民币)元

| | 2003 年 | 2002 年 | 本年比上年增减(%) | 2001 年 |
|---|---|---|---|---|
| 主营业务收入 | 237,128,702.68 | 202,376,337.56 | 17.17 | 200,244,518.55 |
| 利润总额 | 24,044,679.10 | 19,930,336.61 | 20.64 | 28,818,175.59 |
| 净利润 | 18,810,761.22 | 16,749,164.44 | 12.31 | 26,316,321.44 |
| 扣除非经常性损益的净利润 | 15,157,571.94 | 14,870,932.94 | 1.93 | 22,847,936.62 |
| | 2003 年末 | 2002 年末 | 本年末比上年末增减(%) | 2001 年末 |
| 总资产 | 561,247,190.63 | 533,453,690.79 | 5.21 | 439,942,417.33 |
| 股东权益(不含少数股东权益) | 384,696,199.13 | 389,304,407.91 | -1.18 | 250,040,558.47 |
| 经营活动产生的现金流量净额 | 44,853,999.10 | 53,143,615.18 | -15.60 | 31,194,065.13 |

2.2 主要财务指标　单位:(人民币)元

| | 2003 年 | 2002 年 | 本年比上年增减(%) | 2001 年 |
|---|---|---|---|---|
| 每股收益 | 0.161 | 0.143 | 12.59 | 0.247 |
| 每股收益 * | -- | -- | -- | -- |
| 净资产收益率(%) | 4.89 | 4.30 | 13.72 | 10.52 |
| 扣除非经常性损益的净利润为基础计算的净资产收益率(%) | 3.92 | 4.51 | -13.08 | 8.85 |
| 每股经营活动产生的现金流量净额 | 0.383 | 0.454 | -15.64 | 0.293 |
| | 2003 年末 | 2002 年末 | 本年末比上年末增减(%) | 2001 年末 |
| 每股净资产 | 3.285 | 3.325 | -1.20 | 2.347 |
| 调整后的每股净资产 | 3.252 | 3.287 | -1.06 | 2.339 |

# 600866 广东肇庆星湖生物科技股份有限公司

## 二〇〇三年年度报告摘选

### 1.上市公司基本情况简介

1.1 基本情况简介

股票简称:星湖科技 股票代码:600866 上市交易所:上海证券交易所

注册地址和办公地址:广东省肇庆市工农北路67号 邮政编码:526040

公司国际互联网网址:http://www.starlake.com.cn

电子信箱:development@starlake.com.cn

1.2 联系人和联系方式

董事会秘书:陈明 联系地址:广东省肇庆市工农北路67号

电话:0758－2291130 传真:0758－2239449 电子信箱:development@starlake.com.cn

证券事务代表:杨达明 联系地址:广东省肇庆市工农北路67号

电话:0758－2291130 传真:0758－2239449 电子信箱:development@starlake.com.cn

### 2.会计数据和财务指标摘要

2.1 主要会计数据 单位:元

| | 2003年 | 2002年 | 本年比上年增减(%) | 2001年 |
|---|---|---|---|---|
| 主营业务收入 | 545,818,749.86 | 492,423,317.40 | 10.84 | 440,054,866.86 |
| 利润总额 | 79,622,651.51 | 87,400,703.94 | －9.11 | 76,238,388.24 |
| 净利润 | 71,465,950.01 | 78,669,427.23 | －9.16 | 67,754,594.17 |
| 扣除非经常性损益的净利润 | 70,460,898.39 | 78,057,363.99 | －9.73 | 67,380,258.17 |
| | 2003年末 | 2002年末 | 本年末比上年末增减(%) | 2001年末 |
| 总资产 | 1,171,399,105.96 | 1,023,825,045.52 | 14.41 | 1,001,551,948.95 |
| 股东权益(不含少数股东权益) | 902,593,659.77 | 831,118,209.76 | 8.65 | 752,374,791.78 |
| 经营活动产生的现金流量净额 | 149,703,765.20 | 183,184,119.55 | －18.28 | 60,824,722.50 |

2.2 主要财务指标 单位:元

| | 2003年 | 2002年 | 本年比上年增减(%) | 2001年 |
|---|---|---|---|---|
| 每股收益 | 0.22 | 0.24 | －8.33 | 0.21 |
| 净资产收益率(%) | 7.92 | 9.47 | －15.95 | 9.01 |
| 扣除非经常性损益的净利润为基础计算的净资产收益率(%) | 7.85 | 9.39 | －16.40 | 8.99 |
| 每股经营活动产生的现金流量净额 | 0.460 | 0.562 | －18.15 | 0.187 |
| | 2003年末 | 2002年末 | 本年末比上年增减(%) | 2001年末 |
| 每股净资产 | 2.77 | 2.55 | 8.63 | 2.31 |
| 调整后的每股净资产 | 2.77 | 2.54 | 9.06 | 2.28 |

# 600894 广州钢铁股份有限公司

## 二〇〇三年年度报告摘选

### 1.上市公司基本情况简介

1.1 基本情况简介

股票简称:广钢股份 股票代码:600894 上市交易所:上海证券交易所

注册地址和办公地址:广州市芳村区白鹤洞 邮政编码:510381

公司国际互联网网址:http://www.gglts.cn 电子信箱:gggf@gise.cn

1.2 联系人和联系方式

董事会秘书:杨耀兴 联系地址:广州市芳村区白鹤洞广州钢铁股份有限公司办公室

电话:020－81809182 传真:020－81809182 电子信箱:yanggis@163.net

### 2.会计数据和业务数据摘要

2.1 主要会计数据 单位:元

| | 2003年 | 2002年 | 本年比上年增减(%) | 2001年 |
|---|---|---|---|---|
| 主营业务收入 | 6,643,563,874.19 | 2,581,938,620.30 | 157.31 | 2,446,110,721.47 |
| 利润总额 | 313,768,869.46 | 53,147,787.59 | 490.37 | 63,988,055.21 |
| 净利润 | 275,537,729.33 | 44,018,191.07 | 525.96 | 55,517,826.57 |
| 扣除非经常性损益的净利润 | 274,443,114.52 | 26,034,056.18 | 954.17 | 67,189,505.64 |
| | 2003年末 | 2002年末 | 本年末比上年末增减(%) | 2001年末 |
| 总资产 | 3,172,010,368.40 | 3,028,350,821.85 | 4.74 | 3,325,627,659.14 |
| 股东权益(不含少数股东权益) | 1,848,708,115.83 | 1,571,340,607.38 | 17.65 | 1,523,322,416.31 |
| 经营活动产生的现金流量净额 | 278,030,398.51 | 385,300,029.08 | －27.84 | 79,167,178.43 |

2.2 主要财务指标 单位:元

| | 2003年 | 2002年 | 本年比上年增减(%) | 2001年 |
|---|---|---|---|---|
| 每股收益 | 0.402 | 0.064 | 528.13 | 0.081 |
| 净资产收益率(%) | 14.90 | 2.80 | 432.14 | 3.64 |
| 扣除非经常性损益的净利润为基础计算的净资产收益率(%) | 14.85 | 1.66 | 794.58 | 3.73 |
| 每股经营活动产生的现金流量净额 | 0.405 | 0.56 | 623.21 | 0.12 |
| | 2003年末 | 2002年末 | 本年末比上年末增减(%) | 2001年末 |
| 每股净资产 | 2.69 | 2.29 | 17.47 | 2.22 |
| 调整后的每股净资产 | 2.69 | 2.26 | 19.03 | 2.17 |

## 3月19日

# 000039 中国国际海运集装箱(集团)股份有限公司

## 二〇〇三年年度报告摘选

### 1.上市公司基本情况简介

1.1 基本情况简介

股票简称:中集集团,中集B 股票代码:000039,200039 上市交易所:深圳证券交易所

注册地址和:广东省深圳市蛇口工业区金融中心5字楼

办公地址:广东省深圳市蛇口工业区港湾大道2号中集集团研发中心 邮政编码:518067

公司国际互联网网址:http://www.cimc.com 电子信箱:shareholder@cimc.com

1.2 联系人和联系方式

董事会秘书:于玉群 联系地址:广东深圳市蛇口工业区港湾大道2号中集集团研发中心

电话:0755－26691130 传真:0755－26826579 电子信箱:shareholder@cimc.com

证券事务代表:王心九 联系地址:广东深圳市蛇口工业区港湾大道2号中心集集团研发中心

电话:0755－26691130 传真:0755－26826579 电子信箱:shareholder@cimc.com

### 2.会计数据和财务指标摘要

2.1 主要会计数据 单位:人民币元

| | 2003年(本年) | 2002年(上年) | 本年比上年增减 | 2001年 |
|---|---|---|---|---|
| 主营业务收入 | 13,800,223,269.40 | 9,078,671,999.96 | 52.01% | 6,765,506,831.37 |
| 利润总额 | 880,189,169.25 | 620,828,357.24 | 41.78% | 694,743,537.79 |
| 净利润 | 682,688,009.42 | 464,854,557.40 | 46.86% | 543,006,715.99 |
| 扣除非经常性损益的净利润 | 671,843,016.62 | 265,705,834.00 | 152.85% | 575,076,243.84 |
| | 2003年末(本年末) | 2002年末(上年末) | 本年末比上年末增减 | 2001年末 |
| 总资产 | 9,931,968,677.13 | 7,829,184,589.27 | 26.86% | 5,936,850,787.09 |
| 股东权益(不含少数股东权益) | 5,290,940,343.28 | 2,853,729,296.77 | 85.40% | 2,396,052,166.72 |
| 经营活动产生的现金流量净额 | 814,483,227.80 | －302,626,918.62 | －－ | 1,590,751,906.73 |

2.2 主要财务指标 单位:人民币元

| | 2003年(本年) | 2002年(上年) | 本年比上年增减 | 2001年 |
|---|---|---|---|---|
| 每股收益 | 1.08 | 0.91 | 18.89% | 1.60 |
| 每股收益(如果股本变化,按新股本计算) | 1.08 | －－ | －－ | －－ |
| 净资产收益率 | 12.90% | 16.29% | －20.81% | 22.66% |
| 扣除非经常性损益的净利润为基础计算的净资产收益率 | 20.10% | 19.61% | 2.50% | 23.67% |
| 每股经营活动产生的现金流量净额 | 1.29 | －0.59 | －－ | 4.68 |
| | 2003年末(本年末) | 2002年末(上年末) | 本年末比上年末增减 | 2001年末 |
| 每股净资产 | 8.39 | 5.59 | 50.11% | 7.04 |
| 调整后的每股净资产 | 8.35 | 5.52 | 51.27% | 6.90 |

# 000159 新疆国际实业股份有限公司

## 二〇〇三年年度报告摘选

### 1.上市公司基本情况简介

1.1 基本情况简介

股票简称:国际实业 股票代码:000159 上市交易所:深圳证券交易所

注册地址:乌鲁木齐市北京南路22号龙岭大厦

办公地址:乌鲁木齐市团结路45号国际大厦 邮政编码:830001

公司国际互联网网址:http://www.xjgjsy.com 电子信箱:zqb00159@mail.xj.cninfo.net

1.2 联系人和联系方式

董事会秘书:李丽 联系地址:乌鲁木齐市团结路45号国际大厦

电话:0991－2886434 传真:0991－2885951 电子信箱:zqb@xjgjsy.com

证券事务代表:李润起 联系地址:乌鲁木齐市团结路45号国际大厦

电话:0991－2885951 传真:0991－2885951 电子信箱:zqb@xjgjsy.com

### 2.会计数据和财务指标摘要

2.1 主要会计数据 单位:人民币元

| | 2003年(本年) | 2002年(上年) | 本年比上年增减 | 2001年 |
|---|---|---|---|---|
| 主营业务收入 | 571,724,128.12 | 513,387,423.08 | 11.36% | 310,010,215.11 |
| 利润总额 | －43,233,157.27 | －11,869,691.40 | －－ | 16,642,212.68 |
| 净利润 | 5,169,999.91 | 1,841,216.56 | 180.79% | 24,908,482.63 |
| 扣除非经常性损益的净利润 | 44,880,710.67 | 6,717,469.44 | 568.12% | 15,790,307.04 |
| | 2003年末(本年末) | 2002年末(上年末) | 本年末比上年末增减 | 2001年末 |
| 总资产 | 1,462,875,826.55 | 1,589,689,600.46 | －7.98% | 1,506,385,580.83 |
| 股东权益(不含少数股东权益) | 571,288,841.43 | 593,308,888.30 | －3.71% | 585,274,826.26 |
| 经营活动产生的现金流量净额 | －188,835,355.02 | 5,983,533.55 | －3255.92% | 35,607,401.30 |

2.2 主要财务指标 单位:人民币元

| | 2003年(本年) | 2002年(上年) | 本年比上年增减 | 2001年 |
|---|---|---|---|---|
| 每股收益 | 0.03 | 0.01 | 181.31% | 0.15 |
| 每股收益 | 0.03 | －－ | －－ | －－ |
| 净资产收益率 | 0.90% | 0.31% | 190.32% | 4.35% |
| 扣除非经常性损益的净利润为基础计算的净资产收益率 | 7.86% | 1.13% | 595.58% | 2.79% |
| 每股经营活动产生的现金流量净额 | －1.10 | 0.03 | －3258.62% | 0.21 |
| | 2003年末(本年末) | 2002年末(上年末) | 本年末比上年末增减 | 2001年末 |
| 每股净资产 | 3.33 | 3.45 | －3.71% | 3.41 |
| 调整后的每股净资产 | 3.06 | 3.27 | －6.27% | 3.32 |

# 000529 广东美雅集团股份有限公司

## 二〇〇三年年度报告摘选

### 1.上市公司基本情况简介

1.1 基本情况简介

股票简称:粤美雅 A　股票代码:000529　上市交易所:深圳证券交易所
注册地址和办公地址:广东省鹤山市人民西路 40 号　邮政编码:529700
公司国际互联网网址:http://www.meiya.com.cn
电子信箱:meiya@pub.jiangmen.gd.cn

1.2 联系人和联系方式

董事会秘书:冯伟　联系地址:广东省鹤山市人民西路 40 号
电话:0750－8888888　传真:0750－8889240　电子信箱:myoffice@meiya.com.cn
证券事务代表:苏东明　联系地址:广东省鹤山市人民西路 40 号
电话:0750－8888888　传真:0750－8889240　电子信箱:myoffice@meiya.com.cm

### 2.会计数据和财务指标摘要

2.1 主要会计数据　单位:元

| | 2003 年 | 2002 年 | 本年比上年增减(%) | 2001 年 |
|---|---|---|---|---|
| 主营业务收入 | 504,096,025.44 | 457,512,259.93 | 10.18 | 508,008,002.77 |
| 利润总额 | 5,871,323.83 | －848,210,038.80 | 100.69 | －320,837,560.25 |
| 净利润 | 5,871,323.83 | －848,210,038.80 | 100.69 | －320,837,560.25 |
| 扣除非经常性损益的净利润 | －143,582,291.75 | －821,110,961.55 | 82.51 | －332,854,607.27 |
| | 2003 年末 | 2002 年末 | 本年末比上年末增减(%) | 2001 年末 |
| 总资产 | 1,459,139,489.90 | 1,515,275,608.33 | －3.70 | 2,336,168,163.39 |
| 股东权益(不含少数股东权益) | 402,665,496.88 | 396,794,173.05 | 1.48 | 1,251,150,929.62 |
| 经营活动产生的现金流量净额 | 85,269,891.88 | －11,923,134.42 | 815.16 | 137,801,207.13 |

2.2 主要财务指标　单位:元

| | 2003 年 | 2002 年 | 本年比上年增减(%) | 2001 年 |
|---|---|---|---|---|
| 每股收益 | 0.015 | －2.14 | 100.70 | －0.81 |
| 每股收益(注 2) | 0.015 | －2.14 | 100.70 | －0.81 |
| 净资产收益率 | 1.458% | －213.77% | 100.68 | －25.63% |
| 扣除非经常性损益的净利润为基础计算的净资产收益率 | －35.658% | －206.94% | 82.77 | －26.61% |
| 每股经营活动产生的现金流量净额 | 0.22 | －0.03 | 833.33 | 0.34 |
| | 2003 年末 | 2002 年末 | 本年末比上年末增减(%) | 2001 年末 |
| 每股净资产 | 1.015 | 1.00 | 1.50 | 3.16 |
| 调整后的每股净资产 | 0.986 | 0.83 | 18.80 | 3.13 |

# 000547 神州学人集团股份有限公司

## 二〇〇三年年度报告摘选

### 1.上市公司基本情况简介

1.1 基本情况简介

股票简称:闽福发 A　股票代码:000547　上市交易所:深圳证券交易所
注册地址:福建省福州市工业路 223 号
办公地址:福建省福州市五一南路 67 号　邮政编码:350004
公司国际互联网网址:http://www.fufa.com　电子信箱:fufa@pub3.fz.fj.cn

1.2 联系人和联系方式

董事会秘书:林杰　联系地址:福建省福州市五一南路 67 号工行五一支行 14 层
电话:0591－3283128　传真:0591－3296358　电子信箱:fufa@pub3.fz.fj.cn

### 2.会计数据和财务指标摘要

2.1 主要会计数据　单位:人民币元

| | 2003 年(本年) | 2002 年(上年) | 本年比上年增减 | 2001 年 |
|---|---|---|---|---|
| 主营业务收入 | 201,857,437.80 | 194,952,707.51 | 3.54% | 251,172,410.10 |
| 利润总额 | 15,318,906.14 | 11,864,621.11 | 29.11% | 3,456,644.15 |
| 净利润 | 7,510,924.68 | 2,582,584.20 | 190.83% | 21,850,043.05 |
| 扣除非经常性损益的净利润 | －3,083,362.50 | －17,498,351.10 | －－ | 16,292,974.15 |
| | 2003 年末(本年末) | 2002 年末(上年末) | 本年末比上年末增减 | 2001 年末 |
| 总资产 | 1,207,620,930.20 | 1,167,454,850.88 | 3.44% | 1,094218,557.38 |
| 股东权益(不含少数股东权益) | 438,477,757.92 | 430,891,018.66 | 1.76% | 428,294,684.61 |
| 经营活动产生的现金流量净额 | 87,651,203.85 | 87,460,668.92 | 0.22% | 178,633,065.91 |

2.2 主要财务指标　单位:人民币元

| | 2003 年(本年) | 2002 年(上年) | 本年比上年增减 | 2001 年 |
|---|---|---|---|---|
| 每股收益 | 0.06 | 0.02 | 190.48% | 0.18 |
| 每股收益(如果股本变化,按新股本计算) | 0.06 | －－ | －－ | －－ |
| 净资产收益率 | 1.71% | 0.59% | 189.83% | 5.10% |
| 扣除非经常性损益的净利润为基础计算的净资产收益率 | －0.70% | －4.06% | －－ | 3.80% |
| 每股经营活动产生的现金流量净额 | 0.72 | 0.71 | 0.28% | 1.46 |
| | 2003 年末(本年末) | 2002 年末(上年末) | 本年末比上年末增减 | 2001 年末 |
| 每股净资产 | 3.58 | 3.52 | 1.79% | 3.50 |
| 调整后的每股净资产 | 3.47 | 3.46 | 0.29% | 3.46 |

# 000598 蓝星清洗股份有限公司

## 二〇〇三年年度报告摘选

### 1.上市公司基本情况简介

1.1 基本情况简介

股票简称:蓝星清洗　股票代码:000598　上市交易所:深圳证券交易所
注册地址和办公地址:北京市朝阳区北三环东路 17 号　邮政编码:100029
公司国际互联网网址:http://www.bluestarcleaning.com
电子信箱:lxqx@public.bta.net.cn

1.2 联系人和联系方式

董事会秘书:赵月珑　证券事务代表:曾朝菊
联系地址:北京市朝阳区北三环东路 17 号　电话:010－64448671 传真:010－64448671　电子信箱:lxqx@public.bta.net.cn

### 2.会计数据和财务指标摘要

2.1 主要会计数据　单位:人民币元

| | 2003 年(本年) | 2002 年(上年) | 本年比上年增减 | 2001 年 |
|---|---|---|---|---|
| 主营业务收入 | 331,864,548.67 | 285,020,706.88 | 16.44% | 282,899,002.10 |
| 利润总额 | 38,061,689.15 | 40,371,634.72 | －5.72% | 68,470,168.37 |
| 净利润 | 25,548,040.55 | 33,433,902.47 | －23.59% | 5,790,314.76 |
| 扣除非经常性损益的净利润 | 25,563,878.55 | 33,418,340.57 | －23.50% | 57,961,272.56 |
| | 2003 年末(本年末) | 2002 年末(上年末) | 本年末比上年末增减 | 2001 年末 |
| 总资产 | 1,817,735,359.28 | 1,213,762,059.40 | 49.76% | 1,052,912,178.47 |
| 股东权益(不含少数股东权益) | 845,215,749.67 | 821,837,883.18 | 2.84% | 788,290,668.12 |
| 经营活动产生的现金流量净额 | －101,056,926.68 | 59,282,188.93 | －270.47% | 32,970,165.15 |

2.2 主要财务指标　单位:人民币元

| | 2003 年(本年) | 2002 年(上年) | 本年比上年增减 | 2001 年 |
|---|---|---|---|---|
| 每股收益 | 0.11 | 0.17 | －36.31% | 0.33 |
| 每股收益(如果本股变化,按新股本计算) | 0.11 | －－ | －－ | －－ |
| 净资产收益率 | 3.02% | 4.12% | －26.70% | 7.35% |
| 扣除非经常性损益的净利润为基础计算的净资产收益率 | 3.02% | 4.12% | －26.70% | 7.35% |
| 每股经营活动产生的现金流量净额 | －0.43 | 0.31 | －242.70% | 0.19 |
| | 2003 年末(本年末) | 2002 年末(上年末) | 本年末比上年末增减 | 2001 年末 |
| 每股净资产 | 3.63 | 4.24 | －14.29% | 4.47 |
| 调整后的每股净资产 | 3.63 | 4.24 | －14.29% | 4.47 |

# 000611 内蒙古时代科技股份有限公司

## 二〇〇三年年度报告摘选

### 1.上市公司基本情况简介

1.1 基本情况简介

股票简称:时代科技　股票代码:000611　上市交易所:深圳证券交易所
注册地址和办公地址:呼和浩特市中山西路 69 号　邮政编码:100085
公司国际互联网网址:http://www.cninfo.com.cn
电子信箱:qimengqing@timegroup.com.cn

1.2 联系人和联系方式

董事会秘书:戚濛青　联系地址:北京市海淀区上地西路 28 号
电话:010－82890385　传真:010－62980724　电子信箱:qimengqing@timegroup.com.cn
证券事务代表:李旭岩　联系地址:北京市海淀区上地西路 28 号
电话:010－82685256　传真:010－62980724　电子信箱:lixuyanli@sohu.com

### 2.会计数据和财务指标摘要

2.1 主要会计数据　单位:人民币元

| | 2003 年(本年) | 2002 年(上年) | 本年比上年增减 | 2001 年 |
|---|---|---|---|---|
| 主营业务收入 | 84,859,538.61 | 118,131,176.49 | －28.16% | 192,126,276.19 |
| 利润总额 | 21,828,973.40 | 31,042,682.26 | －29.68% | －56,129,832.24 |
| 净利润 | 20,368,915.43 | 30,519,445.87 | －33.26% | －49,422,583.74 |
| 扣除非经常性损益的净利润 | 20,904,016.28 | 2,549,407.02 | 719.96% | －44,892,853.23 |
| | 2003 年末(本年末) | 2002 年末(上年末) | 本年末比上年末增减 | 2001 年末 |
| 总资产 | 353,877,224.58 | 366,203,307.88 | －3.37% | 541,956,885.95 |
| 股东权益(不含少数股东权益) | 299,955,605.27 | 279,586,689.84 | 7.29% | 249,067,243.97 |
| 经营活动产生的现金流量净额 | 36,113,830.31 | －64,303,494.63 | －－ | 77,781,937.17 |

2.2 主要财务指标　单位:人民币元

| | 2003 年(本年) | 2002 年(上年) | 本年比上年增减 | 2001 年 |
|---|---|---|---|---|
| 每股收益 | 0.12 | 0.17 | －33.33% | 0.28 |
| 每股收益(如果股本变化,按新股本计算) | 0.12 | －－ | －－ | －－ |
| 净资产收益率 | 6.79% | 10.92% | －37.82% | －19.84% |
| 扣除非经常性损益的净利润为基础计算的净资产收益率 | 6.97% | 0.96% | 626.04% | －16.40% |
| 每股经营活动产生的现金流量净额 | 0.21 | －0.37 | －－ | 0.44 |
| | 2003 年末(本年末) | 2002 年末(上年末) | 本年末比上年末增减 | 2001 年末 |
| 每股净资产 | 1.71 | 1.60 | 7.33% | 1.42 |
| 调整后的每股净资产 | 1.71 | 1.59 | 7.30% | 1.29 |

# 000889 秦皇岛渤海物流控股股份有限公司

## 二〇〇三年年度报告摘选

### 1.上市公司基本情况简介

1.1 基本情况简介

股票简称:渤海物流 股票代码:000889 上市交易所:深圳证券交易所

注册地址:秦皇岛市海港区河北大街152号 邮政编码:066000

办公地址:秦皇岛市海港区河北大街146号金原国际商务大厦

公司国际互联网网址:www.hlsc.com.cn 电子信箱:hlsc0889@163.com

1.2 联系人和联系方式

董事会秘书:焦海青

联系地址:秦皇岛市海港区河北大街146号金原国际商务大厦27层

电话:0335-3733868 传真:0335-3023349 电子信箱:hqjiao@sohu.com

证券事务代表:史鸿雁

联系地址:秦皇岛市海港区河北大街146号金原国际商务大厦27层

电话:0335-3280602 传真:0335-3023349 电子信箱:hlscshy000889@yahoo.com.cn

### 2.会计数据和财务指标摘要

2.1 主要会计数据 单位:元

| | 2003年 | 2002年 调整前 | 2002年 调整后 | 本年比上年(调整后)增减(%) | 2001年 调整前 | 2001年 调整后 |
|---|---|---|---|---|---|---|
| 主营业务收入 | 538,868,715.96 | 617,963,391.94 | | -12.80 | 507,904,206.98 | |
| 利润总额 | 38,620,482.52 | 45,875,341.89 | | -15.81 | 66,175,259.64 | |
| 净利润 | 30,049,547.47 | 37,628,600.61 | 36,019,904.09 | -16.58 | 64,907,705.41 | 66,976,235.32 |
| 扣除非经常性损益的净利润 | 12,823,581.95 | 34,940,417.31 | | -63.30 | 64,521,270.77 | |
| | 2003年末 | 2002年末 调整前 | 2002年末 调整后 | 本年比上年(调整后)增减(%) | 2001年末 调整前 | 2001年末 调整后 |
| 总资产 | 1,736,730,542.33 | 1,644,587,019.83 | 1,637,630,443.53 | 6.05 | 1,501,922,401.70 | 1,500,357,604.50 |
| 股东权益(不含少数股东权益) | 767,300,997.68 | 749,384,853.82 | 743,272,710.72 | 3.23 | 712,530,811.20 | 714,599,341.11 |
| 经营活动产生的现金流量净额 | 24,731,538.74 | -63,082,341.22 | | -- | -213,158,449.43 | |

2.2 主要财务指标

| | 2003年 | 2002年 调整前 | 2002年 调整后 | 本年比上年(调整后)增减(%) | 2001年 调整前 | 2001年 调整后 |
|---|---|---|---|---|---|---|
| 每股收益 | 0.102 | 0.128 | 0.122 | -16.39 | 0.22 | 0.23 |
| 净资产收益率(%) | 3.916 | 5.02 | 4.846 | -19.19 | 9.11 | 9.37 |
| 扣除非经常性损益的净利润为基础计算的净资产收益率(%) | 1.691 | 5.00 | 5.515 | -69.34 | 9.37 | |
| 每股经营活动产生的现金流量净额 | 0.08 | -0.21 | | 138.10 | -0.72 | |
| | 2003年末 | 2002年末 调整前 | 2002年末 调整后 | 本年末比上年末(调整后)增减(%) | 2001年 调整前 | 2001年 调整后 |
| 每股净资产 | 2.605 | 2.54 | 2.52 | 3.37 | 2.42 | 2.43 |
| 调整后的每股净资产 | 2.51 | 2.44 | 2.44 | 2.87 | 2.32 | 2.33 |

# 000952 湖北广济药业股份有限公司

## 二〇〇三年年度报告摘选

### 1.上市公司基本情况简介

1.1 基本情况简介

股票简称:广济药业 股票代码:000952 上市交易所:深圳证券交易所

注册地址和办公地址:湖北武穴市江堤路1号 邮政编码:435400

电子信箱:gjstock@guangjipharm.com

1.2 联系人和联系方式

董事会秘书:汪宏勇 联系地址:湖北省武穴市江堤路1号

电话:0713-6216068 传真:0713-6212108 电子信箱:gjstock@guangjipharm.com

### 2.会计数据和财务指标摘要

2.1 主要会计数据 单位:(人民币)元

| | 2003年(本年) | 2002年(上年) | 本年比上年增减 | 2001年 |
|---|---|---|---|---|
| 主营业务收入 | 204,096,156.32 | 202,159,636.79 | 0.96% | 186,099,934.26 |
| 利润总额 | 18,095,154.59 | 27,292,688.95 | -33.70% | 32,106,419.75 |
| 净利润 | 10,854,234.43 | 19,867,047.42 | -45.37% | 24,587,286.79 |
| 扣除非经常性损益的净利润 | 10,923,900.84 | 20,082,433.83 | -45.60% | 24,129,057.71 |
| | 2003年末(本年末) | 2002年末(上年末) | 本年末比上年末增减 | 2001年末 |
| 总资产 | 866,938,420.38 | 819,906,886.35 | 5.74% | 761,831,529.98 |
| 股东权益(不含少数股东权益) | 517,711,949.84 | 506,857,715.41 | 2.14% | 495,430,791.99 |
| 经营活动产生的现金流量净额 | -15,398,257.57 | 76,199,381.27 | -120.21% | -22,401,042.37 |

2.2 主要财务指标 单位:(人民币)元

| | 2003年(本年) | 2002年(上年) | 本年比上年增减 | 2001年 |
|---|---|---|---|---|
| 每股收益 | 0.06 | 0.12 | -45.69% | 0.14 |
| 每股收益(如果股本变化,按新股本计算) | 0.06 | -- | -- | -- |
| 净资产收益率 | 2.10% | 3.92% | -46.43% | 5.05% |
| 扣除非经常性损益的净利润为基础计算的净资产收益率 | 2.11% | 3.96% | -46.72% | 4.96% |
| 每股经营活动产生的现金流量净额 | -0.09 | 0.45 | -120.22% | -0.13 |
| | 2003年末(本年末) | 2002年末(上年末) | 本年末比上年末增减 | 2001年末 |
| 每股净资产 | 3.02 | 2.96 | 2.16% | 2.84 |
| 调整后的每股净资产 | 2.96 | 2.92 | 1.37% | 2.78 |

# 600051 宁波联合集团股份有限公司

## 二〇〇三年年度报告摘选

### 1.上市公司基本情况简介

1.1 基本情况简介

股票简称:宁波联合 股票代码:60005 上市交易所:上海证券交易所

注册地址和办公地址:宁波开发区东海路1号联合大厦

邮政编码:315803 公司国际互联网网址:http://www.nug.com.cn

电子信箱:info@nug.com.cn

1.2 联系人和联系方式

董事会秘书:何筱禄 联系地址:宁波开发区东海路1号联合大厦八楼

电话:0574-86221609 传真:0574-86221320 电子信箱:hxl@nug.com.cn

证券事务代表:朱德昌 联系地址:宁波开发区东海路1号联合大厦八楼

电话:0574-86222320 传真:0574-8622132 电子信箱:zdc@nug.com.cn

### 2.会计数据和财务指标摘要

2.1 主要会计数据 单位:元

| 项目 | 2003年 | 2002年 | 本年比上年增减(%) | 2001年 |
|---|---|---|---|---|
| 主营业务收入 | 5,222,433,872.15 | 3,987,828,454.97 | 31.0 | 3,642,285,556.35 |
| 利润总额 | 85,409,313.42 | 86,217,692.54 | -0.9 | 72,795,907.15 |
| 净利润 | 33,333,424.20 | 43,750,730.04 | -23.8 | 54,302,123.09 |
| 扣除非经常性损益的净利润 | 39,699,294.91 | 41,807,702.96 | -5.0 | 40,341,811.82 |
| 项目 | 2003年末 | 2002年末 | 本年末比上年末增减(%) | 2001年末 |
| 总资产 | 3,600,092,345.55 | 2,728,748,823.34 | 31.9 | 2.284,210,645.45 |
| 股东权益(不含少数股东权益) | 870,918,649.70 | 869,493,767.33 | 0.2 | 822,304,821.70 |
| 经营活动产生的现金流量额 | -79,084,769.26 | -181,216,449.06 | 56.4 | -77,572,547.63 |

2.2 主要财务指标 单位:元

| 项目 | 2003年 | 2002年 | 本年比上年增减(%) | 2001年 |
|---|---|---|---|---|
| 每股收益 | 0.11 | 0.14 | -21.4 | 0.18 |
| 每股收益 | 0.11 | 0.14 | -21.4 | 0.18 |
| 净资产收益率 | 3.83% | 5.03% | -1.2 | 6.60% |
| 扣除非经常性损益的净利润为基础计算的净资产收益率 | 4.56% | 4.81% | -0.25 | 4.91% |
| 每股经营活动产生的现金流量净额 | -0.26 | -0.60 | 56.7 | -0.26 |
| | 2003年末 | 2002年末 | 本年末比上年末增减(%) | 2001年末 |
| 每股净资产 | 2.88 | 2.88 | -- | 2.72 |
| 调整后的每股净资产 | 2.86 | 2.75 | 4.0 | 2.57 |

# 600093 禾嘉股份有限公司

## 二〇〇三年年度报告摘选

### 1.上市公司基本情况简介

1.1 基本情况简介

股票简称:禾嘉股份 股票代码:600093 上市交易所:上海证券交易所

注册地址和办公地址:四川省成都市高新技术产业开发区九兴大道3号

邮政编码:610041 公司国际互联网网址:http://www.hejia.com

电子信箱:hejia@hejia.com

1.2 联系人和联系方式

董事会秘书:樊平 联系地址:四川省成都市高新技术产业开发区九兴大道3号

电话:028-85155498 传真:028-85155498 电子信箱:hejia@hejia.com

证券事务代表:郭 联系地址:四川省成都市高新技术产业开发区九兴大道3号

电话:028-85155498 传真:028-85155498 电子信箱:hejia@hejia.com

### 2.会计数据和业务数据摘要

2.1 主要会计数据 单位:元

| | 2003年 | 2002年 | 本年比上年增减(%) | 2001年 |
|---|---|---|---|---|
| 主营业务收入 | 225,410,366.12 | 243,344,056.18 | -7.37 | 120,084,122.95 |
| 利润总额 | 17,543,741.11 | 23,742,702.02 | -26.11 | 28,518,744.05 |
| 净利润 | 8,845,207.86 | 13,258,009.03 | -33.28 | 18,950,648.55 |
| 扣除非经常性损益的净利润 | 2,364,161.94 | 12,614,401.67 | -81.26 | 9,806,605.05 |
| | 2003年末 | 2002年末 | 本年末比上年末增减(%) | 2001年末 |
| 总资产 | 1,054,347,777.36 | 975,382,494.15 | 8.10 | 821,771,315.08 |
| 股东权益(不含少数股东权益) | 419,388,037.62 | 402,205,043.07 | 4.27 | 391,372,530.24 |
| 经营活动产生的现金流量净额 | 75,405,047.33 | -68,311,351.90 | 210.38 | 47,971,849.39 |

2.2 主要财务指标 单位:元

| | 2003年 | 2002年 | 本年比上年增减(%) | 2001年 |
|---|---|---|---|---|
| 每股收益 | 0.031 | 0.069 | -55.07 | 0.099 |
| 每股收益(注2) | 0.031 | 0.046 | -32.61 | |
| 净资产收益率(%) | 2.11 | 3.30 | -36.06 | 4.84 |
| 扣除非经常性损益的净利润为基础计算的净资产收益率(%) | 1.00 | 3.14 | -68.15 | 2.51 |
| 每股经营活动产生的现金流量净额 | 0.26 | -0.36 | 172.22 | 0.25 |
| | 2003年末 | 2002年末 | 本年末比上年末增减(%) | 2001年末 |
| 每股净资产 | 1.46 | 2.10 | -30.48 | 2.05 |
| 调整后的每股净资产 | 1.39 | 2.01 | -30.85 | 2.03 |

# 600201 内蒙古金宇集团股份有限公司

## 二〇〇三年年度报告摘选

### 1.上市公司基本情况简介

1.1 基本情况简介

股票简称:金宇集团 股票代码:600201 上市交易所:上海证券交易所

注册地址和办公地址:内蒙古呼和浩特市鄂尔多斯大街 26 号 邮政编码:010020

公司国际互联网网址:http://www.jinyu.com.cn 电子信箱:info@jinyu.com.cn

1.2 联系人和联系方式

董事会秘书:李树剑 联系地址:内蒙古呼和浩特市鄂尔多斯大街 26 号金宇集团证券部

电话:0471－5972266 转 8259,8269 传真:0471－5972931 电子信箱:lisj@jinyu.com.cn

证券事务代表:吴晓东 联系地址:内蒙古呼和浩特市鄂尔多斯大街 26 号金宇集团证券部

电话:0471－5972266 转 8259,8269 传真:0471－5972931 电子信箱:iligu@sohu.com

### 2.会计数据和财务指标摘要

2.1 主要会计数据 单位:人民币元

| | 2003 年 | 2002 年 | 本年比上年增减(%) | 2001 年 |
|---|---|---|---|---|
| 主营业务收入 | 334,033,382.61 | 293,236,335.62 | 13.91 | 208,264,083.09 |
| 利润总额 | 43,246,980.76 | 44,957,011.37 | －3.80 | 14,543,997.80 |
| 净利润 | 44,154,107.07 | 40,165,309.57 | 9.93 | 14,231,998.83 |
| 扣除非经常性损益的净利润 | 43,654,177.60 | 34,807,694.19 | 25.42 | 11,443,095.57 |
| | 2003 年末 | 2002 年末(调整后) | 本年末比上年末增减(%) | 2001 年末 |
| 总资产 | 958,427,832.05 | 813,215,044.11 | 17.86 | 761,726,368.48 |
| 股东权益(不含少数股东权益) | 567,366,060.52 | 555,975,928.45 | 2.05 | 516,055,876.49 |
| 经营活动产生的现金流量净额 | －51,040,056.10 | 95,343,971.23 | －153.53 | －34,545,811.11 |

2.2 主要财务指标 单位:人民币元

| | 2003 年 | 2002 年(调整后) | 本年比上年增减(%) | 2001 年 |
|---|---|---|---|---|
| 每股收益 | 0.404 | 0.368 | 9.78 | 0.130 |
| 净资产收益率(%) | 7.782 | 7.224 | 7.72 | 2.758 |
| 扣除非经常性损益的净利润为基础计算的加权平均净资产收益率(%) | 7.770 | 6.140 | 26.54 | 2.217 |
| 每股经营活动产生的现金流量净额 | －0.467 | 0.873 | －153.49 | －0.316 |
| | 2003 年末 | 2002 年末(调整后) | 本年末比上年末增减(%) | 2001 年末 |
| 每股净资产 | 5.195 | 5.091 | 2.04 | 4.725 |
| 调整后的每股净资产 | 5.119 | 5.054 | 1.29 | 4.712 |

# 600289 亿阳信通股份有限公司

## 二〇〇三年年度报告摘选

### 1.上市公司基本情况简介

1.1 基本情况简介

股票简称:亿阳信通 股票代码:600289 上市交易所:上海证券交易所

注册地址:哈尔滨市高新技术产业开发区 1 号楼

办公地址:北京市海淀区亮甲店 130 号亿阳大厦

邮政编码:北京 100036、哈尔滨 150090

公司国际互联网网址:http://www.boco.com.cn 电子信箱:gsb@boco.com.cn

1.2 联系人和联系方式

董事会秘书:郭士斌

联系地址:北京市海淀区亮甲店 130 号亿阳大厦,哈尔滨市高新技术产业开发区 1 号楼

电话:010－88129999,0451－82326789 传真:010－88140589,0451－82320579

电子信箱:gsb@boco.com.cn

证券事务代表:王龙声

联系地址:北京市海淀区亮甲店 130 号亿阳大厦,哈尔滨市高新技术产业开发区 1 号楼

电话:010－82666789,0451－82326789 传真:010－88140589,0451－2320579

电子信箱:gsb@boco.com.cn

### 2.会计数据和财务指标摘要

2.1 主要会计数据 单位:元

| | 2003 年(T 年,即本年) | 2002 年(T－1 年) | 本年比上年增减(%) | 2001 年(T－2 年) |
|---|---|---|---|---|
| 主营业务收入 | 635,209,298.36 | 483,374,982.63 | 31.41 | 620,377,092.59 |
| 利润总额 | 105,774,342.10 | 90,380,753.42 | 17.03 | 97,106,422.68 |
| 净利润 | 95,336,607.91 | 67,674,350.26 | 40.88 | 73,453,236.18 |
| 扣除非经常性损益的净利润 | 87,092,901.24 | 81,111,700.00 | 7.37 | 80,431,287.07 |
| | 2003 年末(T 年,即本年) | 2002 年末(T－1 年) | 本年末比上年末增减(%) | 2001 年末(T－2 年) |
| 总资产 | 1,543,598,276.67 | 1,387,388,952.48 | 11.26 | 1,365,211,191.79 |
| 股东权益(不含少数股东权益) | 1,020,163,966.61 | 954,752,271.05 | 6.85 | 909,884,757.92 |
| 经营活动产生的现金流量净额 | 92,601,164.41 | 141,501,762.04 | －34.56 | 233,785,564.77 |

2.2 主要财务指标 单位:元

| | 2003 年(T 年,即本年) | 2002 年(T－1 年) | 本年比上年增减(%) | 2001 年(T－2 年) |
|---|---|---|---|---|
| 每股收益 | 0.9003 | 0.6391 | 40.87 | 0.6937 |
| 每股收益(加权) | 0.9003 | 0.6391 | 40.87 | 0.6937 |
| 净资产收益率 | 9.35% | 7.09% | 31.88 | 8.07% |
| 扣除非经常性损益的净利润为基础计算的净资产收益率 | 8.54% | 8.50% | 0.47 | 8.84% |
| 每股经营活动产生的现金流量净额 | 0.8745 | 1.3363 | －34.56 | 2.21 |
| | 2003 年末(T 年,即本年末) | 2002 年末(T－1 年末) | 本年末比上年末增减(%) | 2001 年末(T－2 年末) |
| 每股净资产 | 9.6342 | 9.0165 | 6.85 | 8.5927 |
| 调整后的每股净资产 | 9.5389 | 8.9550 | 6.52 | 8.5752 |

# 600501 南京航天晨光股份有限公司

## 二〇〇三年年度报告摘选

### 1.上市公司基本情况简介

1.1 基本情况简介

股票简称:航天晨光 股票代码:600501 上市交易所:上海证券交易所

注册地址:南京江宁经济技术开发区天元路 139 号

办公地址:南京市秦淮区正学路一号 邮政编码:210006

公司国际互联网网址:http://www.aerosun.cn

电子信箱:htcg@jlonline.com

1.2 联系人和联系方式

董事会秘书:吴道琴 联系地址:南京市秦淮区正学路一号

电话:025－52413078－2043 或 5244116 传真:025－52410226

电子信箱:600501@aerosun.cn

证券事务代表:张智秀 联系地址:南京市秦淮区正学路一号

电话:025－52413078－2038 传真:025－52407656

电子信箱:zt@aerosun.cn

### 2.会计数据和财务指标摘要

2.1 主要会计数据 单位:元

| | 2003 年度 | 2002 年度 | 本年比上年增减 | 2001 年度 |
|---|---|---|---|---|
| 主营业务收入 | 744,987,346.64 | 568,206,412.96 | 31.11% | 441,265,538.18 |
| 利润总额 | 12,385,217.25 | 42,238,268.84 | －70.68% | 40,178,214.74 |
| 净利润 | 8,250,867.14 | 32,914,168.68 | －74.93% | 33,009,067.82 |
| 扣除非经常性损益的净利润 | 22,869,671.22 | 31,375,215.99 | －27.11% | 35,569,502.21 |
| | 2003 年末 | 2002 年末 | 本年末比上年末增减 | 2001 年末 |
| 总资产 | 1,058,399,661.19 | 930,499,833.75 | 13.75% | 930,499,833.75 |
| 股东权益(不含少数股东权益) | 462,282,400.29 | 482,431,712.74 | －4.18% | 454,334,556.49 |
| 经营活动产生的现金流量净额 | 19,944,128.10 | 51,522,884.47 | －61.29% | 18,428,992.64 |

2.2 主要财务指标 单位:元

| | 2003 年 | 2002 年 | 本年比上年增减 | 2001 年 |
|---|---|---|---|---|
| 每股收益 | 0.044 | 0.176 | －74.93% | 0.27 |
| 每股收益 | 0.044 | 0.176 | －74.93% | 0.27 |
| 净资产收益率 | 1.78% | 7.24% | －75.35% | 7.34% |
| 扣除非经常性损益的净利润为基础计算的净资产收益率 | 4.95% | 6.91% | －7.74% | 7.91 |
| 每股经营活动产生的现金流量净额 | 0.106 | 0.275 | －61.29% | 0.150 |
| | 2003 年末 | 2002 年末 | 本年末比上年末增减 | 2001 年末 |
| 每股净资产 | 2.468 | 2.43 | 1.56% | 3.66 |
| 调整后的每股净资产 | 2.413 | 2.38 | 1.39% | 3.58 |

# 600508 上海大屯能源股份有限公司

## 二〇〇三年年度报告摘选

### 1.上市公司基本情况简介

1.1 基本情况简介

股票简称:上海能源 股票代码:600508 上市交易所:上海证券交易所

注册地址和办公地址:上海市浦东新区桃林路 18 号 邮政编码:200135

公司国际互联网网址:http://www.sdtny.com 电子信箱:shdtny@public2.sta.net.cn

1.2 联系人和联系方式

董事会秘书:秦杰 联系地址:上海市浦东新区桃林路 18 号(环球广场 A 座 8 层)

电话:021－68550118 传真:021－58215101 电子信箱:shdtny@public2.sta.net.cn

证券事务代表:戚后勤 联系地址:上海市浦东新区桃林路 18 号(环球广场 A 座 8 层)

电话:021－58218560 传真:021－58215101 电子信箱:shdtny@public2.sta.net.cn

### 2.会计数据和财务指标摘要

2.1 主要会计数据 单位:元

| | 2003 年 | 2002 年 | 本年比上年增减(%) | 2001 年 |
|---|---|---|---|---|
| 主营业务收入 | 1,722,488,494.48 | 1,583,037,253.09 | 8.81 | 1,465,662,821.80 |
| 利润总额 | 225,404,524.43 | 222,570,315.28 | 1.27 | 198,646,534.45 |
| 净利润 | 173,731,456.67 | 169,425,619.41 | 2.54 | 16,545,4534.37 |
| 扣除非经常性损益的净利润 | 167,901,988.76 | 166,635,619.92 | 0.77 | 163,589,367.42 |
| | 2003 年 12 月 31 日 | 2002 年 12 月 331 日 | 本年末比上年末增减(%) | 2001 年 12 月 31 日 |
| 总资产 | 2,723,636,652.25 | 2,181,949,820.21 | 24.83 | 1,902,588,812.40 |
| 股东权益(不含少数股东权益) | 1,641,793,092.53 | 1,608,416,535.86 | 2.08 | 1,438,990,916.45 |
| 经营活动产生的现金流量净额 | 265,477,127.38 | 407,261,759.71 | －34.81 | 424,971,612.52 |

2.2 主要财务指标 单位:元

| | 2003 年 | 2002 年 | 本年比上年增减(%) | 2001 年 |
|---|---|---|---|---|
| 每股收益 | 0.43 | 0.42 | 2.38 | 0.41 |
| 净资产收益率 | 10.58% | 11.54% | －8.32 | 11.50% |
| 扣除非经常性损益的净利润为基础计算的净资产收益率 | 10.23% | 11.35% | －9.87 | 11.37% |
| 每股经营活动产生的现金流量净额 | 0.66 | 1.01 | －34.65 | 1.06 |
| | 2003 年 12 月 31 日 | 2002 年 12 月 31 日 | 本年末比上年末增减(%) | 2001 年 12 月 31 日 |
| 每股净资产 | 4.09 | 3.66 | 11.75 | 3.58 |
| 调整后的每股净资产 | 4.03 | 3.60 | 11.94 | 3.58 |

# 600518 广东康美药业股份有限公司

## 二〇〇三年年度报告摘选

### 1.上市公司基本情况简介

1.1 基本情况简介

股票简称:康美药业 股票代码:600518 上市交易所:上海证券交易所

注册地址和办公地址:广东省普宁市流沙镇长春路中段

邮政编码:515300 公司国际互联网网址:http://www.kangmei.com.cn

电子信箱:kangmei@pub.jieyang.net.cn

1.2 联系人和联系方式

董事会秘书:邱锡伟 联系地址:广东省普宁市长春路中段

电话:0663-2917777 转 8009 传真:0663-2916111 电子信箱:kangmei@pub.jieyang.net.cn

证券事务代表:温少生 联系地址:广东省普宁市长春路中段

电话:0663-2917777 转 8009 传真:0663-2916111 电子信箱:kangmei@pub.jieyang.net.cn

### 2.会计数据和财务指标摘要

2.1 主要会计数据 单位:元

| | 2003 年 | 2002 年 | 本年比上年增减(%) | 2001 年 |
|---|---|---|---|---|
| 主营业务收入 | 464,483,122.67 | 410,980,322.46 | 13.02 | 380,800,449.02 |
| 利润总额 | 76,257,389.80 | 57,155,087.95 | 33.42 | 43,716,438.04 |
| 净利润 | 51,204,090.02 | 43,832,651.56 | 16.82 | 29,156,880.22 |
| 扣除非经常性损益的净利润 | 50,693,072.80 | 37,130,829.69 | 36.53 | 29,250,240.03 |
| | 2003 年 12 月 31 日 | 2002 年 12 月 31 日 | 本年末比上年末增减(%) | 2001 年 12 月 31 日 |
| 总资产 | 704,688,669.37 | 629,578,765.70 | 11.93 | 517,608,796.27 |
| 股东权益(不含少数股东权益) | 442,436,411.76 | 408,932,321.74 | 8.19 | 379,259,670.18 |
| 经营活动产生的现金流量净额 | 78,019,593.85 | 53,469,227.98 | 45.91 | 15,688,534.75 |

2.2 主要财务指标

| | 2003 年 | 2002 年 | 本年比上年增减(%) | 2001 年 |
|---|---|---|---|---|
| 每股收益(摊薄) | 0.723 | 0.619 | 16.80 | 0.412 |
| 每股收益(加权) | 0.723 | 0.619 | 16.80 | 0.440 |
| 净资产收益率(摊薄)(%) | 11.57 | 10.72 | 7.93 | 7.69 |
| 净资产收益率(加权)(%) | 12.03 | 11.09 | 8.48 | 9.41 |
| 扣除非经常性损益的净利润为基础计算的净资产收益率(摊薄)(%) | 11.46 | 9.08 | 26.21 | 7.71 |
| 扣除非经常性损益的净利润为基础计算的净资产收益率(加权)(%) | 11.91 | 9.39 | 26.84 | 9.44 |
| 每股经营活动产生的现金流量净额 | 1.102 | 0.755 | 45.96 | 0.222 |
| | 2003 年 12 月 31 日 | 2002 年 12 月 31 日 | 本年末比上年末增减(%) | 2001 年 12 月 31 日 |
| 每股净资产 | 6.249 | 5.776 | 8.19 | 5.357 |
| 调整后的每股净资产 | 6.044 | 5.618 | 7.58 | 5.202 |

# 600539 太原狮头水泥股份有限公司

## 二〇〇三年年度报告摘选

### 1.上市公司基本情况简介

1.1 基本情况简介

股票简称:狮头股份 股票代码:600539 上市交易所:上海证券交易所

注册地址和办公地址:山西省太原市万柏林区开城街 1 号 邮政编码:030056

公司国际互联网网址:http://www.lionhead.com.cn 电子信箱:600539@lionhead.com.cn

1.2 联系人和联系方式

董事会秘书:郝瑛

联系地址:山西省太原市万柏林区开城街 1 号太原狮头水泥股份有限公司证券部

电话:0351-2857006 传真:0351-2857002 电子信箱:600539@lionhead.com.cn

### 2.会计数据和财务指标摘要

2.1 主要会计数据 单位:元

| | 2003 年 | 2002 年 | 本年比上年增减 | 2001 年 |
|---|---|---|---|---|
| 主营业务收入 | 289,635,477.79 | 289,212,250.25 | 0.15% | 294,766,852.43 |
| 利润总额 | 33,518,221.21 | 35,246,462.39 | -4.90% | 50,824,242.56 |
| 净利润 | 23,626,285.28 | 23,034,951.02 | 2.57% | 37,227,836.98 |
| 扣除非经常性损益的净利润 | 24,263,402.08 | 23,981,922.88 | 1.17% | 34,325,196.81 |
| | 2003 年末 | 2002 年末 | 本年末比上年末增减 | 2001 年末 |
| 总资产 | 1,122,815,682.87 | 1,092,347,135.53 | 2.79% | 1,050,270,596.53 |
| 股东权益(不含少数股东权益) | 835,714,461.18 | 812,053,552.43 | 2.91% | 789,018,601.41 |
| 经营活动产生的现金流量净额 | 13,748,945.63 | 38,196,318.85 | -64.00% | 35,392,072.80 |

2.2 主要财务指标 单位:元

| | 2003 年 | 2002 年 | 本年比上年增减 | 2001 年 |
|---|---|---|---|---|
| 每股收益 | 0.10 | 0.10 | 0.00% | 0.16 |
| 净资产收益率(%) | 2.83 | 2.84 | -0.01 | 4.72 |
| 扣除非经常性损益的净利润为基础计算的净资产收益率(%) | 2.90 | 2.95 | -0.05 | 4.35 |
| 每股经营活动产生的现金流量净额 | 0.06 | 0.17 | -64.71% | 0.15 |
| | 2003 年末 | 2002 年末 | 本年末比上年末增减 | 2001 年末 |
| 每股净资产 | 3.63 | 3.53 | 2.83% | 3.43 |
| 调整后的每股净资产 | 3.60 | 3.49 | 3.15% | 3.39 |

# 600605 上海轻工机械股份有限公司

## 二〇〇三年年度报告摘选

### 1.上市公司基本情况简介

1.1 基本情况简介

股票简称:轻工机械 股票代码:600605 上市交易所:上海证券交易所

注册地址:上海市康桥路 1100 号 370 室

办公地址:上海市南京西路 1576 号 邮政编码:

公司国际互联网网址:http://www.china-slime.com 电子信箱:slimcf@online.sh.cn

1.2 联系人和联系方式

董事会秘书:沈军 联系地址:上海市南京西路 1576 号

电话:62560000-147 传真:62566022 电子信箱:qgjxsj@163.net

证券事务代表:邵宗超 联系地址:上海市南京西路 1576 号

电话:62560000-144 传真:62566022 电子信箱:shaozongchao@163.net

### 2.会计数据和财务指标摘要

2.1 主要会计数据 单位:元

| | 2003 年 | 2002 年 | 本年比上年增减(%) | 2001 年 |
|---|---|---|---|---|
| 主营业务收入 | 516,831,929.43 | 182,868,086.13 | 182.63 | 195,028,577.10 |
| 利润总额 | 4,250,276.69 | 7,148,876.03 | -40.55 | 7,236,220.51 |
| 净利润 | 7,081,392.79 | 6,025,018.15 | 17.53 | 9,130,883.57 |
| 扣除非经常性损益的净利润 | -9,084,391.39 | -7,208,462.78 | -26.02 | 2,150,626.90 |
| | 2003 年末 | 2002 年末 | 本年末比上年末增减(%) | 2001 年末 |
| 总资产 | 733,799,497.75 | 623,607,443.80 | 17.67 | 592,053,966.20 |
| 股东权益(不含少数股东权益) | 315,077,775.06 | 307,989,904.83 | 2.30 | 301,964,886.68 |
| 经营活动产生的现金流量净额 | 23,236,908.36 | 3,257,465.96 | 613.34 | 5,019,771.26 |

2.2 主要财务指标 单位:元

| | 2003 年 | 2002 年 | 本年比上年增减(%) | 2001 年 |
|---|---|---|---|---|
| 每股收益 | 0.034 | 0.029 | 17.53 | 0.043 |
| 净资产收益率(%) | 2.248 | 1.956 | 14.89 | 3.024 |
| 扣除非经常性损益的净利润为基础计算的净资产收益率(%) | -2.916 | -2.364 | -23.37 | 0.612 |
| 每股经营活动产生的现金流量净额 | 0.111 | 0.015 | 613.34 | 0.024 |
| | 2003 年末 | 2002 年末 | 本年末比上年末增减(%) | 2001 年末 |
| 每股净资产 | 1.499 | 1.465 | 2.30 | 1.437 |
| 调整后的每股净资产 | 1.342 | 1.351 | -0.64 | 1.339 |

# 600647 上海同达创业投资股份有限公司

## 二〇〇三年年度报告摘选

### 1.上市公司基本情况简介

1.1 基本情况简介

股票简称:ST 同达 股票代码:600647 上市交易所:上海证券交易所

注册地址和办公地址:上海市浦东新区金新路 58 号银桥大厦 25 楼 邮政编码:201206

电子信箱:gd600647@online.sh.cn

1.2 联系人和联系方式

董事会秘书:胡嘉捷 联系地址:上海市浦东新区金新 58 号银桥大厦 25 楼

电话:021-58545898 传真:021-58541001 电子信箱:jack02hu@yahoo.com.cn

### 2.会计数据和财务指标摘要

2.1 主要会计数据 单位:元

| | 2003 年 | 2002 年 | 本年比上年增减(%) | 2001 年 |
|---|---|---|---|---|
| 主营业务收入 | 36,665,176.30 | 34,728,485.55 | 5.58 | 27,002,148.35 |
| 利润总额 | 14,130,505.22 | 1,802,337.84 | 684.01 | -22,389,679.74 |
| 净利润 | 14,481,348.75 | 1,657,435.80 | 773.72 | -22,091,658.32 |
| 扣除非经常性损益的净利润 | -5,890,605.84 | -13,350,672.61 | 55.88 | -22,071,399.74 |
| | 2003 年末 | 2002 年末 | 本年末比上年末增减(%) | 2001 年末 |
| 总资产 | 147,474,662.41 | 88,621,808.97 | 66.41 | 73,332,759.47 |
| 股东权益(不含少数股东权益) | 3,280,432.34 | -17,456,042.32 | 118.79 | -28,548,054.97 |
| 经营活动产生的现金流量净额 | -35,299,718.50 | 17,437,820.75 | -302.43 | 1,525,221.70 |

2.2 主要财务指标

| | 2003 年 | 2002 年 | 本年比上年增减(%) | 2001 年 |
|---|---|---|---|---|
| 每股收益 | 0.2706 | 0.0310 | 772.90 | -0.4128 |
| 净资产收益率 | 441.45% | -9.49% | 450.94 | |
| 扣除非经常性损益的净利润为基础计算的净资产收益率 | -179.57% | 注 | | 注 |
| 每股经营活动产生的现金流量净额 | -0.6596 | 0.3258 | -302.46 | 0.0285 |
| | 2003 年末 | 2002 年末 | 本年末比上年末增减(%) | 2001 年末 |
| 每股净资产 | 0.0613 | -0.3262 | 118.79 | -0.5334 |
| 调整后的每股净资产 | 0.0158 | -0.3782 | 104.18 | -0.8987 |

## 600669 鞍山合成(集团)股份有限公司

### 二〇〇三年年度报告摘选

#### 1.上市公司基本情况简介

1.1 基本情况简介

股票简称:ST鞍合成 股票代码:600669 上市交易所:上海证券交易所

注册地址和办公地址:中国辽宁省鞍山市铁西区柳西街168号

邮政编码:114011 电子信箱:hcjtzqb@163.com

1.2 联系人和联系方式

董事会秘书:王月红 联系地址:中国辽宁省鞍山市铁西区柳西街168号

电话:0412-8840881 传真:0412-8813178 电子信箱:hcjtzqb@163.com

#### 2.会计数据和财务指标摘要

2.1 主要会计数据 单位:元

| | 2003年 | 2002年 | 本年比上年增减(%) | 2001年 |
|---|---|---|---|---|
| 主营业务收入 | 1,078,341.61 | 25,430,356.46 | -95.76 | 48,449,362.83 |
| 利润总额 | -434,886,468.94 | -192,872,334.18 | 125.48 | -102,634,566.59 |
| 净利润 | -416,626,716.66 | -192,664,777.67 | 116.24 | -98,735,225.00 |
| 扣除非经常性损益的净利润 | -283,065,412.82 | -184,979,154.57 | 53.03 | -91,404,417.53 |
| | 2003年末 | 2002年末 | 本年末比上年末增减(%) | 2001年末 |
| 总资产 | 508,326,243.84 | 731,489,685.81 | -30.51 | 878,911,725.72 |
| 股东权益(不含少数股东权益) | -404,352,521.79 | 26,603,762.49 | -1619.91 | 219,268,540.16 |
| 经营活动产生的现金流量净额 | 1,650,767.95 | -49,676,327.16 | -103.32 | -117,988,244.71 |

2.2 主要财务指标 单位:元

| | 2003年 | 2002年 | 本年比上年增减(%) | 2001年 |
|---|---|---|---|---|
| 每股收益 | -1.79 | -0.83 | 115.66 | -0.43 |
| 净资产收益率(%) | -- | -724.20 | -- | -45.03 |
| 扣除非经常性损益的净利润为基础计算的净资产收益率(%) | -- | -695.31 | -- | -39.37 |
| 每股经营活动产生的现金流量净额 | 0.0071 | -0.21 | -103.38 | -0.51 |
| | 2003年末 | 2002年末 | 本年末比上年末增减(%) | 2001年末 |
| 每股净资产 | -1.74 | 0.11 | -1727.27 | 0.94 |
| 调整后的每股净资产 | -1.22 | -0.03 | 3966.67 | 0.61 |

## 600759 海南华侨投资股份有限公司

### 二〇〇三年年度报告摘选

#### 1.上市公司基本情况简介

1.1 基本情况简介

股票简称:ST琼华侨 股票代码:600759 上市交易所:上海证券交易所

注册地址和办公地址:海口市西沙路28号侨企大楼B座第八层邮政编码:570206

公司国际互联网网址:http://www.sse.com.cn 电子信箱:HQTZ@263.net

1.2 联系人和联系方式

董事会秘书:宋扬 联系地址:海口市西沙路28号侨企大楼B座第八层

电话:0898-66787220,66788559 传真:0898-66773665,66757661

电子信箱:songy69@tom.com

#### 2.会计数据和业务数据摘要

2.1 主要会计数据 单位:元

| | 2003年(本年) | 2002年(上年) | 本年比上年增减(%) | 2001年 |
|---|---|---|---|---|
| 主营业务收入 | 63,144,679.43 | 13,590,767.75 | 364.62 | 572,642.78 |
| 利润总额 | 2,850,594.11 | -94,319,698.69 | 103.17 | 533,999.40 |
| 净利润 | 1,233,172.48 | -94,319,698.69 | 101.31 | 1,144,402.18 |
| 扣除非经常性损益的净利润 | -4,464,047.27 | -28,687,016.02 | 84.44 | -12,725,456.93 |
| | 2003年末(本年末) | 2002年末(上年末) | 本年末比上年末增减(%) | 2001年末 |
| 总资产 | 186,607,716.88 | 142,155,918.31 | 31.27 | 58,509,833.08 |
| 股东权益(不含少数股东权益) | -88,170,301.14 | -92,222,211.09 | 4.39 | -359,941,160.02 |
| 经营活动产生的现金流量净额 | 7,989,787.16 | 6,504,099.26 | 22.84 | 13,499,185.93 |

2.2 主要财务指标 单位:元

| | 2003年(本年) | 2002年(上年) | 本年比上年增减(%) | 2001年 |
|---|---|---|---|---|
| 每股收益 | 0.0059 | -0.452 | 101.31 | 0.006 |
| 每股收益 | -- | -- | -- | -- |
| 净资产收益率(%) | -- | -- | -- | -- |
| 扣除非经常性损益的净利润为基础计算的净资产收益率(%) | -- | -- | -- | -- |
| 每股经营活动产生的现金流量净额 | 0.0383 | 0.031 | 23.55 | 0.065 |
| | 2003年末(本年末) | 2002年末(上年末) | 本年末比上年末增减(%) | 2001年末 |
| 每股净资产 | -0.4228 | -0.4422 | 4.39 | -1.726 |
| 调整后的每股净资产 | -0.4271 | -0.4542 | 5.97 | -1.787 |

## 600781 上海民丰实业(集团)股份有限公司

### 二〇〇三年年度报告摘选

#### 1.上市公司基本情况简介

1.1 基本情况简介

股票简称:*ST民丰 股票代码:600781 上市交易所:上海证券交易所

注册地址:上海市西康路757号 邮政编码:201601

办公地址:上海市松江区泗泾镇望东北路1号

公司国际互联网网址:http://www.minfengholding.com

电子信箱:ZZ@mail.minfengholding.com

1.2 联系人和联系方式

董事会秘书:刘伟 联系地址:上海市松江区泗泾镇望东北路1号

电话:57617381 传真:57617177 电子信箱:ZZ@mail.minfengholding.com

证券事务代表:孙佩林 联系地址:上海市松江区泗泾镇望东北路1号

电话:57617263 传真:57617177 电子信箱:sunpeilin@eastday.com

#### 2.会计数据和财务指标摘要

2.1 主要会计数据 单位:元

| | 2003年 | 2002年 调整后 | 2002年 调整前 | 本年比上年增减(%) | 2001年 |
|---|---|---|---|---|---|
| 主营业务收入 | 134,087,262.36 | 214,763,865.61 | 214,763,865.61 | -37.57 | 210,705,933.78 |
| 利润总额 | -570,564.56 | -60,120,463.71 | -59,005,218.50 | 99.05 | -82,589,118.95 |
| 净利润 | 2,059,580.24 | -59,551,262.82 | -58,190,466.39 | 103.46 | -78,504,957.01 |
| 扣除非经常性损益的净利润 | -34,042,318.96 | -66,273,345.16 | -64,912,548.73 | 45.95 | -56,533,925.87 |
| | 2003年12月31日 | 2002年12月31日 调整后 | 2002年12月31日 调整前 | 本年比上年增减(%) | 2001年12月31日 |
| 总资产 | 338,106,268.71 | 372,300,843.99 | 372,300,843.99 | -9.18 | 545,096,209.04 |
| 股东权益(不含少数股东权益) | 131,028,758.52 | 127,544,421.83 | 128,905,218.26 | 2.73 | 186,958,474.00 |
| 经营活动产生的现金流量净额 | 60,727,233.93 | 33,052,880.23 | 33,052,880.23 | 87.92 | -1,619,753.77 |

2.2 主要财务指标 单位:元

| | 2003年 | 2002年 调整后 | 2002年 调整前 | 本年末比上年增减(%) | 2001年 |
|---|---|---|---|---|---|
| 每股收益 | 0.012 | -0.335 | -0.328 | 103.05 | -0.396 |
| 净资产收益率(%) | 1.57 | -45.14 | -45.14 | 103.01 | -36.08 |
| 扣除非经常性损益的净利润为基础计算的净资产收益率(%) | -25.98 | -51.96 | -0.366 | 26.23 | -0.32 |
| 每股经营活动产生的现金流量净额 | 0.34 | 0.19 | 0.19 | 84.21 | -0.01 |
| | 2003年12月31日 | 2002年 调整后 | 2002年 调整前 | 本年末比上年增减(%) | 2001年12月31日 |
| 每股净资产 | 0.74 | 0.72 | 0.73 | 1.37 | 1.11 |
| 调整后的每股净资产 | 0.72 | 0.47 | 0.47 | 53.19 | 1.07 |

## 600801 华新水泥股份有限公司

### 二〇〇三年年度报告摘选

#### 1.上市公司基本情况简介

1.1 基本情况简介

证券简称:华新水泥 证券代码:600801 上市交易所:上海证券交易所

证券简称:华新B股 证券代码:900933

注册地址和办公地址:湖北省黄石市黄石大道897号

邮政编码:435002 公司国际互联网网址:http://www.huaxincem.com

电子信箱:stock@huaxincem.com

1.2 联系人和联系方式

董事会秘书:王锡明 联系地址:湖北省黄石市黄石大道897号

电话:0714-6328310 传真:0714-6235204 电子信箱:stock@huaxincem.com

证券事务代表:王璐 联系地址:湖北省黄石市黄石大道897号

电话:0714-6328471 传真:0714-6235204 电子信箱:stock@huaxincem.com

#### 2.会计数据和财务指标摘要

2.1 主要会计数据 单位:元

| | 2003年 | 2002年 | 本年比上年增减(%) | 2001年 |
|---|---|---|---|---|
| 主营业务收入 | 1,188,827,685.49 | 801,088,439.95 | 48.40 | 691,883,574 |
| 利润总额 | 117,841,100.71 | 33,079,288.67 | 256.24 | 29,202,655 |
| 净利润 | 68,244,142.01 | 29,316,143.31 | 132.79 | 22,619,212 |
| 扣除非经常性损益的净利润 | 68,741,266.17 | 21,956,937.95 | 213.07 | 22,845.332 |
| | 2003年末 | 2002年末 | 本年末比上年末增减(%) | 2001年末 |
| 总资产 | 3,017,709,764.81 | 2,304,347,067.66 | 30.96 | 2,063,115,187 |
| 股东权益(不含少数股东权益) | 806,816,113.16 | 751,707,971.15 | 7.33 | 722,391,828 |
| 经营活动产生的现金流量净额 | 294,856,868.91 | 254,279,926.15 | 15.96 | 118,171,613 |

2.2 主要财务指标 单位:元

| | 2003年 | 2002年 | 本年比上年增减(%) | 2001年 |
|---|---|---|---|---|
| 每股收益 | 0.21 | 0.09 | 133.33 | 0.07 |
| 净资产收益率(%) | 8.46 | 3.97 | 113.10 | 3.13 |
| 扣除非经常性损益的净利润为基础计算的净资产收益率(%) | 8.51 | 3.00 | 183.67 | 3.16 |
| 每股经营活动产生的现金流量净额 | 0.90 | 0.77 | 16.88 | 0.36 |
| | 2003年末 | 2002年末 | 本年末比上年末增减(%) | 2001年末 |
| 每股净资产 | 2.46 | 2.25 | 7.42 | 2.20 |
| 调整后的每股净资产 | 2.41 | 2.16 | 9.55 | 2.12 |

## 600853 龙建路桥股份有限公司

### 二〇〇三年年度报告摘选

#### 1.上市公司基本情况简介

1.1 基本情况简介

股票简称:龙建股份 股票代码:600853 上市交易所:上海证券交易所
注册地址:黑龙江省哈尔滨市南岗区长江路368
办公地址:黑龙江省哈尔滨市南岗区嵩山路109-1号 邮政编码:150009
公司国际互联网网址:http://www.lonejianlq.com.cn
电子信箱:postmaster@longjianlq.com

1.2 联系人和联系方式

董事会秘书:王征宇 联系地址:黑龙江省哈尔滨市南岗区嵩山路109-1号
电话:0451-82281860 传真:0451-82281253 电子信箱:Zhengyu-wang@sohu.com
证券事务代表:李学强 联系地址:黑龙江省哈尔滨市南岗区嵩山路109-1号
电话:0451-82281430 传真:0451-82281253 电子信箱:leexq4181@sina.com

#### 2.会计数据和财务指标摘要

2.1 主要会计数据 单位:元

| | 2003年 | 2002年 | 本年比上年增减 | 2001年 |
|---|---|---|---|---|
| 主营业务收入 | 2,441,201,124.18 | 2,316,231,131.13 | 5.40% | 975,974,143.21 |
| 利润总额 | 46,173,320.34 | 74,370,058.30 | -37.91% | -84,932,794.54 |
| 净利润 | 63,174,134.44 | 46,140,372.60 | 36.92% | -84,932,794.54 |
| 扣除非经常性损益的净利润 | 37,049,248.40 | 44,266,513.84 | -16.30% | -121,796,507.93 |
| | 2003年末 | 2002年末 | 本年末比上年末增减 | 2001年末 |
| 总资产 | 2,489,977,778.46 | 2,086,907,669.14 | 19.31% | 1,981,959,145.40 |
| 股东权益(不含少数股东权益) | 728,905,030.06 | 665,759,393.75 | 9.48% | 618,256,385.12 |
| 经营活动产生的现金流量净额 | 38,868,552.48 | 11,535,405.41 | 236.95% | 105,005,777.42 |

2.2 主要财务指标 单位:元

| | 2003年 | 2002年 | 本年比上年增减 | 2001年 |
|---|---|---|---|---|
| 每股收益 | 0.119 | 0.087 | 36.78% | -0.1595 |
| 净资产收益率 | 8.67% | 6.93% | 25.11% | -13.73% |
| 扣除非经常性损益的净利润为基础计算的净资产收益率 | 5.08% | 6.65% | -23.61% | -19.70% |
| 每股经营活动产生的现金流量净额 | 0.073 | 0.0217 | 236.41% | 0.1972 |
| | 2003年末 | 2002年末 | 本年末比上年末增减 | 2001年末 |
| 每股净资产 | 1.369 | 1.2505 | 9.8% | 1.161 |
| 调整后的每股净资产 | 1.3177 | 1.2374 | 6.49% | 1.102 |

## 3月20日

## 000569 四川川投长城特殊钢股份有限公司

### 二〇〇三年年度报告摘选

#### 1.上市公司基本情况简介

1.1 基本情况简介

股票简称:川投长钢 股票代码:000569 上市交易所:深圳证券交易所
注册地址和办公地址:四川省江油市江东路195号 邮政编码:621701
公司国际互联网网址:http://www.casc.com.cn
电子信箱:ctgspub@mail.cssc.com.cn

1.2 联系人和联系方式

董事会秘书:沈青峰 联系地址:四川川投长城特殊钢股份有限公司董事会办公室
电话:0816-3650392 传真:0816-3651872 电子信箱:Sqf569@163.net

#### 2.会计数据和财务指标摘要

2.1 主要会计数据 单位:元

| | 2003年 | 2002年(调整后) | 本年比上年增减(%) | 2002年(调整前) | 2001年 |
|---|---|---|---|---|---|
| 主营业务收入 | 1,735,519,757.21 | 1,539,398,653.90 | 12.74 | 1,539,398,653.90 | 1,615,477,648.67 |
| 利润总额 | 8,581,573.27 | 23,084,377.71 | -62.83 | 23,084,377.71 | 20,333,567.62 |
| 净利润 | 4,494,505.13 | 20,553,540.60 | -78.13 | 17,516,536.08 | 20,333,567.62 |
| 扣除非经常性损益的净利润 | 4,900,660.03 | 19,663,943.54 | -75.08 | 16,626,939.02 | 17,045,099.89 |
| | 2003年末 | 2002年末(调整后) | 本年末比上年末增减(%) | 2002年末(调整前) | 2001年末 |
| 总资产 | 2,346,700,426.15 | 2,138,911,288.92 | 9.71 | 2,138,911,288.92 | 2,137,453,050.55 |
| 股东权益(不含少数股东权益) | 839,761,549.53 | 831,373,771.45 | 1.01 | 828,336,766.93 | 806,359,820.66 |
| 经营活动产生的现金流量净额 | 10,364,214.55 | 23,578,565.11 | -52.24 | 23,578,565.11 | 6,229,955.57 |

2.2 主要财务指标 单位:元

| | 2003年 | 2002年(调整后) | 本年比上年增减(%) | 2002年(调整前) | 2001年 |
|---|---|---|---|---|---|
| 每股收益 | 0.0065 | 0.030 | -78.33 | 0.025 | 0.029 |
| 净资产收益率(摊薄)(%) | 0.535 | 2.47 | -78.34 | 2.11 | 2.52 |
| 净资产收益率(加权)(%) | 0.538 | 2.51 | -78.57 | 2.15 | 2.57 |
| 扣除非经常性损益的净利润为基础计算的净资产收益率(%) | 0.584 | 2.37 | -75.36 | 2.01 | 2.11 |
| 每股经营活动产生的现金流量净额 | 0.015 | 0.034 | -52.94 | 0.034 | 0.009 |
| | 2003年末 | 2002年末(调整后) | 本年末比上年末增减(%) | 2002年末(调整前) | 2001年末 |
| 每股净资产 | 1.208 | 1.196 | 1.00 | 1.192 | 1.160 |
| 调整后的每股净资产 | 1.027 | 1.048 | -2.00 | 1.004 | 0.9997 |

## 000619 芜湖海螺型材科技股份有限公司

### 二〇〇三年年度报告摘选

#### 1.上市公司基本情况简介

1.1 基本情况简介

股票简称:海螺型材 股票代码:000619 上市交易所:深圳证券交易所
注册地址和办公地址:安徽省芜湖市经济技术开发区港湾路 邮政编码:241009
公司国际互联网网址:http://pvc.conch.cn 电子信箱:wh@pvc.conch.cn

1.2 联系人和联系方式

董事会秘书:明章春 联系地址:安徽芜湖市经济技术开发区港湾路
电话:0553-5840158 传真:0553-5840118 电子信箱:wh@pvc.conch.cn
证券事务代表:周小川 联系地址:安徽芜湖市经济技术开发区港湾路
电话:0553-5840156 传真:0553-5840118 电子信箱:wh@pvc.conch.cn

#### 2.会计数据和财务指标摘要

2.1 主要会计数据 单位:人民币元

| | 2003年(本年) | 2002年(上年) | 本年比上年增减 | 2001年 |
|---|---|---|---|---|
| 主营业务收入 | 2,240,803,367.68 | 1,526,953,627.33 | 46.75% | 1,077,752,396.73 |
| 利润总额 | 69,125,629.55 | 246,797,931.88 | -71.99% | 184,819,105.71 |
| 净利润 | 58,098,026.57 | 187,476,434.84 | -69.01% | 188,436,608.55 |
| 扣除非经常性损益的净利润 | 38,237,056.52 | 158,491,903.57 | -75.87% | 189,784,302.88 |
| | 2003年末(本年末) | 2002年末(上年末) | 本年末比上年末增减 | 2001年末 |
| 总资产 | 2,068,477,169.03 | 1,498,425,704.60 | 38.04% | 1,000,027,130.62 |
| 股东权益(不含少数股东权益) | 1,228,706,638.09 | 1,191,024,122.70 | 3.16% | 386,424,604.33 |
| 经营活动产生的现金流量净额 | 60,769,003.47 | 117,427,608.29 | -48.25% | 224,237,233.72 |

2.2 主要财务指标 单位:人民币元

| | 2003年(本年) | 2002年(上年) | 本年比上年增减 | 2001年 |
|---|---|---|---|---|
| 每股收益 | 0.16 | 0.52 | -69.01% | 1.26 |
| 每股收益(如果股本变化,按新股本计算) | 0.16 | -- | -- | -- |
| 净资产收益率 | 4.73% | 15.74% | -69.95% | 48.76% |
| 扣除非经常性损益的净利润为基础计算的净资产收益率 | 3.11% | 13.31% | -76.63% | 49.11% |
| 每股经营活动产生的现金流量净额 | 0.17 | 0.33 | -48.25% | 1.49 |
| | 2003年末(本年末) | 2002年末(上年末) | 本年末比上年末增减 | 2001年末 |
| 每股净资产 | 3.41 | 3.31 | 3.16% | 2.58 |
| 调整后的每股净资产 | 3.40 | 3.30 | 3.05% | 2.57 |

## 000862 吴忠仪表股份有限公司

### 二〇〇三年年度报告摘选

#### 1.上市公司基本情况简介

1.1 基本情况简介

股票简称:吴忠仪表 股票代码:000862 上市交易所:深圳证券交易所
注册地址和办公地址:宁夏回族自治区吴忠市利通区朝阳街67号 邮政编码:751100
公司国际互联网网址:www.wzyb.com.cn 电子信箱:wzyb@public.yc.nx.cn

1.2 联系人和联系方式

董事会秘书:刘素娟 联系地址:宁夏回族自治区吴忠市利通区朝阳街67号
电话:0953-3929060 传真:0953-3929057 电子信箱:wylws0862@sina.com
证券事务代表:刘伟盛 联系地址:宁夏回族自治区吴忠市利通区朝阳街67号
电话:0953-3929060 传真:0953-3929057 电子信箱:wylws0862@sina.com

#### 2.会计数据和财务指标摘要

2.1 主要会计数据 单位:(人民币)元

| | 2003年(本年) | 2002年(上年) | 本年比上年增减(%) | 2001年 |
|---|---|---|---|---|
| 主营业务收入 | 242,879,831.15 | 375,380,085.93 | -35.30 | 248,276,952.34 |
| 利润总额 | -29,167,398.20 | 14,991,998.34 | -294.55 | 53,421,607.00 |
| 净利润 | -26,569,958.53 | 9,253,053.50 | -387.15 | 45,547,010.12 |
| 扣除非经常性损益的净利润 | -31,871,930.71 | 10,465,271.99 | -404.55 | 44,920,367.29 |
| | 2003年末(本年末) | 2002年末(上年末) | 本年末比上年末增减(%) | 2001年末 |
| 总资产 | 1,418,651,111.65 | 1,390,260,938.21 | 2.04 | 1,193,950,593.35 |
| 股东权益(不含少数股东权益) | 714,063,329.50 | 741,048,657.19 | -3.64 | 729,759,423.65 |
| 经营活动产生的现金流量净额 | -17,639,038.32 | 9,639,357.49 | -282.99 | 19,428,026.13 |

2.2 主要财务指标 单位:(人民币)元

| | 2003年(本年) | 2002年(上年) | 本年比上年增减(%) | 2001年 |
|---|---|---|---|---|
| 每股收益 | -0.12 | 0.04 | -390.48 | 0.21 |
| 每股收益(如果股本变化,按新股本计算) | -0.12 | -- | -- | -- |
| 净资产收益率(%) | -3.72 | 1.25 | -397.60 | 6.24 |
| 扣除非经常性损益的净利润为基础计算的净资产收益率(%) | -4.48 | 1.42 | -415.49 | 6.16 |
| 每股经营活动产生的现金流量净额 | -0.08 | 0.04 | -281.82 | 0.09 |
| | 2003年末(本年末) | 2002年末(上年末) | 本年末比上年末增减(%) | 2001年末 |
| 每股净资产 | 3.27 | 3.39 | -3.65 | 3.34 |
| 调整后的每股净资产 | 3.21 | 3.37 | -4.75 | 3.32 |

## 000881 中国大连国际合作(集团)股份有限公司

### 二〇〇三年年度报告摘选

#### 1.上市公司基本情况简介

1.1 基本情况简介

股票简称:大连国际 股票代码:000881 上市交易所:深圳证券交易所

注册地址和办公地址:大连市西岗区黄河路219号外经贸大厦 邮政编码:116011

公司国际互联网网址:http://www.china－cdig.com

电子信箱:webmaster@china－cdig.com

1.2 联系人和联系方式

董事会秘书:李枫 联系地址:大连市西岗区黄河路219号外经贸大厦1004室

电话:0411－83780066 传真:0411－83780186 电子信箱:lifeng@china－cdig.com

证券事务代表:韩秀吉 联系地址:大连市西岗区黄河路219号外经贸大厦1004室

电话:0411－83780139 传真:0411－83780186 电子信箱:hanxiuji@china－cdig.com

#### 2.会计数据和财务指标摘要

2.1 主要会计数据 单位:(人民币)元

| | 2003年(本年) | 2002年(上年) | 本年比上年增减(%) | 2001年 |
|---|---|---|---|---|
| 主营业务收入 | 1,221,424,267.19 | 967,120,015.49 | 26.30 | 1,084,695,383.54 |
| 利润总额 | 23,436,856.06 | 31,528,251.93 | －25.66 | 57,195,756.38 |
| 净利润 | 22,006,825.02 | 26,395,206.78 | －16.63 | 49,655,251.34 |
| 扣除非经常性损益的净利润 | 19,471,763.55 | 25,991,850.95 | －25.09 | 49,084,712.31 |
| | 2003年末(本年末) | 2002年末(上年末) | 本年末比上年末增减(%) | 2001年末 |
| 总资产 | 2,446,933,863.87 | 1,827,964,426.26 | 33.86 | 1,603,261,026.33 |
| 股东权益(不含少数股东权益) | 724,695,156.15 | 701,613,463.56 | 3.29 | 674,670,875.26 |
| 经营活动产生的现金流量净额 | －18,341,388.14 | －68,061,518.16 | 73.05 | 86,000,138.61 |

2.2 主要财务指标 单位:(人民币)元

| | 2003年(本年) | 2002年(上年) | 本年比上年增减(%) | 2001年 |
|---|---|---|---|---|
| 每股收益 | 0.07 | 0.09 | －16.33 | 0.16 |
| 每股收益 | 0.07 | 0.09 | －16.33 | 0.16 |
| 净资产收益率 | 3.04% | 3.76% | －19.15 | 7.36% |
| 扣除非经常性损益的净利润为基础计算的加权平均净资产收益率 | 2.73% | 3.78% | －27.78 | 7.41% |
| 每股经营活动产生的现金流量净额 | －0.06 | －0.22 | 72.73 | 0.28 |
| | 2003年末(本年末) | 2002年末(上年末) | 本年末比上年末增减(%) | 2001年末 |
| 每股净资产 | 2.35 | 2.27 | 3.30 | 2.18 |
| 调整后的每股净资产 | 2.31 | 2.14 | 7.94 | 2.07 |

## 000892 重庆长丰通信股份有限公司

### 二〇〇三年年度报告摘选

#### 1.上市公司基本情况简介

1.1 基本情况简介

股票简称:长丰通信 股票代码:000892 上市交易所:深圳证券交易所

注册地址和和办公地址:重庆市渝中区五四路39号都市广场A座18楼邮政编码:400010

公司国际互联网网址:http://www.chinacfc.com 电子信箱:info@chinacfc.com

1.2 联系人和联系方式

董事会秘书:胡进 联系地址:重庆市渝中区五四路39号都市广场A座18楼

电话:023－63782555－8866 传真:023－63782700 电子信箱:info@chinacfc.com

证券事务代表:陈亚兰 联系地址:重庆市渝中区五四路39号都市广场A座18楼

电话:023－63782555－8866 传真:023－63782700 电子信箱:info@chinacfc.com

#### 2.会计数据和财务指标摘要

2.1 主要会计数据 单位:(人民币)元

| | 2003年 | 2002年 | 本年比上年增减(%) | 2001年 |
|---|---|---|---|---|
| 主营业务收入 | 986。575。818.13 | 532,764,009.35 | 85.18 | 326,041,384.03 |
| 利润总额 | 111,049,679.06 | 98,591,722.51 | 12.64 | 107,233,125.25 |
| 净利润 | 91,590,224.83 | 73,923,833.02 | 23.90 | 84,612,916.93 |
| 扣除非经常性损益的净利润 | 77,471,717.97 | 37,744,883.02 | 105.25 | 69,202,990.93 |
| | 2003年末 | 2002年末 | 本年末比上年末增减(%) | 2001年末 |
| 总资产 | 2,711,096,847.32 | 2,339,962,945.41 | 15.86 | 1,758,990,270.68 |
| 股东权益(不含少数股东权益) | 771,092,568.55 | 679,501,046.29 | 13.48 | 605,577,163.27 |
| 经营活动产生的现金流量净额 | 88,470,104.40 | －279,973,650.05 | －－ | 96,120,164.72 |

2.2 主要财务指标 单位:(人民币)元

| | 2003年 | 2002年 | 本年比上年增减(%) | 2001年 |
|---|---|---|---|---|
| 每股收益 | 0.22 | 0.18 | 23.46 | 0.20 |
| 每股收(如果股本变化,按新股本计算) | 0.22 | －－ | －－ | －－ |
| 净资产收益率(%) | 11.88 | 10.88 | 9.19 | 13.97 |
| 扣除非经常性损益的净利润为基础计算的净资产收益率(%) | 10.05 | 5.55 | 81.08 | 11.43 |
| 每股经营活动产生的现金流量净额 | 0.21 | －0.68 | －－ | 0.23 |
| | 2003年末 | 2002年末 | 本年末比上年末增减(%) | 2001年末 |
| 每股净资产 | 1.86 | 1.64 | 13.46 | 1.46 |
| 调整后的每股净资产 | 1.82 | 1.63 | 11.66 | 1.45 |

## 000909 数源科技股份有限公司

### 二〇〇三年年度报告摘选

#### 1.上市公司基本情况简介

1.1 基本情况简介

股票简称:数源科技 股票代码:000909 上市交易所:深圳证券交易所

注册地址和办公地址:杭州市西湖区教工路一号 邮政编码:310012

公司国际互联网网址:www.soyea.com.cn 电子信箱:stock@soyea.com.cn

1.2 联系人和联系方式

董事会秘书:丁毅 联系地址:杭州市西湖区教工路一号

电话:(0571)88271018、88271028 传真:(0571)88271038 电子信箱:stock@soyea.com.cn

#### 2.会计数据和财务指标摘要

2.1 主要会计数据 单位:元

| | 2003年 | 2002年 | 本年比上年增减(%) | 2001年 |
|---|---|---|---|---|
| 主营业务收入 | 548,402,351.62 | 372,734,296.49 | 47.13 | 219,771,123.67 |
| 利润总额 | 12,507,686.88 | 10,413,536.38 | 20.11 | 9,380,108.16 |
| 净利润 | 4,286,631.20 | 4,057,555.74 | 5.65 | 3,407,308.13 |
| 扣除非经常性损益的净利润 | 4,108,263.27 | 3,023,300.99 | 35.89 | －14,562,147.02 |
| | 2003年末 | 2002年末 | 本年末比上年末增减(%) | 2001年末 |
| 总资产 | 996,079,341.28 | 983,427,899.89 | 1.29 | 778,456,443.98 |
| 股东权益(不含少数股东权益) | 536,225,918.50 | 531,939,287.30 | 0.81 | 527,011,422.34 |
| 经营活动产生的现金流量净额 | －234,020,204.12 | 135,454,259.56 | －272.77 | －37,283,814.90 |

2.2 主要财务指标 单位:元

| | 2003年 | 2002年 | 本年比上年增减(%) | 2001年 |
|---|---|---|---|---|
| 每股收益 | 0.02 | 0.02 | 6.28 | 0.02 |
| 净资产收益率(%) | 0.80 | 0.76 | 5.26 | 0.65 |
| 扣除非经常性损益的净利润为基础计算的净资产收益率(%) | 0.77 | 0.57 | 35.09 | －2.76 |
| 每股经营活动产生的现金流量净额 | －1.19 | 0.69 | －272.77 | －0.19 |
| | 2003年末 | 2002年末 | 本年末比上年末增减(%) | 2001年末 |
| 每股净资产 | 2.74 | 2.71 | 0.80 | 2.69 |
| 调整后的每股净资产 | 2.72 | 2.70 | 0.74 | 2.67 |

## 000918 湖南亚华种业股份有限公司

### 二〇〇三年年度报告摘选

#### 1.上市公司基本情况简介

1.1 基本情况简介

股票简称:亚华种业 股票代码:000918 上市交易所:深圳证券交易所

注册地址:湖南省长沙市岳麓区银盆南路289号万利大厦五楼

办公地址:湖南省长沙市八一路539号亚华大厦十八、十九楼

邮政编码:410011 公司国际互联网网址:www.yahuaseeds.com

电子信箱:yahua@yahuaseeds.com

1.2 联系人和联系方式

董事会秘书:徐远忠 联系地址:湖南省长沙市八一路539号亚华大厦十八、十九楼

电话:0731－2565818 传真:0731－2566602 电子信箱:xyyz@yahuaseeds.com

证券事务代表:段睿 联系地址:湖南省长沙市八一路539号亚华大厦十八、十九楼

电话:0731－2566572 传真:0731－2566602 电子信箱:yydr00918@yahuaseeds.com

#### 2.会计数据和财务指标摘要

2.1 主要会计数据 单位:元

| | 2003年 | 2002年 | 本年比上年增减(%) | 2001年 |
|---|---|---|---|---|
| 主营业务收入 | 1,186,399,743.34 | 722,140,408.44 | ＋64.29 | 420,075,649.40 |
| 利润总额 | 30,698,335.77 | 17,429,277.07 | ＋76.13 | 28,479,648.72 |
| 净利润 | 30,861,161.86 | 14,584,866.95 | ＋111.60 | 30,252,737.99 |
| 扣除非经常性损益的净利润 | 33,867,852.64 | 18,189,492.14 | ＋86.19 | 51,229,388.26 |
| | 2003年末 | 2002年末 | 本年末比上年末增减(%) | 2001年末 |
| 总资产 | 2,236,237,319.67 | 2,197,730,844.33 | ＋1.75 | 1,646,323,650.55 |
| 股东权益(不含少数股东权益) | 691,158,911.84 | 659,590,369.47 | ＋4.79 | 646,254,039.91 |
| 经营活动产生的现金流量净额 | 82,961,832.36 | 20,665,455.01 | 300.00 | 12,360,515.73 |

2.2 主要财务指标 单位:元

| | 2003年 | 2002年 | 本年比上年增减(%) | 2001年 |
|---|---|---|---|---|
| 每股收益(摊薄) | 0.182 | 0.086 | ＋111.60 | 0.178 |
| 每股收益(加权) | 0.182 | 0.086 | ＋111.60 | 0.178 |
| 净资产收益率(%) | 4.465 | 2.211 | ＋101.94 | 4.68 |
| 扣除非经常性损益的净利润为基础计算的净资产收益率(%) | 4.900 | 2.76 | ＋77.54 | 7.93 |
| 每股经营活动产生的现金流量净额 | 0.488 | 0.122 | ＋300.00 | 0.073 |
| | 2003年末 | 2002年末 | 本年末比上年末增减(%) | 2001年末 |
| 每股净资产 | 4.066 | 3.880 | ＋4.79 | 3.801 |
| 调整后的每股净资产 | 3.77 | 3.695 | ＋2.03 | 3.646 |

# 000965 天津水泥股份有限公司

## 二〇〇三年年度报告摘选

### 1.上市公司基本情况简介

1.1 基本情况简介
股票简称:天水股份 股票代码:000965 上市交易所:深圳证券交易所
注册地址和办公地址:天津市和平区贵州路4号9楼 邮政编码:300051
公司国际互联网网址:www.tsgf.com.cn 电子信箱:tsgy@public.tpt.tj.cn
1.2 联系人和联系方式
董事会秘书:王鸿林 联系地址:天津市和平区贵州路4号龙通大厦9楼
电话:022-23046662 传真:022-23046081 电子信箱:tsgf@public.tpt.tj.cn
证券事务代表:黄桂喜 联系地址:天津市和平区贵州路4号龙通大厦9楼
电话:022-23046662 传真:022-23046081 电子信箱:tsgf@public.tpt.tj.cn

### 2.会计数据和财务指标摘要

2.1 主要会计数据 单位:元

| | 2003年(本年) | 2002年(上年) | 本年比上年增减(%) | 2001年 |
|---|---|---|---|---|
| 主营业务收入 | 458,506,050.88 | 465,505,831.68 | -1.50 | 377,881,878.53 |
| 利润总额 | 17,293,452.28 | 14,051,273.72 | 23.07 | 24,648,677.95 |
| 净利润 | 14,846,498.95 | 12,382,066.81 | 19.90 | 22,579,860.29 |
| 扣除非经常性损益的净利润 | 16,029,040.53 | 11,483,817.66 | 39.58 | 18,705,454.34 |
| | 2003年末(本年末) | 2002年末(上年末) | 本年末比上年末增减(%) | 2001年末 |
| 总资产 | 1,054,273,119.13 | 1,163,529,995.72 | -9.39 | 1,094,818,704.28 |
| 股东权益(不含少数股东权益) | 626,196,743.26 | 608,877,921.64 | 2.84 | 598,005,613.13 |
| 经营活动产生的现金流量净额 | 5,054,682.91 | -15,075,021.95 | -- | -416,811,269.51 |

2.2 主要财务指标 单位:(人民币)元

| | 2003年(本年) | 2002年(上年) | 本年比上年增减(%) | 2001年 |
|---|---|---|---|---|
| 每股收益 | 0.06 | 0.05 | 19.23 | 0.10 |
| 每股收益(如果股本变化,按新股本计算) | 0.06 | -- | -- | -- |
| 净资产收益率(%) | 2.37 | 2.03 | 16.75 | 3.78 |
| 扣除非经常性损益的净利润为基础计算的净资产收益率(%) | 2.56 | 1.88 | 36.17 | 3.13 |
| 每股经营活动产生的现金流量净额 | 0.02 | -0.06 | -- | -190.00 |
| | 2003年末(本年末) | 2002年末(上年末) | 本年末比上年末增减(%) | 2001年末 |
| 每股净资产 | 2.62 | 2.55 | 2.82 | 2.76 |
| 调整后的每股净资产 | 2.25 | 2.44 | -7.79 | 2.65 |

# 600007 中国国际贸易中心股份有限公司

## 二〇〇三年年度报告摘选

### 1.上市公司基本情况简介

1.1 基本情况简介
股票简称:中国国贸 股票代码:600007 上市交易所:上海证券交易所
注册地址和办公地址:北京市建国门外大街1号 邮政编码:100004
公司国际互联网网址:http://www.cwtc.com 电子信箱:cwtc@cwtc.com
1.2 联系人和联系方式
董事会秘书:吴荣柯 联系地址:北京市建国门外大街1号
电话:(010)65052288 传真:(010)65053862 电子信箱:dongmi@cwtc.com
证券事务代表:董波 联系地址:北京市建国门外大街1号
电话:(010)65052288 传真:(010)65053862 电子信箱:dongbo@cwtc.com
证券事务代表:常虹 联系地址:北京市建国门外大街1号
电话:(010)65052288 传真:(010)65053862 电子信箱:dongmi@cwtc.com

### 2.会计数据和财务指标摘要

2.1 主要会计数据 单位:人民币千元

| | 2003年 | 2002年 | 本年比上年增减(%) | 2001年 |
|---|---|---|---|---|
| 主营业务收入 | 646,773 | 651,988 | -0.80 | 597,067 |
| 利润总额 | 315,059 | 267,204 | 17.91 | 266,713 |
| 净利润 | 211,264 | 175,041 | 20.69 | 178.518 |
| 扣除非经常性损益的净利润 | 207,271 | 195,953 | 5.78 | 179,812 |
| | 2003年末 | 2002年末 | 本年末比上年末增减(%) | 2001年末 |
| 总资产 | 4,392,768 | 3,802,458 | 15.52 | 3,715,014 |
| 股东权益 | 2,448,749 | 2,322,097 | 5.45 | 2,226,501 |
| 经营活动产生的现金流量净额 | 372,925 | 372,594 | 0.09 | 324,322 |

2.2 主要财务指标 单位:人民币元

| | 2003年 | 2002年 | 本年比上年增减(%) | 2001年 |
|---|---|---|---|---|
| 每股收益 | 0.26 | 0.22 | 20.69 | 0.22 |
| 净资产收益率(%) | 8.63 | 7.54 | 1.09 | 8.02 |
| 扣除非经常性损益的净利润为基础计算的净资产收益率(%) | 8.46 | 8.44 | 0.02 | 8.13 |
| 每股经营活动产生的现金流量净额 | 0.47 | 0.47 | 0 | 0.41 |
| | 2003年末 | 2002年末 | 本年末比上年末增减(%) | 2001年末 |
| 每股净资产 | 3.06 | 2.90 | 5.45 | 2.78 |
| 调整后的每股净资产 | 2.79 | 2.62 | 6.85 | 2.47 |

# 600068 葛洲坝股份有限公司

## 二〇〇三年年度报告摘选

### 1.上市公司基本情况简介

1.1 基本情况简介
股票简称:葛洲坝 股票代码:600068 上市交易所:上海证券交易所
注册地址和办公地址:湖北省武汉市解放大道558号葛洲坝大酒店15层 邮政编码:430033
公司国际互联网网址:http://www.cngzb.com 电子信箱:gzb@cngzb.com
1.2 联系人和联系方式
董事会秘书:彭立权 联系地址:湖北省武汉市解放大道558号葛洲坝大酒店15层
电话:027-83790455 传真:027-83790721 电子信箱:gzb@cngzb.com
证券事务代表:罗泽华 联系地址:湖北省武汉市解放大道558号葛洲坝大酒店15层
电话:027-83790455 传真:027-83790721 电子信箱:gzb@cngzb.com

### 2.会计数据和财务指标摘要

2.1 主要会计数据 单位:元

| | 2003年 | 2002年 | 本年比上年增减(%) | 2001年 |
|---|---|---|---|---|
| 主营业务收入 | 1,432,842,455.02 | 1,897,009,875.83 | -24.47 | 2,208,482,820.25 |
| 利润总额 | 75,596,183.01 | 88,792,934.58 | -14.86 | 156,703,797.92 |
| 净利润 | 50,379,960.10 | 82,719,284.19 | -39.10 | 145,850,376.07 |
| 扣除非经常性损益的净利润 | 68,903,280.10 | 110,446,539.02 | -37.61 | 175,416,122.17 |
| | 2003年末 | 2002年末 | 本年末比上年末增减(%) | 2001年末 |
| 总资产 | 7,855,984,785.51 | 4,844,251,055.89 | 62.17 | 4,904,076.136.61 |
| 股东权益(不含少数股东权益) | 3,383,076,064.80 | 3,331,493,362.39 | 1.55 | 3,248,770,556.42 |
| 经营活动产生的现金流量净额 | 130,198,246.70 | -148,465,763.52 | 187.70 | -121,063,578.70 |

2.2 主要财务指标 单位:元

| | 2003年 | 2002年 | 本年比上年增减(%) | 2001年 |
|---|---|---|---|---|
| 每股收益 | 0.071 | 0.117 | -39.32 | 0.21 |
| 每股收益(加权) | 0.071 | 0.117 | -39.32 | 0.21 |
| 净资产收益率(%) | 1.489 | 2.480 | -39.96 | 4.54 |
| 扣除非经常损益的净利润为基础计算的净资产收益率(%) | 2.037 | 3.320 | -38.64 | -- |
| 每股经营活动产生的现金流量净额 | 0.184 | 0.153 | 20.57 | 0.015 |
| | 2003年末 | 2002年末 | 本年末比上年末增减(%) | 2001年末 |
| 每股净资产 | 4.793 | 4.720 | 1.55 | 4.62 |
| 调整后的每股净资产 | 4.787 | 4.710 | 1.63 | 4.56 |

# 600206 有研半导体材料股份有限公司

## 二〇〇三年年度报告摘选

### 1.上市公司基本情况简介

1.1 基本情况简介
股票简称:有研硅股 股票代码:600206 上市交易所:上海证券交易所
注册地址:北京市海淀区北三环中路43号
办公地址:北京市新街口外大街2号 邮政编码:100088
公司国际互联网网址:http://www.gritek.com 电子信箱:taosen@gritek.com
1.2 联系人和联系方式
董事会秘书:陶森 联系地址:北京市新街口外大街2号
电话:62355380 传真:62355381 电子信箱:taosen@gritek.com
证券事务代表:刘晶 联系地址:北京市新街口外大街2号
电话:62355380 传真:62355381 电子信箱:liujing@gritek.com

### 2.会计数据和财务指标摘要

2.1 主要会计数据 单位:元

| | 2003年 | 2002年 | 本年比上年增减(%) | 2001年 |
|---|---|---|---|---|
| 主营业务收入 | 196,690,474.05 | 120,831,218.27 | 62.78 | 108,355,366.03 |
| 利润总额 | 8,557,342.50 | -30,979,495.26 | 127.62 | 5,373,142.12 |
| 净利润 | 1,469,093.61 | -34,387,102.90 | 104.27 | 1,735,304.32 |
| 扣除非经常性损益的净利润 | -25,172,249.88 | -35,568,391.49 | 29.23 | 1,273,616.76 |
| | 2003年末 | 2002年末 | 本年末比上年末增减(%) | 2001年末 |
| 总资产 | 1,090,125,813.43 | 974,202,044.52 | 11.90 | 886,226,197.59 |
| 股东权益(不含少数股东权益) | 650,918,875.00 | 651,570,601.69 | -0.10 | 688,805,814.85 |
| 经营活动产生的现金流量净额 | -889,069.58 | 19,289,954.88 | -- | -18,161,406.20 |

2.2 主要财务指标 单位:元

| | 2003年 | 2002年 | 本年比上年增减(%) | 2001年 |
|---|---|---|---|---|
| 每股收益 | 0.010 | -0.237 | 104.22 | 0.012 |
| 净资产收益率(%) | 0.226 | -5.14 | 5.366 | 0.25 |
| 扣除非经常性损益的净利润为基础计算的净资产收益率(%) | -3.871 | -5.31 | 1.439 | 0.18 |
| 每股经营活动产生的现金流量净额 | -0.006 | 0.133 | -104.51 | -0.125 |
| | 2003年末 | 2002年末 | 本年末比上年末增减(%) | 2001年末 |
| 每股净资产 | 4.489 | 4.494 | -0.11 | 4.750 |
| 调整后的每股净资产 | 4.440 | 4.370 | 1.60 | 4.714 |

## 600218 安徽全柴动力股份有限公司

### 二○○三年年度报告摘选

#### 1.上市公司基本情况简介

1.1 基本情况简介

股票简称:全柴动力 股票代码:600218 上市交易所:上海证券交易所

注册地址和办公地址:安徽省全椒县襄河镇建设东路 70 号 邮政编码:239500

公司国际互联网网址:http://www.quanchai.com.cn http://www.quanchai.cn

电子信箱:qc@quanchai.com.cn

1.2 联系人和联系方式

董事会秘书:马国友 联系地址:安徽省全椒县襄河镇建设东路 70 号

电话:(0550)5018888 转 2289 传真:(0550)5011156、5015888

电子信箱:magy@quanchai.com.cn

#### 2.会计数据和财务指标摘要

2.1 主要会计数据 单位:元

| | 2003 年 | 2002 年 | 本年比上年增减(%) | 2001 年 |
|---|---|---|---|---|
| 主营业务收入 | 798,245,871.81 | 556,217,061.67 | 43.51 | 447,421,660.62 |
| 利润总额 | 18,345,527.47 | 18,968,366.00 | -3.28 | 39,250,705.88 |
| 净利润 | 11,160,682.00 | 10,640,420.14 | 4.89 | 31,219,073.58 |
| 扣除非经常性损益的净利润 | 10,846,244.84 | 9,669,395.70 | 12.17 | 30,775,720.33 |
| | 2003 年末 | 2002 年末 | 本年末比上年末增减(%) | 2001 年末 |
| 总资产 | 1,289,378,957.86 | 1,243,011,591.72 | 3.73 | 1,193,318,951.07 |
| 股东权益(不含少数股东权益) | 872,196,592.28 | 866,699,480.58 | 0.63 | 856,355,490.49 |
| 经营活动产生的现金流量净额 | 70,566,532.52 | 87,715,356.09 | -19.55 | 65,747,462.62 |

2.2 主要财务指标 单位:元

| | 2003 年 | 2002 年 | 本年比上年增减(%) | 2001 年 |
|---|---|---|---|---|
| 每股收益 | 0.04 | 0.04 | 0.00 | 0.11 |
| 净资产收益率(%) | 1.28 | 1.24 | 3.23 | 3.65 |
| 扣除非经常性损益的净利润为基础计算的净资产收益率(%) | 1.24 | 1.12 | 10.71 | 3.60 |
| 每股经营活动产生的现金流量净额 | 0.25 | 0.31 | -19.35 | 0.23 |
| | 2003 年末 | 2002 年末 | 本年末比上年末增减(%) | 2001 年末 |
| 每股净资产 | 3.08 | 3.04 | 1.32 | 3.02 |
| 调整后的每股净资产 | 3.05 | 3.03 | 0.66 | 3.01 |

## 600379 陕西宝光真空电器股份有限公司

### 二○○三年年度报告摘选

#### 1.上市公司基本情况简介

1.1 基本情况简介

股票简称:宝光股份 股票代码:600379 上市交易所:上海证券交易所

注册地址和办公地址:陕西省宝鸡市高新技术产业开发区英达路五号 邮政编码:721006

公司国际互联网网址:http://www.baoguang.com.cn 电子信箱:Office@baoguang.com.cn

1.2 联系人和联系方式

董事会秘书:金宝长 联系地址:陕西省宝鸡市高新技术产业开发区英达路五号

电话:0917-3561512 传真:0917-3561512 电子信箱:bgzqb@163.net

证券事务代表:李文青 联系地址:陕西省宝鸡市高新技术产业开发区英达路五号

电话:0917-3561512 传真:0917-3561512 电子信箱:bgzqb@163.net

#### 2.会计数据和财务指标摘要

2.1 主要会计数据 单位:元

| 项目 | 2003 年 | 2002 年 | 本年比上年增减(%) | 2001 年 调整前 | 2001 年 调整后 |
|---|---|---|---|---|---|
| 主营业务收入 | 275,407,779.42 | 250,521,322.69 | 9.93 | 240,354,905.67 | 240,354,905.67 |
| 利润总额 | 21,822,455.49 | 16,674,632.90 | 30.87 | 15,625,836.39 | 15,518,800.12 |
| 净利润 | 17,326,515.95 | 13,902,693.26 | 24.63 | 12,487,000.41 | 12,379,964.14 |
| 扣除非经常性损益的净利润 | 17,424,827.71 | 14,263,772.10 | 22.16 | 13,500,143.35 | 13,393,107.08 |
| 项目 | 2003 年末 | 2002 年末 | 本年末比上年末增减(%) | 2001 年末 调整前 | 2001 年末 调整后 |
| 总资产 | 502,806,779.36 | 488,399,563.75 | 2.95 | 512,503,191.42 | 512,396,155.15 |
| 股东权益(不含少数股东权益) | 284,472,676.68 | 267,146,160.73 | 6.49 | 248,293,758.26 | 248,186,721.99 |
| 经营活动产生的现金流量净额 | 16,304,661.75 | 35,503,402.96 | -54.08 | 5,993,343.41 | 5,993,343.41 |

2.2 主要财务指标

| 项目 | 2003 年 | 2002 年 | 本年比上年增减(%) | 2001 年 调整前 | 2001 年 调整后 |
|---|---|---|---|---|---|
| 每股收益 | 0.11 | 0.09 | 22.22 | 0.08 | 0.08 |
| 净资产收益率(%) | 6.09 | 5.20 | 17.12 | 5.03 | 4.99 |
| 扣除非经常性损益的净利润为基础计算的净资产收益率(%) | 6.14 | 5.34 | 14.79 | 5.44 | 5.40 |
| 每股经营活动产生的现金流量净额 | 0.10 | 0.22 | -54.08 | 0.04 | 0.04 |
| 项目 | 2003 年末 | 2002 年末 | 本年比上年末增减(%) | 2001 年末 调整前 | 2001 年末 调整后 |
| 每股净资产 | 1.80 | 1.69 | 6.51 | 1.57 | 1.57 |
| 调整后的每股净资产 | 1.72 | 1.64 | 4.88 | 1.47 | 1.47 |

## 600382 广东明珠集团股份有限公司

### 二○○三年年度报告摘选

#### 1.上市公司基本情况简介

1.1 基本情况简介

股票简称:广东明球 股票代码:600382 上市交易所:上海证券交易所

注册地址和办公地址:广东省兴宁市兴城镇赤巷口 邮政编码:514500

公司国际互联网网址:http://www.gdmzh.com 电子信箱:600382@gdmzh.com

1.2 联系人和联系方式

董事会秘书:欧阳王景 联系地址:广东省兴宁市兴城镇赤巷口

电话:0753-3338549 传真:0753-3338549 电子信箱:gdmzh@gdmzh.com

证券事务代表:周小华 联系地址:广东省兴宁市兴城镇赤巷口

电话:0753-3337589 传真:0753-3324118 电子信箱:gdmzh@gdmzh.com

#### 2.会计数据和财务指标摘要

2.1 主要会计数据 单位:元

| | 2003 年 | 2002 年 | 本年比上年增减(%) | 2001 年 |
|---|---|---|---|---|
| 主营业务收入 | 612,777,791.97 | 438,866,530.87 | 39.63 | 358,397,608.04 |
| 利润总额 | 52,113,625.39 | 41,500,941.40 | 25.57 | 48,479,411.41 |
| 净利润 | 36,686,097.01 | 35,747,065.26 | 2.63 | 32,825,812.74 |
| 扣除非经常性损益的净利润 | 33,596,738.86 | 12,982,151.37 | 158.79 | 21,738,564.94 |
| | 2003 年末 | 2002 年末 | 本年末比上年末增减(%) | 2001 年末 |
| 总资产 | 1,136,717,931.35 | 1,046,570,156.63 | 8.61 | 1,046,770,574.51 |
| 股东权益(不含少数股东权益) | 537,346,456.68 | 525,578,191.49 | 2.24 | 488,203,891.77 |
| 经营活动产生的现金流量净额 | 8,410,447.63 | 10,188,256.27 | -17.45 | 11,317,691.93 |

2.2 主要财务指标 单位:元

| | 2003 年 | 2002 年 | 本年比上年增减(%) | 2001 年 |
|---|---|---|---|---|
| 每股收益 | 0.21 | 0.21 | 0 | 0.19 |
| 净资产收益率(%) | 6.83 | 6.80 | 0.44 | 6.72 |
| 扣除非经常性损益的净利润为基础计算的净资产收益率(%) | 6.25 | 2.47 | 153.04 | 4.12 |
| 每股经营活动产生的现金流量净额 | 0.049 | 0.060 | -18.33 | 0.066 |
| 每股净资产 | 3.15 | 3.07 | 2.61 | 2.86 |
| 调整后的每股净资产 | 3.13 | 3.07 | 1.95 | 2.86 |

## 600398 凯诺科技股份有限公司

### 二○○三年年度报告摘选

#### 1.上市公司基本情况简介

1.1 基本情况简介

股票简称:凯诺科技 股票代码:600398 上市交易所:上海证券交易所

注册地址和办公地址:江苏省江阴市新桥镇 邮政编码:214426

公司国际互联网网址:http://www.cstco.com.cn 电子信箱:security@cstco.com.cn

1.2 联系人和联系方式

董事会秘书:赵志强 联系地址:江苏省江阴市新桥镇

电话:(0510)6121388-3188 传真:(0510)6126877 电子信箱:security@cstco.com.cn

证券事务代表:张鸿飞 联系地址:江苏省江阴市新桥镇

电话:(0510)6121388-3180 传真:(0510)6126877 电子信箱:stock88@sohu.com

#### 2.会计数据和财务指标摘要

2.1 主要会计数据 单位:元

| | 2003 年 | 2002 年 | 本年比上年增减(%) | 2001 年 |
|---|---|---|---|---|
| 主营业务收入 | 612,794,715.17 | 583,470,082.49 | 5.03 | 421,605,255.47 |
| 利润总额 | 124,640,735.28 | 122,046,301.20 | 2.13 | 82,925,366.09 |
| 净利润 | 87,399,352.17 | 85,835,473.84 | 1.82 | 68,763,930.34 |
| 扣除非经常性损益的净利润 | 88,080,611.96 | 85,621,458.16 | 2.87 | 68,697,952.84 |
| | 2003 年末 | 2002 年末 | 本年末比上年末增减(%) | 2001 年末 |
| 总资产 | 1,257,003,665.93 | 1,015,016,745.10 | 23.84 | 970,233,557.14 |
| 股东权益(不含少数股东权益) | 770,876,252.98 | 683,476,900.81 | 12.79 | 597,641,426.97 |
| 经营活动产生的现金流量净额 | 121,092,387.67 | 14,998,854.06 | 707.34 | 37,756,936.90 |

2.2 主要财务指标 单位:元

| | 2003 年 | 2002 年 | 本年比上年增减(%) | 2001 年 |
|---|---|---|---|---|
| 每股收益 | 0.41 | 0.40 | 2.50 | 0.42 |
| 每股收益* | 0.37 | -- | -- | -- |
| 净资产收益率(%) | 11.34 | 12.56 | -1.22 | 11.51 |
| 扣除非经常性损益的净利润为基础计算的净资产收益率(%) | 11.43 | 12.54 | -1.11 | 11.49 |
| 每股经营活动产生的现金流量净额 | 0.57 | 0.07 | 714.29 | 0.23 |
| | 2003 年末 | 2002 年末 | 本年末比上年末增减(%) | 2001 年末 |
| 每股净资产 | 3.61 | 3.20 | 12.81 | 3.64 |
| 调整后的每股净资产 | 3.61 | 3.20 | 12.81 | 3.64 |

# 600419 新疆天宏纸业股份有限公司

## 二〇〇三年年度报告摘选

### 1.上市公司基本情况简介

1.1 基本情况简介

股票简称:新疆天宏　股票代码:600419　上市交易所:上海证券交易所

注册地址:新疆石河子市西三路

办公地址:新疆石河子市西三路(新疆天宏纸业股份有限公司办公楼)

邮政编码:832009　公司国际互联网网址:www.thpaper.com　电子信箱:th_600419@163.com

1.2 联系人和联系方式

董事会秘书:王巧玲　联系地址:新疆石河子市西三路

电话:0993-7526008　传真:0993-7526118　电子信箱:th_600419@163.com

证券事务代表:冯志强　联系地址:新疆石河子市西三路

电话:0993-7526018　传真:0993-7526118　电子信箱:fzq63@263.net

### 2.会计数据和财务指标摘要

2.1 主要会计数据　单位:元

| | 2003年 | 2002年 | | 本年比上年增减(%) | 2001年 |
|---|---|---|---|---|---|
| | | 调整前 | 调整后 | | |
| 主营业务收入 | 152,980,860.42 | 162,380,956.93 | 162,380,956.93 | -5.79 | 160,806,047.45 |
| 利润总额 | 12,297,909.79 | 13,816,034.67 | 13,816,034.67 | -10.99 | 13,943,876.31 |
| 净利润 | 10,255,142.90 | 11,634,170.44 | 12,164,342.35 | -15.70 | 11,266,067.43 |
| 扣除非经常性损益的净利润 | 6,919,624.44 | 10,470,656.91 | 10,470,656.91 | -33.91 | 13,673,000.47 |
| | 2003年末 | 2002年末 | | 本年末比上年末增减(%) | 2001年末 |
| | | 调整前 | 调整后 | | |
| 总资产 | 513,619,346.10 | 463,924,825.14 | 463,924,825.14 | 10.71 | 401,093,417.49 |
| 股东权益(不含少数股东权益) | 296,562,978.96 | 286,864,195.45 | 290,832,721.72 | 1.97 | 279,123,642.01 |
| 经营活动产生的现金流量净额 | 10,209,697.36 | -6,139,804.03 | -6,139,804.03 | 266.29 | 20,380,890.53 |

2.2 主要财务指标　单位:元

| | 2003年 | 2002年 | | 本年比上年增减(%) | 2001年 |
|---|---|---|---|---|---|
| | | 调整前 | 调整后 | | |
| 每股收益(摊薄) | 0.13 | 0.15 | 0.15 | -13.33 | 0.14 |
| 每股收益(加权) | 0.13 | 0.15 | 0.15 | -13.33 | 0.14 |
| 净资产收益率(%) | 3.46 | 4.06 | 4.18 | -17.22 | 4.04 |
| 扣除非经常性损益的净利润为基础计算的净资产收益率(%) | 2.33 | 3.65 | 3.65 | -36.16 | 4.90 |
| 每股经营活动产生的现金流量净额 | 0.13 | -0.08 | -0.08 | 262.50 | 0.25 |
| | 2003年末 | 2002年末 | | 本年末比上年末增减(%) | 2001年末 |
| | | 调整前 | 调整后 | | |
| 每股净资产 | 3.70 | 3.58 | 3.63 | 1.93 | 3.48 |
| 调整后的每股净资产 | 3.67 | 3.54 | 3.60 | 1.94 | 3.44 |

# 600530 上海交大昂立股份有限公司

## 二〇〇三年年度报告摘选

### 1.上市公司基本情况简介

1.1 基本情况简介

股票简称:交大昂立　股票代码:600530　上市交易所:上海证券交易所

注册地址:上海市松江区松江镇环城路117号　办公地址:上海市虹桥路811号

邮政编码:200030

公司国际互联网网址:http://www.onlly.com.cn　电子信箱:stock@mail.onlly.com.cn

1.2 联系人和联系方式

董事会秘书:张潘宏　联系地址:上海市虹桥路811号

电话:62810808　传真:62816699　电子信箱:stock@mail.onlly.com.cn

证券事务代表:孙英　联系地址:上海市虹桥路811号

电话:52540087　传真:62816699　电子信箱:stock@mail.onlly.com.cn

### 2.会计数据和财务指标摘要

2.1 主要会计数据　单位:元

| | 2003年 | 2002年 | 本年比上年增减 | 2001年 |
|---|---|---|---|---|
| 主营业务收入 | 638,146,036.35 | 476,867,461.75 | 33.82% | 453,323,538.47 |
| 利润总额 | 97,341,685.61 | 56,806,030.96 | 71.36% | 59,603,552.36 |
| 净利润 | 57,022,956.69 | 51,181,478.72 | 11.41% | 54,640,914.53 |
| 扣除非经常性损益的净利润 | 29,138,210.50 | 47,957,062.01 | -39.24% | 36,441,147.65 |
| | 2003年末 | 2002年末 | 本年末比上年末增减 | 2001年末 |
| 总资产 | 1,604,701,789.54 | 1,339,316,832.31 | 19.81% | 1,174,748,264.57 |
| 股东权益(不含少数股东权益) | 956,550,752.38 | 940,746,313.84 | 1.68% | 929,564,835.12 |
| 经营活动产生的现金流量净额 | 18,937,594.53 | 50,785,110.64 | -62.71% | -13,025,846.21 |

2.2 主要财务指标　单位:元

| | 2003年 | 2002年(调整后) | 本年比上年增减 | 2001年(调整后) |
|---|---|---|---|---|
| 每股收益 | 0.29 | 0.26 | 11.54% | 0.27 |
| 净资产收益率 | 5.96% | 5.44% | 9.56% | 5.88% |
| 扣除非经常性损益的净利润为基础计算的净资产收益率 | 3.07% | 5.10% | -40.20% | 3.92% |
| 每股经营活动产生的现金流量净额 | 0.09 | 0.25 | -64% | -0.065 |
| | 2003年末 | 2002年末(调整后) | 本年末比上年末增减 | 2001年末(调整后) |
| 每股净资产 | 4.78 | 4.70 | 1.70% | 4.65 |
| 调整后的每股净资产 | 4.65 | 4.63 | 0.43% | 4.61 |

# 600622 上海嘉宝实业(集团)股份有限公司

## 二〇〇三年年度报告摘选

### 1.上市公司基本情况简介

1.1 基本情况简介

股票简称:嘉宝集团　股票代码:600622　上市交易所:上海证券交易所

注册地址和办公地址:上海市嘉定区清河路55号6-7F　邮政编码:201800

公司国际互联网网址:http://www.jbjt.com　电子信箱:jbdm@jbjt.com

1.2 联系人和联系方式

董事会秘书:孙红良　联系地址:上海市嘉定区清河路55号6-7F

电话:021-59529711　传真:021-59536931　电子信箱:jbdm@jbjt.com

### 2.会计数据和财务指标摘要

2.1 主要会计数据　单位:元

| | 2003年 | 2002年 | 本年比上年增减(%) | 2001年 |
|---|---|---|---|---|
| 主营业务收入 | 256,499,445.25 | 257,083,897.26 | -0.23 | 190,805,857.20 |
| 利润总额 | 40,312,916.88 | 20,491,226.98 | 96.73 | -146,548,437.57 |
| 净利润 | 36,771,888.16 | 13,020,303.26 | 182.42 | -149,317,317.92 |
| 扣除非经常性损益的净利润 | -289,274.96 | 155,717.94 | -285.77 | -138,903,126.99 |
| | 2003年末 | 2002年末 | 本年末比上年末增减(%) | 2001年末 |
| 总资产 | 1,023,054,248.38 | 878,156,231.02 | 16.50 | 744,747,981.82 |
| 股东权益(不含少数股东权益) | 492,549,793.25 | 456,020,136.65 | 8.01 | 445,096,003.98 |
| 经营活动产生的现金流量净额 | -208,395,644.03 | 111,936,722.79 | -286.17 | 13,643,214.14 |

2.2 主要财务指标　单位:元

| | 2003年 | 2002年 | 本年比上年增减(%) | 2001年 |
|---|---|---|---|---|
| 每股收益 | 0.110 | 0.039 | 182.56 | -0.447 |
| 净资产收益率 | 7.47% | 2.86% | 161.04 | -33.55% |
| 扣除非经常性损益的净利润为基础计算的净资产收益率 | -0.059% | 0.030% | -295.77 | -23.93% |
| 每股经营活动产生的现金流量净额 | -0.625 | 0.335 | -286.42 | 0.041 |
| | 2003年末 | 2002年末 | 本年末比上年末增减(%) | 2001年末 |
| 每股净资产 | 1.476 | 1.367 | 7.98 | 1.334 |
| 调整后的每股净资产 | 1.389 | 1.280 | 8.53 | 1.251 |

# 600639 上海金桥出口加工区开发股份有限公司

## 二〇〇三年年度报告摘选

### 1.上市公司基本情况简介

1.1 基本情况简介

股票简称:浦东金桥、金桥B股　股票代码:600639、900911

上市交易所:上海证券交易所　注册地址:上海浦东新金桥路28号

办公地址:上海浦东新金桥路27号1号楼　邮政编码:201206

公司国际互联网网址:http://www.58991818.com

电子信箱:jqepz@publicl.sta.net.cn

1.2 联系人和联系方式

董事会秘书:陈恩华　联系地址:上海浦东新金桥路27号1号楼

电话:50307761　传真:50301533　电子信箱:cheneh@58991818.com

证券事务代表:吴海燕　联系地址:上海浦东新金桥路27号1号楼

电话:50307770　传真:50301533　电子信箱:wuhy@58991818.com

### 2.会计数据和财务指标摘要

2.1 主要会计数据　单位:元

| | 2003年 | 2002年 | 本年比上年增减(%) | 2001年 |
|---|---|---|---|---|
| 主营业务收入 | 610,710,579.66 | 678,222,499.06 | -9.95 | 397,290,031.92 |
| 利润总额 | 144,878,806.01 | 127,442,347.34 | 13.68 | 119,817,147.40 |
| 净利润 | 127,129,313.32 | 107,892,721.01 | 17.83 | 97,430,566.67 |
| 扣除非经常性损益的净利润 | 124,603,441.21 | 107,636,878.64 | 15.76 | 92,448,478.38 |
| | 2003年末 | 2002年末 | 本年末比上年末增减(%) | 2001年末 |
| 总资产 | 3,117,751,286.71 | 3,223,565,371.99 | -3.28 | 3,034,338,067.41 |
| 股东权益(不含少数股东权益) | 1,936,389,483.79 | 1,746,652,268.25 | 10.86 | 1,638,759,547.24 |
| 经营活动产生的现金流量净额 | 60,669,406.97 | 24,754,354.98 | 145.09 | -223,083,778.30 |

2.2 主要财务指标　单位:元

| | 2003年 | 2002年 | 本年比上年增减(%) | 2001年 |
|---|---|---|---|---|
| 每股收益 | 0.166 | 0.141 | 17.73 | 0.14 |
| 每股收益 | 0.166 | 0.141 | 17.73 | 0.14 |
| 净资产收益率(%) | 6.57 | 6.18 | 6.31 | 5.95 |
| 扣除非经常性损益的净利润为基础计算的净资产收益率(%) | 6.43 | 6.16 | 4.38 | 5.64 |
| 每股经营活动产生的现金流量净额 | 0.079 | 0.032 | 146.88 | -0.319 |
| | 2003年末 | 2002年末 | 本年末比上年末增减(%) | 2001年末 |
| 每股净资产 | 2.523 | 2.275 | 10.9 | 2.35 |
| 调整后的每股净资产 | 2.505 | 2.235 | 11.09 | 2.20 |

# 600640 联通国脉通信股份有限公司

## 二〇〇三年年度报告摘选

### 1.上市公司基本情况简介

1.1 基本情况简介

股票简称:联通国脉 股票代码:600640 上市交易所:上海证券交易所

注册地址:上海市浦东新区张江高科技园区郭守敬路498号10号楼

办公地址:上海市江宁路1207号 邮政编码:200060

公司国际互联网网址:http://www.unicomgm.com 电子信箱:sgm@guomai.sh.cn

1.2 联系人和联系方式

董事会秘书:蒋文民 联系地址:上海市江宁路1207号1301室

电话:021－62762171 传真:021－62763321 电子信箱:wenming@sh.cnuninet.net

证券事务代表:李培忠 联系地址:上海市江宁路1207号1301室

电话:021－62762171 传真:021－62763321 电子信箱:lpz@sh.cnuninet.net

### 2.会计数据和业务数据摘要

2.1 主要会计数据 单位:元

| | 2003年 | 2002年 | 本年比上年增减(%) | 2001年 |
|---|---|---|---|---|
| 主营业务收入 | 1,017,419,106 | 1,680,915,336 | －39.47 | 264,437,267 |
| 利润总额 | 15,103,088 | 40,072,698 | －62.31 | 43,065,580 |
| 净利润 | 14,701,855 | 20,934,368 | －29.77 | 38,043,300 |
| 扣除非经常性损益的净利润 | －13,682,965 | 44,944,307 | －130.44 | 37,568,299 |
| | 2003年末 | 2002年末 | 本年末比上年末增减(%) | 2001年末 |
| 总资产 | 1,638,363,083 | 1,258,544,222 | 30.18 | 1,275,854,947 |
| 股东权益(不含少数股东权益) | 1,141,205,544 | 1,140,022,988 | 0.10 | 1,146,882,280 |
| 经营活动产生的现金流量净额 | 470,495,595 | －203,893,279 | 330.76 | 18,470,496 |

2.2 主要财务指标 单位:元

| | 2003年 | 2002年 | 本年比上年增减(%) | 2001年 |
|---|---|---|---|---|
| 每股收益 | 0.04 | 0.06 | －33.33 | 0.10 |
| 净资产收益率(%) | 1.29 | 1.84 | －29.89 | 3.32 |
| 扣除非经常性损益的净利润为基础计算的净资产收益率(%) | －1.21 | 3.89 | －131.11 | 3.01 |
| 每股经营活动产生的现金流量净额 | 1.17 | －0.56 | 308.93 | 0.05 |
| | 2003年末 | 2002年末 | 本年末比上年末增减(%) | 2001年末 |
| 每股净资产 | 2.84 | 3.12 | －8.97 | 3.14 |
| 调整后的每股净资产 | 2.82 | 3.11 | －9.32 | 3.12 |

# 600662 上海强生控股股份有限公司

## 二〇〇三年年度报告摘选

### 1.上市公司基本情况简介

1.1 基本情况简介

股票简称:强生控股 股票代码:600662 上市交易所:上海证券交易所

注册地址:上海市浦东新区浦建路145号

办公地址:上海市南京西路920号18楼 邮政编码:200041

公司国际互联网网址:http://www.qiangsheng.com.cn 电子信箱:qs662@qs662.sina.net

1.2 联系人和联系方式

董事会秘书:吴本初 联系地址:上海市南京西路920号18楼

电话:021－62151515＊811 传真:021－62538782 电子信箱:qs662@qs662.sina.net

### 2.会计数据和财务指标摘要

2.1 主要会计数据 单位:元

| | 2003年 | 2002年 | 本年比上年增减(%) | 2001年 |
|---|---|---|---|---|
| 主营业务收入 | 1,109,866,089.09 | 1,008,576,619.02 | 10.04 | 843,572,427.46 |
| 利润总额 | 181,245,461.16 | 170,190,198.55 | 6.50 | 136,017,529.11 |
| 净利润 | 113,085,847.49 | 111,825,619.12 | 1.13 | 97,230,503.75 |
| 扣除非经常性损益的净利润 | 87,578,692.66 | 87,547,297.41 | 0.04 | 66,177,231.05 |
| | 2003年末 | 2002年末 | 本年末比上年末增减(%) | 2001年末 |
| 总资产 | 1,914,219,657.35 | 1,800,168,287.03 | 6.34 | 1,734,693,052.01 |
| 股东权益(不含少数股东权益) | 1,062,282,497.33 | 1,041,907,648.74 | 1.96 | 930,082,029.62 |
| 经营活动产生的现金流量净额 | 457,295,922.81 | 285,374,063.11 | 60.24 | 273,668,382.24 |

2.2 主要财务指标 单位:元

| | 2003年 | 2002年 | 本年比上年增减(%) | 2001年 |
|---|---|---|---|---|
| 每股收益 | 0.37 | 0.36 | 2.78 | 0.31 |
| 净资产收益率(%) | 10.65 | 10.73 | －0.75 | 10.45 |
| 扣除非经常性损益的净利润为基础计算的净资产收益率(%) | 8.20 | 8.88 | －7.66 | 7.50 |
| 每股经营活动产生的现金流量净额 | 1.48 | 0.92 | 60.87 | 0.89 |
| | 2003年末 | 2002年末 | 本年末比上年末增减(%) | 2001年末 |
| 每股净资产 | 3.44 | 3.37 | 2.08 | 3.01 |
| 调整后的每股净资产 | 3.39 | 3.30 | 2.73 | 2.92 |

# 600675 中华企业股份有限公司

## 二〇〇三年年度报告摘选

### 1.上市公司基本情况简介

1.1 基本情况简介

股票简称:中华企业 股票代码:600675 上市交易所:上海证券交易所

注册地址:上海市浦东大道1700弄17号 办公地址:上海市华山路2号中华企业大厦

邮政编码:200040 公司国际互联网网址:http://www.cecl.com.cn

电子信箱:zhqy@cecl.com.cn

1.2 联系人和联系方式

董事会秘书:印学青 联系地址:上海市华山路2号中华企业大厦

电话:021－62170088 传真:021－62179197 电子信箱:zhqydm@cecl.com.cn

### 2.会计数据和财务指标摘要

2.1 主要会计数据 单位:元

| | 2003年 | 2002年 | 本年比上年增减 | 2001年 |
|---|---|---|---|---|
| 主营业务收入 | 1,885,998,935.01 | 2,072,065,297.68 | －8.98％ | 1,595,508,414.36 |
| 利润总额 | 325,790,479.67 | 351,495,860.54 | －7.31％ | 313,890,987.57 |
| 净利润 | 175,312,939.36 | 161,197,547.46 | 8.76％ | 161,385,239.70 |
| 扣除非经常性损益的净利润 | 69,541,741.90 | 117,504,348.31 | －40.82％ | 152,480,690.90 |
| | 2003年末 | 2002年末 | 本年末比上年末增减 | 2001年末 |
| 总资产 | 5,897,542,934.85 | 5,159,178,079.90 | 14.31％ | 5,194,228,014.96 |
| 股东权益(不含少数股东权益) | 1,541,892,818.55 | 1,513,417,681.04 | 1.88％ | 1,320,180,352.21 |
| 经营活动产生的现金流量净额 | 471,645,591.01 | 123,049,994.58 | 283.30％ | 854,015,836.87 |

2.2 主要财务指标 单位:元

| | 2003年 | 2002年 | 本年比上年增减 | 2001年 |
|---|---|---|---|---|
| 每股收益(摊薄) | 0.251 | 0.231 | 8.66％ | 0.278 |
| 净资产收益率(摊薄) | 11.37％ | 10.65％ | 6.76％ | 12.22％ |
| 扣除非经常性损益的净利润为基础计算的净资产收益率(加权) | 4.61％ | 8.39％ | －45.05％ | 11.79％ |
| 每股经营活动产生的现金流量净额 | 0.676 | 0.176 | 284.09％ | 1.469 |
| | 2003年末 | 2002年末 | 本年末比上年末增减 | 2001年末 |
| 每股净资产(摊薄) | 2.211 | 2.170 | 1.89％ | 2.271 |
| 调整后的每股净资产(摊薄) | 2.190 | 2.147 | 2.00％ | 2.033 |

# 600677 航天通信控股股份有限公司

## 二〇〇三年年度报告摘选

### 1.上市公司基本情况简介

1.1 基本情况简介

股票简称:航天通信 股票代码:600677 上市交易所:上海证券交易所

注册地址和办公地址:浙江省杭州市解放路138号纺织服装大楼 邮政编码:310009

公司国际互联网网址:www.aero.com.cn 电子信箱:zhonghui@hz.zj.cn

1.2 联系人和联系方式

董事会秘书:丛培育 联系地址:浙江省杭州市解放路138号纺织服装大楼

电话:0571－87034676 传真:0571－87077662 电子信箱:zhonghui@mail.hz.zj.cn

证券事务代表:叶瑞忠 联系地址:浙江省杭州市解放路138号纺织服装大楼

电话:0571－87079526 传真:0571－87077662 电子信箱:zhonghui@mail.hz.zj.cn

### 2.会计数据和财务指标摘要

2.1 主要会计数据 单位:万元

| | 2003年 | 2002年 | 本年比上年增减(%) | 2001年 |
|---|---|---|---|---|
| 主营业务收入 | 201,272.80 | 183,527.80 | 9.67 | 159,694.13 |
| 利润总额 | 4,784.77 | 3,431.62 | 39.43 | 4,562.29 |
| 净利润 | 868.01 | 654.00 | 32.72 | 2,994.78 |
| 扣除非经常性损益的净利润 | 421.79 | 621.58 | －32.14 | 1,830.37 |
| | 2003年末 | 2002年末 | 本年末比上年末增减(%) | 2001年末 |
| 总资产 | 222,437.83 | 199,835.52 | 11.31 | 187,427.75 |
| 股东权益(不含少数股东权益) | 51,911.44 | 50,853.08 | 2.08 | 49,746.15 |
| 经营活动产生的现金流量净额 | 3,646.34 | 14,372.88 | －74.63 | 5,111.93 |

2.2 主要财务指标 单位:元

| | 2003年 | 2002年 | 本年比上年增减(%) | 2001年 |
|---|---|---|---|---|
| 每股收益 | 0.0266 | 0.0201 | 32.34 | 0.0918 |
| 每股收益 | 0.0266 | 0.0201 | 32.34 | 0.0918 |
| 净资产收益率(%) | 1.67 | 1.286 | 29.86 | 6.02 |
| 扣除非经常性损益的净利润为基础计算的净资产收益率(%) | 0.82 | 1.24 | －33.87 | 3.69 |
| 每股经营活动产生的现金流量净额 | 0.1118 | 0.4407 | －74.63 | 0.1567 |
| | 2003年末 | 2002年末 | 本年末比上年末增减(%) | 2001年末 |
| 每股净资产 | 1.592 | 1.559 | 2.12 | 1.525 |
| 调整后的每股净资产 | 1.403 | 1.3998 | 0.23 | 1.315 |

# 600696 利嘉(上海)股份有限公司

## 二〇〇三年年度报告摘选

### 1.上市公司基本情况简介

1.1 基本情况简介

股票简称:利嘉股份 股票代码:600696 上市交易所:上海证券交易所
注册地址:上海市海宁路 358 号国际商厦五层 邮政编码:200081
办公地址:上海市虹口区溧阳路 1111 号新元大酒店 25 层
电子信箱:lcsh@vip.sina.com

1.2 联系人和联系方式

董事会秘书:陈勇 联系地址:上海市虹口区溧阳路 1111 号新元大酒店 25 层
电话:021-55158766 传真:021-55158066 电子信箱:chenyong@98699@vip.sina.com
证券事务代表:何佳 联系地址:上海市虹口区溧阳路 1111 号新元大酒店 25 层
电话:021-55158766 传真:021-55158066 电子信箱:jiahe.he@vip.sina.com

### 2.会计数据和财务指标摘要

2.1 主要会计数据 单位:元

| | 2003 年 | 2002 年 | 本年比上年增减(%) | 2001 年 |
|---|---|---|---|---|
| 主营业务收入 | 224,463,397.00 | 186,497,446.71 | 20.36 | 155,193,837.88 |
| 利润总额 | 44,121,914.25 | 33,588,530.30 | 31.36 | 25,501,013.25 |
| 净利润 | 27,884,194.83 | 33,588,530.30 | -16.98 | 25,501,013.25 |
| 扣除非经常性损益的净利润 | 28,453,057.91 | 46,983,873.62 | -39.44 | 38,869,837.49 |
| | 2003 年年末 | 2002 年年末 | 本年末比上年末增减(%) | 2001 年末 |
| 总资产 | 1,266,429,708.42 | 849,447,172.26 | 49.09 | 801,200,693.59 |
| 股东权益(不含少数股东权益) | 417,456,961.25 | 386,372,766.42 | 8.05 | 352,784,236.12 |
| 经营活动产生的现金流量净额 | 99,580,124.60 | 7,030,231.32 | 1316.46 | 32,587,852.67 |

2.2 主要财务指标 单位:元

| | 2003 年 | 2002 年 | 本年比上年增减(%) | 2001 年 |
|---|---|---|---|---|
| 每股收益(摊薄) | 0.082 | 0.128 | -35.94 | 0.097 |
| 每股收益(加权) | 0.082 | 0.128 | -35.94 | 0.097 |
| 净资产收益率(%) | 6.68 | 8.69 | -23.13 | 7.23 |
| 扣除非经常性损益的净利润为基础计算的净资产收益率(%) | 7.07 | 12.71 | -44.37 | 11.7 |
| 每股经营活动产生的现金流量净额 | 0.29 | 0.03 | 866.67 | 0.12 |
| | 2003 年年末 | 2002 年年末 | 本年末比上年末增减(%) | 2001 年年末 |
| 每股净资产 | 1.23 | 1.47 | -16.33 | 1.35 |
| 调整后的每股净资产 | 1.22 | 1.47 | -17.01 | 1.34 |

# 600787 中储发展股份有限公司

## 二〇〇三年年度报告摘选

### 1.上市公司基本情况简介

1.1 基本情况简介

股票简称:中储股份 股票代码:600787 上市交易所:上海证券交易所
注册地址:天津市北辰经济开发区开发大厦
办公地址:天津市河西区友谊路 19 号 邮政编码:300201
公司国际互联网网址:http://www.zcgf.com.cn 电子信箱:zjb@zcgf.com.cn

1.2 联系人和联系方式

董事会秘书:薛斌 联系地址:天津市河西区友谊路 19 号公司证券部
电话:022-28010734 传真:022-28010722 电子信箱:xuebin@zcgf.com.cn
证券事务代表:胡华萍 联系地址:天津市河西区友谊路 19 号公司证券部
电话:022-28010734 传真:022-28010722 电子信箱:huhuaping@zcgf.com.cn

### 2.会计数据和财务指标摘要

2.1 主要会计数据 单位:元

| | 2003 年 | 2002 年 | 本年比上年增减(%) | 2001 年 |
|---|---|---|---|---|
| 主营业务收入 | 1,952,916,995.21 | 1,032,756,766.49 | 89.10 | 699,630,285.37 |
| 利润总额 | 42,031,808.02 | 37,801,857.08 | 11.19 | 41,086,670.53 |
| 净利润 | 32,336,353.95 | 28,537,974.30 | 13.31 | 31,848,193.69 |
| 扣除非经常性损益的净利润 | 9,569,654.75 | 17,300,466.22 | -44.68 | 18,285,312.50 |
| | 2003 年末 | 2002 年末 | 本年末比上年末增减(%) | 2001 年末 |
| 总资产 | 1,952,246,444.71 | 1,395,128,640.17 | 39.93 | 1,165,983,567.84 |
| 股东权益(不含少数股东权益) | 791,857,715.33 | 770,382,382.49 | 2.79 | 741,844,408.19 |
| 经营活动产生的现金流量净额 | 105,360,157.61 | 92,715,402.03 | 13.64 | 8,958,905.22 |

2.2 主要财务指标 单位:元

| | 2003 年 | 2002 年 | 本年比上年增减(%) | 2001 年 |
|---|---|---|---|---|
| 每股收益 | 0.1042 | 0.0920 | 13.26 | 0.1026 |
| 净资产收益率(%) | 4.084 | 3.70 | 10.38 | 4.293 |
| 扣除非经常性损益的净利润为基础计算的净资产收益率(%) | 1.2085 | 2.2457 | -46.19 | 2.2875 |
| 每股经营活动产生的现金流量净额 | 0.3395 | 0.2988 | 13.62 | 0.029 |
| | 2003 年末 | 2002 年末 | 本年末比上年末增减(%) | 2001 年末 |
| 每股净资产 | 2.5516 | 2.4824 | 2.79 | 2.3904 |
| 调整后的每股净资产 | 2.5283 | 2.4392 | 3.65 | 2.340 |

# 600763 中燕纺织股份有限公司

## 二〇〇三年年度报告摘选

### 1.上市公司基本情况简介

1.1 基本情况简介

股票简称:ST 中燕 股票代码:600763 上市交易所:上海证券交易所
注册地址:新疆乌鲁木齐市高新技术开发区
办公地址:乌鲁木齐市建设路 2 号宏源大厦 17 楼 邮政编码:830002
电子信箱:bjzhy-600763@sohu.com

1.2 联系人和联系方式

董事会秘书:马德有先生 联系地址:新疆乌鲁木齐市建设路 2 号宏源大厦 17 楼
电话:0991-2301961 传真:0991-2301961 电子信箱:bjzhy-600763@sohu.com
证券事务代表:金子楠女士 联系地址:新疆乌鲁木齐市建设路 2 号宏源大厦 17 楼
电话:0991-2301961 传真:0991-2301961 电子信箱:bjzhy-600763@sohu.com

### 2.会计数据和财务指标摘要

2.1 主要会计数据 单位:元

| | 2003 年 | 2002 年 | 本年比上年增减(%) | 2001 年 |
|---|---|---|---|---|
| 主营业务收入 | 0 | 358,419.66 | -100 | 0 |
| 利润总额 | -8,289,418.4 | 2,893,646.94 | -386.47 | -151,696,185.84 |
| 净利润 | -8,289,418.4 | 2,893,646.94 | -386.47 | -151,696,185.84 |
| 扣除非经常性损益的净利润 | -6,675,903.06 | -9,312,650.66 | 28.31 | -130,012,433.06 |
| | 2003 年末 | 2002 年末 | 本年末比上年末增减(%) | 2001 年末 |
| 总资产 | 51,186,878.44 | 58,866,948.5 | -13.05 | 48,963,227.05 |
| 股东权益(不含少数股东权益) | 36,372,460.73 | 44,361,879.13 | -18.01 | 41,468,232.19 |
| 经营活动产生的现金流量净额 | -6,076,171 | -29,240.36 | -149.03 | 0 |

2.2 主要财务指标 单位:元

| | 2003 年 | 2002 年 | 本年比上年增减(%) | 2001 年 |
|---|---|---|---|---|
| 每股收益 | -0.0517 | -0.018 | -187.22 | -0.95 |
| 每股收益 | -0.0517 | -0.018 | -187.22 | -0.95 |
| 净资产收益率(%) | -20.54 | 6.52 | -415.03 | -365.81 |
| 扣除非经常性损益的净利润为基础计算的净资产收益率(%) | -16.27 | -20.99 | 22.49 | -313.52 |
| 每股经营活动产生的现金流量净额 | -0.038 | 0.0002 | 19100 | -0.01 |
| | 2003 年末 | 2002 年末 | 本年末比上年末增减(%) | 2001 年末 |
| 每股净资产 | 0.227 | 0.277 | -18.05 | 0.26 |
| 调整后的每股净资产 | 0.1 | 0.12 | -16.67 | 0.2 |

# 600834 上海申通地铁股份有限公司

## 二〇〇三年年度报告摘选

### 1.上市公司基本情况简介

1.1 基本情况简介

股票简称:申通地铁 股票代码:600834 上市交易所:上海证券交易所
注册地址:上海市浦电路 489 号(由由燕乔大厦)5 层
办公地址:上海市中山南路 28 号(久事大厦)31 层 邮政编码:200010
公司国际互联网网址:http://www.shtmetro.com 电子信箱:600834@shtmetro.com
公司公众信息披露系统自动查询电话:021-63304040-3138

1.2 联系人和联系方式

董事会秘书:孙安 联系地址:上海市中山南路 28 号(久事大厦)31 层
电话:021-58308595 传真:021-63300065 电子信箱:600834@shtmetro.com

### 2.会计数据和财务指标摘要

2.1 主要会计数据 单位:(人民币)元

| | 2003 年 | 2002 年 | 本年比上年增减(%) | 2001 年 |
|---|---|---|---|---|
| 主营业务收入 | 501,235,720.00 | 514,299,332.51 | -2.54 | 274,507,605.43 |
| 利润总额 | 89,461,264.43 | 82,047,600.46 | 9.04 | 85,210,884.28 |
| 净利润 | 76,686,380.24 | 63,469,285.95 | 20.82 | 71,489,472.46 |
| 扣除非经常性损益的净利润 | 74,700,922.16 | 84,229,907.15 | -11.31 | 64,938,041.08 |
| | 2003 年末 | 2002 年末 | 本年末比上年末增减(%) | 2001 年末 |
| 总资产 | 1,055,844,783.70 | 907,010,580.87 | 16.41 | 947,632,850.51 |
| 股东权益(不含少数股东权益) | 660,932,408.65 | 623,667,618.57 | 5.98 | 599,651,382.62 |
| 经营活动产生的现金流量净额 | 122,973,978.62 | 132,639,313.68 | -7.29 | 148,885,596.08 |

2.2 主要财务指标 单位:(人民币)元

| | 2003 年 | 2002 年 | 本年比上年增减(%) | 2001 年 |
|---|---|---|---|---|
| 每股收益 | 0.18 | 0.16 | 12.50 | 0.18 |
| 净资产收益率(%) | 11.60 | 10.18 | 13.95 | 11.92 |
| 扣除非经常性损益的净利润为基础计算的净资产收益率(%) | 11.57 | 13.62 | -15.05 | 11.52 |
| 每股经营活动产生的现金流量净额 | 0.28 | 0.34 | -17.65 | 0.38 |
| | 2003 年末 | 2002 年末 | 本年末比上年末增减(%) | 2001 年末 |
| 每股净资产 | 1.52 | 1.58 | -3.80 | 1.52 |
| 调整后的每股净资产 | 1.52 | 1.58 | -3.80 | 1.52 |

## 600865 百大集团股份有限公司

### 二〇〇三年年度报告摘选

#### 1.上市公司基本情况简介

1.1 基本情况简介

股票简称:百大集团 股票代码:600865 上市交易所:上海证券交易所

注册地址和办公地址:杭州市延安路546号 邮政编码:310006

公司国际互联网网址:http://www.baidagroup.com 电子信箱:BDjt321@hotmail.com

1.2 联系人和联系方式

董事会秘书:何美云 联系地址:公司董事会办公室

电话:0571－85109129 传真:0571－85150586 电子信箱:Hemeiyun007@sina.com

证券事务代表:徐强 联系地址:公司董事会办公室

电话:0571－85109129 传真:0571－85150586 电子信箱:xuqiang11@hotmail.com

#### 2.会计数据和财务指标摘要

2.1 主要会计数据 单位:元

| | 2003年 | 2002年 | 本年比上年增减(%) | 2001年 |
|---|---|---|---|---|
| 主营业务收入 | 1,117,581,132.55 | 1,131,973,684.31 | －1.27 | 1,014,841,836.60 |
| 利润总额 | 36,028,827.37 | 63,182,444.25 | －42.98 | 55,529,467.27 |
| 净利润 | 21,290,494.45 | 41,019,024.12 | －48.10 | 39,507,915.06 |
| 扣除非经常性损益的净利润 | 15,244,650.37 | 40,882,542.36 | －62.71 | 45,235,938.91 |
| | 2003年末 | 2002年末 | 本年末比上年末增减(%) | 2001年末 |
| 总资产 | 901,235,203.81 | 867,707,485.86 | 3.86 | 1,315,781,657.60 |
| 股东权益(不含少数股东权益) | 683,009,273.16 | 696,780,600.31 | －1.98 | 679,360,348.44 |
| 经营活动产生的现金流量净额 | 104,010,140.33 | 314,021,178.87 | －66.88 | 107,117,057.98 |

2.2 主要财务指标 单位:元

| | 2003年 | 2002年 | 本年比上年增减(%) | 2001年 |
|---|---|---|---|---|
| 每股收益 | 0.08 | 0.15 | －46.67 | 0.15 |
| 净资产收益率(%) | 3.12 | 5.89 | －47.03 | 5.82 |
| 扣除非经常性损益的净利润为基础计算的净资产收益率(%) | 2.22 | 5.93 | －62.56 | 6.63 |
| 每股经营活动产生的现金流量净额 | 0.39 | 1.16 | －66.38 | 0.40 |
| | 2003年末 | 2002年末 | 本年末比上年末增减(%) | 2001年末 |
| 每股净资产 | 2.53 | 2.58 | －1.94 | 2.52 |
| 调整后的每股净资产 | 2.45 | 2.45 | －－ | 2.28 |

### 3月22日

## 600520 铜陵三佳模具股份有限公司

### 二〇〇三年年度报告摘选

#### 1.上市公司基本情况简介

1.1 基本情况简介

股票简称:三佳模具 股票代码:600520 上市交易所:上海证券交易所

注册地址:安徽省铜陵经济技术开发区

办公地址:安徽省铜陵市石城路电子工业区 邮政编码:244000

公司国际互联网网址:http://www.sunka.cn 电子信箱:sunka@sunka.cn

1.2 联系人和联系方式

董事会秘书:谢乐平 联系地址:安徽省铜陵市石城路电子工业区董事会秘书处

电话:0562－2627520 传真:0562－2627506 电子信箱:xlp@sunka.cn

#### 2.会计数据和财务指标摘要

2.1 主要会计数据 单位:人民币元

| | 2003年 | 2002年 | 本年比上年增减(%) | 2001年 |
|---|---|---|---|---|
| 主营业务收入 | 114,455,887.39 | 93,639,904.09 | 22.23 | 82,860,000.55 |
| 利润总额 | 25,206,575.26 | 30,959,745.81 | －18.58 | 31,985,977.11 |
| 净利润 | 17,075,459.44 | 20,501,207.19 | －16.71 | 21,270,414.90 |
| 扣除非经常性损益的净利润 | 17,262,745.71 | 20,552,759.54 | －16.01 | 21,243,701.03 |
| | 2003年末 | 2002年末 | 本年末比上年末增减(%) | 2001年末 |
| 总资产 | 505,263,833.08 | 349,233,984.20 | 44.68 | 299,624,293.89 |
| 股东权益(不含少数股东权益) | 269,350,664.44 | 252,104,903.24 | 6.84 | 221,775,473.25 |
| 经营活动产生的现金流量净额 | 54,443,298,53 | 7,692,998.91 | 607.70 | 6,151,459.18 |

2.2 主要财务指标 单位:人民币元

| | 2003年 | 2002年 | 本年比上年增减(%) | 2001年 |
|---|---|---|---|---|
| 每股收益 | 0.15 | 0.33 | －54.55 | 0.34 |
| 净资产收益率 | 6.34% | 8.13% | －22.02 | 9.59% |
| 扣除非经常性损益的净利润为基础计算的净资产收益率 | 6.40% | 8.15% | －21.47 | 42.16% |
| 每股经营活动产生的现金流量净额 | 0.48 | 0.12 | 300.00 | 0.10 |
| | 2003年末 | 2002年末 | 本年末比上年末增减(%) | 2001年末 |
| 每股净资产 | 2.38 | 4.01 | －40.65 | 3.53 |
| 调整后的每股净资产 | 2.35 | 3.99 | －41.10 | 3.52 |

## 600875 东方电机股份有限公司

### 二〇〇三年年度报告摘选

#### 1.上市公司基本情况简介

1.1 基本情况简介

股票简称:东方电机、东方电机 股票代码:600875、1072

上市交易所:上海证券交易所、香港联合交易所有限公司

注册地址和办公地址:中国四川德阳黄河西路188号 邮政编码:618000

公司国际互联网网址:http://www.dfem.com.cn 电子信箱:dsb@dfem.com.cn

1.2 联系人和联系方式

董事会秘书:龚丹 证券事务代表:黄勇 联系地址:中国四川德阳黄河西路188号

电话:0838－2409358 传真:0838－2402125 电子信箱:dsb@dfem.com.cn

#### 2.会计数据和财务指标摘要

2.1 主要会计数据 单位:千元

| | 2003年 | 2002年 | 本年比上年增减(%) | 2001年 |
|---|---|---|---|---|
| 主营业务收入 | 1,199,622 | 979,253 | 22.50 | 545,775 |
| 利润总额 | 34,127 | 17,174 | 98.71 | －249,540 |
| 净利润 | 33,126 | 16,613 | 99.40 | －249,390 |
| 扣除非经常性损益的净利润 | 30,043 | －12,174 | － | －248,481 |
| | 2003年末 | 2002年末 | 本年末比上年末增减(%) | 2001年末 |
| 总资产 | 3,714,721 | 2,757,060 | 34.73 | 2,609,230 |
| 股东权益(不含少数股东权益) | 949,137 | 915,722 | 3.65 | 897,791 |
| 经营活动产生的现金流量净额 | 1,091,315 | 21,208 | 5,045.77 | －54,112 |

2.2 主要财务指标 单位:元

| | 2003年 | 2002年 | 本年比上年增减(%) | 2001年 |
|---|---|---|---|---|
| 每股收益 | 0.074 | 0.037 | 100.00 | －0.55 |
| 净资产收益率 | 3.49% | 1.81% | 92.82 | －27.78% |
| 扣除非经常性损益的净利润为基础计算的净资产收益率 | 3.17% | －1.33% | － | －27.68% |
| 每股经营活动产生的现金流量净额 | 2.43 | 0.05 | 4,760.00 | －0.12 |
| | 2003年末 | 2002年末 | 本年末比上年末增减(%) | 2001年末 |
| 每股净资产 | 2.11 | 2.03 | 3.94 | 2.00 |
| 调整后的每股净资产 | 1.74 | 1.52 | 14.47 | 1.52 |

### 3月23日

## 000090 深圳市天健(集团)股份有限公司

### 二〇〇三年年度报告摘选

#### 1.上市公司基本情况简介

1.1 基本情况简介

股票简称:深天健 股票代码:000090 上市交易所:深圳证券交易所

注册地址和办公地址:深圳市福田区红荔西路7058号市政大厦 邮政编码:518034

公司国际互联网网址:http://www.tonge.com.cn 电子信箱:sztonge@public.szptt.net.cn

1.2 联系人和联系方式

董事会秘书:徐肇松 联系地址:深圳市福田区红荔西路7058号市政大厦董事会秘书处810室

电话:0755－83928130 传真:0755－83915736 电子信箱:xuzhaosong@163.net

证券事务代表:陆炜弘 联系地址:深圳市福田区红荔西路7058号市政大厦董事会秘书处810室

电话:0755－83928130 传真:0755－83915736 电子信箱:luweih60@hotmail.com

#### 2.会计数据和财务指标摘要

2.1 主要会计数据 单位:(人民币)元

| | 2003年(本年) | 2002年(上年) | 本年比上年增减(%) | 2001年 |
|---|---|---|---|---|
| 主营业务收入 | 1,611,586,196.00 | 1,546,124,448.41 | 4.23 | 1,459,511,978.68 |
| 利润总额 | 75,260,912.31 | 92,036,523.74 | －18.23 | 120,426,178.46 |
| 净利润 | 53,668,739.94 | 68,665,235.23 | －21.84 | 93,248,432.21 |
| 扣除非经常性损益的净利润 | 50,631,696.41 | 75,915,854.11 | －33.31 | 88,937,683.89 |
| | 2003年末(本年末) | 2002年末(上年末) | 本年末比上年末增减(%) | 2001年末 |
| 总资产 | 2,510,610,876.39 | 2,744,807,405.17 | －8.53 | 3,111,497,182.61 |
| 股东权益(不含少数股东权益) | 1,137,882,547.55 | 1,106,977,056.47 | 2.79 | 1,082,688,922.74 |
| 经营活动产生的现金流量净额 | 329,188,316.30 | 149,253,727.72 | 120.56 | 359,930,625.95 |

2.2 主要财务指标 单位:(人民币)元

| | 2003年(本年) | 2002年(上年) | 本年比上年增减(%) | 2001年 |
|---|---|---|---|---|
| 每股收益 | 0.24 | 0.31 | －21.82 | 0.42 |
| 每股收益(如果股本变化,按新股本计算) | 0.24 | －－ | －－ | －－ |
| 净资产收益率(%) | 4.72 | 6.20 | －23.87 | 8.61 |
| 扣除非经常性损益的净利润为基础计算的净资产收益率(%) | 4.50 | 6.86 | －34.40 | 8.21 |
| 每股经营活动产生的现金流量净额 | 1.47 | 0.67 | 120.66 | 1.61 |
| | 2003年末(本年末) | 2002年末(上年末) | 本年末比上年末增减(%) | 2001年末 |
| 每股净资产 | 5.10 | 4.96 | 2.80 | 4.85 |
| 调整后的每股净资产 | 4.90 | 4.69 | 4.61 | 4.70 |

# 000150 麦科特光电股份有限公司

## 二〇〇三年年度报告摘选

### 1.上市公司基本情况简介

1.1 基本情况简介

股票简称:ST 科科特 股票代码:000150 上市交易所:深圳证券交易所
注册地址:广东省惠州市麦地路 63 号麦特中心
办公地址:广东省惠州市惠阳区平潭镇麦科特光学城 邮政编码:516259
公司国际互联网网址:http://www.mailete.com 电子信箱:macatoe2002@macat.com.cn

1.2 联系人和联系方式

董事会秘书:丁云林
联系地址:深圳市南山区高新技术工业园南区深港产学研基地大厦西座 5 楼 事会秘书办公室
电话:0755-26972877 传真:0755-26972877 电子信箱:dingyunlin@vip.sina.com
证券事务代表:舒晓玲
联系地址:深圳市南山区高新技术工业园南区深港产学研基地大厦西座 5 楼 事会秘书办公室
电话:0755-26972877 传真:0755-26972877 电子信箱:dingyunlin@vip.sina.com

### 2.会计数据和财务指标摘要

2.1 主要会计数据 单位:(人民币)元

| | 2003 年(本年) | 2002 年(上年) | 本年比上年增减(%) | 2001 年 |
|---|---|---|---|---|
| 主营业务收入 | 144,249,517.93 | 36,341,587.99 | 296.93 | 41,345,540.37 |
| 利润总额 | -91,358,332.74 | -53,429,708.24 | - - | 7,860,522.78 |
| 净利润 | -92,825,662.24 | -51,644,350.18 | - - | 6,997,156.83 |
| 扣除非经常性损益的净利润 | 835,798.01 | -51653818.18] - - | 618,886.00 | |
| | 2003 年末(本年末) | 2002 年末(上年末) | 本年末比上年末增减(%) | 2001 年末 |
| 总资产 | 608,521,796.77 | 666,880,557.92 | -8.75 | 713,702,787.86 |
| 股东权益(不含少数股东权益) | 544,478,126.63 | 634,863,192.10 | -14.24 | 683,746,529.04 |
| 经营活动产生的现金流量净额 | 167,170,128.42 | -36,925,753.37 | - - | -47,970,306.07 |

2.2 主要财务指标 单位:(人民币)元

| | 2003 年(本年) | 2002 年(上年) | 本年比上年增减(%) | 2001 年 |
|---|---|---|---|---|
| 每股收益 | -0.29 | -0.16 | - - | 0.02 |
| 净资产收益率(%) | -17.05 | -8.14 | - - | 1.02 |
| 扣除非经常性损益的净利润为基础计算的净资产收益率(%) | 0.14 | -7.85 | - - | 0.09 |
| 每股经营活动产生的现金流量净额 | 0.52 | -0.11 | - - | -0.15 |
| | 2003 年末(本年末) | 2002 年末(上年末) | 本年末比上年末增减(%) | 2001 年末 |
| 每股净资产 | 1.68 | 1.96 | -14.24 | 2.11 |
| 调整后的每股净资产 | 1.67 | 1.96 | -14.47 | 2.11 |

# 000657 中钨高新材料股份有限公司

## 二〇〇三年年度报告摘选

### 1.上市公司基本情况简介

1.1 基本情况简介

股票简称:中钨高新 股票代码:000657 上市交易所:深圳证券交易所
注册地址和办公地址:海口市龙昆北路 2 号珠江广场帝都大厦 18 楼
邮政编码:570125 电子信箱:jinhaizq@public.hk.hi.cn

1.2 联系人和联系方式

董事会秘书:冯晓元 联系地址:海口市龙昆北路 2 号珠江广场帝都大厦 18 楼
电话:0898-68581218-689 传真:0898-68583318 电子信箱:jinhaizq@public.hk.hi.cn
证券事务代表:周丽萍 联系地址:海口市龙昆北路 2 号珠江广场帝都大厦 18 楼
电话:0898-68581224 传真:0898-68583318 电子信箱:jinhaizq@public.hk.hi.cn

### 2.会计数据和财务指标摘要

2.1 主要会计数据 单位:(人民币)元

| | 2003 年 | 2002 年(调整后) | 本年比上年增减 | 2001 年 |
|---|---|---|---|---|
| 主营业务收入 | 1,218,527,878.25 | 1,217,598,575.68 | 0.08% | 1,168,081,765.19 |
| 利润总额 | 45,556,897.87 | 42,000,834.98 | 8.47% | 39,615,458.53 |
| 净利润 | 37,360,985.61 | 34,744,200.77 | 7.53% | 33,153,199.57 |
| 扣除非经常性损益的净利润 | 38,542,608.81 | 35,845,948.29 | 7.52% | 35,152,513.67 |
| | 2003 年末 | 2002 年末 | 本年末比上年末增减 | 2001 年末 |
| 总资产 | 1,078,690,722.08 | 995,420,297.84 | 8.37% | 1,016,385,565.61 |
| 股东权益(不含少数股东权益) | 584,966,542.37 | 553,654,501.02 | 5.66% | 520,236,916.52 |
| 经营活动产生的现金流量净额 | 69,464,606.07 | 123,453,391.91 | -43.73% | 10,665,125.53 |

2.2 主要财务指标 单位:(人民币)元

| | 2003 年 | 2002 年(调整后) | 本年比上年增减 | 2001 年 |
|---|---|---|---|---|
| 每股收益 | 0.22 | 0.20 | 7.39% | 0.19 |
| 净资产收益率 | 6.39% | 6.28% | 1.75% | 6.13% |
| 扣除非经常性损益的净利润为基础计算的净资产收益率 | 6.59% | 6.47% | 1.85% | 6.76% |
| 每股经营活动产生的现金流量净额 | 0.41 | 0.72 | -43.77% | 0.06 |
| | 2003 年末 | 2002 年末 | 本年末比上年末增减 | 2001 年末 |
| 每股净资产 | 3.42 | 3.24 | 5.69% | 3.03 |
| 调整后的每股净资产 | 3.37 | 3.20 | 5.31% | 3.02 |

# 000602 广东金马旅游集团股份有限公司

## 二〇〇三年年度报告摘选

### 1.上市公司基本情况简介

1.1 基本情况简介

股票简称:金马集团 股票代码:000602 上市交易所:深圳证券交易所
注册地址:广东省潮州市永护路口 邮政编码:521011
办公地址:广东省潮州市潮枫路旅游大厦四楼
电子信箱:LNKK@luneng.com

1.2 联系人和联系方式

董事会秘书:梁茂辉 联系地址:广东省潮州市潮枫路旅游大厦四楼
电话:0768-2268969 传真:0768-2297613 电子信箱:LNKK@luneng.com
证券事务代表:张斌 联系地址:广东省潮州市潮枫路旅游大厦四楼
电话:0768-2356005 传真:0768-2297613 电子信箱:LNKK@luneng.com

### 2.会计数据和财务指标摘要

2.1 主要会计数据 单位:(人民币)元

| | 2003 年(本年) | 2002 年(上年) | 本年比上年增减 | 2001 年 |
|---|---|---|---|---|
| 主营业务收入 | 225,957,370.93 | 188,081,527.15 | 20.14% | 59,500,992.69 |
| 利润总额 | 121,760,112.89 | 113,698,142.59 | 7.09% | 15,244,877.75 |
| 净利润 | 39,585,574.83 | 36,639,912.22 | 8.04% | 2,819,302.90 |
| 扣除非经常性损益的净利润 | 38,901,983.76 | 48,565,416.55 | -19.90% | 2,923,048.90 |
| | 2003 年末(本年末) | 2002 年末(上年末) | 本年末比上年末增减 | 2001 年末 |
| 总资产 | 389,424,387.86 | 338,241,548.71 | 15.13% | 275,881,072.80 |
| 股东权益(不含少数股东权益) | 199,002,274.14 | 159,416,699.31 | 24.83% | 122,776,787.09 |
| 经营活动产生的现金流量净额 | 112,807,537.39 | 149,229,092.95 | -24.41% | 42,291,452.97 |

2.2 主要财务指标 单位:(人民币)元

| | 2003 年(本年) | 2002 年(上年) | 本年比上年增减 | 2001 年 |
|---|---|---|---|---|
| 每股收益 | 0.39 | 0.36 | 8.33% | 0.03 |
| 每股收益(如果股本变化,按新股本计算) | 0.39 | - - | - - | - - |
| 净资产收益率 | 19.89% | 22.98% | -13.45% | 2.29% |
| 扣除非经常性损益的净利润为基础计算的净资产收益率 | 19.95% | 30.46% | -34.50% | 2.38% |
| 每股经营活动产生的现金流量净额 | 1.12 | 1.48 | -24.32% | 0.42 |
| | 2003 年末(本年末) | 2002 年末(上年末) | 本年末比上年末增减 | 2001 年末 |
| 每股净资产 | 1.98 | 1.59 | 24.53% | 1.22 |
| 调整后的每股净资产 | 1.97 | 1.59 | 23.90% | 1.22 |

# 000663 福建省永安林业(集团)股份有限公司

## 二〇〇三年年度报告摘选

### 1.上市公司基本情况简介

1.1 基本情况简介

股票简称:永安林业 股票代码:000663 上市交易所:深圳证券交易所
注册地址和办公地址:福建省永安市燕江东路 12 号 邮政编码:366000
公司国际互联网网址:www.yonglin.com 电子信箱:info@yonglin.com

1.2 联系人和联系方式

董事会秘书:黄忠明 联系地址:福建省永安市燕江东路 12 号
电话:0598-3614875 传真:0598-3633415 电子信箱:stock@yonglin.com
证券事务代表:黄荣 联系地址:福建省永安市燕江东路 12 号
电话:0598-3614875 传真:0598-3633415 电子信箱:stock@yonglin.com

### 2.会计数据和财务指标摘要

2.1 主要会计数据 单位:元

| | 2003 年 | 2002 年 | 本年比上年增减(%) | 2001 年 |
|---|---|---|---|---|
| 主营业务收入 | 312195190.90 | 288609020.98 | 8.17 | 307164262.76 |
| 利润总额 | 17827480.66 | 12653757.03 | 40.89 | 10175237.84 |
| 净利润 | 16976545.37 | 12108690.92 | 40.20 | 9038017.68 |
| 扣除非经常性损益的净利润 | 17024292.18 | 8264289.45 | 106.00 | 2311165.70 |
| | 2003 年末 | 2002 年末 | 本年末比上年末增减(%) | 2001 年末 |
| 总资产 | 828540438.24 | 773405168.53 | 7.13 | 857282903.32 |
| 股东权益(不含少数股东权益) | 334357345.08 | 317380799.71 | 5.35 | 305272108.79 |
| 经营活动产生的现金流量净额 | 63909566.63 | 77779654.64 | -17.83 | 46373663.46 |

2.2 主要财务指标 单位:元

| | 2003 年 | 2002 年 | 本年比上年增减(%) | 2001 年 |
|---|---|---|---|---|
| 每股收益 | 0.1025 | 0.0724 | 42.36 | 0.054 |
| 净资产收益率 | 5.08% | 3.815% | 32.98 | 2.96% |
| 扣除非经常性损益的净利润为基础计算的净资产收益率 | 5.21% | 2.6545% | 96.60 | 2.64% |
| 每股经营活动产生的现金流量净额 | 0.3820 | 0.4651 | -17.87 | 0.2773 |
| | 2003 年末 | 2002 年末 | 本年末比上年末增减(%) | 2001 年末 |
| 每股净资产 | 1.9994 | 1.8978 | 5.35 | 1.8254 |
| 调整后的每股净资产 | 1.9749 | 1.8076 | 9.26 | 1.763 |

# 000700 江南模塑科技股份有限公司

## 二〇〇三年年度报告摘选

### 1.上市公司基本情况简介

1.1 基本情况简介

股票简称:模塑科技 股票代码:000700 上市交易所:深圳证券交易所

注册地址和办公地址:江苏省江阴市周庄镇长青路8号 邮政编码:214423

公司国际互联网网址:http://www.000700.com 电子信箱:jnms@publicl.wx.js.cn

1.2 联系人和联系方式

董事会秘书:许剑 联系地址:江苏省江阴市周庄镇长青路8号

电话:0510－6242802 传真:0510－6242818 电子信箱:jnms@publicl.wx.js.cn

### 2.会计数据和财务指标摘要

2.1 主要会计数据 单位:人民币元

| | 2003年 | 2002年(追溯调整后) | 本年比上年增减(%) | 2001年 |
|---|---|---|---|---|
| 主营业务收入 | 532869136.77 | 374798441.66 | 42.17 | 264575446.67 |
| 利润总额 | 106744616.19 | 90086454.13 | 18.49 | 66669696.17 |
| 净利润 | 77367314.98 | 61207803.39 | 26.40 | 59776512.88 |
| 扣除非经常性损益的净利润 | 77796241.93 | 61067158.47 | 27.39 | 59703129.56 |
| | 2003年末 | 2002年末 | 本年末比上年末增减(%) | 2001年末 |
| 总资产 | 1615748927.86 | 1218911579.07 | 32.56 | 756517820.12 |
| 股东权益(不含少数股东权益) | 908679275.93 | 862249607.02 | 5.38 | 425312563.90 |
| 经营活动产生的现金流量净额 | 322163377.17 | 144559268.14 | 122.86 | 155629624.10 |

2.2 主要财务指标 单位:人民币元

| | 2003年 | 2002年 | 本年比上年增减(%) | 2001年 |
|---|---|---|---|---|
| 每股收益 | 0.25 | 0.40 | －37.50 | 0.48 |
| 每股收益(加权) | 0.25 | 0.46 | －45.65 | 0.48 |
| 净资产收益率 | 8.51% | 7.10% | 19.58 | 13.55% |
| 扣除非经常性损益的净利润为基础计算的净资产收益率 | 8.56% | 7.09% | 20.31 | 13.27% |
| 每股经营活动产生的现金流量净额 | 1.04 | 0.94 | 10.64 | 1.25 |
| | 2003年末 | 2002年末 | 本年末比上年末增减(%) | 2001年末 |
| 每股净资产 | 2.94 | 5.58 | －47.31% | 3.42 |
| 调整后的每股净资产 | 2.94 | 5.58 | －47.31% | 3.41 |

# 000709 唐山钢铁股份有限公司

## 二〇〇三年年度报告摘选

### 1.上市公司基本情况简介

1.1 基本情况简介

股票简称:唐钢股份 股票代码:000709 上市交易所:深圳证券交易所

注册地址和办公地址:河北省唐山市滨河路9号 邮政编码:063016

电子信箱:tggf@people.con.cn

1.2 联系人和联系方式

董事会秘书:张建忠 联系地址:河北省唐山市滨河路9号

电话:0315－2701188 传真:0315－2702198 电子信箱:tgzjz@21cn.com

### 2.会计数据和财务指标摘要

2.1 主要会计数据 单位:元

| | 2003年(本年) | 2002年(上年) | 本年比上年增减(%) | 2001年 |
|---|---|---|---|---|
| 主营业务收入 | 14,167,100,155.16 | 9,221,486,670.29 | 53.63 | 8,083,244,253.56 |
| 利润总额 | 1,162,884,027.12 | 860,414,032.29 | 35.15 | 833,003,889.61 |
| 净利润 | 884,483,218.89 | 582,536,553.30 | 51.83 | 732,812,406.56 |
| 扣除非经常性损益的净利润 | 867,298,426.99 | 623,590,822.93 | 39.08 | 732,788,058.31 |
| | 2003年末(本年末) | 2002年末(上年末) | 本年末比上年末增减(%) | 2001年末 |
| 总资产 | 15,507,411,332.93 | 12,089,912,259.95 | 28.27 | 11,055,501,301.25 |
| 股东权益(不含少数股东权益) | 7,633,273,133.40 | 7,120,819,718.20 | 7.20 | 6,029,344,502.63 |
| 经营活动产生的现金流量净额 | 698,406,230.56 | 1,445,530,738.36 | －51.69 | 1,147,733,728.31 |

2.2 主要财务指标 单位:(人民币)元

| | 2003年(本年) | 2002年(上年) | 本年比上年增减(%) | 2001年 |
|---|---|---|---|---|
| 每股收益 | 0.45 | 0.39 | 16.80 | 0.54 |
| 每股收益 | 0.45 | －－ | －－ | －－ |
| 净资产收益率(%) | 11.59 | 8.18 | 41.69 | 12.15 |
| 扣除非经常性损益的净利润为基础计算的净资产收益率(%) | 11.36 | 8.76 | 29.68 | 12.15 |
| 每股经营活动产生的现金流量净额 | 0.36 | 0.96 | －62.85 | 0.85 |
| | 2003年末(本年末) | 2002年末(上年末) | 本年末比上年末增减(%) | 2001年末 |
| 每股净资产 | 3.90 | 4.74 | －17.55 | 4.45 |
| 调整后的每股净资产 | 3.90 | 4.72 | －17.33 | 4.33 |

# 000755 山西三维集团股份有限公司

## 二〇〇三年年度报告摘选

### 1.上市公司基本情况简介

1.1 基本情况简介

股票简称:山西三维 股票代码:000755 上市交易所:深圳证券交易所

注册地址:太原市高新技术产业开发区VI－4区

办公地址:山西省洪洞县赵城·山西三维公司 邮政编码:041603

公司国际互联网网址:www.sxsanwei.com 电子信箱:sxsw@sxsanwei.com

1.2 联系人和联系方式

董事会秘书:张亚平 联系地址:山西三维集团股份有限公司

电话:0357－6662666 传真:0357－6663566 电子信箱:swzhyp@sxsanwei.com

证券事务代表:梁国胜 联系地址:山西三维集团股份有限公司证券办

电话:0357－6663123 传真:0357－6663566 电子信箱:swzqb@sxsanwei.com

### 2.会计数据和财务指标摘要

2.1 主要会计数据 单位:(人民币)元

| | 2003年(本年) | 2002年(上年) 调整后 | 调整前 | 本年比上年增减 | 2001年 |
|---|---|---|---|---|---|
| 主营业务收入 | 785,114,636.92 | 587,179,589.64 | 587,179,589.64 | 33.71% | 421,683,698.28 |
| 利润总额 | 43,468,941.33 | 84,130,949.02 | 84,130,949.02 | －48.33% | 65,119,992.83 |
| 净利润 | 29,720,163.57 | 57,043,769.10 | 57,043,769.10 | －47.90% | 56,043,561.25 |
| 扣除非经常性损益的净利润 | 30,074,049.38 | 55,027,086.90 | 55,027,086.90 | －45.35% | 55,949,907.24 |
| | 2003年末(本年末) | 2002年末(上年末) 调整后 | 调整前 | 本年末比上年末增减 | 2001年末 |
| 总资产 | 2,256,637,427.85 | 1,595,781,681.56 | 1,595,781,681.56 | 41.41% | 1,408,462.795.52 |
| 股东权益(不含少数股东权益) | 1,064,842,039.31 | 908,398,117.69 | 873,683,886.31 | 17.22% | 850,854,348.59 |
| 经营活动产生的现金流量净额 | 16,704,932.82 | 66,001,391.22 | 66,001,391.22 | －74,69% | －73,305,234.75 |

2.2 主要财务指标 单位:(人民币)元

| | 2003年 | 2002年 调整后 | 调整前 | 本年比上年增减 | 2001年 |
|---|---|---|---|---|---|
| 每股收益 | 0.0955 | 0.205 | 0.205 | －53.41% | 0.2018 |
| 每股收益(如果股本变化,按新股本计算) | 0.1010 | －－ | －－ | －－ | －－ |
| 净资产收益率 | 2.79% | 6.27% | 6.53% | －55.50% | 6.59% |
| 扣除非经常性损益的净利润为基础计算的净资产收益率 | 3.11% | 6.06% | 6.26% | －50.32% | 6.52% |
| 每股经营活动产生的现金流量净额 | 0.0537 | 0.24 | 0.24 | －77.44% | 0.68 |
| | 2003年末 | 2002年末 调整后 | 调整前 | 本年末比上年末增减 | 2001年末 |
| 每股净资产 | 3.423 | 3.27 | 3.15 | 4.68% | 3.0638 |
| 调整后的每股净资产 | 3.27 | 3.10 | 3.01 | 5.48% | 2.945 |

# 000795 太原双塔刚玉股份有限公司

## 二〇〇三年年度报告摘选

### 1.上市公司基本情况简介

1.1 基本情况简介

股票简称:太原刚玉 股票代码:000795 上市交易所:深圳证券交易所

注册地址和办公地址:太原市郝庄正街62号 邮政编码:030045

公司国际互联网网址:www.twin－tower.com.cn 电子信箱:tyao@public.ty.sx.cn

1.2 联系人和联系方式

董事会秘书:周玉旺 联系地址:太原市并州北路168号

电话:0351－4935262 传真:0351－4935097 电子信箱:tygydmc@public.ty.sx.cn

证券事务代表:黄喜英 联系地址:太原市并州北路168号

电话:0351－4935313 传真:0351－4935097 电子信箱:tygydmc@public.ty.sx.cn

### 2.会计数据和财务指标摘要

2.1 主要会计数据 单位:人民币元

| | 2003年 | 2002年 | 本年比上年增减(%) | 2001年 |
|---|---|---|---|---|
| 主营业务收入 | 272,584,816.52 | 213,336,192.31 | 21.74 | 202,063,262.60 |
| 利润总额 | 7,448,924.36 | －5,617,504.31 | 232.6 | 16,677,106.07 |
| 净利润 | 5,610,226.62 | －6,482,491.50 | 86.54 | 9,557,558.23 |
| 扣除非经常性损益的净利润 | 3,337,225.03 | －8,352,644.19 | 39.95 | 7,446,454.73 |
| | 2003年末 | 2002年末 | 本年末比上年末增减(%) | 2001年末 |
| 总资产 | 1,342,966,987.90 | 1,005,714,346.84 | 33.53 | 1,017,792,630.7 |
| 股东权益(不含少数股东权益) | 764,811,807.81 | 756,042,607.49 | 1.16 | 762,525,098.99 |
| 经营活动产生的现金流量净额 | 47,325,274.1 | －35,138,943.64 | 134.68 | 9,047,208.81 |

2.2 主要财务指标 单位:(人民币)元

| | 2003年 | 2002年 | 本年比上年增减(%) | 2001年 |
|---|---|---|---|---|
| 每股收益 | 0.0203 | －0.0234 | 86.75 | 0.0345 |
| 净资产收益率(%) | 0.73 | －0.857 | 85.18 | 1.25 |
| 扣除非经常性损益的净利润为基础计算的净资产收益率(%) | 0.4363 | －1.105 | 39.48 | 0.98 |
| 每股经营活动产生的现金流量净额 | 0.171 | －0.127 | 134.75 | 0.033 |
| | 2003年末 | 2002年末 | 本年末比上年末增减(%) | 2001年末 |
| 每股净资产 | 2.763 | 2.731 | 1.17 | 2.755 |
| 调整后的每股净资产 | 2.697 | 2.694 | 0.11 | 2.752 |

## 000848 河北承德露露股份有限公司

# 二〇〇三年年度报告摘选

### 1.上市公司基本情况简介

1.1 基本情况简介

股票简称:承德露露 股票代码:000848 上市交易所:深圳证券交易所

注册地址和办公地址:河北省承德市高新技术产业开发区(西区 8 号) 邮政编码:067000

公司国际互联网网址:http://www.lolo.com.cn 电子信箱:lolozq@heinfo.net

1.2 联系人和联系方式

董事会秘书:李文生 联系地址:河北省承德市双桥区翠桥路南 6 号

电话:0314-2066791-3088 传真:0314-2063525 电子信箱:lolozq@heinfo.net

证券事务代表:王洪 联系地址:河北省承德市双桥区翠桥路南 6 号

电话:0314-2061585 传真:0314-2063525 电子信箱:lolozq@heinfo.net

### 2.会计数据和财务指标摘要

2.1 主要会计数据　　单位:(人民币)元

| | 2003 年(本年) | 2002 年(上年) | 本年比上年增减 | 2001 年 |
|---|---|---|---|---|
| 主营业务收入 | 1,048,908,111.01 | 1,075,392,412.14 | -2.46% | 998,311,149.94 |
| 利润总额 | 61,156,029.58 | 69,955,862.54 | -12.58% | 110,678,451.90 |
| 净利润 | 28,204,927.88 | 51,571,623.67 | -45.31% | 97,826,993.46 |
| 扣除非经常性损益的净利润 | 34,718,578.26 | 63,706,867.14 | -45.50% | 87,960,653.22 |
| | 2003 年末(本年末) | 2002 年末(上年末) | 本年末比上年末增减 | 2001 年末 |
| 总资产 | 1,144,649,163.27 | 1,112,228,813.36 | 2.91% | 1,160,291,171.55 |
| 股东权益(不含少数股东权益) | 742,473,975.25 | 714,221,036.97 | 3.96% | 662,649,413.30 |
| 经营活动产生的现金流量净额 | 79,890,754.96 | 154,382,842.30 | -48.25% | 140,699,728.43 |

2.2 主要财务指标　　单位:(人民币)元

| | 2003 年(本年) | 2002 年(上年) | 本年比上年增减 | 2001 年 |
|---|---|---|---|---|
| 每股收益 | 0.11 | 0.20 | -45.23% | 0.38 |
| 每股收益(如果股本变化,按新股本计算) | 0.11 | -- | -- | -- |
| 净资产收益率 | 3.80% | 7.22% | -47.37% | 14.76% |
| 扣除非经常性损益的净利润为基础计算的净资产收益率 | 4.68% | 8.92% | -47.53% | 13.27% |
| 每股经营活动产生的现金流量净额 | 0.31 | 0.60 | -48.32% | 0.54 |
| | 2003 年末(本年末) | 2002 年末(上年末) | 本年末比上年末增减 | 2001 年末 |
| 每股净资产 | 2.86 | 2.76 | 3.96% | 2.56 |
| 调整后的每股净资产 | 2.86 | 2.76 | 3.96% | 2.56 |

## 000868 安徽安凯汽车股份有限公司

# 二〇〇三年年度报告摘选

### 1.上市公司基本情况简介

1.1 基本情况简介

股票简称:安凯客车 股票代码:000868 上市交易所:深圳证券交易所

注册地址和办公地址:安徽省合肥市葛淝路 1 号 邮政编码:230051

公司国际互联网网址:www.ankai.com 电子信箱:ankai@ankai.com

1.2 联系人和联系方式

董事会秘书:王军 联系地址:安徽省合肥市葛淝路 1 号

电话:0551-4844712 传真:0551-4844710 电子信箱:wangjun@ankai.com

证券事务代表:张勇 联系地址:安徽省合肥市葛淝路 1 号

电话:0551-4844826 传真:0551-4844710

### 2.会计数据和财务指标摘要

2.1 主要会计数据　　单位:(人民币)元

| | 2003 年(本年) | 2002 年(上年) | 本年比上年增减 | 2001 年 |
|---|---|---|---|---|
| 主营业务收入 | 732,519,871.61 | 487,973,439.57 | 50.11% | 445,895,950.06 |
| 利润总额 | 17,022,045.03 | -40,424,189.30 | -- | 11,389,423.62 |
| 净利润 | 19,875,984.15 | -39,737,189.30 | -- | 10,241,964.22 |
| 扣除非经常性损益的净利润 | 19,520,488.73 | -22,642,655.17 | -- | 10,222,735.22 |
| | 2003 年末(本年末) | 2002 年末(上年末) | 本年末比上年末增减 | 2001 年末 |
| 总资产 | 1,091,392,231.76 | 971,099,438.37 | 12.39% | 1,014,239,296.07 |
| 股东权益(不含少数股东权益) | 636,115,680.05 | 618,068,138.14 | 2.92% | 657,805,327.44 |
| 经营活动产生的现金流量净额 | 204,841,170.10 | 34,469,327.94 | 494.27% | 116,517,015.42 |

2.2 主要财务指标　　单位:(人民币)元

| | 2003 年(本年) | 2002 年(上年) | 本年比上年增减 | 2001 年 |
|---|---|---|---|---|
| 每股收益 | 0.09 | -0.18 | -- | 0.05 |
| 每股收益(如果股本变化,按新股本计算) | 0.09 | -- | -- | -- |
| 净资产收益率 | 3.12% | -6.43% | -- | 1.56% |
| 扣除非经常性损益的净利润为基础计算的净资产收益率 | 3.07% | -3.66% | -- | 1.55% |
| 每股经营活动产生的现金流量净额 | 0.93 | 0.16 | 494.17% | 0.53 |
| | 2003 年末(本年末) | 2002 年末(上年末) | 本年末比上年末增减 | 2001 年末 |
| 每股净资产 | 2.88 | 2.80 | 2.91% | 2.98 |
| 调整后的每股净资产 | 2.68 | 2.65 | 1.05% | 2.70 |

## 000887 安徽飞彩车辆股份有限公司

# 二〇〇三年年度报告摘选

### 1.上市公司基本情况简介

1.1 基本情况简介

股票简称:飞彩股份 股票代码:000887 上市交易所:深圳证券交易所

注册地址和办公地址:安徽省宣城市宣南路口 邮政编码:242000

公司国际互联网网址:http://www.chinafeicai.com

电子信箱:ahfc@mail.ahwhptt.net.cn

1.2 联系人和联系方式

董事会秘书:彭斌 联系地址:安徽省宣城市宣南路口

电话:0563-2612718 传真:0563-2612568 电子信箱:pengbinfc@163.com

证券事务代表:李靖 联系地址:安徽省宣城市宣南路口

电话:0563-2612568 传真:0563-2612568 电子信箱:lijingfc@163.com

### 2.会计数据和财务指标摘要

2.1 主要会计数据　　单位:元

| | 2003 年度 | 2002 年度 | 本年比上年增减 | 2001 年度 |
|---|---|---|---|---|
| 主营业务收入 | 769,712,952.86 | 841,693,986.67 | -8.55% | 858,176,057.34 |
| 利润总额 | 23,755,925.11 | 30,150,224.57 | -21.21% | 45,681,764.81 |
| 净利润 | 13,885,422.03 | 17,442,954.99 | -20.40% | 33,784,697.30 |
| 扣除非经常性损益的净利润 | 12,692,778.48 | 16,023,323.64 | -20.79% | 28,921,492.09 |
| | 2003 年末 | 2002 年末 | 本年末比上年末增减 | 2001 年末 |
| 总资产 | 1,977,275,254.75 | 1,854,201,622.91 | 6.64% | 1,615,637,640.58 |
| 股东权益(不含少数股东权益) | 783,999,197.76 | 785,163,775.73 | -0.15% | 767,643,579.36 |
| 经营活动产生的现金流量净额 | -147,993,094.87 | 186,846,066.67 | -179.21% | 110,424,588.34 |

2.2 主要财务指标　　单位:元

| | 2003 年度 | 2002 年度 | 本年比上年增减 | 2001 年度 |
|---|---|---|---|---|
| 每股收益 | 0.0461 | 0.0580 | -20.52 | 0.1122 |
| 净资产收益率(%) | 1.77 | 2.26 | -21.68 | 4.40 |
| 扣除非经常性损益的净利润为基础计算的净资产收益率(%) | 1.62 | 2.08 | -22.12 | 3.77 |
| 每股经营活动产生的现金流量净额 | -0.4917 | 0.6208 | -179.20 | 0.3669 |
| | 2003 年末 | 2002 年末 | 本年末比上年末增减 | 2001 年末 |
| 每股净资产 | 2.6046 | 2.6085 | -0.15 | 2.5503 |
| 调整后的每股净资产(元) | 2.49 | 2.53 | -1.58 | 2.52 |

## 000960 云南锡业股份有限公司

# 二〇〇三年年度报告摘选

### 1.上市公司基本情况简介

1.1 基本情况简介

股票简称:锡业股份 股票代码:000960 上市交易所:深圳证券交易所

注册地址和办公地址:昆明高新技术产业开发区 邮政编码:650118

公司国际互联网网址:http://www.ytl.com.cn

电子信箱:GFGS6609@mail.hh.yn.cninfo.net;XYZJ39@mail.hh.yn.cninfo.net

1.2 联系人和联系方式

董事会秘书:杨奕敏 联系地址:昆明高新技术产业开发区

电话:0873-3118667 传真:0873-3118308 电子信箱:GFGS6609@mail.hh.yn.cninfo.net

证券事务代表:何锡洪 联系地址:昆明高新技术产业开发区

电话:0873-3118606 传真:0873-3118622 电子信箱:XYZJ@mail.hh.yn.cninfo.net

### 2.会计数据和财务指标摘要

2.1 主要会计数据　　单位:(人民币)元

| | 2003 年 | 2002 年 | 本年比上年增减(%) | 2001 年 |
|---|---|---|---|---|
| 主营业务收入 | 1,621,124,320.70 | 1,220,442,145.42 | 32.83 | 1,140,927,361.79 |
| 利润总额 | 45,195,928.48 | 1,484,547.76 | 2,944.42 | 13,048,972.24 |
| 净利润 | 45,784,730.87 | 1,407,414.48 | 3,153.11 | 11,470,818.17 |
| 扣除非经常性损益的净利润 | 54,602,616.49 | 1,366,540.97 | 3,895.68 | 11,418,064.70 |
| | 2003 年末 | 2002 年末 | 本年末比上年末增减(%) | 2001 年末 |
| 总资产 | 2,340,829,136.89 | 2,251,320,516.79 | 3.98 | 2,080,555,178.53 |
| 股东权益(不含少数股东权益) | 1,202,960,531.11 | 1,161,435,955.25 | 3.57 | 1,158,450,367.42 |
| 经营活动产生的现金流量净额 | 124,069,938.45 | -89,616,478.48 | 238.87 | -168,688,281.93 |

2.2 主要财务指标　　单位:(人民币)元

| | 2003 年 | 2002 年 | 本年比上年增减(%) | 2001 年 |
|---|---|---|---|---|
| 每股收益 | 0.1279 | 0.0032 | 3,896.88 | 0.0320 |
| 每股收益注 1 | | | | |
| 净资产收益率(%) | 3.81 | 0.10 | 3,710.00 | 0.99 |
| 扣除非经常性损益的净利润为基础计算的净资产收益率(%) | 4.48 | 0.10 | 4,380.00 | 0.99 |
| 每股经营活动产生的现金流量净额 | 0.3467 | -0.2504 | 238.86 | -0.4713 |
| | 2003 年末 | 2002 年末 | 本年末比上年末增减(%) | 2001 年末 |
| 每股净资产 | 3.3611 | 3.2451 | 3.57 | 3.2367 |
| 调整后的每股净资产 | 3.3085 | 3.2117 | 3.01 | 3.2316 |

## 000968 山西神州煤电焦化股份有限公司

### 二〇〇三年年度报告摘选

#### 1.上市公司基本情况简介

1.1 基本情况简介

股票简称:神州股份　股票代码:000968　上市交易所:深圳证券交易所
注册地址和办公地址:太原市和平南路83号　邮政编码:030024
公司国际互联网网址:http://www.sx.xinhua.org/shenzhou
电子信箱:ss000968@cmail.cninfo.com.cn

1.2 联系人和联系方式

董事会秘书:刘恩孝　联系地址:山西省太原市和平南路83号
电话:0351－6019365　传真:0351－6199887
电子信箱:ss000968@cmail.cninfo.com.cn

#### 2.会计数据和财务指标摘要

2.1 主要会计数据　　单位:人民币元

| | 2003年(本年) | 2002年(上年) | 本年比上年增减 | 2001年 |
|---|---|---|---|---|
| 主营业务收入 | 1,137,357,747.29 | 843,379,769.35 | 34.86% | 678,252,742.38 |
| 利润总额 | 96,451,092.05 | 64,282,971.43 | 50.04% | 63,846,278.33 |
| 净利润 | 70,669,492.04 | 49,313,317.67 | 43.31% | 53,927,727.46 |
| 扣除非经常性损益的净利润 | 73,718,825.54 | 31,479,548.85 | 134.18% | 42,508,455.36 |
| | 2003年末(本年末) | 2002年末(上年末) | 本年末比上年末增减 | 2001年末 |
| 总资产 | 2,231,336,896.09 | 2,119,941,720.02 | 5.25% | 1,882,521,973.53 |
| 股东权益(不含少数股东权益) | 1,257,334,993.16 | 1,187,502,109.39 | 5.88% | 1,136,281,890.09 |
| 经营活动产生的现金流量净额 | 241,476,528.50 | 17,020,018.81 | 1318.78% | 32,287,023.00 |

2.2 主要财务指标　　单位:人民币元

| | 2003年(本年) | 2002年(上年) | 本年比上年增减 | 2001年 |
|---|---|---|---|---|
| 每股收益 | 0.18 | 0.12 | 43.27% | 0.14 |
| 每股收益(如果股本变化,按新股本计算) | 0.18 | -- | -- | -- |
| 净资产收益率 | 5.62% | 4.15% | 35.42% | 4.75% |
| 扣除非经常性损益的净利润为基础计算的净资产收益率 | 6.04% | 2.71% | 122.88% | 3.71% |
| 每股经营活动产生的现金流量净额 | 0.61 | 0.04 | 1317.63% | 0.10 |
| | 2003年末(本年末) | 2002年末(上年末) | 本年末比上年末增减 | 2001年末 |
| 每股净资产 | 3.18 | 3.00 | 5.88% | 2.88 |
| 调整后的每股净资产 | 2.79 | 2.62 | 6.51% | 2.68 |

## 600277 内蒙古亿利科技实业股份有限公司

### 二〇〇三年年度报告摘选

#### 1.上市公司基本情况简介

1.1 基本情况简介

股票简称:亿利科技　股票代码:600277　上市交易所:上海证券交易所
注册地址和办公地址:内蒙古鄂尔多斯市东胜区鄂尔多斯西街亿利科技大厦
邮政编码:017000　公司国际互联网网址:http://www.elion.com.cn
电子信箱:yilicor@public.hh.nm.cn

1.2 联系人和联系方式

董事会秘书:屈增龙　联系地址:内蒙古鄂尔多斯市东胜区鄂尔多斯西街亿利科技大厦
电话:0477－8372708　传真:0477－8371744　电子信箱:yilicor@public.hh.nm.cn
证券事务代表:闫树春　联系地址:内蒙古鄂尔多斯市东胜区鄂尔多斯西街亿利科技大厦
电话:0477－8372708　传真:0477－8371744　电子信箱:yilicor@public.hh.nm.cn

#### 2.会计数据和财务指标摘要

2.1 主要会计数据　　单位:元

| | 2003年 | 2002年 | 本年比上年增减(%) | 2001年 |
|---|---|---|---|---|
| 主营业务收入 | 962,787,681.78 | 559,428,261.44 | 72.10 | 226,836,440.86 |
| 利润总额 | 44126118.56 | 45,455,855.32 | －2.93 | 36,265,655.62 |
| 净利润 | 35,168,819.74 | 36,818,570.97 | －4.48 | 30,043,252.41 |
| 扣除非经常性损益的净利润 | 20,269,893.35 | 36,910,967.47 | －45.08 | 29,050.465.24 |
| | 2003年末 | 2002年末 | 本年末比上年末增减(%) | 2001年末 |
| 总资产 | 1,616,822,602.82 | 1,373,444,333.18 | 17.72 | 973,882,189.48 |
| 股东权益(不含少数股东权益) | 758,876,498.88 | 723,670,492.37 | 4.86 | 701,958,214.43 |
| 经营活动产生的现金流量净额 | 24,762,680.33 | 30,090,506.25 | －17.71 | －17,735,972.69 |

2.2 主要财务指标　　单位:元

| | 2003年 | 2002年 | 本年比上年增减(%) | 2001年 |
|---|---|---|---|---|
| 每股收益 | 0.2226 | 0.23 | －3.22 | 0.19 |
| 每股收益 | | | | |
| 净资产收益率(%) | 4.74 | 5.19 | －0.45 | 4.39 |
| 扣除非经常性损益的净利润为基础计算的净资产收益率(%) | 2.73 | 5.20 | －2.47 | 4.25 |
| 每股经营活动产生的现金流量净额 | 0.1567 | 0.19 | －17.53 | －0.11 |
| | 2003年末 | 2002年末 | 本年末比上年末增减(%) | 2001年末 |
| 每股净资产 | 4.8030 | 4.58 | 4.87 | 4.44 |
| 调整后的每股净资产 | 4.75 | 4.48 | 6.03 | 4.41 |

## 600069 河南银鸽实业投资股份有限公司

### 二〇〇三年年度报告摘选

#### 1.上市公司基本情况简介

1.1 基本情况简介

股票简称:银鸽投资　股票代码:600069　上市交易所:上海证券交易所
注册地址和办公地址:河南省漯河市人民东路95号　邮政编码:462000
公司国际互联网网址:http://www.yinge.cn　电子信箱:yinge@yinge.com.cn

1.2 联系人和联系方式

董事会秘书:张军力　联系地址:河南省漯河市人民东路95号
电话:0395－2355681　传真:0395－2355302　电子信箱:zjl@yinge.com.cn
证券事务代表:芦姗姗　联系地址:河南省漯河市人民东路95号
电话:0395－2355611　传真:0395－2355302　电子信箱:lushanshan@yinge.com.cn

#### 2.会计数据和财务指标摘要

2.1 主要会计数据　　单位:元

| | 2003年 | 2002年 | 本年比上年增减(%) | 2001年 |
|---|---|---|---|---|
| 主营业务收入 | 495,153,915.09 | 379,858,556.30 | 30.35 | 183,099,889.01 |
| 利润总额 | 30,980,880.47 | 16,245,049.95 | 90.71 | －228,540,095.48 |
| 净利润 | 30,614,762.27 | 16,245,049.95 | 88.46 | －227,809,995.93 |
| 扣除非经常性损益的净利润 | 30,058,163.99 | 11,793,660.83 | 154.87 | －94,245,257.13 |
| | 2003年末 | 2002年末 | 本年末比上年末增减(%) | 2001年末 |
| 总资产 | 1,138,420,995.85 | 870,013,042.48 | 30.85 | 960,701,823.92 |
| 股东权益(不含少数股东权益) | 425,858,080.61 | 359,082,617.49 | 7.79 | 378,031,616.68 |
| 经营活动产生的现金流量净额 | 51,466,531.51 | 114,047,375.04 | －54.87 | －126,697,090.43 |

2.2 主要财务指标　　单位:元

| | 2003年 | 2002年 | 本年比上年增减(%) | 2001年 |
|---|---|---|---|---|
| 每股收益 | 0.08 | 0.04 | 100 | －0.61 |
| 净资产收益率(%) | 0.08 | 0.04 | 100 | －0.60 |
| 扣除非经常性损益的净利润为基础计算的净资产收益率(%) | 0.07 | 0.03 | 133 | －0.25 |
| 每股经营活动产生的现金流量净额 | 0.14 | 0.31 | －0.55 | －0.34 |
| | 2003年末 | 2002年末 | 本年末比上年末增减(%) | 2001年末 |
| 每股净资产 | 1.15 | 1.06 | 8 | 1.02 |
| 调整后的每股净资产 | 1.13 | 1.06 | 7 | 1.01 |

## 600319 潍坊亚星化学股份有限公司

### 二〇〇三年年度报告摘选

#### 1.上市公司基本情况简介

1.1 基本情况简介

股票简称:亚星化学　股票代码:600319　上市交易所:上海证券交易所
注册地址和办公地址:山东省潍坊市奎文区鸢飞路899号　邮政编码:261031
公司国际互联网网址:http://www.chinayaxing.com　电子信箱:info@chinayaxing.com

1.2 联系人和联系方式

董事会秘书:汪波　联系地址:山东省潍坊市奎文区鸢飞路899号
电话:0536－8667941　传真:0536－8666877　电子信箱:info@chinayaxing.com
证券事务代表:李念法　联系地址:山东省潍坊市奎文区鸢飞路899号
电话:0536－8663853　传真:0536－8663853　电子信箱:info@chinayaxing.com

#### 2.会计数据和财务指标摘要

2.1 主要会计数据　　单位:元

| | 2003年 | 2002年 | 本年比上年增减(%) | 2001年 |
|---|---|---|---|---|
| 主营业务收入 | 674,064,702.38 | 606,289,163.86 | 11.18 | 597,642,456.09 |
| 利润总额 | 67,429,558.46 | 54,984,486.06 | 22.63 | 62,375,813.44 |
| 净利润 | 52,696,856.08 | 47,189,400.74 | 11.67 | 54,484,594.14 |
| 扣除非经常性损益的净利润 | 47,204,360.63 | 45,638,324.84 | 3.43 | 52,729,650.83 |
| | 2003年末 | 2002年末 | 本年末比上年末增减(%) | 2001年末 |
| 总资产 | 1,449,715,713.53 | 1,376,995,789.21 | 5.28 | 1,317,176,244.53 |
| 股东权益(不含少数股东权益) | 1,057,287,442.88 | 1,035,734,533.52 | 2.08 | 1,007,404,764.95 |
| 经营活动产生的现金流量净额 | 103,290,074.27 | 58,836,199.83 | 75.56 | 67,959,239.61 |

2.2 主要财务指标　　单位:元

| | 2003年 | 2002年 | 本年比上年增减(%) | 2001年 |
|---|---|---|---|---|
| 每股收益 | 0.167 | 0.150 | 11.33 | 0.173 |
| 净资产收益率(%) | 4.98 | 4.56 | 9.21 | 5.41 |
| 扣除非经常性损益的净利润为基础计算的净资产收益率(%) | 4.44 | 4.43 | 0.23 | 6.07 |
| 每股经营活动产生的现金流量净额 | 0.327 | 0.186 | 75.81 | 0.215 |
| | 2003年末 | 2002年末 | 本年末比上年末增减(%) | 2001年末 |
| 每股净资产 | 3.350 | 3.282 | 2.07 | 3.192 |
| 调整后的每股净资产 | 3.312 | 3.243 | 2.13 | 3.150 |

## 600359 新疆塔里木农业综合开发股份有限公司

### 二〇〇三年年度报告摘选

#### 1.上市公司基本情况简介

1.1 基本情况简介

股票简称:新农开发 股票代码:600359 上市交易所:上海证券交易所
注册地址:新疆阿拉尔市南口镇迎宾路 1 号
办公地址:新疆阿克苏市健康路 3 号社会保险大楼 5 层 邮政编码:843000
公司国际互联网网址:http://www.600359.com
电子信箱:nyshg - ak@xj.cninfo.net

1.2 联系人和联系方式

董事会秘书:晏正君 联系地址:新疆阿克苏市健康路 3 号社会保险大楼 5 层
电话:0997 - 2134018 传真:0997 - 2130840 电子信箱:yanzhengjun@163.net
证券事务代表:张春疆 联系地址:新疆阿克苏市健康路 3 号社会保险大楼 5 层
电话:0997 - 2125499 传真:0997 - 2130840 电子信箱:Zhang - chunjing@sohu.com

#### 2.会计数据和财务指标摘要

2.1 主要会计数据 单位:元

| | 2003 年 | 2002 年 | 本年比上年增减(%) | 2001 年 |
|---|---|---|---|---|
| 主营业务收入 | 888,358,189.10 | 675,630,102.47 | 31.49 | 537,671,097.60 |
| 利润总额 | 94,506,131.50 | 37,602,084.37 | 151.33 | 5,204,420.95 |
| 净利润 | 76,074,136.45 | 32,966,428.43 | 130.76 | 4,410,875.27 |
| 扣除非经常性损益的净利润 | 74,497,253.88 | 29,679,730.20 | 151.00 | - 2,323,786.34 |
| | 2003 年末 | 2002 年末 | 本年末比上年末增减(%) | 2001 年末 |
| 总资产 | 2,184,517,789.79 | 1,737,219,904.76 | 25.75 | 1,743,710,767.82 |
| 股东权益(不含少数股东权益) | 1,061,913,244.73 | 1,017,939,108.28 | 4.32 | 984,972,679.85 |
| 经营活动产生的现金流量净额 | - 9,069,835.20 | 845,022,803.67 | - - | - 98,637,193.45 |

2.2 主要财务指标 单位:元

| | 2003 年 | 2002 年 | 本年比上年增减(%) | 2001 年 |
|---|---|---|---|---|
| 每股收益 | 0.237 | 0.103 | 130.10 | 0.014 |
| 净资产收益率(%) | 7.164 | 3.239 | 121.18 | 0.40 |
| 扣除非经常性损益的净利润为基础计算的净资产收益率(%) | 7.015 | 2.916 | 104.69 | - 0.236 |
| 每股经营活动产生的现金流量净额 | - 0.028 | 0.622 | - - | - 0.307 |
| | 2003 年末 | 2002 年末 | 本年末比上年末增减(%) | 2001 年末 |
| 每股净资产 | 3.308 | 3.171 | 4.32 | 3.068 |
| 调整后的每股净资产 | 2.270 | 2.028 | 11.93 | 1.945 |

## 600363 江西联创光电科技股份有限公司

### 二〇〇三年年度报告摘选

#### 1.上市公司基本情况简介

1.1 基本情况简介

股票简称:联创光电 股票代码:600363 上市交易所:上海证券交易所
注册地址:南昌国家高新产业开发区火炬大街 125 号
办公地址:南昌国家高新产业开发区京东大道 168 号 邮政编码:330029
公司国际互联网网址:http://www.lianchuang.com.cn
电子信箱:lckjgs@upblic.nc.jx.cn

1.2 联系人和联系方式

董事会秘书:姚伟彪 联系地址:南昌国家高新产业开发区京东大道 168 号
电话:0791 - 8161878 传真:0791 - 8162001 电子信箱:ywb@lianchuang.com.cn

#### 2.会计数据和财务指标摘要

2.1 主要会计数据 单位:万元

| | 2003 年 | 2002 年 | 本年比上年增减(%) | 2001 年 |
|---|---|---|---|---|
| 主营业务收入 | 86,511.23 | 74,535.01 | 16.07 | 63,234.81 |
| 利润总额 | 8,307.02 | 7,285.96 | 14.01 | 4,241.35 |
| 净利润 | 4,663.18 | 4,607.23 | 1.21 | 1,928.92 |
| 扣除非经常性损益的净利润 | 3,991.45 | 4,586.78 | - 12.98 | 1,635.85 |
| | 2003 年末 | 2002 年末 | 本年末比上年末增减(%) | 2001 年末 |
| 总资产 | 154,687.69 | 126,253.90 | 22.52 | 110,166.86 |
| 股东权益(不含少数股东权益) | 67,485.14 | 64,656.70 | 4.37 | 60,018.93 |
| 经营活动产生的现金流量净额 | 4,516.22 | 8,814.38 | - 48.76 | 3,492.08 |

2.2 主要财务指标 单位:元

| | 2003 年 | 2002 年 | 本年比上年增减(%) | 2001 年 |
|---|---|---|---|---|
| 每股收益(摊薄) | 0.1886 | 0.1884 | 0 | 0.1170 |
| 每股收益(加权) | 0.1886 | 0.2164 | - 12.84 | 0.1287 |
| 净资产收益率(%) | 6.91 | 7.13 | - 3.08 | 3.21 |
| 扣除非经常性损益的净利润为基础计算的净资产收益率(%) | 5.91 | 7.09 | 16.64 | 3.30 |
| 每股经营活动产生的现金流量净额 | 0.1827 | 0.3565 | - 48.75 | 0.2118 |
| | 2003 年末 | 2002 年末 | 本年末比上年末增减(%) | 2001 年末 |
| 每股净资产 | 2.7299 | 2.5377 | 7.57 | 3.6428 |
| 调整后的每股净资产 | 2.7047 | 2.5151 | 7.54 | 3.5944 |

## 600368 广西五洲交通股份有限公司

### 二〇〇三年年度报告摘选

#### 1.上市公司基本情况简介

1.1 基本情况简介

股票简称:五洲交通 股票代码:600368 上市交易所:上海证券交易所
注册地址和办公地址:广西南宁市新民路 48 号 邮政编码:530012
电子信箱:wzjt@nn - mail.gx.cninfo.net

1.2 联系人和联系方式

董事会秘书:陈仕岳 联系地址:广西南宁市新民路 48 号
电话:0771 - 2838485 传真:0771 - 2115590 电子信箱:wzjt@nn - mail.gx.cninfo.net
证券事务代表:林明 联系地址:广西南宁市新民路 48 号
电话:0771 - 2115595 传真:0771 - 2838463 电子信箱:wzjt@nn - mail.gx.cninfo.net

#### 2.会计数据和财务指标摘要

2.1 主要会计数据 单位:元

| | 2003 年 | 2002 年 | 本年比上年增减(%) | 2001 年 |
|---|---|---|---|---|
| 主营业务收入 | 174,417,394.00 | 188,399,622.00 | - 7.42 | 137,184,467.00 |
| 利润总额 | 120,443,785.27 | 137,945,835.31 | - 12.69 | 121,926,550.84 |
| 净利润 | 101,001,110.22 | 116,296,217.82 | - 13.15 | 131,238,329.52 |
| 扣除非经常性损益的净利润 | 80,859,835.47 | 116,987,205.41 | - 30.88 | 103,043,611.85 |
| | 2003 年末 | 2002 年末 | 本年末比上年末增减(%) | 2001 年末 |
| 总资产 | 1,505,192,796.38 | 1,446,181,558.90 | + 4.08 | 1,347,975,844.76 |
| 股东权益(不含少数股东权益) | 1,213,942,844.24 | 1,112,941,734.02(调整前)<br>1,152,721,734.02(调整后) | + 9.08(调整前)<br>+ 5.31(调整后) | 1,036,425,516.20(调整前)<br>1,076,205,516.20(调整后) |
| 经营活动产生的现金流量净额 | 144,045,206.37 | 179,019,456.23 | - 19.54 | 135,798,404.54 |

2.2 主要财务指标 单位:元

| | 2003 年 | 2002 年 | 本年比上年增减(%) | 2001 年 |
|---|---|---|---|---|
| 每股收益 | 0.23 | 0.26 | - 11.54 | 0.30 |
| 净资产收益率(%) | 8.32 | 10.45(调整前)<br>10.09(调整后) | - 20.38(调整前)<br>- 17.54(调整后) | 12.66(调整前)<br>12.19(调整后) |
| 扣除非经常性损益的净利润为基础计算的净资产收益率(%) | 6.66 | 10.51(调整前)<br>10.15(调整后) | - 36.63(调整前)<br>- 34.38(调整后) | 9.94(调整前)<br>9.57(调整后) |
| 每股经营活动产生的现金流量净额 | 0.33 | 0.41 | - 19.51 | 0.31 |
| | 2003 年末 | 2002 年末 | 本年末比上年末增减(%) | 2001 年末 |
| 每股净资产 | 2.75 | 2.52(调整前)<br>2.61(调整后) | 9.13(调整前)<br>5.36(调整后) | 2.34(调整前)<br>2.43(调整后) |
| 调整后的每股净资产 | 2.75 | 2.61 | 5.36 | 2.43 |

## 600409 唐山三友化工股份有限公司

### 二〇〇三年年度报告摘选

#### 1.上市公司基本情况简介

1.1 基本情况简介

股票简称:三友化工 股票代码:600409
上市交易所:上海证券交易所
注册地址和办公地址:河北省唐山市南堡开发区 邮政编码:063305
公司国际互联网网址:http://www.sanyou - chem.com.cn
电子信箱:shilingzhu@sanyou - chem.com.cn

1.2 联系人和联系方式

董事会秘书:史岭珠 联系地址:河北省唐山市南堡开发区
电话:0315 - 8517040 传真:0315 - 8519188
电子信箱:shilingzhu@sanyou - chem.com.cn
证券事务代表:张建华 联系地址:河北省唐山市南堡开发区
电话:0315 - 8511642 传真:0315 - 8519188
电子信箱:zhengquanbu@sanyou - chem.com.cn

#### 2.会计数据和财务指标摘要

2.1 主要会计数据 单位:元

| | 2003 年 | 2002 年 | 本年比上年增减 | 2001 年 |
|---|---|---|---|---|
| 主营业务收入 | 995,845,728.08 | 944,375,468.72 | + 5.45% | 878,027,198.92 |
| 利润总额 | 80,172,068.08 | 120,785,847.34 | - 33.62% | 107,801,324.39 |
| 净利润 | 48,909,112.26 | 75,188,547.89 | - 34.95% | 72,147,593.26 |
| 扣除非经常性损益的净利润 | 48,797,988.28 | 79,753,564.35 | - 37.11% | 74,657,198.36 |
| | 2003 年末 | 2002 年末 | 本年末比上年末增减 | 2001 年末 |
| 总资产 | 1,570,505,419.67 | 984,070,906.36 | + 59.59% | 1,013,842,836.78 |
| 股东权益(不含少数股东权益) | 1,033,440,772.02 | 457,635,612.66 | + 125.82% | 420,184,066.04 |
| 经营活动产生的现金流量净额 | 102,272,991.91 | 217,170,210.30 | - 46.99% | 116,902,222.80 |

2.2 主要财务指标 单位:元

| | 2003 年 | 2002 年 | 本年比上年增减 | 2001 年 |
|---|---|---|---|---|
| 每股收益(摊薄) | 0.1394 | 0.30 | - 53.33% | 0.29 |
| 每股收益(加权) | 0.1630 | 0.3 | - 45.67% | 0.29 |
| 净资产收益率(摊薄) | 4.73% | 16.43% | - 11.70% | 17.34% |
| 净资产收益率(加权) | 6.71% | 17.93% | - 11.22% | 18.09% |
| 扣除非经常性损益的净利润为基础计算的净资产收益率(摊薄) | 4.72% | 16.31% | - 11.59% | 17.94% |
| 扣除非经常性损益的净利润为基础计算的净资产收益率(加权) | 6.70% | 19.03% | - 12.33% | 18.72% |
| 每股经营活动产生的现金流量净额 | 0.29 | 0.87 | - 66.67% | 0.47 |
| | 2003 年末 | 2002 年末 | 本年末比上年末增减 | 2001 年末 |
| 每股净资产 | 2.95 | 1.83 | + 61.20% | 1.66 |
| 调整后的每股净资产 | 2.91 | 1.82 | + 59.02% | 1.66 |

# 600428 中远航运股份有限公司

## 二〇〇三年年度报告摘选

### 1.上市公司基本情况简介

1.1 基本情况简介

股票简称:中远航运　股票代码:600428　上市交易所:上海证券交易所

注册地址:广东省广州市保税区东江大道 282 号康胜大厦

办公地址:广州市珠江新城华利路 19 号远洋明珠大厦 4 楼　邮政编码:510623

公司国际互联网网址:http://www.coscol.com.cn/　电子信箱:info@coscol.com.cn

1.2 联系人和联系方式

董事会秘书:林敬伟　联系地址:广州市珠江新城华利路 19 号远洋明珠大厦 4 楼

电话:(020)37585333　传真:(020)37585999　电子信箱:linjw@coscol.com.cn

证券事务代表:杨炜锋　联系地址:广州市珠江新城华利路 19 号远洋明珠大厦 4 楼

电话:(020)37585333－8112　传真:(020)37585136　电子信箱:Yangwf@coscol.com.cn

### 2.会计数据和财务指标摘要

2.1 主要会计数据　单位:元

| | 2003 年 | 2002 年 | 本年比上年增减 | 2001 年 |
|---|---|---|---|---|
| 主营业务收入 | 813,300,347.25 | 548,883,052.97 | 48.17% | 535,117,598.11 |
| 利润总额 | 177,360,870.96 | 106,675,810.54 | 66.26% | 104,172,683.75 |
| 净利润 | 110,663,167.70 | 82,580,155.59 | 34.01% | 85,675,035.83 |
| 扣除非经常性损益的净利润 | 98,405,857.69 | 76,556,048.94 | 22.86% | 85,614,740.56 |
| | 2003 年 12 月 31 日 | 2002 年 12 月 31 日 | 本年末比上年末增减 | 2001 年末 |
| 总资产 | 1,647,975,783.70 | 1,656,110,583.20 | －0.49% | 526,938,153.74 |
| 股东权益(不含少数股东权益) | 1,431,922,078.11 | 1,404,058,910.41 | 2.06% | 360,413,324.93 |
| 经营活动产生的现金流量净额 | 205,528,294.20 | 86,434,250.96 | 137.79% | 162,427,507.94 |

2.2 主要财务指标　单位:元

| | 2003 年 | 2002 年 | 本年比上年增减 | 2001 年 |
|---|---|---|---|---|
| 每股收益 | 0.31 | 0.23 | 34.01% | 0.37 |
| 净资产收益率 | 7.73% | 5.88% | 31.40% | 23.77 |
| 扣除非经常性损益的净利润为基础计算的净资产收益率 | 6.88 | 7.37% | －11.49% | 24.16 |
| 每股经营活动产生的现金流量净额 | 0.57 | 0.24 | 137.79% | 0.71 |
| | 2003 年末 | 2002 年末 | 本年末比上年末增减 | 2001 年末 |
| 每股净资产 | 3.98 | 3.90 | 0.02 | 1.57 |
| 调整后的每股净资产 | 3.96 | 3.89 | 0.02 | 1.57 |

# 600561 江西长运股份有限公司

## 二〇〇三年年度报告摘选

### 1.上市公司基本情况简介

1.1 基本情况简介

股票简称:江西长运　股票代码:600561　上市交易所:上海证券交易所

注册地址和办公地址:江西省南昌市广场南路 118 号　邮政编码:330003

公司国际互联网网址:http://www.jxcy.com.cn

电子信箱:jxcy@public.nc.jx.cn

1.2 联系人和联系方式

董事会秘书:黄鸿源　联系地址:江西省南昌市广场南路 118 号

电话:0791－6298107　传真:0791－6217722　电子信箱:dongsihui@jxcy.com.cn

证券事务代表:王玉惠　联系地址:江西省南昌市广场南路 118 号

电话:0791－6298107　传真:0791－6217722　电子信箱:dongsihui@jxcy.com.cn

### 2.会计数据和财务指标摘要

2.1 主要会计数据　单位:元

| | 2003 年 | 2002 年 | 本年比上年增减(%) | 2001 年 |
|---|---|---|---|---|
| 主营业务收入 | 199,945,229.92 | 152,979,458.19 | 30.70 | 121,446,425.18 |
| 利润总额 | 49,163,935.27 | 43,389,788.58 | 13.31 | 33,560,064.04 |
| 净利润 | 30,833,759.12 | 28,665,760.23 | 7.56 | 21,978,937.56 |
| 扣除非经常性损益的净利润 | 23,058,102.18 | 25,293,059.31 | －8.84 | 21,663,795.66 |
| | 2003 年末 | 2002 年末 | 本年末比上年末增减(%) | 2001 年末 |
| 总资产 | 541,620,616.13 | 470,251,928.41 | 15.18 | 241,755,943.86 |
| 股东权益(不含少数股东权益) | 291,066,644.08 | 273,598,171.52 | 6.38 | 118,515,611.29 |
| 经营活动产生的现金流量净额 | 46,543,037.32 | 59,707,653.88 | －22.05 | 56,240,800.52 |

2.2 主要财务指标　单位:元

| | 2003 年 | 2002 年 | 本年比上年增减(%) | 2001 年 |
|---|---|---|---|---|
| 每股收益 | 0.33 | 0.31 | 6.45 | 0.35 |
| 净资产收益率(%) | 10.59 | 10.48 | 1.05 | 18.55 |
| 扣除非经常性损益的净利润为基础计算的净资产收益率(%) | 8.24 | 13.81 | －40.33 | 19.58 |
| 每股经营活动产生的现金流量净额 | 0.50 | 0.64 | －21.88 | 0.89 |
| | 2003 年末 | 2002 年末 | 本年末比上年末增减(%) | 2001 年末 |
| 每股净资产 | 3.13 | 2.95 | 6.10 | 1.89 |
| 调整后的每股净资产 | 3.08 | 2.91 | 5.84 | 1.86 |

# 600587 山东新华医疗器械股份有限公司

## 二〇〇三年年度报告摘选

### 1.上市公司基本情况简介

1.1 基本情况简介

股票简称:新华医疗　股票代码:600587　上市交易所:上海证券交易所

注册地址和办公地址:淄博高新技术产业开发区新华医疗科技园　邮政编码:255086

公司国际互联网网址:http://www.xhmed.com

电子信箱:xhyl@zb－public.sd.cninfo.net

1.2 联系人和联系方式

董事会秘书:季跃相　联系地址:山东省淄博高新技术产业开发区新华医疗科技园

电话:0533－3587766　传真:0533－3587768　电子信箱:xhyl@zb－public.sd.cninfo.net

证券事务代表:靳建国　联系地址:山东省淄博高新技术产业开发区新华医疗科技园

电话:0533－3587766　传真:0533－3587768　电子信箱:xhyl@zb－public.sd.cninfo.net

### 2.会计数据和财务指标摘要

2.1 主要会计数据　单位:元

| | 2003 年 | 2002 年 | 本年比上年增减(%) | 2001 年 |
|---|---|---|---|---|
| 主营业务收入 | 275191989.01 | 249648293.45 | 10.23 | 179942035.59 |
| 利润总额 | 28428819.59 | 25824234.45 | 10.09 | 23900310.14 |
| 净利润 | 24062597.99 | 21361303.00 | 12.65 | 18641894.00 |
| 扣除非经常性损益的净利润 | 21591963.03 | 21527799.67 | 0.30 | 18689788.00 |
| | 2003 年末 | 2002 年末 | 本年末比上年末增减(%) | 2001 年末 |
| 总资产 | 580860195.16 | 528816103.87 | 9.84 | 282730297.05 |
| 股东权益(不含少数股东权益) | 318657778.34 | 297290683.16 | 7.19 | 90647170.02 |
| 经营活动产生的现金流量净额 | －10875928.14 | 25645639.00 | －142.41 | 16245251.01 |

2.2 主要财务指标　单位:元

| | 2003 年 | 2002 年 | 本年比上年增减(%) | 2001 年 |
|---|---|---|---|---|
| 每股收益 | 0.28 | 0.35 | －20 | 0.46 |
| 每股收益 | 0.28 | 0.35 | －20 | 0.46 |
| 净资产收益率(%) | 7.55 | 7.26 | 4.00 | 20.43 |
| 扣除非经常性损益的净利润为基础计算的净资产收益率(%) | 6.78 | 7.32 | －7.38 | 17.12 |
| 每股经营活动产生的现金流量净额 | －0.13 | 0.42 | －130.96 | 0.40 |
| | 2003 年末 | 2002 年末 | 本年末比上年末增减(%) | 2001 年末 |
| 每股净资产 | 3.71 | 4.80 | －22.71 | 2.25 |
| 调整后的每股净资产 | 3.70 | 4.78 | －22.60 | 2.22 |

# 600680 上海邮电通信设备股份有限公司

## 二〇〇三年年度报告摘选

### 1.上市公司基本情况简介

1.1 基本情况简介

股票简称:上海邮通　邮通 B 股　股票代码:600680　900930

上市交易所:上海证券交易所

注册地址和办公地址:上海市宜山路 700 号　邮政编码:200233

公司国际互联网网址:http://www.shpte.com.cn

电子信箱:spte@public6.sta.net.cn

1.2 联系人和联系方式

董事会秘书:周锦荣　联系地址:上海市宜山路 700 号

电话:021－64834310　传真:021－64834310　电子信箱:zhengquanb@shpte.com

证券事务代表:周应昕　联系地址:上海市宜山路 700 号

电话:021－64834310　传真:021－64834310　电子信箱:zhengquanb@shpte.com

### 2.会计数据和财务指标摘要

2.1 主要会计数据　单位:元

| | 2003 年 | 2002 年 | 本年比上年增减(%) | 2001 年 |
|---|---|---|---|---|
| 主营业务收入 | 2,000,781,364.93 | 1,549,717,617.50 | 29.11 | 990,122,658.23 |
| 利润总额 | 61,850,361.79 | 48,581,476.39 | 27.31 | 68,660,656.03 |
| 净利润 | 51,519,738.82 | 31,520,147.88 | 63.45 | 61,437,714.44 |
| 扣除非经常性损益的净利润 | 53,280,788.89 | 31,114,511.60 | 71.24 | 61,558,808.31 |
| | 2003 年末 | 2002 年末 | 本年末比上年末增减(%) | 2001 年末 |
| 总资产 | 21,198,632,603.27 | 1,915,679,570.83 | 14.77 | 1,712,895,237.35 |
| 股东权益(不含少数股东权益) | 649,010,595.86 | 608,707,356.90 | 6.62 | 579,530,709.63 |
| 经营活动产生的现金流量净额 | －35,005,682.60 | 38,062,524.93 | －191.97 | 49,437,931.76 |

2.2 主要财务指标　单位:元

| | 2003 年 | 2002 年 | 本年比上年增减(%) | 2001 年 |
|---|---|---|---|---|
| 每股收益 | 0.17 | 0.10 | 70 | 0.20 |
| 净资产收益率(%) | 7.94 | 5.18 | 53.28 | 10.60 |
| 扣除非经常性损益的净利润为基础计算的净资产收益率(%) | 8.21 | 5.11 | 60.67 | 10.77 |
| 每股经营活动产生的现金流量净额 | －0.11 | 0.12 | －191.67 | 0.16 |
| | 2003 年末 | 2002 年末 | 本年末比上年末增减(%) | 2001 年末 |
| 每股净资产 | 2.13 | 2.00 | 6.50 | 1.90 |
| 调整后的每股净资产 | 1.99 | 1.81 | 9.94 | 1.76 |

# 600704 浙江中大集团股份有限公司

## 二○○三年年度报告摘选

### 1.上市公司基本情况简介

1.1 基本情况简介

股票简称:中大股份 股票代码:600704 上市交易所:上海证券交易所
注册地址和办公地址:杭州市中大广场 A 座 邮政编码:310003
公司国际互联网网址:http://www.zhongda.com 电子信箱:Zdinc@mail.hz.zj.cn

1.2 联系人和联系方式

董事会秘书:祝卸和 联系地址:杭州市中大广场 A 座
电话:0571-85777007 传真:0571-85778008 电子信箱:Zhuxh@zhongda.com

### 2.会计数据和财务指标摘要

2.1 主要会计数据 单位:元

| | 2003 年 | 2002 年 | 本年比上年增减(%) | 2001 年 |
|---|---|---|---|---|
| 主营业务收入 | 2,800,986,181.64 | 2,365,794,251.98 | 18.40 | 2,644,169,147.28 |
| 利润总额 | 87,035,522.36 | 77,781,735.57 | 11.89 | 84,297,779.26 |
| 净利润 | 48,706,838.34 | 44,641,029.30 | 9.11 | 70,110,554.28 |
| 扣除非经常性损益的净利润 | 44,113,774.40 | 27,055,793.45 | 63.05 | 77,812,080.87 |
| | 2003 年末 | 2002 年末 | 本年末比上年末增减(%) | 2001 年末 |
| 总资产 | 3,377,746,832.06 | 3,032,762,205.34 | 11.38 | 2,704,229,843.32 |
| 股东权益(不含少数股东权益) | 1,148,392,201.93 | 1,129,227,929.15 | 1.70 | 1,111,352,341.75 |
| 经营活动产生的现金流量净额 | 140,467,337.78 | -49,261,294.48 | 384.59 | 192,128,343.23 |

2.2 主要财务指标 单位:元

| | 2003 年 | 2002 年 | 本年比上年增减(%) | 2001 年 |
|---|---|---|---|---|
| 每股收益 | 0.169 | 0.155 | 9.03 | 0.243 |
| 每股收益 | 0.169 | 0.155 | 9.03 | 0.243 |
| 净资产收益率(%) | 4.24 | 3.95 | 7.34 | 6.31 |
| 扣除非经常性损益的净利润为基础计算的净资产收益率(%) | 3.84 | 2.40 | 60 | 7.00 |
| 每股经营活动产生的现金流量净额 | 0.49 | -0.17 | 388.24 | 0.67 |
| | 2003 年末 | 2002 年末 | 本年末比上年末增减(%) | 2001 年末 |
| 每股净资产 | 3.98 | 3.92 | 1.53 | 3.86 |
| 调整后的每股净资产 | 3.77 | 3.66 | 3.01 | 3.61 |

# 000710 成都天兴仪表股份有限公司

## 二○○三年年度报告摘选

### 1.上市公司基本情况简介

1.1 基本情况简介

股票简称:*ST 天仪 股票代码:000710 上市交易所:深圳证券交易所
注册地址:成都高新技术产业开发区
办公地址:成都外东十陵镇公司办公楼 邮政编码:610106
电子信箱:china0710@mail.china.com

1.2 联系人和联系方式

董事会秘书:叶秀松 联系地址:成都外东十陵镇天兴仪表股份公司董事会办公室
电话:(028)84613721 传真:(028)84600581 电子信箱:china0710@mail.china.com
证券事务代表:戴兴斌 联系地址:成都外东十陵镇天兴仪表股份公司董事会办公室
电话:(028)84613721 传真:(028)84600581 电子信箱:cddaixb@163.com

### 2.会计数据和财务指标摘要

2.1 主要会计数据 单位:(人民币)元

| | 2003 年(本年) | 2002 年(上年) | 本年比上年增减 | 2001 年 |
|---|---|---|---|---|
| 主营业务收入 | 81,317,010.18 | 62,619,977.01 | 29.86% | 51,132,768.87 |
| 利润总额 | 3,174,241.02 | -50,809,555.63 | -- | -45,660,542.34 |
| 净利润 | 3,174,241.02 | -50,809,555.63 | -- | -44,340,312.45 |
| 扣除非经常性损益的净利润 | -5,130,374.11 | -26,365,856.75 | -- | -46,400,689.08 |
| | 2003 年末(本年末) | 2002 年末(上年末) | 本年末比上年末增减 | 2001 年末 |
| 总资产 | 258,410,090.52 | 242,096,805.71 | 6.74% | 357,290,577.57 |
| 股东权益(不含少数股东权益) | 112,108,618.89 | 108,872,395.65 | 2.97% | 159,251,851.70 |
| 经营活动产生的现金流量净额 | -1,228,278.08 | 14,910,671.15 | -108.24% | -85,388,570.97 |

2.2 主要财务指标 单位:(人民币)元

| | 2003 年(本年) | 2002 年(上年) | 本年比上年增减 | 2001 年 |
|---|---|---|---|---|
| 每股收益 | 0.02 | -0.34 | -- | -0.29 |
| 每股收益(如果股本变化,按新股本计算) | 0.02 | -- | -- | -- |
| 净资产收益率 | 2.83% | -46.67% | -- | -27.84% |
| 扣除非经常性损益的净利润为基础计算的净资产收益率 | -4.58% | -24.22% | -- | -29.14% |
| 每股经营活动产生的现金流量净额 | -0.01 | 0.10 | -108.18% | -0.56 |
| | 2003 年末(本年末) | 2002 年末(上年末) | 本年末比上年末增减 | 2001 年末 |
| 每股净资产 | 0.74 | 0.72 | 2.99% | 1.05 |
| 调整后的每股净资产 | 0.69 | 0.70 | -1.38% | 1.05 |

# 600845 上海宝信软件股份有限公司

## 二○○三年年度报告摘选

### 1.上市公司基本情况简介

1.1 基本情况简介

股票简称:宝信软件、宝信 B 股票代码:600845、900926
上市交易所:上海证券交易所
注册地址和办公地址:上海市浦东新区张江高科技园区郭守敬路 515 号
邮政编码:201203 公司国际互联网网址:http://www.baosight.com
电子信箱:investor@baosight.com

1.2 联系人和联系方式

董事会秘书:陈健 联系地址:上海浦东新区张江高科技园区郭守敬路 515 号
电话:021-50801155 传真:021-50803294 电子信箱:investor@baosight.com
证券事务代表:胡德康 联系地址:上海浦东新区张江高科技园区郭守敬路 515 号
电话:021-50801155-1462 传真:021-50803294 电子信箱:hudekang@baosight.com

### 2.会计数据和财务指标摘要

2.1 主要会计数据 单位:元

| 项目 | 2003 年度 | 2002 年度 | 本年比上年增减(%) | 2001 年度 |
|---|---|---|---|---|
| 主营业务收入 | 964,717,881.55 | 639,696,569.21 | 50.8 | 397,354,165.99 |
| 利润总额 | 61,306,979.86 | 51,552,632.12 | 18.9 | 39,018,086.59 |
| 净利润 | 53,929,255.85 | 52,736,989.01 | 2.3 | 39,180,565.70 |
| 扣除非经常性损益的净利润 | 53,688,869.35 | 48,589,192.36 | 10.5 | 38,378,611.61 |
| 项目 | 2003 年末 | 2002 年末 | 本年末比上年末增减(%) | 2001 年末 |
| 总资产 | 603,014,256.77 | 441,117,357.33 | 36.7 | 323,292,072.51 |
| 股东权益(不含少数股东权益)(调整前) | 357,743,586.74 | 303,375,521.56 | 17.9 | 263,523,740.13 |
| 股东权益(不含少数股东权益)(调整后) | 357,743,586.74 | 316,487,725.06 | 13.0 | 263,523,740.13 |
| 经营活动产生的现金流量净额 | 74,300,358.89 | -9,125,616.59 | -- | 21,429,142.29 |

2.2 主要财务指标 单位:元

| 项目 | 2003 年度 | 2002 年度 调整前 | 2002 年度 调整后 | 2001 年度 |
|---|---|---|---|---|
| 每股收益 | 0.206 | 0.201 | 0.201 | 0.149 |
| 每股经营活动产生的现金流量净额 | 0.283 | -0.035 | -0.035 | 0.08 |
| 净资产收益率(%)(摊薄) | 15.07 | 17.38 | 16.66 | 14.87 |
| 净资产收益率(%)(加权) | 16.00 | 18.19 | 18.18 | 17.53 |
| 扣除非经常性损益后的净资产收益率(%)(摊薄) | 15.01 | 16.02 | 15.35 | 14.56 |
| 扣除非经常性损益后的净资产收益率(%)(加权) | 15.93 | 17.14 | 16.75 | 17.17 |
| 项目 | 2003 年末 | 2002 年末 调整前 | 2002 年末 调整后 | 2001 年末 |
| 每股净资产 | 1.364 | 1.157 | 1.207 | 1.005 |
| 调整后的每股净资产 | 1.336 | 1.132 | 1.182 | 0.974 |

# 600896 中海(海南)海盛船务股份有限公司

## 二○○三年年度报告摘选

### 1.上市公司基本情况简介

1.1 基本情况简介

股票简称:中海海盛 股票代码:600896 上市交易所:上海证券交易所
注册地址和办公地址:海南省海口市龙昆北路 2 号珠江广场帝豪大厦 25 层
邮政编码:570125 公司国际互联网网址:http://www.hsshipping.com
电子信箱:security@hsshipping.com

1.2 联系人和联系方式

董事会秘书:胡小波
联系地址:海南省海口市龙昆北路 2 号珠江广场帝豪大厦 25 层公司证券部
电话:0898-68583985 传真:0898-68581486 电子信箱:x.b.hu@hsshipping.163.com
证券事务代表:刘柏成
联系地址:海南省海口市龙昆北路 2 号珠江广场帝豪大厦 25 层公司证券部
电话:0898-68583777-389 传真:0898-68581486 电子信箱:b.c.liu@hsshipping.163.com

### 2.会计数据和财务指标摘要

2.1 主要会计数据 单位:(人民币)元

| | 2003 年 | 2002 年 | 本年比上年增减(%) | 2001 年 |
|---|---|---|---|---|
| 主营业务收入 | 497,058,211.75 | 460,816,656.24 | 7.86 | 445,211,041.90 |
| 利润总额 | 65,372,402.06 | 75,714,674.20 | -13.66 | 64,150,050.77 |
| 净利润 | 49,315,207.37 | 55,187,575.94 | -10.64 | 47,201,701.75 |
| 扣除非经常性损益的净利润 | 49,991,952.24 | 54,801,523.03 | -8.78 | 56,713,072.10 |
| | 2003 年末 | 2002 年末 | 本年末比上年末增减(%) | 2001 年末 |
| 总资产 | 1,072,350,683.47 | 1,054,286,778.61 | 1.71 | 1,085,055,179.26 |
| 股东权益(不含少数股东权益) | 865,687,319.34 | 848,100,366.97 | 2.07 | 824,488,934.48 |
| 经营活动产生的现金流量净额 | 60,800,848.87 | 108,698,032.43 | -44.06 | 71,925,935.75 |

2.2 主要财务指标 单位:(人民币)元

| | 2003 年 | 2002 年 | 本年比上年增减(%) | 2001 年 |
|---|---|---|---|---|
| 每股收益 | 0.16 | 0.17 | -5.88 | 0.15 |
| 净资产收益率(%) | 5.70 | 6.51 | -12.44 | 5.72 |
| 扣除非经常性损益的净利润为基础计算的净资产收益率(%) | 5.77 | 6.46 | -10.68 | 6.88 |
| 每股经营活动产生的现金流量净额 | 0.19 | 0.34 | -44.12 | 0.23 |
| | 2003 年末 | 2002 年末 | 本年末比上年末增减(%) | 2001 年末 |
| 每股净资产 | 2.73 | 2.67 | 2.25 | 2.60 |
| 调整后的每股净资产 | 2.68 | 2.59 | 3.47 | 2.48 |

## 3 月 24 日

# 000400 许继电气股份有限公司

## 二〇〇三年年度报告摘选

### 1.上市公司基本情况简介

1.1 基本情况简介

股票简称:许继电气 股票代码:000400 上市交易所:深圳证券交易所

注册地址和办公地址:河南省许昌市许继大道 邮政编码:461000

公司国际互联网网址:www.xjec.com 电子信箱:chc@xjec.com

1.2 联系人和联系方式

董事会秘书:姚武 联系地址:河南省许昌市许继大道

电话:0374－3212348 传真:0374－3363549 电子信箱:chc@xjec.com

证券事务代表:李维扬 联系地址:河南省许昌市许继大道

电话:0374－3212348 传真:0374－3363549 电子信箱:chc@xjec.com

### 2.会计数据和财务指标摘要

2.1 主要会计数据 单位:人民币元

| | 2003 年（本年） | 2002 年（上年） | 本年比上年增减 | 2001 年 |
|---|---|---|---|---|
| 主营业务收入 | 1,526,811,028.65 | 1,288,057,882.62 | 18.54% | 1,221,712,698.36 |
| 利润总额 | 267,694,150.83 | 175,999,061.67 | 52.10% | 208,449,940.68 |
| 净利润 | 168,771,693.78 | 151,185,469.88 | 11.63% | 170,900,640.57 |
| 扣除非经常性损益的净利润 | 163,633,217.80 | 151,325,099.61 | 8.13% | 169,163,786.67 |
| | 2003 年末（本年末） | 2002 年末（上年末） | 本年末比上年末增减 | 2001 年末 |
| 总资产 | 3,093,448,146.17 | 2,745,723,382.44 | 12.66% | 2,580,400,489.06 |
| 股东权益(不含少数股东权益) | 1,720,972,961.32 | 1,594,709,958.70 | 7.92% | 1,525,678,187.13 |
| 经营活动产生的现金流量净额 | 143,106,487.46 | 103,941,658.96 | 37.68% | 102,208,435.74 |

2.2 主要财务指标 单位:人民币元

| | 2003 年（本年） | 2002 年（上年） | 本年比上年增减 | 2001 年 |
|---|---|---|---|---|
| 每股收益 | 0.45 | 0.40 | 11.63% | 0.45 |
| 每股收益(如果股本变化,按新股本计算) | 0.45 | －－ | －－ | －－ |
| 净资产收益率 | 9.81% | 9.48% | 3.48% | 11.20% |
| 扣除非经常性损益的净利润为基础计算的净资产收益率 | 9.51% | 9.49% | 0.21% | 11.09% |
| 每股经营活动产生的现金流量净额 | 0.38 | 0.27 | 37.66% | 0.27 |
| | 2003 年末（本年末） | 2002 年末（上年末） | 本年末比上年末增减 | 2001 年末 |
| 每股净资产 | 4.55 | 4.22 | 7.92% | 4.03 |
| 调整后的每股净资产 | 4.43 | 4.18 | 6.06% | 4.02 |

# 000423 山东东阿阿胶股份有限公司

## 二〇〇三年年度报告摘选

### 1.上市公司基本情况简介

1.1 基本情况简介

股票简称:东阿阿胶 股票代码:000423 上市交易所:深圳证券交易所

注册地址和办公地址:山东省东阿县阿胶街 78 号 邮政编码:252201

公司国际互联网网址:www.dongeejiao.com 电子信箱:webmaster@dongeejiao.com

1.2 联系人和联系方式

董事会秘书:吴怀锋 联系地址:山东省东阿县阿胶街 78 号

电话:0635－3264069 传真:0635－3260786 电子信箱:wuhf@dongeejiao.com

证券事务代表:刘兴国 联系地址:山东省东阿县阿胶街 78 号

电话:0635－3264069 传真:0635－3260786 电子信箱:linxg@dongeejiao.com

### 2.会计数据和财务指标摘要

2.1 主要会计数据 单位:(人民币)元

| | 2003 年 | 2002 年 | 本年比上年增减 | 2001 年 |
|---|---|---|---|---|
| 主营业务收入 | 747,724,566.48 | 569,924,999.71 | 31.20% | 452,021,137.73 |
| 利润总额 | 143,207,002.07 | 138,489,025.54 | 3.41% | 118,835,845.65 |
| 净利润 | 96,815,635.95 | 86,809,325.24 | 11.53% | 109,668,321.13 |
| 扣除非经常性损益的净利润 | 97,915,018.68 | 97,302,596.74 | 0.63% | 102,928,787.25 |
| | 2003 年末（本年末） | 2002 年末（上年末） | 本年末比上年末增减 | 2001 年末 |
| 总资产 | 1,019,415,112.92 | 982,280,276.85 | 3.78% | 985,912,558.45 |
| 股东权益(不含少数股东权益) | 868,754,991.27 | 785,563,073.62 | 10.59% | 766,872,339.88 |
| 经营活动产生的现金流量净额 | 102,169,487.29 | 97,854,693.91 | 4.41% | 44,893,753.87 |

2.2 主要财务指标 单位:(人民币)元

| | 2003 年（本年） | 2002 年（上年） | 本年比上年增减 | 2001 年 |
|---|---|---|---|---|
| 每股收益 | 0.36 | 0.32 | 11.29% | 0.40 |
| 每股收益(如果股本变化,按新股本计算) | 0.36 | －－ | －－ | －－ |
| 净资产收益率 | 11.14% | 11.05% | 0.81% | 14.30% |
| 扣除非经常性损益的净利润为基础计算的净资产收益率 | 11.10% | 11.11% | －0.09% | 13.16% |
| 每股经营活动产生的现金流量净额 | 0.38 | 0.36 | 4.17% | 0.17 |
| | 2003 年末（本年末） | 2002 年末（上年末） | 本年末比上年末增减 | 2001 年末 |
| 每股净资产 | 3.19 | 2.88 | 10.58% | 2.81 |
| 调整后的每股净资产 | 3.17 | 2.87 | 10.45% | 2.81 |

# 000532 力合股份有限公司

## 二〇〇三年年度报告摘选

### 1.上市公司基本情况简介

1.1 基本情况简介

股票简称:力合股份 股票代码:000532 上市交易所:深圳证券交易所

注册地址和办公地址:珠海市唐家大学路 101 号清华科技园创业大楼第六层东楼

邮政编码:519080 公司国际互联网网址:www.chinalihe.com 电子信箱:cs@chinalihe.com

1.2 联系人和联系方式

董事会秘书:曹海霞 联系地址:珠海市唐家大学路 101 号清华科技园创业大楼第六层东楼

电话:0756－3612833 传真:0756－3612823 电子信箱:cs@chinalihe.com

证券事务代表:崔艳 联系地址:珠海市唐家大学路 101 号清华科技园创业大楼第六层东楼

电话:0756－3612810 传真:0756－3612823 电子信箱:cs@chinalihe.com

### 2.会计数据和财务指标摘要

2.1 主要会计数据 单位:(人民币)元

| | 2003 年（本年） | 2002 年（上年） | 本年比上年增减 | 2001 年 |
|---|---|---|---|---|
| 主营业务收入 | 147,272,133.98 | 95,252,456.31 | 54.61% | 20,047,426.80 |
| 利润总额 | 63,970,384.06 | 43,171,326.54 | 48.18% | 25,336,870.07 |
| 净利润 | 58,496,531.55 | 39,861,145.93 | 46.75% | 23,916,188.00 |
| 扣除非经常性损益的净利润 | 50,512,521.30 | 37,662,637.70 | 34.12% | 26,737,322.63 |
| | 2003 年末（本年末） | 2002 年末（上年末） | 本年末比上年末增减 | 2001 年末 |
| 总资产 | 636,525,579.16 | 557,449,142.47 | 14.19% | 424,062,543.13 |
| 股东权益(不含少数股东权益) | 480,586,166.27 | 436,145,765.12 | 10.19% | 394,447,456.12 |
| 经营活动产生的现金流量净额 | 4,075,507.98 | 8,844,686.90 | －53,92% | －7,438,587.39 |

2.2 主要财务指标 单位:(人民币)元

| | 2003 年（本年） | 2002 年（上年） | 本年比上年增减 | 2001 年 |
|---|---|---|---|---|
| 每股收益 | 0.21 | 0.14 | 47.14% | 0.11 |
| 每股收益(如果股本变化,按新股本计算) | 0.21 | －－ | －－ | －－ |
| 净资产收益率 | 12.17% | 9.14% | 33.15% | 6.06% |
| 扣除非经常性损益的净利润为基础计算的净资产收益率 | 10.99% | 9.09% | 20.90% | 6.80% |
| 每股经营活动产生的现金流量净额 | 0.01 | 0.03 | －53.85% | －0.03 |
| | 2003 年末（本年末） | 2002 年末（上年末） | 本年末比上年末增减 | 2001 年末 |
| 每股净资产 | 1.69 | 1.54 | 10.19% | 1.81 |
| 调整后的每股净资产 | 1.68 | 1.51 | 11.26% | 1.78 |

# 000568 泸州老窖股份有限公司

## 二〇〇三年年度报告摘选

### 1.上市公司基本情况简介

1.1 基本情况简介

股票简称:泸州老窖 股票代码:000568 上市交易所:深圳证券交易所

注册地址和办公地址:四川泸州国窖广场 邮政编码:646000

公司国际互联网网址:www.lzlj.com.cn 电子信箱:lzlj@lz－public.sc.cninfo.net

1.2 联系人和联系方式

董事会秘书:蔡秋全 联系地址:四川泸州国窖广场董事办

电话:0830－2292023 传真:0830－2391774 电子信箱:lzljdsb@lz－public.sc.cninfo.net

证券事务代表:黄庆 联系地址:四川泸州国窖广场董事办

电话:0830－2292023 传真:0830－2391774 电子信箱:lzljdsb@lz－public.sc.cninfo.net

### 2.会计数据和财务指标摘要

2.1 主要会计数据 单位:(人民币)元

| | 2003 年(本年) | 2002 年(上年) | 本年比上年增减 | 2001 年 |
|---|---|---|---|---|
| 主营业务收入 | 1,177,030,672.87 | 1,044,804,516.22 | 12.66% | 996,675,472.04 |
| 利润总额 | 98,068,942.29 | 66,372,666.09 | 47.76% | 121,181,243.77 |
| 净利润 | 41,841,463.96 | 30,561,457.09 | 36.91% | 85,096,626.92 |
| 扣除非经常性损益的净利润 | 45,669,385.39 | 51,415,414.13 | －11.18% | 85,365,726.92 |
| | 2003 年末（本年末） | 2002 年末（上年末） | 本年末比上年末增减 | 2001 年末 |
| 总资产 | 2,646,841,503.61 | 2,466,806,230.09 | 7.30% | 2,153,779,462.78 |
| 股东权益(不含少数股东权益) | 1,489,100,195.60 | 1,497,344,371.69 | －0.55% | 1,267,433,141.92 |
| 经营活动产生的现金流量净额 | 113,415,943.94 | －27,199,629.52 | －－ | 173,878,820.47 |

2.2 主要财务指标 单位:(人民币)元

| | 2003 年（本年） | 2002 年（上年） | 本年比上年增减 | 2001 年 |
|---|---|---|---|---|
| 每股收益 | 0.05 | 0.06 | －13.79% | 0.15 |
| 每股收益(如果股本变化,按新股本计算 | 0.05 | －－ | －－ | －－ |
| 净资产收益率 | 2.81% | 2.06% | 36.41% | 6.71% |
| 扣除非经常性损益的净利润为基础计算的净资产收益率 | 3.07% | 2.04% | 50.49% | 5.82% |
| 每股经营活动产生的现金流量净额 | 0.14 | －0.05 | －－ | 0.36 |
| | 2003 年末（本年末） | 2002 年末（上年末） | 本年末比上年末增减 | 2001 年末 |
| 每股净资产 | 1.77 | 2.85 | －37.83% | 2.57 |
| 调整后的每股净资产 | 1.75 | 2.85 | －38.53% | 2.54 |

## 000670 天发石油股份有限公司

### 二〇〇三年年度报告摘选

#### 1.上市公司基本情况简介

1.1 基本情况简介

股票简称:*ST 天发　股票代码:000670　上市交易所:深圳证券交易所

注册地址和办公地址:荆州市江汉路 106 号　邮政编码:434000

公司国际互联网网址:http://www.tianfapetro.com　电子信箱:stock@tianfa.com.cn

1.2 联系人和联系方式

董事会秘书:张进斌　联系地址:荆州市江汉路 106 号天发大厦 5 楼 A 座

电话:0716-8560320　传真:0716-8566160　电子信箱:ajb1974@163.net

#### 2.会计数据和财务指标摘要

2.1 主要会计数据　　单位:元

| | 2003 年(本年) | 2002 年(上年) | 本年比上年增减(%) | 2001 年 |
|---|---|---|---|---|
| 主营业务收入 | 739,433,806.70 | 518,770,922.76 | 42.54% | 714,436,909.83 |
| 利润总额 | 47,853,528.91 | -150,857,985.71 | -- | -68,305,345.52 |
| 净利润 | 43,977,002.95 | -148,720,636.19 | -- | -69,341,454.75 |
| 扣除非经常性损益的净利润 | 3,149,874.55 | -149,571,733.34 | -- | -90,846,157.66 |
| | 2003 年末(本年末) | 2002 年末(上年末) | 本年末比上年末增减(%) | 2001 年末 |
| 总资产 | 1,920,372,381.23 | 1,717,644,131.19 | 11.80% | 1,828,374,546.83 |
| 股东权益(不含少数股东权益) | 880,359,754.57 | 834,290,983.96 | 5.52% | 974,115,358.88 |
| 经营活动产生的现金流量净额 | 83,853,716.21 | -62,263,107.57 | -- | -124,264,140.89 |

2.2 主要财务指标

| | 2003 年(本年) | 2002 年(上年) | 本年比上年增减(%) | 2001 年 |
|---|---|---|---|---|
| 每股收益 | 0.16 | -0.55 | -- | -0.25 |
| 每股收益(如果股本变化,按新股本计算) | 0.16 | -- | -- | -- |
| 净资产收益率 | 5.00% | -17.83% | -- | -7.12% |
| 扣除非经常性损益的净利润为基础计算的净资产收益率 | 0.36% | -17.80% | -- | -9.22% |
| 每股经营活动产生的现金流量净额 | 0.31 | -0.23 | -- | -0.45 |
| | 2003 年末(本年末) | 2002 年末(上年末) | 本年末比上年末增减(%) | 2001 年末 |
| 每股净资产 | 3.23 | 3.07 | 5.51% | 3.58 |
| 调整后的每股净资产 | 3.23 | 3.06 | 5.39% | 3.57 |

## 000823 广东汕头超声电子股份有限公司

### 二〇〇三年年度报告摘选

#### 1.上市公司基本情况简介

1.1 基本情况简介

股票简称:超声电子　股票代码:000823　上市交易所:深圳证券交易所

注册地址和办公地址:汕头市兴业路 21 号　邮政编码:515041

公司国际互联网网址:www.gd-goworld.com　电子信箱:goworld@pub.shantou.gd.cn

1.2 联系人和联系方式

董事会秘书:陈东屏　联系地址:汕头市兴业路 21 号

电话:0754-8245666-4379　证券部电话:0754-8610992　传真:0754-8628027

电子信箱:goworld@pub.shantou.gd.cn

#### 2.会计数据和财务指标摘要

2.1 主要会计数据　　单位:(人民币)元

| | 2003 年(本年) | 2002 年(上年) | 本年比上年增减 | 2001 年 |
|---|---|---|---|---|
| 主营业务收入 | 737,424,114.86 | 568,578,010.05 | 29.70% | 642,824,521.62 |
| 利润总额 | -39,197,111.78 | 23,219,236.82 | -268.81% | 71,134,911.65 |
| 净利润 | -36,175,853.02 | 9,806,935.01 | -468.88% | 41,207,785.62 |
| 扣除非经常性损益的净利润 | -35,902,575.96 | 11,611,915.31 | -409.19% | 40,934,310.39 |
| | 2003 年末(本年末) | 2002 年末(上年末) | 本年末比上年末增减 | 2001 年末 |
| 总资产 | 1,989,349,063.34 | 1,655,267,679.24 | 20.18% | 1,572,203,242.45 |
| 股东权益(不含少数股东权益) | 830,277,526.93 | 878,795,092.00 | -5.52% | 872,835,137.00 |
| 经营活动产生的现金流量净额 | 26,579,223.89 | 92,337,990.86 | -71.22% | 165,370,156.30 |

2.2 主要财务指标　　单位:(人民币)元

| | 2003 年(本年) | 2002 年(上年) | 本年比上年增减 | 2001 年 |
|---|---|---|---|---|
| 每股收益 | -0.10 | 0.03 | -468.86% | 0.12 |
| 每股收益(如果股本变化,按新股本计算) | -0.10 | -- | -- | -- |
| 净资产收益率 | -4.36% | 1.12% | -489.29% | 4.72% |
| 扣除非经常性损益的净利润为基础计算的净资产收益率 | -4.32% | 1.34% | -422.39% | 4.94% |
| 每股经营活动产生的现金流量净额 | 0.07 | 0.26 | -71.21% | 0.35 |
| | 2003 年末(本年末) | 2002 年末(上年末) | 本年末比上年末增减 | 2001 年末 |
| 每股净资产 | 2.31 | 2.45 | -5.56% | 2.43 |
| 调整后的每股净资产 | 2.23 | 2.35 | -4.86% | 2.38 |

## 000759 武汉中百集团股份有限公司

### 二〇〇三年年度报告摘选

#### 1.上市公司基本情况简介

1.1 基本情况简介

股票简称:武汉中百　股票代码:000759　上市交易所:深圳证券交易所

注册地址和办公地址:湖北省武汉市江汉区江汉路 129 号　邮政编码:430021

公司国际互联网网址:http://www.whzb.com　电子信箱:whzb@whzb.com

1.2 联系人和联系方式

董事会秘书:杨晓红　联系地址:湖北省武汉市江汉区江汉路 129 号中百商厦 24F

电话:027-82814019　传真:027-82210291　电子信箱:whzbyxh@sina.com

证券事务代表:彭波　联系地址:湖北省武汉市江汉区江汉路 129 号中百商厦 24F

电话:027-82777083　传真:027-82210291　电子信箱:whzbpb@whzb.com

#### 2.会计数据和财务指标摘要

2.1 主要会计数据　　单位:(人民币)元

| | 2003 年 | 2002 年 | | 本年比上年增减(%) | 2001 年 | |
|---|---|---|---|---|---|---|
| | | 调整前 | 调整后 | | 调整前 | 调整后 |
| 主营业务收入 | 3,187,479,463.16 | 2,207,067,647.59 | 2,207,067,647.59 | 44.42 | 1476,257,014.56 | 1,476,700,999.76 |
| 利润总额 | 38,462,624.71 | 31,555,428.67 | 31,049,323.48 | 23.88 | 38570784.10 | 36876427.01 |
| 净利润 | 22,354,329.84 | 17,061,696.65 | 16,622,080.97 | 34.49 | 24,093,524.79 | 22,887,192.07 |
| 扣除非经常性损益的净利润 | 20,342,207.66 | 12,245,064.99 | 11,805,449.31 | 72.31 | 19,876,301.84 | 18,669,969.12 |
| | 2003 年末 | 2002 年末 | | 本年末比上年末增减(%) | 2001 年末 | |
| | | 调整前 | 调整后 | | 调整前 | 调整后 |
| 总资产 | 2,378,914,319.75 | 1,956,734,114.93 | 1,957,482,834.18 | 21.53 | 1,446,866,773.08 | 1,468,451,110.27 |
| 股东权益(不含少数股东权益) | 801,878,080.00 | 777,974,797.00 | 789,481,040.87 | 1.57 | 518,596,337.71 | 514,677,408.53 |
| 经营活动产生的现金流量净额 | 232,444,509.46 | 119,320,169.57 | 119,320,169.57 | 94.81 | 3,259,299.64 | 3,259,299.64 |

2.2 主要财务指标　　单位:(人民币)元

| | 2003 年 | 2002 年 | | 本年比上年增减(%) | 2001 年 | |
|---|---|---|---|---|---|---|
| | | 调整前 | 调整后 | | 调整前 | 调整后 |
| 每股收益 | 0.11 | 0.08 | 0.08 | 37.50 | 0.137 | 0.13 |
| 净资产收益率(%) | 2.79 | 2.19 | 2.11 | 0.68 | 4.65 | 4.45 |
| 扣除非经常性损益的净利润为基础计算的净资产收益率(%) | 2.54 | 1.61 | 1.56 | 0.98 | 4.21 | 3.63 |
| 每股经营活动产生的现金流量净额 | 1.147 | 0.569 | 0.569 | 94.90 | 0.019 | 0.019 |
| | 2003 年末 | 2002 年末 | | 本年末比上年末增减(%) | 2001 年末 | |
| | | 调整前 | 调整后 | | 调整前 | 调整后 |
| 每股净资产 | 3.83 | 3.71 | 3.77 | 1.59 | 2.95 | 2.93 |
| 调整后的每股净资产 | 3.24 | 3.35 | 3.40 | -4.71 | 2.69 | 2.66 |

## 600058 五矿发展股份有限公司

### 二〇〇三年年度报告摘选

#### 1.上市公司基本情况简介

1.1 基本情况简介

股票简称:五矿发展　股票代码:600058　上市交易所:上海证券交易所

注册地址和办公地址:北京市海淀区三里河路 5 号 B 座　邮政编码:100044

公司国际互联网网址:http://www.minlist.com.cn

电子信箱:minlist@minmetals.com

1.2 联系人和联系方式

董事会秘书:高勇　联系地址:北京市海淀区三里河路 5 号 B 座

电话:010-68494208　传真:010-68494207　电子信箱:gaoyong@minmetals.com

证券事务代表:崔青莲　联系地址:北京市海淀区三里河路 5 号 B 座

电话:010-68494205　传真:010-68494207　电子信箱:cuiql@minmetals.com

#### 2.会计数据和财务指标摘要

2.1 主要会计数据　　(单位:人民币百万元)

| 指标项目 | 2003 年 | 2002 年 | 本年比上年增减(%) | 2001 年 |
|---|---|---|---|---|
| 主营业务收入 | 52,122.74 | 28,333.29 | 83.96 | 19,572.99 |
| 利润总额 | 444.03 | 306.38 | 44.93 | 248.49 |
| 净利润 | 306.84 | 190.92 | 60.72 | 154.80 |
| 扣除非经常性损益的净利润 | 263.79 | 193.88 | 36.06 | 151.92 |
| 指标项目 | 2003 年末 | 2002 年末 | 本年末比上年末增减(%) | 2001 年末 |
| 总资产 | 21,287.72 | 10,174.97 | 109.22 | 5,304.59 |
| 股东权益(不含少数股东权益) | 2,215.25 | 1,918.51 | 15.47 | 1,843.20 |
| 经营活动产生的现金流量净额 | -4,511.23 | 1,293.01 | -448.89 | 43.32 |

2.2 主要财务指标　　单位:(人民币元)

| 指标项目 | 2003 年 | 2002 年 | 本年比上年增减(%) | 2001 年 |
|---|---|---|---|---|
| 每股收益 | 0.5566 | 0.4502 | 23.62 | 0.3650 |
| 净资产收益率(%)(摊薄) | 13.8512 | 9.9514 | 39.19 | 8.3982 |
| 扣除非经常性损益后的净利润为基础计算的净资产收益率(%)(加权) | 12.3525 | 10.0009 | 23.51 | 7.9424 |
| 扣除非经常性损益后的净利润为基础计算的净资产收益率(%)(摊薄) | 11.9080 | 10.1059 | 17.83 | 8.2423 |
| 每股经营活动产生的现金流量净额 | -8.1827 | 3.0489 | -368.38 | 0.1021 |
| 指标项目 | 2003 年末 | 2002 年末 | 本年末比上年末增减(%) | 2001 年末 |
| 每股净资产 | 4.0181 | 4.5239 | -11.18 | 4.3463 |
| 调整后的每股净资产 | 4.0016 | 4.4851 | -10.78 | 4.3007 |

## 600138 中青旅控股股份有限公司

### 二〇〇三年年度报告摘选

#### 1.上市公司基本情况简介

1.1 基本情况简介

股票简称:中青旅 股票代码:600138 上市交易所:上海证券交易所

注册地址:北京市海淀区知春路128号泛亚大厦八层

办公地址:北京市朝阳区东环南路2号艾维克大厦 邮政编码:100022

公司国际互联网网址:www.cytsonline.com 电子信箱:zhqb@cytsonline.com

1.2 联系人和联系方式

董事会秘书:张立军 联系地址:北京市朝阳区东环南路2号艾维克大厦

电话:(010)65679900－7720、7721 传真:(010)65676317 电子信箱:zhqb@cytsonline.com

证券事务代表:丁重阳 联系地址:北京市朝阳区东环南路2号艾维克大厦

电话:(010)65679900－7720、7721 传真:(010)65676317 电子信箱:zhqb@cytsonline.com

#### 2.会计数据和财务指标摘要

2.1 主要会计数据 单位:元

| | 2003年 | 2002年 | 本年比上年增减 | 2001年 |
|---|---|---|---|---|
| 主营业务收入 | 1,097,748,298.76 | 1,699,377,622.94 | －35.40% | 1,308,568,835.55 |
| 利润总额 | 32,907,972.78 | 95,387,167.16 | －65.50% | 119,596,178.70 |
| 净利润 | 32,503,071.95 | 81,339,195.06 | －60.04% | 102,706,856.07 |
| 扣除非经常性损益的净利润 | －28,480,268.41 | 60,449,878.65 | －－ | 82,827,590.47 |
| | 2003年末 | 2002年末 | 本年末比上年末增减 | 2001年末 |
| 总资产 | 1,706,500,068.05 | 1,826,115,289.53 | －6.55% | 1,740,785,901.84 |
| 股东权益(不含少数股东权益) | 1,166,508,552.43 | 1,133,808,844.14 | 2.88% | 1,084,858,179.11 |
| 经营活动产生的现金流量净额 | 42,849,794.35 | 80,330,422.66 | －46.66% | 66,662,056.26 |

2.2 主要财务指标 单位:元

| | 2003年 | 2002年 | 本年比上年增减 | 2001年 |
|---|---|---|---|---|
| 每股收益 | 0.122 | 0.305 | －60% | 0.386 |
| 净资产收益率 | 2.79% | 7.17% | －4.38% | 9.49% |
| 扣除非经常性损益的净利润为基础计算的净资产收益率 | －2.44% | 5.49% | －－ | 7.63% |
| 每股经营活动产生的现金流量净额 | 0.16 | 0.30 | －46.67% | 0.25 |
| | 2003年末 | 2002年末 | 本年末比上年末增减 | 2001年末 |
| 每股净资产 | 4.37 | 4.25 | 2.82% | 4.06 |
| 调整后的每股净资产 | 4.33 | 4.16 | 4.09% | 3.88 |

## 600315 上海家化联合股份有限公司

### 二〇〇三年年度报告摘选

#### 1.上市公司基本情况简介

1.1 基本情况简介

股票简称:上海家化 股票代码:600315 上市交易所:上海证券交易所

注册地址和办公地址:上海市保定路527号 邮政编码:200082

公司国际互联网网址:http://www.jahwa.com.cn 电子信箱:Fengjun@jahwa.com.cn

1.2 联系人和联系方式

董事会秘书:冯珺 联系地址:上海市保定路527号

电话:65456400－3725 传真:65129748 电子信箱:Fengjun@jahwa.com.cn

证券事务代表:曾巍 联系地址:上海市保定路527号

电话:65456400－3374 传真:65129748 电子信箱:Zengwei@jahwa.com.cn

#### 2.会计数据和财务指标摘要

2.1 主要会计数据 单位:元

| | 2003年(本年) | 2002年(上年) | 本年比上年增减 | 2001年 |
|---|---|---|---|---|
| 主营业务收入 | 1,486,376,396.56 | 1,363,884,564.20 | 8.98% | 1,305,853,059.24 |
| 利润总额 | 96,965,288.27 | 94,203,833.84 | 2.93% | 85,330,300.11 |
| 净利润 | 81,069,361.47 | 75,361,961.53 | 7.57% | 72,975,839.94 |
| 扣除非经常性损益的净利润 | 73,858,929.72 | 71,284,075.18 | 3.61% | 72,079,167.13 |
| | 2003年末 | 2002年末(上年末) | 本年末比上年末增减 | 2001年末 |
| 总资产 | 1,588,518,606.58 | 1,521,943,204.90 | 4.37% | 1,503,664,685.46 |
| 股东权益(不含少数股东权益) | 1,187,049,077.62 | 1,145,733,355.88 | 3.61% | 1,070,350,371.54 |
| 经营活动产生的现金流量净额 | 109,281,603.94 | 19,807,343.33 | 451.72% | 66,722,898.86 |

2.2 主要财务指标 单位:元

| | 2003年 | 2002年 | 本年比上年增减 | 2001年 |
|---|---|---|---|---|
| 每股收益 | 0.3003 | 0.2791 | 7.58% | 0.2703 |
| 净资产收益率 | 6.83% | 6.58% | 3.83% | 6.82% |
| 扣除非经常性损益的净利润为基础计算的净资产收益率 | 6.222% | 6.222% | | 6.73% |
| 每股经营活动产生的现金流量净额 | 0.4047 | 0.0734 | 451.43% | 0.2471 |
| | 2003年末(本年末) | 2002年末(上年末) | 本年末比上年末增减 | 2001年末 |
| 每股净资产 | 4.3965 | 4.2435 | 3.61% | 3.9643 |
| 调整后的每股净资产 | 4.3264 | 4.1724 | 3.69% | 3.8781 |

## 600360 吉林华微电子股份有限公司

### 二〇〇三年年度报告摘选

#### 1.上市公司基本情况简介

1.1 基本情况简介

股票简称:华微电子 股票代码:600360 上市交易所:上海证券交易所

注册地址和办公地址:吉林市深圳街99号 邮政编码:132013

公司国际互联网网址:http://www.hwdz.com.cn 电子信箱:Zg6666@mail.ji.com

1.2 联系人和联系方式

董事会秘书:丁大月 联系地址:吉林市深圳街99号

电话:0432－4678411 传真:0432－4665812 电子信箱:Zg6666@mail.ji.com

证券事务代表:赫荣刚 联系地址:吉林市深圳街99号

电话:0432－4678411 传真:0432－4665812 电子信箱:Zg6666@mail.ji.com

#### 2.会计数据和财务指标摘要

2.1 主要会计数据 单位:元

| | 2003年 | 2002年 | 本年比上年增减(%) | 2001年 |
|---|---|---|---|---|
| 主营业务收入 | 371,536,966.50 | 284,123,680.44 | 30.77 | 232,591,787.40 |
| 利润总额 | 44,043,788.00 | 26,614,781.98 | 65.49 | 31,347,193.61 |
| 净利润 | 38,154,141.77 | 26,644,237.39 | 43.20 | 25,932,624.74 |
| 扣除非经常性损益的净利润 | 34,829,529.28 | 27,300,962.52 | 27.58 | 26,209,745.11 |
| | 2003年末 | 2002年末 | 本年末比上年末增减(%) | 2001年末 |
| 总资产 | 1,427,843,647.39 | 1,072,305,838.82 | 33.16 | 918,549,791.90 |
| 股东权益(不含少数股东权益) | 630,266,164.82 | 590,086,481.89 | 6.81 | 579,298,028.60 |
| 经营活动产生的现金流量净额 | 130,730,931.38 | 48,800,984.59 | 167.89 | 11,340,269.01 |

2.2 主要财务指标 单位:元

| | 2003年 | 2002年 | 本年比上年增减(%) | 2001年 |
|---|---|---|---|---|
| 每股收益 | 0.32 | 0.23 | 39.13 | 0.22 |
| 每股收益(加权) | 0.32 | 0.23 | 39.13 | 0.25 |
| 净资产收益率 | 6.26 | 4.56 | 37.28 | 5.63 |
| 扣除非经常性损益的净利润为基础计算的净资产收益率(加权) | 5.72 | 4.66 | 22.75 | 5.69 |
| 每股经营活动产生的现金流量净额 | 1.11 | 0.41 | 170.73 | 0.10 |
| | 2003年末 | 2002年末 | 本年末比上年末增减(%) | 2001年末 |
| 每股净资产 | 5.34 | 5.00 | 6.80 | 4.91 |
| 调整后的每股净资产 | 5.21 | 4.90 | 6.33 | 4.86 |

## 600660 福耀玻璃工业集团股份有限公司

### 二〇〇三年年度报告摘选

#### 1.上市公司基本情况简介

1.1 基本情况简介

股票简称:福耀玻璃 股票代码:600660 上市交易所:上海证券交易所

注册地址:福建省福清市融侨经济技术开发区

办公地址:福建省福清市福耀工业村 邮政编码:350301

公司国际互联网网址:http://www.fuyaogroup.com 电子信箱:fuyao@fuyaogroup.com

1.2 联系人和联系方式

董事会秘书:陈跃丹 联系地址:福建省福清市福耀工业村

电话:0591－5383777 传真:0591－5383666 电子信箱:danych@fuyaogroup.com

证券事务代表:陈向明 联系地址:福建省福清市福耀工业村

电话:0591－5382723 传真:0591－5382719 电子信箱:chenxiangming@fuyaogroup.com

#### 2.会计数据和财务指标摘要

2.1 主要会计数据 单位:元

| | 2003年 | 2002年 | 本年比上年增减(%) | 2001年 |
|---|---|---|---|---|
| 主营业务收入 | 1,733,482,708 | 1,124,389,888 | 54.17 | 938,287,622 |
| 利润总额 | 342,429,801 | 198,228,325 | 72.75 | 154,811,857 |
| 净利润 | 320,967,206 | 184,288.109 | 74.17 | 152,153,548 |
| 扣除非经常性损益的净利润 | 334,967,469 | 202,886.710 | 65.10 | 169,418,695 |
| | 2003年末 | 2002年末 | 本年末比上年末增减(%) | 2001年末 |
| 总资产 | 3,506,692,421 | 2,046,206,887 | 71.38 | 1,688,731,889 |
| 股东权益(不含少数股东权益) | 1,555,429,404 | 741,508,191 | 109.77 | 612,082,382 |
| 经营活动产生的现金流量净额 | 334,364,551 | 384,704,418 | －13.09 | 204,206,714 |

2.2 主要财务指标

| | 2003年 | 2002年 | 本年比上年增减(%) | 2001年 |
|---|---|---|---|---|
| 每股收益(摊薄)(元/股) | 0.64 | 0.41 | 56.10 | 0.37 |
| 每股收益(加权)(元/股) | 0.69 | 0.41 | 68.29 | 0.37 |
| 净资产收益率(摊薄)(%) | 20.6 | 24.9 | －17.27 | 24.9 |
| 净资产收益率(加权)(%) | 30.9 | 27.8 | 11.15 | 27.5 |
| 扣除非经常性损益的净利润为基础计算的净资产收益率(%) | 21.5 | 27.4 | －21.53 | 27.7 |
| 每股经营活动产生的现金流量净额(元/股) | 0.67 | 0.85 | －21.18 | 0.50 |
| | 2003年末 | 2002年末 | 本年末比上年末增减(%) | 2001年末 |
| 每股净资产(元/股) | 3.11 | 1.64 | 89.63 | 1.50 |
| 调整后的每股净资产(元/股) | 2.98 | 1.53 | 94.77 | 1.42 |

# 600743 湖北幸福实业股份有限公司

## 二〇〇三年年度报告摘选

### 1.上市公司基本情况简介

1.1 基本情况简介

证券简称:ST 幸福 证券代码:600743 上市交易所:上海证券交易所

注册地址和办公地址:湖北省潜江市张金镇幸福北路 1 号 邮政编码:433140

电子信箱:xfsywjs@sohu.com

1.2 联系人和联系方式

董事会秘书:李军 联系地址:湖北省潜江市张金镇幸福北路 1 号

电话:0728-6641566 传真:0728-6641566 电子信箱:xfsywjs@sohu.com

### 2.会计数据和财务指标摘要

2.1 主要会计数据 单位:元

| | 2003 年 | 2002 年 | 本年比上年增减(%) | 2001 年 |
|---|---|---|---|---|
| 主营业务收入 | 274,240,667.76 | 279,473,494.34 | -1.8 | 287,408,661.51 |
| 利润总额 | 1,503,027.95 | 1,348,405.85 | 11.5 | -24,150,875.01 |
| 净利润 | 1,685,357.35 | 500,688.46 | 236.61 | -24,150,875.01 |
| 扣除非经常性损益的净利润 | 1,464,360.01 | 500,688.46 | 192.47 | -8,333,510.48 |
| 项目 | 2003 年末 | 2002 年末 | 本年末比上年末增减(%) | 2001 年末 |
| 总资产 | 223,127,336.00 | 234,550,952.22 | -4.87 | 252,753,266.10 |
| 股东权益(不含少数股东权益) | 8,947,205.79 | 5,062,062.01 | 76.75 | 3,673,282.69 |
| 经营活动产生的现金流量净额 | -641,291.40 | 1,206,347.05 | -152.89 | 19,422,573.65 |

2.2 主要财务指标 单位:元

| | 2003 年 | 2002 年 | 本年比上年增减(%) | 2001 年 |
|---|---|---|---|---|
| 每股收益 | 0.0054 | 0.0016 | 237.5 | -0.3031 |
| 每股收益 | 0.0054 | 0.0016 | 237.5 | -0.3031 |
| 净资产收益率(%) | 4.53 | 1.54 | 2.99 | -291.71 |
| 扣除非经常性损益的净利润为基础计算的净资产收益率(%) | 3.94 | 9.89 | -5.95 | -226.87 |
| 每股经营活动产生的现金流量净额 | -0.0021 | 0.0039 | -46.15 | 0.0668 |
| | 2003 年末 | 2002 年末 | 本年末比上年末增减(%) | 2001 年末 |
| 每股净资产 | 0.0286 | 0.0162 | 76.54 | 0.0117 |
| 调整后的每股净资产 | 0.0242 | 0.0158 | 53.16 | 0.0117 |

# 600755 厦门国贸集团股份有限公司

## 二〇〇三年年度报告摘选

### 1.上市公司基本情况简介

1.1 基本情况简介

股票简称:厦门国贸 股票代码:600755 上市交易所:上海证券交易所

注册地址和办公地址:厦门市湖滨南路国贸大厦 8-18 层 邮政编码:361004

公司国际互联网网址:http://www.itg.com.cn 电子信箱:itgchina@itg.com.cn

1.2 联系人和联系方式

董事会秘书:陈晓华 联系地址:厦门市湖滨南路国贸大厦 17 层

电话:0592-5898578 传真:0592-5160280 电子信箱:cathy@itg.com.cn

证券事务代表:龙泷 联系地址:厦门市湖滨南路国贸大厦 17 层

电话:0592-5898579 传真:0592-5160280 电子信箱:longlong@itg.com.cn

### 2.会计数据和财务指标摘要

2.1 主要会计数据 单位:万元

| | 2003 年 | 2002 年 | 本年比上年增减(%) | 2001 年 |
|---|---|---|---|---|
| 主营业务收入 | 531,925.89 | 341,968.48 | 55.55 | 181,804.82 |
| 利润总额 | 11,175.67 | 3,671.28 | 204.41 | 3,555.61 |
| 净利润 | 7,218.48 | 3,121.96 | 131.22 | 2,732.73 |
| 扣除非经常性损益的净利润 | 6,688.92 | 2,188.84 | 135.77 | 1,149.54 |
| | 2003 年末 | 2002 年末 | 本年末比上年末增减(%) | 2001 年末 |
| 总资产 | 373,162.77 | 227,120.50 | 64.30 | 166,548.61 |
| 股东权益(不含少数股东权益) | 78,884.98 | 71,698.88 | 10.02 | 68,461.09 |
| 经营活动产生的现金流量净额 | -15,715.17 | 35,975.48 | -143.68 | 8,612.15 |

2.2 主要财务指标 单位:元

| | 2003 年 | 2002 年 | 本年比上年增减(%) | 2001 年 |
|---|---|---|---|---|
| 每股收益 | 0.36 | 0.16 | 125.00 | 0.14 |
| 净资产收益率(%) | 9.15 | 4.35 | 110.34 | 3.99 |
| 扣除非经常性损益的净利润为基础计算的净资产收益率(%) | 8.48 | 3.05 | 177.7 | 1.68 |
| 每股经营活动产生的现金流量净额 | -0.79 | 1.82 | -143.41 | 0.43 |
| | 2003 年末 | 2002 年末 | 本年末比上年末增减(%) | 2001 年末 |
| 每股净资产 | 3.98 | 3.62 | 9.94 | 3.46 |
| 调整后的每股净资产 | 3.94 | 3.59 | 9.75 | 3.44 |

# 600785 银川新华百货商店股份有限公司

## 二〇〇三年年度报告摘选

### 1.上市公司基本情况简介

1.1 基本情况简介

股票简称:新华百货 股票代码:600785 上市交易所:上海证券交易所

注册地址和办公地址:银川市新华东街 29 号 邮政编码:750004

电子信箱:XHBH600785@163.com

1.2 联系人和联系方式

董事会秘书:陆燕 联系地址:银川市新华东街 29 号

电话:0951-4010058 传真:0951-6041983 电子信箱:XHBH600785@163.com

证券事务代表:张凤琴 联系地址:银川市新华东街 29 号

电话:0951-6022866 传真:0951-6041983 电子信箱:XHBH600785@163.com

### 2.会计数据和财务指标摘要

2.1 主要会计数据 单位:人民币元

| | 2003 年(本年) | 2002 年(上年) | 本年比上年增减 | 2001 年 |
|---|---|---|---|---|
| 主营业务收入 | 1,323,740,303.49 | 904,303,809.57 | 46.38% | 618,233,706.87 |
| 利润总额 | 57,203,658.40 | 51,752,938.79 | 10.53% | 41,934,968.05 |
| 净利润 | 41,725,573.04 | 36,434,811.73 | 14.52% | 35,714,937.74 |
| 扣除非经常性损益的净利润 | 42,001,145.95 | 37,216,833.86 | 12.86% | 35,418,319.65 |
| | 2003 年末(本年末) | 2002 年末(上年末) | 本年末比上年末增减 | 2001 年末 |
| 总资产 | 1,238,474,042.71 | 986,460,473.64 | 25.55% | 781,501,411.97 |
| 股东权益(不含少数股东权益) | 523,238,961.58 | 492,143,866.61 | 6.32% | 454,981,951.06 |
| 经营活动产生的现金流量净额 | 141,767,032.46 | 88,911,132.99 | 59.45% | 57,966,107.04 |

2.2 主要财务指标 单位:人民币元

| | 2003 年 | 2002 年 | 本年比上年增减 | 2001 年 |
|---|---|---|---|---|
| 每股收益 | 0.41 | 0.354 | 15.82% | 0.35 |
| 净资产收益率 | 7.97% | 7.59% | 8.43% | 7.85% |
| 扣除非经常性损益的净利润为基础计算的净资产收益率 | 8.03% | 7.76% | 6.83% | 6.11% |
| 每股经营活动产生的现金流量净额 | 1.38 | 0.86 | 60.47% | 0.56 |
| | 2003 年末 | 2002 年末 | 本年末比上年末增减 | 2001 年末 |
| 每股净资产 | 5.09 | 4.663 | 9.16% | 4.422 |
| 调整后的每股净资产 | 5.07 | 4.632 | 9.46% | 4.411 |

# 600899 浙江信联股份有限公司

## 二〇〇三年年度报告摘选

### 1.上市公司基本情况简介

1.1 基本情况简介

股票简称:ST 信联 股票代码:600899 上市交易所:上海证券交易所

注册地址和办公地址:杭州市上塘路 68 号和杭州市上塘路 86 号 邮政编码:310014

电子信箱:zjxl600899@163.com

1.2 联系人和联系方式

董事会秘书:丁渭文 联系地址:杭州市上塘路 86 号

电话:0571-85450093 传真:0571-85459336 电子信箱:zjxl600899@163.com

证券事务代表:张旭颖 联系地址:杭州市上塘路 86 号

电话:0571-85463080 传真:0571-85459336 电子信箱:zjxl600899@163.com

### 2.会计数据和财务指标摘要

2.1 主要会计数据 单位:人民币元

| | 2003 年 | 2002 年 | 本年比上年增减(%) | 2001 年 |
|---|---|---|---|---|
| 主营业务收入 | 8,655,711.09 | 56,157,876.46 | -84.59 | 167,231,661.36 |
| 利润总额 | -357,343,188.70 | -91,101,802.33 | -292.25 | 14,137,836.84 |
| 净利润 | -341,692,004.63 | -90,303,531.60 | -278.38 | 15,881,005.22 |
| 扣除非经常性损益的净利润 | -219,054,849.99 | -78,184,462.41 | 180.18 | 21,076,961.10 |
| | .2003 年 12 月 31 日 | 2002 年 12 月 31 日 | 本年末比上年末增减(%) | 2001 年 12 月 31 日 |
| 总资产 | 446,415,553.14 | 860,888,404.21 | -48.14 | 1,100,274,472.87 |
| 股东权益(不含少数股东权益) | 18,246,030.63 | 371,462,156.48 | -95.09 | 461,575,860.04 |
| 经营活动产生的现金流量净额 | 33,632,650.55 | -148,115,435.73 | 122.71 | -147,783,861.48 |

2.2 主要财务指标 单位:人民币元

| | 2003 年 | 2002 年 | 本年比上年增减(%) | 2001 年 |
|---|---|---|---|---|
| 每股收益 | -1.92 | -0.509 | 277.21 | 0.089 |
| 净资产收益率(%) | -1872.69 | -24.31 | -7603.37 | 3.44 |
| 扣除非经常性损益的净利润为基础计算的净资产收益率(%) | -112.42 | -18.77 | 498.93 | 4.56 |
| 每股经营活动产生的现金流量净额 | 0.19 | -0.83 | 122.89 | -0.83 |
| | 2003 年末 | 2002 年末 | 本年末比上年末增减(%) | 2001 年末 |
| 每股净资产 | 0.103 | 2.09 | -95.07 | 2.60 |
| 调整后的每股净资产 | -0.04 | 2.09 | -101.91 | 2.56 |

## 3 月 25 日

# 000158 石家庄常山纺织股份有限公司

## 二〇〇三年年度报告摘选

### 1.上市公司基本情况简介

1.1 基本情况简介
股票简称:常山股份　股票代码:000158　上市交易所:深圳证券交易所
注册地址和办公地址:河北省石家庄市和平东路 183 号　邮政编码:050011
公司国际互联网网址:http://www.changshantex.com/　电子信箱:chshgf@heinfo.net
1.2 联系人和联系方式
董事会秘书:李京朝　联系地址:河北省石家庄市和平东路 183 号
电话:0311－6673856　传真:0311－6673929　电子信箱:lijc@vip.sina.com
证券事务代表:肖荣智　联系地址:河北省石家庄市和平东路 183 号
电话:0311－6673822　传真:0311－6673929　电子信箱:rzxiao@vip.sina.com

### 2.会计数据和财务指标摘要

2.1 主要会计数据　单位:人民币元

| | 2003 年(本年) | 2002 年(上年) | 本年比上年增减 | 2001 年 |
|---|---|---|---|---|
| 主营业务收入 | 2,061,401,886.31 | 1,897,243,038.34 | 8.65% | 1,725,160,945.83 |
| 利润总额 | 80,714,679.44 | 134,572,415.31 | －40.02% | 77,278,570.71 |
| 净利润 | 72,311,291.27 | 82,713,497.19 | －12.58% | 77,935,384.29 |
| 扣除非经常性损益的净利润 | 70,549,480.07 | 79,211,054.63 | －10.93% | 78,743,767.27 |
| | 2003 年末(本年末) | 2002 年末(上年末) | 本年末比上年末增减 | 2001 年末 |
| 总资产 | 2,548,901,139.34 | 2,092,744,391.36 | 21.80% | 2,054,332,820.33 |
| 股东权益(不含少数股东权益) | 1,457,017,291.46 | 1,272,616,450.46 | 14.49% | 1,228,602,593.90 |
| 经营活动产生的现金流量净额 | 43,469,196.03 | 90,038,650.33 | －51.72% | 37,741,758.65 |

2.2 主要财务指标　单位:人民币元

| | 2003 年(本年) | 2002 年(上年) | 本年比上年增减 | 2001 年 |
|---|---|---|---|---|
| 每股收益 | 0.17 | 0.21 | －18.84% | 0.19 |
| 每股收益(如果股本变化,按新股本计算) | 0.17 | －－ | －－ | －－ |
| 净资产收益率 | 4.96% | 6.50% | －23.69% | 6.34% |
| 扣除非经常性损益的净利润为基础计算的净资产收益率 | 4.84% | 6.22% | －22.19% | 6.41% |
| 每股经营活动产生的现金流量净额 | 0.10 | 0.23 | －55.11% | 0.09 |
| | 2003 年末(本年末) | 2002 年末(上年末) | 本年末比上年末增减 | 2001 年末 |
| 每股净资产 | 3.39 | 3.18 | 6.47% | 3.07 |
| 调整后的每股净资产 | 3.36 | 3.17 | 5.99% | 3.06 |

# 000519 成都银河创新科技股份有限公司

## 二〇〇三年年度报告摘选

### 1.上市公司基本情况简介

1.1 基本情况简介
股票简称:银河创新　股票代码:000519　上市交易所:深圳证券交易所
注册地址和办公地址:四川省成都市新都区龙桥镇　邮政编码:610505
公司国际互联网网址:http://www.cyj.com.cn
电子信箱:cdyhdlgs@mail.sc.cninfo.net
1.2 联系人和联系方式
董事会秘书:高斌　联系地址:四川省成都市新都区龙桥镇
电话:028－83068868　传真:028－83068999　电子信箱:yhgb@163.com
证券事务代表:彭敏　联系地址:四川省成都市新都区龙桥镇
电话:028－83068899　传真:028－83068999　电子信箱:pengmin0801@163.com

### 2.会计数据和财务指标摘要

2.1 主要会计数据　单位:元

| | 2003 年 | 2002 年 | | 本年比上年增减(%) | | 2001 年 |
|---|---|---|---|---|---|---|
| | | 调整前 | 调整后 | 调整前 | 调整后 | |
| 主营业务收入 | 146,786,388.21 | 128,520,072.78 | 128,520,072.78 | 14.21 | 14.21 | 134,329,505.88 |
| 利润总额 | 7,516,617.44 | 10,137,358.86 | 10,137,358.86 | －25.85 | －25.85 | 17,964,035.88 |
| 净利润 | 7,498,120.37 | 7,701,057.33 | 7,701,057.33 | －2.64 | －2.64 | 15,367,392.78 |
| 扣除非经常性损益的净利润 | 3,578,757.89 | －8,367,926.10 | －8,367,926.10 | 142.77 | 142.77 | 2,012,664.62 |
| | 2003 年末 | 2002 年末 | | 本年末比上年末增减(%) | | 2001 年末 |
| | | 调整前 | 调整后 | 调整前 | 调整后 | |
| 总资产 | 519,271,753.31 | 457,717,251.75 | 457,717,251.75 | 13.45 | 13.45 | 474,382,493.31 |
| 股东权益(不含少数股东权益) | 333,853,949.81 | 306,725,699.63 | 320,379,528.23 | 8.84 | 4.21 | 312,678,470.90 |
| 经营活动产生的现金流量净额 | －17,180,610.07 | 31,170,740.05 | 31,170,740.05 | －155.12 | －155.12 | －8,293,616.01 |

2.2 主要财务指标　单位:元

| | 2003 年 | 2002 年 | | 本年比上年增减(%) | | 2001 年 |
|---|---|---|---|---|---|---|
| | | 调整前 | 调整后 | 调整前 | 调整后 | |
| 每股收益(摊薄) | 0.0549 | 0.0564 | 0.0564 | －2.66 | －2.66 | 0.1126 |
| 每股收益(加权) | 0.0549 | 0.0564 | 0.0564 | －2.66 | －2.66 | 0.1150 |
| 净资产收益率(%) | 2.25 | 2.51 | 2.40 | －10.36 | －6.25 | 4.91 |
| 扣除非经常性损益的净利润为基础计算的净资产收益率(%) | －1.07 | －2.73 | －2.61 | 107 | 107 | 0.64 |
| 每股经营活动产生的现金流量净额 | －0.126 | 0.228 | 0.228 | －155.26 | －155.26 | －0.061 |
| | 2003 年末 | 2002 年末 | | 本年末比上年末增减(%) | | 2001 年末 |
| | | 调整前 | 调整后 | 调整前 | 调整后 | |
| 每股净资产 | 2.445 | 2.246 | 2.346 | 8.86 | 4.22 | 2.29 |
| 调整后的每股净资产 | 2.420 | 2.18 | 2.28 | 11.01 | 6.14 | 2.27 |

# 000551 创元科技股份有限公司

## 二〇〇三年年度报告摘选

### 1.上市公司基本情况简介

1.1 基本情况简介
股票简称:创元科技　股票代码:000551　上市交易所:深圳证券交易所
注册地址和办公地址:苏州新区玉山路 55 号　邮政编码:215011
公司国际互联网网址:www.cninfo.com.cn　电子信箱:dmc@000551.cn
1.2 联系人和联系方式
董事会秘书:周成明　联系地址:苏州新区玉山路 55 号
电话:0512－68241551　传真:0512－68245551　电子信箱:dmc@000551.cn
证券事务代表:周微微　联系地址:苏州新区玉山路 55 号
电话:0512－68241551　传真:0512－62845551　电子信箱:dmc@000551.cn

### 2.会计数据和财务指标摘要

2.1 主要会计数据　单位:人民币元

| | 2003 年(本年) | 2002 年(上年) | 本年比上年增减 | 2001 年 |
|---|---|---|---|---|
| 主营业务收入 | 860,047,267.31 | 820,145,016.33 | 4.87% | 629,255,923.42 |
| 利润总额 | 62,622,655.48 | 59,104,578.08 | 5.95% | 71,223,491.80 |
| 净利润 | 41,598,211.87 | 40,984,660.75 | 1.50% | 53,002,021.41 |
| 扣除非经常性损益的净利润 | 37,678,506.45 | 40,401,471.86 | －6.74% | 47,123,396.62 |
| | 2003 年末(本年末) | 2002 年末(上年末) | 本年末比上年末增减 | 2001 年末 |
| 总资产 | 1,371,763,042.30 | 1,037,341,968.73 | 32.24% | 1,048,140,644.62 |
| 股东权益(不含少数股东权益) | 552,215,430.08 | 531,870,687.00 | 3.83% | 498,495,861.45 |
| 经营活动产生的现金流量净额 | 58,552,858.36 | 26,662,120.26 | 119.61% | 34,600,332.69 |

2.2 主要财务指标　单位:人民币元

| | 2003 年(本年) | 2002 年(上年) | 本年比上年增减 | 2001 年 |
|---|---|---|---|---|
| 每股收益 | 0.17 | 0.17 | 1.18% | 0.22 |
| 每股收益(如果股本变化,按新股本计算) | 0.17 | －－ | －－ | －－ |
| 净资产收益率 | 7.53% | 7.71% | －2.33% | 10.00% |
| 扣除非经常性损益的净利润为基础计算的净资产收益率 | 6.82% | 7.60% | －10.26% | 8.93% |
| 每股经营活动产生的现金流量净额 | 0.24 | 0.11 | 120.00% | 0.14 |
| | 2003 年末(本年末) | 2002 年末(上年末) | 本年末比上年末增减 | 2001 年末 |
| 每股净资产 | 2.28 | 2.20 | 3.80% | 2.18 |
| 调整后的每股净资产 | 2.25 | 2.18 | 3.21% | 2.15 |

# 000564 西安民生集团股份有限公司

## 二〇〇三年年度报告摘选

### 1.上市公司基本情况简介

1.1 基本情况简介
股票简称:西安民生　股票代码:000564　上市交易所:深圳证券交易所
注册地址和办公地址:西安市解放路 103 号　邮政编码:710005
公司国际互联网网址:www.cnminsheng.com
电子信箱:dsj@cnminsheng.com
1.2 联系人和联系方式
董事会秘书:马明庆　联系地址:西安市解放路 103 号
电话:029－87481961　传真:029－87481871　电子信箱:mq_ma@minsheng.cn
证券事务代表:张宏芳　联系地址:西安市解放路 103 号
电话:029－87481961　传真:029－87481871　电子信箱:hfang-zhang@minsheng.cn

### 2.会计数据和财务指标摘要

2.1 主要会计数据　单位:(人民币)元

| | 2003 年(本年) | 2002 年(上年) | 本年比上年增减 | 2001 年 |
|---|---|---|---|---|
| 主营业务收入 | 715,814,158.67 | 701,197,849.43 | 2.08% | 804,966,167.08 |
| 利润总额 | 37,039,799.62 | 23,661,328.49 | 56.54% | 44,317,175.47 |
| 净利润 | 24,319,357.26 | 15,502,498.08 | 56.87% | 34,160,706.69 |
| 扣除非经常性损益的净利润 | 16,513,855.21 | 16,292,261.18 | 1.36% | 42,687,993.34 |
| | 2003 年末(本年末) | 2002 年末(上年末) | 本年末比上年末增减 | 2001 年末 |
| 总资产 | 975,006,908.35 | 935,316,602.73 | 4.24% | 952,177,284.06 |
| 股东权益(不含少数股东权益) | 592,075,341.83 | 581,243,526.54 | 1.86% | 557,904,473.73 |
| 经营活动产生的现金流量净额 | 83,009,824.80 | 47,286,457.29 | 75.55% | 143,289,254.89 |

2.2 主要财务指标　单位:(人民币)元

| | 2003 年(本年) | 2002 年(上年) | 本年比上年增减 | 2001 年 |
|---|---|---|---|---|
| 每股收益 | 0.12 | 0.08 | 56.98% | 0.17 |
| 净资产收益率 | 4.11% | 2.67% | 53.93% | 6.12% |
| 扣除非经常性损益的净利润为基础计算的净资产收益率 | 2.79% | 2.80% | －0.36% | 7.65% |
| 每股经营活动产生的现金流量净额 | 0.41 | 0.23 | 75.52% | 0.71 |
| | 2003 年末(本年末) | 2002 年末(上年末) | 本年末比上年末增减 | 2001 年末 |
| 每股净资产 | 2.93 | 2.88 | 1.87% | 2.76 |
| 调整后的每股净资产 | 2.92 | 2.87 | 1.99% | 2.74 |

## 000571 海南新大洲控股股份有限公司

# 二〇〇三年年度报告摘选

### 1.上市公司基本情况简介

1.1 基本情况简介

股票简称:ST 新大洲　股票代码:000571　上市交易所:深圳证券交易所

注册地址:海口市桂林洋开发区

办公地址:海口市珠江广场帝晶大厦 19 层 B 座　邮政编码:570125

公司国际互联网网址:www.sundiro.com　电子信箱:postmaster@sundiro.com

1.2 联系人和联系方式

董事会秘书:林帆　联系地址:海南省海口市珠江广场帝晶大厦 19 层 B 座

电话:0898－68583966　传真:0898－68583518　电子信箱:linfan@sundiro.com

证券事务代表:任春雨　联系地址:海南省海口市珠江广场帝晶大厦 19 层 B 座

电话:0898－68583588　传真:0898－68583518　电子信箱:renchunyu@sundiro.com

### 2.会计数据和财务指标摘要

2.1 主要会计数据　单位:人民币元

| | 2003 年(本年) | 2002 年(上年) | 本年比上年增减 | 2001 年 |
|---|---|---|---|---|
| 主营业务收入 | 110,684,062.62 | 42,585,132.66 | 159.91% | 145,631,111.55 |
| 利润总额 | 12,758,439.71 | 13,574,684.10 | －6.01% | －157,922,834.31 |
| 净利润 | 12,650,567.96 | 12,558,726.69 | 0.73% | －153,106,537.77 |
| 扣除非经常性损益的净利润 | 8,164,135.69 | －659,125.21 | －－ | －162,759,812.27 |
| | 2003 年末(本年末) | 2002 年末(上年末) | 本年末比上年末增减 | 2001 年末 |
| 总资产 | 915,277,508.05 | 999,063,252.54 | －8.39% | 1,304,619,739.88 |
| 股东权益(不含少数股东权益) | 861,309,974.74 | 848,574,719.66 | 1.50% | 834,828,392.97 |
| 经营活动产生的现金流量净额 | 126,526,072.33 | 277,956,731.84 | －54.48% | 201,063,481.14 |

2.2 主要财务指标　单位:人民币元

| | 2003 年(本年) | 2002 年(上年) | 本年比上年增减 | 2001 年 |
|---|---|---|---|---|
| 每股收益 | 0.02 | 0.02 | 0.58% | －0.21 |
| 净资产收益率 | 1.47% | 1.48% | －0.68% | －18.34% |
| 扣除非经常性损益的净利润为基础计算的净资产收益率 | 0.95% | －0.08% | －－ | －19.37% |
| 每股经营活动产生的现金流量净额 | 0.17 | 0.38 | －54.48% | 0.27 |
| | 2003 年末(本年末) | 2002 年末(上年末) | 本年末比上年末增减 | 2001 年末 |
| 每股净资产 | 1.17 | 1.15 | 1.50% | 1.13 |
| 调整后的每股净资产 | 1.16 | 1.13 | 2.58% | 1.12 |

## 000617 济南柴油机股份有限公司

# 二〇〇三年年度报告摘选

### 1.上市公司基本情况简介

1.1 基本情况简介

股票简称:石油济柴　股票代码:000617　上市交易所:深圳证券交易所

注册地址和办公地址:山东省济南市文化西路 14 号　邮政编码:250063

公司国际互联网网址:HTTP://WWW.jichai.com

电子信箱:Jichai@Jn－public.sd.cninfo.net

1.2 联系人和联系方式

董事会秘书:张谦惕

联系地址:山东省济南市文化西路 14 号或北京市西城区鼓楼外大街 5 号

电话:0531－2965971－2716 或 010－62096952　传真:0531－2961241

电子信箱:jichai@jn－public.sd.cninfo.net

证券事务代表:余良刚　张英辰

联系地址:山东省济南市文化西路 14 号或北京市西城区鼓楼外大街 5 号

电话:0531－2965971－3353 或 010－62096952　传真:0531－2961241

电子信箱:jichai@jn－public.sd.cninfo.net

### 2.会计数据和财务指标摘要

2.1 主要会计数据　单位:(人民币)元

| | 2003 年(本年) | 2002 年(上年) | 本年比上年增减 | 2001 年 |
|---|---|---|---|---|
| 主营业务收入 | 327,299,334.96 | 264,902,833.38 | 23.55% | 230,798,513.31 |
| 利润总额 | 50,258,195.21 | 39,482,997.41 | 27.29% | 19,666,440.52 |
| 净利润 | 47,733,112.96 | 34,642,708.70 | 37.79% | 17,122,272.62 |
| 扣除非经常性损益的净利润 | 46,654,316.75 | 29,593,426.62 | 57.65% | 15,195,288.34 |
| | 2003 年末(本年末) | 2002 年末(上年末) | 本年末比上年末增减 | 2001 年末 |
| 总资产 | 623,613,814.19 | 581,936,315.73 | 7.16% | 450,238,060.96 |
| 股东权益(不含少数股东权益) | 242,337,969.44 | 201,416,176.96 | 20.32% | 166,763,853.19 |
| 经营活动产生的现金流量净额 | 80,252,602.30 | －2,945,887.96 | －－ | －3,255,866.99 |

2.2 主要财务指标　单位:(人民币)元

| | 2003 年(本年) | 2002 年(上年) | 本年比上年增减 | 2001 年 |
|---|---|---|---|---|
| 每股收益 | 0.46 | 0.33 | 37.89% | 0.19 |
| 每股收益(如果股本变化,按新股本计算) | 0.46 | －－ | －－ | －－ |
| 净资产收益率 | 19.70% | 17.20% | 14.53% | 11.65% |
| 扣除非经常性损益的净利润为基础计算的净资产收益率 | 19.25% | 15.28% | 25.98% | 8.80% |
| 每股经营活动产生的现金流量净额 | 0.77 | －0.03 | －－ | －0.03 |
| | 2003 年末(本年末) | 2002 年末(上年末) | 本年末比上年末增减 | 2001 年末 |
| 每股净资产 | 2.33 | 1.94 | 20.32% | 1.66 |
| 调整后的每股净资产 | 2.27 | 1.90 | 19.07% | 1.62 |

## 000780 内蒙古草原兴发股份有限公司

# 二〇〇三年年度报告摘选

### 1.上市公司基本情况简介

1.1 基本情况简介

股票简称:草原兴发　股票代码:000780　上市交易所:深圳证券交易所

注册地址和办公地址:内蒙古自治区赤峰市平庄镇兴发大厦　邮政编码:024076

公司国际互联网网址:http://www.cyxf.com　电子信箱:nmxflx@public.hh.nm.cn

1.2 联系人和联系方式

董事会秘书:齐向前　联系地址:内蒙古自治区赤峰市平庄镇兴发大厦 6 楼

电话:0476－3514285　传真:0476－3510053　电子信箱:qixqian@public.hh.nm.cn

证券事务代表:孙凯　联系地址:内蒙古自治区赤峰市平庄镇兴发大厦 6 楼

电话:0476－3514285　传真:0476－3510053　电子信箱:sunkai5611@public.hh.nm.cn

### 2.会计数据和财务指标摘要

2.1 主要会计数据　单位:(人民币)元

| | 2003 年(本年) | 2002 年(上年) | 本年比上年增减 | 2001 年 |
|---|---|---|---|---|
| 主营业务收入 | 2,104,150,479.51 | 1,618,091,382.68 | 30.04% | 1,192,567,188.13 |
| 利润总额 | 39,746,629.67 | 70,453,312.12 | －43.58% | 79,667,619.52 |
| 净利润 | 39,016,430.63 | 70,902,962.12 | －44.97% | 79,405,014.47 |
| 扣除非经常性损益的净利润 | 36,813,905.01 | 58,224,663.08 | －36.77% | 90,117,569.56 |
| | 2003 年末(本年末) | 2002 年末(上年末) | 本年末比上年末增减 | 2001 年末 |
| 总资产 | 3,641,477,133.94 | 2,552,206,389.34 | 42.68% | 2,115,613,931.62 |
| 股东权益(不含少数股东权益) | 1,875,725,631.90 | 1,053,104,018.70 | 78.11% | 982,201,056.58 |
| 经营活动产生的现金流量净额 | 33,003,469.47 | 115,281,973.12 | －71.37% | 225,081,380.59 |

2.2 主要财务指标　单位:(人民币)元

| | 2003 年(本年) | 2002 年(上年) | 本年比上年增减 | 2001 年 |
|---|---|---|---|---|
| 每股收益 | 0.10 | 0.25 | －62.00% | 0.28 |
| 每股收益(如果股本变化,按新股本计算) | 0.10 | －－ | －－ | －－ |
| 净资产收益率 | 2.08% | 6.73% | －69.09% | 8.08% |
| 扣除非经常性损益的净利润为基础计算的净资产收益率 | 1.96% | 5.53% | －64.56% | 9.17% |
| 每股经营活动产生的现金流量净额 | 0.08 | 0.41 | －80.10% | 0.79 |
| | 2003 年末(本年末) | 2002 年末(上年末) | 本年末比上年末增减 | 2001 年末 |
| 每股净资产 | 4.59 | 3.72 | 23.32% | 3.47 |
| 调整后的每股净资产 | 4.53 | 3.65 | 24.19% | 3.42 |

## 000809 四川第一纺织股份有限公司

# 二〇〇三年年度报告摘选

### 1.上市公司基本情况简介

1.1 基本情况简介

股票简称:＊ST 一纺　股票代码:000809　上市交易所:深圳证券交易所

册地址和办公地址:成都市二环路东三段 8 号　邮政编码:610053

电子信箱:dyfz@mail.sc.cninfo.net

1.2 联系人和联系方式

董事会秘书:余武柏　联系地址:成都市二环路东三段 8 号

电话:(028)84333212－2388　传真:(028)84317555

电子信箱:dyfz@mail.sc.cninfo.net

证券事务代表:奉兴　联系地址:成都市一环路南三段 80 号 5 楼

电话:(028)85182920　传真:(028)85155158

电子信箱:fengxing1962@yahoo.com.cn

### 2.会计数据和财务指标摘要

2.1 主要会计数据　单位:(人民币)元

| | 2003 年(本年) | 2002 年(上年) 调整前 | 调整后 | 本年比上年增减(%) | 2001 年 |
|---|---|---|---|---|---|
| 主营业务收入 | 263,370,086.63 | 316,489,250.81 | 316,489,250.81 | －16.78 | 367,331,275.95 |
| 利润总额 | 9,824,877.90 | －57,633,488.95 | －57,858,864.60 | －116.18 | －62,964,593.61 |
| 净利润 | 11,046,102.39 | －56,229,511.97 | －56,569,031.23 | －119.53 | －62,655,891.20 |
| 扣除非经常性损益的净利润 | －159,471,990.21 | －56,123,459.88 | －56,462,979.14 | 184.14 | 62,682,999.17 |
| | 2003 年末(本年末) | 2002 年末(上年末) 调整前 | 调整后 | 本年末比上年末增减(%) | 2001 年末 |
| 总资产 | 188,709,665.76 | 386,389,143.57 | 386,389,143.57 | －51.16 | 451,256,358.83 |
| 股东权益(不含少数股东权益) | 114,837,610.17 | 104,131,027.04 | 103,791,507.78 | 10.64 | 160,360,539.01 |
| 经营活动产生的现金流量净额 | 11,023,298.67 | 17,709,697.65 | 17,709,697.65 | －37.76 | －3,820,515.62 |

2.2 主要财务指标　单位:(人民币)元

| | 2003 年(本年) | 2002 年(上年) 调整前 | 调整后 | 本年比上年增减(%) | 2001 年 |
|---|---|---|---|---|---|
| 每股收益 | 0.10 | 0.49 | －0.49 | －120.41 | －0.55 |
| 净资产收益率 | 9.62% | －54.00% | －54.51% | －117.65 | －39.07% |
| 扣除非经常性损益的净利润为基础计算的净资产收益率 | 10.09% | －42.52% | －42.83% | －123.73 | －32.72% |
| 每股经营活动产生的现金流量净额 | 0.10 | 0.15 | 0.15 | －38.06 | －0.03 |
| | 2003 年末(本年末) | 2002 年末(上年末) 调整前 | 调整后 | 本年末比上年末增减(%) | 2001 年末 |
| 每股净资产 | 1.00 | 0.91 | 0.91 | 10.60 | 1.40 |
| 调整后的每股净资产 | 1.00 | 0.79 | 0.79 | 26.58 | 1.33 |

## 000835 上海隆源双登实业股份有限公司

### 二〇〇三年年度报告摘选

#### 1.上市公司基本情况简介

1.1 基本情况简介

股票简称:隆源双登 股票代码:000835 上市交易所:深圳证券交易所
注册地址:上海浦东新区杨高中路 1900 号 27 栋 208 室
办公地址:上海浦东新区东南路 855 号世界广场 15 层
邮政编码:200120 电子信箱:lysd@lysdcorp.com

1.2 联系人和联系方式

董事会秘书:张明伟 联系地址:上海浦东新区浦东南路 855 号世界广场 15 层
电话:021－58820181 传真:021－58872439 电子信箱:zhangmw@lysdcorp.com
证券事务代表:李艳 联系地址:上海浦东新区浦东南路 855 号世界广场 15 层
电话:021－58820181 传真:021－58872439 电子信箱:liy@lysdcorp.com

#### 2.会计数据和财务指标摘要

2.1 主要会计数据 单位:(人民币)元

| | 2003 年(本年) | 2002 年(上年) | 本年比上年增减 | 2001 年 |
|---|---|---|---|---|
| 主营业务收入 | 160,203,068.55 | 208,665,920.55 | －23.23% | 375,521,160.66 |
| 利润总额 | 10,677,609.88 | －350,784.62 | －－ | 53,612,227.86 |
| 净利润 | 7,489,172.50 | －6,137,161.57 | －－ | 31,279,659.09 |
| 扣除非经常性损益的净利润 | 7,489,172.50 | －6,788,559.80 | －－ | 30,672,656.38 |
| | 2003 年末(本年末) | 2002 年末(上年末) | 本年末比上年末增减 | 2001 年末 |
| 总资产 | 380,038,629.19 | 468,580,627.04 | －18.90% | 395,740,395.80 |
| 股东权益(不含少数股东权益) | 171,287,480.47 | 163,796,792.37 | 4.57% | 167,234,284.81 |
| 经营活动产生的现金流量净额 | －11,308,786.94 | 10,262,750.12 | －210.19% | 46,248,467.93 |

2.2 主要财务指标 单位:(人民币)元

| | 2003 年(本年) | 2002 年(上年) | 本年比上年增减 | 2001 年 |
|---|---|---|---|---|
| 每股收益 | 0.07 | －0.06 | －－ | 0.58 |
| 每股收益(如果股本变化,按新股本计算) | 0.07 | －－ | －－ | －－ |
| 净资产收益率 | 4.37% | －3.75% | －－ | 18.70% |
| 扣除非经常性损益的净利润为基础计算的净资产收益率 | 2.91% | －3.88% | －－ | 18.34% |
| 每股经营活动产生的现金流量净额 | －0.10 | 0.10 | －210.21% | 0.86 |
| | 2003 年末(本年末) | 2002 年末(上年末) | 本年末比上年末增减 | 2001 年末 |
| 每股净资产 | 1.59 | 1.52 | 4.58% | 3.02 |
| 调整后的每股净资产 | 1.57 | 1.44 | 9.04% | 3.25 |

## 000900 现代投资股份有限公司

### 二〇〇三年年度报告摘选

#### 1.上市公司基本情况简介

1.1 基本情况简介

股票简称:现代投资 股票代码:000900 上市交易所:深圳证券交易所
注册地址:长沙市八一路 466 号 邮政编码:410007
办公地址:湖南省长沙市芙蓉中路 465－467 号金源大酒店南楼 11 层
电子信箱:xdtzgf@public.cs.hn.cn

1.2 联系人和联系方式

董事会秘书:陈满林 联系地址:湖南省长沙市芙蓉中路 465－467 号金源大酒店南楼 11 层
电话:0731－5558888－1102 传真:0731－5163009 电子信箱:xdtzgf@public.cs.hn.cn
证券事务代表:罗茜萍 联系地址:湖南省长沙市芙蓉中路 465－467 号金源大酒店南楼 11 层
电话:0731－5558888－1112 传真:0731－5163009 电子信箱:xdtzgf@public.cs.hn.cn

#### 2.会计数据和财务指标摘要

2.1 主要会计数据 单位:(人民币)元

| | 2003 年(本年) | 2002 年(上年) | 本年比上年增减 | 2001 年 |
|---|---|---|---|---|
| 主营业务收入 | 491,854,955.32 | 535,175,850.83 | －8.09% | 500,224,881.82 |
| 利润总额 | 79,909,982.45 | 141,274,121.70 | －43.44% | 197,771,737.80 |
| 净利润 | 54,463,332.36 | 88,905,605.82 | －38.74% | 172,595,573.84 |
| 扣除非经常性损益的净利润 | 50,548,051.03 | 90,767,929.31 | －44.31% | 148,419,513.85 |
| | 2003 年末(本年末) | 2002 年末(上年末) | 本年末比上年末增减 | 2001 年末 |
| 总资产 | 4,525,754,806.00 | 4,402,303,176.82 | 2.80% | 4,598,687,418.98 |
| 股东权益(不含少数股东权益) | 2,561,509,605.23 | 2,546,683,139.49 | 0.58% | 2,522,047,447.11 |
| 经营活动产生的现金流量净额 | 359,455,502.56 | 378,362,918.57 | －5.00% | 316,359,105.07 |

2.2 主要财务指标 单位:(人民币)元

| | 2003 年(本年) | 2002 年(上年) | 本年比上年增减 | 2001 年 |
|---|---|---|---|---|
| 每股收益 | 0.14 | 0.22 | －38.74% | 0.43 |
| 净资产收益率 | 2.13% | 3.49% | －38.97% | 6.84% |
| 扣除非经常性损益的净利润为基础计算的净资产收益率 | 1.98% | 3.58% | －44.69% | 6.03% |
| 每股经营活动产生的现金流量净额 | 0.90 | 0.95 | －5.06% | 0.79 |
| | 2003 年末(本年末) | 2002 年末(上年末) | 本年末比上年末增减 | 2001 年末 |
| 每股净资产 | 6.42 | 6.38 | 0.58% | 6.32 |
| 调整后的每股净资产 | 6.38 | 6.23 | 2.41% | 6.21 |

## 600070 浙江富润股份有限公司

### 二〇〇三年年度报告摘选

#### 1.上市公司基本情况简介

1.1 基本情况简介

股票简称:浙江富润 股票代码:600070 上市交易所:上海证券交易所
注册地址和办公地址:浙江省诸暨市安平路 42 号 邮政编码:311800
公司国际互联网网址:www.zj－furun.cn 电子信箱:furun@mail.sxptt.zj.cn

1.2 联系人和联系方式

董事会秘书:陈黎伟 联系地址:浙江省诸暨市安平路 42 号
电话:0575－7222043 13506853529 传真:0575－7223018
电子信箱:furun@mail.sxptt.zj.cn
证券事务代表:王坚 联系地址:浙江省诸暨市安平路 42 号
电话:0575－7223532 传真:0575－7223018 电子信箱:furun@mail.sxptt.zj.cn

#### 2.会计数据和财务指标摘要

2.1 主要会计数据 单位:元

| | 2003 年(T 年,即本年) | 2002 年(T－1 年) | 本年比上年增减(%) | 2001 年(T－2 年) |
|---|---|---|---|---|
| 主营业务收入 | 328354219.88 | 234835755.76 | 39.82 | 202641322.32 |
| 利润总额 | 29517743.36 | 35423749.35 | －16.67 | 18645565.81 |
| 净利润 | 24378241.31 | 25209477.15 | －3.30 | 17789115.49 |
| 扣除非经常性损益的净利润 | 23805288.76 | 24551792.37 | －3.04 | 14642302.18 |
| | 2003 年末(T 年,即本年末) | 2002 年末(T－1 年末) | 本年末比上年末增减(%) | 2001 年末(T－2 年末) |
| 总资产 | 610362856.43 | 553202653.69 | 10.33 | 428847378.73 |
| 股东权益(不含少数股东权益) | 388754863.18 | 376958312.64 | 3.13 | 228953198.71 |
| 经营活动产生的现金流量净额 | 18990549.61 | 56737093.47 | 66.53 | －10802272.19 |

2.2 主要财务指标 单位:元

| | 2003 年(T 年,即本年) | 2002 年(T－1 年) | 本年比上年增减(%) | 2001 年(T－2 年) |
|---|---|---|---|---|
| 每股收益 | 0.28 | 0.29 | －3.45 | 0.23 |
| 净资产收益率(%) | 6.27 | 6.92 | －9.39 | 7.77 |
| 扣除非经常性损益的净利润为基础计算的净资产收益率(%) | 6.22 | 8.39 | －25.86 | 6.15 |
| 每股经营活动产生的现金流量净额 | 0.22 | 0.66 | －66.67 | －0.14 |
| | 2003 年末(T 年,即本年末) | 2002 年末(T－1 年末) | 本年末比上年末增减(%) | 2001 年末(T－2 年末) |
| 每股净资产 | 4.54 | 4.25 | 6.82 | 3.02 |
| 调整后的每股净资产 | 4.53 | 4.24 | 6.84 | 3.01 |

## 600119 长江投资实业股份有限公司

### 二〇〇三年年度报告摘选

#### 1.上市公司基本情况简介

1.1 基本情况简介

股票简称:长江投资 股票代码:600119 上市交易所:上海证券交易所
注册地址和办公地址:上海市浦东世纪大道 1500 号 9 楼 邮政编码:200122
电子信箱:zhulian01@mail2.online.sh.cn

1.2 联系人和联系方式

董事会秘书:朱联 联系地址:上海市浦东世纪大道 1500 号 9 楼
电话:021－68407009 传真:021－68407010 电子信箱:zhulian01@mail2.online.sh.cn
证券事务代表:赵勇 联系地址:上海市浦东世纪大道 1500 号 9 楼
电话:021－68407032 传真:021－68407010 电子信箱:zhao-yong01@163.com

#### 2.会计数据和财务指标摘要

2.1 主要会计数据 单位:元

| | 2003 年 | 2002 年 | 本年比上年增减(%) | 2001 年 |
|---|---|---|---|---|
| 主营业务收入 | 745,716,913.82 | 570,631,354.24 | 30.68 | 471,998,493.73 |
| 利润总额 | 35,686,605.16 | 35,107,671.36 | 1.65 | 32,065,837.41 |
| 净利润 | 25,617,950.09 | 24,109,108.56 | 6.26 | 22,762,204.62 |
| 扣除非经常性损益的净利润 | 23,087,378.46 | 22,987,528.06 | 0.43 | 17.635,256.92 |
| | 2003 年末 | 2002 年末 | 本年末比上年末增减(%) | 2001 年末 |
| 总资产 | 850,921,775.42 | 853,840,360.76 | －0.34 | 806,920,320.51 |
| 股东权益(不含少数股东权益) | 425,658,168.24 | 400,040,218.15 | 6.40 | 375,931,109.59 |
| 经营活动产生的现金流量净额 | 136,526,547.76 | 32,836,356.95 | 315.78 | －21,295,723.62 |

2.2 主要财务指标 单位:元

| | 2003 年 | 2002 年 | 本年比上年增减(%) | 2001 年 |
|---|---|---|---|---|
| 每股收益 | 0.0995 | 0.0937 | 6.26 | 0.1380 |
| 每股收益 | 0.0995 | 0.0937 | 6.26 | 0.1380 |
| 净资产收益率 | 6.0184% | 6.0267% | －0.14 | 6.0549% |
| 扣除非经常性损益的净利润为基础计算的净资产收益率 | 5.5922% | 5.9248% | －10.01 | 4.8429% |
| 每股经营活动产生的现金流量净额 | 0.5304 | 0.1276 | 315.78 | －0.1291 |
| | 2003 年末 | 2002 年末 | 本年末比上年末增减(%) | 2001 年末 |
| 每股净资产 | 1.6537 | 1.5542 | 6.40 | 2.2784 |
| 调整后的每股净资产 | 1.6031 | 1.4260 | 12.42 | 2.1724 |

# 600132 重庆啤酒股份有限公司

## 二〇〇三年年度报告摘选

### 1.上市公司基本情况简介

1.1 基本情况简介

股票简称:重庆啤酒 股票代码:600132 上市交易所:上海证券交易所

注册地址和办公地址:重庆市九龙坡区石桥铺石杨路 16 号 邮政编码:400039

电子信箱:Cqbeer132@163.net

1.2 联系人和联系方式

董事会秘书:苏甫玉 联系地址:重庆市九龙坡区石桥铺石杨路 16 号

电话:023-68882299 传真:023-68882266 电子信箱:cqbeer132@163.net

证券事务代表:邓炜 联系地址:重庆市九龙坡区石桥铺石杨路 16 号

电话:023-68882299 传真:023-68882266 电子信箱:cqbeer132@163.net

### 2.会计数据和财务指标摘要

2.1 主要会计数据 单位:元

| | 2003 年 | 2002 年 | 本年比上年增减 | 2001 年 |
|---|---|---|---|---|
| 主营业务收入 | 943,886,625.82 | 778,746,307.60 | 21.2% | 466,710,328.93 |
| 利润总额 | 71,375,575.34 | 55,362,870.50 | 28.92% | 40,101,886.30 |
| 净利润 | 55,529,106.93 | 44,554,255.71 | 24.63% | 34,287,205.58 |
| 扣除非经常性损益的净利润 | 59,543,532.35 | 44,569,931.08 | 33.60% | 37,019,103.12 |
| | 2003 年末 | 2002 年末 | 本年末比上年末增减 | 2001 年末 |
| 总资产 | 1,801,333,550.34 | 1,415,554,889.74 | 27.25% | 1,178,141,930.49 |
| 股东权益(不含少数股东权益) | 651,576,885.72 | 595,559,790.30 | 9.41% | 576,636,334.59 |
| 经营活动产生的现金流量净额 | 228,984,827.15 | 124,275,603.20 | 84.26% | 99,169,988.57 |

2.2 主要财务指标 单位:元

| | 2003 年 | 2002 年 调整后 | 2002 年 调整前 | 本年比上年(调整后)增减 | 2001 年 |
|---|---|---|---|---|---|
| 每股收益 | 0.22 | 0.26 | 0.26 | -15.38% | 0.201 |
| 净资产收益率 | 8.52% | 7.17% | 7.48% | 18.83% | 5.95% |
| 扣除非经常性损益的净利润为基础计算的净资产收益率 | 9.14% | 7.17% | 7.48% | 27.48% | 6.42% |
| 每股经营活动产生的现金流量净额 | 0.89 | 0.73 | 0.73 | 21.92% | 0.58 |
| | 2003 年末 | 2002 年末 调整后 | 2002 年末 调整前 | 本年末比上年末增减 | 2001 年末 |
| 每股净资产 | 2.54 | 3.64 | 3.49 | -30.22% | 3.37 |
| 调整后的每股净资产 | 2.53 | 3.60 | 3.42 | -29.72% | 3.33 |

# 600170 上海建工股份有限公司

## 二〇〇三年年度报告摘选

### 1.上市公司基本情况简介

1.1 基本情况简介

股票简称:上海建工 股票代码:600170 上市交易所:上海证券交易所

注册地址和办公地址:上海市浦东新区福山路 33 号 邮政编码:200120

电子信箱:sc@china-scg.com

1.2 联系人和联系方式

董事会秘书:尤卫平 联系地址:上海市浦东新区福山 33 号

电话:68872178 传真:58795500 电子信箱:sc@china-scg.com

证券事务代表:吴正明 联系地址:上海市浦东新区福山 33 号

电话:68870170 传真:58795500 电子信箱:sc@china-scg.com

### 2.会计数据和业务数据摘要

2.1 主要会计数据 单位:元

| | 2003 年 | 2002 年 | 本年比上年增减(%) | 2001 年 |
|---|---|---|---|---|
| 主营业务收入 | 10,922,592,732 | 9,043,131,304 | 20.78 | 8,003,747,821 |
| 利润总额 | 211,890,284 | 228,685,116 | -7.34 | 221,327,469 |
| 净利润 | 183,806,501 | 192,957,450 | -4.74 | 185,201,977 |
| 扣除非经常性损益的净利润 | 186,720,672 | 191,162,055 | -2.32 | 183,224,837 |
| | 2003 年末 | 2002 年末 | 本年末比上年末增减(%) | 2001 年末 |
| 总资产 | 9,340,600,441 | 9,130,919,954 | 2.30 | 656,2274,534 |
| 股东权益(不含少数股东权益) | 3,002,164,195 | 2,908,269,944 | 3.23 | 2,715,312,494 |
| 经营活动产生的现金流量净额 | 828,630,459 | 526,441,394 | 57.40 | 905,240,031 |

2.2 主要财务指标 单位:元

| | 2003 年 | 2002 年 | 本年比上年增减(%) | 2001 年 |
|---|---|---|---|---|
| 每股收益 | 0.26 | 0.27 | -3.70 | 0.31 |
| 每股收益(加权) | 0.26 | 0.27 | -3.70 | 0.26 |
| 净资产收益率(%) | 6.12 | 6.63 | -0.51 | 6.82 |
| 扣除非经常性损益的净利润为基础计算的净资产收益率(%) | 6.22 | 6.57 | -0.35 | 6.75 |
| 每股经营活动产生的现金流量净额 | 1.15 | 0.73 | 57.53 | 1.51 |
| | 2003 年末 | 2002 年末 | 本年末比上年末增减(%) | 2001 年末 |
| 每股净资产 | 4.17 | 3.92 | 6.38 | 4.53 |
| 调整后的每股净资产 | 4.16 | 3.91 | 6.39 | 4.51 |

# 600241 辽宁时代服装进出口股份有限公司

## 二〇〇三年年度报告摘选

### 1.上市公司基本情况简介

1.1 基本情况简介

股票简称:辽宁时代 股票代码:600241 上市交易所:上海证券交易所

注册地址:大连市中山区港湾街 7 号 邮政编码:116001

办公地址:大连市中山区港湾街 7 号时代大厦

公司国际互联网网址:www.lnsdgrp.com 电子信箱:lntimes@mail.dlptt.ln.cn

1.2 联系人和联系方式

董事会秘书:马丽 联系地址:大连市中山区港湾街 7 号时代大厦

电话:0411-82798317 传真:0411-82798191 电子信箱:times600241@lnsdgrp.com

证券事务代表:蒋明 联系地址:大连市中山区港湾街 7 号时代大厦

电话:0411-82798317 传真:0411-82798000 电子信箱:times600241@lnsdgrp.com

### 2.会计数据和财务指标摘要

2.1 主要会计数据 单位:人民币元

| | 2003 年 | 2002 年 | 本年比上年增减(%) | 2001 年 |
|---|---|---|---|---|
| 主营业务收入 | 1,542,072,299.91 | 1,619,012,536.81 | -4.75 | 1,363,036,869.49 |
| 利润总额 | 39,262,600.45 | 41,744,465.07 | -5.95 | 48,913,747.26 |
| 净利润 | 26,438,152.97 | 33,290,210.50 | -20.58 | 31,821,594.66 |
| 扣除非经常性损益的净利润 | 24,209,017.31 | 30,635,784.36 | -20.98 | 31,645,908.30 |
| | 2003 年末 | 2002 年末 | 本年末比上年末增减(%) | 2001 年末 |
| 总资产 | 688,647,625.35 | 669,387,238.69 | 2.88 | 619,483,000.48 |
| 股东权益(不含少数股东权益) | 429,986,761.96 | 403,548,608.99 | 6.55 | 381,855,352.86 |
| 经营活动产生的现金流量净额 | 75,194,203.53 | 17,634,651.56 | 326.40 | -26,531,998.45 |

2.2 主要财务指标 单位:人民币元

| | 2003 年 | 2002 年 | 本年比上年增减(%) | 2001 年 |
|---|---|---|---|---|
| 每股收益 | 0.25 | 0.31 | -19.35 | 0.30 |
| 净资产收益率(%) | 6.15 | 8.25 | -2.10 | 8.33 |
| 扣除非经常性损益的净利润为基础计算的净资产收益率(%) | 5.63 | 7.59 | -1.96 | 8.29 |
| 每股经营活动产生的现金流量净额 | 0.71 | 0.17 | 317.65 | -0.25 |
| | 2003 年末 | 2002 年末 | 本年末比上年末增减(%) | 2001 年末 |
| 每股净资产 | 4.06 | 3.81 | 6.56 | 3.60 |
| 调整后的每股净资产 | 4.05 | 3.80 | 6.58 | 3.60 |

# 600250 南京纺织品进出口股份有限公司

## 二〇〇三年年度报告摘选

### 1.上市公司基本情况简介

1.1 基本情况简介

股票简称:南纺股份 股票代码:600250 上市交易所:上海证券交易所

注册地址和办公地址:南京市鼓楼区云南北路 77 号 邮政编码:210009

公司国际互联网网址:http://www.nantex.com.cn 电子信箱:nantex@publicl.ptt.js.cn

1.2 联系人和联系方式

董事会秘书:丁杰 联系地址:南京市云南北路 77 号 16 楼

电话:025-83331602 传真:025-83300518 电子信箱:djnj@jlonline.com

### 2.会计数据和财务指标摘要

2.1 主要会计数据 单位:元

| | 2003 年 | 2002 年 | 本年比上年增减(%) | 2001 年 |
|---|---|---|---|---|
| 主营业务收入 | 7,033,082,595.31 | 3,976,443,412.94 | 76.87 | 2,898,407,141.15 |
| 利润总额 | 112,194,446.04 | 69,193,736.72 | 62.15 | 53,735,508.88 |
| 净利润 | 67,177,475.06 | 47,262,734.93 | 42.14 | 41,372,523.41 |
| 扣除非经常性损益的净利润 | 66,356,178.32 | 43,015,808.36 | 54.26 | 40,678,620.91 |
| | 2003 年末 | 2002 年末 | 本年末比上年末增减(%) | 2001 年末 |
| 总资产 | 4,253,079,690.96 | 2,408,972,031.29 | 76.55 | 1,666,762,132.15 |
| 股东权益(不含少数股东权益) | 735,167,533.54 | 688,266,138.38 | 6.81 | 662,016,296.36 |
| 经营活动产生的现金流量净额 | 113,394,263.52 | -265,110,015.3 | 142.77 | -326,877,697.43 |

2.2 主要财务指标 单位:元

| | 2003 年 | 2002 年 | 本年比上年增减(%) | 2001 年 |
|---|---|---|---|---|
| 每股收益 | 0.34 | 0.36 | -5.56 | 0.31 |
| 每股收益(加权) | 0.34 | 0.36 | -5.56 | 0.31 |
| 净资产收益率(%) | 9.09 | 6.87 | 32.31 | 6.25 |
| 扣除非经常性损益的净利润为基础计算的净资产收益率(%) | 9.35 | 6.27 | 49.12 | 6.84 |
| 每股经营活动产生的现金流量净额 | 0.57 | -2 | 128.5 | -2.46 |
| | 2003 年末 | 2002 年末 | 本年末比上年末增减(%) | 2001 年末 |
| 每股净资产 | 3.69 | 5.19 | -28.9 | 4.99 |
| 调整后的每股净资产 | 3.62 | 5.09 | -28.88 | 4.91 |

## 600340 浙江国祥制冷工业股份有限公司

### 二〇〇三年年度报告摘选

#### 1.上市公司基本情况简介

1.1 基本情况简介

股票简称:国祥股份 股票代码:600340 上市交易所:上海证券交易所
注册地址:浙江省工商行政管理局
办公地址:浙江省上虞市百官镇中塘 邮政编码:312300
公司国际互联网网址:http://www.ekingair.com
电子信箱:syplant@ekingair.com

1.2 联系人和联系方式

法定代表人:陈天麟 董事会秘书:丁亚平 联系地址:浙江省上虞市百官镇中塘
电话:0575-2158818 传真:0575-2151888 电子信箱:dyp@ekingair.com

#### 2.会计数据和财务指标摘要

2.1 主要会计数据 单位:(人民币)元

| 项目 | 2003年 | 2002年 | 本年比上年增减(%) | 2001年 |
|---|---|---|---|---|
| 主营业务收入 | 174,835,891.81 | 162,461,860.34 | 7.62 | 131,806,089.60 |
| 利润总额 | 24,902,718.08 | 25,859,369.49 | -3.70 | 25,105,685.50 |
| 净利润 | 21,619,158.64 | 21,912,704.45 | -1.30 | 21,575,966.14 |
| 项目 | 2003年末 | 2002年末 | 本年末比上年末增减(%) | 2001年末 |
| 总资产 | 497,758,568.23 | 198,484,936.23 | 150.78 | 163,103,759.98 |
| 股东权益 | 399,397,649.15 | 103,488,670.59 | 285.93 | 81,575,966.14 |
| 经营活动产生的现金流量净额 | 34,529,571.35 | 14,167,590.58 | 143.72 | 8,555,430.31 |

2.2 主要财务指标 单位:(人民币)元

| 项目 | 2003年 | 2002年 | 本年比上年增减(%) | 2001年 |
|---|---|---|---|---|
| 每股收益(全面摊薄) | 0.22 | 0.37 | -40.54 | 0.36 |
| 每股收益(加权平均) | 0.35 | 0.37 | -8.11 | 0.36 |
| 净资产收益率(全面摊薄)(%) | 5.41 | 21.17 | -74.44 | 26.45 |
| 净资产收益率(加权平均)(%) | 17.74 | 23.68 | -25.08 | 30.48 |
| 扣除非经常性损益后的净资产收益率(全面摊薄)(%) | 5.41 | 21.07 | 74.32 | 26.77 |
| 扣除非经常性损益后的平均净资产收益率(加权平均)(%) | 17.75 | 23.56 | 24.66 | 30.85 |
| 每股经营活动产生的现金流量净额 | 0.35 | 0.24 | 45.83 | 0.14 |
| 项目 | 2003年末 | 2002年末 | 本年末比上年末增减(%) | 2001年 |
| 每股净资产 | 3.99 | 1.72 | 131.98 | 1.36 |
| 调整后的每股净资产 | 3.98 | 1.68 | 136.90 | 1.20 |

## 600573 福建省惠泉啤酒集团股份有限公司

### 二〇〇三年年度报告摘选

#### 1.上市公司基本情况简介

1.1 基本情况简介

股票简称:惠泉啤酒 股票代码:600573 上市交易所:上海证券交易所
注册地址和办公地址:福建省惠安县建设大街157号 邮政编码:362100
公司国际互联网网址:http://www.huiquan-beer.com;http://www.kindspring.com
电子信箱:ksbeer@public.qz.fj.cn

1.2 联系人和联系方式

董事会秘书:何泽平 联系地址:福建省惠安县建设大街157号
电话:0595-7396105 传真:0595-7378169 电子信箱:ksbeer@public.qz.fj.cn
证券事务代表:黄晓英 联系地址:福建省惠安县建设大街157号
电话:0595-7396105 传真:0595-7378169 电子信箱:ksbeer@public.qz.fj.cn

#### 2.会计数据和财务指标摘要

2.1 主要会计数据 单位:人民币元

| | 2003年(本年) | 2002年(上年) | 本年比上年增减 | 2001年 |
|---|---|---|---|---|
| 主营业务收入 | 880,341,156.58 | 905,695,320.15 | -2.80% | 943,915,911.91 |
| 利润总额 | 28,289,613.21 | 106,148,168.64 | -73.35% | 109,440,462.38 |
| 净利润 | 11,523,529.96 | 69,548,131.09 | -83.43% | 63,302,928.40 |
| 扣除非经常性损益的净利润 | 12,846,330.82 | 64,735,209.59 | -80.16% | 65,369,384.67 |
| | 2003年末(本年末) | 2002年末(上年末) | 本年末比上年末增减 | 2001年末 |
| 总资产 | 1,344,634,515.35 | 1,196,327,253.70 | 12.40% | 1,092,225,671.69 |
| 股东权益(不含少数股东权益) | 905,365,632.26 | 441,267,490.49 | 105.17% | 371,583,365.54 |
| 经营活动产生的现金流量净额 | 70,603,912.67 | 216,820,635.10 | -67.44% | 131,918,784.06 |

2.2 主要财务指标 单位:人民币元

| | 2003年(本年) | 2002年(上年) | 本年比上年增减 | 2001年 |
|---|---|---|---|---|
| 每股收益 | 0.046 | 0.372 | -87.63% | 0.334 |
| 净资产收益率 | 1.24% | 15.87% | -92.19% | 14.80 |
| 扣除非经常性损益的净利润为基础计算的净资产收益率 | 1.38% | 15.76% | -91.13% | 17.59 |
| 每股经营活动产生的现金流量净额 | 0.28 | 1.60 | -82.50% | 0.71 |
| | 2003年末(本年末) | 2002年末(上年末) | 本年末比上年末增减 | 2001年末 |
| 每股净资产 | 3.70 | 2.36 | 56.78% | 1.99 |
| 调整后的每股净资产 | 3.61 | 2.34 | 54.27% | 1.97 |

## 600575 芜湖港储运股份有限公司

### 二〇〇三年年度报告摘选

#### 1.上市公司基本情况简介

1.1 基本情况简介

股票简称:芜湖港 股票代码:600575 上市交易所:上海证券交易所
注册地址及办公地址:芜湖市经济技术开发区内 邮政编码:241000
公司网址:www.whpstc.com 电子信箱:whps@whpstc.com

1.2 联系人和联系方式

董事会秘书:欧业群 联系地址:安徽芜湖市经济技术开发区内朱家桥外贸码头
电话:0553-5840528 传真:0553-5840510 电子信箱:whps@whpstc.com

#### 2.会计数据和业务数据摘要

2.1 主要会计数据 单位:元

| | 2003年度 | 2002年度 | 本年比上年增减 | 2001年度 |
|---|---|---|---|---|
| 主营业务收入 | 119,690,163.90 | 104,391,227.09 | 14.66% | 80,593,961.71 |
| 利润总额 | 40,607,103.73 | 33,123,861.82 | 22.59% | 25,676,935.01 |
| 净利润 | 28,106,140.89 | 26,076,022.19 | 7.79% | 25,676,935.01 |
| 扣除非经常性损益后的净利润 | 28,348,071.71 | 29,381,161.38 | -3.52% | 25,676,935.01 |
| | 2003年末 | 2002年末 | 本年末比上年末增减 | 2001年末 |
| 总资产 | 484,023,264.32 | 232,722,356.28 | 7.98% | 212,404,465.76 |
| 股东权益 | 464,828,576.46 | 146,163,095.57 | 218.02% | 120,074,957.38 |
| 经营活动产生的现金流量净额 | 28,270,622.89 | 54,184,392.96 | -47.83% | 33,408,349.59 |

2.2 主要财务指标 单位:元

| | 2003年度 | 2002年度 | 本年比上年增减 | 2001年 |
|---|---|---|---|---|
| 每股收益 | 0.24 | 0.35 | -31.43% | 0.35 |
| 净资产收益率 | 6.05% | 17.84% | -66.09% | 19.58% |
| 扣除非经常性损益后净利润的加权平均净资产收益率 | 7.27% | 18.09% | -59.81% | 13.12% |
| 每股经营活动产生的现金流量净额 | 0.24 | 0.74 | -67.57% | 0.45 |
| | 2003年末 | 2002年末 | 本年末比上年末增减 | 2001年末 |
| 每股净资产 | 3.92 | 1.99 | 96.98% | 1.63 |
| 调整后的每股净资产 | 3.92 | 1.99 | 96.98% | 1.63 |

## 600618 上海氯碱化工股份有限公司

### 二〇〇三年年度报告摘选

#### 1.上市公司基本情况简介

1.1 基本情况简介

股票简称:氯碱化工 股票代码:600618 股票简称:氯碱B股 股票代码:900908
上市交易所:上海证券交易所
注册地址和办公地址:龙吴路4747号 邮政编码:200241
公司国际互联网网址:www.scacc.com 电子信箱:office@styc.com

1.2 联系人和联系方式

董事会秘书:许沛文 联系地址:上海市龙吴路4747号
电话:021-64340601 传真:021-64341341 电子信箱:shxpw@21cn.com
证券事务代表:庞学英 联系地址:上海市龙吴路4747号
电话:021-64342640 传真:021-64341341 电子信箱:Pangxy@21cn.com

#### 2.会计数据和财务指标摘要

2.1 主要会计数据 单位:万元

| | 2003年 | 2002年 | 本年比上年增减(%) | 2001年 |
|---|---|---|---|---|
| 主营业务收入 | 390555.55 | 316099.24 | 23.55 | 272832.30 |
| 利润总额 | 3467.66 | 943.08 | 267.69 | 2840.30 |
| 净利润 | 2503.34 | 635.10 | 294.16 | 708.61 |
| 扣除非经常性损益的净利润 | 1844.99 | -644.51 | 386.26 | -10290.51 |
| | 2003年末 | 2002年末 | 本年末比上年末增减(%) | 2001年末 |
| 总资产 | 492041.22 | 477629.71 | 3.02 | 460929.54 |
| 股东权益(不含少数股东权益) | 286211.84 | 282036.40 | 1.48 | 280222.83 |
| 经营活动产生的现金流量净额 | 37254.69 | 46791.45 | -20.38 | 23788.54 |

2.2 主要财务指标 单位:元

| | 2003年 | 2002年 | 本年比上年增减(%) | 2001年 |
|---|---|---|---|---|
| 每股收益 | 0.0215 | 0.0055 | 290.91 | 0.0061 |
| 每股收益(加权) | 0.0215 | 0.0055 | 290.91 | 0.0061 |
| 净资产收益率(%) | 0.87 | 0.23 | 0.64 | 0.25 |
| 扣除非经常性损益的净利润为基础计算的净资产收益率(%) | 0.64 | -0.23 | 0.87 | -3.67 |
| 每股经营活动产生的现金流量净额 | 0.3199 | 0.4018 | -20.06 | 0.2043 |
| | 2003年末 | 2002年末 | 本年末比上年末增减(%) | 2001年末 |
| 每股净资产 | 2.46 | 2.4220 | 1.48 | 2.4064 |
| 调整后的每股净资产 | 2.06 | 2.2827 | -9.76 | 2.1895 |

## 600765 贵州力源液压股份有限公司

### 二〇〇三年年度报告摘选

#### 1.上市公司基本情况简介

1.1 基本情况简介

证券简称:力源液压 证券代码:600765 上市交易所:上海证券交易所

注册地址和办公地址:贵州省贵阳国家高新技术产业开发区 邮政编码:550018

公司国际互联网网址:http://www.liyuanhydraulic.com 电子信箱:lkccx@sina.com

1.2 联系人和联系方式

董事会秘书:舒代游 联系地址:贵阳市九十九号信箱公司办公室

电话:0851-6321009 传真:0851-6321001 电子信箱:sdy.yq@263.net

#### 2.会计数据和业务数据摘要

2.1 主要会计数据 单位:元

| | 2003 年(T 年,即本年) | 2002 年(T-1 年) | 本年比上年增减(%) | 2001 年(T-2 年) |
|---|---|---|---|---|
| 主营业务收入 | 85847794.91 | 61415743.10 | 39.78 | 51641296.33 |
| 利润总额 | 5403873.52 | 1509029.25 | 258.10 | 1146046.41 |
| 净利润 | 5177998.72 | 1509029.25 | 243.13 | 1146046.41 |
| 扣除非经常性损益的净利润 | 5708770.38 | 3082141.11 | 85.22 | 2070752.56 |
| | 2003 年末(T 年,即本年末) | 2002 年末(T-1 年) | 本年末比上年末增减(%) | 2001 年末(T-2 年) |
| 总资产 | 228936778.10 | 221349313.27 | 3.43 | 213168761.71 |
| 股东权益(不含少数股东权益) | 159367435.25 | 153915333.72 | 3.54 | 152863693.89 |
| 经营活动产生的现金流量净额 | 25664564.33 | 14413622.99 | 78.06 | 13858001.03 |

2.2 主要财务指标 单位:元

| | 2003 年(T 年,即本年末) | 2002 年(T-1 年) | 本年比上年增减(%) | 2001 年(T-2 年) |
|---|---|---|---|---|
| 每股收益 | 0.047 | 0.014 | 235.71 | 0.010 |
| 每股收益 | 0.047 | 0.014 | 235.71 | 0.010 |
| 净资产收益率(%) | 3.249 | 0.980 | 231.53 | 0.750 |
| 扣除非经常性损益的净利润为基础计算的净资产收益率(%) | 3.582 | 2.000 | 79.10 | 1.355 |
| 每股经营活动产生的现金流量净额 | 0.231 | 0.130 | 77.60 | 0.125 |
| | 2003 年末(T 年,即本年末) | 2002 年末(T-1 年末)) | 本年末比上年末增减(%) | 2001 年末(T-2 年末) |
| 每股净资产 | 1.435 | 1.386 | 3.54 | 1.377 |
| 调整后的每股净资产 | 1.241 | 1.376 | -9.81 | 1.360 |

## 600775 南京熊猫电子股份有限公司

### 二〇〇三年年度报告摘选

#### 1.上市公司基本情况简介

1.1 基本情况简介

股票简称:南京熊猫 股票代码:600775 上市交易所:上海证券交易所

股票简称:南京熊猫 股票代码:0553 上市交易所:香港联合交易所有限公司

注册地址:中华人民共和国南京市南京高新技术产业开发区 05 幢北侧 1-2 层

办公地址:中华人民共和国南京市中山东路 301 号 邮政编码:210002

公司国际互联网网址:http://www.chinapanda.com.cn 电子信箱:dms @ panda.cn

1.2 联系人和联系方式

董事会秘书:陈平 联系地址:中国南京市中山东路 301 号

电话:025-84801442 传真:025-84820729 电子信箱:dms @ panda.cn

证券事务代表:陈业宝 联系地址:中国南京市中山东路 301 号

电话:025-84801144 传真:025-84820729 电子信箱:dms @ panda.cn

#### 2.会计数据和财务指标摘要

2.1 主要会计数据 单位:人民币·千元

| | 2003 年 | 2002 年 | 本年比上年增减(%) | 2001 年 |
|---|---|---|---|---|
| 主营业务收入 | 3,874,299 | 1,293,686 | 199.48 | 861,560 |
| 利润总额 | 140,545 | 113,865 | 23.43 | 179,016 |
| 净利润 | 98,347 | 91,185 | 7.85 | 179,419 |
| 扣除非经常性损益的净利润 | 76,909 | 92,861 | (17.18) | 140,514 |
| | 2003 年末 | 2002 年末 | 本年末比上年末增减(%) | 2001 年末 |
| 总资产 | 3,592,430 | 2,727,635 | 31.70 | 2,069,729 |
| 股东权益(不含少数股东权益) | 1,128,974 | 1,030,356 | 9.57 | 939,077 |
| 经营活动产生的现金流量净额 | 21,962 | (195,845) | 111 | (51,036) |

2.2 主要财务指标 单位:人民币·元

| | 2003 年 | 2002 年 | 本年比上年增减(%) | 2001 年 |
|---|---|---|---|---|
| 每股收益 | 0.15 | 0.14 | 7.85 | 0.27 |
| 净资产收益率(%) | 8.71 | 8.85 | (1.58) | 19.11 |
| 扣除非经常性损益的净利润为基础计算的净资产收益率(%) | 6.81 | 9.01 | (24.42) | 14.96 |
| 每股经营活动产生的现金流量净额 | 0.03 | (0.30) | 111 | (0.08) |
| | 2003 年末 | 2002 年末 | 本年末比上年末增减(%) | 2001 年末 |
| 每股净资产 | 1.72 | 1.57 | 9.56 | 1.43 |
| 调整后的每股净资产 | 1.68 | 1.45 | 15.86 | 1.38 |

## 600810 神马实业股份有限公司

### 二〇〇三年年度报告摘选

#### 1.上市公司基本情况简介

1.1 基本情况简介

股票简称:神马实业 股票代码:600810 上市交易所:上海证券交易所

注册地址和办公地址:河南省平顶山市建设路 63 号

邮政编码:467000 电子信箱:shenma@public.pdptt.ha.cn

1.2 联系人和联系方式

董事会秘书:刘臻 联系地址:河南省平顶山市建设路 63 号

电话:0375-3921266 传真:0375-3921500 电子信箱:liuzh@371.net

证券事务代表:范维 联系地址:河南省平顶山市建设路 63 号

电话:0375-3921231 传真:0375-3921500

#### 2.会计数据和财务指标摘要

2.1 主要会计数据 单位:元

| | 2003 年 | 2002 年 | 本年比上年增减(%) | 2001 年 |
|---|---|---|---|---|
| 主营业务收入 | 1,446,646,339.50 | 1,355,878,618.00 | 6.69 | 1,157,430,868.70 |
| 利润总额 | 22,627,311.46 | 16,159,269.59 | 40.03 | 60,060,319.43 |
| 净利润 | 8,904,943.75 | 6,089,814.83 | 46.23 | 25,621,926.44 |
| 扣除非经常性损益的净利润 | 5,483,138.53 | 11,488,737.73 | -52.27 | 6,336,470.21 |
| | 2003 年末 | 2002 年末 | 本年末比上年末增减(%) | 2001 年末 |
| 总资产 | 4,066,851,806.40 | 4,145,556,338.97 | -1.90 | 4,070,981,130.90 |
| 股东权益(不含少数股东权益) | 3,391,465,220.30 | 3,410,574,276.55 | -0.56 | 3,432,798,461.72 |
| 经营活动产生的现金流量净额 | 30,523,800.97 | 95,637,053.13 | -68.08 | 36,850,445.49 |

2.2 主要财务指标 单位:元

| | 2003 年 | 2002 年 | 本年比上年增减(%) | 2001 年 |
|---|---|---|---|---|
| 每股收益 | 0.016 | 0.011 | 45.45 | 0.045 |
| 净资产收益率 | 0.263% | 0.179% | 46.93 | 0.746% |
| 扣除非经常性损益的净利润为基础计算的净资产收益率 | 0.162% | 0.337% | -51.93 | 0.185% |
| 每股经营活动产生的现金流量净额 | 0.054 | 0.169 | -68.05 | 0.065 |
| | 2003 年末 | 2002 年末 | 本年末比上年末增减(%) | 2001 年末 |
| 每股净资产 | 5.989 | 6.023 | -0.56 | 6.062 |
| 调整后的每股净资产 | 5.889 | 5.907 | -0.30 | 5.996 |

## 600832 上海东方明珠(集团)股份有限公司

### 二〇〇三年年度报告摘选

#### 1.上市公司基本情况简介

1.1 基本情况简介

股票简称:东方明珠 股票代码:600832 上市交易所:上海证券交易所

注册地址和办公地址:上海浦东世纪大道 1 号 邮政编码:200120

公司国际互联网网址:http://www.opg.cn 电子信箱:opg@opg.cn

1.2 联系人和联系方式

董事会秘书:杨明秋 联系地址:上海浦东世纪大道 1 号

电话:58791888 传真:58828222 电子信箱:opg@opg.cn

证券事务代表:郭明明 联系地址:上海浦东世纪大道 1 号

电话:58791888 传真:58828222 电子信箱:opg@opg.cn

#### 2.会计数据和财务指标摘要

2.1 主要会计数据 单位:元

| | 2003 年 | 2002 年 | 本年比上年增减(%) | 2001 年 |
|---|---|---|---|---|
| 主营业务收入 | 780,790,360.97 | 853,245,634.78 | -8.49 | 615,867,324.30 |
| 利润总额 | 313,498,667.68 | 292,180,660.15 | 7.30 | 263,086,296.93 |
| 净利润 | 259,552,678.30 | 227,885,726.60 | 13.90 | 229,298,765.57 |
| 扣除非经常性损益的净利润 | 252,597,089.11 | 244,592,764.05 | 3.27 | 229,433,118.46 |
| | 2003 年末 | 2002 年末 | 本年末比上年末增减(%) | 2001 年末 |
| 总资产 | 4,490,661,372.85 | 4,003,383,673.33 | 12.17 | 3,921,194,409.68 |
| 股东权益(不含少数股东权益) | 3,133,104,683.93 | 2,927,007,073.12 | 7.04 | 2,714,429,530.38 |
| 经营活动产生的现金流量净额 | 465,720,656.44 | 483,401,643.28 | -3.65 | 480,143,376.27 |

2.2 主要财务指标 单位:元

| | 2003 年 | 2002 年 | 本年比上年增减(%) | 2001 年 |
|---|---|---|---|---|
| 每股收益(摊薄) | 0.269 | 0.331 | -18.73 | 0.333 |
| 每股收益(加权) | 0.269 | 0.331 | -18.73 | 0.338 |
| 净资产收益率(%) | 8.28 | 7.79 | 6.29 | 8.4 |
| 扣除非经常性损益的净利润为基础计算的净资产收益率(%) | 8.06 | 8.36 | -3.59 | 8.4 |
| 每股经营活动产生的现金流量净额 | 0.48 | 0.70 | -31.43 | 0.70 |
| | 2003 年末 | 2002 年末 | 本年末比上年末增减(%) | 2001 年末 |
| 每股净资产 | 3.25 | 4.25 | -23.53 | 3.95 |
| 调整后的每股净资产 | 3.21 | 4.18 | -23.20 | 3.88 |

## 600897 厦门机场发展股份有限公司

### 二〇〇三年年度报告摘选

#### 1.上市公司基本情况简介

1.1 基本情况简介

股票简称:厦门机场　股票代码:600897　上市交易所:上海证券交易所

注册地址:厦门高崎国际机场　邮政编码:361006

办公地址:厦门高崎国际机场内厦门机场发展股份有限公司办公室

电子信箱:zhuz@xiagc.com.cn

1.2 联系人和联系方式

董事会秘书:朱昭　联系地址:厦门高崎国际机场厦门机场发展股份有限公司

电话:0592－6022936－6005　传真:0592－5730699　电子信箱:zhuz@xiagc.com.cn

#### 2.会计数据和财务指标摘要

2.1 主要会计数据　单位:元

| | 2003年(本年) | 2002年(上年) | | 本年比上年增减(%) | | 2001年 | |
|---|---|---|---|---|---|---|---|
| | | 调整后 | 调整前 | 调整后 | 调整前 | 调整后 | 调整前 |
| 主营业务收入 | 191,130,109.60 | 191,195,318.64 | 191,195,318.64 | －0.03 | －0.03 | 180,847,382.17 | 180,847,382.17 |
| 利润总额 | 48,542,200.07 | 59,968,990.44 | 58,926,713.48 | －19.05 | －17.62 | 63,357,169.82 | 61,667,681.94 |
| 净利润 | 39,881,388.31 | 48,742,023.21 | 47,856,087.80 | －18.18 | －16.66 | 52,925,711.92 | 51,489,647.22 |
| 扣除非经常性损益的净利润 | 35,506,368.88 | 48,782,185.34 | 47,896,249.93 | －27.21 | －25.87 | 52,703,169.16 | 51,267,104.46 |
| | 2003年末(本年末) | 2002年末(上年末) | | 本年末比上年末增减(%) | | 2001年末 | |
| | | 调整后 | 调整前 | 调整后 | 调整前 | 调整后 | 调整前 |
| 总资产 | 1,261,827,201.68 | 1,272,244,637.27 | 1,267,743,405.42 | －0.82 | －0.47 | 1,279,108,591.68 | 1,275,649,636.79 |
| 股东权益(不含少数股东权益) | 1,227,421,732.97 | 1,204,676,355.98 | 1,173,850,308.91 | 1.89 | 4.56 | 1,187,612,657.77 | 1,144,172,546.11 |
| 经营活动产生的现流量净额 | 234,538,525.98 | 95,877,150.93 | 95,877,150.93 | 144.62 | 144.62 | 79,009,637.27 | 79,009,637.27 |

2.2 主要财务指标　单位:元

| | 2003年(本年) | 2002年(上年) | | 本年比上年增减(%) | | 2001年 | |
|---|---|---|---|---|---|---|---|
| | | 调整后 | 调整前 | 调整后 | 调整前 | 调整后 | 调整前 |
| 每股收益 | 0.148 | 0.181 | 0.177 | －18.23 | －16.38 | 0.196 | 0.191 |
| 每股收益 | 0.148 | 0.181 | 0.177 | －18.23 | －16.38 | 0.196 | 0.191 |
| 净资产收益率 | 3.25 | 4.05 | 4.08 | －19.75 | －20.34 | 4.46 | 4.50 |
| 扣除非经常性损益的净利润为基础计算的净资产收益率 | 2.89 | 4.05 | 4.08 | －28.64 | －29.16% | 4.44 | 4.48 |
| 每股经营活动产生的现金流量净额 | 0.869 | 0.355 | 0.355 | 144.79 | 144.79 | 0.293 | 0.293 |
| | 2003年末(本年末) | 2002年末(上年末) | | 本年末比上年末增减(%) | | 2001年末 | |
| | | 调整后 | 调整前 | 调整后 | 调整前 | 调整后 | 调整前 |
| 每股净资产 | 4.546 | 4.462 | 4.348 | 1.88 | 4.55 | 4.399 | 4.238 |
| 调整后的每股净资产 | 4.542 | 4.458 | 4.341 | 1.88 | 4.63 | 4.391 | 4.230 |

## 900949 浙江东南发电股份有限公司

### 二〇〇三年年度报告摘选

#### 1.上市公司基本情况简介

1.1 基本情况简介

证券简称:东电B　证券代码:900949　上市交易所:上海证券交易所

注册地址和办公地址:杭州市延安路528号标力大厦　邮政编码:310006

公司国际互联网网址:www.zsepc.com　电子信箱:xjh@zsepc.com

1.2 联系人和联系方式

董事会秘书:夏晶寒　联系地址:杭州市延安路528号标力大厦

电话:0571－85774566　传真:0571－85774321　电子信箱:xjh@zsepc.com

#### 2.会计数据和业务数据摘要

2.1 主要财务数据　单位:人民币元

| | 2003年 | 2002年 | 本年比上年增减(%) | 2001年 |
|---|---|---|---|---|
| 主营业务收入 | 4,738,196,944.73 | 3,320,944,888.62 | 42.68 | 3,370,277,286.61 |
| 利润总额 | 1,076,967,843.80 | 812,753,137.31 | 32.51 | 958,949,587.73 |
| 净利润 | 609,283,351.82 | 545,515,105.11 | 11.69 | 707,945,727.20 |
| 扣除非经常性损益的净利润 | 623,702,351.21 | 551,529,400.73 | 13.09 | 712,085,858.46 |
| | 2003年末 | 2002年末 | 本年末比上年末增减(%) | 2001年末 |
| 总资产 | 8,680,084,385.48 | 8,602,419,267.42 | 0.90 | 7,816,313,776.25 |
| 股东权益(不含少数股东权益) | 6,008,838,568.82 | 5,885,261,727.00 | 2.10 | 5,842,246,621.89 |
| 经营活动产生的现金流量净额 | 1,416,710,611.72 | 1,040,154,528.73 | 36.20 | 1,297,137,638.21 |

2.2 主要财务指标　单位:人民币元

| | 2003年 | 2002年 | 本年比上年增减(%) | 2001年 |
|---|---|---|---|---|
| 每股收益 | 0.30 | 0.27 | 11.11 | 0.35 |
| 每股收益 | 0.30 | 0.27 | 11.11 | 0.35 |
| 净资产收益率(%) | 10.14 | 9.27 | 9.39 | 11.95 |
| 扣除非经常性损益的净利润为基础计算的净资产收益率(%) | 10.08 | 9.02 | 11.75 | 12.02 |
| 每股经营活动产生的现金流量净额 | 0.70 | 0.52 | 34.62 | 0.65 |
| | 2003年末 | 2002年末 | 本年末比上年末增减(%) | 2001年末 |
| 每股净资产 | 2.99 | 2.92 | 2.40 | 2.91 |
| 调整后的每股净资产 | 2.97 | 2.91 | 2.06 | 2.90 |

## 900950 江苏新城房产股份有限公司

### 二〇〇三年年度报告摘选

#### 1.上市公司基本情况简介

1.1 基本情况简介

股票简称:新城B股　股票代码:900950　上市交易所:上海证券交易所

注册地址:江苏省常州市武进区湖塘人民东路158号高新开发区经创中心

办公地址:江苏省常州市和平南路150号国际金融大厦6楼　邮政编码:213003

公司国际互联网网址:www.900950.com　电子信箱:xcgf@900950.com

1.2 联系人和联系方式

董事会秘书:唐云龙　联系地址:江苏省常州市和平南路150号国际金融大厦6楼

电话:0519－8127288　传真:0519－8156698　电子信箱:xcgf@900950.com

证券事务代表:王国宁　联系地址:江苏省常州市和平南路150号国际金融大厦6楼

电话:0519－8127288　传真:0519－8156698

#### 2.会计数据和财务指标摘要

2.1 主要会计数据　单位:元

| | 2003年 | 2002年 | 本年比上年增减(%) | 2001年 |
|---|---|---|---|---|
| 主营业务收入 | 479,765,255.58 | 357,167,445.43 | 34.325 | 106,581,996.90 |
| 利润总额 | 73,059,310.71 | 31,912,240.19 | 128.938 | －209,356,318.19 |
| 净利润 | 42,098,684.97 | 11,410,562.66 | 268.945 | －191,123,711.38 |
| 扣除非经常性损益的净利润 | 41,374,046.51 | 12,126,566.47 | 241.185 | －128,724,905.95 |
| | 2003年末 | 2002年末 | 本年末比上年末增减(%) | 2001年末 |
| 总资产 | 1,668,074,162.52 | 1,028,047,978.00 | 63.256 | 767,045,438.82 |
| 股东权益(不含少数股东权益) | 405,674,745.19 | 363,576,060.22 | 11.579 | 352,165,497.56 |
| 经营活动产生的现金流量净额 | －208,019,273.99 | 5,833,168.35 | －－ | 23,477,452.20 |

2.2 主要财务指标　单位:元

| | 2003年 | 2002年 | 本年比上年增减(%) | 2001年 |
|---|---|---|---|---|
| 每股收益 | 0.1268 | 0.0344 | 268.605 | －0.5758 |
| 每股收益 | 0.1268 | 0.0344 | 268.605 | －0.5758 |
| 净资产收益率(%) | 10.38 | 3.14 | 230.573 | －54.27 |
| 扣除非经常性损益的净利润为基础计算的净资产收益率(%) | 10.76 | 3.39 | 216.519 | －29.27 |
| 每股经营活动产生的现金流量净额 | －0.63 | 0.02 | －－ | 0.071 |
| | 2003年末 | 2002年末 | 本年末比上年末增减(%) | 2001年末 |
| 每股净资产 | 1.22 | 1.10 | 10.909 | 1.06 |
| 调整后的每股净资产 | 1.12 | 1.04 | 7.692 | 0.879 |

## 3月26日

## 000543 安徽省皖能股份有限公司

### 二〇〇三年年度报告摘选

#### 1.上市公司基本情况简介

1.1 基本情况简介

股票简称:皖能电力　股票代码:000543　上市交易所:深圳证券交易所

注册地址和办公地址:安徽省合肥市马鞍山路99号皖能大厦　邮政编码:230011

公司国际互联网网址:http://www.wenergy.com.cn

电子信箱:group@wenergy.com.cn

1.2 联系人和联系方式

董事会秘书:周庆霞　联系地址:安徽省合肥市马鞍山路99号皖能大厦

电话:0551－4672679　传真:0551－4672679　电子信箱:zhouqx@wenergy.com.cn

#### 2.会计数据和财务指标摘要

2.1 主要会计数据　单位:人民币元

| | 2003年(本年) | 2002年(上年) | 本年比上年增减 | 2001年 |
|---|---|---|---|---|
| 主营业务收入 | 1,731,556,160,93 | 719,736,256.37 | 140.58% | 671,787,795.00 |
| 利润总额 | 399,553,971.12 | 152,975,295.83 | 161.19% | 187,336,569.27 |
| 净利润 | 221,242,266.31 | 109,210,327.47 | 102.58% | 172,634,841.64 |
| 扣除非经常性损益的净利润 | 220,612,030.36 | 114,698,863.89 | 92.34% | 133,114,437.25 |
| | 2003年末(本年末) | 2002年末(上年末) | 本年末比上年末增减 | 2001年末 |
| 总资产 | 4,236,044,306.18 | 2,640,695,585.78 | 60.41% | 2,720,177,711.95 |
| 股东权益(不含少数股东权益) | 5,565,413,542.16 | 2,438,897,433.53 | 5.19% | 2,565,413,542.16 |
| 经营活动产生的现金流量净额 | 718,176,874.59 | 119,220,753.37 | 502.39% | 204,139,131.45 |

2.2 主要财务指标　单位:人民币元

| | 2003年(本年) | 2002年(上年) | 本年比上年增减 | 2001年 |
|---|---|---|---|---|
| 每股收益 | 0.29 | 0.14 | 102.69% | 0.22 |
| 每股收益(如果股本变化,按新股本计算) | 0.29 | －－ | －－ | －－ |
| 净资产收益率 | 8.62% | 4.48% | 92.41% | 7.12% |
| 扣除非经常性损益的净利润为基础计算的净资产收益率 | 8.79% | 4.70% | 87.02% | 5.46% |
| 每股经营活动产生的现金流量净额 | 0.93 | 0.15 | 502.53% | 0.26 |
| | 2003年末(本年末) | 2002年末(上年末) | 本年末比上年末增减 | 2001年末 |
| 每股净资产 | 3.32 | 3.16 | 5.19% | 3.14 |
| 调整后的每股净资产 | 3.32 | 3.14 | 5.69% | 3.13 |

## 000553 湖北沙隆达股份有限公司

### 二〇〇三年年度报告摘选

#### 1.上市公司基本情况简介

1.1 基本情况简介

股票简称:沙隆达 A,沙隆达 B　股票代码:000553,200553　上市交易所:深圳证券交易所

注册地址和办公地址:湖北省荆州市北京东路 93 号　邮政编码:434001

公司国际互联网网址:http://www.sanonda.com.cn　电子信箱:sanonda@sanonda.com.cn

1.2 联系人和联系方式

董事会秘书:李忠禧　联系地址:湖北省荆州市北京东路 93 号

电话:0716－8208632　传真:0716－8208899　电子信箱:sanonda@sanonda.com.cn

证券事务代表:胡浩松　联系地址:湖北省荆州市北京东路 93 号

电话:0716－8208232　传真:0716－8208899　电子信箱:sanonda@sanonda.com.cn

#### 2.会计数据和财务指标摘要

2.1 主要会计数据　单位:人民币元

| | 2003 年(本年) | 2002 年(上年) | 本年比上年增减 | 2001 年 |
|---|---|---|---|---|
| 主营业务收入 | 863,893,843.72 | 612,317,323.18 | 41.09% | 963,788,396.61 |
| 利润总额 | 3,938,741.56 | －115,856,561.00 | －－ | 15,377,487.66 |
| 净利润 | 7,400,592.33 | －115,814,142.04 | －－ | 9,174,903.34 |
| 扣除非经常性损益的净利润 | －593,272.19 | －111,150,092.32 | －－ | 9,773,983.79 |
| | 2003 年末(本年末) | 2002 年末(上年末) | 本年末比上年末增减 | 2001 年末 |
| 总资产 | 1,585,523,983.60 | 1,597,551,413.57 | －0.75% | 1,641,455,902.44 |
| 股东权益(不含少数股东权益) | 867,580,790.94 | 860,165,557.79 | 0.86% | 972,378,337.38 |
| 经营活动产生的现金流量净额 | 28,365,130.66 | 62,474,774.82 | －54.60% | 113,730,778.90 |

2.2 主要财务指标　单位:人民币元

| | 2003 年(本年) | 2002 年(上年) | 本年比上年增减 | 2001 年 |
|---|---|---|---|---|
| 每股收益 | 0.03 | －0.39 | －－ | 0.03 |
| 每股收益(如果股本变化,按新股本计算) | 0.03 | －－ | －－ | －－ |
| 净资产收益率 | 0.85% | －13.46% | －－ | 0.94% |
| 扣除非经常性损益的净利润为基础计算的净资产收益率 | －0.07% | －12.92% | －－ | 1.01% |
| 每股经营活动产生的现金流量净额 | 0.10 | 0.21 | －54.29% | 0.38 |
| | 2003 年末(本年末) | 2002 年末(上年末) | 本年末比上年末增减 | 2001 年末 |
| 每股净资产 | 2.92 | 2.90 | 0.86% | 3.27 |
| 调整后的每股净资产 | 2.69 | 2.67 | 0.91% | 3.10 |

## 000668 中国石化武汉石油(集团)股份有限公司

### 二〇〇三年年度报告摘选

#### 1.上市公司基本情况简介

1.1 基本情况简介

股票简称:武汉石油　股票代码:000668　上市交易所:深圳证券交易所

注册地址和办公地址:湖北省武汉市万松小区 18 栋　邮政编码:430022

公司国际互联网网址:http://www.whoil.com　电子信箱:zqb@whoil.com

1.2 联系人和联系方式

董事会秘书:蒙弘　联系地址:湖北省武汉市万松小区 18 栋

电话:027－85781439　传真:027－85757897　电子信箱:zqb888@263.net

#### 2.会计数据和财务指标摘要

2.1 主要会计数据　单位:(人民币)元

| | 2003 年(本年) | 2002 年(上年) | 本年比上年增减(%) | 2001 年 |
|---|---|---|---|---|
| 主营业务收入 | 1,588,726,165.36 | 1,213,579,235.10 | 30.91 | 1,269,322,029.81 |
| 利润总额 | 51,340,283.49 | 33,128,331.79 | 54.97 | 22,344,102.48 |
| 净利润 | 31,111,436.55 | 22,699,104.84 | 37.06 | 12,440,057.58 |
| 扣除非经常性损益的净利润 | 38,382,985.00 | 25,459,433.53 | 50.76 | 14,684,189.00 |
| | 2003 年末(本年末) | 2002 年末(上年末) | 本年末比上年末增减(%) | 2001 年末 |
| 总资产 | 887,496,285.19 | 986,895,937.87 | －10.07 | 979,479,572.56 |
| 股东权益(不含少数股东权益) | 359,188,330.87 | 338,355,826.62 | 6.16 | 315,656,721.78 |
| 经营活动产生的现金流量净额 | 210,752,555.20 | 75,738,791.82 | 178.26 | 22,932,320.73 |

2.2 主要财务指标　单位:(人民币)元

| | 2003 年(本年) | 2002 年(上年) | 本年比上年增减(%) | 2001 年 |
|---|---|---|---|---|
| 每股收益 | 0.21 | 0.15 | 37.06 | 0.08 |
| 每股收益(如果股本变化,按新股本计算) | 0.21 | －－ | －－ | －－ |
| 净资产收益率(%) | 8.66 | 6.71 | 29.06 | 3.94 |
| 扣除非经常性损益的净利润为基础计算的净资产收益率(%) | 10.69 | 7.52 | 42.15 | 4.68 |
| 每股经营活动产生的现金流量净额 | 1.44 | 0.52 | 178.25 | 0.16 |
| | 2003 年末(本年末) | 2002 年末(上年末) | 本年末比上年末增减(%) | 2001 年末 |
| 每股净资产 | 2.45 | 2.30 | 6.16 | 2.15 |
| 调整后的每股净资产 | 1.94 | 1.78 | 8.99 | 1.68 |

## 000600 石家庄国际大厦(集团)股份有限公司

### 二〇〇三年年度报告摘选

#### 1.上市公司基本情况简介

1.1 基本情况简介

股票简称:国际大厦　股票代码:000600　上市交易所:深圳证券交易所

注册地址:河北省石家庄市中山东路 301 号

办公地址:河北省石家庄市广安大街 1 号　邮政编码:050011

电子信箱:jphan0600@163.com

1.2 联系人和联系方式

董事会秘书:赵辉　联系地址:河北省石家庄市广安大街 1 号

电话:0311－6672224　传真:0311－6672254　电子信箱:jphan0600@163.com

证券事务代表:郭嘉　联系地址:河北省石家庄市广安大街 1 号

电话:0311－6672224　传真:0311－6672254　电子信箱:jphan0600@163.com

#### 2.会计数据和财务指标摘要

2.1 主要会计数据　单位:人民币元

| | 2003 年(本年) | 2002 年(上年) | 本年比上年增减 | 2001 年 |
|---|---|---|---|---|
| 主营业务收入 | 245,470,914.86 | 167,774,393.65 | 46.31% | 162,013,655.28 |
| 利润总额 | 20,609,518.98 | －14,922,441.03 | －－ | －1,817,742.26 |
| 净利润 | 8,983,004.51 | －11,921,637.11 | －－ | 2,015,728.45 |
| 扣除非经常性损益的净利润 | －5,816,641.29 | －16,485,253.50 | －－ | 1,319,225.80 |
| | 2003 年末(本年末) | 2002 年末(上年末) | 本年末比上年末增减 | 2001 年末 |
| 总资产 | 3,356,903,051.87 | 538,558,686.02 | 523.31% | 581,310,669.49 |
| 股东权益(不含少数股东权益) | 306,647,221.89 | 292,483,509.37 | 4.84% | 304,572,303.80 |
| 经营活动产生的现金流量净额 | 328,667,118.82 | 18,144,652.98 | 1711.37% | 119,128,065.17 |

2.2 主要财务指标　单位:人民币元

| | 2003 年(本年) | 2002 年(上年) | 本年比上年增减 | 2001 年 |
|---|---|---|---|---|
| 每股收益 | 0.0584 | －0.0775 | －－ | 0.0131 |
| 净资产收益率 | 2.93% | －4.08% | －－ | 0.66% |
| 扣除非经常性损益的净利润为基础计算的净资产收益率 | －1.90% | －5.64% | －－ | 0.43% |
| 每股经营活动产生的现金流量净额 | 2.1379 | 0.1180 | 1711.78% | 0.7749 |
| | 2003 年末(本年末) | 2002 年末(上年末) | 本年末比上年末增减 | 2001 年末 |
| 每股净资产 | 1.9947 | 1.9025 | 4.85% | 1.9812 |
| 调整后的每股净资产 | 1.9660 | 1.3874 | 41.70% | 1.9069 |

## 000679 大连友谊(集团)股份有限公司

### 二〇〇三年年度报告摘选

#### 1.上市公司基本情况简介

1.1 基本情况简介

股票简称:大连友谊　股票代码:000679　上市交易所:深圳证券交易所

注册地址和办公地址:辽宁省大连市中山区七一街 1 号　邮政编码:116001

公司国际互联网网址:www.dlyy.com.cn　电子信箱:dfsc@mail.dlptt.ln.cn

1.2 联系人和联系方式

董事会秘书:孙秋荣　联系地址:辽宁省大连市中山区七一街 1 号

电话:0411－82691471　传真:0411－82650892　电子信箱:dfsc@mail.dlptt.ln.cn

证券事务代表:王士民　联系地址:辽宁省大连市中山区七一街 1 号

电话:0411－82802712　传真:0411－82650892　电子信箱:dfsc@mail.dlptt.ln.cn

#### 2.会计数据和财务指标摘要

2.1 主要会计数据　单位:人民币元

| | 2003 年 | 2002 年 | 本年比上年增减 | 2001 年 |
|---|---|---|---|---|
| 主营业务收入 | 830,099,120.27 | 660,656,994.43 | 25.65% | 666,317,093.11 |
| 利润总额 | －5,643,178.51 | 51,298,400.80 | －111.00% | 70,672,662.23 |
| 净利润 | －9,231,889.15 | 29,012,403.55 | －131.82% | 54,740,860.46 |
| 扣除非经常性损益的净利润 | －8,942,655.17 | 28,244,647.55 | －131.66% | 45,320,284.71 |
| | 2003 年末 | 2002 年末 | 本年末比上年末增减 | 2001 年末 |
| 总资产 | 2,038,015,205.09 | 1,480,793,434.20 | 37.63% | 1,302,945,552.51 |
| 股东权益(不含少数股东权益) | 597,490,671.43 | 630,832,002.89 | －5.29% | 627,521,210.78 |
| 经营活动产生的现金流量净额 | －35,095,621.56 | 5,981,046.31 | －686.78% | 132,651,579.55 |

2.2 主要财务指标　单位:人民币元

| | 2003 年 | 2002 年 | 本年比上年增减 | 2001 年 |
|---|---|---|---|---|
| 每股收益 | －0.04 | 0.12 | －131.97% | 0.23 |
| 净资产收益率 | －1.55% | 4.60% | －133.70% | 8.72% |
| 扣除非经常性损益的净利润为基础计算的净资产收益率 | －1.50% | 4.48% | －133.48% | 7.22% |
| 每股经营活动产生的现金流量净额 | －0.15 | 0.03 | －687.30% | 0.56 |
| | 2003 年末 | 2002 年末 | 本年末比上年末增减 | 2001 年末 |
| 每股净资产 | 2.51 | 2.66 | －5.28% | 2.64 |
| 调整后的每股净资产 | 2.24 | 2.49 | －10.18% | 2.52 |

## 000877 新疆天山水泥股份有限公司

### 二〇〇三年年度报告摘选

#### 1.上市公司基本情况简介

1.1 基本情况简介

股票简称:天山股份 股票代码:000877 上市交易所:深圳证券交易所

注册地址和办公地址:乌鲁木齐市仓房沟东路55号附1号 邮政编码:830011

公司国际互联网网址:http://www.tianshan.com.cn 电子信箱:xsnclc@xj.cninfo.net

1.2 联系人和联系方式

董事会秘书:周林英 联系地址:乌鲁木齐市北京南路钻石城11号银通大厦三楼

电话:0991－3660418 传真:0991－3663534 电子信箱:63zly@163.com

证券事务代表:刘晖 联系地址:乌鲁木齐市北京南路钻石城11号银通大厦三楼

电话:0991－3660950－8012 传真:0991－3663534 电子信箱:lvhuixj@163.com

#### 2.会计数据和财务指标摘要

2.1 主要会计数据 单位:人民币元

| | 2003年(本年) | 2002年(上年) | 本年比上年增减 | 2001年 |
|---|---|---|---|---|
| 主营业务收入 | 1,454,906,258.49 | 886,076,725.77 | 64.20% | 707,619,702.06 |
| 利润总额 | 157,634,585.61 | 142,093,071.47 | 10.94% | 136,520,069.38 |
| 净利润 | 101,143,303.31 | 97,557,839.21 | 3.68% | 94,096,256.10 |
| 扣除非经常性损益的净利润 | 101,243,476.87 | 103,192,018.17 | －1.89% | 97,023,273.07 |
| | 2003年末(本年末) | 2002年末(上年末) | 本年末比上年末增减 | 2001年末 |
| 总资产 | 4,073,151,331.83 | 2,763,653,889.85 | 47.38% | 2,007,951,112.50 |
| 股东权益(不含少数股东权益) | 932,081,439.49 | 831,747,823.38 | 12.06% | 735,483,828.10 |
| 经营活动产生的现金流量净额 | 177,842,011.94 | 222,244,076.26 | －19.98% | 176,937,698.57 |

2.2 主要财务指标 单位:人民币元

| | 2003年(本年) | 2002年(上年) | 本年比上年增减 | 2001年 |
|---|---|---|---|---|
| 每股收益 | 0.58 | 0.56 | 3.68% | 0.54 |
| 每股收益(如果股本变化,按新股本计算) | 0.58 | －－ | －－ | －－ |
| 净资产收益率 | 10.85% | 11.73% | －7.50% | 12.79% |
| 扣除非经常性损益的净利润为基础计算的净资产收益率 | 10.86% | 12.41% | －12.49% | 13.68% |
| 每股经营活动产生的现金流量净额 | 1.03 | 1.28 | －19.98% | 1.02 |
| | 2003年末(本年末) | 2002年末(上年末) | 本年末比上年末增减 | 2001年末 |
| 每股净资产 | 5.38 | 4.80 | 12.06% | 4.24 |
| 调整后的每股净资产 | 5.25 | 4.73 | 10.99% | 4.17 |

## 000902 中国服装股份有限公司

### 二〇〇三年年度报告摘选

#### 1.上市公司基本情况简介

1.1 基本情况简介

股票简称:中国服装 股票代码:000902 上市交易所:深圳证券交易所

注册地址:北京市新技术产业开发试验区丰台科技园区

办公地址:北京市建国路99号中服大厦27层 邮政编码:100020

电子信箱:cgcom@public.bta.net.cn

1.2 联系人和联系方式

董事会秘书:郭恒 联系地址:北京市建国路99号中服大厦27层

电话:010－65817498 传真:010－65812147 电子信箱:cgcom@public.bta.net.cn

证券事务代表:刘定国 联系地址:北京市建国路99号中服大厦27层

电话:010－6586688－8234 传真:010－65812147 电子信箱:cgcom@public.bta.net.cn

#### 2.会计数据和财务指标摘要

2.1 主要会计数据 单位:元

| | 2003年 | 2002年 | 本年比上年增减(%) | 2001年 |
|---|---|---|---|---|
| 主营业务收入 | 494,467,345.54 | 515,291,471.52 | －4.04% | 450,923,916.53 |
| 利润总额 | －137,709,391.92 | 8,361,008.22 | －－ | －20,056,504.99 |
| 净利润 | －135,516,468.77 | 2,164,872.88 | －－ | －20,596,031.05 |
| 扣除非经常性损益的净利润 | －131,048,540.77 | －438,922.62 | －－ | －22,058,308.40 |
| | 2003年末 | 2002年末 | 本年末比上年末增减(%) | 2001年末 |
| 总资产 | 964,412,411.20 | 984,294,212.13 | －1.88% | 1,083,800,869.55 |
| 股东权益(不含少数股东权益) | 331,478,281.40 | 469,023,545.87 | －29.33% | 468,591,869.32 |
| 经营活动产生的现金流量净额 | 34,204,754.31 | 13,479,924.44 | 153.71% | －63,746,356.64 |

2.2 主要财务指标 单位:元

| | 2003年 | 2002年 | 本年比上年增减(%) | 2001年 |
|---|---|---|---|---|
| 每股收益 | －0.63 | 0.01 | －－ | －0.096 |
| 净资产收益率 | －40.88 | 0.46 | －－ | －4.40 |
| 扣除非经常性损益的净利润为基础计算的净资产收益率 | －0.61 | －0.09 | －577.77 | －4.56 |
| 每股经营活动产生的现金流量净额 | 0.16 | 0.063 | 153.97 | －0.296 |
| | 2003年末 | 2002年末 | 本年末比上年末增减(%) | 2001年末 |
| 每股净资产 | 1.542 | 2.182 | －29.33 | 2.18 |
| 调整后的每股净资产 | 1.15 | 2.12 | －45.75 | 2.12 |

## 000930 安徽丰原生物化学股份有限公司

### 二〇〇三年年度报告摘选

#### 1.上市公司基本情况简介

1.1 基本情况简介

股票简称:丰原生化 股票代码:000930 上市交易所:深圳证券交易所

注册地址和办公地址:安徽省蚌埠市大庆路73号 邮政编码:233010

公司国际互联网网址:www.bbca.com.cn 电子信箱:stock@mail.bbca.com.cn

1.2 联系人和联系方式

董事会秘书:胡海涛 联系地址:安徽省蚌埠市大庆路73号

电话:0552－4926486 传真:0552－4926733 电子信箱:stock@mail.bbca.com.cn

#### 2.会计数据和财务指标摘要

2.1 主要会计数据 单位:元

| | 2003年 | 2002年 | 本年比上年增减 | 2001年 |
|---|---|---|---|---|
| 主营业务收入 | 1,547,358,446.10 | 1,199,416,136.40 | 29.01% | 853,171,163.91 |
| 利润总额 | 144,965,741.20 | 165,052,742.77 | －12.17% | 120,110,824.06 |
| 净利润 | 98,796,330.53 | 110,173,556.02 | －10.33% | 109,977,606.92 |
| 扣除非经常性损益的净利润 | 99,615,168.34 | 88,849,370.07 | 12.12% | 95,152,104.84 |
| | 2003年末 | 2002年末 | 本年末比上年末增减 | 2001年末 |
| 总资产 | 4,717,090,670.31 | 3,040,111,650.15 | 55.16% | 2,447,801,197.58 |
| 股东权益(不含少数股东权益) | 1,589,931,073.79 | 1,490,083,563.26 | 6.70% | 1,378,910,007.24 |
| 经营活动产生的现金流量净额 | 144,379,931.37 | 190,142,953.49 | －24.07% | 91,714,724.99 |

2.2 主要财务指标 单位:元

| | 2003年 | 2002年 | 本年比上年增减 | 2001年 |
|---|---|---|---|---|
| 每股收益 | 0.310 | 0.346 | －10.40% | 0.621 |
| 净资产收益率 | 6.21% | 7.39% | －15.97% | 7.98% |
| 扣除非经常性损益的净利润为基础计算的加权平净净资产收益率 | 6.47% | 6.20% | 4.35% | 7.43% |
| 每股经营活动产生的现金流量净额 | 0.453 | 0.597 | －24.12% | 0.518 |
| | 2003年末 | 2002年末 | 本年末比上年末增减 | 2001年末 |
| 每股净资产 | 4.991 | 4.678 | 6.69% | 7.791 |
| 调整后的每股净资产 | 4.9779 | 4.674 | 6.53% | 7.772 |

## 000961 大连金牛股份有限公司

### 二〇〇三年年度报告摘选

#### 1.上市公司基本情况简介

1.1 基本情况简介

股票简称:大连金牛 股票代码:000961 上市交易所:深圳证券交易所

注册地址和办公地址:辽宁省大连市甘井子区工兴中路4号 邮政编码:116031

公司国际互联网网址:http://www.dljn.com 电子信箱:stock@dljn.com

1.2 联系人和联系方式

董事会秘书:周建平 联系地址:大连市甘井子区工兴路4号

电话:0411－86676868,86672112－2198 传真:0411－86678899 电子信箱:stock@dljn.com

证券事务代表:王永杰 联系地址:大连市甘井子区工兴路4号

电话:0411－86672112－2188,2198 传真:0411－86678899 电子信箱:stock@dljn.com

#### 2.会计数据和财务指标摘要

2.1 主要会计数据 单位:人民币元

| | 2003年(本年) | 2002年(上年) | 本年比上年增减 | 2001年 |
|---|---|---|---|---|
| 主营业务收入 | 1,784,204,156.20 | 1,198,840,887.57 | 48.83% | 1,141,526,864.38 |
| 利润总额 | 37,120,679.27 | 65,473,936.80 | －43.30% | 61,803,508.92 |
| 净利润 | 23,717,699.38 | 43,867,537.66 | －45.93% | 52,532,982.58 |
| 扣除非经常性损益的净利润 | 23,069,190.95 | 44,062,432.45 | －47.64% | 52,025,074.75 |
| | 2003年末(本年末) | 2002年末(上年末) | 本年末比上年末增减 | 2001年末 |
| 总资产 | 3,200,052,657.03 | 3,006,870,384.33 | 6.42% | 2,404,547,436.44 |
| 股东权益(不含少数股东权益) | 1,061,712,062.41 | 1,046,833,372.61 | 1.42% | 105,533,783.87 |
| 经营活动产生的现金流量净额 | 97,170,267.32 | 73,255,599.70 | 32.65% | 90,342,602.02 |

2.2 主要财务指标 单位:人民币元

| | 2003年(本年) | 2002年(上年) | 本年比上年增减 | 2001年 |
|---|---|---|---|---|
| 每股收益 | 0.08 | 0.15 | －45.89% | 0.17 |
| 每股收益(如果股本变化,按新股本计算) | 0.08 | －－ | －－ | －－ |
| 净资产收益率 | 2.23% | 4.23% | －47.28% | 5.24% |
| 扣除非经常性损益的净利润为基础计算的净资产收益率 | 2.23% | 4.32% | －48.38% | 6.65% |
| 每股经营活动产生的现金流量净额 | 0.32 | 0.24 | 32.38% | 0.30 |
| | 2003年末(本年末) | 2002年末(上年末) | 本年末比上年末增减 | 2001年末 |
| 每股净资产 | 3.53 | 3.48 | 1.44% | 3.34 |
| 调整后的每股净资产 | 3.53 | 3.36 | 5.06% | 3.24 |

# 600006 东风汽车股份有限公司

## 二〇〇三年年度报告摘选

### 1.上市公司基本情况简介

1.1 基本情况简介

股票简称:东风汽车 股票代码:600006 上市交易所:上海证券交易所

注册地址:湖北省襄樊市高新技术产业开发区春园西路 4 号

办公地址:湖北省襄樊市东风汽车大道 1 号 邮政编码:441004

公司国际互联网网址:http://www.dfac.com 电子信箱:dfac@dfac.com

1.2 联系人和联系方式

董事会秘书:卢锋 联系地址:湖北省襄樊市东风汽车大道 1 号

电话:0710 - 3396805 传真:0710 - 3396809 电子信箱:luf@dfac.com

证券事务代表:张新峰 联系地址:湖北省襄樊市东风汽车大道 1 号

电话:0710 - 3396899 传真:0710 - 3396900 电子信箱:zhangxinf@dfac.com

### 2.会计数据和财务指标摘要

2.1 主要会计数据 单位:人民币元

| | 2003 年 | 2002 年 | 本年比上年增减(%) | 2001 年 |
|---|---|---|---|---|
| 主营业务收入 | 5,851,438,324.08 | 7,000,588,582.83 | - 16.42 | 4,430,827,338.73 |
| 利润总额 | 685,159,875.22 | 768,075,682.26 | - 10.80 | 621,302,889.77 |
| 净利润 | 629,853,939.27 | 622,769,186.29 | + 1.14 | 537,370,232.74 |
| 扣除非经常性损益的净利润 | 586,323,244.54 | 621,665,275.49 | - 5.69 | 533,329,683.54 |
| | 2003 年末 | 2002 年末 | 本年末比上年末增减(%) | 2001 年末 |
| 总资产 | 6,517,729,366.36 | 6,620,691,906.71 | - 1.56 | 4,948,382,387.07 |
| 股东权益(不含少数股东权益) | 4,028,465,868.86 | 3,581,189,365.63 | + 12.49 | 2,957,879,017.93 |
| 经营活动产生的现金流量净额 | 791,247,917.88 | 1,940,038,211.48 | - 59.21 | 47,728,891.81 |

2.2 主要财务指标 单位:人民币元

| | 2003 年 | 2002 年 | 本年比上年增减(%) | 2001 年 |
|---|---|---|---|---|
| 每股收益 | 0.6299 | 0.6228 | + 1.14 | 0.5374 |
| 净资产收益率(%) | 15.64 | 17.39 | - 1.75 | 18.17 |
| 扣除非经常性损益的净利润为基础计算的净资产收益率(%) | 15.41 | 18.31 | - 2.90 | 18.30 |
| 每股经营活动产生的现金流量净额 | 0.7912 | 1.94 | - 59.22 | 0.0477 |
| | 2003 年末 | 2002 年末 | 本年末比上年末增减(%) | 2001 年末 |
| 每股净资产 | 4.0285 | 3.5812 | + 12.49 | 2.9579 |
| 调整后的每股净资产 | 4.0253 | 3.5730 | + 12.66 | 2.8373 |

# 600050 中国联合通信股份有限公司

## 二〇〇三年年度报告摘选

### 1.上市公司基本情况简介

1.1 基本情况简介

股票简称:中国联通 股票代码:600050 上市交易所:上海证券交易所

注册地址和办公地址:上海市世纪大道 88 号金茂大厦 40 楼 邮政编码:200121

公司国际互联网网址:http://www.chinaunicom - a.com

电子信箱:ir@chinaunicom - a.com

1.2 联系人和联系方式

董事会秘书:劳建华 联系地址:上海市世纪大道 88 号金茂大厦 40 楼

电话:021 - 50477288 传真:021 - 50471778 电子信箱:laojh@chinaunicom.com.cn

证券事务代表:赵一雷 联系地址:上海市世纪大道 88 号金茂大厦 40 楼

电话:021 - 50477288 传真:021 - 50471778 电子信箱:zhaoyl@chinaunicom - a.com

### 2.会计数据和财务指标摘要

2.1 主要会计数据 单位:元

| | 2003 年 | 2002 年(调整后) | 2002 年(调整前) | 本年比上年增减(%) | 2001 年(调整后) | 2001 年(调整前) |
|---|---|---|---|---|---|---|
| 主营业务收入 | 59,798,476,195 | 36,247,968,692 | 39,477,608,242 | 65.0 | 26,955,223,112 | 29,027,806,604 |
| 利润总额 | 5,822,562,133 | 6,191,963,512 | 6,191,963,512 | (6.0) | 5,129,711,138 | 5,129,711,138 |
| 净利润 | 2,327,030,573 | 1,971,992,608 | 1,947,852,967 | 18.0 | 1,727,847,687 | 1,670,519,902 |
| 扣除非经常性损益的净利润 | 2,779,063,260 | 1,999,692,545 | 1,975,409,605 | 39.0 | 2,020,330,554 | 1,963,002,769 |
| | 2003 年 | 2002 年末(调整后) | 2002 年末(调整前) | 本年比上年增减(%) | 2001 年末(调整后) | 2001 年末(调整前) |
| 总资产 | 150,054,557,734 | 150,294,143,696 | 149,949,102,922 | (0.2) | 128,098,253,099 | 127,953,155,099 |
| 股东权益(不含少数股东权益) | 39,225,242,666 | 37,595,902,219 | 36,721,160,087 | 4.3 | 24,406,981,282 | 24,259,547,281 |
| 经营活动产生的现金流量净额 | 24,874,974,084 | 12,938,008,786 | 12,938,008,786 | 92.3 | 11,181,839,931 | 11,181,839,931 |

2.2 主要财务指标 单位:元

| | 2003 年 | 2002 年(调整后) | 2002 年(调整前) | 本年比上年增减(%) | 2001 年(调整后) | 2001 年(调整前) |
|---|---|---|---|---|---|---|
| 每股收益 | 0.12 | 0.10 | 0.10 | 20.00 | 0.11 | 0.11 |
| 净资产收益率(%) | 5.9 | 5.2 | 5.3 | 13.5 | 7.1 | 6.9 |
| 扣除非经常性损益的净利润为基础计算的净资产收益率(%) | 7.1 | 5.3 | 5.4 | 34.0 | 8.3 | 8.1 |
| 每股经营活动产生的现金流量净额 | 1.26 | 0.66 | 0.66 | 90.9 | 0.76 | 0.76 |
| | 2003 年末 | 2002 年末(调整后) | 2002 年末(调整前) | 本年比上年增减(%) | 2001 年末(调整后) | 2001 年末(调整前) |
| 每股净资产 | 1.99 | 1.91 | 1.86 | 4.2 | 1.66 | 1.65 |
| 调整后的每股净资产 | 1.63 | 1.48 | 1.41 | 10.1 | 1.48 | 1.47 |

# 600109 成都城建投资发展股份有限公司

## 二〇〇三年年度报告摘选

### 1 上市公司基本情况简介

1.1 基本情况简介

股票简称:成都建投 股票代码:600109 上市交易所:上海证券交易所

注册地址:成都市青羊区小河街 12 号

办公地址:成都市青羊区小河街 12 号天纬商务楼八楼 邮政编码:610015

公司国际互联网网址:www.cjgf.com 电子信箱:cc600109@mial.sc.cninfo.net

1.2 联系人和联系方式

董事会秘书:彭秋锦 联系地址:成都市青羊区小河街 12 号天纬商务楼八楼

电话:(028)86139010 传真:(028)86139018 电子信箱:pqj600109@163.com

证券事务代表:蒋希 联系地址:成都市青羊区小河街 12 号天纬商务楼八楼

电话:(028)86138017 传真:(028)86138017 电子信箱:jx600109@163.com

### 2.会计数据和财务指标摘要

2.1 主要会计数据 单位:人民币元

| | 2003 年 | 2002 年 | 本年比上年增减(%) | 2001 年 |
|---|---|---|---|---|
| 主营业务收入 | 309,799,379.44 | 591,096,538.54 | - 47.59 | 641,718,753.59 |
| 利润总额 | 12,432,435.89 | 8,490,277.22 | 46.43 | 1,309,061.93 |
| 净利润 | 12,606,334.45 | 8,484,902.61 | 48.57 | 1,303,986.59 |
| 扣除非经常性损益的净利润 | 12,759,621.88 | 6,029,924.52 | 111.61 | - 15,848,266.96 |
| | 2003 年末 | 2002 年末 | 本年末比上年末增减(%) | 2001 年末 |
| 总资产 | 343,432,740.80 | 319,973,992.87 | 7.33 | 275,316,607.41 |
| 股东权益(不含少数股东权益) | 193,451,014.83 | 180,830,988.53 | 6.98 | 14,453,977.71 |
| 经营活动产生的现金流量净额 | - 21,750,922.83 | 13,727,350.59 | - 258.45 | 11,570,263.97 |

2.2 主要财务指标 单位:人民币元

| | 2003 年 | 2002 年 | 本年比上年增减(%) | 2001 年 |
|---|---|---|---|---|
| 每股收益 | 0.178 | 0.120 | 48.33 | 0.018 |
| 净资产收益率(%) | 6.52 | 4.69 | 39.02 | 9.02 |
| 扣除非经常性损益的净利润为基础计算的净资产收益率(%) | 6.82 | 31.78 | - 78.54 | - 115.91 |
| 每股经营活动产生的现金流量净额 | - 0.36 | 0.193 | - 258.55 | 0.163 |
| | 2003 年末 | 2002 年末 | 本年末比上年末增减(%) | 2001 年末 |
| 每股净资产 | 2.725 | 2.548 | 6.95 | 0.204 |
| 调整后的每股净资产 | 2.708 | 2.535 | 6.82 | 0.118 |

# 600162 山东临沂工程机械股份有限公司

## 二〇〇三年年度报告摘选

### 1.上市公司基本情况简介

1.1 基本情况简介

股票简称:山东临工 股票代码:600162 上市交易所:上海证券交易所

注册地址和办公地址:山东省临沂市金雀山路 17 号 邮政编码:276004

公司国际互联网网址:http://www.sdlg.cn 电子信箱:sdlg@sdlg.cn

1.2 联系人和联系方式

董事会秘书:高树建 联系地址:山东省临沂市金雀山路 17 号

电话:0539 - 8308809 传真:0539 - 8316202 电子信箱:directo@sdlg.cn

证券事务代表:张展为,徐洁 联系地址:山东省临沂市金雀山路 17 号

电话:0539 - 8308809 传真:0539 - 8316202 电子信箱:directo@sdlg.cn

### 2.会计数据和财务指标摘要

2.1 主要会计数据 单位:元

| | 2003 年 | 2002 年 | 本年比上年增减(%) | 2001 年(调整后) |
|---|---|---|---|---|
| 主营业务收入 | 1,775,101,962.63 | 1,026,520,295.79 | 72.92 | 533,687,807.01 |
| 利润总额 | 66,025,650.64 | 38,714,433.56 | 70.55 | 22,303,083.14 |
| 净利润 | 39,641,602.35 | 25,510,183.05 | 55.40 | 19,161,490.27 |
| 扣除非经常性损益的净利润 | 41,005,532.59 | 20,966,771.88 | 95.57 | 7,951,643.50 |
| | 2003 年末 | 2002 年末 | 本年末比上年末增减(%) | 2001 年末(调整后) |
| 总资产 | 1,465,402,082.22 | 1,340,084,127.01 | 9.35 | 1,199,492,798.50 |
| 股东权益(不含少数股东权益) | 657,232,262.16 | 615,255,753.63 | 6.82 | 589,738,698.38 |
| 经营活动产生的现金流量净额 | - 41,849,081.03 | 118,642,326.29 | - - | 31,038,904.37 |

2.2 主要财务指标 单位:元

| | 2003 年 | 2002 年 | 本年比上年增减(%) | 2001 年 |
|---|---|---|---|---|
| 每股收益 | 0.23 | 0.15 | 53.33 | 0.11 |
| 净资产收益率(%) | 6.03 | 4.15 | 45.30 | 3.25 |
| 扣除非经常性损益的净利润为基础计算的净资产收益率(%) | 6.46 | 3.48 | 85.63 | 1.37 |
| 每股经营活动产生的现金流量净额 | - 0.24 | 0.67 | - - | 0.18 |
| | 2003 年末 | 2002 年末 | 本年末比上年末增减(%) | 2001 年末 |
| 每股净资产 | 3.74 | 3.50 | 6.86 | 3.35 |
| 调整后的每股净资产 | 3.74 | 3.44 | 8.72 | 3.31 |

# 600175 美都控股股份有限公司

## 二○○三年年度报告摘选

### 1.上市公司基本情况简介

1.1 基本情况简介

股票简称:美都控股 股票代码:600175 上市交易所:上海证券交易所

注册地址:杭州市湖墅南路古河巷56号

办公地址:杭州市中山北路中大广场1号楼28层 邮政编码:310003

公司国际互联网网址:www.chinameidu.com 电子信箱:chinameidu@vip.163.com

1.2 联系人和联系方式

董事会秘书:周冀 联系地址:杭州市中山北路中大广场1号楼28层

电话:0571－85777910 传真:0751－85777361 电子信箱:zhouji70@163.com

证券事务代表:王爱明 联系地址:杭州市中山北路中大广场1号楼28层

电话:0571－85777912 传真:0751－85777917 电子信箱:wam53158@hotmail.com

### 2.会计数据和财务指标摘要

2.1 主要会计数据 单位:人民币元

| | 2003年 | 2002年 | 本年比上年增减(%) | 2001年 |
|---|---|---|---|---|
| 主营业务收入 | 78,749,504.47 | 49,793,390.08 | 58.15 | 71,213,251.91 |
| 利润总额 | 1,487,039.21 | 75,596.69 | 1867.07 | －18,479,810.20 |
| 净利润 | 2,337,797.83 | 4,040,404.46 | －41.15 | －4,934,017.32 |
| 扣除非经常性损益的净利润 | －39,086.00 | 3,544,373.52 | －－ | －17,807,782.33 |
| | 2003年末 | 2002年末 | 本年末比上年末增减(%) | 2001年末 |
| 总资产 | 874,780,553.37 | 723,185,752.51 | 20.96 | 843,210,192.51 |
| 股东权益(不含少数股东权益) | 464,149,472.76 | 459,178,025.87 | 1.08 | 455,137,604.41 |
| 经营活动产生的现金流量净额 | －193,547,040.20 | －22,416,458.02 | －763.41 | 136,259,662.17 |

2.2 主要财务指标 单位:人民币元

| | 2003年 | 2002年 | 本年比上年增减(%) | 2001年 |
|---|---|---|---|---|
| 每股收益 | 0.022 | 0.04 | －50 | －0.13 |
| 净资产收益率(%) | 0.51 | 0.88 | －42.05 | －3.09 |
| 扣除非经常性损益的净利润为基础计算的净资产收益率(%) | －0.01 | 0.03 | －－ | －0.17 |
| 每股经营活动产生的现金流量净额 | －1.81 | －0.21 | －761.90 | 1.28 |
| | 2003年末 | 2002年末 | 本年末比上年末增减(%) | 2001年末 |
| 每股净资产 | 4.35 | 4.31 | 0.93 | 4.27 |
| 调整后的每股净资产 | 4.29 | 4.22 | 1.66 | 4.17 |

# 600229 青岛碱业股份有限公司

## 二○○三年年度报告摘选

### 1.上市公司基本情况简介

1.1 基本情况简介

证券简称:青岛碱业 证券代码:600229 上市交易所:上海证券交易所

注册地址和办公地址:青岛市四流北路78号 邮政编码:266043

公司国际互联网网址:http://www.qdjy.com 电子信箱:zhengquan@qdjy.cn

1.2 联系人和联系方式

董事会秘书:邹怀基 联系地址:青岛市四流北路78号

电话:0532－4822574 传真:0532－4815402 电子信箱:zhengquan@qdjy.cn

### 2.会计数据和财务指标摘要

2.1 主要会计数据 单位:人民币元

| | 2003年 | 2002年 | 本年比上年增减(%) | 2001年 |
|---|---|---|---|---|
| 主营业务收入 | 946,637,776.04 | 959,772,244.99 | －1.37 | 936,122,248.58 |
| 利润总额 | 54,830,402.12 | 68,209,192.92 | －19.61 | 82,995,508.51 |
| 净利润 | 39,030,133.22 | 48,639,279.99 | －19.76 | 67,949,774.74 |
| 扣除非经常性损益的净利润 | 39,865,643.47 | 42,209,922.90 | －5.56 | 52,224,197.85 |
| | 2003年末 | 2002年末 | 本年末比上年末增减(%) | 2001年末 |
| 总资产 | 1,772,606,470.04 | 1,670,108,774.94 | 6.14 | 1,627,164,100.98 |
| 股东权益(不含少数股东权益) | 880,200,098.45 | 880,232,637.60 | 0 | 831,493,357.60 |
| 经营活动产生的现金流量净额 | 109,331,748.98 | 102,360,138.72 | 6.81 | 115,227,241.16 |

2.2 主要财务指标 单位:人民币元

| | 2003年 | 2002年 | 本年比上年增减(%) | 2001年 |
|---|---|---|---|---|
| 每股收益 | 0.13 | 0.16 | －18.75 | 0.23 |
| 净资产收益率(%) | 4.43 | 5.82 | －23.88 | 8.13 |
| 扣除非经常性损益的净利润为基础计算的净资产收益率(%) | 4.45 | 5.68 | －21.65 | 7.96 |
| 每股经营活动产生的现金流量净额 | 0.37 | 0.35 | 5.71 | 0.39 |
| | 2003年末 | 2002年末 | 本年末比上年末增减(%) | 2001年末 |
| 每股净资产 | 2.98 | 2.83 | 5.3 | 2.83 |
| 调整后的每股净资产 | 2.94 | 2.79 | 5.4 | 2.79 |

# 600233 大连大杨创世股份有限公司

## 二○○三年年度报告摘选

### 1.上市公司基本情况简介

1.1 基本情况简介

股票简称:大连创世 股票代码:600233 上市交易所:上海证券交易所

注册地址:大连市杨村房经济开发小区

办公地址:大连经济技术开发区哈尔滨路23号 邮政编码:116600

公司国际互联网网址:http://www.trands.com 电子信箱:cpct@trands.com

1.2 联系人和联系方式

董事会秘书:胡冬梅 联系地址:大连经济技术开发区哈尔滨路23号

电话:0411－87610778 传真:0411－87612800 电子信箱:hudongmei@dayang.net

证券事务代表:潘丽香 联系地址:大连经济技术开发区哈尔滨路23号

电话:0411－87610778 传真:0411－87612800 电子信箱:plx@dayang.net

### 2.会计数据和财务指标摘要

2.1 主要会计数据 单位:元

| | 2003年 | 2002年 | 本年比上年增减(%) | 2001年 |
|---|---|---|---|---|
| 主营业务收入 | 370,608,664.07 | 354,960,208.04 | 4.41 | 297,481,562.42 |
| 利润总额 | 43,220,298.62 | 43,765,320.02 | －1.25 | 47,134,634.02 |
| 净利润 | 26,170,624.95 | 27,262,847.07 | －4.01 | 30,598,869.48 |
| 扣除非经常性损益的净利润 | 21,396,629.79 | 23,950,481.72 | －10.66 | 21,191,033.09 |
| | 2003年末 | 2002年末 | 本年末比上年末增减(%) | 2001年末 |
| 总资产 | 594,880,523.72 | 566,624,923.16 | 4.99 | 549,324,685.81 |
| 股东权益(不含少数股东权益) | 455,919,433.59 | 446,158,300.77 | 2.19 | 418,265,215.55 |
| 经营活动产生的现金流量净额 | 77,161,493.51 | 53,915,325.92 | 43.12 | －12,366,768.76 |

2.2 主要财务指标 单位:元

| | 2003年 | 2002年 | 本年比上年增减(%) | 2001年 |
|---|---|---|---|---|
| 每股收益 | 0.159 | 0.165 | －3.64 | 0.28 |
| 净资产收益率(%) | 5.74 | 6.35 | －9.61 | 7.31 |
| 扣除非经常性损益的净利润为基础计算的净资产收益率(%) | 4.71 | 5.54 | －14.98 | 5.18 |
| 每股经营活动产生的现金流量净额 | 0.47 | 0.33 | 42.42 | －0.11 |
| | 2003年末 | 2002年末 | 本年末比上年末增减(%) | 2001年末 |
| 每股净资产 | 2.76 | 2.6 | 6.15 | 3.8 |
| 调整后的每股净资产 | 2.73 | 2.57 | 6.23 | 3.75 |

# 600266 北京城建投资发展股份有限公司

## 二○○三年年度报告摘选

### 1.上市公司基本情况简介

1.1 基本情况简介

股票简称:北京城建 股票代码:600266 上市交易所:上海证券交易所

注册地址:北京市海淀区学院南路62号

办公地址:北京朝阳区北土城西路11号城建开发大厦 邮政编码:100029

公司国际互联网网址:www.bucid.con 电子信箱:Tz@bucid.com

1.2 联系人和联系方式

董事会秘书:杨运成 联系地址:北京朝阳区北土城西路11号城建开发大厦

电话:010－82275516 传真:010－82275533 电子信箱:Yyc@bucid.com

证券事务代表:李威 联系地址:北京朝阳区北土城西路11号城建开发大厦

电话:010－82275598 传真:010－82275533 电子信箱:Liwei@bucid.com

### 2.会计数据和财务指标摘要

2.1 主要会计数据 单位:元

| | 2003年(本年) | 2002年(上年)(调整后) | 本年比上年增减(%) | 2001年 |
|---|---|---|---|---|
| 主营业务收入 | 2,243,942,616.68 | 1,681,000,759.22 | 33.49 | 1,064,117,392.99 |
| 利润总额 | 205,692,686.49 | 109,740,739.61 | 87.44 | 178,393,835.26 |
| 净利润 | 80,523,163.79 | 159,850,449.09 | －49.63 | 142,976,587.19 |
| 扣除非经常性损益的净利润 | 56,181,324.61 | 141,127,962.77 | －60.19 | 136,958,386.78 |
| | 2003年末(本年末) | 2002年末(上年末)(调整后) | 本年末比上年末增减(%) | 2001年末 |
| 总资产 | 8,556,918,265.03 | 8,415,877,503.36 | 1.68 | 4,744,098,498.99 |
| 股东权益(不含少数股东权益) | 1,671,624,615.10 | 1,682,006,601.22 | －0.62 | 1,515,838,754.63 |
| 经营活动产生的现金流量净额 | 239,136,838.99 | －170,238,372.82 | －－ | 229,318,914.96 |

2.2 主要财务指标 单位:元

| | 2003年(本年) | 2002年(上年)(调整后) | 本年比上年增减(%) | 2001年 |
|---|---|---|---|---|
| 每股收益 | 0.134 | 0.2664 | －49.63 | 0.283 |
| 净资产收益率(%) | 4.82 | 9.50 | －49.63 | 0.2383 |
| 扣除非经常性损益的净利润为基础计算的净资产收益率(%) | 3.36 | 8.39 | －59.95 | 9.04 |
| 每股经营活动产生的现金流量净额 | 0.339 | －0.2837 | －59.95 | 9.04 |
| | 2003年末(本年末) | 2002年末(上年末)(调整后) | 本年末比上年增减(%) | 2001年末 |
| 每股净资产 | 2.786 | 2.8033 | －0.62 | 2.5264 |
| 调整后的每股净资产 | 2.582 | 2.6403 | －2.21 | 2.5186 |

# 600288 大恒新纪元科技股份有限公司

## 二〇〇三年年度报告摘选

### 1.上市公司基本情况简介

1.1 基本情况简介

股票简称:大恒科技 股票代码:600288 上市交易所:上海证券交易所

注册地址和办公地址:北京市海淀区中关村大街22号中科大厦十一层 邮政编码:100080

公司国际互联网网址:www.dhxyj.com.cn 电子信箱:newpoch@public2.bta.net.cn

1.2 联系人和联系方式

董事会秘书:严宏深 联系地址:北京市海淀区中关村大街22号中科大厦十一层1101

电话:010-62628443 传真:010-62628384 电子信箱:newpoch@public2.bta.net.cn

证券事务代表:潘裕民 联系地址:北京市海淀区中关村大街22号中科大厦十一层1101

电话:010-62628381 传真:010-62628384 电子信箱:newpoch@public2.bta.net.cn

### 2.会计数据和财务指标摘要

2.1 主要会计数据 单位:元

| | 2003年 | 2002年 | 本年比上年增减(%) | 2001年 |
|---|---|---|---|---|
| 主营业务收入 | 2,422,959,822.69 | 1,695,746,361.13 | 42.88 | 1,347,309,834.96 |
| 利润总额 | 77,064,595.55 | 62,135,754.96 | 24.02 | 64,026,909.86 |
| 净利润 | 49,091,266.27 | 46,103,614.97 | 6.48 | 42,974,766.76 |
| 扣除非经常性损益的净利润 | 45,924,270.91 | 46,121,861.27 | -0.42 | 43,081,638.61 |
| | 2003年末 | 2002年末 | 本年末比上年末增减(%) | 2001年末 |
| 总资产 | 1,723,133,552.49 | 1,352,079,408.24 | 27.44 | 1,251,984,124.29 |
| 股东权益(不含少数股东权益) | 762,377,626.79 | 733,224,699.52 | 3.97 | 639,952,946.64 |
| 经营活动产生的现金流量净额 | 39,429,582.93 | 86,638,556.98 | -54.48 | -12,982,743.50 |

2.2 主要财务指标 单位:元

| | 2003年 | 2002年 | 本年比上年增减(%) | 2001年 |
|---|---|---|---|---|
| 每股收益 | 0.2337 | 0.2195 | 6.48 | 0.3070 |
| 净资产收益率(%) | 6.44 | 6.28 | 2.54 | 6.13 |
| 扣除非经常性损益的净利润为基础计算的净资产收益率(%) | 6.02 | 6.29 | -4.29 | 6.14 |
| 每股经营活动产生的现金流量净额 | 0.19 | 0.41 | -53.65 | -0.09 |
| | 2003年末 | 2002年末 | 本年末比上年末增减(%) | 2001年末 |
| 每股净资产 | 3.63 | 3.49 | 4.01 | 5.01 |
| 调整后的每股净资产 | 3.59 | 3.48 | 3.16 | 4.99 |

# 600323 南海发展股份有限公司

## 二〇〇三年年度报告摘选

### 1.上市公司基本情况简介

1.1 基本情况简介

股票简称:南海发展 股票代码:600323 上市交易所:上海证券交易所

注册地址:广东省南海市桂城南桂东路43号

办公地址:广东省佛山市南海区桂城南海大道建行大厦 邮政编码:528200

电子信箱:nhfz@pub.nanhai.net.cn

1.2 联系人和联系方式

董事会秘书:郭展全 联系地址:广东省佛山市南海区桂城南海大道建行大厦22楼

电话:0757-86280996 传真:0757-86328565 电子信箱:nhfz@pub.nanhai.net.cn

证券事务代表:黄春燕 联系地址:广东省佛山市南海区桂城南海大道建行大厦22楼

电话:0757-86280996 传真:0757-86328565 电子信箱:nhfz@pub.nanhai.net.cn

### 2.会计数据和财务指标摘要

2.1 主要会计数据 单位:元

| | 2003年 | 2002年 | 本年比上年增减(%) | 2001年 |
|---|---|---|---|---|
| 主营业务收入 | 255,388,448.61 | 233,919,317.66 | +9.18 | 218,424,013.96 |
| 利润总额 | 108,206,763.61 | 91,027,934.80 | +18.87 | 91,224,668.05 |
| 净利润 | 64,052,989.08 | 72,100,094.99 | -11.16 | 73,185,827.83 |
| 扣除非经常性损益的净利润 | 65,215,381.54 | 57,028,928.02 | +14.35 | 61,631,453.16 |
| | 2003年末 | 2002年末 | 本年末比上年末增减(%) | 2001年末 |
| 总资产 | 936,126,582.98 | 910,624,280.14 | +2.80 | 893,738,048.34 |
| 股东权益(不含少数股东权益) | 773,024,354.93 | 750,674,199.45 | +2.98 | 720,276,938.06 |
| 经营活动产生的现金流量净额 | 139,384,814.88 | 124,994,438.24 | +11.51 | 146,330,607.06 |

2.2 主要财务指标 单位:元

| | 2003年 | 2002年 | 本年比上年增减(%) | 2001年 |
|---|---|---|---|---|
| 每股收益 | 0.31 | 0.35 | -11.16 | 0.35 |
| 净资产收益率(%) | 8.29 | 9.60 | -13.73 | 10.16 |
| 扣除非经常性损益的净利润为基础计算的净资产收益率(%) | 8.56 | 7.75 | +10.40 | 8.72 |
| 每股经营活动产生的现金流量净额 | 0.67 | 0.60 | +11.51 | 0.70 |
| | 2003年末 | 2002年末 | 本年末比上年末增减(%) | 2001年末 |
| 每股净资产 | 3.71 | 3.60 | +2.98 | 3.45 |
| 调整后的每股净资产 | 3.66 | 3.54 | +3.29 | 3.40 |

# 600297 大连美罗药业股份有限公司

## 二〇〇三年年度报告摘选

### 1.上市公司基本情况简介

1.1 基本情况简介

股票简称:美罗药业 股票代码:600297 上市交易所:上海证券交易所

注册地址:大连高新技术产业园区七贤岭敬贤街29号

办公地址:大连市中山区中山路112号 邮政编码:116001

公司国际互联网网址:http://ww.merro.com.cn 电子信箱:merro@mail.dlptt.ln.cn

1.2 联系人和联系方式

董事会秘书:孙安民 联系地址:大连市中山区中山路112号

电话:0411-3631991-905 传真:0411-3686363 电子信箱:anminsun@sina.com

证券事务代表:王刚 联系地址:大连市中山区中山路112号

电话:0411-3631991-806 传真:0411-3686363 电子信箱:wgdlcn@yahoo.com.cn

### 2.会计数据和财务指标摘要

2.1 主要会计数据 单位:元

| | 2003年 | 2002年 | 本年比上年增减(%) | 2001年 |
|---|---|---|---|---|
| 主营业务收入 | 734,612,105.47 | 678,612,612.01 | 8.25 | 612,757,456.07 |
| 利润总额 | 13,735,770.50 | 25,565,028.96 | -46.27 | 41,730,323.97 |
| 净利润 | 13,447,866.36 | 23,957,132.75 | -43.87 | 42,215,390.31 |
| 扣除非经常性损益的净利润 | 11,674,634.37 | 21,054,636.39 | -44.55 | 33,220,525.84 |
| | 2003年末 | 2002年末 | 本年末比上年末增减(%) | 2001年末 |
| 总资产 | 1,054,894,151.47 | 925,623,595.89 | 13.97 | 890,937,379.85 |
| 股东权益(不含少数股东权益) | 553,236,851.68 | 552,353,879.07 | 0.16 | 528,514,610.97 |
| 经营活动产生的现金流量净额 | 13,125,373.37 | 10,135,891.81 | 29.49 | 8,574,283.63 |

2.2 主要财务指标 单位:元

| | 2003年 | 2002年 | 本年比上年增减(%) | 2001年 |
|---|---|---|---|---|
| 每股收益(摊薄) | 0.12 | 0.21 | -42.86 | 0.37 |
| 每股收益(加权) | 0.12 | 0.21 | -42.86 | 0.37 |
| 净资产收益率(%) | 2.43 | 4.34 | -44.01 | 7.99 |
| 扣除非经常性损益的净利润为基础计算的净资产收益率(%) | 2.11 | 3.80 | -44.47 | 6.29 |
| 每股经营活动产生的现金流量净额 | 0.11 | 0.09 | 22.22 | 0.07 |
| 每股净资产 | 4.81 | 4.80 | 0.21 | 4.60 |
| 调整后的每股净资产 | 4.64 | 4.67 | 0.64 | 4.50 |

# 600329 天津中新药业集团股份有限公司

## 二〇〇三年年度报告摘选

### 1.上市公司基本情况简介

1.1 基本情况简介

股票简称:中新药业 股票代码:600329 上市交易所:上海证券交易所 新加坡股票交易所

注册地址和办公地址:天津市南开区白堤路云居里5号中新大厦 邮政编码:300193

公司国际互联网网址:http://www.zhongxinp.com 电子信箱:zxyy600329@163.com

1.2 联系人和联系方式

董事会秘书:封浩 联系地址:天津市南开区白堤路云居里5号中新大厦

电话:022-27020892 传真:022-27020599 电子信箱:zxyy600329@163.com

证券事务代表:焦艳 侯薇 联系地址:天津市南开区白堤路云居里5号中新大厦

电话:022-27020892 传真:022-27020599 电子信箱:zxyy600329@163.com

### 2.会计数据和财务指标摘要

2.1 主要会计数据 单位:千元

| | 2003年 | 2002年 | 本年比上年增减(%) | 2001年 |
|---|---|---|---|---|
| 主营业务收入 | 2,064,247 | 1,839,259 | 12.23 | 1,521,939 |
| 利润总额 | 122,343 | 101,913 | 20.05 | 84,415 |
| 净利润 | 86,459 | 85,111 | 1.58 | 63,288 |
| 扣除非经常性损益的净利润 | 48,575 | 85,070 | -42.90 | 59,230 |
| | 2003年末 | 2002年末 | 本年末比上年末增减(%) | 2001年末 |
| 总资产 | 3,797,116 | 3,008,126 | 26.23 | 2,703,143 |
| 股东权益(不含少数股东权益) | 1,595,020 | 1,562,119 | 2.11 | 1,503,703 |
| 经营活动产生的现金流量净额 | 76,567 | 187,604 | -59.22 | 157,726 |

2.2 主要财务指标 单位:元

| | 2003年 | 2002年 | 本年比上年增减(%) | 2001年 |
|---|---|---|---|---|
| 每股收益 | 0.23 | 0.23 | 0.00 | 0.17 |
| 每股收益 | 0.23 | 0.23 | 0.00 | 0.18 |
| 净资产收益率(%) | 5.42 | 5.45 | 0.55 | 4.21 |
| 扣除非经常性损益的净利润为基础计算的净资产收益率(%) | 3.05 | 5.45 | -44.04 | 3.94 |
| 每股经营活动产生的现金流量净额 | 0.21 | 0.51 | -58.82 | 0.43 |
| | 2003年末 | 2002年末 | 本年末比上年末增减(%) | 2001年末 |
| 每股净资产 | 4.31 | 4.23 | 1.89 | 4.07 |
| 调整后的每股净资产 | 4.31 | 4.19 | 2.86 | 4.01 |

## 600381 青海白唇鹿股份有限公司

### 二〇〇三年年度报告摘选

#### 1.上市公司基本情况简介

1.1 基本情况简介

股票简称:白唇鹿 股票代码:600381 上市交易所:上海证券交易所

注册地址:青海省西宁市小桥大街36号

办公地址:青海省西宁市团结桥路53号 邮政编码:810015

公司国际互联网网址:http://www.qhbcl.com 电子信箱:qhbcl@qhbcl.com

1.2 联系人和联系方式

董事会秘书:李喆 联系地址:青海省西宁市团结桥路53号

电话:0971－8018897 传真:0971－8018897 电子信箱:bcllizhe@163.com

证券事务代表:张霄雁 联系地址:青海省西宁市团结桥路53号

电话:0971－8566293 传真:0971－8018897 电子信箱:bclzxy@163.com

#### 2.会计数据和财务指标摘要

2.1 主要会计数据 单位:人民币元

| | 2003年 | 2002年 | 本年比上年增减(%) | 2001年 |
|---|---|---|---|---|
| 主营业务收入 | 443,200,616.48 | 303,165,426.82 | 46.19 | 142,992,748.03 |
| 利润总额 | 35,484,297.02 | 26,487,050.61 | 33.97 | 22,096,426.43 |
| 净利润 | 27,557,871.58 | 20,658,305.97 | 33.40 | 18,043,030.68 |
| 扣除非经常性损益的净利润 | 21,212,732.61 | 23,358,331.55 | －9.19 | 18,099,416.58 |
| | 2003年末 | 2002年末 | 本年末比上年末增减(%) | 2001年末 |
| 总资产 | 1,181,490,109.25 | 767,690,182.47 | 53.90 | 596,254,273.88 |
| 股东权益(不含少数股东权益) | 366,561,486.95 | 346,483,615.37 | 5.79 | 332,975,309.40 |
| 经营活动产生的现金流量净额 | 1,426,370.90 | 15,539,201.80 | －90.82 | －10,643,766.66 |

2.2 主要财务指标 单位:人民币元

| | 2003年 | 2002年 | 本年比上年增减(%) | 2001年 |
|---|---|---|---|---|
| 每股收益 | 0.2505 | 0.1878 | 33.40 | 0.1640 |
| 净资产收益率 | 7.52% | 5.96% | 26.17 | 5.42% |
| 扣除非经常性损益的净利润为基础计算的净资产收益率 | 5.96% | 6.88% | －13.37 | 7.15% |
| 每股经营活动产生的现金流量净额 | 0.01 | 0.14 | －92.86 | －0.09 |
| | 2003年末 | 2002年末 | 本年末比上年末增减(%) | 2001年末 |
| 每股净资产 | 3.33 | 3.15 | 5.71 | 3.03 |
| 调整后的每股净资产 | 3.32 | 3.02 | 9.93 | 3.01 |

## 600429 北京三元食品股份有限公司

### 二〇〇三年年度报告摘选

#### 1.上市公司基本情况简介

1.1 基本情况简介

股票简称:三元股份 股票代码:600429 上市交易所:上海证券交易所

注册地址和办公地址:北京市海淀区西二旗中路29号 邮政编码:100085

公司国际互联网网址:http://www.sanyuan.com.cn

电子信箱:zhengquanbu@sanyuan.com.cn

1.2 联系人和联系方式

董事会秘书:李宁 联系地址:北京市海淀区西二旗中路29号

电话:82411798 传真:82411798 电子信箱:lining@sanyuan.com.cn

#### 2.会计数据和财务指标摘要

2.1 主要会计数据 单位:元

| | 2003年 | 2002年 | 本年比上年增减(%) | 2001年 |
|---|---|---|---|---|
| 主营业务收入 | 1,307,033,582 | 1,116,370,452 | 17.08 | 1,007,074,658 |
| 利润总额 | 26,666,116 | 74,174,240 | －64.05 | 68,813,019 |
| 净利润 | 12,819,241 | 60,713,603 | －78.89 | 58,824,557 |
| 扣除非经常性损益的净利润 | －23,746,133 | 57,218,004 | －－ | 51,031,660 |
| | 2003年末 | 2002年末 | 本年末比上年末增减(%) | 2001年末 |
| 总资产 | 1,578,442,537 | 1,486,716,499 | 6.17 | 1,211,324,183 |
| 股东权益(不含少数股东权益) | 916,907,308 | 572,850,105 | 60.06 | 512,136,503 |
| 经营活动产生的现金流量净额 | 20,066,720 | 165,300,981 | －87.86 | 105,380,609 |

2.2 主要财务指标 单位:元

| | 2003年 | 2002年 | 本年比上年增减(%) | 2001年 |
|---|---|---|---|---|
| 每股收益 | 0.02 | 0.13 | －84.62 | 0.12 |
| 净资产收益率(%) | 1.40 | 10.60 | －86.79 | 11.19 |
| 扣除非经常性损益的净利润为基础计算的净资产收益率(%) | －2.59 | 9.99 | －－ | 9.96 |
| 每股经营活动产生的现金流量净额 | 0.03 | 0.34 | －91.18 | 0.22 |
| | 2003年末 | 2002年末 | 本年末比上年末增减(%) | 2001年末 |
| 每股净资产 | 1.44 | 1.18 | 22.03 | 1.06 |
| 调整后的每股净资产 | 1.41 | 1.14 | 23.68 | 1.03 |

## 600506 新疆库尔勒香梨股份有限公司

### 二〇〇三年年度报告摘选

#### 1.上市公司基本情况简介

1.1 基本情况简介

股票简称:香梨股份 股票代码:600506 上市交易所:上海证券交易所

注册地址:新疆库尔勒市团结北路兰干路口

办公地址:新疆库尔勒市铁克其北路圣果名苑 邮政编码:841000

电子信箱:xlgf.tzb@163.com

1.2 联系人和联系方式

董事会秘书:邓晓天 联系地址:新疆库尔勒市铁克其北路圣果名苑

电话:0996－8851716 传真:0996－8850156 电子信箱:xlgf-tzb@163.com

#### 2.会计数据和财务指标摘要

2.1 主要会计数据 单位:人民币元

| | 2003年 | 2002年 | 本年比上年增减(%) | 2001年 |
|---|---|---|---|---|
| 主营业务收入 | 82,785,836.00 | 80,067,105.62 | 3.40 | 99,011,673.35 |
| 利润总额 | 16,176,593.57 | 30,918,286.58 | －47.68 | 29,716,025.17 |
| 净利润 | 16,150,216.93 | 30,929,510.07 | －47.78 | 29,716,025.17 |
| 扣除非经常性损益的净利润 | 17,037,459.26 | 17,144,455.26 | －0.62 | 26,057,025.41 |
| | 2003年末 | 2002年末 | 本年末比上年末增减(%) | 2001年末 |
| 总资产 | 712,468,006.56 | 620,016,889.58 | 14.91 | 611,926,094.77 |
| 股东权益(不含少数股东权益) | 483,943,330.82 | 467,793,113.89 | 3.45 | 436,863,603.82 |
| 经营活动产生的现金流量净额 | －106,769,704.22 | －5,681,066.90 | －1,779.39 | 42,897,618.13 |

2.2 主要财务指标 单位:人民币元

| | 2003年 | 2002年 | 本年比上年增减(%) | 2001年 |
|---|---|---|---|---|
| 每股收益 | 0.10 | 0.19 | －47.37 | 0.27 |
| 每股收益(加权) | 0.11 | 0.11 | 0 | 0.16 |
| 净资产收益率(%) | 3.52 | 3.66 | －3.83 | 5.96 |
| 扣除非经常性损益的净利润为基础计算的净资产收益率(%) | 3.52 | 3.66 | －3.83 | 5.96 |
| 每股经营活动产生的现金流量净额 | －0.67 | －0.04 | －1,575.00 | 0.27 |
| | 2003年末 | 2002年末 | 本年末比上年末增减(%) | 2001年末 |
| 每股净资产 | 3.02 | 2.91 | 3.78 | 2.72 |
| 调整后的每股净资产 | 3.02 | 2.91 | 3.78 | 2.79 |

## 600519 贵州茅台酒股份有限公司

### 二〇〇三年年度报告摘选

#### 1.上市公司基本情况简介

1.1 基本情况简介

股票简称:贵州茅台 股票代码:600519 上市交易所:上海证券交易所

注册地址和办公地址:贵州省仁怀市茅台镇 邮政编码:564501

公司国际互联网网址:http://www.moutaichina.com 电子信箱:fnp@moutaichina.com

1.2 联系人和联系方式

董事会秘书:樊宁屏 联系地址:贵州省仁怀市茅台镇

电话:0852－2386002,02386239 传真:0852－2386005 电子信箱:fnp@moutaichina.com

证券事务代表:汪智明 联系地址:贵州省仁怀市茅台镇

电话:0852－2386002 传真:0852－2386005 电子信箱:fnp@moutaichina.com

#### 2.会计数据和财务指标摘要

2.1 主要会计数据 单位:元

| | 2003年 | 2002年 | 本年比上年增减(%) | 2001年 |
|---|---|---|---|---|
| 主营业务收入 | 2,401,017,934.93 | 1,834,898,394.90 | 30.85 | 1,618,046,660.31 |
| 利润总额 | 977,294,613.26 | 648,452,428.40 | 50.71 | 607,278,206.25 |
| 净利润 | 586,747,838.27 | 376,183,499.47 | 55.97 | 328,290,723.14 |
| 扣除非经常性损益的净利润 | 585,504,178.23 | 378,188,507.17 | 54.82 | 334,872,479.88 |
| | 2003年末 | 2002年末 | 本年末比上年末增减(%) | 2001年末 |
| 总资产 | 4,956,386,810.85 | 3,930,905,066.72 | 26.09 | 3,463,388,734.98 |
| 股东权益(不含少数股东权益) | 3,439,142,472.54 | 2,852,230,484.27 | 20.58 | 2,530,915,664.80 |
| 经营活动产生的现金流量净额 | 941,706,242.08 | 434,582,378.66 | 116.69 | 42,283,037.35 |

2.2 主要财务指标 单位:元

| | 2003年 | 2002年 | 本年比上年增减(%) | 2001年 |
|---|---|---|---|---|
| 每股收益 | 1.94 | 1.37 | 41.09 | 1.59 |
| 每股收益 | 1.91 | 1.37 | 41.09 | 1.59 |
| 净资产收益率(%) | 17.06 | 13.19 | －－ | 12.97 |
| 扣除非经常性损益的净利润为基础计算的净资产收益率(%) | 17.02 | 13.26 | －－ | 13.23 |
| 每股经营活动产生的现金流量净额 | 3.11 | 1.58 | 96.80 | 0.17 |
| | 2003年末 | 2002年末 | 本年末比上年末增减(%) | 2001年末 |
| 每股净资产 | 11.37 | 10.37 | 9.53 | 10.12 |
| 调整后的每股净资产 | 11.29 | 10.29 | 9.72 | 9.96 |

## 600533 南京栖霞建设股份有限公司

### 二〇〇二年年度报告摘选

#### 1.上市公司基本情况简介

1.1 基本情况简介

股票简称:栖霞建设　股票代码:600533　上市交易所:上海证券交易所

注册地址:南京市霞区和燕路 251 号　办公地址:南京市玄武区龙蟠路 218

邮政编码:210037　公司国际互联网网址:www.chixia.com

电子信箱:600533@chixia.com

1.2 联系人和联系方式

董事会秘书:王建优　联系地址:南京市龙蟠路 218 号兴隆大厦 2107 室

电话:025-85600533　传真:025-85502482　电子信箱:600533@chixia.com

证券事务代表:周文龙　联系地址:南京市龙蟠路 218 号兴隆大厦 2107 室

电话:025-85600533　传真:025-85502482　电子信箱:600533@chixia.com

#### 2.会计数据和财务指标摘要

2.1 主要会计数据　单位:元

| | 2003 年(本年) | 2002 年(上年) | 本年比上年增减(%) | 2001 年 |
|---|---|---|---|---|
| 主营业务收入 | 480,544,718.86 | 366,086,606.85 | 31.27 | 324,073,503.78 |
| 利润总额 | 110,645,765.40 | 72,353,993.57 | 52.92 | 78,094,323.28 |
| 净利润 | 70,503,076.16 | 42,304,942.58 | 66.65 | 41,525,512.28 |
| 扣除非经常性损益的净利润 | 71,080,413.84 | 42,713,357.48 | 66.41 | 41,768,287.75 |
| | 2003 年末(本年末) | 2002 年末(上年末) | 本年末比上年末增减(%) | 2001 年末 |
| 总资产 | 1,598,953,908.14 | 852,501,656.13 | 87.56 | 558,968,381.44 |
| 股东权益(不含少数股东权益) | 560,629,677.82 | 525,015,983.75 | 6.78 | 185,176,772.87 |
| 经营活动产生的现金流量净额 | -278,436,481.53 | -110,587,582.87 | -151.78 | -111,807,079.27 |

2.2 主要财务指标　单位:元

| | 2003 年(本年) | 2002 年(上年) | 本年比上年增减(%) | 2001 年 |
|---|---|---|---|---|
| 每股收益 | 0.504 | 0.302 | 66.89 | 0.415 |
| 净资产收益率 | 12.58% | 8.06% | 56.08 | 22.42% |
| 扣除非经常性损益的净利润为基础计算的净资产收益率 | 12.68% | 8.14% | 55.77 | 22.56% |
| 每股经营活动产生的现金流量净额 | -1.989 | -0.790 | -151.77 | -1.118 |
| | 2003 年末(本年末) | 2002 年末(上年末) | 本年末比上年末增减(%) | 2001 年末 |
| 每股净资产 | 4.004 | 3.750 | 6.77 | 1.852 |
| 调整后的每股净资产 | 3.995 | 3.738 | 6.88 | 1.849 |

## 600560 北京金自天正智能控制股份有限公司

### 二〇〇三年年度报告摘选

#### 1.上市公司基本情况简介

1.1 基本情况简介

股票简称:金自天正　股票代码:600560　上市交易所:上海证券交易所

注册地址和办公地址:北京市丰台区丰台路 84 号　邮政编码:100071

公司国际互联网网址:http://www.AriTime.com　电子信箱:aritime@AriTime.com

1.2 联系人和联系方式

董事会秘书:胡邦周　联系地址:北京市丰台区丰台路 84 号金自天正公司董事会秘书办公室

电话:010-63848915　传真:010-63812131　电子信箱:hubangzhou@sohu.com

证券事务代表:党红文　联系地址:北京市丰台区丰台路 84 号金自天正公司董事会秘书办公室

电话:010-63848915　传真:010-63812131　电子信箱:hongwen@263.net

#### 2.会计数据和财务指标摘要

2.1 主要会计数据　单位:人民币元

| | 2003 年 | 2002 年 | 本年比上年增减(%) | 2001 年 |
|---|---|---|---|---|
| 主营业务收入 | 260,763,427.90 | 174,906,545.00 | 49.09 | 150,992,922.07 |
| 利润总额 | 24,908,345.91 | 23,304,967.28 | 6.88 | 21,133,312.27 |
| 净利润 | 21,536,540.60 | 23,304,967.28 | -7.59 | 21,133,312.27 |
| 扣除非经常性损益的净利润 | 21,505,287.72 | 23,365,553.51 | -7.96 | 22,094,567.05 |
| | 2003 年末 | 2002 年末 | 本年末比上年末增减(%) | 2001 年末 |
| 总资产 | 629,322,930.82 | 509,244,644.90 | 23.58 | 226,121,987.21 |
| 股东权益(不含少数股东权益) | 387,890,165.06 | 381,348,259.85 | 1.72 | 111,420,061.78 |
| 经营活动产生的现金流量净额 | 9,571,747.61 | 4,855,499.82 | 97.13 | 6,467,091.96 |

2.2 主要财务指标　单位:人民币元

| | 2003 年 | 2002 年 | 本年比上年增减(%) | 2001 年 |
|---|---|---|---|---|
| 每股收益 | 0.28 | 0.30 | -6.67 | 0.45 |
| 每股收益(摊薄) | 0.28 | 0.30 | -6.67 | 0.45 |
| 净资产收益率 | 5.55% | 6.11% | -9.17 | 18.97% |
| 扣除非经常性损益的净利润为基础计算的净资产收益率 | 5.54% | 6.13% | -9.62 | 19.83% |
| 每股经营活动产生的现金流量净额 | 0.13 | 0.06 | 116.67 | 0.14 |
| | 2003 年末 | 2002 年末 | 本年末比上年末增减(%) | 2001 年末 |
| 每股净资产 | 5.07 | 4.99 | 1.60 | 2.40 |
| 调整后的每股净资产 | 5.01 | 4.96 | 1.01 | 2.36 |

## 600649 上海市原水股份有限公司

### 二〇〇三年年度报告摘选

#### 1.上市公司基本情况简介

1.1 基本情况简介

股票简称:原水股份　股票代码:600649　上市交易所:上海证券交易所

注册地址:上海市浦东新区北艾路 1540 号

办公地址:上海市四川北路 818 号五楼　邮政编码:200085

电子信箱:smrwc@online.sh.cn

1.2 联系人和联系方式

董事会秘书:王錞　联系地址:上海市四川北路 818 号五楼

电话:021-63564899　传真:021-63564880　电子信箱:smrwc@online.sh.cn

证券事务代表:白磊　联系地址:上海市四川北路 818 号五楼

电话:021-63564899　传真:021-63564880　电子信箱:smrwc@online.sh.cn

#### 2.会计数据和财务指标摘要

2.1 主要会计数据　单位:元

| | 2003 年 | 2002 年 | 本年比上年增减(%) | 2001 年 |
|---|---|---|---|---|
| 主营业务收入 | 965,282,630.55 | 784,737,465.97 | 23.00 | 750,508,358.32 |
| 利润总额 | 490,509,319.69 | 462,738,041.54 | 6.00 | 465,274,000.03 |
| 净利润 | 429,256,524.38 | 400,660,881.73 | 7.14 | 394,427,993.96 |
| 扣除非经常性损益的净利润 | 424,296,235.29 | 402,822,276.46 | 5.33 | 377,515,766.06 |
| | 2003 年末 | 2002 年末 | 本年末比上年末增减(%) | 2001 年末 |
| 总资产 | 6,045,346,360.33 | 6,427,661,766.28 | -5.95 | 5,896,122,740.63 |
| 股东权益(不含少数股东权益) | 5,446,826,458.69 | 5,168,285,570.80 | 5.39 | 4,860,136,652.85 |
| 经营活动产生的现金流量净额 | 670,180,111.41 | 1,161,999,579.97 | -42.33 | 743,419,141.62 |

2.2 主要财务指标　单位:元

| | 2003 年 | 2002 年 | 本年比上年增减(%) | 2001 年 |
|---|---|---|---|---|
| 每股收益 | 0.228 | 0.213 | 7.04 | 0.21 |
| 净资产收益率(%) | 7.88 | 7.75 | 1.68 | 8.12 |
| 扣除非经常性损益的净利润为基础计算的净资产收益率(%) | 7.95 | 7.96 | -0.13 | 8.09 |
| 每股经营活动产生的现金流量净额 | 0.36 | 0.62 | -41.94 | 0.40 |
| | 2003 年末 | 2002 年末 | 本年末比上年末增减(%) | 2001 年末 |
| 每股净资产 | 2.89 | 2.74 | 5.47 | 2.58 |
| 调整后的每股净资产 | 2.89 | 2.74 | 5.47 | 2.58 |

## 600653 上海申华控股股份有限公司

### 二〇〇三年年度报告摘选

#### 1.上市公司基本情况简介

1.1 基本情况简介

股票简称:申华控股　股票代码:600653　上市交易所:上海证券交易所

注册地址和办公地址:上海市宁波路 1 号　邮政编码:200002

公司国际互联网网址:http://www.600653.com.cn 或 http://www.shkg.com.cn

电子信箱:stock@bgh.com.cn

1.2 联系人和联系方式

董事会秘书:翟锋　联系地址:上海市宁波路 1 号

电话:(021)63372010,63372011　传真:(021)63372000　电子信箱:stock@bgh.com.cn

证券事务代表:姚云　联系地址:上海市宁波路 1 号

电话:(021)63372010,63372011　传真:(021)63372000　电子信箱:stock@bgh.com.cn

#### 2.会计数据和财务指标摘要

2.1 主要会计数据　单位:元

| | 2003 年 | 2002 年 | 本年比上年增减(%) | 2001 年 |
|---|---|---|---|---|
| 主营业务收入 | 3,277,140,425.20 | 3,011,914,040.23 | 8.81 | 3,850,372,273.77 |
| 利润总额 | 187,984,808.39 | -327,373,848.54 | 157.42 | 236,730,153.48 |
| 净利润 | 103,993,081.97 | -411,718,593.31 | 125.26 | 135,516,812.26 |
| 扣除非经常性损益的净利润 | -115,901,775.57 | -86,947,371.47 | -33.30 | -28,865,719.42 |
| | 2003 年末 | 2002 年末 | 本年末比上年末增减(%) | 2001 年末 |
| 总资产 | 4,726,698,426.08 | 4,426,325,247.95 | 6.79 | 4,840,383,477.77 |
| 股东权益(不含少数股东权益) | 1,702,181,324.96 | 1,607,050,919.11 | 5.92 | 2,017,489,029.66 |
| 经营活动产生的现金流量净额 | 814,387,207.53 | 209,754,249.97 | 288.26 | -188,554,744.87 |

2.2 主要财务指标　单位:元

| | 2003 年 | 2002 年 | 本年比上年增减(%) | 2001 年 |
|---|---|---|---|---|
| 每股收益(加权) | 0.071 | -0.283 | 125.26 | 0.210 |
| 每股收益(摊薄) | 0.071 | -0.283 | 125.26 | 0.168 |
| 净资产收益率(加权)(%) | 6.268 | -22.726 | 127.58 | 8.428 |
| 净资产收益率(摊薄)(%) | 6.109 | -25.620 | 123.85 | 6.717 |
| 扣除非经常性损益的净利润为基础计算的净资产收益率(%) | -6.986 | -4.799 | -45.57 | -1.795 |
| 每股经营活动产生的现金流量净额 | 0.560 | 0.144 | 288.26 | -0.233 |
| | 2003 年末 | 2002 年末 | 本年末比上年末增减(%) | 2001 年末 |
| 每股净资产 | 1.170 | 1.104 | 5.92 | 2.495 |
| 调整后的每股净资产 | 1.1504 | 1.0945 | 5.11 | 2.414 |

## 600676 上海交运股份有限公司

### 二〇〇三年年度报告摘选

#### 1.上市公司基本情况简介

1.1 基本情况简介

股票简称:交运股份 股票代码:600676 上市交易所:上海证券交易所

注册地址:上海市浦东新区浦东南路 2304 号

办公地址:上海市平武路 38 号仁达商务楼三楼 邮政编码:200052

公司国际互联网网址:http://www.jygf.cn 电子信箱:jygf@public1.sta.net.cn

1.2 联系人和联系方式

董事会秘书:李汝德 联系地址:上海市平武路 38 号仁达商务楼三楼

电话:(021)-62520140*8027 传真:(021)-62116123 电子信箱:jygf@public1.sta.net.cn

董事会授权代表:华志明 联系地址:上海市平武路 38 号仁达商务楼三楼

电话:(021)-62520140*8015 传真:(021)-62116123 电子信箱:jygf@public1.sta.net.cn

#### 2.会计数据和财务指标摘要

2.1 主要会计数据 单位:万元

| | 2003 年 | 2002 年 | 本年比上年增减(%) | 2001 年 |
|---|---|---|---|---|
| 主营业务收入 | 75,345.30 | 44,770.95 | +68.29 | 34,885.57 |
| 利润总额 | 7,871.64 | 6,857.26 | +14.79 | 5,773.67 |
| 净利润 | 6,299.98 | 5,536.51 | +13.79 | 4,835.96 |
| 扣除非经常性损益的净利润 | 6,161.52 | 4,955.00 | +24.35 | 3,342.13 |
| | 2003 年末 | 2002 年末 | 本年末比上年末增减(%) | 2001 年末 |
| 总资产 | 146,272.33 | 136,501.30 | +7.16 | 132,871.13 |
| 股东权益(不含少数股东权益) | 102,387.37 | 98,873.83 | +3.55 | 95,059.24 |
| 经营活动产生的现金流量净额 | 13,115.40 | 14,735.84 | -11 | 10,322.24 |

2.2 主要财务指标 单位:元

| | 2003 年 | 2002 年 | 本年比上年增减(%) | 2001 年 |
|---|---|---|---|---|
| 每股收益 | 0.3729 | 0.3277 | +13.79 | 0.2862 |
| 净资产收益率(%) | 6.15 | 5.60 | +9.8 | 5.09 |
| 扣除非经常性损益的净利润为基础计算的净资产收益率(%) | 6.02 | 5.01 | 20.16 | 3.52 |
| 每股经营活动产生的现金流量净额 | 0.7762 | 0.8721 | -11 | 0.6109 |
| | 2003 年末 | 2002 年末 | 本年末比上年末增减(%) | 2001 年末 |
| 每股净资产 | 6.06 | 5.852 | +3.55 | 5.626 |
| 调整后的每股净资产 | 5.771 | 5.642 | +2.286 | 5.582 |

## 600690 青岛海尔股份有限公司

### 二〇〇三年年度报告摘选

#### 1.上市公司基本情况简介

1.1 基本情况简介

股票简称:青岛海尔 股票代码:600690 上市交易所:上海证券交易所

注册地址:青岛市崂山区海尔工业园内 邮政编码:266555

办公地址:青岛市经济技术开发区前湾港路海尔工业园

公司国际互联网网址:http://www.haier.com 电子信箱:ref@haier.com

1.2 联系人和联系方式

董事会秘书:崔少华 联系地址:青岛市海尔路 1 号海尔工业园青岛海尔股份有限公司证券部

电话:(0532)8938138 传真:(0532)8938313 电子信箱:cuish@haier.com

证券事务代表:纪东 联系地址:青岛市海尔路 1 号海尔工业园青岛海尔股份有限公司证券部

电话:(0532)8938138 传真:(0532)8938313 电子信箱:jidong@haier.com

#### 2.会计数据和财务指标摘要

2.1 主要会计数据 单位:元

| | 2003 年 | 2002 年 | 本年比上年增减(%) | 2001 年 |
|---|---|---|---|---|
| 主营业务收入 | 11,688,374,607.34 | 11,553,520,958.99 | 1.17 | 11,441,823,199.86 |
| 利润总额 | 494,276,672.75 | 536,981,441.98 | -7.95 | 897,880,145.49 |
| 净利润 | 368,952,845.58 | 397,059,657.32 | -7.08 | 617,838,607.39 |
| 扣除非经常性损益的净利润 | 362,090,034.23 | 377,059,540.08 | -3.97 | 603,843,412.72 |
| | 2003 年末 | 2002 年末 | 本年末比上年末增减(%) | 2001 年末 |
| 总资产 | 7,372,706,301.48 | 7,324,204,699.04 | 0.66 | 6,872,472,794.81 |
| 股东权益(不含少数股东权益) | 5,388,965,877.39 | 5,259,307,516.41 | 2.47 | 5,101,542,343.66 |
| 经营活动产生的现金流量净额 | 423,546,270.04 | 390,670,453.18 | 8.42 | 701,881,581.41 |

2.2 主要财务指标 单位:元

| | 2003 年 | 2002 年 | 本年比上年增减(%) | 2001 年 |
|---|---|---|---|---|
| 每股收益 | 0.46 | 0.50 | -8 | 0.77 |
| 净资产收益率(%) | 6.85 | 7.55 | -9.27 | 12.11 |
| 扣除非经常性损益的净利润为基础计算的净资产收益率(%) | 6.72 | 7.17 | -6.28 | 11.84 |
| 每股经营活动产生的现金流量净额 | 0.53 | 0.49 | 8.16 | 0.88 |
| | 2003 年末 | 2002 年末 | 本年末比上年末增减(%) | 2001 年末 |
| 每股净资产 | 6.76 | 6.59 | 2.58 | 6.40 |
| 调整后的每股净资产 | 6.65 | 6.56 | 1.37 | 6.36 |

## 600702 四川沱牌曲酒股份有限公司

### 二〇〇三年年度报告摘选

#### 1.上市公司基本情况简介

1.1 基本情况简介

股票简称:沱牌曲酒 股票代码:600702 上市交易所:上海证券交易所

注册地址和办公地址:四川省射洪县柳树镇中街 149 号 邮政编码:629209

公司国际互联网网址:http:www.chinatuopai.com 电子信箱:tuopai@mail.sc.cninfo.net

1.2 联系人和联系方式

董事会秘书:马力军 联系地址:四川省射洪县柳树镇中街 149 号

电话:0825-6766322 传真:0825-6766322 电子信箱:zqb@tuopai.cn

证券事务代表:胡仁彬 联系地址:四川省射洪县柳树镇中街 149 号

电话:0825-6766322 传真:0825-6766322 电子信箱:zqb@tuopai.cn

#### 2.会计数据和财务指标摘要

2.1 主要会计数据 单位:万元

| | 2003 年 | 2002 年 | 本年比上年增减(%) | 2001 年 |
|---|---|---|---|---|
| 主营业务收入 | 74,580.22 | 84,777.11 | -12.03 | 85,828.14 |
| 利润总额 | 2,125.35 | 2,397.72 | -11.36 | 3,833.01 |
| 净利润 | 1,204.53 | 1,024.54 | 17.57 | 3,085.64 |
| 扣除非经常性损益的净利润 | 113.23 | 1,016.63 | -88.86 | 3,041.51 |
| | 2003 年末 | 2002 年末 | 本年末比上年末增减(%) | 2001 年末 |
| 总资产 | 207,932.69 | 206,777.62 | 0.56 | 200,637.45 |
| 股东权益(不含少数股东权益) | 161,715.74 | 160,458.29 | 0.78 | 159,368.32 |
| 经营活动产生的现金流量净额 | 4,029.90 | 3,897.68 | 3.39 | 5,007.53 |

2.2 主要财务指标

| | 2003 年 | 2002 年 | 本年比上年增减(%) | 2001 年 |
|---|---|---|---|---|
| 每股收益 | 0.0357 | 0.03 | 19.00 | 0.09 |
| 每股收益 | 0.0357 | 0.03 | 19.00 | 0.09 |
| 净资产收益率 | 0.74% | 0.64% | 15.63 | 1.94% |
| 扣除非经常性损益的净利润为基础计算的净资产收益率 | 0.07% | 0.64% | 15.63 | 1.94% |
| 每股经营活动产生的现金流量净额 | 0.12 | 0.12 | -- | 0.15 |
| | 2003 年末 | 2002 年末 | 本年末比上年末增减(%) | 2001 年末 |
| 每股净资产 | 4.79 | 4.76 | 0.63 | 4.72 |
| 调整后的每股净资产 | 4.78 | 4.75 | 0.63 | 4.72 |

## 600718 沈阳东软软件股份有限公司

### 二〇〇三年年度报告摘选

#### 1.上市公司基本情况简介

1.1 基本情况简介

股票简称:东软股份 股票代码:600718 上市交易所:上海证券交易所

注册地址:沈阳市和平区文化路 3 号巷 11 号

办公地址:沈阳市浑南新区东大软件园 邮政编码:110179

公司国际互联网网址:http://www.neusoft.com 电子信箱:investor@neusoft.com

1.2 联系人和联系方式

董事会秘书:徐庆荣 联系地址:沈阳市浑南新区东大软件园

电话:024-23783000-85712 传真:024-23783375 电子信箱:investor@neusoft.com

证券事务代表:张龙 联系地址:沈阳市浑南新区东大软件园

电话:024-23783000-85712 传真:024-23783375 电子信箱:investor@neusoft.com

#### 2.会计数据和财务指标摘要

2.1 主要会计数据 单位:元

| 项目 | 2003 年 | 2002 年 | 本年比上年增减(%) | 2001 年 |
|---|---|---|---|---|
| 主营业务收入 | 2,016,947,717 | 1,907,247,541 | 5.75 | 1,758,647,799 |
| 利润总额 | 85,131,938 | 102,606,530 | -17.03 | 151,628,987 |
| 净利润 | 62,240,267 | 79,711,678 | -21.92 | 135,134,213 |
| 扣除非经常性损益的净利润 | 58,569,987 | 85,216,142 | -31.27 | 141,032,481 |
| | 2003 年末 | 2002 年末 | 本年末比上年末增减(%) | 2001 年末 |
| 总资产 | 2,792,223,976 | 2,590,674,148 | 7.78 | 2,457,471,215 |
| 股东权益(不含少数股东权益) | 1,321,345,321 | 1,273,209,399 | 3.78 | 1,192,016,738 |
| 经营活动产生的现金流量净额 | 89,176,507 | -22,196,265 | -- | 74,023,325 |

2.2 主要财务指标 单位:元

| 项目 | 2003 年 | 2002 年 | 本年比上年增减(%) | 2001 年 |
|---|---|---|---|---|
| 每股收益 | 0.22 | 0.28 | -21.43 | 0.48 |
| 净资产收益率(%) | 4.71 | 6.26 | -24.76 | 11.34 |
| 扣除非经常性损益后净利润为基础计算的加权平均净资产收益率(%) | 4.49 | 6.92 | -35.12 | 11.87 |
| 每股经营活动产生的现金流量净额 | 0.32 | -0.08 | -- | 0.26 |
| | 2003 年末 | 2002 年末 | 本年末比上年末增减(%) | 2001 年末 |
| 每股净资产 | 4.69 | 4.52 | 3.76 | 4.24 |
| 调整后的每股净资产 | 4.64 | 4.43 | 4.74 | 4.12 |

## 600738 兰州民百(集团)股份有限公司

### 二〇〇三年年度报告摘选

#### 1.上市公司基本情况简介

1.1 基本情况简介

股票简称:兰州民百 股票代码:600738 上市交易所:上海证券交易所

注册地址:兰州市中山路 368 号

办公地址:兰州市中山路 368 号亚欧商厦 8 - 10 层 邮政编码:730030

公司国际互联网网址:http://www.lzminbai.com 电子信箱:mbyolb@public.lz.gs.cn

1.2 联系人和联系方式

董事会秘书:李鑫 联系地址:兰州市中山路 368 号亚欧商厦 9 楼

电话:0931 - 8435839 传真:0931 - 8473891 电子信箱:zq@lzminbai.com

#### 2.会计数据和财务指标摘要

2.1 主要会计数据 单位:(人民币)元

| | 2003 年 | 2002 年 | 本年比上年增减(%) | 2001 年 |
|---|---|---|---|---|
| 主营业务收入 | 479,585,510.58 | 507,279,280.06 | - 5.46 | 649,680,863.10 |
| 利润总额 | 1,586,763.94 | - 63,919,722.98 | | - 44,458,212.41 |
| 净利润 | 1,893,120.64 | - 63,858,576.86 | | - 44,310,229.25 |
| 扣除非经常性损益的净利润 | - 32,507,121.29 | - 66,551,560.84 | | - 42,957,734.91 |
| | 2003 年末 | 2002 年末 | 本年末比上年末增减(%) | 2001 年末 |
| 总资产 | 839,249,938.40 | 926,205,587.19 | - 9.39 | 1,066,202,950.39 |
| 股东权益(不含少数股东权益) | 239,215,444.26 | 237,322,323.62 | 0.80 | 295,195,584.80 |
| 经营活动产生的现金流量净额 | 71,491,451.96 | 25,134,213.10 | 184.44 | - 3,750,423.43 |

2.2 主要财务指标 单位:(人民币)元

| | 2003 年 | 2002 年 | 本年比上年增减(%) | 2001 年 |
|---|---|---|---|---|
| 每股收益 | 0.008 | - 0.27 | | - 0.189 |
| 净资产收益率 | 0.79 | - 26.91 | | - 15.01 |
| 扣除非经常性损益的净利润为基础计算的净资产收益率 | - 13.59 | - 28.04 | 51.53 | - 14.55 |
| 每股经营活动产生的现金流量净额 | 0.31 | 0.107 | 185.05 | - 0.016 |
| | 2003 年末 | 2002 年末 | 本年末比上年末增减(%) | 2001 年末 |
| 每股净资产 | 1.02 | 1.01 | 0.99 | 1.26 |
| 调整后的每股净资产 | 1.02 | 1.00 | 2.00 | 1.24 |

## 600742 长春一汽四环汽车股份有限公司

### 二〇〇三年年度报告摘选

#### 1.上市公司基本情况简介

1.1 基本情况简介

股票简称:一汽四环 股票代码:600742 上市交易所:上海证券交易所

注册地址和办公地址:吉林省长春市普阳街 99 号 邮政编码:130011

电子信箱:fawsh@public.cc.jl.cn

1.2 联系人和联系方式

董事会秘书:范希军 联系地址:吉林省长春市普阳街 99 号

电话:0431 - 7629115 传真:0431 - 7629113 电子信箱:fawsh@public.cc.jl.cn

证券事务代表:李文军 联系地址:吉林省长春市普阳街 99 号

电话:0431 - 7629115 传真:0431 - 7629113 电子信箱:fawsh@public.cc.jl.cn

#### 2.会计数据和财务指标摘要

2.1 主要会计数据 单位:元

| | 2003 年 | 2002 年 调整前 | 2002 年 调整后 | 本年比上年增减(%) | 2001 年 |
|---|---|---|---|---|---|
| 主营业务收入 | 3,235,917,058.67 | 3,240,895,329.40 | 3,240,895,329.40 | - 0.15 | 2,137,738,469.91 |
| 利润总额 | 39,187,531.07 | 190,514,912.42 | 190,077,638.81 | - 79.38 | 179,042,970.30 |
| 净利润 | 42,026,879.32 | 142,385,443.25 | 141,948,169.64 | - 70.39 | 141,428,090.41 |
| 扣除非经常性损益的净利润 | 47,849,605.77 | 143,679,504.50 | 143,679,504.50 | - 66.70 | 162,064,091.50 |
| | 2003 年末 | 2002 年末 调整前 | 2002 年末 调整后 | 本年比上年增减(%) | 2001 年末 |
| 总资产 | 1,937,038,570.61 | 1,912,651,722.84 | 1,912,651,722.84 | 1.28 | 1,356,177,309.32 |
| 股东权益(不含少数股东权益) | 1,220,950,008.93 | 1,164,918,868.19 | 1,180,507,069.32 | 3.43 | 1,040,822,764.25 |
| 经营活动产生的现金流量净额 | 61,796,915.33 | 273,656,096.27 | 273,656,096.27 | - 77.42 | 168,944,889.53 |

2.2 主要财务指标 单位:元

| | 2003 年 | 2002 年 调整前 | 2002 年 调整后 | 本年比上年增减(%) | 2001 年 |
|---|---|---|---|---|---|
| 每股收益 | 0.199 | 0.673 | 0.671 | - 70.39 | 0.669 |
| 每股收益(加权) | - - | - - | - - | | |
| 净资产收益率(%) | 3.44 | 12.22 | 12.02 | - 8.58 | 13.59 |
| 扣除非经常性损益的净利润为基础计算的净资产收益率(%) | 3.92 | 12.33 | 12.17 | - 8.25 | 15.57 |
| 每股经营活动产生的现金流量净额 | 0.29 | 1.29 | 1.29 | - 77.42 | 0.80 |
| | 2003 年末 | 2002 年 调整前 | 2002 年 调整后 | 本年末比上年增减(%) | 2001 年末 |
| 每股净资产 | 5.77 | 5.51 | 5.59 | 3.29 | 4.92 |
| 调整后的每股净资产 | 5.63 | 5.35 | 5.43 | 3.73 | 4.68 |

## 600777 烟台新潮实业股份有限公司

### 二〇〇三年年度报告摘选

#### 1.上市公司基本情况简介

1.1 基本情况简介

股票简称:新潮实业 股票代码:600777 上市交易所:上海证券交易所

注册地址和办公地址:山东省烟台市牟平区牟山路 98 号 邮政编码:264100

公司国际互联网网址:http://www.xinchaoshiye.com 电子信箱:xinchao@public.ytptt.sd.cn

1.2 联系人和联系方式

董事会秘书:于德海 联系地址:山东省烟台市牟平区牟山路 98 号

电话:0535 - 4259777 传真:0535 - 4225688 电子信箱:Yudehai777@163.com

证券事务代表:常宗利 联系地址:山东省烟台市牟平区牟山路 98 号

电话:0535 - 4259777 传真:0535 - 4225688 电子信箱:CZL600777@sohu.com

#### 2.会计数据和财务指标摘要

2.1 主要会计数据 单位:元

| | 2003 年 | 2002 年 | 本年比上年增减(%) | 2001 年 |
|---|---|---|---|---|
| 主营业务收入 | 786,524,778.30 | 753,455,472.96 | 4.39 | 664,041,861.87 |
| 利润总额 | 101,588,852.84 | 117,232,034.70 | - 13.34 | 87,042,202.50 |
| 净利润 | 72,751,174.04 | 75,490,104.49 | - 3.63 | 71,927,213.13 |
| 扣除非经常性损益的净利润 | 72,852,927.97 | 75,432,220.97 | - 3.42 | 71,661,941.60 |
| | 2003 年末 | 2002 年末 | 本年末比上年末增减(%) | 2001 年末 |
| 总资产 | 1,767,859,911.55 | 1,241,392,360.60 | 42.41 | 1,115,296,079.96 |
| 股东权益(不含少数股东权益) | 1,336,894,118.49 | 779,837,334.66 | 71.43 | 707,975,266.13 |
| 经营活动产生的现金流量净额 | 208,339,068.06 | 126,965,761.39 | 64.09 | 89,127,210.29 |

2.2 主要财务指标 单位:元

| | 2003 年 | 2002 年 | 本年比上年增减(%) | 2001 年 |
|---|---|---|---|---|
| 每股收益 | 0.27 | 0.37 | - 27.03 | 0.35 |
| 净资产收益率% | 5.44 | 9.68 | - 43.80 | 10.16% |
| 扣除非经常性损益的净利润为基础计算的净资产收益率% | 6.87 | 10.12 | - 32.11 | 10.00% |
| 每股经营活动产生的现金流量净额 | 0.79 | 0.62 | 27.42 | 0.44 |
| | 2003 年末 | 2002 年末 | 本年末比上年末增减(%) | 2001 年末 |
| 每股净资产 | 5.05 | 3.81 | 32.55 | 3.46 |
| 调整后的每股净资产 | 5.04 | 3.79 | 32.98 | 3.44 |

## 600812 华北制药股份有限公司

### 二〇〇三年年度报告摘选

#### 1.上市公司基本情况简介

1.1 基本情况简介

股票简称:华北制药 股票代码:600812 上市交易所:上海证券交易所

注册地址和办公地址:河北省石家庄和平东路 388 号 邮政编码:050015

公司国际互联网网址:http://www.ncpc.com 电子信箱:gufenban@ncpc.com

1.2 联系人和联系方式

董事会秘书:曹正平 联系地址:河北省石家庄和平东路 388 号

电话:(0311)6219063 传真:(0311)6060942 电子信箱:Caozhengping@ncpc.com

证券事务代表:许建文 联系地址:河北省石家庄和平东路 388 号

电话:(0311)6696493 传真:(0311)6060942 电子信箱:xujianwen@ncpc.com

#### 2.会计数据和财务指标摘要

2.1 主要会计数据 单位:元

| | 2003 年 | 2002 年 | 本年比上年增减(%) | 2001 年 |
|---|---|---|---|---|
| 主营业务收入 | 3,591,392,217.40 | 3,073,036,729.49 | 16.87 | 2,830,811,625.68 |
| 利润总额 | 328,562,340.75 | 244,534,104.87 | 34.36 | 199,833,594.72 |
| 净利润 | 213,693,305.55 | 130,731,000.11 | 63.46 | 110,951,880.64 |
| 扣除非经常性损益的净利润 | 206,510,517.48 | 130,639,567.23 | 58.08 | 94,179,734.61 |
| | 2003 年末 | 2002 年末 | 本年末比上年末增减(%) | 2001 年末 |
| 总资产 | 7,264,604,601.91 | 6,964,476,228.05 | 4.31 | 7,190,046,583.10 |
| 股东权益(不含少数股东权益) | 2,508,236,552.87 | 2,376,757,594.52 | 5.53 | 2,311,540,957.84 |
| 经营活动产生的现金流量净额 | 580,317,773.81 | 743,835,314.97 | - 21.98 | 366,457,539.85 |

2.2 主要财务指标 单位:元

| | 2003 年 | 2002 年 | 本年比上年增减(%) | 2001 年 |
|---|---|---|---|---|
| 每股收益 | 0.18 | 0.11 | 63.64 | 0.09 |
| 净资产收益率(%) | 8.52 | 5.50 | 3.02 | 4.60 |
| 扣除非经常性损益的净利润为基础计算的净资产收益率(%) | 8.23 | 5.50 | 2.73 | 4.07 |
| 每股经营活动产生的现金流量净额 | 0.5 | 0.64 | - 21.88 | 0.31 |
| | 2003 年末 | 2002 年末 | 本年末比上年末增减(%) | 2001 年末 |
| 每股净资产 | 2.14 | 2.03 | 5.42 | 1.98 |
| 调整后的每股净资产 | 1.94 | 1.69 | 14.79 | 1.86 |

## 600835 上海电气股份有限公司

### 二〇〇三年年度报告摘选

#### 1.上市公司基本情况简介

1.1 基本情况简介

股票简称:A股 上海电气 B股 电气B股 股票代码:600835 900925
上市交易所:上海证券交易所 注册地址:上海市浦东新区建平路2号
办公地址:上海市延安西路358号12楼 邮政编码:200040
公司国际互联网网址:www.chinasec.cn 电子信箱:sec@chinasec.cn

1.2 联系人和联系方式

董事会秘书:司文培 联系地址:上海市延安西路358号12楼
电话:62898699－8685 传真:62898601 电子信箱:sldm@21cn.net

#### 2.会计数据和财务指标摘要

2.1 主要会计数据 单位:元

| | 2003年 | 2002年 | 本年比上年增减(%) | 2001年 |
|---|---|---|---|---|
| 主营业务收入 | 5,559,734,783.47 | 4,468,336,934.68 | 24.43 | 3,844,769,510.00 |
| 利润总额 | 922,712,358.83 | 728,061,994.92 | 26.74 | 618,143,834.19 |
| 净利润 | 412,010,778.27 | 272,775,662.16 | 51.04 | 246,444,551.36 |
| 扣除非经常性损益的净利润 | 323,686,783.26 | 281,159,637.39 | 15.13 | 234,364,047.17 |
| | 2003年末 | 2002年末 | 本年末比上年末增减(%) | 2001年末 |
| 总资产 | 8,529,207,681.55 | 8,504,600,429.86 | 0.29 | 7,434,956,073.11 |
| 股东权益(不含少数股东权益) | 3,253,401,218.49 | 2,880,596,662.94 | 12.94 | 2,714,715,040.63 |
| 经营活动产生的现金流量净额 | 292,170,476.76 | 690,591,617.23 | －57.69 | 887,186,030.30 |

2.2 主要财务指标 单位:元

| | 2003年 | 2002年 | 本年比上年增减(%) | 2001年 |
|---|---|---|---|---|
| 每股收益 | 0.580 | 0.461 | 25.81 | 0.458 |
| 每股收益(加权) | 0.580 | 0.461 | 25.81 | 0.458 |
| 净资产收益率(%) | 12.66 | 9.47 | 33.69 | 9.08 |
| 扣除非经常性损益的净利润为基础计算的净资产收益率(%) | 9.95 | 9.76 | 1.95 | 8.63 |
| 每股经营活动产生的现金流量净额 | 0.41 | 1.17 | －64.96 | 1.64 |
| | 2003年末 | 2002年末 | 本年末比上年末增减(%) | 2001年末 |
| 每股净资产 | 4.58 | 4.87 | －5.95 | 5.05 |
| 调整后的每股净资产 | 4.53 | 4.65 | －2.58 | 4.99 |

## 600868 广东梅雁企业(集团)股份有限公司

### 二〇〇三年年度报告摘选

#### 1.上市公司基本情况简介

1.1 基本情况简介

股票简称:梅雁股份 股票代码:600868 上市交易所:上海证券交易所
注册地址和办公地址:广东省梅州市湾水塘 邮政编码:514011
公司国际互联网网址:http://www.chinameiyan.com 电子信箱:mygf@21cn.net

1.2 联系人和联系方式

董事会秘书:李海明 联系地址:广东省梅州市湾水塘
电话:0753－2218286 传真:0753－2232983 电子信箱:lihaiming@21cn.net

#### 2.会计数据和财务指标摘要

2.1 主要会计数据 单位:元

| | 2003年 | 2002年 | 本年比上年增减(%) | 2001年 |
|---|---|---|---|---|
| 主营业务收入 | 1,245,675,681.67 | 983,881,494.40 | 26.61 | 663,997,470.29 |
| 利润总额 | 240,030,047.52 | 232,377,569.26 | 3.29 | 182,405,708.61 |
| 净利润 | 176,192,195.46 | 174,564,560.70 | 0.93 | 166,895,062.03 |
| 扣除非经常性损益的净利润 | 173,794,068.92 | 134,185,462.81 | 29.52 | 95,103,140.88 |
| | 2003年末 | 2002年末 | 本年末比上年末增减(%) | 2001年末 |
| 总资产 | 5,952,362,566.08 | 4,446,391,325.74 | 33.87 | 3,784,758,353.21 |
| 股东权益(不含少数股东权益) | 2,753,459,901.24 | 2,700,054,042.82 | 1.98 | 2,517,614,299.00 |
| 经营活动产生的现金流量净额 | 181,705,709.58 | 118,734,181.64 | 53.04 | 105,028,013.96 |

2.2 主要财务指标 单位:元

| | 2003年 | 2002年 | 本年比上年增减(%) | 2001年 |
|---|---|---|---|---|
| 每股收益 | 0.15 | 0.16 | －6.25 | 0.16 |
| 净资产收益率(%) | 6.40 | 6.47 | －1.08 | 6.63 |
| 扣除非经常性损益的净利润为基础计算的净资产收益率(%) | 6.31 | 5.21 | 21.11 | 3.77 |
| 每股经营活动产生的现金流量净额 | 0.16 | 0.11 | 45.45 | 0.10 |
| | 2003年末 | 2002年末 | 本年末比上年末增减(%) | 2001年末 |
| 每股净资产 | 2.38 | 2.42 | －1.65 | 2.49 |
| 调整后的每股净资产 | 2.35 | 2.40 | －2.08 | 2.48 |

## 3月27日

## 000032 深圳市桑达实业股份有限公司

### 二〇〇三年年度报告摘选

#### 1.上市公司基本情况简介

1.1 基本情况简介

股票简称:深桑达A 股票代码:000032 上市交易所:深圳证券交易所
注册地址和办公地址:深圳市福田区振华路78号西二层 邮政编码:518031
公司国际互联网网址:www.sedind.com 电子信箱:sed@sedind.com

1.2 联系人和联系方式

董事会秘书:金涛 联系地址:深圳市福田区振华路78号西二层
电话:0755－83200636 传真:0755－83200639 电子信箱:sed@sedind.com
证券事务代表:李红梅 联系地址:深圳市福田区振华路78号西二层
电话:0755－83200636 传真:0755－83200639 电子信箱:sed@sedind.com

#### 2.会计数据和财务指标摘要

2.1 主要会计数据 单位:(人民币)元

| | 2003年(本年) | 2002年(上年) | 本年比上年增减 | 2001年 |
|---|---|---|---|---|
| 主营业务收入 | 1,278,974,800.08 | 1,388,354,555.29 | －7.88% | 1,691,814,692.18 |
| 利润总额 | 62,141,939.13 | 51,905,263.75 | 19.72% | 46,750,344.70 |
| 净利润 | 45,160,449.66 | 43,138,591.89 | 4.69% | 36,375,973.55 |
| 扣除非经常性损益的净利润 | 48,354,086.07 | 39,688,172.76 | 21.84% | 33,761,495.90 |
| | 2003年末(本年末) | 2002年末(上年末) | 本年末比上年末增减 | 2001年末 |
| 总资产 | 1,100,262,438.51 | 1,075,619,146.75 | 2.29% | 893,896,557.56 |
| 股东权益(不含少数股东权益) | 572,632,868.46 | 556,263,718.33 | 2.94% | 278,607,602.01 |
| 经营活动产生的现金流量净额 | 78,001,778.12 | 65,517,055.78 | 19.06% | 133,992,315.13 |

2.2 主要财务指标 单位:(人民币)元

| | 2003年(本年) | 2002年(上年) | 本年比上年增减 | 2001年 |
|---|---|---|---|---|
| 每股收益 | 0.23 | 0.29 | －19.48% | 0.28 |
| 每股收益(如果股本变化,按新股本计算) | 0.23 | －－ | －－ | －－ |
| 净资产收益率 | 7.89% | 7.76% | 1.68% | 13.06% |
| 扣除非经常性损益的净利润为基础计算的净资产收益率 | 8.35% | 11.62% | －28.14% | 12.34% |
| 每股经营活动产生的现金流量净额 | 0.40 | 0.44 | －8.41% | 1.02 |
| | 2003年末(本年末) | 2002年末(上年末) | 本年末比上年末增减 | 2001年末 |
| 每股净资产 | 2.95 | 3.73 | －20.81% | 2.13 |
| 调整后的每股净资产 | 2.89 | 3.53 | －18.12% | 1.89 |

## 000042 深圳市长城地产(集团)股份有限公司

### 二〇〇三年年度报告摘选

#### 1.上市公司基本情况简介

1.1 基本情况简介

股票简称:深长城A 股票代码:000042 上市交易所:深圳证券交易所
注册地址和办公地址:深圳市福田区红荔路2010号长兴大厦(圣廷苑酒店)东区裙楼
邮政编码:518028
公司国际互联网网址:http://www.ccdcjt.cn 电子信箱:ccdcjtsz@szonline.net

1.2 联系人和联系方式

董事会秘书:刘莉 联系地址:深圳市福田区红荔路2010号长兴大厦(圣廷苑酒店)东区裙楼
电话:0755－83789776 传真:0755－83789776 电子信箱:szccdcdm@public.szptt.net.cn
证券事务代表: 联系地址:深圳市福田区红荔路2010号长兴大厦(圣廷苑酒店)东区裙楼
电话:0755－83789776 传真:0755－83789776 电子信箱:szccdcdm@public.szptt.net.cn

#### 2.会计数据和财务指标摘要

2.1 主要会计数据 单位:(人民币)元

| | 2003年(本年) | 2002年(上年) | 本年比上年增减 | 2001年 |
|---|---|---|---|---|
| 主营业务收入 | 1,952,061,824.59 | 1,764,061,516.20 | 10.66% | 140,758,033,066.00 |
| 利润总额 | 92,807,673.08 | 99,362,341.75 | －6.60% | 161,119,114.13 |
| 净利润 | 59,946,747.27 | 68,581,956.69 | －12.59% | 108,653,193.49 |
| 扣除非经常性损益的净利润 | 45,879,811.79 | 77,053,745.97 | －40.46% | 110,622,715.07 |
| | 2003年末(本年末) | 2002年末(上年末) | 本年末比上年末增减 | 2001年末 |
| 总资产 | 4,935,365,726.92 | 4,404,674,566.57 | 12.05% | 4,113,638,256.30 |
| 股东权益(不含少数股东权益) | 1,391,222,803.88 | 1,350,433,099.81 | 3.02% | 1,281,851,143.12 |
| 经营活动产生的现金流量净额 | 125,790,170.42 | 15,384,130.17 | 717.66% | －55,555,097.90 |

2.2 主要财务指标 单位:(人民币)元

| | 2003年(本年) | 2002年(上年) | 本年比上年增减 | 2001年 |
|---|---|---|---|---|
| 每股收益 | 0.25 | 0.29 | －12.48% | 0.45 |
| 每股收益(如果股本变化,按新股本计算) | 0.25 | －－ | －－ | －－ |
| 净资产收益率 | 4.31% | 5.15% | －16.31% | 8.39% |
| 扣除非经常性损益的净利润为基础计算的净资产收益率 | 3.30% | 5.79% | －43.01% | 8.62% |
| 每股经营活动产生的现金流量净额 | 0.53 | 0.06 | －720.31% | －0.23 |
| | 2003年末(本年末) | 2002年末(上年末) | 本年末比上年末增减 | 2001年末 |
| 每股净资产 | 5.81 | 5.64 | 3.03% | 5.35 |
| 调整后的每股净资产 | 4.51 | 4.64 | －2.76% | 4.64 |

# 000096 深圳市广聚能源股份有限公司

## 二〇〇三年年度报告摘选

### 1.上市公司基本情况简介

1.1 基本情况简介

股票简称:广聚能源 股票代码:000096 上市交易所:深圳证券交易所

注册地址和办公地址:深圳市蛇口新街蛇口大厦六楼 邮政编码:518067

电子信箱:gjny0096@public.szptt.net.cn

1.2 联系人和联系方式

董事会秘书:嵇元弘 联系地址:深圳市蛇口新街蛇口大厦六楼

电话:0755-26690988 传真:0755-26690998 电子信箱:gjny0096@public.szptt.net.cn

证券事务代表:王泽凡、叶启良 联系地址:深圳市蛇口新街蛇口大厦六楼

电话:0755-26690988 传真:0755-26690998 电子信箱:gjny0096@public.szptt.net.cn

### 2.会计数据和财务指标摘要

2.1 主要会计数据 单位:(人民币)元

| | 2003 年(本年) | 2002 年(上年) | 本年比上年增减 | 2001 年 |
|---|---|---|---|---|
| 主营业务收入 | 1,698,732,170.47 | 1,330,094,824.39 | 27.72% | 1,128,159,407.53 |
| 利润总额 | 143,734,103.55 | 117,341,785.20 | 22.49% | 92,104,610.10 |
| 净利润 | 139,479,287.78 | 112,826,436.25 | 23.62% | 87,389,656.46 |
| 扣除非经常性损益的净利润 | 139,833,658.10 | 113,453,545.83 | 23.25% | 66,780,881.79 |
| | 2003 年末(本年末) | 2002 年末(上年末) | 本年末比上年末增减 | 2001 年末 |
| 总资产 | 1,415,938,629.26 | 1,313,648,433.58 | 7.79% | 1,293,482,769.74 |
| 股东权益(不含少数股东权益) | 1,164,182,749.93 | 1,074,030,363.54 | 8.39% | 961,119,965.67 |
| 经营活动产生的现金流量净额 | 23,760,294.08 | 125,098,067.10 | -81.01% | 97,837,937.72 |

2.2 主要财务指标 单位:(人民币)元

| | 2003 年(本年) | 2002 年(上年) | 本年比上年增减 | 2001 年 |
|---|---|---|---|---|
| 每股收益 | 0.26 | 0.34 | -22.78% | 0.26 |
| 每股收益(如果股本变化,按新股本计算) | 0.26 | -- | -- | -- |
| 净资产收益率 | 11.98% | 10.50% | 14.10% | 9.09% |
| 扣除非经常性损益的净利润为基础计算的净资产收益率 | 12.01% | 10.56% | 13.73% | 7.27% |
| 每股经营活动产生的现金流量净额 | 0.05 | 0.38 | -88.13% | 0.30 |
| | 2003 年末(本年末) | 2002 年末(上年末) | 本年末比上年末增减 | 2001 年末 |
| 每股净资产 | 2.20 | 3.25 | -32.25% | 2.91 |
| 调整后的每股净资产 | 2.17 | 3.16 | -31.33% | 2.88 |

# 000301 吴江丝绸股份有限公司

## 二〇〇三年年度报告摘选

### 1.上市公司基本情况简介

1.1 基本情况简介

股票简称:丝绸股份 股票代码:000301 上市交易所:深圳证券交易所

注册地址和办公地址:江苏省吴江市盛泽镇舜新中学 39 号 邮政编码:215228

公司国际互联网网址:http://www.silkgroup.com 电子信箱:SILK-SM@PUBLIC1.SZ.JS.CN

1.2 联系人和联系方式

董事会秘书:沈志祥 联系地址:江苏省吴江市盛泽镇舜新中路 39 号

电话:0512-63558328 传真:0512-63552272 电子信箱:SILK-SM@PUBLIC1.SZ.JS.CN

### 2.会计数据和财务指标摘要

2.1 主要会计数据 单位:(人民币)元

| | 2003 年(本年) | 2002 年(上年) | 本年比上年增减 | 2001 年 |
|---|---|---|---|---|
| 主营业务收入 | 2,199,777,037.77 | 1,830,227,422.42 | 20.19% | 1,656,648,124.03 |
| 利润总额 | 136,143,300.23 | 119,450,879.56 | 13.97% | 116,420,037.83 |
| 净利润 | 81,691,233.08 | 71,905,297.76 | 13.61% | 105,340,193.93 |
| 扣除非经常性损益的净利润 | 0.16 | 0.15 | 6.67% | 0.23 |
| | 2003 年末(本年末) | 2002 年末(上年末) | 本年末比上年末增减 | 2001 年末 |
| 总资产 | 3,103,398,968.42 | 2,636,695,687.13 | 17.70% | 1,909,099,265.18 |
| 股东权益(不含少数股东权益) | 1,416,015,803.78 | 1,358,608,605.81 | 4.23% | 1,285,263,343.23 |
| 经营活动产生的现金流量净额 | 148,279,257.60 | 183,862,772.11 | -19.35% | 251,057,814.06 |

2.2 主要财务指标 单位:(人民币)元

| | 2003 年(本年) | 2002 年(上年) | 本年比上年增减 | 2001 年 |
|---|---|---|---|---|
| 每股收益 | 0.17 | 0.15 | 13.30% | 0.23 |
| 每股收益(如果股本变化,按新股本计算) | 0.17 | -- | -- | -- |
| 净资产收益率 | 5.77% | 5.29% | 9.07% | 8.20% |
| 扣除非经常性损益的净利润为基础计算的净资产收益率 | 5.25% | 5.31% | -1.13% | 8.35% |
| 每股经营活动产生的现金流量净额 | 0.32 | 0.39 | -19.54% | 0.54 |
| | 2003 年末(本年末) | 2002 年末(上年末) | 本年末比上年末增减 | 2001 年末 |
| 每股净资产 | 3.03 | 2.91 | 3.95% | 2.75 |
| 调整后的每股净资产 | 2.94 | 2.89 | 1.73% | 2.74 |

# 000407 山东胜利股份有限公司

## 二〇〇三年年度报告摘选

### 1.上市公司基本情况简介

1.1 基本情况简介

股票简称:胜利股份 股票代码:000407 上市交易所:深圳证券交易所

注册地址和办公地址:山东省济南市黑虎泉西路 139 号 邮政编码:250011

公司国际互联网网址:http://www.vicome.com 电子信箱:sd000407@yahoo.com.cn

1.2 联系人和联系方式

董事会秘书:刘志强 联系地址:山东省济南市黑虎泉西路 139 号胜利大厦

电话:0531-6920495 传真:0531-6018518 电子信箱:sd000407@yahoo.com.cn

### 2.会计数据和财务指标摘要

2.1 主要会计数据 单位:(人民币)元

| | 2003 年(本年) | 2002 年(上年) | 本年比上年增减 | 2001 年 |
|---|---|---|---|---|
| 主营业务收入 | 723,408,630.99 | 702,860,446.94 | 2.92% | 825,239,115.18 |
| 利润总额 | 44,135,977.55 | 30,204,221.90 | 46.13% | 35,056,670.38 |
| 净利润 | 29,096,814.87 | 18,369,304.54 | 58.40% | 34,611,688.43 |
| 扣除非经常性损益的净利润 | 18,040,477.68 | 18,573,230.79 | -2.87% | 35,020,366.36 |
| | 2003 年末(本年末) | 2002 年末(上年末) | 本年末比上年末增减 | 2001 年末 |
| 总资产 | 1,118,555,583.99 | 1,140,257,173.56 | -1.90% | 1,101,770,263.24 |
| 股东权益(不含少数股东权益) | 554,926,373.80 | 525,705,209.81 | 5.56% | 537,415,627.53 |
| 经营活动产生的现金流量净额 | 11,643,217.33 | 82,951,405.16 | -85.96% | 75,677,359.91 |

2.2 主要财务指标 单位:(人民币)元

| | 2003 年(本年) | 2002 年(上年) | 本年比上年增减 | 2001 年 |
|---|---|---|---|---|
| 每股收益 | 0.12 | 0.08 | 58.28% | 0.14 |
| 净资产收益率 | 5.24% | 3.49% | 50.14% | 6.44% |
| 扣除非经常性损益的净利润为基础计算的净资产收益率 | 3.25% | 3.53% | -7.93% | 6.52% |
| 每股经营活动产生的现金流量净额 | 0.05 | 0.35 | -85.96% | 0.32 |
| | 2003 年末(本年末) | 2002 年末(上年末) | 本年末比上年末增减 | 2001 年末 |
| 每股净资产 | 2.32 | 2.19 | 5.56% | 2.24 |
| 调整后的每股净资产 | 2.25 | 2.10 | 7.14% | 2.16 |

# 000544 白鸽(集团)股份有限公司

## 二〇〇三年年度报告摘选

### 1.上市公司基本情况简介

1.1 基本情况简介

股票简称:ST 白鸽 股票代码:000544 上市交易所:深圳证券交易所

注册地址和办公地址:河南省郑州市华山路 78 号 邮政编码:450007

公司国际互联网网址:http://www.wdg.con.cn/ 电子信箱:wdg@wdg.com.cn

1.2 联系人和联系方式

董事会秘书:张建华 联系地址:河南省郑州市华山路 78 号

电话:(371)7196011 传真:(371)7611770 电子信箱:zjh@wdg.com.cn

证券事务代表:马学锋 联系地址:河南省郑州市华山路 78 号

电话:(371)7198530 传真:(371)7611770 电子信箱:maxf@wdg.com.cn

### 2.会计数据和财务指标摘要

2.1 主要会计数据 单位:(人民币)元

| | 2003 年(本年) | 2002 年(上年) | 本年比上年增减(%) | 2001 年 |
|---|---|---|---|---|
| 主营业务收入 | 527,856,425.64 | 507,783,325.35 | 3.95 | 513,335,555.44 |
| 利润总额 | 41,851,072.86 | -60,268,721.53 | -- | -96,250,746.37 |
| 净利润 | 39,640,003.26 | -60,080,666.22 | -- | -97,744,414.42 |
| 扣除非经常性损益的净利润 | 2,566,940.17 | -54,649,587.49 | -- | -97,563,631.83 |
| | 2003 年末(本年末) | 2002 年末(上年末) | 本年末比上年末增减(%) | 2001 年末 |
| 总资产 | 932,982,663.88 | 1,110,106,913.53 | -15.96 | 1,186,424,894.02 |
| 股东权益(不含少数股东权益) | 296,433,406.32 | 5,199,128.18 | 5601.60 | 48,394,944.03 |
| 经营活动产生的现金流量净额 | 17,380,736.31 | -12,873,876.73 | …… | 95,210,183.11 |

2.2 主要财务指标 单位:(人民币)元

| | 2003 年(本年) | 2002 年(上年) | 本年比上年增减(%) | 2001 年 |
|---|---|---|---|---|
| 每股收益 | 0.15 | -0.22 | -- | -0.35 |
| 每股收益(如果股本变化,按新股本计算) | 0.15 | -- | -- | -- |
| 净资产收益率(%) | 13.36 | -1,155.59 | -- | -169.64 |
| 扣除非经常性损益的净利润为基础计算的净资产收益率(%) | 0.87 | -1,260.05 | -- | -201.60 |
| 每股经营活动产生的现金流量净额 | 0.07 | -0.05 | -- | 0.35 |
| | 2003 年末(本年末) | 2002 年末(上年末) | 本年末比上年末增减(%) | 2001 年末 |
| 每股净资产 | 1.10 | 0.02 | 5400.00 | 0.18 |
| 调整后的每股净资产 | 1.09 | -0.13 | -- | 0.09 |

## 000591 重庆桐君阁股份有限公司

### 二〇〇三年年度报告摘选

#### 1.上市公司基本情况简介

1.1 基本情况简介

股票简称:桐君阁　股票代码:000591　上市交易所:深圳证券交易所

注册地址和办公地址:重庆市渝中区解放西路1号　邮政编码:400012

公司国际互联网网址:http://www.tjgcq.com　电子信箱:cqtjgco@cta.cq.cn

1.2 联系人和联系方式

董事会秘书:梁艳　联系地址:重庆市渝中区解放西路1号望江公寓5楼

电话:(023)89885208　传真:(023)89885201　电子信箱:ytyzfox@taiji.com

#### 2.会计数据和财务指标摘要

2.1 主要会计数据　单位:(人民币)元

| | 2003年(本年) | 2002年(上年) | 本年比上年增减(%) | 2001年 |
|---|---|---|---|---|
| 主营业务收入 | 2,200,136,878.32 | 1,564,227,152.17 | 40.65 | 876,182,822.87 |
| 利润总额 | 19,401,567.77 | 26,104,735.84 | -25.68 | 35,918,582.43 |
| 净利润 | 12,018,428.02 | 20,562,854.37 | -41.55 | 30,774,396.11 |
| 扣除非经常性损益的净利润 | 4,547,643.13 | 19,269,280.63 | -76.40 | 30,568,039.80 |
| | 2003年末(本年末) | 2002年末(上年末) | 本年末比上年末增减(%) | 2001年末 |
| 总资产 | 1,626,273,764.34 | 1,301,778,522.60 | 24.93 | 699,753,711.89 |
| 股东权益(不含少数股东权益) | 300,051,302.04 | 288,032,874.02 | 4.17 | 267,400,019.65 |
| 经营活动产生的现金流量净额 | 119,975,991.40 | 34,996,771.98 | 242.82 | 31,081,557.76 |

2.2 主要财务指标　单位:(人民币)元

| | 2003年(本年) | 2002年(上年) | 本年比上年增减(%) | 2001年 |
|---|---|---|---|---|
| 每股收益 | 0.11 | 0.19 | -41.71 | 0.31 |
| 每股收益(如果股本变化,按新股本计算) | 0.11 | -- | -- | -- |
| 净资产收益率(%) | 4.01 | 7.14 | -43.84 | 11.51 |
| 扣除非经常性损益的净利润为基础计算的净资产收益率(%) | 1.52 | 6.99 | -78.25 | 11.35 |
| 每股经营活动产生的现金流量净额 | 1.09 | 0.32 | 242.81 | 0.31 |
| | 2003年末(本年末) | 2002年末(上年末) | 本年末比上年末增减(%) | 2001年末 |
| 每股净资产 | 2.73 | 2.62 | 4.17 | 2.68 |
| 调整后的每股净资产 | 2.68 | 2.58 | 3.69 | 2.47 |

## 000609 北京燕化高新技术股份有限公司

### 二〇〇三年年度报告摘选

#### 1.上市公司基本情况简介

1.1 基本情况简介

股票简称:燕化高新　股票代码:000609　上市交易所:深圳证券交易所

注册地址和办公地址:北京市丰台区科学城海鹰路3号　邮政编码:100071

公司国际互联网网址:http://www.bjyhgx.com.cn　电子信箱:yhgxbgs@sohu.com

1.2 联系人和联系方式

董事会秘书:沈文辉　联系地址:北京市房山区燕山迎风二里八号

电话:69347433　传真:69345895　电子信箱:北京市房山区燕山迎风二里八号

证券事务代表:宋莹　联系地址:北京市房山区燕山迎风二里八号

电话:69346820　传真:69345895　电子信箱:北京市房山区燕山迎风二里八号

#### 2.会计数据和财务指标摘要

2.1 主要会计数据　单位:(人民币)元

| | 2003年(本年) | 2002年(上年) | 本年比上年增减 | 2001年 |
|---|---|---|---|---|
| 主营业务收入 | 184,437,815.79 | 160,498,319.56 | 14.92% | 227,774,009.66 |
| 利润总额 | 31,036,635.79 | 30,074,009.75 | 3.20% | 27,112,651.45 |
| 净利润 | 26,176,110.26 | 24,827,905.69 | 5.43% | 22,610,524.30 |
| 扣除非经常性损益的净利润 | 25,950,207.64 | 27,694,700.45 | -6.30% | 23,949,869.80 |
| | 2003年末(本年末) | 2002年末(上年末) | 本年末比上年末增减 | 2001年末 |
| 总资产 | 485,892,018.02 | 439,713,395.21 | 10.50% | 420,806,411.77 |
| 股东权益(不含少数股东权益) | 428,647,636.48 | 402,146,718.48 | 6.59% | 380,565,784.26 |
| 经营活动产生的现金流量净额 | 62,038,116.50 | 77,952,475.52 | -20.42% | 154,335.53 |

2.2 主要财务指标　单位:(人民币)元

| | 2003年(本年) | 2002年(上年) | 本年比上年增减 | 2001年 |
|---|---|---|---|---|
| 每股收益 | 0.20 | 0.19 | 5.21% | 0.17 |
| 每股收益(如果股本变化,按新股本计算) | 0.20 | -- | -- | -- |
| 净资产收益率 | 6.11% | 6.17% | -0.97% | 5.94% |
| 扣除非经常性损益的净利润为基础计算的净资产收益率 | 6.05% | 6.82% | -11.29% | 6.21% |
| 每股经营活动产生的现金流量净额 | 0.48 | 0.60 | -20.30% | 0.01 |
| | 2003年末(本年末) | 2002年末(上年末) | 本年末比上年末增减 | 2001年末 |
| 每股净资产 | 3.31 | 3.10 | 6.57% | 2.97 |
| 调整后的每股净资产 | 3.22 | 2.97 | 8.42% | 2.94 |

## 000672 白银铜城商厦(集团)股份有限公司

### 二〇〇三年年度报告摘选

#### 1.上市公司基本情况简介

1.1 基本情况简介

股票简称:铜城集团　股票代码:000672　上市交易所:深圳证券交易所

注册地址和办公地址:白银市白银区五一街8号　邮政编码:730900

公司国际互联网网址:http://www.cninfo.com.cn　电子信箱:jiangqi1415@sina.com

1.2 联系人和联系方式

董事会秘书:张世田　联系地址:白银市白银区五一街8号

电话:0943-8223409　传真:0943-8227879　电子信箱:zhangst1682@sohu.com

证券事务代表:李宾　联系地址:白银市白银区五一街8号

电话:0943-8223409　传真:0943-8227879　电子信箱:libin6656@sina.com

#### 2.会计数据和财务指标摘要

2.1 主要会计数据　单位:(人民币)元

| | 2003年(本年) | 2002年(上年) | 本年比上年增减(%) | 2001年 |
|---|---|---|---|---|
| 主营业务收入 | 13,432,840.47 | 34,693,963.96 | -61.28 | 123,373,655.14 |
| 利润总额 | 6,605,121.11 | -54,558,386.02 | -112.10 | 18,685,137.70 |
| 净利润 | 1,650,269.37 | -52,032,571.08 | -103.17 | 8,344,154.95 |
| 扣除非经常性损益的净利润 | -24,619,867.49 | -50,911,518.09 | -51.64 | 8,380,169.51 |
| | 2003年末(本年末) | 2002年末(上年末) | 本年末比上年末增减(%) | 2001年末 |
| 总资产 | 409,202,101.34 | 397,335,178.34 | 2.99 | 777,657,270.51 |
| 股东权益(不含少数股东权益) | 222,072,047.97 | 218,102,605.74 | 1.82 | 257,176,762.37 |
| 经营活动产生的现金流量净额 | 672,518.19 | -22,293,103.55 | -203.01 | -34,207,560.41 |

2.2 主要财务指标　单位:(人民币)元

| | 2003年(本年) | 2002年(上年) | 本年比上年增减(%) | 2001年 |
|---|---|---|---|---|
| 每股收益 | 0.0109 | -0.3424 | -103.18 | 0.0770 |
| 每股收益(如果股本变化,按新股本计算) | 0.0109 | -0.3424 | -103.18 | 0.0770 |
| 净资产收益率(%) | 0.74 | -23.86 | -103.10 | 3.24 |
| 扣除非经常性损益的净利润为基础计算的净资产收益率(%) | -11.09 | -23.34 | -52.48 | 3.26 |
| 每股经营活动产生的现金流量净额 | 0.044 | -0.1467 | -102.99 | 0.3200 |
| | 2003年末(本年末) | 2002年末(上年末) | 本年末比上年末增减(%) | 2001年末 |
| 每股净资产 | 1.4613 | 1.4350 | 1.83 | 2.3700 |
| 调整后的每股净资产 | 1.3953 | 1.2000 | 16.27 | 2.1400 |

## 000697 咸阳偏转股份有限公司

### 二〇〇三年年度报告摘选

#### 1.上市公司基本情况简介

1.1 基本情况简介

股票简称:咸阳偏转　股票代码:000697　上市交易所:深圳证券交易所

注册地址和办公地址:陕西省咸阳市渭阳西路70号　邮政编码:712021

公司国际互联网网址:http://www.pianzhuan.net.cn　电子信箱:gzk@pianzhuan.com.cn

1.2 联系人和联系方式

董事会秘书:赵卫军　联系地址:陕西省咸阳市渭阳西路70号

电话:0910-3628567　传真:0910-3628885　电子信箱:wjzhao@pianzhuan.com.cn

证券事务代表:赵兵　联系地址:陕西省咸阳市渭阳西路70号

电话:0910-3628567　传真:0910-3628885　电子信箱:gzk@pianzhuan.com.cn

#### 2.会计数据和财务指标摘要

2.1 主要会计数据　单位:(人民币)元

| | 2003年(本年) | 2002年(上年) | 本年比上年增减 | 2001年 |
|---|---|---|---|---|
| 主营业务收入 | 680,039,766.92 | 521,679,543.29 | 30.36% | 475,910,714.19 |
| 利润总额 | -12,785,925.94 | 8,557,057.00 | -249.42% | 6,189,726.79 |
| 净利润 | 8,692,059.53 | 9,059,039.14 | -4.05% | 8,263,503.50 |
| 扣除非经常性损益的净利润 | 6,347,363.52 | 9,661,555.32 | -34.30% | 7,966,792.99 |
| | 2003年末(本年末) | 2002年末(上年末) | 本年末比上年末增减 | 2001年末 |
| 总资产 | 1,309,302,442.44 | 1,150,247,828.89 | 13.83% | 1,052,196,014.14 |
| 股东权益(不含少数股东权益) | 734,640,824.91 | 753,813,581.70 | -2.54% | 741,330,457.76 |
| 经营活动产生的现金流量净额 | 140,066,843.79 | 162,868,844.83 | -14.00% | 91,812,962.35 |

2.2 主要财务指标　单位:(人民币)元

| | 2003年(本年) | 2002年(上年) | 本年比上年增减 | 2001年 |
|---|---|---|---|---|
| 每股收益 | 0.04 | 0.04 | -4.08% | 0.04 |
| 每股收益(如果股本变化,按新股本计算) | 0.04 | -- | -- | -- |
| 净资产收益率 | 1.18% | 1.20% | -1.67% | 1.11% |
| 扣除非经常性损益的净利润为基础计算的净资产收益率 | 0.86% | 0.91% | -5.49% | 1.07% |
| 每股经营活动产生的现金流量净额 | 0.64 | 0.75 | -14.02% | 0.42 |
| | 2003年末(本年末) | 2002年末(上年末) | 本年末比上年末增减 | 2001年末 |
| 每股净资产 | 3.38 | 3.47 | -2.54% | 3.41 |
| 调整后的每股净资产 | 3.32 | 3.33 | -0.24% | 3.39 |

## 000733 中国振华(集团)科技股份有限公司

### 二〇〇三年年度报告摘选

#### 1.上市公司基本情况简介

1.1 基本情况简介

股票简称:振华科技 股票代码:000733 上市交易所:深圳证券交易所

注册地址和办公地址:贵州省贵阳国家高新技术产业开发区新天大道 150 号

邮政编码:550018 公司国际互联网网址:www.czelec.com.cn

电子信箱:zhkj9@mail.guz.cei.gov.cn

1.2 联系人和联系方式

董事会秘书:邱三桃 联系地址:贵州省贵阳国家高新技术产业开发区新天大道 150 号

电话:(0851)6301078、6302675;(0755)83266016 传真:(0851)6302674

电子信箱:zhkj9@mail.guz.cei.gov.cn

证券事务代表:齐靖、周唯

联系地址:贵州省贵阳国家高新技术产业开发区新天大道 150 号

电话:(0851)6301078、6302675;(0755)83266016 传真:(0851)6302674

电子信箱:zhkj9@mail.guz.cei.gov.cn

#### 2.会计数据和财务指标摘要

2.1 主要会计数据 单位:(人民币)元

| | 2003 年(本年) | 2002 年(上年) | 本年比上年增减(%) | 2001 年 |
|---|---|---|---|---|
| 主营业务收入 | 913,446,777.07 | 706,386,389.55 | 29.31 | 624,898,060.40 |
| 利润总额 | 36,333,321.14 | 42,605,458.30 | -14.72 | 89,854,636.09 |
| 净利润 | 32,096,537.52 | 37,733,468.93 | -14.94 | 66,152,209.65 |
| 扣除非经常性损益的净利润 | 23,777,254.09 | 35,303,268.93 | -32.65 | 68,231,250.00 |
| | 2003 年末(本年末) | 2002 年末(上年末) | 本年末比上年末增减(%) | 2001 年末 |
| 总资产 | 2,462,133,027.99 | 2,366,161,642.45 | 4.06 | 2,435,944,954.33 |
| 股东权益(不含少数股东权益) | 1,822,045,532.39 | 1,788,888,241.87 | 1.85 | 1,795,911,063.62 |
| 经营活动产生的现金流量净额 | 97,003,423.98 | 88,863,051.88 | 9.16 | 73,584,623.90 |

2.2 主要财务指标 单位:(人民币)元

| | 2003 年(本年) | 2002 年(上年) | 本年比上年增减(%) | 2001 年 |
|---|---|---|---|---|
| 每股收益 | 0.09 | 0.11 | -14.29 | 0.19 |
| 每股收益(如果股本变化,按新股本计算) | 0.09 | -- | -- | -- |
| 净资产收益率(%) | 1.76 | 2.11 | -16.59 | 3.76 |
| 扣除非经常性损益的净利润为基础计算的净资产收益率(%) | 1.32 | 1.98 | -33.33 | 3.22 |
| 每股经营活动产生的现金流量净额 | 0.27 | 0.25 | 8.87 | 0.21 |
| | 2003 年末(本年末) | 2002 年末(上年末) | 本年末比上年末增减(%) | 2001 年末 |
| 每股净资产 | 5.09 | 5.00 | 1.86 | 4.92 |
| 调整后的每股净资产 | 5.05 | 4.89 | 3.27 | 4.88 |

## 000753 福建闽南(漳州)经济发展股份有限公司

### 二〇〇三年年度报告摘选

#### 1.上市公司基本情况简介

1.1 基本情况简介

股票简称:漳州发展 股票代码:000753 上市交易所:深圳证券交易所

注册地址和办公地址:福建省漳州市胜利东路漳州发展广场 21 楼 邮政编码:363000

公司国际互联网网址:www.zzdc.com.cn 电子信箱:zzdc@zzdc.com.cn

1.2 联系人和联系方式

董事会秘书:陈国忠 联系地址:福建省漳州市胜利东路漳州发展广场 21 楼

电话:0596-2671753 传真:0596-2671876 电子信箱:stock@zzdc.com.cn

证券事务代表:李勤 联系地址:福建省漳州市胜利东路漳州发展广场 21 楼

电话:0596-2671753 传真:0596-2671876 电子信箱:stock@zzdc.com.cn

#### 2.会计数据和财务指标摘要

2.1 主要会计数据 单位:(人民币)元

| | 2003 年(本年) | 2002 年(上年) | 本年比上年增减 | 2001 年 |
|---|---|---|---|---|
| 主营业务收入 | 143,485,315.76 | 214,435,625.19 | -33.09% | 119,046,997.53 |
| 利润总额 | 78,436,916.74 | 93,484,576.48 | -16.10% | 57,462,959.77 |
| 净利润 | 55,789,528.70 | 61,232,201.30 | -8.89% | 51,932,969.09 |
| 扣除非经常性损益的净利润 | 25,631,966.73 | 84,067,291.00 | -69.51% | 53,799,652.43 |
| | 2003 年末(本年末) | 2002 年末(上年末) | 本年末比上年末增减 | 2001 年末 |
| 总资产 | 1,446,326,343.80 | 1,257,863,646.96 | 14.98% | 1,221,418,100.76 |
| 股东权益(不含少数股东权益) | 927,551,106.55 | 871,747,847.25 | 6.40% | 818,656,854.27 |
| 经营活动产生的现金流量净额 | 117,507,000.47 | 194,615,360.60 | -39.62% | -78,635,327.97 |

2.2 主要财务指标 单位:(人民币)元

| | 2003 年(本年) | 2002 年(上年) | 本年比上年增减 | 2001 年 |
|---|---|---|---|---|
| 每股收益 | 0.15 | 0.17 | -8.90% | 0.23 |
| 每股收益(如果股本变化,按新股本计算) | 0.15 | -- | -- | -- |
| 净资产收益率 | 6.01% | 7.02% | -14.39% | 6.34% |
| 扣除非经常性损益的净利润为基础计算的净资产收益率 | 2.85% | 9.64% | -70.44% | 6.57% |
| 每股经营活动产生的现金流量净额 | 0.33 | 0.54 | -39.63% | -0.35 |
| | 2003 年末(本年末) | 2002 年末(上年末) | 本年末比上年末增减 | 2001 年末 |
| 每股净资产 | 2.57 | 2.42 | 6.40% | 3.63 |
| 调整后的每股净资产 | 2.56 | 2.41 | 6.39% | 3.63 |

## 000777 中核苏阀科技实业股份有限公司

### 二〇〇三年年度报告摘选

#### 1.上市公司基本情况简介

1.1 基本情况简介

股票简称:中核科技 股票代码:000777 上市交易所:深圳证券交易所

注册地址和办公地址:苏州市新区珠江路 501 号 办公地址:苏州市人民路 679 号

邮政编码:215001 公司国际互联网网址:http://www.chinasufa.com

电子信箱:zhsf@public1.sz.js.cn

1.2 联系人和联系方式

董事会秘书:沈澄

联系地址:江苏省苏州市人民路 679 号中核苏阀科技实业股份有限公司董事会秘书室

电话:0512-67533655-2577 传真:0512-67533655-2577 电子信箱:zhsf@public1.sz.js.cn

#### 2.会计数据和财务指标摘要

2.1 主要会计数据 单位:(人民币)元

| | 2003 年(本年) | 2002 年(上年) | 本年比上年增减 | 2001 年 |
|---|---|---|---|---|
| 主营业务收入 | 244,276,361.76 | 228,125,974.81 | 7.08% | 254,980,374.49 |
| 利润总额 | 2,818,180.37 | -7,272,759.65 | -- | 12,943,487.27 |
| 净利润 | 2,241,228.51 | -7,350,628.93 | -- | 10,186,115.13 |
| 扣除非经常性损益的净利润 | 952,819.06 | -10,684,344.73 | -- | 6,822,585.16 |
| | 2003 年末(本年末) | 2002 年末(上年末) | 本年末比上年末增减 | 2001 年末 |
| 总资产 | 441,253,323.19 | 452,980,157.93 | -2.59% | 460,871,141.58 |
| 股东权益(不含少数股东权益) | 269,268,096.54 | 280,466,868.03 | -3.99% | 287,817,496.96 |
| 经营活动产生的现金流量净额 | 13,380,863.96 | 4,326,939.03 | 209.25% | -25,850,101.46 |

2.2 主要财务指标 单位:(人民币)元

| | 2003 年(本年) | 2002 年(上年) | 本年比上年增减 | 2001 年 |
|---|---|---|---|---|
| 每股收益 | 0.01 | -0.04 | -- | 0.06 |
| 每股收益(如果股本变化,按新股本计算) | 0.01 | -- | -- | -- |
| 净资产收益率 | 0.83% | -2.62% | -- | 3.54% |
| 扣除非经常性损益的净利润为基础计算的净资产收益率 | 0.35% | -3.81% | -- | 2.31% |
| 每股经营活动产生的现金流量净额 | 0.08 | 0.03 | 207.69% | -0.15 |
| | 2003 年末(本年末) | 2002 年末(上年末) | 本年末比上年末增减 | 2001 年末 |
| 每股净资产 | 1.60 | 1.67 | -3.95% | 1.71 |
| 调整后的每股净资产 | 1.53 | 1.60 | -4.56% | 1.65 |

## 000790 成都华神集团股份有限公司

### 二〇〇三年年度报告摘选

#### 1.上市公司基本情况简介

1.1 基本情况简介

股票简称:华神集团 股票代码:000790 上市交易所:深圳证券交易所

注册地址和办公地址:四川省成都市十二桥路 37 号新 1 号华神科技大厦 A 座 6 楼

邮政编码:610075

公司国际互联网网址:www.hoist.com.cn 电子信箱:info@hoist.com.cn

1.2 联系人和联系方式

董事会秘书:魏依国 联系地址:四川省成都市十二桥路 37 号新 1 号华神科技大厦 A 座 6 楼

电话:028-87751070 传真:028-87778104 电子信箱:info@hoist.com.cn

证券事务代表:樊奕 联系地址:四川省成都市十二桥路 37 号新 1 号华神科技大厦 A 座 6 楼

电话:028-87739541 传真:028-87778104

#### 2.会计数据和财务指标摘要

2.1 主要会计数据 单位:(人民币)元

| | 2003 年(本年) | 2002 年(上年) | 本年比上年增减 | 2001 年 |
|---|---|---|---|---|
| 主营业务收入 | 167,443,607.38 | 188,098,245.61 | -10.98% | 222,967,658.36 |
| 利润总额 | 12,994,287.59 | 22,032,751.15 | -41.02% | 23,766,496.35 |
| 净利润 | 9,808,204.60 | 18,555,957.58 | -47.14% | 22,351,385.21 |
| 扣除非经常性损益的净利润 | 9,393,441.10 | 17,898,616.92 | -47.52% | 22,572,139.76 |
| | 2003 年末(本年末) | 2002 年末(上年末) | 本年末比上年末增减 | 2001 年末 |
| 总资产 | 597,343,146.50 | 573,430,692.50 | 4.17% | 570,477,458.49 |
| 股东权益(不含少数股东权益) | 401,740,525.96 | 391,932,321.36 | 2.50% | 392,564,805.12 |
| 经营活动产生的现金流量净额 | 36,230,449.57 | 8,428,886.00 | 329.84% | 24,271,678.14 |

2.2 主要财务指标 单位:(人民币)元

| | 2003 年(本年) | 2002 年(上年) | 本年比上年增减 | 2001 年 |
|---|---|---|---|---|
| 每股收益 | 0.08 | 0.15 | -47.17% | 0.19 |
| 每股收益(如果股本变化,按新股本计算) | 0.08 | -- | -- | -- |
| 净资产收益率 | 2.44% | 4.73% | -48.41% | 5.69% |
| 扣除非经常性损益的净利润为基础计算的净资产收益率 | 2.33% | 4.57% | -49.02% | 5.75% |
| 每股经营活动产生的现金流量净额 | 0.28 | 0.07 | 329.59% | 0.19 |
| | 2003 年末(本年末) | 2002 年末(上年末) | 本年末比上年末增减 | 2001 年末 |
| 每股净资产 | 3.14 | 3.06 | 2.50% | 3.07 |
| 调整后的每股净资产 | 3.11 | 3.04 | 2.29% | 3.06 |

## 000923 河北宣化工程机械股份有限公司

### 二〇〇三年年度报告摘选

#### 1.上市公司基本情况简介

1.1 基本情况简介

股票简称:河北宣工 股票代码:000923 上市交易所:深圳证券交易所

注册地址和办公地址:河北省张家口市宣化区东升路 21 号 邮政编码:075105

公司国际互联网网址:www.hbxg.com 电子信箱:webmaster@hbxg.com

1.2 联系人和联系方式

董事会秘书:庞廷闽 联系地址:河北省张家口市宣化区东升路 21 号

电话:0313－3012255－2248 传真:0313－3013941 电子信箱:hbxg2@hbxg.com

#### 2.会计数据和财务指标摘要

2.1 主要会计数据 单位:(人民币)元

| | 2003 年(本年) | 2002 年(上年) | 本年比上年增减 | 2001 年 |
|---|---|---|---|---|
| 主营业务收入 | 621,323,127.62 | 407,805,989.38 | 52.36% | 370,097,964.95 |
| 利润总额 | 11,185,574.04 | 10,146,039.03 | 10.25% | 17,346,953.92 |
| 净利润 | 4,147,650.98 | 6,476,091.26 | －35.95% | 14,599,803.37 |
| 扣除非经常性损益的净利润 | 4,647,206.63 | 6,531,213.34 | －28.85% | 11,759,001.01 |
| | 2003 年末(本年末) | 2002 年末(上年末) | 本年末比上年末增减 | 2001 年末 |
| 总资产 | 811,326,083.04 | 809,797,755.40 | 0.19% | 705,264,619.12 |
| 股东权益(不含少数股东权益) | 417,437,191.81 | 412,847,438.76 | 1.11% | 405,783,329.14 |
| 经营活动产生的现金流量净额 | 7,091,803.34 | －57,268,377.63 | －－ | 49,138,813.39 |

2.2 主要财务指标 单位:(人民币)元

| | 2003 年(本年) | 2002 年(上年) | 本年比上年增减 | 2001 年 |
|---|---|---|---|---|
| 每股收益 | 0.03 | 0.04 | －35.97% | 0.09 |
| 每股收益(如果股本变化,按新股本计算) | 0.03 | －－ | －－ | －－ |
| 净资产收益率 | 0.99% | 1.57% | －36.94% | 3.60% |
| 扣除非经常性损益的净利润为基础计算的净资产收益率 | 1.11% | 1.58% | －29.75% | 2.90% |
| 每股经营活动产生的现金流量净额 | 0.04 | －0.35 | －－ | 0.30 |
| | 2003 年末(本年末) | 2002 年末(上年末) | 本年末比上年末增减 | 2001 年末 |
| 每股净资产 | 2.53 | 2.50 | 1.11% | 2.46 |
| 调整后的每股净资产 | 2.50 | 2.49 | 0.60% | 2.44 |

## 000963 华东医药股份有限公司

### 二〇〇三年年度报告摘选

#### 1.上市公司基本情况简介

1.1 基本情况简介

股票简称:华东医药 股票代码:000963 上市交易所:深圳证券交易所

注册地址和办公地址:杭州市中山北路 439 号,杭州市莫干山路 866 号 邮政编码:310011

公司国际互联网网址:http://www.eastchinapharm.com 电子信箱:stock@eastchinapharm.com

1.2 联系人和联系方式

董事会秘书:鲍建平 联系地址:杭州市莫干山路 866 号

电话:0571－88172165 传真:0571－88172165 电子信箱:stock@eastchinapharm.com

证券事务代表:宋丽娟 联系地址:杭州市莫干山路 866 号

电话:0571－88172165 传真:0571－88172165 电子信箱:stock@eastchinapharm.com

#### 2.会计数据和财务指标摘要

2.1 主要会计数据 单位:(人民币)元

| | 2003 年(本年) | 2002 年(上年) | 本年比上年增减 | 2001 年 |
|---|---|---|---|---|
| 主营业务收入 | 2,325,710,915.63 | 2,065,697,461.56 | 12.59% | 1,886,418,371.57 |
| 利润总额 | 73,728,895.83 | 79,595,703.31 | －7.37% | 94,567,313.08 |
| 净利润 | 30,579,058.12 | 46,529,476.52 | 34.28% | 50,407,842.18 |
| 扣除非经常性损益的净利润 | 27,814,118.22 | 48,486,724.26 | －42.64% | 47,658,809.79 |
| | 2003 年末(本年末) | 2002 年末(上年末) | 本年末比上年末增减 | 2001 年末 |
| 总资产 | 1,434,987,563.44 | 1,370,947,228.60 | 4.67% | 1,241,192,823.14 |
| 股东权益(不含少数股东权益) | 577,200,130.23 | 573,943,301.07 | 0.57% | 526,503,106.80 |
| 经营活动产生的现金流量净额 | 90,535,275.64 | 23,943,727.94 | 278.12% | 109,668,970.88 |

2.2 主要财务指标 单位:(人民币)元

| | 2003 年(本年) | 2002 年(上年) | 本年比上年增减 | 2001 年 |
|---|---|---|---|---|
| 每股收益 | 0.08 | 0.12 | －34.43% | 0.27 |
| 每股收益(如果股本变化,按新股本计算) | 0.08 | －－ | －－ | －－ |
| 净资产收益率 | 5.30% | 8.11% | －34.65% | 9.57% |
| 扣除非经常性损益的净利润为基础计算的净资产收益率 | 4.82% | 8.45% | －42.96% | 9.05% |
| 每股经营活动产生的现金流量净额 | 0.24 | 0.06 | 278.25% | 0.58 |
| | 2003 年末(本年末) | 2002 年末(上年末) | 本年末比上年末增减 | 2001 年末 |
| 每股净资产 | 1.52 | 1.51 | 0.60% | 2.77 |
| 调整后的每股净资产 | 1.48 | 1.46 | 1.65% | 2.66 |

## 000987 广州友谊商店股份有限公司

### 二〇〇三年年度报告摘选

#### 1.上市公司基本情况简介

1.1 基本情况简介

股票简称:广州友谊 股票代码:000987 上市交易所:深圳证券交易所

注册地址和办公地址:广州市环市东路 369 号 邮政编码:510095

公司国际互联网网址:http://www.cgzfs.com 电子信箱:gzfs@cgzfs.com

1.2 联系人和联系方式

董事会秘书:邓美薇女士

联系地址:广州市环市东路 369 号广州友谊商店股份有限公司办公室

电话:020－83577980、83483216 传真:020－83572228 电子信箱:meimy.d@cgzfs.com

#### 2.会计数据和财务指标摘要

2.1 主要会计数据 单位:元

| | 2003 年(本年) | 2002 年(上年) | 本年比上年增减(%) | 2001 年 |
|---|---|---|---|---|
| 主营业务收入 | 1,006,051,725.29 | 904,450,521.66 | 11.23 | 979,522,348.20 |
| 利润总额 | 63,155,134.99 | 52,120,339.26 | 21.17 | 54,889,843.98 |
| 净利润 | 41,067,001.65 | 40,330,606.30 | 1.83 | 38,355,729.40 |
| 扣除非经常性损益的净利润 | 38,196,472.63 | 36,196,694.19 | 5.52 | 36,529,892.10 |
| | 2003 年末(本年末) | 2002 年末(上年末) | 本年末比上年末增减(%) | 2001 年末 |
| 总资产 | 995,559,564.70 | 810,748,630.39 | 22.80 | 755,609,976.60 |
| 股东权益(不含少数股东权益) | 656,654,035.01 | 639,517,573.91 | 2.68 | 622,598,907.22 |
| 经营活动产生的现金流量净额 | 150,794,956.17 | 104,286,436.78 | 44.60 | 23,819,234.05 |

2.2 主要财务指标 单位:(人民币)元

| | 2003 年(本年) | 2002 年(上年) | 本年比上年增减(%) | 2001 年 |
|---|---|---|---|---|
| 每股收益 | 0.17 | 0.17 | 1.78 | 0.16 |
| 每股收益(如果股本变化,按新股本计算) | 0.17 | －－ | －－ | －－ |
| 净资产收益率(%) | 6.25 | 6.31 | －0.95 | 6.16 |
| 扣除非经常性损益的净利润为基础计算的净资产收益率(%) | 5.82 | 5.66 | 2.83 | 5.87 |
| 每股经营活动产生的现金流量净额 | 0.63 | 0.44 | 44.50 | 0.10 |
| | 2003 年末(本年末) | 2002 年末(上年末) | 本年末比上年末增减(%) | 2001 年末 |
| 每股净资产 | 2.74 | 2.67 | 2.69 | 2.60 |
| 调整后的每股净资产 | 2.63 | 2.65 | －0.75 | 2.57 |

## 600002 中国石化齐鲁股份有限公司

### 二〇〇三年年度报告摘选

#### 1.上市公司基本情况简介

1.1 基本情况简介

股票简称:齐鲁石化 股票代码:600002 上市交易所:上海证券交易所

注册地址和办公地址:山东省淄博高新技术产业开发区 邮政编码:255086

公司国际互联网网址:http://www.qilu.com.cn 电子信箱:qlgfdms@mail.qilu.com.cn

1.2 联系人和联系方式

董事会秘书:李风安 联系地址:山东省淄博高新技术产业开发区

电话:0533－3583728 传真:0533－3583718 电子信箱:lifan@qlsh.net

证券事务代表:鲍伟松 联系地址:山东省淄博高新技术产业开发区

电话:0533－7512530 传真:0533－7512521 电子信箱:baoweisong@163.net

#### 2.会计数据和财务指标摘要

2.1 主要会计数据 单位:万元

| | 2003 年 | 2002 年 | 本年比上年增减(%) | 2001 年 |
|---|---|---|---|---|
| 主营业务收入 | 945,990.03 | 716,948.70 | 31.95 | 749,223.0 |
| 利润总额 | 70,062.30 | 6,636.20 | 955.76 | －3,713.0 |
| 净利润 | 63,043.06 | 4,262.80 | 1,378.91 | －6,028.80 |
| 扣除非经常性损益的净利润 | 76,106.8 | 4,443.40 | 1,784.16 | －4,939.90 |
| | 2003 年末 | 2002 年末 | 本年末比上年末增减(%) | 2001 年末 |
| 总资产 | 721,454 | 66,6176.10 | 8.30 | 733,939.50 |
| 股东权益(不含少数股东权益) | 502,689 | 439,139.20 | 14.47 | 434,741.20 |
| 经营活动产生的现金流量净额 | 108,946.3 | 121,829.3 | －10.57 | |

2.2 主要财务指标 单位:元

| | 2003 年 | 2002 年 | 本年比上年增减(%) | 2001 年 |
|---|---|---|---|---|
| 每股收益 | 0.32 | 0.022 | 1,354.55 | －0.031 |
| 净资产收益率(%) | 12.54 | 0.97 | 1192.78 | －1.39 |
| 扣除非经常性损益的净利润为基础计算的净资产收益率(%) | 15.14 | 1.01 | 1548.51 | － |
| 每股经营活动产生的现金流量净额 | 0.56 | 0.62 | －9.68 | 0.43 |
| | 2003 年末 | 2002 年末 | 本年末比上年末增减(%) | 2001 年末 |
| 每股净资产 | 2.58 | 2.25 | 14.67 | 2.23 |
| 调整后的每股净资产 | 2.58 | 2.21 | 16.74 | 2.18 |

# 600009 上海国际机场股份有限公司

## 二〇〇三年年度报告摘选

### 1.上市公司基本情况简介

1.1 基本情况简介

股票简称:上海机场 股票代码:600009

衍生品种简称:机场转债 衍生品种代码:100009 上市交易所:上海证券交易所

注册地址和办公地址:上海市浦东新区启航路 900 号 邮政编码:201202

公司国际互联网网址:http://www.shairport.com 电子信箱:ir@shaiport.com

1.2 联系人和联系方式

董事会秘书:黄晔

联系地址:上海市浦东新区启航路900号上海国际机场股份有限公司证券投资部

电话:021-68341609 传真:021-68341615 电子信箱:ir@shairport.com

### 2.会计数据和财务指标摘要

2.1 主要会计数据 单位:元

| | 2003 年 | 2002 年 | 本年比上年增减(%) | 2001 年 |
|---|---|---|---|---|
| 主营业务收入 | 1,777,283,466 | 1,668,015,003 | 6.55 | 1,464,544,488 |
| 利润总额 | 764,661,447 | 715,186,388 | 6.92 | 667,133,773 |
| 净利润 | 643,789,867 | 605,681,032 | 6.29 | 566,761,205 |
| 扣除非经常性损益的净利润 | 540,589,301 | 597,197,925 | -9.48 | 568,363,194 |
| | 2003 年末 | 2002 年末 | 本年末比上年末增减(%) | 2001 年末 |
| 总资产 | 7,089,523.132 | 6,737,001,896 | 5.23 | 6,617,955,483 |
| 股东权益(不含少数股东权益) | 6,144,641,964 | 5,630,564,930 | 9.13 | 5,021,149,355 |
| 经营活动产生的现金流量净额 | 957,408,541 | 1,001,506,860 | -4.40 | 861,622,387 |

2.2 主要财务指标 单位:元

| | 2003 年 | 2002 年 | 本年比上年增减(%) | 2001 年 |
|---|---|---|---|---|
| 每股收益 | 0.347 | 0.429 | -19.11 | 0.401 |
| 净资产收益率(%) | 10.48 | 10.76 | -2.60 | 11.29 |
| 扣除非经常性损益的净利润为基础计算的净资产收益率(%) | 8.80 | 10.61 | -17.06 | 11.32 |
| 每股经营活动产生的现金流量净额 | 0.516 | 0.709 | -27.22 | 0.610 |
| | 2003 年末 | 2002 年末 | 本年末比上年末增减(%) | 2001 年末 |
| 每股净资产 | 3.310 | 3.986 | -16.96 | 3.555 |
| 调整后的每股净资产 | 3.309 | 3.983 | -16.92 | 3.550 |

# 600064 南京新港高科技股份有限公司

## 二〇〇三年年度报告摘选

### 1.上市公司基本情况简介

1.1 基本情况简介

股票简称:南京高科 股票代码:600064 上市交易所:上海证券交易所

注册地址:南京经济技术开发区内

办公地址:南京经济技术开发区新港大道 100 号 7 楼 邮政编码:210038

电子信箱:600064@secure.sse.com.cn

1.2 联系人和联系方式

董事会秘书:何金耿 联系地址:南京经济技术开发区新港大道 100 号 7 楼

电话:025-85800728 传真:025-85800720 电子信箱:tianzi_xie@163.net

证券事务代表:谢建晖 联系地址:南京经济技术开发区新港大道 100 号 7 楼

电话:025-85800728 传真:025-85800720 电子信箱:tianzi_xie@163.net

### 2.会计数据和财务指标摘要

2.1 主要会计数据 单位:元

| | 2003 年 | 2002 年 | 本年比上年增减 | 2001 年 |
|---|---|---|---|---|
| 主营业务收入 | 1,100,670,952.90 | 840,238,825.70 | 31% | 512,912,383.96 |
| 利润总额 | 63,606,866.27 | 79,375,601.72 | -19.87% | 83,798,886.00 |
| 净利润 | 80,126,198.41 | 82,142,356.72 | -2.45% | 70,772,495.44 |
| 扣除非经常性损益的净利润 | 78,081,408.53 | 77,838,672.39 | 0.31% | 74,023,173.48 |
| | 2003 年末 | 2002 年末 | 本年末比上年末增减 | 2001 年末 |
| 总资产 | 3,014,171,313.22 | 2,893,535,186.98 | 4.17% | 2,462,232,556.79 |
| 股东权益(不含少数股东权益) | 1,274,509,635.77 | 1,272,450,412.86 | 0.16% | 1,162,577,412.05 |
| 经营活动产生的现金流量净额 | 304,145,100.71 | -11,697,209.77 | -- | -64,305,120.07 |

2.2 主要财务指标 单位:元

| | 2003 年 | 2002 年 | 本年比上年增减 | 2001 年 |
|---|---|---|---|---|
| 每股收益 | 0.233 | 0.239 | 2.51% | 0.206 |
| 净资产收益率(%) | 6.29 | 6.46 | -2.63% | 6.08 |
| 扣除非经常性损益的净利润为基础计算的净资产收益率(%) | 6.13 | 6.12 | 0.16% | 6.36 |
| 每股经营活动产生的现金流量净额 | 0.884 | -0.034 | -- | -0.187 |
| | 2003 年末 | 2002 年末 | 本年末比上年末增减 | 2001 年末 |
| 每股净资产 | 3.70 | 3.697 | 0.08% | 3.38 |
| 调整后的每股净资产 | 3.68 | 3.596 | 2.34% | 3.356 |

# 600057 夏新电子股份有限公司

## 二〇〇三年年度报告摘选

### 1.上市公司基本情况简介

1.1 基本情况简介

股票简称:夏新电子 股票代码:600057 上市交易所:上海证券交易所

注册地址和办公地址:厦门市体育路 45 号 邮政编码:361012

公司国际互联网网址:www.amoi.com.cn 电子信箱:ludong@amoi.com.cn;liejack@amoi.com.cn

1.2 联系人和联系方式

董事会秘书:吕东 联系地址:厦门市体育路 45 号

电话:0592-5058123-3500 传真:0592-5051631 电子信箱:ludong@amoi.com.cn

证券事务代表:廖杰 联系地址:厦门市体育路 45 号

电话:0592-5058123-3500 传真:0592-5127609 电子信箱:liejack@amoi.com.cn

### 2.会计数据和财务指标摘要

2.1 主要会计数据 单位:万元

| | 2003 年 | 2002 年 | 本年比上年增减(%) | 2001 年 |
|---|---|---|---|---|
| 主营业务收入 | 681,713.89 | 448,669.60 | 51.94 | 98,826.12 |
| 利润总额 | 80,745.80 | 65,421.67 | 23.42 | -7,824.95 |
| 净利润 | 61,424.66 | 56,581.60 | 8.56 | -7,824.95 |
| 扣除非经常性损益的净利润 | 61,536.62 | 57,226.24 | 7.53 | -9,141.67 |
| | 2003 年末 | 2002 年末 | 本年末比上年末增减(%) | 2001 年末 |
| 总资产 | 43,4778.03 | 276,200.15 | 57.41 | 158,436.45 |
| 股东权益(不含少数股东权益) | 146,313.17 | 98,424.24 | 48.66 | 41,207.85 |
| 经营活动产生的现金流量净额 | 50,096.82 | 97,215.95 | -48.47 | 5,842.31 |

2.2 主要财务指标 单位:元

| | 2003 年 | 2002 年 | 本年比上年增减(%) | 2001 年 |
|---|---|---|---|---|
| 每股收益 | 1.43 | 1.58 | -9.49 | -0.22 |
| 净资产收益率 | 41.98% | 57.49% | -26.98 | -18.99% |
| 扣除非经常性损益的净利润为基础计算的净资产收益率 | 42.06% | 58.14% | -27.66% | -22.18% |
| 每股经营活动产生的现金流量净额 | 1.17 | 2.71 | -56.83 | 0.16 |
| | 2003 年末 | 2002 年末 | 本年末比上年末增减(%) | 2001 年末 |
| 每股净资产 | 3.40 | 2.75 | 23.64 | 1.15 |
| 调整后的每股净资产 | 3.39 | 2.70 | 25.56 | 1.05 |

# 600079 武汉人福高科技产业股份有限公司

## 二〇〇三年年度报告摘选

### 1.上市公司基本情况简介

1.1 基本情况简介

股票简称:人福科技 股票代码:600079 上市交易所:上海证券交易所

注册地址和办公地址:武汉市洪山区关山街鲁磨路 369 号 邮政编码:430074

公司国际互联网网址:http://www.humanwell.com.cn 电子信箱:humanwell@humanwell.com.cn

1.2 联系人和联系方式

董事会秘书:余磊 联系地址:武汉市洪山区关山街鲁磨路 369 号

电话:027-87596718-8019,87597232 传真:027-87596393,87597232

电子信箱:yu3stone@msn.com

证券事务代表:王鸣 联系地址:武汉市洪山区关山街鲁磨路 369 号

电话:027-87596718-8019,87597232 传真:027-87596393,87597232

电子信箱:wingflag@vip.sina.com

### 2.会计数据和财务指标摘要

2.1 主要会计数据 单位:元

| | 2003 年 | 2002 年 | 本年比上年增减(%) | 2001 年 |
|---|---|---|---|---|
| 主营业务收入 | 571,816,353.83 | 558,801,672.06 | 2.33 | 266,765,791.91 |
| 利润总额 | 61,224,130.40 | 54,890,112.29 | 11.54 | 51,177,531.38 |
| 净利润 | 30,683,473.53 | 19,261,947.42 | 59.30 | 28,054,901.64 |
| 扣除非经常性损益的净利润 | 30,230,844.06 | 19,748,133.07 | 53.08 | 21,678,071.39 |
| | 2003 年末 | 2002 年末 | 本年末比上年末增减(%) | 2001 年末 |
| 总资产 | 1,686,243,277.31 | 1,426,980,479.28 | 18.17 | 1,120,497,361.91 |
| 股东权益(不含少数股东权益) | 509,959,717.26 | 481,454,108.67 | 5.92 | 307,568,790.52 |
| 经营活动产生的现金流量净额 | 48,313,463.57 | -69,765,554.48 | - | 16,876,533.00 |

2.2 主要财务指标 单位:元

| | 2003 年 | 2002 年 | 本年比上年增减(%) | 2001 年 |
|---|---|---|---|---|
| 每股收益 | 0.15 | 0.14 | 7.14 | 0.22 |
| 净资产收益率 | 6.20% | 4.92% | 26.02 | 9.46% |
| 扣除非经常性损益的净利润为基础计算的净资产收益率 | 6.11% | 5.05% | 20.99 | 7.31% |
| 每股经营活动产生的现金流量净额 | 0.24 | -0.48 | - | 0.134 |
| | 2003 年末 | 2002 年末 | 本年末比上年末增减(%) | 2001 年末 |
| 每股净资产 | 2.51 | 3.31 | -24.17 | 2.44 |
| 调整后的每股净资产 | 2.48 | 3.29 | -24.62 | 2.42 |

# 600080 金花企业(集团)股份有限公司

## 二〇〇三年年度报告摘选

### 1.上市公司基本情况简介

1.1 基本情况简介

股票简称:金花股份 股票代码:600080 上市交易所:上海证券交易所

注册地址:西安市高新技术产业开发区高新3路

办公地址:西安市振兴路一号 邮政编码:710068

公司国际互联网网址:http://www.ginwa.com 电子信箱:ginwa@pub.xaonline.com

1.2 联系人和联系方式

董事会秘书:刘博 联系地址:西安市振兴路一号

电话:029－88404118 传真:029－88404468 电子信箱:ginwa@pub.xaonline.com

证券事务代表:孙明 联系地址:西安市振兴路一号

电话:029－88404106 传真:029－88404468 电子信箱:ginwa@pub.xaonline.com

### 2.会计数据和财务指标摘要

2.1 主要会计数据 单位:元

| | 2003年 | 2002年 | 本年比上年增减(%) | 2001年 |
|---|---|---|---|---|
| 主营业务收入 | 527,743,594.45 | 182,028,279.63 | 189.92 | 156,654,609.49 |
| 利润总额 | 16,699,384.99 | 31,243,345.74 | －46.55 | 53,871,359.67 |
| 净利润 | 14,255,121.80 | 25,490,827.20 | －44.08 | 46,594,430.12 |
| 扣除非经常性损益的净利润 | 15,288,465.75 | 19,734,149.51 | －22.53 | 27,861,808.64 |
| | 2003年末 | 2002年末 | 本年末比上年末增减(%) | 2001年末 |
| 总资产 | 1,464,029,684.78 | 1,333,162,162.06 | 9.82 | 1,295,748,332.60 |
| 股东权益(不含少数股东权益) | 865,531,350.84 | 850,236,574.24 | 1.80 | 823,989,747.04 |
| 经营活动产生的现金流量净额 | 77,715,335.69 | 57,270,281.52 | 35.70 | 80,360,755.48 |

2.2 主要财务指标 单位:元

| | 2003年 | 2002年 | 本年比上年增减(%) | 2001年 |
|---|---|---|---|---|
| 每股收益 | 0.062 | 0.11 | －43.64 | 0.20 |
| 净资产收益率(%) | 1.65 | 3.00 | －45 | 5.65 |
| 扣除非经常性损益的净利润为基础计算的净资产收益率(%) | 1.77 | 2.32 | －23.71 | 3.38 |
| 每股经营活动产生的现金流量净额 | 0.34 | 0.25 | 36 | 0.35 |
| | 2003年末 | 2002年末 | 本年末比上年末增减(%) | 2001年末 |
| 每股净资产 | 3.75 | 3.68 | 1.90 | 3.57 |
| 调整后的每股净资产 | 3.62 | 3.56 | 1.69 | 3.43 |

# 600121 郑州煤电股份有限公司

## 二〇〇三年年度报告摘选

### 1.上市公司基本情况简介

1.1 基本情况简介

股票简称:郑州煤电 股票代码:600121 上市交易所:上海证券交易所

注册地址和办公地址:河南郑州市二七区大学路30号 邮政编码:450052

公司国际互联网网址:http://www.zzce.com.cn 电子信箱:zzce@public.com.cn

1.2 联系人和联系方式

董事会秘书:付胜龙 联系地址:郑州市二七区大学路30号

电话:0371－6591333或13603982629 传真:0371－6950227 电子信箱:fushenglong@371.net

证券事务代表:常征 联系地址:郑州市二七区大学路30号

电话:0371－6591331或13607680555 传真:0371－6982868 电子信箱:zjbb@public2.zz.ha.cn

### 2.会计数据和财务指标摘要

2.1 主要会计数据 单位:元

| | 2003年 | 2002年 | 本年比上年增减(%) | 2001年 |
|---|---|---|---|---|
| 主营业务收入 | 908,012,295.10 | 831,155,435.08 | 9.25 | 627,956,750.51 |
| 利润总额 | 128,633,735.79 | 120,318,093.81 | 6.92 | 89,540,670.88 |
| 净利润 | 85,125,894.02 | 80,293,516.70 | 6.02 | 76,109,570.25 |
| 扣除非经常性损益的净利润 | 83,416,244.85 | 84,062,834.19 | －0.77 | 76,681,151.74 |
| | 2003年末 | 2002年末 | 本年末比上年末增减(%) | 2001年末 |
| 总资产 | 2,515,090,263.91 | 2,183,828,720.04 | 15.17 | 2,041,302,159.36 |
| 股东权益(不含少数股东权益) | 1,388,200,926.98 | 1,303,075,032.96 | 6.54 | 1,222,781,516.27 |
| 经营活动产生的现金流量净额 | 252,867,942.51 | 253,431,593.47 | －0.23 | 151,296,824.37 |

2.2 主要财务指标 单位:元

| | 2003年 | 2002年 | 本年比上年增减(%) | 2001年 |
|---|---|---|---|---|
| 每股收益(摊薄) | 0.11 | 0.10 | 10 | 0.0940 |
| 每股收益(加权) | 0.11 | 0.10 | 10 | 0.0940 |
| 净资产收益率(%) | 6.13 | 6.16 | －0.49 | 6.22 |
| 扣除非经常性损益的净利润为基础计算的净资产收益率(%) | 6.05 | 6.36 | －4.88 | 6.27 |
| 每股经营活动产生的现金流量净额 | 0.312 | 0.313 | －0.32 | 0.187 |
| | 2003年末(本年末) | 2002年末(上年末) | 本年末比上年末增减(%) | 2001年末 |
| 每股净资产 | 1.714 | 1.609 | 6.53 | 1.51 |
| 调整后的每股净资产 | 1.710 | 1.604 | 6.61 | 1.51 |

# 600168 武汉三镇实业控股股份有限公司

## 二〇〇三年年度报告摘选

### 1.上市公司基本情况简介

1.1 基本情况简介

股票简称:武汉控股 股票代码:600168 上市交易所:上海证券交易所

注册地址:武汉经济技术开发区联发大厦

办公地址:武汉市发展大道东方商都5楼 邮政编码:430023

公司国际互联网网址:http://www.whkg.com.cn

电子信箱:whkonggu@public.wh.hb.cn

1.2 联系人和联系方式

董事会秘书:曾牧 联系地址:武汉市发展大道东方商都5楼

电话:027－85600546 传真:027－85877108 电子信箱:whkonggu@public.wh.hb.cn

证券事务代表:李丹 联系地址:武汉市发展大道东方商都5楼

电话:027－85600546 传真:027－85877108 电子信箱:whkonggu@public.wh.hb.cn

### 2.会计数据和财务指标摘要

2.1 主要会计数据 单位:元

| | 2003年 | 2002年 | 本年比上年增减(%) | 2001年 |
|---|---|---|---|---|
| 主营业务收入 | 160,368,101.91 | 214,858,644.95 | －25.36 | 231,474,536.01 |
| 利润总额 | 48,300,439.06 | 111,710,708.58 | －56.76 | 156,424,038.61 |
| 净利润 | 30,073,304.38 | 78,407,542.98 | －61.64 | 132,746,876.53 |
| 扣除非经常性损益的净利润 | 33,685,096.37 | 75,675,740.24 | －55.49 | 120,233,574.26 |
| | 2003年末 | 2002年末 | 本年末比上年末增减(%) | 2001年末 |
| 总资产 | 1,450,535,388.02 | 1,460,792,764.73 | －0.70 | 1,536,654,347.54 |
| 股东权益(不含少数股东权益) | 1,356,290,042.05 | 1,392,389,237.67 | －2.59 | 1,421,579,194.69 |
| 经营活动产生的现金流量净额 | 72,920,873.71 | 75,286,845.02 | －3.14 | 167,949,990.35 |

2.2 主要财务指标 单位:元

| | 2003年 | 2002年 | 本年比上年增减(%) | 2001年) |
|---|---|---|---|---|
| 每股收益 | 0.07 | 0.18 | －61.11 | 0.30 |
| 净资产收益率(%) | 2.22 | 5.63 | －60.57 | 9.34 |
| 扣除非经常性损益的净利润为基础计算的净资产收益率(%) | 2.45 | 5.38 | －54.46 | 8.24 |
| 每股经营活动产生的现金流量净额 | 0.17 | 0.17 | 0 | 0.38 |
| | 2003年末 | 2002年末 | 本年末比上年末增减(%) | 2001年末 |
| 每股净资产 | 3.07 | 3.16 | －2.85 | 3.22 |
| 调整后的每股净资产 | 3.07 | 3.16 | －2.85 | 3.22 |

# 600192 兰州长城电工股份有限公司

## 二〇〇三年年度报告摘选

### 1.上市公司基本情况简介

1.1 基本情况简介

股票简称:长城电工 股票代码:600192 上市交易所:上海证券交易所

注册地址和办公地址:甘肃兰州市农民巷125号 邮政编码:730000

公司国际互联网网址:www.lz－gwe.com 电子信箱:Lzgwe@public.lz.gs.cn

1.2 联系人和联系方式

董事会秘书:何世民 联系地址:甘肃省兰州市农民巷125号

电话:0931－8415912 传真:0931－8414606 电子信箱:Lzgwe@public.lz.gs.cn

证券事务代表:穆成利 联系地址:甘肃省兰州市农民巷125号

电话:0931－8415762 传真:0931－8414606 电子信箱:Lzgwe@public.lz.gs.cn

### 2.会计数据和财务指标摘要

2.1 主要会计数据

| | 2003年 | 2002年 | 本年比上年增减(%) | 2001年 |
|---|---|---|---|---|
| 主营业务收入 | 893,786,099.58 | 776,811,317.87 | 15.06 | 692,372,553.05 |
| 利润总额 | 22,631,080.31 | 21,138,196.34 | 7.06 | 16,705,321.25 |
| 净利润 | 16,770,867.98 | 14,907,277.13 | 12.50 | 10,383,083.12 |
| 扣除非经常性损益的净利润 | 16,058,627.18 | 12,248,178.49 | 31.11 | 9,402,589.12 |
| | 2003年末 | 2002年末 | 本年末比上年末增减(%) | 2001年末 |
| 总资产 | 2,170,840,500.80 | 1,912,045,623.10 | 13.53 | 1,906,158,922.44 |
| 股东权益(不含少数股东权益) | 1,059,002,385.51 | 1,039,310,094.83 | 1.89 | 1,016,216,716.23 |
| 经营活动产生的现金流量净额 | －22,790,728.73 | －12,964,382.30 | 75.79 | －11,333,515.13 |

2.2 主要财务指标

| | 2003年 | 2002年 | 本年比上年增减(%) | 2001年 |
|---|---|---|---|---|
| 每股收益 | 0.0523 | 0.0465 | 12.47 | 0.0324 |
| 每股收益(加权) | 0.0523 | 0.0465 | 12.47 | 0.0324 |
| 净资产收益率(%) | 1.58 | 1.43 | 10.49 | 1.02 |
| 扣除非经常性损益的净利润为基础计算的净资产收益率(%) | 1.52 | 1.18 | 28.81 | 0.93 |
| 每股经营活动产生的现金流量净额 | －0.0711 | －0.0405 | 75.56 | －0.0354 |
| | 2003年末 | 2002年末 | 本年末比上年末增减(%) | 2001年末 |
| 每股净资产 | 3.3042 | 3.2428 | 1.89 | 3.1707 |
| 调整后的每股净资产 | 3.2862 | 3.2218 | 2.00 | 3.1568 |

# 600212 山东江泉实业股份有限公司

## 二〇〇三年年度报告摘选

### 1.上市公司基本情况简介

1.1 基本情况简介

股票简称:江泉实业 股票代码:600212 上市交易所:上海证券交易所

注册地址:山东省临沂市罗庄区工业街东段

办公地址:山东省临沂市罗庄区双月门北江泉商务楼 邮政编码:276017

公司国际互联网网址:http://www.jiangquan.com.cn 电子信箱:info@jiangquan.com.cn

1.2 联系人和联系方式

董事会秘书:田英智 联系地址:山东省临沂市罗庄区双月门北江泉商务楼

电话:0539-8246243 传真:0539-8271388 电子信箱:tyz@jiangquan.com.cn

证券事务代表:纪进凤 联系地址:山东省临沂市罗庄区双月门北江泉商务楼

电话:0539-8246243 传真:0539-8271388 电子信箱:jjf@jiangquan.com.cn

### 2.会计数据和财务指标摘要

2.1 主要会计数据 单位:元

| | 2003年 | 2002年 | 本年比上年增减(%) | 2001年 |
|---|---|---|---|---|
| 主营业务收入 | 649454403.54 | 609,793,100.40 | 6.5 | 835,373,006.92 |
| 利润总额 | 40888765.14 | 64,842,908.74 | -36.94 | 95,776,374.72 |
| 净利润 | 21830390.08 | 40,567,340.92 | -46.19 | 75,790,647.58 |
| 扣除非经常性损益的净利润 | 25216376.32 | 43,127,808.06 | -41.53 | 79,881,567.44 |
| 总资产 | 1707327010.77 | 1,692,178,116.98 | 0.90 | 1,173,914,456.39 |
| 股东权益(不含少数股东权益) | 1303094791.01 | 1,306,856,470.21 | -0.29 | 879,547,360.53 |
| 经营活动产生的现金流量净额 | -68239549.85 | 193,778,648.79 | -135.22 | 57,275,825.02 |

2.2 主要财务指标 单位:元

| 项 目 | 2003年 | 2002年 | 本年比上年增减(%) | 2001年 |
|---|---|---|---|---|
| 每股收益(摊薄) | 0.068 | 0.127 | -46.46 | 0.35 |
| 每股收益(加权) | 0.068 | 0.152 | -55.26 | 0.35 |
| 净资产收益率 | 1.67% | 3.1% | -16.13 | 8.62% |
| 扣除非经常性损益的净利润为基础计算的净资产收益率 | 1.9% | 4.7% | -59.57 | 9.32% |
| 每股经营活动产生的现金流量净额 | -0.21 | 0.61 | -134.43 | 0.26 |
| 每股净资产 | 4.07 | 4.09 | -0.49 | 4.01 |
| 调整后的每股净资产 | 3.98 | 4.01 | -0.75 | 4.01 |

# 600216 浙江医药股份有限公司

## 二〇〇三年年度报告摘选

### 1.上市公司基本情况简介

1.1 基本情况简介

股票简称:浙江医药 股票代码:600216 上市交易所:上海证券交易所

注册地址和办公地址:浙江省杭州市中河路司马渡巷60号 邮政编码:310003

公司国际互联网网址:http://www.china-zmc.com 电子信箱:Zmc2@mail.hz.zj.cn

1.2 联系人和联系方式

董事会秘书:俞祝军 联系地址:浙江医药股份有限公司证券部

电话:0571-87213883 传真:0571-87213883 电子信箱:Zmc3@163.com

证券事务代表:章吕 联系地址:浙江医药股份有限公司证券部

电话:0571-87213883 传真:0571-87213883 电子信箱:Zmc3@163.com

### 2.会计数据和财务指标摘要

2.1 主要会计数据 单位:元

| | 2003年 | 2002年 调整前 | 2002年 调整后 | 本年比上年增减(%) | 2001年 调整前 | 2001年 调整后 |
|---|---|---|---|---|---|---|
| 主营业务收入 | 1,132,884,046.84 | 1,113,399,315.44 | 1,113,399,315.44 | 1.75 | 867,037,763.83 | 867,037,763.83 |
| 利润总额 | 10,210,401.90 | 31,432,332.18 | 31,432,332.18 | -67.52 | 21,126,893.05 | 21,126,893.05 |
| 净利润 | 5,777,844.76 | 18,737,725.47 | 18,737,725.47 | -69.16 | 16,384,824.72 | 16,384,824.72 |
| 扣除非经常性损益后的净利润 | -14,150,684.19 | 9,404,963.18 | 9,404,963.18 | -250.46 | 12,629,172.32 | 12,629,172.32 |
| | 2003年末 | 2002年末 调整前 | 2002年末 调整后 | 本年末比上年末增减(%) | 2001年末 调整前 | 2001年末 调整后 |
| 总资产 | 1,668,812,778.56 | 1,636,671,688.35 | 1,636,671,688.35 | 1.96 | 1,565,154,855.03 | 1,565,154,885.03 |
| 股东权益(不含少数股东权益) | 624,698,017.02 | 619,101,778.32 | 616,438,810.11 | 1.34 | 599,938,416.85 | 597,275,448.64 |
| 经营活动产生的现金流量净额 | 66,203,823.62 | 23,127,193.39 | 23,127,193.39 | 186.26 | 98,247,476.68 | 98,247,476.68 |

2.2 主要财务指标 单位:元

| | 2003年 | 2002年 调整前 | 2002年 调整后 | 本年比上年增减(%) | 2001年 调整前 | 2001年 调整后 |
|---|---|---|---|---|---|---|
| 每股收益 | 0.013 | 0.042 | 0.042 | -69.05 | 0.036 | 0.036 |
| 净资产收益率 | 0.92% | 3.03% | 3.04% | -69.74 | 2.73% | 2.74% |
| 扣除非经常性损益的净利润为基础计算的净资产收益率 | -2.27% | 1.52% | 1.52% | -249.34 | 2.11% | 2.11% |
| 每股经营活动产生的现金流量净额 | 0.147 | 0.051 | 0.051 | 188.24 | 0.218 | 0.218 |
| | 2003年末 | 2002年末 调整前 | 2002年末 调整后 | 本年末比上年末增减(%) | 2001年末 调整前 | 2001年末 调整后 |
| 每股净资产 | 1.388 | 1.376 | 1.370 | 1.31 | 1.333 | 1.327 |
| 调整后的每股净资产 | 1.304 | 1.336 | 1.330 | 1.95 | 1.244 | 1.238 |

# 600300 徐州维维食品饮料股份有限公司

## 二〇〇三年年度报告摘选

### 1.上市公司基本情况简介

1.1 基本情况简介

股票简称:维维股份 股票代码:600300 上市交易所:上海证券交易所

注册地址:江苏省徐州市建国东路205号

办公地址:江苏省徐州市城南开发区 邮政编码:221111

公司国际互联网网址:www.vvgroup.com.cn 电子信箱:vvzqb@vvgroup.com

1.2 联系人和联系方式

董事会秘书:丁金礼 联系地址:江苏省徐州市城南开发区

电话:0516-3290169 传真:0516-3394888 电子信箱:dingjl@vvgroup.com

证券事务代表:孟召永 联系地址:江苏省徐州市城南开发区

电话:0516-3290169 传真:0516-3394888 电子信箱:mengzy@vvgroup.com

### 2.会计数据和财务指标摘要

2.1 主要会计数据 单位:元

| | 2003年 | 2002年 | 本年比上年增减(%) | 2001年 |
|---|---|---|---|---|
| 主营业务收入 | 1,660,651,115.87 | 1,370,257,154.60 | 21.19 | 1,082,538,633.84 |
| 利润总额 | 167,951,443.31 | 149,286,079.00 | 12.50 | 143,061,088.28 |
| 净利润 | 100,275,524.90 | 94,028,952.53 | 6.64 | 113,178,450.90 |
| 扣除非经常性损益的净利润 | 55,306,492.86 | 114,140,088.03 | -51.55 | 94,682,558.03 |
| | 2003年末 | 2002年末 | 本年末比上年末增减(%) | 2001年末 |
| 总资产 | 2,457,656,150.50 | 2,008,344,732.29 | 22.37 | 1,725,859,655.59 |
| 股东权益(不含少数股东权益) | 1,397,752,560.72 | 1,368,313,737.78 | 2.15 | 1,274,990,520.25 |
| 经营活动产生的现金流量净额 | 132,656,564.98 | 349,525,742.33 | -62.05 | 99,522,203.21 |

2.2 主要财务指标 单位:元

| | 2003年 | 2002年 调整前 | 2002年 调整后 | 本年比上年增减(%) | 2001年 |
|---|---|---|---|---|---|
| 每股收益 | 0.30 | 0.28 | 0.28 | 7.14 | 0.34 |
| 每股收益(如果股本变化,按新股本计算) | -- | -- | -- | -- | -- |
| 净资产收益率 | 7.17 | 7.28 | 6.87 | 0.30 | 8.88 |
| 扣除非经常性损益的净利润为基础计算的净资产收益率 | 3.96 | 8.83 | 8.34 | -4.38 | 7.43 |
| 每股经营活动产生的现金流量净额 | 0.40 | 1.06 | 1.06 | -62.26 | 0.30 |
| | 2003年末 | 2002年末 调整前 | 2002年末 调整后 | 本年末比上年末增减(%) | 2001年末 |
| 每股净资产 | 4.24 | 3.92 | 4.15 | 2.17 | 3.86 |
| 调整后的每股净资产 | 4.23 | 3.89 | 4.12 | 2.67 | 3.83 |

# 600328 内蒙古兰太实业股份有限公司

## 二〇〇三年年度报告摘选

### 1.上市公司基本情况简介

1.1 基本情况简介

股票简称:兰太实业 股票代码:600328 上市交易所:上海证券交易所

注册地址和办公地址:内蒙古阿拉善左旗吉兰泰镇 邮政编码:750333

公司国际互联网网址:http://www.lantaicn.com 电子信箱:ltzqb@lantaicn.com

1.2 联系人和联系方式

董事会秘书:李晶 联系地址:内蒙古阿拉善左旗吉兰泰镇

电话:0483-8838636 传真:0483-8838735 电子信箱:ltsylj@lantaicn.com

证券事务代表:赵双云 联系地址:内蒙古阿拉善左旗吉兰泰镇

电话:0483-8838620 传真:0483-8838735 电子信箱:ltzqb@lantaicn.com

### 2.会计数据和财务指标摘要

2.1 主要会计数据 单位:元

| | 2003年 | 2002年 | 本年比上年增减(%) | 2001年 |
|---|---|---|---|---|
| 主营业务收入 | 483,664,219.01 | 388,432,117.46 | 24.52 | 269,137,053.28? |
| 利润总额 | 36,263,866.19 | 51,802,194.78 | -30.00 | 48,095,364.12 |
| 净利润 | 30,455,480.28 | 43,813,075.26 | -30.49 | 39,668,698.74 |
| 扣除非经常性损益的净利润 | 31,816,051.71 | 41,631,370.68 | -23.58 | 34,604,515.95 |
| | 2003年末 | 2002年末 | 本年末比上年末增减(%) | 2001年末 |
| 总资产 | 1,395,127,847.93 | 1,213,885,449.01 | 14.93 | 1,193,659,693.11 |
| 股东权益(不含少数股东权益) | 682,892,330.84 | 678,664,397.67 | 0.62 | 646,937,025.34 |
| 经营活动产生的现金流量净额 | 31,421,047.58 | 10,559,190.54 | 197.57 | 39,417,573.00 |

2.2 主要财务指标 单位:元

| | 2003年 | 2002年 | 本年比上年增减(%) | 2001年 |
|---|---|---|---|---|
| 每股收益(摊薄) | 0.14 | 0.25 | -44.00 | 0.23 |
| 净资产收益率(摊薄) | 4.46% | 6.46% | -30.96 | 6.25% |
| 扣除非经常性损益的净利润为基础计算的净资产收益率(摊薄) | 4.66% | 6.39% | -27.07 | 5.35% |
| 每股经营活动产生的现金流量净额 | 0.14 | 0.06 | 133.33 | 0.23 |
| | 2003年末 | 2002年末 | 本年末比上年末增减(%) | 2001年末 |
| 每股净资产 | 3.04 | 3.93 | -22.64 | 3.75 |
| 调整后的每股净资产 | 3.03 | 3.91 | -22.25 | 3.72 |

## 600511 国药集团药业股份有限公司

### 二〇〇三年年度报告摘选

#### 1.上市公司基本情况简介

1.1 基本情况简介

股票简称:国药股份 股票代码:600511 上市交易所:上海证券交易所

注册地址和办公地址:北京市崇文区永外三元西巷甲 12 号 邮政编码:100077

公司国际互联网网址:http://www.cncm.com.cn 电子信箱:zjb@cncm.com.cn

1.2 联系人和联系方式

董事会秘书:龚家申 联系地址:北京市崇文区永外三元西巷甲 12 号

电话:010－67262917 传真:010－67262919 电子信箱:zjb@cncm.com.cn

证券事务代表:吕致远 联系地址:北京市崇文区永外三元西巷甲 12 号

电话:010－67262920 传真:010－67262920 电子信箱:lvzhiyuan2001@suho.com

#### 2.会计数据和财务指标摘要

2.1 主要会计数据 单位:(人民币)元

| | 2003 年 | 2002 年 | 本年比上年增减(%) | 2001 年 |
|---|---|---|---|---|
| 主营业务收入 | 1,472,037,456.01 | 1,223,820,747.28 | 20.28 | 1,220,894,842.19 |
| 利润总额 | 54,105,880.60 | 44,366,399.38 | 21.95 | 34,899,934.39 |
| 净利润 | 32,739,402.79 | 26,182,525.47 | 25.04 | 19,856,196.73 |
| 扣除非经常性损益的净利润 | 33,514,177.51 | 27,968,824.42 | 19.83 | 19,930,658.70 |
| | 2003 年末 | 2002 年末 | 本年末比上年末增减(%) | 2001 年末 |
| 总资产 | 1,088,448,654.89 | 808,370,603.05 | 34.65 | 435,763,889.05 |
| 股东权益(不含少数股东权益) | 433,071,644.64 | 398,297,678.88 | 8.73 | 132,568,878.48 |
| 经营活动产生的现金流量净额 | 526,153.11 | 15,194,181.23 | －96.54 | －11,796,440.33 |

2.2 主要财务指标 单位:(人民币)元

| | 2003 年 | 2002 年 | 本年比上年增减(%) | 2001 年 |
|---|---|---|---|---|
| 每股收益 | 0.246 | 0.197 | 24.87 | 0.248 |
| 净资产收益率 | 7.56% | 6.57% | 0.99 | 14.98% |
| 扣除非经常性损益的净利润为基础计算的净资产收益率 | 7.74% | 7.02% | 0.72 | 15.03% |
| 每股经营活动产生的现金流量净额 | 0.004 | 0.114 | －96.49 | －0.147 |
| | 2003 年末 | 2002 年末 | 本年末比上年末增减(%) | 2001 年末 |
| 每股净资产 | 3.256 | 2.995 | 8.71 | 1.657 |
| 调整后的每股净资产 | 3.215 | 2.976 | 8.03 | 1.643 |

## 600566 湖北洪城通用机械股份有限公司

### 二〇〇三年年度报告摘选

#### 1.上市公司基本情况简介

1.1 基本情况简介

股票简称:洪城股份 股票代码:600566 上市交易所:上海证券交易所

注册地址和办公地址:湖北省荆州市红门路 3 号 邮政编码:434000

公司国际互联网网址:http://www.hbhc.com.cn 电子信箱:hbhc@www.public.js.hb.cn

1.2 联系人和联系方式

董事会秘书:王速建 联系地址:湖北省荆州市红门路 3 号

电话:0716－8221198 传真:0716－8221198 电子信箱:600566@secure.sse.com.cn

#### 2.会计数据和财务指标摘要

2.1 主要会计数据 单位:元

| | 2003 年 | 2002 年 | 本年比上年增减(%) | 2001 年 |
|---|---|---|---|---|
| 主营业务收入 | 113,425,639.65 | 107,291,805.87 | 5.72 | 113,961,205.12 |
| 利润总额 | 10,252,132.17 | 20,746,693.22 | －50.58 | 20,786,290.73 |
| 净利润 | 7,402,611.24 | 13,892,030.26 | －46.71 | 17,701,866.29 |
| 扣除非经常性损益的净利润 | 8,330,698.51 | 13,074,009.69 | －36.28 | 17,807,760.66 |
| | 2003 年末 | 2002 年末 | 本年末比上年末增减(%) | 2001 年末 |
| 总资产 | 650,391,551.55 | 606,317,393.92 | 7.27 | 582,650,722.58 |
| 股东权益(不含少数股东权益) | 465,552,117.38 | 463,464,906.14 | 0.45 | 449,572,875.88 |
| 经营活动产生的现金流量净额 | 2,243,650.28 | 22,002,386.83 | －89.80 | 7,425,447.55 |

2.2 主要财务指标 单位:元

| | 2003 年 | 2002 年 | 本年比上年增减(%) | 2001 年 |
|---|---|---|---|---|
| 每股收益 | 0.07 | 0.13 | －46.15 | 0.17 |
| 净资产收益率(%) | 1.59 | 3.00 | －47 | 3.94 |
| 扣除非经常性损益的净利润为基础计算的净资产收益率(%) | 1.79 | 2.82 | －36.52 | 3.96 |
| 每股经营活动产生的现金流量净额 | 0.02 | 0.21 | －90.48 | 0.07 |
| | 2003 年末 | 2002 年末 | 本年末比上年末增减(%) | 2001 年末 |
| 每股净资产 | 4.38 | 4.36 | ＋0.46 | 4.23 |
| 调整后的每股净资产 | 4.37 | 4.35 | ＋0.46 | 4.22 |

## 600588 北京用友软件股份有限公司

### 二〇〇三年年度报告摘选

#### 1.上市公司基本情况简介

1.1 基本情况简介

股票简称:用友软件 股票代码:600588 上市交易所:上海证券交易所

注册地址和办公地址:北京市海淀区上地信息产业基地开拓路 15 号 邮政编码:100085

公司国际互联网网址:http://www.ufsoft.com 电子信箱:ir@ufsoft.com.cn

1.2 联系人和联系方式

董事会秘书:欧阳青 联系地址:北京市海淀区上地信息产业基地开拓路 15 号

电话:010－62986688 传真:010－62987991 电子信箱:ir@ufsoft.com.cn

证券事务代表:钱晓宁 联系地址:北京市海淀区上地信息产业基地开拓路 15 号

电话:010－62986688 传真:010－62962189 电子信箱:ir@ufsoft.com.cn

#### 2.会计数据和财务指标摘要

2.1 主要会计数据 单位:(人民币元)

| | 2003 年 | 2002 年 | 本年比上年增减 | 2001 年 |
|---|---|---|---|---|
| 主营业务收入 | 601,572,932 | 488,215,150 | 23% | 333,483,187 |
| 利润总额 | 90,032,991 | 103,445,027 | －13% | 79,239,368 |
| 净利润 | 74,911,911 | 91,605,983 | －18% | 70,400,601 |
| 扣除非经常性损益的净利润 | 77,505,983 | 91,814,082 | －16% | 71,240,027 |
| | 2003 年末 | 2002 年末 | 本年末比上年末增减 | 2001 年末 |
| 总资产 | 1,282,611,512 | 1,218,117,870 | 5% | 1,167,865,248 |
| 股东权益(不含少数股东权益) | 1,113,940,713 | 1,093,923,602 注 | 2% | 1,062,317,619 注 |
| 经营活动产生的现金流量净额 | 104,531,526 | 83,797,297 | 25% | 103,293,352 |

2.2 主要财务指标 单位:(人民币元)

| | 2003 年 | 2002 年 | 本年比上年增减 | 2001 年 |
|---|---|---|---|---|
| 每股收益 | 0.62 | 0.92 | －32.6% | 0.70 |
| 净资产收益率 | 6.7% | 8.4% | －20.2% | 6.6% |
| 扣除非经常性损益的净利润为基础计算的加权平均净资产收益率 | 7.1% | 8.5% | －16.5% | 9.4% |
| 每股经营活动产生的现金流量净额 | 0.87 | 0.84 | 3.6% | 1.03 |
| | 2003 年末 | 2002 年末 | 本年末比上年末增减 | 2001 年末 |
| 每股净资产 | 9.28 | 10.94 | －15.2% | 10.62 |
| 调整后的每股净资产 | 9.25 | 10.90 | －15.1% | 10.56 |

## 600633 上海白猫股份有限公司

### 二〇〇三年年度报告摘选

#### 1.上市公司基本情况简介

1.1 基本情况简介

股票简称:白猫股份 股票代码:600633 上市交易所:上海证券交易所

注册地址:上海市常德路 774 号 办公地址:上海市金沙江路 1829 号

邮政编码:200333 电子信箱:maxam@stof.com

1.2 联系人和联系方式

董事会秘书:丁一新 联系地址:上海市金沙江路 1829 号

电话:32023251 传真:52701369 电子信箱:ding_yixin@stof.com

证券事务代表:徐晔 联系地址:上海市金沙江路 1829 号

电话:32023251 传真:52701369 电子信箱:xu_ye@stof.com

#### 2.会计数据和财务指标摘要

2.1 主要会计数据 单位:元

| | 2003 年 | 2002 年 | 本年比上年增减(%) | 2001 年 |
|---|---|---|---|---|
| 主营业务收入 | 305,125,386.45 | 327,464,632.98 | －6.82 | 206,742,353.36 |
| 利润总额 | 19,253,400.92 | 27,855,775.22 | －30.88 | 22,286,422.62 |
| 净利润 | 15,978,611.68 | 24,185,579.18 | －33.93 | 17,758,498.53 |
| 扣除非经常性损益的净利润 | 13,431,642.84 | 23,523,070.32 | －42.90 | 11,215,502.23 |
| | 2003 年末 | 2002 年末 | 本年末比上年末增减(%) | 2001 年末 |
| 总资产 | 349,528,066.17 | 338,416,090.24 | 3.28 | 379,196,981.09 |
| 股东权益(不含少数股东权益) | 215,006,663.94 | 206,630,592.86 | 4.05 | 182,629,166.34 |
| 经营活动产生的现金流量净额 | 24,758,971.37 | 39,702,538.63 | －37.64 | 11,275,920.95 |

2.2 主要财务指标 单位:元

| | 2003 年 | 2002 年 调整前 | 2002 年 调整后 | 本年比上年增减(%) | 2001 年 |
|---|---|---|---|---|---|
| 每股收益(摊薄) | 0.1051 | 0.1591 | 0.1591 | －33.94 | 0.1168 |
| 每股收益(加权) | 0.1051 | 0.1591 | 0.1591 | －33.94 | 0.1168 |
| 净资产收益率(加权)(%) | 7.5346 | 12.4525 | 12.3674 | －39.08 | 9.7238 |
| 扣除非经常性损益的净利润为基础计算的净资产收益率加权(%) | 6.3336 | 12.1113 | 12.0286 | －47.35 | 6.1411 |
| 每股经营活动产生的现金流量净额 | 0.1628 | 0.2611 | 0.2611 | －37.65 | 0.0742 |
| | 2003 年末 | 2002 年末 调整前 | 2002 年末 调整后 | 本年末比上年增减(%) | 2001 年末 |
| 每股净资产 | 1.4140 | 1.3090 | 1.3590 | 4.05 | 1.2011 |
| 调整后的每股净资产 | 1.3592 | 1.2691 | 1.3191 | 3.04 | 1.0957 |

## 600638 上海新黄浦置业股份有限公司

### 二〇〇三年年度报告摘选

#### 1.上市公司基本情况简介

1.1 基本情况简介

股票简称:新黄浦 股票代码:600638 上市交易所:上海证券交易所

注册地址和办公地址:上海市北京东路668号西楼32层 邮政编码:200001

公司国际互联网网址:http://www.600638.com 电子信箱:600638@600638.com

1.2 联系人和联系方式

董事会秘书:李薇洁 联系地址:上海市北京东路668号西楼32层

电话:021-63238888 传真:021-63237777 电子信箱:stock@600638.com

#### 2.会计数据和财务指标摘要

2.1 主要会计数据 单位:元

| | 2003年 | 2002年 | 本年比上年增减 | 2001年 |
|---|---|---|---|---|
| 主营业务收入 | 516,568,236.99 | 657,569,193.91 | -21.44% | 347,000,543.31 |
| 利润总额 | 82,499,269.68 | 89,974,133.04 | -8.31% | 71,528,899.98 |
| 净利润 | 63,695,364.86 | 54,172,293.14 | 17.58% | 55,100,789.65 |
| 扣除非经常性损益的净利润 | 59,827,861.61 | 52,514,951.70 | 13.93% | 50,923,788.51 |
| | 2003年末 | 2002年末 | 本年末比上年末增减 | 2001年末 |
| 总资产 | 2,397,561,171.73 | 2,837,365,149.22 | -15.50% | 3,132,108,458.67 |
| 股东权益(不含少数股东权益) | 2,201,265,262.02 | 2,137,569,897.16 | 2.98% | 2,083,397,604.02 |
| 经营活动产生的现金流量净额 | 93,805,757.95 | 239,563,734.99 | -60.84% | -271,607,703.81 |

2.2 主要财务指标 单位:元

| | 2003年 | 2002年 | 本年比上年增减 | 2001年 |
|---|---|---|---|---|
| 每股收益 | 0.1135 | 0.096 | 18.23% | 0.0982 |
| 净资产收益率 | 2.89% | 2.53% | 14.23% | 2.64% |
| 扣除非经常性损益的净利润为基础计算的净资产收益率 | 2.72% | 2.46% | 10.57% | 2.44% |
| 每股经营活动产生的现金流量净额 | 0.1672 | 0.4269 | -60.83% | -0.4840 |
| | 2003年末 | 2002年末 | 本年末比上年末增减 | 2001年末 |
| 每股净资产 | 3.9227 | 3.8092 | 2.98% | 3.7126 |
| 调整后的每股净资产 | 3.9103 | 3.7747 | 3.59% | 3.7054 |

## 600654 上海飞乐股份有限公司

### 二〇〇三年年度报告摘选

#### 1.上市公司基本情况简介

1.1 基本情况简介

股票简称:飞乐股份 股票代码:600654 上市交易所:上海证券交易所

注册地址:上海市浦东新金桥路201号

办公地址:上海市昭化路68号 邮政编码:200050

公司国际互联网网址:http://www.feilo.com.cn

电子信箱:feilo-zp@mail2.online.zh.cn

1.2 联系人和联系方式

董事会秘书:刘仁仁 联系地址:上海市昭化路68号

电话:62523309 传真:62408263 电子信箱:liurenren@feilo.com.cn

证券事务代表:毛丽建 联系地址:上海市昭化路68号

电话:62512629 传真:62517323 电子信箱:maolijian@feilo.com.cn

#### 2.会计数据和财务指标摘要

2.1 主要会计数据 单位:元

| | 2003年 | 2002年(调整后) | 本年比上年增减(%) | 2001年(调整后) |
|---|---|---|---|---|
| 主营业务收入 | 905,541,814.60 | 590,333,724.63 | 53.39 | 450,910,083.02 |
| 利润总额 | 18,180,816.15 | 19,415,909.46 | -6.36 | 63,272,853.84 |
| 净利润 | 21,597,060.46 | 15,329,982.54 | 40.88 | 52,380,754.79 |
| 扣除非经常性损益的净利润 | 17,550,565.93 | 26,337,951.69 | -33.36 | 44,438,993.50 |
| | 2003年末 | 2002年末(调整后) | 本年末比上年末增减(%) | 2001年末(调整后) |
| 总资产 | 2,158,637,636.99 | 2,327,322,206.95 | -7.25 | 2,159,992,108.88 |
| 股东权益(不含少数股东权益) | 1,203,070,106.62 | 1,195,986,124.41 | 0.59 | 1,184,566,343.18 |
| 经营活动产生的现金流量净额 | 21,826,772.77 | 12,822,521.31 | 70.22 | -8,051,523.95 |

2.2 主要财务指标 单位:元

| | 2003年 | 2002年(调整后) | 本年比上年增减(%) | 2001年(调整后) |
|---|---|---|---|---|
| 每股收益 | 0.045 | 0.032 | 40.63 | 0.12 |
| 净资产收益率(%) | 1.80 | 1.28 | 40.63 | 4.42 |
| 扣除非经常性损益的净利润为基础计算的净资产收益率(%) | 1.47 | 2.20 | -33.64 | 3.75 |
| 每股经营活动产生的现金流量净额 | 0.05 | 0.03 | 66.67 | -0.02 |
| | 2003年末 | 2002年末 | 本年末比上年末增减(%) | 2001年末 |
| 每股净资产 | 2.49 | 2.47 | 0.81 | 2.69 |
| 调整后的每股净资产 | 2.07 | 2.10 | -1.43 | 2.33 |

## 600679 凤凰股份有限公司

### 二〇〇三年年度报告摘选

#### 1.上市公司基本情况简介

1.1 基本情况简介

股票简称:凤凰股份 股票代码:600679 上市交易所:上海证券交易所

股票简称:凤凰B股 股票代码:900916 上市交易所:上海证券交易所

注册地址:中国上海市宝山区杨泰路189号

办公地址:中国上海市高阳路168 邮政编码:200080

公司国际互联网网址:http://www.Sunrise-cn.com 电子信箱:slyk @ citiz.net

1.2 联系人和联系方式

董事会秘书:李玉龙 联系地址:中国上海市高阳路168号

电话:(86)021 65954641 65950100*611 传真:(86)021-65956731 电子信箱:slyk @ citiz.net

#### 2.会计数据和财务指标摘要

2.1 主要会计数据 单位:元

| | 2003年 | 2002年 | 本年比上年增减(%) | 2001年 |
|---|---|---|---|---|
| 主营业务收入 | 1,430,436,217.46 | 1,335,251,210.60 | 7.1286 | 781,560,955.59 |
| 利润总额 | 36,265,828.10 | 40,401,183.03 | -10.2357 | 24,842,022.65 |
| 净利润 | 4,211,897.61 | 7,780,844.03 | -45.8686 | 18,264,791.37 |
| 扣除非经常性损益的净利润 | -5,469,111.87 | 8,058,934.95 | -167.8640 | 16,057,933.52 |
| | 2003年末 | 2002年末 | 本年末比上年末增减(%) | 2001年末 |
| 总资产 | 2,040,756,128.49 | 2,064,384,586.12 | -1.1446 | 1,923,941,278.53 |
| 股东权益(不含少数股东权益) | 875,437,769.11 | 871,325,928.51 | 0.4719 | 866,567,074.95 |
| 经营活动产生的现金流量净额 | 70,353,715.79 | -24,518,969.10 | 386.9358 | -4,705,392.70 |

2.2 主要财务指标 单位:元

| | 2003年 | 2002年 | 本年比上年增减(%) | 2001年 |
|---|---|---|---|---|
| 每股收益 | 0.0070 | 0.0129 | -45.9090 | 0.0393 |
| 每股收益 | 0.0070 | 0.0129 | -45.9090 | 0.0393 |
| 净资产收益率(%) | 0.4811 | 0.8930 | -46.1233 | 2.1077 |
| 扣除非经常性损益的净利润为基础计算的净资产收益率(%) | -0.6247 | 0.9249 | -167.6349 | 1.8531 |
| 每股经营活动产生的现金流量净额 | 0.1166 | -0.0406 | 386.9359 | -0.0101 |
| | 2003年末 | 2002年末 | 本年末比上年末增减(%) | 2001年末 |
| 每股净资产 | 1.4503 | 1.4435 | 0.4719 | 1.8663 |
| 调整后的每股净资产 | 1.4065 | 1.3596 | 3.4512 | 1.7922 |

## 600719 大连热电股份有限公司

### 二〇〇三年年度报告摘选

#### 1.上市公司基本情况简介

1.1 基本情况简介

股票简称:大连热电 股票代码:600719 上市交易所:上海证券交易所

注册地址:辽宁省大连市沙河口区香周路210号

办公地址:辽宁省大连市西岗区沿海街90号 邮政编码:116021

公司国际互联网网址:http://www.dlrd.com 电子信箱:webmaster@dlrd.com

1.2 联系人和联系方式

董事会秘书:左广志 联系地址:辽宁省大连市西岗区沿海街90号

话:0411-84438755 传真:0411-84438670 电子信箱:zqb@dlrd.com

证券事务代表:吕彦青 联系地址:辽宁省大连市西岗区沿海街90号

电话:0441-84422999-8291 传真:0411-84438670 电子信箱:dlrdyanl@sina.com

#### 2.会计数据和财务指标摘要

2.1 主要会计数据 单位:元

| 项目 | 2003年 | 2002年 | 本年比上年增减(%) | 2001年 |
|---|---|---|---|---|
| 主营业务收入 | 407,734,240.45 | 372,458,660.80 | 9.47 | 375,650,228.66 |
| 利润总额 | 26,674,599.80 | 45,734,053.63 | -41.67 | 60,245,019.16 |
| 净利润 | 16,779,831.88 | 29,601,497.68 | -43.31 | 51,599,987.90 |
| 扣除非经常性损益的净利润 | 12,687,630.21 | 28,755,520.13 | -55.88 | 49,859,514.09 |
| 项目 | 2003年末 | 2002年末 | 本年末比上年末增减(%) | 2001年末 |
| 总资产 | 1,550,292,355.92 | 1,705,108,921.26 | -9.08 | 1,552,609,739.75 |
| 股东权益(不含少数股东权益) | 698,209,279.77 | 697,577,692.66 | 0.09 | 682,372,595.81 |
| 经营活动产生的现金流量净额 | 132,894,537.37 | 21,977,206.05 | 504.69 | 18,509,025.35 |

2.2 主要财务指标 单位:元

| | 2003年 | 2002年 | 本年比上年增减(%) | 2001年 |
|---|---|---|---|---|
| 每股收益 | 0.083 | .146 | -43.15 | 0.26 |
| 每股收益注 | -- | -- | -- | -- |
| 净资产收益率(%) | 2.40 | 4.24 | -43.40 | 7.56 |
| 扣除非经常性损益的净利润为基础计算的净资产收益率(%) | 1.82 | 4.12 | -55.82 | 7.31 |
| 每股经营活动产生的现金流量净额 | 0.66 | 0.11 | 500.00 | 0.09 |
| | 2003年末 | 2002年末 | 本年末比上年末增减(%) | 2001年末 |
| 每股净资产 | 3.45 | 3.45 | -- | 3.37 |
| 调整后的每股净资产 | 3.44 | 3.44 | -- | 3.34 |

## 600722 沧州化学工业股份有限公司

### 二〇〇三年年度报告摘选

#### 1.上市公司基本情况简介

1.1 基本情况简介

股票简称:沧州化工 股票代码:600722 上市交易所:上海证券交易所

注册地址和办公地址:河北省沧州市南环中路18号 邮政编码:061000

公司国际互联网网址:http://www.czchem.com 电子信箱:info@czchem.com

1.2 联系人和联系方式

董事会秘书:邢金生 联系地址:河北省沧州市南环中路18号

电话:0317－3030719 传真:0317－3030719

电子信箱:xjs69@sohu.com

授权代表:刘国发 联系地址:河北省沧州市南环中路18号

电话:0317－3030719 传真:0317－3030719

电子信箱:Lgf70@tom.com

#### 2.会计数据和财务指标摘要

2.1 主要会计数据 单位:元

| | 2003年 | 2002年 | 本年比上年增减(%) | 2001年 |
|---|---|---|---|---|
| 主营业务收入 | 1,692,054,382.81 | 1,352,532,883.12 | 25.10 | 1,318,739,352.54 |
| 利润总额 | 27,271,086.35 | 4,731,679.05 | 476.35 | 14,402,292.76 |
| 净利润 | 20,132,746.53 | 3,800,653.98 | 429.71 | 12,451,191.83 |
| 扣除非经常性损益的净利润 | 15,471,817.34 | －3,686,704.12 | 519.67 | 19,692,823.86 |
| | 2003年末 | 2002年末 | 本年末比上年末增减(%) | 2001年末 |
| 总资产 | 3,436,049,205.00 | 3,168,323,971.71 | 8.45 | 2,890,333,729.75 |
| 股东权益(不含少数股东权益) | 979,697,674.20 | 957,877,427.67 | 2.28 | 956,892,004.50 |
| 经营活动产生的现金流量净额 | 97,607,157.03 | 126,425,154.31 | －22.79 | 70,699,776.54 |

2.2 主要财务指标 单位:元

| | 2003年 | 2002年 | 本年比上年增减(%) | 2001年 |
|---|---|---|---|---|
| 每股收益 | 0.05 | 0.01 | 400.00 | 0.03 |
| 净资产收益率 | 2.05% | 0.40% | 1.65 | 1.30% |
| 扣除非经常性损益的净利润为基础计算的净资产收益率 | 1.58% | －0.38% | 1.96 | 1.61% |
| 每股经营活动产生的现金流量净额 | 0.23 | 0.30 | －23.30 | 0.17 |
| | 2003年末 | 2002年末 | 本年末比上年末增减(%) | 2001年末 |
| 每股净资产 | 2.32 | 2.27 | 2.20 | 2.27 |
| 调整后的每股净资产 | 2.30 | 2.26 | 1.77 | 2.26 |

## 600728 新太科技股份有限公司

### 二〇〇三年年度报告摘选

#### 1.上市公司基本情况简介

1.1 基本情况简介

股票简称:新太科技 股票代码:600728 上市交易所:上海证券交易所

注册地址和办公地址:广州市天河高新技术产业开发区建中路51－53号

邮政编码:510665

公司国际互联网网址:http://www.suntektech.com

电子信箱:info@suntektech.com

1.2 联系人和联系方式

董事会秘书:潘福久 联系地址:广州市天河高新技术产业开发区建中路51－53号

电话:020－85550260 传真:020－85538988

电子信箱:panfj@suntektech.com

证券事务代表:刘颖 联系地址:广州市天河高新技术产业开发区建中路51－53号

电话:020－85520635 传真:020－85538988

电子信箱:ly@suntektech.com

#### 2.会计数据和财务指标摘要

2.1 主要会计数据 单位:元

| | 2003年 | 2002年 | | 2001年 | |
|---|---|---|---|---|---|
| | | 调整后 | 调整前 | 调整后 | 调整前 |
| 主营业务收入 | 729,743,930.25 | 496,127,647.36 | 496,127,647.36 | 589,246,172.25 | 581,100,303.75 |
| 利润总额 | 24,191,843.25 | 22,534,946.22 | 22,534,946.22 | 33,715,089.58 | 33,715,089.58 |
| 净利润 | 22,206,294.41 | 20,076,733.10 | 20,076,733.10 | 26,275,431.49 | 28,070,985.14 |
| 总资产 | 1,283,794,655.80 | 1,201,791,674.24 | 1,201,791,674.24 | 1,069,341,657.43 | 1,066,437,732.27 |
| 股东权益(不含少数股东权益) | 843,136,194.95 | 831,201,590.11 | 820,792,581.11 | 810,992,228.64 | 814,797,588.44 |

2.2 主要财务指标 单位:元

| 项　目 | 2003年 | 2002年 | | 2001年 | |
|---|---|---|---|---|---|
| | | 调整后 | 调整前 | 调整后 | 调整前 |
| 每股收益 | 0.107 | 0.096 | 0.096 | 0.126 | 0.135 |
| 每股净资产 | 4.050 | 3.993 | 3.943 | 3.891 | 3.914 |
| 调整后的每股净资产 | 3.991 | 3.957 | 3.909 | 3.896 | 3.911 |
| 每股经营活动产生的现金流量净额 | －0.158 | 0.241 | 0.241 | 0.234 | 0.234 |
| 净资产收益率(%) | 2.634 | 2.415 | 2.446 | 3.240 | 3.445 |

## 600736 苏州新区高新技术产业股份有限公司

### 二〇〇三年年度报告摘选

#### 1.上市公司基本情况简介

1.1 基本情况简介

股票简称:苏州高新 股票代码:600736 上市交易所:上海证券交易所

注册地址:江苏省苏州市新区运河路8号

办公地址:江苏省苏州市新区狮山路12号金狮大厦6楼 邮政编码:215011

公司国际互联网网址:http://www.sndht.com.cn 电子信箱:szgx600736@c－snd.com

1.2 联系人和联系方式

董事会秘书:缪凯 联系地址:江苏省苏州市新区狮山路12号金狮大厦6楼

电话:0512－68096283 传真:0512－68099281 电子信箱:miao.k@c－snd.com

证券事务代表:吴光亚 联系地址:江苏省苏州市新区狮山路12号金狮大厦6楼

电话:0512－68096281 传真:0512－68099281 电子信箱:wu.gy@c－snd.com

#### 2.会计数据和财务指标摘要

2.1 主要会计数据

| | 2003年 | 2002年 | 本年比上年增减(%) | 2001年 |
|---|---|---|---|---|
| 主营业务收入 | 813,184,447.87 | 774,330,599.67 | 5.02 | 573,611,309.45 |
| 利润总额 | 189,079,913.39 | 159,169,507.79 | 18.79 | 117,822,017.37 |
| 净利润 | 108,684,305.51 | 94,080,750.88 | 15.52 | 84,858,562.05 |
| 扣除非经常性损益的净利润 | 92,175,997.88 | 92,202,982.59 | －0.03 | 78,489,325.79 |
| | 2003年末 | 2002年末 | 本年末比上年末增减(%) | 2001年末 |
| 总资产 | 3,454,025,397.04 | 2,543,929,305.93 | 35.78 | 2,270,241,039.14 |
| 股东权益(不含少数股东权益) | 1,520,305,907.91 | 1,411,470,907.19 | 7.71 | 1,374,171,653.12 |
| 经营活动产生的现金流量净额 | －182,337,869.46 | 516,697,606.50 | －135.29 | 249,318,649.49 |

2.2 主要财务指标

| | 2003年 | 2002年 | 本年比上年增减(%) | 2001年 |
|---|---|---|---|---|
| 每股收益 | 0.238 | 0.206 | 15.53 | 0.185 |
| 扣除非经常性损益后的每股收益 | 0.201 | 0.202 | －0.50 | 0.172 |
| 净资产收益率 | 7.15% | 6.67% | 7.20 | 6.17% |
| 扣除非经常性损益的净利润为基础计算的净资产收益率 | 6.063% | 6.532% | －7.18 | 6.61% |
| 每股经营活动产生的现金流量净额 | －0.399 | 1.130 | －135.31 | 0.54 |
| | 2003年末 | 2002年末 | 本年末比上年末增减(%) | 2001年末 |
| 每股净资产 | 3.323 | 3.085 | 7.71 | 3.00 |
| 调整后的每股净资产 | 3.217 | 2.923 | 10.06 | 2.99 |

## 000750 桂林集琦药业股份有限公司

### 二〇〇三年年度报告摘选

#### 1.上市公司基本情况简介

1.1 基本情况简介

股票简称:桂林集琦 股票代码:000750 上市交易所:深圳证券交易所

注册地址和办公地址:广西桂林市育才路55号 邮政编码:541004

公司国际互联网网址:http://www.guilinjiqi.com.cn

电子信箱:000750@vip.163.com

1.2 联系人和联系方式

董事会秘书:潘华 联系地址:桂林市育才路55号

电话:0773－5878066 传真:0773－5875328 电子信箱:000750@vip.163.com

证券事务代表:马雨飞 联系地址:桂林市育才路55号

电话:0773－5878066 传真:0773－5875328 电子信箱:000750@vip.163.com

#### 2.会计数据和财务指标摘要

2.1 主要会计数据 单位:元

| | 2003年 | 2002年 | 本年比上年增减(%) | 2001年 |
|---|---|---|---|---|
| 主营业务收入 | 223,323,355.64 | 188,439,747.32 | 18.51 | 153,386,447.11 |
| 利润总额 | 964,136.24 | 2,114,778.56 | －54.41 | 7,103,510.32 |
| 净利润 | 1,912,695.37 | 1,072,810.69 | 78.29 | 3,086,100.23 |
| 扣除非经常性损益的净利润 | －9,098,047.08 | －356,063.18 | －2455.18 | －1,439,304.25 |
| | 2003年末(本年末) | 2002年末(上年末) | 本年末比上年末增减(%) | 2001年末 |
| 总资产 | 1,192,194,253.67 | 1,025,449,209.45 | 16.26 | 1,065,755,018.60 |
| 股东权益(不含少数股东权益) | 603,514,979.31 | 601,867,512.21 | 0.27 | 600,416,001.52 |
| 经营活动产生的现金流量净额 | 46,212,274.39 | 83,410,613.61 | －44.60 | 135,878,982.79 |

2.2 主要财务指标 单位:元

| | 2003年(本年) | 2002年(上年) | 本年比上年增减(%) | 2001年 |
|---|---|---|---|---|
| 每股收益 | 0.0089 | 0.0050 | 78.00 | 0.0144 |
| 净资产收益率(%) | 0.32 | 0.18 | 77.78 | 0.51 |
| 扣除非经常性损益的净利润为基础计算的净资产收益率(%) | －1.51 | －0.06 | －2416.67 | －0.24 |
| 每股经营活动产生的现金流量净额 | 0.2149 | 0.3878 | －44.58 | 0.6318 |
| | 2003年末(本年末) | 2002年末(上年末) | 本年末比上年末增减(%) | 2001年末 |
| 每股净资产 | 2.8063 | 2.7986 | 0.28 | 2.7919 |
| 调整后的每股净资产 | 2.5973 | 2.6532 | －2.11 | 2.6277 |

## 600881 吉林亚泰(集团)股份有限公司

### 二〇〇三年年度报告摘选

#### 1.上市公司基本情况简介

1.1 基本情况简介

股票简称:亚泰集团 股票代码:600881 上市交易所:上海证券交易所
注册地址和办公地址:吉林省长春市吉林大路1801号 邮政编码:130031
公司国际互联网网址:www.yatai.com 电子信箱:info@yatai.com

1.2 联系人和联系方式

董事会秘书:孙晓峰 联系地址:吉林省长春市吉林大路1801号
电话:0431-4956688 传真:0431-4951400 电子信箱:sunxf@yatai.com
证券事务代表:秦音 联系地址:吉林省长春市吉林大路1801号
电话:0431-4956688 传真:0431-4951400 电子信箱:qinyin@yatai.com

#### 2.会计数据和财务指标摘要

2.1 主要会计数据 单位:元

| | 2003年 | 2002年 | 本年比上年增减(%) | 2001年 |
|---|---|---|---|---|
| 主营业务收入 | 1,580,768,971.72 | 1,482,065,519.29 | 6.66 | 1,087,410,062.24 |
| 利润总额 | 111,242,589.36 | 173,022,396.70 | -35.71 | 140,933,303.88 |
| 净利润 | 90,314,890.84 | 115,753,969.85 | -21.98 | 111,168,789.50 |
| 扣除非经常性损益的净利润 | 83,768,502.21 | 103,674,416.04 | -19.20 | 110,563,541.46 |
| | 2003年末 | 2002年末 | 本年末比上年末增减(%) | 2001年末 |
| 总资产 | 6,204,175,231.13 | 5,184,908,293.37 | 19.66 | 4,746,600,501.96 |
| 股东权益(不含少数股东权益) | 2,291,541,470.62 | 1,848,770,976.54 | 23.95 | 1,733,260,698.20 |
| 经营活动产生的现金流量净额 | -74,756,060.34 | 111,547,875.70 | -167.02 | -117,755,305.76 |

2.2 主要财务指标 单位:元

| | 2003年 | 2002年 | 本年比上年增减(%) | 2001年 |
|---|---|---|---|---|
| 每股收益 | 0.16 | 0.24 | -33.33 | 0.23 |
| 净资产收益率(%) | 3.94 | 6.26 | -37.06 | 6.41 |
| 扣除非经常性损益的净利润为基础计算的净资产收益率(%) | 3.66 | 5.61 | -34.76 | 6.35 |
| 每股经营活动产生的现金流量净额 | -0.13 | 0.23 | -156.52 | -0.25 |
| | 2003年末 | 2002年末 | 本年末比上年末增减(%) | 2001年末 |
| 每股净资产 | 4.11 | 3.89 | 5.66 | 3.65 |
| 调整后的每股净资产 | 3.97 | 3.73 | 6.43 | 3.51 |

## 600895 上海张江高科技园区开发股份有限公司

### 二〇〇三年年度报告摘选

#### 1.上市公司基本情况简介

1.1 基本情况简介

股票简称:张江高科 股票代码:600895 上市交易所:上海证券交易所
注册地址:上海市浦东新区龙东大道200号
办公地址:上海市浦东新区龙东大道300号 邮政编码:201203
公司国际互联网网址:www.600895.com 电子信箱:zjhtc@public2.sta.net.cn

1.2 联系人和联系方式

董事会秘书:周丽辉 联系地址:上海市浦东新区龙东大道300号
电话:50800018 传真:50800492 电子信箱:zjhtc@public2.sta.net.cn
证券事务代表:须磊 联系地址:上海市浦东新区龙东大道300号
电话:50803686 传真:50803199 电子信箱:zjhtc@public2.sta.net.cn

#### 2.会计数据和财务指标摘要

2.1 主要会计数据 单位:元

| | 2003年 | 2002年 | 本年比上年增减(%) | 2001年 |
|---|---|---|---|---|
| 主营业务收入 | 821,749,648.75 | 351,884,868.66 | 133.53 | 614,936,131.41 |
| 利润总额 | 209,377,495.11 | 216,368,551.86 | -3.23 | 240,448,201.51 |
| 净利润 | 175,799,415.69 | 173,629,855.04 | 1.25 | 202,441,946.24 |
| 扣除非经常性损益后的净利润 | 169,242,284.51 | 84,570,742.74 | 100.12 | 186,276,520.06 |
| | 2003年末 | 2002年末 | 本年末比上年末增减(%) | 2001年末 |
| 总资产 | 3,302,970,657.24 | 3,184,384,258.48 | 3.72 | 2,747,636,064.70 |
| 股东权益(不含少数股东权益) | 2,450,255,277.78 | 2,274,042,096.71 | 7.75 | 2,100,412,066.10 |
| 经营活动产生的现金流量净额 | 352,458,099.17 | 119,230,126.49 | 195.61 | -237,993,008.27 |

2.2 主要财务指标 单位:元

| | 2003年 | 2002年 | 本年比上年增减(%) | 2001年 |
|---|---|---|---|---|
| 每股收益 | 0.14 | 0.19 | -22.12 | 0.43 |
| 净资产收益率(%) | 7.17 | 7.64 | -6.03 | 9.64 |
| 扣除非经常性损益的净利润为基础计算的净资产收益率(%) | 6.91 | 3.72 | 85.73 | 8.87 |
| 每股经营活动产生的现金流量净额 | 0.29 | 0.13 | 127.39 | -0.51 |
| | 2003年末 | 2002年末 | 本年末比上年末增减(%) | 2001年末 |
| 每股净资产 | 2.02 | 2.43 | -17.12 | 4.49 |
| 调整后的每股净资产 | 2.01 | 2.43 | -16.99 | 4.49 |

## 3月29日

## 000541 佛山电器照明股份有限公司

### 二〇〇三年年度报告摘选

#### 1.上市公司基本情况简介

1.1 基本情况简介

股票简称:佛山照明(A股) 粤照明(B股) 股票代码:000541(A股) 200541(B股)
上市交易所:深圳证券交易所
注册地址和办公地址:广东省佛山市汾江北路15号 邮政编码:528000
公司国际互联网网址:www.chinafsl.com 电子信箱:gzfsligh@pub.foshan.gd.cn

1.2 联系人和联系方式

董事会秘书:林奕辉 联系地址:佛山市汾江北路15号
电话:0757-82966098 82810239 传真:0757-82816276
电子信箱:gzfsligh@pub.foshan.gd.cn

#### 2.会计数据和财务指标摘要

2.1 主要会计数据 单位:元

| | 2003年 | 2002年 | 本年比上年增减(%) | 2001年 |
|---|---|---|---|---|
| 主营业务收入 | 1,021,017,077.44 | 957,501,228.40 | 6.63 | 823,711,732.02 |
| 利润总额 | 270,390,346.96 | 242,998,523.90 | 11.27 | 210,011,358.89 |
| 净利润 | 226,325,007.49 | 204,819,357.27 | 10.5 | 173,348,748.33 |
| 扣除非经常性损益的净利润 | 223,549,768.38 | 192,448,001.93 | 16.16 | 176,950,887.37 |
| | 2003年末 | 2002年末 | 本年末比上年末增减(%) | 2001年末 |
| 总资产 | 2,413,285,723.27 | 2,347,876,256.03 | 2.79 | 2,242,302,393.20 |
| 股东权益(不含少数股东权益) | 2,189,239,189.32 | 2,111,880,560.09 | 3.66 | 1,906,996,624.70 |
| 经营活动产生的现金流量净额 | 233,086,544.34 | 302,700,317.20 | -23.00 | 268,595,877.80 |

2.2 主要财务指标 单位:元

| | 2003年 | 2002年 | 本年比上年增减(%) | 2001年 |
|---|---|---|---|---|
| 每股收益 | 0.63 | 0.57 | 10.53 | 0.484 |
| 净资产收益率(%) | 10.34 | 9.70 | 6.6 | 9.09 |
| 扣除非经常性损益的净利润为基础计算的净资产收益率(%) | 10.21 | 9.11 | 12.07 | 9.28 |
| 每股经营活动产生的现金流量净额 | 0.65 | 0.84 | -22.62 | 0.75 |
| | 2003年末 | 2002年末 | 本年末比上年末增减(%) | 2001年末 |
| 每股净资产 | 6.11 | 5.89 | 3.74 | 5.32 |
| 调整后的每股净资产 | 6.07 | 5.86 | 3.58 | 5.29 |

## 000549 湘火炬汽车集团股份有限公司

### 二〇〇三年年度报告摘选

#### 1.上市公司基本情况简介

1.1 基本情况简介

股票简称:湘火炬A 股票代码:000549 上市交易所:深圳证券交易所
注册地址和办公地址:湖南省株洲市红旗北路3号 邮政编码:412001
公司国际互联网网址:http://www.cntorch.com 电子信箱:torch@cntorch.com

1.2 联系人和联系方式

董事会秘书:张英姿 联系地址:湖南省株洲市红旗北路3号
电话:0733-8450105 传真:0733-8450019 电子信箱:torchstock@tom.com
证券事务代表:金卓钧 联系地址:湖南省株洲市红旗北路3号
电话:0733-8450105 传真:0733-8450019 电子信箱:torchstock@tom.com

#### 2.会计数据和财务指标摘要

2.1 主要会计数据 单位:(人民币)元

| | 2003年 | 2002年 | 本年比上年增减 | 2001年 |
|---|---|---|---|---|
| 主营业务收入 | 10,313,987,005.65 | 3,926,837,292.81 | 162.65% | 2,213,446,791.91 |
| 利润总额 | 735,233,941.22 | 370,761,049.16 | 98.30% | 133,560,348.87 |
| 净利润 | 222,208,292.36 | 118,823,797.08 | 87.01% | 63,349,591.10 |
| 扣除非经常性损益的净利润 | 225,933,333.05 | 134,783,802.53 | 67.63% | 48,666,348.91 |
| | 2003年末 | 2002年末 | 本年末比上年末增减 | 2001年末 |
| 总资产 | 10,156,677,954.54 | 5,471,103,909.79 | 85.64% | 3,028,388,767.26 |
| 股东权益(不含少数股东权益) | 1,304,463,623.42 | 1,050,119,507.85 | 24.22% | 943,066,438.52 |
| 经营活动产生的现金流量净额 | 177,261,372.61 | 231,644,721.09 | -23.48% | 38,974,048.46 |

2.2 主要财务指标 单位:(人民币)元

| | 2003年 | 2002年 | 本年比上年增减 | 2001年 |
|---|---|---|---|---|
| 每股收益 | 0.24 | 0.19 | 24.63% | 0.15 |
| 每股收益(如果股本变化,按新股本计算) | 0.24 | -- | -- | -- |
| 净资产收益率 | 17.03% | 11.32% | 50.44% | 6.72% |
| 扣除非经常性损益的净利润为基础计算的净资产收益率 | 17.32% | 12.84% | 34.89% | 5.16% |
| 每股经营活动产生的现金流量净额 | 0.19 | 0.37 | -48.99% | 0.09 |
| | 2003年末 | 2002年末 | 本年末比上年末增减 | 2001年末 |
| 每股净资产 | 1.39 | 1.68 | -17.19% | 2.27 |
| 调整后的每股净资产 | 1.34 | 1.61 | -16.39% | 2.16 |

## 000756 山东新华制药股份有限公司

### 二〇〇三年年度报告摘选

#### 1.上市公司基本情况简介

1.1 基本情况简介

股票简称:新华制药 股票代码:000756 上市交易所:深圳证券交易所

注册地址和办公地址:中国山东省淄博市高新技术产业开发区化工区 邮政编码:255005

公司国际互联网网址:http://www.xhzy.com 电子信箱:xhzy@xhzy.com

1.2 联系人和联系方式

董事会秘书:曹长求 联系地址:山东省淄博市高新技术产业开发区化工区

电话:0533-2166666-96025 传真:0533-2287508 电子信箱:cqcao@xhzy.com

证券事务代表:郭磊 联系地址:山东省淄博市高新技术产业开发区化工区

电话:0533-2166666-96026 传真:0533-2287508 电子信箱:guolei@xhzy.com

#### 2.会计数据和财务指标摘要

2.1 主要会计数据 单位:(人民币)元

| | 2003年(本年) | 2002年(上年) | 本年比上年增减 | 2001年 |
|---|---|---|---|---|
| 主营业务收入 | 1,328,471,339.17 | 1,173,549,986.46 | 13.20% | 1,099,258,491.40 |
| 利润总额 | 50,371,257.61 | 81,379,589.07 | -38.10% | 97,258,567.94 |
| 净利润 | 42,076,297.31 | 68,764,260.99 | -38.81% | 80,896,146.32 |
| 扣除非经常性损益的净利润 | 43,478,879.10 | 68,764,260.99 | -36.77% | 80,896,146.32 |
| | 2003年末(本年末) | 2002年末(上年末) | 本年末比上年末增减 | 2001年末 |
| 总资产 | 2,085,380,644.47 | 1,896,270,508.63 | 9.97% | 1,827,534,613.15 |
| 股东权益(不含少数股东权益) | 1,413,304,497.04 | 1,397,922,912.66 | 1.10% | 1,367,923,248.95 |
| 经营活动产生的现金流量净额 | 131,318,228.95 | 42,714,070.69 | 207.44% | -13,715,212.24 |

2.2 主要财务指标 单位:人民币元

| | 2003年(本年) | 2002年(上年) | 本年比上年增减 | 2001年 |
|---|---|---|---|---|
| 每股收益 | 0.09 | 0.15 | -38.83% | 0.18 |
| 净资产收益率 | 2.98% | 4.92% | -39.43% | 5.91% |
| 扣除非经常性损益的净利润为基础计算的净资产收益率 | 3.08% | 4.92% | -37.40% | 5.91% |
| 每股经营活动产生的现金流量净额 | 0.29 | 0.09 | 207.49% | -0.03 |
| | 2003年末(本年末) | 2002年末(上年末) | 本年末比上年末增减 | 2001年末 |
| 每股净资产 | 3.09 | 3.06 | 1.10% | 2.99 |
| 调整后的每股净资产 | 3.09 | 3.06 | 1.10% | 2.99 |

## 000762 西藏矿业发展股份有限公司

### 二〇〇三年年度报告摘选

#### 1.上市公司基本情况简介

1.1 基本情况简介

股票简称:西藏矿业 股票代码:000762 上市交易所:深圳证券交易所

注册地址和办公地址:西藏自治区拉萨市扎基路14号 邮政编码:850000

电子信箱:adslxzkycd@mail.sc.cninfo.net

1.2 联系人和联系方式

董事会秘书:刘晓江 联系地址:西藏自治区拉萨市14号

电话:0891-6384952 传真:0891-6386738,028-84446041

电子信箱:xzkyxx@mail.sc.cninfo.net

证券事务代表:王迎春 联系地址:西藏自治区拉萨市14号

电话:028-84430886 传真:028-84446041

#### 2.会计数据和财务指标摘要

2.1 主要会计数据 单位:(人民币)元

| | 2003年 | 2002年 | 本年比上年增减 | 2001年 |
|---|---|---|---|---|
| 主营业务收入 | 240,766,500.84 | 159,245,924.61 | 51.19% | 183,016,409.75 |
| 利润总额 | 77,089.37 | -73,022,574.25 | -- | 2,080,538.18 |
| 净利润 | 5,397,098.96 | -58,888,709.77 | -- | 5,177,145.20 |
| 扣除非经常性损益的净利润 | 5,365,789.84 | -47,801,180.90 | -- | 7,994,190.92 |
| | 2003年末 | 2002年末 | 本年末比上年末增减 | 2001年末 |
| 总资产 | 683,747,039.40 | 652,343,911.53 | 4.81% | 723,057,252.67 |
| 股东权益(不含少数股东权益) | 424,228,942.66 | 419,698,513.46 | 1.08% | 482,466,065.36 |
| 经营活动产生的现金流量净额 | 51,238,114.94 | 4,254,316.61 | 1104.38% | -10,099,152.99 |

2.2 主要财务指标 单位:(人民币)元

| | 2003年 | 2002年 | 本年比上年增减 | 2001年 |
|---|---|---|---|---|
| 每股收益 | 0.03 | -0.29 | -- | 0.03 |
| 每股收益(如果股本变化,按新股本计算) | 0.03 | -- | -- | -- |
| 净资产收益率 | 1.27% | -14.03% | -- | 1.07% |
| 扣除非经常性损益的净利润为基础计算的净资产收益率 | 1.26% | -11.39% | -- | 1.08% |
| 每股经营活动产生的现金流量净额 | 0.26 | 0.02 | 1119.05% | -0.05 |
| | 2003年末 | 2002年末 | 本年末比上年末增减 | 2001年末 |
| 每股净资产 | 2.12 | 2.09 | 1.10% | 2.41 |
| 调整后的每股净资产 | 1.78 | 1.82 | -2.69% | 2.34 |

## 000792 青海盐湖钾肥股份有限公司

### 二〇〇三年年度报告摘选

#### 1.上市公司基本情况简介

1.1 基本情况简介

股票简称:盐湖钾肥 股票代码:000792 上市交易所:深圳证券交易所

注册地址和办公地址:青海省格尔木市察尔汗 邮政编码:816005

公司国际互联网网址:http://www.yhjf.com 电子信箱:yhjf0792@sina.com

1.2 联系人和联系方式

董事会秘书:张继文 联系地址:青海省格尔木市黄河路1号

电话:0979-8448121,8448123 传真:0979-8417445 电子信箱:yhjf0792@sina.com

证券事务代表:加金才 联系地址:青海省格尔木市黄河路1号

电话:0979-8448121,8448123 传真:0979-8417445 电子信箱:yhjf0792@sina.com

#### 2.会计数据和财务指标摘要

2.1 主要会计数据 单位:(人民币)元

| | 2003年(本年) | 2002年(上年) | 本年比上年增减 | 2001年 |
|---|---|---|---|---|
| 主营业务收入 | 448,285,199.67 | 436,443,208.72 | 2.71% | 293,366,217.13 |
| 利润总额 | 127,168,066.36 | 116,361,461.81 | 9.29% | 98,233,739.28 |
| 净利润 | 97,359,590.30 | 92,144,781.34 | 5.66% | 81,018,622.94 |
| 扣除非经常性损益的净利润 | 96,242,487.98 | 91,794,244.14 | 4.85% | 81,113,890.52 |
| | 2003年末(本年末) | 2002年末(上年末) | 本年末比上年末增减 | 2001年末 |
| 总资产 | 3,598,855,088.74 | 1,426,062,260.18 | 152.36% | 1,021,329,068.20 |
| 股东权益(不含少数股东权益) | 1,170,305,566.59 | 1,073,063,976.29 | 9.06% | 664,273,817.21 |
| 经营活动产生的现金流量净额 | 100,385,210.05 | 82,466,173.69 | 21.76% | 76,293,799.72 |

2.2 主要财务指标 单位:(人民币)元

| | 2003年(本年) | 2002年(上年) | 本年比上年增减 | 2001年 |
|---|---|---|---|---|
| 每股收益 | 0.19 | 0.36 | -47.11% | 0.37 |
| 每股收益(如果股本变化,按新股本计算) | 0.19 | -- | -- | -- |
| 净资产收益率 | 8.32% | 8.59% | -3.14% | 12.20% |
| 扣除非经常性损益的净利润为基础计算的净资产收益率 | 8.22% | 8.55% | -3.86% | 12.21% |
| 每股经营活动产生的现金流量净额 | 0.20 | 0.32 | -39.11% | 0.35 |
| | 2003年末(本年末) | 2002年末(上年末) | 本年末比上年末增减 | 2001年末 |
| 每股净资产 | 2.29 | 4.19 | -45.47% | 3.02 |
| 调整后的每股净资产 | 2.27 | 4.15 | -45.40% | 2.98 |

## 000802 北京京西风光旅游开发股份有限公司

### 二〇〇三年年度报告摘选

#### 1.上市公司基本情况简介

1.1 基本情况简介

股票简称:京西旅游 股票代码:000802 上市交易所:深圳证券交易所

注册地址:北京市门头沟区新桥大街35号百花宾馆四、五层

办公地址:北京市门头沟区石龙工业开发区泰安路9号 邮政编码:102308

公司国际互联网网址:http://www.jxtour.com.cn 电子信箱:jxtour@public.bta.net.cn

1.2 联系人和联系方式

董事会秘书:包卫刚 联系地址:北京市门头沟区石龙工业开发区泰安路9号

电话:010-69800572 传真:010-69800572 电子信箱:jxtour@public.bta.net.cn

证券事务代表:刘岩 联系地址:北京市门头沟区石龙工业开发区泰安路9号

电话:010-60801019 传真:010-69805332 电子信箱:jxtour@public.bta.net.cn

#### 2.会计数据和财务指标摘要

2.1 主要会计数据 单位:(人民币)元

| | 2003年(本年) | 2002年(上年) | 本年比上年增减 | 2001年 |
|---|---|---|---|---|
| 主营业务收入 | 345,281,282.33 | 373,342,728.13 | -7.52% | 257,531,036.32 |
| 利润总额 | -74,592,875.22 | -65,384,018.82 | -- | 6,922,387.88 |
| 净利润 | -76,188,567.16 | -67,640,361.58 | -- | 2,464,188.48 |
| 扣除非经常性损益的净利润 | -63,128,432.93 | -67,050,067.35 | -- | 5,021,514.06 |
| | 2003年末(本年末) | 2002年末(上年末) | 本年末比上年末增减 | 2001年末 |
| 总资产 | 1,142,747,410.37 | 1,202,248,970.26 | -4.95% | 1,133,640,601.43 |
| 股东权益(不含少数股东权益) | 231,268,774.32 | 306,957,341.48 | -24.66% | 377,082,187.43 |
| 经营活动产生的现金流量净额 | -35,380,352.81 | 83,648,561.17 | -142.30% | -67,827,400.70 |

2.2 主要财务指标 单位:(人民币)元

| | 2003年(本年) | 2002年(上年) | 本年比上年增减 | 2001年 |
|---|---|---|---|---|
| 每股收益 | -0.66 | -0.58 | -- | 0.02 |
| 净资产收益率 | -32.94% | -22.04% | -- | 0.66% |
| 扣除非经常性损益的净利润为基础计算的净资产收益率 | -27.30% | -21.84% | -- | 1.33% |
| 每股经营活动产生的现金流量净额 | -0.30 | 0.72 | -142.22% | -0.58 |
| | 2003年末(本年末) | 2002年末(上年末) | 本年末比上年末增减 | 2001年末 |
| 每股净资产 | 1.99 | 2.64 | -24.62% | 3.22 |
| 调整后的每股净资产 | 1.60 | 2.17 | -26.27% | 2.63 |

## 000866 中国石化扬子石油化工股份有限公司

### 二〇〇三年年度报告摘选

#### 1.上市公司基本情况简介

1.1 基本情况简介

股票简称:扬子石化 股票代码:000866 上市交易所:深圳证券交易所

注册地址:南京高新技术产业开发区学府路 1 号

办公地址:南京市六合区沿江工业开发区新华路 777 号 邮政编码:210048

公司国际互联网网址:http://www.ypc.com.cn 电子信箱:dms@ypc.com.cn

1.2 联系人和联系方式

董事会秘书:吴鹏鸣 联系地址:南京市六合区沿江开发区新华路 777 号

电话:025-57787735,57787739 传真:025-57787755 电子信箱:dms@ypc.com.cn

#### 2.会计数据和财务指标摘要

2.1 主要会计数据 单位:人民币元

| | 2003 年(本年) | 2002 年(上年) | 本年比上年增减(%) | 2001 年 |
|---|---|---|---|---|
| 主营业务收入 | 22,005,134,892.05 | 15,149,224,272.40 | 45.26 | 12,812,295,143.72 |
| 利润总额 | 1,657,768,977.84 | 714,800,805.53 | 131.92 | 35,040,087.57 |
| 净利润 | 1,660,069,377.86 | 625,149,166.82 | 165.55 | 35,040,087.57 |
| 扣除非经常性损益的净利润 | 1,654,360,331.39 | 649,802,804.49 | 154.59 | -4,369,960.89 |
| | 2003 年末(本年末) | 2002 年末(上年末) | 本年末比上年末增减(%) | 2001 年末 |
| 总资产 | 13,330,308,788.98 | 13,473,506,901.44 | -1.06 | 11,790,102,040.72 |
| 股东权益(不含少数股东权益) | 7,503,559,778.79 | 5,843,490,400.93 | 28.41 | 5,216,644,732.06 |
| 经营活动产生的现金流量净额 | 3,476,913,688.67 | 1,140,872,112.18 | 117.11 | 1,029,432,651.06 |

2.2 主要财务指标 单位:人民币元

| | 2003 年(本年) | 2002 年(上年) | 本年比上年增减(%) | 2001 年 |
|---|---|---|---|---|
| 每股收益 | 0.7125 | 0.2683 | 165.56 | 0.0150 |
| 每股收益 * | 0.7125 | 0.2683 | 165.56 | 0.0150 |
| 净资产收益率 | 22.12 | 10.70 | 106.73 | 0.67 |
| 扣除非经常性损益的净利润为基础计算的净资产收益率 | 22.05 | 11.12 | 98.29 | -0.08 |
| 每股经营活动产生的现金流量净额 | 1.0631 | 0.4896 | 117.14 | 0.4418 |
| | 2003 年末(本年末) | 2002 年末(上年末) | 本年末比上年末增减(%) | 2001 年末 |
| 每股净资产 | 3.2204 | 2.5079 | 28.41 | 2.2389 |
| 调整后的每股净资产 | 3.1948 | 2.4755 | 29.06 | 2.1888 |

## 000925 浙江浙大海纳科技股份有限公司

### 二〇〇三年年度报告摘选

#### 1.上市公司基本情况简介

1.1 基本情况简介

股票简称:浙大海纳 股票代码:000925 上市交易所:深圳证券交易所

注册地址:杭州市高新区 2 号路之江科技工业园区 6 号楼

办公地址:杭州市滨江区高新软件园六号楼 3 楼 邮政编码:310053

公司国际互联网网址:http://www.000925.com.cn 电子信箱:zdhn000925vip.sina.com

1.2 联系人和联系方式

董事会秘书:赖慧芳 联系地址:杭州市滨江区高新软件园六号楼 3 楼

电话:0571-86696336 传真:0571-86696336 电子信箱:Laifang93@vip.sina.com

#### 2.会计数据和财务指标摘要

2.1 主要会计数据 单位:(人民币)元

| | 2003 年(本年) | 2002 年(上年) | 本年比上年增减(%) | 2001 年 |
|---|---|---|---|---|
| 主营业务收入 | 134,211,125.96 | 173,401,974.21 | -22.60 | 170,709,580.75 |
| 利润总额 | 21,495,125.25 | 19,781,363.61 | 8.66 | 27,590,033.08 |
| 净利润 | 11,864,530.16 | 12,654,252.47 | -6.24 | 19,485,490.61 |
| 扣除非经常性损益的净利润 | 12,166,269.83 | 9,908,273.44 | 22.79 | 14,974,415.19 |
| | 2003 年末(本年末) | 2002 年末(上年末) | 本年末比上年末增减(%) | 2001 年末 |
| 总资产 | 585,900,950.54 | 519,167,570.52 | 12.85 | 537,739,503.73 |
| 股东权益(不含少数股东权益) | 391,004,020.56 | 379,139,490.40 | 3.13 | 368,431,608.62 |
| 经营活动产生的现金流量净额 | 26,350,307.08 | 65,264,416.50 | -59.63 | 23,188,133.99 |

2.2 主要财务指标 单位:(人民币)元

| | 2003 年(本年) | 2002 年(上年) | 本年比上年增减(%) | 2001 年 |
|---|---|---|---|---|
| 每股收益 | 0.13 | 0.14 | -6.26 | 0.22 |
| 每股收益(如果股本变化,按新股本计算) | 0.13 | -- | -- | -- |
| 净资产收益率 | 3.03% | 3.34% | -9.28 | 5.29 |
| 扣除非经常性损益的净利润为基础计算的净资产收益率 | 3.11% | 2.66% | 16.92 | 4.10 |
| 每股经营活动产生的现金流量净额 | 0.29 | 0.73 | -59.62 | 0.26 |
| | 2003 年末(本年末) | 2002 年末(上年末) | 本年末比上年末增减(%) | 2001 年末 |
| 每股净资产 | 4.34 | 4.21 | 3.13 | 4.09 |
| 调整后的每股净资产 | 4.34 | 4.20 | 3.44 | 4.08 |

## 600015 华夏银行股份有限公司

### 二〇〇三年年度报告摘选

#### 1.上市公司基本情况简介

1.1 基本情况简介

股票简称:华夏银行 股票代码:600015 上市交易所:上海证券交易所

注册地址和办公地址:北京市西城区西单北大街 111 号 邮政编码:100032

公司国际互联网网址:http://www.hxb.cc;http://www.hxb.com.cn

电子信箱:zhdb@hxb.cc

1.2 联系人和联系方式

董事会秘书:赵京学 联系地址:北京市西城区西单北大街 111 号

电话:010-66151199 转 2907 传真:010-66122081 电子信箱:zhdb@hxb.cc

证券事务代表:张太旗 联系地址:北京市西城区西单北大街 111 号

电话:010-66151199 转 2912 传真:010-66122081 电子信箱:zhdb@hxb.cc

#### 2.会计数据和财务指标摘要

2.1 主要会计数据(境内审计数) 单位:人民币千元

| | 2003 年 | 2002 年 | 本年比上年增减 | 2001 年 |
|---|---|---|---|---|
| 主营业务收入 | 8,478,817 | 6,224,609 | 36.21% | 5,329,916 |
| 利润总额 | 1,375,195 | 1,151,243 | 19.45% | 1,096,430 |
| 净利润 | 801,588 | 705,533 | 13.61% | 640,259 |
| 扣除非经常性损益的净利润 | 945,822 | 830,168 | 13.93% | 759,684 |
| | 2003 年末 | 2002 年末 | 本年末比上年末增减 | 2001 年末 |
| 总资产 | 246,828,787 | 178,146,495 | 38.55% | 135,049,666 |
| 股东权益(不含少数股东权益) | 8,627,077 | 3,601,369 | 139.55% | 2,095,836 |
| 经营活动产生的现金流量净额 | -8,230,448 | 22,075,276 | -137.28% | 20,343,467 |

2.2 主要财务指标(境内审计数) 单位:人民币元

| | 2003 年 | 2002 年 | 本年比上年增减 | 2001 年 |
|---|---|---|---|---|
| 每股收益 | 0.23 | 0.28 | -17.86% | 0.26 |
| 净资产收益率 | 9.29% | 19.59% | -52.58% | 30.55% |
| 扣除非经常性损益的净利润为基础计算的净资产收益率 | 18.33% | 29.14% | -37.10% | 42.78% |
| 每股经营活动产生的现金流量净额 | -2.35 | 8.83 | -126.61% | 8.14 |
| | 2003 年末 | 2002 年末 | 本年末比上年末增减 | 2001 年末 |
| 每股净资产 | 2.46 | 1.44 | 70.83% | 0.84 |
| 调整后的每股净资产 | 2.32 | 1.24 | 87.10% | 0.66 |

## 600028 中国石油化工股份有限公司

### 二〇〇三年年度报告摘选

#### 1.上市公司基本情况简介

1.1 基本情况简介

股票简称:中国石化、SINOPEC CORP、SINOPEC CORP、中国石化 股票代码:0386、SNP、SNP、600028

上市交易所:上海证券交易所、香港交易所、纽约股票交易所、伦敦股票交易所、上海证券交易所

注册地址:中国北京市朝阳区惠新东街甲六号 办公地址:中国北京市朝阳区惠新东街甲六号

邮政编码:100029 公司国际互联网网址:http://www.sinopec.con

电子信箱:ir@sinopec.com/media@sinopec.com

1.2 联系人和联系方式

董事会秘书:陈革 联系地址:中国北京市朝阳区惠新东街甲六号

电话:86-10-64990060 传真:86-10-64990022 电子信箱:ir@sinopec.com/media@sinopec.com

证券事务代表:黄文生 联系地址:中国北京市朝阳区惠新东街甲六号

电话:86-10-6499 0060 传真:86-10-6499 0022 电子信箱:ir@sinopec.com/media@sinopec.com

#### 2.会计数据和财务指标摘要

2.1 主要会计数据 单位:人民币百万元

| 项目 | 2003 年 | 2002 年 调整后 | 2002 年 调整前 | 本年比上年增减(%) | 2001 年 调整后 | 2001 年 调整前 |
|---|---|---|---|---|---|---|
| 主营业务收入 | 417,191 | 324,184 | 324,184 | 28.69% | 304,347 | 304,347 |
| 利润总额 | 30,015 | 22,012 | 22,012 | 36.36 | 21,651 | 21,651 |
| 净利润 | 19,011 | 14,121 | 14,121 | 34.63 | 14,018 | 14,018 |
| 扣除非经常性损益的净利润 | 22,307 | 14,582 | 14,582 | 52.98 | 14,619 | 14,619 |
| 项目 | 2003 年末 | 2002 年末 调整后 | 2002 年末 调整前 | 本年比上年增减(%) | 2001 年末 调整后 | 2001 年末 调整前 |
| 总资产 | 390,213 | 368,375 | 368,375 | 5.93 | 360,294 | 360,294 |
| 股东权益(不含少数股东权益) | 162,946 | 151,717 | 146,515 | 7.40 | 145,975 | 139,039 |
| 经营活动产生的现金流量净额 | 64,448 | 60,069 | 60,069 | 7.29 | 59,692 | 59,692 |

2.2 主要财务指标

单位:人民币元

| 项目 | 2003 年 | 2002 年 调整后 | 2002 年 调整前 | 本年比上年增减(%) | 2001 年 调整后 | 2001 年 调整前 |
|---|---|---|---|---|---|---|
| 每股收益 | 0.219 | 0.163 | 0.163 | 34.36% | 0.162 | 0.162 |
| 净资产收益率(%) | 11.667 | 9.307 | 9.638 | 2.36 个百分点 | 9.603 | 10.082 |
| 扣除非经常性损益的净利润为基础计算的净资产收益率(全面摊薄)(%) | 13.690 | 9.611 | 9.953 | 4.08 个百分点 | 10.015 | 10.514 |
| 扣除非经常性损益的净利润为基础计算的净资产收益率(加权平均)(%) | 14.137 | 9.787 | 10.040 | 4.35 个百分点 | 10.787 | 11.061 |
| 每股经营活动产生的现金流量净额 | 0.743 | 0.693 | 0.693 | 7.22 | 0.688 | 0.688 |
| 项目 | 2003 年末 | 2002 年末 调整后 | 2002 年末 调整前 | 本年比上年增减(%) | 2001 年末 调整后 | 2001 年末 调整前 |
| 每股净资产 | 1.879 | 1.750 | 1.690 | 7.37 | 1.684 | 1.604 |
| 调整后的每股净资产 | 1.850 | 1.736 | 1.676 | 6.57 | 1.664 | 1.584 |

## 600260 湖北凯乐新材料科技股份有限公司

### 二〇〇三年年度报告摘选

#### 1.上市公司基本情况简介

1.1 基本情况简介

股票简称:凯乐科技 股票代码:600260 上市交易所:上海证券交易所

注册地址和办公地址:湖北省公安县斗湖堤镇城关 邮政编码:434300

公司国际互联网网址:http://www.kailegroup.com 电子信箱:Kailegroup@163.net

1.2 联系人和联系方式

董事会秘书:陈杰 联系地址:湖北省公安县斗湖堤镇城关

电话:0716－5209491 传真:0716－5209433 电子信箱:Kailegroup@163.net

证券事务代表:王政 联系地址:湖北省公安县斗湖堤镇城关

电话:0716－5209111 传真:0716－5209433 电子信箱:Kailegroup@163.net

#### 2.会计数据和财务指标摘要

2.1 主要会计数据 单位:人民币元

| | 2003 年 | 2002 年 | 本年比上年增减(%) | 2001 年 |
|---|---|---|---|---|
| 主营业务收入 | 420,276,119.60 | 351,200,021.51 | 19.67 | 383,700,854.82 |
| 利润总额 | 64,900,984.68 | 67,482,352.71 | －3.83 | 95,406,080.69 |
| 净利润 | 42,755,060.13 | 48,204,128.97 | －11.30 | 82,123,310.95 |
| 扣除非经常性损益的净利润 | 36,543,599.80 | 38,616,980.35 | －5.37 | 80,267,238.53 |
| | 2003 年末 | 2002 年末 | 本年末比上年末增减(%) | 2001 年末 |
| 总资产 | 1,186,163,246.70 | 1,020,230,896.69 | 16.26 | 1,057,741,321.59 |
| 股东权益(不含少数股东权益) | 924,266,304.80 | 881,507,525.97 | 4.85 | 833,303,366.89 |
| 经营活动产生的现金流量净额 | 83,688,516.33 | －65,570,406.44 | －－ | 41,738,737.16 |

2.2 主要财务指标 单位:人民币元

| | 2003 年 | 2002 年 | 本年比上年增减(%) | 2001 年 |
|---|---|---|---|---|
| 每股收益 | 0.24 | 0.27 | －11.11 | 0.47 |
| 净资产收益率(%) | 4.63 | 5.47 | －15.36 | 9.46 |
| 扣除非经常性损益的净利润为基础计算的净资产收益率(%) | 3.95 | 4.38 | －9.82 | 9.24 |
| 每股经营活动产生的现金流量净额 | 0.48 | －0.37 | －－ | 0.24 |
| | 2003 年末 | 2002 年末 | 本年末比上年末增减(%) | 2001 年末 |
| 每股净资产 | 5.26 | 5.01 | 4.99 | 4.74 |
| 调整后的每股净资产 | 5.25 | 5.01 | 4.79 | 4.73 |

## 600270 中外运空运发展股份有限公司

### 二〇〇三年年度报告摘选

#### 1.上市公司基本情况简介

1.1 基本情况简介

股票简称:外运发展 股票代码:600270 上市交易所:上海证券交易所

注册地址:北京海淀区西三环北路 21 号久凌大厦

办公地址:北京海淀区西三环北路 21 号久凌大厦 邮政编码:100089

公司国际互联网网址:www.sinoair.com 电子信箱:Stock@sinoair.com

1.2 联系人和联系方式

董事会秘书:张葵 联系地址:北京市海淀区西三环北路 21 号久凌大厦

电话:010－68405635 传真:010－68405628 电子信箱:stock@sinoair.com

证券事务代表:崔建齐 联系地址:北京市海淀区西三环北路 21 号久凌大厦

电话:010－68405635 传真:010－68405628 电子信箱:stock@sinoair.com

#### 2.会计数据和财务指标摘要

2.1 主要会计数据 单位:元

| | 2003 年 | 2002 年 调整后 | 2002 年 调整前 | 本年比上年增减(%) | 2001 年 调整后 | 2001 年 调整前 |
|---|---|---|---|---|---|---|
| 主营业务收入 | 3,002,948,984.84 | 2,266,662,324.05 | 2,266,662,324.05 | 32.48 | 1,471,924,808.86 | 1,471,924,808.86 |
| 利润总额 | 788,895,923.47 | 584,314,027.05 | 584,314,027.05 | 35.01 | 465,784,814.47 | 465,784,814.47 |
| 净利润 | 338,774,199.20 | 270,799,238.70 | 270,799,238.70 | 25.10 | 230,878,579.27 | 230,878,579.27 |
| 扣除非经常性损益的净利润 | 336,825,813.68 | 271,449,645.38 | 271,449,645.38 | 24.08 | 229,904,165.32 | 229,904,165.32 |
| | 2003 年 | 2002 年 调整后 | 2002 年 调整前 | 本年比上年增减(%) | 2001 年 调整后 | 2001 年 调整前 |
| 总资产 | 3,089,120,653.74 | 2,558,394,148.98 | 2,558,394,148.98 | 20.74 | 2,244,605,062.47 | 2,244,605,062.47 |
| 股东权益(不含少数股东权益) | 2,073,519,042.83 | 1,826,199,433.86 | 1,734,737,695.46 | 13.54 | 1,610,423,995.85 | 1,549,448,795.85 |
| 经营活动产生的现金流量净额 | 673,827,736.20 | 418,891,993.53 | 418,891,993.53 | 60.86 | 341,446,605.03 | 341,446,605.03 |

2.2 主要财务指标

单位:元

| | 2003 年 | 2002 年 调整后 | 2002 年 调整前 | 本年比上年增减(%) | 2001 年 调整后 | 2001 年 调整前 |
|---|---|---|---|---|---|---|
| 每股收益 | 0.6173 | 0.7402 | 0.7402 | －16.60 | 0.7573 | 0.7573 |
| 净资产收益率(%) | 16.34 | 14.83 | 15.61 | 10.18 | 14.34 | 14.90 |
| 扣除非经常性损益的净利润为基础计算的净资产收益率(%) | 17.21 | 16.41 | 15.82 | 4.88 | 15.39 | 15.39 |
| 每股经营活动产生的现金流量净额 | 1.23 | 1.15 | 1.15 | 6.96 | 1.12 | 1.12 |
| | 2003 年末 | 2002 年末 调整后 | 2002 年末 调整前 | 本年比上年增减(%) | 2001 年末 调整后 | 2001 年末 调整前 |
| 每股净资产 | 3.78 | 4.99 | 4.74 | －20.29 | 5.28 | 5.08 |
| 调整后的每股净资产 | 3.66 | 4.80 | 4.55 | －19.63 | 5.06 | 4.86 |

## 600332 广州药业股份有限公司

### 二〇〇三年年度报告摘选

#### 1.上市公司基本情况简介

1.1 基本情况简介

股票简称:广州药业 广州药业 股票代码:600332(A 股) 0874(H 股)

上市交易所:上海证券交易所 香港联合交易所有限公司

注册地址和办公地址:中国广东省广州市沙面北街 45 号 邮政编码:510130

公司国际互联网网址:http://www.gpc.com.cn 电子信箱:sec@gpc.com.cn

1.2 联系人和联系方式

董事会秘书:何舒华 联系地址:中国广东省广州市沙面北街 45 号

电话:(8620)8121 8119 传真:(8620)8121 6408 电子信箱:hesh@gpc.com.cn

证券事务代表:黄雪贞 联系地址:中国广东省广州市沙面北街 45 号

电话:(8620)8121 8086 传真:(8620)8121 6408 电子信箱:huangxz@gpc.com.cn

#### 2.会计数据和财务指标摘要

2.1 主要会计数据 单位:人民币千元

| | 2003 年 | 2002 年 调整前 | 2002 年 调整后 | 本年比上年增减(%) | 2001 年 调整前 | 2001 年 调整后 |
|---|---|---|---|---|---|---|
| 主营业务收入 | 6,971,963 | 5,943,823 | 5,943,823 | 17.30 | 5,334,029 | 5,334,029 |
| 利润总额 | 284,773 | 287,506 | 287,506 | －0.95 | 260,081 | 260,081 |
| 净利润 | 139,795 | 158,478 | 158,478 | －11.79 | 146,134 | 146.134 |
| 扣除非经常性损益的净利润 | 144,460 | 162,296 | 162,296 | －10.99 | 147.580 | 147.580 |
| | 2003 年 | 2002 年 调整前 | 2002 年 调整后 | 本年比上年增减(%) | 2001 年 调整前 | 2001 年 调整后 |
| 总资产 | 4,707,039 | 4,173,194 | 4,173,194 | 12.79 | 3,702,113 | 3,702,113 |
| 股东权益(不含少数股东权益) | 2,429,476 | 2,286,929 | 2,335,583 | 4.02 | 2,172,916 | 2,221,570 |
| 经营活动产生的现金流量净额 | －6.830 | 169,014 | 169,014 | －104.04 | 140,154 | 140,154 |

2.2 主要财务指标 单位:人民币元

| | 2003 年 | 2002 年 调整前 | 2002 年 调整后 | 本年比上年增减(%) | 2001 年 调整前 | 2001 年 调整后 |
|---|---|---|---|---|---|---|
| 每股收益 | 0.17 | 0.20 | 0.20 | －15.00 | 0.18 | 0.18 |
| 净资产收益率(%) | 5.75 | 6.93 | 6.79 | －15.32 | 6.73 | 6.58 |
| 扣除非经常性损益的净利润为基础计算的净资产收益率(%) | 5.95 | 7.10 | 6.95 | －14.39 | 6.79 | 6.64 |
| 每股经营活动产生的现金流量净额 | －0.01 | 0.21 | 0.21 | －104.76 | 0.17 | 0.17 |
| | 2003 年末 | 2002 末年 调整前 | 2002 末年 调整后 | 本年比上年末增减(%) | 2001 年末 调整前 | 2001 年末 调整后 |
| 每股净资产 | 3.00 | 2.82 | 2.88 | 4.17 | 2.68 | 2.74 |
| 调整后的每股净资产 | 2.92 | 2.74 | 2.80 | 4.29 | 2.59 | 2.65 |

## 600499 广东科达机电股份有限公司

### 二〇〇三年年度报告摘选

#### 1.上市公司基本情况简介

1.1 基本情况简介

股票简称:科达机电 股票代码:600499 上市交易所:上海证券交易所

注册地址:广东省佛山市顺德区容桂高新技术产业园桥东路 8 号

办公地址:广东省佛山市顺德区陈村大都工业区 邮政编码:528313

公司国际互联网网址:www.kedagroup.com 电子信箱:600499@secure.sse.com.cn

1.2 联系人和联系方式

董事会秘书:周和华 联系地址:广东省佛山市顺德区陈村大都工业区

电话:0757－23833869 传真:0757－23833869 电子信箱:600499@secure.sse.com.cn

证券事务代表:朱朝阳 联系地址:广东省佛山市顺德区陈村大都工业区

电话:0757－23833869 传真:0757－23833869 电子信箱:600499@secure.sse.com.cn

#### 2.会计数据和财务指标摘要

2.1 主要会计数据 单位:元

| | 2003 年 | 2002 年 | 本年比上年增减(%) | 2001 年 |
|---|---|---|---|---|
| 主营业务收入 | 396,749,081.98 | 216,830,657.13 | 82.98 | 147,620,915.04 |
| 利润总额 | 53,487,147.17 | 36,521,672.78 | 46.45 | 28,005,001.91 |
| 净利润 | 43,373,951.07 | 33,488,948.03 | 29.52 | 24,972,277.16 |
| 扣除非经常性损益的净利润 | 42,527,034.01 | 33,300,695.46 | 27.71 | 25,022,366.79 |
| | 2003 年末 | 2002 年末 | 本年末比上年末增减(%) | 2001 年末 |
| 总资产 | 669,799,551.61 | 492,030,609.01 | 36.13 | 146,483,444.79 |
| 股东权益(不含少数股东权益) | 416,841,791.82 | 378,767,737.72 | 10.05 | 73,843,533.69 |
| 经营活动产生的现金流量净额 | 41,431,549.73 | 33,198,387.24 | 24.80 | 16,307,821.36 |

2.2 主要财务指标 单位:元

| | 2003 年 | 2002 年 | 本年比上年增减(%) | 2001 年 |
|---|---|---|---|---|
| 每股收益 | 0.436 | 0.606 | －28.05 | 0.707 |
| 每股收益(加权) | 0.436 | 0.606 | －28.05 | 0.707 |
| 净资产收益率(%) | 10.41 | 8.84 | 17.76 | 33.82 |
| 扣除非经常性损益的净利润为基础计算的净资产收益率(%) | 10.20 | 8.79 | 16.04 | 33.89 |
| 每股经营活动产生的现金流量净额 | 0.416 | 0.602 | －30.90 | 0.462 |
| | 2003 年末 | 2002 年末 | 本年末比上年末增减(%) | 2001 年末 |
| 每股净资产 | 4.188 | 6.849 | －38.85 | 2.09 |
| 调整后的每股净资产 | 4.187 | 6.849 | －38.87 | 2.08 |

# 600597/ 光明乳业股份有限公司

## 二〇〇三年年度报告摘选

### 1.上市公司基本情况简介

1.1 基本情况简介

股票简称:光明乳业 股票代码:600597 上市交易所:上海证券交易所

注册地址和办公地址:上海市吴中路 578 号 邮政编码:201103

公司国际互联网网址:http://www.brightdairy.com

电子信箱:600597@brightdairy.com

1.2 联系人和联系方式

董事会秘书:朱建毅 联系地址:上海市吴中路 578 号

电话:021-54584520 传真:021-64013337 电子信箱:600597@brightdairy.com

### 2.会计数据和财务指标摘要

2.1 主要会计数据 单位:元

| | 2003 年 | 2002 年 | 本年比上年增减 | 2001 年 |
|---|---|---|---|---|
| 主营业务收入 | 5,981,051,611 | 5,021,503,488 | 19% | 3,520,210,605 |
| 利润总额 | 390,917,107 | 371,886,994 | 5% | 221,004,929 |
| 净利润 | 282,461,933 | 226,313,752 | 25% | 162,906,619 |
| 扣除非经常性损益的净利润 | 273,738,719 | 250,639,087 | 9% | 181,044,803 |
| | 2003 年末 | 2002 年末 | 本年末比上年末增减 | 2001 年末 |
| 总资产 | 3,460,834,470 | 2,937,365,249 | 18% | 1,829,170,116 |
| 股东权益(不含少数股东权益) | 1,861,258,092 | 1,643,798,149 | 13% | 543,663,332 |
| 经营活动产生的现金流量净额 | 470,164,616 | 480,085,588 | -2% | 379,985,619 |

2.2 主要财务指标 单位:元

| | 2003 年 | 2002 年 | 本年比上年增减 | 2001 年 |
|---|---|---|---|---|
| 每股收益 | 0.4338 | 0.3475 | 25% | 0.33 |
| 净资产收益率 | 15% | 14% | 7% | 30% |
| 扣除非经常性损益的净利润为基础计算的净资产收益率 | 15% | 16% | -6% | 33% |
| 每股经营活动产生的现金流量净额 | 0.72 | 0.74 | -2% | 0.76 |
| | 2003 年末 | 2002 年末 | 本年末比上年末增减 | 2001 年末 |
| 每股净资产 | 2.86 | 2.42 | 18% | 1.08 |
| 调整后的每股净资产 | 2.81 | 2.30 | 22% | 0.98 |

# 600655 上海豫园旅游商城股份有限公司

## 二〇〇三年年度报告摘选

### 1.上市公司基本情况简介

1.1 基本情况简介

股票简称:豫园商城 股票代码:600655 上市交易所:上海证券交易所

注册地址:上海市文昌路 19 号 办公地址:上海市方浜中路 269 号

邮政编码:200010 公司国际互联网网址:www.Yuyuantm.com.cn

电子信箱:Contact@yuyuantm.com.cn

1.2 联系人和联系方式

董事会秘书:曹有源 联系地址:上海市方浜中路 269 号

电话:021-63559999 传真:021-63550558 电子信箱:Obd@yuyuantm.com.cn

### 2.会计数据和财务指标摘要

2.1 主要会计数据 单位:元

| | 2003 年 | 2002 年 | 本年比上年增减(%) | 2001 年 |
|---|---|---|---|---|
| 主营业务收入 | 2,679,446,772.33 | 2,598,247,566.63 | 3.13 | 3,219,833,920.78 |
| 利润总额 | 86,964,289.06 | 124,049,791.18 | -29.90 | 123,463,144.30 |
| 净利润 | 50,139,539.50 | 94,325,660.92 | -46.84 | 99,403,070.09 |
| 扣除非经常性损益的净利润 | 46,598,114.59 | 100,578,140.08 | -53.67 | 92,820,398.19 |
| | 2003 年末 | 2002 年末 | 本年末比上年末增减(%) | 2001 年末 |
| 总资产 | 3,565,774,387.18 | 3,066,005,649.82 | 16.30 | 3,585,676,682.76 |
| 股东权益(不含少数股东权益) | 1,768,368,828.09 | 1,755,460,759.96 | 0.74 | 1,698,367,391.43 |
| 经营活动产生的现金流量净额 | 89,564,353.93 | 499,375,458.01 | -82.06 | 260,310,499.89 |

2.2 主要财务指标 单位:元

| | 2003 年 | 2002 年 | 本年比上年增减(%) | 2001 年 |
|---|---|---|---|---|
| 每股收益 | 0.108 | 0.203 | -46.80 | 0.214 |
| 净资产收益率(%) | 2.835 | 5.373 | -47.24 | 5.853 |
| 扣除非经常性损益的净利润为基础计算的净资产收益率(%) | 2.654 | 5.845 | -54.59 | 5.517 |
| 每股经营活动产生的现金流量净额 | 0.192 | 1.073 | -82.11 | 0.559 |
| | 2003 年末 | 2002 年末 | 本年末比上年末增减(%) | 2001 年末 |
| 每股净资产 | 3.800 | 3.772 | 0.74 | 3.650 |
| 调整后的每股净资产 | 3.567 | 3.535 | 0.91 | 3.400 |

# 600688 中国石化上海石油化工股份有限公司

## 二〇〇三年年度报告摘选

### 1.上市公司基本情况简介

1.1 基本情况简介

股票简称:上海石化 股票代码:600688 上市交易所:上海证券交易所

股票简称:上海石化 股票代码:338 上市交易所:香港联合交易所

股票简称:SHI 上市交易所:纽约交易所

注册地址和办公地址:上海市金山区金一路 48 号 邮政编码:200540

公司国际互联网网址:http://www.spc.com.cn 电子信箱:spc@spc.com.cn

1.2 联系人和联系方式

董事会秘书:张经明 联系地址:上海市金山区金一路 48 号

电话:86-21-57943143 传真:86-21-57940050 电子信箱:spc@spc.com.cn

证券事务代表:唐伟忠 联系地址:上海市金山区金一路 48 号

电话:86-21-57943143 传真:86-21-57940050 电子信箱:tom@spc.com.cn

### 2.会计数据和财务指标摘要

2.1 主要会计数据 单位:元

| | 2003 年 | 2002 年 | 本年比上年增减(%) | 2001 年 |
|---|---|---|---|---|
| 主营业务收入 | 29,567,140,000 | 22,322,896,000 | 32.45 | 20,197,396,000 |
| 利润总额 | 1,576,602,000 | 1,036,238,000 | 52.14 | 93,509,000 |
| 净利润 | 1,385,556,000 | 908,965,000 | 52.43 | 71,604,000 |
| 扣除非经常性损益的净利润 | 1,485,198,000 | 1,009,815,000 | 47.08 | 206,619,000 |
| | 2003 年末 | 2002 年末 | 本年末比上年末增减(%) | 2001 年末 |
| 总资产 | 27,580,828,000 | 26,562,285,000 | 3.83 | 24,770,182,000 |
| 股东权益(不含少数股东权益) | 15,507,016,000 | 14,481,460,000 | 7.08 | 13,572,495,000 |
| 经营活动产生的现金流量净额 | 2,692,641,000 | 2,322,574,000 | 15.93 | 2,838,737,000 |

2.2 主要财务指标 单位:元

| | 2003 年 | 2002 年 | 本年比上年增减(%) | 2001 年 |
|---|---|---|---|---|
| 每股收益 | 0.192 | 0.126 | 52.38 | 0.010 |
| 净资产收益率(%) | 8.94 | 6.28 | 42.04 | 0.53 |
| 扣除非经常性损益的净利润为基础计算的净资产收益率(%) | 9.58 | 6.97 | 37.35 | 0.53 |
| 每股经营活动产生的现金流量净额 | 0.374 | 0.323 | 15.79 | 0.394 |
| | 2003 年末 | 2002 年末 | 本年末比上年末增减(%) | 2001 年末 |
| 每股净资产 | 2.154 | 2.011 | 7.26 | 1.885 |
| 调整后的每股净资产 | 2.149 | 1.996 | 7.81 | 1.867 |

# 600760 东安黑豹股份有限公司

## 二〇〇三年年度报告摘选

### 1.上市公司基本情况简介

1.1 基本情况简介

股票简称:*ST黑豹 股票代码:600760 上市交易所:上海证券交易所

注册地址和办公地址:山东省文登市龙山路 107 号 邮政编码:264400

公司国际互联网网址:http://www.heibao.com.cn

电子信箱:wdnyys@public.whptt.sd.cn

1.2 联系人和联系方式

董事会秘书:孙军芳 联系地址:山东省文登市龙山路 107 号证券办

电话:0631-8087751 传真:0631-8352228 电子信箱:wdnyys@public.whptt.sd.cn

证券事务代表:王海兵 联系地址:山东省文登市龙山路 107 号证券办

电话:0631-8087751 传真:0631-8352228 电子信箱:wdnyys@public.whptt.sd.cn

### 2.会计数据和业务数据摘要

2.1 主要会计数据 单位:元

| | 2003 年 | 2002 年 | 本年比上年增减(%) | 2001 年 |
|---|---|---|---|---|
| 主营业务收入 | 200,519,635.35 | 216,215,390.46 | -7.26 | 282,702,213.35 |
| 利润总额 | 4,803,671.08 | -71,889,714.13 | -- | -62,442,594.44 |
| 净利润 | 4,803,671.08 | -71,889,714.13 | -- | -62,442,594.44 |
| 扣除非经常性损益的净利润 | -8,980,927.31 | -71,808,780.83 | -- | -62,318,668.85 |
| | 2003 年末 | 2002 年末 | 本年末比上年末增减(%) | 2001 年末 |
| 总资产 | 673,205,395.37 | 671,170,217.45 | 0.30 | 821,035,058.53 |
| 股东权益(不含少数股东权益) | 518,455,411.43 | 512,536,885.44 | 1.15 | 584,389,014.50 |
| 经营活动产生的现金流量净额 | 119,296,585.05 | -7,678,702.51 | -- | 10,708,101.95 |

2.2 主要财务指标 单位:元

| | 2003 年 | 2002 年 | 本年比上年增减(%) | 2001 年 |
|---|---|---|---|---|
| 每股收益(全面摊薄) | 0.02 | -0.26 | -- | -0.23 |
| 每股收益(加权平均) | 0.02 | -0.26 | -- | -0.23 |
| 净资产收益率(%) | 0.93 | -14.03 | -- | -10.69 |
| 扣除非经常性损益的净利润为基础计算的净资产收益率(%) | -1.74 | -13.09 | -- | -10.12 |
| 每股经营活动产生的现金流量净额 | 0.437 | -0.028 | -- | 0.04 |
| | 2003 年末 | 2002 年末 | 本年末比上年末增减(%) | 2001 年末 |
| 每股净资产 | 1.90 | 1.88 | 1.15 | 2.14 |
| 调整后的每股净资产 | 1.48 | 1.23 | 20.52 | 1.69 |

## 600839 四川长虹电器股份有限公司

### 二〇〇三年年度报告摘选

#### 1.上市公司基本情况简介

1.1 基本情况简介

股票简称:四川长虹 股票代码:600839 上市交易所:上海证券交易所

注册地址和办公地址:四川省绵阳市高新区绵兴东路35号 邮政编码:621000

公司国际互联网网址:http://www.changhong.com 电子信箱:600839@changhong.com

1.2 联系人和联系方式

董事会秘书:谭明献 联系地址:四川省绵阳市高新区绵兴东路35号

电话:0816－2418486 传真:0816－2418518 电子信箱:tan.mx@changhong.com

#### 2.会计数据和财务指标摘要

2.1 主要会计数据 单位:万元

| | 2003年 | 2002年 | 本年比上年增减(%) | 2001年 |
|---|---|---|---|---|
| 主营业务收入 | 1,413,319.55 | 1,258,518.47 | 12.30 | 951,461.85 |
| 利润总额 | 30,270.05 | 20,663.30 | 46.49 | 10,709.98 |
| 净利润 | 24,165.19 | 17,620.27 | 37.14 | 8,402.80 |
| 扣除非经常性损益的净利润 | 9,343.73 | 10,236.26 | －8.72 | －6,135.53 |
| | 2003年末 | 2002年末 | 本年末比上年末增减(%) | 2001年末 |
| 总资产 | 2,140,020.27 | 1,867,036.73 | 14.62 | 1,763,064.49 |
| 股东权益(不含少数股东权益) | 1,316,803.34 | 1,292,624.65 | 1.87 | 1,273,444.72 |
| 经营活动产生的现金流量净额 | －74,402.61 | －298,795.69 | －75.10 | 137,343.45 |

2.2 主要财务指标 单位:元

| | 2003年 | 2002年 | 本年比上年增减(%) | 2001年 |
|---|---|---|---|---|
| 每股收益 | 0.112 | 0.081 | 38.27 | 0.039 |
| 净资产收益率 | 1.85% | 1.36% | 36.03 | 0.66% |
| 扣除非经常性损益的净利润为基础计算的净资产收益率 | 0.91% | 0.79% | 15.19 | －0.48% |
| 每股经营活动产生的现金流量净额 | －0.34 | －1.38 | －75.36 | 0.63 |
| | 2003年末 | 2002年末 | 本年末比上年末增减(%) | 2001年末 |
| 每股净资产 | 6.084 | 5.973 | 1.86 | 5.884 |
| 调整后的每股净资产 | 6.072 | 5.962 | 1.85 | 5.871 |

## 600849 上海市医药股份有限公司

### 二〇〇三年年度报告摘选

#### 1.上市公司基本情况简介

1.1 基本情况简介

股票简称:上海医药 股票代码:600849 上市交易所:上海证券交易所

注册地址和办公地址:上海市浦东金桥路1399号 邮政编码:201206

公司国际互联网网址:www.shaphar.com.cn 电子信箱:shaphar@shaphar.com.cn

1.2 联系人和联系方式

董事会秘书:曹伟荣 联系地址:上海市浦东金桥路1399号

电话:021－58999999 传真:021－58995835 电子信箱:caowr@elong.com

#### 2.会计数据和财务指标摘要

2.1 主要会计数据 单位:元

| | 2003年 | 2002年 | 本年比上年增减(%) | 2001年 |
|---|---|---|---|---|
| 主营业务收入 | 9785804464.57 | 7235687313.06 | 35.24 | 5202034324.53 |
| 利润总额 | 257876224.74 | 213477213.21 | 20.80 | 199782533.00 |
| 净利润 | 154446346.38 | 125847063.73 | 22.73 | 142723226.18 |
| 扣除非经常性损益的净利润 | 100317280.48 | 106816695.10 | －6.08 | 130771144.13 |
| | 2003年末 | 2002年末 | 本年末比上年末增减(%) | 2001年末 |
| 总资产 | 6154848642.13 | 5402814501.19 | 13.92 | 4282905389.05 |
| 股东权益(不含少数股东权益) | 1729793651.76 | 1622794458.33 | 6.59 | 1523522510.91 |
| 经营活动产生的现金流量净额 | 484270.60 | 100843203.22 | －99.52 | 65733190.72 |

2.2 主要财务指标 单位:元

| | 2003年 | 2002年 | 本年比上年增减(%) | 2001年 |
|---|---|---|---|---|
| 每股收益 | 0.33 | 0.40 | －17.5 | 0.45 |
| 净资产收益率(%) | 8.93 | 7.75 | 15.23 | 9.37 |
| 扣除非经常性损益的净利润为基础计算的净资产收益率(%) | 5.80 | 6.58 | －11.85 | 8.58 |
| 每股经营活动产生的现金流量净额 | 0.001 | 0.32 | －99.69 | 0.21 |
| | 2003年末 | 2002年末 | 本年末比上年末增减(%) | 2001年末 |
| 每股净资产 | 3.65 | 5.13 | －28.85 | 4.82 |
| 调整后的每股净资产 | 3.35 | 4.72 | －29.03 | 4.57 |

## 600871 中国石化仪征化纤股份有限公司

### 二〇〇三年年度报告摘选

#### 1.上市公司基本情况简介

1.1 基本情况简介

股票简称:仪征化纤 股票代码:600871、1033

上市交易所:上海证券交易所香港联合交易所有限公司(“香港联交所”)

注册地址:中华人民共和国(“中国”)江苏省仪征市

办公地址:中华人民共和国江苏省仪征市 邮政编码:211900

公司国际互联网网址:http://www.ycfc.com 电子信箱:cso@ycfc.com

1.2 联系人和联系方式

董事会秘书:吴朝阳先生

联系地址:中国江苏省仪征市中国石化仪征化纤股份有限公司董事会秘书室

电话:86－514－3231888 传真:86－514－3235880 电子信箱:cso@ycfc.com

董事会助理秘书:石敏小姐

联系地址:中国江苏省仪征市中国石化仪征化纤股份有限公司董事会秘书室

电话:86－514－3231888 传真:86－514－3235880 电子信箱:cso@ycfc.com

#### 2.会计数据和财务指标摘要

2.1 主要会计数据 单位:人民币千元

| | 2003年 | 2002年 | | 本年比上年增减(%) | 2001年 |
|---|---|---|---|---|---|
| 主营业务收入 | 10,343,641 | 8,009,669 | | 29 | 7,808,658 |
| 利润总额 | 291,131 | 151,465 | | 92 | 213,375 |
| 净利润 | 240,204 | 139,833 | | 72 | 170,789 |
| 扣除非经常性损益的净利润 | 257,071 | 141,329 | | 82 | 246,470 |
| | 2003年末 | 2002年末 调整后 | 调整前 | 本年末比上年末增减(%) | 2001年末 |
| 总资产 | 12,078,960 | 12,179,002 | 12,179,002 | (1) | 11,201,494 |
| 股东权益(不含少数股东权益) | 9,125,832 | 8,941,701 * | 8,881,701 | 2 | 8,801,868 |
| 经营活动产生的现金流量净额 | 1,332,824 | 1,468,024 | 1,468,024 | (9) | 742,344 |

2.2 主要财务指标 单位:人民币元

| | 2003年 | 2002年 调整后 | 调整前 | 本年比上年增减(%) | 2001年 |
|---|---|---|---|---|---|
| 每股收益 | 0.060 | 0.035 | 0.035 | 72 | 0.043 |
| 净资产收益率(%) | 2.62 | 1.56 * | 1.57 | 69 | 1.94 |
| 扣除非经常性损益的净利润为基础计算的净资产收益率(%) | 2.85 | 1.59 * | 1.59 | 79 | 2.80 |
| 每股经营活动产生的现金流量净额 | 0.333 | 0.367 | 0.367 | (9) | 0.186 |
| | 2003年末 | 2002年末 调整后 | 调整前 | 本年末比上年末增减(%) | 2001年末 |
| 每股净资产 | 2.281 | 2.235 * | 2.220 | 2 | 2.200 |
| 调整后的每股净资产 | 2.279 | 2.234 * | 2.220 | 2 | 2.198 |

# 3月30日

## 000516 西安解放集团股份有限公司

### 二〇〇三年年度报告摘选

#### 1.上市公司基本情况简介

1.1 基本情况简介

股票简称:陕解放A 股票代码:000516 上市交易所:深圳证券交易所

注册地址和办公地址:西安市解放市场6号 邮政编码:710001

公司国际互联网网址:http://www.xakysc.com

电子信箱:JFG@pub.xaonline.com

1.2 联系人和联系方式

董事会秘书:刘建锁 联系地址:西安市解放市场6号

电话:(029)87217854 传真:(029)87217705 电子信箱:JFG@pub.xaonline.com

#### 2.会计数据和财务指标摘要

2.1 主要会计数据 单位:人民币元

| | 2003年(本年) | 2002年(上年) | 本年比上年增减 | 2001年 |
|---|---|---|---|---|
| 主营业务收入 | 1,346,929,763.39 | 1,129,520,777.89 | 19.25% | 681,111,257.25 |
| 利润总额 | 76,814,383.03 | 62,241,021.62 | 23.41% | 46,213,094.92 |
| 净利润 | 41,714,260.37 | 36,382,403.29 | 14.66% | 31,153,349.75 |
| 扣除非经常性损益的净利润 | 37,496,148.01 | 33,547,450.58 | 11.77% | 32,456,562.43 |
| | 2003年末(本年末) | 2002年末(上年末) | 本年末比上年末增减 | 2001年末 |
| 总资产 | 869,272,172.35 | 812,138,820.38 | 7.03% | 810,950,026.03 |
| 股东权益(不含少数股东权益) | 408,044,113.93 | 392,405,512.76 | 3.99% | 376,883,636.83 |
| 经营活动产生的现金流量净额 | 77,423,504.56 | 102,528,730.41 | －24.49% | 112,918,514.74 |

2.2 主要财务指标 单位:元

| | 2003年(本年) | 2002年(上年) | 本年比上年增减 | 2001年 |
|---|---|---|---|---|
| 每股收益 | 0.32 | 0.28 | 14.70% | 0.24－ |
| 每股收益(如果股本变化,按新股本计算) | 0.32 | －－ | －－ | －－ |
| 净资产收益率 | 10.22% | 9.27% | 10.25% | 8.27% |
| 扣除非经常性损益的净利润为基础计算的净资产收益率 | 9.37% | 8.76% | 6.96% | 9.23% |
| 每股经营活动产生的现金流量净额 | 0.59 | 0.79 | －24.43% | 0.87 |
| | 2003年末(本年末) | 2002年末(上年末) | 本年末比上年末增减 | 2001年末 |
| 每股净资产 | 3.13 | 3.01 | 3.99% | 2.89 |
| 调整后的每股净资产 | 3.10 | 2.96 | 4.73% | 2.87 |

## 000520 中国石化武汉凤凰股份有限公司

### 二〇〇三年年度报告摘选

#### 1.上市公司基本情况简介

1.1 基本情况简介

股票简称:中国凤凰 股票代码:000520 上市交易所:深圳证券交易所

注册地址和办公地址:武汉市青山区长青路 邮政编码:430082

电子信箱:fengh001@hpublic.wh.hb.cn

1.2 联系人和联系方式

董事会秘书:熊克金,宫薇薇 联系地址:武汉市青山区长青路

电话:027-86516722 传真:027-86515968 电子信箱:fengh001@hpublic.wh.hb.cn

#### 2.会计数据和财务指标摘要

2.1 主要会计数据 单位:(人民币)元

| | 2003年 | 2002年 | 本年比上年增减(%) | 2001年 |
|---|---|---|---|---|
| 主营业务收入 | 1,133,280,082.66 | 906,421,636.70 | 25.03% | 903,780,996.88 |
| 利润总额 | 85,852,883.49 | 88,994,539.43 | -3.53% | 74,356,170.96 |
| 净利润 | 54,602,463.01 | 50,158,691.08 | 8.86% | 45,078,722.09 |
| 扣除非经常性损益的净利润 | 61,103,722.72 | 58,598,495.80 | 2.57% | 48,834,549.20 |
| | 2003年末 | 2002年末 | 本年末比上年末增减(%) | 2001年末 |
| 总资产 | 1,402,300,115.53 | 1,466,453,605.35 | 4.37% | 1,482,710,345.79 |
| 股东权益(不含少数股东权益) | 1,308,310,010.66 | 1,314,890,051.65 | -0.50% | 1,306,264,861.53 |
| 经营活动产生的现金流量净额 | 78,611,347.91 | 150,787,912.64 | -47.87% | 259,710,720.45 |

2.2 主要财务指标 单位:(人民币)元

| | 2003年 | 2002年 | 本年比上年增减(%) | 2001年 |
|---|---|---|---|---|
| 每股收益 | 0.1052 | 0.0970 | 8.45% | 0.0866 |
| 每股收益(如果股本变化,按新股本计算) | 0.1052 | -- | -- | -- |
| 净资产收益率 | 4.17% | 3.81% | 9.45% | 3.45% |
| 扣除非经常性损益的净利润为基础计算的净资产收益率 | 4.67% | 4.60% | 1.52% | 3.74% |
| 每股经营活动产生的现金流量净额 | 0.1514 | 0.2904 | -47.87% | 0.50 |
| | 2003年末 | 2002年末 | 本年末比上年末增减(%) | 2001年末 |
| 每股净资产 | 2.5200 | 2.5330 | -0.51% | 2.5161 |
| 调整后的每股净资产 | 2.5200 | 2.5330 | -0.51% | 2.5161 |

## 000546 吉林轻工集团股份有限公司

### 二〇〇三年年度报告摘选

#### 1.上市公司基本情况简介

1.1 基本情况简介

股票简称:ST吉轻工 股票代码:000546 上市交易所:深圳证券交易所

注册地址和办公地址:长春市建设街81号 邮政编码:130061

电子信箱:jlligco@public.cc.jl.cn

1.2 联系人和联系方式

董事会秘书:孙振江 联系地址:长春市建设街81号

电话:0431-8523476 传真:0431-8522149 电子信箱:jlligco@public.cc.jl.cn

证券事务代表:韩旭辉 联系地址:长春市建设街81号

电话:0431-8523476 传真:0431-8522149 电子信箱:jlligco@public.cc.jl.cn

#### 2.会计数据和财务指标摘要

2.1 主要会计数据 单位:人民币元

| | 2003年(本年) | 2002年(上年) | 本年比上年增减 | 2001年 |
|---|---|---|---|---|
| 主营业务收入 | 126,089,228.41 | 120,737,502.93 | 4.43% | 1,381,736.00 |
| 利润总额 | 17,079,925.75 | 12,193,320.42 | 40.08% | 22,585,424.68 |
| 净利润 | 12,683,442.36 | 2,624,860.74 | 383.20% | 22,585,424.68 |
| 扣除非经常性损益的净利润 | -13,205,688.51 | 2,624,860.74 | -603.10% | -283,839,942.23 |
| | 2003年末(本年末) | 2002年末(上年末) | 本年末比上年末增减 | 2001年末 |
| 总资产 | 478,833,010.97 | 379,341,183.90 | 26.23% | 317,686,781.89 |
| 股东权益(不含少数股东权益) | 170,636,883.98 | 26,729,942.83 | 538.37% | 6,766,030.09 |
| 经营活动产生的现金流量净额 | 112,975,479.77 | 37,799,944.95 | 198.88% | -8,475,323.98 |

2.2 主要财务指标 单位:人民币元

| | 2003年(本年) | 2002年(上年) | 本年比上年增减 | 2001年 |
|---|---|---|---|---|
| 每股收益 | 0.08 | 0.02 | 400.00% | 0.13 |
| 每股收益(如果股本变化,按新股本计算) | 0.08 | -- | -- | -- |
| 净资产收益率 | 7.43% | 9.82% | -24.34% | 333.81% |
| 扣除非经常性损益的净利润为基础计算的净资产收益率 | -7.74% | 1.50% | -616.00% | -1.67% |
| 每股经营活动产生的现金流量净额 | 0.67 | 0.22 | 198.65% | -0.05 |
| | 2003年末(本年末) | 2002年末(上年末) | 本年末比上年末增减 | 2001年末 |
| 每股净资产 | 1.01 | 0.16 | 537.34% | 0.04 |
| 调整后的每股净资产 | 0.99 | 0.14 | 598.59% | -0.21 |

## 000739 青岛普洛股份有限公司

### 二〇〇三年年度报告摘选

#### 1.上市公司基本情况简介

1.1 基本情况简介

股票简称:普洛药业 股票代码:000739 上市交易所:深圳证券交易所

注册地址和办公地址:中国青岛市胶州路140号 邮政编码:266011

公司国际互联网网址:www.apeloa.com 电子信箱:000739@apeloa.com

1.2 联系人和联系方式

董事会秘书:阎国强 联系地址:青岛市胶州路140号

电话:0532-2851395 传真:0532-2840739 电子信箱:yangq@apeloa.com

证券事务代表:刘平 联系地址:青岛市胶州路140号

电话:0532-2851939 传真:0532-2840739 电子信箱:liup@apeloa.com

#### 2.会计数据和财务指标摘要

2.1 主要会计数据 单位:(人民币)元

| | 2003年(本年) | 2002年(上年) | 本年比上年增减(%) | 2001年 |
|---|---|---|---|---|
| 主营业务收入 | 770,251,236.54 | 659,334,953.12 | 16.82% | 141,838,153.89 |
| 利润总额 | 50,078,535.22 | 51,145,100.47 | -2.09% | -25,538,844.60 |
| 净利润 | 34,192,405.95 | 31,587,671.50 | 8.25% | -25.873,068.00 |
| 扣除非经常性损益的净利润 | 31,435,880.27 | 30.483,675.91 | 3.12% | -25,381,021.18 |
| | 2003年末(本年末) | 2002年末(上年末) | 本年末比上年末增减(%) | 2001年末 |
| 总资产 | 863,065,044.13 | 689,278,286.96 | 25.21% | 587,377,037.31 |
| 股东权益(不含少数股东权益) | 305,565,440.55 | 271,373,034.60 | 12.60% | 247,072,824.60 |
| 经营活动产生的现金流量净额 | 105,360,967.51 | 2,814,490.28 | 3643.52% | -569,787.22 |

2.2 主要财务指标 单位:(人民币)元

| | 2003年(本年) | 2002年(上年) | 本年比上年增减(%) | 2001年 |
|---|---|---|---|---|
| 每股收益 | 0.24 | 0.22 | 8.29% | 0.18 |
| 净资产收益率 | 11.19% | 11.64% | -3.87% | -10.47% |
| 扣除非经常性损益的净利润为基础计算的净资产收益率 | 10.38% | 11.28% | -7.98% | -10.27 |
| 每股经营活动产生的现金流量净额 | 0.27 | 0.02 | 3515.00% | -0.00 |
| | 2003年末(本年末) | 2002年末(上年末) | 本年末比上年末增减(%) | 2001年末 |
| 每股净资产 | 2.10 | 1.86 | 12.62% | 1.70 |
| 调整后的每股净资产 | 2.09 | 1.86 | 12.37% | 1.69 |

## 000796 宝鸡商场(集团)股份有限公司

### 二〇〇三年年度报告摘选

#### 1.上市公司基本情况简介

1.1 基本情况简介

股票简称:宝商集团 股票代码:000796 上市交易所:深圳证券交易所

注册地址:宝鸡市峪泉路10号 办公地址:宝鸡市经二路114号

邮政编码:721000 公司国际互联网网址:http://www.bsjt.net

电子信箱:dlj09@sohu.com

1.2 联系人和联系方式

董事会秘书:董启怀 联系地址:宝鸡市经二路114号

电话:0917-3215282 传真:0917-3215282 电子信箱:bsjt01@sohu.com

#### 2.会计数据和财务指标摘要

2.1 主要会计数据 单位:人民币元

| | 2003年(本年) | 2002年(上年) | 本年比上年增减 | 2001年 |
|---|---|---|---|---|
| 主营业务收入 | 285,859,253.29 | 557,974,497.63 | -48.77% | 629,451,470.66 |
| 利润总额 | 15,842,123.26 | 25,936,563.65 | -38.92% | 25,936,563.65 |
| 净利润 | 13,687,068.31 | 21,886,146.07 | -37.46% | 32,367,875.57 |
| 扣除非经常性损益的净利润 | 7,942,733.77 | 20,346,290.05 | -60.96% | 31,012,200.16 |
| | 2003年末(本年末) | 2002年末(上年末) | 本年末比上年末增减 | 2001年末 |
| 总资产 | 1,054,986,701.06 | 964,590,263.67 | 9.37% | 966,230,888.13 |
| 股东权益(不含少数股东权益) | 698,542,604.47 | 684,855,536.16 | 2.00% | 662,705,390.09 |
| 经营活动产生的现金流量净额 | 114,017,747.60 | 94,827,055.40 | 20.24% | 67,446,099.95 |

2.2 主要财务指标 单位:人民币元

| | 2003年(本年) | 2002年(上年) | 本年比上年增减 | 2001年 |
|---|---|---|---|---|
| 每股收益 | 0.09 | 0.14 | -37.50% | 0.20 |
| 每股收益(如果股本变化,按新股本计算) | 0.09 | -- | -- | -- |
| 净资产收益率 | 1.96% | 3.20% | -38.75% | 4.88% |
| 扣除非经常性损益的净利润为基础计算的净资产收益率 | 1.14% | 2.97% | -61.62% | 4.68% |
| 每股经营活动产生的现金流量净额 | 0.71 | 0.59 | 20.30% | 0.42 |
| | 2003年末(本年末) | 2002年末(上年末) | 本年末比上年末增减 | 2001年末 |
| 每股净资产 | 4.36 | 4.27 | 2.01% | 4.13 |
| 调整后的每股净资产 | 4.35 | 4.26 | 2.00% | 4.12 |

# 000919 金陵药业股份有限公司

## 二〇〇三年年度报告摘选

### 1.上市公司基本情况简介

1.1 基本情况简介

股票简称:金陵药业 股票代码:000919 上市交易所:深圳证券交易所
注册地址:南京市经济技术开发区(新港大道 58 号)
办公地址:南京市中央路 238 号金陵药业大厦 邮政编码:210009
公司国际互联网网址:http://www.jlyy000919.com 电子信箱:info@jlyy000919.com

1.2 联系人和联系方式

董事会秘书:徐俊扬 联系地址:江苏省南京市中央路 238 号金陵药业大厦
电话:025－83112999－8513 传真:025－83112486 电子信箱:info@jlyy000919.com
证券事务代表:朱馨宁 联系地址:江苏省南京市中央路 238 号金陵药业大厦
电话:025－83112999－8511 传真:025－83112486 电子信箱:info@jlyy000919.com

### 2.会计数据和财务指标摘要

2.1 主要会计数据 单位:(人民币)元

| | 2003 年(本年) | 2002 年(上年) | 本年比上年增减(%) | 2001 年 |
|---|---|---|---|---|
| 主营业务收入 | 849,716,532.06 | 629,560,279.01 | 34.97 | 498,665,707.00 |
| 利润总额 | 177,412,091.28 | 176,187,283.39 | 0.70 | 154,195,855.42 |
| 净利润 | 132,043,853.61 | 128,680,756.05 | 2.61 | 108,590,580.94 |
| 扣除非经常性损益的净利润 | 105,485,263.77 | 110,383,609.00 | －4.44 | 61,459,928.67 |
| | 2003 年末(本年末) | 2002 年末(上年末) | 本年末比上年末增减(%) | 2001 年末 |
| 总资产 | 1,635,180,305.09 | 1,537,690,857.17 | 6.34 | 1,408,514,010.49 |
| 股东权益(不含少数股东权益) | 1,274,665,715.01 | 1,203,101,861.40 | 5.95 | 1,133,781,105.35 |
| 经营活动产生的现金流量净额 | 161,859,827.34 | 130,358,248.90 | 24.17 | 92,493,247.14 |

2.2 主要财务指标 单位:人民币元

| | 2003 年(本年) | 2002 年(上年) | 本年比上年增减(%) | 2001 年 |
|---|---|---|---|---|
| 每股收益 | 0.47 | 0.46 | 2.61 | 0.39 |
| 每股收益(如果股本变化,按新股本计算) | 0.47 | －－ | －－ | －－ |
| 净资产收益率(%) | 10.36 | 10.70 | －3.18 | 9.58 |
| 扣除非经常性损益的净利润为基础计算的净资产收益率(%) | 8.45 | 9.41 | －10.20 | 5.44 |
| 每股经营活动产生的现金流量净额 | 0.58 | 0.47 | 24.03 | 0.33 |
| | 2003 年末(本年末) | 2002 年末(上年末) | 本年末比上年末增减(%) | 2001 年末 |
| 每股净资产 | 4.55 | 4.30 | 5.95 | 4.05 |
| 调整后的每股净资产 | 4.55 | 4.29 | 5.94 | 4.05 |

# 000929 兰州黄河企业股份有限公司

## 二〇〇三年年度报告摘选

### 1.上市公司基本情况简介

1.1 基本情况简介

股票简称:兰州黄河 股票代码:000929 上市交易所:深圳证券交易所
注册地址:甘肃省兰州市七里河区郑家庄 108 号
办公地址:甘肃省兰州市城关区庆阳路 219 号金运大厦 22 层
邮政编码:730030 公司国际互联网网址:http://www.yellowriver.net.cn
电子信箱:yellowriver@yellowriver.net.cn

1.2 联系人和联系方式

董事会秘书:魏福新 联系地址:甘肃省兰州市城关区庆阳路 219 号金运大厦 22 层
电话:0931－8449054 传真:0931－8449005 电子信箱:hhgfgs@public.lz.gs.cn
证券事务代表:雍生东 联系地址:甘肃省兰州市城关区庆阳路 219 号金运大厦 22 层
电话:0931－8449039 传真:0931－8449005 电子信箱:Yongsd@263.net

### 2.会计数据和财务指标摘要

2.1 主要会计数据 单位:人民币元

| | 2003 年(本年) | 2002 年(上年) | 本年比上年增减 | 2001 年 |
|---|---|---|---|---|
| 主营业务收入 | 251,841,730.52 | 177,892,876.31 | 41.57% | 154,519,306.41 |
| 利润总额 | －16,529,752.20 | 1,350,904.61 | －1323.61% | －173,854,933.29 |
| 净利润 | －15,641,874.50 | 3,494,691.98 | －547.59% | －153,091,094.32 |
| 扣除非经常性损益的净利润 | －23,337,967.36 | －32,255,525.74 | －－ | －155,882,392.61 |
| | 2003 年末(本年末) | 2002 年末(上年末) | 本年末比上年末增减 | 2001 年末 |
| 总资产 | 819,221,443.22 | 743,849,117.83 | 10.13% | 785,866,647.58 |
| 股东权益(不含少数股东权益) | 327,527,016.78 | 343,070,151.96 | －4.53% | 338,005,050.46 |
| 经营活动产生的现金流量净额 | 24,542,572.54 | 36,715,114.26 | －33.15% | 27,619,119.30 |

2.2 主要财务指标 单位:人民币元

| | 2003 年(本年) | 2002 年(上年) | 本年比上年增减 | 2001 年 |
|---|---|---|---|---|
| 每股收益 | －0.09 | 0.03 | －416.00% | －1.30 |
| 每股收益(如果股本变化,按新股本计算) | －0.09 | －－ | －－ | －－ |
| 净资产收益率 | －4.78% | 1.02% | －568.63% | －45.29% |
| 扣除非经常性损益的净利润为基础计算的净资产收益率 | －7.13% | －9.40% | －－ | －46.12% |
| 每股经营活动产生的现金流量净额 | 0.15 | 0.31 | －52.25% | 0.23 |
| | 2003 年末(本年末) | 2002 年末(上年末) | 本年末比上年末增减 | 2001 年末 |
| 每股净资产 | 1.99 | 2.91 | －31.81% | 2.87 |
| 调整后的每股净资产 | 1.94 | 2.86 | －31.95% | 2.78 |

# 000939 武汉凯迪电力股份有限公司

## 二〇〇三年年度报告摘选

### 1.上市公司基本情况简介

1.1 基本情况简介

股票简称:凯迪电力 股票代码:000939 上市交易所:深圳证券交易所
注册地址:武汉市武昌区武珞路 586 号江天大厦 22 楼
办公地址:武汉市东湖开发区江夏大道特 1 号 邮政编码:430223
公司国际互联网网址:http://www.china－kaidi.com 电子信箱:daidi@public.wh.hb.cn

1.2 联系人和联系方式

董事会秘书:曹维垣 联系地址:武汉市东湖开发区江夏大道特 1 号
电话:027－67869018 传真:027－67869018 电子信箱:caoweiyuan－china－kaidi.com
证券事务代表:陈玲 联系地址:武汉市东湖开发区江夏大道特 1 号
电话:027－67869005 传真:027－67869018

### 2.会计数据和财务指标摘要

2.1 主要会计数据 单位:元

| | 2003 年(本年) | 2002 年(上年) | 本年比上年增减 | 2001 年 |
|---|---|---|---|---|
| 主营业务收入 | 909,514,658.84 | 552,989,551.29 | 64.47% | 422,994,053.42 |
| 利润总额 | 108,221,199.18 | 105,068,592.99 | 3.00% | 79,242,907.23 |
| 净利润 | 88,706,743.87 | 87,836,036.83 | 0.99% | 63,580,811.06 |
| 扣除非经常性损益的净利润 | 91,024,236.04 | 88,831,594.48 | 2.47% | 65,238,579.39 |
| | 2003 年末(本年末) | 2002 年末(上年末) | 本年末比上年末增减 | 2001 年末 |
| 总资产 | 1,575,410,851.12 | 1,202,162,269.86 | 31.05% | 903,962,848.28 |
| 股东权益(不含少数股东权益) | 634,196,742.89 | 567,687,907.40 | 11.72% | 479,851,870.57 |
| 经营活动产生的现金流量净额 | 280,434,128.86 | 176,370,597.17 | 59.00% | 161,231,708.94 |

2.2 主要财务指标 单位:(人民币)元

| | 2003 年(本年) | 2002 年(上年) | 本年比上年增减 | 2001 年 |
|---|---|---|---|---|
| 每股收益 | 0.41 | 0.41 | 1.01% | 0.29 |
| 每股收益(如果股本变化,按新股本计算) | 0.41 | －－ | －－ | －－ |
| 净资产收益率 | 13.99% | 15.47% | －9.57% | 13.25% |
| 扣除非经常性损益的净利润为基础计算的净资产收益率 | 14.35% | 15.64% | －8.25% | 13.59% |
| 每股经营活动产生的现金流量净额 | 1.30 | 0.82 | 59.08% | 0.75 |
| | 2003 年末(本年末) | 2002 年末(上年末) | 本年末比上年末增减 | 2001 年末 |
| 每股净资产 | | | | |
| 每股净资产 | 2.93 | 2.63 | 11.70% | 2.22 |
| 调整后的每股净资产 | 2.85 | 2.54 | 12.20% | 2.16 |

# 000956 中国石化中原油气高新股份有限公司

## 二〇〇三年年度报告摘选

### 1.上市公司基本情况简介

1.1 基本情况简介

股票简称:中原油气 股票代码:000956 上市交易所:深圳证券交易所
注册地址和办公地址:河南省郑州市高新技术产业开发区
邮政编码:450001 公司国际互联网网址:http://www.zyyq.com
电子信箱:info@zyyq.com

1.2 联系人和联系方式

董事会秘书:李洪海 联系地址:河南省郑州市高新技术产业开发区
电话:0371－7981018 0393－4893830 传真:0371－7984573 0393－4893831
电子信箱:info@zyyq.com
证券事务代表:张东方 联系地址:河南省郑州市高新技术产业开发区
电话:0371－7981018 0393－4893830 传真:0371－7984573 0393－4893831
电子信箱:info@zyyq.com

### 2.会计数据和财务指标摘要

2.1 主要会计数据 单位:(人民币)元

| | 2003 年(本年) | 2002 年(上年) | 本年比上年增减 | 2001 年 |
|---|---|---|---|---|
| 主营业务收入 | 2,054,440,952.40 | 1,794,238,510.71 | 14.50% | 1,740,257,613.18 |
| 利润总额 | 605,989,953.17 | 555,601,344.45 | 9.07% | 597,491,009.87 |
| 净利润 | 521,652,728.57 | 468,328,495.45 | 11.39% | 508,988,856.67 |
| 扣除非经常性损益的净利润 | 521,945,082.37 | 489,799,541.25 | 6.56% | 520,993,634.00 |
| | 2003 年末(本年末) | 2002 年末(上年末) | 本年末比上年末增减 | 2001 年末 |
| 总资产 | 4,737,013,211.14 | 4,016,133,126.99 | 17.95% | 3,674,005,949.80 |
| 股东权益(不含少数股东权益) | 4,290,749,068.16 | 3,253,587,653.60 | 31.88% | 2,866,859,158.15 |
| 经营活动产生的现金流量净额 | 962,695,941.45 | 384,071,556.63 | 150.66% | 739,979,677.84 |

2.2 主要财务指标 单位:人民币元

| | 2003 年(本年) | 2002 年(上年) | 本年比上年增减 | 2001 年 |
|---|---|---|---|---|
| 每股收益 | 0.60 | 0.57 | 3.92% | 0.62 |
| 每股收益(如果股本变化,按新股本计算) | 0.60 | － | － | － |
| 净资产收益率 | 12.16% | 14.39% | －15.50% | 17.75% |
| 扣除非经常性损益的净利润为基础计算的净资产收益率 | 12.16% | 15.05% | －19.20% | 18.17% |
| 每股经营活动产生的现金流量净额 | 1.10 | 0.47 | 133.84% | 0.91 |
| | 2003 年末(本年末) | 2002 年末(上年末) | 本年末比上年末增减 | 2001 年末 |
| 每股净资产 | 4.91 | 3.99 | 23.04% | 3.51 |
| 调整后的每股净资产 | 4.91 | 3.99 | 23.04% | 3.51 |

# 000982 宁夏圣雪绒股份有限公司

## 二〇〇三年年度报告摘选

### 1.上市公司基本情况简介

1.1 基本情况简介

股票简称:圣雪绒 股票代码:000982 上市交易所:深圳证券交易所

注册地址和办公地址:宁夏回族自治区银川解放西街363号六楼 邮政编码:750001

公司国际互联网网址:http://www.st-edenw.com 电子信箱:stedenw@public.yc.nx.cn

1.2 联系人和联系方式

董事会秘书:房进贤 联系地址:宁夏回族自治区银川市解放西街363号六楼

电话:0951—5026999 传真:0951—5043634 电子信箱:fjx@st-edenw.com

证券事务代表:陈晓非 联系地址:宁夏回族自治区银川市解放西街363号六楼

电话:0951—5048418 传真:0951—5043634 电子信箱:stock@st-edenw.com

### 2.会计数据和财务指标摘要

2.1 主要会计数据 单位:(人民币)元

| | 2003年(本年) | 2002年(上年) | 本年比上年增减 | 2001年 |
|---|---|---|---|---|
| 主营业务收入 | 561,426,851.29 | 512,186,509.70 | 9.61% | 452,110,887.14 |
| 利润总额 | 11,190,766.16 | 15,027,212.23 | -25.53% | 31,996,504.89 |
| 净利润 | 4,425,791.14 | 2,904,554.22 | 52.37% | 22,571,604.62 |
| 扣除非经常性损益的净利润 | -21,645,261.76 | 1,397,869.28 | -1648.45% | 13,419,718.67 |
| | 2003年末(本年末) | 2002年末(上年末) | 本年末比上年末增减 | 2001年末 |
| 总资产 | 1,566,969,838.03 | 1,418,024,361.91 | 10.50% | 1,054,717,254.44 |
| 股东权益(不含少数股东权益) | 366,930,517.88 | 356,057,177.15 | 3.05% | 364,454,538.04 |
| 经营活动产生的现金流量净额 | 131,257,312.28 | 22,794,815.65 | 475.82% | 1,124,800,000.00 |

2.2 主要财务指标 单位:(人民币)元

| | 2003年(本年) | 2002年(上年) | 本年比上年增减 | 2001年 |
|---|---|---|---|---|
| 每股收益 | 0.06 | 0.04 | 50.00% | 0.31 |
| 每股收益(如果股本变化,按新股本计算) | 0.06 | -- | -- | -- |
| 净资产收益率 | 1.21% | 0.82% | 47.56% | 6.19% |
| 扣除非经常性损益的净利润为基础计算的净资产收益率 | -6.27% | -0.30% | - | 3.27% |
| 每股经营活动产生的现金流量净额 | 1.77 | 0.31 | 475.97% | -1.52 |
| | 2003年末(本年末) | 2002年末(上年末) | 本年末比上年末增减 | 2001年末 |
| 每股净资产 | 4.96 | 4.81 | 3.03% | 4.93 |
| 调整后的每股净资产 | 4.68 | 4.59 | 1.90% | 4.82 |

# 600103 福建省青山纸业股份有限公司

## 二〇〇三年年度报告摘选

### 1.上市公司基本情况简介

1.1 基本情况简介

股票简称:青山纸业 股票代码:600103 上市交易所:上海证券交易所

注册地址:福州市马尾经济技术开发区君竹路

办公地址:福建省沙县青州镇 邮政编码:365506

公司国际互联网网址:www.7373173.com或www.qingshan.cn

电子信箱:fjqszy@qspaper.com或qszy@publ.fz.fj.cn

1.2 联系人和联系方式

董事会秘书:郑震 联系地址:福州市五一北路171号新都会花园广场16层

电话:0591-3367773 传真:0591-7110973 电子信箱:60103@fj172.com

证券事务代表:林建平 联系地址:福建省沙县青州镇

电话:0598-5655167 传真:0598-5655168 电子信箱:jplin@sohu.com

### 2.会计数据和财务指标摘要

2.1 主要会计数据 单位:元

| | 2003年 | 2002年 | 本年比上年增减(%) | 2001年 |
|---|---|---|---|---|
| 主营业务收入 | 1,093。503,950.86 | 857,612,243.35 | 27.51 | 918,579,192.98 |
| 利润总额 | 25,797,743.00 | 37,184,362.83 | -31.78 | 119,065,455.90 |
| 净利润 | 8,049,877.67 | 11,225,216.68 | -28.29 | 98,202,681.01 |
| 扣除非经常性损益的净利润 | 6,238,673.47 | 14,036,721.44 | -55.55 | 93,356,824.09 |
| | 2003年末 | 2002年末 | 本年末比上年末增减(%) | 2001年末 |
| 总资产 | 2,182,049,733.91 | 2,263,802,890.43 | -3.61 | 2,338,157,917.48 |
| 股东权益(不含少数股东权益) | 1,564,489,315.52 | 1,556,443,777.95 | 0.52 | 1,544,663,907.85 |
| 经营活动产生的现金流量净额 | 123,549,883.12 | 226,040,139.18 | -45.34 | 129,294,685.79 |

2.2 主要财务指标 单位:元

| | 2003年 | 2002年 | 本年比上年增减(%) | 2001年 |
|---|---|---|---|---|
| 每股收益 | 0.011 | 0.159 | -30.82 | 0.139 |
| 每股收益 | 0.009 | 0.0164 | -45.12 | 0.1325 |
| 净资产收益率(%) | 0.51 | 0.721 | -29.26 | 6.36 |
| 扣除非经常性损益的净利润为基础计算的净资产收益率(%) | 0.40 | 0.91 | -56.05 | 6.36 |
| 每股经营活动产生的现金流量净额 | 0.175 | 0.32 | -45.31 | 0.183 |
| | 2003年末 | 2002年末 | 本年末比上年末增减(%) | 2001年末 |
| 每股净资产 | 2.215 | 2.204 | 0.499 | 2.187 |
| 调整后的每股净资产 | 2.195 | 2.183 | 0.55 | 2.179 |

# 600111 内蒙古包钢稀土高科技股份有限公司

## 二〇〇三年年度报告摘选

### 1.上市公司基本情况简介

1.1 基本情况简介

股票简称:稀土高科 股票代码:600111 上市交易所:上海证券交易所

注册地址:内蒙古包头稀土高新技术产业开发区

办公地址:内蒙古包头稀土高新技术产业开发区青工南路 邮政编码:014030

公司国际互联网网址:http://www.reht.com 电子信箱:zqb@reht.com

1.2 联系人和联系方式

证券事务代表:陈秀昆

联系地址:内蒙古包头稀土高新技术产业开发区青工南路稀土高科证券部

电话:0472-2207799 2207788 传真:0472-2207788 电子信箱:zqb@reht.com

### 2.会计数据和财务指标摘要

2.1 主要会计数据 单位:元

| | 2003年 | 2002年 | 本年比上年增减(%) | 2001年 |
|---|---|---|---|---|
| 主营业务收入 | 501,110,345.94 | 303,024,888.25 | 65.37 | 315,427,395.05 |
| 利润总额 | 42,961,055.77 | 68,054,716.56 | -36.87 | 81,741,452.11 |
| 净利润 | 37,878,630.91 | 65,189,808.87 | -41.89 | 80,568,683.18 |
| 扣除非经常性损益的净利润 | 36,909,337.72 | 64,620,394.01 | -42.88 | 75,356,261.76 |
| | 2003年末 | 2002年末 | 本年末比上年末增减(%) | 2001年末 |
| 总资产 | 2,008,673,431.20 | 1,401,729,400.75 | 43.30 | 1,293,718,483.03 |
| 股东权益(不含少数股东权益) | 1,103,343,148.38 | 1,085,316,370.87 | 1.66 | 1,020,126,563.00 |
| 经营活动产生的现金流量净额 | 23,589,663.91 | 50,625,967.31 | -53.40 | 3,309,807.79 |

2.2 主要财务指标 单位:元

| | 2003年 | 2002年 | 本年比上年增减(%) | 2001年 |
|---|---|---|---|---|
| 每股收益 | 0.094 | 0.161 | -41.61 | 0.200 |
| 净资产收益率(%) | 3.433 | 6.007 | -42.85 | 7.90 |
| 扣除非经常性损益的净利润为基础计算的净资产收益率(%) | 3.345 | 5.954 | -43.82 | 7.387 |
| 每股经营活动产生的现金流量净额 | 0.058 | 0.125 | -53.60 | 0.008 |
| | 2003年末 | 2002年末 | 本年末比上年末增减(%) | 2001年末 |
| 每股净资产 | 2.733 | 2.689 | 1.636 | 2.527 |
| 调整后的每股净资产 | 2.524 | 2.538 | -0.552 | 2.423 |

# 600155 河北宝硕股份有限公司

## 二〇〇三年年度报告摘选

### 1.上市公司基本情况简介

1.1 基本情况简介

股票简称:宝硕股份A股 股票代码:600155 上市交易所:上海证券交易所

注册地址:河北省保定国家高新技术产业开发区朝阳北路176号

办公地址:河北省保定国家高新技术产业开发区朝阳北路175号 邮政编码:071051

公司国际互联网网址:http://www.baoshuo.com.cn

电子信箱:baoshuo@baoshuo.com.cn

1.2 联系人和联系方式

董事会秘书:何胜利 联系地址:河北省保定国家高新技术产业开发区朝阳北路175号

电话:0312-3109607 传真:0312-3109605 电子信箱:sh_he@baoshuo.com.cn

证券事务代表:赵长栓 联系地址:河北省保定国家高新技术产业开发区朝阳北路175号

电话:0312-3109607 传真:0312-3109605 电子信箱:zhengquan2003@sohu.com

### 2.会计数据和财务指标摘要

2.1 主要会计数据 单位:元

| | 2003年 | 2002年 | 本年比上年增减(%) | 2001年 |
|---|---|---|---|---|
| 主营业务收入 | 15,21,973,047.49 | 1,201,134,163.11 | 26.71 | 1,113,408,043.48 |
| 利润总额 | 57,981,828.13 | 95,469,961.73 | -39.27 | 99,652,413.75 |
| 净利润 | 61,597,634.16 | 62,079,746.46 | -0.78 | 72,069,675.16 |
| 扣除非经常性损益的净利润 | 61,328,812.64 | 61,147,591.01 | 0.30 | 71,911,973.82 |
| | 2003年末 | 2002年末 | 本年末比上年末增减(%) | 2001年末 |
| 总资产 | 2,199,379,901.06 | 228,395,229.54 | -3.70 | 2,054,564,431.93 |
| 股东权益(不含少数股东权益) | 886,511,415.10 | 850,202,213.94 | 4.27 | 788,049,373.26 |
| 经营活动产生的现金流量净额 | 129,315,841.23 | 151,648,768.17 | -14.73 | 147,531,409.74 |

2.2 主要财务指标 单位:元

| | 2003年 | 2002年 | 本年比上年增减(%) | 2001年 |
|---|---|---|---|---|
| 每股收益 | 0.149 | 0.151 | -1.32 | 0.175 |
| 净资产收益率(%) | 6.948 | 7.302 | -0.354 | 9.145 |
| 扣除非经常性损益的净利润为基础计算的净资产收益率(%) | 7.186 | -7.465 | -0.279 | 9.053 |
| 每股经营活动产生的现金流量净额 | 0.313 | 0.368 | -14.95 | 0.358 |
| | 2003年末 | 2002年末 | 本年末比上年末增减(%) | 2001年末 |
| 每股净资产 | 2.149 | 2.061 | 4.27 | 1.910 |
| 调整后的每股净资产 | 2.126 | 2.036 | 4.42 | 1.900 |

# 600195 中牧实业股份有限公司

## 二〇〇三年年度报告摘选

### 1.上市公司基本情况简介

1.1 基本情况简介

股票简称:中牧股份 股票代码:600195 上市交易所:上海证券交易所

注册地址和办公地址::北京市丰台区星火路1号 邮政编码:100070

公司国际互联网网址:www.cahic.com.cn

1.2 联系人和联系方式

董事会秘书:高奇志 联系地址:北京市丰台区星火路1号

电话:010-83607777 传真:010-83607998 电子信箱:Gaoqz@cahic.com

证券事务代表:张菁桦 联系地址:北京市丰台区星火路1号

电话:010-83607500 传真:010-83607995

### 2.会计数据和财务指标摘要

2.1 主要会计数据 单位:元

| | 2003年(T年,即本年) | 2002年(T-1年) | 本年比上年增减(%) | 2001年 |
|---|---|---|---|---|
| 主营业务收入 | 1,112,251,834.56 | 1,468,869,583.61 | -24.28% | 1,524,955,200.18 |
| 利润总额 | 31,417,696.61 | 25,677,674.15 | 22.35% | 84,622,093.35 |
| 净利润 | 22,961,821.18 | 18.705,704.45 | 22.75% | 86.792,383.57 |
| 扣除非经常性损益的净利润 | 21,674,945.34 | 20,962,314.60 | 3.40% | 84,476,672.99 |
| | 2003年末(T年,即本年) | 2002年末(T-1年末) | 本年末比上年末增减(%) | 2001年末(T-2年末) |
| 总资产 | 1,310,762,642.16 | 1,340,485,821.97 | -2.22% | 1,507,106,017.53 |
| 股东权益(不含少数股东权益) | 822,771,006.63 | 798,961,149.92 | 2.98% | 826,493,498.29 |
| 经营活动产生的现金流量净额 | 352,058,540.60 | 69,664,757.62 | 405.36% | 227,077,477.87 |

2.2 主要财务指标 单位:元

| | 2003年(T年即本年) | 2002年(T-1年) | 本年比上年增减(%) | 2001年(T-2年) |
|---|---|---|---|---|
| 每股收益 | 0.06 | 0.05 | 22.75% | 0.22 |
| 净资产收益率 | 2.79% | 2.34% | 19.20% | 10.50% |
| 扣除非经常性损益的净利润为基础计算的净资产收益率 | 2.63% | 2.62% | 0.41% | 10.35% |
| 每股经营活动产生的现金流量净额 | 0.90 | 0.18 | 405.36% | 0.58 |
| | 2003年末(T年即本年末) | 2002年末(T-1年末) | 本年末比上年末增减(%) | 2001年末(T-2年末) |
| 每股净资产 | 2.11 | 2.05 | 2.98% | 2.12 |
| 调整后的每股净资产 | 2.07 | 2.01 | 2.92% | 2.04 |

# 600380 健康元药业集团股份有限公司

## 二〇〇三年年度报告摘选

### 1.上市公司基本情况简介

1.1 基本情况简介

股票简称:健康元 股票代码:600380 上市交易所:上海证券交易所

注册地址和办公地址:深圳市罗湖区深南东路5002号地王商业大厦23层

邮政编码:518008 公司国际互联网网址:http://www.joincare.com

电子信箱:joincare@joincare.com

1.2 联系人和联系方式

董事会秘书:邱庆丰 联系地址:深圳市罗湖区深南东路5002号地王商业大厦23层

电话:0755-82478699 传真:075582478967 电子信箱:joincare@joincare.com

### 2.会计数据和财务指标摘要

2.1 主要会计数据 单位:元

| | 2003年 | 2002年 | 本年比上年增减 | 2001年 |
|---|---|---|---|---|
| 主营业务收入 | 1,752,426,088.24 | 711,647,636.44 | 146.25% | 678,817,966.56 |
| 利润总额 | 221,428,376.22 | 206,249,943.72 | 7.36% | 219,098,358.45 |
| 净利润 | 140,275,065.49 | 171,882,009.41 | -18.39% | 200,618,059.90 |
| 扣除非经常性损益的净利润 | 115,274,642.63 | 173,275,650.40 | -33.47% | 203,352,562.45 |
| | 2003年末 | 2002年末 | 本年末比上年末增减 | 2001年末 |
| 总资产 | 4,415,827,026.70 | 2,523,199,897.72 | 75.01% | 2,327,350,377.63 |
| 股东权益(不含少数股东权益) | 2,125,165,081.36 | 2,149,366,940.30 | -1.13% | 2,062,478,228.97 |
| 经营活动产生的现金净额 | 172,246,230.55 | 236,127,010.60 | -27.05% | 223,788,778.12 |

2.2 主要财务指标 单位:元

| | 2003年 | 2002年 | 本年比上年增减 | 2001年 |
|---|---|---|---|---|
| 每股收益 | 0.2300 | 0.4227 | -45.59% | 0.7401 |
| 净资产收益率 | 6.60% | 8.00% | -17.46% | 9.73% |
| 扣除非经常性损益的净利润为基础计算的净资产收益率 | 5.43% | 8.61% | -36.93% | 15,52% |
| 每股经营活动产生的现金流量净额 | 0.2824 | 0.5807 | -51.37% | 0.8255 |
| | 2003年末 | 2002年末 | 本年末比上年末增减 | 2001年末 |
| 每股净资产 | 3.4843 | 5.2859 | -34.08% | 7.6084 |
| 调整后的每股净资产 | 3.4352 | 5.2790 | -34.93% | 7.6040 |

# 600389 南通江山农药化工股份有限公司

## 二〇〇三年年度报告摘选

### 1.上市公司基本情况简介

1.1 基本情况简介

股票简称:江山股份 股票代码:600389 上市交易所:上海证券交易所

注册地址和办公地址:江苏省南通市姚港路35号 邮政编码:226006

公司国际互联网网址:http://www.jsac.com.cn 电子信箱:jspc@public.nt.js.cn

1.2 联系人和联系方式

董事会秘书:陶坤山

联系地址:江苏省南通市姚港路35号南通江山农药化工股份有限公司董事会秘书室

电话:0513-3517961 传真:0513-3321807 电子信箱:jsgf@pub.nt.jsinfo.net

证券事务代表:宋金华

联系地址:江苏省南通市姚港路35号南通江山农药化工股份有限公司董事会秘书室

电话:0513-3517081 传真:0513-3521807 电子信箱:s-jh@pub.nt.jsinfo.net

### 2.会计数据和财务指标摘要

2.1 主要会计数据 单位:人民币元

| | 2003年 | 2002年 | 本年比上年增减(%) | 2001年 |
|---|---|---|---|---|
| 主营业务收入 | 1,238,249,615.65 | 704,587,455.55 | 75.74 | 588,816,716.13 |
| 利润总额 | 56,325,945.88 | 49,410,601.52 | 14.00 | 48,854,632.43 |
| 净利润 | 43,790,527.89 | 31,609,257.90 | 38.54 | 37,470,080.28 |
| 扣除非经常性损益的净利润 | 32,843,825.29 | 28,913,600.05 | 13.60 | 26,931,047.11 |
| | 2003年末 | 2002年末 | 本年末比上年末增减(%) | 2001年末 |
| 总资产 | 1,222,175,598.49 | 1,029,600,094.35 | 18.71 | 775,468,283.95 |
| 股东权益(不含少数股东权益) | 514,462,394.74 | 463,699,625.90 | 10.95 | 439,319,177.01 |
| 经营活动产生的现金流量净额 | 95,610,209.95 | 20,861,068.42 | 358.32 | 72,080,084.47 |

2.2 主要财务指标 单位:人民币元

| | 2003年 | 2002年 | 本年比上年增减(%) | 2001年 |
|---|---|---|---|---|
| 每股收益 | 0.2433 | 0.1756 | 38.56 | 0.2498 |
| 净资产收益率(%) | 0.0851 | 0.0682 | 24.78 | 0.0853 |
| 扣除非经常性损益的净利润为基础计算的净资产收益率(%) | 0.0638 | 0.0624 | 2.25 | 0.0613 |
| 每股经营活动产生的现金流量净额 | 0.5312 | 0.1159 | 358.33 | 0.4805 |
| | 2003年末 | 2002年末 | 本年末比上年末增减(%) | 2001年末 |
| 每股净资产 | 2.8581 | 2.5761 | 10.95 | 2.9288 |
| 调整后的每股净资产 | 2.8380 | 2.5655 | 10.63 | 2.9113 |

# 600469 风神轮胎股份有限公司

## 二〇〇三年年度报告摘选

### 1.上市公司基本情况简介

1.1 基本情况简介

股票简称:风神股份 股票代码:600469 上市交易所:上海证券交易所

注册地址和办公地址:焦作市焦东南路48号 邮政编码:454003

公司国际互联网网址:http://www.aeolustyre.com 电子信箱:company@aeolustyre.com

1.2 联系人和联系方式

董事会秘书:韩法强 联系地址:焦作市焦东南路48号

电话:0391-3999080 传真:0391-3933952 电子信箱:hfq@aeolustyre.com

证券事务代表:初立珍 联系地址:焦作市焦东南路48号

电话:0391-3999080 传真:0391-3999080 电子信箱:clz@aeolustyre.com

### 2.会计数据和财务指标摘要

2.1 主要会计数据 单位:(人民币)元

| | 2003年(本年) | 2002年(上年) | 本年比上年增减(%) | 2001年 |
|---|---|---|---|---|
| 主营业务收入 | 2,110,087,175.94 | 1,361,543,560.99 | 54.98 | 1,061,178,533.88 |
| 利润总额 | 119,483,428.70 | 63,850,903.59 | 87.13 | 57,752,022.24 |
| 净利润 | 63,706,330.48 | 38,758,215.91 | 64.37 | 36,832,925.76 |
| 扣除非经常性损益的净利润 | 61,789,786.11 | 33,520,231.04 | 84.34 | 36,052,991.14 |
| | 2003年末 | 2002年末 | 本年末比上年末增减(%) | 2001年末 |
| 总资产 | 1,809,336,104.21 | 1,008,832,297.58 | 79.35 | 952,175,324.39 |
| 股东权益(不含少数股东权益) | 700,487,644.89 | 330,967,625.58 | 111.65 | 290,641,733.11 |
| 经营活动产生的现金流量净额 | 89,966,576.08 | 29,271,322.28 | 207.35 | 130,481,239.39 |

2.2 主要财务指标 单位:(人民币)元

| | 2003年(本年) | 2002年(上年) | 本年比上年增减(%) | 2001年 |
|---|---|---|---|---|
| 每股收益 | 0.25 | 0.215 | 16.28 | 0.205 |
| 净资产收益率(%) | 9.09 | 11.71 | -22.37 | 12.67 |
| 扣除非经常性损益的净利润为基础计算的净资产收益率(%) | 8.82 | 10.13 | -12.93 | 12.40 |
| 每股经营活动产生的现金流量净额 | 0.353 | 0.163 | 116.56 | 0.725 |
| | 2003年末(本年末) | 2002年末(上年末) | 本年末比上年末增减(%) | 2001年末 |
| 每股净资产 | 2.747 | 1.839 | 49.37 | 1.615 |
| 调整后的每股净资产 | 2.657 | 1.772 | 49.94 | 1.538 |

# 600486 江苏扬农化工股份有限公司

## 二〇〇三年年度报告摘选

### 1.上市公司基本情况简介

1.1 基本情况简介

股票简称:扬农化工 股票代码:600486 上市交易所:上海证券交易所

注册地址和办公地址:江苏扬州市文峰路39号 邮政编码:225009

公司国际互联网网址:www.yngf.com 电子信箱:yngf@yngf.com

1.2 联系人和联系方式

董事会秘书:陆曦明 联系地址:扬州文峰路39号

电话:0514-7813243-7486 传真:0514-7815486 电子信箱:stockcom@yngf.com

证券事务代表:吴孝举 联系地址:扬州文峰39号

电话:0514-7813243-7486 传真:0514-7815486 电子信箱:stockcom@yngf.com

### 2.会计数据和财务指标摘要

2.1 主要会计数据 单位:元

| | 2003年 | 2002年 | 本年比上年增减(%) | 2001年 |
|---|---|---|---|---|
| 主营业务收入 | 373,097,948.12 | 300,975,583.58 | 23.96 | 264,416,321.37 |
| 利润总额 | 40,839,954.97 | 36,690,345.78 | 11.31 | 35,344,655.61 |
| 净利润 | 27,219,553.60 | 24,250,405.18 | 12.24 | 23,676,226.22 |
| 扣除非经常性损益的净利润 | 29,003,772.12 | 26,311,778.32 | 10.23 | 25,077,285.50 |
| | 2003年末 | 2002年末 | 本年末比上年末增减(%) | 2001年末 |
| 总资产 | 668,163,488.35 | 493,259,928.27 | 35.46 | 240,279,555.15 |
| 股东权益(不含少数股东权益) | 356,416,081.47 | 349,196,527.87 | 2.07 | 108,493,178.13 |
| 经营活动产生的现金流量净额 | 71,555,907.63 | 33,226,346.27 | 115.36 | 51,794,367.09 |

2.2 主要财务指标 单位:元

| | 2003年 | 2002年 | 本年比上年增减(%) | 2001年 |
|---|---|---|---|---|
| 每股收益 | 0.272 | 0.243 | 12.24 | 0.338 |
| 净资产收益率 | 7.64% | 6.94% | 0.70 | 21.82% |
| 扣除非经常性损益的净利润为基础计算的净资产收益率 | 8.14% | 7.53% | 0.61 | 21.54% |
| 每股经营活动产生的现金流量净额 | 0.716 | 0.332 | 115.36 | 0.740 |
| | 2003年末 | 2002年末 | 本年末比上年末增减(%) | 2001年末 |
| 每股净资产 | 3.564 | 3.492 | 2.07 | 1.550 |
| 调整后的每股净资产 | 3.563 | 3.491 | 2.05 | 1.550 |

# 600528 中铁二局股份有限公司

## 二〇〇三年年度报告摘选

### 1.上市公司基本情况简介

1.1 基本情况简介

股票简称:中铁二局 股票代码:600528 上市交易所:上海证券交易所

注册地址:成都高新区创业东路18号高新大厦10楼

办公地址:成都市通锦路16号中铁二局大厦 邮政编码:610032

公司国际互联网网址:http://www.crec.com.cn 电子信箱:ztejbgs@mail.sc.cninfo.net

1.2 联系人和联系方式

董事会秘书:邓爱民 联系地址:成都市通锦路16号中铁二局大厦810号

电话:028-87684612 传真:028-87683980 电子信箱:wenbo2289@163.com

证券事务代表:曾永林 联系地址:成都市通锦路16号中铁二局大厦809号

电话:028-86444398 传真:028-87683980 电子信箱:zengyl@crceg.com.cn

### 2.会计数据和财务指标摘要

2.1 主要会计数据 单位:元

| | 2003年 | 2002年 | 本年比上年增减(%) | 2001年 |
|---|---|---|---|---|
| 主营业务收入 | 5,306,111,280.63 | 4,424,356,392.64 | 19.93 | 4,038,977,082.16 |
| 利润总额 | 78,989,121.46 | 144,395,367.28 | -45.30 | 161,448,203.79 |
| 净利润 | 69,775,434.90 | 110,262,853.70 | -36.72 | 161,029,352.77 |
| 扣除非经常性损益的净利润 | 65,290,931.83 | 112,778,137.79 | -42.11 | 175,391,192.70 |
| | 2003年末 | 2002年末 | 本年末比上年末增减(%) | 2001年末 |
| 总资产 | 4,241,482,698.85 | 4,222,720,409.68 | 0.44 | 3,471,109,479.57 |
| 股东权益(不含少数股东权益) | 1,779,535,193.64 | 1,838,317,357.30 | -3.20 | 1,722,494,008.92 |
| 经营活动产生的现金流量净额 | -53,103,316.16 | -323,294,093.51 | -83.57 | 49,544,478.80 |

2.2 主要财务指标 单位:元

| | 2003年 | 2002年 | 本年比上年增减(%) | 2001年 |
|---|---|---|---|---|
| 每股收益 | 0.17 | 0.27 | 37.04 | 0.39 |
| 净资产收益率(%) | 3.92 | 6.00 | -34.67 | 9.35 |
| 扣除非经常性损益的净利润为基础计算的净资产收益率(%) | 3.61 | 6.18 | -41.59 | 12.46 |
| 每股经营活动产生的现金流量净额 | -0.13 | -0.79 | -83.54 | 0.12 |
| | 2003年末 | 2002年末 | 本年末比上年末增减(%) | 2001年末 |
| 每股净资产 | 4.34 | 4.48 | -3.13 | 4.2 |
| 调整后的每股净资产 | 4.23 | 4.42 | -4.30 | 4.19 |

# 600547 山东黄金矿业股份有限公司

## 二〇〇三年年度报告摘选

### 1.上市公司基本情况简介

1.1 基本情况简介

股票简称:山东黄金 股票代码:600547 上市交易所:上海证券交易所

注册地址和办公地址:山东省济南市解放路16号 邮政编码:250014

公司国际互联网网址:http://www.sdgoldmining.com 电子信箱:gftq@sd-gold.com

1.2 联系人和联系方式

董事会秘书:林朴芳 联系地址:山东省济南市解放路16号

电话:0531-8562816 传真:0531-8562801 电子信箱:gftq@sd-gold.com

证券事务代表:汤琦 联系地址:山东省济南市解放路16号

电话:0531-8562800 传真:0531-8562801 电子信箱:gftq@sd-gold.com

### 2.会计数据和财务指标摘要

2.1 主要会计数据 单位:(人民币)元

| | 2003年 | 2002年 | 本年比上年增减(%) | 2001年 |
|---|---|---|---|---|
| 主营业务收入 | 323,059,312.78 | 283,177,907.09 | 14.08 | 249,778,253.12 |
| 利润总额 | 55,778,009.94 | 42,538,421.99 | 31.12 | 39,910,128.98 |
| 净利润 | 37,490,435.76 | 26,755,012.12 | 40.12 | 26,156,331.63 |
| 扣除非经常性损益的净利润 | 40,692,641.65 | 27,365,009.57 | 48.70 | 26,988,113.35 |
| | 2003年末 | 2002年末 | 本年末比上年末增减(%) | 2001年末 |
| 总资产 | 716,659,614.12 | 488,836,812.01 | 46.61 | 461,637,231.13 |
| 股东权益(不含少数股东权益) | 516,543,823.81 | 207,494,947.39 | 148.94 | 180,607,557.23 |
| 经营活动产生的现金流量净额 | 80,017,014.69 | 45,073,878.19 | 77.52 | 55,400,983.55 |

2.2 主要财务指标 单位:(人民币)元

| | 2003年 | 2002年 | 本年比上年增减(%) | 2001年 |
|---|---|---|---|---|
| 全面摊薄每股收益 | 0.23 | 0.27 | -14.81 | 0.26 |
| 加权平均每股收益 | 0.31 | 0.27 | 14.81 | 0.26 |
| 全面摊薄净资产收益率(%) | 7.26 | 12.89 | -43.68 | 14.48 |
| 加权平均净资产收益率(%) | 11.83 | 13.79 | -14.21 | 15.66 |
| 扣除非经常性损益的净利润为基础计算的净资产收益率(%) | 12.85 | 14.11 | -8.93 | 16.17 |
| 每股经营活动产生的现金流量净额 | 0.50 | 0.45 | 11.11 | 0.55 |
| | 2003年末 | 2002年末 | 本年末比上年末增减(%) | 2001年末 |
| 每股净资产 | 3.23 | 2.07 | 56.04 | 1.81 |
| 调整后的每股净资产 | 3.22 | 2.05 | 57.07 | 1.78 |

# 600576 无锡庆丰股份有限公司

## 二〇〇三年年度报告摘选

### 1.上市公司基本情况简介

1.1 基本情况简介

股票简称:庆丰股份 股票代码:600576 上市交易所:上海证券交易所

注册地址和办公地址:江苏省无锡市新区长江路34号地块科技创业园四区一楼101号

邮政编码:214008 公司国际互联网网址:http://www.qingfengchina.com

电子信箱:qingfengchina@texindex.com

1.2 联系人和联系方式

董事会秘书:张中伟 联系地址:无锡市锡沪西路203号

电话:0510-2353065 传真:0510-2357620 电子信箱:qfgf@wst.net.cn

证券事务代表:周斯秀 联系地址:无锡市锡沪西路203号

电话:0510-2353065 传真:0510-2357620 电子信箱:qfgf@wst.net.cn

### 2.会计数据和财务指标摘要

2.1 主要会计数据 单位:元

| 项目 | 2003年 | 2002年 | 本年比上年增减(%) | 2001年 |
|---|---|---|---|---|
| 主营业务收入 | 919,595,566.73 | 849,466,434.52 | 8.26 | 811,867,691.83 |
| 利润总额 | 40,029,900.05 | 53,006,700.19 | -24.50 | 65,343,245.77 |
| 净利润 | 31,373,243.86 | 44,910,810.45 | -30.14 | 42,121,114.13 |
| 扣除非经常性损益的净利润 | 27,702,546.45 | 42,127,410.3 | -34.24 | 41,773,648.25 |
| | 2003年末 | 2002年末 | 本年末比上年末增减(%) | 2001年末 |
| 总资产 | 1,561,543,833.87 | 717,907,514.82 | 117.51 | 593,088,688.77 |
| 股东权益(不含少数股东权益) | 626,153,137.03 | 240,579,961.01 | 160.27 | 196,638,196.93 |
| 经营活动产生的现金流量净额 | -92,798,121.97 | -45,538,210.19 | -103.78 | 107,696,628.07 |

2.2 主要财务指标 单位:元

| 项目 | 2003年 | 2002年 | 本年比上年增减(%) | 2001年 |
|---|---|---|---|---|
| 每股收益 | 0.16 | 0.33 | -51.52 | 0.31 |
| 净资产收益率(%) | 5.01 | 18.67 | -73.17 | 21.39 |
| 扣除非经常性损益的净利润为基础计算的净资产收益率(%) | 4.42 | 17.51 | -74.76 | 21.21 |
| 每股经营活动产生的现金流量净额 | -0.48 | -0.34 | -41.18 | 0.80 |
| | 2003年末 | 2002年末 | 本年末比上年末增减(%) | 2001年末 |
| 每股净资产 | 3.23 | 1.79 | 80.45 | 1.47 |
| 调整后的每股净资产 | 3.22 | 1.79 | 79.89 | 1.47 |

## 600589 广东榕泰实业股份有限公司

### 二〇〇三年年度报告摘选

#### 1.上市公司基本情况简介

1.1 基本情况简介

股票简称:广东榕泰 股票代码:600589 上市交易所:上海证券交易所
注册地址和办公地址:广东省揭阳市榕城区新兴东二路1号 邮政编码:522000
公司国际互联网网址:http://www.rongtai.com.cn 电子信箱:rongtai@rongtai.com.cn

1.2 联系人和联系方式

董事会秘书:林岳金 联系地址:广东省揭阳市榕城区新兴东二路1号
电话:(0663)8676616 传真:(0663)8676899 电子信箱:rongtai@rongtai.com.cn
证券事务代表:徐罗旭 联系地址:广东省揭阳市榕城区新兴东二路1号
电话:(0663)8676616 传真:(0663)8676899 电子信箱:rongtai@rongtai.com.cn

#### 2.会计数据和财务指标摘要

2.1 主要会计数据 单位:元

| | 2003年 | 2002年 | 本年比上年增减(%) | 2001年 |
|---|---|---|---|---|
| 主营业务收入 | 375,759,142.26 | 348,508,337.46 | 7.8 | 274,612,886.09 |
| 利润总额 | 60,300,886.78 | 60,539,779.09 | -0.39 | 46,488,084.99 |
| 净利润 | 53,062,784.48 | 52,516,027.25 | 1.0 | 35,227,474.65 |
| 扣除非经常性损益的净利润 | 49,271,945.16 | 50,054,523.46 | -1.56 | 32,523,454.93 |
| | 2003年末 | 2002年末 | 本年末比上年末增减(%) | 2001年末 |
| 总资产 | 830,924,769.35 | 720,142,391.50 | 15.38 | 688,375,246.37 |
| 股东权益(不含少数股东权益) | 619,483,800.83 | 598,021,016.35 | 3.59 | 545,504,989.10 |
| 经营活动产生的现金流量净额 | 88,351,798.98 | 23,892,231.44 | 269.79 | 32,405,484.40 |

2.2 主要财务指标 单位:元

| | 2003年 | 2002年 | 本年比上年增减(%) | 2001年 |
|---|---|---|---|---|
| 每股收益 | 0.33 | 0.328 | 0.61 | 0.25 |
| 每股收益(加权) | -- | -- | -- | -- |
| 净资产收益率(%) | 8.57 | 9.28 | -7.65 | 6.46 |
| 扣除非经常性损益的净利润为基础计算的净资产收益率(%) | 7.95 | 8.84 | -10.07 | 5.96 |
| 每股经营活动产生的现金流量净额 | 0.55 | 0.15 | 266.67 | 0.20 |
| | 2003年末 | 2002年末 | 本年末比上年末增减(%) | 2001年末 |
| 每股净资产 | 3.87 | 3.54 | 9.32 | 3.41 |
| 调整后的每股净资产 | 3.87 | 3.54 | 9.32 | 3.41 |

## 600661 上海交大南洋股份有限公司

### 二〇〇三年年度报告摘选

#### 1.上市公司基本情况简介

1.1 基本情况简介

股票简称:交大南洋 股票代码:600661 上市交易所:上海证券交易所
注册地址:上海市浦东金桥纬七路17号地块杉达大厦
办公地址:上海市番禺路667号六楼 邮政编码:200030
公司国际互联网网址:http://www.jd-ny.com 电子信箱:sjdny@mail.sjtul.ed.cu

1.2 联系人和联系方式

董事会秘书:黄剑雄 联系地址:上海市番禺路667号六楼
电话:021-62800217 传真:021-62801900 电子信箱:kyzhu@sjtu.edu.cn
证券事务代表:朱凯泳 联系地址:上海市番禺路667号六楼
电话:021-62814035-67 传真:021-62801900 电子信箱:kyzhu@sjtu.edu.cn

#### 2.会计数据和财务指标摘要

2.1 主要会计数据 单位:元

| | 2003年 | 2002年 | 本年比上年增减(%) | 2001年 |
|---|---|---|---|---|
| 主营业务收入 | 525,027,351.62 | 351,410,290.48 | 49.41 | 350,641,430.30 |
| 利润总额 | 27,886,985.06 | 20,816,270.59 | 33.97 | 39,045,630.79 |
| 净利润 | 21,271,832.09 | 19,033,362.91 | 11.76 | 31,204,909.87 |
| 扣除非经常性损益的净利润 | 12,527,435.16 | 15,143,761.97 | -17.28 | 27,151,469.90 |
| | 2003年末 | 2002年末 | 本年末比上年末增减(%) | 2001年末 |
| 总资产 | 962,570,684.45 | 544,647,489.55 | 76.73 | 662,610,477.41 |
| 股东权益(不含少数股东权益) | 352,066,568.80 | 354,304,465.96 | 1.96 | 314,677,204.03 |
| 经营活动产生的现金流量净额 | 8,171,919.32 | 33,624,085.99 | -75.70 | 38,293,113.51 |

2.2 主要财务指标 单位:元

| | 2003年 | 2002年 | 本年比上年增减(%) | 2001年 |
|---|---|---|---|---|
| 每股收益 | 0.15 | 0.13 | 11.76 | 0.22 |
| 净资产收益率(%) | 6.04 | 5.51 | 9.61 | 9.92 |
| 扣除非经常性损益的净利润为基础计算的净资产收益率(%) | 3.56 | 4.39 | -18.87 | 8.63 |
| 每股经营活动产生的现金流量净额 | 0.06 | 0.23 | -75.70 | 0.27 |
| | 2003年末 | 2002年末 | 本年末比上年末增减(%) | 2001年末 |
| 每股净资产 | 2.43 | 2.39 | 1.96 | 2.17 |
| 调整后的每股净资产 | 2.42 | 2.37 | 2.36 | 2.15 |

## 600757 上海华源企业发展股份有限公司

### 二〇〇三年年度报告摘选

#### 1.上市公司基本情况简介

1.1 基本情况简介

股票简称:华源发展 股票代码:600757 上市交易所:上海证券交易所
注册地址和办公地址:上海市浦东新区商城路660号乐凯大厦20-21层
邮政编码:200120 公司国际互联网网址:http://www.shworldbest.com
电子信箱:office@shwordbest.com

1.2 联系人和联系方式

董事会秘书:杨林峰 联系地址:上海市浦东新区商城路660号乐凯大厦21层
电话:(021)68875566-2190 传真:58792223 电子信箱:office@shworldbest.com
证券事务代表:夏渊 联系地址:上海市浦东新区商城路660号乐凯大厦21层
电话:(021)58793617 传真:58792223 电子信箱:office@shworldbest.com

#### 2.会计数据和财务指标摘要

2.1 主要会计数据 单位:元

| | 2003年 | 2002年 | 本年比上年增减(%) | 2001年 |
|---|---|---|---|---|
| 主营业务收入 | 2,677,328,678.46 | 1,860,216,118.24 | 43.93 | 1,793,217,109.21 |
| 利润总额 | 79,353,558.39 | 43,414,628.94 | 82.78 | 65,186,699.22 |
| 净利润 | 58,220,318.05 | 30598,212.83 | 90.27 | 55,058,135.75 |
| 扣除非经常性损益的净利润 | 30,666,445.13 | 13,814,768.62 | 121.98 | 41,647,811.11 |
| | 2003年末 | 2002年末 | 本年末比上年末增减(%) | 2001年末 |
| 总资产 | 4,324,059,778.76 | 3,699,826,908.72 | 16.87 | 3,304,279,295.40 |
| 股东权益(不含少数股东权益) | 1,299,574,606.49 | 1,236,944,776.16 | 5.06 | 1,234,647,075.76 |
| 经营活动产生的现金流量净额 | 161,596,460.76 | 23,691,881.15 | 582.08 | -162,302,314.45 |

2.2 主要财务指标 单位:元

| | 2003年 | 2002年 | 本年比上年增减(%) | 2001年 |
|---|---|---|---|---|
| 每股收益 | 0.12 | 0.06 | 100.00 | 0.12 |
| 净资产收益率(%) | 4.48 | 2.47 | 81.38 | 4.46 |
| 扣除非经常性损益的净利润为基础计算的净资产收益率(%) | 2.36 | 1.12 | 110.71 | 3.37 |
| 每股经营活动产生的现金流量净额 | 0.34 | 0.05 | 580.00 | -0.34 |
| | 2003年末 | 2002年末 | 本年末比上年末增减(%) | 2001年末 |
| 每股净资产 | 2.75 | 2.63 | 4.57 | 2.61 |
| 调整后的每股净资产 | 2.67 | 2.49 | 7.23 | 2.53 |

## 600863 内蒙古蒙电华能热电股份有限公司

### 二〇〇三年年度报告摘选

#### 1.上市公司基本情况简介

1.1 基本情况简介

股票简称:内蒙华电 股票代码:600863 上市交易所:上海证券交易所
注册地址和办公地址:内蒙古呼和浩特市锡林南路218号 邮政编码:010020
公司国际互联网网址:www.nmhdwz.com 电子信箱:nmhd@public.hh.nm.cn

1.2 联系人和联系方式

董事会秘书:张彤 联系地址:内蒙古呼和浩特市锡林南路218号
电话:(0471)6222388 传真:(0471)6222289-8001 电子信箱:nmhd@public.hh.nm.cn

#### 2.会计数据和财务指标摘要

2.1 主要会计数据 单位:元

| | 2003年 | 2002年 | 本年比上年增减(%) | 2001年 |
|---|---|---|---|---|
| 主营业务收入 | 3,037,371,943.34 | 2,008,225,107.31 | 51.247 | 1,616,592,001.19 |
| 利润总额 | 463,981,687.42 | 301,048,471.42 | 54.122 | 274,407,240.73 |
| 净利润 | 334,347,168.22 | 239,059,879.63 | 39.859 | 220,205,633.68 |
| 扣除非经常性损益的净利润 | 325,593,684.58 | 241,269,567.68 | 34.95 | 220,272,199.32 |
| | 2003年末 | 2002年末 | 本年末比上年末增减(%) | 2001年末 |
| 总资产 | 11,680,166,921.39 | 8,116,516,014.35 | 43.906 | 5,998,970,065.76 |
| 股东权益(不含少数股东权益) | 4,153,902,642.13 | 3,958,775,295.78 | 4.929 | 3,837,228,616.15 |
| 经营活动产生的现金流量净额 | 757,645,569.13 | 404,592,133.37 | 87.262 | 342,348,468.36 |

2.2 主要财务指标 单位:元

| | 2003年 | 2002年 | 本年比上年增减(%) | 2001年 |
|---|---|---|---|---|
| 每股收益 | 0.169 | 0.241 | -29.876 | 0.222 |
| 每股收益 | -- | -- | -- | -- |
| 净资产收益率(%) | 8.05 | 6.04 | 33.278 | 5.74 |
| 扣除非经常性损益的净利润为基础计算的净资产收益率(%) | 7.838 | 6.095 | 28.597 | 5.739 |
| 每股经营活动产生的现金流量净额 | 0.382 | 0.289 | 32.18 | 0.346 |
| | 2003年末 | 2002年末 | 本年末比上年末增减(%) | 2001年末 |
| 每股净资产 | 2.097 | 3.996 | -47.523 | 3.874 |
| 调整后的每股净资产 | 2.053 | 3.964 | -48.209 | 3.845 |

## 600898 三联商社股份有限公司

### 二〇〇三年年度报告摘选

#### 1.上市公司基本情况简介

1.1 基本情况简介

股票简称:三联商社　股票代码:600898　上市交易所:上海证券交易所

注册地址:河南省郑州市南阳路 2 号

办公地址:山东济南市北园大街 409 号三联家电商务中心五层

邮政编码:250033　公司国际互联网网址:www.slss.com.cn

电子信箱:dshbgs@sanlian.com.cn

1.2 联系人和联系方式

董事会秘书:宋洪琦　联系地址:山东济南市北园大街 409 号三联家电商务中心五层

电话:0531－5916351－86590 86591　传真:0531－5910676

电子信箱:dshbgs@sanlian.com.cn

#### 2.会计数据和财务指标摘要

2.1 主要会计数据　单位:人民币元

| | 2003 年 | 2002 年 | 本年比上年增减(%) | 2001 年 |
|---|---|---|---|---|
| 主营业务收入 | 1,782,530,959.42 | 1,256,899,528.43 | 41.82 | 273,169,852.61 |
| 利润总额 | 45,546,481.56 | 37,326,253.04 | 22.02 | －32,676,398.27 |
| 净利润 | 31,133,783.84 | 20,804,849.47 | 49.65 | －34,265,702.14 |
| 扣除非经常性损益的净利润 | 30,992,244.78 | 26,167,064.66 | 18.44 | －30,821,330.96 |
| | 2003 年末 | 2002 年末 | 本年末比上年末增减(%) | 2001 年末 |
| 总资产 | 445,074,917.31 | 506,305,085.14 | －12.09 | 479,236,852.33 |
| 股东权益(不含少数股东权益) | 287,865,582.11 | 250,793,143.48 | 14.78 | －1,256,297,194.44 |
| 经营活动产生的现金流量净额 | 61,764,434.24 | 5,272,787.72 | 1,071.38 | 22,418,693.04 |

2.2 主要财务指标　单位:人民币元

| | 2003 年 | 2002 年 | 本年比上年增减(%) | 2001 年 |
|---|---|---|---|---|
| 每股收益 | 0.1577 | 0.105 | 50.19 | －0.1734 |
| 净资产收益率 | 10.82% | 8.30% | 30.36 | － |
| 扣除非经常性损益的净利润为基础计算的净资产收益率 | 10.77% | 10.43% | 3.26 | － |
| 每股经营活动产生的现金流量净额 | 0.3127 | 0.0267 | 1,071.16 | 0.113 |
| | 2003 年末 | 2002 年末 | 本年末比上年末增减(%) | 2001 年末 |
| 每股净资产 | 1.4577 | 1.2693 | 14.84 | －6.3584 |
| 调整后的每股净资产 | 1.4570 | 1.2680 | 14.91 | －6.359 |

## 3 月 31 日

## 000022 深圳赤湾港航股份有限公司

### 二〇〇三年年度报告摘选

#### 1.上市公司基本情况简介

1.1 基本情况简介

股票简称:深赤湾 A、深赤湾 B　股票代码:000022、200022　上市交易所:深圳证券交易所

注册地址和办公地址:中国深圳市赤湾港赤湾石油大厦 11 楼－12 楼　邮政编码:518068

公司信息披露网址:http://www.cninfo.com.cn　电子信箱:cwh@cndi.com

1.2 联系人和联系方式

董事会秘书:裴姜媛　联系地址:中国深圳市赤湾港赤湾石油大厦 11 楼

电话:＋86 755 26694620　传真:＋86 755 26684117　电子信箱:cwh@cndi.com

证券事务代表:步丹、何鹏　联系地址:中国深圳市赤湾港赤湾石油大厦 11 楼

电话:＋86 755 26694620　传真:＋86 755 26684117　电子信箱:cwh@cndi.com

#### 2.会计数据和财务指标摘要

2.1 主要会计数据　单位:(人民币)元

| | 2003 年(本年) | 2002 年(上年) | 本年比上年增减(%) | 2001 年 |
|---|---|---|---|---|
| 主营业务收入 | 1,047,836,118.00 | 738,687,403.00 | 41.85 | 479,299,825.00 |
| 利润总额 | 533,437,060.00 | 302,590,161.00 | 76.29 | 131,295,739.00 |
| 净利润 | 313,987,876.00 | 183,599,988.00 | 71.02 | 86,829,223.00 |
| 扣除非经常性损益的净利润 | 311,005,945.00 | 187,684,783.00 | 75.41 | 75,650,838.00 |
| | 2003 年末(本年末) | 2002 年末(上年末) | 本年末比上年末增减(%) | 2001 年末 |
| 总资产 | 3,214,220,100.00 | 2,331,627,234.00 | 37.85 | 2,223,564,238.00 |
| 股东权益(不含少数股东权益) | 1,501,084,271.00 | 1,297,790,829.00 | 15.66 | 1,153,186,391.00 |
| 经营活动产生的现金流量净额 | 602,643,122.00 | 417,866,767.00 | 44.22 | 226,743,727.00 |

2.2 主要财务指标　单位:(人民币)元

| | 2003 年(本年) | 2002 年(上年) | 本年比上年增减(%) | 2001 年 |
|---|---|---|---|---|
| 每股收益 | 0.82 | 0.48 | 71.10 | 0.23 |
| 净资产收益率(%) | 20.92% | 14.15% | 47.84 | 7.53% |
| 扣除非经常性损益的净利润为基础计算的净资产收益率(%) | 22.36% | 15.35% | 45.67 | 6.69% |
| 每股经营活动产生的现金流量净额 | 1.58 | 1.10 | 44.29 | 0.59 |
| | 2003 年末(本年末) | 2002 年末(上年末) | 本年末比上年末增减(%) | 2001 年末 |
| 每股净资产 | 3.94 | 3.40 | 15.67 | 3.02 |
| 调整后的每股净资产 | 3.92 | 3.39 | 15.61 | 2.99 |

## 000502 恒大地产股份有限公司

### 二〇〇三年年度报告摘选

#### 1.上市公司基本情况简介

1.1 基本情况简介

股票简称:恒大地产　股票代码:000502　上市交易所:深圳证券交易所

注册地址:海口市机场候机厅北侧海南万国贸易博览中心

办公地址:海口市国贸北路 13 号国安大厦九楼　邮政编码:570125

电子信箱:hengdadichan2003@yahoo.com.cn 或 new_energy@163.net

1.2 联系人和联系方式

董事会秘书:万代红　联系地址:海口市国贸北路 13 号国安大厦九层

电话:(0898)66729955　传真:(0898)66787711

电子信箱:hengdadichan2003@yahoo.com.cn 或 new_energy@163.net

证券事务代表:许勇　联系地址:海口市国贸北路 13 号国安大厦九层

电话:(0898)66729955　传真:(0898)66787711

电子信箱:hengdadichan2003@yahoo.com.cn 或 new_energy@163.net

#### 2.会计数据和财务指标摘要

2.1 主要会计数据　单位:人民币元

| | 2003 年 | 2002 年 | 本年比上年增减 | 2001 年 |
|---|---|---|---|---|
| 主营业务收入 | 233,084,448.29 | 7,145,663.20 | 3161.90% | 15,747,800.60 |
| 利润总额 | 60,814,656.20 | 2,164,624.97 | 2709.48% | －49,007,666.25 |
| 净利润 | 52,039,720.72 | 2,560,560.67 | 1932.36% | －48,636,871.43 |
| 扣除非经常性损益的净利润 | 51,797,679.52 | －17,525,902.54 | －－ | －30,310,378.92 |
| | 2003 年末 | 2002 年末 | 本年末比上年末增减 | 2001 年末 |
| 总资产 | 475,752,023.78 | 363,760,538.75 | 30.79% | 352,014,916.82 |
| 股东权益(不含少数股东权益) | 237,779,601.97 | 190,583,399.66 | 24.76% | 180,969,128.07 |
| 经营活动产生的现金流量净额 | 39,067,881.65 | －20,564,889.85 | －－ | 595,652.53 |

2.2 主要财务指标　单位:人民币元

| | 2003 年 | 2002 年 | 本年比上年增减 | 2001 年 |
|---|---|---|---|---|
| 每股收益 | 0.33 | 0.02 | 1938.41% | －0.31 |
| 每股收益(如果股本变化,按新股本计算) | 0.33 | －－ | －－ | －－ |
| 净资产收益率 | 21.89% | 1.34% | 1533.58% | －26.88% |
| 扣除非经常性损益的净利润为基础计算的净资产收益率 | 21.78% | －0.09% | －－ | －16.75% |
| 每股经营活动产生的现金流量净额 | 0.25 | －0.13 | －－ | 0.00 |
| | 2003 年末 | 2002 年末 | 本年末比上年末增减 | 2001 年末 |
| 每股净资产 | 1.53 | 1.22 | 24.77% | 1.16 |
| 调整后的每股净资产 | 1.50 | 1.22 | 22.95% | 1.12 |

## 000527 广东美的集团股份有限公司

### 二〇〇三年年度报告摘选

#### 1.上市公司基本情况简介

1.1 基本情况简介

股票简称:粤美的 A　股票代码:000527　上市交易所:深圳证券交易所

注册地址和办公地址:广东省佛山市顺德区美的工业城　邮政编码:528311

公司国际互联网网址:www.midea.com.cn　电子信箱:dms@midea.com.cn

1.2 联系人和联系方式

董事会秘书:黄晓明　联系地址:广东省佛山市顺德区美的工业城

电话:0757－26338779　传真:0757－26651991　电子信箱:dms@midea.com.cn

证券事务代表:向春江　联系地址:广东省佛山市顺德区美的工业城

电话:0757－26338804　传真:0757－26651991　电子信箱:dms@midea.com.cn

#### 2.会计数据和财务指标摘要

2.1 主要会计数据　单位:元

| | 2003 年 | 2002 年 | | 本年比上年增减(%) | 2001 年 | |
|---|---|---|---|---|---|---|
| | | 调整后 | 调整前 | | 调整后 | 调整前 |
| 主营业务收入 | 13,761,381,005.15 | 10,867,156,810.40 | 10,867,156,810.40 | 26.63 | 10,525,302,597.87 | 10,525,302,597.87 |
| 利润总额 | 371,781,633.82 | 395,755,625.19 | 395,755,625.19 | －6.06 | 413,674,697.85 | 392,304,724.41 |
| 净利润 | 167,909,498.60 | 154,566,837.84 | 154,566,837.84 | 8.63 | 262,831,434.91 | 251,091,983.49 |
| 扣除非经常性损益的净利润 | 183,250,744.09 | 131,160,713.59 | 131,160,713.5 | 39.71 | 203,277,613.58 | 203,277,613.58, |
| | 2003 年末 | 2002 年末 | | 本年比上年增减(%) | 2001 年末 | |
| | | 调整后 | 调整前 | | 调整后 | 调整前 |
| 总资产 | 8,572,353,219.93 | 7,986,226,641.30 | 7,986,226,641.30 | 7.34 | 7,742,771,599.28 | |
| 股东权益(不含少数股东权益) | 2,378,307,773.87 | 2,244,409,557.28 | 2,195,920,584.68 | 5.97 | 2,086,310,198.54 | 2,091,285,278.79 |
| 经营活动产生的现金流量净额 | 1,665,148,836.96 | 1,897,037,001.89 | 1,897,037,001.89 | －12.22 | 820,709,758.45 | 820,709,758.45 |

2.2 主要财务指标

单位:元

| | 2003 年 | 2002 年 | | 本年比上年增减(%) | 2001 年 | |
|---|---|---|---|---|---|---|
| | | 调整后 | 调整前 | | 调整后 | 调整前 |
| 每股收益 | 0.35 | 0.32 | 0.32 | 8.46 | 0.54 | 0.52 |
| 每股收益(如果股本变化,按新股本计算) | 0.35 | －－ | －－ | －－ | －－ | －－ |
| 净资产收益率(%) | 7.06 | 6.89 | 7.04 | 2.47 | 12.60 | 12.01 |
| 扣除非经常性损益的净利润为基础计算的净资产收益率(%) | 7.71 | 5.84 | 5.97 | 32.02 | 9.70 | 9.72 |
| 每股经营活动产生的现金流量净额 | 3.43 | 3.91 | 3.91 | －12.22 | 1.69 | 1.69 |
| | 2003 年末 | 2002 年末 | | 本年比上年增减(%) | 2001 年末 | |
| | | 调整后 | 调整前 | | 调整后 | 调整前 |
| 每股净资产 | 4.90 | 4.63 | 4.53 | 5.96 | 4.30 | 4.31 |
| 调整后的每股净资产 | 4.53 | 4.03 | 3.93 | 15.33 | 3.79 | 3.81 |

## 000561 长岭(集团)股份有限公司

### 二〇〇三年年度报告摘选

#### 1.上市公司基本情况简介

1.1 基本情况简介

股票简称:＊ST长岭 股票代码:000561 上市交易所:深圳证券交易所
注册地址和办公地址:陕西省宝鸡市清姜路75号 邮政编码:721006
公司国际互联网网址:http://www.changling.com.cn
电子信箱:cl@changling.com.cn

1.2 联系人和联系方式

董事会秘书:王瑄瑄 联系地址:陕西省宝鸡市长岭股份公司投资管理部
电话:0917－3624433转5041 传真:0917－3622392
电子信箱:dsh@changling.com.cn
证券事务代表:杨婷婷 联系地址:陕西省宝鸡市长岭股份公司投资管理部
电话:0917－3624433转5145 传真:0917－3622392
电子信箱:dsh@changling.com.cn

#### 2.会计数据和财务指标摘要

2.1 主要会计数据　　单位:人民币元

| | 2003年 | 2002年 | 本年比上年增减 | 2001年 |
|---|---|---|---|---|
| 主营业务收入 | 435,826,880.45 | 354,970,144.43 | 22.78% | 605,366,449.13 |
| 利润总额 | －803,663,302.83 | …350,198,967.42 | －－ | －324,039,636.68 |
| 净利润 | －440,802,917.29 | －296,755,139.00 | －－ | －323,543,981.95 |
| 扣除非经常性损益的净利润 | －391,684,966.35 | －282,913,865.02 | －－ | －232,028,790.54 |
| | 2003年末 | 2002年末 | 本年末比上年末增减 | 2001年末 |
| 总资产 | 705,403,744.38 | 1,506,206,757.03 | －53.17% | 1,329,920,202.44 |
| 股东权益(不含少数股东权益) | －626,966,701.62 | 143,107,979.89 | －538.11% | 486,175,856.88 |
| 经营活动产生的现金流量净额 | 34,708,576.80 | －37,376,645.72 | －－ | －74,868,483.97 |

2.2 主要财务指标　　单位:人民币元

| | 2003年 | 2002年 | 本年比上年增减 | 2001年 |
|---|---|---|---|---|
| 每股收益 | －1.11 | －0.75 | －－ | －0.81 |
| 每股收益(如果股本变化,按新股本计算) | －1.11 | －－ | －－ | －－ |
| 净资产收益率 | －－ | －207.36% | －－ | －66.55% |
| 扣除非经常性损益的净利润为基础计算的净资产收益率 | 0.00% | －197.69% | －－ | －47.73% |
| 每股经营活动产生的现金流量净额 | 0.09 | －0.09 | －－ | －0.19 |
| | 2003年末 | 2002年末 | 本年末比上年末增减 | 2001年末 |
| 每股净资产 | －1.58 | 0.36 | －538.06% | 1.22 |
| 调整后的每股净资产 | －1.63 | 0.23 | －794.07% | 1.01 |

## 000565 重庆三峡油漆股份有限公司

### 二〇〇三年年度报告摘选

#### 1.上市公司基本情况简介

1.1 基本情况简介

股票简称:渝三峡A 股票代码:000565 上市交易所:深圳证券交易所
注册地址和办公地址:重庆九龙坡区石坪桥正街121号
邮政编码:400051 电子信箱:zqb0565@163.net

1.2 联系人和联系方式

董事会秘书:戎路明 联系地址:重庆九龙坡区石坪桥正街121号
电话:023－68823076 传真:023－68824806 电子信箱:zqb0565@163.net
证券事务代表:徐厚梁 联系地址:重庆九龙坡区石坪桥正街121号
电话:023－68824806 传真:023－68824806 电子信箱:zqb0565@163.net

#### 2.会计数据和财务指标摘要

2.1 主要会计数据　　单位:人民币元

| | 2003年 | 2002年 | 本年比上年增减 | 2001年 |
|---|---|---|---|---|
| 主营业务收入 | 293,488,889.58 | 275,738,537.24 | 6.44% | 269,704,975.54 |
| 利润总额 | 9,525,221.89 | 10,434,102.30 | －8.71% | 1,375,589.16 |
| 净利润 | 5,594,725.01 | 7,731,760.93 | －27.64% | 1,280,221.10 |
| 扣除非经常性损益的净利润 | 2,405,412.16 | 7,474,678.43 | －67.82% | 843,481.34 |
| | 2003年末 | 2002年末 | 本年末比上年末增减 | 2001年末 |
| 总资产 | 520,751,652.89 | 484,888,173.76 | 7.40% | 477,957,130.59 |
| 股东权益(不含少数股东权益) | 363,423,427.44 | 357,687,720.68 | 1.60% | 349,955,959.75 |
| 经营活动产生的现金流量净额 | －2,423,223.73 | 19,449,475.08 | －112.46% | 2,185,304.79 |

2.2 主要财务指标　　单位:人民币元

| | 2003年 | 2002年 | 本年比上年增减 | 2001年 |
|---|---|---|---|---|
| 每股收益 | 0.03 | 0.05 | －28.89% | 0.01 |
| 每股收益(如果股本变化,按新股本计算) | 0.03 | －－ | －－ | －－ |
| 净资产收益率 | 1.54% | 2.16% | －28.70% | 0.37% |
| 扣除非经常性损益的净利润为基础计算的净资产收益率 | 0.66% | 2.09% | －68.42% | 0.24% |
| 每股经营活动产生的现金流量净额 | －0.01 | 0.11 | －112.50% | 0.01 |
| | 2003年末 | 2002年末 | 本年末比上年末增减 | 2001年末 |
| 每股净资产 | 2.10 | 2.06 | 1.60% | 2.02 |
| 调整后的每股净资产 | 1.97 | 1.99 | －1.01% | 1.96 |

## 000666 经纬纺织机械股份有限公司

### 二〇〇三年年度报告摘选

#### 1.上市公司基本情况简介

1.1 基本情况简介

股票简称:经纬纺机 股票代码:000666 上市交易所:深圳证券交易所
股票代码:0350 上市交易所:香港联合交易所有限公司
注册地址:中华人民共和国北京市北京经济技术开发区永昌中路8号
办公地址:北京市朝阳区亮马桥路39号第一上海中心7层
邮政编码:100016 公司国际互联网网址:http://www.jwgf.com
电子信箱:jwgf@jwgf.com

1.2 联系人和联系方式

董事会秘书:叶雪华 联系地址:北京市朝阳区亮马桥路39号第一上海中心701室
电话:08610－84534078－8188 传真:08610－84534135 电子信箱:yxh@jwgf.com
证券事务代表:裘琳 联系地址:北京市朝阳区亮马桥路39号第一上海中心701室
电话:8610－84534078－8501 传真:8610－84534135 电子信箱:ql@jwgf.com

#### 2.会计数据和财务指标摘要

2.1 主要会计数据　　单位:人民币千元

| | 2003年 | 追溯调整后2002年 | 本年比上年增减(%) | 追溯调整后2001年 |
|---|---|---|---|---|
| 主营业务收入 | 4,305,743 | 2,828,438 | 52.23 | 2,215,239 |
| 利润总额 | 201,502 | 160,135 | 25.83 | 144,622 |
| 净利润 | 161,534 | 137,685 | 17.32 | 122,888 |
| 扣除非经常性损益的净利润 | 163,392 | 144,070 | 13.41 | 123,063 |
| | 2003年末 | 追溯调整后2002年末 | 本年末比上年末增减(%) | 追溯调整后2001年末 |
| 总资产 | 5,511,657 | 4,774,180 | 15.45 | 4,012,056 |
| 股东权益(不含少数股东权益) | 2,442,624 | 2,307,777 | 5.84 | 2,206,309 |
| 经营活动产生的现金流量净额 | 261,700 | 456,836 | (42.71) | 90,971 |

2.2 主要财务指标

单位:人民币元

| | 2003年 | 追溯调整后2002年 | 本年比上年增减(%) | 追溯调整后2001年 |
|---|---|---|---|---|
| 每股收益(摊薄) | 0.27 | 0.23 | 17.39 | 0.20 |
| 净资产收益率(摊薄) | 6.61% | 5.97% | 9.08 | 5.57% |
| 扣除非经常性损益的净利润为基础计算的净资产收益率(摊薄) | 6.69% | 6.24% | 7.21 | 5.33% |
| 每股经营活动产生的现金流量净额 | 0.43 | 0.76 | 43.42 | 0.15 |
| | 2003年末 | 追溯调整后2002年末 | 本年末比上年末增减(%) | 追溯调整后2001年末 |
| 每股净资产 | 4.05 | 3.82 | 6.02 | 3.65 |
| 调整后的每股净资产 | 3.84 | 3.77 | 1.86 | 3.56 |

## 000687 保定天鹅股份有限公司

### 二〇〇三年年度报告摘选

#### 1.上市公司基本情况简介

1.1 基本情况简介

股票简称:保定天鹅 股票代码:000687 上市交易所:深圳证券交易所
注册地址:河北省保定市高开区金迪路59号
办公地址:河北省保定市纸厂路1号 邮政编码:071055

1.2 联系人和联系方式

董事会秘书:钱利君 联系地址:河北省保定市纸厂路1号
电话:0312－3322326 传真:0312－3131755 电子信箱:swanzjb@heinfo.net
证券事务代表:张春岭 联系地址:河北省保定市纸厂路1号
电话:0312－3322262 传真:0312－3131755

#### 2.会计数据和财务指标摘要

2.1 主要会计数据　　单位:(人民币)元

| | 2003(本年) | 2002年(上年) | 本年比上年增减(%) | 2001年 |
|---|---|---|---|---|
| 主营业务收入 | 666,573,497.44 | 558,331,063.09 | 19.39 | 510,391,637.65 |
| 利润总额 | 66,506,713.24 | 39,406,114.00 | 68.77 | 18,593,365.23 |
| 净利润 | 45,226,125.04 | 29,561,295.07 | 52.99 | 24,112,069.53 |
| 扣除非经常性损益的净利润 | 45,267,983.37 | 30,718,043.41 | 47.37 | 14,854,950.05 |
| | 2003年末(本年末) | 2002年末(上年末) | 本年末比上年末增减(%) | 2001年末 |
| 总资产 | 1,338,651,189.54 | 1,329,848,455.11 | 0.66 | 1,307,730,800.22 |
| 股东权益(不含少数股东权益) | 1,059,886,651.24 | 1,012,080,526.20 | 4.72 | 981,719,231.13 |
| 经营活动产生的现金流量净额 | 67,744,039.35 | 102,223,660.69 | －33.73 | 41,462,555.11 |

2.2 主要财务指标　　单位:(人民币)元

| | 2003年(本年) | 2002年(上年) | 本年比上年增减(%) | 2001年 |
|---|---|---|---|---|
| 每股收益 | 0.14 | 0.09 | 53.26 | 0.08 |
| 每股收益(如果股本变化,按新股本计算) | 0.14 | －－ | －－ | －－ |
| 净资产收益率(%) | 4.27 | 2.92 | 46.23 | 2.46 |
| 扣除非经常性损益的净利润为基础计算的净资产收益率(%) | 4.27 | 3.04 | 40.46 | 1.51 |
| 每股经营活动产生的现金流量净额 | 0.21 | 0.32 | －34.38 | 0.13 |
| | 2003年末(本年末) | 2002年末(上年末) | 本年末比上年末增减(%) | 2001年末 |
| 每股净资产 | 3.30 | 3.16 | 4.43 | 3.06 |
| 调整后的每股净资产 | 3.25 | 3.08 | 5.52 | 3.11 |

## 000719 焦作鑫安科技股份有限公司

### 二〇〇三年年度报告摘选

#### 1.上市公司基本情况简介

1.1 基本情况简介

股票简称:焦作鑫安 股票代码:000719 上市交易所:深圳证券交易所
注册地址和办公地址:河南省焦作市环城北路 28 号 邮政编码:454000
公司国际互联网网址:www.jzxa.com 电子信箱:jxza@jzxa.com

1.2 联系人和联系方式

董事会秘书:秦海员 联系地址:河南省焦作市环城北路 28 号
电话:(0391)2925951-288 传真:(0391)2919211 电子信箱:qhy@jzxa.com
证券事务代表:韩景利 联系地址:河南省焦作市环城北路 28 号
电话:(0391)2925951-256 传真:(0391)2919211 电子信箱:zqb@jzxa.com

#### 2.会计数据和财务指标摘要

2.1 主要会计数据 单位:(人民币)元

| | 2003 年(本年) | 2002 年(上年) | 本年比上年增减(%) | 2001 年 |
|---|---|---|---|---|
| 主营业务收入 | 261,076,803.27 | 325,140,082.00 | -19.70 | 273,049,685.46 |
| 利润总额 | 13,066,449.19 | 27,499,878.89 | -52.49 | 25,154,813.62 |
| 净利润 | 9,320,659.70 | 17,940,991.44 | -48.05 | 20,172,646.76 |
| 扣除非经常性损益的净利润 | 8,235,389.89 | 17,862,385.21 | -53.90 | 18,725,724.36 |
| | 2003 年末(本年末) | 2002 年末(上年末) | 本年末比上年末增减(%) | 2001 年末 |
| 总资产 | 787,742,901.89 | 806,343,369.35 | -2.31 | 706,002,065.84 |
| 股东权益(不含少数股东权益) | 283,308,206.81 | 273,987,547.11 | 3.40 | 263,205,016.65 |
| 经营活动产生的现金流量净额 | 36,807,221.14 | 38,959,566.35 | -5.52 | -20,150,206.96 |

2.2 主要财务指标 单位:(人民币)元

| | 2003 年(本年) | 2002 年(上年) | 本年比上年增减(%) | 2001 年 |
|---|---|---|---|---|
| 每股收益 | 0.07 | 0.14 | -48.20 | 0.16 |
| 每股收益(如果股本变化,按新股本计算) | 0.07 | -- | -- | -- |
| 净资产收益率(%) | 3.29 | 6.55 | -49.77 | 7.66 |
| 扣除非经常性损益的净利润为基础计算的净资产收益率(%) | 2.91 | 6.52 | -55.37 | 7.11 |
| 每股经营活动产生的现金流量净额 | 0.28 | 0.30 | -5.68 | -0.16 |
| | 2003 年末(本年末) | 2002 年末(上年) | 本年末比上年末增减(%) | 2001 年末 |
| 每股净资产 | 2.19 | 2.12 | 3.40 | 2.03 |
| 调整后的每股净资产 | 2.14 | 2.06 | 3.88 | 1.97 |

## 000767 山西漳泽电力股份有限公司

### 二〇〇三年年度报告摘选

#### 1.上市公司基本情况简介

1.1 基本情况简介

股票简称:漳泽电力 股票代码:000767 上市交易所:深圳证券交易所
注册地址和办公地址:山西省太原市五一路 279 号 邮政编码:030009
公司国际互联网网址:http://www.zhangzepower.com
电子信箱:info@zhangzepower.com

1.2 联系人和联系方式

董事会秘书:王一峰 联系地址:山西省太原市五一路 279 号
电话:0351-3115109,0351-3115120 传真:0351-3115168,0351-3115164
电子信箱:Wangyifeng@zhangzepower.com
证券事务代表:王亮 联系地址:山西省太原市五一路 279 号
电话:0351-3115109,0351-3115120 传真:0351-3115168,0351-3115164
电子信箱:Wangliang@zhangzepower.com

#### 2.会计数据和财务指标摘要

2.1 主要会计数据 单位:(人民币)元

| | 2003 年(本年) | 2002 年(上年) | 本年比上年增减 | 2001 年 |
|---|---|---|---|---|
| 主营业务收入 | 2,016,562,869.26 | 1,585,478,315.12 | 27.19% | 1,358,553,034.85 |
| 利润总额 | 306,340,379.72 | 137,833,547.89 | 122.25% | 289,545,108.07 |
| 净利润 | 210,348,080.83 | 95,937,701.96 | 119.25% | 204,195,144.46 |
| 扣除非经常性损益的净利润 | 296,925,177.49 | 167,025,979.38 | 77.77% | 134,026,254.90 |
| | 2003 年末(本年末) | 2002 年末(上年末) | 本年末比上年末增减 | 2001 年末 |
| 总资产 | 4,655,459,684.92 | 4,624,862,740.83 | 0.66% | 4,592,920,232.89 |
| 股东权益(不含少数股东权益) | 1,771,537,922.33 | 1,717,789,841.50 | 3.13% | 1,601,650,776.58 |
| 经营活动产生的现金流量净额 | 709,749,823.85 | 554,384,166.91 | 28.02% | 514,403,381.12 |

2.2 主要财务指标 单位:(人民币)元

| | 2003 年(本年) | 2002 年(上年) | 本年比上年增减 | 2001 年 |
|---|---|---|---|---|
| 每股收益 | 0.37 | 0.22 | 69.14% | 0.47 |
| 每股收益(如果股本变化,按新股本计算) | 0.37 | -- | -- | -- |
| 净资产收益率 | 11.88% | 5.58% | 112.90% | 11.95% |
| 扣除非经常性损益的净利润为基础计算的净资产收益率 | 16.83% | 9.72% | 73.15% | 7.84% |
| 每股经营活动产生的现金流量净额 | 1.26 | 1.27 | -1.49% | 1.18 |
| | 2003 年末(本年末) | 2002 年末(上年末) | 本年末比上年末增减 | 2001 年末 |
| 每股净资产 | 3.13 | 3.95 | -20.67% | 3.93 |
| 调整后的每股净资产 | 3.13 | 3.95 | -20.72% | 3.92 |

## 000779 兰州三毛实业股份有限公司

### 二〇〇三年年度报告摘选

#### 1.上市公司基本情况简介

1.1 基本情况简介

股票简称:三毛派神 股票代码:000779 上市交易所:深圳证券交易所
注册地址和办公地址:甘肃省兰州市西固区玉门街 82 号 邮政编码:730060
公司国际互联网网址:http://www.chinapaishen.com
电子信箱:ps@mail.chinapaishen.com

1.2 联系人和联系方式

董事会秘书:宋晓梅 联系地址:甘肃省兰州市西固区玉门街 82 号
电话:0931-7551627 传真:0931-7555200 电子信箱:pss@mail.chinapaishen.com
证券事务代表:王光敏 联系地址:甘肃省兰州市西固区玉门街 82 号
电话:0931-7551627 传真:0931-7555200 电子信箱:pss@mail.chinapaishen.com

#### 2.会计数据和财务指标摘要

2.1 主要会计数据 单位:(人民币)元

| | 2003 年(本年) | 2002 年(上年) | 本年比上年增减 | 2001 年 |
|---|---|---|---|---|
| 主营业务收入 | 197,829,504.35 | 214,210,311.80 | -7.65% | 155,819,240.00 |
| 利润总额 | 25,155,703.10 | 24,285,877.25 | 3.58% | 23,219,519.06 |
| 净利润 | 24,223,392.77 | 20,264,040.14 | 19.54% | 18,675,063.00 |
| 扣除非经常性损益的净利润 | 3,557,659.71 | 31,709,500.24 | -88.78 | 15,674,391.00 |
| | 2003 年末(本年末) | 2002 年末(上年末) | 本年末比上年末增减 | 2001 年末 |
| 总资产 | 863,630,921.22 | 900,939,966.98 | -4.14% | 872,840,713.00 |
| 股东权益(不含少数股东权益) | 779,652,768.74 | 758,851,943.08 | 2.74% | 742,058,443.00 |
| 经营活动产生的现金流量净额 | 14,785,074.73 | 40,530,741.56 | -63.52% | -67,524,688.90 |

2.2 主要财务指标 单位:(人民币)元

| | 2003 年 | 2002 年 | 本年比上年增减 | 2001 年 |
|---|---|---|---|---|
| 每股收益 | 0.13 | 0.11 | 18.92% | 0.10 |
| 每股收益(如果股本变化,按新股本计算) | 0.13 | -- | -- | -- |
| 净资产收益率 | 3.11% | 2.67% | 16.48% | 2.52% |
| 扣除非经常性损益的净利润为基础计算的净资产收益率 | 0.46% | 4.18% | -89.00% | 2.11% |
| 每股经营活动产生的现金流量净额 | 0.08 | 0.22 | -63.35% | -0.37 |
| | 2003 年末(本年末) | 2002 年末(上年末) | 本年末比上年末增减 | 2001 年末 |
| 每股净资产 | 4.26 | 4.14 | 2.75% | 4.05 |
| 调整后的每股净资产 | 4.22 | 4.13 | 2.25% | 4.05 |

## 000975 南方科学城发展股份有限公司

### 二〇〇三年年度报告摘选

#### 1.上市公司基本情况简介

1.1 基本情况简介

股票简称:科学城 股票代码:000975 上市交易所:深圳证券交易所
注册地址:重庆市黔江区联合镇西山坪水井湾东侧
办公地址:广州科学城彩频路 11 号广东软件园综合楼五楼
邮政编码:510663 电子信箱:scd@sciencecity.com.cn

1.2 联系人和联系方式

董事会秘书:张晖 联系地址:广州科学城彩频路 11 号广东软件园综合楼 5 楼
电话:020-61397138 传真:020-82357822 电子信箱:scdzhanghui@126.com

#### 2.会计数据和财务指标摘要

2.1 主要会计数据 单位:(人民币)元

| | 2003 年(本年) | 2002 年(上年) | 本年比上年增减 | 2001 年 |
|---|---|---|---|---|
| 主营业务收入 | 249,973,104.65 | 204,014,624.24 | 22.53% | 120,927,740.65 |
| 利润总额 | 124,990,887.84 | 78,311,959.19 | 59.61% | 32,834,987.35 |
| 净利润 | 75,184,395.96 | 68,282,745.24 | 10.11% | 27,909,765.53 |
| 扣除非经常性损益的净利润 | 67,143,834.05 | 47,997,310.23 | 39.89% | 27,430,000.00 |
| | 2003 年末(本年末) | 2002 年末(上年末) | 本年末比上年末增减 | 2001 年末 |
| 总资产 | 920,439,566.75 | 911,725,687.78 | 0.96% | 820,871,002.12 |
| 股东权益(不含少数股东权益) | 795,505,346.84 | 764,604,170.93 | 4.04% | 695,553,020.33 |
| 经营活动产生的现金流量净额 | 133,659,736.88 | 165,853,123.01 | -19.41% | 31,571,229.61 |

2.2 主要财务指标 单位:(人民币)元

| | 2003 年(本年) | 2002 年(上年) | 本年比上年增减 | 2001 年 |
|---|---|---|---|---|
| 每股收益 | 0.25 | 0.23 | 9.96% | 0.09 |
| 每股收益(如果股本变化,按新股本计算) | 0.25 | -- | -- | -- |
| 净资产收益率 | 9.45% | 8.93% | 5.82% | 3.85% |
| 扣除非经常性损益的净利润为基础计算的净资产收益率 | 8.44% | 6.28% | 34.39% | 3.78% |
| 每股经营活动产生的现金流量净额 | 0.45 | 0.56 | -19.29% | 0.11 |
| | 2003 年末(本年末) | 2002 年末(上年末) | 本年末比上年末增减 | 2001 年末 |
| 每股净资产 | 2.69 | 2.58 | 4.07% | 2.45 |
| 调整后的每股净资产 | 2.68 | 2.58 | 3.84% | 2.43 |

# 200152 山东航空股份有限公司

## 二〇〇三年年度报告摘选

### 1.上市公司基本情况简介

1.1 基本情况简介

股票简称:山航 B 股票代码:200152 上市交易所:深圳证券交易所

注册地址和办公地址:山东济南遥墙国际机场,山东济南二环东路 5746 号山东航空大厦

邮政编码:250014 公司国际互联网网址:http://www.shandongair.com.cn

电子信箱:zqb@shandongair.com.cn

1.2 联系人和联系方式

董事会秘书:郑保安 联系地址:山东济南二环东路 5746 号山东航空大厦 18F

电话:0531－5698987 传真:0531－5698679 电子信箱:zhengba@shandongair.com.cn

证券事务代表:黄海明 联系地址:山东济南二环东路 5746 号山东航空大厦 10F

电话:0531－5698678 传真:0531－5698679 电子信箱:huanghm@shandongair.com.cn

### 2.会计数据和财务指标摘要

2.1 主要会计数据 单位:(人民币)元

| | 2003 年(本年) | 2002 年(上年) | 本年比上年增减 | 2001 年 |
|---|---|---|---|---|
| 主营业务收入 | 1,723,844,877.00 | 1,596,589,636.00 | 7.97％ | 1,311,584,370.00 |
| 利润总额 | 26,153,333.00 | －48,480,107.00 | －－ | 74,427,597.00 |
| 净利润 | 26,531,043.00 | －45,584,123.00 | －－ | 54,941,666.00 |
| 扣除非经常性损益的净利润 | 20,985,111.00 | －63,668,785.00 | －－ | 44,126,797.00 |
| | 2003 年末(本年末) | 2002 年末(上年末) | 本年末比上年末增减 | 2001 年末 |
| 总资产 | 3,996,247,440.00 | 3,327,912,054.00 | 20.08％ | 2,027,891,504.00 |
| 股东权益(不含少数股东权益) | 551,860,363.00 | 525,329,320.00 | 5.05％ | 564,281,808.00 |
| 经营活动产生的现金流量净额 | 303,164,599.00 | 61,007,300.00 | 396.93％ | 95,543,101.00 |

2.2 主要财务指标 单位:(人民币)元

| | 2003 年(本年) | 2002 年(上年) | 本年比上年增减 | 2001 年 |
|---|---|---|---|---|
| 每股收益 | 0.07 | －0.11 | －－ | 0.14 |
| 每股收益(如果股本变化,按新股本计算) | 0.07 | －－ | －－ | －－ |
| 净资产收益率 | 4.81％ | －8.68％ | －－ | 9.74％ |
| 扣除非经常性损益的净利润为基础计算的净资产收益率 | 3.90％ | －11.69％ | －－ | 7.87％ |
| 每股经营活动产生的现金流量净额 | 0.76 | 0.15 | 395.42％ | 95,543,101.00 |
| | 2003 年末(本年末) | 2002 年末(上年末) | 本年末比上年末增减 | 2001 年末 |
| 每股净资产 | 1.38 | 1.31 | 5.10％ | 1.41 |
| 调整后的每股净资产 | 1.10 | 1.01 | 8.91％ | 1.17 |

# 600073 上海梅林正广和股份有限公司

## 二〇〇三年年度报告摘选

### 1.上市公司基本情况简介

1.1 基本情况简介

股票简称:上海梅林 股票代码:600073 上市交易所:上海证券交易所

注册地址:上海市浦东新区川桥路 1501 号

办公地址:上海市通北路 400 号 邮政编码:200082

公司国际互联网网址:http://www.smac.com.cn 电子信箱:smac@600073.sina.net

1.2 联系人和联系方式

董事会秘书:钟耀 联系地址:上海市通北路 400 号

电话:021－65419725 传真:021－65123609 电子信箱:smac@600073.sina.net

### 2.会计数据和财务指标摘要

2.1 主要会计数据 单位:元

| | 2003 年 | 2002 年 | 本年比上年增减(％) | 2001 年 |
|---|---|---|---|---|
| 主营业务收入 | 671819728.79 | 631877742.15 | 6.32 | 496349515.14 |
| 利润总额 | 14956185.55 | 25679136.09 | －41.76 | 53379786.76 |
| 净利润 | 2312811.26 | 10553688.86 | －78.09 | 34427895.67 |
| 扣除非经常性损益的净利润 | －16752981.95 | －9063381.95 | －84.84 | 3108053.69 |
| | 2003 年末 | 2002 年末 | 本年末比上年末增减(％) | 2001 年末 |
| 总资产 | 1545029045.43 | 1455212378.91 | 6.17 | 1275790390.36 |
| 股东权益(不含少数股东权益) | 800993189.19 | 798342144.01 | 0.33 | 790371514.22 |
| 经营活动产生的现金流量净额 | －39647753.15 | 42107891.16 | －194.16 | －18429037.03 |

2.2 主要财务指标 单位:元

| | 2003 年 | 2002 年 | 本年比上年增减(％) | 2001 年 |
|---|---|---|---|---|
| 每股收益 | 0.007 | 0.033 | －78.09 | 0.11 |
| 净资产收益率(％) | 0.29 | 1.32 | －78.16 | 4.36 |
| 扣除非经常性损益的净利润为基础计算的净资产收益率(％) | －2.09 | －1.14 | －84.23 | 0.40 |
| 每股经营活动产生的现金流量净额 | －0.12 | 0.13 | －194.13 | －0.06 |
| | 2003 年末 | 2002 年末 | 本年末比上年末增减(％) | 2001 年末 |
| 每股净资产 | 2.47 | 2.46 | 0.33 | 2.44 |
| 调整后的每股净资产 | 2.46 | 2.43 | 1.06 | 2.36 |

# 600088 中视传媒股份有限公司

## 二〇〇三年年度报告摘选

### 1.上市公司基本情况简介

1.1 基本情况简介

股票简称:中视传媒 股票代码:600088 上市交易所:上海证券交易所

注册地址和办公地址:上海浦东新区福山路 450 号新天国际大厦 17 层 A 座

邮政编码:200122 公司国际互联网网址:www.ctv－media.com.cn

电子信箱:ctvoffice@ctv－media.com.cn

1.2 联系人和联系方式

董事会秘书:卢芳 联系地址:上海浦东新区福山路 450 号新天国际大厦 17 层 A 座

电话:021－68765168 传真:021－68763868 电子信箱:wuxicctv@public1.wx.js.cn

证券事务代表:刘锋 联系地址:上海浦东新区福山路 450 号新天国际大厦 17 层 A 座

电话:021－68765168 传真:021－68763868 电子信箱:wuxicctv@public1.wx.js.cn

### 2.会计数据和财务指标摘要

2.1 主要会计数据

| | 2003 年 | 2002 年 | 本年比上年增减(％) | 2001 年 |
|---|---|---|---|---|
| 主营业务收入 | 310,686,942.30 | 312,377,217.73 | －0.54 | 360,048,073.09 |
| 利润总额 | 6,036,220.97 | 6,816,482.40 | －11.45 | 37,457,594.42 |
| 净利润 | 3,130,750.04 | 2,253,777.58 | 38.91 | 26,822,116.43 |
| 扣除非经常性损益的净利润 | －11,862,604.61 | 23,684,042.00 | －150.09 | 29,963,396.50 |
| | 2003 年末 | 2002 年末 | 本年末比上年末增减(％) | 2001 年末 |
| 总资产 | 945,610,718.01 | 910,149,554.20 | 3.90 | 969,070,737.52 |
| 股东权益(不含少数股东权益) | 728,410,520.96 | 725,279,770.92 | 0.43 | 736,883,139.52 |
| 经营活动产生的现金流量净额 | 31,202,520.05 | 72,341,849.96 | －56.87 | 62,680,087.36 |

2.2 主要财务指标 单位:元

| | 2003 年 | 2002 年 | 本年比上年增减(％) | 2001 年 |
|---|---|---|---|---|
| 每股收益 | 0.013 | 0.010 | 30.00 | 0.113 |
| 净资产收益率(％) | 0.43 | 0.31 | 38.71 | 3.64 |
| 扣除非经常性损益的净利润为基础计算的净资产收益率(％) | －1.63 | 3.21 | －150.78 | 4.04 |
| 每股经营活动产生的现金流量净额 | 0.13 | 0.31 | －58.06 | 0.26 |
| | 2003 年末 | 2002 年末 | 本年末比上年末增减(％) | 2001 年末 |
| 每股净资产 | 3.08 | 3.06 | 0.65 | 3.11 |
| 调整后的每股净资产 | 3.05 | 3.03 | 0.66 | 3.06 |

# 600348 山西国阳新能股份有限公司

## 二〇〇三年年度报告摘选

### 1.上市公司基本情况简介

1.1 基本情况简介

股票简称:国阳新能 股票代码:600348 上市交易所:上海证券交易所

注册地址和办公地址:山西省阳泉市北大街 5 号 邮政编码:045000

公司国际互联网网址:www.gyne.com.cn 电子信箱:ligj@vip.sina.com

1.2 联系人和联系方式

董事会秘书:李国基 联系地址:山西省阳泉市北大街 5 号

电话:0353－7078728 传真:0353－7078718 电子信箱:ligj@vip.sina.com

证券事务代表:王平浩 联系地址:山西省阳泉市北大街 5 号

电话:0353－7080590 传真:0353－7080589 电子信箱:Wph－72@163.com

### 2.会计数据和财务指标摘要

2.1 主要会计数据 单位:元

| 项目 | 2003 年 | 2002 年 | | 本年比上年增减(％) | 2001 年 | |
|---|---|---|---|---|---|---|
| | | 追溯调整后 | 追溯调整前 | | 追溯调整后 | 追溯调整前 |
| 主营业务收入 | 2,242,182,475.84 | 1,363,983,663.12 | 1,363,983,663.12 | 64.38 | 969,386,751.73 | 969,386,751.73 |
| 利润总额 | 267,683,013.83 | 234,186,409.42 | 234,186,409.42 | 14.30 | 184,612,069.49 | 184,612,069.49 |
| 净利润 | 205,555,048.72 | 172,058,444.31 | 172,058,444.31 | 19.47 | 113,687,518.44 | 113,687,518.44 |
| 扣除非经常性损益的净利润 | 209,059,797.87 | 176,157,022.89 | 176,157,022.89 | 18.68 | 115,036,458.95 | 115,036,458.95 |
| 项目 | 2003 年末 | 2002 年末 | | 本年末比上年末增减(％) | 2001 年末 | |
| | | 追溯调整后 | 追溯调整前 | | 追溯调整后 | 追溯调整前 |
| 总资产 | 3,256,814,540.83 | 1,503,252,804.49 | 1,497,148,701.46 | 116.65 | 1,403,915,979.35 | 1,397,811,876.32 |
| 股东权益(不含少数股东权益) | 1,928,526,597.81 | 685,331,549.09 | 601,801,800.06 | 181.40 | 665,533,104.78 | 562,143,355.75 |
| 经营活动产生的现金流量净额 | 435,276,764.83 | 492,089,997.38 | 492,089,997.38 | －11.55 | 284,197,313.52 | 284,197,313.52 |

2.2 主要财务指标 单位:元

| | 2003 年 | 2002 年 | 本年比上年增减(％) | 2001 年 |
|---|---|---|---|---|
| 每股收益 | 0.43 | 0.52 | －17.31 | 0.34 |
| 净资产收益率(％) | 10.66 | 25.11 | －14.45 | 17.08 |
| 扣除非经常性损益的净利润为基础计算的净资产收益率(加权)(％) | 17.68 | 23.44 | －5.76 | 17.35 |
| 扣除非经常性损益的净利润为基础计算的净资产收益率(摊薄)(％) | 10.84 | 25.70 | －39.60 | 17.28 |
| 每股经营活动产生的现金流量净额 | 0.90 | 1.49 | －39.60 | 0.86 |
| | 2003 年末 | 2002 年末 | 本年末比上年末增减(％) | 2001 年末 |
| 每股净资产 | 4.01 | 2.07 | 93.72 | 2.01 |
| 调整后的每股净资产 | 3.93 | 2.06 | 90.78 | 2.01 |

# 600353 成都旭光电子股份有限公司

## 二〇〇三年年度报告摘选

### 1.上市公司基本情况简介

1.1 基本情况简介

股票简称:旭光股份 股票代码:600353 上市交易所:上海证券交易所

注册地址和办公地址:四川省成都市新都区新都镇电子路 172 号 邮政编码:610500

公司国际互联网网址:http://www.xuguang.com 电子信箱:xuguang@xuguang.com

1.2 联系人和联系方式

董事会秘书:周敏 联系地址:四川省成都市新都区新都镇电子路 172 号

电话:028－83967182 传真:028－83967187 电子信箱:xuguang@xuguang.com

### 2.会计数据和财务指标摘要

2.1 主要会计数据 单位:元

| | 2003 年 | 2002 年 | 本年比上年增减(%) | 2001 年 |
|---|---|---|---|---|
| 主营业务收入 | 207,036,201.24 | 170,065,343.04 | 22 | 200,705,798.27 |
| 利润总额 | 29,092,921.00 | 15,877,891.91 | 83 | 26,016,339.85 |
| 净利润 | 24,219,116.00 | 14,166,346.10 | 71 | 21,579,739.73 |
| 扣除非经常性损益的净利润 | 23,648,058.28 | 12,185,243.43 | 94 | 20,999,510.19 |
| | 2003 年末 | 2002 年末 | 本年末比上年末增减(%) | 2001 年末 |
| 总资产 | 491,966,566.64 | 572,078,956.26 | －14 | 342,263,689.20 |
| 股东权益(不含少数股东权益) | 378,458,399.16 | 377,191,712.01 | 6.89 | 139,848,734.51 |
| 经营活动产生的现金流量净额 | －8,019,360.42 | 7,200,253.84 | －211.37 | 29,422,312.30 |

2.2 主要财务指标 单位:元

| | 2003 年 | 2002 年 | 本年比上年增减(%) | 2001 年 |
|---|---|---|---|---|
| 每股收益 | 0.2935 | 0.1715 | 71.14 | 0.41 |
| 每股收益 | －－ | －－ | －－ | －－ |
| 净资产收益率(%) | 6.40 | 3.76 | 70.21 | 15.43 |
| 扣除非经常性损益的净利润为基础计算的净资产收益率(%) | 6.25 | 3.23 | 93.50 | 17.42 |
| 每股经营活动产生的现金流量净额 | －0.10 | 0.09 | －200 | 0.56 |
| | 2003 年末 | 2002 年末 | 本年末比上年末增减(%) | 2001 年末 |
| 每股净资产 | 4.58 | 4.29 | 6.76 | 2.66 |
| 调整后的每股净资产 | 4.54 | 4.24 | 7.08 | 2.55 |

# 600366 宁波韵升(集团)股份有限公司

## 二〇〇三年年度报告摘选

### 1.上市公司基本情况简介

1.1 基本情况简介

股票简称:宁波韵升 股票代码:600366 上市交易所:上海证券交易所

注册地址和办公地址:浙江省宁波市江东民安路 348 号 邮政编码:315040

公司国际互联网网址:http://www.sse.com.cn 电子信箱:zqb@yunsheng.com

1.2 联系人和联系方式

董事会秘书:应新异 联系地址:浙江省宁波市江东民安路 348 号

电话:0574－87776804 传真:0574－87776466 电子信箱:zqb@yunsheng.com

证券事务代表:朱佩红 联系地址:浙江省宁波市江东民安路 348 号

电话:0574－87776939 传真:0574－87776466 电子信箱:zqb@yunsheng.com

### 2.会计数据和财务指标摘要

2.1 主要会计数据 单位:元

| | 2003 年 | 2002 年 | 本年比上年增减(%) | 2001 年 |
|---|---|---|---|---|
| 主营业务收入 | 1,318,917,272.33 | 709,063,350.77 | 86.01 | 433,552,850.71 |
| 利润总额 | 77,244,340.58 | 78,326,578.55 | －1.38 | 78,398,213.16 |
| 净利润 | 50,951,687.50 | 55,380,785.46 | －8.00 | 64,792,884.02 |
| 扣除非经常性损益的净利润 | 42,539,404.73 | 51,374,379.34 | －17.20 | 46,296,857.70 |
| | 2003 年末 | 2002 年末 | 本年末比上年末增减(%) | 2001 年末 |
| 总资产 | 1,527,830,836.91 | 1,109,425,689.46 | 37.71 | 807,316,159.08 |
| 股东权益(不含少数股东权益) | 623,814,170.96 | 615,313,166.02 | 1.38 | 562,449,733.75 |
| 经营活动产生的现金流量净额 | 54,308,963.42 | 74,251,783.80 | －26.86 | 33,886,226.94 |

2.2 主要财务指标 单位:元

| | 2003 年 | 2002 年 | 本年比上年增减(%) | 2001 年 |
|---|---|---|---|---|
| 每股收益 | 0.1782 | 0.1937 | －8.00 | 0.3399 |
| 净资产收益率(%) | 8.17 | 9.00 | －9.22 | 11.52 |
| 扣除非经常性损益的净利润为基础计算的净资产收益率(%) | 6.82 | 8.35 | －18.32 | 8.92 |
| 每股经营活动产生的现金流量净额 | 0.1899 | 0.2596 | －26.85 | 0.1777 |
| | 2003 年末 | 2002 年末 | 本年末比上年末增减(%) | 2001 年末 |
| 每股净资产 | 2.1814 | 2.1516 | 1.39 | 2.9502 |
| 调整后的每股净资产 | 2.1349 | 2.1127 | 1.05 | 2.8657 |

# 600375 安徽星马汽车股份有限公司

## 二〇〇三年年度报告摘选

### 1.上市公司基本情况简介

1.1 基本情况简介

股票简称:星马汽车 股票代码:600375 上市交易所:上海证券交易所

注册地址和办公地址:安徽省马鞍山经济技术开发区 邮政编码:243041

公司国际互联网网址:http://www.camc.biz 电子信箱:camc@camc.biz

1.2 联系人和联系方式

董事会秘书:金方放 联系地址:安徽省马鞍山经济技术开发区

电话:0555－8323038 传真:0555－8323038 电子信箱:camc@camc.biz

### 2.会计数据和财务指标摘要

2.1 主要会计数据 单位:元

| | 2003 年 | 2002 年 | 本年比上年增减(%) | 2001 年 |
|---|---|---|---|---|
| 主营业务收入 | 1,691,228,640.88 | 1,184,457,060.66 | 42.79 | 517,035,878.67 |
| 利润总额 | 85,642,028.54 | 118,175,466.69 | －27.53 | 53,916,136.31 |
| 净利润 | 62,249,189.70 | 77,843,270.30 | －20.03 | 34,592,575.56 |
| 扣除非经常性损益的净利润 | 55,927,999.75 | 80,407,590.78 | －30.44 | 36,862,231.09 |
| | 2003 年末 | 2002 年末 | 本年比上年增减(%) | 2001 年末 |
| 总资产 | 988,044,100.83 | 466,000,578.63 | 112.03 | 194,742,050.25 |
| 股东权益(不含少数股东权益) | 490,132,111.44 | 150,968,921.74 | 224.66 | 72,125,651.44 |
| 经营活动产生的现金流量净额 | －127,898,324.21 | 129,253,496.54 | －198.95 | 42,091,577.07 |

2.2 主要财务指标 单位:元

| | 2003 年 | 2002 年 | | 本年比上年增减(%) | | 2001 年 |
|---|---|---|---|---|---|---|
| | | 调整前 | 调整后 | 调整前 | 调整后 | |
| 每股收益 | 0.75 | 1.46 | 1.46 | －48.63 | －48.63 | 0.97 |
| 扣除非经常性损益的每股收益 | 0.67 | 1.51 | 1.51 | －55.63 | －55.63 | 1.04 |
| 净资产收益率摊薄(%) | 12.70 | 53.84 | 51.56 | －76.41 | －75.37 | 47.96 |
| 净资产收益率(加权)(%) | 15.88 | 70.12 | 69.78 | －77.35 | －77.24 | 65.61 |
| 扣除非经常性损益的净利润为基础计算的净资产收益率(摊薄)(%) | 11.41 | 55.62 | 53.26 | －79.49 | －78.58 | 51.11 |
| 扣除非经常性损益的净利润为基础计算的净资产收益率(加权)(%) | 14.27 | 71.60 | 71.26 | －80.07 | －79.97 | 68.44 |
| 每股经营活动产生的现金流量净额 | －1.53 | 2.42 | | －163.22 | | 1.18 |
| | 2003 年末 | 2002 年末 | | 本年末比上年末增减(%) | | 2001 年末 |
| 每股净资产 | 5.88 | 2.83 | | 107.77 | | 2.03 |
| 调整后的每股净资产 | 5.86 | 2.83 | | 107.07 | | 2.03 |

# 600596 浙江新安化工集团股份有限公司

## 二〇〇三年年度报告摘选

### 1.上市公司基本情况简介

1.1 基本情况简介

股票简称:新安股份 股票代码:600596 上市交易所:上海证券交易所

注册地址和办公地址:浙江省建德市新安江白沙路 93 号 邮政编码:311600

公司国际互联网网址:www.xinanchem.com 电子信箱:Xinanchem@jd.hz.zj.cn

1.2 联系人和联系方式

董事会秘书:姜永平 联系地址:浙江省建德市新安江白沙路 93 号

电话:(0571)64715693 传真:(0571)64726063

电子信箱:Jiang.yp@xinanchem.com

证券事务代表:李明乔 联系地址:浙江省建德市新安江白沙路 93 号

电话:(0571)64723891 转 2080 传真:(0571)64726275

电子信箱:Li.mq@xinanchem.com

### 2.会计数据和财务指标摘要

2.1 主要会计数据 单位:元

| | 2003 年 | 2002 年 | 本年比上年增减(%) | 2001 年 |
|---|---|---|---|---|
| 主营业务收入 | 1,018,463,860.87 | 782,924,548.67 | 30.08 | 649,117,924.27 |
| 利润总额 | 51,381,981.62 | 38,925,729.85 | 32.00 | 32,311,478.31 |
| 净利润 | 35,115,702.90 | 32,105,861.98 | 9.37 | 20,482,849.16 |
| 扣除非经常性损益的净利润 | 34,576,477.74 | 31,604,182.30 | 9.40 | 18,382,956.80 |
| | 2003 年末 | 2002 年末 | 本年末比上年末增减(%) | 2001 年末 |
| 总资产 | 1,136,126,682.04 | 924,807,266.23 | 22.85 | 930,993,924.46 |
| 股东权益(不含少数股东权益) | 543,026,048.74 | 527,211,587.44 | 3.00 | 493,745,747.26 |
| 经营活动产生的现金流量净额 | 123,749,463.54 | 115,781,370.56 | 6.88 | 1,033,581.82 |

2.2 主要财务指标 单位:元

| | 2003 年 | 2002 年 | 本年比上年增减(%) | 2001 年 |
|---|---|---|---|---|
| 每股收益 | 0.262 | 0.239 | 9.62 | 0.153 |
| 净资产收益率(%) | 6.47 | 6.38 | 1.41 | 4.15 |
| 扣除非经常性损益的净利润为基础计算的净资产收益率(%) | 6.37 | 6.20 | 2.74 | 6.12 |
| 每股经营活动产生的现金流量净额 | 0.92 | 0.86 | 6.98 | 0.01 |
| | 2003 年末 | 2002 年末 | 本年末比上年末增减(%) | 2001 年末 |
| 每股净资产 | 4.05 | 3.75 | 8.00 | 3.68 |
| 调整后的每股净资产 | 4.03 | 3.70 | 8.92 | 3.63 |

## 600658 北京兆维科技股份有限公司

## 二〇〇三年年度报告摘选

### 1.上市公司基本情况简介

1.1 基本情况简介

股票简称:兆维科技 股票代码:600658 上市交易所:上海证券交易所

注册地址和办公地址:北京市朝阳区酒仙桥路 14 号 邮政编码:100016

公司国际互联网网址:www.cwtech.com.cn 电子信箱:gongsi@cwtech.com.cn

1.2 联系人和联系方式

董事会秘书:姚诚 联系地址:北京市朝阳区酒仙桥路 14 号

电话:010－64321420 传真:010－84567917 电子信箱:yaocheng@cwtech.com.cn

证券事务代表:罗丽丽 联系地址:北京市朝阳区酒仙桥路 14 号

电话:010－64372784 传真:010－84567917 电子信箱:luolili@cwtech.com.cn

### 2.会计数据和财务指标摘要

2.1 主要会计数据 单位:元

| | 2003 年 | 2002 年 | 本年比上年增减(%) | 2001 年 |
|---|---|---|---|---|
| 主营业务收入 | 619,197,050.35 | 622,753,085.15 | －0.57 | 528,593,331.39 |
| 利润总额 | －76,064,863.75 | 29,034,451.31 | －361.98 | 104,811,484.84 |
| 净利润 | －73,087,559.01 | 25,597,189.47 | －385.53 | 101,756,251.05 |
| 扣除非经常性损益的净利润 | －55,832,192.96 | 23,900,927.13 | －333.60 | 103,695,158.05 |
| | 2003 年末 | 2002 年末 | 本年末比上年末增减(%) | 2001 年末 |
| 总资产 | 567,768,640.01 | 745,585,124.99 | －23.85 | 666,528,294.26 |
| 股东权益(不含少数股东权益) | 230,254,256.40 | 301,014,918.82 | －23.51 | 275,171,506.61 |
| 经营活动产生的现金流量净额 | －51,668,096.83 | －112.126,487.36 | －－ | －36,292,920.89 |

2.2 主要财务指标 单位:元

| | 2003 年 | 2002 年 | 本年比上年增减(%) | 2001 年 |
|---|---|---|---|---|
| 每股收益 | －0.4380 | 0.513 | －386.27 | 0.6092 |
| 净资产收益率(%) | －31.74 | 8.50 | －40.24 | 36.98 |
| 扣除非经常性损益的净利润为基础计算的净资产收益率(%) | －21.02 | 8.30 | －29.32 | 46.72 |
| 每股经营活动产生的现金流量净额 | －0.3093 | －0.6713 | －－ | －0.2173 |
| | 2003 年末 | 2002 年末 | 本年末比上年末增减(%) | 2001 年末 |
| 每股净资产 | 1.3786 | 1.8022 | －23.50 | 1.6475 |
| 调整后的每股净资产 | 1.3632 | 1.7517 | －22.18 | 1.6302 |

## 600746 江苏索普化工股份有限公司

## 二〇〇三年年度报告摘选

### 1.上市公司基本情况简介

1.1 基本情况简介

股票简称:江苏索普 股票代码:600746 上市交易所:上海证券交易所

注册地址和办公地址:江苏镇江谏壁镇越河街 50 号 邮政编码:212006

公司国际互联网网址:http://www.sopo.com.cn 电子信箱:sopo@public.zj.js.cn

1.2 联系人和联系方式

董事会秘书:许逸中 联系地址:江苏镇江谏壁镇越河街 50 号

电话:0511－3366244 传真:0511－3362036 电子信箱:sopo@public.zj.js.cn

证券事务代表:孙汉武 联系地址:江苏镇江谏壁镇越河街 50 号

电话:0551－3363146 传真:0511－3362036 电子信箱:sopo@public.zj.js.cn

### 2.会计数据和财务指标摘要

2.1 主要会计数据 单位:元

| | 2003 年 | 2002 年 | 本年比上年增减(%) | 2001 年 |
|---|---|---|---|---|
| 主营业务收入 | 307,713,643.69 | 258,516,744.61 | 19.03 | 253,953,920.51 |
| 利润总额 | 11,182,352.93 | －39,007,500.67 | －－ | 26,368,784.61 |
| 净利润 | 12,836,730.11 | －33,047,793.14 | －－ | 24,019,322.04 |
| 扣除非经常性损益的净利润 | 9,786,870.69 | －32,986,820.41 | －－ | 6,524,207.50 |
| | 2003 年末 | 2002 年末 | 本年末比上年末增减(%) | 2001 年末 |
| 总资产 | 570,003,519.03 | 556,245,503.67 | 2.47 | 578,231,466.08 |
| 股东权益(不含少数股东权益) | 355,976,193.34 | 336,106,137.09 | 5.91 | 368,391,893.12 |
| 经营活动产生的现金流量净额 | 11,237,848.57 | －141,743,240.79 | －－ | 102,543,147.85 |

2.2 主要财务指标 单位:元

| | 2003 年 | 2002 年 | 本年比上年增减(%) | 2001 年 |
|---|---|---|---|---|
| 每股收益 | 0.042 | －0.1079 | －－ | 0.0784 |
| 每股收益(加权) | －－ | －－ | －－ | －－ |
| 净资产收益率(%) | 3.61 | －9.83 | －－ | 6.52 |
| 扣除非经常性损益的净利润为基础计算的净资产收益率(%) | 2.75 | －9.81 | －－ | 1.77 |
| 每股经营活动产生的现金流量净额 | 0.0367 | －0.4626 | －－ | 0.3346 |
| | 2003 年末 | 2002 年末 | 本年末比上年末增减(%) | 2001 年末 |
| 每股净资产 | 1.162 | 1.097 | 5.93 | 1.202 |
| 调整后的每股净资产 | 1.151 | 1.086 | 5.99 | 1.173 |

## 600793 宜宾纸业股份有限公司

## 二〇〇三年年度报告摘选

### 1.上市公司基本情况简介

1.1 基本情况简介

股票简称:ST 宜纸 股票代码:600793 上市交易所:上海证券交易所

注册地址和办公地址:四川省宜宾市岷江西路 54 号 邮政编码:644007

公司国际互联网网址:http://www.ybzy.com.cn 电子信箱:dsh@ybzy.com.cn

1.2 联系人和联系方式

董事会秘书:鹿彪 联系地址:四川省宜宾市岷江西路 54 号

电话:0831－3560668 传真:0831－3561965 电子信箱:ybzylb@263.net

证券事务代表:刘锋 联系地址:四川省宜宾市岷江西路 54 号

电话:0831－3560589 传真:0831－3561965 电子信箱:dsh@ybzy.com.cn

### 2.会计数据和财务指标摘要

2.1 主要会计数据 单位:元

| | 2003 年 | 2002 年 | 本年比上年增减(%) | 2001 年 |
|---|---|---|---|---|
| 主营业务收入 | 360,176,773.89 | 324,861,697.11 | 10.87 | 460,007,248.13 |
| 利润总额 | 7,222,061.51 | －80,586,385.97 | | 13,511,324.69 |
| 净利润 | 7,221,199.71 | －80,586,385.97 | | 9,959,760.84 |
| 扣除非经常性损益的净利润 | 6,607,808.99 | －69,556,809.50 | | 12,197,995.17 |
| | 2003 年末 | 2002 年末 | 本年末比上年末增减(%) | 2001 年末 |
| 总资产 | 806,253,872.64 | 834,982,438.05 | －3.44 | 880,075,728.68 |
| 股东权益(不含少数股东权益) | 175,245,430.01 | 101,830,794.74 | 72.09 | 162,486,134.08 |
| 经营活动产生的现金流量净额 | 38,917,169.74 | 34,798,501.68 | 11.84 | －11,713,127.72 |

2.2 主要财务指标 单位:元

| | 2003 年 | 2002 年 | 本年比上年增减(%) | 2001 年 |
|---|---|---|---|---|
| 每股收益(摊薄) | 0.0686 | －0.7653 | | 0.0946 |
| 每股收益(加权) | 0.0686 | －0.7653 | | 0.0946 |
| 净资产收益率(摊薄) | 4.12% | －79.14% | | 6.13% |
| 净资产收益率(加权) | 6.29% | －68.31% | | 7.51% |
| 每股经营活动产生的现金流量净资产 | 0.3696 | 0.3305 | 11.83 | －0.11 |
| | 2003 年末 | 2002 年末 | 本年末比上年末增减(%) | 2001 年末 |
| 每股净资产 | 1.6642 | 0.9671 | 72.08 | 1.543 |
| 调整后的每股净资产 | 1.5506 | 0.8889 | 74.44 | 1.455 |

## 600900 中国长江电力股份有限公司

## 二〇〇三年年度报告摘选

### 1.上市公司基本情况简介

1.1 基本情况简介

股票简称:长江电力 股票代码:600900 上市交易所:上海证券交易所

注册地址和办公地址:北京市西城区金融大街 19 号富凯大厦 B 座 邮政编码:100032

公司国际互联网网址:http://www.cypc.com.cn 电子信箱:cypc@cypc.com.cn

1.2 联系人和联系方式

董事会秘书:傅振邦 联系地址:北京市西城区金融大街 19 号富凯大厦 B 座 23 层

电话:010－58688900 传真:010－58688898 电子信箱:cypc@cypc.com.cn

证券事务代表:吴胜亮 联系地址:北京市西城区金融大街 19 号富凯大厦 B 座 23 层

电话:010－58688900 传真:010－58688898 电子信箱:wusl@cypc.com.cn

### 2.会计数据和财务指标摘要

2.1 主要会计数据 单位:人民币元

| | 2003 年度 | 2002 年度 | 本年比上年增减 | 2001 年度 |
|---|---|---|---|---|
| 主营业务收入 | 2,985,833,463.77 | 1,371,139,637.93 | 117.76% | 1,414,965,181.06 |
| 利润总额 | 2,144,931,608.77 | 675,246,246.33 | 217.65% | 729,243,946.82 |
| 净利润 | 1,437,567,437.43 | 442,623,815.28 | 224.78% | 493,591,446.22 |
| 扣除非经常损益的净利润 | 1,439,542,956.33 | －－ | －－ | －－ |
| | 2003 年末 | 2002 年末 | 本年末比上年末增减 | 2001 年末 |
| 总资产 | 29,616,558,475.99 | 9,911,857,317.22 | 198.80% | －－ |
| 股东权益 | 19,826,762,172.57 | 8,523,168,662.44 | 132.62% | －－ |
| 经营活动产生的现金流量净额 | 1,819,623,144.45 | －－ | －－ | －－ |

2.2 主要财务指标 单位:人民币元

| | 2003 年度 | 2002 年度 * | 本年比上年增减 | 2001 年度 * |
|---|---|---|---|---|
| 每股收益 | 0.183 | 0.08 | 128.75% | －－ |
| 每股收益 | 0.183 | 0.08 | 128.75% | －－ |
| 净资产收益率(%) | 7.25 | 5.19 | 39.69% | －－ |
| 扣除非经常性损益的净利润为基础计算的净资产收益率(%) | 7.26 | 5.19 | 39.88% | －－ |
| 每股经营活动产生的现金流量净额 | 0.23 | －－ | －－ | －－ |
| | 2003 年末 | 2002 年末 * | 本年末比上年末增减 | 2001 年末 * |
| 每股净资产 | 2.52 | 1.54 | 63.64% | －－ |
| 调整后的每股净资产 | 2.52 | 1.54 | 63.64% | －－ |

成就篇

# 中国证券市场成就全书篇

000078　深圳海王生物工程股份有限公司
000825　山西太钢不锈钢股份有限公司
000983　山西西山煤电股份有限公司
600532　山东华阳科技股份有限公司
600573　福建省惠泉啤酒集团股份有限公司
600595　河南中孚实业股份有限公司
600789　山东鲁抗医药股份有限公司
000889　秦皇岛渤海物流控股股份有限公司
中国银行
鹏华基金管理有限公司
汉唐证券有限责任公司
华夏证券有限公司北京东直门南大街证券营业部
海通证券股份有限公司上海新沪路证券营业部

华阳科技
HUAYANG TECHNOLOGY
为了丰收的希冀
为了绿色的大地
华阳科技
扶农丹
神农丹
灭多威
神农宝
**山东华阳科技股份有限公司(股票简称：华阳科技　股票代码：600532)**是一家从事农用化工和精细化工的科技先导型企业，国家科技部认定的高新技术企业。公司致力于农药及农药中间体研究、开发、推广、制造和销售。
1999年，华阳科技由山东华阳农药化工集团有限公司为主发起人，联合泰安飞达助剂有限公司、泰安市泰山农业生产资料站、山东省农药研究所、山东农业大学等四家单位发起设立。目前公司是中国农药协会副理事长单位，并已发展为全国最大的氨基甲酸酯类农药生产基地，国家经贸委确定的种衣剂生产基地。公司名列全国农药企业十强，为山东省最大的农药生产企业。
华阳科技始终坚持科技创新战略，面向现代化农业，发展了一批国内技术领先的产品，拥有国家星火计划项目5项，国家重点新产品5项，国家火炬计划项目4项。公司主要产品的国内市场占有率在50%以上，积极参与国际竞争，产品销往30多个国家和地区出口收入已经占到公司总收入的20%以上。
自成立以来，公司以市场化运作为核心，始终贯彻产业经营和资本运营战略，坚持科学管理和规范运作，销售收入、净利润和每股收益保持了良好的增长势头，公司上市，不但打通了向资本市场直接融资的渠道，而且将在技术、管理、人力资源、国际合作等方面对公司的发展产生积极而深远的影响。
地址：山东 宁阳 磁窑　邮编：271411
电话：0538-5826208　5826209
传真：0538-5826066
E-mail：cnhy@huayang.com
http://www.huayang.com.

董事长：程汉川

总经理：郭振辉

惠泉啤酒
HUIQUAN

## 经营理念

厚报股东，回报社会

以科技为先导，以质量创名牌

## 企业方针

增强竞争意识，科学管理，以人为本

坚持高新名优，面向市场，以质取胜

## 质量方针

稳定 满足 创新 增效

**股票简称：惠泉啤酒　股票代码：600573**

福建省惠泉啤酒集团股份有限公司是经福建省人民政府闽政体股[1996]09号文批准，福建惠泉啤酒集团公司整体改制，由福建省惠安县经济贸易局作为主要发起人，联合其他10名发起人，以发起设立方式设立的股份有限公司。本公司于1997年2月4日，在福建省工商行政管理局正式登记注册。

本公司地处闽南金三角，1989年被授予“国家二级企业”称号，1997年被国家经济贸易委员会等部委认定为国家大型二档企业。1997年初改制后，本公司资产总量和生产规模迅速扩大。2001年本公司完成啤酒产量40.08万吨，列全国啤酒行业产量排名第九位，销售额排名第八位。本公司2000年底完成位于惠安县城关北区的北厂技改搬迁一期工程，该技改工程整体规划80万吨，总占地面积650亩，系严格按照国家行业“十五”计划要求，以清洁生产、无菌化生产技术标准建设，融合了惠泉啤酒传统生产工艺技术和国际先进装备工艺技术，全程实现高度自动化生产。其中，纯生啤生产线技改工程于2001年6月底完成。本公司现已形成55万吨／年的啤酒生产能力。

**福建省惠泉啤酒集团股份有限公司**
HUIQUAN BREWAGE GROUP INC.FUJIAN CHINA

地址：福建省惠安县螺城镇建设南街157号　邮编：362100
法人代表：程汉川　总经理：郭振辉
电话：0595－7396105　传真：0595－7378169

# 河南中孚实业股份有限公司

## Henan Zhong Fu Industrial Company

河南中孚实业股份有限公司（英文名称：Henan Zhong Fu Industrial Company）属上市企业，位于河南省巩义市，下属电力分公司和铝业分公司，主营电解铝、铝材系列、火力发电、蒸汽生产。公司拥有装机容量为10万千瓦的热电联产机组和310台70KA预焙电解铝生产槽，年产电解铝5.8万吨，铝材加工2万多吨，年发电能力8亿千瓦时，总资产12.9亿元，职工人数2000余人。1996年中孚实业被中国企业形象认定委员会评为"AAA"级企业；1997年荣获河南省省级文明单位、河南省"五一"劳动奖状等荣誉称号；1999年通过资产置换，在国内首家实现真正意义上的铝电合一，形成核心竞争优势，电力成本远低于业内平均水平，即使同国外电解铝生产企业竞争也毫不逊色；2000年实现安全文明生产双达标，取得环保认证和ISO9002国际质量体系认证；2001年被评为郑州市综合实力50强企业，名列第9名。2001年12月30日，中国证监会股票发行审核委员会核准通过中孚实业招股说明书；2002年3月21日，中国证监会批准中孚实业股票发行；2002年6月12日，中孚实业通过上海证券交易所和深圳证券交易所系统向社会公开发行5000万股A种股票；2002年6月26日，中孚实业股票在上海证券交易所正式挂牌上市交易。

董事长：张洪恩

总经理：马路平

电　话：0371-4382118

传　真：0371-4382189

总部地址：河南省巩义市新华路31号

邮　编：451200

**股票简称：中孚实业**

**股票代码：600595**

董事长：章建辉

山东鲁抗医药股份有限公司是山东省医药行业首家大型股份制企业，公司股票于1997年2月在上海证券交易所挂牌上市，股票简称“鲁抗医药”，股票代码600789。

鲁抗医药是国内四大抗生素生产基地之一，主要生产经营抗生素原料药　、半合成抗生素原料药及相关制剂产品、动植物用生物药物、医药中间体、药用树脂、淀粉、葡萄糖等。公司积极调整产品布局，优化产品结构，现已形成了以6－APA、7－ACA、7－ADCA为母核的三大系列产品链，是目前国内唯一拥有半合抗三大母核完整生产链的企业，实现了由传统抗生素生产向半合抗生产的成功跨越。2001年末公司总资产达24.05亿元。

生命之神，保障健康。着眼于企业经营机制和经济增长方式的转变，鲁抗医药以科技创新、管理创新、营销创新聚合发展动力，在生产规模、技术工艺、产品质量等方面具备较强的核心竞争力，以实力引领未来。

omaco

# 秦皇岛渤海物流控股股份有限公司

**秦皇岛渤海物流控股股份有限公司**地处的秦皇岛，是一座位于渤海之滨的美丽城市，毗邻北京、沈阳，境内有山海关、北戴河等举世闻名的旅游景观和避暑胜地，有机场、港口、京哈铁路、京沈高速公路等便利的交通。公司是河北省首家商业企业上市公司和秦皇岛市最大的商贸流通企业，下设15个分公司和子公司，主要从事房地产开发、国内商业零售及批发、酒店服务、电子商务等业务。2001年度主营业务收入5亿元人民币。公司连年被河北省人民政府命名为“重合同守信用企业”，2001年跻身于全国重点大商场百强企业行列。公司所属商场、超市营业面积达3万余平方米，拥有175套各类客房的三星级酒店，在建观海写字楼及商业广场的建筑面积达10万余平方米。

公司1997年募股上市，1999年进行资产重组后，调整主业结构，由单一商业向房地产开发和商业并举转型，先后投资了安徽国润投资发展有限公司、秦皇岛华联商城金原房地产开发有限公司和秦皇岛金原超市，开发了合肥长江农贸广场、芜湖长江商贸城、滁州农副产品批发市场和秦皇岛金原广场等项目。2002年公司变更大股东后，成为民营企业控股的上市公司，公司正在整合商品流通、电子商务方面的资源，在坚持主业的同时对批发市场建设和商品流通业务进行升级，向物流领域进军。

中国银行
BANK OF CHINA

## 一、中国银行简介

中国银行1912年由孙中山批准成立，是中国历史最悠久的银行。目前，中国银行是中国领先的国际化的银行，其分支机构遍布全球，业务包括传统的商业银行、投资银行和保险业务在内的全面的金融服务。

从中国银行1912年成立到1949年建国的37年间，中国银行最先是国家的中央银行，之后成为了一家国际汇兑银行。从建立初的一家私有银行起步，中国银行在艰难的环境中开拓市场，树立信誉，体现出了创业精神。在随后的各个历史时期，中国银行面对政局变幻和中外银行之间的激烈竞争，从来没有停止过与各种问题和压力做斗争。解放前的中国银行以其优良的业绩在中国银行业有着极其重要的地位，在中国现代银行史上写下了不可磨灭的篇章。

从1949年开始，中国银行成为国家唯一指定的外汇外贸专业银行。中国银行通过促进中国国际贸易和外商直接投资的发展为国家经济建设和发展作出了巨大的贡献。

1994年金融体制改革之后，中国银行成为了一家国有商业银行，与其它三家国有商业银行一道成为国家金融业的支柱。1994年和1995年，中国银行分别在香港和澳门成为发钞行。由于长期以来中国银行良好的业绩，从1992年到2002年，中国银行先后九次被《欧洲货币》杂志评选为“中国最佳银行”，同时，中国银行还连续14年进入《财富》杂志评选的世界500强企业。

中国银行的主营业务是传统的商业银行业务，包括了公司业务、零售业务和金融机构业务。公司业务在基于银行的核心信贷产品之上，致力于客户提供个性化、创新的金融服务。零售业务主要针对银行的个人客户的金融需求，提供基于长城卡之上的全套服务。而金融机构业务则是为全球其他银行、证券公司和保险公司提供诸如国际汇兑、资金清算、同业拆借和托管等全面服务。迎合国际金融行业的发展趋势，中国银行在巩固其传统商业银行业务的基础上又将经营领域扩大到投资银行和保险业务。中银国际作为中国银行从事投资银行业务的全资附属机构已经成为中国在海外最为成功的投资银行，拥有最长的历史、最多的管理资产、最广阔的分销渠道及最富有经验的专业人才。中国银行还在不断努力发展成为可提供全面的金融产品和服务的国际化大银行。2001年，中银国际和中银集团保险有限公司已经获准在中国大陆建立分支机构和开展业务。中国银行成为中国仅有的能够同时提供商业银行、投资银行和保险业务的金融服务集团。

为了提高竞争优势，中国银行从2000年初开始围绕建立良好的公司治理机制采取了一系列的改革。2001年，中国银行成功地重组了香港中银集团，将10家成员银行合并成立当地注册的“中国银行（香港）有限公司”。2002年7月，中银香港在香港联交所成功上市。今后，中国银行将进一步在业务流程、信息科技、零售业务和人力资源管理等方面推进改革。

2002年，中国银行迎来了九十华诞。九十年的风风雨雨，打造了中国银行享誉海内外的卓著声名，铸就了中国银行“信誉至上、锐意创新”的优良传统。中国银行将继续改革创新，不断追求新的成功。承载着九十年历史的中国银行必定能焕发出新的生机和活力，谱写新的更壮丽的历史篇章。

**中国银行标识**

行标：

中国银行行标于一九八六年经中国银行总行批准正式使用。

行标从总体上看是古钱形状代表银行；"中"字代表中国；外圆表明中国银行是面向全球的国际性大银行。

中文行名：

中国银行中文行名字体由郭沫若先生题写。

## 二、中国银行90年历史回顾(1912–2002)

**1912年：**中华民国临时政府成立后，临时大总统孙中山下令，将大清银行改为中国银行，行使中央银行职能。2月5日，中国银行在上海汉口路3号原大清银行旧址开业，随后发行了中国银行兑换券。

**1916年：**北洋政府电令中国银行停付现款。中国银行上海分行为维护银行信誉，视"停兑令"于不顾，照常营业收兑，终使挤提风潮平息。此举使中国银行声誉大振，备受社会称赞。

**1928年：**中国银行成为政府特许国际汇兑银行。

**1929年：**中国银行伦敦分行成立，这是中国银行业在海外设立的第一家分支机构。此后，中国银行在二十年内建立起拥有34个分支机构的海外网络。

**1949年：**6月5日，中国银行恢复营业，成为外汇专业银行，积极支持对外贸易，为国民经济的恢复和发展作出了贡献。

**1950年：**4月9日，新中国成立后中国银行第一届董事会第一次会议在北京召开。南汉宸任董事长，何香凝任首席监察人。

**1984年：**11月6日，中国银行在日本成功发行200亿日元债券，开创了中国海外融资的先河。截止2001年末，中国银行在国际资本市场上累计发债27次，筹资总额超过50亿美元，树立了成熟发债人的形象。

**1993年：**在引起全世界关注的中国外汇体制改革中，中国银行在汇率并轨、银行结售汇、外资企业纳入售汇体系等方面，发挥了不可替代的作用。1994年，中国银行开始从专业银行向国有商业银行转轨。

**1994年：**5月1日，中国银行在香港首次发行港元钞票，成为香港第三家发钞行。1995年10月发行了澳门元。在港澳地区参与发钞，有助于港澳金融市场的稳定，也体现了中国银行的实力。

**1998年：**中国银行全资附属投资银行——中银国际控股有限公司迁册香港。这是中国银行业在海外设立的专业队伍最强、国际配售与零售网络最大、管理资产最多、国际化程度最高的投资银行。

**2001年：**10月1日，由原中银集团10家银行重组而成的中国银行（香港）有限公司挂牌成立，这标志着中国银行在香港的事业进入了一个继往开来的新时期，也标志着中国银行在体制改革上迈出了关键一步。

**2002年：**2月4日，中国银行召开大会，隆重庆祝中国银行成立90周年。7月25日，"中银香港"在香港联交所挂牌上市。中银香港此次全球招股约23亿股，集资总额达195亿港元，是香港2002年度最大宗招股集资活动，也是到2002年度为止全球第三大融资项目。中银香港上市成功，显示了中银香港实力，也反映了海外各界对中银香港前景充满信心。

## 三、中国银行获得荣誉

从1992年到2002年，中国银行先后九次被《欧州货币》杂志

评选为"中国最佳银行"，在《欧洲货币》2002年8月刊按股东权益排出的新兴市场250家银行中，中国银行名列榜首。同时，中国银行还连续14年进入《财富》杂志评选的世界500

强企业。2002年《银行家》杂志按核心资本排名的世界1000家大银行中，中国银行从第18位跃居第11位。2001年和2002年，中行连续被《资产》杂志评为上一年度“中国最佳银行”。2001年，《亚洲银行家》杂志将中国银行评选为2000年度“中国最佳零售银行”。中银香港上市后，荣获了《投资者关系》“最佳IPO投资者关系奖”和《FinanceAsia》“最佳交易、最佳私有化”等8个重要奖项。2002年，中国银行注册使用在银行服务的“中银”商标被中国国家工商行政管理总局认定为中国驰名商标，并因此而受到国家有关法律保护，这是至今为止中国银行业中唯一获此殊荣的名牌商标。

## 四、中国银行企业宗旨

“以客户为中心，以市场为导向，强化公司治理，追求卓越效益，创建国际一流大银行。”

## 五、中国银行发展策略

在经济、金融发展和技术变革步伐加快、竞争更趋激烈的形势下，为了实现创建国际一流大银行的目标，中行在2000年初明确提出如下发展战略：发挥比较优势，科学配置资源，尽快建立良好的公司治理机制。

中国银行良好公司治理机制内涵：“清晰的发展战略；科学的决策系统；审慎的会计原则；严格的目标责任制及与之相应的激励约束机制；面向未来培养和造就人才；健康负责的董事会。”

## 六、中国银行八大竞争优势

中国银行具有强大的精通国际和国内业务的专业队伍，拥有一批资深银行家和海外银行高级管理人才。

中国银行在香港拥有经营多种产品的金融集团——中银（香港）有限公司，作为香港三大发钞行之一、澳门两大发钞行之一，中国银行走在当今世界金融市场的潮头，在国内同业力拔头筹。

中国银行拥有一批遍布五大洲25个国家和地区的绩效优良的海外分支机构。中国银行在全国占有第一位的国际结算业务市场份额和外币存贷款市场份额。

中国银行拥有第一位的多货币清算收付网络。在纽约、法兰克福、伦敦和东京分别设有美元、欧元、英镑和日元清算中心。

中国银行资金业务和市场份额全国第一，在外汇交易市场上享有较高的信誉。

中国银行是国内唯一一家拥有全资附属投资银行的银行，即在香港注册的投资银行——中国银行国际控股有限公司（即中银国际）。

中国银行在审慎会计原则下真实性利润多年来国内同业排名第一。

## 七、“以人为本”的企业管理

为最大限度地吸引人才、培养人才、用好人才，中国银行明确提出“四个留人”措施，即事业留人、感情留人、适当的待遇留人、高质量的培训留人。此外，中国银行十分注重员工效率意识和团队精神的培养，通过彼此间的相互协作树立起了务实高效的工作作风，在增强企业向心力、凝聚力的同时也推动企业去获得高效益的发展，中国银行努力强化效率意识与团队协作精神充分体现出“开拓、创新、优质、高效”的企业理念精髓。

地　　址：北京市复兴门内大街1号
邮　　编：100818
客服电话：95566
网　　址：www.bank-of-china.com

# 鹏华基金管理有限公司

PENGHUA

鹏华基金管理有限公司是《证券投资基金管理暂行办法》实施后，根据中国证监会证监基字[1998]30号文和31号文批准设立的第六家基金管理公司。公司由国信证券有限责任公司、浙江证券有限责任公司、鞍山市信托投资股份有限公司和安徽省国际信托投资公司共同发起设立，各家出资比例分别为50%、16.68%、16.68%、16.66%。公司于1998年12月22日在深圳市注册登记，现有注册资本15000万元人民币，业务范围包括发起设立基金和管理基金业务。公司董事长兼法定代表人陈正蓉女士，董事、总经理为孙晓刚先生。

鹏华基金管理有限公司遵循“进取、求实”的企业精神和“信任高于一切”的企业理念，始终把风险控制必须放在业务发展的首位。

为规范公司的组织与行为，维护基金投资者的利益，保护股东的合法权益，公司遵循决策系统、执行系统、监督反馈系统相互独立、相互制衡的原则，按照法律、法规和章程的规定，建立了包括股东会、董事会（下设风险控制委员会、审计委员会、提名委员会和薪酬委员会）、独立董事制度、监事会、总经理办公会、投资决策委员会、督察员在内的比较完善的法人治理结构。公司对所管理基金的重大投资决策由投资决策委员会决定，公司日常行政决策由总经理办公会决定。此外公司还专设督察员全权负责监察稽核工作，并直接对董事长和中国证监会汇报工作。

董事长：陈正蓉

鹏华基金管理有限公司现设有基金管理部、研究部，交易部、登记结算部、市场部、机构理财部、监察稽核部、信息技术部、行政部九个部门，此外在北京、上海还分别设有分公司。公司总部办公地点在深圳发展银行大厦18层和27层。截止2002年底，公司共有员工101人，平均年龄不到31岁，其中：博士7人,硕士58人，大学学历28人，其中9人有海外留学背景，另外公司还聘请了一名境外专家。

鹏华基金管理有限公司现管理“基金普惠”、“基金普丰”、“基金普华”和“基金普润”四只封闭式证券投资基金以及“鹏华行业成长（开放式）证券投资基金”，按发行规模共约100亿元人民币（见下表）。公司坚持“与时俱进”的价值投资理念，对基金投资分设基金管理小组，实行基金经理负责制。公司管理的基金普惠和普丰每基金单位累计分红分别达0.661元和0.281元。2002年12月13日，公司还被全国社会保障基金理事会正式确定为社会保障基金首批六家投资管理人之一。

总经理：孙晓刚

**地址：深圳市深南东路5047号深圳发展银行大厦18层、27层**
**邮编：518001**
**电话（0755）82080663　传真：(0755)82080742**
**客户服务热线：　(0755) 82353668**
**公司网站：http://www.phfund.com.cn**
**电子信箱：bp@mail.phfund.com.cn**

# 华夏证券有限公司北京东直门南大街证券营业部

地址：北京市东城区东直门南大街6号
邮编：100027
电话：010-64172918
传真：010-64172900

华夏证券有限公司北京东直门南大街证券营业部（原华夏证券北京东四营业部）位于北京市繁华的东二环CBD商圈内，成立于1993年5月3日，是华证券的第一家营业部，也是北京证券市场最早的开拓者。营业部下设经纪业务部、燕山服务部、电脑部、研究发展部、业务发展部、营业部办公室及计财部等部门。主要业务包括证券经纪、投资银行业务、证券研究及投资咨询等。

位于东二环CBD商圈内的华夏证券东直门南大街营业部，拥有3000多平方米的交易大厅及客户交易区可为客户提供沪深A股、沪深B股、基金、国债现券等多项交易业务。营业部以先进的千兆以太网、CISCO网络设备、COMPAQ8000服务器及ALPHA双机热备份系统建立了安全、可靠的电脑系统；318条电话委托中继线、千余台电脑、百余台自助委托机使客户观察、操作从容不迫。营业部可为客户提供电话委托、钱龙热自助委托、可视电话委托、柜台人工委托、磁卡自助委托等。通过登陆www.csc108.com华夏证券网，就能完成行情查询、在线咨询、委托等一系列交易过程。

营业部自成立之初起，就秉承服务农户、服务资本市场的宗旨，以“追求卓越，崇尚完美”的精神，积极拓展各项业务，取得了辉煌的业绩。积极拓展各项业务，不断扩大经营规模，逐步发展成为国内业务品种最齐全、交易方式最先进、各种交易席位最多的证券营业部。多年来营业部取得了突出的经济效益，在证券交易量、利润总额及上交税金等多项指标均名列全国证券营业部首位。2000年有价证券交易总量达到1027亿元，成为全国近3000家如首家突破1000亿元的营业部。营业部成立9年来，共实现有价证券交易总量6351亿元，累计实现利润4.46亿元，上交国家税金2亿多元。多年来营业部在证券交易量、利润总额及上交税金等多项指标均名列全国证券营业部首位,取得了突出的经济效益，为北京市和华夏证券有限公司赢得了良好的声誉。

# 海通证券股份有限公司上海新沪路证券营业部

**海通证券股份有限公司上海新沪路证券营业部**是海通证券上海业务总部下属营业部之一，其前身为上海南翔证券营业部，于1999年11月迁址后更名设立。

海通证券新沪路营业部地处繁华的大华新村,交通便捷。营业部内设办公室、财务部、电脑部、业务部、投资咨询、业务拓展部和网上交易部，现有员工21人，80%为大专以上学历，是一支长期从事金融业并具有证券从业资格的高素质员工队伍。营业部经营品种齐全，涉及深沪A股、B股、基金、国债现货及回购交易，业务范围包括经纪业务、理财业务和投资咨询等方面。营业部交易环境舒适、设施一流：设有柜台委托、自助委托、电话委托、远程委托和网上委托等多种委托方式,应有尽有，一应俱全，同时配备自助交割系统和邮寄帐单服务，极大方便了客户的交易和查询。目前营业部已开通了工商银行、农业银行、交通银行和上海银行等行的银证转帐系统，使客户资金的划转安全而便捷。此外，营业部依托公司强大的研发力量和咨询机构良好的协作关系，每日为客户提供《海通投资传真》、《中广信息》等多种咨询文件，进行现场解盘分析，并根据市场状况不定期地举行股评报告会，为客户投资决策提供参考。为发展业务和方便客户的交易，营业部于2000年12月设立了南翔证券服务部，将优质服务的范围延伸到较边远地区。

营业部将一如既往地秉承公司“务实、开拓、稳健、卓越”的经营理念和服务宗旨，竭诚为广大机构和个人投资者服务。海通证券股份有限公司上海新沪路营业部王美红总经理携全体员工热忱欢迎和期待新老客户的光临！

营业部地址：上海市宝山区新沪路45号　邮编：200436
服务部地址：上海市嘉定区南翔镇德园路681号　邮编：201802
E-mail地址：wsjy_sh0010@htsec.com
咨询电话：66350234　66350776

## 辽河金马油田股份有限公司
LIAOHE JINMA OILFIELD COMPANY LIMITED

### 总经理：于洪坤 先生

于洪坤，男，1950年12月出生，大学文化程度，高级工程师。现任辽河金马油田股份有限公司总经理。

1972年5月，东北石油学院采油工程专业学生；

1975年11月，辽河油田兴隆台采油厂生产科技术员；

1978年9月，辽河油田高升采油厂生产科工程师；

1984年5月，辽河油田高升采油厂副厂长；

1994年11月，辽河油田兴隆台采油厂厂长兼党委副书记；

1998年3月至今，辽河金马油田股份有限公司总经理、党委书记。

## 唐山三友集团有限公司

### 董事长、党委书记：么志义 先生

么志义先生，1957年7月12日出生，河北唐山市人，中共党员，研究生学历，高级经济师，享受政府特殊津贴，中国企业家协会会员、河北省企业家协会常务理事，九届、十届全国人大代表。

1975年11月至1994年5月，在丰南市工作，历任丰南色织厂供销科长、副厂长、厂长、党总支书记、丰南纺织工业局局长、党委书记。1994年5月至1998年6月，历任唐山义龙化纤纺织集团党委书记、董事长、总经理。1998年6月至今任唐山三友集团有限公司董事长、党委书记。

1995年被评为河北省劳动模范、全国劳动模范；1998年被全国总工会授予“全国优秀工会积极分子”；1999年被评为河北省职工劳动模范；2000年度被授予“河北省优秀企业家”称号；2001年被评为全国优秀企业家、河北省企业改革标兵、被授予“河北省质量特别奖”。2002年被授予“唐山市优秀党务工作者”称号。2002年9月，荣立“振兴唐山立功竞赛”一等功。

## 河北太行水泥股份有限公司
HEBEI TAIHANG CEMENT CO.,LTD.

### 董事长：王里顺 先生

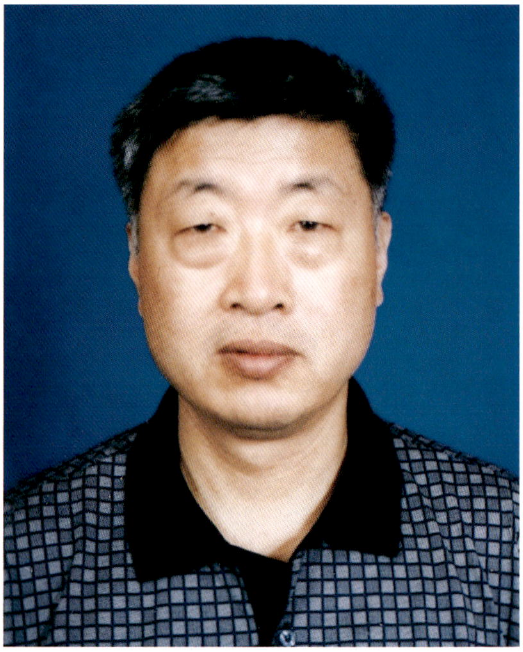

王里顺先生，大专，高级工程师，河北博野人。现任河北太行水泥股份有限公司董事长。

工作经历：1968年6月毕业于北京水泥学校。1968年8月进入河北省邯郸水泥厂工艺技术员，1983年6月至1984年8月任烧成车间主任，1984年8月至1993年2月任生产副厂长，1987年9月至1990年6月进入河北经济管理干部学院学习。1993年3月至2000年5月任河北太行水泥股份有限公司副总经理，2000年5月至2003年3月任河北太行水泥股份有限公司总经理，2003年3月任河北太行水泥股份有限公司董事长。

主要荣誉：1992年度河北省劳动模范；1993年主持的立波尔高标号复合硅酸盐水泥科研项目获河北省科技成果奖；2002年度河北省建材工业突出贡献奖。

## 北京首钢股份有限公司
BEIJING SHOUGANG CO.,LTD.

### 董事长：朱继民 先生

朱继民先生，1946年3月8日出生，大学文化，1970年8月毕业于东北工学院矿建专业并参加工作，1973年12月入党，安徽省宿县人，高级经济师，教授级高级工程师。曾任鞍钢总经理助理兼进出口公司总经理，鞍钢总经理助理兼国贸公司总经理、供销公司党委书记；水城钢铁（集团）有限责任公司董事长、总经理、党委副书记，水城钢铁（集团）有限责任公司党委书记、董事长、总经理；首钢总公司党委常委、董事、副总经理，首钢总公司党委副书记、副董事长、总经理。先后荣获贵州省“五·一”劳动奖章，贵州省十名有突出贡献的企业优秀经营管理者，全国“五·一”劳动奖章和全国“十佳全心全意依靠工人阶级办好企业的领导者”的称号，并因管理创先享受国务院政府特殊津贴。现任第十届全国人大代表，九届北京市市委委员，首钢总公司党委书记、董事长，北京首钢股份有限公司董事长。

## 鲁泰纺织股份有限公司
LUTHAI TEXTILE CO., LTD.

### 董事长、总经理：刘石祯 先生

刘石祯，1940年3月4日出生，山东淄博人，经济师。

1961年9月－1966年9月 淄博市岳庄煤矿工作

1966年10月－1968年12月 淄博市矿产公司工作

1969年1月－1975年6月 淄川区工业局、工业二局工作

1975年7月－1976年6月 淄川矿产局工作

1976年7月－1979年2月 淄川煤炭汽车队工作

1979年3月－1981年6月 淄川区耐火材料公司副经理

1981年7月－1987年12月 淄川区煤炭工业公司副经理，经理。

1987年12月－1990年3月 淄川区煤炭工业公司经理兼淄博第七棉纺厂厂长

1990年3月－现在 鲁泰纺织股份有限公司董事长、总经理

## 莱芜钢铁股份有限公司
LAIWU STEEL CORPORATION

### 董事长：李名岷 先生

李名岷先生，汉族，山东五莲人。1946年3月出生，大学文化，高级经济师，山东省第九届人民代表大会代表，全国第十届人民代表大会代表。历任莱芜钢铁总厂机械厂副厂长、厂长，莱芜钢铁总厂副厂长，莱芜钢铁股份有限公司董事、副董事长，莱芜钢铁集团有限公司董事等职。现任莱芜钢铁股份有限公司董事长，莱芜钢铁集团有限公司副董事长、总经理。

主要奖励：1991年12月被国家冶金工业部授予“全国冶金系统老干部先进工作者”；1994年9月被山东省教委授予“省尊师重教先进个人”；1994年12月被山东省委宣传部授予“省优秀思想政治工作者”；1999年1月被山东省政府授予“省关心下一代工作先进个人”；2001年4月被山东省总工会授予“省富民兴鲁奖章”；2001年4月被中国冶金机械工会授予“全国冶金行业节能工作先进个人”；2003年5月被山东省人民政府评为“山东省劳动模范”；2003年5月被省企业家协会评为“山东省优秀企业家”。

## 凌云工业股份有限公司

LINGYUN INDUSTRIAL CORPORATION LIMITED

### 董事长：李喜增 先生

李喜增先生，49岁，本科学历，高级工程师，现任凌云工业股份有限公司董事长。具有丰富的投资决策和经营管理经验，曾荣获中国兵器工业总公司优秀管理工作者、劳动模范等称号。

## 世纪证券有限责任公司

CENTURY SECURITIES CO., LTD.

### 总裁：吴敏文 先生

吴敏文先生，31岁，湖南大学研究生、经济师。

1993年7月－1998年6月 湖南财经学院毕业后分配到中国人民银行总行金融管理司/非银行金融机构司工作，长期从事金融、证券市场准入和监管工作。1998年7月－2001年4月 调入中国监会基金监管部，负责基金市场监管、托管银行监管、法规制定及老基金改制等工作。2001年4月－2002年9月 世纪证券筹建负责人、公司党委书记。2002年9月至今 世纪证券总裁、党委书记。

在中央银行工作期间，长期从事整顿金融秩序、加强金融监管、清理金融机构、防范金融风险工作，在清理证券机构的基础上批准成立十余家专业证券公司，参与制定证券机构监管制度和组织架构；参与制定银证分业、保险证券分业、银行信托分业具体政策措施并组织实施；参与整顿全国证券回购市场，并组织证券债务清欠；参与制定中央银行有关证券市场的一些重大决策如禁止银行资金违规流入股市、商业银行退出交易所回购市场、证券市场资金清算和证券交易客户保证金制度改革、建立银行间同业拆借市场和债券交易市场；参与查处金融市场重大案件并提出系统性报告如申银万国、海通证券操纵市场案、辽国发特大金融诈骗案。

在中国证券监督管理委员会工作期间，参与基金市场，基金管理公司、托管银行架构设计和制度安排，制定并实施《证券投资基金管理办法》，参与基金市场运作与监管，主要负责基金托管银行监管；制定原有投资基金清理规范方案，参与主持原有投资基金清理规范工作，批准近20家原有投资基金改制后上市；批准5家成立投资基金公司。由于在监管部门的工作非常出色，获得有关领导的充分肯定，多次授予“优秀国家公务员”等光荣称号。

8年的金融、证券市场监管工作，在高层次经历中国金融市场、金融体制和资本市场发展和进步的全过程，对商业银行、证券、基金相关政策及法律有深入的认识和了解，积累了丰富的监管工作经验和证券机构经营管理方面的实际操作经验。不断学习思考，对金融市场中的一些深层次及热点问题有独到见解，在《金融研究》、《证券时报》发表过多篇文章并参与撰写数部金融著作。

1999年开始策划运作江西省证券公司债务重组、股权重组工作，是世纪证券的主要创始人和决策者。

吴敏文先生工作作风稳健果断，为人诚实守信，市场资源丰富，具有很强的号召力和感染力。

## CPA 江苏武晋会计师事务所

### 董事长、所长、主任会计师：陈华康 先生

陈华康，江苏武晋会计师事务所董事长、所长、主任会计师。中共党员，党支部书记。中国注册会计师。江苏省注册咨询专家。江苏省注册会计师协会理事。江苏省股份制企业协会常务理事。常州市注册会计师协会常务理事。常州市资产评估协会常务理事、副秘书长。江苏省常州建筑业协会常务理事。常州市科技咨询协会常务理事。《中国证券业年鉴》97'—2001'编委会顾问，《中国证券大全》2001'—2002'特邀编委。1999年9月参与中国（江苏）改革发展研究院研究报告—99重大研究课题《公司制企业法人治理结构》之六《股份公司财务及负责人》的编著。2001年7月上海科学普及出版社《公司制企业法人治理结构》编著之一。2001年10月在北京国家会计学院参加中国证监会第一期独立董事培训班，获相关培训资格证书。现任上市公司独立董事。

## 上海大众公用事业(集团)股份有限公司

### 董事长：杨国平 先生

杨国平，1956年出生，上海交通大学MBA工商管理硕士，高级经济师。现任上海大众公用事业(集团)股份有限公司公司董事长，并兼任大众交通(集团)股份有限公司常务副董事长兼总经理、上海大众燃气有限公司董事长、中国出租汽车协会副理事长、上海市出租汽车协会副理事长、上海市股份制联合会会长、上海市青年联合会副会长、上海青年企业家协会会长等职；曾在上海市杨树浦煤气厂、上海市公用事业管理局办公室、上海市出租汽车公司等部门和企业担任负责人，1994年当选"首届上海十大杰出青年"，1995年荣获第五届"全国十大杰出青年企业家"称号，1998年被评为"上海市劳动模范"，2000年被评为"全国劳动模范"。

## 兖州煤业股份有限公司
YANZHOU COAL MINING COMPANY LIMITED

### 副董事长、总经理：杨德玉 先生

杨德玉先生，1949年出生。1974年毕业于山东矿业学院。现任兖州煤业股份有限公司副董事长、总经理，工程技术应用研究员。

杨德玉先生于1968年于兖州矿务局唐村煤矿参加工作。1974年至1994年8月，分别历任兖州矿务局唐村煤矿与东滩煤矿技术员、区长、副矿长、矿长；1994年9月至1996年任兖州矿务局副局长；1996年起任兖矿集团公司副总经理兼安全监察局局长；1997年任兖州煤业股份有限公司执行董事、总经理；2002年至今任兖州煤业股份有限公司副董事长、总经理。

杨德玉先生是“国家有突出贡献中青年专家”，享受政府特殊津贴。他主持和参与了多项企业管理和科技公关项目，取得重大成果，多次获得省部级以上奖励，其中《兖州矿区煤炭生产技术》获得国家科技进步一等奖。在《煤炭科学技术》等杂志发表论文多篇；主编的《煤巷锚网支护技术》由煤炭工业出版社出版。

## 河北裕丰实业股份有限公司
HEBEI YUFENG INDUSTRY CO., LTD.

### 董事长：张新广 先生

张新广，1964年2月出生，大学文化，中共党员，高级工程师，原籍河北省衡水市，1985年7月到衡水老白干酒厂工作，历任衡水老白干酒厂车间副主任、企管处处长、衡水老白干集团副总经理，1999年12月至2002年1月任股份公司副董事长，2002年1月至今任河北裕丰实业股份公司董事长。张新广先生曾主持多项现代管理成果的应用及科研工作，多次荣获省、市管理成果奖、科技进步奖等奖项和荣誉称号，2000年7月被国家人事部专家服务中心聘为专家顾问委员。

太原理工天成科技股份有限公司
太工天成 TIANCHENG CO., LTD. OF TAIYUAN UNIVERSITY OF TECHNOLOGY

## 董事长、总经理：杜文广 先生

杜文广，1963年生，1987年毕业于哈尔滨工业大学。党员，工学硕士，高级工程师。1998年7月创建山西太工天成科技实业有限公司任总经理，2000年7月任太原理工天成科技股份有限公司副董事长兼总经理，2003年8月当选为太原理工天成科技股份有限公司董事长并被董事会聘任为总经理。

杜文广同志于2000年被共青团山西省委授予“五四青年奖章”；被共青团中央授予“中国青年科技创新奖章”；2002年获山西省“五一劳动奖章”；同年7月荣获第三届“山西省青年科学家奖”，同时获“青年管理学家”称号；并当选为太原市人大代表。1999年至2001年连续三年被太原高新技术开发区（国家级）授予优秀企业家的称号，2002年被授予杰出企业家的称号。

中国工商银行 INDUSTRIAL AND COMMERCIAL BANK OF CHINA 基金托管部

## 总经理：周月秋 先生

周月秋，39岁，博士

1983-1990 河南金融管理干部学院教研室副主任

1990-1993 陕西财经学院攻读博士学位

1993-1997 中国工商银行资金计划部副处长

1997-1998 中国工商银行安徽省分行合肥市分行副行长

1998-2001 中国工商银行资金营运部副总经理

2002- 至今 中国工商银行基金托管部副总经理（主持工作）

安徽国风塑业股份有限公司
ANHUI GUOFENG PLASTIC INDUSTRY CO.,LTD.

## 董事长：郑忠勋 先生

郑忠勋先生，1951年出生，汉族，安徽萧县人，硕士研究生，高级经济师，高级政工师。现任安徽国风塑业股份有限公司董事长（SZ000859）、安徽国风集团有限公司董事长兼党委书记、全国人大第十届代表、合肥市人民政府委员会委员等职务。

在郑忠勋先生领导下，安徽国风塑业股份有限公司董事会及全体员工，发扬“团结协作，艰苦创业，敬业奉献，求实创新”的精神，不断扩大企业规模，并取得令人瞩目的经济效益和社会效益，并使得国风塑业成为一家塑料加工行业内的国家重点高新技术企业。郑忠勋先生先后被评为合肥市、安徽省的先进工作者、优秀党员、劳动模范，荣获“全国五一劳动奖章”等光荣称号，并担任中国企业家协会常务理事，中国企业联合会常务理事。

内蒙古伊利实业集团股份有限公司
INNER MONGOLIA YILI INDUSTRIAL GROUP CO.,LTD.

## 董事长兼首席执行官：郑俊怀 先生

1974.1－1975.11 呼和浩特市农林局政工科——科员；1975.12－1979.12 呼和浩特市国营畜禽场——副书记、副厂长；1980.1——1982.12 呼和浩特市奶牛公司招待所；1983.1——1993.5 呼和浩特市回民奶食品厂——厂长；1993.5——2001.12.31 内蒙古伊利实业集团股份有限公司——党委书记、董事长兼总裁；2002.1——至今 内蒙古伊利实业集团股份有限公司党委书记、董事长兼CEO。

荣誉：1990、1995年内蒙古自治区劳动模范；1995年度全国劳动模范；1996年度全国轻纺工业企业优秀厂长（经理）荣誉称号；1999年，被评为全国十大扶贫状元；2001年度全国乳品行业优秀企业家；2002年当选为中共十六大代表；2003年度中国创业企业家。

山东鲁抗医药股份有限公司
SHANDONG LUKANG PHARMACEUTICAL CO., LTD.

**总经理：林永彬 先生**

林永彬，男，汉族，河北昌黎人，1963年7月生。大学本科学历，沈阳药学院毕业，高级工程师、执业药师。中共党员。1985年7月参加工作。历任山东济宁抗生素厂工艺员、车间副主任、主任、生产技术部经理、鲁抗医药集团公司副总经理。曾荣获山东省医药行业先进个人、济宁市新长征突击手、济宁市十佳优秀青年厂长(经理)、山东省医药行业拔尖人才等称号。现任山东鲁抗医药股份有限公司董事、总经理。

安徽飞彩车辆股份有限公司
ANHUI FEICAI VEHICLE CO., LTD.

**董事长：洪理芳 先生**

洪理芳，1940年出生，大专文化，高级经济师，高级政工师。1992年起担任飞彩（集团）公司总经理、党委书记。1957年1月至1992年4月曾任泾县农机厂生产科长、皖南电机厂厂长、党委书记、宣城行署机电局副局长。1987年5月荣获安徽省“五·一”劳动奖章，1988年荣获安徽省劳动模范称号，1994年6月16日被中共安徽省纪委授予勤政廉政优秀党员领导干部光荣称号，1995年荣获全国劳动模范、安徽省优秀企业家、中国经营管理大师等称号，1996年度被评为全国优秀企业思想政治先进工作者，享受安徽省政府特殊津贴，1996年3月荣获第四届中国机械工业优秀企业家。1999年11月荣获全国质量管理先进工作者。现为安徽飞彩车辆股份有限公司董事长。

## 世纪证券有限责任公司
CENTURY SECURITIES CO., LTD.

### 董事长：段 强 先生

段强先生，47岁，中共党员，大学学历。

1982年－1993年 北京师范大学物理系毕业后在北京市密云县先后担任中学教师、县团委副书记、书记；县委常委、镇党委书记；县委常委、县对外经贸委主任，县委副书记、代县长；县委副书记、县长等职务；1993年－1998年 北京市副市长；1998年至今 北京首都旅游集团董事长、党委书记，世纪证券董事长。

积极倡导用现代化的管理理念和模式，科学管理国有企业。在他的带领下，首旅集团开拓进取，勇于创新，坚持按照现代化企业制度的要求积极推进法人治理结构，理顺企业产权关系，完成了企业资产机构的重组、收购、兼并，重组了部分企业，引进多元化的产权结构，保证了国有资产的保值增值，使首旅集团在全国旅游企业中一直处于领先地位，成为旅游行业的排头兵，在用现代企业管理观念经营管理旅游企业上走出了一条新的发展道路，是一位既有丰富社会资源，又有先进管理理念和丰富实践经验的现代管理者。

## 中国银行 BANK OF CHINA 基金托管部

### 总经理：唐棣华 女士

唐棣华，中国银行基金托管部总经理。从事金融工作27年，曾在中国银行江西省分行、中国银行信托咨询公司任职。1997年被派往巴西圣保罗市筹建中国银行圣保罗代表处，并就任代表处首席代表。2001年6月就任中国银行基金托管部总经理至今。

唐棣华女士在中国银行先后从事国过本外币信贷、国际结算、信托、证券业务，具有较丰富的银行从业经验，对银行业务尤其是国际贸易结算及信贷业务较熟悉。

山东鲁抗医药股份有限公司
SHANDONG LUKANG PHARMACEUTICAL CO., LTD.

**董事长：章建辉 先生**

章建辉，男，汉族，浙江诸暨人，1945年12月生。浙江大学本科毕业，高级经济师、执业药师。中共党员。1968年参加工作，历任山东济宁抗生素厂技术员、车间主任、厂长。曾获山东省及全国医药行业优秀企业家、山东省劳动模范、山东省医药行业拔尖人才，全国优秀经营管理者等称号，当选为山东省第八、九届人大代表，并荣获全国“五一”劳动奖章。现任山东鲁抗医药股份有限公司董事长、山东鲁抗医药集团有限公司董事长、党委书记。

福建水泥股份有限公司
FUJIAN CEMENT INC.

**董事长：黄建民 先生**

黄建民，男，汉族，祖籍福州市，1957年4月生，研究生学历，高级政工师。中共党员，福建省政协委员，福建省建材协会会长，英国利兹大学工商管理专业毕业，福建省留学生同学会副会长，曾获得福建省优秀党务工作者荣誉称号。曾任福建省建材工业局人事处干事，福建省建材工业设计院党支部书记，福建省尤溪县县委副书记，福建省建材工业总公司总经理助理、监察室主任、副总经理，福建水泥股份有限公司副董事长，现任福建省建材（控股）有限责任公司董事兼总经理，福建水泥股份有限公司董事长。

凌云工业股份有限公司
LINGYUN INDUSTRIAL CORPORATION LIMITED

**总经理：常志成 先生**

常志成先生，57岁，本科学历，正高工，现任凌云工业股份有限公司董事、总经理。具有丰厚的阅历和企业经营管理及投资决策经验，曾荣获中国兵器工业总公司优秀管理工作者称号。

江苏亨通光电股份有限公司
JIANGSU HENGTONG PHOTOELECTRIC STOCK CO.,LTD.

**董事长：崔根良 先生**

崔根良，1958年5月出生于江苏省市吴江市，1978年入党，大专文化，高级政工师。1977年至1981年在福建军区服役，1982年参加工作，历任吴江市七都化纤织造厂销售厂长，吴江市七都丝织服装厂厂长，吴江市七都乳胶厂厂长，现任江苏亨通光电股份有限公司董事长。

崔根良先生是中国企业联合会、中国企业家协会常务理事，荣获全国优秀乡镇企业家、江苏省劳动模范和全国优秀退伍军人等荣誉称号，是苏州市政协委员。

## 交通银行 BANK OF COMMUNICATIONS 证券投资基金托管部

### 总经理：谢红兵 先生

谢红兵，1950年7月出生，江西高安人。先后任交通银行上海分行杨浦支行副行长，上海分行营业处处长兼房地产信贷部经理，静安支行行长，杨浦支行行长，自1998年至今任交通银行证券投资基金托管部总经理。

## 惠泉啤酒集团股份有限公司
HUIQUAN BREWAGE GROUP INC. FUJIAN CHINA

### 董事长：程汉川 先生

程汉川先生，48岁，高级经济师，历任惠安啤酒厂车间副主任、主任、副厂长、厂长、福建惠泉啤酒集团公司董事长等职。程汉川先生长期从事啤酒行业的研究和大型国有企业的管理工作，在啤酒企业的经营管理、投资运营、发展战略方面拥有丰富的专业经验。程汉川先生以“敢为人先求发展”的胆略和敏锐超前的洞察力，按现代企业制度的规范要求，领导惠泉啤酒公司进行改制、改造、改革，成绩卓著，有力促进了公司的改革与发展，使公司从一个地方国营小厂迅速发展成为跻身全国行业十强的规范化股份制大型企业集团，并带动了麦芽制造、包装、彩印、制盖、运输业等一系列相关产业的同步发展，安置了2000多个就业人员。程汉川先生是中国啤酒协会副理事长、福建省企业家协会副会长、福建省啤酒协会副会长、泉州市科学技术协会副主席、泉州市工商联合会（商会）副会长、惠安县工商联合会（商会）会长，现任惠安县政协副主席、惠安县国有资产投资经营有限公司董事、惠泉啤酒集团股份有限公司董事长。程汉川先生是福建省优秀专家，享受国务院特殊津贴专家，并于2000年被授予“全国劳动模范”光荣称号。

# 编 后 记

2003年，在党中央、国务院的正确领导下，我国国民经济克服“非典”疫情等多种困难，呈现出增长加快、效益提高、活力增强的良好态势。国内生产总值达到11.67万亿元，增长9.1%，按现行汇率计算，人均国内生产总值首次突破1000美元。我国经济正处于经济周期的上升阶段，增长速度是1997年以来最快的。

2003年也是我国证券市场“规范化、市场化、国际化”进程大大加快的一年，证券市场在发展过程中出现了一些新的变化：证券市场投资者信心逐渐恢复；股价走势出现分化，投资热点主要反映在与国民经济密切相关的支柱产业；证券行业的经营理念发生了变化；年中QFII的正式实行；年底股票发行审核委员会的改革以及2004年初保荐人制度的正式实施；等等。对证券市场的这些变化，如何保持全面客观的认识与判断，既看到这些变化中包含的市场发展的积极信号，又看到资本市场的规范发展是一个长期渐进的过程，还有许多不完善的地方需要我们去解决。当前，我国经济体制改革和国民经济发展，正处在一个重要关口，这也是资本市场发展的重要关口。

因此，我们要紧紧抓住发展这条主线，发展是第一要务，发展是解决一切总是的根本途径。要抓住机遇，以促进资本市场持续稳定健康发展为主线，在前进中解决存在的问题，使资本市场更好地服务于国民经济发展的需要。

《中国证券大全》作为我国证券界的一部大型品牌全书，她拥有“权威、真实、规范、实用、全面”的良好声誉，她与中国证券市场一起经历风雨成长壮大。在新的一年里，作为该书的编辑，我们将顺应时代潮流的发展要求，努力做好各项编辑工作，以全新的视角全面深入地分析研究证券市场发展的全新动态，以更优异的成绩回报广大读者对本书的厚爱。

《中国证券大全（2003～2004）》在中国证监会和中国证券报社、经济科学出版社的指导下，在上海证券交易所和深圳证券交易所及各地证券监管部门的大力支持下，得到了各上市公司、证券商等单位的紧密配合及证券界同仁的帮助，顺利出版，同时在该书编辑过程中适当引用了部分证券类报刊与出版物的信息资料，在此一并致谢！

由于时间仓促，以及编者理论水平有限，加之证券市场的发展日新月异，书中观点难免有不成熟之处，若有遗漏，敬请业内人士及广大读者予以批评、指正！

编　　者

2004年5月

责任编辑：莫雯舫　　杨秀华
责任校对：董蔚挺
技术编辑：董永亭

# 中国证券大全(2003～2004)

中国证券大全编辑委员会 编　　宁晨新 陈京华 主编
经济科学出版社出版、发行　新华书店经销
社址：北京市海淀区阜成路甲28号　邮编：100036
总编部电话：88191217　　发行电话：88191109
网址：www.esp.com.cn
电子邮件：esp@esp.com.cn
深圳市星亚辉广告有限公司设计制作
深圳市佳信达印务有限公司印刷装订
889×1194　　16开　100印张　　10800000字
2004年6月第1版　2004年6月第1次印刷
ISBN 7-5058-3988-8/F.3287　定价：780元(共三册精装)
（图书出现印装问题，本社负责调换）